Wander Garcia e Renan Flumian
Coordenadores

TUDO em UM

PARA CONCURSOS DE DELEGADO

FEDERAL E ESTADUAL

TEORIA COMPLETA + QUESTÕES COMENTADAS

EDITORA FOCO

Coordenadores: Wander Garcia e Renan Flumian
Autores: Wander Garcia, Alice Satin Calareso, André Barros, André Fioravanti, Arthur Trigueiros, Bruna Vieira, Eduardo Dompieri, Fernando Leal Neto, Gustavo Nicolau, Helder Satin, Henrique Romanini Subi, Leni Mouzinho Soares, Luiz Dellore, Magally Dato, Márcio Pereira, Mauro Argachoff, Renan Flumian, Robinson Sakiyama Barreirinhas, Rodrigo Santamaria Saber, Tiago Queiroz, Vivian Calderoni
Editor: Márcio Dompieri
Gerente Editorial: Paula Tseng
Equipe Editora Foco: Erica Coutinho, Georgia Dias e Ivo Shigueru Tomita
Capa: Wilton Garcia e R2 Editorial
Projeto gráfico e Digramação: Ladislau Lima
Impressão e Acabamento: Gráfica EDELBRA

Dados Internacionais de Catalogação na Publicação (CIP)
(Câmara Brasileira do Livro, SP, Brasil)

Tudo em um para concursos de delegado : teoria completa + questões comentadas / coordenadores Wander Garcia e Renan Flumian. – Indaiatuba, SP : Editora Foco Jurídico, 2015. – (Coleção tudo em um)

1. Concursos públicos – Exames, questões etc.
2. Delegados de polícia civil – Concursos
3. Delegados de polícia federal - Concursos
4. Doutrina I. Garcia, Wander. II. Flumian, Renan.
III. Série.

ISBN 978-85-8242-107-9

14-11797 CDU-351.745.5(079.1)

Índices para catálogo sistemático:

1. Delegado de polícia civil : Concursos públicos : Doutrina : Questões comentadas 351.745.5(079.1)
2. Delegado da polícia federal : Concursos públicos : Doutrina : Questões comentadas 351.745.5(079.1)

Impresso no Brasil (11.2014)
Data de Fechamento (10.2014)

Atualizações e erratas: a presente obra é vendida como está, sem garantia de atualização futura. Porém, atualizações voluntárias e erratas são disponibilizadas no site www.editorafoco.com.br, na seção *Atualizações*. Esforçamo-nos ao máximo para entregar ao leitor uma obra com a melhor qualidade possível e sem erros técnicos ou de conteúdo. No entanto, nem sempre isso ocorre, seja por motivo de alteração de software, interpretação ou falhas de diagramação e revisão. Sendo assim, disponibilizamos em nosso site a seção mencionada (*Atualizações*), na qual relataremos, com a devida correção, os erros encontrados na obra. Solicitamos, outrossim, que o leitor faça a gentileza de colaborar com a perfeição da obra, comunicando eventual erro encontrado por meio de mensagem para contato@editorafoco.com.br.

Editora Foco Ltda
Alameda Júpiter, 578 – Galpão 01 – American Park Distrito Industrial
CEP 13347-653 – Indaiatuba/SP
E-mail: contato@editorafoco.com.br
www.editorafoco.com.br

10ª Confie no **bom-senso**. Normalmente, a resposta correta é a que tem mais a ver com o bom-senso e com a ética. Não ache que todas as perguntas contêm uma pegadinha. Se aparecer um instituto que você não conhece, repare bem no seu nome e tente imaginar o seu significado.

11ª Faça um levantamento do **percentual de acertos de cada disciplina** e dos **principais motivos que levaram aos erros cometidos**; de posse da primeira informação, verifique quais disciplinas merecem um reforço no estudo; e de posse da segunda informação, fique atento aos erros que você mais comete, para que eles não se repitam.

12ª Uma semana antes da prova, faça uma **leitura dinâmica** de todas as anotações que você fez e leia de novo os dispositivos legais (e seu entorno) das questões em que você marcar "DL", ou seja, desconhecimento da lei.

13ª Para que você consiga ler o livro inteiro, faça um bom **planejamento**. Por exemplo, se você tiver 30 dias para ler a obra, divida o número de páginas do livro pelo número de dias que você tem, e cumpra, diariamente, o número de páginas necessárias para chegar até o fim. Se tiver sono ou preguiça, levante um pouco, beba água, masque chiclete ou leia em voz alta por algum tempo.

14ª Desejo a você, também, muita **energia**, **disposição**, **foco**, **organização**, **disciplina**, **perseverança**, **amor** e **ética**!

Renan Flumian e Wander Garcia
Coordenadores

APRESENTAÇÃO

A experiência diz que aquele que quer ser aprovado em concursos de ponta precisa **Entender a Teoria** e **Treinar Muito**.

A presente obra traz solução completa nesse sentido.

Na primeira parte do livro você vai **Entender a Teoria** a partir de uma **Super-Revisão** com 895 páginas de resumos altamente sistematizados e atualizados com a doutrina e a jurisprudência do momento.

Na segunda parte da obra você vai **Treinar muito**, resolvendo mais de 2.250 questões comentadas, alternativa por alternativa, inclusive com a indicação de dispositivos legais e jurisprudenciais a serem compreendido, sempre que necessários.

O livro traz a revisão e o treinamento de praticamente todas as disciplinas que caem nos concursos de Delegado da Polícia Federal e da Polícia Civil, e você ainda ganha acesso, pela internet, a um **Bônus** com mais 5 disciplinas e outros temas.

Mesmo sendo um obra de revisão, num volume apenas, buscou-se a todo tempo apresentar o conteúdo mais forte possível, com jurisprudência atualizada e altíssima sistematização, tornando o livro um material com excelentes conteúdo e qualidade

A obra nasceu da experiência prática dos Coordenadores da Coleção, que, por muitos anos como Professor ou Coordenador dos maiores Cursos Preparatórios do País, perceberam que os examinandos, com a aproximação das provas de concursos (em qualquer das fases: objetiva, discursiva ou oral), precisavam de um material que pudesse condensar as principais informações para o exame, em texto sistematizado e passível de ser lido em sua completude em tempo hábil para uma sólida preparação.

É por isso que podemos dizer que, agora, você tem em suas mãos a Revisão e o Treinamento dos Sonhos para fazer Concursos de Delegado da Polícia Federal e da Polícia Civil. Revisão e treinamento esses que certamente serão decisivos para a sua Aprovação!

Renan Flumian e Wander Garcia
Coordenadores

CONTEÚDOS EXTRAS NA WEB:

Caro leitor, para colaborar ainda mais nos seus estudos informamos que há conteúdos extras de preparação para o concurso de Delegado no site da Editora Foco. Eles estão a disposição sem custo algum. São conteúdos nas áreas de Direito Internacional Público, Direito Administrativo, Direito Civil e Direito Financeiro, bem como as disciplinas básicas de Língua Portuguesa, Raciocínio Lógico e Informática. Para acessar, faça o seguinte:

Como ter acesso ao bônus *on-line*?

Entre no site

www.editorafoco.com.br

clique em

Atualizações

e baixe o arquivo

Bônus

PREFÁCIO

POLÍCIA JUDICIÁRIA E DELEGADO DE POLÍCIA

Quando o Código de Processo Penal, em seu Título II, art. 4º, começa a tratar do tema inquérito policial, encontramos a seguinte disposição: "A polícia judiciária será exercida pelas autoridades policiais no território de suas respectivas circunscrições e terá por fim a apuração das infrações penais e da sua autoria".

Ao falarmos em polícia judiciária, necessariamente temos que nos remeter à Constituição Federal, que em seu art. 144, § 4º, dispõe: "Às polícias civis, dirigidas por delegados de polícia de carreira, incumbem, ressalvada a competência da União, as funções de polícia judiciária e a apuração de infrações penais, exceto as militares".

O mesmo art. 144 da Carta Magna, em seu § 1º, versando sobre a Polícia Federal, dispõe: "A polícia federal, instituída por lei como órgão permanente, organizado e mantido pela União e estruturado em carreira, destina-se a: (...) – IV exercer, com exclusividade, as funções de polícia judiciária da União".

Não nos esqueçamos, também, que referido artigo constitucional insere-se no Capítulo III do Título V, da Constituição Federal, intitulado "Da Defesa do Estado e das Instituições Democráticas", reforçando ainda mais a importância das instituições Polícia Civil e Polícia Federal no Estado Democrático de Direito.

Compete, portanto, às polícias judiciárias, ou seja, de acordo com a Carta Constitucional, às Polícias Civis e Federal, a investigação das infrações penais e a apuração da respectiva autoria. São os órgãos previstos constitucionalmente para tal finalidade.

Segundo o desenvolvimento desse raciocínio é que cumpre atentar para as palavras de Nucci quando afirma: "O nome polícia judiciária tem sentido na medida em que não se cuida de uma atividade policial ostensiva (típica da polícia militar para a garantia da segurança nas ruas), mas investigatória, cuja função se volta a colher provas para o órgão acusatório e, na essência, para que o Judiciário avalie no futuro" (NUCCI, Guilherme de Souza. *Manual de processo penal e execução penal.* 5.ed. São Paulo: Ed. Revista dos Tribunais, 2008. p. 145).

Paralelamente ao tema Polícia Judiciária, devemos enfrentar a questão da definição de Autoridade Policial. Isso porque, na análise do art. 4º do CPP, observa-se que o dispositivo é incisivo na colocação de que a polícia judiciária será dirigida por *autoridades policiais.*

Autoridade policial é o **Delegado de Polícia**. A tal profissional, cujo ingresso na carreira exige a condição de ser bacharel em direito, com aprovação em concurso público, em semelhança às demais carreiras jurídicas, cabe averiguar o fato concreto que lhe é trazido ao conhecimento e decidir à luz do direito. O Delegado de Polícia é, em regra, a primeira autoridade constituída a tomar ciência da infração penal para a adoção das medidas legais cabíveis.

Sobre o assunto, Hélio Tornaghi coloca que "por outro lado, o art. 4º do Código de Processo Penal não comporta outra interpretação literal. Ao dizer que 'a polícia judiciária será exercida pelas autoridades policiais', é evidente que ele se refere aos órgãos da polícia judiciária. Seria tautológico repetir: a polícia judiciária será exercida pelas autoridades da polícia judiciária", e continua o autor: "Autoridade policiais sempre foram entre nós os chefes de polícia, seus delegados e, por vezes, os comissários. Quem pensaria, por exemplo, em transformar um oficial da Força Pública, em autoridade policial? Fugiria, por inteiro, ao papel das polícias militares" (TORNAGHI, Hélio. Conceito de Autoridade Policial. Disponível em: http://blogdodelegado.wordpress.com/conceito-de-autoridade-policial-na-legislacao-processual-penal-brasileira).

Em conclusão, não podemos deixar de mencionar a recente Lei 12.830/2013, sancionada pela Presidência da República, dispondo sobre a *investigação criminal conduzida por Delegado de Polícia*. Trata-se de importante diploma legal, conferindo ao Delegado de Polícia o *status* de integrante das carreiras jurídicas essenciais e exclusivas de Estado, a quem é atribuída a presidência da investigação criminal, mediante inquérito policial ou outro procedimento previsto em lei, cabendo-lhe, *privativamente*, o ato de indiciamento daquele que for entendido como suspeito do delito investigado. Ademais, referido diploma legal determina que ao Delegado de Polícia deve ser dispensado o mesmo tratamento protocolar que recebem os magistrados, membros do Ministério Público, Defensoria Pública e Advogados.

Mauro Argachoff
Delegado de Polícia do Estado de São Paulo

SUMÁRIO

13. MEDICINA LEGAL 884

QUESTÕES COMENTADAS 897

1. DIREITO PENAL 899

2. LEGISLAÇÃO PENAL ESPECIAL 989

5. DIREITOS HUMANOS 1125

6. DIREITO ADMINISTRATIVO 1151

7. DIREITO TRIBUTÁRIO 1207

8. DIREITO CIVIL 1218

TUDO *em* UM

PARA CONCURSOS DE

DELEGADO

DOUTRINA COMPLETA

1. Direito Penal

Arthur Trigueiros

PARTE GERAL

1. CONSIDERAÇÕES INICIAIS SOBRE O DIREITO PENAL

1.1. Introdução ao Direito Penal

1.1.1. Considerações iniciais

Desde os primórdios da vida em sociedade, o homem passou a encontrar dificuldades de relacionamento, seja entre dois indivíduos, seja entre um indivíduo e um grupo, seja entre grupos distintos.

Por esse motivo, a criação do direito tornou-se um imperativo de sobrevivência harmônica, sem o qual o respeito ao próximo e as limitações dos direitos individuais constituiriam barreira intransponível ao regular desenvolvimento do corpo social.

Os conflitos, é certo, sempre existiram, em maior ou menor intensidade. Sem sombra de dúvida, a forma de litígio mais grave sempre foi aquela que envolveu bens jurídicos protegidos pelo **Direito Penal**. Em outras palavras, das formas de ilícito, **o mais grave deles é o penal**, já que ofende os direitos mais caros à sociedade, tais como: a vida, a honra, a liberdade, o patrimônio etc.

Daí o motivo de surgir o Direito Penal: para a proteção da sociedade contra os ilícitos de índole criminal.

1.1.2. Denominação

Inúmeras denominações surgiram para designar o ramo do direito responsável pelo estudo criminal, a saber: Direito Criminal, Direito Repressivo, Direito Punitivo, Direito Sancionador, Direito Protetor dos Criminosos, dentre outros.

Todavia, é de reconhecimento comum que o designativo mais aceito pelos doutrinadores é o Direito Penal. Tanto é assim que temos um Código Penal, um Código de Processo Penal, as Leis Penais Especiais.

Porém, na prática forense, deparamo-nos com as Varas Criminais, com as Varas de Execuções Criminais (VECs), destoando, portanto, da designação amplamente acolhida pelos juristas.

1.1.3. Definição/ conceito

O *conceito* de Direito Penal é trazido, de maneira peculiar, por cada doutrinador que almeja traduzir da melhor forma esse ramo do direito.

Assim, Basileu Garcia já o definiu como o "conjunto de normas jurídicas que o Estado estabelece para combater o crime, através das penas e das medidas de segurança" (**Instituições de Direito Penal**).

Segundo Edgard Magalhães Noronha, "direito penal é o conjunto de normas jurídicas que regulam o poder punitivo do Estado, tendo em vista os fatos de natureza criminal e as medidas aplicáveis a quem os pratica" (**Direito Penal**, vol. 1).

Por fim, a magistral lição de José Frederico Marques, para quem o Direito Penal é o "conjunto de normas que ligam ao crime, como fato, a pena como consequência, e disciplinam também as relações jurídicas daí derivadas, para estabelecer a aplicabilidade das medidas de segurança e a tutela do direito e liberdade em face do poder de punir do Estado" (**Curso de Direito Penal**, vol. 1).

Em suma, o Direito Penal é o ramo do *direito público* cujo objeto corresponde às *infrações penais* e às *respectivas sanções*, aplicáveis aos infratores da lei penal.

1.1.4. Objetos de estudo do Direito Penal

Como já dissemos, são dois:

a) **infrações penais**; e

b) **sanções penais**.

Em matéria de infrações penais, o Brasil adotou o *critério dicotômico*, dividindo-as em *crimes ou delitos e contravenções penais*, definidos no art. 1º da Lei de Introdução ao Código Penal (LICP).

Em breves e singelas distinções, o crime (ou delito) é espécie de infração penal mais grave do que a contravenção penal (denominada, por tal motivo, de crime-anão por Nelson Hungria), punida pelo Estado, portanto, com menor rigor.

Não há, no Brasil, diferença entre os termos "crime" e "delito", considerados como sinônimos, o que não ocorria na antiguidade.

No tocante ao segundo objeto do Direito Penal, temos que as sanções penais são gênero do qual são espécies:

a) **penas**;

b) **medidas de segurança**.

No momento oportuno, estudaremos cada uma das espécies referidas. Por ora, é suficiente saber que as medidas de segurança somente são aplicadas àquelas pessoas que possuem algum problema mental, ao passo que as penas são exclusivas das pessoas dotadas de discernimento (total ou parcial), desde que maiores de 18 anos.

Aos menores de 18 anos (denominados pela lei de *inimputáveis*), não se pode aplicar pena, mas sim as regras específicas do Estatuto da Criança e do Adolescente (ECA – Lei 8.069/1990).

1.1.5. Diplomas normativos aplicáveis ao Direito Penal

Ao Direito Penal aplicam-se inúmeros diplomas normativos, a saber:

a) a Constituição Federal (especialmente a parte dos direitos e garantias fundamentais);

b) o Código de Processo Penal (ex.: regras aplicáveis à ação penal);

c) o Código Civil (ex.: conceitos como casamento e morte);

d) a Legislação de Direito Comercial (ex.: títulos de crédito, falência);

e) a Legislação de Direito Tributário (ex.: crimes contra a ordem tributária);

f) as regras de Direito Internacional (tratados que versam sobre Direito Penal);

g) a Lei de Execuções Penais (especialmente no tocante às formas de cumprimento de pena) etc.

É importante registrar que o Direito Penal não se esgota num Código Penal, mas se serve de inúmeros outros diplomas normativos que o completam.

1.1.6. Ciências correlatas ao Direito Penal

Iremos mencionar apenas algumas ciências auxiliares ao Direito Penal:

a) medicina legal: conhecimentos médicos aplicáveis à solução e demonstração da ocorrência de crimes e suas causas (ex.: exames de corpo de delito);

b) psiquiatria forense: tem por objetivo aferir se o criminoso (agente), no momento do crime, tinha capacidade de entender o que estava fazendo;

c) polícia técnica ou científica: reunindo conhecimento de várias ciências, contribui para a descoberta de crimes e seus autores (ex.: engenharia química, genética);

d) sociologia: analisa o crime como fenômeno social;

e) criminologia: busca estudar os processos de gênese da criminalidade e do criminoso.

1.1.7. Estrutura do Código Penal

O diploma legal básico do Direito Penal é exatamente o Código Penal.

Fundamentalmente, vem estruturado em 2 partes: **a) Parte Geral (arts. 1º a 120)**; e **b) Parte Especial (arts. 121 a 361)**.

A Parte Geral do Código Penal, como o nome diz, contém as *regras* sobre Direito Penal, aplicáveis de modo geral a todo crime (salvo se houver regra expressa em outras leis). Não existem, na parte geral do CP, *crimes*.

Já a Parte Especial do Código Penal contém, basicamente, *artigos que definem crimes e cominam penas*. Todavia, nem todo artigo desta parte específica diz respeito a crimes (existem, portanto, normas de índole não criminal, denominadas não incriminadoras).

1.1.8. O Direito Penal e as Leis Especiais

Com a evolução social e o surgimento de novos problemas e conflitos, torna-se impossível que um só diploma normativo regule todos os temas de interesse penal.

É verdade que o Código Penal é a "lei básica" do Direito Penal, mas podemos assegurar que se trata de uma pequena parte desse ramo do direito, já que existem centenas de leis que tratam do mesmo assunto, definindo crimes e cominando penas.

Apenas para exemplificar, podemos encontrar regras de Direito Penal nas seguintes leis:

a) Decreto-Lei 3.688/1941 – Lei das Contravenções Penais;

b) Lei 8.072/1990 – Lei dos Crimes Hediondos;

c) Lei 8.069/1990 – Estatuto da Criança e do Adolescente;

d) Lei 8.078/1990 – Código de Defesa do Consumidor;

e) Lei 9.503/1997 – Código de Trânsito Brasileiro;

f) Lei 9.605/1998 – Lei dos Crimes Ambientais;

g) Lei 8.137/1990 – Crimes tributários e contra as relações de consumo;

h) Lei 4.898/1965 – Lei do Abuso de Autoridade;

i) Lei 11.343/2006 – Lei de Drogas etc.

Embora existam, como já dissemos, centenas de leis de índole penal, o Código Penal aplica-se aos casos em que não houver disposição expressa em contrário (art. 12 do CP).

1.1.9. As escolas penais

Para os fins da presente obra, traremos algumas breves considerações sobre as Escolas Penais. Vamos aos estudos!

1.1.9.1. Escola Clássica

Nasceu no final do século XVIII, em reação ao totalitarismo do Estado Absolutista, durante o período do Iluminismo.

A Escola Clássica pautou-se nos estudos de *Beccaria*, sendo um de seus principais expoentes *Francesco Carrara*.

Utilizava-se o método racionalista e dedutivo (lógico).

Em regra, os pensadores desta escola eram jusnaturalistas.

Os pontos marcantes são: a) crime era visto como sendo um conceito meramente jurídico; b) predominava o livre-arbítrio; c) a função da pena era retributiva.

"Foi sob a influência dos pensamentos de Kant e Hegel que a concepção retribucionista do Direito Penal se desenvolveu. Ou seja, a única finalidade da pena consistia na aplicação de um mal ao infrator da lei penal. A sanção penal era, na verdade, um castigo necessário para o restabelecimento do Direito e da Justiça. (...) Em decorrência do ideal iluminista, prevaleceu a tendência de eliminar as penas corporais e os suplícios (...)" (MASSON, Cleber. **Direito Penal Esquematizado** – Parte Geral. Editora Método, 2ª edição).

1.1.9.2. Escola Positiva

Surge o denominado Positivismo Criminológico.

Um dos principais expoentes da Escola Positiva, juntamente com Enrico Ferri e Rafael Garafalo, foi *Cesare Lombroso*, "por sua construção do 'criminoso nato', indivíduo essencialmente voltado à delinquência e passível de identificação anatômica" (CUNHA, Rogério Sanches. **Manual de Direito Penal**. Parte Geral. Editora JusPodivm).

Inicia-se a fase antropológica, com a aplicação do método experimental no estudo da criminalidade.

Para *Lombroso*, o homem não era livre em sua vontade, já que sua conduta era predeterminada por forças inatas e por características antropológicas. Inicia-se, assim, a fase antropológica, com a aplicação do método experimental no estudo da criminalidade.

Não há livre-arbítrio, já que o criminoso é um ser anormal, sob as óticas biológica e psicológica.

Por sua vez, na fase sociológica, *Ferri* passou a levar em conta fatores físicos, naturais e sociais, juntamente com características antropológicas do criminoso.

Por fim, na fase jurídica da Escola Positiva, *Garofalo* utilizou a expressão "Criminologia", conferindo aspectos estritamente jurídicos.

1.1.9.3. Correcionalismo penal

Para a Escola Correcionalista, preconizada por *Karl David August Röeder*, o crime não é um fato natural, mas uma criação da sociedade, onde o criminoso possui uma vontade reprovável.

A pena busca a ressocialização do criminoso, pois é instrumento de correção de sua vontade.

Desse modo, a sanção penal deve ser indeterminada, até que cesse a sua necessidade.

A finalidade da pena é a prevenção especial, já que se busca corrigir o criminoso.

"A Escola Correcionalista sustenta que o direito de reprimir os delitos deve ser utilizado pela sociedade com fim terapêutico, isto é, reprimir curando. Não se deve pretender castigar, punir, infligir o mal, mas apenas regenerar o criminoso". (...) "Modernamente, pode-se dizer que o correcionalismo idealizado por Röeder, transfundido e divulgado nas obras de Dorado Montero e Concépcion Arenal, teve em Luis Jiménez de Asúa seu maior entusiasta e o mais eficiente dos expositores, ao defender a ressocialização como finalidade precípua da sanção penal" (MASSON, Cleber. **Direito Penal Esquematizado** – Parte Geral. Editora Método, 2ª edição).

1.1.9.4. Tecnicismo jurídico-penal

Aproxima-se da Escola Clássica.

Utilizou-se o método positivo, pois o Direito Penal estava restrito às leis vigentes, com conteúdo dogmático, sem qualquer caráter antropológico ou filosófico.

O Tecnicismo jurídico-penal caracterizava-se por se utilizar da exegese (para buscar o alcance e a vontade da lei), da dogmática (para a integração do Direito Penal, por meio da sistematização dos princípios) e da crítica (para propostas de reforma, como ocorre na política criminal).

1.1.9.5. A defesa social

Para a Escola da Nova Defesa Social, o crime desestabiliza a ordem social, motivo pelo qual o criminoso precisa cumprir uma pena, a fim de que seja adaptado socialmente.

Tal doutrina busca proteger a sociedade contra o crime.

Tem caráter humanista.

"O Estado não deve punir, pois sua função é melhorar o indivíduo. A causa da antissocialidade está na organização social. Contra ela o Estado deve operar preventivamente e não somente pela repressão. Os cárceres são inúteis e prejudiciais, devendo ser abolidos. As penas devem ser substituídas por medidas educativas e curativas. O violador da lei não perigoso pode ser perdoado, não necessitando sanção. A pena, como medida de defesa social, deve ser fixa ou dosada, não na base do dano, mas segundo a personalidade do agente" (MASSON, Cleber. **Direito Penal Esquematizado** – Parte Geral. Editora Método, 2ª edição).

1.2. A evolução histórica do Direito Penal

1.2.1. Povos primitivos. Vingança divina

Na sociedade primitiva, a conduta do homem regulava-se pelo temor religioso ou mágico. Baseava-se no *totens*, divindades que influenciavam o comportamento das pessoas, em razão da crença da premiação ou do castigo, assumindo variadas formas (animal, vegetal ou fenômeno natural). Tais sociedades eram chamadas de totêmicas.

"Pelo fato de que para esses povos a lei tinha origem divina e, como tal, sua violação consistia numa ofensa aos deuses, punia-se o infrator para desagravar a divindade, bem como para purgar o seu grupo das impurezas trazidas pelo crime. Uma das reações contra o criminoso era a expulsão do grupo (desterro), medida que se destinava, além de eliminar aquele que se tornara um inimigo da comunidade e dos seus deuses e forças mágicas, a evitar que a classe social fosse contagiada pela mácula que impregnava o agente, bem como as reações vingativas dos seres sobrenaturais a que o grupo estava submetido" (MASSON, Cleber. **Direito Penal Esquematizado** – Parte Geral. Editora Método, 2ª edição).

1.2.2. Vingança privada

A infração era vista como uma ofensa ao próprio grupo ao qual o ofensor pertencia. Assim, o ofendido ou qualquer pessoa do grupo – e não mais a divindade – voltava-se contra o ofensor, fazendo "justiça pelas próprias mãos", disseminando o ódio e provocando guerras, inexistindo qualquer proporção entre o delito praticado e a pena imposta.

Neste contexto, surge a Lei do Talião, adotado pelo Código de Hamurabi (Babilônia), pelo Êxodo (hebreus) e pela Lei das XII Tábuas (romanos).

1.2.3. Vingança pública

Nessa fase há um fortalecimento do Estado, tendo em vista que as autoridades competentes passam a ter legitimidade para intervir nos conflitos sociais. A pena assume um caráter público, tendo por finalidade a proteção do Estado Soberano. Um dos principais crimes era o da lesa-majestade, bem como aqueles que atingissem a ordem pública e os bens religiosos.

"Cabia a uma terceira pessoa, no caso o Estado – representante da coletividade e em tese sem interesse no conflito existente –, decidir impessoalmente a questão posta à sua análise, ainda que de maneira arbitrária. Nessa época, as penas ainda eram largamente intimidatórias e cruéis, destacando-se o esquartejamento, a roda, a fogueira, a decapitação, a forca, os castigos corporais e amputações, entre outras" (MASSON, Cleber. **Direito Penal Esquematizado** – Parte Geral. Editora Método, 2ª edição).

1.2.4. Idade Antiga

1.2.4.1. Direito Penal grego

Conforme explicitado por Rogério Sanches Cunha, "na Grécia não existem escritos a propiciar análise aprofundada da legislação penal então existente, senão algumas passagens em obras filosóficas. Por meio dessas obras, pôde-se notar que o direito penal grego evoluiu da vingança privada, da vingança

religiosa para um período político, assentado sobre uma base moral e civil" (**Manual de Direito Penal**. Parte Geral. Editora JusPodivm). Assim, passou-se a discutir o fundamento do direito de punir e a finalidade da pena.

1.2.4.2. Direito Penal romano

O Direito Penal era exclusivo do cidadão romano, excluindo-se as mulheres, os escravos e os estrangeiros. As decisões passaram a ser fundamentadas, gerando maior segurança jurídica, muito embora não existisse o princípio da reserva legal.

Passou-se a dividir os delitos em públicos – aqueles que envolviam a traição ou a conspiração política contra o Estado e o assassinato – e em privados – os demais. "O julgamento dos crimes públicos era atribuição do Estado, por meio de um magistrado, e realizado por tribunais especiais. A sanção aplicada era a pena capital. Já o julgamento dos crimes privados era confiado ao particular ofendido, interferindo o Estado apenas para regular o seu exercício" (MASSON, Cleber. **Direito Penal Esquematizado** – Parte Geral. Editora Método, 2ª edição).

1.2.5. Idade Média

1.2.5.1. Direito Penal germânico

Neste período não havia leis escritas, sendo que o Direito Penal se pautava no direito consuetudinário. Posteriormente, adotou-se a Lei do Talião e o sistema da composição pecuniária, em que predominava a responsabilidade penal objetiva.

Isso porque, "o delinquente, quando sua infração ofendia os interesses da comunidade, perdia seu direito fundamental a vida, podendo qualquer cidadão matá-lo. Quando a infração atingia apenas uma pessoa ou família, o direito penal germânico fomentava o restabelecimento da paz social por via da reparação, admitindo também a vingança de sangue" (CUNHA, Rogério Sanches. **Manual de Direito Penal**. Parte Geral. Editora JusPodivm).

Adotou-se, ainda, o sistema de prova das ordálias ou juízos de deus, cuja prova da inocência se baseava em superstições e atos cruéis (ex.: caminhar sobre o fogo ou mergulhar em água fervente sem suportar ferimentos para que fosse provada a inocência do réu), o que gerava punições injustas.

1.2.5.2. Direito Penal canônico

É o Ordenamento Jurídico da Igreja Católica Apostólica Romana. Aplicava-se a religiosos e leigos, desde que os fatos tivessem conotação religiosa.

Importante ressaltar que o Direito Penal Canônico serviu para o procedimento de inquisição, no qual filósofos, cientistas e pensadores que divergissem do pensamento católico eram condenados a sanções cruéis.

A pena se destinava à cura do delinquente, buscando o seu arrependimento perante a divindade. "O cárcere, como instrumento espiritual de castigo, foi desenvolvido pelo Direito Canônico, uma vez que, pelo sofrimento e pela solidão, a alma do homem se depura e purga o pecado. A penitência visava aproximar o criminoso de Deus" (MASSON, Cleber. **Direito Penal Esquematizado** – Parte Geral. Editora Método, 2ª edição).

1.2.6. Idade Moderna

Desenvolveu-se o período humanitário, durante o Iluminismo, no século XVIII, tendo como principal expoente o marquês de Beccaria, o qual escreveu a clássica obra "Dos delitos e das penas". Pugnava pela abolição da pena de morte, antecipando as ideias consagradas na Declaração Universal dos Direitos do Homem e do Cidadão.

Baseia seu pensamento no "contrato social" de Rousseau, sendo o criminoso reputado como violador do pacto social.

Preconiza que a pena deve ser legalmente prevista, já que o indivíduo tem o livre-arbítrio de praticar ou não um crime, estando consciente de seus atos e suas consequências.

Ainda, a pena deve ser proporcional, sendo as leis certas, claras e precisas.

"Finalmente, para que cada pena não seja uma violência de um ou de muitos contra um cidadão privado, deve ser essencialmente pública, rápida, necessária, a mínima possível nas circunstâncias dadas, proporcional aos delitos e ditadas pelas leis" (MASSON, Cleber. **Direito Penal Esquematizado** – Parte Geral. Editora Método, 2ª edição).

Após o período Iluminista, surgiram as Escolas Penais.

1.3. Histórico do Direito penal brasileiro

Com o descobrimento do Brasil, a partir de 1500, passou a vigorar o Direito Lusitano.

Inicialmente, vigoravam as Ordenações Afonsinas (promulgadas em 1446 por D. Afonso V), as quais foram revogadas pelas Ordenações Manuelinas (promulgadas em 1514 por D. Manuel). Em ambas predominava a arbitrariedade do juiz, já que tais ordenações não definiam a quantidade da pena. Assim, esse período foi marcado pela crueldade das penas, bem como pela ausência dos princípios da legalidade e da ampla defesa.

Posteriormente surgiu o Código Sebastiânico, em razão da compilação de leis esparsas realizada por D. Duarte Nunes Leão.

Em substituição, surgiram as Ordenações Filipinas (promulgadas em 1603 pelo Rei Filipe II), as quais eram fundadas em preceitos religiosos, sendo que as penas continuavam a ser cruéis e desumanas, com arbitrariedade do juiz e ausência dos princípios da legalidade e da ampla defesa.

Com a Proclamação da Independência e com a Constituição de 1824, surgiu o Código Criminal do Império de 1830, de cunho penal protetivo e humanitário, com a primeira manifestação do princípio da personalidade da pena no Brasil.

Com a Proclamação da República, surgiu o Código Criminal da República de 1890.

Em 1934, com o escopo de compilar leis penais extravagantes, surge a Consolidação das Leis Penais – Consolidação de Piragibe (Dec. 22.213/1932).

Por fim, em 1942, surge o atual Código Penal (Decreto-lei 2.848/1940), o qual passou por uma reforma em sua parte geral, com o advento da Lei 7.209/1984.

2. DIREITO PENAL E SUA CLASSIFICAÇÃO. PRINCÍPIOS

2.1. Classificação do Direito Penal

2.1.1. Direito Penal objetivo e Direito Penal subjetivo

Segundo Guilherme de Souza Nucci (**Manual de Direito Penal**, 3ª ed., Editora RT, p. 53 e 54), *direito penal objetivo* "é o corpo de normas jurídicas destinado ao combate à criminalidade, garantindo a defesa da sociedade".

Já *direito penal subjetivo* corresponde ao "direito de punir" do Estado, ante a violação do direito penal objetivo. Em outras palavras, praticada uma infração penal, surgiria o *jus puniendi* (direito de punir) estatal.

Essa segunda classificação é criticada por Aníbal Bruno, para quem a denominação de "direito penal subjetivo" desnatura a ideia de poder soberano do Estado em punir. Na realidade, não se trata de um simples "direito" de punir, mas sim *poder-dever* de punir, eis que é sua função coibir a criminalidade.

2.2. Princípios do Direito Penal

A palavra "princípio" é designativa de "origem", "fonte", "causa".

Assim, em matéria penal, temos que os princípios são regras explícitas ou implícitas inspiradoras da criação de regras jurídicas positivas e da aplicação do Direito Penal ao caso concreto.

Alguns princípios estão expressamente previstos na CF e em legislação infraconstitucional, ao passo que outros são implícitos, decorrem do sistema jurídico como um todo.

Vejamos alguns dos mais importantes:

a) Princípio da legalidade: previsto no art. 5º, inc. XXXIX, da CF, traduz a regra segundo a qual nenhum crime ou pena podem ser criados senão em virtude de lei. Vem repetido no art. 1º do CP, sob a rubrica "anterioridade penal";

b) Princípio da anterioridade: corolário do princípio da legalidade, expressa a garantia de que o cidadão não poderá ser criminalmente responsabilizado se a sua conduta não estiver expressa em lei anterior à prática do fato (não há crime sem *lei anterior* que o defina – art. 5º, XXXIX, da CF);

c) Princípio da retroatividade penal benéfica: em regra aplicam-se ao fato as leis vigentes à época de sua ocorrência (*tempus regit actum*). Ocorre que, em matéria penal, é possível que o agente seja beneficiado por leis anteriores ou posteriores ao fato criminoso que tenha praticado (art. 5º, XL, da CF e art. 2º, parágrafo único, do CP). Impõe-se, aqui, o estudo da atividade da lei penal, que será posteriormente por nós analisada;

d) Princípio da personalidade ou da responsabilidade pessoal: previsto no art. 5º, XLV, da CF, expressa que a punição criminal jamais poderá passar da pessoa do condenado, afetando, por exemplo, seus parentes. Isso não significa que terceiros que não o próprio criminoso não devam arcar com a responsabilidade *civil* decorrente do ilícito;

e) Princípio da individualização da pena: não se pode criar uma "tabela fixa" de punição às pessoas que tenham praticado a mesma conduta criminosa. Deve-se garantir que cada um responda na exata medida de sua culpabilidade, conforme preconiza o art. 5º, XLVI, da CF. Foi com base nesse princípio que o STF, no julgamento do HC 82.959-SP, declarou inconstitucional o art. 2º, § 1º, da Lei 8.072/1990 (Lei dos Crimes Hediondos), que previa o regime integralmente fechado de cumprimento de pena;

f) Princípio da humanidade: embora criminosos, os agentes delitivos devem ser tratados de maneira digna, e não como seres inanimados (coisas). Embora tenham errado e devam responder por seus atos, devem ser tratados com um mínimo de humanidade. Daí porque a CF, em seu art. 5º, XLVII, veda as penas de morte (salvo em caso de guerra declarada), de caráter perpétuo, de trabalhos forçados, de banimento e as cruéis (castigos físicos, por exemplo);

g) Princípio da intervenção mínima: o Direito Penal deve intervir minimamente na esfera do indivíduo, já que a CF garante o direito à liberdade como uma regra a ser observada. Em maior ou menor grau, o Direito Penal é sinônimo de violência, embora institucionalizada. Daí por que esse ramo do direito deve ser encarado como de *ultima ratio*, e não de *prima ratio*. Em outras palavras, o legislador somente deve criar leis de índole penal quando não houver solução mais branda para proteger direitos. Se outros ramos do direito forem suficientes para coibir a violação às regras da sociedade, o direito penal não deverá intervir;

h) Princípio da fragmentariedade: como consequência da intervenção mínima, a fragmentariedade do Direito Penal significa que esse ramo do direito é apenas uma parcela, um fragmento do ordenamento jurídico, que somente deve se ocupar das situações mais graves que aflijam a sociedade. Em razão da força negativa que o Direito Penal pode tomar para aqueles que a ele se submeterem, deverá intervir minimamente. É o caso das infrações de trânsito, que não precisam ser sempre punidas pelo Direito Penal, sendo suficiente para disciplinar a conduta dos motoristas o Direito Administrativo (ex.: multas);

i) Princípio da insignificância ou bagatela: se o Direito Penal somente deve intervir em casos importantes/relevantes, não é admitido que atue diante de fatos insignificantes, de somenos importância. Se a conduta do agente lesar ou expuser a perigo de lesão infimamente bens jurídicos de terceiros, não deverá o Direito Penal ser aplicado ao caso concreto, sob pena de transformá-lo em conjunto de regras de *prima ratio*, e não de *ultima ratio*. Temos como exemplo o furto de um botão de camisa, ou de uma moeda de cinquenta centavos, ou de um arranhão no braço de um adulto. Se as lesões forem muito pequenas, não chegando, de fato, a atingir o bem jurídico protegido pela norma penal, não poderá o juiz condenar o agente, mas sim absolvê-lo. De acordo com a doutrina e jurisprudência majoritárias, o princípio da insignificância atua como causa de exclusão da tipicidade penal (tipicidade material). Para o STF, a aplicação do princípio em comento exige a conjugação dos seguintes *vetores: a) mínima ofensividade da conduta; b) nenhuma periculosidade social da ação; c) reduzido grau de reprovabilidade do comportamento; e d) inexpressividade da lesão jurídica provocada* (STF, HC 98.152-MG, 2ª T., rel. Min. Celso de Mello, 19.05.2009). Questão interessante para concursos públicos é aquela que diz respeito à possibilidade – ou não – de aplicação da insignificância penal para réus reincidentes. Confiram-se os excertos a seguir:

Contrabando: princípio da insignificância e reincidência

"A 1ª Turma denegou *habeas corpus* em que se requeria a incidência do princípio da insignificância. Na situação dos autos, a paciente, supostamente, internalizara maços de cigarro sem comprovar sua regular importação. De início, assinalou-se que não se aplicaria o aludido princípio quando se tratasse de parte reincidente, porquanto não haveria que se falar em reduzido grau de reprovabilidade do comportamento lesivo. Enfatizou-se que estariam em curso 4 processos-crime por delitos de mesma natureza, tendo sido condenada em outra ação penal por fatos análogos. Acrescentou-se que houvera lesão, além de ao erário e à atividade arrecadatória do Estado, a outros interesses públicos, como à saúde e à atividade industrial interna. Em seguida, asseverou-se que a conduta configuraria contrabando e que, conquanto houvesse sonegação de tributos com o ingresso de cigarros, tratar-se-ia de mercadoria sob a qual incidiria proibição relativa, presentes as restrições de órgão de saúde nacional. Por fim, reputou-se que não se aplicaria, à hipótese, o postulado da insignificância – em razão do valor do tributo sonegado ser inferior a R$ 10.000,00 – por não se cuidar de delito puramente fiscal. O Min. Marco Aurélio apontou que, no tocante ao débito fiscal, o legislador teria sinalizado que estampa a insignificância, ao revelar que executivos de valor até R$ 100,00 seriam extintos." HC 100367/RS, rel. Min. Luiz Fux, 09.08.2011. (HC-100367) (**Inform. STF** 635)

Reincidência e princípio da insignificância

"Ante o empate na votação, a 2ª Turma deferiu *habeas corpus* impetrado em favor de condenado à pena de 10 meses de reclusão, em regime semiaberto, pela prática do crime de furto tentado de bem avaliado em R$ 70,00. Reputou-se, ante a ausência de tipicidade material, que a conduta realizada pelo paciente não configuraria crime. Aduziu-se que, muito embora ele já tivesse sido condenado pela prática de delitos congêneres, tal fato não poderia afastar a aplicabilidade do referido postulado, inclusive porque estaria pendente de análise, pelo Plenário, a própria constitucionalidade do princípio da reincidência, tendo em vista a possibilidade de configurar dupla punição ao agente. Vencidos os Ministros Joaquim Barbosa, relator, e Ayres Britto, que indeferiam o *writ*, mas concediam a ordem, de ofício, a fim de alterar, para o aberto, o regime de cumprimento de pena." HC 106510/MG, rel. orig. Min. Joaquim Barbosa, red. p/o acórdão Min. Celso de Mello, 22.03.2011. (HC-106510) (**Inform. STF** 620).

Outra questão relevante diz respeito à possibilidade – ou não – de aplicação do princípio da insignificância quando se está diante de crime perpetrado em detrimento da Administração Pública. Confira-se:

PRINCÍPIO. INSIGNIFICÂNCIA. ADMINISTRAÇÃO PÚBLICA.

"Na impetração, foi requerida a alteração da capitulação legal atribuída na denúncia, o que é inviável no *habeas corpus*, uma vez que exige o revolvimento do conjunto fático-probatório. No caso, a acusação descreve fato criminoso com todas as circunstâncias, satisfazendo os requisitos do art. 77 do CPPM. De acordo com a peça acusatória, os fatos revelam indícios suficientes para justificar apuração mais aprofundada do caso. Mesmo que a capitulação esteja equivocada, como alegam os impetrantes, o que somente será verificado na instrução criminal, a defesa deve combater os fatos indicados na denúncia e não a estrita capitulação legal, não havendo assim qualquer prejuízo ao exercício da ampla defesa e do contraditório. Quanto ao princípio da insignificância, a Turma entendeu não ser possível sua aplicação aos crimes praticados contra a Administração, pois se deve resguardar a moral administrativa. Embora o crime seja militar, em última análise, foi praticado contra a Administração Pública." Precedentes citados: HC 154.433-MG, *DJe* 20.09.2010, e HC 167.915-MT, *DJe* 13.09.2010. HC 147.542-GO, Rel. Min. Gilson Dipp, j. 17.05.2011. (**Inform. STJ** 473).

Ainda, releva trazer à baila entendimento do STF acerca da inaplicabilidade do princípio da insignificância para o crime de moeda falsa, tendo em vista o bem jurídico tutelado (fé pública). Vale a transcrição da ementa veiculada no Informativo 622 de referida Corte:

Princípio da insignificância e moeda falsa

"A 2ª Turma indeferiu *habeas corpus* no qual pretendida a aplicação do princípio da insignificância em favor de condenado por introduzir duas notas falsas de R$ 10,00 em circulação (CP, art. 289, § 1º). Na espécie, a defesa sustentava atipicidade da conduta em virtude do reduzido grau de reprovabilidade da ação, bem como da inexpressiva lesão jurídica provocada. Afastou-se, inicialmente, a hipótese de falsificação grosseira e considerou-se que as referidas cédulas seriam capazes de induzir a erro o homem médio. Aduziu-se, em seguida, que o valor nominal derivado da falsificação de moeda não seria critério de análise de relevância da conduta, porque o objeto de proteção da norma seria supraindividual, a englobar a credibilidade do sistema monetário e a expressão da própria soberania nacional." HC 97220/MG, rel. Min. Ayres Britto, 05.04.2011. (HC-97220) (**Inform. STF** 622).

Por derradeiro, muito interessante o entendimento do STJ acerca da inexistência de um critério quantitativo fixo para o reconhecimento da insignificância penal:

INSIGNIFICÂNCIA. VALOR MÁXIMO. AFASTAMENTO.

"A Turma afastou o critério adotado pela jurisprudência que considerava o valor de R$ 100,00 como limite para a aplicação do princípio da insignificância e deu provimento ao recurso especial para absolver o réu condenado pela tentativa de furto de duas garrafas de bebida alcoólica (avaliadas em R$ 108,00) em um supermercado. Segundo o Min. Relator, a simples adoção de um critério objetivo para fins de incidência do referido princípio pode levar a conclusões iníquas quando dissociada da análise do contexto fático em que o delito foi praticado – importância do objeto subtraído, condição econômica da vítima, circunstâncias e resultado do crime – e das características pessoais do agente. No caso, ressaltou não ter ocorrido repercussão social ou econômica com a tentativa de subtração, tendo em vista a importância reduzida do bem e a sua devolução à vítima (pessoa jurídica)." Precedentes citados: REsp 778.795-RS, *DJ* 05.06.2006; HC 170.260-SP, *DJe* 20.09.2010, e HC 153.673-MG, *DJe* 08.03.2010. REsp 1.218.765-MG, Rel. Min. Gilson Dipp, j. 1º.03.2011. (**Inform. STJ** 465)

j) Princípio da culpabilidade ou da responsabilidade subjetiva: não é possível que alguém seja punido se não houver atuado com dolo ou culpa. Em outras palavras, não se admite, como regra, em Direito Penal, a responsabilidade objetiva;

l) Princípio da taxatividade: não se admite, em Direito Penal, que as leis que criem crimes sejam muito genéricas (pouco detalhadas). Deve o legislador editar leis que veiculem crimes bem definidos, sem que se possam gerar dúvidas quanto à sua aplicação e alcance. Em suma: as leis penais devem ser claras e precisas. Trata-se de princípio dirigido especificamente ao legislador. É uma decorrência lógica do princípio da legalidade. Afinal, cabe à lei definir os crimes. Definir indica pormenorizar, detalhar;

m) Princípio da proporcionalidade: a sanção penal deve ser proporcional ao gravame causado pelo agente. Assim, deve existir uma proporcionalidade entre a conduta do agente e a resposta estatal que lhe será imposta. Para um crime de furto simples, atentaria contra a proporcionalidade a condenação de 15 anos de reclusão. O mesmo ocorreria se, para um estupro, o legislador fixasse pena de 2 meses de detenção, ou multa;

n) Princípio da vedação da dupla punição (*ne bis in idem*): constituiria abuso por parte do Estado se pudesse punir alguém, pelo mesmo fato, duas ou mais vezes. Assim, veda-se que alguém seja duplamente apenado (ou processado) pela mesma infração penal. Se "A" foi absolvido de um estupro, não poderá ser novamente processado caso sejam descobertas novas provas que o incriminam.

3. FONTES DO DIREITO PENAL

3.1. Introdução

A origem de um ramo do direito, ou de normas jurídicas, corresponde ao conceito de *fonte*, que vem do latim *fons*, *fontanus* e *fontis*. Significa, portanto, etimologicamente, nascente, nascedouro ou manancial.

As fontes podem ser analisadas sob dois aspectos ou enfoques: a) origem legislativa das normas; b) conteúdos ou formas de manifestação das normas jurídicas.

Esses dois aspectos dão margem à criação da classificação das fontes em espécies:

a) fontes materiais, substanciais ou de produção; e

b) fontes formais, de cognição ou de revelação.

3.2. Espécies de fontes

3.2.1. Fontes materiais, de produção ou substanciais

Para essa espécie de fonte, leva-se em conta a *entidade criadora das normas jurídicas penais*. Assim, compete à *União* legislar sobre Direito Penal (art. 22, I, da Constituição Federal). Todavia, o parágrafo único do referido dispositivo constitucional permite que a União, mediante lei complementar, autorize os Estados a legislar em qualquer matéria nele prevista, inclusive direito penal. Porém, não se tem notícia de situação como esta.

Assim, as normas penais decorrem da atividade legislativa federal (União), em regra pela edição de leis ordinárias, que devem ser aprovadas pela Câmara dos Deputados e Senado Federal.

3.2.2. Fontes formais, de cognição ou de revelação

Para essa espécie de fonte, levam-se em conta os *meios de exteriorização das normas jurídicas*, ou seja, a forma pela qual surgem no ordenamento jurídico.

As fontes formais podem ser subdivididas em:

A) fonte formal direta ou imediata: é a *lei* (aqui entendida em sua forma mais ampla, ou seja, como atividade legislativa do Poder Público). Temos como exemplos de fontes formais diretas do direito penal: a) Código Penal; b) Leis extravagantes em matéria penal (são as denominadas Leis Penais Especiais, tais como a Lei de Drogas, a Lei dos Crimes Hediondos, a Lei dos Crimes Ambientais etc.; c) Constituição Federal.

B) fonte formal indireta ou mediata: *a) costumes; b) princípios gerais de direito; e c) atos administrativos.*

Os *costumes* constituem um conjunto de normas comportamentais, obedecidas pelas pessoas como se fossem obrigatórias. Podem influenciar diretamente o direito penal, como, por exemplo: conceito de *repouso noturno* como majorante no crime de furto.

Os *princípios gerais de direito* são regras éticas que inspiram a criação das normas e sua aplicação ao caso concreto. Esses princípios, evidentemente, não estão expressos no ordenamento jurídico.

Segundo Guilherme de Souza Nucci, um princípio geral de direito é o de que *ninguém pode beneficiar-se da própria torpeza ou má-fé*. Assim, se o juiz verificar que o réu está arrolando testemunhas em outros Estados apenas para que atinja a prescrição do crime, poderá fixar um prazo para o retorno de seus depoimentos (cartas precatórias). Se não retornarem, poderá julgar o acusado ainda assim, se perceber que sua finalidade era apenas aquela (arrolar testemunhas fora da comarca para que, em razão da demora, fosse reconhecida a prescrição).

Também compete à União (Presidente da República) celebrar *tratados e convenções internacionais* que eventualmente poderão dispor sobre Direito Penal. Temos como exemplo a Convenção Americana dos Direitos Humanos (Pacto de São José da Costa Rica – Decreto 678/1992), que, após referendado pelo Congresso Nacional, criou algumas garantias em matéria processual penal, dentre elas: a) direito de julgamento do réu por um juiz ou tribunal imparcial; b) vedação de mais de um processo pelo mesmo fato (*ne bis in idem*). O próprio Código de Processo Penal, em seu art. 1º, I, admite a aplicação de regras processuais oriundas de tratados e convenções internacionais.

Por fim, os *atos administrativos* constituem, no mais das vezes, o complemento das chamadas *normas penais em branco*, assim denominadas aquelas cujos preceitos primários são incompletos. É o caso do art. 33 da Lei 11.343/2006 (Lei de Drogas), que traz o tipo penal de tráfico de drogas, sem, contudo, explicitar o que vem a ser "droga". Esta expressão, por não constar na lei, exige que o intérprete-aplicador do direito se socorra da Portaria 344/1998 da SVS/MS, que é, em suma, um ato administrativo.

3.2.3. A súmula vinculante e o Direito Penal

A Constituição Federal, em seu art. 103-A (inserido pela EC nº 45/2004), prevê a denominada *súmula vinculante*.

O STF poderá "de ofício ou por provocação, mediante decisão de dois terços de seus membros, após reiteradas decisões sobre matéria constitucional, aprovar súmula que, a partir de sua publicação na imprensa oficial, terá efeito vinculante em relação aos demais órgãos do Poder Judiciário e à administração pública direta e indireta, nas esferas federal, estadual e municipal".

A súmula vinculante veio a ser regulamentada pela Lei 11.417, de 19 de dezembro de 2006.

Assim, poderá o STF, de acordo com o texto constitucional, editar súmulas em matéria penal com o intuito de uniformizar o entendimento sobre certos temas, dando maior celeridade à prestação jurisdicional.

Serão elas, sem sombra de dúvida, fontes formais do Direito Penal. Temos, como exemplo de Súmulas vinculantes em matéria penal, a de número 24, que trata da necessidade de exaurimento da esfera administrativa para a configuração dos crimes materiais contra a ordem tributária, bem como a de número 26, que permite a realização de exame criminológico em condenados por crimes hediondos, desde que as circunstâncias do caso indiquem a necessidade da medida.

4. INTERPRETAÇÃO DO DIREITO PENAL

4.1. Interpretação. Conceito

Segundo Mirabete, a interpretação "é o processo lógico que procura estabelecer a vontade da lei, que não é, necessariamente, a vontade do legislador".

Prossegue dizendo que "na interpretação da lei, deve-se atender aos fins sociais a que ela se dirige e às exigências do bem comum", nos termos do art. 5º da LINDB (Lei de Introdução às Normas de Direito Brasileiro). Compreende-se nos imperativos do bem comum a tutela da liberdade individual. Deve-se lembrar que o art. 1º da LEP (Lei de Execuções Penais – Lei 7.210/1984) preconiza que o fim da pena é promover a integração social do condenado.

A ciência que se ocupa da interpretação da lei chama-se *hermenêutica*.

Em suma, interpretar é *buscar a finalidade e o alcance das leis*. Antecede, portanto, à aplicação da norma jurídica. Afinal, sem interpretá-la, impossível aplicá-la.

O brocardo latino *in claris cessat interpretatio* não tem razão, uma vez que, por mais simples que possa parecer uma norma jurídica, ela será objeto de interpretação.

4.2. Finalidades da interpretação

Segundo a doutrina, dois são os aspectos que conduzem o estudo da finalidade da interpretação. São eles:

a) Teoria subjetivista ou da vontade: para os que adotam essa teoria, o intérprete deverá buscar o conteúdo da vontade do *legislador*. Em outras palavras, ao interpretar a norma jurídica, deve-se tentar buscar a vontade do legislador, reconstruindo suas intenções (é a chamada *mens legislatoris*);

b) Teoria objetivista: deve o intérprete buscar não a vontade do legislador, mas a *vontade da própria norma*. Em razão do dinamismo social, por vezes a vontade do legislador, ao criar a lei, afasta-se de seu conteúdo com o passar do tempo. Em suma, a lei ganha "vida própria" com o decurso do tempo. Deve-se buscar, portanto, a *mens legis* (vontade da lei).

4.3. Espécies de interpretação

4.3.1. Sujeito

Quanto ao **sujeito** que realiza a interpretação, ela pode ser:

a) autêntica;

b) jurisprudencial;

c) doutrinária.

Considera-se *interpretação autêntica* aquela cuja origem é a mesma da norma interpretada (lei), portanto tem força vinculante. Afinal, se a interpretação (busca do alcance da lei) decorre da mesma fonte, obviamente deverá ser observada. Temos como exemplo o conceito de "casa", previsto no art. 150, § 4º, do Código Penal.

Considera-se *interpretação jurisprudencial* (ou judicial) aquela que decorre do entendimento dos tribunais acerca do alcance e finalidade de determinadas normas jurídicas. Lembre-se que jurisprudência corresponde a decisões reiteradas dos tribunais acerca de determinado tema, pacificando o entendimento. Deve-se ressaltar que tal forma interpretativa *não tem força vinculante*, ou seja, os juízes e tribunais não são obrigados a julgar de acordo com a jurisprudência. Porém, em se tratando de *súmula vinculante*, já dissemos que, como fonte do direito, será obrigatoriamente observada (*vide* art. 103-A da Constituição Federal e a EC nº 45/2004).

Considera-se *interpretação doutrinária* aquela proveniente do entendimento conferido por juristas às normas jurídicas. É a denominada *communis opinio doctorum*. Obviamente não tem força vinculante.

4.3.2. Meio empregado

Quanto ao **meio empregado**, a interpretação pode ser:

a) gramatical (literal);

b) teleológica.

Considera-se *interpretação gramatical* aquela decorrente da análise da "letra da lei", ou seja, de seu sentido no léxico. Em outras palavras, a lei é interpretada tal como decorre do vernáculo (conjunto de palavras componentes de uma língua). É o caso do termo "autoridade", previsto no art. 10, § 1º, 2º e 3º, do Código de Processo Penal, que indica para "autoridade policial". Igualmente, o termo "queixa", previsto no art. 41 do Código de Processo Penal, deve ser interpretado não em seu sentido literal, mas como petição inicial nos crimes de ação penal privada.

Considera-se *interpretação teleológica* aquela que se vale da lógica para que se busque o alcance e finalidade das leis. Assim, deve-se buscar não apenas a literalidade da norma, mas sua *finalidade*.

4.3.3. Resultados

Quanto aos **resultados** decorrentes da interpretação, temos:

a) declarativa;

b) restritiva;

c) extensiva.

Considera-se *interpretação declarativa* aquela que não exige do intérprete ir além ou aquém do texto legal fornecido. É o caso de interpretar a expressão "*casa habitada*", no art. 248 do Código de Processo Penal, entendendo-se como tal todo compartimento em que viva uma ou mais pessoas.

Considera-se *interpretação restritiva* aquela que exigirá do intérprete uma restrição ou redução ao alcance da lei, buscando sua real vontade.

Considera-se *interpretação extensiva* aquela em que o intérprete deve ampliar o alcance da norma jurídica, que disse menos do que deveria ter dito. É o caso, por exemplo, da interpretação a ser conferida ao delito de bigamia – art. 235 do CP (que, por óbvio, também pune o agente por poligamia) ou mesmo ao delito de outras fraudes – art. 176 do CP (que pune, também, a conduta

daquela pessoa que toma refeição sem dispor de recursos para efetuar o pagamento não apenas em restaurantes, conforme enuncia a lei, mas em pensões, bares, boates...).

4.3.4. *Outras classificações*

Temos, ainda, a *interpretação progressiva*, que se verifica em razão da evolução da sociedade e do próprio Direito. Assim, algumas expressões constantes na lei devem ser interpretadas de acordo com a atualidade, como é o caso do chamado "Tribunal de Apelação", que hoje é o Tribunal de Justiça, ou o "Chefe de Polícia", atualmente interpretado como Secretário de Segurança Pública.

Fala-se, também, em *interpretação analógica*, que se verifica quando a lei, após uma enumeração casuística, fornece uma cláusula genérica, que, por similitude às anteriores, será extraída por analogia. É o caso do art. 6º, inciso IX, do Código de Processo Penal.

Por fim, Edílson Mougenot Bonfim (obra citada) trata da *interpretação conforme* (à Constituição). Trata-se da regra básica de que o texto constitucional é hierarquicamente superior às demais espécies normativas, razão pela qual estas devem ser interpretadas em harmonia (conforme, portanto) com a Carta Magna. Segundo Canotilho, jurista português, trata-se do *princípio da conformidade*, que determina ao intérprete que, ao ler um dispositivo legal, se forem possíveis duas ou mais interpretações, deverá adotar aquela que guardar compatibilidade com a Constituição Federal.

4.4. Analogia

Não se pode dizer que a analogia é uma forma de interpretação da lei penal, mas sim de autointegração do sistema. Em outras palavras, não havendo norma específica para regular um caso concreto, aplica-se uma norma incidente a outro caso, porém semelhante (análogo).

Consiste a analogia, portanto, em "criar uma norma penal onde, originalmente, não existe" (Guilherme de Souza Nucci – **Manual de Direito Penal** – ed. RT, p. 82).

A doutrina majoritária defende a impossibilidade de se adotar a analogia em prejuízo do réu (denominada de analogia *in malam partem*), mas apenas para beneficiá-lo. Ademais, não se pode olvidar que o direito penal é fortemente regido pelo princípio da legalidade (*não há crime sem lei que o defina*), motivo pelo qual não se pode utilizar da analogia para criar situações não previstas em lei, de modo a prejudicar o agente delitivo.

Já o emprego da analogia em benefício do réu é largamente aceito pela doutrina e jurisprudência, mas apenas em casos excepcionais, também por força do princípio da legalidade. Nesse caso, denomina-se de analogia *in bonam partem* a situação em que é possível a criação de norma não prevista expressamente, com o escopo de beneficiar e até mesmo absolver o réu.

5. APLICAÇÃO DA LEI PENAL

5.1. Considerações iniciais

Para o estudo da aplicação da lei penal, impõe-se o conhecimento de um princípio basilar do Direito Penal: o princípio da *legalidade*.

Expresso pelo brocardo latino *nullum crimen nulla poena sine praevia lege*, da lavra de Feurbach, a doutrina mais moderna costuma dividi-lo em dois subprincípios, a saber: **a) reserva legal**; **b) anterioridade**.

Antes de ingressarmos na análise do princípio da legalidade e seus desdobramentos, é importante ressaltar que referido princípio vem definido *no art. 5º, XXXIX, da Constituição Federal*, com a seguinte redação: "não há crime sem lei anterior que o defina, nem pena sem prévia cominação legal".

O *Código Penal*, em seu *art. 1º*, basicamente repete, *ipsis literis*, a redação do dispositivo constitucional mencionado, sob a rubrica "Anterioridade da lei".

Discordamos do *nomen juris* conferido ao disposto no art. 1º, do aludido diploma legal, na medida em que reflete apenas uma parcela do princípio da legalidade.

Com efeito, reza a Constituição Federal que "nenhum crime ou pena podem ser criados sem a existência de lei anterior que os defina e comine". Em outras palavras, a criação de crimes (infrações penais) e penas (espécie de sanção penal) depende da existência de *lei*. É aqui que encontramos o *princípio da reserva legal*: não há crime nem cominação de pena sem *lei*.

Todavia, não basta a existência de *lei* criando um crime e cominando uma pena. É indispensável que essa *lei* seja *anterior* ao fato praticado pelo agente. Aqui estudamos o princípio da anterioridade da lei penal: *crime somente é a conduta descrita em lei anterior ao seu cometimento.*

5.1.1. *Características específicas da lei penal decorrentes do princípio da legalidade*

O princípio da legalidade preleciona que o *crime* deve ser *definido* por lei. A palavra "definição" revela muito mais do que um simples "conjunto de palavras" previstos em uma lei.

Definir, no sentido ora estudado, significa delinear os contornos da conduta criminosa, pormenorizando-a ou, ao menos, conferindo todas as circunstâncias essenciais à caracterização do crime. Daí resultam algumas características peculiares da lei penal, a saber: a) a lei penal deve ser *certa*; b) a lei penal deve ser *minuciosa*.

Diz-se que a lei penal deve ser certa para que não crie situações em que seja difícil constatar o que quis dizer o legislador, tornando insegura a aplicação do diploma legal.

5.1.2. *O tipo penal*

Chama-se de *tipo penal* o "modelo legal de conduta" descrita em lei como proibida (imperativos de proibição) ou como necessária (imperativos de comando).

Assim, todos os crimes previstos, por exemplo, no Código Penal (arts. 121 e seguintes), vêm definidos em **tipos penais** (ex.: art. 121: "matar alguém"; art. 155: "subtrair, para si ou para outrem, coisa alheia móvel"; art. 317: "solicitar ou receber, para si ou para outrem, direta ou indiretamente, ainda que fora da função, ou antes de assumi-la, mas em razão dela, vantagem indevida, ou aceitar promessa de tal vantagem").

5.1.3. *O que se entende por "lei"?*

Dissemos que é o princípio da legalidade que rege o Direito Penal, sendo que a criação de crimes e cominação de penas depende da existência de lei.

Deve-se, aqui, entender por lei, a *atividade que decorre do Poder Legislativo Federal* (afinal, a fonte material do Direito Penal é a União – art. 22, I, da Constituição Federal).

Assim, podem criar crimes e cominar penas as seguintes espécies normativas:

a) Lei Complementar;

b) Lei Ordinária.

Lei Delegada, Medida Provisória, Decreto-legislativo e Resoluções *não podem criar crimes e cominar penas!*

5.1.4. O princípio da retroatividade benéfica (ou irretroatividade prejudicial)

5.1.4.1. Lei penal no tempo

Nos termos da CF, art. 5º, XL, a **lei penal não retroagirá, salvo para beneficiar o réu**. Assim, a regra é a de que a lei penal é *irretroativa*, segundo o princípio *tempus regit actum*, ou seja, aplica-se a lei do momento do fato (o tempo rege o ato).

Todavia, a CF manda que a lei benéfica retroaja em benefício do réu. Nesse compasso, é possível a ocorrência do chamado *conflito intertemporal de leis*, ou *conflito de leis penais no tempo*.

Em outras palavras, poderá o juiz deparar-se com situações em que a lei vigente à época do crime fosse uma, e, no momento de sentenciar, outra estivesse em vigor. Que lei deverá aplicar? Para tal questionamento, estuda-se o já mencionado *conflito de leis penais no tempo*, existindo quatro regras que o resolverão.

Quatro são as hipóteses, portanto, de conflitos:

a) *abolitio criminis:* também chamada *de lei posterior supressiva de incriminação*. Pressupõe a edição de lei posterior que deixa de considerar o fato como crime (art. 2º do CP), por isso *retroagirá* em favor do réu, seja na fase de processo (ação penal) ou da execução penal, e mesmo após o trânsito em julgado;

b) *novatio legis in mellius:* é a *lei posterior mais benéfica*, mantendo-se, no entanto, a incriminação. Poderá *retroagir* em benefício do réu em qualquer fase, mesmo após o trânsito em julgado (parágrafo único, art. 2º do CP);

c) *novatio legis in pejus:* é a lei posterior que, embora mantenha a incriminação, é *prejudicial* ao réu. Por isso, é *irretroativa*, aplicando-se a lei anterior mais benéfica, que terá a característica da *ultratividade*.

d) *novatio legis incriminadora: é* a lei que passa a considerar um fato criminoso. Por óbvio, não retroagirá, até porque a prática do fato, até então, não tem amparo legal.

Obs.: CUIDADO – as leis processuais, conforme art. 2º do CPP, aplicam-se desde logo, ficando preservados os atos processuais praticados até então. Pouco importa se são benéficas ou prejudiciais ao réu. Em relação a elas, vigora o *tempus regit actum*. Situação diversa ocorre no Direito Penal. Lembre-se que se uma lei penal posterior ao fato for benéfica ao réu, haverá retroatividade dela; caso contrário, será irretroativa.

5.1.5. Leis excepcionais e temporárias

São leis com *vigência temporária*, também chamadas de leis intermitentes. São autorrevogáveis, sem necessidade de que lei posterior as revogue. Vêm descritas no artigo 3º do CP.

A *lei excepcional* é aquela que *vigora durante um período de exceção*, como, por exemplo, em período de guerra, calamidades etc. Quando cessar o período de exceção, as leis excepcionais serão revogadas automaticamente.

A *lei temporária* é aquela que contém, em seu próprio texto, o *período de vigência*. São leis "marcadas para morrer", com contagem regressiva de "vida" (vigência). Atingindo o termo final, cessará sua vigência. Claro exemplo de materialização de referida espécie de lei se verificou com a edição da Lei 12.663, de 5 de junho de 2012, denominada de "Lei Geral da Copa" (em razão da Copa do Mundo de 2014, realizada no Brasil). Os tipos penais previstos em referido diploma legal, nos termos do seu art. 36, terão vigência até o dia 31 de dezembro de 2014.

Em ambas as leis (excepcionais e temporárias), aplica-se a *ultratividade*, ou seja, ainda que revogadas, atingirão os agentes delitivos em momento ulterior à revogação (art. 3º do CP).

5.2. Conflito aparente de leis penais (ou conflito aparente de normas)

É possível que, apenas no *plano da aparência*, duas ou mais leis penais incidam sobre um mesmo fato. Na realidade, apenas uma delas deverá reger o ato praticado pelo agente. É o que se denomina *conflito aparente de leis ou conflito aparente de normas*.

Para a resolução desse conflito, quatro princípios serão utilizados:

a) princípio da especialidade: a lei especial prevalece sobre a geral. Será especial a lei que contiver todos os elementos da geral e mais alguns denominados especializantes. Ex.: homicídio (lei geral) e infanticídio (lei especial);

b) princípio da subsidiariedade: a lei primária prevalece sobre a subsidiária. Lei subsidiária é aquela que descreve um grau menor de violação de um mesmo bem jurídico integrante da descrição típica de outro delito mais grave. Ex.: lesão corporal (lei primária) e periclitação da vida ou saúde de outrem (lei subsidiária);

c) princípio da consunção ou absorção: o crime mais grave absorve outro menos grave quando este integrar a descrição típica daquele (quando for meio de execução de outro mais grave). É verificado em 3 hipóteses:

c.1) crime progressivo: dá-se quando o agente pretende, desde o início, produzir resultado mais grave, praticando sucessivas violações ao mesmo bem jurídico. Ex.: querendo matar, o agente dá golpes de taco de beisebol em todo o corpo da vítima até matá-la. Pratica, portanto, lesões corporais até chegar ao resultado morte;

c.2) crime complexo: é aquele composto de vários tipos penais autônomos. Prevalece o fato complexo sobre os autônomos. Ex.: para roubar, o agente furta o bem e emprega violência ou grave ameaça. Não responderá por furto, lesões corporais e/ou ameaça, mas só pelo roubo;

c.3) progressão criminosa: o agente, de início, pretende produzir resultado menos grave. Contudo, no decorrer da conduta, decide por produzir resultado mais grave. Ex.: primeiro o agente pretendia lesionar e conseguiu seu intento. Contudo, após a prática das lesões corporais, decide matar a vítima, o que efetivamente faz. Nesse caso, o resultado final (mais grave) absorve o resultado inicial (menos grave).

Atenta a doutrina, ainda, para o *princípio da alternatividade*, que, em verdade, não soluciona conflito aparente de normas,

mas um *conflito interno* de normas. É o que ocorre nos *crimes de ação múltipla, de tipo alternativo misto ou de conteúdo variado*, que são aqueles formados por várias condutas típicas possíveis (vários verbos), tais como o art. 33 da Lei de Drogas (tráfico de drogas), ou o art. 180 do CP (receptação). Se o agente praticar dois ou mais verbos do mesmo tipo penal, responderá por um único crime (ex.: Se "A" importar dez quilos de cocaína e vendê-los a "B", não responderá por dois tráficos de drogas, mas por um só crime de tráfico).

5.3. Aplicação da lei penal no tempo

O estudo da aplicação da lei penal no tempo responde às seguintes indagações: *Qual o momento do crime? Quando é que se considera praticado um crime?*

O art. 4º do Código Penal trata exatamente da aplicação da lei penal no tempo, ao prescrever: "Considera-se praticado o crime no **momento** da ação ou omissão, ainda que outro seja o **momento** do resultado".

Grifamos a palavra "momento" para demonstrar que referido dispositivo legal trata da aplicação da lei penal no *tempo*.

Acerca disso, a doutrina nos traz três teorias, a saber:

a) teoria da atividade: considera-se praticado o crime no momento da ação ou da omissão, pouco importando o momento do resultado;

b) teoria do resultado: considera-se praticado o crime no momento em que se verifica o resultado, independentemente do momento da ação ou omissão;

c) teoria mista ou da ubiquidade: considera-se praticado o crime tanto no momento da ação ou omissão, quanto no momento do resultado.

O Código Penal, em seu art. 4º, adotou a **teoria da atividade**, querendo o legislador, com isso, definir que o **tempo do crime** é o da *atividade do agente* (ação ou omissão), independentemente do momento em que o resultado ilícito se verificar.

Temos como exemplo o seguinte: "*A, em 10.03.2012, efetuou três disparos de arma de fogo contra B, que faleceu apenas em 17.03.2012, após uma semana na UTI*".

No exemplo citado, verificam-se dois momentos distintos: o dos disparos (*atividade*) e o da morte (*resultado*). Considera-se, de acordo com o art. 4º do Código Penal, praticado o homicídio (art. 121) **no momento dos disparos** (10.03.2012 – ação), e não no momento da morte da vítima (17.03.2012 – resultado).

A análise do tempo do crime é relevante para a aferição da **imputabilidade penal** (capacidade pessoal do agente para entender o caráter ilícito do fato – ex.: menoridade penal), bem como para a análise de **qual lei é mais ou menos benéfica para o agente** (princípio da irretroatividade prejudicial).

5.4. Aplicação da lei penal no espaço

5.4.1. *Considerações iniciais*

O estudo da **aplicação da lei penal no espaço** é relevante para que seja possível a **resolução de conflitos de soberania** entre dois ou mais países, especialmente quando um crime violar interesses deles, seja porque a conduta criminosa teve início no nosso território nacional e o resultado ocorreu em outro país, seja pelo fato de o início da execução do crime ter ocorrido no exterior e o resultado em nosso território nacional.

5.4.2. *Princípios relacionados com a aplicação da lei penal no espaço*

A doutrina nos traz cinco princípios relativos à aplicação da lei penal no espaço, apresentando, assim, a solução para possíveis conflitos entre dois ou mais países em matéria criminal. São eles:

a) princípio da territorialidade: versa que a lei nacional será aplicada aos fatos (crimes ou contravenções penais) praticados em território nacional (art. 5º do Código Penal);

b) princípio da nacionalidade: também denominado de princípio da personalidade, define que a lei penal de um país será aplicada ao seu cidadão, ainda que fora do território nacional;

c) princípio da defesa: também conhecido como princípio real ou princípio da proteção, dita que será aplicada a lei do país do bem jurídico lesado ou ameaçado de lesão, independentemente da nacionalidade do agente ou do local da infração penal;

d) princípio da justiça penal universal: também denominado de princípio universal, princípio da universalidade da justiça, ou princípio da justiça cosmopolita, designa que o sujeito que tenha praticado uma infração penal deverá ser punido pela justiça do local onde se encontre, ainda que tenha outra nacionalidade ou o interesse do bem jurídico lesionado seja de outro território;

e) princípio da representação: também conhecido como princípio da bandeira (lei da bandeira) ou do pavilhão, reza que o agente deverá ser punido por infração praticada no estrangeiro pelo país de origem de embarcações e aeronaves privadas, quando praticadas em seu interior, e desde que não tenha sido punido no país em que tenha praticado a infração penal.

O Brasil adotou, como regra, o **princípio da territorialidade**, ao prescrever: "Aplica-se a lei brasileira, sem prejuízo de convenções, tratados e regras de direito internacional, ao crime cometido no território nacional". Porém, também albergou os demais princípios, de maneira excepcional, no art. 7º do CP, que trata da extraterritorialidade da lei penal (aplicação da lei penal brasileira a crimes praticados no estrangeiro).

5.4.3. *A territorialidade temperada e o art. 5º do CP*

Como já dissemos anteriormente, o CP adotou, em seu art. 5º, o princípio da territorialidade, segundo o qual a lei brasileira será aplicada aos crimes cometidos em território nacional. Todavia, referido dispositivo legal não traduz uma territorialidade absoluta, mas relativa, ou ***temperada***, como enuncia a doutrina. Quer-se dizer que, como regra, aos crimes praticados em território nacional, aplicar-se-á a lei local, ressalvadas as **convenções, tratados e regras de direito internacional**.

5.4.4. *Conceito de território*

O art. 5º do CP faz menção ao "território" nacional. E o que vem a ser **território**? Tal deve ser entendido em seu **sentido jurídico** como todo o ***espaço terrestre, marítimo, aéreo e fluvial***, no qual a **soberania nacional** será amplamente exercida (salvo nos casos de tratados, convenções e regras de direito internacional!).

Entende-se por **espaço terrestre** toda a extensão até as fronteiras territoriais, abarcando, nesse conceito, o **solo** e o **subsolo**.

Já o **espaço aéreo** é aquele correspondente à **coluna atmosférica acima do espaço terrestre**, nos termos do disposto no Código Brasileiro de Aeronáutica (Lei 7.565/1966, art. 11).

Por **espaço marítimo** deve-se entender a *extensão do mar territorial*, que corresponde a uma faixa de **12 (doze) milhas marítimas**, conforme art. 1º, *caput*, da Lei 8.617/1993.

Por derradeiro, entende-se por **espaço fluvial** todo o conjunto de **rios** pertencentes ao território nacional.

5.4.5. *Conceito de território por equiparação (ou território ficto)*

Os §§ 1º e 2º, ambos do art. 5º do CP, ampliando o conceito de território, prescrevem que, para efeitos penais, consideram-se como **extensão** do território nacional as **embarcações** e **aeronaves brasileiras**, de natureza **pública** ou a **serviço do governo brasileiro** onde quer que se encontrem, bem como as **aeronaves** e as **embarcações brasileiras**, **mercantes** ou de **propriedade privada**, que se achem, respectivamente, no **espaço aéreo correspondente** ou em **alto-mar**.

Ainda, as **aeronaves** ou **embarcações estrangeiras de propriedade privada**, mas que se achem aquelas em **pouso no território nacional** ou em **voo** no **espaço aéreo correspondente**, e estas em **porto** ou **mar territorial** brasileiros, serão consideradas, para efeitos penais, ***território nacional***.

Em suma:

✓ embarcações e aeronaves brasileiras públicas ou a serviço do governo brasileiro = *território nacional;*

✓ embarcações e aeronaves brasileiras mercantes ou de propriedade privada em espaço aéreo correspondente ou alto-mar = *território nacional;*

✓ embarcações e aeronaves estrangeiras de propriedade privada, pousadas ou em voo no espaço aéreo nacional, ou em porto ou mar territorial = *território nacional.*

5.4.6. *Lugar do crime (art. 6º do CP)*

Estudado o conceito de território nacional, o art. 6º do CP define o "lugar do crime", vale dizer, **onde** foi praticada a infração penal.

Impõe-se o alerta de que referido dispositivo não cuida de definir o **foro competente** para o julgamento do agente delitivo, questão tratada no estudo da **competência no processo penal** (arts. 69 e seguintes do CPP). Aqui, estudamos o **território** ou o **país** com soberania para aplicar sua legislação penal.

Assim, o art. 6º do CP somente é aplicado na hipótese de uma infração penal **ter início em nosso território nacional,** e o **resultado ocorrer em outro** (exterior), ou vice-versa. Tal situação é denominada pela doutrina como **crime à distância** ou de **espaço máximo,** que é aquele cuja execução se inicia em um país, mas o resultado é verificado em outro.

Voltando ao lugar do crime, a legislação pátria o definiu com base na **teoria mista** ou da **ubiquidade**, segundo a qual se considera como lugar do crime tanto o da ação ou omissão quanto o daquele em que se verificar o resultado. Ex.: "A" ministra veneno na xícara de café que "B" ingeriu em um trem, que partiu do Brasil rumo à Bolívia. Se "B" morrer na Bolívia, ainda assim o Brasil poderá aplicar a lei penal a "A". Se o contrário ocorresse ("A" tivesse envenenado "B" na Bolívia e o resultado morte se verificasse no Brasil), ainda assim nossa legislação poderia ser aplicada.

5.4.7. *Extraterritorialidade (art. 7º do CP)*

Por vezes, ainda que uma infração penal seja praticada fora do território nacional, a lei penal brasileira poderá ser aplicada ao agente que a tiver realizado, por força da denominada **extraterritorialidade**.

O art. 7º do CP distingue duas formas de extraterritorialidade: a incondicionada e a condicionada.

O **inciso I**, de referido dispositivo legal, cristaliza a **extraterritorialidade incondicionada**, segundo a qual a mera prática do delito em outro país que não o Brasil já é suficiente para provocar a aplicação da lei penal brasileira, independentemente de qualquer requisito. Assim, será o caso de ser aplicada a lei nacional, embora o crime tenha sido praticado no estrangeiro, ainda que o agente seja absolvido ou condenado no estrangeiro, aos crimes contra:

a) a vida ou a liberdade do Presidente da República;

b) o patrimônio ou a fé pública da União, do DF, de Estado, Território, Município, de empresa pública, sociedade de economia mista, autarquia ou fundação instituída pelo Poder Público;

c) a administração pública, por quem está a seu serviço;

d) de genocídio, quando o agente for brasileiro ou domiciliado no Brasil.

Já o inciso II do mesmo artigo traz-nos as hipóteses de **extraterritorialidade condicionada**, que, como o próprio nome diz, somente admitirá a aplicação da lei penal brasileira se satisfeitas algumas condições (definidas no § 2º). São os seguintes casos:

a) crimes que, por tratado ou convenção, o Brasil se obrigou a reprimir;

b) crimes praticados por brasileiro;

c) crimes praticados em aeronaves ou embarcações brasileiras, mercantes ou de propriedade privada, quando em território estrangeiro e aí não sejam julgados.

As **condições** para a aplicação da lei penal nos casos acima mencionados são:

a) entrar o agente no território nacional;

b) ser o fato punível também no país em que foi praticado;

c) estar o crime incluído entre aqueles pelos quais a lei brasileira autoriza a extradição;

d) não ter sido o agente absolvido no estrangeiro ou não ter aí cumprido a pena;

e) não ter sido o agente perdoado no estrangeiro ou, por outro motivo, não estar extinta a punibilidade, segundo a lei mais favorável.

Por fim, o § 3º, complementando o rol de condições para a aplicação da lei penal se o crime foi praticado fora do Brasil, determina que **nossa lei será aplicada ao estrangeiro que tenha praticado crime contra brasileiro** no exterior, se:

a) não foi pedida ou negada a extradição;

b) houve requisição do Ministro da Justiça.

5.5. Aplicação da lei penal com relação às pessoas (imunidades)

Em decorrência do disposto nos arts. 5º e 7º do CP, combinados com o art. 1º do CPP, em princípio, todas as regras de processo penal deverão ser aplicadas a qualquer pessoa que deva se submeter à jurisdição brasileira. Entretanto, a Constituição Federal e o art. 1º, I e II, do CPP arrolam as pessoas que, excepcionalmente, terão regras próprias para a verificação da sua culpabilidade. Tais regras são denominadas imunidades.

A imunidade é uma prerrogativa conferida a certas pessoas em virtude das atividades por elas desempenhadas como forma de garantir, assim, o livre exercício de suas funções. A imunidade pode ser *diplomática* ou *parlamentar*.

5.5.1. Imunidade diplomática

A imunidade diplomática é aplicada a qualquer delito praticado por agente diplomático (embaixador, secretários da embaixada, pessoal técnico e administrativo das representações), estendendo-se à sua família, a funcionários de organismos internacionais em serviço (exemplos: ONU, OEA) e quando em visita oficial. Trata-se de uma imunidade irrenunciável. Os chefes de Estados estrangeiros e os membros de sua comitiva também estão acobertados pela imunidade diplomática.

O agente diplomático não é obrigado a prestar depoimento como testemunha, salvo se o depoimento estiver relacionado com o exercício de suas funções.

5.5.2. Imunidade parlamentar

Essa espécie de imunidade garante ao parlamentar (deputado federal e senador) a ampla liberdade de palavra no exercício de suas funções (denominada imunidade material – art. 53, *caput*, da CF), bem como a garantia de que não possam ser presos, exceto em flagrante por delito inafiançável (art. 53, § 2º, 1ª parte, da Constituição Federal – é a denominada imunidade formal). Por decorrerem da função exercida e não da figura (pessoa) do parlamentar, não se admite a sua renúncia (é, portanto, irrenunciável).

Estende-se também (a imunidade material) aos vereadores se o crime foi praticado no exercício do mandato e na circunscrição do Município. Porém, referidos membros do Poder Legislativo não gozam de imunidade formal (também denominada processual ou relativa).

Resumindo:

✓ **Imunidade parlamentar (gênero)**:

a) *imunidade material* (absoluta) = deputados (federais e estaduais), senadores e vereadores (só nos limites do município);

b) *imunidade formal* (relativa ou processual) = deputados (federais e estaduais) e senadores (vereadores não a têm).

6. TEORIA GERAL DO CRIME

6.1. Teoria do Crime

6.1.1. Considerações iniciais

O estudo da denominada **Teoria do Crime** tem por objetivo destacar os aspectos jurídicos acerca deste fenômeno social que, infelizmente, assola a sociedade.

Para tanto, iniciaremos com as seguintes noções, a partir de agora enfrentadas.

6.1.2. Critério dicotômico

O Brasil, em matéria de **infração penal**, adotou o critério denominado pela doutrina de **dicotômico,** eis que aquela é gênero que comporta **duas espécies**, a saber:

a) crimes (ou delitos – são sinônimos); e

b) contravenções penais.

Em um primeiro momento, basta saber que, intrinsecamente, crimes e contravenções penais não guardam diferenças entre si. Não é demais lembrar que ambos dependem de **lei** para sua criação (princípio da legalidade – art. 5º, XXXIX, da Constituição Federal).

Aqui, o legislador, ao criar uma infração penal, deverá sopesar os bens jurídicos protegidos por ela e escolher se prefere criar um crime ou uma contravenção penal. De qualquer forma, importa destacar que esta é mais branda do que aquele, vale dizer, a resposta estatal pela prática do primeiro é mais rígida do que pela segunda.

6.1.3. Conceitos de crime

Melhor ingressando no estudo da teoria do crime, faz-se necessária a colação de três conceitos ou concepções de crime definidas pela doutrina. São elas:

a) conceito material: crime é todo comportamento humano que **lesa** ou **expõe a perigo de lesão** bens jurídicos tutelados pelo Direito Penal. Trata-se de conceito que busca traduzir a essência de crime, ou seja, busca responder à seguinte indagação: o que é um crime?

b) conceito formal: crime corresponde à **violação da lei penal**. Em outras palavras, corresponde à relação de subsunção ou de concreção entre o fato e a norma penal incriminadora (ex.: Se "A" matar "B", terá violado a norma penal inserida no art. 121 do Código Penal);

c) conceito analítico: se se adotar a **concepção bipartida** (defendida por Damásio de Jesus, Julio Mirabete e Fernando Capez, por exemplo), crime é **fato típico e antijurídico.** Já se for adotada a concepção tripartida (defendida pela doutrina majoritária), **crime é fato típico, antijurídico e culpável**.

Partindo-se do pressuposto que crime é fato típico e antijurídico, a culpabilidade será elemento estranho à sua caracterização, sendo imprescindível sua análise apenas para que seja possível, verificada a reprovação da conduta praticada pelo agente, a aplicação de sanção penal ao infrator.

6.2. Fato típico

O fato típico é o primeiro requisito do crime. Portanto, podemos afirmar que não existe crime se não houver um **fato típico**. E o que vem a ser isso?

Pode-se afirmar que fato típico é o **fato material** descrito em lei como **crime**.

A **estrutura** do fato típico é a seguinte:

a) conduta;

b) resultado;

c) nexo causal (ou de causalidade, ou, ainda, relação de causalidade);

d) tipicidade.

Conduta, resultado, nexo causal e tipicidade são os **elementos** do fato típico. Os três primeiros correspondem ao que denominamos de **fato material.** Já o último será o responsável pela **descrição** deste fato material em **lei**.

Em verdade, estudar o fato típico nada mais é do que estudar seus elementos constitutivos. Vamos a eles.

6.2.1. Conduta

Tem como clássica definição ser **todo comportamento humano, positivo ou negativo, consciente e voluntário, dirigido a uma finalidade específica**.

Evidentemente, não é possível imaginarmos crime sem conduta (*nullum crimen sine conducta*). É ela a responsável pelo "atuar" do homem, causador de uma lesão ou perigo de lesão ao bem jurídico tutelado pela norma penal incriminadora.

Diz-se que a conduta é um **comportamento humano** na medida em que somente o homem, ser racional que é, pode agir ou deixar de agir, causando com isso uma lesão ou ameaça de lesão ao bem da vida que o legislador tencionou proteger.

O que muito se discute é a possibilidade da prática de **crimes por pessoas jurídicas**, que são entes fictícios criados pela lei com o objetivo maior de separar o patrimônio dos sócios que as compõem com os da sociedade. Discussões à parte, a doutrina majoritária entende que pessoa jurídica somente pode praticar crimes ambientais, por força do art. 225, § 3º, da Constituição Federal, regulamentado pela Lei 9.605/1998 (Lei dos Crimes Ambientais).

Retornando ao conceito de conduta, a par de ser um comportamento humano, é certo que sua expressão no mundo fenomênico poderá decorrer de uma **ação** (daí o comportamento ser positivo, gerador dos **crimes comissivos**) ou de uma **omissão** (comportamento negativo, gerador dos crimes **omissivos**). Boa parte dos crimes é praticada mediante ação (que corresponde a um fazer, a um atuar positivamente). Excepcionalmente, quando o legislador expressamente previr, será possível que um crime seja praticado por uma inação, uma conduta negativa, uma omissão (ex.: omissão de socorro – art. 135 do Código Penal). Isso porque, como regra, uma inação, um não fazer, não gera qualquer efeito ("do nada, nada vem").

No tocante à **omissão**, esta pode ser de **duas espécies**:

a) omissão própria (*crimes omissivos próprios ou puros*) – vem descrita na lei. O dever de agir deriva da própria norma. Frise-se que os crimes omissivos próprios não admitem tentativa, visto que basta a omissão para o crime se consumar. Ex.: omissão de socorro (art. 135 do CP);

b) omissão imprópria (*crimes omissivos impróprios, impuros, espúrios ou comissivos por omissão*) – o agente tem o dever jurídico de agir para evitar um resultado. Não o fazendo, responderá por sua omissão (art. 13, § 2º, do CP). O agente somente responderá por crime omissivo impróprio se tiver o **dever de agir e puder agir**. Na *omissão imprópria*, o **dever jurídico de agir** do agente decorrerá de uma das seguintes situações:

i. quando tenha por **lei** obrigação de cuidado, proteção ou vigilância (ex.: dever dos pais de zelar pela integridade dos filhos, decorrente do poder familiar, expresso no Código Civil);

ii. quando, de **outra forma**, assumiu a responsabilidade de impedir o resultado, assumindo a posição de *garante* ou *garantidor* (ex.: enfermeira contratada para cuidar de pessoa idosa, tendo por incumbência ministrar-lhe medicamentos);

iii. quando, com o seu **comportamento anterior**, criou o risco da ocorrência do resultado. Trata-se do que a doutrina denomina de *dever de agir por ingerência na norma* (ex.: veteranos arremessam calouro em piscina, não sabendo este nadar. Terão o dever de salvá-lo, sob pena de responderem pelo resultado que não evitaram).

Em prosseguimento aos elementos da conduta, esta deve corresponder a um comportamento humano **consciente e voluntário**, ou seja, o indivíduo deve saber o que está fazendo, bem como ter liberdade locomotora para agir (ou deixar de agir). Portanto, excluirá a conduta (e, via de consequência, inexistirá fato típico) as seguintes situações mencionadas pela doutrina:

a) atos reflexos;

b) sonambulismo e hipnose;

c) coação física irresistível;

d) caso fortuito; e

e) força maior.

Por fim, à luz da teoria finalista da ação, adotada por boa parte da doutrina, **não há conduta que não tenha uma finalidade**. O agir humano é sempre voltado à realização de algo, lícito ou ilícito.

6.2.2. Resultado

A consequência ou decorrência natural da conduta humana é o **resultado**. A doutrina costuma classificá-lo de duas formas: a) resultado naturalístico e; b) resultado normativo (ou jurídico).

Segundo Damásio E. de Jesus, **resultado naturalístico** é a modificação do mundo exterior provocada pela conduta. Em outras palavras, é a percepção dos efeitos do crime pelos sentidos humanos (ex.: morte, redução patrimonial, destruição de coisa alheia etc.). Todavia, nem todo crime acarreta um resultado naturalístico, como é o caso da violação de domicílio ou do ato obsceno, que não geram qualquer resultado perceptível pelos sentidos humanos. Daí a doutrina, considerando-se o resultado naturalístico, distinguir os crimes em três espécies:

a) crimes materiais (ou de resultado) – são os que exigem resultado (ex.: homicídio, furto, roubo);

b) crimes formais (ou de consumação antecipada) – são os que, embora possam ter um resultado, restarão caracterizados mesmo sem sua verificação (ex.: extorsão mediante sequestro – basta o arrebatamento da vítima para a consumação do crime, ainda que o resgate não seja pago pelos familiares);

c) crimes de mera conduta (ou de simples atividade) – como o próprio nome diz, são aqueles que não têm resultado naturalístico, que é impossível de acontecer (ex.: violação de domicílio e ato obsceno).

6.2.3. Nexo de causalidade

O nexo causal (ou de causalidade) corresponde ao terceiro elemento do fato típico.

Nada mais é do que o **elo entre a conduta praticada pelo indivíduo e o resultado dela decorrente**.

O art. 13, primeira parte, do Código Penal determina que "o resultado de que depende a existência do crime somente é imputável a quem lhe deu causa". Em outras palavras, somente é possível imputar (atribuir) a uma pessoa um resultado se este for **causado** por ela.

Considerando o conceito de **resultado naturalístico** (e o art. 13 do Código Penal somente pode ser aplicável aos crimes materiais!), este somente pode ser atribuído a alguém se for o seu causador.

6.2.3.1. *Causas*

Para o Direito Penal, não existe diferença entre causa ou condição. Enfim, tudo o que concorrer para a existência de um resultado será considerado causa. Daí a segunda parte do referido dispositivo legal salientar: "considera-se causa toda ação ou omissão sem a qual o resultado não se produziria".

Em matéria de nexo causal, o Código Penal adotou a chamada teoria da *conditio sine qua non*, ou **teoria da equivalência dos antecedentes**.

Todavia, embora tudo o que concorrer para o crime possa, em princípio, ser considerado causa, se esta for **superveniente** (à conduta do agente) e, **por si só, produzir o resultado**, este não poderá ser atribuído ao indivíduo, posto que a situação estará fora da linha de desdobramento normal da conduta. É caso de "A" que, querendo matar "B", atira em sua direção produzindo-lhe lesões corporais graves. Este é socorrido por uma ambulância que, em alta velocidade, colide com um caminhão, o que foi o efetivo motivo da morte de "B". Portanto, embora "B" tenha morrido somente pelo fato de estar em uma ambulância que o socorreu por força de disparo de arma de fogo desferido por "A", o que configuraria a causa de sua morte, o fato é que este evento acidental não pode ser atribuído ao atirador. Portanto, a solução dada pelo Código Penal é a de que o sujeito responderá apenas pelos atos até então praticados (tentativa de homicídio, no caso).

No caso de verificação de causa superveniente (art. 13, § 1º, do Código Penal), a doutrina aponta que o Código Penal adotou a **teoria da causalidade adequada**, e não da equivalência dos antecedentes.

Apenas para reforçar, nos crimes formais e de mera conduta, nos quais não se exige a ocorrência de resultado (naturalístico), não haverá que se falar em nexo causal, já que este é o elo entre a conduta e o **resultado.** Se referidos tipos de crimes não exigem resultado, evidentemente não existirá nexo causal.

Em resumo:

I. Causas dependentes: São aquelas que decorrem (dependem) diretamente da *conduta* do agente. Ex.: "A" atira em "B", que morre em razão da perfuração. A causa do resultado dependeu da conduta do agente;

II. Causas independentes: São aquelas que produzem o resultado, guardando alguma ou nenhuma relação com a *conduta* do agente. Subdividem-se em:

a) Absolutas (ou absolutamente independentes) = são aquelas que por si sós produzem o resultado, independentemente da conduta do agente. A consequência é que o agente não responderá pelo resultado. Ex.: "A" quer matar "B" envenenado. Para tanto, coloca veneno em sua comida. No entanto, antes de "B" comer, morre por ataque cardíaco. O agente, no máximo, responderá por tentativa de homicídio, desde que tenha iniciado a execução do crime;

b) Relativas (ou relativamente independentes) = são aquelas que por si só não produzem o resultado, sendo a conduta do agente decisiva para a sua produção. A consequência é que o agente responderá, em regra, pelo resultado. Ex.: "A", sabendo que "B" é portador de hemofilia (concausa), neste provoca uma lesão corporal, da qual advém a morte em razão de uma hemorragia. "A" responderá por homicídio, visto que sua conduta (lesão corporal), aliada à concausa (hemofilia), foi decisiva para o resultado naturalístico.

Exceção: **causas supervenientes relativamente independentes** que por si só produzem o resultado. O agente *não responderá pelo resultado*, mas, apenas, pelo que efetivamente causou (art. 13, § 1º, do CP). Ex.: "A" atira em "B", querendo matá-lo. No entanto, "B", socorrido por uma ambulância, morre em virtude da explosão desta, envolvida em um acidente automobilístico. Se o acidente tiver sido a causa efetiva da morte de "B", este resultado não será imputado a "A", que somente responderá por tentativa de homicídio. Não se aplica, aqui, a teoria da *conditio sine qua non*, mas, sim, a **teoria da causalidade adequada,** segundo a qual causa é tudo aquilo apto e suficiente à produção de um resultado.

6.2.4. *Tipicidade*

Finalmente, o último elemento do fato típico é a **tipicidade**, que nada mais é do que a subsunção (adequação) entre o fato concreto e a norma penal incriminadora.

Em outras palavras, haverá **tipicidade penal** quando a ação ou omissão praticada pelo indivíduo tiver **previsão legal** (ex.: Se "A" mata "B", realizou o fato descrito no art. 121 do Código Penal; se "A" subtrair (furtar) o carro de "B", terá realizado o fato descrito no art. 155 do Código Penal).

Quando houver a descrição de uma conduta proibida em lei, estaremos diante do chamado **tipo penal,** que é um **modelo legal e abstrato** daquela conduta que deve ou não ser realizada pelo agente.

É importante salientar que toda conduta realizada pelo homem deverá ser preenchida por um elemento subjetivo, qual seja o **dolo** ou a **culpa**.

Portanto, se um crime for doloso, significa que a conduta praticada pelo agente terá sido dolosa. Já se o crime for culposo, a conduta terá sido culposa.

Passaremos, mais adiante, ao estudo do dolo e da culpa. Porém, antes disso, é mister trazermos algumas explicações sobre as espécies de tipos penais e seus elementos.

6.2.4.1. *Categorias de tipos penais*

Os tipos penais são divididos em duas grandes categorias:

a) Tipos penais incriminadores (ou legais) = são aqueles que descrevem a figura criminosa ou contravencional, cominando as respectivas penas;

b) Tipos penais permissivos (ou justificadores, ou justificantes) = são aqueles que descrevem a forma pela qual a conduta

humana será considerada lícita. Traduzem-se nas causas excludentes da ilicitude ou antijuridicidade (ex.: legítima defesa – art. 25 do CP; estado de necessidade – art. 24 do CP).

6.2.4.2. Elementos dos tipos penais incriminadores

Os tipos penais incriminadores ou legais podem conter os seguintes elementos:

a) **Objetivos** = também chamados de descritivos, são aqueles que traduzem as circunstâncias em que a conduta criminosa ou contravencional é praticada. São elementos que podem ser compreendidos de forma bastante simples, sem que se necessite de qualquer juízo de valor. Ex.: no homicídio, temos o verbo "matar", seguido da expressão "alguém". Esta é considerada elemento objetivo do tipo, visto que de fácil assimilação e compreensão;

b) **Subjetivos** = são aqueles que dizem respeito à intenção do agente. Nem todo tipo penal contém elementos subjetivos. Ainda que impropriamente, a doutrina diz que o elemento subjetivo do tipo é o "dolo específico", ou, ainda, o "especial fim de agir do agente". Ex.: no crime de furto, não basta ao agente agir com dolo na subtração da coisa alheia móvel, sendo imprescindível que atue com *animus rem sibi habendi*, ou seja, com a intenção de assenhorear-se definitivamente da coisa furtada;

c) **Normativos** = são aqueles que não conseguirão ser compreendidos sem a emissão de um juízo de valor. Os elementos normativos podem exigir uma compreensão puramente *jurídica* (**elementos normativos jurídicos**), traduzindo-se em expressão que são explicadas pelo direito (ex.: conceito de documento para fins de caracterização do crime de falsificação de documento), ou, ainda, extrajurídica (moral, cultural), redundando nos **elementos normativos extrajurídicos**. É o que ocorre, por exemplo, com o crime de ato obsceno. A expressão "obsceno" exige, para sua compreensão, um juízo de valor moral (extrajurídico).

Os tipos penais que somente contiverem elementos objetivos serão denominados de **tipos normais**. Já aqueles que contiverem elementos subjetivos e/ou normativos são chamados de **tipos anormais**.

6.2.4.3. Crime doloso

O conceito de dolo é bastante simples: corresponde à **vontade livre e consciente do sujeito ativo (agente) em realizar os elementos do tipo**.

O CP, art. 18, I, adotou, quanto ao dolo, a **teoria da vontade** e a **teoria do assentimento**. Diz-se o crime doloso quando o agente **quis** produzir o resultado (dolo direto) ou **assumiu o risco** de produzi-lo (dolo eventual).

Apenas para frisar, o dolo pode ser **direto**, quando o agente tem a vontade livre e consciente de produzir o resultado, ou **indireto**, que se subdivide em **eventual** (o agente assume o risco de produzir o resultado, não se importando que ele ocorra) e **alternativo** (o agente não se importa em produzir um ou outro resultado). O CP não tratou do dolo alternativo, mas, apenas, do eventual.

6.2.4.4. Crime culposo

O CP, art. 18, II, considera culposo o crime quando o agente dá causa ao resultado por **imprudência, negligência ou imperícia**. Essas são as **modalidades** de culpa.

Assim, um crime será considerado culposo quando o agente, *mediante uma conduta inicial voluntária, produzir um resultado ilícito involuntário, previsto ou não, decorrente da violação de um dever objetivo de cuidado.*

A **imprudência,** primeira modalidade de culpa, corresponde a um **agir perigosamente** (portanto, uma ação). A **negligência**, que corresponde à segunda modalidade de culpa, estará verificada quando o sujeito **deixar de fazer algo que deveria ter feito** (portanto, uma omissão). Por fim, a **imperícia** somente se verifica quando o sujeito realiza algo **sem aptidão técnica para tanto**. É a denominada **culpa profissional**.

O crime culposo apresenta os seguintes **elementos**:

a) conduta inicial voluntária (o agente age sem ser forçado);

b) quebra do dever objetivo de cuidado (o agente rompe o dever de cuidado ao agir com imprudência, negligência ou imperícia);

c) resultado involuntário (sobrevém da quebra do dever objetivo de cuidado em relação a um resultado não querido pelo agente);

d) nexo de causalidade (entre a conduta voluntária e o resultado involuntário deve existir relação de causalidade);

e) tipicidade (a forma culposa do delito deve estar expressamente prevista em lei – art. 18, parágrafo único, do CP);

f) previsibilidade objetiva (terceira pessoa, que não o agente, dotada de prudência e discernimento medianos, conseguiria prever o resultado);

g) ausência de previsão (apenas na culpa inconsciente).

Ainda quanto à culpa, destacamos duas **espécies** ou **tipos**:

a) **culpa consciente**: é aquela em que o agente acredita sinceramente que o resultado não se produzirá, embora o preveja. É a exceção. Difere do **dolo eventual**, visto que neste o agente não só prevê o resultado, mas *pouco se importa com sua produção*, ou seja, consente com o resultado. Já na culpa consciente, ainda que o agente preveja o resultado, *acredita sinceramente que este não ocorrerá*;

b) **culpa inconsciente**: é aquela em que o agente não prevê o resultado, embora seja previsível. É a regra.

Por fim, no Direito Penal não existe **compensação de culpas**, critério que se verifica no Direito Civil. É possível, todavia, a **concorrência de culpas**, ou seja, duas ou mais pessoas concorrerem culposamente para a produção de um resultado naturalístico. Neste caso, todos responderão na medida de suas culpabilidades.

Impõe referir que os **crimes culposos não admitem tentativa**, visto que esta somente é compatível com os crimes dolosos. Afinal, nestes, o resultado decorre da vontade livre e consciente do agente, que o quer ou assume o risco de produzi-lo, o que não se verifica nos crimes culposos.

6.2.4.5. Crime preterdoloso (ou preterintencional)

É um misto de dolo e culpa. Há dolo na **conduta antecedente** e culpa no **resultado consequente**. Trata-se de uma das espécies de crimes qualificados pelo resultado (art. 19 do CP).

O crime preterdoloso também é chamado de **preterintencional**.

Pelo fato de o **crime preterdoloso** ser formado por um resultado culposo agravador (culpa no consequente), é **inadmissível a tentativa**. Se esta não é cabível para os crimes culposos,

pela mesma razão é incompatível com os crimes preterdolosos, que necessariamente são materiais (exige-se o resultado naturalístico para sua produção).

6.3. *Iter criminis*

Todo crime passa (ou pode passar) por pelo menos **quatro fases**. Em latim, diz-se que o caminho percorrido pelo crime é o ***iter criminis***, composto das seguintes etapas:

a) cogitação (fase interna);

b) preparação (fase externa);

c) execução (fase externa);

d) consumação (fase externa).

A **cogitação**, por ter relação direta com o aspecto volitivo (vontade) do agente, é impunível, correspondendo à **fase interna** do *iter criminis*. Em outras palavras, não se pode punir o simples **pensamento**, ainda que corresponda a um crime (ex.: "A" cogita matar "B", seu desafeto).

A **preparação**, primeira etapa da **fase externa** do *iter criminis*, corresponde, como o nome diz, à tomada de providências pelo agente para ser possível a realização do crime. Portanto, prepara todas as circunstâncias que antecedam à prática criminosa. Em regra, a mera preparação de um crime é impunível, na medida em que a infração penal toma corpo a partir do momento em que se inicia sua execução, saindo os atos da esfera do agente e ingressando na esfera da vítima. Por vezes o Código Penal, aparentemente, incrimina típicos atos preparatórios, como o crime de quadrilha ou bando (art. 288), cuja denominação, a partir do advento da "Nova Lei do Crime Organizado" (Lei 12.850/2013), passou a ser o de *associação criminosa*.

A **execução** se verifica quando da prática do **primeiro ato idôneo e inequívoco**, hábil a consumar o crime. Trata-se, evidentemente, de **fase externa** do delito.

Por fim, a **consumação** é a última etapa do *iter criminis*, verificando-se de acordo com cada crime (material, formal, mera conduta...). Também pertence à **fase externa** do ilícito penal.

E como saber a diferenciação entre atos preparatórios e executórios?

Pois bem. O *iter criminis* somente passa a ter relevância penal quando o agente sai da etapa preparatória e inicia a executória. Mas quando é que se inicia a execução do crime? Três são os critérios trazidos pela doutrina:

a) critério material: quando iniciada a lesão ou perigo ao bem jurídico;

b) critério formal: quando iniciada a execução do verbo (ação nuclear) do tipo. É o que prevalece;

c) critério objetivo-individual: atos imediatamente anteriores à execução da conduta típica, mas voltados à realização do plano criminoso do agente.

6.3.1. *Crime consumado*

Nos termos do art. 14, I, do CP, diz-se que o crime foi consumado quando **nele se reunirem todos os elementos de sua definição legal (tipo penal)**.

Ter-se-á por consumado o crime quando o fato concreto se amoldar ao tipo abstratamente previsto pela lei penal.

Os crimes materiais consumam-se no momento em que se verificar o resultado naturalístico. Já os crimes formais, ou de consumação antecipada, consumam-se independentemente de o agente delitivo alcançar seu intento. Finalmente, os crimes de mera conduta, como o próprio nome sugere, consumam-se com a simples atividade.

6.3.2. *Crime tentado* (conatus)

Nos termos do art. 14, II, do CP, diz-se que o crime é tentado quando, iniciada sua execução, não se consumar por **circunstâncias alheias à vontade do agente**. Portanto, embora o sujeito ativo do crime a este dê início, revelando sua intenção (dolo), não conseguirá prosseguir em seu intento por circunstâncias estranhas à sua vontade (ex.: a vítima foge; a polícia impede a consumação do crime; populares não permitem o prosseguimento da infração penal).

O agente será punido com a mesma pena do crime consumado, mas reduzida de 1/3 a 2/3. Adota o Código Penal, em matéria de tentativa, a denominada **teoria objetiva**, segundo a qual não se pode punir o agente com o mesmo rigor (pena) em caso de consumação da infração. Contrapõe-se à **teoria subjetiva**, que preconizava que a punição pela tentativa deveria ser a mesma correspondente à do crime consumado.

Excepcionalmente, o crime tentado será punido com o mesmo rigor do consumado, tal como ocorre no art. 352 do CP (evasão de preso). É o que se denomina de *crime de atentado*.

Quanto ao *iter criminis* percorrido, a doutrina divide a tentativa nas seguintes espécies:

a) tentativa imperfeita (ou inacabada): é aquela em que o agente é interrompido na execução do crime enquanto ainda o praticava, por circunstâncias alheias a sua vontade, não conseguindo esgotar todo o seu potencial ofensivo;

b) tentativa perfeita (ou acabada, ou crime falho): é aquela em que o agente esgota toda sua potencialidade ofensiva, indo até o fim com os atos executórios. Contudo, o crime não se consuma por circunstâncias alheias à vontade do agente.

Quanto ao grau de lesividade, a tentativa subdivide-se em:

c) tentativa branca (ou incruenta): é aquela em que o objeto material (pessoa ou coisa sobre a qual recai a conduta) não é atingido;

d) tentativa vermelha (ou cruenta): é aquela em que o objeto material é atingido, mas mesmo assim o crime não se consuma.

Algumas infrações penais **não admitem tentativa**:

a) crimes culposos;

b) crimes preterdolosos;

c) contravenções penais (art. 4º da LCP);

d) crimes omissivos próprios;

e) crimes unissubsistentes;

f) crimes habituais;

g) crimes condicionados, em que a lei exige a ocorrência de um resultado (ex.: art. 122 do CP);

h) crimes de atentado ou de empreendimento, cuja figura tentada recebe a mesma pena do crime consumado (ex.: art. 352 do CP).

6.3.3. *Desistência voluntária e arrependimento eficaz*

São espécies da chamada **tentativa abandonada**. Vêm previstos no artigo 15 do CP.

Aquele que, **voluntariamente**, desiste de prosseguir na execução do crime só responderá pelos atos **anteriormente praticados**. É a denominada **desistência voluntária**. O agente inicia a execução do crime, mas não o leva à consumação porque desiste voluntariamente de prosseguir no intento criminoso. Nesse caso, só são puníveis os atos até então praticados, sendo **atípica a tentativa do crime inicialmente visado**.

Já o agente que, **esgotando os atos executórios**, toma atitude e **impede** a consumação do crime, não responde pela tentativa do crime inicialmente visado, mas apenas pelos atos já praticados. Aqui há o **arrependimento eficaz**. Caso o agente se arrependa, tentando impedir o resultado decorrente de sua conduta, mas este é verificado, o arrependimento terá sido **ineficaz**. A consequência é a mesma da desistência voluntária: a tentativa do crime inicialmente visado pelo agente é atípica, remanescendo apenas os atos que efetivamente haja praticado.

Em resumo:

I. Desistência voluntária:

a) início de execução do crime;

b) não consumação do crime;

c) ato voluntário do agente que abandona a execução

I.I. Consequência: **não responde pela tentativa** do crime inicialmente executado, mas, apenas, pelos **atos efetivamente praticados** (Ex.: "A", querendo matar "B", inicia a execução de um homicídio. Tendo efetuado um disparo, podendo efetuar outros, desiste de prosseguir em seu intento criminoso, abandonando o local. Se "B" não morrer, "A" responderá apenas por lesões corporais);

II. Arrependimento eficaz:

a) início de execução do crime;

b) não consumação do crime;

c) ato voluntário do agente que impede a consumação;

II.I. Consequência: **não responde pela tentativa** do crime inicialmente executado, mas, apenas, pelos **atos efetivamente praticados** (Ex.: "A", querendo matar "B", inicia a execução de um homicídio. Tendo efetuado todos os disparos, arrepende-se e socorre a vítima, levando-a ao hospital. Se "B" não morrer, "A" responderá apenas por lesões corporais).

6.3.3.1. Diferença entre desistência voluntária e arrependimento eficaz

Na **desistência voluntária**, o agente **não esgota todos os atos executórios** tendentes à consumação do crime. Já no **arrependimento eficaz**, o agente **pratica todos os atos executórios** aptos à consumação. No entanto, arrependido, pratica conduta suficiente a impedir a consumação.

Seja na desistência voluntária ou no arrependimento eficaz, caso a consumação ocorra, o agente responderá pelo crime em sua forma consumada. Nesse caso, de nada teria adiantado a desistência ou o arrependimento. Ambos devem ser **eficazes**.

6.3.4. Arrependimento posterior

Vem previsto no art. 16 do CP. Pressupõe os seguintes **requisitos:**

a) crime cometido sem violência ou grave ameaça à pessoa;

b) reparação integral do dano ou restituição da coisa;

c) conduta voluntária – não se exige espontaneidade;

d) reparação do dano ou restituição da coisa até o recebimento da denúncia ou queixa – se for feito posteriormente, incidirá uma atenuante genérica, prevista no art. 65, III, *b*, do CP.

Trata-se de causa genérica de **diminuição de pena**. A intenção do legislador foi "premiar" o agente que, embora tenha cometido um crime, arrepende-se e procura minorar os efeitos do ilícito praticado.

Todavia, não se admite a incidência do instituto em comento em qualquer crime, mas apenas naqueles cometidos **sem violência ou grave ameaça à pessoa** (ex.: roubo, extorsão, extorsão mediante sequestro).

Aponta a doutrina, ainda, que a **reparação do dano** não pode ser parcial, mas sim **integral**. Se "A" causou um prejuízo de mil reais a "B", deve restituí-lo integralmente das perdas. Pode-se, em determinadas hipóteses, restituir-se a própria coisa (ex.: no furto de um DVD, por exemplo, pode-se devolvê-lo *in specie* ao seu dono). Neste caso, não poderá estar danificado, sob pena de o agente não ver sua pena reduzida.

Por fim, tencionou o legislador "premiar" o sujeito que repara o dano até determinado lapso temporal expressamente definido no art. 16 do Código Penal: até o **recebimento da denúncia ou queixa**. Se a reparação for **posterior** ao referido ato processual, o agente, quando da fixação de sua pena, terá direito apenas à incidência de uma **circunstância atenuante**, certamente **inferior à diminuição** prevista para o **arrependimento posterior** (se é que poderá incidir, já que, se a pena-base for fixada no piso legal, aponta a jurisprudência majoritária, bem como a doutrina, pela sua não aplicação, o que conduziria a pena aquém do mínimo legal).

Em determinados crimes, a reparação do dano poderá gerar efeitos outros que não a mera redução de pena. É o caso do peculato culposo (art. 312, § 3º, 1ª parte do CP), no qual a reparação do dano **antes da sentença irrecorrível** é **causa extintiva da punibilidade** e, **após referido ato decisório**, é causa de **diminuição da pena**, à base de 1/2 (art. 312, § 3º, 2ª parte, do CP).

6.3.5. Crime impossível

Vem previsto no art. 17 do CP. É também chamado de **tentativa impossível, tentativa inidônea, tentativa inadequada ou quase crime**.

É verificado quando a consumação do crime tornar-se impossível em virtude da **absoluta ineficácia do meio empregado** ou pela **impropriedade absoluta do objeto material do crime**.

Trata-se, segundo aponta a doutrina, de hipótese de **atipicidade da tentativa do crime inicialmente visado pelo agente**.

Como definiu o legislador, somente haverá crime impossível por força de duas circunstâncias:

a) ineficácia absoluta do meio: quando o agente valer-se de meio para a prática do crime que jamais poderia levar à sua consumação, estar-se-á diante de meio absolutamente ineficaz. É o caso de ser ministrada água, em um copo de suco, para matar a vítima, ou dose absolutamente inócua de substância apontada como veneno, que jamais causaria sua morte;

b) impropriedade absoluta do objeto: quando a ação criminosa recair sobre objeto que absolutamente não poderá sofrer lesão em

face da conduta praticada pelo agente, estar-se-á diante de objeto absolutamente impróprio. É o caso de "A" que atira em "B", morto há duas horas, ou de uma mulher que pratica manobras abortivas (ex.: toma medicamento abortivo) não estando grávida.

Ressalva a doutrina, contudo, que, se a impropriedade for **relativa**, o agente responderá pela tentativa do crime que tiver iniciado, não havendo que se falar em crime impossível. É o caso de "A" que, querendo matar "B", coloca em sua comida quantidade de veneno insuficiente para a morte, mas cuja substância seria apta a provocá-la. Embora o meio para o homicídio tenha sido ineficaz, certo é que não o foi absoluta, mas sim relativamente impróprio, não se podendo afastar a tentativa (inocorrência da consumação por circunstâncias alheias à vontade do agente).

6.4. Erro de tipo (art. 20 do CP)

Entende-se por **erro** uma *falsa percepção da realidade*. Quando essa "falsa percepção" recair em algum elemento do tipo penal, estaremos diante do denominado **erro de tipo**.

O erro de tipo pode ser:

I. ESSENCIAL = é aquele que irá recair sobre *elementares* (dados essenciais do tipo) e *circunstâncias* (dados acessórios do tipo, que somente refletem na pena). O erro de tipo essencial se subdivide em:

a) incriminador: afasta o dolo e a culpa, se invencível; afasta o dolo se vencível, remanescendo a culpa, se admissível for;

b) permissivo: afasta o dolo, remanescendo a culpa se o erro for vencível – é a chamada *culpa imprópria*. Recai sobre os pressupostos fáticos de uma causa excludente da ilicitude – ex.: legítima defesa e estado de necessidade, dando azo ao surgimento das descriminantes putativas por erro de tipo.

Obs.: o erro de tipo essencial afastará sempre o dolo, remanescendo a culpa se houver previsão legal da modalidade culposa da infração penal. Se o agente incidir em erro de tipo essencial, poderá ser afastada completamente a possibilidade de ser criminalmente responsabilizado;

II. ACIDENTAL: é aquele que recai sobre dados acidentais, vale dizer, irrelevantes para a caracterização do crime ou contravenção. Subdividem-se em:

a) *aberratio ictus* – erro na execução (o agente, por falha de pontaria, por exemplo, atinge uma pessoa diversa da pretendida, respondendo como se houvesse atingido a vítima visada);

b) *aberratio criminis* – resultado diverso do pretendido (o agente, por erro na execução, atinge bem jurídico diverso do inicialmente pretendido, motivo pelo qual responderá pela forma culposa, se existir, do resultado efetivamente provocado por sua conduta);

c) *aberratio causae* – erro quanto ao nexo causal (o agente acredita, com sua conduta, haver causado o resultado quando, em verdade, outra foi a causa efetiva do resultado);

d) *error in persona* – erro quanto a pessoa (o agente, por equívoco, acredita que a vítima seja "A" quando, em verdade, a "vítima correta" seria "B", motivo pelo qual responderá como se houvesse praticado o crime contra a vítima visada – "A", no caso);

e) *error in objecto* – erro quanto ao objeto (o agente acredita que o objeto do crime seja um, quando, em verdade, é outro – ex: "A" furta 1kg de sal acreditando tratar-se de açúcar).

Obs.: o erro de tipo acidental, como o nome diz, é meramente acidental, remanescendo a responsabilidade penal do agente.

6.5. Antijuridicidade

6.5.1. Conceito

Corresponde a ilicitude a relação de **contradição entre a conduta praticada pelo agente e o ordenamento jurídico**. Assim, ilicitude (ou antijuridicidade) é a contrariedade entre o comportamento praticado pelo agente e aquilo que o ordenamento jurídico prescreve (proíbe ou fomenta).

É importante recordar que, pela concepção bipartida, crime é **fato típico e antijurídico**. Portanto, ausente a antijuridicidade, não há que se falar em crime.

6.5.2. Caráter indiciário da ilicitude

Diz a doutrina que a tipicidade é um indício de antijuridicidade. Em outras palavras, em princípio, todo fato típico é antijurídico (contrário ao direito). A isso se dá o nome de **caráter indiciário da ilicitude**.

Podemos dizer, portanto, que todo fato típico é, em regra, antijurídico. Somente não o será se estiver presente uma das causas excludentes da antijuridicidade, previstas no art. 23 do Código Penal.

Estudar a antijuridicidade é, portanto, estudar as causas que a excluem. Verificada qualquer delas, embora possa existir fato típico, não se cogitará da ocorrência de crime, que exige a presença de referido elemento.

6.5.3. Causas excludentes da antijuridicidade (ou ilicitude)

O art. 23 do Código Penal é bastante claro ao definir que "não há crime" se o fato for praticado em estado de necessidade, legítima defesa, estrito cumprimento de dever legal ou em exercício regular de um direito.

Portanto, inegavelmente a antijuridicidade é requisito indispensável à caracterização do crime. Tanto é verdade que, presente uma causa que a exclua, o próprio legislador apontou a inexistência de crime ("não há crime..." – art. 23, Código Penal).

Conforme já referimos, são causas de exclusão da ilicitude as hipóteses previstas em referido dispositivo legal, também chamadas de **causas justificantes ou excludentes da criminalidade**:

a) legítima defesa;

b) estado de necessidade;

c) estrito cumprimento do dever legal;

d) exercício regular de um direito.

6.5.3.1. Estado de necessidade (EN)

Traduz a ideia de um conflito de interesses penalmente protegidos. Contudo, diante de uma **situação de perigo**, permite-se o sacrifício de um bem jurídico para a proteção de outro, desde que haja **razoabilidade**.

Não sendo razoável exigir-se o sacrifício do bem efetivamente lesado (bem ameaçado é de valor inferior ao bem lesado), não se pode falar em **estado de necessidade**. Contudo, o **art. 24, § 2º**, do CP, prevê a possibilidade de **redução de pena** de **1/3 a 2/3**.

Assim, para que se possa validamente invocar o EN, são necessários os seguintes requisitos:

a) subjetivo: o agente que invoca o EN deve saber que sua conduta é voltada à proteção de um bem jurídico próprio ou alheio;

b) objetivos: são aqueles previstos no art. 24 do CP

b.1) perigo atual (a doutrina também entende que o **iminente** pode ensejar o EN). Este perigo pode derivar de conduta humana, ato animal ou eventos da natureza;

b.2) existência de ameaça a bem jurídico próprio (EN próprio) ou de **terceiro** (EN de terceiro);

b.3) perigo não causado pela vontade de quem invoca o EN – a doutrina admite que o perigo culposamente provocado por alguém não afasta a possibilidade de invocar o EN;

b.4) inexigibilidade de sacrifício do direito ameaçado – o bem jurídico que se pretende salvar do perigo deve ser de igual ou maior relevância do que aquele que será sacrificado;

b.5) inexistência do dever legal de enfrentar o perigo – não pode invocar o EN aquela pessoa que, por força de lei, tiver o dever de enfrentar a situação de perigo (ex.: bombeiros e policiais).

6.5.3.1.1. EN próprio e de terceiro; EN real e putativo; EN defensivo e agressivo

Fala-se em **EN próprio** quando quem invocar a excludente da ilicitude em tela agir para salvaguardar direito próprio. Já se a excludente for invocada por pessoa que atuar para a salvaguarda de direito alheio, estaremos diante do **EN de terceiro**.

Diz-se que o **EN é real** quando os requisitos objetivos da causa excludente estão presentes no caso concreto. No entanto, será **putativo** se quem o invocar acreditar que se encontra amparado pela excludente (art. 20, § 1º, do CP).

Finalmente, o **EN defensivo** dá-se quando o bem jurídico lesado pertence ao causador da situação de perigo. Será **agressivo** quando o bem jurídico lesado pertencer a pessoa diversa da causadora da situação de perigo.

6.5.3.1.2. Excesso no EN

Havendo excesso na excludente analisada, o agente responderá pelo resultado a título de dolo ou culpa.

6.5.3.2. Legítima defesa (LD)

A ideia da legítima defesa é vinculada à de *agressão injusta*. Assim, a pessoa que a invocar, para fazer cessar a agressão injusta, ataca bem jurídico alheio, repelindo o ataque a bem jurídico próprio ou de terceiro.

Contudo, primordial é que a pessoa que invocar a legítima defesa utilize moderadamente dos meios necessários, suficiente à cessação da agressão injusta a direito próprio ou de terceiro.

São necessárias duas ordens de requisitos:

a) subjetivo: ciência da situação de agressão injusta e a atuação voltada a repelir tal situação;

b) objetivos: são aqueles descritos no art. 25 do CP, a saber:

b.1) agressão injusta atual ou iminente – a agressão sempre deriva de conduta humana, jamais de animal ou evento natural;

b.2) direito próprio ou alheio agredido ou próximo de sê-lo – admite-se a legítima defesa própria ou de terceiro;

b.3) uso dos meios necessários – para repelir a agressão injusta, atual ou iminente, a pessoa deverá valer-se dos meios indispensáveis à cessação da agressão;

b.4) moderação no uso dos meios necessários – ao escolher o meio (havendo mais de um deve-se optar pelo menos lesivo), a pessoa que invocar a legítima defesa deve ser moderada na sua utilização, atuando com razoabilidade.

6.5.3.2.1. LD própria ou de terceiro; LD real ou putativa; LD recíproca; LD sucessiva

Chama-se de **LD própria** aquela em que a pessoa que a invoca repele agressão injusta a direito ou bem jurídico próprio, ao passo que a **LD de terceiro** pressupõe que haja agressão a bem jurídico alheio e a pessoa rechace a agressão, defendendo, pois, um terceiro.

A **LD será real** quando, de fato, estiverem presentes os requisitos do art. 25 do CP, ao passo que será **putativa** se o agente, pelas circunstâncias de fato, acreditar que se encontra amparado pela legítima defesa (**art. 20, § 1º, do CP**).

Quanto à **LD recíproca**, tal é **inviável em nosso ordenamento**, tendo em vista que é impossível que, ao mesmo tempo, uma pessoa esteja agredindo a outra injustamente e vice-versa. Ou uma está sendo agredida, e poderá invocar a LD, ou a outra estará sofrendo agressão, quando, então, poderá agir amparada pela excludente em apreço.

Finalmente, **LD sucessiva**, perfeitamente admissível, ocorre em caso de **excesso**. Assim, inicialmente, alguém é vítima de agressão injusta. Para tanto, passa a atacar o agressor. No entanto, utiliza-se imoderadamente dos meios necessários, excedendo-se no revide, deixando de ser agredido e passando a ser agressor.

6.5.3.3. Estrito cumprimento de um dever legal (ECDL) e exercício regular de direito (ERD)

As causas excludentes acima referidas não estão detalhadas no Código Penal. A explicação sobre seus conteúdos decorre de ensinamentos da doutrina e jurisprudência.

No tocante ao ECDL, geralmente esta é causa excludente da ilicitude invocada por **agentes públicos**, cujas condutas, muitas vezes, estão pautadas (e determinadas) por lei. É o caso, por exemplo, do policial, que tem o dever de prender quem se encontre em flagrante delito (art. 301 do CPP). Em caso de resistência, o uso da força poderá ocorrer, desde que nos limites do razoável. Nesse caso, terá atuado em ECDL para que efetive a prisão.

Já quanto ao ERD, temos a regra de que **podemos fazer tudo o que a lei permite ou não proíbe**. Assim, se agirmos de forma regular no exercício de um direito, ainda que isto seja tipificado em lei (fato típico), não será contrário ao direito (antijurídico).

É o caso, por exemplo, das **intervenções cirúrgicas** e das **práticas desportivas**.

6.5.4. Descriminantes putativas

É possível que alguém, pela análise das circunstâncias concretas, acredite que se encontre amparado por alguma das causas

excludentes da ilicitude já vistas. Se, supondo sua existência por uma falsa percepção da realidade (erro), o agente viole bem jurídico alheio, ainda assim não responderá criminalmente pelo fato, desde que o erro seja plenamente justificado.

É o que vem previsto no art. 20, § 1º, do Código Penal.

Temos como clássico exemplo a **legítima defesa putativa** verificada por "A", inimigo de "B", quando este, prometendo-lhe a morte, enfiou, de repente, a mão em sua blusa, fazendo crer que iria sacar um revólver. Ato seguinte, "A", acreditando estar diante de uma agressão injusta iminente, saca uma arma e atira em "B", que, em verdade, iria tirar do bolso uma carta com pedido de desculpas.

Se o erro em que incorreu "A" for plenamente justificável pelas circunstâncias, terá incidido em erro de tipo permissivo (no caso, legítima defesa putativa), respondendo apenas por **homicídio culposo**.

Embora discutível a **natureza jurídica das descriminantes putativas**, prevalece o seguinte entendimento:

a) se o erro recair sobre os pressupostos fáticos de uma causa excludente da ilicitude, estaremos diante de um erro de tipo (permissivo). É o caso do agente que, acreditando piamente ser vítima de uma agressão injusta atual ou iminente, mata seu suposto agressor. Nesse caso, terá incidido em um erro de tipo permissivo, que irá recair sobre o pressuposto fático da excludente (no caso, a agressão injusta, indispensável ao reconhecimento da legítima defesa);

b) se o erro recair sobre a existência de uma causa excludente da ilicitude, configurar-se-á o erro de proibição. É o que se verifica quando o agente, crendo que sua conduta é permitida pelo direito (portanto, uma conduta que não seja antijurídica), pratica um fato típico. Nesse caso, faltará ao agente a potencial consciência da ilicitude, pelo que será afastada a culpabilidade; e

c) se o erro recair sobre os limites de uma causa excludente da ilicitude, igualmente restará configurado o erro de proibição. Ocorrerá nos casos em que o agente incidir em excesso (por exemplo, na legítima defesa, quando, após cessada a agressão injusta, o agente prosseguir no contra-ataque ao agressor original acreditando que ainda está agindo em LD).

As conclusões acima decorrem da adoção, pelo Código Penal, da teoria limitada da culpabilidade.

6.6. Culpabilidade

Trata-se de **pressuposto de aplicação da pena**. Se adotada a **concepção bipartida** (crime enquanto fato típico e antijurídico), não integra o conceito de crime, estando **fora de sua estrutura básica**.

Contudo, não sendo o agente culpável, é absolutamente inviável a inflição de pena. No entanto, mesmo ao **inculpável**, admissível será a aplicação de **medida de segurança** (ex.: ao inimputável por doença mental não se aplica pena, mas medida de segurança).

6.6.1. Elementos/requisitos que integram a culpabilidade

A culpabilidade é formada pelos seguintes elementos/requisitos:

a) **imputabilidade;**

b) **potencial consciência da ilicitude;**

c) **exigibilidade de conduta diversa.**

Os elementos acima são **cumulativos**. Em outras palavras, se algum deles "falhar" (leia-se: estiver ausente), ao agente não se poderá impor pena.

As situações em que os elementos da culpabilidade serão afetados (causas excludentes da culpabilidade) estão logo a seguir.

6.6.1.1. Causas excludentes da imputabilidade (primeiro elemento da culpabilidade)

São as seguintes:

a) **inimputabilidade** por doença mental ou desenvolvimento mental incompleto ou retardado – art. 26 do CP. Adotou-se o **critério biopsicológico**. Não basta a doença mental (**critério biológico**), sendo indispensável que, em razão dela, o agente no momento da ação ou omissão seja inteiramente incapaz de **entender** o caráter ilícito do fato ou de **determinar-se de acordo com esse entendimento** (**critério psicológico**);

b) **menoridade** – o menor de 18 anos é penalmente inimputável (art. 27 do CP). Trata-se de presunção absoluta. Aqui, o legislador adotou o **critério biológico** (não se leva em conta se o adolescente entendia o caráter ilícito do fato). O adolescente que praticar crime ou contravenção terá cometido ato infracional, de acordo com o art. 103 do ECA, apurado pela Vara da Infância e Juventude;

c) **embriaguez completa, decorrente de caso fortuito ou força maior** – art. 28, § 1º, do CP. Apenas a embriaguez involuntária e completa retira a capacidade do agente de querer e entender, tornando-o inimputável. Se a embriaguez for incompleta, o agente será penalmente responsabilizado, porém, com possibilidade de pena reduzida. Acerca da embriaguez, o CP adotou a teoria da *actio libera in causa*. Se o agente deliberadamente (voluntariamente) ingeriu álcool ou substância com efeitos análogos, ainda que no momento da prática da infração não tenha capacidade de entendimento e autodeterminação, ainda assim será responsabilizado (art. 28, II, do CP). Apenas se a embriaguez for involuntária, e desde que completa, ficará o agente isento de pena.

Pela relevância do item "b" acima, sem nos olvidarmos à finalidade precípua da presente obra, que é a de trabalharmos com os principais aspectos dos editais dos concursos, faremos algumas breves considerações acerca do ato infracional.

Primeiramente, o **ato infracional** corresponde à conduta prevista como **crime** ou **contravenção**, praticada por criança ou adolescente, nos termos do art. 103 do ECA. Caso o ato infracional seja praticado por **criança**, ser-lhe-á aplicada **medida de proteção**, pouco importando a gravidade da infração. Por outro lado, caso o ato infracional seja praticado por **adolescente**, a ele serão aplicadas **medidas socioeducativas**.

São **pressupostos** da aplicação da medida socioeducativa:

i) existência do fato;

ii) certeza da autoria;

iii) inescusabilidade da conduta.

Ainda, alguns **princípios** devem ser analisados pelo juiz para aplicação das medidas socioeducativas, a saber:

i) estrita legalidade

ii) princípio da proporcionalidade (art. 112, § 1º, do ECA)

iii) princípio da impossibilidade das medidas infamantes (art. 112, § 2º, do ECA)

iv) critério da cumulatividade (art. 113 do ECA)

v) princípio da substitutividade (art. 113 do ECA)

vi) Prescrição

As medidas socioeducativas podem ser:

a) de meio aberto; e

b) restritiva da liberdade.

Vejamos.

a) Medidas socioeducativas de meio aberto:

i) prestação de serviços à comunidade – nos termos do art. 117 do ECA, a prestação de serviços à comunidade consiste na realização de tarefas gratuitas de interesse geral, por período não excedente a seis meses, junto a entidades assistenciais, hospitais, escolas e outros estabelecimentos congêneres, bem como em programas comunitários ou governamentais. Importante ressaltar que as tarefas serão atribuídas conforme as aptidões do adolescente, devendo ser cumpridas durante jornada máxima de oito horas semanais, aos sábados, domingos e feriados ou em dias úteis, de modo a não prejudicar a frequência à escola ou à jornada normal de trabalho.

ii) ***liberdade assistida*** – a liberdade assistida pauta-se fundamentalmente na figura do orientador, cujo papel é o de promover o adolescente socialmente, conduzindo-o para a prática de boas condutas pessoais. A liberdade assistida não tem prazo determinado, mas deve ser aplicada por no mínimo 06 meses.

iii) ***obrigação de reparar o dano*** – a obrigação de reparar o dano tem como finalidade o ressarcimento da vítima ou, em não sendo possível, a compensação do dano.

b) Medidas socioeducativas restritivas de liberdade:

i) regime de semiliberdade – o regime de semiliberdade insere o adolescente em entidade que desenvolva o programa, com permissão para sua saída apenas nas hipóteses de trabalho ou estudo. A medida de semiliberdade pode ser aplicada desde o início ou como forma de transição para medidas socioeducativas em meio aberto.

ii) ***internação*** – internação significa a "reclusão" do adolescente em estabelecimento adequado e que desenvolva o programa. Há cerceamento total de sua liberdade de ir e vir. Nos termos do art. 227, § 3º, V, da CF os princípios que regem a medida socioeducativa de internação são: brevidade, excepcionalidade e respeito à condição peculiar.

6.6.1.2. Causa excludente da potencial consciência da ilicitude (segundo elemento da culpabilidade)

Apenas o **erro de proibição** (art. 21 do CP) é causa excludente da potencial consciência da ilicitude.

Um agente somente poderá sofrer pena se puder saber que sua conduta é profana, contrária ao direito, ainda que não saiba que se trata de crime ou contravenção penal. Afinal, ninguém pode escusar-se de cumprir a lei alegando ignorância (art. 3º da LINDB).

Assim, a depender das condições socioculturais do agente, poderá ele, de fato, desconhecer que sua conduta é errada, profana, contrária às regras usuais da sociedade. Nesse caso, se faltar potencial consciência da ilicitude, o agente ficará isento de pena.

Temos duas modalidades de erro de proibição:

a) invencível, inevitável ou escusável: aqui, é impossível que o agente pudesse superar o erro sobre a ilicitude do fato. Neste caso, ficará **isento de pena;**

b) vencível, evitável ou inescusável: nesse caso, se o agente tivesse sido um pouco mais diligente, poderia superar o erro. Responderá criminalmente, porém com **pena reduzida de 1/6 a 1/3.**

6.6.1.3. Causas excludentes da exigibilidade de conduta diversa (terceiro elemento da culpabilidade)

Somente será culpável a pessoa da qual se puder exigir uma conduta diversa da praticada, vale dizer, seu comportamento poderia ter sido de acordo com o direito, mas não foi.

Todavia, há duas situações em que é *inexigível conduta diversa* da praticada pelo agente, a saber:

a) coação moral irresistível – art. 22 do CP – aqui, o agente (ou familiares ou pessoas muito próximas) é vítima de coação irresistível (não física, que afastaria a conduta, mas moral), não lhe sendo exigível conduta diversa da praticada. É o caso do gerente de banco cujos familiares são sequestrados. A libertação apenas ocorrerá se subtrair dinheiro do cofre do banco em que trabalha. Sabendo da senha, subtrai o montante e entrega aos sequestradores. Nesse caso, o gerente de banco ficará isento de pena, respondendo pelo crime os coatores (sequestradores);

b) obediência hierárquica a ordem não manifestamente ilegal – art. 22 do CP – nesse caso, será imprescindível a existência de uma relação de direito público entre superior hierárquico e subordinado. Este, por força da hierarquia, tem o dever de cumprir as ordens de seus superiores, sob pena de incorrer em falta disciplinar. Assim, se o subordinado receber ordem do superior hierárquico e cumpri-la, ficará isento de pena caso sua execução redunde na prática de um crime. Contudo, somente se a ordem não for *manifestamente ilegal* é que poderá socorrer-se da causa excludente da culpabilidade. Caso contrário, se cumprir ordem ilegal, responderá por sua ação ou omissão.

6.7. Concurso de pessoas (arts. 29 a 31 do CP)

6.7.1. Conceito

Concurso de pessoas, ou concurso de agentes, codelinquência ou concurso de delinquentes, consiste na *reunião consciente e voluntária, de duas ou mais pessoas, para a prática de infrações penais.*

Tem como requisitos (**PRIL**):

a) Pluralidade de agentes (cada pessoa tem comportamento próprio);

b) Relevância causal de cada uma das ações;

c) Identidade de fato (ou identidade de crime); e

d) Liame subjetivo ou vínculo psicológico entre os agentes (todos devem visar a um mesmo objetivo, um aderindo à conduta dos outros – não se exige, contudo, o ajuste prévio, ou seja, o acordo de vontades anterior à prática do crime).

A *falta do liame subjetivo* acarreta o que a doutrina chama de *autoria colateral.* Nesta, duas ou mais pessoas, desconhecendo a

existência da(s) outra(s), praticam atos executórios com o mesmo objetivo. Nesse caso, não haverá concurso de agentes, sendo que cada um responderá pelos atos que cometeu. Havendo dúvida acerca de qual dos agentes deu causa ao resultado, mas sendo constatada a prática de atos executórios, cada qual responderá pela tentativa (ex.: homicídio). É a denominada *autoria incerta.*

6.7.2. Classificação dos crimes quanto ao concurso de pessoas

De acordo com o número de pessoas que concorram de qualquer modo para o crime, este pode receber os seguintes rótulos:

a) **crimes unissubjetivos** (ou monossubjetivos, ou de concurso eventual): são aqueles que podem ser perpetrados por um ou mais agentes, não fazendo o tipo penal qualquer distinção. Ex.: roubo, furto, estelionato, homicídio;

b) **crimes plurissubjetivos** (ou crimes coletivos, ou de concurso necessário): são aqueles que, para sua própria tipificação, exigem a presença de dois ou mais agentes delitivos. Ex.: associação criminosa (denominado de quadrilha ou bando antes do advento da Lei 12.850/2013), que exige, pelo menos, três pessoas (art. 288 do CP); rixa, que também exige um mínimo de três pessoas (art. 137 do CP); associação para o tráfico, a exigir, pelo menos, duas pessoas (art. 35 da Lei 11.343/2006).

6.7.3. Autoria

Existem três teorias acerca da autoria, a saber:

a) **teoria material-objetiva** (ou extensiva): autor é aquele que concorre com qualquer causa para o implemento de um resultado, e não só o que realiza o verbo-núcleo do tipo penal incriminador. Assim, não há distinção entre autor, coautor e partícipe;

b) **teoria formal-objetiva** (ou restritiva): autor é somente aquela pessoa que pratica a conduta típica descrita em lei (matar, subtrair, constranger...), executando o verbo-núcleo do tipo. Toda ação que não for propriamente a correspondente ao verbo do tipo será acessória. Contudo, se, de qualquer modo, concorrer para a prática do crime, a pessoa será considerada partícipe. **Esta é a teoria adotada pelo CP, mas com algumas críticas, por não abranger a autoria mediata;**

c) **teoria normativa-objetiva** (ou do domínio do fato): autor é aquele que tem o controle final do fato, ou seja, domina finalisticamente a empreitada criminosa. Enfim, é o "chefe", que determina cada passo do crime. Será partícipe aquele que colaborar com o autor, mas sem ter o domínio final do fato.

A teoria do domínio do fato consegue explicar a autoria mediata, motivo pelo qual deve ser agregada à teoria restritiva.

6.7.3.1. Autoria mediata

De acordo com a teoria do domínio do fato, **autor mediato** (ou indireto) *é aquele que é "usado" pelo agente para realizar o verbo-núcleo do tipo*. Nesse caso, o executor material do crime não responderá por nada.

Exemplo: uma pessoa, querendo matar outra, pede a um louco que a esfaqueie, o que é por este cumprido. O louco (executor material) não responderá pelo homicídio, mas apenas seu mandante.

A autoria mediata pode resultar das seguintes hipóteses:

a) *ausência de capacidade mental* da pessoa utilizada como instrumento (inimputável);

b) *coação moral irresistível*;

c) *provocação de erro de tipo escusável* (ex.: médico que quer matar paciente e determina que a enfermeira aplique uma injeção de "medicamento", mas que, na realidade, é veneno);

d) *obediência hierárquica* a ordem não manifestamente ilegal.

Em qualquer caso, responderá pelo crime não o executor deste, mas o autor mediato.

6.7.4. Formas do concurso de agentes

A participação, em sentido amplo, é assim dividida:

a) **coautoria**: será coautor aquele que, juntamente com o autor do crime, com ele colaborar diretamente, de forma consciente e voluntária, para a realização do verbo-núcleo do tipo. A coautoria pode ser *parcial*, quando cada um dos agentes realizar atos executórios diversos, mas que, somados, redundem na consumação do crime (ex.: enquanto "A" segura a vítima, com uma faca em sua barriga, "B" subtrai seus pertences. Ambos respondem por roubo, em coautoria), ou a coautoria pode ser *direta*, quando todos os agentes praticarem a mesma conduta típica (ex.: "A" e "B", cada um com um revólver, atiram na vítima "C". Serão coautores no homicídio);

b) **participação**: será partícipe aquele que não realizar o verbo-núcleo do tipo, mas, de qualquer modo, concorrer para o crime. A participação pode ser:

✓ ***moral***: corresponde ao induzimento ou instigação do autor à prática de um crime;

✓ ***material***: corresponde ao auxílio.

Quanto à participação, adotou-se a **teoria da acessoriedade limitada**. Só será partícipe aquele que realizar conduta acessória (não realização do verbo-núcleo do tipo) a do autor e desde que esse pratique conduta típica e ilícita.

6.7.5. Teorias acerca do concurso de pessoas

São três:

a) **teoria unitária** (monista ou monística): ainda que duas ou mais pessoas realizem condutas diversas e autônomas, considera-se praticado um só crime (o mesmo, para todas). Contudo, o art. 29, § 1º, do CP, prevê a figura da *participação de menor importância*, que acarreta na diminuição da pena do agente. Já o art. 29, § 2º, também do CP, traz a figura da *cooperação dolosamente distinta*, segundo a qual o agente que se desviar do "plano original" e praticar crime diverso, por este responderá, enquanto que o coautor ou partícipe responderá pelo crime "originalmente combinado", sendo que sua pena poderá ser aumentada de metade caso o resultado mais grave fosse previsível. Pela relevância do tema, confira-se:

> **Concurso de Pessoas: Teoria Monista e Fixação de Reprimenda mais Grave a um dos Corréus**
>
> "Por reputar não observada a teoria monista adotada pelo ordenamento pátrio (CP, art. 29) – segundo a qual, havendo pluralidade de agentes e convergência de vontades para a prática da mesma infração penal, todos aqueles que contribuem para o crime incidem nas penas a ele cominadas, ressalvadas as exceções legais –, a Turma deferiu *habeas corpus* cassar decisão do STJ que condenara

o paciente pela prática de roubo consumado. No caso, tanto a sentença condenatória quanto o acórdão proferido pelo tribunal local condenaram o paciente e o corréu por roubo em sua forma tentada (CP, art. 157, § 2º, I e II, c/c o art. 14, II). Contra esta decisão, o Ministério Público interpusera recurso especial, apenas contra o paciente, tendo transitado em julgado o acórdão da Corte estadual relativamente ao corréu. Assentou-se que o acórdão impugnado, ao prover o recurso especial, para reconhecer que o paciente cometera o crime de roubo consumado, provocara a inadmissível situação consistente no fato de se condenar, em modalidades delitivas distintas quanto à consumação, os corréus que perpetraram a mesma infração penal. Destarte, considerando que os corréus atuaram em acordo de vontades, com unidade de desígnios e suas condutas possuíram relevância causal para a produção do resultado decorrente da prática do delito perpetrado, observou-se ser imperioso o reconhecimento uniforme da forma do delito cometido. Assim, restabeleceu-se a reprimenda anteriormente fixada para o paciente pelo tribunal local." **HC 97652/RS, rel. Min. Joaquim Barbosa, 4.8.2009**. (HC-97652) (**Inform. STF** 554).

b) teoria pluralística: para esta teoria, cada agente responde por um crime, independentemente do outro. Excepcionalmente, o Código Penal adota exceções pluralísticas ao princípio monístico. É o caso do binômio corrupção ativa/corrupção passiva e aborto com o consentimento da gestante e o terceiro que o provocou;

c) teoria dualística: para esta teoria, há um crime para os autores e outro crime para os partícipes. Não foi adotada pelo CP.

Apenas para não haver dúvidas, o CP adotou a *teoria unitária* ou *monista*.

6.7.6. *Comunicabilidade e incomunicabilidade de elementares e circunstâncias*

Considerando que o CP adotou, como regra, a **teoria unitária** de concurso de pessoas, nada mais "justo" do que todos os agentes que concorrerem para o mesmo fato respondam pela mesma infração penal.

No entanto, em algumas situações, a imputação de um mesmo crime a duas ou mais pessoas pode soar estranho. É o caso de "A", em estado puerperal, durante o parto, auxiliada por "B", matar o próprio filho. Não há dúvidas de que "A" deverá responder por infanticídio (art. 123 do CP). E quanto a "B", responderá por qual delito? Também por infanticídio!

O mesmo ocorre quando "A", funcionário público, valendo-se dessa condição, apropria-se de um computador do Estado, por ele utilizado em seu dia a dia na repartição pública em que trabalha, cometendo, assim, o crime de peculato (art. 312 do CP). Se "B", particular (leia-se: não funcionário), auxiliar "A" em seu intento criminoso, responderá por qual delito? Também por peculato!

Assim, a regra do art. 30 do CP é a de que as **condições de caráter pessoal, somente quando elementares do tipo** (leia-se: dados essenciais à caracterização do crime), **comunicam-se aos coautores ou partícipes**.

Temos, pois, **três regras**, extraídas, ainda que implicitamente, do já citado dispositivo legal:

a) as elementares comunicam-se aos demais agentes (coautores ou partícipes), desde que conhecidas por estes;

b) as circunstâncias objetivas (reais ou materiais) comunicam-se aos demais agentes (coautores ou partícipes);

c) as circunstâncias subjetivas (de caráter pessoal) jamais se comunicam aos demais agentes (coautores ou partícipes) quando não forem elementares.

7. DAS PENAS (ARTS. 32 A 120 DO CP)

7.1. Penas

7.1.1. *Conceito*

Pena é a *consequência jurídica do crime*. A prática de qualquer ato ilícito, em nosso ordenamento jurídico, deve gerar uma sanção, sob pena de nenhuma pessoa ser desestimulada a delinquir. Na seara penal, não poderia ser diferente.

Importa lembrar que **pena** é *espécie de sanção penal*, ao lado das **medidas de segurança**.

7.1.2. *Finalidades das penas*

São três:

a) **retributiva**: é a retribuição do mal pelo mal;

b) **preventiva**: a cominação abstrata de uma pena impõe à coletividade um temor (prevenção geral) e sua efetiva aplicação ao agente delitivo tem por escopo impedir que venha a praticar novos delitos (prevenção especial);

c) **ressocializadora**: a imposição de pena tem por escopo a readaptação do criminoso à vida em sociedade.

7.1.3. *Classificação ou espécies de penas*

De acordo com o art. 32 do CP, as penas podem ser:

a) **privativas de liberdade** (PPL): restringem a plena liberdade de locomoção do condenado. São de 3 espécies: *reclusão, detenção e prisão simples*;

b) **restritivas de direitos** (PRD): são sanções *autônomas* que substituem as penas privativas de liberdade. Não são, como regra, cominadas abstratamente em um tipo penal incriminador;

c) **multa**: consiste no pagamento ao FUNPEN de quantia fixada na sentença e calculada em dias-multa (art. 49 do CP).

7.2. As penas privativas de liberdade (PPLs)

As PPLs se subdividem em:

a) **reclusão** (apenas para os crimes);

b) **detenção** (apenas para os crimes);

c) **prisão simples** (apenas para as contravenções penais).

Quem comete crime punido com **reclusão** poderá iniciar o cumprimento da pena em **regime fechado**, **semiaberto** ou, desde logo, **aberto**. Assim, não pode o candidato se equivocar e imaginar que o agente que comete crime punido com reclusão iniciará o cumprimento da pena, obrigatoriamente, em regime fechado. Trata-se de uma falsa impressão decorrente do próprio nome da PPL: reclusão. Ao falarmos em reclusão, vem à nossa mente a ideia do regime fechado. No entanto, reafirma-se, um delito punido com reclusão pode impor que o condenado inicie, desde logo, o cumprimento da pena em regime semiaberto ou até aberto.

Já para os crimes punidos com **detenção**, os regimes iniciais de cumprimento de pena podem ser o **semiaberto** ou o **aberto**. Assim, não se pode impor ao condenado por crime punido com detenção o regime inicial fechado.

Por fim, a **prisão simples**, espécie de PPL cabível **apenas** para as **contravenções penais**, será cumprida em regime **semiaberto** ou **aberto**, sem rigor penitenciário (art. 6º, *caput*, e § 1º, da LCP). Não há, pois, regime fechado para essa espécie de pena.

Em suma:

a) Reclusão = regime *fechado, semiaberto ou aberto;*

b) Detenção = regime *semiaberto ou aberto*;

c) Prisão Simples = regime *semiaberto ou aberto* (apenas para as contravenções penais).

Para que se entenda completamente as diferenças entre as espécies de PPL, mister que se entenda, primeiramente, que cada uma delas traz regras próprias quanto aos regimes penitenciários, o que já se viu no presente item. No entanto, para uma melhor compreensão, precisamos passar ao estudo dos regimes de cumprimento de pena, bem assim dos estabelecimentos penais em que eles serão cumpridos.

7.2.1. Regimes de cumprimento de pena (ou regimes penitenciários)

São três, a saber:

a) Fechado: somente pode ser o regime inicial fixado quando a pena privativa de liberdade cominada for de **reclusão**. Contudo, ainda que se trate de detenção, será possível o regime fechado a título de regressão de regime (o que será visto mais à frente). Será o regime inicial fechado indicado ao agente condenado a **pena superior a 8 (oito anos)**, *reincidente ou não*. Também será este o regime quando a pena aplicada for de reclusão, **superior a 4 (quatro) e inferior a 8 (oito anos) anos**, mas sendo o condenado *reincidente* (art. 33, § 2º, "b", do CP). O regime fechado deve ser cumprido em **estabelecimentos penais de segurança máxima ou média** (art. 33, § 1º, "a", do CP). De acordo com o art. 2º, § 1º, da Lei 8.072/1990 (Lei dos Crimes Hediondos), será o regime inicial fechado obrigatório a todos aqueles que cometerem crimes hediondos ou equiparados. Contudo, o **STF**, no julgamento do **HC 111.840**, em 2012, **declarou incidentalmente a inconstitucionalidade** do referido dispositivo legal, reconhecendo que até mesmo o regime inicialmente fechado não pode ser obrigatório, sob pena de ofensa ao princípio da individualização da pena (art. 5º, XLVI, da CF). Em suma, até aos condenados por crimes hediondos ou equiparados admitir-se-ão os regimes semiaberto e aberto, desde que satisfeitos os requisitos legais;

b) Semiaberto: é o regime inicial mais gravoso dos crimes punidos com **detenção**. Também poderá ser imposto, desde logo, aos condenados punidos com delito apenado com **reclusão**. Será também escolhido quando a pena aplicada ao condenado for **superior a 4 (quatro) e inferior a 8 (oito) anos**, desde que *não seja reincidente* (art. 33, § 2º, "b", do CP). Será cumprido em **colônia penal agrícola, industrial ou estabelecimento similar** (art. 33, § 1º, "b", do CP);

c) Aberto: poderá ser imposto esse regime, desde logo, aos agentes condenados por crimes punidos com **reclusão** ou **detenção**, desde que a pena seja **igual ou inferior a 4 (quatro) anos** e que o condenado *não seja reincidente* (art. 33, § 2º, "c", do CP). Será cumprido em Casa do Albergado ou estabelecimento adequado (art. 33, § 1º, "c", do CP).

Perceba você que a **reincidência**, *independentemente da quantidade de pena*, imporá ao condenado, em princípio, o cumprimento da pena em regime inicial mais gravoso.

Em resumo:

I. Regime Fechado

a) cumprido em estabelecimento penal de segurança máxima ou média;

b) regime penitenciário mais gravoso para os crimes punidos com reclusão;

c) regime inicial obrigatório para os condenados por crimes hediondos ou equiparados (lembre-se, porém, do HC 111.840, julgado pelo STF em 2012, reconhecendo-se a inconstitucionalidade do regime inicialmente fechado obrigatório!);

d) será imposto quando a PPL for superior a 8 (oito) anos;

II. Regime Semiaberto

a) cumprido em colônia agrícola, industrial ou estabelecimento similar;

b) regime penitenciário mais gravoso para os crimes punidos com detenção;

c) será imposto quando a PPL for superior a 4 (quatro) e não exceder a 8 (oito), desde que o condenado não seja reincidente;

III. Regime Aberto

a) cumprido em Casa do Albergado ou estabelecimento adequado;

b) regime penitenciário mais benigno, cabível desde logo tanto para os crimes punidos com reclusão ou detenção;

c) somente será fixado se o condenado tiver sido punido com PPL igual ou inferior a quatro anos e desde que não seja reincidente.

As regras acima devem ser adotadas como um **padrão.** No entanto, algumas ***circunstâncias*** poderão intervir no momento da fixação do regime inicial de cumprimento de pena, quais sejam:

a) Análise do art. 59 do CP (circunstâncias judiciais) = independentemente da quantidade de pena imposta, respeitadas, porém, as espécies de PPL (reclusão, detenção ou prisão simples), a culpabilidade, os antecedentes, a conduta social e a personalidade do agente, bem como os motivos, circunstâncias e consequências do crime e o comportamento da vítima, poderão ser levados em consideração pelo magistrado para a escolha do regime inicial de cumprimento de pena. A título de exemplo, ainda que "A" tenha praticado o crime de roubo com emprego de arma de fogo, que, em tese, poderia redundar em uma pena de reclusão de 5 (cinco) anos e 4 (quatro) meses, a depender do grau de reprovabilidade da conduta, o juiz poderá impor-lhe regime inicial fechado, ainda que, em princípio, a PPL superior a 4 (quatro) e inferior a 8 (oito) anos devesse gerar a imposição de regime semiaberto. Confira-se, por oportuno, o entendimento jurisprudencial:

> **FIXAÇÃO. PENA-BASE. SUPERIOR. MÍNIMO. CABIMENTO.**
>
> "A Turma reiterou o entendimento de que, conforme o grau de reprovabilidade da conduta e a existência de circunstâncias desfavoráveis, é cabível a fixação de regime mais severo aos condenados à pena inferior a oito anos desde que devidamente fundamentada a decisão. E considera-se devidamente fundamentada a sentença que estabeleceu regime fechado para o

cumprimento de pena com base no nível de organização do bando criminoso, na quantidade de drogas e armamentos apreendidos, na nítida desproporção entre uma tentativa de homicídio realizada por meios de explosivos em estabelecimento jornalístico e sua motivação (veiculação de reportagem cujo conteúdo desagradou a um dos membros do grupo criminoso), no *modus operandis* do delito e na especial reprovação da vingança privada devido à tentativa de cerceamento da imprensa. Com esse entendimento, a Turma denegou a ordem." HC 196.485-SP, Rel. Min. Gilson Dipp, j. 1º.09.2011. (**Inform. STJ** 482)

b) Súmulas 269 e 440 do STJ

✓ Súm. 269**:** "é admissível a adoção do regime prisional semiaberto aos reincidentes condenados a pena igual ou inferior a quatro anos se favoráveis as circunstâncias judiciais".

✓ Súm. 440: "fixada a pena-base no mínimo legal, é vedado o estabelecimento de regime prisional mais gravoso do que o cabível em razão da sanção imposta, com base apenas na gravidade abstrata do delito".

c) Súmulas 718 e 719 do STF

✓ Súm. 718: "a opinião do julgador sobre a gravidade em abstrato do crime não constitui motivação idônea para a imposição de regime mais severo do que o permitido segundo a pena aplicada".

✓ Súm. 719: "a imposição do regime de cumprimento mais severo do que a pena aplicada permitir exige motivação idônea".

Confira-se o excerto abaixo:

CIRCUNSTÂNCIAS JUDICIAIS DESFAVORÁVEIS. REGIME FECHADO.

"A Turma denegou a ordem de *habeas corpus* e reafirmou que as circunstâncias judiciais desfavoráveis – *in casu*, culpabilidade, circunstâncias do crime e maus antecedentes (duas condenações transitadas em julgado) – autorizam a adoção do regime inicial fechado para o cumprimento da reprimenda, ainda que o paciente tenha sido condenado à pena de cinco anos e oito meses de reclusão (homicídio tentado). Precedente citado: HC 126.311-SP, *DJe* 15.06.2009. HC 193.146-MG, Rel. Min. Napoleão Nunes Maia Filho, j. 24.05.2011". (**Inform. STJ** 474).

Por fim, cabe trazermos algumas regras sobre cada um dos regimes penitenciários:

a) Regras Específicas do Regime Fechado

Conforme reza o artigo 34 do Código Penal, o condenado a cumprir pena em regime fechado será submetido inicialmente a exame criminológico a fim de que seja possível a classificação e individualização da pena.

Um dos deveres do preso no regime fechado é o trabalho durante o dia, recolhendo-se à noite a cela individual. Portanto, a ideia do legislador foi a de submeter o preso a um isolamento mais rigoroso.

Contudo, durante o dia trabalhará com os demais detentos em lugar comum. É admissível o trabalho externo do preso durante o cumprimento da pena em regime fechado em serviços ou obras públicas;

b) Regras do Regime Semiaberto

São semelhantes às regras do regime fechado, submetendo-se o condenado a trabalho em comum durante o dia em colônias penais agrícolas, industriais ou similares. É admissível o trabalho externo e também que os condenados frequentem cursos profissionalizantes. Durante a noite os condenados serão recolhidos às celas coletivas;

c) Regras do Regime Aberto

A ideia central deste regime é a de testar a autodisciplina do condenado e seu senso de responsabilidade. Será dever do condenado exercer trabalho, frequentar curso ou outras atividades autorizadas durante o dia, recolhendo-se à noite e nos dias de folga às casas do albergado.

7.2.2. Progressão de regime penitenciário

A legislação penal brasileira adota, atualmente, o sistema progressivo de penas, materializado no art. 112 da LEP e art. 33, § 2º, do CP. Assim, a pessoa condenada a cumprir sua pena em determinado regime, desde que preenchidos alguns requisitos, poderá migrar para o mais benigno, até que, com o cumprimento total da pena, esta restará extinta.

Para que se admita a progressão de regime penitenciário, é necessária a satisfação de dois requisitos:

a) Objetivo: cumprimento de parte da pena privativa de liberdade;

b) Subjetivo: mérito do condenado.

O **requisito objetivo**, a depender da natureza do crime praticado, poderá variar. Assim, temos a seguinte situação:

i) para os **crimes "comuns"**, o condenado deverá cumprir **1/6 (um sexto)** da pena para poder migrar para o regime mais benigno;

ii) para os **crimes hediondos** (assim definidos no art. 1º da Lei 8.072/1990) e **equiparados** (tráfico de drogas, tortura e terrorismo), o condenado deverá cumprir **2/5 (dois quintos)** da pena, se **primário**, ou **3/5 (três) quintos** da pena, se **reincidente**.

Ao lado disso, é indispensável que o condenado satisfaça o **requisito subjetivo**, qual seja, o **bom comportamento carcerário**, assim consignado em atestado emitido pela autoridade administrativa competente (diretor do estabelecimento penal).

A questão que se coloca é: *exige-se, para a progressão de regime, que o condenado obtenha parecer favorável em exame criminológico?*

Desde a edição da Lei 10.792/2003, o exame criminológico, mencionado no art. 112 da LEP, deixou de ser requisito indispensável à progressão de regime. Assim, em uma leitura mais apressada do dispositivo legal, poder-se-ia concluir que jamais se poderia exigir aludido exame (perícia multidisciplinar) para a admissão do benefício.

Contudo, mais recentemente, o STF, após editar a **Súmula vinculante nº 26**, passou a admitir a exigência de exame criminológico àqueles condenados por crimes hediondos, desde que as peculiaridades do caso indiquem que a medida é necessária. O mesmo se deu no âmbito do STJ, que editou a **Súmula 439**, que, em suma, prevê ser admissível o exame criminológico, desde que as peculiaridades do caso indiquem que seja necessário e desde que haja decisão motivada nesse sentido.

Portanto, podemos assim concluir: **como regra, não se exigirá o exame criminológico** como condição para a progressão de regime, **salvo se as peculiaridades do caso indicarem que sua realização seja necessária**, desde que haja **motivação idônea em decisão judicial**.

COMO USAR O LIVRO

Para que você consiga um ótimo aproveitamento deste livro, atente para as seguintes orientações:

1º Tenha em mãos um ***vademecum*** ou **um computador** no qual você possa acessar os textos de lei citados.

Neste ponto, recomendamos o **Vade Mecum de Legislação FOCO**, que é o Vade Mecum com o maior conteúdo impresso do mercado – confira em www.editorafoco.com.br.

2º Se você estiver estudando a teoria (fazendo um curso preparatório ou lendo resumos, livros ou apostilas), faça as questões correspondentes deste livro na medida em que for avançando no estudo da parte teórica.

3º Se você já avançou bem no estudo da teoria, leia cada capítulo deste livro até o final, e só passe para o novo capítulo quando acabar o anterior; vai mais uma dica: alterne capítulos de acordo com suas preferências; leia um capítulo de uma disciplina que você gosta e, depois, de uma que você não gosta ou não sabe muito, e assim sucessivamente.

4º Iniciada a resolução das questões, tome o cuidado de ler cada uma delas **sem olhar para o gabarito e para os comentários**; se a curiosidade for muito grande e você não conseguir controlar os olhos, tampe os comentários e os gabaritos com uma régua ou um papel; na primeira tentativa, é fundamental que resolva a questão sozinho; só assim você vai identificar suas deficiências e "pegar o jeito" de resolver as questões; marque com um lápis a resposta que entender correta, e só depois olhe o gabarito e os comentários.

5º **Leia com muita atenção o enunciado das questões.** Ele deve ser lido, no mínimo, duas vezes. Da segunda leitura em diante, começam a aparecer os detalhes, os pontos que não percebemos na primeira leitura.

6º **Grife as palavras-chave, as afirmações e a pergunta formulada.** Ao grifar as palavras importantes e as afirmações você fixará mais os pontos-chave e não se perderá no enunciado como um todo. Tenha atenção especial com as palavras "correto", "incorreto", "certo", "errado", "prescindível" e "imprescindível".

7º Leia os comentários e **leia também cada dispositivo legal** neles mencionados; não tenha preguiça; abra o *vademecum* e leia os textos de leis citados, tanto os que explicam as alternativas corretas, como os que explicam o porquê de ser incorreta dada alternativa; você tem que conhecer bem a letra da lei, já que mais de 90% das respostas estão nela; mesmo que você já tenha entendido determinada questão, reforce sua memória e leia o texto legal indicado nos comentários.

8º Leia também os **textos legais que estão em volta** do dispositivo; por exemplo, se aparecer, em Direito Penal, uma questão cujo comentário remete ao dispositivo que trata da falsidade ideológica, aproveite para ler também os dispositivos que tratam dos outros crimes de falsidade; outro exemplo: se aparecer uma questão, em Direito Constitucional, que trate da composição do Conselho Nacional de Justiça, leia também as outras regras que regulamentam esse conselho.

9º Depois de resolver sozinho a questão e de ler cada comentário, você deve fazer uma **anotação ao lado da questão**, deixando claro o motivo de eventual erro que você tenha cometido; conheça os motivos mais comuns de erros na resolução das questões:

DL – "desconhecimento da lei"; quando a questão puder ser resolvida apenas com o conhecimento do texto de lei;

DD – "desconhecimento da doutrina"; quando a questão só puder ser resolvida com o conhecimento da doutrina;

DJ – "desconhecimento da jurisprudência"; quando a questão só puder ser resolvida com o conhecimento da jurisprudência;

FA – "falta de atenção"; quando você tiver errado a questão por não ter lido com cuidado o enunciado e as alternativas;

NUT - "não uso das técnicas"; quando você tiver se esquecido de usar as técnicas de resolução de questões objetivas, tais como as da **repetição de elementos** ("quanto mais elementos repetidos existirem, maior a chance de a alternativa ser correta"), das **afirmações generalizantes** ("afirmações generalizantes tendem a ser incorretas" - reconhece-se afirmações generalizantes pelas palavras *sempre, nunca, qualquer, absolutamente, apenas, só, somente exclusivamente* etc.), dos **conceitos compridos** ("os conceitos de maior extensão tendem a ser corretos"), entre outras.

obs: se você tiver interesse em fazer um Curso de "Técnicas de Resolução de Questões Objetivas", recomendamos o curso criado a esse respeito pelo IEDI Cursos *On-line*: www.iedi.com.br.

AUTORES

Wander Garcia - @wander_garcia

Procurador do Município de São Paulo. Professor e coordenador do IEDI. Doutor e Mestre em Direito pela PUC/SP.

Alice Satin Calareso

Advogada. Mestre em Direitos Difusos pela PUC/SP. Especialista em Direito Processual Civil pela PUC/SP. Palestrante e Professora Assistente na Graduação e Pós-Graduação em Direito da PUC/SP.

André Barros - @ProfAndreBarros

Mestre em Direito Civil Comparado pela PUC/SP. Professor de Direito Civil e de Direito do Consumidor exclusivo da Rede LFG. Advogado. Membro do IBDFAM.

André Fioravanti

Mestre em Engenharia Elétrica pela Universidade Estadual de Campinas (Unicamp). Doutor pela Universidade de Paris XI. Pesquisador associado à Faculdade de Engenharia Elétrica da Unicamp. Autor do livro *"H∞ AnalysisandControlof Time-Delay Systems - Methods in Frequency Domain"*. Vencedor do concurso de programação *Matlab* em 2011.

Arthur Trigueiros - @proftrigueiros

Procurador do Estado de São Paulo. Professor da Rede LFG, do IEDI e do PROORDEM. Autor de diversas obras de preparação para Concursos Públicos e Exame de Ordem. Pós-graduado em Direito.

Bruna Vieira - @profa_bruna

Advogada. Professora do IEDI, PROORDEM, LEGALE, ROBORTELLA e ÊXITO. Palestrante e professora de Pós-Graduação em Instituições de Ensino Superior. Autora de diversas obras de preparação para Concursos Públicos e Exame de Ordem. Pós-graduada em Direito.

Eduardo Dompieri - @eduardodompieri

Professor do IEDI. Autor de diversas obras de preparação para Concursos Públicos e Exame de Ordem. Pós-graduado em Direito.

Fernando Leal Neto - @fclneto

Advogado. Mestrando em Segurança Pública, Justiça e Cidadania pela Universidade Federal da Bahia (UFBA). Coordenador de Extensão da Faculdade Baiana de Direito e Gestão (Salvador - BA).

Gustavo Nicolau - @gustavo_nicolau

Advogado. Mestre e Doutor pela Faculdade de Direito da USP. Professor de Direito Civil da Rede LFG/Praetorium.

Helder Satin

Desenvolvedor de sistemas Web e Gerente de projetos. Professor do IEDI. Professor de Cursos de Pós-Graduação. Graduado em Ciências da Computação, com MBA em Gestão de TI.

Henrique Romanini Subi - @henriquesubi

Agente da Fiscalização Financeira do Tribunal de Contas do Estado de São Paulo. Mestrando em Direito Político e Econômico pela Universidade Presbiteriana Mackenzie. Especialista em Direito Empresarial pela Fundação Getúlio Vargas e em Direito Tributário pela UNISUL. Professor de cursos preparatórios para concursos desde 2006. Coautor de mais de 20 obras voltadas para concursos, todas pela Editora Foco.

Leni Mouzinho Soares

Assistente Jurídico do Tribunal de Justiça do Estado de São Paulo.

Luiz Dellore - @dellore

Advogado concursado da CEF. Ex-Assessor de Ministro do STJ. Professor especializado em Exame de Ordem e Concursos Públicos e em cursos como IEDI, DAMÁSIO, PRAETORIUM e EXORD. Professor de Graduação (Mackenzie) e Pós-Graduação (EPD). Doutor e Mestre em Direito Processual Civil pela USP e Mestre em Direito Constitucional pela PUC/SP. Autor de livros e artigos jurídicos. Membro do IBDP e da Comissão de Processo Civil da OAB/SP.

Magally Dato

Agente de Fiscalização do Tribunal de Contas do Município de São Paulo e Professora de Língua Portuguesa.

Márcio Pereira - @marciofrpereira

Advogado. Mestre pela UFBA. Professor Assistente da Universidade Federal do Ceará (UFC), foi Professor de Processo Penal da UCSAL (BA), da Faculdade 2 Julho (BA), do IEDI e da Rede LFG. Ex-Professor do Curso JusPodivm. Autor de livro por outra editora.

Mauro Argachoff - @MauroArgachoff

Delegado de Polícia lotado no Departamento de Polícia Judiciária do Interior - DEINTER-6, da Policia Civil do Estado de São Paulo. Mestre em Direito Penal pela Universidade de São Paulo - USP. Professor da Academia da Policia Civil do Estado de São Paulo, do Complexo Damásio de Jesus, do Curso Preparatório para Carreiras Policiais - GOE, do Curso FMB e na Pós-Graduação da Escola Paulista de Direito - EPD. Especializado em Direito Penal pela Escola Paulista da Magistratura. Graduado em Direito pelo Centro Universitário das Faculdades Metropolitanas Unidas - FMU. Coautor e diversos livros jurídicos. Siga o autor na rede social: facebook.com/Prof Mauro Argachoff

Renan Flumian

Professor e Coordenador Acadêmico do IEDI. Mestre em Filosofia do Direito pela *Universidad de Alicante*, cursou a *SessionAnnuelle D'enseignement* do *InstitutInternationaldesDroits de L'Homme*, a Escola de Governo da USP e a Escola de Formação da Sociedade Brasileira de Direito Público. Autor e coordenador de diversas obras de preparação para Concursos Públicos e o Exame de Ordem. Advogado.

Robinson Sakiyama Barreirinhas - robinson.barreirinhas@gmail.com

Procurador do Município de São Paulo. Professor do IEDI. Ex-Assessor de Ministro do STJ. Autor e coautor de mais de 20 obras de preparação para concursos e OAB.

Rodrigo Santamaria Saber

Advogado. Professor de Cursos Preparatórios para Concursos Públicos. Graduado em Direito pela PUC de São Paulo e Especialista em Direito Processual Civil pela UNESP de Franca. Aprovado nos Concursos para Defensor Público do Estado de Santa Catarina e do Distrito Federal.Coautor de livros publicados pela Editora Foco.

Tiago Queiroz

Diretor de Cartório Judicial e Pós-Graduado em Direito.

Vivian Calderoni

Mestre em Direito Penal e Criminologia pela USP. Autora de artigos e livros. Palestrante e professora de cursos preparatórios para concursos jurídicos. Atualmente, trabalha como advogada na ONG "Conectas Direitos Humanos", onde atua em temas relacionados ao sistema prisional e ao sistema de justiça.

Com relação aos **crimes cometidos contra a administração pública** (ex.: peculato, art. 312 do CP), a progressão de regime, consoante determina o art. 33, § 4º, do CP, somente será admissível após o condenado haver **reparado o dano causado** ao erário ou devolvido o produto do ilícito cometido, com os devidos acréscimos legais.

No tocante aos **crimes hediondos e equiparados**, após o advento da Lei 11.464/2007, inspirada no julgamento, pelo STF, do HC 82.959-SP, no qual se declarou incidentalmente a inconstitucionalidade do regime integralmente fechado previsto, àquela ocasião, no art. 2º, § 1º, da Lei 8.072/1990, não mais se pode falar em vedação à progressão de regime. Apenas se imporá ao condenado o **regime inicialmente fechado**, admitindo-se a progressão após o cumprimento de 2/5 ou 3/5 da pena, a depender, respectivamente, de ser primário ou reincidente. Ressalte-se, porém, que o STF, ao julgar, em 2012, o **HC 111.840**, impetrado pela Defensoria Pública do Espírito Santo em favor de paciente condenado por tráfico de drogas, declarou, incidentalmente, a **inconstitucionalidade do regime inicial fechado obrigatório** aos condenados por crimes hediondos ou equiparados. Assim, a despeito da existência de norma impositiva do regime inicialmente fechado obrigatório (art. 2º, § 1º, da Lei 8.072/1990 – Lei dos Crimes Hediondos), pode-se sustentar, como visto, sua inconstitucionalidade, motivo pelo qual se poderá admitir regime inicial semiaberto ou até aberto aos condenados por crimes hediondos e equiparados.

A doutrina majoritária, bem assim a jurisprudência, objetam a ideia de uma **"progressão por salto"**, vale dizer, o condenado que cumpre pena no regime fechado migrar, diretamente, para o regime aberto, sem passar pelo semiaberto. É o que restou estampado, inclusive, na **Súmula 491 do STJ**: "é inadmissível a chamada progressão *per saltum* de regime prisional".

No entanto, em situações excepcionais, poderá ser admitido, na prática, o "salto" ao regime mais brando. É o que ocorre, por exemplo, com um condenado em regime fechado que já tenha satisfeito os requisitos para a progressão ao semiaberto e neste não haja vagas. A ineficiência estatal não pode ser um óbice à progressão de regime. Destarte, o condenado será transferido do regime fechado ao aberto, até que surja uma vaga no semiaberto, oportunidade em que será "realocado" à condição juridicamente correta.

Por fim, de acordo com a **Súmula 493 do STJ**, é inadmissível a fixação de pena substitutiva (art. 44, do CP) como condição especial ao regime aberto, medida muito utilizada por juízes da execução penal. Ora, não se pode admitir que um condenado, para progredir de regime prisional, seja submetido a mais uma pena, ainda que alternativa à prisão!

7.2.3. Regressão de regime penitenciário, remição e detração

A **regressão** de regime penitenciário é o oposto da **progressão**. Nosso sistema penitenciário é o progressivo. Contudo, o condenado poderá ser transferido de regime mais benigno para outro mais gravoso quando (art. 118 da LEP):

a) cometer crime doloso ou falta grave;

b) sofrer condenação por crime anterior, cuja pena, somada àquela que está sendo executada, supere o teto permitido para aquele regime em que estiver o condenado;

c) o condenado frustrar os fins da execução ou não pagar, podendo, a multa cumulativamente imposta;

d) o condenado submetido à vigilância indireta eletrônica (monitoração eletrônica) deixar de adotar os cuidados necessários com o equipamento, bem como não observar os deveres que lhe são inerentes (art. 146-C da LEP).

Admite-se a regressão do regime aberto, por exemplo, para o fechado, diretamente, o que não ocorre na progressão de regime, que não pode ser "por salto". Em outras palavras, admite-se a "regressão por salto", o que, como regra, não se pode admitir na progressão.

Ressalte-se que o condenado que esteja cumprindo pena por crime punido com **detenção**, muito embora esta espécie de PPL não admita, como regra, a imposição de regime inicial fechado, poderá regredir a este regime. Assim não fosse, quem cumprisse pena de detenção, caso cometesse, por exemplo, falta grave em regime semiaberto, não sofreria qualquer penalidade, o que serviria até de estímulo ao cometimento de transgressões disciplinares.

A **remição** é benefício a que o condenado faz jus, desde que esteja cumprindo a pena em *regime fechado* ou *semiaberto*, reduzindo-se sua pena em razão do trabalho ou do estudo (neste caso, até mesmo no regime aberto). De acordo com o art. 126, § 1º, da LEP, alterado pela Lei nº 12.433, de 29 de junho de 2011, com vigência a partir de sua publicação no dia seguinte, a contagem do prazo, para fins de remição, será feito da seguinte maneira:

a) 1 (um) dia de pena a cada 12 (doze) horas de frequência escolar – atividade de ensino fundamental, médio, inclusive profissionalizante, ou superior, ou ainda de requalificação profissional – divididas, no mínimo, em 3 (três) dias;

b) 1 (um) dia de pena a cada 3 (três) dias de trabalho.

O estudo, nos termos do art. 126, § 2º, da LEP, já com as alterações promovidas pelo diploma legal acima referido, poderá ser desenvolvido de forma presencial ou por metodologia de ensino a distância, sendo de rigor a certificação pelas autoridades educacionais competentes dos cursos frequentados.

Será perfeitamente possível a cumulação do trabalho e do estudo do preso para fins de remição (ex.: trabalho na parte da manhã e estudo à noite). Nesse caso, a cada 3 dias de estudo e trabalho, será recompensado com o abatimento de dois dias de pena.

Ainda, deve-se registrar que o preso impossibilitado, por acidente, de prosseguir no trabalho ou nos estudos, continuará a beneficiar-se com a remição (art. 126, § 4º, da LEP).

Ao preso que, durante o cumprimento da pena, concluir o ensino fundamental, médio ou superior, desde que haja certificado expedido pelo órgão competente, terá acrescido 1/3 (um terço) às horas de estudo que serão utilizadas para a remição (art. 126, § 5º, da LEP).

Em caso de falta grave, o juiz poderá revogar até 1/3 (um terço) do tempo remido, recomeçando a contagem a partir da data da infração disciplinar (art. 127 da LEP). Assim, a Súmula Vinculante nº 9 do STF, que afirmava que o condenado perderia, em razão da falta grave, todos os dias remidos, está tacitamente revogada pela Lei 12.433/2011, que alterou a redação do art. 127 da LEP.

Por oportuno, e tratando-se de inovação, deve-se destacar que a remição, até o advento da já citada Lei 12.433/2011, somente era admissível aos condenados que cumprissem pena em regime fechado ou semiaberto, visto que o trabalho era requisito indispensável à progressão ao regime aberto. No entanto, acrescentado o estudo do preso como fator de remição, mesmo ao condenado que cumpra pena em regime aberto ou semiaberto, bem assim ao que usufrui do livramento condicional, poderá beneficiar-se da remição pela frequência a curso de ensino regular ou de educação profissional (a cada 12 horas de estudo, divididas em no mínimo três dias, verá descontado 1 dia de sua pena, ou, ainda, 1 dia do período de prova do livramento condicional).

Para que se implemente os novos comandos da LEP, a Lei 12.245/2010 determinou a **instalação de salas de aula** nos estabelecimentos penais, destinadas a **cursos do ensino básico e profissionalizante**.

A **detração, por sua vez,** é o cômputo (ou desconto, ou abatimento), na pena privativa de liberdade ou na medida de segurança, do tempo de prisão provisória ou de internação, cumprida no Brasil ou no estrangeiro (art. 42 do CP). Assim, aquele tempo em que o agente ficou preso ou internado cautelarmente será descontado, abatido, do tempo definitivo de pena privativa de liberdade ou, no caso de medida de segurança, em seu tempo mínimo de duração. Importante registrar que, nos termos do art. 387, § 2º, do CPP, o tempo de prisão provisória será computado para fins de fixação do regime inicial de cumprimento de pena.

Questão bastante relevante para concursos públicos diz respeito à possibilidade – ou não – de uma prisão cautelar decretada ou mantida em determinado processo-crime ser utilizada como "abatimento" em outro processo-crime. Confira-se a posição consolidada da doutrina e jurisprudência estampada nos excertos a seguir:

> **DETRAÇÃO. CUSTÓDIA CAUTELAR.**
>
> "A Turma denegou a ordem de *habeas corpus* e reafirmou ser inviável aplicar o instituto da detração penal nos processos relativos a crimes cometidos após a custódia cautelar". Precedentes citados do STF: HC 93.979-RS, *DJe* 19.06.2008; do STJ: REsp 1.180.018-RS, *DJe* 04.10.2010; HC 157.913-RS, *DJe* 18.10.2010, e REsp 650.405-RS, *DJ* 29.08.2005. HC 178.129-RS, Rel. Min. Og Fernandes, j. 07.06.2011. (**Inform. STJ** 476).
>
> **DETRAÇÃO PENAL. CRIME POSTERIOR. PRISÃO CAUTELAR.**
>
> "A Turma denegou a ordem de *habeas corpus*, reafirmando a jurisprudência deste Superior Tribunal de ser inviável a aplicação da detração penal em relação aos crimes cometidos posteriormente à custódia cautelar. No *writ*, a Defensoria sustentava constrangimento ilegal na decisão de não concessão da detração ao paciente que permaneceu preso cautelarmente em outro feito criminal no período de 27.09.2006 a 07.09.2007 e buscava a detração da pena pela prática de crime perpetrado em 27.11.2007". Precedentes citados do STF: HC 93.979-RS, *DJe* 19.06.2008; do STJ: REsp 650.405-RS, *DJ* 29.08.2005; HC 157.913-RS, *DJe* 18.10.2010, e REsp 1.180.018-RS, *DJe* 04.10.2010. HC 197.112-RS, Rel. Min. Og Fernandes, j. 19.05.2011. (**Inform. STJ** 473).

7.2.4. Fixação das PPLs (dosimetria da pena)

Nosso CP, em seu art. 68, consagrou o denominado sistema trifásico de fixação de pena, idealizado pelo grande mestre penalista Nelson Hungria.

Como o próprio nome sugere, o magistrado, no momento em que for aplicar a pena ao agente, deverá fazê-lo em três etapas:

a) Primeira fase: análise das **circunstâncias judiciais** do art. 59 do CP. Aqui, o juiz irá verificar a *culpabilidade, os antecedentes, a conduta social, a personalidade do agente, os motivos, as circunstâncias e as consequências do crime*, bem como o *comportamento da vítima*, a fim de que se fixe a **pena-base**. Quanto aos maus antecedentes, é mister ressaltar que o STJ, ao editar a **Súmula 444**, assentou ser **vedada a utilização de inquéritos policiais e ações penais em curso para agravar a pena-base**. Repita-se aos futuros Delegados de Polícia: inquéritos policiais em andamento não podem ser considerados maus antecedentes! Isso, é certo, decorre do princípio constitucional da presunção de inocência (ou de não culpabilidade);

b) Segunda fase: análise das **circunstâncias atenuantes e agravantes genéricas** (previstas na Parte Geral do CP), que vêm indicadas, respectivamente, nos arts. 65, 66, 61 e 62, todos do CP.

As **circunstâncias atenuantes** previstas no art. 65 do CP são as seguintes:

> I – ser o agente menor de 21 (vinte e um), na data do fato, ou maior de 70 (setenta) anos, na data da sentença;
>
> II – o desconhecimento da lei;
>
> III – ter o agente:
>
> a) cometido o crime por motivo de relevante valor social ou moral;
>
> b) procurado, por sua espontânea vontade e com eficiência, logo após o crime, evitar-lhe ou minorar-lhe as consequências, ou ter, antes do julgamento, reparado o dano;
>
> c) cometido o crime sob coação a que podia resistir, ou em cumprimento de ordem de autoridade superior, ou sob a influência de violenta emoção, provocada por ato injusto da vítima;
>
> d) confessado espontaneamente, perante a autoridade, a autoria do crime;
>
> e) cometido o crime sob a influência de multidão em tumulto, se não o provocou.
>
> O **art. 66 do CP** trata das atenuantes inominadas:
>
> A pena poderá ser ainda atenuada em razão de circunstância relevante, anterior ou posterior ao crime, embora não prevista expressamente em lei.
>
> As **circunstâncias agravantes** do art. 61 do CP são:
>
> I – a reincidência;
>
> II – ter o agente cometido o crime:
>
> a) por motivo fútil ou torpe;
>
> b) para facilitar ou assegurar a execução, a ocultação, a impunidade ou vantagem de outro crime;
>
> c) à traição, de emboscada, ou mediante dissimulação, ou outro recurso que dificultou ou tornou impossível a defesa do ofendido;
>
> d) com emprego de veneno, fogo, explosivo, tortura ou outro meio insidioso ou cruel, ou de que podia resultar perigo comum;
>
> e) contra ascendente, descendente, irmão ou cônjuge;
>
> f) com abuso de autoridade ou prevalecendo-se de relações domésticas, de coabitação ou de hospitalidade, ou com violência contra a mulher na forma da lei específica;
>
> g) com abuso de poder ou violação de dever inerente a cargo, ofício, ministério ou profissão;
>
> h) contra criança, maior de 60 (sessenta) anos, enfermo ou mulher grávida;

> i) quando o ofendido estava sob a imediata proteção da autoridade;
>
> j) em ocasião de incêndio, naufrágio, inundação ou qualquer calamidade pública, ou de desgraça particular do ofendido;
>
> l) em estado de embriaguez preordenada.

O art. 62 do CP trata de **circunstâncias agravantes** que somente se aplicam em caso de concurso de pessoas. Vejamos:

> I - promove, ou organiza a cooperação no crime ou dirige a atividade dos demais agentes;
>
> II - coage ou induz outrem à execução material do crime;
>
> III - instiga ou determina a cometer o crime alguém sujeito à sua autoridade ou não punível em virtude de condição ou qualidade pessoal;
>
> IV - executa o crime, ou nele participa, mediante paga ou promessa de recompensa.

Havendo o concurso de circunstâncias atenuantes e agravantes, caberá ao juiz impor a pena que se aproxime do limite indicado pelas **circunstâncias preponderantes**, entendendo-se como tais as que resultam dos motivos determinantes do crime, da personalidade do agente e da reincidência (art. 67 do CP). A jurisprudência entende que a **menoridade relativa** (agente maior de dezoito anos, mas menor de vinte e um) prevalece sobre as demais.

Finalmente, de acordo com a **Súmula 231 do STJ**, a incidência de circunstância atenuante não pode conduzir à redução da pena abaixo do mínimo legal. Por evidente, o mesmo se aplica às agravantes, que não podem conduzir ao aumento da pena acima do máximo legal.

c) Terceira fase: análise das causas de diminuição (minorantes) e aumento (majorantes) de pena. Podem ser genéricas, quando previstas na Parte Geral do CP, ou específicas, quando na Parte Especial ou legislação extravagante. São representadas usualmente por ***frações*** (1/6, 1/3, 1/2, 2/3 ...).

Diversamente do que ocorre com as atenuantes e agravantes, as causas de diminuição e aumento de pena podem, respectivamente, conduzir à fixação de reprimenda **abaixo do mínimo ou acima do máximo** previsto em lei.

7.3. As penas restritivas de direitos (PRDs)

7.3.1. Características

Também conhecidas como *penas alternativas*, visto que são uma alternativa à pena de prisão, as PRDs são **autônomas**, eis que têm regras e princípios próprios, não podendo coexistir com as PPLs, bem como **substitutivas**, ou seja, substituem as PPLs impostas em sentença.

Cabe mencionar que o crime de porte de drogas para consumo pessoal, tipificado no art. 28 da Lei de Drogas (Lei 11.343/2006), prevê, já abstratamente, penas alternativas à prisão (advertência, prestação de serviços à comunidade e comparecimento a programa ou curso educativo), tratando-se de uma exceção à regra que dita que as PRDs têm caráter substitutivo.

7.3.2. Requisitos para a substituição da PPL por PRD

A PRD somente poderá substituir uma PPL imposta em sentença se preenchidos os seguintes **requisitos**, de **forma cumulativa**, previstos no art. 44, I a III, do CP:

A) **Requisitos objetivos:**

a.1) crime cometido sem violência ou grave ameaça à pessoa;

a.2) que a PPL a ser substituída seja de até 4 (quatro) anos, e, quanto aos crimes culposos, qualquer que seja a quantidade de pena imposta;

B) Requisitos subjetivos:

b.1) *réu não reincidente em crime doloso* (não se tratando de **reincidência específica**, ou seja, não tendo o agente sido condenado em virtude da prática do mesmo crime, até **será possível a substituição** da PPL por PRD, desde que a **medida seja socialmente recomendável** - art. 44, § 3º, do CP);

b.2) *culpabilidade, os antecedentes, a conduta social, a personalidade do agente, bem como os motivos e as circunstâncias do crime indiquem que a substituição é suficiente.* É o que se convencionou chamar de **princípio da suficiência**.

7.3.3. Espécies de PRDs

As PRDs estão previstas, em rol taxativo, no **art. 43 do CP**, a saber:

I. Prestação pecuniária (art. 45, § 1º, do CP);

II. Perda de bens e valores (art. 45, § 3º, do CP);

III. Prestação de serviços à comunidade ou a entidades públicas (art. 46 do CP);

IV. Interdição temporária de direitos (art. 47 do CP); e

V. Limitação de fim de semana (art. 48).

7.3.3.1. Prestação pecuniária

Consiste no **pagamento em dinheiro** à *vítima, a seus dependentes ou a entidade pública ou privada com destinação social*, de importância fixada pelo juiz, não inferior a **1 (um) salário mínimo**, nem superior a **360 (trezentos e sessenta) salários mínimos**. O valor será deduzido do montante de eventual ação de reparação civil, desde que coincidentes os beneficiários. A prestação pecuniária poderá ser substituída por prestação de outra natureza desde que haja aceitação, nesse sentido, do beneficiário (art. 45, § 2º, do CP).

Diversamente do que ocorre com a pena de multa, que é considerada dívida de valor (art. 51 do CP), se o condenado não cumprir a prestação pecuniária imposta, esta será convertida em PPL, conforme se depreende da regra geral imposta no art. 44, § 4º, do CP.

7.3.3.2. Perda de bens e valores

Consiste no "confisco" (retirada compulsória) de bens e valores que componham o **patrimônio lícito** do condenado, em favor do FUNPEN (Fundo Penitenciário Nacional), ressalvada a legislação especial. Será correspondente, ao que for maior, ao **montante do prejuízo** causado ou ao **proveito** obtido pelo agente com a **prática do crime** (art. 45, § 3º, do CP).

7.3.3.3. Prestação de serviços à comunidade ou a entidades públicas

Trata-se de PRD que impõe ao condenado o cumprimento de **tarefas gratuitas** em *entidades assistenciais, hospitais, escolas,* *orfanatos e outros estabelecimentos congêneres, em programas comunitários e estatais* (art. 46, *caput*, e §§ 1º e 2º, do CP).

Somente é aplicável essa espécie de pena restritiva às **condenações que superarem 6 (seis) meses de PPL**.

As tarefas não poderão atrapalhar a jornada de trabalho normal do condenado, motivo pelo qual corresponderão a **1 (uma) hora de tarefa por dia de condenação** (art. 46, § 3º, do CP). Em caso de a PPL substituída **superar 1 (um) ano**, o condenado poderá cumprir a prestação de serviços à comunidade ou entidades públicas em **tempo menor**, respeitado, é bom que se diga, período jamais **inferior à metade** da pena privativa de liberdade substituída (art. 46, § 4º, do CP).

7.3.3.4. Interdição temporária de direitos

Esta espécie de PRD somente será imposta quando o crime **violar deveres inerentes a cargo, atividade, ofício ou função pública**.

São elas:

I. proibição para o exercício de cargo, função ou atividade pública, bem como mandato eletivo;

II. proibição do exercício de profissão, atividade ou ofício que dependam de habilitação especial, de licença ou autorização do poder público;

III. suspensão de CNH (somente para os crimes culposos de trânsito);

IV. proibição de frequentar determinados lugares (art. 47 do CP); e

V. proibição de inscrever-se em concurso, avaliação ou exames públicos (inovação trazida pela Lei 12.550/2011).

7.3.3.5. Limitação de fim de semana

Consiste na obrigação de o condenado permanecer, por **5 (cinco) horas diárias**, aos **sábados e domingos**, em Casa do Albergado, para que ouça palestras ou realize atividades educativas e participe de cursos (art. 48, parágrafo único, do CP).

7.3.4. Descumprimento das PRDs

Conforme enuncia o art. 44, § 4º, do CP, a pena restritiva de direitos **converte-se** em privativa de liberdade quando ocorrer o **descumprimento injustificado** da restrição imposta. Trata-se da conversão ou reconversão da PRD pela PPL.

É claro que antes da decretação da conversão/reconversão é mister a prévia oitiva do condenado, em respeito ao contraditório e ampla defesa.

Em caso de condenação a PPL por outro crime, o juiz da execução penal decidirá sobre a conversão, podendo deixar de aplicá-la se for possível ao condenado cumprir a pena substitutiva anterior. Trata-se de **conversão ou reconversão facultativa**, visto que, se for possível ao condenado prosseguir no cumprimento da PRD anterior e cumprir, concomitantemente, a nova PRD imposta pela prática de outro crime, não haverá razões para a conversão da primeira.

7.4. A pena de multa

A pena de multa é de cunho eminentemente **pecuniário**. Consiste no **pagamento de um certo montante** ao Fundo Penitenciário Nacional (FUNPEN) ou fundos estaduais (para os crimes de competência da Justiça Estadual), fixado em sentença e calculado em **dias-multa**.

7.4.1. Sistema de aplicação da multa

Conforme a doutrina nos ensina, a multa segue um **sistema bifásico**, visto que, primeiramente, será estabelecido o **número de dias-multa**, seguindo-se ao cálculo de seu **valor unitário**.

Assim, na primeira fase, o juiz fixará a quantidade da multa entre **10 (dez)** e **360 (trezentos e sessenta) dias-multa.** Em ato seguinte, fixará o valor de cada dia-multa, que não poderá ser inferior a **1/30 (um trigésimo)** do salário mínimo, nem superior a **5 (cinco)** vezes esse valor, levando-se em conta a **capacidade econômica do réu** (arts. 49 e 60, ambos do CP).

Se o magistrado entender que o poder econômico do réu poderá revelar **ineficácia** da sanção penal, o valor da multa poderá ser elevado até o **triplo** (art. 60, § 1º, do CP).

7.4.2. Natureza jurídica e execução da multa

Conforme preconiza o art. 51 do CP, transitada em julgado a sentença condenatória, a **multa** será considerada **dívida de valor**, aplicando-se-lhe as normas da legislação relativa à **dívida ativa da Fazenda Pública**, inclusive no que concerne às causas interruptivas e suspensivas da prescrição.

Em outras palavras, caso o condenado não pague a pena de multa imposta, esta não poderá ser convertida em PPL, visto que o CP a considera mera dívida de valor.

Prevalece o entendimento doutrinário e jurisprudencial de que **a execução da pena de multa**, caso não ocorra o pagamento voluntário no prazo de 10 (dez) dias após o trânsito em julgado da sentença condenatória (art. 50 do CP), deve ser promovida pela **Fazenda Pública** federal ou estadual, a depender da competência jurisdicional (crimes federais ou estaduais), nas **Varas das Execuções Fiscais**.

Caso sobrevenha ao condenado doença mental, suspende-se a execução da pena de multa, conforme determina o art. 52 do CP.

8. CONCURSO DE CRIMES

8.1. Conceito

Concurso de crimes ocorre nos casos em que o(s) agente(s), mediante a prática de **uma ou várias condutas**, pratica(m) **dois ou mais crimes**. Pressupõe, portanto, **pluralidade de fatos**.

8.2. Espécies de concurso de crimes

Os arts. 69, 70 e 71 do CP trazem, respectivamente, o **concurso material**, o **concurso formal** e o **crime continuado**.

8.2.1. Concurso material (ou real)

Previsto no art. 69 do CP, resta caracterizado quando o agente, mediante **mais de uma ação ou omissão**, pratica **dois ou mais crimes, idênticos ou não**. Como consequência, serão aplicadas, cumulativamente, as penas privativas de liberdade em que haja incorrido.

Assim, são **requisitos do concurso material**: *pluralidade de condutas e pluralidade de crimes.*

Reconhecida essa espécie de concurso, o juiz, na sentença, fixará as penas de cada uma das infrações penais separadamente para, somente então, somá-las. Isso é importante para fins de análise de prazo prescricional, que corre separadamente para cada crime (art. 119 CP).

Aplica-se no concurso material o **sistema do cúmulo material** (soma das penas).

Caso o agente tenha praticado diversos crimes em concurso material ou real, e havendo penas privativas de liberdade distintas (reclusão e detenção, por exemplo), a execução ocorrerá primeiramente da mais grave (reclusão, *in casu*).

8.2.2. Concurso formal (ou ideal)

Previsto no art. 70 do CP, resta caracterizado quando o agente, mediante **uma só ação ou omissão**, pratica **dois ou mais crimes**, **idênticos ou não**, aplicando-se a pena mais grave, se distintas, ou, se idênticas, qualquer uma delas, mas, em qualquer caso, aumentada de 1/6 (um sexto) até 1/2 (metade).

São **requisitos**, portanto, **do concurso formal**: *unidade de conduta e pluralidade de crimes.*

A depender dos crimes cometidos, existem 2 (duas) espécies de concurso formal:

a) concurso formal homogêneo: verifica-se quando os crimes cometidos forem **idênticos** (ex.: dois homicídios culposos de trânsito, praticados mediante uma só ação imprudente do condutor do veículo automotor);

b) concurso formal heterogêneo: verifica-se na hipótese de o agente, mediante uma só ação ou omissão, praticar dois ou mais **crimes distintos** (ex.: dirigindo imprudentemente, o condutor do veículo mata um pedestre e provoca lesões corporais em outro).

Ainda, quanto ao desígnio do agente para o cometimento dos crimes, classifica-se o concurso formal em:

a) concurso formal perfeito (ou próprio – é a regra): dá-se quando o agente, mediante uma só ação ou omissão, pratica dois ou mais crimes, idênticos ou não, mas com **unidade de desígnio**. É o caso do atropelamento culposo de 3 (três) pessoas;

b) concurso formal imperfeito (ou impróprio): dá-se quando o agente, mediante uma só ação ou omissão, pratica dois ou mais crimes, mas com **pluralidade de desígnios** (mais de uma vontade). É o caso do homem que efetua um só disparo, matando cinco pessoas enfileiradas.

No primeiro caso (concurso formal perfeito), a pena será acrescida de 1/6 a 1/2, aplicando-se o chamado **critério ou sistema da exasperação.** Já em caso de concurso formal imperfeito, dada a pluralidade de desígnios, as penas serão somadas, aplicando-se o critério ou sistema do cúmulo material.

Se da **exasperação da pena** (1/6 a 1/2) decorrer reprimenda **superior** àquela que seria verificada com a soma das sanções penais, aplicar-se-á a regra do **cúmulo material benéfico**, ou seja, elas serão somadas (art. 70, parágrafo único, do CP). Afinal, a regra do concurso formal objetivo, em última análise, beneficia o réu: em vez de sofrer condenação por cada um dos crimes, responderá, na prática, pela pena de um deles, acrescida de 1/6 a 1/2. No entanto, se referida regra se afigurar prejudicial, as penas dos crimes serão somadas.

8.2.3. Crime continuado (ou continuidade delitiva)

Previsto no art. 71 do CP, resta configurado quando o agente, mediante **mais de uma ação ou omissão**, pratica **dois ou mais crimes da mesma espécie**, em que, pelas *circunstâncias de tempo, lugar, maneira de execução e outras semelhantes, devem os subsequentes ser havidos como continuação do primeiro*, hipótese em que será aplicada a pena de um só dos crimes, se idênticas, ou a mais grave, se diversas, aumentadas, em qualquer caso, de 1/6 (um sexto) a 2/3 (dois terços). Aplica-se, aqui, o **critério ou sistema da exasperação**.

O art. 71, parágrafo único, do CP traz a regra do **crime continuado qualificado ou específico**, pela qual o juiz poderá aumentar a pena até o **triplo** na hipótese de terem sido cometidos **crimes dolosos com violência ou grave ameaça à pessoa, contra vítimas diferentes**. Todavia, deve-se observar, em qualquer caso, o cúmulo material benéfico (se a exasperação revelar-se prejudicial, as penas deverão ser somadas).

Como se vê da redação do art. 71, *caput*, do CP, a continuidade delitiva depende do reconhecimento de uma **tríplice semelhança** entre os crimes praticados, qual seja:

a) circunstâncias de tempo semelhantes: de acordo com a doutrina e jurisprudência majoritárias, entre um crime e outro não pode transcorrer lapso superior a 30 (trinta) dias;

b) circunstâncias de lugar semelhantes: os crimes devem ser perpetrados na mesma cidade ou cidades vizinhas (contíguas); e

c) modo de execução semelhante: os crimes devem ser praticados com um mesmo padrão (*modus operandi*).

Se não houver o preenchimento das três condicionantes acima, em **caráter cumulativo**, não será possível o reconhecimento da continuidade delitiva.

8.3. Pena de multa em caso de concurso de crimes

De acordo com o art. 72 do CP, no concurso de crimes (material, formal ou continuado), as penas de multa serão aplicadas distinta e integralmente. Em outras palavras, independentemente do critério a ser adotado (exasperação ou cúmulo material), a pena de multa eventualmente fixada subsistirá para cada um dos crimes de forma integral.

8.4. Limite das penas (art. 75 do CP)

Nos termos do art. 5º, XLVII, "b", da CF, nenhuma pena terá caráter perpétuo, submetendo-se ao lapso temporal máximo de **30 (trinta) anos**.

No entanto, na sentença condenatória, em virtude do concurso de crimes, o juiz poderá condenar o réu a uma pena superior aos referidos 30 (trinta) anos. Imaginemos um *serial killer* condenado por 10 (dez) homicídios dolosos qualificados em concurso material. Ainda que tenha sido condenado à pena mínima (doze anos de reclusão) por cada um deles, a soma delas resultará em 120 (cento e vinte) anos de reclusão.

A condenação é perfeitamente possível no caso acima relatado. Contudo, em sede de execução penal, a pena deverá ser **unificada**, a fim de que se respeite o lapso temporal máximo de 30 (trinta) anos, consoante determina o art. 75, *caput* e § 1º, do CP.

Nas contravenções penais, o tempo máximo de prisão simples é de **5 (cinco) anos** (art. 10 da LCP).

Para evitar impunidade, o STF editou a Súmula nº 715, que determina que para a concessão de benefícios legais (livramento condicional e progressão de regimes), será levada em conta não a pena unificada na execução, mas a pena aplicada na decisão condenatória. Apenas para ilustrar: se o já mencionado *serial killer* foi condenado a cento e vinte anos, somente poderá obter a progressão de regime após o cumprimento de 2/5 de 120 (cento e vinte) anos, se primário, ou 3/5 de 120 (cento e vinte) anos, se reincidente. Não se levará em conta a pena unificada para atingir o limite máximo de execução (30 anos), mas sim a pena aplicada (120 anos).

9. SUSPENSÃO CONDICIONAL DA PENA *(SURSIS)*

9.1. Conceito de *sursis*

Sursis, do francês *surseoir*, consiste na suspensão da execução da pena privativa de liberdade imposta ao condenado mediante o cumprimento de certas **condições**. Daí ser chamado de **suspensão condicional da pena**.

9.2. Sistemas

São dois os sistemas de *sursis* mais conhecidos no mundo:

a) ***probation system*** **(sistema angloamericano)**: o juiz reconhece a culpabilidade do réu, mas não profere sentença condenatória, suspendendo o processo;

b) ***franco-belga*** **(ou belga-francês, ou europeu continental)**: o juiz não só reconhece a culpabilidade como condena o réu. Todavia, preenchidas as condições impostas por lei, suspende a execução da pena. **É o sistema adotado pelo nosso CP.**

9.3. Concessão e audiência admonitória

O *sursis* é concedido pelo juiz na própria sentença. Haverá a condenação do réu a uma PPL, mas o juiz, no mesmo ato, desde que presentes os requisitos legais, concede a suspensão condicional da pena ao réu. Para tanto, será de rigor que, na hipótese, **não seja cabível a substituição da PPL por PRD ou por multa** (art. 77, III, do CP).

Transitada em julgado a sentença que impôs o *sursis*, o condenado será intimado a comparecer a uma audiência de advertência (também chamada de **admonitória**), oportunidade em que será avisado das condições impostas e alertado das consequências de seu descumprimento. Se o condenado não comparecer à audiência admonitória, o *sursis* será **cassado**, impondo-lhe, portanto, o cumprimento da PPL que lhe fora imposta.

9.4. Requisitos para o *sursis* (art. 77 CP)

São de duas ordens:

a) objetivos:

a.1) condenação a PPL não superior a 2 (dois) anos (em regra);

a.2) impossibilidade de substituição da PPL por PRD.

b) subjetivos:

b.1) não ser reincidente em crime doloso (exceto se a condenação anterior foi exclusivamente à pena de multa – art. 77, § 1º, do CP e Súmula 499 do STF);

b.2) circunstâncias judiciais favoráveis (culpabilidade, antecedentes, conduta social e personalidade do agente, assim como os motivos e as circunstâncias do crime autorizarem a concessão do *sursis*).

9.5. Espécies de *sursis*

São 4 (quatro):

a) ***sursis*** **simples ou comum** (art. 77 do CP): aplicável aos condenados, não reincidentes, a PPL não superior a 2 (dois) anos. Será cabível quando o condenado não houver reparado o dano, salvo se tiver comprovado a impossibilidade de fazê-lo e/ou as circunstâncias judiciais previstas no art. 59 do CP não lhe forem completamente favoráveis. É a regra. O período de prova, que será explicado mais à frente, será de 2 (dois) a 4 (quatro) anos;

b) ***sursis*** **especial** (art. 78, § 2º, do CP): aplicável aos condenados, não reincidentes, a PPL não superior a 2 (dois) anos, desde que as circunstâncias judiciais do art. 59 do CP lhe sejam completamente favoráveis, bem como se houver reparado o dano, salvo impossibilidade justificada. Seus requisitos são mais rígidos do que para o *sursis* simples, mas as condições são mais brandas. O período de prova será de 2 (dois) a 4 (quatro) anos;

c) ***sursis*** **etário** (art. 77, § 2º, do CP): aplicável aos condenados que contarem com mais de **70 (setenta) anos** de idade na data da sentença, cuja PPL imposta não seja superior a 4 (quatro) anos. Contudo, o período de prova será de 4 (quatro) a 6 (seis) anos;

d) ***sursis*** **humanitário** (art. 77, § 2º, do CP): aplicável aos condenados a PPL não superior a 4 (quatro) anos, desde que o estado de saúde justifique a suspensão da pena (pacientes terminais). O período de prova será de 4 (quatro) a 6 (seis) anos.

9.5.1. Condições para o sursis

Para o ***sursis*** **simples**, impõem-se as seguintes **condições**:

a) prestação de serviços à comunidade <u>ou</u> limitação de fim de semana (primeiro ano do período de prova – art. 78, § 1º, do CP).

Para o ***sursis*** **especial**, impõem-se as seguintes **condições**, cumulativamente:

a) proibição de frequentar determinados lugares;

b) proibição de se ausentar da comarca sem a autorização do juiz; e

c) comparecimento pessoal mensalmente para justificar as atividades exercidas.

Essas são as chamadas **condições legais**, ou seja, impostas pela lei. Há, ainda, as **condições judiciais**, nos termos do art. 79 do CP, que poderão ser impostas pelo juiz, além daquelas que a lei determinar.

Por fim, há as **condições legais indiretas**, que são aquelas causas ensejadoras da revogação do *sursis* (art. 81 do CP), conforme veremos mais à frente.

9.5.2. Período de prova

É o lapso temporal dentro do qual o condenado beneficiado pelo *sursis* deverá **cumprir as condições impostas**, bem como demonstrar **bom comportamento**. É também denominado de **período depurador**.

Como já foi dito, o período de prova será de **2 (dois) a 4 (quatro) anos** nos *sursis* simples e especial, e de **4 (quatro) a 6 (seis) anos** nos *sursis* etário e humanitário.

9.5.3. *Revogação do sursis*

Poderá ser obrigatória (art. 81, I a III, do CP) ou facultativa (art. 81, § 1º, do CP).

Será **obrigatória a revogação** do *sursis* se:

a) o beneficiário vier a ser condenado irrecorrivelmente por crime doloso;

b) não reparar o dano, salvo motivo justificado;

c) descumprir as condições do *sursis* simples.

Será **facultativa a revogação** do *sursis* se:

a) o beneficiário vier a ser condenado irrecorrivelmente por contravenção ou crime culposo, salvo se imposta pena de multa;

b) descumprir as condições do *sursis* especial;

c) descumprir as condições judiciais.

9.5.4. *Prorrogação do período de prova*

Conforme reza o art. 81, § 2º, do CP, se o beneficiário estiver sendo processado por outro crime ou contravenção, considerar-se-á prorrogado o prazo da suspensão até o julgamento definitivo.

Ainda, o § 3º do precitado dispositivo legal aduz que, quando facultativa a revogação, o juiz pode, em vez de decretá-la, prorrogar o período de prova até o máximo, se este não foi o fixado.

9.5.5. *Extinção da punibilidade*

Com a expiração do prazo (período de prova) sem que tenha havido revogação, considerar-se-á extinta a pena privativa de liberdade suspensa (art. 82 do CP).

10. LIVRAMENTO CONDICIONAL

10.1. Conceito

É a **libertação antecipada do condenado**, mediante o cumprimento de certas condições, pelo prazo restante da pena que deveria cumprir. Trata-se, segundo a doutrina, de **direito público subjetivo do condenado,** ou seja, não pode ser negado por mera discricionariedade do magistrado. Preenchidos os requisitos, deverá ser concedido.

A competência para a concessão do livramento condicional (LC), ao contrário do *sursis* (em regra), é do **juiz da execução penal**.

10.2. Requisitos para a concessão do LC

São de 2 ordens:

a) Objetivos:

a.1) condenação a PPL igual ou superior a 2 (dois) anos (art. 83 do CP);

a.2) reparação do dano, salvo impossibilidade de fazê-lo (art. 83, IV, do CP);

a.3) cumprimento de parte da pena (art. 83, I e II, do CP):

i) mais de 1/3, para condenado de bons antecedentes e primário;

ii) mais de 1/2, se o condenado for reincidente em crime doloso;

iii) entre 1/3 e 1/2, se o condenado não for reincidente em crime doloso, mas tiver maus antecedentes;

iv) mais de 2/3, se condenado por crime hediondo ou assemelhado, desde que não seja reincidente específico (nesse caso, não fará jus ao LC).

b) Subjetivos:

b.1) comportamento satisfatório durante a execução da pena;

b.2) bom desempenho no trabalho;

b.3) aptidão para prover a própria subsistência mediante trabalho honesto;

b.4) prova da cessação de periculosidade para os condenados por crime doloso cometido com violência ou grave ameaça.

10.2.1. *Condições para o LC*

Podem ser:

a) Obrigatórias

a.1) obter o condenado ocupação lícita;

a.2) comunicar periodicamente ao juiz sua ocupação;

a.3) não mudar da comarca da execução sem prévia autorização;

b) Facultativas (ou Judiciais)

b.1) não mudar de residência sem comunicar o juízo;

b.2) recolher-se à habitação em hora fixada;

b.3) não frequentar determinados lugares;

c) Legais indiretas – ausências das causas geradoras de revogação do benefício.

10.2.2. *Revogação do LC*

Pode ser:

a) Obrigatória: condenação irrecorrível a PPL pela prática de crime havido **antes** ou **durante o benefício** (art. 86, I e II, do CP);

b) Facultativa: condenação irrecorrível, por crime ou contravenção, à pena não privativa de liberdade ou se houver descumprimento das condições impostas (art. 87 do CP).

10.2.3. *Período de prova no LC*

É o período em que o condenado observará as condições impostas, pelo prazo restante da PPL que havia para cumprir. Findo este período **sem revogação** do LC, o juiz **julgará extinta a punibilidade** do agente (art. 90 do CP).

10.2.4. *Prorrogação do período de prova*

Se durante o período de prova o liberado (condenado) responder a ação penal por **crime** (e não contravenção penal!) **havido durante a vigência** do livramento condicional, deverá o juiz da execução penal prorrogar o período de prova até o trânsito em julgado, não podendo declarar extinta a punibilidade enquanto isso (art. 89 do CP).

A prorrogação ora tratada **não é automática**, consoante doutrina e jurisprudência majoritárias, exigindo-se, pois, **decisão judicial** nesse sentido.

11. EFEITOS DA CONDENAÇÃO E REABILITAÇÃO

11.1. Conceito

Diz-se que são efeitos da condenação todas as consequências advindas de uma sentença penal condenatória transitada em julgado.

11.1.1. Efeitos da condenação

De forma bastante didática, a doutrina divide os efeitos da condenação em dois grandes grupos, a saber: **efeitos principais** e **efeitos secundários**.

11.1.2. Efeitos principais

Decorrem, como dito, de sentença penal condenatória transitada em julgado, resumindo-se à **imposição das penas**, sejam elas privativas de liberdade, restritivas de direitos ou multa.

Mister mencionar que os efeitos ora tratados são impostos aos **imputáveis** e **semi-imputáveis** que revelarem periculosidade, os quais serão condenados a uma pena reduzida (art. 26, parágrafo único, do CP), substituída por medida de segurança. Aos inimputáveis (art. 26, *caput*, do CP), aplicam-se as medidas de segurança, fruto de **sentença absolutória imprópria**.

Em suma, apenas a sentença condenatória gera, evidentemente, os efeitos da condenação, os quais não ocorrem na sentença absolutória.

11.1.3. Efeitos secundários

Os efeitos secundários podem ser de **natureza penal** ou **extrapenal**.

a) Efeitos secundários de natureza penal:

✓ reincidência;

✓ impede a concessão do *sursis*;

✓ revoga o *sursis* se o crime for doloso;

✓ revoga o LC se o crime redundar em PPL;

✓ aumenta o prazo da prescrição da pretensão executória etc.;

b) Efeitos secundários de natureza extrapenal:

b1. Genéricos – são automáticos, sem necessidade de constar da sentença (art. 91 do CP):

i. torna certa a obrigação de reparar o dano, sendo que a sentença penal condenatória trânsita é título executivo no cível;

ii. confisco, pela União, dos instrumentos ilícitos e produtos do crime;

iii. suspensão dos direitos políticos (art. 15, III, da CF);

b2. Específicos – não automáticos, devendo constar da sentença (art. 92 do CP):

i. perda do cargo, função pública ou mandato eletivo em virtude da prática de crimes funcionais (pena igual ou superior a 1 ano) ou em crimes de qualquer natureza se a pena for superior a 4 anos;

ii. incapacidade para o exercício do poder familiar (antigo pátrio poder), tutela ou curatela se o agente praticar o crime contra filho, tutelado ou curatelado;

iii. inabilitação para dirigir veículo desde que o crime seja doloso e que o veículo tenha sido usado como instrumento do crime (difere da suspensão de CNH, nos delitos culposos de trânsito).

11.2. Reabilitação

É o instituto pelo qual o condenado terá **restabelecida parte dos direitos atingidos pela condenação**, assegurando **sigilo dos registros** sobre seu processo (arts. 93 a 95 do CP).

Especificamente quanto ao sigilo, é verdade que o art. 202 da LEP (Lei 7.210/1984) assegura, de forma automática, o sigilo quanto à "folha de antecedentes" do condenado. Contudo, trata-se de efeito mais amplo, visto que qualquer autoridade judiciária, membro do Ministério Público ou autoridade policial terá acesso àquele antecedente. Já com a reabilitação, o sigilo será mais restrito, somente podendo ser "quebrado" por juiz criminal, mediante requisição.

11.2.1. Requisitos para a reabilitação

São **quatro** os requisitos para que o condenado obtenha sua reabilitação:

a) Decurso de dois anos do dia em que tiver sido extinta, de qualquer modo, a pena ou terminar sua execução;

b) Ter tido domicílio no país no prazo acima mencionado;

c) Demonstrar efetivamente constante bom comportamento público e privado; e

d) Ter ressarcido o dano, ou demonstrado a impossibilidade de fazê-lo, até o dia do pedido, ou que exiba documento comprobatório de que a vítima renunciou ao direito de ser indenizada ou que tenha havido novação da dívida.

11.2.2. Juízo competente para conceder a reabilitação

Compete ao juízo de 1º grau, e não ao da execução penal, como se poderia imaginar, a apreciação do pedido de reabilitação.

11.2.3. Revogação da reabilitação

A reabilitação poderá ser revogada se o reabilitado vier a ser condenado irrecorrivelmente, como reincidente, a pena que não seja de multa (art. 95 do CP).

11.2.4. Possibilidade de novo pedido de reabilitação

Conforme preleciona o art. 94, parágrafo único, do CP, negada a reabilitação, poderá ela ser requerida novamente, a qualquer tempo, desde que o pedido seja instruído com novos elementos dos requisitos necessários.

Significa dizer que o indeferimento de um pedido de reabilitação não faz coisa julgada material, admitindo-se a renovação do pedido, desde que, desta feita, seja instruído com as provas necessárias à sua concessão.

12. MEDIDAS DE SEGURANÇA

12.1. Conceito

É **espécie de sanção penal** imposta pelo Estado a um **inimputável** ou **semi-imputável** com reconhecida periculosidade, desde que se tenha praticado um fato típico e antijurídico.

12.2. Natureza jurídica e objetivo

Como se viu no item anterior, a medida de segurança é **espécie do gênero sanção penal**. Não se trata de pena, que também é modalidade de sanção penal, visto que aquela pressupõe culpabilidade; já esta pressupõe periculosidade (prognóstico de que a pessoa portadora de um déficit mental poderá voltar a delinquir).

Diversamente das penas, que apresentam forte caráter retributivo, as medidas de segurança objetivam a **cura** do inimputável ou semi-imputável. Trata-se aqui de forte **aspecto preventivo**.

12.3. Sistema vicariante

Após a reforma da Parte geral do CP, que ocorreu com o advento da Lei 7.209/1984, adotou-se o **sistema vicariante**, pelo qual se aplica aos semi-imputáveis **pena reduzida** *ou* **medida de segurança**, desde que, neste último caso, verifique-se a periculosidade real mediante perícia. Antes de referida legislação, admitia-se a imposição de pena e medida de segurança àquelas pessoas que revelassem periculosidade. Era o **sistema do duplo binário**, substituído pelo vicariante.

12.4. Natureza jurídica da sentença que impõe medida de segurança

A sentença que impõe medida de segurança, com fundamento no art. 26, *caput*, do CP, é denominada pela doutrina de **absolutória imprópria** (art. 386, VI, do CPP). É **absolutória,** pois a inimputabilidade é **causa que isenta o réu de pena; imprópria,** pois a sentença, embora absolva o réu, impõe-lhe **sanção penal** (medida de segurança).

Já se estivermos falando de réu **semi-imputável** (art. 26, parágrafo único, do CP), o juiz proferirá **sentença condenatória**, seja para aplicar-lhe pena reduzida de um a dois terços, seja para substituí-la por medida de segurança.

12.5. Espécies de medidas de segurança

São duas:

a) detentiva: será imposta em caso de o crime cometido ser apenado com **reclusão** (crimes mais graves). Consiste na **internação** do inimputável ou semi-imputável em **hospital de custódia e tratamento psiquiátrico** ou em outro estabelecimento adequado;

b) restritiva: será imposta em caso de o crime cometido ser apenado com detenção, consistindo na sujeição do inimputável ou semi-imputável a **tratamento ambulatorial**.

12.5.1. Prazo de duração da medida de segurança

As medidas de segurança apresentam dois prazos de duração:

a) mínimo: variável de **1 (um) a 3 (três) anos**, conforme art. 97, § 1º, parte final, do CP. Ao término desse prazo, que deverá expressamente constar na sentença, o agente deverá ser submetido a exame de cessação de periculosidade;

b) máximo: pelo texto legal (art. 97, § 1º, do CP), a medida de segurança poderia ser eterna, visto que seu prazo seria **indeterminado**. No entanto, o STF, à luz da regra constitucional que veda as **penas de caráter perpétuo**, convencionou que o prazo máximo de duração é de **30 (trinta) anos**. Já o STJ decidiu, com base no princípio da proporcionalidade e isonomia, que a duração da medida de segurança **não pode superar o limite máximo de PPL** cominada à infração penal.

A fim de complementarmos o tema em discussão, confira-se:

Medida de segurança e hospital psiquiátrico

"A 1ª Turma deferiu parcialmente *habeas corpus* em favor de denunciado por homicídio qualificado, perpetrado contra o seu próprio pai em 1985. No caso, após a realização de incidente de insanidade mental, constatara-se que o paciente sofria de esquizofrenia paranoide, o que o impedira de entender o caráter ilícito de sua conduta, motivo pelo qual fora internado em manicômio judicial. Inicialmente, afastou-se a alegada prescrição e a consequente extinção da punibilidade. Reafirmou-se a jurisprudência desta Corte no sentido de que o prazo máximo de duração de medida de segurança é de 30 anos, nos termos do art. 75 do CP. Ressaltou-se que o referido prazo não fora alcançado por haver interrupção do lapso prescricional em face de sua internação, que perdura há 26 anos. No entanto, com base em posterior laudo que atestara a periculosidade do paciente, agora em grau atenuado, concedeu-se a ordem a fim de determinar sua internação em hospital psiquiátrico próprio para tratamento ambulatorial" HC 107432/RS, rel. Min. Ricardo Lewandowski, 24.05.2011. (HC-107432) (**Inform. STF** 628).

MEDIDA. SEGURANÇA. DURAÇÃO.

"A Turma concedeu a ordem de *habeas corpus* para limitar a duração da medida de segurança à pena máxima abstratamente cominada ao delito praticado pelo paciente, independentemente da cessação da periculosidade, não podendo ainda ser superior a 30 anos, conforme o art. 75 do CP". Precedentes citados: HC 135.504-RS, *DJe* 25.10.2010; HC 113.993-RS, *DJe* 04.10.2010; REsp 1.103.071-RS, *DJe* 29.03.2010, e HC 121.877-RS, *DJe* 08.09.2009. HC 147.343-MG, Rel. Min. Laurita Vaz, j. 05.04.2011. (**Inform. STJ** 468)

12.5.2. Cessação de periculosidade

Ao término do prazo mínimo de duração da medida de segurança, deverá ser aferida a **cessação da periculosidade** do agente. Em outras palavras, deverá ser submetido a um **exame** a fim de que se constate se houve sua cessação. Em caso positivo, o juiz deverá determinar a **suspensão da execução da medida de segurança e** a desinternação (medida de segurança detentiva) ou liberação (medida de segurança restritiva) do indivíduo. Em caso negativo, a medida de segurança persistirá. Após essa primeira, anualmente novas perícias (exames de cessação de periculosidade) deverão ser realizadas.

Importa ressaltar que as referidas desinternação e liberação são **condicionais**, tal como ocorre com o livramento condicional, devendo o agente atentar às mesmas condições daquele benefício, nos termos do art. 178 da LEP.

12.5.3. Revogação da desinternação ou liberação

Considerando que a desinternação ou a liberação do agente serão condicionadas, é certo que, se antes do decurso de **1 (um) ano ele praticar fato indicativo de que a periculosidade persiste**, deverá retornar ao *status quo ante*, ou seja, a medida de segurança será **restabelecida**.

12.5.4. Desinternação progressiva

Embora não exista expressa previsão legal, a **desinternação progressiva** vem sendo admitida pela doutrina mais moderna e pela jurisprudência. Em síntese, consiste na **transferência** do agente do regime de internação em hospital de custódia e tratamento psiquiátrico para o **tratamento ambulatorial**, especialmente quando aquela espécie de medida de segurança se revelar desnecessária.

Assemelha-se a desinternação progressiva à progressão de regime penitenciário.

12.5.5. Possibilidade de conversão de PPL em medida de segurança

Se durante a execução da PPL sobrevier ao condenado **doença ou perturbação mental permanente**, o art. 183 da LEP determina que o juiz da execução penal, de ofício ou a requerimento do Ministério Público, da Defensoria Pública ou autoridade administrativa, **substitua a pena por medida de segurança,** persistindo pelo restante da pena que deveria ser cumprida.

Se estivermos diante de **doença ou perturbação mental transitória ou temporária**, aplicar-se-á o art. 41 do CP, que determina que seja o condenado recolhido a hospital de custódia e tratamento psiquiátrico ou estabelecimento adequado pelo prazo máximo de 30 (trinta) anos (posição do STF) ou pelo máximo da PPL cominada (posição do STJ), ou, ainda, por prazo indeterminado (art. 97, § 1º, parte final, do CP).

13. PUNIBILIDADE E SUAS CAUSAS EXTINTIVAS

13.1. Conceito de punibilidade

É a possibilidade jurídica de se impor a um agente culpável uma pena. Não integra a punibilidade o conceito de crime, que, analiticamente, é fato típico e antijurídico (concepção bipartida). Importa ressaltar que, para a maioria dos doutrinadores, a punibilidade é mera consequência jurídica da prática de uma infração penal (crimes e contravenções penais).

13.2. Surgimento da punibilidade

A punibilidade existe em estado latente, ou seja, abstratamente, até que um agente pratique um crime ou uma contravenção penal. A partir deste momento, a punibilidade se transmuda para um direito de punir concreto (*jus puniendi* estatal), tendo por objetivo a imposição da pena.

13.3. Causas extintivas da punibilidade

Nem sempre após a prática de um fato típico e antijurídico, verificada a culpabilidade, o Estado poderá, automaticamente, impor a respectiva pena ao agente delitivo. Por vezes, ainda que o direito de punir em concreto surja, falecerá ao Estado a possibilidade de imposição ou de execução da pena.

É nesse momento que o exercício do direito de punir sofre restrições, dentre elas as causas extintivas da punibilidade, previstas, exemplificativamente, no art. 107 do CP.

13.3.1. Estudo das causas extintivas da punibilidade em espécie

Conforme dito alhures, as causas extintivas da punibilidade não se esgotam no art. 107 do CP, embora seja este dispositivo legal o que agrega as mais importantes delas. Vamos estudá-las!

13.3.1.1. Morte do agente (art. 107, I, do CP)

Por evidente, com a morte do acusado no processo penal, a ação penal perderá seu objeto, qual seja, a pessoa do agente. Se todo o processo tem por escopo a aplicação de uma pena ao agente delitivo, com a morte deste, a persecução penal resta prejudicada.

Ademais, reza o art. 5º, XLV, da CF, que nenhuma pena passará da pessoa do condenado. Quer isso dizer que, diferentemente do processo civil, em que, proposta uma ação, se seu autor falecer, poderão os parentes sucedê-lo, salvo se se tratar de lide personalíssima, no processo penal isso não será possível. Em outras palavras, morto o acusado, não poderão seus parentes sofrer os efeitos de uma pena criminal. Todavia, a obrigação de reparar o dano e o perdimento de bens poderão se estender aos sucessores nos limites das forças da herança.

Assim, a morte do agente faz ser extinta a punibilidade. A prova da morte faz-se por certidão de óbito a ser juntada nos autos.

13.3.1.2. Anistia, graça ou indulto (art. 107, II, do CP)

A **anistia** consiste na edição, pelo Congresso Nacional, de uma lei, de âmbito federal, capaz de promover a exclusão do crime imputado ao agente delitivo, atingindo todos os efeitos penais da condenação, subsistindo, contudo, os extrapenais (genéricos e específicos – arts. 91 e 92 do CP).

A anistia pode atingir crimes políticos (denominada *anistia especial*) ou crimes não políticos (*anistia comum*). Outrossim, poderá ser concedida antes (*anistia própria*) ou após o trânsito em julgado da sentença condenatória (*anistia imprópria*). Pode, por fim, ser *condicionada* (quando a lei anistiadora impuser algum encargo ao agente) ou *incondicionada* (quando nada exigir do criminoso para produzir efeitos).

A **graça** (denominada pela LEP de indulto individual) consiste no benefício por meio do qual o agente terá excluído o efeito principal da condenação, qual seja, a pena, remanescendo os efeitos penais e extrapenais (lembre-se de que, na anistia, subsistem apenas os extrapenais). Dependerá a graça de pedido do condenado, do MP, Conselho Penitenciário ou da autoridade administrativa (art. 187 da LEP) e será concedida mediante despacho do Presidente da República, que poderá delegar tal mister a Ministros de Estado (geralmente Ministro da Justiça), Procurador-Geral da República (PGR) e Advogado-Geral da União (AGU).

O **indulto**, diferentemente da graça, tem caráter coletivo, sendo concedido mediante decreto presidencial. Atingirá, também, os efeitos principais da condenação (penas), subsistindo os efeitos secundários de natureza penal e extrapenal.

Graça e indulto devem ser concedidos somente após o trânsito em julgado da sentença condenatória, diferentemente da anistia, que poderá ser concedida antes ou após tal marco processual.

13.3.1.3. Abolitio criminis (art. 107, III, do CP)

É a **lei posterior ao fato que deixa de considerá-lo como criminoso**. É também denominada de **lei supressiva de incriminação**, gerando, por ser **benéfica**, efeitos retroativos (*ex tunc*).

Com a *abolitio criminis*, que pode ocorrer durante a ação penal ou mesmo no curso da execução, será declarada extinta a punibilidade do agente, fazendo desaparecer todos os efeitos penais da condenação (inclusive a pena – efeito principal), remanescendo apenas os efeitos civis (ex.: obrigação de reparar o dano).

Ainda é mister ressaltar que somente haverá *abolitio criminis* se houver uma dupla revogação do crime: a) revogação do tipo penal (revogação formal); e b) revogação da figura típica (revogação material). Não basta, portanto, a simples revogação do tipo penal, sendo imprescindível que a figura criminosa tenha "desaparecido" do mundo jurídico. Tal não ocorreu, por exemplo, com o crime de atentado violento ao pudor. Embora a Lei 12.015/2009 tenha revogado o art. 214 do CP, a figura criminosa "constranger alguém, mediante violência ou grave ameaça, a praticar ou permitir que com ele se pratiquem atos libidinosos diversos de conjunção carnal" migrou para o art. 213 do CP (crime de estupro). Não houve, portanto, *abolitio criminis* no caso relatado.

13.3.1.4. Decadência, perempção e prescrição (art. 107, IV, do CP)

A **decadência** consiste na perda do direito de intentar a queixa ou oferecer a representação pelo decurso do prazo. Em regra, esse lapso temporal é de **6 (seis) meses**, contados do **conhecimento da autoria delitiva** pelo ofendido, seu representante legal, ou CADI (cônjuge, ascendente, descendente ou irmão – art. 38 do CPP e 103 do CP).

A decadência é, portanto, instituto que se verifica somente nos crimes de ação penal privada ou pública condicionada à representação.

Importa ressaltar que o **prazo decadencial** tem **natureza penal**, vale dizer, é contado nos termos do art. 10 do CP (inclui-se o dia do começo e exclui-se o dia do vencimento). Trata-se, ainda, de prazo fatal, ou seja, é improrrogável, não se suspende ou se interrompe.

A **perempção** é a perda do direito de prosseguir com a ação penal em virtude de negligência ou desídia processual. Somente será cabível na ação penal privada propriamente dita (ou exclusivamente privada), já que, na ação privada subsidiária da pública, a perempção não acarretará a extinção da punibilidade em favor do querelado, mas a retomada da titularidade da ação pelo Ministério Público.

As causas de perempção vêm previstas no art. 60 do CPP, a saber:

i) abandono processual (mais de 30 dias sem andamento da ação pelo querelante);

ii) inocorrência de sucessão processual (no caso de falecimento do querelante, ou sobrevindo sua incapacidade, não se habilitarem no processo, em 60 dias, o CADI – cônjuge, ascendente, descendente ou irmão);

iii) falta de comparecimento injustificado a qualquer ato do processo em que a presença do querelante seja necessária;

iv) inexistência de pedido de condenação em alegações finais (a falta de apresentação delas também redunda em perempção); e

v) sendo o querelante pessoa jurídica, esta se extinguir sem deixar sucessor.

Com relação à **prescrição**, temos que esta consiste na **perda do direito de punir** (*jus puniendi*) ou **de executar a pena** (*jus punitionis*) do Estado **pelo decurso de determinado lapso de tempo previsto em lei**.

A prescrição, portanto, deve ser contada, salvo disposição especial em contrário, de acordo com a "tabela" do art. 109 do CP, que fixa o prazo prescricional mínimo de **3 (três) anos**, consoante nova redação dada ao inciso VI pela Lei 12.234/2010, e máximo de **20 (vinte anos) anos**, de acordo com a pena prevista para o crime. Insta ressaltar que o prazo prescricional tem **natureza penal**, motivo pelo qual conta-se nos termos do art. 10 do CP (inclui o dia do começo e exclui o do vencimento).

A prescrição comporta duas grandes espécies, quais sejam: **prescrição da pretensão punitiva (PPP)** e **prescrição da pretensão executória (PPE).**

Com relação à PPP, temos três possibilidades:

a) Prescrição da pretensão punitiva propriamente dita (ou pura) = rege-se nos termos do precitado art. 109 do CP. É calculada levando-se em conta o máximo da pena privativa de liberdade abstratamente cominada ao crime. Ex.: para o homicídio simples, cuja pena é de 6 a 20 anos, calcular-se-á a prescrição tomando por base a pena máxima cominada ao delito, qual seja, 20 anos. Comparando aquela quantidade de pena (20 anos) com a "tabela" do art. 109 do CP, verifica-se que a prescrição ocorrerá em 20 anos. É importante frisar que a prescrição pura deverá ser verificada enquanto não houver pena aplicada, ou seja, até momento anterior à sentença penal condenatória;

b) Prescrição da pretensão punitiva intercorrente (ou superveniente) = ocorre somente após a publicação da sentença penal condenatória, em que haverá uma pena fixada (pena em concreto, e não mais em abstrato, como na prescrição pura). Assim, se entre a publicação da sentença condenatória e o trânsito em julgado para a acusação decorrer lapso de tempo superior ao previsto no art. 109 do CP (aqui, frise-se, levamos em conta a pena aplicada!), ocorrerá a prescrição superveniente, rescindindo os efeitos da condenação. A previsão legal da prescrição intercorrente (ou superveniente) consta do art. 110, § 1º, do CP;

c) Prescrição da pretensão punitiva retroativa = pressupõe, sempre, a fixação de uma pena em concreto (sentença penal condenatória), tendo por postulado o trânsito em julgado para a acusação. Também aqui temos como parâmetro a tabela do art. 109 do CP. Importa ressaltar que, ao contrário da prescrição intercorrente, que se verifica após a sentença condenatória, a prescrição retroativa deve ser verificada em momento **anterior** à publicação da sentença, mas analisada, no máximo, até a denúncia ou queixa, consoante nova redação dada ao art. 110, § 1º, do CP. Daí ser chamada de **retroativa**. Frise-se que o STJ, ao editar a **Súmula 438**, pacificou o entendimento segundo o qual não se admite a extinção da punibilidade pela prescrição da pretensão punitiva com fundamento em pena hipotética, independentemente da existência ou sorte do processo penal. O que tratou, aqui, aludida Corte, foi de objetar a denominada "prescrição virtual", que levava em consideração uma condenação eventual do réu, com base em pena hipotética.

Temos, ainda, a **prescrição da pretensão executória (PPE)**, segunda espécie de prescrição, que não se confunde com a prescrição da pretensão punitiva. Enquanto esta é verificada *antes do trânsito em julgado* da condenação (conhecida por prescrição da ação), aquela somente pode ocorrer *após o trânsito em julgado*. Daí ser chamada de prescrição da pena.

Também na prescrição executória leva-se em conta a tabela do art. 109 do CP e a pena aplicada em concreto. Contudo, começará a fluir não do trânsito em julgado para ambas as partes processuais (acusação e defesa), mas a partir do trânsito em julgado para a acusação. Este é seu marco inicial. Se do trânsito em julgado para a parte acusatória e o efetivo trânsito em julgado para ambas as partes (defesa, portanto) transcorrer lapso de tempo superior ao correspondente à pena aplicada, opera-se a prescrição executória, não podendo mais o Estado executar a pena imposta ao agente delitivo na sentença.

Impõe ressaltar que o prazo prescricional admite situações em que será interrompido, ou seja, recomeçará sua contagem (art. 117 do CP), bem como circunstâncias em que ficará suspenso (art. 116 do CP).

No tocante às causas interruptivas da prescrição, vale citar quais são as hipóteses legais: I – pelo recebimento da denúncia ou da queixa; II – pela pronúncia; III – pela decisão confirmatória da pronúncia; IV – pela publicação da sentença ou acórdão condenatórios recorríveis; V – pelo início ou continuação do cumprimento da pena; VI – pela reincidência.

Interessante anotar a posição jurisprudencial (STF) acerca da interrupção da prescrição pelo recebimento da denúncia, ainda que o despacho que tenha recebido a prefacial acusatória tenha sido exarado por autoridade judiciária incompetente. Confira-se:

> ***Prescrição: recebimento da denúncia e autoridade incompetente***
>
> "O recebimento da denúncia por magistrado absolutamente incompetente não interrompe a prescrição penal (CP, art. 117, I). Esse o entendimento da 2ª Turma ao denegar *habeas corpus* no qual a defesa alegava a consumação do lapso prescricional intercorrente, que teria acontecido entre o recebimento da denúncia, ainda que por juiz incompetente, e o decreto de condenação do réu. Na espécie, reputou-se que a prescrição em virtude do interregno entre os aludidos marcos interruptivos não teria ocorrido, porquanto apenas o posterior acolhimento da peça acusatória pelo órgão judiciário competente deteria o condão de interrompê-la". HC 104907/PE, rel. Min. Celso de Mello, 10.05.2011. (HC-104907) (**Inform. STF** 626)

Há, também, as situações previstas no art. 111 do CP, que dizem respeito ao termo inicial de contagem da prescrição da pretensão punitiva, a saber: I – do dia em que o crime se consumou; II – no caso de tentativa, do dia em que cessou a atividade criminosa; III – nos crimes permanentes, do dia em que cessou a permanência; IV – nos de bigamia e nos de falsificação ou alteração de assentamento do registro civil, da data em que o fato se tornou conhecido; V – nos crimes contra a dignidade sexual de crianças e adolescentes, previstos no Código Penal ou em legislação especial, da data em que a vítima completar 18 (dezoito) anos, salvo se a esse tempo já houver sido proposta a ação penal.

O inciso V do art. 111 foi inserido pela Lei 12.650/2012, que inovou nosso ordenamento jurídico ao prever que não começará a correr a prescrição nos crimes contra a dignidade sexual de crianças e adolescentes antes de a vítima completar a maioridade penal, salvo se a ação penal já houver sido proposta. Assim, como exemplo, se uma criança de seis anos for estuprada, a prescrição somente começará a fluir a partir do dia em que completar dezoito anos (salvo, repita-se, se a ação penal já houver sido proposta antes disso, caso em que a prescrição começará a fluir, segundo entendemos, a partir do recebimento da denúncia).

Finalmente, importa destacar que o art. 115 do CP trata de situações em que o prazo prescricional será reduzido pela metade:

a) se o agente, à época do fato, contar com mais de dezoito anos, porém, menos de vinte e um anos (denominada de menoridade relativa);

b) se o agente, à época da sentença, for maior de setenta anos (denominada de maioridade senil).

Pela relevância do tema, confira-se:

> ***Prescrição e art. 115 do CP***
>
> "A causa de redução do prazo prescricional constante do art. 115 do CP (*"São reduzidos de metade os prazos de prescrição quando o criminoso era, ao tempo do crime, menor de vinte e um anos, ou, na data da sentença, maior de setenta anos"*) deve ser aferida no momento da sentença penal condenatória. Com base nesse entendimento, a 2ª Turma indeferiu *habeas corpus* em que se pleiteava o reconhecimento da prescrição da pretensão punitiva em favor de condenado que completara 70 anos entre a data da prolação da sentença penal condenatória e a do acórdão que a confirmara em sede de apelação". HC 107398/RJ, rel. Min. Gilmar Mendes, 10.05.2011. (HC-107398) (**Inform. STF** 626)

13.3.1.5. Renúncia do direito de queixa e perdão aceito (art. 107, V, do CP)

Dá-se a **renúncia do direito de queixa** quando o ofendido, em **crime de ação penal privada**, toma determinada atitude incompatível com a vontade de ver o agente delitivo processado.

A renúncia poderá decorrer de **ato expresso** (ex.: mediante petição escrita e assinada) ou **tácito** (ex.: o ofendido passa a andar diariamente com seu ofensor).

É importante ressaltar que se a renúncia é o **ato unilateral** pelo qual o ofendido (ou seu representante legal, ou procurador com poderes especiais) dispõe do direito de oferecer a queixa-crime, tal só poderá ocorrer **antes do oferecimento da ação**. No curso desta terá vez o perdão do ofendido, que, frise-se, é ato bilateral.

No JECRIM (Juizado Especial Criminal), o recebimento de indenização (composição civil) em crimes de menor potencial ofensivo, de ação penal privada, importa em **renúncia tácita ao direito de queixa**, conforme art. 74 da Lei 9.099/1995, situação que já não se verifica com relação aos crimes "comuns" (leia-se: os que não são considerados infrações de menor potencial ofensivo), consoante prescreve o art. 104, parágrafo único, parte final, do CP.

A renúncia ao direito de queixa quanto a um dos autores do crime, a todos os demais (se existirem) se estenderá, vendo todos eles extintas suas punibilidades (art. 49 do CPP). Portanto, pode-se dizer ser a renúncia **indivisível**.

O **perdão do ofendido**, que somente pode ser admitido nos crimes de ação penal privada, diversamente da renúncia, é **ato bilateral**, visto que somente produz efeitos se for aceito. Será possível apenas após o início da ação penal, mas desde que antes do trânsito em julgado (art. 106, § 2º, do CP). Consoante prevê o art. 51 do CPP, o perdão concedido a um dos querelados irá estender-se aos demais. Contudo, somente produzirá efeitos (leia-se: extinguirá a punibilidade) com relação àqueles que o aceitarem.

O perdão deve ser aceito pelo querelado no prazo de 3 (três) dias após ser cientificado (art. 58, *caput*, do CPP). Se ficar silente no tríduo legal, a inércia implicará aceitação. Findo o prazo sem manifestação, ou tendo havido a aceitação do perdão, o juiz decretará extinta a punibilidade (art. 58, parágrafo único, do CPP).

13.3.1.6. Retratação do agente nos casos em que a lei admite (art. 107, VI, do CP)

Retratar-se é o mesmo que **desdizer**, ou, pedindo escusas pelo pleonasmo, **"voltar atrás"**. Assim, em determinados crimes, a retratação do agente irá causar a extinção de sua punibilidade. É o que ocorre, por exemplo, com os crimes de calúnia e difamação (art. 143 do CP), bem como com o falso testemunho (art. 342, § 2º, do CP).

Indispensável que haja **expressa previsão legal** da admissibilidade da retratação.

13.3.1.7. Perdão judicial nos casos previstos em lei

O perdão judicial é causa extintiva da punibilidade aplicável apenas por magistrados (daí o nome perdão judicial). No entanto, não se trata de medida discricionária da autoridade judiciária, exigindo **expressa previsão legal** para sua aplicabilidade.

Em geral, identificamos o perdão judicial pela previsão, em lei, da seguinte expressão: "**o juiz poderá deixar de aplicar a pena**". É o que se vê, por exemplo, no art. 121, § 5º, do CP, que admite o perdão judicial em caso de homicídio culposo, situação em que o juiz poderá deixar de aplicar a pena se as consequências do crime atingirem o agente de forma tão grave que a imposição daquela se afigure desnecessária.

Conforme o entendimento do STJ, consagrado na Súmula 18, a sentença concessiva do perdão judicial tem natureza **declaratória** de extinção da punibilidade. Tanto é verdade que o art. 120 do CP prevê que o perdão judicial não será considerado para efeitos de reincidência.

PARTE ESPECIAL

1. CLASSIFICAÇÃO DOUTRINÁRIA DOS CRIMES. INTRODUÇÃO À PARTE ESPECIAL DO CP

1.1. Introdução aos crimes em espécie

Antes de ingressarmos no estudo propriamente dito dos crimes (Parte Especial do CP), entendemos ser necessário trazer à baila algumas classificações doutrinárias, bem como fazermos o resgate de alguns conceitos analisados no início do presente trabalho.

1.2. Classificação geral dos crimes

1.2.1. Com relação ao sujeito ativo

a) crime comum: é aquele que pode ser praticado por qualquer pessoa, não se exigindo nenhuma qualidade especial do agente delitivo (sujeito ativo). Ex.: homicídio (art. 121 do CP);

b) crime próprio: é aquele que não pode ser praticado por qualquer pessoa, mas somente por aquelas que apresentem algumas qualidades específicas determinadas pela lei. O crime próprio admite coautoria e participação, desde que o terceiro tenha conhecimento da condição especial do agente (ex.: funcionário público). Ex.: peculato (art. 312 do CP);

c) crime de mão própria: é aquele que, além de exigir qualidades especiais do sujeito ativo, demandam uma atuação pessoal, sendo incabível a coautoria. Trata-se de crime de atuação personalíssima, não podendo o agente ser substituído por terceiro. No entanto, é admissível a participação. Ex.: autoaborto (art. 124 do CP).

1.2.2. Com relação aos vestígios do crime

a) crime transeunte: é aquele que, uma vez praticado, não deixa vestígios materiais. Ex.: injúria praticada verbalmente (art. 140 do CP);

b) crime não transeunte: é aquele cuja prática deixa vestígios materiais. Ex.: homicídio praticado mediante disparo de arma de fogo (art. 121 do CP).

1.2.3. Com relação ao momento consumativo

a) crime instantâneo: é aquele em que a consumação ocorre em um determinado momento, sem continuidade no tempo. Ex.: injúria verbal (art. 140 do CP);

b) crime permanente: é aquele cuja consumação se prolonga no tempo por vontade do agente delitivo. Ex.: extorsão mediante sequestro (art. 159 do CP);

c) crime instantâneo de efeitos permanentes: é aquele que se consuma num dado instante, mas seus resultados são irreversíveis. Ex.: homicídio (art. 121 do CP).

1.2.4. Com relação à quantidade de atos

a) crime unissubsistente: é aquele cuja conduta dá-se por um só ato. Ex.: injúria verbal (art. 140 do CP);

b) crime plurissubsistente: é aquele cuja conduta dá-se por dois ou mais atos executórios. Ex.: homicídio em que a vítima é diversas vezes esfaqueada (art. 121 do CP).

1.2.5. Com relação à exposição de lesão ao bem jurídico

a) crime de dano: é aquele que, para atingir a consumação, exige um dano efetivo ao bem jurídico. Ex.: homicídio (art. 121 do CP);

b) crime de perigo: é aquele que, para ser consumado, exige a mera probabilidade da ocorrência de dano. Pode ser crime de **perigo concreto** (presunção relativa), que exige a **demonstração efetiva** do perigo de lesão, ou **crime de perigo abstrato** (presunção absoluta), que não exige a demonstração da situação de perigo, que é presumida. Ex.: periclitação da vida ou saúde (art. 132 do CP).

1.2.6. Com relação ao tipo de conduta

a) crime comissivo: é aquele praticado mediante um comportamento positivo, vale dizer, por ação. Ex.: roubo (art. 157 do CP);

b) crime omissivo: é aquele praticado mediante um comportamento negativo, vale dizer, por omissão. Pode ser **omissivo próprio**, quando a própria lei previr o comportamento negativo (ex.: omissão de socorro – art. 135 do CP), ou **omissivo impróprio**, quando o crime for cometido por alguém que tenha o dever jurídico de agir para impedir o resultado (art. 13, § 2º, do CP). Ex.: a mãe que deixa de amamentar o filho recém-nascido responderá por homicídio – art. 121, c.c. art. 13, § 2º, "a", do CP.

1.2.7. Outras classificações

a) crime vago: é aquele cujo sujeito passivo é um ente desprovido de personalidade jurídica. Ex.: tráfico de drogas (art. 33 da Lei 11.343/2006);

b) crime habitual: é aquele que exige uma reiteração de atos que, reunidos, traduzem um modo de vida do sujeito ativo. Ex.: manter casa de prostituição (art. 229 do CP);

c) crime material: também chamado de *crime causal*, é aquele que se caracteriza pela exigência de um resultado naturalístico (modificação do mundo exterior provocada pela conduta do agente) para a sua consumação. Assim, por exemplo, o homicídio (art. 121 do CP) somente se consuma com a morte da vítima; a sonegação fiscal prevista no art. 1º da Lei dos Crimes contra a Ordem Tributária (Lei 8.137/1990) somente se consumam quando o agente, empregando fraude, suprimir ou reduzir tributo ou contribuição social;

d) crime formal: também chamado de crime de consumação antecipada, é aquele que, para a sua caracterização (e consumação), não exige a ocorrência de um resultado naturalístico, ainda que este seja possível. É o que se verifica, por exemplo, com o crime de concussão (art. 316 do CP), que se consumará no momento em que o funcionário público exigir da vítima, em razão de sua função, uma vantagem indevida;

e) crime de mera conduta: também chamado de crime de simples atividade, se consumará, como o próprio nome sugere, com a prática do comportamento ilícito descrito no tipo penal, sendo impossível a ocorrência de um resultado naturalístico. É o que se verifica, por exemplo, com o crime de violação de domicílio (art. 150 do CP), bastando, para sua caracterização, que o agente delitivo ingresse ou permaneça em casa alheia sem o consentimento do morador.

1.3. Introdução à Parte Especial do Código Penal

O CP é dividido em dois Livros. O Livro I trata da Parte Geral, enquanto o Livro II traz a Parte Especial.

Na Parte Especial, a maior parte das normas tem natureza *incriminadora*, vale dizer, encerram descrições de **condutas típicas e as respectivas penas**. Todavia, existem também, na mesma Parte Especial, *normas penais permissivas*, que são aquelas que autorizam alguém a realizar uma conduta típica, mas sem incriminá-lo posteriormente. É o caso do art. 128 do CP (aborto legal).

Por fim, a Parte Especial traz, ainda, *normas penais explicativas*, que são aquelas que **esclarecem outras normas ou limitam o âmbito de sua aplicação**. É o caso do art. 327 do CP, que encerra o conceito de funcionário público para fins de tipificação dos delitos previstos nos arts. 312 a 326.

Por essas considerações, verificamos que a Parte Especial não traz apenas crimes, mas também contém outras espécies de normas penais.

1.3.1. Normas penais incriminadoras

As normas penais incriminadoras são dotadas de duas partes, denominadas **preceitos**. O **preceito primário** da norma penal incriminadora diz respeito à *conduta descrita pelo legislador como criminosa* (ex.: art. 121: *matar alguém*). Já o **preceito secundário** traz a respectiva *pena cominada abstratamente ao delito* (ex.: Pena – *reclusão, de 6 a 20 anos*).

O preceito primário, quando for incompleto e depender de outra norma para ser completado, trará à cena a *norma penal em branco*. Já o preceito secundário jamais poderá ser incompleto. Afinal, não há crime sem pena!

1.3.2. Conceitos básicos para o estudo dos crimes

É importante para o estudo da Parte Especial o conhecimento de alguns conceitos básicos, a saber:

a) Objetos do crime

Dois podem ser os objetos de um crime:

✓ **objeto material** = *é a pessoa ou coisa sobre a qual recai a conduta típica*. Ex.: no furto (art. 155 do CP), é o bem subtraído; no homicídio (art. 121 do CP), é a vítima, a pessoa;

✓ **objeto jurídico** = *é o bem jurídico tutelado pela lei penal*. Ex.: no furto (art. 155 do CP), é o patrimônio móvel alheio; no homicídio (art. 121 do CP), é a vida humana extrauterina;

b) Sujeitos do crime

✓ **sujeito ativo** = *é aquele que direta ou indiretamente pratica a conduta típica ou concorre para sua prática*. Ex.: "A" desfere um tiro em "B", praticando, pois, a conduta típica prevista no art. 121 do CP (matar alguém). Logo, "A" foi sujeito ativo do crime de homicídio, já que ele realizou a conduta descrita no tipo penal;

✓ **sujeito passivo** = *é aquele titular do bem jurídico lesado ou exposto a perigo de lesão*. Ex.: no exemplo acima, enquanto "A" foi sujeito ativo, "B" é o sujeito passivo do homicídio, já que é o titular do bem jurídico lesado, qual seja, a própria vida.

Quando o tipo penal incriminador não exigir nenhuma qualidade especial do sujeito ativo do crime, estaremos diante de um **crime comum**, ou seja, *aquele que pode ser praticado por qualquer pessoa*. Já se o tipo penal trouxer alguma qualidade específica do sujeito ativo do crime, sem a qual a conduta será atípica, estaremos diante de um **crime próprio** ou de **mão própria**. Essas duas classificações não se confundem. Enquanto o crime próprio pode ser praticado por duas ou mais pessoas ao mesmo tempo, em coautoria ou participação (ex.: peculato doloso – art. 312 do CP), o crime de mão própria admite apenas a participação, jamais a coautoria, já que se trata de crime de atuação pessoal (ex.: falso testemunho – art. 342 do CP);

c) Tipo objetivo

O tipo objetivo corresponde à descrição dos **elementos objetivos do tipo;**

d) Tipo subjetivo

Corresponde à descrição do **elemento subjetivo do crime**, qual seja, o dolo (crimes dolosos) ou a culpa (crimes culposos). O tipo subjetivo não se confunde com o **elemento subjetivo do tipo**, ou, como dizem alguns, "dolo específico". Nem todo tipo penal tem elemento subjetivo, visto ser este um "especial fim de agir do agente", tal como ocorre com o crime de furto (não basta o dolo na subtração da coisa alheia móvel, sendo necessário, ainda, um "especial fim de agir do agente", qual seja, o de subtrair a coisa "para si ou para outrem");

e) Consumação e tentativa

A consumação de um crime nem sempre é igual em todos os casos. Se o **crime for material**, *a consumação somente restará configurada com a ocorrência do resultado naturalístico*. Já se o **crime for formal** ou de **mera conduta**, *bastará a conduta do agente delitivo* (prática da ação ou omissão prevista em lei) para que se atinja o momento consumativo.

De outra borda, veremos mais à frente que nem todo crime admite tentativa, especialmente os culposos e os preterdolosos, ou, ainda, aqueles que somente se consumarem após a verificação de determinado resultado.

2. CRIMES CONTRA A VIDA

2.1. Homicídio (art. 121 do CP)

2.1.1. Considerações iniciais

Trata-se do mais grave crime previsto no Código Penal, não necessariamente na pena que lhe é cominada, mas no bem jurídico atacado pelo agente: **a vida humana**.

Corresponde, portanto, à conduta do agente de exterminar a vida humana extrauterina, agindo com vontade livre e consciente (no caso do homicídio doloso) de eliminá-la, embora seja possível a prática de tal delito por negligência, imprudência ou imperícia, situações configuradoras do homicídio culposo.

Vem o homicídio previsto no art. 121 do Código Penal, embora, especificamente em matéria de trânsito, o homicídio também venha previsto no Código de Trânsito Brasileiro (Lei n. 9.503/1997), desde que praticado culposamente. Isso porque a morte de alguém causada pelo agente, na condução de veículo automotor, querendo tal resultado, não configura delito de trânsito, aplicando-se, pois, o Código Penal.

2.1.2. Espécies de homicídio

O CP prevê seis **hipóteses/espécies de homicídio**, a saber:

a) homicídio doloso simples (previsto no *caput* do art. 121 do CP);

b) homicídio doloso privilegiado (previsto no § 1º);

c) homicídio doloso qualificado (previsto no § 2º);

d) homicídio culposo (previsto no § 3º);

e) homicídio culposo majorado (previsto no § 4º, 1ª parte);

f) homicídio doloso majorado (previsto no § 4º, 2ª parte e § 6º).

2.1.2.1. Homicídio doloso simples (art. 121, caput, do CP)

Corresponde à forma básica do crime, vale dizer, ao tipo fundamental. É punido o agente que o praticar com a pena de 6 a 20 anos de reclusão.

O **sujeito ativo** do crime pode ser qualquer pessoa. Trata-se, portanto, de **crime comum** (pode, frise-se, ser praticado por qualquer pessoa).

Já o **sujeito passivo** do homicídio é o ser humano vivo, com **vida extrauterina**. Inicia-se a vida extrauterina quando tem início o parto, ou seja, com a ruptura do saco amniótico em que se encontrava o feto.

O **tipo objetivo**, ou seja, a **conduta típica**, consiste no verbo "matar", que significa eliminar, exterminar a vida humana da vítima cujo parto já teve início. Pouco importa se teria horas ou minutos de sobrevida. Caracteriza-se como homicídio a simples aceleração ou antecipação de uma morte futura, ainda que iminente.

Se a tentativa de eliminação recair sobre um cadáver, ocorrerá exemplo típico de **crime impossível**, dada a absoluta impropriedade do objeto, nos termos do art. 17 do CP.

A morte da vítima pode ser realizada por qualquer maneira, seja mediante uma ação (ex.: disparos de arma de fogo) ou omissão (ex.: mãe que deixa de alimentar o filho recém-nascido). Trata-se, portanto, de **crime de ação livre**. Dependendo da forma utilizada pelo agente para a prática do delito em tela, poderemos verificar hipóteses da modalidade qualificada (ex.: homicídio por meio de veneno, fogo, explosivo...). É possível matar até por meio de violência psíquica, como palavras de terror, susto etc.

O **tipo subjetivo** é o dolo, ou seja, o agente age, de forma livre e consciente, querendo a morte da vítima (é o denominado *animus necandi*).

Consuma-se o crime com a morte da vítima, pelo que o homicídio é doutrinariamente reconhecido como **material** (exige-se o resultado, portanto).

A **tentativa** é plenamente possível, já que o *iter criminis* é fracionável, tratando-se, pois, de delito plurissubsistente.

Frise-se que será considerado **hediondo** o homicídio doloso simples, desde que **praticado em atividade típica de grupo de extermínio**, ainda que por uma só pessoa (art. 1º, I, da Lei 8.072/1990 – Lei dos Crimes Hediondos).

2.1.2.2. Homicídio doloso privilegiado (art. 121, § 1º, do CP)

Previsto no § 1º, do art. 121, do CP, trata-se de crime cuja pena será reduzida de 1/6 a 1/3, por situações ligadas à motivação do crime.

Assim, considera-se privilegiado o homicídio praticado por:

a) relevante valor social – é o motivo relacionado com os interesses de uma coletividade (daí ser mencionado o "valor social");

b) relevante valor moral – é o motivo relacionado com os interesses individuais do criminoso, tais como o ódio, misericórdia, compaixão. É o caso da eutanásia, que é punida no Brasil;

c) domínio de violenta emoção, logo em seguida a injusta provocação da vítima – trata-se de homicídio praticado pelo agente que se encontra com estado anímico bastante abalado (a emoção deve ser violenta, e não simplesmente passageira). No caso de violenta emoção, o agente atua em verdadeiro "choque emocional". O CP exige que a reação seja imediata à provocação da vítima, vale dizer, sem um interstício longo. Assim não fosse, o Direito Penal estaria privilegiando a vingança (a reação efetivada muito tempo após a provocação da vítima configura vingança, pensada e planejada).

No caso de concurso de agentes, as "privilegiadoras" previstas no dispositivo legal analisado são incomunicáveis aos coautores e partícipes por se tratarem de circunstâncias de caráter pessoal não elementares do crime de homicídio.

Por fim, a natureza jurídica do privilégio é de causa especial/específica de diminuição de pena, incidente na terceira fase do esquema trifásico de sua aplicação.

2.1.2.3. Homicídio qualificado (art. 121, § 2º, do CP)

Vem previsto no art. 121, § 2º, do CP, sendo punido o agente com pena que varia entre 12 e 30 anos de reclusão. São 5 as hipóteses, a saber:

I. ***mediante paga ou promessa de recompensa, ou por outro motivo torpe*** – trata-se de qualificadora considerada de **caráter subjetivo**, já que ligada à motivação do agente para a prática do crime. Enquanto a "paga" pressupõe o prévio acertamento do agente com o executor da morte (ex.: entrega de dinheiro, bens suscetíveis de apreciação econômica ou mesmo vantagens econômicas, como promoções no emprego), a promessa de recompensa traduz a ideia de pagamento futuro, ainda que não se verifique de fato. Em matéria de concurso de agentes, fica evidente que a qualificadora em comento exige a intervenção de duas pessoas, pelo que configurada a situação de concurso necessário (delito plurissubjetivo, portanto): um mandante e um executor. Pela doutrina majoritária, ambos responderão com a mesma pena (inclusive o mandante, que não executa a morte), por força do art. 30 do CP. Por fim, o motivo torpe significa um motivo vil, abjeto, repugnante, revelador da personalidade distorcida do agente. Tem-se, como exemplo, o caso de um homicídio praticado para recebimento de herança;

II. ***por motivo fútil*** – trata-se, também, de qualificadora de **caráter subjetivo**, já que vinculada à motivação do delito. É a morte provocada por um motivo de somenos importância, ínfimo, desproporcional, desarrazoado. É necessário que se demonstre a existência de um motivo "pequeno" para a morte, sob pena de, não sendo encontrado qualquer motivo para o crime, não restar configurada a qualificadora em comento. É exemplo de motivo fútil aquele causado por uma brincadeira da vítima, por um "tapinha nas costas", por uma refeição ruim servida ao agente;

III. ***com emprego de veneno, fogo, explosivo, asfixia, tortura ou outro meio insidioso ou cruel, ou de que possa resultar perigo comum*** – trata-se de qualificadora considerada de **caráter objetivo**, uma vez que não está vinculada à motivação do crime, mas sim ao modo/meio de execução de que se vale o agente para a sua prática. Considera-se "meio insidioso" aquele disfarçado, utilizado pelo criminoso "às escondidas", camuflando o futuro fato (ex.: remoção das pastilhas dos freios de um veículo);

IV. ***à traição, de emboscada, ou mediante dissimulação ou outro recurso que dificulte ou torne impossível a defesa do ofendido*** – trata-se de qualificadora de caráter objetivo, já que, igualmente ao inciso anterior, não está ligada aos motivos do crime, mas à forma como será praticado. Nas circunstâncias previstas nessa qualificadora, o agente se prevalece de situações que dificultam a defesa da vítima, como no caso da traição (o agente e a vítima já guardam alguma relação de confiança, o que possibilita a ação daquele – ex.: matar a namorada enquanto dorme). Já na emboscada, o agente age sem que a vítima o perceba, eis que se encontra escondido (tocaia). Por fim, a dissimulação consiste em ser utilizado algum recurso pelo agente que engane a vítima (ex.: uso de uma fantasia/disfarce; agenciador de modelos – foi o caso do "maníaco do parque");

V. ***para assegurar a execução, a ocultação, a impunidade ou vantagem de outro crime*** – trata-se de qualificadora de **caráter subjetivo**, uma vez que também está relacionada com a motivação do crime. *In casu*, o agente pratica o homicídio como forma de assegurar a **execução** de outro crime (conexão teleológica – ex.: para estuprar uma mulher famosa, o agente mata, antes de ingressar em seu quarto, o segurança da residência), ou ainda para a garantia da **ocultação, impunidade ou vantagem** de outro crime. Nesses três casos (ocultação, impunidade e vantagem), existe a denominada conexão consequencial, já que o agente primeiramente pratica outro crime para, somente então, cometer o homicídio. É hipótese de ocultação de crime antecedente a situação do funcionário público corrupto que, após receber vantagem indevida em razão da função pública que ocupa, mata o cinegrafista que filmou o momento do "suborno". Terá o agente matado alguém para ocultar delito antecedente. Verifica-se a situação da impunidade quando o agente não quer ocultar o crime, mas garantir que fique impune, como no caso de matar uma mulher após estuprá-la. Por fim, configura homicídio qualificado quando o agente pratica um homicídio como forma de assegurar a vantagem (os proveitos) de outro crime, como no caso de um roubador matar o comparsa para ficar com todo o produto do dinheiro subtraído de um banco.

Cabe consignar, ainda, que é possível a prática de **homicídio qualificado privilegiado**, situação compatível apenas com as **qualificadoras de caráter objetivo** (ex.: eutanásia praticada com emprego de veneno). Não se admitiria, até pela absoluta incompatibilidade, a coexistência de uma das "privilegiadoras", todas de caráter subjetivo, com as qualificadoras de igual roupagem (ex.: homicídio praticado por relevante valor moral qualificado pelo motivo fútil).

Por fim, interessante anotar a posição do Min. Joaquim Barbosa (STF) acerca da incompatibilidade do dolo eventual com as qualificadoras relativas ao modo de execução do homicídio. Segue a notícia:

HC N. 95.136-PR – RELATOR: MIN. JOAQUIM BARBOSA

EMENTA: "*Habeas Corpus*. Homicídio qualificado pelo modo de execução e dolo eventual. Incompatibilidade. Ordem concedida.

O dolo eventual não se compatibiliza com a qualificadora do art. 121, § 2º, inc. IV, do CP ("traição, emboscada, ou mediante dissimulação ou outro recurso que dificulte ou torne impossível a defesa do ofendido"). Precedentes. Ordem concedida". (**Inform. STF** 621) – noticiado no Informativo 618.

Dolo eventual e qualificadora: incompatibilidade

"São incompatíveis o dolo eventual e a qualificadora prevista no inciso IV do § 2º do art. 121 do CP ("§ 2º Se o homicídio é cometido: ... IV – à traição, de emboscada ou mediante dissimulação ou outro recurso que dificulte ou torne impossível a defesa do ofendido"). Com base nesse entendimento, a 2ª Turma deferiu *habeas corpus* impetrado em favor de condenado à pena de reclusão em regime integralmente fechado pela prática de homicídio qualificado descrito no artigo referido. Na espécie, o paciente fora pronunciado por dirigir veículo, em alta velocidade, e, ao avançar sobre a calçada, atropelara casal de transeuntes, evadindo-se sem prestar socorro às vítimas. Concluiu-se pela ausência do dolo específico, imprescindível à configuração da citada qualificadora e, em consequência, determinou-se sua exclusão da sentença condenatória". Precedente citado: HC 86163/SP (DJU de 3.2.2006). HC 95136/PR, rel. Min. Joaquim Barbosa, 1º.03.2011. (HC-95136) (**Inform. STF** 618)

2.1.2.4. Homicídio culposo (art. 121, § 3º, do CP)

Previsto no art. 121, § 3º, do CP, é punido com detenção de 1 a 3 anos. Será verificado quando o agente não querendo ou não assumindo o risco, produzir a morte de alguém **por imprudência, negligência ou imperícia**.

2.1.2.5. Homicídio majorado (culposo – art. 121, § 4º, do CP)

Vem prevista no art. 121, § 4º, do CP, em sua 1ª parte, a situação de, no **homicídio culposo**, o *agente não observar regra técnica de profissão, arte ou ofício*, ou se o agente *deixa de prestar* *imediato socorro à vítima, não procura diminuir as consequências do seu ato, ou foge para evitar prisão em flagrante.*

Nesses casos, sua **pena será aumentada** em **1/3**. Verifique que a situação acima transcrita somente incidirá se o homicídio for *culposo*.

Ex.: "A", limpando um revólver, não verificou se estava municiado, ocasião em que, acionando o gatilho por engano, efetuou um disparo e acertou pessoa que passava próximo ao local. Em vez de socorrê-la imediatamente, foge do local temendo sua prisão.

2.1.2.6. *Homicídio majorado (doloso – art. 121, §§ 4º e 6º, do CP)*

No mesmo § 4º do art. 121 do CP, vem prevista a situação de o **homicídio doloso** ser praticado contra *pessoa menor de 14 ou maior de 60 anos*.

Nesses casos, a pena será aumentada também em 1/3, seja o homicídio simples, privilegiado ou qualificado.

Porém, **deverá o agente saber que a vítima conta com menos de 14 ou mais de 60 anos**, sob pena de ser punido objetivamente, vale dizer, sem a exata consciência da condição do sujeito passivo.

Ainda, o § 6º do art. 121 do CP, inserido pela Lei 12.720/2012, passou a prever aumento de pena de 1/3 até a 1/2 se o homicídio for praticado por milícia privada, sob o pretexto de prestação de serviço de segurança, ou por grupo de extermínio. Entende-se por "**milícia privada**" o grupo de pessoas que se instala, geralmente, em comunidades carentes, com o suposto objetivo de restaurar a "paz" e a "tranquilidade" no local, criando, com isso, verdadeiro "grupo paralelo de segurança pública". Já por "**grupo de extermínio**" entende-se a reunião de pessoas popularmente chamadas de "justiceiros", cujo objetivo é a eliminação de pessoas identificadas supostamente como "perigosas" ao corpo social.

2.1.3. *Perdão judicial*

Trata-se de **causa extintiva da punibilidade**, conforme art. 107, IX, do CP.

Irá incidir quando as **consequências da infração atingirem o próprio agente de forma tão grave que a sanção penal se torne desnecessária**.

Assim verificando, o **juiz poderá (deverá) deixar de aplicar a pena**.

É o caso de um pai atingir o próprio filho por um disparo acidental de arma de fogo. As consequências para ele são tão gravosas que a maior pena é a perda do ente querido. O mesmo se diga se um pai, por imprudência, atropela o próprio filho, ao sair de sua garagem.

A **Súmula 18 do STJ**, tratando do perdão judicial, prescreve que "a sentença concessiva do perdão judicial tem natureza declaratória da extinção da punibilidade, não subsistindo qualquer efeito condenatório". Assim, a sentença do juiz, em caso de perdão judicial, **não tem natureza condenatória**, mas **declaratória**, pelo que não pode remanescer qualquer dos efeitos da condenação (ex.: obrigação de reparar o dano, reincidência, lançamento do nome do réu no rol dos culpados etc.).

2.2. Induzimento, instigação ou auxílio a suicídio (art. 122 do CP)

2.2.1. *Considerações iniciais*

O Direito Penal não pune aquela pessoa que quer dar cabo de sua própria vida, mas sim o agente que induz, instiga ou auxilia alguém a praticar suicídio. Em outras palavras, a atividade do suicida é atípica, já que, em regra, não se pode punir a destruição de um bem próprio, somente alheio (princípio da alteridade). Daí explicar-se que a autolesão é impunível, já que o agente pode fazer o que bem quiser de seu corpo (desde que não o faça para recebimento de seguro contra acidentes pessoais, o que configuraria fraude).

Embora o *nomen juris* do crime ora analisado seja de "induzimento, instigação ou auxílio" a suicídio (art. 122 do CP), não se trata de situação semelhante à participação, espécie de concurso de pessoas. Isso porque o partícipe é aquele que tem conduta acessória para a prática de um crime realizado por um executor do verbo do tipo (autor).

No caso em tela, **a participação do agente consiste na atuação principal**, e não acessória, como no caso do concurso de pessoas. Quem induzir, instigar ou auxiliar alguém a tirar sua própria vida será **autor** do crime e **não partícipe**.

Trata-se de crime contra a vida.

2.2.2. *Tipo objetivo*

O CP prevê, em seu art. 122, o delito de "induzimento, instigação ou auxílio a suicídio", com a seguinte redação: "induzir ou instigar alguém a suicidar-se ou prestar-lhe auxílio para que o faça. Pena: reclusão, de 2 a 6 anos, se o suicídio se consuma; ou reclusão de 1 a 3 anos, se da tentativa de suicídio resulta lesão corporal de natureza grave".

Verifica-se, portanto, que o crime em tela pode ser cometido por três maneiras, que correspondem às condutas típicas (verbos do tipo):

a) induzir – nesse caso, o agente faz nascer na mente da vítima a ideia de praticar suicídio;

b) instigar – aqui, o agente apenas reforça a ideia, que já existia no espírito da vítima, de realizar o suicídio;

c) auxiliar – trata-se da ajuda material para a concretização do suicídio pela vítima. É o caso de fornecimento dos instrumentos para que a vítima ceife sua própria vida (ex.: faca, revólver). Esse "auxílio" deve ter uma **relação acessória** com o suicídio e não positiva nos atos de execução, sob pena de o agente responder por homicídio (ex.: "A" empresta a "B" um revólver, e a seu pedido o "auxilia", apertando o gatilho. Terá, então, matado "B", situação configuradora do crime de homicídio).

O crime poderá ser praticado por ação ou mesmo por omissão (neste último caso, desde que o sujeito ativo tenha o dever jurídico de agir, o que configura a omissão imprópria).

2.2.3. *Tipo subjetivo*

É o dolo, ou seja, a vontade livre e consciente do agente em induzir, instigar ou auxiliar alguém a suicidar-se.

Admite-se, inclusive, a forma eventual (dolo eventual), ou seja, o agente pode praticar o crime em tela, embora não querendo que a vítima se suicide, assumindo o risco de que o faça. É o caso do pai que, sabendo das tendências suicidas da filha, a expulsa de casa, fazendo com que ela, desamparada, dê cabo de sua própria vida.

2.2.4. *Sujeito passivo*

É considerada vítima do crime a pessoa com um mínimo de discernimento e poder de resistência. Assim não sendo, estaremos diante de homicídio (ex.: o pai induz o filho de 4 anos de idade a pular da janela, eis que, com a capa do Super-Homem, conseguirá voar).

2.2.5. *Consumação e tentativa*

Parte da doutrina diz que não se admite a tentativa do crime previsto no art. 122 do CP, o que se extrai do preceito secundário do tipo: se o suicídio efetivamente ocorre, a pena do sujeito ativo será de 2 a 6 anos de reclusão; já se resultar lesão corporal grave, será de 1 a 3 anos de reclusão.

Em outras palavras, o crime estaria consumado com a efetiva morte da vítima ou no caso de sofrer lesão corporal de natureza grave.

Já outros doutrinadores, como Cezar Bittencourt, admitem a punição do crime a título de tentativa, mas que já foi prevista no próprio tipo penal (pena de 1 a 3 anos de reclusão). Trata-se, segundo ele, de uma "tentativa qualificada", já que o agente do crime deve ser punido com menor rigor quando a vítima não conseguir tirar sua própria vida, mas sofrer, em decorrência da tentativa, lesões corporais de natureza grave.

De qualquer forma, se a vítima tentar se matar, mas sofrer apenas lesões leves, o fato será atípico (ou a vítima consegue suicidar-se, configurando a modalidade consumada, ou sofre lesões corporais graves, com o que o delito será tentado).

2.2.6. *Causas de aumento de pena*

Se o crime for cometido por motivo egoístico, a pena será duplicada.

O mesmo será verificado se a vítima for menor (maior de 14 e menor de 18 anos, segundo Guilherme Nucci, pois, nesse caso, se sequer pode consentir para um ato sexual, com muito mais razão não poderá decidir sobre sua vida, sendo o caso de homicídio).

Por fim, a pena será igualmente duplicada quando a vítima tiver reduzida, por qualquer motivo, a capacidade de resistência. É o caso de alguém embriagado, ou com algum déficit mental (não completo, pois, nesse caso, haverá homicídio), ou no caso de senilidade (idade avançada).

2.3. Infanticídio (art. 123 do CP)

2.3.1. *Considerações iniciais*

Trata-se de crime doloso contra a vida.

Corresponde à eliminação, pela própria mãe, durante ou logo após o parto, do próprio filho, estando ela sob influência do estado puerperal.

Intrinsecamente, não há diferença entre o infanticídio e o homicídio. Afinal, ocorre a morte de alguém. Porém, esse "alguém" não é qualquer pessoa, mas o próprio filho da genitora, que é quem realiza os elementos do tipo penal.

2.3.2. *Tipo objetivo*

A conduta nuclear (verbo do tipo) é a mesma do homicídio, qual seja, **matar.** Ocorre, portanto, a eliminação da vida humana extrauterina. Indispensável é, portanto, que o nascente esteja vivo no momento da ação ou omissão da genitora.

Difere o infanticídio do homicídio por uma situação anímica em que se encontra o agente, vale dizer, a mãe: o estado puerperal.

Segundo Guilherme de Souza Nucci, "estado puerperal é aquele que envolve a parturiente durante a expulsão da criança do ventre materno. Há profundas alterações psíquicas e físicas, que chegam a transformar a mãe, deixando-a sem plenas condições de entender o que está fazendo. (...) O puerpério é o período que se estende do início do parto até a volta da mulher às condições de pré-gravidez" (**Manual de Direito Penal** – 3ª edição – editora RT – p. 621).

O tipo penal exige que a mãe esteja sob "influência" do estado puerperal. Que toda mãe passa pelo puerpério, isto é fato incontroverso. Porém, deve-se demonstrar que tal estado anímico tirou-lhe a plena capacidade de entendimento, levando--a a cometer o homicídio do próprio filho.

Ademais, o elemento cronológico do tipo ("durante o parto ou logo após") é algo a ser analisado, revelando que o legislador impõe reprimenda mais branda à mãe que matar o próprio filho quase que numa "imediatidade" ao parto (simultaneamente a este, ou logo após). Todavia, é possível que a acusação comprove que, mesmo transcorrido um lapso considerável de tempo, a mãe estivesse, ainda, sob influência do estado puerperal, o que não descaracterizaria o delito.

Porém, quanto mais tempo passar do parto, menor é a chance de que a mãe sofra com as alterações que o puerpério lhe acomete. Daí haver uma "inversão" do ônus da prova, no sentido de que caberá à defesa demonstrar, transcorrido tempo razoável do parto, que a mãe ainda se encontrava influenciada pela alteração anímica.

2.3.3. *Tipo subjetivo*

É o dolo, não sendo punida a modalidade culposa do infanticídio. Se tal situação ocorrer, poderá ser verificado o homicídio culposo, ainda que a mãe esteja sob influência do estado puerperal (é o posicionamento de Cezar Roberto Bittencourt).

Já Damásio de Jesus entende que a mulher, influenciada pelo estado puerperal, não tem a diligência normal que a todos se impõe, razão pela qual sequer por homicídio culposo poderia responder, caso viesse a matar o próprio filho por imprudência ou negligência. É que, explica o doutrinador, nesse caso, seria inviável a demonstração da ausência de prudência normal na mulher que, pelo momento peculiar de sua vida, padece de certo desequilíbrio psíquico.

2.3.4. *Sujeitos do crime*

O **sujeito ativo** do crime é a mãe (parturiente), que, influenciada pelo estado puerperal, mata o próprio filho. Trata-se, pois, de **crime próprio**.

Já o **sujeito passivo** é o recém-nascido (neonato) ou aquele que ainda está nascendo (nascente). Isso é extraído do próprio tipo penal: "durante o parto (nascente) ou logo após (neonato)".

Embora o estado puerperal seja algo típico da mulher que está em trabalho de parto ou que há pouco tempo a ele se submeteu, tal situação configura uma **circunstância pessoal**, que, por ser elementar, comunica-se aos coautores ou partícipes, nos termos do art. 30 do CP.

Se a mãe, por engano, influenciada pelo estado puerperal, dirige-se até o berçário do hospital e mata um bebê que não o seu filho, ainda assim responderá por infanticídio, já que presente um erro de tipo acidental (erro quanto à pessoa – art. 20, § 3º, do CP).

2.3.5. *Consumação e tentativa*

O crime de infanticídio exige, para sua consumação, a morte do neonato ou do nascente (crime material). Caso isso não ocorra, estaremos diante da tentativa.

2.4. Aborto (arts. 124 a 128 do CP)

2.4.1. *Considerações iniciais*

Por primeiro, cabe ressaltar que o termo "aborto" não corresponde à ação de se eliminar a vida de um feto, mas sim o resultado da ação criminosa. A lei trocou, conforme explica Rogério Sanches Cunha, *a ação pelo seu produto* (Direito Penal – Parte Especial – ed. RT, p. 52). Melhor seria falar-se em "abortamento".

Assim, o "aborto" corresponde à eliminação do produto da concepção, tutelando a lei a **vida humana intrauterina**.

A lei trata de **5 (cinco) espécies** de aborto:

a) autoaborto (art. 124, 1ª parte, do CP);

b) aborto consentido (art. 124, 2ª parte, do CP);

c) aborto provocado por terceiro com o consentimento da gestante (art. 126 do CP);

d) aborto provocado por terceiro sem o consentimento da gestante (art. 125 do CP);

e) aborto qualificado (art. 127 do CP).

2.4.2. *Autoaborto*

Vem definido no art. 124, 1ª parte, do CP: "provocar aborto em si mesma...".

Trata-se de **crime de mão própria** (segundo Cezar Roberto Bitencourt, por exemplo), já que é a própria mãe quem irá realizar o abortamento, efetivando ela própria as manobras abortivas (ex.: ingestão de medicamentos abortivos; inserção, no útero, de agulhas ou curetas etc.). Admite-se, portanto, apenas a **participação** (conduta acessória), jamais a coautoria.

Se terceiro realiza manobras abortivas junto com a gestante, ela responderá por autoaborto e ele pelo crime do art. 126 do CP (aborto provocado por terceiro com o consentimento da gestante).

O **sujeito passivo** do crime é o feto (produto da concepção), ainda que, para a lei civil, não tenha personalidade jurídica (que se adquire com o nascimento com vida). Por esse motivo, alguns doutrinadores chegam a declarar que a vítima é a sociedade, já que o feto não é considerado "pessoa".

Consuma-se o crime com a morte do feto ou a destruição do produto da concepção, ainda que não seja expelido pelo corpo da mulher. Mesmo que o feto nasça com vida após as manobras abortivas, mas venha a morrer em decorrência de uma "aceleração do parto", a mãe responderá por autoaborto.

Admite-se a **tentativa**, já que se trata de crime material e plurissubsistente (vários atos).

2.4.3. *Aborto consentido*

Corresponde à 2ª parte do art. 124 do CP: "... ou consentir que outrem lho provoque".

Trata-se de conduta omissiva (a gestante permite que terceira pessoa pratique manobras abortivas, provocando a morte do feto ou do produto da concepção).

Também, aqui, o crime é de mão própria, cujo sujeito ativo é apenas a gestante. O terceiro responderá pelo crime do art. 126 do CP.

2.4.4. *Aborto provocado por terceiro sem o consentimento da gestante (art. 125 do CP)*

O crime, descrito no art. 125 do CP, consiste na ação de "provocar aborto" (tipo objetivo), havendo **dissenso real** (violência física) ou **presumido** (quando a gestante não é maior de 14 anos, ou é alienada ou débil mental, ou se o consentimento é obtido mediante fraude, grave ameaça ou violência – art. 126, parágrafo único, do CP).

Trata-se da forma mais grave de aborto, punida com 3 a 10 anos de reclusão.

O **sujeito ativo** pode ser qualquer pessoa (crime comum). Já o **sujeito passivo** é o feto ou produto da concepção e a gestante (dupla subjetividade passiva).

O crime é **material**, consumando-se com a morte do feto ou produto da concepção.

2.4.5. *Aborto provocado por terceiro com o consentimento da gestante (art. 126 do CP)*

O crime em tela vem descrito no art. 126 do CP, configurando nítida **exceção pluralística à teoria unitária**, eis que o agente responderá por crime diverso da gestante que consentiu com o aborto (art. 124, 2ª parte, do CP).

Em outras palavras, o provocador do aborto responderá pelo crime do art. 126, ao passo que a gestante que consentiu com tal ação responderá por aborto consentido (art. 124, 2ª parte, do CP).

Trata-se de **crime comum**, ou seja, pode ser praticado por qualquer pessoa.

O crime em tela somente estará configurado se houver **consentimento válido** da gestante, ou seja, se ausente qualquer das hipóteses do **parágrafo único do art. 126 do CP**. Se assim não ocorrer, responderá o agente pelo crime do art. 125 do CP (aborto sem consentimento da gestante), enquanto que a gestante ficará isenta de pena (se alienada ou débil mental, ou não maior de 14 anos, presumindo-se a invalidade de seu consentimento nesses casos).

Consuma-se o crime com a morte do feto/produto da concepção (crime material), admitindo-se a **tentativa**.

2.4.6. Aborto qualificado (art. 127 do CP)

A pena será aumentada em 1/3 caso a gestante sofra lesão corporal de natureza grave, resultando dos meios empregados para o aborto ou como sua consequência.

No caso de morte da gestante, as penas serão duplicadas.

O art. 127 do CP somente pode ser aplicado aos crimes previstos nos arts. 125 e 126, já que o art. 124 é próprio da gestante, não podendo ela ser mais gravemente punida se sofrer lesão corporal grave (a lei não pune a autolesão) ou morte (hipótese em que haverá extinção da punibilidade - art. 107, I, do CP).

A ocorrência de lesão corporal leve não acarreta a exacerbação da pena, eis que implicitamente vem prevista no tipo penal. Afinal, abortamento sem um mínimo de lesão é quase impossível.

Em qualquer hipótese (lesão corporal grave ou morte da gestante), o delito será preterdoloso, ou seja, o resultado agravador terá sido praticado pelo agente a título de culpa. Por se tratar de delito preterdoloso, não se admite tentativa, respondendo o agente, segundo Fernando Capez, pela forma consumada do crime, ainda que não ocorra o aborto, mas a gestante morra ou sofra lesão corporal grave.

Se quiser a morte ou lesão corporal grave na gestante, além do aborto, responderá o agente em concurso de crimes.

2.4.7. Aborto legal (art. 128 do CP)

O CP admite, em duas situações, a prática do aborto:

a) se a gravidez gerar risco de vida à gestante;

b) se a gravidez resultou de estupro, desde que a gestante consinta com o abortamento, ou, se incapaz, haja autorização do representante legal.

A primeira hipótese é denominada **aborto terapêutico ou necessário**, já que praticado para que não se sacrifique a vida da gestante, em risco por conta da gravidez.

Já a segunda hipótese é chamada de **aborto humanitário, sentimental ou ético,** eis que a lei admite que a mulher estuprada não leve a cabo uma gravidez cujo produto resulta de ato violento contra sua liberdade sexual.

Em qualquer caso, somente poderá realizar o abortamento o *médico*, conforme reza o art. 128, *caput*, do CP ("não se pune o aborto praticado por médico").

Se terceira pessoa, que não médico, realizar o aborto na primeira hipótese, poderá ser excluído o crime se a gestante correr perigo de vida atual, caracterizador do **estado de necessidade**.

No caso do **aborto humanitário**, é imprescindível que haja **autorização da gestante para sua prática, ou de seu representante legal**, caso incapaz. A lei não exige que o estuprador tenha sido irrecorrivelmente condenado, nem mesmo autorização judicial para que seja efetivado.

Todavia, na prática, é bom que o médico se cerque de alguns cuidados, como a exigência de boletim de ocorrência, declarações de testemunhas etc.

2.4.8. O aborto de feto anencéfalo

Não vem definida no CP a possibilidade de realizar o aborto se o feto possuir má formação ou mesmo anencefalia (ausência de tronco cerebral).

O STF, na ADPF 54 (Arguição de Descumprimento de Preceito Fundamental), decidiu pela possibilidade de realização do aborto do anencéfalo, desde que haja laudo médico dando conta da situação do feto.

Entendeu-se que a vedação ao aborto, nesse caso, atenta contra a dignidade humana, impondo à gestante um sofrimento desnecessário e cruel, visto que a anencefalia culminará, necessariamente, com a morte do feto. Pode-se, aqui, argumentar, que a vida se encerra com a cessação da atividade encefálica, nos termos do art. 3º da Lei 9.434/1997, razão pela qual o fato (aborto de feto anencefálico) é atípico.

3. LESÃO CORPORAL

3.1. Lesão corporal (art. 129 do CP)

3.1.1. Considerações iniciais

Embora o crime de lesões corporais atente contra a pessoa, não se trata de infração que ofenda a vida, mas a integridade física ou a saúde corporal.

Para que se verifique o crime em tela, é imprescindível que a vítima sofra uma efetiva alteração de seu corpo ou saúde, de modo a causar-lhe um dano. É importante mencionar que a causação de dor, por si só, é insuficiente à configuração de lesões corporais. É possível, inclusive, praticar este crime sem que se cause dor no ofendido (ex.: corte, contra a vontade da vítima, de seus cabelos).

3.1.2. Espécies de lesão corporal

A lesão corporal, vale frisar de início, pode ser praticada nas formas dolosa ou culposa, podendo ser classificada da seguinte forma:

a) leve (*caput*)

b) grave (§ 1º);

c) gravíssima (§ 2º);

d) seguida de morte (§ 3º);

e) privilegiada (§ 4º)

f) culposa (§ 6º)

g) majorada (§§ 7º, 10 e 11)

h) qualificada pela violência doméstica (§ 9º)

3.1.3. Tipo objetivo

O CP prevê, em seu art. 129, o delito de "lesão corporal", com a seguinte redação: "ofender a integridade corporal ou a saúde de outrem".

Verifica-se, portanto, que o verbo do tipo (conduta típica) é *ofender*, que pressupõe causação de dano ao corpo (integridade corporal) ou à saúde (segundo Bento de Faria, "dano à saúde é a desordem causada às atividades psíquicas ou ao funcionamento regular do organismo" - **Código Penal Brasileiro Comentado** - Parte Especial - vol. 4, p. 67 e 68).

Embora um dano à integridade física ou à saúde alheia venha, de regra, acompanhado de dor, tal circunstância não consta como elementar do tipo penal em estudo, pelo que se torna dispensável no caso concreto.

Como já dissemos, a depender da intenção do agente, é possível que o corte de cabelo da vítima configure lesão corporal, o que, por certo, não causa dor.

A pluralidade de ofensas à integridade física ou à saúde de terceiro caracteriza *crime único* e não vários crimes (ex.: 1 ou 10 facadas na vítima, com a intenção de lesionar, caracteriza o mesmo delito – lesões corporais – e não dez crimes idênticos). Todavia, o magistrado, ao fixar a pena do agente, irá levar em conta a pluralidade de lesões provocadas na vítima (o art. 59 do CP, que trata da fixação da pena-base, determina ao magistrado, dentre outras circunstâncias, que analise a personalidade do agente, bem como as consequências do crime).

A ofensa à integridade corporal é de fácil entendimento: provocação de hematomas, equimoses, perfurações, quebradura de ossos etc.

Um pouco mais difícil de se avaliar é a ofensa à saúde, que, conforme já mencionamos, consiste no conjunto de atividades psíquicas ou o funcionamento regular dos órgãos. Assim, configurada estará uma lesão corporal se o agente provocar falta de ar na vítima (ex.: deitar-se em seu tórax; atirar um gás que cause irritação nasal) ou mesmo se redundar em vômitos (regular funcionamento do sistema digestivo – ex.: dar comida estragada ao ofendido).

Questão que se coloca na doutrina é a respeito do grau de disponibilidade do bem jurídico protegido pelo crime de lesão corporal: a integridade física ou a saúde. Seria ele disponível ou indisponível?

Para um entendimento mais ultrapassado, a integridade física e a saúde são indisponíveis, não cabendo qualquer consentimento da vítima como forma de exclusão do crime. Já para o entendimento mais moderno, encampado, inclusive, por Cezar Roberto Bitencourt (**Tratado de Direito Penal** - vol. 2, ed. Saraiva), trata-se de bem relativamente disponível, vale dizer, o consentimento da vítima na produção de lesões é válida, desde que não contrarie os bons costumes e não se caracterize como algo extremamente grave.

Em outras palavras, a provocação de pequenas lesões, desde que contem com o consentimento do ofendido, não caracteriza crime de lesão corporal. É o caso de colocação de brincos e *piercings*. Quem o faz não comete crime!

E o médico que pratica cirurgia plástica, quebrando cartilagens (nariz, por exemplo), ou retirando ossos e tecidos, comete lesão corporal? Entende-se que não, visto que não tem o dolo de causar um *dano* à vítima, mas, ao contrário, de melhorar seu corpo ou saúde.

3.1.4. *Tipo subjetivo*

A lesão corporal pode ser punida por três formas: dolo, culpa e preterdolo.

A lesão corporal culposa vem prevista no art. 129, § 6º, do CP, ao passo que a preterdolosa típica é a lesão corporal seguida de morte (art. 129, § 3º, do CP), mas também admitida tal modalidade nas formas grave e gravíssima, conforme veremos a seguir.

De qualquer forma, na lesão dolosa, o agente tem a intenção (dolo direito) ou assume o risco de produzir um dano à integridade física ou à saúde de outrem. Age, portanto, com o chamado *animus laedendi*.

Se "A" atinge "B" com uma pedra, com a intenção de matá-lo (*animus necandi*), mas a morte não se verifica, responderá por tentativa de homicídio e não por lesão corporal dolosa consumada. Afinal, deve-se verificar a intenção do agente.

3.1.5. *Sujeitos do crime*

O sujeito ativo da lesão corporal pode ser qualquer pessoa (salvo no caso de violência doméstica, o que veremos mais à frente). Trata-se, em regra, de crime comum.

Adverte Rogério Sanches Cunha (**Direito Penal** - Parte Especial – ed. RT) que, se o agressor for policial militar, caberá à Justiça Militar processá-lo pelas lesões corporais, sem prejuízo do delito de abuso de autoridade, que será de competência da Justiça Comum.

O Direito Penal não pune a autolesão, ou seja, se o agente ofender sua própria integridade física ou saúde, não poderá referido ramo do Direito intervir para puni-lo.

Porém, se alguém se vale de um inimputável (menor de idade), ou de alguém que tenha a capacidade de discernimento reduzida ou suprimida (doente mental, ébrio), determinando-lhe a causar em si próprio uma lesão, haverá situação de autoria mediata. Assim, quem induzir ou instigar a pessoa a praticar autolesão responderá pelas ofensas que se verificarem na vítima (ex.: "A" induz "B", embriagado, a cravar uma faca na própria mão, o que é feito. "A" é autor mediato da lesão corporal provocada por "B" em si mesmo).

Por fim, em algumas situações, o sujeito passivo do crime em estudo será especial, como é o caso da lesão corporal que causa aceleração do parto (lesão grave) ou aborto (lesão gravíssima), tendo por vítima a mulher grávida. O mesmo se pode dizer com relação ao § 7º do art. 129 do CP, que prevê causa de aumento de pena quando a vítima for menor de 14 ou maior de 60 anos.

3.1.6. *Consumação e tentativa*

A lesão corporal é crime material, vale dizer, somente se consuma com a efetiva ofensa à integridade corporal ou à saúde de outrem. Logo, é perfeitamente possível a tentativa quando se tratar de lesões dolosas, embora seja de difícil comprovação na prática (como condenar alguém por tentativa de lesões corporais graves ou gravíssimas?).

3.1.7. *Lesão corporal dolosa leve*

Vem prevista no art. 129, *caput*, do CP.

Estará caracterizada quando não se verificar qualquer das outras espécies de lesão corporal (grave, gravíssima, seguida de morte).

A pena é de detenção de 3 meses a 1 ano.

O art. 88 da Lei nº 9.099/1995, determina que a vítima represente (condição de procedibilidade da ação penal) quando se tratar de lesão corporal leve, sob pena de decadência, o que implicará a impossibilidade de o Ministério Público oferecer denúncia e a consequente extinção da punibilidade em favor do agente (art. 107, IV, do CP). Frise-se que se se tratar de lesão corporal praticada contra mulher, em **violência doméstica e familiar**, a jurisprudência já pacificou o entendimento de que não será aplicado o referido art. 88 da Lei do JECRIM, tratando-se, pois, de crime de **ação penal pública incondicionada**.

O caráter residual da lesão corporal leve (tudo o que não configurar lesão grave, gravíssima ou seguida de morte) não comporta reconhecimento de adequação típica quando a ofensa à integridade corporal for levíssima (ex.: um microfuro provocado por "A" em "B", por meio de uma agulha; um arranhão de unha produzido por "A" em "B"). Aqui, é de ser aplicado o princípio da insignificância penal.

3.1.8. *Lesão corporal grave*

A pena para as situações previstas no § 1º do art. 129 do CP, varia de 1 a 5 anos de reclusão.

Será verificada tal espécie de lesão corporal quando:

a) resultar incapacidade para as ocupações habituais, por mais de 30 (trinta) dias: aqui, tal incapacidade pode ser física ou mental. Pressupõe que a vítima, em razão da ofensa à sua integridade corporal ou à sua saúde, não consiga, por lapso superior a 30 dias, realizar as tarefas do dia a dia, não necessariamente relacionadas com o trabalho (ex.: tomar banho, vestir-se sozinha, erguer peso, andar normalmente).

Deve-se ressaltar que a vergonha da vítima em realizar as suas ocupações habituais, em razão das lesões, não configura a qualificadora em análise. É o que ensina Damásio E. de Jesus. Exemplifica a situação da vítima que, ferida no rosto, tem vergonha de realizar suas ocupações habituais (trabalho) por mais de 30 dias.

Por fim, a comprovação da qualificadora em comento depende de um exame pericial complementar, a ser realizado no trigésimo dia subsequente ao dia do crime (art. 168, § 2º, do CPP):

b) resultar perigo de vida: tal qualificadora exige que, em razão da lesão causada à vítima, experimente ela um efetivo perigo de morte, com probabilidade concreta de ocorrência. Tal situação deve ser constatada em exame de corpo de delito, devendo o médico legista apontar qual foi o perigo causado ao ofendido, não bastando mencionar que as lesões causaram perigo de morte. Trata-se de qualificadora atribuída ao agente a título de preterdolo, eis que, quisesse ele o risco de morte da vítima, deveria responder por tentativa de homicídio;

c) resultar debilidade permanente de membro, sentido ou função: entende-se por membro todos os apêndices ligados ao corpo humano (braços, pernas, mãos, pés), responsável pelos movimentos. Já o sentido pode ser definido como tudo o quanto permita ao homem ter sensações (visão, audição, paladar, tato e olfato). Por fim, função é todo o complexo de órgãos responsáveis por atividades específicas em nosso organismo (sistema respiratório, circulatório, digestivo, reprodutivo).

A qualificadora estará presente se das lesões sofridas pela vida resultar a diminuição ou o enfraquecimento de membros, sentidos ou funções. Entende-se por debilidade não uma situação que se perdura para sempre, mas que seja de difícil ou incerta recuperação.

Pergunta-se: um soco na boca da vítima, do qual resulte a perda de 3 dentes, pode ser considerada lesão corporal grave? Resposta: depende do laudo pericial. A função mastigatória pode ser seriamente abalada pela perda de determinados dentes, mas de outros, não (ex.: queda do último dente molar);

d) se resultar aceleração de parto: se em decorrência das lesões, o agente provoca, em mulher grávida, a aceleração do parto (nascimento adiantado do feto), sem que disso haja a morte da criança, configurada estará a qualificadora em tela.

Indispensável que o agente, no momento de praticar as lesões na mulher, saiba do seu estado gravídico, sob pena de ser verificada responsabilidade objetiva, vedada no Direito Penal. Caso desconheça a gravidez da vítima, responderá por lesões corporais leves (desde que não se configure qualquer outra qualificadora).

3.1.9. *Lesão corporal gravíssima*

Vem prevista no § 2º, do art. 129, do CP, cuja pena varia de 2 a 8 anos de reclusão.

Temos as seguintes qualificadoras caracterizadoras dessa espécie de lesão corporal:

a) incapacidade permanente para o trabalho: diferentemente da lesão corporal grave da qual resulta incapacidade para as ocupações habituais por mais de trinta dias, aqui a vítima, em razão das lesões, ficará incapacitada (recuperação impossível ou sem previsão de cessação) para o trabalho.

A doutrina majoritária defende que a incapacidade deve ser para qualquer tipo de trabalho e não necessariamente para o desempenhado pela vítima antes de sofrer as lesões. Já para a doutrina minoritária, basta a incapacidade para o trabalho até então desempenhado para que se configure a qualificadora em comento;

b) enfermidade incurável: verifica-se essa qualificadora quando a vítima, em razão das lesões à sua saúde, adquire doença para a qual não exista cura. A transmissão da patologia, nesse caso, deve ser intencional (o agente deve querer que a vítima adquira enfermidade incurável).

Não importa se, anos após a transmissão da doença, a medicina tenha a cura. O que importa é que, no momento do crime, não havia tratamento para a enfermidade.

A doutrina entende, ainda, que a enfermidade que somente possa ser extirpada por intervenção cirúrgica configura a qualificadora, já que não se pode obrigar a vítima a se submeter a tais procedimentos difíceis ou a tratamentos incertos, ainda não implantados e testados exaustivamente pela medicina;

c) perda ou inutilização de membro, sentido ou função: perda de membro, sentido ou função pressupõe a amputação ou mutilação de um deles, ao passo que a inutilização corresponde à perda da sua capacidade, ainda que ligado ao corpo.

Assim, furar os 2 olhos da vítima configura a inutilização de um sentido (visão). Arrancar uma perna do ofendido, amputando-a, também configura a perda de um membro. Também configura a qualificadora em análise a amputação total ou parcial do pênis do homem (perda da função reprodutora).

No tocante aos órgãos duplos (olhos, rins, orelhas, pulmões), a supressão ou inutilização de apenas um deles acarreta debilidade permanente de membro, sentido ou função, que configura lesão corporal grave e não gravíssima (perda ou inutilização de membro, sentido, ou função);

d) deformidade permanente: trata-se de qualificadora ligada ao dano estético permanente, provocado pelas lesões corporais causadas pelo agente à vítima. Não é qualquer dano, ainda que perene, que se enquadrará na circunstância em análise. Deve ser um dano sério, capaz de gerar constrangimento à vítima e a quem a cerca.

Há quem sustente que a deformidade permanente deva ser analisada no caso concreto, diferenciando-se vítima a vítima (ex.: uma marca permanente no rosto de uma jovem Miss Universo ou no rosto de um indigente idoso desprovido de beleza);

e) aborto: se as lesões corporais provocarem a morte do feto, a título de preterdolo, configurada estará a qualificadora. Exige-se, por evidente, que o agente tenha conhecimento do estado gravídico da vítima e que não queria ou assumiu o risco de provocar-lhe o abortamento. Assim não sendo, responderá por aborto (art. 125 do CP).

3.1.10. Lesão corporal seguida de morte

Prevista no § 3º do art. 129 do CP, pressupõe que o agente atue com dolo na causação das lesões corporais e com culpa na produção do resultado agravador (morte).

O próprio tipo penal já exclui tal crime se o agente atuar querendo a morte da vítima ou assumindo o risco de produzi-la. Trata-se, portanto, de típico exemplo de crime preterdoloso.

Se o evento antecedente à morte não for lesão corporal, mas qualquer outra conduta (ex.: ameaça, vias de fato), não se verificará a lesão corporal seguida de morte, mas sim o homicídio culposo.

Impossível a modalidade tentada do crime em tela, eis que o resultado agravador, produzido a título de culpa, impede tal figura (afinal, a culpa é incompatível com a tentativa).

3.1.11. Lesão corporal privilegiada

Nos mesmos termos já estudados no tocante ao homicídio, se o agente age por motivo de relevante valor moral ou social, ou sob o domínio de violenta emoção, logo em seguida a injusta provocação da vítima, o magistrado poderá reduzir a pena de um sexto a um terço.

3.1.12. Substituição da pena

Nos casos de lesão corporal privilegiada, poderá o juiz, não sendo grave, substituir a pena de detenção pela de multa. Também poderá fazê-lo quando houver lesões recíprocas.

3.1.13. Lesão corporal culposa

O art. 129, § 6º, do CP trata da lesão corporal culposa, punida com 2 meses a 1 ano de detenção.

Qualquer situação em que o agente atue com imprudência, negligência ou imperícia, causando ofensa à integridade corporal ou à saúde de outrem, será caracterizadora do crime em tela.

Por se tratar de crime culposo, inadmissível a tentativa.

Se a lesão corporal culposa for praticada na direção de veículo automotor, não será aplicado o CP, mas sim o CTB (Lei 9.503/1997, art. 303).

3.1.14. Lesão corporal majorada e perdão judicial

O art. 129, § 7º, do CP, bem assim o § 8º, recebem a mesma disciplina do homicídio culposo e doloso majorados e perdão judicial.

No tocante à majoração da pena em 1/3 (um terço) do crime em estudo, remetemos o leitor aos itens 2.1.2.5 e 2.1.2.6, *supra*.

3.1.15. Lesão corporal e violência doméstica

A Lei 10.886/2004 introduziu ao art. 129 os §§ 9º e 10, que receberam o nome de "violência doméstica".

Ocorre que a Lei 11.340/2006 (Lei Maria da Penha) alterou a pena da lesão corporal quando praticada com violência doméstica, que passou a ser de 3 meses a 3 anos de detenção (e não mais 6 meses a 1 ano de detenção!).

Assim, quando a lesão corporal for praticada contra ascendente (pais, avós), descendente (filhos, netos, bisnetos), irmão (colateral em segundo grau), cônjuge (pressupõe casamento), companheiro (união estável), ou com quem o agente conviva ou tenha convivido, ou prevalecendo-se ele das relações domésticas, de coabitação ou de hospitalidade, responderá pelo crime denominado "violência doméstica".

Saliente-se, por oportuno, que a figura típica ora analisada incidirá não apenas se a vítima for mulher, mas também para os homens. Afinal, os §§ 9º e 10 do art. 129 não fizeram distinção de gênero, tal como se tem na Lei Maria da Penha.

3.1.16. Causa de aumento de pena

A Lei Maria da Penha inseriu mais um parágrafo ao art. 129, o de número 11, prevendo aumento da pena em um terço se, no caso de violência doméstica (§ 9º), for a vítima deficiente (física ou mental). Também, aqui, pouco importa se a vítima for homem ou mulher!

4. CRIMES DE PERIGO INDIVIDUAL

4.1. Crimes de perigo. Considerações iniciais

O Código Penal, a partir do art. 130, passa a tratar dos denominados "crimes de perigo", nos quais o agente atua não com a intenção de causar um efetivo dano ao bem jurídico protegido pela norma penal incriminadora, mas apenas com **"dolo de perigo"**, vale dizer, pratica a conduta querendo causar um risco ao objeto jurídico do crime.

Dentre os chamados "crimes de perigo", a doutrina distingue os de:

a) perigo abstrato: a lei presume, de maneira absoluta, o perigo provocado pela conduta do agente, não se exigindo demonstração efetiva do risco causado pela conduta típica;

b) perigo concreto: a lei exige que se comprove, concretamente, o perigo provocado pela conduta do agente, sem o que o fato será atípico.

A doutrina penal mais comprometida com os postulados constitucionais chega a defender a inadmissibilidade dos crimes de perigo abstrato, na medida em que todo crime deve provocar uma lesão ou probabilidade efetiva de lesão ao bem jurídico protegido pelo tipo incriminador. Sustenta-se o adágio *nullum crimen sine injuria*, ou seja, não há crime sem lesão.

Infelizmente, trata-se de corrente minoritária na doutrina e jurisprudência, embora o STF já tenha decidido que o crime de porte ilegal de arma (crime de perigo) não se configura se não estiver municiado referido artefato ou se o agente não dispuser de projéteis ao seu alcance para rápido municiamento. Entendeu o Pretório Excelso que a ausência de potencialidade lesiva faz tornar atípica a conduta de portar arma sem a respectiva munição.

4.2. Perigo para a vida ou saúde de outrem (art. 132 do CP)

4.2.1. Considerações iniciais

O art. 132 do CP pune a conduta do agente que simplesmente expõe a perigo direto e iminente a vida ou a saúde de outrem, tratando-se, pois de **crime de perigo concreto**.

Tenciona o legislador, portanto, proteger a vida ou saúde alheia não contra um risco efetivo, mas meramente potencial.

4.2.2. Tipo objetivo

A conduta típica corresponde ao verbo "expor", vale dizer, deve o agente, para praticar o crime em comento, colocar em risco/perigo efetivo, direto, a vida ou a saúde de outrem. Entende a doutrina que se deve colocar em perigo a vida ou saúde de pessoa ou pessoas **certas e determinadas**, não de uma coletividade.

Admite-se, inclusive, a prática do crime por conduta omissiva (ex.: o patrão que, explorando uma atividade de risco, não fornece aos empregados equipamentos para o trabalho, ficando os obreiros expostos a perigo de vida ou saúde direto e iminente).

Pelo fato de o tipo penal constar expressamente em seu preceito secundário que a pena é de 3 meses a 1 ano de detenção, se o fato não constitui crime mais grave, a doutrina denomina o crime em análise de **subsidiário**. Ou seja, somente restará configurado o crime de perigo para a vida ou saúde de outrem se não constituir meio de execução de infração mais gravosa (ex.: tentativa de homicídio; tentativa de lesão corporal).

Por esse motivo, ensina a doutrina que é **inadmissível o concurso de crimes** (ao menos entre o crime principal e o subsidiário – ex.: art. 132 e art. 121 c.c. art. 14, II, todos do CP), salvo se várias forem as vítimas do crime de perigo em tela (mediante mais de uma ação, o agente expõe a vida de várias pessoas determinadas a risco direto e iminente – *vide* art. 70 do CP).

4.2.3. Tipo subjetivo

O crime do art. 132 do CP é doloso. Lembre-se que, *in casu*, o dolo é de perigo, já que o agente não quer causar uma lesão efetiva à vida ou saúde de outrem, mas apenas colocá-las em risco direto e iminente (dolo de perigo e não dolo de dano!).

Não se admite a modalidade culposa do crime em estudo.

4.2.4. Sujeitos do crime

Qualquer pessoa pode ser autora do crime de perigo para a vida ou saúde de outrem, o mesmo valendo para a vítima.

Porém, ensina a doutrina que o sujeito passivo do delito deve ser pessoa certa e determinada e não uma coletividade (sob pena de restar configurado crime de perigo comum, previsto entre os arts. 250 a 259 do CP).

4.2.5. Consumação e tentativa

O crime atinge a consumação quando, com a conduta do agente, a vida ou a saúde da vítima é efetivamente posta em perigo direto e iminente.

Somente se admite a tentativa na forma comissiva do crime (ex.: "A", quando esticava o braço para atirar uma pedra na direção de "B", querendo apenas provocar um perigo à integridade corporal deste, é impedido por um transeunte).

Na modalidade omissiva, é inadmissível a tentativa.

4.2.6. Crime majorado

Nos termos do parágrafo único do art. 132 do CP, a pena é aumentada de 1/6 a 1/3 se a exposição da vida ou da saúde de outrem a perigo decorre do transporte de pessoas para a prestação de serviços em estabelecimentos de qualquer natureza, em desacordo com as normas legais.

Segundo Julio F. Mirabete, o espírito da lei foi o de proteger os boias-frias, que transitam em transportes sem o mínimo de segurança, em direta violação ao Código de Trânsito Brasileiro (arts. 26 a 67 e 96 a 113 – Lei 9.503/1997).

Todavia, não basta a mera violação de regras de segurança no transporte, sendo imprescindível que, em razão disso, os passageiros corram um risco efetivo de vida ou à saúde.

4.3. Abandono de incapaz (art. 133 do CP)

4.3.1. Considerações iniciais

Pretendeu o legislador, na edição do art. 133 do CP, proteger a integridade física e psíquica de determinadas pessoas, que, conforme o próprio *nomen juris* demonstra, são incapazes de, sozinhas, manterem íntegras a própria vida ou saúde.

4.3.2. Tipo objetivo

O verbo do tipo é "abandonar", ou seja, deixar ao desamparo, sem assistência. Assim, pratica o crime em tela o agente que abandona determinadas pessoas, incapazes de defender-se dos riscos resultantes de tal ato.

O crime pode ser praticado de maneira comissiva (mediante ação, portanto) ou omissiva (obviamente por omissão).

A questão que se coloca é o "tempo" do abandono. Por qual espaço de tempo o agente deve abandonar a vítima para que o crime esteja caracterizado? Responde a doutrina que deve ser por período "juridicamente relevante", ou seja, pelo tempo suficiente para que o sujeito passivo da conduta corra um risco efetivo de sua integridade física ou psíquica.

Por se tratar de crime de perigo concreto, deve-se comprovar o risco efetivo à vítima abandonada. Daí porque não configura o crime de abandono de incapaz a conduta daquela pessoa que abandona, por exemplo, a vítima, sendo que o local é rodeado de pessoas que podem prestar-lhe assistência (ex.: o filho abandona o pai, idoso e doente, ao lado de um hospital movimentado). Também não configura o crime se o agente abandona a vítima e aguarda que seja socorrida por terceiros.

4.3.3. Tipo subjetivo

O crime em tela é doloso, agindo o agente com a intenção de colocar a vítima em perigo, abandonando-a (dolo de perigo).

Se tiver o autor do delito a intenção de, mediante o abandono, provocar efetivo dano à integridade física ou à saúde da vítima, poderá responder por tentativa de homicídio, de lesão corporal, de infanticídio etc.

4.3.4. *Sujeitos do crime*

O *caput* do art. 133 do CP revela que o sujeito ativo do crime não pode ser qualquer pessoa, mas sim aquela que guardar alguma relação com a vítima: a) cuidado; b) guarda; c) vigilância; e d) autoridade.

Verifica-se que essas "qualidades" do sujeito ativo denotam uma obrigação que ele tem para com a vítima (deve dela cuidar, ser guardião, vigiar ou estar em posição de autoridade). Trata-se de verdadeiro "garantidor" do sujeito passivo, sendo o crime denominado **próprio.**

Já a vítima deve ser a pessoa que está sob os cuidados, a guarda, a vigilância ou a autoridade do sujeito ativo, de tal modo que dependa dela. Se do abandono sofrer riscos para a saúde ou integridade física, caracterizado estará o crime em comento.

4.3.5. *Consumação e tentativa*

O delito se consuma com o abandono da pessoa que deve estar sob o resguardo do sujeito ativo, independentemente de resultado naturalístico. Adverte-se que, se do abandono não advier um perigo concreto à vida ou saúde do sujeito passivo, não se configura o crime.

Admissível a tentativa se o crime for praticado por ação.

4.3.6. *Formas qualificadas*

O § 1º do art. 133 do CP traduz a forma qualificada do crime, punido com reclusão de 1 a 5 anos se, em razão do abandono, a vítima sofrer lesão corporal de natureza grave. O resultado agravador, nesse caso, é atribuído ao agente a título de culpa (trata-se de crime preterdoloso). Impossível que iniciasse o agente um crime com dolo de perigo e o encerrasse com dolo de dano (querendo as lesões corporais).

Se, em razão do abandono, a vítima morrer, a pena do agente será de 4 a 12 anos. Aqui, igualmente, o resultado agravador não pode ser imputado ao autor do crime a título de dolo, mas sim de culpa (crime preterdoloso).

4.3.7. *Formas majoradas*

As penas serão aumentadas em 1/3 se:

a) o abandono ocorre em lugar ermo: se o lugar em que o agente abandonar a vítima for pouco frequentado ou desabitado no momento do abandono, aumenta-se a pena, eis que a chance de o perigo se concretizar é mais elevado. Todavia, se o lugar for absolutamente inóspito (ex.: lugar com forte nevasca ou deserto), muito provavelmente a intenção do agente será de causar risco efetivo (e não meramente potencial) à vida ou saúde de pessoa sob seu resguardo;

b) se o agente é ascendente ou descendente, cônjuge, irmão, tutor ou curador da vítima: trata-se de pessoas que têm um maior dever de vigilância para com as vítimas (pai em relação ao filho, filho em relação ao pai, marido e mulher, irmãos, tutor para com o tutelado e o curador para com o curatelado). Não se admite analogia (ex.: agente que abandona mulher doente, vivendo com ela em união estável);

c) se a vítima é maior de 60 anos (majorante acrescentada pelo *Estatuto do Idoso – Lei 10.741/2003*): tal majorante tem plena razão para existir, eis que as pessoas com idade mais avançada têm maior dificuldade na sua própria defesa se abandonadas.

4.4. Omissão de socorro (art. 135 do CP)

4.4.1. *Considerações iniciais*

No delito que será objeto de comentário a partir de agora, tencionou o legislador punir a conduta daquela pessoa que demonstra insensibilidade perante terceiros que se vejam em situação de perigo, desde que possam agir sem risco à própria vida ou integridade corporal.

A todos existe um dever geral de solidariedade humana, conforme as palavras de Magalhães Noronha. Não se trata de conduta que a lei proíbe (em regra os crimes se traduzem em condutas proibidas – ex.: matar, furtar, estuprar, roubar), mas que impõe um "fazer" (imperativo de comando).

Não se incrimina apenas a conduta daquela pessoa que, podendo agir, deixa de prestar assistência a determinadas pessoas, mas também aquela que, não podendo fazê-lo sem risco pessoal, deixa de pedir o necessário socorro à autoridade pública.

4.4.2. *Sujeitos do crime*

No tocante ao sujeito ativo, o crime é considerado **comum**, eis que qualquer pessoa pode praticar a conduta descrita no *caput* do art. 135 do CP.

Já as pessoas que deveriam ser assistidas pelo sujeito ativo, mas que não o foram, são:

a) criança abandonada ou extraviada;

b) pessoa inválida ou o ferido desamparado;

c) pessoa que se encontre em grave e iminente perigo.

Considera-se *criança abandonada*, segundo Rogério Sanches Cunha (**Direito Penal** – Crimes contra a pessoa – ed. RT, p. 115), a que foi deixada sem os cuidados de que necessitava para a sua subsistência. Já *criança extraviada* é a que se perdeu, sem saber retornar à sua residência.

Pessoa inválida, ao desamparo, é aquela, segundo o mesmo autor, sem vigor físico, ou adoentada. Por fim, *pessoa que se encontre em grave e iminente perigo* é aquela que se vê diante de algum mal sério, de grandes proporções, prestes a se verificar.

4.4.3. *Tipo objetivo*

O crime em tela se verifica quando o agente "deixar de prestar assistência". Trata-se de *crime omissivo puro*, ou seja, o sujeito ativo responde por "nada fazer", sendo que a lei, como já dissemos anteriormente, impõe a todos um dever de solidariedade diante daquelas pessoas descritas no tipo penal (criança abandonada ou extraviada; pessoa inválida ou ferida ao desamparo; pessoa que se encontre em grave e iminente perigo).

A omissão caracterizadora do crime em comento pode ser praticada de duas formas:

1ª – o agente, podendo auxiliar as pessoas descritas no *caput* do art. 135 do CP, não o faz;

2ª – o agente, não podendo ajudá-las sem que sofra um risco pessoal, não solicita socorro à autoridade pública.

4.4.4. *Tipo subjetivo*

Trata-se de crime doloso, ou seja, o agente, agindo de forma livre e consciente, deixa de prestar socorro a determinadas pessoas em situações periclitantes, ou, não podendo fazê-lo, deixa de solicitar socorro à autoridade pública competente.

Segundo a doutrina, o dolo pode ser **direto** ou **eventual**.

Inexiste a modalidade culposa da omissão de socorro, situação que, se verificada no caso concreto, tornaria a conduta atípica (princípio da excepcionalidade do crime culposo).

4.4.5. *Consumação e tentativa*

Consuma-se o delito, esgotando-se o *iter criminis*, quando o agente efetivamente deixa de prestar assistência a quem a precisa ou não comunicar a autoridade pública competente. Enfim, *consuma-se o crime com a omissão do sujeito ativo*.

Por se tratar de crime omissivo próprio (ou puro), *inadmissível a tentativa*, por se tratar de *crime unissubsistente* (o *iter criminis* não é fracionável).

4.4.6. *Forma majorada de omissão de socorro*

O parágrafo único do art. 135 do CP pune mais gravosamente o agente que, em razão da omissão, provocar **lesão corporal de natureza grave** na vítima (aumenta-se de **metade** a reprimenda).

Já se resultar a **morte** do ofendido, a pena é **triplicada**.

Em ambas as hipóteses, o crime será **preterdoloso** (dolo na omissão e culpa no tocante ao resultado agravador – lesão corporal grave ou morte).

4.5. Condicionamento de atendimento médico hospitalar emergencial (art. 135-A do CP)

4.5.1. *Considerações iniciais*

Trata-se de nova figura típica inserida no CP pela Lei 12.653/2012, muito semelhante, em verdade, ao crime estudado anteriormente. Estamos, na prática, diante de uma nova modalidade de omissão de socorro, mas com elementares e características próprias. Vamos aos estudos!

4.5.2. *Sujeitos do crime*

O crime em tela, embora não haja expressa previsão na redação típica, será cometido por administradores ou funcionários do hospital, visto que a conduta será a de "*exigir* cheque-caução, nota promissória ou qualquer garantia, bem como o preenchimento prévio de formulários administrativos, como condição para o atendimento médico hospitalar emergencial".

Ora, emerge nítido que a exigência de "burocracias" e/ou de garantia antecipada de pagamento dos serviços hospitalares somente poderá ser feita por funcionários ou administradores do hospital, motivo pelo qual entendemos que se trata de um crime próprio, visto ser necessária uma qualidade especial do agente (ser funcionário ou administrador da entidade hospitalar).

4.5.3. *Tipo objetivo*

O crime em comento restará caracterizado quando o agente delitivo *condicionar* o atendimento médico hospitalar emergencial ao próprio paciente ou seus familiares, em caso de impossibilidade daquele, exigindo:

✓ *cheque-caução* – trata-se de um título de crédito (ordem de pagamento à vista) emitido como garantia do pagamento dos serviços médicos e hospitalares prestados;

✓ *nota promissória* – trata-se, também, de um título de crédito (promessa futura de pagamento), dado como garantia do pagamento dos serviços médicos e hospitalares prestados;

✓ *qualquer garantia* – aqui, o legislador, em exercício de interpretação analógica, após enumeração casuística (cheque-caução e nota promissória), inseriu uma "cláusula genérica", a fim de garantir que haverá tipicidade penal se, por exemplo, o agente delitivo exigir, como condição do atendimento ao paciente, qualquer outra garantia, tais como endosso de uma duplicata ou letra de câmbio (Rogério Sanches Cunha – **Curso de Direito Penal**, vol. 2 – p. 156 – Ed. JusPodivm).

Repare que a "omissão de socorro" por parte do agente delitivo fica nítida: caso a exigência não seja atendida (cheque-caução, nota promissória ou qualquer outra garantia), não haverá a prestação do serviço médico hospitalar de emergência!

Frise-se que a simples exigência de garantia do pagamento dos serviços hospitalares e médicos de emergência será fato atípico quando não houver o condicionamento prévio ao atendimento do paciente.

4.5.4. *Tipo subjetivo*

O crime em comento é doloso, vale dizer, impõe que o agente delitivo, de forma livre e consciente, condicione ao paciente ou aos familiares deste o atendimento médico hospitalar emergencial à emissão de um cheque-caução, ou a assinatura de uma nota promissória ou qualquer outra garantia.

4.5.5. *Consumação e tentativa*

Haverá consumação do crime ora estudado no exato momento em que o agente fizer ao paciente, ou aos seus familiares, a exigência, condicionando o atendimento emergencial à entrega de um cheque-caução, ou à assinatura de uma nota promissória ou qualquer outra forma de garantia do pagamento dos serviços médicos hospitalares de emergência.

4.5.6. *Formas majoradas*

A pena, que é de 3 meses a 1 ano, e multa, será aumentada até o dobro se, em razão da omissão (negativa de atendimento médico hospitalar de emergência), resultar **lesão corporal grave** à vítima-paciente. Porém, se da negativa advier a **morte** do ofendido, a pena será aumentada até o triplo. Estamos, aqui, diante de figuras preterdolosas (dolo na negativa de atendimento e culpa na lesão corporal grave ou morte).

4.6. Maus-tratos (art. 136 do CP)

4.6.1. *Considerações iniciais*

Trata-se de crime que atenta contra a incolumidade física de determinadas pessoas descritas no tipo penal. Apenas a título de curiosidade, foi o Código de Menores, de 1927, que pela primeira vez tratou do delito de maus-tratos contra menores de 18 anos.

4.6.2. *Sujeitos do crime*

Conforme enuncia o tipo penal, o crime de maus-tratos não pode ser praticado por qualquer pessoa, mas apenas por aquelas que tenham alguma relação (de subordinação, diga-se de passagem) com a vítima.

Logo, pode-se afirmar que se trata de **crime próprio**, já que será praticado:

a) por quem exercer autoridade sobre alguém;

b) pelo guardião de alguém;

c) por quem exercer vigilância sobre alguém.

Ressalte-se que a relação existente entre sujeito ativo e passivo pode ser de direito público ou privado (ex.: o diretor do presídio e o detento; a mãe em relação ao filho).

Salienta-se que o crime é bipróprio, já que tanto do autor quanto da vítima são exigidas qualidades especiais (a vítima deve estar sob a autoridade, guarda ou vigilância de alguém).

4.6.3. *Tipo objetivo*

A conduta típica é a de "expor a perigo a vida ou a saúde" de determinadas pessoas (pessoa que esteja sob a guarda, autoridade ou vigilância do sujeito ativo do crime).

Portanto, exige-se que o agente inflija maus-tratos à vítima, mediante os seguintes meios executórios (o que transforma a figura ora estudada em crime de ação vinculada):

a) privação de alimentação (conduta omissiva);

b) privação de cuidados indispensáveis (conduta omissiva);

c) sujeição a trabalho excessivo (conduta comissiva);

d) sujeição a trabalho inadequado (conduta comissiva);

e) abuso dos meios de correção (conduta comissiva);

f) abuso dos meios de disciplina (conduta comissiva).

Enfim, o agente exporá a risco a vida ou a saúde da vítima, realizando umas das ações acima mencionadas, seja por omissão (letras "a" e "b"), seja por ação (letras "c" a "f").

Especialmente quanto ao abuso dos meios de correção e disciplina, adverte-se que o "guardião" (pai, mãe e família substituta) tem o direito de corrigir e impor disciplina ao que está sob sua guarda. O que pune a lei é o excesso nos meios de correção e disciplina, expondo, em razão disso, a vida ou a saúde da vítima a perigo de dano.

Importante registrar que o ECA (Lei 8.069/1990), alterado pela denominada "Lei da Palmada", recebeu, dentre outros, novo dispositivo (art. 18-A), assim redigido:

> "**Art. 18-A.** A criança e o adolescente têm o direito de ser educados e cuidados sem o uso de castigo físico ou de tratamento cruel ou degradante, como formas de correção, disciplina, educação ou qualquer outro pretexto, pelos pais, pelos integrantes da família ampliada, pelos responsáveis, pelos agentes públicos executores de medidas socioeducativas ou por qualquer pessoa encarregada de cuidar deles, tratá-los, educá-los ou protegê-los. (Incluído pela Lei nº 13.010, de 2014)
>
> **Parágrafo único.** Para os fins desta Lei, considera-se:
>
> I – castigo físico: ação de natureza disciplinar ou punitiva aplicada com o uso da força física sobre a criança ou o adolescente que resulte em:
>
> *a)* sofrimento físico; ou
>
> *b)* lesão;
>
> II – tratamento cruel ou degradante: conduta ou forma cruel de tratamento em relação à criança ou ao adolescente que:
>
> *a)* humilhe; ou
>
> *b)* ameace gravemente; ou
>
> *c) ridicularize.*"

O dispositivo acima transcrito, cremos, ainda causará muita discussão acerca dos limites do poder familiar e da condução da educação das crianças e adolescentes. Nada obstante, trata-se de uma boa "fonte" para que os operadores do Direito busquem aquilo que poderá ser considerado excessivo na disciplina e correção de menores de dezoito anos.

Atua o agente, no crime em comento (art. 136 do CP), não com dolo de dano, mas com dolo de perigo ao abusar desses meios.

Frise-se que, quando os maus-tratos se devem à correção, por exemplo, do próprio filho, excedendo-se os pais em tal situação, não responderão por lesões corporais se tiverem agido com *animus corrigendi*. Todavia, se a intenção for a de lesionar, responderão pelo referido delito.

Por fim, o abuso nos meios de correção deve ser apto a causar um perigo de dano à vida ou saúde da vítima, não restando configurado se causar apenas simples "vergonha" (ex.: a mãe, querendo "emendar" a filha, raspa-lhe os cabelos, em razão de ser "menina fácil").

4.6.4. *Tipo subjetivo*

O crime é doloso, exigindo-se do agente que atue com a consciência de que sua conduta expõe a risco a vida ou saúde da vítima, excedendo-se da normalidade.

Não se pune a forma culposa do crime.

4.6.5. *Consumação e tentativa*

Consuma-se o crime quando a vítima efetivamente sofrer um risco à sua integridade física (vida ou saúde).

As modalidades comissivas admitem tentativa, ao passo que as omissivas, não.

4.6.6. *Formas qualificadas e majorada*

Os §§ 1º e 2º do art. 136 do CP punem mais gravosamente o agente que, em razão dos maus-tratos, causa na vítima lesão corporal de natureza grave (1 a 4 anos de reclusão) ou morte (4 a 12 anos de reclusão).

Evidentemente que qualquer das qualificadoras aponta para a ocorrência de crime preterdoloso, atribuindo-se o resultado agravador (lesão corporal grave ou morte) ao agente a título de culpa. Assim não fosse, responderia por lesão corporal consumada ou homicídio.

Por fim, o § 3º do precitado artigo determina o aumento da pena em 1/3 se o crime for praticado contra menor de 14 anos (dispositivo acrescentado pelo ECA).

Se o crime for praticado contra idoso (mais de 60 anos), o crime não é o de maus-tratos do CP, mas o do Estatuto do Idoso (art. 99 da Lei 10.741/2003).

4.7. Rixa (art. 137 do CP)

4.7.1. Considerações iniciais

Considera-se rixa a briga ou a contenda travada entre mais de duas pessoas (no mínimo, portanto, três!), **sem que se possa identificar, de maneira individualizada, agressor e agredido**.

Embora possa parecer contraditório, na rixa o **sujeito ativo e o sujeito passivo se confundem** (agressor pode ser agredido e vice-versa).

Trata-se de crime que protege, a um só tempo, a **incolumidade física** dos próprios contendores, bem assim a **incolumidade pública**, que pode ser posta em xeque em uma briga generalizada.

4.7.2. Sujeitos do crime

Qualquer pessoa pode ser sujeito ativo do delito em questão.

Pela particularidade de exigir, no mínimo, três pessoas para que a conduta seja típica, temos um crime de **concurso necessário** (ou **plurissubjetivo**).

O sujeito passivo do crime pode ser o próprio participante da rixa, bem como terceiras pessoas que venham a se ferir com o tumulto.

4.7.3. Tipo objetivo

O crime de rixa, previsto no art. 137 do CP, prevê como conduta típica "participar da rixa", ou seja, **tomar parte** na contenda travada entre, pelo menos, três pessoas.

Pune-se o delito, em sua forma simples, com detenção de 2 meses a 1 ano, ou multa (trata-se de **infração penal de menor potencial ofensivo – Lei 9.099/1995**).

O delito que ora se comenta somente restará caracterizado se houver um tumulto generalizado, sem que se possa identificar/individualizar agressores e agredidos. Se houver tal possibilidade (constatação individual de cada contendor e agredido), tratar-se-á de lesões corporais recíprocas, não rixa.

Pode-se tomar parte na rixa diretamente (ou seja, sendo um dos rixosos), ou mediante participação moral (partícipe da rixa – art. 29 do CP), induzindo ou instigando os contendores a tomarem parte na briga generalizada.

A doutrina faz menção a dois tipos de rixa:

a) *ex proposito* – é a rixa preordenada, na qual dois ou mais grupos de contendores, de maneira prévia, ajustam a "briga" generalizada. Nesse caso, sendo possível a identificação de cada um, não se poderia falar em crime de rixa, mas de lesões corporais qualificadas;

b) *ex improviso* – é a rixa que ocorre sem um prévio ajuste, de inopino, subitamente. Para alguns doutrinadores, essa é a típica rixa.

4.7.4. Tipo subjetivo

O delito de rixa é doloso, mas não agem os rixosos com dolo de lesionar (dolo de dano), mas sim de causar perigo à integridade física de terceiros (**dolo de perigo**).

Trata-se, portanto, de mais um **crime de perigo**, segundo a doutrina, abstrato (presume-se o perigo, não se exigindo sua comprovação em concreto).

O terceiro que apenas ingressa na contenda para "separar" os rixosos, por falta de dolo, não responderá pelo crime, exceto se, durante sua intervenção, passar a agredir os partícipes do tumulto.

4.7.5. Consumação e tentativa

Consuma-se o crime com a efetiva participação do agente na contenda generalizada, trocando agressões com os demais partícipes do evento.

Segundo a doutrina majoritária, inadmissível a tentativa, já que o delito se consuma com o ingresso do contendor no tumulto, exaurindo-se a infração simultaneamente com o início da execução (delito unissubsistente e instantâneo).

Para outros, admite-se a tentativa apenas na rixa *ex proposito* (preordenada).

Ademais, se o tumulto sequer tivesse início, não ocorreria a forma tentada do delito, mas sim meros atos preparatórios.

4.7.6. Rixa qualificada

Conforme o parágrafo único do art. 137 do CP, se ocorrer morte ou lesão corporal de natureza grave, a pena será de 6 meses a 2 anos de detenção.

Trata-se de dispositivo que pune objetivamente (independentemente de comprovação de dolo ou culpa) o participante da rixa se do tumulto decorrer resultado mais grave do que simples vias de fato ou lesões corporais leves.

Em suma, ainda que o rixoso não tenha diretamente provocado a lesão corporal grave ou a morte de outro contendor, o só fato de participar do tumulto já será suficiente para receber reprimenda mais gravosa.

Se um dos contendores for o que sofrer a lesão corporal grave, ele próprio responderá por rixa qualificada.

5. CRIMES CONTRA A HONRA

5.1. Crimes contra a honra (arts. 138 a 145 do CP). Considerações iniciais

A honra é bem jurídico constitucionalmente protegido, conforme se infere do art. 5º, X, da CF: "são invioláveis a intimidade, a vida privada, a honra e a imagem das pessoas, assegurado o direito a indenização pelo dano material e moral decorrente de sua violação".

A doutrina costuma dividir a honra sob dois aspectos: um objetivo e outro subjetivo.

Sob o enfoque objetivo, que dá ensejo à denominada **honra objetiva**, diz-se que se trata daquilo que terceiros pensam do sujeito. Em outras palavras, a honra objetiva condiz com o conceito que a pessoa goza de seu meio social (reputação).

Já no tocante ao aspecto subjetivo, do qual se origina a **honra subjetiva**, diz-se que se trata daquilo que a pessoa pensa de si própria, um sentimento sobre a própria dignidade.

Embora a doutrina costume diferenciar honra objetiva de subjetiva, é certo que não se pode tratá-las de forma estanque, eis que, por vezes, segundo adverte Rogério Greco, "uma palavra que pode ofender a honra subjetiva do agente também pode atingi-lo perante a sociedade da qual faz parte. Chamar alguém de mau-caráter, por exemplo, além de atingir a dignidade do agente, macula sua imagem no meio social" (**Curso de Direito Penal** - vol. 2 - Parte Especial - ed. Impetus).

A distinção a que ora fazemos referência guarda importância apenas para a distinção dos três tipos penais incriminadores que serão doravante estudados (bem como os momentos consumativos): a **injúria** (que ofende a *honra subjetiva* da vítima), a **calúnia** e a **difamação** (ambas ofendendo a *honra objetiva* do sujeito passivo das condutas ilícitas).

5.2. Calúnia (art. 138 do CP)

5.2.1. Considerações iniciais

O art. 138 do CP prevê o crime de calúnia, que, como já dito anteriormente, ofende a **honra objetiva** da vítima, vale dizer, sua reputação e fama perante terceiros.

5.2.2. Tipo objetivo

A conduta típica é *caluniar*, ou seja, fazer uma falsa acusação, tendo o agente, com tal conduta, a intenção de afetar a reputação da vítima perante a sociedade.

O tipo penal em comento enuncia: "caluniar alguém, imputando-lhe falsamente fato definido como crime".

Guilherme de Souza Nucci (**Manual de Direito Penal** - Parte Geral e Parte Especial - 3ª ed., editora RT, p. 657), criticando a redação do art. 138 do CP, faz a seguinte ressalva: "portanto, a redação feita no art. 138 foi propositadamente repetitiva (fala duas vezes em *'atribuir'*: caluniar significa *atribuir* e imputar também significa *atribuir)*. Melhor seria ter nomeado o crime como sendo 'calúnia', descrevendo o modelo legal de conduta da seguinte forma: *'Atribuir a alguém, falsamente, fato definido como crime'*. Isto é caluniar".

Em suma, o crime de calúnia fica caracterizado quando o agente atribui, imputa a alguém, *falsamente*, fato definido como crime.

Deve o agente delitivo, portanto, imputar um **fato determinado**, e não genérico, sob pena de restar descaracterizada a calúnia, tipificando, eventualmente, a conduta prevista no art. 140 do CP (injúria). Exemplo de fato determinado: "João foi quem ingressou no Banco Real, na semana passada, e comandou o roubo à agência". Nesse caso, verifica-se a atribuição de um fato determinado (no espaço e no tempo), que somente configura o crime em comento se for falso.

Considera-se falso o fato atribuído à vítima se ele sequer ocorreu ou, tendo ocorrido, não teve como autor, coautor ou partícipe, o ofendido.

Se o agente atribuir à vítima fato definido como contravenção penal (ex.: "João é o dono da banca do jogo do bicho do bairro "X", tendo recebido, somente na semana passada, mais de 300 apostas em sua banca"), não se configura o crime de calúnia, que pressupõe a falsa imputação de fato *criminoso*. No exemplo dado, poderíamos estar diante de uma difamação (art. 139 do CP).

5.2.3. Tipo subjetivo

O elemento subjetivo da conduta é o dolo, ou seja, a vontade livre e consciente do agente de atribuir a alguém, sabendo ser falso, um fato definido como crime.

Exige-se, ainda, o elemento subjetivo do tipo específico (dolo específico), qual seja, o *animus diffamandi*, a intenção de ofender a honra da vítima.

5.2.4. Sujeitos do crime

O **sujeito ativo** do crime pode ser qualquer pessoa, razão pela qual a calúnia é doutrinariamente qualificada como **crime comum**.

O **sujeito passivo** também pode ser **qualquer pessoa**.

Diverge a doutrina acerca da possibilidade de **pessoa jurídica** ser vítima de calúnia. Entende-se que sim, apenas em se tratando de **crimes ambientais**, nos quais a pessoa jurídica pode ser autora da conduta típica (vide Lei 9.605/1998).

Se a vítima for o Presidente da República e o crime tiver conotação política o fato será regulado pela Lei de Segurança Nacional (Lei 7.170/1983).

Antes do julgamento, pelo STF, da ADPF nº 130, no mês de abril de 2009, se o meio de dispersão da calúnia à sociedade fosse a imprensa (escrita ou falada), o delito seria aquele previsto na Lei de Imprensa (Lei 5.250/1967). Frise-se que referido diploma legal foi declarado não recepcionado pela nova ordem constitucional. Nesse sentido, confira-se parte da ementa do julgado:

> *ARGUIÇÃO DE DESCUMPRIMENTO DE PRECEITO FUNDAMENTAL (ADPF). LEI DE IMPRENSA. ADEQUAÇÃO DA AÇÃO. REGIME CONSTITUCIONAL DA "LIBERDADE DE INFORMAÇÃO JORNALÍSTICA", EXPRESSÃO SINÔNIMA DE LIBERDADE DE IMPRENSA. A "PLENA" LIBERDADE DE IMPRENSA COMO CATEGORIA JURÍDICA PROIBITIVA DE QUALQUER TIPO DE CENSURA PRÉVIA.*
>
> *(...)*
>
> *10. NÃO RECEPÇÃO EM BLOCO DA LEI 5.250 PELA NOVA ORDEM CONSTITUCIONAL*
>
> *(...)*
>
> *12. PROCEDÊNCIA DA AÇÃO. Total procedência da ADPF, para o efeito de declarar como não recepcionado pela Constituição de 1988 todo o conjunto de dispositivos da Lei federal nº 5.250, de 9 de fevereiro de 1967.*

Atualmente (leia-se: desde o julgamento da já citada ADPF nº 130), se o crime de calúnia for perpetrado por meio da imprensa, aplicar-se-ão as regras "comuns" do Código Penal.

5.2.5. Consumação e tentativa

Consuma-se o crime de calúnia no momento em que a falsa atribuição de fato criminoso **chegar ao conhecimento de terceiros** (ainda que a só uma pessoa), independentemente de a circunstância macular a honra da vítima.

Assim, ainda que, de fato, a reputação do ofendido não seja abalada, entende-se consumado o delito (trata-se, pois, de **crime formal**).

É **possível a tentativa** se, por exemplo, os atos executórios ocorrerem por escrito e os papéis caluniadores não chegarem ao conhecimento de terceiros.

5.2.6. Propalar ou divulgar a calúnia

O § 1º do art. 138 do CP também pune a conduta daquele que simplesmente propala ou divulga a falsa imputação de fato definido como crime, desde que saiba ser falsa.

Nesse caso, aquele que simplesmente repassar a calúnia estará, por óbvio, caluniando a vítima, eis que a ele estará atribuindo fato definido como crime, sabendo-o falso.

5.2.7. *Calúnia contra os mortos*

O § 2º do art. 138 do CP também pune a **calúnia contra os mortos**. Nesse caso, como as pessoas já morreram, as vítimas não serão propriamente elas, que já sequer contam com personalidade jurídica (que se encerra, para as pessoas naturais, com a morte), mas seus **familiares**.

5.2.8. *Calúnia contra inimputáveis. É possível?*

Aos adeptos da teoria tripartida de crime (**fato típico, antijurídico e culpável**), o inimputável por doença mental, desenvolvimento mental incompleto ou desenvolvimento mental retardado (art. 26 do CP), embora pratique os dois primeiros elementos do crime, é isento de pena, pelo que a culpabilidade estaria afastada. Em outras palavras, o "louco" não praticaria *crime*.

O mesmo se pode dizer com relação aos inimputáveis por idade (menores de dezoito anos), que não se submetem ao Código Penal, mas apenas à legislação específica (ECA).

Entende a maioria, entretanto, que contra os inimputáveis é possível a prática de calúnia, embora não possam *praticar crime*.

É que o legislador utilizou os termos "fato definido como crime", e não "prática de crime". Dessa forma, é possível que se atribua a um "louco", ou a um menor de idade, um *fato* definido em lei como crime (ex.: homicídio, aborto, roubo, furto etc.).

Concluindo, percebe-se que é possível, portanto, que inimputáveis, embora não pratiquem crime (em seu sentido técnico-jurídico), possam ser vítima de calúnia.

5.2.9. *Exceção da verdade*

O § 3º do art. 138 do CP prevê o instituto da "exceção da verdade". Trata-se de um incidente processual, que deve ser obrigatoriamente enfrentado pelo magistrado antes da sentença final, visto que pode conduzir à absolvição do suposto agente delitivo.

A lei penal admite que a pessoa que atribui a terceiro fato definido como crime comprove a *veracidade* da imputação. Logo, se o crime de calúnia pressupõe a atribuição falsa de um fato definido como crime, a exceção (defesa) da verdade pode tornar a conduta atípica.

Assim, pode o autor da suposta calúnia provar que a pretensa vítima realmente praticou o fato definido como crime, razão pela qual a imputação seria verdadeira e não falsa.

Todavia, a lei previu algumas situações em que **a exceção da verdade é vedada**:

a) inciso I – se, constituindo o fato imputado crime de ação privada, o ofendido não foi condenado por sentença irrecorrível: aqui, se o crime for de ação privada e a vítima sequer intentou a competente queixa-crime, torna-se impossível que um terceiro, que não a própria vítima, queira provar a ocorrência de um crime que o diretamente interessado não teve interesse de demonstrar. Outra situação ocorre se o autor da calúnia atribui a alguém um fato definido como crime de ação privada e ainda não houve a condenação definitiva (irrecorrível);

b) inciso II – se o fato é imputado a qualquer das pessoas indicadas no nº I do art. 141: referido dispositivo faz alusão ao Presidente da República e a chefe de governo estrangeiro. Nesse caso, ainda que referidas pessoas houvessem praticado crime, o CP não admite sua comprovação. Há quem sustente que essa vedação à exceção da verdade viola o princípio constitucional da ampla defesa, entendimento que também comungamos;

c) inciso III – se do crime imputado, embora de ação pública, o ofendido foi absolvido por sentença irrecorrível: no caso em tela, se a Justiça já absolveu, de maneira irrecorrível, a vítima do crime de calúnia, não poderá o agente querer provar algo sobre o qual não mais cabe discussão (coisa julgada).

5.3. Difamação (art. 139 do CP)

5.3.1. *Considerações iniciais*

Trata-se de crime que atenta contra a **honra objetiva** da vítima, vale dizer, sua reputação e fama no meio social. É esse, portanto, o **objeto jurídico** do crime em comento.

5.3.2. *Tipo objetivo*

A conduta típica corresponde ao verbo do tipo **difamar**, que significa desacreditar uma pessoa, maculando sua reputação no meio social. Parecida com a calúnia, a difamação pressupõe que haja imputação de um **fato** (não definido como crime, mas que tenha a possibilidade de ofender a reputação da vítima).

O tipo penal, segundo Guilherme de Souza Nucci (op. cit., p. 659), também foi repetitivo, já que difamar significa exatamente imputar um fato "desairoso", silenciando a respeito da veracidade ou falsidade dele.

Em suma, difamar a vítima significa imputar-lhe fatos maculadores de sua fama (honra objetiva), ainda que verídicos (ex.: "João, todas as sextas-feiras, sai com um travesti com ponto no viaduto da Rua 'X'").

5.3.3. *Tipo subjetivo*

É o dolo, ou seja, a vontade livre e consciente do agente em atribuir a alguém (ainda que verdadeiramente) fato ofensivo à reputação. Além disso, exige-se o elemento subjetivo do tipo (dolo específico), qual seja, o *animus diffamandi*.

5.3.4. *Sujeitos do crime*

A difamação pode ser praticada por qualquer pessoa, tratando-se, pois, de crime comum. A vítima também pode ser qualquer pessoa.

Antes do julgamento, pelo STF, da ADPF nº 130, no mês de abril de 2009, se o meio de dispersão da difamação à sociedade fosse a imprensa (escrita ou falada), o delito seria aquele previsto na Lei de Imprensa (Lei 5.250/1967). Frise-se que referido diploma legal foi declarado não recepcionado pela nova ordem constitucional. Nesse sentido, confira-se parte da ementa do julgado:

> *ARGUIÇÃO DE DESCUMPRIMENTO DE PRECEITO FUNDAMENTAL (ADPF). LEI DE IMPRENSA. ADEQUAÇÃO DA AÇÃO. REGIME CONSTITUCIONAL DA "LIBERDADE DE INFORMAÇÃO JORNALÍSTICA", EXPRESSÃO SINÔNIMA DE LIBERDADE DE IMPRENSA. A "PLENA" LIBERDADE DE IMPRENSA COMO CATEGORIA JURÍDICA PROIBITIVA DE QUALQUER TIPO DE CENSURA PRÉVIA.*

(...)

10. NÃO RECEPÇÃO EM BLOCO DA LEI 5.250 PELA NOVA ORDEM CONSTITUCIONAL

(...)

12. PROCEDÊNCIA DA AÇÃO. Total procedência da ADPF, para o efeito de declarar como não recepcionado pela Constituição de 1988 todo o conjunto de dispositivos da Lei federal nº 5.250, de 9 de fevereiro de 1967.

Atualmente (leia-se: desde o julgamento da já citada ADPF nº 130), se o crime de difamação for perpetrado por meio da imprensa, aplicar-se-ão as regras "comuns" do Código Penal.

Questiona-se se a **pessoa jurídica pode ser vítima de difamação**. Entende-se, majoritariamente, que **sim**, eis que as empresas gozam de reputação no mercado. Em suma, as pessoas jurídicas têm uma imagem a ser preservada, pelo que sua "honra objetiva" pode ser maculada (ex.: "a empresa 'Y' trata muito grosseiramente seus empregados, especialmente o Joaquim, que foi escorraçado de seu posto de trabalho na semana passada").

Interessante para os concursos públicos que se conheça a posição do STF acerca de difamação perpetrada por advogado, que, de acordo com o art. 7º, § 2º, do Estatuto da OAB (Lei 8.906/1994) é imune por suas manifestações em juízo ou fora dele, desde que no exercício da profissão, a referido crime. Confira-se:

Difamação e imunidade profissional de advogado

"A 1ª Turma, por maioria, denegou *habeas corpus* em que se pleiteava o trancamento da ação penal. Na espécie, a paciente — condenada pelo crime de difamação — teria ofendido a reputação de magistrada, desmerecendo a sua capacitação funcional, diante dos serventuários e demais pessoas presentes no cartório da vara judicial. De início, aduziu-se que as alegações de atipicidade da conduta e de inexistência de dolo não poderiam ser apreciadas nesta via, uma vez que, para chegar a conclusão contrária à adotada pelas instâncias ordinárias, seria necessário o reexame do conjunto fático-probatório, não admissível nesta sede. Em seguida, ponderou-se estar diante de fato, em tese, típico, ilícito e culpável, revestido de considerável grau de reprovabilidade. Ressaltou-se que o comportamento da paciente amoldar-se-ia, em princípio, perfeitamente à descrição legal da conduta que a norma visaria coibir (CP, art. 139). Desse modo, afirmou-se que não haveria falar em atipicidade da conduta. Ante as circunstâncias dos autos, reputou-se, também, que não se poderia reconhecer, de plano, a ausência do *animus difamandi*, identificado na sentença condenatória e no acórdão que a confirmara. No tocante à alegação de que teria agido acobertada pela imunidade conferida aos advogados, asseverou-se que seria inaplicável à espécie a excludente de crime (CP, art. 142), haja vista que a ofensa não teria sido irrogada em juízo, na discussão da causa. Acrescentou-se que a mencionada excludente não abrangeria o magistrado, que não poderia ser considerado parte na relação processual, para os fins da norma. Frisou-se, também, que a jurisprudência e a doutrina seriam pacíficas nesse sentido, na hipótese de ofensa a magistrado. O Min. Luiz Fux enfatizou que a frase proferida pela advogada encerraria uma lesão penal bifronte. Vencidos os Ministros Marco Aurélio, relator, e Dias Toffoli, que concediam a ordem. Aquele, para assentar a atipicidade da conduta da paciente sob o ângulo penal; este, porquanto, afirmava que a difamação estaria expressamente imunizada pelo § 2º do art. 7º do Estatuto da Advocacia". HC 104385/SP, rel. orig. Min. Marco Aurélio, red. p/ o acórdão Min. Ricardo Lewandowski, 28.06.2011. (HC-104385) (**Inform. STF** 633).

5.3.5. *Consumação e tentativa*

Consuma-se o crime de difamação quando a ofensa à reputação da vítima chega ao conhecimento de terceiros (ainda que a uma só pessoa), independentemente de haver um resultado lesivo à sua fama. Trata-se, portanto, de crime formal, que independe de resultado naturalístico.

Admissível a tentativa, por exemplo, se a difamação for feita por escrito e não chegar ao conhecimento de terceiros por extravio dos papéis.

5.3.6. *Exceção da verdade (parágrafo único)*

Somente é admitida a exceção (defesa) da verdade se o agente tentar comprovar que o fato ofensivo à reputação de funcionário público foi efetivamente praticado, e desde que haja relação direta com o exercício de suas funções. Diz-se que a Administração Pública admite a exceção da verdade nesses casos pelo fato de que tem entre seus princípios informadores o da moralidade e o da eficiência.

Imagine que "A" imputa a "B", juiz de direito, o seguinte fato: "o Dr. 'B', juiz da vara criminal da cidade 'X', ao invés de presidir a audiência do dia 20 de março de 2007, na qual eu era advogado do autor, ficou bebendo no bar da esquina".

Se o juiz ingressasse com queixa-crime contra o advogado, dizendo-se vítima de difamação, poderia ele demonstrar a verdade do fato atribuído ao magistrado. Como dissemos, a lei tem o interesse de provar um fato desonroso atribuído a um funcionário público que o tenha praticado no exercício de suas funções. Quer-se, com isso, proteger a própria imagem da Administração Pública, que pode ser maculada por um funcionário que aja de maneira vexatória, já que sua imagem, querendo ou não, acaba sendo vinculada ao Poder Público.

5.4. Injúria (art. 140 do CP)

5.4.1. *Considerações iniciais*

Trata-se de crime que ofende a **honra subjetiva** da vítima, vale dizer, sua dignidade ou seu decoro ("autoimagem da pessoa, isto é, a avaliação que cada um tem de si mesmo" - Guilherme de Souza Nucci – op. cit., p. 661).

Portanto, o objeto jurídico do crime em estudo é a honra subjetiva, e não a objetiva, protegida pelos delitos de calúnia e difamação.

5.4.2. *Tipo objetivo*

Enquanto nos delitos de calúnia e difamação o agente imputa um fato (definido como crime, na primeira, ou ofensivo à reputação, na segunda), na injúria este não se verifica.

No crime previsto no art. 140 do CP, o agente ofende a vítima atribuindo-lhe uma **qualidade negativa**, infamante àquilo que ela pensa de si mesma, ofendendo sua autoestima.

5.4.3. *Tipo subjetivo*

Além do dolo (vontade livre e consciente de ofender a honra subjetiva da vítima), exige-se o elemento subjetivo do tipo, ou seja, o *animus injuriandi*, a intenção de, com sua fala, gesto ou escrito, lesar a autoestima do ofendido.

5.4.4. *Sujeitos do crime*

O sujeito ativo da injúria pode ser qualquer pessoa, tratando-se, pois, de crime comum.

Em tese, o sujeito passivo também pode ser qualquer pessoa. Dizemos "em tese" pelo fato de o crime em análise depender da ofensa à dignidade ou decoro da vítima. Em algumas circunstâncias, torna-se impossível que o ofendido entenda que sua autoestima foi ferida (ex.: crianças de tenra idade; doentes mentais sem capacidade de discernimento).

Lembremos que o crime pressupõe que a vítima se veja (e entenda) lesada em sua autoimagem, o que nem sempre é possível.

Não se admite crime de injúria contra pessoa jurídica, já que a honra subjetiva é própria de pessoas naturais e não de uma ficção legal.

Até mesmo aos "desonrados" é possível a configuração de injúria. Diz-se que sempre há uma gota de dignidade ou decoro a se resguardar, por mais "desonrada" que seja a pessoa (ex.: pode-se injuriar uma prostituta, ainda que se tente ofender sua autoimagem no que tange à atividade sexual).

5.4.5. *Consumação e tentativa*

Consuma-se o crime no momento em que a imputação de qualidades negativas **chega ao conhecimento da própria vítima**, e não de terceiros, como na calúnia e difamação.

Não se exige que a pessoa se sinta, de fato, ofendida, bastando a potencialidade lesiva da conduta, chamando-se o delito em estudo de **formal** (ex.: chamar alguém de verme fétido e imundo tem potencialidade de causar um dano à autoestima, ainda que, no caso concreto, não se verifique).

Admite-se a forma **tentada**, por exemplo, se a injúria for **por escrito** e o papel não chegar às mãos da vítima por extravio.

5.4.6. *Exceção da verdade*

Obviamente não é admitida. Seria absurdo, por exemplo, imaginar-se a prova de que a vítima é, de fato, um verme fétido e imundo.

Como no crime de injúria não se atribuem fatos, mas qualidades, torna-se impossível querer prová-las verdadeiras, diferentemente da calúnia e difamação (nelas se atribuem fatos, os quais podem não ter ocorrido).

5.4.7. *Perdão judicial*

Poderá o juiz deixar de aplicar a pena (perdão judicial – causa extintiva da punibilidade – v. art. 107, IX, do CP) nas seguintes hipóteses, previstas no § 1º do art. 140:

a) quando o ofendido, de forma reprovável, provocou diretamente a injúria (inc. I);

b) quando houver retorsão imediata, que consista em outra injúria (inc. II).

No primeiro caso, a vítima, dadas as provocações, cria no espírito do agente a raiva, combustível para que o injurie.

Na segunda hipótese, embora o agente injurie a vítima, esta revida imediatamente (logo após a injúria), de tal forma que também atribua ao seu "agressor inicial" um fato ofensivo à dignidade ou decoro. Com a devida vênia, aqui se aplica perfeitamente a famosa frase: "chumbo trocado não dói". Nesse caso, ninguém responderá por injúria, dada a incidência do perdão judicial, causa extintiva da punibilidade.

5.4.8. *Injúria qualificada*

5.4.8.1. *Injúria real*

Vem prevista no § 2º do art. 140 do CP. Ocorre se o agente, valendo-se de lesões corporais ou vias de fato, tenciona não diretamente atingir a integridade corporal ou a saúde da vítima, mas atingir-lhe a dignidade ou o decoro.

Opta o agente, em vez de injuriar a vítima com palavras ou escritos, produzir-lhe um insulto de maneira mais agressiva (ex.: tapa no rosto; cusparada na face; empurrão diante de várias pessoas). Contudo, de tal situação, deve-se vislumbrar que a intenção do agente foi a de ofender a autoestima da vítima. Daí a palavra "aviltante" prevista na qualificadora ora analisada.

De qualquer modo, o legislador irá punir o agente pela violência de maneira autônoma (ex.: se do tapa, a boca da vítima fica machucada e sangra, além da injúria qualificada, irá responder o agente por lesão corporal leve). No tocante às vias de fato, a doutrina defende que serão absorvidas pelo crime contra a honra.

5.4.8.2. *Injúria qualificada pelo preconceito de raça ou cor (ou injúria racial)*

Prevista na primeira parte do § 3º do art. 140 do CP, restará configurada quando o agente, para injuriar a vítima, utilizar-se de elementos referentes a **raça**, **cor**, **etnia**, **religião** ou **origem.**

Assim, estaremos diante da qualificadora em comento se o agente, por exemplo, injuriar um judeu dizendo que "todo judeu é corrupto e mão de vaca", ou um negro dizendo que "todo negro é ladrão e desonesto".

5.4.8.3. *Injúria qualificada contra idoso ou deficiente*

Quando, para cometer a injúria, o agente ofender a vítima em razão de ser **pessoa idosa ou portadora de deficiência,** a pena será de 1 a 3 anos de reclusão, a mesma prevista para a injúria racial.

Tal proteção no CP foi inserida pelo Estatuto do Idoso.

Guilherme Nucci cita, como exemplo de injúria qualificada contra idoso ou deficiente, as seguintes situações: "não atendemos múmias neste estabelecimento" ou "aleijado só dá trabalho" (op. cit., p. 663).

5.5. Disposições gerais dos crimes contra a honra (arts. 141 a 145 do CP)

5.5.1. *Formas majoradas*

As penas são aumentadas de 1/3 se os crimes já estudados (calúnia, difamação ou injúria) forem praticados:

a) contra Presidente da República ou chefe de governo estrangeiro (inc. I, art. 141);

b) contra funcionário público, em razão de suas funções (inc. II, art. 141);

c) na presença de várias pessoas, ou por meio que facilite a divulgação da calúnia, da difamação ou da injúria (inc. III, art. 141);

d) contra pessoa maior de 60 (sessenta) anos ou portadora de deficiência, exceto no caso de injúria (inc. IV, art. 141).

Na última hipótese *supra*, excetuou-se a injúria pelo fato de o art. 140, § 3º, do CP, punir mais gravosamente a injúria contra pessoa idosa ou deficiente. Assim não fosse, estaríamos diante de inegável *bis in idem*. Prevalece, contudo, para os crimes de calúnia e difamação.

Por fim, o parágrafo único do art. 141 do CP menciona a aplicação de pena em dobro se o crime é cometido mediante paga ou promessa de recompensa. Trata-se de situação mais duramente punida pela lei, tendo em vista a torpeza do crime, demonstrada no fato de que o agente, por dinheiro ou sua mera expectativa, ofende a honra de terceiros.

5.5.2. *Exclusão do crime*

O art. 142 do CP traz algumas causas específicas de exclusão do crime (excludentes de ilicitude), apenas no tocante à **difamação e à injúria**, a saber:

a) a ofensa irrogada (atribuída, praticada) em juízo, na discussão da causa (limite material da excludente), pela parte ou por seu procurador (advogado);

b) a opinião desfavorável da crítica literária, artística ou científica, salvo quando inequívoca a intenção de injuriar ou difamar;

c) o conceito desfavorável emitido por funcionário público, em apreciação ou informação que preste no cumprimento do dever de ofício (ex.: certidão assinada por um escrivão, dando conta da existência dos maus antecedentes do réu).

Nos casos das letras "a" e "c", pune-se o terceiro que dá publicidade aos fatos ocorridos (parágrafo único do art. 142 do CP).

5.5.3. *Retratação (art. 143 do CP)*

Extingue-se a punibilidade daquela pessoa que atribuiu a alguém um falso fato definido como crime (calúnia) ou desonroso (difamação) se, até a sentença de 1º grau, retratar-se do que fez, vale dizer, "voltar atrás", desmentir-se.

Se o faz até a prestação jurisdicional ser efetivada em 1ª instância, o querelado (réu na ação penal privada) ficará isento de pena. Tal instituto tem por objetivo restabelecer a **honra objetiva** da vítima, que se vê, com a atitude do réu, "livre" da má reputação conferida pelo agente.

Antes do julgamento, pelo STF, da ADPF nº 130, no mês de abril de 2009, se o meio de dispersão da injúria à sociedade fosse a imprensa (escrita ou falada), o delito seria aquele previsto na Lei de Imprensa (Lei 5.250/1967). Frise-se que referido diploma legal foi declarado não recepcionado pela nova ordem constitucional. Nesse sentido, confira-se parte da ementa do julgado:

> *ARGUIÇÃO DE DESCUMPRIMENTO DE PRECEITO FUNDAMENTAL (ADPF). LEI DE IMPRENSA. ADEQUAÇÃO DA AÇÃO. REGIME CONSTITUCIONAL DA "LIBERDADE DE INFORMAÇÃO JORNALÍSTICA", EXPRESSÃO SINÔNIMA DE LIBERDADE DE IMPRENSA. A "PLENA" LIBERDADE DE IMPRENSA COMO CATEGORIA JURÍDICA PROIBITIVA DE QUALQUER TIPO DE CENSURA PRÉVIA.*
>
> *(...)*
>
> *10. NÃO RECEPÇÃO EM BLOCO DA LEI 5.250 PELA NOVA ORDEM CONSTITUCIONAL*
>
> *(...)*
>
> *12. PROCEDÊNCIA DA AÇÃO. Total procedência da ADPF, para o efeito de declarar como não recepcionado pela Constituição de 1988 todo o conjunto de dispositivos da Lei federal nº 5.250, de 9 de fevereiro de 1967.*

Atualmente (leia-se: desde o julgamento da já citada ADPF nº 130), se o crime de injúria for perpetrado por meio da imprensa, aplicar-se-ão as regras "comuns" do Código Penal.Logo, não mais se pode admitir que a injúria praticada pela imprensa admita a retratação, o que era possível pelo art. 26 da Lei 5.250/1967, a qual, como se sabe, foi declarada não recepcionada pelo STF.

5.5.4. *Pedido de explicações (art. 144 do CP)*

Não havendo certeza da intenção do agente ao proferir impropérios contra alguém, poderá o suposto ofendido pedir explicações em juízo ao suposto ofensor, a fim de que se tenha certeza ou probabilidade de que tenha havido injúria, calúnia ou difamação.

Se o suposto ofensor não comparecer em juízo para prestar esclarecimentos, ou, a critério do juiz, não der as explicações de maneira satisfatória, poderá vir a ser criminalmente processado.

Exemplo seria dizer a uma mulher "extravagante", em uma roda de pessoas: "Fulana, você é uma mulher cara". Ora, essa frase poderia tanto significar que a mulher "cobra caro" em seus serviços, ou é uma pessoa dileta, querida. Havendo dúvidas, poderá a mulher formular pedido de explicações ao suposto agressor de sua honra.

5.5.5. *Ação penal*

Em regra, os crimes contra a honra (calúnia, difamação e injúria) exigem atuação da vítima, que deverá, no prazo legal, oferecer a competente queixa-crime. Trata-se, portanto, de crimes de **ação penal privada**.

Todavia, poderá a **ação ser pública** no caso de injúria real (praticada com violência ou vias de fato).

Já se o crime for praticado contra o Presidente da República ou chefe de governo estrangeiro, a ação será **pública condicionada à requisição do Ministro da Justiça.**

Em se tratando de crime contra a honra de funcionário público em razão de suas funções, a ação será **pública condicionada à representação**. Todavia, o STF, ao editar a Súmula 714, permite a legitimidade concorrente do ofendido, mediante queixa, e do Ministério Público, mediante denúncia, desde que haja representação, quando o crime for contra a honra de servidor público em razão do exercício de suas funções. Trata-se de entendimento jurisprudencial consolidado na mais alta corte de nosso país, embora seja nitidamente *contra legem*.

Por fim, a **injúria racial** (art. 140, § 3º, do CP), igualmente, é crime de **ação penal pública condicionada à representação**.

6. CRIMES CONTRA A LIBERDADE PESSOAL

6.1. Constrangimento ilegal (art. 146 do CP)

6.1.1. *Considerações iniciais*

O art. 146 do Código Penal vem inserido no capítulo dos **crimes contra a liberdade pessoal**.

Segundo Rogério Sanches Cunha, "liberdade significa, em síntese, **ausência de coação**. Com esse conceito amplo, protege-se, neste capítulo, **a faculdade do homem de agir ou não agir, querer ou não querer, fazer ou não fazer aquilo que decidir, sem constrangimento**, prevalecendo a sua autodeterminação" (**Direito Penal** – Parte Especial – ed. RT, p. 167).

No tocante ao crime de constrangimento ilegal, tencionou o legislador proteger o **livre arbítrio** do ser humano, que não pode ser compelido a fazer ou deixar de fazer alguma coisa senão em virtude de lei (v. art. 5º, II, da Constituição Federal).

6.1.2. Objeto jurídico

O art. 146 do Código Penal protege a liberdade individual da pessoa, que, como já dissemos, não pode ser obrigada a fazer ou deixar de fazer algo senão de acordo com sua própria vontade ou quando a lei dispuser em tal ou qual sentido.

6.1.3. Sujeitos do crime

O constrangimento ilegal é crime que pode ser praticado por qualquer pessoa. Logo, trata-se de **crime comum**.

Com relação ao **sujeito passivo**, diz-se que deve ser pessoa que possua capacidade de autodeterminação, ou seja, com capacidade de "decidir sobre os seus atos" (Rogério Sanches Cunha, op. cit., p. 169).

Assim, não podem ser vítimas as pessoas de pouca idade, os loucos, os embriagados, já que não têm capacidade de "vontade natural".

6.1.4. Tipo objetivo

Estará configurado o crime de constrangimento ilegal quando o sujeito ativo "constranger" a vítima a fazer algo ou a não fazer algo, mediante violência, grave ameaça ou qualquer outro meio que reduza a capacidade de resistência.

Portanto, a conduta típica é "constranger", vale dizer, *obrigar, forçar, coagir*.

O legislador trouxe três hipóteses (meios executórios) de o crime em estudo ser praticado:

a) mediante violência: lesões corporais, vias de fato (é a denominada *vis corporalis* ou *vis absoluta*);

b) mediante grave ameaça: corresponde à violência moral (*vis compulsiva*), ou seja, à promessa de um mal injusto e grave;

c) mediante qualquer outro meio que reduza a capacidade de resistência da vítima: é o que se denomina de *violência imprópria*. Trata-se de meio executório subsidiário, que importe em uma redução da capacidade de autodeterminação ou resistência do ofendido. Exemplo disso é o uso da hipnose, de álcool ou substância de efeitos análogos, situações estas que excluiriam a maior chance de a vítima resistir à vontade do agente.

Salienta a doutrina que, se o constrangimento tiver por objetivo uma **pretensão legítima** do sujeito ativo, não se poderá falar em constrangimento ilegal, mas sim em **exercício arbitrário das próprias razões**, nos termos do art. 345 do Código Penal (ex.: "A", empregado de "B", demitido sem justa causa, ao ver que seu patrão não iria pagar seus direitos trabalhistas, mediante emprego de socos e pontapés, obriga-o a assinar um cheque com o exato valor das verbas rescisórias).

O sujeito ativo irá constranger, portanto, a vítima, mediante violência, grave ameaça ou qualquer outro meio que reduza sua resistência a:

a) fazer algo: pressupõe uma atuação não querida pelo ofendido, que é levado a realizar alguma coisa contra sua vontade. Ex.: viagem, dirigir veículo, escrever uma carta;

b) não fazer algo: pressupõe que o agente constranja a vítima a não fazer alguma coisa, ou a tolerar que o próprio sujeito ativo faça algo.

6.1.5. Tipo subjetivo

O elemento subjetivo da conduta é o dolo. Em outras palavras, o crime de constrangimento ilegal é doloso, não admitindo a modalidade culposa.

Age o agente sabendo que aquilo que constrange a vítima a fazer ou deixar de fazer é ilegítimo.

6.1.6. Consumação e tentativa

Consuma-se o crime em análise no instante em que a vítima faz ou deixa de fazer algo, atuando, portanto, contra a sua vontade, em observância ao imposto pelo agente.

Admissível a tentativa se a vítima, coagida a fazer ou deixar de fazer algo, desatende à determinação do sujeito ativo.

6.1.7. Constrangimento ilegal e concurso com outros crimes

Se o sujeito ativo coage a vítima, mediante violência ou grave ameaça, a fazer algo considerado pela lei como crime, responderá pelo crime de constrangimento ilegal (art. 146 do Código Penal) em concurso com o outro delito praticado por aquela.

A depender da violência ou ameaça impingidas à vítima, poderá ficar caracterizada a **tortura**, prevista no art. 1º, I, "b", da Lei 9.455/1997.

Já se a coação à vítima for para que ela pratique contravenção penal, estaremos diante de concurso material entre o delito de constrangimento ilegal e a infração penal por ela praticada.

6.1.8. Aumento de pena

O **§ 1º** do art. 146 do Código Penal prevê duas situações em que a pena será aplicada cumulativamente e em dobro:

a) se para a execução do crime se reúnem mais de três pessoas: nesse caso, se pelo menos quatro pessoas se reúnem para o cometimento do crime de constrangimento ilegal, dificultando ainda mais a possibilidade de resistência da vítima, o legislador entendeu por bem exacerbar a resposta penal, o que fez com acerto;

b) se para a execução do crime há emprego de armas: parte da doutrina exige que haja o efetivo emprego (uso) da arma para o cometimento do crime, não bastando o mero porte da arma. Deve-se entender por "arma" todo artefato, bélico ou não, com potencialidade lesiva (ex.: armas de fogo, facas, foices, machado, canivete etc.). Não se pode considerar como "arma" o simulacro de arma de fogo, ou seja, a réplica de brinquedo do artefato bélico, mormente com o cancelamento da Súmula 174 do STJ.

No caso do **§ 2º** do art. 146 do Código Penal, diz-se que, além da pena do constrangimento ilegal, **serão aplicadas as**

correspondentes à violência (leia-se: lesões corporais). Assim, será o caso de concurso material entre o art. 146 e o art. 129, ambos do Código Penal, somando-se, pois, as penas.

6.1.9. Causas de exclusão do crime

O § 3º do art. 146 do Código Penal traz duas situações em que não ficará configurado o crime de constrangimento ilegal. Entende-se majoritariamente que são duas as causas excludentes da antijuridicidade, a saber:

a) intervenção médica ou cirúrgica, sem o consentimento do paciente ou de seu representante legal, se justificada por iminente perigo de vida;

b) se a coação é exercida para impedir suicídio.

6.2. Ameaça (art. 147 do Código Penal)

6.2.1. Considerações iniciais

O crime de ameaça ofende, assim como o constrangimento ilegal, a liberdade pessoal da vítima, que, *in casu*, vê-se abalada com o prenúncio de um mal injusto e grave que lhe foi atribuído pelo sujeito ativo.

Pretendeu o legislador, portanto, punir a conduta que perturba a tranquilidade e a sensação de segurança da vítima, que deixa de ter sua autodeterminação (ir e vir, fazer ou não fazer) intocada.

6.2.2. Sujeitos do crime

Pode ser autor do delito em tela qualquer pessoa, tratando-se, pois, de **crime comum**.

Já a vítima deve ser pessoa certa e determinada com a capacidade de atinar para o mal injusto e grave que lhe tenha sido prometido. Quer-se dizer que somente pode ser sujeito passivo de ameaça a pessoa que possa reconhecer o caráter intimidatório do mal injusto e grave prenunciado pelo agente.

Não se admite, portanto, que se considere vítima de ameaça uma criança de tenra idade, sem a menor possibilidade de compreender a violência moral, bem como os doentes mentais, os ébrios ou pessoas indeterminadas. Ressalte-se que a lei prescreve "ameaçar *alguém*", do que se infere que somente pode ser pessoa certa e determinada.

6.2.3. Tipo objetivo

O verbo do tipo é "ameaçar", que significa intimidar, prometer um malefício.

O art. 147 do Código Penal descreve, como meios executórios do mal prometido, os seguintes:

a) palavra: pode-se ameaçar alguém por meio de palavras, faladas ou escritas;

b) escrito: são palavras graficamente materializadas;

c) gesto: são sinais feitos com movimentos corporais ou com o emprego de objetos;

d) qualquer outro meio simbólico: trata-se de hipótese residual, não abarcada pelas três situações anteriores.

Vê-se, portanto, que o crime em análise pode ser praticado por diversas formas, desde que aptas a amedrontar a vítima. Trata-se, pois, de crime de **ação livre**.

O mal prometido à vítima, segundo exige a lei, deve ser *injusto e grave*.

Não basta, portanto, a injustiça do malefício prometido, devendo ser grave. Também, não basta a gravidade do mal prometido, devendo ser injusto (ex.: prometer ao furtador de sua carteira que irá requerer instauração de inquérito policial).

A doutrina ensina, ainda, que o mal prometido deve ser iminente (prestes a ocorrer) e verossímil (crível). Não configuraria o crime de ameaça, por exemplo, prometer que irá pedir ao *diabo* que mate a vítima, ou que irá despejar toda a água dos oceanos em sua casa, para que morra afogada.

Deve a promessa de mal injusto e grave ser, repita-se, crível e apta a intimidar, ainda que a vítima, de fato, não se sinta intimidada. Nesse particular, estamos diante de **crime formal**.

6.2.4. Tipo subjetivo

É o dolo, ou seja, a vontade livre e consciente do agente em ameaçar a vítima, prometendo-lhe, mediante palavra, escrito, gesto ou qualquer outro meio, mal injusto e grave.

Ainda que o sujeito profira a ameaça, sabendo que não irá cumpri-la, caracterizado estará o crime em análise.

Inadmissível a modalidade culposa de ameaça.

Alerta a doutrina que o crime de ameaça exige seriedade de quem a profere, não se coadunando em momentos de cólera, raiva, ódio, enfim, desequilíbrio emocional.

Há quem sustente que a embriaguez do sujeito ativo retira a plena seriedade do mal injusto e grave prometido. Todavia, o art. 28, II, do Código Penal, prescreve que não exclui a imputabilidade a embriaguez. Portanto, o crime remanesceria, mesmo que o agente esteja embriagado.

6.2.5. Consumação e tentativa

A ameaça é crime que se consuma quando a vítima toma conhecimento do mal injusto e grave prometido pelo agente, ainda que com ele não se intimide. Trata-se, pois, de **crime formal**.

É possível a forma **tentada** do crime se praticado por **meio escrito**. Por palavras ou gestos, o delito é unissubsistente, não admitindo fracionamento no *iter criminis*.

6.2.6. Ação penal

O parágrafo único do art. 147 do Código Penal exige a representação da vítima para a instauração da *persecutio criminis in judicio*. Assim, sem a manifestação de vontade da vítima, no sentido de ver o agente processado, não poderá o Ministério Público dar início à ação penal.

Trata-se, portanto, de crime de **ação penal pública condicionada**.

6.3. Sequestro e cárcere privado (art. 148 do CP)

6.3.1. Considerações iniciais

Tutela o art. 148 do Código Penal a **liberdade de locomoção** do ser humano, vale dizer, seu livre-arbítrio, sua vontade de ir, vir ou permanecer onde bem entender, sem intromissão de quem quer que seja. Daí o crime em análise estar inserido no capítulo dos crimes contra a liberdade pessoal.

6.3.2. *Sujeitos do crime*

Pode ser **sujeito ativo** do crime **qualquer pessoa** (crime comum).

Já o sujeito passivo, segundo parte da doutrina, somente pode ser aquela pessoa que tenha a capacidade de ir e vir livremente, não se incluindo, em tese, os paralíticos, os portadores de doenças graves, ou aqueles que não tenham a compreensão do que vem a ser a privação de sua liberdade.

Todavia, Magalhães Noronha já advertiu que "a liberdade de movimento não deixa de existir quando se exerce à custa de aparelhos ou com o auxílio de outrem. Por outro lado, não é menos certo que o incapaz, na vida em sociedade, goza dessa liberdade corpórea, tutelada pela lei incondicional e objetivamente" (citação feita por Rogério Sanches Cunha, op. cit., p. 178).

Se o sujeito ativo do crime for **funcionário público**, no exercício de suas funções, poderá praticar **abuso de autoridade**, não sequestro (v. Lei 4.898/1965).

6.3.3. *Tipo objetivo*

A conduta típica corresponde ao verbo "**privar**", ou seja, reduzir à total ou parcial impossibilidade a liberdade de locomoção da vítima, que se vê, em maior ou menor grau, impedida de seu direito de ir e vir, não conseguindo se "desvencilhar do sequestrador sem que corra perigo pessoal" (Fernando Capez. **Curso de Direito Penal**, vol. 3, p. 305, ed. Saraiva).

A privação da liberdade da vítima, segundo o art. 148 do Código Penal, far-se-á mediante **sequestro** ou **cárcere privado**.

Na prática, sequestro e cárcere privado não ostentam diferenças relevantes, já que o agente responderá pelo crime em análise. Todavia, a doutrina cuidou de diferenciar ambas as formas de privação da liberdade da vítima.

Entende-se por **sequestro** a privação de liberdade que **não implica confinamento** da vítima (ex.: manter a pessoa em um apartamento, em uma casa, em uma chácara, sem que consiga se desvencilhar normalmente do sequestrador).

Já **cárcere privado** traduz a ideia de privação da liberdade da vítima em local fechado, havendo, portanto, **confinamento** (ex.: manter a vítima em um quarto, em uma solitária, em uma cela, em um buraco).

Podemos dizer, seja no tocante ao sequestro ou ao cárcere privado, que ambas as formas de privação da liberdade de locomoção da vítima implicam a existência de violência. A só privação da liberdade já configura forma de **violência**.

O **tempo de privação da liberdade** da vítima não vem previsto em lei como elementar do tipo. Porém, doutrina e jurisprudência divergem a respeito, entendendo-se que a curta privação já é suficiente à caracterização do crime, ou que, nesse caso, não se pode falar no tipo penal em comento.

6.3.4. *Tipo subjetivo*

Trata-se de crime doloso. Se a finalidade do agente na privação da vítima for o recebimento de alguma vantagem (dinheiro, por exemplo), estaremos diante do crime de extorsão mediante sequestro (art. 159 do Código Penal).

6.3.5. *Consumação e tentativa*

Consuma-se o crime no momento em que a vítima é privada de sua liberdade de locomoção, total ou parcialmente.

Trata-se de **crime permanente**, ou seja, somente tem fim quando cessar a privação da liberdade. Logo, admite-se a prisão em flagrante do sequestrador enquanto mantiver a vítima sequestrada ou em cárcere privado.

Admite-se a **tentativa**, já que o *iter criminis* é fracionável.

No caso de sobrevir **legislação mais rígida** a respeito do sequestro ou cárcere privado, impondo, por exemplo, pena mais gravosa ao agente que o cometer, será aplicada mesmo em prejuízo do réu. Isso porque estamos diante, como já dissemos, de **crime permanente**, que se protrai no tempo pela vontade do próprio agente.

Tal é o entendimento da Súmula 711 do STF: "a lei penal mais grave aplica-se ao crime continuado ou ao crime permanente, se a sua vigência é anterior à cessação da continuidade ou da permanência".

Pelo fato de o sequestro ou cárcere privado ser considerado **crime permanente** (repita-se: aquele cuja consumação se protrai no tempo por vontade do agente), nada mais justo do que o agente ser mais gravosamente punido por legislação superveniente ao momento em que a vítima foi arrebatada, se, ainda assim, a mantiver com sua liberdade restringida.

6.3.6. *Formas qualificadas*

O § 1º do art. 148 do Código Penal traz formas qualificadas do crime de sequestro ou cárcere privado, nas seguintes hipóteses:

a) se a vítima é ascendente, descendente, cônjuge do agente ou maior de 60 anos;

b) se o crime é praticado mediante internação da vítima em casa de saúde ou hospital;

c) se a privação da liberdade dura mais de 15 dias;

d) se o crime é praticado contra menor de 18 anos;

e) se o crime é praticado com fins libidinosos (inovação da Lei 11.106/2005).

Nos cinco casos acima, a pena será de 2 a 5 anos de reclusão.

Já na situação prevista no § 2º do mesmo artigo, a pena variará de 2 a 8 anos de reclusão se, em razão dos maus-tratos ou da natureza da detenção, a vítima experimentar **grave sofrimento físico ou moral**. A depender da intenção do agente, poderá ficar configurado o crime de tortura (Lei 9.455/1997).

6.4. Violação de domicílio (art. 150 do CP)

6.4.1. *Considerações iniciais*

Tencionou o legislador proteger a **inviolabilidade do domicílio**, constitucionalmente garantido no art. 5º, XI, da Carta Magna. A objetividade jurídica do crime em tela não é a proteção da posse ou da propriedade, mas da tranquilidade e da liberdade doméstica, punindo-se aquele que a perturbar.

6.4.2. *Sujeitos do crime*

O **sujeito ativo** do crime pode ser qualquer pessoa. Alerta a doutrina que o proprietário do bem imóvel também pode ser autor do crime de violação de domicílio se ingressar na casa habitada pelo inquilino sem o seu consentimento (protege-se, portanto, a tranquilidade doméstica e não a propriedade).

Sujeito passivo é o **morador**, a pessoa que ocupa o bem imóvel, não necessariamente o proprietário.

No caso de habitações coletivas, prevalece a vontade de quem proibiu o ingresso ou permanência de determinada pessoa no local (ex.: república de estudantes).

No caso de residências familiares, prevalece a vontade do dono (*dominus*) do imóvel. Em relação aos demais moradores, suas vontades valem nos limites de seus aposentos.

6.4.3. *Tipo objetivo*

Duas são as condutas típicas (verbos) caracterizadoras do crime de violação de domicílio:

a) entrar; ou

b) permanecer.

No **primeiro caso** (letra "a"), o agente **invade**, ingressa em casa alheia, seja em sua totalidade, seja em determinadas dependências. Já no **segundo caso** (letra "b"), o agente já se encontrava em casa alheia, mas, cessada a autorização para lá estar, **permanece contra a vontade da vítima**, deixando de se deslocar para fora do imóvel.

A entrada ou permanência do agente em casa alheia deve dar-se:

a) clandestinamente: o agente ingressa na casa da vítima sem que ela saiba ou perceba sua presença;

b) astuciosamente: o agente emprega alguma fraude (ex.: o agente ingressa ou permanece em casa alheia disfarçado de funcionário dos correios ou de companhia telefônica);

c) contra a vontade expressa de quem de direito: manifestação induvidosa, clara, do morador, que dissente com a entrada ou permanência do agente em sua casa;

d) contra a vontade tácita de quem de direito: manifestação implícita do morador de dissentir o ingresso ou permanência do agente em sua casa, o que se pode deduzir das circunstâncias.

Protege a lei, portanto, a perturbação doméstica, que pode se dar pelo ingresso ou permanência de alguém em casa alheia ou em suas dependências.

6.4.4. *Tipo subjetivo*

O crime que ora se estuda é doloso, não admitindo, portanto, a modalidade culposa.

6.4.5. *Consumação e tentativa*

A violação de domicílio é considerada pela doutrina como **crime de mera conduta**, do qual não se pode extrair um resultado naturalístico (modificação do mundo exterior provocada pelo ato). **Consuma-se**, portanto, no momento em que o agente entra completamente (e não apenas com parte do corpo) em casa alheia ou nela permanece contra a vontade de quem de direito. Nesse último caso, estaremos diante de um **crime permanente**.

Por se tratar de crime de mera conduta, inadmissível a tentativa, até mesmo pelo fato de o delito não permitir a ocorrência de resultado: ou se entra ou permanece em casa alheia ou, assim não sendo, não se pode falar em crime, sequer tentado.

6.4.6. *Caráter subsidiário do crime de violação de domicílio*

Se a violação de domicílio for meio de execução para a prática de crime mais grave, por este ficará absorvida (ex.: violação de domicílio para o furto de bens que guarnecem o imóvel).

6.4.7. *Formas qualificadas*

A violação de domicílio será punida de 6 meses a 2 anos de detenção, sem prejuízo da pena correspondente à violência, quando:

I. for praticada durante a noite: a palavra "noite" designa a inexistência de luz solar. Assim, pune-se com maior rigor o agente nessa hipótese, eis que a probabilidade de se consumar seu intento criminoso será maior, dada a menor vigilância sobre a casa nesse período;

II. for praticada em lugar ermo: se a violação de domicílio ocorre em local despovoado, a pena será maior, eis que a probabilidade de lesão ao bem jurídico é incrementada pelo fato de o local contar com poucos habitantes;

III. se houver emprego de violência: aqui, tanto física (empregada contra pessoa) quanto contra a própria coisa;

IV. se houver o emprego de arma: entende-se por "arma" tanto aquela previamente construída para o ataque (revólver, por exemplo) quanto o artefato que ostente potencialidade lesiva (faca, machado, facão, por exemplo);

V. se o crime for praticado por duas ou mais pessoas.

6.4.8. *Causa de aumento de pena*

O § 2º do art. 150 do Código Penal traz que a pena será aumentada em um terço se o crime for praticado por funcionário público, fora dos casos previstos em lei, ou com abuso de poder.

Fernando Capez entende que tal circunstância foi revogada pela Lei de Abuso de Autoridade (Lei 4.898/1965), por força do princípio da especialidade.

6.4.9. *Exclusão do crime*

Não se configura a violação de domicílio nas hipóteses previstas no § 3º do art. 150 do Código Penal, excluindo-se, portanto, a ilicitude da conduta praticada pelo agente.

São as hipóteses:

I. durante o dia, com observância das formalidades legais, para efetuar prisão ou outra diligência;

II. a qualquer hora do dia ou da noite, quando algum crime está sendo ali praticado, ou na iminência de o ser.

Além dessas hipóteses, **outras podem ser invocadas como forma de exclusão do crime em tela**: a legítima defesa, o estado de necessidade, o estrito cumprimento do dever legal, o exercício regular de direito (todas previstas no **art. 23 do Código Penal**), em caso de desastre ou para prestar socorro (estas duas últimas hipóteses vêm consagradas na Constituição Federal – **art. 5º, XI**).

6.4.10. *Conceito de casa*

Os §§ 4º e 5º do art. 150 do Código Penal, em típico exemplo de normas penais não incriminadoras explicativas, definem o conceito (positivo e negativo) de "casa" para fins de caracterização do crime de violação de domicílio.

7. CRIMES CONTRA O PATRIMÔNIO

7.1. Crime de furto (art. 155 do CP). Considerações iniciais

O crime de **furto**, previsto no art. 155 do CP, é a primeira figura inserida no Capítulo dos **crimes contra o patrimônio**, que se encerra com o art. 183 do mesmo diploma legal.

Trata-se de infração penal cuja **objetividade jurídica** é a **proteção do patrimônio alheio**, mais especificamente dos bens móveis alheios.

7.1.1. Tipo objetivo

O verbo do tipo (conduta típica) é **"subtrair"**, que corresponde à ação do agente de tirar alguma coisa da vítima, desapossá-la, apoderando-se dos bens a ela pertencentes.

A subtração exige, portanto, a **inexistência de consentimento da vítima**, já que o patrimônio é **bem jurídico disponível**, podendo ser suprimido por sua própria vontade.

Ainda, ressalta a doutrina que a subtração tem implícita em si a intenção do agente em se apoderar dos bens, seja para si, seja para outrem, de modo **definitivo**.

Atentam os doutrinadores, também, que a **subtração** abarca não só a retirada do bem da vítima sem o seu consentimento, mas a situação em que é entregue ao agente pelo ofendido, espontaneamente, e ele, sem permissão, retira-o da **esfera de vigilância** da vítima (ex.: "A", em uma loja, solicita um produto para manuseio, o que é feito por "B", vendedora. No entanto, sem o consentimento dela, "A" foge do local em poder do produto).

Ademais, não se exige, para a caracterização do furto, que a vítima esteja presente no momento da subtração. Em outras palavras, presenciando ou não a subtração, haverá o crime de furto.

Também configura elementar do tipo que a **coisa** subtraída seja **alheia** e **móvel**. Entende-se por "coisa" todos os bens suscetíveis de **apreciação econômica** (afinal, o furto protege o **patrimônio** alheio).

Outrossim, não basta que o agente subtraia um bem, devendo este pertencer, obviamente, a **terceira pessoa** (não se poderia cogitar de furto de coisa própria!).

Por fim, somente **bens móveis** podem ser objeto do crime em estudo, conforme determina a lei penal. Ainda que assim não estivesse previsto, se o furto pressupõe a retirada do bem da esfera de vigilância da vítima, somente os passíveis de mobilização é que podem ser literalmente "removidos", "retirados" de um local para outro. **Impossível, portanto, furto de bem imóvel.**

Se eventualmente a lei civil considera, por ficção, um bem móvel como imóvel (ex.: navios e aeronaves), ainda assim poderão ser objeto material do crime em comento. Basta que possam ser transportados de um lugar a outro.

Até mesmo os animais (semoventes) podem ser objeto de furto, desde que tenham um proprietário (ex.: gados, cachorros etc.). Especificamente quanto ao furto de gado, a doutrina o denomina de **abigeato.**

Coisas de uso comum não podem ser objeto de furto (ex.: água de rios, mares, ar), salvo se destacados de seu meio natural e exploradas por alguém (ex.: água encanada; gás).

Também não podem ser furtadas as **coisas que não têm ou nunca tiveram dono** (é a chamada *res nullius*). Igualmente ocorre com as **coisas abandonadas** (*res derelicta*), que nos termos da lei civil serão de propriedade de quem as encontrar (ex.: embora com alto valor econômico, se um cachorro *pit bull* for abandonado, não poderá ser objeto de furto se alguém o encontrar e o levar para sua casa).

O § 3º do art. 155 do CP **equipara** a **"coisa alheia"** a energia elétrica, bem assim outras formas de energia, o que veremos mais a frente.

E o cadáver, pode ser objeto de furto? Segundo aponta a doutrina, se ele pertencer a uma universidade, ou a um laboratório, por exemplo, terá apreciação econômica, podendo ser considerado objeto material do crime em análise. Em qualquer outra hipótese, a subtração de cadáver configurará o crime previsto no art. 211 do CP.

A **subtração de órgão humanos**, para fins de transplante, configura crime específico definido na **Lei 9.434/1997** (Lei de remoção de órgãos e tecidos).

7.1.2. Tipo subjetivo

Além do **dolo** (vontade livre e consciente do agente em subtrair coisa alheia móvel), exige-se o **elemento subjetivo do tipo** (**dolo específico**), vale dizer, o sujeito ativo deve ter a intenção de apoderar-se definitivamente do bem subtraído, ou de fazê-lo para que terceira pessoa dele se apodere em caráter definitivo.

O elemento subjetivo do tipo, no crime de furto, é denominado *de animus rem sibi habendi*. Em outras palavras, o agente deve subtrair o bem com o fim de **assenhoreamento definitivo**.

A exigência do "dolo específico" pode vir a desnaturar o crime de furto se o agente **subtrai o bem temporariamente, sem a intenção de ficar com ele indefinidamente**.

Assim, se o furtador subtrai um carro, por exemplo, com a simples intenção de utilizá-lo e posteriormente restituí-lo ao seu legítimo proprietário, estaremos diante de fato atípico, dada a inexistência do *animus rem sibi habendi*. Tal figura é denominada pela doutrina de **furto de uso**.

Para a verificação do furto de uso, verifica-se a necessidade de existência de dois requisitos:

a) subjetivo: intenção, *ab initio*, de utilizar temporariamente o bem subtraído, sem a intenção, portanto, de permanecer indefinidamente com ele;

b) objetivo: deve-se restituir a coisa subtraída com um interstício de tempo não muito longo (cláusula aberta), bem como em sua integralidade e sem danos.

Se a subtração de uma coisa alheia ocorrer para a superação de uma **situação de perigo**, nem mesmo podemos aventar furto de uso, mas sim de estado de necessidade, que afasta a criminalidade da conduta (**causa excludente da antijuridicidade**).

7.1.3. Sujeitos do crime

O **sujeito ativo** do crime de furto pode ser qualquer pessoa, desde que não seja o proprietário ou possuidor da coisa subtraída (o tipo penal exige que a coisa subtraída seja **alheia**).

Se se tratar o furtador de **funcionário público**, no exercício das funções ou em razão delas, poderá praticar o crime de peculato (art. 312 do CP).

Já o **sujeito passivo** do crime de furto é o proprietário, possuidor ou detentor do bem subtraído. Poderá ser pessoa natural ou pessoa jurídica.

7.1.4. Consumação e tentativa

Predomina na jurisprudência, quanto ao momento consumativo do furto, a denominada **teoria da *amotio (apprehensio)*.** Assim, para referida teoria, a consumação exige, além do contato, a apreensão da coisa alheia, independentemente do seu deslocamento, desde que a vítima não possa mais exercer o poder de livre disposição da coisa.

Segundo parte da doutrina, consuma-se o furto com a **inversão da posse do bem subtraído**. Não basta, portanto, a mera subtração da coisa alheia móvel, exigindo-se que o objeto seja, de fato, retirado da esfera de vigilância (ou de disponibilidade) da vítima, ainda que por breve espaço de tempo. Não se exige a posse mansa e pacífica da coisa furtada. É a posição, inclusive, do STJ e STF.

Logo, ocorrerá **tentativa** se o bem for subtraído da vítima e esta iniciar perseguição ao furtador, conseguindo reaver seu bem. A **inexistência de retirada do bem da esfera de disponibilidade da vítima** enseja o reconhecimento, pois, da tentativa de furto.

Doutrinariamente, o furto é denominado crime material já que para sua consumação é exigido o resultado naturalístico (retirada do bem da vítima e consequente redução patrimonial).

7.1.5. Crime impossível

Se a vítima não carregar nenhum objeto de valor consigo e o agente der início à execução do crime, abrindo, por exemplo, sua bolsa, sem nada encontrar, estaremos diante de **crime impossível (art. 17 do CP)**. Essa é a concepção de Celso Delmanto e Damásio de Jesus.

Já para Nelson Hungria e Heleno Fragoso, a inexistência de objeto material no momento do furto é questão *acidental* (circunstâncias alheias à vontade do agente), configurando-se a **tentativa**.

7.1.6. Forma majorada (repouso noturno)

O § 1º do art. 155 do CP pune mais gravosamente o furto praticado durante o **repouso noturno**.

Segundo a doutrina majoritária, somente se aplica a causa de aumento de pena em comento ao furto simples (*caput*), não incidindo nas demais modalidades.

Entende-se por repouso noturno o período de descanso das pessoas, o que deve ser interpretado de região a região. Há quem entenda que o período noturno vai das 18hs às 6hs, o que não deve ser o melhor conceito, eis que o conceito de "noite" melhor coaduna com ausência de luz solar.

Todavia, tencionou o legislador punir mais gravosamente o furto cometido durante o período de descanso/repouso das pessoas. Tal situação deve ser interpretada no caso concreto, levando em conta as peculiaridades de cada região do Brasil (ex.: no meio rural, certamente o repouso noturno é bem mais cedo do que no meio urbano).

Não se deve confundir **repouso noturno** com **noite**, eis que, como já se disse, o crime deve ser cometido durante o *repouso* noturno, ou seja, nos momentos de menor vigília por parte das pessoas.

Na jurisprudência, bem assim para boa parte da doutrina, prevalece o entendimento de que a causa de aumento de pena em análise incide não somente se o furto for praticado em **casa ou suas dependências, mas, também, estabelecimentos comerciais ou mesmo em locais desabitados**. O que importa para a incidência da majorante é o **período** em que o delito é praticado e não as condições do local (se habitado, desabitado, se residencial ou comercial).

7.1.7. Forma privilegiada (furto privilegiado)

O § 2º do art. 155 do CP, cuja natureza jurídica é de **causa especial de diminuição de pena**, é denominado pela doutrina de **furto privilegiado**.

Incidirá quando o agente for **primário** (ausência de reincidência – art. 64, I, do CP – **aspecto subjetivo**) e a coisa furtada for de pequeno valor (**aspecto objetivo**). Entende a doutrina e jurisprudência majoritárias como de **pequeno valor** o bem que não ultrapasse **um salário mínimo** no momento do crime.

Verificados os dois requisitos (primariedade e pequeno valor da coisa), o juiz poderá (em realidade, *deverá* – trata-se de direito subjetivo do acusado) **substituir a pena de reclusão pela de detenção, diminuí-la de um a dois terços ou aplicar somente a pena de multa**.

Dentre as opções grifadas, sem dúvida **a mais benéfica é a aplicação da *pena de multa***, eis que o seu descumprimento não poderá ensejar a restrição da liberdade do agente, mas ser cobrada como dívida de valor (*vide* art. 51 do CP).

Se o bem subtraído for de *ínfimo valor* (e não apenas de pequeno valor), pode-se sustentar a **insignificância penal**, por ausência de lesividade ao bem jurídico protegido pelo crime (ex.: furto de um botão de camisa ou de uma agulha em uma loja).

Frise-se que há diversas decisões dos Tribunais Superiores admitindo a incidência do privilégio mesmo para o furto qualificado, conforme será melhor visto no item a seguir.

7.1.8. Formas qualificadas

O § 4º do art. 155 do CP pune o crime de furto de 2 a 8 anos de reclusão nas seguintes hipóteses:

a) inciso I – se o furto for cometido com **destruição ou rompimento de obstáculo** à subtração da coisa: deve haver, nessa hipótese, efetiva destruição daquilo que pode ser considerado como obstáculo à subtração do bem efetivamente visado (ex.: a janela de um carro; as portas de uma residência). Não configura a qualificadora em comento se a destruição ou o rompimento ocorre na própria coisa para a sua subtração (ex.: quebrar o vidro do carro para, posteriormente, subtraí-lo). Acerca da imprescindibilidade de perícia para a configuração da qualificadora em comento, confira o entendimento do STJ:

> **FURTO. ROMPIMENTO. OBSTÁCULO. PERÍCIA.**
>
> "A Turma reiterou que, tratando-se de furto qualificado pelo rompimento de obstáculo, de delito que deixa vestígio, torna-se indispensável a realização de perícia para a sua comprovação, a qual somente pode ser suprida por prova testemunhal quando desaparecerem os vestígios de seu cometimento ou esses não

puderem ser constatados pelos peritos (arts. 158 e 167 do CPP). No caso, cuidou-se de furto qualificado pelo arrombamento de porta e janela da residência, porém, como o rompimento de obstáculo não foi comprovado por perícia técnica, consignou-se pela exclusão do acréscimo da referida majorante". Precedentes citados: HC 136.455-MS, *DJe* 22.02.2010; HC 104.672-MG, *DJe* 06.04.2009; HC 85.901-MS, *DJ* 29.10.2007, e HC 126.107-MG, *DJe* 03.11.2009. HC 207.588-DF, Rel. Min. Og Fernandes, j. 23.08.2011. (**Inform. STJ** 481).

b) inciso II – se o furto for cometido com **abuso de confiança**, ou mediante **fraude, escalada ou destreza**: no primeiro caso (abuso de confiança), a vítima deve ter uma ligação com o agente delitivo (amizade, parentesco, relações profissionais), sob pena de não ficar caracterizada a qualificadora. O mero vínculo empregatício não a configura, exigindo-se do empregado *confiança* para o desempenho de determinada função, diminuindo, consequentemente, a vigilância do bem por parte do patrão.

O furto mediante fraude (segunda hipótese) exige que o agente se valha de um meio enganoso, de um artifício, capaz de reduzir a vigilância da vítima sobre o bem, o que permitirá sua subtração com menores dificuldades (o bem é subtraído da vítima sem que ela perceba). É o caso do falso funcionário de concessionárias de energia elétrica ou de empresa telefônica, que, sob o argumento de serem funcionários das citadas empresas, ingressam em casa alheia e subtraem bens que as guarneçam.

Por fim, a terceira hipótese é a do furto mediante escalada (utilização de via anormal para o ingresso em determinado lugar, exigindo um esforço incomum do agente – ex.: escalar muro de 5m e ingressar em casa alheia, subtraindo bens de seu interior) ou mediante destreza (é a habilidade que permite ao agente subtrair bens sem que a vítima perceba – ex.: punguista);

c) inciso III – se o furto for cometido com **emprego de chave falsa**. Entende-se como "chave falsa" a imitação da verdadeira (cópia executada sem autorização de seu dono) ou qualquer instrumento que faça as vezes da chave, mas que não seja ela, capaz de abrir fechaduras sem arrombamento (ex.: chave "mixa"). Se for utilizada a chave verdadeira, anteriormente subtraída do dono, não estaremos diante dessa qualificadora, mas, eventualmente, daquela em que se emprega fraude;

d) inciso IV – se o furto for cometido em **concurso de duas ou mais pessoas**. Nessa situação, basta que duas ou mais pessoas (ainda que uma ou mais sejam inimputáveis – ex.: doença mental ou menoridade) concorram para a subtração. O STJ já chegou a entender que, se um maior de dezoito anos e um menor de idade, juntos, cometerem um furto, não se configura a qualificadora, em razão da inimputabilidade deste último. Não concordamos, pois a lei exige a concorrência de *pessoas* e não de *imputáveis*.

Questão interessante diz respeito à possibilidade – ou não – da conjugação do furto qualificado (art. 155, § 4º, do CP) com a figura do privilégio (art. 155, § 2º, do CP). A despeito da disposição topográfica (para parte da doutrina, seria inviável o furto ser, concomitantemente, qualificado e privilegiado, visto que referido privilégio vem previsto no § 2º do art. 155, ao passo que as qualificadoras vêm dispostas mais "abaixo", vale dizer, no § 4º), a jurisprudência dos Tribunais Superiores admite a conjugação dos dispositivos em comento. Confira-se:

FURTO QUALIFICADO. PRIVILÉGIO. PRIMARIEDADE. PEQUENO VALOR. RES FURTIVA.

"A Seção, pacificando o tema, julgou procedente os embargos de divergência, adotando orientação de que o privilégio estatuído no § 2º do art. 155 do CP mostra-se compatível com as qualificadoras do delito de furto, desde que as qualificadoras sejam de ordem objetiva e que o fato delituoso não seja de maior gravidade. Sendo o recorrido primário e de pequeno valor a *res furtiva*, verificando-se que a qualificadora do delito é de natureza objetiva – concurso de agentes – e que o fato criminoso não se revestiu de maior gravidade, torna-se devida a incidência do benefício legal do furto privilegiado, pois presente a excepcionalidade devida para o seu reconhecimento na espécie". Precedentes citados do STF: HC 96.843-MS, *DJe* 23.04.2009; HC 100.307-MG, *DJe* 03.06.2011; do STJ: AgRg no HC 170.722-MG, *DJe* 17.12.2010; HC 171.035-MG, *DJe* 1º.08.2011, e HC 157.684-SP, *DJe* 04.04.2011. EREsp 842.425-RS, Rel. Min. Og Fernandes, j. 24.08.2011. (**Inform. STJ** 481).

Importa anotar o teor da Súmula 511 do STJ, aprovada pela Corte em junho de 2014: "É possível o reconhecimento do privilégio previsto no § 2º do art. 155 do CP nos casos de crime de furto qualificado, se estiverem presentes a primariedade do agente, o pequeno valor da coisa e a qualificadora for de ordem objetiva".

Por fim, o **§ 5º** do art. 155 do CP comina pena de 3 a 8 anos se a subtração for de **veículo automotor que venha a ser transportado para outro Estado ou para o exterior**. Trata-se de qualificadora que leva em conta não o meio de execução do crime (como as definidas no § 4º), mas sim o resultado obtido com o furto.

7.1.9. *Equiparação de coisa alheia móvel*

O § 3º do art. 155 do CP equipara a coisa alheia móvel, para fins de caracterização do crime de furto, a energia elétrica ou qualquer outra que tenha valor econômico.

Assim, a energia elétrica, ainda que impalpável, imaterial, é considerada "coisa alheia móvel", podendo, pois, ser objeto material do crime de furto. O mesmo se pode dizer com relação à energia solar, radioativa, genética (de animais reprodutores) etc., desde que tenham valor econômico.

Interessante o entendimento do STF acerca do "furto" de sinal de TV a cabo. Veja-se:

Furto e ligação clandestina de TV a cabo

"A 2ª Turma concedeu *habeas corpus* para declarar a atipicidade da conduta de condenado pela prática do crime descrito no art. 155, § 3º, do CP (*"Art. 155 – Subtrair, para si ou para outrem, coisa alheia móvel: ... § 3º Equipara-se à coisa móvel a energia elétrica ou qualquer outra que tenha valor econômico."*), por efetuar ligação clandestina de sinal de TV a cabo. Reputou-se que o objeto do aludido crime não seria "energia" e ressaltou-se a inadmissibilidade da analogia *in malam partem* em Direito Penal, razão pela qual a conduta não poderia ser considerada penalmente típica" HC 97261/RS, rel. Min. Joaquim Barbosa, 12.04.2011. (HC-97261) (**Inform. STF** 623).

7.2. Roubo (art. 157 do CP). Considerações iniciais

O crime de **roubo**, previsto no art. 157 do CP, é um dos mais violentos ilícitos contra o patrimônio, já que, conforme veremos mais à frente, tem como elementares a violência ou a grave ameaça contra a vítima, que se vê acuada diante do roubador.

Trata-se de infração penal cuja **objetividade jurídica imediata** é a **proteção do patrimônio alheio**, mais especificamente dos bens móveis alheios. Todavia, também tutela, a um só tempo, a **liberdade individual** e a **integridade corporal**.

Por proteger, portanto, dois bens jurídicos (patrimônio e liberdade individual/integridade pessoal), a doutrina denomina o roubo de **crime pluriofensivo** (ofende mais de um bem).

A doutrina também aponta o roubo como um **crime complexo**, já que sua conformação típica pressupõe a existência de duas figuras que, isoladas, configuram crimes autônomos: **furto + violência** (vias de fato – contravenção penal; lesões corporais – crime) ou **furto + grave ameaça**.

7.2.1. *Tipo objetivo*

O verbo do tipo (conduta típica) é o mesmo do furto, qual seja, "subtrair", que corresponde à ação do agente de tirar alguma coisa da vítima, desapossá-la, apoderando-se dos bens a ela pertencentes.

A subtração exige, portanto, a **inexistência de consentimento da vítima**, já que o patrimônio é **bem jurídico disponível**, podendo ser suprimido pela sua própria vontade.

Ainda ressalta a doutrina que a subtração tem implícita em si a intenção do agente em se apoderar dos bens, seja para si, seja para outrem, de modo **definitivo**.

Três podem ser os meios de execução do roubo, tendentes à **subtração** de coisa alheia móvel:

a) grave ameaça – corresponde à **violência moral**, ou seja, a promessa, à vítima, de um mal injusto e grave;

b) violência – corresponde ao emprego de **força física** contra a vítima, seja por meio de vias de fato, seja mediante lesões corporais (leves, graves ou gravíssimas). A jurisprudência admite que mesmo fortes empurrões, efetuados com a finalidade de subtrair bens da vítima, são aptos a caracterizar o roubo. Porém, as "trombadas" leves, que somente objetivam um desvio de atenção da vítima, caracterizariam, se tanto, o delito de furto;

c) qualquer meio que reduza ou impossibilite a resistência da vítima – trata-se do emprego da **interpretação analógica** no tipo incriminador, cuja intenção é a de conferir maior proteção à vítima, **ampliando o espectro de incidência da norma penal**. São exemplos típicos o emprego de **narcóticos** ou **anestésicos** contra a vítima, tornando-a "presa fácil", já que, sob o efeito de referidas substâncias, sua capacidade de resistência à ação alheia fica bastante diminuída (ou até mesmo eliminada). Aqui, tem-se a denominada **violência imprópria**.

Também configura elementar do tipo que a **coisa** subtraída seja **alheia** e **móvel**. Entende-se por "coisa" todos os bens suscetíveis de **apreciação econômica** (afinal, o roubo, assim como o furto, protege o **patrimônio** alheio).

Outrossim, não basta que o agente subtraia um bem, devendo este pertencer, obviamente, a **terceira pessoa** (não se poderia cogitar de roubo de coisa própria!).

Por fim, somente **bens móveis** podem ser objeto do crime em estudo, conforme determina a lei penal. Ainda que assim não estivesse previsto, se o roubo pressupõe a retirada do bem da esfera de disponibilidade da vítima, somente os passíveis de mobilização é que podem ser literalmente "removidos", "retirados" de um local para outro. **Impossível, portanto, roubo de bem imóvel.**

Se eventualmente a lei civil considera, por ficção, um bem móvel como imóvel (ex.: navios e aeronaves), ainda assim poderão ser objeto material do crime em comento. Basta que possam ser transportados de um lugar a outro.

Até mesmo os animais (semoventes) podem ser objeto de roubo, desde que tenham um proprietário (ex.: gados, cachorros etc.).

7.2.2. *Tipo subjetivo*

Além do **dolo** (vontade livre e consciente do agente em subtrair coisa alheia móvel), exige-se o **elemento subjetivo do tipo** (**dolo específico**), vale dizer, o sujeito ativo deve ter a intenção de apoderar-se definitivamente do bem subtraído, ou de fazê-lo para que terceira pessoa dele se apodere em caráter definitivo.

O elemento subjetivo do tipo, no crime de roubo, é denominado de *animus rem sibi habendi*. Em outras palavras, o agente deve subtrair o bem com o fim de **assenhoreamento definitivo**.

A exigência do "dolo específico" pode vir a desnaturar o crime de roubo se o agente **subtrai o bem temporariamente, sem a intenção de ficar com ele indefinidamente**.

Assim, se o roubador subtrai um carro, por exemplo, com a simples intenção de utilizá-lo e posteriormente restituí-lo ao seu legítimo proprietário, estaremos diante de fato atípico, dada a inexistência do *animus rem sibi habendi*. Tal figura é denominada pela doutrina de **roubo de uso**, à semelhança do furto de uso. Contudo, trata-se de entendimento minoritário, seja na doutrina, seja na jurisprudência, pelo fato de se tratar de crime complexo, que ofende a integridade física ou a liberdade individual da vítima.

Se a subtração de uma coisa alheia ocorrer para a superação de uma **situação de perigo**, podemos invocar o estado de necessidade, que afasta a criminalidade da conduta (**causa excludente da antijuridicidade**), ainda que contra a vítima seja empregada violência ou grave ameaça. Nessa situação, embora típica, a conduta não será antijurídica.

7.2.3. *Sujeitos do crime*

O **sujeito ativo** do crime de roubo pode ser qualquer pessoa, desde que não seja o proprietário ou possuidor da coisa subtraída (o tipo penal exige que a coisa subtraída seja **alheia**).

Já o **sujeito passivo** do crime em tela é o proprietário, possuidor ou detentor do bem subtraído. Poderá ser pessoa natural ou pessoa jurídica. Admite-se, ainda, que **existam duas ou mais vítimas e a ocorrência de um só roubo**, na hipótese em que terceiros sejam atingidos pela violência ou grave ameaça, ainda que não sejam os donos do bem subtraído. Ex.: João aluga seu veículo a José, que, em determinado semáforo da cidade, é abordado e, mediante grave ameaça e violência física, vê o veículo ser subtraído pelos roubadores. No caso, João foi vítima do crime em razão do desfalque patrimonial sofrido e José por ter suportado a ação delituosa (meios executórios).

7.2.4. *Consumação e tentativa*

Apontam a doutrina e jurisprudência, basicamente, **duas** situações caracterizadoras da **consumação do roubo (próprio)**:

a) retirada do bem da esfera de vigilância da vítima, existindo a inversão da posse da *res*, à semelhança do que ocorre com o furto;

b) com o apoderamento do bem subtraído, logo após empregar a violência ou a grave ameaça para consegui-lo. Nesse caso, não se exige a posse tranquila, havendo a consumação ainda que a polícia chegue ao local em seguida ao apoderamento da *res*. Trata-se da posição adotada pelo STF.

Admissível, evidentemente, a **tentativa** do crime de roubo, seja pelo fato de o agente não ter obtido a posse tranquila do bem (primeira corrente), seja porque não conseguiu apoderar-se do bem da vítima, ainda que haja empregado violência ou grave ameaça.

Para concursos de Delegado de Polícia, deve-se sustentar a corrente segundo a qual basta que o agente obtenha a posse do bem, independentemente de ser tranquila, mansa, pacífica.

Doutrinariamente, é bom que se diga, o roubo é denominado crime material, já que para sua consumação é exigido o resultado naturalístico (retirada do bem da vítima e consequente redução patrimonial).

Quanto ao momento consumativo do roubo impróprio, veremos no item próprio dessa modalidade.

7.2.5. Espécies de roubo

A doutrina aponta duas espécies ou tipos de roubo:

a) roubo próprio – é o previsto no art. 157, *caput*, do Código Penal;

b) roubo impróprio – é o estabelecido no § 1º do mesmo dispositivo legal. Trata-se de crime que, inicialmente, assemelha-se ao furto (subtração de coisa alheia móvel). Todavia, para a consumação, visando o agente a **assegurar a impunidade ou a garantia da subtração** da coisa, **emprega violência ou grave ameaça contra a vítima**.

No caso de roubo impróprio, há o entendimento de que se **consuma** com o efetivo **emprego da violência ou grave ameaça, não se admitindo a tentativa (Damásio de Jesus, por exemplo)**. Porém, há quem sustente ser admissível, sim, a tentativa de roubo impróprio, desde que o agente, após o apoderamento da coisa, não consiga, por circunstâncias alheias à sua vontade, empregar a grave ameaça ou a violência física. No mais, todas as características do roubo próprio são aplicáveis ao impróprio (sujeitos do crime, objeto jurídico, tipo objetivo, tipo subjetivo). Frise-se, porém, que, para o cometimento do roubo impróprio, é inadmissível o emprego de violência imprópria, admitida apenas no *caput* do art. 157 do CP, mas não em seu § 1º.

7.2.6. Formas majoradas (causas de aumento de pena – art. 157, § 2º, do CP)

O § 2º do art. 157 do CP pune mais gravosamente (exacerbação de **um terço à metade da pena**) o roubo nas hipóteses previstas em seus cinco incisos, a saber:

a) inciso I – se a violência ou ameaça é exercida com emprego de arma: neste caso, o legislador pune mais severamente o agente que se vale do emprego de um artefato que garanta maior facilidade para a subtração, reduzindo-se ainda mais as chances de a vítima resistir à agressão ao seu patrimônio. Deve-se entender por arma tanto os artefatos previamente confeccionados para o ataque ou defesa (**arma própria** – ex.: revólver, espingarda, pistola, metralhadora etc.) quanto qualquer objeto que tenha potencialidade lesiva (**arma imprópria** – ex.: faca, machado, cutelo, foice, punhal etc.). No caso do emprego de arma de brinquedo, embora tenha esta chance de causar maior temor à vítima, não resultará em reconhecimento da circunstância ora estudada. Tanto é verdade que o STJ cancelou a antiga Súmula 174, pacificando-se o entendimento de que quis o legislador agravar a reprimenda do agente que se vale de uma *arma*, com **maior potencialidade ofensiva à vítima** (**aspecto objetivo**), pouco importando o aspecto intimidativo (**aspecto subjetivo**). A exibição de arma de brinquedo em um roubo caracterizará, tão somente, a modalidade simples (art. 157, *caput*, do CP), já que sua exibição perfaz a elementar "grave ameaça". Acerca da (des)necessidade de apreensão da arma para a configuração da majorante em comento, confira-se a posição do STF e, na sequência, a do STJ:

> **HC N. 105.263-MG – RELATOR: MIN. DIAS TOFFOLI**
>
> EMENTA: ***Habeas corpus*. Penal. Sentença penal condenatória. Crime do art. 157, § 2º, inciso I, do CP. Incidência da majorante em razão do emprego da arma. Precedentes.**
>
> 1. Firmado nesta Corte Suprema o entendimento de que a incidência da majorante do inciso I do § 2º do artigo 157 do Código Penal prescinde da apreensão da arma, se comprovado, por outros meios, o seu emprego. 2. *Habeas corpus* denegado. (**Inform. STF** 619).
>
> **ARMA. FOGO. INIDONEIDADE. PERÍCIA. OUTROS MEIOS. PROVA.**
>
> "A Turma, entre outras questões, reiterou o entendimento adotado pela Terceira Seção, com ressalva da Min. Relatora, de que é prescindível a apreensão e perícia de arma de fogo para a aplicação da causa de aumento de pena prevista no art. 157, § 2º, I, do CP, impondo-se a verificação, caso a caso, da existência de outras provas que atestem a utilização do mencionado instrumento. No caso, o magistrado de primeiro grau e a corte estadual assentaram a existência de prova pericial suficiente a demonstrar a inidoneidade da arma de fogo utilizada pelo réu, dada sua ineficácia para a realização dos disparos. Assim, a Turma concedeu a ordem a fim de afastar a causa de aumento prevista no art. 157, § 2º, I, do CP e reduziu a pena para cinco anos e quatros meses de reclusão a ser cumprida inicialmente no regime semiaberto, mais 13 dias-multa". HC 199.570-SP, Rel. Min. Maria Thereza de Assis Moura, j. 21.06.2011. (**Inform. STJ** 478).

b) inciso II – se há o concurso de duas ou mais pessoas: andou bem o legislador ao punir com maior rigor o roubo praticado por duas ou mais pessoas em concurso. Isto porque a vítima, diante de uma pluralidade de pessoas, terá menores chances de resistir à ação criminosa, ficando mais desprotegida. Pouco importa se, no "grupo", existirem pessoas maiores (imputáveis) ou menores de idade (inimputáveis). Tratou a lei de prever o concurso de duas ou mais **pessoas e não dois ou mais imputáveis.** Todavia, o STJ já proferiu entendimento no sentido de que o concurso de um maior de idade e um adolescente desnatura a causa de aumento de pena em estudo, eis que o Código Penal é um diploma normativo aplicado apenas aos imputáveis. Trata-se de posição isolada. Ainda, viável o reconhecimento da majorante em comento com o delito autônomo de associação criminosa (art. 288 do CP), haja vista que tutelam bens jurídicos distintos, não se aventando de *bis in idem* no caso (posição a ser adotada para concursos de Delegado de Polícia);

c) inciso III – se a vítima está em serviço de transporte de valores e o agente conhece tal circunstância: trata-se de causa de aumento de pena que nitidamente visa a proteger as pessoas que se dedicam ao transporte de valores (bancos e joalherias, p. ex.). Exige-se, *in casu*, que o agente saiba que a vítima labora na área de transporte de valores (dolo direto), não se admitindo o dolo eventual (assunção do risco);

d) inciso IV – se a subtração for de veículo automotor que venha a ser transportado para outro Estado ou para o exterior: neste caso, é imprescindível que o veículo, de fato, saia dos limites de um Estado e ingresse em outro, ou saia do país e ingresse no exterior, transpondo as fronteiras;

e) inciso V – se o agente mantém a vítima em seu poder, restringindo sua liberdade: inserido pela Lei 9.426/1996, colocou-se um fim à celeuma que envolvia o roubo e a restrição de liberdade da vítima. Prevalece, hoje, o entendimento de que incide a causa de aumento de pena ora analisada se o agente, para a subtração dos bens, mantém a vítima privada de sua liberdade pelo espaço de tempo suficiente à consumação do roubo ou para evitar a ação policial. Todavia, se desnecessária a privação de liberdade do sujeito passivo, já tendo se consumado o roubo, é possível o concurso entre o roubo e o sequestro ou cárcere privado (art. 148 do Código Penal).

7.2.7. *Formas qualificadas (roubo qualificado)*

O § 3º do art. 157 do CP elenca situações cuja natureza jurídica não são de **causas especiais de aumento de pena**, mas sim de **qualificadoras**.

Verificamos, pois, as seguintes hipóteses:

a) Se da violência resulta lesão corporal de natureza grave – pena de reclusão de 7 a 15 anos, além da multa: neste caso, pune o legislador com maior rigor a intensificação, por parte do agente, de sofrimento físico à vítima da subtração, que suporta lesões corporais graves para ser despojada de seus bens. As **lesões corporais leves** serão absorvidas pelo roubo simples (art. 157, *caput*, do Código Penal), não configurando a qualificadora em comento. As lesões corporais graves poderão ser causadas a vítima a título de dolo ou culpa (neste último caso, a figura será preterdolosa);

b) Se resulta morte – reclusão de 20 a 30 anos, sem prejuízo da multa: trata-se do denominado **latrocínio,** considerado **crime hediondo** pela Lei 8.072/1990, daí advindo efeitos penais mais severos ao agente (insusceptibilidade de anistia, graça, indulto, progressão de regime mais demorada, livramento condicional mais demorado). A **morte da vítima** poderá ser **dolosa** ou **culposa** (neste caso, o resultado agravador configurará hipótese preterdolosa de latrocínio). No tocante à **tentativa de latrocínio**, podemos verificar **quatro situações**: 1ª) roubo e morte consumados – evidentemente haverá latrocínio consumado; 2ª) roubo e morte tentados – latrocínio tentado; 3ª) roubo tentado e morte consumada – latrocínio consumado (Súmula 610 do STF); 4ª) roubo consumado e morte tentada – latrocínio tentado (entendimento do STF). Se o agente, por erro na execução (*aberratio ictus*), mata o comparsa no roubo, tendo mirado a vítima, responderá por latrocínio. Por fim, ainda que a morte causada à vítima seja dolosa, o crime de latrocínio **não será julgado pelo Tribunal do Júri**, mas sim por juízo criminal comum, exatamente por se tratar de crime contra o patrimônio e **não contra a vida**. Por fim, confira-se a posição do STJ acerca da imputação a coautor de roubo seguido de morte da vítima, ainda que não tenha efetuado os disparos:

> **ROUBO ARMADO. DISPAROS. COAUTORIA.**
>
> "A Turma entendeu, entre outras questões, que o paciente condenado por roubo armado seguido de morte responde como coautor, ainda que não tenha sido o responsável pelos disparos que resultaram no óbito da vítima. Na espécie, ficou demonstrado que houve prévio ajuste entre o paciente e os outros agentes, assumindo aquele o risco do evento morte". Precedentes citados: REsp 622.741-RO, *DJ* 18.10.2004; REsp 418.183-DF, *DJ* 04.08.2003, e REsp 2.395-SP, *DJ* 21.05.1990. HC 185.167-SP, Rel. Min. Og Fernandes, j. 15.03.2011. (**Inform. STJ** 466)

7.3. Extorsão (art. 158 do CP)

7.3.1. *Considerações iniciais*

O crime de **extorsão**, previsto no art. 158 do CP, consiste em **constranger alguém**, mediante **violência** ou **grave ameaça**, e com o **intuito de obter** para si ou para outrem **indevida vantagem econômica**, a fazer, deixar de fazer ou tolerar que se faça algo.

Trata-se de infração penal cuja **objetividade jurídica imediata** é a **proteção do patrimônio alheio**, mais especificamente dos bens móveis alheios. Todavia, também tutela, a um só tempo, a **liberdade individual** e a **integridade corporal**.

Por proteger, portanto, dois bens jurídicos (patrimônio e liberdade individual/integridade pessoal), a doutrina denomina a extorsão de **crime pluriofensivo** (ofende mais de um bem jurídico), assim como ocorre com o roubo.

A doutrina também aponta a extorsão como um **crime complexo,** já que sua conformação típica pressupõe a existência de duas figuras que, isoladas, configuram crimes autônomos: **constrangimento ilegal + violência** (vias de fato – contravenção penal; ou lesões corporais – crime) ou **constrangimento ilegal + grave ameaça**.

7.3.2. *Tipo objetivo*

O verbo do tipo (conduta típica) é o mesmo do constrangimento ilegal, qual seja, "constranger", **coagir, obrigar** a vítima a fazer, deixar de fazer ou tolerar que se faça algo mediante violência ou grave ameaça. Todavia, enquanto no constrangimento ilegal busca-se a restrição da liberdade, na extorsão a finalidade é o locupletamento ilícito.

O constrangimento exige, portanto, a **inexistência de consentimento da vítima,** a qual é obrigada a fazer alguma coisa (ex.: entregar dinheiro, efetuar depósito bancário etc.), deixar de fazer algo (ex.: devedor que ameaça o credor para que ele não promova a execução) ou tolerar que se faça algo (ex.: tolerar o uso de um imóvel que lhe pertence sem cobrar aluguel).

Assim, a vítima pode ter uma conduta **comissiva** (fazer) ou **omissiva** (deixar de fazer ou tolerar), enquanto que o autor do crime de extorsão sempre realiza uma **ação** (constranger, mediante violência ou grave ameaça).

Dois podem ser os meios de execução da extorsão, para obtenção da indevida vantagem econômica, após o constrangimento da vítima:

a) grave ameaça – corresponde à **violência moral**, ou seja, a promessa, à vítima, de um mal injusto e grave;

b) violência – corresponde ao emprego de **força física** contra a vítima, seja por meio de vias de fato, seja mediante lesões corporais (leves, graves ou gravíssimas).

É oportuno frisar que, se a indevida vantagem econômica for obtida mediante **fraude, artifício ou ardil,** poderá restar configurado o crime de estelionato.

Também configura elementar do tipo que a obtenção da **indevida vantagem econômica** seja para **si** ou para **outrem**. Entende-se por "indevida vantagem econômica" toda vantagem suscetível de **apreciação econômica** (afinal, a extorsão, assim como o furto e o roubo, protege o **patrimônio** alheio).

7.3.3. Tipo subjetivo

Além do **dolo** (vontade livre e consciente do agente em constranger a vítima), exige-se o **elemento subjetivo do tipo (dolo específico)**, vale dizer, o sujeito ativo deve ter a intenção de obter para si ou para outrem **indevida vantagem econômica**.

A exigência do "dolo específico" (**especial fim de agir**) pode vir a desnaturar o crime de extorsão. Se a intenção for a de obter vantagem econômica devida, o crime será o exercício arbitrário das próprias razões. Por outro lado, se a vantagem não for econômica, mas moral, o crime será o constrangimento ilegal; se sexual, poderá caracterizar crime contra a liberdade sexual (estupro, por exemplo).

7.3.4. Sujeitos do crime

O **sujeito ativo** do crime de extorsão pode ser qualquer pessoa, não se exigindo nenhuma qualidade especial (crime comum). Já o **sujeito passivo** do crime em tela é aquele que suporta diretamente a violência ou a grave ameaça, bem como o titular do patrimônio visado.

7.3.5. Consumação e tentativa

O crime de extorsão **consuma-se** no momento em que a **vítima faz, deixa de fazer ou tolera** que se faça algo. Ou seja, não basta o mero constrangimento da vítima, sendo imprescindível que haja uma ação ou omissão.

Entretanto, para a consumação do delito se dispensa a obtenção da indevida vantagem econômica (**Súmula 96 do STJ**). A obtenção do enriquecimento ilícito constitui **exaurimento do crime**. Portanto, doutrinariamente, a extorsão é denominada **crime formal (ou de consumação antecipada)**, já que para sua consumação não é exigido o resultado naturalístico (obtenção da indevida vantagem econômica).

Há **tentativa** do crime de extorsão quando, apesar da exigência realizada pelo autor do delito, mediante o emprego de violência ou grave ameaça, a vítima não realiza a conduta que lhe fora exigida, por circunstâncias alheias à sua vontade.

Em suma, quando houver mera exigência, o crime será tentado. Mas se a vítima realizar o que lhe fora exigido, haverá crime consumado. E, por fim, se o agente obtiver a indevida vantagem econômica, haverá exaurimento do crime.

7.3.6. Espécies de extorsão

A extorsão pode ser:

a) simples: art. 158, *caput, do CP*;

b) majorada: quando presente uma das causas de aumento de pena – art. 158, § 1º, do CP;

c) qualificada: art. 158, §§ 2º e 3º, do CP.

7.3.7. Formas majoradas (causas de aumento de pena – art. 158, § 1º, do CP)

O § 1º do art. 158 do CP pune mais gravosamente (exacerbação de **um terço à metade da pena**) a extorsão:

a) se cometida por duas ou mais pessoas: aplica-se aqui o que já fora explicitado no crime de roubo;

b) se cometida mediante o emprego de arma: de igual modo aplica-se o que já fora explicitado no crime de roubo, quanto ao conceito de arma.

7.3.8. Extorsão qualificada (art. 158, § 2º, do CP)

Há duas espécies de extorsão qualificada previstas no artigo 158, § 2º do Código Penal:

a) extorsão qualificada pela lesão corporal de natureza grave;

b) extorsão qualificada pelo resultado morte. Neste caso, estaremos diante de **crime hediondo**.

Tudo o que foi dito a respeito do roubo qualificado pela lesão grave ou morte (art. 157, § 3º, do CP) aplica-se ao crime de extorsão qualificada. Frisa-se que as formas qualificadas de extorsão configuram **crimes preterdolosos**.

Como se verá mais adiante, há, ainda, outras formas qualificadas de extorsão, previstas no § 3º também do art. 158 do CP, que prevê que a pena será de reclusão de 6 a 12 anos, além da multa, se o crime é cometido com restrição da liberdade da vítima e essa condição é necessária para a obtenção da vantagem econômica (sequestro-relâmpago). Se resultar, porém, lesão corporal grave ou morte, as penas serão aquelas cominadas aos §§ 2º e 3º, respectivamente, do art. 159 do CP.

7.3.9. Diferença entre extorsão e roubo

Para a doutrina amplamente majoritária, a diferença havida entre os crimes acima referidos é que no roubo **o bem é retirado da vítima** enquanto que na extorsão ela própria é quem o **entrega ao agente**.

Assim, a principal distinção entre o crime de extorsão e o de roubo se faz pela colaboração da vítima. Se for **imprescindível a colaboração** para o agente obter a vantagem econômica, tem-se o **crime de extorsão**. No entanto, se for **dispensável a colaboração** da vítima, ou seja, mesmo que a vítima não entregue o bem o agente iria subtraí-lo, aí há o **crime de roubo**.

Há crime de roubo, portanto, quando o próprio agente subtraiu o bem ou quando o agente poderia ter subtraído, mas determinou que a vítima lhe entregasse o bem após empregar violência ou grave ameaça.

7.3.10. "Sequestro relâmpago" (art. 158, § 3º, do CP)

Essa distinção entre extorsão e roubo tinha relevância na doutrina quando se discutia sobre o denominado "sequestro relâmpago". Mas, com a Lei nº 11.923/2009, o legislador colocou fim à discussão, com a tipificação do art. 158, § 3º, do CP.

Em verdade, o "sequestro relâmpago" é uma modalidade de crime de extorsão cometido mediante a **restrição da liberdade** da vítima (e não a privação total), necessária para a obtenção da vantagem econômica.

A **colaboração** da vítima se torna **imprescindível** para que ocorra a vantagem, como, por exemplo, no caso típico em que o agente aborda a vítima, restringindo-lhe a liberdade e a conduzindo até um caixa eletrônico para que efetue o saque de dinheiro, que somente será realizado com a utilização da senha do cartão bancário. A colaboração da vítima é indispensável, pois o agente não poderia adivinhar a senha do cartão, sem a qual não seria possível a realização do saque.

Outrossim, cumpre ressaltar a discussão a respeito de ser ou não crime hediondo o "sequestro relâmpago" qualificado pela lesão corporal grave ou morte. Para uma corrente, não há que se falar em hediondez, na medida em que o critério adotado pelo legislador foi o legal e, no caso, não se incluiu a extorsão qualificada (art. 158, § 3º, do CP) no rol taxativo do art. 1º da Lei nº 8.072/1990. Todavia, para outra corrente seria possível sustentar o tratamento mais rigoroso dos crimes hediondos, na medida em que o § 3º do art. 158 do CP faz alusão ao art. 159, §§ 2º e 3º, do CP, o qual foi expressamente previsto na Lei dos Crimes Hediondos.

7.4. Extorsão mediante sequestro (art. 159 do CP)

7.4.1. Considerações iniciais

Trata-se de crime previsto no art. 159 do CP, modalidade de extorsão, qualificada, porém, pelo sequestro, consistente na **privação da liberdade** da vítima para o **fim de obter, para si ou para outrem, qualquer vantagem, como condição ou preço do resgate**.

Trata-se de **crime pluriofensivo**, em que são tutelados vários bens jurídicos: liberdade de locomoção, integridade física e patrimônio.

7.4.2. Tipo objetivo

O núcleo do tipo é **sequestrar,** o que significa privar a liberdade de **alguém** por tempo juridicamente relevante.

Muito embora o tipo penal faça alusão a "qualquer vantagem", prevalece o entendimento doutrinário no sentido de que a vantagem deve ser **econômica,** haja vista se tratar de crime contra o patrimônio. Caso a natureza da vantagem seja outra, poderá restar caracterizado o crime de sequestro (art. 148 do CP).

Ainda, a jurisprudência exige que a vantagem, além de econômica, deve ser **indevida**, apesar da omissão do legislador. Isso porque, se a vantagem visada pelo sequestrador for devida, poderá configurar o exercício arbitrário das próprias razões (art. 345 do CP), em concurso formal com o crime de sequestro (art. 148 do CP).

7.4.3. Tipo subjetivo

Além do **dolo** (vontade livre e consciente de sequestrar a vítima), exige-se o **elemento subjetivo do tipo** (**dolo específico**), vale dizer, o sujeito ativo deve ter a intenção de obter para si ou para outrem **indevida vantagem econômica,** como condição ou preço do resgate.

7.4.4. Sujeitos do crime

O **sujeito ativo** pode ser qualquer pessoa (**crime comum**). De igual modo, o sujeito passivo pode ser qualquer pessoa, mas necessariamente deve ser **pessoa**. Ou seja, se houver o sequestro de um animal para o fim de se exigir resgate, não se caracterizará o crime de extorsão mediante sequestro, mas simplesmente o crime de extorsão (art. 158 do CP). Será **sujeito passivo** tanto a pessoa que teve a sua liberdade de locomoção tolhida como aquela que sofreu a lesão patrimonial.

7.4.5. Consumação e tentativa

O crime se **consuma** com a **privação da liberdade**, ou seja, no momento em que há a captura da vítima, sendo que o **pagamento do resgate** (obtenção da indevida vantagem econômica) é mero **exaurimento** do crime. Daí dizer-se que se trata de **crime formal** (ou de consumação antecipada).

Ainda, trata-se de **crime permanente**, visto que, enquanto a vítima é privada de sua liberdade, a infração se consuma a cada instante, motivo pelo qual é admitida a **prisão em flagrante** a qualquer tempo.

A **tentativa** é **admissível**, desde que o agente já tenha iniciado os atos executórios do crime (privação da liberdade da vítima), o qual somente não se consumou por circunstâncias alheias à sua vontade.

7.4.6. Espécies de extorsão mediante sequestro

São **espécies** de extorsão mediante sequestro:

a) simples: art. 159, *caput, do CP*;

b) qualificada:

b.1) art. 159, § 1º, do CP:

b.1.1) se o sequestro dura mais de 24 horas;

b.1.2) se o sequestrado é menor de 18 anos ou maior de 60 anos;

b.1.3) se o crime é cometido por bando ou quadrilha (atualmente denominado associação criminosa);

b.2) art. 159, § 2º, do CP: se do fato resulta **lesão corporal de natureza grave**, dolosa ou culposa;

b.3) art. 159, § 3º, do CP: se resulta **morte**, dolosa ou culposa.

Quanto às qualificadoras relativas à lesão corporal grave e à morte, cumpre salientar que somente serão aplicadas quando tais resultados ocorrerem na própria pessoa sequestrada. Se outra pessoa for atingida, haverá crime autônomo.

Como o legislador não restringiu, tais qualificadoras ocorrem tanto no caso de lesão corporal/morte dolosa como culposa, assim como ocorre com o latrocínio.

Ainda, se no caso concreto a conduta dos sequestradores se enquadrar em todos os parágrafos das qualificadoras mencionadas acima, a subsunção será feita no § 3º, cuja pena é maior e mais grave, sendo que as demais qualificadoras serão consideradas como circunstâncias judiciais, quando da fixação da pena-base pelo juiz.

Todas as espécies de extorsão mediante sequestro são consideradas **hediondas** (simples ou qualificadas).

7.4.7. *Delação premiada na extorsão mediante sequestro*

Se o crime é cometido em **concurso**, o concorrente que o **denunciar** à autoridade (Delegado de Polícia, Ministério Público, Juiz), **facilitando a liberação da vítima**, terá sua pena diminuída de **1/3 a 2/3** - art. 159, § 4º, do CP. Portanto, trata-se de **causa especial de diminuição da pena**, sendo que o critério para a redução é a colaboração para a soltura da vítima, ou seja, a pena será diminuída proporcionalmente ao auxílio prestado pelo delator.

7.4.8. *Diferença entre sequestro relâmpago e extorsão mediante sequestro*

O "sequestro relâmpago", como já mencionado, é uma modalidade de crime de extorsão cometido mediante a **restrição da liberdade** da vítima (e não a privação total), necessária para a obtenção da indevida vantagem econômica.

Isso não se confunde com a também restrição da liberdade, que pode ser causa de aumento de pena do crime de **roubo** (art. 157, § 2º, V, do CP), mas desde que realizada pelo tempo necessário para a abordagem da vítima e para que esta não delate o agente (e não como condição necessária para a obtenção da vantagem almejada pelo roubador).

Por sua vez, há que se distinguir da **extorsão mediante sequestro**, a qual se caracteriza pela **privação total da liberdade de locomoção** da vítima, a qual é capturada pelo agente, com o fim de obter, para si ou para outrem, qualquer vantagem (econômica e indevida) como condição ou preço do resgate.

7.5. Apropriação indébita (art. 168 do CP). Considerações iniciais.

O crime de **apropriação indébita**, previsto no art. 168 do Código Penal, evidentemente é crime contra o patrimônio, já que inserido exatamente neste título do referido diploma legal.

Portanto, o **bem jurídico** tutelado pelo crime em comento é o direito de propriedade (patrimônio).

7.5.1. *Tipo objetivo*

O verbo do tipo (conduta típica) é "apropriar", indicando que o agente irá apoderar-se, assenhorear-se, fazer sua a coisa de outrem. Enfim, o sujeito ativo passa a portar-se como se fosse dono da coisa.

Diz-se que a **apropriação indébita** é crime que se aperfeiçoa por conta da quebra ou violação de uma **confiança**, já que a vítima entrega a coisa ao agente por livre e espontânea vontade. Ocorre que, em momento posterior ao recebimento da coisa, o agente **inverte seu ânimo sobre o bem**, passando a comportar-se com *animus domini*.

Assim, são requisitos para a configuração da apropriação indébita:

1º) entrega livre do bem pela vítima ao agente;

2º) a posse ou detenção do bem deve ser desvigiada;

3º) ao entrar na posse ou detenção do bem, o agente não deve, desde logo, querer dele apoderar-se ou deixar de restituí-lo ao dono.

Vê-se, pois, que na apropriação indébita a primeira atitude do agente não é banhada de má-fé, eis que recebe o bem sem a intenção inicial de tê-lo para si. Porém, ato seguinte à posse ou detenção, modifica seu ânimo sobre a coisa, passando a comportar-se como se dono fosse.

A doutrina aponta duas formas de execução da apropriação indébita:

a) comportamento do agente como se dono fosse: ato seguinte ao recebimento da coisa, o agente passa a ter atitude típica de dono, dispondo da coisa ou dela se utilizando como se lhe pertencesse. Trata-se da denominada **apropriação indébita propriamente dita**;

b) negativa ou recusa na restituição da coisa: quando o legítimo proprietário da coisa a pede de volta, o agente nega-se a restituí-la, caracterizando a chamada **negativa de restituição**.

7.5.2. *Tipo subjetivo*

Trata-se do dolo, ou seja, a vontade livre e consciente do sujeito de apoderar-se de bem (coisa) alheio, passando a comportar-se como se fosse dono.

Diz-se que o **dolo** somente deve ser **posterior** ao recebimento da coisa. Assim não sendo, estaremos diante de possível estelionato (ex.: "A" recebe dinheiro de "B" querendo, desde logo, obter o montante para si). A doutrina, neste caso, denomina *dolo subsequens*, ou seja, a intenção de apropriar-se da coisa deve ser subsequente/posterior ao seu recebimento.

Exige-se, ainda, o *animus rem sibi habendi*, configurador do elemento subjetivo do tipo (especial fim de agir do agente).

7.5.3. *Sujeitos do crime*

Quanto ao **sujeito ativo**, poderá sê-lo **qualquer pessoa** que tenha a posse ou a detenção do bem, recebido de maneira **lícita** (entregue voluntariamente pela vítima).

Já o **sujeito passivo** é quem sofre a **perda patrimonial** (proprietário, possuidor etc.).

7.5.4. *Consumação e tentativa*

Consuma-se a apropriação indébita com a **efetiva inversão do ânimo do agente sobre a coisa** entregue pela vítima. Trata-se de aspecto de difícil aferição por se tratar de intenção. Porém, estará consumada a infração, no caso de apropriação propriamente dita, quando o agente começar a portar-se como se dono da coisa fosse (ex.: venda do bem, locação, utilização etc.). Já na negativa de restituição, estará caracterizado o momento consumativo exatamente quando o agente negar-se a devolver o bem da vítima.

Admissível a **tentativa** na apropriação indébita **propriamente dita**, não sendo possível na **negativa de restituição**.

7.5.5. *Causas majoradas*

A pena será aumentada em 1/3 (um terço) quando:

a) o agente receber a coisa em depósito;

b) o agente receber a coisa na qualidade de tutor, curador, síndico, liquidatário, inventariante, testamenteiro ou depositário judicial;

c) o agente receber a coisa em razão de ofício, emprego ou profissão.

7.6. Estelionato (art. 171 do CP). Considerações iniciais

Trata-se de crime contra o **patrimônio**, cuja objetividade jurídica é a proteção do patrimônio alheio.

Caracteriza-se o estelionato pela existência de uma **fraude**, pela qual o agente, valendo-se de artimanhas, ludibria o ofendido a entregar-lhe uma coisa, daí obtendo vantagem ilícita.

7.6.1. *Tipo objetivo*

No estelionato, o agente **obtém uma vantagem.** Assim, com o emprego de **fraude**, o sujeito ativo consegue alcançar uma vantagem ilícita.

O *caput* do art. 171 do Código Penal descreve em que pode consistir referida fraude. Poderá, portanto, o agente, para obter vantagem ilícita para si ou para outrem empregar:

a) **artifício**: é o uso, pelo agente, de objetos aptos a enganar a vítima (ex.: documentos falsos, roupas ou disfarces);

b) **ardil**: corresponde ao "bom de papo". É a conversa enganosa;

c) **qualquer outro meio fraudulento**: tudo o quanto puder ludibriar a vítima. Utilizou-se o legislador da interpretação analógica a fim de que outras condutas não escapem da tipicidade penal.

O agente, valendo-se do artifício, ardil ou qualquer outro meio fraudulento, induzirá a vítima ou irá mantê-la em erro, obtendo, com isso, vantagem ilícita.

Não haverá, aqui, **subtração** da coisa. Ao contrário, será ela entregue pela vítima ao agente mediante algum expediente fraudulento (artifício, ardil ou outra fraude), tendo ele, desde logo, a intenção de locupletar-se à custa alheia. Esta é a diferença maior entre o estelionato e a apropriação indébita.

Diz a doutrina que o estelionato é **crime material**, exigindo, portanto, que o agente obtenha vantagem ilícita, provocando um prejuízo material à vítima.

Apontam os juristas, ainda, que não se exige que o engodo seja crível pelo **homem médio**. Assim não fosse, as pessoas mais simples estariam desassistidas pela lei penal. Basta, portanto, que o artifício ou o ardil tenham sido suficientes a enganar a vítima.

7.6.2. *Tipo subjetivo*

É o **dolo**. Atua o agente, portanto, com a intenção, desde logo, de locupletar-se à custa da vítima, induzindo-a ou mantendo-a em erro.

7.6.3. *Sujeitos do crime*

O **sujeito ativo** é tanto o que emprega a fraude quanto o que aufere a vantagem ilícita.

Sujeito passivo será a pessoa que sofrer o prejuízo, ou ainda aquela que for enganada.

A vítima deve ser pessoa determinada. No caso de a conduta visar a vítimas indeterminadas, poderemos estar diante de crime contra a economia popular, definido na Lei 1.521/1951 (ex.: correntes, pirâmides, adulteração de combustíveis, de balanças etc.).

7.6.4. *Consumação e tentativa*

Como já afirmado, o crime de estelionato é **material**, exigindo-se a verificação do resultado (obtenção da vantagem ilícita e prejuízo patrimonial à vítima).

Admissível a **tentativa** se a vítima não é enganada, de fato, pelo agente, ou, ainda que enganada, não sofre prejuízo patrimonial.

Diz-se que se o meio utilizado pelo agente for absolutamente inidôneo, não se pode cogitar de tentativa, mas sim **crime impossível** pela **ineficácia absoluta do meio**.

7.6.5. *Concurso de crimes*

Se o sujeito ativo, para empregar a fraude, falsifica títulos de crédito ou documentos, visando à obtenção de vantagem ilícita, poderá ser responsabilizado da seguinte maneira:

a) estelionato e falsificação, por violarem bens jurídicos distintos (patrimônio e fé pública), terão suas penas somadas (concurso material);

b) estelionato e falsificação serão atribuídos ao agente a título de concurso formal (mediante uma só ação, o sujeito praticou dois crimes);

c) a falsificação de documento, por ser crime mais grave, absorve o estelionato, de menor pena;

d) o estelionato, por ser crime-fim, absorve a falsificação (crime-meio), por conta do princípio da consunção. Este é o posicionamento do STJ, ao editar a Súmula nº 17: "quando o falso se exaure no estelionato, sem mais potencialidade lesiva, é por este absorvido".

7.6.6. *Estelionato privilegiado*

Previsto no § 1º do art. 171, terá o mesmo tratamento do furto privilegiado (pequeno valor e primariedade).

7.6.7. *Formas assemelhadas*

O § 2º do mesmo dispositivo legal traz outras seis hipóteses de estelionato, porém, com algumas especificidades:

a) quem vende, permuta, dá em pagamento, em locação ou em garantia coisa alheia como própria;

b) quem vende, permuta, dá em pagamento ou em garantia coisa própria inalienável, gravada de ônus ou litigiosa, ou imóvel que prometeu vender a terceiro, mediante pagamento em prestações, silenciando sobre qualquer dessas circunstâncias;

c) quem defrauda, mediante alienação não consentida pelo credor ou por outro modo, a garantia pignoratícia, quando tem a posse do objeto empenhado;

d) quem defrauda substância, qualidade ou quantidade de coisa que deve entregar a alguém;

e) quem destrói, total ou parcialmente, ou oculta coisa própria, ou lesa o próprio corpo ou saúde, ou agrava as consequências da lesão ou doença, com o intuito de haver indenização ou valor de seguro;

f) quem emite cheque sem suficiente provisão de fundos em poder do sacado ou lhe frustra o pagamento (ver Súmula 554 do STF).

7.6.8. *Forma majorada*

Prevista no § 3º do art. 171 do Código Penal, a pena será aumentada de 1/3 (um terço) se o crime é cometido em detrimento de entidade de direito público ou de instituto de economia popular, assistência social ou beneficência.

7.7. Receptação (art. 180 do CP)

7.7.1. *Tipo obje,tivo*

O tipo previsto no art. 180 do CP é dividido em receptação própria (1ª parte) e imprópria (2ª parte).

Na receptação própria, o verbo do tipo (conduta típica) é "**adquirir, receber, transportar, conduzir ou ocultar**" em proveito próprio ou alheio, coisa que **sabe ser produto de crime**.

Já na receptação imprópria, o verbo do tipo (conduta típica) é "**influir**" para que terceiro, de boa-fé adquira, receba ou oculte coisa que sabe ser produto de crime. Assim, é possível dizer que o agente não é o receptador, mas o intermediário da atividade criminosa.

Caso o agente influa para que terceiro de boa-fé transporte ou conduza coisa que seja produto de crime, o fato será atípico, diante da omissão legislativa.

Tanto na receptação própria como na imprópria deve existir um crime antecedente, cujo objeto material coincidirá com o produto receptado.

Oportuno ressaltar que a receptação é punível, ainda que desconhecido ou isento de pena o autor do crime de que proveio a coisa, nos termos do art. 180, § 4º, do CP.

Interessante trazer à baila a posição do STJ acerca da receptação de folhas de cheque. Confira-se:

> **FOLHAS DE CHEQUE E OBJETO MATERIAL DO CRIME.**
>
> "A Turma, ao reconhecer a atipicidade da conduta praticada pelo paciente, concedeu a ordem para absolvê-lo do crime de receptação qualificada de, folhas de cheque. Reafirmou-se a jurisprudência do Superior Tribunal de Justiça no sentido de que o talonário de cheque não possui valor econômico intrínseco, logo, não pode ser objeto material do crime de receptação". HC 154.336-DF, Rel. Min. Laurita Vaz, j. 20.10.2011. (**Inform. STJ** 485)

7.7.2. *Tipo subjetivo*

Trata-se do dolo direto, ou seja, a vontade livre e consciente do sujeito de "adquirir, receber, transportar, conduzir ou ocultar", em proveito próprio ou alheio (elemento subjetivo do tipo), coisa que sabe ser produto de crime, ou "influir" para que terceiro, de boa-fé, adquira, receba ou oculte.

Caso o agente não soubesse ser a coisa produto de crime, muito embora pudesse saber ou tivesse dúvida a respeito, poderá configurar o crime previsto no art. 180, § 3º, do CP (receptação culposa).

7.7.3. *Sujeitos do crime*

Quanto ao **sujeito ativo**, poderá sê-lo qualquer pessoa, exceto o coautor ou partícipe do crime antecedente. Trata-se, portanto, de **crime comum**.

Já o **sujeito passivo** é o mesmo do delito antecedente.

7.7.4. *Consumação e tentativa*

O delito se consuma no momento em que a coisa sai da esfera de disponibilidade da vítima (crime material) ou quando o agente influi para que terceiro de boa-fé adquira, receba ou oculte coisa produto de crime (crime formal).

É admissível a **tentativa**.

7.7.5. *Receptação qualificada*

> *§ 1º Adquirir, receber, transportar, conduzir, ocultar, ter em depósito, desmontar, montar, remontar, vender, expor à venda, ou de qualquer forma utilizar, em proveito próprio ou alheio, no exercício de atividade comercial ou industrial, coisa que deve saber ser produto de crime: (Redação dada pela Lei nº 9.426, de 1996)*
>
> *Pena – reclusão, de três a oito anos, e multa.*
>
> *§ 2º Equipara-se à atividade comercial, para efeito do parágrafo anterior, qualquer forma de comércio irregular ou clandestino, inclusive o exercício em residência.*

Tal modalidade de receptação configura espécie de crime próprio, já que somente poderá ser praticado por aquele que exerce atividade comercial, inclusive clandestina.

Importante ressaltar que a forma qualificada traz outras condutas típicas distintas do *caput*, tais como ter em depósito, desmontar, montar, remontar, vender, expor à venda, ou de qualquer forma utilizar, em proveito próprio ou alheio.

Ainda, o § 1º do art. 180 do CP utiliza a expressão "deve saber", ao invés de "sabe", o que gerou grande discussão doutrinária e jurisprudencial.

Para alguns, somente abarcaria o dolo eventual, razão pela qual o agente que atua com dolo direto deve responder por crime menos grave (art. 180, *caput*, do CP).

Em contrapartida, para outros, tal solução seria incongruente, motivo pelo qual o § 1º englobaria tanto o dolo direto como o eventual.

7.7.6. *Receptação culposa*

> *§ 3º Adquirir ou receber coisa que, por sua natureza ou pela desproporção entre o valor e o preço, ou pela condição de quem a oferece, deve presumir-se obtida por meio criminoso:*
>
> *Pena – detenção, de um mês a um ano, ou multa, ou ambas as penas.*

São requisitos configuradores da receptação culposa: a) adquirir ou receber coisa; b) que por sua natureza ou pela manifesta desproporção entre o valor e o preço ou pela condição de quem a oferece; c) deva presumir ser obtida por meio criminoso.

7.7.7. *Perdão judicial e privilégio*

> *§ 5º Na hipótese do § 3º, se o criminoso é primário, pode o juiz, tendo em consideração as circunstâncias, deixar de aplicar a pena. Na receptação dolosa aplica-se o disposto no § 2º do art. 155..*

O perdão judicial é aplicável somente no caso de receptação culposa. Já no caso do privilégio, aplica-se o mesmo instituto previsto para o delito de furto, mas somente à receptação dolosa.

O § 2º do art. 155 do CP, cuja natureza jurídica é de **causa especial de diminuição de pena**, é denominado pela doutrina de **furto privilegiado**.

Incidirá quando o agente for **primário** (ausência de reincidência – art. 64, I, do CP – **aspecto subjetivo**) e a coisa for de pequeno valor (**aspecto objetivo**). Entende a doutrina e jurisprudência majoritárias como de **pequeno valor** o bem que não ultrapasse **um salário mínimo** no momento do crime.

Verificados os dois requisitos (primariedade e pequeno valor da coisa), o juiz poderá (em realidade, DEVERÁ – trata-se de direito subjetivo do acusado) **substituir a pena de reclusão pela de detenção, diminuí-la de um a dois terços ou aplicar somente a pena de multa**.

Dentre as opções grifadas, sem dúvida **a mais benéfica é a aplicação da PENA DE MULTA**, eis que o seu descumprimento não poderá ensejar a restrição da liberdade do agente, mas ser cobrada como dívida de valor (*vide* art. 51 do CP).

Se o bem receptado for de **ÍNFIMO VALOR** (e não apenas de pequeno valor), pode-se sustentar a **insignificância penal**, por ausência de lesividade ao bem jurídico protegido pelo crime.

7.7.8. *Causas de aumento de pena*

§ 6º Tratando-se de bens e instalações do patrimônio da União, Estado, Município, empresa concessionária de serviços públicos ou sociedade de economia mista, a pena prevista no caput deste artigo aplica-se em dobro..

Importante frisar que a causa de aumento de pena especial prevista no art. 180, § 6º, do CP faz alusão tão somente ao crime de receptação em sua forma fundamental, excluindo-se a sua aplicação quando se tratar de receptação qualificada ou culposa.

7.7.9. *Ação penal*

A ação penal é pública incondicionada, em regra.

7.8. Escusas absolutórias (arts. 181 a 183 do CP)

7.8.1. *Conceito*

As escusas absolutórias previstas nos arts. 181 e 182 do CP são **imunidades penais** instituídas por razões **de política criminal**. A fim de que o Estado não interfira sobremaneira nas relações familiares, prevê o CP, em alguns casos, a **isenção de pena** àqueles que cometerem certos crimes contra o patrimônio (arts. 155 a 180 do CP) em face de determinadas pessoas próximas.

Nas situações previstas no precitado art. 181, analisado a seguir, sequer inquérito policial deverá ser instaurado, visto que a persecução penal, inclusive a extrajudicial, fica comprometida pela inviabilidade de futura punição. Todavia, caso a autoridade policial somente constate a ocorrência de qualquer das imunidades absolutas previstas no item abaixo no curso das investigações, deverá relatar o IP e remetê-lo ao Poder Judiciário, cabendo ao Ministério Público requerer o arquivamento dos autos.

7.8.2. *Imunidades penais absolutas (art. 181 do CP)*

Haverá a **isenção** de pena do agente nos seguintes casos:

a) Crime cometido em prejuízo de **cônjuge**, na **constância da sociedade conjugal** (estende-se ao companheiro, por isonomia);

b) Crime cometido contra **ascendente** ou **descendente**, qualquer que seja o grau.

7.8.3. *Imunidades penais relativas (art. 182 do CP)*

As imunidades penais relativas, ou processuais, **não isentam de pena** o agente. Contudo, será de rigor a necessidade de **representação do ofendido** nos seguintes casos:

a) Crime cometido em prejuízo de **ex-cônjuge** (estende-se ao ex-companheiro);

b) Crime praticado entre irmãos; e

c) Crime cometido contra tio ou sobrinho, desde que exista coabitação.

Nos casos acima, a autoridade policial somente poderá instaurar inquérito policial se houver a representação do ofendido ou de seu representante legal. Se não verificada a condição de procedibilidade, inviável a persecução penal extrajudicial.

7.8.4. *Exceção às imunidades penais (art. 183 do CP)*

Não haverá incidência dos arts. 181 e 182 do CP (imunidades penais absoluta e relativas) nos seguintes casos:

a) Se o crime for cometido com violência ou grave ameaça à pessoa;

b) Com relação ao terceiro que participa/concorre para o crime;

c) Se a vítima for idosa (idade igual ou superior a sessenta anos).

8. CRIMES CONTRA A DIGNIDADE SEXUAL

8.1. Nova nomenclatura (Lei 12.015/2009)

Com o advento da Lei nº 12.015/2009, o crime contra os costumes passou a se denominar **crime contra a dignidade sexual**.

Antes se falava em crime **contra os costumes**, pois era o comportamento sexual da sociedade que preocupava, ou seja, dizia respeito a uma ética sexual (comportamento mediano esperado pela sociedade quanto à atividade sexual). Com a alteração, passou-se a tutelar a **dignidade sexual** como um reflexo da pessoa humana e não somente da mulher. Isso porque a **dignidade humana** também gera um reflexo sexual.

8.2. Estupro (art. 213 do CP)

8.2.1. *Considerações iniciais*

Trata-se de crime que atenta contra a **liberdade sexual**. Desse modo, o bem jurídico tutelado é o direito fundamental de todo ser humano (e não apenas a mulher) de **escolher** o seu parceiro sexual e o **momento** em que com ele vai praticar a relação sexual.

8.2.2. *Tipo objetivo*

O verbo do tipo (conduta típica) é "constranger", que transmite a ideia de forçar ou compelir (fazer algo contra a sua vontade). É, em verdade, um constrangimento ilegal com uma finalidade específica, qual seja, a prática de um ato sexual.

Após a Lei nº 12.015/2009, o agente constrange alguém, mediante violência ou grave ameaça, a ter conjunção carnal ou a praticar ou a permitir que com ele se pratique outro ato libidinoso.

Assim, o agente constrange a vítima (homem ou mulher) à prática de **conjunção carnal**. Entende-se esta como a relação sexual "natural" entre homem e mulher. Diz-se, portanto, que o estupro exige, para sua configuração, que o homem introduza seu pênis na cavidade vaginal da mulher, total ou parcialmente.

Também será crime de estupro o **constrangimento** de alguém à prática de **ato libidinoso diverso da conjunção carnal**, ou ainda, que haja o constrangimento da vítima a **consentir que com ela seja praticada referida espécie de ato (antigo crime de atentado violento ao pudor)**.

Diz-se que o **ato libidinoso** é todo aquele que decorre da **concupiscência humana**. O ato diverso **da conjunção carnal** é, por exemplo, o coito anal, sexo oral, masturbação etc.

Todo estupro pressupõe o **dissenso da vítima**, ou seja, sua não concordância com o ato sexual.

A discordância decorre da prática de **violência (emprego de força física contra vítima) ou grave ameaça (promessa de um mal injusto e grave, passível de realização)** pelo agente. São estes os dois **meios executórios** do estupro.

Após a alteração, não há mais a violência presumida, antes prevista no art. 224 do CP, o qual foi revogado expressamente pela Lei nº 12.015/2009. De igual modo foi revogado tacitamente o art. 9º da Lei dos Crimes Hediondos, o qual fazia alusão ao art. 224 do CP.

Segundo parte da doutrina, o **uso de instrumentos mecânicos ou artificiais**, desde que acoplados ao pênis do estuprador, não desnaturam o delito em comento.

8.2.3. Tipo subjetivo

Trata-se do **dolo**, ou seja, a vontade livre e consciente do sujeito de constranger alguém a manter relacionamento sexual contra sua vontade.

A lei não exige o elemento subjetivo específico de satisfação da própria lascívia. Assim, também restaria configurado o crime de estupro por qualquer outro motivo (ex.: por vingança, para humilhar etc.).

8.2.4. Sujeitos do crime

Quanto ao **sujeito ativo**, antes da alteração somente era o homem, visto que exigia a conjunção carnal, que pressupõe a introdução total ou parcial do pênis (órgão sexual masculino) na vagina (órgão sexual feminino).

Já o **sujeito passivo, por consequência,** somente poderia ser a **mulher**. Era absolutamente errada a afirmação de que homem poderia ser estuprado.

Agora, o sujeito ativo e passivo pode ser qualquer pessoa, tanto o homem quanto a mulher (crime bicomum e não mais bipróprio).

8.2.5. Consumação e tentativa

Consuma-se o estupro com a introdução ou penetração (ainda que parcial) do pênis na cavidade vaginal da vítima. Ainda, em relação a outros atos diversos da conjunção carnal, consumam-se quando da sua realização.

Desse modo, classifica-se o estupro como sendo um crime material, cujo tipo penal prevê uma conduta (constranger alguém, mediante violência ou grave ameaça) e um resultado naturalístico (prática de conjunção carnal ou outro ato libidinoso diverso).

Admissível a **tentativa** se o agente não conseguir introduzir o membro viril na genitália feminina ou não consegue realizar qualquer outro ato sexual, por circunstâncias alheias à sua vontade.

8.2.6. Espécies de estupro

Há três espécies de estupro:

a) simples: art. 213, *caput*, do CP;

b) qualificado:

b.1) art. 213, § 1º, do CP:

a) se da conduta resulta lesão corporal de natureza grave (culposa);

b) se a vítima é menor de 18 anos ou maior de 14 anos;

b.2) art. 213, § 2º, do CP: se da conduta resulta morte (culposa).

No caso das qualificadoras relativas à lesão corporal grave e morte, ambas são figuras **preterdolosas,** de acordo com entendimento majoritário na doutrina e jurisprudência. O estupro é doloso, mas o resultado agravador é culposo. Corrente minoritária entende que pode haver dolo ou culpa no resultado agravador;

c) majorado: art. 226 e art. 234-A, do CP, tratam das causas de aumento de pena para o estupro:

c.1) aumenta-se de 1/4, quando o crime é cometido com concurso de duas ou mais pessoas;

c.2) aumenta-se de 1/2, se o agente é ascendente, padrasto ou madrasta, tio, irmão, cônjuge, companheiro, tutor, curador, preceptor ou empregador da vítima ou por qualquer outro título tem autoridade sobre ela;

c.3) aumenta-se de 1/2, se do crime resulta gravidez;

c.4) aumenta-se de 1/6 até 1/2, se o agente transmite à vítima doença sexualmente transmissível de que sabe ou deveria saber ser portador.

Outrossim, cumpre ressaltar que o estupro, em todas as suas modalidades, é **hediondo** (simples, qualificado e de vulnerável).

8.2.7. Do antigo atentado violento ao pudor (art. 214 do CP)

O artigo 214 do CP, foi formalmente revogado, tendo a sua conduta sido absorvida pelo art. 213 do CP.

Como já ressaltado acima, o novo art. 213 é uma soma do antigo estupro mais o revogado crime de atentado violento ao pudor.

Assim, não há que falar em *abolitio criminis* da conduta prevista no revogado crime de atentado violento ao pudor, na medida em que somente houve a revogação formal do tipo penal, mas não material, continuando o fato a ser típico, porém, em outro tipo penal, qual seja, o de estupro, previsto no art. 213 do CP (princípio da continuidade típico-normativa).

8.3. Estupro de vulnerável

8.3.1. Tipo objetivo

Aplica-se aqui tudo o que já fora explicitado ao delito de estupro.

8.3.2. *Tipo subjetivo*

De igual modo, aplica-se o que já fora explicitado ao delito de estupro.

8.3.3. *Sujeitos do crime*

Há importante ressalva a ser feita quanto ao sujeito passivo, qual seja, a de que somente as pessoas vulneráveis podem ser vítimas do crime de estupro de vulnerável. Entende-se por pessoa vulnerável: a pessoa menor de 14 anos (art. 217-A, *caput*, do CP), enferma ou doente mental que não tenha o necessário discernimento para o ato sexual ou que, por qualquer outra causa, não possa oferecer resistência (art. 217-A, § 1º, do CP).

8.3.4. *Consumação e tentativa*

Aplica-se o que já foi dito ao estupro.

8.3.5. *Espécies de estupro de vulnerável*

Há três espécies de estupro de vulnerável:

a) simples: art. 217-A, *caput*, do CP;

b) qualificado:

b.1) art. 217-A, § 3º, do CP: se da conduta resulta lesão corporal de natureza grave (culposa);

b.2) art. 217-A, § 4º, do CP: se da conduta resulta morte (culposa).

No caso das qualificadoras relativas à lesão corporal grave e morte, ambas são figuras **preterdolosas,** de acordo com entendimento majoritário na doutrina e jurisprudência. O estupro é doloso, mas o resultado agravador é culposo. Corrente minoritária entende que pode haver dolo ou culpa no resultado agravador;

c) majorado: art. 226 e art. 234-A, do CP, tratam das causas de aumento de pena para o estupro de vulnerável:

c.1) aumenta-se de 1/4, quando o crime é cometido com concurso de duas ou mais pessoas;

c.2) aumenta-se de 1/2, se o agente é ascendente, padrasto ou madrasta, tio, irmão, cônjuge, companheiro, tutor, curador, preceptor ou empregador da vítima ou por qualquer outro título tem autoridade sobre ela;

c.3) aumenta-se de 1/2, se do crime resulta gravidez;

c.4) aumenta-se de 1/6 até 1/2, se o agente transmite à vítima doença sexualmente transmissível de que sabe ou deveria saber ser portador.

Outrossim, cumpre ressaltar que o estupro, em todas as suas modalidades, é **hediondo** (simples, qualificado e de vulnerável).

8.3.6. *Questões polêmicas*

8.3.6.1. *Concurso de crimes*

Um dos grandes reflexos da alteração pela Lei nº 12.015/2009 nos crimes sexuais foi a caracterização do concurso de crimes.

Era pacífico na doutrina que, em havendo um ato de conjunção carnal e outro ato libidinoso diverso de conjunção carnal, no mesmo contexto fático, haveria concurso material entre as infrações.

Segundo o STF, pelo fato de o estupro e de o atentado violento ao pudor não pertencerem ao mesmo tipo penal, não eram considerados crimes da mesma espécie e, por conseguinte, não restaria caracterizada a continuidade delitiva entre eles, mas o concurso material de crimes. No mesmo sentido era o entendimento da 5ª Turma do STJ.

Outro era o entendimento da 6ª Turma do STJ, no sentido de que estupro e atentado violento ao pudor eram crimes da mesma espécie, pois ofendiam ao mesmo bem jurídico (liberdade sexual), o que ensejava a caracterização do crime continuado.

Todavia, com a junção das condutas em um tipo penal não seria mais cabível, em tese, sustentar a aplicação do concurso material, quando houvesse vários atos libidinosos em um mesmo contexto fático. Afastou também a discussão de ser impossível a continuidade delitiva.

Daí ter surgido outra discussão: se o art. 213 do CP é um tipo misto alternativo ou cumulativo.

Vem-se defendendo, tanto na doutrina quanto na jurisprudência, que se trata de um tipo misto alternativo. Consequentemente, aquele que constrange alguém a conjunção carnal e também a outro ato diverso da conjunção carnal, no mesmo contexto fático, responderá por um crime apenas. Somente haverá concurso material no caso de haver vítimas diversas ou contextos fáticos diversos, desde que não preenchidos os requisitos da continuidade delitiva.

Por outro lado, há quem sustente que se trata se um tipo misto cumulativo, ou seja, se houve atos libidinosos diversos, será aplicável o concurso material. Esse entendimento é corroborado pela 5ª Turma do STJ.

Tal discussão ainda não está foi pacificada na jurisprudência.

8.3.6.2. *Aniversário de 14 anos*

Outra questão polêmica que surgiu com o advento da Lei nº 12.015/2009 foi o enquadramento típico quando a vítima for estuprada no dia do seu aniversário de 14 anos.

Isso porque, segundo o art. 213, § 1º, do CP, o crime de estupro será qualificado se a vítima for menor de 18 anos ou *maior* de 14 anos.

Já o art. 217-A do CP, preleciona que será estupro de vulnerável o fato de ter conjunção carnal ou praticar outro ato libidinoso com *menor* de 14 anos.

Pela mera interpretação literal, se a vítima for estuprada no dia do seu 14º aniversário, seria estupro simples.

Assim, a melhor interpretação, para se evitar injustiças por falha do legislador, é afastar a hipótese de estupro simples, pois no dia seguinte ao 14º aniversário já seria estupro qualificado, crime mais grave, gerando um contrassenso.

Portanto, deve-se considerar como sendo estupro qualificado ou estupro de vulnerável. Como se trata de analogia, a melhor opção é a primeira, cuja pena é menor e mais benéfica ao réu.

8.3.6.3. *Ação penal*

Consoante se depreende do art. 225 do CP, a ação será, em regra, **pública condicionada à representação** da vítima.

Excepcionalmente, a ação penal será **pública incondicionada**, quando a *vítima for menor de 18 anos ou quando a pessoa for vulnerável.*

Com a alteração trazida pela Lei nº 12.015/2009, não há mais ação penal privada nos crimes sexuais. O legislador quis retirar o ônus da vítima de ter que contratar um advogado, conquanto ainda seja necessária sua autorização para o início da persecução penal. Andou bem o legislador em não prever como regra a ação penal pública incondicionada, a fim de se evitar a ingerência do Estado na vida privada da vítima.

Uma discussão trazida pela alteração foi a respeito da ação penal no estupro qualificado pela lesão corporal grave e pela morte. Pelo art. 101 do CP, que trata da ação penal em crime complexo, a ação seria pública incondicionada.

Há quem sustente que ainda continua em vigor a Súmula 608 do STF, devendo ser aplicada tão somente nos casos em que do estupro resultar lesão corporal grave ou morte, a qual estabelece que a ação será pública incondicionada quando houver violência real.

Em razão da omissão legislativa, o PGR ajuizou uma ADI (de nº 4301) contra o art. 225 do CP, para reconhecer a ofensa ao princípio da proporcionalidade, pela proteção insuficiente ao bem jurídico. Ou seja, a ação penal pública condicionada no crime sexual de estupro qualificado protege o bem jurídico de forma insuficiente e, em muitos casos, gerando até a impunidade.

Ainda não há decisão do STF a respeito da mencionada ADI.

8.3.7. Sigilo processual

O art. 234-B do CP prevê expressamente que deverá haver segredo de justiça em todos os processos relativos aos crimes sexuais.

9. CRIMES CONTRA A ORGANIZAÇÃO DO TRABALHO

9.1. Crimes contra a organização do trabalho (arts. 197 a 207 do CP). Objeto jurídico

O CP, implementando e materializando a proteção aos direitos sociais (especialmente os previstos nos arts. 6º a 8º da CF/1988), criminalizou condutas atentatórias à organização e normal desenvolvimento das atividades laborativas do trabalhador. Aqui reside o bem jurídico (ou objetividade jurídica) dos crimes que passaremos a analisar.

9.2. Competência para julgamento dos crimes contra a organização do trabalho

De acordo com a jurisprudência do STJ e STF, caberá à Justiça Estadual o conhecimento e julgamento das ações penais que identifiquem a lesão a interesse individual do trabalhador, ao passo que será da Justiça Federal a competência para analisar processos criminais que envolvam lesões a interesses coletivos dos obreiros. Portanto, futuros Delegados de Polícia, cuidado com perguntas em concurso sobre atribuição para instaurar inquérito policial em crimes contra a organização do trabalho! Tudo dependerá, como visto, da extensão da lesividade do comportamento do agente.

9.3. Análise dos principais crimes contra a organização do trabalho

9.3.1. Atentado contra a liberdade de contrato de trabalho e boicotagem violenta (art. 198 do CP)

9.3.1.1. Considerações iniciais

Trata-se de crime que objetiva proteger a liberdade do trabalhador na escolha do trabalho que pretender executar, bem como a de manter a normalidade nas relações laborais. Temos, em verdade, duas situações (fatos típicos) distintas:

a) atentado contra a liberdade de contrato de trabalho; e

b) boicotagem violenta.

9.3.1.2. Conduta típica

Consiste em *constranger* alguém, mediante *violência* ou *grave ameaça*, a *celebrar contrato de trabalho*. Aqui estamos diante do *atentado contra a liberdade de contrato de trabalho.*

Ainda, estaremos diante da *boicotagem violenta* quando o agente constranger alguém, mediante violência ou grave ameaça, a não fornecer a outrem ou não adquirir de outrem matéria-prima ou produto industrial ou agrícola.

9.3.1.3. Elemento subjetivo do crime

É o dolo.

9.3.1.4. Consumação e tentativa

No caso da primeira figura (*atentado contra a liberdade de contrato*), estará consumada a infração quando ocorrer a **celebração do contrato** (seja de forma escrita ou oral).

Em se tratando de *boicotagem violenta*, haverá consumação no momento em que a **vítima deixar de fornecer ou adquirir o produto ou matéria-prima** da pessoa boicotada.

Cabível a tentativa nas duas figuras típicas.

9.3.2. Atentado contra a liberdade de associação (art. 199 do CP)

9.3.2.1. Considerações iniciais

Trata-se de crime que objetiva proteger a liberdade do trabalhador em *associar-se ou sindicalizar-se* (arts. 5º, XVII, e 8º, V, ambos da CF/1988).

9.3.2.2. Conduta típica

Consiste em *constranger alguém, mediante violência ou grave ameaça, a participar ou deixar de participar de determinado sindicato ou associação profissional.*

Assim, a vítima será compelida, mediante desforço físico ou grave ameaça, a associar-se ou deixar de associar-se a determinada associação profissional, ou, ainda, a participar, ou não, de determinado sindicato.

9.3.2.3. Elemento subjetivo do crime

É o dolo.

9.3.2.4. Consumação e tentativa

O crime em tela estará consumado no momento em que a vítima for impedida de participar de associação profissional ou de sindicato, ou, ainda, quanto ela aderir a uma das duas entidades, filiando-se.

Cabível a tentativa.

9.3.3. *Paralisação de trabalho, seguida de violência ou perturbação da ordem (art. 200 do CP)*

9.3.3.1. *Considerações iniciais*

O crime que ora se analisa protege a liberdade de trabalho, que se vê violada em caso de suspensão do trabalho (*lockout*) ou abandono coletivo (greve ou parede).

Importante frisar que o art. 9º da CF dispõe ser "assegurado o direito de greve, competindo aos trabalhadores decidir sobre a oportunidade de exercê-lo e sobre os interesses que devam por meio dele defender".

Assim, a greve configura um exercício regular de direito. Contudo, a lei penal não permite que o exercício desse direito se faça de forma violenta contra pessoas ou coisas. Aqui haverá crime.

9.3.3.2. *Conduta típica*

Consiste em *participar de suspensão ou abandono coletivo de trabalho, praticando violência contra a pessoa ou contra coisa.*

Aqui, temos duas situações distintas:

a) participar de suspensão, praticando violência contra a pessoa ou contra coisa: o sujeito ativo é o empregador, que é quem determina o *lockout;*

b) participar de abandono coletivo de trabalho, praticando violência contra a pessoa ou contra coisa: o sujeito ativo é o trabalhador, que participa de movimento grevista e, para tanto, pratica violência. Nesse caso, exige-se que pelo menos 3 empregados estejam reunidos. Estamos diante de um crime *plurissubjetivo* (parágrafo único do art. 200).

Seja a greve legítima ou não, haverá crime (o legislador não diferenciou).

O legislador previu como único meio executório para o crime a prática de violência contra pessoa ou coisa. Se o agente delitivo valer-se da *grave ameaça, não estaremos diante do crime em tela, mas sim do art. 147 do CP.*

9.3.3.3. *Elemento subjetivo do crime*

É o dolo.

9.3.3.4. *Consumação e tentativa*

O crime em tela estará consumado no momento em que houver o emprego de violência durante o *lockout* ou a greve. Cabível a tentativa.

9.3.4. *Paralisação de trabalho de interesse coletivo (art. 201 do CP)*

9.3.4.1. *Considerações iniciais*

Trata-se de crime que não protege propriamente a organização do trabalho, mas sim o interesse coletivo voltado às obras públicas ou serviços públicos.

Há quem considere ter sido o crime do art. 201 do CP revogado pela Lei 7.783/1999, conhecida como "Lei de Greve", já que esta permite a greve mesmo de trabalhadores que atuem na prestação de serviços essenciais. Além disso, a CF, em seu art. 9º, não excepcionou o exercício do direito de greve nessas situações.

Todavia, para outra parte da doutrina, o crime permanece íntegro. Contudo, somente restará configurado quando a obra ou serviço de interesse público sejam essenciais para a preservação do interesse público.

9.3.4.2. *Conduta típica*

Consiste em *participar de suspensão ou abandono coletivo de trabalho, provocando a interrupção de obra pública ou serviço de interesse coletivo.*

Aqui, temos duas situações distintas:

✓ **participar de suspensão (*lockout*)**, provocando, com isso, a interrupção de obra pública ou serviço de interesse coletivo;

✓ **participar de abandono coletivo de trabalho (greve)**, provocando, igualmente, a interrupção de obra pública ou serviço de interesse coletivo.

9.3.4.3. *Elemento subjetivo do crime*

É o dolo.

9.3.4.4. *Consumação e tentativa*

O crime em tela estará consumado quando houver a efetiva interrupção da obra ou serviço de interesse público. Cabível a tentativa.

9.3.5. *Frustração de lei sobre nacionalização do trabalho (art. 204 do CP)*

9.3.5.1. *Breves considerações*

A doutrina mais abalizada entende que o art. 204 do CP *não foi recepcionado pela CF/1988*, na medida em que esta não faz diferenciação/discriminação entre brasileiros e estrangeiros para fim de preenchimento de postos de trabalho.

Todavia, à época em que o CP foi editado (1940), vigorava a CF/1937, que previa regra que *vedava a contratação de mais estrangeiros do que brasileiros nas empresas nacionais, o que foi repetido pela EC 1/1969.*

Porém, com a CF/1988, consagrou-se a *liberdade do exercício profissional* (art. 5º, XIII, da CF). Assim, é inviável qualquer forma de discriminação, salvo quando a Lei Maior admitir.

Muito embora a CLT, em seus arts. 352 a 370, traga regras no sentido de ser garantido percentual de vagas para brasileiros, entende-se que não foram recepcionados pela Ordem Constitucional vigente.

9.3.6. *Aliciamento para o fim de emigração (art. 206 do CP)*

9.3.6.1. *Considerações iniciais*

Trata-se de crime cujo bem jurídico tutelado é o interesse do Estado em que permaneça no Brasil mão de obra, que, se levada para fora, poderá trazer danos à economia nacional.

9.3.6.2. *Conduta típica*

Consiste em *recrutar trabalhadores, mediante fraude, com o fim de levá-los para território estrangeiro*. Trata-se, pois, de conduta do agente que visa a atrair trabalhadores, com emprego de *fraude* (engodo/meios ardilosos), objetivando levá-los para fora do país.

Questões interessantes que se colocam são as seguintes:

1ª) **quantos trabalhadores devem ser aliciados para que o crime reste configurado?** R.: para Mirabete são exigidos pelo menos 3 trabalhadores. Já para Celso Delmanto, bastam 2 trabalhadores, tendo em vista que o tipo penal fala em "trabalhadores", no plural.

2ª) **qual o sentido da expressão "trabalhadores"?** R.: entende José Henrique Pierangelli que a expressão abrange não só os empregados, mas todos aqueles que desenvolvem *trabalhos lícitos*. Assim, se houver aliciamento de trabalhadores avulsos ou autônomos, estará configurado o crime.

9.3.6.3. *Elemento subjetivo do crime*

É o dolo. No entanto, exige-se um especial fim de agir, decorrente da expressão "com o fim de levá-los para território estrangeiro". Portanto, o crime estará configurado quando o agente agir com essa específica intenção. Caso contrário, o fato será atípico, por falta do elemento subjetivo do injusto ("dolo específico").

9.3.6.4. *Consumação e tentativa*

O crime em tela estará consumado quando houver o recrutamento fraudulento dos trabalhadores, ainda que, de fato, não saiam do território nacional. Estamos diante de um crime formal (não se exige o resultado).

Cabível a tentativa.

10. CRIMES CONTRA A FÉ PÚBLICA

10.1. Considerações gerais

O Capítulo III do Título X da Parte Especial do CP prevê os delitos de falsidade documental como espécies dos crimes contra a fé pública.

São chamados de *crimes de falso*, divididos em 2 categorias:

a) Falso material;

b) Falso moral (ou falsidade ideológica).

Em qualquer caso, o que se tutela é a fé pública, ou seja, a crença das pessoas na legitimidade dos documentos (públicos ou particulares).

10.2. Principais crimes contra a fé pública

10.2.1. Falsificação de documento público (art. 297 do CP)

10.2.1.1. *Conduta típica*

Consiste em *falsificar, no todo ou em parte, documento público, ou alterar documento público verdadeiro*.

Aqui, o legislador tutela a crença das pessoas quanto à legitimidade dos documentos públicos.

Duas são as condutas típicas possíveis:

a) falsificar, no todo ou em parte, documento público (contrafação);

b) alterar documento público verdadeiro (no todo ou em parte).

A primeira conduta típica pressupõe a formação total ou parcial de um documento público (contrafação). Assim, ou o agente cria um documento por inteiro, ou acresce dizeres, letras, símbolos ou números ao documento verdadeiro.

A segunda conduta típica pressupõe a existência prévia de um documento público verdadeiro, emanado de funcionário público competente. Contudo, o agente altera, modifica o conteúdo desse documento verdadeiro.

A título de exemplo:

i) (falsificar=contrafação): Gaio adquire uma máquina de xerox colorido de alta definição e passa a falsificar (criar, reproduzir enganosamente) carteiras de identidade (RG). Nesse caso, o RG é um documento público e a confecção deste configura o crime de falsificação de documento público, na modalidade "falsificar";

ii) (alterar=modificar): Gaio retira a fotografia de Tício de uma cédula de identidade (RG) e insere a sua. Nesse caso, ele modificou um documento público verdadeiro preexistente à sua conduta.

10.2.1.2. *Conceito de documento público*

Segundo a doutrina, *documento é toda peça escrita que condensa graficamente o pensamento de alguém, podendo provar um fato ou a realização de algum ato dotado de significação ou relevância jurídica*.

Para ser considerado "público", este documento deverá ser elaborado por um *funcionário público*.

Para configurar o crime de falsificação de documento público, a contrafação ou alteração deverá ser apta a iludir o homem médio. Se for grosseira, não há crime.

Se documento é uma "peça escrita", não configuram documento: escritos a lápis, pichação em muro, escritos em porta de ônibus, quadros ou pinturas, fotocópia não autenticada. É possível que uma tela seja documento, desde que haja algo escrito em vernáculo.

Os escritos apócrifos (anônimos) não são considerados documentos, por inexistir autoria certa.

10.2.1.3. *Consumação e tentativa*

Para que se atinja a consumação do crime em estudo, basta a mera falsificação ou alteração do documento público. Pouco importa se o documento falsificado ou alterado vem a ser utilizado.

Trata-se, pois, de *crime de perigo abstrato e formal*.

É possível a tentativa, tal como se vê, por exemplo, no caso de o agente ser surpreendido no momento em que começava a impressão de cédulas de identidade.

10.2.1.4. *Materialidade delitiva*

A comprovação do crime de falsificação de documento público, por deixar vestígios, exige a realização de exame de corpo de delito (art. 158 do CPP). Chama-se **exame documentoscópico.**

10.2.1.5. *Tipo subjetivo*

É o dolo.

10.2.2. *Falsificação de documento particular (art. 298 do CP)*

10.2.2.1. *Conduta típica*

Consiste em *falsificar, no todo ou em parte, documento particular ou alterar documento particular verdadeiro.*

Em que difere documento público do particular? R.: o documento particular é aquele que não é público ou equiparado a público. Em síntese, diferem um do outro pelo fato de o público emanar de funcionário público, enquanto que o particular, não.

São exemplos de documentos particulares: contrato de compra e venda por instrumento particular, nota fiscal, recibo de prestação de serviços etc.

Por desnecessidade de repetição, ficam reiteradas as demais considerações feitas no tocante ao crime anterior, com a diferença de o objeto material do presente delito ser, como dito, documento particular.

Lembre-se de que a falsificação, se grosseira, desnatura o crime, que pressupõe aptidão ilusória. Afinal, trata-se de crime contra a fé pública, que somente será posta em xeque se o documento falsificado for apto a enganar terceiros.

10.2.2.2. *Consumação e tentativa*

Idem quanto à falsificação de documento público.

10.2.2.3. *Materialidade delitiva*

Idem quanto à falsificação de documento público.

10.2.2.4. *Tipo subjetivo*

É o dolo.

10.2.3. *Falsidade ideológica (art. 299 do CP)*

10.2.3.1. *Conduta típica*

Consiste em *omitir, em documento público ou particular, declaração que dele devia constar, ou nele inserir ou fazer inserir declaração falsa ou diversa da que devia ser escrita, com o fim de prejudicar direito, criar obrigação ou alterar a verdade sobre fato juridicamente relevante.*

Na falsidade ideológica, como se vê acima, o documento (público ou particular) é materialmente verdadeiro, mas seu conteúdo é falso. Daí ser chamado de falsidade intelectual, falsidade moral ou ideal.

Quais são as condutas típicas?

a) *Omitir declaração que devia constar*: aqui, a conduta é omissiva. O agente deixa de inserir informação que devia constar no documento;

b) *Inserir declaração falsa ou diversa da que devia constar*: aqui, a conduta é comissiva;

c) *Fazer inserir declaração falsa ou diversa da que devia constar*: aqui, o agente vale-se de 3ª pessoa para incluir no documento informação falsa ou diversa da que devia constar.

Em qualquer caso, a falsidade deve ser idônea, capaz de enganar.

10.2.3.2. *Tipo subjetivo*

O crime é doloso. Contudo, o legislador disse: "...com o fim de prejudicar direito, criar obrigação ou alterar a verdade sobre fato juridicamente relevante". Trata-se de elemento subjetivo do tipo (dolo específico). Assim, não bastará o dolo, sendo indispensável a verificação do especial fim de agir do agente.

10.2.3.3. *Consumação e tentativa*

Consuma-se o crime com a simples omissão ou inserção direta (inserir) ou indireta (fazer inserir) da declaração falsa ou diversa da que devia constar, seja em documento público, seja em particular.

É possível tentativa nas modalidades inserir ou fazer inserir, visto que, na modalidade omitir, estaremos diante de crime omissivo próprio.

10.2.4. *Uso de documento falso (art. 304 do CP)*

10.2.4.1. *Conduta típica*

Consiste em *fazer uso de qualquer dos papéis falsificados ou alterados, a que se referem os arts. 297 a 302*. Aqui, o verbo-núcleo do tipo é "*fazer uso*", que significa usar, empregar, utilizar, aplicar.

Será objeto material do crime em análise qualquer dos papéis falsificados ou alterados previstos nos arts. 297 a 302 do CP.

São exemplos de prática do crime em comento:

a) uso de CNH falsa (documento público – art. 297);

b) uso de um instrumento particular de compra e venda falso (documento particular – art. 298);

c) uso de uma escritura pública que contenha uma declaração falsa (documento público com falsidade ideológica – art. 299);

d) uso de um atestado médico falso (falsidade de atestado médico – art. 302).

O tipo penal previsto no art. 304 do CP é chamado de *tipo remetido*. Isso porque o preceito primário da norma penal incriminadora será compreendido pela análise de outros tipos penais (...fazer uso de qualquer dos papéis dos *arts. 297 a 302*...).

O crime de uso de documento falso é comum, ou seja, qualquer pessoa pode praticá-lo.

10.2.4.2. *Tipo subjetivo*

É o dolo.

10.2.4.3. *Consumação e tentativa*

Estará consumado no momento do efetivo uso. Há quem admita que o *iter criminis* possa ser fracionado, pelo que seria possível a tentativa.

Ressalte-se que o crime é formal, ou seja, basta a realização da conduta típica, independentemente da produção de um resultado naturalístico (prejuízo para o Estado ou para terceiros).

10.2.4.4. *Uso de documento falso e autodefesa*

Questão muito discutida diz respeito à possibilidade – ou não – de o agente valer-se de um documento falso para ocultar seu passado criminoso, ou, então, para tentar "despistar" autoridades policiais acerca de mandados de prisão. Parcela da doutrina e jurisprudência argumenta que referido expediente usado por agentes delitivos é fato atípico, visto que tal conduta estaria circunscrita à autodefesa (não se poderia compelir o agente a exibir o documento verdadeiro e ser preso).

Porém, essa não é a posição mais atual da jurisprudência. Para concursos de Delegado de Polícia, adotar o entendimento abaixo:

> **USO. DOCUMENTO FALSO. AUTODEFESA. IMPOSSIBILIDADE.**
>
> "A Turma, após recente modificação de seu entendimento, reiterou que a apresentação de documento de identidade falso no momento da prisão em flagrante caracteriza a conduta descrita no art. 304 do CP (uso de documento falso) e não constitui um mero exercício do direito de autodefesa". Precedentes citados STF: HC 103.314-MS, *DJe* 08.06.2011; HC 92.763-MS, *DJe* 25.04.2008; do STJ: HC 205.666-SP, *DJe* 08.09.2011. REsp 1.091.510-RS, Rel. Min. Maria Thereza de Assis Moura, j. 08.11.2011. (**Inform. STJ** 487)

11. CRIMES CONTRA A ADMINISTRAÇÃO PÚBLICA

11.1. Considerações iniciais

O Capítulo I do Título XI da Parte Especial do CP regula os crimes praticados por funcionário público contra a administração em geral. Assim, será sujeito ativo de qualquer dos crimes previstos nos arts. 312 a 326 do CP o *funcionário público* (denominados de **crimes funcionais**).

Importante anotar que a doutrina cuidou de classificá-los em dois grupos:

a) crimes funcionais próprios (ou puros, ou propriamente ditos) – são aqueles em que, eliminada a condição de funcionário público do agente delitivo, inexistirá crime (atipicidade penal absoluta). É o que se verifica, por exemplo, com o crime de prevaricação (art. 319 do CP);

crimes funcionais impróprios (ou impuros, ou impropriamente ditos) – são aqueles que, eliminada a condição de funcionário público do agente delitivo, este responderá por outro crime (atipicidade penal relativa). É o que ocorre, por exemplo, com o crime de peculato (art. 312 do CP). Se o agente não for funcionário público e se apropriar de coisa alheia móvel particular que estiver em sua posse, responderá por apropriação indébita (art. 168 do CP) e, não, peculato (art. 312 do CP).

11.2. Conceito de funcionário público (art. 327 do CP)

De acordo com o art. 327 do CP, "considera-se funcionário público, para efeitos penais, quem, embora transitoriamente ou sem remuneração, exerce cargo, emprego ou função pública".

Assim, de acordo com o *caput* do precitado dispositivo legal, é funcionário público aquele que exerce, embora transitoriamente ou sem remuneração:

a) Cargo público: é aquele criado por lei, em número determinado, com especificação certa, pago pelos cofres públicos (ex.: juiz, promotor, oficial de justiça, delegado de polícia...);

b) Emprego público: pressupõe vínculo celetista (CLT) com a Administração Pública (ex.: guarda patrimonial de repartições públicas);

c) Função pública: conjunto de atribuições que a Administração Pública confere a cada categoria profissional (ex.: jurados, mesários eleitorais...).

11.2.1. Conceito de funcionário público por equiparação

Preconiza o art. 327, § 1º, do CP: "equipara-se a funcionário público quem exerce cargo, emprego ou função em entidade paraestatal, e quem trabalha para empresa prestadora de serviço contratada ou conveniada para a execução de atividade típica da Administração Pública".

Equipara-se, pois, a funcionário público:

a) Quem exerce cargo, emprego ou função em **entidade paraestatal** (empresas públicas, sociedades de economia mista, fundações e os serviços autônomos – pessoas jurídicas de direito privado);

b) Quem trabalha para empresa **prestadora de serviço contratada ou conveniada** para a execução de **atividade típica da Administração Pública** (ex.: empresas de telefonia, transporte público, saúde, iluminação pública...).

Será que médico conveniado pelo SUS, ainda que em hospital particular, é considerado funcionário público? Confira-se:

> ***Médico conveniado pelo SUS e equiparação a funcionário público***
>
> "Considera-se funcionário público, para fins penais, o médico particular em atendimento pelo Sistema Único de Saúde – SUS, antes mesmo da alteração normativa que explicitamente fizera tal equiparação por exercer atividade típica da Administração Pública (CP, art. 327, § 1º, introduzido pela Lei 9.983/2000). Essa a orientação da 2ª Turma ao, por maioria, negar provimento a recurso ordinário em *habeas corpus* interposto por profissional de saúde condenado pela prática do delito de concussão (CP, art. 316). Na espécie, o recorrente, em período anterior à vigência da Lei 9.983/2000, exigira, para si, vantagem pessoal a fim de que a vítima não aguardasse procedimento de urgência na fila do SUS. A defesa postulava a atipicidade da conduta. Prevaleceu o voto do Min. Ayres Britto, relator, que propusera novo equacionamento para solução do caso, não só a partir do conceito de funcionário público constante do art. 327, *caput*, do CP, como também do entendimento de que os serviços de saúde, conquanto prestados pela iniciativa privada, consubstanciar-se-iam em atividade de relevância pública (CF, artigos 6º, 197 e 198). Asseverou que o hospital ou profissional particular que, mediante convênio, realizasse atendimento pelo SUS, equiparar-se-ia a funcionário público, cujo conceito, para fins penais, seria alargado. Reputou, dessa forma, não importar a época do crime em comento. Vencido o Min. Celso de Mello, que provia o recurso, ao fundamento da irretroatividade da *lex gravior*, porquanto a tipificação do mencionado crime, para aqueles em exercício de função delegada da Administração, somente teria ocorrido a partir da Lei 9.983/2000." RHC 90523/ES, rel. Min. Ayres Britto, 19.04.2011 (RHC-90523) (**Inform. STF** 624).

11.3 Peculato (art. 312 do CP)

11.3.1. Conduta típica

Consiste em apropriar-se o funcionário público de dinheiro, valor ou qualquer outro bem móvel, público ou particular, de que tem a posse em razão do cargo, ou desviá-lo, em proveito próprio ou alheio.

11.3.2. Espécies de peculato (art. 312, *caput* e §§ 1º e 2º, do CP)

✓ Peculato-apropriação: "apropriar-se o funcionário público...";

✓ Peculato-desvio: "... ou desviá-lo, em proveito próprio ou alheio...";

✓ Peculato-furto: "subtrair ou concorrer para que terceiro subtraia...";

✓ Peculato culposo: "se o funcionário concorre culposamente para o crime de outrem".

As duas primeiras espécies são denominadas de **peculato próprio**. Já o *peculato-furto* é chamado de **peculato impróprio**.

Apropriar-se significa "fazer sua a coisa de outra pessoa", invertendo o ânimo sobre o objeto. Nessa espécie de peculato próprio, o funcionário público tem a posse (ou mera detenção) do bem. Porém, passa a agir como se a coisa fosse sua (*animus domini*). Trata-se de verdadeira apropriação indébita, porém cometida por um funcionário público.

A referida "posse" deve ser em razão do cargo, obtida de forma lícita. Ex.: apreensão de produtos objeto de contrabando. O policial condutor das mercadorias tem a detenção lícita das mesmas, já que as apreendeu legalmente. Se, em dado momento, apropriar-se de um rádio, por exemplo, invertendo o ânimo sobre a coisa, pratica o crime de peculato-apropriação.

"Desviar" significa empregar a coisa de forma diversa à sua destinação original. Assim, o funcionário, embora sem o ânimo de ter a coisa como sua (*animus domini*), emprega-a em destino diverso àquele que se propõe.

O art. 312, § 1º, do CP trata do denominado peculato-furto, também denominado de peculato impróprio, assim prevê: "aplica-se a mesma pena, se o funcionário público, embora não tendo a posse do dinheiro, valor ou bem, o subtrai, ou concorre para que seja subtraído, em proveito próprio ou alheio, valendo-se de facilidade que lhe proporciona a qualidade de funcionário".

Aqui, o funcionário não tem sequer a posse ou detenção do dinheiro, valor ou bem móvel público ou particular. Deverá, porém, valer-se de alguma facilidade em virtude do cargo.

Duas são as condutas típicas com relação ao peculato-furto:

a) subtrair; ou

b) concorrer para que terceiro subtraia. Nesse caso, exige-se um concurso necessário de pessoas.

Por fim, no tocante ao peculato culposo, previsto no art. 312, § 2º, do CP, temos o seguinte: "Se o funcionário concorre culposamente para o crime de outrem".

Assim, pressupõe o crime em questão:

a) Conduta culposa do funcionário público (imprudência, negligência ou imperícia);

b) Que terceiro pratique um crime doloso aproveitando-se da facilidade culposamente provocada pelo funcionário público.

11.3.3. Objeto material das espécies de peculato doloso (art. 312, *caput* e § 1º, do CP)

a) *dinheiro*: é o papel-moeda ou a moeda metálica de curso legal no país;

b) *valor*: é o título representativo de dinheiro ou mercadoria (ações, letras...);

c) *ou qualquer outro bem móvel, público ou particular*:. nesse caso, a lei tutela não só os bens móveis públicos, mas também aqueles pertencentes aos particulares, mas que estejam sob a custódia da Administração (ex.: veículo furtado apreendido em uma Delegacia de Polícia).

11.3.4. Reparação do dano no peculato culposo (art. 312, § 3º, do CP)

No caso do peculato culposo, a reparação do dano, se **precede à sentença irrecorrível, extingue a punibilidade**; se lhe é **posterior, reduz de metade a pena** imposta".

Haverá, portanto, reparação do dano quando o agente que praticou peculato culposo devolver o bem ou ressarcir integralmente o prejuízo suportado pela Administração Pública.

Inaplicável essa benesse a qualquer das espécies de peculato doloso (apropriação, desvio ou furto). No entanto, cabível será o arrependimento posterior, desde que preenchidos os requisitos do art. 16 do CP.

11.4. Peculato mediante erro de outrem (art. 313 do CP)

11.4.1. Conduta típica

Também chamado de **peculato-estelionato**, o crime em questão resta configurado quando o agente, no exercício de suas atividades, recebe dinheiro ou qualquer outra utilidade que lhe é entregue por **erro da vítima**, apropriando-se, ato seguinte, do numerário ou bem.

Trata-se de crime bastante semelhante ao estelionato, na medida que o funcionário público, percebendo o erro espontâneo em que incidiu a vítima, aproveita-se de tal circunstância para, após receber dinheiro ou outra utilidade, deste apropriar-se.

Importa registrar que referido erro não pode ter sido provocado pelo agente, devendo, como dito, ser espontâneo, sob pena de restar caracterizado o crime de estelionato (art. 171 do CP).

11.4.2. Tipo subjetivo

É o **dolo**, ou seja, a vontade livre e consciente do agente de apropriar-se de dinheiro ou qualquer outra utilidade recebida da vítima, por erro desta.

11.4.3. Objeto jurídico

O bem jurídico tutelado pelo crime em comento é a moralidade da Administração Pública e, indiretamente, o patrimônio público ou particular.

11.4.4. Sujeitos do crime

Por evidente, o sujeito ativo do crime é o **funcionário público**, tratando-se, pois, de **crime próprio**.

Já o sujeito passivo pode ser o próprio **Estado** ou a **pessoa diretamente lesada** pela conduta praticada pelo agente.

11.4.5. Consumação e tentativa

Considerando a conduta nuclear (apropriar-se), o momento consumativo corresponde àquele em que o agente passar a comportar-se como se **dono** fosse do dinheiro ou utilidade recebida da vítima (*animus rem sibi habendi*), à semelhança da apropriação indébita.

É admissível a tentativa, visto tratar-se de crime plurissubsistente.

11.5. Inserção de dados falsos em sistema de informações (art. 313-A do CP)

11.5.1. Conduta típica

O crime em comento restará caracterizado quando o agente:

a) Inserir ou facilitar a inserção de dados falsos nos sistemas informatizados ou bancos de dados da Administração Pública;

b) Alterar ou excluir indevidamente dados corretos nos sistemas informatizados ou bancos de dados da Administração Pública.

No primeiro caso, o próprio agente fará a **inserção** dos dados falsos no sistema informatizado ou banco de dados da Administração, ou facilitará que terceira pessoa o faça. Portanto, a inserção poderá ser direta (pelo próprio agente) ou indireta (mediante a facilitação para que terceiro proceda à inserção).

No segundo caso, diferentemente do primeiro, inexistirá inclusão de dados falsos, mas, sim, a **alteração** ou **exclusão indevida** de dados corretos constantes dos sistemas informatizados ou bancos de dados da Administração.

Considerando que as condutas típicas recaem sobre dados em sistemas informatizados ou bancos de dados, convencionou-se denominar o crime em tela de **peculato eletrônico**.

11.5.2. Sujeitos do crime

O sujeito ativo deve ser o funcionário público autorizado a manejar os sistemas informatizados ou bancos de dados da Administração Pública. Estamos, aqui, diante de **crime próprio**.

Por evidente, o sujeito passivo do crime é o Estado, bem assim as pessoas diretamente lesadas com a inserção de dados falsos ou a indevida alteração ou exclusão de dados verdadeiros.

11.5.3. Tipo subjetivo

É o **dolo**, ou seja, a vontade livre e consciente do agente em realizar uma das ações nucleares (verbos do tipo). Porém, além do dolo, exige-se uma **finalidade específica** por parte do sujeito ativo, qual seja, a de obter, para si ou para outrem, vantagem indevida, ou causar dano.

Considerando-se a necessidade de um especial fim de agir do agente, deverá restar demonstrado o elemento subjetivo do tipo (ou elemento subjetivo do injusto), sob pena de atipicidade da conduta.

11.5.4. Consumação e tentativa

Tratando-se de crime **formal**, bastará que o agente pratique a conduta típica, a despeito de não se verificar a obtenção de vantagem indevida ou causação de dano a terceiro.

Entende-se ser admissível a tentativa.

11.6. Modificação ou alteração não autorizada de sistema de informações (art. 313-B, do CP)

11.6.1. Conduta típica

Diferentemente do crime anteriormente estudado, cuja tutela recai sobre os **dados** em sistemas informatizados ou bancos de dados da Administração, o crime do art. 313-B do CP, procura resguardar o próprio **sistema informatizado** ou o **programa de informática**.

Restará caracterizado o delito em questão quando o agente:

a) Modificar; ou

b) Alterar o sistema de informações ou programa de informática

Destarte, o agente modificará, como dito anteriormente, o próprio *software* e não os dados nele inseridos.

11.6.2. Objeto jurídico

O crime em análise tem por objetividade jurídica a proteção e a segurança dos sistemas de informações e programas de informática da Administração Pública.

11.6.3. Sujeitos do crime

O sujeito ativo é o funcionário público, assim considerada a definição prevista no art. 327, *caput* e § 1º, do CP. Diferentemente do crime anterior (art. 313-A), não se exige que o agente seja o funcionário autorizado a operar o sistema informatizado e o banco de dados. Logo, poderá cometer o crime em testilha **qualquer funcionário público**, autorizado ou não a ter acesso aos *softwares* da Administração. Trata-se, é bom que se diga, de **crime próprio**.

O sujeito passivo direto ou imediato é a Administração Pública, podendo, mediatamente, o particular ser vítima, desde que a modificação ou alteração do sistema ou programa de informática lhe acarrete algum prejuízo.

11.6.4. Tipo subjetivo

É o **dolo**, ou seja, a vontade livre e consciente do agente em modificar ou alterar o sistema de informações ou o programa de informática, desde que não tenha autorização para tanto.

Diferentemente do crime anterior (art. 313-A), que exige um especial fim de agir (finalidade de obtenção de vantagem indevida ou causação de dano), aqui bastará o dolo, **inexistindo**, pois, elemento subjetivo do tipo.

11.6.5. Consumação e tentativa

Atinge-se a **consumação** do crime em comento quando o agente logra êxito em modificar ou alterar o sistema de informações ou programa de informática. Cabível a **tentativa** se, iniciada a alteração ou modificação, o agente não atingir seu intento por circunstâncias alheias à sua vontade.

11.7. Extravio, sonegação ou inutilização de livro ou documento (art. 314 do CP)

11.7.1. Conduta típica

O tipo objetivo se traduz pela prática de um ou mais dos seguintes verbos:

a) Extraviar;

b) Sonegar; ou

c) Inutilizar.

Destarte, restará caracterizado o crime quando o agente **extraviar** (fizer desaparecer), **sonegar** (deixar de apresentar) ou **inutilizar** (tornar inútil, imprestável) um livro oficial ou qualquer documento que esteja sob a guarda da Administração Pública.

11.7.2. Tipo subjetivo

É o **dolo**, ou seja, a vontade livre e consciente do agente em extraviar, sonegar ou inutilizar livro ou documento que esteja sob sua guarda em razão do cargo.

A falta de zelo do agente com livros oficiais ou documentos sob a guarda da Administração Pública poderá caracterizar infração funcional, mas, não, crime. Afinal, **inadmissível** a **forma culposa**.

11.7.3. Sujeitos do crime

O sujeito ativo é o funcionário público responsável pela **guarda** do livro oficial ou documento.

O sujeito passivo direto ou imediato é o Estado e, indiretamente, o particular cujo documento estivesse sob a guarda da Administração Pública.

11.7.4. Consumação e tentativa

Nas modalidades "extraviar" e "inutilizar", o crime, considerado permanente, consuma-se com o efetivo extravio ou inutilização do livro oficial ou documento. Tratam-se de formas **comissivas**.

Já na modalidade "sonegar", considerada **omissiva**, visto que o agente deixa de apresentar o livro oficial ou documento quando lhe for requisitado ou solicitado, o crime se consuma quando o agente, intencionalmente, deixa de fazer a entrega ou exibição do objeto material.

Admissível a **tentativa** apenas nas **formas comissivas** (lembre-se que os crimes omissivos próprios ou puros não admitem tentativa!).

11.8. Emprego irregular de verbas ou rendas públicas (art. 315 do CP)

11.8.1. Conduta típica

Consiste em *dar às verbas ou rendas públicas aplicação diversa da estabelecida em lei*. Trata-se, portanto, de norma penal em branco (em sentido homogêneo), visto que, para a tipificação do delito, indispensável que se verifique o conteúdo da lei (orçamentária ou especial). Assim, basta o emprego irregular das verbas ou rendas públicas, o que implica a alteração do destino preestabelecido na lei orçamentária ou qualquer outra lei especial.

O **objeto material** do crime em comento poderá ser:

a) **Verba pública**: *fundos com destinação específica detalhada em lei orçamentária para atendimento de obras e/ou serviços públicos ou de utilidade pública*;

b) **Renda pública**: *receitas obtidas pela Fazenda Pública, independentemente da sua origem.*

11.8.2. Tipo subjetivo

Aqui, é suficiente o *dolo*, ou seja, a vontade livre e consciente do agente (funcionário público), dar destino diverso do prescrito em lei às verbas ou rendas públicas.

11.8.3. Consumação e tentativa

Consuma-se o crime no momento em que as verbas ou rendas públicas receberem destinação diversa daquela estabelecida em lei. Admissível, em tese, a tentativa, caso o agente não consiga empregá-las de forma diversa da determinada em lei.

11.9. Concussão (art. 316 do CP)

11.9.1. Conduta típica

Consiste em *exigir, para si ou para outrem, direta ou indiretamente, ainda que fora da função ou antes de assumi-la, mas em razão dela, vantagem indevida.*

Assim, a conduta nuclear é *exigir*, que significa ordenar, impor como obrigação. O funcionário público *ordena, para si ou para outrem*, de maneira *direta* (sem rodeios, face a face) ou *indireta* (disfarçadamente ou por interposta pessoa), que lhe seja entregue *vantagem indevida* (qualquer lucro, ganho, privilégio contrário ao direito).

Ao que se vê da descrição típica, essa vantagem pode ser exigida **fora da função**, ou mesmo **antes de assumi-la**, mas, sempre, **em razão dela** (o funcionário se prevalece da função).

A exigência não precisa, necessariamente, ser feita mediante ameaça. Basta que o sujeito passivo dessa exigência sinta-se atemorizado em virtude da própria função pública exercida pela autoridade (sujeito ativo), temendo represálias. É o que a doutrina chama de *metus publicae potestatis* (medo do poder exercido pelo funcionário público).

A mera insinuação do funcionário público em obter a vantagem indevida pode descaracterizar o crime, desde que a exigência não se faça de forma implícita.

Ainda, de acordo com a redação do *caput* do art. 316, a exigência pelo sujeito ativo poderá ocorrer mesmo que não esteja no exercício da função (ex.: férias, licença-prêmio, afastamento...). Porém, imprescindível que a exigência seja feita em razão da função exercida pela autoridade.

11.9.2. Tipo subjetivo

É o dolo.

11.9.3. Consumação e tentativa

O crime de concussão estará consumado no momento em que a **exigência é feita**. É certo que a vítima deverá tomar conhecimento da exigência, seja por escrito, oralmente ou qualquer meio de comunicação. Se por escrito, caberá tentativa, caso ela não chegue ao destinatário por circunstâncias alheias à vontade do agente (se unissubsistente, será impossível o *conatus*).

Com isso, não é necessário que a vantagem exigida seja efetivamente recebida pelo funcionário público. Porém, se ocorrer, ter-se-á exaurido a concussão.

Trata-se, portanto, de **crime formal**, ou de consumação antecipada.

11. 10. Excesso de exação (art. 316, § 1º, do CP)

11.10.1. Conduta típica

Verificar-se-á quando *o funcionário público exigir tributo ou contribuição social que sabe ou deveria saber indevido, ou, quando devido, empregar na cobrança meio vexatório ou gravoso, que a lei não autoriza.*

A conduta nuclear é a mesma da concussão: *exigir*. Todavia, aqui, a lei pune o funcionário que se exceder na cobrança de uma exação (dívida ou imposto). A norma penal fala em "tributo", abarcando os impostos, taxas e contribuição de melhoria, bem como a contribuição social e os empréstimos compulsórios (art. 149 da CF).

Duas são as formas de cometimento do crime em questão:

a) *Exigir tributo ou contribuição indevida* – nesse caso, o sujeito passivo não está obrigado a recolhê-los, seja porque já pagou, ou porque a lei não exige, ou o valor cobrado é superior ao devido;

b) *Emprego de meio vexatório ou gravoso na cobrança de tributo ou contribuição* – nesse caso, o tributo ou contribuição são devidos. Contudo, o funcionário se vale de meios humilhantes ou muito onerosos para a cobrança da exação. É o que se chama de **exação fiscal vexatória**

Importante anotar que se o agente for funcionário público da administração fazendária (ligada ao Fisco), restará caracterizado crime da lei especial (art. 3º da Lei 8.137/1990), que será estudada mais à frente.

11.10.2. Tipo subjetivo

Em qualquer caso, exige-se o **dolo** (direto ou eventual), decorrente da expressão "*que sabe ou deveria saber indevido...*".

11.10.3. Consumação e tentativa

Idem à concussão.

11.11. Corrupção passiva (art. 317 do CP)

11.11.1. Conduta típica

Consiste em *solicitar ou receber, para si ou para outrem, direta ou indiretamente, ainda que fora da função ou antes de assumi-la, mas em razão dela, vantagem indevida, ou aceitar promessa de tal vantagem.*

Três são, portanto, as ações nucleares:

a) *solicitar*= pedir, explícita ou implicitamente, requerer;

b) *receber* = obter, aceitar em pagamento;

c) *aceitar* = anuir, consentir em receber dádiva futura.

O **objeto material** da corrupção passiva é a **vantagem indevida** ou a promessa de vantagem indevida. *Vantagem indevida* corresponde ao elemento normativo do tipo. Assim, o agente (funcionário público) *solicita, recebe* ou *aceita a promessa* de uma *vantagem indevida*, que pode ter *natureza econômica, patrimonial* ou até *moral*, desde que seja, repita-se, indevida, vale dizer, contrária ao direito ou mesmo aos bons costumes.

O funcionário público corrupto irá solicitar, receber ou aceitar a promessa de vantagem indevida para **praticar, deixar de praticar ou retardar um ato de ofício** contrariamente à lei. Literalmente, irá "vender" sua atuação, seja esta devida ou indevida.

Quando do julgamento da AP 470 pelo STF, conhecida como "**ação penal do mensalão**", referida Corte decidiu que o Ministério Público não precisará demonstrar ou identificar exatamente qual o "**ato de ofício**" (*assim considerado aquele que é de competência ou atribuição do funcionário público*) que seria omitido, retardado ou praticado irregularmente pelo acusado, bastando a demonstração de que, valendo-se da condição de funcionário, solicitou, recebeu ou aceitou promessa de vantagem indevida.

Nada obstante, só se fala em corrupção passiva se o funcionário público supostamente corrupto puder realizar determinado ato que seja de sua competência. Assim, a título de exemplo, se o diretor de presídio solicita dinheiro a um detento para conceder-lhe graça (indulto individual), ou anistia, e efetivamente recebe o montante, pratica corrupção? R: Não, visto que a concessão da graça, que é causa extintiva da punibilidade (art. 107, II, do CP) é de competência do Presidente da República, e a anistia, que também extingue a punibilidade (art. 107, II, do CP), depende da edição de lei federal. O diretor, no caso, não responderia por corrupção passiva, mas, certamente, por improbidade administrativa (Lei 8.429/1992).

Dependendo do momento em que a vantagem for entregue ao funcionário público, será considerada **antecedente** ou **subsequente**. Assim, se o funcionário público *receber a vantagem antes da ação ou omissão funcional*, teremos a *corrupção antecedente*. Já se o *recebimento da vantagem for após o ato funcional*, haverá a *corrupção subsequente*.

Importante anotar que se o agente for funcionário público da administração fazendária (ligada ao Fisco), restará caracterizado crime da lei especial (art. 3º da Lei 8.137/1990), que será estudada mais à frente.

11.11.2. Tipo subjetivo

É o dolo.

11.11.3. Consumação e tentativa

O crime em estudo é formal, consumando-se quando a solicitação chega ao conhecimento de terceira pessoa, ou quando há o recebimento ou a aceitação de promessa de uma vantagem indevida.

Destarte, não se exige que o agente, de fato, pratique, deixe de praticar ou retarde a prática de ato de ofício, sendo bastante, por exemplo, a mera solicitação da vantagem, já restando consumado o ilícito.

11.11.4. Corrupção passiva agravada (art. 317, § 1º, do CP)

A pena é aumentada de **um terço** se, em consequência da vantagem ou promessa, o funcionário retarda ou deixa de praticar qualquer ato de ofício ou o pratica infringindo dever funcional.

Em se tratando de crime formal, pouco importa, a princípio, que o agente, após receber a vantagem indevida ou a promessa de seu recebimento, pratique ou deixe de praticar ato funcional concernente a suas funções. Contudo, o legislador, aqui, pune mais severamente o *exaurimento da corrupção*.

11.11.5. Corrupção passiva privilegiada (art. 317, § 2º, do CP)

Restará configurada se o funcionário praticar, deixar de praticar ou retardar ato de ofício, com infração de dever funcional, cedendo a pedido ou influência de outrem.

Aqui, o agente não "vende" um ato funcional, não recebendo vantagem indevida. Na verdade, simplesmente atende a pedido de terceira pessoa.

11.12. Facilitação de contrabando ou descaminho (art. 318 do CP)

11.12.1. Conduta típica

O crime em comento restará caracterizado quando o agente **facilitar**, com a infração de dever funcional, a prática do contrabando ou descaminho.

A **facilitação** poderá decorrer de **ato comissivo** (ex.: o funcionário indica ao contrabandista uma rota sem fiscalização por autoridades alfandegárias) ou **omissivo** do funcionário (ex.: sabedor da existência de produtos contrabandeados na mala de um passageiro, o funcionário da Receita Federal o libera).

Importante registrar que com o advento da Lei 13.008, de 26 de junho de 2014, alterou-se a redação original do art. 334 do CP, que tratava, simultaneamente, dos crimes de contrabando e descaminho, tipificando-os, adequadamente, em dois tipos penais autônomos.

Destarte, o delito de descaminho vem tratado no art. 334 do referido diploma legal, caracterizado pelo fato de o agente iludir, no todo ou em parte, o pagamento de direito ou imposto devido pela entrada, pela saída ou pelo consumo de mercadoria (trata-se de inegável crime contra a ordem tributária). Já o art. 334-A, também do Código Penal, tratando do crime de contrabando, enuncia que será responsabilizado aquele que importar ou exportar mercadoria proibida.

Perceba o candidato que não se confunde a facilitação de contrabando ou descaminho (art. 318 do CP), ora estudada, com os crimes de contrabando (art. 334-A do CP) e descaminho (art. 334 do CP). Naquele, o funcionário público incumbido de reprimir a prática do contrabando ou descaminho, facilita o seu cometimento, tratando-se de crime funcional (ou seja, praticado por funcionário público contra a Administração Pública); já nestes últimos, os agentes praticarão as condutas previstas nos já citados arts. 334 e 334-A, tratando-se de crimes cometidos por particulares contra a Administração Pública.

11.12.2. Objeto jurídico

Tutela-se a Administração Pública, seja para reprimir o contrabando ou o descaminho.

11.12.3. Tipo subjetivo

É o dolo, ou seja, a vontade livre e consciente do agente em facilitar, de forma positiva ou negativa, o contrabando ou descaminho.

11.12.4. Diferença entre contrabando e descaminho

Primeiramente, importa registrar que não são palavras sinônimas, como muitos poderiam pensar. Considera-se **contrabando** a importação ou exportação de produtos ou mercadorias proibidas, ao passo que o **descaminho** diz respeito a qualquer fraude capaz de iludir, total ou parcialmente, o Fisco, que deve arrecadar impostos de importação, exportação e consumo.

11.12.5. Sujeitos do crime

O sujeito ativo é o funcionário público incumbido de reprimir a prática do contrabando ou descaminho. É o caso, por exemplo, de funcionários da alfândega e da Polícia Federal em zonas de fronteira e aeroportos.

O sujeito passivo é o Estado.

11.12.6 Consumação e tentativa

O crime restará consumado quando o agente, efetivamente, facilitar, com infração a seu dever funcional, o contrabando ou descaminho.

Trata-se de **crime formal**, vale dizer, pouco importa para a consumação se o contrabando ou descaminho se efetivaram de fato.

Admissível a **tentativa** apenas se a facilitação se der por forma **comissiva**.

11.13. Prevaricação (art. 319 do CP)

11.13.1. Conduta típica

Consiste em *retardar ou deixar de praticar, indevidamente, ato de ofício, ou praticá-lo contra disposição expressa de lei, para satisfazer interesse ou sentimento pessoal.*

Assim, as condutas típicas possíveis são:

a) **retardar**: o funcionário não realiza o ato inerente a sua função no prazo legalmente estabelecido, ou deixa fluir prazo relevante para fazê-lo;

b) **deixar de praticar**: é a inércia do funcionário em praticar ato de ofício;

c) **praticar ato de ofício** contra disposição expressa de lei: aqui o agente pratica ato de ofício, porém, em sentido contrário àquilo que a lei prescreve.

O retardamento ou a não prática do ato funcional deverão ser **indevidos**, ou seja, não permitidos por lei. O crime em tela também poderá ocorrer quando o agente, embora não retarde e não deixe de praticar ato de ofício, o faça *contra disposição expressa de lei*. Ou seja, o funcionário praticará um ato contrário aos seus deveres funcionais, em discordância com a lei.

11.13.2. Tipo subjetivo

O tipo exige, além do dolo, o elemento subjetivo do tipo (ou do injusto), qual seja, "para satisfazer interesse ou sentimento pessoal". Em qualquer das ações nucleares, o agente age não para auferir uma vantagem indevida, mas por razões íntimas. É a chamada *autocorrupção.*

11.13.3. Consumação e tentativa

O crime se consuma no momento em que o funcionário público retardar, deixar de praticar ou praticar o ato de ofício contra disposição expressa da lei. Pouco importa se o agente alcançar o que pretende, vale dizer, a satisfação de seu interesse ou sentimento pessoal.

Admissível a tentativa na **forma comissiva** (ação) do crime, correspondente à conduta de praticar ato de ofício contra disposição expressa da lei. Nas demais modalidades (retardar e deixar de praticar), que se traduzem em omissão. Daí a inadmissibilidade da tentativa.

11.13.4. Distinção com a corrupção passiva privilegiada

Embora a prevaricação (art. 319 do CP) seja bastante semelhante à corrução passiva privilegiada (art. 317, § 2º, do CP), ambas não se confundem. Naquela, o agente pretende **alcançar um interesse um sentimento pessoal**; nesta, o agente simplesmente **cede a influência ou pedido de outrem**.

11.13.5. Causa de aumento de pena

Para os crimes contra a Administração Pública praticados por funcionários públicos, a pena será aumentada da **terça parte** quando os autores forem ocupantes de **cargos em comissão** ou de função de **direção ou assessoramento** de órgão da administração direta, sociedade de economia mista, empresa pública ou fundação instituída pelo poder público (art. 327, § 2º, do CP).

11.14. Prevaricação imprópria (art. 319-A do CP)

11.14.1. Conduta típica

Inserida no CP pela Lei 11.466/2007, a figura típica constante no art. 319-A do CP, vem sendo denominada pela doutrina de *prevaricação imprópria*, muito embora não tenha recebido *nomen juris*.

Restará caracterizada quando o agente (Diretor de Penitenciária e/ou agente público) **deixar** de cumprir seu dever de **vedar** ao preso o acesso:

a) a aparelho telefônico;

b) rádio; ou

c) similar.

Referidos equipamentos devem ser capazes de permitir a comunicação do preso com outros presos ou com o ambiente externo.

A título de observação, estamos diante de crime de **menor potencial ofensivo**, considerando que a pena varia de 3 (três) meses a 1 (um) ano de detenção.

11.14.2. Tipo subjetivo

É o **dolo,** inexistindo qualquer especial fim de agir por parte do agente. Porém, caso o agente deixe de vedar ao preso o acesso a aparelho de comunicação, recebendo, para tanto, vantagem indevida, responderá, por especialidade, pelo crime de corrupção passiva.

11.14.3. Sujeitos do crime

O sujeito ativo é o Diretor do estabelecimento penal ou qualquer outro agente que tenha o **dever de impedir** o acesso dos detentos a aparelhos de comunicação.

O sujeito passivo é o Estado.

11.14.4. Consumação e tentativa

Trata-se de **crime omissivo próprio ou puro**, consumando-se quando o agente, tendo o dever de impedir o acesso, pelo preso, a aparelhos de comunicação, rádio ou similar, não o faz.

Por se tratar de crime omisso próprio, **inadmissível a tentativa**.

Caso o agente (sujeito ativo) introduza o aparelho no sistema carcerário, responderá pelo crime do art. 349-A do CP.

11.15. Condescendência criminosa (art. 320 do CP)

11.15.1. Conduta típica

O crime em questão restará caracterizado de duas formas:

a) se o funcionário, por indulgência, **deixar de responsabilizar** subordinado que tenha cometido infração no exercício do cargo; ou

b) se o superior hierárquico, não tendo competência para punir o subordinado faltoso, **deixar de levar o fato ao conhecimento da autoridade competente**.

Perceba que o sujeito ativo deverá deixar de responsabilizar o subordinado, ou de levar o fato ao conhecimento da autoridade competente, por **indulgência**, vale dizer, por clemência ou tolerância indevida. Em suma, o superior hierárquico será condescendente com a infração cometida pelo subordinado. Daí o *nomem juris* do crime em estudo.

11.15.2. Tipo subjetivo

É o **dolo**, ou seja, a vontade livre e consciente do agente em deixar de responsabilizar o subordinado pela infração cometida no exercício do cargo, ou, faltando-lhe competência para tanto, deixar de comunicar o fato à autoridade competente.

Inadmissível a forma culposa.

Se a indulgência do superior hierárquico tiver algum **motivo específico**, como, por exemplo, a intensa amizade com o subordinado, poderá caracterizar-se o crime de prevaricação (art. 319 do CP), ou se o fizer em razão do recebimento de vantagem indevida, caracterizar-se-á corrupção passiva.

11.15.3. Sujeitos do crime

O sujeito ativo é o **funcionário público hierarquicamente superior** àquele que haja praticado a infração no exercício do cargo.

O sujeito passivo, por evidente, é o Estado.

11.15.4. Qual o tipo de infração penal deve ter sido cometida pelo subordinado?

Considerando que o tipo penal não fez qualquer distinção, limitando-se a falar em "infração", restam abrangidas as infrações administrativas ou penais cometidas pelo subordinado.

11.15.5. Consumação e tentativa

Tratando-se de **crime omissivo próprio ou puro**, o crime atingirá seu momento consumativo quando o superior hierárquico, depois de tomar conhecimento da infração cometida pelo subordinado, deixar de responsabilizá-lo ou de comunicar a autoridade competente para fazê-lo. Sustenta-se que a comunicação deve ser feita imediatamente.

Por estarmos diante de crime omissivo, **inadmissível a tentativa**.

11.16. Advocacia administrativa (art. 321 do CP)

11.16.1. Conduta típica

Caracteriza-se o crime em comento quando o agente **patrocinar**, direta ou indiretamente, **interesse privado** perante a Administração Pública, **valendo-se da qualidade de funcionário**.

Deve-se entender por "patrocinar" a conduta do agente de defender, postular ou advogar (aqui, não no sentido de "advocacia") interesses particulares (leia-se: interesses alheios) perante a Administração, valendo-se, para tanto, de sua qualidade de funcionário.

Assim, o agente, em razão de sua qualidade, utilizará da amizade ou de seu prestígio perante companheiros de trabalho ou outros funcionários para defender interesses alheios privados, sejam estes **legítimos ou ilegítimos**.

Perceba que o tipo penal é claro ao falar em "interesse privado", que não se confunde com *interesse particular*, vale dizer, do próprio funcionário público. Neste caso, não se configurará o crime em tela.

O patrocínio pelo funcionário público será de forma **direta** ou **indireta**, ou seja, pessoalmente ou por meio de terceira pessoa (interposta pessoa).

Importante anotar que se o agente for funcionário público da administração fazendária (ligada ao Fisco), restará caracterizado crime da lei especial (art. 3º da Lei 8.137/1990), que será estudada mais à frente.

11.16.2. Tipo subjetivo

É o **dolo**, ou seja, a vontade livre e consciente do agente de patrocinar, direta ou indiretamente, interesse privado perante a Administração Pública, desde que se valha da condição de funcionário.

Não se exige qualquer finalidade específica (elemento subjetivo do tipo). Em outras palavras, a defesa de interesses privados pelo sujeito ativo não objetiva qualquer vantagem pessoal ou econômica.

11.16.3. Sujeitos do crime

O sujeito ativo é o funcionário público, tratando-se de **crime próprio**. Admissível, diga-se de passagem, o concurso de particular, nos termos do art. 30 do CP, desde que tenha ciência da qualidade de funcionário do agente.

Poder-se-ia imaginar que o sujeito ativo deva ser um "advogado", tendo em vista o *nomem juris* do crime (advocacia administrativa). Porém, como já se viu, o verbo "patrocinar" traduz o sentido de auxiliar, advogar ou defender algo.

O sujeito passivo é o Estado.

11.16.4. Consumação e tentativa

Consuma-se o crime em questão quando o agente praticar, efetivamente, qualquer ato que configure o patrocínio de interesse privado perante a Administração, independentemente da obtenção daquilo que for postulado. Trata-se, portanto, de **crime formal**.

Admite-se a **tentativa**.

11.16.5. Forma qualificada (art. 321, parágrafo único, do CP)

Se o interesse patrocinado pelo funcionário público for ilegítimo, a pena, ao invés de ser de 1 (um) a 3 (três) meses de detenção, passará a ser de 3 (três) meses a 1 (um) ano.

Em qualquer caso, estamos diante de **crime de menor potencial ofensivo**.

11.17. Violência arbitrária (art. 322 do CP)

11.17.1. Considerações iniciais

O crime de violência arbitrária, tipificado no art. 322 do CP, segundo sustenta a doutrina majoritária, foi tacitamente revogado pela Lei 4.898/1965 (Lei de Abuso de Autoridade), que tratou integralmente dos delitos praticados por autoridades públicas com abuso de poder.

No entanto, este não é o posicionamento, por exemplo, do STJ, que reconhece a perfeita vigência do dispositivo no CP. Nesse sentido: HC 48.083/MG, 5ª Turma, rel. Min. Laurita Vaz, j. 20.11.2007, *DJe* 07.04.2008.

Por essa razão, seguem, abaixo, os comentários acerca do crime em testilha.

11.17.2. Conduta típica

O delito em comento restará caracterizado se um funcionário público, no exercício da função ou a pretexto de exercê-la, **praticar violência**.

Destarte, como o próprio *nomen juris* sugere, o crime pressupõe uma violência arbitrária, vale dizer, desarrazoada, demonstradora de truculência do agente público.

11.17.3. Tipo subjetivo

É o **dolo**, ou seja, a vontade livre e consciente do agente em praticar violência arbitrariamente, seja no exercício da função, seja a pretexto de exercê-la.

11.17.4. Sujeitos do crime

O sujeito ativo, por evidente, é o **funcionário público**, seja o típico (art. 327, *caput*, do CP), seja o atípico ou por equiparação (art. 327, § 1º, do CP).

O sujeito passivo é o Estado e, mediatamente, o particular prejudicado com a conduta do agente.

11.17.5. Consumação e tentativa

A consumação ocorrerá quando o agente, efetivamente, empregar a violência. No preceito secundário do tipo penal há expressa menção de que a pena, de 6 (seis) meses a 3 (três) anos de detenção, será aplicada sem prejuízo daquela correspondente à violência.

Destarte, se da conduta do agente a vítima suportar lesões corporais ou mesmo morrer, haverá a soma das penas, até pelo fato de os bens jurídicos tutelados serem absolutamente distintos.

A tentativa é admissível.

11.18. Abandono de função (art. 323 do CP)

11.18.1. Conduta típica

O crime restará configurado se o agente **abandonar cargo público**, fora dos casos permitidos em lei.

O abandono pressupõe que se deixe o cargo por **prazo juridicamente relevante**, vale dizer, capaz de causar algum prejuízo à Administração Pública. Afinal, tutela-se o regular andamento da máquina administrativa.

Ainda, cabe ressaltar que o abandono deve ser de **cargo público**, muito embora o *nomem juris* do delito revele o abandono de **função**. Não se pode fazer interpretação ampliativa do tipo penal para alcançar o abandono de empregos públicos ou funções públicas. Afinal, o tipo penal é expresso ao prescrever o abandono de cargo!

11.18.2. Tipo subjetivo

É o **dolo**, ou seja, a vontade livre e consciente do agente em abandonar o cargo que ocupa na Administração, gerando, com isso, possibilidade de prejuízo à própria Administração e aos administrados.

Inadmissível a forma culposa por ausência de previsão legal.

11.18.3. Sujeitos do crime

O sujeito ativo é o funcionário público detentor de **cargo público**, não se podendo aplicar o art. 327 do CP, em sua inteireza.

O sujeito passivo é a Administração Pública.

11.18.4. Consumação e tentativa

O crime atingirá seu momento consumativo após o agente deixar seu cargo "ao léu", vale dizer, quando for verificada a **ausência injustificada** de seu posto na Administração Pública, desde que por **tempo juridicamente relevante** (assim considerado aquele suficiente a causar uma probabilidade concreta de dano).

Importante mencionar que **não se exige a causação de dano** à Administração, bastando que o abandono seja apto a provocá-lo. No entanto, caso ocorra **efetivo prejuízo**, estaremos diante do **tipo penal qualificado** (art. 323, § 1º, do CP). Ainda, se o abandono ocorrer em **faixa de fronteira** (até 150 quilômetros de largura ao longo das fronteiras terrestres), igualmente restará caracterizada a **forma qualificada** (art. 323, § 2º, do CP).

Inadmissível a tentativa, uma vez que o abandono é conduta omissiva. Ou seja, o agente deixa de fazer algo (*in casu*, de se manter no cargo e prestar o serviço que lhe é incumbido).

11.19. Exercício funcional ilegalmente antecipado ou prolongado

11.19.1. Conduta típica

O crime em questão configura-se nas seguintes hipóteses:

a) **entrar** o agente público **em exercício** de função pública **antes de satisfeitas as exigências legais**; ou

b) **continuar** o agente público a **exercê-la, sem autorização**, depois de saber oficialmente que foi **exonerado, removido, substituído ou suspenso**.

No primeiro caso, pune-se o *exercício funcional ilegalmente antecipado*, caracterizado quando o agente começa a praticar atos típicos de um funcionário público antes mesmo de satisfazer as exigências legais (ex.: posse, realização de exame médico de aptidão etc.).

Já no segundo caso estamos diante do *exercício funcional ilegalmente prolongado*, que se verifica quando o agente, mesmo após ter sido oficialmente comunicado de sua exoneração, remoção, substituição ou suspensão, prossegue no exercício de suas funções.

De acordo com a doutrina majoritária, o exercício ilegalmente prolongado pressupõe que o agente público tenha sido **pessoalmente comunicado** da cessação de suas atividades por um dos motivos previstos no tipo penal (exoneração, remoção, substituição ou suspensão), sob pena de não se caracterizar o crime.

11.19.2. Tipo subjetivo

É o **dolo**, vale dizer, a vontade livre e consciente do agente de ingressar no exercício funcional antes de satisfeitas as exigências legais, ou, após ter sido comunicado de sua exoneração, remoção, substituição ou suspensão, continuar a exercer suas anteriores funções, sem autorização para tanto.

Inadmissível a forma culposa por ausência de previsão legal.

11.19.3. Sujeitos do crime

É o funcionário público o sujeito ativo do crime em testilha, desde que se antecipe no exercício das funções ou a prolongue indevidamente. Se se tratar de particular que pratique atos típicos de funcionários públicos, o crime será o de usurpação de função pública (art. 328 do CP).

O sujeito passivo é o Estado.

11.19.4. Consumação e tentativa

Consuma-se o crime quando o agente pratica qualquer ato inerente à função que não poderia desempenhar, seja por falta dos requisitos legais para iniciá-la (exercício funcional ilegalmente antecipado), seja por prosseguir no exercício dela sem autorização (exercício funcional ilegalmente prolongado).

A tentativa é, em tese, admissível.

11.20. Violação de sigilo funcional (art. 325 do CP)

11.20.1. Conduta típica

O crime poderá ser praticado de duas maneiras:

a) se o agente **revelar fato** de que tem ciência **em razão do cargo**, e que deva permanecer em segredo;

b) se o agente **facilitar a revelação de fato** de que tem ciência **em razão do cargo**, e que deva permanecer em segredo.

No primeiro caso, o agente fará chegar ao conhecimento de terceiros, seja de forma escrita ou verbal, o fato de que tem ciência em razão do cargo, mas que deveria permanecer em segredo. Ainda, poderá caracterizar-se o crime quando o agente, de forma indireta, facilita a revelação do fato, adotando postura apta a gerar a disseminação do fato a terceiros.

Imprescindível para o reconhecimento do crime em comento que o agente público **tenha conhecimento do fato em**

razão do exercício do cargo, sob pena de atipicidade, ainda que relativa (art. 154 do CP).

A violação de sigilo funcional é típico **crime subsidiário**, visto que somente restará caracterizado se a conduta não constituir crime mais grave. É o que emerge da parte final, do preceito secundário do tipo penal. Assim, a título de exemplo, se o fato revelado puder ofender a segurança nacional, estaremos diante do crime previsto no arts. 13, 14 e 21 da Lei de Segurança Nacional (Lei 7.170/1983).

11.20.2. *Tipo subjetivo*

O crime é **doloso**, ou seja, deverá o agente agir de forma livre e consciente no sentido de revelar ou facilitar a revelação de fato que tenha ciência em razão do cargo, mas que esteja abarcado pelo segredo.

11.20.3. *Sujeitos do crime*

O sujeito ativo é o funcionário público que tenha conhecimento do fato que deve ser mantido em segredo, desde que a ciência se dê em razão do cargo.

O sujeito passivo é o Estado e, mediatamente, o particular prejudicado com a eventual revelação do fato.

11.20.4. *Consumação e tentativa*

O crime atingirá a consumação quando o fato chegar ao conhecimento de terceiro não autorizado a dele ter ciência. Não se faz necessária a ocorrência de prejuízo à Administração Pública ou a particular diretamente relacionado com o fato, tratando-se, aqui, de **crime formal**.

Entende-se ser admissível a **tentativa** apenas se a revelação do fato ou a facilitação de sua revelação ocorrer pela **via escrita**.

11.20.5. *Formas equiparadas e qualificada*

Também responderá pela violação de sigilo funcional o agente que (formas equiparadas):

a) **permitir ou facilitar**, mediante atribuição, fornecimento e empréstimo de senha ou qualquer outra forma, o **acesso** de **pessoas não autorizadas** a **sistemas de informações** ou **banco de dados da Administração Pública**;

b) se **utilizar**, indevidamente, de **acesso restrito**.

Ainda, em caso de a violação de sigilo funcional **acarretar dano** à Administração Pública ou a terceiro, restará caracterizada a **forma qualificada** do crime (art. 325, § 2º, do CP).

11.21. Violação do sigilo de proposta de concorrência (art. 326 do CP)

O crime definido no art. 326 do CP foi tacitamente revogado pela Lei Geral das Licitações (Lei 8.666/1993), que, em seu art. 94, cuida da conduta de devassar o sigilo de proposta apresentada em procedimento licitatório, ou proporcionar a terceiro o ensejo de devassá-la.

2. Legislação Penal Especial

Arthur Trigueiros e Mauro Argachoff [1]

1. CRIMES HEDIONDOS (LEI 8.072/1990)

1.1. Questões constitucionais

Conforme enuncia o art. 5º, XLIII, da CF, "a lei considerará crimes inafiançáveis e insuscetíveis de graça ou anistia a prática da tortura, o tráfico ilícito de entorpecentes e drogas afins, o terrorismo e os definidos como crimes hediondos, por eles respondendo os mandantes, os executores e os que, podendo evitá-los, se omitirem".

Trata-se de verdadeiro **mandado de criminalização,** visto que o legislador constituinte determinou a edição de uma lei penal, qual seja, a Lei dos Crimes Hediondos, até então inexistente.

Conforme se extrai do texto constitucional, aos crimes hediondos incidem as seguintes **vedações:**

a) Fiança;

b) Anistia; e

c) Graça.

1.2. Critério adotado sobre crimes hediondos

Existem, basicamente, dois critérios sobre crimes hediondos: **legal** ou **judicial.**

✓ **Critério legal:** os crimes são enumerados na lei.

✓ **Critério judicial:** caberia ao juiz, no caso concreto, afirmar se o crime é ou não hediondo.

O Brasil adotou o critério legal para crimes hediondos, porque o legislador incumbiu-se de dizer quais são esses crimes.

1.3. Crimes hediondos em espécie

O **rol taxativo** dos crimes considerados hediondos consta no **art. 1º da Lei 8.072/1990**, a saber:

> I. homicídio (art. 121), quando praticado em atividade típica de grupo de extermínio, ainda que cometido por um só agente, e homicídio qualificado (art. 121, § 2º, I, II, III, IV e V);
>
> II. latrocínio (art. 157, § 3º, **in fine**);
>
> III. extorsão qualificada pela morte (art. 158, § 2º);
>
> IV. extorsão mediante sequestro e na forma qualificada (art. 159, *caput*, e §§ 1º, 2º e 3º);
>
> V. estupro (art. 213, *caput*, e §§ 1º e 2º);
>
> VI. estupro de vulnerável (art. 217-A, *caput*, e §§ 1º, 2º, 3º e 4º);
>
> VII. epidemia com resultado morte (art. 267, § 1º).
>
> VII-B. falsificação, corrupção, adulteração ou alteração de produto destinado a fins terapêuticos ou medicinais (art. 273, *caput* e § 1º, § 1º-A e § 1º-B, com redação dada pela Lei 9.677, de 2 de julho de 1998).
>
> VIII. favorecimento da prostituição ou de outra forma de exploração sexual de criança ou adolescente ou de vulnerável (art. 218-B, *caput*, e §§ 1º e 2º, incluído pela Lei 12.978, de 22 de maio de 2014).

Ainda, de acordo com o parágrafo único, do precitado art. 1º da Lei, considera-se também hediondo o crime de genocídio previsto nos arts. 1º, 2º e 3º da Lei 2.889, de 1º de outubro de 1956, tentado ou consumado.

Por questões didáticas e para fins de memorização, dividimos os crimes hediondos em quatro grupos, a saber: **vida, patrimônio**, **dignidade sexual** e **saúde pública**. Vamos a eles:

A) VIDA: temos três crimes neste grupo:

I) Homicídio simples: se praticado em atividade típica de grupo de extermínio ainda que cometido por uma só pessoa, também chamado de **homicídio condicionado**. Exemplo: chacina (art. 121, *caput*, do CP);

II) Qualquer hipótese de homicídio qualificado: a doutrina entende que o homicídio qualificado privilegiado é hediondo (art. 121, § 2º, do CP);

III) Genocídio (arts. 1º, 2º e 3º da Lei 2.889/1956);

B) PATRIMÔNIO: temos três crimes neste grupo:

I) Latrocínio (art. 157, § 3º, parte final, do CP): é considerado um **roubo qualificado** pela morte da vítima, mas nem todo roubo qualificado é crime hediondo. O art. 157, § 3º, 1ª parte, do CP configura roubo qualificado pela **lesão corporal grave,** que não é considerado crime hediondo;

II) Extorsão qualificada pela morte: art. 158, § 2º, do CP;

III) Extorsão mediante sequestro (art. 159, *caput* e parágrafos, do CP):

C) DIGNIDADE SEXUAL: temos três crimes neste grupo:

I) Estupro (art. 213, *caput*, e parágrafos, do CP);

II) Estupro de vulnerável (art. 217-A, *caput* e parágrafos, do CP);

III) Favorecimento da prostituição ou de outra forma de exploração sexual de criança ou adolescente ou de vulnerável (art. 218-B, *caput*, e §§ 1º e 2º).

D) SAÚDE PÚBLICA: temos dois crimes neste grupo:

I) Epidemia qualificada com resultado morte (art. 267, § 1º, do CP);

II) Alteração, adulteração, corrupção ou falsificação de produtos destinados a fins terapêuticos e medicinais (art. 273, *caput e* §§ 1º, 1º-A e 1º-B, do CP).

---

1. Arthur Trigueiros é autor dos Itens 1 ao 10, e Mauro Argachoff é autor dos Itens 11 ao 16.

1.4. Vedações penais e processuais aos crimes hediondos e outras particularidades

Art. 5º, XLIII, CF e art. 2º da Lei 8.072/1990: são inafiançáveis e insuscetíveis de graça e anistia os crimes hediondos e os crimes equiparados a hediondos (tráfico de drogas, tortura e terrorismo – TTT). De acordo com a doutrina, embora não haja expressa previsão na CF, o indulto também é incabível;

Art. 2º, § 1º, da Lei 8.072/1990: os crimes hediondos e equiparados submetem-se, obrigatoriamente, à imposição de regime inicial fechado. No entanto, o STF, em 2012, reconheceu, incidentalmente, a inconstitucionalidade de referido dispositivo legal, no julgamento do HC 111.840. Logo, de acordo com referida decisão, o regime inicial fechado não pode ser o único cabível aos condenados por crimes hediondos ou equiparados. Assim, por exemplo, se alguém for condenado por tráfico de drogas (art. 33, *caput*, da Lei 11.343/2006) à pena mínima de 5 anos de reclusão, desde que primário, poderá iniciar o cumprimento da pena em regime semiaberto;

Art. 2º, § 2º, da Lei 8.072/1990: os crimes hediondos admitem progressão de regime, o que era vedado antes da edição da Lei 11.464/2007 e julgamento do HC 82.959-SP pelo STF. Assim, atualmente, a progressão de regime a esses crimes será admissível após o cumprimento de 2/5 da pena, se o condenado for primário, ou 3/5 da pena, se reincidente. Aos condenados por crimes hediondos e equiparados em data anterior à Lei 11.464/2007, a progressão de regime deverá ser alcançada após o cumprimento de 1/6, nos termos do art. 112 da LEP;

Art. 83 do CP – Livramento condicional: para os crimes hediondos e equiparados, admite-se a concessão de livramento condicional desde que o condenado tenha cumprido mais de 2/3 da pena e desde que não seja reincidente específico (condenação irrecorrível por crime hediondo ou equiparado e, posteriormente, prática de outro crime hediondo ou equiparado. É importante frisar que os crimes não precisam ser idênticos);

Prisão temporária – Lei 7.960/1989: prazo diferenciado para crime hediondo ou equiparado, qual seja, de 30 (trinta) dias, podendo ser prorrogado por mais 30 dias, em caso de comprovada e extrema necessidade.

Crimes equiparados a hediondos: Tráfico de drogas, Tortura e Terrorismo ("TTT"). São chamados de equiparados ou assemelhados, pois possuem o mesmo *status* constitucional, sendo todos tratados no art. 5º, XLIII, CF.

1.5. Estabelecimento penal para crimes hediondos ou equiparados

O art. 3º da Lei 8.072/1990 diz que caberá à **União** manter estabelecimentos penais de **segurança máxima**, destinados aos condenados com alta periculosidade, quando incorrer em risco à ordem ou à incolumidade pública a permanência deles em estabelecimentos comuns.

1.6. Crime de quadrilha ou bando especial (art. 8º da Lei 8.072/1990)

Não se trata de crime hediondo, embora estabelecido nesta lei, e a prova disso é o rol taxativo do art. 1º da Lei 8.072/1990. O art. 8º faz alusão ao crime de quadrilha (cujo *nomen juris* passou a ser o de *associação criminosa* com o advento da Lei 12.850/2013) previsto no art. 288 do CP. É um crime contra a paz pública. No entanto, diversamente do CP, a Lei dos Crimes Hediondos prevê pena mais elevada se a quadrilha for formada para a prática de crimes dessa natureza (hediondos ou equiparados).

Em suma:

Quadrilha ou bando art. 8º da Lei 8.072/1990	Quadrilha ou bando art. 288 do CP
Inafiançável	Afiançável
Pena de 3 a 6 anos	Pena de 1 a 3 anos
Não cabe substituição por pena restritiva de direitos se a pena privativa de liberdade superar 4 anos	Cabe substituição de pena privativa de liberdade por restritiva de direito, desde que preenchidos os requisitos legais
Não cabe *sursis processual*	Cabe *sursis processual*

1.6.1. Delação premiada ou traição benéfica no crime de quadrilha ou bando

O parágrafo único do art. 8º da Lei dos Crimes Hediondos consagra uma causa especial de diminuição de pena que será concedida ao condenado que delatar os demais comparsas (membros da quadrilha) à autoridade pública. A pena será reduzida, pois, de um terço a dois terços se preenchidos os seguintes requisitos:

a) Delação de um ou mais dos componentes da quadrilha para a autoridade pública (Delegado, Juiz, Ministério Público);

b) A delação deverá ser voluntária (o sujeito não poderá ser forçado a delatar), mas não precisa ser espontânea;

c) É necessária, em virtude da delação, a apuração da autoria dos demais integrantes e o desmantelamento da quadrilha. Portanto, a delação deverá ser eficaz.

A redução da pena incide quanto ao ***crime de quadrilha*** em comento (art. 8º da Lei 8.072/1990) e não com relação aos *crimes cometidos pela quadrilha.*

1.7. Causas de aumento de pena quando houver violência presumida

O art. 9º da Lei 8.072/1990 previa que, se a vítima se encontrasse em situação de **violência presumida** (art. 224 do CP – revogado), a pena seria aumentada da **metade** nos seguintes casos:

a) latrocínio (art. 157, § 3º, final, do CP);

b) extorsão com morte (art. 158, § 2º, do CP);

c) extorsão mediante sequestro (art. 159 do CP);

d) estupro (art. 213 do CP); e

d) atentado violento ao pudor (art. 214 do CP – foi revogado).

Tendo em vista o **art. 224 do CP** (violência presumida) ter sido **revogado** pela Lei 12.015/2009 (Lei dos Crimes contra a Dignidade Sexual), tacitamente está revogado o art. 9º da Lei 8.072/1990.

O que antes se chamava de violência presumida hoje equivale à vulnerabilidade do art. 217-A, *caput* e parágrafos, do

CP. A doutrina majoritária e o STJ entendem que o art. 9º está **revogado tacitamente** pela já citada Lei 12.015/2009.

2. LEI DE TORTURA (LEI 9.455/1997)

2.1. Aspectos constitucionais

O art. 5º, XLIII, da CF, ao fazer menção à tortura, crime que sequer era tipificado em lei, materializou-se em verdadeiro **mandado da criminalização**, visto que, repita-se, não havia regulamentação no Brasil, em 1988, de aludido crime.

Em suma, a CF diz que a lei considerará inafiançáveis e insuscetíveis de graça ou de anistia a prática de **tortura**, tráfico de drogas, terrorismo e os crimes hediondos.

O crime de tortura é considerado **equiparado** ou **assemelhado** a **hediondo**.

2.2. Previsão legal

A tipificação penal da tortura foi criada no Brasil com a edição da **Lei 9.455/1997.** No entanto, já tínhamos a previsão da tortura como crime no art. 233 do ECA, que cuidava apenas da prática de referida conduta contra crianças e adolescentes. Contudo, referido dispositivo foi revogado expressamente pela precitada Lei 9.455/1997, que passou a regulamentar por completo o tema.

2.3. Espécies de tortura

Vêm previstas no art. 1º da Lei 9.455/1997, a saber:

a) Tortura-prova: também chamada de persecutória;
b) Tortura-crime;
c) Tortura-racismo: também chamada de discriminatória;
d) Tortura-maus-tratos: também chamada de *tortura corrigendi*;
e) Tortura do preso ou de pessoa sujeita a medida de segurança;
f) Tortura imprópria;
g) Tortura qualificada;
h) Tortura majorada.

2.3.1. Regra

De forma geral, todas as espécies de tortura irão gravitar em torno de duas ideias: **sofrimento físico ou mental**.

A tortura pressupõe o núcleo do tipo *constranger*, o que será feito com o emprego de violência ou grave ameaça, causando sofrimento físico ou mental.

2.3.1.1. Tortura-prova

Também chamada de persecutória, vem prevista no art. 1º, I, "a", da Lei 9.455/1997. Neste caso, o torturador constrangerá a vítima, com emprego de violência ou grave ameaça, causando-lhe sofrimento físico ou mental, para o fim de que ela lhe preste **informação**, **declaração** ou **confissão**.

O **sujeito ativo** será qualquer pessoa, tratando-se de crime comum.

Dá-se a **consumação** com o sofrimento físico ou mental suportado pela vítima.

A tentativa é possível teoricamente, por ser a tortura um crime plurissubsistente, vale dizer, praticado mediante vários atos.

2.3.1.2. Tortura-crime

Vem prevista no art. 1º, I, "b", da Lei 9.455/1997. Neste caso, o torturador constrangerá a vítima, com emprego de violência ou grave ameaça, causando-lhe sofrimento físico ou mental, para que ela **pratique ação ou omissão de natureza criminosa**.

Vê-se, à evidência, que o crime praticado pela vítima somente o foi por **coação moral irresistível.** Neste caso, a vítima torturada ficará isenta de pena pelo crime praticado, respondendo o torturador (autor mediato) pelo crime por ela cometido (art. 22 do CP). Assim, o agente (torturador) responderá pela tortura-crime, além do crime cometido pela vítima, em concurso material (art. 69 do CP).

O **sujeito ativo** poderá ser qualquer pessoa, tratando-se, pois, de crime comum.

Alcança-se a **consumação** com o sofrimento físico ou mental suportado pela vítima.

2.3.1.3. Tortura-racismo

Também chamada de **tortura discriminatória**, vem prevista no art. 1º, I, "c", da Lei 9.455/1997. Aqui, o torturador constrangerá a vítima, com emprego de violência ou grave ameaça, causando-lhe sofrimento físico ou mental, **em razão de discriminação racial ou religiosa.**

Assim, duas são as hipóteses de discriminação tratadas no tipo penal: racial ou religiosa. Não se confunde essa espécie de tortura com os crimes de racismo previstos na Lei 7.716/1989. Confira-se:

Racismo – Lei 7.716/1989	Tortura racismo – Lei 9.455/1997
Praticado em razão de raça, cor, etnia, religião ou procedência nacional.	Praticada somente em razão de raça ou religião.
A vítima é privada de alguns direitos básicos em razão de raça, cor, etnia, religião ou procedência nacional.	A vítima é constrangida pelo torturador, sofrendo física ou mentalmente, em razão de discriminação racial ou religiosa.

Não se enquadra na tortura racismo o preconceito com relação à orientação sexual, visto que o tipo penal somente fala em "raça" ou "religião".

O **sujeito ativo** pode ser qualquer pessoa, tratando-se de crime comum.

Dá-se a **consumação** quando a vítima suporta o sofrimento físico ou mental.

2.3.1.4. Tortura-maus-tratos ou tortura corrigendi

Vem definida no art. 1º, II, da Lei 9.455/1997, consistindo em submeter alguém sob sua **guarda, poder ou autoridade**, com emprego de violência ou grave ameaça, a intenso sofrimento físico ou mental, como forma de aplicar **castigo pessoal** ou **medida de caráter preventivo**.

O sujeito passivo, nesse caso, será obrigatoriamente alguém que esteja sob a guarda, poder ou autoridade do torturador. Assim, estamos diante de crime próprio, visto que se exige uma qualidade especial do agente, qual seja, a de alguma "ascendência" sobre a vítima (guarda, poder ou autoridade).

Nessa modalidade de tortura, o objetivo do torturador é o de aplicar um **castigo pessoal** ou **medida de caráter preventivo**.

A **consumação** dá-se quando a vítima sofrer intensamente em seu aspecto físico ou mental. Trata-se de crime de dano, visto que deve haver efetiva lesão ao bem jurídico.

Difere essa espécie de tortura do crime de **maus-tratos**, previsto no art. 136 do CP, visto ser este um crime de perigo, bastando a mera exposição a risco do bem jurídico. Já na tortura-maus-tratos ocorre efetiva lesão ao bem jurídico (integridade física/psíquica da vítima).

2.3.1.5. *Tortura do preso ou de pessoa sujeita a medida de segurança*

Vem prevista no art. 1º, § 1º, da Lei 9.455/1997. Consiste em **submeter pessoa presa ou sujeita a medida de segurança** a um sofrimento físico ou mental, por meio da **prática de ato não previsto** ou **não autorizado por lei**. Assim, os atos praticados pelo torturador devem estar em *desacordo* com a lei.

O **sujeito ativo**, segundo predomina, deve ser agente público que tenha contato com o preso ou com a pessoa que está cumprindo medida de segurança, tratando-se, pois, de **crime próprio**.

O **sujeito passivo** será:

✓ **Preso**: provisório ou definitivo;

✓ **Pessoa submetida à medida de segurança**: inimputáveis ou semi-imputáveis com periculosidade.

2.3.1.6. *Tortura imprópria*

Vem prevista no art. 1º, § 2º, da Lei 9.455/1997. Consiste no ato daquele que se **omite** em face destas condutas (todas as espécies de tortura descritas), desde que tenha o **dever de evitá-las** ou de **apurá-las**.

O agente, tecnicamente, não praticou uma conduta típica de tortura, apenas se omitiu diante de seu dever de apurar ou de evitar referido crime, tendo este sido praticada por outrem.

Diversamente das demais espécies de tortura, a ora estudada é punida com detenção de um a quatro anos, motivo pelo qual sequer o regime inicial fechado será imposto ao agente. Por essa razão, entende-se, também, que o crime em questão **não é equiparado a hediondo**.

O **sujeito ativo** é aquele que tiver o **dever de evitar** ou o **dever de apurar** a tortura. Assim, será, em regra, o **funcionário público**.

Como estamos diante de um **crime omissivo**, não se admite tentativa.

2.3.1.7. *Tortura qualificada*

Vem prevista no art. 1º, § 3º, da Lei 9.455/1997.

A tortura será **qualificada**:

a) pela lesão corporal grave/gravíssima (art. 129, §§ 1º e 2º, do CP); ou

b) pela morte.

Em ambas as situações, estaremos diante de um **crime preterdoloso** (dolo na prática da tortura e culpa quanto ao resultado agravador – lesão corporal grave, gravíssima ou morte).

Não se confunde a tortura qualificada pela morte com o homicídio qualificado pela tortura, sendo esta um meio de execução utilizado para matar a vítima. Vejamos:

Homicídio qualificado pela tortura	Tortura qualificada pela morte
Pena de 12 a 30 anos.	Pena de 8 a 16 anos.
Dolo de matar, ou seja, ânimo homicida.	Dolo de torturar, ou seja, causar sofrimento físico ou mental.
Resultado morte decorre de dolo.	Resultado morte decorre de culpa.
Tortura é um meio de execução.	A tortura é um fim em si mesmo.
Julgado pelo Tribunal do Júri.	Julgado pela Justiça Comum.

2.3.1.8. *Tortura majorada*

Vem prevista no art. 1º, § 4º, da Lei 9.455/1997. Trata-se de causa obrigatória de aumento de pena (1/6 a 1/3), incidente nas seguintes situações:

a) Se o torturador for agente público;

b) Se a vítima for criança, adolescente, idoso, gestante ou deficiente físico/mental;

c) Se a tortura for praticada mediante sequestro. O sequestro não será crime autônomo, ele será enquadrado como majorante da pena.

2.3.2. *Efeitos da condenação*

Conforme reza o art. 1º, § 5º, da Lei 9.455/1997, a condenação pelo crime de tortura imporá ao agente a perda do cargo, função ou emprego público, bem como a interdição para seu exercício pelo dobro do prazo da pena aplicada.

Trata-se, é bom que se diga, de efeito obrigatório da condenação, que se subdivide em:

a) Direto: perda do cargo, emprego ou função;

b) Indireto: interdição de direitos, ou seja, a impossibilidade de ocupação de cargo, emprego, função, pelo dobro do prazo da pena aplicada.

Este efeito é automático, também chamado pela doutrina de não específico, não exigindo, pois, fundamentação específica em sentença.

2.3.3. *Aspectos penais e processuais penais*

De acordo com o art. 1º, § 6º, da Lei 9.455/1997, são inadmissíveis para os crimes de tortura a concessão de **fiança**, **graça** e **anistia**. Trata-se de mera repetição do quanto consta no art. 5º, XLIII, CF.

Muito embora a lei não vede o **indulto**, a concessão deste não é permitida de acordo com a jurisprudência majoritária.

Embora não se admita a concessão de liberdade provisória com fiança (crimes inafiançáveis), admissível pensar-se em deferimento de **liberdade provisória sem fiança**, desde que ausentes os requisitos autorizadores da prisão preventiva. Afinal, não se pode admitir prisão cautelar obrigatória no Brasil, sob pena de ofensa ao princípio constitucional da presunção de inocência (ou não culpabilidade).

Quanto ao **regime inicial de cumprimento de pena**, este será o fechado, exceto para a tortura imprópria. Admite-se, pois, progressão de regime penitenciário, desde que preenchidos os requisitos legais, seguindo-se, para tanto, as mesmas regras aplicáveis aos crimes hediondos (lembre-se: a tortura é crime equiparado a hediondo!).

Considerando que a tortura é crime equiparado a hediondo, entendemos, de todo, aplicável a decisão do STF acerca da **inconstitucionalidade do regime inicial fechado obrigatório** (**HC 111.840**). Logo, mesmo para um torturador, será cabível, desde que preenchidos os requisitos legais, regime inicial semiaberto ou até aberto, a depender da quantidade de pena imposta.

No tocante ao **livramento condicional**, seguiremos o mesmo regramento para os crimes hediondos, vale dizer, admite-se a concessão do benefício em comento, desde que cumpridos mais de 2/3 da pena e desde que o réu não seja reincidente específico.

3. LEI DE DROGAS (LEI 11.343/2006)

3.1. Previsão legal

Os crimes envolvendo drogas vêm previstos na Lei 11.343/2006, que revogou expressamente a antiga "Lei de Tóxicos" (Lei 6.368/1976).

3.2. Questão terminológica

Embora a expressão possa parecer "chula", o adequado é que se fale em *droga*, e não mais *substâncias entorpecentes*, tal como previsto na legislação revogada.

3.2.1. Conceito de drogas

Droga é toda **substância capaz de causar dependência**, assim reconhecida em **lei ou listas atualizadas** pelo Executivo Federal (art. 1º, parágrafo único, Lei 11.343/2006).

Hoje, para buscarmos quais são as substâncias consideradas "drogas", devemos analisar o quanto se contém na **Portaria 344/1998 da SVS/MS** (Superintendência de Vigilância Sanitária do Ministério da Saúde). Esta portaria traz uma lista de substâncias entorpecentes, o que equivale às drogas. Trata-se de um ato infralegal, motivo pelo qual, toda vez que a lei mencionar a expressão "drogas", estaremos diante de uma **norma penal em branco em sentido estrito ou heterogêneo**, visto que o ato complementar (portaria) é de hierarquia diversa da norma complementada (lei ordinária federal).

3.3. Principais crimes da Lei de Drogas

3.3.1. Art. 28 – posse ilegal de droga para consumo pessoal

Primeiramente, é bom que se diga que o **uso** de droga é **fato atípico**, visto que o art. 28 não contempla a conduta de "usar ou fazer uso". Ainda que assim não fosse, a não criminalização do uso de drogas decorre do **princípio da alteridade**, segundo o qual o direito penal somente pode proteger condutas direcionadas à lesão de direitos alheios, no caso, à saúde pública (o crime em estudo viola a **saúde pública**).

Destarte, quem usa droga, trazendo-a consigo, não responderá propriamente pelo uso, mas sim pelo **porte**.

3.3.1.1. Condutas típicas

São as seguintes:

a) adquirir;

b) guardar;

c) ter em depósito;

d) transportar; ou

e) trazer consigo.

Estamos diante de um **tipo misto alternativo** ou, ainda, um **crime de ação múltipla**.

3.3.1.2. Objeto material do crime

É a **droga**, assim considerada com base na **Portaria 344/1998** da SVS/MS.

3.3.1.3. Penas

Diversamente do que acontece com todos os demais crimes, o delito de porte de drogas para consumo pessoal, fugindo à regra, estabelece **penas não privativas de liberdade**, já de forma abstrata, motivo pelo qual, em um primeiro momento, chegou-se a discutir sobre a eventual descriminalização das condutas típicas estudadas.

Temos, portanto, as **seguintes penas** cominadas ao art. 28:

a) Advertência sobre os efeitos da droga;

b) Prestação de serviços à comunidade; e

c) Medida educativa de comparecimento à programa ou a curso educativo.

As penas poderão ser **alternativa** ou **cumulativamente** impostas. Poderá, pois, o juiz, aplicar as três penalidades cumulativamente, de acordo com o caso concreto.

Pacificou-se na jurisprudência o entendimento de que o crime em questão sofreu apenas uma **despenalização** ou **descarcerização** (redução da resposta penal diante da prática da infração). Não há que se falar, portanto, em descriminalização.

3.3.1.4. Tipo subjetivo

É o **dolo**, sem prejuízo do **especial fim de agir do agente** ("dolo específico"), qual seja, praticar uma das condutas típicas "para consumo pessoal".

3.3.1.5. Figura equiparada (art. 28, § 1º)

Equipara-se ao art. 28, *caput*, submetendo-se às mesmas penas, aquela pessoa que **semear**, **cultivar** ou **colher** plantas destinadas ao preparo de **pequena quantidade de drogas** para consumo pessoal.

A expressão "pequena quantidade de drogas" é o **elemento normativo** do tipo, exigindo-se uma valoração diante do caso concreto.

3.3.1.6. Prazo de duração das medidas coercitivas

No caso de imposição de pena alternativa de prestação de serviços à comunidade ou determinação de comparecimento a programas educativos, o período máximo de duração será de **até 5 meses**.

Impõe salientar que **não caberá privação de liberdade** pelo descumprimento das penas restritivas de direitos impostas pelo juiz na sentença. Em caso de descumprimento, duas são as medidas coercitivas:

a) Admoestação verbal;

b) Multa destinada ao Fundo Nacional Antidrogas.

Se o agente não comparecer em juízo para se submeter à admoestação verbal, será aplicada a multa, sucessivamente.

3.3.1.7. Reincidência no art. 28

Em caso de o réu ser reincidente específico (condenações pelo crime de porte de drogas para consumo pessoal), as penas restritivas de direitos poderão ser impostas pelo prazo de **até 10 meses** (art. 28, § 4º).

3.3.1.8. Prisão em flagrante

Não se imporá a prisão em flagrante do usuário para o crime do art. 28, consoante determina o art. 48, § 2º, da Lei 11.343/2006. A Lei de Drogas veda a chamada **prisão-lavratura**, que é a materialização de uma prisão em flagrante no respectivo auto. No entanto, a denominada prisão-captura é perfeitamente cabível, a fim de que o agente delitivo seja conduzido coercitivamente à Delegacia de Polícia, fazendo, com isso, cessar a atividade criminosa.

Aplicar-se-á ao art. 28 da Lei de Drogas o disposto na Lei 9.099/1995 (Lei dos Juizados Especiais Criminais), motivo pelo qual o crime em questão é considerado de **menor potencial ofensivo**.

3.3.1.9. Prescrição do crime do art. 28

Consoante reza o art. 30 da Lei 11.343/2006, o Estado perderá o direito de punir ou de executar a pena após o decurso de **2 (dois) anos**. Trata-se de regra especial, que prevalece sobre o art. 109 do CP (tabela do prazo prescricional).

3.3.2. Art. 33 – Tráfico de drogas

3.3.2.1. Condutas típicas

O art. 33, *caput*, da Lei 11.343/2006, consubstancia-se em tipo misto alternativo ou crime de ação múltipla, visto que formado por 18 (dezoito) verbos, a saber: *importar, exportar, remeter, preparar, produzir, fabricar, adquirir, vender, expor à venda, oferecer, ter em depósito, transportar, trazer consigo, guardar, prescrever, ministrar, entregar a consumo ou fornecer.*

3.3.2.2. Objeto material do crime

O objeto material é a droga, assim definida pela Portaria 344/1998 da SVS/MS.

Será que a quantidade de droga apreendida influencia na dosimetria da pena? Confira-se a posição do STF:

Dosimetria e quantidade de droga apreendida

A 2ª Turma, em julgamento conjunto de *habeas corpus* e recurso ordinário em habeas corpus, reafirmou orientação no sentido de que a quantidade de substância ilegal entorpecente apreendida deve ser sopesada na primeira fase de individualização da pena, nos termos do art. 42 da Lei 11.343/2006, sendo impróprio invocá-la por ocasião da escolha do fator de redução previsto no § 4º do art. 33 da mesma lei, sob pena de *bis in idem*. Com base nesse entendimento, determinou-se a devolução dos autos para que as instâncias de origem procedam a nova individualização da pena, atentando-se para a adequada motivação do fator reducional oriundo da causa especial de diminuição.. HC 108513/RS, rel. Min. Gilmar Mendes, 23.08.2011. (HC-108513). RHC 107857/DF, rel. Min. Gilmar Mendes, 23.08.2011. (RHC-107857) (Inform. STF 637)

3.3.2.3. Tipo subjetivo

É o **dolo**. Contudo, é necessário que a intenção do traficante seja a de **"entregar" a droga a consumo de terceiros**, diversamente do que ocorre com o art. 28 da Lei 11.343/2006, em que a intenção do agente é a de consumir a droga.

3.3.2.4. Consumação e tentativa

Pelo fato de o art. 33 trazer dezoito verbos no tipo, alguns deles são considerados **crimes instantâneos**, consumando-se com a só prática da conduta (ex.: importar, exportar, adquirir...). Já outras modalidades de tráfico são consideradas **permanentes**, motivo pelo qual a consumação se protrairá no tempo (ex.: expor à venda, ter em depósito, trazer consigo, guardar...).

Em tese, é admissível a **tentativa**, embora esta seja difícil, visto que, pelo fato de o crime ser de ação múltipla, provavelmente a infração já estará consumada.

3.3.2.5. Art. 33, § 3º – Cedente eventual

A doutrina vem chamando de **cedente eventual** a pessoa que oferece droga eventualmente, sem objetivo de lucro, a pessoa de seu relacionamento, para juntos a consumirem. Trata-se de um tráfico privilegiado, visto que a pena é bastante menor do que a cominada para o tráfico previsto no *caput* do art. 33.

São **requisitos** para configuração do crime em questão:

- ✓ oferecer droga;
- ✓ caráter eventual;
- ✓ sem objetivo de lucro;
- ✓ a pessoa de seu relacionamento;
- ✓ para juntos a consumirem.

Neste caso, a pena será de 6 (seis) meses a 1 (um) ano de detenção, sem prejuízo das penas do art. 28.

Por ser punido com detenção, o crime é afiançável.

Trata-se, finalmente, de crime de **menor potencial ofensivo**. Em virtude de a pena máxima ser de (um) 1 ano, aplica-se a Lei 9.099/1995.

3.3.2.6. Art. 33, § 4º – Causa de diminuição de pena

Se preenchidos os requisitos abaixo, de forma cumulativa, o agente terá a pena reduzida de 1/6 (um sexto) a 2/3 (dois terços):

- ✓ primariedade do agente;

✓ bons antecedentes;

✓ não integrar o agente facção criminosa; e

✓ não se dedicar o agente a atividades criminosas.

Trata-se do "traficante de primeira viagem".

A causa de diminuição de pena em comento não era prevista na antiga Lei de Tóxicos. Daí ser considerada *lex mitior* ou *novatio legis in mellius* – lei nova benéfica.

Por ser benéfica, deve ter **efeitos retroativos**. Assim, se o sujeito já estiver cumprindo pena, advindo lei nova benéfica, deverá esta retroagir para beneficiá-lo.

A **questão** que se coloca, contudo, é a seguinte:

✓ **Lei antiga**: a pena do tráfico de drogas variava de 3 (três) a 15 (quinze) anos. Não havia causa de diminuição de pena;

✓ **Lei nova**: a pena do tráfico varia de 5 (cinco) a 15 (quinze) anos. Há causa de diminuição de pena (art. 33, § 4º);

Questão: esta causa de diminuição de pena (1/6 a 2/3) deverá retroagir e incidir sobre qual pena, caso o agente tenha praticado tráfico de drogas sob a égide da lei anterior? De 3 a 15 anos (pena antiga) ou de 5 a 15 anos (pena nova)?

R.: existem **dois posicionamentos**. São eles:

a) Primeira posição: a diminuição deverá incidir sobre a pena antiga, já que o traficante respondeu sob a égide da lei anterior. Esta posição adota aquilo que o STF, historicamente, sempre repudiou, qual seja, a combinação de leis penais no tempo;

b) Segunda posição: a diminuição incidirá sobre a pena nova. De acordo com esta posição, não é possível combinação de leis penais, pois violaria a tripartição de Poderes (o Judiciário estaria legislando).

Tanto o STF, quanto o STJ, proferiram decisões nos dois sentidos.

Em notícia extraída do sítio eletrônico desta última Corte, vê-se que a sua 3ª Seção pôs fim à celeuma instaurada desde a edição da Lei 11.343/2006 no que tange à possibilidade – ou não – de combinação de leis no tempo. Confira-se:

> "No STJ, a Sexta Turma entendia ser possível a combinação de leis a fim de beneficiar o réu, como ocorreu no julgamento do HC 102.544. Ao unificar o entendimento das duas Turmas penais, entretanto, prevaleceu na Terceira Seção o juízo de que não podem ser mesclados dispositivos mais favoráveis da lei nova com os da lei antiga, pois ao fazer isso o julgador estaria formando uma terceira norma.
>
> A tese consolidada é de que a lei pode retroagir, mas apenas se puder ser aplicada na íntegra. Dessa forma, explicou o Ministro Napoleão Nunes Maia Filho no HC 86.797, caberá ao "magistrado singular, ao juiz da vara de execuções criminais ou ao tribunal estadual decidir, diante do caso concreto, aquilo que for melhor ao acusado ou sentenciado, sem a possibilidade, todavia, de combinação de normas".

O projeto de súmula foi encaminhado pela ministra Laurita Vaz e a redação oficial do dispositivo ficou com o seguinte teor: *"É cabível a aplicação retroativa da Lei 11.343, desde que o resultado da incidência das suas disposições, na íntegra, seja mais favorável ao réu do que o advindo da aplicação da Lei n. 6.368, sendo vedada a combinação de leis"*. (http://www.stj.jus.br/portal_stj/publicacao/engine.wsp?tmp.area=398&tmp.texto=111943 – acesso em 06.11.2013).

Destarte, com a edição da Súmula 501 do STJ, consolidou-se o entendimento segundo o qual é inadmissível a combinação de leis penais no tempo.

Nada obstante, pela relevância do tema, vale a pena a transcrição dos excertos abaixo, extraídos de Informativo do STF. Para quem se prepara para concursos públicos, nada melhor do que conhecer a posição da mais alta Corte (STF), muito embora, repita-se uma vez mais, o STJ tenha editado a precitada Súmula 501.

Tráfico de drogas e combinação de leis – 1

"O Plenário iniciou julgamento de recurso extraordinário em que se discute a aplicabilidade, ou não, da causa de diminuição de pena prevista no art. 33, § 4º, da Lei 11.343/2006 sobre condenações fixadas com base no art. 12, *caput*, da Lei 6.368/1976, diploma normativo este vigente à época da prática do delito. Na espécie, o Ministério Público Federal alega afronta ao art. 5º, XL, da CF (*a lei penal não retroagirá, salvo para beneficiar o réu;*) ao argumento de que a combinação de regras mais benignas de dois sistemas legislativos diversos formaria uma terceira lei. O Min. Ricardo Lewandowski, relator, proveu o recurso para determinar que o juízo da Vara de Execuções Penais aplique, em sua integralidade, a legislação mais benéfica ao recorrido, no que foi acompanhado pelos Ministros Cármen Lúcia e Joaquim Barbosa. Inicialmente, ressaltou que a doutrina sempre esteve dividida quanto ao tema. Em sequência, entendeu não ser possível a conjugação de partes mais benéficas de diferentes normas para se criar uma terceira lei, sob pena de ofensa aos princípios da legalidade e da separação de poderes". **RE 596152/SP, rel. Min. Ricardo Lewandowski, 2.12.2010.** (RE-596152)

Tráfico de drogas e combinação de leis – 2

"Afirmou que a Constituição permitiria a retroatividade da lei penal para favorecer o réu, mas não mencionaria sua aplicação em partes. Consignou que a Lei 6.368/1976 estabelecia para o delito de tráfico de drogas uma pena em abstrato de 3 a 15 anos de reclusão e fora revogada pela Lei 11.343/2006, que cominou, para o mesmo crime, pena de 5 a 15 anos de reclusão. Enfatizou, assim, que a novel lei teria imposto reprimenda mais severa para aquele tipo penal e que o legislador se preocupara em diferenciar o traficante organizado do pequeno traficante. Acrescentou haver correlação entre o aumento da pena-base mínima prevista no *caput* do art. 33 da Lei 11.343/2006 e a inserção da causa de diminuição disposta em seu § 4º. Explicitou que, ao ser permitida a combinação das leis referidas para se extrair um terceiro gênero, os magistrados estariam atuando como legislador positivo. Ademais, ponderou que, dessa forma, poder-se-ia chegar à situação em que o delito de tráfico viesse a ser punido com pena semelhante às das infrações de menor potencial ofensivo. Concluiu que, se na dúvida quanto à legislação mais benéfica em determinada situação, dever-se-ia examinar o caso concreto e verificar a lei, que aplicada em sua totalidade, seria mais favorável". **RE 596152/SP, rel. Min. Ricardo Lewandowski, 2.12.2010.** (RE-596152)

Tráfico de drogas e combinação de leis – 3

"Em divergência, o Min. Cezar Peluso, Presidente, proveu o recurso, no que foi seguido pelo Min. Dias Toffoli. Reiterou o teor do voto proferido no julgamento do HC 95435/RS (DJe de 07.11.2008), no sentido de entender que aplicar a causa de diminuição não significaria baralhar e confundir normas, uma vez que o juiz, ao assim proceder, não criaria lei nova, mas apenas se movimentaria dentro dos quadros legais para uma tarefa de integração perfeitamente possível. Além disso, asseverou que se deveria observar a finalidade e a *ratio* do princípio, para que fosse dada correta resposta ao tema, não havendo como se repudiar a aplicação da causa de diminuição também a situações anteriores. Nesse diapasão, realçou, também, que a vedação de junção de dispositivos de leis diversas seria apenas produto de interpretação da doutrina e da jurisprudência, sem apoio direto em texto constitucional. Após, pediu vista o Min. Ayres Britto". **RE 596152/SP, rel. Min. Ricardo Lewandowski, 02.12.2010.** (RE-596152) (**Inform. STF** 611)

Tráfico de drogas e combinação de leis – 4

"O Plenário retomou julgamento de recurso extraordinário em que se discute a aplicabilidade, ou não, da causa de diminuição de pena prevista no art. 33, § 4º, da Lei 11.343/2006 sobre condenações fixadas com base no art. 12, *caput*, da Lei 6.368/1976, diploma normativo este vigente à época da prática do delito – v. Informativo 611. Em voto-vista, o Min. Ayres Britto acompanhou a divergência iniciada pelo Min. Cezar Peluso, Presidente, e desproveu o recurso. Aduziu que a expressão "lei" contida no princípio insculpido no art. 5º, XL, da CF (*a lei penal não retroagirá, salvo para beneficiar o réu*) referir-se-ia à norma penal, considerada como dispositivo isolado inserido em determinado diploma de lei. No ponto, destacou que a discussão estaria na combinação de normas penais que se friccionassem no tempo, e não na mesclagem de leis. Afirmou, ademais, que a Constituição vedaria a mistura de normas penais que, ao dispor sobre o mesmo instituto legal, contrapusessem-se temporalmente. Nesse sentido, reputou que o fato de a Lei 11.343/2006 ter criado a figura do pequeno traficante, a merecer tratamento diferenciado – não contemplada na legislação anterior –, não implicaria conflito de normas, visto que a minorante seria inédita, sem contraposição a qualquer regra anterior. Após, pediu vista o Min. Luiz Fux". RE 596152/SP, rel. Min. Ricardo Lewandowski, 26.05.2011. (RE-596152) (**Inform. STF** 628)

Tráfico de drogas e combinação de leis – 5

"Em conclusão de julgamento, o Plenário, ante empate na votação, desproveu recurso extraordinário em que se discutia a aplicabilidade, ou não, da causa de diminuição de pena prevista no art. 33, § 4º, da Lei 11.343/2006 sobre condenações fixadas com base no art. 12, *caput*, da Lei 6.368/1976, diploma normativo este vigente à época da prática do delito – v. Informativos 611 e 628. Além disso, assentou-se a manutenção da ordem de *habeas corpus*, concedida no STJ em favor do ora recorrido, que originara o recurso. Na espécie, o recorrente, Ministério Público Federal, alegava afronta ao art. 5º, XL, da CF (*a lei penal não retroagirá, salvo para beneficiar o réu*), ao argumento de que a combinação de regras mais benignas de 2 sistemas legislativos diversos formaria uma terceira lei. Aduziu-se que a expressão "lei" contida no princípio insculpido no mencionado inciso referir-se-ia à norma penal, considerada como dispositivo isolado inserido em determinado diploma de lei. No ponto, destacou-se que a discussão estaria na combinação de normas penais que se friccionassem no tempo. Afirmou-se, ademais, que a Constituição vedaria a mistura de normas penais que, ao dispor sobre o mesmo instituto legal, contrapusessem-se temporalmente. Nesse sentido, reputou-se que o fato de a Lei 11.343/2006 ter criado a figura do pequeno traficante, a merecer tratamento diferenciado – não contemplada na legislação anterior – não implicaria conflito de normas, tampouco mescla, visto que a minorante seria inédita, sem contraposição a qualquer regra pretérita. Por se tratar de pedido de *writ* na origem e em vista de todos os atuais Ministros do STF terem votado, resolveu-se aplicar ao caso concreto o presente resultado por ser mais favorável ao paciente com fundamento no art. 146, parágrafo único, do RISTF (*Parágrafo único. No julgamento de habeas corpus e de recursos de habeas corpus proclamar-se-á, na hipótese de empate, a decisão mais favorável ao paciente*). Nesse tocante, advertiu-se que, apesar de a repercussão geral ter sido reconhecida, em decorrência da peculiaridade da situação, a temática constitucional em apreço não fora consolidada". RE 596152/SP, rel. orig. Min. Ricardo Lewandowski, red. p/ o acórdão Min. Ayres Britto, 13.10.2011. (RE 596152)

Tráfico de drogas e combinação de leis – 6

"O Min. Cezar Peluso, Presidente, frisou o teor do voto proferido pela 2ª Turma no julgamento do HC 95435/RS (DJe de 07.11.2008), no sentido de entender que aplicar a causa de diminuição não significaria baralhar e confundir normas, uma vez que o juiz, ao assim proceder, não criaria lei nova, apenas se movimentaria dentro dos quadros legais para uma tarefa de integração perfeitamente possível. Além disso, consignou que se deveria cumprir a finalidade e a *ratio* do princípio, para que fosse dada correta resposta ao tema, não havendo como se repudiar a aplicação da causa de diminuição também a situações anteriores. Realçou, ainda, que a vedação de convergência de dispositivos de leis diversas seria apenas produto de interpretação da doutrina e da jurisprudência, sem apoio direto em texto constitucional. O Min. Celso de Mello, a seu turno, enfatizou que o citado pronunciamento fora ratificado em momento subsequente, no julgamento de outro *habeas corpus*. Acresceu que não se cuidaria, na espécie, da denominada "criação indireta da lei". Ato contínuo, assinalou que, mesmo se fosse criação indireta, seria preciso observar que esse tema haveria de ser necessariamente examinado à luz do princípio constitucional da aplicabilidade da lei penal mais benéfica". RE 596152/SP, rel. orig. Min. Ricardo Lewandowski, red. p/ o acórdão Min. Ayres Britto, 13.10.2011. (RE-596152)

Tráfico de drogas e combinação de leis – 7

"De outro lado, o Min. Ricardo Lewandowski, relator, dava provimento ao recurso do *parquet* para determinar que o juízo da Vara de Execuções Penais aplicasse, em sua integralidade, a legislação mais benéfica ao recorrido, no que fora acompanhado pelos Ministros Cármen Lúcia, Joaquim Barbosa, Luiz Fux e Marco Aurélio. Ressaltava a divisão da doutrina acerca do tema. Entendia não ser possível a conjugação de partes mais benéficas de diferentes normas para se criar uma terceira lei, sob pena de ofensa aos princípios da legalidade e da separação de poderes. Afirmava que a Constituição permitiria a retroatividade da lei penal para favorecer o réu, mas não mencionaria sua aplicação em partes. Registrava que a Lei 6.368/1976 estabelecia para o delito de tráfico de drogas uma pena em abstrato de 3 a 15 anos de reclusão e fora revogada pela Lei 11.343/2006, que cominara, para o mesmo crime, pena de 5 a 15 anos de reclusão. Evidenciava, dessa maneira, que a novel lei teria imposto reprimenda mais severa para aquele tipo penal e que o legislador se preocupara em diferenciar o traficante organizado do pequeno traficante. Acrescentava haver correlação entre o aumento da pena-base mínima prevista no *caput* do art. 33 da Lei 11.343/2006 e a inserção da causa de diminuição disposta em seu § 4º. Explicitava que, ao ser permitida a combinação das leis referidas para se extrair um terceiro gênero, os magistrados atuariam como legisladores positivos. Por fim, ponderava que se poderia chegar à situação em que o delito de tráfico fosse punido com pena semelhante às das infrações de menor potencial ofensivo. Concluía que, na dúvida quanto à legislação mais benéfica em determinada situação, dever-se-ia examinar o caso concreto e verificar a lei que, aplicada em sua totalidade, fosse mais favorável". RE 596152/SP, rel. orig. Min. Ricardo Lewandowski, red. p/ o acórdão Min. Ayres Britto, 13.10.2011. (RE-596152)

Tráfico de drogas e combinação de leis – 8

"O Min. Luiz Fux apontava afronta ao princípio da isonomia (CF, art. 5º, *caput*), pois a *lex tertia*, aplicada pelo STJ, conceberia paradoxo decorrente da retroação da lei para conferir aos fatos passados situação jurídica mais favorável do que àqueles praticados durante a sua vigência. Dessumia que a aplicação da retroatividade da lei "em tiras" consistiria em velada deturpação da nova percepção que o legislador, responsável por expressar os anseios sociais, manifestara sobre a mesma conduta. Indicava, ademais, violação a outros fundamentos da Constituição: o princípio da legalidade e a democracia. Criar-se-ia, com a tese por ele refutada, regra não prevista na lei antiga nem na lei nova, que não experimentaria do batismo democrático atribuído à lei formal. Destacava que a questão reclamaria, portanto, o que se denominara como "sistema da apreciação *in concreto*" em conjunto com o princípio da alternatividade, para resolver pela aplicação da lei antiga ou da lei nova, uma ou outra, integralmente. O Min. Marco Aurélio, por sua vez, aduzia que, com a Lei 11.343/2006, houvera, também, a exacerbação das penas relativas à multa. Assegurava que, naquele contexto, cuidara-se, para situações peculiares, de uma causa de diminuição da reprimenda, ao inseri-la no artigo. No aspecto, salientava que o parágrafo seria interpretado segundo o artigo. A razão de ser do preceito seria mitigar a elevação do piso em termos de pena restritiva da liberdade de 3 para 5 anos. Por esse motivo, entendia haver mesclagem de sistemas, ao se manter a pena da Lei 6.368/1976 adotando-se, contudo, a causa de diminuição que estaria jungida à cabeça do art. 33 da outra norma. Asseverava que, ao se proceder dessa maneira, colocar-se-ia em segundo plano o princípio unitário e criar-se-ia novo diploma para reger a matéria". RE 596152/SP, rel. orig. Min. Ricardo Lewandowski, red. p/ o acórdão Min. Ayres Britto, 13.10.2011. (RE-596152) (**Inform. STF** 644)

Por fim, importantíssimo registrar, ainda mais para concursos na área policial (Delegado de Polícia Federal ou Estadual), que a verificação, em caso concreto, da causa de diminuição de pena em comento (art. 33, § 4º, da Lei de Drogas), não afasta a hediondez do crime em testilha (tráfico privilegiado). Confira-se, nesse sentido, a Súmula 512 do STJ, aprovada em junho de 2014: "A aplicação da causa de diminuição de pena prevista no art. 33, § 4º, da Lei 11.343/2006 não afasta a hediondez do crime de tráfico de drogas".

3.3.2.7. *Vedações penais e processuais ao tráfico*

De acordo com o art. 44 da Lei 11.343/2006, os crimes previstos nos arts. 33, *caput* e § 1º, 34 a 37, são:

a) Inafiançáveis;

b) Insuscetíveis de *sursis*, graça, indulto e anistia;

c) Insuscetível de liberdade provisória;

d) Impassíveis de conversão das penas privativas de liberdade por restritivas de direitos.

Tanto com relação à liberdade provisória, quanto com relação à impossibilidade de conversão de PPL por PRD para tráfico de drogas, o STF, em controle difuso (HC 97.256), reconheceu a inconstitucionalidade das vedações. Não se trata de posicionamento pacífico, mas, pelo menos, existe um norte de nossa mais alta Corte: a vedação abstrata de benefícios penais e processuais afronta a presunção de inocência e a razoabilidade.

Acerca da vedação à conversão de pena privativa de liberdade em restritiva de direitos, confira-se abaixo a posição da Suprema Corte:

Tráfico de drogas: "sursis" e substituição de pena por restritiva de direitos

"A 1ª Turma julgou prejudicado *habeas corpus* em que condenado à reprimenda de 1 ano e 8 meses de reclusão em regime fechado e 166 dias-multa, pela prática do crime de tráfico ilícito de entorpecentes (Lei 11.343/2006, art. 33), pleiteava a suspensão condicional da pena nos termos em que concedida pelo Tribunal de Justiça estadual. Em seguida, deferiu, de ofício, a ordem para reconhecer a possibilidade de o juiz competente substituir a pena privativa de liberdade por restritiva de direitos, desde que preenchidos os requisitos objetivos e subjetivos previstos na lei. A impetração questionava acórdão que, em 09.03.2010, ao dar provimento a recurso especial do *parquet*, não admitira o *sursis*, em virtude de expressa vedação legal. Consignou-se que, ao julgar o HC 97256/RS (DJe de 16.12.2010), o Supremo concluíra, em 01.09.2010, pela inconstitucionalidade dos artigos 33, § 4º; e 44, *caput*, da Lei 11.343/2006, ambos na parte em que vedavam a substituição da pena privativa de liberdade por restritiva de direitos em condenação pelo delito em apreço. Asseverou-se, portanto, estar superado este impedimento. Salientou-se que a convolação da reprimenda por restritiva de direitos seria mais favorável ao paciente. Ademais, observou-se que o art. 77, III, do CP estabelece a aplicabilidade de suspensão condicional da pena quando não indicada ou cabível a sua substituição por restritiva de direitos (CP, art. 44)". HC 104361/RJ, rel. Min. Cármen Lúcia, 3.5.2011. (HC-104361) (**Inform. STF** 625).

Quanto à vedação de *sursis*, contraditoriamente, a 1ª Turma do STF, que, como visto acima, reconheceu a inconstitucionalidade da vedação abstrata à conversão de pena privativa de liberdade por restritivas de direitos, negou a possibilidade, por maioria de votos, de concessão de referido benefício. Veja a seguir:

Tráfico ilícito de entorpecentes e suspensão condicional da pena

"A 1ª Turma iniciou julgamento de *habeas corpus* em que se pleiteia a suspensão condicional da pena a condenado pela prática do crime de tráfico ilícito de entorpecentes (Lei 11.343/2006, art. 33). O Min. Marco Aurélio, relator, denegou a ordem. Reputou não se poder cogitar do benefício devido à vedação expressa contida no art. 44 do referido diploma (*os crimes previstos nos arts. 33, caput e § 1º, e 34 a 37 desta Lei são inafiançáveis e insuscetíveis de sursis, graça, indulto, anistia e liberdade provisória, vedada a conversão de suas penas em restritivas de direitos*), que estaria em harmonia com a Lei 8.072/1990 e com a Constituição, em seu art. 5º, XLIII (*a lei considerará crimes inafiançáveis e insuscetíveis de graça ou anistia a prática da tortura, o tráfico ilícito de entorpecentes e drogas afins, o terrorismo e os definidos como crimes hediondos, por eles respondendo os mandantes, os executores e os que, podendo evitá-los, se omitirem*). Após, pediu vista o Min. Dias Toffoli". HC 101919/MG, rel. Min. Marco Aurélio, 26.04.2011. (HC-101919) (Inform. STF 624)

Tráfico ilícito de entorpecentes e suspensão condicional da pena – 2

"Em conclusão de julgamento, a 1ª Turma denegou, por maioria, *habeas corpus* em que se pleiteava a suspensão condicional da pena a condenado pela prática do crime de tráfico ilícito de entorpecentes (Lei 11.343/2006, art. 33) – v. **Informativo** 624. Reputou-se não se poder cogitar do benefício devido à vedação expressa contida no art. 44 do referido diploma (*os crimes previstos nos arts. 33, caput e § 1º, e 34 a 37 desta Lei são inafiançáveis e insuscetíveis de sursis, graça, indulto, anistia e liberdade provisória, vedada a conversão de suas penas em restritivas de direitos*"), que estaria em harmonia com a Lei 8.072/1990 e com a Constituição, em seu art. 5º, XLIII ("*a lei considerará crimes inafiançáveis e insuscetíveis de graça ou anistia a prática da tortura, o tráfico ilícito de entorpecentes e drogas afins, o terrorismo e os definidos como crimes hediondos, por eles respondendo os mandantes, os executores e os que, podendo evitá-los, se omitirem*"). Vencido o Min. Dias Toffoli, que deferia a ordem ao aplicar o mesmo entendimento fixado pelo Plenário, que declarara incidentalmente a inconstitucionalidade do óbice da substituição da pena privativa de liberdade por restritiva de direito em crime de tráfico ilícito de droga". HC 101919/MG, rel. Min. Marco Aurélio, 06.09.2011. (HC-101919) (**Inform. STF** 639)

4. ESTATUTO DO DESARMAMENTO (LEI 10.826/2003)

4.1. Evolução legislativa

Inicialmente, o porte ilegal de arma era considerado contravenção penal, prevista no art. 19 da Lei de Contravenções Penais (Decreto-lei 3.688/1941). Com o tempo, o porte ilegal de arma passou a ser considerado crime, após a edição da Lei 9.437/1997. Hoje, o porte ilegal de armas continua sendo crime, regido, porém, pelo Estatuto do Desarmamento (Lei 10.826/2003).

4.2. Objetos materiais do Estatuto do Desarmamento

Os tipos penais previstos no Estatuto do Desarmamento (arts. 12 a 18) trazem, basicamente, os seguintes objetos materiais:

a) arma de fogo;

b) munição; e

c) acessórios.

Os **Decretos Federais 3.665/2000 e 5.123/2004** auxiliam-nos para o estudo dos conceitos sobre arma de fogo, munição e acessórios, motivo pelo qual os crimes do Estatuto do Desarmamento podem ser considerados **normas penais em branco**.

Para os fins do presente trabalho, precisamos saber o quanto segue:

a) Armas de fogo, munições ou acessórios de **uso permitido**: são controlados pelo **SINARM (Sistema Nacional de Armas)**, gerido pela Polícia Federal;

b) Armas de fogo, munições e acessórios de uso **restrito**: são controlados pelo **Comando do Exército**.

4.3. Crimes em espécie (arts. 12 a 18)

✓ Art. 12 – posse irregular de arma de fogo, munição e acessório de uso permitido;

✓ Art. 13 – omissão de cautela;

✓ Art. 14 – porte ilegal de arma de fogo, munição e acessório de uso permitido;

✓ Art. 15 – disparo de arma de fogo;

✓ Art. 16 – posse ou porte ilegal de arma de fogo, munição e acessório de uso restrito ou proibido;

✓ Art. 17 – comércio ilegal de arma de fogo, munição e acessório;

✓ Art. 18 – tráfico internacional de arma de fogo, munição e acessório.

4.3.1. Art. 12: osse irregular de arma de fogo, munição e acessório de uso permitido

✓ **Conduta típica:** *possuir* ou *manter* sob sua guarda;

✓ **Objetos materiais**: arma de fogo, munição e acessório de uso permitido;

✓ **Elemento normativo do tipo**: *sem autorização ou em desacordo com determinação legal ou regulamentar*;

✓ **Elementos modais**: *interior da residência ou dependências ou no local do trabalho*;

✓ **Sujeito ativo**: se a arma de fogo, munição e acessório for encontrado na **residência**, o sujeito ativo será o legítimo possuidor ou proprietário. Se a arma de fogo, munição e acessório for localizado no **local de trabalho**, é necessário que o sujeito ativo seja o responsável legal ou titular do estabelecimento. Estranhos que estejam na residência ou no local do trabalho responderão por crime mais grave, e não pelo art. 12. O Estatuto do Desarmamento autoriza que pessoas possuam armas de **uso permitido** ou em sua residência ou em seu local de trabalho, desde que preenchidos alguns requisitos (art. 4º).

No tocante a alguém poder possuir a arma de fogo, munição ou acessório de uso permitido no local de trabalho, somente poderá ter autorização o responsável legal ou titular da empresa.

O certificado do registro permite a posse e não o porte da arma de fogo, munição e acessório.

A posse se torna ilegal quando estiver dentro da casa ou local do trabalho arma de fogo, munição e acessório sem autorização.

Importante registrar a posição jurisprudencial acerca da posse de munição de uso permitido e de uso proibido em um mesmo contexto fático (STJ):

> **Crime único. Guarda. Munição.**
>
> "O crime de manter sob a guarda munição de uso permitido e de uso proibido caracteriza-se como crime único, quando houver unicidade de contexto, porque há uma única ação, com lesão de um único bem jurídico, a segurança coletiva, e não concurso formal, como entendeu o tribunal estadual". Precedente citado: HC 106.233-SP, DJe 03.08.2009. HC 148.349-SP, Rel. Min. Maria Thereza de Assis Moura, j. 22.11.2011. (**Inform. STJ** 488)

Entendemos que, no caso acima, deverá o agente ser condenado pela posse de munição de uso restrito, considerado crime mais grave.

4.3.2. Art. 13 – Omissão de cautela

✓ **Conduta típica:** deixar de observar as cautelas necessárias para impedir que menores de dezoito anos ou pessoas portadores de deficiência mental se apoderem de arma de fogo;

✓ **Crime omissivo próprio**: trata-se de crime omissivo, que se aperfeiçoa pela prática de uma conduta negativa (deixar de observar...). Não se admite tentativa;

✓ **Crime culposo:** de acordo com a doutrina, trata-se de crime culposo, visto que a expressão "deixar de observar as **cautelas necessárias**" denota negligência, que é modalidade de culpa. Inadmissível a tentativa por estarmos diante de crime culposo;

✓ **Consumação:** no momento que houver o efetivo apoderamento da arma de fogo;

✓ **Objeto material:** somente arma de fogo. O tipo penal não menciona os acessórios e as munições. Qualquer que seja a arma de fogo o crime estará configurado, tendo em vista a omissão do legislador em dizer se a arma seria de uso permitido, restrito ou proibido.

4.3.2.1. *Figura equiparada à omissão de cautela – art. 13, parágrafo único*

Caso o dono ou responsável legal por empresa de segurança de transporte de valores tome conhecimento da perda, furto, roubo ou, de maneira geral, extravio de arma de fogo, munição e acessório, deverá registrar a ocorrência e comunicar à Polícia Federal.

Se aludidas providências não forem tomadas no prazo de 24 horas, o dono ou responsável legal por empresa de segurança e transporte de valores responderá pelas mesmas penas do *caput* do art. 13.

Em suma:

✓ **Sujeito ativo**: dono ou responsável legal por empresa de segurança e transporte de valores. Trata-se de crime próprio;

✓ **Crime omissivo próprio**: a conduta típica decorre de uma omissão do agente em comunicar o fato à Polícia Federal e registrar a ocorrência;

✓ **Objeto material**: arma de fogo, munição e acessório de uso permitido, restrito ou proibido;

✓ **Consumação**: após 24 horas da ciência do fato pelo dono ou responsável legal por empresa de segurança e transporte de valores. É doutrinariamente chamado de crime a prazo.

4.3.3. *Art. 14 – Porte ilegal de arma de fogo, munição e acessório de uso permitido*

✓ **Condutas típicas**: portar, deter, adquirir, fornecer, receber, ter em depósito, transportar, ceder, ainda que gratuitamente, emprestar, remeter, empregar, manter sob guarda ou ocultar arma de fogo, acessório ou munição, de uso permitido, sem autorização e em desacordo com determinação legal ou regulamentar. Trata-se de crime de ação múltipla ou tipo misto alternativo.

✓ Não se confunde com o crime do art. 12 do Estatuto do Desarmamento, pois naquele caso o agente possui ou mantém em sua residência ou local de trabalho (intramuros), irregularmente, arma de fogo, acessório ou munição de uso permitido. No crime ora estudado, referidos objetos encontram-se fora da residência ou local de trabalho (extramuros);

✓ **Objetos materiais**: arma de fogo, acessório ou munição, todos de uso permitido;

✓ **Sujeito ativo**: é crime comum, qualquer pessoa pode cometer;

✓ **Sujeito passivo**: é a coletividade, a Segurança Pública.

Acerca da discussão se o porte de arma desmuniciada constitui ou não o crime em comento, predomina no STF o posicionamento de que estamos diante de **crime de mera conduta** e de **perigo abstrato**, pouco importando se arma está sem munição. Esta deve ser a posição para os concursos de Delegado de Polícia.

4.3.3.1. *Art. 14, parágrafo único – Inafiançabilidade*

De acordo com o dispositivo legal em comento, o crime previsto no *caput* é **inafiançável**, salvo se a arma estiver registrada em nome do agente. Todavia, no julgamento da ADI 3.112, o STF declarou a inconstitucionalidade do dispositivo. Portanto, o crime em questão **admite a concessão de fiança**.

4.3.4. *Art. 15 – Disparo de arma de fogo*

✓ **Condutas típicas**: *disparar* arma de fogo ou *acionar* munição (não necessita da arma de fogo);

✓ **Objeto material**: não se faz distinção se a arma ou munição são de uso permitido, restrito e proibido;

✓ **Locais do disparo ou acionamento da munição**: lugar habitado ou em suas adjacências, em via pública ou em direção a ela. São chamados de *elementos modais do tipo* estes locais.

Assim, se o disparo ocorrer em local ermo, não se configura o crime do art. 15;

✓ **Crime subsidiário expresso**: somente se configura este crime se o disparo ou acionamento da munição não forem efetuados com a finalidade da prática de outro crime;

✓ **Concurso de crimes**: vários disparos no mesmo contexto = crime único, com a diferença de que a pena poderá ser aumentada. Vários disparos em contextos distintos haverá concurso de crimes.

4.3.4.1. *Art. 15, parágrafo único – Inafiançabilidade*

De acordo com o dispositivo legal em comento, o crime previsto no *caput* é inafiançável. Todavia, no julgamento da ADI 3.112, o STF declarou a inconstitucionalidade do dispositivo. Portanto, o crime em questão **admite a concessão de fiança**.

4.3.5. *Art. 16 – Posse ou porte ilegal de arma de fogo, munição e acessório de uso restrito*

✓ **Condutas típicas**: possuir, deter, portar, adquirir, fornecer, receber, ter em depósito, transportar, ceder, ainda que gratuitamente, emprestar, remeter, empregar, manter sob sua guarda ou ocultar arma de fogo, acessório ou munição de uso proibido ou restrito, sem autorização e em desacordo com determinação legal ou regulamentar;

✓ **Objetos materiais**: arma de fogo, munição e acessórios de uso restrito ou proibido;

✓ **Elementos normativos**: as condutas devem ser praticadas *sem autorização e em desacordo com determinação legal ou regulamentar* (registro/porte);

✓ **Quem controla as armas de uso restrito e proibido?** R.: é o Comando do Exército.

4.3.5.1. *Figuras equiparadas – Destaque para o art. 16, parágrafo único, IV*

✓ **Condutas típicas**: portar, possuir, adquirir, transportar ou fornecer arma de fogo com *numeração, marca ou qualquer outro sinal de identificação raspado, suprimido ou adulterado;*

✓ **Questões polêmicas a respeito deste crime:**

1. Arma de uso permitido obliterada (adulterada), estando *no interior de residência ou local de trabalho*, configura o crime do art. 16, parágrafo único, IV. Importa saber apenas que a arma está obliterada;

2. Portar arma de uso permitido obliterada configura o crime do art. 16. Não importa se a arma for de uso permitido, o que prevalece é a obliteração.

✓ Importante ressaltar, a respeito do crime em comento, entendimento jurisprudencial do STJ que se consolidou acerca da data para considerar como crime a posse de arma de uso permitido com identificação raspada. Com efeito, quando da edição do Estatuto de Desarmamento, fixou-se o prazo de 180 dias, a partir da publicação da lei, para registro dessas armas "irregulares". Porém, os prazos foram prorrogados diversas vezes por leis posteriores. Assim, a 3ª Seção do STJ, após muita discussão em referida Corte, e nos Tribunais Estaduais, estabeleceu qual o prazo final da abolição criminal temporária (abolitio criminis temporalis) para o crime de posse de armas sem identificação e sem registro.

✓ Em julgamento de recurso especial repetitivo, a referida Seção decidiu que é crime a posse de arma de fogo de uso permitido com numeração, marca ou qualquer outro sinal de identificação raspado, suprimido ou adulterado, praticada após 23 de outubro de 2005. Segundo a decisão, foi nesta data que a abolitio criminis temporária cessou, pois foi exatamente o termo final (dies ad quem) da prorrogação dos prazos previstos na redação original dos arts. 30 e 32 da Lei 10.826/2003.

✓ O entendimento sob análise recebeu o seguinte enunciado: "Súmula 513: A abolitio criminis temporária prevista na Lei 10.826/2003 aplica-se ao crime de posse de arma de fogo de uso permitido com numeração, marca ou qualquer outro sinal de identificação raspado, suprimido ou adulterado, praticado somente até 23.10.2005".

4.3.6. *Art. 17 – Comércio ilegal de arma de fogo, munição e acessório*

✓ **Condutas típicas**: adquirir, alugar, receber, transportar, conduzir, ocultar, ter em depósito, desmontar, montar, remontar, adulterar, vender, expor à venda, ou de qualquer forma utilizar, em proveito próprio ou alheio, no exercício de atividade comercial ou industrial, arma de fogo, acessório ou munição, sem autorização ou em desacordo com determinação legal ou regulamentar. Trata-se de crime de ação múltipla ou tipo misto alternativo. A prática de mais de 1 verbo configura crime único;

✓ **Objetos materiais**: arma de fogo, munição e acessório de qualquer tipo, seja de uso permitido, restrito ou proibido;

✓ **Sujeito ativo**: pessoa que exerce atividade comercial ou industrial (envolvendo arma de fogo, munição e acessório).

4.3.6.1. *Equiparação à atividade comercial – Art. 17, parágrafo único*

Equipara-se a atividade comercial *qualquer forma de prestação de serviços, inclusive o serviço exercido dentro de residência.* É uma norma de extensão.

✓ **Sujeito ativo**: qualquer pessoa pode praticar este crime se prestar o serviço de forma profissional ou não tão profissional.

4.3.7. *Art. 18 – Tráfico internacional de arma de fogo, munição e acessório*

✓ **Condutas típicas**: importar, exportar, favorecer a entrada ou saída do território nacional, a qualquer título, de arma de fogo, acessório ou munição, sem autorização da autoridade competente;

✓ **Objeto material**: arma de fogo, acessório ou munição de uso permitido, restrito ou proibido;

✓ **Elementos normativos do tipo**: sem autorização ou em desacordo com determinação legal ou regulamentar;

✓ **Competência de julgamento**: é da Justiça Federal, pois envolve fronteiras. Logo, a atribuição de investigação é da Polícia Federal;

✓ **Sujeito ativo**: nas modalidades importar e exportar, este crime pode ser cometido por qualquer pessoa, pois é crime comum. Nas modalidades favorecer a entrada ou saída, é crime próprio de funcionários públicos que tenham o dever de fiscalização em aduana.

4.3.8. *Art. 21 – Vedação de liberdade provisória*

Os crimes de porte ou posse ilegal, comércio ilegal e tráfico internacional de arma de fogo, munição e acessórios (art. 16, 17 e 18 do Estatuto) são **inafiançáveis e insuscetíveis de liberdade provisória**, consoante prevê o art. 21 do Estatuto do Desarmamento.

Todavia, a ADI 3.112, julgada pelo STF, reconheceu a **inconstitucionalidade** do precitado dispositivo legal. Portanto, desde que preenchidos os requisitos do art. 310 do CPP, admitir-se-á, em tese, a concessão de liberdade provisória aos crimes acima mencionados.

5. CRIMES DE TRÂNSITO (LEI 9.503/1997 – PRINCIPAIS ASPECTOS)

5.1. Abrangência da Lei 9.503/1997

O Código de Trânsito Brasileiro (CTB) cuidou de tratar não apenas das infrações administrativas relativas às regras de circulação, mas, também, da parte criminal, que, doravante, será tratada em seus principais aspectos (arts. 291 a 312).

5.2. Aplicação subsidiária do Código Penal, Código de Processo Penal e Lei 9.099/1995

Confira-se a redação do art. 291 do CTB:

> **Art. 291.** Aos crimes cometidos na direção de veículos automotores, previstos neste Código, aplicam-se as normas gerais do Código Penal e do Código de Processo Penal, se este Capítulo não dispuser de modo diverso, bem como a Lei 9.099, de 26 de setembro de 1995, no que couber.
>
> § 1º Aplica-se aos crimes de trânsito de lesão corporal culposa o disposto nos arts. 74, 76 e 88 da Lei 9.099, de 26 de setembro de 1995, exceto se o agente estiver:
>
> I – sob a influência de álcool ou qualquer outra substância psicoativa que determine dependência;
>
> II – participando, em via pública, de corrida, disputa ou competição automobilística, de exibição ou demonstração de perícia em manobra de veículo automotor, não autorizada pela autoridade competente;
>
> III – transitando em velocidade superior à máxima permitida para a via em 50 km/h (cinquenta quilômetros por hora).
>
> § 2º Nas hipóteses previstas no § 1º deste artigo, deverá ser instaurado inquérito policial para a investigação da infração penal.

Vê-se que o legislador determinou a aplicação subsidiária dos Códigos Penal e Processo Penal aos crimes de trânsito sempre que o CTB não dispuser de modo diverso. Trata-se, evidentemente, da materialização do princípio da especialidade, vale dizer, aplicar-se-á a legislação "geral" (CP, CPP e Lei 9.099/1995) se nada for estipulado de modo diverso na legislação "especial" (*in casu*, a Lei 9.503/1997).

Especificamente no tocante ao crime de lesão corporal culposa na direção de veículo automotor (art. 303 do CTB), que é considerado de *menor potencial ofensivo* quando praticada pelo agente a conduta descrita no tipo básico ou fundamental, determinou-se a incidência dos institutos despenalizadores da Lei 9.099/1995 (arts. 74, 76 e 88 – composição civil, transação penal e necessidade de representação), exceto se presentes algumas das situações previstas no art. 291, § 1º, do CTB, quais sejam:

a) se o agente estiver sob a influência de álcool ou qualquer outra substância psicoativa que determine dependência;

b) se o agente estiver participando, em via pública, de corrida, disputa ou competição automobilística ("racha"), de exibição ou demonstração de perícia em manobra de veículo automotor, não autorizada pela autoridade competente; e

c) se o agente estiver transitando em velocidade superior à máxima permitida para a via em 50 km/h (cinquenta quilômetros por hora).

Destarte, nas situações adrede destacadas, a despeito de o agente haver praticado crime de menor potencial ofensivo (art. 303, *caput*, do CTB), não lhe será dado beneficiar-se dos institutos despenalizadores da Lei 9.099/1995, sendo o caso, inclusive, de instauração de inquérito policial, conforme determina o art. 291, § 2º, da lei em comento.

5.3. A medida cautelar do art. 294 do CTB

Reza o dispositivo que:

> **Art. 294.** Em qualquer fase da investigação ou da ação penal, havendo necessidade para a garantia da ordem pública, poderá o juiz, como medida cautelar, de ofício, ou a requerimento do Ministério Público ou ainda mediante representação da autoridade policial, decretar, em decisão motivada, a suspensão da permissão ou da habilitação para dirigir veículo automotor, ou a proibição de sua obtenção.
>
> **Parágrafo único.** Da decisão que decretar a suspensão ou a medida cautelar, ou da que indeferir o requerimento do Ministério Público, caberá recurso em sentido estrito, sem efeito suspensivo.

Trata-se de medica cautelar de suspensão ou proibição da permissão ou da habilitação para a condução de veículo automotor, que, por óbvio, exigirá o binômio *fumus boni iuris* e *periculum in mora*.

Nas palavras de Cláudia Barros Portocarrero, que endossamos, "entendemos que a aplicação da medida cautelar em estudo somente é possível nas hipóteses em que o legislador comina a suspensão ou proibição como pena, ou seja, nas hipóteses de estar o agente respondendo pelos crimes descritos nos arts. 302, 303 e 308" (Leis Penais Especiais para Concursos – 2010, Ed. Impetus, p. 243).

Frise-se que da decisão que houver decretado a medida em questão será cabível o manejo de recurso em sentido estrito (art. 581 do CPP), mas sem efeito suspensivo. Se for gritante o desacerto na decretação da medida cautelar, que é gravosa, visto que trará consequências gravosas aos condutores de veículos automotores, cremos viável a impetração de mandado de segurança para a atribuição de efeito suspensivo ao recurso.

Uma vez decretada a suspensão para dirigir veículo automotor ou a proibição de se obter a permissão ou a habilitação, deverá ser comunicada pela autoridade judiciária ao Contran e ao órgão de trânsito estadual em que o indiciado ou réu for domiciliado ou residente (art. 295 do CTB). Trata-se de providência necessária à garantia da eficácia da medida, que seria inócua caso não houvesse a formal comunicação dos órgãos de trânsito.

5.4. Inadmissibilidade de prisão em flagrante e exigência de fiança

Nos termos do art. 301 do CTB, ao condutor de veículo, nos casos de acidentes de trânsito de que resulte vítima, não se imporá a prisão em flagrante, nem se exigirá fiança, se prestar pronto e integral socorro àquela.

Trata-se de regra extremamente salutar, visto que estimula a prestação de socorro às vítimas de acidentes automobilísticos, trazendo ao agente delitivo certa "tranquilidade" em permanecer no local do crime (ex.: lesão corporal culposa) prestando socorro. Porém, caso não o faça, impor-se-á, em tese, a prisão em flagrante. Assim, aos futuros Delegados de Polícia, de rigor a observância de referido dispositivo, sob pena de eventual caracterização de abuso de autoridade (se lavrado auto de prisão em flagrante em caso de condutor que preste socorro à vítima).

5.5. Os principais crimes do CTB

Para os fins a que se destina esta obra, que garante ao candidato-leitor uma "super-revisão" dos tópicos dos editais de concursos, traremos comentários aos principais – e mais relevantes – crimes previstos no Código de Trânsito Brasileiro.

Vamos a eles!

5.5.1. *Homicídio culposo (art. 302 do CTB)*

> **Art. 302.** Praticar homicídio culposo na direção de veículo automotor:
>
> Penas – detenção, de dois a quatro anos, e suspensão ou proibição de se obter a permissão ou a habilitação para dirigir veículo automotor.

5.5.1.1. Diferença com o homicídio culposo previsto no art. 121, § 3º, do CP

O art. 302 em comento trata do homicídio culposo, figura que muito se assemelha àquela descrita no art. 121, § 3º, do CP. No entanto, embora ambos os tipos penais tratem de "homicídio culposo", não se confundem, a despeito de o evento "morte" estar presente nos dois casos.

É que na legislação especial – *in casu*, no CTB –, o agente mata a vítima "na direção de veículo automotor", ou seja, em situação especial se comparada ao Código Penal. Neste, o agente, por imprudência, negligência ou imperícia, mata alguém. Naquele, também por imprudência, negligência ou imperícia, o agente mata alguém, mas, como dito, "na direção de veículo automotor" (elemento especializante).

Embora tal diferenciação pareça inútil, visto que, em ambos os casos, o agente responderá por homicídio culposo, o fato é que o crime definido no CTB é punido com maior rigor (detenção, de *dois a quatro anos*, e suspensão ou proibição de se obter a permissão ou a habilitação para dirigir veículo automotor) do que aquele previsto no CP (detenção, de *um a três anos*).

Em síntese: a) se o agente matar alguém na condução de veículo automotor, responderá por homicídio culposo de trânsito (art. 302 do CTB); b) se a morte culposamente provocada pelo agente ocorrer em outras situações – que não na direção de veículo automotor –, aplicar-se-á o art. 121, § 3º, do CP.

5.5.1.2. Desnecessidade de a morte ocorrer em via pública

A despeito de o crime do art. 302 do CTB ser conhecido como "homicídio culposo de trânsito", transmitindo a ideia de que a conduta culposa perpetrada pelo agente deva ocorrer em via pública, o fato é que o tipo penal em testilha não exige tal condição.

Assim, exemplificando, responderá pelo crime em análise o agente que, imprudentemente, imprimindo velocidade excessiva em garagem de um prédio, atropelar e matar uma criança em referido local. Perceba que o comportamento delituoso não foi praticado em via pública, elementar inexistente no art. 302 do CTB. Contudo, a conduta foi perpetrada enquanto o agente se encontrava "na direção de veículo automotor".

Frise-se, ainda, que se um atropelamento ocorrer em via pública, mas estando o agente a conduzir um veículo de tração animal (ex: charrete), responderá pelo crime de homicídio culposo "comum", ou seja, aquele tipificado no art. 121, § 3º, do CP. Isto porque o comportamento ilícito não teria ocorrido "na direção de veículo automotor".

Em suma: pouco importa o local em que o crime de homicídio culposo tenha sido praticado. Imprescindível, para a incidência do CTB, é que a morte tenha sido provocada por imprudência, negligência ou imperícia do agente – modalidades de culpa – *na direção de veículo automotor*.

5.5.1.3. Tipo penal aberto

O crime de homicídio culposo (art. 302 do CTB) é aberto, ou seja, não há expressa previsão do comportamento do agente, bastando que pratique o crime *culposamente* na direção de veículo automotor.

Assim, caberá ao intérprete-aplicador do Direito, na análise do caso concreto, verificar se a conduta perpetrada pelo condutor do veículo violou o dever objetivo de cuidado (elemento do crime culposo), seja por imprudência, negligência ou imperícia.

5.5.1.4. A culpa consciente e o dolo eventual no homicídio praticado no trânsito

Questão tormentosa é aquela que diz respeito à tipificação do homicídio praticado no trânsito como doloso ou culposo. E, aqui, a diferenciação não é apenas relevante do ponto de vista teórico, mas, é claro, decisiva para uma adequada imputação criminal. Se se tratar de dolo – direto ou eventual –, o crime será grave e julgado pelo Tribunal do Júri. Já se culposo, a competência será do juízo singular, com consequências jurídico-penais muito mais reduzidas.

Não há dúvida de que se o agente se valer de um veículo automotor como instrumento para a prática de homicídio, responderá pela forma dolosa, aplicando-se o Código Penal. No entanto, a questão deixa de ser simples quando o homicídio praticado no trânsito ocorre quando o agente conduz o veículo automotor com excesso de velocidade. E, aqui, surge a questão: homicídio doloso ou culposo?

É sabido e ressabido que *dolo eventual* e *culpa consciente* têm um ponto de contato: em ambos, o resultado é previsível e previsto pelo agente. Porém, no primeiro caso, o agente não apenas prevê o resultado, mas, mais do que isso, assume o risco de produzi-lo, pouco se importando com sua ocorrência. Já no segundo caso, a despeito de o resultado ilícito ser previsível e previsto pelo agente, este, talvez por excesso de confiança, acredita sinceramente em sua inocorrência, não o aceitando. Aqui reside a distinção!

Para concurso de Delegado de Polícia, ainda mais em segunda fase ou exame oral, deve-se sustentar que o agente que dirige em alta velocidade, ou, ainda, embriagado, assume o risco de produzir a morte, por exemplo, de pedestre por ele atropelado, tratando-se, aqui, de dolo eventual.

5.5.1.5. Sujeitos do crime

O crime em comento poderá ser praticado por qualquer pessoa, tratando-se, pois, de crime comum ou geral.

O sujeito passivo direto será a vítima da conduta culposa perpetrada pelo agente. Já o sujeito passivo indireto será a coletividade, posta em risco em razão do comportamento perigoso do agente.

5.5.1.6. Objeto jurídico

Ora, tratando-se de homicídio culposo, o bem jurídico tutelado pelo legislador é a vida humana.

5.5.1.7. Consumação e tentativa

O crime em comento atingirá a consumação com a morte da vítima. Trata-se, pois, de crime material ou de resultado.

Considerando que o elemento subjetivo da conduta é a culpa, inviável o reconhecimento da tentativa.

5.5.1.8. Causas de aumento de pena e qualificadora

Nos termos do art. 302, § 1º, do CTB, incluído pela Lei 12.971/2014, a pena será majorada de um terço à metade nas seguintes situações:

I. *se o agente não possuir Permissão para Dirigir ou Carteira de Habilitação*: aqui, tencionou o legislador punir mais gravosamente aquele que não possui sequer a habilitação para a condução do veículo automotor. Entende-se caracterizada a causa de aumento, também, quando o condutor, embora habilitado para determinado tipo de veículo (ex.: veículo de passeio), esteja a conduzir outro (ex.: motocicleta), ocasião em que pratica o homicídio culposo;

II. *praticá-lo em faixa de pedestres ou na calçada*: haverá aumento da reprimenda apenas se for possível identificar o início e o fim da faixa de pedestres ou da calçada. É que, muitas vezes, em razão de omissão dos órgãos competentes, a faixa de pedestres, simplesmente, "deixa de existir", ficando absolutamente "apagada". O mesmo se pode dizer no tocante às calçadas, que, pela falta de manutenção, podem, na prática, simplesmente "desaparecer", dando a impressão de que se trata de "via pública". Ademais, não incidirá a majorante em comento se, em razão de acidente automobilístico, o veículo, por força de colisão, houver sido projetado para a calçada e, ali, ocorrer atropelamento fatal;

III. *deixar de prestar socorro, quando possível fazê-lo sem risco pessoal, à vítima do acidente*: aqui, a majorante somente incidirá se o condutor, em razão de seu comportamento imprudente, negligente ou imperito, der causa ao acidente, deixando de prestar socorro, caso possa fazê-lo, à vítima. No entanto, se se tratar de condutor que se envolver em acidente automobilístico, mas desde que não tenha sido o causador, responderá por crime autônomo (art. 304 do CTB), e não pelo homicídio majorado. Por fim, caso seja possível constatar que houver morte instantânea da vítima (ex.: em razão do atropelamento, a cabeça da vítima foi totalmente decepada do corpo), entendemos que a majorante não poderá incidir, pois o objetivo da lei – e do legislador – não poderia ser alcançado, qual seja, o de tentar preservar a vida da vítima;

IV. *no exercício de sua profissão ou atividade, estiver conduzindo veículo de transporte de passageiros:* repare que a majorante incidirá apenas se o agente for "condutor profissional", ou seja, que no momento do acidente esteja no desempenho de sua profissão ou atividade, e desde que se trate de veículo de transporte de passageiros. Assim, por exemplo, o motorista "familiar" (empregado doméstico), que, por excesso de velocidade, perde o controle da condução do veículo e colide com um poste, matando os passageiros (seus empregadores), não responderá por homicídio culposo majorado. Afinal, não estava conduzindo "veículo de transporte de passageiros", tal como exigido pela lei.

Também, criou-se com o advento da precitada Lei 12.971/2014, forma qualificada de homicídio culposo de trânsito (art. 302, § 2º, do CTB). Confira-se: "§ 2º Se o agente conduz veículo automotor com capacidade psicomotora alterada em razão da influência de álcool ou de outra substância psicoativa que determine dependência ou participa, em via, de corrida, disputa ou competição automobilística ou ainda de exibição ou demonstração de perícia em manobra de veículo automotor, não autorizada pela autoridade competente: Penas - reclusão, de 2 (dois) a 4 (quatro) anos, e suspensão ou proibição de se obter a permissão ou a habilitação para dirigir veículo automotor."

Importante registrar, de início, que, em razão de vacatio legis expressamente prevista na lei citada, apenas a partir de 1 de novembro de 2014 a novel disposição gravosa poderia incidir diante de caso concreto.

Ainda, o dispositivo em comento difere do caput não no tocante à quantidade de pena, mas, sim, na espécie de pena privativa de liberdade. Isto porque o homicídio culposo simples (art. 302, caput, do CTB) é punido com detenção de 2 a 4 anos, ao passo que a forma qualificada em estudo é punida com reclusão de 2 a 4 anos.

Se incidente a qualificadora em testilha, inviável que o agente responda, concomitantemente, por homicídio culposo (art. 302, § 2º) e embriaguez ao volante (art. 306), sob pena de inegável bis in idem.

5.5.1.9. Perdão judicial no homicídio culposo de trânsito

Considerando que o art. 291 do CTB autoriza a aplicação subsidiária do Código Penal aos crimes que define, será perfeitamente possível a aplicação do art. 121, § 5º, deste último *Codex*, caso, por exemplo, um pai, sem atentar aos espelhos retrovisores, atropele e mate o próprio filho, que brincava atrás do veículo.

Tratando-se de perdão judicial, a punibilidade será extinta, nos moldes do art. 107, IX, do CP.

5.2. Lesão corporal culposa (art. 303 do CTB)

Art. 303. Praticar lesão corporal culposa na direção de veículo automotor:

Penas – detenção, de seis meses a dois anos e suspensão ou proibição de se obter a permissão ou a habilitação para dirigir veículo automotor.

Parágrafo único. Aumenta-se a pena de um terço à metade, se ocorrer qualquer das hipóteses do § 1º do artigo anterior *(Redação dada pela Lei 12.971/2014).*

5.2.1. Diferença com o crime de lesão corporal culposa previsto no art. 129, § 6º, do CP

Tal como visto com relação ao homicídio culposo, a diferença da lesão corporal culposa definida no art. 303 do CTB e aquela tipificada pelo art. 129, § 6º, do CP é a de que, neste caso, o agente, por imprudência, negligência ou imperícia, produz lesões na vítima. Porém, caso o faça "na direção de veículo automotor", responderá de acordo com a legislação especial (*in casu*, o CTB).

Frise-se, também, que é desnecessário que o fato ocorra "em via pública", já que se trata de elementar não prevista no tipo penal em comento. Bastará, repita-se, que o agente provoque lesões corporais na vítima estando na condução de veículo automotor.

O crime tipificado no CTB é punido com detenção, de *seis meses a dois anos*, sem prejuízo da *suspensão ou proibição de se obter a permissão ou a habilitação para dirigir veículo automotor*, ao passo que a lesão culposa prevista no CP tem cominada a pena de detenção, de *dois meses a um ano*.

5.2.2. Tipo penal aberto

Igualmente ao homicídio culposo de trânsito, o crime de lesão corporal culposa (art. 303 do CTB) expressa-se por meio de tipo penal aberto, ou seja, não há expressa previsão do comportamento do agente, bastando que pratique o crime *culposamente* na direção de veículo automotor.

Assim, caberá ao intérprete-aplicador do Direito, na análise do caso concreto, verificar se a conduta perpetrada pelo condutor do veículo violou o dever objetivo de cuidado (elemento do crime culposo), seja por imprudência, negligência ou imperícia, daí produzindo lesões corporais à vítima.

5.2.3. A intensidade das lesões corporais: consequências jurídico-penais

Tratando-se de crime culposo, pouco importa se a conduta perpetrada pelo agente provocar à vítima lesões corporais de natureza leve, grave ou gravíssima. Não haverá, aqui, alteração na tipificação, tal como ocorreria se se tratassem de lesões corporais dolosas.

No entanto, no momento da dosimetria da pena, deverá o juiz, em razão das consequências do crime (que é uma das circunstâncias judiciais previstas no art. 59 do CP), fixar a pena-

-base adequadamente, especialmente se as lesões sofridas pelo ofendido forem graves ou gravíssimas.

Não se pode deslembrar que, por se tratar de crime culposo, desde que preenchidos os requisitos legais, será cabível a substituição da pena privativa de liberdade por restritiva de direitos (art. 44 do CP).

5.2.4. *Causas de aumento de pena*

Nos termos do art. 303, parágrafo único, do CTB, as majorantes incidentes sobre o homicídio culposo (art. 302, § 1º) são aplicáveis à lesão corporal culposa. Assim, remetemos o leitor aos comentários feitos no item 5.5.1.8 *supra*.

5.2.5. *Consumação e tentativa*

Tal como o homicídio culposo de trânsito, a lesão corporal culposa (art. 303 do CTB), por ser crime material ou de resultado, somente atingirá o momento consumativo quando a vítima, efetivamente, suportar os efeitos do comportamento do agente, vale dizer, quando da produção das lesões (resultado naturalístico).

Por se tratar de crime culposo, inadmissível o *conatus* (tentativa).

5.3. Omissão de socorro (art. 304 do CTB)

> **Art. 304.** Deixar o condutor do veículo, na ocasião do acidente, de prestar imediato socorro à vítima, ou, não podendo fazê-lo diretamente, por justa causa, deixar de solicitar auxílio da autoridade pública:
>
> Penas – detenção, de seis meses a um ano, ou multa, se o fato não constituir elemento de crime mais grave.
>
> **Parágrafo único.** Incide nas penas previstas neste artigo o condutor do veículo, ainda que a sua omissão seja suprida por terceiros ou que se trate de vítima com morte instantânea ou com ferimentos leves.

5.3.1. *Crime omissivo próprio*

Semelhante ao crime de omissão de socorro tipificado no CP (art. 135), o CTB nos trouxe um crime omissivo próprio ou puro, tendo o legislador expressamente previsto um comportamento negativo do agente (*deixar de prestar imediato socorro à vítima*).

5.3.2. *Possibilidade de agir: elementar típica*

Da simples leitura do tipo penal, percebe-se que o crime em comento somente restará caracterizado se o agente, na ocasião do acidente, deixar de prestar imediato socorro à vítima, desde que possa fazê-lo. Em outras palavras, não haverá tipicidade penal na conduta do agente que, envolvido em acidente automobilístico, deixar de prestar imediato socorro à vítima por ter, também, ficado ferido em razão do infortúnio.

Perceba que a "possibilidade de agir" é essencial à caracterização do crime de omissão de socorro (art. 304 do CTB). E tal (im)possibilidade de atuação poderá ser verificada em dois casos:

a) se o agente envolvido no acidente deixar de prestar, *diretamente*, o socorro à vítima; ou

b) se o agente envolvido no acidente, embora não preste socorro imediato, *deixe de solicitar auxílio à autoridade pública*.

Logo, percebe-se que a prestação de socorro poderá ser imediata (atuação direta do agente, que socorrerá "pessoalmente" a vítima) ou mediata (atuação indireta do agente, que solicitará ajuda da autoridade pública para socorrer o ofendido).

5.3.3. *Elemento subjetivo da conduta*

O crime em tela é doloso, inexistindo possibilidade de punição a título de culpa em razão da ausência de expressa previsão legal.

5.3.4. *Sujeitos do crime*

A omissão de socorro é crime que tem como sujeito passivo a vítima do acidente de trânsito.

Já o sujeito ativo será o condutor que, envolvido em acidente automobilístico, não tiver sido o responsável pela sua ocorrência. Em outras palavras, autor do delito em tela é aquele que se envolveu diretamente com o acidente de trânsito, mas sem que o tenha provocado. Caso contrário, ou seja, se tiver sido o agente causador do acidente, responderá, em caso de morte, pelo crime do art. 302 do CTB, com a pena majorada pela omissão de socorro (art. 302, § 1º, III), ou, em caso de lesões corporais, pelo crime do art. 303, § 1º (aumento da reprimenda pela omissão na prestação do socorro).

Por fim, se uma pessoa que não tiver se envolvido no acidente deixar de prestar socorro às vítimas, responderá pelo crime do art. 135 do CP.

5.3.5. *Se terceiros prestarem socorro à vítima?*

Caso a omissão do agente na prestação de socorro à vítima seja suprida por terceiros, ainda assim restará caracterizado o crime ora analisado, consoante dispõe o art. 304, parágrafo único, do CTB.

5.3.6. *Consumação e tentativa*

A omissão de socorro restará consumada no instante em que o agente, podendo agir (prestar socorro mediato ou imediato), deixar de fazê-lo deliberadamente.

Por se tratar de crime omissivo próprio ou puro, inadmissível o reconhecimento da tentativa.

5.3.7. *Caracterização do crime em caso de morte instantânea*

Nos termos do art. 304, parágrafo único, do CTB, a omissão de socorro restará configurada ainda que se trate de vítima com morte instantânea.

Há quem sustente que se trata de verdadeiro crime impossível (absoluta impropriedade do objeto material). De quê adiantaria socorrer um cadáver?

Todavia, importante registrar que há entendimento jurisprudencial, inclusive do STF, no sentido da criminalidade do comportamento daquele que deixa de prestar socorro, mesmo em caso de morte instantânea. A explicação para tanto é a de que deve existir um "dever de solidariedade" no trânsito, desrespeitado em caso de omissão de socorro. Excelente posicionamento para concursos de Delegado de Polícia!

5.4. Embriaguez ao volante (art. 306 do CTB)

Art. 306. Conduzir veículo automotor com capacidade psicomotora alterada em razão da influência de álcool ou de outra substância psicoativa que determine dependência: *(Redação dada pela Lei 12.760, de 2012).*

Penas – detenção, de seis meses a três anos, multa e suspensão ou proibição de se obter a permissão ou a habilitação para dirigir veículo automotor.

5.4.1. Redação anterior e caracterização da embriaguez

Antes do advento da Lei 12.760/2012, a redação do art. 306 do CTB era a seguinte:

Conduzir veículo automotor, na via pública, estando com concentração de álcool por litro de sangue igual ou superior a 6 (seis) decigramas, ou sob a influência de qualquer outra substância psicoativa que determine dependência.

Tal redação permitia a conclusão – correta, diga-se de passagem – de que, em razão de elemento "numérico" do tipo, qual seja, *seis decigramas* de álcool por litro de sangue, a tipificação da conduta dependeria de prova pericial capaz de atestar a embriaguez.

O parágrafo único do art. 306 do CTB preconizava que o Poder Executivo federal estipularia a equivalência entre distintos testes de alcoolemia, para efeito de caracterização do crime em comento. E tal ocorreu com o advento do Decreto 6.488/2008, que, em seu art. 2º, admitia como teste de alcoolemia aquele elaborado em aparelho de ar alveolar pulmonar (etilômetro, ou, vulgarmente, bafômetro), considerando como equivalente ao "elemento numérico do tipo" a concentração de álcool igual ou superior a *três décimos de miligrama por litro de ar expelido dos pulmões*.

Ora, se a embriaguez decorria da condução de veículo automotor com concentração de álcool por litro de sangue igual ou superior a seis decigramas, ou três décimos de miligrama por litro de ar alveolar, a única forma de o crime restar caracterizado seria a prova pericial, sem possibilidade de substituição. Afinal, frise-se, era elementar típica a concentração de álcool por litro de sangue do condutor do veículo automotor ou teste equivalente em etilômetro.

Como é sabido, ninguém poderá ser compelido a produzir prova contra si mesmo (*nemo tenetur se detegere*). Sob tal dogma, decorrente implicitamente das garantias fundamentais previstas no texto constitucional, a embriaguez ao volante tornou-se "crime natimorto".

5.4.2. Redação atual e caracterização da embriaguez ao volante

Com a redação dada ao art. 306 do CTB pela Lei 12.760/2012, aparentemente, a configuração do crime deixou de exigir a constatação de quantidade predeterminada de álcool por litro de sangue, tal como se verificava na redação anterior do tipo penal.

Atualmente, haverá crime, ao menos por uma análise apressada do tipo incriminador, sempre que o agente estiver conduzindo o veículo automotor, em via pública, com a capacidade psicomotora alterada em razão da influência de álcool ou outra substância psicoativa que determine dependência.

Confira, porém, os parágrafos acrescentados ao precitado dispositivo legal:

§ 1º As condutas previstas no *caput* serão constatadas por: *(Incluído pela Lei 12.760, de 2012).*

I – concentração igual ou superior a 6 decigramas de álcool por litro de sangue ou igual ou superior a 0,3 miligrama de álcool por litro de ar alveolar; ou (Incluído pela Lei 12.760, de 2012)

II – sinais que indiquem, na forma disciplinada pelo Contran, alteração da capacidade psicomotora. *(Incluído pela Lei 12.760, de 2012).*

§ 2º A verificação do disposto neste artigo poderá ser obtida mediante teste de alcoolemia ou toxicológico, exame clínico, perícia, vídeo, prova testemunhal ou outros meios de prova em direito admitidos, observado o direito à contraprova. *(Incluído pela Lei 12.760, de 2012, e alterado pela Lei 12.971, de 2014)*

§ 3º O Contran disporá sobre a equivalência entre os distintos testes de alcoolemia ou toxicológicos para efeito de caracterização do crime tipificado neste artigo. *(Incluído pela Lei 12.760, de 2012, e alterado pela Lei 12.971, de 2014)*

Assim, da análise do art. 306, § 1º, do CTB, verifica-se que a embriaguez ao volante restará configurada nas seguintes situações:

a) se o agente conduzir veículo automotor, em via pública, com concentração igual ou superior a seis decigramas de álcool por litro de sangue ou igual ou superior a três décimos de miligrama de álcool por litro de ar alveolar. Nesta primeira hipótese, entendemos que o teste de alcoolemia será imprescindível para que se afirme a ocorrência do crime, tendo em vista que as "elementares numéricas" persistem no tipo penal; ou

b) se o agente dirigir veículo automotor, em via pública, com alteração de sua capacidade psicomotora. Assim, estando o agente sob o efeito de drogas, por exemplo, responderá por embriaguez ao volante.

5.4.3. Regulamentação pelo Contran

De acordo com a Resolução 432/2013 do Contran, o crime de embriaguez ao volante poderá ser demonstrado nos seguintes casos, conforme dispõe seu art. 7º:

O crime previsto no artigo 306 do CTB será caracterizado por qualquer um dos procedimentos abaixo:

I – exame de sangue que apresente resultado igual ou superiora 6 (seis) decigramas de álcool por litro de sangue (6 dg/L);

II – teste de etilômetro com medição realizada igual ou superior a 0,34 miligrama de álcool por litro de ar alveolar expirado (0,34 mg/L), descontado o erro máximo admissível nos termos da "Tabela de Valores Referenciais para Etilômetro" constante no Anexo I;

III – exames realizados por laboratórios especializados, indicados pelo órgão ou entidade de trânsito competente ou pela Polícia Judiciária, em caso de consumo de outras substâncias psicoativas que determinem dependência;

IV – sinais de alteração da capacidade psicomotora obtido na forma do artigo 5º.

§ 1º A ocorrência do crime de que trata o *caput* não elide a aplicação do disposto no artigo 165 do CTB.

> § 2º Configurado o crime de que trata este artigo, o condutor e testemunhas, se houver, serão encaminhados à Polícia Judiciária, devendo ser acompanhados dos elementos probatórios.

Verifica-se, pois, que o crime em comento ficará caracterizado se a concentração de álcool por litro de sangue do condutor for igual ou superior a seis decigramas, ou igual ou superior a trinta e quatro decigramas por litro de ar alveolar, donde se conclui que, sem os testes de alcoolemia (exame de sangue ou etilômetro), inviável a aferição da embriaguez.

No entanto, tal como permite o art. 306, § 1º, II, do CTB, também haverá crime se o agente conduzir veículo automotor, em via pública, sob a influência de qualquer outra substância psicoativa que cause dependência, desde que presentes sinais de alteração da capacidade psicomotora.

Para este caso, dispõe o art. 5º da Resolução 432/2013 do Contran:

> Os sinais de alteração da capacidade psicomotora poderão ser verificados por:
>
> I – exame clínico com laudo conclusivo e firmado por médico perito; ou
>
> II – constatação, pelo agente da Autoridade de Trânsito, dos sinais de alteração da capacidade psicomotora nos termos do Anexo II.
>
> § 1º Para confirmação da alteração da capacidade psicomotora pelo agente da Autoridade de Trânsito, deverá ser considerado não somente um sinal, mas um conjunto de sinais que comprovem a situação do condutor.
>
> § 2º Os sinais de alteração da capacidade psicomotora de que trata o inciso II deverão ser descritos no auto de infração ou em termo específico que contenha as informações mínimas indicadas no Anexo II, o qual deverá acompanhar o auto de infração.

5.4.4. *Uma análise crítica do art. 306 do CTB*

Parte da doutrina atual vem sustentando que a embriaguez ao volante é crime de perigo abstrato de perigosidade real, nas palavras de Luiz Flávio Gomes (http://www.conjur.com.br/2013-fev-01/luiz-flavio-gomes-lei-seca-nao-sendo-interpretada-literalmente), não podendo ser interpretado com as amarras dos "elementos numéricos" ou "matemáticos" do tipo.

Parece-nos adequado sustentar que somente haverá crime, a despeito da quantidade de álcool por litro de sangue ser igual ou superior a seis decigramas, ou trinta e quatro decigramas por litro de ar alveolar, se o agente conduzir o veículo de maneira anormal, causando perigo à incolumidade pública.

O próprio tipo penal (art. 306, *caput*, do CTB) exige que, em razão do álcool ou substâncias psicoativas que causem dependência, o agente esteja com sua *capacidade psicomotora alterada*. Assim, caso esteja conduzindo o veículo, por exemplo, com concentração de álcool por litro de ar alveolar correspondente a quarenta decigramas, mas a direção esteja "normal", sem produzir qualquer perigo, não nos parece adequado concluir pela criminalidade do comportamento.

E, novamente, nos socorrendo dos ensinamentos de Luiz Flávio Gomes, destacamos: "Os operadores jurídicos, destacando-se os advogados, não podem se conformar com a interpretação automática e midiática do novo artigo 306. Se o legislador mudou de critério, modificando a redação da lei, não se pode interpretar o novo com os mesmos critérios procustianos da lei antiga. O poder punitivo estatal, aliado à propaganda midiática, está ignorando a nova redação da lei. Para ele, mudou-se a lei para ficar tudo como era antes dela, para que ela fique como era. Trata-se de uma postura malandra do poder punitivo estatal e da criminologia midiática (Zaffaroni: 2012a, p. 10 e ss.), que os intérpretes e operadores jurídicos não podem aceitar." (http://www.conjur.com.br/2013-fev-01/luiz-flavio-gomes-lei-seca-nao-sendo-interpretada-literalmente).

5.4.5. *Consumação e tentativa*

O crime em comento se consuma no momento em que o agente, em via pública, conduz veículo automotor na forma descrita no art. 306, *caput* e § 1º, do CTB.

Tratando-se de crime plurissubsistente, a tentativa é admissível (ex.: o agente, após entrar totalmente embriagado em seu veículo, é impedido de sair do local por terceiros, que lhe tomam as chaves em razão da nítida alteração da capacidade psicomotora).

5.4.6. *Concurso de crimes*

Se o agente, dirigindo embriagado o veículo, praticar homicídio culposo, responderá apenas por este último crime, na forma qualificada (art. 302, § 2º, incluído pela Lei 12.971/2014), que, por ser de dano, e mais grave, absorverá o de perigo (embriaguez ao volante), menos grave.

Já se estivermos diante das lesões corporais culposas (art. 303 do CTB), por se tratar de crime menos grave, com pena menor do que a cominada para a embriaguez ao volante (art. 306), não haverá absorção, respondendo o agente pelo crime mais grave. Porém, para concurso de ingresso à carreira de Delegado de Polícia, plausível que se sustente, especialmente em segunda fase ou exame oral, a tese segundo a qual haverá concurso de crimes, já estando consumado o de perigo (art. 306) antes mesmo do de dano (art. 303).

5.5. Participação em competição não autorizada. "Racha" (art. 308 do CTB)

> **Art. 308.** Participar, na direção de veículo automotor, em via pública, de corrida, disputa ou competição automobilística não autorizada pela autoridade competente, gerando situação de risco à incolumidade pública ou privada: *(Nova redação dada pela Lei 12.971/2014).*
>
> Penas – detenção, de 6 (seis) meses a 3 (três) anos, multa e suspensão ou proibição de se obter a permissão ou a habilitação para dirigir veículo automotor. *(Nova redação dada pela Lei 12.971/2014).*

5.5.1. *Tipo objetivo*

Estamos, aqui, diante de crime amplamente conhecido como "racha". O agente participará de competições automobilísticas, corridas ou disputas, sem autorização da autoridade competente, em via pública, causando, com isso, risco à incolumidade pública ou privada. Na redação anterior às mudanças implementadas ao CTB pela Lei 12.971/2014, o tipo penal mencionava dano potencial à incolumidade pública ou privada.

Aqui, a intenção do legislador foi a de tornar evidente que o crime em tela é de perigo abstrato.

Percebe-se que o crime em comento somente restará caracterizado se ocorrer em "via pública". Assim, caso o "pega" ou o "racha" ocorra em lugares fechados, ou em propriedades privadas ou estradas particulares (ex.: estrada de terra que ligue a porteira da fazenda até a casa-sede), ausente estará a elementar típica.

5.5.2. Crime de perigo concreto x crime de perito abstrato

Na redação anterior à precitada Lei 12.971/2014, extraia-se da redação típica que o crime em testilha era de perigo concreto, visto ser necessária a efetiva demonstração de que a conduta perpetrada pelo agente expunha pessoas a situação de perigo. Tal conclusão, como dito, decorria da própria leitura do tipo penal (art. 308 do CTB), que, em sua parte final, enunciava: "(...) desde que resulte dano potencial à incolumidade pública ou privada".

Todavia, como dito no item antecedente, a alteração da redação do tipo penal demonstrou a franca e clara intenção do legislador de "endurecer" o ordenamento jurídico-penal, reforçando a tutela criminal em matéria de trânsito. Destarte, pode-se sustentar, doravante, que a participação em "racha" é crime de perigo abstrato, bastando que a conduta praticada pelo agente seja capaz de gerar situação de risco à incolumidade pública ou privada (e não mais a causação de dano potencial).

5.5.3. Crime de médio potencial ofensivo

Antes da Lei 12.971/2014, considerando que a pena cominada variava de seis meses a dois anos de detenção, aplicáveis eram os ditames da Lei 9.099/1995, inclusive a transação penal (instituto despenalizador previsto no art. 76 de referido diploma legal).

Porém, com o advento de referido diploma legal alterador do CTB, aumentou-se a pena máxima cominada ao crime em testilha, tornando-o de médio potencial ofensivo.

6. ABUSO DE AUTORIDADE (LEI 4.898/1965)

6.1. Considerações gerais

A Lei de Abuso de Autoridade (Lei 4.898, de 9 de dezembro de 1965) foi criada em um momento histórico conturbado no Brasil (ditadura militar). Trata-se de verdadeiro diploma populista, na medida em que criado apenas para mostrar que o Legislativo se importava com eventuais arbitrariedades praticadas pelos militares. Todavia, criou-se uma lei extremamente branda no que tange às penas criminais, que atingem o máximo de 6 (seis) meses de detenção.

Logo, à luz do art. 109, VI, do CP, em 3 (três) anos, a partir da consumação do fato, qualquer ato caracterizador de abuso de autoridade estará prescrito, impossibilitando-se o desfecho de eventual ação penal.

Por fim, importante ressaltar que referido diploma legal *regula o direito de representação e o processo por responsabilidade administrativa, civil e penal de agentes que praticarem atos considerados abusivos*. Para os fins do presente trabalho, iremos nos ater à parte criminal da Lei de Abuso de Autoridade.

6.2. Direito de representação na Lei de Abuso de Autoridade (art. 1º)

> **Art. 1º.** O direito de representação e o processo de responsabilidade administrativa, civil e penal, contra as autoridades que, no exercício de suas funções, cometerem abusos, são regulados pela presente Lei.

O direito de representação ora previsto não se confunde com a condição de procedibilidade, denominada representação, exigida nos crimes de ação penal pública condicionada.

Trata-se, aqui, de uma consequência ou desdobramento do direito de petição, previsto no art. 5º, XXXIV, alínea "a", da CF, que garante a todos o direito de *petição* aos poderes públicos, em defesa de direito ou contra ilegalidade ou *abuso de poder*.

Assim, qualquer do povo que quiser garantir um direito seu ou de se proteger ou reagir contra arbitrariedades, poderá se valer do direito de representação.

6.2.1. Natureza jurídica do direito de representação (art. 2º)

> **Art. 2º.** O direito de representação será exercido por meio de petição:
>
> *a)* Dirigida à autoridade superior que tiver competência legal para aplicar, à autoridade civil ou militar culpada, a respectiva sanção;
>
> *b)* Dirigida ao órgão do Ministério Público que tiver competência para iniciar processo-crime contra a autoridade culpada.

A alínea "a" do art. 2º tem por objetivo a representação na *esfera administrativa* da autoridade, civil ou militar, que exorbitou de seu poder, o que acarretará sanção disciplinar.

Já a alínea "b" do mesmo artigo tem por escopo a *apuração penal* do abuso de poder por parte de autoridade civil ou militar.

Ressalte-se que essa "representação" é uma decorrência do direito constitucional de petição, como dito anteriormente. No caso de processo-crime, *não há falar em "representação do ofendido"* para que o Ministério Público possa oferecer denúncia. Os crimes de abuso de autoridade são de *ação penal pública incondicionada*.

Nos termos do art. 1º da Lei 5.249/1967, "a falta de representação do ofendido, nos casos de abusos previstos na Lei 4.898, de 9 de dezembro de 1965, não obsta a iniciativa ou o curso da ação penal". Daí, conclui-se que a persecução penal independerá de manifestação de vontade do ofendido ou de seu representante legal. Nesse sentido manifestou-se o STJ, no julgamento do HC 59.591/RN (Min. Felix Fischer, DJ 04.09.2006).

Assim, pode-se afirmar que a "representação" referida nos arts. 1º e 2º da Lei de Abuso de Autoridade não passa de uma *notitia criminis*.

6.3. Objetividade jurídica

Os crimes previstos na Lei de Abuso de Autoridade tutelam os direitos e garantias fundamentais do homem, bem como o normal exercício dos poderes pelos seus detentores.

6.4. Sujeito ativo

O art. 1º da Lei 4.898/1965 diz expressamente que o direito de representação será exercido contra "autoridades" que, no exercício de suas funções, cometerem abusos.

Logo, os crimes nela previstos são *próprios*, já que exigem uma qualidade especial do sujeito ativo, qual seja, *ser autoridade*.

E o que é "autoridade" para a Lei em comento?

Para os efeitos da Lei 4.898/1965, considera-se autoridade quem exerce cargo, emprego ou função pública, de natureza civil, ou militar, ainda que transitoriamente e sem remuneração (art. 5º).

Trata-se de tipo penal descritivo, na medida em que a própria lei fornece um conceito de autoridade.

Referido conceito é muito semelhante à norma prevista no art. 327 do CP, que descreve funcionário público para fins penais.

Pergunta-se: *uma pessoa que não seja "autoridade" para os fins da lei pode ser sujeito ativo de um crime de abuso de autoridade?*

a) *A título de autoria: NÃO*

b) *A título de coautoria ou participação? SIM*

Vejamos as razões do quanto afirmado acima.

Quem, de qualquer modo, concorre para o crime, incide nas penas a este cominadas, na medida de sua culpabilidade, nos termos do art. 29 do CP, considerado norma de extensão típica pessoal.

Ainda, as condições ou circunstância de caráter pessoal não se comunicam, salvo se elementares do crime (art. 30 do CP), em caso de concurso de pessoas.

Assim, aquele que, sozinho, não sendo autoridade (art. 5º), realizar qualquer das condutas descritas nos arts. 3º e 4º da Lei 4.898/1965, *não cometerá os crimes nela previstos*, salvo se houver aderido ao comportamento de uma "autoridade".

Em outras palavras, só é admissível a responsabilização penal de uma "não autoridade" se realizar qualquer conduta em companhia de uma autoridade (regra do art. 30 do CP), a título de coautoria ou participação.

Algumas questões relevantes acerca do sujeito ativo dos crimes definidos na lei em comento:

a) *Agente público durante o gozo de férias ou licença pode praticar abuso de autoridade?* R: Sim, desde que se utilize de sua condição de "autoridade" para o cometimento da conduta típica prevista nos arts. 3º ou 4º da Lei 4.898/1965;

b) *Agente público demitido ou inativo (aposentado) pode praticar abuso de autoridade?* R: Não, visto não mais existir vínculo com o Estado. Assim, por exemplo, Delegado de Polícia aposentado não mais exerce cargo, emprego ou função pública, não podendo, portanto, abusar de sua condição;

c) *Pessoas que exerçam múnus público podem praticar abuso de autoridade?* R: Não, pois, a despeito de realizarem atividades que envolvam interesse público (ex.: tutor, curador, inventariante, administrador judicial etc.), estas são de natureza privada, não se enquadrando, pois, no conceito de autoridade previsto no art. 5º da Lei de Abuso de Autoridade.

6.5. Sujeito passivo

Nos crimes previstos na lei em tela, há dupla subjetividade passiva:

a) *Sujeito passivo direto ou imediato:* é a pessoa que sofre a ação da autoridade (vítima do abuso);

b) *Sujeito passivo indireto ou mediato:* é o Estado, responsável pela garantia das liberdades públicas (tutela os interesses e direitos fundamentais do cidadão).

6.6. Elemento subjetivo do crime

Todos os crimes previstos na Lei de Abuso de Autoridade *são dolosos*. Vale dizer: o agente (autoridade) deve ter a vontade livre e consciente de exorbitar de seus poderes. Se a autoridade atuar acreditando estar agindo em estrito cumprimento de dever legal, não estará caracterizado o crime (por falta de dolo – fato atípico).

6.7. Consumação e tentativa

Nos crimes previstos no art. 3º da Lei de Abuso de Autoridade, tanto consumação quanto tentativa são punidos com o mesmo rigor. Daí serem denominados "crimes de atentado".

Já nas condutas previstas no art. 4º, será admissível a tentativa.

6.8. Crimes de menor potencial ofensivo

Considerando que a pena abstratamente cominada aos crimes de abuso de autoridade não supera dois anos, nos termos do art. 6º, § 3º, "b", da Lei 4.898/1965, aplicáveis os ditames da Lei 9.099/1995, tratando-se, pois, de crimes de menor potencial ofensivo.

Inclusive, os institutos despenalizadores cabíveis no âmbito do Jecrim deverão, se preenchidos os requisitos legais, ser aplicados, com especial destaque à transação penal (art. 76 da Lei 9.099/1995).

6.9. Competência para o processo e julgamento

De regra, caberá à Justiça Comum (federal ou estadual) processar e julgar os crimes de abuso de autoridade.

Considerando o disposto no art. 109, IV, da CF, será competente a Justiça Federal quando o crime violar bens, interesses ou serviços da União, suas entidades autárquicas ou empresas públicas. Assim, exemplificando, se o abuso de autoridade envolver servidores públicos federais, ou do INSS (que é autarquia federal), a competência, como dito, será da Justiça Federal.

Em se tratando de militar que tenha cometido abuso de autoridade, a competência continuará a ser da Justiça Comum (federal ou estadual), visto tratar-se de crime comum (e, não, militar). Nesse sentido, a Súmula 172 do STJ: "Compete à justiça comum processar e julgar militar por crime de abuso de autoridade, ainda que praticado em serviço".

Caso um militar pratique abuso de autoridade previsto no Código Penal Militar, aí sim responderá perante a Justiça Militar, não se tratando, pois, dos crimes definidos na Lei 4.898/1965. É o que se verifica, por exemplo, em caso de cometimento do crime previsto no art. 176 do Código Penal Militar: "Ofender inferior, mediante ato de violência que, por sua natureza ou meio empregado, se considere aviltante".

Havendo conexão entre crime militar e abuso de autoridade, deverá haver cisão de processos, vale dizer, aquele será julgado pela Justiça Militar e, este, pela Justiça Comum. Confira-se a Súmula 90 do STJ: "Compete a justiça estadual militar processar e julgar o policial militar pela prática do crime militar, e a comum pela prática do crime comum simultâneo àquele".

Por fim, se crime doloso contra a vida for conexo a crime de abuso de autoridade, ambos serão julgados pelo Tribunal do Júri, nos termos do art. 78, I, do CPP, que trata das regras de conexão e, portanto, de alteração da competência.

6.10. Crimes em espécie

Doravante, iremos analisar os crimes dos arts. 3º e 4º da Lei de Abuso de Autoridade.

6.10.1. Críticas aos crimes do art. 3º

A doutrina mais garantista acabou por tecer diversas críticas aos crimes previstos no art. 3º da lei em comento. Basta a leitura do *caput*: *"Constitui abuso de autoridade qualquer atentado"*.

Verifica-se que a redação do tipo penal é bastante vaga (..."qualquer atentado"). Logo, alguns doutrinadores acabaram por entender que, à luz da CF/1988, o tipo penal em análise é inconstitucional, na medida em que sua vagueza conduz a incertezas na tipificação, o que não se coaduna com o princípio da legalidade.

O *princípio da legalidade* vem previsto no art. 5º, XXXIX, da CF, prescrevendo que "não há crime sem lei anterior que o defina, nem pena sem prévia cominação legal". Desse preceito decorre o *princípio da taxatividade*, segundo o qual os tipos penais devem ser claros e precisos, sob pena de se obstacularizar a ampla defesa e a certeza jurídica daquilo que se considera crime.

Nada obstante, a jurisprudência vem, largamente, admitindo a incidência dos crimes tipificados nas alíneas do art. 3º da Lei de Abuso de Autoridade.

6.10.1.1. Crimes de atentado

Os crimes do art. 3º têm característica especial, qual seja, a de serem classificados como "crimes de atentado", assim denominados aqueles em que "tentativa" já é "consumação". Em outras palavras, a tentativa já é abstratamente prevista no tipo penal, que cominará as mesmas penas para as formas tentada ou consumada. Logo, inadmissível o reconhecimento da tentativa.

A própria redação do *caput* do referido dispositivo legal não deixa dúvidas para a classificação em comento: "Constitui abuso de autoridade qualquer atentado".

6.10.1.2. Crime do art. 3º, alínea "a"

Art. 3º. Constitui abuso de autoridade qualquer atentado:
a) à liberdade de locomoção;

Aqui, o legislador tutela o direito à liberdade de locomoção, que abrange o acesso e ingresso no território nacional, o direito de sair do país, de permanecer em um local ou de deslocamento.

Tal direito se estende aos estrangeiros, residentes ou não em nosso território, bastando que aqui tenha adentrado legalmente. Trata-se de verdadeira liberdade pública constitucional.

O art. 5º, XV, da CF assegura que "é livre a locomoção, no território nacional, em tempo de paz, podendo qualquer pessoa, nos termos da lei, nele entrar, permanecer ou dele sair com seus bens". A norma em comento é de eficácia contida.

Lembre-se que na vigência de estado de sítio (art. 139 da CF), poderá haver restrição ao exercício das "liberdades", sem que tal configure abuso de autoridade. Afinal, trata-se de permissivo constitucional.

6.10.1.3. Crime do art. 3º, alínea "b"

Art. 3º. Constitui abuso de autoridade qualquer atentado:
b) à inviolabilidade do domicílio;

"A casa é asilo inviolável do indivíduo, ninguém nela podendo penetrar sem consentimento do morador, salvo em caso de flagrante delito ou desastre, ou para prestar socorro, ou, durante o dia, por determinação judicial" (art. 5º, XI, CF).

O conceito de "casa" previsto no Código Penal (art. 150, § 4º) é mais restrito que o previsto na CF, que considera domicílio todo lugar ocupado com exclusividade e que expresse a vida privada do seu titular. À luz, ainda, do art. 150 do CP, mas, agora, em seu § 5º, não se compreende no conceito de domicílio a hospedaria, estalagem ou qualquer outra habitação coletiva, enquanto aberta, salvo o aposento ocupado de habitação coletiva, bem como a taverna, casa de jogo ou outras do mesmo gênero.

Ressalvadas as hipóteses constitucionais (consentimento do morador, flagrante, desastre, socorro e ordem judicial – só durante o dia), quem violar o domicílio, desde que seja autoridade, responderá pelo crime em questão e não pelo previsto no art. 150, § 2º, do CP, em respeito ao princípio da especialidade.

Na vigência de estado de sítio, a inviolabilidade do domicílio poderá ser amplamente relativizada, inexistindo, pois, abuso de autoridade (art. 139, V, CF).

6.10.1.4. Crime do art. 3º, alínea "c"

Art. 3º. Constitui abuso de autoridade qualquer atentado:
c) ao sigilo de correspondência;

O art. 5º, XII, da CF, assegura que é inviolável o sigilo da correspondência, bem como das comunicações telegráficas, de dados, e das comunicações telefônicas, ressalvado, nesse último caso, a possibilidade de interceptação para fins de instrução criminal ou processual penal, desde que exista ordem judicial para tanto.

Como regra, as cartas são invioláveis, na medida em que se tutela a intimidade, a vida privada. Porém, como toda garantia fundamental não é absoluta, é admitida pela doutrina e jurisprudência a violação de correspondência quando a intimidade puder ser utilizada como desculpa para a prática de condutas ilícitas. Daí admitir-se, em caráter excepcional, e desde que exista motivação idônea para tanto, a abertura de cartas do preso (art. 41, parágrafo único, da LEP – Lei 7.210/1984), bem como do falido (art. 22, III, "d", da Lei de Falências – Lei 11.101/2005), desde que se faça em favor do interesse público.

Na vigência de estado de sítio, poderá, sim, haver a relativização do sigilo das correspondências, nos termos dos arts. 136, § 1º, I, "b" e 139, III, ambos da CF. Inexistirá, aqui, crime de abuso de autoridade.

6.10.1.5. Crime do art. 3º, alíneas "d" e "e"

Art. 3º. Constitui abuso de autoridade qualquer atentado:
d) à liberdade de consciência e de crença;
e) ao livre exercício do culto religioso;

A CF garante a inviolabilidade da liberdade de consciência e de crença, sendo assegurado o livre exercício dos cultos religiosos e garantida, na forma da lei, a proteção dos locais de culto e a suas liturgias (art. 5º, VI, CF), bem como assegura que ninguém será privado de direitos por motivo de crença religiosa ou convicção filosófica ou política, salvo se as invocar para eximir-se de obrigação legal a todos imposta e recusar-se a cumprir prestação alternativa, fixada em lei (art. 5º, VIII, CF).

Pois bem. É certo que qualquer pessoa tem liberdade para optar por uma religião ou de frequentar os locais onde existam cultos religiosos. Porém, será lícita a intervenção estatal quando se verificar incompatibilidade desses "cultos" com a moral, a ordem pública (paz social, bons costumes e tranquilidade) e a lei.

6.10.1.6. Crime do art. 3º, alíneas "f" e "h"

> **Art. 3º.** Constitui abuso de autoridade qualquer atentado:
>
> *f)* à liberdade de associação;
>
> (...)
>
> *h)* ao direito de reunião;

O art. 5º, XVII, da CF, assegura a liberdade de associação para fins lícitos, vedada a de caráter paramilitar. No inciso seguinte (XVIII, art. 5º) fica dito que a criação de associações e, na forma da lei, a de cooperativas, independem de autorização, sendo vedada a interferência estatal em seu funcionamento. Por fim, o inciso XX, do mesmo artigo, prescreve que ninguém será compelido a associar-se ou a permanecer associado.

Vigora, pois, a liberdade de associação, ou seja, livre de ingerência do poder público, sob pena de caracterização do crime em tela.

Também vem garantida pela CF, em seu art. 5º, XVI, a liberdade de reunião, afirmando-se que todos podem reunir-se pacificamente, sem armas, em locais abertos ao público, independentemente de autorização, desde que não frustrem outra reunião anteriormente convocada para o mesmo local, exigindo-se apenas prévio aviso à autoridade competente.

Em períodos de grande mobilização nacional, como, por exemplo, a que levou centenas de milhares de crianças, jovens, homens e mulheres às ruas, protestando contra os descalabros nas instituições públicas e as iniquidades sociais (a partir de junho de 2013), viu-se uma série de violações, por parte de autoridades, à liberdade de reunião. Todavia, é certo que não se trata de direito absoluto. Logo, se protestos em vias públicas se transmudam para "baderna generalizada", com ataque ao patrimônio público (prédios de repartições públicas, monumentos artísticos etc.) ou privado (lojas, instituições financeiras privadas etc.), a intervenção estatal será necessária, desde que não haja excessos, não constituindo, assim, abuso de autoridade.

Frise-se que a imposição de "aviso prévio da reunião" à autoridade competente não configura ingerência estatal, mas sim, mecanismo apto a impedir que os direitos de terceiros sejam prejudicados.

6.10.1.7. Crime do art. 3º, alínea "g"

> **Art. 3º.** Constitui abuso de autoridade qualquer atentado:
>
> *g)* aos direitos e garantias legais assegurados ao exercício do voto;

O direito de votar constitui expressão dos valores democráticos que informam nossa sociedade. Tanto é que um dos fundamentos da República Federativa do Brasil é o pluralismo político e a cidadania (direito de votar e de ser votado).

O voto é obrigatório, personalíssimo, sigiloso e periódico. O art. 14 da CF preconiza que "a soberania popular será exercida pelo sufrágio universal e pelo voto direto e secreto, com valor igual para todos". Qualquer atentado a essas características do voto caracteriza crime de abuso de autoridade, sem prejuízo de eventual crime eleitoral.

6.10.1.8. Crime do art. 3º, alínea "i"

> **Art. 3º.** Constitui abuso de autoridade qualquer atentado:
>
> *i)* à incolumidade física do indivíduo;

A CF garante, em seu art. 5º, III, que ninguém será submetido a tortura nem a tratamento desumano ou degradante. Também, o mesmo art. 5º, mas em seu inciso XLIX, assegura aos presos o respeito a sua integridade física e moral. A norma penal incriminadora tutela, aqui, a integridade física da pessoa.

Entende a doutrina majoritária que o delito em tela estará configurado ainda que o atentado à incolumidade física não resulte lesão corporal, vias de fato ou morte. Porém, em ocorrendo referidos resultados, estar-se-á diante de concurso material de crimes (art. 69 do CP), vale dizer, deverá haver a imputação do abuso de autoridade e da infração penal causadora de lesões corporais ou vias de fato.

A garantia à incolumidade física do indivíduo não é "cláusula absoluta". É possível, pois, que, por meio de ação legítima de autoridade, seja empregada violência física contra a pessoa, tal como acontece em caso de resistência à prisão (art. 292 do CPP), mas desde que inexistam excessos.

6.10.1.9. Crime do art. 3º, alínea "j"

> **Art. 3º.** Constitui abuso de autoridade qualquer atentado:
>
> *j)* aos direitos e garantias legais assegurados ao exercício profissional.

Dispõe o art. 5º, XIII, da CF, que é livre o exercício de qualquer trabalho, ofício ou profissão, atendidas as qualificações profissionais que a lei estabelecer. Trata-se de norma constitucional de eficácia contida, embora de aplicação imediata.

É o caso do advogado, que dispõe de prerrogativas previstas no art. 7º do Estatuto da OAB. Se houver tolhimento delas, sem justa causa, a autoridade que o fizer terá praticado o crime em tela. O mesmo se diga, por exemplo, de um Delegado de Polícia ou Diretor que impede um magistrado de fazer visita (correições) em cadeias públicas, ou de um Defensor Público visitar os estabelecimentos penais (art. 81-B, V, da LEP – Lei 7.210/1984).

6.10.2. Crimes do art. 4º

Diferentemente dos crimes do art. 3º, considerados de "atentado", os crimes do art. 4º da Lei de Abuso de Autoridade admitem tentativa. Vamos a eles!

6.10.2.1. *Crime do art. 4º, alínea "a"*

Art. 4º. Constitui também abuso de autoridade:

a) ordenar ou executar medida privativa de liberdade individual, sem as formalidades legais ou com abuso de poder;

Nos termos do art. 5º, XV, da CF, "é livre a locomoção no território nacional em tempo de paz, podendo qualquer pessoa, nos termos da lei, nele entrar, permanecer ou dele sair com seus bens". Ainda, o mesmo dispositivo legal, mas, agora, em seu inciso LXI, determina que "ninguém será preso senão em flagrante delito ou por ordem escrita e fundamentada da autoridade judiciária competente, salvo nos casos de transgressão militar ou crime propriamente militar". Também é direito de qualquer pessoa *não ser privada de sua liberdade ou de seus bens sem o devido processo legal* (art. 5º, LIV, CF).

Assim, o tipo penal em comento objetiva assegurar ao cidadão algumas garantias que lhe são fundamentais, especialmente as de livre circulação no território nacional, de não ser preso fora dos casos expressamente admitidos pela nossa legislação, bem como de ser respeitado o devido processo legal.

Haverá abuso de autoridade se o agente determinar ou cumprir ordem que imponha à vítima medida privativa de liberdade (qualquer forma de prisão) que não atente às formalidades legais. É o caso, por exemplo, de prender em "flagrante" quem assim não se encontre (art. 302 do CPP), ou realizar a prisão civil do depositário infiel (de acordo com a Súmula vinculante 25, *é ilícita a prisão do depositário infiel, qualquer que seja a modalidade de depósito*).

Na vigência de estado de sítio, o direito pleno à liberdade poderá sofrer restrições, nos termos do art. 139, I, da CF.

Ressalte-se que o uso indevido de algemas poderá vir a caracterizar o crime em comento. Confira-se a Súmula vinculante 11: "Só é lícito o uso de algemas em caso de resistência e de fundado receio de fuga ou de perigo à integridade física própria ou alheia, por parte do preso ou de terceiros, justificada a excepcionalidade por escrito, sob pena de responsabilidade disciplinar, civil e penal do agente ou da autoridade e de nulidade da prisão ou do ato processual a que se refere, sem prejuízo da responsabilidade civil do estado".

Por fim, registre-se que, em respeito ao princípio da especialidade, se a autoridade *privar criança ou adolescente de sua liberdade, procedendo à sua apreensão sem estar em flagrante de ato infracional ou inexistindo ordem escrita da autoridade judiciária competente*, caracterizado estará o crime do art. 230 do ECA, e não, o de abuso de autoridade ora analisado.

O crime atingirá a consumação no momento em que for ordenada ou executada a medida privativa de liberdade contra a vítima.

6.10.2.2. *Crime do art. 4º, alínea "b"*

Art. 4º. Constitui também abuso de autoridade:

b) submeter pessoa sob sua guarda ou custódia a vexame ou a constrangimento não autorizado em lei;

Nos termos do art. 1º, III, da CF, é fundamento da República Federativa do Brasil o respeito à dignidade da pessoa humana. Ainda, o art. 5º, III, do Texto Maior, assegura que "ninguém será submetido a tortura nem a tratamento desumano ou degradante", bem como o inciso XLIX determina que a integridade física e moral dos presos sejam respeitadas.

Assim, o tipo penal em comento tutela direitos fundamentais do cidadão. Logo, se alguma autoridade sujeitar pessoa que esteja sob sua vigilância permanente (guarda) ou sob sua custódia a constrangimento que não tenha base legal, terá cometido abuso de autoridade. Exemplificamos com a conduta do diretor de estabelecimento prisional que não permite ao preso que se alimente por três dias, ao arrepio do art. 41, I, da LEP (Lei 7.210/1984), que prevê como direito àquele ter alimentação suficiente. Outro bom exemplo é o da indevida inclusão do preso em Regime Disciplinar Diferenciado (RDD), fora das hipóteses previstas no art. 52 da LEP.

Em se tratando de criança ou adolescente expostas a vexame ou constrangimento, caracterizado estará o crime do art. 232 do ECA.

Estará consumado o crime no momento em que o ofendido for submetido ao vexame ou constrangimento não autorizado pela lei.

6.10.2.3. *Crime do art. 4º, alínea "c"*

Art. 4º. Constitui também abuso de autoridade:

c) deixar de comunicar, imediatamente, ao juiz competente a prisão ou detenção de qualquer pessoa;

Nos termos do art. 5º, LXII, "a prisão de qualquer pessoa e o local onde se encontre serão comunicados imediatamente ao juiz competente e à família do preso ou à pessoa por ele indicada".

Tratando-se de norma constitucional que objetiva cientificar o juízo das razões fáticas e jurídicas que levaram a pessoa ao cárcere, permitindo, com isso, o controle sobre a licitude da detenção, haverá crime se a autoridade deixar de comunicar, imediatamente, a prisão ou detenção de alguém.

Estamos, aqui, diante de um crime omissivo (*deixar de comunicar*), consumando-se, pois, com a omissão do agente. Por estarmos diante de omissão própria, inadmissível a tentativa.

No caso da prisão em flagrante, deve-se entender por "imediatamente" o prazo de 24 (vinte e quatro) horas após a prisão em flagrante, tendo em vista o disposto no art. 306, § 1º, do CPP. Saliente-se ser imposição legal que a Defensoria Pública receba cópia integral do auto de prisão, caso o autuado não informe o nome de seu advogado, sob pena, entendemos, de relaxamento da prisão, por ilegalidade (descumprimento de determinação legal). Assim, futuros Delegados de Polícia, cuidado com esse prazo!

Saliente-se que mesmo em momentos de crise institucional (estado de defesa), a prisão deverá ser comunicada ao juiz competente (art. 136, § 3º, I, CF).

Finalmente, se a vítima for criança ou adolescente, a autoridade policial que deixar de fazer a imediata comunicação de sua apreensão à autoridade judiciária competente e à família do apreendido ou pessoa por ele indicada, incorrerá nas penas do art. 231 do ECA.

6.10.2.4. Crime do art. 4º, alínea "d"

Art. 4º. Constitui também abuso de autoridade:

d) deixar o juiz de ordenar o relaxamento da prisão ou detenção ilegal que lhe seja comunicada;

Nos moldes preconizados pelo art. 5º, LXV, da CF, "a prisão ilegal será imediatamente relaxada pela autoridade judiciária". Logo, cometerá crime o magistrado que, ciente da ilegalidade da prisão ou detenção que lhe seja comunicada, deixar de relaxá-la.

Tratando-se de crime omissivo próprio ("*deixar de ordenar*"), inadmissível a tentativa, consumando-se com a simples omissão da autoridade.

Caso se trate de apreensão ilegal de criança ou adolescente, a autoridade competente que deixar, sem justa causa, de ordenar a imediata liberação, incidirá no disposto no art. 234 do ECA.

6.10.2.5. Crime do art. 4º, alínea "e"

Art. 4º. Constitui também abuso de autoridade:

e) levar à prisão e nela deter quem quer que se proponha a prestar fiança, permitida em lei;

O art. 5º, LXVI, da CF, assegura que "ninguém será levado à prisão ou nela mantido, quando a lei admitir a liberdade provisória, com ou sem fiança".

Assim, cometerá abuso de autoridade, por exemplo, a autoridade policial que levar à prisão o agente preso em flagrante delito, nada obstante cabível a prestação de fiança e seu arbitramento diretamente por ela (art. 322, *caput*, do CPP), ou, então, o magistrado que mantiver a prisão quando cabível o arbitramento de fiança (art. 322, parágrafo único, do CPP).

Na modalidade "levar à prisão", por se tratar de conduta comissiva (praticada por ação), será cabível a tentativa. Já na modalidade "nela deter", por estarmos diante de crime omissivo próprio, impossível o *conatus*.

Lembre-se que, por força constitucional, alguns crimes são inafiançáveis, tais como os hediondos e equiparados (art. 5º, XLIII) e os de racismo (art. 5º, XLII), razão pela qual o não arbitramento de fiança, por evidente, não constituirá abuso de autoridade. Nada obstante, a despeito da inafiançabilidade, desde que preenchidos os requisitos legais, será cabível, em tese, a liberdade provisória sem fiança.

6.10.2.6. Crime do art. 4º, alíneas "f" e "g"

Art. 4º. Constitui também abuso de autoridade:

f) cobrar o carcereiro ou agente de autoridade policial carceragem, custas, emolumentos ou qualquer outra despesa, desde que a cobrança não tenha apoio em lei, quer quanto à espécie, quer quanto ao seu valor;

g) recusar o carcereiro ou agente de autoridade policial recibo de importância recebida a título de carceragem, custas, emolumentos ou de qualquer outra despesa;

De acordo com a doutrina, as alíneas acima destacadas são inaplicáveis, visto que não há, atualmente, no sistema carcerário nacional, qualquer pagamento de custas ou emolumentos ou despesas que devam ser pagas pelo preso.

Porém, caso haja exigência de quaisquer valores, poderão restar caracterizados outros crimes, tais como concussão (art. 316 do CP), extorsão (art. 158 do CP) ou corrupção passiva (art. 317 do CP).

6.10.2.7. Crime do art. 4º, alínea "h"

Art. 4º. Constitui também abuso de autoridade:

h) o ato lesivo da honra ou do patrimônio de pessoa natural ou jurídica, quando praticado com abuso ou desvio de poder ou sem competência legal;

Nos termos do art. 5º, *caput*, da CF, todos são iguais perante a lei, garantindo-se o respeito, dentre outros, à *propriedade*. Também, o mesmo dispositivo, em seu inciso X, afirma serem invioláveis a intimidade, a vida privada, a honra e a imagem das pessoas, assegurado o direito a indenização pelo dano material ou moral decorrente de sua violação.

Assim, cometerá o crime em comento a autoridade que, no momento da prática de ato englobado em seu dever funcional, aja com abuso, expondo a pessoa a ridículo (ato lesivo a honra), ou, então, que, no exercício de seu poder de polícia, agindo com abuso, apreenda de um comerciante, por exemplo, todos os produtos de sua loja, ainda que lícitos.

O crime restará consumado no momento da prática do ato abusivo ou com desvio de poder. Admissível a tentativa.

6.10.2.8. Crime do art. 4º, alínea "i"

Art. 4º. Constitui também abuso de autoridade:

i) prolongar a execução de prisão temporária, de pena ou de medida de segurança, deixando de expedir em tempo oportuno ou de cumprir imediatamente ordem de liberdade.

Nos termos do art. 5º, LIV, da CF, "ninguém será privado de sua liberdade ou de seus bens sem o devido processo legal". Também, o mesmo art. 5º, mas em seu inciso LXXV, assegura que o Estado indenizará o preso por erro judiciário, bem como a manutenção da prisão para além do tempo fixado na sentença.

Logo, cometerá abuso de autoridade aquele que prolongar o prazo de *prisão temporária* (espécie de prisão cautelar prevista na Lei 7.960/1989, cuja duração, em regra, será de 5 dias, prorrogáveis por igual período em caso de extrema e comprovada necessidade, ou, em caso de crimes hediondos ou equiparados, por 30 dias, prorrogáveis por igual período em caso de extrema e comprovada necessidade), *pena* (definitivamente imposta por sentença transitada em julgado, que fixará o prazo de duração) ou *medida de segurança* (sanção penal aplicável aos inimputáveis ou semi-imputáveis dotados de periculosidade).

Se se tratar de adolescente privado da liberdade, o indevido prolongamento acarretará o reconhecimento do crime do art. 235 do ECA.

Tratando-se de crime omissivo próprio ("deixando de expedir ou de cumprir ordem de liberdade"), inviável a tentativa. A consumação se verifica no momento em que o agente se omitir.

6.10.3. Sanções penais aplicáveis em caso de crime de abuso de autoridade

Nos termos do art. 6º, § 3º, da Lei 4.898/1965, três são as espécies de sanções penais:

a) *Multa de cem a cinco mil cruzeiros* – nos termos dos arts. 49 e seguintes do CP, a multa, considerada dívida de valor (art. 51), é fixada em salários mínimos, razão pela qual é inaplicável tal disposição da lei especial;

b) *Detenção por dez dias a seis meses* – trata-se da pena privativa de liberdade;

c) *Perda do cargo e a inabilitação para o exercício de qualquer outra função pública por prazo até três anos* – trata-se de pena de natureza principal, que não se confunde com o art. 92, I, do CP, que trata como "efeito da condenação" a perda do cargo ou função pública do agente delitivo. No tocante à "perda do cargo", esta diz respeito àquele posto ocupado pela autoridade à época do crime. Quanto à "inabilitação", esta se refere à impossibilidade de o agente ocupar outras funções públicas por até um triênio.

Se o abuso de autoridade for praticado por autoridade policial, poderá ser cominada, ainda, a pena de não poder exercer suas funções de natureza policial no município da culpa, por prazo de um a cinco anos (art. 6º, § 5º, da Lei 4.898/1965).

7. CRIMES CONTRA O CONSUMIDOR (LEI 8.078/1990)

7.1. Crimes contra as relações de consumo

7.1.1. Breves considerações. Relação entre o CDC e a CF

O CDC, Lei 8.078/1990, constitui importante diploma legal criado para a defesa/proteção do consumidor, encontrando fundamento constitucional para sua existência: o art. 5º, XXXII ("O Estado promoverá, na forma da lei, a defesa do consumidor") e art. 170, V, ambos da CF ("A ordem econômica, fundada na valorização do trabalho humano e na livre iniciativa, tem por fim assegurar existência digna, observados os seguintes princípios: (...) V – defesa do consumidor").

Destarte, cuidou o legislador infraconstitucional de implementar os ditames constitucionais, criando mecanismos legais para a facilitação da defesa do consumidor, não se podendo olvidar da característica de hipossuficiência que o torna digno de todo um sistema protetivo.

7.1.2. Conceitos básicos para a compreensão do Direito Penal do Consumidor

Para que se compreenda na integralidade o sistema penal protetivo do consumidor, mister que se conheça alguns conceitos e aspectos basilares a respeito do tema, a saber:

✓ Consumidor: é toda pessoa física ou jurídica que adquire e utiliza produto ou serviço como destinatário final. Também é possível equiparar-se a consumidor a coletividade de pessoas, ainda que indetermináveis, que haja intervindo nas relações de consumo (art. 2º, *caput* e parágrafo único, do CDC);

✓ Fornecedor: é toda pessoa física ou jurídica, pública ou privada, nacional ou estrangeira, bem como os entes despersonalizados, que desenvolvem atividades de produção, montagem, criação, construção, transformação, importação, exportação, distribuição ou comercialização de produtos ou prestação de serviços (art. 3º do CDC).

No tocante ao fornecedor, importa registrar que somente assim será considerado se desempenhar atividade mercantil ou civil de forma habitual, sob pena de restar descaracterizada a figura em apreço. Assim, a pessoa física ou jurídica que ocasionalmente fornece produto ou serviço, não fazendo desta atividade sua fonte de renda, não se insere no conceito de fornecedor, afastando-se, pois, a relação de consumo.

✓ Produto: é qualquer bem, móvel ou imóvel, material ou imaterial (art. 3º, § 1º, do CDC);

✓ Serviço: é qualquer atividade fornecida no mercado de consumo, mediante remuneração, inclusive as de natureza bancária, financeira, de crédito e securitária, salvo as decorrentes das relações de caráter trabalhista (art. 3º, § 2º, do CDC).

7.1.3. Características gerais dos crimes contra o consumidor definidos no CDC

Como regra, as infrações penais definidas no CDC trazem características comuns, quais sejam:

a) *sujeito ativo*: fornecedor;

b) *sujeito passivo*: a coletividade (sujeito passivo principal) e o consumidor (sujeito passivo secundário);

c) *objeto material*: produto ou serviço;

d) *objeto jurídico*: as relações de consumo (conotação coletiva);

e) *elemento subjetivo da conduta*: dolo (regra) ou culpa (poucos casos).

Importa destacar que os crimes contra as relações de consumo não se esgotam no CDC, podendo ser encontrados em outros diplomas normativos, como a Lei 8.137/1990 (Lei dos crimes contra a ordem tributária, econômica e relações de consumo). Isso, por vezes, gera conflito aparente de normas, geralmente resolvido pela aplicação do princípio da especialidade.

No momento, analisaremos os crimes contra as relações de consumo definidos especificamente no CDC.

7.2. Crimes no CDC

Ao todo, o Código de Defesa do Consumidor nos traz 12 (doze) tipos penais incriminadores, sem esgotar, é verdade, a proteção jurídico-penal, presente em outros diplomas legais (CP, Lei dos crimes contra a economia popular, Lei de Sonegação Fiscal etc.).

Prova disso é o que dispõe o art. 61 do CDC: "Constituem crimes contra as relações de consumo previstas neste Código, sem prejuízo do disposto no Código Penal e leis especiais, as condutas tipificadas nos artigos seguintes".

7.3. Crimes em espécie

7.3.1. Substância avariada (art. 62)

Embora esta figura típica originalmente viesse no art. 62 do CDC, foi este vetado pelo Presidente da República. Todavia, o que nele estava disposto foi basicamente repetido no art. 7º, IX, da Lei 8.137/1990, *verbis*: "Vender, ter em depósito para vender ou expor à venda ou, de qualquer forma, entregar matéria-prima ou mercadoria, em condições impróprias ao consumo".

O CDC, em seu art. 18, § 6º, define o que se entende por produtos impróprios para o consumo: I – os produtos cujos prazos de validade estejam vencidos; II – os produtos deteriorados, alterados, adulterados, avariados, falsificados, corrompidos, fraudados, nocivos à vida ou à saúde, perigosos ou, ainda, aqueles em desacordo com as normas regulamentares de fabricação, distribuição ou apresentação; III – os produtos que, por qualquer motivo, se revelem inadequados ao fim a que se destinam.

Passemos, pois, à análise do tipo penal em comento:

a) Sujeito ativo: fornecedor.

b) Sujeito passivo: coletividade (sujeito passivo imediato ou principal) e o próprio consumidor (sujeito passivo mediato ou secundário), caso o crime afete pessoa certa e determinada.

c) Condutas típicas: vender, ter em depósito para vender, expor à venda ou, de qualquer forma, entregar.

d) Objeto material: matéria-prima ou mercadoria em condições impróprias ao consumo. Aqui, trata-se de norma penal em branco, já que o conceito de "produtos impróprios para o consumo" vem previsto no art. 18, § 6º, do CDC, anteriormente reproduzido.

e) Elemento subjetivo da conduta: dolo e culpa (admite-se a modalidade culposa, de acordo com o art. 7º, parágrafo único, da Lei 8.137/1990, que pune o agente com pena reduzida de 1/3 ou de multa, igualmente reduzida, à quinta parte).

f) Classificação doutrinária: crime de mera conduta.

g) Consumação e tentativa: consuma-se o crime com a mera atividade, pouco importando a ocorrência de resultado lesivo. Logo, inadmissível a tentativa, por ser esta modalidade incompatível com os crimes de mera conduta.

Peculiaridade do crime: a doutrina dispensa a realização de perícia nos produtos apreendidos e ditos como impróprios para o consumo, pois se trata de crime de perigo abstrato, presumindo-se, pois, a ofensa ao bem jurídico tutelado (relações de consumo). Há precedentes do STJ (RESP 221.561/PR; RESP 472.038/PR) e STF (RT 781/516).

7.3.2. Omissão de dizeres ou sinais ostensivos sobre a nocividade ou periculosidade de produtos (art. 63)

Reza o *caput* do art. 63 do CDC: "Omitir dizeres ou sinais ostensivos sobre a nocividade ou periculosidade de produtos, nas embalagens, invólucros, recipientes ou publicidade". A pena é de detenção, de *6 meses a 2 anos e multa.*

Referido dispositivo decorre de regra inserida no CDC acerca da proteção à saúde e segurança dos consumidores, prevista especificamente no art. 9º: "O fornecedor de produtos e serviços potencialmente nocivos à saúde ou segurança deverá informar, de maneira ostensiva e adequada, a respeito de sua nocividade ou periculosidade, sem prejuízo da adoção de outras medidas cabíveis em cada caso concreto".

Vejamos cada item atinente ao tipo penal incriminador em comento:

a) Sujeito ativo: fornecedor.

b) Sujeito passivo: coletividade (sujeito passivo imediato ou principal) e o consumidor (sujeito passivo mediato ou secundário).

c) Conduta típica: omitir (clara sinalização de que o crime é OMISSIVO, mais precisamente, omissivo próprio ou puro).

d) Elementos normativos do tipo: nocividade e periculosidade. Trata-se de conceitos que devem ser valorados pelo magistrado, a fim de que afira se há adequação típica. Considera-se nocivo o produto que possa causar algum malefício ao consumidor, ao passo que a periculosidade do produto indica um conjunto de circunstâncias que se traduzem em um mal ou dano provável para alguém ou alguma coisa.

e) Elemento subjetivo: dolo (regra) e culpa (§ 2º – pena de 1 a 6 meses de detenção ou multa).

f) Consumação e tentativa: por se tratar de crime omissivo, bastará, é claro, a inatividade do agente para que se repute consumado. Por ser o crime em tela omissivo próprio, inadmissível a tentativa, por absoluta incompatibilidade.

7.3.3. Omissão na comunicação de nocividade ou periculosidade de produtos (art. 64)

Prescreve o art. 64 do CDC: "Deixar de comunicar à autoridade competente e aos consumidores a nocividade ou periculosidade de produtos cujo conhecimento seja posterior à sua colocação no mercado". A pena é de *detenção de 6 meses a 2 anos e multa.*

O art. 10 do CDC, bem assim seus parágrafos, tratam da vedação ao fornecedor de "colocar no mercado de consumo produto ou serviço que sabe ou deveria saber apresentar alto grau de nocividade ou periculosidade à saúde ou segurança". Tão logo tenha conhecimento da periculosidade que apresentem, "o fornecedor de produtos e serviços que, posteriormente à sua introdução no mercado de consumo" dela souber, "deverá comunicar o fato imediatamente às autoridades competentes e aos consumidores, mediante anúncios publicitários".

Vejamos o tipo penal em comento:

a) Sujeito ativo: fornecedor.

b) Sujeito passivo: coletividade (sujeito passivo imediato ou principal) e o consumidor (sujeito passivo mediato ou secundário).

c) Conduta típica: deixar de comunicar. Trata-se, é evidente, de crime omissivo próprio, dada a inatividade do sujeito ativo frente às autoridades competentes e consumidores acerca da informação de periculosidade e nocividade de produtos inseridos no mercado de consumo.

d) Elementos normativos do tipo: nocividade e periculosidade.

e) Elemento subjetivo da conduta: dolo (não há modalidade culposa).

f) Consumação e tentativa: por se tratar de crime omissivo próprio, bastará a mera inatividade do agente para restar caracterizado. Pelo fato de se tratar de conduta omissiva ("deixar de..."), impossível a tentativa.

7.3.4. Execução de serviço de alto grau de periculosidade (art. 65)

Preconiza o art. 65 do CDC: "Executar serviço de alto grau de periculosidade, contrariando determinação de autoridade competente". A pena é de *detenção de 6 meses a 2 anos e multa.*

Relevante é saber o que se entende por serviço de "alta periculosidade". Parte da doutrina entende que se trata de norma penal em branco, tendo em vista que não cuidou o tipo penal de especificar o que é serviço de alta periculosidade. Assim, aqueles assim reconhecidos por autoridades competentes (as sanitárias, via de regra), se executados em contrariedade ao disposto por referidas autoridades, configurarão o crime em tela. É o caso, por exemplo, de dedetização, que envolve o uso de produtos tóxicos. Tal tarefa é possível, desde que se observem as prescrições legais a respeito, tais como as previstas no Código Sanitário dos estados.

Vejamos o tipo penal incriminador de modo fracionado:

a) Sujeito ativo: fornecedor.

b) Sujeito passivo: coletividade (sujeito passivo imediato ou principal) e o consumidor (sujeito passivo mediato ou secundário).

c) Conduta típica: executar. Pela análise do verbo, é possível que se conclua que se trata de crime comissivo, vale dizer, deve o agente realizar uma ação, com as características descritas no tipo.

d) Elemento subjetivo da conduta: é o dolo (não há previsão de modalidade culposa).

e) Consumação e tentativa: não se exige, para sua configuração, resultado lesivo. Portanto, pode ser classificado como crime de mera conduta, sendo absolutamente desnecessário (quiçá impossível) o implemento de resultado naturalístico. Por ser crime comissivo, é, em tese, cabível a tentativa, muito embora seja de improvável verificação.

7.3.5. Afirmação falsa ou enganosa (art. 66)

O *caput* do art. 66 do CDC assim prescreve: "Fazer afirmação falsa ou enganosa, ou omitir informação relevante sobre a natureza, característica, qualidade, quantidade, segurança, desempenho, durabilidade, preço ou garantia de produtos ou serviços". A pena é de *detenção de 3 meses a 1 ano e multa.*

O crime em tela tenciona proteger as corretas informações que devem ser prestadas ao consumidor, nos moldes preconizados pelo art. 31 do CDC: "A oferta e apresentação de produtos ou serviços devem assegurar informações corretas, claras, precisas, ostensivas e em língua portuguesa sobre suas características, qualidades, quantidade, composição, preço, garantia, prazos de validade e origem, entre outros dados, bem como sobre os riscos que apresentam à saúde e segurança dos consumidores".

Ademais, o art. 6º, do mesmo diploma legal, que traz um rol dos direitos basilares do consumidor, afirma, em seu inciso III, que cabe ao fornecedor "a informação adequada e clara sobre os diferentes produtos e serviços, com especificação correta de quantidade, características, composição, qualidade, tributos incidentes e preço, bem como sobre os riscos que apresentem".

Vejamos o tipo penal em tela:

a) Sujeito ativo: fornecedor (*caput*) ou o patrocinador (§ 1º).

b) Sujeito passivo: coletividade (sujeito passivo imediato ou principal) e o consumidor (sujeito passivo mediato ou secundário).

c) Condutas típicas: fazer afirmação falsa ou enganosa ou omitir informação relevante. Na primeira conduta, verifica-se seu caráter comissivo, ao passo que, na segunda figura, identifica-se o caráter omissivo do crime em análise. Assim, seja por ação, fazendo afirmação falsa ou enganosa sobre produtos ou serviços, seja por omissão de informação relevante sobre estes, o agente incorrerá na figura penal estudada. Nas mesmas penas do *caput* incorrerá quem *patrocinar* a oferta.

d) Elemento subjetivo da conduta: dolo (*caput* e § 1º) ou culpa (§. 2º). Neste último caso, a pena será de detenção de *1 a 6 meses ou multa.*

e) Consumação e tentativa: na modalidade comissiva, admissível a tentativa, enquanto que na omissiva, por óbvio, não se a admite.

Peculiaridades do crime: a infração penal ora analisada, embora muito se assemelhe ao crime de estelionato, definido no art. 171 do CP, com este não se confunde. É que, para a configuração deste último, exige-se resultado lesivo ao patrimônio da vítima, enquanto que no código consumerista, basta a informação falsa ou enganosa, ou a mera omissão de informações relevantes sobre o produto ou serviço. Entende-se que, em caso de propaganda falsa ou enganosa, se a vítima experimentar prejuízo, haverá concurso material com estelionato, nos moldes do art. 69 do CP. Todavia, possível entender que a propaganda enganosa pode ser o meio empregado pelo agente para perpetrar o delito patrimonial, ficando por este absorvido, por força do princípio da consunção.

7.3.6. Publicidade enganosa (art. 67)

O art. 67 do CDC assim dispõe: "Fazer ou promover publicidade que sabe ou deveria saber ser enganosa ou abusiva". A pena é de *detenção de 3 meses a 1 ano e multa.*

Inegavelmente, o crime em tela protege o direito básico do consumidor de não receber ou ter acesso a "publicidade enganosa e abusiva, métodos comerciais coercitivos ou desleais, bem como práticas e cláusulas abusivas ou impostas no fornecimento de produtos e serviços", de acordo com o prescrito no art. 6º, IV, do CDC.

Analisemos o tipo penal incriminador em comento:

a) Sujeito ativo: é o publicitário, profissional cuja atividade é regida pela Lei 4.680/1965 e Decreto 57.690/1966.

b) Sujeito passivo: coletividade (sujeito passivo imediato ou principal) e o consumidor (sujeito passivo secundário ou mediato).

c) Condutas típicas: fazer ou promover. Ambas são formas comissivas de se perpetrar o crime, que pressupõe, portanto, uma ação no sentido de criar ou executar publicidade enganosa ou abusiva. Considera-se enganosa, nos termos do art. 37, § 1º, do CDC, "qualquer modalidade de informação ou comunicação de caráter publicitário, inteira ou parcialmente falsa, ou, por qualquer outro modo, mesmo por omissão, capaz de induzir em erro o consumidor a respeito da natureza, características, qualidade, quantidade, propriedades, origem, preço e quaisquer outros dados sobre produtos e serviços". Diz-se, ainda, abusiva, "a publicidade discriminatória de qualquer natureza, a que incite à violência, explore o medo ou a superstição, se aproveite da deficiência de julgamento e experiência da criança, desrespeita valores ambientais, ou que seja capaz de induzir o consumidor a se comportar de forma prejudicial ou perigosa à sua saúde ou segurança" (art. 37, § 2º).

d) Elemento subjetivo da conduta: é o dolo, tanto na forma direta (fazer ou promover publicidade que sabe), quanto na eventual (ou deveria saber). Não se admite, por falta de previsão legal, a modalidade culposa. Não se pode, ainda, interpretar que o "deveria saber" se enquadra em qualquer modalidade de culpa (imprudência, negligência ou imperícia), já que seria absurdo o legislador punir a conduta dolosa ou culposa com a mesma intensidade, já que ao *caput* aplica-se a pena de 3 meses a 1 ano de detenção, e multa.

e) Consumação e tentativa: doutrinariamente, diz-se que o crime em comento é formal, razão pela qual se reputará consumado com a mera publicidade enganosa, pouco importando a ocorrência de resultado lesivo. A tentativa é possível, já que se trata de crime comissivo (as condutas "fazer" ou "promover" são realizadas por ação do agente).

7.3.7. Publicidade capaz de induzir o consumidor (art. 68)

Reza o art. 68: "Fazer ou promover publicidade que sabe ou deveria saber ser capaz de induzir o consumidor a se comportar de forma prejudicial ou perigosa a sua saúde ou segurança". A pena cominada varia de *6 meses a 2 anos de detenção e multa*.

Trata-se de norma penal em branco, já que a tipicidade dependerá da análise do art. 37, § 2º, do CDC, que trata da publicidade abusiva (*... capaz de induzir o consumidor a se comportar de forma prejudicial ou perigosa à sua saúde ou segurança*).

O tipo penal em estudo tem a seguinte estrutura:

a) Sujeito ativo: é o profissional ligado à publicidade, que a promove de maneira enganosa ou abusiva. Trata-se, pois, de crime próprio.

b) Sujeito passivo: coletividade (sujeito passivo imediato ou principal) e o consumidor (sujeito passivo secundário ou mediato).

c) Condutas típicas: fazer ou promover (publicidade apta a induzir o consumidor a portar-se de forma prejudicial à saúde ou segurança).

d) Elemento normativo do tipo: publicidade apta a determinar que o consumidor passe a se portar de maneira perigosa à saúde ou segurança.

e) Elemento subjetivo da conduta: é o dolo, tanto na forma direta (sabe) quanto eventual (ou deveria saber).

f) Consumação e tentativa: consuma-se o crime em tela com a veiculação da publicidade enganosa ou abusiva que possa redundar em comportamento do consumidor perigoso à saúde ou segurança. A tentativa é admissível por ser tratar de crime plurissubsistente (composto de vários atos).

7.3.8. Omissão na organização de dados que dão base à publicidade (art. 69)

O art. 69 do CDC assim preleciona: "Deixar de organizar dados fáticos, técnicos e científicos que dão base à publicidade". A pena é de *detenção de 1 a 6 meses ou multa*.

Trata-se de crime que tutela a veracidade das informações que se destinam aos consumidores.

Assim, temos que:

a) Sujeito ativo: fornecedor ou publicitário.

b) Sujeito passivo: consumidor (diretamente/indiretamente) e a coletividade (direta/indiretamente).

c) Conduta típica: deixar de organizar. Trata-se de crime omissivo próprio.

d) Elemento subjetivo da conduta: é o dolo.

e) Consumação e tentativa: consuma-se o crime com a simples omissão (crime instantâneo). Impossível a tentativa, tendo em vista que os crimes omissivos não a admitem.

7.3.9. Emprego de peças ou componentes de reposição usados (art. 70)

O art. 70 do CDC prescreve: "Empregar, na reparação de produtos, peças ou componentes de reposição usados, sem autorização do consumidor". A pena é de *detenção de 3 meses a 1 ano e multa*.

Trata-se de infração penal que tutela o direito do consumidor de ver seus pertences reparados com peças originais e novas, salvo se anuir que assim não sejam, de acordo com o art. 21 do CDC.

Destarte, verifiquemos os seguintes itens:

a) Sujeito ativo: fornecedor.

b) Sujeito passivo: consumidor e coletividade.

c) Conduta típica: empregar, ou seja, usar, utilizar, aplicar. O fato será atípico se o consumidor autorizar que peças ou componentes usados sejam utilizados na reparação de produtos danificados. Portanto, o consentimento do ofendido, na espécie, torna atípica a conduta. Entende-se que a anuência provoca a exclusão da antijuridicidade, por se tratar de causa supralegal que torna lícita a conduta.

d) Elemento subjetivo da conduta: é o dolo. Não se admite a forma culposa. Portanto, se o fornecedor, por descuido (negligência), empregar no conserto de produto peças usadas, não praticará o crime em tela.

e) Consumação e tentativa: há quem sustente que o crime é de mera atividade, vale dizer, não se exige que o consumidor experimente prejuízo. Há quem diga que o crime em comento é de perigo abstrato, cujo prejuízo é presumido. Todavia, possível entender-se que o crime exige prejuízo ao consumidor, sob pena de estarmos diante de mero ilícito civil. Se se entender que o crime é material, admite-se a tentativa.

7.3.10. Cobrança vexatória (art. 71)

O art. 71 do CDC assim prevê: "Utilizar, na cobrança de dívidas, de ameaça, coação, constrangimento físico ou moral, afirmações falsas, incorretas ou enganosas ou de qualquer outro procedimento que exponha o consumidor, injustificadamente, a ridículo ou interfira com seu trabalho, descanso ou lazer". A pena cominada varia de *3 meses a 1 ano de detenção e multa*.

Trata-se de crime que vem a reforçar o direito do consumidor de não ser exposto a ridículo, nem submetido a qualquer tipo de constrangimento ou ameaça, *ex vi* do art. 42 do CDC.

Vejamos os elementos do tipo e sujeitos do crime:

a) Sujeito ativo: é o fornecedor (credor) ou quem, a seu mando, efetue a cobrança ao consumidor.

b) Sujeito passivo: coletividade e consumidor (devedor).

c) Conduta típica: utilizar (empregar, usar). Assim, verifica-se o crime quando o credor ou terceira pessoa, a seu mando, emprega meios vexatórios para a cobrança de dívida, tais como: ameaça, coação, constrangimento físico ou moral. Referidos meios são meramente exemplificativos, tendo em vista que o tipo penal admite uso da interpretação analógica (ou qualquer outro procedimento que exponha o consumidor a ridículo, ou interfira em seu trabalho, descanso ou lazer).

d) Elemento normativo do tipo: o meio utilizado para a cobrança deve ser indevido ou injustificado.

e) Elemento subjetivo da conduta: é o dolo. Não se admite a modalidade culposa, por ausência de previsão legal.

f) Consumação e tentativa: consuma-se o crime com a cobrança vexatória da dívida, de maneira injustificada. Diz-se que o crime é de mera conduta. Admissível a tentativa (ex.: cobrança por escrito, mas extraviada).

7.3.11. *Impedimento de acesso às informações do consumidor (art. 72)*

Reza o art. 72 do CDC: "Impedir ou dificultar o acesso do consumidor às informações que sobre ele constem em cadastros, banco de dados, fichas e registros". A pena é de *detenção de 6 meses a 1 ano ou multa.*

Trata-se de crime que vem a inserir no campo penal o disposto no art. 43 do mesmo código, que assim dispõe: "O consumidor, sem prejuízo do disposto no art. 86, terá acesso às informações existentes em cadastros, fichas, registros e dados pessoais e de consumo arquivados sobre ele, bem como sobre as suas respectivas fontes".

Vejamos o tipo penal em detalhes:

a) Sujeito ativo: qualquer pessoa responsável pelo controle das informações sobre o consumidor.

b) Sujeito passivo: coletividade e consumidor.

c) Condutas típicas: impedir (oferecer obstáculo) ou dificultar (estorvar, complicar).

d) Elemento subjetivo da conduta: é o dolo. Não se admite a modalidade culposa, por ausência de previsão legal.

e) Consumação e tentativa: consuma-se o crime com o impedimento ou dificuldade criada pelo agente ao acesso, pelo consumidor, de informações suas que constem em cadastros, bancos de dados, fichas e registros. Não se pode admitir a tentativa tendo em vista que a conduta "dificultar", por si só, basta à consumação do delito.

7.3.12. *Omissão na correção de informações com inexatidões (art. 73)*

O crime em tela vem previsto no art. 73 do CDC, *in verbis*: "Deixar de corrigir imediatamente informação sobre consumidor, constante de cadastro, banco de dados, fichas ou registros que sabe ou deveria saber ser inexata". A pena varia de *1 a 6 meses de detenção ou multa.*

A infração em comento tutela, a um só tempo, a honra e o crédito do consumidor, nos termos do art. 43, § 3º, do CDC: "O consumidor, sempre que encontrar inexatidão nos seus dados e cadastros, poderá exigir sua imediata correção, devendo o arquivista, no prazo de 5 dias úteis, comunicar a alteração aos eventuais destinatários das informações incorretas".

Vejamos os elementos do tipo e sujeitos:

a) Sujeito ativo: pessoa que deixa de corrigir a informação, desde que responsável para tanto.

b) Sujeito passivo: consumidor cuja informação deixou de ser corrigida.

c) Conduta típica: deixar de corrigir. Trata-se, por evidente, de crime omissivo próprio.

d) Elemento subjetivo da conduta: dolo direto ("sabe") ou eventual ("deveria saber").

e) Elemento normativo do tipo: a expressão imediatamente, prevista no tipo em tela, deve ser interpretada como passível de realização em até 5 dias.

f) Consumação e tentativa: com a mera omissão o crime estará consumado. Por se tratar de crime omissivo, inadmissível a tentativa.

7.3.13. *Omissão na entrega de termo de garantia (art. 74)*

O art. 74 do CDC assim prescreve: "Deixar de entregar ao consumidor o termo de garantia adequadamente preenchido e com especificação clara de seu conteúdo". A pena varia de *1 a 6 meses de detenção ou multa.*

O crime em comento protege a relação contratual havida entre consumidor e fornecedor, nos termos do art. 50, *caput*, e parágrafo único, do CDC: "A garantia contratual é complementar à legal e será conferida mediante termo escrito. Parágrafo único: O termo de garantia ou equivalente deve ser padronizado e esclarecer, de maneira adequada, em que consiste a mesma garantia, bem como a forma, o prazo e o lugar em que pode ser exercitada e os ônus a cargo do consumidor, devendo-lhe ser entregue, devidamente preenchido pelo fornecedor, no ato do fornecimento, acompanhado de manual de instrução, de instalação e uso de produto em linguagem didática, com ilustrações".

Vejamos os sujeitos do crime e elementos do tipo:

a) Sujeito ativo: fornecedor.

b) Sujeito passivo: consumidor e coletividade.

c) Conduta típica: deixar de entregar. Trata-se de crime omissivo próprio, que se configura pela falta de entrega ao consumidor do termo de garantia (contratual) devidamente preenchido e com especificações claras de seu conteúdo.

d) Elemento subjetivo da conduta: é o dolo. Não há modalidade culposa prevista.

e) Consumação e tentativa: o delito em questão se consuma com a omissão na entrega do termo de garantia. Por ser crime omissivo, impossível a tentativa.

7.4. Concurso de pessoas (art. 75)

O art. 75 do CDC, de acordo com a doutrina, encontra-se revogado pelo art. 11 da Lei 8.137/1990 (crimes contra a ordem tributária, econômica e relações de consumo).

De qualquer forma, o dispositivo é absolutamente dispensável, posto que seu conteúdo é semelhante ao art. 29 do CP.

7.5. Circunstâncias agravantes (art. 76)

A aplicação das circunstâncias alteradoras da reprimenda não impede que aquelas definidas no CP sejam aplicadas, desde que não configurem *bis in idem*.

7.6. Pena de multa (art. 77)

Por ser regra especial, aplica-se o CDC e não as prescrições acerca da pena de multa prevista no CP.

Por força do art. 77, "a pena pecuniária prevista nesta Seção será fixada em dias-multa, correspondente ao mínimo e ao máximo de dias de duração da pena privativa da liberdade cominada ao crime. Na individualização desta multa, o juiz observará o disposto no art. 60, § 1º, do Código Penal".

Referido dispositivo do CP permite ao juiz elevar a pena de multa até o triplo, se a capacidade econômica do réu for suficientemente boa a tal ponto de tornar ineficaz a pena pecuniária legalmente prevista.

7.7. Penas restritivas de direitos (art. 78)

Diferentemente do CP, as penas restritivas de direitos previstas no CDC não têm caráter substitutivo à privativa de liberdade, mas cumulativo (ou alternativo também).

Dado o princípio da especialidade, são penas restritivas de direitos aplicáveis aos crimes contra as relações de consumo: I – interdição temporária de direitos; II – publicação em órgãos de comunicação de grande circulação ou audiência, às expensas do condenado, de notícia sobre os fatos e a condenação; III – a prestação de serviços à comunidade.

Por ausência de previsão legal, as demais penas alternativas previstas no CP não se aplicam aos agentes que tenham praticado crimes previstos no CDC.

7.8. Fiança (art. 79)

De acordo com o art. 79 do CDC, o valor da fiança variará entre 100 a 200 mil vezes o valor do BTN. Porém, como este índice foi extinto em 01.02.1991, com valor então de CR$ 126,86, será utilizado como parâmetro, após atualizado, para pagamento da contracautela.

7.9. Assistente de acusação e ação penal subsidiária (art. 80)

Admite-se que intervenham como assistentes de acusação, nos crimes contra as relações de consumo, sem prejuízo das próprias vítimas diretas (consumidores), os legitimados previstos no art. 82, III e IV, do CDC, a saber:

> III. entidades e órgãos da administração pública, direta ou indireta, ainda que sem personalidade jurídica, especificamente destinados à defesa dos interesses e direitos protegidos pelo CDC;
>
> IV. as associações legalmente constituídas há pelo menos 1 ano e que incluam entre seus fins institucionais a defesa do consumidor.

Ademais, referidos legitimados também o serão para a propositura de ação penal privada subsidiária da pública, desde que haja inércia ministerial, nos termos do art. 5º, LIX, da CF, e art. 29 do CPP.

8. CRIMES FALIMENTARES (LEI 11.101/2005)

8.1. Previsão legal e considerações iniciais

A Lei 11.101, de 9 de fevereiro de 2005, com *vacatio legis* de 120 dias, substituiu, integralmente, a antiga "Lei de Falências" (Decreto 7.661/1945). Com a nova lei, não há mais falar-se apenas em falência, mas, também, em recuperação judicial e extrajudicial, deixando de existir a "antiga" concordata.

Acerca da origem histórica da falência, fala-se que dizia respeito ao adimplemento das dívidas e seus instrumentos de garantia. Antigamente, garantia-se o pagamento de dívidas com castigos físicos, apreensão de bens do devedor pelo próprio credor, que os alienava e "quitava" a dívida.

Com o desenvolvimento da economia e das relações comerciais, tornou-se imprescindível a criação de mecanismos de proteção do crédito e das relações cliente-mercado, do que se extraiu a edição da Lei dos Crimes Falimentares. Na atualidade, torna-se um pouco equivocada a menção a "Crimes Falimentares", visto que crimes há que dependem não da sentença que declara a falência, mas daquela que concede recuperação judicial ou que homologa a recuperação extrajudicial. Todavia, por tradição, prossegue-se dizendo "Crime Falimentar".

8.2 Direito intertemporal e a problemática do conflito de leis penais no tempo

A antiga Lei de Falências (Decreto 7.661/1945), em diversos pontos, frente à nova lei, é considerada mais benéfica (*lex mitior*), especialmente no tocante às penas. Portanto, em alguns casos, configurar-se-á a *novatio legis in pejus* (nova lei prejudicial), razão pela qual, nesse ponto, será irretroativa.

Todavia, houve situações em que a nova lei (Lei 11.101/2005) operou a descriminalização de certas condutas, extirpadas do cenário jurídico. Nesse caso, havendo *abolitio criminis*, certamente a lei nova é benéfica, operando efeitos imediatamente (extinção da punibilidade – art. 107, I, do CP).

Ainda, a Lei 11.101/2005 introduziu no ordenamento jurídico penal novas figuras típicas, até então inexistentes. Logo, por se tratar, nesse ponto, de *novatio legis* incriminadora, somente poderá gerar efeitos a partir de sua edição. Assim não fosse, estar-se-ia violando, a um só tempo, o princípio da reserva legal e da anterioridade.

Assim, concluímos o seguinte:

a) para crimes falimentares praticados sob a égide do Decreto 7.661/1945, mas que a persecução penal não tenha sido iniciada, ou, se iniciada, não havia se encerrado, deve-se analisar se a "nova lei" (Lei 11.101/2005) foi mais benéfica – caso em que irá operar-se a retroatividade – ou prejudicial – caso em que haverá a ultratividade da lei revogada;

b) para figuras criminosas inexistentes à época da vigência do Decreto 7.661/1945, evidentemente a tipicidade penal somente existirá a partir da edição da Lei 11.101/2005.

8.3. Crimes de dano e de perigo na Lei de Falências

Em sua maioria, os crimes falimentares serão considerados "crimes de perigo", tendo em vista que a conduta praticada pelo agente não precisará, de fato, causar lesão a um bem ou interesse, bastando que os ameacem de lesão.

Todavia, certos crimes exigirão efetivo dano ao bem jurídico protegido, sem o que não estará configurada a infração penal, ou estar-se-á diante da tentativa.

8.4. Classificação dos crimes falimentares quanto ao sujeito ativo

Alguns dos crimes falimentares são considerados *próprios*, levando-se em conta certa característica ostentada pelo sujeito ativo. São os chamados *crimes falimentares próprios* (arts. 168, 171, 172, 176 e 178 – o sujeito ativo será o devedor; art. 177 – sujeitos ativos: juiz, promotor, administrador judicial, perito, avaliador, escrivão, oficial de justiça ou leiloeiro).

Em outros casos, os crimes falimentares serão *impróprios ou comuns*, tendo em vista que qualquer pessoa poderá ser sujeito ativo. É o caso dos arts. 169, 170, 173, 174 e 175.

8.5. Classificação dos crimes falimentares levando-se em consideração o momento de realização dos atos executórios

a) *Crimes antefalimentares* (ou *pré-falimentares*): são aqueles cuja consumação ocorre em momento anterior (prévio) à declaração judicial da falência (sentença declaratória da falência). Também são assim denominados, após a entrada em vigor da Lei de Falências (Lei 11.101/2005), os crimes cometidos antes da sentença concessiva de recuperação judicial e da que homologa o plano de recuperação extrajudicial. São crimes antefalimentares os descritos nos arts. 168, 169, 172 e 178 da lei em comento.

b) *Crimes pós-falimentares*: são aqueles cuja consumação é verificada após a decretação da falência, da recuperação judicial ou extrajudicial. São assim considerados os crimes previstos nos arts. 168, 170, 171, 172, 173, 174, 175, 176, 177 e 178 da lei em análise.

8.6. Crimes concursais e condição objetiva de punibilidade

Os crimes falimentares são definidos como *crimes concursais*, visto que, para sua configuração, dependem do concurso de alguma causa estranha ao próprio Direito Penal. Assim, somente se pode cogitar de crime falimentar se concorrer uma outra causa (fato/ato jurídico).

Com efeito, o art. 180 da Lei de Falências assim dispõe: "A sentença que decreta a falência, concede recuperação judicial ou concede a recuperação extrajudicial de que trata o art. 163 desta Lei é condição objetiva de punibilidade das infrações penais descritas nesta Lei".

Logo, todos os crimes falimentares dependem da existência de uma condição exterior à conceituação legal (tipicidade penal), sob pena de não se cogitar de sua prática. Daí dizer-se que o crime falimentar é concursal, já que depende do concurso de uma causa externa, estranha ao Direito Penal, que é a sentença que decreta a quebra, ou que concede a recuperação judicial ou extrajudicial.

8.7. Unidade ou universalidade

Segundo Manoel de Pedro Pimentel (Legislação penal especial, RT, 1972), "unidade ou universalidade é o que caracteriza o crime falimentar. Cada crime falimentar é, em si mesmo, uma ação delituosa e basta a existência de um só para justificar a punição". Ainda, o mesmo mestre ensinou que "se várias forem as ações delituosas, passarão a ser consideradas como atos e a unidade complexa se transforma em uma universalidade, punindo-se o todo e não as partes, com uma só pena".

Portanto, prevalece o entendimento doutrinário (e jurisprudencial), que, concorrendo diversos fatos descritos como delitos falimentares, dá-se uma só ação punível, e não pluralidade de ações, visto tratar-se de crime de estrutura complexa, em que o comportamento dos falidos (ou em recuperação judicial ou extrajudicial) deve ser unificado. Enfim, a "pluralidade de crimes" será considerado de maneira universal, como se se tratasse de um só crime, composto de uma pluralidade de atos.

8.8. Investigação criminal na Lei de Falências

De acordo com o Decreto 7.661/1945, a investigação pela prática de crime falimentar era realizada pelo juízo universal da falência, vale dizer, pelo magistrado responsável pela decretação da quebra do empresário ou empresa.

Todavia, a doutrina criticava a disposição legal que previa tal procedimento, na medida em que o art. 144 da CF atribui à Polícia Judiciária a tarefa de investigar e apurar as infrações penais no âmbito dos Estados.

Com a nova Lei de Falências (Lei 11.101/2005), pôs-se um fim a esse absurdo. Hoje, a investigação de crimes falimentares é feita pela Polícia Judiciária, conforme se infere da leitura dos arts. 187 e 188, respeitando-se, assim, a CF/1988 e a indispensável separação entre o órgão julgador e aquele que apura a infração penal.

8.9. Ação penal nos crimes falimentares

De acordo com o art. 184 da Lei 11.101/2005, os crimes falimentares são de ação penal pública incondicionada. Ainda, em seu parágrafo único, que entendemos desnecessário, tendo em vista o disposto no art. 5º, LIX, da CF e art. 29 do CPP, há previsão de cabimento de ação penal privada subsidiária da pública, caso o Ministério Público não ofereça denúncia no prazo legal.

8.10. Crimes em espécie

Os crimes falimentares estão definidos nos arts. 168 a 178 da Lei 11.101/2005. Para os fins da presente obra, traremos, de forma objetiva, os principais aspectos de cada um deles.

8.10.1. Fraude a credores (art. 168)

> **Art. 168.** Praticar, antes ou depois da sentença que decretar a falência, conceder a recuperação judicial ou homologar a recuperação extrajudicial, ato fraudulento de que resulte ou possa resultar prejuízo aos credores, com o fim de obter ou assegurar vantagem indevida para si ou para outrem.
>
> Pena – reclusão, de 3 a 6 anos, e multa.

Este crime corresponde à antiga "falência fraudulenta" prevista no Decreto 7.661/1945.

a) Sujeito ativo: empresário, sócios, gerentes, administradores e conselheiros das sociedades empresárias.

b) Sujeito passivo: os credores.

c) Condutas típicas: corresponde à prática de ato fraudulento, cometido antes ou depois da falência, da recuperação judicial ou extrajudicial (trata-se, portanto, de crime antefalimentar e pós-falimentar). Assim, o autor do crime irá praticar qualquer ato contrário à lei (com fraude), visando, com sua conduta, lesionar os credores. O dano patrimonial, mesmo que não ocorra, não descaracteriza o crime.

d) Elemento subjetivo da conduta e do tipo: o crime é doloso. Exige-se um "especial fim de agir" (elemento subjetivo do tipo), decorrente da expressão "com o fim de...". Assim, o agente atua com a intenção de obter ou assegurar alguma vantagem indevida para si ou para terceira pessoa.

e) Causas de aumento de pena: nos termos do art. 168, § 1º, a pena aumenta-se de 1/6 (um sexto) a 1/3 (um terço), se o agente: I – elabora escrituração contábil ou balanço com dados inexatos; II – omite, na escrituração contábil ou no balanço, lançamento que deles deveria constar, ou altera escrituração ou balanço verdadeiros; III – destrói, apaga ou corrompe dados contábeis ou negociais armazenados em computador ou sistema informatizado; IV – simula a composição do capital social; V – destrói, oculta ou inutiliza, total ou parcialmente, os documentos de escrituração contábil obrigatórios. A pena será majorada de 1/3 (um terço) até metade em caso de "contabilidade paralela", ou seja, se o devedor manteve ou movimentou recursos ou valores paralelamente à contabilidade exigida pela legislação.

f) Concurso de pessoas: nos termos do art. 168, § 3º, nas mesmas penas incidem os contadores, técnicos contábeis, auditores e outros profissionais que, de qualquer modo, concorrerem para as condutas criminosas descritas neste artigo, na medida de sua culpabilidade.

g) Causa de diminuição ou de substituição de pena: tratando-se de falência de microempresa ou de empresa de pequeno porte, e não se constatando prática habitual de condutas fraudulentas por parte do falido, poderá o juiz reduzir a pena de reclusão de 1/3 (um terço) a 2/3 (dois terços) ou substituí-la pelas penas restritivas de direitos, pelas de perda de bens e valores ou pelas de prestação de serviços à comunidade ou a entidades públicas (art. 168, § 4º).

8.10.2. Violação de sigilo empresarial (art. 169)

> **Art. 169.** Violar, explorar ou divulgar, sem justa causa, sigilo empresarial ou dados confidenciais sobre operações ou serviços, contribuindo para a condução do devedor a estado de inviabilidade econômica ou financeira.
>
> Pena – reclusão, de 2 a 4 anos, e multa.

Trata-se de *novatio legis* incriminadora. Ou seja, a figura típica em análise inexistia no Decreto 7.661/1945.

a) Sujeito ativo: qualquer pessoa (crime comum).

b) Sujeito passivo: o empresário (devedor).

c) Condutas típicas: Decorre da prática de um dos verbos – violar, explorar ou divulgar. Assim, comete o crime aquela pessoa que viola, explora ou divulga sigilo empresarial ou dados confidenciais referentes a operações e serviços. Com isso, o agente, se contribuir para a bancarrota do devedor, terá cometido o crime.

d) Elemento subjetivo da conduta: o crime é doloso.

8.10.3. Divulgação de informações falsas (art. 170)

> **Art. 170.** Divulgar ou propalar, por qualquer meio, informação falsa sobre devedor em recuperação judicial, com o fim de levá-lo à falência ou de obter vantagem.
>
> Pena – reclusão, de 2 a 4 anos, e multa.

Trata-se de *novatio legis* incriminadora, ou seja, a figura típica ora analisada inexistia na antiga legislação falimentar (Decreto 7.661/1945).

a) Sujeito ativo: qualquer pessoa (crime comum).

b) Sujeito passivo: o empresário (devedor) em recuperação judicial.

c) Condutas típicas: Decorre da prática de um dos verbos – divulgar ou propalar. Assim, comete o crime aquela pessoa que divulga ou retransmite informações inverídicas (falsas) sobre o empresário que esteja em recuperação concedida judicialmente. Com isso, o agente tenciona obter alguma vantagem ou levar o devedor à falência.

d) Elemento subjetivo da conduta: o crime é doloso. Exige-se, ainda, dolo específico (elemento subjetivo do tipo), consistente no especial fim do agente de levar o sujeito passivo à falência.

8.10.4. Induzimento a erro (art. 171)

> **Art. 171.** Sonegar ou omitir informações ou prestar informações falsas no processo de falência, de recuperação judicial ou de recuperação extrajudicial, com o fim de induzir a erro o juiz, o Ministério Público, os credores, a assembleia-geral de credores, o Comitê ou o administrador judicial.
>
> Pena – reclusão, de 2 a 4 anos, e multa.

Trata-se de *crime de mera conduta*.

a) Sujeito ativo: qualquer pessoa (crime comum).

b) Sujeito passivo: o empresário (devedor) em recuperação judicial, extrajudicial ou o falido.

c) Condutas típicas: Decorre da prática de um dos verbos – sonegar ou omitir; prestar informações. Trata-se, portanto, de crime omissivo nas condutas sonegar ou omitir, e comissivo, na conduta de prestar informações falsas. Assim, comete o crime aquela pessoa que sonega (esconde) ou omite informações, bem como a que prestar falsas informações, no curso de um processo falimentar, tencionando induzir a erro o juiz, especialmente no tocante às informações relativas à "saúde financeira" do réu da ação.

d) Elemento subjetivo da conduta: o crime é doloso. Exige-se, ainda, dolo específico (elemento subjetivo do tipo), consistente no especial fim do agente de levar o juiz, o membro do Ministério Público, os credores, a Assembleia geral de credores, o comitê e o administrador judicial a erro.

8.10.5. Favorecimento de credores (art. 172)

> **Art. 172.** Praticar, antes ou depois da sentença que decretar a falência, conceder a recuperação judicial ou homologar o plano de recuperação extrajudicial, ato de disposição ou oneração patrimonial ou gerador de obrigação, destinado a favorecer um ou mais credores em prejuízo dos demais.
>
> Pena – reclusão, de 2 a 5 anos, e multa.

Trata-se de *crime pré-falimentar ou pós-falimentar*.

a) Sujeito ativo: o devedor (crime próprio). Porém, nos termos do art. 172, parágrafo único, da lei ora analisada, nas mesmas penas incorrerá o credor que, em conluio, possa beneficiar-se de ato previsto no *caput* do mesmo artigo.

b) Sujeito passivo: os credores.

c) Conduta típica: Decorre da prática de um ato de disposição ou oneração patrimonial. Trata-se, portanto, de crime pelo qual o agente (devedor), em detrimento da universalidade dos credores (*par conditio*), desvia bens que integrem a massa falida diretamente a certos credores, violando a ordem de recebimento. O que faz o devedor é privilegiar um ou mais credores, em detrimento dos outros.

d) Elemento subjetivo da conduta: o crime é doloso.

8.10.6. *Desvio, recebimento ou uso ilegal de bens (art. 173)*

Art. 173. Apropriar-se, desviar ou ocultar bens pertencentes ao devedor sob recuperação judicial ou à massa falida, inclusive por meio de aquisição por interposta pessoa.

Pena – reclusão, de 2 a 4 anos, e multa.

a) Sujeito ativo: qualquer pessoa (crime comum), inclusive o devedor ou mesmo um credor.

b) Sujeito passivo: os credores lesados pela conduta.

c) Conduta típica: Decorre da prática de um dos verbos – apropriar, desviar ou ocultar. Assim, o agente que se apropriar (tomar para si), desviar (dar destinação diversa) ou ocultar (esconder) bens da massa falida, cometerá o crime em tela. Com uma das condutas, o agente irá causar prejuízo aos demais credores, por retirar do devedor ou da massa falida bens que eventualmente seriam reduzidos a dinheiro e distribuídos aos credores, de acordo com a classificação de seus créditos.

d) Elemento subjetivo da conduta: o crime é doloso.

8.10.7. *Aquisição, recebimento ou uso ilegal de bens*

Art. 174. Adquirir, receber, usar, ilicitamente, bem que sabe pertencer à massa falida ou influir para que terceiro, de boa-fé, o adquira, receba ou use.

Pena – reclusão, de 2 a 4 anos, e multa.

Trata-se de figura penal muito semelhante à receptação (art. 180 do CP). Alguns denominam o crime em tela de "receptação falimentar".

a) Sujeito ativo: qualquer pessoa (crime comum), inclusive o devedor ou mesmo um credor.

b) Sujeito passivo: os credores.

c) Conduta típica: Decorre da prática de um dos verbos – adquirir, receber, usar ou influir. Assim, o agente que praticar uma das condutas típicas cometerá o crime, já que o fez em desconformidade com as regras legais. A aquisição, recebimento e uso de bens pertencentes a uma massa falida exigem autorização judicial. Ainda, se o autor do crime influir terceiro de boa-fé a adquirir, receber ou usar bem da massa falida, também cometerá a infração em testilha.

d) Elemento subjetivo da conduta: o crime é doloso. Ou seja, exige-se que o agente tenha conhecimento da origem do bem (pertencente a uma massa falida).

8.10.8. *Habilitação ilegal de crédito (art. 175)*

Art. 175. Apresentar, em falência, recuperação judicial ou recuperação extrajudicial, relação de créditos, habilitação de créditos ou reclamação falsas, ou juntar a elas título falso ou simulado.

Pena – reclusão, de 2 a 4 anos, e multa.

Trata-se de figura penal que se assemelha a uma falsidade ideológica ou material (documental).

a) Sujeito ativo: qualquer pessoa (crime comum).

b) Sujeito passivo: os credores, o devedor e a administração pública.

c) Conduta típica: Decorre da apresentação de créditos ou habilitações falsas.

d) Elemento subjetivo da conduta: o crime é doloso. Consuma-se o crime mesmo se não houver prejuízo a qualquer pessoa. Trata-se, pois, de crime formal.

8.10.9. *Exercício ilegal de atividade (art. 176)*

Art. 176. Exercer atividade para a qual foi inabilitado ou incapacitado por decisão judicial, nos termos da Lei.

Pena – reclusão, de 1 a 4 anos, e multa.

Trata-se de figura penal que se assemelha a uma desobediência.

a) Sujeito ativo: devedor (crime próprio). É efeito da condenação por crime falimentar a inabilitação para o exercício de atividade empresarial, ou para cargos ou funções no conselho de administração, diretoria ou gerência de sociedades empresárias. Por isso, apenas o réu na ação falimentar que haja decretado a quebra é que poderá cometer o crime em tela.

b) Sujeito passivo: a coletividade (em especial a Administração Pública, já que sua decisão – inabilitação para ser empresário ou exercer certos cargos – está sendo desrespeitada).

c) Conduta típica: Decorre do exercício de atividade para o qual o agente foi inabilitado ou incapacitado por decisão judicial. Daí tratar-se de verdadeira desobediência à decisão judicial.

d) Elemento subjetivo da conduta: o crime é doloso.

8.10.10. *Violação de impedimento (art. 177)*

Art. 177. Adquirir o juiz, o representante do Ministério Público, o administrador judicial, o gestor judicial, o perito, o avaliador, o escrivão, o oficial de justiça ou o leiloeiro, por si ou interposta pessoa, bens da massa falida ou de devedor em recuperação judicial, ou, em relação a estes, entrar em alguma especulação de lucro, quando tenham atuado nos respectivos processos.

Pena – reclusão, de 2 a 4 anos, e multa.

a) Sujeito ativo: cometerá o crime em comento o juiz, o representante do Ministério Público, o administrador judicial, o gestor judicial, o perito, o avaliador, o escrivão, o oficial de justiça ou o leiloeiro. Trata-se, portanto, de crime próprio.

b) Sujeito passivo: a coletividade (Estado).

c) Conduta típica: Decorre da aquisição de bens da massa falida ou de devedor em recuperação judicial, por qualquer das pessoas previstas no tipo penal, desde que, é claro, tenham exercido alguma função ou múnus público no processo. Assim, inexistirá crime, por exemplo, de um juiz federal da Justiça do Trabalho que tenha adquirido um bem da massa falida apurada em processo falimentar em trâmite na Justiça Estadual comum.

d) Elemento subjetivo da conduta: o crime é doloso.

8.10.11. *Omissão dos documentos contábeis obrigatórios (art. 178)*

Art. 178. Deixar de elaborar, escriturar ou autenticar, antes ou depois da sentença que decretar a falência, conceder a recuperação judicial ou homologar o plano de recuperação extrajudicial, os documentos de escrituração contábil obrigatórios.

Pena – detenção, de 1 a 2 anos, e multa, se o fato não constitui crime mais grave.

a) Sujeito ativo: é o devedor.

b) Sujeito passivo: será o credor (sujeito passivo imediato) e a coletividade (sujeito passivo mediato).

c) Conduta típica: consiste no fato de o agente deixar de elaborar, escriturar ou autenticar, antes (crime pré-falimentar) ou depois da sentença que decretar a falência, conceder a recuperação judicial ou homologar plano de recuperação extrajudicial (crime pós-falimentar) os documentos de escrituração contábil obrigatórios. Trata-se, por evidente, de conduta omissiva. Logo, estamos diante de crime omissivo próprio ou puro, razão pela qual a tentativa é inadmissível.

d) Elemento subjetivo: é o dolo.

8.11. Efeitos da condenação por crimes falimentares

Nos termos do art. 181 da Lei 11.101/2005, temos que são efeitos da condenação:

> I. a inabilitação para o exercício de atividade empresarial;
>
> II. o impedimento para o exercício de cargo ou função em conselho de administração, diretoria ou gerência das sociedades sujeitas a esta Lei;
>
> III. a impossibilidade de gerir empresa por mandato ou por gestão de negócio.

Referidos efeitos da condenação não são automáticos (portanto, estamos diante de *efeitos específicos*), devendo ser motivadamente declarados na sentença, e perdurarão até 5 (cinco) anos após a extinção da punibilidade, podendo, contudo, cessar antes pela reabilitação penal (art. 181, § 1º).

Nos termos do art. 181, § 2º, transitada em julgado a sentença penal condenatória, será notificado o Registro Público de Empresas para que tome as medidas necessárias para impedir novo registro em nome dos inabilitados.

8.12. Prescrição dos crimes falimentares

Nos termos do art. 182 da Lei 11.101/2005, a prescrição dos crimes falimentares reger-se-á pelas disposições do Decreto-Lei 2.848, de 7 de dezembro de 1940 – Código Penal, começando a correr do dia da decretação da falência, da concessão da recuperação judicial ou da homologação do plano de recuperação extrajudicial. Portanto, o termo inicial do prazo prescricional é o implemento da condição objetiva de punibilidade, qual seja, a decretação da falência, da recuperação judicial ou extrajudicial.

Frise-se que a decretação da falência do devedor interrompe a prescrição cuja contagem tenha iniciado com a concessão da recuperação judicial ou com a homologação do plano de recuperação extrajudicial (art. 182, parágrafo único).

9. CRIMES AMBIENTAIS (LEI 9.605/1998)

9.1. Aspectos constitucionais e legais

De início, cabe a transcrição do art. 225, *caput*, da CF:

> Todos têm direito ao meio ambiente ecologicamente equilibrado, bem de uso comum do povo e essencial à sadia qualidade de vida, impondo-se ao Poder Público e à coletividade o dever de defendê-lo e preservá-lo para as presentes e futuras gerações.

No § 3º, do sobredito dispositivo constitucional, lê-se que "as condutas e atividades consideradas lesivas ao meio ambiente sujeitarão os infratores, pessoas físicas ou jurídicas, a sanções penais e administrativas, independentemente da obrigação de reparar os danos causados."

Destarte, identifica-se na Lei Maior verdadeiro mandamento de criminalização. Ou seja, o legislador constituinte, em verdadeira "ordem" ao infraconstitucional, determinou que as condutas lesivas à qualidade ambiental sujeitarão os infratores a um tríplice sistema sancionatório: administrativo, civil e criminal.

Anos mais tarde, com o advento da Lei 9.605/1998, foram tipificadas condutas lesivas ao meio ambiente, dando-lhes conotação – e proteção – penal.

9.2. Breves linhas acerca das discussões doutrinárias sobre a responsabilidade penal das pessoas jurídicas por crimes ambientais

Considerando que o objetivo da presente obra é trazer ao leitor um "resumo" sobre os principais pontos dos editais dos concursos de Delegado de Polícia, traremos, brevemente, os pontos fulcrais acerca da responsabilização penal das pessoas jurídicas por danos causados ao meio ambiente.

Pois bem. As divergências doutrinárias cingem-se, basicamente, a duas linhas:

a) admissibilidade da responsabilidade penal da pessoa jurídica; e

b) inadmissibilidade da responsabilidade penal da pessoa jurídica.

O principal argumento para a *primeira corrente* é o de que a própria CF, em seu art. 225, § 3º, previu expressamente a responsabilidade penal da pessoa jurídica.

Já para a *segunda corrente*, as bases fundamentais da sistemática penal (responsabilidade subjetiva – condutas dolosas ou culposas; imposição de penas privativas de liberdade; vedação da responsabilidade objetiva; princípio da culpabilidade e personalização das penas) impossibilitam o reconhecimento de condutas criminosas perpetradas por pessoas jurídicas.

A tendência moderna é a da *aceitação* da responsabilização penal das pessoas jurídicas por crimes ambientais, afirmando-se que a moderna criminalidade exige mecanismos eficientes – e atualizados – de combate aos comportamentos lesivos aos direitos transindividuais, sendo necessário que o intérprete-aplicador do Direito se distancie de alguns "dogmas" criados na seara criminal, especialmente o de que apenas o "ser humano" pode cometer infrações penais. Ainda, sustenta-se que a pessoa jurídica deve, sim, responder por seus atos, sendo necessária uma adaptação da culpabilidade às suas características.

Nada obstante, doutrinadores de renome defendem a irresponsabilidade penal das pessoas jurídicas pela prática de crimes, dentre eles Luiz Regis Prado, Miguel Reale Junior, José Henrique Pierangelli e Claus Roxin (Alemanha). Sustenta-se que desde o Direito Romano já se afirmava que a sociedade não pode delinquir (*societas delinquere non potest*), bem como que a pessoa jurídica não tem "vontade", motivo pelo qual não pode ter um "comportamento delituoso". Também se afirma que a pessoa jurídica não tem a indispensável consciência, elemento constitutivo da conduta penalmente relevante, bem como que não é possível que se lhe impute um fato ilícito em razão de sua ausência de capacidade de entendimento e autodeterminação (imputabilidade). Por fim, diz-se que é inviável a imposição de penas privativas de liberdade às pessoas jurídicas. Para a corrente que admite a responsabilização criminal, afirma-se que o Direito Penal não se resume à aplicação de penas de prisão, sendo perfeitamente possível que se imponham aos entes morais penas restritivas de direitos e pecuniárias.

Assim, seguindo a corrente que reconhece a possibilidade de punição das pessoas jurídicas por crimes ambientais, foi editada a Lei 9.605/1998, que, em seu art. 3º, *caput* e parágrafo único, prescreve que as pessoas jurídicas serão responsabilizadas administrativa, civil e penalmente conforme o disposto nesta Lei, nos casos em que a infração seja cometida por decisão de seu representante legal ou contratual, ou de seu órgão colegiado, no interesse ou benefício da sua entidade. Determina, ainda, que a responsabilidade das pessoas jurídicas não exclui a das pessoas físicas, autoras, coautoras ou partícipes do mesmo fato.

Para o STJ, "admite-se a responsabilidade penal da pessoa jurídica em crimes ambientais desde que haja a imputação simultânea do ente moral e da pessoa física que atua em seu nome ou em seu benefício, uma vez que não se pode compreender a responsabilização do ente moral dissociada da atuação de uma pessoa física, que age com elemento subjetivo próprio" (REsp 889.528/SC, rel. Min. Felix Fischer, j. 17.04.2007).

O entendimento acima sedimenta o sistema paralelo de imputação, também conhecido como teoria da dupla imputação. Para que o Ministério Público ofereça denúncia contra pessoa jurídica pela prática de crime ambiental, será indispensável que haja, também, a imputação de conduta a uma pessoa física que atue em seu nome ou em seu benefício.

Nada obstante, a 1ª Turma do STF, em análise de Agravo Regimental interposto pelo Ministério Público Federal nos autos do Recurso Extraordinário 548.181/PR, por maioria de votos, reconheceu a desnecessidade da dupla imputação para o reconhecimento da responsabilidade penal das pessoas jurídicas por crimes ambientais. Confira-se a ementa:

> "Agravo regimental em recurso extraordinário. Direito penal. Crime ambiental. Responsabilidade penal da pessoa jurídica. Condicionamento à identificação e à persecução da pessoa física. Tese do condicionamento da responsabilização penal da pessoa jurídica à simultânea identificação e persecução penal da pessoa física responsável, que envolve, à luz do art. 225, § 3º, da Carta Política, questão constitucional merecedora de exame por esta Suprema Corte. Agravo regimental conhecido e provido."

Embora não se trate de decisão tomada pelo Plenário da Excelsa Corte, trata-se de decisão que poderá influenciar a jurisprudência pátria, alterando-se o entendimento pacificado acerca do sistema da dupla imputação. Trata-se de interessante posicionamento a ser defendido em fase escrita/oral em concursos de Delegado de Polícia, demonstrando-se conhecimento do candidato à banca examinadora. Porém, deve-se ressaltar que o posicionamento "clássico" e consolidado é no sentido da exigência da dupla imputação.

9.3. Considerações gerais sobre os crimes ambientais

Para os fins da presente obra, iremos nos ater aos mais importantes aspectos dos principais crimes definidos na Lei 9.605/1998, que estão distribuídos da seguinte forma:

a) Crimes contra a fauna (arts. 29 a 37);

b) Crimes contra a flora (arts. 38 a 53);

c) Crimes de poluição e outros crimes ambientais (arts. 54 a 61);

d) Crimes contra o ordenamento urbano e o patrimônio cultural (arts. 62 a 65);

e) Crimes contra a administração ambiental (arts. 66 a 69-A).

Como dito, não esgotaremos todos os crimes ambientais. Porém, iremos abordar os principais e mais cobrados nos concursos públicos.

9.3.1. *Dos crimes contra a fauna (arts. 29 a 37)*

Todos os crimes previstos neste capítulo têm por objetividade jurídica a *fauna*, vale dizer, o conjunto de animais de qualquer espécie que viva naturalmente fora do cativeiro.

9.3.1.1. Crime do art. 29

> **Art. 29.** Matar, perseguir, caçar, apanhar, utilizar espécime de fauna silvestre, nativos ou em rota migratória, sem a devida permissão, licença ou autorização da autoridade competente, ou em desacordo com a obtida.
>
> Pena – detenção, de 6 meses a 1 ano, e multa.

a) Conduta típica: são os verbos-núcleos do tipo *matar*, *perseguir*, *caçar*, *apanhar* ou *utilizar*.

b) Objeto material: espécimes de fauna silvestre, nativos ou em rota migratória.

Entende-se por fauna o conjunto de animais próprios de uma região ou de um período geológico. *Espécimes nativas* são aquelas nascidas naturalmente em uma região. Já as *espécimes migratórias* são aquelas que mudam periodicamente de região (ex.: aves).

c) Elementos normativos do tipo: sem a devida permissão, licença ou autorização da autoridade competente, ou em desacordo com a obtida.

d) Consumação e tentativa: este crime estará *consumado* com a morte, perseguição, atos de caça, a captura ou a utilização dos espécimes, de forma indevida. É admissível a *tentativa* nas condutas de *matar e apanhar*, que exigem resultado (material). Já nos verbos *perseguir e caçar*, o crime será de mera conduta, não sendo possível a tentativa. Por fim, o verbo *utilizar* pressupõe a perseguição ou o ato de apanhar as espécimes, também não admitindo tentativa.

Será admissível o perdão judicial, que é causa extintiva da punibilidade (art. 107, IX, do CP), caso presente a hipótese descrita no art. 29, § 2º, da lei em comento. Assim, tratando-se de guarda doméstica da espécie silvestre, desde que não ameaçada de extinção (nos termos de ato normativo específico editado pela autoridade competente), a punibilidade do agente poderá ser extinta.

O art. 29, § 4º, I a VI, e § 5º, retrata causas de aumento de pena quando o crime for cometido: § 4º: I – contra espécie rara ou considerada ameaçada de extinção, ainda que somente no local da infração; II – em período proibido à caça; III – durante a noite; IV – com abuso de licença; V – em unidade de conservação; VI – com emprego de métodos ou instrumentos capazes de provocar destruição em massa; § 5º: se o crime decorre do exercício de caça profissional.

9.3.1.2. *Crime do art. 30*

> **Art. 30.** Exportar para o exterior peles e couros de anfíbios e répteis em bruto, sem a autorização da autoridade ambiental competente.
>
> Pena – reclusão, de 1 a 3 anos, e multa.

a) Conduta típica: tem base no verbo-núcleo do tipo, qual seja, *exportar*, que significa remeter para fora do país.

b) Objeto material: o objeto material do crime pode ser: *pele* (é o tecido menos espesso, que constitui o revestimento externo do corpo de animais) e *couro* (é a pele mais espessa, que reveste exteriormente o corpo de animais – ex.: couro de jacaré).

A pele ou o couro devem ser de anfíbios (vivem na terra e na água – ex.: rã, salamandras etc.) ou répteis (que se arrastam ao andar – ex.: cobras e crocodilos).

c) Consumação e tentativa: Para o crime em comento restar consumado, basta a remessa para o exterior das peles ou couros. Todavia, em razão de o *iter criminis* ser fracionável, admite-se a tentativa.

d) Competência: Tratando-se de delito transnacional (exportação para o exterior), a competência será da Justiça Federal.

9.3.1.3. *Crime do art. 31*

> **Art. 31.** Introduzir espécime animal no País, sem parecer técnico oficial favorável e licença expedida por autoridade competente.
>
> Pena – detenção, de 3 meses a 1 ano, e multa.

a) Conduta típica: introduzir, que significa fazer entrar ou penetrar.

b) Objeto material: o objeto material deste crime é animal "exótico", no sentido de estrangeiro, não nativo, proveniente ou oriundo de outro país.

c) Elemento subjetivo: o crime é doloso, pressupondo a vontade livre e consciente do agente em introduzir no Brasil espécime animal estrangeiro sem parecer técnico oficial e licença expedida por autoridade competente.

d) Consumação e tentativa: consuma-se com a introdução da espécime animal no país, desde que sem parecer técnico oficial favorável e licença expedida por autoridade competente. Admite-se a tentativa, desde que o último ato de execução seja praticado no estrangeiro, uma vez que, entrando em nossas fronteiras, o crime estará consumado.

9.3.1.4. *Crime do art. 32*

> **Art. 32.** Praticar ato de abuso, maus-tratos, ferir ou mutilar animais silvestres, domésticos ou domesticados, nativos ou exóticos.
>
> Pena – detenção, de 3 meses a 1 ano, e multa.

a) Condutas típicas: praticar (realizar, efetuar); abuso (uso errado, excessivo); maus-tratos (tratar com violência); ferir (provocar ferimentos); mutilar (cortar, decepar membros ou partes do corpo).

b) Objeto material: este crime pode ser praticado contra: animais silvestres (pertencentes à fauna silvestre); animais domésticos (vivem ou são criados em casa – ambiente humano); animais domesticados (animal silvestre que foi amansado – ex.: cavalos, gado etc.).

O crime em análise também pode ser praticado pelo agente que realizar *experiência dolorosa ou cruel em animal vivo, ainda que para fins didáticos ou científicos, quando existirem recursos alternativos* (art. 32, § 1º). Neste caso, não basta o dolo, mas o tipo exige um fim especial de agir, qual seja, para "fins didáticos ou científicos". O tipo, neste caso, somente se perfaz quando não existirem outros *"recursos alternativos"* (elemento normativo do tipo).

E com relação aos animais criados para abate: há crime? Entendemos que não, desde que o processo de morte seja indolor (ex.: gado de corte, galinhas, frangos, perus etc.). Nesse caso, a morte dos animais é socialmente aceita, sendo atípica.

O crime em tela será de dano nas modalidades *ferir e mutilar*, sendo de perigo nas modalidades *abuso e maus-tratos*.

9.3.1.5. *Crime do art. 33*

> **Art. 33.** Provocar, pela emissão de efluentes ou carreamento de materiais, o perecimento de espécimes da fauna aquática existentes em rios, lagos, açudes, lagoas, baías ou águas jurisdicionais brasileiras.
>
> Pena – detenção, de 1 a 3 anos, ou multa, ou ambas cumulativamente.

a) Conduta típica: *provocar*, que significa *causar, ocasionar, produzir*. Assim, o agente produz, pela emissão de efluentes (líquidos ou fluidos que emanam de um corpo, processo, dispositivo, equipamento ou instalação), o perecimento (morte) de espécimes aquáticas (ex.: peixes, crustáceos, moluscos, algas etc.).

O parágrafo único, do art. 33, traz, ainda, os seguintes crimes:

1) Causar degradação em viveiros, açudes ou estações de aquicultura de domínio público;

2) Exploração de campos naturais de invertebrados aquáticos e algas, sem licença, permissão ou autorização da autoridade competente;

3) Fundear (ancorar) embarcações ou lançar detritos de qualquer natureza sobre bancos de moluscos ou corais.

9.3.1.6. *Crime do art. 34*

> **Art. 34.** Pescar em período no qual a pesca seja proibida ou em lugares interditados por órgão competente.
>
> Pena – detenção, de 1 a 3 anos, ou multa, ou ambas cumulativamente.

a) Conduta típica: *pescar*, que significa retirar peixes da água. Porém, para efeitos da Lei dos Crimes Ambientais, *considera-se pesca todo ato tendente a retirar, extrair, coletar, apanhar, apreender ou capturar espécimes dos grupos dos peixes, crustáceos, moluscos e vegetais hidróbios, suscetíveis ou não de aproveitamento econômico, ressalvadas as espécies ameaçadas de extinção, constantes nas listas oficiais da fauna e da flora (art. 36).*

A pesca comercial, desportiva ou científica é, como regra, permitida (Dec.-lei 221/1967). O que é vedado é a pesca em período ou local proibidos por autoridade competente, ou, ainda, em certas quantidades ou por métodos considerados muito lesivos ao meio ambiente (IBAMA).

9.3.1.7. Crime do art. 35

> **Art. 35.** Pescar mediante a utilização de:
>
> I - explosivos ou substâncias que, em contato com a água, produzam efeito semelhante;
>
> II - substâncias tóxicas, ou outro meio proibido pela autoridade competente:
>
> Pena - reclusão, de 1 a 5 anos.

a) Conduta típica: *pescar*, aqui se entendendo a acepção constante do art. 36 da Lei 9.605/1998. Porém, a pesca será considerada criminosa se:

I. forem utilizados explosivos ou substâncias que produzam efeitos análogos aos de uma explosão;

II. substâncias tóxicas (são aquelas capazes de provocar envenenamento ou intoxicação - ex.: venenos e agrotóxicos).

9.3.1.8. Causas especiais de exclusão da ilicitude (art. 37)

> **Art. 37.** Não é crime o abate de animal, quando realizado:
>
> I - em estado de necessidade, para saciar a fome do agente ou de sua família;
>
> II - para proteger lavouras, pomares e rebanhos da ação predatória ou destruidora de animais, desde que legal e expressamente autorizado pela autoridade competente;
>
> III - Vetado;
>
> IV - por ser nocivo o animal, desde que assim caracterizado pelo órgão competente.

Esse dispositivo nos traz causas específicas de exclusão da antijuridicidade. Portanto, o abate de animal, quando realizado na forma prevista no tipo penal permissivo em análise, não caracterizará crime ambiental.

9.3.2. Dos crimes contra a flora (arts. 38 a 53)

Doravante, passaremos a tratar dos principais crimes contra a flora.

9.3.2.1. Crime do art. 38

> **Art. 38.** Destruir ou danificar floresta considerada de preservação permanente, mesmo que em formação, ou utilizá-la com infringência das normas de proteção:
>
> Pena - detenção, de 1 a 3 anos, ou multa, ou ambas as penas cumulativamente.

a) Conduta típica: se evidencia por três verbos nucleares do tipo, a saber: *destruir* (significa eliminar, por completo, devastar, desintegrar, arruinar totalmente); *danificar* (causar dano ou estrago parcial); *utilizar* (empregar, fazer uso) com infringência das normas de proteção. Aqui, o agente faz uso de floresta de preservação permanente com infração a normas de preservação. Trata-se de norma penal em branco, pois exige complemento, qual seja, exatamente as normas de preservação.

b) Objeto material: "floresta de preservação permanente", ainda que em formação. Entende-se por *floresta* uma formação vegetal geralmente densa, em que predominam as árvores ou espécies lenhosas de grande porte. À época em que editada a Lei 9.605/1998, eram consideradas "florestas" (atualmente denominadas de áreas) de *preservação permanente* todas as florestas e demais formas de vegetação natural relacionadas nos arts. 2º e 3º do "antigo" Código Florestal (Lei 4.771/1965), revogado pela Lei 12.651/2012, que tratou das áreas de preservação permanente (APP´s) nos arts. 4º e 6º.

c) Elemento subjetivo: o crime em tela é doloso. Todavia, nos termos do art. 38, parágrafo único, da lei em testilha, previu-se a possibilidade de o crime ser praticado culposamente, hipótese em que a pena será reduzida pela metade.

9.3.2.2. Crime do art. 39

> **Art. 39.** Cortar árvores em floresta considerada de preservação permanente, sem permissão da autoridade competente:
>
> Pena - detenção, de 1 a 3 anos, ou multa, ou ambas as penas cumulativamente.

a) Conduta típica: *cortar*, ou seja, derrubar pelo corte. Embora o tipo penal fale em cortar árvores (no plural), basta o corte de uma só, em floresta (leia-se: área) considerada de preservação permanente, para o crime em tela estar consumado.

b) Objeto material: corresponde às árvores em florestas consideradas de preservação permanente (em verdade, áreas de preservação permanente, assim definidas, atualmente, nos arts. 4º e 6º do "novo" Código Florestal - Lei 12.651/2012).

Árvore é toda planta lenhosa, cujo caule ou tronco, fixado no solo com raízes, é despido na base e carregado de galhos e folhas na parte superior. Para a botânica, somente se considera árvore se a planta tiver altura superior a sete metros. Abaixo disto, estaremos diante de arbustos.

c) Elemento normativo do tipo: consubstanciado na expressão "sem permissão da autoridade competente". Portanto, somente haverá crime se o corte de árvores em APP ocorrer sem permissão da autoridade competente.

9.3.2.3. Crime do art. 41

> **Art. 41.** Provocar incêndio em mata ou floresta:
>
> Pena - reclusão, de 2 a 4 anos, e multa.

a) Conduta típica: corresponde ao fato de o agente *provocar incêndio*, ou seja, causar, ocasionar fogo de grandes proporções. Entende-se, aqui, que o fogo deve atingir um grande número de árvores, mas não se exige que o incêndio queime toda a mata ou floresta; deverá atingir proporção relevante (análise do caso concreto - perícia).

b) Objeto material: pode ser a *mata* (formação vegetal constituída por árvores de pequeno e médio portes) ou a *floresta* (formação vegetal geralmente densa, em que predominam as árvores ou espécies lenhosas de grande porte).

c) Elemento subjetivo: o crime em tela é doloso. Todavia, admite-se a modalidade culposa (art. 41, parágrafo único - pena de detenção de seis meses a um ano, e multa), caso em que a tentativa será inadmissível.

9.3.2.4. Crime do art. 42

> **Art. 42.** Fabricar, vender, transportar ou soltar balões que possam provocar incêndios nas florestas e demais formas de

vegetação, em áreas urbanas ou qualquer tipo de assentamento humano:

Pena – detenção, de 1 a 3 anos, ou multa, ou ambas as penas cumulativamente.

a) Condutas típicas: são quatro: *fabricar* (manufaturar, produzir em fábrica); *vender* (alienar onerosamente); *transportar* (levar de um para outro lugar); *soltar* (deixar sair vagueando pelos ares).

Assim, *fabrica-se, vende-se, transporta-se* ou *solta-se balão* (invólucro de papel que, aquecido, sobe por força da expansão do ar, tendo fogo em sua base), provocando, com isso, risco potencial de incêndio em florestas e demais formas de vegetação, pouco importando se se trata de área urbana ou rural.

b) Objeto material: florestas e demais formas de vegetação integrantes da flora brasileira.

c) Elemento subjetivo: esse crime apresenta *dolo de perigo*, ou seja, o agente age de forma livre e consciente, não com a finalidade de causar efetivo resultado, mas apenas de colocar em perigo o bem jurídico tutelado pela norma penal incriminadora. Porém, exige-se a provocação de um *perigo concreto*, não bastando que o agente solte um balão. Deve-se demonstrar que, com referida conduta, alguma floresta ou outra forma de vegetação foi exposta a risco de incêndio. Trata-se, pois, de *crime de perigo concreto*.

9.3.2.5. Crime do art. 44

Art. 44. Extrair de florestas de domínio público ou consideradas de preservação permanente, sem prévia autorização, pedra, areia, cal ou qualquer espécie de minerais:

Pena – detenção, de 6 meses a 1 ano, e multa.

a) Conduta típica: corresponde à realização do verbo *extrair*, que significa tirar, retirar, sem prévia autorização (elemento normativo do tipo).

b) Objeto material: florestas de domínio público (são aquelas componentes do patrimônio de um dos entes federativos – União, Estados, Municípios e DF); florestas consideradas de preservação permanente (em verdade, aqui, o objeto material será qualquer área de preservação permanente – APP, assim identificada nos termos dos arts. 4º e 6º do Código Florestal – Lei 12.651/2012); pedra, areia e cal, ou qualquer espécie de minerais (interpretação analógica).

c) Consumação e tentativa: consuma-se o crime com a prática do verbo-núcleo do tipo, vale dizer, no momento em que o agente extrair pedra, areia, cal ou qualquer espécie de minerais, de florestas de domínio público ou de preservação permanente, sem prévia autorização. Por ser crime material, admite-se a tentativa.

9.3.2.6. Crime do art. 49

Art. 49. Destruir, danificar, lesar ou maltratar, por qualquer modo ou meio, plantas de ornamentação de logradouros públicos ou em propriedade privada alheia:

Pena – detenção, de 3 meses a 1 ano, ou multa, ou ambas as penas cumulativamente.

a) Condutas típicas: as ações nucleares, adiante analisadas, devem ser perpetradas em *logradouros públicos* (são os bens públicos de uso comum do povo, como, por exemplo, as ruas, praças, jardins) ou mesmo em *propriedades privadas alheias* (são os bens imóveis pertencentes a terceiras pessoas que não o próprio agente delitivo).

As *condutas típicas* são *destruir* (eliminar por completo), *danificar* (causar estrago parcial), *lesar* (mutilar) ou *maltratar* (tratar de maneira inadequada). Assim, cometerá o crime o agente que mutilar uma orquídea!

Neste crime, a conduta típica pode dar-se por *ação ou omissão dolosas*.

b) Objeto material: corresponde às *plantas de ornamentação*, assim consideradas aquelas usadas em áreas internas ou externas, para a simples decoração (ex.: samambaias, azaleias, crisântemos etc.).

c) Elemento subjetivo: o crime sob análise é doloso. Porém, nos termos do art. 49, parágrafo único, admissível a modalidade culposa. Destarte, a destruição, dano, lesão ou "maus tratos" podem decorrer de imprudência, negligência ou imperícia por parte do agente delitivo. Entende-se que, nesse caso, a culpa deve derivar não de uma conduta comissiva (ação), mas sim de uma omissão. Exemplifiquemos: "A", jardineiro, por negligência, deixa de aguar plantas ornamentais de um jardim público, causando a morte das mesmas.

9.3.2.7. Crime do art. 51

Art. 51. Comercializar motosserra ou utilizá-la em florestas e nas demais formas de vegetação, sem licença ou registro da autoridade competente.

Pena – detenção, de 3 meses a 1 ano, e multa.

a) Conduta típica: *comercializar* (colocar no mercado), não sendo necessária a venda – crime de perigo; *utilizar* (fazer uso de), exigindo-se a efetiva utilização – crime de dano.

Assim, o agente comercializa ou utiliza motosserra, que é a serra dotada de motor elétrico ou a explosão, servindo para cortar ou serrar madeira. Somente haverá crime se a comercialização ou utilização ocorrer "sem licença ou registro da autoridade competente" (elemento normativo do tipo).

b) Objeto material: floresta e demais formas de vegetação.

Perceba que o legislador não exigiu que se tratem de "florestas de preservação permanente" (APP).

c) Consumação e tentativa: consuma-se o crime com a comercialização de motosserra ou sua simples utilização, sem licença ou registro da autoridade competente. Entende-se admissível a tentativa.

9.3.2.8. Crime do art. 52

Art. 52. Penetrar em Unidades de Conservação conduzindo substâncias ou instrumentos próprios para a caça ou para exploração de produtos ou subprodutos florestais, sem licença da autoridade competente.

Pena – detenção, de 6 meses a 1 ano, e multa.

a) Conduta típica: o tipo objetivo perfaz-se com as seguintes condutas: *penetrar* (entrar, adentrar) e *conduzir* (carregar, transportar).

Assim, o agente entra ou transporta, em unidades de conservação, substâncias químicas ou carrega instrumentos adequados para a caça de animais silvestres, ou para a exploração de produto florestal (é todo bem que uma floresta produz) ou subproduto florestal (ex.: lenha), *sem licença da autoridade competente* (trata-se de elemento normativo do tipo).

b) Objeto material: será qualquer Unidade de Conservação (UC), assim consideradas aquelas previstas nos arts. 40, § 1º, e 40-A, § 1º, ambos da Lei 9.605/1998. Portanto, o tipo penal em comento abarca qualquer espécie de UC, vale dizer, as de proteção integral e as de uso sustentável, na forma estabelecida na Lei 9.985/2000 (Lei do SNUC).

9.3.3. Dos crimes contra o ordenamento urbano e o patrimônio cultural (arts. 62 a 65)

Doravante, trataremos de alguns crimes contra o ordenamento urbano e o patrimônio cultural, destacando suas principais características.

9.3.3.1. Crime do art. 62

Art. 62. Destruir, inutilizar ou deteriorar:

I – bem especialmente protegido por lei, ato administrativo ou decisão judicial;

II – arquivo, registro, museu, biblioteca, pinacoteca, instalação científica ou similar protegido por lei, ato administrativo ou decisão judicial;

Pena – reclusão, de 1 a 3 anos, e multa.

a) Sujeito ativo: pode ser qualquer pessoa (crime comum), inclusive o proprietário do bem especialmente protegido.

b) Conduta típica: *destruir* (eliminar, arruinar por inteiro, totalmente); *inutilizar* (tornar algo inútil, inadequado aos fins a que se destina); *deteriorar* (é o mesmo que causar danos parciais).

c) Objeto material: são os seguintes:

1. *Bem especialmente protegido por lei, ato administrativo ou decisão judicial*: trata-se de qualquer objeto palpável, corpóreo, que conte com especial proteção legal, infralegal ou mesmo judicial (aqui, não se exige o trânsito em julgado, já que a lei nada disse) – inc. I;

2. *Arquivo*: é o conjunto de documentos;

3. *Registro*: é o livro ou repartição em que se faz o assentamento oficial de certos atos ou dados;

4. *Museu*: é o lugar que tem por escopo "eternizar" obras de arte, bens culturais, históricos, científicos ou técnicos;

5. *Biblioteca*: coleção de livros;

6. *Pinacoteca*: coleção de pinturas;

7. *Instalação cientifica*: local destinado ao estudo e desenvolvimento de determinada área da ciência;

8. *ou similar protegido por lei, ato administrativo ou decisão judicial*: aqui, o legislador valeu-se da interpretação analógica. Portanto, também configurará crime qualquer conduta lesiva ao patrimônio cultural brasileiro.

d) Objeto jurídico: é a *preservação do meio ambiente cultural* (patrimônio cultural brasileiro). Dispõe o art. 216 da CF que "*constituem o patrimônio cultural brasileiro os bens de natureza material e imaterial, tomados individualmente ou em seu conjunto, portadores de referência à identidade, à ação, à memória dos diferentes grupos formadores da sociedade brasileira, nos quais se incluem* (...)". No § 4º, do referido dispositivo, lê-se que "*os danos e ameaças ao patrimônio cultural serão punidos, na forma da lei*".

e) Elemento normativo: o tipo penal em testilha traz alguns *elementos normativos*, quais sejam, "especialmente protegido por lei, ato administrativo ou decisão judicial" e "ou similar protegido por lei, ato administrativo ou decisão judicial". Assim, haverá crime apenas se o agente destruir, deteriorar ou inutilizar, por exemplo, bens ou arquivos protegidos por lei, ato administrativo ou decisão judicial.

f) Elemento subjetivo: de regra, o crime em análise é doloso. Porém, admite-se a modalidade *culposa*, nos termos do art. 62, parágrafo único, da Lei 9.605/1998.

9.3.3.2. Crime do art. 63

Art. 63. Alterar o aspecto ou estrutura de edificação ou local especialmente protegido por lei, ato administrativo ou decisão judicial, em razão de seu valor paisagístico, ecológico, turístico, artístico, histórico, cultural, religioso, arqueológico, etnográfico ou monumental, sem autorização da autoridade competente ou em desacordo com a concedida:

Pena – reclusão, de 1 a 3 anos, e multa.

a) Conduta típica: consiste no fato de o agente *alterar*, ou seja, mudar, modificar, dar outra forma ao *aspecto ou estrutura de edificação ou local* protegido por lei, ato administrativo ou decisão judicial, sem autorização da autoridade competente, ou em desacordo com a obtida (elementos normativos do tipo).

Entende-se por *edificação* qualquer construção ou edifício e por *local* um determinado ponto ou lugar, desde que especialmente protegido por lei, ato administrativo ou decisão judicial. Todavia, não bastará isso para que se caracterize o crime em comento. Para a completa tipificação do crime, impõe-se que o edifício ou local alterado pelo agente tenha *valor paisagístico* (refere-se a uma vista, uma beleza natural), *ecológico* (refere-se ao meio ambiente), *turístico* (refere-se ao turismo e a atividade dos turistas de visitarem locais que despertem o interesse), *artístico* (refere-se às belas artes), *histórico* (refere-se a todo objeto de interesse da História), *cultural* (refere-se à cultura, a tudo aquilo que a criatividade humana produz), *arqueológico* (refere-se às antigas civilizações), *etnográfico* (refere-se às atividades de grupos humanos – etnografia) e *monumental* (refere-se a monumentos – obras grandiosas).

Os valores acima referidos são taxativos, não se admitindo interpretação analógica.

9.3.3.3. Crime do art. 64

Art. 64. Promover construção em solo não edificável, ou no seu entorno, assim considerado em razão de seu valor paisagístico, ecológico, artístico, turístico, histórico, cultural, religioso, arqueológico, etnográfico ou monumental, sem autorização da autoridade competente ou em desacordo com a concedida:

Pena – detenção, de 6 meses a 1 ano, e multa.

a) Conduta típica: é *promover*, ou seja, por em prática, executar. Assim, cometerá crime o agente que promover *construção* (toda obra ou elemento material que tenha por objeto a edificação de uma casa, um prédio etc.), pouco importando se a obra for ou não finalizada. Basta a construção dos alicerces para o crime estar consumado. Lembre-se que somente haverá crime se referida construção for empreendida em solo não edificável ou no seu entorno, desde que tenha valor paisagístico, ecológico, artístico, turístico, histórico, cultural, religioso, arqueológico, etnográfico ou monumental, e desde que se o faça "*sem autorização da autoridade competente ou em desacordo com a concedida*" (elementos normativos do tipo).

b) Objeto material: é o *solo não edificável*, vale dizer, a porção de terra em que é vedada qualquer edificação (construção, edifício), bem como em seu *entorno* (região que cerca o solo não edificável).

9.3.3.4. Crime do art. 65

> **Art. 65.** Pichar ou por outro meio conspurcar edificação ou monumento urbano:
>
> Pena – detenção, de 3 (três) meses a 1 (um) ano, e multa.

a) Condutas típicas: são expressas pelos seguintes verbos: *pichar* (é o mesmo que escrever palavras ou desenhos com tinta ou spray em paredes, muros ou monumentos urbanos); ou *conspurcar* (é o mesmo que sujar, manchar, por qualquer outro meio – ex.: atirar óleo enegrecido em paredes ou monumentos).

b) Objeto material: *edificação* (toda obra ou atividade de uma construção, ainda que inacabada); *monumento urbano* (uma obra grandiosa, que tenha por finalidade imortalizar a memória de uma pessoa ou fato relevante, em uma cidade).

Incorrerá na forma qualificada do crime em tela o agente que praticar qualquer das condutas típicas em monumento ou coisa tombada em virtude do seu valor artístico, arqueológico ou histórico, cominando-se a pena é de 6 (seis) meses a 1 (um) ano de detenção e multa (art. 65, § 1º).

Nos termos do § 2º, do tipo penal em comento, não constitui crime a prática de grafite realizada com o objetivo de valorizar o patrimônio público ou privado mediante manifestação artística, desde que consentida pelo proprietário e, quando couber, pelo locatário ou arrendatário do bem privado e, no caso de bem público, com a autorização do órgão competente e a observância das posturas municipais e das normas editadas pelos órgãos governamentais responsáveis pela preservação e conservação do patrimônio histórico e artístico nacional.

Portanto, as "grafitagens", que são tão comuns nos centros urbanos, constituirão crime ambiental se inexistir consentimento do proprietário, locatário ou arrendatário, quando se tratar de bem privado, ou da autoridade competente, em se tratando de patrimônio público.

9.4. Da aplicação da pena nos crimes ambientais

O art. 6º da Lei dos Crimes Ambientais preconiza que, para imposição e gradação da penalidade, a autoridade competente observará:

> I. a gravidade do fato, tendo em vista os motivos da infração e suas consequências para a saúde pública e para o meio ambiente;
>
> II. os antecedentes do infrator quanto ao cumprimento da legislação de interesse ambiental;
>
> III. a situação econômica do infrator, no caso de multa.

9.5. Penas restritivas de direitos

Conforme determina o art. 7º da Lei 9.605/1998, as penas restritivas de direitos são autônomas e substituem as privativas de liberdade quando:

> I. tratar-se de crime culposo ou for aplicada a pena privativa de liberdade inferior a quatro anos;
>
> II. a culpabilidade, os antecedentes, a conduta social e a personalidade do condenado, bem como os motivos e as circunstâncias do crime indicarem que a substituição seja suficiente para efeitos de reprovação e prevenção do crime.

Adverte o parágrafo único, do precitado dispositivo legal, que as penas restritivas de direitos a que se refere este artigo terão a mesma duração da pena privativa de liberdade substituída.

9.5.1. Espécies de penas restritivas de direitos

A Lei dos Crimes Ambientais prevê cinco espécies de penas restritivas de direitos, a saber (art. 8º):

I. *prestação de serviços à comunidade*: nos termos do art. 9º, consistirá na atribuição ao condenado de tarefas gratuitas junto a parques e jardins públicos e unidades de conservação, e, no caso de dano da coisa particular, pública ou tombada, na restauração desta, se possível.

II. *interdição temporária de direitos*: conforme determina o art. 10, são a proibição de o condenado contratar com o Poder Público, de receber incentivos fiscais ou quaisquer outros benefícios, bem como de participar de licitações, pelo prazo de cinco anos, no caso de crimes dolosos, e de três anos, no de crimes culposos.

III. *suspensão parcial ou total de atividades*: somente será aplicada quando estas não estiverem obedecendo às prescrições legais (art. 11);

IV. *prestação pecuniária*: consiste no pagamento em dinheiro à vítima ou à entidade pública ou privada com fim social, de importância, fixada pelo juiz, não inferior a um salário mínimo nem superior a trezentos e sessenta salários mínimos. O valor pago será deduzido do montante de eventual reparação civil a que for condenado o infrator (art. 12);

V. *recolhimento domiciliar*: baseia-se na autodisciplina e senso de responsabilidade do condenado, que deverá, sem vigilância, trabalhar, frequentar curso ou exercer atividade autorizada, permanecendo recolhido nos dias e horários de folga em residência ou em qualquer local destinado a sua moradia habitual, conforme estabelecido na sentença condenatória (art. 13).

9.5.2. Penas aplicáveis às pessoas jurídicas

Nos termos do art. 21 da Lei 9.605/1998, as penas aplicáveis isolada, cumulativa ou alternativamente às pessoas jurídicas, de acordo com o disposto no art. 3º, são:

> I. multa;
>
> II. restritivas de direitos;
>
> III. prestação de serviços à comunidade.

Nos termos do art. 18 da lei sob análise, a *multa* será calculada segundo os critérios do Código Penal; se revelar-se ineficaz, ainda que aplicada no valor máximo, poderá ser aumentada até três vezes, tendo em vista o valor da vantagem econômica auferida.

Se admitida a responsabilização penal das pessoas jurídicas por crimes ambientais, aceita majoritariamente pela jurisprudência atual, impor-se-ão as seguintes *penas restritivas de direitos* (art. 22):

I. *suspensão parcial ou total de atividades*: art. 22, § 1º – será aplicada quando estas não estiverem obedecendo às disposições legais ou regulamentares, relativas à proteção do meio ambiente.

II. *interdição temporária de estabelecimento, obra ou atividade*: art. 22, § 2º – será aplicada quando o estabelecimento, obra ou atividade estiver funcionando sem a devida autorização, ou em desacordo com a concedida, ou com violação de disposição legal ou regulamentar;

III. proibição de contratar com o Poder Público, bem como dele obter subsídios, subvenções ou doações: art. 22, § 3º – não poderá exceder o prazo de dez anos.

A prestação de serviços à comunidade imposta às pessoas jurídicas consistirá em (art. 23):

> I. custeio de programas e de projetos ambientais;
>
> II. execução de obras de recuperação de áreas degradadas;
>
> III. manutenção de espaços públicos;
>
> IV. contribuições a entidades ambientais ou culturais públicas.

Finalmente, se a pessoa jurídica constituída ou utilizada, preponderantemente, com o fim de permitir, facilitar ou ocultar a prática de crime definido nesta Lei terá decretada sua liquidação forçada, seu patrimônio será considerado instrumento do crime e como tal perdido em favor do Fundo Penitenciário Nacional (art. 24).

9.5.3. *Circunstâncias atenuantes e agravantes dos crimes ambientais (arts. 14 e 15)*

Nos termos do art. 14 da Lei 9.605/1998, são circunstâncias que atenuam a pena:

> I. baixo grau de instrução ou escolaridade do agente;
>
> II. arrependimento do infrator, manifestado pela espontânea reparação do dano, ou limitação significativa da degradação ambiental causada;
>
> III. comunicação prévia pelo agente do perigo iminente de degradação ambiental;
>
> IV. colaboração com os agentes encarregados da vigilância e do controle ambiental.

Já o art. 15, do mesmo diploma legal, elenca as circunstâncias que agravam a pena, quando não constituem ou qualificam o crime:

> I. reincidência nos crimes de natureza ambiental;
>
> II. ter o agente cometido a infração:
>
> *a)* para obter vantagem pecuniária;
>
> *b)* coagindo outrem para a execução material da infração;
>
> *c)* afetando ou expondo a perigo, de maneira grave, a saúde pública ou o meio ambiente;
>
> *d)* concorrendo para danos à propriedade alheia;
>
> *e)* atingindo áreas de unidades de conservação ou áreas sujeitas, por ato do Poder Público, a regime especial de uso;
>
> *f)* atingindo áreas urbanas ou quaisquer assentamentos humanos;
>
> *g)* em período de defeso à fauna;
>
> *h)* em domingos ou feriados;
>
> *i)* à noite;
>
> *j)* em épocas de seca ou inundações;
>
> *l)* no interior do espaço territorial especialmente protegido;
>
> *m)* com o emprego de métodos cruéis para abate ou captura de animais;
>
> *n)* mediante fraude ou abuso de confiança;
>
> *o)* mediante abuso do direito de licença, permissão ou autorização ambiental;
>
> *p)* no interesse de pessoa jurídica mantida, total ou parcialmente, por verbas públicas ou beneficiada por incentivos fiscais;
>
> *q)* atingindo espécies ameaçadas, listadas em relatórios oficiais das autoridades competentes;
>
> *r)* facilitada por funcionário público no exercício de suas funções.

9.5.4. *O sursis na Lei dos Crimes Ambientais*

A suspensão condicional da pena (*sursis*) recebeu tratamento com algumas peculiaridades na Lei 9.605/1998. Confira-se:

> **Art. 16.** Nos crimes previstos nesta Lei, a suspensão condicional da pena pode ser aplicada nos casos de condenação a pena privativa de liberdade não superior a três anos.

Lembre-se que no CP, o *sursis*, como regra, será cabível quando a pena privativa de liberdade for não superior a 2 (dois) anos, nos termos de seu art. 77, *caput*.

A verificação da reparação a que se refere o § 2º do art. 78 do Código Penal (condição para o *sursis* especial) será feita mediante *laudo de reparação do dano ambiental*, e as condições a serem impostas pelo juiz deverão relacionar-se com a proteção ao meio ambiente (art. 17 da Lei 9.605/1998).

9.5.5. *Da ação e do processo penal na Lei dos Crimes Ambientais (arts. 26 a 28)*

Nos termos do art. 26 da Lei 9.605/1998, todos os crimes ambientais são de *ação penal pública incondicionada*.

Nos crimes ambientais de menor potencial ofensivo, a proposta de aplicação imediata de pena restritiva de direitos ou multa, prevista no art. 76 da Lei 9.099, de 26 de setembro de 1995 (transação penal), somente poderá ser formulada desde que tenha havido a prévia composição do dano ambiental, de que trata o art. 74 da mesma lei, salvo em caso de comprovada impossibilidade (art. 27).

Finalmente, de acordo com o art. 28, as disposições do art. 89 da Lei 9.099, de 26 de setembro de 1995, aplicam-se aos crimes de menor potencial ofensivo definidos nesta Lei (leia-se: na Lei dos Crimes Ambientais), com as seguintes modificações:

> I. a declaração de extinção de punibilidade, de que trata o § 5º do artigo referido no *caput*, dependerá de laudo de constatação de reparação do dano ambiental, ressalvada a impossibilidade prevista no inciso I do § 1º do mesmo artigo;
>
> II. na hipótese de o laudo de constatação comprovar não ter sido completa a reparação, o prazo de suspensão do processo será prorrogado, até o período máximo previsto no artigo referido no *caput*, acrescido de mais um ano, com suspensão do prazo da prescrição;

III. no período de prorrogação, não se aplicarão as condições dos incisos II, III e IV do § 1º do artigo mencionado no *caput*;

IV. findo o prazo de prorrogação, proceder-se-á à lavratura de novo laudo de constatação de reparação do dano ambiental, podendo, conforme seu resultado, ser novamente prorrogado o período de suspensão, até o máximo previsto no inciso II deste artigo, observado o disposto no inciso III;

V. esgotado o prazo máximo de prorrogação, a declaração de extinção de punibilidade dependerá de laudo de constatação que comprove ter o acusado tomado as providências necessárias à reparação integral do dano.

10. CRIMES CONTRA A ORDEM TRIBUTÁRIA (LEI 8.137/1990)

10.1. Considerações gerais

Como é sabido e ressabido, o Direito Penal é ramo do direito público que, em um Estado Democrático de Direito, somente deveria ser chamado a intervir quando os outros ramos falhassem e não fossem capazes de desestimular comportamentos ilícitos do homem. Nada obstante, é certo que é tendência no Brasil a criminalização de condutas, como se tal prática se afigure suficiente a proteger a sociedade da delinquência moderna.

Em matéria tributária, não desconhece o leitor existir em nosso ordenamento jurídico todo um arcabouço normativo protetivo. Nas palavras de Guilherme de Souza Nucci, "o Estado precisa manter serviços, promover o bem-estar social e cumprir o idealizado pelo art. 3º da Constituição Federal, que é a constituição de uma sociedade livre, justa e solidária, com garantia ao desenvolvimento nacional, a erradicação da pobreza e a marginalização, bem como buscando a redução das desigualdades sociais e regionais, além de promover o bem de todos, sem preconceitos de origem, raça, sexo, cor, idade e quaisquer outras formas de discriminação (...)". E prossegue: "(...) percebe-se que a erradicação da pobreza e da marginalização, com redução das desigualdades sociais e regionais é obra primordial do Estado, que, para tanto, necessita de recursos. Não pode obtê-los simplesmente atuando como se fosse empresário em busca do lucro, necessitando da contribuição geral dos cidadãos produtores de riqueza. Tributam-se empresas e pessoas físicas para auferir recursos, cuja finalidade é a inclusão social daqueles que estão economicamente marginalizados." (Leis Penais e Processuais Penais Comentadas, 2006, editora RT, págs. 584/585).

Assim, em arremate, o autor supramencionado, tratando das bases normativas do Direito Tributário no Brasil e a intervenção do Direito Penal para a proteção do sistema tributário nacional (fenômeno que dá margem ao denominado Direito Penal Tributário), pondera: "A esfera penal, que deve atuar como a ultima ratio (última opção), é criminalizar condutas graves, que levem à supressão ou diminuição da arrecadação tributária, colocando em sério risco a atividade estatal de distribuição (ou redistribuição) de riquezas, buscando a meta de constituir uma sociedade livre, justa e solidária".

Por todo o exposto, cuidou o legislador pátrio de "alimentar" o Direito Penal Tributário, criando inúmeras infrações penais decorrentes da prática de comportamentos lesivos à arrecadação tributária. Dentre as diversas normas de índole criminal, destaca-se a Lei 8.137/1990, que, em seus artigos 1º a 3º, tipificou os crimes contra a ordem tributária.

Para os fins do presente trabalho, faremos comentários sobre os principais aspectos de referido diploma legal, apontando assuntos que podem ser objeto de questionamento pelas bancas examinadoras. Porém, antes de iniciarmos propriamente o estudo dos precitados artigos, traremos alguns temas circundantes à matéria, inclusive de índole processual penal, mas extremamente relevantes para provas e concursos.

10.2. Bem jurídico protegido pelos crimes contra a ordem tributária

Os crimes previstos na Lei 8.137/1990, evidentemente, protegem, de maneira geral, o erário, vale dizer, o patrimônio do Estado (aqui considerado lato sensu), formado, em grande parte, pelos recursos financeiros advindos da tributação. Ora, se o que se tutela é o patrimônio público, podemos afirmar que a lei em comento reforça a proteção de um bem jurídico de natureza transindividual (coletiva).

10.3. Competência jurisdicional em matéria de crimes tributários

A competência para conhecer e julgar um processo em que se apure a prática de crime contra a ordem tributária variará de acordo com a competência tributária. Quer-se com isso dizer que à Justiça Federal ou à Justiça Estadual tocará o julgamento do processo-crime a depender do ente político afetado imediatamente pelo comportamento ilícito. Assim, por exemplo, a sonegação de Imposto de Renda (IR), por afetar a União, deverá ser apreciada pela Justiça Federal. Já se se tratar de supressão ou redução de Imposto sobre a Circulação de Mercadorias e Serviços (ICMS), a competência jurisdicional será da Justiça Estadual, visto que referido imposto é instituído e cobrado pelos Estados. Com relação aos tributos municipais, a competência jurisdicional também será da Justiça Estadual, visto que inexiste Poder Judiciário municipal.

Questão interessante diz respeito à sonegação fiscal de IPVA com relação a veículos adquiridos por contribuintes em Estados com alíquota mais baixa, quando, então, os agentes prestavam informações falsas ao Fisco, visando, com isso, a redução do tributo (ex.: "A" adquire veículo automotor no Estado do Paraná, emplacando-se o bem no mesmo Estado, alegando lá ter domicílio, quando, em verdade, seu domicílio é no Estado de São Paulo). Nesse caso, surge a seguinte questão: o processo deverá ser instaurado no Estado em que não se recolheu o IPVA (no caso do nosso exemplo, São Paulo) ou no Estado em que o automotor foi emplacado (Paraná)? De acordo precedentes do STJ (HC 75.599-SP, DJ de 08.10.2007; CC 75.110-MG, DJ de 27.09.2007; REsp 705.281-MT, DJ de 01.08.2005), deve-se levar em consideração o local que suportará os efeitos da conduta delituosa, ou seja, o ente político que deixou de arrecadar o tributo devido. Assim, se "A" emplaca veículos no Paraná, prestando informações falsas ao Fisco estadual (alega-se ter domicílio no Estado quando, em verdade, o tem em outro Estado), mas o bem é levado ao Estado de São Paulo, território em que, efetivamente, o agente tem domicílio, nada obstante a fraude tenha sido empregada no primeiro local, a conduta delituosa será suportada pelo segundo, aplicando-se, assim, o art. 70 do Código de Processo Penal, que disciplina ser competente para o processo o foro do lugar em que a infração se consumar.

Em caso de concurso de crimes que ofendam a ordem tributária, uns de competência da Justiça Federal, e outros da Estadual, por força da conexão, serão julgados pela Justiça Federal (ex.: sonegação fiscal de IR e ICMS), nos termos da Súmula 122 do STJ: Compete à Justiça Federal o processo e julgamento unificado dos crimes conexos de competência federal e estadual, não se aplicando a regra do art. 78, II, a, do Código de Processo Penal".

10.4. Conjunto de leis que regulam os crimes contra a ordem tributária

De acordo com a doutrina, a Lei 4.729/1965, que tratava dos crimes de sonegação fiscal, foi revogada tacitamente pela Lei 8.137/1990, que regulou integralmente a matéria, inclusive criando tipos penais novos e mais graves.

No entanto, é bom deixar claro que a lei em comento não cuidou de regular todos os delitos que afetam o sistema tributário, existindo, nas palavras de Paulo Henrique Aranda Fuller (Legislação Penal Especial - vol. 2, 3ª edição, 2010, Ed. Saraiva, p. 453), dois microssistemas paralelos: i) crimes contra a seguridade social e; ii) crimes contra a ordem tributária em geral. No primeiro, temos os arts. 168-A (apropriação indébita previdenciária) e 337-A (sonegação de contribuição previdenciária), ambos do Código Penal, nele inseridos pela Lei 9.983/2000, que revogou expressamente o art. 95 da Lei 8.212/1991, que definia os crimes contra a seguridade social. Já no segundo grupo (microssistema), encontram-se os crimes contra a ordem tributária em geral, previstos na Lei 8.137/1990 (com destaque para os arts. 1º e 2º) e, também, no art. 334 do CP (crime de descaminho).

10.5. Estrutura da Lei 8.137/1990

A Lei 8.1137/1990 é dividida em 4 (quatro) capítulos, assim organizados: i) Capítulo I - arts. 1º a 3º - crimes contra a ordem tributária; ii) Capítulo II - arts. 4º a 7º - crimes contra a ordem econômica e as relações de consumo; iii) Capítulo III - arts. 8º a 10 - regras atinentes à aplicação da pena de multa e; iv) Capítulo IV - arts. 11 a 23 - disposições gerais.

Para os fins desta obra, iremos nos ater apenas aos crimes contra a ordem tributária (arts. 1º a 3º) e alguns aspectos gerais previstos na Lei 8.137/1990.

10.6. Crimes praticados por particulares (arts. 1º e 2º)

De plano, cumpre-nos trazer a clássica distinção entre os crimes contra a ordem tributária praticados por particulares. Cuidaram a doutrina e a jurisprudência de classificá-los da seguinte maneira: a) crime do art. 1º - crime material; b) crime do art. 2º - crime formal.

No primeiro caso (crimes materiais), a consumação dependerá de um resultado naturalístico, qual seja, o de ser suprimido ou reduzido o tributo. Assim, as condutas previstas nos incisos I a V, do referido art. 1º da Lei 8.137/1990, são meios empregados pelo agente para que consiga reduzir ou suprimir determinado tributo.

Já o art. 2º da lei, que traz os crimes formais contra a ordem tributária, retrata condutas praticadas pelo agente que independerão de um resultado naturalístico, não sendo necessário, portanto, a efetiva supressão ou redução do tributo.

Mais à frente veremos que, além do aspecto punitivo (os crimes materiais são punidos com reclusão, de 2 a 5 anos, e multa, ao passo que os formais são apenados com detenção, de 6 meses a 2 anos, e multa), a diferenciação ora trazida refletirá na necessidade, ou não, de prévio exaurimento da esfera administrativa fiscal em que se tenha verificado a constituição definitiva do crédito tributário ou a manutenção de seu valor.

10.7. Crimes materiais praticados por particulares – art. 1º da Lei 8.137/1990

Art. 1º Constitui crime contra a ordem tributária suprimir ou reduzir tributo, ou contribuição social e qualquer acessório, mediante as seguintes condutas:

I – omitir informação, ou prestar declaração falsa às autoridades fazendárias;

II – fraudar a fiscalização tributária, inserindo elementos inexatos, ou omitindo operação de qualquer natureza, em documento ou livro exigido pela lei fiscal;

III – falsificar ou alterar nota fiscal, fatura, duplicata, nota de venda, ou qualquer outro documento relativo à operação tributável;

IV – elaborar, distribuir, fornecer, emitir ou utilizar documento que saiba ou deva saber falso ou inexato;

V – negar ou deixar de fornecer, quando obrigatório, nota fiscal ou documento equivalente, relativa a venda de mercadoria ou prestação de serviço, efetivamente realizada, ou fornecê-la em desacordo com a legislação.

Pena – reclusão de 2 (dois) a 5 (cinco) anos, e multa.

Parágrafo único. A falta de atendimento da exigência da autoridade, no prazo de 10 (dez) dias, que poderá ser convertido em horas em razão da maior ou menor complexidade da matéria ou da dificuldade quanto ao atendimento da exigência, caracteriza a infração prevista no inciso V (embora previsto no art. 1º, há entendimento de que se trata de crime formal).

10.7.1. Aspectos gerais

Os crimes materiais definidos no art. 1º da Lei 8.137/1990 apresentam algumas características comuns, a saber:

a) sujeito ativo – é o contribuinte ou o responsável tributário, assim considerado aquele que "tenha relação pessoal e direta com a situação que constitua o respectivo fato gerador" (art. 121, parágrafo único, I, do Código Tributário Nacional - CTN). Logo, estamos falando de crimes próprios, visto que exigem uma qualidade especial do sujeito ativo (no caso, repita-se, ser contribuinte);

b) elemento subjetivo do tipo – não bastará, para a caracterização dos crimes do art. 1º, que o agente suprima ou reduza tributo devido (dolo), mas que aja com a vontade livre e consciente de fazê-lo, empregando fraude capaz de iludir o Fisco (especial fim de agir);

c) ações nucleares (verbos do tipo) – a conduta do agente poderá ser a de suprimir ou reduzir tributo. Entende-se por suprimir o comportamento do sujeito ativo consistente em omitir, não recolher o que era devido. Aqui, ocorrerá a denominada evasão total do tributo devido. Já por reduzir entende-se a conduta do agente consistente no pagamento incompleto ou parcial, dando azo à evasão parcial;

d) objetos materiais – as condutas de suprimir ou reduzir, perpetradas pelo agente mediante fraude ao Fisco, recairão sobre tributos, contribuições sociais ou quaisquer acessórios. Aqui, deve-se tomar tributo como gênero, que comporta todas as espécies tributárias: impostos, taxas, contribuições de melhoria, empréstimos compulsórios e contribuições especiais (sociais, de intervenção no domínio econômico e as de interesse das categorias profissionais ou econômicas). Percebe-se que a referência expressa às contribuições sociais no art. 1º, *caput*, da Lei 8.137/1990 foram desnecessárias, pois estas são espécie do gênero tributo. Por fim, os acessórios abrangem os juros e a correção monetária, mas, não, as multas (penalidade pecuniária), conforme sustenta, por exemplo, Heloisa Estellita, para quem "a penalidade pecuniária não se confunde com o tributo, já que é sanção por ato ilícito e não compartilha de nenhuma daquelas características valorativas constitucionais do tributo que lhe permitem integrar o núcleo do bem jurídico da arrecadação tributária, ou, em outras palavras, não goza do status necessário ao merecimento de pena. Não é instrumento de arrecadação tributária, no sentido aqui preconizado, não possuindo relevância constitucional que autorize sua inserção nas eventuais modalidades de conduta delituosas dirigidas à proteção do bem jurídico-penal supraindividual denominado arrecadação tributária" (A tutela penal e as obrigações tributárias na constituição federal. São Paulo: Revista dos Tribunais, 2001, págs. 191-193 e 209).

10.7.1.1. Art. 1º, I

> **Art. 1º** Constitui crime contra a ordem tributária suprimir ou reduzir tributo, ou contribuição social e qualquer acessório, mediante as seguintes condutas:
>
> I – omitir informação, ou prestar declaração falsa às autoridades fazendárias;

Trata-se de crime que muito se assemelha à falsidade ideológica prevista no art. 299 do CP, mas com a presença de "dolo específico" (especial fim de agir) do agente, consistente na supressão ou redução de tributo.

Duas são as condutas típicas: i) omitir informação ou; ii) prestar declaração falsa. Assim, o agente, mediante conduta omissiva (omitir), deixará de prestar informação (qualquer dado com relevância) às autoridades fazendárias, visando, com isso, não recolher ou recolher a menor o tributo devido. Poderá, também, mediante conduta comissiva, prestar declaração falsa à autoridade fazendária, vale dizer, diversa da realidade fática, também com o mesmo intento, qual seja, o de suprimir ou reduzir tributo.

Por autoridades fazendárias devemos entender todos os agentes públicos legalmente investidos em suas funções (ex.: auditores fiscais, Delegados tributários etc.), com atribuição para receberem informações e declarações dos sujeitos passivos da obrigação tributária.

A consumação do crime ocorrerá quando verificada a redução ou a supressão do tributo (lembre-se que os crimes do art. 1º são materiais, exigindo resultado naturalístico). Haverá tentativa se o agente, iniciada a execução do delito, não alcançar seu intento criminoso (supressão ou redução do tributo) por circunstâncias alheias à sua vontade.

10.7.1.2. Art. 1º, II

> **Art. 1º** Constitui crime contra a ordem tributária suprimir ou reduzir tributo, ou contribuição social e qualquer acessório, mediante as seguintes condutas:
>
> II – fraudar a fiscalização tributária, inserindo elementos inexatos, ou omitindo operação de qualquer natureza, em documento ou livro exigido pela lei fiscal;

Trata-se de crime de ação múltipla, visto que poderá ser praticado de duas maneiras: i) inserção de elementos inexatos (conduta comissiva) ou; ii) omissão de operação de qualquer natureza (conduta omissiva). Assim, o agente, objetivando fraudar o Fisco (mais especificamente, a fiscalização tributária), procederá à inserção de elementos inexatos (informações inverídicas ou que não correspondam exatamente àquelas que ocorreram) ou, então, deixará de incluir (omitirá) em documento ou livro exigido pela legislação fiscal, operação de qualquer natureza, mas que, obviamente, reflita na obrigação tributária.

O tipo penal em comento contém elemento normativo, qual seja, "documento ou livro exigido pela lei fiscal". Para tanto, o intérprete-aplicador do Direito deverá se socorrer da legislação tributária, a fim de que se apure quais são os documentos ou livros obrigatórios.

Registre-se que somente restará caracterizado o crime se o agente, intencionalmente, inserir elementos inexatos em documento ou livro fiscal, vale dizer, tencionar, desde o início, incluir informações inverídicas, visando, com isso, fraudar a fiscalização tributária. Assim, eventuais enganos ou falhas nos dados poderão dar azo ao reconhecimento de um ilícito tributário, mas, não, de crime. Afinal, estamos diante de figura penal dolosa. O mesmo se aplica para a omissão de operações que reflitam a ocorrência do fato imponível e o consequente surgimento da obrigação tributária.

A consumação do crime ocorrerá quando verificada a redução ou a supressão do tributo (lembre-se que os crimes do art. 1º são materiais, exigindo resultado naturalístico). Haverá tentativa se o agente, iniciada a execução do delito, não alcançar seu intento criminoso (supressão ou redução do tributo) por circunstâncias alheias à sua vontade.

10.7.1.3. Art. 1º, III

> **Art. 1º** Constitui crime contra a ordem tributária suprimir ou reduzir tributo, ou contribuição social e qualquer acessório, mediante as seguintes condutas:
>
> III – falsificar ou alterar nota fiscal, fatura, duplicata, nota de venda, ou qualquer outro documento relativo à operação tributável;

Trata-se de crime bastante semelhante às falsidades materiais previstas nos arts. 297 e 298 do CP, mas com a diferença de que o agente as terá praticado objetivando, desde o início, a supressão ou redução de tributo.

Duas são as condutas típicas: i) falsificar e; ii) alterar. Assim, o agente, mediante conduta comissiva, falsificará nota fiscal, fatura, duplicata, nota de venda ou qualquer outro documento relativo à operação tributável, mediante contrafação (criação de um documento falso que imite um verdadeiro) ou fabricação (criação de um documento falso que não corresponde a um autêntico), ou, então, também mediante conduta comissiva, alterará referidos documentos, ou seja, procederá à modificação deles, seja mediante o acréscimo, a supressão ou a adulteração de seu teor. Neste caso (alteração), diferentemente da falsificação, o agente aproveitará documento já existente, formado, e, então, procederá à adulteração de sua materialidade.

O tipo penal em comento contém elemento normativo, qual seja, "operação tributável". Neste caso, caberá ao intérprete-aplicador do Direito valer-se da legislação tributária para conhecer o alcance daquilo que poderá ser objeto de tributação.

A consumação do crime ocorrerá quando verificada a redução ou a supressão do tributo (lembre-se que os crimes do art. 1º são materiais, exigindo resultado naturalístico). Haverá tentativa se o agente, iniciada a execução do delito, não alcançar seu intento criminoso (supressão ou redução do tributo) por circunstâncias alheias à sua vontade.

Por fim, não se confunde o crime em comento com o de duplicata simulada, descrito no art. 172 do CP. Apontam-se as seguintes diferenças: a) no crime do art. 1º, III, da Lei 8.137/1990, tutela-se a ordem tributária, ao passo que o referido art. 172 protege o patrimônio de pessoa determinada; b) no art. 1º, III, da lei sob análise, a falsidade documental é meio para que o agente consiga atingir seu intento, qual seja, o de reduzir ou suprimir tributo, enquanto que no art. 172 do CP, o sujeito ativo falsifica o documento com a intenção de obter numerário à custa alheia, mas sem relação com matéria tributária; e c) no crime da lei especial (art. 1º, III), a falsidade empregada pelo agente para fraudar o Fisco é documental, enquanto que no crime de duplicata simulada há falsidade ideológica (o conteúdo da fatura, duplicata ou nota de venda é que é falso).

10.7.1.4. Art. 1º, IV

> **Art. 1º** Constitui crime contra a ordem tributária suprimir ou reduzir tributo, ou contribuição social e qualquer acessório, mediante as seguintes condutas:
>
> IV – elaborar, distribuir, fornecer, emitir ou utilizar documento que saiba ou deva saber falso ou inexato;

O crime em tela apresente cinco condutas típicas (ações nucleares), a saber: i) elaborar; ii) distribuir; iii) fornecer; iv) emitir; ou v) utilizar documento que saiba ou deva saber falso ou inexato. Assim, o agente, em verdade, praticará falsidades materiais ou ideológicas, ou utilizará documento falso, mas com a intenção de suprimir ou reduzir tributo.

O objeto material é um documento, que poderá ser público ou particular (a lei não fez distinção), mas desde que falso ou inexato. Aqui residem, respectivamente, as falsidades material e ideológica.

O tipo penal sob enfoque admite que o agente atue com dolo direto, quando houver elaborado, distribuído, fornecido, emitido ou utilizado documento que saiba ser falso ou inexato, ou com dolo eventual, quando deveria saber sobre a falsidade ou inexatidão.

A consumação do crime ocorrerá quando verificada a redução ou a supressão do tributo (lembre-se que os crimes do art. 1º são materiais, exigindo resultado naturalístico). Haverá tentativa se o agente, iniciada a execução do delito, não alcançar seu intento criminoso (supressão ou redução do tributo) por circunstâncias alheias à sua vontade.

10.7.1.5. Art. 1º, V

> **Art. 1º** Constitui crime contra a ordem tributária suprimir ou reduzir tributo, ou contribuição social e qualquer acessório, mediante as seguintes condutas:
>
> V – negar ou deixar de fornecer, quando obrigatório, nota fiscal ou documento equivalente, relativa a venda de mercadoria ou prestação de serviço, efetivamente realizada, ou fornecê-la em desacordo com a legislação.

Aqui, o agente poderá praticar o crime mediante as seguintes condutas típicas: i) negar; ii) deixar de fornecer; ou iii) fornecer nota fiscal ou documento equivalente, relativa a venda de mercadoria ou prestação de serviço, efetivamente realizada, ou fazê-lo em desacordo com a legislação.

Assim, o sujeito ativo, mediante comportamento comissivo (negar nota fiscal ou documento equivalente ou fornecê-los em desacordo com a legislação) ou omissivo (deixar de fornecer nota fiscal ou documento equivalente), tencionará reduzir ou suprimir tributo. Não bastará para o reconhecimento do crime em tela que o agente negue ou deixe de fornecer nota fiscal ou documento equivalente, por exemplo, ao consumidor de um produto ou serviço, sendo imprescindível que o faça com o fim de fraudar o Fisco, deixando de recolher tributo devido ou recolhendo-o a menor. Ainda, somente haverá tipicidade penal no comportamento do agente quando a emissão da nota fiscal ou de documento equivalente seja obrigatória.

A consumação do crime ocorrerá quando verificada a redução ou a supressão do tributo (lembre-se que os crimes do art. 1º são materiais, exigindo resultado naturalístico). Haverá tentativa se o agente, iniciada a execução do delito, não alcançar seu intento criminoso (supressão ou redução do tributo) por circunstâncias alheias à sua vontade.

10.7.1.6. Art. 1º, parágrafo único

> **Art. 1º** Constitui crime contra a ordem tributária suprimir ou reduzir tributo, ou contribuição social e qualquer acessório, mediante as seguintes condutas:
>
> **Parágrafo único.** A falta de atendimento da exigência da autoridade, no prazo de 10 (dez) dias, que poderá ser convertido em horas em razão da maior ou menor complexidade da matéria ou da dificuldade quanto ao atendimento da exigência, caracteriza a infração prevista no inciso V.

Trata-se de crime que se assemelha a uma desobediência (art. 330 do Código Penal), mas dela difere em razão da natureza da ordem desatendida, que, aqui, deverá ser relativa à fiscalização tributária.

O crime em comento se manifesta por uma única conduta típica, consistente na falta de atendimento da exigência de autoridade fazendária. Trata-se, ainda, de crime a prazo, visto que somente se caracteriza após o decurso de 10 (dez) dias do recebimento da notificação pelo contribuinte ou responsável tributário para prestar esclarecimentos.

Entende-se que o crime poderá ser praticado mediante comportamento omissivo (desatendimento puro e simples da exigência da autoridade, fluindo-se o decêndio sem que o agente cumpra a ordem) ou comissivo (atendimento incompleto da exigência ou diverso daquilo que foi determinado).

Ainda, diz-se que se trata de crime formal, diferentemente dos demais incisos do art. 1º da Lei 8.137/1990, que veiculam crimes materiais. Assim, a consumação será atingida com o desatendimento da exigência feita pela autoridade, independentemente da efetiva supressão ou redução de tributo. Nada obstante, o agente deverá ter um especial fim de agir, consistente na referida supressão ou redução de tributo.

10.8. Crimes formais praticados por particulares – art. 2º da Lei 8.137/1990

> **Art. 2º** Constitui crime da mesma natureza:
>
> I – fazer declaração falsa ou omitir declaração sobre rendas, bens ou fatos, ou empregar outra fraude, para eximir-se, total ou parcialmente, de pagamento de tributo;
>
> II – deixar de recolher, no prazo legal, valor de tributo ou de contribuição social, descontado ou cobrado, na qualidade de sujeito passivo de obrigação e que deveria recolher aos cofres públicos;
>
> III – exigir, pagar ou receber, para si ou para o contribuinte beneficiário, qualquer percentagem sobre a parcela dedutível ou deduzida de imposto ou de contribuição como incentivo fiscal;
>
> IV – deixar de aplicar, ou aplicar em desacordo com o estatuído, incentivo fiscal ou parcelas de imposto liberadas por órgão ou entidade de desenvolvimento;
>
> V – utilizar ou divulgar programa de processamento de dados que permita ao sujeito passivo da obrigação tributária possuir informação contábil diversa daquela que é, por lei, fornecida à Fazenda Pública.
>
> Pena – detenção, de 6 (seis) meses a 2 (dois) anos, e multa.

10.8.1. Aspectos gerais

As diversas condutas descritas nos incisos I a V do art. 2º da Lei 8.137/1990 retratam crimes "da mesma natureza", conforme locução empregada pelo legislador. E o que seriam esses tais "crimes da mesma natureza"? Ensina a doutrina que referida expressão alude ao **especial fim de agir do agente**, contemplado no art. 1º, *caput*, do mesmo diploma legal, qual seja, o de suprimir ou reduzir tributo. Confira-se a docência de Luiz Regis Prado: "o texto do art. 2º, *caput*, indica que os delitos tipificados nos cinco incisos seguintes são da mesma natureza que os contidos no art. 1º, ou seja, estão incluídos na espécie crimes contra a ordem tributária, praticados por particulares, com o fim de suprimir ou reduzir tributo, contribuição social ou qualquer acessório" (*Direito penal econômico*. São Paulo: Ed. RT, 2004. p. 435 e 436).

Nada obstante a semelhança dos crimes dos arts. 1º e 2º, é certo que este último dispositivo legal não exige que o sujeito ativo alcance um resultado naturalístico (no caso, reduzir ou suprimir tributo). Assim, estamos diante de **crime formal ou de consumação antecipada,** bastando, portanto, que o agente pratique qualquer das condutas descritas nos incisos I a V, mas sem que se olvide de seu especial fim de agir, consistente na vontade livre e consciente de suprimir ou reduzir tributo.

A seguinte dúvida poderá surgir: *se o crime do art. 2º da Lei 8.137/1990 se consuma com a prática do comportamento previsto em um de seus incisos, independentemente da efetiva supressão ou redução de tributo (que é a intenção do agente), se este resultado – que é dispensável para a consumação das figuras previstas no dispositivo legal em comento – se verificar, o sujeito ativo responderá por qual crime?*

Para a resposta, faremos, logo abaixo, uma comparação entre o art. 1º, I, e o art. 2º, I:

> **Art. 1º** Constitui crime contra a ordem tributária suprimir ou reduzir tributo, ou contribuição social e qualquer acessório, mediante as seguintes condutas:
>
> I – omitir informação, ou prestar declaração falsa às autoridades fazendárias;
>
> **Art. 2º** Constitui crime da mesma natureza:
>
> I – fazer declaração falsa ou omitir declaração sobre rendas, bens ou fatos, ou empregar outra fraude, para eximir-se, total ou parcialmente, de pagamento de tributo;

Perceba o candidato que as condutas são semelhantes em ambos os casos, visto que o agente, mediante omissão de informações ou declarações falsas ou inexatas, tencionará não pagar tributo ou pagá-lo a menor.

Destarte, aponta a doutrina que a diferença entre os crimes do art. 1º e do art. 2º reside no **alcance, ou não, do resultado naturalístico**. Se houver efetiva *supressão ou redução de tributo*, fala-se no crime do art. 1º (que é material); *inexistindo referido resultado*, terá o agente praticado o crime do art. 2º (que é formal).

Cuidou o legislador de apenar mais gravemente o crime do art. 1º (reclusão, de dois a cinco anos, e multa), pois, de fato, causa efetivo dano ao Fisco, se comparado com o art. 2º (detenção, de seis meses a dois anos, e multa). Lembre-se que para este crime, o agente, embora tencione a redução ou supressão do tributo, não atingirá seu intento, bastando que cometa qualquer conduta previstas nos incisos I a V.

Por fim, registramos alguns aspectos comuns ao crime do art. 2º:

a) sujeito ativo – é o contribuinte ou o responsável tributário, assim considerado aquele que "tenha relação pessoal e direta com a situação que constitua o respectivo fato gerador" (art. 121, parágrafo único, I, do Código Tributário Nacional – CTN). Logo, estamos falando de crimes próprios, visto que exigem uma qualidade especial do sujeito ativo (no caso, repita-se, ser contribuinte). Em alguns casos (incisos III e V), o agente delitivo poderá ser um terceiro que não, necessariamente, o contribuinte;

b) elemento subjetivo do tipo – não bastará, para a caracterização dos crimes do art. 2º, que o agente suprima ou reduza tributo devido (dolo), mas que aja com a vontade livre e consciente de fazê-lo, empregando fraude capaz de iludir o Fisco (especial fim de agir);

c) ações nucleares (verbos do tipo) – muito embora o art. 2º traga uma "fórmula genérica", consistente na locução "constitui crime da mesma natureza", já vimos que a conduta do agente visará, tal como no art. 1º, a supressão ou redução de tributo. Todavia, é bom repisar, não se exigirá referido resultado naturalístico, que, se ocorrer, dará azo à caracterização do crime do art. 1º. Bastará que o agente pratique qualquer das condutas previstas nos incisos I a V para a consumação do crime, mas sempre tendo em mente a supressão ou redução de tributo. Entende-se por suprimir o comportamento do sujeito ativo consistente em omitir, não recolher o que era devido. Aqui, ocorrerá a denominada evasão total do tributo devido. Já por reduzir entende-se a conduta do agente consistente no pagamento incompleto ou parcial, dando azo à evasão parcial;

d) objetos materiais – tal como no art. 1º, as condutas praticadas pelo agente, previstas nos incisos I a V do art. 2º, sempre com o emprego de algum expediente fraudulento, estarão voltadas à supressão ou redução de tributos. Aqui, deve-se tomar tributo como gênero, que comporta todas as espécies tributárias: impostos, taxas, contribuições de melhoria, empréstimos compulsórios e contribuições especiais (sociais, de intervenção no domínio econômico e as de interesse das categorias profissionais ou econômicas).

10.8.1.1. Art. 2º, I

> **Art. 2º** Constitui crime da mesma natureza:
>
> I – fazer declaração falsa ou omitir declaração sobre rendas, bens ou fatos, ou empregar outra fraude, para eximir-se, total ou parcialmente, de pagamento de tributo;

Trata-se de crime que consiste na prática de uma **falsidade ideológica** pelo agente, mas que difere do art. 299 do CP pelo fato de, com a falsa declaração ou omissão sobre rendas, bens ou fatos, eximir-se, total ou parcialmente, de pagamento de tributo.

A figura típica em comento poderá ser praticada das seguintes formas: i) *fazer declaração falsa*; ii) *omitir declaração sobre rendas, bens ou fatos*; ou iii) *empregar outra fraude*. Veja, portanto, que o agente poderá praticar o crime em tela mediante **condutas comissivas** (*fazer declaração falsa* ou *empregar outra fraude*) ou **omissiva** (*omitir declaração*). Em todos os casos, a **intenção** do sujeito ativo será a de *eximir-se, total ou parcialmente, de pagamento de tributo* (**elemento subjetivo do tipo**).

A **consumação** ocorrerá quando do cometimento da conduta típica, *independentemente de resultado naturalístico* (supressão ou redução de tributo), que, se ocorrer, caracterizará o crime do art. 1º, I. A tentativa, embora possível na modalidade comissiva do crime, é de difícil verificação prática, visto que o agente poderá apresentar, por exemplo, em caso de declaração falsa em Imposto de Renda, a declaração retificadora, o que, no entendimento de Guilherme de Souza Nucci, configuraria verdadeiro arrependimento eficaz (*Leis Penais e Processuais Penais Comentadas*, 2006, Ed. RT, p. 604).

10.8.1.2. Art. 2º, II

> **Art. 2º** Constitui crime da mesma natureza:
>
> II – deixar de recolher, no prazo legal, valor de tributo ou de contribuição social, descontado ou cobrado, na qualidade de sujeito passivo de obrigação e que deveria recolher aos cofres públicos;

Trata-se, nas palavras de Paulo Henrique Aranda Fuller, de **crime de sonegação fiscal em sentido impróprio**, visto que, nada obstante seja um crime contra a ordem tributária, o agente não pratica qualquer comportamento fraudulento, mas, apenas, deixa de recolher, no prazo legal, valor de tributo ou de contribuição social, descontado ou cobrado de terceiro, e que deveria recolher aos cofres públicos. Caso haja emprego de qualquer falsidade ou outro expediente fraudulento, responderá o agente pelo crime do art. 1º, se houver efetiva supressão ou redução de tributo, ou, ainda, pelo crime do art. 2º, I (*Legislação Penal Especial*, Ed. Saraiva, 3ª edição, p. 494).

O sujeito ativo, mediante **conduta omissiva**, *deixará de recolher* aos cofres públicos valor de determinado tributo ou contribuição social que já haja descontado ou cobrado de terceiro, na condição de sujeito passivo da obrigação tributária.

O crime somente alcançará a consumação após escoado o *prazo legal* para o recolhimento do tributo ou contribuição social, tratando-se, aqui, de **norma penal em branco**, exigindo-se a análise da legislação tributária que regule o lapso temporal para os recolhimentos. Exemplo de configuração do crime em comento se dá com o IOF (imposto sobre operações financeiras) e a extinta CPMF cobrados pelas instituições financeiras de seus correntistas, mas sem o repasse aos cofres públicos no prazo legalmente estipulado. Importante anotar que, no tocante ao **IPVA**, por exemplo, a pura e simples omissão em seu recolhimento não caracteriza o crime sob análise, visto que inexiste, para referido imposto, o dever de que alguém o desconte e, posteriormente, o recolha ao Fisco estadual. Haverá, aqui, mero inadimplemento tributário, mas não ilícito penal.

Difere o crime em comento da **apropriação indébita previdenciária** (art. 168-A do Código Penal), na qual o agente deixará de repassar à seguridade social os valores descontados a título de contribuição previdenciária do empregado. Em razão do princípio da **especialidade**, em caso de não recolhimento de contribuições previdenciárias previamente descontadas dos obreiros, o empregador responderá pelo precitado crime do art. 168-A, e não pelo art. 2º, II, da Lei 8.137/1990, que será aplicado para as demais contribuições sociais e espécies tributárias.

O crime em comento atingirá a **consumação** após escoado o prazo legal para que o contribuinte procedesse ao recolhimento do tributo ou contribuição social, na qualidade de substituto tributário, já cobrado ou descontado de terceiro. Inadmissível a tentativa, visto estarmos diante de típico crime omissivo.

10.8.1.3. Art. 2º, III

> **Art. 2º** Constitui crime da mesma natureza:
>
> III – exigir, pagar ou receber, para si ou para o contribuinte beneficiário, qualquer percentagem sobre a parcela dedutível ou deduzida de imposto ou de contribuição como incentivo fiscal;

Trata-se de crime em que o agente exerce verdadeiro tráfico de incentivos fiscais.

As condutas típicas são as seguintes: i) exigir; ii) pagar ou; iii) receber. São, todas, formas comissivas, pelas quais o agente imporá como obrigação (modalidade exigir), entregará dinheiro (modalidade pagar) ou aceitará valor (modalidade receber), para si ou para o contribuinte beneficiário, de percentual de parcela dedutível ou deduzida de incentivo fiscal, vale dizer, do montante de valor já abatido (descontado) ou que será abatido futuramente (parcela dedutível) de algum incentivo fiscal (redução da carga tributária como forma de incentivar o investimento em programas de interesse coletivo).

Para ilustrar: imagine que a legislação tributária de determinado Estado conceda às empresas um desconto no valor do ICMS devido pelas operações mercantis se houver o investimento de parcela do faturamento em recuperação de áreas desmatadas. Caso o agente exija, pague ou receba uma quota ou percentual da parcela dedutível ou deduzida do imposto devido, condicionando o investimento ao recebimento de determinado montante, terá havido um desvirtuamento da finalidade da norma incentivadora. Por tal razão, a conduta em tela é punível criminalmente.

Nas palavras de Cláudia Barros Portocarrero, "o tipo penal em apreço trata da conduta daquela pessoa que, realizando as condutas ali descritas, acaba fazendo com que a parte do tributo renunciada pelo Estado acabe não se destinando a investimento em programa estatal. Aqui, pode-se dizer da existência de malversação do incentivo fiscal concedido" (Leis Penais Especiais para Concursos, Ed. Impetus, 2010, p. 163).

O sujeito ativo do crime, na modalidade exigir, pode ser qualquer pessoa que sirva de "intermediário" no repasse de parcela dedutível ou já deduzida de tributo (imposto ou contribuição) como incentivo fiscal. Já nas modalidades pagar e receber, poderá figurar como sujeito ativo tanto aquele que arrecadou os valores advindos da redução da carga tributária, quanto o próprio contribuinte.

A consumação se verifica quando o agente exigir (crime formal), pagar ou receber a percentagem da parcela deduzida ou dedutível de imposto ou contribuição a título de incentivo fiscal (crime material). Será admissível a tentativa quando a conduta perpetrada pelo agente for plurissubsistente.

10.8.1.4. Art. 2º, IV

Art. 2º Constitui crime da mesma natureza:

IV – deixar de aplicar, ou aplicar em desacordo com o estatuído, incentivo fiscal ou parcelas de imposto liberadas por órgão ou entidade de desenvolvimento;

Nas palavras de Guilherme Nucci, "qualquer atitude tomada pelo agente, embolsando a quantia auferida em razão de incentivo fiscal ou dando-lhe destinação diversa da prevista em lei, ainda que com o melhor propósito possível, possibilita a concretização do crime" (Leis Penais e Processuais Penais Comentada, ob. cit., p. 607).

Em simples palavras, trata-se de crime que se caracterizará quando o agente deixar de empregar (deixar de aplicar) ou aplicar irregularmente (aplicar em desacordo com o estatuído) um incentivo fiscal ou parcelas de imposto liberadas por órgão ou entidade de desenvolvimento. Estamos, aqui, diante de norma penal em branco, haja vista que caberá à legislação tributária definir quais são os incentivos fiscais e a forma de sua aplicação.

Sujeito ativo, evidentemente, será o beneficiário do incentivo fiscal ou das parcelas de imposto liberadas pelo Fisco.

A consumação será verificada quando o agente praticar qualquer das ações ou omissões descritas no tipo penal (deixar de aplicar ou aplicar em desacordo com o estatuído), sendo admissível a tentativa se a conduta for plurissubsistente (na forma comissiva).

10.8.1.5. Art. 2º, V

Art. 2º Constitui crime da mesma natureza:

V – utilizar ou divulgar programa de processamento de dados que permita ao sujeito passivo da obrigação tributária possuir informação contábil diversa daquela que é, por lei, fornecida à Fazenda Pública.

Trata-se de crime que caracteriza a denominada "contabilidade paralela" ou "caixa dois". Assim, o sujeito ativo (contribuinte ou terceira pessoa que opere o programa) irá utilizar (fazer uso ou tirar proveito) ou divulgar (difundir) um programa de processamento de dados (software) capaz de produzir a referida contabilidade paralela (informação contábil diversa da que legalmente é fornecida ao Fisco).

Registre-se que estamos diante de um crime formal, vale dizer, alcança-se a consumação com a mera utilização ou divulgação do programa de processamento de dados, a fim de ser produzida a contabilidade paralela, independentemente da redução ou supressão de tributo, havendo tentativa se a conduta for plurissubsistente. Porém, se com essa conduta – de utilizar ou divulgar o software – o agente lograr a evasão total ou parcial do tributo devido, restará configurado o crime do art. 1º da Lei 8.137/1990, que, como é sabido, é material (produz resultado naturalístico, consistente na efetiva supressão ou redução de tributo). Por tal razão, diz-se que o crime do art. 2º, V, é subsidiário (ou seja, somente se caracteriza se a contabilidade paralela não for capaz de causar dano real ao Fisco).

10.9. Crimes praticados por funcionários públicos contra a ordem tributária – Art. 3º da Lei 8.137/1990

Na Seção II, do Capítulo I, da Lei 8.137/1990, estão tipificados os denominados crimes funcionais contra a ordem tributária. Tal se deve pelo fato de as condutas descritas nos incisos I a III, do art. 3º, serem praticadas por funcionários públicos, aqui compreendidos na forma estabelecida pelo art. 327 do Código Penal.

Registre-se que o universo de crimes funcionais contra o Fisco não se esgota no rol do art. 3º, aplicando-se, no que couber, a incidência dos arts. 312 a 327 do Código Penal (crimes praticados por funcionários públicos contra a Administração em Geral).

10.9.1. Art. 3º, I

Art. 3º Constitui crime funcional contra a ordem tributária, além dos previstos no Decreto-Lei nº 2.848, de 7 de dezembro de 1940 – Código Penal (Título XI, Capítulo I):

I – extraviar livro oficial, processo fiscal ou qualquer documento, de que tenha a guarda em razão da função; sonegá-lo, ou inutilizá-lo, total ou parcialmente, acarretando pagamento indevido ou inexato de tributo ou contribuição social;

Trata-se de crime que muito se assemelha àquele previsto no art. 314 do Código Penal, mas que, em razão do princípio da especialidade, será aplicado quando as condutas forem perpetradas por funcionário público da administração fazendária.

O tipo objetivo se traduz pela prática de um ou mais dos seguintes verbos: Extraviar; Sonegar; ou Inutilizar. Destarte, restará caracterizado o crime quando o agente extraviar (fizer desaparecer), sonegar (deixar de apresentar, ocultar ou esconder) ou inutilizar (tornar inútil, imprestável) um livro oficial, processo fiscal ou qualquer documento que esteja sob sua guarda em razão da função.

Estamos diante de um crime doloso, ou seja, exige-se que o agente aja com vontade livre e consciente de extraviar, sonegar ou inutilizar livro, processo fiscal ou documento que esteja sob sua guarda em razão da função. A pura e simples falta de zelo do agente com referidos livros, processos ou documentos, poderá caracterizar falta funcional, mas, não, crime. Afinal, inadmissível a forma culposa.

Haverá consumação apenas se, em razão do extravio, sonegação ou inutilização de livro oficial, processo fiscal ou qualquer outro documento que esteja sob a guarda do agente em razão da função, haja pagamento indevido ou inexato de tributo ou contribuição social. Estamos, aqui, diante de um crime material, visto que será exigido o resultado naturalístico expressamente previsto no tipo penal (pagamento indevido ou inexato de tributo ou contribuição social). Admissível a tentativa se o resultado não se verificar por circunstâncias alheias à vontade do agente.

10.9.2. Art. 3º, II

Art. 3º Constitui crime funcional contra a ordem tributária, além dos previstos no Decreto-Lei nº 2.848, de 7 de dezembro de 1940 – Código Penal (Título XI, Capítulo I):

II – exigir, solicitar ou receber, para si ou para outrem, direta ou indiretamente, ainda que fora da função ou antes de iniciar seu exercício, mas em razão dela, vantagem indevida; ou aceitar promessa de tal vantagem, para deixar de lançar ou cobrar tributo ou contribuição social, ou cobrá-los parcialmente.

Pena – reclusão, de 3 (três) a 8 (oito) anos, e multa.

Trata-se, aqui, de crime que contempla formas especiais de concussão (art. 316 do CP) e corrupção passiva (art. 317 do CP). Nas palavras de Guilherme Nucci, "é um misto de concussão (art. 316 do CP) com corrupção passiva (art. 317 do CP), embora no contexto da área fazendária. Aplica-se o disposto no inciso II do art. 3º desta Lei, em homenagem ao critério da especialidade" (Leis Penais e Processuais Penais Comentadas, ob. cit., p. 613).

Assim, quatro são as ações nucleares que poderão ensejar o reconhecimento do crime em tela: a) exigir (impor, determinar, compelir); b) solicitar (requerer, pedir); c) receber (obter ou acolher algo) e; d) aceitar (consentir em receber). Em qualquer dos casos, a conduta do agente será voltada a uma vantagem indevida (qualquer ganho, lucro, privilégio ou benefício ilícito, ainda que ofensivo somente aos bons costumes, nas palavras do precitado doutrinador – ob. cit., p. 612).

Tal como ocorre com a concussão e a corrupção passiva, o funcionário público da administração fazendária irá realizar qualquer dos verbos do tipo sempre em razão de sua função (ainda que fora dela, ou mesmo antes de iniciar seu exercício).

A exigência, solicitação, recebimento ou aceitação de promessa de vantagem indevida pelo agente ocorrerá para que ele deixe de lançar ou cobrar tributo ou contribuição social, ou para que os cobre parcialmente. Trata-se do seu especial fim de agir (elemento subjetivo do tipo).

Difere o crime em comento do excesso de exação (art. 316, §§ 1º e 2º, do CP) pelo fato de, no crime especial ora estudado, o funcionário público fazer a exigência de uma vantagem indevida, e não de um tributo ou contribuição social que soubesse ou devesse saber indevido. Note que no referido art. 316, § 1º, do CP, o sujeito ativo exige tributo ou contribuição social que sabe ou deveria saber indevido, ou, mesmo que devidos, emprega meios vexatórios ou gravosos não autorizados legalmente, ao passo que no crime do art. 3º, II, da Lei 8.137/1990, o que se exige é uma vantagem indevida exatamente para que se deixe de lançar ou cobrar o tributo ou a contribuição social, ou para que sejam cobrados a menor.

A consumação do crime em comento se dará quando da realização de qualquer dos verbos do tipo, independentemente de ser causado ou não efetivo prejuízo aos cofres públicos. Estamos, pois, diante de um crime formal. Caso o tributo ou contribuição social não sejam lançados ou cobrados, ou cobrados a menor, haverá mero exaurimento do delito. Admissível a tentativa se as condutas forem plurissubsistentes.

10.9.3. Art. 3º, III

Art. 3º Constitui crime funcional contra a ordem tributária, além dos previstos no Decreto-Lei nº 2.848, de 7 de dezembro de 1940 – Código Penal (Título XI, Capítulo I):

III – patrocinar, direta ou indiretamente, interesse privado perante a administração fazendária, valendo-se da qualidade de funcionário público.

Pena – reclusão, de 1 (um) a 4 (quatro) anos, e multa.

Trata-se de verdadeira advocacia administrativa especial, mas que difere daquela prevista no art. 321 do Código Penal porque perpetrada por funcionário público da administração fazendária. Assim, nesta área, em respeito ao princípio da especialidade, aplicável a figura típica prevista no art. 3º, III, ora analisado.

Caracteriza-se o crime em comento quando o sujeito ativo patrocinar, direta ou indiretamente, interesse privado perante a Administração Pública, valendo-se da qualidade de funcionário. Deve-se entender por "patrocinar" a conduta do agente fazendário de defender, postular ou advogar (aqui, não no sentido de "advocacia") interesses particulares (leia-se: interesses alheios, que não os próprios) perante a Administração, valendo-se, para tanto, de sua qualidade de funcionário. Assim, o agente, em razão de sua condição, utilizará da amizade ou de seu prestígio perante companheiros de trabalho ou outros funcionários para defender interesses alheios privados, sejam estes legítimos ou ilegítimos.

Perceba que o tipo penal é claro ao falar em "interesse privado", que não se confunde com interesse particular, vale dizer, do próprio funcionário público (ex.: Auditor Fiscal da Receita Federal que, para seu próprio benefício, patrocina interesse diretamente relacionado ao seu Imposto de Renda Pessoa Física perante o Fisco). Neste caso, não se configurará o crime em tela.

O patrocínio pelo funcionário público será de forma direta ou indireta, ou seja, pessoalmente ou por meio de terceira pessoa (interposta pessoa).

Consuma-se o crime em questão quando o agente praticar, efetivamente, qualquer ato que configure o patrocínio de interesse privado perante a Administração, independentemente da obtenção daquilo que for postulado. Trata-se, portanto, de crime formal. Admite-se a tentativa quando a conduta for plurissubsistente.

10.10. A pena de multa nos crimes dos arts. 1º a 3º

> **Art. 8º** Nos crimes definidos nos arts. 1º a 3º desta lei, a pena de multa será fixada entre 10 (dez) e 360 (trezentos e sessenta) dias-multa, conforme seja necessário e suficiente para reprovação e prevenção do crime.
>
> **Parágrafo único.** O dia-multa será fixado pelo juiz em valor não inferior a 14 (quatorze) nem superior a 200 (duzentos) Bônus do Tesouro Nacional BTN.
>
> (....)
>
> **Art. 10.** Caso o juiz, considerado o ganho ilícito e a situação econômica do réu, verifique a insuficiência ou excessiva onerosidade das penas pecuniárias previstas nesta lei, poderá diminuí-las até a décima parte ou elevá-las ao décuplo.

Nos crimes dos arts. 1º a 3º da Lei 8.137/1990, a pena de multa cominada nos preceitos secundários dos tipos penais será fixada entre 10 (dez) e 360 (trezentos e sessenta) dias-multa, na exata forma estipulada pelo art. 49, *caput*, do Código Penal. Trata-se, pois, de dispositivo inútil. A única inovação dos dispositivos legais acima transcritos seria a de fixação do valor do dia-multa (que no CP é em salários mínimos) em BTN (Bônus do Tesouro Nacional), índice este revogado por outra unidade monetária (UFIR).

No tocante à aplicação da pena de multa, permitiu o legislador, no art. 10, que o juiz a individualize adequadamente, valendo-se, para tanto, de dois aspectos: a) ganho ilícito; e b) situação econômica do réu. Assim, ponderando o proveito econômico que o agente auferiu com o crime e a sua situação econômica, poderá diminuir a multa em até 10 (dez) vezes, ou, então, elevá-la até o décuplo.

10.11. Disposições gerais da Lei 8.137/1990

> **Art. 11.** Quem, de qualquer modo, inclusive por meio de pessoa jurídica, concorre para os crimes definidos nesta lei, incide nas penas a estes cominadas, na medida de sua culpabilidade.
>
> **Parágrafo único.** Quando a venda ao consumidor for efetuada por sistema de entrega ao consumo ou por intermédio de outro em que o preço ao consumidor é estabelecido ou sugerido pelo fabricante ou concedente, o ato por este praticado não alcança o distribuidor ou revendedor.
>
> **Art. 12.** São circunstâncias que podem agravar de 1/3 (um terço) até a metade as penas previstas nos arts. 1º, 2º e 4º a 7º:
>
> I – ocasionar grave dano à coletividade;
>
> II – ser o crime cometido por servidor público no exercício de suas funções;
>
> III – ser o crime praticado em relação à prestação de serviços ou ao comércio de bens essenciais à vida ou à saúde.

O art. 11 supratranscrito é, quase que inteiramente, inútil, visto que repete fórmula bastante conhecida no Código Penal, qual seja, aquela que retrata o concurso de pessoas (art. 29). Assim, quem, de qualquer modo, concorrer para a prática de um crime, por este responderá, na medida de sua culpabilidade. Destaque-se, porém, que o dispositivo sob enfoque afirma que responderá pelos crimes tributários a pessoa que, de qualquer modo, concorrer para a sua prática, inclusive por meio de uma pessoa jurídica.

Com relação ao art. 12, temos algumas causas de aumento de pena que incidirão sobre os crimes materiais e formais contra a ordem tributária (arts. 1º e 2º), majorando-as de um terço até a metade. Perceba que as majorações de pena não ocorrerão no tocante aos crimes funcionais (art. 3º), especialmente aquela prevista no inciso II (crime cometido por servidor público no exercício de suas funções), que, acaso incidisse, caracterizaria inegável bis in idem.

> **Art. 15.** Os crimes previstos nesta lei são de ação penal pública, aplicando-se-lhes o disposto no art. 100 do Decreto-Lei nº 2.848, de 7 de dezembro de 1940 – Código Penal.

Como se vê no dispositivo acima colacionado, os crimes contra a ordem tributária são de ação penal pública incondicionada, vale dizer, o Ministério Público, presentes indícios de autoria e materialidade do delito, deverá oferecer denúncia, independentemente de qualquer outra condição. Aplicável, portanto, a regra geral contida no art. 100 do CP.

> **Art. 16.** Qualquer pessoa poderá provocar a iniciativa do Ministério Público nos crimes descritos nesta lei, fornecendo-lhe por escrito informações sobre o fato e a autoria, bem como indicando o tempo, o lugar e os elementos de convicção.
>
> **Parágrafo único.** Nos crimes previstos nesta Lei, cometidos em quadrilha ou coautoria, o coautor ou partícipe que através de confissão espontânea revelar à autoridade policial ou judicial toda a trama delituosa terá a sua pena reduzida de um a dois terços.

Finalmente, como se lê no parágrafo único do art. 16 da Lei em estudo, para os crimes contra a ordem tributária, cabível será a aplicação do instituto da delação premiada, que, na espécie, provocará a redução da pena do agente de um a dois terços, quando, coautor ou partícipe de delito lesivo à administração fazendária, confessar espontaneamente à autoridade policial ou judicial, possibilitando, com isso, que seja desvendada a "trama delituosa". Registre-se, por oportuno, que a expressão "quadrilha" contida no dispositivo em tela, à luz da atual redação do art. 288 do CP, deverá ser recebida como "associação criminosa". Afinal, a Lei 12.850/2013 alterou o nomen juris do crime (de quadrilha ou bando para associação criminosa), bem como reduziu o número de pessoas que devem se associar para a caracterização do delito (de quatro, no mínimo, para três).

10.12. Representação fiscal para fins penais

O art. 83 da Lei 9.430, de 27 de dezembro de 1996, dispõe que "a representação fiscal para fins penais relativa aos crimes contra a ordem tributária previstos nos arts. 1º e 2º da Lei 8.137, de 27 de dezembro de 1990, e aos crimes contra a Previdência Social, previstos nos arts. 168-A e 337-A do Decreto-Lei 2.848, de 7 de dezembro de 1940 (Código Penal), será encaminhada ao Ministério Público depois de proferida a decisão final, na esfera administrativa, sobre a exigência fiscal do crédito tributário correspondente. (Redação dada pela Lei 12.350, de 2010)".

Quando da edição de referida lei, que é posterior à Lei 8.137/1990, criaram-se duas correntes:

a) os crimes materiais e formais contra a ordem tributária estariam **condicionados à representação fiscal**, formulada pela autoridade fazendária, para que o Ministério Público pudesse intentar denúncia (condição de procedibilidade);

b) a autoridade fiscal somente poderia encaminhar **representação** ao Ministério Público, dando conta da prática de **crime contra a ordem tributária, após proferida decisão final** na esfera administrativa. Aqui, não se falaria em condição de procedibilidade, mas, apenas, de *notitia criminis* (notícia do crime), encaminhada ao órgão com legitimidade para deflagrar o processo-crime.

Prevaleceu a segunda corrente (item b supra), sendo certo que os crimes contra a ordem tributária são de ação penal pública incondicionada, inclusive com espeque na Súmula 609 do STF: é pública incondicionada a ação penal por crime de sonegação fiscal. A denominada representação fiscal nada mais é do que instrumento ao alcance da autoridade fazendária para cientificar o Ministério Público da prática de crime fiscal (notitia criminis).

10.13. Exaurimento da esfera administrativa e crimes contra a ordem tributária

Nos crimes materiais contra a ordem tributária, definidos no art. 1º da Lei 8.137/1990, estudamos ser indispensável que o agente consiga alcançar uma efetiva redução ou supressão de tributo, com emprego de fraude.

Ora, se constitui elementar típica a referida supressão ou redução de tributo, de rigor que exista decisão definitiva na seara administrativa no tocante à constituição do crédito tributário (lançamento definitivo), bem como no tocante ao valor devido.

Assim, pacificou-se o entendimento de que o término do processo administrativo fiscal é condição objetiva de punibilidade dos crimes materiais contra a ordem tributária. Em outras palavras, não poderá o Ministério Público oferecer denúncia por sonegação fiscal enquanto pender no Fisco processo administrativo no qual se apure a existência do crédito tributário e/ou o respectivo valor.

Nesse sentido, a Súmula vinculante 24, da Colenda Corte: "Não se tipifica crime material contra a ordem tributária, previsto no artigo 1º, incisos I a IV, da Lei 8.137/1990, antes do lançamento definitivo do tributo".

Importante anotar que referida súmula é inaplicável aos crimes formais previstos no art. 2º da lei em tela, haja vista que, por não exigirem resultado naturalístico (redução ou supressão de tributo), o prévio esgotamento do processo administrativo fiscal não constituirá condição objetiva de punibilidade.

10.14. Pagamento e parcelamento do tributo: efeitos jurídico-penais

Nos termos do art. 9º, *caput*, da Lei 10.684/2003 (conhecida como Lei do Paes ou Refis II), "é suspensa a pretensão punitiva do Estado, referente aos crimes previstos nos arts. 1º e 2º da Lei 8.137, de 27 de dezembro de 1990, e nos arts. 168-A e 337-A do Decreto-Lei 2.848, de 7 de dezembro de 1940 - Código Penal, durante o período em que a pessoa jurídica relacionada com o agente dos aludidos crimes estiver incluída no regime de parcelamento".

A regra acima descrita, que não trazia limite temporal para a adesão ao parcelamento pela pessoa jurídica a que estivesse vinculado o agente delitivo, suspendendo, nesse caso, a pretensão punitiva estatal, impedindo, com isso, o ajuizamento de ação penal, foi alterada pela Lei 12.382, de 1º de março de 2011, que deu nova redação ao art. 83, § 2º, da Lei 9.430/1996: "é suspensa a pretensão punitiva do Estado referente aos crimes previstos no *caput*, durante o período em que a pessoa física ou a pessoa jurídica relacionada com o agente dos aludidos crimes estiver incluída no parcelamento, desde que o pedido de parcelamento tenha sido formalizado antes do recebimento da denúncia criminal.".

Destarte, para crimes contra a ordem tributária cometidos até 28 de fevereiro de 2011, terá o acusado direito à suspensão do trâmite do feito, caso concedido o parcelamento, independentemente de ter havido ou não o recebimento da denúncia na ação penal, assim como será declarada extinta a sua punibilidade caso efetue o pagamento integral do tributo, ocorrendo este antes ou depois do recebimento da peça inicial acusatória (TRF-2 RSE 201050010041589). Já para os crimes praticados a partir de 1º de março de 2011, a pretensão punitiva estatal somente será possível se a pessoa física ou jurídica relacionada com o agente delitivo já estiver incluída no regime de parcelamento fiscal, desde que o pedido de parcelamento tenha sido deduzido antes do recebimento da denúncia criminal (referido marco processual não constava na Lei 10.864/2003).

No tocante ao pagamento do tributo sonegado, o art. 9º, § 2º, da Lei 10.684/2003, fazendo alusão aos crimes dos arts. 1º e 2º da Lei 8.137/1990 e arts. 168-A e 337-A, ambos do CP, prescreve que a punibilidade será extinta "quando a pessoa jurídica relacionada com o agente efetuar o pagamento integral dos débitos oriundos de tributos e contribuições sociais, inclusive acessórios". Perceba o candidato que a lei, em nenhum momento, trouxe qual o limite temporal máximo para que o pagamento do tributo sonegado operasse a extinção da punibilidade. Por tal razão, entende-se que o adimplemento total dos débitos decorrentes da evasão total ou parcial de tributos, a qualquer tempo, até mesmo após o trânsito em julgado da sentença penal condenatória, terá o condão de extinguir a punibilidade (STJ, HC 232.276).

Ainda, em caso de quitação do parcelamento, o art. 83, § 4º, da Lei 9.430/1996, com a redação que lhe foi conferida pela Lei 12.382/2011, dispõe que estará extinta a punibilidade "dos crimes referidos no *caput* quando a pessoa física ou a pessoa jurídica relacionada com o agente efetuar o pagamento integral dos débitos oriundos de tributos, inclusive acessórios, que tiverem sido objeto de concessão de parcelamento".

10.15. Insignificância penal nos crimes contra a ordem tributária

Como é sabido e ressabido, o princípio da insignificância penal ou da bagatela, acarreta a denominada atipicidade material da conduta, haja vista que a ausência de lesão ou ameaça de lesão relevante ao bem jurídico tutelado pela norma incriminadora afasta a incidência do Direito Penal aos comportamentos do homem.

Destarte, ainda que do ponto de vista formal, o agente tenha praticado sonegação fiscal, tendo deixado de recolher aos cofres públicos determinada quantia de tributo devido, pacificou-se na doutrina e jurisprudência, ao menos no plano federal, que o "limite de corte" para o ajuizamento de execuções fiscais pela Procuradoria da Fazenda Nacional (PFN) deverá ser utilizado como parâmetro para o reconhecimento da criminalidade da conduta.

Em outras palavras, se o Fisco federal, para determinadas quantias devidas, sequer intentará execução fiscal, não haverá motivos para que "entre em cena" o Direito Penal. E, atualmente, a Lei 10.522, de 19 de julho de 2002, em seu art. 20, *caput*, dispõe que "serão arquivados, sem baixa na distribuição, mediante requerimento do Procurador da Fazenda Nacional, os autos das execuções fiscais de débitos inscritos como Dívida Ativa da União pela Procuradoria-Geral da Fazenda Nacional ou por ela cobrados, de valor consolidado igual ou inferior a R$ 10.000,00 (dez mil reais)".

Portanto, a sonegação de tributos federais, até o limite de R$ 10.000,00 (dez mil reais), ensejará o reconhecimento da insignificância penal, que é considerada causa supralegal de exclusão da tipicidade material.

Questão interessante adveio com a publicação da Portaria 75/2012 do Ministério da Fazenda, que dispôs que haverá dispensa de ajuizamento de execução fiscal de débitos com a Fazenda Nacional, cujo valor consolidado seja igual ou inferior a R$ 20.000,00 (vinte mil reais). Teria, a partir de então, a insignificância penal no tocante aos tributos federais sido ampliada para referida quantia? Para essa resposta, colacionamos o excerto abaixo, tratando de precedente do STJ:

> "Agravo regimental no agravo em recurso especial. Penal. Descaminho. Fundamentos insuficientes para reformar a decisão agravada. Valor do tributo iludido para fins de insignificância. Manutenção do parâmetro de R$ 10.000,00 (dez mil reais). Inaplicabilidade da Portaria 75/2012 do Ministério da Fazenda. Violação a dispositivo constitucional. Impossibilidade de análise. Competência do Supremo Tribunal Federal. Regimental improvido.
>
> (...)
>
> 2. A Quinta Turma do Superior Tribunal de Justiça, ao julgar o Recurso Especial n. 1.409.973/SP, firmou entendimento no sentido de não ser possível a aplicação do parâmetro de R$ 20.000,00 (vinte mil reais) trazido na Portaria 75/2012 do Ministério da Fazenda para reconhecer a insignificância nos delitos de descaminho, haja vista, num primeiro momento, a impossibilidade de se alterar lei em sentido estrito por meio de portaria.
>
> 3. Não foi a lei que definiu ser insignificante, na seara penal, o descaminho de valores até 10.000,00 (dez mil reais), foram os julgados dos Tribunais Superiores que definiram a utilização do referido parâmetro, que, por acaso, está expresso em lei, não sendo correto, portanto, fazer referida vinculação de forma absoluta, ou seja, toda vez que for modificado o patamar para ajuizamento de execução fiscal estaria alterado o valor considerado bagatelar.
>
> 4. A alteração dos valores que justificam a instauração de execução fiscal é definida dentro dos critérios da conveniência e oportunidade da administração pública, o que inviabiliza a aplicação do mesmo entendimento no âmbito penal.
>
> (...)
>
> 6. Agravo regimental a que se nega provimento." (AgRg no AREsp 331852 / PR – Agravo regimental no agravo em recurso especial 2013/0145794-6 – DJe 18.02.2014 – Rel. Min. Marco Aurelio Bellizze).

Assim, pelo excerto acima transcrito, que nos parece bastante razoável, a insignificância penal de crimes contra a ordem tributária somente deverá ser reconhecida se o débito não superar R$ 10.000,00 (dez mil reais), valor este previsto no art. 20 da Lei 10.522/2002. A Portaria 75 do Ministério da Fazenda não é "lei" em sentido formal, não tendo o condão de alterar a precitada Lei 10.522. Portanto, o ato administrativo em questão não produzirá, ao menos de acordo com o STJ, efeitos na seara penal.

Porém, o STF, em notícia veiculada em seu sítio eletrônico no dia 21 de março de 2014, trouxe ao cenário jurídico entendimento absolutamente diverso do STJ, reconhecendo a insignificância quando o valor sonegado for de até R$ 20.000,00. Pela relevância da questão, transcrevemos abaixo referida notícia:

> "O ministro Luiz Fux, do Supremo Tribunal Federal (STF), concedeu liminar no Habeas Corpus (HC) 121655 para suspender decisão do Superior Tribunal de Justiça (STJ) que determinou o prosseguimento de ação penal na qual o réu foi acusado da prática do crime de descaminho. Ao julgar recurso, o STJ cassou decisão da Justiça Federal do Paraná que absolveu o acusado com base no princípio de insignificância, em razão do valor de tributo não recolhido aos cofres públicos ser inferior a R$ 20 mil.
>
> No caso em questão, um homem foi denunciado por prática do crime de descaminho, por introduzir mercadorias em território nacional sem o recolhimento de tributos. As mercadorias – produtos eletrônicos e de informática – foram apreendidas pela Polícia Rodoviária Federal dentro de um ônibus, no interior do Paraná. O valor dos tributos devidos foi fixado em R$ 11,6 mil.
>
> A decisão do STJ entendeu que se aplica como valor máximo para a declaração de insignificância aquele fixado no artigo 20 da Lei 10.522/2002, de R$ 10 mil. A decisão da primeira instância, mantida pelo Tribunal Regional Federal da 4ª Região (TRF-4), utilizou como parâmetro o valor de R$ 20 mil, fixado pela Portaria 75/2012 do Ministério da Fazenda, como limite mínimo para o ajuizamento de execuções fiscais.
>
> Em sua decisão, o ministro Luiz Fux faz uma ressalva à utilização de critérios objetivos para o reconhecimento da insignificância, a fim de que se evite a impunidade e se estimule a criminalidade. "A aplicação do princípio da insignificância deve ser precedida de criteriosa análise de cada caso, a fim de se evitar que sua adoção indiscriminada constitua verdadeiro incentivo à prática de pequenos delitos patrimoniais", afirmou.
>
> Ao conceder a liminar requerida pela Defensoria Pública da União, o ministro menciona precedentes do STF que consideraram como limite para avaliação da insignificância o valor de R$ 20 mil, citando decisões da Primeira Turma (HC 120617) e da Segunda Turma (HC 118000) do STF".

11. DISCRIMINAÇÃO RACIAL (LEI 7.716/1989)

11.1. Análise constitucional

Dentre os Princípios Fundamentais assegurados pela Constituição Federal, encontramos no inc. III do art. 1º o da *dignidade da pessoa humana*. Além disso, um dos Objetivos Fundamentais da República, insculpido no art. 3º, IV, é o de*promover o bem de todos, sem preconceitos de origem, raça, sexo, cor, idade e quaisquer outras formas de discriminação*.

Seguindo na leitura da Carta Magna, o art. 4º, que regula as relações internacionais do Brasil, determina que tais relações devam ser regidas pelos princípios da *prevalência dos direitos humanos (inciso II)* e *repúdio ao terrorismo e ao racismo (inciso VIII)*.

Além disso, dentre os Direitos e Garantias Fundamentais, destaca-se, para o efeito do estudo da Lei em comento, o inc. XLII do art. 5º, assim redigido:

> **Art. 5º** (...)
>
> XLII – a prática do racismo constitui crime inafiançável e imprescritível, sujeito à pena de reclusão, nos termos da lei;

Como se observa, a preocupação com a não discriminação racial já estava presente no legislador constitucional, tanto que alvo de repreensão em diversos dispositivos.

11.1.1. Inafiançabilidade

Prevista constitucionalmente, a inafiançabilidade impede o delegado de polícia ou o juiz de arbitrarem fiança ao acusado pela prática de crime de racismo. Ocorre que nosso ordenamento jurídico prevê a possibilidade de concessão de liberdade provisória *sem fiança*. De tal modo, sempre haverá a possibilidade do agente ser colocado em liberdade, mesmo tratando-se de crime inafiançável.

11.1.2. Imprescritibilidade

Muito se critica na doutrina a imprescritibilidade do crime de racismo. O argumento trazido é de que crimes muito mais graves, com penas muito mais severas, como homicídio e extorsão mediante sequestro com resultado morte, prescrevem. Concordamos com tal corrente. Não parece correto, p.ex., que um indivíduo de 20 anos de idade que pratique uma das condutas previstas na Lei, passe toda a sua existência com possibilidade de ser punido. Seria como se mantivesse, por toda a vida, a espada de Dâmocles apontada para sua cabeça.

Em sentido contrário, o STF se manifestou no sentido de que a cláusula de *imprescritibilidade deve existir no crime de racismo para que o mesmo fique* ad perpetuam rei memoriam, *justificando-se como alerta grave para as gerações de hoje e de amanhã*.[1]

11.2. Histórico Jurídico-Penal

Em nosso ordenamento jurídico, podemos citar a Lei 1.390 de 1951 (denominada Lei Afonso Arinos), como sendo o primeiro estatuto legal brasileiro a erigir à categoria de infração penal a prática de algumas condutas tidas como racistas. Tal lei, contudo, tratava as condutas nela previstas como sendo contravenções penais, consequentemente prevendo penas muito brandas.

Trinta e sete anos após a edição da Lei Afonso Arinos, o legislador constituinte de 1988 fez inserir no art. 5º, XLII, da CF/1988 que, "nos termos da lei", *o racismo constitui crime imprescritível e inafiançável, sujeito à pena de reclusão*.

Necessitávamos, então, devido ao novo dispositivo constitucional, de uma lei que erigisse o racismo à categoria de *crime*. Assim surgiu a Lei 7.716/1989, denominada Lei Caó.

Manifestando-se a respeito do tema, SANTOS, destaca que "alguns aperfeiçoamentos legislativos foram sendo verificados desde então, através das Leis 8.081/1990, 8.882/1994 e 9.459/1997, esta última a mais relevante das três, principalmente por incluir a norma penal incriminadora até hoje prevista no artigo 20, 'caput', qual seja, 'Praticar, induzir ou incitar a discriminação ou preconceito de raça, cor, etnia, religião ou procedência nacional. Pena – reclusão, de um a três anos e multa'".[2]

11.3. Dos crimes em espécie

Passaremos agora a analisar isoladamente cada um dos artigos da Lei 7.716/1989, fazendo as observações necessárias e que possam ser objeto de indagação no concurso público para a carreira de Delegado de Polícia.

Uma das primeiras coisas a se notar, refere-se ao montante das penas, não ultrapassando o máximo de 5 (cinco anos). a observação torna-se importante na medida em o legislador procurou dar um caráter de gravidade extrema ao crime de racismo, mediante imprescritibilidade e inafiançabilidade, contudo as penas aplicadas não permitem sequer o cumprimento em regime fechado.

> **Art. 1º** Serão punidos, na forma desta Lei, os crimes resultantes de discriminação ou preconceito de raça, cor, etnia, religião ou procedência nacional.

Raça: se consultarmos o dicionário Aurélio encontraremos a seguinte definição: "conjunto de indivíduos cujos caracteres somáticos, tais como a cor da pele, a conformação do crânio e do rosto, o tipo de cabelo etc., são semelhantes e se transmitem por hereditariedade, embora variem de indivíduo para indivíduo".

Mais atual a definição e comentário encontrados no dicionário *online* Priberam, para o qual raça é o "grupo de indivíduos cujos caracteres biológicos são constantes e se conservam pela geração: Raça branca, raça amarela, raça negra, raça vermelha. (Os progressos da genética levam hoje a rejeitar qualquer tentativa de classificação racial)".[3]

A rejeição de rotular os seres humanos em 'raças', levando em consideração o desenvolvimento e as descobertas da Genética, embasou decisão paradigmática do Supremo Tribunal Federal, de 17 de dezembro de 2003, sobre crimes raciais. Assim manifestou-se o seu Plenário: "(...) 3. Raça humana, subdivisão. Inexistência. Com a definição e o mapeamento do genoma humano, cientificamente não existem distinções entre os homens, seja pela segmentação da pele, formato dos olhos, altura, pelos ou por quaisquer outras características físicas,

1. HC 82.424-RS, Pleno, rel.p/ o Ac. Maurício Corrêa, j. 17.09.2003, m.v., RTJ 188/858.

2. SANTOS, Christiano Jorge. Racismo ou injúria qualificada? Disponível em: http://www.revistajustitia.com.br/artigos/a35c5x.pdf. Acesso em 12.06.2014.

3. **"Raça"**, in Dicionário Priberam da Língua Portuguesa [em linha], 2008-2013, http://www.priberam.pt/dlpo/raça [consultado em 12-06-2014].

visto que todos se qualificam como espécie humana. Não há diferenças biológicas entre os seres humanos. Na essência somos todos iguais".[4]

Cor: no contexto da lei, seria a forma de diferenciação das pessoas pela pigmentação de suas peles. Pelesbranca, preta, amarela (descendência de orientais), vermelha (descendente de índios). Embora criticada a distinção, documentos e fichas de inscrição ou identificação continuam possuindo campo próprio para classificação da cor do indivíduo.

Etnia: agrupamento de pessoas com cultura comum.

Religião: culto prestado a uma divindade; crença no sobrenatural.

Procedência nacional: local do Brasil de onde a pessoa é proveniente.

Discriminação: discriminar nada mais é do que estabelecer diferenças. O que interessa, para a análise da Lei, é a chamada *discriminação negativa*, ou seja, discriminar uma pessoa ou grupo de pessoas devido a preconceito (intolerância).

Racismo: Nas palavras de SANTOS, "entende-se como tal o preconceito ou a discriminação negativa praticados contra uma pessoa, um determinado grupo de pessoas por pertencerem a determinada raça ou então a conduta típica voltada contra todos os integrantes de um grupo racial."[5]

Por sua vez, a Lei 12.288, de 20 de julho de 2010, que instituiu o Estatuto da Igualdade Racial, alterando, dentre outros, dispositivos da Lei 7.716/1989, definiu em seu art. 1º, parágrafo único, I, *discriminação racial ou étnico-racial*, como sendo: "toda distinção, exclusão, restrição ou preferência baseada em raça, cor, descendência ou origem nacional ou étnica que tenha por objeto anular ou restringir o reconhecimento, gozo ou exercício, em igualdade de condições, de direitos humanos e liberdades fundamentais nos campos político, econômico, social, cultural ou em qualquer outro campo da vida pública ou privada."

Art. 3º Impedir ou obstar o acesso de alguém, devidamente habilitado, a qualquer cargo da Administração Direta ou Indireta, bem como das concessionárias de serviços públicos:

Pena – reclusão de 2 (dois) a 5 (cinco) anos.

Impedir: proibir, estorvar.

Obstar: causar embaraço, opor-se.

Objeto jurídico tutelado: a igualdade.

Sujeito ativo: pessoa com poder de impedir ou obstar o acesso de outrem a cargo da administração direta ou indireta, ou concessionária de serviço público. Trata-se de crime próprio.

Sujeito passivo: a pessoa que for discriminada.

Elemento subjetivo: dolo de discriminar (elemento subjetivo específico).

Consumação: com o ato de impedir ou obstar.

Tentativa: admite-se.

Trata-se de crime formal, consumando-se independente de causação de prejuízo ao discriminado.

4. HC-QO 82.424-RS, rel. Moreira Alves, rel. p/ o Ac. Maurício Corrêa, 17.09.2003, *DJ* 19.03.2004, p. 17, m.v.

5. SANTOS, op. cit., nota 2.

Parágrafo único. Incorre na mesma pena quem, por motivo de discriminação de raça, cor, etnia, religião ou procedência nacional, obstar a promoção funcional.

A Lei 12.288/2010 fez inserir um parágrafo único ao art. 3º, justamente para coibir a conduta discriminatória contra funcionário já no exercício de suas atividades, mas que era de alguma forma impedido de galgar cargos mais elevados por não conseguir ser promovido em virtude de sua raça, cor, etnia, religião ou procedência nacional.

Art. 4º Negar ou obstar emprego em empresa privada:

Pena – reclusão de 2 (dois) a 5 (cinco) anos.

Negar: recusar.

Obstar: causar embaraço; opor-se.

Difere o tipo em análise daquele previsto no art. 3º, pela natureza do posto (se em empresa particular aplica-se o art. 4º; sendo empresa pública ou concessionária de serviços públicos incide o art. 3º da lei).

Objeto jurídico tutelado: a igualdade.

Sujeito ativo: o dono da empresa ou aquele que tenha poder de contratação. Respondem individualmente, sendo responsabilizados somente se participarem do ato discriminatório. Isto porque apenas o gerente, por exemplo, pode o ter praticado, sem conhecimento do proprietário, que nesta hipótese não será responsabilizado pelo crime. Trata-se de crime próprio.

Sujeito passivo: a pessoa discriminada.

Elemento subjetivo: dolo de discriminar (elemento subjetivo específico).

Consumação: com o ato de negar ou obstar.

Tentativa: admite-se.

Trata-se de crime formal, consumando-se independente de causação de prejuízo ao discriminado.

§ 1º Incorre na mesma pena quem, por motivo de discriminação de raça ou de cor ou práticas resultantes do preconceito de descendência ou origem nacional ou étnica:

Como já mencionado, o Estatuto da Igualdade Racial (Lei 12.288/2010) fez inserir o § 1º, ao tipo em estudo.

I – deixar de conceder os equipamentos necessários ao empregado em igualdade de condições com os demais trabalhadores;

Todo trabalhador tem direito de receber equipamentos parao desempenho de suas atividades profissionais. O empregador ou responsável pela concessão de tais equipamentos que fizerem qualquer tipo de discriminação quanto ao fornecimento daqueles, levando em consideração não apenas o caráter técnico, mas aspectos referentes à raça, cor, descendência ou origem nacional ou étnica, estarão sujeitos às penas da lei.

II – impedir a ascensão funcional do empregado ou obstar outra forma de benefício profissional;

Da mesma forma que o previsto no parágrafo único do artigo 3º, estará sujeito às penas da lei o empregador ou responsável que impedir a ascensão profissional do empregado (promoção), ou obstar qualquer outra forma de benefício profissional (qualquer vantagem como proibição de realizar hora extra, por exemplo), desde que por motivos de raça, cor, descendência ou origem nacional ou étnica.

III – proporcionar ao empregado tratamento diferenciado no ambiente de trabalho, especialmente quanto ao salário.

Quem *proporciona* é o patrão ou superior hierárquico do trabalhador, por isso, voltado para eles o tipo penal. Pode ocorrer o tratamento diferenciado em qualquer aspecto no ambiente de trabalho, p. ex., impedindo motorista negro de dirigir determinados veículos da empresa. A lei, contudo, enfatiza a questão salarial, quando feita discriminação de valores pagos pela mesma função, levando-se em consideração raça, cor, descendência ou origem nacional ou étnica.

§ 2º Ficará sujeito às penas de multa e de prestação de serviços à comunidade, incluindo atividades de promoção da igualdade racial, quem, em anúncios ou qualquer outra forma de recrutamento de trabalhadores, exigir aspectos de aparência próprios de raça ou etnia para emprego cujas atividades não justifiquem essas exigências.

Também acrescido pelo Estatuto da Igualdade Racial (Lei 12.288/2010).

Trata-se daquelas ofertas de empregos em que o anunciante impõe como requisitos para concorrência à vaga, p.ex., ser a pessoa loira, de olhos azuis, fatores estes que nada têm a ver com as funções que o futuro empregado irá desempenhar em sua atividade laboral.

Art. 5º Recusar ou impedir acesso a estabelecimento comercial, negando-se a servir, atender ou receber cliente ou comprador:

Pena – reclusão de 1 (um) a 3 (três) anos.

Recusar: não aceitar; não admitir.

Impedir: proibir.

Acesso: entrada; ingresso.

O tipo trata daquelas situações em que não é permitido o ingresso de determinado cliente (pessoa que se vale de serviço oferecido) ou comprador (pessoa que adquire algo pagando o preço cobrado), em virtude de sua raça, cor, etnia, religião ou procedência nacional.

Objeto jurídico tutelado: a igualdade.

Sujeito ativo: o prestador de serviço ou comerciante, podendo ser seus subordinados (empregados, p. ex.). Respondem individualmente, sendo responsabilizados somente se participarem do ato discriminatório. Isto porque apenas o funcionário, por exemplo, pode o ter praticado, sem conhecimento do proprietário, que nesta hipótese não será responsabilizado pelo crime. Trata-se de crime próprio.

Sujeito passivo: a pessoa discriminada (cliente ou comprador).

Elemento subjetivo: dolo de discriminar (elemento subjetivo específico).

Consumação: com a recusa ou impedimento de acesso.

Tentativa: admite-se.

Trata-se de crime formal, consumando-se independente de causação de prejuízo ao discriminado.

Art. 6º Recusar, negar ou impedir a inscrição ou ingresso de aluno em estabelecimento de ensino público ou privado de qualquer grau:

Pena – reclusão de 3 (três) a 5 (cinco) anos.

Prevê o art. 205 da CF/1988:

Art. 205. A educação, direito de todos e dever do Estado e da família, será promovida e incentivada com a colaboração da sociedade, visando ao pleno desenvolvimento da pessoa, seu preparo para o exercício da cidadania e sua qualificação para o trabalho.

Todos tem o direito à educação, ninguém podendo ser privado do mesmo, muito menos por questões de discriminação racial ou de cor, etnia, religião ou procedência nacional.

Recusar: não aceitar; não admitir.

Negar: rejeitar.

Impedir: proibir.

Inscrição: no sentido de matrícula.

Ingresso: entrada.

Abrange o tipo penal tanto os estabelecimentos de ensino públicos como também os privados, e em qualquer grau de ensino.

Sujeito ativo: Trata-se de crime próprio, podendo ser praticado tanto pelo dono do estabelecimento ou seu subordinado (se privado), como pelo diretor ou funcionário (se público). Respondem individualmente, sendo responsabilizados somente se participarem do ato discriminatório. Isto porque apenas o funcionário, por exemplo, pode o ter praticado, sem conhecimento do proprietário, que nesta hipótese não será responsabilizado pelo crime.

Sujeito passivo: o aluno discriminado.

Elemento subjetivo: dolo de discriminar (elemento subjetivo específico).

Consumação: com o ato de recusa, negativa ou impedimento.

Tentativa: admissível.

Trata-se de crime formal, consumando-se independente de causação de prejuízo ao discriminado.

Parágrafo único. Se o crime for praticado contra menor de 18 anos a pena é agravada de 1/3 (um terço).

É causa de aumento de pena. Objetiva-se resguardar aquele que ainda não possui a maturidade suficiente e, consequentemente, pode abalar-se mais facilmente com os efeitos de uma discriminação.

Art. 7º Impedir o acesso ou recusar hospedagem em hotel, pensão, estalagem ou qualquer estabelecimento similar:

Pena – reclusão de 3 (três) a 5 (cinco) anos.

Impedir: proibir.

Acesso: entrada; ingresso.

Recusar: não aceitar; não admitir.

O tipo penal é voltado para a hospedagem em hotel, pensão, estalagem ou qualquer estabelecimento similar onde se receba pessoa como hospede, por períodos determinados, mediante aluguel de quartos. Tendo em vista o termo "qualquer estabelecimento similar", NUCCI cita a hipótese de, por meio de interpretação analógica, aplicar-se o tipo penal à casa comum de família que eventualmente aluga um quarto para quem necessite, por um determinado período, mediante remuneração, bem como a um albergue para estudantes em viagens.[6]

Objeto jurídico tutelado: a igualdade.

Sujeito ativo: o proprietário do estabelecimento ou funcionário. Respondem individualmente, sendo responsabilizados somente se participarem do ato discriminatório. Isto porque apenas o funcionário, por exemplo, pode o ter praticado, sem conhecimento do proprietário, que nesta hipótese não será responsabilizado pelo crime. É crime próprio.

Sujeito passivo: a pessoa discriminada.

Elemento subjetivo: dolo de discriminar (elemento subjetivo específico).

Consumação: com o ato de impedimento ou recusa.

Tentativa: admite-se.

Trata-se de crime formal, consumando-se independente de causação de prejuízo ao discriminado.

Art. 8º Impedir o acesso ou recusar atendimento em restaurantes, bares, confeitarias, ou locais semelhantes abertos ao público:

Pena – reclusão de 1 (um) a 3 (três) anos.

Impedir: proibir.

Acesso: entrada; ingresso.

Recusar: não aceitar; não admitir.

Atendimento: ato de atender, de dar atenção; servir.

O tipo penal, além de restaurantes, bares e confeitarias, utiliza a expressão "locais semelhantes abertos ao público". Em uma interpretação analógica, podemos citar lanchonetes, cafeterias, casas de sucos, sorveterias etc.

Sujeito ativo: o proprietário ou funcionário. Respondem individualmente, sendo responsabilizados somente se participarem do ato discriminatório. Isto porque apenas o funcionário, por exemplo, pode o ter praticado, sem conhecimento do proprietário, que nesta hipótese não será responsabilizado pelo crime. É crime próprio.

Sujeito passivo: a pessoa discriminada.

Elemento subjetivo: dolo de discriminar (elemento subjetivo específico).

Consumação: com o ato de impedimento ou recusa.

Tentativa: admite-se.

Trata-se de crime formal, consumando-se independente de causação de prejuízo ao discriminado.

Art. 9º Impedir o acesso ou recusar atendimento em estabelecimentos esportivos, casas de diversões, ou clubes sociais abertos ao público:

Pena – reclusão de 1 (um) a 3 (três) anos.

Impedir: proibir.

Acesso: entrada; ingresso.

Recusar: não aceitar; não admitir.

Atendimento: ato de atender, de dar atenção; servir.

Estabelecimento esportivo: local onde são praticadas atividades voltadas ao esporte, como, p. ex., centros de treinamentos.

Casas de diversões: local de entretenimento, como cinemas, teatros etc.

Clubes sociais: local onde pessoas se encontram e convivem, praticando variadas atividades culturais, esportivas etc.

Local aberto ao público: fundamental que seja local de livre acesso, mesmo que mediante pagamento de ingresso.

Sujeito ativo: o proprietário ou funcionário. Respondem individualmente, sendo responsabilizados somente se participarem do ato discriminatório. Isto porque apenas o funcionário, por exemplo, pode o ter praticado, sem conhecimento do proprietário, que nesta hipótese não será responsabilizado pelo crime. É crime próprio.

Sujeito passivo: a pessoa discriminada.

Elemento subjetivo: dolo de discriminar (elemento subjetivo específico).

Consumação: com o ato de impedimento ou recusa.

Tentativa: admite-se.

Trata-se de crime formal, consumando-se independente de causação de prejuízo ao discriminado.

Art. 10. Impedir o acesso ou recusar atendimento em salões de cabeleireiros, barbearias, termas ou casas de massagem ou estabelecimentos com as mesmas finalidades:

Pena – reclusão de 1 (um) a 3 (três) anos.

Impedir: proibir.

Acesso: entrada; ingresso.

Recusar: não aceitar; não admitir.

Atendimento: ato de atender, de dar atenção; servir.

Termas: local para banhos em águas termais. Termo hoje em desuso, podendo entender-se como as saunas, nos dias atuais.

Casas de massagens: massagem no sentido terapêutico e não no sentido pejorativo, evidentemente.

Estabelecimentos com a mesma finalidade: é a fórmula genérica utilizada pelo legislador, podendo servir como exemplo clínicas de emagrecimentos, salões de manicures etc.

Sujeito ativo: o proprietário ou funcionário. Respondem individualmente, sendo responsabilizados somente se participarem do ato discriminatório. Isto porque apenas o funcionário, por exemplo, pode o ter praticado, sem conhecimento do proprietário, que nesta hipótese não será responsabilizado pelo crime. É crime próprio.

Sujeito passivo: a pessoa discriminada.

Elemento subjetivo: dolo de discriminar (elemento subjetivo específico).

Consumação: com o ato de impedimento de acesso ou recusa de atendimento.

Tentativa: admite-se.

6. NUCCI, Guilherme de Souza. *Leis penais e processuais penais comentadas*. 3. ed. rev. atual. e ampli. São Paulo: Editora Revista dos Tribunais, 2008. p. 282.

Trata-se de crime formal, consumando-se independente de causação de prejuízo ao discriminado.

Art. 11. Impedir o acesso às entradas sociais em edifícios públicos ou residenciais e elevadores ou escada de acesso aos mesmos:

Pena – reclusão de 1 (um) a 3 (três) anos.

Impedir: proibir.

Acesso: entrada; ingresso.

Entrada social: aquela utilizada por moradores e visitantes. Difere da entrada utilizada para entregas de mercadorias.

Importante observar não incidir o tipo penal no caso de exigência de que entregas e obras sejam realizadas pelos elevadores e escadas de serviço.

Sujeito ativo: o síndico, zelador ou porteiro.

Sujeito passivo: a pessoa discriminada.

Elemento subjetivo: dolo de discriminar (elemento subjetivo específico).

Consumação: com o ato de impedimento de acesso ou recusa de atendimento.

Tentativa: admite-se.

Trata-se de crime formal, consumando-se independente de causação de prejuízo ao discriminado.

Art. 12. Impedir o acesso ou uso de transportes públicos, como aviões, navios, barcas, barcos, ônibus, trens, metrô ou qualquer outro meio de transporte concedido:

Pena – reclusão de 1 (um) a 3 (três) anos.

Impedir: proibir.

Acesso: entrada; ingresso.

Uso: ato ou efeito de usar.

O legislador elenca uma série de meios de transportes públicos e, ao final, faz uso da fórmula genérica até mesmo porque seria difícil esgotar todos os meios existentes ou que possam ser criados posteriormente à lei.

Sujeito ativo: o responsável pelo acesso ao transporte, bem como o proprietário da empresa de transporte. Respondem individualmente, sendo responsabilizados somente se participarem do ato discriminatório. Isto porque apenas o funcionário, por exemplo, pode o ter praticado, sem conhecimento do proprietário, que nesta hipótese não será responsabilizado pelo crime. É crime próprio.

Sujeito passivo: a pessoa discriminada.

Elemento subjetivo: dolo de discriminar (elemento subjetivo específico).

Consumação: com o ato de impedimento de acesso ou de uso.

Tentativa: admite-se.

Trata-se de crime formal, consumando-se independente de causação de prejuízo ao discriminado.

Art. 13. Impedir ou obstar o acesso de alguém ao serviço em qualquer ramo das Forças Armadas:

Pena – reclusão de 2 (dois) a 4 (quatro) anos.

Impedir: proibir

Obstar: causar embaraço.

Acesso: entrada; ingresso.

Forças armadas: Exército, Marinha ou Aeronáutica. Há quem defenda aplicar-se aos policiais militares e bombeiros por serem forças auxiliares do Exército. Entendemos que mesmo que não se aceite tal aplicação aos policiais militares e bombeiros, o acesso a estes cargos estará acobertado pelo art. 3º, da Lei.

Sujeito ativo: aquele que tem a incumbência de aceitar o ingresso, podendo ser um subordinado ou um oficial.

Sujeito passivo: a pessoa discriminada.

Elemento subjetivo: dolo de discriminar (elemento subjetivo específico).

Consumação: com o ato de impedir ou obstar.

Tentativa: admite-se.

Trata-se de crime formal, consumando-se independente de causação de prejuízo ao discriminado.

Art. 14. Impedir ou obstar, por qualquer meio ou forma, o casamento ou convivência familiar e social:

Pena – reclusão de 2 (dois) a 4 (quatro) anos.

Impedir: proibir.

Obstar: causar embaraço.

Casamento: ato solene e formal do matrimônio.

Convivência familiar e social: união estável; namoro, amizade.

Sujeito ativo: qualquer pessoa. Trata-se de crime comum.

Sujeito passivo: pessoa discriminada.

Elemento subjetivo: dolo de discriminar (elemento subjetivo específico).

Consumação: com o ato de impedir ou obstar.

Tentativa: admite-se.

Trata-se de crime formal, consumando-se independente de causação de prejuízo ao discriminado.

Art. 20. Praticar, induzir ou incitar a discriminação ou preconceito de raça, cor, etnia, religião ou procedência nacional:

Pena – reclusão, de 1 (um) a 3 (três) anos, e multa.

Caput com redação alterada pela Lei 9.459/1997.

Praticar: colocar em prática; executar.

Induzir: incutir; fazer surgir a ideia.

Incitar: provocar.

Com relação ao tipo penal, NUCCI tem um posicionamento bastante interessante. Defende o autor a inaplicabilidade do mesmo pelo fato de ser aberto demais, ofendendo o princípio penal da taxatividade. Afirma ainda que os termos "induzir" e "incitar" tratam da modalidade de participação moral em crimes de discriminação, gerando dúvidas de quando se poderia punir o sujeito pela prática do art. 20 ou pela participação nos demais artigos da lei.[7]

7. NUCCI, Op. cit., p.290, nota 6.

Sujeito ativo: qualquer pessoa. Trata-se de crime comum.

Sujeito passivo: quem sofre a discriminação.

Elemento subjetivo: dolo de discriminar (elemento subjetivo específico).

Consumação: com o ato de praticar, induzir ou incitar a discriminação.

Tentativa: admite-se.

Trata-se de crime formal, consumando-se independente de causação de prejuízo ao discriminado.

O § 3º do art. 140 do CP, que trata da chamada *injúria racial*, assim dispõe:

> **Art. 140.** (...)
>
> § 3º Se a injúria consiste na utilização de elementos referentes a raça, cor, etnia, religião, origem ou a condição de pessoa idosa ou portadora de deficiência:
>
> Pena – reclusão de um a três anos e multa.

Importante que façamos uma distinção entre o art. 20 da lei, ora estudado, e aquele presente no Código Penal.

Quando falamos na discriminação prevista no art. 20 da Lei 7.716/1989, tal conduta deve ser voltada para um número indeterminado de pessoas, ao passo que a injúria racial visa a atingir a honra subjetiva de apenas um indivíduo.

Enfrentando o tema, SANTOS, ilustra com o seguinte exemplo: "*...uma discussão decorrente de acidente de trânsito envolvendo dois motoristas, um branco e um negro, na qual dissesse o branco algo assemelhado a 'tinha que ser preto para fazer uma caca dessas...' e o retorquisse o negro com um questionamento como 'o que você disse, seu branquelo 'fdp'?'. (...) Antecipando a conclusão final, afirmo tratar-se a primeira conduta (a fala do 'branco') de crime previsto no artigo 20, 'caput', da Lei 7.716/89 (prática do preconceito de raça), o que poderia ser tratado propriamente como delito de racismo, comportamento que se diferencia do segundo (o do 'negro'), caracterizado como injúria qualificada prevista no artigo 140, §3º, do Código Penal. (...) "O indivíduo que se manifesta como a pessoa branca no exemplo da discussão de trânsito, assim como quem diz sobre um semelhante ou a um grupo humano: 'Oh, raça maldita!' ou 'Você pertence a uma sub-raça' está praticando o preconceito criminoso, inequivocamente.*"[8]

> § 1º Fabricar, comercializar, distribuir ou veicular símbolos, emblemas, ornamentos, distintivos ou propaganda que utilizem a cruz suástica ou gamada, para fins de divulgação do nazismo:
>
> § 1º acrescentado pela Lei 9.459/1997.
>
> Pena – reclusão, de 2 (dois) a 5 (cinco) anos, e multa.

Fabricar: construir.

Comercializar: colocar no comércio

Distribuir: dar a diversas pessoas por diversos modos.

Veicular: divulgar.

O parágrafo tem por objetivo o impedimento da realização de quaisquer dos verbos do tipo, com referência a emblemas, ornamentos, distintivos ou propaganda que utilizem a cruz suástica ou gamada (símbolos do período nazista).

Sujeito ativo: qualquer pessoa. Trata-se de crime comum.

Sujeito passivo: a sociedade.

Elemento subjetivo: dolo de discriminar (elemento subjetivo específico), fundado na disseminação da doutrina nazista.

Consumação: com o ato de fabricar, comercializar, distribuir ou veicular.

Tentativa: admite-se.

Trata-se de crime de mera conduta, consumando-se independente de causação de prejuízo à sociedade.

12. PRISÃO TEMPORÁRIA (LEI 7.960/1989)

12.1. Introdução

A Constituição Federal de 1988, em seu art. 5º, LXI, preceitua que: "ninguém será preso senão em flagrante delito ou por ordem escrita e fundamentada de autoridade judiciária competente, salvo nos casos de transgressão militar ou crime propriamente militar, definidos em lei".

Da rápida leitura do texto constitucional podemos extrair que a regra é a da liberdade, sendo a prisão a exceção.

Excetuando-se os casos de transgressões e crimes militares, que possuem legislação própria, não sendo o presente trabalho a seara adequada para estudá-los, percebemos que a prisão pode se dar por ocasião de flagrante delito e por ordem escrita e fundamentada da autoridade judiciária. Está última hipótese nos interessa no momento, visto onde se insere o instituto da prisão temporária, regido pela Lei 7.960/1989.

A prisão temporária é modalidade de prisão cautelar, que restringe a liberdade de locomoção por tempo determinado, aplicada na fase do inquérito policial, com a finalidade de garantir a investigação de crimes graves especificados na própria Lei 7.960/1989. É uma forma excepcional da segregação social do cidadão antes do trânsito em julgado da sentença.

12.2. Discussão sobre a constitucionalidade do instituto

A constitucionalidade das prisões cautelares, tendo em vista o princípio do estado de inocência, não é tema novo, mas continua gerando acalorados debates.

O Pacto de San Jose da Costa Rica, incorporado ao nosso ordenamento jurídico pelo Decreto 678/1992, dispõe em seu arts. 7, item 2, e 8, item 2:

> Ninguém pode ser privado de sua liberdade física, salvo pelas causas e nas condições previamente fixadas pelas constituições políticas dos Estados-Parte ou pelas leis de acordo com elas promulgadas" e continua: "toda pessoa acusada de delito tem direito a que se presuma sua inocência enquanto não se comprove legalmente sua culpa.

Tendo em vista tal diploma normativo, além da nossa própria Constituição, muitos se insurgem contra o instituto da prisão temporária, alegando sua inconstitucionalidade, por privar o cidadão de sua liberdade antes do trânsito em julgado da sentença penal condenatória.

8. SANTOS, Christiano Jorge, op. cit., nota 2.

Não será objeto desta análise o aprofundamento das discussões doutrinárias de sua constitucionalidade ou não.

O fato é que o instituto da prisão temporária existe e está em pleno vigor, sendo aceito pela jurisprudência e servindo como importante instrumento de combate à criminalidade, possibilitando maior eficiência às investigações.

12.3. Fundamentos da Prisão Temporária

> **Art. 1º** Caberá prisão temporária:
>
> I – quando imprescindível para as investigações do inquérito policial;
>
> II – quando o indiciado não tiver residência fixa ou não fornecer elementos necessários ao esclarecimento de sua identidade;
>
> III – quando houver fundadas razões, de acordo com qualquer prova admitida na legislação penal, de autoria ou participação do indiciado nos seguintes crimes:
>
> *a)* homicídio doloso (art. 121, *caput*, e seu § 2º);
>
> *b)* sequestro ou cárcere privado (art. 148, *caput*, e seus §§ 1º e 2º);
>
> *c)* roubo (art. 157, *caput*, e seus §§ 1º, 2º e 3º);
>
> *d)* extorsão (art. 158, *caput*, e seus §§ 1º e 2º);
>
> *e)* extorsão mediante sequestro (art. 159, *caput*, e seus §§ 1º, 2º e 3º);
>
> *f)* estupro (art. 213, *caput*, e sua combinação com o art. 223, *caput*, e parágrafo único);
>
> *g)* atentado violento ao pudor (art. 214, *caput*, e sua combinação com o art. 223, *caput*, e parágrafo único);
>
> *h)* rapto violento (art. 219, e sua combinação com o art. 223, *caput*, e parágrafo único);
>
> *i)* epidemia com resultado de morte (art. 267, § 1º);
>
> *j)* envenenamento de água potável ou substância alimentícia ou medicinal qualificado pela morte (art. 270, *caput*, combinado com o art. 285);
>
> *l)* quadrilha ou bando (art. 288), todos do Código Penal;
>
> *m)* genocídio (arts. 1º, 2º e 3º da Lei 2.889, de 1º.10.1956), em qualquer de suas formas típicas;
>
> *n)* tráfico de drogas (art. 12 da Lei 6.368, de 21.10.1976);
>
> *o)* crimes contra o sistema financeiro (Lei 7.492, de 16.6.1986).

A primeira apreciação que se deve fazer do dispositivo diz respeito à presença, no caso concreto, do disposto nos incisos I, II e III para a decretação da prisão.

De tal forma, referidos incisos não podem ser vistos como *cumulativos*, pois a prisão temporária seria de decretação praticamente impossível.

É difícil imaginar a situação na qual além da prática de um dos crimes do inciso III, o investigado ainda não tivesse residência fixa ou não fornecesse elementos para estabelecer sua identidade e também fosse imprescindível a prisão para a investigação.

Igualmente, se considerados *alternativos*, em toda situação, por exemplo, que fosse praticado um dos crimes previstos no inciso III, já deveria ser decretada a prisão temporária.

É certo que o inciso III, elencando as modalidades delituosas que admitem a privação da liberdade de forma temporária, é de presença obrigatória. Ou seja, se praticado um dos crimes elencados em tal inciso, passaremos a análise da existência de pelo menos um dos outros dois fundamentos (incisos I e II), caso contrário a prisão temporária torna-se inaplicável. Esse o posicionamento adotado pela doutrina.[9]

12.3.1. *Da imprescindibilidade para as investigações do inquérito policial*

A prisão temporária somente pode ser decretada pela Justiça, durante a fase do inquérito policial.

O inquérito policial, instrumento de investigação a cargo do Delegado de Polícia, é o campo onde o crime, no mais das vezes, está ainda em sua fase de recenticidade. Tal situação clama por instrumentos legais capazes de garantir o êxito das diligências, de forma a permitir que se forneça ao Ministério Público e ao Poder Judiciário, elementos para a correta prestação jurisdicional.

Durante o trâmite das investigações, não raro, a privação da liberdade de determinada pessoa investigada faz-se absolutamente imprescindível. Em tal situação, o Delegado de Polícia deverá expor de forma pormenorizada ao magistrado as causas de tal necessidade de privação, elencando os motivos pelos quais a manutenção do investigado em liberdade poderá gerar riscos ao êxito do inquérito policial (*periculum libertatis*). Apenas a título de ilustração, imaginemos em uma investigação de homicídio doloso, um suspeito já conhecido na localidade dos fatos pelo seu modo agressivo e intimidador. Tal pessoa, em liberdade durante os trabalhos investigatórios, certamente geraria pânico na comunidade local, desencorajando qualquer testemunho em seu desfavor.

Por fim, ressalte-se que não se faz necessário que o suspeito seja a pessoa *indiciada*, até porque o *indiciamento*, que é a *formal suspeita* que recai sobre determinada pessoa, poderá vir somente após a prisão temporária, com os elementos que esta permitiu que se trouxesse aos autos do inquérito policial.

12.3.2. *Da residência fixa ou identidade esclarecida*

O suspeito que não possui residência fixa dificulta sobremaneira sua localização durante as investigações, afinal, poderá perambular de um canto a outro, até mesmo desaparecendo do sítio do evento.

Da mesma maneira, o não fornecimento de dados qualificativos de sua identidade faz com que o suspeito possa se passar por outra pessoa, ou mesmo que a polícia não saiba de quem se trata, gerando total insegurança à investigação.

Em ambos os casos a prisão pode mostrar-se absolutamente necessária, ou para evitar o desaparecimento do suspeito ou para permitir sua identificação pelos métodos adequados, estabelecendo sua correta identidade.

12.3.3. *Autoria ou participação do suspeito nos crimes elencados*

Os crimes elencados no inciso III do art. 1º da Lei configuram o *fumus commissi delicti*, que deve, como já expusemos, ser

---

9. Com referência ao assunto, interessante a posição de GRECO FILHO. Para o autor, é preciso combinar entre si as hipóteses dos incisos do art. 1º da Lei de Prisão Temporária e também combiná-las com as hipóteses de cabimento de prisão preventiva. (GRECO FILHO, Vicente. *Manual de processo penal*. 7. ed. São Paulo: Saraiva, 2009. p. 260.)

analisados em conjunto com os incisos II e III, que constituem o *periculum libertatis*.

Cabem aqui algumas observações a respeito do rol apresentado pela lei, objetivando a atualização do leitor frente a algumas alterações legislativas:

a) A letra "f", ao prever o crime de estupro, aponta sua combinação com o art. 223, *caput* e parágrafo único do CP. Tal artigo e parágrafo foram revogados pela lei 12.015/2009. Também foi inserido ao CP, através de referida lei, o artigo 217-A, que trata do chamado estupro de vulnerável, passando a compor o rol dos crimes passíveis de prisão temporária, uma vez que é modalidade mais grave do crime de estupro.

b) A letra "g" refere-se ao crime de atentado violento ao pudor, que era previsto no art. 214 do CP, igualmente revogado pela Lei 12.015/2009. Aplica-se à conduta, que se subsumia a referido artigo, o tipo penal do estupro.

c) A letra "h" faz menção ao crime de rapto violento, retirado do ordenamento jurídico pela Lei 11.106/2005. A conduta, no entanto, não foi descriminalizada totalmente, passando a ter a proteção jurídica do art. 148, § 1°, V do CP, comportando a prisão temporária.

d) A letra "l" cita o crime de quadrilha ou bando, previsto no art. 288 do CP. Aqui apenas uma questão de nomenclatura. A Lei 12.850/2013 (Organização Criminosa) alterou o *nomen iuris* de referido artigo que passou a chamar-se *Associação Criminosa*.

e) A letra "n" aponta o tráfico de drogas previsto no art. 12 da Lei 6.368/1976. Tal diploma legal foi revogado pela Lei 11.343/2006, que trata do tráfico em seu art. 33.[10]

12.4. Prazos

> **Art. 2°** A prisão temporária será decretada pelo Juiz, em face da representação da autoridade policial ou de requerimento do Ministério Público, e terá o prazo de 5 (cinco) dias, prorrogável por igual período em caso de extrema e comprovada necessidade.
>
> § 1° Na hipótese de representação da autoridade policial, o Juiz, antes de decidir, ouvirá o Ministério Público.

A prisão temporária necessita, para sua decretação pela autoridade judiciária, de representação do delegado de polícia ou de requerimento do membro do Ministério Público. Não é possível a decretação de ofício por parte do juiz.

No que concerne ao prazo de duração, deve-se observar duas situações: a) crimes previstos na própria Lei 7.960/1989, para os quais o prazo será de cinco dias, prorrogáveis por mais cinco em caso de extrema e comprovada necessidade; b) crimes hediondos, prática de tortura, tráfico de entorpecentes e terrorismo, onde o prazo será de 30 dias, prorrogável por igual período, em caso de extrema e comprovada necessidade, conforme dispõe a Lei 8.072/1990, em seu art. 2°, § 4°.

10 Tratando do tema NUCCI observa que: "para outros efeitos, considera-se tráfico, logo crime equiparado a hediondo, tanto as figuras descritas no art.33, como também as previstas nos arts. 34 e 37. Para fim de decretação da prisão temporária, no entanto, somente se leva em conta o art. 33 da Lei 11.343/2006". (NUCCI, Guilherme de Souza. *Leis penais e processuais penais comentadas*. 3. ed. rev. atual. e ampli. São Paulo: Editora Revista dos Tribunais, 2008. p. 1010).

Tais prazos podem ser menores, a critério do juiz, mas não podem ultrapassar o máximo do previsto em lei, computada a prorrogação. Assim, não poderá a prisão durar respectivamente mais de 10 dias, nem mais de 60 dias em sua totalidade.

Quanto à oitiva do Ministério Público pelo juiz, antes da decretação, deve-se ao fato daquele atuar como fiscal da lei, devendo zelar pela legalidade do pedido. Contudo, o magistrado não está vinculado a manifestação ministerial.

> § 2° O despacho que decretar a prisão temporária deverá ser fundamentado e prolatado dentro do prazo de 24 (vinte e quatro) horas, contadas a partir do recebimento da representação ou do requerimento.

De acordo com o art. 93, IX, da CF/1988, todas as decisões judiciais serão fundamentadas, razão pela qual desnecessária tal disposição constar do § 2° do art. 2° da lei. Quanto ao prazo de 24 horas, a prática demonstra que em determinadas situações a decretação ocorre em poucas horas, mas, em outras, o prazo é ultrapassado. Contudo, em questão de concurso público, deve-se atentar para o que diz a lei.

12.5. Disposições gerais

> § 3° O Juiz poderá, de ofício, ou a requerimento do Ministério Público e do Advogado, determinar que o preso lhe seja apresentado, solicitar informações e esclarecimentos da autoridade policial e submetê-lo a exame de corpo de delito.

Sendo a prisão temporária medida excepcional, cabe não só ao Ministério Público, como fiscal da lei, mas também ao magistrado o controle da mesma, verificando de ofício, se entender necessário, o estado em que o preso se encontra, bem como solicitando informações à autoridade policial, o que é bastante comum ocorrer.

Quanto ao exame de corpo de delito, a própria autoridade policial, ao dar cumprimento ao mandado de prisão, já determina o encaminhamento do preso ao Instituto Médico Legal para realização de referido exame. Isso é repetido ao término da prisão temporária e sempre que necessário retirar o preso do local onde ele se encontra encarcerado (para realização de oitiva; ser submetido a reconhecimento pessoal etc.). Todos os laudos são juntados posteriormente ao inquérito policial.

> § 4° Decretada a prisão temporária, expedir-se-á mandado de prisão, em duas vias, uma das quais será entregue ao indiciado e servirá como nota de culpa.

O dispositivo possui, a nosso ver, algumas impropriedades técnicas. A primeira delas é a utilização do termo indiciado. Na verdade, o termo correto seria preso, pois não se faz necessário o indiciamento para que ocorra a prisão temporária, o que, aliás, pode nem a vir a ocorrer, dependendo da investigação. Imaginemos, por exemplo, que a prisão seja decretada e durante seu curso surjam provas da total inocência da pessoa presa. Esta deverá ser colocada imediatamente em liberdade sem que seja efetuado, por óbvio, seu indiciamento.

Outro ponto refere-se à nota de culpa, que somente existe em auto de prisão em flagrante delito, na qual não existe mandado de prisão a ser entregue ao preso. Manifestando-se acerca do assunto NUCCI, afirma que a nota de culpa "é documento oficial que se entrega ao indiciado *preso em flagrante*, para que saiba os motivos de sua prisão, o nome da autoridade que lavrou o auto, as testemunhas e o nome do condutor. Expede-se nota de culpa porque não há mandado de prisão a ser cumprido".[11]

> § 5º A prisão somente poderá ser executada depois da expedição de mandado judicial.
>
> § 6º Efetuada a prisão, a autoridade policial informará o preso dos direitos previstos no art. 5º da Constituição Federal.

Trata-se de situação bastante delicada a do § 5º do art. 2º da Lei. Muitas vezes a pessoa está na delegacia de polícia, quando a autoridade entende por bem ser necessária sua prisão temporária. Se deixar o suspeito se retirar, correrá o risco do seu desaparecimento, ou do constrangimento a alguma testemunha etc. Então, mantém a pessoa naquela localidade enquanto solicita ao juiz a decretação da prisão temporária. Entendemos não haver ilegalidade em tal procedimento, mas sim adequação da lei à realidade, evitando-se um mal maior e o insucesso das investigações. Ademais, o investigado não estará formalmente preso, mas apenas aguardando a manifestação judicial.

Expedido o mandado de prisão temporária, aí sim, este será devidamente cumprido, e a autoridade policial lhe informará os direitos previstos no art. 5º da CF/1988.[12]

> § 7º Decorrido o prazo de 5 (cinco) dias de detenção, o preso deverá ser posto imediatamente em liberdade, salvo se já tiver sido decretada sua prisão preventiva.

A Lei 7.960/1989 refere-se somente ao prazo de cinco dias, sem a prorrogação. Melhor seria a redação se falasse em *decorrido o prazo decretado para a prisão*. O delegado de polícia, ao término do prazo estabelecido para a prisão temporária, deve colocar o preso imediatamente em liberdade, independentemente de manifestação judicial, salvo se já tiver sido decretada a prisão preventiva.

Pode ocorrer, contudo, que a autoridade policial, em pleno curso da prisão temporária decretada, não vislumbre mais a necessidade da manutenção do indivíduo no cárcere. Nesse caso a doutrina já não é tão pacífica, entendendo alguns que o fato deve ser comunicado ao juiz competente para que seja expedido o alvará de soltura. Outros já entendem que o próprio delegado poderá expedir o alvará, colocando o preso em liberdade. Somos da segunda opinião. A prisão temporária, sendo medida extrema e excepcional, que priva a pessoa de seu *status libertatis*, não encontrando mais motivo para sua continuidade, não pode deixar o encarcerado a mercê de uma manifestação que não irá ser contrária ao pedido do delegado de polícia. Isso porque, entendendo a autoridade policial, que é quem efetivamente está investigando, ser desnecessária a manutenção da pessoa presa, não será o magistrado que irá manter essa prisão e certamente irá chancelar o pedido de soltura que lhe é apresentado. Enfim, a liberdade não pode ceder espaço para questões burocráticas.

> **Art. 3º** Os presos temporários deverão permanecer, obrigatoriamente, separados dos demais detentos.

Tal separação objetiva garantir ao máximo a integridade física e psicológica do preso temporário, não o mantendo em contato direto com quem já cumpre pena em definitivo e nem mesmo com outros presos cautelares, como em caso de flagrante ou prisão preventiva. É que por ocasião da prisão temporária, o indivíduo, muitas vezes, pode até nem ser formalmente indiciado, sendo até libertado antes do término do prazo estabelecido no mandado de prisão, merecendo então o tratamento diferenciado.

Art. 4º O art. 4º da Lei 4.898, de 9 de dezembro de 1965, fica acrescido da alínea "i", com a seguinte redação:

> "**Art. 4º** (...)
>
> (...)
>
> *i)* prolongar a execução de prisão temporária, de pena ou de medida de segurança, deixando de expedir em tempo oportuno ou de cumprir imediatamente ordem de liberdade;"

Analisando o tipo, podemos observar tratar-se de crime próprio, exigindo qualidade especial do sujeito ativo. Como o inciso alterado refere-se à Lei de Abuso de Autoridade, o sujeito ativo, por consequência, será a autoridade, considerada como tal, aquela que exerce cargo, emprego ou função pública, de natureza civil, ou militar, ainda que transitoriamente e sem remuneração, nos moldes do art. 5º da Lei 4.898/1965.

Dentro de tal quadro, a conclusão a que chegamos é que autoridade, para efeito do inciso estudado, somente pode ser a autoridade judiciária (a quem cabe decretar a prisão ou declarar a liberdade), ou funcionário cartorário (ao não cumprir determinação de confecção de alvará de soltura) e também aquele que deixar de cumprir imediatamente a ordem de liberdade (podendo ser a autoridade policial ou o diretor do presídio, por exemplo).

O elemento subjetivo é o dolo, não admitindo a forma tentada por ser unissubsistente, ou seja, cometido em um único ato.

> **Art. 5º** Em todas as comarcas e seções judiciárias haverá um plantão permanente de 24 (vinte e quatro) horas do Poder Judiciário e do Ministério Público para apreciação dos pedidos de prisão temporária.
>
> **Art. 6º** Esta Lei entra em vigor na data de sua publicação.
>
> **Art. 7º** Revogam-se as disposições em contrário.

13. INTERCEPTAÇÃO TELEFÔNICA (LEI 9.296/1996)

13.1. Introdução

A Lei 9.296/1996 regulamenta o inc. XII do art. 5º da CF/1988. Dispõe o texto constitucional:

---

11. NUCCI, Guilherme de Souza. *Leis penais e processuais penais comentadas*. 3. ed. rev. atual. e ampli. São Paulo: Editora Revista dos Tribunais, 2008. p. 1013.

12. Art. 5º da CF/1988: "LXII - a prisão de qualquer pessoa e o local onde se encontre serão comunicados imediatamente ao juiz competente e à família do preso ou à pessoa por ele indicada;

LXIII - o preso será informado de seus direitos, entre os quais o de permanecer calado, sendo-lhe assegurada a assistência da família e de advogado;

LXIV - o preso tem direito à identificação dos responsáveis por sua prisão ou por seu interrogatório policial"

Art. 5º (...)

XII – é inviolável o sigilo da correspondência e das comunicações telegráficas, de dados e das comunicações telefônicas, salvo, no último caso, por ordem judicial, nas hipóteses e na forma que a lei estabelecer para fins de investigação criminal ou instrução processual penal.

Analisando mais detidamente o dispositivo constitucional, observa-se que ficou consagrada a garantia da inviolabilidade: a) das correspondências; b) das comunicações telegráficas e de dados; e c) das comunicações telefônicas. Consta ainda do inc. XII do art. 5º da CF/1988 a expressão "no último caso", referindo-se às comunicações telefônicas e abrindo a possibilidade de, mediante ordem judicial a mesma ser quebrada.

Enfrentando o tema, GRECO FILHO defende a tese de que, ao mencionar o texto constitucional a expressão "no último caso", a possibilidade de quebra do sigilo alcança somente as comunicações telefônicas.[13] Tendo em vista tal posicionamento, o autor vê como inconstitucional o parágrafo único do art. 1º da Lei 9.296/1996.

Em sentido contrário, NUCCI sustenta não haver direito ou garantia fundamental de caráter absoluto, não existindo qualquer razão para uma interpretação restritiva do inc. XII do art. 5º da CF/1988, sob pena de proteção do delinquente. Tendo em vista tal fato, defende o autor a possibilidade de qualquer interceptação, desde que por ordem judicial e prevista em lei, para fins de investigação e processo criminal, inclusive de correspondência.[14] Assim, entende o autor a plena constitucionalidade do parágrafo único do art. 1º da Lei 9.296/1996.

13.2. Considerações preliminares

Antes de iniciarmos a análise dos dispositivos legais, são necessárias algumas considerações sobre pontos específicos.

13.2.1. Sujeito Passivo da interceptação

O sujeito passivo da interceptação é o interlocutor e não necessariamente o proprietário da linha telefônica que pode ser de uso da pessoa investigada, mas não registrada em seu nome. Com referência à interceptação telefônica entre advogado e cliente, o Estatuto da Ordem dos Advogados do Brasil, em seu art. 7º, II, garante a inviolabilidade de tal comunicação. Contudo, entendemos ser possível afastar essa prerrogativa profissional, caso existam fortes indícios de cometimento de crime por parte do advogado.

13.2.2. Prova obtida na interceptação ser emprestada em processo civil

Discute-se se a prova produzida durante a interceptação telefônica poderia ser utilizada fora do âmbito criminal, para o qual a interceptação foi autorizada.

Analisando a questão, CAPEZ posiciona-se favoravelmente ao empréstimo da prova desde que gere efeito contra quem tenha sido parte no processo originário. Cita o autor, como exemplo, a interceptação realizada para investigação de tentativa de homicídio de marido contra esposa, sendo a prova utilizada pela mulher para instruir a ação de separação judicial.[15]

Na mesma linha de raciocínio, admitindo a possibilidade do empréstimo da prova, posiciona-se NUCCI. Afirma o autor que a intimidade dos interlocutores foi violada de maneira lícita, podendo produzir efeito na órbita penal, sendo natural a possibilidade de empréstimo da prova para fins civis ou administrativos.[16]

GRECO FILHO, por sua vez, apresenta entendimento contrário, afirmando que a "finalidade da interceptação, investigação criminal e instrução processual penal é, também, a finalidade da prova, e somente nessa sede pode ser utilizada."[17]

13.2.3. Interceptação utilizada contra terceiro

O tema envolve divergências doutrinárias. Como será visto oportunamente, o parágrafo único do art. 2º da lei determina que: "Em qualquer hipótese deve ser descrita com clareza a situação objeto da investigação, inclusive com a indicação e qualificação dos investigados, salvo impossibilidade manifesta, devidamente justificada".

Ocorre ser absolutamente comum que durante uma interceptação telefônica em andamento, surja prova do cometimento de um crime praticado por terceira pessoa.

A maioria da doutrina inclina-se no sentido de se admitir tal interceptação, alguns entendendo haver necessidade de conexão entre os delitos, e outros dispensando tal necessidade, mas sempre que o novo crime seja apenado também com reclusão.

A jurisprudência também é no sentido da possibilidade de aproveitamento da prova.

13.3 Análise dos dispositivos legais

Art. 1º A interceptação de comunicações telefônicas, de qualquer natureza, para a prova em investigação criminal e em instrução processual penal, observará o disposto nesta Lei e dependerá de ordem do juiz competente da ação principal, sob segredo de justiça.

Parágrafo único. O disposto nesta Lei aplica-se à interceptação do fluxo de comunicações em sistemas de informática e telemática.

Comunicações telefônicas de qualquer natureza, segundo entendimento de Luiz Flávio Gomes e Raúl Cervini, "significam qualquer tipo de comunicações telefônicas permitidas na atualidade em razão do desenvolvimento tecnológico. Pouco importa se isso se concretiza por meio de fio, radioeletricidade (como é o caso do celular), meios ópticos ou qualquer outro processo eletromagnético. Com uso ou não da informática".[18]

13. GRECO FILHO, Vicente. *Interceptação telefônica* (considerações sobre a lei n. 9.296, de 24 de julho de 1996). 2. ed. São Paulo: Saraiva, 2006. p. 17.

14 NUCCI, Guilherme de Souza. *Leis penais e processuais penais comentadas*. 3. ed. rev. atual. e ampli. São Paulo: Editora Revista dos Tribunais, 2008. p. 721.

15 CAPEZ, Fernando. *Curso de direito penal*, 2. ed., v.4: legislação penal especial. São Paulo: Saraiva, 2007. p. 516.

16 NUCCI, Guilherme de Souza. Op. cit., p. 733.

17. GRECO FILHO, op. cit., p. 39.

18 GOMES, Luiz Flávio; CERVINI, Raúl. *Interceptação telefônica*, São Paulo, Revista dos Tribunais, 1997, p. 112. Apud CAPEZ, Fernando. *Curso de direito penal*, 2. ed., v.4: legislação penal especial. São Paulo: Saraiva, 2007. p. 494.

No que diz respeito ao parágrafo único da lei, a polêmica instalou-se. Tudo porque o mesmo afirma aplicar-se a lei de interceptação telefônica ao fluxo de comunicações em sistemas de *informática e telemática*.

Como já tivemos oportunidade de mencionar acima, inclusive com posicionamentos de Vicente Greco Filho e Guilherme de Souza Nucci, discute-se a constitucionalidade ou não do parágrafo único em comento, tudo pelo fato do inc. XII do art. 5º da CF/1988 utilizar a expressão "no último caso". Remetemos o leitor ao tópico 1, destes comentários, para maiores observações sobre o tema.

De extrema importância ao estudo da presente Lei, que se faça uma análise, ainda que breve, sobre o termo interceptação.

Interceptar quer dizer interromper, interferir.

Podemos fazer uma subdivisão de interceptação em:

a) Interceptação telefônica ou interceptação em sentido estrito: a conversa é captada por um terceiro, sem conhecimento de qualquer dos interlocutores (é a feita pela polícia com autorização judicial). Importante lembrar que o termo "grampo" não deve ser utilizado, visto ser pejorativo, quando a escuta é feita sem autorização judicial, portanto criminosa.

b) Interceptação ambiental: terceiro capta a conversa entre outras pessoas em determinado ambiente. Já a chamada *escuta ambiental* é aquela em que a captação é feita com a autorização de um ou mais dos interlocutores. Por fim, a *gravação ambiental* é aquela feita pelo próprio interlocutor. Em tais situações, se a conversa era reservada (sigilosa) a captação será tida como prova ilícita, visto ofender o direto à intimidade previsto no art. 5º, X, da CF/1988).

Ainda com referência ao assunto, merece referência a colocação de GRECO FILHO. Para o autor, a *gravação clandestina ou ambiental e a interceptação consentida por um dos interlocutores* estão fora do âmbito do inc. XII do art. 5º da CF/1988, sendo que "sua licitude, bem como da prova dela decorrente, dependerá do confronto do direito à intimidade (se existente) com a justa causa para a gravação ou interceptação, como estado de necessidade e a defesa de direito".[19] Seria o caso, p.ex., de um sequestro em que a família autoriza a escuta da conversa com o sequestrador (interceptação consentida por um dos interlocutores).

Art. 2º Não será admitida a interceptação de comunicações telefônicas quando ocorrer qualquer das seguintes hipóteses:

Optou o legislador pela redação do artigo na forma negativa. Tal técnica torna dificultoso o entendimento da vontade da lei, além de dar a impressão, segundo GRECO FILHO, de que "a interceptação seja a regra, ao passo que, na verdade, a regra é o sigilo e aquela, a exceção."[20]

I – não houver indícios razoáveis da autoria ou participação em infração penal;

Mais uma vez não foi feliz o legislador. O que seriam indícios razoáveis? Afinal, o que é razoável para uma pessoa pode não ser para outra, gerando o inciso grande carga de subjetividade.

Igualmente, não entendemos o motivo da separação entre autoria e participação no texto de lei. Trata-se de ausência de técnica de redação. Bastaria que o inciso se referisse apenas à autoria, deixando a análise da ocorrência ou não da participação para o aplicador do direito.

II – a prova puder ser feita por outros meios disponíveis;

Demonstra o inciso o caráter de exceção que deve possuir a interceptação, somente sendo utilizada em última hipótese, depois de esgotadas quaisquer outras possibilidades da obtenção de prova. Aliás, este é o espírito do inc. XII, art. 5º da CF/1988. Não podemos deixar de considerar, também, certo grau de subjetividade no que diz respeito a "meios disponíveis" ou quando eles estariam disponíveis. De qualquer modo, tais elementos devem ser demonstrados no momento da representação pela interceptação.

III – o fato investigado constituir infração penal punida, no máximo, com pena de detenção.

O inciso refere-se a *fato* investigado e não *crime* investigado, porém afasta qualquer hipótese de se considerar a possibilidade de interceptação de *contravenção*, tendo em vista exigir a apenação do fato com *reclusão* (art. 1º do Dec.-lei 3.941/1941 – Lei de Introdução do Código Penal e da Lei das Contravenções Penais).

É importante lembrar, no entanto, que alguns crimes apenados com detenção possuem características em que a utilização de telefone para sua consumação é absolutamente comum. É o caso, por exemplo, do crime de ameaça, citado por NUCCI. O autor explica que em tais situações a jurisprudência tem procurado amenizar o rigor da lei, possibilitando a interceptação em delitos apenados com detenção desde que conexos com crimes cuja pena seja de reclusão.[21]

Já GRECO FILHO entende que nem todos os crimes apenados com reclusão podem estar sujeitos à interceptação, visto que muitos deles não justificariam a medida por não envolverem bens jurídicos de maior valor. Sustenta o autor a aplicação do princípio da proporcionalidade dos bens jurídicos envolvidos, sugerindo, como parâmetro, a utilização da Lei dos Crimes Hediondos ou de Prisão Temporária.[22]

Parágrafo único. Em qualquer hipótese deve ser descrita com clareza a situação objeto da investigação, inclusive com a indicação e qualificação dos investigados, salvo impossibilidade manifesta, devidamente justificada.

O parágrafo único é voltado para a autoridade que representar pela interceptação (Delegado de Polícia ou representante do Ministério Público), a qual deverá descrever de forma clara e precisa os fatos ensejadores dessa medida. Os investigados devem ser qualificados e no caso de impossibilidade, por ausência de meios, tal fato deve ser explicado.

19. GRECO FILHO, op. cit., p. 8.
20. GRECO FILHO, op. cit., p. 21.

21 NUCCI, Guilherme de Souza. *Leis penais e processuais penais comentadas*. 3. ed. rev. atual. e ampli. São Paulo: Editora Revista dos Tribunais, 2008. p. 727.
22. GRECO FILHO, op. cit., p. 24.

Com referência à utilização da interceptação contra terceiros, remeto o leitor ao item 2.3, onde tratamos do assunto de forma mais detida.

Art. 3º A interceptação das comunicações telefônicas poderá ser determinada pelo juiz, de ofício ou a requerimento:

Abre-se a possibilidade ao juiz, de ofício, na busca da verdade real, determinar a interceptação telefônica. Não é cabível a determinação por juiz civil ou eleitoral, por exemplo. Até mesmo quanto a juízes do DIPO (Departamento de Inquéritos Policiais), existem controvérsias sobre a competência para a concessão de interceptação, visto que não julgam a causa e o artigo 1º da lei refere-se ao "juiz competente da ação principal". Entendemos que os juízes do DIPO são, muitas vezes, os primeiros a terem contato com os fatos, inclusive decretando prisões, e devido ao imediatismo que a interceptação requer, não podem ser tolhidos de tal atribuição, sob pena de quebra do princípio da eficiência.

I – da autoridade policial, na investigação criminal;

Confere a norma jurídica ao Delegado de Polícia, importantíssimo instrumento de investigação. Embora a lei não se refira a *inquérito policial*, deve o mesmo estar instaurado para a representação pela interceptação telefônica formulada pelo Delegado de Polícia. É que a prática ensina que em caso de interceptação, cujo crime deve ser apenado com reclusão, a gravidade do delito e a excepcionalidade da medida não nos faz vislumbrar uma representação baseada apenas em uma investigação informal. Em sentido contrário, SCARANCE FERNANDES prega a desnecessidade do inquérito para a representação da autoridade policial.[23]

II – do representante do Ministério Público, na investigação criminal e na instrução processual penal.

Trata-se de *requerimento* do membro do Ministério Público. Na fase de instrução processual penal, portanto, a interceptação será incidental, visto o processo já estar instaurado, mas incabível a ciência do réu, pois tornaria a medida inútil. Nos casos de ação penal privada, se preenchidos os requisitos legais, entendemos que a parte poderá requerer diretamente ao magistrado, contudo, a lei é silente a esse respeito.

Art. 4º O pedido de interceptação de comunicação telefônica conterá a demonstração de que a sua realização é necessária à apuração de infração penal, com indicação dos meios a serem empregados.

Devem estar presentes os pressupostos da licitude da interceptação. Além disso, próprio artigo 2º já estipula como necessário a impossibilidade da prova ser feita de outra forma. Com relação aos meios a serem empregados, o Delegado de Polícia, em sua representação, solicita ao magistrado que este oficie a operadora de telefonia para que esta redirecione para um telefone determinado, as chamadas recebidas e efetuadas pela linha interceptada. Isso permite que se possa ouvir a conversa que também ficará armazenada em equipamento da polícia denominado "guardião".

23. FERNANDES, Antônio Scarance. *Processo Penal Constitucional*. 2. ed. São Paulo, Revista dos Tribunais, 2000. p. 92.

§ 1º Excepcionalmente, o juiz poderá admitir que o pedido seja formulado verbalmente, desde que es tejam presentes os pressupostos que autorizem a interceptação, caso em que a concessão será condicionada à sua redução a termo.

A formalidade da escrita é a regra, contudo, a lei permite que de forma excepcional, tendo em vista a urgência e a gravidade do caso, o pedido de interceptação seja feito verbalmente.

Ocorre que a leitura do parágrafo leva ao entendimento que mesmo sendo o pedido feito verbalmente, deve ele ser reduzido a termo para que ocorra a concessão da interceptação. Acreditamos que a melhor interpretação seja a de que tal redução a termo seja feita *a posteriori*, sob pena de se tornar o pedido verbal absolutamente sem qualquer efeito prático.

§ 2º O juiz, no prazo máximo de 24 (vinte e quatro) horas, decidirá sobre o pedido.

O prazo exíguo para a decisão do magistrado deve-se à urgência e necessidade do pedido. Normalmente os casos de interceptação requerem grande celeridade, como em um caso de sequestro, por exemplo.

Art. 5º A decisão será fundamentada, sob pena de nulidade, indicando também a forma de execução da diligência, que não poderá exceder o prazo de 15 (quinze) dias, renovável por igual tempo uma vez comprovada a indispensabilidade do meio de prova.

Tal artigo já foi alvo de acalorados debates pela doutrina. Isso porque o dispositivo refere-se ao prazo da interceptação.

GRECO FILHO entende que transcorridos os 15 dias iniciais da interceptação, esta poderá ser renovada por igual tempo se comprovada ainda ser indispensável como meio de prova, não limitando a lei o número de prorrogações possíveis, que poderão ser tantas quantas necessárias. Ainda segundo o autor "a leitura rápida do art. 5º poderia levar à ideia de que a prorrogação somente poderia ser autorizada uma vez. Não é assim; 'uma vez', no texto da lei, não é adjunto adverbial, é preposição. É óbvio que se existisse uma vírgula após a palavra 'tempo', o entendimento seria mais fácil."[24]

Na jurisprudência, tanto o STF como o STJ também já se manifestaram sobre a possibilidade da interceptação perdurar enquanto necessária às investigações.

Art. 6º Deferido o pedido, a autoridade policial conduzirá os procedimentos de interceptação, dando ciência ao Ministério Público, que poderá acompanhar a sua realização.

§ 1º No caso de a diligência possibilitar a gravação da comunicação interceptada, será determinada a sua transcrição.

Não exige a lei a oitiva do Ministério Público para o deferimento do pedido, embora, na prática, isso quase sempre ocorra, tendo em vista ser o *Parquet* o titular da ação penal.

Embora o dispositivo fale em "possibilitar" a gravação, evidente que toda interceptação é gravada, caso contrário não poderia ser utilizada como prova no processo criminal.[25]

24. GRECO FILHO, op. cit., p. 51.

25. Com relação à transcrição vige no Estado de São Paulo, Resolução SSP 119, de 06.08.2013, com normatização.

§ 2º Cumprida a diligência, a autoridade policial encaminhará o resultado da interceptação ao juiz, acompanhado de auto circunstanciado, que deverá conter o resumo das operações realizadas.

§ 3º Recebidos esses elementos, o juiz determinará a providência do art. 8º, ciente o Ministério Público.

O Delegado de Polícia encaminhará relatório circunstanciado ao juiz, explicando de forma resumida as operações efetuadas. Tal documento será encartado em autos apartados, apensados aos autos do inquérito policial ou do processo criminal, conforme determina o art. 8º da Lei.

Art. 7º Para os procedimentos de interceptação de que trata esta Lei, a autoridade policial poderá requisitar serviços e técnicos especializados às concessionárias de serviço público.

Evidente a necessidade de participação das concessionárias de telefonia para a operacionalização da interceptação.

NUCCI chama a atenção para o termo "requisitar", visto que em caso de não atendimento por parte da concessionária a autoridade policial poderá determinar a instauração de inquérito policial ou lavrar o auto de prisão em flagrante pelo crime de desobediência.[26]

Art. 8º A interceptação de comunicação telefônica, de qualquer natureza, ocorrerá em autos apartados, apensados aos autos do inquérito policial ou do processo criminal, preservando-se o sigilo das diligências, gravações e transcrições respectivas.

Parágrafo único. A apensação somente poderá ser realizada imediatamente antes do relatório da autoridade, quando se tratar de inquérito policial (Código de Processo Penal, art. 10, § 1º) ou na conclusão do processo ao juiz para o despacho decorrente do disposto nos arts. 407, 502 ou 538 do Código de Processo Penal.

Os autos apartados têm por objetivo a garantia do sigilo da interceptação.*

O parágrafo único estabelece quando deve ser realizada a apensação. GRECO FILHO afirma que "esses momentos tem razão de ser porque são aqueles em que a prova deve ser apreciada e levada em consideração e, também, porque fica mais seguro assim para preservar o sigilo, especialmente em face de terceiros mencionados no procedimento".[27]

Art. 9º A gravação que não interessar à prova será inutilizada por decisão judicial, durante o inquérito, a instrução processual ou após esta, em virtude de requerimento do Ministério Público ou da parte interessada.

Parágrafo único. O incidente de inutilização será assistido pelo Ministério Público, sendo facultada a presença do acusado ou de seu representante legal.

Deve-se preservar somente o material de interesse à prova do crime investigado, inutilizando-se o restante. Visa a norma garantir à proteção da intimidade, evitando que conversas não condizentes com o objeto da interceptação possa cair em mãos erradas e, com isso, gerar risco de se tornarem públicas.

Art. 10. Constitui crime realizar interceptação de comunicações telefônicas, de informática ou telemática, ou quebrar segredo da Justiça, sem autorização judicial ou com objetivos não autorizados em lei.

Pena – reclusão, de dois a quatro anos, e multa.

O artigo tem por objetivo sancionar a violação do sigilo das comunicações.

Duas condutas:

a) Realizar interceptação de comunicações telefônicas, de informática ou telemática;

Trata-se de crime comum, passível de ser praticado por qualquer pessoa.

Consuma-se com o ato de interceptar sem autorização judicial (elemento normativo), ou com objetivos não autorizados em lei (havendo autorização, mas a finalidade não for investigação ou instrução criminal).

O elemento subjetivo é o dolo. Trata-se de crime permanente e admite a modalidade tentada.

b) Quebrar segredo de justiça

Com referência a segunda conduta prevista no tipo penal, GRECO FILHO entende trata-se de *crime funcional* (art. 327 do CP), crime próprio passível de ser praticado por é funcionário que se vincula de qualquer maneira ao procedimento da interceptação.[28] Em sentido contrário, NUCCI sustenta tratar-se de crime comum, tendo como sujeito passivo qualquer pessoa que consiga ter acesso aos dados e os divulgue a terceiro.[29] Já para Luiz Flávio Gomes o crime é próprio, mas não funcional, podendo ser cometido por quem, em razão do cargo, função ou profissão (empregado da concessionária telefônica, p. ex.), venha a ter conhecimento da interceptação.[30]

O elemento subjetivo é o dolo. Consuma-se o delito com a revelação do conteúdo da interceptação. Admite-se a forma tentada.

É importante lembrar que o Código Penal, em seu art. 151, § 1º, II, tipifica o crime de Violação de comunicação telegráfica, radioelétrica ou telefônica. Tal dispositivo deve ser aplicado a pessoa que não participou da interceptação, mas divulgou-a a outras pessoas, ao passo que o art. 10 da Lei 9.296/1996 aplica-se ao interceptador ou a quem viola diretamente o segredo de justiça.[31]

26. NUCCI, Guilherme de Souza. op. cit., p. 731.
*Com referência ao sigilo, NUCCI faz menção à Emenda 45/2004, que alterou a redação do art. 93, IX, da Constituição, onde introduziu-se a possibilidade de não ser vedada a divulgação de dados processuais, pela imprensa, em função do interesse público à informação. Afirma o autor que o dispositivo do art. 8º da Lei 9.296/1996 não pode ter validade automática, devendo ser validado pelo juiz de forma fundamentada, como forma de evitar o acesso da imprensa à prova colhida por interceptação telefônica. (op. cit., p. 732)

27 GRECO FILHO, op. cit., p.54.

28 GRECO FILHO, op. cit., p.67.

29 NUCCI, Guilherme de Souza. op. cit., p. 736.

30 GOMES, Luiz Flávio; CERVINI, Raúl. *Interceptação telefônica*, São Paulo, Revista dos Tribunais, 1997, p. 245. Apud CAPEZ, Fernando. *Curso de direito penal*, 2. ed., v. 4: legislação penal especial. São Paulo: Saraiva, 2007. p. 520.

31. MIRABETE, Júlio Fabbrini. *Código penal interpretado*. São Paulo: Atlas, 1999. p. 866. Apud NUCCI, Guilherme de Souza. *Código Penal Comentado*. 6. ed. rev. atual. e ampli. São Paulo: Editora Revista dos Tribunais, 2006. p. 640.

14. IDENTIFICAÇÃO CRIMINAL DO CIVILMENTE IDENTIFICADO (LEI 12.037/2009)

14.1. Introdução

O art. 6º do CPP, em seu inciso VIII, determina que a autoridade policial deve *"ordenar a identificação do indiciado pelo processo datiloscópico, se possível"*, independentemente da identificação civil.

O STF, tratando do assunto, editou a Súmula 568, que dispunha: *"A identificação criminal não constitui constrangimento ilegal, ainda que o indiciado já tenha sido identificado civilmente"*. Tal Súmula, contudo, posteriormente foi superada no julgamento do RHC 66.881/DF, *DJ* 11.11.1988.

A Constituição Federal, posterior ao CPP, em seu art. 5º, LVIII, dispõe: *"o civilmente identificado não será submetido a identificação criminal, salvo nas hipóteses previstas em lei."*

Tendo em vista a edição do texto constitucional, o primeiro dispositivo legal a tratar do tema foi o art. 5º da Lei 9.034/1995, que dispunha: *"A identificação criminal de pessoas envolvidas com a ação praticada por organizações criminosas será realizada independentemente da identificação civil"*.

Doze anos após a promulgação da Constituição Federal, foi editada a Lei 10.054/2000, que efetivamente passou a regulamentar o inc. LVIII do art. 5º da CF/1988, revogando o art. 5º da Lei 9.034/1995, supracitado.

Mais recentemente, no ano de 2009, foi publicada a Lei 12.037/2009, revogando a Lei 10.054/2000 e dispondo *sobre a identificação criminal do civilmente identificado, regulamentando o art. 5º, LVIII, da CF/1988*. Ressalte-se que o art. 1º da lei repete exatamente o disposto no texto constitucional. Tal o ordenamento jurídico atualmente em vigor e que passaremos a analisar, visto ser de grande importância em concurso público para a carreira de Delegado de Polícia.

14.2. Conceito de identidade e identificação

Segundo Delton Croce e Delton Croce Júnior, entende-se por identidade, quando tratamos do ser humano, como sendo "o conjunto de característicos pessoais e peculiares que diferencia o indivíduo dos outros e lhe confere uma situação têmporo-espacial específica e *status* social único". E continuam os autores, agora definindo a identificação, como sendo "a determinação da identidade, ou seja, da individualidade. É a demarcação da individualidade".[32]

14.2.1. Identificação criminal

A identificação criminal, nos termos do art. 5º da Lei 12.037/2009, será feita incluindo-se o processo datiloscópico e fotográfico.

O processo datiloscópico utilizado no Brasil é o chamado *Sistema Decadactilar de Vucetich*, lançado na Argentina em 1891. Tal sistema compreende a identificação utilizando as impressões de todos os dedos de ambas as mãos, dando origem a uma fórmula datiloscópica que classificará as impressões digitais de cada indivíduo.

Observe-se que o art. 5º da lei dispõe que "a identificação criminal *incluirá* o processo datiloscópico e fotográfico..." (grifei). A utilização do termo "incluirá", portanto, indica que os métodos não se esgotam. Nesse contexto, podemos citar a Lei 12.654/2012, que prevê a coleta de perfil genético como forma de identificação criminal (conforme redação dada ao parágrafo único do art. 5º, e o estabelecido nos art. 5º-A, 7º-A e 7º-B, todos da Lei 12.037/2009).

14.2.2. Identificação civil

Diferentemente do que dispunha a legislação anterior (Lei 10.054/2000), que permitia a identificação civil mediante a apresentação de documento de identidade reconhecido pela legislação, a atual lei resolveu ser mais específica. Foi feliz o legislador nesse sentido, não deixando margens para dúvidas ou interpretações. Portanto, nos moldes do art. 2º da Lei 12.037/2009, a identificação civil é atestada por qualquer dos seguintes documentos: I – carteira de identidade (documento expedido pela Secretaria de Segurança Pública dos estados, onde consta número de Registro Geral); II – carteira de trabalho (documento emitido pelo Ministério do Trabalho); III – carteira profissional (documento emitido por entidade reguladora de uma determinada categoria profissional); IV – passaporte (documento de identidade emitido por um governo, no caso do Brasil, pela Polícia Federal, que atesta o portador como nacional de um Estado); V – carteira de identificação funcional (documento utilizado por funcionários públicos para atestar o cargo, emprego ou função que exercem); VI – outro documento público que permita a identificação do indiciado (carteira de habilitação, por exemplo). O parágrafo único do referido artigo ainda equipara aos documentos de identificação civis os documentos de identificação militares, para os efeitos da lei.

Importante consignar que a lei anterior prescrevia a identificação civil apenas e tão somente mediante uso de documento *original*, o que não consta no atual diploma. Evidente que mesmo não fazendo menção expressa, o documento deve ser original. Não é outro o entendimento de CABETTE, ao afirmar que: "Embora a Lei 12.037/2009 não mencione que o documento deverá ser apresentado em original, como fazia expressamente em seu art. 3º da Lei 10.054/2000, a conclusão pela necessidade do original continua válida, pois que o diploma inovador se refere a 'documentos' e em nenhum momento faz menção ou qualquer equiparação com cópias ou similares..." e continua o autor: "Note-se que quando a lei trata dos casos em que o civilmente identificado será criminalmente identificado, mesmo apresentando seus documentos, arrola diversos casos em que paira dúvida quanto à autenticidade do documento apresentado. Obviamente, a lei somente dispensa a identificação criminal quando se tem certeza, segurança absoluta de que a pessoa é civilmente identificada e a cópia não apresenta essa necessária segurança. Ademais, ainda numa interpretação sistemática, é de se observar que o artigo 3º, parágrafo único, da Lei 12.037/2009 trata da juntada de 'cópias dos documentos apresentados' nos autos, o que pressupõe que foram apresentados os documentos originais e serão juntadas cópias para instrução dos autos".[33]

---

32 CROCE, Delton; CROCE JR., Delton. *Manual de medicina legal*. 5. ed. São Paulo: Saraiva, 2004.p.36.

33. CABETTE, Eduardo Luiz Santos. Comentários iniciais à nova lei de identificação criminal (Lei 12.037/09). Disponível em: http://jus.com.br/revista/texto/13628/comentarios-iniciais-a-nova-lei-deidentificacao-criminal-lei-no-12-037-2009; acessado em: 04/07/2014.

14.3 Possibilidade da identificação criminal independentemente da civil

O art. 3º da Lei 12.037/2009 prevê a possibilidade do indivíduo ser identificado criminalmente, *mesmo apresentando algum documento de identificação civil*. Deve o artigo ser interpretado como exceção, já que a regra passou a ser a não identificação criminal.

> **Art. 3º** Embora apresentado documento de identificação, poderá ocorrer identificação criminal quando:
>
> I – o documento apresentar rasura ou tiver indício de falsificação;
>
> II – o documento apresentado for insuficiente para identificar cabalmente o indiciado;
>
> III – o indiciado portar documentos de identidade distintos, com informações conflitantes entre si;
>
> IV – a identificação criminal for essencial às investigações policiais, segundo despacho da autoridade judiciária competente, que decidirá de ofício ou mediante representação da autoridade policial, do Ministério Público ou da defesa;
>
> V – constar de registros policiais o uso de outros nomes ou diferentes qualificações;
>
> VI – o estado de conservação ou a distância temporal ou da localidade da expedição do documento apresentado impossibilite a completa identificação dos caracteres essenciais.
>
> **Parágrafo único.** As cópias dos documentos apresentados deverão ser juntadas aos autos do inquérito, ou outra forma de investigação, ainda que consideradas insuficientes para identificar o indiciado.

A lei anterior previa um rol de crimes em que a identificação criminal se fazia necessária independentemente da civil. Eram eles: a) homicídio doloso; b) crimes contra o patrimônio praticados mediante violência ou grave ameaça; c) crime de receptação qualificada; d) crimes contra a liberdade sexual; e) crime de falsificação de documento público.

Diferentemente, a lei atual não elencou crimes, mas criou um critério subjetivo previsto no art. 3º, IV: *a identificação criminal for essencial às investigações policiais, segundo despacho da autoridade judiciária competente, que decidirá de ofício ou mediante representação da autoridade policial, do Ministério Público ou da defesa.*

Andou bem o legislador também nesse aspecto, já que a lei anterior era bastante criticada pela doutrina ao estabelecer crimes específicos para que houvesse a identificação criminal, visto que outros mais graves ficavam de fora do rol e os elencados naquele diploma normativo, muitas vezes, não justificavam por si só, a necessidade da identificação criminal.

Deverá então, na hipótese do inc. IV do art. 3º, ocorrer *representação* da autoridade policial, ou *requerimento* (termo adequado) do Ministério Público ou da Defesa. Em seguida o juiz decidirá fundamentadamente sobre a necessidade da identificação criminal. Consigne-se que a lei também abre a possibilidade ao magistrado para decidir de ofício. No caso de representação emanada da autoridade policial e requerimento do defensor, não se faz necessária a oitiva do Ministério Público para a decisão judicial.

Outra novidade da lei, em relação ao regramento revogado, foi a não manutenção da possibilidade do indiciado ou acusado comprovar em 48 horas sua identificação civil. Entendemos que na ausência de documento de identificação civil torna-se *dever* da autoridade policial proceder de pronto à identificação criminal, por força do art. 6º, VIII, do CPP.

Cabe aqui uma observação no tocante ao inc. VI do art. 3º da Lei 12.037/2009. É que embora a lei não faça qualquer menção a que do documento conste fotografia, ao estabelecer como critério a *distância temporal*, temos que isso somente poderá se medir por meio do retrato anexado ao documento em análise. Mesmo porque, não sendo documento com prazo de validade, não haverá outra forma de se medir a passagem do tempo. Entendemos, pois, que para figurar como documento de identificação civil, deve o mesmo conter fotografia.

Com relação à *distância da localidade da expedição* do documento, ainda constante do inciso VI, alguma dúvida pode ser gerada. Quando seria considerada tal distância? Seria de um estado distante? E qual o motivo disso se o documento estiver em ordem? Concordamos com CABETTE, entendendo inoportuna tal disposição da lei. Afirma o autor: "A inovação em geral parece inoportuna, pois que dependendo da amplitude interpretativa pode ensejar identificações criminais arbitrárias. Não se justifica, por exemplo, a identificação criminal de alguém que apresente um RG do Acre no Estado de São Paulo, somente baseado na distância entre as localidades. Isso equivaleria a atribuir uma indefinida e inexistente validade espacial aos documentos de identidade expedidos por órgãos oficiais e idôneos dentro do país. Talvez em se tratando de uma identidade estrangeira a dificuldade na aferição da autenticidade e caracteres do documento justifique a aplicação do dispositivo. Entretanto, tal caso poderia ser suficientemente coberto pelo inciso II do mesmo artigo 3º,da nova Lei de Identificação Criminal".[34]

Portanto, nas hipóteses dos incisos I, II, III, V e VI, bem como quando não for apresentado qualquer documento de identificação civil, caberá ao delegado de polícia a identificação criminal, restando o inciso IV para a apreciação do magistrado.

Evidentemente, em respeito aos direitos fundamentais do indiciado ou acusado, em especial ao princípio da dignidade da pessoa humana, o art. 4º da Lei 12.037/2009 estabelece que, uma vez necessária a identificação criminal, esta deve ser efetuada de modo a não causar constrangimento ao identificado. Deve-se procurar, portanto, a efetivação do ato em sala reservada, sem exposição a outras pessoas presentes ao local ou à mídia.

14.4. Coleta de material biológico para obtenção de perfil genético

Conforme já mencionado, a Lei 12.654/2012 fez inserir alguns artigos à Lei 12.037/2009, ora estudada.

A primeira novidade que encontramos diz respeito à previsão de coleta de material biológico, assim disposta: "Na hipótese do inciso IV do art. 3º, a identificação criminal poderá incluir a

34. CABETTE, Eduardo Luiz Santos. Comentários iniciais à nova lei de identificação criminal (Lei 12.037/09). Disponível em: http://jus.com.br/revista/texto/13628/comentarios-iniciais-a-nova-lei-deidentificacao-criminal-lei-no-12-037-2009; acessado em: 04/07/2014.

coleta de material biológico para a obtenção do perfil genético" (art. 5º, parágrafo único, da Lei 12.037/2009).

É de se notar que o dispositivo utiliza o termo "poderá", não se tratando, portanto, de obrigatoriedade. Ademais, o material somente será colhido mediante determinação judicial.

Importante aqui uma observação. A Lei 12.654/2012 estipula a *obrigatoriedade* da identificação do perfil genético mediante extração de DNA. Isso se dará nos casos de condenado por crime hediondo ou crime doloso de natureza grave praticado contra pessoa. Contudo, tal dispositivo não foi inserido na Lei de Identificação Civil e Criminal e, sim, na Lei 7.210, de 11 de julho de 1984 – Lei de Execução Penal, ficando aqui apenas a título de menção.[35]

Outra novidade diz respeito ao órgão responsável pelo banco de dados dos perfis genéticos, que ficará a cargo de unidade oficial de perícia criminal, leia-se "Institutos de Criminalística". Tudo terá caráter sigiloso, respondendo civil, penal e administrativamente aquele que permitir ou promover sua utilização para fins diversos dos previstos na lei ou em decisão judicial (art. 5º-A e seu § 2º, e art. 7º-B, todos da Lei 12.037/2009). No que tange a responsabilização penal, o infrator poderá sujeitar-se às penas do delito de violação de sigilo funcional (art. 325 do CP).

Por fim, com a prescrição do delito, os perfis genéticos deverão ser excluídos dos bancos de dados (art. 7º-A da Lei 12.037/2009).

14.5. Disposições finais

Os arts. 6º e 7º da Lei 12.037/2009 encontram-se em perfeita consonância com o princípio da presunção da inocência, previsto pelo art. 5º, LVII, da CF/1988, que enuncia: *"ninguém será considerado culpado até transito em julgado de sentença penal condenatória"*.

Além disso, visam os citados dispositivos a garantir da dignidade da pessoa humana, com a vedação da menção da identificação criminal do indiciado em atestados de antecedentes ou em informações não destinadas ao juízo criminal, antes do trânsito em julgado da sentença condenatória (art. 6º)[36], e facultando ao réu ou ao indiciado, no caso de não recebimento da denúncia, sua rejeição ou absolvição, após o arquivamento do inquérito ou trânsito em julgado da sentença, requerer a retirada da identificação fotográfica do inquérito ou processo, desde que apresente provas de sua identificação civil (art. 7º). Consigne-se que o dispositivo fala em retirada da fotografia do inquérito ou processo, nada mencionando com relação ao banco de dados policial, que não é abrangido pela norma.

35 "Art. 3º A Lei 7.210, de 11 de julho de 1984 – Lei de Execução Penal, passa a vigorar acrescida do seguinte art. 9º-A:

"Art. 9o-A. Os condenados por crime praticado, dolosamente, com violência de natureza grave contra pessoa, ou por qualquer dos crimes previstos no art. 1º da Lei 8.072, de 25 de julho de 1990, serão submetidos, obrigatoriamente, à identificação do perfil genético, mediante extração de DNA – ácido desoxirribonucleico, por técnica adequada e indolor. (...)".

36. O art. 20, parágrafo único, do CPP dispõe: "Nos atestados de antecedentes que lhe forem solicitados, a autoridade policial não poderá mencionar quaisquer anotações referentes a instauração de inquérito contra os requerentes.

15. INVESTIGAÇÃO CRIMINAL CONDUZIDA POR DELEGADO DE POLÍCIA (LEI 12.830/2013)

15.1 Introdução

Em meio a todas as polêmicas sobre a PEC 37, que tramitava no Congresso Nacional, com acalorados debates entre membros do Ministério Público e Delegados de Polícia, foi editada em 20 de junho de 2013 a Lei 12.830/2013, dispondo sobre a investigação criminal conduzida por Delegado de Polícia.

A presente lei, que passaremos a analisar, traz em seu bojo algumas garantias à carreira de Delegado de Polícia, com reflexos importantes para a investigação criminal.

Evidente que a norma estudada não confere exclusividade da investigação ao Delegado de Polícia, ademais, o próprio Código de Processo Penal, no art. 4º e seu parágrafo único, já deixa isso bem claro ao estabelecer:

> Art. 4ª A polícia judiciária será exercida pelas autoridades policiais no território de suas respectivas circunscrições e terá por fim a apuração das infrações penais e da sua autoria.
>
> **Parágrafo único.** A competência definida neste artigo não excluirá a de autoridades administrativas, a quem por lei seja cometida a mesma função.

Como se pode observar, outras autoridades administrativas poderão investigar desde que a lei lhes atribua essa função.

Ocorre que, na grande maioria dos casos, para não dizer em sua quase totalidade, a investigação criminal fica a cargo das polícias judiciárias, sob a direção dos Delegados de Polícia, mediante inquérito policial. Daí a importância da lei em comento, conforme passaremos a discorrer sobre seus artigos.

15.2. Comentários aos dispositivos legais

> **Art. 1º** Esta Lei dispõe sobre a investigação criminal conduzida pelo delegado de polícia.

Investigação criminal é o conjunto de diligências efetuadas com o objetivo de se esclarecer um ilícito penal.

Nota-se, de pronto, que o dispositivo em momento algum atribui a exclusividade da investigação criminal ao Delegado de Polícia, mesmo porque essa atividade pode ser realizada por outros órgãos devidamente instituídos, como, por exemplo, uma Comissão Parlamentar de Inquérito – CPI. A lei regula, portanto, uma das hipóteses de investigação criminal, qual seja, aquela conduzida por Delegado de Polícia, a qual pode ser, por exemplo, inquérito policial e termo circunstanciado.

> **Art. 2º** As funções de polícia judiciária e a apuração de infrações penais exercidas pelo delegado de polícia são de natureza jurídica, essenciais e exclusivas de Estado.

Quando falamos em polícia judiciária, necessariamente temos que nos remeter à Constituição Federal, que em seu art. 144 §§ 1º e 4º dispõe, *in verbis*:

> § 1º A polícia federal, instituída por lei como órgão permanente, organizado e mantido pela União e estruturado em carreira, destina-se a:
>
> I – apurar infrações penais contra a ordem política e social ou em detrimento de bens, serviços e interesses da União ou de suas

entidades autárquicas e empresas públicas, assim como outras infrações cuja prática tenha repercussão interestadual ou internacional e exija repressão uniforme, segundo se dispuser em lei.

(...)

IV – exercer, com exclusividade, as funções de polícia judiciária da União.

§ 4º Às polícias civis, dirigidas por delegados de polícia de carreira, incumbem, ressalvada a competência da União, as funções de polícia judiciária e a apuração de infrações penais, exceto as militares.

Importante consignar que referido artigo constitucional insere-se no Capítulo III do Título V, da Constituição Federal, intitulado "Da Defesa do Estado e das Instituições Democráticas", reforçando ainda mais a importância das instituições Polícia Civil e Polícia Federal no estado democrático de direito.

Segundo o desenvolvimento desse raciocínio é que cumpre atentar para as palavras de NUCCI quando afirma: "O nome polícia judiciária tem sentido na medida em que não se cuida de uma atividade policial ostensiva (típica da polícia militar para a garantia da segurança nas ruas), mas investigatória, cuja função se volta a colher provas para o órgão acusatório e, na essência, para que o Judiciário avalie no futuro".[37]

Portanto, as funções de polícia judiciária são exercidas pelos Delegados de Polícia, carreira que chefia as instituições Polícia Civil e Polícia Federal, e a quem lhes é dada a atribuição de presidir o principal instrumento de investigação policial dentro de tais instituições, que é o Inquérito Policial.

Ainda segundo o disposto no art. 2º da Lei 12.830/2013, as funções de polícia judiciária e a apuração das infrações penais exercidas pelo Delegado de Polícia, possuem *natureza jurídica*, sendo *essenciais e exclusivas de Estado*. O Delegado de Polícia é profissional aprovado em concurso público de provas e títulos, sendo cargo privativo de bacharel em direito, responsável, em suas atividades, por atos de pura aplicação das normas jurídicas, como por exemplo, representação por prisões ou outras medidas cautelares, elaboração de auto de prisão em flagrante, indiciamento, arbitramento de fiança etc. Além disso, a atividade de polícia judiciária exercida pelo Delegado de Polícia é *essencial*, nos mesmos moldes da exercida pela Advocacia, Ministério Público e Poder Judiciário. Por fim é *atividade exclusiva de Estado*, o que impede que seja delegada a particulares.

§ 1º Ao delegado de polícia, na qualidade de autoridade policial, cabe a condução da investigação criminal por meio de inquérito policial ou outro procedimento previsto em lei, que tem como objetivo a apuração das circunstâncias, da materialidade e da autoria das infrações penais.

Nas palavras de CARVALHO, "Autoridade policial é o Delegado de Polícia. Tal profissional, cujo ingresso na carreira, exige-se a condição de ser bacharel em direito, com aprovação em concurso público, em semelhança às demais carreiras jurídicas, cabe averiguar o fato concreto que lhe é trazido ao conhecimento e decidir à luz do direito. Ademais, polícia militar não é judiciária, tendo finalidade ostensiva e preventiva, não gozando dessa forma, seus componentes, do status de autoridade policial".[38]

Sobre esse assunto, TORNAGHI coloca que: "... o art. 4º do Código de Processo Penal, não comporta outra interpretação literal. Ao dizer que 'a polícia judiciária será exercida pelas autoridades policiais', é evidente que ele se refere aos órgãos da polícia judiciária. Seria tautológico repetir: a polícia judiciária será exercida pelas autoridades da polícia judiciária", e continua o autor: "Autoridade policiais sempre foram entre nós os chefes de polícia, seus delegados e, por vezes, os comissários. Quem pensaria, por exemplo, em transformar um oficial da Força Pública, em autoridade policial? Fugiria, por inteiro, ao papel das polícias militares".[39]

O inquérito policial, como já dissemos, é o principal instrumento utilizado pelas polícias judiciárias para apuração de fatos assemelhados a ilícito penal. Digo principal porque não podemos nos esquecer do Termo Circunstanciado como sendo outro procedimento previsto em lei. O que é importante frisar é que o artigo de lei deixa claro que a presidência de tais procedimentos é de atribuição do Delegado de Polícia.

§ 2º Durante a investigação criminal, cabe ao delegado de polícia a requisição de perícia, informa ções, documentos e dados que interessem à apuração dos fatos.

Durante a investigação criminal, é necessária uma série de informações obtidas mediante perícias ou de dados ou documentos existentes em outras instituições. Por isso, garante a lei a prerrogativa do Delegado de Polícia requisitar tais dados. Evidente que a cláusula de reserva de jurisdição é mantida, no que diz respeito àquelas informações que exigem ordem judicial.

Ainda quanto a tal ponto, e a título de informação sobre atualização legislativa, não podemos deixar de mencionar o art. 15 da Lei 12.850/2013 – Lei de Organização Criminosa, que prevê:

"O delegado de polícia e o Ministério Público terão acesso, independentemente de autorização judicial, apenas aos dados cadastrais do investigado que informem exclusivamente a qualificação pessoal, a filiação e o endereço mantidos pela Justiça Eleitoral, empresas telefônicas, instituições financeiras, provedores de internet e administradoras de cartão de crédito".

Trata-se, conforme já tivemos oportunidade de dizer quando da análise da lei de organização criminosa, de importante inovação, pois diz respeito à possibilidade do Delegado de Polícia ter acesso, independentemente de autorização judicial, a dados cadastrais do investigado. De tal forma, a autoridade policial, quando da investigação *em caso de crime organizado*, não mais necessitará oficiar ao Poder Judiciário para a obtenção de tais dados, tornando assim a investigação bem mais célere.

§ 3º (*Vetado*).

37 NUCCI, Guilherme de Souza. *Manual de processo penal e execução penal*. 5. ed. São Paulo: Ed. Revista dos Tribunais, 2008. p. 145.

38. CARVALHO, Paulo Henrique da Silva. Conceito de autoridade policial em nossa sistemática processual. Disponível em: http://www.buscalegis.ufsc.br/revistas/files/anexos/18526-18527-1-PB.pdf

39. TORNAGHI, Hélio. Conceito de Autoridade Policial. Disponível em: http://blogdodelegado.wordpress.com/conceito-de-autoridade-policial-na-legislacao-processual-penal-brasileira/

Dispunha o artigo:

> O delegado de polícia conduzirá a investigação criminal de acordo com seu livre convencimento técnico-jurídico, com isenção e imparcialidade.

Justificativa do veto pela Presidência da República:

"Da forma como o dispositivo foi redigido, a referência ao convencimento técnico-jurídico poderia sugerir um conflito com as atribuições investigativas de outras instituições, previstas na Constituição Federal e no Código de Processo Penal. Dessa forma, é preciso buscar uma solução redacional que assegure as prerrogativas funcionais dos delegados de polícia e a convivência harmoniosa entre as instituições responsáveis pela persecução penal."

> § 4º O inquérito policial ou outro procedimento previsto em lei em curso somente poderá ser avocado ou redistribuído por superior hierárquico, mediante despacho fundamentado, por motivo de interesse público ou nas hipóteses de inobservância dos procedimentos previstos em regulamento da corpora ção que prejudique a eficácia da investigação.

Conforme já mencionamos quando da análise do § 1º, os dois instrumentos de investigação a cargo das polícias judiciárias são o inquérito policial e o termo circunstanciado.

Não se obtém uma polícia forte e eficaz se os responsáveis diretos pela investigação, que são os Delegados de Polícia, exercerem suas funções sob a constante ameaça de que os procedimentos que presidem possam ser-lhes retirados de suas mãos a qualquer tempo, a bel-prazer da administração.

Para análise do parágrafo, precisamos ainda conceituar os vocábulos avocar e redistribuir. *Avocar*, nos termos da lei, é a retirada do inquérito policial ou termo circunstanciado da presidência de um delegado de polícia, por seu superior hierárquico, passando este último, pessoalmente, a presidir o procedimento. *Redistribuir*, por sua vez, significa que o procedimento sob a presidência de determinado delegado de polícia será retirado de sua condução por superior hierárquico, que o transmitirá a outro delegado de polícia para continuidade dos trabalhos.

Pois bem, a partir da edição da lei, aquilo que já deveria ser o comum, por questão de lógica, passou a ser obrigatório. Ou seja, tanto a avocação como a redistribuição dos procedimentos de investigação presididos pelo delegado de polícia somente podem ser avocados ou redistribuídos, mediante despacho fundamentado (explicação dos motivos) do superior hierárquico.

Ademais, estabelece a lei quais são as hipóteses em que caberá a fundamentação para a avocação ou redistribuição dos procedimentos de investigação: *a) motivo de interesse público*: deve haver a expressa explicação pela autoridade hierarquicamente superior, no que consiste o interesse público alegado. Nesse sentido, CABETTE assim se manifesta: "No entanto, é de se frisar que não bastará como fundamento a mera repetição da expressão 'interesse público', sendo necessário que a Autoridade superior indique concretamente os fatos que constituem esse 'interesse público', inclusive para que tal ato administrativo não seja nulo e para que possa adequadamente ser questionado no Judiciário por quem quer que tenha interesse (partes envolvidas na investigação, Ministério Público enquanto fiscal da lei e responsável pelo controle externo da polícia, Juiz Corregedor, Corregedoria Interna da Polícia, qualquer pessoa do povo)"[40]; *b) hipóteses de inobservância dos procedimentos previstos em regulamento da corporação que prejudique a eficácia da investigação*: da mesma forma que no item anterior, deverá a autoridade hierarquicamente superior, indicar expressamente qual ou quais os procedimentos previstos em regulamento da corporação não estão sendo observados na condução da investigação criminal.

Questão interessante, ainda levantada por CABETTE, diz respeito à possibilidade de Promotor avocar ou redistribuir feito presidido por Delegado de Polícia. Passamos a transcrever: "O Ministério Público é órgão estranho à Polícia Judiciária, tanto que é responsável tão somente por seu controle 'externo'. Não há relação de subordinação ou hierarquia administrativo-funcional entre Promotores e Delegados. Dessa forma é cristalino que o Promotor jamais pode ser considerado o 'superior hierárquico' de que fala a lei, não tendo poderes de avocação ou redistribuição direta. Ao Ministério Público nesses casos caberiam duas alternativas: a realização de investigações paralelas às da Polícia Judiciária ou então a provocação da autoridade hierarquicamente superior a fim de que esta, fundamentadamente, avoque ou redistribua o feito. No caso dessa segunda opção e negativa da autoridade superior, caberá ao Ministério Público, enquanto fiscal da lei e controlador externo da atividade policial, o manejo do Mandado de Segurança perante o Poder Judiciário, a provocação da atuação do Juiz-Corregedor de Polícia Judiciária e inclusive da Corregedoria Interna da Polícia".[41]

> § 5º A remoção do delegado de polícia dar-se-á somente por ato fundamentado.

Um dos grandes problemas enfrentado pelos Delegados de Polícia para o desenvolvimento de suas atividades diz respeito à ausência da garantia da inamovibilidade. Tal garantia, presente nas carreiras da Magistratura e Ministério Público, é, antes de tudo, uma segurança à sociedade de um trabalho efetuado de forma isenta, sem qualquer espécie de ingerência funcional ou mesmo política.

Entendemos que a lei foi tímida nesse ponto, mas de qualquer forma houve um avanço, uma vez que, se não foi conferida a garantia da inamovibilidade como nas outras carreiras jurídicas citadas, foi dificultado o processo de remoção. Desde a edição da lei, portanto, necessário se faz para que ocorra a remoção do Delegado de Polícia, que o ato seja fundamentado, e não apenas utilizada, por exemplo, a expressão "necessidade do serviço".

> § 6º O indiciamento, privativo do delegado de polícia, dar-se-á por ato fundamentado, mediante análi se técnico-jurídica do fato, que deverá indicar a autoria, materialidade e suas circunstâncias.

Quando, durante a investigação, a autoridade policial atribui a alguém a prática de uma infração penal, tendo em vista indícios suficientes de autoria e de materialidade, a tal ato dá-se o nome

40 CABETTE, Eduardo Luiz Santos. Primeiras impressões sobre a Lei nº 12.830/2013. Investigação criminal conduzida pelo delegado de polícia. Jus Navigandi, Teresina, ano 18, n. 3648, 27 jun. 2013. Disponível em: <http://jus.com.br/artigos/24794>. Acesso em: 7 jul. 2014.

41. CABETTE, Eduardo Luiz Santos. Op. cit.

de indiciamento. Aquele que era apenas suspeito do delito passa a ser considerado o provável autor.

A lei, neste tópico, deixa claro que o indiciamento é ato privativo do Delegado de Polícia, devendo ser fundamentado em uma análise técnico-jurídica do fato. Importante a determinação legal da fundamentação, já que muitas vezes esta não era feita, limitando-se a autoridade policial a proceder ao ato de indiciar apenas, o que é agora inadmissível, devendo expor os elementos de convicção que a levaram à prática daquele ato e não apenas elencando os artigos de lei aplicados, uma vez que deverá indicar a autoria, materialidade e suas circunstâncias.

Outra questão que ganha destaque diz respeito à impossibilidade do Membro do Ministério Público ou Juiz determinarem o ato de indiciamento de um suspeito ao Delegado de Polícia. Afirmando o texto legal ser o indiciamento ato privativo do Delegado de Polícia, o que já era, de certa forma, reconhecido pela jurisprudência e parte da doutrina, ganhou um reforço legal. Nesse sentido, o ensinamento de CAVALCANTE: "Cumpre mencionar, por fim, que, sendo o ato de indiciamento privativo do Delegado de Polícia, é equivocado e inadmissível que o juiz, o membro do Ministério Público ou a CPI requisitem o indiciamento de qualquer suspeito. Esse era o entendimento da doutrina antes da Lei e que agora é reforçado com este § 6º. Confira o que há anos já ensinava Nucci: '(...) não cabe ao promotor ou ao juiz exigir, através de requisição, que alguém seja indiciado pela autoridade policial, porque seria o mesmo que demandar à força que o presidente do inquérito conclua ser aquele o autor do delito. Ora, querendo, pode o promotor denunciar qualquer suspeito envolvido na investigação criminal (...)' (NUCCI, Guilherme de Souza. *Manual de Processo Penal e execução penal*. São Paulo: RT, 2006, p. 139)".[42]

> **Art. 3º** O cargo de delegado de polícia é privativo de bacharel em Direito, devendo-lhe ser dispensado o mesmo tratamento protocolar que recebem os magistrados, os membros da Defensoria Pública e do Ministério Público e os advogados.

Quando da análise do art. 2º da Lei, já tivemos a oportunidade de observar que o dispositivo é taxativo ao afirmar que "as funções de polícia judiciária e a apuração de infrações penais exercidas pelo delegado de polícia são de *natureza jurídica*, essenciais e exclusivas de Estado" (grifei). Portanto, o art. 3º somente vem a reafirmar o que a própria lei já o fizera. Evidente que sendo de natureza jurídica as atividades exercidas pelo Delegado de Polícia, imprescindível que o cargo seja privativo de bacharel em Direito. De qualquer forma, importante que isso tenha sido deixado bem claro pela lei, tendo em vista que nos rincões do Brasil, até pouco tempo, era sabido da nomeação de pessoas não qualificadas para assumir o cargo de Delegado de Polícia.

Trata também o artigo, em sua parte final, do tratamento protocolar que deve ser dispensado aos Delegados de Polícia. Não se trata aqui de qualquer vantagem, mas sim de respeito pela autoridade policial, da mesma forma que é cobrado o respeito aos demais membros de carreiras jurídicas exclusiva de Estado, como os Magistrados e Membros do Ministério Público. O tratamento protocolar exige a utilização do pronome de tratamento "Vossa Excelência", nas correspondências oficiais.

> **Art. 4º** Esta Lei entra em vigor na data de sua publicação.

16. ORGANIZAÇÃO CRIMINOSA (LEI 12.850/2013)

16.1. Introdução

No ano de 1995, foi editada no Brasil a Lei 9.034/1995, versando sobre o Crime Organizado. Referido diploma legal, contudo, apenas tratava das ações praticadas por quadrilha ou bando. No intuito de tentar solucionar o problema, o objeto da Lei foi ampliado com a edição da Lei 10.217/2001, que passou a se referir também a *associações criminosas de qualquer tipo* e *organizações criminosas de qualquer tipo:*

> **Art. 1º** Esta Lei define e regula meios de prova e procedimentos investigatórios que versem sobre ilícitos decorrentes de ações praticadas por quadrilha ou bando ou organizações ou associações criminosas de qualquer tipo.

Todavia, a Lei 10.217/2001, ao tentar solucionar um problema, acabou criando outro. Ao mencionar *organizações criminosas*, o legislador empregou um conceito jurídico indeterminado, sem definição em nosso ordenamento jurídico. Isso porque, *quadrilha ou bando* já tínhamos conhecimento do que seria (art. 288 do CP), bem como *associação criminosa*, prevista, p. ex., nos arts. 14 e 18 da antiga Lei de Tóxicos (Lei 6.368/1976), porém organização criminosa era termo absolutamente novo no ordenamento jurídico brasileiro.

Passou então a quadrilha ou bando a constituir, nas palavras de Luiz Flávio Gomes e Raúl Cervini, "o arcabouço mínimo para a existência da organização criminosa"[43]. Referidos autores elencaram ainda algumas características necessárias, além dos elementos estruturais do art. 288 do CP. Tais elementos deveriam estar presentes, ao menos no número de três, para a configuração de uma organização criminosa. São eles:

a) Previsão de acumulação de riqueza indevida;

b) Hierarquia estrutural;

c) Planejamento de tipo empresarial;

d) Uso de meios tecnológicos sofisticados;

e) Divisão funcional de atividades;

f) Conexão estrutural com o Poder Público;

g) A ampla oferta de prestações sociais;

h) Divisão territorial das atividades ilícitas;

i) Alto poder de intimidação;

j) Real capacidade para fraude difusa;

k) Conexão local, regional, nacional ou internacional com outras organizações.

Somente no ano de 2012, com a edição da Lei 12.694, dispondo sobre *o processo e o julgamento colegiado em primeiro grau de jurisdição de crimes praticados por organizações criminosas*, é que se introduziu em nosso ordenamento jurídico uma conceituação desse fenômeno criminal, qual seja:

42 CAVALCANTE, Márcio André Lopes. *Comentários à Lei 12.830/2013, que dispõe sobre a investigação criminal conduzida por Delegado de Polícia*. Disponível em: Acesso em: 11.07.2014.

43. GOMES, Luiz Flávio; CERVINI, Raúl. *Crime organizado*: enfoques criminológico, jurídico e político-criminal. 2. Ed. São Paulo, Revista dos Tribunais, 1997.

> **Art. 2º** Para os efeitos desta Lei, considera-se organização criminosa a associação, de 3 (três) ou mais pessoas, estruturalmente ordenada e caracterizada pela divisão de tarefas, ainda que informalmente, com objetivo de obter, direta ou indiretamente, vantagem de qualquer natureza, mediante a prática de crimes cuja pena máxima seja igual ou superior a 4 (quatro) anos ou que sejam de caráter transnacional.

Dentro deste quadro, torna-se evidente que a Lei 9.034/1995, foi de pouquíssima utilidade durante o período de sua vigência, sendo então substituída pela atual Lei 12.850, de 02 de agosto de 2013.

16.2. Organização Criminosa

O primeiro ponto a ser observado quando da análise da Lei 12.850/2013, diz respeito ao fato da mesma efetivamente definir organização criminosa, pondo fim, desta forma, a celeuma jurídica existente antes de sua vigência, conforme tivemos a oportunidade de descrever brevemente no tópico anterior.

Prevê o art. 1º da Lei o seguinte:

> **Art. 1º** Esta Lei define organização criminosa e dispõe sobre a investigação criminal, os meios de obtenção da prova, infrações penais correlatas e o procedimento criminal a ser aplicado.
>
> § 1º Considera-se organização criminosa a associação de 4 (quatro) ou mais pessoas estruturalmente ordenada e caracterizada pela divisão de tarefas, ainda que informalmente, com objetivo de obter, direta ou indiretamente, vantagem de qualquer natureza, mediante a prática de infrações penais cujas penas máximas sejam superiores a 4 (quatro) anos, ou que sejam de caráter transnacional.

Senão vejamos:

a) Associação de quatro ou mais pessoas: mera opção do legislador com relação ao número de componentes da organização. O art. 35 da Lei 11.343/2006 (Lei de Drogas) fala, p. ex., em duas ou mais pessoas, como forma de associação para prática dos crimes de tráfico (arts. 33 e 34). Importante observar que a Lei em comento também alterou o art. 288 do CP, passando este dispositivo a prever número mínimo de três pessoas e recebendo o *nomen iuris* de *Associação Criminosa*.

Atenção: tais números são fundamentais para a tipificação do delito, sendo imprescindível seu domínio por parte do operador do direito e pelo candidato ao concurso de Delegado de Polícia. Portanto, para a configuração de *associação criminosa (art. 288 do CP)* exige-se mínimo de três pessoas; *associação para o tráfico na Lei de Drogas*, exige-se mínimo de duas pessoas; e, finalmente, *organização criminosa da Lei 12.850/2013*, exige-se mínimo de quatro pessoas.

b) Estruturalmente ordenada e com divisão de tarefas: presença de hierarquia entre os membros, com cada um atuando dentro da atribuição que lhe foi confiada.

c) Vantagem de qualquer natureza: evidente que a finalidade da organização é a obtenção da vantagem, a qual deve ser necessariamente ilícita, embora a lei não tenha mencionado. Como a norma refere-se apenas a *vantagem*, cremos que poderá ser de qualquer natureza e não apenas econômica, embora essa seja a mais comum.

d) Mediante a prática de infrações penais cujas penas máximas sejam superiores a quatro anos: em uma primeira análise, tendo em vista o tipo se referir a infrações penais, o leitor entenderá estarem abrangidos os *crimes* e as *contravenções penais*. Contudo, ao vincular a organização à pena em abstrato, chega-se à conclusão de que apenas *crimes* é que poderão ser objeto da organização criminosa, vez que inexiste contravenção com pena máxima superior a quatro anos.

e) Caráter transnacional: fazendo a lei uso da partícula alternativa "ou", no caso da atuação criminosa atingir outros países (caráter transnacional), estaremos diante de organização criminosa. Nesse caso, deve-se desconsiderar o fator pena máxima, o que permite que se trate também de *contravenção penal*. Importante ressaltar também que o § 2º do art. 1º da Lei 12.850/2013, aplica a mesma por extensão aos casos às infrações penais previstas em tratado ou convenção internacional, bem como às organizações terroristas internacionais, reconhecidas segundo as normas de direito internacional.

Necessário que seja observado, que a novel Lei, logo de início, conceitua organização criminosa. Contudo, a já citada Lei 12.694/2012, também já o havia feito. Surge então uma divergência sobre a revogação ou não do conceito de organização criminosa da Lei de 2012, pela atual legislação. Isto porque o art. 26 da Lei 12.850/13, revoga expressamente a Lei 9.034/95, mas se cala com relação à Lei 12.694/12.

Tal assunto ganha importância pelo fato da Lei 12.694/2012, ao definir organização criminosa, considerar como suficiente a associação de *três ou mais* pessoas, ao passo que a Lei 12.850/2013, considera como necessário a associação de *quatro ou mais* pessoas.

Com isso, a doutrina dividiu-se. A título de exemplo, Cezar Roberto Bitencourt, seguindo a linha de que lei posterior revoga anterior, quando com esta incompatível, ou quando regule inteiramente a matéria, defende a posição de que o § 1º do art. 1º da Lei 12.850/2013 revogou o art. 2º, da Lei 12.694/2012, uma vez que regula inteiramente o conceito de organização criminosa, ao passo que a Lei anterior o definia apenas para seus efeitos (processo e julgamento colegiado).[44]

Em sentido contrário, Luiz Flávio Gomes entende que o conceito de organização criminosa da Lei 12.694/2012 continua em pleno vigor, sendo aplicado de forma específica (para os fins daquela lei), enquanto que o conceito dado pela Lei 12.850/2013 é genérico.[45]

16.3. Tipo incriminador

Diferentemente da legislação anterior, onde o aplicador do direito tinha que recorrer ao art. 288 do CP (quadrilha ou bando) para tipificar as condutas, a novel Lei, em seu art. 2º, fazendo uso de sete parágrafos, tratou de tipificar as ações praticadas pela organização criminosa. Veja-se a respeito:

---

44 BITENCOURT, Cezar Roberto. Primeiras reflexões sobre organização criminosa. Disponível em: <http://atualidadesdodireito.com.br/cezarbitencourt/2013/09/05/primeiras-reflexoes-sobre-organizacao-criminosa/>. Acesso em: 06.06.2014.

45 GOMES, Luiz Flávio. Criminalidade econômica organizada. Disponível em: <http://atualidadesdodireito.com.br/lfg/2013/08/29/criminalidade-economica-organizada/>. Acesso em: 06.06.2014..

Art. 2º Promover, constituir, financiar ou integrar, pessoalmente ou por interposta pessoa, organização criminosa:

Pena – reclusão, de 3 (três) a 8 (oito) anos, e multa, sem prejuízo das penas correspondentes às demais infrações penais praticadas.

§ 1º Nas mesmas penas incorre quem impede ou, de qualquer forma, embaraça a investigação de infração penal que envolva organização criminosa.

§ 2º As penas aumentam-se até a metade se na atuação da organização criminosa houver emprego de arma de fogo.

§ 3º A pena é agravada para quem exerce o comando, individual ou coletivo, da organização criminosa, ainda que não pratique pessoalmente atos de execução.

§ 4º A pena é aumentada de 1/6 (um sexto) a 2/3 (dois terços):

I – se há participação de criança ou adolescente;

II – se há concurso de funcionário público, valendo-se a organização criminosa dessa condição para a prática de infração penal;

III – se o produto ou proveito da infração penal destinar-se, no todo ou em parte, ao exterior;

IV – se a organização criminosa mantém conexão com outras organizações criminosas independentes;

V – se as circunstâncias do fato evidenciarem a transnacionalidade da organização.

§ 5º Se houver indícios suficientes de que o funcionário público integra organização criminosa, poderá o juiz determinar seu afastamento cautelar do cargo, emprego ou função, sem prejuízo da remuneração, quando a medida se fizer necessária à investigação ou instrução processual.

§ 6º A condenação com trânsito em julgado acarretará ao funcionário público a perda do cargo, função, emprego ou mandato eletivo e a interdição para o exercício de função ou cargo público pelo prazo de 8 (oito) anos subsequentes ao cumprimento da pena.

§ 7º Se houver indícios de participação de policial nos crimes de que trata esta Lei, a Corregedoria de Polícia instaurará inquérito policial e comunicará ao Ministério Público, que designará membro para acompanhar o feito até a sua conclusão.

16.3.1. Promover, constituir, financiar ou integrar, pessoalmente ou por interposta pessoa.

Trata o art. 2º da Lei 12.850/2013 de um tipo misto alternativo, de forma que, praticando o agente uma ou mais condutas, estaremos diante de um único delito.

Sujeito ativo do delito é qualquer pessoa, tratando-se de crime comum, não se exigindo qualquer qualidade especial do agente.

Sujeito passivo é a coletividade, sendo o bem jurídico tutelado a paz pública.

O crime é doloso, não sendo prevista a modalidade culposa. Além disso, é permanente, com sua consumação se protraindo no tempo.

Muito importante observar que o crime é formal, consumando-se com a mera associação de pessoas, independente da consumação dos crimes para os quais essa organização foi estabelecida.

Tendo em vista a necessidade de a organização ser estruturalmente ordenada, isso implica em uma certa durabilidade dela, não sendo admissível a prática do delito na sua modalidade tentada.

Fez questão o legislador também em fazer constar do tipo a possibilidade do agente atuar *pessoalmente ou por interposta pessoa*. Trata-se, nas palavras de NUCCI, de preocupação compreensível do legislador, "tendo em vista inúmeros casos de agentes que, realmente, tomam parte de organismos criminosos valendo-se de um 'laranja'".[46]

Com relação às penas previstas, tendo em vista o seu montante, não se admite transação ou suspensão condicional do processo. Ademais, ao mencionar o artigo "sem prejuízo das penas correspondentes às demais infrações penais praticadas", fica clara a adoção do sistema da cumulação material, pelo qual o agente será punido não só com as penas previstas no art. 2º, como também com aquelas previstas para o delito praticado pela organização criminosa, sendo as penas somadas.

16.3.2. Impedimento ou embaraçamento da investigação.

De grande valia o delito previsto no § 1º do art. 2º da Lei.

Entendeu o legislador punir com a mesma pena dos que fazem parte da organização criminosa, aquele que impede (obsta) ou embaraça (perturba) a investigação acerca desse grupo. Pune-se a conduta a título de dolo, não se admitindo a forma culposa.

A esse respeito, SANNINI NETO argumenta que "este dispositivo é de extrema utilidade prática, uma vez que permite a punição de qualquer pessoa que atrapalhe a investigação de organizações criminosas. Como exemplo, podemos citar os casos em que advogados, embora não ligados ao crime organizado, realizem tarefas que extrapolem a função pela qual foram constituídos, servindo de 'mensageiros' ou como 'informantes' da atuação policial".[47]

Merece referência também a colocação de NUCCI, ao afirmar que "as condutas se voltam ao objeto *investigação de infração penal, envolvendo organização criminosa*, portanto, qualquer persecução criminal, devidamente prevista em lei, conduzida por autoridade competente – como regra, o delegado em inquéritos policiais – tratando do crime de organização criminosa, previsto no art. 2.º, *caput*, da Lei 12.850/2013."[48]

16.3.3. Arma de fogo

O § 2º do art. 2º da Lei prevê, como causa de aumento de pena de até a metade, o emprego de arma de fogo. Observa-se que o dispositivo refere-se a arma de fogo e não armas em geral. Outra observação que deve ser feita é no que diz respeito ao uso ou não de referida arma. Entendemos que, ao especificar *emprego* no tipo penal, deve o instrumento ser *utilizado*, ao menos estando visível aos olhos como forma intimidativa.

46. NUCCI, Guilherme de Souza. *Organização criminosa*. 1.ed. São Paulo: Editora Revista dos Tribunais, 2013.p. 22.

47 SANNINI NETO, Francisco. *Nova Lei das Organizações Criminosas e a Polícia Judiciária*. Conteúdo Jurídico, Brasília-DF: 17 ago. 2013. Disponível em: http://www.conteudojuridico.com.br/?artigos&ver=2.44769&seo=1>. Acesso em 08.06.2014.

48. NUCCI, Guilherme de Souza. Organização criminosa. 1. ed. São Paulo: Editora Revista dos Tribunais, 2013. p. 24.

16.3.4. *Comando individual ou coletivo da organização criminosa*

Foi justamente pensando naquele que lidera o chefia a organização criminosa, que o legislador fez inserir o § 3º no art. 2º da Lei 12.850/2013. Não se faz necessário, contudo, que esse *comandante* pratique qualquer ato de execução para que sua pena seja agravada. Embora o tipo penal não estabeleça como deve se dar tal agravamento, este será aplicado na segunda fase de fixação da pena pelo magistrado, dentre os limites mínimo e máximo previstos no tipo penal.

16.3.5. *Causas de aumento de pena*

As causas de aumento de pena foram inseridas no § 4º do art. 2º da Lei 12.850/2013. Passemos a uma breve análise de cada uma delas.

I – se há participação de criança ou adolescente: evidente o efeito nefasto da criminalidade sobre os jovens e crianças. Também cada vez mais comum o aliciamento de menores por criminosos, até mesmo pela maior facilidade de convencimento, tendo em vista o lado psicológico ainda não totalmente desenvolvido. Qualquer forma de participação será suficiente para o aumento da pena, seja ela por meio de concurso de agentes ou pela utilização da criança ou adolescente como autor mediato do delito.

II – se há concurso de funcionário público, valendo-se a organização criminosa dessa condição para a prática de infração penal: o funcionário público, muitas vezes pelas facilidades inerentes ao cargo, possui acesso direto a informações, documentos e locais que podem em muito facilitar as ações da organização criminosa. Além disso, havendo indícios de que o funcionário público integra a organização criminosa, poderá ser afastado cautelarmente do cargo, emprego ou função pelo juiz (art. 2º, § 5º, da Lei 12.850/2013). Ademais, se condenado com trânsito em julgado, perderá o cargo, emprego, função ou mandato eletivo, e será interditado para o exercício de função ou cargo público pelo prazo de 8 (oito) anos subsequentes ao cumprimento da pena (art. 2º, § 6º, da Lei 12.850/2013, que trata, em verdade, de um efeito da condenação). Em se tratando de policial, se houver indícios de sua participação nos crimes de que trata a Lei 12.850/2013, a Corregedoria de Polícia instaurará inquérito policial e comunicará ao Ministério Público, que designará membro para acompanhar o feito até a sua conclusão (art. 2º, § 7º, da Lei 12.850/2013).

III – se o produto ou proveito da infração penal destinar-se, no todo ou em parte, ao exterior: Na lição de NUCCI, *produto* é a vantagem advinda diretamente do cometimento do delito, enquanto *proveito* é o recurso advindo do produto, quando transformado em outra vantagem. Ex.: dinheiro subtraído do banco (produto), utilizado na compra de imóveis (proveito).[49] Inegavelmente, tanto o produto, quanto o proveito da infração, deixando nossas fronteiras, serão muito mais difíceis de serem localizados e repatriados, daí a preocupação do legislador.

IV – se a organização criminosa mantém conexão com outras organizações criminosas independentes: é a questão da ramificação, o que torna a organização criminosa muito mais poderosa e, consequentemente, perigosa.

V – se as circunstâncias do fato evidenciarem a transnacionalidade da organização: entendemos que a aplicação do presente inciso configuraria *bis in idem*, tendo em vista que o caráter da transnacionalidade já integra o § 1º do art. 1º da Lei 12.850/2013, que conceitua organização criminosa.

16.4. Colaboração Premiada

O art. 4º da Lei 12.850/2013 traça aspectos referentes à chamada *colaboração premiada*. Trata-se de um dos meios de obtenção de prova admitidos pela Lei. Assim dispõe:

> **Art. 4º** O juiz poderá, a requerimento das partes, conceder o perdão judicial, reduzir em até 2/3 (dois terços) a pena privativa de liberdade ou substituí-la por restritiva de direitos daquele que tenha colaborado efetiva e voluntariamente com a investigação e com o processo criminal, desde que dessa colaboração advenha um ou mais dos seguintes resultados:
>
> I – a identificação dos demais coautores e partícipes da organização criminosa e das infrações penais por eles praticadas;
>
> II – a revelação da estrutura hierárquica e da divisão de tarefas da organização criminosa;
>
> III – a prevenção de infrações penais decorrentes das atividades da organização criminosa;
>
> IV – a recuperação total ou parcial do produto ou do proveito das infrações penais praticadas pela organização criminosa;
>
> V – a localização de eventual vítima com a sua integridade física preservada.

A colaboração premiada é importantíssimo instituto trazido pela lei de crime organizado. A Lei 12.850/2013 estipula três hipóteses de benefícios a serem concedidos àquele que contribuir para a investigação ou para o processo penal. O primeiro é o benefício do perdão judicial; o segundo é a redução da pena em até dois terços e finalmente, o terceiro é a substituição da pena por restritiva de direitos. O juiz, para a escolha da aplicação do benefício, levará em conta o grau de colaboração do investigado.

Observe-se que o artigo estudado expressamente dispõe que a colaboração deve ser efetiva e voluntária, ou seja, livre de qualquer tipo de coação, seja de caráter físico ou moral. Ademais, fundamental que se faça presente um ou mais dos incisos do artigo 4º, para o reconhecimento do instituto.

16.4.1. *O Delegado de Polícia como autoridade representante pelo perdão judicial*

O § 2º do art. 4º da Lei 12.850/2013 traz em seu bojo importante inovação de caráter processual. Concede, referido dispositivo, a possibilidade do Delegado de Polícia realizar negociações, nos autos do inquérito policial, com a manifestação do Ministério Público, representando ao juiz pela concessão do perdão judicial ao colaborador. Trata-se de grande ferramenta de investigação colocada nas mãos da autoridade policial e que deve ser de conhecimento do candidato ao cargo de Delegado de Polícia. Observe-se que ao magistrado é vedado participar do acordo de colaboração, apenas homologando-o se preenchidos os requisitos legais. Tal regra, inserida no § 6º do art. 4º da Lei 12.850/2013, visa a garantir a imparcialidade do juiz.

Realizada a homologação o colaborador poderá, sempre acompanhado pelo seu defensor, ser ouvido pelo membro do

49. NUCCI, Guilherme de Souza. *Organização criminosa*. 1. ed. São Paulo: Editora Revista dos Tribunais, 2013. p. 28.

Ministério Público ou pelo delegado de polícia responsável pelas investigações (art. 4º, § 9º, da Lei 12.850/2013).

É possível que a colaboração ocorra após a sentença penal. Neste caso, a pena poderá ser reduzida até a metade ou será admitida a progressão de regime ainda que ausentes os requisitos objetivos, como tempo mínimo no regime anterior (art. 4º, § 5º, da Lei 12.850/2013).

16.5. Ação Controlada

Outro meio de obtenção de prova previsto na Lei 12.850/2013 é a chamada Ação Controlada. Versa a lei:

> **Art. 8º** Consiste a ação controlada em retardar a intervenção policial ou administrativa relativa à ação praticada por organização criminosa ou a ela vinculada, desde que mantida sob observação e acompanhamento para que a medida legal se concretize no momento mais eficaz à formação de provas e obtenção de informações.

Permite, por exemplo, tal dispositivo, que a autoridade policial retarde determinada diligência com o escopo de, ao procedê-la posteriormente, atingir maiores e melhores resultados.

Estabelece o § 1º do art. 8º:

> § 1º O retardamento da intervenção policial ou administrativa será previamente comunicado ao juiz competente que, se for o caso, estabelecerá os seus limites e comunicará ao Ministério Público.

Nem sempre é de fácil aplicação a *comunicação prévia*. Pode-se entender que a autoridade policial, ao instaurar o inquérito policial para apurar crime de organização criminosa, *previamente* já oficie ao juiz se perceber, de imediato, ser necessária a ação controlada. Contudo, não podemos descartar a possibilidade de não ocorrer essa comunicação de plano, e deparar-se a autoridade com a necessidade de retardar uma prisão em flagrante, por exemplo, sob pena de colocar em risco todo êxito da investigação. Cremos que deva ser levada em consideração tal possibilidade, com comunicação posterior e imediata ao juiz, tendo em vista o dinamismo da atividade policial.

16.6. Infiltração de Agentes

Outro importante instrumento de investigação de organizações criminosas, colocado ao alcance do Delegado de polícia é a infiltração de agentes.

Para que ocorra a infiltração de agentes, deverá haver representação por parte do Delegado de Polícia, ou requerimento do Ministério Público, *após manifestação técnica do Delegado de Polícia*, quando no curso de inquérito policial (art. 10 da Lei 12.850/2013).

Necessário para a concessão da infiltração policial, que o crime seja de organização criminosa e que a prova que se busca não possa ser produzida por outros meios disponíveis (§ 2º do art. 10).

O prazo da infiltração será de seis meses, podendo ser renovado em caso de necessidade (§ 3º do art. 10).

Outra característica da infiltração de agentes recai sobre a possibilidade do policial infiltrado ver-se obrigado a praticar algum crime, até mesmo como prova de lealdade. Enfrentando o tema, NUCCI, defende a aplicação da excludente de culpabilidade por inexigibilidade de conduta diversa. Há, porém, um limite para tal excludente, qual seja, a *proporcionalidade* entre a conduta do agente e a finalidade da investigação (art. 13, *caput*, da Lei 12.850/2013).[50]

16.7. Acesso a Registros, Dados Cadastrais, Documentos e Informações

> **Art. 15.** O delegado de polícia e o Ministério Público terão acesso, independentemente de autorização judicial, apenas aos dados cadastrais do investigado que informem exclusivamente a qualificação pessoal, a filiação e o endereço mantidos pela Justiça Eleitoral, empresas telefônicas, instituições financeiras, provedores de internet e administradoras de cartão de crédito.

Importante inovação trazida pela a Lei de Organização Criminosa, diz respeito à possibilidade do Delegado de Polícia ter acesso, *independentemente de autorização judicial*, a dados cadastrais do investigado. De tal forma, a autoridade policial não mais necessitará oficiar ao Poder Judiciário para a obtenção desses dados, tornando assim a investigação bem mais célere.

Entendemos que o legislador demonstrou certa timidez, perdendo uma excelente oportunidade de conceder a tal profissional também o acesso a informações referentes ao sigilo bancário e telefônico, o que tornaria a investigação muito mais rápida e consequentemente eficaz. Ademais, se configurado qualquer abuso por parte da autoridade policial, esta responderia pelo excesso mediante os mecanismos que a legislação dispõe.

Por fim, as empresas de transporte e de telefonia fixa deverão manter à disposição das autoridades registro de seus dados pelo prazo de cinco anos (arts. 16 e 17 da Lei 12.850/2013).

16.8. Dos Crimes Ocorridos na Investigação e na Obtenção da Prova

Trata a lei de organização criminosa, em seus artigos 18 a 21, dos crimes que porventura possam ocorrer durante a investigação ou para a obtenção de provas. Tutela-se o bem jurídico Administração da Justiça. Passaremos à análise individual dos tipos penais.

> **Art. 18.** Revelar a identidade, fotografar ou filmar o colaborador, sem sua prévia autorização por escrito:
>
> Pena – reclusão, de 1 (um) a 3 (três) anos, e multa.

Colaborador é o delator. Aquele que celebra acordo com a Administração, colabora efetiva e voluntariamente com a investigação e com o processo criminal (art. 4º da Lei).

O legislador preocupou-se em proteger a identidade do colaborador, salvaguardando não apenas seus dados qualificativos, como também sua imagem, que somente podem ser revelados mediante prévia autorização por escrito.

O sujeito ativo pode ser qualquer pessoa que pratique uma das condutas descritas no tipo. Os sujeitos passivos são o colaborador e o Estado. É crime formal, inexistindo qualquer necessidade de resultado naturalístico. Trata-se de delito punido apenas a título de dolo, não sendo prevista a modalidade culposa. Por tratar-se de crime plurissubsistente, admite a tentativa.

---

50 NUCCI, Guilherme de Souza. *Organização criminosa*. 1. ed. São Paulo: Editora Revista dos Tribunais, 2013. p. 83.

Art. 19. Imputar falsamente, sob pretexto de colaboração com a Justiça, a prática de infração penal a pessoa que sabe ser inocente, ou revelar informações sobre a estrutura de organização criminosa que sabe inverídicas:

Pena – reclusão, de 1 (um) a 4 (quatro) anos, e multa.

A simples leitura do tipo já remete aos arts. 138 (calúnia) e 339 (denunciação caluniosa) do CP. No primeiro há uma falsa imputação de fato definido como crime e, no segundo, dá-se causa à instauração de processo ou investigação de crime ou contravenção.

O tipo em comento, contudo, não exige a instauração de processo ou investigação. É uma espécie de denunciação caluniosa específica da lei de organização criminosa.

O sujeito ativo é o delator (crime próprio), sendo sujeito passivo tanto o Estado como a pessoa a quem é feita a falsa imputação. É crime formal, inexistindo qualquer necessidade de resultado naturalístico. É delito punido apenas a título de dolo, não sendo prevista a modalidade culposa. Ademais, deve o agente saber da inocência do imputado, bem como da não veracidade dos informes revelados. As condutas são alternativas (imputar falsamente ou revelar informações inverídicas) punindo-se o agente por um único crime se praticadas em conjunto ou isoladamente. Por tratar-se de crime plurissubsistente, admite a tentativa.

Art. 20. Descumprir determinação de sigilo das investigações que envolvam a ação controlada e a infiltração de agentes:

Pena – reclusão, de 1 (um) a 4 (quatro) anos, e multa.

O artigo refere-se ao sigilo nos casos de ação controlada (art. 8º, §2º) e infiltração de agentes (art. 12). Observe-se que o sigilo também pode ser "decretado pela autoridade judicial competente para garantia da celeridade e da eficácia das diligências investigatórias" (art. 23).

O sujeito ativo é o funcionário público responsável pelo trâmite do sigilo e que descumpre a determinação legal ou judicial (crime próprio). O sujeito passivo é o Estado. É crime formal, inexistindo qualquer necessidade de resultado naturalístico. É delito punido apenas a título de dolo, não sendo prevista a modalidade culposa. Por tratar-se de crime plurissubsistente, admite a tentativa.

Art. 21. Recusar ou omitir dados cadastrais, registros, documentos e informações requisitadas pelo juiz, Ministério Público ou delegado de polícia, no curso de investigação ou do processo:

Pena – reclusão, de 6 (seis) meses a 2 (dois) anos, e multa.

Parágrafo único. Na mesma pena incorre quem, de forma indevida, se apossa, propala, divulga ou faz uso dos dados cadastrais de que trata esta Lei.

Trata o *caput* do artigo, na verdade, de uma espécie própria do crime de desobediência ocorrido no curso das investigações ou do processo.

O sujeito ativo será a pessoa a quem é dirigida a requisição (crime comum), que poderá ser emanada tanto da autoridade judiciária como do membro do Ministério Público ou Delegado de Polícia. Ressalte-se que o art. 15 da Lei confere ao Delegado de Polícia e ao Ministério Público "acesso, independentemente de autorização judicial, apenas aos dados cadastrais do investigado que informem exclusivamente a qualificação pessoal, a filiação e o endereço mantidos pela Justiça Eleitoral, empresas telefônicas, instituições financeiras, provedores de internet e administradoras de cartão de crédito".

O sujeito passivo é o Estado e, de forma secundária, a pessoa que teve seus dados revelados. O crime é formal, inexistindo qualquer necessidade de resultado naturalístico. É delito punido apenas a título de dolo, não sendo prevista a modalidade culposa. Por tratar-se de crime unissubsistente e omissivo próprio, não admite a tentativa.

No que diz respeito à pena prevista, diferentemente dos tipos penais que o antecederam, estamos diante de uma espécie de infração de menor potencial ofensivo. Ocorre que o art. 22 da Lei estabelece que "os crimes previstos nesta Lei e as infrações penais conexas serão apurados mediante procedimento ordinário previsto no Decreto-Lei 3.689, de 3 de outubro de 1941 (Código de Processo Penal)". Tendo em vista tal fato, entendemos que não se aplicam os dispositivos da Lei 9.099/1995 às infrações penais previstas na lei de organização criminosa, devendo tais condutas ilícitas ser apuradas mediante inquérito policial e não termo circunstanciado, e não sujeitando-se ao instituto da transação.

O parágrafo único do artigo tem como sujeito ativo aquele que se apossa, propala, divulga ou faz uso dos dados cadastrais de que trata a lei, desde que o faça de forma indevida (elemento normativo do tipo). Tal sujeito ativo pode ser qualquer pessoa (crime comum). O dolo é o elemento subjetivo, não sendo a conduta punível a título de culpa. É crime formal, inexistindo qualquer necessidade de resultado naturalístico. Na modalidade "fazer uso" é crime permanente. Admite tentativa.

Considerações Finais

A Lei 12.850/2013, em seu art. 24, traz importante alteração ao art. 288 do CP.

O então denominado crime de quadrilha ou bando, previsto no mencionado dispositivo do Código Penal, passa agora a ter o *nomen iuris* de *associação criminosa*, com a seguinte redação:

Art. 288. Associarem-se 3 (três) ou mais pessoas, para o fim específico de cometer crimes:

Pena – reclusão, de 1 (um) a 3 (três) anos.

Parágrafo único. A pena aumenta-se até a metade se a associação é armada ou se houver a participação de criança ou adolescente."

De imediato, já se nota a redução do número de agentes, sendo necessária a constatação de três ou mais pessoas (pela redação anterior, exigia-se a presença de, no mínimo, quatro pessoas).

Inseriu-se também a expressão *fim específico de cometer crimes* ao tipo penal, diferenciando-o do mero concurso de agentes, tendo em vista a estabilidade da associação. Além disso, pune-se com o aumento de pena até a metade se a associação for armada ou se houver a participação de criança ou adolescente (art. 288, parágrafo único, do CP).

Finalmente, a Lei de Organização Criminosa alterou as penas previstas para o crime de falso testemunho, previsto no art. 342 do CP, passando de 1 (um) a 3 (três anos), para reclusão de 2 (dois) a 4 (quatro) anos, não comportando mais a suspensão condicional do processo.

3. CRIMINOLOGIA

Vivian Calderoni

1. CONCEITO

A Criminologia é uma ciência autônoma, empírica e interdisciplinar que tem por objeto de estudo quatro elementos:

a) O crime;

b) O autor do delito;

c) A vítima; e

d) O controle social.

Autônoma: A Criminologia é uma ciência autônoma e não uma ciência auxiliar ao direito penal, visto que detêm método e objetos de estudo próprios. É uma ciência autônoma que estabelece relações com o direito penal.

Empírica: A Criminologia é uma ciência empírica, ou seja, baseada na observação da realidade, na experiência. O criminólogo se dedica ao estudo da realidade, a partir da observação desta e, com base nela, tenta explicá-la.

Vamos a alguns exemplos: a escola chamada de Antropologia Criminal (vide item 6.2.1 infra) defendia que o biótipo, os fatores genéticos e fenotípicos das pessoas indicavam se ela era criminosa ou não. Então, Lombroso, seu grande expoente, fazia medições de crânios, de lábios, de nariz etc. para chegar ao tipo criminoso.

Outro exemplo que pode ser dado é o de um estudo estatístico dos tipos de crimes mais cometidos em cada região da cidade. Provavelmente, a maior quantidade de furtos está nas áreas mais densas da cidade. Esse é um bom exemplo do uso da estatística pela Criminologia. No presente exemplo, o pesquisador observa a realidade de distribuição regional de crimes e as taxas de cometimento de cada delito em cada região da cidade para compreender a dinâmica criminal naquela cidade.

Interdisciplinar: A Criminologia é uma ciência interdisciplinar. Ela se utiliza de outras ciências, preservando os métodos próprios de cada uma delas. As ciências mais comumente utilizadas pela Criminologia são a psicologia, a antropologia, a medicina, a sociologia, a estatística e o direito penal.

Vamos a alguns exemplos: Num caso hipotético foi encontrado um cadáver. Presume-se que tenha sido um homicídio. A psicologia pode nos dar ferramentas para entender o porquê do cometimento daquele crime. Será que o autor do delito fez isso por ciúmes e seria um crime passional? Será que foi para ficar com a herança? Será que o criminoso matou aquela pessoa porque está em depressão? Será que esse delinquente é um psicopata, um matador em série?

A sociologia poderia nos ajudar a entender outros fatores. Será que a vida é um valor banalizado nessa sociedade e esse crime é só mais um dentre tantos? Será que esse homicídio é, na verdade, uma consequência cruel do machismo que domina aquela sociedade e a pessoa foi vítima de violência doméstica cometida pelo marido? Será que práticas de delitos como esse são socialmente aceitas?

O direito penal poderia trazer outros elementos para compreensão do crime. Será que o homicídio decorreu de legítima defesa? Será que foi realmente um homicídio ou a conduta se enquadra no crime de lesão corporal seguida de morte? Ou de tortura com resultado morte? Ou de latrocínio? Ou se trata de um homicídio simples? Ou qualificado?

A medicina pode ajudar a esclarecer a *causa mortis*.

Objetos: São quatro os objetos de estudo da Criminologia: o crime (também chamado de delito ou ato desviante), o autor do delito (também denominado de delinquente ou autor do ato desviante ou criminoso), a vítima e o controle social (também denominado de instâncias de controle).

2. MÉTODO

O método da Criminologia é empírico e indutivo. O contato com o objeto é direto e interdisciplinar.

Empírico: A Criminologia examina a realidade.

Indutivo: A Criminologia observa a realidade para dela extrair uma teoria. Ou seja, o pesquisador vai até o mundo concreto e de lá retira abstrações e conceituações. A compreensão da realidade se dá a partir da observação. Por isso diz-se que o contato com o objeto de estudo é direto.

Interdisciplinaridade: O método da Criminologia é aquele das ciências que são utilizadas por ela. Por exemplo, a psicologia, a medicina, o direito penal, a sociologia, a estatística, a antropologia etc.

3. FUNÇÕES

A função da Criminologia é traçar um diagnóstico científico e qualificado sobre seus objetos de estudo (o crime, o criminoso, a vítima e o controle social). O fim básico da Criminologia é informar a academia, a sociedade e os poderes públicos sobre o crime, os criminosos, a vítima e o controle social. O fim último da Criminologia é o controle e a prevenção criminal.

Cabe à Criminologia a compreensão dos fenômenos relacionados ao crime, ao criminoso, à vítima e ao controle social. Sendo assim, ela é importante fonte de informação para se pensar estratégias de prevenção criminal. A Criminologia, por seu uma ciência, traz mais segurança para se pensar e repensar políticas públicas, mas deve-se tomar cuidado, pois a Criminologia não é uma ciência exata e comporta subjetivismos do pesquisador que influenciam suas análises.

4. OBJETO: CRIME, CRIMINOSO, VÍTIMA E CONTROLE SOCIAL

4.1. Crime

Para o direito penal, o crime é uma conduta típica, antijurídica e culpável. Para a Criminologia essa definição é insuficiente, já que compreende o crime como um problema social, um fenômeno comunitário que deve ter incidência aflitiva, incidência massiva, persistência espaço-temporal e inequívoco consenso quanto à efetividade da intervenção penal.

Passaremos a compreender cada um desses elementos em separado.

4.1.1. Incidência aflitiva

De acordo com a Criminologia, para que uma conduta seja considerada crime deve produzir sofrimento. Ou seja, deve causar alguma lesão à vítima ou à comunidade como um todo. Não é razoável tipificar criminalmente uma conduta que não produza dor.

No ordenamento jurídico brasileiro, nem sempre isso ocorre. Por exemplo, a Lei 4.888/1965 proíbe a utilização da expressão "couro sintético". Ora, a conduta repreendida (nesse caso, a abstenção de empregar uma frase) não produz qualquer sofrimento.

Já, matar alguém, crime tipificado no art. 121 do CP, produz sofrimento e dor. Ou seja, o crime de homicídio preenche esse requisito da definição.

4.1.2. Incidência massiva

De acordo com a Criminologia, a conduta, para ser considerada crime, deve ocorrer com alguma regularidade e não ser um ato isolado.

Existe um exemplo, no nosso ordenamento, que não segue essa característica. O crime de molestar cetáceo foi tipificado após uma pessoa colocar um palito de sorvete na narina de uma baleia que tinha encalhado na praia no Rio de Janeiro. A baleia morreu como consequência desse ato. Essa conduta foi criminalizada pela Lei 7.643/1987, porém não tem incidência massiva, não é comum que as pessoas coloquem palitos nas narinas de cetáceos.

Por outro lado, o homicídio tem incidência massiva, ele ocorre com regularidade.

4.1.3. Persistência espaço-temporal

Para a Criminologia, a conduta deve ocorrer em diversos locais e não ser restrita a uma localidade específica e, além disso, deve ser mais do que uma moda, deve continuar a ocorrer em diversos períodos. Ou seja, deve persistir no tempo e no espaço.

4.1.4. Inequívoco consenso quanto à efetividade da intervenção penal

Para a Criminologia, para que uma conduta seja considerada crime, deve-se ter certeza de que a intervenção penal é a melhor forma, ou, ao menos, combinada com outras, é uma boa forma de se evitar a prática da conduta.

Um bom exemplo é a criminalização do álcool. O consumo do álcool já foi crime nos EUA, no chamado período da Lei Seca. Deve-se admitir que o consumo de álcool é uma prática com incidência massiva, aflitiva e com persistência espaço-temporal, mas a experiência norte-americana demonstrou que a criminalização não foi eficaz para o combate da conduta.

4.2. Criminoso

Para a Criminologia, o criminoso pode ser analisado sob quatro perspectivas distintas. São elas: biológica, sociológica, jurídica e política. Vamos passar a compreender cada uma delas e, em seguida, passaremos às classificações dos criminosos.

4.2.1. Biológica

A perspectiva biológica está estritamente relacionada com a Antropologia Criminal (vide item 6 infra) e a Criminologia Clínica. Aqui se entende que os fatores biológicos, genéticos e psicológicos – de constituição da pessoa – são fundamentais para compreender o cometimento de crimes por determinada pessoa. Para a Antropologia Criminal, a criminalidade estava associada fundamentalmente às características fisiológicas. O expoente da Antropologia Criminal é Cesare Lombroso. Para ele, as características fenotípicas e genéticas da pessoa determinavam se seria criminosa ou não, ou seja, a pessoa já nascia com as características criminógenas.

4.2.2. Sociológica

A perspectiva sociológica vê o criminoso como fruto do seu meio social. Os fatores sociais podem levar ao cometimento de crimes. Lombroso, que tanto prezava pela descrição biológica dos criminosos também acreditava que os fatores sociológicos poderiam exercer alguma influência, mas em um grau muito pequeno. Outras teorias acreditam que a influência do meio é muito alta, como é o caso da teoria da Associação Diferencial desenvolvida por Sutherland para explicar os crimes de colarinho branco nos EUA, na década de 1930. Muitos utilizam a perspectiva sociológica para associar o cometimento de delitos com o fato de a pessoa ter uma família considerada desestruturada.

O período clássico valorizava sobremaneira o livre-arbítrio, de modo que não havia diferença entre os criminosos e os não criminosos, já que todos os seres humanos são dotados de livre-arbítrio (vide item 6.1 infra). As teorias críticas, de cunho marxista, entendem o criminoso como fruto de um sistema econômico e social desigual (vide itens 12 e 13 infra).

4.2.3. Jurídica

A perspectiva jurídica entende que o criminoso é aquele assim definido pela lei penal. Só é criminoso aquele que praticou condutas tipificadas criminalmente. Não existe uma concepção ontológica de crime e, por isso, é criminoso aquele que recebe o rótulo de criminoso pela sociedade, por meio da lei penal. Ou seja, a pessoa que pratica condutas imorais, mas não tipificadas criminalmente não é um criminoso, é uma pessoa imoral, apenas. Por exemplo, uma pessoa que não é fiel a sua esposa, esposo, companheira, companheiro, namorada ou namorado não é um criminoso, apesar de praticar condutas rejeitadas pela sociedade.

4.2.4. Política

A concepção política compreende que o direito penal desempenha disfarçadamente outras funções, voltadas para manter o status quo da classe dominante. Essa é uma das explicações da criminalização de movimentos sociais reivindicatórios, como o Movimento Sem Terra – MST.

Sérgio Salomão Shecaira entende que todas as quatro concepções acima descritas são importantes para a compreensão do criminoso, mas que apenas uma visão que some todas elas e aceite que a definição de criminoso é complexa e subjetiva pode ser válida. Pois, os serem humanos são complexos e únicos, diferentes uns dos outros. Em determinado caso, um dos fatores pode exercer maior influência do que em outros. Em suas próprias palavras: "o criminoso é um ser histórico, real, complexo e enigmático (...). Por isso, as diferentes perspectivas [biológica, sociológica, jurídica e política] não se excluem; antes, completam-se e permitem um grande mosaico sobre o qual se assenta o direito penal atual."[1]

4.2.5. O homem delinquente: classificação de criminosos

Criminoso habitual: Possui as características criminógenas desde a infância, não sendo capaz de seguir uma vida sem cometimento de delitos.

Criminoso impetuoso: Pessoa psiquicamente estruturada que age sem premeditação. Em geral, costuma se arrepender.

Louco criminoso: O cometimento de crimes está associado às suas alterações psíquicas permanentes, sendo comum que confesse o crime. Existem os esquizofrênicos ou paranoicos que agem por obsessão e os oligofrênicos ou epiléticos que atuam por impulso momentâneo e sem justificativa aparente.

Criminoso fronteiriço (louco moral): A pessoa está na linha tênue entre a doença mental e a não presença de doença mental. É o caso dos psicopatas e sociopatas.

Classificação de Hilário Veiga de Carvalho: Classificação que considera os fatores etiológicos dos delinquentes, conforme a prevalência de fatores biológicos ou mesológicos. Os cinco tipos de criminoso de acordo com a classificação de Hilário Veiga de Carvalho são: **a) biocriminoso puro:** apresentam apenas fatores biológicos, portanto são passíveis de tratamento psiquiátrico; **b) biocriminoso preponderante (difícil correção e reincidência potencial):** apresentam alguma anomalia biológica que por si só não é suficiente para desencadear a conduta criminosa, mas são facilmente influenciados por fatores externos; **c) biomesocriminoso (correção possível e reincidência ocasional):** sofrem influência de fatores biológicos e do meio, sendo muito difícil determinar qual fator exerce maior influência para o cometimento de delitos; **d) mesocriminoso preponderante (correção esperada e reincidência excepcional):** apresentam fraqueza de personalidade. Apesar da presença de fatores biológicos, os fatores ambientais se sobressaem; **e) mesocriminoso puro:** são influenciados apenas pelos fatores presentes no meio social, suas atitudes antissociais são definidas por fatores externos.

Classificação de Cesare Lombroso (vide item 6.2.1 infra): **a) criminoso nato:** influência biológica, instinto criminoso, degenerado; **b) criminoso louco:** perverso, louco moral, alienado mental; **c) criminoso de ocasião:** predisposição hereditária, hábitos criminosos influenciados por fatores externos. São pseudocriminosos; **d) criminoso por paixão:** exaltados, nervosos, usam a violência para solucionar questões emocionais ou passionais.

Classificação de Rafael Garófalo (vide item 6.2.2 infra): **a) criminoso assassino:** delinquentes típicos, egoístas e são movidos pelo impulso; **b) criminoso enérgico ou violento (subtipo: impulsivos ou coléricos):** falta-lhes compaixão e não o senso moral; **c) ladrão ou neurastênico:** falta-lhes probidade e não senso moral.

Garófalo propunha a pena de morte ou expulsão do país aos criminosos natos (instintivos).

Classificação de Enrico Ferri (vide item 6.2.3 infra): **a) criminoso nato:** similar ao criminoso nato de Lombroso, degenerado com atrofia do senso moral; **b) criminoso louco:** inclui além dos alienados como na categoria de Lombroso, os fronteiriços ou semiloucos; **c) criminoso ocasional:** comete crimes apenas eventualmente; **d) criminoso habitual:** reincidente, comete crimes de maneira habitual; **d) criminoso passional:** age pelo impulso, se aproxima do louco.

Classificação de Odon Ramos Maranhão: Para Odon Ramos Maranhão "o ato criminoso é a soma de tendências criminais de um indivíduo com sua situação global, dividida pelo acevo de suas resistências"[2]. Dentro dessa definição, ele criou uma classificação natural de criminoso: **a) criminoso ocasional:** personalidade normal, poderoso fator desencadeante. O ato criminoso decorre do rompimento transitório dos meios contensores de impulso; **b) criminoso sintomático:** personalidade com perturbações permanentes ou transitórias, não se nota a presença – ou a presença é mínima – de fatores externos desencadeantes; **c) criminoso caracterológico:** personalidade com defeito em sua formação, presença mínima de fator externo desencadeante.

4.2.6. O homem delinquente: teorias bioantropológicas

Os primeiros estudos biológicos ou bioantropológicos foram realizados por Lombroso. O destaque dado por Lombroso era para a antropometria, ou seja, para o estudo das medidas e proporções do corpo humano. Após Lombroso, se desenvolveram estudos biotipológicos, endocrinológicos e psicopatológicos.

Classificação de Kretschmer sobre tipos de autor: **a) leptossômico (propensão ao furto e estelionato):** alta estatura, tórax largo, peito fundo, cabeça pequena, pés e mão curtos, cabelo crespo; **b) atléticos (propensão a crimes violentos):** estatura média, tórax largo, musculoso, forte estrutura óssea, rosto uniforme, pés e mãos grandes, cabelos fortes; **c) pícnicos (menor propensão ao crime):** tórax pequeno, fundo, curvado, formas arredondadas e femininas, pescoço curto, cabeça grande e redonda, rosto largo e pés, mãos e cabelos curtos; **d) displásicos (propensão a crimes sexuais):** pessoas com corpo desproporcional, com crescimento anormal.

Essa classificação sofreu muitas críticas por ter fortes tendências discriminatórias e terem sido adotadas pelo nazifascismo para eliminar "raças inferiores".

Classificação de Kurt Schneider de personalidades psicóticas: São personalidades alteradas na afetividade e nos sentimentos. As anomalias são de caráter e não de inteligência.

Todas as classificações acima descritas, em que pesem serem cobradas nos exames, recebem diversas críticas por seu caráter simplificador, reducionista e por vezes preconceituoso e estigmatizante. As escolas criminológicas que serão apresentas mais adiante (itens 6 a 13) discutem o papel e as características dos criminosos de forma mais complexa.

1. SHECAIRA, Sérgio Salomão. *Criminologia*. São Paulo: Editora Revista dos Tribunais, 2004. pp. 49-50.

2. MARANHÃO, Odon Ramos. *Psicologia do crime*. São Paulo: Malheiros, 2008, p.28.

4.3. Vítima

Idade de ouro: Na idade de ouro – período muito extenso, desde os primórdios da civilização até o final da Alta Idade Média – a vítima era o centro da relação penal. Vigorava, neste período, a autotutela. Cabia à vítima o papel de punir o agressor. Em alguns períodos e lugares essa retribuição era baseada em algumas regras e normas da sociedade, como, por exemplo, regras de proporcionalidade. Em outras, a punição já estava estabelecida previamente, mas a vítima era responsável por aplicá-la.

Com a proibição da autotutela pelo Direito Romano, ou seja, com a proibição da vítima fazer "*justiça com as próprias mãos*", o conflito foi subtraído das mãos da vítima e o Estado passou a substituir às partes, retirando a vítima da relação penal.

Neutralização do poder da vítima: Quando o Estado assume o papel de impositor das penas aos agressores, a vítima perde seu papel de protagonista e passa a ter um papel muito secundário, apenas de testemunha. Com o fim do sistema inquisitivo e o fortalecimento do sistema acusatório, esse papel fica ainda mais reduzidos, quase desaparecendo da relação processual penal. Neste momento, a vítima deixa de ter poder sobre o fato delituoso. Esse poder passa a ser apenas do Estado. A pena passa a ser vista como garantia da ordem coletiva e não vitimária.

Revalorização da importância da vítima (vide item 14 infra): A preocupação com a vítima retorna após a 2ª Guerra Mundial, com a vitimização do povo judeu (holocausto). A partir deste momento, a vítima recomeça a retomar um papel importante nos processos penais, mas de forma gradual e lenta.

O fundador da Vitimologia é o judeu Benjamin Mendelsohn, professor da Universidade Hebraica de Jerusalém. Nasce a Vitimologia em sua famosa conferência, em Bucareste, em 1947, intitulada: "Um horizonte novo na ciência biopsicossocial: a Vitimologia". Ocorre o 1º Simpósio Internacional de Vitimologia, em 1973, em Jerusalém. (Para saber mais sobre esse contexto, vide item 14 infra.)

O estudo da Vitimologia demostra a complexidade da análise da vítima como indivíduo e sua inter-relação com o autor do delito.

No Brasil, atualmente, o papel da vítima é ainda bastante reduzido, se restringindo, na maior parte das vezes, à postura de testemunha. Existem alguns exemplos em que a vítima assume papel mais importante, como nos crimes contra a honra. Nesses delitos a legislação brasileira prevê a opção de que o autor do fato se retrate ou peça desculpas para a vítima. Também existe a figura de assistente de acusação, que pode ser desempenhado pela vítima.

A justiça restaurativa, por exemplo, que ainda é muito pouco aplicada no Brasil, mas é mais utilizada em outros países, coloca o agressor e a vítima para conversarem e a torna protagonista do processo. Os Juizados Especiais Criminais, criados pela Lei n. 9.099/95, se inspira no modelo consensuado de política criminal[3]. De acordo com Luiz Flávio Gomes e Antonio García-Pablos de Molina, "a preocupação central não é só a *decisão* (formalista) do caso, senão a busca de *solução* para o conflito. A vítima, finalmente, começa a ser *redescoberta* porque o novo sistema preocupou-se precipuamente com a reparação dos danos. Estão lançadas as bases de um novo paradigma de Justiça criminal: os operadores do direito (juízes, promotores, advogados etc.) passaram a desempenhar um novo *papel*: o de propulsores da conciliação no âmbito penal e tudo sob a inspiração dos princípios da informalidade, oralidade, economia processual e celeridade (arts. 2º e 62, da Lei 9.099/95)."[4]

4.4. Controle Social

Conceito: conjunto de mecanismos e sanções sociais que pretendem submeter o indivíduo aos modelos e normas comunitários. O controle social é composto por mecanismos para que as pessoas se enquadrem nos padrões sociais.

Para isso, as organizações sociais utilizam o controle social formal e o controle social informal. Nos dizeres de Luiz Flávio Gomes e Antonio García-Pablos de Molina "toda sociedade ou grupo social necessita de uma disciplina que assegure a coerência interna de seus membros, razão pela qual se vê obrigada a criar uma rica gama de mecanismos que assegurem a conformidade daqueles com suas normas e pautas de condutas. O controle social é entendido, assim, como o conjunto de instituições, estratégias e sanções sociais que pretendem promover e garantir referido submetimento do indivíduo aos modelos e normas comunitários. Para alcançar a conformidade ou a adaptação do indivíduo aos seus postulados normativos (disciplina social), serve-se a comunidade de duas classes de instâncias ou portadores do controle social: instâncias formais e instâncias informais. (...) Norma, processo e sanção são três componentes fundamentais de qualquer instituição do controle social, ratificando as pautas de conduta que o grupo reclama."[5]

4.4.1. Controle Social Formal

O controle social formal decorre de fontes estatais, sejam elas penais ou não. É o controle realizado pela polícia, ministério público, judiciário, exército, administração penitenciária, entre outros.

A fonte estatal mais evidente é a penal e todo seu aparato punitivo. Mas, políticas públicas também constituem uma espécie de controle formal. O Estado pode exercer esse controle por meio de implementação de iluminação pública, programas de complementação de renda, espaços de lazer etc.

4.4.2. Controle Social Informal

O controle social informal decorre de fontes não estatais, de outras instâncias sociais de controle, como a família, a comunidade religiosa, a escola, os clubes e a opinião pública.

Quando as instâncias de controle social informais falham é que as instâncias formais de controle atuam. pois ele é mais eficiente do que o controle social formal.

O controle social informal é mais eficiente do que o formal na prevenção do crime. Essa é uma das explicações para os índi-

3. Art. 2º O processo orientar-se-á pelos critérios da oralidade, simplicidade, informalidade, economia processual e celeridade, buscando, sempre que possível, a conciliação ou a transação.

4. GOMES, Luiz Flávio. MOLINA, Antonio García-Pablos de. *Criminologia*. São Paulo: Editora Revista dos Tribunais, 2012 (coleção ciências criminais, v. 5). p. 496-7.

5. GOMES, Luiz Flávio. MOLINA, Antonio García-Pablos de. *Criminologia*. São Paulo: Editora Revista dos Tribunais, 2012 (coleção ciências criminais, v. 5). p. 126-7.

ces de criminalidade serem maiores em grandes cidades do que nas pequenas: nas cidades pequenas todo mundo se conhece, o que dificulta o cometimento de crime, já que todos os moradores são vigiados pelos demais. Já nas grandes cidades, as pessoas são "anônimas", pois poucos se conhecem.

5. CRIMINOLOGIA *VS.* DIREITO PENAL

Esse item se dedicará a diferenciar a Criminologia do Direito Penal. Passaremos, agora, a ver os principais pontos de diferenciação. (Vide itens 1, 2 e 3 supra).

Método: A Criminologia difere do direito penal em seu método. O método da Criminologia é empírico, indutivo e interdisciplinar. Ou seja, estuda a realidade e, então, extrai conceitos, teorias e generalidades sobre os fenômenos observados. E, além disso, é interdisciplinar, podendo se utilizar, inclusive, do direito penal para suas análises, mas sem se limitar a apenas esse aspecto.

Já o direito penal adota o método lógico-dedutivo e dogmático-jurídico. A conduta é analisada para ser enquadrada em um tipo penal. Como no exemplo do item 1 supra. Será que aquele cadáver foi vítima de um homicídio, de um latrocínio, de lesão corporal seguida de morte, de tortura com resultado morte ou cometeu suicídio?

O direito penal procura saber qual o enquadramento típico da conduta para aplicar a lei. Uma vez feito o enquadramento típico correto, será seguido todo o processo penal correspondente e o juiz aplicará a pena, de acordo com o estabelecido na legislação criminal para aquela conduta.

Objeto de estudo: a Criminologia tem quatro objetos de estudo: o crime, o criminoso, a vítima e o controle social. Já o direito penal tem apenas o crime como objeto de estudo.

Função: A Criminologia pretende conhecer a realidade sob diversos ângulos e perspectivas para transformá-la e reduzir a criminalidade. Já o direito penal tem por função conhecer a conduta para enquadrá-la no tipo penal mais adequado e aplicar as consequências jurídicas previstas em lei. Como se costuma dizer: *dê-me os fatos que eu te darei o direito*, essa é a função do direito penal.

De acordo com Shecaira, "se à criminologia interessa saber como é a realidade, para explicá-la e compreender o problema criminal, bem como transformá-la, ao direito penal só lhe preocupa o crime enquanto fato descrito na norma legal, para descobrir sua adequação típica."[6]

Vejamos a tabela síntese que diferencia a Criminologia do direito penal :

	Criminologia	Direito Penal
Método	Empírico, indutivo e interdisciplinar	Lógico-dedutivo e dogmático-jurídico
Objeto de estudo	Crime, Criminoso, Vítima e Controle Social	Crime
Função	Conhecimento para estratégias de redução da criminalidade	Enquadramento típico para aplicação das consequências jurídicas

6. SHECAIRA, Sérgio Salomão. *Criminologia*. São Paulo: Editora Revista dos Tribunais, 2004. p. 38.

6. NASCIMENTO DA CRIMINOLOGIA: ESCOLAS CLÁSSICA E POSITIVISTA

Não há consenso entre os teóricos quanto ao nascimento da Criminologia. Para muitos autores se deu com a Escola Clássica, marcada pela publicação de "Dos Delitos e das Penas", de Cesare Beccaria. Para outros, como Shecaira e Luiz Flávio Gomes e Pablos de Molina foi com a Escola Positivista, com a publicação de "O Homem Delinquente", de Cesare Lomboso.

Há, portanto, uma divergência quanto ao verdadeiro nascimento da Criminologia, mas as duas escolas foram, sem dúvidas, fundamentais para o desenvolvimento de todas as demais escolas criminológicas que se seguiram.

As duas escolas – tanto a Clássica, quanto a Positiva – são resultado do caldo de cultura Iluminista, ou seja, de um período em que a razão era muito valorizada. A escola Clássica valoriza o livre-arbítrio, o que tem relação direta com seu contexto histórico de surgimento, o Iluminismo, período das luzes (vide item 6.1. infra).

A escola Clássica trata da proporcionalidade das penas e de outros elementos bastante ligados à razão. Já a escola Positivista exacerba o culto à razão e o leva ao extremo, adotando a experimentação como método e considerando os resultados científicos encontrados como a única resposta para as perguntas que colocava (vide item 6.2. infra). Vamos ver cada uma das escolas separadamente agora.

6.1. Escola Clássica

Autores: São três os principais expoentes da escola Clássica: Cesare Beccaria, Francesco Carrara e Giovanni Carmignani. O mais conhecido deles é Cesare Beccaria.

Período histórico: Essa escola nasce no período Iluminista, século XVIII. Este momento é marcado pelo culto à razão. Por este motivo se chama Iluminismo, por ser o período das luzes, da razão.

Objeto de estudo: O foco da escola Clássica estava no estudo do crime e das penas, primordialmente. Beccaria entendia que o homem era racional e dotado de livre-arbítrio, portanto, o que se deveria fazer, era estudar e transformar as leis.

Isto porque a escola Clássica entendia o crime como uma infração à lei, ou seja, como uma contradição com a norma jurídica. O importante era o fato e não o seu autor. Para a escola Clássica, o delito é resultado de um ato livre do seu autor, outros fatores não eram considerados como passíveis de influenciar o cometimento de infrações. O crime é entendido simplesmente como resultado de uma decisão livre de cada indivíduo.

Aqui fica evidente o culto à razão e ao livre-arbítrio, as bases dessa escola.

Essa é a maior crítica que a escola Clássica recebe, pois desconsidera completamente a pessoa do criminoso, não levando em consideração nenhum elemento psicológico e também ignora completamente o meio, como fatores que possam influenciar o cometimento dos delitos. É como se fosse possível conceber o delito como uma abstração formal e jurídica.[7]

7. "A contribuição da Escola Clássica pertence mais ao âmbito da Penalogia do que ao criminológico. Sua teoria sobre a criminali-

Método: O método adotado era dedutivo, abstrato e formal. Por isso é considerada uma escola da fase pré-científica da Criminologia, porque não seguia métodos empíricos.

O método da Criminologia é empírico e o da escola Clássica é o dedutivo (como o do direito penal). A Criminologia científica parte da experiência, da observação da realidade para criar suas explicações para o fenômeno que estuda. Já a escola Clássica, por seguir o método dedutivo, baseia-se no raciocínio lógico, que usa a dedução para se chegar a uma conclusão sobre o objeto de estudo.

"Dos Delitos e das Penas": A obra mais importante da escola Clássica foi escrita por Beccaria e publicada em 1764. Ela se chama "Dos Delitos e das Penas".

As principais ideias desse livro são:

(a) leis conhecidas pelo povo. Porém, além de conhecer as leis o homem precisa entendê-las;

(b) a existência de leis simples, que todos entendessem. Já que o homem é dotado de livre-arbítrio, ele precisava entender as leis para poder segui-las;

(c) as leis deveriam ser obedecidas por todos os cidadãos e aqueles que a descumprisse deveriam receber a punição proporcional;

(d) só as leis poderiam fixar as penas, era vedado ao juiz aplicar penas arbitrariamente ou criar punições *ad hoc*;

(e) fim das penas que recaem sobre a família (ex. confisco e difamantes). Beccaria apresenta o princípio da pessoalidade, ou seja, de que a pena não poderá passar da pessoa do condenado;

(f) fim das penas cruéis e capitais. Beccaria foi um grande defensor do fim da tortura, das penas cruéis e da pena de morte. Isso porque ele não considerava essas penas racionais e nem proporcionais;

(g) mais importante do que o rigor das penas é assegurar seu cumprimento. Beccaria acreditava que a certeza da punição tinha grande efeito de prevenção do crime, já que o homem, dotado de racionalidade e livre-arbítrio, optaria por não cometer o crime para não sofrer a punição prevista; e

(h) a pena tem a função de reparar o dano causado pela violação ao contrato social de Rousseau, pela quebra das normas sociais, das normas estabelecidas.

Como fica claro do resumo da obra de Beccaria, todas as ideias principais seguem o mesmo raciocínio: defesa da proporcionalidade e da racionalidade.

dade não busca tanto a identificação dos fatores que a esta determinam (análise etiológica) como a fundamentação, legitimação e delimitação do castigo. Não porque se produz o delito, senão quando, como e por que castigamos o crime. Este enfoque reativo tem uma fácil explicação histórica: A Escola Clássica teve que enfrentar, antes de tudo, o velho regime, o sistema penal caótico, cruel e arbitrário das velhas monarquias absolutas. Não poderia corresponder a ela, ainda, a missão posterior de investigar as causas do crime para combatê-lo. Era mister, primeiro, racionalizar e humanizar o panorama legislativo e o funcionamento de suas instituições, buscando um novo marco, uma nova fundamentação para ele. Como consequência, a Escola Clássica se enfrenta muito tarde com o problema criminal: limita-se a responder ao comportamento delitivo com uma pena justa, proporcionada e útil, mas, não se interessa pela gênese e etiologia daquele nem trata de preveni-lo e antecipar-se ao mesmo." GOMES, Luiz Flávio. MOLINA, Antonio García-Pablos de. *Criminologia*. São Paulo: Editora Revista dos Tribunais, 2012 (coleção ciências criminais, v. 5). p. 176.

6.2. Escola Positivista Italiana

A escola Positivista Italiana é considerada por alguns, como Luiz Flávio Gomes e Pablos de Molina, como uma escola da fase científica da Criminologia, já que adotava métodos empíricos bem delimitados. Para outros autores, é incluída na fase pré-científica, pois apesar desse esforço científico, suas falhas metodológicas são tão graves que chegam a ser insanáveis, impossibilitando que essa escola seja considerada como científica.

Autores: Os três expoentes dessa escola são: Cesare Lombroso, Rafaele Garófalo e Enrico Ferri.

Período histórico: Essa escola nasce no período Iluminista, século XVIII. Este momento é marcado pelo culto à razão. Por isso se chama Iluminismo, por ser o período das luzes, da razão.

Objeto de estudo: O foco dessa escola estava no estudo do criminoso.

Método: Utiliza o método empírico e indutivo, mas com grandes falhas metodológicas.

6.2.1. *Antropologia Criminal: Cesare Lombroso*

A principal obra de Lombroso se chama "O Homem Delinquente" e foi publicada em 1876. O título da obra já deixa em evidência o objeto de estudo dessa escola, qual seja, o criminoso.

Lombroso desenvolveu a teoria de que as características biológicas são determinantes da delinquência, ou seja, para ele, é possível identificar um criminoso por seus atributos físicos. Esses elementos biológicos e físicos que determinariam a delinquência seriam traços regredidos e primitivos da espécie humana, sendo que estes traços são constatáveis por meio de exames. Essa característica seria gerada por degenerescência da espécie, pela via da transmissão atávica. Assim, traços primitivos reapareceriam em alguns indivíduos, sendo possível constatá-los por meio de exame antropológico, pela fisionomia e por sintomas correlatos.

Deste modo, a função do direito penal seria a contenção do criminoso e sua exclusão da sociedade, propondo-se a recuperação para aqueles passíveis de recuperação – os chamados recuperáveis.

Para chegar a estas conclusões, Lombroso – que também era médico – fez diversos estudos, entre eles, 400 autópsias com delinquentes mortos e seis mil com delinquentes vivos. Também estudou 25 mil presos europeus. Ele mediu os crânios, as faces, as distâncias entre os olhos, os tamanhos de nariz etc. Além disso, Lombroso relaciona esses traços, que ele chama de atávicos, com a epilepsia, por exemplo.

Daí ele conclui que determinadas características estavam presentes nos delinquentes e, portanto, eram determinantes da delinquência. Para ele, bastava a pessoa nascer com determinadas características para delinquir. No extremo, já seria possível saber desde o nascimento que a pessoa seria criminosa.

A sua principal contribuição para a história da Criminologia não foi a sua tipologia de criminosos que ficou bastante famosa, mas sim o método utilizado.

Sua tipologia distinguia seis tipos de criminosos (vide item 4.2.5):

(a) nato (atávico);

(b) louco moral (doente);

(c) epiléptico;

(d) louco;

(e) ocasional; e

(f) passional.

Mais adiante, em sua carreira, Lombroso complementa essa tipologia quando realiza estudos sobre a criminalidade feminina – em sua obra "A Mulher Delinquente"- e sobre a criminalidade política – em sua obra "O Crime Político e as Revoluções".

O positivismo de Lombroso se opõe, de modo frontal, à visão de crime e criminosos da escola Clássica. Enquanto, para escola Clássica o crime decorre da decisão, do livre-arbítrio e da racionalidade do homem, para Lombroso decorre essencialmente de seus traços biológicos, sendo que algumas características físicas e fisiológicas da pessoa determinam que ela praticará crimes.

A sua principal falha metodológica é de que ele estudou apenas aquelas pessoas já condenadas pelo cometimento de crimes. Tal escolha do universo a ser pesquisado é carregada de um viés que invalida sua teoria, pois desconsidera a seletividade do sistema de justiça, ou seja, desconsidera que o sistema de justiça seleciona a classe mais pobre para ser condenada, enquanto não pune a classe mais alta – que também comete crimes. A teoria lombrosiana serve para reforçar os estereótipos da justiça penal seletiva e não considera esse elemento-chave de modo crítico na construção teórica. Por ter cometido essa falha metodológica tão grave – a ponto de macular toda a teoria desenvolvida – muitos autores consideram a escola Positivista Italiana como pré-científica.

6.2.2. *Psicológica: Rafaele Garófalo*

Garófalo escreveu o livro chamado "Criminologia".

Para ele, os criminosos têm um déficit moral e, por isso, cometem crimes. Mas ele distinguiu esse déficit moral da patologia, das doenças. Esse déficit de base orgânica, endógena e de mutação psíquica, transmissível hereditariamente e com conotações atávicas e degenerativas, está associado a características genéticas e biológicas do indivíduo. São mutações psíquicas que são transmissíveis hereditariamente. O crime está no homem e se revela como degeneração deste.

A principal contribuição de Garófalo para a Criminologia são suas ideias sobre a punição, fins da pena, sua fundamentação, bem como as formas de prevenção e repressão da criminalidade. Suas posições com relação a esses pontos são extremamente duras. Defende a pena de morte, opondo-se ao ideal ressocializador. Para Garófalo, segundo Luiz Flávio Gomes e Pablos de Molina, "do mesmo modo que a natureza elimina a espécie que não se adapta ao meio, também o Estado deve eliminar o delinquente que não se adapta à sociedade e às exigências da convivência."[8]

6.2.3. *Sociológica: Enrique Ferri*

Ferri escreveu o livro "Sociologia Criminal".

Para ele, o delito resulta de diversos fatores:

(a) os biológicos e os antropológicos, que seriam as características psíquicas e orgânicas dos indivíduos;

(b) os fatores físicos como o clima, temperatura, umidade; e

(c) os fatores sociais, como densidade populacional, religião, família, educação etc.

Ferri trouxe os fatores sociais à escola Positivista.

7. ESCOLA SOCIOLÓGICA DO CONSENSO *VS.* ESCOLA SOCIOLÓGICA DO CONFLITO

É fundamental diferenciar escola sociológica do consenso das escolas sociológicas do conflito, pois as próximas seis escolas que estudaremos se dividem entre essas duas categorias.

As escolas do consenso acreditam que se as instituições e os indivíduos estiverem operando em harmonia, compartilhando as metas sociais e de acordo quanto às regras de convivência, as sociedades terão atingido seu fim.

Ao contrário, as teorias do conflito entendem que a harmonia social só existe em função da imposição pela força, identificam a coerção como elemento central para garantia da coesão social. Para os teóricos filiados às escolas do conflito, são inerentes às sociedades a relação entre dominantes e dominados e os conflitos decorrentes dessa relação.

Sendo assim, as escolas do consenso entendem que as sociedades são compostas por elementos perenes, integrados, funcionais, estáveis. Todos baseados no consenso.

As escolas do conflito, ao contrário, entendem que as sociedade estão em mudanças contínuas e que todos os elementos cooperam para a sua dissolução. As lutas de classes ou de ideologias estão presentes nas sociedades.

As escolas do consenso que veremos a seguir são: escola de Chicago, teoria da Associação Diferencial, teoria da Anomia e teoria da Subcultura Delinquente. As escolas do conflito que estudaremos são: teoria do *Labelling Approach* e teoria Crítica.

A tabela abaixo sintetiza as principais diferenças entre as teorias do consenso e do conflito.

	Consenso (Funcionalistas/ Integracionista)	**Conflito**
Visão de sociedade	Objetivos da sociedade são atingidos quando há o funcionamento perfeito das instituições e os indivíduos estão compartilhando metas sociais e concordando com as regras de convívio.	Harmonia social decorre da força e da coerção. Relação entre dominantes e dominados. Pacificação social é decorrente da imposição e da coerção, não é voluntária.
Postulados	As sociedades são compostas por elementos perenes, integrados, funcionais, estáveis, baseados no consenso entre os integrantes.	As sociedades estão sujeitas a mudanças contínuas. Todo elemento coopera para sua dissolução. Presença de luta de classes ou de ideologias (Marx).

8. GOMES, Luiz Flávio. MOLINA, Antonio García-Pablos de. *Criminologia*. São Paulo: Editora Revista dos Tribunais, 2012 (coleção ciências criminais, v. 5). p. 191.

Principais escolas	1) Chicago; 2) Associação Diferencial; 3) Anomia; e 4) Subcultura Delinquente	1) *Labelling Approach*; e 2) Crítica

8. ESCOLA DE CHICAGO (ECOLÓGICA, ARQUITETURA CRIMINAL, DESORGANIZAÇÃO SOCIAL)

A escola de Chicago é umas das escolas sociológicas do consenso. Também é conhecida como escola Ecológica, Arquitetura Criminal ou ainda Desorganização Criminal.

Autores: William Thomas, Robert Park, Ernest Burgess.

Período histórico: A Escola de Chicago data da primeira metade do século XX, e foi concebida na Universidade de Chicago.

Para compreender as ideias dessa Escola é necessário entender as mudanças ocorridas na cidade: Chicago havia passado por um enorme crescimento populacional. Em 1840, a cidade tinha uma população de 4.470 habitantes, e em 1900 esse número ultrapassou um milhão, e em 1910 a população de Chicago chega a quase dois milhões de habitantes.

Esse crescimento urbano decorreu de ter se tornado um importante entroncamento ferroviário, uma cidade industrial e estar geograficamente localizada em um ponto que permite a exploração do transporte via navegação pelos Grandes Lagos.

Parte da população de Chicago era composta por imigrantes europeus cujos países de origem vivenciavam os conflitos das duas guerras mundiais e imigrantes negros do sul dos Estados Unidos que procuravam trabalho nas indústrias, pois estavam em busca de um lugar com menos preconceito racial. A população negra chegou a ser de 7% na cidade.

A vinda de tantos imigrantes propiciou a formação de guetos de proteção. Esses imigrantes oriundos do mesmo país passaram a morar na mesma região da cidade e manter a sua língua materna como forma de comunicação e a manter seus costumes.

Pensamento ecológico: A cidade não é apenas uma estrutura física e artificial, ela tem sentidos, costumes, tradições, sentimentos próprios. Cada cidade tem sua própria cultura, suas regras, sua organização formal e informal, seus usos e costumes e sua identidade.

O pensamento base dessa escola é de que há uma relação direta entre o espaço urbano, sua conformação e a criminalidade. Não só em termos de quantidade de crimes cometidos na cidade como um todo, como também da distribuição dos tipos de crimes por região da cidade, a relação entre a forma que determinada região ou bairro se organiza e se estrutura e o tipo e a quantidade de crimes cometidos naquela região. Por isso essa escola também é chamada de arquitetura criminal ou ecológica, por trabalhar com essa relação entre cidade e crime.

Cada cidade tem uma especificidade e funciona de um jeito próprio e singular, mas, além disso, cada região de uma mesma cidade também tem suas próprias características e estas estão diretamente relacionadas com a criminalidade.

A Escola de Chicago dividiu a cidade em cinco zonas:

(a) A primeira zona é chamada de *Loop*. Ela representa a zona industrial e comercial da cidade.

(b) A segunda é a zona de transição entre o *Loop* e a terceira. Por ser uma zona de transição está sujeita a ser engolida pelo crescimento da primeira e a degradação daí decorrente. Por ser uma área ruim para a moradia, em razão do cheiro ruim ocasionado pela proximidade das indústrias, por ser barulhenta e mais suja, acaba sendo uma área que concentra as pessoas com menor poder aquisitivo. É uma área com concentração de favelas, bordéis e cortiços.

Em Chicago os imigrantes ficavam mais concentrados nessa área, o que acabou por favorecer a formação de guetos quase impenetráveis, em que se falavam as línguas nativas e seguiam os próprios costumes.

(c) A terceira zona é a região de moradia das pessoas mais pobres e dos imigrantes que conseguiram emprego. São pessoas que saíram da área de decadência – segunda zona – mas moram próximas dos locais de trabalho.

(d) A quarta zona abriga a moradia da classe média.

(e) A quinta zona abriga a moradia da classe mais alta, que se dispõe a gastar tempo para chegar ao trabalho de manhã e voltar para a casa a noite, em nome de morar em uma zona mais limpa e afastada do *Loop*.

A imagem abaixo ilustra a divisão da cidade descrita acima:

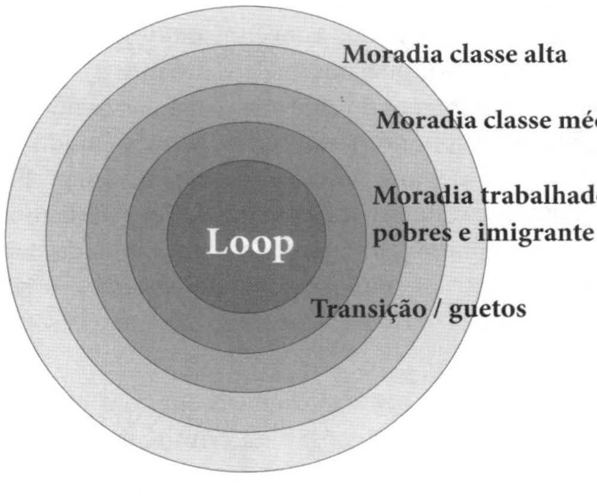

A partir dessa divisão da cidade, os teóricos começaram a estudar a criminalidade em cada área. As estatísticas mostraram que o índice de criminalidade era maior nas áreas mais próximas ao *Loop* e menor nas áreas mais distantes.

É importante destacar que a escola de Chicago não segue um determinismo ecológico. Para essa escola, o fato da pessoa residir em determinada área da cidade é um dos vetores importantes para a compreensão da criminalidade, que deve ser levado em consideração nas análises, mas não é determinante.

Na área *dois* a degradação da moradia e da qualidade de vida é muito alta e lá residem pessoas muito diferentes – o que tornava quase impossível a criação de laços de solidariedade social entre elas. De acordo com a escola de Chicago, esses elementos favoreciam a solução de conflitos via cometimento de delitos para os recém-chegados.

Conceitos principais: Do que acabamos de estudar, podemos extrair os dois conceitos principais dessa escola: (i) o conceito de **tendência gradiente** (*gradient tendency*), ou seja, quanto mais afastada do *Loop* menos tendência a ser uma área com altas taxas de criminalidade; (ii) e o conceito de **desor-**

ganização social. Nas áreas de maior taxa de delinquência encontram-se as piores condições de vida. São as áreas mais desorganizadas socialmente. Por isso, os autores dessa escola falam que a criminalidade urbana está estreitamente relacionada com a desorganização social.

Sendo assim, a degradação das zonas da cidade e a desorganização social são vetor criminógenos importantes de serem considerados. O *gradient tendency*, ou tendência gradiente, é exatamente essa diluição das taxas de criminalidade em razão da zona da cidade. E a desorganização social é fator criminógeno importante.

A cidade degradada é ocupada por enclaves étnico-sociais que absorvem a cultura criminal por conta da perda de suas raízes.

"Suas teses [da escola de Chicago] consistem em que exista um claro paralelismo entre o processo de criação dos novos centros urbanos e a sua criminalidade, a criminalidade urbana (claramente diferenciada, sob todos os pontos de vista, da que é produzida fora dos núcleos urbanos). A cidade 'produz' delinquência. Dentro da grande cidade pode-se verificar inclusive a existência de zonas ou áreas muito definidas (o *gangland*, as *delinquency areas*), onde a aquela [criminalidade] se concentra.

A teoria ecológica explica este efeito criminógeno da grande cidade, valendo-se dos conceitos de desorganização e contágio inerentes aos modernos núcleos urbanos e, sobretudo, invocando o debilitamento do controle social nestes núcleos. A deterioração dos "grupos primários" (família etc.), a modificação 'qualitativa' das relações interpessoais que se tornam superficiais, a alta mobilidade, e residência, a crise dos valores tradicionais e familiares, a superpopulação, a tentadora proximidade às áreas comerciais e industriais onde se acumula riqueza e o citado enfraquecimento do controle social criam um meio desorganizado e criminógeno."[9]

As relações que as pessoas estabelecem com cidade são fundamentais para a compreensão da criminalidade urbana. As cidades são diferentes entre si e a relação de seus moradores com elas também difere. Essa relação é diferente em cada zona da cidade.

Nas grandes cidades há uma perda de identidade, os indivíduos se transformam em anônimos, já que não são conhecidos e nem conhecem a grande maioria dos demais moradores da cidade. Por muitas vezes não conhecem nem os morados do mesmo prédio ou da mesma rua. Esse anonimato gera uma forma diferente de se relacionar com a cidade e enfraquece o controle social informal. Isso porque a pessoa não se sente pertencente a uma comunidade ou grupo, se sente como um indivíduo singular e autônomo na dinâmica corrida da cidade grande.

As diferentes formas de adaptação das pessoas às cidades têm uma mesma consequência e resultado: a implicação moral e social das pessoas em um permanente processo interativo com a cidade. Nas grandes cidades cria-se um permanente anonimato. "A ruptura das relações anteriores e o enfraquecimento das restrições dos grupos primários, sob a influência do meio urbano, é que são, em grande parte, responsáveis pelo aumento do crime nas grandes cidades."[10]

É importante lembrar que a organização da cidade está em constante transformação e as políticas públicas também exercem importante papel na configuração dessa organização ou desorganização. Qualquer organização ecológica está em constante processo de mudança, cujo ritmo depende do dinamismo do progresso cultural e das escolhas políticas.

<u>Prevenção do delito</u>: A escola de Chicago tem o foco na prevenção do delito e no combate à criminalidade. Os autores dessa escola defendem a revitalização das áreas degradadas (desmonte de armazéns, reformas...) transformando essas zonas em mais bonitas, saudáveis, agradáveis de viver e frequentar, bem como o resgate das raízes e senso de solidariedade (por meio de lazer, escotismo, música, atividades culturais, esportivas...). Essas atividades permitem que as pessoas compartilhem momentos e criem relações mais próximas e afetivas.

Além disso, propõem que o foco das políticas públicas seja dado às crianças, por meio de desenvolvimento de condições econômicas e sociais, para realmente evitar que recorram à criminalidade quando crescerem. Neste sentido, defendiam que: "A lógica da exclusão passa a ser substituída pela lógica do contexto participativo da inclusão, interrompendo um processo que pode culminar com a marginalidade."[11]

<u>Méritos e Deméritos:</u> A escola de Chicago deixou dois principais legados: passou-se a considerar a organização das cidades como fator criminógeno e, além disso, chamou atenção para o fato de a política pública não dever ser apenas criminal e focada na punição com a pena de prisão, mas que seja essencialmente preventiva, bem como para a constatação de que a organização urbana é uma forma fundamental de prevenção da criminalidade. Neste sentido, políticas públicas de iluminação das vias, planejamento urbano, preservação dos edifícios, criação de áreas de lazer e atividades culturais acessíveis para todos são essenciais para a redução da taxa de criminalidade.

Por outro lado, são três os principais deméritos da escola de Chicago. Os autores tinham uma concepção burguesa e etnocêntrica de organização social, não reconheciam as organizações marginais. Os projetos de moradia popular mais famosos da cidade de São Paulo – Projeto Singapura e CDHU- poderiam ser bons exemplos de revitalização da cidade e de tentativa de melhorar as condições de vida, mas não levam em consideração as necessidades da comunidade, não criam laços de solidariedade entre os moradores e, por isso, tem menos eficácia na redução da taxa de criminalidade decorrente da degradação das condições de vida.

Ademais, a escola de Chicago não questiona a definição de delito. Apenas trabalha com o que já é definido como crime pela lei para realizar os estudos ecológicos.

Por fim, a escola de Chicago não consegue explicar os delitos cometidos fora das áreas delitivas, ou seja, nas áreas mais afastadas do *Loop*, tampouco o não cometimento de delitos nas áreas delitivas. Essa é uma grande crítica que essa escola recebe.

9. GOMES, Luiz Flávio. MOLINA, Antonio García-Pablos de. *Criminologia*. São Paulo: Editora Revista dos Tribunais, 2012 (coleção ciências criminais, v. 5). p. 300.

10. SHECAIRA, Sérgio Salomão. *Criminologia*. São Paulo: Editora Revista dos Tribunais, 2004. p. 161.

11. SHECAIRA, Sérgio Salomão. *Criminologia*. São Paulo: Editora Revista dos Tribunais, 2004. p. 179.

9. TEORIA DA ASSOCIAÇÃO DIFERENCIAL

A teoria da Associação Diferencial é uma das escolas sociológicas do consenso.

Autor: Edwin Sutherland.

Período histórico: A teoria da Associação Diferencial surge na década de 1930 nos Estados Unidos, no período pós-quebra da bolsa de Nova Iorque em 1929. Período marcado pelo Welferismo e pelo New Deal, ou seja, um período em que a interferência estatal na economia estava crescendo.

Antes da quebra da bolsa, os Estados Unidos viveram um período de grande crescimento econômico no pós 1ª Guerra Mundial. Porém, com a quebra da bolsa de Nova Iorque, a pobreza interna aumenta. Nesse momento, os Estados Unidos passam por uma mudança de paradigma e o Estado passa a intervir na economia, o que não fazia até então. Roosevelt é eleito presidente e implementa a política do New Deal, ou seja, de intervenção do Estado na economia. É nesse período, inclusive, que é revogada a Lei Seca que proibia o consumo e comercialização de bebidas alcóolicas no país. Esta medida reduziu significativamente a criminalidade de massa. Outras medidas tomadas pelo Estado foram a criação do seguro desemprego, a realização de investimentos brutais em obras públicas de infraestrutura e o fechamento temporário dos bancos.

Teoria da Associação Diferencial: Sutherland parte da ideia de que os princípios da escola de Chicago (vide item 8 supra) não são suficientes para explicar a criminalidade. A escola de Chicago vê uma relação direta entre a cidade, sua organização e a criminalidade, sendo que nas áreas com maior índice de desorganização social a prática delitiva é mais comum. Essas áreas desorganizadas são associadas com as áreas onde habitam a população mais pobre. E é nesse ponto que Sutherland não acha a explicação suficiente e pretende ir além com sua teoria.

A principal ideia da teoria da Associação Diferencial é a de que o crime é uma conduta aprendida, assim como qualquer outra. O aprendizado se dá pela convivência em determinados grupos. Alguns grupos transmitem a seus membros a conduta delinquente. A prática delitiva é mais uma das condutas aprendidas, que a pessoa assimila com o grupo que convive – a família, na escola, grupo de amigos, colegas de trabalho etc. As pessoas aprendem comportamentos pela imitação. As crianças imitam os pais, professores e amigos da escola. Para essa teoria, o crime é mais uma das condutas aprendidas, imitadas.

Ideias-chave: O conceito de organização diferencial e o de aprendizagem dos valores criminais. Para essa teoria, o homem aprende a conduta desviante e associa-se com referência nela.

Além disso, como em todo processo de aprendizagem, o processo de comunicação é determinante para a prática delitiva. Os valores dominantes do grupo ensinam o delito.

"O crime, conforme este autor, não é hereditário nem se imita ou inventa: não é algo fortuito ou irracional: o crime se aprende. A capacidade ou destreza e a motivação necessárias para o delito se aprendem mediante contato com valores, atitudes, definições e pautas de condutas criminais no curso de normais processos de comunicação e interação do indivíduo com seus semelhantes."[12]

São cinco as principais bases da teoria da Associação Diferencial:

(a) O comportamento criminal é um comportamento aprendido, assim como os demais comportamentos;

(b) O comportamento criminal é aprendido mediante a interação com outras pessoas em um processo comunicativo. Essa teoria considera a comunicação como um fator-chave para que as práticas delitivas sejam ensinadas e aprendidas;

(c) A maior carga de aprendizagem se dá nas relações sociais mais próximas. A aprendizagem é maior com os núcleos em que a interação é mais próxima, mais significativa para a pessoa. A pessoa aprende mais comportamentos com os pais do que com os professores da escola, mas aprendem mais com os professores do que com as demais pessoas de sua convivência mais distante. O modelo – criminal ou não – é mais convincente para o indivíduo quanto maior for o prestígio que ele atribui à pessoa ou aos grupos cujas definições e exemplos aprende;

(d) O aprendizado inclui a técnica do delito, além da própria justificação do ato. Não apenas se aprende a técnica do cometimento dos delitos nesse processo, mas também as justificativas para cometê-lo; e

(e) Surge o delinquente quando as definições favoráveis à violação da lei superam as desfavoráveis, o que vale dizer, quando a pessoa, por seus contatos diferenciais, aprendeu mais modelos criminais que modelos respeitadores das leis. Se o pai na mesa de jantar, por exemplo, conta para a família como foi lucrativo para a empresa a decisão que ele tomou de não pagar impostos naquele ano, isso será captado pelas crianças como uma atitude vantajosa.

Com base nessa teoria, Sutherland estuda como ela se aplica na prática. Ele decide estudar um grupo que não era estudado e nem associado a um grupo criminal, até então: as classes altas. Ele faz uma pesquisa com as 70 maiores empresas dos Estados Unidos e conclui que apenas uma seguia todas às leis e normas. A partir deste estudo, fica claro então que a criminalidade não se restringe às classes mais pobres e que a associação diferencial (ou o aprendizado delitivo, ou o aprendizado diferenciado) ocorre em todas as camadas sociais.

Neste momento Sutherland cunha o termo crime/criminosos de colarinho branco (*white collar crimes*).

Definição de crime de colarinho branco: Crime de colarinho branco é aquele cometido no âmbito da profissão por pessoa de respeitabilidade e elevado *status* social.

São, portanto, quatro os núcleos centrais da definição de crime de colarinho branco:

(a) é um crime;

(b) cometido por pessoas de respeitabilidade social;

(c) no exercício da sua profissão;

(d) ocorre, em regra, como violação de norma de confiança.

O crime de colarinho branco é aquele cometido por pessoas que gozam de grande aceitação social, sendo respeitados socialmente. Apenas os crimes cometidos no âmbito profissional destas pessoas estão incluídos nessa definição. Ou seja, excluem-se os crimes cometidos no âmbito da vida privada por essas mesmas pessoas. Por exemplo, se o alto executivo, além de sonegar impostos e praticar outros delitos contra a ordem tributária, financeira e ambiental, ainda comete crimes no âmbito privado, como consumir de drogas, dirigir embriagado, estupro, homicídio ou qualquer outro, estes cometidos no âmbito

12. GOMES, Luiz Flávio. MOLINA, Antonio García-Pablos de. *Criminologia*. São Paulo: Editora Revista dos Tribunais, 2012 (coleção ciências criminais, v. 5). p. 318.

privado não se enquadram na definição do crime de colarinho branco apenas pelas características do autor do delito. Para se enquadrar na definição de crime de colarinho branco tem que ter sido cometido no âmbito profissional.

Méritos e Deméritos: A teoria da Associação Diferencial teve o grande mérito de chamar atenção para os crimes praticados por pessoas bem-sucedidas e para a forma diferente que o sistema penal trata esses delitos. Colocou em destaque os crimes cometidos pelas classes altas. A partir de então, não se pode mais identificar criminalidade com "anormalidade". Sutherland desconstrói a ideia de que o crime está presente apenas dentre os pobres e marginalizados.

Em síntese, depois da teoria da Associação Diferencial, que chamou atenção para os crimes praticados pelas classes altas e para a diferença no tratamento dado pelo sistema penal a esses crimes e esses autores, não se pode mais identificar a conduta criminosa como uma anormalidade, uma patologia, pois os autores dos crimes de colarinho branco são muito saudáveis, inteligentes e adaptados à sociedade. A teoria segue outro caminho para explicar a criminalidade.

Outra grande contribuição desta teoria é a proteção que temos hoje aos interesses difusos e coletivos, pois foi a teoria da Associação Diferencial que chamou atenção para a criminalidade que feria bens jurídicos indeterminados, difusos e coletivos.

Por outro lado, a teoria da Associação Diferencial desconsidera os fatores psicológicos individuais de cada um, atribuindo a causa dos delitos ao aprendizado das condutas, mas não leva em consideração a autonomia e o livre-arbítrio de cada um em optar por praticar o crime ou não. Não explica porque nas mesmas condições uma pessoa segue o modelo desviante de condutas e outra, não. Sendo assim, desconsidera a autonomia ética e a subjetividade do indivíduo, já que entende que o comportamento desviante se aprende a partir da convivência. Ademais, desconsidera que o crime nem sempre segue padrões racionais e utilitários. Também existem crimes impulsivos, ocasionais, espontâneos, que fogem a qualquer mecanismo de aprendizagem.

Outra crítica que essa teoria recebe trata da questão da associação entre pessoas que cometem delitos. Para os críticos dessa teoria, o fato de pessoas que cometem delitos se associarem não significa que seja essa a causa do comportamento delitivo. É uma consequência lógica, já que um indivíduo procura se relacionar com outros que tenham as mesmas ideias, valores, condutas e atitudes semelhantes às suas. "Parece desmedido o intento de enquadrar todo comportamento delitivo em um processo social normal de aprendizagem. Pois, sem dúvida, há experiências que não são aprendidas assim como fatores ocultos e inconscientes que influem na conduta."[13]

10. TEORIA DA ANOMIA

A teoria da Anomia é umas das escolas sociológicas do consenso.

Autores: Émile Durkheim e Robert Merton. Mas, o expoente da teoria da anomia é o sociólogo Émile Durkheim.

13. GOMES, Luiz Flávio. MOLINA, Antonio García-Pablos de. *Criminologia*. São Paulo: Editora Revista dos Tribunais, 2012 (coleção ciências criminais, v. 5). p. 320.

Anomia: Anomia significa sem lei, ausência ou desintegração das normas sociais. A anomia para essa teoria pode ocorrer em três situações distintas:

(a) Em uma situação existente de transgressão das normas por quem pratica ilegalidades (delinquente) em um nível muito acentuado. Ou seja, a anomia pode ocorrer quando as taxas de práticas de crimes são tão altas que colocam em xeque a coesão social, pois as práticas de crimes se sobrepõem às *não práticas*;

(b) Na existência de um conflito de normas claras que tornam difícil a adequação do indivíduo aos padrões sociais, vale dizer, que nessa segunda concepção, anomia para Durkheim é a situação em que as normas não são claras, o que torna complicado para o indivíduo saber qual o padrão social a ser seguido; e

(c) Na existência de um movimento contestatório que descortina a inexistência de normas que vinculem as pessoas num contexto social (crise de valores). Essa terceira concepção de anomia se refere a um momento muito intenso de contestação dos valores.

Consciência coletiva: Um dos conceitos-chave para a compreensão da teoria de Durkheim é o de consciência coletiva. Para ele, existe uma consciência coletiva de toda a sociedade. Essa consciência coletiva é responsável pelas regras sociais que vigoram naquela sociedade, ou seja, existe essa consciência comum do que é certo e do que é errado para aquela sociedade determinada.

Por exemplo, existem sociedades que acham certo praticar a circuncisão genital feminina (também chamada de mutilação genital feminina). Na nossa sociedade brasileira isso é errado. Há um senso comum de que isso é errado. Não é preciso ter uma lei dizendo isso – até pode ter –, mas não é necessário. Tem esse senso inconsciente que diz que aqui isso é errado. Por outro lado, a nossa consciência coletiva diz que é certo estudar para concurso. Não está escrito em lugar nenhum, mas nós todos sentimos que isso é certo.

Crime: De acordo com Durkheim, o crime é normal e inerente às sociedades. Só deixa de ser normal quando a existência dos delitos passa a ser prejudicial à existência da estrutura social, quando o sistema de regras e condutas perde o valor, enquanto um novo sistema ainda não se reafirmou (anomia). Na mesma linha de raciocínio, em níveis normais, o crime serve para reforçar os próprios valores da consciência coletiva (atos, valores, processos partilhados por uma sociedade). E uma conduta só é considerada crime porque fere a consciência coletiva. Nos dizeres do próprio Durkheim, "não o reprovamos porque é crime, é crime porque o reprovamos".

Vale dizer, não há sociedade sem crime, o crime é uma realidade social. Ele só passa a ser um problema quando a prática dos delitos passa a ser prejudicial para a estrutura social, ou seja, quando os valores daquela sociedade e suas regras e condutas perdem o valor, mas ainda não se afirmou uma nova ordem com novos valores. Essa seria uma fase de anomia para Durkheim.

Mas, em níveis normais, o crime serve para reforçar os próprios valores da consciência coletiva, isso porque todos os demais sentem que a conduta criminosa praticada é errada e querem uma punição. Sendo assim, o crime tem a função de reafirmar os valores sociais e não de feri-los. As condutas só são consideradas crimes quando elas ferem a consciência coletiva. As condutas só são crimes, pois ferem os valores partilhados pela sociedade. Condutas que não ferem esse senso coletivo não são consideradas crime.

Normalidade e Funcionalidade: Com base no dito acima, extraímos os dois postulados mais importantes desta teoria: a normalidade e a funcionalidade do crime. Normal porque não teria origem em patologias individuais e nem sociais, e sim no normal funcionamento de toda ordem social. "Apareceria inevitavelmente unido ao desenvolvimento do sistema social e a fenômenos normais da vida cotidiana."[14] E o crime seria funcional, pois não é um fato nocivo para toda a sociedade, "senão todo o contrário, é dizer, funcional, para a estabilidade e a mudança social."[15]

Função da Pena: Nesse sentido, a função da pena é satisfazer a consciência coletiva, ferida pelo ato cometido por um dos membros da comunidade. A sociedade exige reparação e a reparação é a punição, que reestabelece o sentimento de todos que se sentiram feridos. Sua verdadeira função é manter intacta a coesão social, mantendo toda a vitalidade do senso comum. Ou seja, a pena é uma reação a uma violação à consciência coletiva que vem para fortalecer e reestabelecer essa mesma consciência comum.

A noção muito replicada hoje em dia de que a impunidade fomenta a criminalidade ou é a causa da criminalidade é uma atualização do pensamento de Durkheim. De acordo com este, quando há uma situação de prática reiterada de delitos e as feridas causadas à consciência coletiva por esses atos não são fechadas pela punição dos autores dos crimes, tem-se uma quebra na coesão social, pois perdem-se as referências comunitárias normativas que orientam as relações éticas na sociedade.

Como vimos, para Durkheim a punição tem a função de demonstrar qual a norma social vigente e manter a coesão e a solidariedade operando. Quando não há demonstração de qual é a norma social vigente por meio da punição de quem rompe a norma, no extremo, pode-se criar uma situação de anomia, em que se perdem as referências da consciência coletiva de que praticar determinada conduta é errado e aumenta-se a prática dessa conduta.

Em resumo: "a tese de Durkheim significa, em suma, admitir que o delito é um comportamento 'normal' (não patológico), 'ubíquo' (é cometido por pessoas de qualquer estrato social e em qualquer estrato da pirâmide social e em qualquer modelo de sociedade) e derivado não de anomalias do indivíduo nem da própria 'desorganização social', senão das estruturas e fenômenos cotidianos no seio de uma ordem social intacta. (...) Conforme Durkheim, o anormal não é a existência do delito, senão um súbito incremento ou descenso dos números médios ou das taxas de criminalidade, já que – acrescenta o autor – 'uma determinada quantidade de crimes forma parte integrante de toda sociedade sã', e uma sociedade sem condutas irregulares seria uma sociedade pouco desenvolvida, monolítica, imóvel e primitiva."[16]

Robert Merton: Robert Merton aplicou a teoria de Durkheim – exposta acima – à Criminologia. Em 1938 publica a obra "Teoria Social e Estrutura Social".

Para ele, o crime ocorre quando há uma dissociação entre as aspirações culturalmente prescritas e os caminhos socialmente estruturados para realizar tais aspirações. Portanto, o crime ocorre quando há uma divergência entre os valores culturalmente valorizados e as formas de atingir esses valores.

A anomia ocorre quando a sociedade acentua a importância de determinadas metas, sem oferecer à maioria das pessoas a possibilidade de atingi-las, por meios legítimos, ou seja, quando a sociedade acentua sobremaneira a importância de determinadas metas, mas não oferece a oportunidade para as pessoas alcançá-las entra-se em uma situação de anomia.

Período histórico: Para entender o que defende Merton é necessário compreender o contexto em que ele escreve. Ele teoriza a partir da sociedade americana, em que a acumulação de riqueza e o poder são extremamente valorizados. Esse é o *american dream*, o sonho americano de enriquecer. Mas, por outro lado, a sociedade americana não construiu meios para que todos pudessem ter riqueza e poder.

Tipologia de adaptação individual: Nesse contexto, Merton cria cinco categorias de indivíduos que operam nessa sociedade contraditória, em que não há meios suficientes para que a maioria das pessoas que queiram, alcancem o que é valorizado pela sociedade: riqueza e poder. "Conforme Merton, a tensão entre 'estrutura cultural' e 'estrutura social' força o indivíduo a optar, dentre as vias existentes, por cinco delas: conformidade, inovação, ritualismo, fuga do mundo e rebelião, todas elas, com exceção da primeira, constitutivas de comportamentos desviados ou irregulares."[17]

Vamos agora à tipologia de adaptação individual de Merton:

O primeiro tipo é o conformista. Esse tipo recebe esse nome, pois ele está em conformidade, ou seja, de acordo com os objetivos culturais de poder e riqueza e também com os meios para alcançá-los. Esse é o tipo mais comum, ele garante a estabilidade da sociedade. Pois, para ter coesão é necessário que a maioria das pessoas compartilhe dos valores e esteja de acordo com os meios a serem percorridos, que no caso americano seriam o trabalho e a educação.

O segundo tipo é o ritualista, que segue os meios para alcançar os desejos sociais, mas não acredita nessas metas. Um exemplo é o tímido funcionário público, ele sabe que não vai ser rico e nem poderoso, mas acredita nos meios e nas normas. Ele renuncia ao objetivo de ser rico e poderoso. Ele tem consciência que não vai alcançar o objetivo, então segue as normas sociais, mas não busca alcançar os valores.

O terceiro tipo é o retraído. Esse tipo renuncia aos objetivos e aos meios. Ele vira um apático, atua com desinteresse frente a isso. Por exemplo, os bêbados, drogados, mendigos, errantes etc. Eles atuam como se as normas e os valores sociais não lhe dissessem respeito.

O quarto tipo é o criminoso. Merton o denomina de inovador. Isso porque ele está aderido com os valores sociais, mas ele busca meios alternativos e criativos para alcançá-los, utiliza o crime como um meio. Ao invés de trabalhar e estudar duro,

14. GOMES, Luiz Flávio. MOLINA, Antonio García-Pablos de. *Criminologia*. São Paulo: Editora Revista dos Tribunais, 2012 (coleção ciências criminais, v. 5). p. 303.
15. GOMES, Luiz Flávio. MOLINA, Antonio García-Pablos de. *Criminologia*. São Paulo: Editora Revista dos Tribunais, 2012 (coleção ciências criminais, v. 5). p. 303.
16. GOMES, Luiz Flávio. MOLINA, Antonio García-Pablos de. *Criminologia*. São Paulo: Editora Revista dos Tribunais, 2012 (coleção ciências criminais, v. 5). p. 304.
17. GOMES, Luiz Flávio. MOLINA, Antonio García-Pablos de. *Criminologia*. São Paulo: Editora Revista dos Tribunais, 2012 (coleção ciências criminais, v. 5). p. 305.

o que ele provavelmente não teria chance, ele rouba ou trabalha no tráfico de drogas.

E o quinto tipo é o rebelde. Os movimentos sociais que buscam a transformação social, mudança de paradigma, os anarquistas, *punks*... Eles discordam dos valores instituídos e buscam outras metas e outras normas e valores sociais. Tentam transformar a sociedade, torná-la diferente.

Em resumo, os cinco tipos são:

1. Conformidade: Conformidade com os objetivos culturais e com os meios institucionalizados para alcançá-las. É o tipo mais comum e mais difundido. Garante a estabilidade da sociedade.

2. Ritualismo: Renuncia aos objetivos valorados por ser incapaz de alcançá-los, mas segue todas as normas sociais.

3. Retraimento: Renuncia aos objetivos culturais e às normas.

4. Inovação: Adere aos valores sociais, mas busca outros meios de alcançá-los, já que não é possível pelas vias institucionalizadas. Segue a rota do crime para atingir a riqueza e poder.

5. Rebelião: Refuta os valores vigentes e propõem outras metas e formas de atingir.

Para Merton, quando os modos não conformistas (ou seja, ritualista, retraído, inovação e rebelde) superam os conformistas, tem-se uma situação de anomia.

Vamos ver agora uma tabela que ilustra, de modo caricatural, os cinco tipos de adaptação individual:

	Metas Sociais	Meios de atingir as metas sociais
Conformista		
Ritualista		
Retraído	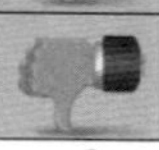	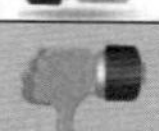
Inovador		
Rebelde		

O conformista adere às metas sociais e concorda com os meios para atingi-las. Por isso as duas colunas estão com o fundo branco e com sinal positivo.

O ritualista não adere às metas sociais, desistiu delas, por isso o fundo está cinza e com sinal negativo. Mas, ele segue os meios socialmente aceitos, segue as leis.

O retraído não adere às metas e nem às normas, por isso está com fundo cinza e com sinal de negativo nas duas colunas.

O inovador está com o fundo branco e com sinal positivo na primeira coluna porque ele adere às metas sociais, mas não utiliza as normas e os meios socialmente aceitos para atingi-las, ele é criativo, inovador, ele inventa outra forma e essa nova forma é o crime.

O rebelde seria caracterizado por uma adoção apenas parcial dos fins e dos meios, aliada a uma perspectiva de mudança social estrutural no que concerne à concepção valorativa das metas culturais. Por isso está representado com um fundo de uma cor diferente dos demais e com uma imagem que tem o rosto triste segurando um feliz. Isso para representar que o rebelde quer a mudança das metas sociais e das formas de atingi-las. É como se estivesse insatisfeito com o presente, mas buscando transformar a realidade para ficar satisfeito no futuro. Ele está em busca da transformação da sociedade.

Méritos e Deméritos: A teoria da Anomia teve o grande mérito de considerar o delito como fenômeno normal das sociedades e não necessariamente ruim. De considerar o criminoso não como um anormal.

Ademais, Merton explica porque as classes desfavorecidas concentram a maior parte dos cometimentos dos crimes: como são excluídos do circuito dos meios institucionalizados para acumular riqueza e, portanto, encontram-se mais distantes da ascensão social, tendem a recorrer com mais frequência à delinquência para realizar os objetivos difundidos pela sociedade de consumo.

Por outro lado, parte do falso pressuposto de que há um consenso coletivo (se baseiam na ideia do contrato social de Rousseau). Não pressupõem a possibilidade de criticar a sociedade competitiva, mas sim a integração do indivíduo a essa sociedade.

Por fim, não explicam porque existe a criminalidade que não tem por objetivo o lucro e porque a criminalidade cometida pelos ricos não é perseguida na mesma intensidade do que aquela cometida pelos pobres.

11. TEORIA DA SUBCULTURA DELINQUENTE

A teoria da Subcultura Delinquente é umas das escolas sociológicas do consenso.

Autores: Albert K. Cohen (1955): "Delinquent boys: the culture of the gang". Willian F. Whyte (1953): "Street Corner Society. The social structure of an italian slum".

Período histórico: Depois da 2ª Guerra Mundial os Estados Unidos cresceram muito economicamente e a população estava tomada por um sentimento de confiança na democracia e nas instituições. A figura paterna era central nos núcleos familiares, representava a autoridade dentro do lar e era responsável por estabelecer a ordem.

Mas, nos anos 1950, os jovens, especialmente negros, perceberam que não conseguiriam alcançar o ideal americano. Perceberam que se tornar rico era uma realidade para muito poucos. A desilusão tomou conta dos jovens que passaram a contestar todo o modelo, inclusive a figura paterna. Esse período marca a falência do *american dream*.

Os jovens que tinham condições de alcançar o sonho americano de riqueza e os que não tinham, eram cobrados da mesma maneira. O choque entre a cultura e a estrutura social, que não fornecia as condições sociais de acesso aos bens sociais para todos, cria uma espécie de desilusão com relação ao sistema de vida americano.

Subcultura Delinquente: Assim, a formação de subculturas criminais representa a reação necessária de algumas minorias altamente desfavorecidas diante da exigência de sobreviver, de orientar-se dentro de uma estrutura social, apesar das limitadíssimas possibilidades legítimas de atuar. Sendo assim, a formação de subculturas criminais passou a ser uma reação de alguns grupos minoritários que não podiam alcançar o sonho americano de riqueza tão propagandeado. As gangues de jovens formam-se como reação à sensação de frustração por conta da impossibilidade de alcançar as metas da sociedade branca, protestante e anglo-saxã, (conhecida pela sigla em inglês W.A.S.P.).

Os valores são adotados por sua forma invertida, como forma de contestação ao ideal da sociedade dominante. Sendo assim, essas *gangs* cultuam a destruição porque os jovens de classe média cultuam a propriedade.

Definição de Subcultura Delinquente: A Subcultura Delinquente é um comportamento de transgressão que é determinado por um subsistema de conhecimento, crenças e atitudes que possibilitam, permitem ou determinam formas particulares de comportamento transgressor em situações específicas.

Subcultura não é uma manifestação delinquencial isolada. A subcultura delinquente tem como característica, justamente, a dimensão coletiva.

Os crimes cometidos pelo grupo, segundo a teoria da Subcultura Delinquente, são cometidos em concordância com as regras e os valores daquele grupo. Por isso, o crime não é um ato isolado e sim de um grupo. As regras que fazem sentido para aquele grupo são diferentes ou contrárias às regras que vigoram no restante da sociedade. Estão em oposição, e isso não é por acaso, é realmente uma forma de contestação.

A Subcultura Delinquente é associada diretamente ao comportamento de jovens que delinquem em grupo. Este grupo tem suas próprias normas, valores, ética e crenças que diferem das normas, valores, ética e crença da sociedade dominante. O crime é cometido, pois está de acordo com aquela *subcultura*, com a subcultura daquele grupo de jovens que contesta a cultura dominante.

Crime: As três principais características do crime para a teoria da Subcultura Delinquente são:

(a) Não utilitarismo da ação, ou seja, a ação não tem utilidade, é um ato de contestação. Se estivermos estudando um furto, por exemplo, o objeto furtado não será usado para comprar coisas ou será consumido. O furto não foi realizado porque o grupo queria ter aquele bem e não podia comprá-lo, ou para vendê-lo e comprar outras coisas. De acordo com a Subcultura Delinquente, a intenção com esse furto não era o aproveitamento material e sim a contestação do modelo de sociedade que valoriza sobremaneira o "*ter*".

(b) Malícia da conduta, ou seja, prazer em ver o outro sofrer. É um sadismo. Se roubarem a bolsa de uma velhinha, por exemplo, é pela graça de ver a velhinha sem rumo e não pelo valor que tem na bolsa.

(c) Negativismo, ou seja, nega o valor dominante, baseia-se em outros valores. A conduta criminosa nega a cultura dominante na sociedade, é baseada nos valores do grupo. Como um grupo de jovens pichadores que escrevem em edifícios e monumentos da cidade. É uma contraposição à ordem majoritária, realizam atos de contestação.

Méritos e Deméritos: A teoria da Subcultura Delinquente teve o grande mérito de marcar uma nova visão sobre a criminalidade. Até então predominava nos Estados Unidos a visão ecológica do crime, baseada nas ideias da escola de Chicago (vide item 8 supra).

Essa escola demonstra que o controle dessa criminalidade, da Subcultura Delinquente, não se pode fazer por meio dos mecanismos tradicionais de combate ao crime. A ideia central dessa forma delituosa, da Subcultura Delinquente, tem particularidades e diferenças com a criminalidade mais comum. Algumas dessas manifestações não se combatem com pura repressão, mas sim com um processo de cooptação, integração dos grupos juvenis, envolvendo-os no mercado de trabalho, ou por meio de uma ação de inteligência da polícia, com delegacias especializadas (por exemplo, para prevenir crimes cometidos pelas *gangs punk*).

Por outro lado, uma crítica que essa teoria recebe é que não fornece um modelo explicativo generalizado da criminalidade, trata apenas de uma criminalidade com características bastante específicas.

12. TEORIA DO *LABELLING APPROACH* (REAÇÃO SOCIAL, ETIQUETAMENTO, ROTULAÇÃO SOCIAL, INTERACIONISMO SIMBÓLICO)

A teoria do *Labelling Approach* é umas das escolas sociológicas do conflito.

Autores: Howard Becker é o principal autor da teoria do *Labelling Approach*. Ele publica, em 1963, o livro "Outsiders: studies in the sociology of deviance". Outros autores são: Kai T. Erikson, Edwin Lemert, Edwin Schur e Erving Goffman.

Período histórico: Os anos 1960 ficaram famosos pelos movimentos inovadores, críticos e criativos. É nesse ambiente cultural que surge a teoria do *Labelling Approach* como uma teoria do conflito, rompendo com a lógica das teorias do consenso. Os anos 1960 marcam um sucessivo período de relações críticas que abrem uma fissura no aparente monolitismo cultural e social americano.

A teoria do *Labelling Approach* é um verdadeiro marco das teorias do conflito: "a ideia de encarar a sociedade como um 'todo' pacífico, sem fissuras interiores, que trabalha ordenadamente para a manutenção da coesão social, é substituída, em face de uma crise de valores, por uma referência que aponta para as relações conflitivas existentes dentro da sociedade e que estavam mascaradas pelo sucesso do Estado do Bem-Estar Social."[18]

Nesse período, os Estados Unidos viviam um período muito interessante e eletrizante. Guerra do Vietnã e toda a revolta da população contra a Guerra.

Os movimentos de contracultura *beatnik* e *hippie* ganham corpo e forma.

A maconha passa a ser um símbolo de rebeldia e resistência contra os valores burgueses dominantes. Thimoty Leary, psicólogo renomado e professor das melhores universidades americanas, populariza o LSD como uma droga expansora de consciência. Ele faz diversos experimentos científicos com o aval das universidades e do governo americano.

É um período muito marcado pelo pacifismo e protestos contra as guerras.

Martin Luther King também se destaca nesse momento, como um ativista em busca da igualdade racial, na luta contra

18. SHECAIRA, Sérgio Salomão. *Criminologia*. São Paulo: Editora Revista dos Tribunais, 2004. p. 271.

o racismo. Ele era adepto da cultura da não violência e da desobediência civil pacífica. Nesse período o feminismo também surge como uma crítica à cultura dominante de que a mulher deveria se limitar ao papel estabelecido de *boa mãe, boa esposa* e *boa dona de casa.*

Tudo isso estava acontecendo nos Estados Unidos, mas esse chamado fermento de ruptura também estava presente nos outros países. Na América Latina, os movimentos de resistência às ditaduras estavam muito fortes e atuantes. E na França ocorre o movimento que ficou conhecido como Maio de 1968.

Os anos de 1960 foram marcados por muitos acontecimentos, todos de ruptura com o velho modelo de sociedade. E esse caldo de cultura também encontrou expressão na área criminológica, na teoria do *Labelling Approach*: "de braços dados com essa rebeldia, surge um potencial crítico e criativo, um idealismo marcante e abrangente, uma força transformadora como nunca na história da humanidade os jovens haviam experimentado. Essa década é marcada por um culto 'científico' às drogas, pelo psicodelismo do *rock and roll*, por uma enfática resistência pacifista à Guerra do Vietnã, por uma campanha abrangente pelos direitos civis, pela luta das minorias negras, pelo fim das discriminações sexuais, pelo despertar da consciência estudantil que passa a conhecer seu próprio poder, por transformações existenciais que permitem aos jovens encontrarem seu próprio eu, enfim, por um fermento de ruptura potencializador da sociologia do conflito."[19]

A teoria do *Labelling Approach*, por sua vez, rompe com a Criminologia das escolas do consenso que acreditam em um todo uno e harmônico da sociedade. A teoria do *Labelling Approach* procura uma explicação para o crime em paradigmas diversos daqueles concebidos até então pela Criminologia.

<u>Mudança de Paradigma:</u> A teoria do *Labelling Approach* desloca o problema criminológico do plano da ação para o da reação (dos *bad actors* para os *powerful reactors*), demonstrando que a verdadeira característica comum dos delinquentes é, na realidade, a resposta dada pelas instâncias de controle.

As escolas do conflito (vide item 7 supra) questionam a existência de uma realidade ontológica no delito, passando a entender o delito como uma entidade originalmente jurídica. Esse é o grande salto entre as escolas do consenso e do conflito: as escolas do conflito entendem que há uma decisão política de que condutas serão criminalizadas. Importante destacar, nesse ponto, que as condutas consideradas criminosas mudam ao longo do tempo. Como o adultério que deixou de ser crime por uma transformação social que passou a entendê-lo de uma forma diferente do que antes era entendido. De acordo com Shecaira, o "desvio (...) não é uma propriedade inerente a determinados comportamentos".[20]

Há uma inversão de causa e efeito na concepção que as escolas do consenso têm sobre a relação entre crime e repressão. Não é a lei que surge para reprimir o crime, mas a lei cria o crime e o fenômeno criminal. A teoria do *Labelling Approach* leva a uma inversão fundamental sobre a pergunta central da Criminologia: deixa-se de perguntar por que as pessoas cometem crimes e passa-se a perguntar por que determinados atos e pessoas são criminalizados.

Então, a teoria do *Labelling Approach* vai trabalhar com a ideia de que o foco da Criminologia deve estar na reação social a um desvio, pois a criminalidade só existe por haver condutas definidas pela lei como criminosas. E, segundo a teoria do *Labelling Approach*, a reação das instâncias de controle produz o criminoso.

Daí decorrem as ideias centrais dessa teoria: os conceitos de etiquetamento e de estigmatização. Após ter sido capturada por uma instância de controle social formal, a pessoa passa a ser tratada por todos como criminosa. Ela é estigmatizada dessa forma, passa a ser rotulada. Por essa razão, essa teoria também é conhecida como interacionismo simbólico ou teoria da rotulação social ou da reação social.

Quando os outros começam a ver uma pessoa como perigosa, começam a adotar perante ela uma conduta diferente, que não é adotada perante todos os demais. Para que uma pessoa seja rotulada como criminosa, basta que tenha cometido apenas um ato desviante.

"As questões centrais do pensamento criminológico, a partir desse momento histórico, deixam de referir-se ao crime e ao criminoso, passando a voltar sua base de reflexão ao sistema de controle social e suas consequências, bem como ao papel exercido pela vítima na relação delitual."[21]

A carreira do desvio se constrói a partir da interação com o rótulo (interacionismo simbólico). Muitas instituições destinadas a desencorajar o comportamento desviante operam, na verdade, de modo a perpetuá-lo e a fomentá-lo. "Essas instituições acabam reunindo pessoas que estão à margem da sociedade em grupos segregados, o que dá a eles a oportunidade de ensinar uns aos outros as habilidades e comportamentos da carreira delinquente e, até mesmo, provocar o uso dessas habilidades para reforçar o senso de alienação do resto da sociedade."[22]

Diante de toda essa mudança brusca no cenário criminológico não mais se indaga o porquê do criminoso cometer crimes. E sim, porque é que algumas pessoas são tratadas como criminosas, quais as consequências desse tratamento e qual a fonte de sua legitimidade.

A teoria do *Labelling Approach* entende que a criminalidade não é uma qualidade da conduta humana, mas a "consequência" de um processo em que se atribui tal "qualidade".

<u>Conceitos centrais:</u> A teoria do *Labelling Approach* trabalha com alguns conceitos centrais que vamos passar a estudar agora: desviação primária[23], desviação secundária e *role engulfment* (mergulho no papel desviado).

A desviação primária é anterior ao cometimento do delito, ela está muito associada aos fatos psicológicos do individuo e a sua marginalização em função de aspectos sociais, culturais, raciais etc.

19. SHECAIRA, Sérgio Salomão. *Criminologia*. São Paulo: Editora Revista dos Tribunais, 2004. pp. 273-4.
20. SHECAIRA, Sérgio Salomão. *Criminologia*. São Paulo: Editora Revista dos Tribunais, 2004. p. 294.
21. SHECAIRA, Sérgio Salomão. *Criminologia*. São Paulo: Editora Revista dos Tribunais, 2004. p. 271.
22. SHECAIRA, Sérgio Salomão. *Criminologia*. São Paulo: Editora Revista dos Tribunais, 2004. p. 297.
23. Alguns autores chamam a desviação primária de vulnerabilidade.

Já a desviação secundária tem relação com o cometimento de delitos. Ela acontece por conta da reação social ao desvio. O agente do delito que já passou para a fase de desviação secundária já está com a identidade estruturada em torno da desviação. "É um mecanismo criado, mantido e intensificado pelo estigma."[24]

O *role engulfment* nada mais é do que um mergulho no papel desviado, ou seja, a aceitação total desse papel. A pessoa passa a adotar realmente as posturas de um desviante. O indivíduo passa a se enxergar como desviante e os demais o veem desta mesma forma. À medida que o mergulho no papel de desviado cresce, há uma tendência para que o autor do delito defina-se como os outros o definem.

O processo de rotulação, que se mostra bem-sucedido quando a pessoa também passa a se ver como desviante – *role engulfment* – leva à desviação secundária.

Ciclo criminal: Agora, vamos estudar o ciclo criminal, de acordo com a teoria do *Labelling Approach*.

A desviação primária é o efeito psicológico de marginalização causado por fatores sociais e culturais. A pessoa que passa pela desviação primária é marginalizada e se se sente segregada pela sociedade. A sociedade dá uma resposta ritualizada e estigmatizante a essa pessoa marginalizada que acarreta em uma redução de oportunidades e no distanciamento social daquela pessoa. Esta começa a seguir uma subcultura delinquente, ou seja, à margem da sociedade e essa subcultura opera em sua autoimagem. Em seguida, as instâncias formais de controle captam essa pessoa e a submete a todo o processo da justiça criminal que tem como símbolo máximo a prisão. Passar pela situação de prisão faz com que seja colocado sobre essa pessoa um grande estigma de criminoso.[25]

Ou seja, a pessoa que já vinha de um processo de desviação primária é selecionada pelo sistema de justiça para ser presa e não aquela outra que também comete crimes, mas não era estigmatizada e colocada à margem da sociedade.

Após a institucionalização a pessoa constrói e segue uma carreia criminal propriamente dita, após passar pelo processo de *role engulfment*. Ela realmente assume o papel de criminoso. E aí temos a desviação secundária, quando a personalidade do indivíduo já está formada para a prática delitiva, para se comportar como delinquente.

Sendo assim, é fundamental destacar que a prisão passa a atuar como elemento de criminalização que gera um processo cíclico para a clientela do sistema penal. "A criminalização primária produz rotulação, que produz criminalizações secundárias (reincidência)".[26]

A desviação secundária leva a outra ideia importante da teoria do *Labelling Approach* que é a de profecia autorrealizável. Como a pessoa recebe o estigma de criminosa e passa a se comportar como tal e a assumir esse papel social, todos têm a expectativa de que ela voltará a delinquir, e de fato ela volta a delinquir, pois assumiu esse papel e não há outro destino possível para ela. Isso porque a reação social a ela não lhe dá oportunidades e também porque ela assumiu esse papel social para si própria.[27]

O esquema abaixo ilustra o modelo explicado acima :

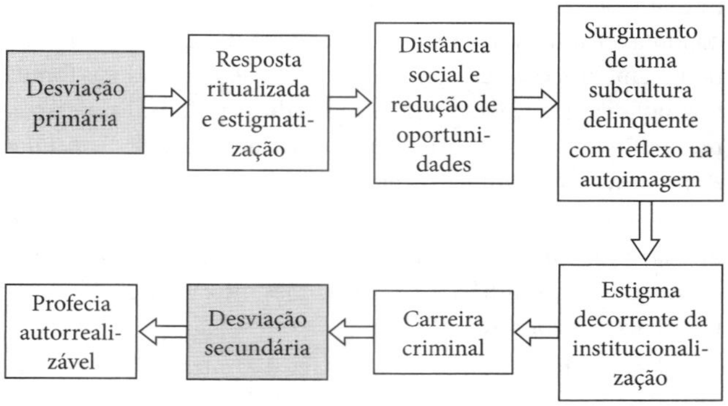

Consequência Política: Agora, vamos passar a estudar a consequência política dessa teoria, ou seja, o que pode ser feito em âmbito político para que esse processo não ocorra, o que o Estado deve fazer para alterar esse cenário.

A primeira medida que poderia ser tomada é a não divulgação da reação estatal. Essa não divulgação reduziria o estigma que daí decorre para a pessoa que responde a um processo criminal.

A segunda medida é a eliminação das marcas do processo, como a ficha de antecedentes criminais. Tal medida permitiria que a pessoa pudesse se inserir na sociedade sem ter a marca do processo criminal, podendo conseguir emprego, por exemplo.

O Estado deveria promover terapia social emancipadora, com o objetivo de atuar sobre o ego da pessoa e fazer com que ela não se sinta marginalizada e possa se fortalecer ao invés de ter sua autoimagem destruída e associada à cultura marginal, já que a estigmatização a colocou nesse lugar.

Para atuar no estigma decorrente da institucionalização, o ideal seria que o Estado adotasse medidas despenalizadoras, medidas alternativas à prisão e penas alternativas.[28]

24. SHECAIRA, Sérgio Salomão. *Criminologia*. São Paulo: Editora Revista dos Tribunais, 2004. p. 298.

25. É importante destacar nesse ponto que as instâncias formais de controle são seletivas e discriminatórias, ao contrário das instâncias informais de controle, "primando o *status* sobre o merecimento". SHECAIRA, Sérgio Salomão. *Criminologia*. São Paulo: Editora Revista dos Tribunais, 2004. p. 291.

26. SHECAIRA, Sérgio Salomão. *Criminologia*. São Paulo: Editora Revista dos Tribunais, 2004. p. 301.

27. Nos dizeres de Shecaira, "a *desviação primária* é poligenética e se deve a uma variedade de fatores culturais, sociais, psicológicos e sociológicos. A *desviação secundária* traduz-se numa resposta de adaptação ocasionados pela reação social à *desviação primária*. Surge a teoria do estigma, etiqueta ou rótulo, *status* diferenciado que vai aderir ao autor do crime e com o qual ele interagirá. Toda reação à conduta criminal passa por *cerimônias degradantes*, processos ritualizados a que é submetido o réu e que atinge a autoestima do agente do delito. Quando a reação à conduta criminal é uma pena privativa de liberdade, nasce um processo *institucionalizador* que recolhe o condenado a um local isolado de moradia com rotina diária e administração formal. As consequências disso serão, sempre, a acentuação da *carreira criminal* e a *institucionalização* do condenado, potencializando-se a recidiva. A interação e a autoimagem tendem a polarizar-se em torno do papel desviante, o que cria o *role engulfment*." SHECAIRA, Sérgio Salomão. *Criminologia*. São Paulo: Editora Revista dos Tribunais, 2004. p. 297.

28. No âmbito criminológico, esses conceitos coincidem com a ideia de institucionalização ou prisionização de Donald Clemmer e Erving Goffman. Essa noção compreende que as instituições totais (nas quais o interno trabalha, descansa e se diverte) têm como

E, por fim, que fossem criadas oportunidades de emprego e de atividades lícitas para essas pessoas. Assim, seria possível romper com todo esse caminho perverso.

Política dos 4 Ds: A teoria do *Labelling Approach* é bastante conhecida por defender a *política dos 4 Ds*: **D**escriminalização. **D**iversão. **D**evido processo legal. **D**esinstitucionalização.

Como vimos, essa teoria vê que o problema central da criminalidade está no estigma, na reação social. Pois não existem condutas criminosas por si só, apenas condutas que são definidas politicamente como criminosas. Quanto menos condutas forem definidas como crime, menos estigma de "criminosa" as pessoas receberão. Esse é o primeiro ponto defendido pelo *Labelling Approach*, a descriminalização de condutas.

A diversão, que vem do inglês *diversion*, é a proposta de desviar os agentes do delito do sistema estigmatizante de justiça criminal e encaminhá-los para soluções informais e não institucionais dos conflitos.

A garantia do devido processo legal é outra política defendida pela teoria do *Labelling Approach*. As penas devem estar estabelecidas em lei e as sentenças devem ser determinadas, para reduzir a margem discricionária do julgador que não poderia aplicar uma pena mais elevada em função do perfil do acusado.

E a quarta politica defendida pela teoria do *Labelling Approach* é a desinstitucionalização, isto é, a adoção de medidas como o fortalecimento de penas alternativas e a redução da aplicação da pena de prisão. Para esses autores, a prisão deveria ser a pena alternativa e não as medidas não prisionalizadoras deveriam ser assim chamadas. É preciso inverter essa lógica de priorização da prisão, porque ela tem efeitos muito nocivos e irreversíveis.

A teoria do *Labelling Approach* é usada também para fundamentar o direito penal mínimo, que é chamada pelos teóricos de *prudente não intervenção*. Porque a aplicação daquelas medidas poderia reduzir esse processo diagnosticado pela teoria do *Labelling Approach* e que leva, inevitavelmente, à desviação secundária, à reincidência e ao cometimento de novos crimes.

13. TEORIA CRÍTICA (RADICAL, NOVA CRIMINOLOGIA)

A teoria Crítica de Criminologia é umas das escolas sociológicas do conflito.

Autores: Os principais autores são os ingleses Ian Taylor, Paul Walton e Jock Young.

Momento histórico: A teoria crítica surge nos anos de 1970 em diversos países, como Estados Unidos, Inglaterra e Escandinávia, a partir da teoria do *Labelling Approach* (vide item 12 supra), trazendo a sociologia do desvio para o âmbito específico da Criminologia.

consequência a "mortificação do eu", em que o interno deixa de ser individualizado e passa a ser um estereótipo, no caso da prisão, de criminoso. As cerimônias degradantes pelas quais passa o interno atuam profundamente na sua identidade e personalidade, sendo muito difícil reverter esse quadro. Cerimonias degradantes "são os processos ritualizados a que se submetem os envolvidos com um processo criminal, em que o indivíduo é condenado e despojado de sua identidade, recebendo outra degradada." SHECAIRA, Sérgio Salomão. *Criminologia*. São Paulo: Editora Revista dos Tribunais, 2004. p. 298.

George Rusche e Otto von Kirchheimer, no livro "Punição e Estrutura Social", de 1939, analisam a evolução dos sistemas europeus de penas a partir das evoluções do mercado. Eles concluem que as penas corporais eram adotadas em períodos em que havia excesso de mão de obra e que as penas mais humanas eram adotadas em épocas de escassez de mão de obra. Sendo assim, notam a existência de uma relação direta entre o capitalismo, o direito penal e a aplicação de penas. Para esses autores, o direito penal era uma forma de criação de um *lumpezinato*, que serviria como exército de mão de obra de reserva, mantendo baixo o valor da mão de obra.

Existem duas grandes vertentes de Criminologia Crítica, com subdivisões internas: abolicionistas e não abolicionistas. Mais adiante iremos nos deter em três subdivisões: Neorealismo de Esquerda (item 13.1), Minimalista (item 13.2) e Abolicionista (item 13.3).

Conceitos centrais: A teoria crítica se baseia na teoria marxista, e é por essa razão que esses autores entendem o direito penal como uma forma de manutenção da exploração de classe.

Para eles, a definição das condutas que serão consideradas como crime é resultado de disputas políticas. Além disso, entendem que o *criminoso* é uma construção política, e não é um ente biológico ou sociológico.

Os atos definidos como criminosos são escolhidos tendo em vista os interesses da classe dominante, visto que estão no poder. A redefinição dos crimes depende da reflexão crítica da realidade, de modo a enfrentar um sistema legal baseado em poder e privilégios. "Aceitar a definição legal de crime é aceitar a ficção da neutralidade do direito."[29] Seguindo esse mesmo raciocínio, o delito é um fenômeno dependente do modo de produção capitalista e que estimula as forças produtivas.

Por essa razão, consideram o problema criminal como insolúvel dentro da sociedade capitalista. O objetivo dos autores filiados à teoria crítica é reduzir as desigualdades sociais. Para tanto, é necessário alterar o sistema penal (e para os abolicionistas, suprimi-lo), já que ele é reprodutor das desigualdades.

Para os criminólogos críticos, as pessoas das classes mais baixas são rotuladas como criminosas e as da burguesia, não. Isso ocorre exatamente em razão do fato da burguesia controlar os meios de produção e isso lhes conferir o poder de produção e aplicação das leis, já que ocupam as posições de poder do Estado.

Eles entendem que há a universalidade do crime e, ao mesmo tempo, a seletividade da justiça. Vale dizer, percebem que todas as classes sociais praticam crimes, ou seja, que a prática de crimes não está circunscrita a classes sociais, é universal. Mas, por outro lado, a justiça é seletiva, uma vez que seleciona apenas as pessoas das classes mais pobres. A punição e toda atuação do sistema de justiça recai apenas sobre as classes mais pobres. "Desde a obra de Sutherland, de fato um grande visionário pelo que antecipou em relação às teorias dos anos 60 [vide item 9 supra], busca-se a ideia segundo a qual o crime é muito mais disseminado do que sugere o estereótipo do criminoso e o sistema punitivo seleciona amostragens parciais não aleatoriamente."[30]

29. SHECAIRA, Sérgio Salomão. *Criminologia*. São Paulo: Editora Revista dos Tribunais, 2004. p. 334.

30. SHECAIRA, Sérgio Salomão. *Criminologia*. São Paulo: Editora Revista dos Tribunais, 2004. p. 340.

Desse modo, ao invés da polícia suspeitar de certos indivíduos, passou a suspeitar de categorias sociais.[31]

Ademais, entendem que o crime estimula as forças produtivas ao gerar uma indústria própria de segurança, como cercas elétricas, carros blindados, empresas de segurança privada, câmeras de vigilância etc.

Para a teoria Radical o problema da criminalidade é insolúvel em um modelo de sociedade capitalista, já que é inerente a ela. Dentro das sociedades capitalistas, o crime é uma construção das classes dominantes para atender aos seus interesses. Como o objetivo da teoria Crítica é a redução das desigualdades sociais, é necessário alterar o direito penal, na medida em que ele apenas amplia as desigualdades ao excluir os mais pobres.

A crítica que essa teoria recebe é justamente não ter estudado a criminalidade nos países socialistas e tratarem apenas dos países de modelo capitalista.

13.1. Neorrealismo de Esquerda

O Neorrealismo de Esquerda acredita que uma das funções do crime é dividir as classes pobres, não deixando com que se organizem para combater o sistema capitalista e a classe dominante. Isso porque apenas as pessoas das classes pobres são selecionadas pelo sistema de justiça penal e apenas algumas pessoas dessas camadas mais humildes da sociedade cometem crimes. Isso faz com que se gere uma cisão dentro da própria classe, fazendo com que as pessoas que a compõem não consigam se ver como pertencentes a uma mesma classe, nas mesmas condições e que devem combater o verdadeiro inimigo que é a exploração capitalista. Assim, o crime gera uma cisão nesta classe, o que é benéfico para as próprias classes dominantes que não são questionadas por uma classe pobre mais numerosa. Portanto, o crime produz uma divisão dentro das classes menos favorecidas e faz esquecer que o inimigo real é a sociedade capitalista.

O Neorrealismo de Esquerda defende que haja menos controle penal das condutas das classes pobres e mais sobre as condutas das classes ricas, ou seja, sugerem uma mudança de enfoque no Código Penal que preveria penas mais severas para os crimes cometidos pelas classes altas e mais leves ou até mesmo a descriminalização daquelas condutas cometidas pelas classes baixas.

Esse é o neopunitivismo, ou seja, redução do controle penal e, ao mesmo tempo, expansão para outras esferas, com a criminalização dos atos que proliferam a exploração, como os crimes de colarinho branco, econômicos e ambientais e, ao mesmo tempo, a minimização da repressão penal sobre as classes exploradas. Dessa forma, se criaria uma nova criminalidade e diminuiria a velha criminalidade de massa.

Além disso, os Neorrealistas de Esquerda trabalham em uma perspectiva de reinserção social dos presos e de prevenção geral positiva da pena. Para esses autores, a prisão deve ser mantida, ainda que somente em circunstâncias extremas, pois algumas pessoas em liberdade seriam perigosas à sociedade. Com isso, em grande medida, acabam relegitimando a ideia do cárcere, pois aceitam que a prisão poderia educar a classe trabalhadora e os setores marginalizados da sociedade.

E, assim como todos os outros ramos da teoria Crítica, acreditam na universalidade da criminalidade, ou seja, que o crime está presente em todas as camadas sociais e na seletividade do sistema de justiça penal, ou seja, de que apenas os crimes cometidos pelas classes baixas são punidos. A solução para o crime consiste na transformação revolucionária e na eliminação da exploração do homem pelo homem, ou seja, na superação do modelo capitalista.

13.2. Minimalismo Penal

O Minimalismo Penal aprofunda a teoria do *Labelling Approach* (vide item 12 supra), ao entender que a aplicação da pena pode trazer consequências mais gravosas do que benefícios. A intenção do Minimalismo é a redução do direito penal no curto prazo. Porém, defendem a contração do sistema penal em algumas áreas e aumento em outras. A proposta é que a hierarquia dos bens jurídicos tutelados seja revista. Portanto, essa corrente se chama Minimalismo Penal exatamente por pretender reduzir o direito penal, suprimindo a tutela penal para alguns crimes e expandindo para outras (o que mesmo assim faria com que o direito penal fosse reduzido). Na reavaliação dos bens jurídicos a serem tutelados pelo Direito Penal, elevariam-se os bens coletivos em detrimento do patrimônio individual.

Os autores que defendem o minimalismo acreditam que a Criminologia é um processo de definição, cujo objetivo é mascarar o sofrimento das classes menos favorecidas.

Para esses autores a Política Criminal deve promover transformação social (vide item 15 infra), só assim poderá ser resolvida a questão criminal. Esses autores buscam uma sociedade baseada na igualdade e na democracia.

"As propostas de política criminal da corrente minimalista poderiam ser sintetizadas em alguns pontos cardeais. O primeiro é transformar radicalmente a sociedade como melhor maneira de combate ao crime. A verdadeira política criminal seria, pois, uma política de radicais transformações sociais e institucionais para o desenvolvimento da igualdade e democracia. Em síntese, adotar-se-ia uma superação das relações sociais de produção capitalista.

O segundo ponto prevê uma contração do sistema penal em certas áreas para expansão de outras. Ao mesmo tempo em que se propõe a descriminalização de certos comportamentos, como delitos contra a moralidade pública, delitos cometidos sem violência ou grave ameaça à pessoa, são defendidas intervenções mais agudas nas áreas em que se trabalha com interesses coletivos, tais como saúde e segurança do trabalho, revendo a hierarquia dos bens jurídicos tutelados pelo Estado. Diferentemente dos neorrealistas [vide item 13.1 supra] minimalistas são céticos relativamente à eficácia do instrumento penal para combater a criminalidade organizada ou para dar resposta aos conflitos cujos autores não são individualizados, mas que correspondem a modalidades, organizações e sistemas complexos de ações.

A terceira proposta dos minimalistas é a defesa de um novo direto penal, em curto prazo, mediante a consagração de certos princípios com os quais seriam assegurados os direitos humanos fundamentais. Tais princípios poderiam ser destinados desde a criminalização primária, bem como poderiam servir para conter

31. SHECAIRA, Sérgio Salomão. *Criminologia*. São Paulo: Editora Revista dos Tribunais, 2004. p. 341.

a violência das agências de controle. Isto se faria por meio de reconhecimento de um norte minimizador, com base em três postulados: caráter fragmentário do direito penal; intervenção punitiva como *ultima ratio*; reafirmação da natureza acessória do direito penal. O 'programa' de direito penal mínimo deve ser acompanhado de uma ação de mobilização política e cultural que faça das questões criminais uma questão política crucial interpretada à luz dos conflitos que caracterizam a sociedade em geral. Os minimalistas entendem não haver, a curto e médio prazo, condições para a implantação de um programa abolicionista, mas entendem que, com a utilização dos meios de comunicação, poderiam 'asfaltar' o caminho para num futuro distante as metas abolicionistas serem atingidas."[32]

13.3. Abolicionismo Penal

O abolicionismo penal entende o sistema penal como reprodutor das desigualdades e injustiças sociais. E, assim como as demais correntes Críticas, vê o direito penal como uma instância seletiva e elitista. Para tais teóricos, o delito é uma realidade construída e, portanto, os fatos que são considerados crimes decorrem de uma decisão humana modificável. Criticam ao fato da vítima não interessar ao processo penal (vide item 4.3 supra e item 14 infra).

Os abolicionistas veem três principais razões para extinguir o sistema penal:

(a) a sociedade atual já funciona sem sistema penal, uma vez que a diferença entre a quantidade de crimes cometidos e a quantidade de crimes que chegam ao conhecimento das instâncias formais de controle é altíssima (essa diferença entre os crimes cometidos e os crimes denunciados é chamada de cifra negra). Portanto, já vivemos em uma sociedade sem o direito penal;

(b) as normas penais não atingem seus objetivos, ou seja, não inibem a prática de crimes. As normas penais não cumprem as funções esperadas de proteção da vida, propriedade e relações sociais; e

(c) as instituições do sistema de justiça (polícia, Ministério Público, magistratura etc.) não atuam de modo coordenado e articulado, ao contrário, atuam cada uma de acordo com suas regras e burocracias, fazendo com que seja um sistema demasiadamente caro e pouco eficiente.

Para os abolicionistas, o direito penal não é compatível com a justiça social e nem com a diminuição das desigualdades. A persecução penal é seletiva e sempre será. A alteração da lei não altera os rótulos sociais e a construção estereotipada da clientela penal.

Por fim, o abolicionismo entende que a pena é ilegítima e criticam a esquerda punitivista, como o Neorrealismo de Esquerda, que pretende reduzir a tutela penal sobre os crimes cometidos pela classe pobre e ampliá-lo sobre os crimes cometidos pelas classes altas.

Para eles, a pena é ilegítima por diversas razões. A primeira delas é que a lógica de imposição da pena segue um critério vertical. Para os abolicionistas, só se pode falar em imposição de pena quando há um acordo entre as partes, o que não ocorre no sistema penal, e, portanto, para eles, a aplicação da pena nesses moldes não passa de imposição de violência.

Outra razão é que a prisão não reabilita o preso. "Todos os estudos demonstram que o condenado a uma instituição total internaliza os valores do presídio, com efeitos devastadores sobre sua personalidade. O índice de reincidência é sempre muito alto e a capacidade de superação do delito anterior está muito mais ligada aos apoios sociais e familiares que ele tem no presídio do que propriamente em face da 'ação' desencadeada pelo encarceramento."[33].

Outro motivo é que a prisão, por si só, não intimida o cometimento de novos crimes. "O cometimento de cada novo crime está a demonstrar a falibilidade da prisão quanto aos seus efeitos intimidatórios."[34]

"O fato de *conceber o homem como um inimigo de guerra* também é um problema desse sistema de repressão penal, o qual atua como um exército em estado de guerra; o homem é o objetivo a eliminar e muitas vezes é visto como um Estado inimigo. A luta contra a criminalidade está em todas as campanhas eleitorais e é o mote de intervenção de muitos políticos na luta interna contra as atrocidades praticadas pelo homem, sua maldade, perversidade. Diferentemente do sistema militar para a guerra externa, que um dia termina, a guerra interna é permanente, funciona todo o tempo e está voltada para produzir dano. Como se pode desarmar esse sistema? Qualquer investigação empírica constata o número brutal de pessoas recolhidas às prisões ou submetidas a alguma forma de controle."[35]

Essa é uma das graves críticas que o abolicionismo faz à sociedade atual. Ademais, eles criticam a frieza do sistema de justiça. "O sistema penal *se opõe à estrutura geral da sociedade civil*. A criação de uma estrutura burocrática na sociedade moderna, com a profissionalização do sistema persecutório, gerou um mecanismo em que as sanções são impostas por uma autoridade estranha e vertical, no estilo militar. As normas são conhecidas somente pelos operadores do sistema: nem autores e nem vítimas conhecem as regras que orientam o processo. Este mecanismo se opõe à estrutura mais informal da sociedade civil, que muitas vezes facilita encontros cara a cara, os quais podem agilizar a solução dos conflitos entre as partes envolvidas. Os operadores do direito, especialmente os magistrados, pertencem a um mundo diferente ao do processado; condenar para ele é um ato de rotina burocrático, uma ordem escrita sobre um papel que outros funcionários executarão e ele assinará em escassos segundos. Quando o juiz volta sua cabeça para confiar seu expediente ao escrevente, o condenado, que ficou diante dos olhos do juiz por alguns minutos, já estará fora de seu raio de visão e o juiz se ocupará do réu seguinte."[36]

32. SHECAIRA, Sérgio Salomão. *Criminologia*. São Paulo: Editora Revista dos Tribunais, 2004. p. 343-4.

33. SHECAIRA, Sérgio Salomão. *Criminologia*. São Paulo: Editora Revista dos Tribunais, 2004. p. 353.

34. SHECAIRA, Sérgio Salomão. *Criminologia*. São Paulo: Editora Revista dos Tribunais, 2004. p. 353.

35. SHECAIRA, Sérgio Salomão. *Criminologia*. São Paulo: Editora Revista dos Tribunais, 2004. p. 351.

36. SHECAIRA, Sérgio Salomão. *Criminologia*. São Paulo: Editora Revista dos Tribunais, 2004. p. 351-2.

Segundo Thomas Mathiesen – importante autor abolicionista que escreveu o livro "A Política da Abolição" em 1974 – a prisão tem cinco funções: A primeira é a depurativa, ou seja, é uma forma da sociedade livrar-se da improdutividade. Os idosos são isolados em casa de repouso, os loucos, em hospitais psiquiátricos, os viciados em álcool e outras drogas, em clínicas especializadas e os "ladrões e traficantes são destinados ao cárcere".[37]

A segunda é a redução de impotência. Para a sociedade produtiva, não basta isolar os improdutivos, é necessário que não mais se ouça falar neles.

A terceira é a diversiva. A prisão faz com que a sociedade não preste atenção para o que é mais importante e realmente danoso para ela própria: os crimes contra bens jurídicos difusos e coletivos. Os crimes que realmente levam pessoas à prisão são crimes contra a propriedade privada em pequena escala, e esses delitos têm penas maiores previstas do que crimes que lesam toda a coletividade. Dessa forma, distraem-se as pessoas e elas passam a prestar mais atenção nesses delitos do que naqueles de maior potencial lesivo.

A quarta é a função simbólica. Semelhante à função diversiva, ela tem a especificidade de acrescentar que a pessoa, ao entrar no cárcere, passa por um processo de estigmatização, mas não passa por um processo de desestigmatização ao sair. Desse modo, o símbolo do Estado Penal está sempre presente no rótulo colocado nessas pessoas. "É um método bastante eficiente de fazer continuar delinquente o delinquente; de reduzi-lo à impotência."[38]

E a quinta função é demonstrar a ação, pois o encarceramento é a pena com maior impacto e visibilidade na sociedade. Em tempos anteriores, as penas eram corporais e públicas.

Louk Hulsman, importante autor abolicionista holandês, em sua obra "Penas Perdidas", de 1982, afirma que os crimes são situações-problema que não podem ser tratadas como se fossem fruto de um mesmo conflito. O direito penal não resolve o conflito original e cria, isto sim, um novo, consistente na estigmatização da pessoa, enquanto principal função do direito penal.

O autor norueguês abolicionista Nils Christie analisa o ganho econômico advindo da exploração do crime no imaginário popular (segurança privada), em seu livro "Indústria do Controle do Crime", de 1996.

14. VITIMOLOGIA (VIDE ITEM 4.3 SUPRA)

É necessário analisar a relação entre criminoso e vítima (o que também é chamado de *par penal*) para poder compreender melhor o fato criminal e verificar o dolo e a culpa do agente e a responsabilidade da vítima.

Existem vítimas latentes ou potenciais, ou seja, que podem ser vítimas várias vezes do mesmo crime por conta de uma característica ou conduta sua. Como é o caso de vigias de bancos, pessoa que sempre provoca algum colega etc. Por outro lado, existem as vítimas autênticas que não contribuem nem para a ação criminal e nem interagem com o autor do delito, como a vítima de um batedor de carteira no centro de uma cidade grande, ou uma pessoa que tem seu cartão de crédito clonado.

Por conta de fatores históricos e culturais, o sistema penal sempre focou mais suas energias para o agressor do que para a vítima. A vítima exercia papel bastante importante na justiça no período em que as regras de justiça privada eram seguidas. Com a criação do Estado moderno, a vítima transformou-se em um sujeito passivo de uma infração a lei do Estado, deixando de ser sujeito de direito. "O crime é visto como 'mero enfrentamento' entre o seu autor e as leis do Estado, esquecendo-se que em sua base há um conflito humano que gera expectativas outras bem distintas e além da mera pretensão punitiva estatal. A vítima é encarada como mero objeto, dela se espera que cumpra seu papel 'testemunhal', com todos inconvenientes e riscos que isso acarreta"[39].

De acordo com Luiz Flávio Gomes e Garcia-Pablos de Molina, "o tradicional menosprezo pela vítima configura uma prova eloquente de quanto a política criminal tradicional praticada pelo Estado tem cunho mais 'vingativo' (retributivo) que reconciliador. Orienta-se para a *decisão*, não para a solução do conflito. É um modelo 'paleorepressivo'. O castigo é o que interessa. Se esse castigo cumpre ou não sua função de prevenção de novos delitos pouco interessa. Se não ressocializa, pouco importa. Se ignora as expectativas reparatórias da vítima, não tem relevância. Se se trata muitas vezes de um castigo perdido, porque deixa de cumprir suas finalidades, não há inconvenientes."[40]

Esse cenário só começa a ser alterado após o 1º Simpósio Internacional de Vitimologia, ocorrido em 1973, em Israel.

A Vitimologia se ocupa de estudar a vítima e a vitimização.

Conceito de vítima: Vítima é aquela pessoa que sofreu ou foi agredida em razão de uma infração penal cometida por outra pessoa.

De acordo com a Declaração dos Princípios Fundamentais de Justiça Relativos às Vítimas da Criminalidade e de Abuso de Poder da ONU de 1985, vítimas são "pessoas que, individual ou coletivamente, tenham sofrido um prejuízo, nomeadamente um atentado à sua integridade física ou mental, um sofrimento de ordem moral, uma perda material, ou um grave atentado aos seus direitos fundamentais, como consequência de atos ou de omissões violadores das leis penais em vigor num Estado membro, incluindo as que proíbem o abuso de poder".

Para a legislação penal brasileira, os termos "vítima", "ofendido" e "lesado" são utilizados como sinônimos.

14.1. Classificação de vítima

Classificação de Benjamim Mendelsohn: Esta classificação considera a participação ou a provocação da vítima e divide-se em três grandes grupos:

a) Vítima inocente. É aquela vítima completamente inocente, que não concorre de forma alguma para o cometimento do delito. Também é chamada de vítima ideal.

37. SHECAIRA, Sérgio Salomão. *Criminologia*. São Paulo: Editora Revista dos Tribunais, 2004. p. 354.
38. SHECAIRA, Sérgio Salomão. *Criminologia*. São Paulo: Editora Revista dos Tribunais, 2004. p. 356.
39. GOMES, Luiz Flávio. MOLINA, Antonio García-Pablos de. *Criminologia*. São Paulo: Editora Revista dos Tribunais, 2012 (coleção ciências criminais, v. 5). p. 502.
40. GOMES, Luiz Flávio. MOLINA, Antonio García-Pablos de. *Criminologia*. São Paulo: Editora Revista dos Tribunais, 2012 (coleção ciências criminais, v. 5). p. 503.

b) Vítima provocadora. É aquela que por vontade própria ou sem intenção (impudentemente) colabora com o ânimo criminoso do agente. Dentro desse grupo existem três tipos de vítimas. As vítimas menos culpadas que os criminosos (*ex ignorantia*); as vítimas tão culpadas quanto os criminosos (por exemplo, dupla suicida, aborto consentido e eutanásia) e as vítimas mais culpadas que os criminosos (por exemplo, as vítimas que por provocação dão causa ao delito).

c) Vítima agressora, simuladora ou imaginária. É aquela falsa vítima que, por exemplo, com sua conduta justifica a legítima defesa do agressor. Também são chamadas de vítimas como únicas culpadas.

Classificação de Hans von Hentig: A classificação de Hans von Hertig comporta três grupos:

a) criminoso – vítima – criminoso (sucessivamente). Neste grupo se encontram os criminosos que passam a ser vítima após o estigma do cárcere e do sistema penal. Refere-se àquela pessoa que cometeu um crime, foi presa e depois reincidiu em razão da repulsa social que encontrou fora da cadeia após cumprir sua pena.

b) criminoso – vítima – criminoso (simultaneamente). Este grupo se refere às pessoas que são vítimas e criminosos ao mesmo tempo. Por exemplo, o usuário de drogas que passa a traficar entorpecentes e, assim, sustentar o próprio vício.

c) criminoso – vítima (imprevisível). Esse terceiro grupo se refere a casos em que o criminoso se torna vítima de modo inesperado, por exemplo, ao ser linchado, ou, ao contrário, os casos em que vítimas se tornam criminosas.

14.2. Vitimização

No tema de vitimização, tem-se a vitimização primária, a secundária e a terciária:

a) vitimização primária: é provocada pelo cometimento do crime e corresponde aos danos causados pelo fato de ter sido vítima daquele crime. Esses danos podem ser de ordem material, psicológica ou física.

b) vitimização secundária, também chamada de sobrevitimização: é decorrente da interação com as instâncias formais de controle social. Essa interação com o sistema de justiça criminal causa um sofrimento adicional à vítima, que deve depor e contar o que houve, revivendo o sofrimento vivido no momento do crime, tem que comparecer diversas vezes perante autoridades etc.

c) vitimização terciária: falta de amparo dos órgãos do Estado para com a vítima. Por exemplo, a pessoa que é vítima de violência sexual necessita de amparos médicos e psicológicos e o Estado não fornece esse serviço. A pessoa também é, por vezes, hostilizada pela comunidade em geral pelo crime que sofreu.

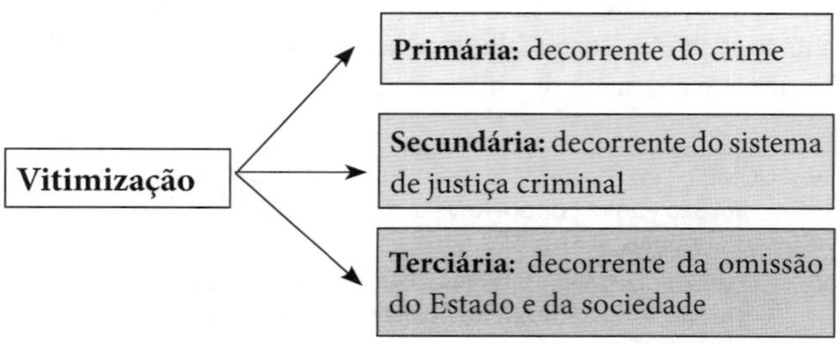

15. CRIMINOLOGIA E POLÍTICA CRIMINAL

A Política Criminal é totalmente distinta da Criminologia e do Direito Penal.

A começar pelo fato de a Política Criminal não ser uma ciência, ao contrário da Criminologia e do Direito Penal (vide itens 1 e 5 supra). A Política Criminal é uma estratégia de ação política orientada pelo saber criminológico, ou seja, é marcada pela escolha e pelo poder. A Política Criminal é uma política pública e está disseminada entre os diversos entes do Estado – poderes legislativo, judiciário e executivo – dos três níveis – municipal, estadual e federal.

A Política Criminal faz a ponte entre a Criminologia e o Direito Penal, uma vez que a Criminologia traz conceitos e teorias sobre o crime, o criminoso, a vítima e o controle social e, por meio da Política Criminal, os agentes do Estado legislam, criando o Direito Penal e aplicam-no ao julgar lides. Contudo, a Política Criminal vai além do Direito Penal. Formas de prevenção de criminalidade baseadas em outras políticas públicas como iluminação das vias, criação de espaços de lazer, investimento em educação e oportunidades de emprego também estão incluídas na Política Criminal do Estado, ou seja, a Política Criminal é mais ampla do que a Política Penal.

De acordo com Shecaira, a Política Criminal "incumbe-se de transformar a experiência criminológica em opções e estratégias concretas assumíveis pelo legislador e pelos poderes públicos. O direito penal deve se encarregar de converter em proposições jurídicas, gerais e obrigatórias o saber criminológico esgrimido pela política criminal. Assim, a diferença entre a política criminal e a criminologia é que aquela implica as estratégias a adotarem-se dentro do Estado no que concerne à criminalidade e a seu controle; já a criminologia converte-se, em face da política criminal, em uma ciência de referência, na base material, no substrato teórico dessa estratégia"[41].

Franz Von Lizst propôs que a ciência penal seria tripartida em direito penal, criminologia e política criminal.

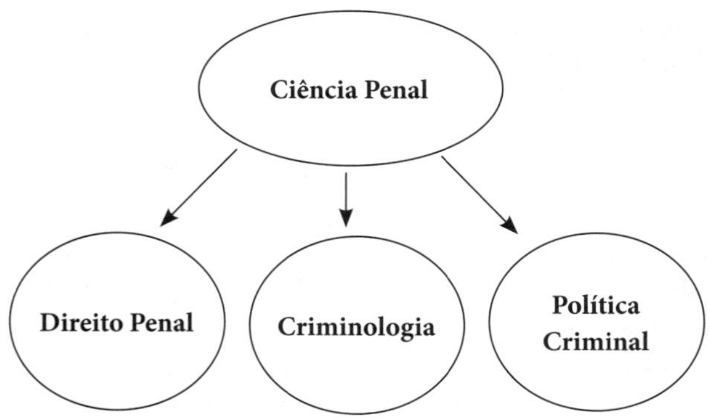

16. PREVENÇÃO DA INFRAÇÃO PENAL (PREVENÇÃO CRIMINAL OU PREVENÇÃO DA INFRAÇÃO DELITIVA)

Prevenção da infração penal é o conjunto de ações que tem por objetivo evitar o cometimento de um delito. A prevenção

41. SHECAIRA, Sérgio Salomão. *Criminologia*. São Paulo: Editora Revista dos Tribunais, 2004. p. 41.

criminal é composta por duas espécies de ações: aquelas que atuam de forma indireta e aquelas que atuam diretamente.

As medidas indiretas agem sob as causas dos crimes, ou seja, é uma atuação profilática por parte do Estado. Essa atuação deve se dar nas causas próximas ou remotas, específicas ou genéricas. Essas ações devem ter como foco os indivíduos e o meio social.

As medidas diretas se direcionam à infração penal propriamente dita ou em formação.

A prevenção criminal no Estado Democrático de Direito está inserida em todos os eixos do governo e não apenas na pasta de Segurança Pública e de Justiça. No modelo federativo brasileiro, os três níveis devem atuar de modo coordenado para a prevenção criminal: união, estados, e municípios.

Não são apenas as ações do direito penal que tem por objetivo a prevenção criminal. Políticas públicas de revitalização urbana, criação de espaços de lazer, iluminação pública etc., bem como as voltadas a evitar a reincidência – voltadas ao egresso do sistema prisional – também compõem o mosaico da prevenção da infração penal. Em resumo: não apenas a política penal tem o objetivo de reduzir a criminalidade, mas as políticas criminais em sentido lato. (vide item 15 supra e 17 infra).

16.1. Prevenção primária, secundária e terciária

a) Prevenção primária: atua sobre as raízes dos conflitos sociais. A prevenção primária trata da implementação de políticas públicas sociais nas áreas de educação, emprego, moradia, saúde, qualidade de vida, segurança etc. São políticas preventivas de médio e longo prazo.

b) Prevenção secundária: opera a curto e médio prazo e se orienta seletivamente a determinados setores da sociedade. Alguns exemplos são: programas de prevenção policial, de controle de meios de comunicação, de ordenação urbana etc. "Os programas de prevenção secundária terminam exibindo uma característica marcadamente policial, e não poucas vezes regressiva, desde um ponto de vista social (...)"[42].

c) Prevenção terciária: atua com o fim de evitar a reincidência. São políticas voltadas ao preso e ao egresso. Também é conhecida como tardia, pois ocorre depois do cometimento do delito; parcial, pois recai apenas no condenado; e insuficiente, pois não neutraliza as causas do problema criminal.

As prevenções primária, secundária e terciária complementam-se e são compatíveis, não sendo necessário optar por uma ou outra, pois o Estado deve atuar nas três frentes.

17. MODELOS DE REAÇÃO AO CRIME

A dignidade humana, no Estado Democrático de Direito, tem condão de limitar o direito de punir do Estado (*jus puniendi*). Além disso, no Estado Democrático de Direito não há a imposição de pena sem a culpa ou dolo do agente. Ademais, os criminosos e o crime são compreendidos como naturais e normais dentro da sociedade e, por isso, a própria sociedade deve encontrar formas de lidar com tal aspecto social.

42. GOMES, Luiz Flávio. MOLINA, Antonio García-Pablos de. *Criminologia*. São Paulo: Editora Revista dos Tribunais, 2012 (coleção ciências criminais, v. 5). p.357-8.

A teoria da reação social ou os modelos de reação ao crime partem do pressuposto de que uma ação criminal provoca uma reação estatal.

Nesse sentido, são três as espécies de reação estatal:

a) Modelo dissuatório ou do direito penal clássico: É a repressão ao crime por meio da aplicação da punição (apenas aos imputáveis e semi-imputáveis). Neste modelo, a taxa de criminalidade está diretamente associada à potência da ameaça penal, ou seja, do *quantum* de pena estabelecido pelo legislador para aquela conduta. Para Luiz Flávio Gomes e Pablos de Molina "Muitas políticas criminais do nosso tempo (leia-se: políticas penais), de fato, identificam-se com este modelo falacioso e simplificador que manipula o medo do delito, e que trata de ocultar o fracasso da política preventiva (na realidade, repressiva) apelando em vão às 'iras' da lei."[43].

Uma derivação deste modelo dissuatório é o modelo neoclássico. Para os teóricos defensores desse modelo, a dissuasão se dá não tanto pelo rigor da pena, mas, sobretudo, pela efetividade do sistema de justiça. Mais do que o *quantum* de punição, é a certeza desta que teria o efeito de prevenir o crime. Para tanto, é necessário investir mais recursos no sistema de justiça, para que ele se torne, assim, mais efetivo.

Contudo, tal modelo recebe severas críticas. Não se pode confundir os conceitos de punição com o de prevenção, como faz esse modelo. De acordo com Luiz Flávio Gomes e Pablos de Molina "É má política criminal que comtempla o problema social do delito em termos de mera 'dissuasão', desinteressando-se da imprescindível análise etiológica daquele e de genuínos programas de prevenção (prevenção primária). É péssima a política criminal que esquece que as chaves de uma prevenção eficaz do delito residem não no fortalecimento do controle social 'formal', senão numa melhor sincronização do controle social 'formal' e do 'informal', e na implicação ou compromisso ativo da comunidade.

É imprescindível distinguir a 'política criminal' da 'política penal', se não se quer privar de conteúdo e autonomia o próprio conceito de prevenção, que reclama uma certa política criminal (de base etiológica, positiva, assistencial, social e comunitária), não fórmulas repressivas ou intimidatórias, meramente sintomatológicas, policiais, que não cuidam das raízes do problema criminal e prescindem de toda análise científica do mesmo"[44].

b) Modelo ressocializador: atua na vida do criminoso, não apenas com a aplicação da punição, mas reduzindo a reincidência, por meio da ressocialização. A participação da sociedade é fundamental nesse modelo, pois é necessária sua atuação para que a ressocialização de fato ocorra (reduzindo ou quebrando os estigmas).

Nessa lógica, a preocupação deixa de ser com o funcionamento perfeito do sistema de justiça e com o rigor das penas e passa a ser com a utilidade da pena, inclusive para o próprio infrator.

43. GOMES, Luiz Flávio. MOLINA, Antonio García-Pablos de. *Criminologia*. São Paulo: Editora Revista dos Tribunais, 2012 (coleção ciências criminais, v. 5). p.360.

44. GOMES, Luiz Flávio. MOLINA, Antonio García-Pablos de. *Criminologia*. São Paulo: Editora Revista dos Tribunais, 2012 (coleção ciências criminais, v. 5). p.362-3.

Segundo Luiz Flávio Gomes e Pablos de Molina, "o modelo ressocializador, em virtude da sua orientação humanista, altera o centro de gravidade do debate sobre as funções do sistema: do efeito preventivo-dissuasório, passa-se para seu impacto positivo e ressocializador na pessoa do condenado. O homem, pois, e não o sistema, passa a ocupar o centro da reflexão científica: o decisivo, acredita-se, não é castigar implacavelmente o culpado (castigar por castigar é, em última instância, um dogmatismo ou uma crueldade), senão orientar o cumprimento e a execução do castigo, de maneira tal que possa conferir-lhe alguma utilidade"[45].

Existem inúmeros programas de intervenção. A meta desta intervenção é pedagógica ou terapêutica. A prevenção é atingida de forma indireta. "A meta específica desta intervenção é a pedagógica ou terapêutica, não preventiva (o impacto preventivo, pois, só pode ser produzido de forma mediata, extrínseca)"[46].

Porém, discute-se qual o grau de eficácia que programas nesse sentido podem alcançar em um sistema prisional com péssimas condições de detenção. "Dificilmente se pode desenhar uma intervenção positiva neste sem uma prévia melhora substancial das condições do cumprimento da pena e do regime de execução do castigo"[47].

c) Modelo restaurador ou integrador (também conhecido como justiça restaurativa ou justiça reparadora): busca restabelecer, na medida do possível, a situação anterior ao cometimento do crime por meio da reeducação do infrator e da assistência à vítima. Tem o objetivo de reparar o dano causado à vítima e à comunidade. Procura conciliar os interesses de todas as partes relacionadas com o problema criminal.

"Os sistemas e procedimentos de mediação, conciliação e reparação resgatam a dimensão interpessoal do crime, real, histórica e concreta. Propõem uma solução (gestão) participativa desse conflito, flexível e comunicativa, ampliando o círculo de pessoas 'legitimadas' para intervir nela. Tudo por meio de técnicas e procedimentos operacionais, informais (desinstitucionalização), em busca de uma Justiça que resolve o conflito, satisfaz à vítima e à comunidade, pacifica as relações sociais interpessoais e gerais inclusive pacifica e melhora o clima social"[48].

A Justiça Restaurativa pressupõe a autonomia e a capacidade da comunidade de se autorregular, sem a necessidade de um grande aparato formal estatal. "Acredita na capacidade de compromisso e responsabilização do infrator – e da vítima – no processo que a ambos interessa na reparação e reinserção. Propugna, por isso, uma participação ativa de ambos naquele processo em prol da desejada paz e bem-estar comunitários, longe, tanto do papel passivo que lhe confere o modelo de justiça estatal (que lhes retira o poder de intervir na solução do conflito criminal); como de outros enfoques social e juridicamente desestabilizadores, que predicam a retórica da vingança"[49].

45. GOMES, Luiz Flávio. MOLINA, Antonio García-Pablos de. *Criminologia*. São Paulo: Editora Revista dos Tribunais, 2012 (coleção ciências criminais, v. 5). p.411.

46. GOMES, Luiz Flávio. MOLINA, Antonio García-Pablos de. *Criminologia*. São Paulo: Editora Revista dos Tribunais, 2012 (coleção ciências criminais, v. 5). p.403.

47. GOMES, Luiz Flávio. MOLINA, Antonio García-Pablos de. *Criminologia*. São Paulo: Editora Revista dos Tribunais, 2012 (coleção ciências criminais, v. 5). p.432.

48. GOMES, Luiz Flávio. MOLINA, Antonio García-Pablos de. *Criminologia*. São Paulo: Editora Revista dos Tribunais, 2012 (coleção ciências criminais, v. 5). p.438.

49. GOMES, Luiz Flávio. MOLINA, Antonio García-Pablos de. *Criminologia*. São Paulo: Editora Revista dos Tribunais, 2012 (coleção ciências criminais, v. 5). p.445.

4. Processo Penal

Márcio Pereira e Fernando Leal Neto

1. LINHAS INTRODUTÓRIAS

Em termos jurídicos, a expressão Processo Penal apresenta, basicamente, dois significados: Processo Penal *como instrumento legitimador do direito de punir do Estado*; e Processo Penal (ou Direito Processual Penal) *como ramo da ciência jurídica*. Investiguemos melhor esses dois sentidos.

1.1. Processo Penal como instrumento legitimador do direito de punir do Estado

Praticada uma infração penal, surge para o Estado o direito de punir (*jus puniendi*) o infrator. Esse direito, no entanto, *não* se efetiva de maneira imediata, pois o Estado, para aplicar uma pena ao indivíduo, deve, *necessariamente*, valer-se de um *processo* disciplinado por princípios, garantias e normas previamente estabelecidas. O Processo Penal configura-se, assim, um instrumento legitimador do direito de punir do Estado, um instrumento que funciona como verdadeira garantia a todo acusado/investigado frente ao poder estatal.

1.2. Processo Penal como ramo da ciência jurídica

Como ramo da ciência do direito, pode-se fornecer, com Marques (2003, p. 16), o seguinte conceito de **Direito Processual Penal**: "*conjunto de princípios e normas que regulam a aplicação jurisdicional do direito penal, bem como as atividades persecutórias da Polícia Judiciária, e a estruturação dos órgãos da função jurisdicional e respectivos auxiliares*".

2. FONTES DO DIREITO PROCESSUAL PENAL

Por fontes do direito, entenda-se *tudo aquilo que contribui para o surgimento das normas jurídicas*. São tradicionalmente classificadas em:

2.1. Fontes materiais (substanciais ou de produção)

Trata-se aqui de verificar quem tem competência para produzir a norma jurídica. No caso do Direito Processual Penal, compete principalmente à *União* a produção das normas jurídicas. Porém, essa competência *não é* exclusiva (mas privativa), pois, em certos casos específicos, os *Estados Federados* e o *Distrito Federal* também poderão elaborar normas relacionadas ao Direito Processual Penal (*vide* arts. 22, I, e parágrafo único; e 24, XI, CF).

2.2. Fontes formais (de cognição ou de revelação)

São aquelas que *revelam a norma criada*. Classificam-se em:

a) Fontes formais imediatas, diretas ou primárias: compreendem as *leis* (CF, leis ordinárias, tratados e convenções etc.);

b) Fontes formais mediatas, indiretas, secundárias ou supletivas: compreendem *os princípios gerais do direito, a doutrina, o direito comparado, os costumes, a jurisprudência e a analogia*. Analisemos cada uma dessas fontes formais mediatas.

b1) Princípios gerais do direito (art. 3º, CPP): *são postulados éticos que, embora não venham escritos no bojo do ordenamento jurídico, inspiram-no*. Ex.: "a ninguém é lícito alegar a sua própria torpeza";

b2) Doutrina: *compreende a opinião dos doutos sobre os mais variados temas*. Tem significativa influência no processo legislativo, no ato de julgamento e no processo de *revelação* da norma;

b3) Direito comparado: as *normas e os princípios jurídicos de outros países* podem, por vezes, fornecer subsídios importantes para a revelação da norma nacional também. Basta lembrar a influência que tem, por exemplo, o Direito europeu-continental em nosso Direito;

b4) Costumes (art. 4º, LINDB): são *condutas praticadas de forma reiterada, em relação às quais se adere uma consciência de obrigatoriedade*. Fala-se em costume *secundum legem* (*de acordo com a lei*), *praeter legem* (*supre lacunas legais*) e *contra legem* (*contrário à lei*). Esta última espécie de costume é, em regra, *proibida* pelo Direito;

b5) Jurisprudência: trata-se do *entendimento judicial reiterado sobre determinado assunto*. É uma importante fonte de *revelação* do direito. *Questão polêmica* é saber se as *súmulas vinculantes* (*vide* art. 103-A, CF, e Lei 11.417/2006) seriam fontes formais *imediatas* (equiparadas às *leis*, portanto) ou se seriam fontes formais apenas *mediatas* (equiparadas à doutrina, por exemplo). *Predomina* esta última posição (fonte formal mediata), sob o principal argumento de que a súmula vinculante não emana do Poder Legislativo, não podendo, portanto, ser equiparada à lei;

b6) Analogia (art. 4º, LINDB): "*é uma forma de autointegração da lei*" (MIRABETE, 2002, p. 54). **Consiste** *em utilizar determinada norma (aplicável a um caso previsto pelo legislador) a uma outra situação semelhante que não foi prevista pelo legislador*. É a aplicação do brocardo "onde existe a mesma razão, deve-se aplicar o mesmo direito" (*ubi eadem ratio, ubi idem ius*). É admitida no Processo Penal (ver art. 3º, CPP), onde é possível, inclusive, *in malam partem* (em desfavor do réu). Cuidado para não confundir com o que ocorre no **Direito Penal** em sede de analogia. Lá (no Direito Penal), por conta do *princípio da reserva legal*, é *impossível* a analogia para prejudicar o réu;

c) Atenção para não confundir:

c1) Analogia e interpretação extensiva: na **analogia**, *não há* norma reguladora do caso concreto, sendo, portanto, aplicada uma norma que rege caso semelhante. Ex.: ao oferecer a denúncia, caso o MP não formule a proposta de suspensão condicional do processo (art. 89, Lei 9.099/1995), pode o juiz, por analogia, invocar o art. 28, CPP (remessa ao Procurador-Geral de Justiça - PGJ). Na **interpretação extensiva**, *existe*, de fato, uma norma regulando o caso, porém, o alcance dessa norma é *limitado*, sendo necessária, portanto, a sua *extensão*. Ex.: cabe recurso em sentido estrito (RESE) da decisão que não recebe a denúncia (art. 581, I, CPP) e, por interpretação extensiva, também cabe RESE da decisão que não recebe o aditamento (acréscimo) à denúncia;

c2) **Analogia e interpretação analógica:** como dissemos, na **analogia** não há norma reguladora do caso concreto, sendo, portanto, aplicada uma norma que rege caso semelhante. Na **interpretação analógica**, *existe sim* norma reguladora do caso concreto. O que ocorre aqui é que a lei, após realizar uma enumeração *casuística* de situações, parte para uma formulação *genérica*, no desejo de que outras hipóteses similares sejam abrangidas. Ex.: art. 121, § 2º, IV, CP – "à traição, de emboscada, ou mediante dissimulação [enumeração casuística] *ou outro recurso que dificulte ou torne impossível a defesa do ofendido* [fórmula genérica]". (Incluímos e destacamos);

c3) **Interpretação analógica e aplicação analógica:** aquela, conforme vimos, é forma de *interpretação* da lei e ocorre quando esta, após realizar uma enumeração *casuística* de situações, parte para uma formulação *genérica*, no desejo de que outras hipóteses similares sejam abrangidas. Por outro lado, a **aplicação analógica** consiste no emprego da analogia (conforme conceituada anteriormente) e é forma de *autointegração* da lei.

3. INTERPRETAÇÃO DA LEI PROCESSUAL

Tradicionalmente, diz-se que a interpretação da lei consiste na *atividade de determinar o sentido e o alcance daquela* (*vide* arts. 5º, LINDB, e 3º, CPP). Porém, devemos nos afastar da ideia de que interpretar a lei é ato "mecânico", meramente formal ou neutro. Ao contrário, trata-se de atividade complexa, influenciada por uma sofisticada gama de fatores, cuja análise escaparia ao objetivo deste trabalho. Seja como for, pode-se adiantar que um dos aspectos que, sem dúvida, deve assumir proeminência na atividade interpretativa é a máxima efetividade dos direitos fundamentais, sobretudo no que tange à dignidade da pessoa humana.

Por outro lado, vale recordar com Mirabete (2001, p. 70), que a analogia, os costumes e os princípios gerais do direito *não se constituem* em interpretação (hermenêutica) da lei, mas, consoante vimos, em *fontes* desta. Em seguida, apresentaremos as espécies de interpretação da lei processual penal, conforme tradicionalmente trabalhada pela doutrina.

3.1. Quanto ao sujeito (ou a origem) que realiza a interpretação

3.1.1. Autêntica ou legislativa

É aquela *efetuada pelo próprio legislador*. Esta interpretação pode ser:

a) Contextual: quando *consta do próprio texto a ser interpretado*. Ex. nº 1: o próprio legislador do CP, após tratar dos crimes funcionais praticados por funcionário público (art. 312 a 326), fornece-nos, *no mesmo contexto*, o conceito de *funcionário público (art. 327 do CP)*. Ex. nº 2: o próprio legislador do CPP nos fornece o conceito de prisão em flagrante (art. 302);

b) Posterior à vigência da lei: quando a interpretação *também é realizada pelo legislador, mas em momento posterior à entrada da lei*. Ex.: a Lei 5.249/1967 conceituou, *posteriormente*, o significado da palavra representação contida na Lei 4.898/1965, que é anterior àquela.

Atenção: a **exposição de motivos** de um Código *não é considerada texto de lei*. Portanto, *não* se pode falar em interpretação *autêntica nesse caso*. Trata-se, assim, de interpretação *doutrinária* ou *científica* (veja o item logo abaixo).

3.1.2. Doutrinária ou científica

Trata-se de interpretação *dos dispositivos legais efetuada pelos estudiosos do Direito*.

3.1.3. Jurisprudencial ou judicial

É a interpretação que *juízes ou tribunais dão à norma*. Esse tipo de interpretação ganhou significativa importância com o advento das *súmulas vinculantes* (art. 103-A, CF).

3.2. Quanto aos meios (ou métodos) empregados na atividade de interpretação

3.2.1. Gramatical, literal ou sintática

Método interpretativo que *leva em conta o sentido literal das palavras contidas na lei* ("letra fria da lei"; interpretação "seca" da lei). Considerado um dos métodos mais *pobres/simples* de interpretação.

3.2.2. Teleológica

Busca-se a *finalidade, o "telos" da norma*.

3.2.3. Lógica

Quando o intérprete *se utiliza das regras gerais de raciocínio buscando compreender o "espírito" da lei e a intenção do legislador*.

3.2.3. Sistemática

A norma *não deve ser interpretada de forma isolada*. Ao revés, deve ser interpretada como *parte de um sistema jurídico* (BOBBIO, 1997, p. 19). A interpretação sistemática leva em conta, portanto, as relações entre a norma interpretada com o todo (*i. e.* com restante do ordenamento jurídico).

3.2.4. Histórica

Leva em conta o *contexto em que a norma foi elaborada*: os debates travados na época, as eventuais propostas de emenda, o projeto de lei etc.

3.3. Quanto aos resultados obtidos com a interpretação

3.3.1. Declarativa ou declaratória

Ocorre "*quando se conclui que a lei não pretendeu dizer nada além ou aquém do que está escrito*" (NICOLITT, 2010, p. 5). Nesse caso, o hermeneuta *apenas declara* o significado do texto.

3.3.2. Restritiva

Ocorre quando *a lei disse mais do que desejava*, devendo o intérprete *restringir* o seu alcance, a fim de conseguir atingir o seu real sentido.

3.3.3. Extensiva ou ampliativa

Aqui *a lei disse menos do que desejava*, devendo o intérprete *ampliar* o seu alcance (*vide* art. 3º, CPP).

3.3.4. Progressiva, adaptativa ou evolutiva

É aquela que, no decurso do tempo, *vai se adaptando aos novos contextos sociais, políticos, científicos, jurídicos* e *morais*, como forma de proporcionar uma maior *efetividade* aos dizeres do legislador.

4. LEI PROCESSUAL NO ESPAÇO, NO TEMPO E EM RELAÇÃO ÀS PESSOAS

4.1. Lei processual penal no espaço

Em regra, aplica-se a lei processual penal brasileira (CPP e legislação processual extravagante) às infrações penais praticadas em *território nacional* [1]*(locus regit actum)*. A isso se dá o nome de princípio da territorialidade da lei *processual penal* (art. 1º, CPP). *Porém*, há casos em que, mesmo que a infração tenha sido cometida *fora* do território nacional, se for hipótese de submissão à lei *penal* brasileira (*vide* art. 7º, CP), também, por via de consequência, será aplicada a lei *processual* penal pátria (MIRABETE, 2001, p. 59).

Por outro lado, o princípio da territorialidade *não é absoluto*, visto que, conforme revelam os próprios incisos do art. 1º, CPP, há situações em que a lei processual penal brasileira *não será* aplicada. Seguem casos *em que o CPP brasileiro não será aplicado*:

I. Tratados, convenções e regras de direito internacional: a subscrição pelo Brasil de tratados, convenções e regras de direito internacional, com normas processuais próprias (específicas), afasta a jurisdição brasileira. Ex.: diplomata a serviço de seu país de origem que pratica crime no Brasil. Em razão de o Brasil ser signatário da Convenção de Viena sobre Relações Diplomáticas (*vide* Decreto 56.435/1965), não será aplicada ao caso a nossa legislação (material e processual);

II. Prerrogativas constitucionais do Presidente da República, dos ministros de Estado, nos crimes conexos com os do Presidente da República, e dos ministros do Supremo Tribunal Federal, nos crimes de responsabilidade[2] **(Constituição, arts. 86, 89, § 2º, e 100**[3]**)**: trata-se aqui da chamada **jurisdição política**, *i.e., certas condutas praticadas por determinadas autoridades públicas (Presidente, Ministros etc.) não são apreciadas pelo Judiciário, mas pelo Legislativo*, seguindo-se, *não* o rito previsto no CPP, mas o disposto na Lei 1.079/1950, na CF, e no regimento interno do Senado (conferir o art. 52, I e II, CF);

III. Os processos da competência da Justiça Militar: nesse caso, também *não se* aplica o CPP, mas o Código de Processo Penal *Militar* (DL 1.002/1969);

IV. Os processos da competência do tribunal especial (Constituição, art. 122, nº 17): esse inciso encontra-se prejudicado, pois faz menção à Constituição de 1937, sendo que não há norma similar na CF/88;

V. Os processos por crimes de imprensa: também prejudicado este inciso, por dois motivos: a) a Lei de Imprensa (Lei 5.250/1967, art. 48) prevê a aplicação do *CPP*; b) o STF, em 2009 (ADPF 130-7 DF), declarou *não recepcionada* pela CF/88 a Lei de Imprensa. Diante dessa decisão, aplica-se, atualmente, *o CP e o CPP* aos eventuais crimes contra a honra cometidos por meio da imprensa (e não mais a antiga Lei de Imprensa).

Há, ainda, conforme Nucci (2008, p. 130), outra exceção. Trata-se do Tribunal Penal Internacional (art. 5º, § 4º, CF). É que, embora cometido o crime no Brasil, havendo interesse do Tribunal Penal Internacional, o agente poderá ser entregue à *jurisdição estrangeira* (aplicando-se, também, a legislação processual penal estrangeira ao caso).

4.2. Lei processual penal no tempo

Para as *normas puramente processuais penais* (que *são aquelas que regulam aspectos ligados ao procedimento ou à forma dos atos processuais*, ex.: formas de intimação), aplica-se o princípio da aplicação imediata (*tempus regit actum* - art. 2º, CPP), *conservando-se*, no entanto, os atos processuais praticados sob a vigência da lei anterior. Em suma: aplica-se a norma imediatamente (inclusive aos processos em andamento), respeitando-se, porém, os atos que foram praticados sob a égide da lei anterior.

Agora, *que fazer* quando determinada lei - dita "processual" - possui aspectos processuais *e penais* (chamadas de leis processuais penais materiais, mistas ou híbridas)?

Neste caso, conforme entendimento de *majoritário* setor da comunidade jurídica,[4] *prevalece* o comando do art. 5º, XL, CF, sobre o princípio da aplicação imediata. Assim, se o aspecto *penal* da lei híbrida for *benigno, retroagirá*; já se for *maligno, não retroagirá*. No que diz respeito ao aspecto *processual penal* da lei híbrida, será aplicável, normalmente, o princípio da *aplicação imediata*. Vamos a um exemplo. Determinada lei, além de tratar de novas formas de intimação das partes (aspecto processual - aplicação imediata, portanto), também criou, em seu bojo, uma nova causa de perempção da ação penal (art. 60, CPP). Ora, é inegável que este último ponto (perempção) possui *natureza penal*, uma vez que tem o condão de extinguir a punibilidade do acusado. Conclusão: nessa situação, devemos aplicar a regra do art. 5º, XL, CP, que prevê a retroatividade da lei mais benigna. Significa isto que o aspecto penal da nova lei retroagirá para alcançar as condenações anteriores à sua edição, mesmo que já tenha ocorrido o trânsito em julgado (*vide* Súmula 611, STF).

4.3. Lei processual penal em relação às pessoas

Em princípio, *a lei processual penal deverá ser aplicada a qualquer pessoa que venha a praticar uma infração em território nacional. Porém*, certas pessoas, em razão do *cargo* que ocupam, gozam, em determinadas situações, de imunidade penal e, por via de consequência, *processual penal também*. Vejamos.

---

1. Considera-se praticada em território nacional a infração cuja ação ou omissão, ou resultado, no todo ou em parte, ocorreu em território pátrio (art. 6º, CP). Adota-se aqui a chamada teoria da ubiquidade ou mista.

2. Não se deve confundir a expressão "crimes de responsabilidade" com a noção comum que temos de crime. Isto porque os crimes de responsabilidade são, na verdade, *infrações político-administrativas* cujas penalidades costumam ser a perda do cargo ou a inabilitação temporária para o exercício de cargo ou função. Desse modo, não há penalidade de prisão ou multa nesses casos.

3. Estes dispositivos referem-se à Constituição brasileira de 1937.

4. Vide STJ, HC 282253/MS, DJ 25/03/2014

4.3.1. Imunidades diplomáticas em sentido amplo

Chefes de Estado, representantes de governo estrangeiro, agentes diplomáticos[5] (embaixadores, secretários da embaixada, pessoal técnico e administrativo das respectivas representações, seus familiares e funcionários de organismos internacionais quando em serviço - ONU, OEA etc.)[6] estão, *em caráter absoluto, excluídos* da jurisdição penal dos países em que desempenham suas funções (*vide* Convenção de Viena sobre Relações Diplomáticas). Essas pessoas possuem, portanto, imunidade absoluta em relação à jurisdição penal, devendo ser processadas e julgadas pelo Estado que representam. Ademais, as *sedes diplomáticas* são *invioláveis*, não podendo "ser objeto de busca e apreensão, penhora e qualquer medida constritiva".[7]

Por outro lado, os *agentes consulares* (pessoas que não representam propriamente o Estado ao qual pertencem, mas atuam no âmbito dos interesses privados de seus compatriotas) possuem imunidade *apenas relativa* em relação à jurisdição criminal. É dizer: só *não* serão submetidos às autoridades brasileiras em relação aos atos praticados *no exercício das funções consulares*. Portanto, atos *estranhos* a esta função são sim apreciados pela jurisdição penal nacional (*vide* art. 43 da Convenção de Viena sobre Relações Consulares - Promulgada pelo Decreto 61.078/1967).

4.3.2. Imunidades parlamentares

Dividem-se em:

a) Imunidade material (*penal, absoluta ou, simplesmente, inviolabilidade*): abrange questões de *direito material* (penal e civil). Vem representada pelo art. 53, *caput*, da CF, que diz: "os Deputados e Senadores são invioláveis, civil e penalmente, por quaisquer de suas opiniões, palavras e votos";

b) Imunidade formal (*processual ou relativa*): abrange questões de ordem *processual penal*. São as seguintes as *imunidades formais* dos parlamentares federais:

b1) Prisão provisória: "desde a expedição do diploma, os membros do Congresso Nacional *não poderão* ser *presos, salvo* em flagrante de crime *inafiançável*. Nesse caso, os autos serão remetidos dentro de vinte e quatro horas à Casa respectiva, para que, pelo voto da maioria de seus membros, resolva sobre a prisão" (art. 53, § 2º, CF - destacou-se). Logo, o congressista *não pode* ser preso preventiva ou temporariamente. Só poderá ser preso em caso de flagrante por crime *inafiançável* ou por conta de sentença penal *transitada em julgado*;

b2) Possibilidade de sustação de processo criminal: "*recebida a denúncia* contra o Senador ou Deputado, por crime ocorrido após a diplomação, o Supremo Tribunal Federal dará ciência à *Casa respectiva*, que, por iniciativa de *partido político* nela representado e pelo *voto da maioria* de seus membros, poderá, até a decisão final, *sustar* o andamento da ação" (art. 53, § 3º, CF - destacou-se). Conferir também os §§ 4º e 5º deste mesmo artigo;

b3) Desobrigação de testemunhar: os parlamentares federais *não estão obrigados* a testemunhar sobre "informações recebidas ou prestadas em razão do exercício do mandato, nem sobre as pessoas que lhes confiaram ou deles receberam informações" (art. 53, § 6º, CF);

b4) Prerrogativa de foro: também chamada de **foro privilegiado**, significa que os parlamentares federais estão submetidos a *foro especial* (no caso, o STF - art. 53, § 1º, CF), em razão do cargo que exercem.

Observações finais: as imunidades *materiais e formais* vistas aplicam-se *inteiramente* aos deputados estaduais (art. 27, § 1º, CF). Por outro lado, aos vereadores são aplicáveis *apenas* as imunidades *materiais* (penal e civil - *vide* art. 29, VIII), mas *não* as formais (processuais).

5. SISTEMAS (OU TIPOS) PROCESSUAIS PENAIS

Ao longo da história, o Estado, para impor o seu direito de punir, utilizou-se de diferentes sistemas processuais penais, *que continham ora mais ora menos garantias em prol do indivíduo*. Nesse sentido, costuma-se apontar três espécies de sistemas (tipos históricos/ideais) processuais penais: acusatório, inquisitivo e misto.

5.1. Sistema acusatório

Tem como uma de suas principais características o fato de as *funções de acusar, julgar e defender estarem acometidas a órgãos distintos*. Além disso, essa espécie de sistema processual *contempla a ampla defesa, o contraditório, a presunção de inocência, a oralidade e a publicidade dos atos processuais, o tratamento isonômico das partes, a imparcialidade do julgador e a incumbência do ônus da prova às partes (e não ao juiz)*. Ademais, no *tipo de processo penal acusatório*, o sistema de *apreciação das provas* é o do *livre convencimento motivado* (ou *persuasão racional do juiz*), *i. e.*, o magistrado é *livre* para julgar a causa, mas deverá fazê-lo de forma *fundamentada (art. 97, IX, da CF)*. Há, por fim, *liberdade de prova*, ou seja, em regra, admitem-se todos os meios de prova, inexistindo um valor previamente fixado para cada uma delas. Inexiste, assim, hierarquia, *a priori*, entre as provas - todas têm, a princípio, o mesmo valor; sendo todas potencialmente capazes de influenciar, de igual modo, o convencimento do magistrado.

5.2. Sistema inquisitivo (ou inquisitório)

De forma antitética ao acusatório, uma das características mais marcantes do sistema inquisitivo é a de *concentrar num mesmo órgão as funções de acusar, julgar e defender*. Ou seja, o órgão que acusa será o mesmo que, posteriormente, defenderá e julgará o indivíduo. Além disso, é *marcado por um processo escrito e sigiloso, pela inexistência de contraditório e ampla defesa, pela produção probatória realizada pelo próprio juiz-inquisidor* (e não pelas partes). Nesse sistema, o réu, na realidade, não é tratado como um *sujeito de direitos*, mas como um verdadeiro *objeto* da persecução penal. No que tange ao sistema de *apreciação das provas*, vigora a *íntima convicção* do julgador (leia-se: a fundamentação da decisão é desnecessária). Assim, o magistrado decide pautado num convencimento íntimo, sem oferecer quaisquer porquês, quaisquer razões para tanto. Por fim, no sistema inquisitivo, cada prova tem *valor previamente fixado* (chamado de *sistema da prova tarifada ou legal*), sendo que a *confissão* do acusado costuma ser considerada a *rainha*

5. Em sentido estrito, diplomatas são "funcionários encarregados de tratar das relações entre o seu Estado e os países estrangeiros ou organismos internacionais" (AVENA, 2010, p. 74).
6. Op. cit. (2010, p. 76).
7. Op. cit. (2010, p. 76).

das provas (*i. e.*, prova máxima da culpabilidade do réu). Há, portanto, hierarquia entre as provas – cada uma delas possui seu valor previamente fixado pelo legislador.

5.3. Sistema misto (ou acusatório formal)

(Configura uma tentativa de *reunião dos dois sistemas anteriores*. Marcado por uma *instrução preliminar* (sigilosa, escrita e conduzida por um juiz que produz provas) e por uma *fase judicial* em que se assegura o contraditório, a ampla defesa, a publicidade etc.

Qual o sistema processual penal brasileiro? Apesar da polêmica que o tema encerra, *predomina* no âmbito da doutrina e jurisprudência (STF HC 115015/SP, DJ 12/09/2013, , *v. g.*) que, tendo em vista os seguintes dispositivos constitucionais – arts. 129, I, 93, IX, 5º, XXXVII, LIII, LIV, LV, LVII – o Brasil teria adotado o **sistema acusatório**. Vale lembrar que, no Brasil, as funções de acusar, defender e julgar são desempenhadas por órgãos distintos e independentes entre si (Ministério Público; Defensoria; e Magistratura). Porém, como diz Rangel (2008, p. 54), o sistema acusatório brasileiro *não é "puro" (vide também* STJ, HC 196421/SP, *DJe* 26/02/2014). Isto porque há diversas passagens em nosso ordenamento jurídico que representam verdadeiros *resquícios* de *sistema inquisitivo*, como, por exemplo, as que tratam da produção probatória *de ofício* pelo magistrado (art. 156, CPP, *v. g.*). Ademais, para além de questões teóricas, é possível vislumbrar flagrante *autoritarismo* em diversas *práticas* "reais" do processo penal brasileiro, o que, também, inegavelmente, reforça a ideia de um sistema acusatório *impuro*.

6. PRINCÍPIOS CONSTITUCIONAIS E PROCESSUAIS PENAIS

6.1. Devido processo legal

Oriundo do direito anglo-americano (*due processo of law*), o princípio do devido processo legal vem expressamente previsto no art. 5º, LIV, CF com os seguintes dizeres: "*ninguém será privado da liberdade ou de seus bens sem o devido processo legal*". Perceba, desde já, leitor, que esse princípio deve ser encarado como uma espécie de fonte a partir da qual emanam diversas garantias e princípios processuais fundamentais. Assim, dizer que *ninguém será privado da liberdade ou de seus bens sem o devido processo legal* significa, em última análise, afirmar a necessidade de um processo prévio, informado pelo contraditório; ampla defesa; juiz natural; motivação das decisões; publicidade; presunção de inocência; direito de audiência; direito de presença do réu; e duração razoável do processo (BADARÓ, 2008, p. 36). Assim, pode-se afirmar que o Estado, para poder fazer valer o seu *jus puniendi*, deve rigorosamente respeitar *as regras do jogo* – compreendendo-se por esta expressão não apenas o respeito a aspectos procedimentais, mas também a todas as garantias e direitos expostos anteriormente. Por fim, é necessário notar que, em suma, busca-se com o *due process of law* assegurar ao acusado um processo penal efetivamente justo e equilibrado.

6.2. Presunção de inocência (estado de inocência ou não culpabilidade)

Expressamente previsto no art. 5º, LVII, CF, que diz: "*ninguém será considerado culpado até o trânsito em julgado de sentença penal condenatória*", esse princípio estabelece uma presunção de inocência (*jurídica* e *relativa*) do acusado que só cede diante de um decreto condenatório definitivo. Assim, é impossível, por exemplo, antes do trânsito em julgado, incluir o nome do réu no rol dos culpados.

Mas não é só, pois o princípio do estado de inocência tem grande impacto em, pelo menos, dois campos: no **ônus da prova** e na **prisão provisória** (cautelar ou processual). Vejamos.

No campo do **ônus da prova**, o referido princípio faz recair sobre a acusação o ônus de provar a culpa *lato sensu* do acusado. Trata-se, inclusive, de comando presente no CPP (*vide* art. 156, primeira parte). Desse modo, não cabe ao réu demonstrar a sua inocência (até porque goza do direito de permanecer calado – art. 5º, LXIII, CF), mas sim à acusação comprovar a culpa daquele. Caso a acusação não se desincumba desse ônus, *i.e.*, não logre êxito em provar cabalmente a culpa do réu, deverá ser aplicada a regra pragmática de julgamento do *in dubio pro reo*, absolvendo-se, por conseguinte, o acusado.

Ainda sobre o assunto, note o leitor que *prevalece* na comunidade jurídica o entendimento de que o ônus da prova se *reparte* entre a acusação e a defesa. À primeira (a acusação) incumbe provar a existência do fato e sua respectiva autoria, a tipicidade da conduta, o elemento subjetivo da infração (dolo ou culpa), bem como eventuais agravantes, causas de aumento e/ou qualificadoras alegadas. A defesa, por sua vez, tem o ônus de provar eventuais alegações que faça sobre excludentes de tipicidade, ilicitude e/ou culpabilidade, circunstâncias atenuantes e/ou causas de diminuição da pena.[8]

No campo da **prisão provisória**, o princípio do estado de inocência também desempenha um papel decisivo. Desde logo, advirta-se que o instituto da prisão provisória *não é incompatível* com o princípio do estado de inocência. Posto de outra forma: o princípio em questão não é absoluto. Atente-se que a própria Constituição previu a possibilidade de prisão provisória, por exemplo, no art. 5º, LXI – além do que, há na Magna Carta o princípio da segurança pública, que também torna possível falar em prisão decretada *antes do trânsito em julgado*.

Se não são incompatíveis, então como harmonizar esses institutos aparentemente antagônicos (prisão provisória e estado de inocência)? Na realidade, o princípio da presunção de inocência força-nos a assumir uma posição *contrária à banalização* da prisão provisória. Explica-se melhor. O referido princípio, ao propor que "*ninguém será considerado culpado até o trânsito em julgado de sentença penal condenatória*", força-nos a encarar a prisão provisória como medida *extrema, excepcional*. É dizer: só se prende alguém antes do trânsito em julgado se for absolutamente necessário. Esse princípio institui entre nós a **regra da liberdade**, leia-se: *em regra, o indivíduo deve ser conservado em liberdade, apenas se "abusar" desta (da liberdade) poderá vir a ser encarcerado*. Essa ideia foi reforçada pela Lei 12.403/2011 que, em diversas passagens, estabelece a prisão provisória como

8. O pensamento, com a devida licença, é deveras equivocado. Sendo o crime um todo indivisível (fato típico, ilícito e culpável) é imperioso que a acusação prove cabalmente esse todo indivisível para que possa, assim, ver atendida a sua pretensão punitiva. Pensando dessa maneira estão, por exemplo: Afrânio Silva Jardim, Luiz Flávio Gomes, dentre outros.

ultima ratio – entendimento também firmado pelo STF, no HC 84078/MG, *DJe* 26/02/2009. Veremos o tema de forma mais detalhada oportunamente.

Nessa senda, uma pergunta pode aflorar na mente do leitor. Dissemos anteriormente que *só se prende alguém antes do trânsito em julgado se for absolutamente necessário*. Mas, *como saberei quando é necessária a prisão de alguém?* A resposta está na **prisão preventiva**. Colocado de outra forma: a comunidade jurídica elegeu a *prisão preventiva* (arts. 311 e ss., CPP) como *pedra de toque* para a demonstração de *necessidade* de prisão provisória (TOURINHO FILHO, 2010). A escolha não se deu ao acaso, pois é a preventiva que possui, dentre as demais modalidades de prisão, os requisitos mais *rígidos* para a sua decretação. Assim, para que alguém seja (ou permaneça) preso durante a persecução penal, é fundamental que os requisitos da preventiva estejam presentes, sob pena de ilegalidade da medida e, concomitantemente, de violação ao estado de inocência.

Diante do que foi dito no parágrafo anterior, pode-se afirmar que não há no Brasil qualquer modalidade de *prisão automática*. Ou seja: a) inexiste prisão (automática) decorrente de sentença condenatória recorrível ou decorrente de decisão de pronúncia; b) não se pode condicionar a interposição de recurso defensivo à prisão do réu (nem mesmo em sede de RE e RESP); c) não vale a "regra" de que aquele que ficou preso durante a instrução deverá ser conservado nesta condição no momento da sentença condenatória recorrível (consoante parágrafo único do art. 387, CPP e STJ AgRg no Ag 1306340/GO, *DJe* 16/11/2010). Em suma: ou os requisitos da preventiva se mostram concretamente presentes (devendo o juiz expô-los *fundamentadamente* em uma decisão) ou, do contrário, o réu, por imperativo constitucional (estado de inocência), deverá ser conservado em liberdade (regra da liberdade), ainda que esta liberdade se dê com algumas restrições (medidas cautelares pessoais substitutivas da prisão – conforme dispõe a Lei 12.403/2011, a ser examinada em ocasião oportuna).

Uma consideração derradeira: na fixação da pena-base e do regime prisional, os tribunais superiores entendem que há ofensa ao estado de inocência considerar *maus antecedentes* os eventuais registros criminais do acusado (processos em andamento, por exemplo). Tais registros não podem, pois, ser valorados para aumentar a pena-base ou para exasperar o regime de cumprimento da pena.

6.3. Inexigibilidade de autoincriminação e direito ao silêncio

No Processo Penal, o indivíduo goza do *direito de não se autoincriminar*. O reconhecimento deste direito decorre de uma *interpretação extensiva* dada pela comunidade jurídica brasileira à primeira parte do inciso LXIII, do art. 5º, CF, que diz: "*o preso será informado de seus direitos, entre os quais o de permanecer calado*". Tal dispositivo consagra entre nós o *direito ao silêncio*, que significa que *toda a vez que a fala do indivíduo (preso ou solto) puder incriminá-lo, este poderá conservar-se em silêncio, sem que se possa extrair qualquer consequência jurídica negativa dessa conduta*. Isto é assim porque, sendo o silêncio um *direito* do indivíduo, aquele que o exercita, sob pena de total contrassenso, não poderá sofrer qualquer tipo de prejuízo jurídico.

Dois momentos bastante comuns de incidência do direito ao silêncio são o ato do interrogatório do acusado (art. 185 e ss., CPP) e a oitiva do indiciado pelo delegado de polícia (art. 6º, V, CPP) – embora, note-se bem, o direito ao silêncio não se limite a esses dois momentos. Costuma-se afirmar que o direito ao silêncio incide em sua plenitude durante o chamado "interrogatório de mérito" (momento em que o juiz indaga o réu sobre a veracidade da acusação que recai sobre a sua pessoa. Confira-se o art. 187, *caput*, e seu § 1º, CPP). Com efeito, a doutrina majoritária costuma rechaçar a existência do direito ao silêncio no ato de qualificação do acusado, ato que precede o chamado "interrogatório de mérito". Assim, de acordo com a majoritária doutrina, quando indagado sobre a sua qualificação (nome, estado civil, endereço etc.) não pode o réu permanecer em silêncio. Não haveria aqui um "direito ao silêncio". Segundo os autores, caso permaneça em silêncio durante a sua qualificação, o réu poderá vir a responder pela contravenção penal prevista no art. 68 da Lei das Contravenções Penais (DL 3688/1941), que diz: "Recusar à autoridade, quando por esta, justificadamente solicitados ou exigidos, dados ou indicações concernentes à própria identidade, estado, profissão, domicílio e residência".

Por outro lado, vale notar a comunidade jurídica não parou por aí (direito ao silêncio), pois, partindo do art. 5º, LXIII, CF, reconheceu que, na realidade, o direito ao silêncio seria apenas um aspecto (uma das facetas) de um direito muito mais abrangente: o da não autoincriminação. Por este direito (não autoincriminação), assegura-se ao sujeito o poder de negar-se a *colaborar* com qualquer tipo de produção probatória que dele dependa, sem que qualquer prejuízo possa ser extraído dessa inércia (*nemo tenetur se detegere*). Consequentemente, o indivíduo pode se negar a participar da reprodução simulada do crime (reconstituição do delito), como também se recusar a realizar qualquer exame cuja realização dependa do seu próprio corpo (bafômetro, grafotécnico, DNA, sangue etc. – as chamadas provas *invasivas*).

Assim, pelo que vimos, numa eventual sentença, o juiz jamais poderá valorar negativamente a inércia do acusado, usando fórmulas como: "quem cala consente", "quem não deve, não teme" etc.

6.4. Contraditório (bilateralidade da audiência ou bilateralidade dos atos processuais)

Expresso na CF (art. 5º, LV), consiste esse princípio no binômio: *ciência + participação*, ou seja, trata-se do *direito que possuem as partes de serem cientificadas sobre os atos processuais (ciência), como também do direito que possuem de se manifestar, de interagir (participação) sobre esses mesmos atos*. Um exemplo: finda a instrução processual, o juiz profere sentença sobre o caso. Nesta hipótese, as partes serão cientificadas (intimadas) dessa decisão (ciência), bem como poderão participar recorrendo do *decisium* (participação).[9] Com efeito, entende-se que essa dialética das partes torna o julgamento do acusado mais justo.

Contraditório diferido, retardado ou postergado: em certos casos, diante do *perigo de perecimento* de determinada prova considerada relevante, deve-se produzi-la de plano, *relegando-se o contraditório para um momento posterior* (daí o nome *postergado*). Exemplo: perícia sobre lesão corporal. Não fosse

9. Outro exemplo: art. 409, CPP.

o exame realizado imediatamente, os vestígios, a depender da lesão, poderiam terminar desaparecendo e comprometer a materialidade delitiva (art. 158, CPP). Nesse caso, realiza-se o exame e, em momento posterior (no curso do processo), assegura-se o contraditório às partes, podendo estas se manifestar sobre a perícia anteriormente realizada.

Por outro lado, há casos em que o contraditório pode ser antecipado. Isto ocorre também por conta da possibilidade de *perecimento da prova*. Ex.: testemunha em estado terminal de saúde que presenciou o crime. Procede-se então à *produção antecipada de prova* (art. 225, CPP), assegurando-se, *antecipadamente*, o contraditório às "partes".[10] Sobre este ponto consultar a parte final do art. 155, CPP.

Por fim, impende salientar que, segundo majoritária posição da comunidade jurídica, *em regra, não há contraditório em sede de procedimento investigatório* (inclua-se aí o inquérito policial). Exceções: procedimento instaurado pela Polícia Federal para expulsão de estrangeiro; e procedimento para apurar falta disciplinar do servidor público. Nesses casos, há contraditório.

6.5. Ampla defesa

Assim como o contraditório, a ampla defesa está igualmente prevista no art. 5º, LV, CF. Significa *que o réu tem o direito de defender-se de uma acusação da forma mais ampla possível, podendo empregar todos os recursos cabíveis para o cumprimento desta finalidade.* No processo penal, a defesa só é ampla quando presentes os seus dois aspectos: autodefesa e defesa técnica.

A **autodefesa** *é facultativa*, realizando-a, portanto, o acusado se assim entender conveniente. Isto é assim – facultatividade da autodefesa – por conta do *direito ao silêncio* que possui o réu. Como este tem o direito de permanecer calado, por óbvio, só exerce a sua própria defesa se assim o desejar. Um dos momentos mais marcantes em que o réu pode se autodefender ocorre durante o interrogatório (art. 185, CPP).

Já a **defesa técnica** *é absolutamente indispensável.* O réu deve, obrigatoriamente, contar com profissional habilitado atuando em juízo na defesa de seus interesses (seja ele defensor dativo, público ou constituído) – *vide* art. 261, CPP. Note o leitor que se o acusado for advogado regularmente inscrito nos quadros da OAB, poderá, se quiser, promover a sua própria defesa técnica.

Consulte-se, por fim, a Súmula 523, STF, que diz: "no processo penal, a falta da defesa constitui nulidade absoluta, mas a sua deficiência só o anulará se houver prova de prejuízo para o réu".

6.6. Verdade real (material ou substancial)

Tradicionalmente, diz-se que o citado princípio impõe *certa postura* do juiz diante do processo penal. É que, conforme sustentam alguns, dada a indisponibilidade do bem jurídico tratado pelo processo penal (liberdade ambulatorial), o magistrado deve se esforçar ao máximo em desvendar o que realmente ocorreu – e não apenas se contentar com as provas eventualmente colacionadas pelas partes. Desse modo, diante de eventual inércia das partes, deve o juiz produzir provas a fim de esclarecer a verdade dos fatos.

Ademais, *ainda dentro dessa visão tradicional*, é bastante comum opor o princípio da verdade real ao da "verdade formal". Tal oposição tem por base os diferentes bens jurídicos em jogo nos processos penal e civil. Argumenta-se que, como no processo civil os bens jurídicos são geralmente disponíveis, não há que se falar em verdade real, mas sim em verdade formal (ou ficta), querendo isto significar que o juiz cível deve se contentar com as provas trazidas pelas partes.

Essa visão *tradicional* do princípio da verdade real encontra respaldo no CPP (*vide* arts. 156 e 209, § 1º); na atual jurisprudência dos tribunais superiores (STJ, HC 19805/MG, DJ 03/12/2002 e HC 282322/RS, *DJe* 01/07/2014).

Porém, é preciso destacar que essa orientação "tradicional" do princípio da verdade real vem, cada vez mais, sendo criticada por significativo setor da doutrina.

Uma das principais críticas à verdade real é que, ao estimular o ativismo probatório por parte do juiz, termina-se violando a imparcialidade deste (deturpação da atividade judicante) e, no limite, afrontando o sistema acusatório pretendido pelo Constituinte de 1988.

Diante disso, melhor seria falar em *verdade processual (verdade apenas no processo)*, *verdade jurídica*, ou, como quer Pacelli (2009, p. 294), numa "certeza" exclusivamente jurídica, representada pela tentativa de reconstrução histórica dos fatos por meio de parâmetros estabelecidos pela lei.

6.7. Juiz natural

Decorre do art. 5º, LIII, CF, que diz: "*ninguém será processado nem sentenciado senão pela autoridade competente*". Em suma, significa que *o indivíduo só pode ser privado de seus bens ou liberdade se processado por autoridade judicial imparcial e previamente conhecida por meio de regras objetivas de competência fixadas por lei anteriormente à prática da infração.* Exemplo de violação ao juiz natural: o sujeito pratica um crime da competência da justiça estadual e termina sendo julgado pela justiça federal. O juiz federal, neste caso, não é o natural para a causa em questão.

Decorre desse princípio o fato de *não ser possível a criação de juízo ou tribunal de exceção, i. e., não pode haver designação casuística de magistrado para julgar este ou aquele caso* (art. 5º, XXXVII, CF).

Ademais, no âmbito processual penal, não é possível às partes acordarem para subtrair ao juízo natural o conhecimento de determinada causa.

Note bem: *não configura violação ao princípio do juiz natural:* a) a convocação de juiz de 1ª instância para compor órgão julgador de 2ª instância (STJ HC 88739/BA, *DJe* 30/08/2010); b) a redistribuição da causa decorrente da criação de nova Vara – com a finalidade de igualar os acervos dos Juízos (STJ HC 102193/SP, *DJe* 22/03/2010); e c) a atração por continência do processo do corréu ao foro especial do outro denunciado – ex.: prefeito e cidadão comum praticam furto em concurso. Nesta situação, ambos serão julgados pelo TJ sem que se possa falar em violação ao juiz natural – art. 78, III, CPP.

---

10. Note o leitor que, como não há processo, não há que se falar propriamente em partes.

6.8. Identidade física do juiz

Significado: *o magistrado que acompanhar a instrução probatória – logo, que tiver tido contato direto com as provas produzidas ao longo do processo – deverá ser o mesmo a proferir sentença.*

Antes de 2008, tal princípio existia apenas no Processo Civil (art. 132, CPC), mas não no Processo Penal. Entretanto, hoje, após a reforma promovida pela Lei 11.719/2008, passou a ser expressamente adotado pelo Direito Processual Penal. Segue o teor do novo § 2º do art. 399, CPP: "*o juiz que presidiu a instrução deverá proferir a sentença*".

O princípio da identidade física do juiz *não é, porém, absoluto*. Há **exceções**. Desse modo, *não viola o referido princípio*: a) o interrogatório do réu por meio de carta precatória (STJ, HC 219482/SC, *DJe* 11/04/2012); b) casos de convocação, licença, afastamento, promoção ou aposentadoria do juiz que presidiu a instrução de provas (STJ HC 133407/RS, *DJe* 25/04/2011); c) o julgamento de embargos de declaração por outro juiz (STJ, HC 46408/SP, *DJe* 03/11/2009); e d) casos relacionados ao Estatuto da Criança e do Adolescente (STJ, HC 164371/DF, *DJe* 09/08/2010).

6.9. Promotor natural (ou promotor legal)

Do mesmo modo em que se exige um juiz natural, há que se ter também um "acusador natural", *i.e.*, *um membro do MP independente e com atribuição legal prévia para atuar no feito* (*vide* art. 5º, LIII, CF). Assim, também é vedada a figura do "promotor de exceção", ou seja, é proibida a designação arbitrária, pela cúpula da instituição, de membro do MP para atuar em caso específico (STF, HC 98841/RJ, *DJe* 22/11/2011).

6.10. Duplo grau de jurisdição

Significa que *as decisões judiciais são, em regra, passíveis de revisão por instâncias superiores através da interposição de recursos*. Além disso, o princípio estabelece a *impossibilidade de supressão de instância* (GRINOVER *et. al.*, 2001), ou seja, em caso de anulação da decisão recorrida, não pode o tribunal ingressar no mérito da causa, se este não foi apreciado pelo juízo *a quo* (pela instância inferior).

Tal princípio não vem expressamente previsto no texto da CF. Porém, trata-se de *garantia materialmente constitucional*. Isto porque a Convenção Americana de Direitos Humanos (CADH - Pacto de San José da Costa Rica) - ratificada pelo Brasil por meio do Decreto 678/1992 - prevê em seu texto o referido princípio (art. 8º, 2, "h"). Note-se que, para a melhor doutrina (e atual jurisprudência da 2ª Turma do STF - HC 96772/SP, *DJe* 21/08/2009), os direitos e garantias contidos nesse Pacto possuem *status* normativo de *norma materialmente constitucional* (PIOVESAN, 2011). É que, segundo essa autora, por força do art. 5º, § 2º, CF, todos os tratados de direitos humanos, independentemente do *quorum* de sua aprovação, são normas materialmente constitucionais.

Por outro lado, o duplo grau não é um princípio absoluto. *Dentre outras*, segue uma exceção: competência originária do STF (*vide* art. 102, I, CF).

Ademais, por óbvio, a garantia do duplo grau não afasta a necessidade da parte observar corretamente os pressupostos recursais (ex.: prazo), sob pena de o recurso não ser conhecido.

6.11. Publicidade

Vem expresso na CF nas seguintes passagens: arts. 5º, LX; e 93, IX. Trata-se do *dever que tem o Judiciário de dar transparência aos seus atos*. A publicidade dos atos processuais é a *regra*. Porém, a própria CF autoriza a restrição da publicidade quando se mostrar necessária a *preservação da intimidade ou do interesse social*. *Exemplos de* restrição à publicidade: a) CF: arts. 93, IX, parte final, e art. 5º, LX; b) CPP: arts. 201, § 6º; 485, § 2º; 792, § 1º; c) CP: 234-B; e d) Lei 9.296/1996: art. 1º.

6.12. Iniciativa das partes, demanda ou ação (*ne procedat judex ex officio*)

Significa que *cabe à parte interessada o exercício do direito de ação, uma vez que a jurisdição é inerte*. A propositura da ação penal incumbe, assim, ao MP (no caso de ação penal pública) ou à vítima (no caso de ação penal privada), sendo vedado ao juiz proceder de ofício nessa seara.

Notemos que tal princípio tem total ligação com o *sistema acusatório* (pretendido pelo Constituinte de 1988 - art. 129, I), que tem por uma de suas principais características a separação das funções de acusar e julgar.

Desse modo, *não foi recepcionado* pela CF o art. 26, CPP, que prevê que, no caso de contravenção penal, a ação penal será iniciada por portaria expedida pelo delegado ou pelo juiz (chamado de procedimento *judicialiforme*).

Não se deve confundir o princípio da *iniciativa das partes* com o do *impulso oficial*. Enquanto o primeiro determina que o exercício do direito de ação incumbe à parte interessada, o segundo (impulso oficial) estabelece que cabe ao juiz, de ofício, impulsionar o regular desenvolvimento do processo "até que a instância se finde" (MIRABETE, 2001, p. 49) - *vide* art. 251, CPP.

6.13. Igualdade processual (igualdade das partes ou paridade de armas)

As partes devem contar com tratamento igualitário e com oportunidades iguais. Decorre tal princípio do art. 5º, *caput*, CF (princípio da isonomia). Em certos casos, porém, quando justificável, admite-se o tratamento diferenciado da parte, a fim de ser promovida uma igualdade mais *substancial*. Trata-se aqui da antiga máxima: "tratar desigualmente os desiguais na medida de suas desigualdades". Seguem exemplos desse tratamento "desigual" à parte que objetivam uma igualdade mais *substancial* no âmbito do processo penal: *favor rei* (princípio segundo o qual os interesses da defesa prevalecem sobre os da acusação - art. 386, VII, CPP); a revisão criminal é ação exclusiva da defesa; a Defensoria Pública possui prazos mais longos, contados em dobro, por força do art. 128, I, LC 80/1994, e do art. 5º, § 5º, Lei 1.060/1950 (Ver STF, HC 81.019/MG, Info. 247); admite-se a prova ilícita *pro reo*, mas não a *pro societate* etc.

6.14. Imparcialidade do juiz

O juiz deve ser pessoa neutra, estranha à causa e às partes. O magistrado eventualmente interessado no feito - suspeito (art. 254, CPP) ou impedido (art. 252, CPP) - deve ser afastado.

6.15. Duração razoável do processo

Expressamente previsto no art. 5º, LXXVIII, CF, que diz: "*a todos, no âmbito judicial e administrativo, são assegurados a razoável duração do processo e os meios que garantam a celeridade de sua tramitação*" e na CADH, art. 8º, 1, consiste no *direito que as partes possuem de exigir do Estado que preste a jurisdição em tempo razoável*. Assim, as dilações indevidas devem ser banidas.

Representa, na atualidade, um dos maiores problemas/desafios do Judiciário mundial (inclua-se aí o brasileiro): assegurar uma prestação jurisdicional célere e de qualidade sem atropelar direitos e garantias fundamentais das partes.

É por conta desse princípio que os tribunais superiores, em diversas oportunidades, têm reconhecido a *ilegalidade da prisão provisória do acusado quando o processo apresenta demora injustificada* (*v. g.*: STJ, HC 77888/SP, *DJe* 20/09/2010).

A crítica que significativo setor da comunidade costuma fazer é que a falta de um prazo claro e determinado para o fim do processo, aliada à ausência de sanção em caso de expiração desse mesmo prazo, tem o poder de reduzir significativamente a efetividade do referido princípio.

Inspirado por esse princípio, o legislador ordinário criou os seguintes parâmetros de prazo, cujo desrespeito, como dissemos antes, não produz nenhuma sanção jurídica automática: a) no rito ordinário, a instrução deverá ser concluída em 60 dias (art. 400, CPP); b) no júri, 90 dias (art. 412, CPP); c) no caso de processo que apure crime cometido por organização criminosa (art. 22, parágrafo único, Lei 12.850/2013), 120 dias (se o réu estiver preso), "prorrogáveis em até igual período, por decisão fundamentada, devidamente motivada pela complexidade da causa ou por fato procrastinatório atribuível ao réu."; dentre outros.

6.16. Obrigatoriedade de motivação das decisões judiciais

Expressamente previsto na CF (art. 93, IX), trata-se de um dos pilares das democracias contemporâneas. Significa que *toda decisão judicial necessita ser fundamentada, sob pena de nulidade*. A exigência de fundamentação possibilita um controle das partes e de toda a sociedade das razões de decidir do magistrado. Assim, se, por exemplo, um juiz decretar a preventiva do acusado sem fundamentar (*i. e.*: sem explicar concretamente os porquês da prisão), será possível impetrar HC por conta da nulidade da decisão.

7. INQUÉRITO POLICIAL (IP)

7.1. Notas introdutórias

Para que a ação penal possa ser oferecida é indispensável que esteja previamente embasada em um mínimo de provas (aquilo que a doutrina costuma chamar de *justa causa* para a ação penal ou *suporte probatório mínimo*). Sem esses elementos mínimos, a inicial penal não deve ser oferecida e, se for, deverá ser rejeitada por parte do magistrado (art. 395, III, CPP).[11] Isto é assim porque se concebe o *processo penal* como algo notoriamente estigmatizante à pessoa. Dessa forma, os responsáveis pela acusação (MP e querelante)[12] devem necessariamente pautar suas ações penais em um mínimo de provas, procedendo com cautela nesse campo, evitando, assim, a formulação de acusações temerárias, infundadas.

Nesse contexto, o inquérito policial (IP) é uma das investigações preliminares (das mais "famosas", diga-se de passagem) que podem fornecer subsídios à acusação para o oferecimento de ação penal. Entretanto, embora o IP seja uma das peças investigativas mais conhecidas, não é a única, uma vez que a ação penal também pode se fundamentar em: CPI (art. 58, § 3º, CF); investigação direta pelo MP;[13] investigação efetuada pelo próprio particular; investigação levada a cabo por tribunais (em caso de foro por prerrogativa de função do indiciado[14]); inquérito policial militar (IPM - art. 8º, CPPM); dentre outras. Estes exemplos são chamados de **inquéritos extrapoliciais ou não policiais.** Há, ainda, a possibilidade de outros procedimentos de investigação criminal serem conduzidos pela autoridade policial, nos termos da recente Lei 12.830/2013, § 1º do art. 2º.

Com efeito, nas próximas linhas nos debruçaremos detalhadamente sobre uma das investigações preliminares mais "populares": o *inquérito policial*. Porém, antes, cabe um esclarecimento: a expressão **persecução penal** (ou *persecutio criminis*) significa a soma das atividades de perseguição ao crime (investigação preliminar + ação penal).

7.2. Polícia administrativa (preventiva, ostensiva ou de segurança) e polícia judiciária (repressiva ou investigativa) - arts. 4º, CPP, e 144, CF

A polícia administrativa visa a *impedir* a prática de infrações penais. Exemplos: polícia militar, polícia rodoviária federal e polícia federal.

A judiciária, atuando *após* a prática delituosa, visa a *apurar* as infrações penais e suas respectivas autorias, assim como tem o papel de *auxiliar o Poder Judiciário* (cumprindo mandados de prisão, por exemplo) no desenrolar da persecução penal. Exemplos: polícia civil e polícia federal.[15]

O art. 2º da Lei 12.830/2013 considera que: "as funções de polícia judiciária e a apuração de infrações penais exercidas pelo delegado de polícia são de natureza jurídica, essenciais e exclusivas de Estado".

7.3. Conceito de inquérito policial

Conjunto de diligências realizadas pela autoridade policial (delegado) que tem por finalidade a apuração de uma infração penal e sua respectiva autoria, de modo a fornecer subsídios ao titular da ação penal (MP ou querelante) - art. 4º, *caput*, CPP.

7.4. Natureza jurídica

O IP tem natureza de **procedimento administrativo** *e não de processo*. Assim, não se trata de ato de jurisdição, mas de procedimento administrativo que *visa a tão somente informar (caráter informativo) o titular da ação penal (MP e querelante), fornecendo-lhe elementos para formar a sua opinião a respeito da infração penal e respectiva autoria.*

---

11. Ou, ainda, combatida por HC trancativo (art. 648, I, CPP).
12. Querelante é o nome que se dá à vítima (ou seu representante legal) quando promove a ação penal privada.
13. Conforme **Informativo** 463, STJ (14 a 18 de fevereiro de 2011).
14. *Vide* **Informativo** 483, STF (8 a 11 de outubro de 2007).
15. Note o leitor que a polícia federal tanto pode desempenhar o papel de polícia administrativa (evitando a prática de crimes) como de judiciária (auxiliando a justiça federal).

7.5. "Competência" (art. 4º, parágrafo único, CPP)

A "competência" (tecnicamente, atribuição, já que competência é termo relacionado à jurisdição) para presidir o IP é do *delegado de carreira* (bacharel em direito aprovado em concurso público – art. 3º, Lei 12.830/2013). Em regra, o delegado que preside o IP é aquele que atua no *local* (**circunscrição**[16]) onde o crime se consumou (**critério territorial** – *ratione loci*). Porém, caso exista uma *delegacia especializada* na Comarca (delegacia de homicídios, por exemplo), prevalecerá o **critério material** (*ratione materiae*) sobre o critério territorial. Nenhum problema nisso.

Ademais, conforme diz o art. 22, CPP, nas comarcas onde houver mais de uma circunscrição policial, o delegado com exercício em uma delas (em uma das circunscrições) poderá diligenciar nas demais, *independentemente de precatórias ou requisições.* Dentro de sua comarca de atuação, o delegado tem, portanto, "livre-trânsito" para diligenciar nas várias circunscrições policiais.

A Lei 12.830/2013 (cuja leitura recomendamos) reforçou a ideia de que o delegado é o presidente do IP, trazendo ainda outras disposições importantes, dentre elas a questão da possibilidade de avocação do IP (ou de outra modalidade de investigação criminal conduzida pelo delegado): "o inquérito policial ou outro procedimento previsto em lei em curso somente poderá ser avocado ou redistribuído por superior hierárquico, mediante despacho fundamentado, por motivo de interesse público ou nas hipóteses de inobservância dos procedimentos previstos em regulamento da corporação que prejudique a eficácia da investigação" (art. 2º, § 4º).

7.6. Características do IP

7.6.1. Inquisitivo

Conforme majoritária doutrina, *não há contraditório nem ampla defesa no IP.* Neste âmbito, inexiste separação de funções (acusação, defesa e julgamento) e não há que se falar em "partes". Ao contrário, a condução do IP concentra-se nas mãos da autoridade policial, em relação à qual não se pode sequer arguir suspeição (*vide* art. 107, CPP).

Tradicional setor da comunidade jurídica costuma justificar que essa característica do IP (inquisitivo) é fundamental para o próprio sucesso da investigação, conferindo-lhe o dinamismo necessário.

Embora não haja contraditório nem ampla defesa no IP, isto não significa que o indiciado seja um mero objeto da investigação policial. Há sim direitos/garantias irrecusáveis ao indiciado, como, por exemplo, direito ao silêncio, possibilidade de impetrar de *habeas corpus* e mandado de segurança, de se fazer acompanhar por advogado etc.

Por outro lado, é de se destacar que *há investigações preliminares que possuem contraditório.* Exemplos: inquérito para a decretação da expulsão de estrangeiro e inquérito que apura falta disciplinar de servidor público.[17]

7.6.2. Dispensável (arts. 27 e 46, § 1º, CPP)

Significa que *o IP não é um caminho necessário para o oferecimento da ação penal.* Segundo vimos anteriormente, esta (a ação) poderá se fundamentar em diversas outras investigações preliminares (CPI; investigação produzida por particular; peças de informação[18] etc.), que não o IP.

7.6.3. Sigiloso

Diferentemente do que ocorre no processo, no IP, consoante estabelece o art. 20, CPP, *não vige o princípio da publicidade.* Assim, *os atos do inquérito não são públicos* (não pode, por exemplo, uma pessoa do povo assistir à oitiva do indiciado na delegacia).

Esse sigilo, porém, *não alcança o MP, o juiz, o defensor público e o advogado do indiciado.*

No que tange ao defensor público, segundo a LC 80/1994, são prerrogativas dos membros da Defensoria Pública: "examinar, em qualquer repartição pública, autos de flagrantes, inquéritos e processos, assegurada a obtenção de cópias e podendo tomar apontamentos" (arts. 44, VIII; 89, VIII; e 128, VIII). Além disso, é uma das funções institucionais da Defensoria Pública: "acompanhar inquérito policial, inclusive com a comunicação imediata da prisão em flagrante pela autoridade policial, quando o preso não constituir advogado" (art. 4º, XIV).

No que tange ao advogado do indiciado, estabelece o art. 7º, XIV, EOAB, que, dentre outros, é direito do patrono: "examinar em qualquer repartição policial, mesmo sem procuração, autos de flagrante e de inquérito, findos ou em andamento, ainda que conclusos à autoridade, podendo copiar peças e tomar apontamentos".

Com efeito, cabe a pergunta: o acesso do defensor público ou do advogado do indiciado ao IP é ilimitado? A resposta está na Súmula vinculante 14, STF: "é direito do defensor, no interesse do representado, ter acesso amplo aos elementos de prova que, já documentados em procedimento investigatório realizado por órgão com competência de polícia judiciária, digam respeito ao exercício do direito de defesa".

Note, portanto, que o acesso do defensor público ou advogado abrange aqueles elementos de prova (atos de investigação) já produzidos, já documentados – não abrangendo, portanto, aqueles elementos sigilosos pendentes de produção. Explica-se com um exemplo. Decretada a interceptação telefônica do indiciado no curso do IP, por óbvio, o defensor daquele não será intimado dessa decisão e, muito menos, poderá participar da produção da prova, sob pena de total inutilidade da diligência. Entretanto, concluída a produção dessa prova (*i.e.*, efetuada a transcrição da conversa telefônica), terá o defensor amplo acesso às informações eventualmente obtidas contra o indiciado.

Essas ideias também foram reproduzidas na recente Lei que trata do crime organizado (Lei 12.850/2013). Ao prever a ação controlada da polícia (consistente em retardar a prisão em flagrante relativa à ação praticada por organização criminosa

16. Circunscrição é o espaço territorial em que o delegado exerce suas atividades. Uma comarca pode estar dividida em várias circunscrições policiais.
17. A antiga Lei de Falências (DL 7.661/1945), que previa inquérito em contraditório e presidido por autoridade *judicial* (chamado de inquérito judicial), foi revogada pela Lei 11.101/2005. Hoje, não há mais contraditório em IP que investiga crime falimentar.
18. As peças de informação podem ser definidas como *qualquer outra peça que não o IP que seja capaz de subsidiar elementos para o titular da ação penal.*

para que o flagrante se concretize no momento mais eficaz à formação de provas e obtenção de informações), dispõe que: "até o encerramento da diligência, o acesso aos autos será restrito ao juiz, ao Ministério Público e ao delegado de polícia, como forma de garantir o êxito das investigações" (§ 3º do art. 8º).

Finalmente, ainda sobre o sigilo do IP, vale mencionar o novo parágrafo único, do art. 20, CPP, alterado pela Lei 12.681/2012, que diz: "nos atestados de antecedentes que lhe forem solicitados, a autoridade policial não poderá mencionar quaisquer anotações referentes a instauração de inquérito contra os requerentes". Ou seja, o sigilo aqui visa a proteger a pessoa do indiciado.

7.6.4. Indisponível

Ao delegado não é dado arquivar o IP (art. 17, CPP). Mesmo que a autoridade policial esteja convencida de que, por exemplo, o fato é atípico, deve, *necessariamente*, remeter os autos do IP ao titular da ação penal para que este possa decidir o que fazer com a investigação preliminar.

7.6.5. Discricionário

No âmbito do IP, *não há um procedimento rígido a ser seguido pela autoridade policial* (consoante se observa no processo). Ao contrário, o delegado, visando ao sucesso da investigação, tem *discricionariedade* para adotar as medidas e diligências que entender adequadas (*vide* arts. 6º e 7º, CPP; e o art. 2º, § 2º, Lei 12.830/2013). Prova dessa discricionariedade é o art. 14, CPP, que diz que o delegado pode ou não atender aos requerimentos de diligência solicitados pela vítima[19] e pelo indiciado. *Discricionariedade não significa, entretanto, arbitrariedade.* O delegado, obviamente, não é livre para agir como quiser. Trata-se, portanto, de uma discricionariedade dentro da legalidade (há que se respeitar as garantias e direitos fundamentais do indiciado e o ordenamento jurídico como um todo).

Ademais, embora não haja hierarquia entre magistrados, membros do MP e delegados, é oportuno recordar que as "solicitações" de diligências dos dois primeiros (juiz e MP) ao delegado, chamadas tecnicamente de requisição, têm, segundo a doutrina, conotação de *ordem*. Assim, não há aqui discricionariedade para o delegado, devendo, portanto, acatá-las (art. 13, II, CPP).

7.6.6. Escrito

O art. 9º, CPP, estabelece que todas as peças do IP serão reduzidas a escrito e rubricadas pela autoridade policial. Os atos realizados oralmente (oitiva do indiciado, por exemplo) deverão, igualmente, ser reduzidos a termo. Tudo isso visa a fornecer subsídios ao titular da ação penal. Embora consagrada a forma escrita do IP, lembre-se que a reforma de 2008 estabeleceu que, sempre que possível, deve-se lançar mão de outros mecanismos de apreensão das informações (audiovisual, por exemplo), como forma de conferir maior fidedignidade a esses atos (art. 405, § 1º, CPP).

19. Conforme doutrina, a *única* diligência que o delegado está obrigado a acatar é o exame de corpo de delito (art. 158, CPP). Deixando vestígio a infração e solicitando a vítima o respectivo exame, deve a autoridade policial acatar esse requerimento.

7.6.7. Oficialidade

O IP é presidido e conduzido por órgão *oficial* do Estado (polícia judiciária) – *vide* art. 144, § 4º, CF.

7.6.8. Oficiosidade

Em caso de crime de ação penal pública incondicionada, deve o delegado agir de ofício, instaurando o IP (art. 5º, I, CPP). Ou seja, deve a autoridade policial atuar independentemente de provocação de quem quer que seja. Por outro lado, nos crimes de ação penal privada e condicionada à representação, não pode o delegado agir (instaurar o IP) sem ser provocado pela vítima (ou seu representante legal) – art. 5º, §§ 4º e 5º, CPP.

7.7. Instauração ou início do IP (art. 5º, CPP)

7.7.1. Se o crime for de ação penal pública incondicionada (ex.: roubo – art. 157, CP)

O IP será instaurado:

a) De ofício pelo delegado (art. 5º, I): tomando conhecimento da prática de crime de ação penal pública *incondicionada* por meio de suas atividades rotineiras, deve o delegado *agir de ofício*, instaurando o IP. O nome da peça inaugural do IP nesse caso é a **portaria**.[20] A doutrina costuma denominar essa hipótese de instauração do IP de ***notitia criminis***[21] (notícia do crime) **espontânea** (*de cognição direta ou imediata*) exatamente por conta da descoberta do crime se dar *espontaneamente* pelo delegado;

b) Por requisição de membro do MP ou da magistratura[22] (art. 5º, II, primeira parte): igualmente, em se tratando de crime que se procede por meio de ação penal pública *incondicionada*, o IP poderá ser instaurado por meio de *requisição* de membro do MP ou da magistratura. Vale recordar que a *requisição* nesse contexto, conforme visto anteriormente, tem caráter de ordem para que o delegado instaure o IP. A doutrina costuma apelidar essa instauração do IP de ***notitia criminis* provocada** (*de cognição indireta ou mediata*). Isto porque o delegado toma conhecimento do crime por meio de *provocação* de membro do MP ou da magistratura. Nesse caso, a *peça inaugural* do IP será a própria requisição (MIRABETE, 2001, p. 84);

c) Por requerimento do ofendido (art. 5º, II, segunda parte):[23] a vítima de crime de ação penal pública *incondicionada* também poderá provocar a autoridade policial para fins de instauração de IP. Os autores também denominam essa hipótese de ***notitia criminis* provocada** (*de cognição indireta ou mediata*), visto que o delegado toma conhecimento do crime por meio

20. *"Peça singela, na qual a autoridade policial consigna haver tido ciência da prática do crime de ação penal pública incondicionada, declinando, se possível, o dia, lugar e hora em que foi cometido, o prenome e o nome do pretenso autor e o prenome e nome da vítima (...)"* (MIRABETE, 2001, p. 84).

21. *Notitia criminis é o conhecimento por parte do delegado, espontâneo ou provocado, de um fato aparentemente delituoso.*

22. Há quem critique a requisição de magistrado para instaurar o IP por vislumbrar burla ao sistema acusatório. O juiz não deve se envolver em atividade de persecução penal.

23. Tecnicamente, não se deve usar a expressão "dar uma queixa na delegacia". Isto porque "queixa", para o Proc. Penal, é sinônimo de queixa-crime (ação penal privada). Assim, em sentido técnico, deve-se falar em "noticiar a prática de um crime" (notícia do crime).

de provocação do ofendido. Nessa situação, a peça inaugural do IP será o próprio *requerimento* (*op. cit.*, 2001, p. 84). No caso de *indeferimento* desse requerimento do ofendido, cabe *recurso administrativo* ao Chefe de Polícia (art. 5º, § 2º), que, hoje, é representado ou pelo Delegado-Geral de Polícia ou pelo Secretário de Segurança Pública, conforme a legislação de cada Estado Federado;

d) Por provocação de qualquer um do povo (art. 5º, § 3º): em caso de delito que se processe por via de ação penal pública *incondicionada, qualquer pessoa* pode provocar a autoridade policial para que instaure o IP. A doutrina nomeia essa hipótese de ***delatio criminis*** (delação do crime) **simples**. Nessa situação, a peça inaugural do IP será a *portaria* (*op. cit.*, 2001, p. 84);

e) Pela prisão em flagrante do agente: ocorrendo a prisão em flagrante do indivíduo que cometeu crime de ação penal pública incondicionada, instaura-se o IP, tendo este como peça inaugural o *auto de prisão em flagrante* (APF). Os autores costumam denominar essa hipótese de instauração do IP de ***notitia criminis* de cognição coercitiva**.

7.7.2. Se o crime for de ação penal pública condicionada à representação (ex.: ameaça – art. 147, CP) ou à requisição do Ministro da Justiça (ex.: crime contra a honra do Presidente da República – art. 145, parágrafo único, do CP)

O IP será instaurado por meio, respectivamente, da **representação** da vítima e da **requisição**[24] do Min. da Justiça. Sem as referidas autorizações (representação e requisição) não poderá o delegado instaurar o IP. A doutrina costuma apelidar essa situação de instauração do IP de ***delatio criminis* postulatória**.

7.7.3. Se o crime for de ação penal privada (ex. injúria simples – art. 140, caput, CP)

O IP só poderá ser instaurado por meio de **requerimento** da vítima (ou seu representante legal).

Observação final: no Brasil, a **denúncia anônima** (delação apócrifa ou *notitia criminis* inqualificada) é imprestável para, *isoladamente,* provocar a instauração de inquérito policial. A delação apócrifa (ex.: disque-denúncia) somente é admitida se for usada para *movimentar* os órgãos responsáveis pela persecução penal (apenas isto). Neste caso, tais órgãos deverão proceder com a máxima cautela (averiguações preliminares) e só instaurar inquérito policial caso descubram outros elementos de prova idôneos. Consultar o seguinte julgado: STF, HC 99490/SP, *DJe* 01/02/2011 – Inf. 610, 2010.

7.8. Vícios no IP

Tendo em vista que o IP possui natureza de procedimento *administrativo informativo* (e não de processo), costuma a doutrina dizer que *eventuais vícios que ocorram durante a investigação não têm o condão de contaminar a futura ação penal.* Possíveis vícios do IP têm, normalmente, força apenas para produzir a *ineficácia do próprio ato inquinado (viciado).* Exemplo: se, no curso do IP, o delegado prende ilegalmente o indiciado, a ação penal, ainda assim, poderá ser oferecida por seu titular. A prisão, entretanto, deverá ser declarada ilegal pelo Judiciário (ineficácia do ato prisional, no caso).

Entretanto, embora seja verdade que os eventuais vícios do IP não contaminam a ação penal, é também correto que a inicial acusatória *não pode estar amparada tão somente em elementos viciados.* Ocorrendo isto (ação penal só fundamentada em elementos viciados), é de se reconhecer a falta de justa causa (suporte probatório mínimo) para o oferecimento da inicial (art. 395, III, CPP).

7.9. Incomunicabilidade do indiciado preso

O art. 21, CPP, prevê que, a pedido do delegado ou do MP, o juiz poderá decretar a *incomunicabilidade* do indiciado preso.

Ficar incomunicável, nesse contexto, consiste na *limitação de comunicação do detido com outros presos e com o mundo exterior (familiares, por exemplo), podendo, tão somente, comunicar-se com o seu advogado, o magistrado, o MP, o delegado e demais funcionários responsáveis pela sua custódia.*

Com essa medida, busca-se, *v. g.*, evitar que o preso possa instruir terceiros a destruir material probatório.

Entretanto, segundo pensa a *majoritária* doutrina, o dispositivo em questão *não foi recepcionado pela CF.* Segue o porquê desse entendimento.

A Lei Maior, ao tratar do Estado de Defesa (situação em que diversas garantias individuais poderão ser suprimidas), estabelece expressamente que *o preso não poderá ficar incomunicável* (art. 136, § 3º, IV, CF). Ora, se é vedada a incomunicabilidade do preso num estado *alterado, anormal* (Estado de Defesa), com muito mais razão, também se deve vedá-la (a incomunicabilidade) num estado de absoluta normalidade (que é o tratado pelo art. 21, CPP).

7.10. Valor probatório do IP

Consoante vimos anteriormente, as provas produzidas no âmbito do IP objetivam, em regra, dar suporte à ação penal (caráter informativo do IP). Porém, cabe a pergunta: *pode o IP dar suporte também à sentença condenatória?* Em outros termos: *pode o juiz fundamentar um decreto condenatório em provas obtidas no IP?* Vejamos.

Conforme posicionamento firme da comunidade jurídica, as provas obtidas em sede de IP *não podem,* ***de modo exclusivo***, fundamentar uma sentença penal condenatória.[25] Isso porque, como no IP não há contraditório, ampla defesa, bem como diversas outras garantias, uma condenação proferida nesses moldes (pautada *exclusivamente* em provas[26] obtidas na fase policial), configuraria violação frontal às garantias mais elementares do acusado. Aliás, não é o outro o comando da primeira parte do art. 155, CPP.

24. Atenção: a requisição aqui *não tem* conotação de ordem, mas de mera autorização para o MP agir.

25. Ver STF, HC 96356/RS, *DJ* 24/09/10, Info. 597.

26. Na realidade, alguns autores mencionam que, tecnicamente, sequer poderíamos dizer que, em sede de inquérito policial, há "provas". É que, faltando o contraditório, a ampla defesa, bem como um controle judicial sobre os elementos produzidos, não poderíamos falar em "provas", mas apenas em "atos de investigação", "atos de inquérito" ou "informações". Nesse sentido: Lopes Jr. (2003, p. 190).

Com efeito, embora o IP não possa funcionar como suporte *único* de um decreto condenatório, majoritário setor da doutrina e jurisprudência admite que a peça investigativa possa ser valorada em caráter *supletivo* (*subsidiariamente*). Segundo dizem, quando as provas produzidas na fase policial forem renovadas ou confirmadas em juízo (em contraditório judicial, portanto) será sim possível valorar o IP para dar mais robustez à condenação.[27] Exemplo: o depoimento de uma testemunha prestado durante o IP e, posteriormente, renovado em juízo, atestando a autoria do acusado. Neste caso, poderá o magistrado, na sentença condenatória, valorar, além do testemunho prestado em juízo, o efetuado na polícia. Por conta disso, costuma-se dizer que o valor probatório do IP é *relativo* (depende de renovação/confirmação em juízo).

Mas não é só. Há certas provas que, mesmo sendo produzidas no curso do IP, dadas as suas peculiaridades, podem ser amplamente valoradas pelo juiz num decreto condenatório. Mirabete (2001, p. 79) afirma que tais provas possuem valor idêntico àquelas produzidas em juízo. São as chamadas **provas cautelares, não repetíveis** e **antecipadas**[28] (*vide* parte final do *caput* art. 155, CPP).

Prova cautelar *é aquela que necessita ser produzida em caráter de urgência para evitar o seu desaparecimento.* Exemplos: busca e apreensão e interceptação telefônica. Admite-se a valoração dessa prova em sentença condenatória, pois se entende que ela se submete ao chamado **contraditório diferido, retardado ou postergado**. Significa isto que, *apesar de produzida no curso do inquérito, a prova, ao integrar o processo, poderá ser combatida pelas partes.*

Prova não repetível *é aquela em que a renovação em juízo revela-se, praticamente, impossível.* Ex.: perícia sobre um crime de estupro. Caso esse exame não seja realizado de plano na fase policial, é quase certo que o vestígio da infração penal desaparecerá. Também vige aqui o chamado contraditório diferido.

Prova antecipada *é aquela que, por conta da ação do tempo, apresenta alta probabilidade de não poder ser mais realizada em juízo.* Ex.: o testemunho de uma pessoa bastante idosa. Nesse caso, conforme sustentam, deve-se fazer uso do instituto da produção antecipada de prova (art. 225 do CPP) a fim de assegurar às futuras partes a garantia do contraditório. Procedida à produção antecipada de prova, torna-se possível valorá-la em uma eventual sentença penal condenatória.

7.11. Providências que podem ser tomadas no curso do IP

No curso do IP, uma série de diligências podem ser tomadas pelo delegado com a finalidade de elucidar a eventual prática de uma infração penal e sua respectiva autoria (art. 2º, § 2º, Lei 12.830/2013). Tais providências constam dos arts. 6º e 7º, CPP, que, note-se bem, não são dispositivos taxativos, mas meramente exemplificativos. Abaixo, examinaremos algumas dessas principais medidas.[29]

7.11.1. *Oitiva do indiciado (art. 6º, V, CPP)*

Ao longo do IP, o delegado deverá ouvir o indiciado observando, no que for aplicável, as regras do interrogatório judicial (art. 185 e ss., CPP). Note o leitor que não serão aplicadas *todas* as regras do interrogatório judicial à oitiva do indiciado efetuada na polícia, mas apenas aquelas que não colidirem com a natureza inquisitorial do IP. Desse modo, a presença de defensor no momento da ouvida do indiciado (exigida no interrogatório judicial – art. 185, § 5º) é considerada dispensável na fase policial. É dizer, com ou sem a presença de defensor, que a oitiva do indiciado será realizada pelo delegado. Por outro lado, o direito ao silêncio deve ser totalmente assegurado nessa etapa pela autoridade policial.

Observações finais: a) o art. 15, CPP, encontra-se revogado pelo atual Código Civil. Ou seja, dispensa-se o curador para o chamado indiciado "menor" (que possui entre 18 e 21 anos). É que o vigente CC tornou os maiores de 18 anos plenamente capazes para os atos da vida civil (nova maioridade civil), sendo que ser ouvido na condição de indiciado não deixa de ser um ato da vida civil; b) caso o indiciado não compareça ao ato de sua oitiva e não justifique a sua ausência, poderá ser conduzido coercitivamente à presença do delegado, desde que, conforme a melhor doutrina, a autoridade policial obtenha prévia autorização judicial para o cumprimento dessa finalidade. Porém, em uma decisão de 2011, o STF (HC 107644/SP, *DJe* 18/10/2011), com emprego de argumentação frágil, decidiu ser possível ao delegado determinar a condução coercitiva do indiciado *sem a necessidade de prévia autorização judicial.* Registre-se aqui que essa decisão é problemática, pois é capaz de produzir uma série de consequências nocivas, cuja análise escapa ao objetivo deste trabalho.

7.11.2. *Realização do exame de corpo de delito (art. 6º, VII, CPP)*

Quando a infração deixar vestígios (ex.: estupro, homicídio etc.), o delegado *não poderá* se negar a realizar o exame de corpo de delito, por ser este indispensável nessa situação (art. 158, CPP).

7.11.3. *Identificação do indiciado pelo processo datiloscópico (art. 6º, VIII, primeira parte, CPP)*

A CF, em seu art. 5°, LVIII, garante que "o civilmente identificado não será submetido à identificação criminal, salvo nas hipóteses previstas em lei".

Identificar-se civilmente é apresentar qualquer documento capaz de precisar a sua identidade (carteira de motorista, RG, carteira funcional etc. – *vide* o art. 1°, Lei 12.037/2009), quando solicitado a fazê-lo pelos órgãos responsáveis pela perseguição penal.

Assim, via de regra, de acordo com a CF, basta o fornecimento de identificação civil para satisfazer a eventual necessidade de esclarecimento da identidade de alguém.

---

27. Entretanto, há duras críticas a essa postura. Sobre o tema, consultar o nosso livro *Questões Polêmicas de Processo Penal*, Bauru: Edipro, 2011, tópico 2.4, oportunidade em que fizemos uma pesquisa minuciosa do assunto.

28. Os conceitos de prova cautelar, antecipada e não repetível, não são claros na doutrina, nem na lei (art. 155, CPP). Por isso, não se assuste o leitor se perceber certa inexatidão neles. O importante aqui é apreender os exemplos de cada um dos conceitos e entender quando o contraditório se antecipa e quando se posterga.

29. Para as provas de concurso, recomendamos a leitura *integral* desses dispositivos e não apenas os tratados aqui. Selecionamos neste tópico apenas as diligências mais relevantes.

Excepcionalmente, porém, será necessária a realização de identificação criminal. Identificar alguém criminalmente significa submeter o indivíduo à coleta de material datiloscópico, fotográfico, dentre outros.

Dessa forma, o art. 6º, VIII, primeira parte, CPP, que trata da "identificação do indiciado pelo processo datiloscópico", como uma das providências possíveis a serem tomadas pelo delegado no curso do IP, precisa ser lido à luz da CF. O delegado não pode, de modo automático, realizar a identificação do indiciado pelo processo datiloscópico (identificação criminal) – segundo se poderia pensar a partir de uma leitura simplista do art. 6º, VIII, CPP. Ao contrário, somente deve proceder à identificação criminal do indiciado se ocorrer alguma das hipóteses excepcionais previstas no art. 3º, Lei 12.037/2009. Vejamos quais essas hipóteses:

> **Art. 3º** Embora apresentado documento de identificação, poderá ocorrer identificação criminal quando:
>
> I – o documento apresentar rasura ou tiver indício de falsificação;
>
> II – o documento apresentado for insuficiente para identificar cabalmente o indiciado;
>
> III – o indiciado portar documentos de identidade distintos, com informações conflitantes entre si;
>
> IV – a identificação criminal for essencial às investigações policiais, segundo despacho da autoridade judiciária competente, que decidirá de ofício ou mediante representação da autoridade policial, do Ministério Público ou da defesa;
>
> V – constar de registros policiais o uso de outros nomes ou diferentes qualificações;
>
> VI – o estado de conservação ou a distância temporal ou da localidade da expedição do documento apresentado impossibilite a completa identificação dos caracteres essenciais.

Vale notar que, recentemente, a Lei 12.654/2012, alterando a Lei de Identificação Criminal, estabeleceu que, em relação ao inciso IV, destacado antes, será possível, para fins de identificação criminal, coletar material biológico do indivíduo para a obtenção do perfil genético (DNA) deste (parágrafo único do art. 5º da Lei de Identificação Criminal).

Sobre o tema, destaque-se o seguinte.

Na hipótese de a coleta de material biológico ser autorizada pelo juiz, as informações do perfil genético serão armazenadas em banco de dados próprio ("Biobanco"), **sigiloso**, a ser gerenciado por uma unidade oficial de perícia criminal (Ex: IML ou instituto de criminalística) – art. 5º-A, seu § 2º e art. 7º-B.

As informações genéticas **não** poderão revelar traços somáticos ou comportamentais, admitindo-se uma **exceção,** que é a determinação de gênero – art. 5º-A, § 1º. A medida visa a evitar que se façam futuras relações entre práticas criminosas e a estrutura genética de indivíduos, dando margem a possíveis estudos discriminatórios (da área da neurocriminologia, p. ex.) que relacionem o crime a determinada etnia, faixa etária etc.

Ademais, destaque-se que o perfil genético do indivíduo permanecerá no banco de dados pelo mesmo tempo previsto para a prescrição do delito em relação ao qual foi ou está sendo investigado/acusado – art. 7º-A.

Cabe, finalmente, destacar que o tema "coleta de material biológico para a obtenção de perfil genético" tem sido objeto de polêmica na doutrina. Dentre as diversas implicações de fundo ético que esse tipo de prática apresenta, um dos pontos criticados diz respeito à ofensa ao direito a não autoincriminação do indivíduo. Explica-se. Embora o material coletado tenha, *a priori*, a finalidade de promover a identificação criminal do indivíduo, é possível que esse material venha, futuramente, a ser utilizado contra o indivíduo como meio de prova. Os "Biobancos" passariam a servir como meios de prova, ultrapassando, portanto, a sua finalidade de mecanismo de identificação criminal. É por isso que vários autores afirmam que pode o acusado se negar a fornecer esse tipo de material, fazendo então valer o seu direito a não autoincriminação. O assunto ainda deverá ser bastante debatido, sendo que, certamente, chegará aos tribunais superiores. Esperemos.

7.11.4. *Reprodução simulada ou reconstituição do crime (art. 7º, CPP)*

Busca verificar a possibilidade de o crime ter sido praticado de certo modo. Não pode contrariar a moralidade, nem a ordem pública (é ofensiva a reconstituição de um estupro, por exemplo). Destaque-se que o indiciado *não está* obrigado a colaborar com essa diligência, uma vez que goza do direito a não autoincriminação. Porém, segundo defende significativa parcela da doutrina, mesmo que não colabore com a diligência, tem o indiciado, ainda assim, o dever de comparecimento (*vide* art. 260, CPP).

7.11.5. *Indiciamento*

Outra medida que pode ser tomada pelo delegado no curso do IP é o indiciamento do investigado. Indiciar significa que há nos autos do IP elementos sérios, razoáveis de que determinada pessoa (ou pessoas) cometeu, aparentemente, uma infração penal (ou várias infrações).

Perceba-se que o delegado deve agir com cautela aqui, vez que o indiciamento já produz um estigma naquele sobre quem esse ato recai. Logo, não pode ser um ato temerário, é preciso que existam, de fato, elementos no IP (atos de investigação) que apontem para a autoria e materialidade delitiva.

Recentemente, foi promulgada uma lei (Lei 12.830/2013) que, dentre outras coisas, trata do indiciamento. Vejamos uma passagem sobre o assunto: "art. 2º, (...) § 6º O indiciamento, privativo do delegado de polícia, dar-se-á por ato fundamentado, mediante análise técnico-jurídica do fato, que deverá indicar a autoria, materialidade e suas circunstâncias".

Note-se que há autoridades com prerrogativa de função que não podem ser indiciadas pelo delegado, p. ex: magistrados (art. 33, parágrafo único, LC 35/1979); membros do MP (arts. 18, parágrafo único, LC 75/1993, e 41, parágrafo único, Lei 8.625/1993); parlamentares federais. No que tange aos parlamentares federais, oportuno destacar que o STF entende ser possível o seu indiciamento, desde que haja prévia autorização do Ministro Relator do IP, responsável pela supervisão do inquérito (a respeito, confira-se o seguinte julgado Pet 3825 QO, DJ 03/04/2008).

7.12. Prazo de conclusão do IP

7.12.1. *Regra*

Conforme o art. 10, CPP: se o indiciado estiver **preso**, 10 dias; se **solto,** 30 dias. Apenas o prazo do indiciado *solto* pode ser prorrogado (§ 3º do art. 10, CPP). Nesta última hipótese, necessário se faz que o caso seja de difícil elucidação e que haja pedido do delegado ao juiz nesse sentido, fixando este último o prazo de prorrogação.

7.12.2. *Prazos especiais de conclusão do IP*

a) IP a cargo da polícia federal (art. 66, Lei 5.010/1966): se o indiciado estiver **preso**, 15 dias. Este prazo é prorrogável por mais 15 dias, desde que o delegado formule pedido fundamentado ao juiz, este o defira e que o preso seja apresentado ao magistrado. Se o indiciado estiver **solto**, 30 dias (também prorrogável na forma do § 3º do art. 10, CPP);

b) Lei de drogas (art. 51, Lei 11.343/2006): **preso**, 30 dias; **solto**, 90 dias. Ambos os prazos são duplicáveis por decisão judicial. Para que isso ocorra, é preciso que o delegado formule pedido fundamentado ao juiz e que o MP seja ouvido (art. 51, parágrafo único);

c) Crimes contra a economia popular (art. 10, § 1º, Lei 1.521/1951): indiciado **preso ou solto**, 10 dias. Prazo improrrogável em qualquer caso;

d) Inquérito militar (art. 20, *caput* e § 1º, CPPM): **preso**, 20 dias; **solto**, 40 dias. Este último podendo ser prorrogado por mais 20 dias pela autoridade militar superior.

7.13. Contagem do prazo de conclusão do IP

Embora não haja consenso na doutrina sobre o tema, prevalece que o prazo de conclusão do IP possui *natureza processual*, devendo, portanto, ser contado na forma do art. 798, § 1º, CPP (exclui-se o dia do começo e inclui-se o dia final).[30] Exemplo: Fulano foi preso em flagrante no dia 6 de abril de 2011 (quarta-feira). Como se trata de indiciado preso, pela regra do art. 10, CPP, o IP deverá ser concluído em 10 dias. Assim, seguindo a fórmula do art. 798, § 1º (prazo processual), a contagem dos 10 dias se iniciará no dia útil seguinte à prisão em flagrante (no caso, 7 de abril, quinta-feira). Por outro lado, o último dia do prazo *seria* 16 de abril (sábado). Como não há expediente forense no sábado, nem no domingo (e como o prazo é processual), haverá a prorrogação para o dia útil imediato (ou seja, 18 de abril, segunda-feira, se não for feriado). Conclusão: o último dia do prazo (*i. e.*, o último dia para que o delegado conclua o IP e o envie ao MP) será o dia 18 de abril (segunda-feira).

7.14. Encerramento do IP

Ao encerrar o IP, a autoridade policial deverá elaborar minucioso relatório do que tiver sido apurado (arts. 10, §§ 1º e 2º, e 11, CPP).[31] Nesse contexto, vejamos algumas distinções entre o encerramento de um IP que teve por objeto um crime de ação pública e o que teve por objeto um crime de ação privada.

7.14.1. *Crime de ação penal pública*

Em se tratando de crime de ação penal pública, concluído o IP, a depender das normas estaduais aplicáveis à Comarca, deverá ser encaminhado a juízo (oportunidade em que ficará à disposição do MP) ou deverá ser encaminhado diretamente ao MP. De um jeito ou de outro, este órgão (o MP), ao receber os autos do inquérito, deverá tomar uma das 3 medidas seguintes: a) oferecer denúncia; b) requisitar novas diligências; ou c) requerer o arquivamento. Examinemos estas opções *de per si*.

a) Oferecimento de denúncia: neste caso, significa que *o MP está satisfeito com a investigação realizada*. Ou seja, há suporte probatório mínimo (indício de autoria e de materialidade do crime) para o oferecimento da ação penal;

b) Requisição de novas diligências (art. 16, CPP): significa que *o MP não está satisfeito com o resultado da investigação, necessitando de ulteriores diligências*. Não é demais lembrar que a requisição do MP ao delegado tem caráter de ordem;

c) Requerimento (ou promoção) de arquivamento: como já dito, a autoridade policial não pode arquivar o IP (art. 17, CPP). O arquivamento, na realidade, só se dá por meio de dupla manifestação: pedido do MP + homologação do juiz (STF, HC 106124/PR, *DJe* 11/09/2013). O requerimento de arquivamento formulado pelo MP pode amparar-se em diversos motivos. Exemplos: atipicidade da conduta do indiciado; desconhecimento da autoria do crime; inexistência de elementos mínimos de prova para denunciar o indiciado; ausência de representação (nos crimes que a exigem – *v.g.* ameaça, art. 147, CP) etc.

Ainda a respeito das hipóteses de arquivamento do IP, note o leitor que o CPP não tratou expressamente do tema. Entretanto, esse Código, em seu art. 395, apresenta situações em que a denúncia será *rejeitada* pelo juiz. Ora, podemos concluir disso o seguinte: as hipóteses em que a denúncia deverá ser rejeitada pelo juiz (estabelecidas no art. 395) são exatamente os casos em que o MP não deverá oferecer denúncia, requerendo, ao revés, o arquivamento do IP. Trata-se de interpretação *a contrario sensu* do art. 395.

Pois bem, conforme mencionado, sendo hipótese de arquivamento, o MP deverá formular pedido fundamentado nesse sentido ao magistrado que, também de forma fundamentada (art. 93, IX, CF), decidirá sobre o caso.

A decisão do magistrado que determina o arquivamento do IP é, em regra, irrecorrível. Exceções: recurso de ofício da decisão que arquiva o IP em casos de crime contra a economia popular e contra a saúde pública (art. 7º, Lei 1.521/1951); e recurso em sentido estrito da decisão que arquiva o IP em casos de contravenção de jogo do bicho e de aposta de corrida de cavalos fora do hipódromo (art. 6º, Lei 1.508/1951 c/c arts. 58 e 60, DL 6.259/1944).

Ressalte-se que, arquivado o IP, nada impede que o delegado proceda a *novas diligências*, visando a encontrar elementos mais contundentes acerca da autoria e/ou materialidade do delito. É que, em regra, a decisão de arquivamento faz apenas coisa julgada formal[32] (incide aqui a chamada cláusula *rebus sic*

30. Contudo, como dissemos, o assunto é polêmico. Há respeitáveis autores que defendem a natureza penal desse prazo (contando-o, portanto, na forma do art. 10, CP).

31. Em regra, não é necessário ao delegado tipificar a conduta do indiciado no relatório. Porém, na Lei de Drogas, o art. 52, I, exige que o delegado tipifique a conduta do agente no relatório.

32. Sobre a distinção entre coisa julgada material e formal, aduz Gomes (2005, p. 330): "há duas espécies de coisa julgada: 1. Coisa julgada *formal:* impede que o juízo da causa reexamine a sentença [ou decisão]; 2. Coisa julgada *material:* impede que qualquer outro juízo ou tribunal examine a causa já decidida". (Incluiu-se).

stantibus[33]). Agora, para que o MP possa oferecer a denúncia (depois de consumado o arquivamento do IP), é imprescindível a existência de *provas substancialmente novas*. Em resumo, temos então o seguinte: em regra, arquivado o IP, nada impede que o delegado proceda a novas diligências. Porém, para que haja a deflagração de ação penal, é preciso que o MP, possua *provas substancialmente novas*. É assim que devem ser lidos o art. 18, CPP, e a Súmula 524, STF.

A regra, portanto, é: arquivado o IP, pode o delegado realizar novas diligências (art. 18, CPP) e o MP oferecer denúncia (se conseguir provas substancialmente novas - Súmula 524, STF). Porém, há casos em que a decisão de arquivamento faz **coisa julgada formal e material** *também*, impedindo, portanto, a reabertura do caso. *Já decidiram os tribunais superiores que não pode haver reabertura do caso na seguinte situação* (coisa julgada material): **arquivamento que tenha por base a atipicidade ou a extinção da punibilidade (mesmo que a decisão tenha sido proferida por juiz absolutamente incompetente)** - *vide* STF, HC 100161 AgR/RJ, *DJe* 16/09/2011.[34]

Por outro lado, discordando o juiz do pedido de arquivamento, deverá remeter o caso ao *Procurador-Geral de Justiça* (art. 28, CPP). Este (o PGJ), por sua vez, poderá: ou insistir no arquivamento do IP (hipótese em que o juiz estará obrigado a acolhê-lo); ou requisitar novas diligências; ou oferecer denúncia (ele mesmo ou por meio de outro membro do MP).

Note o leitor que, em se tratando de crime da *competência da Justiça Federal*, no caso de o juiz federal discordar do pedido de arquivamento do membro do MPF, deverá remeter a questão não ao Procurador-Geral da República, mas à *Câmara de Coordenação e Revisão do Ministério Público Federal*, conforme prevê o art. 62, IV, LC 75/1993. No mais, as opções da Câmara são iguais às do PGJ, *i. e.*, insistência no arquivamento, requisição de novas diligências ou oferecimento de denúncia.

Ainda em relação ao tema arquivamento, há construções da doutrina e da jurisprudência que buscam conferir a natureza de arquivamento a certas situações práticas que veremos a seguir:

I. arquivamento implícito ou tácito: caracteriza-se quando o MP (ações penais públicas, portanto) "deixa de incluir na denúncia algum fato investigado ou algum dos indiciados, sem expressa manifestação ou justificação deste procedimento" e o juiz deixa de se manifestar (art. 28, CPP) em relação àquilo que foi omitido (JARDIM, 2001, p. 170).

Pressupõe, portanto, a dúplice omissão: do MP, que oferece a denúncia sem incluir algum dos fatos (objetivo) ou dos indiciados (subjetivo) sem justificar o porquê;[35] e do juiz, que não adota a providência do art. 28 e dá seguimento ao trâmite, recebendo a denúncia.

Ex.: imagine o leitor que 6 indivíduos são investigados acerca do delito de roubo. Concluído o inquérito e remetido ao MP, esse oferece a denúncia em face de 5 dos investigados sem fazer qualquer menção ao 6º deles. O juiz, ao analisar a denúncia, despacha pelo seu recebimento. Nesse caso, haveria de se reconhecer o arquivamento implícito em relação ao último indiciado.

Destaque-se, porém, que tal modalidade não tem sido acolhida pela jurisprudência[36] e pela maior parte da doutrina, especialmente pela ausência de previsão legal e por considerar que o pedido de arquivamento deverá ser explícito, por força do princípio da obrigatoriedade da ação penal pública.

II. arquivamento indireto: trata-se de construção do STF[37] para resolver o conflito entre o juiz e o MP quando esse último recusa atribuição para o feito. O MP, ao invés de oferecer a denúncia, requerer outras providências ou o arquivamento ou novas diligências, recusa a própria atribuição por entender que o juízo perante o qual oficia é incompetente para processar e julgar a causa. O juiz, discordando, deve interpretar a situação como uma manifestação indireta de arquivamento e adotar a providência do art. 28, CPP, remetendo os autos ao órgão revisor do MP (PGJ ou Câmara de Coordenação e Revisão).

Ex.: promotor, ao receber os autos do IP, entende que o crime praticado ofendeu interesse da União e, portanto, a ação penal é atribuição do MPF (cujo membro é o Procurador da República). Nesse caso, requer ao juiz perante o qual oficia a remessa dos autos ao órgão competente. Se o juiz discordar, entenderá a manifestação como pedido indireto de arquivamento e remeterá os autos para o PGJ, seguindo o disposto no art. 28, CPP.

Perceba, portanto, que a questão gira em torno da divergência entre MP e juiz quanto à atribuição do órgão acusatório.

7.14.2. Crime de ação penal privada

Em se tratando de crime de ação penal privada, concluído o IP, deverá este ser encaminhado a juízo, oportunidade em que ficará à disposição da vítima - art. 19, CPP. Esta, tomando ciência da conclusão do IP, poderá adotar as seguintes medidas: a) oferecer a queixa-crime; b) requerer novas diligências; c) renunciar ao direito de ação; e d) permanecer inerte, deixando escoar o seu prazo de 6 meses para o oferecimento de queixa. Analisemos tais opções.

a) Oferecimento de queixa: significa que *a vítima deu-se por satisfeita com a investigação realizada, vislumbrando suporte probatório mínimo para o oferecimento de ação penal;*

b) Requerimento de novas diligências: ao contrário, *a vítima não se deu por satisfeita, necessitando de ulteriores diligências.* Note que incide aqui a *discricionariedade* do delegado, ou seja, pode este atender ou não as diligências solicitadas pela vítima (art. 14, CPP);

c) Renúncia ao direito de ação: o ofendido poderá renunciar ao seu direito de queixa, dando causa à extinção da punibilidade do agente (art. 107, V, CP). Note que se trata de ato unilateral da vítima (não depende da aceitação do indiciado para que possa concretizar seus efeitos);

d) Inércia: nesta situação, o ofendido deixa simplesmente escoar o seu prazo decadencial de 6 meses para o oferecimento

33. Significa nesse contexto: arquive-se o IP *desde que perdurem as mesmas circunstâncias e condições.*

34. Para uma leitura mais aprofundada, consultar o nosso *Questões Polêmicas de Processo Penal*, Bauru: Edipro, 2011 (tópico 2.2).

35. Ver nossas anotações sobre obrigatoriedade e indivisibilidade da ação penal pública no próximo Capítulo.

36. STF, HC 104356/RJ, DJ 02/12/10 e STJ, HC 197886/RS, DJ 25/04/12.

37. CA 12/BA, DJ 09/12/83. Ver também o CAt 222/MG, DJ 16/05/11, STJ.

de queixa (art. 38, CPP), resultando também na extinção da punibilidade do agente (art. 107, IV, CP).

Observação final: perceba o leitor que, tecnicamente, *não há* a figura do pedido de arquivamento em sede de ação penal privada (conforme vimos na ação penal pública). O ofendido não precisa requerer ao juiz o arquivamento do IP. Basta renunciar ao seu direito de ação ou mesmo deixar escoar o prazo de 6 meses para a queixa. De todo o modo, caso a vítima elabore um "pedido de arquivamento" ao magistrado, esse pedido será compreendido como renúncia expressa ao direito de ação.

7.15. Inquéritos extrapoliciais, não policiais ou investigações administrativas

Não obstante o disposto no art. 144, CF, que confere à polícia civil e à polícia federal a atribuição para investigar as infrações penais, a Carta Magna não o faz de modo a estabelecer exclusividade da função investigativa.

Desse modo, há autoridades não policiais que também possuem a prerrogativa de realizar investigação. Algumas dessas modalidades veremos a seguir.

7.15.1. *Inquéritos parlamentares (art. 58, § 3º, CF)*

As Comissões Parlamentares de Inquérito (CPI's) são criadas para *apuração de fato determinado e por prazo certo, sendo suas conclusões, se for o caso, encaminhadas ao Ministério Público para que promova a responsabilidade civil ou criminal dos infratores.*

Os parlamentares buscarão, por meio de sua atuação na CPI, colher elementos que permitam elucidar o fato determinado. Sendo assim, terão amplo espectro de atuação visando à coleta de documentos e dos depoimentos dos investigados e das testemunhas.

As CPIs possuem poderes inerentes às autoridades judiciais. Em razão disso, as pessoas convocadas a depor não podem, por exemplo, recusar o comparecimento e podem ser conduzidas coercitivamente.

As testemunhas deverão prestar o compromisso legal de dizer a verdade,[38] mas não estarão obrigadas a falar sobre fatos que a incriminem (direito ao silêncio – *nemo tenetur se detegere*).

Aos investigados, apesar da obrigatoriedade de comparecimento, são assegurados todos os direitos inerentes àqueles que são alvo de investigação. Alguns exemplos são o direito ao silêncio (evitando a autoincriminação); à assistência por advogado, com possibilidade de comunicação durante a inquirição; e a dispensa do compromisso legal de dizer a verdade. Para um aprofundamento em relação ao pensamento jurisprudencial sobre o tema, consultar o HC 100200/DF, *DJe* 27/08/2010, STF.

Ao final do procedimento investigativo, os parlamentares deverão elaborar um relatório das investigações e, caso haja indícios dos fatos ilícitos, devem proceder à remessa ao MP, para que o *parquet* adote as providências cabíveis.

Exemplo do resultado de investigação realizada por CPI é a AP 470, STF, que julga diversos réus acusados de peculato, corrupção ativa, passiva, formação de quadrilha, entre outros, em fato divulgado pela mídia como "mensalão". As investigações foram realizadas pelos parlamentares e posteriormente remetidas ao MPF, que ofereceu a denúncia por meio do PGR.[39]

Por fim, vale ressaltar que o relatório da CPI, uma vez recebido, terá prioridade de trâmite sobre os demais atos, exceto em relação aos pedidos de *habeas corpus, habeas data* e mandado de segurança (art. 3º, Lei 10.001/2000).

7.15.2. *Inquéritos por crimes praticados por magistrados ou membros do MP*

Nos casos em que o investigado é magistrado ou membro do MP, a investigação será conduzida pelos órgãos da mais elevada hierarquia das respectivas carreiras.

Assim, quanto aos magistrados, a investigação caberá ao órgão especial competente para o julgamento (art. 33, parágrafo único, LC 35/1979 – LOMAN[40]).

Aqui, oportuna a crítica feita por Denilson Feitoza Pacheco (2009, p. 217) quanto à investigação realizada por órgão jurisdicional. Apesar de **não acolhida pela jurisprudência e também por respeitável parte da doutrina**, a tese defendida pelo autor é de que tal permissão revela-se incompatível com a separação dos poderes e o sistema acusatório.

Lembremos que a natureza do procedimento investigativo é administrativa e está dissociada da função jurisdicional, adstrita ao Poder Judiciário. Tal dissociação é característica da separação dos poderes, que divide as funções estatais entre os poderes da República: a) administrativa, para o Poder Executivo; b) legislativa, para o Poder Legislativo; e c) jurisdicional, para o Poder Judiciário. Portanto, a concentração de função inerente às autoridades policiais (investigação), de natureza administrativa, com a função jurisdicional ofenderia o princípio da separação de poderes.

De igual modo, reconhece a ofensa ao sistema acusatório em razão da investigação ser presidida pelo próprio órgão que a julgará.

Em relação aos crimes cometidos por membro do MP, estadual ou federal, também caberá à cúpula dos respectivos órgãos a presidência da investigação,[41] mas como não são titulares da função jurisdicional, e sim da administrativa, as críticas acima não são aplicáveis.

7.15.3. *Inquérito por crimes praticados por autoridades com foro por prerrogativa de função*

Diante da prática de crime por autoridade com foro por prerrogativa de função, não pode o delegado instaurar inquérito ou realizar o seu indiciamento, devendo remeter a investigação ao tribunal perante o qual a autoridade goza de foro privilegiado.

Ex.: deputado federal que é flagrado na prática de crime inafiançável pode ser preso em flagrante, mas a partir daí o STF deve ser comunicado, pois presidirá a investigação.

38. Veremos de forma detalhada quando tratarmos da prova testemunhal, mais à frente.

39. Procurador-Geral da República.

40. Lei Orgânica Nacional da Magistratura.

41. Art. 41, parágrafo único, Lei 8.625/1993 (MP estadual); e 18, parágrafo único, LC 75/1993 (MPF).

Caso o procedimento acima não seja observado, certamente será nulo o indiciamento ou o próprio inquérito. Ver STF, Inq. 2411 QO, *DJe* 25/04/2008.

7.15.4. Investigação direta pelo MP (inquérito ministerial)

Falar em investigação direta pelo MP não significa dizer que o *parquet* presidirá o inquérito policial, pois estaria usurpando atribuição constitucional da polícia (art. 144, § 4º, CF).

Em verdade, os defensores dessa modalidade de investigação entendem que o MP pode realizar a colheita de provas reputadas essenciais para a deflagração da futura ação penal pública, da qual é titular exclusivo.

A investigação direta, portanto, *consiste na instauração de procedimento administrativo investigatório com o escopo de coletar elementos probatórios imprescindíveis para embasar uma eventual ação penal.* Trata-se de atividade complementar à da polícia.

Ex: uma testemunha procura o MP, diretamente, para revelar a sua versão acerca de determinado fato. Nesse caso, pode o MP instaurar o procedimento investigatório para colher o depoimento.

Em relação à sua admissibilidade, ainda há muita controvérsia.

Aqueles que defendem a possibilidade de investigação direta utilizam como principais argumentos:

a) À luz da teoria dos poderes implícitos,[42] se o MP detém o poder de promover exclusivamente a ação penal pública e de requisitar, em caráter irrecusável, a realização de diligências investigatórias ou a instauração de IP (art. 129, I e VIII, CF), não assiste razão à recusa de atribuição para atos investigativos. Em linguagem direta, significa dizer que "quem pode o mais, pode o menos";

b) O art. 144, CF, não estabeleceu exclusividade ou monopólio das investigações à polícia;

c) No direito comparado, a discussão atual diz respeito à titularidade da condução das investigações, se do promotor ou do juiz-instrutor, e não mais da exclusividade da polícia (BASTOS, Apud NICOLITT, 2010, p. 74);

d) Normas infraconstitucionais conduzem à possibilidade de atuação direta do MP, a exemplo do art. 26, Lei 8.625/1993.

No campo oposto, os fundamentos são os seguintes:

a) Ao MP cabe o controle externo da atividade policial e não a realização de investigação, que deve ser um poder/atribuição expresso no texto constitucional;

b) Ausência de previsão legal expressa;

c) A investigação sem previsão legal poderia acarretar arbitrariedades, a atuação direta na fase investigatória mitigaria a impessoalidade e afetaria o juízo crítico em relação ao oferecimento da denúncia.[43]

42. "A outorga de competência expressa a determinado órgão estatal importa em deferimento implícito, a esse mesmo órgão, dos meios necessários à integral realização dos fins que lhe foram atribuídos." Voto do Min. Celso de Mello na ADI 2797/DF, *DJ* 19/02/06, STF.

43. Refutando tal concepção, a Súmula 234, STJ: "a participação de membro do Ministério Público na fase investigatória criminal não acarreta o seu impedimento ou suspeição para o oferecimento da denúncia.".

No âmbito jurisprudencial, o STJ possui posicionamento consolidado no sentido de reconhecer tal atribuição ao MP. Ver REsp 998249/RS, DJ 30/05/2012 e HC 60976/ES, *DJe* 17/10/2011. O STF não possui posicionamento definitivo acerca do tema, pois o Plenário ainda não se manifestou. A decisão mais recente é da 2ª turma, no RE 535478, *DJe* 21/11/2008, de modo favorável à atuação do MP. Contudo, é importante destacar que a posição da Suprema Corte vinha sendo no sentido contrário.

7.16. Infiltração de agentes (arts. 10 a 14, Lei 12.850/2013)

Trata-se da possibilidade de infiltração de agentes policiais (Polícia Civil ou Federal) em atividades de investigação relacionadas às organizações criminosas. O tema será tratado de modo detido no tópico 22.2.4.

8. AÇÃO PENAL

8.1. Conceito

Direito público subjetivo de pedir ao Estado-juiz a aplicação do Direito Penal objetivo a um caso concreto.

Com efeito, para que o indivíduo possa exercer regularmente o seu direito de ação, é preciso que observe (preencha) certas condições. E são exatamente essas condições que estudaremos na sequência.

8.2. Condições genéricas da ação

Conforme dito, a presença de tais condições visa a proporcionar o regular exercício do direito de ação. Assim, tais condições funcionam como requisitos para que, legitimamente, seja possível exigir o provimento jurisdicional do Estado (LIMA, 2011, v. I, p. 238).

Ademais, ressalte-se que a presença dessas condições deve ser examinada pelo juiz no momento do recebimento da inicial acusatória. Caso uma (ou várias delas) esteja ausente, será hipótese de rejeição da inicial penal (*vide* art. 395, CPP).

Examinemos, finalmente, as condições da ação penal.

8.2.1. Possibilidade jurídica do pedido

Primeiramente, é imprescindível que aquilo que está sendo pedido seja admitido pelo direito objetivo, ou seja, o pedido deve ter amparo na lei. Diante disso, podemos inferir que, se o fato narrado na inicial acusatória for notoriamente atípico, *i. e.*, não previsto na lei como infração penal, não será possível instaurar a ação penal por impossibilidade jurídica do pedido.

8.2.2. Interesse de agir

Esse requisito implica verificação de que a pretensão formulada seja suficiente para satisfazer o interesse contido no direito subjetivo do titular (MIRABETE, 2006, p. 88). Esse interesse deve ser analisado sob 3 aspectos: necessidade; adequação; e utilidade.

a) Interesse-necessidade: tem por objetivo identificar se a lide pode ser solucionada extrajudicialmente, ou seja, se de fato é necessário o uso da via judicial para resolver o conflito. Na esfera penal, o interesse-necessidade é presumido, pois há vedação da solução extrajudicial dos conflitos penais (diferentemente do que ocorre no processo civil, por exemplo);

b) Interesse-adequação: aqui, deve-se fazer uma checagem se há adequação entre o pedido formulado e a proteção jurisdicional que se pretende alcançar. Será adequado o pedido quando, narrada uma conduta típica, o acusador requerer a condenação do réu, de acordo com os parâmetros do tipo incriminador, que estabelece a punição objetivamente adequada para cada delito (BONFIM, 2010, p. 181).

Porém, advirta-se que o *interesse-adequação* não possui capital importância no âmbito do processo penal, uma vez que o juiz pode se valer da *emendatio libelli* (art. 383, CPP) para corrigir eventual falha da acusação no tocante à classificação do crime e da pena a ser aplicada ao réu (PACELLI, 2012, p. 103);

c) Interesse-utilidade: só haverá utilidade quando for possível a realização do *jus puniendi* estatal (*i. e.*, quando for viável a aplicação da sanção penal). Se não é possível a punição, a ação será inútil. Ex.: ação penal por fato prescrito. De nada adiantará o exercício da ação penal se já estiver extinta a punibilidade do agente.

8.2.3. *Legitimidade* (ou legitimatio ad causam)

Diz respeito à pertinência subjetiva da ação. Os sujeitos devem ser legitimados para figurar na causa. Assim, a ação deve ser proposta somente pelo sujeito ativo pertinente e apenas contra aquele legitimado para figurar no polo passivo da causa.

No polo ativo da ação figura, em regra, o MP (art. 129, I, CF), já que a maioria das infrações penais tem a sua persecução por meio de ações penais públicas.

Nas ações privadas, o autor é o ofendido (a vítima), denominado querelante, que é pessoa física ou jurídica titular de um interesse.

Do lado oposto, no polo passivo, figura o réu (ações penais públicas) ou querelado (ações penais privadas).

Saliente-se que a CF prevê a possibilidade de responsabilização criminal da pessoa jurídica nas infrações penais praticadas em detrimento da economia popular, da ordem econômica e financeira (art. 173, § 5º, CF) e nas condutas lesivas ao meio ambiente (art. 225, § 3º, CF).

Importante dizer que a previsão no texto constitucional não conduz à automática inserção da pessoa jurídica no polo passivo, pois os dispositivos condicionam à previsão específica em lei ordinária. Nesse caso, o nosso ordenamento prevê a responsabilidade penal da pessoa jurídica apenas por danos ambientais (art. 3º, Lei 9.605/1998).

Ademais, nos tribunais superiores vem sendo aplicada a teoria da dupla imputação, segundo a qual é imprescindível a imputação simultânea do ente moral (empresa) e da pessoa física responsável pela sua administração (STJ, RMS 37293/SP, *DJe* 09/05/2013).

8.2.4. *Justa causa*

Para o exercício da ação penal, não basta que o pedido seja juridicamente possível, que a ação seja necessária, adequada e útil, e proposta pelo legítimo titular em face do legítimo ofensor. A presença de todos esses requisitos será insuficiente se não existir lastro probatório mínimo quanto à autoria e prova da materialidade do fato. É o que estatui o art. 395, III, CPP.

A justa causa nada mais é do que o *fumus comissi delicti*, ou seja, *a identificação de que há elementos probatórios concretos acerca da materialidade do fato delituoso*[44] *e indícios razoáveis de autoria*. É essencial a presença desses elementos para justificar a instauração da ação penal e a movimentação do aparato estatal.

8.3. Condições específicas da ação penal

Para além das condições genéricas anteriormente analisadas (comuns a todas as modalidades de ação penal), certas ações penais exigem também condições específicas para que sejam propostas ou tenham efeito.

Condições de procedibilidade: estas condicionam o exercício da ação penal. Possuem caráter essencialmente processual e dizem respeito à admissibilidade da persecução penal. A representação da vítima na ação penal pública condicionada à representação (crime de ameaça, *v. g.*), é uma condição de procedibilidade (condição específica desta ação penal). Sem ela, sequer é possível instaurar a ação penal.

Condições objetivas de punibilidade: *são aquelas condições estabelecidas em lei para que o fato seja concretamente punível* (GOMES, 2005, p. 87).

Podemos aqui citar dois exemplos de condições objetivas de punibilidade.

O primeiro é a sentença anulatória do casamento, que condiciona o exercício da ação penal no crime de induzimento a erro no matrimônio (art. 236, parágrafo único, CP).

Outro é a sentença que decreta a falência, a recuperação judicial ou extrajudicial nos crimes falimentares (art. 180, Lei 11.101/2005). Sem a decretação da falência ou da recuperação não será possível processar alguém por crime falimentar.

Importante destacar que o momento processual adequado para o juiz verificar o preenchimento de todas as condições da ação, genéricas ou específicas, é a fase de recebimento da denúncia ou da queixa (art. 395, II e III, CPP). Consiste o ato em um juízo sumário de admissibilidade da ação penal.

Atenção para não confundir as espécies anteriores com as **condições de prosseguibilidade**. Essas últimas, ao contrário, pressupõem a ação penal já instaurada, criando óbice à sua continuidade.

Exemplo ocorre nos casos em que o réu/querelado manifesta insanidade mental superveniente. Impõe-se a necessidade do agente recobrar a sanidade mental para que a ação penal tenha a sua regular continuidade. Enquanto não retomar a sanidade (condição de prosseguibilidade), o processo ficará paralisado e a prescrição correrá normalmente (art. 152, CPP).

8.4. Classificação da ação penal

A comunidade jurídica costuma classificar a ação penal tomando por base a legitimação ativa. Assim, a ação penal será pública quando a legitimação ativa pertencer ao MP e será privada quando a legitimação ativa pertencer à vítima. Façamos abaixo uma breve exposição sobre o tema para, na sequência, esmiuçarmos cada espécie de ação penal de per si.

44. A título de exemplo, ver decisão do STJ determinando o trancamento de ação penal, ante a manifesta atipicidade do fato, no HC 185.591-DF (Inf. 485).

a) Ação penal pública: é a encabeçada pelo MP. Pode ser:

I. **Incondicionada**: quando inexiste necessidade de autorização para que o MP possa agir (deflagrar a ação);

II. **Condicionada**: quando há necessidade de autorização (preenchimento de condição). Esta condição pode ser a representação da vítima (ex.: crime de ameaça) ou a requisição do Ministro da Justiça (ex.: calúnia contra o Presidente da República). Somente após o preenchimento da condição é que o MP estará autorizado a agir;

b) Ação penal privada: é a encabeçada pela própria vítima. Pode ser:

I. **Exclusivamente privada**: a característica fundamental aqui é que, no caso de incapacidade, morte ou ausência da vítima, o representante legal desta ou o CCADI,[45] conforme o caso, poderá ingressar com a ação penal. Ou seja, é possível que, em casos específicos, alguém, em lugar da vítima, ingresse com a ação penal. Ex.: imagine-se que uma vítima de injúria vem a falecer. Havendo prazo hábil, é possível que o CCADI venha a ingressar com a ação penal privada;

II. **Personalíssima:** a característica fundamental aqui é que, no caso de incapacidade, morte ou ausência da vítima, ninguém poderá ingressar/continuar com a ação penal. Assim, somente a vítima pode ingressar com a ação (personalíssima). Ex.: imagine-se que a vítima do crime previsto no art. 236, CP, vem a falecer. Nesse caso, ninguém poderá ingressar/prosseguir com a ação penal;

III. **Subsidiária da pública**: em caso de ação pública, quando o MP permanecer inerte nos prazos do art. 46, CPP, pode, excepcionalmente, a própria vítima do crime, ingressar com a ação penal. Ex.: num crime de roubo, pense-se que, nos prazos do art. 46, o MP permaneceu inerte. Diante dessa situação, pode a vítima do roubo ingressar com a ação penal privada subsidiária da pública.

Após essa sucinta apresentação das espécies de ação penal, aprofundemos cada uma delas, a começar pela ação penal pública, mais especificamente, pelos princípios que a regem.

8.5. Princípios que regem a ação penal pública

8.5.1. *Obrigatoriedade ou legalidade processual*

Significa que, *presentes os requisitos legais, as condições da ação, o Ministério Público está obrigado a patrocinar a persecução criminal, oferecendo a denúncia.* Não cabe ao órgão ministerial qualquer juízo de conveniência ou oportunidade quanto ao oferecimento da denúncia. Só pode o MP requerer (promover) o arquivamento se ocorrer uma das hipóteses dos arts. 395 e 397, CPP. Do contrário, será caso de denúncia.

Por outro lado, a doutrina costuma apontar que, no âmbito do JECRIM,[46] o princípio da obrigatoriedade sofre *mitigação (abrandamento)* – ou exceção, conforme preferem uns. É que, em se tratando de IMPO,[47] presentes os requisitos estabelecidos no art. 76, Lei 9.099/1995, deve o MP, em *vez de denunciar* (como normalmente faria), propor transação penal ao autor do fato. Assim, dizem os autores que, em relação às IMPOs, vigora o princípio da obrigatoriedade mitigada ou discricionariedade regrada.

8.5.2. *Indisponibilidade*

Decorre do princípio da obrigatoriedade, mas não se confunde com esta, já que pressupõe a ação em andamento. Desse modo, uma vez proposta a ação penal, não pode o Ministério Público dela dispor (art. 42, CPP), ou seja, é vedada a desistência, não podendo, inclusive, dispor de eventual recurso interposto (art. 576, CPP).

Entretanto, o fato de o MP não poder desistir da ação penal não implica necessário pedido de condenação em qualquer hipótese. Na realidade, é possível que o órgão de acusação peça a absolvição na fase de memoriais/alegações finais orais, impetre *habeas corpus* em favor do réu e, até mesmo, recorra em favor deste.

Segundo a doutrina, o princípio da indisponibilidade também sofre mitigação (exceção). Nas infrações que possuem pena mínima de até 1 ano, preenchidos os demais requisitos legais (art. 89, Lei 9.099/1995), deve o MP, juntamente com a denúncia, propor a suspensão condicional do processo. Aceita esta proposta pelo autor do fato e havendo homologação pelo magistrado, o processo ficará suspenso por um período de 2 a 4 anos. Aponta, portanto, a doutrina que essa situação configura caso de mitigação do princípio da indisponibilidade.

8.5.3. *Oficialidade*

A persecução penal em juízo está a cargo de um órgão oficial, que é o MP.

8.5.4. *Intranscendência ou pessoalidade*

A ação só pode ser proposta em face de quem se imputa a prática do delito, ou seja, só pode figurar no polo passivo da ação penal quem supostamente cometeu a infração penal (e não os pais, parentes etc. do suposto autor do fato).

8.5.5 *Indivisibilidade*

Atenção: *o STF não reconhece a* ***indivisibilidade*** *como princípio reitor da ação penal pública, mas apenas da privada.*

Antes de aprofundarmos o assunto, cabe alertar que **indivisibilidade** significa que, em caso de concurso de pessoas, *a acusação não pode fracionar (dividir) o polo passivo da ação penal, escolhendo quem irá processar.*

Porém, como dito, por mais estranho que possa soar, o STF entende que tal princípio não é aplicável à ação pública. Motivos que levam a Corte Suprema a assumir essa posição:

I. O art. 48, CPP, ao tratar da indivisibilidade, só se referiu à ação privada e não à pública;

II. O MP pode deixar de denunciar alguns indivíduos a fim de recolher mais elementos contra estes ao longo do processo e, assim, aditar a denúncia.

O argumento do STF parece partir de uma errônea compreensão do princípio em tela. Crê o STF que, como pode ocorrer aditamento posterior à denúncia, é possível sim dividir a ação penal pública, logo não haveria que se falar em indivisibilidade.

45. Sigla para os seguintes legitimados, estatuídos pelo art. 31, CPP: Cônjuge/companheiro(a); ascendentes; descendentes; e irmãos. Vale ressaltar que a ordem de indicação deve ser observada no momento da atuação. É, pois, preferencial.

46. Juizado Especial Criminal – Lei 9.099/1995.

47. Infração de menor potencial ofensivo – art. 61, Lei 9.099/1995.

Porém, esse conceito de indivisibilidade não é preciso. Indivisibilidade não significa impossibilidade de aditamento posterior (como sugere o STF). Não é este o ponto. Indivisibilidade significa que a acusação não pode excluir arbitrariamente agentes do polo passivo da ação (apenas isto). É lógico que, em caso de inexistência de elementos suficientes para o oferecimento da denúncia em relação a algum agente, o MP deverá promover o arquivamento (explícito) em relação a este, sendo certo que, surgindo elementos ao longo do processo da participação de mais algum agente na infração penal, deverá promover o aditamento à denúncia.

Na realidade, a indivisibilidade da ação penal decorre do próprio princípio da obrigatoriedade. Preenchidos os requisitos legais todos os agentes deverão ser denunciados.

Apesar de nossos argumentos, não se esqueça da posição do STF assinalada anteriormente: incabível a *indivisibilidade na ação penal pública.*

8.6. Ação penal pública incondicionada

8.6.1. *Conceito*

Modalidade de ação penal que dispensa qualquer condicionamento para o seu exercício. É a regra em nosso ordenamento jurídico.

8.6.2. *Titularidade*

A CF/1988 estabeleceu o MP como o legitimado privativo para a acusação nas ações penais públicas (art. 129, I, CF). Diante disso, é importante lembrar a incompatibilidade do art. 26, CPP, com o referido dispositivo constitucional, que implica a não recepção do processo judicialiforme, também denominado ação penal *ex officio*, pelo nosso ordenamento constitucional.

8.7. Ação penal pública condicionada

8.7.1. *Conceito*

Modalidade de ação penal que exige certas condições para o seu exercício por parte do MP. Trata-se de opção de política criminal do Estado que, levando em conta a natureza do bem jurídico violado, deixa a cargo da vítima (ou do Min. da Justiça, conforme o caso) a autorização para que a ação penal possa ser instaurada pelo MP. Sem a autorização da vítima ou do Min. da Justiça, conforme o caso, o MP não pode deflagrar a ação penal.

Analisemos alguns importantes institutos da ação penal pública condicionada: representação da vítima e requisição do Ministro da Justiça.

8.7.2. *Representação da vítima*

Trata-se de autorização (anuência) dada pelo ofendido para que o MP possa deflagrar a ação penal. Conforme diz a doutrina, a representação configura uma *condição de procedibilidade* para instauração da persecução penal.

a) Características da representação

I. Quem pode representar (legitimidade)? Vítima (pessoalmente ou por procurador com poderes especiais) ou representante legal (caso a vítima seja menor de 18 ou doente mental – arts. 24 e 39, CPP). Acrescente-se ainda que o civilmente emancipado também necessita de representante legal no campo processual penal;

II. Havendo **discordância** entre a vítima menor de 18 (ou doente mental) e seu representante legal, haverá nomeação de curador especial – art. 33, CPP. Curador especial é qualquer pessoa maior de 18 anos e mentalmente sã que, analisando o caso concreto, decidirá livremente pela representação ou pela não representação. É, pois, quem dará o "voto de Minerva" em caso de celeuma entre a vítima e seu representante legal;

III. Vítima menor ou doente mental que **não possui representante legal:** também nessa situação entrará em cena a figura do curador especial que decidirá livremente pela representação ou pela não representação;

IV. No caso de **morte ou declaração de ausência da vítima,** poderão oferecer representação em lugar do ofendido, nesta ordem, o cônjuge (ou companheiro), o ascendente, o descendente e o irmão (CCADI) – art. 24, § 1º. Conforme a doutrina, trata-se de *substituição processual*, em que a pessoa (CCADI) atua em nome próprio, mas em defesa de interesse alheio (o do falecido ou ausente);

V. Em se tratando de **pessoa jurídica**, a representação deve ser feita por aquele que estiver designado no contrato ou estatuto social da empresa. Diante da inércia destes, os diretores ou sócios-gerentes também poderão representar (art. 37, CPP).

VI. Prazo para a representação: prazo decadencial de 6 meses *contados a partir do conhecimento da autoria da infração* (art. 38, CPP). Dizer que um prazo é decadencial significa que não se suspende, interrompe ou prorroga. A contagem desse prazo segue os parâmetros do art. 10, CP: inclui-se o dia do conhecimento da autoria e exclui-se o último dia.

Atenção que a contagem desse prazo se inicia a partir do conhecimento da autoria do crime (a partir do momento em que a vítima descobre quem é o autor do delito) e não da consumação da infração. Normalmente, o conhecimento da autoria se dá no mesmo instante da consumação do delito. Mas isto pode não ocorrer, já que, embora consumado hoje o crime, posso vir a descobrir apenas meses mais tarde quem foi o seu autor. Será, pois, a partir desta última data que se contará o prazo de 6 meses. Ex.: em 10.02.2010, Fulano foi vítima de ameaça (data da consumação do crime). Porém, Fulano teve conhecimento da autoria do crime que sofrera apenas em **02.02.2011.** Assim, Fulano terá até o dia **01.08.2011** para ingressar com a representação;

VII. Ausência de rigor formal (art. 39, CPP): não há formalismos no ato de representação. Esta pode ser realizada por escrito ou oralmente perante o delegado, o MP ou o juiz. Exemplo da informalidade que estamos tratando aqui: considera a jurisprudência que há representação no simples ato da vítima de comparecimento a uma delegacia para relatar a prática de um crime contra si.

Ademais, basta a vítima oferecer a representação uma única vez. Explica-se com um exemplo: após ter representado perante o delegado, não precisa a vítima, novamente, representar perante o MP para que esse possa agir;

VIII. Destinatários: delegado, MP ou juiz – art. 39, CPP.

IX. Retratação: é possível ao ofendido retratar-se ("voltar atrás") da representação ofertada anteriormente até o oferecimento da denúncia (*i. e.*, até o protocolo da denúncia em juízo) – art. 25, CPP, c/c o art. 102, CP. Após este prazo, não haverá mais como a vítima impedir a atuação do MP. No caso da Lei Maria da Penha (art. 16), é possível a retratação até o recebimento da denúncia;

X. Eficácia objetiva da representação: efetuada a representação contra um só agente, caso o MP vislumbre que outros indivíduos também contribuíram para a empreitada criminosa, poderá incluí-los na denúncia. É que a vítima, ao representar, está autorizando o MP a agir não só contra o agente objeto da representação, mas contra todos os outros possíveis participantes da prática delituosa. A representação incide sobre os fatos narrados pelo ofendido e não sobre os seus autores;

XI. Inexistência de vinculação do MP: a representação não vincula a *opinio delicti* do MP. Mesmo que a vítima represente (*i. e.*, autorize o MP a agir), o órgão acusador pode discordar do ofendido (oferecendo denúncia por crime diverso do contido na representação, por exemplo), ou, ainda, requerer o arquivamento da representação por não vislumbrar elementos acerca da materialidade e/ou da autoria delitiva no caso concreto;

XII. Alguns exemplos de crime que se procede por meio de ação penal pública condicionada à representação: ameaça (art. 147, CP); estupro simples (art. 213, CP).

8.7.3. Requisição do Ministro da Justiça (MJ)

Para que o MP possa agir, certos crimes exigem a necessidade de autorização por parte do MJ. A requisição nada mais é do que um *ato de conveniência política a respeito da persecução penal.* Nessa hipótese, a possibilidade de intervenção punitiva está submetida inicialmente à discricionariedade do MJ.

a) Características da requisição do MJ

I. Atenção: a palavra requisição nesse contexto não tem conotação de "ordem" (como ocorre no caso de requisição de diligência do MP ao delegado). Ao contrário, como visto, trata-se de mera autorização do MJ para que o MP possa atuar. Logo, a requisição do MJ não vincula o entendimento do MP. Este poderá discordar do MJ (oferecendo denúncia por crime diverso do contido na requisição, p. ex), ou, ainda, requerer o arquivamento da requisição por não vislumbrar elementos acerca da materialidade e/ou da autoria delitiva no caso concreto;

II. Quem pode requisitar (legitimidade)? Ministro da Justiça;

III. Destinatário da requisição: MP (é dirigida ao chefe da instituição);

IV. Prazo: não há previsão legal. A requisição é possível enquanto o crime não estiver prescrito;

V. Retratação: não há previsão legal. Predomina na doutrina a impossibilidade de retratação da requisição.

VI. Eficácia objetiva: idem à representação;

VII. Exemplo de crime que se procede por meio de ação penal pública condicionada à requisição: crime contra a honra do Presidente da República (art. 145, parágrafo único, CP).

8.8. Ação penal privada

8.8.1. Conceito

É aquela modalidade de ação penal em que o legislador, por questão de política criminal, atribuiu a titularidade à vítima (querelante). Entendeu por bem o legislador atribuir a titularidade da ação penal à vítima nesses casos por entender que a violação à esfera de intimidade da vítima é superior ao interesse público em jogo. Assim, *grosso modo*, cabe à vítima optar por ingressar com a ação penal, expondo a sua intimidade em juízo, ou permanecer inerte.

8.8.2. Princípios que regem a ação penal privada

a) Oportunidade ou conveniência*:* fica à conveniência da vítima ingressar ou não com a ação penal (questão de foro íntimo). Inexiste obrigatoriedade aqui. Vale lembrar que a vítima não tem o dever de peticionar pela renúncia do direito de ação. Caso não queira processar o agente, basta deixar escoar o seu prazo decadencial de 6 meses. Não há, portanto, necessidade de pedido de arquivamento do IP;

b) Disponibilidade*:* o querelante dispõe do conteúdo material do processo. Assim, poderá desistir da ação penal intentada. Pode dar causa, por exemplo, à perempção (consultar o art. 60, CPP);

c) Indivisibilidade (arts. 48 e 49, CPP): em caso de concurso de agentes, o querelante está obrigado a oferecer a ação penal contra todos aqueles que praticaram o fato delituoso contra si. Busca-se com isso evitar que a ação seja usada como mecanismo de vingança privada (processando-se uns e outros não).

O Ministério Público desempenha fundamental papel de fiscalização da indivisibilidade da ação privada (art. 48, CPP). Em caso de exclusão indevida de agente(s) por parte do querelante, conforme sustenta a doutrina, não deve o MP aditar (ele próprio) a queixa.[48] Deve, no prazo previsto pelo § 2º do art. 46 do CPP, provocar a vítima para que promova o aditamento. Caso a vítima insista na exclusão dos agentes, deve o MP requerer ao magistrado a extinção da punibilidade de todos os acusados (em razão da ocorrência de renúncia tácita nessa situação);

d) Intranscendência ou pessoalidade: a ação penal só pode ser intentada contra quem é imputada a prática da infração penal, ou seja, somente aquele que supostamente a praticou pode figurar como querelado.

*8.8.3. Características da ação penal privada (*mutatis mutandis*, iguais as da representação)*

I. **Quem pode ingressar com a ação penal privada (legitimidade)?** Em regra (art. 30), a vítima (pessoalmente ou por procurador com poderes especiais) ou o seu representante legal (no caso de vítima menor de 18 ou doente mental). Nota: o art. 34 está revogado pelo atual CC. Completados 18 anos (e estando na plenitude de suas faculdades mentais), apenas a vítima pode ingressar com a ação penal.

Ademais, a pessoa jurídica também pode ingressar com a ação penal privada. É o que diz o art. 37, CPP: "as fundações, associações ou sociedades legalmente constituídas poderão exercer a ação penal, devendo ser representadas por quem os respectivos contratos ou estatutos designarem ou, no silêncio destes, pelos seus diretores ou sócios-gerentes";

II. **Havendo discordância entre a vítima menor de 18 (ou doente mental) e seu representante legal:** haverá nomeação de curador especial – art. 33, CPP;

48. Na ação privada, o MP só pode aditar se for para correções formais (indicação do procedimento adequado, dia, hora e local do crime etc.).

III. Vítima menor ou doente mental que **não possui representante legal**: também nessa situação entrará em cena a figura do curador especial que decidirá livremente pelo processo ou não processo;

IV. **No caso de morte ou declaração de ausência da vítima:** como já mencionado anteriormente, poderão suceder, nesta ordem, o cônjuge (ou companheiro), o ascendente, o descendente e o irmão (CCADI) - art. 31, CPP;

V. **Prazo:** 6 meses contados a partir do conhecimento da autoria da infração (art. 38, CPP).

8.8.4. *Espécies de ação penal privada*

O tema já foi apresentado anteriormente, porém agora iremos detalhá-lo um pouco mais.

a) Exclusivamente privada: é aquela em que a propositura/continuação da ação pode ser efetuada pela vítima ou, na impossibilidade desta (por morte, ausência ou doença mental), pelo representante legal/CCADI. Em suma, a ação penal exclusivamente privada admite o instituto da substituição processual (a pessoa atua em nome próprio, mas em defesa de interesse alheio), admite, pois, que, quando a vítima se encontrar impossibilitada de agir/prosseguir com a ação, outras pessoas especificadas por lei a substituam. Representa a esmagadora maioria dos crimes de ação penal privada. É, pois, a ação penal privada por excelência. Ex.: imagine-se que uma vítima de injúria vem a falecer. Havendo prazo hábil, é possível que o CCADI venha a ingressar com a ação penal privada;

b) Personalíssima: somente a vítima pode ingressar com a ação. Ninguém, em seu lugar, pode agir. Logo, descabe a substituição processual. Há um único exemplo em nosso ordenamento jurídico: induzimento a erro essencial e ocultação de impedimento ao casamento (art. 236, CP). No caso deste crime, se a vítima, por exemplo, vier a falecer, não poderá o CCADI atuar em seu lugar. Haverá a extinção da punibilidade do querelado;

c) Subsidiária da pública (*queixa subsidiária*) - art. 29, CPP: em caso de ação pública, quando o MP permanecer inerte nos prazos do art. 46, CPP, pode, excepcionalmente, a própria vítima do crime ingressar com a ação penal. Ex.: num crime de roubo, pense-se que, nos prazos do art. 46, o MP permaneceu inerte. Diante desta situação, pode a vítima do roubo ingressar com a ação penal privada subsidiária da pública (ou simplesmente queixa subsidiária). A finalidade principal dessa ação é fiscalizar a atuação do Ministério Público, buscando, assim, evitar a desídia do Estado-acusação.

Note que "permanecer inerte" significa que o MP não fez absolutamente nada, *i. e.*, nos prazos do art. 46, CPP, não ingressou com a denúncia, não requisitou diligências e nem requereu o arquivamento. Não é possível ingressar com a queixa subsidiária quando o MP pediu o arquivamento ou quando requisitou diligências. Repita-se: só cabe a queixa subsidiária em caso de inércia total do MP (STF, Inq 2696 AgR/DF, *DJe* 06/03/2009).

Prazo da queixa subsidiária: 6 meses contados a partir da consumação da inércia do MP. Atenção: são 6 meses a partir da consumação da inércia e não do conhecimento da autoria do crime.

Ademais, é oportuno frisar que a ação penal, apesar de assumida excepcionalmente pela vítima nesse caso, *não perde a sua* natureza pública. Isto significa que a ação penal permanece regida pelo princípio da indisponibilidade, motivo pelo qual o ofendido não poderá desistir da ação, dar causa à perempção (art. 60, CPP) ou mesmo perdoar o réu. Insista-se: apesar da mudança ocorrida no polo ativo da ação, esta permanece sob forte interesse público. Assim, a qualquer sinal de desídia/desistência por parte da vítima, retomará o MP a ação como parte principal. Aprofundemos o assunto a respeito dos poderes do MP na queixa subsidiária.

Na ação penal privada subsidiária da pública, o MP é verdadeiro interveniente adesivo obrigatório, pois será chamado a se manifestar em todos os termos do processo, sob pena de nulidade.

As suas **atribuições** estão enumeradas no art. 29, CPP, podendo o MP:

I. Aditar a queixa, acrescentando-lhe novos fatos/agentes;

II. Repudiar a queixa e oferecer denúncia substitutiva. Não pode o MP repudiar a queixa de forma arbitrária. Deve fundamentar porque o faz;

III. Intervir em todos os termos do processo;

IV. Fornecer elementos de prova;

V. Interpor recursos;

VI. A todo tempo, no caso de negligência do querelante, retomar a ação como parte principal.

8.8.5. *Institutos da ação penal privada: renúncia, perdão e perempção*

a) Renúncia ao direito de ação: é a *manifestação de vontade do querelante no sentido de não promover a ação penal.*

A renúncia somente é possível antes do ingresso da queixa. Trata-se de ato unilateral (não necessita da anuência do agente).

Pode se dar de forma expressa ou tácita (ex.: convívio íntimo entre vítima e seu ofensor).

É, ainda, ato irretratável e indivisível (no caso de existir pluralidade de querelados, por força do princípio da indivisibilidade, a renúncia em favor de um aproveitará os demais).

Gera a extinção da punibilidade do agente.

Por fim, admite-se qualquer meio de prova para atestá-la.

Consultar os arts. 49, 50 e 57, CPP;

b) Perdão do ofendido: somente possível após o ingresso da queixa, porém antes do trânsito em julgado.

Trata-se de ato bilateral (para que produza efeitos depende da aceitação do querelado). É ato bilateral porque o querelado tem o direito de buscar a comprovação da sua inocência, objetivando a sentença absolutória e não a extintiva de punibilidade.

É importante dizer que o silêncio do querelado importa em anuência. Para ilustrar melhor a situação, há o exemplo de quando o querelante oferece o perdão nos autos e o querelado é notificado para dizer se concorda, no prazo de 03 dias. Decorrido o lapso temporal, o silêncio implicará concordância.

O perdão pode se dar de forma expressa ou tácita (idem à renúncia).

É irretratável e indivisível (no caso de existir pluralidade de querelados, por força do princípio da indivisibilidade, o perdão em favor de um aproveitará os demais).

Gera a extinção da punibilidade do agente.

Admite-se também qualquer meio de prova para atestá-la.

Consultar os arts. 51, 53 e 55 a 59, CPP;

c) **Perempção:** significa a desídia do querelante após a instauração do processo. O efeito desse desinteresse é a extinção da punibilidade, consoante estatuído pelo art. 107, IV, CP. Vejamos quando ela ocorre (análise do art. 60, CPP):

> "**Art. 60.** Nos casos em que somente se procede mediante queixa, considerar-se-á perempta a ação penal:
>
> I. quando, iniciada esta, o querelante deixar de promover o andamento do processo durante 30 dias seguidos;
>
> II. quando, falecendo o querelante, ou sobrevindo sua incapacidade, não comparecer em juízo, para prosseguir no processo, dentro do prazo de 60 (sessenta) dias, qualquer das pessoas a quem couber fazê-lo, ressalvado o disposto no art. 36;
>
> III. quando o querelante deixar de comparecer, sem motivo justificado, a qualquer ato do processo a que deva estar presente, ou deixar de formular o pedido de condenação nas alegações finais;
>
> IV. quando, sendo o querelante pessoa jurídica, esta se extinguir sem deixar sucessor."

8.8.6. *Custas processuais e honorários advocatícios (art. 806, CPP)*

Em primeiro lugar, é importante dizer que a discussão diz respeito apenas às ações penais privadas propriamente ditas (exclusiva e personalíssima), excluindo, portanto, a subsidiária da pública (que mantém a natureza de ação penal pública).

Em regra, a parte que requer a diligência (querelante ou querelado) deverá recolher previamente o valor correspondente às custas processuais, sob pena de ser tida como renunciada a diligência requerida.

Por óbvio, há substanciais exceções, quais sejam: querelantes ou querelados comprovadamente pobres (art. 32, CPP); e Estados que não estabelecem custas processuais em processos de natureza criminal. Ver STJ, HC 82856/SP, *DJe* 16/03/2009.

Nos casos de preparo do recurso em ação penal pública, o STF possui entendimento consolidado de que o pagamento só é exigível após o trânsito em julgado da sentença condenatória. Não será negado seguimento ao recurso, sob pena de ofensa à presunção de inocência e à ampla defesa (HC 95128/RJ, *DJe* 05/03/2010).

No que concerne aos honorários advocatícios, em que pese as divergências, há precedentes[49] em relação à sucumbência nas ações de iniciativa privada e aos advogados nomeados pelo juiz para o patrocínio da causa. Nesse último caso, são devidos pelo Estado e fixados pelo magistrado de acordo com a tabela da seccional da OAB (art. 22, § 1º, Lei 8.906/1994).

8.9. Temas especiais em ação penal

Para além da classificação convencional das ações penais, que acabamos de trabalhar nos itens anteriores, há uma série de peculiaridades legais e de construções doutrinárias e jurisprudenciais que devem ser aqui abordadas pela sua crescente presença em provas de concursos, em especial nas fases subjetiva e oral.

49. STF, RHC 99293/AC, *DJ* 07/02/11.

8.9.1. *Ação de prevenção penal*

Trata-se de ação penal destinada a aplicar medida de segurança ao acusado. Explica-se: toda ação penal requer a imposição de sanção penal, seja pena (aos réus imputáveis) ou medida de segurança (aos inimputáveis), mas essa modalidade é destinada **apenas** à aplicação de medida de segurança aos absolutamente incapazes.[50]

A denúncia, portanto, é oferecida visando à aplicação de medida de segurança por tratar-se de acusado inimputável.

8.9.2. *Ação penal pública subsidiária da pública*

Tal denominação é oriunda de construção doutrinária e decorre do art. 2º, § 2º, Dec.-lei 201/1967 (crimes praticados por prefeitos e vereadores). O dispositivo prevê a atuação do PGR nos casos em que a autoridade policial ou o MP estadual não atendam às providências para instauração de inquérito policial ou ação penal.

Em outras palavras, da inércia do MP estadual ou da autoridade policial civil surge a atribuição do PGR, chefe do Ministério Público Federal (MPF), para atuar no polo ativo da persecução.

A crítica pertinente a essa modalidade é que tal dispositivo não está em harmonia com a CF, que estabelece a independência funcional do MP estadual. O *parquet* estadual possui autonomia e deve ser visto como um órgão independente. Não há qualquer relação hierárquica entre os MP's estaduais e o MPF. Desse modo, a ação aqui estudada não foi recepcionada pela CF/1988.

8.9.3. *Ação penal popular*

Construção doutrinária a partir do art. 14, Lei 1.079/1950,[51] que define os crimes de responsabilidade praticados pelo Presidente da República (PR), Ministros de Estado, do STF, PGR, Governadores e Secretários estaduais.

Para a fração minoritária da doutrina que a admite, a pessoa que denunciar o PR assume o polo ativo da ação, que depende de autorização da Câmara dos Deputados e tramitará perante o Senado Federal, configurando, assim, uma terceira modalidade de ação penal.

Sucede que a doutrina majoritária entende que o referido dispositivo legal diz respeito tão somente à *delatio criminis* feita por qualquer do povo à Câmara dos Deputados, ou seja, ciente da prática de um crime de responsabilidade pelo PR, toda pessoa pode comunicar o fato formalmente à Casa Legislativa, que poderá, ou não, dar seguimento de acordo com a análise combinada dos arts. 51, I, e 86, CF.

Percebe-se, portanto, que o que a minoria entende ser uma modalidade de ação penal exercida por qualquer do povo na realidade é o reconhecimento de que todos podem denunciar à Câmara dos Deputados a prática de infração político-

50. Assim compreendidos nos termos do art. 26, CP: "o agente que, por doença mental ou desenvolvimento mental incompleto ou retardado, era, ao tempo da ação ou da omissão, inteiramente incapaz de entender o caráter ilícito do fato ou de determinar-se de acordo com esse entendimento".

51. Art. 14. "É permitido a qualquer cidadão denunciar o Presidente da República ou Ministro de Estado, por crime de responsabilidade, perante a Câmara dos Deputados."

-administrativa (crime de responsabilidade) pelas autoridades federais indicadas.

8.9.4. *Ação penal adesiva*

Acontece na hipótese em que houver conexão ou continência entre uma ação penal pública e uma ação penal privada. Essa situação implica dupla legitimação ativa na tutela de interesses conexos, quais sejam, do MP e do querelante, embora em ações penais distintas. A unificação das ações é facultativa, funcionando de modo similar ao litisconsórcio ativo facultativo do processo civil.

8.9.5. *Ação penal secundária (legitimação secundária)*

Acontece quando a lei estabelece um titular ou uma modalidade de ação penal para determinado crime, mas, mediante o surgimento de circunstâncias especiais, prevê, secundariamente, uma nova espécie de ação penal para aquela mesma infração.

Ex: crimes contra a honra são, em regra, de ação privada, mas, no caso de ofensa à honra do Presidente da República, a própria lei estabelece que a ação penal é condicionada à requisição do MJ (art. 145, parágrafo único, CP).

Diz-se legitimação secundária porque há uma alteração ou condicionamento do polo ativo da ação penal. A ação penal pública transforma-se em ação penal privada ou a ação penal pública incondicionada torna-se condicionada.

8.9.6. *Ação penal nos crimes contra a honra de funcionário público*

A discussão desse tema justifica-se pelo excepcional tratamento conferido ao polo ativo da ação penal.

Quando um funcionário público, em razão do exercício da sua função (*propter officium*), é ofendido em sua honra, a ação penal decorrente do fato é pública condicionada à representação. É o regramento da parte final do parágrafo único, art. 145, CP.

Sucede que o STF, buscando ampliar os mecanismos de defesa da honra do servidor público, construiu entendimento que resulta em legitimidade ativa concorrente. Nesse sentido, diz a Súmula 714: "é concorrente a legitimidade do ofendido, mediante queixa, e do Ministério Público, condicionada à representação do ofendido, para a ação penal nos crimes contra a honra de servidor público em razão do exercício de suas funções".

A opção do servidor ofendido, portanto, é dúplice, cabendo a ele escolher a modalidade de ação que entender mais efetiva.

O que acontece quando o ofendido opta pela representação e o MP manifesta-se pelo arquivamento? Ao contrário do que acontece na ação privada subsidiária, em que o ofendido nada pode fazer, aqui ele pode oferecer a queixa-crime, desde que não tenha decorrido o prazo decadencial.[52] Lembremos que o caso é de **legitimação concorrente** (simultânea) e **não** <u>subsidiária</u> (supletiva), que pressupõe a inércia do MP.

8.10. Inicial acusatória

8.10.1. *Conceito*

Peça inaugural da ação penal, contendo a imputação formulada pelo órgão legitimado para a acusação. Nas ações penais públicas (incondicionada e condicionada), cuja legitimidade ativa pertence ao MP, a peça é denominada denúncia. Nas ações privadas, cuja legitimidade pertence, em regra, à vítima, chama-se queixa-crime ou, simplesmente, queixa.

8.10.2. *Requisitos comuns à denúncia e à queixa (art. 41, CPP).*

Para que possa ser recebida pelo juiz e para que a defesa possa se realizar adequadamente, a inicial penal precisa observar certos requisitos, a saber:

a) Exposição (descrição) do fato criminoso com todas as suas circunstâncias: narrativa de um acontecimento que se encaixe perfeitamente a um tipo penal (preenchimento de todos os elementos do tipo penal). Deve-se descrever a conduta delitiva, o elemento subjetivo (dolo ou culpa), instrumentos do crime, mal produzido, motivos do crime, bem como qualquer circunstância que influa na caracterização do delito (qualificadoras, majorantes, agravantes etc.).

A ausência ou deficiência da exposição do fato criminoso com todas as suas circunstâncias enseja a rejeição por inépcia da inicial penal – art. 395, I, CPP. Nessa hipótese, a inépcia deve ser arguida até o momento anterior à prolação da sentença (art. 569, CPP).

Finalmente, perceba o leitor que a correta exposição do fato criminoso com todas as suas circunstâncias é de suma importância para direito de defesa do réu. Isto porque uma inicial mal elaborada, lacônica, prejudica inegavelmente o direito de defesa (o réu termina não sabendo ao certo do que está sendo acusado). Não se deve esquecer que, no processo penal, o acusado defende-se não da classificação legal dada ao crime, mas dos fatos a ele imputados. A seguir, analisaremos algumas situações práticas que dizem respeito à relevância da descrição adequada dos fatos na exordial acusatória:

I. Denúncia genérica (imputação genérica)

Há hipóteses em que o concurso de infratores torna difícil a individualização das respectivas condutas, da participação de cada um deles na infração penal. Vimos acima que o réu defende-se dos fatos imputados na peça acusatória, motivo pelo qual a descrição da conduta de cada um deles é essencial para o pleno exercício da defesa, do contraditório. Se a conduta não está delimitada, o acusado não pode formular a sua tese defensiva, contrapondo argumentos que demonstrem comportamento distinto daquele descrito na denúncia/queixa.

Por essa razão, a denúncia formulada de modo genérico não tem sido admitida em nossos tribunais e também pela doutrina.

Há, contudo, duas **exceções** construídas pelos tribunais superiores.

Nos crimes de autoria coletiva, que são os crimes societários e os multitudinários (derivado de multidão), em que uma coletividade de pessoas pratica diversas infrações penais, a pormenorização das condutas no momento da elaboração da denúncia é mais difícil. Exemplo de crime multitudinário: uma multidão de torcedores promove a depredação em estádio de futebol e arredores.

Admite-se uma descrição que permita a individualização da conduta, mas sem os aspectos minuciosos que seriam naturalmente exigidos. Destaque-se que a instrução probatória deverá

52. STF, AgRInq 726/RJ, *DJ* 29/04/1994.

demonstrar esses aspectos que ficaram de fora da peça inicial. Ver STF, HC 73208/RJ, DJ 07/02/1997.

Quanto aos crimes societários, a questão não é tão pacífica. No STF, por exemplo, há divisão entre duas turmas. Vejamos.

Diz a 2ª turma, no HC 107187/SP, *DJe* 30/03/2012: "a denúncia discutida neste processo não descreveu, suficientemente, os fatos ilícitos, alegadamente protagonizados pela paciente. Paciente denunciada pelo crime de emissão de duplicata simulada tão somente por figurar no contrato social da empresa sob investigação." A turma reconhece a inépcia da denúncia ante a descrição insuficiente da conduta praticada pela infratora, ou seja, rejeita a descrição genérica reputando-a inepta.

Ao contrário, a 1ª turma, no HC 101286/MG, *DJe* 25/08/2011, decidiu que "tratando-se de crimes societários, não é inepta a denúncia em razão da mera ausência de indicação individualizada da conduta de cada indiciado."

Percebe-se a profunda divergência entre as turmas do STF.

E qual a posição do STJ? A referida Corte mitiga a exigência de descrição pormenorizada da conduta e reconhece a possibilidade de imputação genérica (HC 187773/ES, DJ 03/09/2012);

II. Denúncia alternativa (imputação alternativa)

Consiste na possibilidade de imputação de uma infração a várias pessoas ou de várias infrações a uma pessoa, sempre de modo alternativo.

Para melhor compreensão, é importante atentar para as espécies através dos exemplos abaixo.

Imputação alternativa subjetiva: acontece quando o órgão de acusação está em dúvida em relação à autoria (se "A" ou se "B" cometeu o crime) e oferece a denúncia/queixa contra um ou outro, alternativamente, acreditando que a instrução processual revelará quem, de fato, o cometeu. Incide, pois, sobre o sujeito ativo da infração penal (autor do fato).

Em síntese, na dúvida sobre o autor do crime, todos são incluídos na expectativa de que a instrução demonstre qual deles é o agente.

Imputação alternativa objetiva: nesse caso, a dúvida da acusação diz respeito à infração penal efetivamente cometida. Ex: se o MP não possuir elementos suficientes para concluir se um objeto foi subtraído com ou sem grave ameaça, oferecerá a denúncia por furto ou por roubo, alternativamente, considerando que a instrução processual certificará se houve violência ou grave ameaça à pessoa.

Do exposto sobre a imputação alternativa, podemos inferir que há clara impossibilidade de exercício da ampla defesa pelo acusado. Em uma hipótese, sequer há indícios consistentes sobre quem é o autor do fato. Na outra, não há ciência exata de qual fato está sendo imputado contra si. Ver STJ, REsp 399858/SP, *DJe* 24/03/2003;

b) Qualificação do acusado ou fornecimento de dados que permitam a sua identificação: deve a inicial penal trazer a qualificação do acusado (nome, estado civil, profissão etc.). Essa qualificação deve ser a mais completa possível a fim de se evitar o processo criminal em face de uma pessoa por outra.

Porém, caso não seja possível a obtenção da qualificação do acusado, será, ainda assim, viável o oferecimento da inicial penal, desde que se possa identificar fisicamente o réu. Nessa linha, confira-se o art. 259, CPP: "a impossibilidade de identificação do acusado com o seu verdadeiro nome ou outros qualificativos não retardará a ação penal, quando certa a identidade física. A qualquer tempo, no curso do processo, do julgamento ou da execução da sentença, se for descoberta a sua qualificação, far-se-á a retificação, por termo, nos autos, sem prejuízo da validade dos atos precedentes".

Assim, admite-se que a inicial penal seja oferecida com apenas características físicas marcantes do acusado, como: idade aproximada, altura aproximada, tatuagens, cicatrizes, marcas de nascença, cor de cabelo etc.;

c) Classificação do crime: após expor o fato criminoso com todas as suas circunstâncias, deve a inicial penal tipificar a conduta delituosa.

Lembre-se de que essa classificação dada pelo MP ou querelante não vinculará o juiz, que poderá, aplicando o art. 383, CPP (*emendatio libelli*), reconhecer definição jurídica diversa da narrada na inicial;

d) Rol de testemunhas: a indicação do rol de testemunhas é facultativa na inicial penal. Trata-se, portanto, de requisito facultativo. Porém, caso a acusação não o indique nessa ocasião, haverá a preclusão (*i. e.*, não poderá ser efetuado posteriormente);

e) Pedido de condenação: o pedido de condenação será, preferencialmente, expresso. Contudo, excepcionalmente, pode-se admiti-lo de modo implícito quando a sua dedução for possível a partir da leitura da imputação descrita na peça inicial;

f) Endereçamento: observando as regras de competência, a peça deverá indicar expressamente qual o órgão jurisdicional competente que conhecerá o caso;

g) Nome e assinatura do órgão acusador: ao final da peça, o órgão legitimado para a acusação deve identificar-se e assiná-la, sob pena de inexistência do ato. Entretanto, essa inexistência somente terá efeito se for impossível a identificação do autor no bojo da peça.

8.10.3. Requisito específico da queixa-crime (art. 44, CPP)

A queixa precisa vir acompanhada de procuração com poderes especiais. Esses "poderes especiais" (requisitos) consistem: no nome do querelado[53] e na menção do fato criminoso.[54] Tais poderes especiais têm a sua razão de ser, pois servem para "blindar" a pessoa do defensor. É dizer: em caso de denunciação caluniosa, quem responderá pelo crime será o querelante (que outorgou a procuração) e não o advogado.

8.11. Prazo para o oferecimento da denúncia

a) Regra (art. 46): estando o indiciado preso, tem o MP 5 dias para oferecer denúncia; estando solto, 15 dias;

53. O art. 44, CPP, menciona nome do quere*lante*. Porém, a doutrina considera que houve erro de grafia quando da promulgação do CPP. Trata-se do nome do querelado.

54. Os tribunais superiores admitem, inclusive, que a menção ao fato criminoso pode ser resumida à indicação do dispositivo legal (STJ RHC 7762/SP, DJ 14/09/1998).

b) Prazos especiais:

I. Crime eleitoral: indiciado preso ou solto, 10 dias (art. 357, CE);

II. Tráfico de drogas: indiciado preso ou solto, 10 dias (art. 54, III, Lei 11.343/2006);

III. Abuso de autoridade: indiciado preso ou solto, 48 horas (art. 13, Lei 4.898/1965);

IV. Crimes contra a economia popular: indiciado preso ou solto, 2 dias (art. 10, § 2º, Lei 1.521/1951);

c) Contagem do prazo para o oferecimento da denúncia: o tema não é pacífico, porém prevalece que se trata de prazo processual, devendo ser contado na forma do art. 798, § 1º, CPP; portanto, exclui-se o dia do começo, incluindo-se, porém, o do vencimento;

d) Consequências para o caso de descumprimento do prazo para oferecimento da denúncia:

I. Possibilidade de a vítima ingressar com a ação penal privada subsidiária da pública (art. 29, CPP);

II. Estando preso o indiciado, a prisão passará a ser ilegal, devendo ser imediatamente relaxada pelo juiz (art. 5º, LXV, CF);

III. Possibilidade de responsabilizar o MP por crime de prevaricação, se dolosa a conduta omissiva desse agente público (art. 319, CP).

8.12. Prazo para o oferecimento da queixa-crime

a) Regra: 6 meses (art. 38), contados a partir do conhecimento da autoria. Esse prazo possui natureza decadencial e, portanto, deve ser contado segundo o art. 10, CP, incluindo-se o dia do começo e excluindo-se o dia final. Justamente por se tratar de prazo decadencial, pode findar em feriado ou final de semana, não sendo prorrogado para o primeiro dia útil subsequente, tampouco sujeito a interrupção ou suspensão.

Atenção para os casos de **crime continuado** porque a contagem do prazo é feita isoladamente, considerando a ciência da autoria de cada uma das condutas cometidas.

b) Exemplos de prazo especial de queixa-crime:

I. Crime de induzimento a erro essencial e ocultação de impedimento ao casamento (art. 236, parágrafo único, CP): o prazo aqui também é decadencial e de 6 meses. Porém, a sua contagem se inicia com o trânsito em julgado da sentença de anulação do casamento;

II. Crimes contra a propriedade imaterial que deixarem vestígios (ex.: art. 184, CP): primeiro, é oportuno lembrar que, no caso de haver o crime contra a propriedade imaterial deixado vestígio, será imprescindível a inicial penal vir acompanhada de laudo pericial, sob pena de rejeição da peça acusatória (art. 525, CPP). Visto isso, vamos ao prazo da queixa.

Nessa espécie de delito, a vítima também conserva os 6 meses para ingressar com a queixa, contados a partir do conhecimento da autoria (até aqui nada de novo).

Porém, uma vez homologado o laudo pericial, terá a vítima apenas 30 dias para ingressar com a queixa, sob pena de decadência. Ex.: suponha-se que o conhecimento da autoria deu-se há 3 meses e o laudo pericial foi homologado na data de hoje. Pois bem, a partir de hoje terá a vítima 30 dias para ingressar com a queixa;

c) Consequência para a perda do prazo do oferecimento de queixa: extinção da punibilidade pela decadência (art. 107, IV, CP).

9. AÇÃO CIVIL *EX DELICTO*

9.1. Noções gerais

A prática de um crime, além de gerar para o Estado o direito de punir o infrator, pode acarretar prejuízo de ordem patrimonial à vítima, fazendo surgir para esta o direito de ser indenizada. Nesse sentido, estabelece o art. 91, I, CP: *são efeitos da condenação: I – tornar certa a obrigação de indenizar o dano causado pelo crime.*

A vítima pode optar por ingressar, desde logo, com a ação civil, assim como pode aguardar a sentença condenatória penal definitiva para então executá-la no cível. No primeiro caso, teremos a ação civil *ex delicto* (em sentido estrito), com natureza de ação de conhecimento, e, no segundo, teremos a execução *ex delicto (em sentido amplo)*. Porém, advirta-se, desde já, que vasto setor da comunidade jurídica não efetua essa divisão, lançando mão da denominação ação civil *ex delicto* em ambos os casos.

Optando pela ação civil *ex delicto* antes do trânsito em julgado, a competência para processar e julgar tal ação será definida de acordo com o art. 100, parágrafo único, CPC, ou seja, caberá à vítima decidir entre o foro do seu domicílio ou o do local do fato.

Há posição isolada de Araken de Assis, entendendo ser aplicável o art. 100, V, "a", CPC, que define o lugar do ato ou fato. Aqui, o foro competente seria o do local do delito que resultou o dano (2000, p 76).

9.2. Hipóteses que autorizam a propositura da ação civil

Conforme dito, para ingressar em juízo com o pedido de ressarcimento do dano não é necessário o trânsito em julgado da sentença penal condenatória, em que pese o teor do art. 63, CPP. Conforme estabelece o art. 64, CPP: *sem prejuízo do disposto no artigo anterior, a ação para ressarcimento do dano poderá ser proposta no juízo cível, contra o autor do crime e, se for o caso, contra o responsável civil.*

Assim, segundo mencionado, ficam evidenciadas duas hipóteses para a propositura da ação civil *ex delicto*:

I. execução da sentença penal condenatória transitada em julgado (título executivo judicial), que deve ser precedida de liquidação para quantificação da indenização (art. 63, parágrafo único, CPP, e art. 475-N, II, CPC);

II. ação civil indenizatória para reparação do dano (intentada com o processo penal ainda em curso ou, mesmo, durante o IP – *vide* art. 64, parágrafo único, CPP).

A ação *ex delicto* de execução pode ser feita com base no valor mínimo fixado pelo juiz na sentença penal condenatória (art. 387, IV, CPP); ou, também, pode ser feita com base naquele valor mínimo *acrescido do montante apurado em liquidação da sentença penal condenatória.*

Por outro lado, apesar do comando do art. 387, IV, CPP, nem sempre será possível ao juiz penal fixar um *quantum* indenizatório na sentença, dadas a complexidade do caso e as limitações inerentes à competência material do magistrado penal.

A ação civil indenizatória, noutro giro, será proposta como ação de conhecimento, havendo instrução de forma ampla, mas sofre limitação quanto à matéria a ser apreciada, como veremos logo adiante.

9.3. As hipóteses de absolvição do art. 386, CPP, e a ação civil *ex delicto*

Se é correto dizer que a sentença penal condenatória definitiva torna certa a obrigação de indenizar pelo dano causado (art. 91, I, CP), em caso de *absolvição do réu* há certos fundamentos da sentença que irão inviabilizar o pedido de indenização. Analisemos, pois, as hipóteses de absolvição do art. 386, CPP, a fim de descobrir quando caberá ou não a ação civil *ex delicto*.

O juiz absolverá o réu quando (art. 386, CPP):

I. **Estiver provada a inexistência do fato** (arts. 386, I, e 66): se o fato não existiu no campo penal (que exige uma carga probatória muito maior que a do campo civil), com muito mais razão, também não existiu na seara cível. Este fundamento da sentença absolutória obsta, portanto, a propositura de ação civil *ex delicto*;

II. **Não houver prova da existência do fato** (art. 386, II): este fundamento da sentença absolutória não fecha as portas do cível. Note-se que a prova não foi suficiente para o campo penal (debilidade probatória), mas poderá sê-lo para o campo civil;

III. **Não constituir o fato infração penal** (art. 386, III): também não fecha as portas do cível. O ilícito não foi penal, mas poderá ser civil (art. 67, III, CPP);

IV. **Estiver provado que o réu não concorreu para a infração penal** (art. 386, IV, CPP): fecha as portas do cível. Se restou provado no campo penal que o réu não praticou qualquer conduta lesiva, automaticamente estará excluído do polo passivo de qualquer ação indenizatória;

V. **Não existir prova de ter o réu concorrido para a infração penal** (art. 386, V, CPP): não fecha as portas do cível, pois a prova da autoria do réu não foi suficiente para o campo penal (debilidade probatória), mas poderá ser suficiente para o campo civil;

VI. **Existirem circunstâncias que excluam o crime ou isentem o réu de pena, ou mesmo se houver fundada dúvida sobre a existência dessas circunstâncias** (art. 386, VI, CPP): o reconhecimento de excludente de ilicitude (legítima defesa, por exemplo) fecha, em regra, as portas do cível (arts. 188, I, CC, e 65, CPP). Excepcionalmente, porém, será possível a ação civil *ex delicto*, quando ocorrer:

a) Estado de necessidade agressivo, que é aquele que importa em sacrifício de bem pertencente a terceiro inocente. Ex.: buscando fugir de um desafeto, Fulano termina destruindo o veículo de terceiro inocente. Nesse caso, o terceiro inocente poderá acionar civilmente o causador do dano, restando a este promover ação de regresso contra quem provocou a situação de perigo (arts. 929 e 930, CC);

b) Legítima defesa em que, por erro na execução, atinge-se 3º inocente. Ex.: o indivíduo, defendendo-se de agressão injusta, termina acidentalmente atingindo 3º inocente. Nesse caso, o terceiro inocente poderá acionar civilmente o causador do dano, restando a este promover ação de regresso contra quem provocou a situação de perigo (art. 930, parágrafo único, CC);

c) Legítima defesa putativa ou imaginária, que se configura quando *o agente, por erro, acredita que está sofrendo ou irá sofrer uma agressão e revida, causando dano a outrem* (GRECO, v. I, 2005, p. 384), já que esta, em essência, não constitui legítima defesa autêntica ou real e por esse motivo não exclui a ilicitude da conduta. (STJ, REsp 47246/RJ, *DJ* 27/03/1995);

VII. **Não existir prova suficiente para a condenação:** não fecha as portas do cível, pois a prova não foi suficiente para o campo penal (debilidade probatória), mas poderá ser suficiente para o campo civil.

Ademais, também não fecha as portas do cível (art. 67, CPP):

a) o despacho de arquivamento do inquérito ou das peças de informação;

b) a decisão que julgar extinta a punibilidade.

9.4. Legitimidade ativa

Cabe à vítima (se maior e capaz) ou ao seu representante legal (se o ofendido for incapaz) a legitimidade para propor a ação civil *ex delicto*.

Nos casos de morte ou ausência da vítima, os seus herdeiros poderão figurar no polo ativo (art. 63, parte final, CPP).

Sendo vítima pobre, nos termos do art. 68, CPP, esta deve requerer ao MP a execução da sentença penal condenatória ou a propositura de ação civil indenizatória. O MP atuará como substituto processual do ofendido. Entretanto, importante dizer que o STF reconheceu a inconstitucionalidade progressiva do referido dispositivo. Explica-se. A Suprema Corte entendeu que a função de advocacia pública dos interesses individuais das pessoas economicamente hipossuficientes cabe à Defensoria Pública. Sucede que a implementação da Defensoria nos Estados ainda não foi plenamente concluída no Brasil, muito menos interiorizada, motivo pelo qual o MP poderá, temporariamente, figurar como substituto processual nas comarcas onde a Defensoria Pública ainda não tiver sido instalada (STF, AI 549750 ED/SP, *DJe* 02/03/2007).

9.5. Legitimidade passiva

A ação civil *ex delicto* deve ser proposta contra o autor do crime. Porém, em certos casos, é possível acionar solidariamente o responsável civil.

Exemplo de situação em que o responsável civil poderá ser instado a reparar o dano: imagine-se que Tício, na direção de um automóvel pertencente a Caio, causou o atropelamento de um transeunte. Pois bem, nesse caso, o motorista (Tício) responderá civil e penalmente, enquanto o proprietário do veículo (Caio) poderá ser incluído solidariamente no polo passivo da ação cível.

Entretanto, note-se que a inclusão no polo passivo do responsável civil *somente* acontecerá na ação indenizatória (ação civil *ex delicto* de conhecimento). Isto porque a execução da sentença penal condenatória só poderá ser efetuada contra a pessoa que sofreu a condenação (*i. e.*, contra o autor do crime).

9.6. Suspensão da ação civil *ex delicto*

À luz da concepção de unicidade da jurisdição, o objetivo da suspensão é evitar a proliferação de decisões contraditórias, haja vista a pendência de questão prejudicial na esfera penal. Sendo assim, as hipóteses de suspensão são as seguintes: a) quando a ação civil for proposta antes da ação penal; b) quando as ações civil e penal forem propostas simultaneamente perante os respectivos juízos.

No primeiro caso (quando a ação civil for proposta antes da ação penal), a suspensão poderá ser determinada pelo juiz até que seja proposta a ação penal. Entretanto, nos termos do art. 110, parágrafo único, CPC, *se a ação penal não for exercida dentro de 30 (trinta) dias, contados da intimação do despacho de sobrestamento, cessará o efeito deste, decidindo o juiz cível a questão prejudicial*. Em suma, após suspensa a ação indenizatória, a ação penal deve ser proposta em até 30 dias após a intimação do ato de suspensão. Caso isso não aconteça, o juízo cível decidirá a questão e a ação indenizatória prosseguirá normalmente.

Na segunda hipótese (ações civil e penal propostas simultaneamente perante os respectivos juízos), poderá haver sobrestamento pelo período máximo de 1 ano, consoante expressa previsão do art. 265, § 5º, CPC: *nos casos enumerados nas letras* a, b *e* c *do nº IV, o período de suspensão nunca poderá exceder 1 (um) ano. Findo este prazo, o juiz mandará prosseguir no processo*.

Por fim, diga-se que a suspensão da ação civil *ex delicto* é facultativa, apesar de algumas posições em contrário na doutrina. Esse entendimento decorre principalmente da redação do art. 64, parágrafo único, CPP, que diz: *intentada a ação penal, o juiz da ação civil **poderá** suspender o curso desta, até o julgamento definitivo daquela*. O verbo "poderá" está empregado no sentido de faculdade do magistrado. Trata-se, como defende Pacelli de Oliveira (2012, p. 180), de poder discricionário conferido ao juiz da esfera cível, que fará a análise da conveniência e oportunidade da suspensão da ação civil. Nessa linha, STJ, REsp 401720, DJ 04/08/2003.

9.7. Prazo

O prazo prescricional para ingressar com a ação de execução civil *ex delicto* é de 3 anos (art. 206, § 3º, V, CC), contados a partir do trânsito em julgado da sentença penal condenatória, por força do disposto no art. 200, CC (STJ, AgRg no AREsp 496307/RS, *DJe* 16/06/2014).

Percebe-se, portanto, que a vítima que deseja a reparação civil do dano pode ingressar em juízo simultaneamente ou, em último caso, até 3 anos após o trânsito em julgado da sentença penal condenatória.

9.8. Revisão criminal e ação rescisória

Se houver ação de revisão criminal em trâmite e essa for julgada procedente, o título judicial deixa de existir, pois a sentença condenatória será desconstituída. Isso implica a inexistência de coisa julgada em desfavor do réu na esfera criminal (art. 622, CPP).

Alguns efeitos decorrerão do julgamento da ação de revisão criminal e afetarão a execução:

a) se a execução civil não teve início, não poderá acontecer;

b) se a execução teve início, será extinta por força do novo título judicial;

c) se o pagamento ocorreu, caberá ação de restituição do valor pago.

Se a ação civil foi proposta simultaneamente à ação penal e nessa última houve absolvição com base nas causas que "fecham as portas" da ação civil *ex delicto* (art. 386, I, IV e VI, CPP, com as ressalvas já feitas), caberá a propositura de ação rescisória, nos termos do art. 485, CPC.

10. JURISDIÇÃO E COMPETÊNCIA

10.1. Noções básicas de jurisdição

Superada a fase de autotutela dos conflitos penais (exceção aqui para alguns casos excepcionais permitidos pela lei como, por exemplo, a legítima defesa), o Estado, *por meio da atividade jurisdicional*, avocou para si a pacificação desses conflitos, substituindo, assim, a vontade das partes.

Pode-se conceituar a jurisdição como o *poder-dever do Estado, exercido precipuamente pelo Judiciário, de aplicar o direito ao caso concreto por meio de um processo*. Ou ainda, jurisdição, do latim, significa *juris dictio* (*dizer o direito*).

10.2. Princípios que norteiam a atividade jurisdicional

10.2.1. Investidura

Significa que a jurisdição só pode ser exercida por magistrado, ou seja, aquele que está investido na função jurisdicional, empossado no cargo de juiz.

10.2.2. Indelegabilidade

Não pode um órgão jurisdicional delegar a sua função a outro, ainda que este também seja um órgão jurisdicional. Tal princípio, contudo, comporta exceções, como no caso de expedição de carta precatória e de carta rogatória e também na hipótese de substituição de um juiz por outro em situação de férias, aposentadoria etc.. Examinaremos o tema mais adiante.

10.2.3. Juiz natural

Manifesta-se através de dois incisos do art. 5º, CF: LIII (*ninguém será processado nem sentenciado senão pela autoridade competente*); e XXXVII (*não haverá juízo ou tribunal de exceção*). Significa que *o indivíduo só pode ser privado de seus bens ou liberdade se processado por autoridade judicial imparcial e previamente conhecida por meio de regras objetivas de competência fixadas anteriormente à prática da infração*.

10.2.4. Inafastabilidade ou indeclinabilidade

Está contido no art. 5º, XXXV, CF: *a lei não excluirá da apreciação do Poder Judiciário lesão ou ameaça a direito*. À luz do monopólio da função jurisdicional pelo Poder Judiciário, nem mesmo a lei pode excluir de sua apreciação a lesão ou a ameaça a um direito.

10.2.5. Inevitabilidade ou irrecusabilidade

A jurisdição não está sujeita à vontade das partes, aplica-se necessariamente para a solução do processo penal. É, pois, decorrência da natureza obrigatória da solução jurisdicional para os conflitos na esfera penal.

Lembre-se de que na esfera cível há "equivalentes jurisdicionais" como a mediação e a arbitragem, que serão utilizados a depender da vontade das partes, mas o mesmo não ocorre no âmbito da justiça criminal em que a atividade jurisdicional, como vimos, é irrecusável.

10.2.6. Improrrogabilidade ou aderência

O exercício da função jurisdicional pelo magistrado somente pode ocorrer dentro dos limites que lhe são traçados pela lei, seja na abrangência territorial, seja pela matéria a ser apreciada.

10.2.7. Correlação ou relatividade

Aplicável à sentença, consiste na vedação ao julgamento *extra, citra* ou *ultra petita*. Dessa forma, impõe-se a correspondência entre a sentença e o pedido formulado na inicial acusatória.

10.2.8. Devido processo legal

O art. 5º, LIV, CF, prevê: *ninguém será privado da liberdade ou de seus bens sem o devido processo legal.* Significa, em última análise, afirmar a necessidade de um processo prévio, informado pelo contraditório; ampla defesa; juiz natural; motivação das decisões; publicidade; presunção de inocência; direito de audiência; direito de presença do réu; e duração razoável do processo (BADARÓ, 2008, p. 36).

10.3. Características da jurisdição

O exercício da atividade jurisdicional é marcado pelas seguintes características:

10.3.1. Inércia

A atuação inicial dos órgãos jurisdicionais depende de provocação da parte. É totalmente vedado ao juiz dar início à ação penal. A inércia dos órgãos jurisdicionais decorre do princípio *ne procedat judex ex officio* como também do sistema acusatório pretendido pelo Constituinte de 1988 (art. 129, I, CF).

10.3.2. Substitutividade

Com o fim da autotutela, coube ao Estado monopolizar a função de solucionar eventuais conflitos de interesses entre as pessoas. O Estado, por meio da jurisdição, passou, portanto, a *substituir* a vontade das partes.

10.3.3. Atuação do Direito

A atividade jurisdicional tem por objetivo aplicar o direito ao caso concreto, buscando, assim, restabelecer a paz social.

10.3.4. Imutabilidade

Na verdade, a imutabilidade se relaciona ao efeito do provimento final da atividade jurisdicional (*i. e.*, ao efeito da sentença). Significa que, após o trânsito em julgado da sentença, tornar-se-á imutável aquilo que ficou decidido pelo órgão julgador. Entretanto, é preciso estar atento que, no processo penal, somente a sentença absolutória definitiva é imutável (não podendo, portanto, haver a reabertura do caso). A imutabilidade não se aplica às sentenças condenatórias definitivas, uma vez que é possível impugná-las por meio de ação de revisão criminal (*vide* art. 621 e ss., CPP). Estudaremos melhor esse tema quando tratarmos de revisão criminal.

10.4. Competência

10.4.1. Compreendendo o tema

Todos os juízes possuem jurisdição (poder-dever de dizer o direito aplicável ao caso concreto).

Porém, a atividade jurisdicional se tornaria inviável caso todas as ações penais fossem concentradas na pessoa de um só juiz.

É nesse contexto que se insere o instituto da competência – como forma de *racionalizar, de tornar viável a prestação jurisdicional.* Dessa forma, é certo que todos os juízes possuem jurisdição (conforme dissemos anteriormente), porém é igualmente verdadeiro que esses mesmos juízes só podem dizer o direito objetivo aplicável ao caso concreto dentro dos limites de sua competência. Competência é, pois, *a medida da jurisdição.* Com Karam (2002, p. 16), podemos arrematar dizendo que enquanto abstratamente todos os órgãos do Poder Judiciário são investidos de jurisdição, as regras de competência é que concretamente atribuem a cada um desses órgãos o efetivo exercício da função jurisdicional.

10.4.2. Critérios de fixação da competência

Os critérios de fixação da competência são parâmetros estabelecidos pela CF e pela legislação ordinária que objetivam definir o âmbito de atuação de cada um dos órgãos jurisdicionais (*i. e.*, quem julga o quê). Note-se, desde já, que os critérios abaixo não estão dissociados. Pelo contrário, para se definir o órgão julgador competente, faz-se necessário examinar tais critérios de modo integrado, já que, em diversas situações, um serve para complementar o outro.

A seguir, veremos sucintamente cada um desses critérios (apenas para que o nosso leitor se familiarize com o tema). Mais adiante, esse assunto será estudado com mais vagar.

a) Competência em razão da matéria (*ratione materiae*): este critério de fixação da competência leva em consideração a *natureza* (a matéria) da infração praticada. Ex.1: a Justiça Eleitoral é competente, *em razão da matéria*, para processar e julgar os crimes eleitorais. Ex.2: o Tribunal do Júri é competente, *em razão da matéria*, para processar e julgar os crimes dolosos contra a vida (homicídio, *v. g.*);

b) Competência em razão da pessoa (*ratione personae*): este critério de fixação da competência leva em consideração a *relevância do cargo* ocupado por determinadas pessoas para definir qual o órgão competente para o processamento da infração penal. É a chamada *competência por prerrogativa de função* ou, também, *foro privilegiado*. Ex.: nos termos do art. 102, I, "b", CF, o STF tem competência para processar e julgar, nos crimes comuns, os parlamentares federais (deputados federais e senadores). Posto de outra forma: esses parlamentares, em caso de prática de crime comum, possuem foro por prerrogativa de função (ou foro privilegiado) perante o STF;

c) Competência em razão do lugar (*ratione loci*): este critério de fixação da competência leva em consideração os seguintes aspectos: o *local onde ocorreu a consumação* do delito, bem como o *domicílio ou a residência do réu*. Ex.: tendo o crime de furto sido consumado na Comarca de Marília (SP), é lá que deverá ser processado e julgado – e não em Bauru (SP), *v. g.*;

d) Competência funcional: este critério de fixação da competência leva em consideração a *função* que cada um dos vários órgãos jurisdicionais pode vir a exercer num processo. Ex.: nas grandes comarcas, é comum que um juiz fique responsável pela fase de conhecimento do processo e outro pela fase de execução da pena.

A competência funcional, a seu turno, classifica-se em:

I. **Competência funcional por fase do processo:** implica repartição de competência a mais de um órgão julgador, cada qual atuando em determinada fase do processo. Em regra, um só juiz é que praticará os atos do processo. Porém, há situações em que os atos de um mesmo processo serão praticados por mais de um órgão julgador. Ex. (já dado anteriormente): nas grandes comarcas, é comum que um juiz fique responsável pela fase de conhecimento do processo e outro pela fase de execução da pena (*vide* arts. 65 e 66, LEP);

II. **Competência funcional por objeto do juízo:** cada órgão jurisdicional pode vir a exercer a competência sobre determinadas questões a serem decididas no processo. Ex.: a sentença no Tribunal do Júri. Na sentença no âmbito do Júri, os jurados são responsáveis pela absolvição ou condenação do acusado e o juiz-presidente é responsável pela aplicação (dosimetria) da pena (em caso de condenação, por óbvio). Há, assim, uma repartição de tarefas para cada órgão jurisdicional que leva em conta determinada questão específica a ser decidida no processo;

III. **Competência funcional por grau de jurisdição:** nesta modalidade de competência funcional, leva-se em conta a *hierarquia* (o escalonamento) jurisdicional determinada pela lei aos vários órgãos julgadores. Ex.: o TJ é o órgão julgador competente (competência funcional por grau de jurisdição) para conhecer e julgar eventual recurso de apelação interposto pela parte contra a sentença prolatada pela instância *a quo* (*i. e.*, pelo juiz de 1º grau).

10.4.3. Determinação do juízo competente

Atente o leitor que a determinação do juízo competente é tarefa das mais complexas. Conforme visto, são diversos os critérios que devem ser levados em consideração, podendo, inclusive, em certas situações, um preponderar sobre o outro (veremos esse ponto mais adiante).

Porém, ao longo do tempo, a doutrina buscou sistematizar melhor a questão da determinação do juízo competente, trilhando um raciocínio que parte de critérios mais genéricos para critérios mais específicos.

Dessa forma, para saber qual o juízo competente para processar e julgar determinado caso, deve-se, por exemplo, levar em conta:

I. Qual a justiça competente? É crime da competência da Justiça Comum (Federal ou Estadual) ou da Justiça Especial (Militar ou Eleitoral)?;

II. É o acusado possuidor de foro por prerrogativa de função? Ex.: sendo o réu parlamentar federal, deverá ser processado e julgado pelo STF (prerrogativa de função);

III. Não sendo detentor de foro por prerrogativa de função, passa-se ao exame da competência territorial (local em que foi consumado o crime; ou domicílio ou residência do réu);

IV. Por fim, passa-se ao exame da competência de juízo: qual é a vara, câmara ou turma competente? Há, por exemplo, vara especializada com competência para apreciar o caso?

Nas próximas linhas, examinaremos, de forma mais detalhada, os critérios de fixação da competência anteriormente expostos (competência em razão da matéria, por prerrogativa de função etc.).

10.4.4. Competência em razão da matéria (ratione materiae) ou em razão da natureza da infração penal

Conforme visto, este critério de fixação de competência leva em conta a natureza da infração penal praticada. A depender dessa (da matéria em jogo), será competente a Justiça Comum (Federal ou Estadual) ou a Justiça Especial[55] (Militar ou Eleitoral). Assim, temos que:

a) A Justiça Eleitoral (JE – arts. 118 a 121, CF, e Lei 4.737/1965) é competente em razão da matéria para julgar os crimes eleitorais. Ex.: calúnia cometida em período de campanha eleitoral será julgada pelo Tribunal Regional Eleitoral;

b) A Justiça Militar (JM – art. 124, CF) é competente *ratione materiae* para julgar os crimes militares definidos no art. 9º, CPM.

A competência da Justiça Militar comporta duas notórias exceções: o crime de abuso de autoridade (Lei 4.898/1965), conforme Súmula 172, STJ; assim como os crimes dolosos praticados contra a vida de civil não são julgados pela JM (art. 125, § 4º, CF).

Vale ressaltar, contudo, recente alteração introduzida pela Lei 12.432/2011, que modificou a redação do parágrafo único do art. 9º, CPM.[56] O referido dispositivo legal, em leitura combinada com o art. 303, CBA (Código Brasileiro de Aeronáutica),[57] introduz situação excepcional de manutenção da competência da Justiça Militar.

Trata-se das hipóteses de invasão irregular do espaço aéreo brasileiro e das medidas adotadas para a sua devida repressão. No caso mais extremo, após advertências e tentativas de pouso forçado, o piloto-militar está autorizado a destruir a aeronave, pois a prioridade é a preservação da segurança e da soberania nacionais.

Desse modo, se da conduta descrita resultar processo criminal em face do militar que efetuou o abate da aeronave, causando a morte dos seus ocupantes, **ainda que civis**, a **competência para processar e julgar será da Justiça Militar**.

A JM encontra-se estruturada nos âmbitos Estadual e Federal:

---

55. Para o estudo aqui empreendido, considera-se justiça especial aquela que tem competência criminal, mas cuja regulação ocorra por sistema legal próprio, autônomo, nos âmbitos material e processual.

56. "Os crimes de que trata este artigo quando dolosos contra a vida e cometidos contra civil serão da competência da justiça comum, **salvo quando praticados no contexto de ação militar realizada na forma do art. 303 da Lei nº 7.565, de 19 de dezembro de 1986 - Código Brasileiro de Aeronáutica.**"

57. "Art. 303. A aeronave poderá ser detida por autoridades aeronáuticas, fazendárias ou da Polícia Federal, nos seguintes casos: I – se voar no espaço aéreo brasileiro com infração das convenções ou atos internacionais, ou das autorizações para tal fim; II –se, entrando no espaço aéreo brasileiro, desrespeitar a obrigatoriedade de pouso em aeroporto internacional; III – para exame dos certificados e outros documentos indispensáveis; IV – para verificação de sua carga no caso de restrição legal (artigo 21) ou de porte proibido de equipamento (parágrafo único do artigo 21); V – para averiguação de ilícito. (...) § 2º Esgotados os meios coercitivos legalmente previstos, a aeronave será classificada como hostil, ficando sujeita à medida de destruição, nos casos dos incisos do caput deste artigo e após autorização do Presidente da República ou autoridade por ele delegada."

I. Justiça Militar Estadual (art. 125, § 4º, CF): detém competência para processar e julgar os crimes militares praticados por policiais militares e bombeiros.

Por outro lado, a JM estadual não tem competência para julgar civil – mesmo que este cometa crime em concurso com um militar. Nesse sentido, consultar a Súmula 53, STJ.[58]

Ademais, nos termos da Súmula 75, STJ, em caso de crime de promoção ou facilitação da fuga de preso em estabelecimento prisional praticado por militar, a competência será da Justiça Comum Estadual e não da JM;

II. Justiça Militar da União: detém a competência para julgar membros das Forças Armadas (Exército, Marinha e Aeronáutica) – art. 124, CF.

A JM da União pode, por sua vez, vir a processar e julgar civil quando este vier a praticar infração em concurso com membro das Forças Armadas;

c) A Justiça (Comum) Estadual tem sua esfera de competência composta de forma residual. É determinada pela exclusão das demais (Justiça Comum Federal; Justiça Especial). Isto é, processa e julga o crime quando não se tratar de competência da Justiça Especial (Militar ou Eleitoral) nem da Justiça Comum Federal. Abarca a maioria das questões penais. Ex.: um roubo perpetrado contra uma agência bancária privada é da competência da Justiça Estadual;

d) A Justiça (Comum) Federal tem sua competência expressamente fixada no art. 109, CF. Costuma-se sustentar que tais dispositivos não são meramente exemplificativos, mas taxativos. Vejamos. Compete à Justiça Federal processar e julgar:

d1) Os crimes políticos (art. 109, IV, primeira parte): a definição de crime político encontra-se na Lei 7.170/1983. É aquele dirigido contra o Estado como unidade orgânica das instituições políticas e sociais, além de atentar contra a soberania nacional e a estrutura política;

d2) As infrações penais praticadas em detrimento de bens, serviços ou interesses da União ou de suas entidades autárquicas e empresas públicas, excluídas as contravenções (art. 109, IV, parte final). Examinemos de forma detalhada o presente tópico.

Primeiro, note-se que a JF julga apenas *os crimes* praticados "em detrimento de bens, serviços ou interesses da União (...)". As contravenções penais foram expressamente excluídas da competência da JF. Assim, ainda que uma contravenção seja praticada contra um bem da União, não será julgada pela JF, mas pela Justiça Estadual.

Além disso, é oportuno fornecer ao nosso leitor uma noção mais precisa de bens, serviços ou interesses da União:

I. Bens: representam o patrimônio de um ente federal e a sua descrição está positivada no art. 20, I a IX, CF (bens da União);

II. Serviços: consistem na própria atividade do ente federal e sua finalidade. Para melhor compreensão prática, recomendamos a consulta ao julgado do STJ, CC 119645/MG, *DJe* 18/04/2012;

III. Interesse: possui conteúdo bastante amplo, podendo ser delimitado como aquilo que está ligado ao ente federal e lhe diz respeito. A título de exemplo, ver STF, HC 93938/SP, *DJe* 23/11/2011.

Ainda, a lei menciona crimes praticados contra bens, serviços ou interesses da *União ou de suas entidades autárquicas e empresas públicas*. Vejamos um significado mais preciso para as expressões: *União, entidades autárquicas e empresas públicas*.

I. União: aqui tratada como a *pessoa jurídica de direito público interno, a Administração Direta;*

II. Autarquias: conceituadas no art. 5º, I, Dec.-lei 200/1967, como "*o serviço autônomo, criado por lei, com personalidade jurídica, patrimônio e receita próprios, para executar atividades típicas da Administração Pública, que requeiram, para seu melhor funcionamento, gestão administrativa e financeira descentralizada.*" Ex.: BACEN (Banco Central); INSS; agências reguladoras etc.;

III. Empresas públicas: estão definidas no art. 5º, II, Dec.-lei 200/1967, como a "*entidade dotada de personalidade jurídica de direito privado, com patrimônio próprio e capital exclusivo da União, criado por lei para a exploração de atividade econômica que o Governo seja levado a exercer por força de contingência ou de conveniência administrativa podendo revestir-se de qualquer das formas admitidas em direito*". Ex.: Correios; Caixa Econômica Federal.

Atenção: houve *omissão indevida do texto constitucional* a respeito das *fundações públicas*, definidas no art. 5º, IV, DL 200/1967. Porém, doutrina e jurisprudência construíram entendimento segundo o qual as fundações são espécie do gênero autarquia (STJ, CC 113079/DF, *DJe* 11/05/2011).[59] Desse modo, estão contidas entre os entes federais do dispositivo em comento. Logo, um crime contra, por exemplo, um bem de uma fundação pública federal é sim da competência da JF.

Por fim, ressalte-se que eventual crime praticado contra bens, serviços ou interesses de **sociedade de economia mista** (art. 5º, III, DL 200/1967) não será da competência da JF. A CF não a incluiu no rol de competência da JF. Eventual crime contra uma sociedade de economia mista será da competência da Justiça Estadual (*vide* Súmula 42, STJ). São exemplos de sociedades de economia mista federais o Banco do Brasil e a Petrobrás;

d3) também são da competência da JF os crimes previstos em tratados ou convenções internacionais, quando, iniciada a execução no país, o resultado tenha ou devesse ter ocorrido no estrangeiro, ou reciprocamente (art. 109, V, CF)

São dois os elementos cruciais (concomitantes) aqui: internacionalidade (início da execução no Brasil ou o resultado tenham ocorrido no exterior) + crime previsto em tratado ou convenção internacional. Ex.: tráfico internacional de drogas. Excluído o caráter internacional, a competência será da Justiça Estadual (Súmula 522, STF). Idem (*i. e.*, competência da Justiça Estadual) se o crime não estiver previsto em tratado ou convenção internacional;

d4) as causas relativas a direitos humanos (art. 109, V-A, CF)

Esse dispositivo foi acrescentado pela EC 45/2004, criando em nosso ordenamento a possibilidade de federalização dos crimes contra os direitos humanos.

58. "Compete à Justiça Comum Estadual processar e julgar civil acusado de prática de crime contra as instituições militares estaduais".

59. STJ, CC 2821/MG, *DJ* 05/10/1992.

Com efeito, nesses casos, o Procurador-Geral da República, com a finalidade de assegurar o cumprimento de obrigações decorrentes de tratados internacionais de direitos humanos dos quais o Brasil seja parte, poderá suscitar, perante o Superior Tribunal de Justiça, em qualquer fase do inquérito ou processo, incidente de deslocamento de competência (IDC) para a Justiça Federal (art. 109, § 5º, CF).

Aqui, em qualquer fase do procedimento (inquérito ou fase judicial), se o IDC for julgado procedente, deve o processo ser remetido à Justiça Federal e todos os atos refeitos, conforme interpretação dos arts. 564, I, e 573, CPP. Se ocorrer durante o inquérito, as investigações realizadas pela polícia civil serão aproveitadas.

Conforme jurisprudência do STJ, para que exista o deslocamento é preciso comprovar a existência de obstáculos concretos na esfera estadual, por exemplo, que a polícia e/ou o Poder Judiciário local não cumprem as suas funções. O escopo é evitar que influências locais criem mácula sobre o julgamento da causa. *Vide* STJ, AgRg no IDC 5/PE, *DJ* 28/05/2014;

d5) os crimes contra a organização do trabalho (art. 109, VI, 1ª parte, CF)

Tais delitos estão tipificados nos arts. 197 a 207, CP. Entretanto, para que seja caso de competência da JF, é preciso que a conduta ofenda não apenas a individualidade do trabalhador, mas a própria organização geral do trabalho ou os direitos dos trabalhadores coletivamente considerados. Ex.: atentado contra a liberdade de associação – art. 199, CP;

d6) os crimes contra o sistema financeiro e contra a ordem econômico-financeira, nos casos determinados pela lei (art. 109, VI, parte final, CF)

Primeiramente, devemos destacar que o sistema financeiro é composto por instituições financeiras, públicas e privadas, bem como por pessoas a estas equiparadas (art. 1º e seu parágrafo único, Lei 7.492/1986).

Note o leitor que, em regra, para que seja hipótese de competência da JF são dois os requisitos estabelecidos pela CF.

É preciso que a conduta afete o sistema financeiro ou a ordem econômica e é necessário também que exista previsão expressa de competência da JF para o caso. Ex.: o art. 26, Lei 7.492/1986 (crimes contra o sistema financeiro) prevê expressamente a competência da JF.

Não é o que ocorre com os crimes contra a ordem econômica, pois as Leis 8.137/1990 e 8.176/1991 não possuem previsão a esse respeito. A regra, portanto, é que serão julgados pela justiça estadual, **exceto** nos casos em que houver ofensa a bens, serviços ou interesse dos entes federais. Vide STJ, HC 76555/SP, *DJe* 22/03/2010;

d7) compete também à JF processar e julgar o HC e o MS quando relacionados à matéria de sua competência (*art. 109, VII e VIII, CF*)

Para que a competência seja da Justiça Federal, a autoridade coatora deve estar sujeita à jurisdição federal ou a nenhuma outra;

d8) os crimes cometidos a bordo de navios ou aeronaves, ressalvada a competência da Justiça Militar (art. 109, IX, CF)

Desde já, atente-se que caso o crime seja cometido a bordo de navio ou de aeronave militar não será competente a JF, mas a JM.

Navio: embarcação de grande porte e com aptidão a viagens internacionais. Barcos a motor de pequeno porte não se enquadram nesse conceito. Logo, eventuais crimes praticados em barcos de pequeno porte não serão da competência da JF.

Aeronave: aparelho manobrável em voo, que possa sustentar-se e circular no espaço aéreo, com autonomia, apto a transportar pessoas ou coisas.

Atenção: a competência da JF subsiste mesmo que o navio esteja atracado ou a aeronave esteja pousada. Assim, caso o crime seja praticado a bordo, por exemplo, de aeronave *pousada*, permanecerá competente a JF para o processo e julgamento do caso.

Por outro lado, não é demais recordar que a JF *não julga contravenção penal*. Desse modo, eventual contravenção praticada a bordo, por exemplo, de navio não será da competência da JF, mas da competência da Justiça Estadual.

Ainda sobre os crimes cometidos a bordo de aeronaves e embarcações. Sabemos que a competência será, em regra, da Justiça Federal. Entretanto, em qual Seção Judiciária da JF tramitará a ação penal? Vejamos os casos (arts. 89 e 90, CPP):

I. viagens nacionais: se a viagem iniciar e terminar em território brasileiro, o juízo competente é o do local onde primeiro a aeronave pousar ou o navio atracar, após a ocorrência a infração;

II. viagens internacionais: competente é o juízo do local da chegada ou da partida;

d9) crimes relacionados ao ingresso ou à permanência irregular de estrangeiro (art. 109, X, CF)

O ingresso ou a permanência do estrangeiro, em si, não são tipificados como crime. A competência da JF refere-se aos crimes praticados com o objetivo de assegurar o ingresso ou a permanência do estrangeiro no Brasil. Ex.: falsificação de passaporte ou de visto;

d10) disputa por direitos indígenas (art. 109, XI, CF)

Para que a Justiça Federal seja competente, deve haver ofensa à cultura indígena ou a direitos seus, como território (STJ, CC 129704/PA, *DJe* 31/03/2014).

O crime praticado por/contra silvícola, isoladamente considerado, é da competência da justiça comum estadual (Súmula 140, STJ).

10.4.5. Competência em razão da pessoa (por prerrogativa de função ou foro privilegiado)

Para o legislador, certas pessoas, em razão do cargo ou função que ocupam, devem ser julgadas por uma instância superior (considerada mais isenta de possíveis influências políticas/econômicas). É o que se chama de competência por prerrogativa de função, foro privilegiado ou, ainda, competência em razão da pessoa.

Por outro lado, cessado o cargo/função/mandato, o indivíduo volta a ser processado normalmente pelas instâncias ordinárias. Possui *caráter itinerante* a competência *ratione personae* (dura enquanto durar o cargo/função/mandato). Ex.: imagine-se um crime cometido antes do exercício do cargo e cuja ação penal teve início perante o juiz singular. Quando o réu assumir o cargo que esteja amparado por foro por prerrogativa de função, os autos deverão ser remetidos ao Tribunal competente. Após a cessação do exercício do cargo, se ainda estiver em curso a ação penal, esta será remetida de volta ao juízo singular.

O rol de situações de foro por prerrogativa de função encontra-se principalmente na CF. Porém, é possível, em certos casos, desde que não haja afronta à Lei Maior, a fixação dessa modalidade de competência por meio de Constituição Estadual (será preciso observar um critério de simetria). Abaixo, examinaremos a competência *ratione personae* dos tribunais brasileiros.

a) Competência *ratione personae* do STF

I. Nas infrações penais comuns compete ao STF processar e julgar (art. 102, I, "b", CF): o Presidente; o Vice-Presidente; os membros do Congresso Nacional (deputados e senadores); os Ministros do STF; e o PGR (Procurador-Geral da República);

II. Nas infrações penais comuns e nos crimes de responsabilidade compete ao STF processar e julgar (art. 102, I, "c", CF): os membros dos Tribunais Superiores (STJ; TST; TSE; STM); os membros do TCU; os chefes de missão diplomática permanente; os Ministros de Estado; e os Comandantes das Forças Armadas. Note que, no caso destes dois últimos (Ministros de Estado e Comandantes das Forças Armadas), se praticarem crime de responsabilidade em conexão com o do Presidente da República ou com o Vice-Presidente, a competência será do Senado Federal (e não do STF) – *vide* art. 52, I, CF.

Com efeito, frise-se que, certas autoridades, embora não tenham sido mencionadas pelo art. 102, I, "c", CF (examinado anteriormente), terminaram, por força de lei federal (Lei 10.683/2003), sendo equiparadas a Ministros de Estado. São elas: o AGU; o Presidente do BACEN; o Chefe da Casa Civil; e o Controlador-Geral da União. Assim, essas autoridades, caso pratiquem infrações penais comuns ou crimes de responsabilidade, *também serão processadas e julgadas pelo STF*.

Noutro giro, destaque-se que crimes de responsabilidade são, na verdade, *infrações político-administrativas cujas penalidades costumam ser a perda do cargo ou a inabilitação temporária para o exercício de cargo ou função (previstos na Lei 1.079/1950)*. Ex.: ato do Presidente da República que atente contra a segurança interna do país;

b) Competência *ratione personae* do STJ

I. Nos crimes comuns, o STJ tem competência *ratione personae* para processar e julgar (art. 105, I, "a", CF): os Governadores dos Estados e do Distrito Federal;

II. Nos crimes comuns e de responsabilidade, o STJ tem competência *ratione personae* para processar e julgar: os Desembargadores dos TJs e do TJDFT; membros dos TCEs e TCDF; membros dos TRFs, TREs e TRTs; membros dos Conselhos ou TCMs; e os do MPU que oficiem perante os Tribunais (Procuradores Regionais da República, por exemplo);

c) Competência *ratione personae* do TRF

Nos crimes comuns e de responsabilidade, o TRF tem competência *ratione personae* para processar e julgar (art. 108, I, "a", CF): os juízes federais de sua área de jurisdição, incluindo aqueles da Justiça Militar e da Justiça do Trabalho; os membros do Ministério Público da União (inclusive os do MPDFT – conforme STJ, HC 67416/DF, *DJe* 10/09/2007).

Há, contudo, exceção expressa quanto aos crimes eleitorais, ou seja, se uma das autoridades apontadas praticar crime eleitoral, a competência será da Justiça Eleitoral (e não do TRF).

No que tange aos crimes militares praticados por essas autoridades, o julgamento será perante o TRF por ausência de ressalva expressa da Constituição Federal;

d) Competência *ratione personae* do TJ

Nos crimes comuns e de responsabilidade, o TJ tem competência *ratione personae* para processar e julgar (art. 96, III, CF): os juízes estaduais e membros do MP dos Estados da sua esfera de jurisdição.

O **Prefeito**, por força do art. 29, X, CF, caso pratique crime comum, também deverá ser julgado pelo TJ. Agora, se praticar crime eleitoral ou federal, a competência passará, respectivamente, ao TRE e TRF (critério de simetria) – consultar Súmula 702, STF.

O **Deputado estadual**, em razão do art. 27, § 1º, c/c art. 25, CF, caso pratique crime comum, também deverá ser julgado pelo TJ. Agora, se praticar crime eleitoral ou federal, a competência passará, respectivamente, ao TRE e TRF (critério de simetria).

*10.4.6. Competência em razão do lugar (*ratione loci*)*

Depois de verificar as regras de competência que levam em conta a natureza da infração e o eventual cargo que o agente ocupa, é momento de examinar a regra de fixação de competência que leva em conta o local em que o crime foi praticado (critério territorial).

a) Lugar da infração (art. 70, CPP)

Em regra, adota-se a **teoria do resultado**, ou seja, o local da consumação do crime será aquele onde a infração deverá ser processada.[60-61]

Tratando-se de tentativa, será competente o local onde o último ato de execução foi praticado.

Por outro lado, se, iniciada a execução no território nacional, a infração se consumar fora dele, a competência será determinada pelo lugar em que tiver sido praticado, no Brasil, o último ato de execução (art. 70, § 1º, CPP). Essa situação que acabamos de descrever é chamada pela doutrina de "crime à distância".

Ademais, quando o último ato de execução for praticado fora do território nacional, será competente o juiz do lugar em que o crime, embora parcialmente, tenha produzido ou devia

60. Atenção: no caso de IMPO, adota-se a teoria da atividade (e não do resultado), *i. e.*, a competência será fixada pelo local da ação ou omissão – *vide* art. 63, Lei 9.099/1995.

61. Atenção: *competência territorial da Justiça Federal.* A regra é a aplicação da teoria do resultado, mas a Justiça Federal não possui capilaridade suficiente, ou seja, ainda não está plenamente interiorizada no país. Sendo assim, se a comarca onde ocorreu o resultado não for sede de JF, seguir-se-á o disposto no art. 109, § 3º, parte final, CF, delegando-se a competência à Justiça Comum Estadual, para o processamento da causa em 1º grau, sendo o eventual recurso endereçado ao TRF (art. 109, § 4º, CF). Há, porém, exceção no art. 70, parágrafo único, Lei 11.343/2006 (Lei de Drogas), que determina que os crimes praticados nos Municípios que não sejam sede de vara federal serão processados e julgados na vara federal da circunscrição respectiva (e não na justiça comum estadual).

produzir seu resultado (art. 70, § 2º, CPP). Note o leitor que essa hipótese trata-se de situação inversa à descrita anteriormente (art. 70, § 1º). Aqui, o último ato de execução se deu fora do Brasil, e a consumação, total ou parcial, ocorreu em território nacional.

Porém, em certas situações, pode ser que o local da consumação do crime seja impossível de precisar. Nestes casos, fixa-se a competência por **prevenção.**

Prevenção significa que o 1º juiz que tomar conhecimento do fato irá se tornar competente (art. 83, CPP). Conforme os arts. 70, § 2º, e 71, CPP, fixa-se a competência por prevenção nas seguintes hipóteses:

I. Quando o crime ocorre na divisa entre duas comarcas ou for incerto o limite entre elas;

II. Em caso de crime continuado ou permanente praticado em território de duas ou mais "jurisdições" (comarcas, na verdade - o texto do CPP foi impreciso neste particular);

b) Lugar do domicílio ou residência do réu (art. 72, CPP)

Trata-se de um critério subsidiário ao anterior. Não sendo conhecido o lugar da infração, será competente o foro do domicílio ou residência do réu. É oportuno, ainda, recordar os conceitos de domicílio e residência:

I. Domicílio deve ser entendido como o lugar onde a pessoa estabelece a sua residência com ânimo definitivo, ou, subsidiariamente, o local onde a pessoa exerce as suas ocupações habituais, o ponto central dos seus negócios;

II. Residência é aquele lugar onde a pessoa tem a sua morada, mas não há o ânimo definitivo.

Nessa situação (competência em razão do domicílio ou residência do réu), a competência será fixada pela prevenção se:

I. o réu tiver mais de uma residência;

II. não possuir residência certa;

III. for ignorado o seu paradeiro.

Atenção: em caso de ação penal exclusivamente privada, o querelante poderá optar entre propor a ação no local da consumação ou no domicílio do réu (art. 73, CPP);

c) Crimes praticados no exterior (art. 88, CPP)

Sendo o crime praticado no exterior, a competência será fixada de acordo com a última residência em território brasileiro, ou, caso nunca tenha residido aqui, na capital da República.

10.5. Competência absoluta *versus* competência relativa

Embora não haja na lei disposição expressa sobre o tema, a comunidade jurídica costuma dividir as espécies de competência em absoluta e relativa. Dessa distinção, importantes efeitos são extraídos. Vejamos.

a) Competência absoluta

I. A regra de competência absoluta é criada com base no interesse público;

II. É insuscetível de modificação pela vontade das partes ou do órgão julgador;

III. A incompetência absoluta é causa de nulidade absoluta, podendo ser arguida a qualquer tempo (inclusive de ofício pelo juiz), sendo que o prejuízo é presumido nesse caso;

IV. Exemplos de competência absoluta: *ratione personae*, *materiae* e competência funcional;

b) Competência relativa

I. As regras de competência relativa são criadas com base no interesse preponderante das partes;

II. Por ter natureza infraconstitucional, é possível sua flexibilização ou relativização, à luz do exame de determinada relação processual, bem como do interesse das partes. Exemplo disso é o que ocorre nas ações exclusivamente privadas, em que o querelante opta, no momento do oferecimento da queixa, pelo foro do lugar do crime ou o do domicílio/residência do querelado;

III. A incompetência relativa é causa de nulidade relativa. Logo, deve ser arguida pelas partes em momento oportuno (não pode o juiz de ofício fazê-lo), sendo que o prejuízo precisará ser demonstrado. Do contrário, haverá prorrogação[62] (modificação) da competência (*vide* STJ, CC 111241/SP, DJe 02/08/2010);

IV. Ex.: competência territorial.

10.6. Modificação da competência

É possível que em algumas situações seja necessária a modificação da competência visando à uniformidade dos julgados, à segurança jurídica e à economia processual.

Tais alterações não implicam ofensa ao princípio do juiz natural porque o órgão jurisdicional para o qual é modificada a competência preexiste à infração penal e não foi criado unicamente para julgá-la.

São exemplos de modificação da competência: a conexão, a continência e o instituto do desaforamento no Tribunal do Júri. Examinaremos agora a conexão e a continência.

10.6.1. Conexão (art. 76, CPP)

É o nexo, o vínculo entre duas ou mais infrações que aconselha a junção dos processos, proporcionando ao julgador uma melhor visão sobre o caso. **A conexão pode ser classificada em:**

a) Conexão intersubjetiva *(art. 76, I, CPP):* ocorre quando duas ou mais infrações interligadas forem praticadas por duas ou mais pessoas. É denominada intersubjetiva justamente pela sua pluralidade de criminosos, sendo subdividida em três modalidades:

a1) *conexão intersubjetiva por simultaneidade:* são "várias infrações, praticadas ao mesmo tempo, por várias pessoas reunidas". Nesse caso, o liame se apresenta pelo fato de terem sido praticadas nas mesmas circunstâncias de tempo e espaço, simultaneamente, mas sem anterior ajuste entre os infratores. Ex.: torcida que, sem prévia combinação, após o rebaixamento do time, destrói o estádio de futebol;

a2) *conexão intersubjetiva concursal:* caracteriza-se quando vários indivíduos, previamente ajustados, praticam diversas infrações, em circunstâncias distintas de tempo e de lugar. Ex.: ataques do PCC à cidade de São Paulo;

a3) *conexão intersubjetiva por reciprocidade:* quando forem cometidas duas ou mais infrações, por diversas pessoas, mas

62. Pacheco (2009, p. 329) define a prorrogação da competência como: *a modificação na esfera de competência de um órgão jurisdicional, que seria abstratamente incompetente, mas se tornou concretamente competente com referência a determinado processo, em razão de um fato processual modificador.*

umas contra as outras. O vínculo é caracterizado pela pluralidade de infrações penais praticadas e pela reciprocidade na violação de bens jurídicos. Ex.: confronto agendado por duas ou mais pessoas em que todas acabam sofrendo e provocando lesões corporais reciprocamente;

b) Conexão objetiva (art. 76, II, CPP): ocorre quando uma infração é praticada para facilitar ou ocultar outra, ou para conseguir impunidade ou vantagem. Aqui, há um vínculo relacionado à motivação do crime. Divide-se em:

b1) teleológica: quando uma infração é cometida para facilitar a prática de outra. Ex.: lesão corporal contra o pai de uma criança para sequestrá-la;

b2) consequencial: quando uma infração é cometida para conseguir a ocultação, impunidade ou vantagem de outra já praticada. Ex.: homicídio de testemunha para conseguir a impunidade de outro crime;

c) Conexão probatória ou instrumental (art. 76, III, CPP): ocorre quando a prova de uma infração influi na prova de outra. Ex.: a prova da existência do furto influi na prova da receptação.

10.6.2. Continência

Ocorre quando uma causa está contida na outra, sendo impossível separá-las. Explicando melhor, a continência pode ser compreendida como o vínculo que liga uma pluralidade de infratores a apenas uma infração ou a reunião em decorrência do concurso formal de crimes, em que várias infrações decorrem de uma conduta. **A continência classifica-se em:**

a) Continência por cumulação subjetiva (art. 77, I, CPP): ocorre quando duas ou mais pessoas estão sendo acusadas da mesma infração. Ex.: dois agentes sendo acusados de um roubo a banco;

b) Continência por cumulação objetiva (art. 77, II, CPP): ocorre em todas as modalidades de concurso formal (art. 70, CP), incluindo o *aberratio ictus* (art. 73, 2ª parte, CP) e *aberratio criminis* (art. 74, CP). Ex.: motorista dirigindo imprudentemente termina atropelando vários transeuntes.

10.6.3. Foro prevalente

Caracterizada a conexão ou a continência, impõe-se a definição de qual o foro competente, ou seja, aquele perante o qual haverá a reunião de processos.

As regras de prevalência estão estabelecidas no art. 78, CPP. São elas:

a) Concurso entre crime doloso contra a vida e crime de competência da jurisdição comum ou especializada (art. 78, I)

Quando houver ligação entre crime doloso contra a vida e crime de competência da justiça comum a atração ocorrerá em favor do Tribunal do Júri. Em caso de IMPO,[63] prevalecerá a competência do Júri, mas deverá ser aberta a oportunidade da transação penal e a composição civil ao indivíduo (art. 60, *in fine*, Lei 9.099/1995).

Concorrendo crime doloso contra a vida e crime com processamento na justiça especializada (Eleitoral, Militar) impõe-se a separação dos processos. Ex.: homicídio e crime eleitoral. Haverá separação de processos. O Júri julgará o homicídio e a JE o crime eleitoral;

b) No concurso de jurisdições da mesma categoria (art. 78, II)

I. Preponderará a do lugar da infração à qual for cominada a pena mais grave.

Ex.: roubo consumado em São Paulo conexo com receptação cometida em Ribeirão Preto. Atração do foro de São Paulo, pois o roubo tem a pena em abstrato mais grave;

II. Prevalecerá a do lugar em que houver ocorrido o maior número de infrações se as respectivas penas forem de igual gravidade.

Ex.: furto em Belo Horizonte conexo com duas receptações em Governador Valadares. Competência do juízo de Governador Valadares, pois as infrações, isoladamente, possuem a mesma pena em abstrato (1 a 4 anos), mas o número de infrações foi maior em Governador Valadares;

III. Firmar-se-á a competência pela prevenção, nos outros casos.

Ex.: infrações de igual gravidade e quantidade;

c) No concurso de jurisdições de diversas categorias, predominará a de maior graduação (art. 78, III)

Quando acontecer de haver conexão ou continência entre delitos a serem processados em graus distintos, prevalecerá, em regra, a competência daquele de maior graduação. Ex.: Deputado Federal que comete crime em concurso com pessoa comum. Em regra, ambos serão julgados pelo STF em razão da continência por cumulação subjetiva (Súmula 704, STF);

d) No concurso entre a jurisdição comum e a especial, prevalecerá esta (art. 78, IV)

Ex.: quando um crime eleitoral é conexo a crime comum haverá reunião dos processos e a competência para decidir a causa será da Justiça Eleitoral.

Atenção: a competência da Justiça Federal (justiça comum no âmbito da jurisdição penal) exerce o papel de justiça especial quando confrontada com a justiça comum estadual (competência residual). Sendo assim, havendo conexão entre um crime com ação penal perante a justiça estadual e outro na federal, esta última atrairá a competência para o julgamento dos processos (Súmula 122, STJ). Ex.: crime praticado a bordo de aeronave (JF) conexo com crime de competência da justiça estadual. Neste caso, a JF será competente para processar e julgar ambas as infrações. Exerce a JF, conforme dito, o papel de justiça especial diante da justiça estadual.

10.6.4. Separação de processos

Ainda que haja conexão ou continência, é possível que os processos tramitem separadamente.

a) Separação obrigatória (art. 79, CPP)

Impõe-se a separação dos processos nos seguintes casos:

a1) Concurso entre jurisdição comum e militar: por exemplo, crime de roubo conexo com crime militar. Haverá separação – *vide* Súmula 90, STJ;

a2) Concurso entre jurisdição comum e juízo de menores (art. 228, CF, c/c art. 104, Lei 8.069/90 – ECA): não é possível reunir processos em que respondam um adulto, por infração penal, e um adolescente, por ato infracional. Haverá cisão;

63. Infração de menor potencial ofensivo – art. 61, Lei 9.099/1995.

a3) Doença mental superveniente: podemos citar como exemplo a situação em que três réus estão sendo processados e um deles passa a sofrer de insanidade mental. Haverá o desmembramento dos processos e o processo ficará suspenso quanto ao réu insano;

b) Separação facultativa (art. 80, CPP)

Poderá ocorrer nas seguintes hipóteses:

b1) quando as infrações forem praticadas em circunstância de tempo e lugar diferentes: a depender do caso, pode ser conveniente a separação dos processos para uma melhor colheita probatória;

b2) quando houver número excessivo de acusados: o grande número de acusados pode acarretar sério prejuízo à duração do processo, pois deve ser dada a oportunidade às oitivas de todas as testemunhas, à apresentação de provas por todos eles, bem como às suas defesas técnicas e interrogatórios. Assim, o juiz, à luz do caso concreto, poderá proceder à separação dos processos;

b3) quando surgir qualquer outro motivo relevante: a lei aqui não é específica, deixando, portanto, ao prudente arbítrio do juiz a decisão a respeito da separação de processos. De todo o modo, essa decisão deverá ser fundamentada.

10.7. Conflito de competência

Acontece quando dois ou mais juízes ou tribunais consideram-se competentes ou incompetentes para processar e julgar a causa.

Nesse sentido, duas são as possibilidades que veremos a seguir.

10.7.1. Conflito positivo (art. 114, I, primeira parte, CPP)

Ocorre quando dois ou mais órgãos jurisdicionais entendem ser competentes para processar e julgar a causa.

10.7.2. Conflito negativo (art. 114, I, segunda parte, CPP)

Quando dois ou mais órgãos jurisdicionais julgam-se incompetentes para apreciar a causa.

10.7.3. Competência para decidir o conflito

Mais uma vez servimo-nos da CF, onde estão localizadas as competências para dirimir os conflitos nas diversas esferas.

Por opção didática, apresentamos abaixo as hipóteses por tribunal:

a) STF (art. 102, I, "o") – possui competência para decidir os conflitos entre:

I. STJ e quaisquer tribunais. Ex: STJ x TRF;

II. Tribunais superiores. Ex: STJ x TSE;

III. Tribunais superiores e qualquer outro tribunal. Ex: TSE x TJ;

b) STJ (105, I, "d") – decide conflitos entre:

I. Quaisquer tribunais, exceto os superiores. Ex: TRF x TJ;

II. Tribunal e juízes não vinculados. Ex: TRF 1ª Região x juiz federal do TRF 5ª Região;

III. juízes vinculados a tribunais distintos. Ex: juiz federal x juiz estadual;

c) TRF (art. 108, I, "e") – decide conflitos entre juízes federais vinculados ao próprio tribunal;

d) TJ – pelo critério da simetria, compete-lhe julgar conflito de competência entre juízes estaduais a ele vinculados, abrangendo os magistrados da vara comum, dos juizados criminais, das turmas recursais etc. Ver os seguintes julgados a respeito: STF, RE 590409/RJ, *DJe* 29/10/09; STJ EDcl no AgRg no CC 105796/RJ, DJ 30/09/10.

10.8. Conflito de atribuições no MP

Acontece entre autoridades que não possuem poder jurisdicional, ou seja, emana do "exercício da atividade administrativo-persecutória" (NICOLITT, 2010, p. 220). A situação pode ocorrer da seguinte forma: dois ou mais membros do MP, no exercício das suas funções, divergem quanto à atribuição para oferecer a denúncia, seja por causa da matéria, seja pelo regramento interno do MP (distribuição das atribuições entre seus membros).

Não é, portanto, um conflito de natureza jurisdicional, mas sim administrativa. No entanto, a definição poderá vir de órgão administrativo ou jurisdicional, a depender da natureza do conflito e das autoridades envolvidas, como veremos a seguir.

a) Conflito entre membros do mesmo MP

I. MP estadual. A solução cabe ao PGJ (art. 10, X, Lei 8.625/1993). Ex: divergência entre dois promotores do MP/SP será decidia pelo PGJ do MP/SP;

II. MPF. Caberá às Câmaras de Coordenação e Revisão (art. 62, VII, LC 75/93);

b) Conflito entre órgãos de MP's distintos

Compete a solução ao STF. No julgamento da Pet 3528/BA, *DJe* 03/03/2006, o STF reconheceu a própria competência para decidir o conflito de atribuições entre membros de MP estadual e MPF, com fulcro no art. 102, I, "f", CF. Entendeu a Suprema Corte que a questão deve ser entendida como conflito entre entes federativos (União x Estado ou Estado x Estado) e por tal razão é sua a competência para dirimi-lo.

10.8. Colegiado em primeiro grau de jurisdição (Lei 12.694/2012)

10.8.1. Compreendendo o tema

Quando um juiz singular tiver fundado motivo para temer por sua **integridade física** em virtude da atuação que vem desempenhando em **processo ou investigação** que examine crime(s) praticado(s) por **organização criminosa**, pode aquele magistrado instaurar um colegiado de juízes em primeiro grau a fim de praticar atos jurisdicionais de forma conjunta. A medida (instituição de colegiado em 1º grau) visa, portanto, retirar do juiz singular a responsabilidade exclusiva (despersonalização) por atos jurisdicionais que venha a praticar no curso de persecução penal de crime(s) praticado(s) por organização criminosa.

Vejamos, a seguir, alguns pontos fundamentais sobre o tema.

a) Definição de organização criminosa

A Lei 12.694/2012 conceituou organização criminosa pela primeira vez em nosso ordenamento. Sucede que foi publicada a Lei 12.850/2013, que regula integralmente a definição e aspectos penais e processuais inerentes às organizações criminosas, revogando o dispositivo anterior. Nesse sentido, o art. 1º, § 1º, Lei 12.850/2013 conceitua organização criminosa como "a associação de 4 (quatro) ou mais pessoas estruturalmente ordenada e caracterizada pela divisão de tarefas, ainda que informalmente, com objetivo de obter, direta ou indiretamente, vantagem de qualquer natureza, mediante a prática de infrações penais cujas penas máximas sejam superiores a 4 (quatro) anos, ou que sejam de caráter transnacional".

b) Iniciativa

Conforme visto antes, a iniciativa para a formação do colegiado em 1º grau de jurisdição será do juiz singular, devendo este indicar "os motivos e as circunstâncias que acarretam risco à sua integridade física em decisão fundamentada, da qual será dado conhecimento ao órgão correicional" (art. 1º, § 1º, Lei 12.694/2012).

c) Condições

Existência de processo criminal ou mesmo de investigação a respeito de crime (excluídas as contravenções) imputado à organização criminosa.

Crimes com pena máxima superior a 4 anos. Aqui deverão ser levadas em conta as normas que resultem em redução ou majoração da pena, **excetuadas** as circunstâncias agravantes e as atenuantes.

Existência de razões concretas que apontem para risco à incolumidade física do magistrado. O mero receio não será suficiente para a aplicação da medida.

d) Momento

Poderá o colegiado ser formado na fase de investigação (tendo aqui natureza preparatória), ou na fase processual, quando assumirá natureza incidental.

e) Indicação do ato (ou atos) a ser praticado

O juiz singular indicará qual ato (ou atos) que deverá ser praticado pelo colegiado. Embora a lei determine que o juiz deva indicar o ato (ou atos) a ser praticado, não há limite de atos aqui, podendo, portanto, o magistrado indicar quantos atos entender necessários.

O rol, de natureza exemplificativa, está indicado no art. 1º, I a VII, da Lei 12.694/2012.

I. decretação de prisão ou de medidas assecuratórias;

II. concessão de liberdade provisória ou revogação de prisão;

III. sentença;

IV. progressão ou regressão de regime de cumprimento de pena;

V. concessão de liberdade condicional;

VI. transferência de preso para estabelecimento prisional de segurança máxima; e

VII. inclusão do preso no regime disciplinar diferenciado.

f) Composição

O colegiado será formado por 3 (três) juízes de primeiro grau. Um deles necessariamente será o juiz natural da causa, aquele que decidiu pela instituição do colegiado. Os demais serão definidos por sorteio eletrônico dentre todos os juízes de primeiro grau com competência criminal. Caso os juízes sorteados se encontrem em cidades diversas, "a reunião poderá ser feita pela via eletrônica" - art. 1º, § 5º, da Lei 12.694/2012. Estão excluídos da composição do colegiado os magistrados afastados das suas funções, os impedidos e os suspeitos.

g) Comunicação

Após a decisão pela formação do órgão colegiado, o juiz deverá comunicar diretamente à corregedoria do tribunal ao qual estiver vinculado para a adoção das providências necessárias ao sorteio, bem como para fins de registro e controle administrativo.

h) Prazo

A sua duração dependerá da decisão que o instituiu, pois a competência do colegiado está limitada ao(s) ato(s) para o(s) qual(is) foi convocado. Havendo convocação para todo o processo, a sua atuação se dará até o exaurimento de todos os atos jurisdicionais de primeiro grau. Caso seja fracionada, a sua duração estará adstrita à prática do ato.

i) Decisões

As decisões deverão ser fundamentadas e assinadas por todos os membros do colegiado, **sem exceção**. As decisões serão tomadas com base na maioria dos votos, mas não haverá menção à divergência. O objetivo da medida é preservar os juízes com a desconcentração da responsabilidade pela atuação jurisdicional.

j) Sigilo das reuniões

"As reuniões poderão ser sigilosas sempre que houver risco de que a publicidade resulte em prejuízo à eficácia da decisão judicial" - art. 1º, § 4º, da Lei 12.694/2012.

Note-se que, para que seja justificado o sigilo, será necessário demonstrar que a publicidade pode concretamente afetar a eficácia da decisão judicial. Por esse motivo é que devem ser observados alguns requisitos, cumulativos, para a decretação do sigilo, a saber:

I. Decisão fundamentada com indicação da extensão da medida;

II. Indicação do risco de ineficácia da medida, condicionando o seu êxito ao sigilo prévio;

III. Acesso irrestrito do defensor público ou do advogado aos autos, inclusive aos documentos e atas produzidos durante os atos sigilosos.

10.8.2. Críticas

Há severas críticas ao instituto do colegiado em primeiro grau, notadamente em relação a dois aspectos: violação ao princípio do juiz natural; vedação à menção do voto divergente.

Em relação à violação do juiz natural, é possível sustentar a inconstitucionalidade do dispositivo porque a formação do colegiado se dá em momento posterior à prática do fato. Nessa linha de entendimento, estaríamos diante de órgão assemelhado a um tribunal/juiz de exceção.

Por outro lado, podemos defender a interpretação conforme a Constituição a partir da estrita obediência a regramentos claros e prévios ao fato delituoso, quais sejam: permanência do juiz natural como membro do colegiado; decisão motivada em risco concreto à integridade física do juiz natural; e o sorteio eletrônico de dois juízes de primeiro grau com competência criminal. O STF já se manifestou em sentido parecido na ADI 4414, Info 667 (organização criminosa e vara especializada).

No que tange à vedação de menção a voto divergente, vislumbra-se 3 (três) possibilidades.

A primeira linha de argumentação parte da inconstitucionalidade plena do dispositivo em razão da ausência de publicidade dos fundamentos do voto divergente (art. 93, IX, CF). Importante dizer também que, com base nos fundamentos do voto divergente, o recurso da parte poderia ser melhor estruturado nos casos de condenação. Restaria, em última análise, certa restrição ao direito de recorrer.

O segundo aspecto diz respeito a um temperamento da crítica acima. Seria preservada a identidade do juiz que divergiu, mas o conteúdo do seu voto deveria ser publicizado pelas razões já expostas.

Por fim, uma terceira via segue o entendimento de que não se impõe a divulgação de voto divergente na sentença porque "a divulgação do voto divergente retiraria a eficácia do objetivo da lei que é a de diluir a responsabilidade, atribuindo-a conjuntamente a três membros. (...) o conhecimento do voto divergente não ampliaria para o acusado o seu direito de recorrer, pois não cabem contra as decisões do juízo de primeiro grau embargos de divergência ou de nulidade." (TÁVORA; ALENCAR. 2013. p. 275).

11. QUESTÕES E PROCESSOS INCIDENTES

11.1. Compreendendo o tema

Por vezes, surgem incidentes no curso do processo penal que, embora acessórios, afiguram-se relevantes para o deslinde da causa, devendo ser resolvidos antes da sentença final. Tais incidentes são classificados pelo CPP como: **questões prejudiciais** e **processos incidentes**

11.2. Questões prejudiciais (arts. 92 a 94, CPP)

11.2.1. Conceito

São as questões relacionadas ao direito material, penal ou extrapenal, mas que possuem ligação com o mérito da causa penal, motivo pelo qual se impõe a sua solução antes do julgamento do processo criminal. Ex.: Fulano está sendo processado pelo crime de bigamia e alega em sua defesa, entre outros aspectos, a invalidade do 1º casamento.

Da situação anteriormente indicada, identificamos como questão prejudicial a nulidade do 1º casamento, que tem natureza cível (extrapenal), e como questão prejudicada, ou seja, a que está condicionada à solução da prejudicial, o crime de bigamia. Se o casamento for nulo, não há que se falar em bigamia.

11.2.2. Classificação das questões prejudiciais

a) Quanto à matéria acerca da qual versam

a1) Homogêneas: *quando a questão prejudicial versa sobre matéria do mesmo ramo do Direito da questão principal.* Ex.: furto em relação à receptação, pois esta última pressupõe a procedência criminosa do bem;

a2) Heterogêneas: *quando pertencem a outro ramo do Direito que não o da questão principal.* Ex.: validade do casamento (cível) em relação ao crime de bigamia (penal).

Por sua vez, questões prejudiciais heterogêneas *quanto à necessidade do juiz penal suspender ou não o curso do processo criminal*, subdividem-se em:

I. Heterogêneas obrigatórias (necessárias ou devolutivas absolutas): o processo criminal será obrigatoriamente suspenso pelo juiz penal até que a questão prejudicial seja resolvida pelo juiz cível. Ocorre quando há questão prejudicial sobre o estado civil das pessoas (art. 92, CPP). Ex.: validade do 1º casamento (estado civil) e bigamia.

Atenção: nessa hipótese, não há prazo determinado para a suspensão (provas urgentes poderão ser produzidas, no entanto); sendo que o prazo prescricional ficará suspenso, por força do disposto no art. 116, I, CP;

II. Heterogêneas facultativas (devolutivas relativas): essa espécie está consubstanciada no art. 93, CPP. Nesse caso, embora haja uma questão prejudicial a ser resolvida no cível, o juiz penal não está obrigado a suspender o curso do processo criminal. Caso não o suspenda, o próprio juiz, na sentença, decidirá a prejudicial, que não terá efeito *erga omnes*. Ex.: crime de furto e discussão da propriedade do bem no juízo cível.

Atenção: a questão prejudicial não pode versar sobre o estado das pessoas, pois, se for este o caso, haverá suspensão obrigatória (art. 92, CPP). Para que seja possível a suspensão, é preciso que já haja ação cível em andamento (conforme redação do referido dispositivo).

11.2.3. Considerações sobre o procedimento

Como já visto, seja a questão prejudicial obrigatória ou facultativa, a suspensão do processo criminal poderá ser determinada de ofício pelo juiz ou via requerimento das partes, nos termos do art. 94, CPP, que preconiza: "a suspensão do curso da ação penal, nos casos dos artigos anteriores, será decretada pelo juiz, de ofício ou a requerimento das partes".

Dessa decisão que determina a suspensão do processo criminal cabe recurso em sentido estrito (RESE), cuja previsão consta do art. 581, XVI, CPP. No sentido contrário, ou seja, da decisão que indefere a suspensão, não há previsão de recurso.

É importante dizer, ainda, que uma vez suspenso o processo, e tratando-se de crime de ação penal pública, incumbirá ao Ministério Público intervir imediatamente na causa cível para o fim de promover-lhe o rápido andamento, na forma prescrita pelo art. 93, § 3º, CPP.

11.2.4. Distinção entre questões prejudiciais e questões preliminares

Nesse momento, após vislumbrarmos os aspectos inerentes às questões prejudiciais, compete elucidar os traços diferenciais entre estas e as questões preliminares.

Pudemos compreender que as questões prejudiciais estão intimamente relacionadas ao mérito da causa e por tal razão devem ter a sua solução anterior à decisão definitiva.

Já as questões preliminares incidem diretamente sobre o processo e o seu desenvolvimento regular (NUCCI, 2008, p. 322). Não se confundem ou relacionam, portanto, com o mérito. Tal solução pode se dar nos autos da própria ação penal, como ocorre, por exemplo, com a alegação de nulidade formulada nos memoriais/alegações finais orais, ou por meio de processos incidentes, como veremos a seguir, de forma mais detalhada.

11.3. Processos incidentes

Assim como as questões prejudiciais, os processos incidentes também precisam ser resolvidos pelo juiz antes de decidir a causa principal. Enquanto as prejudiciais ligam-se ao mérito da questão principal, os processos incidentes dizem respeito ao processo (à sua regularidade formal), podendo ser solucionados pelo próprio juiz criminal.

11.3.1. Exceções (art. 95, CPP)

Trata-se de meio de defesa indireta, de natureza processual, que versa sobre a ausência das condições da ação ou dos pressupostos processuais. Subdividem-se em **exceções peremptórias**, *aquelas que objetivam a extinção do processo* (ex.: exceção de coisa julgada); e **exceções dilatórias,** *aquelas que objetivam apenas prolongar o curso do processo* (ex.: exceção de incompetência).

As exceções são processadas em apartado e, em regra, não suspendem o curso da ação penal (art. 111, CPP). Examinemos as modalidades de exceções:

a) Exceção de suspeição (arts. 96 a 107, CPP): visa a combater a parcialidade do juiz. Precede às outras exceções, pois, antes de qualquer coisa, é preciso haver um juiz imparcial.

a1) Hipóteses de suspeição do magistrado (art. 254, CPP): considera-se suspeito o juiz quando:

I. for amigo íntimo ou inimigo capital de qualquer das partes;

II. ele, seu cônjuge, ascendente ou descendente, estiver respondendo a processo por fato análogo, sobre cujo caráter criminoso haja controvérsia;

III. ele, seu cônjuge, ou parente, consanguíneo, ou afim, até o terceiro grau, inclusive, sustentar demanda ou responder a processo que tenha de ser julgado por qualquer das partes;

IV. tiver aconselhado qualquer das partes;

V. for credor ou devedor, tutor ou curador, de qualquer das partes;

V. se for sócio, acionista ou administrador de sociedade interessada no processo.

a2) Aspectos procedimentais da exceção de suspeição

O juiz poderá reconhecer a sua suspeição, de ofício, ou mediante requerimento das partes. Caso o magistrado a reconheça de ofício, remeterá os autos ao seu substituto legal, após intimação das partes.

Se apresentada por meio de exceção, o juiz, reconhecendo a suspeição, sustará a marcha do processo e mandará juntar aos autos a petição do recusante com os documentos que a instruíram, e, por despacho, declarar-se-á suspeito, ordenando a remessa dos autos ao substituto (*vide* arts. 97 e 99, CPP).

Não reconhecendo o juiz a suspeição, mandará autuar em apartado a petição, irá respondê-la em até 3 dias e remeterá os autos, em 24h, ao órgão competente para julgamento da exceção (art. 100, CPP).

Se o tribunal julgar procedente a suspeição, serão declarados nulos todos os atos praticados pelo juiz (art. 101, CPP).

Além da suspeição do magistrado, as partes poderão também arguir a suspeição do membro do MP, do perito, do intérprete, dos demais funcionários da Justiça e dos jurados (arts. 105 e 106, CPP).

Recorde-se que não se pode opor suspeição às autoridades policiais nos atos do inquérito, embora estas devam declarar-se suspeitas quando houver motivo legal.

No que tange ao membro do MP, rememore-se que, de acordo com a Súmula 234, STJ: "a participação de membro do Ministério Público na fase investigatória criminal não acarreta o seu impedimento ou suspeição para o oferecimento da denúncia".

Da decisão que reconhecer a suspeição inexiste recurso. Nesse caso, a doutrina entende que o meio de impugnação cabível é o *habeas corpus;*

b) Exceção de incompetência (arts. 108 e 109, CPP): visa a corrigir a competência do juiz.

Com relação a essa modalidade de exceção, é preciso que as partes estejam atentas à natureza da competência, se absoluta ou relativa, pois, em se tratando desta última (relativa), caso não arguida oportunamente pela parte interessada, poderá ocorrer a preclusão. Assim, quando se tratar de incompetência territorial, cuja natureza é relativa, a exceção deve ser oposta no prazo de resposta à acusação, sob pena de convalidação.

Tratando-se de incompetência em razão da matéria, por prerrogativa de função ou funcional, todas de natureza absoluta, poderão ser arguidas a qualquer tempo, inclusive reconhecidas de ofício pelo juiz. Assim, não precisam ser arguidas por meio da exceção em comento.

Caso se trate de exceção de incompetência *relativa*, julgada procedente a exceção, serão anulados os atos decisórios, aproveitando-se os instrutórios.

Caso se trate de exceção de incompetência *absoluta*, julgada procedente a exceção, serão anulados todos os atos (decisórios e instrutórios). O processo será, pois, anulado *ab initio.*

Da decisão que acolhe essa exceção, cabe RESE (art. 581, II, CPP);

c) Exceção de ilegitimidade de parte (art. 110, CPP)

Abrange tanto a ilegitimidade *ad causam,* que é a titularidade para figurar nos polos ativo e passivo da causa, como a ilegitimidade *ad processum,* que é a capacidade para a prática de atos processuais.

Exemplo de ilegitimidade *ad causam*: MP que oferece denúncia em crime de ação privada. Como se sabe, a titularidade aqui é do ofendido e não do MP.

Exemplo de ilegitimidade *ad processum*: vítima menor que, desejando ingressar com queixa-crime, outorga procuração a advogado para o cumprimento dessa finalidade. A vítima menor não possui legitimidade *ad processum* porque lhe falta capacidade para a prática de atos processuais.

Por se tratar de matéria de ordem pública, a ilegitimidade de parte (*ad causam* ou *ad processum*) pode ser arguida a qualquer momento, pelas partes, ou reconhecida, de ofício, pelo juiz.

Da decisão que acolhe essa exceção, cabe RESE (art. 581, III, CPP).

d) Exceção de litispendência (art. 110, CPP)

Ocorre quando há duas ou mais ações em andamento com a mesma causa de pedir (fato-crime) e o mesmo réu.

Sendo matéria de ordem pública, pode ser arguida a qualquer tempo pelas partes ou reconhecida de ofício, pelo juiz.

Da decisão que acolhe essa exceção, cabe RESE (art. 581, III, CPP);

e) Exceção de coisa julgada (*exceptio rei judicatae* – art. 110, CPP)

Ocorre quando, proposta uma ação penal, já existir outra ação idêntica definitivamente julgada. Decorre da premissa de que ninguém pode ser julgado duas vezes pelo mesmo fato-crime.

Não confundir a exceção de coisa julgada com a exceção de litispendência. Nesta última, as ações idênticas *encontram-se em curso*. Naquela outra, uma das ações idênticas já foi julgada em definitivo.

Destaque-se que o manejo da exceção de coisa julgada refere-se à coisa julgada material (aquela que impede que qualquer outro juízo ou tribunal examine a causa já decidida) e não à coisa julgada formal (aquela que impede que o juízo da causa reexamine a decisão). É que, como cediço, neste último caso (CJ formal), o efeito de imutabilidade ocorre apenas dentro do próprio processo, sendo que, preenchidos os requisitos faltantes, será sim possível a repropositura da ação. Ex.: decisão de impronúncia. Preenchidos os requisitos e desde que não prescrito o crime, será possível apresentar novamente a ação penal.

Da decisão que acolhe essa exceção, cabe RESE (art. 581, III, CPP).

11.3.2. *Restituição de coisas apreendidas (arts. 118 a 124, CPP)*

Em regra, os objetos apreendidos em decorrência do crime praticado, não sendo ilícitos e não havendo dúvidas quanto àquele que os reclama, serão devolvidos à pessoa pelo delegado ou pelo juiz, por meio de simples pedido de restituição.

Porém, se tais objetos importarem ao processo, não poderão ser restituídos até o trânsito em julgado da sentença (art. 118, CPP). Ex.: o veículo furtado no qual foi encontrada a vítima do homicídio não poderá ser devolvido ao legítimo proprietário enquanto não for periciado.

Há coisas, entretanto, que, mesmo com o trânsito em julgado, não serão restituídas (art. 91, II, CP). Ex.: o instrumento cujo uso é proibido. A arma pertencente ao exército – de uso proibido pelo civil – empregada na prática do crime não retornará ao réu, ainda que ele seja absolvido. A exceção desse confisco se dá em relação ao direito do lesado ou do terceiro de boa-fé, ou seja, se, na mesma situação, a arma proibida pertencia a um colecionador, essa será restituída a ele.

Com efeito, o *incidente de restituição* deverá ser instaurado toda vez que houver dúvida a respeito do direito do reclamante sobre a coisa.

a) Aspectos procedimentais do incidente de restituição de coisas apreendidas

A instauração do incidente será feita pelo juiz, de ofício, ou por meio de provocação do delegado ou do interessado, nos seguintes casos:

I. Dúvida quanto ao direito do reclamante sobre a coisa (art. 120, § 1º, CPP);

II. Quando os bens reclamados tiverem sido apreendidos com terceiro de boa-fé (art. 120, § 2º, CPP). Ex.: vítima do bem furtado e terceiro de boa-fé que estava investido na posse do bem no momento da apreensão. Nesse caso, o reclamante e o terceiro de boa-fé serão chamados para fazer prova do seu direito. Persistindo a dúvida sobre qual o verdadeiro dono do bem, o juiz remeterá as partes para o juízo cível, ordenando o depósito;

b) Recurso

Conforme o art. 593, II, CPP, cabe apelação da decisão que defere ou indefere a restituição de coisas apreendidas. Esse entendimento decorre da natureza da decisão que resolve o incidente. Como será visto no item sobre decisões judiciais, o ato judicial que soluciona o processo incidente tem natureza de decisão definitiva ou com força de definitiva. Nesse sentido, ver STJ, RMS 33274/SP, *DJe* 04/04/2011.

11.3.3. *Medidas assecuratórias (arts. 125 a 144, CPP)*

São aquelas que visam a assegurar, de forma preventiva, a reparação dos danos à vítima e à coletividade em caso de futura sentença penal condenatória. Possuem, portanto, natureza acautelatória. Dividem-se em: sequestro, hipoteca legal, arresto e alienação antecipada.

a) Sequestro: conforme Nucci (2006, p. 324): *é medida assecuratória consistente em reter os bens imóveis e móveis do indiciado ou acusado, ainda que em poder de terceiros, quando adquiridos com o proveito da infração penal.* Ex.: imóvel adquirido pelo réu com valor proveniente do desvio de verba pública.

Examinemos abaixo algumas de suas características mais marcantes:

a1) Requisito para a realização do sequestro: indícios veementes da proveniência ilícita dos bens – art. 126;

a2) Momento: o sequestro poderá ser realizado no curso do processo, da investigação criminal (IP, por exemplo), ou até antes da fase investigativa – art. 127;

a3) Quem determina? O juiz, de ofício, ou a pedido do MP, do delegado, do ofendido ou de seus herdeiros – art. 127. Acrescente-se que o sequestro é medida deferida ***inaudita altera pars***, *i. e.*, a constrição do bem se dá independentemente de oitiva da pessoa cujo bem será atingido;

a4) Peça defensiva: realizado o sequestro, admitem-se embargos (peça defensiva) opostos por terceiro (ex.: pessoa que adquiriu o imóvel de boa-fé) ou pelo próprio réu (ex.: o bem foi, na verdade, adquirido de forma lícita) – arts. 129 e 130;

a5) Levantamento do sequestro: significa *a perda da eficácia da medida* (do sequestro). Vejamos as hipóteses. Ocorrerá o levantamento quando (art. 131):

I. a ação penal não for intentada no prazo de 60 dias, contado da data da conclusão da diligência;

II. terceiro, a quem tiverem sido transferidos os bens, prestar caução;

III. ocorrer a absolvição definitiva do réu ou a extinção da punibilidade deste (também definitiva);

IV. os embargos (vistos anteriormente) forem julgados procedentes;

a6) **Destinação final do bem em caso de sentença condenatória definitiva**: avaliação do bem e a venda deste em leilão público. Os valores decorrentes desse leilão serão recolhidos ao Tesouro Nacional, excetuada a parte correspondente ao ofendido ou ao terceiro de boa-fé;

b) Hipoteca legal (art. 134, CPP): *recai sobre os bens imóveis de origem **lícita** do réu.* Visa a assegurar que o réu tenha patrimônio suficiente para ressarcir os danos experimentados pela vítima.

Examinemos abaixo algumas de suas **características mais marcantes:**

b1) Requisitos para a efetivação da hipoteca legal: certeza da infração (leia-se: prova da materialidade do fato imputado) e indícios suficientes de autoria – art. 134;

b2) Momento: sua decretação só é cabível durante o curso do processo, apesar da redação do art. 134, CPP, utilizar a expressão "indiciado" em seu bojo. A redação deste dispositivo é considerada equivocada pela majoritária doutrina;

b3) Quem pode requerê-la? Ofendido, seus herdeiros, ou o MP (quando o ofendido for pobre ou quando houver interesse da Fazenda Pública – sonegação fiscal, por exemplo) – *vide* arts. 134 e 142, CPP. Não pode o juiz decretá-la de ofício;

b4) Da decisão que defere ou indefere hipoteca legal, cabe apelação – art. 593, II, CPP;

b5) Em caso de absolvição definitiva ou de extinção da punibilidade definitiva, a hipoteca será cancelada – art. 141, CPP;

b6) Em caso de condenação definitiva, a vítima poderá executar no cível a hipoteca;

c) Arresto prévio ou preventivo (art. 136, CPP)

c1) Entendendo o tema: o processo de especialização de bens em hipoteca legal (tema visto anteriormente) é um procedimento demorado. Pois bem, "percebendo qualquer dos legitimados para a hipoteca que há possibilidade premente de o réu desfazer-se de seu patrimônio [transferência de bens a 3º, p. ex], poderá promover, perante o juízo criminal em que tramita o processo penal contra o acusado, o pedido de **arresto preventivo**, demonstrando ao magistrado o *periculum in mora*" (AVENA, 2010, p. 439) (Incluiu-se).

Presentes os pressupostos legais dessa medida cautelar, poderá o juiz penal, de plano, determinar o arresto preventivo dos bens do réu, "medida esta que, inscrita no registro imobiliário, torna insuscetíveis de alienação os bens que constituem o seu objeto" (*op. cit.*, 2010, p. 439);

c2) Revogação do arresto preventivo: se, em 15 dias a partir da efetivação do arresto preventivo, não for promovido o processo de hipoteca legal dos bens constritos, haverá a revogação da medida (art. 136, parte final, CPP);

d) Arresto (arts. 137 a 144, CPP): *é uma medida semelhante à hipoteca legal, recaindo, porém, sobre **bens móveis** lícitos do agente.* Esta medida não deve ser confundida com o arresto preventivo (visto anteriormente). Podem ser objeto de arresto apenas os bens passíveis de penhora. O rol desses bens é residual, ou seja, parte-se da exclusão dos bens impenhoráveis, contidos no art. 649, CPC, e na Lei 8.009/1990. Excluídos os bens impenhoráveis ali enumerados, todos os demais estão sujeitos ao arresto.

Maiores considerações sobre o arresto do art. 137, CPP, são dispensadas, pois, no que diz respeito ao momento processual de requerimento, aos requisitos, à legitimidade para requerer, ao recurso cabível e ao seu levantamento, aplicam-se as mesmas disposições inerentes à hipoteca legal.

e) Alienação antecipada (art. 144-A, CPP): trata-se de medida destinada à preservação do valor de bens, móveis ou imóveis, que estejam sujeitos a depreciação ou deterioração, ou que tenham dificuldade de manutenção. Eis o procedimento a ser adotado nas hipóteses indicadas:

e1) os bens deverão ser vendidos pelo valor fixado na avaliação judicial ou por valor maior. Não alcançado o valor estipulado pela administração judicial, será realizado novo leilão, em até 10 (dez) dias contados da realização do primeiro, podendo os bens ser alienados por valor não inferior a 80% (oitenta por cento) do estipulado na avaliação judicial;

e2) o produto da alienação ficará depositado em conta vinculada ao juízo até a decisão final do processo, procedendo-se à sua conversão em renda para a União, Estado ou Distrito Federal, no caso de condenação, ou, no caso de absolvição, à sua devolução ao acusado;

e3) quando a indisponibilidade recair sobre dinheiro, inclusive moeda estrangeira, títulos, valores mobiliários ou cheques emitidos como ordem de pagamento, o juízo determinará a conversão do numerário apreendido em moeda nacional corrente e o depósito das correspondentes quantias em conta judicial;

e4) no caso da alienação de veículos, embarcações ou aeronaves, o juiz ordenará à autoridade de trânsito ou ao equivalente órgão de registro e controle a expedição de certificado de registro e licenciamento em favor do arrematante, ficando este livre do pagamento de multas, encargos e tributos anteriores, sem prejuízo de execução fiscal em relação ao antigo proprietário;

e5) o valor dos títulos da dívida pública, das ações das sociedades e dos títulos de crédito negociáveis em bolsa será o da cotação oficial do dia, provada por certidão ou publicação no órgão oficial.

11.3.4. *Incidente de falsidade documental (arts. 145 a 148, CPP)*

Visa a impugnar documento tido como inidôneo. A noção de documento, para efeito do incidente aqui tratado, é bastante ampla. Dessa forma, a gravação de áudio, vídeo etc. é considerada como documento para fins desse incidente.

a) Momento de instauração desse incidente: somente no curso do processo;

b) Quem pode instaurá-lo? Juiz (de ofício ou a pedido do MP, querelante ou acusado). O advogado, neste caso, precisará de procuração com poderes especiais para essa finalidade, visto que a imputação de falsidade de documento acostado aos autos importa, em regra, atribuição de prática delituosa (*vide* art. 146). Assim, o advogado para atuar numa hipótese dessas precisa estar "blindado" pela procuração por poderes especiais. Havendo crime de denunciação caluniosa pelo requerente, será este que responderá pelo crime e não o advogado;

c) Recurso: da decisão que julgar o incidente procedente ou improcedente, cabe RESE (art. 581, XVIII, CPP);

d) A decisão sobre o incidente não faz coisa julgada em posterior processo civil ou criminal - art. 148, CPP. Não haverá vinculação, portanto, de posterior processo civil ou criminal sobre o fato.

11.3.5. Incidente de insanidade mental (arts. 149 a 154, CPP)

Trata-se de incidente que visa a averiguar a higidez mental do réu/indiciado.

a) Momento: qualquer fase do processo ou do inquérito. Se realizado no curso do processo, provocará a suspensão deste. Porém, poderão ser realizadas diligências que possam ser prejudicadas pelo sobrestamento. Ex.: o depoimento de uma testemunha com enfermidade grave (risco de óbito). Anote-se, ainda, que, mesmo suspenso o processo, o prazo prescricional não se suspenderá;

b) Quem pode instaurá-lo? O juiz (de ofício, ou a requerimento do MP, do delegado, do curador[64], do defensor ou do CCADI do acusado);

c) Requisito fundamental: deve haver dúvida razoável sobre a sanidade mental do acusado/indiciado;

d) Necessidade de nomeação de curador uma vez instaurado o incidente;

e) Perícia: no âmbito da perícia de insanidade mental, será fundamental determinar se o réu era, ao tempo do crime, de fato, inimputável (art. 26, CP). Constatada a inimputabilidade, o processo seguirá com a presença do curador, podendo, inclusive, resultar na absolvição imprópria do acusado (aquela que absolve o réu, porém aplica-lhe medida de segurança).

Por outro lado, se os peritos entenderem que a inimputabilidade se deu depois da prática da infração, o processo continuará suspenso até que o acusado se restabeleça - art. 149, § 2º, CPP. É o que se chama de inimputabilidade superveniente;

f) Prazo: O laudo pericial possui prazo de 45 dias para ser concluído. O prazo poderá ser mais elástico caso o perito demonstre a necessidade de maior tempo para a conclusão do laudo (art. 150, § 1º, CPP);

g) Vinculação do magistrado: no momento da sentença, não ficará o juiz vinculado à conclusão da perícia (art. 182, CPP);

h) Doença mental no curso da execução penal: aplica-se a substituição prevista no art. 183, LEP, *in verbis*: *quando, no curso da execução da pena privativa de liberdade, sobrevier doença mental ou perturbação da saúde mental, o Juiz, de ofício, a requerimento do Ministério Público, da Defensoria Pública ou da autoridade administrativa, poderá determinar a substituição da pena por medida de segurança.*

Por fim, cumpre dizer que não há recurso contra a decisão que instaura ou indefere o incidente de insanidade. Em hipótese de indeferimento absurdo, reconhece a doutrina a possibilidade de impetrar HC ou mesmo de ingressar com correição parcial.

64. Curador é qualquer pessoa maior de 18 anos que esteja na plenitude de suas faculdades mentais.

12. PROVA

12.1. Teoria geral da prova

12.1.1. Conceito

A palavra "prova" possui diversos significados, mas trabalharemos com apenas uma dessas acepções, segundo a qual prova é *todo elemento pelo qual se procura demonstrar a veracidade de uma alegação ou de um fato, buscando, com isso, influenciar o convencimento do julgador.*

12.1.2. Cuidado para não confundir

Objetivo da prova, objeto *da* prova e objeto *de* prova. Vejamos.

a) objetivo (finalidade) da prova: a prova visa a convencer (influenciar) o juiz a respeito de determinado fato/argumento;

b) objeto *da* prova: são os fatos, principais ou secundários, que, por serem capazes de gerar dúvida no magistrado, precisam ser demonstrados (provados). Ex.: se o MP imputa a Fulano um homicídio, este fato será objeto *da* prova, *i. e.*, sendo necessária a demonstração (prova) da autoria e da materialidade pela acusação;

c) objeto *de* prova diz respeito ao que é e ao que não é necessário ser demonstrado. Explica-se melhor. Certos fatos não precisam ser provados, não sendo, portanto, objeto *de* prova. Vejamos quais são eles:

I. fatos notórios: não precisa ser demonstrado ao juiz que, por exemplo, no dia 25 de dezembro se comemora o Natal;

II. fatos axiomáticos: são os considerados evidentes. Ex.: não será preciso fazer exame interno no cadáver quando o falecimento tiver decorrido de decapitação. É que a decapitação é causa (fato axiomático) evidente da morte da pessoa. *Vide* art. 162, CPP;

III. presunções absolutas: não precisa ser demonstrado ao juiz que, por exemplo, o menor de 18 é inimputável, pois se trata de presunção legal absoluta (critério biopsicológico adotado pelo legislador);

IV. fatos inúteis: não tendo qualquer relevância para o processo, os fatos inúteis também não serão objeto *de* prova. Ex.: a religião da vítima, não tendo qualquer relação com o fato criminoso, não será objeto *de* prova, visto ser considerado fato inútil.

Observação em relação aos fatos incontroversos: fatos incontroversos são aqueles que não foram refutados pelas partes. Ex.: o MP imputa um furto a Fulano e este confessa inteiramente a prática deste crime (fato incontroverso). Porém, note-se que, no Processo Penal, o fato incontroverso também poderá ser posto em xeque pelo magistrado, que pode não admiti-lo como verdadeiro. O juiz, nessa situação, conforme aponta certo setor da doutrina, pode inclusive produzir prova de ofício, na tentativa de desvelar o que, de fato, ocorreu (art. 156, CPP). Assim, nesse particular, o Processo Penal distancia-se do Processo Civil, que, em termos de fatos incontroversos, dispensa, em regra, a necessidade de demonstração (*vide* art. 334, III, CPC).

12.1.3. Sistemas de apreciação da prova pelo juiz

Dentre outros, a doutrina costuma apontar os seguintes sistemas de apreciação da prova pelo juiz:

a) **Sistema da prova legal ou tarifada (certeza moral do legislador)**: nesse sistema, a lei estipula o valor de cada prova, estabelecendo inclusive hierarquias, engessando o julgador. Resquício deste sistema entre nós: parágrafo único do art. 155, CPP (o estado das pessoas deve ser provado de acordo com a lei civil. Assim, a filiação não pode ser provada por meio de prova testemunhal). Nesse sistema, era comum a confissão do réu ser considerada a "rainha das provas" (prova máxima da autoria);

b) **Sistema da convicção íntima (ou certeza moral do julgador)**: o julgador decide com base na sua íntima convicção, sendo desnecessária a fundamentação. Vigora entre nós apenas em relação aos jurados no Tribunal Júri. Recorde-se que, no Júri, os 7 jurados (pessoas escolhidas do povo) decidem a sorte do acusado por meio de cédulas ("sim" e "não"), sem a necessidade de emitir qualquer tipo de fundamentação a respeito de sua decisão;

c) **Sistema do livre convencimento motivado (ou persuasão racional do juiz)**: o juiz é livre para julgar. Porém, deve fazê-lo de forma fundamentada – art. 93, IX, CF. É a regra que vigora entre nós. A fundamentação das decisões judiciais é de capital importância, pois permite um *controle da racionalidade* da decisão do juiz pelas partes e pela própria sociedade (LOPES JR., 2010).

Observações: por força do princípio constitucional do contraditório, a apreciação das provas pelo magistrado deve, em regra, recair sobre os elementos produzidos em contraditório judicial (ao longo da instrução criminal). Impossível, portanto, uma condenação amparada exclusivamente em elementos obtidos na fase de investigação preliminar (inquérito policial). Isto porque tais elementos (chamados de "atos de investigação") não foram submetidos ao contraditório, ampla defesa etc. Assim, uma condenação prolatada nesses moldes afrontaria todos esses princípios constitucionais, padecendo, portanto, de nulidade absoluta.

Porém, cabem exceções aqui (ou seja, situações em que o juiz poderá sim pautar uma sentença condenatória em elementos colhidos no âmbito da investigação preliminar). São as chamadas provas cautelares, não repetíveis e antecipadas. Dois exemplos marcantes:

Ex.1: no curso do IP, caso uma testemunha esteja em estado grave de saúde, pode o juiz determinar a produção antecipada de prova (art. 225, CPP), permitindo às "partes"[65] o contraditório antecipado. Nesta situação, o testemunho colhido poderá ser normalmente valorado pelo juiz no momento da sentença, embora a prova tenha sido produzida em sede de IP.

Ex.2: em caso de crime de lesão corporal, deve-se realizar imediatamente o exame de corpo de delito, sob pena dos vestígios do crime desaparecem. Esta prova submete-se ao chamado contraditório diferido (retardado), *i. e.*, apesar de produzida na fase de IP, quando integra o processo, submete-se ao contraditório (diferido) das partes. Também nesta situação a prova poderá ser normalmente valorada pelo juiz na sentença.

Sobre tudo o que dissemos aqui, é oportuno o leitor consultar o art. 155, CPP.

65. Usamos "partes" entre aspas porque, tecnicamente, não há partes ainda, já que estamos em fase de IP.

12.1.4. *Princípios da prova*

a) **Princípio da autorresponsabilidade das partes**: diz respeito à conduta probatória das partes, que será determinante para o seu êxito ou fracasso ao final do processo;

b) **Princípio da audiência contraditória:** remete à dialeticidade do processo, à obrigatoriedade da produção da prova sob a égide do contraditório;

c) **Princípio da aquisição ou da comunhão da prova:** a prova, uma vez produzida, pertence ao processo e não à parte que a produziu. Desse modo, o depoimento da testemunha arrolada pela acusação poderá ser aproveitado pela defesa e vice-versa. Igualmente, se uma das partes resolver desistir de uma prova (ex: depoimento de testemunha arrolada em comum), a outra deverá ser ouvida para saber se tem interesse na dispensa ou na sua oitiva;

d) **Princípio da oralidade:** consiste na predominância da colheita probatória através da palavra falada. Ex: interrogatório; depoimentos das testemunhas; inquirição de peritos etc.;

e) **Princípio da publicidade:** os atos, em regra, devem ser públicos. Contudo, há diversas exceções, que serão analisadas pelo juiz, caso a caso, nos termos do art. 792, § 2º, CPP.

12.1.5. *Ônus da prova (art. 156, CPP)*

Aquele que alega algo tem o ônus de provar o que alegou. Desde logo, rememore-se que, em Processo Penal, o tema "ônus da prova" está intimamente ligado ao princípio do estado de inocência (já estudado anteriormente). É que o referido princípio faz recair sobre a acusação o ônus de provar a culpa *lato sensu* do acusado. Trata-se, inclusive, de comando presente no CPP (*vide* art. 156, primeira parte). Desse modo, não cabe ao réu demonstrar a sua inocência (até porque, para além do estado de inocência, goza do direito de permanecer calado – art. 5º, LXIII, CF), mas sim à acusação comprovar a culpa daquele. Caso a acusação não se desincumba desse ônus, *i. e.*, não logre êxito em provar cabalmente a culpa do réu, deverá ser aplicada a regra pragmática de julgamento do *in dubio pro reo*, absolvendo-se, por conseguinte, o acusado.

Ainda sobre o assunto, note o leitor que *prevalece* na comunidade jurídica o entendimento de que o ônus da prova se *reparte* entre a acusação e a defesa. À primeira (à acusação) incumbe provar a existência do fato e sua respectiva autoria, a tipicidade da conduta, o elemento subjetivo da infração (dolo ou culpa), bem como eventuais agravantes, causas de aumento e/ou qualificadoras alegadas. A defesa, por sua vez, tem o ônus de provar eventuais alegações que faça sobre excludentes de tipicidade, ilicitude e/ou culpabilidade, circunstâncias atenuantes e causas de diminuição da pena.

Por outro lado, embora o ônus da prova incumba primordialmente às partes, permite o CPP que o juiz produza provas de ofício (algo que é considerado, por vários autores, como ofensivo ao sistema acusatório pretendido pelo constituinte). Em todo o caso, conforme o art. 156, CPP, é facultado ao juiz:

I. ordenar, mesmo antes de iniciada a ação penal, a produção antecipada de provas consideradas urgentes e relevantes, observando a necessidade, adequação e proporcionalidade da medida;

II. determinar, no curso da instrução, ou antes de proferir sentença, a realização de diligências para dirimir dúvida sobre ponto relevante.

Para certo setor da doutrina, a produção probatória judicial deve ser cautelosa e supletiva, sob pena de ofensa ao sistema acusatório (transformando-se o juiz em órgão acusador).

12.1.6. Meios de prova e vedação à prova ilícita

Meio de prova é *tudo aquilo que "possa servir, direta ou indiretamente, à comprovação da verdade que se procura no processo: testemunha, documento, perícia" etc.* (TOURINHO FILHO, 2010, p. 555).

Os meios de prova não têm caráter taxativo no Processo Penal. Vale dizer, as partes poderão se valer não apenas daqueles meios de prova expressamente previstos no CPP (prova testemunhal, documental, perícias etc.), mas de todos os outros ao seu alcance (denominados *provas inominadas*), desde que não sejam ilícitos.

Apesar de as partes possuírem amplo direito à prova (direito de tentar, por meio de provas, influenciar o convencimento julgador), este direito *não é*, logicamente, ilimitado, sendo vedada a utilização de prova ilícita (ex.: confissão mediante tortura). Diz a CF: *são inadmissíveis, no processo, as provas obtidas por meios ilícitos* (art. 5º, LVI).

É importante dizer que a doutrina construiu classificação considerando que **provas vedadas, proibidas ou inadmissíveis** *são aquelas cuja produção viole a lei ou os princípios inerentes ao direito material ou processual.*

Com base no conceito acima, são estabelecidas como suas **espécies**: a) **prova ilícita**, que, conforme a atual definição do art. 157, *caput*, CPP, *é aquela obtida "em violação a normas constitucionais ou legais", ou seja, aquela que "viola regra de direito material, seja constitucional ou legal, no momento da sua obtenção"*[66] (ex: confissão obtida sob tortura); e b) **prova ilegítima**, violadora de normas e princípios de direito processual (ex: art. 157, § 1º, CPP).

Destaque-se que a classificação decorre da doutrina, pois a CF e a lei não fazem qualquer distinção, optando unicamente pela denominação "provas ilícitas".

Reconhecida a ilicitude da prova, deverá ser ela desentranhada dos autos por meio de decisão judicial. Preclusa esta decisão, a prova deverá então ser inutilizada, também por meio de decisão judicial (*vide* § 3º do art. 157, CPP).

Ainda de acordo com o art. 157, § 1º, CPP, são igualmente consideradas ilícitas as provas que derivem da ilícita (chamadas de *ilícitas por derivação*). Trata-se da adoção da teoria norte-americana *fruits of the poisonous tree* (frutos da árvore envenenada). Ex.: após obter uma confissão mediante tortura (prova ilícita), agentes policiais descobrem o local onde certa quantidade de droga estava escondida e a apreendem observando a lei (prova, em tese, lícita, que, por derivação, acaba se tornando igualmente ilícita).

Note bem que a descoberta do local onde a droga foi encontrada decorreu diretamente da confissão obtida ilicitamente. Daí surge a derivação.

66. GOMES, Luiz Flávio. **Lei nº 11.690/2008 e provas ilícitas. Conceito e inadmissibilidade.** Jus Navigandi, Teresina, ano 13, n. 1832, 7 jul. 2008. Disponível em: < http://jus.com.br/artigos/11466/lei-n-11-690-2008-e-provas-ilicitas >. Acesso em: 13 ago. 2014.

No sentido oposto, há teorias destinadas a afastar a ilicitude das provas. Algumas são autônomas e outras buscam mitigar a teoria dos frutos da árvore envenenada.

As que optamos por denominar autônomas são aquelas fundadas na inexistência do nexo de causalidade entre a prova ilícita e a outra prova. Tal exceção nos parece óbvia, pois se inexiste nexo causal não há que se falar em derivação. São absolutamente independentes.

A origem das teorias está no direito estadunidense e algumas delas foram incorporadas de forma explícita ou implícita pelos §§ 1º e 2º, art. 157, CPP.

Analisaremos as duas que são notoriamente acolhidas a seguir.

a) Teoria da fonte independente (*independent source doctrine*)

Segundo teor do § 2º, art. 157, CPP, entende-se por fonte independente *"aquela que por si só, seguindo os trâmites típicos e de praxe, próprios da investigação ou instrução criminal, seria capaz de conduzir ao fato objeto da prova."*

Com a devida vênia, o conceito nacional não corresponde à sua origem norte-americana (*Bynum v. U.S.*, 1960). Ao contrário, o dispositivo legal utiliza a definição da teoria da descoberta inevitável.

Considera-se fonte independente aquela que não possui ligação causal e cronológica com a prova ilícita já produzida. Em decorrência disso, estará livre de qualquer vício e será aproveitada no processo. A independência reside, pois, na ausência do nexo causal entre as duas provas por e, em regra, dos momentos distintos em que foram colhidas.

Ex.: no crime de roubo, a busca e apreensão do bem subtraído, sem autorização judicial (ilícita e, portanto, inadmissível), não tem o condão de macular os depoimentos de testemunhas que presenciaram o roubo e que foram colhidos antes ou simultaneamente à apreensão. Logo, a materialidade e autoria da infração penal podem ser demonstradas mesmo com a desconsideração da busca e apreensão;

b) Teoria da descoberta inevitável (*inevitable discovery exception*)

Aproveita-se a prova derivada da ilícita se esta seria obtida de qualquer maneira, por meio de diligências válidas na investigação, afastando-se o vício. A contaminação foi afastada porque as diligências conduziram, inevitavelmente, à sua descoberta. A sua vinculação à prova ilícita foi meramente circunstancial.

Ex.: um indivíduo que cometeu homicídio e ocultou o corpo confessa o crime e o local onde deixou o cadáver, mas a confissão foi obtida ilegalmente. Porém, uma busca no local estava em andamento ou estava no planejamento da investigação e foi/seria suficiente para descobrir o corpo, ainda que não houvesse a confissão. A prova, portanto, deve ser admitida.

Atenção: É preciso deixar claro que o local onde está o corpo deve ser plausível para uma operação de busca ou varredura, ou seja, em local sujeito às diligências de praxe. A análise da inevitabilidade da descoberta será feita pelo magistrado à luz do caso concreto, num juízo de proporcionalidade marcado pela ponderação entre os bens jurídicos envolvidos. Ver STF, HC 91867/PA, *DJe* 20/09/2012.

Finalmente, é preciso dizer que a comunidade jurídica tem amplamente aceito a prova ilícita quando utilizada em *prol do réu*. É que aqui se entende que o *status libertatis* do indivíduo deve suplantar a vedação à prova ilícita.

12.2. Provas em espécie

Passaremos, agora, a examinar as provas em espécie previstas no CPP, a começar pelo exame de corpo de delito.

12.2.1. Exame de corpo de delito e das perícias em geral. Noções introdutórias

Primeiro, anote-se que, segundo Pacelli (2014, p. 426), a **prova pericial** é "uma prova técnica, na medida em que pretende certificar a existência de fatos cuja certeza, segundo a lei, somente seria possível a partir de conhecimentos específicos".

Ademais, vale notar que o **exame de corpo de delito** não se confunde com o **corpo de delito.** Enquanto este último significa o *conjunto de elementos sensíveis (rastros) deixados pelo fato criminoso*, aquele (o exame de corpo de delito) é a perícia realizada por especialista no corpo de delito (ou seja, é o exame realizado no conjunto de elementos sensíveis deixados pela prática da infração penal). Ademais, note-se que tal exame (de corpo de delito) só será realizado nos delitos *facti permanentis* (aqueles que deixam resultados perceptíveis) e não nos *facti transeuntis* (que não deixam resultados perceptíveis).

Segundo ponto: não se deve confundir o exame de corpo de delito com as demais perícias. A falta do exame de corpo de delito gera a nulidade do processo. A falta das demais perícias influencia apenas no convencimento do julgador (podendo tornar o conjunto probatório dos autos mais frágil). Isto é assim porque o exame de corpo de delito refere-se à constatação dos vestígios resultantes da conduta do núcleo do tipo penal. Ex.: num homicídio, o exame de corpo de delito (a necropsia) relaciona-se diretamente com os vestígios resultantes da conduta do núcleo do tipo penal (matar alguém – art. 121, CP). Por outro lado, as demais perícias não pertencem ao corpo do delito (vestígios resultantes da conduta do núcleo do tipo penal), tendo apenas o papel de influenciar no convencimento do julgador. Ex.: imagine-se um exame de DNA realizado em determinado indivíduo, visando a estabelecer a autoria do crime. A perícia, neste caso, recai sobre o convencimento do magistrado a respeito da responsabilidade pela prática da infração, não estando relacionada com o núcleo do tipo penal.

a) Conceito de exame de corpo de delito: é a *perícia realizada por especialista nos elementos sensíveis do crime, podendo ser realizada em qualquer dia/hora (art. 161, CPP);*

b) Base legal: art. 158 e ss., CPP;

c) Obrigatoriedade: a lei prevê a obrigatoriedade do exame de corpo de delito nos casos de crimes que deixam vestígios (delitos *facti permanentis* – aqueles que deixam resultados perceptíveis). Inclusive, a eventual falta do referido exame não poderá ser suprida pela confissão do acusado. Veja:

> "**Art. 158.** Quando a infração deixar vestígios, será indispensável o exame de corpo de delito, direto ou indireto, não podendo supri-lo a confissão do acusado."

Ademais, não sendo realizado o exame (direto ou indireto), o processo será considerado nulo (art. 564, III, *b*, CPP);

d) Observações: I) no âmbito do JECRIM,[67] o exame de corpo de delito pode ser substituído por boletim médico ou prova equivalente (art. 77, § 1º, Lei 9.099/1995); **II)** no âmbito da Lei de Drogas, para que a autoridade possa lavrar o APF,[68] é preciso realizar um laudo (chamado de laudo de constatação ou provisório) que ateste a natureza e a quantidade da droga apreendida (art. 50, § 1º, Lei 11.343/2006). Este laudo será firmado por perito oficial ou, na falta deste, por pessoa idônea. No curso do processo, porém, deverá ser realizado um laudo definitivo sobre a natureza e a quantidade da droga apreendida (§ 2º);[69] **III)** na hipótese de crime contra a propriedade imaterial, estabelece o art. 525, CPP, que, no caso de haver o crime deixado vestígio, a queixa ou a denúncia não será recebida se não for instruída com o exame pericial dos objetos que constituam o corpo de delito; **IV)** conforme certo setor da doutrina, o exame de corpo de delito é o único caso em que o delegado de polícia não poderá negar à vítima a realização da diligência (*vide* arts. 14 e 184, CPP).

e) Modalidades do exame de corpo de delito (exame direto ou indireto):

Em regra, o exame de corpo de delito deve se dar de forma direta, ou seja, deve ser realizado diretamente sobre o corpo de delito (sobre os elementos sensíveis deixados pela prática do crime).

Porém, excepcionalmente, quando não for possível realizar o exame direto (em razão dos vestígios da infração terem desaparecido, por exemplo), será possível a realização do exame de corpo de delito de modo indireto (pautado em outras provas idôneas – testemunhal, documental etc.) – STF, HC 114567, *DJe* 07/11/2012, Inf. 684. Ex.: imagine-se que o corpo da vítima de homicídio tenha sido ardilosamente retirado da cena do crime pelo autor da infração. Neste caso, permite a lei que o perito, baseando-se no depoimento de testemunhas, por exemplo, realize o exame de corpo de delito indireto, como forma de atestar a materialidade (existência) do crime (STJ, HC 170.507, *DJe* 05/03/2012, Inf. 491). Segue dispositivo sobre o tema:

> "**Art. 167.** Não sendo possível o exame de corpo de delito [**direto**], por haverem desaparecido os vestígios, a prova testemunhal poderá suprir-lhe a falta." (Incluímos).

Comentário: conforme visto, não só a prova testemunhal pode suprir o exame direto, mas outras igualmente idôneas, como a documental, por exemplo;

f) Quem realiza o exame de corpo de delito? O exame de corpo de delito e outras perícias serão realizados por **perito oficial, portador de diploma de curso superior** – art. 159, CPP.

E mais: nos termos do § 1º do art. 159, CPP, na falta de perito oficial, o exame será realizado por 2 pessoas idôneas,

67. Juizado Especial Criminal – Lei 9.099/1995.

68. Auto de prisão em flagrante.

69. Conforme STF, RHC 110429, DJ 06/03/2012, Inf. 657: "a juntada do laudo definitivo após sentença – não ocasiona a nulidade da sentença se demonstrada a materialidade delitiva por outros meios probatórios".

portadoras de diploma de curso superior preferencialmente na área específica do exame.

Tratando-se de perícia complexa que abranja mais de uma área de conhecimento especializado, poder-se-á designar a atuação de mais de um perito oficial, e a parte indicar mais de um assistente técnico (art. 159, § 7º, CPP);

g) Formulação de quesitos e indicação de assistente técnico:

Segundo dispõe o § 3º do art. 159 do CPP, durante o curso da persecução penal, faculta-se ao MP, ao assistente de acusação, à vítima, ao querelante e ao acusado a formulação de quesitos e a indicação de assistente técnico.

A formulação de quesitos tem como destinatário o perito oficial (ou, na falta deste, as duas pessoas portadoras de diploma de curso superior) e visa a acentuar o contraditório em torno dos exames periciais. São perguntas que podem ser elaboradas pelas pessoas indicadas (MP, acusado etc.) ao perito, buscando tornar mais clara a perícia realizada.

Por outro lado, o assistente técnico trata-se de especialista contratado por uma das pessoas indicadas (MP, acusado, vítima etc.), tendo a função de emitir parecer crítico sobre o exame elaborado pelo perito oficial. Atua a partir de sua admissão pelo juiz e após a conclusão do exame e da elaboração de laudo pelo perito oficial (§ 4º).

Consoante dispõe o § 6º do art. 159, "havendo requerimento das partes, o material probatório que serviu de base à perícia será disponibilizado no ambiente do órgão oficial, que manterá sempre sua guarda, e na presença de perito oficial, para exame pelos assistentes, salvo se for impossível a sua conservação".

Ademais, durante a persecução penal, quanto à perícia, é permitido às partes (§ 5º):

I. requerer a oitiva dos peritos para esclarecerem a prova ou para responderem a quesitos, desde que o mandado de intimação e os quesitos ou questões a serem esclarecidas sejam encaminhados com antecedência mínima de 10 dias, podendo apresentar as respostas em laudo complementar;

II. indicar assistentes técnicos que poderão apresentar pareceres em prazo a ser fixado pelo juiz ou ser inquiridos em audiência;

h) Valor de prova do exame de corpo de delito e das perícias em geral:

Tal qual as demais provas, o exame de corpo de delito e as perícias em geral possuem valor probatório relativo. Não vinculam o juiz. Confira-se:

> "**Art. 182.** O juiz não ficará adstrito ao laudo, podendo aceitá-lo ou rejeitá-lo, no todo ou em parte."

12.2.2. Interrogatório do acusado (art. 185 e ss., CPP)

a) Conceito: ato em que o acusado poderá, se quiser, apresentar sua versão dos fatos (exercer a sua autodefesa) perante a autoridade, vigendo plenamente neste momento o direito ao silêncio.

Nota: há quem utilize a palavra "interrogatório" para também designar o ato de oitiva (ouvida) do indiciado pelo delegado de polícia no curso do IP. Fala-se então em interrogatório policial (realizado na fase policial) e interrogatório judicial (em juízo). Neste tópico, examinaremos apenas o judicial (o policial já foi examinado quando tratamos do IP);

b) Natureza: tem prevalecido na doutrina de que se trata de um meio de prova e de defesa. Com Nucci (2006), podemos colocar a questão da seguinte maneira: o interrogatório é, fundamentalmente, um meio de defesa, visto que a CF confere ao réu o direito ao silêncio. Porém, se o réu quiser falar, aquilo que disser, poderá sim ser um meio de prova;

c) Momento: enquanto não houver trânsito em julgado, será possível realizar o interrogatório (bem como repeti-lo) de ofício ou a pedido fundamentado de qualquer das partes (art. 196, CPP). Não pode esse ato ser suprimido arbitrariamente pelo juiz (sob pena de violação à ampla defesa e consequente nulidade do processo);

d) Procedimento do interrogatório:

Primeiro, registre-se que a **presença** do defensor (constituído, dativo ou público) do acusado no ato do interrogatório é **indispensável**, gerando nulidade a sua eventual ausência. A figura do defensor é incontornável nesse momento, pois proporciona a efetivação da ampla defesa do acusado.

É igualmente imprescindível assegurar ao réu o **direito de entrevista prévia** com o seu defensor (*i. e.*, antes de iniciar o interrogatório), possibilitando, assim, que ambos tracem a melhor estratégia defensiva (art. 185, § 5º, CPP).

Ainda, o acusado deve ser alertado do seu **direito constitucional de permanecer calado** (inciso LXIII do art. 5º, CF). Assim, antes de iniciar o interrogatório, deve o juiz advertir o acusado a respeito desse direito (conferir o art. 186, CPP).[70]

Nota: em sede de "interrogatório" policial (oitiva do indiciado), predomina o entendimento de que a presença do defensor (bem como o direito de entrevista prévia entre este e o indiciado) é **dispensável.** Assim, não necessita o delegado aguardar a chegada do defensor do indiciado para iniciar a ouvida ("interrogatório") deste. Por outro lado, o direito ao silêncio tem aplicação total na oitiva do indiciado. Deve, portanto, a autoridade policial alertá-lo a respeito desse seu direito.

A seguir, vejamos como se dá o interrogatório do réu solto e do réu preso;

e) Interrogatório do réu que se encontra em liberdade: nessa situação, o interrogatório será realizado em juízo, ou seja, o réu deverá comparecer perante a autoridade judicial para ser interrogado;

f) Interrogatório do réu que se encontra preso (art. 185, CPP): aqui é preciso ter atenção.

I. Encontrando-se preso o acusado, o interrogatório, em regra, deverá ser realizado no próprio estabelecimento prisional em que estiver o acusado, em sala própria, desde que estejam garantidas a segurança do magistrado, do MP e dos auxiliares, bem como a presença do defensor e a publicidade do ato (§ 1º);

II. Não sendo possível a realização no próprio estabelecimento prisional, o interrogatório será então realizado por

70. O STJ, HC 244.977, *DJ* 25/09/2012, Inf. 505, considerou ilícita a gravação de conversa informal entre policiais e o conduzido quando da lavratura do auto de prisão em flagrante, por não ter havido a prévia comunicação do direito de permanecer em silêncio.

videoconferência (§ 2º), *i. e.*, o juiz permanecerá no fórum e o acusado no presídio, empregando-se os meios tecnológicos necessários para assegurar a realização em tempo real do ato e a fidedignidade da imagem e som transmitidos. Esmiuçaremos mais abaixo essa modalidade de interrogatório;

III. Não sendo possível o interrogatório por meio de videoconferência, o preso será então conduzido a juízo (ao fórum) - com escolta policial (§ 7º);

g) Requisitos para a realização do interrogatório por meio de videoconferência

g1) Impossibilidade de o interrogatório ser realizado no presídio;

g2) Necessidade de decisão fundamentada do juiz, de ofício ou a requerimento das partes;

g3) Necessidade de atender a uma das seguintes finalidades:

I. prevenir risco à segurança pública, quando exista fundada suspeita de que o preso integre organização criminosa ou de que, por outra razão, possa fugir durante o deslocamento;

II. viabilizar a participação do réu no referido ato processual, quando haja relevante dificuldade para seu comparecimento em juízo, por enfermidade ou outra circunstância pessoal;

III. impedir a influência do réu no ânimo de testemunha ou da vítima, desde que não seja possível colher o depoimento destas por videoconferência, nos termos do art. 217, CPP;

IV. responder a gravíssima questão de ordem pública.

E mais:

g4) Da decisão que determinar a realização de interrogatório por videoconferência, as partes deverão ser intimadas com 10 (dez) dias de antecedência em relação à sua data de realização;

g5) No interrogatório realizado por videoconferência, o direito de prévia entrevista do réu com o seu defensor será também garantido por meio de acesso a canais telefônicos reservados para comunicação entre o defensor que esteja no presídio e o advogado presente na sala de audiência do Fórum, e entre este e o preso;

g6) A sala reservada no estabelecimento prisional para a realização de atos processuais por sistema de videoconferência será fiscalizada pelos corregedores e pelo juiz de cada causa, como também pelo Ministério Público e pela Ordem dos Advogados do Brasil;

h) Conteúdo do interrogatório

O interrogatório está dividido em duas partes (arts. 186 e 187, CPP):

h1) Interrogatório de qualificação do réu (perguntas sobre a pessoa do acusado): nessa primeira parte do interrogatório, o réu será perguntado sobre a sua residência, meios de vida ou profissão, oportunidades sociais, lugar onde exerce a sua atividade, vida pregressa, notadamente se foi preso ou processado alguma vez e, em caso afirmativo, qual o juízo do processo, se houve suspensão condicional ou condenação, qual a pena imposta, se a cumpriu e outros dados familiares e sociais (art. 187, § 1º).

Para muitos autores, o direito ao silêncio não abrange essa parte do interrogatório (NUCCI, 2006, por exemplo);

h2) Interrogatório de mérito (perguntas sobre os fatos imputados ao acusado - art. 187, § 2º): nesta parte do interrogatório, o réu será perguntado sobre a acusação que recai sobre si. É comum o juiz iniciar essa etapa formulando a seguinte indagação ao réu: *é verdadeira a imputação que recai sobre si?*.

O direito ao silêncio vige plenamente nessa parte do interrogatório. Inclusive, o juiz deverá informá-lo (o direito ao silêncio) ao réu, antes de iniciar o interrogatório de mérito (*vide* art. 186, CPP).

Atenção: segundo a melhor doutrina, o disposto no art. 198, CPP, que diz: "o silêncio do acusado não importará confissão, mas poderá constituir elemento para a formação do convencimento do juiz", não foi recepcionado pela CF por não se alinhar com direito ao silêncio e também está em manifesta contradição com a redação do parágrafo único do art. 186. Vale dizer, sendo o silêncio um direito, não pode haver interpretação jurídica negativa por parte do juiz dessa conduta do réu;

i) Questões finais:

I. contraditório no momento interrogatório: diz o art. 188, CPP: "após proceder ao interrogatório, o juiz indagará das partes se restou algum fato para ser esclarecido, formulando as perguntas correspondentes se o entender pertinente e relevante". Incide o contraditório no ato do interrogatório (podem as partes, após as perguntas do juiz, formularem as suas próprias ao acusado).

Essas perguntas[71] das partes devem ser feitas de acordo com o chamado sistema presidencialista, ou seja, as partes devem direcioná-las ao juiz e esse, por sua vez, as fará ao acusado.

No júri, porém, as perguntas das partes poderão ser efetuadas diretamente ao réu (chamado de sistema *cross examination* ou *direct examination*), sem a necessidade, portanto, de passar pela figura do juiz (*vide* art. 474, § 1º, CPP);

II. interrogatório de mais de um acusado: art. 191, CPP. Havendo mais de um acusado, serão interrogados separadamente.

12.2.3. Confissão

A confissão não é a "rainha das provas" no Processo Penal brasileiro. Tem valor relativo. Para que possa levar à condenação do réu, é preciso que esteja em harmonia com as demais provas do processo (art. 197, CPP).

Ademais, a confissão não tem força para substituir a obrigatoriedade do exame de corpo de delito nos crimes que deixam vestígios (*vide* art. 158, CPP).

O silêncio do réu no processo penal não importa em confissão presumida ou ficta. Não esquecer que o silêncio do réu é um direito, e, sendo um direito, não pode trazer consequência jurídica negativa para o acusado. Não valem as fórmulas: "quem cala consente"; "quem não deve não teme" etc. Por tudo isso, a parte final do art. 198, CPP, deve ser considerada inconstitucional.

a) Características da confissão (*vide* art. 200, CPP):

a1) divisibilidade: a confissão é divisível, *i. e.*, pode o juiz aceitá-la apenas em parte (pode aceitar apenas aquilo que lhe pareça mais verossímil);

a2) retratabilidade: o réu pode se retratar ("arrepender-se") da confissão prestada. Porém, a eventual retratação do réu não impede que o juiz, na sentença, valore livremente (desde que

71. A doutrina costuma chamar as perguntas das partes ao réu e às testemunhas de "reperguntas".

de forma fundamentada) a confissão anteriormente efetuada. O que queremos dizer é que, mesmo que ocorra a retratação da confissão, o juiz, ainda assim, poderá se apoiar na anterior confissão do acusado como modo de formar o seu convencimento sobre o caso;

b) Classificação. A confissão pode ser:

b1) explícita: quando o acusado explicitamente confessa a prática do delito;

b2) implícita: quando determinada conduta do acusado puder, de forma inequívoca, ser compreendida como confissão. Ex.: réu que espontaneamente ressarcir a vítima;

b3) simples: quando o réu apenas confessa a prática do crime imputado, sem proceder a qualquer acréscimo ou modificação dos fatos;

b4) complexa: quando confessa a prática de mais de um fato delituoso;

b5) qualificada: quando confessa, porém invoca justificante ou dirimente. Ex.: confessa o crime, porém afirma que praticou o fato em legítima defesa;

b6) judicial: quando realizada em juízo (perante o magistrado);

b7) extrajudicial: quando realizada na delegacia ou perante outra pessoa que não o magistrado.

12.2.4. Perguntas ao ofendido (art. 201, CPP)

Sempre que possível, a vítima deverá ser chamada para ser ouvida no processo como forma de auxiliar a formação do convencimento do magistrado a respeito do caso concreto. O depoimento do ofendido tem valor de prova relativo (é uma prova como outra qualquer).

a) obrigatoriedade de comparecimento: "se, intimado para esse fim, deixar de comparecer sem motivo justo, o ofendido poderá ser conduzido à presença da autoridade" (§ 1º). Vê-se, portanto, que o ofendido pode ser conduzido coercitivamente à presença da autoridade, caso, intimado para depor, não compareça;

b) comunicações necessárias ao ofendido: "o ofendido será comunicado dos atos processuais relativos ao ingresso e à saída do acusado da prisão, à designação de data para audiência e à sentença e respectivos acórdãos que a mantenham ou modifiquem" (§ 2º).

Com efeito, essas "comunicações ao ofendido deverão ser feitas no endereço por ele indicado, admitindo-se, por opção do ofendido, o uso de meio eletrônico" (§ 3º).

É necessário providenciar ao ofendido, antes do início da audiência e durante a sua realização, espaço separado e reservado para aquele, como forma de evitar contato com o seu agressor (§ 4º).

"Se o juiz entender necessário, poderá encaminhar o ofendido para atendimento multidisciplinar, especialmente nas áreas psicossocial, de assistência jurídica e de saúde, a expensas do ofensor ou do Estado" (§ 5º).

Ademais, é dever do juiz adotar "as providências necessárias à preservação da intimidade, vida privada, honra e imagem do ofendido, podendo, inclusive, determinar o segredo de justiça em relação aos dados, depoimentos e outras informações constantes dos autos a seu respeito para evitar sua exposição aos meios de comunicação" (§ 6º).

12.2.5. Prova testemunhal

a) Conceito: *testemunha é pessoa desinteressada que depõe no processo acerca daquilo que sabe sobre o fato;*

b) Características do depoimento da testemunha:

b1) oralidade (art. 204, CPP): o depoimento será prestado oralmente, não sendo permitido à testemunha trazê-lo por escrito. Porém, é possível consultar breves apontamentos.

Exceção à regra da oralidade: o Presidente e o Vice-Presidente da República, os presidentes do Senado Federal, da Câmara dos Deputados e do Supremo Tribunal Federal poderão optar pela prestação de depoimento por escrito, caso em que as perguntas, formuladas pelas partes e deferidas pelo juiz, ser-lhes-ão transmitidas por ofício – art. 221, § 1º, CPP;

b2) objetividade (art. 213, CPP): deve a testemunha responder objetivamente ao que lhe for perguntado;

b3) individualidade: cada testemunha indicada deve ser ouvida individualmente;

b4) incomunicabilidade: as testemunhas não podem se comunicar (art. 210, CPP);

b5) prestação de compromisso: normalmente, a pessoa arrolada para depor no processo deve, antes de iniciar o seu depoimento, prestar o compromisso de dizer a verdade perante o magistrado. O compromisso é, consoante definição legal do art. 203, CPP, a promessa, feita pela testemunha, sob palavra de honra, "de dizer a verdade do que souber e lhe for perguntado".

Certas pessoas, porém, estão dispensadas de prestar o referido compromisso (ex.: o pai do acusado), não sendo tecnicamente consideradas como "testemunha" por certo setor da doutrina. Tais pessoas (que não prestam o compromisso de dizer a verdade) são apelidadas pela doutrina de informantes ou declarantes.

Para esses autores, que fazem a distinção entre "testemunhas" (aquelas pessoas que têm o dever de prestar o compromisso de dizer a verdade) e "informantes" (as pessoas que depõem no processo, mas que, por lei, são dispensadas do referido compromisso), apenas as primeiras (as testemunhas, portanto) é que, em caso de falta com a verdade, responderiam pelo delito de falso testemunho (art. 342, CP):

> "**Art. 342.** Fazer afirmação falsa, ou negar ou calar a verdade, como testemunha, perito, contador, tradutor ou intérprete em processo judicial, ou administrativo, inquérito policial, ou em juízo arbitral:
>
> Pena – reclusão, de 1 (um) a 3 (três) anos, e multa."

Os informantes (aqueles que, por lei, não possuem o dever de prestar o compromisso de dizer a verdade), exatamente por não terem a obrigação de dizer a verdade, caso faltem com esta, não responderiam, segundo essa doutrina, pelo crime de falso testemunho.

Entretanto, é preciso ressaltar que os **tribunais superiores** (STJ, HC 192659/ES, *DJe* 19/12/2011, STJ; e STF, HC 83254/PE, *DJe* 03/09/2004) não acatam essa distinção. Para eles, o compromisso do art. 203, CPP, é mera formalidade. Segundo essas

Cortes, pouco importa se a pessoa prestou ou não o compromisso (*i. e.*, se é informante ou testemunha), pois, caso falte com a verdade, responderá sim pelo delito do art. 342, CP. Sustentam essa ideia porque, em suma, entendem que o compromisso não é elementar do tipo penal (*i. e.*, a lei não menciona ser necessário o compromisso para configurar o delito em comento). O tema, como se vê, é polêmico. Em se tratando de questão objetiva, sugerimos que o leitor siga a posição dos tribunais superiores. Já em caso de questão subjetiva, o mais recomendável é expor as duas correntes acima indicadas;

b6) obrigatoriedade: em regra, todas as pessoas arroladas como testemunha estão **obrigadas a depor** (art. 206, primeira parte, CPP). Porém, há especificidades aqui que precisam ser notadas:

I. Há **pessoas que estão dispensadas de depor** (art. 206, *in fine*, CPP). São elas: ascendente ou descendente, o afim em linha reta, o cônjuge (ainda que separado judicialmente ou divorciado), o companheiro (art. 226, § 3º, CF), o irmão e o pai, a mãe, ou o filho adotivo do acusado. Tais indivíduos só irão depor quando não for possível, por outro modo, obter-se ou integrar-se a prova do fato e de suas circunstâncias. Nesta hipótese, caso venham a depor não prestarão compromisso (serão considerados informantes);[72]

II. Pessoas impedidas de depor (art. 207, CPP): certas pessoas, em razão da função, ministério, ofício ou profissão que desempenham, têm o dever de guardar segredo. Exs.: padre, psicólogo, advogado. As pessoas impedidas de depor somente falarão no processo se, desobrigadas pela parte interessada, quiserem dar o seu testemunho;

b7) Perguntas das partes à testemunha: até bem pouco tempo atrás, adotávamos, como regra, o chamado *sistema presidencialista*. Segundo este, as partes deveriam formular perguntas à testemunha *por intermédio do juiz*. Exemplo: no curso da audiência, o MP, desejando inquirir a testemunha, deveria dirigir a sua pergunta ao magistrado. Este, por sua vez, deveria repetir a pergunta à testemunha.

Esse panorama foi sensivelmente modificado com a reforma de 2008 no CPP. Isto porque passamos a adotar, como regra, o sistema *direct* ou *cross examination* (art. 212, primeira parte, CPP). Por esse sistema, as partes passaram a poder perguntar diretamente à testemunha – sem a necessidade, portanto, de intermediação por parte do juiz.

Porém, destaque-se que o sistema presidencialista (perguntas à testemunha por intermédio do juiz) não foi entre nós totalmente banido. No rito do júri, desejando os *jurados* efetuar perguntas às testemunhas, deverão fazê-lo através do juiz-presidente, sendo vedada, assim, a indagação direta (art. 473, § 2º, CPP);

c) Condução coercitiva: art. 218, CPP. Se, regularmente intimada, a testemunha deixar de comparecer sem motivo justificado, o juiz poderá requisitar à autoridade policial a sua apresentação ou determinar que seja conduzida por oficial de justiça, que poderá solicitar o auxílio da força pública.

E, ainda, nos termos do art. 219, CPP, "o juiz poderá aplicar à testemunha faltosa a multa prevista no art. 453 [atualmente se trata do art. 442, CPP: 1 (um) a 10 (dez) salários-mínimos], sem prejuízo do processo penal por crime de desobediência, e condená-la ao pagamento das custas da diligência". (Incluímos)

d) Número máximo de testemunhas por procedimento

Ordinário e 1ª fase do júri: 8;

Plenário (2ª fase) do júri: 5;

Sumário: 5;

Sumaríssimo: 3;

Drogas: 5.

Observação: não se incluem nesse número as testemunhas referidas (que são aquelas que são mencionadas por outras testemunhas), os informantes e as pessoas que nada sabem (chamadas de testemunhas extranumerárias);

e) Depoimento agendado: algumas pessoas, em razão do cargo que ocupam, podem agendar (local, dia e hora) seu depoimento. Alguns exemplos: membros do Congresso Nacional, Presidente da República, juízes etc. Recomenda-se a leitura do art. 221, CPP;

f) Testemunho de militares: sendo a testemunha um militar, deverá haver requisição ao superior hierárquico;

g) Testemunho de funcionários públicos: além da intimação pessoal do funcionário público é preciso comunicar o fato também ao chefe da repartição;

h) Oitiva de ofício pelo juiz e testemunhas referidas:

Nos termos do art. 209, CPP, o juiz, quando julgar necessário, poderá ouvir outras testemunhas, além das indicadas pelas partes:

> § 1º Se ao juiz parecer conveniente, serão ouvidas as pessoas a que as testemunhas se referirem.

Nota: São as denominadas testemunhas referidas.

> § 2º Não será computada como testemunha a pessoa que nada souber que interesse à decisão da causa.

Nota: São as denominadas testemunhas inócuas.

i) Presença ameaçadora do réu na audiência de oitiva da testemunha: quando a testemunha se sentir intimidada pela presença do réu em audiência, autoriza a lei, nessa situação, a realização de sua oitiva por meio de videoconferência. Sendo impossível o uso dessa tecnologia, deve então o réu ser retirado da sala de audiência enquanto a testemunha depõe (art. 217, CPP);

j) Testemunha que reside fora da comarca: pode a sua oitiva ser realizada por carta precatória ou videoconferência (art. 222, CPP).

Nesse contexto, vale a pena transcrever a Súmula 273, STJ: "intimada a defesa da expedição da carta precatória, torna-se desnecessária intimação da data da audiência no juízo deprecado".

Se a testemunha residir fora do país, a carta rogatória só será expedida se ficar provada a imprescindibilidade de seu depoimento, arcando o requerente com os custos da diligência (art. 222-A, CPP);

l) Testemunha e direito ao silêncio: quando o depoimento da testemunha puder incriminá-la, será possível a invocação do

72. Apesar de que, conforme vimos anteriormente, os tribunais superiores consideram o compromisso uma mera formalidade, cuja dispensa não permite que a pessoa falte com a verdade.

direito ao silêncio por aquela. O direito ao silêncio não incide apenas em relação àquele que está sendo submetido a uma persecução penal, mas a todo o indivíduo *que se encontre numa tal situação em que a sua fala possa vir a prejudicar-lhe penalmente*;

m) Contradita e arguição de defeito: são figuras distintas, apesar de o art. 214, CPP, não deixar isso muito claro. Vejamos primeiro o que diz o dispositivo:

> "**Art. 214.** Antes de iniciado o depoimento, as partes poderão contraditar a testemunha ou arguir circunstâncias ou defeitos, que a tornem suspeita de parcialidade, ou indigna de fé. O juiz fará consignar a contradita ou arguição e a resposta da testemunha, mas só excluirá a testemunha ou não lhe deferirá compromisso nos casos previstos nos arts. 207 e 208."

Em resumo, temos:

Contradita: ocorre em relação às pessoas proibidas de depor e no caso de depoimento que deve ser tomado sem compromisso;

Arguição de defeito: invoca-se quando a testemunha for indigna de fé ou suspeita de parcialidade. Visa a diminuir o "valor" do depoimento: amigo, inimigo etc.

12.2.6. *Reconhecimento de pessoas e coisas*

Tem por escopo identificar o acusado, o ofendido ou testemunhas, podendo ser determinado no curso da investigação preliminar (pelo delegado) ou do processo (pelo juiz).

Existindo a possibilidade da pessoa que irá realizar o reconhecimento sentir-se intimidada pelo indivíduo a ser reconhecido, deve a autoridade providenciar que este não veja aquela (por meio de "espelho mágico", por exemplo). Porém, essa estratégia não poderá ser empregada em juízo (no curso do processo), nem no procedimento do júri, sob pena de ofensa à publicidade e à ampla defesa (art. 226, parágrafo único, CPP).

Conforme o CPP, havendo necessidade, o reconhecimento de pessoa será efetuado da seguinte forma (incisos do art. 226):

I. a pessoa que tiver de fazer o reconhecimento será convidada a descrever a pessoa que deva ser reconhecida;

II. a pessoa, cujo reconhecimento se pretender, será colocada, se possível, ao lado de outras que com ela tiverem qualquer semelhança, convidando-se quem tiver de fazer o reconhecimento a apontá-la;

III. se houver razão para recear que a pessoa chamada para o reconhecimento, por efeito de intimidação ou outra influência, não diga a verdade em face da pessoa que deve ser reconhecida, a autoridade providenciará para que esta não veja aquela;

IV. do ato de reconhecimento lavrar-se-á auto pormenorizado, subscrito pela autoridade, pela pessoa chamada para proceder ao reconhecimento e por duas testemunhas presenciais.

Parágrafo único. O disposto no n. III deste artigo não terá aplicação na fase da instrução criminal ou em plenário de julgamento.

No que tange ao reconhecimento de coisas, o procedimento a ser adotado é, *mutatis mutandis*, o mesmo descrito anteriormente (*vide* art. 227, CPP).

Por fim, pertinente ao reconhecimento de pessoas por meio fotográfico, apesar de não ser um meio de prova vedado pela lei, é preciso atentar que se trata de mecanismo extremamente precário, sujeito a inúmeros equívocos. Deve, portanto, a autoridade proceder com a máxima cautela aqui (ou mesmo evitar esse meio de prova).

12.2.7. *Acareação*

Acarear é pôr face a face pessoas que apresentaram depoimentos divergentes nos autos. Pode se dar entre testemunhas, acusados, ofendidos, entre acusado e testemunha, entre acusado e ofendido ou entre testemunha e ofendido (*vide* art. 229, CPP).

Consoante o parágrafo único desse dispositivo, os acareados serão indagados pela autoridade para que expliquem os pontos de divergências, reduzindo-se a termo o ato de acareação.

É possível também a acareação por meio de carta precatória quando as pessoas a serem acareadas estiverem em comarcas distintas (consultar o art. 230, CPP).

12.2.8. *Prova documental*

a) Conceito: de acordo com o art. 232, CPP, documentos são quaisquer escritos, instrumentos ou papéis, públicos ou particulares.

Atualmente, porém, em termos jurídicos, considera-se documento tudo aquilo capaz de demonstrar determinado fato. Ex.: áudio, vídeo etc. (documento em sentido amplo);

b) Requisitos:

São requisitos da prova documental: a verdade (a constatação do que está contido no documento) e a autenticidade (identificação de quem produziu o documento);

c) Algumas notas importantes sobre a prova documental:

c1) Ressalvadas algumas exceções legais, as partes poderão apresentar documentos em qualquer fase do processo – art. 231, CPP. Segue caso de restrição de apresentação da prova documental: apresentação de documentos em plenário do júri. Confira-se o seguinte dispositivo:

> "**Art. 479.** Durante o julgamento não será permitida a leitura de documento ou a exibição de objeto que não tiver sido juntado aos autos com a antecedência mínima de 3 (três) dias úteis, dando-se ciência à outra parte";

c2) O juiz poderá providenciar a juntada de documento que considerar relevante independentemente de requerimento das partes – art. 234, CPP;

c3) A letra e firma dos documentos particulares serão submetidas a exame pericial, quando contestada a sua autenticidade – art. 235, CPP;

c4) Os documentos em língua estrangeira, sem prejuízo de sua juntada imediata, serão, se necessário, traduzidos por tradutor público, ou, na falta, por pessoa idônea nomeada pela autoridade – art. 236, CPP.

12.2.9. *Indícios*

a) Conceito: segundo o art. 239, CPP, *considera-se indício a circunstância conhecida e provada, que, tendo relação com o fato, autorize, por indução, concluir-se a existência de outra ou outras circunstâncias.*

Segundo a doutrina, indício não se confunde com presunção. Esta "*é um conhecimento fundado sobre a ordem normal das coisas e que dura até prova em contrário*" (PIERANGELLI *apud* MIRABETE, 2002, p. 317).

Tanto o indício como a presunção são provas indiretas, ou seja, a representação do fato a provar se faz por meio de uma construção lógica (MIRABETE, 2002, p. 316).

Embora os indícios e presunções possuam, em tese, o mesmo valor que as demais provas é preciso que o julgador os avalie com cautela.

12.2.10. Busca e apreensão

a) Conceito: trata-se não propriamente de um meio de prova (consoante sugere o CPP), mas de um meio de obtenção da prova (BADARÓ, 2008, t. I, p. 271), de natureza acautelatória e coercitiva, consistente no apossamento de objetos ou pessoas;

b) O que pode ser objeto de busca e apreensão? Os objetos sobre os quais podem recair a busca e apreensão encontram-se nos §§ 1º e 2º do art. 240, CPP. Enquanto o § 1º trata da busca domiciliar (realizada em domicílio), o § 2º trata da busca pessoal (realizada na própria pessoa). Analisemos esses parágrafos:

> "**Art. 240**, § 1º: Proceder-se-á à busca domiciliar, quando fundadas razões a autorizarem, para:"

a) prender criminosos.

Nota: salvo nos casos de prisão em flagrante, será necessária prévia ordem judicial para efetuar a busca e apreensão de criminosos. Não pode o delegado, portanto, determiná-la sem prévia ordem de um juiz, salvo se se tratar de flagrante delito;

b) apreender coisas achadas ou obtidas por meios criminosos;

c) apreender instrumentos de falsificação ou de contrafação e objetos falsificados ou contrafeitos;

d) apreender armas e munições, instrumentos utilizados na prática de crime ou destinados a fim delituoso;

e) descobrir objetos necessários à prova de infração ou à defesa do réu;

f) apreender cartas, abertas ou não, destinadas ao acusado ou em seu poder, quando haja suspeita de que o conhecimento do seu conteúdo possa ser útil à elucidação do fato.

Nota: vale notar que, conforme determina o art. 5º, XII, CF, a comunicação por meio de carta é inviolável. A CF, inclusive, não previu exceções aqui (consoante fez no caso de comunicação telefônica). Apesar disso, o STF (HC 70814/SP, DJ 24/06/1994) e o STJ (HC 203371, *DJe* 17/09/2012, Inf. 496) já decidiram que o sigilo das correspondências não é absoluto, podendo sim, em certos casos, ser violado. Partindo desse julgados dos tribunais superiores, pensamos que, na falta de disciplina legal sobre o tema, para que se possa violar a correspondência de alguém, são necessários os mesmos requisitos da interceptação telefônica (art. 2º, Lei 9.296/1996), *i. e.*: necessidade de prévia ordem judicial, crime punido com reclusão etc.;

g) apreender pessoas vítimas de crimes;

h) colher qualquer elemento de convicção.

Nota é oportuno salientar que a busca domiciliar, conforme impõe o art. 5º, XI, CF, só poderá ser realizada de dia e se houver ***prévio mandado judicial***. Assim, é inconstitucional o art. 241, CPP, quando afirma que, no caso de o próprio delegado realizar a busca domiciliar, será *desnecessário o mandado judicial*. Confira-se o dispositivo:

> "Art. 241. Quando a própria autoridade policial ou judiciária não a realizar pessoalmente, a busca domiciliar deverá ser precedida da expedição de mandado."

Desse modo, mesmo que a busca domiciliar seja realizada pela *própria autoridade policial*, o mandado judicial revela-se **indispensável**. Isto é assim porque o art. 5°, XI, da CF estabelece, de maneira expressa, a necessidade de mandado judicial para ingressar em casa alheia, *sem fazer exceção em relação à autoridade policial. Acrescente-se que a busca realizada no interior de veículo automotor não necessita de prévio mandado judicial, salvo se o veículo for utilizado como moradia (trailer, p. ex.)* – STJ, HC 216437, *DJe* 08/03/2013, Inf. 505.

Passemos, agora, ao exame da busca pessoal:

> "**Art. 240**, § 2º: Proceder-se-á à busca pessoal quando houver fundada suspeita de que alguém oculte consigo arma proibida ou algum dos objetos mencionados nas letras *b* a *f* e letra *h* do parágrafo anterior."

Conforme sublinha Badaró (2008, t. I, p. 274), a busca pessoal importa em restrição à garantia constitucional da intimidade (art. 5º, X, CF), incidindo sobre a pessoa humana, abrangendo o seu corpo, suas vestes (que é um provável meio de ocultação de coisa) e outros objetos que estejam em contato com o corpo da vítima (bolsas, mochilas etc.).

Assim como a busca domiciliar, a pessoal exige ordem prévia de juiz. Excepcionalmente, porém, admite-se a dispensa da ordem judicial no caso de prisão ou quando houver fundada suspeita de que a pessoa esteja na posse de arma proibida ou de objetos ou papéis que constituam corpo de delito, ou quando a medida for determinada no curso de busca domiciliar (art. 244, CPP).

É oportuno ainda frisar que a busca em mulher será feita por outra mulher, se não importar retardamento ou prejuízo da diligência (art. 249, CPP);

c) Momento para proceder à busca e apreensão: dada a urgência da medida, costuma a doutrina afirmar que busca e apreensão podem ocorrer inclusive antes da instauração do IP, durante o curso deste, durante o processo e, até mesmo, na fase de execução da pena;

d) Quem pode determiná-la? Pode ser determinada de ofício pela autoridade ou a requerimento das partes (art. 242, CPP);

e) Mandado de busca: o mandado deverá:

I. indicar, o mais precisamente possível, a casa em que será realizada a diligência e o nome do respectivo proprietário ou morador; ou, no caso de busca pessoal, o nome da pessoa que terá de sofrê-la ou os sinais que a identifiquem;

II. mencionar o motivo e os fins da diligência;

III. ser subscrito pelo escrivão e assinado pela autoridade que o fizer expedir;

f) Emprego de força: em caso de resistência por parte do morador, é permitido o uso da força, podendo-se inclusive arrombar a porta e usar de força contra os demais obstáculos existentes (§§ 2º e 3º do art. 245, CPP). Estando ausente o morador, qualquer vizinho poderá ser intimado para assistir a diligência (§ 4º do art. 245, CPP);

g) Lavratura do auto: finda a diligência, os executores lavrarão auto circunstanciado, assinando-o com duas testemunhas presenciais (§ 7º do art. 245, CPP).

13. SUJEITOS PROCESSUAIS

13.1. Conceito

São *as pessoas entre as quais se constitui, se desenvolve e se completa a relação jurídico-processual* (MIRABETE, 2001, p. 324). Ou, ainda: *são as diversas pessoas que, direta ou indiretamente, atuam no curso do processo, visando à prática de atos processuais.*

13.2. Sujeitos processuais principais (essenciais)

São aqueles cuja existência é essencial para que se tenha uma relação jurídica processual regularmente instaurada. Compreendem: o juiz, a acusação (MP ou querelante) e o réu.

13.3. Sujeitos processuais secundários (acessórios, colaterais)

São pessoas que, embora não imprescindíveis à formação do processo, nele poderão intervir com o escopo de formular determinada pretensão. Ex.: assistente de acusação.

Examinaremos abaixo alguns dos sujeitos processuais mais importantes.

13.4. Juiz

Conforme dispõe o art. 251, CPP, ao magistrado cabe assegurar a regularidade do processo e a ordem no curso dos atos processuais.

a) Prerrogativas (ou garantias): para que seja efetivo o exercício da atividade jurisdicional, a CF (art. 95) confere ao juiz algumas garantias, quais sejam:

a1) Vitaliciedade: consistente na impossibilidade de perda do cargo, salvo por sentença transitada em julgado. A vitaliciedade, no primeiro grau, só será adquirida após dois anos de exercício, dependendo a perda do cargo, nesse período, de deliberação do tribunal a que o juiz estiver vinculado e, nos demais casos (após os 2 anos de exercício), de sentença judicial transitada em julgado;

a2) Inamovibilidade: consiste na vedação de remoção do juiz, salvo por interesse público, nos termos do art. 93, VIII, CF;

a3) Irredutibilidade de subsídio: consiste na impossibilidade de redução da remuneração do juiz, ressalvado o disposto nos arts. 37, X e XI, 39, § 4º, 150, II, 153, III, e 153, § 2º, I, todos da CF.

Ademais, é fundamental que o juiz seja imparcial, ou seja, neutro em relação às partes e ao objeto do processo. A imparcialidade do juiz é, na verdade, dogma do próprio sistema acusatório pretendido pelo Constituinte de 1988.

Vejamos, agora, os casos de impedimento e suspeição do magistrado;

b) Impedimento: ocorre quando há interesse do juiz no objeto da demanda, afetando a própria jurisdição e provocando a inexistência do processo. Com efeito, são motivos de incapacidade objetiva do juiz. O impedimento deve ser reconhecido de ofício pelo juiz; não o fazendo pode qualquer das partes argui-lo, adotando-se o mesmo rito da suspeição – *vide* art. 112, parte final, CPP. Eis os casos de impedimento (considerados taxativos):

> "**Art. 252.** O juiz não poderá exercer jurisdição no processo em que:
>
> I – tiver funcionado seu cônjuge ou parente, consanguíneo ou afim, em linha reta ou colateral até o terceiro grau, inclusive, como defensor ou advogado, órgão do Ministério Público, autoridade policial, auxiliar da justiça ou perito;
>
> II – ele próprio houver desempenhado qualquer dessas funções ou servido como testemunha;
>
> III – tiver funcionado como juiz de outra instância, pronunciando-se, de fato ou de direito, sobre a questão;
>
> IV – ele próprio ou seu cônjuge ou parente, consanguíneo ou afim em linha reta ou colateral até o terceiro grau, inclusive, for parte ou diretamente interessado no feito."

Como visto anteriormente, as hipóteses influem direta ou indiretamente no juízo de valor do magistrado sobre a causa em exame, colocando em risco a sua imparcialidade. Influem diretamente quando este já atuou, manifestou-se sobre os fatos anteriormente, ou tem interesse no deslinde da demanda (II, III e IV); indiretamente, quando algum parente ou cônjuge atua ou atuou no feito (I e IV).

No que tange a órgãos julgadores colegiados (Turma Recursal do JECRIM[73]; Câmara; ou Turma), estabelece o art. 253, CPP, que: *não poderão servir no mesmo processo os juízes que forem entre si parentes, consanguíneos ou afins, em linha reta ou colateral até o terceiro grau, inclusive.*

Por fim, o reconhecimento de impedimento pelo juiz, seja ele de ofício ou provocado, depende sempre de fundamentação;

c) Suspeição: ocorre quando o juiz não tem a necessária imparcialidade para julgar (por interesses ou sentimentos pessoais – *incapacidade subjetiva do juiz*). A imparcialidade é pressuposto de validade do processo. O juiz pode se dar por suspeito de ofício, não o fazendo as partes poderão recusá-lo.

Eis os **casos** de suspeição do juiz (a jurisprudência entende que o rol abaixo não é taxativo):

> "**Art. 254.** O juiz dar-se-á por suspeito, e, se não o fizer, poderá ser recusado por qualquer das partes:"
>
> I – se for amigo íntimo ou inimigo capital de qualquer deles;"

O que é ser amigo íntimo para este dispositivo? É a convivência familiar (compadrio, apadrinhamento etc.). Não caracteriza suspeição a amizade superficial, o mero coleguismo, a mera convivência profissional etc.

Aplique-se tudo o que foi dito aqui, *mutatis mutandis*, à inimizade capital.

Ademais, a amizade íntima ou inimizade capital deve ser aferida em relação às partes em sentido material (réu e vítima) e não em relação ao promotor, advogado, que são partes instrumentais. Porém, nada impede que, inclusive em relação às partes instrumentais, o juiz se dê por suspeito por razão de foro íntimo, invocando, por analogia, o art. 135, parágrafo único, CPC;

73. Juizado Especial Criminal – Lei 9.099/1995.

"II – se ele, seu cônjuge, ascendente ou descendente, estiver respondendo a processo por fato análogo, sobre cujo caráter criminoso haja controvérsia;"

Note-se que essa controvérsia se caracteriza ainda que se dê de forma minoritária.

Ademais, há quem defenda que esse dispositivo deva ser aplicado também ao companheiro(a) e não apenas ao cônjuge;

"III – se ele, seu cônjuge, ou parente, consanguíneo, ou afim, até o terceiro grau, inclusive, sustentar demanda ou responder a processo que tenha de ser julgado por qualquer das partes;"

Reconhece-se a suspeição aqui por conta da possível troca de favores que poderia ocorrer nessa situação;

"IV – se tiver aconselhado qualquer das partes;

V – se for credor ou devedor, tutor ou curador, de qualquer das partes;

VI – se for sócio, acionista ou administrador de sociedade interessada no processo."

Por outro lado, ressalte-se que não é possível o reconhecimento da suspeição quando a parte, deliberadamente, injuriar ou provocar situação que enseje a suspeição do magistrado (art. 256, CPP). A lei não pode premiar aquele que age mediante torpeza. Eventuais desentendimentos entre juiz e advogado não conduzem à suspeição, já que essa diz respeito à relação do juiz com as partes do processo e não com o advogado.

Finalmente, confira-se o teor do art. 255, que diz: "o impedimento ou suspeição decorrente de parentesco por afinidade cessará pela dissolução do casamento que lhe tiver dado causa, salvo sobrevindo descendentes; mas, ainda que dissolvido o casamento sem descendentes, não funcionará como juiz o sogro, o padrasto, o cunhado, o genro ou enteado de quem for parte no processo".

Cuidado para não confundir suspeição com impedimento:

Suspeição: vínculo subjetivo do juiz com as partes (ex.: amizade íntima do juiz com o réu) ou com o assunto discutido no processo (ex.: juiz figura como demandante em outro processo em que se discute o mesmo assunto). Em que pese a indicação de que ocorre a preclusão (art. 254, CPP), a doutrina entende que a suspeição do juízo é hipótese de nulidade absoluta e pode ser alegada a qualquer tempo. É motivo de incapacidade subjetiva. Deve ser reconhecida de ofício pelo juiz. Não o fazendo, qualquer das partes pode argui-la. Procedimento: art. 96 e ss., CPP;

Impedimento: fundamenta-se em razões de ordem objetiva (ex.: a advogada do feito é esposa do juiz). Afeta a própria jurisdição. Provoca a inexistência do processo. É motivo de incapacidade objetiva do juiz. Deve ser reconhecido de ofício pelo juiz, não o fazendo pode qualquer das partes argui-lo. Adota-se o mesmo rito da suspeição.

13.5. Ministério Público

De acordo com o art. 127, CF: "o Ministério Público é instituição permanente, essencial à função jurisdicional do Estado, incumbindo-lhe a defesa da ordem jurídica, do regime democrático e dos interesses sociais e individuais indisponíveis".

O MP é, assim, responsável pela manutenção do equilíbrio jurídico da sociedade.

a) Natureza da instituição: conforme aponta certa doutrina, o MP integra o Estado, mas não está atrelado a nenhum dos Poderes. É, portanto, instituição *independente e fiscalizadora dos Poderes, desempenhando função essencial à justiça;*

b) Prerrogativas (ou garantias): as mesmas do magistrado, ou seja, vitaliciedade, inamovibilidade e irredutibilidade de subsídio;

c) Papel do MP no processo penal: possui função dúplice. Atua como órgão legitimado para a acusação, sendo o titular exclusivo das ações penais públicas (art. 129, I, CF), mas, acima de tudo, funciona, necessariamente, como fiscal da lei em todos os processos (art. 127, CF).

Em decorrência disso, não está o MP obrigado a oferecer a denúncia ou a pedir a condenação do acusado quando inexistirem elementos legais ou fáticos nos autos. Desse modo, se no momento da *opinio delicti* (elaboração da denúncia) entender o MP que não há fundamento para a ação penal, deverá manifestar-se pelo arquivamento do inquérito ou das peças de informação. Da mesma forma, se, ao final da instrução, verificar que não há motivo para a condenação do acusado, deve pugnar pela sua absolvição. O seu principal compromisso é com a observância da lei, dos valores constitucionais, motivo pelo qual a função de fiscal da lei está, inequivocamente, acima da função acusatória.

d) A atuação do MP na ação penal pública:

Atua como parte formal. Como dito, não é uma parte como outra qualquer, pois atua como fiscal da lei e tem compromisso, em última análise, com a promoção da justiça no processo penal. Não está, assim, adstrito ao pleito condenatório. Pode impetrar HC, MS, pedir a absolvição do acusado, recorrer em prol deste. Note-se que o MP sempre exerce a função de *custos legis*, mesmo quando é autor da ação;

e) A atuação do MP na ação penal privada

e1) Exclusivamente privada/personalíssima

Na ação privada, o MP atua como fiscal da lei. Pode aditar a queixa para, por exemplo, promover correções formais (indicação do procedimento adequado, dia, hora e local do crime etc.).

Dentre as funções que desempenha na ação privada, está a de velar por sua indivisibilidade. Assim, em caso de exclusão indevida de agente(s) pelo querelante, conforme sustenta certo setor da doutrina, não deve o MP aditar a queixa. Deve, no prazo previsto pelo § 2º do art. 46 do CPP, provocar a vítima para que esta promova o aditamento.

Em caso de sentença condenatória proferida contra o querelado, pode o MP, na função de *custos legis*, apelar pedindo a sua absolvição ; ou, noutro giro, apelar pedindo a exasperação da pena.

Sendo a sentença absolutória, entende-se que o MP não poderá apelar (buscando a condenação, p. ex.). É que vige aqui o princípio da oportunidade;

e2) Subsidiária da pública

A atuação do MP aqui é bem mais intensa, uma vez que embora essa ação penal seja encabeçada pela vítima, ela (a ação) continua a possuir notória natureza pública. Assim, é possível ao MP (art. 29, CPP):

I. Aditar a queixa para incluir novos fatos e/ou novos agentes (prazo de 3 dias – art. 46, § 2º, CPP);

II. Repudiar a queixa quando esta for, por exemplo, inepta, apresentando denúncia substitutiva;

III. Fornecer elementos de prova;

IV. Interpor recurso;

V. A todo tempo, retomar como parte principal em caso de negligência por parte do querelante.

f) Hipóteses de suspeição e impedimento do MP: tais hipóteses são, *mutatis mutandis,* as mesmas do juiz (consultar a exposição efetuada anteriormente).

Por outro lado, vale recordar a Súmula 234, STJ, que diz: "*a participação de membro do Ministério Público na fase investigatória criminal não acarreta o seu impedimento ou suspeição para o oferecimento da denúncia*". Não faria mesmo sentido restringir a participação do membro ministerial que atuou na fase de investigação, haja vista o papel do MP de titular da ação penal pública. Ademais, lembre-se de que as investigações criminais têm o MP como destinatário imediato;

g) Princípios que informam o MP (princípios institucionais)

g1) Unidade: consiste na integralidade do MP como instituição pública. Isto não provoca qualquer óbice em relação à distribuição das atribuições, já que é preciso fracioná-las para que se obtenha uma atuação mais eficiente de seus membros;

g2) Indivisibilidade: qualquer integrante do mesmo MP pode atuar no feito em curso sem a necessidade de designação específica. Essa atuação ocorre muito em comarcas situadas no interior dos Estados, quando, por exemplo, um promotor está em período de férias e outro, de comarca vizinha, assume temporariamente as suas atribuições. Não lhe será exigido qualquer ato específico de designação para aquele processo. Portanto, seus reflexos se dão predominantemente no âmbito endoprocessual, ou seja, no interior da relação processual;

g3) Independência funcional: O MP, no exercício das suas atribuições respectivas, não está subordinado a qualquer dos Poderes do Estado.

13.6. Querelante (vítima)

É o sujeito ativo da ação penal privada. O querelante atua como legitimado extraordinário, *i. e.*, age em nome próprio, defendendo interesse do Estado (que é o titular do direito de punir).

13.7. Assistente de acusação

É a vítima ou seu representante legal, ou, na falta destes, o CCADI, que se habilita para intervir como auxiliar acusatório do MP na ação penal pública (*vide* art. 268, CPP).

13.7.1. Quem pode habilitar-se como assistente de acusação?

Conforme visto, a vítima. Sendo esta incapaz, seu representante legal. Na falta da vítima (morte ou ausência) e de seu representante, poderão se habilitar como assistente o CCADI.

Por outro lado, frise-se que a lei não admite que o corréu, no mesmo processo, figure como assistente de acusação, haja vista ser também parte (art. 270, CPP).

13.7.2. Quando poderá habilitar-se o assistente?

A partir do recebimento da denúncia até o trânsito em julgado (arts. 268 e 269, CPP). Assim, não cabe o instituto da assistência na fase de IP e na fase de execução penal.

No procedimento do Júri, o assistente deverá requerer sua habilitação até 5 dias antes da data da sessão – art. 430, CPP.

Destaque-se que o assistente receberá a causa no estado em que esta se achar – art. 269, CPP. Isto visa a evitar dilações indevidas do processo (propositura de novas provas em fase inadequada, por exemplo).

Efetuado o pedido de habilitação como assistente, o juiz o remeterá ao MP para a manifestação deste órgão (art. 272, CPP). Após o parecer do MP, o juiz decidirá se admite ou não o requerimento de assistência.

Ainda, diz o art. 273, CPP, que "do despacho que admitir, ou não, o assistente, não caberá recurso, devendo, entretanto, constar dos autos o pedido e a decisão". Apesar do conteúdo deste artigo, tem entendido a doutrina que, em caso de indeferimento arbitrário, é cabível o mandado de segurança.

13.7.3. Faculdades processuais do assistente (o que pode ele fazer no curso do processo?)

Sobre o tema, sublinha o art. 271, CPP (considerado taxativo por certo setor da doutrina): "ao assistente será permitido propor meios de prova, requerer perguntas às testemunhas, aditar o libelo e os articulados, participar do debate oral e arrazoar os recursos interpostos pelo Ministério Público, ou por ele próprio, nos casos dos arts. 584, § 1º, e 598".

Esmiuçando esse dispositivo temos que ao assistente é facultado:

I. Propor meios de prova;

II. Realizar perguntas às testemunhas;

III. Aditar o libelo e os articulados. Este inciso está prejudicado no que tange ao libelo, pois não mais existe esta peça no procedimento do Júri;

IV. Participar de debate oral;

V. Arrazoar recursos interpostos pelo MP. Caso o MP recorra de alguma decisão no curso do processo, poderá o assistente colacionar as suas razões à impugnação ministerial;

VI. O assistente, previamente habilitado ou não, pode interpor (e arrazoar), autonomamente, recurso no caso de inércia recursal do MP nos seguintes casos: decisão de impronúncia (art. 584, § 1º); quando julgada extinta a punibilidade (art. 584, § 1º); e no caso de sentença absolutória (art. 598).

Destaque-se também a Súmula 210 do STF, que diz: "o assistente do Ministério Público pode recorrer, inclusive extraordinariamente, na ação penal, nos casos dos arts. 584, § 1º, e 598 do Código de Processo Penal".

Questão final: há **interesse** do assistente de acusação em interpor recurso de modo exclusivo (sem recurso do MP, portanto) para **agravar** a pena fixada ao réu?

I. Significativa parcela da **doutrina** entende que é **impossível** ao assistente de acusação apelar de modo exclusivo para **majorar** a punição imposta ao réu. Isto porque, sustentam esses autores, a vítima no processo penal brasileiro teria tão somente interesse em obter **reparação civil** dos danos causados pelo delito. Por esta razão, sendo prolatada a sentença penal **condenatória**, constituído, pois, o **título executivo judicial**, **cessaria**, desse ponto em diante, o interesse do ofendido, já que, como cediço, *a quantidade de pena aplicada não repercute na reparação civil*;

II. De outro lado, sustentando haver sim **interesse-utilidade**, está também considerável doutrina e a jurisprudência dos tribunais superiores. Para essa segunda corrente, é preciso reconhecer na figura do assistente de acusação mais do que um simples interesse de ser indenizado no campo cível, pois deve ele estar comprometido, também, com a justa aplicação da lei penal.

13.8. Acusado

O réu ocupa o polo passivo da relação processual penal. Por conta de um critério biopsicológico adotado pelo CP e pela CF, só pode ser acusado o maior de 18 anos.

Ainda no que concerne à idade do acusado, é importante destacar que as disposições dos arts. 15, 262 e 564, III, "c", CPP, foram tacitamente revogadas pelo Código Civil de 2002. Com o advento deste Código, estabelecendo a maioridade civil aos 18 anos, as disposições inerentes à nomeação de curador para o réu maior de 18 anos e menor de 21 anos perderam o sentido.

Por outro lado, recorde-se que, nas ações penais privadas, o réu recebe a denominação de querelado.

Ainda, a pessoa jurídica é admitida atualmente como ré nos crimes ambientais, desde que a pessoa física que causou o dano integre o polo passivo como corréu (teoria da dupla imputação).

13.8.1. Direitos do acusado

Por ser a parte mais frágil da relação processual penal, ao acusado são garantidos diversos direitos, buscando-se, assim, dentre outras coisas, assegurar a ampla defesa e evitar abusos por parte do órgão de acusação e do Estado-juiz. Já examinamos grande parte desses direitos ao longo desse livro. Apenas para lembrar, listamos aqui alguns: direito ao silêncio; direito de entrevistar-se previamente com seu defensor antes do interrogatório; direito à defesa técnica; direito de ser considerado presumidamente inocente até o trânsito em julgado de sentença penal condenatória etc.

13.9. Defensor

É aquele que, possuindo capacidade postulatória, patrocina a defesa técnica do acusado.

Vale recordar que a defesa técnica no processo penal é obrigatória, sob pena de nulidade absoluta do processo (art. 261, CPP). Nesse sentido, STF, Súmula 523: "no processo penal, a falta da defesa constitui nulidade absoluta, mas a sua deficiência só o anulará se houver prova de prejuízo para o réu". Isso é assim porque o réu é reconhecidamente sujeito hipossuficiente na relação processual penal, necessitando de amparo técnico para o exercício de sua defesa (direito inalienável e irrevogável).

Rememore-se também que, caso o acusado possua capacidade postulatória, poderá, querendo, exercer o autopatrocínio (autodefender-se), hipótese em que a presença de um defensor técnico poderá ser dispensada.

É oportuno transcrever o teor do art. 265, CPP, que diz: "o defensor não poderá abandonar o processo senão por motivo imperioso, comunicado previamente o juiz, sob pena de multa de 10 (dez) a 100 (cem) salários-mínimos, sem prejuízo das demais sanções cabíveis. § 1º A audiência poderá ser adiada se, por motivo justificado, o defensor não puder comparecer. § 2º Incumbe ao defensor provar o impedimento até a abertura da audiência. Não o fazendo, o juiz não determinará o adiamento de ato algum do processo, devendo nomear defensor substituto, ainda que provisoriamente ou só para o efeito do ato".

Por questões didáticas, apresentaremos abaixo as denominações comumente utilizadas para o defensor:

I. Constituído (ou procurador): é o defensor constituído pelo acusado por meio de procuração ou, diretamente, por meio de indicação verbal no momento em que for ouvido pela primeira vez;

II. Defensor público: membro da Defensoria Pública, no contexto aqui trabalhado, atua na defesa dos interesses daqueles que não dispõem de recursos financeiros para arcar com as despesas de um advogado particular. A sua atuação, em regra, independe da constituição por meio de procuração, salvo nas hipóteses dos arts. 39 e 44, CPP.

A Defensoria goza de prerrogativas processuais (arts. 44, 89 e 128, todos da LC 80/1994). Algumas das prerrogativas são: a intimação pessoal de quaisquer atos, em qualquer processo ou grau, jurisdicional ou administrativo; a contagem em dobro dos seus prazos; o livre acesso nos estabelecimentos em que atuam; realização de vista pessoal dos autos; e a comunicação pessoal e reservada com os seus assistidos.

III. Defensor dativo: é o advogado nomeado pelo juiz ante a ausência de defensor constituído pelo réu e/ou de defensor público na comarca;

IV. Defensor *ad hoc:* é o advogado designado pelo juiz para atuar na prática de determinado ato do processo. Esta designação decorre da ausência de defensor constituído e/ou de defensor público no momento em que se necessita de um patrono para atuar/acompanhar certo ato.

13.10. Servidores do Poder Judiciário

Também denominados servidores da justiça ou serventuários, são aquelas pessoas investidas em cargo público (funcionários públicos) com atuação no Poder Judiciário. Ex.: escrivão, oficial de justiça, entre outros que integram a estrutura cotidiana de funcionamento do Judiciário.

Com efeito, também estão sujeitos, no que couber, ao regime de suspeição e impedimento (por analogia) inerente aos juízes (art. 274, CPP). Dessa maneira, é possível, por exemplo, o afastamento de escrivão que possua interesse no feito para se evitar eventuais efeitos negativos sobre o andamento do processo.

13.11. Auxiliares do juízo

São aqueles que colaboram com o julgador quando este necessita de conhecimentos especializados em determinada área do saber humano. Ex.: perito e intérprete.

É oportuno destacar que os assistentes técnicos não são considerados auxiliares do juiz, pois possuem vínculo com as partes (art. 159, §§ 3º e 4º, CPP). São, pois, contratados pelas partes para oferecer parecer técnico sobre algum assunto.

13.11.1. Suspeição e impedimento:

Aplicam-se as regras de suspeição e impedimento (por analogia) relativas aos juízes ao perito e ao intérprete (arts. 280 e 281, CPP).

14. PRISÃO, MEDIDAS CAUTELARES E LIBERDADE PROVISÓRIA (DE ACORDO COM A LEI 12.403/2011)

A Lei 12.403/2011, que alterou recentemente o CPP, trouxe uma série de novidades para o universo da prisão provisória (cautelar ou processual) e da liberdade provisória, criando, ainda, diversas medidas cautelares pessoais diversas da prisão. Ao longo deste capítulo, analisaremos as mudanças trazidas pela nova lei.

14.1. Prisão: noções introdutórias

Prisão é a *supressão da liberdade de locomoção do indivíduo.* A doutrina costuma dividir a prisão em: **prisão-pena** (que é aquela que *decorre* de sentença penal condenatória *transitada em julgado*) e **prisão sem pena** (que é a que ocorre *antes* da uma sentença penal definitiva). São **espécies** de **prisão sem pena**: prisão civil e prisão provisória (cautelar ou processual). Examinemos brevemente cada uma delas.

14.1.1. Prisão civil

Atualmente, esta modalidade de prisão só existe para o devedor (voluntário e inescusável) de alimentos (art. 5º, LXVII, CF), pois, com o advento da Súmula vinculante 25 do STF, passou-se a considerar "ilícita a prisão civil do depositário infiel, qualquer que seja a modalidade de depósito".

14.1.2. Prisão provisória (cautelar ou processual)

Consiste no encarceramento cautelar do indivíduo (antes de sentença penal definitiva, portanto). Atualmente, são **espécies** de prisão provisória: *a prisão em flagrante, a prisão temporária e a prisão preventiva.* Note o leitor que *foram revogadas a prisão decorrente de sentença condenatória recorrível (antigo art. 594, CPP) e a prisão decorrente de pronúncia (antigo art. 408, § 1º, CPP).* Isto porque as Leis 11.689/2008 e 11.719/2008, coroando contundente entendimento da comunidade jurídica, revogaram essas duas modalidades de prisão provisória. Mais adiante, estudaremos de forma mais detalhada as espécies de prisão provisória. Por ora, é importante ficar claro que, conforme determina o novo art. 300, CPP (alterado pela **Lei 12.403/2011**), as pessoas presas provisoriamente ficarão separadas das que já estiverem definitivamente condenadas, nos termos da lei de execução penal. O militar, por sua vez, preso em flagrante delito, após a lavratura dos procedimentos legais, será recolhido a quartel da instituição a que pertencer, onde ficará preso à disposição das autoridades competentes (parágrafo único do art. 300, CPP).

14.2. Prisão decorrente de *ordem judicial*

Inicialmente, convém transcrever o famoso art. 5º, LXI, CF, que diz: "ninguém será preso senão em flagrante delito ou *por ordem escrita e fundamentada de autoridade judiciária competente*, salvo nos casos de transgressão militar ou crime propriamente militar, definidos em lei" (grifo nosso). Com efeito, *salvo* os casos explicitados por esse dispositivo (prisão em flagrante, transgressão militar e crime propriamente militar) – e algumas outras hipóteses que veremos no tópico logo abaixo – *vige no Brasil a regra da necessidade de ordem judicial prévia para a imposição de prisão ao indivíduo.* Exemplos: sentença penal condenatória transitada em julgado, decisão pela preventiva etc.[74]

Pois bem, sendo o caso de prisão decorrente de ordem judicial (preventiva, por exemplo), o magistrado que decretou a prisão deverá expedir o competente mandado prisional. Segundo o art. 291, CPP, entende-se realizada a prisão por mandado quando "o executor, fazendo-se conhecer do réu, lhe apresente o mandado e o intime a acompanhá-lo". Há, porém, uma série de formalidades ligadas ao *mandado* que, na sequência, serão analisadas.

O art. 285, parágrafo único, CPP, por exemplo, estabelece que o mandado deverá: a) ser lavrado pelo escrivão e assinado pela autoridade (juiz); b) designar a pessoa, que tiver de ser presa, por seu nome, alcunha ou sinais característicos; c) mencionar a infração penal que motivar a prisão; d) declarar o valor da fiança arbitrada, quando afiançável a infração; e e) ser dirigido a quem tiver qualidade para dar-lhe execução.

O art. 286, CPP, por sua vez, diz que "o mandado será passado em duplicata, e o executor entregará ao preso, logo depois da prisão, um dos exemplares com declaração do dia, hora e lugar da diligência. Da entrega deverá o preso passar recibo no outro exemplar; se recusar, não souber ou não puder escrever, o fato será mencionado em declaração, assinada por duas testemunhas".

Ademais, estabelece o art. 288, CPP, que ninguém poderá ser recolhido à prisão sem que o mandado seja exibido ao respectivo diretor do presídio ou carcereiro. Para tanto, o executor deverá entregar ao diretor ou carcereiro uma cópia assinada do mandado ou apresentar a guia expedida pela autoridade competente. De uma forma ou de outra, deverá ser passado recibo (até no próprio exemplar do mandado) com declaração de dia e hora da entrega do preso.

Noutro giro, de acordo com a alteração promovida pela Lei 12.403/2011 no CPP, o juiz, ao expedir o mandado de prisão, deverá providenciar o imediato **registro** desse documento em **banco de dados** mantido pelo Conselho Nacional de Justiça (CNJ) para essa finalidade (novo art. 289-A).

Estabelece o § 1º deste mesmo dispositivo (art. 289-A) que qualquer agente policial poderá efetuar a prisão determinada no mandado de prisão registrado no CNJ, *ainda que fora da competência territorial do juiz que o expediu.*

Mas não é só, pois o § 2º diz que mesmo que o mandado *não esteja registrado* no referido banco de dados do CNJ, *ainda assim*

---

74. Reforça essa ideia o novel art. 283, *caput*, do CPP, que, alterado pela Lei 12.403/2011, diz: "ninguém poderá ser preso senão em flagrante delito ou por ordem escrita e fundamentada da autoridade judiciária competente, em decorrência de sentença condenatória transitada em julgado ou, no curso da investigação ou do processo, em virtude de prisão temporária ou prisão preventiva".

será possível a prisão do indivíduo por parte de qualquer agente policial. Entretanto, neste caso, o agente policial responsável pela prisão do sujeito deverá, primeiro, adotar as precauções necessárias para averiguar a autenticidade do mandado e, segundo, comunicar a prisão ao juiz que a decretou. O magistrado, por sua vez, ao ser comunicado da prisão que decretou, deverá providenciar, em seguida, o registro do mandado no mencionado banco de dados do CNJ.

Efetuada a prisão, esta será "imediatamente comunicada ao juiz do local de cumprimento da medida (leia-se: do local da captura) o qual providenciará a certidão extraída do registro do Conselho Nacional de Justiça e informará ao juízo que a decretou" – § 3º do art. 289-A, CPP.

Finalmente, ocorrida a prisão, o preso será informado de seus direitos, nos termos do inciso LXIII do art. 5º, CF (direito de permanecer calado, sendo-lhe assegurada a assistência da família e de advogado), e, caso o autuado não informe o nome de seu advogado, será comunicado o fato à Defensoria Pública – § 4º do art. 289-A, CPP.

Nessa última hipótese, a ausência de comunicação do flagrante em 24h ensejará a nulidade do flagrante, **exceto:**

a) se na comarca e adjacências **não houver Defensoria Pública**, como se depreende do **STJ, HC 186456/MG, *DJe* 19/10/2011**: "no caso concreto, o juízo homologou a prisão em flagrante no prazo de 24 horas, nos termos do art. 306, CPP, razão por que não há falar em constrangimento ilegal. A não comunicação à Defensoria Pública se justificou pela ausência da instituição na localidade ou mesmo nas proximidades, denotando-se, assim, a impossibilidade de cumprimento do art. 306, § 1º, CPP".

b) se houver a comunicação em prazo razoável, segundo entendimento do **STJ no RHC 25633/SP, *DJe* 14/09/2009**, a seguir transcrito: "I - Na linha de precedentes desta Corte, não há que se falar em vício formal na lavratura do auto de prisão em flagrante se sua comunicação, mesmo tendo ocorrida a destempo da regra prevista no art. 306, § 1º, do Código de Processo Penal, foi feita em lapso temporal que está dentro dos limites da razoabilidade (precedentes). (...) Preso em 29.08.2008, sua prisão foi notificada à defensoria pública em 02.09.2008. Desse modo, em razão da regularidade da prisão em flagrante, entendo que o atraso na comunicação do órgão de defesa constitui-se em mera irregularidade que não tem o condão de ensejar o relaxamento de sua segregação".

14.3. Prisão sem prévia ordem judicial

Em casos específicos, o indivíduo poderá ser preso *sem* a ordem prévia de um juiz. São eles:

14.3.1. Prisão em flagrante

Situação em que qualquer pessoa poderá efetuar a prisão do indivíduo sem a necessidade de prévia ordem judicial (*vide* art. 301, CPP). Sobre esta modalidade, aprofundaremos a abordagem mais adiante.

14.3.2. Transgressões militares ou crimes propriamente militares

A prisão aqui será decretada por autoridade militar (competência da Justiça Militar, portanto).

14.3.3. Prisão durante o Estado de Defesa e de Sítio (arts. 136, § 3º, I, e 139, II, CF, respectivamente)

São situações anômalas (guerra, por exemplo) em que autoridades *não judiciárias*, em certos casos, poderão decretar a prisão das pessoas.

14.3.4. Recaptura de réu evadido (art. 684, CPP)

Conforme Mirabete (2006, p. 1.788), qualquer pessoa poderá efetuar a prisão do acusado/condenado que se evadiu da cadeia.[75]

14.3.5. Prisão do réu por crime inafiançável sem a posse prévia de ordem judicial (art. 287, CPP)

Na verdade, nesse caso, os agentes policiais, no momento da captura do indivíduo praticante de crime inafiançável, sabem da existência de prévia ordem judicial expedida, porém não a possuem no exato instante da prisão. Nessa situação, autoriza a lei que os agentes policiais efetuem a prisão do indivíduo sem a referida ordem judicial, desde que apresentem imediatamente o capturado ao juiz expedidor do mandado.

14.4. Uso de força e de algemas no momento da prisão

Sobre o **emprego de força** no momento da prisão (com ou sem ordem judicial), estabelece o CPP, no art. 284, que "não será permitido o emprego de força, salvo a indispensável no caso de resistência ou de tentativa de fuga do preso". E, mais adiante, no art. 292: "se houver, ainda que por parte de terceiros, resistência à prisão em flagrante ou à determinada por autoridade competente, o executor e as pessoas que o auxiliarem poderão usar dos meios necessários para defender-se ou para vencer a resistência, do que tudo se lavrará auto subscrito também por duas testemunhas". **Em resumo**: só se deve empregar a força absolutamente necessária para efetuar a prisão do indivíduo, podendo os eventuais excessos das autoridades caracterizar abuso de autoridade, lesão corporal etc.[76]

Por outro lado, no que tange ao **uso de algemas**, a Súmula vinculante 11, STF, diz que: "só é lícito o uso de algemas em caso de resistência e de fundado receio de fuga ou de perigo à integridade física própria ou alheia, por parte do preso ou de terceiros, justificada a excepcionalidade por escrito, sob pena de responsabilidade disciplinar civil e penal do agente ou da autoridade e de nulidade da prisão ou do ato processual a que se refere, sem prejuízo da responsabilidade civil do Estado".

Acrescente-se o seguinte julgado: STJ, HC 140718, *DJe* 25/10/2012, Inf. 506 – "não há nulidade processual na recusa do juiz em retirar as algemas do acusado durante a audiência de instrução e julgamento, desde que devidamente justificada a negativa".

75. Há, porém, quem afirme que este dispositivo estaria revogado por conta da revogação tácita de todo o Livro IV do CPP pela Lei de Execução Penal (7.210/1984).

76. Eventuais excessos praticados pelo indivíduo a ser preso poderão caracterizar: resistência (art. 329, CP); desobediência (art. 330, CP); ou mesmo evasão mediante violência contra a pessoa (art. 353, CP).

14.5. Prisão e (in)violabilidade do domicílio

Estabelece o art. 5º, XI, CF, que: "a casa é asilo inviolável do indivíduo, ninguém nela podendo penetrar sem consentimento do morador, salvo em caso de flagrante delito ou desastre, ou para prestar socorro, ou, durante o dia, por determinação judicial". Dessa passagem extrai-se que é possível penetrar em casa alheia, sem o consentimento do morador, nas seguintes situações:

14.5.1. Durante o dia

Por meio de flagrante delito; para prestar socorro; em caso de desastre; e através de mandado judicial. A expressão "dia", segundo majoritária doutrina, compreende o período das 06h00 às 18h00.

14.5.2. Durante a noite

Por meio de flagrante delito; para prestar socorro; e em caso de desastre. Impossível, portanto, durante o período noturno, adentrar em casa alheia (seja a do próprio infrator, seja a de terceiros) para dar cumprimento a mandado judicial. Nesse ponto, oportuno transcrever o art. 293, CPP, que dispõe: "se o executor do mandado verificar, com segurança, que o réu entrou ou se encontra em alguma casa, o morador será intimado a entregá-lo, à vista da ordem de prisão. Se não for obedecido imediatamente, o executor convocará duas testemunhas e, sendo dia, entrará à força na casa, arrombando as portas, se preciso; sendo noite, o executor, depois da intimação ao morador, se não for atendido, fará guardar todas as saídas, tornando a casa incomunicável, e, logo que amanheça, arrombará as portas e efetuará a prisão. Parágrafo único. O morador que se recusar a entregar o réu oculto em sua casa será levado à presença da autoridade, para que se proceda contra ele como for de direito".[77]

Observação: a expressão "casa", constante da passagem constitucional citada, possui ampla abrangência. Para o CP (art. 150, § 4º), o termo "casa" compreende: "I - qualquer compartimento habitado; II - aposento ocupado de habitação coletiva; III - compartimento não aberto ao público, onde alguém exerce profissão ou atividade". Para tornar mais claro, seguem alguns exemplos de "casa": estabelecimento comercial; escritório de contabilidade (STF HC 93050/RJ, DJ 10/06/2008, *DJe* 01/08/2008); quarto de hotel ocupado (STF RHC 90376/RJ, *DJe* 18/05/2007); escritório de advocacia; consultório médico; quarto de pensão (NUCCI, 2006, p. 510).

Por outro lado, para o CP, *não se* compreendem na expressão "casa" (art. 150, § 5º): "I - hospedaria, estalagem ou qualquer outra habitação coletiva, enquanto aberta, salvo a restrição do n.º II do parágrafo 4º (*i. e.*: aposento *ocupado* de habitação coletiva); II - taverna, casa de jogo e outras do mesmo gênero".

14.6. Prisão do indivíduo que se encontra em Comarca diversa da do juiz que expediu a ordem

Nessa situação, a prisão se dará por carta precatória, devendo esta conter o inteiro teor do mandado prisional (art. 289, *caput*, CPP). Havendo *urgência*, o juiz poderá requisitar a prisão por qualquer meio de comunicação (fax, telefone, e-mail, telegrama etc.), do qual deverá constar o motivo da prisão, bem como o valor da fiança se arbitrada (*vide* § 1º do art. 289, alterado pela Lei 12.403/2011).[78]

Ademais, o § 2º desse mesmo dispositivo (art. 289) estabelece que "a autoridade a quem se fizer a requisição tomará as precauções necessárias para averiguar a autenticidade da comunicação".

Finalmente, o § 3º sublinha que "o juiz processante deverá providenciar a remoção do preso no prazo máximo de 30 dias, contados da efetivação da medida" (leia-se: da prisão). Ou seja, o preso deverá ser removido para o distrito da culpa (*i. e.*, para o local onde está sendo processado criminalmente).

14.7. Prisão em perseguição

O § 1º do art. 290, CPP, afirma que a perseguição ocorre quando o executor: a) avista o infrator e o persegue sem interrupção, embora depois o perca de vista; e b) sabe, por indícios ou informações fidedignas, que o infrator passou, há pouco tempo, em tal ou qual direção, pelo lugar em que o procure, vai em seu encalço (chama a doutrina esta situação de "encalço fictício").

Pois bem, quando em perseguição (seja por conta de flagrante delito seja por conta de ordem judicial), é perfeitamente possível realizar a prisão do sujeito em território de *outra Comarca* (sendo *desnecessária*, nesse caso, a expedição de carta precatória). Efetuada a captura nessa situação (Comarca diversa), o executor deverá apresentar imediatamente o capturado à *autoridade local* (leia-se: delegado, conforme Nucci, 2006, p. 576). Tratando-se de prisão em flagrante, incumbirá à autoridade do local da captura (delegado) lavrar o *auto* de prisão em flagrante, providenciando-se, posteriormente, a remoção do preso. Em caso de prisão por mandado judicial, capturado o infrator e apresentado à autoridade local (delegado), também deverá ocorrer a posterior remoção do preso para que fique à disposição do juiz que decretou a ordem.

Finalmente, o § 2º do art. 290 afirma que, quando as autoridades locais tiverem fundadas razões para duvidar da legitimidade da pessoa do executor ou da legalidade do mandado judicial apresentado, poderão pôr em custódia o réu, até que fique esclarecida a dúvida.

---

77. Algumas observações sobre este parágrafo único. O morador que não apresentar o infrator às autoridades, só será responsabilizado criminalmente (art. 348, CP, por exemplo) se: a) se tratar de prisão em flagrante desse último (infrator). É que, nesse caso, conforme a CF, a prisão pode ser realizada em casa alheia, de dia ou de noite, pelas autoridades, sem necessidade de concordância do morador; e b) se tratar de prisão por mandado judicial cumprida durante o dia. Nessa hipótese (durante o dia), como vimos, também é possível penetrar em casa alheia sem o consentimento do morador. Por outro lado, o morador não será responsabilizado se negar a entrada das autoridades para dar cumprimento a mandado judicial *durante a noite*. O morador, neste último caso, está amparado pela CF e, por isso, enquanto durar a noite, não sofrerá qualquer consequência jurídica negativa se negar-se a entregar o infrator.

78. Confirma essa ideia, o novo art. 299, CPP, alterado pela Lei 12.403/2011, que diz: "a captura poderá ser requisitada, à vista de mandado judicial, por qualquer meio de comunicação, tomadas pela autoridade, a quem se fizer a requisição, as precauções necessárias para averiguar a autenticidade desta".

14.8. Prisão especial

Entendendo o tema: quis o legislador ordinário que determinadas pessoas, por conta do *cargo/função* que exercem, em caso de prisão *provisória* (flagrante, preventiva e temporária), ficassem segregadas em *estabelecimentos distintos* da prisão comum. A isso, convencionou-se chamar de "prisão especial".

A pessoa que faz jus a esse tipo de prisão deverá permanecer encarcerada em local distinto da prisão comum (§ 1º do art. 295, CPP). Inexistindo estabelecimento específico, o preso especial deverá ficar em cela separada dentro de estabelecimento penal comum (§ 2º). De um jeito ou de outro, "a cela especial poderá consistir em alojamento coletivo, atendidos os requisitos de salubridade do ambiente, pela concorrência dos fatores de aeração, insolação e condicionamento térmico adequados à existência humana" (§ 3º).

Sendo realmente impossível acomodar o preso especial em local apropriado, permite a Lei 5.256/67 que, ouvido o MP, o juiz submeta o indivíduo à *prisão domiciliar*, oportunidade em que ficará detido em sua própria residência.

Além de ter direito a ficar segregado em local distinto da prisão comum, o preso especial também faz jus a não ser transportado juntamente com os presos comuns (§ 4º).

Mas *quem seriam essas pessoas com direito à prisão especial?* Há uma extensa lista de pessoas no arts. 295 e 296, CPP (cuja leitura recomendamos). Porém, esse rol não é exaustivo, visto que diversos outros indivíduos também gozam do direito à prisão especial. Destaque aqui para o defensor público (art. 44, III - DPU; art. 89, III - DPDFT; art. 128, III - DPE, todos da LC 80/1994) que, se preso provisoriamente, tem direito a ser recolhido em sala de Estado Maior,[79] com instalações e comodidades condignas, garantida a sua privacidade, e, após condenação definitiva, ser recolhido em dependência separada no estabelecimento penal onde for cumprida a pena.

Observações finais: a) note o leitor que a prisão especial só tem cabimento enquanto não ocorrer o trânsito em julgado da sentença penal condenatória. Ocorrendo este, deve o preso ser encaminhado ao estabelecimento penal comum, *salvo* se, à época do fato, era funcionário da administração da *justiça criminal*, caso em que, mesmo após a sentença definitiva, deverá permanecer *separado* dos demais presos (art. 84, § 2º, LEP); e b) apesar de apoiada por significativo setor da comunidade jurídica, a prisão especial, segundo pensamos, salvo no caso do art. 84, § 2º, LEP, configura vergonhosa ofensa ao princípio da isonomia (art. 5º, *caput*, CF). Ilustrativamente, recorde-se a prisão especial para "os diplomados em curso superior". O tratamento "especial" (elitista) aqui dispensado pauta-se, na verdade, no padrão social/cultural ao qual pertence o indivíduo (algo absurdo). Assim, somente os que conseguem acesso a um curso superior fazem jus a esse tratamento distinto (leia-se: desigual). Nesse sentido, consultar as afiadas críticas que Nucci (2006, p. 580) faz sobre o tema.

79. "'Sala de Estado Maior' deve ser interpretada como sendo uma dependência em estabelecimento castrense, sem grades, com instalações condignas" (STF, Rcl 4713/SC, DJ 17/12/2007).

14.9. Prisão em flagrante (arts. 301 a 310, CPP)

14.9.1. Conceito

É a prisão que ocorre no momento em que uma infração penal está sendo cometida ("certeza visual do crime") ou pouco tempo depois de seu cometimento. Nessa modalidade de prisão, vale recordar, *dispensa-se* a necessidade de *ordem judicial* (art. 5º, LXI, CF).

14.9.2. Natureza

É *controversa* a natureza jurídica da prisão em flagrante. *Prevalece*, no entanto, o entendimento de que se trata de *ato complexo* (ato administrativo + ato processual). Explica-se. No ato da *captura*, a prisão em flagrante teria natureza *administrativa*. Por outro lado, no momento da *comunicação* do flagrante ao juiz competente (conforme impõe o art. 5º, LXII, CF), em caso de *manutenção* do ato prisional por parte deste, a prisão em flagrante passaria a ter natureza *processual* (cautelar) (TOURINHO FILHO, 2005, v. 1, p. 711).

14.9.3. Quem pode efetuar a prisão em flagrante (sujeito ativo – art. 301, CPP)?

a) Ocorrendo uma situação de flagrante delito, qualquer pessoa do povo poderá vir a efetuar a prisão do infrator. Veja que se trata de faculdade e não de obrigação. Apelida a doutrina essa hipótese de *flagrante facultativo;* e b) por outro lado, as autoridades policiais e seus agentes têm o *dever* de prender quem quer que se encontre em flagrante delito (chamado de *flagrante obrigatório ou compulsório)*. Conforme acentua certa doutrina, esse dever de prender ocorre inclusive no período de *folga, licença ou férias* **do delegado e de seus agentes**.

14.9.4. Quem pode ser preso em flagrante (sujeito passivo)?

Em regra, todos. Porém, há certas especificidades aqui. Vamos a elas:

a) Presidente da República: não pode ser preso cautelarmente (nem em flagrante). O Presidente goza da mais ampla imunidade prisional em nosso país – só pode ser preso em virtude de sentença penal condenatória transitada em julgado (art. 86, § 3º, CF);

b) Diplomatas estrangeiros (ex.: embaixador): não podem ser presos em flagrante (art. 1º, I, CPP c/c a Convenção de Viena). *Também não podem (por extensão) ser presos em flagrante:* os familiares dos diplomatas, os funcionários de organizações internacionais em atividade (ONU, *v. g.*), os chefes de Estado em visita a território estrangeiro e os representantes de Estado quando em atividade no exterior. Os cônsules, a seu turno, possuem *imunidade restrita. Só não* podem ser presos em flagrante se estiverem no *exercício de suas funções*. Do contrário, quando em atividade *estranha* às funções, a prisão em flagrante será possível;

c) Senadores, Deputados Federais, Deputados Estaduais, membros do MP e da magistratura: *só* podem ser presos em flagrante pela prática de crime *inafiançável* (consultar: art. 53, § 2º, CF; art. 27, § 1º, CF; art. 40, III, Lei 8.625/1993; e art. 33, II, LC 35/1979). Atenção: os vereadores *podem normalmente ser presos em flagrante (mesmo por crime afiançável);*

d) Defensores Públicos: podem ser presos em flagrante, mas a prisão deverá ser imediatamente comunicada ao Defensor Público-Geral (art. 44, II - DPU; art. 128, II - DPE; art. 89, II - DPDFT; todos contidos na LC 80/1994).

e) Advogados (art. 7º, § 3º, EOAB): aqui, algumas distinções se mostram necessárias:

e1) Advogado que, no exercício da profissão (defendendo algum interesse que lhe foi confiado), pratica crime inafiançável: neste caso, é possível efetuar a prisão em flagrante. Porém, no momento da lavratura do auto de prisão (APF), deverá ser assegurada ao advogado a presença de um representante da OAB;

e2) Advogado que, no exercício da profissão, pratica crime afiançável: não é possível efetuar a prisão em flagrante nesse caso;

e3) Advogado que pratica crime (afiançável ou inafiançável) fora do exercício profissional (ex.: estupro): nesta hipótese, é possível efetuar a prisão do advogado, devendo, entretanto, comunicar-se o fato à seccional da OAB a qual pertença o patrono;

f) Período de eleição: diz o art. 236, Código Eleitoral, "nenhuma autoridade poderá, desde 5 (cinco) dias antes e até 48 (quarenta e oito) horas depois do encerramento da eleição, prender ou deter qualquer eleitor, salvo em flagrante delito ou em virtude de sentença criminal condenatória por crime inafiançável, ou, ainda, por desrespeito a salvo-conduto". Dentre outras coisas, podemos **concluir** dessa norma o seguinte: *durante o período compreendido entre 5 dias antes e 48h depois do encerramento da eleição, a* **prisão em flagrante do eleitor** *só será possível pela prática de crime inafiançável;*

g) Autor de infração de menor potencial ofensivo (IMPO): praticada uma IMPO e lavrado o termo circunstanciado (TC ou TCO) pelo delegado, caso o autor do fato se dirija imediatamente ao juizado ou assuma o compromisso de a ele comparecer, *não será preso em flagrante, nem se exigirá fiança* (art. 69, parágrafo único, JECRIM[80]). Portanto, o autor de uma IMPO só pode ser preso em flagrante se não se dirigir imediatamente ao juizado e nem se comprometer a comparecer posteriormente;

h) Indivíduo surpreendido na posse de drogas para consumo pessoal (art. 28, Lei 11.343/2006): conforme a atual Lei de Drogas, ao sujeito surpreendido nessas circunstâncias *não se imporá a prisão em flagrante*, "devendo o autor do fato ser imediatamente encaminhado ao juízo competente ou, na falta deste, assumir o compromisso de a ele comparecer, lavrando-se termo circunstanciado e providenciando-se as requisições dos exames e perícias necessários" (art. 48, § 2º). Caso haja a recusa por parte do indivíduo de comparecimento (imediato ou posterior), *não se poderá prendê-lo em flagrante* (como no caso anterior - letra "f");

i) Condutor de veículo que presta socorro à vítima (art. 301, CTB): nos casos de acidente de trânsito de que resulte vítima, não se imporá prisão em flagrante, nem se exigirá fiança se o condutor prestar pronto e integral socorro àquela;

j) Menores de 18 anos de idade:

j1) tratando-se de ato infracional (fato descrito como crime ou contravenção na legislação) praticado por criança (menor de 12 anos), *não se imporá a prisão em flagrante, devendo o infante, entretanto, ser apresentado ao Conselho Tutelar ou à Justiça da Infância e Juventude para aplicação da medida de proteção cabível* (consultar: arts. 101, 103, 105 e 136, I, ECA);

j2) Por outro lado, tratando-se de ato infracional praticado por adolescente (aquele que já atingiu 12 anos, porém menor de 18), *é possível a sua apreensão (não se usa a palavra prisão em flagrante), oportunidade em que deverá o menor ser encaminhado à autoridade policial* (art. 172 e ss., ECA).

14.9.5. Modalidades de prisão em flagrante

a) Flagrante próprio, propriamente dito, real ou verdadeiro (incisos I e II do art. 302, CPP): *ocorre quando o agente está cometendo a infração penal ou acaba de cometê-la.* Perceba o leitor que, neste último caso ("acaba de cometê-la"), há uma *relação de imediatidade* entre a prática do delito e a prisão do agente. Ex.: agente que, assim que termina de efetuar o roubo, é surpreendido pela polícia logo na porta da agência bancária;

b) Flagrante impróprio, irreal ou quase flagrante (inc. III): *ocorre quando o agente é perseguido logo após a prática da infração penal em situação que faça presumir ser ele o autor do fato.* Para a doutrina, a expressão "**logo após**" representa um espaço de tempo maior do que a "acaba de cometer" (do inciso anterior). "**Logo após**" *compreende o período necessário para a polícia (ou particular) chegar ao local do crime, colher informações e iniciar a perseguição do agente* (*vide* art. 290, § 1º, CPP). Ademais, note que a perseguição do agente pela polícia deve ser *ininterrupta* - caso ocorra interrupção, *não mais será possível efetuar a prisão em flagrante.* Outro ponto, *não existe o prazo de 24h* (comumente divulgado pela mídia) para "afastar" o flagrante. Enquanto durar a perseguição do agente (dias, semanas etc.) será possível a prisão em flagrante. Vamos a um exemplo: após o agente roubar o banco e fugir, o gerente da agência, ato contínuo, entra em contato com a polícia, que, após se dirigir ao local, inicia imediatamente a perseguição do indivíduo, culminando na prisão deste;

c) Flagrante presumido, ficto ou assimilado (inciso IV): *ocorre quando o agente é encontrado, logo depois, com instrumentos, armas, objetos ou papéis que façam presumir ser ele autor da infração.* A expressão-chave aqui é: "**encontrado logo depois**". Entende a doutrina que o lapso de tempo nessa situação é *ainda maior* do que o do inciso anterior ("logo após"). Atente o leitor que nessa modalidade de flagrante *não há perseguição.* O agente é, na verdade, encontrado *ocasionalmente* logo depois da prática do delito. Por fim, note-se que não há também um prazo fixo para a expressão "logo depois", devendo ser interpretado como *lapso razoável* (conforme STJ, HC 49898/SE, *DJe* 22/09/2008). Segue um exemplo: após roubar um banco e empreender fuga sem ser perseguido, o agente, momentos mais tarde, é abordado por policiais que realizavam rondas costumeiras numa praça. Neste instante, os policiais descobrem em poder do agente grande quantidade de dinheiro, além de carteiras e objetos de outras pessoas, fazendo presumir ser ele o autor da infração. Resultado: flagrante presumido;

d) Flagrante preparado ou provocado:[81] acontece quando o indivíduo é induzido ou instigado pela polícia (ou terceiros)

80. Juizado Especial Criminal - Lei 9.099/1995.

81. Chamado por alguns, também, de delito putativo por obra do agente provocador, delito de ensaio ou de experiência.

a praticar o crime e, ao cometê-lo, é preso "em flagrante". O elemento-chave aqui é a figura do "**agente provocador**" – que estimula ou induz a prática do crime. Ao mesmo tempo em que se incita o indivíduo a delinquir, são tomadas todas as providências para impedir a consumação do crime. Essa modalidade de prisão, além de ser considerada *ilegal*, configura hipótese de **crime impossível** (Súmula 145, STF). Ex.: policial disfarçado solicita ao indivíduo certa quantidade de droga. Este, que não possuía previamente o entorpecente,[82] ao consegui-lo para o policial é preso em flagrante;[83]

e) Flagrante esperado: *ocorre quando o policial ou o particular, tomando conhecimento da prática de crimes em determinado local, fica a esperar que a conduta delituosa seja cometida para então efetuar a prisão*. Essa modalidade de prisão é *perfeitamente válida*. Exemplo: a polícia recebe a notícia de que determinado funcionário público está exigindo das pessoas quantia em dinheiro indevida para a prática de atos ligados ao seu ofício (art. 316, CP).[84] Os policiais, após se dirigirem ao local, aguardam (*sem interferir*) a prática do crime. Quando este ocorre, efetuam a prisão. Observe o leitor que a polícia *não provoca, não estimula* o agente, mas tão somente *aguarda* a conduta criminosa daquele para então efetuar a prisão em flagrante;

f) Flagrante prorrogado, postergado, retardado, diferido ou ação controlada: conforme vimos, quando o sujeito ativo da prisão é o delegado ou seus agentes, há o dever de, *imediatamente*, prender em flagrante quem quer que se encontre nessa situação (art. 301, CPP). Ou seja, vislumbrada uma situação de flagrante delito, devem aquelas autoridades atuar *prontamente*. Porém, a lei, em certos casos (**crime organizado, tráfico de drogas e lei de lavagem de capitais**), possibilita ao delegado e seus agentes *retardarem* a prisão em flagrante para que possam recolher mais provas e/ou capturar um maior número de infratores. A isso se chama de **flagrante prorrogado**. Na **Lei de Drogas** (art. 53, II, Lei 11.343/2006), esse atuar postergado *depende de autorização judicial e prévia oitiva do MP*. Na **Lei do Crime Organizado** (art. 8º, Lei 12.850/2013), o delegado, para poder proceder à ação controlada, precisará comunicar sigilosa e previamente a diligência ao juiz, que, se entender necessário, estabelecerá os limites da ação controlada e informará o fato ao MP – §§ 1º e 2º, art. 8º, Lei 12.850/2013. As diligências deverão ser autuadas em separado, com acesso permitido apenas ao juiz, MP e delegado, como forma de assegurar o êxito das investigações – § 3º. Vale ressaltar que o sigilo somente vigorará até o final das diligências. Além disso, a referida lei impõe ao delegado que, ao término da diligência, elabore auto circunstanciado acerca da ação controlada – § 4º. Na **Lei de Lavagem de Capitais** (art. 4º-B da Lei n. 9.613/98), também se permite a ação prorrogada da polícia, desde que haja autorização judicial nesse sentido e que o MP seja ouvido.

Exemplo de flagrante prorrogado: a polícia tem informações de que um carregamento de produtos roubados chegará ao porto de Santos. Primeiro, chega uma embarcação menor com apenas alguns integrantes da quadrilha. A polícia, no entanto, prefere aguardar o momento em que atracará um navio com os chefes do bando para então efetuar a prisão de todos.

Por fim, *não se deve confundir o flagrante postergado com o esperado*. Neste último, a polícia aguarda a prática de um crime de que tem notícia e age *imediatamente* quando o delito ocorre. No postergado, o crime foi praticado, porém a polícia aguarda o momento mais oportuno para efetuar a prisão (não atua de imediato);

g) Flagrante forjado: *ocorre quando o policial (ou terceiro) cria provas com o objetivo de incriminar uma pessoa inocente*. Ex.: policial que, numa *blitz*, deposita dentro do veículo do indivíduo certa quantidade de droga com a finalidade de prendê-lo "em flagrante". Em situações como essa é comum que o policial (ou particular) exija da pessoa vantagem em dinheiro para poder "livrá-la" do flagrante. Por óbvio, trata-se de prisão ilegal e aquele que assim procede responderá criminalmente por sua conduta;

h) Flagrante por apresentação: *a apresentação espontânea do agente à polícia não provoca sua prisão em flagrante*. Ex.: há um crime de homicídio sendo investigado pelo delegado, cuja autoria permanece, até então, desconhecida. Certo dia, eis que se apresenta espontaneamente à polícia o autor do delito, confessando em minúcias a prática criminosa. Não é possível efetuar a prisão em flagrante nesse caso, pois a situação descrita não se amolda a nenhuma das figuras previstas no art. 302, CPP. O que poderá ocorrer é a posterior decretação de preventiva por parte do juiz (art. 311, CPP), mas nunca o flagrante;

i) Prisão para averiguação: neste caso, *prende-se a pessoa para averiguar-lhe a vida pregressa*. Não encontra qualquer respaldo no art. 302, CPP. Além de ser modalidade de prisão ilegal, configura crime de abuso de autoridade por parte da autoridade que assim procede (art. 3º, "a", Lei 4.898/1965).

14.9.6. A prisão em flagrante em relação a algumas espécies de crime

Em regra, a prisão em flagrante é cabível em relação a qualquer infração penal. Porém, há algumas espécies de delito que necessitam de um exame mais detido de nossa parte. Vejamos.

a) Flagrante em caso de crime permanente: crime permanente *é aquele cuja consumação se alonga no tempo*. Ex.: extorsão mediante sequestro. Enquanto o agente possui a vítima em seu domínio (em cativeiro, por exemplo), a consumação do delito se renova a cada instante, tornando possível a prisão em flagrante a qualquer momento (art. 303, CPP);

b) Flagrante em caso de crime habitual: habitual *é o delito que somente se consuma com a prática de reiterados atos por parte do agente, traduzindo, assim, um modo de vida criminoso*. Cada ato, isoladamente considerado, é considerado *atípico*. Ex.: exercício ilegal da medicina (art. 282, CP). *Prevalece* na doutrina que *não é possível a prisão em flagrante em caso de crime habitual*, visto que a autoridade (ou particular) só surpreenderia o agente praticando um ato isolado (atípico, portanto). Entretanto, há posição em sentido contrário, inclusive julgados antigos do STF (RHC 46115/SP, *DJ* 26.09.1969);

c) Flagrante em caso de crime continuado (art. 71, CP): o crime continuado **consiste** *na prática de vários crimes (da mesma espé-*

82. Caso o indivíduo já trouxesse consigo a droga, poderia sim ser preso em flagrante, pois estaria praticando um crime permanente (trataremos desse tema mais adiante).

83. Conferir as afiadas críticas que Pacelli (2010, p. 515 e ss.) efetua a essa modalidade de flagrante.

84. Exemplo comum (e infeliz) que já foi algumas vezes divulgado por emissoras de televisão.

cie e em similar condições) que, por conta de uma ficção jurídica, resulta na aplicação de pena a um só crime acrescida de um sexto a dois terços. Como são vários os crimes praticados na situação de continuidade delitiva, nada impede a prisão em flagrante em relação a qualquer deles (é o que alguns chamam de **flagrante fracionado**). *Não confundir* com a hipótese de crime habitual em que o ato isolado do agente é atípico. No crime continuado, o "ato isolado" do agente é típico, logo, cabível o flagrante;

d) Flagrante em caso de crime de ação penal privada e pública condicionada à representação: a prisão em flagrante nessas situações é *perfeitamente possível*, porém, a lavratura do respectivo auto (APF) *depende de manifestação da vítima*. Isto é assim porque, como nesses delitos a persecução penal é totalmente dependente da vontade/autorização da vítima, não faria sentido manter o agente encarcerado sem que houvesse manifestação de vontade do ofendido nesse sentido. Ex.: agente que é surpreendido pela polícia quando tentava estuprar uma pessoa (art. 213, CP). Nesta hipótese, a captura e a condução coercitiva do agente à delegacia serão perfeitamente possíveis, porém, a lavratura do APF *dependerá de autorização* (representação, no caso) da vítima (art. 225, CP).

14.9.7. Formalidades ligadas à prisão em flagrante

a) Autoridade policial com atribuição para lavrar o auto de prisão em flagrante (APF): efetuada a captura do agente, deve-se apresentá-lo imediatamente ao delegado *do local onde ocorreu a prisão* (que não necessariamente é o mesmo em que foi praticada a infração), oportunidade em que será lavrado o *APF* (art. 290, CPP). Não havendo autoridade policial no local da captura, deverá o agente ser apresentado à do lugar mais próximo (art. 308, CPP);

b) Formalidades do APF: na ocasião do APF, o delegado deverá ouvir o condutor, colhendo-lhe a assinatura e entregando-lhe cópia do termo e recibo de entrega do preso. Em seguida, deverá ouvir as testemunhas (ao menos duas) que, porventura, tiverem acompanhado o condutor, bem como inquirir o agente sobre a imputação que lhe é feita, colhendo as assinaturas de todos e lavrando, ao final, o APF (art. 304, *caput*, CPP).

Das respostas do conduzido, restando fundada a suspeita de prática de crime, a autoridade mandará recolhê-lo à prisão, exceto no caso de prestar fiança, e prosseguirá nos atos do inquérito ou processo, se para isso for competente; se não o for, enviará os autos à autoridade que o seja (art. 304, § 1º, CPP).[85]

A falta de testemunhas da infração não impedirá a lavratura do APF; mas, nesse caso, com o condutor, deverão assiná-lo pelo menos duas pessoas que hajam testemunhado a apresentação do preso à autoridade (§ 2º).

Quando o conduzido se recusar a assinar, não souber ou não puder fazê-lo, o auto de prisão em flagrante será assinado por duas testemunhas que tenham ouvido sua leitura na presença deste (§ 3º).

Por outro lado, quando o crime for praticado *contra a própria autoridade* (policial ou judicial) *ou na presença desta*, estabelece o art. 307, CPP, que: "constarão do auto a narração deste fato, a voz de prisão, as declarações que fizer o preso e os depoimentos das testemunhas, sendo tudo assinado pela autoridade, pelo preso e pelas testemunhas e remetido imediatamente ao juiz[86] a quem couber tomar conhecimento do fato delituoso, se não o for a autoridade que houver presidido o auto".

Por fim, não é demais lembrar que, em caso de prisão em flagrante de militar, este, após a lavratura dos procedimentos legais, será recolhido a quartel da instituição a que pertencer, onde ficará preso à disposição das autoridades competentes (parágrafo único do art. 300, CPP);

c) Comunicações devidas por ocasião da prisão: efetuada a prisão em flagrante de alguém, impõe-se a *imediata comunicação (**no prazo máximo de 24h**) ao juiz competente, ao MP, ao defensor do preso (constituído, dativo ou público[87]) e à família do preso (ou pessoa por ele indicada*) – *vide*: art. 5º, LXII, CF, e art. 306, *caput*, CPP, com redação alterada pela Lei 12.403/2011.

Essa comunicação da prisão em flagrante às autoridades se dá, normalmente, por meio de remessa do auto de prisão em flagrante (APF). Ou seja, a autoridade policial, após lavrar o APF, deverá encaminhá-lo, em até 24h, ao juiz, MP e defensor público.

Nesse *mesmo prazo (24h)*, caso o preso não possua advogado, será remetida cópia integral de todos os documentos à *Defensoria Pública* e, também, deverá ser entregue ao custodiado, mediante recibo deste, a chamada **nota de culpa** – *que se trata de um documento assinado pela autoridade, contendo o motivo da prisão, o nome do condutor e o das testemunhas* (*vide* art. 306, §§ 1º e 2º, CPP).

De acordo com o art. 310, CPP (alterado pela Lei 12.403/2011), o juiz, ao receber a comunicação da prisão em flagrante de alguém por meio do APF, deverá adotar uma das seguintes medidas:

I. relaxar a prisão ilegal.

Haverá relaxamento da prisão (leia-se: soltura do indivíduo) quando o juiz, pela leitura do APF, perceber que a prisão do indivíduo se deu de modo ilegal (ex.: o juiz, analisando o APF, verifica que, na verdade, houve flagrante provocado, *i. e.*, prisão ilegal). O relaxamento de prisão deve se dar de ofício, independentemente de oitiva do MP (*vide* art. 5º, LXV, CF);

II. converter a prisão em flagrante em preventiva, quando presentes os requisitos constantes do art. 312, CPP, e se revelarem inadequadas ou insuficientes as medidas cautelares diversas da prisão.

Segundo a melhor doutrina, para que a referida conversão em preventiva ocorra, é preciso a existência prévia de um requerimento do MP ou representação do delegado nesse sentido. Ou seja, segundo defendem esses autores, não pode o juiz, de ofício, decretar a preventiva na fase de investigação (necessária, portanto, uma prévia provocação fundamentada). Note-se ainda que, conforme a redação deste inciso II, a prisão preventiva só

85. Após a Lei 12.403/2011 não há mais a figura do indivíduo que se "livra solto" contida neste dispositivo.

86. Se o crime tiver sido cometido contra o juiz ou na presença deste, não haverá necessidade de remessa.

87. Defensor constituído é aquele contratado pelo acusado/indiciado. Defensor dativo é aquele que é nomeado ao réu pelo juiz quando o acusado não possui defensor contratado; ou quando o réu é pobre e não há defensoria pública organizada no local para prestar assistência jurídica ao acusado.

será cabível quando nenhuma das outras medidas cautelares menos drásticas (ex.: recolhimento domiciliar no período noturno e nos dias de folga – art. 319, V) se mostrar mais adequada. Isto denota algo já enfatizado algumas vezes ao longo dessa obra (*vide* o tema "princípio do estado de inocência"): o caráter excepcional da preventiva. Com efeito, aqui o legislador de 2011 reforçou ainda mais essa visão, deixando a preventiva para hipóteses-limites (apenas quando realmente necessária);

III. conceder liberdade provisória, com ou sem fiança.

Não sendo o caso de relaxamento da prisão em flagrante, nem de decreto da preventiva, o juiz deverá conceder a liberdade provisória (LP), com ou sem fiança, ao preso. Ex.: tendo o indivíduo sido preso em flagrante por furto simples (art. 155, CP – crime afiançável), não sendo o caso de relaxamento de prisão nem de preventiva, deve o juiz conceder-lhe a LP mediante o pagamento de fiança. A concessão de LP pode ser combinada com outras medidas cautelares pessoais diversas da prisão que o juiz entender pertinentes.

Se o juiz verificar, pelo auto de prisão em flagrante, que o agente praticou o fato nas condições constantes dos incisos I a III do *caput* do art. 23, CP [estado de necessidade, legítima defesa ou em estrito cumprimento de dever legal ou no exercício regular de direito], poderá, fundamentadamente, conceder ao acusado liberdade provisória, mediante termo de comparecimento a todos os atos processuais, sob pena de revogação (art. 310, parágrafo único, CPP).

Nesta situação, de forma similar à anterior, o juiz, ao consultar o APF, verificando que há indicativos de que o agente praticou o fato amparado em uma justificante (legítima defesa, por exemplo), "**deve**" conceder a LP (note que, apesar de o dispositivo falar em "poderá" conceder LP, trata-se, na verdade, de dever do magistrado. Preenchidos os requisitos, deve, portanto, o juiz conceder a LP – não se trata de mera faculdade, conforme se poderia erroneamente pensar). Perceba-se ainda que, no caso em tela, o dispositivo não menciona a necessidade de prestação de fiança. Assim, percebendo o juiz que o fato foi praticado sob o manto de uma justificante, deve conceder LP *independentemente da concessão de fiança* (ou melhor: o sujeito será solto sem pagar fiança, ficando obrigado, porém, a comparecer a todos os atos processuais, sob pena de revogação do benefício).

14.10. Prisão preventiva (arts. 311 a 316, CPP)

14.10.1. Conceito

Conforme tradicional doutrina, a prisão preventiva é *medida cautelar de cerceamento provisório da liberdade ambulatorial do indivíduo que, decretada por magistrado se presentes os requisitos legais, pode ocorrer durante o curso de uma investigação ou processo criminal.*

De acordo com o art. 311, CPP, a preventiva pode ser decretada *de ofício* pelo juiz *ou mediante requerimento do MP, do querelante, ou ainda, mediante representação*[88] *da autoridade policial* ao magistrado.

Com efeito, observe o leitor que, para não haver afronta ao princípio do estado de inocência (tema já examinado no item 6.2), a preventiva deve ser encarada como *medida excepcional*. É dizer: apenas em situações realmente necessárias essa modalidade de prisão deve ser decretada, visto estar em jogo o encarceramento de um indivíduo *que ainda não foi definitivamente condenado*.

A Lei 12.403/2011 (que alterou diversos dispositivos do CPP) dá força a esse discurso (prisão preventiva como medida de exceção). Basta consultar alguns de seus artigos para constatar essa afirmação. Vejamos.

Primeiro, vimos anteriormente que o novo art. 310, II, CPP, sublinha que o juiz, quando da comunicação da prisão, só poderá decretar a preventiva caso outra medida cautelar menos drástica (ex.: recolhimento domiciliar no período noturno e nos dias de folga – art. 319, V) não seja mais adequada à espécie. Vê-se que o legislador, seguindo o princípio constitucional do estado de inocência (como não poderia deixar de ser), deixa a prisão preventiva para situações realmente extremas (STJ, HC 219101, *DJe* 08/05/2012).

Ademais, a Lei 12.403/2011, em mais duas outras passagens, enfatiza o caráter excepcional da preventiva. Confira-se o que dizem os §§ 4º e 6º do art. 282, CPP:

> § 4º No caso de descumprimento de qualquer das obrigações impostas, o juiz, de ofício ou mediante requerimento do Ministério Público, de seu assistente ou do querelante, poderá substituir a medida, impor outra em cumulação, ***ou, em último caso, decretar a prisão preventiva*** (art. 312, parágrafo único). (Grifo nosso).
>
> § 6º A prisão preventiva será determinada **quando não for cabível a sua substituição por outra medida cautelar** (art. 319). (Grifo nosso).

Finalmente, analisando-se os incisos I e II do novo art. 282, CPP, também chegamos à mesma conclusão: *a preventiva é medida extrema*. Segue:

> **Art. 282.** As medidas cautelares previstas neste Título [inclua-se aí a preventiva, a proibição de acesso ou frequência a determinados lugares, dentre outras] deverão ser aplicadas observando-se a:
>
> I – **necessidade** para aplicação da lei penal, para a investigação ou a instrução criminal e, nos casos expressamente previstos, para evitar a prática de infrações penais;
>
> II – **adequação** da medida à gravidade do crime, circunstâncias do fato e condições pessoais do indiciado ou acusado. (grifo nosso)

Ou seja, a preventiva, para ser decretada, precisa ser necessária e adequada ao caso concreto. Existindo uma outra medida cautelar, que não a preventiva, que atenda melhor à situação, deve o magistrado optar por aquela, visto ser menos drástica ao acusado. Segue o art. 282, CPP:

> § 4º No caso de descumprimento de qualquer das obrigações impostas, o juiz, de ofício ou mediante requerimento do Ministério Público, de seu assistente ou do querelante, poderá substituir a medida, impor outra em cumulação, ***ou, em último caso, decretar a prisão preventiva*** (art. 312, parágrafo único) (grifo nosso).
>
> (...)

88. Representação nesse contexto é sinônimo de pedido, solicitação.

§ 6º A prisão preventiva será determinada **quando não for cabível a sua substituição por outra medida cautelar** (art. 319) (grifo nosso).

Pois bem, feita essa breve exposição, veremos, logo a seguir, que a preventiva possui vários requisitos, divididos comumente pela doutrina em: pressupostos, fundamentos e condições de admissibilidade. Vamos a eles.

14.10.2. Pressupostos (art. 312, parte final, CPP)

Para se decretar a preventiva de alguém, faz-se inicialmente necessária a presença de dois pressupostos *concomitantes*: prova da existência do crime e indício suficiente de autoria.

a) Prova da existência do crime (ou *prova da materialidade delitiva*): consiste na *presença de elementos contundentes que demonstrem a existência da infração penal.* Ex.: no caso de um homicídio, o exame de corpo de delito será a prova da existência desse crime;

b) Indício suficiente de autoria: significa a *presença de elementos indiciários da autoria do crime.* Note que a lei não fala em *prova* da autoria, mas em *indício suficiente desta.* Assim, *não é* necessário demonstrar, de forma cabal, a autoria do delito, *bastando* apenas apresentar *elementos indiciários* nesse sentido. Apesar disso, esse indício deve ser sério, idôneo, ou, como diz o CPP, *suficiente – e não* meras conjecturas temerárias. Ex.: testemunhas que viram o agente adentrando na casa da vítima momentos antes dos disparos terem sido efetuados contra esta (indício suficiente de autoria).

A presença de ambos esses pressupostos configura aquilo que a doutrina chama de ***fumus comissi delicti*** (aparência de delito cometido) ou, como preferem alguns, ***fumus boni iuris*** (fumaça do bom direito).

14.10.3. Fundamentos da prisão preventiva (art. 312, primeira parte, CPP)

Neste tópico, examinaremos as *hipóteses que autorizam* essa modalidade de prisão. Essas hipóteses, advirta-se desde logo, são *alternativas* (e não concomitantes). Logo, *basta a presença de apenas uma delas* para que o requisito do *fundamento da prisão preventiva* esteja preenchido. Esses fundamentos formam aquilo que a doutrina costuma chamar de *periculum in mora* ou, mais tecnicamente, *periculum libertatis.*

a) Garantia da ordem pública: este é, sem dúvida, o fundamento mais polêmico da prisão preventiva. Como não há um conceito seguro (legal ou jurisprudencial) de "garantia da ordem pública", cria-se um cenário de instabilidade no país em matéria de liberdade ambulatorial – algo extremamente indesejável. Porém, junto aos *tribunais superiores,* foi-nos possível extrair basicamente dois **significados** para a expressão. Assim, entende-se necessária a preventiva para a *garantia da ordem pública* quando:

a1) Há perigo de reiteração criminosa. Ex.: em caso de tráfico de drogas, já decidiu o STF que, se há elementos de prova que apontam para o agente como sendo um dos principais membros de uma quadrilha, deve ser decretada a preventiva como garantia da ordem pública. É que, consoante a Corte Suprema, permanecendo em liberdade o agente, há risco concreto de que este continue a comandar o esquema criminoso (STF, HC 84658/PE, DJ 15/02/2005, *DJe* 03/06/2005);

a2) Em razão da periculosidade do agente, representada pelo *modus operandi violento/audaz + gravidade do crime.* Ex.: sujeito que aborda a vítima à luz do dia com um fuzil e a mantém durante longo período em cativeiro (STJ, HC 125924/CE, DJ 26/05/2009 *DJe* 29/06/2005).

Por outro lado, as Cortes Superiores brasileiras vêm decidindo que *não cabe* invocar "garantia da ordem pública" para fins de preventiva nos seguintes casos: gravidade abstrata do crime; clamor público (repercussão causada pelo crime); credibilidade do Poder Judiciário; e para proteger a integridade física do próprio agente (risco de linchamento, por exemplo);

b) Garantia da ordem econômica: este fundamento padece do mesmo problema do anterior: o conceito *é vago.* Mesmo assim, diz-se que essa hipótese autorizadora da preventiva *visa a coibir ataques vultosos à ordem econômico-financeira nacional.* Os incisos do art. 20 Lei 8.884/1994 costumavam servir de balizas para aferir o abalo à ordem econômica. Eis um exemplo extraído de julgado do STJ (HC 16.3617/PE, DJ 02/12/2010, *DJe* 17/12/2010): "em se considerando que a atividade delituosa [do agente] ocorria em larga escala, prejudicando a livre concorrência e trazendo considerável prejuízo ao erário", decretou-se a preventiva para garantia da ordem econômica. Não obstante a Lei 8.884/1994 ter sido parcialmente revogada pela Lei 12.529/2011, é certo que os incisos do art. 20 do texto anterior foram simplesmente trasladados para o art. 36 da nova legislação, do qual se recomenda a leitura;

c) Conveniência da instrução criminal: decreta-se a preventiva com base nesse fundamento *quando o réu está dificultando ou inviabilizando a produção de provas.* Exemplos: acusado que ameaça as testemunhas, suborna o perito, destrói provas etc. Note que, se a preventiva tiver sido decretada com base *apenas* nesse fundamento (conveniência da instrução criminal), quando esta (a instrução probatória) findar (e não existir outro motivo para manter preso o acusado), deve o juiz revogar a prisão, sob pena da custódia tornar-se ilegal (art. 316, CPP);

d) Assegurar a aplicação da lei penal: determina-se a prisão amparada nesse fundamento *quando o juiz tem notícias de que o indivíduo pretende fugir,* pondo em xeque, portanto, o cumprimento de eventual sentença condenatória a ser proferida. Ex.: no curso do processo, chegam ao juiz informações de que o réu, além de ter comprado passagem aérea para o exterior, está realizando a venda de todos os seus bens.

14.10.4. Condições de admissibilidade

Quais crimes/situações admitem a preventiva? Vejamos.

a) Crimes dolosos punidos com pena privativa de liberdade máxima superior a 4 anos (art. 313, I, CPP). Como a lei fala em "**crime doloso**" não cabe preventiva em relação a crime culposo, nem em face de contravenção penal (que não é crime no sentido estrito da palavra). Porém, não basta o crime ser doloso, é preciso que seja punido com pena privativa de liberdade máxima superior a 4 anos (ex.: roubo – art. 157, CP. A pena privativa de liberdade máxima do roubo é superior a 4 anos);

b) Condenado por outro crime doloso, em sentença transitada em julgado, ressalvado o disposto no inciso I do *caput* do art. 64, CP (art. 313, II, CPP). Trata-se aqui de hipótese de reincidência em crime doloso. Nesse caso, existe uma condenação definitiva anterior por crime doloso contra o agente e este, dentro do prazo de 5 anos, após o cumprimento (ou extinção) da pena, comete novo crime doloso. Explica-se com um exemplo: Fulano, em 5 de janeiro de 2002, é condenado em definitivo por roubo (crime doloso). Em 5 de janeiro de 2008, a pena termina de ser cumprida. Pois bem, nos próximos 5 anos, contados a partir desta última data (5 de janeiro de 2008), caso Fulano pratique novo *crime doloso*, poderá vir a ser preso preventivamente se os demais requisitos da preventiva também estiverem presentes;

c) O crime envolver violência doméstica e familiar contra a mulher, criança, adolescente, idoso, enfermo ou pessoa com deficiência, para garantir a execução das medidas protetivas de urgência (art. 313, III, CPP). Essa condição de admissibilidade da preventiva visa a dar maior efetividade às medidas protetivas previstas sobretudo nos arts. 22 a 24, Lei Maria da Penha (11.340/2006). Porém, conforme significativo setor da comunidade jurídica, para se decretar a preventiva nessa situação, além de se constatar o descumprimento da medida protetiva, faz-se necessário que a violência doméstica cometida se trate de crime doloso e que ao menos uma das hipóteses autorizadoras da preventiva esteja presente (garantia da ordem pública, conveniência da instrução criminal etc. – STJ HC 173454/DF, DJ 04/11/2010, *DJe* 22/11/2010. Ex.: praticada lesão corporal dolosa em situação de violência doméstica contra a mulher e aplicada a medida de afastamento do lar ao agente (art. 22, II, Lei 11.340/2006), caso este venha descumprir a medida e, também, a instrução criminal se encontre ameaçada, pode o juiz vir a decretar-lhe a preventiva;

d) Também será admitida a prisão preventiva quando houver dúvida sobre a identidade civil da pessoa ou quando esta não fornecer elementos suficientes para esclarecê-la, devendo o preso ser colocado imediatamente em liberdade após a identificação, salvo se outra hipótese recomendar a manutenção da medida (art. 313, parágrafo único, CPP);

e) A prisão preventiva também poderá ser decretada em caso de descumprimento de qualquer das obrigações impostas por força de outras medidas cautelares (arts. 319 e art. 282, § 4º, CPP). Ex.: imagine-se que, no curso do processo, o juiz fixa ao acusado a obrigação de recolhimento domiciliar no período noturno e nos dias de folga (art. 319, V). Descumprida injustificadamente esta medida, será possível a decretação da preventiva.

14.10.5. *Resumo*

Em suma, para se decretar a preventiva é preciso:

a) Presença *concomitante* dos *pressupostos autorizadores* (*indício suficiente de autoria + prova da materialidade*);

b) Presença de *pelo menos um* dos *fundamentos* (*garantia da ordem pública, da ordem econômica, aplicação da lei penal* ou *conveniência da instrução criminal*);

c) Que o crime/situação comporte a preventiva. Seguem os casos (*alternativos*):

c1) *crime doloso com pena privativa de liberdade máxima superior a 4 anos;*

c2) *reincidência em crime doloso;*

c3) *o crime envolver violência doméstica e familiar, para garantir a execução das medidas protetivas de urgência;*

c4) *houver dúvida sobre a identidade civil da pessoa ou quando esta não fornecer elementos suficientes para esclarecê-la;*

c5) *descumprimento de qualquer das obrigações impostas por força de outras medidas cautelares.*

OBSERVAÇÕES FINAIS:

I. O juiz não deve decretar a preventiva se perceber que o fato foi praticado sob o amparo de excludente de ilicitude (legítima defesa, por exemplo) – art. 314, CPP. Ao contrário, nessa situação, impõe-se a liberdade provisória (art. 310, CPP);

II. O decreto de preventiva, como toda decisão judicial, necessita sempre ser motivado (arts. 315, CPP, e 93, IX, CF);

III. Até o trânsito em julgado, a prisão preventiva poderá ser revogada ou novamente decretada quantas vezes se mostrar necessária (art. 282, § 5º, CPP);

IV. O CPP não estabelece um prazo pelo qual o réu possa permanecer preso preventivamente. Apesar disso, o acusado não pode ficar "anos a fio" preso à disposição do Estado. Quando este (o Estado – leia-se: juiz, MP etc.) der causa à lentidão do processo, será possível impetrar HC alegando a ilegalidade da prisão por excesso de prazo na instrução criminal (STJ, HC 173050/PB, DJ 03/02/2011, *DJe* 21/02/2011);

V. Atualmente, após o advento da Lei 12.403/2011, determina o § 3º do art. 282, CPP, que o juiz, antes de decidir a respeito da prisão preventiva do indivíduo, possibilite, em homenagem ao princípio do contraditório, que a defesa se manifeste sobre o pedido de prisão. Porém, esse mesmo § 3º, adverte que a manifestação defensiva poderá ser dispensada quando se tratar de caso urgente ou de perigo de ineficácia da medida.

VI. Sentença condenatória recorrível e preventiva: segundo o atual § 1º do art. 387, CPP, "o juiz decidirá, fundamentadamente, sobre a manutenção ou, se for o caso, a imposição de prisão preventiva ou de outra medida cautelar, sem prejuízo do conhecimento de apelação que vier a ser interposta". Ou seja, podemos extrair a seguinte conclusão: caso o réu tenha permanecido preso ao longo do processo, não existe "manutenção automática de preventiva ou de outra medida cautelar" por ocasião de sentença condenatória recorrível. Será preciso, sempre, fundamentar a eventual manutenção da preventiva ou de outra medida cautelar. Não existindo mais motivo para a prisão (ou para a manutenção de outra medida cautelar), deverá o réu ser conservado em liberdade.

14.11. Prisão temporária (Lei 7.960/1989)[89]

14.11.1. *Conceito*

Trata-se de *prisão cautelar, com prazo de duração determinado, cuja decretação é apenas possível no âmbito do inquérito policial e se presentes os requisitos fixados pela lei.*

14.11.2. *Características básicas*

a) Diferentemente da preventiva, *a temporária não pode ser decretada de ofício pelo juiz.* Sua decretação depende de representação (pedido) da autoridade policial ou de requerimento do

89. Não confundir a expressão prisão temporária com prisão provisória. Esta última é gênero e é sinônimo de prisão cautelar e processual. A primeira (temporária), ao lado da preventiva e do flagrante, é espécie de prisão provisória.

MP (art. 2º, Lei 7.960/1989). Quando for caso de representação do delegado, o juiz, antes de decidir, deverá ouvir o MP (§ 1º);

b) *Só é cabível no âmbito do IP* (impossível, portanto, durante o processo criminal);

c) Distintamente da preventiva, *a temporária possui prazo determinado* (art. 2º, Lei 7.960/1989). Em regra, o prazo da prisão temporária é de *5 dias prorrogável por mais 5* (note, portanto, que tal prazo se afina com o previsto no art. 10, CPP). Porém, sendo o *crime hediondo ou equiparado* ("t"ráfico de drogas, "t"ortura e "t"errorismo – vulgo "TTT"), o prazo da temporária será de até 30 dias, prorrogável por mais 30 em caso de extrema e comprovada necessidade (art. 2º, § 4º, Lei 8.072/1990).

14.11.3. Hipóteses de cabimento (incisos do art. 1º da Lei)

Inc. I: "quando imprescindível para as investigações do inquérito policial". A prisão amparada nesta hipótese *não pode* ser encarada como uma *mera conveniência do Judiciário* em manter encarcerado o indiciado. É preciso que a liberdade deste ofereça *risco concreto ao êxito da investigação*. Ex.: indiciado que está destruindo as provas do crime;

Inc. II: "quando o indicado não tiver residência fixa ou não fornecer elementos necessários ao esclarecimento de sua identidade". *Mutatis mutandis,* idem ao que foi dito no inciso anterior. É preciso que a falta de residência fixa ou a ausência de elementos esclarecedores da identidade configurem um *risco concreto de fuga do indiciado*;

Inc. III: "quando houver fundadas razões, de acordo com qualquer prova admitida na legislação penal, de autoria ou participação do indiciado nos seguintes crimes": homicídio doloso; sequestro ou cárcere privado etc. (*recomenda-se a leitura de todas as alíneas contidas na lei*).

Pergunta: os incisos citados devem ser aplicados alternativa ou concomitantemente? R.: conforme majoritária doutrina, para ser possível a decretação da temporária deve-se combinar os incisos da seguinte forma: I + III ou II + III. Note então que o inciso III deve sempre estar presente, necessitando ser combinado, pelo menos, com o inciso I ou o II. Vamos a um exemplo: agente suspeito da prática de homicídio (inciso III). Chegam notícias de que ele está destruindo as provas do crime (inciso I). Cabe a temporária nesse caso.

Observações finais: I) a decisão pela temporária deverá ser fundamentada e prolatada dentro do *prazo de 24h*, contadas a partir do recebimento da representação do delegado ou do requerimento do MP (art. 2º, § 2º, Lei 7.960/1989); **II)** o juiz poderá, de ofício, ou a requerimento do MP e do advogado, determinar que o preso lhe seja apresentado, solicitar informações e esclarecimentos da autoridade policial e submeter o detido a exame de corpo de delito (§ 3º); **III)** decretada a temporária, será expedido o respectivo mandado de prisão, em duas vias, uma das quais será entregue ao indiciado e servirá como nota de culpa (§ 4º); **IV)** decorrido o prazo fixado de detenção, o indiciado deverá ser posto imediatamente em liberdade, salvo se já tiver sido decretada sua prisão preventiva (§ 7º); **V)** a manutenção da prisão temporária para além do prazo legal acarreta na responsabilização da autoridade por crime de abuso de autoridade (art. 4º, "i", Lei 4.898/1965); **VI)** o preso provisório deve, obrigatoriamente, permanecer separado dos demais detentos (art. 3º, Lei 7.960/1989).

14.12. Prisão domiciliar (art. 318, CPP)

Prevista anteriormente apenas no âmbito da Lei de Execução Penal (Lei 7.210/1984, art. 117) para condenados definitivos que se encontrassem cumprindo pena em regime aberto e em situações bastante específicas (ex.: condenado acometido de doença grave), a prisão domiciliar, a partir do advento da Lei 12.403/2011, passa a ser admitida expressamente também para os presos provisórios.

Segundo estabelece o art. 317, CPP, a prisão domiciliar consiste no recolhimento do indiciado ou acusado em sua residência, só podendo dela ausentar-se com autorização judicial.

Diz o novo art. 318 que o juiz poderá substituir a prisão preventiva pela domiciliar quando o agente for:

I. maior de 80 (oitenta) anos;

II. extremamente debilitado por motivo de doença grave;

III. imprescindível aos cuidados especiais de pessoa menor de 6 (seis) anos de idade ou com deficiência;

IV. gestante a partir do 7º (sétimo) mês de gravidez ou sendo esta de alto risco.

Nos termos do parágrafo único do dispositivo, para a substituição, o juiz exigirá prova idônea dos requisitos estabelecidos neste artigo.

14.13. Medidas cautelares diversas da prisão (arts. 319 e seguintes do CPP)

14.13.1. Entendendo o tema

Atendendo finalmente a contundente reclame de certo setor da doutrina, a Lei 12.403/2011 criou outras medidas cautelares pessoais diversas da prisão.

Alguns autores – Aury Lopes Jr. (2010, v. 2, p. 132 e ss.), sobretudo – criticavam a antiga sistemática estabelecida pelo CPP de 1941 que, em matéria de medida cautelar pessoal, era considerada bastante "pobre", pois se pautava na clássica dicotomia "prisão cautelar ou liberdade provisória" – não existindo um meio-termo.

Grosso modo, ocorria que, diante de um determinado caso concreto, o juiz se via diante de dois extremos: ou determinava a prisão preventiva do indivíduo ou concedia-lhe a liberdade provisória. Essas duas medidas (preventiva e liberdade provisória), ambas extremas, terminavam, em diversas hipóteses, não se mostrando adequadas a atender as especificidades de uma enorme gama de situações. Isto porque, em diversos casos, tanto a preventiva se revelava uma medida excessivamente rigorosa, como a LP se mostrava demasiadamente branda. Era necessário, pois, serem criadas medidas cautelares que se situassem entre os extremos "prisão X liberdade provisória". E foi o que ocorreu com o advento da Lei 12.403/2011. Vejamos.

14.13.2. Medidas cautelares diversas da prisão (incisos do novo art. 319, CPP)

"I – comparecimento periódico em juízo, no prazo e nas condições fixadas pelo juiz, para informar e justificar atividades;

II – proibição de acesso ou frequência a determinados lugares quando, por circunstâncias relacionadas ao fato, deva o indiciado ou acusado permanecer distante desses locais para evitar o risco de novas infrações;

III – proibição de manter contato com pessoa determinada quando, por circunstâncias relacionadas ao fato, deva o indiciado ou acusado dela permanecer distante;

IV – proibição de ausentar-se da Comarca quando a permanência seja conveniente ou necessária para a investigação ou instrução;"

Comentário: a proibição de o réu se ausentar pode se referir à Comarca (como é o caso deste inciso) ou ao país (conforme prevê o art. 320, CPP). Neste último caso (proibição de ausentar-se do país) sublinha este dispositivo que essa restrição será comunicada pelo juiz às autoridades encarregadas de fiscalizar as saídas do território nacional, intimando-se o indiciado ou acusado para entregar o passaporte no prazo de 24h.

"V – recolhimento domiciliar no período noturno e nos dias de folga quando o investigado ou acusado tenha residência e trabalho fixos;

VI – suspensão do exercício de função pública ou de atividade de natureza econômica ou financeira quando houver justo receio de sua utilização para a prática de infrações penais;

VII – internação provisória do acusado nas hipóteses de crimes praticados com violência ou grave ameaça, quando os peritos concluírem ser inimputável ou semi-imputável (art. 26 do Código Penal) e houver risco de reiteração;"

Comentários: como se sabe, quando no curso do IP ou processo se suspeitar da saúde mental do indivíduo, deve-se proceder ao exame de insanidade mental previsto no art. 149 e ss., CPP. Nesse contexto, o inciso em exame estabelece que, caso o sujeito tenha praticado crime com violência ou grave ameaça e a perícia conclua por sua inimputabilidade ou semi-inimputabilidade, havendo risco de reiteração criminosa, poderá o juiz determinar a internação provisória do indivíduo (em hospital de custódia e tratamento psiquiátrico – art. 99, LEP). Algumas anotações a esse inciso são necessárias. Primeiro, o dispositivo fala em "peritos" ("quando os peritos concluírem (...)"). Porém, a expressão deve ser lida no singular. É que, com a reforma de 2008 ocorrida no CPP, passou-se a exigir apenas um perito oficial para a realização de exames periciais (*vide* art. 159, CPP). Outro ponto: o juiz não fica adstrito à conclusão da perícia sobre a saúde mental do indivíduo, conforme parece sugerir o inciso em comento. Recorde-se que o juiz não está, em nenhuma perícia, adstrito à conclusão do *expert* (consultar o art. 182, CPP).

"VIII – fiança, nas infrações que a admitem, para assegurar o comparecimento a atos do processo, evitar a obstrução do seu andamento ou em caso de resistência injustificada à ordem judicial;

IX – monitoração eletrônica."

Comentários: trata-se do uso de pulseiras ou tornozeleiras eletrônicas (GPS, por exemplo), visando a monitorar a rotina do acusado/indiciado. O uso desses artefatos para o monitoramento de condenados foi, no âmbito federal, instituído em 2010 por meio da Lei 12.258.

14.13.3. Notas sobre as medidas cautelares diversas da prisão

Cumpre salientar que, conforme dispõe o novo art. 282, § 1º, CPP, as medidas cautelares vistas anteriormente podem ser aplicadas isolada ou cumulativamente, devendo-se levar em conta a necessidade e adequação da medida às especificidades do caso concreto.

Por outro lado, segundo já afirmado anteriormente, as medidas cautelares diversas da prisão são preferíveis à preventiva. Ou seja, esta última, em homenagem ao estado de inocência, deve ficar relegada a situações realmente extremas. Não se tratando de situação que a justifique, deve o magistrado optar pela liberdade provisória combinada ou não com as medidas cautelares diversas da prisão visualizadas no item precedente.

Ainda, as medidas cautelares diversas da prisão "serão decretadas pelo juiz, de ofício ou a requerimento das partes ou, quando no curso da investigação criminal, por representação[90] da autoridade policial ou mediante requerimento do Ministério Público" (art. 282, § 2º, CPP).

Para a decretação de tais medidas, o juiz deverá observar o **contraditório,** permitindo que a defesa se manifeste a respeito de eventual pedido formulado pela acusação ou pela autoridade policial. O contraditório aqui mencionado poderá ser **dispensado** nos casos urgentes ou de perigo de ineficácia da medida. Segue o texto da lei sobre o que estamos tratando neste parágrafo: "ressalvados os casos de urgência ou de perigo de ineficácia da medida, o juiz, ao receber o pedido de medida cautelar, determinará a intimação da parte contrária, acompanhada de cópia do requerimento e das peças necessárias, permanecendo os autos em juízo" (art. 282, § 3º, CPP). Ademais, é oportuno conferir os §§ 4º e 5º do art. 282, CPP, que, respectivamente, dizem:

"§ 4º No caso de descumprimento de qualquer das obrigações impostas, o juiz, de ofício ou mediante requerimento do Ministério Público, de seu assistente ou do querelante, poderá substituir a medida, impor outra em cumulação, ou, em último caso, decretar a prisão preventiva (art. 312, parágrafo único).

§ 5º O juiz poderá revogar a medida cautelar ou substituí-la quando verificar a falta de motivo para que subsista, bem como voltar a decretá-la, se sobrevierem razões que a justifiquem."

Por fim, cumpre salientar que, por força do § 1º do art. 283, CPP, as medidas cautelares citadas não se aplicam à infração a que não for isolada, cumulativa ou alternativamente cominada pena privativa de liberdade.

14.14. Liberdade provisória (LP)

14.14.1. Conceito e noções gerais

Trata-se de *instituto processual que busca colocar em liberdade o indivíduo que aguarda o desdobramento de uma persecução penal (investigação preliminar ou processo) – vide* art. 5º, LXVI, CF.

Primeiramente, deve-se notar que a LP busca colocar o indivíduo em liberdade combatendo uma prisão em flagrante *legal*. Assim, não há como confundi-la com o HC e com o pedido

90. O termo representação aqui é sinônimo de pedido, solicitação, requerimento.

de relaxamento de prisão. Enquanto estas peças (HC e relaxamento) visam, dentre outras coisas,[91] a promover a soltura do sujeito, atacando uma prisão em flagrante *ilegal* (ex.: prisão para averiguação), a LP investe contra uma prisão em flagrante *legal*. Nesse sentido, poderíamos afirmar que o HC e o relaxamento (dentre outras coisas) questionam a *legalidade* de uma prisão, já a LP indaga sobre a *necessidade* de o indivíduo estar preso.

Aprofundando um pouco mais essa questão, note o leitor que *a LP representa um verdadeiro instrumento de efetivação do princípio do estado de inocência*. Explica-se. Vimos anteriormente que este princípio, dentre outras coisas, instituiu entre nós a *regra da liberdade* (*em regra*, o indivíduo deve responder a persecução penal em liberdade, somente sendo encarcerado em situações excepcionais – preventiva, por exemplo). Tendo isso em mente, podemos afirmar então que *a LP é um mecanismo de que dispõe a defesa do réu/indiciado para fazer valer essa regra da liberdade*. Com a LP, em última análise, *questiona-se o juiz a respeito – não da legalidade –, mas da necessidade da prisão do sujeito*. Em suma, é como se o defensor, por meio da LP, estivesse fazendo a seguinte pergunta ao magistrado: "*pois bem, não questiono a legalidade da prisão em flagrante de meu cliente; o que realmente desejo saber é se a prisão dele é de fato necessária?*".

E quando é necessária a prisão de alguém? Já respondemos a essa pergunta. Relembrando: a prisão de alguém se mostra necessária quando presentes os requisitos da preventiva (art. 311 e ss., CPP) – que é a modalidade de prisão escolhida como "pedra de toque" para a demonstração da necessidade (cautelaridade) da custódia de alguém.

Diante desse quadro, é possível afirmar, então, que *LP e preventiva são institutos antagônicos*. Enquanto a concessão da primeira (LP) representa a desnecessidade de o sujeito estar preso, o acolhimento da segunda (preventiva) significa exatamente o contrário: necessidade de segregação (*vide* STJ, HC 33.526/MS, DJ 20/04/2004, *DJe* 14/06/2004).

Perceba-se, porém, que, consoante a nova sistemática inaugurada pela Lei 12.403/2011 (*vide* art. 321, e 319, § 4º, ambos do CPP), mesmo que o juiz reconheça a desnecessidade da preventiva do indivíduo (concedendo-lhe, portanto, a LP), isto não significa que as medidas cautelares diversas da prisão (art. 319, CPP) não possam ser aplicadas concomitantemente à LP. Assim, é possível que o juiz, ao concedê-la, determine, por exemplo, ao réu, concomitantemente, o recolhimento domiciliar no período noturno e nos dias de folga (art. 319, V, CPP).

Em termos de prática penal, quando decretada a preventiva, a peça cabível não será a LP, mas o pedido de revogação de preventiva (formulado ao próprio juiz que a decretou) ou, em certos casos, o HC (ex.: decreto de preventiva não fundamentado).

Com efeito, a LP poderá ser alcançada pelo réu/indiciado *com ou sem* o pagamento (prestação) de fiança à autoridade. Ademais, obtida a LP (com ou sem fiança) o indivíduo terá que se sujeitar a certas obrigações (vínculos), como, por exemplo, a de não se ausentar por mais de 8 dias de sua residência, sem comunicar à autoridade o lugar onde será encontrado.

Doravante, estudaremos a LP, *com e sem fiança*, bem como as eventuais *obrigações* que podem ser impostas ao indivíduo em cada caso.

14.14.2. LP com fiança

a) Conceito de fiança: antes de tratarmos propriamente da LP com fiança, cabe a pergunta: *o que é fiança?* R.: trata-se de uma *garantia real ou caução, sempre definitiva,*[92] *cujo objetivo precípuo é assegurar a liberdade do indivíduo, podendo consistir em "depósito de dinheiro, pedras, objetos ou metais preciosos, títulos da dívida pública, federal, estadual ou municipal, ou em hipoteca inscrita em primeiro lugar"* (art. 330, CPP);

b) Crimes afiançáveis e inafiançáveis: note que a fiança é um instituto *totalmente atrelado à LP*. Assim, *não sendo o caso de decretação da preventiva*, paga-se a fiança e obtém-se a liberdade do réu/indiciado. Entretanto, ainda que soe óbvia a afirmação, deve-se atentar que *a fiança só tem cabimento se o crime pelo qual responde o acusado for afiançável*. Sendo *inafiançável* o delito, não será, portanto, possível prestar fiança para promover a soltura do acusado. Neste caso (crime inafiançável), conforme veremos mais abaixo, ainda assim será, em tese, possível obter a LP, *mas não por meio de pagamento de fiança*.

Pois bem, mas *o que são crimes afiançáveis?* Dizer apenas que são aqueles que comportam fiança seria insuficiente para os nossos propósitos. Precisamos de uma noção mais precisa. Na verdade, a lei (CPP) não nos diz quando um delito é afiançável, *mas apenas quando ele é inafiançável* (consultar arts. 323 e 324). Assim, concluímos pela *afiançabilidade* de uma infração *a contrario sensu* (por um critério de exclusão ou residual). Exemplo de crime *afiançável*: art. 155, *caput*, do CP. Vejamos abaixo a lista de *crimes inafiançáveis* para que então, *a contrario sensu*, possamos concluir quando a infração é afiançável.

b1) Infrações inafiançáveis no CPP

"**Art. 323.** Não será concedida fiança:

I – nos crimes de racismo;

II – nos crimes de tortura, tráfico ilícito de entorpecentes e drogas afins, terrorismo e nos definidos como crimes hediondos;

III – nos crimes cometidos por grupos armados, civis ou militares, contra a ordem constitucional e o Estado Democrático;"

Comentário: o CPP aqui nada mais fez do que reproduzir o que diz a CF a esse respeito (*vide* art. 5º, XLII, XLIII e XLIV).

"**Art. 324.** Não será, igualmente, concedida fiança:

I – aos que, no mesmo processo, tiverem quebrado fiança anteriormente concedida ou infringido, sem motivo justo, qualquer das obrigações a que se referem os arts. 327 e 328 deste Código;"

Comentário: a "**quebra da fiança**" *ocorre quando o afiançado descumpre qualquer das obrigações que lhe foram impostas*

91. Utilizamos a expressão "dentre outras coisas", pois é sabido que o HC não visa apenas a combater uma prisão em flagrante ilegal. Lembre-se, por exemplo, que há o HC preventivo em que o indivíduo não se encontra preso, mas na iminência de sê-lo. O que queremos dizer com isso é que o HC abarca outras situações que não apenas a da prisão em flagrante ilegal.

92. *Não há* mais entre nós a fiança provisória, em que o sujeito, para apressar o procedimento de soltura, oferecia determinado montante (pedra preciosa, por exemplo), que só seria avaliado posteriormente. Hoje, tudo é avaliado antecipadamente, por isso diz o CPP ser definitiva a fiança (art. 330, primeira parte).

quando da concessão da fiança (arts. 327, 328 e 341, CPP – trataremos do assunto de forma mais detalhado a seguir). Ex.: sujeito afiançado que, injustificadamente, não comparece a juízo quando chamado. **Consequências** da quebra injustificada da fiança: *perda de metade do valor caucionado para o Fundo Penitenciário Nacional; possibilidade de o juiz impor ao réu alguma(s) (das) medida(s) cautelar(es) do art. 319, ou mesmo de impor a preventiva ao acusado; e impossibilidade de, no mesmo processo, prestar nova fiança* (arts. 343, 346 e 324, I, CPP).

> "II – em caso de prisão civil ou militar;"

Comentário: no que tange à prisão por mandado do juiz cível (prisão civil), já vimos que, atualmente, esta modalidade de prisão só existe para o devedor (voluntário e inescusável) de alimentos (art. 5º, LXVII, CF), pois, com o advento da Súmula vinculante 25 do STF, passou-se a considerar: "ilícita a prisão civil do depositário infiel, qualquer que seja a modalidade de depósito". Pois bem, dessa forma, a prisão do alimentante inadimplente é inafiançável.

Do mesmo modo, a prisão militar também é inafiançável.

> "III – (revogado);
>
> IV – quando presentes os motivos que autorizam a decretação da prisão preventiva (art. 312)."

Comentário: conforme já mencionado anteriormente, LP e preventiva são institutos antagônicos. Presentes os motivos da preventiva não será possível a LP (com ou sem fiança). O dispositivo mencionado segue essa linha de raciocínio.

b2) Infrações inafiançáveis em lei extravagante:

Crime organizado: a Lei 12.850/2013, que revogou a Lei 9.034/1995, não contém vedação à fiança, motivo pelo qual a antiga disposição não mais subsiste. A questão agora está submetida ao regramento do art. 322, *caput* e seu parágrafo único, CPP.

Lavagem de dinheiro (Lei 9.613/1998): no caso de lavagem, havia previsão no art. 3º, mas o dispositivo foi revogado pela Lei 12.683/2012. Pois bem, estabelecido o que é fiança e quais são os delitos afiançáveis e inafiançáveis, estamos mais preparados para enfrentar algumas questões ligadas à *LP com fiança*. Vamos a elas:

c) Quem pode requerer o arbitramento da fiança (ou quem pode requerer a LP com fiança)? Além de a fiança poder ser concedida de ofício pela autoridade judicial ou policial, interpretando o art. 335, *caput*, CPP, inferimos que *o próprio acusado/indiciado pode requerer o arbitramento da fiança, assim como qualquer pessoa por ele;*

d) Até quando é possível requerer arbitramento de fiança? Desde a prisão em flagrante até o trânsito em julgado (art. 334, CPP);

e) Quem pode arbitrar a fiança? Em regra, o juiz. Porém, autoriza a lei, em determinados casos, que a autoridade policial arbitre a fiança. Vejamos:

I. **Autoridade policial:** poderá esta arbitrar fiança nos casos de infração cuja pena privativa de liberdade máxima não seja superior a 4 anos. Ex.: furto simples (art. 155, CP – pena máxima: 4 anos). Porém, em caso de recusa ou demora por parte da autoridade policial em conceder fiança, "o preso, ou alguém por ele, poderá prestá-la, mediante simples petição, perante o juiz competente, que decidirá em 48h" (art. 335, CPP);

II. **Juiz:** nos casos de infrações penais com pena máxima superior a 4 anos (ex.: roubo – art. 157, CP – pena máxima: 10 anos), a fiança será requerida ao juiz, que decidirá em 48h (parágrafo único do art. 322, CPP);

f) Desnecessidade de prévia oitiva do MP (art. 333, CPP): quando do pedido de arbitramento da fiança (seja para o juiz, seja para o delegado), a lei não exige a *prévia* oitiva do MP, dando-se-lhe vista *apenas após* a decisão;

g) Valor da fiança: os parâmetros para a autoridade fixar o valor da fiança vêm definidos no art. 325, CPP, a saber:

> "**Art. 325.** O valor da fiança será fixado pela autoridade que a conceder nos seguintes limites:
>
> I – de 1 (um) a 100 (cem) salários-mínimos, quando se tratar de infração cuja pena privativa de liberdade, no grau máximo, não for superior a 4 (quatro) anos;
>
> II – de 10 (dez) a 200 (duzentos) salários-mínimos, quando o máximo da pena privativa de liberdade cominada for superior a 4 (quatro) anos.
>
> § 1º Se assim recomendar a situação econômica do preso, a fiança poderá ser:
>
> I – dispensada, na forma do art. 350 deste Código;
>
> II – reduzida até o máximo de 2/3 (dois terços); ou
>
> III – aumentada em até 1.000 (mil) vezes."

h) Obrigações do afiançado (arts. 327, 328 e 341, CPP): prestada a fiança, o afiançado fica sujeito a algumas obrigações/restrições. São elas:

I. Dever de comparecimento perante a autoridade quando intimado para atos do inquérito e da instrução criminal e para o julgamento;

II. Proibição de mudança de residência, sem prévia permissão da autoridade competente;

III. Proibição de se ausentar por mais de 8 dias de sua residência, sem comunicar à autoridade o lugar onde poderá ser encontrado(a);

IV. Proibição de praticar nova infração penal dolosa;

V. Proibição de deliberadamente praticar ato de obstrução ao andamento do processo;

VI. Proibição de descumprir medida cautelar imposta cumulativamente com a fiança;

VII. Proibição de resistir injustificadamente a ordem judicial.

Descumprida injustificadamente qualquer uma dessas obrigações, ocorrerá a **quebra da fiança**, acarretando a *perda de metade do valor caucionado para o Fundo Penitenciário Nacional; na possibilidade de o juiz impor ao réu alguma(s) (das) medida(s) cautelar(es) do art. 319, CPP, ou mesmo de impor a preventiva ao acusado; e na impossibilidade de, no mesmo processo, prestar nova fiança* (arts. 343, 346 e 324, I, CPP).

i) Cuidado para não confundir

I. Quebra da fiança: acabamos de ver do que se trata (descumprimento das obrigações dos arts. 327, 328 e 341, CPP);

II. Cassação da fiança (arts. 338 e 339, CPP): ocorre quando *há equívoco na concessão da fiança por parte da autoridade* (ex.:

juiz que, de forma equivocada, concede fiança ao praticante de crime hediondo – que é inafiançável). Ou quando *há inovação na classificação do delito*. Ex.: delegado concede fiança por crime de pena máxima de até 4 anos, porém, depois, o MP, na fase da denúncia, entende que o delito é, na verdade, inafiançável. **Consequências:** o valor cassado será integralmente devolvido ao acusado e este, a depender do caso, poderá a vir a ser submetido a alguma(s) (das) medida(s) cautelar(es) do art. 319, CPP, ou até mesmo, se necessário, à prisão preventiva;

III. Perda da fiança (arts. 344 e 345, CPP): *ocorre quando o réu é condenado em definitivo à pena privativa de liberdade e empreende fuga.* **Consequência:** *perda definitiva da totalidade do valor pago;*

IV. Reforço da fiança: significa que *o montante prestado a título de fiança é insuficiente (inidôneo), necessitando, pois, ser complementado (reforçado).* Diz o art. 340, CPP, que o reforço da fiança será exigido quando: I – a autoridade tomar, por engano, fiança insuficiente; II – houver depreciação material ou perecimento dos bens hipotecados ou caucionados, ou depreciação dos metais ou pedras preciosas; III – for inovada a classificação do delito (explica-se esta última situação: em decorrência de nova classificação, o crime ainda é afiançável, porém, passa a ser mais grave, gerando a necessidade de reforço da fiança). **Consequência da não prestação do reforço:** a fiança será declarada *sem efeito* pelo juiz, oportunidade em que será devolvido integralmente o valor anteriormente prestado, podendo o réu vir a ser preso (parágrafo único do art. 340).

14.14.3. *LP sem fiança*

A LP pode ser alcançada pelo réu/indiciado não apenas por meio do pagamento de fiança. Desde que não seja caso de preventiva, é possível também alcançar o benefício (a LP) *sem a necessidade de prestar fiança à autoridade*. Trata-se da denominada LP *sem fiança*.

a) LP sem fiança quando o indivíduo for pobre (art. 350, CPP): quando a infração for afiançável, verificando o magistrado que o indivíduo não tem condições econômicas de prestar a fiança, "pode"[93] o juiz conceder a LP, independentemente do pagamento daquela (da fiança). Concedida a medida, ficará o sujeito submetido às *obrigações* dos arts. 327, 328 e 341 CPP (já estudadas anteriormente).

No caso de descumprimento de qualquer das obrigações impostas, o juiz, de ofício ou mediante requerimento do MP, de seu assistente ou do querelante, poderá substituir a LP, poderá, em cumulação, impor medida(s) cautelar(es) diversa(s) da prisão (art. 319, CPP) , ou, em último caso, poderá decretar a prisão preventiva (consultar o art. 350, parágrafo único, c/c o art. 282, § 4º, ambos do CPP).

Observação: a *pobreza*, mencionada no art. 350, CPP, é a incapacidade de o indivíduo prestar a fiança sem prejudicar o seu sustento ou o de sua família – e não um eventual estado de indigência (conforme se poderia erroneamente pensar). Para prová-la, conforme Nucci (2006, p. 143), basta a mera declaração do indivíduo, não sendo mais necessário o (antigo) atestado de pobreza fornecido por delegado (art. 32, § 2º, CPP);

b) LP sem fiança do parágrafo único do art. 310, CPP: se, pela análise do auto de prisão em flagrante (APF), o juiz verificar que o agente praticou o fato nas condições constantes dos incisos I a III do art. 23, CP (estado de necessidade, legítima defesa, em estrito cumprimento de dever legal ou no exercício regular de direito), "poderá"[94], fundamentadamente, conceder ao sujeito liberdade provisória, *independentemente do pagamento de fiança.*

Concedida a LP com base no parágrafo único do art. 310, CPP, deve o indivíduo assinar termo de comparecimento a todos os atos processuais, sob pena de revogação do benefício.

O dispositivo é coerente, pois não faria mesmo sentido o juiz, após receber a comunicação do flagrante de um fato aparentemente *lícito*, manter o sujeito encarcerado. Isto porque, além de haver probabilidade de absolvição nessa situação, os requisitos da preventiva não se mostram presentes em tais hipóteses. Dessa forma, concede-se a LP *sem fiança*, devendo o sujeito comparecer a todos os atos do processo, sob pena de revogação do benefício.

É importante ainda notar que o dispositivo em análise *não faz distinção entre infração afiançável ou inafiançável.* Desse modo, *aplica-se a fórmula do parágrafo único do art. 310 tanto aos delitos afiançáveis como aos inafiançáveis.* Ex.: indivíduo é surpreendido em flagrante após praticar homicídio doloso qualificado contra Fulano (crime hediondo, logo inafiançável). Após a lavratura e encaminhamento do APF ao juiz, este nota que há indicativos sérios de que o fato foi cometido em legítima defesa (excludente de ilicitude). Nesta situação, o magistrado deverá conceder LP *sem fiança (parágrafo único do art. 310)*, submetendo o sujeito à obrigação de comparecer aos atos do processo.

14.14.4. *LP vedada*

Há casos em que a lei veda o instituto da LP. Repare que, nessas situações, a proibição recai *não sobre a possibilidade de prestação de fiança* (inafiançabilidade), mas sobre o *próprio instituto da LP*. Assim, *não se deve confundir* inafiançabilidade com vedação à LP. Na inafiançabilidade, o que se obstaculiza é o pagamento de fiança para a obtenção de LP (ex.: crimes hediondos – art. 5º, XLIII, CF). Neste caso (inafiançabilidade), *ainda assim* será, em tese, possível a LP. Já na segunda situação (vedação à LP), veda-se mais do que a fiança, proíbe-se a própria LP. E é disto que trataremos agora.

Diversos autores formulam contundentes críticas à vedação de LP feita *aprioristicamente* pela lei. Motivos: a vedação à LP realizada *a priori* pela lei, além de retirar a oportunidade de o julgador examinar *caso a caso* o cabimento ou não do instituto, *burla o princípio do estado de inocência* – que, não nos esqueçamos, estabelece a regra da liberdade. Segundo dizem esses autores, há burla porque toda vez que a determinação de impossibilidade de LP é efetuada pela lei, cria-se, na realidade, uma modalidade de *manutenção automática da prisão em flagrante*. Explica-se. Basta o indivíduo "dar o azar" de ser preso em flagrante pela prática de crime cuja lei estabeleça vedação à

93. O verbo "poder" aí, empregado pelo CPP, não significa mera faculdade do juiz. Presentes os requisitos legais, deve o juiz conceder LP.

94. "Deverá", na verdade. Veja a nota logo acima.

LP – e que os prazos da fase policial e judicial sejam respeitados – para que permaneça encarcerado, *sem fundamentação judicial*, até o deslinde do processo.

É exatamente por conta dessas críticas que diversas das hipóteses de vedação à LP criadas nas últimas duas décadas pelo legislador ordinário têm sido declaradas inválidas pelos tribunais superiores e combatidas pela doutrina. Vejamos os casos:

a) Estatuto do desarmamento (Lei 10.826/2003): o STF (ADIN 3112-1, DJ 02/05/2007, *DJe* 26/10/2007) declarou a *inconstitucionalidade* do art. 21 desta lei que vedava a LP para os crimes de posse ou porte ilegal de arma de fogo de uso restrito (art. 16), comércio ilegal de arma de fogo (art. 17) e tráfico internacional de arma de fogo (art. 18). **Conclusão:** atualmente, cabe LP para esses delitos;

b) Crime organizado: a Lei 12.850/2013, que revogou a Lei 9.034/1995, não mais contém óbice à concessão de LP aos agentes que tenham envolvimento com organização criminosa.

c) Crimes hediondos, tortura e terrorismo: a Lei dos Crimes Hediondos (Lei 8.072/1990) previa em seu art. 2º, II, vedação expressa à LP para os crimes hediondos, a tortura e o terrorismo. *Porém*, atendendo aos reclames da doutrina, em 2007, a *Lei 11.464 retirou a referida proibição. Por outro lado*, estranhamente, mesmo após a referida lei de 2007, o *STF* (**confira-se a íntegra da decisão prolatada em 2013 pelo Pleno:** HC 92932/SP, **DJ** 07/03/2013, *DJe* 25/09/2013) continuou a indeferir a LP para os crimes hediondos ao argumento de que a própria Constituição – ao estabelecer a inafiançabilidade para tais delitos – impediria, consequente e automaticamente, a possibilidade de LP para os hediondos. Esse posicionamento do Supremo, conforme facilmente se percebe, é incoerente com as demais orientações desse Tribunal sobre assunto (vide o caso do tráfico de drogas, p. ex.), e, mais que isso, afronta o estado de inocência.

d) Drogas (Lei 11.343/2006): o art. 44 da lei veda a LP para os crimes tipificados nos arts. 33, *caput* e § 1º, e 34 a 37 desse mesmo diploma (tráfico, fabrico de instrumentos e associação para o tráfico). **Entretanto,** em 2012, o Pleno do STF (HC 104.339/SP, DJ 10/05/2012, *DJe* 06/12/2012), declarou a *inconstitucionalidade* do referido art. 44 da Lei de Drogas. Logo, segundo a atual orientação do Supremo sobre o tema, é sim possível a concessão de liberdade provisória para os crimes previstos nos arts. 33, *caput* e § 1º, e 34 a 37, da Lei de Drogas.

15. CITAÇÕES E INTIMAÇÕES

São atos de comunicação processual, destinados à cientificação das partes, testemunhas, entre outros, acerca do teor dos atos processuais já praticados ou mesmo para que certos atos sejam praticados por algum dos sujeitos processuais.

De acordo com a finalidade de cada ato, a doutrina promoveu a classificação dos atos de comunicação processual em algumas espécies: citações, intimações e notificações.

15.1. Citação

Ato de comunicação processual pelo qual se informa ao réu/querelado a existência de uma imputação (ação penal) contra si. Conforme dispõe o art. 363, CPP, a citação completa a formação do processo, *i. e.*, a relação triangular entre as partes e o juiz resta plenamente formada, possibilitando o contraditório e a dialética no processo.

Nesse sentido, ressalte-se ainda que a citação válida é um elemento de validade do processo, pois a ausência de citação acarreta sua nulidade absoluta, enquanto a deficiência do ato implica nulidade relativa.

Porém, a falta ou nulidade da citação será sanada se o réu comparecer espontaneamente antes da consumação do ato (ainda que para apontar a nulidade ou a falta) – art. 570, CPP.

15.1.1. Espécies de citação

a) Citação real: realizada na pessoa do réu, havendo certeza de que este tomou conhecimento da acusação. Modalidades:

a1) Citação real por mandado: cumprida por oficial de justiça dentro do território da Comarca onde o juiz exerce as suas funções. Conforme dispõe o art. 351: "a citação inicial far-se-á por mandado, quando o réu estiver no território sujeito à jurisdição do juiz que a houver ordenado". Se o acusado se encontrar em seu domicílio, pode ser realizada a qualquer dia e hora (salvo, à noite).

O mandado de citação deverá conter todas as informações elencadas no art. 352, CPP (chamados de requisitos intrínsecos do mandado de citação), como: nome do juiz, nome do acusado ou as suas características físicas etc.

Além dos requisitos intrínsecos, há que se observar os requisitos extrínsecos da citação por mandado contidos no art. 357, CPP: leitura do mandado feita pelo oficial de justiça ao acusado; entrega da contrafé (cópia da peça inicial acusatória) etc.;

a2) Citação real por carta precatória: quando o réu residir em outra Comarca – art. 353, CPP. Nesse caso, o juízo deprecante (do lugar onde tramita o processo) solicita ao juízo deprecado (lugar da residência do réu) que efetue a citação do acusado.

Peculiaridades da citação por precatória:

I. Se no juízo deprecado (aquele que irá cumprir a precatória), verificar-se que o réu se encontra em outra comarca, poderá ser encaminhada a precatória para a nova comarca (precatória itinerante);

II. Havendo urgência, a precatória poderá ser feita por via telegráfica (inclua-se aí o fax também);

a3) Citação real por carta rogatória: quando o réu residir fora do país ou em embaixadas ou consulados (sedes de legações estrangeiras). *Mutatis mutandis,* aplica-se a mesma razão da citação por precatória. No caso de citação por rogatória, haverá suspensão do prazo prescricional – art. 368, CPP;

a4) Citação real por carta de ordem: trata-se de determinação de tribunal a órgãos jurisdicionais de instância inferior para cumprimento de citação em processo de sua competência originária quando o réu "não residir no lugar da sede da jurisdição do tribunal" (OLIVEIRA. 2010. p. 585).

Peculiaridades da citação real em relação a algumas pessoas:

I. Se o réu for militar, será citado por intermédio do chefe do respectivo serviço – art. 358, CPP;

II. Se for funcionário público, haverá necessidade de notificar o chefe de sua repartição – art. 359, CPP;

III. Se o réu estiver preso, deverá ser citado pessoalmente, por mandado – art. 360, CPP;

b) Citação ficta ou presumida: não sendo possível a citação real, proceder-se-á a citação ficta. Esta pode ser por edital ou por hora certa.

Razão de ser desse tipo de citação: para que o Estado não fique impossibilitado de exercer o seu *jus puniendi.*

b1) Por edital (art. 361, CPP): pressupõe que o réu tenha conhecimento da ação penal a partir da publicação do edital em veículo de comunicação periódico com circulação local e de sua notícia afixada na sede do juízo (Fórum). Acrescente-se o seguinte julgado: STJ, HC 213.600, DJ 04/10/2012, *DJe* 09/10/2012, info 506 – "é nulo o processo a partir da citação na hipótese de citação por edital determinada antes de serem esgotados todos os meios disponíveis para a citação pessoal do réu".

Prazo do edital: 15 dias.

O art. 365, CPP, estatui os requisitos do edital de citação, sendo eles: nome do juiz que determinar a citação, nome do acusado ou seus sinais característicos, a indicação do dispositivo da lei penal infringido (Súmula 366, STF)[95] etc.

Atenção: a citação por edital não é admitida nos Juizados Especiais (art. 66, parágrafo único, Lei 9.099/1995). Caso o réu não seja encontrado para ser citado pessoalmente, haverá a remessa do processo ao juízo comum (adotando-se o rito sumário).

Citado por edital, se o réu não comparecer e nem constituir advogado, será determinada a suspensão do processo e do prazo prescricional, podendo o juiz determinar a produção antecipada das provas consideradas urgentes e, se for o caso, decretar preventiva – art. 366, CPP.

Apesar de a lei não mencionar durante quanto tempo pode ficar suspenso o prazo prescricional, o STJ (Súmula 415) e a majoritária doutrina entendem que a suspensão da prescrição nesse caso deverá se dar pela pena máxima em abstrato fixada ao crime (art. 109, CP).

Ademais, ainda com base no art. 366, diz a Súmula 455, STJ: "a decisão que determina a produção antecipada de provas com base no art. 366 do CPP deve ser concretamente fundamentada, não a justificando unicamente o mero decurso do tempo".

b2) Por hora certa (art. 362, CPP): inovação introduzida na seara processual penal por meio da Lei 11.719/2008, essa modalidade de citação ficta[96] ocorre quando se verificar que o réu, deliberadamente, oculta-se para não ser citado.

Conforme expressamente determina o art. 362, CPP, o procedimento a ser adotado para a realização da citação por hora certa é o dos arts. 227 a 229, CPC. Vejamos:

I. Três tentativas do oficial de justiça de citar pessoalmente por mandado o réu em seu domicílio;

II. suspeita fundada de ocultação por parte do oficial;

III. intimação por parte do oficial de qualquer pessoa da família ou vizinho alertando que, no dia imediato, voltará para efetuar a citação na hora que designar.

IV. no dia imediato, não estando presente o réu, o oficial procurará informar-se das razões da ausência, dando por feita a citação, ainda que o citando se tenha ocultado em outra comarca.

Realizada a citação por hora certa, se o réu não comparecer, ser-lhe-á nomeado defensor dativo ou público, conforme o caso.

15.1.2. *Revelia (art. 367, CPP)*

No processo penal, os efeitos da revelia não guardam relação de similaridade com o âmbito processual civil. A ausência do acusado a qualquer dos atos processuais, sem justificativa, ou a mudança de endereço sem comunicação, têm como efeito a não intimação para os atos processuais seguintes[97]. Assim, não há que se falar em "confissão ficta", por exemplo, para o réu revel em processo penal.

O efeito da revelia apontado (não intimação do réu para os atos processuais futuros), obviamente, não se aplica ao defensor do acusado, pois, como sabemos, a defesa técnica no processo penal é imprescindível. Assim, ainda que o réu seja considerado revel, seu defensor, obrigatoriamente, deverá continuar a patrocinar seus interesses.

Ademais, outro efeito da revelia no processo penal é a quebra da fiança (art. 341, CPP).

Observações: I – ainda que revel, o réu deverá ser intimado da sentença em atenção ao princípio da ampla defesa (art. 392, CPP); II – o réu pode ingressar no processo a qualquer tempo, fazendo cessar os efeitos da revelia, mas sem alterações nos os atos já praticados. Participará do processo conforme o estado em que esse se encontra.

15.2. Intimações e notificações

São atos de comunicação processual dirigidos "às partes ou a qualquer outra pessoa que deva, de alguma forma, intervir na relação processual" (MOREIRA, 2010, p. 246).

Certo setor da doutrina costuma fazer a seguinte distinção:

15.2.1. *Intimação*

Ciência dada à parte ou outra pessoa de um ato já realizado – ato realizado no passado – ex.: intimação de uma sentença prolatada (passado). Intima-se *de* algo.

15.2.2. *Notificação*

Ciência dada para que a parte ou outra pessoa pratique um ato no futuro – ex.: notificação de testemunha para depor. Notifica-se *para* algo.

O nosso CPP, porém, não atenta para essa diferenciação, utilizando os termos indistintamente. Neste trabalho, portanto, falaremos tão somente em intimação.

No caso do Ministério Público e da Defensoria Pública, a intimação deve ser pessoal, ou seja, a comunicação deve ser

95. Mister destacar que há divergência doutrinária no sentido de estabelecer como requisito do edital a descrição resumida do fato imputado, considerando a necessidade de possibilitar o exercício da ampla defesa.

96. Há quem entenda que a citação por hora certa se trata de modalidade de citação real – e não ficta. O tema não é pacífico, portanto.

97. Esta última parte, contudo, não se aplica à intimação da sentença, que é obrigatória.

feita diretamente aos membros dessas instituições (art. 370, § 4º, CPP). Também o advogado dativo (nomeado pelo juiz) será intimado pessoalmente.

Já o advogado constituído (pelo réu, pelo querelante, pelo querelado ou pelo assistente) será, em regra, intimado por meio de publicação oficial (Diário Oficial), incluindo, sob pena de nulidade, o nome do acusado. Caso não exista órgão de publicação oficial, a intimação deverá ser efetuada diretamente pelo escrivão, por mandado, ou via postal, com comprovante de recebimento, ou por qualquer outro meio considerado idôneo - 370, §§ 1º e 2º, do CPP.

Em hipótese de intimação por meio de carta precatória exige o art. 222, *caput*, CPP, sob pena de nulidade relativa (conforme Súmula 155, STF), que as partes sejam intimadas da expedição do documento, não sendo exigível que se lhes dê ciência da data marcada pelo Juízo deprecado para a realização do ato.

A Lei 9.099/1995 (art. 67) dispõe que no JECRIM "a intimação poderá ser efetivada através de via postal (com AR ou mediante entrega na recepção, se se tratar de pessoa jurídica ou firma individual), por oficial de justiça (independentemente de mandado ou carta precatória), na própria audiência, ou, ainda, por qualquer outro meio idôneo de comunicação, como, por exemplo, o telefone" (MOREIRA, 2010, p. 265).

O cumprimento dos atos de comunicação processual deve ocorrer em dias úteis, com expediente forense, como se pode depreender, inclusive, do teor da Súmula 310, STF: "*quando a intimação tiver lugar na sexta-feira, ou a publicação com efeito de intimação for feita nesse dia, o prazo judicial terá início na segunda-feira imediata, salvo se não houver expediente, caso em que começará no primeiro dia útil que se seguir*".

A ausência de intimação das partes poderá, a depender do caso, configurar até em nulidade absoluta por cerceamento defesa, por exemplo. Ainda, segundo o STF, HC 114.107, DJ 27/11/2012, *DJe* 12.12.2012: "necessidade de intimação pessoal do réu é apenas da sentença condenatória e não do acórdão proferido em sede de apelação".

16. SENTENÇA PENAL

Antes de tratarmos propriamente da sentença, vejamos uma tradicional divisão, apresentada por certo setor da comunidade jurídica, a respeito dos atos jurisdicionais.

Em regra, os atos jurisdicionais podem ser:

16.1. Despachos de mero expediente (ou ordinatórios)

São atos jurisdicionais de mero impulso do processo, sem carga decisória, portanto. Ex.: ato do juiz que designa data para a audiência de instrução e julgamento (art. 400, CPP). Os despachos de mero expediente são irrecorríveis. Porém, quando causarem tumulto ao processo ou forem abusivos, poderão ser atacados por correição parcial. Ex.: despacho do juiz que determina a oitiva das testemunhas indicadas pela defesa *antes* das arroladas pela acusação. Cabe, nesse caso, correição.

16.2. Decisões

Em sentido amplo, a palavra *decisão* significa todo o ato jurisdicional que possui carga decisória, produzindo, portanto, algum tipo de sucumbência. Tais atos destinam-se a solucionar incidentes processuais ou mesmo pôr termo ao processo. Exs.: sentença, decisão que decreta a preventiva etc. Várias decisões, por apresentarem certo grau de carga decisória (maior ou menor, a depender do caso), podem ser desafiadas por recurso. Exs.: a sentença é apelável; a decisão que rejeita a inicial penal é recorrível em sentido estrito etc.

As *decisões*, por sua vez, conforme clássica classificação da doutrina, dividem-se em:

16.2.1. Decisões interlocutórias simples

"São as que dirimem questões emergentes relativas à regularidade ou marcha do processo, exigindo um pronunciamento decisório sem penetrar no mérito" (MIRABETE, 2001, p. 445). Essas decisões não encerram o processo nem qualquer fase do procedimento. Ex.: decisão que decreta a preventiva.

16.2.2. Decisões interlocutórias mistas

São aquelas que, julgando ou não o mérito, colocam fim ao procedimento ou a uma de suas fases. Dividem-se em:

a) Decisões interlocutórias mistas terminativas: são as que põem fim ao procedimento. Ex.: impronúncia, rejeição da denúncia;

b) Decisões interlocutórias mistas não terminativas: são as que põem fim a apenas uma etapa do procedimento. Ex.: a pronúncia põe termo à primeira fase do procedimento bifásico do Júri.

16.2.3. Decisões definitivas (ou sentenças)

São aquelas que põem fim ao processo, julgando o mérito da causa. Subdividem-se em:

a) Sentença condenatória: é aquela em que o juiz acolhe, ainda que parcialmente, a pretensão punitiva deduzida na inicial penal. Note o leitor que, no processo penal, em razão, dentre outros, do princípio do estado de inocência e do *in dubio pro reo*, o juiz só poderá condenar o acusado se estiver diante de um conjunto probatório (produzido em contraditório judicial) cabal. Impossível, portanto, uma condenação em meros indícios e/ou conjecturas frágeis. Em caso de prova frágil (ou como dizem alguns: em caso de dúvida), o caminho inarredável será a absolvição do réu, aplicando-se a regra pragmática de julgamento do *in dubio pro reo* (LOPES JR., 2010);

b) Sentença absolutórias: ao contrário, é aquela em que o juiz não acolhe a pretensão punitiva deduzida na inicial penal;

c) Decisão terminativa de mérito ou declaratória extintiva da punibilidade: é aquela em que o juiz, apesar de julgar o mérito, não condena e nem absolve o réu. Ex.: decisão que declara extinta a punibilidade do agente em decorrência de prescrição (art. 107, IV, CP).

Dada a importância que as sentenças condenatória e absolutória têm para o processo penal, iremos estudá-las com mais vagar nas próximas linhas. Porém, antes, vejamos os requisitos formais da sentença (comuns à absolutória e à condenatória).

16.3. Requisitos da sentença (art. 381, CPP)

Nota: a falta de qualquer desses requisitos provoca a nulidade absoluta da sentença (por descumprimento de formalidade essencial do ato - art. 564, IV, CPP).

16.3.1. *Relatório*

Aqui o juiz deverá efetuar uma espécie de resumo dos acontecimentos mais importantes que se deram ao longo do processo. Deverá conter: os nomes das partes, a exposição sucinta da acusação e da defesa e demais ocorrências processuais relevantes.

Nota: no JECRIM[98] (art. 81, § 3º), dispensa-se o relatório.

16.3.2. *Fundamentação ou motivação*

É requisito geral de todas as decisões judiciais (art. 93, IX, da CF), sob pena de nulidade absoluta. A fundamentação é de capital importância, pois permite um *controle da racionalidade* da decisão do juiz pelas partes e pela própria sociedade (LOPES JR., 2010). Só por meio da motivação é que se poderá dizer se a sentença deriva de arbítrio ou da lei. Constitui-se numa garantia das partes, haja vista permitir que estas possam constatar se o juiz considerou suas teses e as provas que produziram. O direito à prova não se constitui apenas como direito de produzir prova, mas também como direito à valoração da prova pelo magistrado (GRINOVER *et. al.* 2001, p. 212 e ss.). Em suma, pode-se dizer que o trabalho do juiz, como qualquer decisão humana, implica uma escolha entre alternativas. No conteúdo da motivação, o juiz deve deixar claras as suas escolhas. Finalmente, cabe salientar que não se exige fundamentação extensa, prolixa, podendo ser ela sucinta. O que não se admite é a ausência da fundamentação ou a fundamentação deficiente da decisão.

Nota: a sentença despida de qualquer fundamentação é chamada de *sentença vazia.*

16.3.3. *Dispositivo ou conclusão*

É parte da sentença que contém o comando da decisão, o provimento final, de condenação ou de absolvição. Por óbvio, o dispositivo da sentença deve guardar relação com as razões de decidir (com a motivação).

Se condenatória a sentença, deverá a conclusão trazer o tipo penal no qual está incurso o acusado, a dosimetria da pena e o seu regime inicial de cumprimento.

Se absolutória, deverá a conclusão trazer o fundamento legal da absolvição (incisos do art. 386, CPP).

16.3.4. *Autenticação*

Consiste na aposição de assinatura do juiz, bem como da indicação do local e data em que a sentença foi proferida. A falta de assinatura torna a sentença inexistente.

Dadas as suas peculiaridades, analisemos a seguir a sentença absolutória (tema, de certa forma, já enfrentado também quando tratamos da ação civil *ex delicto*).

16.4. Sentença absolutória

Conforme dito, é a sentença que não acolhe a pretensão punitiva deduzida na inicial acusatória.

A sentença absolutória pode ser:

Própria: aquela que absolve o réu, importando em reconhecimento de sua plena inocência. É a absolvição por excelência. Ex.: juiz que, na sentença, reconhece que o acusado não participou do crime objeto do processo;

Imprópria: aquela que, apesar de absolver o réu, aplica-lhe medida de segurança, pois reconhece a inimputabilidade do acusado (doença mental) ao tempo do fato – art. 26, CP c/c o art. 386, VI, 2ª parte, e parágrafo único, III, CPP.

Analisemos a seguir os fundamentos da sentença absolutória contidos no art. 386, CPP. O juiz absolverá o réu quando:

I. estiver provada a inexistência do fato: aqui o juiz está seguro de que o fato relatado na inicial acusatória não aconteceu. Se o fato não existiu no campo penal (que exige uma carga probatória muito maior que a do campo civil), com muito mais razão também não existiu na seara cível. Este fundamento da sentença absolutória obsta, portanto, a propositura de ação civil *ex delicto*;

II. não houver prova da existência do fato: a acusação não logrou êxito em convencer o juiz a respeito da existência do fato-crime. Houve debilidade probatória. Sendo assim, aplica-se a regra pragmática de julgamento do *in dubio pro reo*, absolvendo-se, por conseguinte, o acusado. Este fundamento da sentença absolutória não fecha as portas do cível. Note-se que a prova não foi suficiente para o campo penal, mas poderá sê-lo para o campo civil;

III. não constituir o fato infração penal: é o reconhecimento da atipicidade do fato. Também não fecha as portas do cível. O ilícito não foi penal, mas poderá ser civil (art. 67, III, CPP);

IV. estiver provado que o réu não concorreu para a infração penal: aqui o juiz está seguro de que o réu não concorreu para a prática da infração penal (negativa da autoria). Fecha as portas do cível. Se restou provado no campo penal que o réu não praticou qualquer conduta lesiva, automaticamente estará excluído do polo passivo de qualquer ação indenizatória;

V. não existir prova de ter o réu concorrido para a infração penal: o juiz não está seguro da participação ou não do acusado na empreitada criminosa. A acusação não logrou êxito em convencer o juiz a respeito disso, havendo, portanto, debilidade probatória. Sendo assim, aplica-se a regra pragmática de julgamento do *in dubio pro reo*, absolvendo-se, por conseguinte, o acusado. Este fundamento da sentença absolutória não fecha as portas do cível. Note-se que a prova não foi suficiente para o campo penal, mas poderá sê-lo para o campo civil;

VI. existirem circunstâncias que excluam o crime ou isentem o réu de pena (arts. 20, 21, 22, 23, 26 e § 1º do art. 28, todos do Código Penal), ou **mesmo se houver fundada dúvida sobre sua existência:** já tratamos desta hipótese com detalhes quando estudamos a ação civil *ex delicto.* Vale apenas lembrar que o reconhecimento de excludente de ilicitude (legítima defesa, por exemplo) fecha, em regra, as portas do cível (arts. 188, I, CC, e 65, CPP);

VII. não existir prova suficiente para a condenação: para que seja imposta uma condenação ao acusado, é preciso que o juiz esteja convencido de que o fato existiu, foi típico, que o réu concorreu para essa infração penal e que não existiram, *in casu*, justificantes ou dirimentes. Desse modo, se o conjunto probatório não foi suficiente para gerar um juízo de certeza acerca da condenação, impõe-se a absolvição do acusado. Trata-se, mais uma vez, da aplicação da regra pragmática de julgamento do *in dubio pro reo.*

98. Juizado Especial Criminal – Lei 9.099/1995.

16.5. Princípio da correlação entre a acusação e a sentença

Segundo Badaró (2008, v. I, p. 309) significa que "deve haver uma identidade entre o objeto da imputação e o da sentença. Ou seja, o acusado deve ser julgado, sendo condenado ou absolvido, pelos fatos que constam da denúncia ou queixa". Dessa forma, descabem julgamentos *citra* (aquém do objeto da imputação), *ultra* (além do objeto da imputação) ou *extra* (diverso do objeto da imputação) *petita*.

Em suma, o princípio da correlação visa a impedir que o réu seja condenado por fato não contido na denúncia ou na queixa. Daí surge um questionamento: que fazer quando, no decorrer da instrução, verificar-se que ocorreu um equívoco na classificação legal (tipificação) do fato descrito; ou quando se vislumbrar que o fato inicialmente descrito não corresponde ao que foi demonstrado ao final da instrução? A resposta passa pelos institutos da *emendatio libelli* e *mutatio libelli*, a seguir examinados.

16.5.1. Emendatio libelli

Essa possibilidade está consubstanciada no art. 383, CPP, que diz: "*o juiz, sem modificar a descrição do fato contida na denúncia ou queixa, poderá atribuir-lhe definição jurídica diversa, ainda que, em consequência, tenha de aplicar pena mais grave*".

Após a fase instrutória, ao apreciar o mérito da pretensão punitiva, é possível que o juiz perceba que a definição legal apresentada pela acusação não é adequada aos fatos descritos na inicial acusatória. Diante dessa situação, poderá o juiz, de ofício, proceder à correta capitulação legal dos fatos, retificando a inicial. Trata-se de medida que não interfere na defesa, pois, como diz a tradicional doutrina, o acusado se defende dos fatos descritos e não da definição legal contida na inicial acusatória. Vamos a um exemplo: denúncia narra um furto, mas o promotor, ao classificar a conduta, aponta o art. 157, CP (roubo). Na sentença, poderá o juiz corrigir a classificação legal para o art. 155, CP (furto) (BADARÓ, 2008, v. I, p. 310).

Perceba o leitor que o elemento-chave da *emendatio* é que o fato descrito na inicial penal é o mesmo que chega ao juiz no momento da sentença (o fato permanece inalterado). O que muda, portanto, é o enquadramento legal dado pelo juiz àquele (ao fato).

Por fim, vale ressaltar que o instituto da *emendatio libelli* pode ocorrer em segundo grau. Porém, a retificação não pode resultar em pena mais grave se o recurso tiver sido exclusivo da defesa, uma vez que é vedada a *reformatio in pejus*.

16.5.2. Mutatio libelli *(art. 384, CPP)*

Aqui, ao contrário da hipótese anterior, "os fatos objeto do processo são alterados, com o que, normalmente, altera-se também a sua classificação jurídica" (BADARÓ, 2008, v. I, p. 311). Perceba o leitor, portanto, que na *mutatio* temos uma alteração dos fatos objeto do processo (este é o elemento-chave). Ex.: o promotor, na denúncia, narra um furto e, corretamente, rotula o fato no art. 155, CPP. Ocorre que, durante a instrução, surgem provas no sentido de que o arrebatamento dos bens da vítima se deu por meio de violência. Logo, estaríamos diante de um roubo e não de um furto. Perceba que não se trata de um novo fato típico, mas de **elemento ou circunstância** que não estavam presentes originalmente. Eles podem ser entendidos como *as circunstâncias elementares do delito, a prova de qualificadoras, causas de aumento e de diminuição da pena (circunstâncias legais).*

Em decorrência desse novo cenário, o juiz deverá notificar o MP para que este proceda ao aditamento da denúncia no prazo de 5 dias (art. 384, parte final, CPP). Se o órgão ministerial não promover o aditamento, pode o juiz seguir o procedimento do art. 28, CPP, remetendo ao órgão revisor do MP para manifestação final. É importante dizer ainda que o juiz não poderá, de ofício, realizar a alteração da imputação, já que, agindo assim, estaria atuando como órgão acusador, violando, pois, o sistema acusatório.

Uma vez oferecido o aditamento pelo MP, deve o juiz, em observância ao contraditório e à ampla defesa, permitir que, em 5 dias, o acusado se manifeste.

Admitido o aditamento pelo juiz (com a manifestação defensiva do réu), deverá o juiz abrir novo prazo de 5 dias, para que as partes arrolem até 3 testemunhas. Ato contínuo, o juiz marcará dia e hora para a continuação da audiência de instrução e julgamento, com a inquirição das testemunhas eventualmente indicadas, novo interrogatório do réu, novos debates orais e, ao final, julgamento.

Por fim, frise-se que, nos termos da Súmula 453, STF, não cabe *mutatio libelli* em segundo grau.

16.6. Coisa julgada

16.6.1. Conceito e espécies

É o efeito de imutabilidade oriundo de uma decisão judicial sobre a qual não seja mais possível qualquer discussão. Na visão de Tourinho Filho, o seu fundamento político é a necessidade de pacificação social por meio da segurança jurídica relacionada à manutenção das decisões definitivas (2010, p. 843).

Na esfera penal, essa imutabilidade incide sobre as sentenças absolutórias, uma vez que a condenação pode ser revista a qualquer tempo, por meio da ação de revisão criminal (art. 621, CPP).

Quanto à extensão da imutabilidade, a coisa julgada deve ser entendida sob dois aspectos: formal e material. Aqui o magistério de Luiz Flávio Gomes é bastante elucidativo no que tange à sua compreensão prática.

Diz o referido jurista que "há duas espécies de coisa julgada: 1. Coisa julgada formal: impede que o juízo da causa reexamine a sentença [ou decisão]; 2. Coisa julgada material: impede que qualquer outro juízo ou tribunal examine a causa já decidida." (2005, p. 330).

16.6.2. Limites da coisa julgada

Como visto acima, a coisa julgada impõe limites à atividade de persecução penal. Tais limitações possuem natureza dúplice: objetiva e subjetiva.

a) Limites objetivos: estão previstos no § 2º, art. 110, CPP, *in verbis: "a exceção de coisa julgada somente poderá ser oposta em relação ao fato principal que tiver sido objeto da sentença"*. Os limites objetivos são, portanto, as imputações, os fatos principais considerados pelo juiz na sentença.

Desse modo, uma vez absolvido da acusação de roubo do carro da vítima "A", em determinado dia, e sob as condições ali descritas, o acusado não mais poderá ser processado pelos mesmos fatos sob outra qualificação, como furto, por exemplo;

b) Limites subjetivos: incidem sobre o acusado, sujeito passivo da ação penal.

O efeito de imutabilidade da sentença impede que ele seja processado duas vezes pelo mesmo fato, independentemente da natureza da sentença, seja absolutória, condenatória ou terminativa de mérito (ex: sentença de extinção da punibilidade).

17. PROCEDIMENTOS PENAIS

17.1. Conceito

Rito ou procedimento é a sucessão ordenada de atos processuais, dirigidos a um fim último: a sentença.

17.2. Classificação

No processo penal, o procedimento se divide em comum e especial (art. 394, CPP).

a) O **procedimento comum** compreende:

a1) o procedimento ordinário: aplicável aos crimes cuja pena máxima prevista seja igual ou superior a 4 anos de privação de liberdade;

a2) o procedimento sumário: aplicável aos crimes cuja pena máxima prevista seja inferior a 4 anos de privação de liberdade;

a3) o procedimento sumaríssimo, aplicável às IMPOs[99] (Lei 9.099/1995), ou seja, pena máxima até 2 anos;

b) Procedimento especial (pode estar previsto dentro ou fora do CPP). Exemplos:

b1) Júri – art. 406 e ss., CPP;

b2) Drogas – Lei 11.343/2006;

b3) Crimes de funcionais (art. 513 e ss.); dentre outros.

É importante notar que, conforme determina o § 4º do art. 394, CPP, os institutos previstos nos arts. 395 a 397, que tratam respectivamente das causas de rejeição da denúncia, da resposta à acusação e da absolvição sumária, aplicam-se, em regra, a todo e qualquer procedimento de 1º grau.

No entanto, é necessário destacar que a absolvição sumária do art. 397, CPP (absolvição sumária antecipada), não se aplica ao procedimento do júri. Motivo: o rito do júri já possui possibilidade de absolvição sumária em momento específico (art. 415 do CPP), sendo, portanto, descabida a aplicação do art. 397 do CPP ao procedimento dos crimes dolosos contra a vida. Nesse sentido: Tourinho Filho (2010, p. 734) e Pacelli de Oliveira (2010, p. 644).

Ressalte-se também que as disposições do procedimento ordinário são aplicadas subsidiariamente aos procedimentos especial, sumário e sumaríssimo – § 5º do art. 394, CPP.

17.3. Etapas do procedimento ordinário (arts. 394 a 405)

a) Oferecimento da inicial penal (indicação de até 8 testemunhas);

b) Recebimento ou rejeição da inicial.

99. Infração de menor potencial ofensivo – art. 61, Lei 9.099/1995.

Havendo rejeição cabe RESE (art. 581, I);

c) Citação (em caso de recebimento);

d) Resposta escrita à acusação;

e) Absolvição sumária ou, não sendo o caso desta, designação de audiência;

f) Audiência de instrução e julgamento (audiência una). Atos que compõem esta audiência:

f1) tomada das declarações do ofendido;

f2) oitiva das testemunhas arroladas pela acusação;

f3) oitiva das testemunhas arroladas pela defesa;

f4) esclarecimentos dos peritos (desde requerido pelas partes);

f5) acareações (se for o caso);

f6) reconhecimento de pessoas e coisas (se necessário);

f7) interrogatório do réu;

f8) requerimento de diligências últimas;

f9) alegações finais orais ou apresentação de memoriais;

g) Sentença (a ser proferida na própria audiência una ou posteriormente quando impossível a sua prolação em audiência).

17.3.1. Análise de algumas etapas importantes do procedimento ordinário

a) Hipóteses de rejeição da inicial penal (art. 395, CPP). Significa que o juiz considera inviável a acusação deflagrada por conta de um dos seguintes motivos:

I. Inépcia: desatendimento dos requisitos essenciais do art. 41, CPP. Ex.: denúncia lacônica – que não respeita o requisito da exposição do fato criminoso com todas as suas circunstâncias;

II. Falta de pressuposto processual ou condição para o exercício da ação penal. Ex.: de falta de pressuposto processual: litispendência (acusação do mesmo réu sobre o mesmo fato). Ex.: de falta de condição da ação: denúncia por fato prescrito (carece o MP de interesse neste caso);

III. **Ausência de justa causa:** é a 4ª condição genérica da ação. Falta de suporte probatório mínimo;

b) Resposta à acusação (arts. 396 e 396-A, CPP)

Uma vez citado, o réu possui 10 dias para apresentar sua primeira defesa no processo.

b1) Conteúdo da resposta: o acusado poderá arguir preliminares e alegar tudo o que interesse à sua defesa, oferecer documentos e justificações, especificar as provas pretendidas e arrolar testemunhas, qualificando-as e requerendo sua intimação, quando necessário.

Pode indicar até 8 testemunhas, sob pena de preclusão.

Obrigatoriedade: Não apresentada a resposta no prazo legal, ou se o acusado, citado, não constituir defensor, o juiz nomeará defensor para oferecê-la, concedendo-lhe vista dos autos por 10 (dez) dias. Note-se que a falta de resposta é causa de nulidade absoluta e, além disso, conforme o art. 265, CPP, o defensor que abandonar a causa sem a ocorrência de motivo imperioso comunicado previamente ao juiz, pode sofrer a aplicação de multa.

c) Possibilidade de absolvição sumária (art. 397, CPP): após a resposta à acusação, pode o juiz absolver sumariamente o réu quando verificar:

I. a existência manifesta de causa excludente da ilicitude do fato.

Ex.: legítima defesa;

II. a existência manifesta de causa excludente da culpabilidade do agente, salvo inimputabilidade.

Ex.: coação moral irresistível.

A ressalva da inimputabilidade nesse dispositivo tem razão de ser, pois lembre-se de que, no caso de reconhecimento de doença mental, será aplicada ao réu medida de segurança (que não deixa de ser uma pena). Logo, necessário o percurso do devido processo legal até a sentença final, não sendo possível absolvê-lo impropriamente nessa etapa;

III. que o fato narrado evidentemente não constitui crime.

Ex.: atipicidade da conduta;

IV. extinta a punibilidade do agente.

A redação do dispositivo foi infeliz. Tecnicamente, não se trata de absolvição. Ex.: morte do agente. Não se "absolve" o agente, mas declara-se extinta a sua punibilidade.

d) Algumas novidades/questões sobre a audiência una

I. Tentativa de concentração dos atos numa única audiência;

II. Incorporação do princípio da identidade física do juiz ao processo penal (art. 399, § 2º, CPP): o juiz que acompanhar a instrução probatória deverá ser o mesmo a proferir a sentença;

III. A ordem de oitiva das testemunhas respeitará o seguinte: primeiro, serão ouvidas as testemunhas indicadas pela acusação, depois, as pela defesa. Não se aplica esta ordem no caso de expedição de carta precatória;

IV. Perguntas formuladas diretamente às testemunhas pelas partes;

V. Interrogatório ao final da audiência. Conforme a melhor doutrina, o deslocamento do interrogatório para o final da audiência reforçou que, além de meio de prova, esse ato representa, inegavelmente, um meio de defesa;

VI. Alegações finais (debates) orais: primeiro, acusação (20 min. prorrogável por mais 10), e, em seguida, a defesa, por igual tempo.

Existindo 2 ou mais acusados, o tempo das alegações orais será contado separadamente para cada um e, havendo assistente de acusação, ele fará sua sustentação por 10 minutos, logo após o MP, acrescentando-se igual tempo à manifestação da defesa.

O juiz poderá, considerada a complexidade do caso, o número de réus ou a necessidade de realizar diligências imprescindíveis, conceder às partes o prazo de 5 dias, sucessivamente, para a apresentação de memoriais (leia-se alegações finais escritas). Nessa hipótese, terá o magistrado o prazo de 10 dias para prolatar a sentença;

VII. Sentença em audiência: passa a ser a regra. Exceções (hipóteses em que a sentença não será prolatada em audiência): causa complexa; número elevado de réus; ou diligências imprescindíveis que impeçam a prolação da sentença em audiência. Nestas situações, não haverá alegações finais orais em audiência (as alegações serão escritas e apresentadas *a posteriori* – memoriais), como também não haverá prolação de sentença em audiência. *Vide* arts. 403 e 404, CPP;

VIII. Deve ser realizada a audiência una no prazo máximo de 60 dias (contados a partir do recebimento da inicial penal) – art. 400, *caput*, CPP.

17.4. Etapas do procedimento sumário – arts. 531 a 538, CPP

a) Oferecimento da inicial penal;

b) Recebimento ou rejeição da inicial;

c) Citação;

d) Resposta escrita à acusação;

e) Absolvição sumária ou designação de audiência;

f) Audiência de instrução e julgamento: declarações do ofendido; oitiva das testemunhas (acusação e defesa); esclarecimentos dos peritos; acareações; reconhecimento de pessoas e coisas; interrogatório; alegações finais orais; e sentença.

Nota: trata-se de procedimento praticamente igual ao ordinário. Diferenças: a audiência una deve ser realizada em até 30 dias após o recebimento da inicial; limite de testemunhas: 5 (e não 8 como no ordinário).

17.5. Procedimento (comum) sumaríssimo (arts. 77 a 81, Lei 9.099/1995)

Aplicável às IMPOs (infrações penais de menor potencial ofensivo, que são aquelas cuja pena máxima é de até 2 anos – *vide* art. 61, Lei 9.099/1995).

A exceção diz respeito ao art. 94, Lei 10.741/2003 (Estatuto do Idoso), que prevê a aplicação do procedimento para os crimes ali previstos, mesmo com o teto de 4 anos. O **STF** decidiu pela interpretação conforme do referido dispositivo, permitindo unicamente a adoção do procedimento sumaríssimo, mas sem a possibilidade de aplicação dos institutos despenalizadores da Lei 9.099/1995 (**ADI 3096/DF, DJe 03.09.2010**).

17.5.1 Fases

a) Fase preliminar

I. lavratura do termo circunstanciado (TCO ou TC) e encaminhamento deste termo ao juizado (JECRIM);

II. audiência preliminar: presentes o autor do fato, vítima, respectivos advogados, responsável civil (se for o caso) e o MP, o juiz esclarecerá sobre a possibilidade da **composição civil dos danos** e da **transação penal** (aplicação imediata de pena não privativa de liberdade);

III. Não havendo conciliação na audiência preliminar, será facultado ao titular da ação oferecer inicial penal oral (rol de 3 testemunhas), passando-se à fase propriamente processual da Lei 9.099/1995;

a1) Algumas etapas importantes da fase preliminar:

I. **Composição civil** (art. 74, Lei 9.099/1995): visa a reparar os danos causados ao ofendido. Sendo homologada por sentença (decisão irrecorrível) pelo juiz, terá eficácia de título a ser executado no juízo cível.

i. Crime de ação penal privada: homologado o acordo pelo juiz, haverá renúncia ao direito de ação (queixa), ou seja, extinção da punibilidade. Não homologada a composição, poderá o ofendido ingressar com a queixa oral;

ii. Ação pública condicionada à representação: homologado o acordo, haverá renúncia ao direito de representação (extinção da punibilidade). Não homologada a composição, poderá o ofendido oferecer representação oral. O não oferecimento da representação na audiência preliminar não implica decadência do direito, que poderá ser exercido no prazo previsto em lei (art. 75, parágrafo único, Lei 9.099/1995);

iii. Ação pública incondicionada: a homologação do acordo não impede a propositura de transação e nem de denúncia pelo MP;

II. Transação penal (art. 76, Lei 9.099/1995): não sendo caso de arquivamento, o MP examinará a viabilidade de propor imediatamente a aplicação de pena restritiva de direitos ou multa (a ser especificada na proposta). Trata-se de mitigação do princípio da obrigatoriedade;

III. Não cabe a proposta pelo MP se ficar comprovado:

i. ter sido o autor da infração condenado, pela prática de crime, à pena privativa de liberdade, por sentença definitiva.

Não impede se decorridos mais de 5 anos do cumprimento ou extinção da pena (art. 64, I, CP – prazo da reincidência);

ii. ter sido o agente beneficiado anteriormente, no prazo de cinco anos, pela aplicação de pena restritiva ou multa, nos termos deste artigo;

iii. não indicarem os antecedentes, a conduta social e a personalidade do agente, bem como os motivos e as circunstâncias, ser necessária e suficiente a adoção da medida.

IV. A homologação da transação penal:

i. não importará em reincidência, sendo registrada apenas para impedir novamente o mesmo benefício no prazo de cinco anos;

ii. não constará de certidão de antecedentes criminais;

iii. não terá efeitos civis, cabendo aos interessados propor ação cabível no juízo cível;

V. Conforme atual posicionamento do STF, em caso de descumprimento do acordo de transação penal, admite-se o oferecimento de denúncia por parte do MP. Ver RE 602072 QO-RG/RS, *DJ* 26.02.2010;

VI. Cumprida a transação, estará extinta a punibilidade do autor do fato.

Observação: o acusado não está obrigado a aceitar a proposta de transação penal. Pode rejeitá-la ou formular uma contraproposta. (TÁVORA, 2011, p. 755);

b) Fase processual (procedimento sumaríssimo) – art. 77 e ss.:

b1) Audiência de instrução e julgamento:

I. Nova tentativa de composição civil e de transação penal (se não tiverem sido tentadas na audiência preliminar);

II. Defesa preliminar oral;

III. Recebimento ou rejeição da inicial;

IV. Oitiva da vítima e das testemunhas de acusação e de defesa;

V. Interrogatório;

VI. Debates orais;

VII. Sentença.

b2) Algumas particularidades da fase processual do sumaríssimo

I. A inicial penal é oral – art. 77, Lei 9.099/1995;

II. Pode-se dispensar o exame de corpo de delito se a materialidade do crime estiver aferida por boletim médico ou prova equivalente – art. 77, § 1º;

II. Não sendo encontrado o autor do fato para ser citado pessoalmente ou sendo complexa a causa, haverá o encaminhamento do processo ao juízo comum (seguindo-se doravante o procedimento sumário) – arts. 66 e 77, § 2º e 3º;

III. A defesa no sumaríssimo é preliminar (antes do recebimento da ação e não posterior a esta, conforme ocorre no procedimento ordinário em que há a defesa escrita) – art. 81, Lei 9.099/1995;

IV. Da rejeição da inicial cabe apelação (prazo 10 dias – art. 82) e não RESE (segundo ocorre nos demais procedimentos penais);

V. No JECRIM, a sentença dispensa o relatório – art. 81, § 3º.

17.6. Suspensão condicional do processo (art. 89, Lei 9.099/1995)

17.6.1. Conceito

Trata-se de proposta efetuada pelo MP ao autor do fato (quando presentes certos requisitos) que suspende temporariamente o processo ao mesmo tempo em que impõe determinadas condições ao indivíduo. Visa a evitar a imposição de pena de prisão (é mais um dos institutos despenalizadores criados pela Lei 9.099/1995).

17.6.2. Momento de proposta da suspensão condicional do processo

Oferecimento da denúncia.

17.6.3. Requisitos

a) Pena mínima do crime até 1 ano. Note que a suspensão condicional do processo se aplica não apenas às IMPOs, *mas a todo e qualquer crime que possua pena mínima de até 1 ano;*

b) O autor do fato não pode estar sendo processado, nem pode ter sido condenado por outro crime;

c) A culpabilidade, os antecedentes, a conduta social e personalidade do agente, bem como os motivos e as circunstâncias devem se mostrar adequados à elaboração da proposta.

17.6.4. Duração

Período durante o qual o processo poderá ficar suspenso: de 2 a 4 anos.

17.6.5. Condições

Aceita a proposta pelo acusado e seu defensor, na presença do juiz, este, recebendo a denúncia, suspenderá o processo, submetendo o réu a período de prova, sob as seguintes condições:

I. reparação do dano, salvo impossibilidade de fazê-lo;

II. proibição de frequentar determinados lugares;

III. proibição de ausentar-se da comarca onde reside, sem autorização do juiz;

IV. comparecimento pessoal e obrigatório a juízo, mensalmente, para informar e justificar suas atividades;

V. o juiz poderá especificar outras condições a que fica subordinada a suspensão, desde que adequadas ao fato e à situação pessoal do acusado;

VI. a suspensão será revogada se, no curso do prazo, o beneficiário vier a ser processado por outro crime ou não efetuar, sem motivo justificado, a reparação do dano;

VII. a suspensão poderá ser revogada se o acusado vier a ser processado, no curso do prazo, por contravenção, ou descumprir qualquer outra condição imposta.

VIII. expirado o prazo sem revogação, o juiz declarará extinta a punibilidade.

IX. não correrá a prescrição durante o prazo de suspensão do processo;

X. se o acusado não aceitar a proposta, o processo prosseguirá em seus ulteriores termos;

XI. caso o MP não efetue a proposta, pode o juiz, por analogia, aplicar o art. 28, CPP, ao caso - súm. 696, STF;

XII. o benefício da suspensão do processo não é aplicável em relação às infrações penais cometidas em concurso material, concurso formal ou continuidade delitiva, quando a pena mínima cominada, seja pelo somatório, seja pela incidência da majorante, ultrapassar o limite de 1 ano (Súm. 243, STJ).

17.6.6. Questão final

Veda-se a aplicação dos institutos despenalizadores da Lei 9.099/1995 nos seguintes casos:

I. Lei Maria da Penha (violência doméstica - art. 41, Lei 11.340/2006);

II. crimes militares.

17.8. Procedimento (especial) do júri

17.8.1. Princípios do júri (art. 5º, XXXVIII, CF)

a) Plenitude de defesa: a plenitude de defesa é considerada um *plus* à ampla defesa. Compreende a defesa técnica, a autodefesa e a *defesa metajurídica* (para além do direito). Pode-se, por exemplo, pedir clemência aos jurados para que absolvam o réu (argumento metajurídico).

Note-se ainda que a defesa técnica é fiscalizada pelo juiz-presidente, conforme determina o art. 497, V, CPP. Caso o advogado do réu esteja desempenhando as suas funções de maneira insatisfatória, deve o juiz, em nome da ampla defesa (ou plenitude de defesa), desconstituí-lo, intimando o acusado para que nomeie outro defensor de sua preferência. Não o fazendo, o juiz então nomeará defensor público ao réu;

b) Sigilo das votações: após a instrução em plenário, os jurados serão encaminhados a uma sala secreta para decidirem a sorte do acusado. Neste momento, deverão responder sigilosamente às perguntas formuladas pelo magistrado (quesitos) por meio de cédulas contendo as palavras "sim" ou "não". Assim, tanto o local em que se dá a votação é sigiloso (sala secreta), como também a forma da votação é sigilosa, não podendo o jurado informar o seu voto às demais pessoas e nem se comunicar com os demais jurados sobre o caso que está *sub judice*. Ademais, deve o juiz-presidente evitar a unanimidade da votação. Significa isto que o juiz, no momento da leitura dos votos, ao atingir a maioria (4 votos, uma vez que são 7 jurados), deve interromper a leitura dos demais votos como forma de velar pela sigilo das votações;

c) Soberania dos veredictos: significa que aquilo que os jurados decidirem não pode ser reformado pelo juiz-presidente e/ou por instância superior. No máximo, será possível a anulação (mas não a reforma) do veredicto, em caso de decisão manifestamente contrária à prova dos autos (art. 593, III, *d*, CPP). Ainda assim, só caberá apelação por este motivo uma única vez;

d) Competência para julgar crimes dolosos contra a vida tentados ou consumados e seus conexos. Ou seja, homicídio doloso, infanticídio, aborto e instigação ao suicídio. Atenção: o júri não é competente para julgar latrocínio,[100] genocídio[101] e tortura, ainda que seguida de morte.

17.8.2. Características

a) Órgão colegiado heterogêneo: composto por um juiz togado (juiz-presidente) e 25 leigos, dos quais 7 serão sorteados para integrar o chamado Conselho de Sentença. Porém, avise-se, desde já, que para que a sessão seja instalada bastam 15 jurados;

b) Horizontal: inexiste hierarquia entre o juiz-presidente e os jurados;

c) Decisão por maioria de votos: não se exige a unanimidade.

Observação: as decisões do Júri são classificadas como decisões subjetivamente complexas porque emanam de órgão colegiado heterogêneo;

d) Rito escalonado (bifásico): possui duas fases:

d1) a 1ª chama-se juízo de admissibilidade, sumário da culpa ou *judicium accusationis*. Nesta fase, muito parecida com o rito ordinário, faz-se um juízo de admissibilidade da acusação. Vai da denúncia à pronúncia;

d2) a 2ª chama-se de juízo de mérito ou *judicium causae*. Esta é a fase mais "famosa" (plenário). Inicia-se com o oferecimento do rol de testemunhas pelas partes e encerra-se com o julgamento pelos jurados.

17.8.3. Primeira fase do júri (judicium accusationis ou sumário da culpa – arts. 406 a 412, CPP)

a) Oferecimento da inicial penal;

b) Recebimento ou rejeição;

c) Citação (em caso de recebimento);

d) Resposta à acusação;

e) Oitiva da acusação sobre preliminares e documentos apresentados na resposta;

f) Audiência de instrução: oitiva do ofendido (se possível), das testemunhas, esclarecimentos do perito, acareações, reconhecimento de pessoas e coisas, interrogatório do réu, debates orais, decisão (em audiência ou após 10 dias).

100. STF, Súmula 603: "A competência para o processo e julgamento de latrocínio é do juiz singular e não do Tribunal do Júri.".

101. O STF consolidou o entendimento de que a competência nesse caso é da Justiça Federal, tendo em vista a natureza do bem jurídico violado. Ver RE 351487/RR, *DJ* 10.11.2006.

17.8.4. *Decisões possíveis do juiz após os debates das partes*

a) Pronúncia (art. 413, CPP): significa que o juiz entende viável a acusação. Esta merece ser submetida aos juízes naturais da causa (jurados). O juiz funciona aqui como um filtro.

a1) Requisitos (concomitantes): materialidade + indícios suficientes de autoria.

A fundamentação da pronúncia limitar-se-á à indicação da materialidade (existência) do fato e do reconhecimento de indícios suficientes de autoria ou de participação, devendo o juiz declarar o dispositivo legal em que julgar incurso o acusado e especificar as circunstâncias qualificadoras e as causas de aumento de pena – art. 413, § 1º, CPP.

Igual postura deve ter o juiz no que tange às eventuais teses defensivas ventiladas na 1ª fase do júri: não deve aprofundá-las. Não concordando com essas teses, deve apenas refutá-las genericamente.

A questão do excesso de linguagem: a linguagem da pronúncia deve ser sóbria, equilibrada, para não influenciar os jurados. O excesso de linguagem por parte do juiz (ex.: "reconheço categoricamente a prática de crime por parte de Fulano...") ensejará a nulidade da pronúncia.

Pronúncia e crimes conexos: não deve o juiz adentrar no mérito dos eventuais crimes conexos. Pronunciando o réu pelo delito doloso contra a vida, deve o juiz pronunciar também o eventual crime conexo, sem adentrar, porém, no mérito deste (que será decidido pelos jurados). Não pode o juiz pronunciar pelo crime doloso contra a vida e "absolver" o acusado pelo crime conexo;

a2) Natureza dessa decisão: decisão interlocutória mista não terminativa (encerra a fase de um procedimento, sem pôr fim ao processo).

Características:

I. Conforme sublinha majoritária doutrina, vigora na fase de pronúncia o princípio do *in dubio pro societate*. Significa isto que, nesta etapa, em vez do tradicional *in dubio pro reo*, a dúvida quanto à autoria resolve-se em favor da sociedade (acusação). Na verdade, quer dizer esse princípio (*in dubio pro societate*) que, havendo elementos (ainda que indiciários) que apontem para a autoria do réu, deve o juiz submetê-lo ao juiz natural da causa (ao Corpo de Jurados). Não é necessário prova cabal de autoria nessa fase, mas apenas provas sérias, razoáveis;

II. A pronúncia fixa os limites da imputação em plenário. Preclusa a pronúncia, não poderá a acusação inovar em plenário. Estará a acusação adstrita aos termos definidos na pronúncia;

III. Da pronúncia cabe RESE (art. 581, IV, CPP);

IV. Faz apenas coisa julgada formal (é a denominada preclusão *pro judicato*);

a3) Intimação da pronúncia:

Vejamos o que diz o atual texto do CPP (redação dada pela Lei 11.689/2008):

> "**Art. 420.** A intimação da decisão de pronúncia será feita:
>
> I – pessoalmente ao acusado, ao defensor nomeado e ao Ministério Público;
>
> II – ao defensor constituído, ao querelante e ao assistente do Ministério Público, na forma do disposto no § 1º do art. 370 deste Código.
>
> Parágrafo único. **Será intimado por edital o acusado solto que não for encontrado".** (grifo nosso).

Note que o novel legislador, ao não diferenciar crimes afiançáveis ou inafiançáveis para efeito de intimação da pronúncia (parágrafo único do art. 420 do CPP), permite que, em ambos os casos, seja possível a intimação por edital do réu não encontrado;

a4) Pronúncia e prisão do acusado:

Graças à reforma de 2008, a antiga fórmula do CPP que previa a prisão decorrente de pronúncia como forma autônoma de prisão cautelar não mais existe entre nós.

Atualmente, para o juiz decretar ou manter a prisão do acusado na fase de pronúncia, ele precisará vislumbrar os requisitos autorizadores da preventiva. Confira-se o seguinte dispositivo:

> "**Art. 413.** (...) § 3º O juiz decidirá, motivadamente, no caso de manutenção, revogação ou substituição da prisão ou medida restritiva de liberdade anteriormente decretada e, tratando-se de acusado solto, sobre a necessidade da decretação da prisão ou imposição de quaisquer das medidas previstas no Título IX do Livro I deste Código".

b) Impronúncia (art. 414, CPP): significa que um dos requisitos (ou ambos) da pronúncia está ausente. Não se trata de absolvição, mas do reconhecimento por parte do juiz da inadmissibilidade da acusação formulada contra réu. Ex.: inexistência de prova suficiente da autoria pelo acusado; apenas meras conjecturas temerárias não são suficientes para pronunciar o réu.

Natureza dessa decisão? Decisão interlocutória mista terminativa (encerra o processo);

b1) Características:

I. Não faz coisa julgada material (art. 414, parágrafo único, CPP): enquanto não ocorrer a extinção da punibilidade, poderá ser formulada nova denúncia se houver prova substancialmente nova;

II. Recurso cabível: apelação (art. 416, CPP).

Atenção: despronúncia é a impronúncia que se alcança por meio de recurso. Ex.: o réu havia sido pronunciado e por conta de RESE da defesa a decisão foi reformada pelo tribunal (impronunciando, assim, o acusado em 2ª instância).

Impronúncia e crime conexo: decidindo o juiz pela impronúncia do réu, não poderá aquele julgar o eventual crime conexo. Deve aguardar o trânsito em julgado da impronúncia para só então remeter o processo referente ao crime conexo ao juiz competente ou julgá-lo se for ele quem detiver a competência;

c) Absolvição sumária (art. 415, CPP): o juiz deve estar seguro ao proferir esta decisão, pois está chamando para si o julgamento de uma causa que, em regra, competiria aos jurados. Trata-se, portanto, de decisão excepcional, pois o juiz retira dos jurados o poder de decidir o caso concreto. Deverá o juiz absolver sumariamente quando (incisos do art. 415):

> "I – provada a inexistência do fato;
>
> II – provado não ser o acusado o autor do fato;
>
> III – o fato não constituir infração penal;
>
> IV – demonstrada causa de isenção de pena ou exclusão do crime."

Ex: quando ficar categoricamente provado que o réu praticou o fato amparado por uma excludente de ilicitude.

Atenção: não pode o juiz absolver sumariamente o réu com base na inimputabilidade (doença mental ao tempo do fato – art. 26, CP), salvo se esta (a inimputabilidade) for a única tese defensiva. Recorde-se que o reconhecimento de inimputabilidade implica aplicação de medida de segurança ao réu. Por isso, caso haja tese defensiva subsidiária, é mais benéfico ao réu submetê-lo a Júri popular, pois pode, por exemplo, terminar sendo absolvido (o que é mais vantajoso).

Recurso cabível: apelação (art. 416, CPP);

d) Desclassificação (art. 419, CPP): ocorre quando o juiz entende que não ocorreu crime doloso contra a vida, não sendo, portanto, o Júri o órgão competente para conhecer o caso. Ao proferir essa decisão, não deve o juiz fazer incursão aprofundada no mérito do processo, sob pena de invadir a competência alheia. Deve limitar-se a analisar o fato do crime não ser doloso contra a vida. Desclassificada a infração, deve o juiz remeter o processo ao juiz competente – caso não seja ele próprio o magistrado indicado para o julgamento.

Recurso cabível: RESE (art. 581, II, CPP).

17.8.5 Procedimento da 2ª fase do júri (judicium causae)

a) Intimação das partes para, em 5 dias, indicarem testemunhas (até o limite de 5), apresentarem documentos e requererem diligências – art. 422, CPP;

b) Ordenadas as diligências necessárias para sanar eventuais nulidades no processo ou para esclarecer fatos que interessem ao julgamento da causa, o juiz efetuará o relatório do processo, designando data para a sessão de instrução e julgamento – art. 423, CPP;

c) Em data anterior à da sessão, serão sorteados e convocados 25 jurados dentre os alistados na lista anual – arts. 425 e 432, CPP

d) Para que a sessão de instrução e julgamento possa ser instalada, dos 25 jurados convocados, precisam estar presentes ao menos 15 – art. 463, CPP. Faltando este *quorum* mínimo, haverá sorteio de jurados suplentes e remarcação da data da sessão;

e) Advertência aos jurados sobre impedimentos, incompatibilidades, suspeição e incomunicabilidade – arts. 448, 449 e 466, CPP;

f) Sorteio de 7 jurados para a composição do Conselho de Sentença, podendo efetuar as partes até 3 recusas imotivadas – arts. 467 e 468, CPP

g) Exortação, compromisso e entrega de cópia de peças (decisão de pronúncia e eventuais decisões posteriores) – art. 472, CPP;

h) Instrução em plenário (art. 473, CPP):

h1) oitiva do ofendido (se possível) e das testemunhas. As perguntas às testemunhas serão realizadas de forma direta (sistema *direct examination*). Já os jurados perguntarão às testemunhas através do juiz (sistema presidencialista);

h2) Realização de acareação, reconhecimento de pessoas e coisas, esclarecimentos dos peritos;

h3) Possibilidade de leitura de peças desde que se refiram, exclusivamente, às provas colhidas por carta precatória e às provas cautelares, antecipadas ou não repetíveis. Busca-se com isso evitar a leitura, por exemplo, de peças inúteis;

i) Interrogatório do réu – art. 474. As partes poderão perguntar diretamente e os jurados, por intermédio do juiz. Não se permitirá o uso de algemas no acusado durante o plenário do júri, salvo se a medida for absolutamente necessária.

j) Debates orais – arts. 476 e 477, CPP:

j1) Acusação: 1h30 (2h30, havendo mais de um réu);

j2) Defesa: 1h30 (2h30, havendo mais de um réu);

j3) Réplica da acusação: 1h (2h, havendo mais de um réu);

j4) Tréplica da defesa: 1h (2h, havendo mais de um réu);

j5) Havendo assistente, ele falará após o Ministério Público. Se a ação for privada, o querelante terá a palavra antes do MP;

k) Leitura e explicação dos quesitos em plenário – art. 484.

l) Recolhimento à sala especial para a votação dos quesitos a serem depositados em urna por meio de cédulas contendo "sim" ou "não" – art. 485, CPP;

m) Os quesitos serão formulados na seguinte ordem, indagando sobre:

I. a materialidade do fato;

II. a autoria ou participação;

III. se o acusado deve ser absolvido;

IV. se existe causa de diminuição de pena alegada pela defesa;

V. se existe circunstância qualificadora ou causa de aumento de pena reconhecidas na pronúncia ou em decisões posteriores que julgaram admissível a acusação.

17.8.6. Algumas observações sobre os quesitos

I. Constatando o juiz que a maioria foi atingida na resposta de um quesito (4 votos), não deve prosseguir com a leitura dos demais votos (homenagem ao sigilo das votações) – art. 483, §§ 1º e 2º, CPP;

II. Havendo mais de um crime ou mais de um acusado, os quesitos serão formulados em séries distintas – art. 483, § 6º, CPP

III. Se a resposta a qualquer dos quesitos estiver em contradição com outra ou outras já dadas, o presidente, explicando aos jurados em que consiste a contradição, submeterá novamente à votação os quesitos a que se referirem tais respostas. Se, pela resposta dada a um dos quesitos, o presidente verificar que ficam prejudicados os seguintes, assim o declarará, dando por finda a votação – art. 490, CPP

IV. Eventuais agravantes e atenuantes levantadas nos debates pelas partes não serão quesitadas, mas valoradas pelo juiz no momento da sentença – art. 492, I, *b*, CPP;

V. Sentença pelo juiz-presidente seguindo aquilo que tiver sido decidido pelos jurados. A dosimetria da pena é de responsabilidade do juiz, porém, sempre observando aquilo que decidiram os jurados (causas de aumento, qualificadoras, etc.) – art. 492, CPP. Em seguida, haverá a lavratura da ata nos moldes do art. 494, CPP.

Atenção: se, durante a votação dos quesitos, os jurados desclassificarem o crime para outro não doloso contra a vida, caberá ao juiz togado proferir sentença em seguida, aplicando-

-se, quando for o caso (IMPO[102]), os institutos da Lei 9.099/1995 (*vide* art. 492, §§ 1º e 2º, CPP).

17.8.7. *Desaforamento (art. 427, CPP)*

Trata-se de instituto excepcional que pode ocorrer nos processos de competência do júri. *Grosso modo*, consubstancia-se na transferência do julgamento do réu para outra comarca em razão da ocorrência de alguma anormalidade na comarca originariamente competente, que está a dificultar/inviabilizar o julgamento da causa.

Fatos geradores do desaforamento:

a) interesse de ordem pública;

b) dúvida sobre a imparcialidade do júri;

c) segurança pessoal do acusado;

d) excesso de serviço que acarrete atraso no julgamento do réu por 6 meses ou mais, contado a partir da preclusão da pronúncia. Para a contagem do prazo referido neste artigo, não se computará os adiamentos no interesse da defesa.

Momento processual (art. 427, § 4º, CPP): a redação do referido dispositivo estatui os momentos em que não será admitido o desaforamento. Fazendo a leitura inversa, inferimos que pode ser requerido: após o trânsito em julgado da decisão de pronúncia e antes do julgamento em plenário; e/ou após o julgamento, se anulado, apenas em relação a fato ocorrido durante ou após a sua realização, ou seja, nessa última hipótese é preciso, **cumulativamente**, que o julgamento seja anulado e que o fato ensejador do desaforamento tenha ocorrido durante ou após aquela sessão de julgamento.

Quem pode requerer? MP, assistente de acusação, o querelante, o acusado ou mediante representação do juiz.

A quem é dirigido? TJ ou TRF (conforme o caso).

Atenção que a oitiva prévia da defesa é obrigatória para que seja deferido o desaforamento, conforme se depreende do teor da Súmula 712 do STF.

17.8.8. *Atribuições do juiz-presidente do Tribunal do Júri.*

Vejamos o que diz o art. 497, CPP, a esse respeito:

> "Art. 497. São atribuições do juiz presidente do Tribunal do Júri, além de outras expressamente referidas neste Código:
>
> I – regular a polícia das sessões e prender os desobedientes;
>
> II – requisitar o auxílio da força pública, que ficará sob sua exclusiva autoridade;
>
> III – dirigir os debates, intervindo em caso de abuso, excesso de linguagem ou mediante requerimento de uma das partes;
>
> IV – resolver as questões incidentes que não dependam de pronunciamento do júri;"

Ex.: decidir sobre eventual exceção de coisa julgada arguida pela parte.

> "V – nomear defensor ao acusado, quando considerá-lo indefeso, podendo, neste caso, dissolver o Conselho e designar novo dia para o julgamento, com a nomeação ou a constituição de novo defensor."

No curso do processo penal, o juiz é o grande fiscal da ampla defesa, tendo poderes inclusive para desconstituir o defensor do réu, quando considerar este indefeso (art. 497, V, CPP). Este dispositivo, na visão de Grinover *et. al.* (2001), deve ser aplicado a todo e qualquer procedimento penal (e não apenas ao do júri).

17.8.9. *A função do jurado*

O serviço do júri é obrigatório.

Caso o jurado, injustificadamente, deixe de comparecer no dia marcado para a sessão ou retire-se antes de ser dispensado, será aplicada multa de 1 a 10 salários-mínimos, a critério do juiz, de acordo com a condição econômica daquele – art. 442, CPP. A eventual recusa ao serviço do júri fundada em convicção religiosa, filosófica ou política importará no dever de prestar serviço alternativo, sob pena de suspensão dos direitos políticos, enquanto não prestar o serviço imposto (art. 438, CPP).

Entende-se por serviço alternativo o exercício de atividades de caráter administrativo, assistencial, filantrópico ou mesmo produtivo, no Poder Judiciário, na Defensoria Pública, no Ministério Público ou em entidade conveniada para esses fins – art. 438, § 1º, CPP.

O juiz fixará o serviço alternativo atendendo aos princípios da proporcionalidade e da razoabilidade – § 2º.

Ademais, conforme estabelece o art. 439, CPP: "o exercício efetivo da função de jurado constituirá serviço público relevante, estabelecerá presunção de idoneidade moral".

Constitui também direito do jurado preferência, em igualdade de condições, nas licitações públicas e no provimento, mediante concurso, de cargo ou função pública, bem como nos casos de promoção funcional ou remoção voluntária – art. 440, CPP.

Por fim, nenhum desconto será feito nos vencimentos ou salário do jurado sorteado que comparecer à sessão do júri – art. 441, CPP.

17.8.10. *Requisitos para ser jurado*

a) maior de 18 anos;

b) nacionalidade brasileira;

c) notória idoneidade;

d) estar no gozo dos direitos políticos;

e) ser alfabetizado;

f) residir na comarca do julgamento;

g) estar na plenitude de suas faculdades mentais.

17.8.11. *Pessoas isentas do serviço do júri (art. 437, CPP)*

I. o Presidente da República e os Ministros de Estado;

II. os Governadores e seus respectivos Secretários;

III. os membros do Congresso Nacional, das Assembleias Legislativas e das Câmaras Distrital e Municipais;

IV. os Prefeitos Municipais;

V. os Magistrados e membros do Ministério Público e da Defensoria Pública;

VI. os servidores do Poder Judiciário, do Ministério Público e da Defensoria Pública;

102. Infração de menor potencial ofensivo – art. 61, Lei 9.099/1995.

VII. as autoridades e os servidores da polícia e da segurança pública;

VIII. os militares em serviço ativo;

IX. os cidadãos maiores de 70 (setenta) anos que requeiram sua dispensa;

X. aqueles que o requererem, demonstrando justo impedimento.

17.9. Procedimento (especial) dos crimes relacionados às drogas ilícitas

Com o advento da Lei 11.343/2006, houve a diferenciação entre o tratamento conferido aos que portam drogas ilícitas para o consumo próprio (art. 28) e aos que praticam as condutas de tráfico e assemelhadas (arts. 33 a 37).

17.9.1. Porte para consumo próprio

O procedimento está previsto no § 1º, art. 48, nos seguintes termos: "o agente de qualquer das condutas previstas no art. 28 desta Lei, salvo se houver concurso com os crimes previstos nos arts. 33 a 37 desta Lei, será processado e julgado na forma dos arts. 60 e seguintes da Lei 9.099/1995". Verifica-se, portanto, que o rito a adotar é o comum sumaríssimo, comportando alguns temperamentos.

Merece destaque o tratamento dado às hipóteses de transação penal, que ficam adstritas ao rol do art. 28, quais sejam: I – advertência sobre os efeitos das drogas; II – prestação de serviços à comunidade; e III – medida educativa de comparecimento a programa ou curso educativo. Importante dizer que o MP não poderá propor qualquer outra pena restritiva de direitos (TÁVORA; ARAÚJO; FRANÇA, 2013, p. 157).

17.9.2. Tráfico e condutas assemelhadas

O MP, após recebidos os autos do IP, poderá oferecer a denúncia em até 10 (dez) dias, pouco importando se o acusado estiver preso ou solto. Uma vez ofertada, o procedimento a seguir obedecerá o seguinte *iter*:

I. juiz determina a notificação do denunciado para que apresente a defesa prévia escrita, obrigatória (art. 55, § 3º), tendo o prazo de 10 (dez) dias. A peça consiste em defesa preliminar e exceções (processadas em apartado), incluindo as questões preliminares, todas as razões de defesa que entender pertinentes, bem como a indicação dos meios de prova que pretende produzir. Pode arrolar até 5 (cinco) testemunhas – art. 55, § 1º.

Atenção: Não se fala em citação porque a relação processual não foi formada em razão da ausência do despacho de recebimento da denúncia.

II. Após apresentação da defesa, o juiz decidirá em até 5 (cinco) dias – § 4º. A decisão pode ter um dos seguintes conteúdos: a) recebimento da denúncia; b) rejeição da denúncia; c) determinar diligências.

III. Uma vez recebida a denúncia, deverá ser observado o disposto no art. 394, § 4º, CPP, motivo pelo qual deverá o juiz determinar a citação do réu para que apresente defesa escrita no prazo de 10 (dez) dias – arts. 396 e 396-A. Veja que a despeito do teor do art. 56, Lei 11.343/2006, vem prevalecendo o entendimento de que as disposições do rito ordinário (arts. 395 a 397 CPP) são aplicáveis também aos procedimentos especiais.

IV. Após o recebimento da peça defensiva, abre-se a possibilidade do juiz decidir pela absolvição sumária, nos termos do art. 397, cujas hipóteses foram trabalhadas no item referente ao procedimento comum ordinário.

V. Não vislumbrando hipótese de absolvição sumária, o juiz designará a data da Audiência de Instrução e Julgamento (AIJ). Vale ressaltar que a data da AIJ não poderá ocorrer em lapso superior a 30 (trinta) dias, exceto se houver necessidade de exame de verificação da dependência de drogas, quando o prazo máximo para designação é de 90 (noventa) dias – § 2º, art. 56.

VI. Nos termos do art. 57, a sequência da AIJ será a seguinte: interrogatório do réu, inquirição das testemunhas, debates orais começando pelo MP, seguido do defensor. Aqui prevalece a realização do interrogatório no início da audiência, em contraposição ao que acontece no rito ordinário. Nesse sentido, vide o HC 85.155/SP, DJ 14/05/2005, *DJe* 15/04/2005, STF.

VII. Por fim, encerrados os debates orais, o juiz decidirá em audiência ou em até 10 (dez) dias – art. 58. Aqui a peculiaridade diz respeito à destinação dada aos resíduos de drogas, que é a incineração. Inexistindo controvérsia quanto à natureza e quantidade da substância ou produto, ou mesmo quanto à regularidade do laudo, o juiz fixará uma quantidade mínima para preservação a título de contraprova.

18. NULIDADES

Entendendo o tema: nulidade é uma sanção imposta pelo Estado-juiz ao ato que não cumpriu as formalidades estabelecidas pela lei. Em sentido amplo, pode-se dizer que há um vício no ato praticado. A nulidade pode recair, a depender do caso, sobre um só ato ou sobre todo o processo.

18.1. Tradicional classificação do ato viciado

a) Irregularidade: o defeito aqui é sem maior importância. A desconformidade com o modelo legal é mínima. Não chega a prejudicar as partes. Produz eficácia. Ex.: sentença prolatada fora do prazo estipulado pela lei;

b) Nulidade relativa: o defeito não chega a resultar em patente prejuízo às partes. Há violação de norma infraconstitucional. O defeito é sanável. O ato será anulado desde que arguido em momento oportuno pela parte interessada e demonstrado o efetivo prejuízo. Ex.: incompetência territorial. Embora o crime tenha sido consumado em João Pessoa (art. 70, CPP), por um equívoco, está sendo processado em Campina Grande (incompetência territorial);

c) Nulidade absoluta: o defeito é grave. Há interesse público aqui. Não depende de provocação das partes, o juiz deve inclusive declará-la de ofício. Não há preclusão (insanável, portanto). O prejuízo é presumido. Ex.: sentença sem fundamentação – violação ao art. 93, IX, CF. Juiz que, sem fundamentar, condena o acusado; ou, ainda, juiz que, sem fundamentar, decreta a preventiva;

d) Inexistência: o vício é gravíssimo (trata-se de um não ato). Deve o ato apenas ser desconsiderado. Ex.: sentença proferida por quem não é juiz = ato inexistente.

18.2. Princípios aplicáveis às nulidades

a) Princípio do prejuízo *(pas de nullité sans grief*[103]*)*: Nenhum ato será declarado nulo se da nulidade não resultar prejuízo para a acusação ou para a defesa (art. 563, CPP);

b) Princípio instrumentalidade das formas: o ato será considerado válido se a sua finalidade for atingida. A finalidade vale mais do que a forma. Só se aplica esse princípio à nulidade relativa. A doutrina reconhece no art. 566, CPP, uma expressão desse princípio "não será declarada a nulidade de ato processual que não houver influído na apuração da verdade substancial ou na decisão da causa";

c) Princípio da conservação dos atos processuais: preservação dos atos não decisórios nos casos de incompetência do juízo (art. 567, CPP);[104]

d) Princípio do interesse: nenhuma das partes poderá arguir nulidade a que haja dado causa, ou para a qual tenha concorrido, ou referente à formalidade cuja observância só interesse à parte contrária (art. 565, CPP). A ninguém é dado se beneficiar da própria torpeza. Somente se aplica às nulidades relativas;

d) Princípio da causalidade ou contaminação: a nulidade de um ato, uma vez declarada, causará a dos atos que dele diretamente dependerem (art. 573, § 1º, CPP). Ao pronunciar a nulidade de um ato, o juiz deverá declarar quais outros atos serão afetados (§ 2º). Não basta o ato ser apenas posterior ao ato viciado; é preciso existir nexo causal entre eles.

e) Princípio da convalidação dos atos processuais: permite a convalidação ou ratificação de atos processuais eivados de vícios. Impõe-se a sua expressa previsão legal. Exs: arts. 568 a 570, CPP.

18.3. Momentos para as nulidades serem arguidas

No que tange às nulidades absolutas, em regra, podem ser arguidas a qualquer tempo.

Já as nulidades relativas devem ser arguidas em momento próprio (estabelecido pela lei). Do contrário (*i. e.*, não sendo arguidas em ocasião oportuna), serão convalidadas.

Análise do art. 571, CPP (este dispositivo trata do momento adequado para se arguir uma nulidade). Note-se que este artigo aplica-se, em regra, às nulidades relativas (que são sanáveis) e não às absolutas (que podem ser ventiladas a qualquer tempo). Ademais, adaptamos algumas das hipóteses às recentes reformas do CPP. Vejamos. As nulidades deverão ser arguidas:

I. as da instrução criminal dos processos da competência do júri, dos processos de competência do juiz singular e dos processos especiais, na fase das alegações finais orais;

II. as do procedimento sumário, no prazo de resposta escrita à acusação, ou, se ocorridas após este prazo, logo depois da abertura da audiência de instrução;

III. as ocorridas após a pronúncia, logo depois de anunciado o julgamento e apregoadas as partes;

IV. as ocorridas após a sentença, preliminarmente nas razões de recurso ou logo após anunciado o julgamento do recurso e apregoadas as partes;

V. as do julgamento em plenário, em audiência ou sessão do tribunal, ou logo depois de ocorrerem;

VI. ocorrendo a nulidade durante a audiência ou julgamento de recursos nos tribunais, deverá ser alegada tão logo ocorra.

18.4. Nulidades em espécie. Análise do art. 564, CPP

Este dispositivo não é taxativo. O defeito que ataca o interesse público, mesmo não estando positivado no CPP, é caso de nulidade absoluta.

Nos termos do art. 564, CPP, a nulidade ocorrerá nos seguintes casos:

I. por incompetência, suspeição ou suborno do juiz.

Se for caso de incompetência territorial, a nulidade será relativa. Serão anulados somente os atos decisórios, devendo o processo ser remetido ao juiz competente.

Se for caso de incompetência em razão da matéria ou por prerrogativa de função, a nulidade será absoluta, sendo que todo o processo estará contaminado. Idem para os casos de suspeição ou suborno do juiz;

II. por ilegitimidade das partes

Se for caso de ilegitimidade para a causa (ex.: MP figurando como autor de ação privada), será hipótese de nulidade absoluta.

Se for o caso de defeito na representação da parte (ex.: falta de procuração), a nulidade será relativa (sanável, portanto) – art. 568, CPP;

III. por falta das fórmulas ou dos termos seguintes:

a) a denúncia ou a queixa e a representação e, nos processos de contravenções penais, a portaria ou o auto de prisão em flagrante.

A parte final desta alínea está revogada. A falta de inicial penal ou de representação da vítima (quando exigível), por óbvio, provoca a nulidade absoluta. O defeito da inicial ou da representação, a depender da gravidade, também gerará a nulidade absoluta. Ex.: denúncia que não expõe o fato criminoso com todas as suas circunstâncias;

b) falta do exame do corpo de delito nos crimes que deixam vestígios, ressalvado o disposto no art. 167, CPP.

Os crimes que deixam vestígios exigem a realização de exame de corpo de delito (direto). Porém, a falta do exame direto pode ser sanada, por exemplo, por prova testemunhal (exame indireto). A confissão, porém, não pode suprir a falta do exame direto (art. 158, CPP);

c) falta de nomeação de defensor ao réu presente, que o não tiver, ou ao ausente, e de curador ao menor de 21 anos.

A parte final do dispositivo está revogada pelo atual CC; não existe mais curador para réu/indiciado menor. Recorde-se que menor, para o CPP, é o indivíduo que possui entre 18 e 21 anos. Hoje, completados 18 anos de idade, a pessoa torna-se plenamente capaz para os atos da vida civil, dispensando-se, portanto, a figura do curador preconizada pelo CPP.

103. Do francês, significa que não há nulidade sem prejuízo.

104. Ver STF, HC 83.006/SP, *DJ* 29.08.2003. A decisão transita em torno da impossibilidade de ratificação dos atos decisórios nos casos de incompetência absoluta. Em que pesem divergências doutrinárias e jurisprudenciais quanto à interpretação do julgado, filiamo-nos ao entendimento de Eugênio Pacelli de Oliveira, o qual observa que após a remessa para o juízo competente, a prática do ato pela autoridade não pode ser entendida como uma ratificação, mas tecnicamente um novo ato, ainda que o seu teor seja o mesmo (2011, p. 1.110).

A ausência de defensor nas demais situações gera nulidade absoluta (viola a ampla defesa). No caso de a defesa ser deficiente, a nulidade é relativa (Súmula 523, STF);

d) falta da intervenção do MP em todos os termos da ação por ele intentada e nos da intentada pela parte ofendida, quando se tratar de crime de ação pública.

Conforme a doutrina, a falta de notificação do MP na ação pública gera nulidade absoluta. Já a falta de notificação do MP na ação privada subsidiária da pública provoca nulidade relativa;

e) falta ou defeito da citação, do interrogatório do réu, quando presente, e dos prazos concedidos à acusação e à defesa.

Falta ou defeito de citação será, em regra, caso de nulidade absoluta. Porém, tal nulidade poderá, excepcionalmente, ser sanada. Veja o que diz o art. 570, CPP, a esse respeito: "a falta ou a nulidade da citação, da intimação ou notificação estará sanada, desde que o interessado compareça, antes de o ato consumar-se, embora declare que o faz para o único fim de argui-la. O juiz ordenará, todavia, a suspensão ou o adiamento do ato, quando reconhecer que a irregularidade poderá prejudicar direito da parte".

A falta ou o defeito do interrogatório gera nulidade absoluta.

Falta de prazo às partes: dependendo do caso (da importância do ato) poderá ser absoluta (alegações finais orais) ou relativa (quesitos aos peritos);

f) falta da sentença de pronúncia, do libelo e da entrega da respectiva cópia, com o rol de testemunhas, nos processos perante o Tribunal do Júri.

A falta da pronúncia gera nulidade absoluta. A parte final está prejudicada (não existe mais o libelo);

g) falta da intimação do réu para a sessão de julgamento, pelo Tribunal do Júri, quando a lei não permitir o julgamento à revelia.

Deve ser lido de acordo com a reforma de 2008. Intimado o réu solto para a sessão plenária, caso não compareça, o julgamento poderá ser realizado à revelia (independentemente se afiançável ou inafiançável o delito) – art. 457, CPP. Em caso de réu preso, se este não solicitar dispensa, não poderá ser julgado à revelia – §§ 1º e 2º;

h) falta da intimação das testemunhas arroladas no libelo e na contrariedade, nos termos estabelecidos pela lei.

Deve ser lido conforme a reforma. Não há mais libelo. Hoje, trata-se do art. 422, CPP. Gera nulidade absoluta;

i) falta de pelo menos 15 jurados para a constituição do júri.

Configura nulidade absoluta;

j) falta ou defeito no sorteio dos jurados do conselho de sentença em número legal e sua incomunicabilidade.

Configura nulidade absoluta;

k) falta ou defeito na elaboração dos quesitos e nas respectivas respostas.

Configura nulidade absoluta. Súmula 156, STF: "é absoluta a nulidade do julgamento, pelo júri, por falta de quesito obrigatório";

l) falta da acusação ou da defesa, na sessão de julgamento.

Configura nulidade absoluta (Súm. 523, STF);

m) falta da sentença.

Configura nulidade absoluta;

n) falta de recurso de ofício, nos casos em que a lei o tenha estabelecido.

Não se trata propriamente de nulidade absoluta, mas de impedimento do trânsito em julgado da decisão até que ocorra a remessa necessária;

o) falta da intimação das partes quanto às decisões recorríveis.

Configura nulidade absoluta;

p) no Supremo Tribunal Federal e nos Tribunais de Justiça, falta do *quorum* legal para o julgamento.

Configura nulidade absoluta;

IV. por omissão de formalidade que constitua elemento essencial do ato.

Configura nulidade absoluta. Ex.: denúncia lacônica.

19. RECURSOS

19.1. Conceito de recurso

Meio jurídico pelo qual, dentro de uma mesma relação processual, impugna-se uma decisão que ainda não transitou em julgado, objetivando, com isso, o reexame do *decisum*.

Decorrem os recursos do princípio do duplo grau de jurisdição, adotado implicitamente pelo texto da nossa CF e explicitamente pela CADH.[105] Há, contudo, quem entenda que a afirmação do princípio seja fruto de política legislativa que tem inspiração nos ideais (liberdade, igualdade e fraternidade) da Revolução Francesa (TÁVORA, 2014, p. 1060).

19.2. Natureza jurídica

Embora exista polêmica sobre o tema no seio da comunidade jurídica, significativo setor da doutrina considera a natureza do recurso como um *desdobramento do direito de ação ou de defesa, i. e., o recurso dá continuidade à relação jurídica iniciada em primeira instância.*

19.3. Princípios que norteiam os recursos

a) Voluntariedade (art. 574, *caput*, primeira parte, CPP): os recursos são voluntários, i. e, dependem de manifestação de vontade da parte que queira ver a decisão reformada ou anulada. Inexiste, portanto, obrigatoriedade de recorrer. Cabe ressaltar que o MP, mesmo quando parte autora da ação penal, não está obrigado a recorrer, podendo, portanto, renunciar a este direito sem necessidade de fundamentar a sua renúncia. Perceba-se que o princípio da obrigatoriedade da ação penal não impõe ao MP a necessidade de recorrer. Porém, caso o MP assim o faça (interponha recurso), não poderá mais desistir do recurso interposto (art. 576, CPP), incidindo, aí sim, o princípio da indisponibilidade, que é corolário da obrigatoriedade.

Embora os recursos sejam voluntários, o mesmo art. 574 menciona que, em certos casos, o próprio magistrado deverá interpor "recurso" de sua decisão (é o chamado "recurso de ofício"). A doutrina critica veementemente a manutenção desse instituto em nosso ordenamento jurídico.

105. Convenção Americana de Direitos Humanos (Pacto de San José da Costa Rica).

Trata-se indubitavelmente de figura esdrúxula que merece ser banida do Processo Penal contemporâneo. Entretanto, tal instituto deve ainda ser considerado válido para os concursos públicos, tendo em vista o entendimento sobre o tema do STF (HC 88589/GO, DJ 28/11/2006, *DJe* 23/03/2007) e STJ (REsp 767535/PA, DJ 11/12/2009, *DJe* 01/02/2010), que continua defendendo a constitucionalidade desse expediente.

Numa tentativa de amenizar a estranha ideia de um juiz recorrer de sua própria decisão, certo setor da doutrina, acompanhado pelos tribunais superiores (*vide* os julgados que acabamos de transcrever), tem compreendido esse instituto não como "recurso" em sentido próprio, mas como uma *remessa obrigatória* (*reexame necessário* ou *duplo grau de jurisdição obrigatório*), sem a qual a decisão prolatada não transita em julgado (Súmula 423, STF).

Conclusão: o "recurso de ofício" continua sendo considerado constitucional para os tribunais superiores, entretanto, é compreendido por esses não como um recurso em sentido próprio, mas como uma condição para o trânsito em julgado da decisão (remessa necessária).

Seguem alguns os casos em que o juiz deve "recorrer" de sua própria decisão (recurso de ofício):

I. Sentença que concede HC (inc. I do art. 574): note-se que não caberá recurso de ofício quando for o tribunal que conceder o HC. É que o art. 574, I, CPP, menciona apenas "sentença" (1ª instância, portanto) e não "acórdão" (2ª instância);

II. Sentença que absolver desde logo o réu com fundamento na existência de circunstância que exclua o crime ou isente o réu de pena (inc. II do art. 574, CPP): note-se que, para a majoritária doutrina, este dispositivo foi revogado, tendo em vista a inexistência de previsão legal no art. 415, CPP. Porém, o STJ (REsp 767535/PA, DJ 11/12/2009, *DJe* 01/02/2010) continua a entender pelo cabimento do recurso de ofício (mesmo em caso de absolvição sumária), posição esta mais segura para os concursos públicos;

III. Decisão que concede a reabilitação criminal (art. 746, CPP);

IV. Indeferimento liminar pelo relator, no âmbito de Tribunal, da ação de revisão criminal, quando o pedido não estiver suficientemente instruído (art. 625, § 3º, CPP);

V. Sentença de absolvição e a decisão que arquiva o IP nos crimes contra a economia popular e saúde pública (art. 7º, Lei 1.521/1950);

b) Taxatividade: para se recorrer de uma decisão é preciso que exista previsão expressa na lei a respeito do cabimento de tal recurso. Do contrário, a decisão será irrecorrível. Porém, a taxatividade não afasta a incidência do art. 3º, CPP, que prevê a possibilidade de interpretar as normas processuais penais extensivamente e de dar-lhes aplicação analógica. Ex.: cabe recurso em sentido estrito (RESE) da decisão que não recebe a denúncia (art. 581, I, CPP – taxatividade); mas também cabe o RESE da decisão que não recebe o aditamento à denúncia[106] (interpretação extensiva ao dispositivo);

c) Fungibilidade (**permutabilidade** ou **conversibilidade dos recursos**): não havendo erro grosseiro ou má-fé na interposição de um recurso (STJ, RCD no AgRg no AREsp 508550/RS, DJ 24/06/2014, *DJe* 04/08/2014) e sendo atendido o prazo do recurso efetivamente cabível à espécie (STJ AgRg no AREsp 354968/MT, DJ 08/05/2014, *DJe* 14/05/2014), poderá o julgador aceitar o recurso equivocado como se fosse o correto (vide art. 579, CPP). Ex: existem algumas situações polêmicas na doutrina acerca do cabimento de RESE ou agravo em execução. Assim, imagine-se que a defesa interpôs o RESE, quando, em verdade, era cabível o agravo. Caso se vislumbre a boa-fé da parte e o prazo do recurso correto tenha sido respeitado, poderá ser aplicado ao caso o princípio da fungibilidade recursal, recebendo-se um recurso por outro;

d) Convolação: criação doutrinária destinada ao aproveitamento de recursos ou meios autônomos de impugnação, materializada por meio de duas situações:

I – Aproveitamento de uma modalidade recursal interposta adequadamente, mas que careça de algum pressuposto (tempestividade, forma, preparo, interesse ou legitimidade). Ex: HC é impetrado perante o TJ, mas a ordem é denegada. Na hipótese, são cabíveis o Recurso Ordinário Constitucional (ROC – art. 105, II, "a", CF) ou outro HC (art. 105, I, "c", CF), ambos para o STJ. A opção da defesa foi pelo ROC, mas este foi considerado intempestivo pelo STJ, que, no entanto, aproveita a mesma peça recursal e a recebe e conhece como se HC fosse (LIMA, 2014, P. 1560).

II – Aqui a lógica é aproveitar a espécie mais benéfica ao acusado, realizando a conversão para a via mais adequada. Ex: Defesa maneja revisão criminal que visa ao reconhecimento de nulidade absoluta do processo em razão da incompetência absoluta do juízo prolator da sentença. O TJ pode convolar a espécie para um HC, cujo rito é mais célere e, consequentemente, mais benéfico ao réu (LIMA, 2014, p. 1560).

e) Vedação à *reformatio in pejus* (art. 617, CPP, e Súmula 160, STF): significa que *não pode a situação do réu sofrer qualquer piora na instância* ad quem, *caso apenas ele recorra da decisão judicial* (*i. e.*, sem interposição de recurso por parte da acusação e sem previsão de recurso de ofício para o caso). Da impossibilidade de reforma para pior no caso de recurso exclusivo da defesa, dá-se também o nome de *efeito prodrômico da sentença*. Destaque-se, ainda, que, mesmo que se trate de matéria cognoscível de ofício pelo tribunal *ad quem* – como, por exemplo, uma hipótese de nulidade absoluta – não pode a instância superior reconhecê-la *ex officio* em prejuízo da defesa, caso esta (a defesa) não tenha ventilado a matéria em seu recurso. É que não se permite que o recurso do acusado sirva "de veículo para o reconhecimento de nulidade que prejudique a defesa". É esse o sentido da Súmula 160, STF, que diz: "é nula a decisão do tribunal que acolhe, contra o réu, nulidade não arguida no recurso da acusação, ressalvados os casos de recurso de ofício" (remessa necessária). Vamos às modalidades de *reformatio in pejus*:

I. Direta (ou simplesmente "princípio da vedação à *reformatio in pejus*"). Ex.: se a defesa foi a única a apelar da sentença (não houve, portanto, recurso da acusação; nem o chamado recurso "de ofício") não poderá o tribunal piorar a sua situação;

II. Indireta. Ex.: imagine-se que a defesa foi a única que apelou de uma sentença, conseguindo a anulação (cassação) desta

106. Aditar significa acrescer algo. Ex.: no curso do processo o MP descobre que colaborou para o crime outra pessoa além do sujeito denunciado. Deverá, neste caso, o MP promover o aditamento à denúncia (que nada mais é do que uma nova denúncia para, *in casu*, incluir o outro agente).

por conta da existência de uma nulidade no referido *decisum*. Neste caso, o Tribunal, ao anular a sentença, irá determinar à instância *a quo* que profira outra. Pois bem, a nova sentença a ser prolatada não poderá ter a pena maior do que a fixada na sentença anulada, sob pena de se configurar em uma reforma para pior *indireta (por via oblíqua)* para o réu. Isto é, num primeiro momento a decisão foi favorável ao réu (pois conseguiu a anulação pretendida). Entretanto, num segundo momento, com a prolação da nova sentença, o réu termina sendo prejudicado por ter optado por recorrer (caso não tivesse recorrido, sua situação teria sido melhor). Esta situação (assim como a *reformatio in pejus* direta) é igualmente inaceitável. Veda-se, portanto, no Brasil tanto a *reformatio in pejus* direta como a indireta (vide Súmula 160 do STF e STJ, REsp 1311606/RN, DJ 27/05/2014, *DJe* 09/06/2014).

Ainda sobre a proibição à *reformatio in pejus indireta, cumpre esclarecer duas questões:*

1ª questão: *a proibição da* reformatio in pejus *indireta se aplica também às decisões proferidas pelo Tribunal do Júri?* Explica-se melhor a pergunta. Caso uma decisão do Júri seja anulada pelo Tribunal *ad quem*, em razão dele ter reconhecido que os jurados julgaram de forma manifestamente contrária à prova dos autos (art. 593, III, "d", e § 3º, CPP), pode a decisão do novo corpo de jurados agravar a situação do acusado, ou aqui também se impõe a vedação à *reformatio in pejus* indireta? **Resposta:** há tradicional orientação defendendo que a regra da proibição à *reformatio in pejus* indireta não tem aplicação quando se trata de decisão proferida pelo Tribunal do Júri. Isso porque o princípio constitucional da soberania dos veredictos (art. 5º, XXXVIII, "c", da CF) prepondera nessa hipótese, não podendo a regra da reforma para pior limitar a atuação dos jurados, que são soberanos em suas decisões. Nessa linha: sólida jurisprudência do STJ (REsp 1068191/SP, *DJe* 10/05/2010) e majoritária doutrina (Grinover, Mirabete, Tourinho Filho, dentre outros).

Por outro lado, conforme assinala essa mesma corrente, somente seria possível falar em vedação à *reformatio in pejus* indireta no âmbito do Júri quando o novo corpo de jurados julgar da mesma forma que o júri anterior (mesmos fatos e circunstâncias). Nessa hipótese específica, o juiz togado, no momento da dosimetria da pena, ficaria atrelado ao máximo de reprimenda estabelecida no julgamento anterior, não podendo, portanto, piorar a situação do acusado. Nessa linha: os autores acima citados; STJ (HC 108333/SP, DJ 16/06/2009, *DJe* 08/09/2009) e STF (HC 73367/MG, DJ 12/03/1996, *DJe* 29.06.2001).

Porém, necessário ressaltar que, desde 2009, o STF, alterando antiga posição sobre o assunto, passou a entender que o preceito da vedação à *reformatio in pejus* indireta se aplica *in totum* às decisões proferidas pelo Tribunal do Júri e não apenas quando os jurados reconhecerem os mesmos fatos e circunstâncias do julgamento anterior anulado – STF (RE 647302 ED/RS, DJ 15/10/2013, *DJe* 19/11/2013). Um dos motivos apresentados pela Suprema Corte é que a regra fixada no art. 617, CPP (vedação à *reformatio in pejus*), seja na modalidade direta, seja na indireta, não comporta exceção (nem mesmo em relação ao Júri). É preciso, pois, que o leitor fique atento às posições divergentes dos tribunais superiores sobre a temática em tela.

2ª questão: *a proibição da* reformatio in pejus *indireta se aplica no caso de decisão proferida por juiz absolutamente incompetente?* **Resposta:** para significativo setor da doutrina, a proibição da *reformatio in pejus* indireta não se aplica ao caso de decisão prolatada por juiz absolutamente incompetente. Principal motivo alegado: a sentença proferida por juiz absolutamente incompetente ofende, em última análise, o princípio do juiz natural, o que torna esse ato jurídico mais do que nulo, ou seja, inexistente. Assim, tratando-se a sentença prolatada por juiz absolutamente incompetente de ato jurídico inexistente, impossível que esse *decisum* produza qualquer efeito, inclusive o do *ne reformatio in pejus* indireta. *Porém, os tribunais superiores não compartilham dessa visão, pois, para eles, mesmo no caso de reconhecimento de incompetência absoluta, a nova decisão não poderá piorar a situação do réu que recorreu de modo exclusivo.* Nesse sentido: STF (HC 107731 Extn/PE, *DJ* 02/03/2012) e STJ (HC 151581/DF, *DJ* 13/06/2012).

Finalmente, ainda sobre o tema "vedação à *reformatio in pejus*", destaque-se que prevalece na comunidade jurídica que, em caso de *recurso exclusivo da acusação*, é possível *a melhora* da situação do acusado pelo órgão *ad quem* (chama-se esse figura de *reformatio in mellius*). Isto porque se entende que, acima da vedação à *reformatio in pejus*, está o *status libertatis do* acusado. Dessa forma, conclui a doutrina que a proibição da *reformatio in pejus* (direta ou indireta) incidiria apenas quando se tratasse de recurso exclusivo da defesa (e não da acusação), uma vez que, neste último caso, seria possível sim a melhora da situação do réu de ofício pela instância superior;

e) Unirrecorribilidade (singularidade ou unicidade): em regra, cabe apenas um recurso específico para atacar determinada decisão (art. 593, § 4º, CPP). Ex.: a sentença desafia recurso de apelação (art. 593, CPP). Porém, excepcionalmente, uma única decisão poderá desafiar mais de um recurso. Ex.: um mesmo acórdão pode violar, ao mesmo tempo, lei federal e a CF. Logo, atacável, simultaneamente, por recurso especial (REsp) e extraordinário (RE). Nesse sentido: "o princípio da unirrecorribilidade, ressalvadas as hipóteses legais, impede a cumulativa interposição, contra o mesmo *decisum*, de mais de um recurso. O desrespeito ao postulado da singularidade dos recursos torna inviável o conhecimento do segundo recurso, quando interposto contra o mesmo ato decisório, porquanto preclusa a via recursal" (STJ, AgRg no AREsp 189578/RJ, DJ 03/12/2013, *DJe* 13/12/2013);

f) Complementariedade: significa "a *possibilidade de modificação do recurso em razão de modificação superveniente na fundamentação da decisão*" (LOPES JR., 2010, v. II, p. 481) (destacamos). Ex.: imagine-se que, após a sentença, a defesa apela e a acusação interpõe embargos declaratórios. Havendo mudança na sentença após o julgamento dos embargos, será possível à defesa *complementar* o recurso anteriormente apresentado. Para tanto, o prazo recursal será renovado.

19.4. Pressupostos (condições ou requisitos) recursais

Para se recorrer de uma decisão, faz-se necessário o preenchimento de certos pressupostos (objetivos e subjetivos). A satisfação de tais pressupostos é fundamental para que o órgão julgador, num primeiro momento, considere viável (admita) o recurso, a fim de que, num segundo momento, o mérito possa ser examinado. Antes de examinarmos tais pressupostos, é preciso que duas noções fiquem claras na mente do leitor, a saber:

Juízo de admissibilidade (de conhecimento ou de prelibação recursal): consiste *no exame dos pressupostos recursais* (exs.: *tempestividade, interesse recursal etc.*) *efetuado pelo órgão julgador competente quando da apresentação de um recurso por uma das partes*. A falta de um desses pressupostos inviabiliza o exame do mérito recursal. Destaque-se que, em regra, o juízo de admissibilidade é realizado tanto no órgão *a quo*, como no *ad quem*;

Juízo de mérito (de provimento ou de delibação recursal): consiste no *exame efetuado pelo órgão julgador competente do mérito do recurso interposto pela parte*. Notemos que, a depender do pedido formulado no recurso, o deferimento (provimento) desse poderá acarretar na reforma (total ou parcial) da decisão atacada ou em sua anulação (cassação). Um recurso só poderá ter o seu pedido provido ou desprovido se tiver previamente sido conhecido.

Finalmente, vamos aos pressupostos recursais objetivos e subjetivos.

19.4.1. Pressupostos objetivos

a) Cabimento (previsão legal): é preciso que o recurso possua previsão expressa em lei;

b) Tempestividade: é preciso interpor o recurso dentro do prazo previsto pela lei, prazo esse contado a partir da data de intimação da parte (*dies a quo*). Ademais, os prazos recursais são contínuos e peremptórios, não se interrompendo por férias, domingo ou feriado, salvo no caso previsto do § 4º do art. 798, CPP, que diz: "não correrão os prazos, se houver impedimento do juiz, força maior, ou obstáculo judicial oposto pela parte contrária". Não se computa no prazo o dia do começo, incluindo-se, porém, o do vencimento. O prazo que terminar em dia não útil será prorrogado para o dia útil imediato. Vale ainda destacar que, "havendo dúvidas acerca da tempestividade do recurso, a solução mais adequada é em benefício do recorrente, admitindo-se o inconformismo interposto, preservando-se, assim, a garantia do duplo grau de jurisdição e a ampla defesa do acusado" (STJ, HC 152687/RS, *DJ* 01.09.2011). Seguem alguns entendimentos sumulares sobre a matéria em exame:

> STF, 310: "quando a intimação tiver lugar na sexta-feira, ou a publicação com efeito de intimação for feita nesse dia, o prazo judicial terá início na segunda-feira imediata, salvo se não houver expediente, caso em que começará no primeiro dia útil que se seguir".

> STF, 710: "no processo penal, contam-se os prazos da data da intimação, e não da juntada aos autos do mandado ou da carta precatória ou de ordem".

> STF, 428: "não fica prejudicada a apelação entregue em cartório no prazo legal, embora despachada tardiamente".

> STJ, 216: "a tempestividade de recurso interposto no Superior Tribunal de Justiça é aferida pelo registro no protocolo da Secretaria e não pela data da entrega na agência do correio".

> STJ, 418: "é inadmissível o recurso especial interposto antes da publicação do acórdão dos embargos de declaração, sem posterior ratificação".

E, também, vale transcrever o art. 575, CPP: "não serão prejudicados os recursos que, por erro, falta ou omissão dos funcionários, não tiverem seguimento ou não forem apresentados dentro do prazo";

c) Regularidade formal: *deve-se interpor o recurso conforme a forma estabelecida por lei para que ele possa ser conhecido pelo órgão julgador*. Assim, enquanto alguns recursos devem ser interpostos exclusivamente por petição, outros admitem a interposição por termo nos autos (art. 578, CPP), como no caso de RESE (art. 587, CPP) e apelação (art. 600, CPP);

d) Inexistência de fatos impeditivos e extintivos: para que o recurso possa ser apreciado pelo órgão julgador é preciso ainda que certos fatos impeditivos e extintivos não se façam presentes. Ex.: caso a parte desista do recurso interposto, teremos um fato extintivo do recurso, logo, sua apreciação restará prejudicada;

d1) Impede a admissibilidade dos recursos: a renúncia ao direito de recorrer, ou seja, a manifestação de vontade, expressa ou tácita, da parte no sentido de que não pretende recorrer da decisão. Ex.: deixar escoar *in albis*[107] o prazo para interpor o recurso.

Nota: com a reforma promovida pela Lei 11.719/2008 no CPP, que, dentre outras coisas, revogou o art. 594, *o não recolhimento do réu à prisão não impede mais a admissibilidade do recurso*. Nesse sentido, consulte-se também a Súmula 347 do STJ.

Ainda sobre o tema, revela-se oportuno transcrever os seguintes entendimentos sumulares:

> STF, 705: "a renúncia do réu ao direito de apelação, manifestada sem a assistência do defensor, não impede o conhecimento da apelação por este interposta".

> STF, 708: "é nulo o julgamento da apelação se, após a manifestação nos autos da renúncia do único defensor, o réu não foi previamente intimado para constituir outro".

Uma interpretação possível que pode ser extraída dessas duas súmulas é: *deve prevalecer a vontade de recorrer (provenha esta vontade do defensor técnico ou do réu)*. Nesse sentido: "havendo discordância sobre a conveniência da interposição de recurso, deve prevalecer a manifestação de vontade quem optar por sua apresentação, quer provenha da defesa técnica ou da autodefesa" (STJ, HC 162071/SP, DJ 01/03/2012, *DJe* 20/03/2012); e, também, Grinover *et. al.* (2011, p. 108). Porém, há que se ressaltar que esse entendimento não é pacífico, existindo orientação no sentido de que deve prevalecer, em qualquer situação, a vontade do defensor técnico, uma vez que este é quem pode melhor avaliar a vantagem prática no manejo do recurso;

d2) Fatos extintivos (obstam a apreciação de recurso já interposto): trata-se da desistência do recurso interposto.

Nota: Com a reforma promovida pela Lei 12.403/2011, que, dentre outras coisas, revogou o art. 595, CPP, a fuga do réu não obsta mais a apreciação do recurso interposto. Não há mais que se falar em deserção provocada pela fuga do réu. Mesmo que o réu fuja, o recurso será conhecido e apreciado pelo órgão julgador competente.

Saliente-se ainda que o instituto da desistência não se aplica ao MP, *i. e.*, não pode este órgão desistir do recurso

107. Decurso do prazo sem que o interessado se manifeste a respeito.

por ele interposto (art. 576, CPP). Tal imposição decorre do princípio da indisponibilidade (já estudado) vigente na ação penal pública. Temos assim que: o MP não está obrigado a recorrer (princípio da voluntariedade recursal), porém, se o fizer, não poderá desistir do recurso interposto (princípio da indisponibilidade).

19.4.2. *Pressupostos subjetivos*

a) Interesse: somente a parte que possuir interesse na reforma/anulação da decisão poderá recorrer – art. 577, parágrafo único, CPP. O interesse decorre da sucumbência (total ou parcial). Assim, por exemplo, caso a parte tenha sido vencedora em todos os pontos sustentados, carecerá, em tese, de interesse recursal na reforma ou cassação da decisão prolatada;

Dissemos "em tese" porque há situações em que, mesmo sem a parte ter sucumbido, há interesse de manejar recurso. Vamos a um exemplo.

Em caso de sentença *absolutória*, há interesse de a *defesa* recorrer da decisão para alterar a sua fundamentação quando a motivação da sentença for daquelas que, embora absolvendo o réu, permita a ação cível contra esse. É o que ocorre quando o juiz absolve o réu por entender *que não existem provas suficientes contra ele* (art. 386, V, CPP). Note-se que as provas podem não ter sido suficientes para uma condenação penal (que exige, por sua própria natureza, um robusto material probatório), entretanto, nada impede que o interessado ingresse com ação cível contra o réu, haja vista que aquelas mesmas provas poderão ser ali suficientes para uma eventual condenação no campo cível. Assim, tendo em vista que esse tipo de absolvição (como é o caso da prevista no art. 386, V, CPP) não "fecha as portas do cível", é possível que o réu, mesmo que não tenha sucumbido, ingresse com recurso para *alterar a fundamentação da decisão que o absolveu*. Nessa linha: "o réu tem direito subjetivo para recorrer da sentença absolutória, com finalidade de modificar o fundamento legal da absolvição, firmada na insuficiência de provas para ver reconhecida a atipicidade do fato ou, então, não constituir sua conduta infração penal. O que justifica esse interesse recursal é o prejuízo que decorre dos efeitos indenizatórios diversos, dos fundamentos citados, na esfera civil, mormente na satisfação do dano *ex delicto*" (TAPR AP 150143 *DJ* 24.05.2001).

Vale ressaltar que a sentença que decreta a extinção da punibilidade pela prescrição da pretensão punitiva tem o condão da apagar **todos** os efeitos condenatórios. No entendimento dos Tribunais Superiores, tal fato enseja a ausência de interesse recursal, mesmo em relação ao manejo da apelação com vistas ao reconhecimento da atipicidade da conduta (STJ, APn 688/RO, DJ 21.11.12, *DJe* 04/04/2013).

Noutro giro, algumas observações quanto ao interesse recursal do MP precisam ser feitas:

I. Sendo o MP o autor da ação penal, é possível que, em sede recursal, esse órgão recorra em benefício do acusado – seja requerendo a diminuição de pena, seja a absolvição do réu, seja qualquer outro benefício cabível. É que, por conta do conteúdo do art. 127, CF e do especial papel que o MP desempenha no processo penal, tem esse órgão ampla possibilidade de recorrer em benefício do réu. Tudo o que foi dito aqui se aplica, *in totum*, aos casos de ação penal privada subsidiária da pública (art. 29, CPP). Vale dizer, também nesse tipo de ação o MP detém ampla faculdade de recorrer em favor do réu;

II. No caso de ação penal privada (exclusivamente privada ou personalíssima), é possível ao MP recorrer em benefício do réu (requerendo a sua absolvição, p. ex.). Porém, sendo *absolutória a sentença, não poderá* o MP requerer a condenação do querelado. É que, em razão da natureza da ação penal, entende-se que prevalece o princípio da oportunidade, ficando, portanto, à conveniência do *querelante* decidir pelo recurso para tentar provocar o agravamento da situação do réu.

Por fim, vale acrescentar que, no que tange ao assistente de acusação, segundo orientação consolidada nos tribunais superiores, é-lhe possível, autonomamente, interpor recurso de apelação contra a sentença penal condenatória com o objetivo de exasperar a pena imposta ao réu (STJ, AgRg no REsp 1312044/SP, DJ 24/04/2014, *DJe* 05/05/2014). Isso porque entende a jurisprudência que o assistente não tem apenas o interesse de obter o título executivo judicial (sentença condenatória) para, posteriormente, executá-lo, mas, também, tem o assistente interesse de ver aplicada ao réu uma pena justa, correta;

b) Legitimidade: o recurso deve ser interposto por quem é parte na relação processual ou, excepcionalmente, por terceiros quando houver autorização legal expressa nesse sentido (ex.: art. 598, CPP). O CPP dispõe que, em regra, são legitimados para interpor recurso: o MP, o querelante, o réu (autonomamente) e o defensor do réu.

É importante perceber que, no processo penal, o réu, de forma autônoma, pode interpor recurso. Essa permissão visa a concretizar o princípio da ampla defesa, possibilitando ao próprio acusado (mesmo que não possua capacidade postulatória, mesmo que não seja advogado) interpor recurso. Porém, conforme entende a jurisprudência, caso o réu não possua capacidade postulatória (*i. e.*, não seja advogado, p. ex.), não poderá, autonomamente, apresentar as razões recursais. Apenas quem possui capacidade postulatória poderá apresentar as razões (STJ, AgRg no HC 179776/ES, DJ 13/05/2014, *DJe* 02/06/2014).

Ademais, conforme dito antes, não são apenas as pessoas indicadas no art. 577 que poderão interpor recurso. Isso porque a lei, em situações específicas, faculta também a terceiros essa possibilidade. Nesse sentido, consultar o art. 598, CPP, que diz que a vítima (ou o CCADI[108]), diante de eventual inércia do MP, pode interpor recurso (mesmo que não tenha se habilitado anteriormente como assistente no processo) nos seguintes casos: decisão de impronúncia (art. 584, § 1º); quando julgada extinta a punibilidade (art. 584, § 1º); e no caso de sentença absolutória (art. 598).

Dê-se destaque ainda à Súmula 210, STF, que diz: "o assistente do Ministério Público pode recorrer, inclusive extraordinariamente, na ação penal, nos casos dos arts. 584, § 1º e 598 do Código de Processo Penal". Significa essa súmula que o assistente pode, de forma autônoma, interpor e arrazoar recurso extraordinário naqueles casos em que poderia recorrer autonomamente (indicados acima). Notemos que o teor dessa súmula, conforme aponta a doutrina (AVENA, 2011, p. 1102), aplica-se *in totum* ao recurso especial também.

108. CCADI = cônjuge, companheiro, ascendente, descendente ou irmão.

19.5. Efeitos dos recursos

Os recursos podem ter os seguintes efeitos:

a) devolutivo: o recurso *devolve* a matéria recorrida à instância *ad quem*, bem como permite que a instância superior tome contato (e se pronuncie) sobre matéria passível de conhecimento de ofício pelo julgador (ex: falta de citação). Neste último caso, ainda que a matéria possa ser conhecida de ofício, caso prejudique o réu (e a acusação não a tenha abordado em recurso próprio), não poderá a questão ser apreciada pela instância superior. É esse o sentido da Súmula 160, STF: "é nula a decisão do tribunal que acolhe, contra o réu, nulidade não arguida no recurso da acusação, ressalvados os casos de recurso de ofício";

b) suspensivo: não são todos os recursos que possuem efeito suspensivo. Este ocorre quando o recurso suspende a produção dos efeitos da decisão impugnada. Ex.: no caso de recurso contra a decisão de pronúncia, o julgamento do processo pelos jurados ficará suspenso até que se decida a respeito do recurso interposto (art. 584, § 2º, CPP). Notemos, ademais, que o recurso contra a sentença absolutória não possui efeito suspensivo. Desse modo, o réu, se preso estiver, deverá ser colocado em liberdade imediatamente, mesmo que, p. ex., a acusação tenha interposto recurso contra a referida absolvição – *vide* art. 596, CPP;

c) regressivo (ou diferido): trata-se da possibilidade de o próprio juiz se retratar da decisão que prolatou. No Processo Penal, tal efeito existe no RESE (recurso em sentido estrito – art. 589, CPP), no agravo em execução (art. 197, LEP – que segue o mesmo rito do RESE), na carta testemunhável e no agravo contra despacho denegatório de recurso especial e extraordinário;

d) extensivo, expansivo, iterativo ou extensão subjetiva do efeito devolutivo: pode ocorrer em caso de concurso de pessoas. Explica-se. Se um réu interpõe recurso fundado em motivo de caráter não exclusivamente pessoal (ex.: questionando a tipicidade da conduta), sendo provido o recurso, este aproveitará ao corréu que não tenha recorrido (art. 580, CPP).

Examinemos, agora, os **recursos em espécie**.

19.6. Recurso em Sentido Estrito (RESE)

Esse recurso busca atacar decisões interlocutórias que produzam algum tipo de gravame à parte. Conforme sublinha a doutrina, as hipóteses de cabimento de RESE (seja no CPP seja em lei extravagante) são taxativas (trata-se de um número restrito de situações, portanto). Porém, isso não impedirá, em alguns casos, o emprego de interpretação extensiva.

19.6.1. Previsão legal

O RESE tem previsão legal, sobretudo, no CPP (art. 581), porém há também hipóteses esparsas em legislação extravagante (ex.: art. 294, parágrafo único, Lei 9.503/1997 – CTB).

19.6.2. Efeitos

a) Devolutivo: o RESE devolve à apreciação do órgão julgador a matéria recorrida. A devolução fica restrita à matéria impugnada (o efeito devolutivo não é amplo, portanto);

b) Suspensivo: em regra, o RESE não possui efeito suspensivo. Exceções: RESE contra a decisão que denega a apelação ou que a julga deserta; contra a pronúncia; e contra a decisão que determina a perda ou a quebra da fiança. Nestes casos, há efeito suspensivo. Consulte-se o art. 584, CPP;

c) Regressivo: cabe juízo de retratação no RESE (art. 589, CPP): com a resposta do recorrido ou sem ela, o juiz poderá manter ou reformar a decisão. Mantendo, remeterá os autos ao órgão *ad quem*. Reformando a decisão, a parte contrária, que agora ficou prejudicada, poderá pedir a pronta remessa dos autos ao tribunal, desde que dessa nova decisão também caiba RESE.

19.6.3. Legitimidade

Em regra, podem interpor RESE o MP, o querelante, o réu e o defensor.

Quanto à vítima, só pode interpor RESE da decisão que declarar extinta a punibilidade do acusado (art. 584, § 1º, CPP).

No caso de decisão que inclui ou exclui o nome de jurado da lista geral, qualquer um do povo poderá interpor RESE (art. 581, XIV, CPP).

Atenção: Parte considerável da doutrina vem entendendo que tal dispositivo foi revogado tacitamente por força da nova redação do art. 426, § 1º, CPP, introduzida pela Lei nº 11.689/2008, que prevê a impugnação por meio de reclamação feita por qualquer do povo ao juiz presidente até o dia 10 de novembro de cada ano (TÁVORA, 2014, p. 1105; OLIVEIRA, 2014, p. 983; e LIMA, 2014, p. 1627).

19.6.4. Formalidades e processamento do RESE

Pode ser interposto por meio de petição ou por termo nos autos – art. 578, CPP.

Se realizado por meio de petição (modo mais comum), o RESE deverá ser composto por duas peças:

I. Petição de interposição: endereçada ao próprio órgão prolator da decisão impugnada; com prazo, em regra, de 5 dias (contados a partir da prolação da decisão); essa peça compreende, em síntese, uma demonstração de insatisfação do recorrente diante da decisão impugnada;

II. Razões recursais: dirigidas à instância *ad quem*; com prazo de 2 dias (contados da intimação judicial para essa finalidade); são os fundamentos de fato e de direito do recurso. Note-se que as contrarrazões, se oferecidas pela parte, também devem observar o prazo de 2 dias.

No que tange ao processamento do RESE, em regra, este recurso será processado por instrumento (traslado). Isto significa que o interessado deverá providenciar a fotocópia de algumas peças fundamentais do processo, fazendo a juntada destas quando da interposição do recurso (ou das contrarrazões recursais) – art. 587, CPP.

Em contrapartida, o RESE não subirá por instrumento, mas nos próprios autos do processo, nas hipóteses delineadas pelo art. 583, CPP, a saber:

a) RESE contra decisão que não recebe a denúncia;

b) contra decisão que julga procedente as exceções, salvo a de suspeição;

c) contra a pronúncia;

d) contra a decisão que julga extinta a punibilidade do réu;

e) contra a decisão que concede ou nega o HC; e

f) quando não prejudicar o andamento do processo principal.

19.6.5. Prazos

a) **Petição de interposição:** 5 dias (art. 586, CPP). **Exceções:**

I. 20 dias (parágrafo único do art. 586) no caso de RESE contra a decisão que inclui ou exclui jurado da lista geral do Tribunal do Júri (**Ver ressalva no item 19.6.3**);

II. 15 dias para a vítima não habilitada como assistente de acusação para interpor RESE contra declaração da extinção da punibilidade em caso de inércia do MP - art. 584, § 1º, c/c o art. 598, CPP.

b) **Razões recursais**: 2 dias (art. 588, CPP).

Nota: após as razões do recorrente será dada vista ao recorrido para apresentar as suas contrarrazões recursais, cujo prazo será também de 2 dias.

19.6.6. Hipóteses de cabimento do art. 581, CPP

O rol do art. 581 é taxativo (o que não impede a interpretação extensiva em alguns casos).

É preciso estar atento a esse art. 581, pois diversos de seus incisos encontram-se prejudicados (em razão do cabimento do agravo em execução - art. 197, LEP - em lugar do RESE) ou mesmo revogados. Examinemos um a um os incisos do art. 581. Cabe RESE da decisão:

I. que não receber a denúncia ou a queixa.

Ex.: caso a inicial penal não seja formulada de acordo com o art. 41, CPP (exposição do fato criminoso, com todas as suas circunstâncias, qualificação do acusado ou esclarecimentos pelos quais se possa identificá-lo etc.), o juiz a rejeitará.[109]

A majoritária comunidade jurídica faz interpretação extensiva desse inciso I, dizendo que cabe também RESE da decisão que não recebe o aditamento à denúncia. Aditar significa acrescentar algo. Ex.: no curso do processo o MP descobre que colaborou para o delito outra pessoa além do sujeito denunciado. Deverá, neste caso, o MP promover o aditamento à denúncia (que nada mais é do que uma nova denúncia para, *in casu*, incluir o outro agente). Pois bem, efetuado o aditamento, caso o juiz rejeite esta peça, caberá RESE com base em interpretação extensiva do inciso I do art. 581, CPP.

Noutro giro, não cabe recurso da decisão que recebe a inicial penal (só da que rejeita). Em caso de recebimento, resta ao réu ingressar com eventual HC. Ex.: denúncia recebida sem suporte probatório mínimo. Cabe HC nesta situação para tentar trancar ("arquivar") a ação penal.

Note-se que, caso a acusação interponha RESE da decisão que rejeitar a denúncia, é necessário intimar a defesa para, querendo, oferecer contrarrazões. Trata-se de homenagem aos princípios da ampla defesa e contraditório. Não é outro o entendimento da Súmula 707, STF: "constitui nulidade a falta de intimação do denunciado para oferecer contrarrazões ao recurso interposto da rejeição da denúncia, não a suprindo a nomeação de defensor dativo".

Finalmente, em se tratando de JECRIM, o recurso cabível da decisão que rejeita inicial penal não é o RESE, mas **a apelação** (*vide* art. 82, Lei 9.099/1995);

II. que concluir pela incompetência do juízo.

Ex.: caso o juiz-presidente do Júri prolate decisão de desclassificação (art. 419, CPP), será cabível o RESE;

III. que julgar procedentes as exceções, salvo a de suspeição.

O inciso refere-se às exceções de litispendência, incompetência, ilegitimidade de parte e coisa julgada. Ressalte-se que as decisões que rejeitam essas exceções são irrecorríveis. É que, no caso de rejeição, o próprio juiz remeterá a exceção ao tribunal - art. 103, § 3º, CPP.

Por outro lado, perceba-se que acolhida a decisão de suspeição pelo próprio juiz excepto, não caberá recurso dessa decisão, daí porque a ressalva que faz a parte final do inciso;

IV. que pronunciar o réu.

Trata-se de caso clássico de cabimento de RESE. A pronúncia (art. 413, CPP) é a decisão que submete o acusado à 2ª fase do júri, julgando admissível a imputação formulada na denúncia pelo MP. Dessa decisão, cabe RESE.

Perceba-se que, com a reforma promovida pela Lei 11.689/2008, a decisão de impronúncia e a sentença de absolvição sumária não desafiam mais o RESE. Agora, de acordo com o art. 416, CPP, o recurso cabível é o de apelação;

V. que conceder, negar, arbitrar, cassar ou julgar inidônea a fiança, indeferir requerimento de prisão preventiva ou revogá-la, conceder liberdade provisória ou relaxar a prisão em flagrante.

Atenção: da decisão que decreta prisão preventiva, não cabe RESE, mas pedido de revogação da preventiva ou HC (conforme o caso, ex: decisão que decreta a preventiva sem estar fundamentada idoneamente). Da decisão que nega o pedido de relaxamento de prisão, não cabe RESE, mas HC;

VI. (revogado pela Lei 11.689/2008).

Nota: com a reforma promovida pela Lei 11.689/2008, a decisão de impronúncia e a sentença de absolvição sumária não desafiam mais o RESE. Agora, de acordo com o art. 416, CPP, o recurso cabível é o de apelação;

VII. decisão que julgar quebrada a fiança ou perdido o seu valor.

Exemplo de quebra da fiança: acusado afiançado que descumpre as obrigações dos arts. 327, 328 ou 341, CPP. Da decisão que julga quebrada a fiança, cabe RESE.

Exemplo de perda da fiança (arts. 344 e 345, CPP): réu condenado em definitivo à pena privativa de liberdade que empreende fuga. Da decisão que julgar perdida a fiança, cabe RESE;

VIII. decisão que decretar a prescrição ou julgar, por outro modo, extinta a punibilidade.

Ex.: caso o juiz declare nos autos a ocorrência de prescrição, caberá RESE desta decisão;

IX. decisão que indeferir o pedido de reconhecimento da prescrição ou de outra causa extintiva da punibilidade;

X. decisão que conceder ou negar a ordem de *habeas corpus*.

No caso de indeferimento de HC, vale lembrar que nada impede que outro HC possa ser impetrado a superior instância. Na realidade, na praxe forense é muito mais comum, na situação tratada por esse inciso, impetrar novo HC do que interpor RESE;

XI. decisão que conceder, negar ou revogar a suspensão condicional da pena.

---

109. Há quem diferencie não recebimento de rejeição da inicial. Neste livro, seguiremos a majoritária corrente que usa as expressões não recebimento e rejeição como sinônimas.

Inciso prejudicado. A concessão ou negativa do *sursis* se dá no corpo da sentença (logo, o recurso cabível é a apelação, e não o RESE).

Por outro lado, a eventual revogação do *sursis* se dá no curso da execução da pena, logo, cabível o agravo em execução (art. 197, LEP) e não o RESE. Note-se que o agravo em execução é o recurso cabível contra as decisões proferidas no curso da execução penal pelo Juízo das Execuções Penais;

XII. decisão que conceder, negar ou revogar livramento condicional.

Prejudicado. Trata-se de decisão que se dá no curso da execução da pena. Cabível o agravo em execução (art. 197, LEP) e não o RESE;

XIII. decisão que anular o processo da instrução criminal, no todo ou em parte.

Ex.: juiz que reconhece a ilicitude da prova e a contaminação que esta provocou nas demais provas, anulando o processo. Dessa decisão, cabe RESE;

XIV. decisão que incluir jurado na lista geral ou desta o excluir.

Ver observação no item 19.6.3.

XV. decisão que denegar a apelação ou a julgar deserta.

Denegação = não conhecimento. Significa que a apelação não preencheu todos os pressupostos. Ex.: apelação interposta fora do prazo. Caso o juiz se depare com uma apelação extemporânea, irá denegá-la. Dessa decisão, cabe RESE como forma de tentar forçar a subida do recurso de apelação à instância superior.

Deserção. Ex.: falta de preparo do recurso. No que tange à deserção pela fuga do réu, é preciso notar que, após a reforma de 2008, a evasão do acusado não tem mais o condão de impedir o conhecimento do recurso;

XVI. decisão que ordenar a suspensão do processo, em virtude de questão prejudicial.

Ex.: juiz que determina a suspensão do processo criminal em razão de questão prejudicial no juízo cível (discussão sobre a posse da coisa furtada). Cabe RESE dessa decisão;

XVII. decisão que decidir sobre a unificação de penas.

Prejudicado. Trata-se de decisão tomada no curso da execução penal. Cabível o agravo em execução;

XVIII. decisão que decidir o incidente de falsidade documental;

XIX. decisão que decretar medida de segurança, depois de transitar a sentença em julgado;

Prejudicado. Trata-se de decisão que se dá no curso da execução da pena. Cabível o agravo em execução (art. 197, LEP);

XX. decisão que impuser medida de segurança por transgressão de outra.

Prejudicado. Cabe, na verdade, agravo em execução. Ex.: descumprimento do tratamento ambulatorial;

XXI. decisão que mantiver ou substituir a medida de segurança, nos casos do art. 774.

Prejudicado. O art. 774 foi tacitamente revogado. Não existe mais essa hipótese;

XXII. decisão que revogar a medida de segurança.

Prejudicado. Trata-se de decisão que se dá no curso da execução da pena. Cabível o agravo em execução (art. 197, LEP);

XXIII. decisão que deixar de revogar a medida de segurança, nos casos em que a lei admita a revogação.

Prejudicado. Trata-se de decisão que se dá no curso da execução da pena. Cabível o agravo em execução (art. 197, LEP);

XXIV. decisão que converter a multa em detenção ou em prisão simples.

Prejudicado. Desde 1996, é impossível no país a conversão da multa em pena privativa de liberdade (*vide* art. 51, CP). Não pode mais o juiz efetuar tal conversão.

19.7. Apelação (arts. 593 a 603, CPP)

Trata-se de um dos mais importantes recursos, não apenas por ser um dos mais antigos, mas também por possuir o maior efeito devolutivo de todos (ampla possibilidade de discussão de toda a matéria de fato e de direito). A apelação tanto poderá provocar a reforma da decisão recorrida (caso em que o *decisum* será substituído por outro proferido pela instância *ad quem*), como também poderá provocar a anulação da decisão atacada (caso em que a instância *ad quem* determinará à *a quo* que outra decisão seja prolatada em lugar daquela anulada).

19.7.1. Efeitos

a) Devolutivo: a apelação possui o mais amplo efeito devolutivo dos recursos, com possibilidade de discussão de toda a matéria de fato e de direito. Porém, nada impede que o apelante delimite o tema que pretende discutir em segunda instância (é o que se chama de apelação parcial). De um jeito ou de outro, nada impede que o tribunal vá além da matéria impugnada, conhecendo de ofício outros pontos, desde que não prejudiciais à defesa. Reforça esta ideia a Súmula 160, STF, quando diz: "É nula a decisão do tribunal que acolhe, contra o réu, nulidade não arguida no recurso da acusação, ressalvados os casos de recurso de ofício";

b) Suspensivo: aqui é preciso distinguir a apelação da sentença condenatória da apelação da sentença absolutória.

A apelação interposta contra a sentença absolutória não tem efeito suspensivo. Explica-se: caso um réu que se encontre preso durante o curso do processo seja absolvido, deverá ser posto em liberdade automaticamente. Assim, mesmo que o MP interponha apelação contra a absolvição, este recurso *não suspenderá* o efeito da sentença absolutória de pôr o réu imediatamente em liberdade.

No caso de sentença condenatória, o art. 597, CPP, sublinha que há efeito suspensivo. Explica-se: condenado o acusado, caso seja interposta apelação pela defesa contra esta decisão, possuirá tal recurso efeito suspensivo no sentido de obstar os efeitos da condenação: prisão do réu; lançamento de seu nome no rol dos culpados etc. Não estamos querendo dizer com isso que não é possível a prisão do acusado no momento da sentença penal condenatória. Não é isto. É possível a prisão desde que presentes os requisitos da preventiva (prisão cautelar). O que não é possível é a prisão-pena (prisão-punição) enquanto não transitada em julgado a condenação. É por isso que se diz que a apelação suspende os efeitos da condenação;

c) Efeito iterativo, extensivo ou extensão subjetiva do efeito devolutivo (art. 580, CPP): pode ocorrer em caso de concurso de pessoas. Explica-se: se um réu interpõe recurso fundado em motivo de caráter não exclusivamente pessoal (ex.: questionando a tipicidade da conduta), sendo provido o recurso, este aproveitará ao corréu que não tenha recorrido.

19.7.2. *Legitimidade*

Em regra, podem interpor o recurso de apelação: MP, querelante, réu ou defensor.

Quanto à vítima, habilitada ou não como assistente de acusação, poderá interpor apelação quando o MP permanecer inerte nos seguintes casos: decisão de impronúncia (art. 416 c/c o art. 584, § 1º, CPP); sentença absolutória (art. 598, CPP); e absolvição sumária (seja a do art. 415, CPP – júri; seja a do art. 397, CPP – ritos ordinário e sumário).

19.7.3. *Formalidades da apelação*

Pode ser interposta por petição ou termo nos autos – art. 578, CPP.

Se interposta por petição (modo mais comum), a apelação deverá vir composta por duas peças:

I. Petição de interposição: endereçada ao próprio órgão prolator da decisão impugnada; com prazo, em regra, de 5 dias; tendo como conteúdo, em suma, a demonstração de insatisfação do recorrente;

II. Razões recursais: dirigidas à instância *ad quem*; com prazo de 8 dias; são os fundamentos de fato e de direito do recurso.

19.7.4. *Prazos*

a) Petição de interposição: regra: 5 dias (art. 593, CPP). Perceba-se que a tempestividade é aferida da data da interposição da apelação e não de sua juntada pelo cartório – Súmulas, 320 e 428, STF;

a1) Exceções:

I. em caso de inércia do MP, 15 dias para a vítima não habilitada como assistente de acusação para interpor apelação contra: a decisão de impronúncia (art. 416 c/c o art. 584, § 1º, CPP); a sentença absolutória (art. 598, CPP); e a absolvição sumária – seja a do art. 415, CPP, seja a do art. 397, CPP. Confira-se ainda a Súmula 448, STF: "o prazo para o assistente recorrer, supletivamente, começa a correr imediatamente após o transcurso do prazo do Ministério Público";

II. 10 dias para apelar no JECRIM (art. 82, Lei 9.099/1995). Note-se que no JECRIM a petição de interposição e a de razões recursais não possuem prazos distintos, devendo ser apresentadas conjuntamente;

b) Razões recursais: 8 dias (art. 600, CPP).

Nota: após as razões do recorrente será dada vista ao recorrido para apresentar as suas contrarrazões recursais, cujo prazo será também de 8 dias.

19.7.5. *Hipóteses de cabimento da apelação*

Cabe apelação contra (art. 593, CPP):

I. as sentenças definitivas de condenação – art. 593, I;

II. s sentenças definitivas de absolvição (inclua-se aí a absolvição sumária antecipada do art. 397, CPP, e a absolvição sumária do júri do arts. 415 e 416, CPP) – art. 593, I;

III. as decisões definitivas ou com força de definitiva, quando não couber recurso em sentido estrito. Ex.: da decisão que cancela a hipoteca legal, cabe apelação. Trata-se de hipótese subsidiária de apelação a ser aferida em cada caso concreto – art. 593, II;

IV. da decisão de impronúncia – art. 416, CPP;

V. no JECRIM, da decisão que rejeita a inicial penal, da sentença absolutória e condenatória e da homologatória da transação penal (art. 82, Lei 9099/1995);

VI. das decisões do Tribunal do Júri, quando (art. 593, III, CPP):

a) ocorrer nulidade posterior à pronúncia.

Ex.: indeferimento arbitrário pelo juiz de produção de prova em plenário;

b) for a sentença do juiz-presidente contrária à lei expressa ou à decisão dos jurados.

Ex.: o juiz-presidente suprime uma qualificadora reconhecida pelos jurados. Neste caso, a instância *ad quem* terá poderes para retificar a sentença do juiz-presidente, aplicando a qualificadora indevidamente suprimida – art. 593, § 1º, CPP;

c) houver erro ou injustiça no tocante à aplicação da pena ou da medida de segurança.

Ex.: juiz-presidente que, na dosimetria da pena, fixa injustificadamente a pena base do réu no seu patamar máximo (= pena injusta). Neste caso, a instância *ad quem também* terá poderes para retificar a sentença do juiz-presidente, aplicando o direito ao caso concreto – art. 593, § 2º, CPP;

d) for a decisão dos jurados manifestamente contrária à prova dos autos.

Para que seja viável a apelação aqui é preciso que a decisão dos jurados tenha se dado de forma totalmente dissociada do conjunto probatório constante dos autos. Não será cabível essa apelação se os jurados tiverem amparado a sua decisão em provas (ainda que frágeis) constantes dos autos. A possibilidade de julgar com base em provas frágeis é um dos pontos mais criticados por certo segmento da doutrina (LOPES JR, p. ex), pois termina-se por aniquilar o princípio do estado de inocência, mais especificamente o *in dubio pro reo.*

Nessa situação, a instância *ad quem* (o tribunal) tem apenas poder para anular (cassar) a decisão do júri, determinando a realização de novo julgamento (por outros jurados). Em homenagem à soberania dos veredictos, não poderá aqui o tribunal reformar a decisão. Pode-se apenas, repita-se, cassá-la e dissolver o conselho de sentença (o corpo de jurados) a fim de que outro júri seja realizado.

Atenção: só se pode apelar com base nesse motivo (decisão dos jurados manifestamente contrária à prova dos autos) uma única vez. Este comando atinge, inclusive, a parte contrária do processo, isto é, se uma parte apelar com base nesse fundamento, não poderá, posteriormente, a parte contrária (que não havia recorrido) apelar embasada no mesmo fundamento (STJ, HC 116913/RJ, DJ 16/12/2010, *DJe* 07/02/2011). Entretanto, note-se bem, nada impede eventual apelação posterior (por qualquer uma das partes; e quantas vezes necessárias forem) com arrimo nas outras alíneas do art. 593, III (ex: decisão do juiz que desrespeita a decisão dos jurados – alínea "b"). Para ficar mais claro, vamos a um exemplo do que dissemos no início deste parágrafo. Se a decisão dos jurados for anulada pela instância *ad quem* com base no dispositivo em comento e o novo conselho de sentença decidir, mais uma vez, de forma manifestamente contrária à prova dos autos, não será possível apelar novamente com base nesse artigo (art. 593, III, "d"), nem mesmo se o "novo" recurso for de iniciativa da parte que não recorreu. Repita-se: só se pode invocar o dispositivo em questão uma única vez. Assim, em casos de "duplo julgamento contrário à prova dos autos pelos jurados" restará apenas aguardar o trânsito em julgado para, posteriormente, ingressar com revisão criminal. A situação retratada nesse parágrafo gera duras (e corretas) críticas à instituição do júri que, no Brasil, tornou quase "intocável" a famigerada soberania dos veredictos. Consultar nesse particular: Paulo Rangel (2010) e Lopes Jr. (2010, v. 2).

Note-se ainda que, segundo estabelece a Súmula 713, STF: "o efeito devolutivo da apelação contra decisões do Júri é adstrito aos fundamentos da sua interposição". Significa isto que, no júri, os fundamentos indicados na petição de interposição delimitam a extensão do recurso, não podendo as razões recursais ampliar, posteriormente, a abrangência da petição de interposição. Ressalva aqui apenas para o caso de matéria cognoscível de ofício favorável ao réu (nulidade absoluta) que, embora não tenha sido apontada pela defesa em sua petição recursal, poderá sim, ser apreciada pela instância *ad quem* – Súmula, 160, STF.

19.7.6. Observações finais

Quando cabível a apelação, não poderá ser usado o recurso em sentido estrito, ainda que somente de parte da decisão se pretenda recorrer – art. 593, § 4º, CPP. Ex.: imagine-se que, no corpo da sentença, o juiz decida revogar a prisão preventiva do réu. Caberá aqui apelação e não RESE (art. 581, V, CPP), conforme se poderia pensar.

No julgamento das apelações poderá o tribunal, câmara ou turma proceder a novo interrogatório do acusado, reinquirir testemunhas ou determinar outras diligências.

19.8. Embargos de declaração

19.8.1. Conceito

Recurso oponível contra a decisão (leia-se: sentenças, acórdãos ou decisões interlocutórias) que apresente ambiguidade, obscuridade, omissão ou contradição (arts. 382, 619 e 620, CPP). Visa, portanto, a tornar a decisão mais clara, mais precisa.

19.8.2. Interposição

Deve ser efetuada junto ao órgão que prolatou a decisão considerada defeituosa.

19.8.3. Prazo

I. Regra: 2 dias – art. 382, CPP.

II. Exceções: 5 dias – JECRIM (art. 83, Lei 9.099/1995); e ação penal originária no STF (art. 337, § 1º, Regimento Interno). Ver HC 91002 ED/RJ, DJ 24/03/2009, *DJe* 22/05/2009.

Observações finais:

I. No caso de a decisão apresentar erros materiais (data equivocada, incorreção de grafia do nome da parte etc.), não é necessário à parte interpor de embargos de declaração. Pode o próprio julgador promover, de ofício, a correção; ou mesmo a parte poderá protocolizar uma simples petição nesse sentido;

II. Após o julgamento dos embargos, prevalece o entendimento de que o prazo para os demais recursos será integralmente devolvido às partes. Logo, os embargos *interrompem* o prazo recursal (STJ, AgRg no Ag 876449, *DJ* 22/06/2009). **Importante** destacar que a interrupção ocorre ainda que os embargos sejam considerados protelatórios (STJ, AgRg no REsp 1099875/MG, DJ 14/06/2011, *DJe* 01/08/2011). Por outro lado, no JECRIM, ocorre apenas a suspensão do prazo recursal (vide: art. 83, § 2º, Lei 9.099/1995).

19.9. Embargos infringentes e de nulidade (art. 609, parágrafo único, CPP)

Trata-se de *recurso exclusivo da defesa* que, ao atacar a falta de unanimidade dos julgadores de 2ª instância, busca reverter a situação em favor do acusado. Explica-se melhor. Apontando a defesa a existência de divergência entre os julgadores de uma Turma ou Câmara Criminal que decidiu, por exemplo, o recurso de apelação do réu, os embargos em análise buscam reverter o cenário em prol do réu, tentando fazer com que os demais julgadores alterem a sua posição pretérita e passem a seguir o voto vencido (favorável ao acusado).

19.9.1. Requisitos para o cabimento

a) decisão de 2ª instância não unânime e desfavorável ao réu (2 votos a 1, por exemplo);

b) voto vencido de um dos julgadores favorável ao réu;

c) esse recurso só é cabível contra o acórdão que julgar a *apelação*, o *RESE* e, segundo já decidiu o STF (HC 65988/PR, DJ 08/03/1989, *DJe* 18/08/1989), o *agravo em execução* (art. 197, LEP).

Notas:

Não será cabível esse recurso se a divergência dos julgadores se der apenas no tocante à fundamentação da decisão. Ex.: não cabem os embargos se um julgador divergir dos demais apenas quanto à fundamentação, sendo que a parte dispositiva (a conclusão) do acórdão foi idêntica à dos demais julgadores.

Os embargos ficam restritos à matéria divergente. Não poderão abranger, portanto, questões unânimes decididas pelos julgadores.

Vale também anotar as seguintes súmulas:

> STJ, 207: "é inadmissível recurso especial quando cabíveis embargos infringentes contra o acórdão proferido no tribunal de origem".

> STF, 293: "são inadmissíveis embargos infringentes contra decisão em matéria constitucional submetida ao plenário dos tribunais".

> STF, 455: "da decisão que se seguir ao julgamento de constitucionalidade pelo Tribunal Pleno, são inadmissíveis embargos infringentes quanto a matéria constitucional".

19.9.2. Espécies

I. os embargos infringentes atacam questão de mérito. Ex.: cabem infringentes contra o acórdão que por 2x1 condenou o réu. O voto vencido foi pela absolvição;

II. os embargos de nulidade buscam o reconhecimento de uma nulidade. Ex.: cabem embargos de nulidade contra o acórdão que não acolheu por 2x1 nulidade relativa à citação do réu. O voto vencido, favorável ao acusado, reconheceu a nulidade da citação.

Observação: nada impede a interposição de embargos infringentes e de nulidade simultaneamente (um só recurso) quando houver questões não unânimes (e favoráveis ao réu) de mérito e de nulidade.

19.9.3. Prazo

Dez dias da publicação do acórdão (art. 609, parágrafo único, CPP). A interposição deve ser feita perante o relator. As razões serão apresentadas ao tribunal simultaneamente à interposição (duas peças, portanto).

19.10. Carta testemunhável (arts. 639 a 646, CPP)

De acordo com o art. 639, CPP, trata-se de recurso residual (só podendo ser usado quando não existir outro recurso específico), cabível contra a decisão que não receber o recurso interposto pela parte ou que lhe obstaculizar o seguimento ao órgão *ad quem*.

19.10.1. Cabimento

I. da decisão que denegar o recurso;

II. da decisão que, embora tenha admitido o recurso, obste o seu seguimento para o órgão *ad quem*.

Interpretando-se sistematicamente o CPP, conclui-se que cabe carta testemunhável da decisão que denega ou obsta seguimento ao *agravo em execução* e ao *RESE*.

Atenção que a denegação da apelação desafia a interposição de RESE – art. 581, XV, CPP (e não de carta testemunhável). Agora se, nesta mesma situação, o RESE também for denegado, aí sim será cabível a carta testemunhável.

Note-se também que a interposição desse recurso é feita ao escrivão e não ao juiz (art. 640, CPP).

A carta testemunhável não possui efeito suspensivo (art. 646, CPP), significando isto, segundo dizem alguns autores (AVENA, 2011, p. 1182, p. ex.), que a interposição deste recurso não impede o prosseguimento do processo ou a eventual execução da sentença condenatória. Essa orientação, porém, é de duvidosa constitucionalidade, haja vista esbarrar no estado de inocência.

Como a carta testemunhável deve seguir o rito do recurso obstaculizado, caso ela (a carta) seja interposta contra a decisão que denegou ou negou seguimento ao agravo em execução ou RESE, haverá a incidência de efeito regressivo, uma vez que estes últimos recursos (agravo em execução e RESE) o possuem.

19.10.2. Prazo da carta testemunhável

O prazo para interposição do recurso é de 48h (art. 640, CPP)

19.11. Agravo em execução (art. 197 da LEP)

Cabível contra as decisões proferidas no curso da execução da pena pelo juízo da Execução Penal que causem algum gravame ao condenado ou ao submetido à medida de segurança.

19.11.1. Cabimento

O agravo em execução não possui cabimento taxativo como o RESE. A lei não enumera, portanto, as hipóteses de cabimento de agravo em execução. **Exemplos mais comuns:** decisão que nega a unificação das penas, a progressão de regime, a saída temporária, o livramento condicional etc.

19.11.2. Procedimento

Diante da falta de previsão legal, segue o mesmo rito e formalidades do RESE (vale a pena reler o que escrevemos anteriormente sobre esse recurso). Desse modo, o prazo é de 5 dias para a interposição (vide inclusive a Súmula 700, STF) e de 2 dias para apresentação de razões, admitindo-se, também, o juízo de retratação (efeito regressivo), tal qual sucede no RESE.

19.12. Recurso Ordinário Constitucional (ROC) em matéria criminal

Visa a assegurar o duplo grau de jurisdição a algumas situações específicas. O ROC pode ser manejado ao STJ ou ao STF, conforme o caso.

19.12.1. Cabimento de ROC para o STF – art. 102, II, CF:

a) decisão denegatória dos tribunais superiores (STJ, TSE, STM) em única instância de HC ou mandado de segurança (MS) (...).

O dispositivo trata de casos de *competência originária* dos tribunais superiores que deneguem HC ou MS.

Ex.: prefeito julgado pelo TJ impetra HC contra este órgão ao STJ, sendo que esta Corte denega o HC. Cabe ROC neste caso.[110] Incabível o ROC contra as decisões dos tribunais superiores que acolham o HC ou MS;

b) decisões relativas a crimes políticos: correspondem aos crimes previstos pela Lei de Segurança Nacional (Lei 7.170/1983), cuja competência é da JF (art. 109, IV, CF). Tendo em vista que a alínea em comento ("b" do inciso II do art. 102, CF) não menciona a necessidade de a decisão ser tomada em única ou última instância, conclui-se que, em caso de crime político, o 2º grau de jurisdição será sempre do Supremo Tribunal Federal, mediante interposição de ROC.

Ex.: Prefeito está sendo processado pelo TRF por crime político. Do acórdão, caberá ROC ao STF.

19.12.2. Cabimento do ROC para o STJ – art. 105, II, CF

a) Decisão denegatória de HC proferida por TRF ou TJ em única ou última instância.

Ex.: Fulano impetra HC ao TJ para trancar ação penal contra ele ingressada. O TJ denega a ordem. Cabe ROC ao STJ.

Atenção que por vezes, vale-se desse mesmo exemplo só que acrescentam que o TJ denegou o HC por maioria de votos.

110. Cabível também outro HC ao STF.

Mesmo assim, cabe ROC. Descabem os infringentes porque este recurso não ataca acórdão de HC não unânime, mas apenas acórdãos não unânimes de RESE, apelação e agravo em execução.

Note o leitor que a alínea menciona "em única ou última instância", o que significa que tanto pode se tratar de um caso de competência originária do TJ/TRF, como pode se tratar de uma hipótese em que se tenha chegado ao TJ/TRF manejando o HC após se esgotarem as instâncias inferiores;

b) Decisão denegatória de MS proferida por TRF ou TJ em única instância.

Ex.: advogado impetra MS ao TJ contra juiz que o impediu de consultar os autos. Dessa decisão cabe ROC.

Usou a alínea a expressão "única instância", logo se refere a casos de MS de competência originária do TRF/TJ.

19.12.3. O processamento

O ROC é regido, conforme o caso, pelo regimento interno do STF e do STJ e pela Lei 8.038/1990.

A petição de razões deverá acompanhar a de interposição.

19.12.4. Prazos

I. 5 dias quando interposto contra a decisão que denegar o HC (ROC ao STF ou ao STJ). Consulte-se a Súmula 319, STF;

II. 5 dias quando interposto contra a decisão que denegar o MS (ROC ao *STF*);

III. 15 dias para a denegação de MS (ROC ao *STJ*).

IV. 3 dias para a decisão que envolva crime político (ROC ao STF) – art. 307, RISTF c/c 563, "a", e 565, CPPM.

19.13. Recurso Especial (REsp) e Extraordinário (RE)

Grosso modo, objetivam assegurar a autoridade na aplicação e interpretação da CF (RE) e das leis federais (REsp).

19.13.1. Noções necessárias

a) o RESP é endereçado ao STJ e, em resumo, visa a levar ao conhecimento desta Corte decisão, em única ou última instância, do TJ/TRF que afronte lei federal (infraconstitucional) ou que tenha dado interpretação diversa da que foi dada por outro tribunal. Note-se que não cabe RESP de decisão de Turma Recursal do JECRIM, pois este órgão julgador não é considerado tribunal - Súmula 203, STJ. Objetiva, portanto, esse recurso, homogeneizar a interpretação da lei federal pátria;

b) o RE visa a levar ao STF o conhecimento de qualquer decisão tomada em única ou última instância que implique em afronta à CF. Visa a garantir a ordem constitucional vigente. Perceba-se que como o texto da CF (art. 102, III) não menciona a expressão "Tribunal", mas apenas "causas decididas em única ou última instância", entende-se que por meio do RE, desde que atendidos aos demais requisitos, pode-se impugnar qualquer acórdão dos Tribunais, bem como decisão tomada por Turma Recursal do JECRIM;

c) ambos possuem fundamentação vinculada, discutem apenas questão de direito (e não matéria de fato ou reexame de prova), possuem o prazo de 15 dias e, para que sejam admitidos, exigem o esgotamento das vias ordinárias (*vide* Súmula 281, STF);

d) há previsão legal de efeito apenas devolutivo para esses recursos (art. 637, CPP). Apesar disso, a sentença condenatória não poderá ser executada sem o trânsito em julgado, devendo a prisão do réu, também nesta fase, ser orientada pelos requisitos da preventiva (conforme informativo 534 do STF);

e) como requisito de admissibilidade ambos exigem o prequestionamento. A questão a ser levada ao STF ou STJ deve ter sido previamente apreciada na decisão impugnada. Cabem, inclusive, embargos de declaração com o objetivo de forçar o prequestionamento da questão nas instâncias inferiores;

f) da decisão que denega (não conhece) o REsp ou o RE, cabe agravo de instrumento (art. 28, Lei 8.038/1990), no prazo de 5 dias para o STF ou STJ, conforme o caso.

19.13.2. Cabe RE da decisão proferida em única ou última instância que (art. 102, III, CF)

a) contrariar dispositivo da CF. Abrange também a violação de princípio constitucional. É preciso que a violação a dispositivo/princípio constitucional seja *direta* – não cabe RE por violação reflexa, ou seja, a partir de violação de lei federal se conclui pela violação à CF (*vide* STF, ARE 807273 AgR/SC, DJ 10/06/2014, *DJe* 27/06/2014). Ex.: viola diretamente a CF o acórdão que, em caso de roubo à empresa pública federal, cuja competência é da JF (art. 109, IV, CF) determina que o caso seja julgado pela Justiça Estadual;

b) declarar a inconstitucionalidade de tratado ou lei federal. Ex.: cabe RE da decisão do TRF que, apreciando apelação do assistente de acusação (art. 268, CPP) e respeitando a reserva de plenário (*vide* art. 97, CF), declara inconstitucional a figura do assistente no Processo Penal (por reconhecer resquício de vingança privada nessa figura processual) e termina por denegar o recurso daquele. Cabe RE nesse caso;

c) julgar válida lei ou ato de governo local contestado em face da CF. Ex: diante de alegação de eventual conflito entre CF e uma lei municipal, o acórdão do TJ opta por esta última, entendendo que não há afronta ao texto constitucional. Cabe RE nessa situação;

d) julgar válida lei local contestada em face de lei federal. Ex: certa lei estadual (que afronta a CF) é reconhecida válida pelo TJ. Desafia RE essa hipótese.

Requisito de admissibilidade próprio do RE: além do prequestionamento, exige-se que o recorrente demonstre a repercussão geral das questões constitucionais discutidas no caso concreto (art. 102, § 3º, CF). Ou seja, é preciso demonstrar que a questão tem potencial para influenciar outros processos.

19.13.3. Cabe REsp da decisão proferida em única ou última instância pelos TRFs ou TJs que (art. 105, III, CF)

a) contrariar tratado ou lei federal, ou negar-lhes vigência. Ex. de cabimento: acórdão do TJ que considera válida perícia criminal realizada por apenas um perito não oficial, violando o art. 159, § 1º, CPP. Desafia REsp;

b) julgar válido ato de governo local contestado em face de lei federal. Ex: em caso de eventual conflito entre lei federal e ato de governo estadual, o TJ termina por reconhecer a validade deste último. Desafia REsp;

c) der a lei federal interpretação divergente da que lhe haja atribuído outro tribunal. Neste caso, será preciso fazer prova da divergência mediante certidão do julgado, por exemplo.

20. AÇÕES AUTÔNOMAS DE IMPUGNAÇÃO

20.1. *Habeas Corpus* (HC)

20.1.1. Natureza jurídica

Embora o HC esteja incluído no Título do CPP que trata dos recursos e de, por vezes, parecer-se com um, na realidade, de recurso não se trata. Possui natureza de ação autônoma de impugnação (GRINOVER *et. al.*, 2001, p. 345). Dentre tantos motivos que refutam a natureza de recurso do HC, segue um que consideramos o mais contundente: o recurso pressupõe a existência de um processo. Pois bem, cabe HC inclusive fora do âmbito do processo. Ex.: cabe HC contra ato de particular. Explica-se. Imagine-se que um diretor de hospital não deixa o paciente sair enquanto este não pagar a conta. Cabe HC contra ato do diretor nessa situação, prescindindo-se, portanto, de um processo previamente instaurado – algo impensável no caso de recurso.

Ademais, saliente-se que o HC pode funcionar como *substitutivo* de um recurso específico cabível ao caso. Assim, se cabível um recurso específico e, também, o HC, o interessado poderá valer-se deste último.

20.1.2. Bem jurídico tutelado pelo HC

O HC visa a combater a *ameaça* ou a *coação ilegal* à liberdade de locomoção (liberdade de ir, vir e ficar) do indivíduo.

Note o leitor, portanto, que, para além daquelas situações "clássicas" de coação ilegal efetiva à liberdade ambulatorial do sujeito (ex.: prisão para averiguação), o HC também tutela hipóteses de ameaça ilegal à liberdade de locomoção do indivíduo. Isto é assim porque a CF/1988 (art. 5º, LXVIII) expandiu significativamente o alcance do HC, permitindo que este remédio protegesse casos de ameaça ilegal à liberdade de locomoção. Compare abaixo o texto do CPP e da CF (este último bem mais amplo).

> **Art. 647, CPP:** "dar-se-á *habeas corpus* sempre que alguém sofrer ou se ***achar na iminência*** de sofrer violência ou coação ilegal na sua liberdade de ir e vir, salvo nos casos de punição disciplinar." (grifo nosso).

> **Art. 5º, LXVIII, CF:** "conceder-se-á *habeas corpus* sempre que alguém sofrer ou ***se achar ameaçado*** de sofrer violência ou coação em sua liberdade de locomoção, por ilegalidade ou abuso de poder". (grifo nosso).

Dessa forma, como o HC também se presta a combater ameaças ilegais à liberdade de locomoção, é perfeitamente possível a impetração desse remédio quando o sujeito se encontrar em liberdade. Ex.: réu em liberdade que responde a processo infundado (sem provas) por crime de furto. Cabe HC aqui para "trancar" a ação penal (leia-se: forçar o arquivamento desta). É preciso, portanto, desprender-se da ideia de que o HC só é cabível quando o indivíduo está preso ilegalmente. Falso. O HC é cabível toda vez que alguém estiver sofrendo uma coação ilegal à sua liberdade de locomoção (por óbvio), como, também, quando estiver *ameaçado* de sofrê-la.

20.1.3. Algumas restrições ao cabimento do HC

a) Prevê expressamente a CF que não cabe HC para atacar punição disciplinar militar (art. 142, § 2º, CF). Isto é assim porque os militares estão sujeitos a um tipo de hierarquia específica que recomenda o afastamento do HC para questionar o mérito da punição disciplinar.

Entretanto, não estamos aqui diante de uma regra absoluta. É que se a punição disciplinar apresentar certos vícios (exemplos: inexistência de previsão legal da punição aplicada; ou a autoridade militar que a aplicar for incompetente para tanto), caberá sim questionar a punição aplicada por meio de HC. Assim, conclui-se que é possível questionar, por meio de HC, eventuais *vícios de forma* da punição disciplinar militar (previsão legal e competência, por exemplo), porém, não é cabível questionar o *mérito* dessa punição (se ela é justa ou injusta, *v. g.*). Nesse sentido: STJ, HC 211002/SP, DJ 01/12/2011, *DJe* 09/12/2011.

Oportuno, por outro lado, transcrever a Súmula 694, STF: "não cabe *habeas corpus* contra a imposição da pena de exclusão de militar ou de perda de patente ou de função pública";

b) Não cabe HC quando não houver, ao menos, ameaça à liberdade de locomoção do indivíduo. Ex.: se o sujeito está sendo processado de forma infundada (sem suporte razoável de provas) por crime apenado *apenas* com multa, não será possível impetrar HC para trancar a ação. Isto porque, desde 1996, não é possível converter a multa em pena privativa de liberdade (prisão) – art. 51, CP. Assim, inexistindo a possibilidade de encarceramento do acusado, perde o sentido a impetração de HC. Consulte-se a Súmula 695 do STF;

c) Não cabe HC quando o caso demandar exame aprofundado de provas. É preciso lembrar que o HC possui um procedimento bastante simplificado. Não há instrução probatória (oitiva de testemunhas, exame pericial etc.). Em regra, será preciso, no momento da impetração do HC, demonstrar, de plano, a ilegalidade da prisão ou da ameaça de prisão (isto é, apresentar "prova pré-constituída"). Impossível o aprofundamento em material probatório, portanto (ex.: discussões acerca de legítima defesa, estado de necessidade etc.). A via estreita do HC não comporta esse tipo de discussão.

20.1.4. Espécies de HC

a) preventivo: nesta situação, o indivíduo encontra-se na iminência de ser preso ilegalmente. Impetra-se o HC e pede-se aqui um documento chamado de "salvo-conduto" (livre trânsito), que blinda o sujeito contra a ameaça de prisão ilegal – art. 660, § 4º, CPP. Não basta o temor remoto de prisão ilegal. Para que seja cabível o HC preventivo, é preciso uma ameaça concreta (STJ, RHC 47424/PA, DJ 18/06/2014, *DJe* 01/08/2014). Ex: pessoa suspeita da prática de furto é intimada pelo delegado a, em 5 dias, apresentar-se ao Instituto Criminalística a fim de submeter-se a perícia de confecção de imagens, sob pena de prisão (STJ, HC 179486/GO, *DJ* 27.06.2011). Cabe HC preventivo ao juiz;

b) liberatório ou repressivo: aqui a pessoa encontra-se presa ilegalmente. Impetra-se o HC e requer-se o alvará de soltura – art. 660, § 1º, CPP. Ex: delegado que, fora das situações de flagrante delito, prende o indivíduo para averiguar-lhe a vida pregressa. Cabe HC liberatório ao juiz;

c) suspensivo: nesta hipótese, foi expedido um mandado de prisão (ilegal) contra o sujeito. Impetra-se o HC e pede-se o contramandado de prisão, visando a neutralizar a ordem de prisão anteriormente expedida. Ex: juiz que, sem fundamentar, determina a prisão preventiva do réu. Cabe HC suspensivo ao TJ.

Nota: há diversas situações de cabimento de HC que escapam à tradicional classificação exposta acima. Isto é assim porque, como vimos, o texto amplo da CF (art. 5º, LXVIII) permite o cabimento do HC não só para atacar as coações ilegais efetivas ou as ameaças ilegais iminentes, mas, também, para combater casos de ameaças não iminentes em relação às quais se consegue, de plano, antever a possibilidade de uma prisão ilegal. Ex.: sujeito que responde, em liberdade, a processo por crime de furto (que, como se sabe, possui previsão de pena de prisão) perante órgão judicial absolutamente incompetente. Uma situação dessas não se enquadra propriamente em nenhuma das espécies de HC acima indicadas. Apesar disso, o *writ* é cabível, pois a situação se amolda ao texto constitucional. Portanto, em matéria de cabimento de HC, deve o leitor sempre ter em mente o marco fundamental estipulado pela CF – que é mais abrangente que o CPP e que as espécies doutrinárias antes apontadas.

20.1.5. Legitimidade ativa

Qualquer pessoa pode impetrar HC em nome próprio ou em nome de outrem (inclusive sem procuração). Assim, podem impetrar HC: pessoa jurídica; menor; doente mental; estrangeiro; enfim, não há restrições aqui. Note-se que não se exige capacidade postulatória para impetrar HC, não sendo necessário, portanto, fazê-lo por meio de advogado, por exemplo.

20.1.6. Legitimidade passiva

É possível impetrar HC contra ato de autoridade ou mesmo contra ato de particular. Exemplo deste último caso: diretor de hospital que não deixa o paciente sair do ambulatório enquanto este não quita a conta com o hospital.

20.1.7. Notas sobre o endereçamento

Competência do juiz de 1ª instância: em regra, quando o coator for o delegado, o agente policial ou o particular;

Competência do TJ: em regra, quando coator for o promotor ou o juiz de 1ª instância.

Observação: quando a autoridade coatora for Turma Recursal (JECRIM), a competência para o HC será do TJ. Note-se que a Súmula 690, STF foi cancelada, competindo "ao Tribunal de Justiça julgar *habeas corpus* contra ato de Turma Recursal dos Juizados Especiais do Estado" (STF, HC 90905 AgR / SP, DJ 10/04/2007, *DJe* 11/05/2007);

Competência da Turma Recursal: quando a autoridade coatora for o juiz do JECRIM;

Competência do TRF: quando a autoridade coatora for juiz federal ou procurador da república (MPF) – art. 108, I, *d*, CF;

Competência do STJ (art. 105, I, *c*, CF): quando o coator ou paciente for Governador, desembargador do TJ, TRF, TRE, TRT, membro do Tribunal de Contas do Estado ou do Município ou membro do MPU que oficie perante tribunais;

Competência do STF (art. 102, I, *d*, CF): quando o paciente for o Presidente da República, o Vice-Presidente, os membros do Congresso Nacional, os membros dos tribunais superiores e do Tribunal de Contas da União ou os chefes de missão diplomática de caráter permanente.

20.1.8. Análise do art. 648, CPP

Note-se que este artigo não é taxativo, mas exemplificativo. Encontram-se nele algumas das situações mais corriqueiras de cabimento de HC, porém, não são em "número fechado". Como já dissemos, a abrangência dada pela CF ao HC extrapola os casos indicados a seguir. De todo o modo, vejamos. A coação considerar-se-á ilegal:

I. quando não houver justa causa.

A justa causa destacada neste inciso possui 2 significados:

1º) falta de justa causa (*i. e.*, falta de fundamentação) para a ordem proferida. Ex.: decisão que, sem fundamentação, decreta a preventiva do réu. Cabe HC contra esta decisão;

2º) justa causa para a existência do processo ou da investigação. Ou seja, não há provas suficientes embasando a investigação ou o processo contra o réu. Ex.: ação penal sem provas mínimas de que o réu foi o autor do crime. Neste caso, será pedido o trancamento (leia-se: arquivamento forçado) da persecução penal por meio do HC;

II. quando alguém estiver preso por mais tempo do que determina a lei.

Ex.: excesso de prazo na prisão em flagrante (art. 10, CPP). Delegado que extrapola o seu prazo de 10 dias para concluir e encaminhar o IP. Cabe HC nesta situação;

III. quando quem ordenar a coação não tiver competência para fazê-lo.

Ex.: juiz federal que decreta a prisão preventiva de um indiciado que praticou um crime da competência da justiça estadual;

IV. quando houver cessado o motivo que autorizou a coação.

Ex.: imagine-se que, no curso do processo, foi decretada a preventiva do réu por conveniência da instrução criminal em razão de o acusado estar destruindo as provas do processo. Finda a instrução criminal, não havendo mais material probatório a ser produzido/destruído, torna-se desnecessária a manutenção do cárcere cautelar. Cabe HC nesta situação, pois o motivo pelo qual foi decretada a prisão não mais existe. Somente será possível a prisão do réu se pautada em outra hipótese autorizadora da preventiva (art. 312, CPP), mas não mais na "conveniência da instrução criminal";

V. quando não for alguém admitido a prestar fiança, nos casos em que a lei a autoriza.

Ex.: imagine-se que, no curso do processo, o juiz indefere arbitrariamente a concessão de fiança que era cabível no caso concreto. Cabe HC nesta situação;

VI. quando o processo for manifestamente nulo.

Ex.: imagine-se que o réu não citado está respondendo a processo por crime de furto. Conclusão: processo manifestamente nulo. Cabe HC para combater esta situação;

VII. quando extinta a punibilidade.

Ex.: imagine-se que o crime praticado pelo acusado já prescreveu. O juiz, ignorando esse fato, determina o seguimento do processo. Cabe HC neste caso.

20.2. Revisão criminal (RC)

20.2.1. Previsão legal

Arts. 621 a 631, CPP.

20.2.2. Finalidades da revisão

Busca restabelecer o estado de dignidade e/ou de liberdade do condenado.

20.2.3. Natureza jurídica

Não se trata de recurso (apesar de assim considerado pelo CPP), mas de ação autônoma de impugnação.

20.2.4. Há revisão em prol da sociedade?

É ação exclusiva do réu. Não é aceita entre nós a revisão em favor da sociedade (*pro societate*). A vedação da revisão *pro societate* encontra respaldo expresso na CADH.[111] Ex.: após a absolvição definitiva do acusado surgem novas provas de sua culpa. Impossível, neste caso, a reabertura do caso.

Porém, é preciso destacar que o STF (HC 104998/SP, DJ 14/12/10, *DJe* 09/05/2011) permite a reabertura do caso pela acusação numa hipótese específica: quando a declaração da extinção da punibilidade do réu estiver embasada em certidão de óbito falsa. Ex.: acusado foragido que apresenta certidão de óbito falsa, culminando na declaração de extinção de sua punibilidade pelo juiz. Nesta situação, descoberta a falsidade (ou seja, sabendo-se que o réu, na verdade, está vivo), será, segundo o STF, possível reabrir o caso. Principal motivo dado pela Corte Suprema: não há formação de coisa julgada *em sentido estrito*. Logo, é cabível a reabertura.

20.2.5. Pressuposto para ingressar com a revisão criminal

Sentença penal condenatória transitada em julgado, não importando a natureza da pena aplicada (pecuniária ou privativa de liberdade), a sua quantidade, se já foi cumprida ou não, ou se é vivo ou morto o sentenciado. Note-se que cabe revisão criminal em prol de pessoa falecida, inclusive. Isto é assim porque, conforme visto, a revisão não visa apenas resgatar o *status libertatis* do sujeito, mas também o seu *status dignitatis*.

Obs. 1: Cabe RC contra a **sentença absolutória imprópria** transitada em julgado. Lembrando que sentença absolutória imprópria é aquela que absolve o réu, porém, aplica-lhe medida de segurança (reconhecimento de doença mental ao tempo do crime – art. 26, CP). Ex.: pense-se que, após o trânsito em julgado da sentença absolutória imprópria, surgem novas provas demonstrando que não foi o acusado o autor do crime. Cabe RC nesta situação.

Obs. 2: Cabe RC contra **sentença condenatória definitiva do júri.** Sabe-se que no júri vigora o princípio da soberania dos veredictos (aquilo que ficar decidido pelos jurados não pode ser reformado pelo juiz-presidente nem pela instância *ad quem*). Porém, acima desse princípio está a dignidade/liberdade do condenado. Logo, é cabível a revisão criminal mesmo em face de sentença condenatória definitiva oriunda do Júri.

20.2.6. Prazo

Não há prazo determinado para ingressar com a revisão (ver art. 622, *caput*, CPP). Cabe antes, durante ou depois da pena, em favor do vivo ou do morto. É preciso, no entanto, que tenha ocorrido o trânsito em julgado (requisito indispensável: certidão de trânsito em julgado da sentença).

20.2.7. Legitimidade para ingressar com a revisão

I. O próprio condenado (independentemente de advogado);

II. Procurador legalmente habilitado (advogado). Obs.: Há entendimento (Tourinho, Mirabete e Muccio, por exemplo) de que pode ser qualquer pessoa, desde que munida de procuração;

III. C.C.A.D.I. (no caso de morto);

IV. MP – embora o tema seja polêmico, prevalece que é possível (Luiz Flávio Gomes e Muccio, por exemplo).

20.2.8. Hipóteses de cabimento (art. 621, CPP)

A revisão criminal tem fundamentação vinculada. Significa isto que somente se pode ingressar com a revisão em casos específicos previstos na lei. Logo, o art. 621, que trata das hipóteses de cabimento, não configura rol exemplificativo de situações, mas exaustivo. Vejamos. A revisão dos processos findos será admitida:

I. quando a sentença condenatória for contrária ao texto expresso da lei penal ou à evidência dos autos:

a) sentença contrária a texto expresso de lei penal: por "lei penal" entenda-se lei penal e processual penal. É preciso que a sentença tenha sido contrária a texto expresso de lei, pois, no caso de existir interpretação controvertida sobre o dispositivo legal, não cabe a revisão. Ex.: juiz que condena o acusado sem, no entanto, seguir o sistema trifásico para dosar a pena. Cabe RC;

b) sentença contrária à evidência das provas: é a condenação que não se ampara em nenhuma prova e não aqueles casos em que se têm provas favoráveis e contrárias ao réu, optando o juiz por estas últimas. Ex.: inexistindo qualquer prova da autoria do crime por parte do réu, o juiz mesmo assim o condena. Cabe RC;

II. quando a sentença condenatória se fundar em depoimentos, exames ou documentos comprovadamente falsos.

Fundamento da sentença: depoimento, exame ou documento comprovadamente falso. Ex.: condenação amparada em exame pericial falso. E se o julgador tiver condenado com base em outras provas não viciadas? Ainda assim cabe a RC? Aponta a doutrina que não, *i. e.*, caso o juiz tenha condenado com base em outras provas regulares (e não apenas amparado na prova falsa), não caberá RC;

III. quando, após a sentença, descobrirem-se novas provas de inocência do condenado ou de circunstância que determine ou autorize diminuição especial da pena.

a) Novas provas da inocência: hipótese mais comum de ocorrer. Ex.: após a condenação definitiva do réu, vem a juízo

111. Convenção Americana de Direitos Humanos (Pacto de San José da Costa Rica).

pessoa que confessa categoricamente a prática do crime pelo qual o acusado foi condenado. Cabe RC;

b) Atenuante genérica (art. 65, CP) e causas de diminuição (gerais e especiais). Ex.: após condenação definitiva observa-se que o julgador não observou a atenuante referente à menoridade do réu quando da prática do crime. Cabe RC.

E no caso de lei nova mais favorável ao condenado? É necessário ingressar com RC? Não, basta peticionar nesse sentido ao juízo da Execução Penal. *Vide* Súmula 611, STF.

20.2.9. Competência

STF e STJ: julgam suas próprias condenações (em sede de competência originária) e aquelas por eles mantidas. Exemplo: desta última situação: imagine-se que um processo, por meio de RE, chegou até a Corte Suprema. Caso, posteriormente, surja nova prova da inocência do réu, a eventual RC deverá ser ingressada no próprio STF, uma vez que este órgão manteve a condenação do acusado;

TRF: julgam suas próprias condenações (competência originária) e a dos juízes federais. Exemplo: desta última situação: juiz federal condenou o réu e não houve recurso desta decisão (trânsito em julgado). Posteriormente, surge prova da inocência do réu. Cabe RC endereçada ao TRF;

TJ: idem.

Atenção: podemos concluir da leitura deste item que o juiz de primeira instância nunca julga RC. Esta é sempre julgada por instância *ad quem* (TJ, TRF, STJ etc., conforme o caso).

Desnecessidade de recolhimento à prisão para ingressar com a RC: Súmula 393, STF: *"para requerer revisão criminal, o condenado não é obrigado a recolher-se à prisão"*;

Possibilidade de reiteração de pedido: art. 622, parágrafo único, CPP: *"não será admissível a reiteração do pedido, salvo se fundado em novas provas"*.

20.3. Mandado de Segurança em matéria criminal (MS)

20.3.1. Noções

Em essência, é ação de natureza cível (ação autônoma de impugnação). Utilizada em casos específicos no âmbito penal, funciona como verdadeiro sucedâneo recursal – é o que se chama de caráter residual ou subsidiário do MS.

20.3.2. Natureza

Ação autônoma de impugnação (não é recurso).

20.3.3. Base legal

Art. 5º, LXIX, CF e Lei 12.016/2009 (doravante: LMS).

20.3.4. Necessidade de o impetrante demonstrar que possui direito líquido e certo

Direito líquido e certo é aquele em relação ao qual não há dúvida de sua existência (demonstrável de plano). Prova documental pré-constituída. Descabe dilação probatória no âmbito do MS.

20.3.5. Autoridade coatora no MS

Apenas autoridade pública (descabe contra ato de particular); ou de pessoa investida em função pública.

Em caso de impetração pelo MP, no polo passivo da ação de MS deverá constar não apenas a autoridade coatora, mas também o réu, para que possa contestar. Ex: MS pelo MP quando da soltura "ilegal" do réu. Vide Súmula 701, STF.

20.3.6. Legitimidade ativa (impetrante) para o MS em matéria criminal

MP, querelante, assistente de acusação e réu. Há necessidade de capacidade postulatória.

20.3.7. Restrições ao uso do MS

Conforme a CF e o art. 5º, LMS, não cabe MS nas seguintes situações:

a) Ilegalidades relacionadas à liberdade de locomoção – não cabe MS, mas HC;

b) Para obtenção de informações de caráter pessoal ou retificação dessas informações em banco de dados – não cabe MS, mas *habeas data*;

c) Atos atacáveis por recurso administrativo com efeito suspensivo, independentemente de caução. Note-se que está prejudicada a Súmula 429, STF;

d) Decisão judicial atacável por recurso com efeito suspensivo. *Vide* Súmula 267, STF (que deve ser interpretada nesse sentido);

e) Decisão judicial transitada em julgado. *Vide* Súmula 268, STF.

20.3.8. Hipóteses mais comuns de cabimento do MS em matéria criminal

Segundo Moreira (2010, p. 797), normalmente, o MS é mais usado pela acusação, uma vez que diversas afrontas a direitos do réu desafiam o HC. Vamos aos casos mais comuns:

a) Indeferimento arbitrário de habilitação como assistente de acusação – art. 273, CPP;

b) Indeferimento arbitrário de acesso do defensor aos autos do IP. Vide EOAB (art. 7º) e Súmula vinculante 14, STF. Cabe também reclamação ao STF, por violação à referida súmula vinculante;

c) Para trancamento de persecução penal temerária (IP ou processo) quando inexistir a possibilidade de cárcere. Ex: imagine-se um processo criminal cujo objeto seja uma infração penal punida apenas com multa. Neste caso, cabe MS para trancar a persecução penal. Notemos que descabe o HC neste caso, pois não há possibilidade de segregação à liberdade, já que a infração perseguida é punida apenas a título de multa;

d) Para assegurar a presença do defensor em algum ato do IP.

20.3.9. Renovação do pedido

É possível, desde que a decisão não tenha examinado o mérito e ainda não transcorrido o prazo decadencial – art. 6º, § 6º, LMS. Por outro lado, a decisão denegatória da segurança não impede a propositura de ação de cognição mais ampla – art. 19, LMS.

20.3.10. Recurso contra a decisão de MS

a) Contra a sentença do juiz de 1ª instância que conceder ou negar o MS cabe apelação (cível) – art. 14, LMS.

Observação: da sentença que concede o MS em 1ª instância cabe recurso de ofício – art. 14, § 1º, LMS;

b) Contra o acórdão do TJ/TRF é preciso atentar para cada situação específica:

I. Se denegatória a decisão, caberá ROC para o STJ (art. 105, II, *b*, CF);

II. Se concedida a segurança, caberá, conforme o caso, RESP ao STJ (art. 105, III, CF) ou RE ao STF (art. 102, III, CF);

c) Contra o acórdão dos tribunais superiores (STJ, TSE, TST ou STM, exceto o STF) é preciso também atentar para cada situação específica:

I. Se denegatória a decisão, cabe ROC para o STF (art. 102. II, *a*, CF);

II. Se concessiva, cabe, se for o caso, RE ao STF.

21. EXECUÇÃO PENAL

A execução penal é um processo autônomo em relação à ação penal, destinado à aplicação de pena ou medida de segurança estabelecidas, respectivamente, em sentença penal condenatória transitada em julgado e em sentença absolutória imprópria transitada em julgado. Dissemos antes que a execução penal é um processo autônomo à relação processual de conhecimento, em virtude de possuir aspectos (princípios, normas, pressupostos, finalidades etc.), a serem examinados a seguir, diversos do processo de conhecimento.

21.1. Base legal

A Constituição Federal de 1988 trata da execução penal em diversos dispositivos, a exemplo do que vemos no art. 5º, XLVIII, XLIX.

A Lei 7.210/1984 (Lei de Execução Penal – LEP) regula, em grande medida, o tema no âmbito infraconstitucional, existindo, também, sobre o assunto, Resoluções do Conselho Nacional de Política Criminal, a exemplo da Resolução 14 (Regras mínimas para tratamento do preso no Brasil).

Além disso, o tema (execução penal) também é tratado pela Convenção Americana de Direitos Humanos (Pacto de San José da Costa Rica), promulgada no Brasil por meio do Decreto 678/1992 e pelo conjunto de Normas Mínimas para o Tratamento de Presos, promulgado, em 1955, pela Organização das Nações Unidas (ONU).

21.2. Pressuposto

Como já mencionado, a execução penal pressupõe uma sentença penal condenatória definitiva (pena) ou uma sentença absolutória imprópria definitiva (medida de segurança), ambas transitadas em julgado.

21.3. Natureza jurídica

O tema ainda guarda certa polêmica. Há distintas correntes que atribuem ao processo de execução penal a natureza jurisdicional, administrativa ou mista. É o que veremos a seguir.

21.3.1. Administrativa

Durante longo período, entendeu-se que a execução da pena seria uma atividade tipicamente administrativa. Apenas eventual "incidente" na fase executória passaria pelo crivo do juiz. Sustentava-se assim a natureza administrativa da execução. Um dos motivos principais para defender essa postura: a questão da inexistência de um processo propriamente dito, ou seja, na acepção técnica da palavra.

21.3.2. Jurisdicional

Há quem sustente a natureza jurisdicional da execução penal, tendo em vista a necessidade de uma premente atuação jurisdicional em todas as etapas da execução.

Para esses autores (Alexis de Brito, Salo de Carvalho, André Giamberardino e Massimo Pavarini, p. ex.), com os quais concordamos, faz-se necessário jurisdicionalizar a execução penal brasileira, significando isso: "[...] a limitação e a vinculação da discricionariedade das autoridades penitenciárias com base no conteúdo da condenação e na própria lei e na Constituição; [...] a obrigatoriedade de motivação de todas as decisões – judiciais ou administrativas – que impliquem modificação qualitativa e/ou quantitativa no cumprimento da pena" (GIAMBERARDINO; PAVARINI, 2011, p. 351).

De acordo com essa orientação, a própria CF e lei infraconstitucional nos impõem essa concepção jurisdicional da natureza da execução penal, a saber: arts. 2º e 66, LEP; e 5º, XXXV, ("a lei não excluirá da apreciação do Poder Judiciário lesão ou ameaça a direito") e LIV ("ninguém será privado da liberdade ou de seus bens sem o devido processo legal").

Além disso, reforçando essa ideia, vale a pena citar a Exposição de Motivos da LEP, que diz: "10. Vencida a crença histórica de que o direito regulador da execução é de índole predominantemente administrativa"; e "12. O Projeto reconhece o caráter material de muitas de suas normas. Não sendo, porém, regulamento penitenciário ou estatuto do presidiário, evoca todo o complexo de princípios e regras que delimitam e jurisdicionalizam a execução das medidas de reação criminal".

21.3.3. Mista

Há, ainda, quem sustente a natureza complexa (mista) da execução, tendo em vista a participação dos Poderes Executivo e Jurisdicional no processo executório, funcionando ambos de forma entrosada.

Partindo dessa ideia (de uma natureza complexa da execução penal), parece preponderar, hoje, na doutrina brasileira o entendimento segundo o qual a execução penal possui natureza **predominantemente** jurisdicional e, em nível secundário, administrativa. Nesse sentido, estão Ada Grinover, Guilherme Nucci, Renato Marcão, Geder Gomes, dentre outros. Este último é, hoje, o entendimento mais seguro para as provas de concurso.

Finalmente, note-se que essa polêmica não se trata de um mero debate acadêmico. Ao contrário, a insistência em modelos administrativos/mistos de execução penal acarretou numa ampla (e indesejável) discricionariedade do administrador prisional e, em muitos casos, na criação de espaços de não direito. A partir da opção ideológica que o operador do direito faça em relação ao tema "natureza jurídica da execução penal", sua postura tenderá a ser bastante diferente frente às práticas travadas no campo da execução penal. Embora o discurso de necessidade de jurisdicionalização da execução tenha, nos últimos tempos, se tornado mais frequente, é inegável que herdamos uma (infeliz) cultura de natureza administrativa da execução, o que, de certa, forma explica o grave cenário atual que ainda presenciamos.

21.4. Objetivos

Nos termos do art. 1º, LEP, "a execução penal tem por objetivo efetivar as disposições de sentença ou decisão criminal e proporcionar condições para a harmônica integração social do condenado e do internado".

Do dispositivo acima transcrito, podemos inferir que os objetivos da execução penal confundem-se com as próprias finalidades da pena, sob a ótica da teoria eclética, que preconiza o caráter de prevenção, geral e especial, o retributivo e o reeducador/ressocializador.

Durante o cumprimento da pena, por exemplo, deve o Estado ofertar meios pelos quais os apenados e os submetidos às medidas de segurança venham a ter participação construtiva na comunhão social.

21.5. Princípios da execução penal

21.5.1. Humanização das penas

Decorre da dignidade da pessoa humana e encontra-se previsto no art. 5º, XLVII, CF, e no art. 5º da Convenção Americana de Direitos Humanos (CDAH). Consiste no respeito à integridade física e moral do condenado, bem como aos direitos não afetados pela condenação.

É em decorrência deste princípio que há vedação às penas de morte, perpétua, de trabalhos forçados, de banimento e cruéis.

Numa síntese do referido princípio, merece transcrição o item 2, art. 5º, CADH: *Ninguém deve ser submetido a torturas, nem a penas ou tratos cruéis, desumanos ou degradantes. Toda pessoa privada de liberdade deve ser tratada com o respeito devido à dignidade inerente ao ser humano.*

21.5.2. Legalidade

A atividade de execução penal deve estar pautada na legalidade estrita, pois todos os atos praticados dizem respeito à restrição do *status libertatis* do indivíduo. Portanto, a fase de cumprimento da pena não pode estar sujeita ao **arbítrio dos integrantes** da Administração Pública, devendo-se observar os direitos e deveres do condenado, em **conformidade com as leis e regulamentos**.

Também em decorrência deste princípio vigora a irretroatividade da lei. Desse modo, a superveniência de lei material mais gravosa não altera a condição daqueles que já estavam na fase de execução da pena.

Exemplo mais recente de celeuma acerca do tema foi a Lei 11.464/2007, que impôs prazos mais extensos para a progressão de regime aos apenados pela prática de crimes hediondos. No caso, tanto STF (AI 757480, *DJe* 16.06.2011), quanto STJ (Súmula 471), entenderam que a nova lei somente seria aplicável aos fatos praticados após o início da vigência da mencionada lei.

Por fim, vale notar que inúmeras práticas de execução penal no país configuram burlas vergonhosas ao princípio em comento. Que dizer, por exemplo, da frequente burla, vislumbrada na maioria dos estabelecimentos penais brasileiros, ao art. 88 da LEP (que dispõe sobre as condições mínimas da cela individual)?

21.5.3. Isonomia ou igualdade

O tratamento dos presos deve ser igual em relação àquilo em que eles são iguais. Trata-se da expressão material do princípio da igualdade, em que direitos e deveres serão iguais na medida da igualdade entre os presos. Logo, não se pode impedir ou restringir direitos por conta da opção política, por motivo de raça, credo, sexo, origem social etc. Possui base constitucional (art. 5º, I, CF) e infraconstitucional (art. 3º, LEP).

21.5.4. Individualização da pena

Previsto no art. 5º, XLVI e XLVIII, CF, e também no art. 5º, LEP, o referido princípio incide sobre a atividade dos três Poderes:

a) Legislativo (pena *in abstracto*): a lei estabelecerá os limites máximo e mínimo da pena cominada, bem como as regras inerentes à execução penal;

b) Judiciário (dosimetria): seguindo os critérios estabelecidos na Lei (art. 59 e ss., CP), o juiz aplicará a pena adequada ao caso concreto;

c) Executivo (Administração Pública): o cumprimento da pena ou da medida de segurança dar-se-á de modo adequado a cada condenado. No caso, o art. 5º LEP, estabelece que a Comissão Técnica (de caráter multidisciplinar) classificará os condenados de acordo com os antecedentes e a personalidade com o objetivo de elaborar um programa individualizado de execução da pena.

Portanto, especificamente no momento da execução penal, esse princípio visa fazer com que o processo executório seja pautado no perfil específico de cada condenado, avaliando, por exemplo, a personalidade e os antecedentes daquele.

21.5.5. Intranscendência, personalização ou personalidade

Decorre do art. 5º, XLV, CF, que estatui a impossibilidade de a pena extrapolar a pessoa do condenado. Ressalte-se que a responsabilidade pela violação da lei penal incide apenas sobre o apenado e sobre o seu patrimônio.

Verificamos, portanto, que a intranscendência possui duas expressões marcantes: a) no cumprimento personalizado da pena, mesclando-se com a noção de individualização da pena; b) no aspecto patrimonial do condenado.

Desse modo, em se tratando desta última hipótese, no caso de obrigação de reparar o dano causado pela conduta delituosa, bem como na hipótese de decretação do perdimento de bens, o patrimônio dos sucessores não será afetado, exceto no caso do quinhão herdado. Uma eventual execução da sentença no âmbito cível atingirá **apenas** o patrimônio da pessoa condenada.

21.5.6. Devido processo legal

Com sede no art. 5º, LIV, CF, a execução penal também deve respeitar aos ditames do "due process of law". Assim, **qualquer** alteração na execução que demande aplicação de uma sanção deverá ser precedida do devido processo legal, **sempre** informado pelos demais princípios inerentes ao Processo Penal, a exemplo do contraditório, ampla defesa, juiz natural, motivação das decisões, estado de inocência, vedação à autoincriminação (*nemo tenetur se detegere*) etc.

21.5.7. Estado de inocência

Durante a execução da pena, o condenado poderá vir a ser acusado de atos (penais/administrativos) que poderão agravar a sua situação. Mesmo em sede de execução vigora o estado de inocência, significando que, para a aplicação de eventual sanção (penal ou disciplinar) ao condenado, será preciso fazer prova de sua culpa *lato sensu*. Não há que se falar em *in dubio pro societate*. Este brocardo, segundo apontam Paulo Rangel e Lopes Jr., não possui qualquer fundamento constitucional, nem mesmo na fase de execução penal.

21.5.8. Duplo grau de jurisdição

Esse princípio, incorporado ao ordenamento brasileiro por meio do CADH, art. 8º, item 2, "h", também se aplica à execução penal. Assim, das decisões proferidas pelo juiz responsável pela execução penal, cabe o chamado agravo em execução para o Tribunal (art. 197, LEP).

21.6. Classificação do condenado

Decorre do princípio da individualização da pena. Visa adequar a pena às condições pessoais do condenado, objetivando a mínima dessocialização possível do indivíduo. Segundo o art. 5º, LEP: "os condenados serão classificados, segundo os seus antecedentes e personalidade, para orientar a individualização da execução penal".

Destaque-se que, conforme o art. 6º, LEP, tal classificação também se aplica ao preso provisório.

21.6.1. Quem realiza a classificação do condenado?

É a chamada Comissão Técnica de Classificação. Esta elaborará um programa individualizador da pena que contará com o acompanhamento do Centro de Observação Criminológica do respectivo estabelecimento penal.

21.6.2. Qual a composição da Comissão Técnica de Classificação?

a) Em caso de condenado a pena privativa de liberdade, será presidida pelo diretor e composta, no mínimo, por 2 (dois) chefes de serviço, 1 (um) psiquiatra, 1 (um) psicólogo e 1 (um) assistente social – art. 7º

b) Em caso de condenado à pena restritiva de direitos, será integrada por fiscais do serviço social – art. 7º, parágrafo único

21.6.3. Exame criminológico

Uma das formas mais comuns de se classificar o condenado se dá por meio do chamado exame criminológico. Tal exame é obrigatório para o condenado a regime fechado e facultativo ao condenado a regime semiaberto – art. 8º. Não aplicável ao condenado a regime aberto. O exame recai sobre 4 linhas de pesquisa: social, médica, psicológica e psiquiátrica, e objetiva realizar um diagnóstico criminológico (causas da inadaptação social) e um prognóstico social (possibilidades de reinserção social).

Conforme o art. 9º, LEP, a Comissão Técnica de Classificação, no exame para a obtenção de dados reveladores da personalidade, observando a ética profissional e tendo sempre presentes peças ou informações do processo, poderá:

I. entrevistar pessoas;

II. requisitar, de repartições ou estabelecimentos privados, dados e informações a respeito do condenado;

III. realizar outras diligências e exames necessários.

Por fim, o novo art. 9º-A, LEP, estabelece que os condenados por crime praticado, dolosamente, com violência de natureza grave contra pessoa, ou por qualquer dos crimes previstos no art. 1º da Lei dos Crimes Hediondos, "serão submetidos, obrigatoriamente, à identificação do perfil genético, mediante extração de DNA – ácido desoxirribonucleico, por técnica adequada e indolor".

Dispõem os §§ 1º e 2º do mesmo dispositivo que: "a identificação do perfil genético será armazenada em banco de dados sigiloso, conforme regulamento a ser expedido pelo Poder Executivo". "A autoridade policial, federal ou estadual, poderá requerer ao juiz competente, no caso de inquérito instaurado, o acesso ao banco de dados de identificação de perfil genético".

A inovação prevista no art. 9º-A vem sendo criticada por certo setor da doutrina em virtude de, dentre outras coisas, ofender o direito a não autoincriminação (*nemo tenetur detegere*). Isto porque a lei *obriga* o condenado a fornecer material para o exame de DNA – material esse que poderá eventualmente ser utilizado para incriminá-lo, desvirtuando, portanto, a finalidade de identificação criminal.

21.7. Assistência ao preso (arts. 10 a 27 LEP)

Ao custodiar forçosamente uma pessoa, surge para o Estado o dever de fornecer a ela **condições mínimas** – que nunca devem ser confundidas com regalias – para a manutenção de suas **necessidades diárias**. O dever de assistência ao preso ou ao internado decorre do princípio da **dignidade da pessoa humana**.

Vejamos a seguir as espécies de assistência contempladas pela LEP (art. 11).

21.7.1. Assistência material (arts. 12 e 13)

Consiste no fornecimento de alimentação, vestuário e instalações higiênicas. Significa dizer que o estabelecimento prisional deve dispor de instalações e serviços que atendam às necessidades pessoais dos condenados.

Além disso, deve manter locais destinados à venda de produtos e objetos permitidos, mas não fornecidos pela Administração.

21.7.2. Assistência à saúde (art. 14)

Engloba atendimento médico, farmacêutico e odontológico a ser disponibilizado pelo estabelecimento. Caso não haja condições, o atendimento deverá ser propiciado em local externo após permissão da direção do estabelecimento.

Ademais, em relação à mulher, é assegurado também o acompanhamento pré-natal e pós-parto, inclusive ao recém-nascido (§ 3º, art. 14).

21.7.3. *Assistência jurídica (arts. 15 e 16)*

Deve ser garantida aos presos que não possuam condições financeiras de constituir advogado. Nessa hipótese, após o advento da Lei 12.313/2010, as unidades da Federação passaram a ter a obrigação de assegurar a assistência jurídica plena e gratuita por meio da Defensoria Pública, dentro e fora dos estabelecimentos prisionais.

Mas assegurar o trabalho da Defensoria consiste em prover as condições necessárias para o perfeito exercício das atribuições dos defensores. Desse modo, é preciso dispor de espaço físico próprio e adequado ao atendimento dos presos, em cada estabelecimento prisional, além do efetivo auxílio estrutural, pessoal e material aos membros da Defensoria Pública.

No âmbito externo, há imposição quanto à implementação de núcleos especializados da Defensoria. A finalidade é também garantir a prestação da assistência jurídica integral e gratuita aos réus, egressos e familiares que não possuam condições financeiras de contratar um advogado.

21.7.4. *Assistência educacional (arts. 17 a 21)*

Diz respeito à instrução escolar e à formação do preso e do internado. O ensino fundamental é obrigatório e deve ser integrado ao sistema oficial de educação, pois o objetivo é que após o cumprimento da pena não haja dificuldade em dar continuidade aos estudos.

No caso de ensino profissional, este será ministrado em nível de iniciação ou de aperfeiçoamento técnico. Pela peculiaridade técnica, é possível a celebração de convênios com instituições públicas ou privadas para a oferta de cursos especializados.

21.7.5. *Assistência social (arts. 22 e 23)*

Tem por finalidade amparar o preso e o internado e prepará-los para o retorno à liberdade. Conforme o art. 23, incumbe ao serviço de assistência social:

I. conhecer os resultados dos diagnósticos ou exames;

II. relatar, por escrito, ao Diretor do estabelecimento, os problemas e as dificuldades enfrentadas pelo assistido;

III. acompanhar o resultado das permissões de saídas e das saídas temporárias;

IV. promover, no estabelecimento, pelos meios disponíveis, a recreação;

V. promover a orientação do assistido, na fase final do cumprimento da pena, e do liberando, de modo a facilitar o seu retorno à liberdade;

VI. providenciar a obtenção de documentos, dos benefícios da Previdência Social e do seguro por acidente no trabalho;

VII. orientar e amparar, quando necessário, a família do preso, do internado e da vítima.

21.7.6. *Assistência religiosa (art. 24)*

Assegura a liberdade de culto, permite a participação nos serviços organizados dentro do estabelecimento.

A assistência religiosa deve ser observada à luz da liberdade religiosa, com sede constitucional. Sendo assim, as cerimônias e demais atividades desta natureza devem ser realizadas em local apropriado do estabelecimento, pois os condenados que não desejarem participar devem ter a sua escolha respeitada.

21.7.7. *Assistência ao Egresso (arts. 25 a 27)*

Trata-se do trabalho de orientação e apoio no momento inicial da reinserção social do egresso.

Considera-se egresso para os efeitos da LEP:

a) o **liberado definitivo**, pelo prazo de **1 (um) ano** a contar da saída do estabelecimento;

b) o **liberado condicional**, durante o **período de prova**.

21.8. Trabalho do preso (arts. 28 a 37)

É mais uma dimensão da dignidade da pessoa humana e possui natureza mista ou híbrida, razão da sua dupla finalidade: educativa e produtiva.

Note-se que o trabalho é, ao mesmo tempo, um **dever** (art. 39, V), pois a sua imotivada recusa enseja falta grave, e um **direito** (art. 41, II) do preso porque são asseguradas, por exemplo, remuneração e redução de pena a cada 3 dias trabalhados.

O trabalho pode ser dividido quanto ao âmbito da atuação laboral. Nesse sentido, será interno ou externo, conforme veremos a seguir.

21.8.1. *Trabalho interno (art. 31)*

É aquele desenvolvido no ambiente do próprio estabelecimento penal, contando com atividades como limpeza, artesanato, conservação, manutenção, dentre outras.

Possui caráter **obrigatório** para o **preso definitivo,** mas **facultativo** para o **preso provisório**. Consequentemente, sendo o trabalho obrigatório para o preso definitivo, é **dever do Estado** oferecer oportunidades de trabalho ao preso.

Como já indicado mais acima, a recusa do preso enseja falta grave. A ideia **não** é a de **agravar a pena**, mas a de proporcionar **dignidade** ao condenado considerado apto para o trabalho, ao mesmo tempo em que se busca viabilizar o seu retorno à liberdade em razão da própria **função social do trabalho,** que é um dos elementos do tratamento educativo do preso.

Destaque-se que os maiores de 60 anos, os doentes e os portadores de necessidades especiais exercerão atividades adequadas à sua condição.

Mas quais seriam os regramentos para o desenvolvimento do trabalho interno? Vejamos abaixo algumas normas inerentes ao trabalho interno:

a) Jornada: será de 6 a 8 horas diárias, com descanso aos domingos e feriados (art. 33). Se por alguma razão houver atividade em jornada superior a 8 horas, a cada período de 6 horas extras deve ser computado 1 (um) dia de trabalho para fins de remição da pena (STF, HC 96740, Inf. 619).

b) Não sujeição à CLT: a atividade laboral interna não está sujeita aos ditames celetistas, embora as regras relativas à segurança e higiene devam ser observadas (art. 28, §§ 1º e 2º).

c) Subordinação: no exercício do trabalho, subordina-se o preso à própria administração penitenciária ou a terceiros, nas hipóteses de atividade em fundações ou empresas públicas ou de convênios com instituições privadas.

Nesse sentido, merece transcrição o art. 34, § 2º: "os governos federal, estadual e municipal poderão celebrar convênio com a iniciativa privada, para implantação de oficinas de trabalho referentes a setores de apoio dos presídios".

a) Remuneração (art. 29)

Quanto à remuneração, esta não pode ser inferior a 3/4 do salário mínimo vigente e deve atender às seguintes necessidades: indenização dos danos causados pelo crime, se determinados judicialmente e não reparados por outro meio; assistência à família do preso; custeio de pequenas despesas pessoais.

Os valores eventualmente remanescentes devem ressarcir o Estado das despesas realizadas com a manutenção do condenado e também depositados em caderneta de poupança (chamada de pecúlio) que será entregue no momento em que for libertado.

Por fim, é importante dizer que as tarefas executadas como prestação de serviço à comunidade não serão remuneradas (art. 30).

Note-se ainda que os bens ou produtos oriundos do trabalho prisional serão adquiridos prioritariamente por particulares. Quando isto não for possível ou recomendável, a Administração Pública o fará com dispensa de concorrência pública (art. 35). Além disso, todas as importâncias arrecadadas com as vendas reverterão em favor da fundação ou empresa pública responsável por gerenciar o serviço, relacionadas no art. 34. Na sua ausência, serão revertidas para o estabelecimento penal.

21.8.2. Trabalho externo (art. 36)

Trata-se da atividade laboral desenvolvida pelo preso em ambiente externo ao estabelecimento penal.

A atividade será desempenhada em serviço ou obras públicas realizadas por órgãos da Administração Direta ou Indireta. Podem ocorrer ainda em entidades privadas, mas devem ser adotadas cautelas visando à prevenção da fuga e à manutenção da disciplina. Nesse sentido, por exemplo, o STJ cassou medida concessiva de trabalho externo porque a empresa onde a atividade laboral era desenvolvida estava situada em ambiente ocupado pelo crime organizado, dificultando ou impedindo a fiscalização do órgão da execução penal (HC 165.081, Info. 475).

É possível para o condenado em **regime fechado** e **semiaberto,** embora a lei não mencione este último caso. Nesta segunda hipótese, trata-se da própria essência do regime.

No caso do preso em regime fechado, considerar-se-á o teor da Súmula 40, STJ: "para obtenção dos benefícios da saída temporária e trabalho externo, considera-se o tempo de cumprimento da pena no regime fechado".

a) Regras do trabalho externo (arts. 36 e 37)

A atividade está sujeita à **expressa autorização** da **direção do presídio**.

Ademais, considerando as peculiaridades inerentes ao âmbito externo, algumas condições são impostas. São elas:

I. O número de presos não pode ultrapassar 10% (dez por cento) do total de empregados no serviço ou na obra.

II. Necessidade de aptidão, disciplina e responsabilidade do preso.

III. Cumprimento mínimo de 1/6 da pena. Na esteira do que já fora afirmado acima, o mesmo tempo cumprido para a progressão, 1/6 da pena, é válido para a autorização de trabalho externo (Súmula 40, STJ).

IV. Consentimento expresso do preso nos casos de trabalho em entidades privadas.

V. A remuneração fica a cargo da administração pública, entidade ou empresa empreiteira, a depender da situação fática.

VI. A autorização poderá ser revogada se o preso vier a delinquir, for punido com falta grave ou demonstrar inaptidão, indisciplina para o trabalho.

21.9. Deveres do preso

Além das obrigações decorrentes da sentença penal condenatória, que impõe o dever principal de cumprimento da pena imposta, os condenados devem observar normas de comportamento e convivência, visando à manutenção de um ambiente interno disciplinado e a sua futura reinserção social.

São deveres dos condenados (art. 39):

I. o comportamento disciplinado e cumprimento fiel da sentença;

II. a obediência ao servidor e respeito a qualquer pessoa com quem deva relacionar-se;

III. a urbanidade e respeito no trato com os demais condenados;

IV. a conduta oposta aos movimentos individuais ou coletivos de fuga ou de subversão à ordem ou à disciplina;

V. a execução do trabalho, das tarefas e das ordens recebidas;

VI. a submissão à sanção disciplinar imposta;

VII. a indenização à vitima ou aos seus sucessores;

VIII. a indenização ao Estado, quando possível, das despesas realizadas com a sua manutenção, mediante desconto proporcional da remuneração do trabalho;

IX. a higiene pessoal e asseio da cela ou alojamento;

X. a conservação dos objetos de uso pessoal.

Naquilo que for pertinente, os deveres acima indicados são aplicáveis aos presos provisórios.

21.10. Direitos do preso

Inicialmente, cumpre enfatizar que o rol dos direitos dos presos indicados na LEP tem natureza exemplificativa, pois, na verdade, permanecem intactos todos os direitos não atingidos pela condenação.

Vejamos a seguir aqueles direitos elencados na LEP (art. 41):

I. Alimentação suficiente e vestuário.

Implica a oferta pela administração prisional de alimentação em boa quantidade e balanceada nutricionalmente, em horários previamente determinados. O acesso à água potável deve se dar sempre que o preso necessitar.

II. Atribuição de trabalho e sua remuneração.

Além de constituir direito social, consubstanciado no art. 6º, CF, essencial para preparar o preso para a vida livre, o trabalho permite, como foi visto em seu item específico, o resgate de parte da pena a ser cumprida. Desse modo, é obrigação do Estado garantir a oferta de trabalho aos condenados.

III. Previdência Social.

São extensivos aos presos os benefícios da Previdência Social, cabendo ao serviço social do estabelecimento prisional providenciar os documentos, os benefícios e seguro por acidente de trabalho.

IV. Constituição de pecúlio.

Pecúlio é a poupança decorrente dos valores remanescentes da remuneração pelo trabalho desenvolvido pelo preso.

V. Proporcionalidade na distribuição do tempo para o trabalho, o descanso e a recreação.

Os presos devem ter garantido o tempo para o trabalho, para o descanso e também para o lazer, em proporções equilibradas. Desse modo, ainda que seja permitido trabalhar em horas extras, esta prática não pode se tornar frequente.

VI. Exercício das atividades profissionais, intelectuais, artísticas e desportivas anteriores, desde que compatíveis com a execução da pena.

Os estabelecimentos penais devem ter estrutura física que possibilite o desenvolvimento das atividades indicadas neste inciso. Como desdobramento desse direito, temos o art. 83, LEP, que prevê a instalação/construção de áreas destinadas a tais atividades.

VII. Assistência material, à saúde, jurídica, educacional, social e religiosa.

Os presos possuem direito à assistência multidisciplinar pelo Estado. Veremos as modalidades de assistência de forma mais específica no item a seguir.

VIII. Proteção contra qualquer forma de sensacionalismo.

Visa à preservação da honra e imagem do preso (art. 5º, X, CF). Com base nesse dispositivo é vedada a exposição desnecessária ou abusiva do preso nos meios de comunicação, expondo-o à execração.

IX. Entrevista pessoal e reservada com o advogado.

Decorre do princípio da ampla defesa. A entrevista com defensor público também possui a mesma natureza e em nenhuma hipótese pode ser gravada pela administração. Vide também o art. 7º, III, Lei 8.906/1994 (EOAB).

X. Visita do cônjuge, da companheira, de parentes e amigos em dias determinados.

As visitas visam evitar o aprofundamento da dessocialização sofrida pelo preso. Elas buscam fazer com que o condenado mantenha laços afetivos com os seus entes queridos.

Vale ressaltar que a visita íntima, embora não venha expressamente prevista na LEP, também é considerada um direito do preso. Sobre o tema, oportuno fazer a leitura da Resolução n. 4/2011 do Conselho Nacional de Política Criminal e Penitenciária.

Outra questão relevante é que os estabelecimentos prisionais masculinos, apesar de situados fora de centros urbanos, devem ser construídos em lugar que permita o acesso da família do preso. Além disso, é possível a transferência para estabelecimento que facilite a visita. Nesse sentido vem decidindo o STF, como denotam o HC 105175, 22.03.2010, Info. 620, e o HC 100087, 16.03.2010, Info. 579.

XI. Chamamento nominal.

O preso não é um objeto ou um número. Desse modo, em observância à dignidade da pessoa humana, deve ser chamado pelo nome.

XII. Igualdade de tratamento, salvo quanto às exigências da individualização da pena.

Trata-se da expressão material do princípio da isonomia/igualdade. Os presos devem ser tratados de modo igualitário, na medida das suas igualdades.

XIII. Audiência especial com o diretor do estabelecimento.

Os presos têm o direito de dialogar diretamente com a direção para transmitir reclamações, relatar abusos, entre outras questões. O diretor não pode se negar a receber o preso, mas é possível a edição de normas destinadas a adaptar o atendimento às demais rotinas da administração.

XIV. Representação e petição a qualquer autoridade, em defesa de direito.

Expressão do direito constitucional de petição previsto no art. 5º, XXXIV, CF.

XV. Contato com o mundo exterior por meio de correspondência escrita, da leitura e de outros meios de informação que não comprometam a moral e os bons costumes.

Faz parte da necessidade de manutenção do contato com a realidade exterior com vistas à reinserção social. Aqui há uma discussão em relação à violação do sigilo das correspondências e vem preponderando o entendimento de que as liberdades não são mais percebidas em sentido absoluto, motivo pelo qual é possível admitir-se o acesso prévio ao conteúdo de correspondências, se houver fundada suspeita de que tais comunicações estão servindo para a prática de infrações penais (STF, HC 70814/SP, DJ 01/03/1994, *DJe* 04/06/1994).

XVI. Atestado de pena a cumprir, emitido anualmente, sob pena da responsabilidade da autoridade judiciária competente.

Dispositivo acrescentado pela Lei 10.713/2003. Com base no atestado o próprio preso poderá acompanhar a execução da pena e o tempo restante, evitando casos emblemáticos de indivíduos que permanecem reclusos mesmo após o cumprimento integral da pena. O procedimento para emissão do atestado está regulado nos arts. 12 e 13 da Resolução 113, CNJ.

Importante destacar que determinados direitos do condenado estão sujeitos a suspensão ou restrição mediante **ato motivado** do diretor do estabelecimento penal. São eles: V – proporcionalidade na distribuição do tempo para o trabalho, o descanso e a recreação; X – visita do cônjuge, da companheira, de parentes e amigos; XV – contato com o mundo exterior por meio de correspondência escrita, da leitura e de outros meios de informação que não comprometam a moral e os bons costumes. Nenhuma das restrições pode ter caráter permanente e as decisões do diretor do estabelecimento estão sujeitas ao controle jurisdicional pelo juízo da execução penal.

Como já afirmado, o rol que acabamos de visitar é meramente exemplificativo, ou seja, os presos possuem outros direitos que estão consubstanciados na própria LEP e em outros diplomas legais. A seguir veremos alguns deles, que consideramos mais relevantes para o escopo desta obra.

21.10.1. Direitos políticos

Nos termos do art. 15, III, CF, os direitos políticos não serão cassados. Porém, no caso de condenação criminal definitiva, há uma **suspensão** dos direitos políticos cuja duração é a mesma dos efeitos da condenação. Significa dizer que, durante a execução da pena, os presos **não** poderão votar e serem votados.

Para além da suspensão dos direitos políticos durante o período de cumprimento de pena, há ainda a LC 64/1990, art. 1º, alterada pela LC 135/2010 (Lei da Ficha Limpa), que estabelece como hipótese de inelegibilidade:

> I. para qualquer cargo:
>
> **e)** os que forem condenados, em decisão transitada em julgado ou proferida por órgão judicial colegiado, desde a condenação até o transcurso do prazo de 8 (oito) anos após o cumprimento da pena, pelos crimes:
>
> 1. contra a economia popular, a fé pública, a administração pública e o patrimônio público;
>
> 2. contra o patrimônio privado, o sistema financeiro, o mercado de capitais e os previstos na lei que regula a falência;
>
> 3. contra o meio ambiente e a saúde pública;
>
> 4. eleitorais, para os quais a lei comine pena privativa de liberdade;
>
> 5. de abuso de autoridade, nos casos em que houver condenação à perda do cargo ou à inabilitação para o exercício de função pública;
>
> 6. de lavagem ou ocultação de bens, direitos e valores;
>
> 7. de tráfico de entorpecentes e drogas afins, racismo, tortura, terrorismo e hediondos;
>
> 8. de redução à condição análoga à de escravo;
>
> 9. contra a vida e a dignidade sexual; e
>
> 10. praticados por organização criminosa, quadrilha ou bando.

Atenção: A suspensão dos direitos políticos **não** se aplica aos presos provisórios. Neste caso, deverão ser instaladas seções dentro dos estabelecimentos penais (art. 49, parágrafo único, da Resolução 20.997/1999, TSE).

21.11. Disciplina (arts. 44 a 60)

Nos termos da redação do art. 44, LEP, a disciplina *consiste na colaboração com a ordem, na obediência às determinações das autoridades e seus agentes e no desempenho do trabalho.*

Com efeito, em obediência ao princípio da legalidade, não haverá falta nem sanção disciplinar sem **expressa e anterior** previsão legal ou regulamentar, ou seja, o fato deverá ser tipificado como falta disciplinar em momento anterior à sua prática pelo preso (art. 45, LEP). Recomenda-se aqui a leitura do informativo 421, STJ, HC 141.127.

Ademais, vale destacar que, no Brasil, a Lei estabelece as faltas graves e as suas respectivas sanções, enquanto os Regulamentos estaduais/federais tipificam as faltas médias e leves (art. 49, LEP). É bastante criticável esse formato, uma vez que gera uma discricionariedade indesejável. Melhor seria que toda modalidade de falta disciplinar e sua respectiva sanção fosse regida por lei federal. Seja como for, no âmbito Federal, há, p. ex., o Dec. 6.049/2007 (Regulamento Penitenciário Federal), que, em seus arts. 43 e 44, disciplina, respectivamente, as faltas leves e médias. No caso do Estado de São Paulo, as faltas leves e médias estão contidas nos arts. 44 e 45 do Regimento Interno Padrão dos Estabelecimentos Penais (Resolução SAP-144/2010).

Por outro lado, as sanções eventualmente aplicadas não poderão colocar em perigo a integridade física e/ou moral do condenado. Nesse sentido, também, não serão admitidas punições cruéis, a exemplo do emprego de cela escura. A depender da hipótese, os atos praticados pelos agentes públicos podem ser tipificados como crime de tortura (art. 1º, § 1º, Lei 9.455/1997).

Por fim, como expressão do princípio da individualização da pena, são vedadas as sanções coletivas. Vide o HC 177.293, STJ, Info. 496.

21.11.1. Faltas disciplinares

Na linha do que foi exposto até aqui, as faltas disciplinares são as condutas vedadas pelo Estado, indicadas em lei ou regulamento, e que sujeitam o preso a sanções.

As suas espécies são divididas pelo grau de lesividade, como veremos a seguir.

a) Graves

Como já assinalado, cumpre à Lei (LEP, no caso) estabelecer as condutas que ensejam faltas graves. Façamos a análise do seu rol **taxativo** para os condenados à pena privativa de liberdade (art. 50) e à pena restritiva de direitos (art. 51).

a1) São faltas graves cometidas pelo condenado à **pena privativa de liberdade**:

I. incitar ou participar de movimento para subverter a ordem ou a disciplina: para a sua caracterização não há necessidade da prática de violência ou ameaça.

II. fugir: não se confunde com o delito do art. 352, CP, pois também independe de violência para a sua caracterização. Inclui-se aí a fuga durante o trabalho externo, as saídas temporárias etc.

III. possuir, indevidamente, instrumento capaz de ofender a integridade física de outrem. Exemplos: possuir canivetes, facas, estiletes, tesouras etc.

IV. provocar acidente de trabalho: há uma imprecisão aqui. Um acidente decorre de ação culposa, mas, no caso do dispositivo, pressupõe a prática dolosa, ensejando falta grave. Excetua-se aqui o preso albergado, que está sujeito ao regime celetista.

O preso que estiver impossibilitado de prosseguir na atividade, em razão do acidente, continuará a beneficiar-se com a remição (art. 126, § 4º, LEP).

V. descumprir, no regime aberto, as condições impostas: descumprimento das condições do art. 115, LEP.

VI. inobservar os deveres previstos nos incisos II e V, do artigo 39, da LEP: desobediência ao servidor e o desrespeito a qualquer pessoa com quem deva relacionar-se; não execução do trabalho, das tarefas e das ordens recebidas.

VII. tiver em sua posse, utilizar ou fornecer aparelho telefônico, de rádio ou similar, que permita a comunicação com outros presos ou com o ambiente externo: inclui também os componentes essenciais ao funcionamento do aparelho, como o *chip*. *Vide* HC 188.072, STJ, Info. 475.

a2) São faltas graves cometidas pelo condenado à **pena restritiva de direitos**:

I. descumprir, injustificadamente, a restrição imposta;

II. retardar, injustificadamente, o cumprimento da obrigação imposta;

Ambos os dispositivos refletem a desídia do condenado quanto ao cumprimento das medidas restritivas impostas em razão da condenação.

III. inobservar os deveres previstos nos incisos II e V, do artigo 39, da LEP: desobediência ao servidor e desrespeito a qualquer pessoa com quem deva relacionar-se; não execução do trabalho, das tarefas e das ordens recebidas.

Atenção: Qualquer que seja a modalidade de pena (privativa de liberdade ou restritiva de direitos), também configura falta grave a prática de crime doloso (art. 52, LEP).

21.11.2. Sanções

As sanções são formas de retribuição e reeducação do preso na fase de execução penal. As suas espécies estão divididas em razão da natureza da infração praticada: leve, média ou grave.

As sanções são **alternativas e não cumulativas**, ou seja, não é possível aplicar duas espécies de sanção ao preso pela prática da mesma infração/falta.

Também é imprescindível destacar que, na aplicação das sanções disciplinares, levar-se-ão em conta a natureza, os motivos, as circunstâncias e as consequências do fato, bem como a pessoa do faltoso e seu tempo de prisão (art. 57).

Atenção: A **tentativa** é punível com a **mesma sanção** correspondente à forma **consumada** (art. 49, parágrafo único).

Prescrição da sanção administrativa: a LEP nada diz a esse respeito. A solução é apontada pelos Tribunais Superiores (STJ, HC 139.715/SP, *DJe* 19.09.2011). O entendimento desta Superior Corte de Justiça é no sentido de que o prazo prescricional para aplicação da sanção administrativa disciplinar é de **3 anos**, uma vez que, diante da inexistência de legislação específica acerca da matéria, aplica-se o disposto no art. 109, CP, considerando, para tanto, o menor lapso temporal previsto.

Vejamos a seguir alguns aspectos específicos relacionados às sanções.

a) Poder disciplinar

Na execução penal, como exceção ao princípio da judicialização, o poder disciplinar pertence à autoridade administrativa, que aplicará diretamente algumas sanções (art. 53, I a IV) ou representará ao juiz visando à aplicação de outras.

b) Direito à defesa técnica

Uma vez praticada uma falta disciplinar, o diretor do estabelecimento deverá instaurar procedimento destinado à apuração dos fatos. Sendo assim, devem ser garantidos o **contraditório e o direito de defesa**. Assim preconizam a Constituição Federal, o art. 27 da Resolução 14 do Conselho Nacional de Política Criminal e o art. 59, LEP.

Deve o preso ser cientificado da infração que lhe é imputada para que apresente a sua defesa e que seja ouvido antes da decisão.

Ainda no que se refere ao direito de defesa técnica, é entendimento majoritário o de que é imperativa a presença de defensor em todas as fases. Nesse sentido, o teor da Súmula Vinculante 5[112] só é aplicável no procedimento administrativo disciplinar no âmbito cível. Ver STJ, HC 135082, Info. 461 e Súmula 343; e STF, RHC 104584/RS, *DJ* 06.06.2011.

No caso de o preso não possuir defensor constituído, será providenciada a imediata comunicação à área de assistência jurídica do estabelecimento penal federal para designação de defensor público. Vale ressaltar que a Defensoria Pública (art. 81-A, LEP) velará pela regular execução da pena e da medida de segurança, oficiando, no processo executivo e nos incidentes da execução, para a defesa dos necessitados em todos os graus e instâncias, de forma individual e coletiva. Sendo assim, a ausência de sua manifestação nos incidentes da execução ensejará nulidade.

c) Sanções aplicáveis às faltas médias e leves

Às infrações leves e médias são aplicadas as sanções de advertência e repreensão, conforme estatuído pelo art. 53, I e II c/c parágrafo único do art. 57 (interpretado *a contrario sensu*).

I. Advertência: aplicada, em regra, para as faltas leves, é sempre verbal, mas a despeito disso deve constar no prontuário do preso.

II. Repreensão: é uma advertência feita por escrito, que, em regra, acontece nos casos de reincidência de faltas leves ou pela prática de faltas médias.

d) Sanções aplicáveis à falta grave

Nos termos do art. 57, parágrafo único c/c o art. 53, III a V, são passíveis de aplicação a suspensão ou restrição de direitos; o isolamento na própria cela ou em local adequado, nos estabelecimentos que possuam alojamento coletivo; e a inclusão no regime disciplinar diferenciado – RDD.

I. Suspensão ou restrição de direitos: incide sobre direitos passíveis de restrição ou suspensão. Especificamente os seguintes: art. 41, V, X e XV, LEP. Não pode superar os 30 dias de duração.

II. Isolamento na própria cela ou em local adequado: o dispositivo é de rara aplicação, pois há uma escassez de celas individuais. Sequer há alojamentos coletivos adequados para a quantidade de presos. Não pode superar os 30 dias de duração.

Cabe excepcionalmente o **isolamento preventivo (sem** necessidade de prévio **processo administrativo)**, decretado pela autoridade **administrativa**, por **10 dias**, descontando-se esse período do tempo total de **isolamento possível** (art. 60).

III. Inclusão no RDD: é a medida mais extrema a ser imposta durante a execução penal. Pela sua peculiaridade, estudaremos o tema destacadamente a seguir.

112. A falta de defesa técnica por advogado no processo administrativo disciplinar não ofende a Constituição.

Nas faltas graves, a autoridade representará ao Juiz da execução para os fins dos artigos 118, inciso I (regressão), 125 (saída temporária), 127 (perda de dias remidos), 181, §§ 1º, letra d, e 2º desta Lei (conversão de restritiva de direitos em privativa de liberdade). Esses casos estão além do âmbito disciplinar administrativo e devem ser submetidos ao controle jurisdicional.

21.11.3. Regime Disciplinar Diferenciado – RDD – (art. 52)

Como já afirmado anteriormente, trata-se da sanção mais gravosa da execução penal. Consequentemente, não será toda falta grave que sujeitará o preso à inclusão no RDD. Vejamos agora alguns aspectos importantes.

a) Hipóteses de cabimento

I. A prática de crime doloso, desde que ocasione a subversão da ordem ou disciplina internas. Logo, não será qualquer crime doloso praticado que ensejará a inclusão no RDD, pois é exigível a desestabilização do ambiente carcerário como efeito do crime. A tentativa também será punida (art. 49, parágrafo único, LEP).

II. Presos provisórios ou condenados, nacionais ou estrangeiros, que apresentem alto risco para a ordem e a segurança do estabelecimento penal ou da sociedade. Independente do crime pelo qual esteja preso, se apresentar risco elevado poderá ser submetido ao RDD. O risco deve dizer respeito a fato pretérito por ele cometido ou que tenha concorrido direta ou indiretamente. Ex: preso que comanda crimes ocorridos fora do estabelecimento prisional (extramuros).

III. Presos provisórios ou condenados sobre os quais recaiam fundadas suspeitas de envolvimento ou participação em organizações criminosas, quadrilha ou bando. Em que pese a redação do dispositivo, a expressão "fundada suspeita" representa mero indício e por essa razão é inadmissível para ensejar a inclusão em regime extremado. Sendo assim, é de se exigir prova de fato que estabelece o vínculo do preso com a organização criminosa.

b) Características (art. 52, I a IV)

I. Duração máxima de 360 dias, sem prejuízo de repetição da sanção por nova falta grave, até o limite de 1/6 da pena aplicada: a duração máxima é de 360 dias e a contagem deve ser feita de acordo com o art. 10, CP, incluso o dia inicial. O limite, considerando a eventual reincidência, é de 1/6 da pena a ser cumprida.

II. Recolhimento em cela individual. Deve ser implementado em observância às regras do art. 45, LEP, com acompanhamento psicológico obrigatório.

III. Visitas semanais de 2 pessoas, com duração máxima de duas horas, excluídas crianças. Há discussão quanto à possibilidade, ou não, da visita de crianças. Uma parte considerável da doutrina entende que as crianças não devem comparecer às visitas. Não nos parece correta tal vedação, uma vez que o preso precisa manter os laços familiares.

IV. Direito ao banho de sol diário por 2 horas. O horário é variável justamente para que seja alterada ou superada a razão pela qual deu-se o RDD. O contato exterior torna-se imprevisível.

c) Aspectos procedimentais

A aplicação do RDD depende de decisão judicial. Sendo assim, adotado o sistema da judicialização para a espécie, caberá ao juiz da execução penal decidir acerca do requerimento formulado pela autoridade administrativa, seguido de manifestação obrigatória do MP e da defesa sobre o pedido. A decisão, por óbvio, será motivada e deve ser prolatada no prazo de 15 dias (arts 59 e 54, §§ 1º e 2º, LEP).

Da decisão do magistrado cabe o agravo em execução, nos termos do art. 197, LEP.

O RDD sofre inúmeras críticas da doutrina. Diversos autores questionam a constitucionalidade da medida. As principais críticas são: imprecisão das hipóteses de cabimento (expressões vagas, como: "alto risco para a sociedade"); e o fato de esse tipo de isolamento estabelecido pelo RDD costumar ser terreno fértil para o desenvolvimento das chamadas "psicoses carcerárias", configurando-se em hipótese de "pena cruel", vedada, como se sabe, pela CF.

21.11.4. Outras sanções aplicáveis mediante decisão judicial

a) Revogação do trabalho externo (art. 37, parágrafo único): *revogar-se-á a autorização de trabalho externo ao preso que vier a praticar fato definido como crime, for* ***punido por falta grave****, ou tiver comportamento contrário aos requisitos estabelecidos neste artigo.*

b) Perda dos dias remidos (art. 127): *em caso de* ***falta grave****, o juiz poderá* ***revogar*** *até* ***1/3 (um terço) do tempo remido****, observado o disposto no art. 57, recomeçando a contagem a partir da data da infração disciplinar.* Com relação ao dispositivo citado, a Súmula Vinculante 9 estabelece que o "disposto no artigo 127 da Lei 7.210/1984 foi recebido pela ordem constitucional vigente e não se lhe aplica o limite temporal previsto no *caput* do artigo 58". Em síntese, a perda dos dias remidos poderá ser superior a 30 dias, mas está limitada a 1/3 dos dias remidos.

c) Interrupção do prazo para a obtenção de progressão: os Tribunais Superiores possuem entendimento consolidado de que o cometimento de falta grave acarreta a interrupção do prazo para a progressão de regime. O reinício dar-se-á a partir da data da última infração praticada (STJ, EREsp 1.176.486/SP, *DJe* 01.06.2012; STF, HC 102.365/SP, *DJe* 01.08.2011).

d) Regressão de regime: Nos casos de falta grave ou prática de crime doloso, a execução da pena privativa de liberdade ficará sujeita à forma regressiva, com a transferência para qualquer dos regimes mais rigorosos. Ex: preso do regime semiaberto que é flagrado com aparelho celular dentro do estabelecimento está sujeito a retornar ao regime fechado (STJ, HC 242.976/SP, *DJe* 04.09.2013; STF, HC 97.659/SP, *DJe* 20.11.2009).

e) Perda da saída temporária: (art. 125) revogação automática quando o preso for punido pela prática de fato definido como crime doloso, por falta grave, ou desatender as condições impostas na autorização de saída ou revelar baixo grau de aproveitamento no curso supletivo profissionalizante.

21.12. Órgãos da Execução Penal

No país, existem diversos órgãos/instituições atuando na execução penal, todos elencados no art. 61, LEP. A seguir, veremos alguns deles de forma mais detalhada.

21.12.1. Conselho Nacional de Política Criminal e Penitenciária: órgão ligado ao Executivo, subordinado ao Ministério da Justiça, sediado em Brasília.

a) Composição: órgão multidisciplinar integrado por 13 membros nomeados pelo Ministério da Justiça entre professores e profissionais da área do Direito Penal, Processual Penal, Penitenciário e ciências correlatas, bem como por representantes da comunidade e dos Ministérios da área social. Os mandatos têm duração de 2 anos, mas 1/3 dos seus membros deve ser renovado anualmente.

b) Atribuições: possui caráter consultivo e programático. As atribuições estão previstas no art. 64, LEP. São elas:

I. propor diretrizes da política criminal quanto à prevenção do delito, administração da Justiça Criminal e execução das penas e das medidas de segurança;

II. contribuir na elaboração de planos nacionais de desenvolvimento, sugerindo as metas e prioridades da política criminal e penitenciária;

III. promover a avaliação periódica do sistema criminal para a sua adequação às necessidades do País;

IV. estimular e promover a pesquisa criminológica;

V. elaborar programa nacional penitenciário de formação e aperfeiçoamento do servidor;

VI. estabelecer regras sobre a arquitetura e construção de estabelecimentos penais e casas de albergados;

VII. estabelecer os critérios para a elaboração da estatística criminal;

VIII. inspecionar e fiscalizar os estabelecimentos penais, bem assim informar-se, mediante relatórios do Conselho Penitenciário, requisições, visitas ou outros meios, acerca do desenvolvimento da execução penal nos Estados, Territórios e Distrito Federal, propondo às autoridades dela incumbida as medidas necessárias ao seu aprimoramento;

IX. representar ao Juiz da execução ou à autoridade administrativa para instauração de sindicância ou procedimento administrativo, em caso de violação das normas referentes à execução penal;

X. representar à autoridade competente para a interdição, no todo ou em parte, de estabelecimento penal.

21.12.2. Departamentos penitenciários

a) Departamento Penitenciário Nacional (DEPEN): também subordinado ao Ministério da Justiça, em especial à Secretaria Nacional de Justiça, é o órgão executivo da Política Penitenciária Nacional e de apoio administrativo e financeiro ao Conselho Nacional de Política Criminal e Penitenciária (art. 71, LEP).

As atribuições do DEPEN são as seguintes (art. 72, LEP):

I. acompanhar a fiel aplicação das normas de execução penal em todo o Território Nacional;

II. inspecionar e fiscalizar periodicamente os estabelecimentos e serviços penais;

III. assistir tecnicamente as Unidades Federativas na implementação dos princípios e regras estabelecidos nesta Lei;

IV. colaborar com as Unidades Federativas mediante convênios, na implantação de estabelecimentos e serviços penais;

V. colaborar com as Unidades Federativas para a realização de cursos de formação de pessoal penitenciário e de ensino profissionalizante do condenado e do internado.

VI. estabelecer, mediante convênios com as unidades federativas, o cadastro nacional das vagas existentes em estabelecimentos locais destinadas ao cumprimento de penas privativas de liberdade aplicadas pela justiça de outra unidade federativa, em especial para presos sujeitos a regime disciplinar.

Por fim, incumbem também ao Departamento a coordenação e supervisão dos estabelecimentos penais e de internamento federais (parágrafo único, art. 72, LEP).

Outras atribuições do DEPEN estão contidas no art. 25, Dec. 6.061/2007, ao qual sugerimos a análise por parte do leitor.

b) Departamento penitenciário local (art. 73, LEP): sua criação acontece por lei estadual e as suas funções são semelhantes às do DEPEN, tendo por finalidade precípua supervisionar e coordenar os estabelecimentos penais estaduais. Deve manter integração com o órgão federal, executando as regras gerais penitenciárias em conformidade com a política criminal nacional.

21.12.3. Conselho Penitenciário

Órgão consultivo e fiscalizador da execução penal, auxiliar do Poder Executivo, possuindo caráter **não estatal** (art. 69, LEP).

a) Composição: o Conselho será integrado por membros nomeados pelo Governador do Estado ou do Distrito Federal e dos Territórios, dentre professores e profissionais da área do Direito Penal, Processual Penal, Penitenciário e ciências correlatas, bem como por representantes da comunidade (art. 69, § 1º, LEP).

b) Atribuições: estão elencadas no art. 70, LEP. Seguem abaixo:

I. emitir parecer sobre indulto e comutação de pena, excetuada a hipótese de pedido de indulto com base no estado de saúde do preso;

II. inspecionar os estabelecimentos e serviços penais;

III. apresentar, no 1º (primeiro) trimestre de cada ano, ao Conselho Nacional de Política Criminal e Penitenciária, relatório dos trabalhos efetuados no exercício anterior;

IV. supervisionar os patronatos, bem como a assistência aos egressos.

21.12.4. Direção do estabelecimento penal (art. 75, LEP)

O diretor deverá residir no estabelecimento ou nas suas proximidades, com regime de dedicação integral, possuindo como requisitos para o cargo o diploma de nível superior, alternativamente, em Direito, Psicologia, Pedagogia, Ciências Sociais ou Serviços Sociais; experiência administrativa na área; idoneidade moral; e aptidão funcional.

21.12.5. Patronato de presos e egressos

Órgão colegiado, público ou particular, cuja missão é prestar assistência aos albergados e aos egressos (art. 78, LEP).

São atribuições do Patronato (art. 79, LEP):

I. orientar os condenados à pena restritiva de direitos;

II. fiscalizar o cumprimento das penas de prestação de serviço à comunidade e de limitação de fim de semana;

III. colaborar na fiscalização do cumprimento das condições da suspensão e do livramento condicional.

21.12.6. *Conselho da comunidade*

Trata-se de órgão auxiliar do Poder Judiciário, formado por iniciativa do juiz da execução, e composto, preferencialmente, por particulares.

a) Composição: haverá, em cada comarca, um Conselho da Comunidade composto, no mínimo, por 1 (um) representante de associação comercial ou industrial, 1 (um) advogado indicado pela Seção da Ordem dos Advogados do Brasil, 1 (um) Defensor Público indicado pelo Defensor Público Geral e 1 (um) assistente social escolhido pela Delegacia Seccional do Conselho Nacional de Assistentes Sociais – art. 80, LEP. Na falta da representação prevista neste artigo, ficará a critério do Juiz da execução a escolha dos integrantes do Conselho (parágrafo único).

b) Atribuições (art. 81, LEP):

I. visitar, pelo menos mensalmente, os estabelecimentos penais existentes na comarca;

II. entrevistar presos;

III. apresentar relatórios mensais ao Juiz da execução e ao Conselho Penitenciário;

IV. diligenciar a obtenção de recursos materiais e humanos para melhor assistência ao preso ou internado, em harmonia com a direção do estabelecimento.

21.12.7. *Juízo da execução penal*

Após o trânsito em julgado de sentença condenatória ou de sentença absolutória imprópria (medida de segurança), a competência passa ao juízo da execução penal. Caso não exista juízo específico na Comarca, a execução penal competirá ao Juiz indicado na lei estadual de organização judiciária e, na sua ausência, ao da sentença – art. 65, LEP.

No caso de suspensão condicional da pena (arts. 77, CP; e 156, LEP), o juiz da execução passa a ser competente após a audiência admonitória, que é o momento de fixar as condições do *sursis* (arts. 160 e 161, LEP).

a) Competência do juiz da execução (art. 66, LEP):

I. aplicar aos casos julgados lei posterior que de qualquer modo favoreça o condenado;

II. declarar extinta a punibilidade;

III. decidir sobre a soma ou unificação de penas; progressão ou regressão nos regimes; detração e remição da pena; suspensão condicional da pena; livramento condicional; incidentes da execução.

IV. autorizar saídas temporárias;

V. determinar: a) a forma de cumprimento da pena restritiva de direitos e fiscalizar sua execução; b) a conversão da pena restritiva de direitos e de multa em privativa de liberdade; c) a conversão da pena privativa de liberdade em restritiva de direitos; d) a aplicação da medida de segurança, bem como a substituição da pena por medida de segurança; e) a revogação da medida de segurança; f) a desinternação e o restabelecimento da situação anterior; g) o cumprimento de pena ou medida de segurança em outra comarca; h) a remoção do condenado na hipótese prevista no § 1º, do artigo 86, desta Lei.

VI. zelar pelo correto cumprimento da pena e da medida de segurança;

VII. inspecionar, mensalmente, os estabelecimentos penais, tomando providências para o adequado funcionamento e promovendo, quando for o caso, a apuração de responsabilidade;

VIII. interditar, no todo ou em parte, estabelecimento penal que estiver funcionando em condições inadequadas ou com infringência aos dispositivos desta Lei;

IX. compor e instalar o Conselho da Comunidade;

X. emitir anualmente atestado de pena a cumprir.

21.12.8. *Ministério Público*

Deve atuar durante todo o processo de execução, fiscalizando a correta aplicação da lei e zelando pelos interesses da sociedade e do condenado (art. 67, LEP).

a) Atribuições (art. 68, LEP; note-se que o rol estabelecido neste dispositivo é exemplificativo, pois o MP atua em toda a execução penal):

I. fiscalizar a regularidade formal das guias de recolhimento e de internamento;

II. requerer: todas as providências necessárias ao desenvolvimento do processo executivo; a instauração dos incidentes de excesso ou desvio de execução; a aplicação de medida de segurança, bem como a substituição da pena por medida de segurança; a revogação da medida de segurança; a conversão de penas, a progressão ou regressão nos regimes e a revogação da suspensão condicional da pena e do livramento condicional; e a internação, a desinternação e o restabelecimento da situação anterior.

III. interpor recursos de decisões proferidas pela autoridade judiciária, durante a execução.

A presença do membro do *parquet* deverá ser registrada em livro próprio e deve ocorrer com frequência mensal.

Além das funções previstas nas Constituições Federal e Estadual, na Lei Orgânica e em outras leis, incumbe, ainda, ao MP exercer a fiscalização dos estabelecimentos prisionais e dos que abriguem idosos, menores, incapazes ou pessoas portadoras de deficiência (art. 25, VI, Lei 8.625/1993 – Lei Orgânica Nacional do Ministério Público).

21.12.9. *Defensoria Pública*

Somente em 2010, com o advento da Lei 12.313, passou a ser obrigatória a participação da DP nos atos da execução penal.

Desse modo, as suas atribuições são as mais vastas possíveis, como evidencia a redação dos arts. 81-A e 81-B, LEP. Vejamos a seguir:

a) velará pela regular execução da pena e da medida de segurança, oficiando, no processo executivo e nos incidentes da execução, para a defesa dos necessitados em todos os graus e instâncias, de forma individual e coletiva.

b) requerer: todas as providências necessárias ao desenvolvimento do processo executivo; a aplicação aos casos julgados de lei posterior que de qualquer modo favorecer o condenado; a declaração de extinção da punibilidade; a unificação de penas; a detração e remição da pena; a instauração dos incidentes de excesso ou desvio de execução; a aplicação de medida de segurança e sua revogação, bem como a substituição da pena por medida de segurança; a conversão de penas, a progressão nos regimes, a suspensão condicional da pena, o livramento condicional, a comutação de pena e o indulto; a autorização de saídas temporárias; a internação, a desinternação e o restabelecimento da situação anterior; o cumprimento de pena ou medida de segurança em outra comarca; a remoção do condenado na hipótese prevista no § 1º do art. 86 desta Lei.

c) requerer a emissão anual do atestado de pena a cumprir.

d) interpor recursos de decisões proferidas pela autoridade judiciária ou administrativa durante a execução.

e) representar ao Juiz da execução ou à autoridade administrativa para instauração de sindicância ou procedimento administrativo em caso de violação das normas referentes à execução penal.

f) visitar os estabelecimentos penais, tomando providências para o adequado funcionamento, e requerer, quando for o caso, a apuração de responsabilidade.

g) requerer à autoridade competente a interdição, no todo ou em parte, de estabelecimento penal.

Tal qual ocorre com os membros do MP, os defensores visitarão periodicamente os estabelecimentos penais, devendo registrar a sua presença em livro próprio.

21.13. Estabelecimentos penais

21.13.1. Conceito

Quaisquer edificações destinadas a receber o preso provisório, o condenado por sentença condenatória transitada em julgado, os submetidos à medida de segurança e o egresso.

21.13.2. Separação

Nos termos do art. 5º, XLVIII, CF, a pena será cumprida em estabelecimentos distintos, de acordo com a natureza do delito, a idade e o sexo do apenado. Trata-se de expressão do princípio da individualização das penas, buscando, também, que a pena atinja as suas finalidades.

Apesar de os estabelecimentos penais poderem integrar um mesmo conjunto arquitetônico (complexo penitenciário), é fundamental que os indivíduos sejam classificados e efetivamente separados – art. 82, § 2º, LEP.

De todo o modo, impõe-se a separação das seguintes formas:

a) Os primários dos reincidentes (art. 84, § 1º)

b) Os homens das mulheres (art. 82, § 1º)

c) Maiores de 60 anos (art. 82, § 1º)

d) Os que foram funcionários do sistema de administração da justiça criminal (art. 84, § 2º)

e) O índio (art. 56, Lei 6.001/1973)

f) Os presos provisórios dos definitivos (arts. 84, LEP; 300, CPP).

No caso dos presos provisórios, há ainda uma outra espécie de separação: a prisão especial. Quis o legislador ordinário que determinadas pessoas, por conta do cargo/ocupação que exercem, em caso de prisão provisória (flagrante, preventiva e temporária), ficassem segregadas em **estabelecimentos distintos** da prisão comum. A isso, convencionou-se chamar de "prisão especial".

A pessoa que faz *jus* a esse tipo de prisão deverá permanecer encarcerada em local distinto da prisão comum (art. 295, § 1º, CPP). Inexistindo estabelecimento específico, o preso especial deverá ficar em cela separada dentro de estabelecimento penal comum (art. 295, § 2º). De um jeito ou de outro, "a cela especial poderá consistir em alojamento coletivo, atendidos os requisitos de salubridade do ambiente, pela concorrência dos fatores de aeração, insolação e condicionamento térmico adequados à existência humana" (art. 295, § 3º).

Sendo realmente impossível acomodar o preso especial em local apropriado, permite a Lei 5.256/67 que, ouvido o MP, o juiz submeta o indivíduo à prisão domiciliar, oportunidade em que ficará detido em sua própria residência.

Além de ter direito a ficar segregado em local distinto da prisão comum, o preso especial também faz jus a não ser transportado juntamente com os presos comuns (art. 295, § 4º).

Os indivíduos beneficiados estão contidos no rol do art. 295, CPP. Porém, esse rol não é exaustivo, visto que diversos outros indivíduos também gozam do direito à prisão especial. Destaque aqui para o advogado (art. 7º, V, EOAB) que, se preso provisoriamente, tem direito a ser recolhido em sala de Estado Maior,[113] com instalações e comodidades condignas, e, na sua falta, em prisão domiciliar.[114]

Vale ressaltar que a prisão especial só tem cabimento enquanto não ocorrer o trânsito em julgado da sentença penal condenatória. Ocorrendo este, deve o preso ser encaminhado ao estabelecimento penal comum, salvo se, à época do fato, era funcionário da administração da justiça criminal, caso em que, mesmo após a sentença definitiva, deverá permanecer separado dos demais presos (art. 84, § 2º, LEP).

Por fim, o instituto – prisão especial – é extremamente criticado (com acerto, segundo pensamos) por certo setor da doutrina (*v. g.* Nucci, 2006, p. 580). Fora a prisão especial para os funcionários do sistema de administração criminal, as demais (diplomados em curso superior, p. ex.) ofendem o princípio da isonomia (art. 5º, *caput*, CF). Exemplificativamente, no caso do diplomado em curso superior o tratamento "especial" dispensado pauta-se, na verdade, no padrão social/cultural ao qual pertence o indivíduo (algo, portanto, absurdo).

21.13.3. Lotação

Diz o art. 85, LEP, que o estabelecimento penal deverá ter **lotação compatível** com a sua estrutura e finalidade e que caberá ao Conselho Nacional de Política Criminal e Penitenciária determinar o limite máximo de capacidade do estabelecimento, atendendo à sua natureza e peculiaridades.

---

113. "'**Sala de Estado Maior**' deve ser interpretada como sendo uma dependência em estabelecimento castrense, sem grades, com instalações condignas" (STF, **Rcl 4713/SC, *DJ* 17/12/2007, *DJe* 07/03/2008). (Grifo nosso).**

114. Atenção que a expressão: "assim reconhecidas pela OAB", contida no dispositivo, foi declarada inconstitucional pelo STF (ADIN 1.127-8).

Desafiando as "leis da física", o dispositivo acima vem sendo paulatinamente ignorado no Brasil – o que, dentre outras coisas: I. fulmina os objetivos da execução penal; II. torna letra morta o princípio da dignidade da pessoa humana no campo da execução penal; e, mais, III. denuncia a (baixa) qualidade da democracia brasileira. Já se disse que a forma como um preso é tratado diz muito da qualidade da democracia de um país. Esses dizeres encontram (infelizmente) intensa ressonância na realidade brasileira.

21.13.4. Instalações especiais nos estabelecimentos penais (art. 83, LEP)

Trata-se de exigência voltada a favorecer o pleno exercício dos direitos dos presos, bem como contribuir para a ressocialização ao viabilizar as modalidades diversas de assistência aos presos.

Desse modo, são necessárias instalações físicas que comportem espaços destinados ao estágio de estudantes universitários, por exemplo (art. 83, § 1º, LEP). Além disso, deverão ser instaladas salas de aulas destinadas a cursos do ensino básico e profissionalizante (art. 83, § 4º).

Nos estabelecimentos penais destinados a mulheres, a instalação de berçário, onde as condenadas possam cuidar de seus filhos e amamentá-los, no mínimo, até 6 (seis) meses de idade (art. 83, § 2º). Nesse particular, trata-se de imposição constitucional (art. 5º, L, CF).

Por fim, a Defensoria Pública terá espaço específico para o atendimento de presos e para o desempenho das suas atividades durante toda a execução penal (art. 83, § 5º, LEP).

Vale, por fim, anotar que os estabelecimentos destinados às mulheres deverão possuir, exclusivamente, agentes do sexo feminino na segurança de suas dependências internas (art. 83, § 3º, LEP).

21.13.5. Modalidades de estabelecimentos penais

Penitenciárias; Colônias Agrícola, Industrial ou Similar; Casas do Albergado; Centros de Observação, Hospitais de Custódia e Tratamento Psiquiátrico; e Cadeias Públicas.

Vale ressaltar que o juiz sentenciante indicará o regime inicial de cumprimento da pena, que será decisivo na escolha do estabelecimento penal no qual o condenado será inicialmente alocado, podendo, posteriormente, regredir ou progredir para outros estabelecimentos (vide art. 33, CP).

Nas hipóteses em que for reconhecida a doença mental na sentença, o indivíduo será absolvido impropriamente, ou seja, será submetido à medida de segurança: tratamento ambulatorial ou internamento.

Ocorrendo a doença mental no curso do cumprimento da pena, deverá o indivíduo ser transferido para um hospital de custódia e tratamento (HCT).

a) Penitenciária

Estabelecimento penal, estadual ou federal, destinado ao condenado à pena de reclusão, em regime fechado (art. 87, LEP). Destinado, em regra, para penas de longa duração.

Os estabelecimentos e as acomodações são separados conforme os critérios já trabalhados, mas merecem indicação expressa as disposições dos arts. 88 e 89, LEP.

Os presos deverão ser acomodados em cela individual contendo dormitório, aparelho sanitário e lavatório, contando com as seguintes condições:

I. salubridade do ambiente pela concorrência dos fatores de aeração, insolação e condicionamento térmico adequado à existência humana;

II. área mínima de 6m2 (seis metros quadrados).

No caso dos estabelecimentos femininos, além dos requisitos acima indicados, a penitenciária deverá ter seção para gestante e parturiente, além de creche para abrigar crianças maiores de 6 (seis) meses e menores de 7 (sete) anos. A finalidade é assistir a criança desamparada cuja responsável estiver presa – art. 89, LEP.

As penitenciárias masculinas serão construídas em local afastado do centro urbano, à distância, porém, que não restrinja a visitação – art. 90, LEP.

No caso das penitenciárias federais, a União poderá construir estabelecimento penal em local distante da condenação para recolher os condenados, quando a medida se justifique no interesse da segurança pública ou do próprio condenado – art. 86, § 1º.

Há, ainda, as penitenciárias com regime disciplinar diferenciado (art. 87, parágrafo único, LEP), que podem ser construídas pelos entes da Federação responsáveis pela execução penal (União Federal, os Estados e o Distrito Federal e os Territórios). São penitenciárias destinadas, exclusivamente, aos presos provisórios e condenados que estejam em regime fechado e sujeitos ao regime disciplinar diferenciado, nos termos do art. 52, LEP.

Existe também a possibilidade de inclusão e transferência de preso em penitenciária federal de segurança máxima, cuja disciplina encontra-se na Lei 11.671/2008, configurando-se em medida excepcional e transitória (art. 10).

Excepcional porque a medida deve ser justificada no interesse da segurança pública ou do próprio preso, condenado ou provisório, ou seja, quando houver risco à sua integridade ou quando ele representar risco à segurança pública poderá haver a transferência.

Transitória ou temporária, pois o período máximo de permanência não excederá 360 (trezentos e sessenta) dias, em regra, podendo ser renovado, excepcionalmente, quando solicitado motivadamente pelo juízo de origem, observados os mesmos requisitos da transferência.

O seu processamento dar-se-á da seguinte forma (arts. 4º e 5º):

I. Legitimados: são legitimados para requerer o processo de transferência, a autoridade administrativa, o Ministério Público e o próprio preso.

II. Competência: Juiz Federal da seção judiciária correspondente (lembrar das regras de definição da competência).

III. Procedimento: instruídos os autos do processo de transferência, serão ouvidos, no prazo de 5 (cinco) dias cada, quando não requerentes, a autoridade administrativa, o Ministério Público e a defesa, bem como o DEPEN. É facultado ao DEPEN indicar o estabelecimento penal federal mais adequado. A admissão do preso, condenado ou provisório, dependerá de decisão prévia e fundamentada do juízo federal competente, após receber os autos de transferência enviados pelo juízo responsável pela execução penal ou pela prisão provisória. Nesta decisão o juiz deve indicar o período de permanência.

b) Colônia agrícola, industrial ou similar

É o estabelecimento penal destinado aos condenados que cumprem pena no **regime semiaberto** – art. 91, LEP.

A sua estruturação pressupõe um maior senso de responsabilidade do condenado, pois o grau de segurança é médio, com menor proteção contra fugas.

Vejamos a seguir as regras básicas do regime semiaberto, indicadas no art. 35, CP e no art. 92, LEP:

I.O condenado fica sujeito a trabalho em comum durante o período diurno, em colônia agrícola, industrial ou estabelecimento similar.

II. O trabalho externo é admissível, bem como a frequência a cursos supletivos profissionalizantes, de instrução de segundo grau ou superior.

III. O condenado poderá ser alojado em compartimento coletivo, observados os requisitos do art. 88, parágrafo único, "a", LEP.

c) Casa do albergado

Estabelecimento penal destinado ao cumprimento de pena privativa de liberdade, em **regime aberto**, além da pena de **limitação de fim de semana**.

Aqui há inexistência de obstáculo contra a fuga, o seu fundamento é a autodisciplina e responsabilidade do condenado e o trabalho externo ocorre durante o dia, enquanto o recolhimento durante o período noturno e, também, aos finais de semana.

A sua localização se dá em centro urbano, separado dos demais estabelecimentos. Cada região deverá ter ao menos uma Casa do Albergado, que deverá ser dotada de espaço para cursos e palestras.

d) Hospital de custódia e tratamento (HCT)

Estabelecimento destinado aos inimputáveis e semi-imputáveis referidos no art. 26 e parágrafo único, CP, submetidos à medida de segurança em virtude de sentença de absolvição imprópria.

Aplica-se ao hospital, em relação ao espaço físico, o disposto no parágrafo único, do art. 88, LEP. Não há, contudo, exigência de cela individual.

Se o Estado não dotar o HCT de estrutura para o tratamento ambulatorial, deverá providenciar outro local com serviço médico adequado.

e) Cadeia Pública

Estabelecimento destinado ao recolhimento dos presos provisórios.

Em cada comarca deverá ter ao menos 1 (uma) cadeia pública a fim de resguardar o interesse da Administração da Justiça Criminal e a permanência do preso em local próximo ao seu meio social e familiar.

O estabelecimento será instalado próximo dos centros urbanos, observando-se as exigências mínimas referidas no art. 88, LEP.

21.14. Execução da pena privativa de liberdade

Em verdade, adotamos um sistema progressivo/regressivo pautado em 2 critérios: um critério objetivo (cumprimento de determinada quantidade de pena); e em um critério subjetivo (atestado de boa conduta).

Apresentando o condenado boa conduta e cumprindo determinado *quantum* da condenação, a pena privativa de liberdade será executada de forma progressiva, ou seja, iniciando no regime mais rigoroso e evoluindo para o menos rigoroso (art. 33 § 2º CP; e art. 112, LEP).

A seguir, faremos uma análise do procedimento.

21.14.1. Fixação do regime

Em caso de condenação à pena privativa de liberdade, o juiz da causa fixará, na sentença, o regime inicial de cumprimento da pena.

Para tanto, levará em consideração a quantidade de pena fixada na decisão e alguns critérios subjetivos, a exemplo da reincidência do apenado (art. 33, §§ 2º e 3º, CP):

I. o condenado a pena **superior a 8 (oito)** anos **deverá** começar a cumpri-la em regime fechado;

II. o condenado **não reincidente**, cuja pena seja **superior a 4 (quatro) anos e não exceda a 8 (oito)**, **poderá**, desde o princípio, cumpri-la em regime semiaberto;

III. o condenado **não reincidente**, cuja pena seja **igual ou inferior a 4 (quatro) anos**, **poderá**, desde o início, cumpri-la em regime aberto.

Importante destacar que os critérios do art. 59, CP, são imprescindíveis para a determinação do regime inicial de cumprimento da pena. São eles: culpabilidade; antecedentes; conduta social; personalidade do agente; os motivos, circunstâncias e consequências do crime; comportamento da vítima.

Apesar da previsão legal, não pode o magistrado, com base em suas impressões pessoais, fixar um regime mais gravoso do que aquele correspondente à pena aplicada. Nesse sentido, ver **STF, Súmula 718:** *a opinião do julgador sobre a gravidade em abstrato do crime não constitui motivação idônea para a imposição de regime mais severo do que o permitido segundo a pena aplicada.* Na mesma linha de cognição estão a Súmula 719, STF, e a Súmula 440, STJ.

Contudo, há que se ressaltar algumas imposições legais quanto ao regime inicial fechado, como previsto no art. 2º, § 1º, Lei 8.072/1990 (crimes hediondos e assemelhados). Ver, ainda, a Súmula Vinculante 26, STF: *Para efeito de progressão de regime no cumprimento de pena por crime hediondo, ou equiparado, o juízo da execução observará a inconstitucionalidade do art. 2º da Lei 8.072/1990, de 25 de julho de 1990, sem prejuízo de avaliar se o condenado preenche, ou não, os requisitos objetivos e subjetivos do benefício, podendo determinar, para tal fim, de modo fundamentado, a realização de exame criminológico.*

O novo texto da Lei 8.072/1990 somente deve ser aplicado àqueles que praticaram crime hediondo ou assemelhado após a edição da Lei 11.464/2007. Isto porque o regime integralmente fechado já havia sido declarado inconstitucional pelo STF em 2006. Logo, o que vigia era o lapso de 1/6 para a progressão e não o regime integralmente fechado. O STJ adota o mesmo posicionamento na Súmula 471.

a) Regime fechado

Vejamos abaixo as regras/etapas mais importantes referentes ao procedimento de inserção no regime fechado.

Após o trânsito em julgado da sentença condenatória que fixou o regime fechado, impõe-se a expedição da **guia de recolhimento** (carta de guia ou guia de execução). Trata-se aqui de condição **indispensável** para o início da execução da pena (art. 107, LEP). O próprio magistrado ordenará a sua expedição.

A guia de recolhimento será extraída, rubricada pelo escrivão, juntamente com o juiz, quando então será remetida à autoridade administrativa a quem incumbirá a execução.

Os requisitos da guia são os seguintes:

I. o nome do condenado;

II. a sua qualificação civil e o número do registro geral no órgão oficial de identificação;

III. o inteiro teor da denúncia e da sentença condenatória, bem como certidão do trânsito em julgado;

IV. a informação sobre os antecedentes e o grau de instrução;

V. a data da terminação da pena;

VI. outras peças do processo reputadas indispensáveis ao adequado tratamento penitenciário.

Em seguida, será realizado o **exame criminológico** (art. 8º, LEP), que se destina a realizar um diagnóstico criminológico (causas da inadaptação social) e um prognóstico social (possibilidades de reinserção social) acerca da pessoa condenada. Importante enfatizar que o exame recai sobre **4 linhas de pesquisa**: social, médica, psicológica e psiquiátrica.

Possui **origem histórica** na escola positivista italiana (**Cesare Lombroso** – final do séc. XIX e início do XX). Baseia-se na noção do "criminoso nato", tese segundo a qual a análise de determinadas características psicossomáticas tornaria possível prever aqueles indivíduos que se voltariam para o crime.

Tal exame era obrigatório antes do advento da Lei 10.792/2003, que alterou a redação do art. 112, LEP. Atualmente é **facultativo** e **independe** do regime de cumprimento da pena, conforme orientação dos Tribunais Superiores (STF, Súmula Vinculante 26; e STJ, Súmula 439). Sendo assim, se o magistrado o determinar, deverá fazê-lo em decisão fundamentada na gravidade da infração penal e nas condições pessoais do agente.

Vale ressaltar que os tribunais superiores estão mantendo um **requisito não exigido pela lei para a progressão de regime**. A burocracia que a lei tentou eliminar, visando a garantir a progressão de regime, continua sendo mantida pelas Cortes Superiores brasileiras.

Como já asseverado em capítulo anterior, o cumprimento inicial em regime fechado acontece em penitenciária. Em relação ao trabalho interno, este é obrigatório no período diurno. O trabalho externo poderá ocorrer em obra ou serviço público, mas está condicionado ao cumprimento de 1/6 da pena e à demonstração de aptidão para a atividade (arts. 36 e 37, LEP).

b) Regime semiaberto

Também aqui é imprescindível a expedição da guia de recolhimento. A execução penal não tem início sem esse documento.

Como visto no item anterior, poderá ser realizado o exame criminológico. Uma vez iniciado o cumprimento da pena, estará o preso obrigado a exercer atividade laboral, interna ou externa. No caso da atividade externa, ao contrário do regime fechado, poderá ocorrer junto à iniciativa privada.

Pela maior flexibilidade, é possível ao preso frequentar cursos em ambiente externo (art. 122 LEP).

c) Regime aberto

Expedição da guia de recolhimento ou de execução, uma vez que o regime é aberto. No caso, somente acontecerá recolhimento no período noturno e nos dias de folga (art. 93 e ss. LEP). O trabalho e a frequência a cursos serão necessariamente em ambiente externo.

As condições para o preso ingressar no regime aberto são as seguintes (art. 114, LEP):

I. estiver trabalhando ou comprovar a possibilidade de fazê-lo imediatamente;

II. apresentar, pelos seus antecedentes ou pelo resultado dos exames a que foi submetido, fundados indícios de que irá ajustar-se, com autodisciplina e senso de responsabilidade, ao novo regime.

Com relação ao trabalho, há exceção quanto às pessoas indicadas no art. 117, LEP, pois poderão ter a dispensa da atividade laboral em razão dos critérios ali estabelecidos, sujeitando-se até ao regime domiciliar aberto, que veremos em seguida.

Outras condições obrigatórias:

III. permanecer no local que for designado, durante o repouso e nos dias de folga;

IV. sair para o trabalho e retornar, nos horários fixados;

V. não se ausentar da cidade onde reside, sem autorização judicial;

VI. comparecer a Juízo, para informar e justificar as suas atividades, quando for determinado.

O juiz pode, ainda, estabelecer condições especiais para a concessão do regime aberto ao preso, embora não possa fazê-lo sob a forma de pena substitutiva, nos termos da Súmula 493, STJ.

d) Regime domiciliar aberto

Trata-se de medida de caráter excepcional, destinada a presos do regime aberto, a ser aplicada nas situações descritas no art. 117, LEP.

São hipóteses de cabimento:

I. condenado maior de 70 (setenta) anos;

II. condenado acometido de doença grave;

III. condenada com filho menor ou deficiente físico ou mental;

IV. condenada gestante.

Doutrina e jurisprudência têm ampliado os termos do art. 117, LEP, para aplicar a prisão domiciliar em uma série de outras situações, a saber:

a) Concede-se prisão domiciliar ao preso provisório (prisão preventiva, *v. g.*) quando este estiver acometido de **grave enfermidade** e o estabelecimento **não** oferecer condições adequadas de tratamento. Ver art. 318, II, CPP. Nesse sentido: STJ, HC 270808/SE, DJ 15/05/2014, *DJe* 16/06/2014; e **STF, HC 98675/ES, *DJ* 09/06/2009, DJe 21/08/2009, Info. 550. O tema foi positivado recentemente no art. 318, II, CPP.**

b) O STJ também tem concedido prisão domiciliar ao preso **definitivo** (ainda que esteja em regime semiaberto ou fechado), quando ocorre o binômio: doença grave + impossibilidade de o estabelecimento oferecer tratamento adequado ao doente. *Vide*, por exemplo: STJ, RHC 26814/RS, *DJ* 29.03.2010.

c) Finalmente, a situação mais delicada: falta de vaga em estabelecimento adequado (Judiciário *vs.* Executivo).

Basicamente, duas posições surgiram na comunidade jurídica:

I. Em caso de superlotação, o preso deverá ser mantido em regime mais grave por "motivo de força maior" e também porque ao praticar o delito assumiu o risco previsível de ser mantido no cárcere.

II. A ausência de vagas em estabelecimento adequado evidencia a desídia do Estado-administrador e o ônus daí decorrente não pode ser debitado ao condenado.

Atenção: A mais recente jurisprudência dos Tribunais Superiores tem concedido a prisão domiciliar quando o preso definitivo faz jus ao regime semiaberto ou aberto, porém, não há vaga no respectivo estabelecimento penal (Colônia industrial; Casa do albergado, p. ex.) ou o estabelecimento penal encontra-se em condições inadequadas para abrigar o preso. Nesse sentido, conferir: **STF, HC 95334/RS, *DJe* 21/08/2009;** STJ, RHC 45787/SP, DJ 13/05/2014, *DJe* 21/05/2014; e HC 286405/SP, DJ 24/04/2014, *DJe* 02/05/2014.

21.14.2. Progressão de regime

Estatui o art. 33, § 2º, CP: *As penas privativas de liberdade deverão ser executadas em forma progressiva, segundo o mérito do condenado, observados os seguintes critérios e ressalvadas as hipóteses de transferência a regime mais rigoroso.* A progressividade do cumprimento da pena reflete a função reeducadora da pena, voltada à reinserção social progressiva do condenado.

a) Requisitos

Da transcrição do dispositivo, podemos inferir que há duas possibilidades para o preso no decorrer do cumprimento da pena: a progressão para regimes menos gravosos (regra); e a regressão para regime mais rígido (exceção).

O art. 112, LEP, reitera que a pena privativa de liberdade será executada em forma progressiva com a transferência para regime menos rigoroso, estabelecendo como condições para a sua determinação pelo juiz: o cumprimento de ao menos 1/6 **(um sexto) da pena** no regime anterior e ostentar **bom comportamento** carcerário, comprovado pelo **diretor** do estabelecimento. Vemos, portanto, que há um critério dúplice, cumulativo: temporal e disciplinar.

Lembrando que a decisão será sempre motivada e precedida de manifestação do Ministério Público e do defensor, respeitando o devido processo legal, o contraditório e a ampla defesa.

I. Temporal

Retomando a discussão dos requisitos da progressão, é importante lembrar que a regra estabelecida pelo art. 112, LEP, comporta algumas exceções, a exemplo dos crimes hediondos. No caso, a progressão dar-se-á a partir do cumprimento de 2/5 (dois quintos) da pena para o condenado que tenha sido réu primário; ou de 3/5 (três quintos), caso seja reincidente na prática de crimes hediondos ou assemelhados.

Ex.1) 6 anos de condenação. É preciso cumprir 1 ano para pleitear a passagem para o semiaberto (1/6).

Ex.2) 10 anos de condenação por crime hediondo. Se o condenado era primário, será necessário cumprir ao menos 4 anos para pleitear a progressão do regime fechado para o semiaberto. Na mesma hipótese, sendo reincidente, deverá cumprir ao menos 6 anos para o pleito.

E para obter uma nova progressão, é preciso cumprir mais 1/6 da pena total ou 1/6 da pena restante? O entendimento que vem prevalecendo é no sentido de que, para a nova progressão, é preciso cumprir 1/6 da **pena restante** e não da total. O principal argumento é o de que a **pena cumprida é pena extinta**, logo, não poderá ser usada para computar novas progressões. No nosso exemplo 1, o condenado para progredir do semiaberto para o aberto teria que cumprir mais 10 meses.

II. Disciplinar

Consiste na necessidade de emissão do atestado de boa conduta firmado pelo diretor do presídio, o que acabou por tornar dispensável o exame criminológico para essa finalidade.

Mas qual é o conteúdo desse atestado? A lei nada diz a esse respeito, abrindo margem para possíveis considerações arbitrárias por parte do diretor. Sendo assim, revela-se mais adequado o entendimento de que ante a ausência de falta grave por parte condenado, deve-se atestar a sua boa conduta.

Então, no caso da prática de falta grave, considera-se interrompido o lapso cumprido de pena para fins de progressão de regime? Sim. Há, por óbvio, divergências consideráveis, mas prevalece no âmbito dos tribunais superiores a interrupção e consequente reinício da contagem do prazo para progressão de regime. Nesse sentido, ver STF, HC 118797/SP, DJ 04/02/2014, *DJe* 27/02/2014; RHC 114967/GO DJ 22/10/2013, *DJe* 06/11/2013; e STJ, HC 257090/SP, DJ 05/06/2014, *DJe* 25/06/2014.

Outro ponto importante é a Súmula 715, STF: "A pena unificada para atender ao limite de trinta anos de cumprimento, determinado pelo art. 75 do Código Penal, não é considerada para a concessão de outros benefícios, como o livramento condicional ou regime mais favorável de execução".

b) Progressão por salto (*per saltum*)

Trata-se da possibilidade de progressão do regime fechado para o aberto, diretamente, sem passar pelo semiaberto. Uma parte da doutrina admite a possibilidade, mas prevalece o entendimento de que **não** é possível. Nesse sentido, ver STJ, Súmula 491, e STF, RHC 99776/SP, DJe 12.02.2010.

21.14.3. Regressão de regime

Como já afirmado, trata-se de medida excepcional, cujas hipóteses estão previstas no art. 118, LEP.

I. praticar fato definido como **crime doloso ou falta grave**

Qualquer que seja o crime doloso, a sua prática enseja a regressão do regime. Não há necessidade de condenação na esfera judicial, mas tão somente a comprovação do fato e da autoria em incidente próprio, o procedimento disciplinar. A mesma disposição se aplica às faltas graves. Se houver absolvição no processo judicial, o preso retornará ao regime anterior.

II. sofrer **condenação**, por crime anterior, cuja pena, somada ao restante da pena em execução, torne incabível o regime (art. 111).

É possível que haja condenação por crime praticado em momento anterior ao encarceramento. Nesse caso, se a soma das condenações resultar período que seja incompatível com o atual, deverá o juiz determinar a regressão para o mais gravoso. Esta é a única regressão obrigatória (art. 33, CP). Ex: condenação à pena superior a 8 anos.

III. o condenado será transferido do regime aberto se, além das hipóteses referidas nos incisos anteriores, frustrar os fins da execução.

Atenção: O não pagamento da multa será executado como dívida de valor, não mais servindo para determinar a regressão de regime (Lei 9.268/1996).

Meios de frustrar os fins da execução podem ser: a violação dos deveres relacionados ao monitoramento eletrônico (art. 146-B, LEP); a prática de fato definido como contravenção penal (CUNHA, 2013, p. 154) etc.

É possível a regressão *per saltum*? Sim. Nos termos do art. 118 da Lei de Execução Penal, a transferência do condenado, a título de regressão, pode ocorrer para qualquer dos regimes mais rigorosos. Ver STJ, HC 273726/MG, DJ 25/03/2014, *DJe* 31/03/2014; HC 283199/MG, DJ 25/02/2014, *DJe* 07/03/2014.

21.14.4. Remição (art. 126, LEP)

a) Conceito

É o desconto do tempo de cumprimento da pena por meio do trabalho ou do estudo.

b) Beneficiários

Destina-se aos condenados que estejam cumprindo pena nos regimes fechado ou semiaberto.

c) Contagem do tempo

No caso de **atividade laboral**, a cada 3 (três) dias de trabalho é remido 1 (um) dia da pena. Ex: ao trabalhar 3 dias terá o condenado cumprido 4 dias de pena.

A remição por **estudo** dar-se-á da seguinte forma: a cada 12 (doze) horas de frequência escolar é remido 1 (um) dia da pena.

O STJ já havia reconhecido tal possibilidade antes mesmo da alteração legislativa de 2011, com a edição da Súmula 341: *A frequência a curso de ensino formal é causa de remição de parte do tempo de execução de pena sob regime fechado ou semiaberto.*

Mas afinal, em que consiste o estudo e como este é dividido? Consiste no desenvolvimento da atividade de ensino fundamental, médio, inclusive profissionalizante, ou superior, ou ainda de requalificação profissional (presencial ou à distância). As 12 horas dedicadas ao estudo devem ser divididas, no mínimo, em 3 (três) dias, ou seja, o preso que tiver 12 horas de estudo a cada 3 dias ou mais terá 1 dia remido.

Vale ressaltar que deve haver certificação pelas autoridades educacionais competentes dos cursos frequentados.

Há também uma possibilidade de bônus pela conclusão de algum nível de ensino, nos termos do § 5º, art. 126, LEP: *O tempo a remir em função das horas de estudo será acrescido de 1/3 (um terço) no caso de conclusão do ensino fundamental, médio ou superior durante o cumprimento da pena, desde que certificada pelo órgão competente do sistema de educação.* No caso, será considerado o total dos dias naturalmente remidos, acrescidos de 1/3 desse total.

Por fim, a remição pode ainda combinar o trabalho e o estudo desenvolvidos concomitantemente. Ex: 3 dias de trabalho **E** estudo = 5 dias de pena cumprida.

d) Da comunicação

Nos termos do art. 129, LEP, a comunicação ao juízo da execução deverá ser feita pela autoridade administrativa, que encaminhará, mensalmente, uma cópia do registro de todos os condenados que estejam trabalhando ou estudando, com informação dos dias de trabalho e/ou as horas de frequência escolar ou de atividades de ensino de cada um deles.

e) Perda dos dias remidos (art. 127, LEP)

Diz o referido dispositivo que na hipótese de falta grave cometida pelo preso, o juiz poderá revogar até 1/3 (um terço) do tempo remido, observado o disposto no art. 57, recomeçando a contagem a partir da data da infração disciplinar. Perceba, caro leitor, que a perda dos dias remidos **somente** acontecerá por meio de decisão judicial, assegurados o contraditório e a ampla defesa.

Durante certo tempo houve discussão acerca da constitucionalidade do referido dispositivo, mas a polêmica foi encerrada com o advento da Súmula Vinculante 9, STF: *O disposto no artigo 127 da Lei 7.210/1984 (lei de execução penal) foi recebido pela ordem constitucional vigente.*

f) Remição para o regime aberto

Há divergência nos tribunais superiores. Para o STF não existe possibilidade de remição de pena para o regime aberto, pois inexiste previsão legal nesse sentido (RHC 117075/DF, DJ de 06/11/2013, *DJe* 19/11/2013). Já no STJ há entendimentos curiosamente divergentes entre 5ª e 6ª turmas. A 6ª Turma vem decidindo na mesma linha do STF, pela impossibilidade de remição para o regime aberto (HC 225707/RS, *DJe* 01/07/2013). Já a 5ª Turma, em que pese invocar a impossibilidade, reconhece o § 6º, do art. 126, LEP (frequência em curso de ensino regular ou de educação profissional) como possibilidade aplicável ao regime aberto (HC 277885/MG, DJ 15/10/2013, *DJe* 25/10/2013.

21.14.5. Autorizações de Saída

A sua razão de ser é atenuar o rigor da execução contínua da pena de prisão, consoante exposição de motivos da LEP. As saídas também cumprem importante função quanto à reinserção gradativa do preso à sociedade, pois permite o retorno temporário ao convívio com família e amigos no ambiente externo.

As suas modalidades são as seguintes:

a) Permissão de saída: Possui caráter urgente, devendo ser autorizada pelo diretor do estabelecimento penal. Por óbvio, também pode ser requerida ao juiz da execução penal. É dotada de cunho humanitário e deve ser feita com escolta.

I. Cabimento

As hipóteses que autorizam a permissão estão elencadas no art. 120, LEP.

1. falecimento ou doença grave do cônjuge, companheira, ascendente, descendente ou irmão;

2. necessidade de tratamento médico.

II. Beneficiários

Destina-se aos presos dos regimes fechado e semiaberto, bem como aos presos provisórios.

III. Duração

A duração dependerá da finalidade ou da razão pela qual se deu a saída.

b) Saída temporária: Medida de cunho educativo, preparatória para o retorno à liberdade. Por esse motivo, é programada e depende de autorização judicial. Não prevê qualquer escolta. Apesar da ausência de escolta, é possível a utilização de equipamento de monitoração eletrônica pelo condenado, desde que haja determinação do juiz da execução nesse sentido.

I. Cabimento:

São hipóteses autorizadoras da saída temporária:

1. visita à família;

2. frequência a curso supletivo profissionalizante, bem como de instrução do 2º grau ou superior, na Comarca do Juízo da Execução;

3. participação em atividades que concorram para o retorno ao convívio social.

II. Beneficiários

Destinada aos presos que estão nos regimes semiaberto e aberto.

III. Requisitos

São requisitos para a concessão da saída temporária:

1. comportamento adequado;

2. cumprimento mínimo de 1/6 (um sexto) da pena, se o condenado for primário, e 1/4 (um quarto), se reincidente;

3. compatibilidade do benefício com os objetivos da pena.

IV. Duração

O prazo de duração da saída temporária está disciplinado no art. 124, LEP, e será de até 7 (sete) dias, podendo ser renovado em mais 4 (quatro) oportunidades durante o ano.

Exceção: Quando se tratar de frequência a curso profissionalizante, de instrução de ensino médio ou superior, o tempo de saída será o necessário para o cumprimento das atividades discentes.

Nos demais casos, as autorizações de saída somente poderão ser concedidas com prazo mínimo de 45 (quarenta e cinco) dias de intervalo entre uma e outra.

V. Condições

O juiz deverá impor determinadas condições como forma de prevenir a fuga e incidentes envolvendo o beneficiário. Na decisão, levará em conta as circunstâncias do caso e a situação pessoal do condenado. São elas:

1. fornecimento do endereço onde reside a família a ser visitada ou onde poderá ser encontrado durante o gozo do benefício;

2. recolhimento à residência visitada, no período noturno;

3. proibição de frequentar bares, casas noturnas e estabelecimentos congêneres.

VI. Revogação

O benefício será automaticamente revogado se o condenado praticar fato definido como crime doloso, for punido por falta grave, desatender as condições impostas na autorização ou revelar baixo grau de aproveitamento do curso.

Para recuperar o direito à saída temporária, o preso dependerá de uma absolvição no processo penal (crime doloso), do cancelamento da punição disciplinar (falta grave) ou da demonstração do merecimento do condenado.

21.15. Execução da medida de segurança (MS)

A medida de segurança é imposta por sentença, destinada aos portadores de transtornos mentais que, consequentemente, não poderiam ser responsáveis pelos seus atos, merecendo tratamento ao invés do encarceramento.

A imposição da MS pressupõe: a) sentença absolutória imprópria; b) insanidade do preso durante o cumprimento da pena; c) sentença condenatória para os semi-imputáveis.

21.15.1. Modalidades

A MS pode ser executada sob duas espécies, estabelecidas no art. 96, I e II, CP. São elas:

a) Internação: O preso fica internado em hospital de custódia e tratamento psiquiátrico (HCT) ou, na sua falta, em outro estabelecimento adequado às necessidades terapêuticas.

E medida mais gravosa nesse âmbito e destinada, normalmente, aos crimes apenados com reclusão. Também denominada de MS detentiva.

b) Tratamento ambulatorial: Consiste no tratamento sem a necessidade de internação. A pessoa se apresenta ao hospital durante o dia para obter o tratamento necessário. Também chamada de *MS não detentiva.*

21.15.2. Procedimento

a) No caso de **sentença absolutória imprópria**, depende do incidente de insanidade mental no curso do IP ou do processo. O juiz poderá acatar, ou não, a conclusão dos peritos. Acatando, proferirá sentença absolutória imprópria.

b) Tratando-se da **superveniência de doença mental** durante a execução, existem duas hipóteses:

I. Enfermidade passageira: deve ser adotada a internação no HCT até que cesse a enfermidade (art. 108, LEP). Denominada de medida de segurança reversível porque, uma vez curado, o indivíduo retorna ao cumprimento da pena privativa de liberdade. Aqui o tempo de internação deve ser contado como tempo de pena cumprida. Se, eventualmente, o tempo da pena encerrar sem que a enfermidade seja curada, deverá ser extinta a pena pelo seu cumprimento (CUNHA, 2013, p. 230).

II. Enfermidade não passageira: sendo identificado o caráter definitivo do transtorno mental, a medida de segurança torna-se irreversível, devendo o juiz proceder à substituição da pena pela medida de segurança (arts. 183, LEP). Nessa linha, ver STJ, HC 130162/SP, DJ 02/08/2012, *DJe* 15/08/2012.

O prazo dessa medida de segurança é uma questão polêmica. Apontaremos a seguir 4 (quatro) posicionamentos: a) duração indefinida até que a perícia demonstre a cessação da periculosidade do agente (art. 97, § 1º, CP); b) duração máxima de 30 anos, que é o mesmo para o cumprimento da pena privativa de liberdade (art. 75, CP) Vide STF, HC 84.219/SP, *DJ* 23.09.2005; c) mesma duração da pena privativa de liberdade substituída; d) limitada ao máximo da pena abstratamente cominada ao crime.

O STJ entende que prevalece a corrente citada no item "c", ou seja, a duração da MS será a mesma da pena privativa de liberdade substituída, estabelecida na sentença condenatória (HC 251296/SP, DJ 25/03/2014, *DJe* 11/04/2014).

c) Sentença condenatória (semi-imputáveis): apesar de a MS ser, normalmente, aplicada aos inimputáveis, o juiz **poderá**, se entender adequado, aplicá-la aos semi-imputáveis. Neste caso, o juiz proferirá sentença condenatória e aplicará a modalidade de medida de segurança que entender cabível (art. 98, CP).

21.15.3. Prazo da MS

A MS não possui prazo máximo determinado, mas apenas o prazo mínimo, que vai de 1 a 3 anos (art. 97, § 1º, CP). Findo o prazo, deve ser efetuada nova perícia para averiguar a cessação ou não da periculosidade (art. 175, LEP).

Na hipótese de manutenção da periculosidade, será mantida a MS, e a perícia deverá ser refeita anualmente ou em menor período, a critério do juiz.

21.16. Execução das penas restritivas de direitos (penas alternativas)

21.16.1. Fundamentos

Atualmente, significativo setor da comunidade acadêmica (jurídica e não jurídica) reconhece que a pena de prisão não consegue cumprir praticamente nenhuma das missões que persegue (ressocialização do preso, prevenção geral e especial etc.). Os elevados índices de reincidência, os efeitos deletérios do cárcere na vida do preso, dentre tantos problemas que poderíamos apontar, levam ao reconhecimento, por parte de muitos autores, de uma aguda crise da pena de prisão, falando-se mesmo em uma "falência da pena de prisão" (Cezar Bitencourt). Por conta disso, hoje, a prisão é encarada por muitos juristas como *ultima ratio*, como "mal necessário", como último recurso que o Estado deve lançar mão para exercer o seu *jus puniendi*. É, pois, nesse contexto que se inserem as chamadas penas alternativas. São formas alternativas ao sistema penal clássico regido pela pena de prisão, de se aplicar o *jus puniendi*, que visam exatamente remediar os efeitos nocivos do cárcere. Estudemos nos próximos tópicos um pouco mais sobre essas penas alternativas e, principalmente, sobre a forma de sua execução.

21.16.2. Aspectos gerais

I. As penas restritivas de direitos restringem *outros direitos* que *não a liberdade de locomoção*. Destinam-se, sobretudo, a crimes menos graves e a criminosos cujo encarceramento não se mostra aconselhável, em razão dos evidentes efeitos negativos que dele decorrem. Prestigia-se aqui a ideia que o cárcere deve ser reservado a casos realmente necessários (graves).

II. As penas restritivas de direito possuem natureza de pena autônoma. Não são, portanto, acessórias à pena privativa de liberdade.

III. Tais penas não estão previstas na Parte Especial do Código Penal, mas na Parte Geral. Desde que preenchidos os requisitos objetivos e subjetivos, podem ser aplicadas a qualquer delito.

21.16.3. Procedimento e requisitos para a sua aplicação: (arts, 43 e ss., CP)

I. Primeiro, o Juiz, na sentença condenatória, deve estabelecer a pena privativa de liberdade a ser cumprida. Feito isso, constatados os requisitos para a realização da substituição da pena, o magistrado deverá realizar, na própria sentença, a substituição da pena privativa de liberdade pela restritiva de direitos.

II. Os requisitos para a substituição são:

a) para os crimes dolosos: pena privativa de liberdade não superior a 4 anos; para os crimes culposos: não importa a quantidade de pena (pode ultrapassar os 4 anos, inclusive);

b) o crime não pode ter sido cometido com violência ou grave ameaça à pessoa;

c) o réu não pode ser reincidente específico em crime doloso;

d) a culpabilidade, os antecedentes, a conduta social e a personalidade do condenado, bem como os motivos e as circunstâncias indiquem que a substituição é suficiente.

21.16.4. Espécies ou modalidades de penas restritivas de direitos (art. 43, CP)

a) Prestação pecuniária: consiste no pagamento à vítima, seus dependentes ou a entidade pública ou privada com destinação social, de valor fixado pelo juiz na sentença (art. 45, CP).

Não há disciplina legal especificando a execução dessa pena restritiva de direitos. Não sendo efetuado o pagamento de forma voluntária e tratando-se de montante destinado a **particular** (vítima ou entidade privada), deverá este promover a execução do valor junto ao juízo cível.

Não sendo efetuado o pagamento de forma voluntária e tratando-se de montante destinado a **entidade pública**, entende-se que o MP ou a Procuradoria efetuará a execução.

De todo o modo, o descumprimento não pode acarretar em pena de prisão, por analogia ao art. 51, CP.

b) Perda de bens e valores: trata-se da perda de bens e valores que pertençam licitamente ao condenado em favor do Fundo Penitenciário Nacional. Legislação especial, porém, poderá estabelecer destinação diversa a esses bens e valores. O valor a ser perdido pelo condenado terá como teto – o que for maior – o montante do prejuízo causado ou do provento obtido pelo agente ou por terceiro, em consequência da prática do crime (art. 45, § 3º, CP).

c) Prestação de serviços à comunidade ou entidades públicas (arts. 46, CP; e 148 a 150, LEP): aplicável às condenações superiores a seis meses de privação da liberdade. O condenado desenvolverá atividades em benefício da comunidade ou de entidade pública de modo gratuito. Logo, não faz jus a qualquer remuneração pelos serviços prestados.

São entidades aptas a recepcionar os condenados: entidades assistenciais, hospitais, escolas, orfanatos e outros estabelecimentos congêneres, em programas comunitários ou estatais.

As atividades atribuídas levarão em consideração as aptidões do condenado, devendo ser cumpridas à razão de uma hora de tarefa por dia de condenação, fixadas de modo a não prejudicar a jornada normal de trabalho do apenado.

O trabalho terá a duração de 8 (oito) horas semanais e será realizado aos sábados, domingos e feriados, ou em dias úteis, de modo a não prejudicar a jornada normal de trabalho.

Cumpre ressaltar que o juiz da execução será competente para:

I. Designar a entidade ou programa comunitário ou estatal, devidamente credenciado ou convencionado, junto ao qual o condenado deverá trabalhar gratuitamente, de acordo com as suas aptidões;

II. Determinar a intimação do condenado, cientificando-o da entidade, dias e horário em que deverá cumprir a pena;

III. Alterar a forma de execução, a fim de ajustá-la às modificações ocorridas na jornada de trabalho.

O início da execução, nesta modalidade, será na data do primeiro comparecimento. Em caso de descumprimento injustificado da prestação de serviço, poderá haver conversão em pena de prisão.

A fiscalização do cumprimento da obrigação dar-se-á por meio do envio mensal de relatório circunstanciado das atividades do condenado, bem como, a qualquer tempo, da comunicação sobre ausência ou falta disciplinar do condenado (art. 150, LEP).

d) Interdição temporária de direitos (arts. 47, CP; 154 e 155, LEP): consiste na suspensão do exercício de determinados direitos pelo condenado. A interdição deverá ter relação com o crime praticado.

São penas de interdição de direitos:

I. Proibição do exercício de cargo, função ou atividade pública, bem como de mandato eletivo;

II. Proibição do exercício de profissão, atividade ou ofício que dependam de habilitação especial, de licença ou autorização do poder público;

III. Suspensão de autorização ou de habilitação para dirigir veículo.

IV. Proibição de frequentar determinados lugares.

V. Proibição de inscrever-se em concurso, avaliação ou exame públicos.

Sobre a execução propriamente dita da interdição temporária de direitos, destaque-se que caberá ao Juiz da execução comunicar à autoridade competente a pena aplicada, determinada a intimação do condenado (art. 154, *caput*, LEP).

Na hipótese de "proibição do exercício de cargo, função ou atividade pública, bem como de mandato eletivo", a autoridade deverá, em 24 (vinte e quatro) horas, contadas do recebimento do ofício, baixar ato, a partir do qual a execução terá seu início.

Nas hipóteses de "proibição do exercício de profissão, atividade ou ofício que dependam de habilitação especial, de licença ou autorização do poder público" e "suspensão de autorização ou de habilitação para dirigir veículo", o juízo da execução determinará a apreensão dos documentos, que autorizam o exercício do direito interditado.

Em caso de descumprimento da medida, estabelece o art. 155, LEP, que a autoridade deverá comunicar imediatamente ao Juiz da execução o descumprimento da pena. Tal comunicação também poderá ser efetuada por qualquer prejudicado (parágrafo único).

e) Limitação de fim de semana: nos termos do art. 48, CP, consiste na obrigação de permanecer, aos sábados e domingos, por 5 (cinco) horas diárias, em casa de albergado ou outro estabelecimento adequado.

No que tange à execução dessa medida, o juiz da execução determinará a intimação do condenado para cientificá-lo do local, dias e horário em que cumprirá a pena (art. 151, LEP). A execução terá início a partir da data do primeiro comparecimento (parágrafo único).

Conforme dispõe o art. 152, LEP: "poderão ser ministrados ao condenado, durante o tempo de permanência, cursos e palestras, ou atribuídas atividades educativas".

Nos casos de violência doméstica contra a mulher, o juiz poderá determinar o comparecimento obrigatório do agressor a programas de recuperação e reeducação (parágrafo único).

A fiscalização ficará a cargo do estabelecimento designado pelo juiz. O responsável encaminhará, mensalmente, ao juiz da execução, relatório, bem assim comunicará, a qualquer tempo, a ausência ou falta disciplinar do condenado – art. 153, LEP.

22. LEIS ESPECIAIS

A seguir, comentaremos, de forma mais detalhada, algumas leis especiais que costumam constar nos editais de concurso para delegado. Note o leitor que, ao longo dos tópicos anteriores, já examinamos vários dispositivos de relevantes leis especiais, tais como: Lei de Drogas, Lei dos Crimes Hediondos, dentre outras. Como os principais dispositivos destas leis já foram examinados em tópicos passados, não iremos repetir nossos comentários no presente capítulo. Por outro lado, recomendamos ao candidato que, sempre que possível, faça a leitura integral de todas as leis que integram o edital do concurso, não se limitando, portanto, às leis especiais que foram tratadas neste livro até a presente edição.

22.1 Lei 10.446/2002 (Regula as atribuições da Polícia Federal na persecução criminal)

22.1.1 Noções gerais (art. 1º): a Lei dispõe sobre a atuação da Polícia Federal (PF) nas infrações penais que, a despeito de não envolverem, *a priori*, questões relacionadas à União, possuem repercussão interestadual ou internacional. É justamente em razão desse alcance territorial que necessitam de uma repressão uniforme no país.

22.1.2 Requisitos (art. 1º)

Os requisitos para atuação da PF são, **simultaneamente**, a repercussão interestadual ou internacional do crime e a necessidade de repressão uniforme, coerente, pelo Estado brasileiro.

A repercussão interestadual ou internacional significa que determinado crime pode atingir, direta ou indiretamente, bem jurídico de pessoa física ou jurídica em mais de um estado ou país. Vale dizer que os atos executórios ou a consumação devem se prolongar por mais de um território, causando algum tipo de comoção, efeito negativo (lesivo), em todos os locais.

Por repressão uniforme, no dizer de Nucci (2014, V.1, p. 47), entende-se a necessidade de atuação estatal harmônica e coerente, sem disputas ou conflitos, com o escopo de concentrar a obtenção de informações oriundas da sua apuração. Daí o porquê da apuração pela Polícia Federal, que atua em todo o território nacional.

Vale ressaltar, entretanto, que a participação das forças policiais locais (Polícia Civil e PM) NÃO é vedada. Ao contrário, deve acontecer em regime de cooperação, de coparticipação, com natureza auxiliar.

22.1.3 Modalidades de crime (art. 1º I a V)

Imprescindível destacar que o diploma legal diz respeito apenas a crimes, NÃO se aplicando às contravenções penais.

Ressaltamos que o rol abaixo não é taxativo, tratando-se de norma aberta (parágrafo único, art. 1º). Perceba o leitor que o dispositivo confere ao Ministro da Justiça o juízo de conveniência acerca da atuação da PF nas investigações de outros tipos de delito, embora seja algo incomum na prática policial.

Assim, são crimes inicialmente sujeitos à atuação uniforme da PF em caso de repercussão interestadual ou internacional:

I. sequestro, cárcere privado e extorsão mediante sequestro (arts. 148 e 159, CP), **se o agente foi impelido por motivação política ou quando praticado em razão da função pública exercida pela vítima.**

Importante: A motivação do delito é o aspecto chave.

No que concerne à **motivação política**, insta salientar que a doutrina construiu o entendimento de que a leitura deve ser feita à luz dos arts. 1º e 2º, Lei nº 7.170/1983.

A conduta do agente deve ter motivação e objetivo políticos específicos (art. 2º, I, Lei 7.170/1983), bem como causar lesão real ou potencial aos bens jurídicos mencionados no art. 1º daquela Lei. Mas quais seriam os bens jurídicos indicados no dispositivo?

São eles:

a) a integridade territorial e a soberania nacional (art. 1º, I, Lei 7.170/1983);

b) o regime representativo e democrático, a Federação e o Estado de Direito (inc. II);

c) a pessoa dos chefes dos Poderes da União (inc. III).

Na segunda hipótese, quando o **crime é praticado em razão da função pública exercida pela vítima**, é necessário que o delito seja praticado contra funcionário público e em razão do exercício da função.

Nesse caso, ainda que o funcionário público pertença à esfera estadual, é possível que a PF atue na investigação.

II. formação de cartel (art. 4º, Lei nº 8.137/1990): Ocorre quando a repercussão plurilocal decorre de uma das condutas tipificadas no art. 4º, a exemplo do ajuste de preços entre empresários que visa à eliminação da concorrência por meio do abuso do poder econômico.

III. relativas à violação a direitos humanos, que a República Federativa do Brasil se comprometeu a reprimir em decorrência de tratados internacionais de que seja parte.

O entendimento prevalente é o mesmo utilizado para o incidente de deslocamento de competência (IDC), ou seja, para que a PF atue na investigação é preciso que o delito cometido contra algum direito humano tenha elevada gravidade, atinja um grupo, uma coletividade, em estados distintos e necessite de repressão uniforme.

IV. furto, roubo ou receptação de cargas, inclusive bens e valores, transportadas em operação interestadual ou internacional, quando houver indícios da atuação de quadrilha ou bando em mais de um Estado da Federação.

Diz respeito, em regra, à atuação de organização criminosa, pois esta não raro transcende o âmbito estadual ou nacional.

V. falsificação, corrupção, adulteração ou alteração de produto destinado a fins terapêuticos ou medicinais e venda, inclusive pela internet, depósito ou distribuição do produto falsificado, corrompido, adulterado ou alterado (art. 273, CP)

Trata-se de crime hediondo (art. 1º, VII-B, Lei nº 8.072/1990), cujo bem jurídico violado é a saúde pública.

O delito tinha caráter local, mas com o advento do comércio eletrônico a distribuição em todo o território nacional de substâncias adulteradas acarretou a inclusão deste dispositivo, haja vista a manifesta necessidade de repressão uniforme.

22.2 Crime organizado (Lei nº 12.850/2013)

Esta Lei consolidou em nosso ordenamento a conceituação de organização criminosa e disciplinou uma série de meios de obtenção da prova.

22.2.1 Investigação e obtenção da prova (art. 3º)

No art. 3º estão elencados os meios de obtenção da prova admitidos durante a investigação, mas é importante lembrar que o rol NÃO é exaustivo, conforme ressalva feita no próprio *caput*.

a) Captação ambiental (art. 3º, II): conversa pessoal entre os interlocutores, ocorrida em determinado ambiente, que possibilita a um deles a colheita do conteúdo da conversa por determinados meios, tais como gravação de voz, fotografia, filmagem (NUCCI, V. 2, 2014, p. 687). Neste conceito não se incluem as comunicações realizadas por meio de telefone e carta.

Validade da prova: A *priori,* todos têm o direito de gravar a própria conversa, motivo pelo qual não há que se falar em ilicitude da gravação. Nesse contexto, a ilicitude pode ocorrer pela utilização do conteúdo da gravação (LIMA, 2014, p. 700).

É preciso ressaltar que a prova poderá ser utilizada em duas hipóteses, sob risco de serem reputadas ilícitas. São elas: para provar a inocência do acusado **ou** para provar a investida criminosa de um dos interlocutores (STF, AI 503617/PR, *DJ* 04.03.2005).

Nucci, por exemplo, defende que se o ambiente for local aberto e público (Ex: parques, praças, restaurantes, bares etc.) não é necessária prévia autorização judicial para que seja feito o registro da conversa por um dos interlocutores. No caso de local privado, porém, (Ex: residências, escritórios, quarto de hotel etc.), impõe-se a prévia autorização judicial para que a coleta seja realizada por um dos interlocutores , não incluindo aí as comunicações realizadas por meio de telefone e carta (V.2, 2014, p. 687).

b) Interceptação ambiental: trata-se da captação ambiental da conversa feita por um terceiro, seguindo o mesmo regramento acima indicado, ou seja, se a conversa se der em ambiente privado será imprescindível autorização judicial prévia para a colheita do registro (STF, Inq 2424/RJ, *DJe* 26.03.2010).

c) Acesso a registros de ligações telefônicas e telemáticas, a dados cadastrais de bancos de dados públicos ou privados e a informações eleitorais ou comerciais (art. 3º, IV c/c art. 15)

Delegados e MP podem ter acesso a dados referentes à qualificação pessoal, filiação e domicílio/residência, sem necessitar de autorização judicial.

Desse modo, dados como o nome completo, RG, CPF, nomes dos pais e endereços residencial e comercial são de livre acesso às autoridades acima indicadas.

Os demais dados, a exemplo do conteúdo de e-mails, ligações telefônicas, entre outros, dependem de autorização judicial por estarem na esfera de intimidade do indivíduo.

Por outro lado, o art. 16 da Lei obriga empresas de transporte (aéreo, terrestre e marítimo) a armazenar dados de reservas e registros de viagens pelo prazo de 5 (cinco) anos e conceder acesso aos juízes, delegados e membros do MP, sem necessitar de ordem judicial.

Da mesma forma, o art. 17 faz o mesmo em relação aos registros de ligações de telefonia fixa e móvel. Há, contudo, recusa doutrinária à possibilidade de acesso aos dados sem autorização judicial.

22.2.2 Colaboração premiada (art. 4º)

Trata-se de instituto oriundo do direito norte-americano que tem como objetivo transacionar fração da pena a ser imposta a coautor ou partícipe de fato delituoso relacionado à atuação de organizações criminosas em troca de informações essenciais na investigação.

a) Conceito: *técnica especial de investigação por meio da qual o coautor e/ou partícipe da infração penal, além de confessar seu envolvimento no fato delituoso, fornece voluntariamente aos órgãos responsáveis pela persecução penal informações objetivamente eficazes para a consecução de um dos objetivos previstos em lei, recebendo, em contrapartida, determinado prêmio legal* (LIMA, 2014, p. 728/729).

b) Requisitos (art. 4º, I a IV)

Em qualquer hipótese, como visto no conceito acima, a colaboração deve ser **voluntária** (não deve sofrer coação física ou moral) e **efetiva** (deve propiciar resultados, como os previstos a seguir). São eles:

I. identificação dos demais coautores e partícipes da organização criminosa e das infrações penais por eles praticadas (delação premiada ou chamamento de corréu)

Nesta hipótese, além de confessar a própria participação, o colaborador fornece informações efetivas sobre a participação dos demais agentes da organização criminosa, bem como indica as infrações penais cometidas por todos eles.

II. revelação da estrutura hierárquica e da divisão de tarefas da organização criminosa

Nem todos os membros conhecem plenamente a estrutura da organização criminosa, de modo que a eficácia das informações nessa hipótese é mais restrita.

III. Prevenção de infrações penais decorrentes das atividades da organização criminosa

Trata-se de disposição abstrata, cuja eficácia é bastante questionável. A prevenção de crimes futuros dependerá, por exemplo, da desestruturação da organização criminosa.

IV. recuperação total ou parcial do produto ou do proveito das infrações penais praticadas pela organização criminosa

É o retorno das vantagens obtidas pela organização criminosa, com a restituição de bens e valores às vítimas, ao Estado.

V. localização de eventual vítima com a sua integridade física preservada

Diz respeito, em regra, à colaboração quando há extorsão mediante sequestro. Nesse caso, a eficácia da colaboração é evidente.

c) Prêmio: é a contrapartida dada pelo Estado pela colaboração do acusado. Na atribuição, além da eficácia da colaboração, o juiz considerará a personalidade do colaborador, a natureza, as circunstâncias, a gravidade e a repercussão social do fato delituoso (art. 4º, §1º). **Espécies:**

I. Perdão judicial: o juiz decreta a extinção da punibilidade quando a colaboração atingiu o seu máximo grau de eficácia para as investigações. Não há qualquer efeito condenatório.

II. Substituição da pena privativa de liberdade por restritiva de direitos: Há condenação, mas o juiz substitui a pena (art. 43, CP) considerando os efeitos razoáveis da colaboração do réu para as investigações.

III. Redução de até 2/3 da pena: na sentença, o juiz condena o réu, mas pode aplicar redução de acordo com o grau de colaboração do acusado. O teto desta redução é de 2/3 e se aplica quando a colaboração teve efeitos de baixa a moderada eficácia.

IV. Não oferecimento da denúncia (§ 4º, I e II): o Ministério Público poderá deixar de oferecer denúncia se o colaborador não for o líder da organização criminosa **E** for o primeiro a prestar efetiva colaboração nos termos deste artigo. Os requisitos são concomitantes para a medida.

Trata-se de exceção ao princípio da obrigatoriedade da ação penal, uma vez que ensejará o arquivamento do IP. Renato Brasileiro (2014, p. 744) entende que o fundamento material do arquivamento seja, por analogia, o art. 87, parágrafo único, da Lei 12.529/2011, em que o cumprimento do acordo de colaboração premiada determina a extinção da punibilidade em relação ao colaborador.

d) Legitimidade e momento procedimental do perdão judicial (art. 4º, §2º): Caso não tenha sido previsto na proposta inicial de prêmio, o MP pode requerer a concessão do perdão judicial a qualquer tempo. O delegado só pode representar pelo perdão judicial durante o IP.

Na fase de inquérito, a manifestação pode se dar por três meios:

I. O delegado promove a representação, nos autos do IP, com manifestação favorável simultânea do MP, que posteriormente é direcionada ao juiz;

II. O delegado representa, nos autos do IP, com manifestação favorável posterior do MP, para então seguir até o juiz;

III. O MP, mesmo durante o inquérito, requer ao juiz a aplicação do perdão judicial.

e) Procedimento (art. 4º §§ 3º a 16)

I. Suspensão do prazo de oferecimento da denúncia (§ 3º): O prazo para oferecimento de denúncia ou o processo, relativos ao colaborador, poderá ser suspenso por até 6 (seis) meses, prorrogáveis por igual período, até que sejam cumpridas as medidas de colaboração, suspendendo-se o respectivo prazo prescricional.

Por vezes pode ser necessário aguardar o cumprimento de algumas diligências para confirmar as informações passadas pelo colaborador. Nesse caso, é possível suspender o prazo de oferecimento da denúncia por seis meses, inicialmente, e por igual período caso seja necessário.

O prazo prescricional fica suspenso durante o período.

II. Colaboração na fase de execução penal (§ 5º): Se a colaboração for posterior à sentença, a pena poderá ser reduzida até a metade ou será admitida a progressão de regime ainda que ausentes os requisitos objetivos.

A exclusão dos requisitos objetivos mitiga o cumprimento de 1/6 da pena, que é aplicado à maioria dos condenados, ou ainda o de 2/5 ou 3/5 da pena, para os condenados por crimes hediondos. Nesse caso, permanece válido o requisito subjetivo, como o bom comportamento carcerário do colaborador.

A amplitude da medida ainda não está consolidada, de modo que os tribunais brevemente serão instados a delimitar a real extensão do benefício na fase de execução penal.

III. Imparcialidade do juízo (§ 6º): O juiz **não** participará das negociações realizadas entre as partes para a formalização do acordo de colaboração, que ocorrerá entre o delegado de polícia, o investigado e o defensor, com a manifestação do Ministério Público, ou, conforme o caso, entre o Ministério Público e o investigado ou acusado e seu defensor.

IV. Conteúdo do termo de acordo (art. 6º): Nos termos do dispositivo, o termo de acordo deverá conter o relato da colaboração e seus possíveis resultados; as condições da proposta do Ministério Público ou do delegado de polícia; a declaração de aceitação do colaborador e de seu defensor; as assinaturas do representante do Ministério Público ou do delegado de polícia, do colaborador e de seu defensor; e a especificação das medidas de proteção ao colaborador e à sua família, quando necessário.

V. Homologação do acordo (§ 7º): Realizado o acordo na forma do § 6º, o respectivo termo, acompanhado das declarações do colaborador e de cópia da investigação, será remetido ao juiz para homologação, o qual deverá verificar sua regularidade, legalidade e voluntariedade, podendo para este fim, sigilosamente, ouvir o colaborador, na presença de seu defensor.

Antes de ser remetido ao juiz, o termo deverá ser autuado à parte, nos moldes de um incidente do IP ou do processo, viabilizando a distribuição ao juiz sob sigilo. O termo deverá ser encaminhado diretamente ao juiz, devidamente lacrado (art. 7º, § 1º), no prazo de 48 horas, que não é preclusivo.

O colaborador deve ser acompanhado por defensor no momento das tratativas e da celebração do acordo, para que sejam observadas todas as garantias constitucionais e legais inerentes ao regime democrático, a exemplo do direito ao silêncio, da ampla defesa, do contraditório, da vedação à autoincriminação etc.

Em seguida, o juiz ouvirá o colaborador, sob segredo de justiça, com o fim de verificar a sua voluntariedade, sendo garantida a presença de defensor (NUCCI, V.2, p. 698).

VI. Rejeição da proposta (§ 8º): O juiz poderá recusar homologação à proposta que não atender aos requisitos legais, ou adequá-la ao caso concreto.

O juiz não participa da negociação em razão da necessidade de assegurar a sua imparcialidade, uma vez que fará o juízo de admissibilidade do acordo. No caso de eventual ajuste no termo, este poderá fazer apenas limitados ajustes no que concerne à legalidade das disposições, mas não poderá adentrar às minúcias do conteúdo, sob pena de contaminação.

VII. Providências posteriores (§ 9º): Depois de homologado o acordo, o colaborador poderá, sempre acompanhado pelo seu defensor, ser ouvido pelo membro do Ministério Público ou pelo delegado de polícia responsável pelas investigações. Em suma, a colaboração acontecerá, de fato, após a homologação do acordo.

VIII. Retratação (§ 10): As partes podem retratar-se da proposta, caso em que as provas autoincriminatórias produzidas pelo colaborador não poderão ser utilizadas exclusivamente em seu desfavor.

Significa dizer que tudo o que foi confessado e indicado pelo colaborador não poderá ser utilizado contra ele no processo, embora possa ser aproveitado em relação aos demais investigados ou corréus.

IX. Sentença (§ 11): A sentença levará em consideração os termos do acordo homologado e sua eficácia. Vale ressaltar também que nenhuma sentença condenatória será proferida com fundamento apenas nas declarações de agente colaborador **(§ 16).**

X. Da oitiva do colaborador (§ 12): Ainda que beneficiado por perdão judicial ou não denunciado, o colaborador poderá ser ouvido em juízo a requerimento das partes ou por iniciativa da autoridade judicial.

Quando for ouvido, sempre que possível, será feito o registro dos atos de colaboração pelos meios ou recursos de gravação magnética, estenotipia, digital ou técnica similar, inclusive audiovisual, destinados a obter maior fidelidade das informações (**§ 13**).

Nos depoimentos que prestar, o colaborador renunciará, na presença de seu defensor, ao direito ao silêncio e estará sujeito ao compromisso legal de dizer a verdade (**§ 14**), ou seja, deverá ser esclarecido sobre o direito ao silêncio e a sua incompatibilidade com o acordo de colaboração, assim como deverá prestar juramento em relação à veracidade do seu depoimento.

XI. Ampla defesa (§ 15): Em todos os atos de negociação, confirmação e execução da colaboração, o colaborador deverá estar assistido por defensor. Entendemos que a ausência de defensor acarreta nulidade absoluta do termo de colaboração.

f) Direitos do colaborador (art. 5º): Como forma de estimular a efetiva colaboração dos membros de organizações criminosas, a Lei estabeleceu alguns direitos peculiares.

São eles:

I. usufruir das medidas de proteção previstas na legislação específica;

II. ter nome, qualificação, imagem e demais informações pessoais preservados;

III. ser conduzido, em juízo, separadamente dos demais coautores e partícipes;

IV. participar das audiências sem contato visual com os outros acusados;

V. não ter sua identidade revelada pelos meios de comunicação, nem ser fotografado ou filmado, sem sua prévia autorização por escrito;

VI. cumprir pena em estabelecimento penal diverso dos demais corréus ou condenados.

22.2.3 Ação controlada (art. 8º)

a) Noção: consiste em retardar a intervenção policial ou administrativa relativa à ação praticada por organização criminosa ou a ela vinculada, desde que mantida sob observação e acompanhamento para que a medida legal se concretize no momento mais eficaz à formação de provas e obtenção de informações. Ver a nossa explicação sobre o flagrante controlado.

b) Procedimento (§§ 1º a 4º): o retardamento da intervenção policial ou administrativa será previamente comunicado ao juiz competente que, se for o caso, estabelecerá os seus limites e comunicará ao Ministério Público.

A comunicação será sigilosamente distribuída, de forma a não conter informações que possam indicar a operação a ser efetuada. O sigilo é fundamental para o êxito da operação.

Até o encerramento da diligência, o acesso aos autos será restrito ao juiz, ao Ministério Público e ao delegado de polícia, como forma de garantir o êxito das investigações.

Ao término da diligência, elaborar-se-á auto circunstanciado acerca da ação controlada.

c) Repercussão internacional (art. 9º): caso seja necessário transpor fronteiras, o retardamento da intervenção policial ou administrativa somente poderá ocorrer com a cooperação das autoridades dos países que figurem como provável itinerário ou destino do investigado, de modo a reduzir os riscos de fuga e extravio do produto, objeto, instrumento ou proveito do crime.

No âmbito nacional, é uma sólida hipótese de repercussão interestadual, que pode resultar na atuação da PF pela necessidade de centralização das investigações, dos dados e da repressão uniforme.

22.2.4 Infiltração de agentes (art. 10 e ss.)

a) Conceito: Trata-se de ação autorizada judicialmente, por meio da qual um agente policial disfarçado atua de forma regular, omitindo a sua identidade, como um membro de organização criminosa, se fazendo passar por criminoso, com o objetivo de identificar fontes de provas de crimes graves (NEISTEIN, 2006).

b) Procedimento (§§ 1º a 5º): A infiltração de agentes de polícia em tarefas de investigação deve ser encaminhada ao juiz por meio de representação do delegado de polícia ou de requerimento do Ministério Público (após prévia manifestação técnica do delegado de polícia).

O requerimento do MP ou a representação do delegado conterão a demonstração da necessidade da medida, o alcance das tarefas dos agentes e, quando possível, os nomes ou apelidos das pessoas investigadas e o local da infiltração (art. 11).

O pedido de infiltração será sigilosamente distribuído, de forma a não conter informações que possam indicar a operação a ser efetivada ou identificar o agente que será infiltrado (art. 12).

Na hipótese de ser encaminhado pelo delegado, o juiz, ao decidir sobre a infiltração (prazo de 24 horas - art. 12, § 1º), deverá ouvir previamente o MP. A decisão terá o seu conteúdo circunstanciado, motivado e sigiloso, estabelecendo, ainda, limites da atuação do agente infiltrado (art. 13).

Será admitida a infiltração se houver indícios de infração penal de que trata o art. 1º e se a prova não puder ser produzida por outros meios disponíveis.

A infiltração será autorizada pelo prazo de até 6 (seis) meses, sem prejuízo de eventuais renovações, desde que comprovada sua necessidade (art. 10, § 3º). Encerrado o prazo, relatório circunstanciado será apresentado ao juiz competente, que imediatamente cientificará o Ministério Público.

Nada obsta que no curso do inquérito policial, o delegado de polícia poderá determinar aos seus agentes, e o Ministério Público poderá requisitar, a qualquer tempo, relatório da atividade de infiltração (art. 10, § 5º).

Os autos contendo as informações da operação de infiltração acompanharão a denúncia do Ministério Público, quando serão disponibilizados à defesa, assegurando-se a preservação da identidade do agente (art. 12, § 2º). Trata-se de hipótese em que o contraditório é diferido ou postergado.

Havendo indícios seguros de que o agente infiltrado sofre risco iminente, a operação será sustada mediante requisição do Ministério Público ou pelo delegado de polícia, dando-se imediata ciência ao Ministério Público e à autoridade judicial. É imprescindível lembrar que a segurança do agente infiltrado deve estar em primeiro lugar, de modo que diante de sinais de perigo concreto ele deve ser retirado imediatamente da operação (art. 12, § 3º).

c) Direitos do agente (art. 14)

Por óbvio devem ser garantidos direitos ao agente, notadamente com relação à sua proteção e disposição para atuar infiltrado.

São direitos do agente: I – recusar ou fazer cessar a atuação infiltrada; II – ter sua identidade alterada, aplicando-se, no que couber, o disposto no art. 9º, Lei 9.807/1999, bem como usufruir das medidas de proteção a testemunhas; III - ter seu nome, sua qualificação, sua imagem, sua voz e demais informações pessoais preservadas durante a investigação e o processo criminal, salvo se houver decisão judicial em contrário; IV – não ter sua identidade revelada, nem ser fotografado ou filmado pelos meios de comunicação, sem sua prévia autorização por escrito

Todos os direitos são relacionados à proteção do agente, que pode recusar a infiltração, mesmo que imotivadamente, sob pena de violação funcional (NUCCI, V.2, p. 717). No que concerne à sustação de infiltração em andamento, o referido autor pondera que não é um direito absoluto e deve ser motivado para que não prejudique a investigação e outros agentes envolvidos. Aponta para motivos relacionados à sua segurança, a de seus familiares ou fato superveniente, como algum problema de saúde, entre outras razões.

22.3 Estatuto do Índio (Lei 6.001/1973)

Trata-se de diploma legal voltado à proteção dos silvícolas em território nacional, trazendo especialmente as condutas típicas praticas e sofridas por esse grupo étnico-cultural.

22.3.1 Definição de silvícola

Nos termos do art. 3º, I, da Lei em comento, índio ou silvícola é "todo indivíduo de origem e ascendência pré-colombiana que se identifica e é identificado como pertencente a um grupo étnico cujas características culturais o distinguem da sociedade nacional".

22.3.2 Definição de comunidade indígena ou grupo tribal

Contida no art. 3º, II, a definição de grupo tribal é delimitada como "um conjunto de famílias ou comunidades índias, quer vivendo em estado de completo isolamento em relação aos outros setores da comunidade nacional, quer em contatos intermitentes ou permanentes, sem contudo estarem neles integrados".

A situação de isolamento consiste no modo de vida completamente desconhecido pela comunidade nacional ou aquele cujos registros sejam raros e vagos, sendo que os elementos de contato com a nossa comunidade são eventuais.

Integração quer dizer a sua incorporação à comunidade nacional, tendo os direitos civis reconhecidos aos membros da comunidade indígena.

22.3.3 Competência

Para que a Justiça Federal seja competente, deve haver ofensa à cultura indígena ou a direitos seus, como território (STF, RE 419528/PR, *DJ* 09.03.2007 e STJ CC 129704/PA, *DJe* 31.03.2014). Ademais, o crime praticado por/contra silvícola, isoladamente considerado, é da competência da justiça comum estadual (Súmula 140, STJ).

22.3.4 Aspectos procedimentais

No caso dos crimes previstos no art. 58, Lei nº 6.001/1973, cuja pena máxima cominada é de dois anos, são aplicáveis institutos como a transação penal e os benefícios da Lei 9.099/1995, pois são crimes de menor potencial ofensivo.

22.4 Crimes de tortura (Lei 9.455/1997).

22.4.1 Definição: segundo o art. 1º, Lei 9.455/1997, a tortura pode ser compreendida sob dois aspectos. O primeiro deles é enquanto a conduta de "constranger alguém com emprego de violência ou grave ameaça, causando-lhe sofrimento físico ou psicológico, com o fim de obter informação, declaração ou confissão da vítima ou de terceiro, para provocar ação ou omissão de natureza criminosa ou, ainda, em razão de discriminação racial ou religiosa".

O segundo fala sobre a submissão de "alguém, sob sua guarda, poder ou autoridade, com emprego de violência ou grave ameaça, a intenso sofrimento físico ou psicológico, como forma de aplicar castigo pessoal ou medida de caráter preventivo".

22.4.2 Aspectos processuais

a) Competência: o entendimento é o de que o crime de tortura não possui natureza militar (castrense), motivo pelo qual, ainda que seja praticado por membro das Forças Armadas ou por PM, a competência será da Justiça Comum (STF, AI 769637 AgR-ED-ED/MG, ***DJe*** 16.10.2013).

b) Liberdade provisória: no que concerne à possibilidade de concessão da liberdade provisória há conflito entre a doutrina e o STF. Note que a Suprema Corte mantém o entendimento de que em razão da vedação constitucional à fiança aos crimes hediondos (art. 5º, XLIII e LXVI), estes delitos não são passíveis de LP (HC 92932/ SP, ***DJe*** 25.09.2013).

Também em decorrência dos dispositivos da CF citados, a tortura é insuscetível de graça, indulto e anistia.

c) Validade da prova colhida: como um dos efeitos da conduta, as informações, declarações e confissões obtidas no procedimento investigatório ou no processo, mediante o emprego de tortura, serão consideradas provas obtidas por meios ilícitos, eivadas, portanto, de vício insanável. Nulidade absoluta, motivo pelo qual devem ser desentranhadas dos autos do IP, de outras peças investigatórias ou do processo.

d) Prova da materialidade: importante salientar que a prova da materialidade da tortura é, em regra, complexa. São utilizados todos os meios de prova admitidos, mas geralmente são utilizados o depoimento da vítima, a prova testemunhal e o exame de corpo de delito (STJ, REsp 1113662/SP, *DJe* 07.03.2014).

e) Regime de cumprimento da pena: o regime inicial será o fechado, podendo haver progressão do regime, nos termos da Lei. A mudança se deu em razão da declaração de inconstitucionalidade do dispositivo que vedava a progressão de regime, bem como da Lei 11.464/2007, que alterou a redação §1º, art. 2º, da Lei 8.072/1990 (crimes hediondos).

22.5 Lei de Interceptação Telefônica (Lei 9.296/1996)

Inicialmente, cabe uma distinção entre as espécies de captação de diálogos.

Captação ou gravação ambiental: Conversa pessoal entre os interlocutores, ocorrida em determinado ambiente, que possibilita a um deles a colheita do conteúdo da conversa por determinados meios, tais como gravação de voz, fotografia, filmagem (NUCCI, V. 2, 2014, p. 687)

Interceptação ambiental: trata-se da captação ambiental de uma conversa, realizada por terceiro, sem o consentimento dos interlocutores.

Escuta ambiental: captação de comunicação, no ambiente em que ocorre, realizada por terceiro com o consentimento de um dos interlocutores (LIMA, 2014, p. 694).

Gravação telefônica ou clandestina: gravação de comunicação telefônica feita por um dos interlocutores (autogravação). Diz-se clandestina porque, em regra, acontece sem que o outro interlocutor tenha ciência da gravação. (LIMA, 2014, p. 694).

Interceptação telefônica (sentido estrito): captação de comunicação telefônica alheia realizada por terceiro, sem que os interlocutores tenham ciência.

A Lei de Interceptação Telefônica surgiu para regulamentar o inciso XII, parte final, do art. 5º da CF, que diz: "é inviolável o sigilo da correspondência e das comunicações telegráficas, de dados e das comunicações telefônicas, salvo, no último caso, por ordem judicial, nas hipóteses e na forma que a lei estabelecer para fins de investigação criminal ou instrução processual penal".

Com efeito, conforme estabeleceu o texto constitucional (e o art. 1º da Lei 9.296/1996), a interceptação telefônica pode apenas ser utilizada para a produção de prova em persecuções de tipo **penal** (investigação criminal ou instrução processual penal), sendo vedada, portanto, a sua utilização para processos e investigações de natureza extrapenal. Isto é assim por conta do caráter drástico que esse meio de prova possui (vale lembrar que a intercepção realiza uma ampla devassa na vida privada do indivíduo). Assim, por conta da drasticidade da medida, reserva-a a Constituição para os casos em que a violação ao bem jurídico é acintosa – notoriamente nas hipóteses de infração de natureza penal.

Seguindo essa mesma linha de raciocínio, o legislador (vide os incisos do art. 2º) procurou reforçar o caráter de **excepcional** da interceptação telefônica, afirmando que essa medida não será admitida quando:

I – não houver indícios razoáveis da autoria ou participação em infração penal;

II – a prova puder ser feita por outros meios disponíveis;

III – o fato investigado constituir infração penal punida, no máximo, com pena de detenção.

Logo, conclui-se dos incisos acima que: (1) o juiz não pode determinar a interceptação quando a prova puder ser obtida por outros meios (menos drásticos); e (2) o magistrado não pode determinar a interceptação em relação a fato punido apenas com detenção (ou seja, o fato deve ser punido com reclusão para que possa ser passível de interceptação).

Apesar de ser facilmente perceptível a intenção do constituinte e legislador de conceber a interceptação como medida de exceção, essa orientação não tem, muitas vezes, sido observada pela jurisprudência brasileira, já que esta, constantemente, se utiliza da medida em tela como "primeira" e não "última" opção. Por isso, são acertadas as críticas que a doutrina realiza nesse campo, pois há, de fato, um agudo processo de banalização da interceptação telefônica no país.

Sobre o procedimento da interceptação temos o seguinte:

(1) De acordo com o art. 3º e seus incisos, a interceptação das comunicações telefônicas poderá ser determinada pelo juiz, de ofício ou a requerimento (verbal, inclusive – art. 4, § 1º) do delegado ou MP. A crítica que se pode fazer à determinação de ofício pelo juiz é aquela mesma já realizada em outras passagens deste trabalho: toda a determinação de prova de ofício pelo juiz deturpa a atividade judicante e viola o sistema acusatório. Seja como for (seja de ofício ou via requerimento), a decisão que determina a interceptação, deverá, por óbvio, ser fundamentada,[115] sob pena de nulidade.

(2) Em caso de pedido formulado ao juiz (pelo delegado ou MP), este decidirá em 24h (art. 4, § 2º).

(3) Deferido o pedido de interceptação, o delegado "conduzirá os procedimentos de interceptação, dando ciência ao Ministério Público, que poderá acompanhar a sua realização" (art. 6º). Segundo o § 1º deste mesmo dispositivo, "no caso de a diligência possibilitar a gravação da comunicação interceptada, será determinada a sua transcrição". Adicione-se que, para os procedimentos de interceptação, o delegado poderá "requisitar serviços e técnicos especializados às concessionárias de serviço público" (art. 7º).

(4) No que tange ao **prazo** da diligência de interceptação, estabelece a lei o prazo de 15 dias, "renovável por igual tempo uma vez comprovada a indispensabilidade do meio de prova" (art. 5º). Embora a lei tenha fixado um prazo para a realização da diligência, a jurisprudência do STF tem permitido uma incrível flexibilização desse prazo: STF HC RHC 120551/MT, **DJ** 08/04/2014, *DJe* 28/04/2014: "O Plenário desta Corte já decidiu que "é possível a prorrogação do prazo de autorização para a interceptação telefônica, mesmo que sucessivas, especialmente quando o fato é complexo, a exigir investigação diferenciada e contínua. Não configuração de desrespeito ao art. 5º, ***caput***, da Lei 9.296/1996"(HC 83.515/RS, Rel. Min. Nelson Jobim)". Em razão de decisões assim, não são poucos os casos em que a vida privada do indivíduo fica absurdamente exposta meses a fio, deturpando-se tanto o sentido constitucional como legal de excepcionalidade desse tipo de diligência.

(5) Concluída a diligência, o delegado "encaminhará o resultado da interceptação ao juiz, acompanhado de auto circunstanciado, que deverá conter o resumo das operações realizadas" (art. 6º, § 2º).

(6) Note-se ainda que a interceptação "ocorrerá em autos apartados, apensados aos autos do inquérito policial ou do processo criminal, preservando-se o sigilo das diligências, gravações e transcrições respectivas" (art. 8º). A apensação dos autos de interceptação somente poderá ser realizada imediatamente antes do relatório da autoridade policial (quando se tratar de inquérito policial) ou ao fim da instrução processual (parágrafo único, art. 8º). Por outro lado, "a gravação que não interessar à prova será inutilizada por decisão judicial, durante o inquérito, a instrução processual ou após esta, em virtude de requerimento do Ministério Público ou da parte interessada" (art. 9º). "O incidente de inutilização será assistido pelo Ministério Público, sendo facultada a presença do acusado ou de seu representante legal" (parágrafo único).

Finalmente, cabe acrescentar que, de acordo com o art. 10 da lei, "constitui crime realizar interceptação de comunicações telefônicas, de informática ou telemática, ou quebrar segredo da Justiça, sem autorização judicial ou com objetivos não autorizados em lei". A pena neste caso é de reclusão, de dois a quatro anos, e multa.

115. Como se sabe, a fundamentação é obrigatória para toda decisão judicial, sob pena de nulidade (art. 93, IX, CF). Porém, o Supremo, no caso de decisão que prorroga a interceptação, tem (erroneamente, segundo sustenta a doutrina) dispensado a necessidade de nova fundamentação. STF HC RHC 120551 / MT, DJ 08/04/2014: "as decisões que autorizam a prorrogação de interceptação telefônica sem acrescentar novos motivos evidenciam que essa prorrogação foi autorizada com base na mesma fundamentação exposta na primeira decisão que deferiu o monitoramento (HC 92.020/DF, Rel. Min. Joaquim Barbosa)".

BIBLIOGRAFIA

ALENCAR, Rosmar Rodrigues; TÁVORA, Nestor. **Curso de direito processual penal**. 6. ed. Salvador: Juspodivm, 2011.

________; ________. ________.. 9. ed. Salvador: Juspodivm, 2014.

ARAÚJO, Fábio Roque; FRANÇA, Bruno Henrique Principe; TÁVORA, Nestor. **Lei de drogas.** 2. ed. Salvador: Juspodivm, 2013. (Coleção leis especiais para concursos).

ASSIS, Araken de. **Eficácia civil da sentença penal**. 2. ed. São Paulo: Ed. RT, 2000.

AVENA, Norberto. **Processo penal esquematizado**. São Paulo: Método, 2010.

BADARÓ, Gustavo Henrique Righi Ivahy. **Direito processual penal.** São Paulo: Campus, 2008, 2009. t. I e II.

BONFIM, Edilson Mougenot. **Curso de processo penal.** 5. ed. São Paulo: Saraiva, 2010.

BRITO, Alexis Couto de. **Execução penal.** 2. ed. São Paulo: Ed. RT, 2011.

CHOUKR, Fauzi Hassan. **Código de processo penal. Comentários consolidados e crítica jurisprudencial.** 3. ed. Rio de Janeiro: Lumen Juris, 2009.

CUNHA, Rogério Sanches. **Execução penal para concursos**. 2. ed. Salvador: Juspodivm, 2013.

DUCLERC, Elmir. **Direito processual penal**. Rio de Janeiro: Lumen Juris, 2008.

GOMES, Luiz Flávio. **Direito processual penal**. São Paulo: Ed. RT, 2005.

GRECO FILHO, Vicente. **Manual de processo penal**. 8. ed. São Paulo: Saraiva, 2010.

GRINOVER, Ada Pellegrini; GOMES FILHO, Antonio Magalhães; FERNANDES, Antonio Scarance; GOMES, Luiz Flávio. **Juizados especiais criminais**. 4. ed. São Paulo: Ed. RT, 2002.

________; ________; ________. **Recursos no processo penal.** 3. ed. São Paulo: Ed. RT, 2002.

________. **As nulidades no processo penal.** 7. ed. São Paulo: Ed. RT, 2001.

JARDIM, Afrânio Silva. **Direito processual penal.** 9. ed. Rio de Janeiro: Forense, 2000.

KARAM, Maria Lúcia. **Competência no processo penal.** 3. ed. São Paulo: RT, 2002.

LIMA, Marcellus Polastri. **Manual de processo penal**. 4. ed. Rio de Janeiro: Lumen Juris, 2009.

LIMA, Renato Brasileiro de. **Manual de processo penal.** Niterói: Impetus, 2013.

________. **Manual de processo penal.** Salvador: Juspodivm, 2014.

LOPES JR., Aury. **Direito processual penal e sua conformidade constitucional.** 5. ed. Rio de Janeiro: Lumen Juris, 2010. v. I e II.

MIRABETE, Julio Fabbrini. **Código de processo penal comentado.** 11. ed. São Paulo: Atlas, 2006.

________. **Processo penal.** 10. ed. São Paulo: Atlas, 2000.

MOREIRA, Rômulo Andrade. **Direito processual penal.** Rio de Janeiro: Forense, 2003.

________. **Curso temático de direito processual penal**. 2 ed. Curitiba: Juruá, 2010.

NICOLITT, André. **Manual de processo penal**. 2. ed. Rio de Janeiro: Elsevier, 2010.

NUCCI, Guilherme de Souza. **Código de processo penal comentado.** 5. ed. São Paulo: Ed. RT, 2006.

________. **Leis penais e processuais penais comentadas.** 8. ed. Rio de Janeiro: Forense, 2014. V. 1.

________. **Leis penais e processuais penais comentadas.** 8. ed. Rio de Janeiro: Forense, 2014. V. 2.

OLIVEIRA, Eugênio Pacelli de. **Curso de processo penal**. 18. ed. Rio de Janeiro: Lumen Juris, 2014.

________; FISCHER, Douglas. **Comentários ao código de processo penal.** 2. ed. Rio de Janeiro: Lumen Juris, 2011.

PACHECO, Denílson Feitoza. **Direito processual penal.** Teoria crítica e práxis. 4. ed. Rio de Janeiro: Impetus, 2006.

________. ________. 6. ed. Rio de Janeiro: Impetus, 2009

PEREIRA, Márcio. **Questões polêmicas de processo penal**. Bauru: Edipro, 2011.

RANGEL, Paulo. **Direito processual penal.** 13. ed. Rio de Janeiro: Lumen Juris, 2007.

TOURINHO FILHO, Fernando da Costa. **Código de processo penal comentado.** 9. ed. São Paulo: Saraiva, 2005. V. **1 e 2.**

________. **Manual de processo penal.** 13. ed. São Paulo: Saraiva, 2010.

5. Direito Constitucional

Bruna Vieira

1. INTRODUÇÃO

O estudo do Direito Constitucional é de fundamental importância para a vida do profissional do Direito, pois, além de ser o alicerce, a estrutura de todo o ordenamento jurídico, cada vez mais o sistema atua em prol da constitucionalização dos demais ramos do Direito. Isso significa que se não estudarmos a Constituição de forma minuciosa fatalmente encontraremos dificuldades de compreensão do Direito como um todo.

Sabemos que o Direito é uno e indivisível, mas que há, ainda que didaticamente, subdivisões em ramos para facilitar o estudo e a compreensão dos institutos jurídicos. Todos os ramos do Direito, como Direito Civil, Direito Penal, Direito Processual, Direito Tributário, dentre outros, submetem-se à Constituição Federal, fortalecendo a importância desse estudo.

Dentro dessas subdivisões acadêmicas, o Direito Constitucional pertence ao ramo do Direito Público (é o núcleo do Direito Público interno). Cientes de que a Constituição é *o fundamento de validade de todas as normas jurídicas*, inclusive das suas próprias normas, porque tem o dever de preservar a soberania do Estado que a promulgou, não seria adequado pensar de forma diversa. Incidiríamos em erro ao imaginar que o Direito Constitucional pudesse estar alocado no ramo do Direito Privado, geralmente destinado a cuidar dos interesses particulares, subjetivos.

Vale lembrar que "o Direito Constitucional não é apenas um sistema em si, mas uma forma – na verdade, a forma adequada – de ler e interpretar as normas dos demais ramos do Direito, isto é, todas as normas infraconstitucionais. Além disso, no caso brasileiro, em que vige uma Constituição especialmente analítica, nela se encontram os grandes princípios dos diferentes domínios jurídicos" (Barroso, Luís Roberto, Curso de Direito Constitucional Contemporâneo, 3ª Edição, p. 74).

É importante ter em mente que o Direito Constitucional está totalmente relacionado com a ideia de poder. Dispõe o artigo 1º, parágrafo único, da Constituição Federal que "todo poder emana do povo, que o exerce por meio de representantes eleitos ou diretamente". Desse modo, embora haja momentos em que o povo transfira o exercício desse poder a alguém, e isso só é possível porque a própria Constituição assim determina, o detentor do poder continua sendo ele, povo. A essa delegação dá-se o nome de democracia indireta.

O Brasil adotou um sistema misto, ou híbrido, de democracia, no qual existe a democracia direta, ou seja, o povo exercendo o poder que lhe é atribuído de forma direta, por exemplo, quando se inicia um projeto de lei a partir de manifestação popular; e a democracia indireta, aquela em que o exercício do poder do povo se dá por meio de representantes eleitos.

Em suma, podemos dizer que o exercício da democracia se externa de duas maneiras: por meio da democracia direta, ou participativa, e pela democracia indireta:

a) democracia direta ou participativa: aquela em que o povo exerce diretamente o poder que detém sem a necessidade de intermediários. Para tanto, vale-se de instrumentos previstos constitucionalmente, também chamados de mecanismos de democracia direta ou participativa, quais sejam: o plebiscito, o referendo, a iniciativa popular das leis e a ação popular;

b) democracia indireta: aquela em que o povo exerce seu poder por meio de representantes eleitos. Os governantes são eleitos para que exerçam o poder em nome daquele. É importante ressaltar um detalhe: o voto necessariamente deve ser direto, pois essa forma de votar está contida no inciso II, § 4º, do artigo 60 da Constituição Federal, ou seja, é uma das cláusulas pétreas. Embora o voto seja direto, seu exercício é um exemplo de instrumento de democracia indireta. Indireta porque o povo, após eleger determinado governante de forma direta, indo efetivamente até a urna para votar, delega seu poder a quem elegeu. Nesse momento, quem concretamente passa a exercer o poder, em nome do povo, é o governante eleito.

2. HISTÓRICO DAS CONSTITUIÇÕES BRASILEIRAS

2.1. Primeira Constituição do Brasil – Imperial de 1824

A primeira Constituição do nosso país foi a Constituição do Império (ou Constituição Imperial), outorgada pelo imperador Dom Pedro I. O fato marcante que a antecedeu foi a Declaração de Independência do Brasil, ocorrida em 7 de setembro de 1822. Dom Pedro I, após ter dissolvido a Assembleia Constituinte, na qual havia representação de São Paulo, Santos e Taubaté, impôs, outorgou (de forma unilateral), essa Constituição. Tal fato ocorreu após um ano e meio da formalização da independência do Brasil, no dia 25 de março de 1824.

A Constituição de 1824, ou Constituição do Império, foi a que teve maior tempo de vigência. Perdurou até a Proclamação da República, que ocorreu em 1889, ou seja, vigorou por 65 anos.

A primeira Constituição foi a única monárquica e semirrígida. Todas as outras foram republicanas. A Constituição do Império foi a única que tivemos classificada como semirrígida porque o artigo 178 dispunha: "é só constitucional o que diz respeito aos limites e atribuições respectivos dos poderes políticos, e os Direitos políticos e individuais do cidadão; tudo o que não é constitucional pode ser alterado, sem as formalidades referidas [nos artigos 173 a 177], pelas legislaturas ordinárias". O dispositivo citado deixava claro que a Constituição continha uma parte rígida (difícil de alterar) e outra flexível (processo de modificação mais simplificado).

Em relação à organização dos poderes, havia um quarto poder, chamado de moderador (sistema quadripartite). Portanto, além do executivo, legislativo e judiciário existia o moderador que, segundo Benjamin Constant, era um "fator de equilíbrio entre os demais poderes". Tinha por finalidade assegurar a independência e harmonia dos outros três. Ocorre que esse poder ficava totalmente nas mãos do chefe supremo da nação que, naquele momento, era o Imperador.

No tocante à organização do Estado, o que existiam eram apenas províncias desprovidas de autonomia. Os presidentes das províncias eram nomeados pelo Imperador, que podia exonerá-los no momento em que quisesse. Ele próprio fazia o juízo de conveniência e oportunidade. O Estado era unitário e o poder ficava centralizado nas mãos do Imperador.

Nessa época, havia no Brasil uma religião oficial, que era a Católica Apostólica Romana. O Brasil era um país que professava uma religião oficial (Estado Confessional). O artigo 5º da Constituição do Império é que dava guarida a esse entendimento.

Outra peculiaridade da Constituição Imperial é que ela, em momento algum, instituiu um controle judicial de constitucionalidade, portanto, não era possível analisar se uma lei estava ou não de acordo com a Constituição.

É característica dessa época o sufrágio censitário. Nele exigia-se, para votar, a obtenção de renda mínima anual e, além disso, essa oportunidade só era dada aos homens. Mulheres eram proibidas de votar ou serem eleitas. Para um homem ser eleito, a renda por ele obtida era maior do que a exigida para ele simplesmente votar. Essa renda variava de acordo com o cargo: quanto mais alto, maior a renda a ser comprovada. É a denominada plutocracia (governo dos ricos).

2.2. Segunda Constituição do Brasil – Constituição de 1891

A força militar passou a ter relevância na política. Os militares rejeitavam a posição de subordinação ao antigo chefe supremo da nação, o Imperador. Foram eles que, no dia 15 de novembro de 1889, baniram a família imperial do nosso país e proclamaram a república.

Embora a Constituição de 1891 tenha sido a segunda do Brasil, foi a primeira republicana. Justamente por ter sido mudada a forma de governo, a manutenção de uma Constituição imposta por um Imperador passou a ser insustentável. Assim, foi preciso convocar uma Assembleia Nacional Constituinte para que fosse providenciada a feitura da nova Constituição.

Os representantes se reuniram no Rio de Janeiro e quem presidiu a Assembleia foi o paulista Prudente de Moraes. Votaram-na por meio de um processo de convenção e, sob a inspiração da Constituição norte-americana, foi promulgada a segunda Constituição do Brasil. A influência americana foi tanta que até o nome do Estado copiou-se: passamos a ser denominados "Estados Unidos do Brasil".

Com essa nova Constituição, o Estado, antes unitário, passou a ser um Estado Federal, caracterizado pela autonomia e pela verdadeira descentralização do poder.

Havia rígida separação de competências. Os estados ficavam com parcela da competência e a União com outra parcela. Os governadores dos estados passaram a ter poder. As antigas províncias foram suprimidas, em virtude da existência de Estados-membros que passaram a dispor de leis próprias e até de Constituições estaduais próprias.

O Estado não mais professava uma religião oficial. Ele, antes Estado Confessional, no qual a religião obrigatória e oficial era a Católica Apostólica Romana, transformou-se um estado leigo ou laico. A palavra que melhor se adéqua ao estado leigo é a neutralidade. Havia considerável liberdade de culto. As pessoas podiam livremente escolher suas religiões e cultuá-las da maneira que desejassem.

Também deixou de existir, com a Constituição de 1891, o quarto poder, denominado moderador, consequência lógica e automática advinda do banimento da família imperial. Se não mais existia imperador, e ele era quem detinha, quem dominava esse quarto poder, não havia mais razão para sua existência. Foi neste momento que se instaurou a clássica tripartição de poderes políticos (poderes executivo, legislativo e judiciário), ou melhor, tripartições de funções, pois sabemos que o poder é uno e indivisível.

A Constituição de 1891 foi a que instituiu o Supremo Tribunal Federal e o primeiro sistema judicial de controle de constitucionalidade (controle difuso). Foi ainda a que ampliou os direitos individuais, trazendo, inclusive, pela primeira vez no ordenamento jurídico brasileiro, a previsão do remédio constitucional, hoje muito conhecido, denominado *habeas corpus*.

2.3. Terceira Constituição do Brasil – Constituição de 1934

Getúlio Vargas assume o poder em 1930. Começa a dizer em seus discursos que em breve convocará uma Assembleia Constituinte para feitura de uma nova Constituição; o tempo decorre, mas Vargas não concretiza sua promessa. Por conta disso é realizada, em São Paulo, uma revolução, em 1932, conhecida como Revolução Constitucionalista.

Tal revolução, segundo o Prof. Augusto Zimmermann, "ainda que tenha se revelado um completo fracasso do ponto de vista militar (os seus líderes foram presos pelas forças governistas), foi um sucesso absoluto do ponto de vista político, porque Getúlio Vargas se sentiu forçado a consentir na elaboração de uma nova Constituinte, em 1933, que marcaria o retorno à normalidade constitucional" (*Curso de Direito Constitucional*, 4ª edição, p. 205).

Nossa terceira Constituição, elaborada por um processo de convenção (votação), teve grande influência da Constituição Alemã de Weimar, de 1919. Foi a primeira Constituição Social do Brasil. Entre suas características, destacamos as principais: a forma federativa de governo, a não existência de religião oficial, a tripartição dos poderes e as mais marcantes – a admissão do voto pela mulher e a introdução, no texto constitucional, de direitos trabalhistas.

A Constituição que teve menor vigência no nosso país foi esta, de 1934, porque em 1937 ocorreu o golpe militar que rompeu toda a ordem jurídica.

2.4. Quarta Constituição do Brasil – Constituição de 1937

À época de sua criação, havia ditadura em vários países (Alemanha, Itália e outros).

Getúlio Vargas, ainda mantido no poder, solicita a elaboração de uma nova Constituição a Francisco Ramos. Por meio de um golpe de Estado, acaba outorgando a Constituição de 1937.

As principais regras trazidas pela nova Constituição tinham caráter ditatorial, impositivo. Como exemplo, podemos mencionar a concentração das funções legislativas e executivas, a supressão da autonomia dos estados-membros, a destituição dos governadores, com a consequente nomeação de interventores, e a criação de serviços de informações para que o Presidente controlasse o povo, o Poder Judiciário e, principalmente, a imprensa.

O argumento utilizado para a manutenção dessas normas preconizava que a expansão do fascismo e comunismo pelo mundo enfraquecia as instituições nacionais e que, portanto, impunha medidas duras para a manutenção do poder central, ainda que o pacto federativo não pudesse ser totalmente respeitado.

Em decorrência da doutrina e da enorme concentração dos poderes nas mãos do Presidente, da mesma forma que ocorria na Constituição da Polônia na época, a Constituição de 1937 passou a ser chamada, pejorativamente, de "Constituição polaca".

2.5. Quinta Constituição do Brasil – Constituição de 1946

Fruto da redemocratização do Brasil, em 18 de setembro de 1946, promulgou-se a quinta Constituição. Seu texto demonstrou claramente uma reação contra a ditadura e os regimes centralizadores. Por conta dos inúmeros acontecimentos mundiais, repudiando os sistemas totalitaristas, o presidente da época, Getúlio Vargas, não podia mais manter a ditadura.

Embora tentasse subterfúgios para se manter no poder, como a nomeação de seu irmão para a chefia da polícia de Guanabara, Vargas acabou sendo destituído por aqueles que temiam sua intenção de permanecer no cargo.

Em decorrência da destituição de Vargas, foi instalada nova Assembleia Constituinte. Nessa época, é eleito Eurico Gaspar Dutra como presidente e, em 1946, é promulgada a nova Constituição.

Em 1950, Vargas retorna como sucessor de Dutra e acaba suicidando-se em 1954. Nesse ano, Café Filho, Vice-Presidente, assume o poder.

2.6. Sexta Constituição do Brasil – Constituição de 1967

Em 31.03.1964, o Presidente da República, João Goulart (conhecido como "Jango"), foi derrubado por um golpe militar, pois fora acusado de estar envolvido com o "comunismo internacional"; era o começo da instalação da ditadura, que acabou em 1985.

A Constituição foi outorgada em 24.01.1967: em que pese alguns doutrinadores entenderem pela legitimidade do golpe e sustentarem a promulgação do texto, não é o posicionamento predominante.

A nova ordem constitucional preocupava-se especialmente com a Segurança Nacional, e diversos poderes foram concedidos à União e ao Poder Executivo. Foram emitidos Atos Institucionais que suprimiram paulatinamente os direitos e garantias individuais.

2.7. Sétima Constituição do Brasil ou Emenda Constitucional 1/1969

A Emenda Constitucional 1/1969 é considerada por parte da doutrina como uma nova Constituição. Foi outorgada pelos militares em 17.10.1969. O Congresso Nacional estava fechado. As eleições continuaram sendo indiretas. O mandato do presidente passou a ser de 5 anos e nova denominação foi dada ao texto. A Constituição do Brasil passou a ser chamada de Constituição da República Federativa do Brasil.

A EC 1/69 não foi assinada pelo Presidente da República Costa e Silva, que estava impossibilitado de governar por motivos de saúde, e nem por seu Vice, Pedro Aleixo, pois por meio do Ato Institucional 12 foi consagrado um governo de Juntas Militares que permitia que os Ministros da Marinha de Guerra, do Exército e da Aeronáutica Militar governassem enquanto o Presidente estivesse afastado.

2.8. Oitava Constituição do Brasil – Constituição de 1988

Em 05.10.1988, foi promulgada a Constituição da República Federativa do Brasil. Os membros da Câmara dos Deputados e do Senado Federal, convocados por meio da EC 26, formaram a Assembleia Nacional Constituinte e aprovaram o texto em dois turnos de votação, por maioria absoluta dos membros. É uma Constituição absolutamente voltada para a proteção dos direitos individuais dos cidadãos, sendo fruto de processo de transição do regime militar para o regime democrático.

3. CONSIDERAÇÕES PRELIMINARES

3.1. Elementos fundamentais

O Estado possui três elementos fundamentais, a saber: povo, território e soberania. *Povo* significa o conjunto de indivíduos ligados jurídica e politicamente ao Estado. Daí falar-se que povo é o elemento humano do Estado. *Território* traz um conceito jurídico contemplando a área na qual o Estado exerce efetivamente a supremacia e o poder que detém sobre bens e pessoas. Já a *soberania pode ser vista sob dois aspectos: interno e externo. Pelo primeiro, o Estado é quem elabora as suas próprias normas, é quem comanda o país, portanto, dotado de autoridade máxima em seu território. O segundo significado diz respeito à igualdade que deve existir entre os países, independentemente de condições, espaço territorial, poder econômico etc. Aos Estados soberanos são dadas garantias como a não intervenção em assuntos internos e a independência nacional.*

3.2. Conceito de Constituição

Uma Constituição pode ser conceituada de diferentes modos tendo por base seus diversos significados. De acordo com José Afonso da Silva, "A Constituição é algo que tem, como forma, um complexo de normas (escritas ou costumeiras), como conteúdo, a conduta humana motivada pelas relações sociais (econômicas, políticas, religiosas etc.), como fim, a realização dos valores que apontam para o existir da comunidade, e, finalmente, como causa criadora e recriadora, o poder que emana do povo" (Curso de Direito Constitucional Positivo, 35ª Ed., p. 39).

Desse modo, vejamos os conceitos dados por grandes doutrinadores:

3.2.1. Concepção sociológica (Ferdinand Lassalle)

Sustentava esse autor que "os problemas constitucionais não são problemas de Direito, mas do poder; a verdadeira Constituição de um país somente tem por base os fatores reais e efetivos do poder que naquele país vigem e as constituições escritas não têm valor nem são duráveis a não ser que exprimam fielmente os fatores do poder que imperam na realidade social" (*A essência da Constituição*, p. 40).

Portanto, somente terá valia a Constituição se efetivamente expressar a realidade social e o poder que a comanda. Os fatores reais de poder são identificados, no nosso país, por exemplo, nos movimentos dos sem-terra, nas corporações militares e outras forças que delimitam o conteúdo da Constituição.

O autor citado também mencionava que "de nada serve o que se escreve numa folha de papel se não se ajusta à realidade, aos fatores reais de poder".

3.2.2. *Concepção política (Carl Schmitt)*

Em oposição a Lassale, Carl Schmitt defendeu o conceito de que a Constituição é a decisão política fundamental de um povo, visando sempre dois focos estruturais básicos – organização do Estado e efetiva proteção dos direitos fundamentais.

Para esse autor há divisão clara entre Constituição e lei constitucional. Na primeira, encontraríamos as matérias constitucionais, ou seja, organização do Estado e garantia dos direitos fundamentais, sempre com o objetivo de limitar a atuação do poder. Já as leis constitucionais seriam aqueles assuntos tratados na Constituição, mas que materialmente não teriam natureza de norma constitucional. Na verdade, esses assuntos nem deveriam constar da Constituição. Na nossa atual Carta Magna, visualizamos um exemplo no artigo 242, § 2º, que determina que o Colégio Pedro II, localizado na cidade do Rio de Janeiro, será mantido na órbita federal. Esse dispositivo é uma norma apenas formalmente constitucional, pois está dentro da Constituição, mas não trata de matéria tipicamente constitucional.

As leis constitucionais, para Schmitt, como a mencionada no exemplo dado acima, formam o que se denomina Constituição formal, ou seja, apenas são consideradas normas constitucionais pelo fato de estarem alocadas na Constituição, por terem forma de Constituição.

A Constituição Federal de 1988, em seu artigo 1º, trata da organização do Estado, enquanto o artigo 5º dispõe sobre os direitos fundamentais. Se terminasse aqui, já seria suficiente para Schmitt denominá-la como uma verdadeira Constituição.

3.2.3. *Concepção jurídica ou formal (Hans Kelsen e Konrad Hesse)*

Hans Kelsen pensava de modo diverso, mencionava que o fundamento de validade da Constituição era encontrado na dimensão jurídica e não sociológica ou política.

Esse autor representava o ordenamento jurídico por meio de uma pirâmide, na qual a Constituição se encontrava no ápice e abaixo estavam todos os demais atos normativos. As leis ordinárias, complementares, delegadas e também as medidas provisórias, por terem como fundamento imediato de validade a Constituição, ficavam no segundo degrau da pirâmide. Já os regulamentos, portarias, decretos, entre outros, por se fundamentarem primeiro na lei e depois na Constituição, localizavam-se no terceiro degrau da pirâmide.

Portanto, juridicamente, a Constituição localiza-se no mais elevado degrau da pirâmide e é exatamente em decorrência disso que é fundamentada sua normatividade.

As normas infraconstitucionais (que são todas aquelas que se encontram nos degraus abaixo da Constituição) são submissas às regras determinadas pela Lei Maior e devem ser com ela compatíveis. A isso se deu o nome de relação de compatibilidade vertical.

Tal autor obteve reconhecimento mundial com a elaboração da obra "Teoria Pura do Direito", doutrina que propugna o conteúdo puro do direito, sem interferências de cunhos sociológico, político, valorativo ou econômico. A Constituição, conforme Kelsen, apresenta o aspecto lógico-jurídico, segundo o qual é a 'norma fundamental hipotética', ou seja, traz um comando que impõe obediência obrigatória e é tida como o verdadeiro sentido de justiça, e o aspecto jurídico-positivo, em que a Constituição é a norma positiva superior em que as demais regras jurídicas encontram os seus fundamentos de validade. Sua modificação deve observar um procedimento específico e solene.

3.2.4. *Concepção culturalista*

Segundo a essa corrente, a Constituição engloba todas as regras fundamentais advindas da cultura histórica e também "as emanadas pela vontade existencial da unidade política e regulamentadora da existência, estrutura e fins do Estado e do modo de exercício e limites do poder político" (J. H. Meirelles Teixeira, *Curso de Direito Constitucional*, p. 77 e 78)

Vale lembrar que as concepções jurídica, política e sociológica foram questionadas no concurso para delegado do Estado do Paraná.

3.3. Constitucionalismo

Tradicionalmente, a doutrina faz uso da expressão constitucionalismo ou movimentos constitucionais em mais de um sentido. Vejamos os dois mais comuns.

A primeira concepção é utilizada para definir a ideologia que afirma que o poder político deve necessariamente ser limitado para que efetivamente sejam garantidos e prestigiados os direitos fundamentais. Nesse primeiro sentido, o constitucionalismo é considerado uma teoria normativa da política. A doutrina divide-o em constitucionalismo social e liberal, com base na maior ou menor intervenção do Estado nos interesses privados. Quando há grande intervenção do Estado no mundo privado, é conhecido como social e quando a intervenção é pequena, fala-se em constitucionalismo liberal.

A segunda concepção da expressão constitucionalismo teve origem numa reação contra o Estado Absolutista da Idade Moderna, por volta do século XVIII. A Revolução Francesa também é considerada um marco aqui. A ideia era frisar que a Constituição, além de estabelecer regras sobre organização do Estado, do poder, deveria fazer uma necessária modificação política e social, orientando as ações políticas e tendo atuação direta. Foi a partir deste momento que veio à tona o termo *supremacia constitucional*. A partir dessa concepção, passou a ser necessária a criação de constituições escritas, de origem popular, para efetivamente limitar o poder, organizar o Estado e garantir a proteção dos direitos individuais.

3.4. Estrutura da Constituição Federal de 1988

A CF/1988 é composta das seguintes partes: preâmbulo, corpo das disposições permanentes, ato das disposições constitucionais transitórias e emendas constitucionais (de revisão e propriamente ditas).

3.4.1. *Preâmbulo*

A Constituição não começa pelo seu artigo 1º, mas sim por um preâmbulo que dispõe: "Nós, representantes do povo brasileiro, reunidos em Assembleia Nacional Constituinte para instituir um Estado Democrático, destinado a assegurar o exercício dos direitos sociais e individuais, a liberdade, a segurança, o bem-estar, o desenvolvimento, a igualdade e a justiça como valores supremos de uma sociedade fraterna, pluralista e sem preconceitos, fundada na harmonia social e comprometida, na ordem interna e internacional, com a solução pacífica das controvérsias, promulgamos, sob a proteção de Deus, a seguinte CONSTITUIÇÃO DA REPÚBLICA FEDERATIVA DO BRASIL".

Há diversos princípios no preâmbulo constitucional, como a da igualdade, da liberdade, da solução pacífica das controvérsias etc. Tais comandos servem como diretrizes ideológicas, políticas e filosóficas que devem ser observadas pelo intérprete das normas constitucionais.

Todavia, embora o preâmbulo tenha de ser utilizado como alicerce, segundo o Supremo, ele não tem força normativa, não cria direitos e obrigações e não pode ser utilizado como parâmetro para eventual declaração de inconstitucionalidade. Por exemplo: uma lei que fira tão somente o preâmbulo constitucional não pode ser objeto de ação direta de inconstitucionalidade no STF e nem de outro mecanismo de controle de constitucionalidade.

Além disso, já definiu a Corte Maior (ADI 2076/AC, Rel. Min. Carlos Velloso) que o preâmbulo não é tido como norma de reprodução obrigatória pelas Constituições dos estados-membros.

3.4.2. *Disposições permanentes*

O corpo das disposições permanentes é composto pelas normas constitucionais que, em regra, possuem maior durabilidade. Essa parte inicia-se no artigo 1º e termina no artigo 250 e é formada pelos seguintes títulos: Princípios Fundamentais, Direitos e Garantias Fundamentais, Organização do Estado, Organização dos Poderes, Defesa do Estado e das Instituições Democráticas, Tributação e Orçamento, Ordem Econômica e Financeira, Ordem Social e Disposições Constitucionais Gerais.

Para serem alteradas, é necessária a observância do processo legislativo das emendas constitucionais, previsto no artigo 60 da Constituição.

3.4.3. *Disposições transitórias*

Denominado Ato das Disposições Constitucionais Transitórias (ADCT), tem por finalidade tratar de assuntos de direito intertemporal. O ADCT é composto de normas criadas para executarem um determinado papel que, sendo cumprido, passam a não ter mais utilidade. É por esse motivo que tais normas são conhecidas como de eficácia esgotada ou exaurida. Cumprido o encargo para o qual foram criadas, não possuem mais utilidade alguma.

As disposições transitórias, embora integrem o texto constitucional e para serem modificadas também seja necessário o processo das emendas constitucionais, elas ficam ao final da Constituição e possuem numeração própria (artigos 1º ao 98). Isso é assim pois não seria técnico deixar no corpo das disposições permanentes algo que, mais dia menos dia, não terá mais utilidade alguma.

Um exemplo de regra prevista no ADCT e que já foi alterada por emenda mais de uma vez é a contida no seu art. 40. Segundo tal norma, a Zona Franca de Manaus é mantida, com suas características de área livre de comércio, de exportação e importação, e de incentivos fiscais, pelo prazo de vinte e cinco anos, a partir da promulgação da Constituição. O parágrafo único do mesmo dispositivo determina que somente por lei federal podem ser modificados os critérios que disciplinaram ou venham a disciplinar a aprovação dos projetos na Zona Franca de Manaus. A EC 42/2003 criou o art. 92 do ADCT acrescentando ao prazo citado mais dez anos e, recentemente, a **EC 83 de 5 de agosto de 2014** criou o art. 92-A para acrescer mais 50 anos ao prazo citado.

Vale lembrar que as normas constantes do ADCT possuem o mesmo grau de eficácia que as demais normas constitucionais.

3.4.4. *Emendas constitucionais*

As emendas integram a constituição e possuem duas naturezas distintas: emendas de revisão e emendas constitucionais propriamente ditas. As primeiras foram feitas quando da revisão constitucional, em 1994. Em tal ano, seis emendas foram elaboradas (ECR 1 a 6). O art. 3º do ADCT determinava que a revisão, que se daria uma única vez, ocorresse após cinco anos da promulgação da Constituição, pelo voto da maioria absoluta dos membros do Congresso Nacional, em sessão unicameral. Atualmente, para se modificar a Constituição, só por meio das emendas constitucionais propriamente ditas, que podem ser feitas desde que sejam obedecidas às regras previstas no art. 60 da CF.

3.5. Supremacia constitucional

A noção de supremacia da Constituição talvez seja a mais importante de todo o estudo do Direito Constitucional. Pautado nesse entendimento, é possível verificar os motivos pelos quais os demais ramos, os atos normativos em geral e a atuação dos poderes estão limitados ao texto constitucional.

A Constituição Federal é a lei máxima do ordenamento jurídico brasileiro. É fundamento de validade de todos os demais atos normativos. Está no ápice da pirâmide normativa e determina as regras que devem ser observadas. Todas as normas infraconstitucionais devem guardar relação de compatibilidade com a Constituição.

Ressalta-se que o princípio da supremacia constitucional somente existe nos países que adotam Constituição do tipo *rígida*, ou seja, aquelas que possuem um processo de alteração mais complexo, mais solene, mais dificultoso que o processo de mudança dos demais atos normativos.

3.6. Princípios fundamentais (artigos 1º a 4º da CF)

O artigo 1º da CF, após definir o Pacto Federativo, traz os *fundamentos* da República Federativa do Brasil, que são os seguintes:

I. Soberania;

II. Cidadania;

III. Dignidade da pessoa humana;

IV. Valores sociais do trabalho e da livre-iniciativa; e

V. Pluralismo político.

Os fundamentos equivalem aos principais valores e diretrizes adotados pelo Estado brasileiro. Com base neles é que a Constituição Federal de 1988 foi produzida.

Sem sombra de dúvida, podemos dizer que um fundamento de grande relevo é o que diz respeito à *dignidade da pessoa humana*. Para que o ser humano possua dignidade, deve a ele ser dado acesso a requisitos mínimos de uma vida digna como, por exemplo, alimentação (EC 64/2010), moradia, saúde, higiene, educação, lazer etc.

Para que as normas constitucionais sejam devidamente interpretadas é necessária a observância do princípio central que é o da dignidade.

Além disso, tal princípio é um fundamento da República Federativa do Brasil, previsto no inciso III do artigo 1º da Constituição Federal.

A Súmula Vinculante n. 11 relaciona-se diretamente com esse princípio. Essa súmula restringe o uso de algemas aos casos de resistência e de fundado receio de fuga ou de perigo à integridade física própria ou alheia, por parte do preso ou de terceiros. Além disso, o uso deve, necessariamente, ser justificado por escrito, sob pena de responsabilidade disciplinar, civil e penal do agente ou da autoridade e de nulidade da prisão ou do ato processual a que se refere, sem prejuízo da responsabilidade civil do Estado.

Desse modo, é possível afirmar que o uso de algemas requer um juízo de ponderação da necessidade e só deve ser utilizado de forma excepcional.

Vale lembrar que o STF, no julgamento do ARE 653.964-AgR, Rel. Min. Luiz Fux, julgamento em 28.02.2012, Primeira Turma, *DJE* de 13.03.2012, decidiu que o enunciado da Súmula Vinculante 11 da Suprema Corte **não** é aplicável, face ao uso de algemas durante a sessão, máxime quando o julgamento pelo Tribunal do Júri se deu em data anterior à sua publicação.

Também tem relação com a dignidade da pessoa humana o princípio da individualização da pena. Assim, a falta de indicação da conduta individualizada dos acusados pela prática de crimes societários fere não só o devido processo legal, a ampla defesa e o contraditório, mas também a dignidade da pessoa humana.

Por fim, o STF, em julgamento realizado pelo plenário, na ADI 3.510, declarou a constitucionalidade do art. 5º da Lei de Biossegurança (Lei 11.105/2005), por entender que as pesquisas com células-tronco embrionárias não violam o direito à vida ou o princípio da dignidade da pessoa humana.

A *soberania* é uma qualidade do Estado independente. Fala-se em soberania externa e interna. A primeira refere-se à representação dos Estados em âmbito internacional. A segunda é determinada pela demarcação da supremacia do Estado em relação aos seus cidadãos. É necessário mencionar que Estado Federal possui soberania e os entes federativos autonomia.

A *cidadania*, quando analisada como um dos fundamentos da República Federativa do Brasil, deve ser compreendida de forma abrangente, contemplando a possibilidade do exercício dos direitos fundamentais constitucionalmente assegurados, em especial, os relacionados ao trabalho, à educação e à saúde.

Para que o Estado cresça economicamente, identificou-se que os *valores sociais do trabalho e da livre-iniciativa* necessitavam ser compatibilizados. Assim, a Constituição de 1988 contemplou tais valores, focando sempre no desenvolvimento da ordem econômica do Estado.

O *pluralismo político* prestigia a democracia moderna, fazendo com que o eleitor tenha acesso à diversidade de candidatos e a vários partidos políticos. Os preceitos eleitorais devem ser definidos de forma clara e objetiva para que todos os partidos, independentemente de serem pequenos ou grandes, tenham os mesmos direitos.

O artigo 2º da CF trata da tripartição dos poderes, dispondo que são Poderes da União, independentes e harmônicos entre si, o Legislativo, o Executivo e o Judiciário.

Já o artigo 3º contempla os objetivos fundamentais da República Federativa do Brasil. Percebam que os objetivos fundamentais não se confundem com os fundamentos. Estes vêm previstos no art. 1º, enquanto que aqueles, no artigo 3º.

Os *objetivos fundamentais* do nosso país são os seguintes: I – construir uma sociedade livre, justa e solidária; II – garantir o desenvolvimento nacional; III – erradicar a pobreza e a marginalização e reduzir as desigualdades sociais e regionais; IV – promover o bem de todos, sem preconceitos de origem, raça, sexo, cor, idade e quaisquer outras formas de discriminação.

Ainda tratando do capítulo que cuida dos princípios fundamentais, a Constituição, em seu artigo 4º, contempla aqueles que regem o país nas suas relações internacionais, dentre os quais se destacam: a independência nacional, a prevalência dos direitos humanos, a igualdade entre os Estados, a defesa da paz e a cooperação entre os povos para o progresso da humanidade.

4. ELEMENTOS DA CONSTITUIÇÃO

Nossa Constituição Federal trata de diversos assuntos. Com a finalidade de sistematizar e de organizar esses assuntos, a Norma Suprema uniu matérias afins e, a partir dessa união, foram contemplados doutrinariamente os elementos constituintes. O Prof. José Afonso da Silva é quem melhor faz a divisão clássica (Curso de Direito Constitucional Positivo, 35ª Edição, p.44 e 45). Tendo por base a divisão feita por esse autor, podemos falar que os grupos de elementos são:

4.1. Elementos orgânicos

Contemplam as normas estruturais da Constituição. Englobam as normas de organização do Estado, organização do poder, o orçamento público e a tributação, as forças armadas e a segurança pública. Os temas mencionados se encontram nos capítulos II e III do título V e nos títulos III, IV e V da nossa Constituição Federal.

4.2. Elementos limitativos

Como o próprio nome menciona, são normas que existem para limitar o poder de atuação do Estado. As normas que definem os direitos e garantias fundamentais são as que melhor limitam o poder, pois, ao enunciar determinado direito a alguém, implícita e automaticamente, há o comando impondo ao Estado o dever de não invadir aquele direito constitucionalmente previsto. A exceção se dá em relação aos direitos sociais porque eles exigem condutas positivas do Estado, não possuem somente o mero caráter limitador do eventual exercício arbitrário do poder. Os elementos limitativos contemplam as normas que tratam dos direitos individuais e coletivos, direitos políticos e direito à nacionalidade, todas encontradas no título II da Constituição Federal.

4.3. Elementos socioideológicos

O nome desses elementos já nos encaminha para sua conceituação: podemos dizer que eles definem ou demonstram a ideologia adotada pelo texto constitucional. As normas que compõem os elementos socioideológicos são as que tratam dos direitos sociais, as que compõem a ordem econômica e financeira e a ordem social. Encontramos essas normas no capítulo II do título II e nos títulos VII e VIII da Constituição Federal.

4.4. Elementos de estabilização constitucional

As normas que se encontram nessa divisão são as que visam à superação dos conflitos constitucionais, ao resguardo da estabilidade constitucional, à preservação da supremacia da Constituição, à proteção do Estado e das instituições democráticas e à defesa da Carta Política. Citamos como exemplo as normas que tratam da intervenção federal e estadual (artigos 34 a 36 da CF), as normas que tratam dos estados de sítio e de defesa e as demais integrantes do título V da CF (com exceção dos capítulos II e III, porque eles integram os elementos orgânicos), as normas que tratam do controle de constitucionalidade e, ainda, as que cuidam do processo de emendas à Constituição.

4.5. Elementos formais de aplicabilidade

Formais, porque não possuem conteúdo material e de aplicabilidade, porque servem para auxiliar a efetiva aplicação das normas constitucionais. São normas orientadoras, como, por exemplo, o preâmbulo da Constituição, que não serve como paradigma para controle de constitucionalidade, mas estabelece princípios norteadores de todo ordenamento jurídico brasileiro.

Também se encontram nessa categoria as disposições transitórias, reguladoras do direito intertemporal. Essas normas estão contidas no ADCT (Ato das Disposições Constitucionais Transitórias), que é parte integrante da Constituição Federal, embora fique separado do corpo das normas permanentes e tenha numeração própria apenas por questão de técnica legislativa. Como as normas contidas no ADCT são normas transitórias, passageiras, assim que produzirem todos os efeitos que delas se esperam se esgotarão, não terão mais utilidade alguma. Desse modo, é razoável que fiquem fora do corpo de normas permanentes da Constituição. Para aclarar o exposto, é indicada a leitura dos artigos 3º e 4º do ADCT, que já produziram seus efeitos e que atualmente são normas de eficácia exaurida, esgotada, não mais têm utilidade alguma. Outro exemplo: a previsão constitucional da realização de um plebiscito para a escolha da forma de governo (República ou Monarquia) e o sistema de governo (Parlamentarismo ou Presidencialismo), cinco anos após a promulgação da Constituição de 1988 (artigo 2º do ADCT).

Ainda sobre as normas do ADCT, é interessante pontuar que elas podem ser alteradas por emenda constitucional. Um exemplo é o trazido pela EC nº 68, de 21 de dezembro de 2011, que alterou o art. 76 do Ato das Disposições Constitucionais Transitórias (ADCT), prorrogando, por mais 4 (quatro) anos, a Desvinculação das Receitas da União (DRU), até 31.12.2015.

O § 1º do artigo 5º da Constituição Federal também é um elemento formal de aplicabilidade. Dispõe que "as normas definidoras dos direitos e garantias fundamentais têm aplicação imediata".

5. CLASSIFICAÇÃO DAS CONSTITUIÇÕES

As constituições são classificadas pela doutrina de diversas maneiras. Essas classificações visam à melhor compreensão da Constituição como um todo. Por exemplo, sabendo nós que a Constituição de 1988, quanto à sua extensão, foi classificada como prolixa, é possível imaginar que essa Constituição é extensa, longa, numerosa; diferente seria tivesse sido classificada como concisa (básica, breve). Nesse caso, mesmo que nunca tivéssemos visto a Constituição mencionada, já teríamos uma ideia de como ela seria. É justamente para isso que servem as classificações.

No entanto, é preciso lembrar que há muitas classificações feitas pela doutrina e, a partir de agora, abordaremos as mais relevantes.

5.1. Quanto à forma, as constituições podem ser classificadas em:

a) escritas – aquelas sistematizadas num único texto, criadas por um órgão constituinte. Esse texto único é a única fonte formal do sistema constitucionalista. Exemplo: Constituição Federal de 1988;

b) não escritas – aquelas cujas normas não estão sistematizadas e codificadas num único texto. São baseadas em textos esparsos, jurisprudências, costumes, convenções, atos do parlamento etc. Há várias fontes formais do direito constitucional no país de Constituição não escrita. Exemplo: Constituição Inglesa.

5.2. Quanto ao modo de elaboração, as constituições podem ser classificadas em:

a) dogmáticas – partem da aceitação de dogmas, considerados o núcleo de uma doutrina. A constituição dogmática necessariamente é uma constituição escrita. As constituições escritas pressupõem a aceitação de dogmas ou de opiniões sobre a política do momento. Exemplo: Constituição Federal de 1988;

b) históricas ou costumeiras – diferentemente das constituições dogmáticas que sempre são escritas, as constituições históricas devem ser não escritas. Resultam da formação histórica, dos fatos sociais, da evolução das tradições. Exemplo: Constituição Inglesa.

5.3. Quanto à origem, as constituições podem ser classificadas em:

a) outorgadas – aquelas elaboradas e impostas por uma pessoa ou por um grupo sem a participação do povo. As constituições outorgadas, na verdade, devem ser denominadas Cartas Constitucionais e não Constituições, pois a primeira denominação é a que corretamente designa a origem outorgada. A segunda nomenclatura diz respeito àquelas Constituições que tiveram como origem a democracia, foram promulgadas. Vale lembrar que muitos doutrinadores tratam essas expressões, Carta e Constituição, como sinônimas, embora não o sejam.

As Constituições outorgadas que tivemos no Brasil foram as seguintes:

✓ Constituição do Império de 1824 (o correto é Carta de 1824);

✓ Carta de 1937 (Vargas);

✓ Carta de 1967 (ditadura militar).

Há ainda aqueles que sustentam que a Emenda Constitucional n. 1/1969 deve ser considerada uma verdadeira Constituição outorgada, imposta pelo Comando Militar;

b) promulgadas, populares ou democráticas – são aquelas advindas de uma Assembleia Constituinte composta por representantes do povo. Sua elaboração se dá de maneira consciente e livre, diferentemente das Constituições outorgadas, que são criadas de forma imposta;

c) cesaristas, plebiscitárias, referendárias ou bonapartistas – são aquelas constituições que, embora elaboradas de maneira unilateral, impostas, após sua criação são submetidas a um referendo popular. Essa participação do povo não pode ser considerada democrática, pois apenas tem a finalidade de confirmar a vontade daquele que a impôs. Os nomes dados a essa Constituição têm por fundamento o caminho utilizado por Napoleão Bonaparte nos chamados plebiscitos napoleônicos.

5.4. Quanto à estabilidade ou processo de mudança, as constituições podem ser classificadas em:

a) rígidas – aquelas alteráveis somente por um processo mais solene, mais dificultoso que o processo de alteração das demais normas jurídicas. O exemplo que podemos dar é a Constituição Federal de 1988, na qual, em seu artigo 60 (processo legislativo das emendas), encontramos o fundamento da rigidez constitucional;

b) flexíveis – aquelas modificáveis livremente pelo legislador, observando-se o mesmo processo de elaboração e modificação das leis;

c) semirrígidas – aquela Constituição que possui uma parte rígida e outra flexível. A parte rígida será alterável por um processo mais dificultoso que o das demais normas jurídicas e a parte flexível, alterável pelo mesmo processo de elaboração e modificação das leis. No Brasil, a única Constituição que tivemos classificada como semirrígida foi a de 1824. O artigo 5º desta Constituição fundamentava seu caráter semirrígido;

d) super-rígidas – alguns doutrinadores sustentam que a Constituição de 1988 é classificada como super-rígida pelo fato de conter núcleos essenciais intangíveis (cláusulas pétreas – artigo 60, § 4º, da CF).

Obs.: prevalece o entendimento de que a Constituição de 1988 é classificada como rígida.

5.5. Quanto à extensão as constituições podem ser classificadas em:

a) concisas – são as constituições sucintas, pequenas. Cuidam apenas de regras gerais, estruturais, do ordenamento jurídico estatal. O melhor exemplo de constituição concisa é a norte-americana, que contém apenas os princípios fundamentais e estruturais do Estado. A característica de uma Constituição concisa é o fato de ela ser mais estável que uma Constituição prolixa. A norte-americana, por exemplo, já conta com mais de 200 anos e foi emendada apenas 27 vezes;

b) prolixas – são as constituições longas, numerosas. Essas constituições não se restringem a tratar somente de normas materialmente constitucionais, normas estruturais, de organização do poder, de funcionamento do Estado. Cuidam de assuntos diversos, que poderiam certamente estar dispostos em legislações infraconstitucionais. São assim por pretenderem proteger institutos considerados importantes. O maior problema de uma constituição prolixa é que, por ser expansiva, torna-se muito mais instável do que a Constituição concisa.

O exemplo de Constituição prolixa é a nossa, Constituição Federal de 1988. Ela possui em seu corpo permanente 250 artigos e em pouco mais de 25 anos de vigência já foi alterada mais de 70 vezes.

5.6. Quanto ao conteúdo as constituições podem ser classificadas em:

a) materiais – relacionam-se ao conteúdo criado para ser tratado especificamente numa constituição. São normas que cuidam de matéria constitucional. A matéria constitucional geralmente gira em torno do poder. Exemplificando, as normas que organizam o poder, que organizam o Estado e as que tratam dos direitos individuais são normas materialmente constitucionais.

Um exemplo de norma que, embora prevista na CF de 1988, **não** tem conteúdo materialmente constitucional, é o artigo 242, § 2º, da CF que trata do Colégio Pedro II. Tal dispositivo determina que o Colégio localiza-se na cidade do Rio de Janeiro e é mantido na órbita federal;

b) formais – indicam o conjunto de regras dispostas formalmente na Constituição escrita. As normas inseridas na constituição, ainda que não tratem de matéria constitucional, como o exemplo do Colégio Pedro II acima mencionado, são normas formalmente constitucionais. O fato de estarem alocadas na constituição escrita dá a elas a força de norma constitucional. São regidas pelo princípio da supremacia constitucional e só podem ser alteradas pelo processo legislativo das emendas (artigo 60 da CF).

É relevante que se diga que a Constituição Federal determina que o grau máximo de eficácia das normas decorre da forma e não da matéria. Isso significa dizer que o que importa realmente é se a norma está ou não inserida no texto da Constituição. Se tiver conteúdo constitucional, mas não estiver contemplada no Texto Maior, certamente terá menos eficácia que as normas lá inseridas.

6. FENÔMENOS QUE OCORREM COM A ENTRADA EM VIGOR DE UMA NOVA CONSTITUIÇÃO

6.1. Recepção

É o fenômeno jurídico pelo qual se resguarda a continuidade do ordenamento jurídico anterior e inferior à nova constituição, desde que se mostre compatível materialmente com seu novo fundamento de validade (justamente a nova constituição).

Para melhor compreensão, acompanhem o exemplo: é sabido que o fundamento de validade de uma lei é a constituição vigente. Dessa forma, imaginemos que tenha sido editada uma lei na época em que vigia a Constituição de 1969. A essa lei fora atribuído o n. 5.869/1973. Para que a lei mencionada fosse considerada válida, ela, necessariamente, teria que estar em conformidade com a Constituição de 1969, pois este era seu fundamento de validade. Em 1988, foi promulgada uma nova constituição, a Constituição da República Federativa do Brasil de 5 de outubro de 1988. Pergunta-se: a Lei n. 5.869/1973 continuou vigente, mesmo após a promulgação de uma nova Constituição? A resposta é depende. Se essa lei for materialmente compatível com a nova constituição sim, ela será preservada e passará a ter um novo fundamento de validade (que é a nova constituição). Agora, se a lei editada à época da vigência da antiga constituição se mostrar materialmente incompatível com a nova, ela não será recepcionada.

A lei referida no exemplo acima é o nosso atual Código de Processo Civil. O CPC é de 1973, a nossa Constituição é de 1988. Na época em que foi promulgada a Constituição de 1988, ocorreu o fenômeno da recepção em relação a todos os dispositivos do CPC que se mostraram materialmente compatíveis com ela.

Outro fator importante a respeito do fenômeno da recepção é que não importa a roupagem originalmente assumida pela lei, o que se verifica é o conteúdo da norma e não a forma pela qual ela foi exteriorizada. O Código Tributário Nacional (CTN) é um exemplo disso. Na época de sua elaboração, foi editado como lei ordinária, mas, como a CF/1988, em seu artigo 146, determinou que as normas gerais em matéria de legislação tributária fossem disciplinadas por lei complementar, ele foi por ela recepcionado como se lei complementar fosse. Hoje, para se alterar o CTN, é necessária uma lei complementar.

O Código Penal, quando de sua elaboração, foi criado como um Decreto-Lei (n. 2.848/1940). Entretanto, a Constituição de 1988 determinou que a matéria Direito Penal fosse regulamentada por lei ordinária. Desse modo, os dispositivos do Código que guardavam relação de compatibilidade material com a Constituição foram por ela recepcionados como lei ordinária. Atualmente, para alterar o CP, basta uma lei ordinária.

Outra lembrança relevante no tocante ao fenômeno da recepção é o fato de, após a promulgação da Constituição, serem editadas emendas constitucionais. As leis também devem guardar relação de compatibilidade material com o disposto nas emendas constitucionais? Sim, necessariamente as leis promulgadas antes ou mesmo depois da edição da Constituição devem ser materialmente compatíveis tanto com as normas advindas do poder constituinte ordinário quanto das decorrentes de emendas constitucionais. O fundamento para isto é que as emendas constitucionais, como o próprio nome indica, têm natureza de normas constitucionais. Estão, juntamente com as demais normas da Constituição, no ápice da pirâmide de Kelsen.

O princípio que fundamenta a utilização do fenômeno da recepção é o da continuidade das normas.

6.2. Desconstitucionalização

O fenômeno da desconstitucionalização tem origem francesa. É um instituto pouco usado na prática. No Brasil não utilizamos esse instituto porque a edição de uma nova Constituição produz o efeito de revogar por inteiro a antiga. A revogação total é denominada *ab-rogação*, já a parcial é conhecida como *derrogação*.

A antiga Constituição seria, valendo-nos do fenômeno da desconstitucionalização, recebida pelo novo ordenamento, ou seja, pela nova Constituição, com *status* de legislação infraconstitucional (seria recebida como se fosse lei). Esse fenômeno não é permitido no Brasil.

6.3. Repristinação

É o fenômeno jurídico pelo qual se restabelece a vigência de uma lei que foi revogada pelo fato de a lei revogadora ter sido posteriormente revogada. Tal instituto interessa não apenas ao Direito Constitucional, mas ao Direito como um todo. Terá ligação com o direito constitucional se estiver associado ao instituto da recepção.

Vamos ao exemplo: imaginemos três constituições. Constituição "A", Constituição "B" e Constituição "C". A primeira é a mais antiga. A Constituição "A" determinou que o assunto X, garantido por ela, fosse disciplinado por lei infraconstitucional. Na época, sobreveio a lei disciplinando o assunto X. Passado um tempo, foi editada nova constituição, a Constituição "B". Ela não mais tratou do assunto X. Portanto, a lei editada na vigência da Constituição "A", que serviria para regulamentar o assunto X, não foi recepcionada (foi revogada) pela Constituição "B". Passado mais um tempo, outra nova Constituição foi editada, a Constituição "C". Essa Constituição voltou a prever o assunto X. Nesse caso, a lei que regulamentava o assunto X, editada na vigência da Constituição "A", seria restabelecida pela nova Constituição simplesmente pelo fato dela prever novamente o assunto X? A resposta é não. No ordenamento jurídico brasileiro não há repristinação automática. Se o legislador, por ventura, quiser restabelecer a vigência de uma lei anteriormente revogada por outra, terá que fazê-lo expressamente, conforme dispõe o § 3º do artigo 2º da Lei de Introdução às Normas do Direito Brasileiro (denominação dada pela Lei n. 12.376/2010 à antiga "LICC" – Lei de Introdução ao Código Civil).

6.4. Mutação constitucional

A palavra mutação significa mudança. Também conhecida como interpretação constitucional evolutiva, a mutação constitucional tem relação não com o aspecto formal do texto constitucional, mas sim com a interpretação dada à Constituição. Não são necessárias técnicas de revisão ou reforma constitucional para que o fenômeno se opere. A mudança social, que se dá com o passar do tempo, já faz com que a interpretação seja modificada.

6.5. *Vacatio Constitucionis*

Pode ser conceituada como o período de transição entre uma Constituição e outra. Em regra, ao ser elaborada, promulgada e publicada, a nova Constituição entra em vigor imediatamente. Pelo fenômeno da *vacatio constitucionis*, que se assemelha ao instituto da *vacatio legis*, haveria um prazo, fixado pelo próprio poder constituinte, ou seja, por aqueles que estão elaborando a nova constituição, para que o texto constitucional entrasse em vigor. No Brasil as constituições, ao serem promulgadas e publicadas, já entram em vigor; não visualizamos aqui o fenômeno da *vacatio constitucionis*.

7. EFICÁCIA JURÍDICA DAS NORMAS CONSTITUCIONAIS E HERMENÊUTICA CONSTITUCIONAL

Eficácia jurídica é a aptidão que as normas têm para produzirem efeitos no mundo jurídico. Essa eficácia, por vezes, será graduada conforme a classificação das normas constitucionais.

Segundo a teoria clássica, as normas constitucionais podem ser classificadas em:

a) Normas constitucionais de eficácia plena;

b) Normas constitucionais de eficácia contida; e

c) Normas constitucionais de eficácia limitada.

7.1. Eficácia plena

As normas de eficácia *plena* são aquelas que, por si só, produzem todos os seus efeitos no mundo jurídico e de forma imediata. Não dependem da interposição do legislador para que possam efetivamente produzir efeitos. Além disso, a norma de eficácia plena não admite que uma norma infraconstitucional limite, reduza seu conteúdo.

São exemplos dessa espécie de norma os artigos: 1º – que trata dos fundamentos da República Federativa do Brasil; 2º –

que trata da independência e harmonia que deve existir entre os poderes Legislativo, Executivo e Judiciário; 13 – que diz que a língua portuguesa é o idioma oficial do Brasil; 18, § 1º, que menciona que Brasília é a capital do Brasil, dentre outros.

7.2. Eficácia contida

Já as normas de eficácia *contida* são aquelas que produzem a integralidade de seus efeitos, mas que dão a possibilidade de outra norma restringi-los. Desse modo, até que outra norma sobrevenha e limite a produção de efeitos, a norma de eficácia contida é semelhante à norma de eficácia plena. O principal exemplo de norma de eficácia contida previsto na Constituição é o artigo 5º, XIII, que diz que é livre o exercício de qualquer trabalho, ofício ou profissão, atendidas as qualificações profissionais que a lei estabelecer. Vejam que a Constituição, num primeiro momento, diz que há liberdade para o exercício da profissão, mas, num segundo, deixa aberta a possibilidade de o legislador infraconstitucional estabelecer qualificações. O Estatuto da OAB, Lei n. 8.906/1994, em seu artigo 8º, incisos IV e VII, estabelece a obrigatoriedade do bacharel em Direito de prestar e ser aprovado no exame de ordem e de prestar compromisso perante a OAB para exercer a profissão de advogado. A lei infraconstitucional (Estatuto da OAB) conteve a abrangência da norma constitucional prevista no artigo 5º, XIII, da CF, no que tange ao exercício da advocacia.

7.3. Eficácia limitada

As últimas, segundo a classificação de José Afonso da Silva, são as normas de eficácia *limitada*, ou seja, aquelas que, para produzirem seus efeitos, dependem da atuação do legislador infraconstitucional, necessitam de regulamentação. Tais normas possuem aplicabilidade postergada, diferida ou mediata. Somente após a edição da norma regulamentadora é que efetivamente produzirão efeitos no mundo jurídico. São exemplos de normas constitucionais de eficácia limitada os artigos: 88 – que trata da criação e extinção de Ministérios e órgãos da Administração pública, devendo ser feitas por lei; 7º, XXVII – que trata da proteção do trabalhador em face da automação, para a qual também é necessária lei regulamentando o assunto; 102, § 1º – que cuida da Arguição de Descumprimento de Preceito Fundamental, hoje regulamentada pela Lei n. 9.882/1999.

Maria Helena Diniz também faz a classificação das normas constitucionais, só que com algumas peculiaridades. Vejamos essa classificação, pois é também bastante conhecida pela doutrina.

Tomando por base a produção de efeitos concretos, a mencionada autora diz que as normas constitucionais podem ser classificadas em:

a) normas supereficazes ou com eficácia absoluta;

b) normas com eficácia plena;

c) normas com eficácia relativa restringível; e

d) normas com eficácia complementável ou dependente de complementação legislativa.

As primeiras são aquelas em que não se pode tocar, nem mesmo por meio de emenda à Constituição. As normas com eficácia absoluta são encontradas no § 4º do artigo 60 da CF, as denominadas cláusulas pétreas. Englobam a forma federativa de Estado, o voto secreto, direto, universal e periódico, a separação dos Poderes e os direitos e garantias individuais (que são espécies do gênero direitos fundamentais, como veremos adiante).

Já as normas com eficácia plena são as que contêm, em seu corpo, todos os recursos que as possibilitem produzir a integralidade de seus efeitos no mundo jurídico. Ainda que possam ser modificadas ou suprimidas por emendas constitucionais, estão aptas a produzirem todos os seus efeitos, sem a necessidade da interposição do legislador. Essa classificação é muito semelhante à que adota José Afonso da Silva, conforme analisado anteriormente. Alguns exemplos nós podemos visualizar nos artigos 14, § 2º, 17, § 4º, 22, 37, III, 155, todos da Constituição Federal.

Ainda analisando os critérios da Maria Helena Diniz, há as normas com eficácia relativa restringível. Elas equivalem às normas de eficácia contida na classificação de José Afonso da Silva. Desse modo, remeto à releitura do início do capítulo se a memória não lhes trouxer a lembrança desse conceito.

As últimas, segundo Maria Helena Diniz, são as normas com eficácia relativa complementável ou dependente de complementação legislativa. São as que, como o próprio nome indica, dependem necessariamente de lei para que possam efetivamente produzir efeitos positivos no ordenamento jurídico.

Para completar, trazemos a informação de que estas últimas normas que analisamos se subdividem em *programáticas e de princípio institutivo*. Estas são as que fazem a previsão da existência de um órgão ou instituição, mas que só passariam a existir no plano da realidade após a atuação do legislador infraconstitucional, quando da feitura da lei pertinente. Aquelas, programáticas, são as que trazem em seu corpo programas a serem, necessariamente, concretizados pelos governantes e órgãos estatais. Ainda que tais programas não tenham sido implementados, essas regras são dotadas de eficácia mínima, pois impedem, por exemplo, que sejam editadas leis contrárias aos comandos da Lei Maior. As Constituições marcadas pelas normas programáticas são conhecidas pela doutrina como Constituições dirigentes. Os exemplos que se seguem são: artigos 25, § 3º, 43, § 1º, 224, entre outros da CF – normas de princípio institutivo; artigos 211, 215, 226, § 2º da CF – normas programáticas.

Segundo Uadi Lammêgo Bulos, podemos falar também em normas de eficácia *exaurida* ou *esgotada*, que seriam as que, após produzir os efeitos que delas se esperam, não servirão mais para nada. Muitas das normas que constam do ADCT – Ato das Disposições Constitucionais Transitórias – possuem eficácia exaurida. Exemplo: o artigo 2º, que determinava a realização, em 1993, de um plebiscito para definir a forma de Estado – república ou monarquia constitucional – e o sistema de governo, que poderia ser parlamentarismo ou presidencialismo. O eleitorado manteve, nesse plebiscito, a forma republicana e o sistema presidencialista.

7.4. Princípios de hermenêutica constitucional

As normas constitucionais devem ser interpretadas, ou seja, delas devem ser extraídas seus exatos sentidos. Interpretar significa aclarar o sentido de algo, fazendo com que o conteúdo seja devidamente explanado.

A hermenêutica é a técnica de interpretar, composta de mecanismos próprios, como por exemplo, os métodos literal, sistemático, gramatical, histórico etc. Tais institutos são aplicáveis a todos os ramos do direito. Ocorre que a interpretação constitucional exige, pelo grau hierárquico que as normas constitucionais possuem no ordenamento jurídico brasileiro, mecanismos específicos, além dos tradicionalmente estudados.

Desse modo, para interpretar a Constituição é necessário valer-se dos seguintes **princípios**: unidade da Constituição, efeito integrador, máxima efetividade, harmonização ou concordância prática, força normativa da Constituição e correção funcional.

7.4.1. *Unidade da Constituição*

A Constituição deve ser analisada de forma integrada. Normas constitucionais formam um conjunto de regras que não devem ser vistas isoladamente. Sempre que possível, os comandos constitucionais não devem ser separados do todo.

É necessário que todos aqueles que interpretam a Constituição o façam de modo a impedir, ou pelo menos evitar, a existência de contradições com outras normas dispostas na própria Constituição.

Decorre também da ideia de unidade da Constituição o fato de não haver hierarquia formal entre as normas constitucionais.

7.4.2. *Efeito integrador ou eficácia integradora*

Tal princípio está relacionado com o primeiro e nos ensina que a análise dos conflitos jurídico-constitucionais deve se dar à luz dos critérios que beneficiam a integração política e social. A eficácia integradora reforça o princípio da unidade da Constituição.

7.4.3. *Máxima efetividade*

Técnica de interpretação constitucional também conhecida como eficiência ou interpretação efetiva, ela dispõe que as normas constitucionais devem ser interpretadas privilegiando sua maior eficiência. Por exemplo, quando se estiver diante de duas ou mais interpretações possíveis em relação a algum direito fundamental, deve-se optar por aquela que reflete a maior eficácia do dispositivo.

7.4.4. *Harmonização ou concordância prática*

Harmonizar significa colocar em harmonia, conciliar. É justamente esse o significado dessa técnica interpretativa. As normas constitucionais devem ser conciliadas para que possam coexistir sem que uma tenha de ser privilegiada em detrimento de outra.

Tal princípio também tem relação com o da unidade da constituição e com o princípio da igualdade, pois o todo é que deve ser analisado e de forma harmônica, evitando-se, ao máximo, a anulação de um direito por conta de outro. Vejam que a análise interpretativa deve ser feita *a priori* para que seja evitado esse sacrifício de um em detrimento de outro.

A concordância prática reforça a ideia de inexistência de hierarquia entre os princípios constitucionais.

7.4.5. *Força normativa da Constituição*

Pela força normativa, a interpretação constitucional deve priorizar a atualidade normativa do texto, fortalecendo tanto sua eficácia como sua permanência.

7.4.6. *Correção funcional*

Esse princípio interpretativo está relacionado com o sistema organizacional da Constituição. Por meio da correção funcional, conformidade funcional ou ainda princípio da justeza, aqueles que interpretam a Constituição devem se atentar fielmente às regras sobre separação dos poderes e repartição constitucional de competências.

7.4.7. *Interpretação conforme a Constituição*

A interpretação conforme a Constituição, como o próprio nome expressa, indica que as normas devem ser interpretadas de acordo com o que dispõe a Constituição Federal.

É, a um só tempo, mecanismo utilizado no controle de constitucionalidade, conforme veremos adiante, e técnica de interpretação da Constituição.

Tratando da "interpretação conforme" como técnica de interpretação, devemos lembrar que ela é utilizada quando estamos diante de normas que possuem mais de um significado. As conhecidas normas polissêmicas ou plurissignificativas.

Desse modo, se determinado dispositivo possui dois significados, o sentido que terá de ser atribuído à norma é o que encontra respaldo constitucional, devendo ser descartado aquele que vai de encontro ao Texto Maior, ou seja, aquele que vai contra a Constituição.

Cabe a observação de que o mecanismo da interpretação conforme a Constituição não dá ao intérprete a possibilidade de atuar como legislador, criando normas gerais e abstratas.

7.5. Métodos de interpretação da Constituição

Segundo Canotilho (J. J. Canotilho, Direito constitucional e teoria da Constituição, 6º Ed., p. 212 e 213), os métodos de interpretação são: *método jurídico ou hermenêutico-clássico, método tópico-problemático, método hermenêutico-concretizador, método científico-espiritual e o método normativo-estruturante.*

7.5.1. *Método jurídico*

De acordo com o método jurídico, a norma suprema é tida como uma lei e, portanto, a ela devem ser aplicados os mecanismos de interpretação convencional, quais sejam, literal, histórico, sistemático e teleológico. Ocorre que pelo grau de eficácia das normas constitucionais essa forma de interpretar seria insuficiente.

7.5.2. *Método tópico-problemático*

Segundo esse método, a interpretação, ao contrário do comumente aplicado, deve partir do caso concreto para a norma. Tem por fundamento os aspectos práticos e não o texto em si. É criticado pela doutrina, pois daria margem a diversas interpretações subjetivas. Tais condutas causariam insegurança jurídica e falta de limites.

7.5.3. *Método hermenêutico-concretizador*

Conforme ensinamentos de Canotilho, o método hermenêutico-concretizador enfatiza alguns aspectos da interpretação como os pressupostos subjetivos, pois cabe àquele que vai interpretar fazer uma análise primária de todo o texto constitucional, os pressupostos objetivos, por conta da atuação de mediador que o intérprete deve ter entre o texto constitucional e o caso prático. O objetivo desse método é, após a verificação do texto em seu conjunto e, portanto, de uma análise prévia, concretizar a aplicação da norma constitucional ao caso prático.

7.5.4. *Método científico-espiritual*

A análise interpretativa do texto constitucional não pode se ater às letras, deve levar em conta os verdadeiros valores que estão por trás das normas constitucionais.

7.5.5. *Método normativo-estruturante*

O texto literal deve ser analisado de acordo com a realidade social.

8. PODER CONSTITUINTE

Pode ser conceituado como o poder de estabelecer um novo ordenamento jurídico, por meio da criação de uma nova constituição ou pela modificação das regras existentes.

Toda e qualquer constituição é fruto de um poder maior que os poderes que ela própria instituiu. Por exemplo, citamos os poderes Executivo, Legislativo e Judiciário, todos *constituídos* pela Constituição. Esses, embora denominados desta forma, têm menos força que o poder que os instituiu, que é o *constituinte*. Este último, necessariamente, terá um titular e será composto por aqueles que exercitarão o poder, sempre em nome de seu titular.

Atualmente prevalece o entendimento de que o povo é o verdadeiro titular do poder. Esse posicionamento é respaldado pelo parágrafo único do artigo 1º da CF, ao dispor que "todo o poder emana do *povo* que o exerce por meio de representantes eleitos ou direta ou indiretamente, nos termos desta Constituição".

Não podemos confundir titularidade com exercício do poder. O titular, como já mencionado, é sempre o povo. O exercente poderá ser uma Assembleia Constituinte (que é um órgão colegiado) ou um grupo de pessoas que se invistam desse poder. Essa distinção está diretamente relacionada com o processo de positivação da Constituição. No primeiro caso, ela advirá de uma convenção (votação); no segundo, de uma outorga (imposição).

8.1. Poder constituinte originário

O poder constituinte originário, genuíno, ou de primeiro grau, é aquele que cria a primeira constituição de um Estado ou a nova constituição de um Estado. No primeiro caso, é conhecido como poder constituinte *histórico*. Tem a função de instaurar e estruturar, pela primeira vez, o Estado. No segundo, é conhecido como poder constituinte *revolucionário*, porque ele rompe a antiga e existente ordem jurídica de forma integral, instaurando uma nova. Em ambos os casos, o poder constituinte impõe uma nova ordem jurídica para o Estado.

Podemos falar que esse poder é: inicial, autônomo, incondicionado e ilimitado.

É *inicial* porque não se fundamenta em outro poder que o anteceda. Nem mesmo a existência de um ato convocatório (Assembleia Constituinte para deliberar a respeito de uma nova constituição) retira essa característica do poder constituinte originário. Ele rompe integralmente a ordem jurídica precedente.

A *autonomia* do poder constituinte de primeiro grau é marcada pela opção do seu titular em escolher o conteúdo da nova constituição, aquele a quem o exercício do poder incumbe de determinar as regras autonomamente.

É também *incondicionado e ilimitado* porque esse poder não encontra condições, limitações, regras preestabelecidas pelo ordenamento jurídico anterior.

Por fim, é necessário lembrar que embora o poder constituinte originário seja considerado ilimitado essa concepção não é absoluta. Há, por exemplo, a determinação de que a atuação desse poder esteja vinculada a um território específico. É o que se denomina de limitação geográfica.

8.2. Poder constituinte derivado

O poder derivado, também denominado de instituído ou de 2º grau, como seu nome indica, decorre de algo. Fundamenta-se e decorre do poder que o criou, que é o constituinte originário.

Diferente do primeiro, o poder constituinte derivado é: secundário, não detém autonomia, é condicionado e limitado.

É secundário porque decorre do primeiro; limitado e condicionado, pois se sujeita às normas preestabelecidas por aquele que o criou.

É divido em:

✓ poder constituinte derivado reformador;

✓ poder constituinte derivado decorrente; e

✓ poder constituinte derivado revisor (atualmente não aplicável).

Vejamos cada um deles:

8.2.1. *Poder constituinte derivado reformador*

Depende necessariamente da existência do constituinte originário, porque dele deriva e é subordinado. Tem por finalidade a reforma, a alteração do texto constitucional. A CF/1988 é classificada como rígida e possui um processo de modificação específico.

O procedimento mencionado vem previsto no artigo 60 da Constituição Federal. Por meio de emendas à Constituição é que o poder constituinte derivado *reformador* será exercido. Nos incisos I, II e III desse artigo, há o rol de legitimados para a propositura de emendas constitucionais, no qual encontramos: o Presidente da República; um terço, no mínimo, dos membros da Câmara dos Deputados ou do Senado Federal; e mais da metade das Assembleias Legislativas das unidades da Federação. Somente eles poderão efetuar proposta de emenda constitucional.

O § 2º do mesmo artigo trata do quórum para aprovação da emenda, que tem de ser de três quintos em cada casa, e ainda menciona que a emenda precisa, necessariamente, ser aprovada em dois turnos de votação.

Além disso, o poder constituinte originário traz, no § 4º do artigo 60 da Constituição Federal, as chamadas cláusulas pétreas, ou núcleo material intangível, que são matérias que não podem ser suprimidas nem mesmo por meio do procedimento das emendas constitucionais.

Ademais, há previsão expressa na Constituição, trazida pelo poder constituinte originário, proibindo a edição de emendas constitucionais na vigência de intervenção federal ou dos estados de exceção (estado de sítio e estado de defesa).

O principal tema, no que tange ao poder constituinte derivado reformador, é o que cuida das limitações impostas pelo poder originário. Essa preocupação se dá pelo fato da possibilidade de existência de norma constitucional inconstitucional. Somente normas advindas do poder derivado é que poderão, eventualmente, ser declaradas inconstitucionais pelo Supremo Tribunal Federal. Tais limitações que foram citadas no parágrafo anterior serão analisadas detalhadamente no capítulo que trata das emendas constitucionais.

8.2.2. *Poder constituinte derivado decorrente*

É o poder que cada Estado tem de elaborar sua própria constituição, em virtude da sua capacidade de auto-organização. Tem previsão constitucional no artigo 11 do ADCT e no artigo 25 da Constituição Federal. O primeiro determinava que cada Assembleia Legislativa, com poderes constituintes, deveria elaborar a Constituição do seu Estado no prazo de um ano, contado da promulgação da Constituição Federal, sempre observados os princípios por ela estabelecidos. O segundo, artigo 25 da CF, reforça a ideia de simetria constitucional, dispondo que os Estados-membros se organizam pelas leis e constituições que adotarem, sempre respeitando seus princípios.

Assim, os Estados, quando da elaboração de suas Constituições Estaduais, tiveram de ater-se aos preceitos estabelecidos na Constituição Federal, respeitando as limitações por ela impostas.

8.2.3. *Poder constituinte derivado revisor*

Hoje não há mais possibilidade de utilização desse poder. Segundo o art. 3º do ADCT, a revisão constitucional, portanto uma revisão apenas, teve de ser realizada após cinco anos da data da promulgação da Constituição, em sessão unicameral e pelo voto da maioria absoluta dos membros do Congresso Nacional.

Atualmente, para alterar a Constituição, somente pelo processo legislativo das emendas constitucionais previsto no artigo 60.

Vejam que, no poder de revisão, não se exigiu o processo solene das emendas constitucionais (aprovação por 3/5 dos membros, nas duas casas e em 2 turnos), foi realizado uma única vez, em sessão unicameral e pelo voto da maioria absoluta dos membros. Seis emendas constitucionais de revisão foram fruto da manifestação desse poder (1 a 6/1994).

8.3. Poder Constituinte Supranacional

O poder constituinte supranacional pode ser definido como um poder que possui supremacia e que, por conta disso, seria dotado de capacidade para fazer com que as constituições dos diversos países se submetessem a ele.

Pedro Lenza, em Direito Constitucional Esquematizado, 17ª Ed., 2013, p. 212, dispõe que "o poder constituinte supranacional busca a sua fonte de validade na cidadania universal, no pluralismo de ordenamentos jurídicos, na vontade da integração e em um conceito remodelado de soberania".

Maurício Nadreiuolo Rodrigues, citado por Pedro Lenza na obra mencionada, afirma que o poder constituinte supranacional "faz as vezes do poder constituinte porque cria uma ordem jurídica de cunho constitucional, na medida em que reorganiza a estrutura de cada um dos Estados ou adere ao direito comunitário de viés supranacional por excelência, com capacidade, inclusive, para submeter as diversas constituições nacionais ao seu poder supremo. Da mesma forma, e em segundo lugar, é supranacional porque se distingue do ordenamento do ordenamento jurídico positivo interno assim como do direito internacional.

9. DIREITOS E GARANTIAS FUNDAMENTAIS – ASPECTOS GERAIS

Os direitos fundamentais são gênero do qual são espécies os direitos individuais, os direitos sociais e os direitos políticos.

O gênero *direitos fundamentais* é tratado pela doutrina com diversas nomenclaturas: direitos públicos subjetivos; liberdades públicas; direitos humanos; direitos do homem. Na doutrina internacionalista, há autores que fazem a seguinte diferença: a) direitos do homem – têm a ver com o direito natural, com a corrente jusnaturalista. São os direitos que estão além da regra positivada; b) direitos fundamentais – relacionam-se tipicamente com o direito constitucional. São os direitos positivados no ordenamento jurídico interno de determinado Estado. No Brasil, em especial, são aqueles direitos previstos no artigo 5º da CF; e, por fim, c) direitos humanos – têm a ver com o direito internacional público. São, portanto, aqueles inseridos em normas consuetudinárias (no âmbito da comunidade internacional) e em tratados internacionais.

Vale observar o disposto no § 2º do artigo 5º da CF: "os direitos e garantias expressos nesta Constituição não excluem outros decorrentes do regime e dos princípios por ela adotados, ou dos tratados internacionais em que a República Federativa do Brasil seja parte".

Por conta desse comando, o guardião da Constituição, Supremo Tribunal Federal, já afirmou reiteradas vezes que os direitos e garantias fundamentais não se esgotam no artigo 5º da Lei Maior, podendo ser encontrados em diversos dispositivos inseridos na Constituição, como por exemplo, o sistema tributário constitucional, a partir do artigo 145 da CF. Também podem ser encontrados em tratados internacionais, como a proibição da prisão do depositário infiel, prevista no pacto São José da Costa Rica. Atualmente, temos a Súmula Vinculante n. 25 do STF, que corroborou o texto do tratado mencionando que é ilícita a prisão civil de depositário infiel, qualquer que seja a modalidade do depósito. E a Súmula 419 do Superior Tribunal de Justiça – STJ, que trouxe disposição no mesmo sentido: "descabe a prisão civil do depositário judicial infiel".

Vale lembrar que o tema explanado foi objeto de questionamento na prova para o concurso de delegado dos Estados do Rio de Janeiro e de Rondônia.

Outra observação é a de que nenhum direito ou garantia individual pode ser retirado, suprimido do ordenamento jurídico brasileiro, por conta de serem considerados cláusulas pétreas, previstas no § 4º do artigo 60 da CF. Mas tal vedação se refere apenas à supressão de direito; desse modo, a inclusão de novos direitos individuais é plenamente cabível. O exemplo, trazido pela EC 45/2004, foi a inserção de um novo inciso ao rol do artigo 5º, tornando constitucional o princípio da razoável duração do processo (artigo 5º, LXXVIII, CF).

Embora os direitos fundamentais não possam ser suprimidos do texto constitucional, há situações em que poderá ocorrer a suspensão ou restrição temporária de tais direitos e garantias. Isso ocorrerá quando o país estiver passando por um dos denominados "estados de exceção", ou seja, na vigência de estado de defesa, de sítio (artigos 136 e 137 da CF) e intervenção federal.

No que se refere aos direitos sociais, além dos direitos trabalhistas previstos nos arts. 7º e 8º da CF, é necessário mencionar que o Constituinte trata de direitos relativos à educação, à saúde, à alimentação, à moradia, ao lazer, à segurança, à previdência social, à proteção à maternidade e à infância e à assistência aos desamparados. Tais direitos dependem de prestações positivas do Estado, geram custos, mas isso não significa que os governantes podem deixar de implementá-los. Ainda que seja alegada, por parte do Poder Público, a "reserva do possível", o Judiciário deve, diante do caso concreto, se valer do princípio da razoabilidade e verificar se esse argumento não está sendo utilizado pelos governantes apenas como de forma a se escusar da prestação efetiva desses direitos.

Além disso, as normas relativas aos direitos sociais, ainda que não completamente implementadas, têm o condão de servir de padrão interpretativo e de revogar aquilo que com ela colidir.

Ainda sobre o tema direitos sociais, é importante mencionar que a **EC n. 72**, de 2 de abril de 2013, estendeu aos trabalhadores domésticos os seguintes direitos dados aos trabalhadores urbanos e rurais: a) proteção contra despedida arbitrária ou sem justa causa; b) seguro-desemprego; c) fundo de garantia do tempo de serviço; d) garantia de salário mínimo, quando a remuneração for variável; e) remuneração do trabalho noturno superior ao diurno; f) proteção do salário, constituindo crime sua retenção dolosa; g) salário-família; h) jornada de trabalho de oito horas diárias e quarenta e quatro semanais; i) adicional de serviço extraordinário; j) redução dos riscos inerentes ao trabalho; k) creches e pré-escolas para filhos e dependentes até seis anos de idade; l) reconhecimento dos acordos e convenções coletivas; m) seguro contra acidentes de trabalho; n) proibição de discriminação de salário, de função e de critério de admissão; o) proibição de discriminação em relação à pessoa com deficiência e p) proibição de trabalho noturno, perigoso ou insalubre a menores de dezesseis anos.

Sendo assim, além dos direitos ao salário mínimo, irredutibilidade de salários, 13º salário, repouso semanal remunerado, preferencialmente aos domingos, um terço a mais de salário nas férias; licenças maternidade e paternidade e aviso-prévio que já estavam assegurados no texto constitucional, a nova regra acrescenta outros.

9.1. Direitos fundamentais e suas gerações

Fala-se, na doutrina, em gerações ou dimensões dos direitos fundamentais. Isso se deve ao fato de o nascimento desses direitos ter se dado ao longo do tempo, de forma gradativa.

As gerações indicam normalmente o momento em que os direitos foram devidamente reconhecidos.

Cada dimensão comporta certos direitos, mas uma não exclui a outra. Esses direitos se somam e convivem de forma harmônica.

Os direitos previstos nas primeiras gerações já estão sedimentados, consolidados no ordenamento. Já os advindos das últimas gerações ainda são objeto de discussão e dúvida por parte da doutrina, justamente pelo fato de inovarem certos aspectos ainda não cristalizados na sociedade.

A classificação das gerações dos direitos fundamentais pode ser resumida da seguinte forma:

✓ **1ª Geração**: consubstancia-se fundamentalmente nas *liberdades públicas*. A finalidade dessa dimensão foi limitar o poder de atuação do Estado, impondo a ele o dever de não intervenção, de abstenção. Por conta disso, tais direitos também são conhecidos pela doutrina como *direitos negativos*. As revoluções francesa e norte-americana influenciaram, e muito, no surgimento dos direitos individuais. Os direitos políticos também se encontram nessa dimensão;

✓ **2ª Geração**: a revolução industrial europeia, ocorrida no século XVIII, pode ser tida aqui como um marco. Valores ligados à igualdade eram prestigiados. As lutas trabalhistas, visando a melhores condições, também. Diferentemente dos direitos de primeira geração, os de *segunda exigiram uma conduta positiva do Estado, uma ação propriamente dita e, por conta disso, também são chamados de direitos positivos*. Encontram-se assegurados, aqui, os chamados *direitos sociais*, ou seja, aqueles *relacionados ao trabalho, à educação e à saúde;*

✓ **3ª Geração**: a partir da concepção de que o indivíduo faz parte de uma coletividade e que necessita, para a própria subsistência, de um ambiente saudável, equilibrado, é exigida a participação dos indivíduos na busca efetiva dos *direitos da coletividade* e não apenas dos direitos individuais. Encontram-se aqui os denominados direitos transindividuais que abarcam, por exemplo, o direito ao *meio ambiente ecologicamente equilibrado, os direitos do consumidor e o direito à paz;*

✓ **4ª Geração**: para aqueles que sustentam a existência de uma quarta dimensão dos direitos fundamentais, são aqui mencionados os direitos relacionados à biogenética;

✓ **5ª Geração**: para aqueles que sustentam a existência de uma quinta dimensão dos direitos fundamentais, são aqui mencionados os direitos relacionados à *internet*.

9.2. Diferença entre direitos e garantias

Os *direitos* são *vantagens conferidas às pessoas e que limitam o Estado em caso de atuação desgovernada*. São fundamentais aqueles inerentes ao ser humano. Para que o Estado não adentre em algo inerente à dignidade de cada um é que são estabelecidos os direitos fundamentais.

Já as *garantias* podem ser definidas como *mecanismos assecuratórios dos direitos* citados. Têm por objetivo garantir seu exercício e, ainda, sanar a lesividade quando os direitos não estiverem sendo respeitados. A garantia facilita a defesa do direito fundamental assegurado constitucionalmente. Para cada direito previsto, há uma garantia. Exemplo: a Constituição garante a liberdade de locomoção, que, sendo violada, poderá ser restaurada com o mecanismo assecuratório correspondente, que é o *habeas corpus*. Tal instrumento é um remédio constitucional, considerado espécie do gênero garantia.

9.3. Características dos direitos fundamentais

9.3.1. Universalidade – significa que os direitos fundamentais são destinados a todas as pessoas, indistintamente. Não podem ser estabelecidos ou dirigidos a determinada pessoa, grupo ou categoria. A forma universal é a única admitida quando da aplicação desses direitos. Vale lembrar que tanto as pessoas naturais como as jurídicas são titulares de direitos e garantias fundamentais;

9.3.2. Historicidade – significa que a formação dos direitos fundamentais se dá no decorrer da história. A origem desses direitos tem por base movimentos como o constitucionalismo. Sua evolução concreta é demonstrada ao longo do tempo. As conhecidas gerações ou dimensões dos direitos fundamentais se fundamentam especificamente nessa característica;

9.3.3. Limitabilidade ou caráter relativo – significa que ainda que sejam considerados fundamentais, não são direitos absolutos. Não há direito absoluto. Na crise advinda do confronto entre dois ou mais direitos fundamentais, ambos terão de ceder. Às vezes será necessário fazer prevalecer um em detrimento do outro naquela situação específica. Um exemplo é o choque entre a liberdade de informação e o direito à vida privada. Até que momento a imprensa, a informação jornalística, deve ser prestigiada em detrimento da vida privada? Esse é um dos grandes questionamentos doutrinários e jurisprudenciais. Somente após análise do caso concreto é possível fazer apontamentos mencionando o que deve prevalecer;

9.3.4. Cumulatividade ou concorrência dos direitos fundamentais – significa que os direitos fundamentais não se excluem, na verdade se somam. Para o exercício de um, não é necessário que outro seja eliminado. Como o próprio nome da característica indica, esses direitos são cumuláveis, podem ser exercidos de forma simultânea;

9.3.5. Irrenunciabilidade – significa que ninguém pode recusar, abrir mão de um direito fundamental. O exercício desses direitos pode não ser efetivado por aquele que não o deseja, mas, ainda que não colocados em prática, pertencem ao seu titular. O Estado é o garantidor;

9.3.6. Irrevogabilidade – significa que nem mesmo pelo processo de alteração da Constituição (emendas constitucionais) é possível revogar um direito fundamental. Essa afirmação é pacífica, no tocante aos direitos inseridos no texto constitucional pelo poder constituinte *originário*. Em relação aos trazidos pelo poder constituinte derivado reformador, ou seja, advindos de emendas à Constituição, a doutrina diverge, há quem sustente que podem sim ser revogados, desde que por meio de uma nova emenda. É o caso do princípio da celeridade processual, artigo 5º, LXXVIII, que foi introduzido no ordenamento jurídico pela Emenda Constitucional n. 45;

9.3.7. Imprescritibilidade – os direitos fundamentais, por serem inerentes à pessoa humana, não prescrevem. Os titulares desses direitos, mesmo que não os exerçam, não os perdem;

9.3.8. Indivisibilidade – significa que os direitos fundamentais não podem ser vistos de forma isolada, são interdependentes.

9.4. Direitos fundamentais em espécie

Encontram-se previstos no artigo 5º da CF e ao longo de todo o texto constitucional, além daqueles derivados do regime e dos princípios adotados pela nossa Carta Maior e, ainda, dos tratados internacionais de que o Brasil seja parte, nos termos do § 2º do artigo 5º da CF, conforme já mencionado.

Vale lembrar que não há que se falar em hierarquia entre as normas definidoras dos direitos e garantias fundamentais e os demais comandos previstos na Constituição.

Direito à vida e à integridade: previsto no contexto do art. 5º, "*caput*", estabelece que "todos são iguais perante a lei, sem distinção de qualquer natureza, garantindo-se aos brasileiros e aos estrangeiros residentes no país a inviolabilidade do direito à vida, à liberdade, à igualdade, à segurança e à propriedade". A jurisprudência da Corte Maior entende que aos estrangeiros não residentes no Brasil são também assegurados os direitos e as garantias fundamentais. Outro entendimento não seria coerente com uma das características desses direitos que é a universalidade.

Vale lembrar que, excepcionalmente, a CF admite a pena de morte em caso de guerra externa declarada, nos termos do artigo 84, XIX (artigo 5º, XLVII, "a").

O STF, ao julgar a ADI 3.4510, declarou que o artigo 5º da Lei de Biossegurança (Lei 11.105/2005) é constitucional, autorizando, portanto, as pesquisas com células-tronco. A discussão era no sentido de que tais procedimentos violariam o direito à vida e princípio da dignidade da pessoa humana.

Outra decisão relevante da Corte Suprema (STF) é a relacionada ao feto anencéfalo. As mães que optam por interromper a gravidez de fetos anencefálicos e os médicos que executam tal ato não praticam crime. Os votos vencedores se pautaram no entendimento de que um feto que possui anencefalia é considerado natimorto e, por isso, a interrupção da gravidez nessa hipótese não é tida como aborto (ato considerado fato típico pelo Código Penal – arts. 124, 126 e 128, incisos I e II). Tal ensinamento é extraído do julgamento da ADPF n. 54-DF (Inform. STF 704).

Princípio da igualdade ou isonomia (art. 5º, I): todos são iguais perante a lei, sem distinção de qualquer natureza. A realização efetiva da justiça busca o tratamento igual para os iguais, mas para tanto é preciso dar tratamento desigual aos desiguais, na exata medida da desigualdade; isso tem como objetivo a superação da igualdade meramente formal (perante a lei) e o alcance da igualdade material (real).

É decorrência do princípio da igualdade o entendimento da Suprema Corte de que o limite de idade para a inscrição em concurso público só se legitima em face do artigo 7º, XXX, da Constituição, o qual proíbe diferença de salários, de exercício de função e de critérios de admissão por motivo de sexo, idade, cor ou estado civil, a não ser que esta desigualdade possa ser justificada pela natureza das atribuições do cargo a ser preenchido (Súmula n. 683 do STF).

Há, ainda, um exemplo de tratamento desigual, admitido pela Constituição, que é o extraído da decisão do Supremo que menciona que a adoção de critérios diferenciados para o licenciamento dos militares temporários, em razão do sexo, não viola o princípio da isonomia (AI 511.131-AgR, de 15.04.2005).

Também não se pode esquecer, quando o assunto é igualdade, do enunciado da Súmula Vinculante n. 13. Tal mandamento prestigiou o princípio da isonomia, pondo fim ao nepotismo, que tem a ver com a possibilidade de contratação, sem concurso público, de parentes dos ocupantes dos Poderes Legislativo, Executivo e Judiciário.

Ainda em relação ao princípio da isonomia, o Supremo definiu que há violação de tal regra quando, em um concurso público, o mero exercício de função pública é atribuído como título (prova de títulos) (ADI 3.443, Rel. Min. Carlos Velloso, julgamento em 08.09.2005, Plenário, *DJ* de 23.09.2005.) No mesmo sentido: ADI 4.178-MC-REF, Rel. Min. Cezar Peluso, julgamento em 04.02.2010, Plenário, *DJE* de 07.05.2010; ADI 3.522, Rel. Min. Marco Aurélio, julgamento em 24.11.2005, Plenário, *DJ* de 12.05.2006. Vide, ainda, AI 830.011-AgR, rel. Min. Luiz Fux, julgamento em 26.06.2012, Primeira Turma, *DJE* de 14.08.2012.

Por fim, a decisão do STF sobre a possibilidade da união estável entre parceiros homoafetivos pode ser tida como um marco e quebra de paradigmas. Vale a leitura da ementa: "Proibição de discriminação das pessoas em razão do sexo, seja no plano da dicotomia homem/mulher (gênero), seja no plano da orientação sexual de cada qual deles. A proibição do preconceito como capítulo do constitucionalismo fraternal. Homenagem ao pluralismo como valor sócio-político-cultural. Liberdade para dispor da própria sexualidade, inserida na categoria dos direitos fundamentais do indivíduo, expressão que é da autonomia de vontade. Direito à intimidade e à vida privada. Cláusula pétrea. O sexo das pessoas, salvo disposição constitucional expressa ou implícita em sentido contrário, não se presta como fator de desigualação jurídica. Proibição de preconceito, à luz do inciso IV do art. 3º da CF, por colidir frontalmente com o objetivo constitucional de 'promover o bem de todos'. Silêncio normativo da Carta Magna a respeito do concreto uso do sexo dos indivíduos como saque da kelseniana 'norma geral negativa', segundo a qual 'o que não estiver juridicamente proibido, ou obrigado, está juridicamente permitido'. Reconhecimento do direito à preferência sexual como direta emanação do princípio da 'dignidade da pessoa humana': direito a autoestima no mais elevado ponto da consciência do indivíduo. Direito à busca da felicidade. Salto normativo da proibição do preconceito para a proclamação do direito à liberdade sexual. O concreto uso da sexualidade faz parte da autonomia da vontade das pessoas naturais. Empírico uso da sexualidade nos planos da intimidade e da privacidade constitucionalmente tuteladas. Autonomia da vontade. Cláusula pétrea. (...) Ante a possibilidade de interpretação em sentido preconceituoso ou discriminatório do art. 1.723 do CC, não resolúvel à luz dele próprio, faz-se necessária a utilização da técnica de 'interpretação conforme à Constituição'. Isso para excluir do dispositivo em causa qualquer significado que impeça o reconhecimento da união contínua, pública e duradoura entre pessoas do mesmo sexo como família. Reconhecimento que é de ser feito segundo as mesmas regras e com as mesmas consequências da união estável heteroafetiva." (ADI 4.277 e ADPF 132, Rel. Min. Ayres Britto, julgamento em 05.05.2011, Plenário, *DJE* de 14.10.2011.) No mesmo sentido: RE 477.554-AgR, Rel. Min. Celso de Mello, julgamento em 16.08.2011,Segunda Turma, *DJE* de 26.08.2011.

Princípio da legalidade (art. 5º, II): ninguém será obrigado a fazer ou deixar de fazer alguma coisa senão em virtude de lei; tal regra pressupõe que o Poder Público não pode impor qualquer exigência às pessoas sem previsão legal.

Decorre de tal princípio a edição de três súmulas por parte do Supremo Tribunal Federal. A primeira é a 711 que dispõe que "a lei penal mais grave aplica-se ao crime continuado e ao permanente se a sua vigência é anterior à cessação da continuidade ou da permanência". A segunda, 686, diz respeito à exigência de exame psicotécnico para a habilitação de candidato a cargo público, que só poderá existir se houver lei disciplinando o assunto. E a terceira, 636, menciona que não cabe recurso extraordinário por contrariedade a esse princípio quando sua verificação pressuponha a revisão de interpretação dada a normas infraconstitucionais.

É importante mencionar que o princípio da legalidade não se confunde com o da reserva legal. O primeiro está previsto no artigo 5º, inciso II, da CF e tem sentido amplo, abrangendo todas as espécies normativas, previstas no artigo 59 da CF. Já o da reserva legal pressupõe somente a lei em sentido estrito, ou seja, lei ordinária ou complementar.

Direito de resposta (art. 5º, V): é assegurado o direito de resposta, proporcional ao agravo, além da indenização por dano material, moral ou à imagem.

Esse direito está totalmente relacionado com o que dispõe o artigo 220 da CF, que trata da manifestação de pensamento, de informação e da vedação à censura política, ideológica ou artística.

Ocorre que o mencionado dispositivo deve ser aplicado em consonância com o artigo 5º. No julgamento da ADPF n. 130, o Supremo menciona que o direito de resposta atua *a posteriori*, para inibir excessos, mas que as altas indenizações por danos morais ou materiais restringem a liberdade de imprensa e ferem o princípio da proporcionalidade. (**ADPF 130**, Rel. Min. Ayres Britto, julgamento em 30.04.2009, Plenário, *DJE* de 06.11.2009. **No mesmo sentido:** AI 787.215-AgR, Rel. Min. Cármen Lúcia, julgamento em 24.08.2010, Primeira Turma, *DJE* de 24.09.2010).

Princípio da liberdade religiosa (art. 5º, VI): o nosso país é considerado laico ou leigo (sem religião oficial); a CF garante o respeito à liberdade religiosa, que abrange a liberdade de crença e a liberdade de culto.

Fortificando essa liberdade, o artigo 150, VI, "b", da CF traz imunidades tributárias aos templos de qualquer culto. O STF já decidiu que tais benefícios abrangem também os cemitérios, que são considerados extensões de entidades de cunho religioso (RE 578.562, Rel. Min. Eros Grau, julgamento em 21.05.2008, Plenário, *DJE* de 12.09.2008).

Liberdade de pensamento e manifestação (art. 5º, IX): é livre a expressão da atividade intelectual, artística, científica e de comunicação, independentemente de censura ou licença. Essa garantia abrange também o direito de opinião, de informação e de escusa de consciência.

Julgamentos importantes devem ser mencionados aqui. O primeiro é o RE 511.961, que declarou como não recepcionado pela Constituição o artigo 4º, V, do Decreto-Lei 972/1969, que exigia diploma de curso superior para o exercício da profissão de jornalista; e o segundo é dado na ADPF 130 ao considerar como não recepcionada toda a Lei de Imprensa (Lei 5.250/1967). O terceiro julgamento, ADPF 187/DF (informativo 621 do STF), guarda relação com a denominada "marcha da maconha". O STF, em decisão unânime, liberou a ocorrência de manifestantes favoráveis à descriminalização da droga. A livre expressão do pensamento e o direito de reunião protegem a realização dessas marchas. Algumas premissas, como a não incitação ao consumo de drogas, a não estimulação à prática de atos ilegais, a ausência de crianças e adolescentes e a proteção do Estado, por meio de cautelas que visam a evitar abusos, foram mencionadas pelos ministros quando decidiram favoravelmente à marcha.

Direito à privacidade e à preservação da imagem (art. 5º, X): são invioláveis a intimidade, a vida privada, a honra e a imagem das pessoas, assegurado o direito à indenização pelo dano material ou moral decorrente de sua violação.

A Súmula Vinculante n. 11 restringe o uso de algemas aos casos de resistência e de fundado receio de fuga ou de perigo à integridade física própria ou alheia por parte do preso ou de terceiros, desde que justificada por escrito, sob pena de responsabilidade. Isso decorre da preservação da imagem.

Princípio da inviolabilidade domiciliar (art. 5º, XI): casa é asilo inviolável do indivíduo, ninguém nela podendo penetrar sem consentimento do morador, salvo em caso de flagrante delito ou desastre, ou para prestar socorro, ou, durante o dia, por determinação judicial. Segundo a doutrina que adota a predeterminação do horário, entende-se como noite das 18 até às 6 horas; durante este horário somente é permitido ingressar em casa alheia em situações emergenciais e de urgência (desastre, flagrante delito, prestação de socorro).

O Supremo já decidiu que o mandado judicial de busca e apreensão em escritório de advocacia não pode ser expedido de modo genérico, mesmo sendo o advogado o investigado. Afirmou ainda que não se justifica e nem é jurídica a devassa indiscriminada em escritórios para recolher objetos que nada têm a ver com a causa. (HC 91.610, Rel. Min. Gilmar Mendes, julgamento em 08.06.2010, Segunda Turma, Informativo 590).

Além disso, de acordo com a jurisprudência do Supremo, os quartos de hotel fazem parte do conceito de casa e, portanto, são abrangidos pela garantia da inviolabilidade domiciliar (RHC 90.376, Rel. Min. Celso de Mello). Tal garantia se estende também, por exemplo, ao escritório de contabilidade que funcione no próprio domicílio.

Garantia do sigilo da correspondência (art. 5º, XII): é inviolável o sigilo de correspondência e das comunicações telegráficas, de dados e das comunicações telefônicas. A Lei 9.296/1996 permite, de forma excepcional, a interceptação telefônica para fins de investigação criminal ou instrução processual penal e desde que por ordem judicial (cláusula de reserva jurisdicional).

Antes da Lei 9.296/1996, o entendimento do STF era no sentido da não possibilidade de interceptação telefônica, mesmo que houvesse autorização judicial, em investigação criminal ou instrução processual penal, levando em conta a não recepção do art. 57, II, "e", da Lei 4.117/1962 (Código Brasileiro de Telecomunicações).

Depois, foram estabelecidos nortes e regras para a realização dessa interceptação, sendo, portanto, possível, observados os requisitos constitucionais e legais; tal procedimento não afeta o direito ao silêncio, segundo o STF. (HC 103.236, voto do Rel. Min. Gilmar Mendes, julgamento em 14.06.2010, Segunda Turma, *DJE* de 03.09.2010).

Vale lembrar que o Supremo admite que sejam utilizadas as gravações feitas na instrução processual penal como prova emprestada nos processos de natureza civil e administrativa. Esse tema já foi perguntado em prova para o cargo de delegado do Estado do Rio de Janeiro.

Outra decisão em andamento no STF tem a ver com a possibilidade de o Banco Central do Brasil – Bacen fornecer ao Ministério Público, sem autorização judicial, dados bancários. No julgamento, o Min. Marco Aurélio, relator, "explicitou que se, de um lado a notícia da prática de crime seria dever de todo o cidadão e, com base maior, de entidade como o Bacen, de outro, o afastamento do sigilo de dados, consoante disposto no inciso XII do art. 5º da CF (é inviolável o sigilo da correspondência e das comunicações telegráficas, de dados e das comunicações telefônicas, salvo no último caso, por ordem judicial, nas hipóteses e na forma que a lei estabelecer para fins de investigação criminal ou instrução processual penal) somente se faria possível mediante ato de órgão judicial (HC 99223-Pr, rel. Min. Marco Aurélio, 06.11.2012 – Inform. STF 687).

Ainda sobre o sigilo bancário, se faz necessário mencionar que o Tribunal de Contas da União (TCU) não detém legitimidade para requisitar diretamente informações que importem quebra de sigilo bancário (HC 96986/MG, rel. Gilmar Mendes 15.0512 – Inform. STF 666).

Direito de exercer qualquer profissão (art. 5º, XIII): é livre o exercício de qualquer trabalho, ofício ou profissão, atendidas as qualificações profissionais que a lei estabelecer.

De acordo com Plenário do STF (RE n. 603.583), a exigência de **aprovação prévia em exame da Ordem dos Advogados do Brasil (OAB)** para que bacharéis em direito possam exercer a advocacia foi **considerada constitucional**. Os ministros, em decisão unânime, negaram provimento ao Recurso Extraordinário mencionado que impugnava a obrigatoriedade do exame. Vale lembrar que tal recurso teve repercussão geral reconhecida, de modo que a decisão será aplicada a todos os demais processos que possuam pedido idêntico.

De outro modo, a Suprema Corte, ao julgar o RE n. 511.961/SP (Informativo 551), definiu que o exercício da atividade de jornalismo **não depende de prévia obtenção de diploma** universitário.

Também decidiu o STF (RE n. 414426/SC), que o **músico**, para exercer a sua atividade profissional, **não necessita de registro** em entidade de classe. O precedente adveio Santa Catarina. Um músico do respectivo estado ingressou com uma ação alegando na Justiça que só poderia atuar se estivesse vinculado à Ordem de Músicos do Brasil. O Supremo decidiu que não havia tal necessidade. A decisão, por se tratar de controle difuso, tem eficácia para o caso específico, mas os ministros decidiram que, ainda que de forma monocrática, essa será a solução adotada. Assim, se os estados continuarem exigindo, para o exercício da atividade de músico, o registro profissional, este será revertido quando chegar à Corte Suprema.

Vale lembrar que o tema liberdade de profissão foi questionado no concurso para delegado do Estado Pará.

Locomoção em tempo de paz (art. 5º, XV): é livre a locomoção no território nacional em tempo de paz, podendo qualquer pessoa, nos termos da lei, nele entrar, permanecer ou dele sair com seus bens.

Segundo o STF: "Para que a liberdade dos cidadãos seja legitimamente restringida, é necessário que o órgão judicial competente se pronuncie de modo expresso, fundamentado e, na linha da jurisprudência deste STF, com relação às prisões preventivas em geral, deve indicar elementos concretos aptos a justificar a constrição cautelar desse direito fundamental (CF, art. 5º, XV – HC 84.662/BA, Rel. Min. Eros Grau, Primeira Turma, unânime, DJ de 22.10.2004; HC 86.175/SP, Rel. Min. Eros Grau, Segunda Turma, unânime, DJ de 10.11.2006; HC 87.041/PA, Rel. Min. Cezar Peluso, Primeira Turma, maioria, DJ de 24.11.2006; e HC 88.129/SP, Rel. Min. Joaquim Barbosa, Segunda Turma, unânime, DJ de 17.8.2007). O acórdão impugnado, entretanto, partiu da premissa de que a prisão preventiva, nos casos em que se apure suposta prática do crime de deserção (CPM, art. 187), deve ter duração automática de sessenta dias. A decretação judicial da custódia cautelar deve atender, mesmo na Justiça castrense, aos requisitos previstos para a prisão preventiva nos termos do art. 312 do CPP. Precedente citado: HC 84.983/SP, Rel. Min. Gilmar Mendes, Segunda Turma, unânime, DJ de 11.3.2005. Ao reformar a decisão do Conselho Permanente de Justiça do Exército, o STM não indicou quaisquer elementos fático-jurídicos. Isto é, o acórdão impugnado limitou-se a fixar, in abstracto, a tese de que 'é incabível a concessão de liberdade ao réu, em processo de deserção, antes de exaurido o prazo previsto no art. 453 do CPPM'. É dizer, o acórdão impugnado não conferiu base empírica idônea apta a fundamentar, de modo concreto, a constrição provisória da liberdade do ora paciente (CF, art. 93, IX). Precedente citado: HC 65.111/RJ, julgado em 29.5.1987, Rel. Min. Célio Borja, Segunda Turma, unânime, DJ de 21.8.1987). Ordem deferida para que seja expedido alvará de soltura em favor do ora paciente." (HC 89.645, Rel. Min. Gilmar Mendes, julgamento em 11.9.2007, Segunda Turma, DJ de 28.9.2007.) No mesmo sentido: RHC 105.776, Rel. Min. Celso de Mello, julgamento em 22.5.2012, Segunda Turma, Informativo 667.

Direito de reunião (art. 5º, XVI): todos podem reunir-se pacificamente, sem armas, em locais abertos ao público, independentemente de autorização, desde que não frustrem outra reunião anteriormente convocada para o mesmo local, sendo apenas exigido prévio aviso à autoridade competente.

Segundo o Supremo, a liberdade de reunião e de associação para fins lícitos constitui uma das mais importantes conquistas da civilização. A restrição a esses direitos entraria em confronto com a vontade da Constituição (ADI 1.969, Rel. Min. Ricardo Lewandowski, julgamento em 28.06.2007, Plenário, *DJ* de 31.08.2007).

Além disso, se for violado o direito de reunião, a tutela adequada para resguardar tal direto se efetiva por meio do mandado de segurança.

Direito de associação (art. 5º, XVII a XXI): é plena a liberdade de associação para fins lícitos, vedada a de caráter paramilitar. A criação de associações e, na forma da lei, a de cooperativas independe de autorização, sendo inclusive vedada a interferência estatal em seu funcionamento. As associações só poderão ser compulsoriamente dissolvidas ou ter atividades suspensas por decisão judicial, exigindo-se, no primeiro caso, o trânsito em julgado. Ademais, ninguém poderá ser compelido a associar-se ou a permanecer associado.

Em decisão, o Supremo definiu que a obrigatoriedade do visto de advogado para o registro de atos e contratos constitutivos de pessoas jurídicas (art. 1º, § 2º, da Lei 8.906/1994) não ofende os princípios constitucionais da isonomia e da liberdade associativa (ADI 1.194, Rel. p/ o ac. Min. Cármen Lúcia, julgamento em 20.05.2009, Plenário, *DJE* de 11.09.2009).

Vale lembrar que a Súmula 629 do STF dispensa a autorização dos associados quando a entidade de classe impetrar mandado de segurança coletivo em favor deles próprios.

Direito de propriedade (art. 5º, XXII a XXV): é garantido o direito de propriedade, desde que ela atenda à sua função social (art. 5º, XXIII). Ressalta-se que há limites a esse direito, pois a lei estabelecerá o procedimento para *desapropriação* por necessidade ou utilidade pública, ou por interesse social, mediante justa e prévia indenização em dinheiro, ressalvados os casos previstos na própria CF. Além disso, no caso de iminente perigo público, a autoridade competente poderá *usar de propriedade particular*, assegurada ao proprietário indenização ulterior, se houver dano. É o caso da denominada requisição administrativa. O direito de propriedade foi questionado na prova para o cargo de delegado do Estado do Pará.

É decisão recente da Suprema Corte que o direito de propriedade não se revela absoluto. Está relativizado pela Carta da República – artigos 5º, incisos XXII, XXIII e XXIV, e 184 (MS 25.284, Rel. Min. Marco Aurélio, julgamento em 17.06.2010, Plenário, *DJE* de 13.08.2010).

Direito do autor (art. 5º, XXVII e XXIX): aos autores pertence o direito exclusivo de utilização, publicação ou reprodução de suas obras, transmissível aos herdeiros pelo tempo que a lei fixar. Escrito é qualquer texto expressado graficamente, seja em meio impresso, seja em meio eletrônico. Se o escrito for texto de obra literária, artística ou científica, haverá proteção especial na Lei 9.610/1998 (Lei de Direitos Autorais). Ademais, a lei assegurará aos autores de inventos industriais privilégio temporário para sua utilização, bem como proteção às criações industriais, à propriedade das marcas, aos nomes de empresas e a outros signos distintivos, tendo em vista o interesse social e o desenvolvimento tecnológico e econômico do País.

Dispositivo análogo ensejou a edição da Súmula 386 do Supremo que dispõe que "pela execução de obra musical por artistas remunerados é devido direito autoral, não exigível quando a orquestra for de amadores".

Direito de herança (art. 5º, XXX e XXXI): é garantido o direito de herança. A sucessão de bens de estrangeiros situados no País será regulada pela lei brasileira em benefício do cônjuge ou dos filhos brasileiros sempre que não lhes seja mais favorável a lei pessoal do *de cujus*.

A capacidade para suceder é verificada no momento da abertura da sucessão (RE 162.350, Rel. Min. Octavio Gallotti, julgamento em 22.08.1995, Primeira Turma, *DJ* de 22.09.1995).

Direito do consumidor (art. 5º, XXXII): dispõe a Constituição que o Estado promoverá, na forma da lei, a defesa do consumidor; o Código de Defesa do Consumidor (Lei 8.078/1990) regulamentou este dispositivo.

O Supremo já decidiu que o CDC se aplica nos casos de indenização por danos morais e materiais por má prestação de serviço em transporte aéreo (RE 575.803-AgR, Rel. Min. Cezar Peluso, julgamento em 01.12.2009, Segunda Turma, *DJE* de 18.12.2009). *Vide também*: RE 351.750, Rel. p/ o ac. Min. Ayres Britto, julgamento em 17.03.2009, Primeira Turma, *DJE* de 25.09.2009.

Direito à informação (art. 5º, XXXIII): a Constituição garante que todos obtenham dos órgãos públicos informações de seu interesse particular, ou de interesse coletivo ou geral, com exceção daquelas cujo sigilo seja indispensável à segurança da sociedade e do Estado.

Vale lembrar que a Lei n. 12.527/2011 regulamentou o **acesso a informações** impondo às entidades públicas e aos órgãos da Administração Pública em geral, além das entidades privadas sem fins lucrativos que recebam, para realização de ações de interesse público, recursos públicos diretamente do orçamento ou mediante subvenções sociais, contrato de gestão, termo de parceria, convênios, acordo, ajustes ou outros instrumentos congêneres (art. 2º), o dever de autorizar ou conceder o **acesso imediato** à informação disponível.

De acordo com o § 1º do art. 11 da Lei nº 12.527/2011, caso não haja possibilidade da concessão do acesso imediato, o órgão ou entidade que receber o pedido deverá, em prazo não superior a 20 (vinte) dias: I – comunicar a data, local e modo para se realizar a consulta, efetuar a reprodução ou obter a certidão; II – indicar as razões de fato ou de direito da recusa, total ou parcial, do acesso pretendido; ou III – comunicar que não possui a informação, indicar, se for do seu conhecimento, o órgão ou a entidade que a detém, ou, ainda, remeter o requerimento a esse órgão ou entidade, cientificando o interessado da remessa de seu pedido de informação.

Tal prazo, conforme o § 2º do mesmo dispositivo, poderá ser prorrogado por mais 10 (dez) dias, mediante justificativa expressa, da qual será cientificado o requerente.

Como demonstrado, a lei tem por objetivo assegurar o direito fundamental de acesso à informação. Desse modo, a execução dos atos deve ser feita em conformidade com os princípios básicos da administração pública e com as seguintes diretrizes (art. 3º): I – observância da publicidade como preceito geral e do sigilo como exceção; II – divulgação de informações de interesse público, independentemente de solicitações; III – utilização de meios de comunicação viabilizados pela tecnologia da informação; IV – fomento ao desenvolvimento da cultura de transparência na administração pública; V – desenvolvimento do controle social da administração pública.

A proteção do direito à informação também encontra respaldo nas decisões do STF, por exemplo, a trazida pela Súmula Vinculante n. 14 que assegura o direito do defensor, sempre visando ao interesse do representado, de ter acesso amplo aos elementos de prova que, já documentados em procedimento investigatório realizado por órgão com competência de polícia judiciária, digam respeito ao exercício do direito de defesa.

Outra decisão importante consta do informativo n. 610 do STF. A Corte Suprema decidiu que a quebra de sigilo bancário, pela Receita Federal, não é possível. Tal mandamento depende de ordem judicial.

Além disso, o Supremo entende (ADI 3741, Rel. Min. Ricardo Lewandowski) que ofende o direito à informação e à liberdade de expressão lei que determine a proibição da divulgação de pesquisas eleitorais quinze dias antes do pleito.

Princípio do livre acesso ao Judiciário (art. 5º, XXXV): a lei não excluirá da apreciação do Poder Judiciário lesão ou ameaça a direito. É o denominado princípio da inafastabilidade do controle jurisdicional.

Algumas súmulas editadas pelo Supremo decorrem desse princípio. Dispõe a de n. 667 que a taxa judiciária calculada sem limite sobre o valor da causa viola a garantia constitucional do acesso à justiça. A Súmula Vinculante n. 28 trata do depósito prévio como requisito de admissibilidade de ação judicial na qual se pretenda discutir a exigibilidade do crédito tributário, deixando claro que tal exigência é tida como inconstitucional.

Além disso, segundo o Supremo, "a garantia constitucional relativa ao acesso ao Judiciário – inciso XXXV do art. 5º da Carta de 1988 – é conducente a assentar-se, vencedora a parte, o direito aos honorários advocatícios. (...) A exclusão dos honorários advocatícios prevista no art. 29-C da Lei 8.036/1990 surge conflitante com a CF, com o princípio segundo o qual o cidadão compelido a ingressar em juízo, se vencedor, não deve sofrer diminuição patrimonial" (RE 384.866, rel. Min. Marco Aurélio, julgamento em 29.06.2012, Plenário, *DJE* de 23.08.2012).

Princípio da irretroatividade da lei (art. 5º, XXXVI): a lei não prejudicará o direito adquirido, o ato jurídico perfeito e a coisa julgada (segurança das relações jurídicas).

O inciso é curto, mas diversas ações judiciais decorrem da violação a esse princípio. Tanto é assim que posicionamentos diversos foram adotados e, por conta disso, muitas súmulas tiveram que ser editadas na intenção de sedimentar entendimentos jurisprudenciais. Vejamos:

> **Súmula Vinculante 1** – "Ofende a garantia constitucional do ato jurídico perfeito a decisão que, sem ponderar as circunstâncias do caso concreto, desconsidera a validez e a eficácia de acordo constante de termo de adesão instituído pela LC 110/2001."
>
> **Súmula 725 do STF** – "É constitucional o § 2º do art. 6º da Lei 8.024/1990, resultante da conversão da Medida Provisória 168/1990, que fixou o BTN fiscal como índice de correção monetária aplicável aos depósitos bloqueados pelo Plano Collor I."
>
> **Súmula 678 do STF** – "São inconstitucionais os incisos I e III do art. 7º da Lei 8.162/1991, que afastam, para efeito de anuênio e de licença-prêmio, a contagem do tempo de serviço regido pela Consolidação das Leis do Trabalho dos servidores que passaram a submeter-se ao regime jurídico único."
>
> **Súmula 654 do STF** – "A garantia da irretroatividade da lei, prevista no art. 5º, XXXVI, da Constituição da República, não é invocável pela entidade estatal que a tenha editado."
>
> **Súmula 524 do STF** – "Arquivado o inquérito policial, por despacho do juiz, a requerimento do promotor de justiça, não pode a ação penal ser iniciada, sem novas provas."
>
> **Súmula 343 do STF** – "Não cabe ação rescisória por ofensa a literal disposição de lei, quando a decisão rescindenda se tiver baseado em texto legal de interpretação controvertida nos tribunais."
>
> **Súmula 239 do STF** – "Decisão que declara indevida a cobrança do imposto em determinado exercício não faz coisa julgada em relação aos posteriores."

Princípio do juiz natural (art. 5º, XXXVII e LIII): ninguém será processado nem sentenciado senão pela autoridade competente (a lei deve trazer regras objetivas de competência). **O juízo competente deve ser definido por lei e de forma prévia.** É vedada, também, a criação de tribunal de exceção, que seria aquele que não faz parte do Poder Judiciário, constituído após um fato e para julgá-lo; o maior exemplo foi o Tribunal de Nuremberg. Esses dois incisos completam o princípio do juiz natural, garantindo a imparcialidade do Estado-juiz.

Dispõe a Súmula 704 do STF que não viola as garantias do juiz natural, da ampla defesa e do devido processo legal a atração por continência ou conexão do processo do corréu ao foro por prerrogativa de função de um dos denunciados.

Além disso, a Suprema Corte, ao tratar da criação, por lei estadual, de varas especializadas em delitos praticados por organizações criminosas, determinou que "o princípio do juiz natural não resta violado na hipótese em que lei estadual atribui a vara especializada competência territorial abrangente de todo o território da unidade federada, com fundamento no art. 125 da Constituição, porquanto o tema gravita em torno da organização judiciária, inexistindo afronta aos princípios da territorialidade e do juiz natural. A *perpetuatio jurisdictionis* **é excepcionada nas hipóteses de modificação da competência** *ratione materiae* **do órgão, motivo pelo qual é lícita a redistribuição dos inquéritos policiais para a nova vara criminal, consoante o art. 87, in fine, do CPC. (...) A lei estadual que cria vara especializada em razão da matéria pode, de forma objetiva e abstrata, impedir a redistribuição dos processos em curso, através de norma procedimental (art. 24, XI, da CRFB), que se afigura necessária para preservar a racionalidade da**

prestação jurisdicional e uma eficiente organização judiciária (art. 125 da CRFB) (...) O princípio do juiz natural (art. 5º, XXXVII e LIII, da CRFB) é incompatível com disposição que permita a delegação de atos de instrução ou execução a outro juízo, sem justificativa calcada na competência territorial ou funcional dos órgãos envolvidos, ante a proibição dos poderes de comissão (possibilidade de criação de órgão jurisdicional *ex post facto*) e de avocação (possibilidade de modificação da competência por critérios discricionários), sendo certo que a cisão funcional de competência não se insere na esfera legislativa dos Estados-Membros (art. 22, I, da CRFB) (...) A criação, no curso do processo, de órgão julgador composto pelo magistrado que se julga ameaçado no exercício de suas funções e pelos demais integrantes da vara especializada em crime organizado é inconstitucional, por afronta aos incisos LIII e XXXVII do art. 5º da Carta Magna, que vedam, conforme mencionado alhures, o poder de comissão, é dizer, a criação de órgão jurisdicional *ex post facto*, havendo, ainda, vício formal, por se tratar de matéria processual, de competência da União (art. 22, I, da CRFB)." (ADI 4.414, rel. min. Luiz Fux, julgamento em 31.5.2012, Plenário, DJE de 17.6.2013.)

Tribunal do Júri (art. 5º, XXXVIII): é reconhecida a instituição do júri, com a organização que lhe der a lei, assegurados: a) a plenitude de defesa; b) o sigilo das votações; c) a soberania dos veredictos e d) a competência para o julgamento dos crimes dolosos contra a vida.

Há diversas súmulas do STF sobre a instituição do júri. Vejamos algumas delas: a **súmula de nº 721 determina que "a competência constitucional do Tribunal do Júri prevalece sobre o foro por prerrogativa de função estabelecido exclusivamente pela Constituição estadual"; a de nº 713 informa que "o efeito devolutivo da apelação contra decisões do júri é adstrito aos fundamentos da sua interposição"; a 603 determina que "a competência para o processo e julgamento de latrocínio é do juiz singular e não do Tribunal do Júri", a de nº 162 determina que "é absoluta a nulidade do julgamento pelo júri, quando os quesitos da defesa não precedem aos das circunstâncias agravantes"; por fim, a de nº 156 informa que "é absoluta a nulidade do julgamento, pelo júri, por falta de quesito obrigatório."**

Além disso, segundo o STF: "a decisão judicial de rejeição de denúncia, impronúncia de réu, de absolvição sumária ou de trancamento de ação penal por falta de justa causa, não viola a cláusula constitucional de monopólio do poder de iniciativa do MP em matéria de persecução penal e tampouco transgride o postulado do juiz natural nos procedimentos penais inerentes ao tribunal do júri." (RE 593.443, rel. p/ o ac. min. Ricardo Lewandowski, julgamento em 6.6.2013, Plenário, DJE de 22.5.2014, com repercussão geral.)

Outra decisão importante é a seguinte: "criação, por lei estadual, de varas especializadas em delitos praticados por organizações criminosas. (...) A competência constitucional do Tribunal do Júri (art. 5º, XXXVIII) não pode ser afastada por lei estadual, nem usurpada por vara criminal especializada, sendo vedada, ainda, a alteração da forma de sua composição, que deve ser definida em lei nacional." (ADI 4.414, rel. min. Luiz Fux, julgamento em 31.5.2012, Plenário, DJE de 17.6.2013.)

Princípio da reserva legal ou da legalidade penal (art. 5º, XXXIX): não há crime sem lei anterior que o defina, nem pena sem prévia cominação legal. Tal princípio foi regulamentado pelo artigo 1º do Código Penal, o qual o denomina de anterioridade penal.

O Supremo já decidiu, prestigiando o princípio da legalidade penal, que "a existência de tipo penal pressupõe lei em sentido formal e material. Lavagem de dinheiro – Lei 9.613/1998 – Crime antecedente. A teor do disposto na Lei 9.613/1998, há a necessidade de o valor em pecúnia envolvido na lavagem de dinheiro ter decorrido de uma das práticas delituosas nela referidas de modo exaustivo. Lavagem de dinheiro – Organização criminosa e quadrilha. O crime de quadrilha não se confunde com o de organização criminosa, até hoje sem definição na legislação pátria." (HC 96.007, rel. min. Marco Aurélio, julgamento em 12.6.2012, Primeira Turma, DJE de 8.2.2013.)

Além disso, a mesma Corte entende que "a incidência de duas circunstâncias qualificadoras não determina, necessariamente, a fixação de regime de pena mais gravoso do que o estabelecido na lei nem a vedação da substituição da pena privativa de liberdade por restritiva de direitos. Somente o legislador penal pode estabelecer proibições para a fixação do regime aberto de cumprimento da pena e para a substituição da pena. (RHC 100.810, Rel. Min. Joaquim Barbosa, julgamento em 02.02.2010, Segunda Turma, *DJE* de 12.03.2010).

Princípio da retroatividade benéfica (art. 5º, XL): a lei penal não retroagirá, salvo para beneficiar o réu. Nesse sentindo, preconiza o parágrafo único do artigo 2º do Código Penal que, se a lei posterior de qualquer modo favorecer o agente, aplica-se aos fatos anteriores, ainda que decididos por sentença condenatória transitada em julgado.

Ocorre que há situações em que o Supremo entende de outra forma, por exemplo, a Súmula 711 determina que a lei penal mais grave seja aplicada ao crime continuado ou ao crime permanente se sua vigência é anterior à cessação da continuidade ou da permanência.

A aplicação da norma mais favorável, após o trânsito em julgado, é da competência do juízo das execuções penais, conforme nos ensina a Súmula 611 do STF.

Vale lembrar que a Corte Maior já decidiu que " (...) o princípio da insignificância deve ser aplicado ao delito de descaminho quando o valor sonegado for inferior ao estabelecido no art. 20 da Lei 10.522/2002, atualizado pelas Portarias 75/2012 e 130/2012 do Ministério da Fazenda, que, por se tratar de normas mais benéficas ao réu, devem ser imediatamente aplicadas, consoante o disposto no art. 5º, XL, da Carta Magna". (HC 122.213, rel. min. Ricardo Lewandowski, julgamento em 27.5.2014, Segunda Turma, DJE de 12.6.2014.)

Proibição de discriminação atentatória dos direitos e liberdades fundamentais (art. 5º, XLI): a lei punirá qualquer discriminação atentatória dos direitos e liberdades fundamentais.

De acordo com o STF, "no tocante à violência doméstica, há de considerar-se a necessidade da intervenção estatal. (...) No caso presente, não bastasse a situação de notória desigualdade considerada a mulher, aspecto suficiente a legitimar o necessário tratamento normativo desigual, tem-se como base para assim se proceder a dignidade da pessoa humana – art. 1º, III –, o direito fundamental de igualdade – art. 5º, I – e a previsão pedagógica segundo a qual a lei punirá qualquer discriminação atentatória dos direitos e liberdades fundamentais – art. 5º, XLI. A legislação ordinária protetiva está em fina sintonia com a Convenção sobre a Eliminação de Todas as Formas de Violência contra a Mulher, no que revela a exigência de os Estados adotarem medidas especiais destinadas a acelerar o processo de construção de um ambiente onde haja real igualdade entre os gêneros. Há também de se ressaltar a harmonia dos preceitos com a Convenção Interamericana para Prevenir, Punir e Erradicar a Violência contra a Mulher – a Convenção de Belém do Pará –, no que mostra ser a violência contra a mulher uma ofensa aos direitos humanos e a consequência de relações de poder historicamente desiguais entre os sexos. (...) Procede às inteiras o pedido formulado pelo procurador-geral da República, buscando-se o empréstimo de concretude maior à CF. Deve-se dar interpretação conforme à Carta da República aos arts. 12, I, 16 e 41 da Lei 11.340/2006 – Lei Maria da Penha – no sentido de não se aplicar a Lei 9.099/1995 aos crimes glosados pela lei ora discutida, assentando-se que, em se tratando de lesões corporais, mesmo que consideradas de natureza leve, praticadas contra a mulher em âmbito doméstico, atua-se mediante ação penal pública incondicionada. (...) Representa a Lei Maria da Penha elevada expressão da busca das mulheres brasileiras por igual consideração e respeito. Protege a dignidade da mulher, nos múltiplos aspectos, não somente como um atributo inato, mas como fruto da construção realmente livre da própria personalidade. Contribui com passos largos no contínuo caminhar destinado a assegurar condições mínimas para o amplo desenvolvimento da identidade do gênero feminino." (ADI 4.424, voto do rel. min. Marco Aurélio, julgamento em 9.2.2012, Plenário, DJE de 1º.8.2014.)

Racismo – crime inafiançável e imprescritível (art. 5º, XLII): a prática do racismo constitui crime inafiançável e imprescritível, sujeito à pena de reclusão, nos termos da lei.

Tortura, tráfico e terrorismo (art. 5º, XLIII): a lei considerará crimes inafiançáveis e insuscetíveis de graça ou anistia a prática da tortura, o tráfico ilícito de entorpecentes e drogas afins, o terrorismo e os definidos como crimes hediondos, por eles respondendo os mandantes, os executores e os que, podendo evitá-los, se omitirem.

Vale lembrar que de acordo com a súmula vinculante nº 26 do STF: "para efeito de progressão de regime no cumprimento de pena por crime hediondo, ou equiparado, o juízo da execução observará a inconstitucionalidade do art. 2º da Lei 8.072, de 25 de julho de 1990, sem prejuízo de avaliar se o condenado preenche, ou não, os requisitos objetivos e subjetivos do benefício, podendo determinar, para tal fim, de modo fundamentado, a realização de exame criminológico."

Além disso, o plenário da Corte Maior, no julgamento do HC 104.339, declarou, incidentalmente, a inconstitucionalidade da vedação da liberdade provisória constante do art. 44, *caput*, da Lei 11.343/2006 (Lei de Drogas).

Ação de grupos armados (art. 5º, XLIV): constitui crime inafiançável e imprescritível a ação de grupos armados, civis ou militares, contra a ordem constitucional e o Estado Democrático.

Princípio da responsabilidade pessoal ou da personalidade ou (art. 5º, XLV): nenhuma pena passará da pessoa do condenado, podendo a obrigação de reparar o dano e a decretação do perdimento de bens ser, nos termos da lei, estendidas aos sucessores e contra eles executadas, até o limite do valor do patrimônio transferido.

Princípio da individualização das penas (art. 5º, XLVI): a lei regulará a individualização da pena e adotará, entre outras, as seguintes: a) privação ou restrição da liberdade; b) perda de bens; c) multa; d) prestação social alternativa; e) suspensão ou interdição de direitos

Algumas súmulas e decisões do Supremo sobre a individualização das penas merecem ser lembradas. A primeira é a descrita na Súmula Vinculante nº 26 a qual determina que "para efeito de progressão de regime no cumprimento de pena por crime hediondo, ou equiparado, o juízo da execução observará a inconstitucionalidade do art. 2º da Lei 8.072, de 25 de julho de 1990, sem prejuízo de avaliar se o condenado preenche, ou não, os requisitos objetivos e subjetivos do benefício, podendo determinar, para tal fim, de modo fundamentado, a realização de exame criminológico."

A segunda vem disposta na Súmula 719, segundo a qual "a imposição do regime de cumprimento mais severo do que a pena aplicada permitir exige motivação idônea."

Por outro lado, conforme a Súmula 716, "admite-se a progressão de regime de cumprimento da pena ou a aplicação imediata de regime menos severo nela determinada, antes do trânsito em julgado da sentença condenatória".

Por fim, "a pena unificada para atender ao limite de trinta anos de cumprimento, determinado pelo art. 75 do Código Penal, não é considerada para a concessão de outros benefícios, como o livramento condicional ou regime mais favorável de execução." É o que determina o teor da Súmula 715 do STF.

Vale lembrar que "o Plenário do STF, no julgamento do HC 97.256, declarou, incidentalmente, a inconstitucionalidade da proibição de substituição da pena privativa de liberdade pela pena restritiva de direitos prevista nos arts. 33, § 4º, e 44, *caput*, da Lei 11.343/2006 (Lei de Drogas). A execução da expressão "vedada a conversão em penas restritivas de direitos" do § 4º do art. 33 da Lei 11.343/2006 foi suspensa pela Resolução 5/2012 do Senado Federal, nos termos do art. 52, X, da Constituição".

Princípio da humanidade (art. 5º, XLVII): o Texto Maior proíbe alguns tipos de pena, por ferirem o princípio da humanidade. Sendo assim, não haverá penas: a) de morte, salvo em caso de guerra declarada, nos termos do art. 84, XIX; b) de caráter perpétuo; c) de trabalhos forçados; d) de banimento e e) cruéis.

Sobre a pena de morte, o STF entende que "o ordenamento positivo brasileiro, nas hipóteses em que se delineia a possibilidade de imposição do *supplicium extremum*, impede a entrega do extraditando ao Estado requerente, a menos que este, previamente, assuma o compromisso formal de comutar, em pena privativa de liberdade, a pena de morte, ressalvadas, quanto a esta, as situações em que a lei brasileira – fundada na CF (art. 5º, XLVII, a) – permitir a sua aplicação, caso em que se tornará dispensável a exigência de comutação." (Ext 633, Rel. Min. Celso de Mello, julgamento em 28.8.1996, Plenário, DJ de 6.4.2001.) No mesmo sentido: Ext 1.201, Rel. Min. Celso de Mello, julgamento em 17.2.2011, Plenário, DJE de 15.3.2011.

Já em relação à pena de prisão perpétua, a Corte Maior entende que " houve revisão duas vezes da jurisprudência da Corte quanto à obrigatoriedade de o Estado requerente assumir compromisso de comutar pena de prisão perpétua em pena não superior à duração máxima admitida na Lei Penal do Brasil (trinta anos). Inicialmente reputava-se necessário o compromisso, passou a ser desnecessário e voltou a ser exigido a partir do julgamento da Ext 855.

Pena e o seu cumprimento (art. 5º, XLVIII): a pena será cumprida em estabelecimentos distintos, de acordo com a natureza do delito, a idade e o sexo do apenado.

Integridade física e moral do preso (art. 5º, XLIX): é assegurado aos presos o respeito à integridade física e moral.

A Súmula Vinculante 11 (STF) deve ser mencionada quando se trata de integridade do preso. Desse modo: "Só é lícito o uso de algemas em casos de resistência e de fundado receio de fuga ou de perigo à integridade física própria ou alheia, por parte do preso ou de terceiros, justificada a excepcionalidade por escrito, sob pena de responsabilidade disciplinar, civil e penal do agente ou da autoridade e de nulidade da prisão ou do ato processual a que se refere, sem prejuízo da responsabilidade civil do Estado."

Ressalta-se que "o enunciado da Súmula Vinculante 11 da Suprema Corte não é aplicável, face ao uso de algemas durante a sessão, máxime quando o julgamento pelo Tribunal do Júri se deu em data anterior à sua publicação." (ARE 653.964-AgR, Rel. Min. Luiz Fux, julgamento em 28.2.2012, Primeira Turma, DJE de 13.3.2012.)

Presidiárias, filhos e amamentação (art. 5º, L): às presidiárias serão asseguradas condições para que possam permanecer com seus filhos durante o período de amamentação.

Princípio do contraditório e da ampla defesa (art. 5º, LV): aos litigantes, em processo judicial ou administrativo, e aos acusados em geral, são assegurados o contraditório e a ampla defesa, com os meios e recursos a ela inerentes.

Vale lembrar que a Súmula Vinculante n. 3 do STF dispõe que "nos processos perante o Tribunal de Contas da União asseguram-se o contraditório e a ampla defesa quando da decisão puder resultar anulação ou revogação de ato administrativo que beneficie o interessado, excetuada a apreciação da legalidade do ato de concessão inicial de aposentadoria, reforma e pensão".

Outra súmula vinculante importante é a de n. 5 que determina que a falta de defesa técnica por advogado no processo administrativo disciplinar não ofende a Constituição. Tal súmula, por conta de seu caráter vinculante, tornou inaplicável o mandamento da Súmula 343 do STJ que dispunha de forma diversa.

Princípio do devido processo legal (art. 5º, LIV): ninguém será privado da liberdade ou de seus bens sem o devido processo legal. Este princípio abrange as seguintes garantias: direito a um órgão julgador imparcial, direito à ampla defesa, direito de igualdade entre as partes, direito ao contraditório e vedação ao uso de provas ilícitas.

A garantia constitucional mencionada sempre é trazida à tona nos julgamentos realizados pelo guardião da Constituição. Diversas súmulas já foram editadas pela Corte visando a fixar diretrizes na aplicação do devido processo legal.

Dentre os diversos julgamentos, destacam-se os seguintes entendimentos:

Súmula Vinculante 24 – "Não se tipifica crime material contra a ordem tributária, previsto no art. 1º, I a IV, da Lei 8.137/1990, antes do lançamento definitivo do tributo."

Súmula Vinculante 14 – "É direito do defensor, no interesse do representado, ter acesso amplo aos elementos de prova que, já documentados em procedimento investigatório realizado por órgão com competência de polícia judiciária, digam respeito ao exercício do direito de defesa."

Súmula 704 do STF – "Não viola as garantias do juiz natural, da ampla defesa e do devido processo legal a atração por continência ou conexão do processo do corréu ao foro por prerrogativa de função de um dos denunciados."

Súmula 547 do STF – "Não é lícito à autoridade proibir que o contribuinte em débito adquira estampilhas, despache mercadorias nas alfândegas e exerça suas atividades profissionais."

Súmula 323 do STF – "É inadmissível a apreensão de mercadorias como meio coercitivo para pagamento de tributos."

Súmula 70 do STF – "É inadmissível a interdição de estabelecimento como meio coercitivo para cobrança de tributo."

Princípio da inadmissibilidade das provas ilícitas (art. 5º, LVI): são inadmissíveis, no processo, as provas obtidas por meios ilícitos. Prova ilícita, ou ilicitamente obtida, entende-se como a prova colhida com infração de normas ou princípios de direito material – sobretudo de ordem constitucional e as que delas derivarem (teoria dos frutos da árvore envenenada – adotada pelo STF).

O Supremo já decidiu, reiteradas vezes, que é lícita a gravação de conversa telefônica feita por um dos interlocutores, ou com sua autorização, sem ciência do outro, quando há investida criminosa deste último. (HC 75.338, Rel. Min. Nelson Jobim, julgamento em 11.03.1998, Plenário, *DJ* de 25.09.1998). No mesmo sentido: AI 578.858-AgR, Rel. Min. Ellen Gracie, julgamento em 04.08.2009, Segunda Turma, *DJE* de 28.08.2009; HC 74.678, Rel. Min. Moreira Alves, julgamento em 10.06.1997, Primeira Turma, *DJ* de 15.08.1997; RE 212.081, Rel. Min. Octavio Gallotti, julgamento em 05.12.1997, Primeira Turma, *DJ* de 27.03.1998.

Princípio da presunção de inocência (art. 5º, LVII): ninguém será considerado culpado até o trânsito em julgado de sentença penal condenatória.

As observações feitas em relação à Súmula Vinculante n. 11, que só admite o uso de algema em casos excepcionais, valem aqui, pois tais diretrizes também encontram abrigo no princípio da presunção de inocência.

Vale lembrar que o Plenário do STF, ao julgar o HC 84.078, sedimentou o entendimento de que a execução da pena privativa de liberdade, antes do trânsito em julgado da sentença condenatória, viola o artigo 5º, LVII, da Constituição.

Hipóteses de prisão civil (art. 5º, LXVII): não haverá prisão civil por dívida, salvo a do responsável pelo inadimplemento voluntário e inescusável de obrigação alimentícia e a do depositário infiel. O STF decidiu que é ilegal a prisão do depositário infiel, ou seja, a partir de agora, a única prisão por dívida admitida pela Corte é a decorrente de inadimplência de pensão alimentícia (*vide* Súmula Vinculante n. 25 do STF – e Súmula 419 do STJ).

Direito à assistência jurídica (art. 5º, LXXIV): o Estado prestará assistência jurídica integral e gratuita aos que comprovarem insuficiência de recursos.

Nesse sentido já decidiu o Supremo que "a omissão do Poder Judiciário sobre pedido de concessão do benefício da assistência judiciária não pode prejudicar a parte, especialmente quando não houver qualquer impugnação à concessão desse benefício" (RE 231.705-ED, Rel. Min. Joaquim Barbosa, julgamento em 29.09.2009, Segunda Turma, *DJE* de 29.10.2009).

Direito à celeridade processual (art. 5º, LXXVIII): regra trazida pela EC 45/2004 (reforma do poder judiciário) assegura a todos, no âmbito judicial e administrativo, a razoável duração do processo. Além disso, o dispositivo também menciona que devem ser resguardados meios que facilitem e garantam a celeridade processual.

Observação: segundo o Supremo Tribunal Federal, o duplo grau de jurisdição não está previsto expressamente na Constituição; trata-se de uma garantia implícita, decorrente do próprio sistema.

9.5. Remédios constitucionais

Com a finalidade de promover a garantia dos direitos fundamentais previstos na Constituição, previu-se a existência dos chamados "remédios constitucionais", institutos que têm a função de impedir a violação desses direitos constitucionais. Assim, para cada direito desrespeitado, cabe a utilização de um "remédio".

Os "remédios constitucionais" podem ser classificados em administrativos e judiciais de acordo com a esfera em que forem impetrados.

9.5.1. Remédios constitucionais administrativos (direito de petição e direito de certidão)

De acordo com o artigo 5º, inciso XXXIV, são a todos assegurados, independentemente do pagamento de taxas:

a) o direito de *petição* aos Poderes Públicos em defesa de direitos ou contra *ilegalidade ou abuso de poder.*

Nesse sentido, editou-se a Súmula Vinculante n. 21 a qual diz ser inconstitucional exigir depósito ou arrolamento prévios de dinheiro ou bens para admissibilidade de recurso administrativo;

b) a obtenção de *certidões* sem repartições públicas para *defesa de direitos e esclarecimento de situações de interesse pessoal.*

O direito à certidão, segundo o STF, "traduz prerrogativa jurídica, de extração constitucional, destinada a viabilizar, em favor do indivíduo ou de uma determinada coletividade (como a dos segurados do sistema de previdência social), a defesa (individual ou coletiva) de direitos ou o esclarecimento de situações. A injusta recusa estatal em fornecer certidões, não obstante presentes os pressupostos legitimadores dessa pretensão, autorizará a utilização de instrumentos processuais adequados, como o mandado de segurança ou a própria ação civil pública. O Ministério Público tem legitimidade ativa para a defesa, em juízo, dos direitos e interesses individuais homogêneos, quando impregnados de relevante natureza social, como sucede com o direito de petição e o direito de obtenção de certidão em repartições públicas." (RE 472.489-AgR, Rel. Min. Celso de Mello, julgamento em 29.04.2008, Segunda Turma, *DJE* de 29.08.2008). No mesmo sentido: RE 167.118-AgR, Rel. Min. Joaquim Barbosa, julgamento em 20.04.2010, Segunda Turma, *DJE* de 28.05.2010.

A Constituição assegurou que a Administração, na execução de suas funções precípuas, deve respeitar os direitos fundamentais do indivíduo, garantindo-lhe o direito a petição em caso de ilegalidade ou abuso de poder, de forma que a violação de um direito possa ser sanada pela própria Administração Pública. Garante também o direito de certidão, possibilitando à pessoa que faz uso desse direito tomar conhecimento de informações a seu respeito.

Segundo o Supremo, "é inconsistente a postulação que, apoiada no direito de petição, formula pedido que constitui, na realidade, verdadeiro sucedâneo, legalmente não autorizado, da ação rescisória, eis que já transitada em julgado a decisão impugnada. (...) A mera invocação do direito de petição, por si só, não tem o condão de permitir que a parte interessada, mediante utilização de meio impróprio, busque desconstituir o acórdão (*judicium rescindens*) e obter o rejulgamento da causa (*judicium rescissorium*), em situação na qual a decisão questionada – embora transitada em julgado – não se reveste da autoridade da coisa julgada em sentido material." (**AI 223.712-AgR-AgR**, Rel. Min. Celso de Mello, julgamento em 08.02.2000, Segunda Turma, *DJE* de 05.03.2010.)

Os direitos de petição e de obtenção de certidões *são gratuitos* e podem ser exercidos sem a assistência de um advogado, ou seja, *independem de capacidade postulatória*, uma vez que ocorrem em âmbito administrativo.

9.5.2. Remédios constitucionais judiciais

Essa classe de remédios é impetrada em via judicial.

São cinco os remédios constitucionais judiciais: *habeas corpus*, *habeas data*, mandado de injunção, ação popular e mandado de segurança. Cada um desses institutos tem como objetivo proteger um ou mais direitos fundamentais.

9.5.2.1. Habeas corpus

É uma ação de natureza constitucional-penal que tem por finalidade a proteção da **liberdade de locomoção** contra abuso de poder ou ilegalidade. Tem por principal característica a informalidade.

Antigamente era utilizado não só para proteção da liberdade física, mas também contra qualquer ato que, de alguma forma, impedia ou restringia a locomoção em sentido amplo. Rui Barbosa e diversos constitucionalistas conferiam a esse remédio tanta amplitude que mencionavam que ele poderia ser utilizado mesmo quando não houvesse risco à liberdade de locomoção. Atualmente, só a liberdade de ir, vir e permanecer é resguardada pelo *habeas corpus*.

Foi a partir da Constituição de 1891 que esse remédio ganhou *status* constitucional. Hoje, vem previsto no capítulo que trata dos direitos fundamentais (artigo 5º, inciso LXVIII) do texto constitucional, que dispõe: "conceder-se-á 'habeas-corpus' sempre que alguém sofrer ou se achar ameaçado de sofrer violência ou coação em sua liberdade de locomoção, por ilegalidade ou abuso de poder".

Dessa forma, o *habeas corpus* visa a proteger o disposto no inciso XV do mesmo artigo, ou seja, a liberdade de locomoção. A todo indivíduo é assegurado o direito de ir, vir e permanecer. Sempre que este direito sofrer *violação, ou ameaça de violação*, o *habeas corpus* pode ser usado a fim de que seja revista a ofensa à liberdade de locomoção.

Com base na Súmula 395 do Supremo Tribunal Federal, não se conhecerá de recurso de *habeas corpus* cujo objeto seja resolver sobre o ônus das custas, por não estar mais em causa a liberdade de locomoção.

Quanto ao momento no qual o *habeas corpus* é impetrado, pode ser classificado da seguinte forma:

a) **Preventivo ou salvo-conduto:** não é necessário que um indivíduo sofra, de fato, a violação em sua liberdade de locomoção para impetrar o *habeas corpus*. Basta que se sinta ameaçado (justificadamente) em seu direito de ir, vir e permanecer para que possa fazer uso desse "remédio", impedindo que seja restringida sua liberdade. Desse modo, o HC preventivo visa a resguardar o indivíduo contra a ameaça a sua liberdade de locomoção;

b) **Repressivo ou liberatório:** é cabível quando o direito fundamental já foi violado. A partir desde momento, a medida pode ser utilizada para reprimir a ofensa à liberdade de locomoção.

c) **Suspensivo:** é cabível quando a ordem de prisão já tenha sido expedida, mas o seu cumprimento ainda não fora efetivado. Nesse caso, o pedido a ser formulado é o contramandado de prisão.

Em síntese, se o *habeas corpus* é concedido em momento anterior à violação, este é preventivo; se concedido em momento posterior, é repressivo. Por fim, é suspensivo se já há ordem de prisão, mas ainda foi não cumprida.

Vale mencionar que é possível a concessão de *habeas corpus* **de ofício (independe de provocação)** pelo juiz, quando verificadas as hipótese de restrição ilegal ou ameaça de violação à liberdade de locomoção.

A Constituição, em seu artigo 142, § 2º, traz uma hipótese em que não é cabível a utilização do *habeas corpus*, que se dá no caso de **punições disciplinares militares**. Com isso, permite-se a existência de regras especiais de conduta, por vezes mais rígidas no âmbito militar, quando comparadas ao âmbito civil.

É necessário mencionar que o STF admite o *habeas corpus*, na hipótese acima mencionada, se a discussão for sobre a legalidade do procedimento aplicado e ou sobre a competência da autoridade responsável pela expedição da ordem.

Quanto à legitimação, o *habeas corpus* pode ser impetrado por qualquer interessado, independentemente de sua capacidade civil, sendo legítimo até mesmo ao menor de idade. A medida é gratuita e não necessita de assistência de um advogado, ou seja, independe de capacidade postulatória.

Embora o remédio heroico possa ser impetrado por qualquer pessoa, justamente pela relevância do bem jurídico protegido, a nomenclatura correta a ser utilizada é a seguinte:

✓ Legitimado ativo: impetrante

✓ Legitimado passivo: impetrado ou autoridade coatora

✓ Beneficiário: paciente

Ressalta-se que a figura do impetrante pode se confundir com a figura do paciente, pois o beneficiário do remédio pode ser ao mesmo tempo paciente e impetrante. Ex.: alguém ingressando com o HC em nome próprio.

Outra observação deve ser feita com base na decisão dada pela 1ª Turma do STF, no HC 88747 AgR/ES, no sentido de que não há possibilidade de impetração de *habeas corpus* em que o beneficiário seja pessoa jurídica, pois tal remédio protege a liberdade de locomoção.

Além disso, o STF já decidiu que o *habeas corpus* não é cabível para impugnar o pedido de retirada de informações veiculadas no sítio do Conselho Nacional de Justiça, pois não coloca em risco o direito à liberdade de locomoção física (HC n. 117.296-DF – Informativo 707, STF).

Cabe HC em varas cíveis?

Sim, se houver risco à liberdade de locomoção em decorrência de eventual decretação de prisão civil.

Competência para análise do *habeas corpus*

Em regra, a competência para o julgamento de *habeas corpus* é determinada em razão da pessoa que figura no polo passivo (a autoridade coatora) e daquele que figura como paciente.

O artigo 102, inciso I, alínea "d", da CF, diz que o *habeas corpus* será da competência originária do Supremo Tribunal Federal quando o paciente for, por exemplo, Presidente da República, Ministro de Estado, comandantes do exército, marinha e aeronáutica, entre outros.

9.5.2.2. Habeas data

Reza o inciso LXXII do artigo 5º: "conceder-se-á *habeas data:*

a) para assegurar o conhecimento de informações relativas à pessoa do impetrante, constantes de registros ou bancos de dados de entidades governamentais ou de caráter público;

b) para a retificação de dados, quando não se prefira fazê-lo por processo sigiloso, judicial ou administrativo".

A ação tem como objetivo permitir ao interessado acesso às *informações a seu respeito*, presentes em banco de dados de caráter público. O banco de dados pode pertencer a entidades públicas ou privadas, mas, desde que tenha caráter público, o acesso é garantido. Assim, se entidade privada que visa à proteção ao crédito contiver registros ao qual se deseja ter acesso, cabe *habeas data* a fim de se ver o direito preservado.

Vale lembrar que, atualmente, existe o Cadastro Nacional de Adimplentes. As informações contidas nesse banco de dados também têm caráter público, portanto aplicam-se a elas as mesmas regras relativas ao *habeas data*.

Outra observação importante é a de que a ação de *habeas data*, por ter por objeto informações relativas à pessoa do impetrante, **não** pode ser impetrada em favor de terceiros. Desse modo, embora haja decisão do STJ admitindo a impetração de *habeas data* em favor de terceiro, prevalece o entendimento de que a ação não é cabível nessa hipótese.

Além disso, é entendimento pacífico que a ação de *habeas data* visa à proteção da privacidade do indivíduo contra abuso no registro e/ou revelação de dados pessoais falsos ou equivocados. O *habeas data, por outro lado,* não se revela meio idôneo para se obter vista de processo administrativo (HD 90-AgR, Rel. Min. Ellen Gracie, julgamento em 18.02.2010, Plenário, *DJE* de 19.03.2010). No mesmo sentido: HD 92-AgR, Rel. Min. Gilmar Mendes, julgamento em 18.08.2010, Plenário, *DJE* de 03.09.2010.

A Constituição Federal assegura duas formas de acesso aos registros:

a) **Conhecimento**: deseja-se apenas estar ciente das informações contidas no banco de dados;

b) **Retificação**: sabe-se que a informação presente no banco de dados é incorreta e deseja-se que o registro seja corrigido.

Desde 1997, com a sanção da Lei n. 9507, passou a ser prevista uma nova forma de acesso;

c) **Complementação ou anotação**: a informação está correta, porém incompleta. Deseja-se adicionar novos fatos relevantes ao registro a fim de que seja apresentado ao público de forma completa. Exemplo: existência de pendência judicial ou administrativa sobre o fato informado que possa modificar a informação ali constante.

Diferentemente do acesso comum ao Poder Judiciário, que pode ser provocado a qualquer momento, independentemente da existência de processo administrativo, o *habeas data* possui uma particularidade: *a ação só pode ser impetrada quando esgotada a via administrativa.* Assim, a medida poderá ser usada somente quando houver recusa por parte da entidade detentora do banco de dados em fornecer acesso às informações ou indeferimento do pedido. É necessário prova de tal recusa ou indeferimento para que se impetre o *habeas data,* sob pena de falta de interesse de agir e consequente indeferimento da petição por carência de ação (STJ, Súmula n. 2).

Sobre esse assunto, o art. 8º, parágrafo único, da Lei n. 9.507/1997 (que estabelece o procedimento do *habeas data*) determina que a inicial deva ser instruída com a recusa ao acesso às informações ou do decurso de mais de dez dias sem decisão; a recusa em fazer-se a retificação ou do decurso de mais de quinze dias, sem decisão; ou a recusa em fazer-se a anotação ou do decurso de mais de quinze dias sem decisão.

Já decidiu o STJ, no *Habeas Data* n. 149, que a informação incompleta equivale à recusa.

São legitimados para impetrar *habeas data* pessoas físicas ou jurídicas. A ação é gratuita, ou seja, isenta de custas, mas é necessária assistência de advogado para impetração.

Segundo a Suprema Corte, há hipóteses de não cabimento do "remédio" como, por exemplo, para pedir informações sobre autores de agressões contra o interessado (seria informação de terceiro).

9.5.2.3. Mandado de injunção

Dispõe o inciso LXXI do artigo 5º que: "conceder-se-á mandado de injunção sempre que a falta de norma regulamentadora **torne inviável o exercício dos direitos e liberdades constitucionais e das prerrogativas inerentes à nacionalidade, à soberania e à cidadania".**

O mandado de injunção tem como objetivo atuar na inércia do legislador. Alguns dos direitos previstos pela Constituição podem ser exercidos somente após regulamentação em lei. Tratam-se das normas de eficácia limitada. O legislador tem obrigação imposta pela CF/1988 de regulamentar; entretanto, por inércia, não o faz. Com isso, o interessado fica impedido de exercer um direito garantido constitucionalmente.

Um exemplo é o que acontece com a previsão do inciso VII do artigo 37 que determina que o direito de greve do servidor público deva ser exercido nos termos e nos limites definidos em lei específica.

Embora este direito tenha sido garantido pela CF/1988, até o presente momento nenhuma lei foi editada com o objetivo de regulamentar o direito previsto neste dispositivo, fazendo com que não seja possível exercê-lo. Em casos como esse, é cabível a impetração de mandado de injunção.

Vale lembrar que o STF, após decisão dada em sede de mandado de injunção, reconheceu o direito de greve aos servidores públicos sem que haja a edição de lei específica, se valendo, por analogia, da lei de greve da iniciativa privada (Lei n. 7.783/1989).

Cabe ressaltar que a ação pode ser ajuizada somente com relação à falta de regulamentação de dispositivo presente na Constituição. Portanto, este remédio constitucional não pode ser usado em face da existência de dispositivo presente em norma infraconstitucional (lei ordinária, lei complementar, medida provisória) não regulamentado.

Devido ao princípio da separação dos poderes, o Poder Judiciário não pode legislar ativamente. Com isso, por muito tempo prevaleceu o entendimento de que caso um mandado de injunção fosse julgado procedente, o resultado seria meramente de informar o órgão responsável pela solução de sua mora em legislar.

Sempre se entendeu que o mandado de injunção era ação constitutiva e não condenatória, não se prestando, portanto, a condenar o Congresso ao cumprimento de obrigação de fazer. Não cabia, assim, a cominação de pena pecuniária pela continuidade da omissão legislativa (MI 689, Rel. Min. Eros Grau, julgamento em 07.06.2006, Plenário, *DJ* de 18.08.2006).

Ocorre que tal entendimento vem sendo modificado pela Suprema Corte. Sob o argumento do combate à "síndrome da inefetividade" das normas constitucionais que possuem eficácia limitada, ou seja, aquelas que dependem de regulamentação, o STF tem tornado o mandado de injunção um remédio que visa a concretizar direitos fundamentais. O fundamento de que se vale é o § 1º do artigo 5º da CF que determina a aplicação imediata dos direitos e garantias fundamentais.

Vejam a ementa da decisão: "Mandado de injunção. Natureza. Conforme disposto no inciso LXXI do artigo 5º da Constituição Federal, conceder-se-á mandado de injunção quando necessário ao exercício dos direitos e liberdades constitucionais e das prerrogativas inerentes à nacionalidade, à soberania e à cidadania. Há ação mandamental e não simplesmente declaratória de omissão. A carga de declaração não é objeto da impetração, mas premissa da ordem a ser formalizada. Mandado de injunção. Decisão. Balizas. Tratando-se de processo subjetivo, a decisão possui eficácia considerada a relação jurídica nele revelada. Aposentadoria. Trabalho em condições especiais. Prejuízo à saúde do servidor. Inexistência de lei complementar. Artigo 40, § 4.º, da Constituição Federal. Inexistente a disciplina específica da aposentadoria especial do servidor, impõe-se a adoção, via pronunciamento judicial, daquela própria aos trabalhadores em geral – artigo 57, § 1º, da Lei n. 8.213/1991" (MI 758, Rel. Min. Marco Aurélio, j. 1º.07.2008, Plenário, *DJE* de 26.09.2008).

A doutrina sistematiza algumas posições quanto à natureza jurídica das decisões dadas em sede de mandado de injunção. Vejamos:

1ª – Concretista geral: segundo esse entendimento, o Supremo, ao analisar o pedido em um mandado de injunção, pode atuar normatizando aquilo que está pendente de regulamentação. Os efeitos produzidos por sua decisão têm de ser para todas as pessoas (*erga omnes*), pois a função normativa é geral, abstrata e genérica.

Desse modo, enquanto o Legislativo não produzir a norma que falta para concretizar o direito constitucionalmente assegurado em uma disposição de eficácia limitada, a decisão valerá, e para todos;

2ª – Concretista individual direta: como o próprio nome identifica, com base nesse entendimento a decisão é válida apenas para aquele que ingressou com o mandado de injunção. A função normativa que o STF realiza se restringe ao autor da ação;

3ª – Concretista individual intermediária: na decisão, o Supremo determina um prazo para que o Legislativo, que está em mora, formule a regulamentação. Se o órgão competente não cumprir a decisão, não produzir a norma, gera ao autor a possibilidade de se valer do direito constitucionalmente assegurado em norma de eficácia limitada;

4ª – Não concretista: o Supremo, ao decidir, apenas atesta, formalmente, que o órgão omisso está em mora, mas não resolve concretamente a situação posta em juízo.

Por muito tempo foi esse último entendimento (não concretista) que prevaleceu no STF. Hoje há nítida mudança jurisprudencial, conforme se extrai do julgamento dos seguintes mandados de injunção: MI 828/DF, MI 841/DF, MI 850/DF, MI 857/DF, MI 879/DF, MI 905/DF, MI 927/DF, MI 938/DF, MI 962/DF, MI 998/DF.

Com base nos novos entendimentos, a natureza jurídica do mandado de injunção passou a ser mandamental. Desse modo, o remédio visa a integrar a norma constitucional de eficácia limitada, por conta da ausência de regra que lhe possibilite o pleno exercício.

A ação de mandado de injunção pode ser impetrada por pessoas físicas e jurídicas, não está isenta de custas judiciais e necessita da assistência de um advogado, ou seja, só pode ser proposta por aquele que detém capacidade postulatória.

9.5.2.4. Ação popular

O inciso LXXIII do art. 5º da CF assegura que qualquer cidadão é parte legítima para propor ação popular que vise a anular ato lesivo ao patrimônio público ou de entidade de que o Estado participe, à moralidade administrativa, ao meio ambiente e ao patrimônio histórico e cultural, *ficando o autor, salvo comprovada má-fé, isento de custas judiciais e do ônus da sucumbência.*

De forma esquemática, conclui-se que a ação popular tem como objetivo proteger 3 elementos fundamentais:

1) o patrimônio público ou de entidade de que o Estado participe;
2) a moralidade administrativa;
3) o meio ambiente e o patrimônio histórico e cultural.

Com isso, o legislador constituinte pretende promover a cidadania, fazendo cada cidadão responsável pela fiscalização dos elementos protegidos pela ação popular.

Vale lembrar que a lei que regulamenta tal ação – Lei n. 4.717/1965 – traz algumas regras, como por exemplo, a de que a lesão à moralidade não pressupõe lesividade material, ou seja, não é necessário dano patrimonial para que a ação com fundamento na proteção à moralidade administrativa seja proposta.

Outra observação é a de que a ação popular não tem por objetivo a defesa do interesse individual e, além disso, não tem o condão de substituir a ação direta de inconstitucionalidade. Esta visa a anular ato normativo, que é abstrato, genérico e que encontra fundamento de validade direto na CF/1988.

De acordo com a Súmula 101 do STF, o mandado de segurança não substitui a ação popular.

É parte legítima para propor ação popular o *cidadão*, restringindo a proposição apenas àqueles que têm capacidade eleitoral ativa, ou seja, àqueles que já se alistaram e podem votar.

Ademais, vale ressaltar que, conforme a Súmula 365 do Supremo Tribunal Federal, pessoa jurídica não tem legitimidade para propor ação popular.

É bom lembrar que em caso de desistência ou absolvição de instância (ocorre quando o autor é desidioso, não dá andamento à ação), qualquer cidadão ou o Ministério Público podem prosseguir no polo ativo.

A ação popular é gratuita, salvo comprovação de má-fé, mas a assistência de advogado é necessária; depende, portanto, de capacidade postulatória.

9.5.2.5. Mandado de segurança

A Constituição de 1934 foi a primeira a prever expressamente a possibilidade da impetração de mandado de segurança. Depois disso, as Constituições que se seguiram trataram do tema, com exceção da de 1937 (da época de Getúlio Vargas).

O MS pode ser conceituado como uma ação de natureza constitucional que tem por finalidade resguardar direito líquido e certo contra abuso de poder ou ilegalidade, praticado por autoridade pública ou por quem lhe faça as vezes, desde que tal direito não esteja protegido por *habeas corpus* ou *habeas data*.

Importante definição que deve ser trazida nesse momento é a de direito líquido e certo. Conforme ensinamento de Hely Lopes Meireles (Mandado de Segurança, 27ª Edição, p. 36 e 37), "direito líquido e certo é o que se apresenta manifesto na sua existência, delimitado na sua extensão e apto a ser exercitado no momento da impetração".

Em suma, líquido e certo é aquele direito em que há prova documental pré-constituída, que, de plano, é possível comprovar, não havendo necessidade de dilação probatória.

Para a proteção de tal direito cabe a impetração do mandado de segurança. Ele possui caráter **residual** e vem previsto no inciso LXIX e LXX do artigo 5º da Constituição.

Desse modo, o mandado de segurança atua complementando a proteção dos direitos e garantias constitucionais quando nenhum outro remédio é cabível. Diz o inciso LXIX: "conceder-se-á mandado de segurança para proteger direito líquido e certo, não amparado por 'habeas corpus' ou 'habeas data', quando o responsável pela ilegalidade ou abuso de poder for autoridade pública ou agente de pessoa jurídica no exercício de atribuições do Poder Público".

Assim, não será cabível mandado de segurança para proteger o direito à liberdade de locomoção, pois esta proteção é feita pelo *habeas corpus*. Do mesmo modo, não cabe mandado de segurança para anular ato lesivo ao patrimônio público, pois esta requisição deve ser feita em via de ação popular.

Um exemplo de possibilidade de impetração desse remédio ocorre quando alguém, que não pretende efetuar o pagamento determinado imposto, por considerar que a lei que criou o mencionado tributo é inconstitucional ajuíza mandado de segurança.

Importante saber que não cabe condenação em honorários de advogado na ação de mandado de segurança, conforme Súmula 512 do STF.

Ainda, não é possível a impetração de mandado de segurança contra ato judicial passível de recurso ou correição (Súmula 267 do STF).

São legitimadas para impetrar mandado de segurança pessoas físicas ou jurídicas. A ação não está isenta de custas perante o Poder Judiciário, e a assistência de advogado é necessária.

Sobre a legitimidade passiva, vale lembrar que o STJ decidiu, por maioria, "o Presidente do Tribunal de Justiça estadual que executa decisão proferida pelo CNJ não pode ser considerado autoridade coatora para fins de impetração de mandado de segurança. No caso, o presidente do tribunal determinou o afastamento dos titulares de serventias que extrajudiciais efetivados sem concurso público após a CF com base no Pedido de Providências n. 861 do CNJ. Sabe-se que, no mandado de segurança, a autoridade coatora é aquela que ordena a execução do ato impugnado e quem cumpre a ordem é o mero executor. Portanto, como o ato coator emanou do CNJ, o presidente do tribunal não tem legitimidade para figurar no polo passivo da ação mandamental. Assim, não cabe ao Judiciário substituir a autoridade erroneamente indicada na petição inicial como coatora, além do que, sendo o STF competente para o julgamento do *mandamus*, haveria indevida alteração da competência absoluta (RMS 30.561-GO, Rel. Teori Albino Zavascxi, julgado em 14.08.2012. Inform. STJ 502).

Vale lembrar que, corroborando algo que já existia, a nova lei do mandado de segurança, Lei n. 12.016/2009, em seu artigo 23, traz o prazo decadencial de **120 dias** para que o sujeito ingresse com a ação de mandado de segurança, contados da ciência do ato impugnado. A constitucionalidade de tal prazo já foi questionada no Supremo, mas ele entendeu que o prazo é constitucional (Súmula 632).

Outro tema já sedimentado é no sentido de que o pedido de reconsideração feito na via administrativa não tem o condão de interromper o prazo para a impetração do mandado de segurança.

Com base na Súmula 625 do STF, controvérsia sobre matéria de direito não impede a concessão de mandado de segurança.

Além disso, de acordo com a Súmula 624 do STF, não cabe ao Pretório Excelso conhecer originariamente mandado de segurança contra atos de outros tribunais. Também, a Súmula 266 do STF determina que não é possível a impetração de mandado de segurança contra lei em tese.

A Constituição admite também a impetração de **mandado segurança coletivo**, conforme se verifica no inciso LXX do artigo 5º da CF: "o mandado de segurança coletivo pode ser impetrado por:

a) partido político com representação no Congresso Nacional;

b) organização sindical, entidade de classe ou associação legalmente constituída e em funcionamento há pelo menos um ano, em defesa dos interesses de seus membros ou associados."

Entende o STF que a entidade de classe tem legitimação para o mandado de segurança, ainda quando a pretensão veiculada interesse apenas a uma parte da respectiva categoria (art. 21 da Lei 12.016/2009 e Súmula 630). Também é jurisprudência da Suprema Corte (Súmula 629) que a impetração de mandado de segurança coletivo por entidade de classe em favor dos associados independe de autorização deles.

De acordo com o Supremo, o mandado de segurança coletivo, quando impetrado pela Ordem dos Advogados do Brasil, deve ser proposto perante a Justiça Federal. Vale a leitura do julgado: "Presente a Ordem dos Advogados do Brasil – autarquia federal de regime especial – no polo ativo de mandado de segurança coletivo impetrado em favor de seus membros, a competência para julgá-lo é da Justiça Federal, a despeito de a autora não postular direito próprio" (RE 266.689-AgR, Rel. Min. Ellen Gracie, julgamento em 17.08.2004, *DJ* de 03.09.2004).

De acordo com o art. 22 da lei do mandado de segurança, quando o remédio for impetrado na modalidade coletiva, a sentença fará coisa julgada limitadamente aos membros do grupo ou categoria substituídos pelo impetrante. Desse modo, não produz efeitos *erga omnes*.

O § 1º do mesmo dispositivo determina que o mandado de segurança coletivo não induz litispendência para as ações individuais, mas os efeitos da coisa julgada não beneficiarão o impetrante a título individual se não requerer a desistência de seu mandado de segurança no prazo de 30 (trinta) dias a contar da ciência comprovada da impetração da segurança coletiva.

Outro tópico importante sobre o MS coletivo diz respeito à liminar. De acordo com o § 2º do art. 22 da Lei 12.016/2009 ela só poderá ser concedida após a audiência do representante judicial da pessoa jurídica de direito público, que deverá se pronunciar no prazo de 72 (setenta e duas) horas.

Por fim, ressaltamos que, de acordo com o art. 25 da lei do MS, não cabem, no processo de mandado de segurança, a interposição de embargos infringentes e a condenação ao pagamento dos honorários advocatícios, sem prejuízo da aplicação de sanções no caso de litigância de má-fé.

9.6. Nacionalidade

Nacionalidade pode ser conceituada como o vínculo de natureza jurídica e política que integra o indivíduo a um determinado Estado. Após isso, o sujeito passa a fazer parte do elemento pessoal do Estado e é denominado de nacional.

Os países são responsáveis pela elaboração das normas jurídicas que cuidam das formas de aquisição, perda e das espécies de nacionalidade. É atribuição de cada Estado definir quem são os seus nacionais.

É importante verificar-se os conceitos de povo, população, nação e cidadania:

a) **Povo** – é o conjunto de pessoas que tem o vínculo da nacionalidade com o Estado. É o conjunto de nacionais;

b) **População** – o conceito é demográfico. Pode ser conceituada como o conjunto de habitantes de cada território. Aqui se enquadram os nacionais e os estrangeiros. A diferença de população e povo é que no último só se inclui no conceito os nacionais, ou seja, natos ou naturalizados;

c) **Nação** – é o conjunto de pessoas ligadas por semelhanças, afinidades de etnia, costumes, idioma. Os nacionais se enquadram na definição de nação. Os estrangeiros não, pois cada país tem seus hábitos, costumes, cultura, tradição etc.;

d) **Cidadania** – a definição é taxativa, dá-se por meio de alistamento eleitoral; só o nacional pode ser detentor de direitos políticos. Portanto, diz-se que a nacionalidade é um requisito importante, mas não suficiente para a cidadania, haja vista a necessidade da obtenção do título de eleitor.

O Pacto São José da Costa Rica, tratado internacional sobre direitos humanos, reconhece o direito à nacionalidade como direito fundamental do indivíduo em seu artigo 20.

Os nacionais são divididos em natos ou naturalizados. O § 2º do artigo 12 da Constituição proíbe que existam diferenças entre brasileiros natos e naturalizados, com exceção dos casos em que ela própria faz distinção. Desse modo, as diferenças só serão admitidas se decorrentes do texto constitucional.

9.6.1. *Nato e naturalizado: distinções*

9.6.1.1. *Cargos privativos (art. 12, § 3º, CF)*

O § 3º do artigo 12 traz o rol taxativo dos *cargos privativos* de brasileiro nato. São eles:

✓ Presidente e Vice-Presidente da República;
✓ Presidente da Câmara de Deputados;
✓ Presidente do Senado Federal;
✓ Ministro do Supremo Tribunal Federal;
✓ Carreira diplomática;
✓ Oficial das Forças Armadas;
✓ Ministro de Estado da Defesa.

Os cargos de Presidente, Vice, Presidente da Câmara, do Senado e Ministro do Supremo Tribunal Federal devem ser preenchidos por natos por conta da Constituição não admitir que brasileiro naturalizado se torne Presidente da República. Dessa maneira, como esses indivíduos eventualmente ocuparão o cargo de Chefe do Poder Executivo, eles devem possuir nacionalidade brasileira originária, ou seja, devem ser natos.

Os cargos privativos de nato foram objeto de questionamento na prova para o cargo de delegado do Estado de São Paulo.

Passemos então para as outras hipóteses de distinção entre brasileiros natos e naturalizados, admitidas pela constituição.

9.6.1.2. Impossibilidade de extradição de brasileiro nato (art. 5º, LI, CF)

O artigo 5º, LI, da CF dispõe que "nenhum brasileiro será extraditado, salvo o naturalizado, em caso de crime comum, praticado antes da naturalização, ou de comprovado envolvimento em tráfico ilícito de entorpecentes e drogas afins, na forma da lei". Dessa maneira, somente o naturalizado poderá ser extraditado e desde que configure uma das hipóteses mencionadas.

Vale lembrar que de acordo com o art. 5º, LII, da CF, o Brasil não pode conceder a extradição de estrangeiro por crime político ou de opinião. Assim, se um sujeito é acusado da prática de crime político, não poderá ser extraditado, independentemente de sua nacionalidade.

9.6.1.3. Situação que gera perda da nacionalidade apenas ao naturalizado (art. 12, § 4º, I, CF)

O inciso I do § 4º do artigo 12 da CF menciona que aquele que tiver sua naturalização cancelada por sentença judicial, em decorrência da prática de atividade nociva ao interesse nacional, perde sua nacionalidade.

9.6.1.4. Conselho da República: membros

Dentre as cadeiras destinadas às pessoas que fazem parte do Conselho da República, conforme o artigo 89, inciso VII, da CF, seis são destinadas a brasileiros natos. Assim, esses lugares não poderão ser ocupadas por naturalizados. O Conselho da República é um órgão de consulta do Presidente da República.

9.6.1.5. Empresa jornalística e de radiodifusão: propriedade

Dispõe o artigo 222 da Constituição Federal que brasileiros naturalizados podem ser proprietários dessas empresas, desde que tenham adquirido a nacionalidade brasileira há mais de dez anos.

9.6.2. Formas de aquisição da nacionalidade brasileira: originária ou secundária

9.6.2.1. Nacionalidade originária, primária ou involuntária

É a que o indivíduo detém por meio do nascimento. Existem critérios para a atribuição dessa nacionalidade: o territorial (*ius soli*) e sanguíneo (*ius sanguinis*). A Constituição de 1988 adotou ambos, conhecido como critério misto. Assim, em alguns momentos utiliza-se do local de nascimento para identificar o nato e em outros do critério sanguíneo.

Há quatro situações em que o sujeito é considerado brasileiro nato, vejamos:

9.6.2.1.1. Artigo 12, inciso I, alínea "a", da Constituição Federal (critério territorial)

A primeira situação é aquela em que são considerados brasileiros natos *os nascidos* no território da República Federativa do Brasil, ainda que de pais estrangeiros, desde que estes não estejam a serviço de seu país.

Desse modo, nasceu no Brasil é considerado brasileiro nato, com exceção do indivíduo que possua pais estrangeiros que estejam no Brasil a serviço do país de origem. Basta que um dos pais esteja a serviço do país de origem para que o filho nascido no Brasil *não* seja considerado brasileiro nato.

9.6.2.1.2. Artigo 12, inciso I, alínea "b", da Constituição Federal (critério sanguíneo)

O dispositivo considera nato aquele nascido no estrangeiro, de pai ou de mãe brasileira, desde que qualquer deles esteja a serviço da República Federativa do Brasil.

A expressão "a serviço de seu país" deve ser interpretada de forma a favorecer o indivíduo, o significado é amplo. Um dos pais ou os dois devem estar em território estrangeiro, a serviço do Brasil (critério funcional).

9.6.2.1.3. Artigo 12, inciso I, alínea "c", da Constituição Federal (primeira parte)

O dispositivo mencionado teve sua redação alterada pela Emenda Constitucional n. 54 de 2007.

A primeira parte menciona que são considerados brasileiros natos os indivíduos nascidos no estrangeiro, de pai ou mãe brasileira, desde que registrados na repartição brasileira competente (consular ou diplomática).

Essa hipótese constava do texto original da Constituição Federal de 1988. Só que em 1994, após a revisão constitucional, foi suprimida. A revogação da norma se deu em virtude de problemas gerados pela regra, como a existência de muitos brasileiros natos espalhados pelo mundo que não tinham relação alguma com o Brasil. A tentativa de sanar tais problemas restou infrutífera, gerando outro problema pior que era a existência de apátridas.

Exemplo: um casal brasileiro faz uma viagem a passeio para a Itália. A mulher, grávida de 8 meses, passa mal e acaba tendo o filho na Itália. Esse indivíduo será considerado brasileiro, italiano, apátrida? Italiano não, pois na Itália o critério adotado para definir quem é considerado italiano é o *ius sanguinis*, somente filhos de pais italianos possuem a nacionalidade italiana. Será o sujeito, então, brasileiro? Não, porque os pais não estavam a serviço do Brasil, e sim numa viagem turística. Essa era uma hipótese em que a criança seria considerada um apátrida.

Por conta disso é que a Emenda Constitucional n. 54 de 2007 admite o registro desse indivíduo no consulado ou repartição diplomática competente, pondo fim à situação de apátrida; com o registro o sujeito será considerado brasileiro nato.

9.6.2.1.4. Artigo 12, inciso I, alínea "c", da Constituição Federal (segunda parte)

Dispõe que são considerados brasileiros natos os indivíduos nascidos no estrangeiro, de pai brasileiro ou mãe brasileira, que venham a residir no Brasil e, uma vez atingida a maioridade, optem pela nacionalidade brasileira (três requisitos: residência no Brasil, maioridade e opção). Após o cumprimento dessas formalidades, o indivíduo detém a nacionalidade originária potestativa, isto é, o Brasil não possui competência para negar esse reconhecimento. Essa hipótese ocorrerá se os pais não tiverem registrado o filho em repartição brasileira competente.

Ressalta-se que a opção pela nacionalidade brasileira é ato personalíssimo, e, por conta disso, a Constituição exige a maioridade para a sua efetivação. Até esse momento é dada ao sujeito uma nacionalidade provisória.

9.6.2.2. Nacionalidade derivada, secundária, voluntária ou adquirida

É a que o indivíduo adquire, após o nascimento, por meio do processo de naturalização, por um ato voluntário. A pessoa manifesta sua intenção em se naturalizar, cumpre os requisitos previstos na Constituição e normas infraconstitucionais e faz o pedido de naturalização.

De forma discricionária, o Brasil concederá a nacionalidade o estrangeiro que formulou pedido de naturalização. Conforme dispõe o artigo 111 da Lei 6.815/1980 (Estatuto do Estrangeiro), a atribuição é do Poder Executivo, por meio do Ministro da Justiça e, segundo a jurisprudência do Supremo, a efetivação será após a entrega de certificado de naturalização, que será feita pelo juiz federal.

A naturalização será feita de maneira ordinária ou extraordinária:

a) Ordinária (art. 12, II, "a", CF) É aquela obtida após o regular procedimento previsto nos arts. 111 a 121 do Estatuto do Estrangeiro. Vale ressaltar que aos estrangeiros que vierem de países que falam a língua portuguesa, a Constituição exige apenas o cumprimento de dois requisitos: um ano de residência ininterrupta no Brasil e demonstração de idoneidade moral. Para os demais estrangeiros, a Lei n. 6.815/1980 (Estatuto do Estrangeiro), em seu artigo 112, determina o cumprimento de outros requisitos, quais sejam:

✓ capacidade civil, conforme as disposições previstas no Código Civil Brasileiro;

✓ demonstração da capacidade de ler e escrever a língua portuguesa, sempre levando em conta as condições do naturalizando;

✓ residência contínua no território nacional, pelo prazo mínimo de quatro anos, imediatamente anteriores ao pedido de naturalização;

✓ exercício de profissão ou posse de bens suficientes à manutenção própria e de sua família; e

✓ demonstração de bom procedimento;

b) Extraordinária (art. 12, II, "b", CF) É aquela decorrente de largo lapso temporal de residência no país, o qual autoriza a presunção de que o estrangeiro possui fortes vínculos com o Brasil. Os requisitos constitucionais são: residência no Brasil fixa e ininterrupta há mais de 15 anos e não possuir condenação criminal.

Além disso, de acordo com o Supremo, "não se revela possível, em nosso sistema jurídico-constitucional, a aquisição da nacionalidade brasileira *jure matrimoni*, vale dizer, como efeito direto e imediato resultante do casamento civil. Magistério da doutrina." (Ext 1.121, Rel. Min. Celso de Mello, julgamento em 18.12.2009, Plenário, *DJE* de 25.06.2010.)

9.6.3. Competência

A disciplina do tema nacionalidade é dada apenas pela Constituição quando se tratar de nacionalidade originária (natos) e da Constituição Federal e da lei infraconstitucional federal quando a nacionalidade for do tipo derivada (naturalizados). Tem de ser lei federal, pois a atribuição legislativa é da União (artigo 22, XIII, da CF).

Vale lembrar que medida provisória não pode dispor sobre nacionalidade, por conta do comando constitucional, previsto no artigo 62, § 1º, I, *a*.

9.6.4. Perda da nacionalidade brasileira

As situações taxativas de perda da nacionalidade estão previstas no § 4º do artigo 12 da Constituição. Existem situações aplicáveis ao nato e ao naturalizado e outras relacionadas apenas ao segundo. São as abaixo tratadas:

9.6.4.1. Cancelamento judicial da naturalização

Pode ocorrer em virtude da prática de atividade nociva ao interesse nacional. Na prática quase não é utilizada. O procedimento vem previsto nos artigos 24 a 34 da Lei n. 818/1949. A reaquisição da nacionalidade pode se dar por meio de ação rescisória, desde que respeitadas as regras trazidas no Código de Processo Civil.

9.6.4.2. Aquisição voluntária de outra nacionalidade

A perda nessa hipótese é aplicável tanto ao brasileiro nato como ao naturalizado. Deve ocorrer após procedimento administrativo, no qual tenham sido assegurados a ampla defesa e o contraditório, sendo necessário um decreto do Presidente da República declarando a perda.

É importante lembrar que o § 4º, inciso II, alíneas "a" e "b" da Constituição Federal traz duas hipóteses de aquisição de nova nacionalidade, mas que não geram perda da brasileira:

a) quando há reconhecimento da nacionalidade *originária* pela lei estrangeira. Exemplo: a Itália reconhece originariamente como italianos os filhos e netos de italianos. Nesse caso o sujeito pode cumular as nacionalidades;

b) imposição de naturalização pela lei estrangeira como condição de permanência ou para o exercício dos direitos civis. Exemplo: os jogadores de futebol que residem no exterior e, como condição de permanência, o país impõe que se naturalizem.

Nas hipóteses explicitadas, ou seja, nos casos de cumulação de mais de uma nacionalidade, o indivíduo é chamado de polipátrida – muitas pátrias ou mais de uma pátria. Diferente, portanto, do apátrida, que é aquele que não possui nacionalidade. Frise-se que esta última situação está, atualmente, banida pela Declaração Universal dos Direitos do Homem.

9.6.5. Portugueses residentes no Brasil

A Constituição Federal determina que, havendo reciprocidade em favor dos brasileiros que residam em Portugal, sejam atribuídos aos portugueses com residência permanente no Brasil os mesmos direitos inerentes aos brasileiros naturalizados.

Tal hipótese não configura naturalização; o português apenas possui os direitos atribuídos ao naturalizado. Para tanto, são necessários dois requisitos: que o português resida de forma permanente no Brasil; e que haja igual tratamento, ou seja, reciprocidade, aos brasileiros que estejam permanentemente residindo em Portugal.

O Estatuto da Igualdade, tratado internacional de amizade e cooperação entre Brasil e Portugal, regulamenta esse assunto, fixando, dentre outras, as regras sobre a inviolabilidade da nacionalidade originária, as facilidades em relação à expedição de documentos pessoais, a proibição da concessão de extradição de portugueses e brasileiros, exceto se o solicitante for o Governo da nacionalidade do indivíduo.

De acordo com o Supremo, "a norma inscrita no art. 12, § 1º, da Constituição da República - que contempla, em seu texto, hipótese excepcional de quase nacionalidade - não opera de modo imediato, seja quanto ao seu conteúdo eficacial, seja no que se refere a todas as consequências jurídicas que dela derivam, pois, para incidir, além de supor o pronunciamento aquiescente do Estado brasileiro, fundado em sua própria soberania, depende, ainda, de requerimento do súdito português interessado, a quem se impõe, para tal efeito, a obrigação de preencher os requisitos estipulados pela Convenção sobre Igualdade de Direitos e Deveres entre brasileiros e portugueses." (Ext 890, Rel. Min. Celso de Mello, julgamento em 05.08.2004, Primeira Turma, *DJ* de 28.10.2004.) No mesmo sentido: HC 100.793, Rel. Min. Marco Aurélio, julgamento em 02.12.2010, Plenário, *DJE* de 1º.02.2011.

9.7. Direitos políticos

Os direitos políticos podem ser conceituados como o grupo ou conjunto de normas que disciplinam a atuação da soberania popular. Estão previstos nos artigos 14, 15 e 16 da Constituição Federal. O fundamento dessas normas advém do artigo 1º da citada Constituição. Seu *caput* define o pacto federativo, seus incisos trazem os fundamentos da República Federativa do Brasil e seu parágrafo único indica quem é o titular do poder, o povo. Consagra, portanto, a *soberania popular.*

A doutrina divide os direitos políticos em *positivos* e *negativos.* Os primeiros dizem respeito à possibilidade das pessoas de votarem e serem votadas, ou seja, de participar das eleições tanto como eleitoras quanto como candidatas. São também conhecidos como direito de sufrágio ou capacidade eleitoral ativa e passiva. Tal direito é exercido nas eleições e por meio das consultas populares (plebiscito e referendo). É considerado o núcleo dos direitos políticos. Os segundos, direitos políticos negativos, estão relacionados aos impedimentos, aos fatos que impossibilitam a participação no processo eleitoral. Englobam tanto as inelegibilidades como a privação dos direitos políticos que se dá com a perda ou suspensão desses direitos.

Analisaremos, em primeiro lugar, os direitos políticos positivos.

O exercício da soberania popular se dá de forma direta ou indireta. A forma indireta é aquela exercida por meio da democracia representativa, ou seja, por meio de representantes eleitos periodicamente; ao passo que a forma direta é a exercida mediante plebiscito, referendo e iniciativa popular das leis.

O plebiscito e o referendo são formas de consulta ao povo. As consultas visam à deliberação de matérias de grande relevância. A diferença entre os dois institutos diz respeito ao *momento* em que essa consulta é realizada.

No plebiscito, há a convocação do povo para se manifestar; a consulta à população sobre matéria de grande relevância se dá de forma *prévia*, ou seja, anteriormente à edição do ato normativo que tratará do assunto, podendo, ou não, autorizar o início do processo legislativo sobre o tema. O exemplo que temos é o que ocorreu em 1993, nos termos do artigo 2º do ADCT, quando o povo foi convocado para decidir sobre a forma (república ou monarquia) e o sistema de governo (parlamentarismo ou presidencialismo). Naquele momento, o povo - titular do poder - decidiu que a forma de governo seria a república e o sistema continuaria sendo o presidencialismo. Vejam que a forma e o sistema de governo adotados no Brasil não são considerados cláusulas pétreas. Outro exemplo, aliás, um caso em que é imprescindível a realização da consulta popular prévia diz respeito à formação de novos Estados ou de novos Municípios. Sempre que se falar em incorporação, fusão ou desmembramento de Estados e Municípios, tais atos somente terão validade se esta for a vontade do povo, e isso será verificado após a realização prévia de um plebiscito (artigo 18, §§ 3º e 4º, da CF).

Diferentemente ocorre no referendo. Aqui a consulta ao povo é *posterior* ao ato legislativo. O referendo é uma forma de o povo ratificar (confirmar), ou não, o ato legislativo produzido. No ano de 2000, tivemos um exemplo dessa forma de consulta popular quando houve a convocação do povo para decidir sobre a possibilidade, ou não, da comercialização de armas de fogo. Nesse momento, o povo optou por autorizar a comercialização, confirmando a validade do dispositivo legal previsto no Estatuto do Desarmamento.

Ressalta-se que é da competência exclusiva do Congresso Nacional, conforme artigo 49, XV, da CF, autorizar referendo e convocar plebiscito.

Em síntese, o plebiscito é uma consulta popular que se dá de forma prévia, ao passo que o referendo se dá posteriormente à edição do ato normativo.

Os direitos políticos mantêm estrita relação com a cidadania. Aliás, ela é atributo para o exercício de tais direitos. Tecnicamente, *cidadão* é aquele que possui título de eleitor, que já efetuou seu alistamento eleitoral por meio de inscrição perante a Justiça Eleitoral e que está no gozo de seus direitos políticos, ou seja, não houve perda ou não está com esses direitos suspensos. Fala-se, portanto, que esse sujeito é dotado de capacidade eleitoral ativa.

O *alistamento eleitoral*, inscrição na Justiça Eleitoral, é *obrigatório* para os brasileiros maiores de 18 anos de idade. Para que não fique sujeito ao pagamento de multa, o brasileiro nato deve se alistar até um ano, contado da data em que completar 18 anos, ou seja, deve se inscrever perante a Justiça Eleitoral até os 19 anos de idade. Os naturalizados, para se livrarem da multa, também têm um ano, a contar da aquisição da nacionalidade brasileira, para efetivar o alistamento eleitoral.

Para os maiores de 16 e menores de 18, os maiores de 70 anos e os analfabetos, o alistamento eleitoral e o voto são *facultativos*, conforme dispõe o inciso II do § 1º do artigo 14 da Constituição Federal.

O mesmo artigo traz, em seu § 2º, algumas pessoas que são *inalistáveis* e que, portanto, não podem ser eleitores: os estrangeiros e os conscritos. Os últimos são aqueles convocados para prestar o serviço militar obrigatório; durante esse período, não podem se alistar. São incluídos aqui, de acordo com a Lei 5.292/1967, os dentistas, médicos, farmacêuticos e veterinários que prestarão o serviço após a conclusão da graduação. Tais pessoas, se já tiverem se alistado antes da prestação do serviço obrigatório, continuarão com a inscrição eleitoral, mas não poderão votar até que concluam o serviço militar obrigatório.

Por fim, se após o cumprimento do período obrigatório o indivíduo ocupar o serviço militar de natureza permanente, a Constituição determina que seja feito o alistamento eleitoral.

Além do alistamento, ou capacidade eleitoral ativa, existe a capacidade eleitoral passiva, ou *elegibilidade*, que compreende o direito de ser votado. Para que se adquira tal capacidade, é necessário o cumprimento de alguns requisitos. Conforme dispõe o § 3º do artigo 14 da Constituição Federal, são condições de elegibilidade:

a) a nacionalidade brasileira;

b) o alistamento eleitoral;

c) o pleno exercício dos direitos políticos;

d) o domicílio eleitoral na circunscrição;

e) a filiação partidária (sobre esse tema, é importante ressaltar o STF, no julgamento das ADI 3.999 e 4.086, confirmou a constitucionalidade da Resolução 22.610/2007 do TSE, que trata do processo de perda de mandato eletivo por infidelidade partidária);

f) a idade mínima de: 18 anos para Vereador; 21 anos para Deputado Federal, Deputado Estadual ou Distrital, Prefeito, Vice-Prefeito e juiz de paz; 30 anos para Governador e Vice-Governador de Estado e do Distrito Federal; e 35 anos para Presidente e Vice-Presidente da República e Senador. Tais idades serão verificadas no momento da posse.

Quanto à *nacionalidade*, conclui-se que tanto o nato quanto o naturalizado são elegíveis, exceto em relação aos cargos de Presidente e Vice-Presidente, pois o § 3º do artigo 12 da CF determina que tais cargos devem ser ocupados exclusivamente por brasileiros natos. Outra observação diz respeito àqueles que detêm a condição de portugueses equiparados: como a eles são atribuídos os direitos relativos aos brasileiros naturalizados, também não podem se candidatar aos cargos de Presidente e Vice-Presidente da República.

Fala-se que o sujeito está em *pleno exercício dos seus direitos políticos* quando ele pode não só votar, mas também ser votado. Tal plenitude é conhecida também como direito de sufrágio. Assim, fala-se que aquele que detém capacidade eleitoral ativa e passiva, ou seja, está em pleno exercício dos direitos políticos, possui o denominado direito de sufrágio.

Sabemos que, segundo a CF/1988, o sufrágio é universal, a capacidade eleitoral é dada a todos os nacionais, indiscriminadamente. Aliás, a universalidade é uma característica do voto que consta das cláusulas pétreas (artigo 60, § 4º, II, da CF). Opõe-se ao sufrágio universal a forma restrita que seria aquela em que apenas sujeitos que possuíssem condição econômica favorável (voto censitário) ou que detivessem alguma capacidade especial é que poderiam votar. Tal forma é proibida pela Constituição. Nem por emenda constitucional poderá haver discriminações quanto ao exercício do direito de voto.

Partindo da premissa de que para ser elegível o indivíduo precisa deter capacidade eleitoral ativa e passiva, conclui-se que os inalistáveis (estrangeiros e conscritos, durante o serviço militar obrigatório) são também inelegíveis, pois lhes falta o primeiro requisito para a plenitude de seus direitos políticos, que é o direito de votar, isto é, a capacidade eleitoral ativa.

Outra condição de elegibilidade (capacidade eleitoral passiva), conforme já mencionado, é o domicílio eleitoral na circunscrição equivalente ao cargo que pretende. Ressalta-se que o Tribunal Superior Eleitoral considera domicílio eleitoral de forma ampla, mencionando que pode ser o local onde o candidato possui vínculos políticos, sociais, profissionais, econômicos e até comunitários. Desse modo, domicílio eleitoral difere do domicílio civil, previsto no artigo 70 do Código Civil. Este último é considerado o lugar onde a pessoa estabelece sua residência com o ânimo definitivo.

Dispõe o artigo 60, § 4º, inciso II, da CF que o voto tem de ser direto, secreto, universal e periódico. Tomando por base as disposições trazidas, podemos dizer que o voto possui as seguintes características:

1) é ato **direto**: o eleitor não vota em alguém para que esse alguém escolha quem o representará, não há intermediários, vota-se diretamente naquele que o representará. O voto direto é cláusula pétrea, ou seja, nem mesmo pelo poder constituinte derivado reformador (por emenda constitucional) isso poderá ser modificado. Vale lembrar que, conforme já mencionado, embora o voto seja direito, seu exercício é um exemplo de democracia indireta, pois o povo delega seu poder para o governante eleito para que ele o represente;

2) é ato **secreto**: o exercício do direito de voto é algo sigiloso, a opção do sujeito sobre qual candidato escolheu ou escolherá não precisa ser externada. O voto secreto é cláusula pétrea, não pode ser suprimido do texto constitucional. De acordo com o Supremo o sigilo do voto é direito fundamental do cidadão. Assim, decidiu a Suprema Corte que a exigência legal do voto impresso no processo de votação, contendo número de identificação associado à assinatura digital do eleitor, vulnera o segredo do voto, garantia constitucional expressa. A garantia da inviolabilidade do voto põe a necessidade de se garantir ser impessoal o voto para garantia da liberdade de manifestação, evitando-se qualquer forma de coação sobre o eleitor. A manutenção da urna em aberto põe em risco a segurança do sistema, possibilitando fraudes, impossíveis no atual sistema, o qual se harmoniza com as normas constitucionais de garantia do eleitor. Cautelar deferida para suspender a eficácia do art. 5º da Lei 12.034/2002." (ADI 4.543-MC, Rel. Min. Cármen Lúcia, julgamento em 03.11.2011, Plenário, *DJE* de 02,03.2012).

3) é ato **universal**: conforme já estudado, a capacidade eleitoral é dada a todos os nacionais, indiscriminadamente. A universalidade também consta das cláusulas pétreas;

4) é ato **periódico**: os governantes detêm mandatos por um período determinado. Assim, sempre que houver troca de governante, o povo deve ser chamado às urnas para exercer, de modo periódico, o direito de voto. A periodicidade do voto é uma das cláusulas pétreas;

5) é ato **personalíssimo**: significa que só pode ser exercido pela própria pessoa, não há possibilidade de se passar uma procuração para que outra pessoa vote em seu nome, o voto não pode ser efetivado por mandato;

6) é ato **obrigatório**: embora a obrigatoriedade do voto não seja considerada uma cláusula pétrea, ou seja, por emenda constitucional, tal determinação pode ser modificada, enquanto não houver mudança nessa regra, o eleitor tem obrigação de ir até o local determinado e efetivamente votar. É claro que há a possibilidade de votar em branco ou anular seu voto, mas isso não significa que o sujeito possa deixar de comparecer fisicamente ao local, dia e horário determinados;

7) é **ato livre**: o conteúdo do voto é livre, por conta disso que as pessoas, além de poderem escolher em qual candidato votar, podem anular seu voto.

Passemos à análise dos direitos políticos negativos.

Os direitos políticos negativos dizem respeito às circunstâncias que impedem a participação no processo eletivo, são as inelegibilidades e a perda e suspensão dos direitos políticos.

Inelegibilidades: significam impedimentos relativos ou absolutos que atingem o direito de sufrágio, especificamente em relação à elegibilidade, à capacidade eleitoral passiva, ou seja, ao direito de ser votado.

Segundo o artigo 14, § 4º, da CF são *absolutamente* inelegíveis os inalistáveis e os analfabetos. Os inalistáveis não podem se alistar, portanto, não votam. Se não podem o menos, que é votar, não poderão o mais, que é serem votados. Desse modo, é possível concluir que a inalistabilidade impede a elegibilidade, já que a primeira é pressuposto para aquisição da segunda.

Ocorre que o dispositivo menciona que também são inelegíveis os analfabetos. Vejam, eles detêm capacidade eleitoral ativa, os analfabetos podem votar, o que a Constituição proíbe é a elegibilidade. Assim, poderão votar, mas não poderão ser eleitos, pois não possuem capacidade eleitoral passiva, não são elegíveis.

Em suma, a inelegibilidade absoluta atinge os inalistáveis (estrangeiros e os conscritos, durante o serviço militar obrigatório) e os analfabetos.

Vale observar a seguinte decisão do Supremo: "as condições de elegibilidade (CF, art. 14, § 3º) e as hipóteses de inelegibilidade (CF, art. 14, § 4º a § 8º), inclusive aquelas decorrentes de legislação complementar (CF, art. 14, § 9º), aplicam-se de pleno direito, independentemente de sua expressa previsão na lei local, à eleição indireta para Governador e Vice-Governador do Estado, realizada pela Assembleia Legislativa em caso de dupla vacância desses cargos executivos no último biênio do período de governo." (ADI 1.057-MC, Rel. Min. Celso de Mello, julgamento em 20.04.1994, Plenário, *DJ* de 06.04.2001.) **No mesmo sentido**: ADI 4.298-MC, Rel. Min. Cezar Peluso, julgamento em 07.10.2009, Plenário, *DJE* de 27.11.2009.

Passemos ao estudo da inelegibilidade relativa.

As inelegibilidades *relativas* não têm relação específica com a pessoa que quer se candidatar, mas sim com fatores externos, ou ainda, com pessoas ligadas àquela que pretende disputar o pleito eleitoral. Como o próprio nome esclarece, são obstáculos relativos ao direito de ser votado. Em princípio, o sujeito é elegível, mas para determinados cargos ou funções, haverá impedimento.

Os motivos que levam à inelegibilidade relativa podem ser:

✓ funcionais (art. 14, §§ 5º e 6º, da CF);

✓ casamento, parentesco ou afinidade (art. 14, § 7º, da CF);

✓ legais (art. 14, § 9º, da CF);

✓ militares (art. 14, § 8º, da CF); e

✓ domicílio eleitoral.

Motivo funcional: o § 5º do artigo 14 da CF traz a regra da reeleição dispondo que o Presidente da República, os Governadores de Estado e do Distrito Federal, os Prefeitos e quem os houver sucedido, ou substituído no curso dos mandatos, poderão ser reeleitos para um único período subsequente. Se o sujeito for reeleito após o término do primeiro mandato, será considerado inelegível para a próxima eleição. Verifica-se que há a impossibilidade de um terceiro mandato subsequente ao segundo. Tal proibição não impede que o sujeito ocupe o cargo de Chefe do Executivo por mais de duas vezes, apenas veda que essa ocupação se dê de forma sucessiva. Trata-se de hipótese de inexigibilidade por motivo funcional.

Sobre o art. 14, § 5º, da CF, é interessante notar o seguinte julgado do STF: "O instituto da reeleição tem fundamento não somente no postulado da continuidade administrativa, mas também no princípio republicano, que impede a perpetuação de uma mesma pessoa ou grupo no poder. O princípio republicado condiciona a interpretação e a aplicação do próprio comando da norma constitucional, de modo que a reeleição é permitida por apenas uma única vez. Esse princípio impede a terceira eleição não apenas no mesmo município, mas em relação a qualquer outro município da federação. Entendimento contrário tornaria possível a figura do denominado "prefeito itinerante" ou do "prefeito profissional", o que claramente é incompatível com esse princípio, que também traduz um postulado de temporiedade/alternância do exercício do poder. Portanto, ambos os princípios – continuidade administrativa e republicanismo – condicionam a interpretação e aplicação teleológicas do art. 14, § 5º, da CF. O cidadão que exerce dois mandatos consecutivos como o prefeito de determinado município fica inelegível para o cargo da mesma natureza em qualquer outro município da federação" (RE n. 637.485-RJ, de 1º de agosto de 2012, rel. Min. Gilmar Mendes).

Outra decisão sobre o tema reeleição, agora quanto a sua possibilidade, tem a ver com o vice-governador eleito duas vezes para o cargo de vice-governador. No segundo mandato de vice, sucedeu o titular. Certo que, no seu primeiro mandato de vice, teria substituído o governador. Possibilidade de reeleger-se ao cargo de governador, porque o exercício da titularidade do cargo dá-se mediante eleição ou por sucessão. Somente quando sucedeu o titular é que passou a exercer o seu primeiro mandato como titular do cargo. Inteligência do disposto no § 5º do art. 14 da CF." (RE 366.488, Rel. Min. Carlos Velloso, julgamento em 04.10.2005, Segunda Turma, *DJ* de 28.10.2005.) **No mesmo sentido**: AI 782.434-AgR, Rel. Min. Cármen Lúcia, julgamento em 08.02.2011, Primeira Turma, *DJE* de 24.03.2011.

Outra situação em que se verifica a inelegibilidade por motivo funcional é a constante no § 6º do artigo 14 da CF que dispõe que, para concorrerem a outros cargos, o Presidente da República, os Governadores de Estado e do Distrito Federal e os Prefeitos devem renunciar aos respectivos mandatos até seis meses antes do pleito. É a denominada regra da *desincompatibilização*.

Vale lembrar que apenas para outros cargos eletivos, e não para uma futura reeleição, é que é exigida, do Chefe do Executivo, a desincompatibilização, ou seja, o afastamento temporário ou a renúncia nos seis meses que antecedem o pleito eleitoral.

Casamento, parentesco ou afinidade: o § 7º do artigo 14 da CF dispõe que são inelegíveis no território de jurisdição do titular o cônjuge e os parentes consanguíneos ou afins até o segundo grau, ou por adoção, do Presidente da República, de Governador de Estado ou Território, do Distrito Federal, de Prefeito ou de quem os haja substituído dentro dos seis meses anteriores ao pleito, salvo se já titular de mandato eletivo e candidato à reeleição. Trata-se da denominada *inelegibilidade reflexa.*

Em suma, pela inelegibilidade reflexa as pessoas relacionadas ao prefeito não poderão ser candidatas a vereador ou prefeito no mesmo município. Aquelas que têm relação com o governador não poderão concorrer aos cargos de vereador, deputado estadual, deputado federal, senador ou governador do respectivo estado. E, por último, os ligados ao Presidente não poderão ser candidatos a qualquer cargo eletivo no país.

Vale lembrar que o Supremo Tribunal Federal editou a Súmula Vinculante n. 18, que determina que a dissolução da sociedade ou do vínculo conjugal, no curso do mandato, não afasta a inexigibilidade prevista no § 7º do artigo 14 da CF. Desse modo, não adianta os governantes, durante seus mandatos, romperem suas relações matrimoniais para que seus futuros "ex-cônjuges" escapem da inexigibilidade reflexa.

Motivos legais: o § 9º do artigo 14 da CF deixa claro que outros casos de inelegibilidade relativa poderão ser criados por meio de lei complementar. Assim, o rol de motivos previstos na CF é meramente exemplificativo.

Motivos militares: embora o § 8º do artigo 14 da CF mencione que o militar alistável é também elegível, o artigo 142, § 3º, V, do Texto Maior proíbe sua filiação a partido político enquanto estiver na ativa. Por conta disso, o Tribunal Superior Eleitoral decidiu que nesse caso é dispensável a filiação partidária, que será sanada pelo registro da candidatura feita pelo partido político.

Além disso, o militar, para ser elegível, deverá obedecer às seguintes regras:

1) se contar com **menos de 10** anos de serviço, deverá **afastar-se** da atividade;

2) se contar com **mais de 10** anos de serviço, será **agregado** pela autoridade superior e, **se eleito**, passará automaticamente, no ato da diplomação, para a **inatividade.**

Vale lembrar que o Supremo já decidiu que "diversamente do que sucede ao militar com mais de dez anos de serviço, deve afastar-se definitivamente da atividade o servidor militar que, contando menos de dez anos de serviço, pretenda candidatar-se a cargo eletivo." (RE 279.469, Rel. p/ o ac. Min. Cezar Peluso, julgamento em 16.03.2011, Plenário, *DJE* de 20.06.2011).

"Ficha limpa" - Lei Complementar n. 135/2010

A Lei da "Ficha Limpa" teve origem por iniciativa popular, com mais de um milhão e meio de assinaturas; foi sancionada como Lei Complementar n. 135, no dia 4 de junho de 2010. Sua aprovação é fruto da mobilização de milhões de cidadãos e se tornou um marco fundamental para a democracia e a luta contra a corrupção e a impunidade no Brasil.

Em suma, a lei em comento altera a Lei Complementar n. 64, de 18 de maio de 1990, que estabelece, de acordo com o § 9º do artigo 14 da Constituição Federal, casos de inelegibilidade, prazos de cessação e determina outras providências para incluir hipóteses de inelegibilidade que visam a proteger a probidade administrativa e a moralidade no exercício do mandato.

Entre outras restrições, a lei proíbe a candidatura de pessoas com condenação criminal por decisão colegiada da Justiça. Porém, a polêmica questão que girava acerca do tema, acalorando o debate, é se tal lei seria ou não constitucional. O Supremo entendeu que a referida lei é constitucional uma vez que o princípio da presunção de inocência só se aplica ao âmbito penal, enquanto que no direito eleitoral se aplica o princípio da prevenção, conforme entendimento de juristas como Fábio Konder Comparato e Celso Antônio Bandeira de Mello.

Ao analisar recurso de Jader Barbalho (PMDB-PA), segundo colocado na eleição para senador no Estado do Pará, o STF, mantendo a decisão do TSE, definiu que a lei já seria aplicada na eleição do ano de 2010, inclusive em todos os casos de políticos que renunciaram ao mandato para fugir de processo de perda da função.

Posteriormente, ao apreciar o recurso apresentado pelo ex-deputado estadual Leonídio Bouças (PMDB-MG), que havia sido impedido por conta de uma condenação advinda de uma ação de improbidade administrativa, o STF mudou o seu entendimento.

Com fundamento no art. 16 da Constituição Federal, que determina que a lei que alterar o processo eleitoral entra em vigor na data de sua publicação, **não se aplicando à eleição que ocorra até um ano da data de sua vigência** (princípio da anualidade) e em princípios basilares que resguardam o estado democrático de direito, como o da **segurança jurídica**, o STF decidiu que a lei **da ficha limpa vale a partir de 2012.**

Segundo a Corte Maior, "a elegibilidade é a adequação do indivíduo ao regime jurídico – constitucional e legal complementar – do processo eleitoral, razão pela qual a aplicação da Lei Complementar 135/2010 com a consideração de fatos anteriores não pode ser capitulada na retroatividade vedada pelo art. 5º, XXXV, da Constituição, mercê de incabível a invocação de direito adquirido ou de autoridade da coisa julgada (que opera sob o pálio da cláusula *rebus sic stantibus*) anteriormente ao pleito em oposição ao diploma legal retromencionado (...) **A razoabilidade da expectativa de um indivíduo de concorrer a cargo público eletivo, à luz da exigência constitucional de moralidade para o exercício do mandato (art. 14, § 9º), resta afastada em face da condenação prolatada em segunda instância ou por um colegiado no exercício da competência de foro por prerrogativa de função, da rejeição de contas públicas, da perda de cargo público ou do impedimento do exercício de profissão por violação de dever ético-profissional. A presunção de inocência consagrada no art. 5º, LVII, da Constituição Federal deve ser reconhecida como uma regra e interpretada com o recurso da metodologia análoga a uma redução teleológica, que reaproxime o enunciado normativo da sua própria literalidade, de modo a reconduzi-la aos efeitos próprios da condenação criminal (que podem incluir a perda ou a suspensão de direitos políticos, mas não a inelegibilidade), sob pena de frustrar o propósito moralizante do art. 14, § 9º, da Constituição Federal.** Não é violado pela Lei Complementar 135/2010 o princípio constitucional da vedação de retrocesso, posto não vislumbrado o pressuposto de sua aplicabilidade concernente na existência de consenso básico, que tenha inserido na consciência jurídica geral a extensão da presunção de inocência para o âmbito eleitoral. O direito político passivo (*ius honorum*) é possível de ser restringido pela lei, nas hipóteses que, *in casu*, não podem ser consideradas arbitrárias, porquanto se adéquam à exigência constitucional da razoabilidade, revelando elevadíssima carga de reprovabilidade social, sob os enfoques da violação à moralidade ou denotativos de improbidade, de abuso de poder econômico ou de poder político. **O princípio da proporcionalidade resta prestigiado pela Lei Complementar 135/2010, na medida em que: (i) atende aos fins moralizadores a que se destina; (ii) estabelece requisitos qualificados de inelegibilidade e (iii) impõe sacrifício à liberdade individual de candidatar-se a cargo público eletivo que não supera os benefícios socialmente desejados em termos de moralidade e probidade para o exercício de referido *munus* público.O exercício do *ius honorum* (direito de concorrer a cargos eletivos), em um juízo de ponderação no caso das inelegibilidades previstas na Lei Complementar 135/2010, opõe-se à própria democracia, que pressupõe a fidelidade política da atuação dos representantes populares.** A Lei Complementar 135/2010 também não fere o núcleo essencial dos direitos políticos, na medida em que estabelece restrições temporárias aos direitos políticos passivos, sem prejuízo das situações políticas ativas. O cognominado desacordo moral razoável impõe o prestígio da manifestação legítima do legislador democraticamente eleito acerca do conceito jurídico indeterminado de vida pregressa, constante do art. 14, § 9º, da Constituição Federal. O abuso de direito à renúncia é gerador de inelegibilidade dos detentores de mandato eletivo que renunciarem aos seus cargos, posto hipótese em perfeita compatibilidade com a repressão, constante do ordenamento jurídico brasileiro (v.g., o art. 53, § 6º, da Constituição Federal e o art. 187 do Código Civil), ao exercício de direito em manifesta transposição dos limites da boa-fé. A inelegibilidade tem as suas causas previstas nos §§ 4º a 9º do art. 14 da Carta Magna de 1988, que se traduzem em condições objetivas cuja verificação impede o indivíduo de concorrer a cargos eletivos ou, acaso eleito, de os exercer, e não se confunde com a suspensão ou perda dos direitos políticos, cujas hipóteses são previstas no art. 15 da Constituição da República, e que importa restrição não apenas ao direito de concorrer a cargos eletivos (*ius honorum*), mas também ao direito de voto (*ius sufragii*). Por essa razão, não há inconstitucionalidade na cumulação entre a inelegibilidade e a suspensão de direitos políticos. A extensão da inelegibilidade por oito anos após o cumprimento da pena, admissível à luz da disciplina legal anterior, viola a proporcionalidade numa sistemática em que a interdição política se põe já antes do trânsito em julgado, cumprindo, mediante interpretação conforme a Constituição, deduzir do prazo posterior ao cumprimento da pena o período de inelegibilidade decorrido entre a condenação e o trânsito em julgado." (ADC 29; ADC 30 e ADI 4.578, Rel. Min. Luiz Fux, julgamento em 16.02.2012, Plenário, *DJE* de 29.06.2012).

O STF também já definiu que "(...) a perda da elegibilidade constitui situação impregnada de caráter excepcional, pois inibe o exercício da cidadania passiva, comprometendo a prática da liberdade em sua dimensão política, eis que impede o cidadão de ter efetiva participação na regência e na condução do aparelho governamental." (AC 2.763-MC, Rel. Min. Celso de Mello, decisão monocrática, julgamento em 16.12.2010, *DJE* de 1º.02.2011).

Privação ou restrição dos direitos políticos

Há duas formas de restringir os direitos políticos: temporária ou definitivamente. A primeira é denominada suspensão dos direitos políticos e a segunda é conhecida como perda de tais direitos.

Ressalta-se que a Constituição proíbe a cassação dos direitos políticos em seu artigo 15 e admite, em algumas hipóteses, a perda e a suspensão, conforme analisaremos adiante.

É da competência do Poder Judiciário, conforme dispõe o inciso XXXV do artigo 5º da CF, analisar e decidir as questões relacionadas à perda e suspensão dos direitos políticos.

As hipóteses de *suspensão* são as seguintes: a) incapacidade civil absoluta; b) condenação criminal transitada em julgado, enquanto durarem seus efeitos; e c) prática de atos de improbidade administrativa, conforme artigo 37, § 4º, da CF.

De outra parte, haverá *perda* dos direitos políticos: a) quando houver cancelamento da naturalização por sentença transitada em julgado; e b) quando houver recusa em cumprir obrigação a todos imposta ou prestação alternativa, segundo artigo 5º, VIII, da CF. Nesta última hipótese, há quem entenda que é suspensão e não de perda dos direitos políticos, por conta do artigo 4º, § 2º, da Lei 8.239/1991.

Nesse tópico, há decisão do Supremo no sentido de que a inelegibilidade tem as suas causas previstas nos §§ 4º a 9º do art. 14 da Carta Magna de 1988, que se traduzem em condições objetivas cuja verificação impede o indivíduo de concorrer a cargos eletivos ou, acaso eleito, de os exercer, **e não se confunde com a suspensão ou perda dos direitos políticos, cujas hipóteses são previstas no art. 15 da Constituição da República, e que importa restrição não apenas ao direito de concorrer a cargos eletivos (*ius honorum*), mas também ao direito de voto (*ius sufragii*).** Por essa razão, não há inconstitucionalidade na cumulação entre a inelegibilidade e a suspensão de direitos políticos." (ADC 29; ADC 30 e ADI 4.578, Rel. Min. Luiz Fux, julgamento em 16.02.2012, Plenário, *DJE* de 29.06.2012).

Outro tema relevante diz respeito ao mandato imperativo e ao *recall*. Pelo primeiro, os parlamentares só poderiam ser eleitos de acordo com a forma estabelecida pelo povo que, além de decidir a forma, deveria ser consultado sobre a manutenção ou a revogação de um mandato conferido a alguém. Já o *recall* seria um método de revogação popular do mandato, como por exemplo, se os governantes não honrassem seus projetos divulgados em campanha eleitoral. Ambos não existem no ordenamento jurídico brasileiro.

Princípio da anterioridade ou anualidade eleitoral: dispõe o artigo 16 da CF que a lei que alterar o processo eleitoral entrará em vigor na data de sua publicação, não se aplicando à eleição que ocorra até um ano da data de sua vigência.

De acordo com o STF, informativo 707, "A importância fundamental do princípio da segurança jurídica para o regular transcurso dos processo eleitorais está plasmada no princípio da anterioridade eleitoral positivado no art. 16 da CF. O STF fixou a interpretação desse art. 16, entendo-o como uma garantia constitucional (1) do devido processo legal eleitoral, (2) da igualdade de chances e (3) das minorias (RE 633.703). Em razão do caráter especialmente peculiar dos atos judiciais emanados do Tribunal Superior Eleitoral (TSE), os quais regem normativamente todo o processo eleitoral, é razoável concluir que a CF também alberga uma norma, ainda que implícita, que traduz o postulado da segurança jurídica como princípio da anterioridade ou anualidade em relação à alteração da jurisprudência do TSE. Assim, as decisões do TSE que, no curso do pleito eleitoral (ou logo após o seu encerramento), impliquem mudança de jurisprudência (e dessa forma repercutam sobre a segurança jurídica) não têm aplicabilidade imediata ao caso concreto e somente terão eficácia sobre outros casos no pleito eleitoral posterior" (informativo 707 do STF).

Desincompatibilização: os Chefes do Executivo (Presidente da República, Governadores de Estado e do Distrito Federal ou Prefeitos) que pretendam concorrer à próxima eleição, segundo o § 6º do artigo 14 da CF, deverão renunciar aos respectivos mandatos até seis meses antes do pleito. Nesses casos, os governantes terão de se afastar dos seus cargos de forma definitiva. Vale lembrar que há casos em que será necessário apenas o licenciamento; por exemplo, nas hipóteses de agentes administrativos e autoridades policiais que pretendam disputar o pleito eleitoral.

Reaquisição dos direitos políticos: no caso de suspensão dos direitos políticos, se os motivos que levaram à suspensão não mais persistirem, haverá reaquisição. Já nas hipóteses de perda, é necessário fazer uma divisão: se a perda se deu em razão de cancelamento da naturalização, em virtude de atividade nociva ao interesse nacional reconhecida em sentença transitada em julgado, a reaquisição somente ocorrerá mediante ação rescisória; se a perda decorreu da recusa em cumprir obrigação a todos imposta, o sujeito poderá readquirir os direitos políticos se cumprir tal obrigação ou, na hipótese de serviço militar obrigatório, o cumprimento da prestação de serviço alternativo.

9.8. Partidos políticos

Os partidos políticos têm por função assegurar a autenticidade do sistema representativo, além de defender o estado democrático, os direitos e garantias fundamentais. Podemos considerá-los como o agrupamento de pessoas que possuem os mesmos ideais e objetivos e que pretendem assumir o poder para fazer valer tais preceitos.

Segundo o artigo 17 da CF, é livre a criação, fusão, incorporação e extinção de partidos políticos, resguardados a soberania nacional, o regime democrático, o pluripartidarismo e os direitos fundamentais da pessoa humana. O mesmo dispositivo constitucional menciona que devem ser observados os seguintes preceitos: I – caráter nacional; II – proibição de recebimento de recursos financeiros de entidade ou governo estrangeiros ou de subordinação a estes; III – prestação de contas à Justiça Eleitoral; IV – funcionamento parlamentar de acordo com a lei.

Desse modo, verifica-se que o princípio da liberdade partidária não é ilimitado e irrestrito: há condições para criação, fusão, incorporação e extinção dos partidos políticos.

É importante frisar que os partidos políticos possuem natureza jurídica de direito privado, pois adquirem personalidade jurídica na forma da lei civil. Após tal aquisição, devem registrar seus estatutos no Tribunal Superior Eleitoral. Cumpridas essas formalidades, os partidos serão sujeitos de direito, podendo atuar em juízo.

A Constituição assegura, ainda, a autonomia dos partidos, mencionando que eles definirão sua estrutura interna, organização e funcionamento e poderão adotar os critérios de escolha e o regime de suas coligações eleitorais.

É importante mencionar que a EC 52/2006 constitucionalizou a *quebra da verticalização*, dispondo que não há mais a obrigatoriedade de vinculação entre as candidaturas em âmbito nacional, estadual, distrital ou municipal, devendo os estatutos dos partidos, de forma autônoma, estabelecerem as normas de disciplina e fidelidade partidária.

O § 3º do artigo 17 da CF estabelece que os partidos políticos têm direito a recursos do fundo partidário e acesso gratuito ao rádio e à televisão na forma da lei. Como o dispositivo não faz distinção entre partidos, não se pode concluir que apenas aqueles que tenham representação no Congresso Nacional detêm tais direitos.

Por fim, a Constituição menciona que é proibida a utilização, pelos partidos políticos, de organização paramilitar.

10. CONTROLE DE CONSTITUCIONALIDADE

10.1. Conceito

É o mecanismo de verificação da compatibilidade de um ato normativo em face da Constituição Federal. Todo o ordenamento jurídico brasileiro, ou seja, todas as regras existentes no Brasil devem guardar relação de compatibilidade vertical com o Texto Maior. Não sendo consonantes com o que preconiza a Constituição, devem ser banidas do ordenamento, por meio do instituto denominado controle de constitucionalidade.

10.2. Fundamento

O controle de constitucionalidade tem por fundamento o princípio da *Supremacia Constitucional*, o qual dispõe que as normas constitucionais estão no ápice da pirâmide hierárquica de Kelsen. Todas as normas infraconstitucionais encontram seu fundamento de validade na Constituição Federal. Desse modo, os atos normativos em geral, por estarem abaixo da Constituição, devem ser compatíveis com o ordenamento jurídico maior.

10.3. Objeto

Podem ser objeto de controle tanto os atos legislativos quanto os atos normativos. Os primeiros estão previstos no artigo 59 da Constituição Federal. São eles: emendas constitucionais, leis complementares, leis ordinárias, medidas provisórias, decretos legislativos e resoluções. Os segundos, atos normativos ou administrativos, são os decretos, portarias etc.

É importante mencionar que o ato passível de controle, além de ser dotado de abstração e generalidade, tem de encontrar fundamento de validade diretamente na Constituição e não em norma infraconstitucional.

Além disso, segundo o STF, as normas advindas do poder de revisão (emendas constitucionais de revisão) também são passíveis de controle de constitucionalidade.

As súmulas vinculantes, ao contrário, não podem ser objeto de controle de constitucionalidade, pois não possuem caráter normativo (ADI 594/DF).

10.4. Formas de inconstitucionalidade

10.4.1. Por omissão

Verifica-se a inconstitucionalidade por omissão quando estamos diante de uma norma constitucional de eficácia limitada – aquela que depende de regulamentação por parte do legislador – e não há a edição dessa norma regulamentadora. Aquele que detém competência para elaborá-la não o faz, omite-se. Tal conduta é tida como inconstitucional, pois inviabiliza o exercício de um direito garantido constitucionalmente. Daí falar-se que estamos diante de uma omissão inconstitucional ou uma inconstitucionalidade por omissão.

Ressalta-se que, quando há um direito previsto na Constituição, em uma norma de eficácia limitada, implicitamente há um comando constitucional para que o legislador produza a devida regulamentação. Não é uma faculdade, mas uma ordem que, sendo descumprida, gera inconstitucionalidade. Exemplo: o artigo 7º, XXVII, da Constituição prevê que a proteção dos trabalhadores em face da automação deve ser garantida, na forma da lei. É necessária a edição da referida lei para que o direito possa ser exercitado; enquanto não sobrevém a norma, fala-se que há inconstitucionalidade por omissão.

Outro exemplo é o direito de greve do servidor público, garantido constitucionalmente pelo inciso VII do artigo 37. Dispõe tal comando que o direito de greve será exercido nos termos e nos limites definidos em lei específica. Há uma lei que regulamenta a greve para os empregados, ou seja, para as pessoas sujeitas ao regime celetista. Ocorre que para o servidor público ainda não há lei específica regulamentando a greve. Assim, pergunta-se: pode o servidor público fazer greve? Se sim, por quanto tempo? Quais os limites aplicáveis à greve no serviço público? O Supremo Tribunal Federal, ao analisar dois mandados de injunção impetrados por associações de servidores públicos, deu uma decisão inédita, determinando que enquanto não sobrevier a lei específica que tem por finalidade regulamentar a greve no serviço público, o servidor poderá fazer greve tomando por base as diretrizes estabelecidas pela lei geral de greve, ou seja, a lei que regulamenta a greve para os regidos pela CLT.

Analisaremos, mais adiante, as medidas judiciais cabíveis para sanar o problema gerado pela inconstitucionalidade por omissão que são: o mandado de injunção – meio em que se faz controle difuso de constitucionalidade (art. 5º, LXXI, da CF) – e a Ação Direta de Inconstitucionalidade por Omissão – mecanismo de controle abstrato de constitucionalidade (art. 103, § 2º, da CF).

A inconstitucionalidade por omissão pode se dar de duas formas: parcial ou total. Na primeira hipótese, a norma constitucional de eficácia limitada é regulamentada, mas apenas parcialmente, ou seja, o direito garantido constitucionalmente não foi regulamentado em sua plenitude. Na segunda, nenhuma norma foi produzida a fim de regulamentar o direito. Não existe sequer norma incompleta tratando do assunto, impossibilitando qualquer forma de efetivo exercício do direito.

10.4.2. Por ação

Verifica-se a inconstitucionalidade por ação quando a lei o ou ato normativo está em desacordo com a Constituição. A lei nasceu, mas emanada com vício de inconstitucionalidade. O ato do legislador de produzir uma norma em desacordo com a Carta Magna gera inconstitucionalidade por ação.

Aos três poderes pode ser atribuída tanto a inconstitucionalidade por ação quanto a por omissão.

A por ação pode ser: material ou formal.

10.4.2.1. Inconstitucionalidade material

Ocorre quando o conteúdo da norma fere as disposições e princípios trazidos pela Constituição. A matéria disciplinada pelo ato normativo está em desacordo com o ordenamento jurídico maior. Tal inconstitucionalidade pode se dar por violação às cláusulas pétreas – aquelas previstas no § 4º do artigo 60 da Constituição: I – forma federativa de Estado; II – o voto direto, secreto, universal e periódico; III – a separação dos Poderes; e IV – os direitos e garantias individuais; ou quando viola um direito materialmente garantido pela Constituição. Exemplo: uma lei que estabeleça a pena de morte, pois a Constituição, em seu artigo 5º, inciso XLVII, *a*, veda a imposição de tal penalidade.

10.4.2.2. Inconstitucionalidade formal

Ocorre quando é descumprido algum dos requisitos exigidos quando da elaboração de um ato normativo. As leis, ao serem produzidas, devem seguir um procedimento específico, denominado processo legislativo; se tal procedimento é violado, estamos diante de uma inconstitucionalidade formal. Aliás, o nome do instituto jurídico já nos ajuda a defini-lo, ou seja, a forma, o modo de elaboração é que é violado nessa modalidade de inconstitucionalidade.

Exemplo: um projeto de lei *complementar* aprovado pelo voto da maioria relativa é considerado formalmente inconstitucional, pois para que a lei complementar seja aprovada o quórum exigido, ao contrário do mencionado, é de maioria absoluta.

Outra hipótese de violação de regra de procedimento ocorre quando determinado projeto de lei, de iniciativa privativa, é instaurado, iniciado, por quem não detém competência para tanto; por exemplo, projeto de lei que disponha sobre a criação de cargos, funções ou empregos públicos na administração direta e autárquica ou aumento de sua remuneração iniciado por um Deputado. A competência para iniciar projeto de lei sobre esse tema é privativa do Presidente da República, conforme preconiza o artigo 61, § 1º, II, *a*, da Constituição Federal.

Observação: parte da doutrina também fala em inconstitucionalidade formal "orgânica", que é a que ocorre quando há vício de iniciativa. O problema é de competência, o sujeito ou o órgão que iniciou um projeto de lei não era competente para tanto.

10.4.3. Inconstitucionalidade por arrastamento

De acordo com o STF (ADI 1923), é possível que seja declarada a inconstitucionalidade de dispositivos que, muito embora não tenham sido objeto de impugnação, estão relacionados com as normas declaradas inconstitucionais. Os preceitos não impugnados e que encontrem fundamento de validade na norma tida como inconstitucional serão, "por arrastamento", "por reverberação normativa", "por atração" ou "por inconstitucionalidade consequente de preceitos não impugnados", declarados inconstitucionais. É o que ocorre, por exemplo, com um regulamento de uma lei que teve sua aplicação afastada do ordenamento jurídico, após ser declarada inconstitucional pelo STF. A inconstitucionalidade por reverberação normativa é nomeada pela doutrina de diversas maneiras, conforme acima exemplificado.

10.4.4. "Inconstitucionalidade superveniente"

O Supremo não adota a teoria da inconstitucionalidade superveniente. As normas editadas antes da vigência da CF/1988 que não se mostrem de acordo com o texto não são recepcionadas ou meramente "revogadas". Nesse caso, utilizam-se as regras relativas ao direito intertemporal, em especial as atinentes ao fenômeno da recepção.

10.4.5. Bloco de constitucionalidade

É um instituto que tem por finalidade ampliar o padrão de controle de constitucionalidade. Tudo que é tido como conteúdo constitucional, até mesmo princípios e regras implícitas, integram o denominado bloco de constitucionalidade. Tal assunto possibilita a expansão dos preceitos constitucionais como liberdades públicas, direitos e garantias Em sentido amplo, o bloco abrange princípios, normas, além de direitos humanos reconhecidos em tratados e convenções internacionais incorporados no ordenamento jurídico. De acordo com o Supremo, "a definição do significado de bloco de constitucionalidade – independentemente da abrangência material que se lhe reconheça – reveste-se de fundamental importância no processo de fiscalização normativa abstrata, pois a exata qualificação conceitual dessa categoria jurídica projeta-se como fator determinante do caráter constitucional, ou não, dos atos estatais contestados em face da Carta Política. – A superveniente alteração/supressão das normas, valores e princípios que se subsumem à noção conceitual de bloco de constitucionalidade, por importar em descaracterização do parâmetro constitucional de confronto, faz instaurar, em sede de controle abstrato, situação configuradora de prejudicialidade da ação direta, legitimando, desse modo – ainda que mediante decisão monocrática do Relator da causa (RTJ 139/67) – a extinção anômala do processo de fiscalização concentrada de constitucionalidade" (Informativo 295).

10.5. Classificação do controle de constitucionalidade

10.5.1. Quanto ao momento (preventivo ou repressivo)

Segundo essa classificação, o controle de constitucionalidade pode ser exercido de forma *prévia* ou *preventiva* e *posterior* ou *repressiva* à edição do ato normativo.

Será *prévio ou preventivo* quando o ato normativo impugnado ainda não estiver em vigor. O projeto de lei, e não a lei, é objeto de questionamento, é ele que tem sua constitucionalidade questionada. Exemplo: no trâmite do processo legislativo, há uma fase na qual o projeto é encaminhado ao Presidente da República para que ele o sancione ou o vete, a denominada deliberação executiva. Caso o projeto de lei seja vetado por razões de inconstitucionalidade, estaremos diante do *veto jurídico*, previsto no artigo 66, § 1º, da Constituição Federal. Nessa hipótese o Presidente da República realiza controle preventivo de constitucionalidade.

Outro exemplo se dá na fase de deliberação legislativa, quando a Comissão de Constituição e Justiça (CCJ) analisa a constitucionalidade de um projeto de lei, expedindo parecer. Tal ato, em regra, tem natureza terminativa e a proposta de lei tida como inconstitucional será rejeitada e arquivada.

Excepcionalmente, o Poder Judiciário pode fazer controle preventivo de constitucionalidade, por exemplo, ao julgar mandado de segurança impetrado por parlamentares contra a continuidade de um processo legislativo em que esteja sendo deliberado assunto tendente a abolir uma das cláusulas pétreas. Segundo o Supremo, os deputados e senadores possuem o direito líquido e certo ao chamado devido processo legislativo. Por conta disso, podem impetrar mandado de segurança quanto há violação das regras procedimentais, ainda que o processo legislativo não tenha sido concluído. Vale lembrar que a impetração do remédio com esta finalidade específica é dada apenas aos congressistas.

Será *posterior ou repressivo (controle superveniente)* quando o ato normativo eivado de vício de inconstitucionalidade já tenha sido editado. A lei, a ser ou não declarada inconstitucional, já produz efeitos no mundo jurídico.

Normalmente quem faz controle repressivo de constitucionalidade é o Poder Judiciário e o faz pelas vias difusa e concentrada, tema que será abordado adiante. Vale destacar que a Constituição admite, de forma excepcional, que o Poder Legislativo também faça esse controle, por exemplo, na hipótese do artigo 62, § 5º, da CF, em que ele rejeita medida provisória por considerá-la inconstitucional. Outra situação ocorre quando o Congresso Nacional susta, por meio de decreto legislativo, atos normativos do Poder Executivo que exorbitaram seu poder regulamentar ou excederam os limites da delegação legislativa, conforme disposição prevista nos artigos 49, V, 84, IV, e 68, todos da CF.

10.5.2. Quanto ao órgão competente (político ou judiciário)

O *controle político* é aquele realizado por alguém que não integra o Poder Judiciário. Exemplos: controle prévio realizado pelo Presidente da República ao vetar um projeto de lei inconstitucional; controle realizado pelas Comissões de Constituição e Justiça, no âmbito do Poder Legislativo.

Já o *controle judiciário é* aquele realizado por algum órgão do Poder Judiciário. Pode ser feito de duas maneiras: pela via difusa (via de exceção ou defesa) ou concreta (via de ação).

10.6. Controle difuso (via de exceção ou defesa)

É aquele realizado por qualquer juiz ou tribunal num caso concreto. Os magistrados, quando do julgamento de processos, podem fazer esse controle. É também denominado de controle incidental, pois a declaração de inconstitucionalidade se dá não de forma principal, mas incidentalmente, no processo. O pedido principal não é a declaração de inconstitucionalidade, mas um provimento jurisdicional num caso concreto, que depende da apreciação da constitucionalidade do ato normativo.

Exemplo: alguém não quer pagar um determinado imposto, pois acredita que a lei na qual o Fisco se baseia para cobrar tal tributo é inconstitucional. Desse modo, ingressa com uma ação perante o Judiciário para obter uma declaração de que não deve pagar o tributo. Vejam: o pedido principal é a declaração do não pagamento do tributo. A causa de pedir, ou seja, o fundamento do pedido é a declaração de inconstitucionalidade.

Outro exemplo admitido ocorre quando há controle incidental exercido por meio de uma ação civil pública. Nesse caso, segundo o Supremo, a declaração de inconstitucionalidade não será o pedido principal, mas apenas a causa de pedir e também não poderá ser o único objetivo da ação. Os efeitos serão, em regra, ***inter partes*****.**

Embora a atribuição de fazer controle difuso seja dada a qualquer juiz ou tribunal, este último, ao fazê-lo, terá de observar o instituto previsto no artigo 97 da Constituição Federal, denominado *cláusula de reserva de plenário*. Dispõe tal artigo que, se o controle de constitucionalidade for realizado por um tribunal, somente pela *maioria absoluta* dos seus membros ou dos membros do respectivo órgão especial é que poderá ser declarada a inconstitucionalidade de uma lei.

Vale lembrar o enunciado da Súmula Vinculante n. 10, que prevê a violação da cláusula de reserva de plenário pela decisão de órgão fracionário de tribunal que, embora não declare expressamente a inconstitucionalidade de lei ou ato normativo do poder público, afasta sua incidência, no todo ou em parte.

Isso significa que os órgãos fracionários de um determinado tribunal, por exemplo, as Turmas e as Câmaras, não poderão declarar, sozinhas, a inconstitucionalidade de uma norma. Para que o façam, é necessário o voto da maioria absoluta de seus membros ou de seu órgão especial, quando existir.

Desse modo, para que a questão seja analisada, a Turma ou a Câmara do Tribunal deverá afetar a matéria ao pleno, ou seja, remeter a questão para ser julgada pelo plenário ou órgão especial. Tal ato só não será dessa maneira quando a Turma ou Câmara já tiver se manifestado sobre a questão ou quando o Supremo Tribunal Federal já tiver decidido sobre a matéria. É o que dispõe o parágrafo único do artigo 481 do CPC. Ou seja, nessas situações os órgãos fracionários não precisarão remeter ao pleno ou ao órgão especial a arguição de inconstitucionalidade.

Os *efeitos* produzidos, em sede de controle difuso, são, em regra, segundo o artigo 468 do CPC, *inter partes*. Atingem somente as partes que participaram do processo. Se existirem pessoas em situação idêntica, elas próprias deverão ingressar com suas ações para que obtenham provimento jurisdicional semelhante.

Tais efeitos também são, em regra, *ex tunc*, ou seja, retroagem à data da expedição do ato normativo viciado. Diz-se "em regra", pois há um procedimento hábil para modificar esses efeitos. Dispõe o artigo 52, X, da CF que compete privativamente ao Senado Federal *suspender* a execução, no todo ou em parte, de lei declarada inconstitucional por decisão definitiva do Supremo Tribunal Federal. Assim, pode o Supremo, após o trânsito em julgado da decisão, comunicar ao Senado os termos de sua deliberação para que ele, se desejar, edite uma resolução determinando a suspensão da execução da norma declarada inconstitucional a partir desse momento. Fazendo isso, os efeitos, que antes eram *inter partes* e *ex tunc*, passarão a ser *erga omnes*, ou seja, a lei ficará suspensa para todas as pessoas; e *ex nunc ou pro futuro*, isto é, terá efeitos a partir do momento da expedição da resolução.

Por fim, é possível, em sede de controle difuso, a aplicação analógica do art. 27 da Lei 9.868/1999, que determina que ao declarar a inconstitucionalidade de lei ou ato normativo, e tendo em vista razões de segurança jurídica ou de excepcional interesse social, poderá o Supremo Tribunal Federal, por maioria de dois terços de seus membros, restringir os efeitos daquela declaração ou decidir que ela só tenha eficácia a partir de seu trânsito em julgado ou de outro momento que venha a ser fixado.

10.7. Controle concentrado (via de ação)

O controle por via de ação é aquele exercido por meio de uma ação própria, em que o pedido principal é a declaração da inconstitucionalidade ou da constitucionalidade de uma lei ou ato normativo. É o controle abstrato da lei por meio de um processo que será julgado pelo STF. Assim, a Corte somente irá apreciar a lei em tese e não esta diante de um caso concreto.

Diferentemente ocorre no controle por via de exceção, em que o pedido principal não é a declaração de inconstitucionalidade ou de constitucionalidade, onde tais argumentos são utilizados apenas com o intuito de defesa, ou seja, o sujeito para ver seu pedido acolhido se defende alegando a inconstitucionalidade da norma.

O controle concentrado pode ser realizado por meio das seguintes ações: Ação Direta de Inconstitucionalidade (ADI) – genérica, por omissão e interventiva, Ação Declaratória de Constitucionalidade (ADC) e Arguição de Descumprimento de Preceito Fundamental (ADPF).

Segundo o Supremo, se os requisitos dessas ações forem cumpridos, é possível a aplicação do princípio da fungibilidade, podendo uma ser recebida como outra.

10.7.1. Ação Direita de Inconstitucionalidade – ADI

10.7.1.1. Conceito e objeto

A ADI está prevista no artigo 102, I, "a", da CF e também na Lei n. 9.868/1999. É uma ação constitucional que tem por objetivo verificar se uma lei ou ato normativo *federal* ou *estadual* está em conformidade com o que dispõe a Constituição Federal. Assim, o objeto da ADI pode ser uma lei estadual ou federal, entendida em sentido amplo, abarcando todas as espécies legislativas previstas no artigo 59 da CF, quais sejam, emendas constitucionais, leis complementares, leis ordinárias, leis delegadas, medidas provisórias, decretos legislativos e resoluções.

Vale lembrar que a causa de pedir na ADI é aberta, ou seja, o STF não está vinculado à fundamentação jurídica trazida pelo autor. A norma impugnada é analisada em face de toda a Constituição.

Além disso, uma norma revogada, de eficácia exaurida, ou que seja revogada quando a ADI estiver em andamento, por não produzir mais efeitos, faz com que a ação perca o objeto. O prosseguimento da ADI nessa hipótese ou a sua propositura, no caso de norma já revogada, não seria útil.

10.7.1.2. Legitimados

O artigo 103 da Constituição Federal dispõe que são legitimados para propor a ação direta de inconstitucionalidade e a ação declaratória de constitucionalidade as seguintes pessoas ou órgãos:

I. o Presidente da República;

II. a Mesa do Senado Federal;

III. a Mesa da Câmara dos Deputados;

IV. a Mesa de Assembleia Legislativa ou da Câmara Legislativa do Distrito Federal;

V. o Governador de Estado ou do Distrito Federal;

VI. o Procurador-Geral da República;

VII. o Conselho Federal da Ordem dos Advogados do Brasil;

VIII. partido político com representação no Congresso Nacional;

IX. confederação sindical ou entidade de classe de âmbito nacional.

Dentre as pessoas e órgãos mencionados há os que possuem legitimidade *universal* ou neutra e os legitimados especiais, *temáticos* ou interessados, que são aqueles que precisam demonstrar *pertinência temática* ao ingressar com essas ações, ou seja, o conteúdo do ato deve ser pertinente aos interesses do legitimado, sob pena de carência da ação (falta de interesse de agir).

Devem vir acompanhadas de tal requisito as ações propostas pelos seguintes legitimados: a Mesa de Assembleia Legislativa ou da Câmara Legislativa do Distrito Federal (inciso IV); o Governador de Estado ou do Distrito Federal (inciso V); e confederação sindical ou entidade de classe de âmbito nacional (inciso IX). O Supremo já definiu que pertinência temática significa que a ação proposta pelo ente tem de estar de acordo com sua finalidade institucional.

Ainda quanto aos legitimados, é necessário observar a decisão do Plenário do Supremo, no julgamento da ADI 3.153-AgR, que retomou o entendimento de que as "associações de associações" de âmbito nacional possuem legitimidade para propor ação direta de inconstitucionalidade.

Por fim, de acordo com o STF, "descabe confundir a legitimidade para a propositura da ação direta de inconstitucionalidade com a capacidade postulatória. Quanto ao governador do Estado, cuja assinatura é dispensável na inicial, tem-na o procurador-geral do Estado." (ADI 2.906, Rel. Min. Marco Aurélio, julgamento em 1º.06.2011, Plenário, *DJE* de 29.06.2011).

Vale lembrar que recentemente na prova para o concurso de delegado do Estado de São Paulo o tema legitimados à propositura das ações do controle concentrado (art. 103 da CF) foi questionado.

10.7.1.3. Regras trazidas pela Lei Federal 9.868/1999

10.7.1.3.1. Possibilidade de cautelar em ADI (art. 10)

A cautelar numa ADI é uma decisão de caráter provisório e que tem por finalidade antecipar os efeitos que serão dados quando do julgamento do mérito da ADI. Para que seja concedida, a votação no STF tem que se dar pelo quórum de maioria absoluta. Sendo deferida, a consequência prática é a suspensão da execução da lei, objeto de questionamento no Supremo. Nesse caso, havendo legislação anterior à lei questionada, ela passará a ter aplicação até que sobrevenha a decisão de mérito. Essa situação está prevista no § 2º do artigo 11 da Lei 9.868/1999 e é denominada pela doutrina de *efeito repristinatório*.

A medida cautelar tem eficácia *erga omnes* e efeito *ex nunc*, ressalvada a hipótese da Corte entender que deve conceder eficácia *ex tunc* (retroativa).

Vale lembrar que se a cautelar for indeferida, isso não significa que a constitucionalidade da lei foi confirmada.

10.7.1.3.2. Possibilidade de participação do *amicus curiae*

Tal expressão significa literalmente amigo da corte. O § 2º do artigo 7º da Lei 9.868/1999 traz a possibilidade do relator do processo, considerando a relevância da matéria e a representatividade dos legitimados, admitir a manifestação de outros órgãos ou entidades. Esta participação permitirá que a Corte profira uma decisão fundamentada não só com base técnica jurídica, mas também com subsídios específicos relacionados a outra áreas, como, por exemplo, a medicina, engenharia etc. O Supremo entende que a figura do *amicus curiae* tem por principal finalidade pluralizar o debate constitucional.

Um exemplo desta figura se deu quando do julgamento da possibilidade de utilização das células-tronco embrionárias para tratamento de doenças e pesquisas medicinais.

Por fim, de acordo com o Supremo (ADI 3615), o amigo da corte não pode interpor recursos, exceto se for discutir sobre a sua própria intervenção no processo.

10.7.1.3.3. Defesa promovida pelo Advogado-Geral da União

Em razão do princípio da presunção de constitucionalidade das leis, incumbe ao Advogado-Geral da União a defesa da lei ou ato normativo (curador especial). No entanto, caso haja decisão pela inconstitucionalidade proferida em controle na via de exceção pelo Pretório Excelso, este tem admitido que o AGU deixe de defender a lei em questão. A mesma regra, por conta do princípio da simetria, vale para o Procurador-Geral do Estado que também pode, nesse caso, deixar de defender a constitucionalidade da norma.

O Procurador-Geral da República será sempre ouvido na ADI, de acordo com o §1º do art. 103 da Constituição, após o AGU.

10.7.1.3.4. Possibilidade de realização de audiência pública

O artigo 9º, § 1º, também da Lei n. 9.868/1999 autoriza que, em caso de necessidade de esclarecimento de matéria ou circunstância de fato ou de notória insuficiência das informações existentes nos autos, o relator requisite informações adicionais, designe perito ou comissão de peritos para que emita parecer sobre a questão, ou, ainda, realize *audiência pública* para ouvir depoimentos de pessoas com experiência e autoridade na matéria. As primeiras audiências públicas, algo inédito na Suprema Corte, ocorreram recentemente e tiveram origem quando da análise da possibilidade ou não do uso das células-tronco para pesquisas.

10.7.1.3.5. Votação

Os artigos 22 e 23 da Lei 9.868/1999 exigem que a decisão da ação direta de inconstitucionalidade seja efetivada por pelo menos seis ministros (maioria absoluta) e desde que presentes na sessão o mínimo de oito ministros.

10.7.1.3.6. Efeitos

Quando declarada a constitucionalidade, o efeito sempre será *ex tunc*, ou seja, retroage à data da edição do ato normativo. Já se houver declaração da inconstitucionalidade, em regra, também produzirá efeitos *ex tunc*. Todavia, por motivos de *segurança jurídica* ou de excepcional *interesse social*, o STF poderá conceder eficácia *ex nunc* (a partir do trânsito em julgado da decisão ou de outro momento que venha a ser fixado), ou, ainda, restringir os efeitos da decisão, mediante votação por maioria de 2/3 de seus membros. É denominada pela doutrina de *modulação dos efeitos da decisão*.

Ademais, a decisão sempre terá eficácia *erga omnes* e será vinculante aos órgãos do Poder Judiciário e à Administração direta e indireta, nas esferas federal, estadual e municipal.

Vale lembrar que pela **teoria da transcendência dos motivos determinantes** os fundamentos das decisões proferidas pelo Supremo em sede de controle de constitucionalidade também possuem efeito vinculante.

Frisa-se que a decisão é irrecorrível, não podendo nem ser objeto de ação rescisória; só é possível a utilização dos embargos de declaração.

Por fim, de acordo com o STF (Rcl 1880, Rel. Min. Maurício Correa), todos aqueles que demonstrarem ter sofrido prejuízo por conta de decisão judicial ou ato administrativo que colida com decisão definitiva dada em sede de controle concentrado poderão ingressar com **reclamação** no STF.

10.7.2. Ação Declaratória de Constitucionalidade – ADC

10.7.2.1. Conceito e objeto

A ADC também está prevista nos artigos 102, I, "a", e 103, I a IX, da CF e na Lei n. 9.868/1999. É uma ação constitucional que tem por objetivo verificar a constitucionalidade de uma lei ou ato normativo *federal*.

A dúvida que pode surgir é a seguinte: se as leis são presumidamente constitucionais, por que existe uma ação para declarar a constitucionalidade de uma norma? Exatamente por conta de tal presunção, a Lei 9.868/1999 traz em seu artigo art. 14, III, a necessidade da observância de um requisito para a propositura dessa ação, qual seja, é imprescindível que haja *controvérsia judicial relevante* em relação à constitucionalidade da norma objeto de questionamento no Supremo. Sem a prova da existência de importante divergência jurisprudencial sobre a aplicação ou não de determinada norma a ADC não poderá ser conhecida.

Desse modo, ao ser editada uma norma, não há como, nos dias posteriores à edição, ingressar com tal ação, pois sequer houve tempo hábil para a existência de uma controvérsia judicial relevante – requisito indispensável para que a ação seja proposta.

Também se fala que a presunção de constitucionalidade de que todas as normas gozam é uma presunção relativa – *juris tantum*, ou seja, aquela que admite prova em contrário.

10.7.2.2. Legitimados

São os mesmos da ADI – art. 103 da CF. Todas as observações que foram feitas em relação aos legitimados universais e aos temáticos ou especiais servem aqui.

10.7.2.3. Possibilidade de cautelar em ADC

O artigo 21 da Lei n. 9.868/1999 admite a cautelar em ADC, desde que concedida por decisão da maioria absoluta dos membros do Supremo Tribunal Federal. O efeito produzido pela decisão que acolhe a cautelar será o de suspender, por 180 dias, o julgamento de todos os processos que envolvam a aplicação da norma objeto de questionamento.

10.7.2.4. Defesa promovida pelo Advogado-Geral da União

Não há defesa pelo Advogado-Geral da União.

Observação: a doutrina menciona que a ADI e a ADC são ações de natureza dúplice, ambivalentes ou de sinais trocados porque a procedência em qualquer delas equivale à improcedência da outra.

O julgamento final de uma ADI, dando-a por procedente, faz com que a norma impugnada seja declarada inconstitucional. Agora, se uma ADI for julgada improcedente significa que a norma impugnada é declarada constitucional. Na ADC é o oposto; se ela for julgada procedente significa que a norma objeto de questionamento no Supremo é tida como constitucional. Já se for julgada improcedente a norma impugnada é declarada inconstitucional.

Por ser assim, a doutrina denomina tais ações de natureza dúplice, ambivalentes ou de sinais trocados. Quando uma for declarada procedente a outra, necessariamente, tem de ser declarada improcedente e vice-versa. Corroborando tal entendimento, o artigo 24 da Lei Federal 9.868/1999 menciona que, proclamada a constitucionalidade, julgar-se-á improcedente a ação direta ou procedente eventual ação declaratória; e, proclamada a inconstitucionalidade, julgar-se-á procedente a ação direta ou improcedente eventual ação declaratória.

10.7.2.5. Efeitos

Valem aqui todos os comentários feitos sobre os efeitos da ADI, diante da natureza dúplice das ações.

10.7.3. Arguição de Descumprimento de Preceito Fundamental – ADPF

10.7.3.1. Conceito e objeto

A ADPF está prevista no artigo 102, § 1º, da CF e na Lei n. 9.882/1999. É uma ação constitucional que tem por objetivo verificar se uma lei ou ato normativo viola um preceito fundamental previsto na Constituição. Tal ação surgiu com a finalidade de complementar o sistema de controle já existente.

O objeto da ADPF é o mais abrangente de todas as ações de controle concentrado. Desse modo, cabe tal ação quando uma lei ou ato normativo federal, estadual, municipal e ainda norma pré-constitucional, ou seja, normas editadas antes da vigência da constituição, violem preceitos fundamentais.

Vale lembrar que a impugnação de lei municipal em face da CF, em sede de controle concentrado, só pode ocorrer por meio de ADPF. Mas, em sede de controle difuso, a lei municipal eivada do vício de inconstitucionalidade pode ser levada ao Supremo por meio do recurso extraordinário.

Outra observação relevante é que esta ação admite o controle de normas de efeitos concretos (ADI 4048/MC).

10.7.3.2. Legitimados

São os mesmos da ADI e ADC, que estão no art. 103 da CF.

10.7.3.3. Peculiaridades da Lei 9.882/1999

10.7.3.3.1. Caráter subsidiário

Segundo o § 1º do art. 4º, a ADPF só será cabível quando não houver outro meio eficaz para sanar a lesividade. Havendo a possibilidade de solucionar o problema da violação da constituição por outro meio, inclusive com o ajuizamento de ADI ou ADC, será este outro meio que deverá ser utilizado.

10.7.3.3.2. Ausência de conceito de preceito fundamental

Não há uma definição legal de preceito fundamental. O Supremo Tribunal Federal que, ao conhecer das ADPFs propostas, determinará o que é e o que não é assim considerado.

10.7.3.3.3. Possibilidade de cautelar

O art. 5º da Lei 9.882/1999 prevê a possibilidade de concessão de medida cautelar, que será declarada pela maioria absoluta dos membros do STF.

10.7.3.3.4. Defesa do AGU

A Lei n. 9.882/1999 não exige a defesa do ato impugnado pelo Advogado-Geral da União.

O Procurador-Geral da República, quando não for o autor da ação, será ouvido.

10.7.3.3.5. Efeitos

Julgada a ação, far-se-á comunicação às autoridades ou órgãos responsáveis pela prática dos atos questionados, fixando-se as condições e o modo de interpretação e aplicação do preceito fundamental.

A decisão terá eficácia *erga omnes* e efeito vinculante relativamente aos demais órgãos do Poder Público.

10.7.4. ADI por omissão ou ADO

10.7.4.1. Conceito e objeto

A ADI por omissão está prevista no artigo 103, § 2º, da CF e no Capítulo II-A da Lei n. 9.868/1999. Tal capítulo foi acrescentado pela Lei Federal 12.063 de 27 de outubro de 2009.

É uma ação constitucional que tem por objetivo sanar uma inconstitucionalidade por omissão ou, como também denominada, uma omissão inconstitucional.

Conforme já analisamos, as normas constitucionais podem ter eficácia plena, contida e limitada. A última, ou seja, aquela que depende de regulamentação para que o exercício do direito por ela garantido traz, implicitamente, um comando normativo para que o legislador infraconstitucional produza a norma regulamentadora. Quando ele não o faz, estamos diante de uma inconstitucionalidade por omissão. Fala-se que o legislador, nesta hipótese, encontra-se em mora, em atraso, pois não cumpre o comando constitucional de elaborar a norma para possibilitar o exercício de um direito constitucionalmente assegurado.

A omissão pode ser total ou parcial, conforme já estudado.

10.7.4.2. Legitimados

Segundo o artigo 12-A da Lei 9.868/1999, podem propor ADI por omissão os mesmos legitimados à propositura da ação direita de inconstitucionalidade (genérica) e da ação declaratória de constitucionalidade. Desse modo, todas as observações feitas em relação aos legitimados no item da ADI genérica valem aqui.

10.7.4.3. Possibilidade de cautelar em ADI por comissão

Havendo excepcional urgência e relevância da matéria poderá ser concedida medida cautelar em sede de ADI por omissão. O Tribunal, pelo voto da maioria absoluta dos membros e após a audiência dos órgãos ou autoridades responsáveis pela omissão, é competente para conceder a cautelar. Sendo concedida será aberto o prazo de cinco dias para que os responsáveis pela omissão se manifestem. Vale lembrar que essa possibilidade foi trazida pela Lei 12.063 de 27 de outubro de 2009 que acrescentou, além de outros dispositivos, o artigo 12-F à Lei 9.868/1999.

É importante ressaltar que a medida cautelar, quando estivermos diante de uma omissão parcial, fará com que seja suspensa a aplicação da lei ou do ato normativo impugnado. Tal medida também poderá resultar na suspensão de processos judiciais ou de procedimentos administrativos em andamento, ou ainda, numa outra providência fixada pelo próprio Tribunal.

10.7.4.4. Defesa do AGU

Não há defesa pelo Advogado-Geral da União, devido à ausência de norma.

O Procurador-Geral da República será ouvido apenas se o relator do processo considerar indispensável. Se isso ocorrer, deverá ser feito dentro do prazo de 3 dias, conforme § 2º do artigo 12-F da Lei 9.868/1999.

10.7.4.5. Efeitos

Declarada a inconstitucionalidade por omissão, será dada ciência ao Poder competente para a adoção das providências necessárias e, em se tratando de órgão administrativo, para fazê-lo em 30 dias ou em prazo razoável a ser estipulado excepcionalmente pelo Tribunal, tendo em vista as circunstâncias específicas do caso e o interesse público envolvido (art. 12-H da Lei 9.868/1999).

10.8. Mecanismos de interpretação utilizados no controle de constitucionalidade

10.8.1. Interpretação conforme a constituição ou apenas "interpretação conforme"

É um mecanismo de interpretação utilizado pelo Supremo que tem por finalidade "salvar" a norma, não a declarando inconstitucional e consequentemente banindo-a do ordenamento jurídico brasileiro. Tem por fundamento o princípio da conservação ou da preservação das normas. Aqui, o Supremo fixa uma interpretação que deve ser seguida. Em vez de declarar a norma inconstitucional, determina que a lei é constitucional desde que interpretada de tal maneira. Há apenas uma interpretação possível para aquela norma, que é a fixada por ele quando da análise de sua constitucionalidade.

10.8.2. Declaração de inconstitucionalidade parcial sem redução de texto

Também é considerado um mecanismo de interpretação utilizado pelo Supremo que tem por finalidade "salvar" a norma.

Da mesma maneira que a interpretação conforme, na declaração parcial a Corte não declara a norma inconstitucional e retira-a do ordenamento jurídico, mas apenas declara que determinada interpretação (parte) dada à norma é inconstitucional.

Sabemos que uma lei pode ser interpretada de mais de uma maneira e que, às vezes, uma interpretação dada não está de acordo com o que diz a Constituição. É exatamente nessa hipótese que o STF se vale da declaração parcial sem redução de texto. Em vez de declarar a norma inconstitucional, determina que uma interpretação, dentre as diversas que possam existir, é inconstitucional. Assim, a declaração não é total e sim parcial, haja vista que há mais de uma interpretação para aquela lei.

É, ainda "sem redução de texto", pois a norma em si é preservada, o que é declarado parcialmente inconstitucional é a interpretação dada a ela. Também tem escopo no princípio da conservação ou preservação das normas.

10.8.3. Parcelaridade

Significa que o Supremo, ao analisar uma norma que esteja sendo impugnada por razões de inconstitucionalidade, pode declarar inconstitucional todo o seu conteúdo ou apenas parte dele. Exemplo: o Supremo, ao analisar a constitucionalidade do artigo 7º, § 2º, do Estatuto da Ordem dos Advogados do Brasil, declarou inconstitucional apenas a expressão "desacato". Desse modo, pelo princípio da parcelaridade, o Supremo não fica adstrito ao texto de uma lei inteira ou um artigo, um inciso, um parágrafo ou uma alínea – pode entender que é inconstitucional apenas uma palavra, por exemplo. Diferentemente ocorre quando o Presidente da República veta uma lei. Nesse caso, somente poderá vetar juridicamente uma lei inteira ou um ou mais artigos, incisos, parágrafos ou alíneas. Não pode vetar apenas uma palavra, pois isso poderia fazer com que todo o sentido da lei fosse modificado.

10.8.4. Modulação dos efeitos produzidos pelo controle de constitucionalidade ou apenas "modulação de efeitos"

O nome do instituto já dá ideia do que venha a ser – modular significa mudar, alterar. Em regra, os efeitos produzidos no controle difuso são *inter partes* e *ex tunc*; no controle concentrado são *erga omnes*, vinculantes e *ex tunc*. A modulação serve justamente para que esses efeitos sejam modificados, conforme já estudado.

10.9. Controle de constitucionalidade estadual

O artigo 125, § 2º, da CF traz a possibilidade dos Estados instituírem a representação de inconstitucionalidade de leis ou atos normativos estaduais ou municipais em face da Constituição Estadual. Trata-se do controle estadual de constitucionalidade das leis, que visa ao exame da compatibilidade formal e material das normas estaduais e municipais em face das Constituições Estaduais.

A ação de inconstitucionalidade deve ser proposta perante Tribunal de Justiça do Estado. Para tanto, deve haver previsão e regulamentação nas próprias Constituições Estaduais, que não poderão atribuir a legitimação para agir a um único órgão, de acordo com a parte final do artigo 125, § 2º, da CF.

Caso a norma estadual ou municipal contrarie, simultaneamente, o disposto na Constituição Estadual e na Federal, o Tribunal não poderá se manifestar quanto à constitucionalidade ou não de tal norma em face da Constituição Federal, sob pena de usurpação de função, pois somente o STF pode fazer o controle em comento. Diferentemente ocorre se a norma tomada como padrão é dispositivo de reprodução obrigatória pelas Constituições Estaduais.

Desse modo, quando houver simultaneidade de ações (ação direta de inconstitucionalidade impugnando lei estadual perante o Supremo e o Tribunal de Justiça respectivo), a ação de âmbito estadual deve ter o seu curso suspenso até que a Corte Maior decida.

Destaca-se que não é possível a propositura de ADI e ADC de lei municipal em face da Constituição Federal, devendo o controle ser realizado por meio de ADPF ou via controle difuso.

Ademais, nos termos da Súmula 642 do STF, não cabe ADI perante o Pretório Excelso de lei do Distrito Federal decorrente de sua competência legislativa municipal.

11. ORGANIZAÇÃO DO ESTADO

11.1. Introdução

O Estado é formado por três elementos, quais sejam, o povo (indivíduos que habitam o mesmo local), o território (local que abriga os indivíduos) e a soberania.

Quanto à forma, fala-se que o Estado pode ser classificado em Unitário ou Federal. Unitário é aquele em que as capacidades legislativa, política e administrativa se concentram nas mãos de um único centro, de um único governo. A doutrina denomina os Estados Unitários, como Cuba e França, de Estados Simples. Já o Federal é aquele em que há repartição de competências e as capacidades mencionadas estão divididas em vários centros. É denominado pela doutrina de Estado Composto. O Brasil, a Alemanha e os Estados Unidos são alguns exemplos de Estado Federal ou Estado Composto.

A forma de governo é justamente a relação existente entre aqueles que governam e os que são governados. Por meio dela é que se verifica como é feita a instituição do poder. Fala-se em República ou Monarquia. Na primeira os governantes são eleitos, direta ou indiretamente, para que exerçam o poder por um período determinado. Já na segunda, monarquia, o poder advém da família, é vitalício e os governantes não precisam prestar contas para os governados.

Os sistemas de governo dizem respeito à maneira pela qual as funções legislativa, executiva e judiciária são relacionadas. No presidencialismo, além da independência entre os poderes, que são harmônicos entre si, o detentor do poder cumula as funções de chefe de Estado e chefe de governo. Normalmente nas repúblicas adota-se o presidencialismo. No parlamentarismo existe apoio e colaboração entre as funções e o poder é dividido. O presidente não cumula as funções de chefe de Estado e de governo, apenas chefia o Estado e delega a atribuição de cuidar do governo ao primeiro-ministro. Este, por sua vez, para comandar o país tem de ter o apoio do parlamento.

O artigo 1º da Constituição dispõe que o Brasil constitui-se numa república federativa, ou seja, tal dispositivo constitucional afirma que a forma federativa de Estado é a que foi adotada por nós. Além disso, o mesmo dispositivo nos ensina que somos um Estado republicano e democrático.

As pessoas políticas que integram a federação, segundo o artigo 18, *caput*, da Constituição Federal, são: a União, os Estados-membros, o Distrito Federal e os Municípios.

Fortificando o pacto federativo e a autonomia dos entes que o compõem, o Supremo editou a Súmula 681, que dispõe que é inconstitucional a vinculação do reajuste de vencimentos de servidores estaduais ou municipais a índices federais de correção monetária.

11.2. União

No âmbito interno, é considerada pessoa jurídica de direito público, dotada de autonomia, pois detém tripla capacidade: a) auto-organização, b) autogoverno; e c) autoadministração. No âmbito internacional, a União tem por finalidade representar a República Federativa do Brasil, ou seja, tem por missão assegurar a soberania do país.

O artigo 20 da Constituição Federal traz uma enumeração dos bens pertencentes à União, dentre eles estão, por exemplo, o mar territorial, os terrenos de marinha e seus acrescidos, os potenciais de energia elétrica, os recursos minerais, inclusive os do subsolo e as terras tradicionalmente ocupadas pelos índios. Vale lembrar que, conforme a Súmula 650 do STF, os incisos I e XI do art. 20 da CF não alcançam terras de aldeamentos extintos, ainda que ocupadas por indígenas em passado remoto.

O artigo 153 do mesmo diploma legal enumera os impostos de competência da União, ou seja, os impostos federais. São os seguintes: imposto de importação (II), imposto de exportação (IE), imposto de renda e proventos de qualquer natureza (IR), imposto sobre produtos industrializados (IPI), imposto sobre operações de crédito, câmbio e seguro, ou relativas a títulos ou valores mobiliários (IOF), imposto sobre a propriedade territorial rural (ITR) e o imposto sobre grandes fortunas (IGF).

O Poder Executivo da União é composto pelo Presidente da República, Vice-Presidente, Ministros, Conselho da República e Conselho de Defesa Nacional, conforme dispõem os artigos 76 a 91 da Constituição Federal.

Já o Poder Judiciário da União é tratado a partir do artigo 101 até o 124 da Constituição. Dentre as matérias de competência dos juízes federais podemos destacar, conforme artigo 109 da Constituição, as seguintes: as causas em que a União, entidade autárquica ou empresa pública federal forem interessadas na condição de autoras, rés, assistentes ou oponentes, exceto as de falência, as de acidentes de trabalho e as sujeitas à Justiça Eleitoral e à Justiça do Trabalho; os crimes políticos e as infrações penais praticadas em detrimento de bens, serviços ou interesses da União; as causas fundadas em tratados internacionais; os crimes cometidos a bordo de aeronaves, ressalvada a competência da justiça militar; e a disputa sobre direitos indígenas.

O Poder Legislativo da União é representado pelo Congresso Nacional (Câmara de Deputados e Senado Federal).

11.2.1. Competências da União

As competências da União podem ser de duas naturezas distintas:

11.2.1.1. Competências não legislativas

São também chamadas de competências administrativas ou materiais. Por meio delas é possível identificar o âmbito de atuação de cada ente federativo. Tais competências se dividem em exclusiva e comum.

A primeira, *exclusiva*, está prevista no artigo 21 da Constituição Federal, o qual dispõe que compete à União, por exemplo, manter relações com Estados estrangeiros e participar de organizações internacionais; manter o serviço postal e o correio aéreo nacional; conceder anistia; permitir, nos casos previstos em lei complementar, que forças estrangeiras transitem pelo território nacional ou nele permaneçam temporariamente etc. Essas atribuições, dadas pela competência exclusiva, são *indelegáveis*, ou seja, somente a União poderá efetivá-las.

É importante ressaltar que o STF, em sessão plenária, no julgamento da ADPF 46, declarou como recepcionada pela Constituição de 1988 a Lei 6.538/1978, que dispõe sobre o monopólio da Empresa Brasileira de Correios e Telégrafos na exploração dos serviços postais, emprestando interpretação conforme à Constituição ao seu art. 42.

Desse modo, a Corte Suprema determina que "a CF confere à União, em caráter exclusivo, a exploração do serviço postal e o correio aéreo nacional (art. 21, X). O serviço postal é prestado pela Empresa Brasileira de Correios e Telégrafos (ECT), empresa pública, entidade da administração indireta da União, criada pelo Decreto-Lei 509, de 10.03.1969." (ADPF 46, Rel. p/ o ac. Min. Eros Grau, julgamento em 05.08.2009, Plenário, *DJE* de 26.02.2010).

A competência *comum*, também denominada de paralela, concorrente ou cumulativa, tem a ver com as atribuições dadas a todos os entes da federação (União, Estados, Distrito Federal e Municípios). O artigo 23 da Constituição Federal traz o rol de assuntos que serão tratados pelas pessoas políticas mencionadas. O parágrafo único do mesmo artigo, com redação dada pela Emenda Constitucional n. 53 de 2006, dispõe que leis complementares fixarão normas para a cooperação entre a União, os Estados, o Distrito Federal e os Municípios, tendo em vista o equilíbrio do desenvolvimento e do bem-estar em âmbito nacional. Agora, se mesmo focadas no objetivo mencionado, houver conflito de competência entre elas, tal problema deverá ser sanado com base no princípio da preponderância ou prevalência do interesse.

11.2.1.2. Competências legislativas

A constituição atribui, a cada ente político, competência para elaborar leis. A União pode editar normas sobre diversos assuntos. Fala-se que tal competência pode ter três naturezas distintas: privativa, concorrente e residual.

O parágrafo único do artigo 22 da Constituição Federal, ao tratar da competência legislativa *privativa*, diz que a União, por meio de lei complementar, poderá autorizar os Estados a legislar sobre questões específicas das matérias relacionadas neste artigo. Desse modo, a competência privativa é delegável.

Segundo a Súmula 722 do STF, são da competência legislativa da União a definição dos crimes de responsabilidade e o estabelecimento das respectivas normas de processo e julgamento.

Já foi decidido, também pela Suprema Corte, que a Lei 10.826/2003 (Estatuto do Desarmamento) não é formalmente inconstitucional, pois não ocorreu invasão da competência residual dos Estados. Cabe à União legislar sobre matérias de predominante interesse geral (ADI 3.112, Rel. Min. Ricardo Lewandowski, julgamento em 02.05.2007, Plenário, *DJ* de 26.10.2007).

Ainda tratando de competência legislativa da União, de acordo com o STF, a competência para legislar sobre a **gratuidade dos estacionamentos em estabelecimentos privados**, como em instituições de ensino, **shopping**, mercados etc. é da **União**. O assunto se enquadra no art. 22, I, da CF, pois diz respeito ao **direito civil**, especificamente sobre o direito de **propriedade e suas limitações** (ADI 3.710/GO).

Outro tema que também é extraído do art. 22 da CF, assuntos da competência privativa da União, é a legislação sobre **trânsito** (art. 22, XI, CF). Desse modo, se uma lei estadual regulamentar serviço de **mototáxi,** essa lei será tido como inconstitucional por ter o Estado usurpado da competência legislativa federal.

A competência *concorrente*, como o próprio nome menciona, é aquela em que mais de um ente político pode legislar. Está prevista no art. 24 da CF e são exemplos dessa competência a legislação sobre os seguintes temas: direito tributário, financeiro, penitenciário, econômico, urbanístico, educação, cultura, procedimentos em matéria processual, defesa dos recursos naturais etc. Nessas hipóteses a União edita normas gerais e os Estados e o Distrito Federal, normas específicas. Diz o § 3º do artigo 24 da Constituição Federal que, inexistindo lei federal sobre normas gerais, os Estados terão competência legislativa plena, ou seja, editarão tanto normas gerais quanto normas específicas. É a denominada competência suplementar dos Estados. Já o § 4º do mesmo dispositivo nos ensina que a superveniência de lei federal sobre normas gerais **suspende** a eficácia da lei estadual no que com ela colidir. É importante ressaltar que a suspensão não se confunde com a revogação.

Desse modo, enquanto a lei geral não for editada, a lei estadual continua valendo, mas, após a edição, pela União, da lei que trata de normas gerais, a lei estadual fica com sua eficácia suspensa naquilo que lhe for contrário. Isso significa que, se a norma geral da União for revogada, a lei estadual volta a valer em sua plenitude, pois não terá mais sua eficácia suspensa. A norma da União, por ter sido revogada, não tem mais força de suspender a eficácia de outra lei.

De acordo com a ADI 2.875, Rel. Min. Ricardo Lewandowski, lei distrital que obriga os médicos públicos e particulares do Distrito Federal a notificarem a Secretaria de Saúde sobre os casos de câncer de pele não é inconstitucional, pois a matéria, defesa da saúde, é de competência concorrente entre a União, Estados-membros e Distrito Federal.

A competência *residual* tem natureza tributária e é dada pela Constituição à União, conforme dispõe seu artigo 154, I. Esse dispositivo menciona que a União poderá instituir, por meio de lei complementar, impostos não previstos no artigo 153 – que define quais são os impostos federais – desde que sejam não cumulativos e não tenham fato gerador ou base de cálculo próprios dos determinados na Constituição Federal.

No campo do direito tributário também encontramos as competências tributárias expressas, que são as que cada ente da federação possui para criar seus impostos, e a competência tributária extraordinária, que é dada à União para instituir, na hipótese de iminência ou no caso de guerra externa, impostos extraordinários (artigo 154, II, da Constituição Federal).

Ainda em relação ao tema competência legislativa da União, o STF, ao analisar a ADI 4.369 (Informativo 592), mencionou que o Estado de São Paulo, ao editar a Lei n. 13.854/2009, que proibia a cobrança de assinatura mensal de telefonia fixa, teria usurpado a competência privativa da União para dispor sobre telecomunicações (art. 22, IV, CF).

Desse modo, se somente a União é competente para disciplinar tal assunto, a lei paulista é tida como inconstitucional.

A Suprema Corte, conforme já mencionado, também já definiu pela manutenção do monopólio da União em relação às atividades postais prestadas pela Empresa Brasileira de Correios e Telégrafos (Informativo 554). Assim, os cartões postais, as cartas comerciais, pessoais e os denominados malotes devem ser transportados somente pelos Correios.

Além disso, no julgamento da ADI 3.897/DF (Informativo 537), o STF, por verificar violação ao artigo 22, XI, da CF (legislação sobre trânsito e transporte), declarou inconstitucional a Lei Distrital n. 3.918/2006, que tratava de instalação de radares nas vias do Distrito Federal.

Por fim, o STF já decidi que "o estado-membro não tem competência para legislar sobre o uso de armas de fogo apreendidas." Afirmou ainda que a norma estadual impugnada "incorporaria ao ordenamento jurídico estadual regras de competência privativa da União, a quem caberia legislar sobre comércio de material bélico e direito processual penal" (ADI 3193/SP, rel. Min. Marco Aurélio, 09.05.2013).

11.3. Estados

Os Estados são pessoas políticas dotadas de autonomia. Tal autonomia é marcada pelo fato de a Constituição Federal determinar que os Estados devam elaborar suas próprias Constituições Estaduais. É claro que os princípios e as normas trazidas pela Constituição Federal devem servir de diretrizes para os Estados quando da elaboração de suas Constituições, ou seja, só podem elaborar Constituições que estejam de acordo com a Federal e com base nas suas diretrizes. Deve haver, necessariamente, um paralelismo entre a Constituição Federal e as Constituições Estaduais. Daí falar-se em *princípio da simetria.*

O artigo 26 da Constituição traz quais são os bens pertencentes aos Estados. Dentre eles podemos destacar as terras devolutas não compreendidas entre as da União e as ilhas fluviais e lacustres também não pertencentes à União.

O Poder Executivo dos Estados é composto pelo Governador e Vice-Governador. Cada Estado elegerá seu governador e vice. O artigo 28 da Constituição Federal nos ensina que o mandato dessas pessoas é de 4 anos, que as eleições ocorrem no primeiro domingo de outubro (1º turno) e no último domingo de outubro (2º turno, se houver), e que a posse se dá em primeiro de janeiro do ano subsequente.

Os §§ 3º e 4º do artigo 18 da Constituição trazem regras sobre a criação e a extinção dos Estados. Fala-se em incorporação (ou fusão), subdivisão (ou cisão) e desmembramento. Para todas as hipóteses há alguns requisitos comuns e cumulativos. São os seguintes:

a) realização de um **plebiscito**: significa que a população interessada deve, necessariamente, aprovar, por meio de um plebiscito, a formação de um novo Estado. Somente após essa aprovação é que será possível que o segundo requisito seja verificado. Desse modo, fala-se que a realização do plebiscito é condição essencial à fase posterior.

b) existência de um projeto de **lei complementar**: a Lei n. 9.709/1998, que regulamentou as formas de execução da democracia direta (plebiscito, referendo e iniciativa popular das leis), determina que, após a aprovação pelo plebiscito, deve ser proposto um projeto de lei complementar que terá início ou na Câmara de Deputados ou no Senado Federal, ou seja, em qualquer das Casas do Congresso Nacional;

c) **audiência nas Assembleias Legislativas**: dispõe o § 2º do artigo 4º da Lei n. 9.709/1998 que a Casa em que o projeto tenha iniciado deverá realizar a audiência para futura expedição de um parecer. É interessante lembrar que tal parecer é meramente opinativo, portanto não tem caráter vinculativo (artigo 48, VI, da Constituição Federal). Assim, o processo pode continuar ainda que o parecer dado pelas Assembleias Legislativas tenha sido desfavorável à formação de um novo Estado. Vejam que isso não ocorre em relação ao resultado do plebiscito. Tal consulta tem sim caráter vinculativo, portanto é condição prévia para as demais fases;

d) aprovação por parte do Congresso Nacional: passadas as fases anteriores, o Congresso Nacional tem de aprovar o projeto de lei complementar. Para tanto, necessita do quórum de maioria absoluta, conforme determina o artigo 69 da Constituição Federal. Essa aprovação e a eventual sanção do projeto, pelo Presidente da República, são atos discricionários. Nessa fase, nem a manifestação favorável dada durante a realização do plebiscito obriga o Legislativo a aprovar o projeto e o Executivo a sancioná-lo. O Presidente, ao decidir se sanciona ou veta o projeto, é quem avalia a conveniência e a oportunidade do ato, sempre pautado pelo interesse público.

Passemos à análise de cada uma das modalidades de criação e extinção de Estados:

11.3.1. *Fusão*

Ocorre quando dois ou mais Estados se incorporam geograficamente, formando um novo, diferente dos demais. Aqueles que se uniram, consequentemente, perderão suas personalidades originárias, desaparecerão. Exemplo: suponham que existam os Estados "x", "y" e "z" e que os três sejam incorporados. Após a união, nasce o Estado "w", fruto da junção dos três.

11.3.2. *Cisão*

Ocorre quando um Estado existente subdivide-se para formar dois ou mais Estados novos, que terão personalidades distintas. Desse modo, o Estado que foi subdividido não mais deterá personalidade, desaparecerá. Exemplo: suponha que exista o Estado "x" e que ele seja subdividido formando os Estados "w", "y" e "z". Vejam que o estado originário "x" desaparece para que outros três sejam criados.

11.3.3. *Desmembramento*

Ocorre quando um ou mais Estados destinam parte de seu território com a finalidade de formar um novo Estado ou Território ou ainda para se anexarem a outro.

Na hipótese de desmembramento, em regra, o Estado que destina parte de seu território não deixa de existir. Aliás, como o próprio conceito nos ensina, destina "parte", apenas parte de seu território. Foi exatamente o que ocorreu com o Mato Grosso em relação ao Estado do Mato Grosso do Sul e o Estado de Goiás em relação a Tocantins, conforme o artigo 13 do Ato das Disposições Constitucionais Transitórias.

De acordo com o STF (ADI 2650 – Informativo 637), quando tiver de ser realizado o desmembramento de um Estado, é necessário que os dois territórios sejam ouvidos, tanto o da área desmembrada, como o da área remanescente.

11.3.4. *Competência dos Estados*

As competências dos Estados também podem ser legislativas ou não legislativas.

11.3.4.1. *Competências não legislativas*

Também chamadas de administrativas ou materiais, dividem-se em comuns e residuais.

A **comum** vem prevista no artigo 23 da Constituição Federal e é dada indistintamente a todos as pessoas políticas, União, Estados, Distrito Federal e Municípios, e já fora objeto de estudo quando da análise da competência da União.

A **residual** é dada aos Estados para tratar de assuntos que não sejam da competência da União (art. 21 da CF), do Distrito Federal (art. 23 da CF) e dos Municípios (art. 30 da CF). É também chamada de competência remanescente ou reservada aos Estados e vem prevista no § 1º do artigo 25 da Constituição Federal que menciona que "são reservadas aos Estados as competências que não lhe sejam vedadas por esta Constituição". Em suma: o resíduo, aquilo que sobra, que não é de atribuição de outro ente político, pode ser disciplinado pelos Estados.

11.3.4.2. *Competências legislativas*

Tema já abordado quando analisamos as competências da União, momento em que também fizemos menção às dos Estados.

11.4. Distrito Federal

Constitui ente político autônomo, dotado de capacidade de auto-organização, autogoverno, autoadministração e autolegislação. Diferente do que ocorre com os Estados, que são regidos por Constituições Estaduais, o Distrito Federal é regido por Lei Orgânica. Tal lei deve ser aprovada em dois turnos, com um intervalo mínimo de 10 (dez) dias, pelo voto de 2/3 da Câmara Legislativa do DF, conforme dispõe o artigo 32 da Constituição Federal.

A característica do autogoverno é marcada pela eleição de Governador, Vice-Governador e Deputados Distritais, conforme dispõem os §§ 2º e 3º do artigo 32 da Constituição.

11.4.1. *Competência do Distrito Federal*

O Distrito Federal cumula duas competências: pode legislar tanto sobre matérias reservadas aos Estados, como as atribuídas aos Municípios. É o que se depreende do § 1º do artigo 32 da Constituição Federal.

11.5. Municípios

Os Municípios são entes políticos dotados de capacidade administrativa, política e de auto-organização. A primeira tem a ver com as competências legislativas e administrativas dadas aos Municípios. A capacidade política é determinada pela eleição direta do Prefeito, Vice-Prefeito e Vereadores. E a capacidade de auto-organização é marcada pelo fato dos Municípios serem regidos por suas próprias Leis Orgânicas Municipais, conforme dispõe o *caput* do artigo 29 da Constituição Federal. Tais leis devem ser votadas em dois turnos, com um interstício (intervalo) mínimo de dez dias, e aprovadas pelo voto de 2/3 dos membros da Câmara Municipal.

A autonomia municipal deve ser respeitada sob pena de intervenção federal. Desse modo, se um Estado desrespeitar a autonomia municipal, conforme o artigo 34, inciso VII, alínea "c", da Constituição Federal, caberá intervenção naquele Estado.

As regras sobre criação, incorporação, fusão e desmembramento de Municípios são trazidas pelo § 4º do artigo 18 da Constituição Federal. É necessário:

a) uma lei complementar federal determinando o período e o procedimento para a criação, incorporação, fusão ou desmembramento do município;

b) divulgação de estudos de viabilidade municipal;

c) realização de consulta prévia às populações diretamente interessadas, por meio de plebiscito (artigo 7º da Lei n. 9.709/1998) – tal consulta somente ocorrerá se os estudos de viabilidade demonstrarem a possibilidade de criação, incorporação, fusão ou desmembramento do município; e

d) existência de lei estadual, dentro do período determinado pela lei complementar federal, desde que os requisitos anteriores tenham sido devidamente cumpridos.

Um ponto importante a ser lembrado é o trazido pela Emenda Constitucional n. 57 de 2008. Com essa emenda foi acrescentado o artigo 96 ao Ato das Disposições Constitucionais Transitórias, que assim dispõe: "ficam convalidados os atos de criação, fusão, incorporação e desmembramento de Municípios, cuja lei tenha sido publicada até 31 de dezembro de 2006, atendidos os requisitos estabelecidos na legislação do respectivo Estado à época de sua criação". Esse dispositivo é na verdade um pedido ao Poder Legislativo para que elabore a tal lei complementar, exigida constitucionalmente, pois sem ela não há possibilidade de criação, fusão, incorporação e desmembramento de municípios. Desse modo, como muitos já haviam sido criados, sem a existência da lei complementar, eles foram convalidados para que a própria ordem constitucional não fosse posta em risco.

Vale lembrar que a EC 15/1996 deu nova redação ao § 4º do artigo 18 da CF, modificando os requisitos constitucionais para criação, fusão, incorporação e desmembramento de municípios. Houve controle da constitucionalidade da atuação do poder constituinte de reforma, entretanto decidiu-se pela inexistência de afronta à cláusula pétrea da forma federativa do Estado, decorrente da atribuição, à lei complementar federal, para fixação do período dentro do qual poderão ser efetivadas a criação, a incorporação, a fusão e o desmembramento de Municípios. (ADI 2.395, Rel. Min. Gilmar Mendes, julgamento em 09.05.2007, Plenário, *DJE* de 23.05.2008). No mesmo sentido: ADI 2.381-MC, Rel. Min. Sepúlveda Pertence, julgamento em 20.06.2001, Plenário, *DJ* de 14.12.2001.

Além disso, é importante que a Súmula 646 do STF determina que "ofende o princípio da livre concorrência lei municipal que impede a instalação de estabelecimentos comerciais do mesmo ramo em determinada área".

Um tema relacionado aos Municípios que já foi objeto de questionamento no concurso para Delegado de SP diz respeito ao art. 31, § 3º, da CF/88. Segundo esse dispositivo, as contas dos Municípios ficarão, durante sessenta dias, anualmente, à disposição de qualquer contribuinte, para exame e apreciação, o qual poderá questionar-lhes a legitimidade, nos termos da lei.

11.5.1. Competência dos municípios

Podem ser comuns ou enumeradas. As primeiras são as que todos os entes políticos possuem, de acordo com o artigo 23 da Constituição, conforme já analisado. Já as segundas, as enumeradas, encontram abrigo no artigo 30 da Constituição e têm por finalidade, principalmente, tratar de assuntos de interesse local e suplementar à legislação federal e estadual, no que for cabível.

Vale lembrar que os municípios têm competência para regular o horário do comércio local, desde que não infrinjam leis estaduais ou federais, conforme inteligência da Súmula n. 419 da Suprema Corte.

11.6. Territórios federais

Os territórios federais, conforme dispõe o § 2º do artigo 18 da CF, pertencem à União. Somente por meio de lei complementar é que poderão ser criados, transformados em Estado ou reintegrados ao Estado de origem. É dessa maneira, porque os territórios não possuem autonomia política, apenas administrativa.

Frisa-se que atualmente *não* existem territórios federais no Brasil; os últimos que existiram foram extintos pelos artigos 14 e 15 do Ato das Disposições Constitucionais Transitórias. Os territórios de Roraima e Amapá foram transformados em Estados (art.14 do ADCT) e o de Fernando de Noronha teve sua área incorporada ao Estado de Pernambuco (art. 15 do ADCT).

Os territórios, embora pertencentes à União, podem ser divididos em municípios. Se forem criados (os territórios), possuirão governador, nomeado pelo Presidente da República, após aprovação do Senado Federal, conforme dispõe o artigo 84, XIV, da CF, e também poderão eleger quatro deputados federais, conforme determinação do § 2º do artigo 45 da CF.

11.7. Intervenção federal e intervenção estadual

É possível extrair do texto constitucional que a regra é a autonomia das pessoas políticas. Desse modo, a União, os Estados, o Distrito Federal e os Municípios são independentes e autônomos, não podendo, como regra, um intervir no outro.

Já a intervenção é uma medida de exceção, consistente na supressão temporária das prerrogativas dos Estados e dos Municípios. Quando há intervenção, prevalece a vontade daquele que a concretizou, que poderá ser a União ou os Estados. Por ser medida de caráter excepcional (a regra é a não intervenção), somente poderá ser decretada nos casos taxativamente previstos na Constituição. Tem por principal finalidade assegurar o pacto federativo.

A intervenção federal somente pode se dar nos Estados e no Distrito Federal. Assim, não é correto afirmar que a União interveio num determinado município pertencente a um Estado. Em regra, somente um Estado pode intervir no município – intervenção estadual. O que poderá ocorrer é a União intervir num município que está localizado em um Território, mas isso só acontecerá se forem criados territórios federais, neles houver municípios e ainda se alguma hipótese de intervenção, taxativamente prevista na CF, estiver devidamente configurada.

Há duas formas de intervenção: a espontânea e a provocada. Será *espontânea* nas seguintes hipóteses:

I. para manter a integridade nacional;

II. para repelir invasão estrangeira ou de uma unidade da Federação em outra;

III. para pôr termo a grave comprometimento da ordem pública;

IV. para reorganizar as finanças da unidade da Federação que: a) suspender o pagamento da dívida fundada por mais de dois anos consecutivos, salvo motivo de força maior; b) deixar de entregar aos Municípios receitas tributárias fixadas na Constituição dentro dos prazos estabelecidos em lei.

Nesses casos, o Presidente da República age de ofício, sem a necessidade de provocação.

Há também os casos em que a intervenção federal será decretada após provocação. São hipóteses de *intervenção provocada* as seguintes:

I. para garantir o livre exercício de qualquer dos Poderes nas unidades da Federação. Nesse caso, se a coação for exercida contra os Poderes Executivos ou Legislativos dos Estados, a intervenção dependerá de solicitação do poder coagido ou impedido. Agora, se for exercida contra o Poder Judiciário, dependerá de requisição do STF;

II. para prover a execução de lei federal, ordem ou decisão judicial. Podemos desmembrar essa hipótese para melhor análise. Se houver desobediência à ordem ou decisão judiciária, a intervenção dependerá de requisição do STF, do STJ ou do TSE. Já para prover a execução de lei federal, a intervenção dependerá de requisição do STF, em caso de provimento de representação do Procurador-Geral da República;

III. para assegurar a observância dos *princípios constitucionais sensíveis*, que são os seguintes:

a) forma republicana, sistema representativo e regime democrático;

b) direitos da pessoa humana;

c) autonomia municipal;

d) prestação de contas da administração pública;

e) aplicação do mínimo exigido da receita resultante de impostos estaduais, compreendida a proveniente de transferências, na manutenção e desenvolvimento do ensino e nas ações e serviços públicos de saúde.

Nas hipóteses de violação a princípios constitucionais sensíveis, a intervenção deve ser antecedida por uma ação – **ADI Interventiva ou representação interventiva perante o STF**. É necessária a requisição do STF, após ter dado provimento à representação do Procurador-Geral da República, que se materializa por meio da ADI Interventiva.

A Lei 12.562/2011, ao regulamentar o inciso III do art. 36 da Constituição Federal, tratou do processo e julgamento da **representação interventiva** perante o Supremo Tribunal Federal. Assim, a ADI interventiva deve seguir o procedimento trazido por essa norma.

De acordo com o art. 2º, a representação deve ser proposta pelo Procurador-Geral da República, em caso de violação aos princípios referidos no inciso VII do art. 34 da Constituição Federal, ou de recusa, por parte de Estado-Membro, à execução de lei federal.

A inicial, apresentada em duas vias, deve conter: I – a indicação do princípio constitucional que se considera violado ou, se for o caso de recusa à aplicação de lei federal, das disposições questionadas; II – a indicação do ato normativo, do ato administrativo, do ato concreto ou da omissão questionados; III – a prova da violação do princípio constitucional ou da recusa de execução de lei federal; e IV – o pedido, com suas especificações (art. 3º da mencionada lei).

Conforme o art. 5º da Lei 12.562/2011, é possível pedido de liminar solicitando a determinação de que se suspenda o andamento de processo ou os efeitos de decisões judiciais ou administrativas ou de qualquer outra medida que apresente relação com a matéria objeto da representação interventiva. O STF poderá deferir tal pedido por decisão da maioria absoluta de seus membros.

Julgada a liminar ou após o recebimento da inicial, quando não houver pedido de liminar, o relator, de acordo com o art. 6º da Lei 12.562/2011, solicitará as informações às autoridades responsáveis pela prática do ato questionado, que as prestarão em até 10 (dez) dias.

Serão ouvidos também, sucessivamente, o Advogado-Geral da União e o Procurador-Geral da República, que deverão manifestar-se, cada qual, no prazo de 10 (dez) dias.

De acordo com os arts. 9º e 10 da Lei 12.562/2011, a decisão sobre a representação interventiva somente será tomada se presentes na sessão pelo menos 8 (oito) Ministros e a procedência ou improcedência do pedido pela manifestação de pelo menos 6 (seis) Ministros.

Caso o pedido seja julgado procedente, o Presidente do Supremo Tribunal Federal, publicado o acórdão, levá-lo-á ao conhecimento do Presidente da República para, no prazo improrrogável de até 15 (quinze) dias, dar cumprimento aos §§ 1º e 3º do art. 36 da Constituição Federal (art. 11 da Lei 12.562/2011).

Por fim, ressalta-se que a decisão é irrecorrível, sendo insuscetível de impugnação por ação rescisória (art. 11).

Voltando para a Constituição, os casos de intervenção provocada vêm previstos nos incisos IV, VI e VII do artigo 34 da CF. Em tais situações, o Chefe do Executivo poderá agir de forma discricionária ou vinculada, conforme as peculiaridades de cada caso.

O decreto do Presidente da República, que concretizará a intervenção, deverá especificar a amplitude, o prazo e as condições de execução. Também deve constar a nomeação de um interventor, quando couber. O Congresso Nacional fará um controle político da intervenção, apreciando o ato em até 24 horas após sua edição. Se estiver em recesso, será feita convocação extraordinária, exceto nas hipóteses dos incisos VI e VII do artigo 34 da CF.

O tema intervenção federal já foi objeto de questionamento no concurso para o cargo de delegado dos Estados do Paraná, Rio de Janeiro e de Santa Catarina.

Os casos de *intervenção estadual* também estão taxativamente previstos e são os seguintes:

I. quando deixar de ser paga, sem motivo de força maior, por dois anos consecutivos, a dívida fundada;

II. quando não forem prestadas as contas devidas, na forma da lei;

III. quando não tiver sido aplicado o mínimo exigido da receita municipal na manutenção e desenvolvimento do ensino e nas ações e serviços de saúde.

Nessas três situações mencionadas a intervenção estadual será espontânea;

IV. para assegurar a observância de princípios indicados na Constituição Estadual (depende de provimento de representação pelo Tribunal de Justiça);

V. para prover a execução de lei, de ordem ou de decisão judicial (depende de provimento de representação pelo TJ).

12. ORGANIZAÇÃO DOS PODERES

O artigo 2º da Carta Magna consagra a regra da separação dos poderes: "são poderes da União, independentes e harmônicos entre si, o Legislativo, o Executivo e o Judiciário".

Para evitar os abusos cometidos pelos detentores do poder, ou seja, a concentração do poder nas mãos de uma única pessoa ou órgão, foi necessário dividir as funções estatais. Isso se consagrou por meio do sistema dos freios e contrapesos (*checks and balances*), que menciona que os três Poderes são autônomos e independentes, porém subordinados ao princípio da harmonia. Tal regra resulta na técnica em que o poder é contido pelo próprio poder, sendo, portanto, uma garantia do povo contra o arbítrio e o despotismo.

12.1. Poder Legislativo

Suas funções típicas são a legislativa, ou seja, *legislar*, fazer as leis, e *fiscalizar* a Administração Pública. Esta última é efetivada pelo Poder Legislativo, com o auxílio dos Tribunais de Contas que, vale lembrar, embora levem o nome de "Tribunal", são órgãos do Poder Legislativo. Há quem entenda que a função fiscalizatória seria atípica.

Na União, o Poder Legislativo é um órgão bicameral, pois é formado por duas casas legislativas – a Câmara de Deputados, que representa o povo, e o Senado Federal, que representa os Estados. A junção dessas duas casas formam o denominado Congresso Nacional, conforme dispõe o artigo 44 da Constituição Federal.

Nos Estados, diferente do que ocorre na União, o Poder Legislativo é unicameral, pois é formado por apenas uma casa, que é a Assembleia Legislativa, conforme previsão do artigo 27 da Constituição Federal.

No Distrito Federal, como nos Estados, o Poder Legislativo também é unicameral. O órgão legislativo do DF é denominado Câmara Legislativa. Nos Municípios o Poder Legislativo também é unicameral e é chamado de Câmara Municipal ou Câmara de Vereadores.

O funcionamento do Poder Legislativo é regido pelos artigos 57 e 44 da Constituição Federal. O artigo 57 trata da *sessão legislativa*, que deve ser compreendida como o período de um ano de funcionamento do órgão. Diz o referido artigo 57 que a sessão legislativa se inicia no dia 02 de fevereiro e vai até 17 de julho e depois reinicia-se no dia 1º de agosto e vai até o dia 22 de dezembro do mesmo ano.

O conceito de sessão legislativa difere do de *legislatura*, esta corresponde ao período de 4 (quatro) anos de funcionamento do Poder Legislativo, conforme disposto no parágrafo único do artigo 44 da Constituição Federal.

Os períodos em que o Legislativo não funciona são denominados *recesso parlamentar*. Ocorrem do dia 18 de julho ao dia 31 do mesmo mês e do dia 23 de dezembro a 1º de fevereiro de cada ano (artigo 57 da Constituição Federal, conforme redação dada pela EC n. 50 de 2006).

Sessão ordinária: dentro da sessão legislativa ocorrem diversas sessões ordinárias. Cada uma corresponde a um dia de funcionamento do Poder Legislativo. Para que os parlamentares participem da sessão ordinária, existe a *convocação* ordinária, que é o ato formal pelo qual eles são chamados a participar das sessões.

Sessão extraordinária: como o próprio nome menciona, extraordinariamente os parlamentares podem ser convocados; tais sessões ocorrem fora do período comum, ordinário, ocorrem fora do período destinado à sessão legislativa. Têm por finalidade a deliberação de uma matéria específica, conforme determina o § 7º do artigo 57 da Constituição Federal.

O § 6º do mesmo artigo traz as hipóteses de cabimento de convocação da sessão extraordinária, quais sejam:

a) pelo Presidente do Senado Federal, em caso de decretação de estado de defesa ou de intervenção federal, de pedido de autorização para a decretação de estado de sítio e para o compromisso e a posse do Presidente e do Vice-Presidente da República;

b) pelo Presidente da República, pelos Presidentes da Câmara dos Deputados e do Senado Federal ou a requerimento da maioria dos membros de ambas as Casas, em caso de urgência ou interesse público relevante, em todas as hipóteses com a aprovação da maioria absoluta de cada uma das Casas do Congresso Nacional.

12.1.1. *Composição dos Poderes Legislativos*

No âmbito federal, a Câmara de Deputados, representante do povo, conforme já mencionado, é composta por Deputados Federais em número proporcional à população de cada Estado e do Distrito Federal (art. 45, § 1º, CF). Cada Estado ou o DF terá no *mínimo 8 (oito)* e no *máximo 70* (setenta) deputados federais, com mandato de 4 (quatro) anos.

O deputado federal deve ser brasileiro (nato ou naturalizado), maior de 21 anos e estar no exercício dos direitos políticos.

O artigo 51 do Texto Maior estabelece as competências privativas da Câmara dos Deputados; essas competências são exercidas, sem a sanção do Presidente da República, através de Resolução.

Sabemos que atualmente não existem territórios federais, mas como é possível sua criação, se existirem, poderão eleger quatro deputados.

O Senado Federal representa os Estados e o Distrito Federal, segundo o artigo 46 da Constituição Federal. Cada Estado e o Distrito Federal elegerão3 Senadores, que terão mandato de oito anos, e a representação será renovada de quatro em quatro anos, alternadamente, por um e dois terços, conforme nos ensina os parágrafos do artigo 46. Outra informação extraída do § 3º é a de que cada Senador será eleito com dois suplentes.

O senador deve ser brasileiro (nato ou naturalizado), maior de 35 anos e estar no exercício dos direitos políticos.

O artigo 52 da Carta Magna traz as competências privativas do Senado Federal, que são exercidas sem a sanção do Presidente da República, por meio de Resolução.

Por fim, verificamos que o sistema de eleição dos Deputados Federais e dos Senados são diferentes. Os primeiros seguem o *sistema proporcional*, que pretende consagrar o pluripartidarismo e a constante dialética entre ideais políticos diversos. Os segundos são eleitos pelo *sistema majoritário*, no qual se consideram eleitos os candidatos com maior número de votos.

12.1.2. *Comissões*

São subconjuntos de parlamentares organizados com o fim de tratar de um assunto específico. Podem ser:

12.1.2.1. *Permanentes*

Quando seu início se dá ao começo de cada legislatura. Analisa projeto de lei quanto a determinadas especificidades. Exemplo: Comissão de Constituição e Justiça (CCJ), que tem por função verificar a constitucionalidade do projeto de lei.

12.1.2.2. Provisórias ou temporárias

Quando um grupo de parlamentares se reúne provisoriamente para tratar de um assunto específico. Exemplo: comissão reunida para tratar do novo Código de Processo Civil e a Comissão Parlamentar de Inquérito (CPI).

12.1.2.3. Representativas

São aquelas reunidas durante o período de recesso parlamentar para que não sejam interrompidas as atividades do Congresso Nacional. Estão previstas no § 4º do artigo 58 da Constituição.

12.1.2.4. Comissão Parlamentar de Inquérito – CPI

As CPIs encontram respaldo no § 3º do artigo 58 da CF e têm por função apurar um *fato determinado*, por um *prazo certo*. São criadas no âmbito do Poder Legislativo, portanto são órgãos desse Poder e possuem natureza de comissão provisória ou temporária, pois, após ter sido apurado o fato, a comissão é desfeita.

A doutrina menciona que fato determinado é aquele em que é possível verificar seus requisitos essenciais. Por exemplo: não há como investigar de forma abstrata a corrupção no Brasil, tem de ser especificado o fato determinado para que o procedimento se inicie. O prazo certo, ou seja, aquele que tem início e fim, terá de ser fixado pelos regimentos internos das Casas, já que a CPI é uma comissão temporária e não permanente.

De acordo com o Supremo (HC 71.193/SP), a expressão "prazo certo" não impede prorrogações, desde que tais atos ocorram na mesma legislatura.

Essas comissões são formadas ou instaladas pelo requerimento de 1/3 dos membros. Podem ser criadas separadamente tanto pela Câmara de Deputados, quanto pelo Senado Federal ou, ainda, conjuntamente pelas duas casas. Nesse caso, teremos uma CPI mista, que será instalada após assinatura de 1/3 dos Deputados Federais e Senadores conjuntamente.

As CPIs têm poderes próprios das autoridades judiciais e não de autoridades policiais. Tomando por base a jurisprudência do STF, é possível concluir que elas podem:

1) convocar testemunhas, investigados e autoridades para prestarem esclarecimentos, mesmo que de forma coercitiva. Aliás, o artigo 50 da CF determina que os Ministros de Estado ou quaisquer titulares de órgãos diretamente subordinados à Presidência da República devem comparecer para prestarem informações, quando convocados, sob pena de responderem por crime de responsabilidade, na hipótese de ausência injustificada;

2) determinar a realização de certas perícias, necessárias à instrução da investigação;

3) determinar as buscas que sejam imprescindíveis à instrução da investigação;

4) quebrar sigilo fiscal, bancário, financeiro e telefônico (nessa última hipótese ocorrerá apenas a quebra em relação aos dados telefônicos, ou seja, as contas telefônicas). É imprescindível, segundo o Supremo, que o ato seja devidamente fundamentado e que haja efetiva necessidade para a da adoção da medida.

De outra parte, é possível verificar que a CPI possui limites, há assuntos que estão resguardados pela denominada cláusula de reserva jurisdicional, ou seja, somente por ordem judicial tais atos podem ser determinados, em especial as medidas restritivas de direito. Desse modo, as CPIs não podem:

1) determinar a quebra do sigilo das comunicações telefônicas, ou seja, a CPI não pode determinar a interceptação telefônica, pois, segundo o art. 5º, XII, da CF, somente para fins de investigação criminal ou instrução processual penal é que poderá haver tal diligência. Ressalta-se que o acesso às contas telefônicas (dados telefônicos) não se confunde com quebra de comunicação telefônica (que é a interceptação ou escuta). A primeira se inclui nos poderes da CPI, já a segunda é acobertada pela cláusula de reserva de jurisdição e, portanto, não cabe à CPI determiná-la.

Outro detalhe: o STF já afirmou que, embora haja a vedação mencionada, se a interceptação foi realizada num processo criminal e a CPI quer emprestar a prova lá produzida, para ajudar nas suas investigações, isso poderá ser feito;

2) determinar e efetivar a busca domiciliar, que também depende de ordem judicial, conforme dispõe o inciso XI do artigo 5º da CF;

3) decretar a prisão, ressalvadas as hipóteses de flagrante delito, conforme inciso LXI da art. 5º da CF, pois nesses casos não só a CPI, mas qualquer um do povo pode prender. Dispõe o art. 301 do Código de Processo Penal que qualquer pessoa do povo poderá e as autoridades policiais e seus agentes deverão prender quem quer que seja encontrado em flagrante delito.

De acordo com o STF, em decisão monocrática, "a estratégia inquisitiva relativa às testemunhas que invocarem o direito constitucional ao silêncio – dispensa do depoimento – foi objeto de específica deliberação e subsequente encaminhamento de votação no âmbito daquele órgão investigativo colegiado. Não obstante seja imperativo o respeito, tanto na organização quanto na dinâmica das comissões parlamentares de inquérito, das prerrogativas e direitos inerentes ao mandato parlamentar, titularizados pelos seus membros e individualmente exercíveis e exigíveis, estes **não se confundem com aquelas prerrogativas e poderes que a Carta Política assegura às próprias comissões, na qualidade de órgãos colegiados.** A prerrogativa de solicitar depoimentos de qualquer autoridade ou cidadão (art. 58, § 2º, V) e os poderes de investigação próprios das autoridades judiciais (art. 58, § 3º) são outorgados pelo texto da Lei Maior às comissões parlamentares de inquérito, colegiados, e não aos seus membros individualmente considerados. Nessa medida, desde que preservada a integridade da premissa maior contida no Texto Constitucional, as questões vinculadas aos específicos arranjos normativos conformadores de tais institutos extravasam da dimensão estritamente constitucional e judicialmente tutelável da matéria. (...) a verificação de eventual afronta aos preceitos constitucionais invocados está ligada à prévia aferição da inobservância de normas regimentais do Congresso Nacional, a caracterizar, portanto, assunto *interna corporis* do Poder Legislativo." (MS 31.475, rel. min. Rosa Weber, decisão monocrática, julgamento em 07.08.2012, *DJE* de 10.08.2012).

Conforme a Suprema Corte (HC n. 100.341-AM), a existência de procedimento penal investigatório, em tramitação no órgão jurisdicional competente, não impede a realização de atividade apuratória por uma Comissão Parlamentar de Inquérito, ainda que seus objetos sejam correlatos, pois cada qual possui amplitude distinta, delimitada constitucional e legalmente, além de finalidades diversas.

No mesmo julgado, o STF definiu que a CPI pode estender o âmbito de sua apuração a fatos ilícitos ou irregulares que, no curso do procedimento investigatório, revelarem-se conexos à causa determinante da comissão.

Além disso, reiteradas vezes, a Suprema Corte tem garantido ao convocado a depor numa CPI o privilégio contra a autoincriminação, o direito ao silêncio e que possa comunicar-se com o seu advogado.

Outra decisão relevante do Supremo sobre as CPIs é a de que elas, "no desempenho de seus poderes de investigação, estão sujeitas às mesmas normas e limitações que incidem sobre os magistrados, quando no exercício de igual prerrogativa. Vale dizer: as CPIs somente podem exercer as atribuições investigatórias que lhes são inerentes, desde que o façam nos mesmos termos e segundo as mesmas exigências que a Constituição e as leis da República impõem aos juízes, especialmente no que concerne ao necessário respeito às prerrogativas que o ordenamento positivo do Estado confere aos advogados. (...) a presença do advogado em qualquer procedimento estatal, independentemente do domínio institucional em que esse mesmo procedimento tenha sido instaurado, constitui fator inequívoco de certeza de que os órgãos do Poder Público (Legislativo, Judiciário e Executivo) não transgredirão os limites delineados pelo ordenamento positivo da República, respeitando-se, em consequência, como se impõe aos membros e aos agentes do aparelho estatal, o regime das liberdades públicas e os direitos subjetivos constitucionalmente assegurados às pessoas em geral, inclusive àquelas eventualmente sujeitas, qualquer que seja o motivo, a investigação parlamentar, ou a inquérito policial, ou, ainda, a processo judicial. (...) não se revela legítimo opor, ao advogado, restrições, que, ao impedirem, injusta e arbitrariamente, o regular exercício de sua atividade profissional, culminem por esvaziar e nulificar a própria razão de ser de sua intervenção perante os órgãos do Estado, inclusive perante as próprias CPIs." (MS 30.906-MC, Rel. Min. Celso de Mello, decisão monocrática, julgamento em 05.10.2011, *DJE* de 10.10.2011).

Sobre a utilização de documentos oriundos de inquérito sigiloso numa CPI, o Supremo também já decidiu pela possibilidade (HC 100.341, Rel. Min. Joaquim Barbosa, julgamento em 04.11.2010, Plenário, *DJE* de 02.12.2010).

Vale lembrar que a CPI não promove responsabilidades. Ao final das apurações, ela encaminha seus relatórios conclusivos ao Ministério Público para que este órgão, se entender pertinente, promova a responsabilização civil ou criminal dos investigados.

Por último, cumpre mencionar que são cabíveis os remédios constitucionais, em especial mandado de segurança e *habeas corpus,* sempre que houver abusos no decorrer dos trabalhos realizados pelas comissões. A competência para o julgamento dessas ações dependerá da autoridade que pratica o ato abusivo. Se forem representantes do Congresso Nacional, o foro competente é o STF; se forem membros das Assembleias Legislativas ou da Câmara Legislativa do DF, o órgão destinado ao julgamento é o Tribunal de Justiça do respectivo Estado ou o Distrito Federal; e, se forem representantes de Câmara Municipal, o juiz de direito da Comarca respectiva é quem deverá julgar o remédio.

12.1.3. Imunidades

Os parlamentares possuem garantias em razão da função que exercem. Tais prerrogativas têm por finalidade resguardar a liberdade e a independência durante o exercício do mandato eletivo. Bem, se o objetivo é garantir a independência e a liberdade dos parlamentares no período em que exercem seus mandatos, é correto afirmar que elas só se iniciam com a diplomação do sujeito. Esse ato, realizado pelo Tribunal Eleitoral, tem por fim validar o processo eletivo e, após, autorizar a posse do parlamentar. Da mesma maneira, o término do mandato, que pode se dar de diversas maneiras, por exemplo, pelo transcurso do prazo, pela renúncia etc., faz com que as imunidades não sejam mais cabíveis.

De acordo com a Súmula 245 do STF a imunidade parlamentar não se estende ao corréu sem essa prerrogativa.

Também é importante ressaltar que o Supremo determina que a cláusula de inviolabilidade constitucional, que impede a responsabilização penal e/ou civil do membro do Congresso Nacional, por suas palavras, opiniões e votos, também abrange, sob seu manto protetor, as entrevistas jornalísticas, a transmissão, para a imprensa, do conteúdo de pronunciamentos ou de relatórios produzidos nas Casas Legislativas e as declarações feitas aos meios de comunicação social, eis que tais manifestações – desde que vinculadas ao desempenho do mandato – qualificam-se como natural projeção do exercício das atividades parlamentares." (Inq 2.332-AgR, Rel. Min. Celso de Mello, julgamento em 10.02.2011, Plenário, *DJE* de 1°.03.2011).

As imunidades podem ser de duas naturezas: material ou processual.

12.1.3.1. Imunidade material

Segundo o artigo 53 da Constituição Federal, a imunidade material é aquela pela qual o parlamentar se torna inviolável civil e penalmente, por quaisquer palavras, opiniões e votos que proferir no curso de seu mandato. Todos os parlamentarem gozam de imunidade material.

No entanto, em relação aos Vereadores há uma particularidade, qual seja, a imunidade material é limitada, restringe-se à circunscrição do Município, conforme dispõe o inciso VIII do artigo 29 da Constituição Federal. Esse entendimento é, também, o adotado pela Suprema Corte: "a proteção constitucional inscrita no art. 29, VIII, da Carta Política estende-se – observados os limites da circunscrição territorial do Município – aos atos dos Vereadores praticados *ratione officii*, qualquer que tenha sido o local de sua manifestação (dentro ou fora do recinto da Câmara Municipal)" (HC 74.201/MG, Rel. Celso de Melo, RTJ, 169/969).

12.1.3.2. Imunidade processual

Está relacionada a garantias relativas à prisão do parlamentar e ao processo criminal que corra contra ele. Ressalta-se que esta imunidade contempla apenas os crimes praticados *após a diplomação* do parlamentar, conforme § 3° do artigo 53.

Outra peculiaridade de extrema importância é a de que os Vereadores não são beneficiados por essa garantia, ou seja, não gozam da imunidade processual, mas somente da material.

Para melhor compreensão é necessário separar a garantia relativa à impossibilidade de *prisão* da relacionada ao *processo criminal.*

Em relação à *prisão*, a Constituição diz que os membros do parlamento não poderão ser presos, desde a diplomação, exceto nos casos de prisão em flagrante por crime inafiançável. Aliás, nesta hipótese, conforme dispõe o § 2° do artigo 53 da CF, os autos deverão ser remetidos dentro de 24 horas à Casa respectiva para que, pelo voto da maioria de seus membros, ela resolva sobre a prisão. Assim, o órgão legislativo que o parlamentar integra é quem vai decidir se o manterá preso ou solto.

No tocante ao *processo criminal*, o § 3º do artigo 53 da CF determina que, recebida a denúncia contra o Senador ou Deputado, por crime ocorrido **após a diplomação**, o Supremo Tribunal Federal dará ciência à Casa respectiva, que, por iniciativa de partido político nela representado e pelo voto da maioria de seus membros, poderá, até a decisão final, suspender o andamento da ação. Assim, se o crime for praticado por um Deputado, a Câmara de Deputados é que poderá suspender o curso da ação; se o crime for praticado por um Senador, será o Senado Federal o órgão competente para tanto. Vale ressaltar que a Casa terá de apreciar o pedido dentro do prazo improrrogável de 45 dias, contados do seu recebimento pela Mesa Diretora, conforme § 4º do mesmo dispositivo. Esse tema foi objeto de questionamento no concurso para o cargo de delegado do Estado de São Paulo.

Desse modo, se os parlamentares decidirem pela suspensão dos processos, a prescrição das infrações penais que estavam sendo apuradas também ficarão suspensas. É o que determina o § 5º do artigo 53 da CF. Tal suspensão valerá enquanto durar o mandato eletivo.

12.1.4. Limitação ao dever de testemunhar

O artigo 53, § 6º, da CF estabelece que os parlamentares não serão obrigados a testemunhar sobre informações recebidas ou prestadas em razão do exercício do mandato nem sobre as pessoas que lhes confiaram ou deles receberam informações.

12.1.5. Prerrogativa de foro

Além das imunidades, os Deputados e Senadores gozam de prerrogativa de foro para julgamento dos processos criminais em que estejam litigando. Isso quer dizer que, desde a expedição do diploma, os membros do Congresso Nacional serão submetidos a julgamento perante o Supremo Tribunal Federal (artigos 53, § 1º, e 102, I, "b", ambos da Constituição).

Ao contrário do que ocorre com as imunidades parlamentares, a prerrogativa de foro vigora durante o mandato, ainda que o **processo criminal** tenha sido iniciado **antes da expedição do diploma.** Então, os processos instaurados em desfavor de Deputados ou Senadores iniciados antes ou depois da diplomação, serão remetidos ao STF e encaminhados, após o término do mandato, à instância comum, caso ainda não tenham sido encerrados.

No âmbito estadual, em razão da isonomia, as Constituições Estaduais e a Lei Orgânica do Distrito Federal poderão atribuir aos Tribunais de Justiça respectivos a competência por prerrogativa de função para julgamento dos processos criminais contra Deputados estaduais e distritais, consoante os artigos 27, § 1º, e 32, § 3º, ambos da CF.

Em contrapartida, em nível municipal, os Vereadores não têm a prerrogativa de foro em razão da função, sendo processados e julgados perante a justiça comum, de primeiro grau, mesmo durante o curso dos seus mandatos.

12.1.6. Vedações

O artigo 54 da CF enumera vedações impostas aos Deputados e Senadores, vejamos:

a) desde a *diplomação* não poderão os parlamentares:

✓ firmar ou manter contrato com pessoa jurídica de direito público, autarquia, empresa pública, sociedade de economia mista ou empresa concessionária de serviço público, salvo quando o contrato obedecer a cláusulas uniformes;

✓ aceitar ou exercer cargo, função ou emprego remunerado, inclusive os de que sejam demissíveis *ad nutum*, nas entidades constantes da alínea anterior;

b) desde a *posse* também não poderão os parlamentares:

✓ ser proprietários, controladores ou diretores de empresa que goze de favor decorrente de contrato com pessoa jurídica de direito público, ou nela exercer função remunerada;

✓ ocupar cargo ou função de que sejam demissíveis *ad nutum*, nas entidades referidas no primeiro item da letra "a";

✓ patrocinar causa em que seja interessada qualquer das entidades a que se refere o primeiro item da letra "a";

✓ ser titulares de mais de um cargo ou mandato público eletivo.

12.1.7. Perda do mandato

O artigo 55 da CF enumera seis hipóteses de perda do mandato do parlamentar. Dentre essas situações, a doutrina distingue os casos de cassação e extinção do mandato. A cassação diz respeito à perda do mandato em virtude do parlamentar ter cometido falta funcional; já a extinção relaciona-se com a ocorrência de ato ou fato que torne automaticamente inexistente o mandato, como por exemplo, renúncia, morte, ausência injustificada etc.

Nos casos de cassação (*violação das proibições estabelecidas no art. 54 da CF, falta de decoro parlamentar e condenação criminal transitada em julgado* – **art. 55, I, II e VI), a perda do mandato será decidida pela Câmara dos Deputados ou pelo Senado Federal, por maioria absoluta, mediante provocação da respectiva Mesa ou de partido político representado no Congresso Nacional (art. 55, § 2º, da CF).**

Vale lembrar que a EC nº 76, de 28 de novembro de 2013, alterou o § 2º do art. 55 e o § 4º do art. 66 da Constituição Federal, para abolir a votação secreta nos casos de perda de mandato de Deputado ou Senador e de apreciação de veto.

Nas outras três situações de extinção (*deixar de comparecer injustificadamente a 1/3 das sessões ordinárias em cada sessão legislativa, perder ou tiver suspensos os direitos políticos e por decisão da Justiça Eleitoral* – **art. 55, III, IV e V), a perda do mandato independe de votação da Casa, sendo declarada pela Mesa respectiva de ofício ou por provocação de qualquer de seus membros, ou de partido político representado no Congresso Nacional (art. 55, § 3º, CF).**

Frisa-se que em ambas as hipóteses é assegurada a ampla defesa.

12.1.7.1. Decoro parlamentar

Como visto acima, a quebra do decoro parlamentar, prevista no inciso II do art. 55 da CF, é uma das hipóteses de perda do mandato do parlamentar que depende de votação da Casa Legislativa e é caracterizada pelo abuso das prerrogativas parlamentares ou pela percepção de vantagens indevidas, além dos casos definidos nos respectivos Regimentos Internos de cada Casa Legislativa (art. 55, § 1º, CF).

12.1.8. *Processo legislativo*

Para a criação de atos normativos, o art. 59 da CF determina um processo formal que deverá ser seguido pelos órgãos e pessoas que têm a função de elaborar as normas jurídicas, sob pena de, sendo violado, tornar a lei formalmente inconstitucional. As regras que integram o denominado processo legislativo vêm previstas nos artigos 59 a 69 da CF.

Vale lembrar que o Supremo já definiu que são de reprodução obrigatória pelas Constituições Estaduais e leis orgânicas as normas básicas relativas ao processo legislativo (ADI 805/RS, Rel. Min. Sepúlveda Pertence).

O procedimento de elaboração das normas normalmente obedecerá a três fases distintas: instrutória, constitutiva e complementar.

12.1.8.1. *Fase instrutória*

É composta da denominada *iniciativa* do projeto – o início do processo de construção de uma lei está condicionado a sua apresentação por alguém competente, possuidor de iniciativa legislativa. O rol dos órgãos e pessoas que podem deflagrar projetos de lei está estabelecido no art. 61 da CF e contempla: quaisquer membros ou Comissões do Congresso Nacional, do Senado Federal ou da Câmara dos Deputados; o Presidente da República; o Supremo Tribunal Federal; os Tribunais Superiores; o Procurador-Geral da República e até os cidadãos comuns.

Nessa última hipótese, quando os cidadãos deflagram o processo legislativo, estamos diante da *iniciativa popular das leis*, prevista no artigo 61, § 2º, da CF, que exige que o projeto seja subscrito por, no mínimo, um por cento do eleitorado nacional, distribuído pelo menos por cinco Estados, com não menos de três décimos por cento dos eleitores de cada um deles.

Conforme os artigos 61, § 2º, e 64, da CF, os projetos de lei apresentados pelo Presidente da República, pelo Supremo Tribunal Federal, pelos Tribunais Superiores e pelos cidadãos terão obrigatoriamente início na Câmara dos Deputados (casa iniciadora) e concluído no Senado Federal (casa revisora). Seguirá tramitação idêntica, iniciando-se na Câmara, se o projeto for apresentado pelo Procurador-Geral da República, de acordo com o art. 109, § 1º, VII, do Regimento Interno da Câmara dos Deputados. Essas são os projetos de iniciativa *extraparlamentar* ou iniciativa "fora das casas".

Em relação aos projetos de lei de iniciativa *parlamentar*, a regra é clara: iniciam-se nas casas que abrigam seus propositores. Se proposto por membro ou Comissão da Câmara, iniciam-se na Câmara; se por membro ou Comissão do Senado, no Senado Federal.

Vale observar que, segundo o STF, o **retorno** do projeto de lei à casa iniciadora deve se dar **apenas quando houver alteração no sentido jurídico da norma**. Uma emenda que visa apenas corrigir uma impropriedade técnica ou aprimorar a redação do projeto de lei não precisa voltar à casa iniciadora.

Além disso, o **vício de iniciativa não é convalidado por posterior sanção presidencial**, ainda que o projeto seja de iniciativa do próprio Presidente da República.

12.1.8.2. *Fase constitutiva*

É composta por deliberações que ocorrerão tanto no âmbito do Poder Legislativo (deliberação parlamentar) quanto no do Poder Executivo (deliberação executiva).

12.1.8.2.1. Deliberação parlamentar ou legislativa

Nessa fase os projetos passam por algumas comissões, em especial pela comissão temática, de acordo com o conteúdo do projeto, e pela comissão de constituição e justiça, que dará parecer terminativo quanto a sua constitucionalidade. Além disso, os projetos são deliberados e votados nesse momento.

Em relação às leis federais, essa deliberação ocorrerá de forma bicameral, ou seja, uma das casas será a iniciadora e a outra revisora. O projeto será debatido e votado em ambas. Primeiro na iniciadora e, se aprovado, terá o mesmo procedimento na casa revisora.

As discussões iniciam-se nas Comissões que abrangem a matéria tratada no projeto de lei, de acordo com o art. 58, § 2º, I, da CF.

Em seguida o projeto é votado em plenário para aprovação da casa iniciadora. Após esse processo, conforme artigo 65 da CF, o texto aprovado deve ser remetido à casa revisora, também para discussão e votação. Nessa fase, o projeto poderá ser rejeitado, aprovado ou emendado. Na primeira hipótese será arquivado; na segunda, deverá ser encaminhado ao Executivo para sanção ou veto; na terceira, havendo emendas apostas pela casa revisora, elas deverão ser enviadas à apreciação da casa iniciadora, que poderá concordar ou discordar, mas não criar subemendas nem modificar o novo texto. Vale lembrar que o artigo 67 da CF determina que o projeto de lei rejeitado só possa ser reapresentado, na mesma sessão legislativa, por iniciativa da maioria absoluta dos membros de quaisquer das casas, Câmara ou Senado.

Aprovado o projeto, a Casa na qual a votação foi concluída deve encaminhá-lo ao Presidente da República para que ele o sancione ou vete.

12.1.8.2.2. Deliberação executiva

O veto poderá ter por fundamento dois motivos: inconstitucionalidade (é o denominado veto jurídico) ou contrariedade ao interesse público (o chamado veto político), conforme artigo 66, § 1º, da CF.

Após o veto, o Presidente da República tem 48 horas para comunicar seus motivos ao Presidente do Senado Federal (art. 66, § 1º, *in fine*), que colocará a matéria para ser apreciada e votada em sessão conjunta, podendo ser mantido ou rejeitado pelo Congresso Nacional, dentro de 30 dias contados de seu recebimento, conforme redação do § 4º do artigo 66 da CF.

Ressalta-se que a **EC nº 76, de 28 de novembro de 2013, retirou a expressão "escrutínio secreto" (voto secreto) do art. 66, § 4º, da CF. Desse modo, com a nova redação,** para que o veto do Presidente seja derrubado é obrigatória a apreciação em sessão conjunta e o voto da maioria absoluta dos Deputados e Senadores.

Derrubado o veto, o projeto volta ao Presidente da República para sua promulgação, segundo o § 5º do artigo 66 da CF. A situação é peculiar, pois, embora a opinião do Presidente tenha sido no sentido de vetar o projeto, ele terá de promulgá-lo.

Se o veto for mantido, arquiva-se o projeto ou, se houver decisão da maioria absoluta dos membros de quaisquer das Casas (Câmara ou Senado), ele poderá ser submetido à nova votação, na mesma sessão (art. 67).

Sancionado o projeto de lei adentra-se à fase complementar. Tal dispositivo também prevê a sanção tácita do projeto caso o Presidente não se manifeste dentro do prazo de 15 dias.

12.1.8.3. *Fase complementar*

Essa fase compreende a *promulgação* e a *publicação* oficial do projeto de lei, ambas de competência do Presidente da República (art. 84, IV, CF). Promulgar significa ratificar o processo legislativo, validando a lei no ordenamento jurídico. É com a promulgação que a lei "cria vida jurídica".

Então a lei é publicada no Diário Oficial, ato que torna obrigatório seu cumprimento e vigora a presunção de conhecimento geral pelas pessoas. Contudo, sua eficácia está condicionada a *vacatio legis*, que é o período entre a publicação e a entrada em vigor da norma. Conforme o art. 1º da Lei de Introdução às Normas do Direito Brasileiro – LINDB, em regra, em 45 dias a lei passa a vigorar em todo o território nacional e em três meses estabelece-se sua vigência no estrangeiro (art. 1º, § 1º, da LINDB). Esses prazos podem ser alterados (com supressão, redução ou ampliação) se dispostos na norma, conforme determina o art. 8º da Lei Complementar n. 95/1998.

12.1.8.4. *Espécies normativas*

As espécies legislativas ou normativas estão enumeradas no artigo 59 da Constituição Federal. São elas: *emendas constitucionais, leis complementares, leis ordinárias, leis delegadas, medidas provisórias, decretos legislativos e resoluções.*

12.1.8.4.1. Emendas constitucionais

Conforme já exposto, nossa Constituição é classificada, quanto ao seu processo de alteração, como rígida, ou seja, para ser modificada depende de um procedimento mais solene, mais dificultoso que o processo de alteração das demais normas, ditas infraconstitucionais. Sendo assim, o mecanismo hábil para que se altere uma norma constitucional não é uma lei, mas sim a emenda constitucional.

Existem limitações para o exercício do poder de reforma que são determinadas pelo poder constituinte originário. São elas:

a) Limitações procedimentais ou formais

Como o próprio nome indica, essas limitações têm a ver com a forma, com as regras previstas na Constituição para sua alteração. Esse processo é complexo e compreende quatro partes: iniciativa, quórum, promulgação e rejeição (art. 60 da CF).

Passemos à análise de cada uma delas. Para que se altere a Constituição é necessária que seja proposta uma PEC – proposta de emenda constitucional. Somente algumas pessoas detêm competência para *iniciar* esse projeto. São elas: um terço da Câmara dos Deputados ou do Senado Federal, Presidente da República e mais da metade das Assembleias Legislativas – manifestando-se, cada qual, pelo voto da maioria relativa de seus membros.

Iniciado o projeto, há outra limitação que é relativa ao quórum de votação. É imprescindível que o projeto seja aprovado nas duas Casas do Congresso Nacional (Câmara de Deputados e Senado Federal), em dois turnos, e pelo voto de 3/5 dos membros.

Sendo aprovada a PEC, para que efetivamente se transforme em emenda constitucional, ela precisa ser *promulgada* pelas Mesas da Câmara dos Deputados e do Senado Federal.

Há ainda outra limitação formal ou procedimental que se refere à *rejeição* da PEC. A proposta de emenda rejeitada ou havida por prejudicada não poderá ser objeto de nova proposta na mesma sessão legislativa. Assim, somente na próxima sessão legislativa é que os membros do Legislativo poderão colocar em pauta novamente uma PEC que tenha sido rejeitada.

Por fim, frise-se que essa limitação tem a ver apenas com a proposta de emenda e não com projeto de lei. Desse modo, não há impedimento para a deliberação, por emenda, de tema discutido em projeto de lei anteriormente rejeitado.

b) Limitações circunstanciais

Em determinadas circunstâncias, em situações de anormalidade, é proibida a edição de emendas constitucionais. Diz a Constituição que ela não poderá ser emendada na vigência de intervenção federal, de estado de defesa ou de estado de sítio (são os denominados "estados de exceção"). Nesses momentos, diz-se que a Constituição fica imutável.

c) Limitações materiais

Há algumas matérias que não poderão ser abolidas do texto constitucional, aliás, sequer poderão ser objeto de deliberação. O § 4º do artigo 60 da Constituição traz as denominadas cláusulas pétreas ou núcleos essenciais intangíveis. O nome sempre nos ajuda a compreender o instituto jurídico. "Pétreas" vêm de pedra, algo tão consistente e rígido que é comparado a uma pedra. A outra nomenclatura utilizada pela doutrina também tem fundamento: núcleos, ou seja, apenas uma parte da constituição, um núcleo, é que é dotado dessa impossibilidade de supressão. Além disso, um núcleo essencial, ou seja, aquele relacionado com matérias tipicamente, essencialmente constitucionais, ou seja, as que giram em torno do poder. E mais, algo intangível é algo não modificável.

As denominadas cláusulas pétreas são as seguintes: forma federativa de Estado; o voto secreto, direto, universal e periódico; a separação dos Poderes; e os direitos e garantias individuais.

12.1.8.4.2. Leis complementares

As leis complementares se diferenciam das ordinárias por possuírem duas características. A primeira está relacionada ao quórum de aprovação. Para ser aprovada é necessário o voto da maioria absoluta (art. 69 da CF). A segunda diferença se dá quanto ao conteúdo disciplinado. Somente será exigida a aprovação por meio de lei complementar em relação às matérias que a Constituição expressamente exige.

Assim, quando a constituição trata de um assunto e menciona que tal assunto deve ser regulamentado por lei, sem qualificar essa lei como "complementar", diz-se que não é necessário o voto da maioria absoluta, ou seja, presume-se que é lei ordinária.

Por ser a lei complementar dotada das características mencionadas, alguns doutrinadores mencionam que há hierarquia entre ela e a lei ordinária, prevalecendo a complementar em relação à ordinária. Prevalece a segunda corrente que sustenta apenas a existência de âmbito de atuação diferente e quórum diferenciado, não havendo hierarquia entre ambas.

12.1.8.4.3. Leis ordinárias

Espécie normativa responsável pela edição de normas gerais e abstratas. A denominação ordinária vem de algo que é comum. Em âmbito federal será elaborada pelo Congresso Nacional, na esfera estadual pelas Assembleias Legislativas dos

Estados e na municipal pelas Câmaras de Vereadores. Tudo que não for disciplinado por lei complementar deve ser tratado por lei ordinária. O quórum para sua aprovação é de maioria simples, ou seja, basta aprovação por maioria dos votos, desde que presente a maioria absoluta dos membros da Casa. O que se leva em conta para apurar a maioria simples é o número de parlamentares presentes na sessão.

12.1.8.4.4. Leis delegadas

São leis elaboradas pelo Presidente da República, quando ele exerce, atipicamente, a função legislativa. Segundo o artigo 68 da CF, para que o Presidente elabore essa lei deve solicitar a delegação ao Congresso Nacional. O ato que formaliza a autorização dada pelo Legislativo é uma resolução que deve especificar o conteúdo e os termos de seu exercício.

A lei delegada é tida como uma delegação *externa corporis*, pois o Legislativo transmite a sua função a outro Poder. Configura exceção ao princípio da indelegabilidade.

Ressalta-se que, segundo o § 1º do artigo 68 da CF, não podem ser objetos de delegação os atos de competência exclusiva do Congresso Nacional, os de competência privativa da Câmara dos Deputados ou do Senado Federal, a matéria reservada à lei complementar, nem a legislação sobre: I – organização do Poder Judiciário e do Ministério Público, a carreira e a garantia de seus membros; II – nacionalidade, cidadania, direitos individuais, políticos e eleitorais; III – planos plurianuais, diretrizes orçamentárias e orçamentos.

A resolução do Congresso também pode mencionar que o projeto de lei, elaborado pelo Presidente, passe por sua apreciação; nessa hipótese, conforme o § 3º do artigo 68 da CF, a verificação se dará em votação única e o Congresso não poderá fazer emendas ao texto.

12.1.8.4.5. Medida provisória

A possibilidade de edição de medidas provisórias pelo Chefe do Executivo vem prevista no artigo 62 da CF. Desse modo, havendo *relevância* e *urgência*, o Presidente da República poderá adotar medidas provisórias, com *força de lei*, devendo submetê-las imediatamente ao Congresso Nacional.

De acordo com o Supremo, os pressupostos da relevância e da urgência, embora conceitos jurídicos relativamente indeterminados e fluidos, mesmo expondo-se inicialmente à avaliação discricionária do Presidente da República, estão sujeitos, ainda que excepcionalmente, ao controle do Poder Judiciário, porque compõem a própria estrutura constitucional que disciplina as medidas provisórias, qualificando-se como requisitos legitimadores e juridicamente condicionantes do exercício, pelo Chefe do Executivo, da competência normativa primária. A Suprema Corte prossegue afirmando que a possibilidade de controle jurisdicional, mesmo sendo excepcional, apoia-se na necessidade de impedir que o Presidente da República, ao editar medidas provisórias, incida em excesso de poder ou em situação de manifesto abuso institucional, pois o sistema de limitação de poderes não permite que práticas governamentais abusivas venham a prevalecer sobre os postulados constitucionais que informam a concepção democrática de poder e de Estado, especialmente naquelas hipóteses em que se registrar o exercício anômalo e arbitrário das funções estatais (ADI 2213 MC, Min. Celso de Mello).

A votação da medida provisória, segundo § 8º do artigo 62 da CF, terá início na Câmara dos Deputados que deverá, antes de deliberar sobre seu mérito, verificar se os pressupostos constitucionais da medida (relevância e urgência) foram atendidos. O mesmo vale para a votação no Senado Federal. É o que dispõe o § 5º do artigo 62.

Além disso, a comissão mista de Deputados e Senadores deverá examinar e emitir parecer acerca das medidas provisórias, antes de serem apreciadas, em sessão separada, pelo plenário de cada uma das Casas do Congresso Nacional, conforme § 9º do artigo 62.

Ressalta-se que há matérias, segundo o § 1º, inciso I, do artigo 62 da CF, que *não* podem ser objeto de medida provisória. São as seguintes: a) nacionalidade, cidadania, direitos políticos, partidos políticos e direito eleitoral; b) direito penal, processual penal e processual civil; c) organização do Poder Judiciário e do Ministério Público, a carreira e a garantia de seus membros; d) planos plurianuais, diretrizes orçamentárias, orçamento e créditos adicionais e suplementares, ressalvado o previsto no art. 167, § 3º, da CF.

O inciso II do mesmo dispositivo constitucional menciona que também é vedada a edição de medida provisória que vise a detenção ou sequestro de bens, de poupança popular ou qualquer outro ativo financeiro, além das matérias reservadas à lei complementar e as já disciplinadas em projeto de lei aprovado pelo Congresso Nacional e pendente de sanção ou veto do Presidente da República.

As matérias que não podem ser disciplinadas por medida provisória foram questionadas na prova para o concurso de delegado do Estado de Rondônia.

De acordo com o § 3º do art. 167 da CF, a abertura de crédito extraordinário somente será admitida para atender a despesas imprevisíveis e urgentes, como as decorrentes de guerra, comoção interna ou calamidade pública, observado o disposto no art. 62. Ou seja, **há possibilidade, ainda que excepcional, de abertura de créditos extraordinários por meio de medida provisória.**

O prazo das medidas provisórias, contado a partir da publicação, é de 60 (sessenta) dias, prorrogável, uma única vez, por igual período (60 + 60). Esse prazo ficará suspenso durante o período de recesso do Congresso. Ressalta-se que a prorrogação ocorrerá se a medida não tiver sua votação encerrada nas duas Casas do Congresso dentro do prazo inicial de 60 dias, conforme § 7º do artigo 62.

Não sendo convertidas em lei dentro desse período, conforme dispõe o § 3º do artigo 62 da CF, as medidas *perderão sua eficácia*, desde a edição. Nessa hipótese, deve o Congresso Nacional, por meio de decreto legislativo, regulamentar as relações jurídicas formadas durante o período em que a medida vigorou.

Exceções à regra de perda de eficácia da medida provisória:

1ª Se o decreto legislativo, que disciplinaria as relações formadas durante a vigência da medida, não tiver sido editado até (60) sessenta dias após sua rejeição ou perda de eficácia, as relações jurídicas constituídas e decorrentes de atos praticados naquele período continuarão sendo regidas pela medida provisória, conforme dispõe o § 11 do artigo 62;

2ª Se o projeto de lei de conversão da medida provisória for aprovado, mas alterando o texto original, ela também permanecerá em vigor até que ele seja sancionado ou vetado, conforme § 12 do artigo 62.

Vale lembrar que, segundo o STF, se houver previsão na Constituição do Estado e as limitações e princípios trazidos pela CF forem observados, poderá o Governador do respectivo Estado editar medidas provisórias.

12.1.8.4.5.1. Regime de urgência ou trancamento de pauta

A medida provisória, conforme já mencionado, tem prazo de validade de 60 dias. Ocorre que há outro prazo, que é de 45 dias, para que ela seja apreciada sem que cause prejuízos. Assim, se não for apreciada em até quarenta e cinco dias contados de sua publicação, entrará em regime de urgência, subsequentemente, em cada uma das Casas do Congresso Nacional, ficando sobrestadas todas as demais deliberações legislativas da Casa em que estiver tramitando até que seja concluída sua votação. É o que determina o § 6º do artigo 62 da CF.

Frisa-se que é expressamente proibida a reedição de medidas provisórias na mesma sessão legislativa em que ela tenha sido rejeitada ou que tenha perdido sua eficácia por decurso de prazo, conforme § 10 do artigo 62 da CF.

Por fim, o § 2º do mesmo dispositivo constitucional determina que a medida provisória que implique instituição ou majoração de impostos, exceto os previstos nos arts. 153, I, II, IV, V, e 154, II, só produzirá efeitos no exercício financeiro seguinte se houver sido convertida em lei até o último dia daquele em que foi editada.

12.1.8.4.6. Decreto legislativo

As matérias de *competência exclusiva* do Congresso Nacional, previstas no artigo 49 da CF, devem ser normatizadas por meio de decreto legislativo. Exemplo: quando o Congresso Nacional quiser sustar os atos normativos do Poder Executivo que exorbitem o poder regulamentar, poderá fazê-lo por meio de decreto legislativo. Outro exemplo seria o Congresso autorizando a realização de um referendo ou convocando um plebiscito. Tais atos serão formalizados por decreto legislativo.

Exceção: o Congresso Nacional, ao delegar a competência legislativa ao Presidente da República para que ele elabore uma lei delegada, o faz por meio de *resolução* e não por decreto legislativo, pois a Constituição assim determina.

Vale lembrar que o Presidente do Senado Federal é quem promulga um decreto legislativo, não passando por deliberação executiva (sanção ou veto presidencial).

12.1.8.4.7. Resolução

Tem por finalidade normatizar as matérias *de competência privativa da Câmara de Deputados* (art. 51 da CF), do *Senado Federal* (art. 52 da CF) e, ainda, algumas atribuições do *Congresso* Nacional, por exemplo, a delegação ao Presidente da República para que ele edite lei delegada (art. 68, § 2º, da CF).

Quem promulga uma resolução é a Mesa da Casa Legislativa responsável por sua edição. Do mesmo modo que ocorre com o decreto legislativo, as resoluções não estão sujeitas a deliberação executiva (sanção ou veto presidencial).

Fiscalização contábil, financeira e orçamentária

Conforme dispõe o artigo 70 da CF, a fiscalização contábil, financeira, orçamentária, operacional e patrimonial da União e das entidades da administração direta e indireta, quanto à legalidade, legitimidade, economicidade, aplicação das subvenções e renúncia de receitas, será exercida pelo Congresso Nacional, mediante controle externo, e pelo sistema de controle interno de cada Poder.

Todos os órgãos, pessoas, públicos ou privados, que utilizem, arrecadem, guardem, cuidem ou administrem o patrimônio público, têm o dever de prestar contas.

Para tanto, é necessária a realização de controle, que pode ser interno ou externo. O primeiro, como já mencionado, é aquele realizado pelo próprio poder. Já o controle externo é feito pelo Congresso Nacional com o auxílio do Tribunal de Contas da União, ao qual compete, dentre outras atribuições:

– apreciar as contas prestadas anualmente pelo Presidente da República.

✓ Nesse tópico, o Supremo já decidiu, por não estar em conformidade com os parâmetros trazidos pela CF, que é inconstitucional norma de natureza estadual determinando que o Governador preste contas trimestralmente à Assembleia Legislativa (ADI 2.472/MC, Rel. Min. Maurício Corrêa);

✓ julgar as contas dos administradores e demais responsáveis por dinheiros, bens e valores públicos da administração direta e indireta, incluídas as fundações e sociedades instituídas e mantidas pelo Poder Público federal, e as contas daqueles que derem causa a perda, extravio ou outra irregularidade de que resulte prejuízo ao erário;

✓ realizar inspeções e auditorias de natureza contábil, financeira, orçamentária, operacional e patrimonial, nas unidades administrativas dos Poderes Legislativo, Executivo e Judiciário;

✓ fiscalizar a aplicação de quaisquer recursos repassados pela União mediante convênio, acordo, ajuste ou outros instrumentos congêneres, a Estado, ao Distrito Federal ou a Município;

✓ prestar as informações solicitadas pelo Congresso Nacional, por qualquer de suas Casas, ou por qualquer das respectivas Comissões, sobre a fiscalização contábil, financeira, orçamentária, operacional e patrimonial e sobre resultados de auditorias e inspeções realizadas;

✓ aplicar aos responsáveis, em caso de ilegalidade de despesa ou irregularidade de contas, as sanções previstas em lei;

✓ assinar prazo para que o órgão ou entidade adote as providências necessárias ao exato cumprimento da lei, se verificada ilegalidade;

✓ sustar, se não atendida, a execução do ato impugnado, comunicando a decisão à Câmara dos Deputados e ao Senado Federal;

✓ representar ao Poder competente sobre irregularidades ou abusos apurados.

É necessário ressaltar, conforme dispõe a Súmula Vinculante n. 3 do STF, que nos processos perante o Tribunal de Contas da União asseguram-se o contraditório e a ampla defesa quando da decisão puder resultar anulação ou revogação de ato administrativo que beneficie o interessado, excetuada a apreciação da legalidade do ato de concessão inicial de aposentadoria, reforma e pensão.

Além disso, de acordo com a jurisprudência do Supremo, os Tribunais de Contas gozam de autogoverno, autonomia e iniciativa reservada quanto à instauração de processo legislativo que pretenda alterar a sua organização e funcionamento. Sendo assim, é tida como inconstitucional lei estadual de iniciativa parlamentar que vise a alterar ou revogar dispositivos que cuidem de preceitos como competências, formas de atuação e organização do órgão, constantes de leis orgânicas das Cortes de Contas Estaduais (ADI 4.418-MC, Rel. Min. Dias Toffoli).

Outra decisão relevante diz respeito à execução de multa aplicada por Tribunal de Contas Estadual segundo a qual "o estado-membro não tem legitimidade para promover execução judicial para cobrança de multa imposta por Tribunal de Contas Estadual à autoridade municipal, uma vez que a titularidade do crédito é do próprio ente público prejudicado, a quem compete a cobrança, por meio de seus representantes judiciais" (RE 580.943, rel. Min Ricardo Lewandowski, de 18.06.2013).

Conforme dispõe o § 3º do artigo 71 da CF, que as decisões do Tribunal de Contas que decorram de imputação de débito ou multa valem como título executivo.

Além do exposto, deve o Tribunal de Contas enviar relatórios de suas atividades, trimestral e anualmente, ao Congresso Nacional.

Ressalta-se que, de acordo com o art. 130 da CF, o Tribunal de Contas possui Ministério Público próprio, que detém carreira diversa das que integram o MP da União e dos Estados.

É da competência originária do STF o processo e julgamento dos membros dos Tribunais de Contas da União e, do STJ, os processos relativos aos membros dos Tribunais de Contas Estaduais e do Distrito Federal (artigos 102, I, "c", e 105, I, "a", ambos da CF).

Vale lembrar que a Súmula 653 do STF determina que o Tribunal de Contas Estadual é composto por sete conselheiros dentre os quais quatro são escolhidos pela Assembleia Legislativa e três pelo Chefe do Executivo Estadual, cabendo a este indicar um dentre auditores, outro dentre membros do Ministério Público e um terceiro a sua livre escolha. Assim, verifica-se que a composição dos Tribunais de Contas Estaduais devem tomar por base a do Tribunal de Contas da União.

12.2. Poder Executivo

A função típica do Poder Executivo é a de administrar. No Brasil, como adotamos o sistema presidencialista de governo, o Chefe do Executivo cumula as atribuições de chefe de estado (representa a República Federativa do Brasil perante a comunidade internacional) e chefe de governo (comanda e administra o país no âmbito interno).

De forma atípica, o Chefe do Executivo realiza funções legislativas ao vetar ou sancionar uma lei, ao iniciar um projeto de lei, nas hipóteses de sua competência, e, ainda, ao editar medidas provisórias e leis delegadas.

Em todas as unidades federativas há o exercício do Poder Executivo. No âmbito federal, conforme artigo 76 da CF, o Executivo é chefiado pelo Presidente da República, que se vale do auxílio dos Ministros de Estado. Para concorrer ao cargo de Presidente o sujeito precisa ser brasileiro nato e contar com mais de 35 anos (art. 14, § 3º, VI, "a", da CF). Já os Ministros que auxiliam o Chefe do Executivo são escolhidos e nomeados por ele, desde que contenham os seguintes requisitos: sejam brasileiros, maiores de vinte e um anos e estejam no exercício dos direitos políticos (artigo 87 da CF).

Dentre os diversos ministros que auxiliam o Presidente da República, apenas um deles a Constituição exige que seja brasileiro *nato*, que é o Ministro de Estado da Defesa (art. 12, § 3º, VII). Os demais cargos de Ministros podem ser ocupados tanto por brasileiros natos quanto por naturalizados, conforme nos ensina os artigos 87 e 12, § 2º, ambos da CF.

No âmbito estadual, o Executivo é chefiado pelo Governador do Estado (artigo 28 da CF). Tal cargo deve ser ocupado por um brasileiro que possua mais de 30 anos, segundo o artigo 14, § 3º, VI, "b", da CF. Auxiliam o Chefe do Executivo estadual o Vice-Governador e os Secretários Estaduais. No Distrito Federal também é o Governador quem chefia o Executivo, valendo-se, para tanto, do auxílio dos seus Secretários Distritais (artigo 32, § 2º, da CF).

No âmbito municipal, o Executivo é comandado pelo Prefeito, conforme artigo 29, I, da CF. Para que alguém concorra ao cargo de Prefeito é necessário que seja brasileiro e que possua, pelo menos, 21 anos (artigo 14, § 3º, VI, "c", da CF). O Vice-Prefeito e os Secretários Municipais auxiliam diretamente os Prefeitos.

12.2.1. Mandato e sistemas eleitorais

Os Chefes do Executivo possuem um **mandato** de quatro anos, admitida uma reeleição para um único período subsequente (art. 14, § 5º, CF). Segundo o art. 77 da CF, a eleição do Presidente e do Vice-Presidente ocorre no primeiro domingo de outubro, em primeiro turno, e, havendo a necessidade de um segundo turno, ou seja, quando nenhum dos candidatos que participou do primeiro turno obtiver a maioria absoluta dos votos válidos, tal votação se dará no último domingo de outubro do ano anterior ao término do mandato presidencial vigente.

Conforme o § 3º do artigo 77 da Constituição, os dois candidatos mais votados no primeiro turno concorrem à vaga.

Além disso, no âmbito dos municípios só haverá segundo turno se o número de eleitores for superior a duzentos mil (art. 29, II, da CF).

Quanto aos **sistemas eleitorais**, utiliza-se o *majoritário absoluto* no caso do Presidente da República (Chefe do Executivo Federal), dos Governadores de Estado (Chefes dos Executivos Estaduais), do Governador do DF (Chefe do Executivo Distrital) e dos Prefeitos de municípios com mais de 200 mil eleitores. Nessas hipóteses, após a votação, considerar-se-á eleito o candidato que obtiver a maioria absoluta dos votos válidos, em primeiro ou segundo turno, não sendo computados os votos em branco e os nulos (art. 77, § 2º, da CF).

Nos municípios que possuem até 200 mil eleitores, o sistema eleitoral é o *majoritário simples*. Há apenas um turno de votação, portanto, será eleito aquele que obtiver mais votos.

A posse do novo governante ocorrerá no dia primeiro de janeiro do ano seguinte à sua eleição. O parágrafo único do artigo 78 dispõe que passados dez dias da data fixada para a posse e o governante, salvo motivo de força maior, não tiver assumido o cargo, este será declarado *vago*.

As regras sobre sucessão e substituição do Presidente da República estão previstas nos artigos 79, 80 e 81 da CF e serão analisadas abaixo.

12.2.2. Sucessão

Nas hipóteses de sucessão presidencial, a ausência do Presidente se dá de forma definitiva, ou seja, ele sai do cargo e não volta mais. Os exemplos mais comuns são: morte do Presidente, afastamento em virtude de um processo de *impeachment*, invalidez permanente etc.

12.2.3. *Substituição*

Nas hipóteses de substituição presidencial, a ausência do Presidente se dá não de forma definitiva, mas de forma transitória, passageira, ou seja, ele sai e posteriormente retorna ao cargo. Isso ocorre, por exemplo, em virtude de um afastamento médico para eventual tratamento de doença ou se houverem sido suspensas suas funções em decorrência de um processo judicial etc. São as hipóteses em que o Presidente fica impedido de atuar.

Segundo o artigo 80 da CF, o Presidente será substituído, em primeiro lugar, pelo Vice-Presidente, se ele também ficar impedido de assumir o cargo, será chamado ao exercício da Presidência da República o Presidente da Câmara, depois o Presidente do Senado e por último o Presidente do Supremo, sucessivamente. Vejam que na ordem de sucessão o Presidente da Câmara antecede o do Senado, pois este representa os Estados e aquele é quem representa o povo.

Apenas o Vice-Presidente poderá ocupar o cargo da Presidência de forma definitiva. Os demais somente substituirão o Presidente de forma temporária, provisória. Determina o artigo 81 da CF que, vagando os cargos de Presidente e de Vice, deverá ser realizada nova eleição, depois de aberta a última vaga. Tal pleito se dará de duas formas:

1º ocorrendo a vacância dos cargos de Presidente e Vice-Presidente da República nos dois primeiros anos do mandato presidencial, novas eleições diretas deverão ser feitas dentro do prazo de 90 dias, depois de aberta a última vaga (art. 81, *caput, CF*);

2º ocorrendo a vacância dos dois cargos (Presidente e Vice) nos últimos dois anos do mandato presidencial, o Congresso Nacional é que escolherá o novo Presidente e Vice-Presidente da República, por meio de uma eleição que se dará dentro do prazo de 30 dias depois de aberta a última vaga (art. 81, § 1º, CF). É importante destacar que é o único caso de *eleição indireta* previsto na Constituição Federal. É indireta e não direta, pois não será o povo quem escolherá o novo governante, mas sim seus representantes (Deputados Federais e Senadores). Haverá intermediários na escolha do novo Presidente e Vice.

Nas duas hipóteses os eleitos, segundo o § 2º do artigo 81, cumprirão tão somente o período que falta para terminar o mandato de seus antecessores. É a hipótese do chamado mandato-tampão.

Lembramos que os casos de novas eleições, diretas ou indiretas, ocorrerão somente nos casos de vacância, ou seja, nos casos em que o Presidente e o Vice se afastam do cargo de forma definitiva.

De acordo com a ADI 2.709, Rel. Min. Gilmar Mendes, norma estadual que suprima a eleição indireta no caso de dupla vacância dos cargos de Governador e Vice-Governador do Estado, nos dois últimos anos do mandato é inconstitucional, pois viola os parâmetros estabelecidos no âmbito federal.

Além disso, dispõe o artigo 83 da CF que o Presidente e o Vice-Presidente não poderão ausentar-se do país por período superior a 15 dias, salvo se tiverem autorização do Congresso Nacional, sob pena de perderem o cargo.

Vale lembrar que o tema apresentado já foi objeto de questionamento no concurso de delegado do Estado de Amapá.

12.2.4. *Atribuições do Presidente da República*

O artigo 84 da CF traz as competências do Chefe do Executivo, cuja enumeração é meramente exemplificativa. Tais atribuições são, em regra, indelegáveis. Apenas as previstas nos incisos VI, XII e XXV, primeira parte, podem ser delegadas. Dentre as competências previstas no dispositivo mencionado, destacam-se as seguintes:

12.2.4.1. *Regulamentar normas*

É de competência do Presidente, mediante decreto, sempre focado na fiel execução da lei, a regulamentação de normas.

Vale lembrar que o STF já definiu que "a exigência constitucional de lei formal para fixação do valor do salário mínimo está atendida pela Lei 12.382/2011. A utilização de decreto presidencial, definida pela Lei 12.382/2011 como instrumento de anunciação e divulgação do valor nominal do salário mínimo de 2012 a 2015, não desobedece ao comando constitucional posto no inciso IV do art. 7º. A Lei 12.382/2011 definiu o valor do salário mínimo e sua política de afirmação de novos valores nominais para o período indicado (arts. 1º e 2º). Cabe ao presidente da República, exclusivamente, aplicar os índices definidos legalmente para reajuste e aumento e divulgá-los por meio de decreto, pelo que não há inovação da ordem jurídica nem nova fixação de valor." (ADI 4.568, Rel. Min. Cármen Lúcia, julgamento em 03.11.2011, Plenário, *DJE* de 30.03.2012).

12.2.4.2. *Relacionar-se com Estados estrangeiros, atuando no âmbito internacional*

Cabe ao Presidente manter relações com os Estados estrangeiros; acreditar seus representantes diplomáticos; celebrar tratados, convenções e atos internacionais, sujeitos a referendo do Congresso Nacional; e permitir, nos casos previstos em lei complementar, que forças estrangeiras transitem pelo território nacional ou nele permaneçam temporariamente.

12.2.4.3. *Nomear autoridades para ocuparem cargos*

Ao Presidente é dada a atribuição de nomear e exonerar os Ministros de Estado (art. 84, I, CF); nomear, após aprovação pelo Senado Federal, os Ministros do Supremo Tribunal Federal e dos Tribunais Superiores, os Governadores de Territórios, o Procurador-Geral da República, o presidente e os diretores do banco central e outros servidores, quando determinado em lei (art. 84, XIV, CF); nomear os Comandantes da Marinha, do Exército e da Aeronáutica, promover seus oficiais-generais e nomeá-los para os cargos que lhes são privativos (art. 84, XIII, CF); nomear, observado o disposto no art. 73, os Ministros do Tribunal de Contas da União (art. 84, XV, CF); nomear os magistrados, nos casos previstos na Constituição, e o Advogado-Geral da União (art. 84, XVI, CF); e nomear membros do Conselho da República, nos termos do art. 89, VII.

De acordo com a Súmula 627 do STF, "no mandado de segurança contra a nomeação de magistrado da competência do presidente da República, este é considerado autoridade coatora, ainda que o fundamento da impetração seja nulidade ocorrida em fase anterior ao procedimento".

Além disso, segundo o Supremo, "estando o presidente da República de posse de lista tríplice destinada ao preenchimento de vaga de magistrado de TRT, podendo nomear, a qualquer momento, aquele que vai ocupar o cargo vago, configura-se a competência desta Corte para o julgamento do mandado de segurança que impugna o processo de escolha dos integrantes da lista, nos termos da jurisprudência do STF, consolidada na Súmula 627 desta Corte." (MS 27.244-QO, Rel. Min. Joaquim Barbosa, julgamento em 13.05.2009, Plenário, *DJE* de 19.03.2010).

12.2.4.4. *Atuações no processo de formação das leis (processo legislativo)*

O Presidente da República inicia projetos de lei e de emendas constitucionais, nos casos determinados pela Constituição. Também participa, quando da edição de leis, da fase deliberativa, vetando ou sancionando os respectivos projetos. O veto pode ser motivado por razões de interesse público (veto político) ou por inconstitucionalidade (veto jurídico). Além dessas atuações, ao promulgar e mandar publicar as leis, o Presidente atua no processo legislativo na fase complementar. E, por último, ao *editar medidas provisórias* (art. 84, XXVI, CF) e leis delegadas (art. 68 da CF), o Presidente está exercendo uma função atípica, nesse caso, a legislativa.

12.2.4.5. *Atuações nos "estados de exceção"*

Ao Chefe do Executivo é dada a atribuição de decretar o estado de defesa e o estado de sítio (art. 84, IX, da CF); decretar e executar a intervenção federal (art. 84, X, da CF); declarar guerra, no caso de agressão estrangeira, autorizado pelo Congresso Nacional ou referendado por ele, quando ocorrida no intervalo das sessões legislativas; e, nas mesmas condições, decretar, total ou parcialmente, a mobilização nacional (art. 84, XXI, da CF).

12.2.4.6. *Direção superior da administração federal*

Cabe ao Presidente da República exercer tal função, auxiliado pelos Ministros de Estado.

12.2.4.7. *Disciplinar por meio de decreto*

a) a organização e funcionamento da administração federal quando não implicar aumento de despesa nem criação ou extinção de órgãos públicos; e b) extinção de funções ou cargos públicos, quando vagos.

Nessas hipóteses, os decretos encontrarão fundamento de validade direto na CF. Por conta disso, tais normas são conhecidas como decretos autônomos.

12.2.4.8. *Conceder indulto e comutar penas*

É da competência do Chefe do Executivo conceder tais benefícios por meio da expedição de decreto.

O indulto é normalmente concedido nos finais de ano, quando da comemoração do natal. Segundo o Supremo, "a concessão do benefício do indulto é uma faculdade atribuída ao Presidente da República. Desse modo, é possível a imposição de condições para tê-lo como aperfeiçoado, desde que em conformidade com a CF." (AI 701.673-AgR, Rel. Min. Ricardo Lewandowski, julgamento em 05.05.2009, Primeira Turma, *DJE* de 05.06.2009).

Também, segundo a Corte Suprema, "o art. 5º, XLIII, da Constituição, que proíbe a graça, gênero do qual o indulto é espécie, nos crimes hediondos definidos em lei, não conflita com o art. 84, XII, da Lei Maior. O decreto presidencial que concede o indulto configura ato de governo, caracterizado pela ampla discricionariedade." (HC 90.364, Rel. Min. Ricardo Lewandowski, julgamento em 31.10.2007, Plenário, *DJ* de 30.11.2007). No mesmo sentido: HC 81.810, Rel. Min. Cezar Peluso, julgamento em 16.04.2009, Plenário, *DJE* de 07.08.2009.

A anistia, em regra, é aplicada aos crimes políticos e depende de lei. De acordo com o STF, "tal instituto configura ato político, com natureza política e, excepcionalmente, estende-se a crimes comuns, certo que, para estes, há o indulto e a graça, institutos distintos da anistia (CF, art. 84, XII)." (ADI 1.231, Rel. Min. Carlos Velloso, julgamento em 15.12.2005, Plenário, *DJ* de 28.04.2006).

12.2.4.9. *Comandar as forças armadas*

O Presidente da República comanda as forças armadas. Elas têm por finalidade a proteção militar do país e a defesa da ordem interna, além de protegerem a lei e atuarem de acordo com o que ela determina.

12.2.4.10. *Convocar e presidir Conselhos*

O Chefe do Executivo é quem convoca e preside o Conselho da República e o Conselho de Defesa Nacional.

12.2.4.11. *Celebrar a paz*

O Congresso Nacional pode autorizar o Presidente a celebrar a paz ou referendar uma determinação já formulada por ele.

12.2.4.12. *Demais atribuições*

Cabe ainda ao Chefe do Executivo enviar ao Congresso Nacional o plano plurianual, o projeto de lei de diretrizes orçamentárias e as propostas de orçamento previstas na Constituição; prestar, anualmente, ao Congresso Nacional, dentro de 60 (sessenta) dias após a abertura da sessão legislativa, as contas referentes ao exercício anterior; prover e extinguir os cargos públicos federais, na forma da lei; além de outras atribuições dispostas na Constituição.

Vale lembrar que o parágrafo único do art. 84 da CF dispõe que o Presidente poderá delegar aos Ministros de Estado, ao Procurador-Geral da República ou ao Advogado-Geral da União, desde que observados os limites traçados nas respectivas delegações, as seguintes atribuições:

a) disposição, por meio de decreto, sobre a organização e funcionamento da administração federal, quando **não** implicar aumento de despesa nem criação ou extinção de órgãos públicos (art. 84, VI, "a", CF) e sobre a extinção de funções ou cargos públicos, quando vagos (art. 84, VI, "b", CF).

b) concessão de indulto e comutação de penas (art. 84, XII, CF); e

c) provimento dos cargos públicos federais, na forma da lei (art. 84, XXV, primeira parte, CF).

Em suma, o Presidente pode delegar a atribuição de prover e a de desprover funções ou cargos públicos. Quanto à possibilidade de extinguir tais cargos, só poderá haver delegação quando as funções ou cargos públicos estiverem **vagos**.

De acordo com a Súmula 510 do STF, se o ato for praticado por autoridade no exercício de competência delegada, contra ela cabe o mandado de segurança ou a medida judicial.

Por fim, o STF firmou orientação no sentido da "legitimidade de delegação a ministro de Estado da competência do chefe do Executivo Federal para, nos termos do art. 84, XXV, e parágrafo único, da CF, aplicar pena de demissão a servidores públicos federais. (...) Legitimidade da delegação a secretários estaduais da competência do governador do Estado de Goiás para (...) aplicar penalidade de demissão aos servidores do Executivo, tendo em vista o princípio da simetria." (RE 633.009-AgR, Rel. Min. Ricardo Lewandowski, julgamento em 13.09.2011, Segunda Turma, *DJE* de 27.09.2011).

12.2.5. Responsabilidade do Presidente da República

Conforme dispõe o artigo 86 da CF, o Chefe do Executivo federal pode ser responsabilizado pela prática de crime comum e por crime de responsabilidade. Pelo primeiro terá de responder perante o Supremo Tribunal Federal, já, pelo segundo, crime de responsabilidade, estará sujeito a julgamento perante o Senado Federal.

De acordo com o enunciado da Súmula 722 do STF, a definição dos crimes de responsabilidade e o estabelecimento das respectivas normas de processo e julgamento são da competência legislativa da União.

Os atos que atentem contra a Constituição Federal, em especial contra a existência da União, contra o livre exercício dos poderes, contra o exercício dos direitos políticos, individuais e sociais, contra a segurança interna do País, contra a probidade na administração, contra a lei orçamentária e contra o cumprimento das leis e das decisões judiciais são considerados *crimes de responsabilidade*. A definição de tais crimes é dada pelo artigo 4º da Lei n. 1.079/1950.

O procedimento para apuração e julgamento dos crimes praticados pelo Presidente, tanto dos crimes comuns quanto dos crimes de responsabilidade, obedece a um sistema bifásico no qual, em um primeiro momento, é necessária a autorização da Câmara dos Deputados (juízo de admissibilidade do processo), pelo voto de dois terços dos membros, conforme o *caput* do artigo 86 da CF. Somente se a Câmara autorizar o julgamento é que haverá a segunda fase do procedimento bifásico, o julgamento propriamente dito. Fala-se que o Presidente possui imunidade formal no tocante à formação do processo, por conta da necessidade dessa autorização da Câmara. É necessário salientar que a imunidade mencionada não se aplica aos membros do Poder Legislativo.

Ao adentrarmos na segunda fase do procedimento bifásico, é necessário diferenciarmos crime comum de crime de responsabilidade, pois cada um obedece a um trâmite processual diferente.

Se o Presidente praticar um crime de natureza *comum*, ou seja, aqueles crimes previstos na legislação penal, conforme dispõem os artigos 86 e 102, I, "b", da CF, será processado e julgado, conforme já mencionado, perante o Supremo Tribunal Federal. Se a denúncia ou queixa for recebida pelo Supremo, o Presidente ficará suspenso de suas funções pelo prazo de 180 dias. Após esse período, se o processo ainda não tiver chegado ao fim, o Presidente deverá retomar suas funções (art. 86, § 1º, I, e § 2º, da CF).

Se o Presidente for condenado, além das sanções previstas na lei penal, poderá perder o cargo se a pena aplicada for privativa de liberdade por tempo igual ou superior a um ano e o crime for praticado com abuso de poder ou violação de dever para com a Administração Pública (art. 92, I, "a", do CP). Nessa hipótese a perda do cargo é um efeito da condenação criminal.

O § 3º do artigo 86 nos ensina que, durante a vigência do mandato, se o Presidente praticar um crime comum, enquanto não houver sentença condenatória ele não poderá ser levado à prisão (imunidade formal no tocante às prisões de natureza cautelar). Desse modo, o Presidente não poderá ter restrita sua liberdade por nenhuma das modalidades de prisão cautelar, ou seja, não poderá ser preso em flagrante, preventiva ou provisoriamente, mesmo que presentes os requisitos para a decretação de tais custódias. Essas modalidades de prisão são decretadas de forma cautelar, isto é, sem que haja uma decisão condenatória transitada em julgado.

Vale lembrar que o STF já definiu, "no que concerne ao art. 86, § 3º e § 4º, da Constituição, na ADI 1.028, de referência à imunidade à prisão cautelar e à persecução penal como prerrogativa exclusiva do presidente da República, insuscetível de estender-se aos governadores dos Estados, que institucionalmente, não a possuem." (ADI 1.634-MC, Rel. Min. Néri da Silveira, julgamento em 17.09.1997, Plenário, *DJ* de 08.09.2000).

Em 2010, o Governador do Distrito Federal foi preso, o que corrobora a regra de que a imunidade relativa à prisão cautelar não se aplica aos demais Chefes do Executivo.

Também segundo o § 4º do artigo 86 da CF, durante a vigência do mandato, o Presidente não poderá ser responsabilizado por atos estranhos ao exercício de suas funções. Dessa maneira, só responderá por crime comum perante o Supremo se o crime tiver ligação com o exercício das atividades presidenciais.

Assim, crimes comuns praticados pelo Presidente que não tenham relação com o exercício de suas funções só serão julgados após o fim do mandato, perante a justiça comum e não perante o Supremo Tribunal Federal.

Salienta-se, ainda, que o Chefe do Executivo federal, diferentemente dos parlamentares, não possui a denominada imunidade material, ou seja, não é inviolável por suas palavras, opiniões e votos durante o curso do mandato.

O Presidente pode ser responsabilizado não apenas pela prática de crime comum, mas também em virtude da prática de crime de responsabilidade. A natureza jurídica de tal delito é controvertida na doutrina, mas a maioria entende que é de infração político-administrativa. Se o *Presidente* praticar *crime de responsabilidade*, ou seja, aqueles descritos no artigo 85 da CF e regulamentados pela Lei n. 1.079/1950, terá de se sujeitar ao chamado processo de *impeachment*.

Da mesma maneira que ocorre quando ele pratica um crime comum, é necessário o juízo de admissibilidade da Câmara. Somente após ter sido autorizado o julgamento do Presidente é que passaremos para a segunda fase do procedimento.

Nesse momento, o processo é instaurado no Senado Federal, que terá na presidência da sessão de julgamento o Presidente do Supremo Tribunal Federal (art. 52, parágrafo único, da CF). Ressalta-se que ao Senado não é dado juízo de discricionariedade; sendo o julgamento autorizado pela Câmara, o Senado tem de instaurar o processo.

São assegurados ao Presidente os princípios constitucionais da ampla defesa, contraditório e devido processo legal durante todo o trâmite do processo de *impeachment*.

Segundo o inciso II do § 1º do artigo 86, a instauração do processo por crime de responsabilidade pelo Senado Federal faz com que o Presidente fique suspenso de suas funções. Se optarem por absolver o Presidente, o processo de *impeachment* será arquivado. Agora, para que o Chefe do Executivo federal seja condenado, é necessário o voto de dois terços dos membros da casa.

Vejam: o art. 86, § 1º, I e II, da CF determina dois momentos para o início da suspensão das funções do Presidente. Se o crime for comum, após o recebimento da denúncia ou queixa-crime pelo STF; se o crime for de responsabilidade, após a instauração do processo pelo Senado Federal.

As penas impostas, no caso de condenação do Presidente por crime de responsabilidade, são autônomas e aplicadas de forma cumulativa. São as seguintes: 1 – perda do cargo; 2 – inabilitação para o exercício de função pública por oito anos (art. 52, parágrafo único, da CF).

O julgamento dos Chefes do Executivo dos Estados, do Distrito Federal e dos Municípios é semelhante ao do âmbito federal. Vejamos.

Nos Estados e no Distrito Federal, os *Governadores* também podem ser responsabilizados por crimes comuns ou de responsabilidade. Pelos primeiros são julgados pelo Superior Tribunal de Justiça (art. 105, I, "a"). Pelos segundos são julgados pelo Tribunal de Justiça do Estado do qual são governantes. A composição desse Tribunal, especificamente para o julgamento do Governador, é dada pelo § 3º do artigo 78 da Lei n. 1.079/1950, que determina que o órgão será presidido pelo Presidente do próprio Tribunal e composto por cinco Deputados Estaduais e cinco Desembargadores.

Nos Municípios, os *Prefeitos* estão também sujeitos à responsabilização por crimes comuns e de responsabilidade. Pela prática de crime comum, conforme inciso X do art. 29 da CF, os Chefes do Executivo municipal são processados e julgados pelo Tribunal de Justiça do Estado de que o Município faz parte. Por crimes de responsabilidade, os prefeitos poderão ser responsabilizados de duas maneiras: se o crime de responsabilidade for próprio, isto é, tipificado no artigo 4º do Decreto-Lei 201/1967, a Câmara de Vereadores é quem fará o julgamento; já se for um crime de responsabilidade impróprio, ou seja, aqueles não de natureza política, mas penal tão somente, é o Tribunal de Justiça do Estado respectivo o órgão competente para julgamento (art. 1º do Decreto-Lei 201/1967). Por fim, se o crime praticado for eleitoral, a competência será do Tribunal Regional Eleitoral (arts. 29, X e 96, III, ambos da CF).

12.3. Poder Judiciário

Um dos importantes princípios que regem esse poder é o da **imparcialidade.** Significa que o juiz, ao analisar os processos que foram a ele submetidos, deve agir com neutralidade.

Além disso, a jurisdição, em regra, pressupõe a existência de uma lide. Ela é inerte, depende de provocação da parte interessada, e é dotada da característica da definitividade, ou seja, transitada em julgado e passado o prazo para a propositura de ação rescisória, a decisão não poderá mais ser modificada.

De acordo com o art. 93, I, da CF, o ingresso na carreira da magistratura, cujo cargo inicial será o de juiz substituto, se dá mediante aprovação em concurso público de provas e títulos, com a participação da OAB em todas as fases. Além disso, o bacharel em Direito tem de comprovar três anos de atividade jurídica para ingressar na magistratura. É a chamada "**quarentena de entrada**", instituto inserido na CF pela EC 45/2004 (reforma do Poder Judiciário).

Segundo o STF (ADI 3.460/DF), os três anos de atividade jurídica são contados da data de conclusão do curso, pois as atividades que terão de ser demonstradas são aquelas privativas do bacharel em Direito. Desse modo, os tempos de estágio, realizados durante o curso de direito, não são computados para esse fim.

O assunto mencionado foi objeto de regulamentação pela Resolução n. 75/2009 do Conselho Nacional de Justiça. O seu art. 59 menciona que pode ser computada como tempo de "atividade jurídica", dentre outras atividades, o efetivo exercício da advocacia, magistério superior, desde que predominantemente requeira a utilização de conhecimento jurídico, função de conciliador, mediador ou árbitro na composição de litígios etc.

12.3.1. *Funções, órgãos e principais institutos*

A Constituição Federal traz em seus artigos 92 ao 126 a organização do Poder Judiciário.

O Poder Judiciário tem como função típica a jurisdicional (solução de interesses por meio do devido processo legal). Realiza, de forma atípica, outras funções, como a de natureza *legislativa* (por exemplo, a elaboração do seu regimento interno) e de natureza *executivo-administrativa*, como a organização de suas secretarias.

Nos termos do artigo 92 do Texto Maior, são órgãos do Poder Judiciário:

✓ o Supremo Tribunal Federal;

✓ o Conselho Nacional de Justiça;

✓ o Superior Tribunal de Justiça;

✓ os Tribunais Regionais Federais e os Juízes Federais. Com a aprovação da **EC n. 73** de 6 de abril de 2013 foram criados os Tribunais Regionais Federais da 6ª, 7ª, 8ª e 9ª Regiões. Ocorre que a Associação Nacional dos Procuradores Federais – ANPAF ajuizou ação direta de inconstitucionalidade, com pedido de medida liminar, contra a Emenda Constitucional 73/2013. Em decisão monocrática, a ação teve a medida cautelar deferida, o que acarretou a suspensão dos efeitos da EC 73/2013.

✓ os Tribunais e Juízes do Trabalho;

✓ os Tribunais e Juízes Eleitorais;

✓ os Tribunais e Juízes Militares;

✓ os Tribunais e Juízes dos Estados e do Distrito Federal e Territórios.

O Supremo Tribunal Federal, os Tribunais Superiores e o Conselho Nacional de Justiça têm sede na Capital Federal (Brasília) e os dois primeiros têm jurisdição em todo território nacional.

De acordo com o Supremo, "a Constituição não arrola as turmas recursais dentre os órgãos do Poder Judiciário, os quais são por ela discriminados, em *numerus clausus*, no art. 92. Apenas lhes outorga, no art. 98, I, a incumbência de julgar os recursos provenientes dos juizados especiais. Vê-se, assim, que a Carta Magna não conferiu às turmas recursais, sabidamente integradas por juízes de primeiro grau, a natureza de órgãos autárquicos do Poder Judiciário, e nem tampouco a qualidade de tribunais, como também não lhes outorgou qualquer autonomia com relação aos TRFs. É por essa razão que, contra suas decisões, não cabe recurso especial ao STJ, a teor da Súmula 203 daquela Corte, mas tão somente recurso extraordinário ao STF, nos termos de sua Súmula 640. Isso ocorre, insisto, porque elas constituem órgãos recursais ordinários de última instância relativamente às decisões dos juizados especiais, mas não tribunais, requisito essencial para que se instaure a competência especial do STJ." (RE 590.409, voto do Rel. Min. Ricardo Lewandowski, julgamento em 26.08.2009, Plenário, *DJE* de 29.10.2009, com repercussão geral).

De acordo com a súmula 376 do STJ, compete à turma recursal processar e julgar o mandado de segurança contra ato de juizado especial.

Vale lembrar que, em relação ao Poder Judiciário, os temas recorrentes em provas e exames são os atinentes à EC 45/2004 (reforma de Poder Judiciário) dentre os quais se destacam os seguintes:

a) inserção do inciso LXXVIII no art. 5º da CF – princípio da **razoável duração do processo ou celeridade processual** no âmbito judicial e administrativo. Configura uma ampliação do rol de direitos e garantias fundamentais;

b) criação de um novo órgão no poder judiciário: CNJ – **Conselho Nacional de Justiça** (art.103-B da CF);

c) fortificação do princípio da **imparcialidade**, pela criação de vedações ao membros da magistratura, como a proibição do exercício da advocacia no juízo ou tribunal ao qual se afastou pelo prazo de 3 anos;

d) criação de mais um requisito de admissibilidade ao recurso extraordinário: instituto da **repercussão geral**;

e) alterações nas **regras de competência,** em especial em relação à Justiça do Trabalho;

f) criação do instituto denominado **súmula vinculante** (art. 103-A da CF, regulamentado pela Lei n. 11.417/2006).

Súmula Vinculante

Dispõe a CF, em seu art. 103-A, que o Supremo Tribunal Federal, e só ele, poderá, de ofício ou por provocação, por exemplo, dos legitimados à propositura de ação direta de inconstitucionalidade (art. 103 da CF), aprovar súmula vinculante, mediante decisão de **dois terços** dos seus membros, após **reiteradas decisões** sobre **matéria constitucional**.

De acordo com o art. 3º da Lei 11.417/2006 (norma que regulamentou a súmula vinculante), são legitimados a propor a edição, a revisão ou o cancelamento de enunciado de súmula vinculante:

I. o Presidente da República;

II. a Mesa do Senado Federal;

III. a Mesa da Câmara dos Deputados;

IV. o Procurador-Geral da República;

V. Conselho Federal da Ordem dos Advogados do Brasil;

VI. o Defensor Público-Geral da União;

VII. partido político com representação no Congresso Nacional;

VIII. confederação sindical ou entidade de classe de âmbito nacional;

IX. a Mesa de Assembleia Legislativa ou da Câmara Legislativa do Distrito Federal;

X. Governador de Estado ou do Distrito Federal;

XI. os Tribunais Superiores, os Tribunais de Justiça de Estados ou do Distrito Federal e Territórios, os Tribunais Regionais Federais, os Tribunais Regionais do Trabalho, os Tribunais Regionais Eleitorais e os Tribunais Militares.

O § 1º do mesmo dispositivo indica que o Município poderá propor a edição, a revisão ou o cancelamento de enunciado de súmula vinculante, mas incidentalmente ao curso de processo em que seja parte, o que não autorizará a suspensão do processo.

Tal súmula, a partir da publicação na imprensa oficial, terá **efeito vinculante** em relação aos demais órgãos do Poder Judiciário e à administração pública direta e indireta, nas esferas federal, estadual e municipal.

Desse modo, havendo descumprimento do mandamento trazido pela súmula vinculante, ou aplicação indevida, caberá **reclamação ao STF** que, julgando-a procedente, anulará o ato administrativo ou cassará a decisão judicial reclamada, e determinará que outra seja proferida com ou sem a aplicação da súmula, conforme o caso (art. 103-A, § 3º, da CF).

Além disso, cabe ao STF não só editar, como proceder a revisão ou cancelamento da súmula, na forma estabelecida em lei. Como mencionado anteriormente, a lei que regulamentou a súmula vinculante foi a de n. 11.417/2006.

É importante ressaltar ainda que o objetivo da súmula vinculante será a validade, a interpretação e a eficácia de normas determinadas, acerca das quais haja **controvérsia atual** entre órgãos judiciários ou entre esses e a administração pública que acarrete grave insegurança jurídica e relevante multiplicação de processos sobre questão idêntica (art. 103-A, § 1º, da CF).

Por fim, no procedimento de edição, revisão ou cancelamento de enunciado da súmula vinculante, o relator poderá admitir, por decisão irrecorrível, a **manifestação de terceiros** na questão, nos termos do Regimento Interno do Supremo Tribunal Federal (art. 3º, § 2º, da Lei n. 11.417/2006).

12.3.2. Estatuto da Magistratura

O artigo 93 da Constituição Federal dispõe que cabe à *lei complementar*, de iniciativa do Supremo Tribunal Federal, dispor sobre o Estatuto da Magistratura (regulamentado pela Lei Complementar 35/1979), devendo observar os princípios constitucionais elencados nos respectivos incisos.

a) Ingresso na carreira (inc. I): o cargo de juiz substituto se dá mediante concurso público de provas e títulos, com a participação da OAB em todas as fases, sendo exigido do bacharel em direito no mínimo *três anos de atividade jurídica*;

b) Residência do juiz titular (inc. VII): o juiz titular deve *residir* na respectiva *comarca*, salvo se houver autorização do tribunal;

c) Remoção, disponibilidade e aposentadoria por interesse público (inc. VIII): o quórum para determinar a remoção, a disponibilidade ou a aposentadoria do magistrado por interesse público é de *maioria absoluta* do respectivo tribunal ou do Conselho Nacional de Justiça, assegurando-se ao juiz a ampla defesa;

d) Publicidade (inc. IX): todos os julgamentos dos órgãos do Poder Judiciário serão públicos, e fundamentadas todas as decisões, sob pena de nulidade, podendo a lei limitar a presença, em determinados atos, às próprias partes e a seus advogados, ou somente a estes, em casos nos quais a preservação do direito à intimidade do interessado no sigilo não prejudique o interesse público à informação;

e) Decisões administrativas dos Tribunais (inc. X):devem ser motivadas e tomadas em sessão pública, devendo as de natureza disciplinar ser tomadas pelo voto da maioria dos seus membros. Nesse item, vale anotar que o STF, no julgamento da ADI 4638, ressaltou que o respeito ao Poder Judiciário não poderia ser obtido por meio de blindagem destinada a proteger do voto público os juízes e o órgão sancionador, o que seria incompatível com a liberdade de informação e com a ideia de democracia. Determinou, portanto, que a Resolução 135/2011 do CNJ, ao prever a publicidade das sanções disciplinares e da sessão de julgamento, não extrapolara os limites normativos nem ofendera garantia da magistratura, visto que, a rigor, essas normas decorreriam diretamente da Constituição, sobretudo, posteriormente à edição da EC 45/2004." (ADI 4.638-REF-MC, Rel. Min. Marco Aurélio, julgamento em 02.02.2012, Plenário, Informativo 653);

f) Composição do órgão especial (inc. XI): os Tribunais com número superior a 25 julgadores poderão constituir órgão especial com no mínimo 11 e no máximo 25 membros para exercício das atribuições administrativas e jurisdicionais, sendo a metade deles provida por antiguidade e a outra metade por eleição pelo tribunal pleno;

g) Férias forenses (inc. XII): a atividade jurisdicional será ininterrupta, sendo vedadas férias coletivas nos juízos e tribunais de segundo grau, nos quais deverão funcionar juízes em plantão permanente nos dias em que não houver expediente forense normal;

h) Número de juízes (inc. XIII): deve ser proporcional à demanda e à população da unidade jurisdicional;

i) Delegação de atos (inc. XIV): os servidores devem receber delegação para a prática de atos de administração e atos de mero expediente sem caráter decisório;

j) Distribuição de processos (inc. XV): deve ser imediata, em todos os graus de jurisdição

De acordo com o artigo 93, III, da CF, o acesso aos tribunais de segundo grau far-se-á por antiguidade e merecimento, alternadamente, apurados na última ou única entrância. O STF, analisando tal dispositivo, em decisão plenária, concedeu mandado de segurança a fim de anular decreto de Presidente da República que, ao nomear magistrado para o cargo de juiz federal do TRF 2ª Região, preterira indicado pela terceira vez consecutiva em lista tríplice para promoção por merecimento. Na espécie, discutia-se se, na promoção de magistrado federal, por merecimento, que figurasse na lista por três vezes consecutivas ou cinco alternadamente, a Presidência da República disporia de discricionariedade ou estaria vinculada ao nome que constasse, de forma reiterada, na mencionada listagem – v. Informativo 672. Asseverou-se, em suma, que o Chefe do Poder Executivo teria que, obrigatoriamente, sufragar o nome do magistrado que figurasse no mencionado rol. Reputou-se que a inserção, nos moldes referidos, na lista de merecimento, aferível pelo próprio Tribunal, segundo os critérios constitucionais, seria direito subjetivo público encartado por garantia impostergável da magistratura, que diria respeito à própria independência do Poder Judiciário. Destarte, determinou-se fosse respeitada a regra contida no art. 93, II, a, da CF." (MS 30.585, rel. min. Ricardo Lewandowski, julgamento em 12.09.2012, Plenário, Informativo 679).

12.3.3. *Quinto Constitucional*

O quinto constitucional (art. 94 da CF) consiste na composição de um quinto (20%) dos Tribunais Regionais Federais e dos Tribunais de Justiça dos Estados por promotores de justiça e advogados de notório saber jurídico e de reputação ilibada, com mais de dez anos de efetiva atividade profissional.

Os órgãos de representação das respectivas classes indicarão uma lista sêxtupla. O Tribunal reduzirá esta para uma lista tríplice, encaminhando-a para o Chefe do Poder Executivo respectivo (Presidente da República, no caso dos Tribunais Regionais Federais, e Governador, na hipótese dos Tribunais de Justiça dos Estados), que terá 20 dias para a escolha e nomeação de um.

Ressalta-se que o magistrado nomeado pelo quinto constitucional faz jus, desde logo, à sua vitaliciedade.

12.3.4. *Garantias dadas aos membros do poder judiciário*

O artigo 95 da Constituição Federal assegura três garantias aos juízes, desembargadores e ministros, quais sejam:

a) Vitaliciedade: garante aos magistrados a manutenção no cargo, cuja perda somente se dá por sentença judicial transitada em julgado. Essa garantia é adquirida após dois anos do estágio probatório, em relação aos que foram aprovados em concurso público, ou no momento da posse, na hipótese daqueles que ingressaram pela regra do quinto constitucional ou foram nomeados para atuar nos Tribunais Superiores;

b) Inamovibilidade: atribui a garantia aos juízes de não serem removidos de um lugar para outro, sem prévio consentimento, exceto por motivo de interesse público, desde que pelo voto da maioria absoluta do tribunal ou Conselho Nacional de Justiça, assegurando-se a ampla defesa, conforme dispõe o art. 93, VIII, da CF;

c) Irredutibilidade de subsídio: esta garantia impede a redução dos subsídios, que é a forma de remuneração dos magistrados (ressalvado o disposto nos arts. 37, X e XI, 39, § 4º, 150, II, 153, III e 153, § 2º, I).

12.3.5. *Vedações impostas aos membros do Poder Judiciário*

O parágrafo único do artigo 95 do Texto Maior traz cinco vedações. Vejamos:

a) vedação de exercício de outro cargo ou função, salvo uma de magistério;

b) proibição quanto ao recebimento, a qualquer título ou pretexto, de custas ou participação em processo;

c) vedação de dedicação à atividade político-partidária;

d) proibição do recebimento, a qualquer título ou pretexto, de auxílios ou contribuições de pessoas físicas, entidades públicas ou privadas, ressalvadas as previstas em lei;

e) proibição de exercício da advocacia antes de decorridos três anos do afastamento por aposentadoria ou exoneração no juízo ou tribunal do qual se afastou – denominada "quarentena de saída", não impede que o magistrado afastado possa advogar, mas tão somente que este não poderá exercê-lo no juízo ou tribunal do qual se afastou ou exonerou antes de decorridos três anos do encerramento de sua função.

12.3.6. *Supremo Tribunal Federal*

O Supremo Tribunal Federal tem como função principal a guarda da Constituição.

O artigo 101 da Carta Maior regula a composição do STF dispondo que a Corte Maior é integrada por 11 Ministros, escolhidos pelo Presidente da República dentre brasileiros natos, que tenham entre 35 e 65 anos de idade, notório saber jurídico e reputação ilibada. Segundo o parágrafo único do referido dispositivo, compete ao Senado Federal aprovar a indicação do Presidente da República por maioria absoluta de votos.

Vale lembrar que como os cargos são de livre nomeação não se aplica a regra do quinto constitucional.

As competências do STF estão traçadas no art. 102 da CF. Cabe a tal Corte, por exemplo, processar e julgar, originariamente, a ação direta de inconstitucionalidade de lei ou ato normativo federal ou estadual e a ação declaratória de constitucionalidade de lei ou ato normativo federal.

Por fim, observa-se que, nos casos de impedimento do Presidente da República, integra o Presidente do STF a linha sucessória, conforme o art. 80 da CF.

12.3.7. Superior Tribunal de Justiça

O Superior Tribunal de Justiça compõe-se de, no mínimo, 33 Ministros, devendo sua composição obedecer aos seguintes percentuais:

a) um terço será composto por membros dos Tribunais Regionais Federais, indicados em lista tríplice pelo próprio Tribunal;

b) um terço será formado por membros dos Tribunais de Justiça dos Estados, indicados em lista tríplice pelo próprio Tribunal;

c) um terço será composto por advogados e promotores, indicados pela regra do quinto constitucional, estabelecida no artigo 94 da CF (cabe aos respectivos órgãos de classe elaborar uma lista sêxtupla de representantes, cabendo ao STJ a indicação de uma lista tríplice dentre os apontados, enviando-a ao Presidente da República, que nomeará um dentre os três indicados). Por conta de ser destinado um terço das vagas aos advogados e promotores, em vez de "quinto constitucional", fala-se em "terço constitucional" ou "regra do terço".

Em qualquer das hipóteses descritas, incumbe ao Senado Federal aprovar por maioria absoluta a indicação do Presidente da República.

Em suma, os requisitos para o cargo de Ministro do STJ são os seguintes: (i) ser brasileiro nato ou naturalizado; (ii) ter entre 35 e 65 anos de idade; (iii) ter notório saber jurídico; (iv) ter reputação ilibada.

12.3.8. Conselho Nacional de Justiça

O artigo 103-B, com redação dada pela EC 45/2004 e alterada pela EC 61/09, instituiu o Conselho Nacional de Justiça (CNJ), que tem por função a fiscalização do Poder Judiciário quanto ao cumprimento dos deveres funcionais dos juízes e à administração financeira desse poder. Ressalta-se que **o CNJ**, contudo, **não tem funções jurisdicionais.** É um órgão nacional que exerce uma espécie de controle interno e que possui competências em relação à justiça federal e à estadual.

O CNJ compõe-se de 15 membros, com mandato de dois anos (admissível somente uma recondução), sendo:

a) o Presidente do STF;

b) um Ministro do STJ, indicado pelo próprio Tribunal;

c) um Ministro do TST, indicado pelo próprio Tribunal;

d) um desembargador de Tribunal de Justiça, indicado pelo STF;

e) um juiz estadual, indicado pelo STF;

f) um juiz do TRF, indicado pelo STJ;

g) um juiz federal, indicado pelo STJ;

h) um juiz de Tribunal Regional do Trabalho, indicado pelo TST;

i) um juiz do trabalho, indicado pelo TST;

j) um membro do Ministério Público da União, indicado pelo PGR;

k) um membro do Ministério Público estadual, escolhido pelo PGR dentre os nomes indicados pelo órgão competente de cada instituição estadual;

l) dois advogados, indicados pelo Conselho Federal da OAB;

m) dois cidadãos, de notável saber jurídico e reputação ilibada, indicados um pela Câmara dos Deputados e um pelo Senado Federal.

Os membros do CNJ serão nomeados pelo Presidente da República, após a aprovação da escolha pelo Senado Federal, por votação de maioria absoluta (§ 2º do art. 103-B da CF).

Vale lembrar que a EC 61/2009 alterou o § 1º do artigo em comento estabelecendo que a presidência do CNJ incumbe ao Presidente do STF e, nas suas ausências e impedimentos, ao Vice-Presidente da citada Corte.

É importante salientar que o CNJ – embora incluído na estrutura constitucional do Poder Judiciário – qualifica-se como órgão de caráter eminentemente administrativo, não dispondo de atribuições institucionais que lhe permitam exercer fiscalização da atividade jurisdicional dos magistrados e Tribunais (MS 27.148, Rel. Min. Celso de Mello, decisão monocrática, julgamento em 20.05.2010, *DJE* de 26.05.2010). No mesmo sentido: MS 28.611-MC, Rel. Min. Celso de Mello, decisão monocrática, julgamento em 08.06.2010, *DJE* de 14.06.2010.

Além disso, sabe-se que o CNJ é absolutamente incompetente, não obstante seja órgão de controle interno do Poder Judiciário, para intervir em processos de natureza jurisdicional.

Já decidiu o Supremo sobre a "impossibilidade constitucional de o CNJ (órgão de caráter eminentemente administrativo) fiscalizar, reexaminar e suspender os efeitos decorrentes de ato de conteúdo jurisdicional, como aquele que concede mandado de segurança. Precedentes do STF. Magistério da doutrina." (MS 28.611-MC, Rel. Min. Celso de Mello, decisão monocrática, julgamento em 08.06.2010, *DJE* de 14.06.2010).

Outra decisão relevante foi dada pelo Supremo no julgamento da (ADI 4.638-REF-MC, Rel. Min. Marco Aurélio, julgamento em 08.02.2012, Plenário). Nessa oportunidade, "o plenário concluiu julgamento de referendo em medida cautelar em ação direta de inconstitucionalidade ajuizada (...) contra a Resolução 135/2011 do Conselho Nacional de Justiça – CNJ." "Quanto ao art. 2º (...), o STF, por maioria, referendou o indeferimento da liminar. Consignou-se que o CNJ integraria a estrutura do Poder Judiciário, mas não seria órgão jurisdicional e não interviria na atividade judicante. Este Conselho possuiria, à primeira vista, caráter eminentemente administrativo e não disporia de competência para, mediante atuação colegiada ou monocrática, reexaminar atos de conteúdo jurisdicional, formalizados por magistrados ou tribunais do país. Ressaltou-se que a escolha pelo constituinte derivado do termo 'Conselho' para a instituição interna de controle do Poder Judiciário mostrar-se-ia eloquente para evidenciar a natureza administrativa do órgão e para definir, de maneira precisa, os limites de sua atuação. Sublinhou-se que o vocábulo 'Tribunal' contido no art. 2º em tela revelaria tão somente que as normas seriam aplicáveis também ao CNJ e ao CJF." (ADI 4.638-REF-MC, Rel. Min. Marco Aurélio, julgamento em 02.02.2012, Plenário, Informativos 653 e 654).

Vale lembrar que as atribuições do CNJ estão previstas no § 4º do artigo 103-B da CF, além das conferidas pelo Estatuto da Magistratura e, dentre elas, destacam-se as seguintes:

I. zelar pela autonomia do Poder Judiciário e pelo cumprimento do Estatuto da Magistratura, podendo expedir atos regulamentares, no âmbito de sua competência, ou recomendar providências;

II. zelar **pela observância do art. 37 da CF** e apreciar, de ofício ou mediante provocação, a legalidade dos atos administrativos praticados por membros ou órgãos do Poder Judiciário, podendo desconstituí-los, revê-los ou fixar prazo para que se adotem as providências necessárias ao exato cumprimento da lei, sem prejuízo da competência do Tribunal de Contas da União. Um exemplo de atuação do CNJ com base nesse dispositivo se deu com a edição da Resolução 7/2005, que vedou a prática de nepotismo em relação a todos os órgãos do Poder Judiciário;

III. receber e conhecer das reclamações contra membros ou órgãos do Poder Judiciário, inclusive contra seus serviços auxiliares, serventias e órgãos prestadores de serviços notariais e de registro que atuem por delegação do poder público ou oficializados, sem prejuízo da competência disciplinar e correicional dos tribunais, podendo avocar processos disciplinares em curso e determinar a remoção, a disponibilidade ou a aposentadoria com subsídios ou proventos proporcionais ao tempo de serviço e aplicar outras sanções administrativas, assegurada ampla defesa;

IV. representar ao Ministério Público, no caso de crime contra a administração pública ou de abuso de autoridade;

V. rever, de ofício ou mediante provocação, os *processos disciplinares* de juízes e membros de tribunais julgados há menos de um ano;

VI. elaborar semestralmente *relatório estatístico* sobre processos e sentenças prolatadas, por unidade da Federação, nos diferentes órgãos do Poder Judiciário;

VII. elaborar relatório anual, propondo as providências que julgar necessárias, sobre a situação do Poder Judiciário no País e as atividades do Conselho, o qual deve integrar mensagem do Presidente do Supremo Tribunal Federal a ser remetida ao Congresso Nacional, por ocasião da abertura da sessão legislativa.

Ressalta-se que não é da competência do CNJ julgar magistrados por crime de responsabilidade, até porque tal órgão não tem função jurisdicional.

O STF tem analisado várias questões relacionadas ao CNJ, dentre as quais se destacam as seguintes:

✓ o CNJ tem legitimidade para apuração administrativa de responsabilidades disciplinares dos membros da magistratura, nos casos de inércia, simulação investigatória, procrastinação indevida e/ ou incapacidade de atuação;

✓ o CNJ não pode, por conta do conteúdo nitidamente jurisdicional, suspender, fiscalizar e reexaminar decisão concessiva de mandado de segurança;

✓ o CNJ integra o Poder Judiciário, mas encontra-se hierarquicamente abaixo do Supremo Tribunal Federal.

Outro tema relevante que foi regulamentado pelo CNJ diz respeito à realização de concursos para a outorga de Delegações de Notas e de Registros. De acordo com o art. 236, § 3º, da CF o ingresso na atividade notarial e de registro depende de concurso público de provas e títulos, não se permitindo que qualquer serventia fique vaga, sem abertura de concurso de provimento ou de remoção, por mais de seis meses. A Resolução de n. 81 do CNJ, em seu art. 2º, determinou que os concursos sejam realizados semestralmente ou, por conveniência da Administração, em prazo inferior, caso estiverem vagas ao menos três deles delegações de qualquer natureza.

Vale ressaltar que as funções do CNJ já foram objeto de questionamento no concurso para delegado do Estado de Minas Gerais.

12.3.9. Tribunais Regionais Federais e Juízes Federais

São órgãos da Justiça Federal: os Tribunais Regionais Federais e os Juízes Federais, que estão regulamentados nos artigos 106 a 110 da Constituição Federal. A competência dos Tribunais Regionais Federais está no artigo 108 e no artigo 109 a dos juízes federais.

Embora já mencionado, vale lembrar que com a aprovação da EC n. 73, de 6 de abril de 2013, foram criados os Tribunais Regionais Federais da 6ª, 7ª, 8ª e 9ª Regiões. O TRF da 6.ª Região, com sede em Curitiba, tem jurisdição sobre os Estados de Santa Catarina e Mato Grosso do Sul. Além dele, também foram incluídos pela emenda os Tribunais Regionais Federais do Amazonas, Minas Gerais e Bahia.

Ocorre que, por conta do deferimento da cautelar na ADI 5710-DF, os efeitos da EC 73/2013 estão suspensos. Os principais argumentos utilizados para a declaração de inconstitucionalidade da emenda mencionada foram: 1) "a criação dos novos tribunais regionais federais irá afetar profundamente a carreira dos procuradores federais. Devido à competência da Justiça Federal (arts. 108 e 109 da Constituição), a União será obrigada a alocar seus procuradores para atuação nos quatro novos tribunais. Para a requerente, essa necessidade de alocação abrupta irá desorganizar a estruturação da carreira e a expectativa de seus integrantes quanto às remoções; 2) Há vício de iniciativa, na medida em que qualquer modificação da estrutura da Justiça depende de projeto de iniciativa do Supremo Tribunal Federal ou dos Tribunais Superiores (art. 96, II, a e d da Constituição), requisito que não poderia ser burlado nem sequer com o uso de emenda constitucional; 3) Inexiste prévia dotação orçamentária para criação dos novos tribunais, com custo estimado de R$ 922 milhões ao ano pelo Instituto de Pesquisas Econômicas Aplicadas – IPEA, além dos custos iniciais necessários para estruturação física e funcional desses órgãos jurisdicionais; 4) A obrigatoriedade de aplicação de recursos numa finalidade fixada sem a iniciativa própria viola a autonomia administrativa e orçamentária do Judiciário; 5) A criação de novos tribunais é medida ineficiente e irracional para resolver o problema da celeridade da prestação jurisdicional (os quatro tribunais serão responsáveis apenas por 5,3% do total da carga enfrentada pela Justiça Federal); 6) O descaso com os Juizados Especiais Federais será potencializado com a canalização inadequada de recursos para a segunda instância, de forma a prejudicar ainda mais o jurisdicionado que depende da Justiça para obter a prestação mais básica da União; 7) Há o risco de que a tolerância para com a criação de tribunais pela iniciativa do Legislativo crie precedente para algo mais gravoso à independência da Magistratura, a extinção de órgãos do Judiciário. h) A falta de previsão orçamentária impediria as mudanças necessárias para que os advogados públicos, essenciais à Justiça, pudessem defender os interesses da União perante esses tribunais".

Os Tribunais Regionais Federais compõem-se de, no mínimo, 7 juízes, recrutados, quando possível, na respectiva região e nomeados pelo Presidente da República dentre brasileiros com mais de 30 e menos de 65 anos, sendo:

a) um quinto dentre advogados com mais de 10 anos de efetiva atividade profissional e membros do Ministério Público Federal com mais de 10 anos de carreira;

b) os demais, mediante promoção de juízes federais com mais de cinco anos de exercício, por antiguidade e merecimento, alternadamente.

Importante alteração trazida pela EC 45/2004 foi a denominada "federalização", que estabelece a possibilidade do deslocamento de competência por violação de direitos humanos. De acordo com o § 5º do art. 109 da CF, nas hipóteses de *grave violação de direitos humanos*, o Procurador-Geral da República, com a finalidade de assegurar o cumprimento de obrigações decorrentes de tratados internacionais de direitos humanos dos quais o Brasil seja parte, poderá suscitar, perante o STJ, em qualquer fase do inquérito ou processo, incidente de deslocamento de competência para a Justiça Federal.

De acordo com o art. 107, § 2º, da CF os Tribunais Regionais Federais instalarão a justiça itinerante, com a realização de audiências e demais funções da atividade jurisdicional, nos limites territoriais da respectiva jurisdição, servindo-se de equipamentos públicos e comunitários.

O § 3º do mesmo dispositivo indica que os TRFs poderão funcionar de forma descentralizada constituindo Câmaras regionais, a fim de assegurar o pleno acesso do jurisdicionado à justiça em todas as fases do processo.

Por fim, de acordo com a Súmula 428 do STJ, compete ao Tribunal Regional Federal decidir os conflitos de competência entre juizado especial federal e juízo federal da mesma seção judiciária.

12.3.10. Tribunais e Juízes do Trabalho

São órgãos da Justiça do Trabalho: o Tribunal Superior do Trabalho, os Tribunais Regionais do Trabalho e os Juízes do Trabalho, que estão regulados nos artigos 111 a 116 da Constituição Federal. O artigo 114 estabelece a competência da Justiça do Trabalho.

O Tribunal Superior do Trabalho compõe-se de 27 Ministros, escolhidos dentre brasileiros com mais de 35 e menos de 65 anos, nomeados pelo Presidente da República após aprovação pela maioria absoluta do Senado Federal, sendo:

a) um quinto dentre advogados com mais de 10 anos de efetiva atividade profissional e membros do Ministério Público do Trabalho com 10 (dez) anos de efetivo exercício, observado o disposto no art. 94;

b) os demais dentre juízes dos Tribunais Regionais do Trabalho, oriundos da magistratura da carreira, indicados pelo próprio Tribunal Superior.

Os Tribunais Regionais do Trabalho compõem-se de no mínimo 7 juízes, recrutados, quando possível, na respectiva região, e nomeados pelo Presidente da República dentre brasileiros com mais de 30 e menos de 65 anos, sendo:

a) um quinto dentre advogados com mais de 10 anos de efetiva atividade profissional e membros do Ministério Público do Trabalho com mais de 10 anos de efetivo exercício, observado o disposto no art. 94;

b) os demais, mediante promoção de juízes do trabalho por antiguidade e merecimento, alternadamente.

De acordo com o Supremo (Súmula Vinculante n. 22), a Justiça do Trabalho é competente para processar e julgar as ações de indenização por danos morais e patrimoniais decorrentes de acidente de trabalho propostas por empregado contra empregador, inclusive aquelas que ainda não possuíam sentença de mérito em primeiro grau quando da promulgação da EC 45/2004.

12.3.11. Tribunais Regionais Eleitorais e Juízes Eleitorais

São órgãos da Justiça Eleitoral: o Tribunal Superior Eleitoral, os Tribunais Regionais Eleitorais, os Juízes Eleitorais e as Juntas Eleitorais, que são regulamentados nos artigos 118 a 121 da Constituição Federal.

Segundo o artigo 121 do Texto Maior, lei complementar disporá sobre a organização e competência dos tribunais, dos juízes de direito e das juntas eleitorais.

O Tribunal Superior Eleitoral compor-se-á, no mínimo, de sete membros, escolhidos:

a) mediante eleição, pelo voto secreto:

✓ três juízes dentre os Ministros do STF;

✓ dois juízes dentre os Ministros do STJ;

b) por nomeação do Presidente da República, dois juízes dentre seis advogados de notável saber jurídico e idoneidade moral, indicados pelo STF.

As decisões do Tribunal Superior Eleitoral são irrecorríveis, salvo as que contrariarem esta Constituição e as denegatórias de *habeas corpus* ou mandado de segurança, das quais caberá recurso para o STF.

Os Tribunais Regionais Eleitorais são previstos em todos os Estados e no Distrito Federal e funcionarão nas Capitais. Esses tribunais compor-se-ão:

a) mediante eleição, pelo voto secreto:

✓ de dois juízes dentre os desembargadores do Tribunal de Justiça;

✓ de dois juízes, dentre juízes de direito, escolhidos pelo Tribunal de Justiça.

b) de um juiz do Tribunal Regional Federal com sede na Capital do Estado ou no Distrito Federal, ou, não havendo, de juiz federal, escolhido, em qualquer caso, pelo Tribunal Regional Federal respectivo;

e) por nomeação, pelo Presidente da República, de dois juízes dentre seis advogados de notável saber jurídico e idoneidade moral, indicados pelo Tribunal de Justiça.

Os juízes dos tribunais eleitorais, salvo motivo justificado, servirão por dois anos, no mínimo, e nunca por mais de dois biênios consecutivos, sendo os substitutos escolhidos na mesma ocasião e pelo mesmo processo, em número igual para cada categoria.

12.3.12. Tribunais e Juízes Militares

São órgãos da Justiça Militar: o Superior Tribunal Militar e os Tribunais e Juízes Militares instituídos por lei, trazidos nos artigos 122 a 124 da Constituição Federal.

De acordo com o artigo 124, compete à Justiça Militar processar e julgar os crimes militares definidos em lei. A lei disporá sobre a organização, o funcionamento e a competência da Justiça Militar.

O Superior Tribunal Militar compor-se-á de 15 Ministros vitalícios, nomeados pelo Presidente da República, depois de aprovada a indicação pelo Senado Federal, sendo:

a) três dentre oficiais-generais da Marinha (da ativa e do posto mais elevado da carreira);

b) quatro dentre oficiais-generais do Exército (da ativa e do posto mais elevado da carreira);

c) três dentre oficiais-generais da Aeronáutica (da ativa e do posto mais elevado da carreira);

d) cinco civis, que serão escolhidos pelo Presidente da República dentre brasileiros maiores de 35 anos, sendo:

✓ três advogados de notório saber jurídico e conduta ilibada, com mais de 10 (dez) anos de efetiva atividade profissional;

✓ dois, por escolha paritária, dentre juízes auditores e membros do Ministério Público da Justiça Militar.

12.3.13. Tribunais e Juízes dos Estados

Os Estados organizarão sua Justiça, observados os princípios estabelecidos nesta Constituição, e a competência dos tribunais será definida na Constituição do Estado, sendo a lei de organização judiciária de iniciativa do Tribunal de Justiça.

Mediante proposta do Tribunal de Justiça do Estado, a lei estadual pode criar a Justiça Militar estadual, constituída, em primeiro grau, pelos juízes de direito e pelos Conselhos de Justiça e, em segundo grau, pelo próprio Tribunal de Justiça, ou por Tribunal de Justiça Militar nos Estados em que o efetivo militar seja superior a vinte mil integrantes.

Compete à Justiça Militar estadual processar e julgar os militares dos Estados, nos crimes militares definidos em lei e as ações judiciais contra atos disciplinares militares, ressalvada a competência do júri quando a vítima for civil, cabendo ao tribunal competente decidir sobre a perda do posto e da patente dos oficiais e da graduação das praças.

Frisa-se que é *residual* a competência da Justiça Estadual, portanto, não sendo matéria de competência das justiças especializadas (Eleitoral, Trabalhista e Militar) nem da Justiça Federal, será da Estadual.

12.3.14. Regime de precatórios (EC 62/2009)

Os valores devidos pelas Fazendas Públicas, em razão do regime de impenhorabilidade dos bens públicos, são pagos por meio da expedição de precatórios judiciais.

O procedimento para o pagamento desses valores vem previsto no art. 100 e seguintes da CF, normas alteradas pela EC 62/2009. Tal emenda também acrescentou o art. 97 ao Ato das Disposições Constitucionais Transitórias, criando um regime especial para o pagamento de precatórios pelos Estados, o Distrito Federal e os Municípios.

As principais regras, conforme os parágrafos do art. 100 da CF, são:

a) os titulares de precatórios de natureza alimentar que possuam **60 anos ou mais** na data em que foi expedido o precatório ou que sejam portadores de doença grave, conforme definido em lei, terão preferência sobre outros débitos, até o total equivalente ao triplo do fixado em lei como precatórios de pequeno valor, admitido o fracionamento para essa finalidade, sendo que o restante será pago na ordem cronológica de apresentação do precatório;

b) independentemente de regulamentação, quando forem expedidos os precatórios deles deverá ser **abatido**, a título de compensação, valor correspondente aos débitos líquidos e certos, inscritos ou não em dívida ativa e constituídos contra o credor original pela Fazenda devedora, incluídas parcelas vincendas de parcelamentos, ressalvados aqueles cuja execução esteja suspensa em virtude de contestação administrativa ou judicial. Para isso, antes da expedição, o Tribunal solicitará à Fazenda Pública devedora, para resposta em até 30 (trinta) dias, sob pena de perda do direito de abatimento, informação sobre os débitos que preencham as condições estabelecidas;

c) de acordo com o estabelecido em lei do ente federativo devedor, fica facultado ao credor a entrega de créditos em precatórios para **compra de imóveis públicos** do respectivo ente federado;

d) a partir da promulgação da EC 62/2009, a **atualização de valores de requisitórios**, após sua expedição, até o efetivo pagamento, independentemente de sua natureza, será feita pelo índice oficial de remuneração básica da caderneta de poupança, e, para fins de compensação da mora, incidirão juros simples no mesmo percentual de juros incidentes sobre a caderneta de poupança, ficando excluída a incidência de juros compensatórios;

e) o credor **poderá ceder seus créditos** em precatórios a terceiros, total ou parcialmente, independentemente da concordância do devedor, não se aplicando ao cessionário a preferência no pagamento e eventual dispensa de precatório;

f) A **União**, a seu critério exclusivo e na forma de lei, poderá **assumir débitos**, oriundos de precatórios, de Estados, Distrito Federal e Municípios, refinanciando-os diretamente.

13. FUNÇÕES ESSENCIAIS À JUSTIÇA

As funções essenciais à justiça vêm previstas a partir do artigo 127 da Constituição Federal. Os órgãos que têm por atribuição exercer tais funções não são chamados de poderes, não fazem parte dos três poderes, atuam ao lado do Executivo, Legislativo e Judiciário, mas não os compõem. Integram tais funções o Ministério Público, as Advocacias Públicas e Privadas e as Defensorias Públicas.

13.1. Ministério Público

O Ministério Público, segundo o artigo 127 da Constituição Federal, constitui uma instituição de caráter permanente, que tem por função a defesa da ordem jurídica, do regime democrático e dos interesses sociais e individuais indisponíveis.

13.1.1. Princípios

Os princípios que regem a instituição do Ministério Público são: a unidade, a indivisibilidade e a independência funcional. Vejamos:

a) **Unidade**: os membros do Ministério Público integram um só órgão, sob uma mesma chefia do Procurador-Geral da República (área federal) e do Procurador-Geral de Justiça (área estadual);

b) **Indivisibilidade**: os membros do Ministério Público atuam somente e sempre em nome da toda a instituição;

c) **Independência funcional**: os membros do Ministério Público devem atuar em consonância com a lei e sua convicção, não estando sujeitos às imposições dos órgãos da administração superior da instituição.

Além de ser regido pelos princípios institucionais mencionados, o Ministério Público detém autonomia funcional e administrativa. Havendo dotação orçamentária e autorização legislativa, cabe a ele propor ao Poder Legislativo a criação e extinção de seus cargos e serviços auxiliares, os quais serão providos por concurso público.

É de atribuição da instituição a elaboração de proposta orçamentária, sempre respeitados os limites estabelecidos na lei de diretrizes orçamentárias.

De acordo com o STF, "o Poder Judiciário tem por característica central a estática ou o não agir por impulso próprio (*ne procedat iudex ex officio*). Age por provocação das partes, do que decorre ser próprio do Direito Positivo este ponto de fragilidade: quem diz o que seja 'de Direito' não o diz senão a partir de impulso externo. Não é isso o que se dá com o Ministério Público. Este age de ofício e assim confere ao Direito um elemento de dinamismo compensador daquele primeiro ponto jurisdicional de fragilidade. Daí os antiquíssimos nomes de 'promotor de justiça' para designar o agente que pugna pela realização da justiça, ao lado da 'procuradoria de justiça', órgão congregador de promotores e procuradores de justiça. Promotoria de justiça, promotor de justiça, ambos a pôr em evidência o caráter comissivo ou a atuação de ofício dos órgãos ministeriais públicos. Duas das competências constitucionais do Ministério Público são particularmente expressivas dessa índole ativa que se está a realçar. A primeira reside no inciso II do art. 129 (...). É dizer: o Ministério Público está autorizado pela Constituição a promover todas as medidas necessárias à efetivação de todos os direitos assegurados pela Constituição. A segunda competência está no inciso VII do mesmo art. 129 e traduz-se no 'controle externo da atividade policial'. Noutros termos: ambas as funções ditas 'institucionais' são as que melhor tipificam o Ministério Público enquanto instituição que bem pode tomar a dianteira das coisas, se assim preferir." (HC 97.969, Rel. Min. Ayres Britto, julgamento em 1º.02.2011, Segunda Turma, *DJE* de 23.05.2011).

Outra decisão importante se deu no julgamento do ACO-AgR 1.233, em que o STF determinou que é da competência do Ministério Público Estadual agir nas hipóteses em que são averiguados atos de improbidade administrativa praticados por agentes públicos no âmbito de sociedade de economia mista federal.

13.1.2. Composição

O artigo 128 da CF traz os órgãos que compõem o Ministério Público. Fala-se em Ministério Público da União, o qual engloba o MP Federal, o MP do Trabalho, o MP Militar e o MP do Distrito Federal e Territórios; e em MP Estaduais.

O Chefe do Ministério Público da União é o Procurador-Geral da República. O Presidente da República é quem o nomeia, após aprovação pela maioria absoluta dos membros do Senado Federal. Para tanto, deve o Procurador-Geral da República possuir mais de 35 anos e ser integrante da carreira do Ministério Público.

Após ser nomeado, cumprirá um mandato de dois anos, admitida uma recondução. Durante o mandato, poderá ser destituído por iniciativa do Presidente da República, desde que haja autorização da maioria absoluta do Senado Federal.

O Chefe dos Ministérios Públicos dos Estados e do Distrito Federal e Territórios é o Procurador-Geral de Justiça. É atribuição dos membros dos citados Ministérios Públicos elaborarem lista tríplice, indicando os nomes, dentre integrantes da carreira, que possivelmente ocuparão o cargo de Procurador-Geral de Justiça. Feita tal lista, deve ser encaminhada ao Chefe do Executivo do respectivo Estado ou do Distrito Federal, pois a ele caberá a escolha e nomeação do novo Procurador. Do mesmo modo que ocorre no âmbito da União, o mandato do Procurador é de dois anos, admitida uma recondução.

De acordo com o art. 9º, § 4º, da Lei 8.625/1993 (Lei Orgânica Nacional do Ministério Público –LONMP), caso o Chefe do Poder Executivo não efetive a nomeação do Procurador-Geral de Justiça nos quinze dias que se seguirem ao recebimento da lista tríplice, será investido automaticamente no cargo o membro do Ministério Público mais votado para exercício do mandato.

A destituição do Procurador-Geral de Justiça dos Estados e do DF e Territórios será realizada na forma da lei complementar regulamentadora após a deliberação da maioria absoluta dos membros do Poder Legislativo respectivo.

13.1.3. Funções institucionais

O artigo 129 da CF traz as atribuições do Ministério Público, das quais se destacam as seguintes:

✓ promover, privativamente, a ação penal pública (art. 129, I);

✓ promover o inquérito civil e a ação civil pública para a tutela dos interesses difusos e coletivos (art. 129, III);

✓ promover a ação de inconstitucionalidade ou representação para fins de intervenção da União e dos Estados, nos casos previstos nesta Constituição (art. 129, IV);

✓ defender judicialmente os direitos e interesses das populações indígenas (art. 129, V).

13.1.4. Forma de ingresso na carreira

Em virtude de regra trazida pela Emenda Constitucional 45/2004, além da aprovação em concurso público de provas e títulos, é exigida do bacharel em Direito a comprovação de três anos de atividade jurídica. É a denominada "quarentena de entrada".

13.1.5. Garantias

Os membros do Ministério Público gozam das mesmas garantias atribuídas aos membros do Poder Judiciário. São as seguintes:

a) Vitaliciedade: garante aos membros do Ministério Público a sujeição à perda do cargo somente por sentença judicial transitada em julgado. Esta garantia só é adquirida após dois anos do estágio probatório (art. 128, § 5º, I, "a");

b) Inamovibilidade: atribui a garantia aos membros do Ministério Público de não serem removidos, a não ser por motivo de interesse público, por voto da maioria absoluta do órgão colegiado competente, assegurando-se a ampla defesa (art. 128, § 5º, I, "b");

c) Irredutibilidade de subsídios: esta garantia impede a redução dos subsídios, que é a forma de remuneração dos membros do MP (ressalvado o disposto nos arts. 37, X e XI, 39, § 4º, 150, II, 153, III, e 153, § 2º, I), conforme o disposto na alínea "c" do § 5º do art. 128 da CF.

Sobre a garantia da vitaliciedade é importante mencionar o disposto no art. 12, X, da Lei 8.625/1993,que determina a competência do Colégio de Procuradores para deliberar, por iniciativa de um quarto de seus integrantes ou do Procurador-Geral de Justiça, que este ajuíze ação cível de decretação de perda do cargo de membro vitalício do Ministério Público, nos casos previstos nesta lei. Já o pedido de não vitaliciamento de membro do Ministério Público que não cumprir as exigências do estágio probatório, conforme o art. 17, III, da mesma lei, é feito pelo Corregedor-Geral ao Conselho Superior do Ministério Público.

13.1.6. Vedações

O inciso II do artigo 128 da Constituição Federal traz as vedações aplicáveis aos membros do Ministério Público, quais sejam:

a) receber, a qualquer título e sob qualquer pretexto, honorários, percentagens ou custas processuais;

b) exercer a advocacia;

c) participar de sociedade comercial, na forma da lei;

d) exercer, ainda que em disponibilidade, qualquer outra função pública, salvo uma de magistério;

e) exercer atividade político-partidária;

f) receber, a qualquer título ou pretexto, auxílios ou contribuições de pessoas físicas, entidades públicas ou privadas, ressalvadas as exceções previstas em lei.

13.1.7. Conselho Nacional do Ministério Público (CNMP)

É órgão de fiscalização do Ministério Público que atua no controle da atuação administrativa e financeira da instituição e do cumprimento dos deveres funcionais de seus membros, com as atribuições definidas no § 2º do artigo 130-A do Texto Maior.

Já foi decidida pelo STF a impossibilidade do exercício de cargo de diretor de planejamento, administração e logística do IBAMA ser ocupado por promotor de justiça. Essa impossibilidade se dá por ser membro do MP, que ingressou após a promulgação da CF/1988, já que não poderia ele exercer cargo ou função pública em órgão diverso da organização do MP. Essa vedação foi trazida pelo artigo 128, § 5º, inciso II, alínea "d", da Constituição Federal vigente (MS 26595, Rel. Min. Cármen Lúcia, Pleno, julgamento em 07.04.2010, *DJe* 10.06.2010).

Vale lembrar que o CNMP atua na esfera administrativa e só pode rever atos desta natureza, avaliando as questões de legalidade. Não cabe ao órgão adentrar o mérito.

Composição: o CNMP é integrado por 14 membros, nomeados pelo Presidente da República, após votação pela maioria absoluta do Senado Federal, para um mandato de dois anos, admitida uma recondução, oriundos do próprio Ministério Público, da Magistratura, da Advocacia e da sociedade (2 cidadãos de notável saber jurídico e reputação ilibada, indicados um pela Câmara dos Deputados e outro pelo Senado Federal).

13.2. Advocacia pública

As instituições representadas por advogados públicos integram o que chamamos de advocacia pública. Tais órgãos visam a defender os interesses do Estado em juízo e extrajudicialmente, bem como prestar consultoria e assessoramento jurídico.

13.2.1. Advocacia-Geral da União

Segundo o artigo 131 da Constituição Federal, a União é representada judicial e extrajudicialmente pela Advocacia-Geral da União, cabendo-lhe também as atividades de consultoria e assessoramento jurídico do Poder Executivo. A atuação da AGU se dá de forma direta.

O ingresso na carreira depende da aprovação em concurso público de provas e títulos, conforme o § 2º do artigo 131 do Texto Maior, salvo o cargo de chefia. Diferente do que ocorre com os concursos da Magistratura e do Ministério Público, em que é necessária a participação de membros da OAB, a Constituição não exige a participação da OAB nos concursos para as carreiras da AGU.

A instituição tem por chefe o Advogado-Geral da União, de livre nomeação pelo Presidente da República, dentre cidadãos maiores de 35 anos de notável saber jurídico e reputação ilibada. Salienta-se que o cargo em comento não precisa ser ocupado por integrantes da carreira, já que a nomeação se dá livremente pelo Chefe do Executivo.

13.2.2. Procuradoria-Geral do Estado

Os Procuradores do Estado e do Distrito Federal, além de representarem judicialmente as respectivas unidades federadas, prestam consultoria jurídica e assessoramento.

Igualmente como ocorre no modelo federal, o cargo de chefia é ocupado por pessoa de livre nomeação pelo Governador do Estado. No julgamento da ADI 2682/AP, de relatoria do Min. Gilmar Mendes, o Supremo definiu que "a forma de provimento do cargo de Procurador-Geral do Estado, não prevista pela Constituição Federal (art. 132), pode ser definida pela Constituição Estadual, competência esta que se insere no âmbito de autonomia de cada Estado-membro".

O ingresso na carreira, exceto o do cargo de chefia, conforme mencionado, depende de aprovação em concurso público de provas e títulos, com a participação da Ordem dos Advogados do Brasil em todas as suas fases.

É assegurada a estabilidade aos procuradores, depois de três anos de efetivo exercício, mediante aprovação em avaliação de desempenho perante os órgãos próprios. Isso após relatório circunstanciado das corregedorias (art. 132, parágrafo único, da CF).

Conforme a jurisprudência da Suprema Corte, no julgamento definitivo da ADI 175/PR, Rel. Min. Octavio Gallotti, "foi declarada a constitucionalidade do art. 56 e parágrafos do ADCT do Estado do Paraná, de 05.10.1989, que autorizou a permanência, em carreiras especiais criadas por lei, dos que já ocupavam com estabilidade, naquele momento, cargos e empregos públicos de advogados, assessores e assistentes jurídicos, para o exercício do assessoramento jurídico nos Poderes Executivo, Legislativo e Judiciário e da representação judicial das autarquias e fundações públicas. Os diplomas legais ora impugnados, ao reunirem numa única carreira os então ocupantes de empregos e cargos públicos preexistentes que já exerciam as mesmas funções de assessoramento jurídico ao Poder Executivo e de representação judicial das autarquias, nada mais fizeram do que atender ao comando expresso no mencionado art. 56 do ADCT paranaense, tratando-se, por certo, de hipótese de subsistência excepcional e transitória autorizada pelo art. 69 do ADCT da CF. A previsão de concurso público de provas e títulos para ingresso na nova carreira, contida no art. 5º da Lei estadual 9.422/1990, destinou-se, exclusivamente, àqueles que já eram, no momento de edição da norma constitucional transitória, ocupantes estáveis de cargos e empregos públicos de advogados, assessores e assistentes jurídicos e que viriam a preencher, mediante aproveitamento, os 295 cargos criados pelo art. 2º do mesmo diploma. Impossibilidade, na vacância, de provimento dos cargos da carreira especial de advogado do Estado do Paraná por outros servidores e, por conseguinte, de realização de novos concursos públicos para esse fim. Necessidade de obediência ao art. 132 da CF." (ADI 484, Rel. p/ o ac. Min. Ricardo Lewandowski, julgamento em 10.11.2011, Plenário, *DJE* de 1º.02.2012).

13.2.3. Defensoria Pública

Os defensores públicos têm por função institucional a orientação jurídica e a defesa, em todos os graus, dos necessitados, na forma do art. 5º, LXXIV, da Constituição.

De acordo com o art. 134 da CF, já com a redação dada pela **EC nº 80 de 4 de junho de 2014,** a Defensoria Pública é instituição permanente, essencial à função jurisdicional do Estado, incumbindo-lhe, como expressão e instrumento do regime democrático, fundamentalmente, a orientação jurídica, a promoção dos direitos humanos e a defesa, em todos os graus, judicial e extrajudicial, dos direitos individuais e coletivos, de forma integral e gratuita, aos necessitados, na forma do inciso LXXIV do art. 5º desta Constituição Federal.

A **EC nº 80 de 4 de junho de 2014**, além de dar nova redação ao art. 134 da CF e alterar outros dispositivos, acrescentou o § 4º ao art. 134, o qual indicou os **princípios institucionais** da Defensoria Pública, quais sejam: **a unidade, a indivisibilidade e a independência funcional**, aplicando-se também, no que couber, o disposto no art. 93 e no inciso II do art. 96 desta Constituição Federal.

Vale lembrar que a organização da Defensoria Pública da União e do Distrito Federal e dos Territórios se dá por lei complementar a qual prescreverá normas gerais para sua organização nos Estados, conforme dispõe o § 1º do art. 134 da CF.

Além disso, às Defensorias Públicas Estaduais são asseguradas autonomia funcional e administrativa e a iniciativa de sua proposta orçamentária dentro dos limites estabelecidos na lei de diretrizes orçamentárias e subordinação ao disposto no art. 99, § 2º, CF (art. 134, § 2º).

O ingresso na carreira depende de aprovação em concurso público de provas e títulos. É assegurada a seus integrantes a garantia da inamovibilidade e vedado o exercício da advocacia fora das atribuições institucionais.

De acordo com o Supremo, "a representação processual pela Defensoria Pública, *in casu*, Defensoria Pública da União, faz-se por defensor público integrante de seu quadro funcional, independentemente de mandato, ressalvados os casos nos quais a lei exija poderes especiais, consoante dispõe o art. 128, inciso XI, da LC 80/1994." (AI 616.896-AgR, voto do Rel. Min. Gilmar Mendes, julgamento em 14.06.2011, Segunda Turma, *DJE* de 29.06.2011).

Voltando às alterações das normas constitucionais que tratam do tema defensoria pública, é necessário acrescentar que a **EC n. 69 de 29 de março de 2012** alterou a redação dos artigos 21, 22 e 48 da Constituição Federal, para transferir da União para o Distrito Federal as atribuições de organizar e manter a Defensoria Pública do Distrito Federal.

Tal emenda, oriunda da proposta n. 445/2009, concede competência ao Distrito Federal para organizar e manter a sua Defensoria Pública. Com base na regra antiga, competia à União a organização e manutenção a Defensoria Pública do Distrito Federal. Além disso, também era atribuição da União a competência para legislar sobre essa instituição. Desse modo, o Distrito Federal não possuía autonomia quanto à Defensoria Pública, embora pudesse, com fulcro no art. 24, XIII, primeira parte, da CF, legislar sobre assistência jurídica, o que o fez, por exemplo, instituindo o CEAJUR – Centro de Assistência Jurídica gratuita. Com a aprovação da EC n. 69/2012, a organização, manutenção da Defensoria Pública do Distrito Federal passou a ser de competência deste ente federativo e não mais da União. Foi excluída da competência da União a atribuição para organizar, manter e legislar sobre a Defensoria do Distrito Federal.

Além disso, a **EC n. 74, de 6 de agosto de 2013**, acrescentou o § 3º ao art. 134, o qual estendeu as mesmas prerrogativas das Defensorias Públicas Estaduais à Defensoria Pública da União (DPU) e à do Distrito Federal. O § 2º do art. 134 da CF, assegura às Defensorias Públicas Estaduais (DPEs) autonomia funcional e administrativa e a iniciativa de sua proposta orçamentária dentro dos limites estabelecidos na Lei de Diretrizes Orçamentárias. O mesmo dispositivo não concedia tal autonomia e nem tal iniciativa à Defensoria Pública da União e do Distrito Federal. Com a alteração, portanto, ficam asseguradas às Defensorias Públicas da União, dos Estados e do Distrito Federal a autonomia funcional e administrativa e a iniciativa de sua proposta orçamentária dentro dos limites estabelecidos na lei de diretrizes orçamentárias.

Por fim, a **EC nº 80 de 4 de junho de 2014** acrescentou o art. 98 ao ADTC determinando que o número de defensores públicos na unidade jurisdicional seja proporcional à efetiva demanda pelo serviço da Defensoria Pública e à respectiva população.

O § 1º do mencionado dispositivo determina que no prazo de 8 (oito) anos, a União, os Estados e o Distrito Federal contem com defensores públicos em todas as unidades jurisdicionais, observado o disposto no caput deste artigo.

E acrescenta, em seu § 2º, que durante o decurso do prazo previsto no § 1º deste artigo, a lotação dos defensores públicos ocorrerá, prioritariamente, atendendo as regiões com maiores índices de exclusão social e adensamento populacional.

13.3. Advocacia privada

Prescreve a Constituição da República em seu artigo 133 que "o advogado é indispensável à administração da justiça, sendo inviolável por seus atos e manifestações no exercício da profissão, nos limites da lei".

O advogado é o bacharel em Direito e inscrito na Ordem dos Advogados do Brasil (art. 8º da Lei 8.906/1994 – EOAB).

De acordo com o art. 6º do diploma legal citado, não há hierarquia entre os advogados, magistrados e membros do Ministério Público, devendo haver consideração e respeito entre eles.

Ao advogado é assegurada a inviolabilidade material, tendo em vista que no exercício da atividade profissional não pode ser punido por seus atos ou manifestações, ainda que constituam injúria ou difamação, sem prejuízo das sanções disciplinares perante a OAB pelos eventuais excessos que cometer (art. 7º, § 2º, EOAB).

Em consagração à essencialidade da função do advogado, foi editada a Súmula Vinculante 14, a qual prolata que é direito do defensor, no interesse do representado, ter acesso amplo aos elementos de prova que, já documentados em procedimento investigatório realizado por órgão com competência de polícia judiciária, digam respeito ao exercício do direito de defesa.

Muito importante ainda esclarecer que a OAB, mesmo prestando serviço público federal, não consubstancia uma entidade da administração indireta. Não está, assim, sujeita ao controle da Administração, nem a qualquer das suas partes está vinculada. Essa não vinculação é formal e materialmente necessária. A OAB ocupa-se de atividades atinentes aos advogados, que exercem função constitucionalmente privilegiada, na medida em que são indispensáveis à administração da Justiça, conforme inteligência do artigo 133 da Constituição Federal. É entidade cuja finalidade é afeita a atribuições, interesses e seleção de advogados. Não há ordem de relação ou dependência entre a OAB e qualquer órgão público (ADI 3.026, Rel. Min. Eros Grau, julgamento em 08.06.2006, Plenário, *DJ* de 29.09.2006).

14. ESTADOS DE EXCEÇÃO

Os estados de exceção (estado de sítio e de defesa) configuram situações de anormalidade institucional, momentos de crise em que o próprio texto constitucional autoriza que o Estado adote medidas de repressão, limitando algumas garantias fundamentais.

Tanto no estado da defesa como no estado de sítio é necessária a existência de uma comissão que tem por função o acompanhamento e a fiscalização das medidas tomadas durante este período de anormalidade. Tal comissão, designada pela Mesa do Congresso, após a oitiva dos líderes partidários, será composta por 5 (cinco) membros.

14.1. Estado de defesa

O estado de defesa é decretado para preservar ou prontamente restabelecer, em locais restritos e determinados, a ordem pública ou a paz social ameaçadas por grave e iminente instabilidade institucional ou atingidas por calamidades de grandes proporções na natureza.

O Presidente da República, após ouvir o Conselho da República e o Conselho de Defesa, é quem decreta o estado de defesa. Vale lembrar que esse decreto, obrigatoriamente, deve conter o tempo de duração da medida, que não será superior a 30 dias, prorrogável uma vez por igual período, também deve constar as áreas abrangidas e ainda as medidas coercitivas que vigorarão neste período, dentre as seguintes:

a) restrições aos direitos de reunião (ainda que em associações);

b) sigilo de correspondência, de comunicação telegráfica e telefônica;

c) ocupação e uso temporário de bens e serviços públicos (caso de calamidade).

O decreto deve ser encaminhado em 24 horas para o Congresso Nacional, com as respectivas justificativas, que, no prazo de 10 (dez) dias, deverá aprová-lo ou rejeitá-lo por maioria absoluta. Rejeitado o decreto, cessa de imediato o estado de defesa.

Caso o congresso esteja em recesso, será convocado, extraordinariamente, no prazo de 5 (cinco) dias.

Durante a vigência do estado de defesa, qualquer crime cometido contra o Estado deverá ser comunicado imediatamente ao juiz competente pelo executor da medida; o juiz poderá relaxar a prisão caso esta seja ilegal, sendo facultado ao preso requerer exame de corpo de delito.

A comunicação da prisão será acompanhada de declaração, pela autoridade competente, do estado físico e mental do detido no momento de sua prisão, que não poderá ser superior a 10 (dez) dias, salvo quando autorizada pelo juízo competente.

É importante ressaltar que é vedada a incomunicabilidade do preso.

14.2. Estado de sítio

O estado de sítio é decretado nas hipóteses de comoção grave de repercussão nacional, ineficácia do estado de defesa, declaração de estado de guerra ou resposta a agressão estrangeira armada.

Do mesmo modo que o estado de defesa, o de sítio é decretado pelo Presidente da República, desde que sejam ouvidos os Conselhos da República e de Defesa Nacional. Além disso, nesse caso, é necessária a prévia autorização do Congresso Nacional pelo voto da maioria absoluta.

Assim, diferentemente do que ocorre no estado de defesa, no estado de sítio o Presidente deve primeiro solicitar a autorização do Congresso Nacional e, sendo esta deferida, então decretar a medida.

Se o Congresso estiver em recesso e for solicitada essa autorização para decretar o estado de sítio, o Presidente do Senado Federal, de imediato, deve fazer a convocação extraordinária para que se reúnam dentro de 5 (cinco) dias e apreciem o ato, permanecendo em funcionamento até o término das medidas coercitivas.

O prazo de duração é de no máximo 30 (trinta) dias, prorrogáveis, por igual período, indefinidamente, mas sempre com a prévia autorização do Congresso Nacional.

Além do prazo, o decreto presidencial deve conter as normas necessárias a sua execução e as garantias constitucionais que ficarão suspensas tais como:

a) obrigação de permanência em localidade determinada;

b) detenção em edifício não destinado a acusados ou condenados por crimes comuns;

c) restrições relativas à inviolabilidade da correspondência, ao sigilo das comunicações, à prestação de informações e à liberdade de imprensa, radiodifusão e televisão, na forma da lei (obs.: dispõe a Constituição que a difusão de pronunciamentos de parlamentares efetuados em suas Casas Legislativas, desde que liberada pela respectiva Mesa, não se inclui dentre essas restrições);

d) suspensão da liberdade de reunião;

e) busca e apreensão em domicílio;

f) intervenção nas empresas de serviços públicos;

g) requisição de bens.

14.3. Disposições gerais

Ao término dos estados de defesa e sítio, os efeitos por eles produzidos cessarão, mas os ilícitos praticados pelos agentes e executores da medida poderão ser apurados para que sejam determinadas eventuais responsabilizações.

O Presidente da República, assim que cessarem os estados de exceção, deve relatar ao Congresso Nacional as medidas que foram tomadas durante o período de anormalidade especificando e justificando as providências tomadas, indicando as restrições aplicadas.

Por fim, é interessante mencionar que os estados de exceção foram questionados no concurso para delegado do Estado de Minas Gerais.

14.4. Forças Armadas

De acordo com o art. 142 da CF, as Forças Armadas, formadas pela Marinha, pelo Exército e pela Aeronáutica, são instituições nacionais permanentes e regulares, organizadas com base na hierarquia e na disciplina, sob a autoridade suprema do Presidente da República, e destinam-se à defesa da Pátria, à garantia dos poderes constitucionais e, por iniciativa de qualquer destes, da lei e da ordem.

A utilização das Forças Armadas para a garantia da lei e da ordem depende da iniciativa do Supremo Tribunal Federal, da Presidência da República ou do Congresso Nacional, haja vista que tais atribuições são dadas de forma originária às forças da segurança pública.

As normas gerais a serem adotadas na organização, no preparo e no emprego das Forças Armadas são estabelecidas por lei complementar, conforme dispõe o § 1º do art. 142 da CF.

Vale lembrar que o § 2º do mesmo dispositivo determina a não possibilidade da impetração de *habeas corpus* em relação a punições disciplinares militares. Mas, segundo o STF, "a legalidade da imposição de punição constritiva da liberdade, em procedimento administrativo castrense, pode ser discutida por meio de habeas corpus. Precedentes." (RHC 88.543, Rel. Min. Ricardo Lewandowski, julgamento em 3.4.2007, Primeira Turma, DJ de 27.4.2007.) A Corte Maior em outro julgado determinou que "Não há que se falar em violação ao art. 142, § 2º, da CF, se a concessão de habeas corpus, impetrado contra punição disciplinar militar, volta-se tão somente para os pressupostos de sua legalidade, excluindo a apreciação de questões referentes ao mérito." (RE 338.840, Rel. Min. Ellen Gracie, julgamento em 19.8.2003, Segunda Turma, DJ de 12.9.2003).

Conforme dispõe o art. 142, § 3º, da CF, os membros das Forças Armadas são denominados militares e a eles são aplicadas, além das disposições que a lei fixar, as seguintes:

I – as patentes, com prerrogativas, direitos e deveres a elas inerentes, são conferidas pelo Presidente da República e asseguradas em plenitude aos oficiais da ativa, da reserva ou reformados, sendo-lhes privativos os títulos e postos militares e, juntamente com os demais membros, o uso dos uniformes das Forças Armadas;

II – o militar em atividade que tomar posse em cargo ou emprego público civil permanente, ressalvada a hipótese prevista no art. 37, inciso XVI, alínea "c", será transferido para a reserva, nos termos da lei (Redação dada pela Emenda Constitucional nº 77, de 2014). Vale lembrar que a jurisprudência consolidada desta Corte já assentou que "a transferência para a reserva remunerada de militar aprovado em concurso público, subordina-se à autorização do presidente da República ou à do respectivo ministro." (AI 453.424-AgR, rel. min. Ellen Gracie, julgamento em 29.11.2005, Segunda Turma, DJ de 10.2.2006.) No mesmo sentido: RE 601.148-AgR, rel. min. Eros Grau, julgamento em 29.9.2009, Segunda Turma, DJE de 23.10.2009;

III – o militar da ativa que, de acordo com a lei, tomar posse em cargo, emprego ou função pública civil temporária, não eletiva, ainda que da administração indireta, ressalvada a hipótese prevista no art. 37, inciso XVI, alínea "c", ficará agregado ao respectivo quadro e somente poderá, enquanto permanecer nessa situação, ser promovido por antiguidade, contando-se-lhe o tempo de serviço apenas para aquela promoção e transferência para a reserva, sendo depois de dois anos de afastamento, contínuos ou não, transferido para a reserva, nos termos da lei (Redação dada pela Emenda Constitucional nº 77, de 2014);

IV – ao militar são proibidas a sindicalização e a greve. Conforme entendimento do Supremo: "Os servidores públicos são, seguramente, titulares do direito de greve. Essa é a regra. Ocorre, contudo, que entre os serviços públicos há alguns que a coesão social impõe sejam prestados plenamente, em sua totalidade. Atividades das quais dependam a manutenção da ordem pública e a segurança pública, a administração da Justiça – onde as carreiras de Estado, cujos membros exercem atividades indelegáveis, inclusive as de exação tributária – e a saúde pública não estão inseridos no elenco dos servidores alcançados por esse direito. Serviços públicos desenvolvidos por grupos armados: as atividades desenvolvidas pela polícia civil são análogas, para esse efeito, às dos militares, em relação aos quais a Constituição expressamente proíbe a greve (art. 142, § 3º, IV)." (Rcl 6.568, Rel. Min. Eros Grau, julgamento em 21.5.2009, Plenário, DJE de 25.9.2009.) No mesmo sentido: Rcl 11.246-AgR, rel. Min. Dias Toffoli, julgamento em 27.2.2014, Plenário, DJE de 2.4.2014.;

V – o militar, enquanto em serviço ativo, não pode estar filiado a partidos políticos;

VI – o oficial só perderá o posto e a patente se for julgado indigno do oficialato ou com ele incompatível, por decisão de tribunal militar de caráter permanente, em tempo de paz, ou de tribunal especial, em tempo de guerra;

VII – o oficial condenado na justiça comum ou militar a pena privativa de liberdade superior a dois anos, por sentença transitada em julgado, será submetido ao julgamento previsto no inciso anterior;

VIII – aplica-se aos militares o disposto no art. 7º, incisos VIII, XII, XVII, XVIII, XIX e XXV, e no art. 37, incisos XI, XIII, XIV e XV, bem como, na forma da lei e com prevalência da atividade militar, no art. 37, inciso XVI, alínea "c" (Redação dada pela Emenda Constitucional nº 77, de 2014). A Suprema Corte já definiu que: "A estabilidade provisória advinda de licença-maternidade decorre de proteção constitucional às trabalhadoras em geral. O direito amparado pelo art. 7º, XVIII, da CF, nos termos do art. 142, VIII, da CF/1988, alcança as militares." (RE 523.572-AgR, rel. Min. Ellen Gracie, julgamento em 6.10.2009, Segunda Turma, DJE de 29.10.2009.) No mesmo sentido: AI 811.376-AgR, rel. min. Gilmar Mendes, julgamento em 1º.3.2011, Segunda Turma, DJE de 23.3.2011;

IX – a lei disporá sobre o ingresso nas Forças Armadas, os limites de idade, a estabilidade e outras condições de transferência do militar para a inatividade, os direitos, os deveres, a remuneração, as prerrogativas e outras situações especiais dos militares, consideradas as peculiaridades de suas atividades, inclusive aquelas cumpridas por força de compromissos internacionais e de guerra. O STF entende que o dispositivo mencionado: "é expresso ao atribuir exclusivamente à lei a definição dos requisitos para o ingresso nas Forças Armadas. A Constituição brasileira determina, expressamente, os requisitos para o ingresso nas Forças Armadas, previstos em lei: referência constitucional taxativa ao critério de idade. Descabimento de regulamentação por outra espécie normativa, ainda que por delegação legal. Não foi recepcionada pela Constituição da República de 1988 a expressão 'nos regulamentos da Marinha, do Exército e da Aeronáutica' do art. 10 da Lei 6.880/1980. O princípio da segurança jurídica impõe que, mais de vinte e dois anos de vigência da Constituição, nos quais dezenas de concursos foram realizados se observando aquela regra legal, modulem-se os efeitos da não recepção: manutenção da validade dos limites de idade fixados em editais e regulamentos fundados no art. 10 da Lei 6.880/1980 até 31 de dezembro de 2011." (RE 600.885, Rel. Min. Cármen Lúcia, julgamento em 9.2.2011, Plenário, DJE de 1º.7.2011, com repercussão geral.) Vide: RE 600.885-ED, rel. min. Cármen Lúcia, julgamento em 29.6.2012, Plenário, DJE de 12.12.2012, com repercussão geral.

Ainda sobre as Forças Armadas, o art. 143 da CF determina que o serviço militar é obrigatório nos termos da lei. E acrescenta, em seu § 1º, que compete às Forças Armadas, na forma da lei, atribuir serviço alternativo aos que, em tempo de paz, após alistados, alegarem imperativo de consciência, entendendo-se como tal o decorrente de crença religiosa e de convicção filosófica ou política, para se eximirem de atividades de caráter essencialmente militar.

Vale lembrar que a Lei nº 8.239/91 regulamenta esse dispositivo constitucional e determina que o serviço militar alternativo, compreendido como o exercício de atividades de caráter administrativo, assistencial, filantrópico ou mesmo produtivo, em substituição às atividades de caráter essencialmente militar, seja prestado em organizações militares da ativa e em órgãos de formação de reservas das Forças Armadas ou em órgãos subordinados aos Ministérios Civis, mediante convênios entre estes e os Ministérios Militares, desde que haja interesse recíproco e, também, sejam atendidas as aptidões do convocado.

Por fim, as mulheres e os eclesiásticos ficam isentos do serviço militar obrigatório em tempo de paz, sujeitos, porém, a outros encargos que a lei lhes atribuir, conforme determina o § 2º do art. 143.

14.5. Segurança Pública

O art. 144 da CF determina que a segurança pública, dever do Estado, direito e responsabilidade de todos, é exercida para a preservação da ordem pública e da incolumidade das pessoas e do patrimônio, através dos seguintes órgãos: I – polícia federal; II – polícia rodoviária federal; III – polícia ferroviária federal; IV – polícias civis; V – polícias militares e corpos de bombeiros militares.

De acordo com o STF, "O direito a segurança é prerrogativa constitucional indisponível, garantido mediante a implementação de políticas públicas, impondo ao Estado a obrigação de criar condições objetivas que possibilitem o efetivo acesso a tal serviço. É possível ao Poder Judiciário determinar a implementação pelo Estado, quando inadimplente, de políticas públicas constitucionalmente previstas, sem que haja ingerência em questão que envolve o poder discricionário do Poder Executivo." (RE 559.646-AgR, Rel. Min. Ellen Gracie, julgamento em 7.6.2011, Segunda Turma, DJE de 24.6.2011.) No mesmo sentido: ARE 654.823-AgR, rel. Min. Dias Toffoli, julgamento em 12.11.2013, Primeira Turma, DJE de 5.12.2013.

Além disso, é preciso lembrar que o rol que enumera os órgãos que integram a segurança pública é taxativo, ou seja, não há possibilidade de ampliação. Conforme determina a Corte Maior, "Os Estados-membros, assim como o Distrito Federal, devem seguir o modelo federal. O art. 144 da Constituição aponta os órgãos incumbidos do exercício da segurança pública. Entre eles não está o Departamento de Trânsito. Resta pois vedada aos Estados-membros a possibilidade de estender o rol, que esta Corte já firmou ser *numerus clausus*, para alcançar o Departamento de Trânsito." (ADI 1.182, voto do Rel. Min. Eros Grau, julgamento em 24.11.2005, Plenário, DJ de 10.3.2006.) Vide: ADI 2.827, Rel. Min. Gilmar Mendes, julgamento em 16.9.2010, Plenário, DJE de 6.4.2011.

Vale lembrar que embora o § 8º do art. 144 da CF determine que os Municípios possam constituir guardas municipais destinadas à proteção de seus bens, serviços e instalações, conforme dispuser a lei, esses órgãos não farão parte estrutura denominada segurança pública. Suas atribuições terão caráter de proteção apenas patrimonial.

Voltando aos órgãos que integram a segurança pública, começamos com o primeiro: **polícia federal**. É instituída por lei como órgão permanente, organizado e mantido pela União e estruturado em carreira. Suas atribuições vêm previstas nos incisos do § 1º do art. 144 da CF e são as seguintes: I – apurar infrações penais contra a ordem política e social ou em detrimento de bens, serviços e interesses da União ou de suas entidades autárquicas e empresas públicas, assim como outras infrações cuja prática tenha repercussão interestadual ou internacional e exija repressão uniforme, segundo se dispuser em lei; II – prevenir e reprimir o tráfico ilícito de entorpecentes e drogas afins, o contrabando e o descaminho, sem prejuízo da ação fazendária e de outros órgãos públicos nas respectivas áreas de competência; III – exercer as funções de polícia marítima, aeroportuária e de fronteiras; IV – exercer, com exclusividade, as funções de polícia judiciária da União. É bom ressaltar que essas atribuições já foram objeto de questionamento no concurso para delegado do Estado do Paraná

Já a **polícia rodoviária federal**, órgão permanente, organizado e mantido pela União e estruturado em carreira, destina-se, na forma da lei, ao patrulhamento ostensivo das rodovias federais, conforme determina o § 2º do art. 144 da CF

O § 3º também do art. 144 da CF determina que a **polícia ferroviária federal**, órgão permanente, organizado e mantido pela União e estruturado em carreira, destine-se, na forma da lei, ao patrulhamento ostensivo das ferrovias federais.

Em relação às **polícias civis**, dirigidas por delegados de polícia de carreira, o § 4º do art. 144 da CF impõe a incumbência, ressalvada a competência da União, das funções de polícia judiciária e a apuração de infrações penais, exceto as militares.

Às **polícias militares** cabem a polícia ostensiva e a preservação da ordem pública; aos corpos de bombeiros militares, além das atribuições definidas em lei, incumbe a execução de atividades de defesa civil, conforme determina o § 5º do art. 144 da CF.

O § 6º do mesmo dispositivo determina que as polícias militares e os corpos de bombeiros militares, forças auxiliares e reserva do Exército, subordinam-se, juntamente com as polícias civis, aos Governadores dos Estados, do Distrito Federal e dos Territórios.

Vale lembrar que a organização e o funcionamento dos órgãos responsáveis pela segurança pública devem ser disciplinados por lei, de forma a garantir a eficiência de suas atividades, conforme o art. 144, § 7º da CF.

Por fim, a **EC nº 82, de 16 de julho de 2014**, incluiu o § 10 ao art. 144 da Constituição Federal, para disciplinar a segurança viária no âmbito dos Estados, do Distrito Federal e dos Municípios.

Desse modo, de acordo com o dispositivo mencionado, a segurança viária, exercida para a preservação da ordem pública e da incolumidade das pessoas e do seu patrimônio nas vias públicas: I – compreende a educação, engenharia e fiscalização de trânsito, além de outras atividades previstas em lei, que assegurem ao cidadão o direito à mobilidade urbana eficiente; e II – compete, no âmbito dos Estados, do Distrito Federal e dos Municípios, aos respectivos órgãos ou entidades executivos e seus agentes de trânsito, estruturados em Carreira, na forma da lei.

15. ORDEM ECONÔMICA

Determina a Constituição que a ordem econômica tem por fundamento a valorização do trabalho humano e a livre-iniciativa, visando a assegurar a todos existência digna, conforme os ditames da justiça social.

Tais determinações estão previstas no final da Constituição, no capítulo da ordem econômica, que vai do artigo 170 ao 192, mas decorre do início da Constituição, precisamente do artigo 1º, inciso III, que trata da dignidade da pessoa humana.

A República Federativa do Brasil, Estado Democrático de Direito, é composta por diversos fundamentos, mas certamente o mais importante é a dignidade da pessoa humana.

15.1. Princípios

O artigo 170 do texto constitucional enumera os princípios que regem a ordem econômica. São os seguintes:

I. soberania nacional;

II. propriedade privada;

III. função social da propriedade;

IV. livre concorrência;

V. defesa do consumidor;

VI. defesa do meio ambiente;

VII. redução das desigualdades regionais e sociais;

VIII. busca do pleno emprego;

IX. tratamento favorecido para as empresas de pequeno porte constituídas sob as leis brasileiras e que tenham sua sede e administração no País.

Analisemos cada um deles.

15.1.1. Soberania nacional

Quando estudamos tal tema, temos de ter como pressuposto a ideia de não imposição, não subordinação entre os países. Cada um dos Estados detém capacidade para tomar decisões sobre seu próprio governo, não se submetendo a qualquer tipo de imposição determinada por outrem.

15.1.2. Propriedade privada

Tem como fundamento o fato de o Brasil ser um país capitalista. Antigamente, essa propriedade tinha caráter absoluto; atualmente não se pode mais pensar assim, pois há muitas limitações. A função social da propriedade é a principal delas. Não basta ser dono, tem de dar utilidade sob pena de uma série de sanções como, por exemplo, IPTU progressivo no tempo, desapropriação etc.

15.1.3. Função social da propriedade

Está prevista nos incisos XXII e XXIII do artigo 5º e nos artigos 182, § 2º, e 186, todos da Constituição. Consubstancia uma limitação imposta ao direito de propriedade, garantido constitucionalmente. Quando não for cumprida a chamada função social poderão ser impostas penalidades, como por exemplo, o parcelamento ou edificação compulsórios e a desapropriação do imóvel. Desse modo, o direito à propriedade não é absoluto, para que o sujeito exerça plenamente esse direito, ele deve dar função social ao seu bem.

15.1.4. Livre concorrência

O Estado tem o dever constitucional de participar preventiva e repressivamente no mercado econômico, atuando de forma a banir qualquer tipo de abuso, dominação de empresas etc. A concentração de poder numa mesma empresa ou grupo de empresas não está de acordo com o texto constitucional, pois diminui a livre concorrência, gera menos renda e fere a existência digna e o princípio da igualdade.

Dispõe o artigo 173, § 4º, da Constituição que o abuso do poder econômico que vise à dominação de mercados, à eliminação da concorrência e ao aumento arbitrário dos lucros será reprimido, na forma da lei.

O § 5º do mesmo dispositivo determina que a lei estabeleça a responsabilidade das empresas nos atos praticados contra a ordem econômica e financeira e contra a economia popular, sujeitando-a às punições compatíveis com sua natureza e tudo isso sem prejuízo da responsabilidade individual dos dirigentes da pessoa jurídica.

É importante trazer aqui o enunciado da Súmula 646 do STF que trata do tema livre concorrência e dispõe que ofende tal princípio lei municipal que impede a instalação de estabelecimentos comerciais do mesmo ramo em determinada área.

15.1.5. Defesa do consumidor

Não só o lucro deve ser protegido, mas também a parte vulnerável que é, segundo o CDC, presumidamente, o consumidor. É princípio da ordem econômica também a promoção da sua defesa.

15.1.6. Defesa do meio ambiente

Vejam, assim como a defesa do consumidor, a proteção ao meio ambiente configura princípio básico da ordem econômica.

Tamanha é a importância disso que a Constituição destinou um capítulo para tratar do meio ambiente.

É direito de todos e dever do Estado a existência de um meio ambiente ecologicamente equilibrado, bem como a sadia qualidade de vida. Desse modo, tanto o Poder Público como toda a população e as empresas têm o dever constitucional de preservá-lo para as presentes e futuras gerações.

O mercado não pode apenas fortalecer economicamente o país, tem também o dever de promover um desenvolvimento sustentável. É exemplo disso a regra trazida no inciso VI do artigo 170 que dá tratamento diferenciado às empresas, conforme o impacto ambiental dos produtos e serviços que criam.

15.1.7. Redução das desigualdades regionais e sociais

Essa ordem decorre do artigo 3º, inciso III, da Constituição que, ao tratar dos objetivos fundamentais do Brasil, dispõe que um deles é erradicar a pobreza e a marginalização, além de reduzir as desigualdades sociais e regionais existentes.

15.1.8. Busca do pleno emprego

As empresas devem atuar e incentivar a busca pelo pleno emprego, satisfazendo as exigências da coletividade.

15.1.9. Tratamento favorecido para as empresas de pequeno porte

Um exemplo de concretização desse princípio é a lei que cuida das micro e pequenas empresas, Lei Complementar n. 123/2006.

15.2. Atuação estatal no domínio econômico

A atividade econômica é exercida, em regra, independentemente de autorização, conforme dispõe o parágrafo único do artigo 170 da Constituição.

Vale mencionar que, embora a iniciativa privada é quem efetivamente deve atuar no mercado, o Estado também atua na atividade econômica. Isso ocorre de forma residual, subsidiária. Assim, determina o ordenamento que o Estado participa quando há relevante interesse coletivo ou quando o exista imperativo de segurança nacional, como por exemplo, fabricação de material bélico.

O artigo 177 do texto constitucional enumera atividades consideradas monopólio da União. Genericamente, são temas relacionados ao gás natural, petróleo e minérios. Segue a lista de atividades que constituem monopólio da União:

I. a pesquisa e a lavra das jazidas de petróleo e gás natural e outros hidrocarbonetos fluidos;

II. a refinação do petróleo nacional ou estrangeiro;

III. a importação e exportação dos produtos e derivados básicos resultantes das atividades previstas nos incisos anteriores;

IV. o transporte marítimo do petróleo bruto de origem nacional ou de derivados básicos de petróleo produzidos no País, bem assim o transporte, por meio de conduto, de petróleo bruto, seus derivados e gás natural de qualquer origem;

V. a pesquisa, a lavra, o enriquecimento, o reprocessamento, a industrialização e o comércio de minérios e minerais nucleares e seus derivados, com exceção dos radioisótopos cuja produção, comercialização e utilização poderão ser autorizadas sob regime de permissão, conforme as alíneas "b" e "c" do inciso XXIII do *caput* do art. 21 da Constituição Federal.

As disposições trazidas nos incisos I a IV podem ser repassadas, pela União, a empresas estatais ou privadas, desde que sejam respeitadas certas condições, conforme dispõe o § 1º do artigo 177 da Constituição Federal.

16. ORDEM SOCIAL

A ordem social é disciplinada a partir do artigo 193 da Constituição e aborda diversos assuntos como por exemplo, a seguridade social, a educação, a cultura, o desporto, o meio ambiente e a proteção à família, à criança, ao adolescente e ao idoso.

Conforme o artigo 193 da CF, tal ordem tem como base o primado do trabalho e como objetivo o bem-estar e a justiça sociais.

Analisemos, então, os principais assuntos resguardados nesse capítulo da Constituição. São os seguintes: seguridade social, educação, cultura, desporto, meio ambiente e família.

16.1. Seguridade Social

A primeira observação a ser feita aqui é a de que a denominada seguridade social é composta por três assuntos importantes, quais sejam, a previdência social, a saúde e a assistência social. Hoje o sistema de previdência social é contributivo e não mais retributivo.

São princípios e objetivos que norteiam a seguridade social:

I. universalidade da cobertura e do atendimento;

II. uniformidade e equivalência dos benefícios e serviços às populações urbanas e rurais;

III. seletividade e distributividade na prestação dos benefícios e serviços;

IV. irredutibilidade do valor dos benefícios;

V. equidade na forma de participação no custeio;

VI. diversidade da base de financiamento;

VII. caráter democrático e descentralizado da administração, mediante gestão quadripartite, com participação dos trabalhadores, dos empregadores, dos aposentados e do Governo nos órgãos colegiados.

É possível observar que os recursos destinados à seguridade advirão de diversas fontes, como por exemplo, da folha de salário dos empregados, da receita ou do faturamento das empresas etc.

16.1.2. Saúde

A Constituição garante a todos o direito à saúde, atribuindo ao Estado o dever de prestá-la, valendo-se, para tanto, de políticas públicas sociais e econômicas. É missão do Estado buscar reduzir o risco de doenças, promovendo campanhas públicas de prevenção, vacinação, dentre outras.

Além disso, o acesso ao sistema único de saúde deve ser universal e igualitário, ou seja, não podem ser feitas imposições e distinções para que se promova o atendimento à saúde.

A regulamentação, a fiscalização, o controle e a execução das ações e serviços de saúde cabem ao Poder Público. A última pode ser prestada de forma direta pelo próprio Estado ou indiretamente pelo particular.

A LC 141, de 13.1.2012, ao regulamentar o § 3º do art. 198 da CF, determinou valores mínimos a serem aplicados anualmente pela União, Estados, Distrito Federal e Municípios em ações e serviços públicos de saúde. Além disso, estabeleceu os critérios de rateio dos recursos de transferências para a saúde e as normas de fiscalização, avaliação e controle das despesas com saúde nas 3 (três) esferas de governo.

Por fim, o sistema único de saúde, financiado com recursos advindos do orçamento da seguridade social, da União, dos Estados, do Distrito Federal e dos Municípios e de outras fontes, é balizado pelas seguintes regras:

I. descentralização, com direção única em cada esfera de governo;

II. atendimento integral, com prioridade para as atividades preventivas, sem prejuízo dos serviços assistenciais; e

III. participação da comunidade.

16.1.3. Previdência social

Conforme mencionado, a previdência é estruturada pelo regime contributivo e a filiação a ela é obrigatória. É essa instituição que possui o denominado regime geral de previdência. Dispõe o artigo 201 da Constituição que, respeitados os critérios que preservem o equilíbrio financeiro e atuarial, a previdência dará cobertura aos eventos de doença, invalidez, morte, idade avançada, desemprego involuntário, maternidade e prisão.

A concessão de aposentadorias por parte da previdência não pode adotar requisitos e critérios diferenciados, exceto em relação às atividades exercidas sob condições especiais; é o que se pode extrair do § 1º do artigo 201 da CF.

Vale lembrar a regra de que os valores dos benefícios concedidos pelo Instituto Nacional de Seguridade Social (INSS), desde que substituam o rendimento do trabalho do segurado, não poderão ser inferiores ao salário mínimo vigente.

16.1.3.1. Aposentadoria – Regras constitucionais

a) Aposentadoria por tempo de contribuição: homens - 35 (trinta e cinco) anos de contribuição; mulheres - 30 (trinta) anos de contribuição;

b) Aposentadoria por idade: regra - homens 65 (sessenta e cinco) anos; mulheres - 60 (sessenta) anos;

c) Trabalhadores rurais e trabalhadores em regime de economia familiar: homens - 60 (sessenta) anos de idade; mulheres - 55 (cinquenta e cinco) anos de idade;

d) Professores: homens - 30 (trinta) anos de contribuição; mulheres - 25 (vinte e cinco) anos de contribuição, desde que exclusivamente no exercício do magistério na educação infantil, ensino fundamental e médio.

Vale ressaltar que a Constituição assegura também o regime de previdência privada para complementar o regime geral, devendo seguir, dentre outras, as seguintes diretrizes: facultatividade, autonomia, disciplina por meio de lei complementar e independência financeira.

Em relação ao regime de previdência aplicado aos servidores públicos é interessante mencionar que a **EC 70, de 29 de março de 2012**, alterou a Lei n. 10.887/2004 e, com isso, determinou que a União, Estados e Municípios, no prazo de cento e oitenta dias, façam uma revisão das aposentadorias por invalidez, concedidas a servidores públicos a partir de 1º de janeiro de 2004. Os reajustes não serão retroativos, os efeitos financeiros da revisão vão valer a partir da data de promulgação da emenda ("ex nunc").

Desse modo, o servidor aposentado por invalidez terá assegurado o salário que recebia quando em atividade. Pela regra anterior a aposentadoria por invalidez permanente significava proventos proporcionais ao tempo de contribuição.

Tal emenda concede paridade para as modalidades de aposentadorias, quais sejam, proporcional e integral e altera a forma de cálculo que passa a ser com base na remuneração do cargo efetivo que se der a aposentadoria, na forma da lei. A emenda só vale para quem ingressou no serviço público até o fim de 2003.

Ainda sobre novidades relacionadas a aposentadorias, é importante mencionar a LC 142, de 08.05.2013, que regulamentou o § 1º do art. 201 da CF, no tocante à aposentadoria da pessoa com deficiência segurada do Regime Geral de Previdência Social - RGPS.

O § 1º do art. 201 da CRFB/ 88 determina que é proibida a adoção de requisitos e critérios diferenciados para a concessão de aposentadoria aos beneficiários do regime geral de previdência social, ressalvados os casos de atividades exercidas sob condições especiais que prejudiquem a saúde ou a integridade física e quando se tratar de segurados portadores de deficiência, nos termos definidos em lei complementar".

O trabalhador que tem deficiência física foi enquadrado em três níveis diferentes de comprometimento, quais sejam: deficiência grave, moderada e leve. Para a determinação do tempo reduzido de contribuição foi necessário o cruzamento dos critérios da condição física (graduação da deficiência) com o já determinado critério de gênero.

16.1.4. Assistência social

Completando o que chamamos de "seguridade social" (saúde, previdência e assistência), cabe a análise da assistência social.

A primeira observação importante é que ela deve ser prestada a todos aqueles que dela necessitarem, de forma gratuita, independentemente de contribuição. As próprias verbas destinadas ao gênero seguridade social é que mantêm a assistência social.

Conforme o artigo 203 da Constituição, são objetivos da assistência social:

I. a proteção à família, à maternidade, à infância, à adolescência e à velhice;

II. o amparo às crianças e adolescentes carentes;

III. a promoção da integração ao mercado de trabalho;

IV. a habilitação e reabilitação das pessoas portadoras de deficiência e a promoção de sua integração à vida comunitária;

V. a garantia de um salário mínimo de benefício mensal à pessoa portadora de deficiência e ao idoso que comprovem não possuir meios de prover a própria manutenção ou de tê-la provida por sua família. A Lei n. 8.742/1993, conhecida como LOAS - Lei Orgânica da Assistência Social, é quem disciplina esse benefício.

Conforme mencionado, os recursos advindos da seguridade social são destinados também à assistência. Mas, além disso, ela será mantida por outras fontes, organizadas com base na descentralização político-administrativa e na participação popular. A formulação de políticas públicas e fiscalização de tais ações cabem ao Estado e à população.

O parágrafo único do artigo 204 da Constituição faculta aos Estados e ao Distrito Federal a vinculação de programa de apoio à inclusão e promoção social até cinco décimos por cento de sua receita tributária líquida, vedada a aplicação desses recursos no pagamento de despesas com pessoal e encargos sociais, serviço da dívida ou qualquer outra despesa corrente não vinculada diretamente aos investimentos ou ações apoiados.

16.2. Educação

Direito de todos e dever do Estado, conforme o artigo 206 da Constituição, devem ser promovidos com base nos seguintes princípios:

I. igualdade de condições para o acesso e permanência na escola;

II. liberdade de aprender, ensinar, pesquisar e divulgar o pensamento, a arte e o saber;

III. pluralismo de ideias e de concepções pedagógicas, e coexistência de instituições públicas e privadas de ensino;

IV. gratuidade do ensino público em estabelecimentos oficiais;

V. valorização dos profissionais da educação escolar, garantidos, aos das redes públicas, na forma da lei, planos de carreira, com ingresso exclusivamente por concurso público de provas e títulos;

VI. gestão democrática do ensino público, na forma da lei;

VII. garantia de padrão de qualidade;

VIII. piso salarial profissional nacional para os profissionais da educação escolar pública, nos termos de lei federal. Tal regra é fruto da EC 59/2009.

O inciso IV determina a gratuidade do ensino público em estabelecimentos oficiais. Por conta dessa disposição, foi editada pelo STF a Súmula Vinculante n. 12, que determina que a cobrança de taxa de matrícula nas universidades públicas viola o disposto no art. 206, IV, da CF.

Vale lembrar que, de acordo com o *caput* e § 4º do art. 211 da CF, os entes federados organizarão seus sistemas de ensino em regime de colaboração e definirão formas de colaboração, de **modo a assegurar a universalização do ensino obrigatório**.

Além disso, o Texto Maior divide as atribuições do seguinte modo: a) a **União** organizará o sistema federal de ensino e o dos Territórios, financiará as instituições de ensino públicas federais e exercerá, em matéria educacional, **função redistributiva e supletiva, de forma a garantir equalização de oportunidades educacionais e padrão mínimo de qualidade do ensino** mediante assistência técnica e financeira aos Estados, ao Distrito Federal e aos Municípios (art. 211, § 1º, da CF); b) os **Municípios atuarão prioritariamente no ensino fundamental e na educação infantil** (art. 211, § 2º, da CF); c) **os Estados e o Distrito Federal atuarão prioritariamente no ensino fundamental e médio** (art. 211, § 3º, da CF). Esse tema já foi questionado no concurso para o cargo de delegado federal, realizado pelo CESPE.

O § 5º do mencionado art. 211 determina que a educação básica pública atenderá prioritariamente ao ensino regular.

Por fim, dispõe o § 1º do art. 208 que o acesso ao ensino obrigatório e gratuito é direito público subjetivo.

16.3. Cultura

É dever do Estado garantir o pleno exercício dos direitos culturais e o acesso às fontes da cultura nacional. Cabe a ele dar suporte e incentivar a valorização e difusão das manifestações culturais (art. 215 da CF).

São considerados patrimônio cultural brasileiro, além dos bens de natureza material e imaterial, tomados, as formas de expressão, os modos de criar, fazer e viver, as criações científicas, artísticas e tecnológicas, as obras, objetos, documentos, edificações e demais espaços destinados às manifestações artístico-culturais e os conjuntos urbanos e sítios de valor histórico, paisagístico, artístico, arqueológico, paleontológico, ecológico e científico (art. 216 da CF).

A promoção e a proteção do patrimônio cultural brasileiro é dever não apenas do Poder Público, mas também de toda a comunidade, conforme os ditames do § 1º do artigo 216 da Constituição. São formas de proteção, dentre outras, o tombamento, a vigilância e os registros.

Vale lembrar que a **EC n. 71** de 29 de novembro de 2012, ao acrescentar o art. 216-A ao texto Constitucional, criou o **Sistema Nacional de Cultura** que tem por finalidade instituir um processo de gestão e promoção conjunta de políticas públicas de cultura, democráticas e permanentes, pactuadas entre os entes da Federação e a sociedade. Essas políticas objetivam promover o desenvolvimento humano, social e econômico com pleno exercício dos direitos culturais, além de prestigiar a transparência na aplicação de recursos para a cultura. Os entes terão maior autonomia, em regime de colaboração, e poderão integrar, articular e organizar a gestão neste setor.

Os princípios que regem o Sistema Nacional de Cultura, de acordo com o art. 216-A, § 1º, são: I – diversidade das expressões culturais; II – universalização do acesso aos bens e serviços culturais; III – fomento à produção, difusão e circulação de conhecimento e bens culturais; IV – cooperação entre os entes federados, os agentes públicos e privados atuantes na área cultural; V – integração e interação na execução das políticas, programas, projetos e ações desenvolvidas; VI – complementaridade nos papéis dos agentes culturais; VII – transversalidade das políticas culturais; VIII – autonomia dos entes federados e das instituições da sociedade civil; IX – transparência e compartilhamento das informações; X – democratização dos processos decisórios com participação e controle social; XI – descentralização articulada e pactuada da gestão, dos recursos e das ações; XII – ampliação progressiva dos recursos contidos nos orçamentos públicos para a cultura.

16.4. Meio ambiente

Todas as pessoas têm direito ao meio ambiente ecologicamente equilibrado, sendo obrigação de todos defendê-lo e preservá-lo para as presentes e futuras gerações.

A Constituição trata do tema no artigo 225. Há diversas normas infraconstitucionais cuidando do assunto, em especial a Lei n. 9.605/1998, que dispõe sobre os crimes ambientais, possibilitando a responsabilização penal da pessoa jurídica, tema polêmico doutrinária e jurisprudencialmente.

16.5. Família

Dentre as principais regras constitucionais sobre o tema, é necessário observar as trazidas pelas Emendas Constitucionais n. 65 e 66, que são as seguintes: extensão ao jovem das proteções existentes às crianças e aos adolescentes e a possibilidade de divórcio direito, sem a necessidade da observância do prazo de dois anos contados da separação.

Sendo assim, a EC n. 65/2010 alterou a denominação do Capítulo VII do Título VIII da Constituição Federal e modificou o art. 227 da CF, para cuidar dos interesses da juventude e a EC n. 66/2010, emenda unicelular por conter apenas um artigo, promoveu a alteração do § 6º do artigo 226 da CRFB/1988, suprimindo o requisito de separação judicial prévia, por mais de um ano ou a exigência de separação de fato por mais de dois anos, para a concessão do divórcio. Nos termos da legislação atual, portanto, nada impede que um casal contraia matrimônio em um dia e se divorcie logo após.

17. SISTEMA TRIBUTÁRIO NACIONAL

17.1. Definição de tributo

Conforme o artigo 3º do Código Tributário Nacional: "Tributo é toda prestação pecuniária compulsória, em moeda ou cujo valor nela se possa exprimir, que não constitua sanção de ato ilícito, instituída em lei e cobrada mediante atividade administrativa plenamente vinculada."

Sendo assim, tributo é prestação pecuniária, é compulsório, é instituído por lei, é cobrado por lançamento e não é multa.

17.2. Espécies de tributos

Vigora em nosso ordenamento a teoria pentapartida (pentapartite ou quinquipartida), a qual diferencia 5 (cinco) espécies de exações: impostos, taxas, contribuição de melhoria, empréstimos compulsórios e contribuições.

O respectivo entendimento nos foi trazido por meio do voto do Ministro do STF Carlos Velloso, em 1º.07.1992, no RE n. 138. 284/CE (Pleno).

Passemos então ao breve estudo das espécies tributárias.

17.2.1. Impostos

São conhecidos como tributos não vinculados a uma prestação estatal. Possuem como fato gerador uma situação independente de qualquer atividade estatal específica, relativa somente à vida, patrimônio e atividades do contribuinte.

Todos os entes políticos, União, Estados, Distrito Federal e Municípios podem ser sujeitos ativos dessa espécie tributária.

17.2.2. Taxas

São tributos vinculados à ação estatal, relacionado à atividade pública e não a qualquer ação do particular. Podem ser cobradas em função do exercício do poder de polícia ou pela utilização, efetiva ou potencial, de serviços públicos específicos e divisíveis prestados ao contribuinte ou postos à sua disposição.

Vale lembrar que a Súmula Vinculante n. 19 determina que a taxa cobrada exclusivamente em razão de serviços públicos de coleta, remoção e tratamento ou destinação de lixo ou resíduos provenientes de imóveis, não viola o art. 145, II, da CF.

17.2.3. Contribuição de melhoria

Essa contribuição pressupõe uma obra pública (e não um serviço público) e depende da valorização do bem imóvel. Subordina-se ao princípio do custo-benefício, da capacidade contributiva do contribuinte e da equidade.

A cobrança de tal tributo se deve ao fato de que o Estado tem de ser indenizado por ter realizado uma vantagem econômica especial aos imóveis de certas pessoas, ainda que não a tenha querido.

Desse modo, se da obra pública decorre valorização mobiliária, é devida a cobrança da contribuição de melhoria que será cobrada, justamente, daqueles que se beneficiaram dessa valorização.

O fato gerador desse tributo é a valorização imobiliária decorrente de uma obra pública.

17.2.4. Empréstimos compulsórios

O empréstimo compulsório é um tributo federal em que a Constituição apresenta critérios materiais e formais para sua instituição. São pressupostos para sua cobrança: despesas extraordinárias decorrentes de calamidade pública, guerra externa ou sua iminência ou investimento público de caráter urgente e relevante interesse social (artigo 148, I e II, CF).

17.2.5. Contribuições

O que caracteriza tal espécie tributária é que as contribuições financiam atividades de interesse público, beneficiando determinado grupo e, direta ou indiretamente, o contribuinte.

É possível visualizar aqui a ideia de parafiscalidade – o que quer dizer "aquele que fica ao lado do Estado", um "quase Estado", já que a contribuição parafiscal é devida a entidades que desempenham atividades especiais, paralelas às da Administração.

Conforme dispõe o artigo 149 da CF, as contribuições federais são as seguintes: contribuições de interesse das categorias profissionais ou econômicas; contribuições de intervenção no domínio econômico e contribuições sociais.

17.3. Competência tributária

Nas palavras de Luciano Amaro, "competência tributária é a aptidão para criar tributos. (...) O poder de criar tributo é repartido entre os vários entes políticos, de modo que cada um tem competência para impor prestações tributárias, dentro da esfera que lhe é assinalada pela Constituição" (Amaro, Luciano. Direito Tributário Brasileiro, 14ª Edição, p. 93).

A competência tributária é política, irrenunciável, indelegável, intransferível e facultativa, uma vez que o ente político pode ou não exercê-la. Tal competência é classificada em: privativa, comum, cumulativa, especial e residual.

Vale lembrar que de acordo com o art. 151, III, da CF é vedada a denominada isenção heterônoma que é aquela em que um ente, que não detém a titularidade da competência tributária, concede isenção a outro.

17.3.1. Privativa

É o poder que todos os entes políticos têm para instituir os tributos enumerados pela própria Constituição Federal.

17.3.2. Comum

Refere-se aos tributos vinculados, quais sejam as taxas e contribuições de melhoria. A competência é comum uma vez que União, Estados, Municípios e Distrito Federal podem ser sujeitos ativos dos referidos tributos.

17.3.3. Cumulativa

Indica que a União tem competência para instituir impostos estaduais e municipais nos Territórios (artigo 147 da CF), assim como compete ao Distrito Federal os impostos municipais e estaduais (artigo 155 da CF).

17.3.4. Especial

Refere-se ao poder de instituir empréstimos compulsórios (artigo 148 da CF) e contribuições especiais (artigo 149 da CF).

17.3.5. Residual

É o poder de criar tributos diversos dos existentes, aqueles que podem ser instituídos sobre situações não previstas (artigos 154, I e 195, § 4º da CF).

17.4. Capacidade tributária ativa

As atribuições das funções de arrecadar ou fiscalizar tributos, ou de executar leis, serviços, atos ou decisões administrativas, em matéria tributária, podem ser delegadas de uma pessoa jurídica de direito público a outra.

Exemplo disso são as autarquias como CREA, CRC, CRECI etc., que recebem a atribuição de exigir um tributo (contribuição profissional) dos profissionais vinculados a estas entidades corporativas.

É, portanto, delegável, diferentemente da competência tributária.

17.5. Dos Princípios Gerais

A Constituição Federal traz em si os princípios norteadores do ramo tributário.

Os entes políticos poderão instituir impostos, taxas (em razão do exercício do poder de polícia ou pela utilização de serviços públicos específicos e divisíveis) e contribuição de melhoria decorrente de obras públicas.

Somente por meio de lei complementar:

✓ que se pode dispor sobre conflitos de competência em matéria tributária entre a União, os Estados, os Municípios e o Distrito Federal;

✓ regulam-se as limitações constitucionais ao poder de tributar;

✓ estabelecem-se normas gerais de Direito Tributário.

Ademais, para prevenir desequilíbrios da concorrência, lei complementar poderá estabelecer critérios especiais de tributação, sem prejuízo da competência de a União, por lei, estabelecer normas de igual objetivo.

É muito importante lembrar que a União por lei complementar poderá instituir empréstimos compulsórios:

✓ para atender a despesas extraordinárias, decorrentes de calamidade pública, de guerra externa ou sua iminência;

✓ no caso de investimento público urgente e de relevante interesse nacional (desde que não seja no mesmo exercício financeiro em que haja sido publicada a lei que os instituiu).

Compete exclusivamente à União instituir contribuições sociais, de intervenção no domínio econômico e de interesse das categorias profissionais ou econômicas, como instrumento de sua atuação nas respectivas áreas.

Vale ressaltar que os Municípios e o Distrito Federal poderão instituir contribuição para custeio do serviço de iluminação pública, observados princípios da legalidade e anterioridade.

17.6. Das Limitações do Poder de Tributar

O poder do Estado-Administração de tributar é disciplinado pelas normas de direito público, que, em sua atividade financeira, capta recursos materiais para manter sua estrutura e permitir ao cidadão-contribuinte os serviços que lhe compete.

Porém, há certos limites para que em sua função de arrecadar o Estado não se exceda. Nesse passo, determinados princípios devem ser respeitados. Vejamos:

I. Princípio da Legalidade Tributária

No plano do Direito Tributário, em defesa da ideia de segurança jurídica, ressalta-se o artigo 150, I, CF/1988, o qual indica o princípio da legalidade tributária. Observe-o: "Art. 150 Sem prejuízo de outras garantias asseguradas ao contribuinte, é vedado à União, aos Estados, aos Municípios e ao Distrito Federal:

> I – exigir ou aumentar tributo sem lei que o estabeleça. (...)"

Dessa forma, para ser instituído ou majorado (ou até reduzido) o tributo depende de lei. Este e tão somente este é o veículo normativo possível.

II. Princípio da Anterioridade Tributária

Este princípio tem duas facetas: a anterioridade anual ou comum (artigo 150, III, "b", CF) e a anterioridade nonagesimal ou privilegiada (artigo 150, III, "c", CF).

Tem como fundamento o sobreprincípio da segurança das relações jurídicas entre a Administração Pública e seus administrados, evitando que inesperadamente apareçam cobranças tributárias. É garantia individual do contribuinte.

III. Princípio da Isonomia Tributária

Expresso no artigo 150, II, da Constituição Federal, este postulado veda o tratamento tributário desigual a contribuintes que se encontrem em situação de equivalência.

Assim como o *caput* do artigo 5º da Constituição trata da igualdade de forma genérica, o supracitado artigo explora-o de forma específica ao ramo tributário.

IV. Princípio da Irretroatividade Tributária

O artigo 150, III, "a", da Constituição Federal prevê expressamente tal princípio. Para Luciano Amaro, o que a Constituição pretende, obviamente, é vedar a aplicação da lei nova, que criou ou aumentou o tributo, a fato pretérito, que, portanto, continua sendo não gerador de tributo, ou permanece como gerador de menor tributo, segundo a lei da época de sua ocorrência (Amaro, Luciano. Direito Tributário Brasileiro, 14 Edição, p.118).

É isso que dá confiança e certeza na relação Fisco-contribuinte, uma vez que, se retroagissem leis cobrando tributos, insegura seria tal relação.

V. Princípio da Vedação ao Confisco

Tem se entendido que terá efeito confiscatório o tributo que exceder a capacidade contributiva do contribuinte. Entretanto, o artigo 150, IV, da Constituição não traz critérios objetivos.

Sendo assim, cabe ao intérprete a tarefa de delimitar o "efeito de confisco", com base no conteúdo e alcance dos elementos descritos em cada caso concreto. Nesse passo, deve-se lembrar que proporcionalidade e razoabilidade são caracteres que devem ser levados em conta.

VI. Princípio da Não Limitação ao Tráfego de Pessoas e Bens

Segundo esse princípio (artigo 150, V, da CF), as divisas municipais e estaduais não podem ser fatos geradores de quaisquer tributos (federais, estaduais ou municipais).

O tráfego de pessoas e bens tem proteção constitucional decorrente da unidade política do território brasileiro.

Ademais, já no artigo 5º, XV, da Constituição Federal é prescrito que "é livre a locomoção no território nacional em tempo de paz, podendo qualquer pessoa, nos termos da lei, nele entrar, permanecer ou dele sair com seus bens;".

17.7. Da Emenda Constitucional n. 75 de 15 de outubro de 2013.

A EC 75/2013 acrescentou a alínea "e" ao inciso VI do art. 150 da Constituição Federal, instituindo imunidade tributária sobre os fonogramas e videofonogramas musicais produzidos no Brasil contendo obras musicais ou lítero musicais de autores brasileiros e/ou obras em geral interpretadas por artistas brasileiros bem como os suportes materiais ou arquivos digitais que os contenham.

Em suma, a regra, que passou a vigorar a partir do dia 16 de outubro de 2013 e que teve por finalidade diminuir o valor dos CDs e DVDs, possibilitando ao consumidor final acesso à cultura com um menor custo, faz com que não incida ICMS e ISS sobre os citados produtos.

18. DISPOSIÇÕES CONSTITUCIONAIS GERAIS

Informação relevante encontrada nas disposições constitucionais transitórias diz respeito à EC nº 81, de 5 de junho de 2014, pois tal norma deu nova redação ao art. 243 da CF o qual autorizou a desapropriação de propriedades rurais e urbanas de qualquer região do País onde forem localizadas culturas ilegais de plantas psicotrópicas ou a exploração de trabalho escravo, sem qualquer indenização ao proprietário.

O mencionado dispositivo passa a vigorar com a seguinte redação: "Art. 243. As **propriedades rurais e urbanas** de qualquer região do País **onde forem localizadas culturas ilegais de plantas psicotrópicas ou a exploração de trabalho escravo** na forma da lei **serão expropriadas** e destinadas à reforma agrária e a programas de habitação popular, **sem qualquer indenização** ao proprietário e sem prejuízo de outras sanções previstas em lei, observado, no que couber, o disposto no art. 5º.

O parágrafo único da mesma norma determina que todo e qualquer bem de valor econômico apreendido em decorrência do tráfico ilícito de entorpecentes e drogas afins e da exploração de trabalho escravo será confiscado e reverterá a fundo especial com destinação específica, na forma da lei.

6. Direitos Humanos

Renan Flumian

1. INTRODUÇÃO

1.1. Conceito

Os direitos humanos são compostos de princípios e regras – positivadas ou costumeiras – que têm como função proteger a dignidade da pessoa humana. Dignidade se traduz na situação de mínimo gozo garantido dos direitos pessoais, civis, políticos, judiciais, de subsistência, econômicos, sociais e culturais. Essa é uma proposta objetiva e sintética de definição dos direitos humanos. Todavia, deve-se ponderar que o tema está longe de ser consenso na doutrina.

Tome de exemplo uma definição de caráter analítico nas palavras de Ingo Wolfgang Sarlet: "Temos por dignidade da pessoa humana a qualidade intrínseca e distintiva de cada ser humano que o faz merecedor do mesmo respeito e consideração por parte do Estado e da comunidade, implicando, neste sentido, um complexo de direitos e deveres fundamentais que assegurem a pessoa tanto contra todo e qualquer ato de cunho degradante e desumano, como venham a lhe garantir as condições existenciais mínimas para uma vida saudável, além de propiciar e promover sua participação ativa corresponsável nos destinos da própria existência e da vida em comunhão dos demais seres humanos[1]."

O professor espanhol Antonio Enrique Pérez Luño, um grande estudioso do tema, depois de fazer inúmeras considerações sobre a dificuldade em se estabelecer um conceito de direitos humanos, oferece uma proposta de definição em termos explicativos: "os direitos humanos são um conjunto de faculdades e instituições que, em cada momento histórico, realizam as exigências de dignidade, de liberdade e igualdade humana, as quais devem ser positivamente reconhecidas pelos ordenamentos jurídicos em nível nacional e internacional[2]". (tradução minha)

1.2. Breve histórico

Historicamente podem-se apontar a democracia ateniense (501-338 a.C.) e a República romana (509-27 a.C.) como os primeiros grandes exemplos, na história política da humanidade, de respeito aos direitos humanos, no sentido de limitar o poder público em prol dos governados[3].

A democracia ateniense era balizada pela preeminência das leis e pela participação direta dos cidadãos[4] na Assembleia. Dessa maneira, o poder dos governantes foi limitado por sua subordinação ao mandamento legal e pelo controle popular. O papel do povo era marcante, pois este elegia os governantes e decidia, em assembleia e de forma direta, os assuntos mais importantes. Ademais, o povo tinha competência para julgar os governantes e os autores dos principais crimes. É dito que pela primeira vez na história o povo governou a si mesmo[5].

Já a República romana limitou o poder político por meio da instituição de um sistema de controles recíprocos entre os órgãos políticos.

Além desses dois exemplos, é possível apontar no desenvolver da história outro acontecimento de grande importância para a consolidação dos direitos humanos. Trata-se da Magna Carta de 1215 (subitem 2.1), conhecida por limitar o poder dos monarcas ingleses, impedindo assim o exercício do poder absoluto.

Seguindo tal exercício, as liberdades pessoais foram garantidas de forma mais geral e abstrata (em comparação com a Magna Carta de 1215) pelo *Habeas Corpus Act* de 1679 (subitem 2.3) e pelo *Bill of Rights* de 1689 (subitem 2.4).

Nesses primeiros exemplos fica nítida a eficácia vertical dos direitos humanos, ou seja, oponíveis contra o Estado. Todavia, deve-se apontar que os direitos humanos são oponíveis também entre os particulares, nas relações privadas, que caracterizam a eficácia horizontal dos direitos humanos. E essa eficácia horizontal é alcunhada, no alemão, de *Drittwirkung*.

---

1. Dignidade da pessoa humana e Direitos Fundamentais. Porto Alegre: Livraria do Advogado, 2001. P. 60.
2. Derechos Humanos, Estado de Derecho y Constitución. Décima Edición. Madrid: Editorial Tecnos, 2010. P. 50.
3. "A clássica concepção de matriz liberal-burguesa dos direitos fundamentais informa que tais direitos constituem, em primeiro plano, direitos de defesa do indivíduo contra ingerências do Estado em sua liberdade pessoal e propriedade. Essa definição de direitos fundamentais – apesar de ser pacífico na doutrina o reconhecimento de diversas outras – ainda continua ocupando lugar de destaque na aplicação dos direitos fundamentais. Essa ideia, sobretudo, objetiva a limitação do poder estatal a fim de assegurar ao indivíduo uma esfera de liberdade. Para tanto, outorga ao indivíduo um direito subjetivo que lhe permite evitar interferências indevidas no âmbito de proteção do direito fundamental ou mesmo a eliminação de agressões que esteja sofrendo em sua esfera de autonomia pessoal" (MENDES, Gilmar Ferreira.*Curso de Direito Constitucional*. 6. ed. São Paulo: Saraiva, 2011. P. 673).
4. Vale asseverar que apenas uma pequena parcela dos homens eram considerados cidadãos, isto é, somente aqueles que integravam a *polis* (espaço público). A maioria restante vivia em função do suprimento de suas necessidade vitais e básicas, ficando apenas na *oikia* (espaço privado). Na *oikia* o homem é escravo da necessidade. A liberdade política significa libertar-se dessa espécie da coação, significa liberar-se das necessidades da vida para o exercício da cidadania na *polis*, que constitui privilégio apenas de alguns homens. A *polis* é o local do encontro dos iguais, dos homens que se libertaram da labuta; em virtude disto, são considerados livres e também é livre a atividade que eles exercem. Esta distinção entre público (*polis*) e privado (*oikia*)que caracteriza a sociedade democrática grega, sofre durante séculos muitas modificações; todavia, fincou-se o princípio de que o espaço público é um pressuposto para o desenvolvimento das práticas democráticas.
5. É muito conhecida a definição da democracia ateniense como "o governo do povo, pelo povo e para o povo".

Por sua vez, a concepção contemporânea dos direitos humanos foi inaugurada pela Declaração Universal dos Direitos Humanos de 1948 e reforçada pela Declaração de Direitos Humanos de Viena de 1993. Importantes também nesse processo foram a Declaração de Direitos Americana, conhecida como Declaração de Direitos do Bom Povo da Virgínia (subitem 2.5) e a Declaração de Direitos francesa (subitem 2.6), impulsionada pela Revolução Francesa de 1789, ambas do século XVIII.

A Organização das Nações Unidas (ONU) e a Declaração Universal dos Direitos Humanos criaram um verdadeiro sistema de proteção global da dignidade humana. É importante ter em mente que o processo recente de internacionalização dos direitos humanos é fruto do pós-guerra e da ressaca moral da humanidade ocasionada pelo excesso de violações perpetradas pelo nazifascismo.

Cada Estado estabelece suas próprias regras disciplinadoras dos direitos humanos ("direitos fundamentais") e executa sua própria política de proteção e efetivação dos direitos humanos[6]. Todavia, o que se percebe cada vez mais é a mitigação da soberania dos Estados em função da característica de universalidade dos direitos humanos. Isto é, a comunidade internacional fiscaliza a situação dos direitos humanos em cada país e opina sobre o assunto, podendo até sancionar em determinadas situações.

1.3. Nomenclatura aplicada

1.3.1. Direitos Humanos e Direitos Fundamentais

Antes de avançarmos no estudo da matéria, cabe uma pequena distinção entre *direitos humanos* e *direitos fundamentais*. A doutrina atual, principalmente a alemã, considera como direitos fundamentais[7] os valores éticos sobre os quais se constrói determinado sistema jurídico nacional (leia-se direitos previstos explicitamente no ordenamento jurídico de certo país), ao passo que os direitos humanos existem mesmo sem o reconhecimento da ordem jurídica interna de um país, pois possuem vigência universal. Mas, na maioria das vezes, os direitos humanos são reconhecidos internamente pelos sistemas jurídicos nacionais, situação que os torna também direitos fundamentais, ou seja, os direitos humanos previstos na Constituição de um país são denominados direitos fundamentais.

1.3.2. Direitos Públicos Subjetivos

A figura dos *direitos públicos subjetivos* também sempre aparecia com sinônimo de direitos humanos, mas tal equivalência foi perdendo espaço com o passar do tempo. O Professor Pérez Luño assim analisa a situação: "Desta forma a categoria dos direitos públicos subjetivos, entendidos como autolimitação estatal em benefício de determinadas esferas do interesse particular, perde seu sentido ao encontrar-se superada pela própria dinâmica econômica-social de nosso tempo, onde a fruição de qualquer direito fundamental exige uma política jurídica ativa (e na maior parte das ocasiões também econômica) por parte dos poderes públicos[8]." (tradução minha)

1.3.3. Minoria e Grupo Vulnerável

Para conceituar minoria, usaremos uma definição bem conhecida, alcunhada por Francesco Caportorti: "um grupo numericamente inferior em relação ao restante da população do Estado, sem exercer posição dominante, cuja os membros – sendo nacionais do Estado – possuem características éticas, religiosas ou linguísticas que os diferem do restante da população e apresentam um senso de solidariedade dirigido para preservar sua cultura, tradições, religião ou língua"[9]. Em contrapartida, um grupo vulnerável, também composto de parcela inferior da população, é formado por um grupo de pessoas em razão de um contexto fático (geralmente de caráter provisório) e não por possuírem identidade própria.

Para ilustrar bem os conceitos de minoria e grupo vulnerável, cabe trazer exemplos de cada qual, tendo por base o contexto brasileiro. Exemplos de minoria são: índios, praticantes de candomblé, ciganos etc. E exemplos de grupo vulnerável são: população de rua, adolescentes e crianças, mulheres, idosos etc.

2. PRINCIPAIS DOCUMENTOS NORMATIVOS DO MARCO ANTIGO DOS DIREITOS HUMANOS[10]

Passemos agora ao estudo dos principais documentos normativos de proteção dos direitos humanos anteriores à Declaração Universal dos Direitos Humanos de 1948, os quais se inserem no marco antigo de proteção dos direitos humanos. Cabe destacar que o tema diversas vezes apareceu em concursos para **Delegado**, notadamente estadual.

2.1. Magna Carta de 1215

O século XII marcou o início de uma onda de centralização de poder, tanto em nível civil como eclesiástico. É importante ter em mente tal consideração, pois ela é o motivador da assi-

6. "Vinculados à concepção de que ao Estado incumbe, além da não intervenção na esfera da liberdade pessoal dos indivíduos, garantida pelos direitos de defesa, a tarefa de colocar à disposição os meios materiais e implementar as condições fáticas que possibilitem o efetivo exercício das liberdades fundamentais, os direitos fundamentais a prestações objetivam, em última análise, a garantia não apenas da liberdade-autonomia (liberdade perante o Estado), mas também da liberdade por intermédio do Estado, partindo da premissa de que o indivíduo, no que concerne à conquista e manutenção de sua liberdade, depende em muito de uma postura ativa dos poderes públicos. Assim, enquanto direitos de defesa (*status libertatis* e *status negativus*) dirigem-se, em princípio, a uma posição de respeito e abstenção por parte dos poderes públicos, os direitos a prestações, que, de modo geral, ressalvados os avanços registrados ao longo do tempo, podem ser reconduzidos ao *status positivus* de Jellinek, implicam uma postura ativa do Estado, no sentido de que este se encontra obrigado a colocar à disposição dos indivíduos prestações de natureza jurídica e material" (MENDES, op. cit., p. 675).
7. "Os direitos fundamentais são, a um só tempo, direitos subjetivos e elementos fundamentais da ordem constitucional objetiva. Enquanto direitos subjetivos, os direitos fundamentais outorgam aos seus titulares a possibilidade de impor os seus interesses em face de órgãos obrigados. Na sua dimensão como elemento fundamental da ordem constitucional objetiva, os direitos fundamentais – tanto aqueles que não asseguram, primariamente, um direito subjetivo quanto aqueles outros, concebidos como garantias individuais – formam a base do ordenamento jurídico de um Estado de Direito democrático" (MENDES, *op. cit.*, p. 671).
8. Derechos Humanos, Estado de Derecho y Constitución. Décima Edición. Madrid: Editorial Tecnos, 2010. P. 36.
9. Study on the Rights of Persons belonging to Ethnic, Religious, and Linguistic Minorities. United Nations Pubns, 1991.
10. O principal livro no Brasil que cuida da perspectiva histórica dos Direitos Humanos é A Afirmação Histórica dos Direitos Humanos do Prof. Fábio Konder Comparato (Ed. Saraiva, VII edição, 2010). Esse livro foi utilizado para dar embasamento ao capítulo 2.

natura da Magna Carta. A título histórico, cabe lembrar que já em 1188 havia sido feita a declaração das cortes de Leão, na Espanha. Depois dessa declaração, os senhores feudais espanhóis continuaram se manifestando, mediante declarações e petições, contra a instalação do poder real soberano.

A Magna Carta é um documento de 1215 que limitou o poder dos monarcas da Inglaterra, impedindo o exercício do poder absoluto. Ela resultou de desentendimentos entre o rei João I (conhecido como "João Sem Terra"), o papa e os barões ingleses acerca das prerrogativas do soberano. Essas discordâncias tinham raízes diversas. A contenda com os barões foi motivada pelo aumento das exações fiscais, constituídas para financiar campanhas bélicas, pois o rei João Sem Terra acabara de perder a Normandia – que era sua por herança dinástica – para o rei francês Filipe Augusto.

A desavença com o papa surgiu de seu apoio às pretensões territoriais do imperador Óton IV, seu sobrinho, em prejuízo do papado. Ademais, o rei João I recusara a escolha papal de Stephen Langton como cardeal de Canterbury, o que lhe rendeu a excomunhão, operada pelo papa Inocêncio III.

A Magna Carta só foi assinada pelo rei quando a revolta armada dos barões atingiu Londres, sendo sua assinatura condição para o cessar-fogo. Todavia, ela foi reafirmada solenemente (pois tinha vigência determinada de três meses) em 1216, 1217 e 1225, quando se tornou direito permanente. Como curiosidade, cabe apontar que algumas de suas disposições se encontram em vigor ainda nos dias de hoje.

Sua forma foi de promessa unilateral, por parte do monarca, de conceder certos privilégios aos barões, mas é possível entendê-la como uma convenção firmada entre os barões e o rei. Além disso, segundo os termos do documento, o rei deveria renunciar a certos direitos e respeitar determinados procedimentos legais (apontado, pela historiologia jurídica, como a origem do devido processo legal), bem como reconhecer que sua vontade estaria sujeita à lei.

Considera-se a Magna Carta o primeiro capítulo de um longo processo histórico que levaria ao surgimento do constitucionalismo[11] e da democracia moderna. Em síntese, o documento é uma limitação institucional dos poderes reais.

2.2. *Petition of Rights* de 1628

A Petição de Direitos foi um documento constitucional de grande importância para a história política inglesa, aprovado pelo Parlamento em maio de 1628 e depois apresentado ao rei Carlos I, que a aprovou temporariamente. Sua função era limitar os poderes dos monarcas.

A Petição de Direitos é notável por algumas de suas determinações, como a de que os impostos só podem ser aumentados por decisão do Parlamento e que os prisioneiros podem discutir a legitimidade de suas detenções mediante *habeas corpus*.

11. O constitucionalismo pode ser conceituado como o movimento político, social e jurídico cujo objetivo é limitar o poder do Estado por meio de uma Constituição. Já o neoconstitucionalismo surge depois da Segunda Guerra Mundial e tem por objetivo principal conferir maior efetividade aos comandos constitucionais, notadamente os direitos fundamentais.

2.3. *Habeas Corpus Act* de 1679

Os Stuart detiveram o trono da Escócia e depois a coroa inglesa, e ficaram conhecidos, entre outros motivos, por serem os últimos soberanos católicos da Inglaterra. Esse último fato teve grande importância, pois o Parlamento, majoritariamente protestante, buscava uma saída para limitar o poder real, sobretudo quanto à possibilidade de prender os opositores políticos sem a necessidade de prévio processo legal.

O *habeas corpus* já existia havia bastante tempo na Inglaterra, mas sua eficácia era muito reduzida, em razão da falta de regras processuais que bem disciplinassem seu manuseio. Assim, para regular a utilização desse remédio judicial e torná-lo efetivo, foi aprovado, pelo Parlamento inglês, no reinado de Carlos II, o *Habeas Corpus Act* de 1679, que definiu e ampliou as prerrogativas concedidas pelo remédio *habeas corpus*.

2.4. *Bill of Rights* de 1689

A Revolução Gloriosa ocorreu no Reino Unido, de 1688 a 1689, e teve por consequência a queda e posterior fuga do rei Jaime II, da dinastia Stuart. O trono, depois de declarado vago pelo Parlamento, foi oferecido, conjuntamente, ao genro do rei, o nobre neerlandês Guilherme, Príncipe de Orange, e à filha do rei, Maria Stuart. Mas tal oferta comportava uma condição: se a coroa inglesa fosse aceita, também estaria aceita a Declaração de Direitos (*Bill of Rights*) votada pelo Parlamento. O trono e a declaração foram aceitos, e os novos soberanos passaram a chamar-se Guilherme III e Maria II.

É importante frisar que o estopim pré-revolução foi o nascimento de um herdeiro do trono, o que possibilitaria a continuidade da religião católica na coroa. Isso porque a herdeira até então, Maria Stuart, era protestante.

Influenciada diretamente pelas ideais de John Locke, a Declaração de Direitos de 1689 é um documento legal confeccionado pelo Parlamento inglês, que, entre outras coisas, limitou os poderes do rei, disciplinou os direitos relacionados com o Parlamento – como, por exemplo, a liberdade de expressão dos parlamentares e o estabelecimento de eleições regulares para o Parlamento –, determinou que todos os súditos tinham direito de petição ao rei e tornou o Parlamento competente para legislar e criar tributos, funções antes exercidas pelo monarca. Tais medidas asseguraram certo poder para o Parlamento no Reino Unido e representaram a instauração institucional da separação de poderes, mais tarde reconhecida e elogiada por Montesquieu. A propriedade privada também foi regulada e garantida.

A Declaração de Direitos de 1689, como o *Act of Settlement* de 1701, figura como um dos textos constitucionais mais importantes do Reino Unido, sendo ainda hoje uma das principais leis sobre sucessão de trono no país.

A maior importância do *Bill of Rights* para os direitos humanos reside, sem dúvida, na separação institucional dos poderes acima apontada. Isto é, a partir de tal momento, tem-se uma garantia institucional (em teoria) de que o interesse dos governados guiará a formulação das leis e que o Parlamento é o órgão encarregado de proteger os súditos perante o rei.

2.5. Declaração de Direitos do Bom Povo da Virgínia de 1776

A independência das 13 colônias inglesas da América do Norte se deu em 1776. Elas adquiriram o formato de uma confederação, o que logo foi modificado para constituírem um Estado federal, configuração mantida até hoje nos EUA.

Uma das causas principais para a independência americana foi a elevação de impostos colocada em prática pelo governo inglês, o qual necessitava de mais recursos para fazer frente aos gastos dispensados na guerra contra a França pela conquista do território canadense. Tal conflito insere-se na chamada Guerra dos Sete Anos. Outras causas específicas são as leis do Selo e do Açúcar aprovadas pelo Parlamento inglês, como também a Festa do Chá de Boston.

Contemporânea dessa atmosfera de revolução e independência é a Declaração de Direitos americana, ou Declaração de Direitos do Bom Povo da Virgínia, a qual precede a Declaração de Independência dos EUA. É muito importante frisar que existiram inúmeras declarações de direitos nos EUA, cada uma proveniente de um estado, das quais a Declaração de Direitos do estado da Virgínia é a de maior destaque.

A Declaração de Direitos da Virgínia de 1776 é considerada por muitos a primeira *declaração de direitos* a reconhecer a existência de direitos adstritos à condição humana, ou seja, independentemente de qualquer condição, o ser humano possui direitos inatos (apontando-os como universais). O seu artigo I assim estipula: "Que todos os homens são, por natureza, igualmente livres e independentes, e têm certos direitos inatos, dos quais, quando entram em estado de sociedade, não podem por qualquer acordo privar ou despojar seus pósteros e que são: o gozo da vida e da liberdade com os meios de adquirir e de possuir a propriedade e de buscar e obter felicidade e segurança".

Ademais, ela demonstra preocupação com a estruturação de um governo democrático (*soberania popular*)[12]. No entanto, não faz nenhuma menção aos direitos econômicos e sociais – estes só aparecerão na Declaração de Direitos da Constituição francesa de 1791.

2.6. Declaração dos Direitos do Homem e do Cidadão de 1789

A Revolução Francesa[13] é apontada como o marco inicial da civilização europeia contemporânea, pois os conceitos atuais de nação, cidadania, radicalismo, igualdade e democracia surgiram depois desse processo histórico.

Influenciada diretamente pela Revolução Francesa e pela Revolução Americana de 1776, a Declaração dos Direitos do Homem e do Cidadão foi adotada pela Assembleia Constituinte da França em 1789. Pela primeira vez tem-se uma declaração generalizante, isto é, com o propósito de fazer referência não só aos seus cidadãos, mas a toda a humanidade, por isso a menção aos direitos do *homem* também.

A Declaração teve por base os conceitos de *liberdade, igualdade, fraternidade, propriedade, legalidade* e *garantias individuais* (síntese do pensamento iluminista liberal e burguês) mas seu ponto central era a supressão dos privilégios especiais ("acabar com as desigualdades"), outrora garantidos para os estamentos do clero e da nobreza ("Art. 1º: Os homens nascem e são livres e iguais em direitos. As distinções sociais só podem fundamentar-se na utilidade comum").

A Declaração dos Direitos do Homem e do Cidadão, juntamente com declarações de direitos constantes das Constituições francesas de 1791 e 1793, reproduz claramente as ideias de Montesquieu e de Jean-Jacques Rousseau: o primeiro afirma a necessidade de uma limitação institucional dos poderes do governo ("Art.15: A sociedade tem o direito de pedir contas a todo agente público pela sua administração"), ao passo que o segundo defende que a legitimidade do governo provenha apenas da vontade geral do povo ("Art. 3º: O princípio de toda a soberania reside, essencialmente, na nação. Nenhuma operação, nenhum indivíduo pode exercer autoridade que dela não emane expressamente").

É importante saber que as origens do sistema de representação política moderno (que vigora no Brasil e em boa parte do mundo) são a Constituição americana e a Revolução Francesa. Tanto é assim que o artigo 16 da Declaração dos Direitos do Homem e do Cidadão é categórico ao pontuar que "A sociedade em que não esteja assegurada a garantia dos direitos nem estabelecida a separação dos poderes não tem Constituição".

Além disso, é preciso apontar que os direitos constantes da Declaração dos Direitos do Homem e do Cidadão foram ampliados pela Convenção Nacional em 1793 (no contexto revolucionário do governo jacobino). Essa reformulação, e seu corolário de ampliação de direitos, já havia ocorrido antes, por ocasião da promulgação da Constituição de 1791.

Para melhor entendermos a amplitude de proteção conferida pelos direitos humanos, é fundamental ter em mente o processo de sua afirmação (ainda não findo). Passemos então ao estudo da divisão didática dos direitos humanos em gerações.

3. DIREITOS HUMANOS SOB A ÓTICA GERACIONAL

A divisão dos direitos humanos em gerações[14], idealizada por Karel Vasak[15], tem por finalidade permitir uma análise precisa de sua amplitude, além de uma ampla compreensão sobre a causa de seu surgimento e seu contexto.

---

12. Artigo II da Declaração: "Que todo poder é inerente ao povo e, consequentemente, dele procede; que os magistrados são seus mandatários e seus servidores e, em qualquer momento, perante ele responsáveis".

13. "A verdade, contudo, é que foi a Revolução Francesa – e não a americana ou a inglesa – que se tornou o grande divisor histórico, o marco do advento do Estado liberal. Foi a Declaração dos Direitos do Homem e do Cidadão, de 1789, com seu caráter universal, que divulgou a nova ideologia, fundada na Constituição, na separação dos Poderes e nos direitos individuais" (BARROSO, Luís Roberto. *Curso de Direito Constitucional Contemporâneo*. São Paulo: Saraiva, 2009. p. 76).

14. Tal análise perde um pouco de seu sentido quando o enfoque recai sobre países ditos novos, como o Brasil e a Austrália, pois a maioria dos tipos de direitos humanos foram reconhecidos, logo disciplinados, de uma só vez em suas respectivas Constituições. Mas quando a análise leva em conta os países europeus, por exemplo, entende-se muito bem que o reconhecimento dos direitos humanos é um processo que perpassa vários séculos. Assim, os direitos civis apareceram no século XVIII para garantir a liberdade do indivíduo perante o Estado (opressor). Essa maior liberdade permitiu uma atuação mais ativa por parte das pessoas, o que eclodiu no reconhecimento dos direitos políticos no século XIX, ou seja, esse direito, antes exclusivo de poucos, foi estendido para grande parcela da população masculina, incluindo os trabalhadores. E o exercício desses direitos políticos, sobretudo pela classe trabalhadora, permitiu a constituição dos direitos sociais no século XX (MARSHALL, Thomas. *Cidadania, classe social e status*. Rio de Janeiro:Zahar, 1967. p. 57 a 114).

15. *The international dimensions of human rights*. Unesco, 1982.

A classificação dos direitos humanos em gerações é bastante criticada por considerável parcela da doutrina. Isso porque daria a ideia de superação de direitos por outros e não de acumulação de direitos. Semanticamente, *geração* dá ideia de algo que é criado e que com o tempo se esvai para dar lugar ao outro. Em função dessa ideia, alguns autores preferem classificar como *gestações* ou *dimensões* e não gerações de direitos, tudo para reforçar a noção de continuidade.

Portanto, a análise das gerações deve ter por fundamento não a ótica sucessória (de substituição da anterior pela posterior), mas sim a interacional (de complementação da anterior pela posterior). Mais uma vez fica destacada a incidência do tema em concursos para Delegado.

3.1. Primeira geração

A primeira geração trata dos direitos civis (liberdades individuais) e políticos. A titularidade desses direitos é atribuída ao indivíduo, por isso são conhecidos como direitos individuais. Seu fundamento é a ideia de *liberdade*.

Sobre tais direitos, é interessante a verificação de que sua defesa foi feita sobretudo pelos EUA. Estes defendiam a perspectiva liberal dos direitos humanos, consagrados no Pacto Internacional de Direitos Civis e Políticos.

3.2. Segunda geração

A segunda geração trata dos direitos sociais, culturais e econômicos. A titularidade desses direitos é atribuída à coletividade, por isso são conhecidos como direitos coletivos. Seu fundamento é a ideia de *igualdade*.

O grande motivador do aparecimento desses direitos foi o movimento antiliberal, notadamente após a Primeira Guerra Mundial. É importante apontar o papel da URSS, que defendia veementemente a perspectiva social dos direitos humanos. Essa linha foi consagrada no Pacto Internacional de Direitos Econômicos, Sociais e Culturais.

Cabe destacar que tais direitos aparecerem em primeiro lugar na Constituição mexicana de 1917 e na Constituição alemã de 1919 ("Constituição de Weimar").

3.3. Terceira geração

A terceira geração trata dos direitos à paz, ao desenvolvimento, ao meio ambiente[16], à propriedade do patrimônio cultural. A titularidade desses direitos é atribuída, geralmente, à humanidade e são classificados doutrinariamente como difusos, todavia pode-se destacar a sua faceta de direito individual também, como expressamente prevista na Declaração da ONU sobre o Direito ao Desenvolvimento, de 1986. Seu fundamento é a ideia de *fraternidade* ou *solidariedade*.

Esses direitos provieram em grande medida da polaridade Norte/Sul, da qual surgiu o *princípio da autodeterminação dos povos*, fundamento do processo de descolonização e de inúmeros outros exemplos, consoante os já indicados acima, que exteriorizam a busca por uma nova ordem política e econômica mundial mais justa e solidária.

Os direitos de terceira geração foram consagrados na Convenção para a Proteção do Patrimônio Mundial, Cultural e Natural, de 1972, na Convenção sobre a Diversidade Biológica, de 1992 e, como já apontado, na Declaração sobre o Direito ao Desenvolvimento, de 1986. Cabe apontar que são classificados pelo STF como novíssimos direitos.

3.4. Quarta e quinta gerações

Existem posicionamentos doutrinários que pouco se assemelham na tentativa de categorizar quais seriam os direitos componentes da quarta e da quinta gerações.

Por exemplo, a Ministra Eliana Calmon defende que a quarta geração seria composta de direitos referentes à manipulação do patrimônio genético, como os alimentos transgênicos, fertilização *in vitro* com escolha do sexo e clonagem. Já para o professor Paulo Bonavides todos os direitos relacionados à globalização econômica fariam parte da quarta geração, enquanto que o direito à paz seria de quinta. Outros, como Alberto Nogueira que relaciona a quarta geração com os direitos à uma tributação justa, e Ricardo Lorenzetti, ministro da Suprema Corte Argentina, que define a quarta geração como sendo aquela do "direito a ser diferente", isto é, a tutela de todos os tipos de diversidade – sexual, étnica etc. Além de José Alcebiades de Oliveira Júnior[17], que faz coro com Eliana Calmon em relação à quarta geração e assinala que a quinta é ligada ao direito cibernético.

Percebe-se que resta impossível categorizar cabalmente quais os direitos componentes da quarta e da quinta gerações, mas o importante é apontar possíveis interpretações e sublinhar a natureza dinâmica dos direitos humanos, os quais sempre estarão em construção.

Para bem lembrar, a Declaração Universal dos Direitos do Homem elevou o homem à condição de sujeito de direito internacional, assim, é possível colocar o Estado como réu, perante instâncias internacionais, caso algum direito do ser humano seja ceifado ou impossibilitado de gozo.

A título conclusivo, pode-se afirmar que toda regra, convencional ou não, que promova ou proteja a dignidade da pessoa humana se refere a "direitos humanos". Portanto, as cinco gerações trazem exemplos de direitos humanos que foram confeccionados em conformidade com a *in/evolução* da vida humana.

A constante criação de "novos" direitos humanos torna impossível sua tipificação fechada, portanto, é necessária uma tipificação aberta para permitir a inserção de novos conceitos protetores da dignidade humana na medida em que aparecerem.

4. CARACTERÍSTICAS DOS DIREITOS HUMANOS

Segue um breve compêndio com as principais características dos direitos humanos, conforme apontado pela doutrina internacional.

16. O direito à preservação do meio ambiente é disciplinado, por exemplo, pelo Protocolo de San Salvador. O artigo 11, pontos 1 e 2 do Protocolo, dispõe que as pessoas têm direito a viver em meio ambiente sadio e que os Estados-partes devem promover a proteção, a preservação e o melhoramento do meio ambiente.

17. JUNIOR, José Alcebíades de Oliveira. *Teoria Jurídica e novos direitos*. Rio de Janeiro: Lumen Juris, 2000. p. 85-86.

4.1. Historicidade

A amplitude de proteção conferida pelos direitos humanos é marcada por sua contínua majoração, o que os tornam direitos históricos, pois no evolver da história novos direitos são reconhecidos como direitos humanos – um processo não findo.

A história dos direitos humanos é marcada pela luta por seu reconhecimento, umbilicalmente relacionada com a luta por justiça e liberdade.

4.2. Universalidade

A Declaração Universal dos Direitos Humanos de 1948 universalizou a noção de direitos humanos. Muito importante foi seu papel, pois antes disso a proteção dos direitos humanos era relegada a cada Estado, que, com suporte em sua intocável soberania, tinha autonomia absoluta para determinar e executar as políticas relacionadas à proteção da dignidade da pessoa humana. Todavia, obras de horror, como o nazifascismo, demonstraram que a proteção do ser humano não pode ficar somente nas "mãos de governos".

Assim, um dos grandes objetivos perseguidos com a criação da ONU foi buscar a proteção dos direitos humanos em nível universal. Grande passo foi dado nesse sentido com a promulgação da Declaração Universal dos Direitos Humanos. Assim, "o direito a ter direitos" de Hannah Arendt passaria a ter tutela internacional. Mas cabe ponderar que a defesa, com justificação filosófica, do caráter universal dos direitos humanos foi feita por muitos pensadores ao longo da história, podemos citar aqui alguns com grande destaque, como Samuel Pufendorf ("todos os homens possuem pelo simples fato do nascimento a mesma liberdade natural"), John Locke ("o homem nasce com o direito à liberdade perfeita"), Thomas Paine ("os direitos naturais são aquelos que correspondem ao homem pelo mero fato de existir") e Christian Wolff ("os direitos naturais são universais porque a natureza humana também é universal"). E antes mesmo, mas sob outras razões, Tomás de Aquino defendia o caráter universal e imutável da lei natural.

As críticas referentes à leitura de *universalização* por *ocidentalização* não procedem, porque os direitos humanos transcendem às criações culturais no sentido lato (religião, tradição, organização política etc.) por serem adstritos à condição humana. Destarte, particularidades regionais e nacionais devem ser levadas em conta, mas nunca impedir a proteção mínima dos direitos humanos, até porque estes fazem parte do *jus cogens*[18]. Assim, sob a perspectiva protetora, o *universalismo* derrota o *relativismo*.

Importante lembrar que o *jus cogens* (normas cogentes de direito internacional) é calcado no reconhecimento da existência de direitos e de obrigações naturais, independentemente da existência de algum tratado internacional. O *jus cogens* seria como um qualificador de regras consideradas basilares para a ordenação e a viabilidade da comunidade internacional. Portanto, a compreensão da existência de uma comunidade internacional e de interesses que advêm dela (sobretudo para sua existência – como, por exemplo, na proteção internacional do meio ambiente), e não somente de Estados em sua individualidade, deu suporte para o aparecimento do *jus cogens*.

Portanto, é possível afirmar que a própria dinâmica da vida internacional derrubou o voluntarismo como suporte único e fundamental das relações internacionais, ou seja, o positivismo voluntarista não foi capaz de explicar o aparecimento das normas cogentes de Direito Internacional (*jus cogens*), que só pode ser explicado por razões objetivas de justiça, as quais darão, por sua vez, vazão a uma consciência jurídica universal. Nesse sentido é a colocação de Antônio Augusto Cançado Trindade: "(...) o modelo westfaliano do ordenamento internacional afigura-se esgotado e superado[19]".

4.3. Indivisibilidade

Todos os direitos humanos se retroalimentam e se complementam, assim, é infrutífero buscar a proteção e a promoção de apenas uma parcela deles.

Veja-se o exemplo do direito à vida, núcleo dos direitos humanos. Este compreende o direito de o ser humano não ter sua vida ceifada (atuação estatal negativa), como também o direito de ter acesso aos meios necessários para conseguir sua subsistência e uma vida digna (atuação estatal positiva). Percebe-se a interação dos direitos pessoais com os direitos econômicos, sociais e culturais para garantir a substancial implementação do direito à vida.

Tanto é assim que o artigo 13 da Carta Democrática Interamericana, instrumento integrante do sistema interamericano (regional) de proteção dos direitos humanos, crava que "A promoção e observância dos direitos econômicos, sociais e culturais são inerentes ao desenvolvimento integral, ao crescimento econômico com equidade e à consolidação da democracia dos Estados do Hemisfério".

Todavia, cabe destacar que existe certa divergência doutrinária no tema. Um trabalho de grande relevância, e que destoa do até aqui apresentado, é o feito pelo professor James W. Nickel, onde ele aponta que a proclamada *indivisibilidade* dos direitos humanos em países em desenvolvimento (como o Brasil) não faria sentido a princípio. Estas são suas palavras: "Indivisibilidade, como formulada na Proclamação do Teerã e na teoria dos direitos básicos de Shue, é uma tese que defende as relações existentes quando os direitos estão totalmente implementados ou desfrutados. Mas a maioria dos países em desenvolvimento não podem implementar completamente todos os direitos para todas as pessoas. Por isso, reivindicações de indivisibilidade e interdependência não possuem muita relevância na situação deles. Se pensar que sim seria um erro baseado na falha em entender qualidade e distribuição na implementação. Essas reivindicações somente serão relevantes quando esses países

18. O *jus cogens está* tipificado no artigo 53 da Convenção de Viena sobre Direito dos Tratados: "É nulo um tratado que, no momento de sua conclusão, conflite com uma norma imperativa de Direito Internacional Geral. Para os fins da presente Convenção, uma norma imperativa de Direito Internacional Geral é uma norma aceita e reconhecida pela comunidade internacional dos Estados como um todo, como norma da qual nenhuma derrogação é permitida e que só pode ser modificada por norma ulterior de Direito Internacional Geral da mesma natureza". Por exemplo, a proibição da escravidão é uma norma imperativa de Direito Internacional, pois é considerada inderrogável por toda a comunidade internacional.

19. Voto Concorrente na Opinião Consultiva 16/1999 da Corte Interamericana de Direitos Humanos, p. 90.

tiverem uma grande qualidade de implementação[20]." (tradução minha)

Em seu artigo, ele continua com uma metáfora sobre a construção de uma ponte. Se uma das partes da ponte for retirada certamente toda a ponte cairá, mas a ponte não precisa ser construída inteira de uma vez. Pode-se começar pela base e extremidades e somente depois fazer a parte central. A análise de Nickel é bem fundamentada e certamente conta com um corte realista. Mas do ponto de vista teórico, sabe-se o quão importante e necessário é a indivisibilidade e a interdependência dos direitos humanos para sua efetiva implementação. Nos concursos para Delegado indica-se filiar à corrente que defende a indivisibilidade dos direitos humanos.

4.4. Interdependência

Conforme dito acima, os direitos humanos se retroalimentam e se complementam, destarte, cada direito depende dos outros para ser substancialmente realizado.

4.5. Normatividade indiscutível

Os direitos humanos estão disciplinados por sistemas nacionais, regionais e globais de proteção, além de serem normas imperativas de direito internacional (*jus cogens*). Cabe frisar que os sistemas de proteção se interconectam para garantir a maior proteção possível da dignidade humana.

4.6. Irrenunciabilidade

Por serem direitos adstritos à condição humana, estes não podem ser renunciáveis, pois formam o indivíduo em sua plenitude. Assim, são indisponíveis tanto pelo Estado como pelo particular. Tal característica se confirma pelo fato de os direitos humanos fazerem parte do *jus cogens*, isto é, inderrogáveis por ato volitivo. A conclusão que fica é que os direitos humanos são imutáveis e eternos conforme pronunciou há muito tempo Thomas Hobbes em sua obra O Leviatã. E com base nessa colocação, Jean-Jacques Rousseau, em sua obra Contrato Social, defendeu que são irrenunciáveis, pois renunciar eles seria o mesmo que renunciar a própria condição humana.

Para corroborar tal característica, cabe relembrar o paradigmático caso *Morsang-sur-Orge*, ocasião em que o Conselho de Estado francês, com fundamento na dimensão objetiva da dignidade humana (o respeito à dignidade humana como um dos componentes da ordem pública), manteve ato administrativo que interditou a atividade conhecida como lançamento de anão (*lancer de nain*), apesar de recurso do próprio arremessado (anão) e da casa noturna que o empregava.

4.7. Imprescritibilidade

Os direitos humanos são atemporais, pois, como dito, são adstritos à condição humana. Assim, não são passíveis de prescrição, ou seja, não caducam com o transcorrer do tempo.

4.8. Inalienabilidade

Os direitos humanos não podem ser alienados, isto é, objeto de transação.

4.9. Complementaridade solidária

O *princípio da complementaridade solidária dos direitos humanos* de qualquer espécie dialoga com as características de universalidade, de interdependência e de indivisibilidade. Ele foi proclamado solenemente na 2ª Conferência Mundial de Direitos Humanos, realizada em Viena em 1993.

É importante transcrever o ponto 5 da Declaração de Direitos Humanos de Viena, que sintetiza as características dos direitos humanos de modo geral:

"Todos os direitos humanos são universais, indivisíveis, interdependentes e inter-relacionados. A comunidade internacional deve tratar os direitos humanos de forma global, justa e equitativa, em pé de igualdade e com a mesma ênfase. Embora particularidades nacionais e regionais devam ser levadas em consideração, assim como diversos contextos históricos, culturais e religiosos, é dever dos Estados promover e proteger todos os direitos humanos e liberdades fundamentais, sejam quais forem seus sistemas políticos, econômicos e culturais".

Cabe lembrar que a concepção contemporânea dos direitos humanos foi inaugurada pela Declaração Universal dos Direitos Humanos de 1948 e reforçada pela Declaração de Direitos Humanos de Viena de 1993.

5. CLASSIFICAÇÃO

Para bem compreender todos os tipos de direitos que compõem os *direitos humanos*, lancemos mão da classificação idealizada por Jack Donnely[21].

5.1. Direitos pessoais

São exemplos o direito à vida, à nacionalidade, ao reconhecimento perante a lei, à proteção contra tratamentos ou punições cruéis, degradantes ou desumanas, e à proteção contra a discriminação racial, étnica, sexual e religiosa (artigos 2º a 7º e 15 da Declaração Universal dos Direitos Humanos).

5.2. Direitos judiciais

São exemplos o direito de ação, a presunção de inocência, a garantia do processo justo e imparcial, a irretroatividade das leis penais, a proteção contra prisão, detenção ou exílio arbitrários, e contra a interferência no lar e na reputação (artigos 8º a 12 da Declaração Universal dos Direitos Humanos).

5.3. Direitos civis

São exemplos as liberdades de pensamento, consciência e religião, de opinião e expressão, de movimento e residência, e de reunião e de associação pacífica (artigos 13 e 18 a 20 da Declaração Universal dos Direitos Humanos).

5.4. Direitos políticos

São exemplos principalmente os direitos a tomar parte no governo e às eleições legítimas com sufrágio universal e igual (artigo 21 da Declaração Universal dos Direitos Humanos).

20. Rethinking Indivisibility: Towards a Theory of Supporting Relations between Human Rights. Human Rights Quarterly, vol. 30. 2008. p. 998.

21. *Universal human rights in theory and practice*. 2. ed. Cornell University Press, 2003.

5.5. Direitos de subsistência

São exemplos principalmente os direitos à alimentação e a um padrão de vida adequado à saúde e ao bem-estar próprio e da família (artigo 25 da Declaração Universal dos Direitos Humanos).

5.6. Direitos econômicos

São exemplos principalmente os direitos ao trabalho, ao repouso e ao lazer e à segurança social (artigos 22 a 25 da Declaração Universal dos Direitos Humanos).

5.7. Direitos sociais e culturais

São exemplos principalmente os direitos à instrução e à participação na vida cultural da comunidade (artigos 26 e 27 da Declaração Universal dos Direitos Humanos).

A título comparativo e para clarificar ainda mais os direitos considerados concretamente como sociais, cabe reproduzir o artigo 6º da CF: "São direitos sociais a educação, a saúde, a alimentação, o trabalho, a moradia, o lazer, a segurança, a previdência social, a proteção à maternidade e à infância, a assistência aos desamparados, na forma desta Constituição".

Percebe-se que se trata de uma divisão bem detalhada, mas podemos reunir todos esses direitos na primeira (direitos civis e políticos) e na segunda (direitos econômicos, sociais e culturais) geração de direitos humanos. Fazem parte da primeira geração os direitos pessoais, civis, judiciais e políticos, e da segunda geração os direitos de subsistência, econômicos, sociais e culturais.

6. RESPONSABILIDADE INTERNACIONAL E MITIGAÇÃO DA SOBERANIA

Conforme já anunciado no capítulo introdutório, a ideia de soberania absoluta encontra-se há muito superada, e tal constatação ficou clara com o estudo das características dos direitos humanos.

Assim, o Estado que violar direitos humanos poderá ser responsabilizado perante a comunidade internacional, como, por exemplo, por intermédio de cortes regionais (ex.: Corte Interamericana de Direitos Humanos) ou de comitês internacionais (ex.: Comitê dos Direitos Humanos criado pelo Pacto Internacional dos Direitos Civis e Políticos). Por essa lógica, o indivíduo que tiver sua dignidade violada e não conseguir a efetiva tutela poderá dirigir-se (direta ou indiretamente), quando previsto, a cortes e comitês internacionais para buscar sua devida proteção. Sobre a responsabilização de Estado, é importante dizer que o artigo 28 da Convenção Americana de Direitos Humanos estabelece a cláusula federal, que em seu ponto 2 determina:

"No tocante às disposições relativas às matérias que correspondem à competência das entidades componentes da federação, o governo nacional deve tomar imediatamente as medidas pertinentes, em conformidade com sua Constituição e com suas leis, a fim de que as autoridades competentes das referidas entidades possam adotar as disposições cabíveis para o cumprimento desta Convenção".

Ademais, sempre é o governo central que responderá perante a comunidade internacional, pois é o representante do Estado como um todo, o único detentor de personalidade jurídica internacional. Em outras palavras, a Federação de Estados ou Estado Federal é a união permanente de dois ou mais estados, dos quais cada um conserva apenas a autonomia interna, pois a soberania externa é exercida por um órgão central, normalmente denominado *governo federal*. O Brasil é Estado Federal desde a Constituição Federal de 1891. Por fim, pode-se afirmar que a divisão de autonomias em relação às competências internas não interfere na responsabilização internacional.

E o dirigente político que conduzir o país à prática de crimes contra a humanidade também poderá ser julgado e condenado pelo Tribunal Penal Internacional[22] (TPI).

Sobre esse processo de mitigação da soberania, é imprescindível apontar o papel do Tribunal de Nurembergue[23], pois com a instalação desse tribunal *ad hoc* ficou demonstrada a necessária flexibilização da noção de soberania para bem proteger os direitos humanos. Por outro lado, ficou comprovado o reconhecimento de direitos do indivíduo pelo direito internacional. Antes do Tribunal de Nurembergue, podemos citar o Direito Humanitário, a Liga das Nações e a Organização Internacional do Trabalho como exemplos de limitação, oriunda da comunidade internacional, que os Estados sofreram em sua inabalável soberania.

É importante destacar o caráter *complementar* e *subsidiário* dos sistemas internacionais, porque estes apenas serão acionados caso o sistema jurídico nacional tenha sido incapaz ou não tenha demonstrado interesse em julgar o caso.

Sob outro aspecto, não se configuraria vilipêndio à soberania, pois, na maioria dos casos, o Estado, com suporte no *princípio da autodeterminação dos povos*, aquiesceu à competência de cortes e comitês internacionais. Isto é, com supedâneo em sua soberania escolheu fazer parte de certo sistema de proteção internacional, e qualquer determinação ou punição que provier desse sistema já é aceita de antemão pelo Estado.

Agora que se tem boa compreensão da função e das características dos direitos humanos, é importante estudar pontualmente o Direito Humanitário e o Direito dos Refugiados para, dessa forma, completarmos a tríade protetiva do ser humano.

7. SISTEMA GLOBAL DE PROTEÇÃO

Abalados pelas barbáries deflagradas nas duas Grandes Guerras e desejosos de construir um mundo sobre novos alicerces ideológicos, os dirigentes das nações que emergiram como potências no período pós-guerra, lideradas por URSS e EUA, estabeleceram na Conferência de Yalta, na Ucrânia, em 1945, as bases de uma futura "paz". Para isso definiram as áreas de influência das potências e acertaram a criação de uma organi-

22. O Tribunal Penal Internacional será tratado na matéria Direito Internacional Público (item 11)

23. O Tribunal de Nurembergue foi instituído para julgar os crimes de guerra e contra a humanidade perpetrados durante a Segunda Guerra Mundial pelos líderes nazistas (o julgamento começou em 20 de novembro de 1945). Idealizado pelos Aliados (sobretudo EUA, URSS, Reino Unido e França), escalou o Chefe da Justiça americana, Robert Jackson, para ser seu coordenador. Cabe lembrar que a experiência de Nurembergue marca a primeira vez em que crimes de guerra foram julgados por um tribunal internacional. Uma crítica que se faz ao Tribunal é que se trata de uma "justiça dos vencedores".

zação multilateral que promovesse negociações sobre conflitos internacionais, com o objetivo de evitar guerras, construir a paz e a democracia, além de fortalecer os direitos humanos.

Teve aí sua origem a ONU, uma organização internacional que tem por objetivo facilitar a cooperação em matéria de direito e segurança internacionais, desenvolvimento econômico, progresso social, direitos humanos e a realização da paz mundial. Por isso, diz-se que é uma organização internacional de vocação universal.

Sua lei básica é a Carta das Nações Unidas, elaborada em São Francisco de 25 de abril a 26 de junho de 1945. Essa Carta tem como anexo o Estatuto da Corte Internacional de Justiça.

Uma das preocupações da ONU é a proteção dos direitos humanos mediante a cooperação internacional. A Carta das Nações Unidas é o exemplo mais emblemático do processo de internacionalização dos direitos humanos ocorridos no pós-guerra. Aliás, conforme dito no capítulo introdutório, é importante lembrar que esse processo recente de internacionalização dos direitos humanos é fruto da ressaca moral da humanidade ocasionada pelo excesso de violações perpetradas pelo nazifascismo.

Dentro do organograma da ONU, o órgão com atuação destacada no que se refere aos direitos humanos é o Conselho Econômico e Social, o qual, segundo o artigo 62 da Carta das Nações Unidas, tem competência para promover a cooperação em questões econômicas, sociais e culturais, incluindo os direitos humanos.

No que tange aos direitos humanos, o Conselho Econômico e Social tem competência para fazer recomendações com o fito de promover o respeito aos direitos humanos e confeccionar projetos de convenções que serão submetidos à Assembleia Geral.

Dentro dessas competências, o Conselho Econômico e Social pode criar comissões para melhor executar suas funções. Com suporte em tal competência, a Comissão de Direitos Humanos da ONU foi criada em 1946. Todavia, conviveu com pesadas críticas, sendo por fim substituída em 16 de junho de 2006 pelo Conselho de Direitos Humanos (CDH), por meio da Resolução 60/251 adotada pela Assembleia Geral.

Cabe aqui também apontar que a criação do CDH é uma tentativa simbólica de conferir paridade ao tema dos direitos humanos em relação aos temas da segurança internacional e da cooperação social e econômica, os quais têm conselhos específicos: respectivamente, o Conselho de Segurança e o Conselho Econômico e Social.

O CDH é um órgão subsidiário da Assembleia Geral e tem como principais competências: **a)** promover a educação e o ensino em direitos humanos; **b)** auxiliar os Estados na implementação das políticas de direitos humanos assumidas em decorrência das Conferências da ONU, como também sua devida fiscalização; **c)** submeter um relatório anual à Assembleia Geral; e **d)** propor recomendações acerca da promoção e proteção dos direitos humanos.

Pode-se afirmar que o CDH se insere no sistema global[24] de proteção dos direitos humanos como um mecanismo **não convencional**, destoando dos mecanismos convencionais de proteção instituídos pelas Convenções da ONU. A fonte material do sistema não convencional são as resoluções elaboradas pelos órgãos da ONU (notadamente o Conselho de Direitos Humanos, a Assembleia Geral e o Conselho Econômico e Social). E do sistema convencional, como já adiantado, são as Convenções confeccionadas pelos países membros da ONU. Portanto, convencional tem a ver com a exteriorização explícita e específica dos Estados sobre regras a serem instituídas, ao passo que não convencional diz respeito a exteriorização implícita e genérica dos Estados sobre regras a serem instituídas.

Sua composição é determinada pelo voto direto e secreto da maioria da Assembleia Geral, que elege 47 Estados-membros, respeitada a distribuição geográfica equitativa. É interessante apontar que o respeito à distribuição geográfica possibilitou que países pobres e em desenvolvimento contassem com uma expressiva maioria.

Outro órgão da ONU com grande atuação nos direitos humanos é a Assembleia Geral, pois, consoante o artigo 13, *b*, da Carta das Nações Unidas, ela inicia estudos e propõe recomendações para promover a cooperação internacional nos terrenos econômico, social, cultural, educacional e sanitário e favorecer o pleno gozo dos direitos humanos e das liberdades fundamentais, por parte de todos os povos, sem distinção de raça, sexo, língua ou religião.

Também devemos destacar o Escritório do Alto Comissário[25] das Nações Unidas para Direitos Humanos (EACDH), que representa o compromisso do mundo para com os ideais universais da dignidade humana. O Alto Comissariado é o principal órgão de direitos humanos das Nações Unidas e coordena os esforços da ONU sobre essa questão, além de supervisionar o Conselho de Direitos Humanos. Sua criação é consequência das recomendações formuladas no seio da 2ª Conferência Mundial de Direitos Humanos (Conferência de Viena), pela Resolução 48/141 da Assembleia Geral da ONU, em 20 de dezembro de 1993.

De maneira mais detalhada, o Alto-Comissário tem a função primordial de promover os direitos humanos e lidar com as questões de direitos humanos da ONU, além de manter diálogo com todos os Estados membros sobre temas relacionados aos direitos humanos. As responsabilidades do Alto-Comissário incluem: a resolução de conflitos; prevenção e alerta de abusos, assistência aos Estados em períodos de transição política; promoção de direitos substantivos aos Estados; coordenação e racionalização de programas em direitos humanos.

O problema da Carta das Nações Unidas é que ela não definia o conteúdo dos direitos humanos. Assim, em 1948, foi proclamada a Declaração Universal dos Direitos Humanos com a função de resolver essa lacuna.

7.1. Declaração Universal dos Direitos Humanos de 1948

A Declaração Universal dos Direitos Humanos foi aprovada pela Resolução 217 A (III) da Assembleia Geral da ONU, em 10 de dezembro de 1948, por 48 votos a zero e oito abstenções[26].

24. Também denominado Sistema das Nações Unidas.

25. O primeiro a ocupar o posto de Alto-Comissário para os Direitos Humanos foi o Sr. José Ayala-Lasso, do Equador.

26. Os países que se abstiveram foram Arábia Saudita, África do Sul, URSS, Ucrânia, Bielorrússia, Polônia, Iugoslávia e Tchecoslováquia.

Em conjunto com os dois Pactos Internacionais – sobre Direitos Civis e Políticos e sobre Direitos Econômicos, Sociais e Culturais –, constitui a denominada Carta Internacional de Direitos Humanos ou *International Bill of Rights*.

A Declaração é fruto de um consenso sobre valores de cunho universal a serem seguidos pelos Estados e do reconhecimento do indivíduo como sujeito de direito internacional, tendo sofrido forte influência iluminista, sobretudo do liberalismo e do enciclopedismo vigente no período de transição entre a idade moderna e a contemporânea. Tanto é assim que a maioria dos seus artigos (3º a 21) traz direitos civis, políticos e pessoais (os chamados de 1º geração), que sintetizam a defesa das pessoas frente os abusos do poder.

Revisitando o direito a ter direitos de Hannah Arendt, segundo a Declaração, a condição de pessoa humana é requisito único e exclusivo para ser titular de direitos[27]. Com isso corrobora-se o caráter universal dos direitos humanos, isto é, todo indivíduo é cidadão do mundo e, dessa forma, detentor de direitos que salvaguardam sua dignidade[28].

Em seu bojo, como comentado, encontram-se direitos civis e políticos (artigos 3º a 21) e também direitos econômicos, sociais e culturais (artigos 22 a 28), o que reforça as características da indivisibilidade e interdependência dos direitos humanos (reler os itens 4.3. e 4.4.).

7.1.1. Natureza Jurídica

A Declaração é um exemplo de *soft law*, já que não supõe mecanismos constritivos para a implementação dos direitos nela previstos. Em contrapartida, quando um documento legal prevê mecanismos constritivos para a implementação de seus direitos, estamos diante de um exemplo de *hard law*. Portanto, com base nesse raciocínio, pode-se dizer que a Declaração Universal dos Direitos Humanos não tem força legal (jurídica), mas sim material (moral). Em outras palavras, funcionaria como uma *recomendação*[29].

Mas alguns autores defendem que a Declaração seria inderrogável por fazer parte do *jus cogens*. E ainda pode-se até advogar, conforme posição defendida por René Cassin[30], que a Declaração, por ter definido o conteúdo dos direitos humanos insculpidos na Carta das Nações Unidas, tem força legal vinculante sim, visto que os Estados-membros da ONU se comprometeram a promover e proteger os direitos humanos. Por esses dois últimos sentidos, chega-se à conclusão de que a Declaração Universal dos Direitos Humanos gera obrigações aos Estados, isto é, tem força obrigatória (por ser legal ou por fazer parte do *jus cogens*). Tal ilação pode ser adotada em prova dissertativa. Mas em sede de prova objetiva para **Delegado** deve ser apontado que a Declaração Universal dos Direitos Humanos não tem força legal, funcionando apenas como uma recomendação.

Cabe pontuar a existência de uma distinção na doutrina entre força obrigatória indireta e força obrigatória direta. A última é verificada quando os Estados se obrigam internacionalmente via tratado. Os próprios Estados, via seus representantes, redigem e ratificam o tratado. Por sua vez, a indireta é caracterizada pelo efeito posterior de um ato de vontade dos Estados. René Cassin, conforme exposto acima, defendia a força obrigatória direta da Declaração Universal. Mas utilizando o mesmo raciocínio também é possível defender a força obrigatória indireta da Declaração, visto que a Resolução é um efeito posterior do ato voluntário dos Estados de fazerem parte da ONU, quando ratificaram a Carta das Nações Unidas. Em outras palavras, os Estados decidiram dar essa competência (poder) para a Assembleia Geral, que nada mais fez que a exercitou. Portanto, a dita força obrigatória indireta da Declaração Universal deriva do fato de ter sido aprovada por uma resolução da Assembleia Geral da ONU (mecanismo não convencional).

Outra forma de defender a força obrigatória indireta da Declaração[31] é aquela que considera os direitos previstos na Declaração como princípios gerais do Direito[32](art. 38, ponto 1, *c*, do Estatuto da Corte Internacional de Justiça), ou seja, como uma das fontes do Direito Internacional. Assim, eles funcionariam como axiomas valorativos que servem de instrumento para os juízes interpretarem os tratados e os costumes internacionais e, destarte, aplicarem o Direito Internacional em conformidade com os valores compartilhados pela comunidade internacional (direitos previstos na Declaração Universal).

Percebe-se que o tema está longe de ser consenso na doutrina, o que impossibilita a adoção de uma postura acadêmica definitiva sobre o tema.

Entretanto, pode-se dizer que do ponto de vista estritamente formal, a Declaração Universal dos Direitos Humanos é parte

27. De maneira sintética, os direitos previstos na Declaração Universal dos Direitos Humanos são: igualdade, vida, não escravidão, não tortura, não discriminação, personalidade jurídica, não detenção/prisão/exílio arbitrário, judiciário independente e imparcial, presunção de inocência, anterioridade penal, intimidade, honra, liberdade, nacionalidade, igualdade no casamento, propriedade, liberdade de pensamento/consciência/religião, liberdade de opinião/expressão, liberdade de reunião/associação pacífica, voto, segurança social, trabalho, igualdade de remuneração, repouso/lazer, saúde/bem-estar, instrução etc.

28. "O advento do Direito Internacional dos Direitos Humanos [DIDH], em 1945, possibilitou o surgimento de uma nova forma de cidadania. Desde então, a proteção jurídica do sistema internacional ao ser humano passou a independer do seu vínculo de nacionalidade com um Estado específico, tendo como requisito único e fundamental o fato do nascimento. Essa nova cidadania pode ser definida como cidadania mundial ou cosmopolita, diferenciando-se da cidadania do Estado-Nação. A cidadania cosmopolita é um dos principais limites para a atuação do poder soberano, pois dá garantia da proteção internacional na falta da proteção do Estado Nacional. Nesse sentido, a relação da soberania com o DIDH é uma relação limitadora" (ALMEIDA, Guilherme Assis de. "Mediação, proteção local dos direitos humanos e prevenção de violência". *Revista Brasileira de Segurança Pública*, ano 1, ed. 2, p. 137-138, 2007).

29. Muitos juristas defendem que as resoluções da ONU são apenas recomendações dadas aos Estados-membros da organização.

30. O jurista francês René Samuel Cassin foi o principal autor da Declaração Universal dos Direitos Humanos.

31. O autor Antonio Enrique Peréz Luño utiliza a doutrina de Lauterpacht para outras formas de caracterização da força obrigatória indireta da DUDH (Derechos Humanos, Estado de Derecho Y Constitución. Décima Edición. Madrid: Editorial Tecnos, 2010. P. 79-84).

32. A fórmula empregada no Estatuto da CIJ (Corte Internacional de Justiça) refere-se aos princípios gerais do Direito reconhecidos pelas nações civilizadas, o que foi apontado pelos novos países independentes como manifestação do colonialismo europeu. O uso da expressão "nações civilizadas" deve ser repreendido, apesar de ela ainda constar no Estatuto.

do assim denominado *soft law* ("direito suave"), não vinculante, mas mesmo assim importante para a regência das relações internacionais. O que nos leva a asseverar que sua violação, em tese, não deveria implicar a responsabilidade internacional do Estado, mas, por outro, sujeitaria o recalcitrante a sanções de ordem moral. Estas têm sua autoridade na própria dimensão política da declaração, como documento acolhido pela quase unanimidade dos Estados então representados na Assembleia Geral e, depois, invocado em constituições domésticas de inúmeros países e em diversos documentos de conferências internacionais[33]".

Essa postura já foi defendida por Kelsen, que, com base em sua concepção positivista do Direito, apontava a Declaração Universal como possuidora de autoridade moral, mas não jurídica.

Antes de passarmos ao estudo do Pacto Internacional dos Direitos Civis e Políticos, deve-se dizer que, para a doutrina internacional, os Estados têm uma tripla obrigação para com todos os direitos humanos: proteger (*to protect*), respeitar (*to respect*) e realizar (*to fulfill*).

7.2. Pacto Internacional dos Direitos Civis e Políticos

7.2.1. Histórico e Objetivo

Esse tratado foi adotado em 1966 pela Resolução 2.200 A (XXI) da Assembleia Geral das Nações Unidas, mas, devido à grande resistência que sofreu, somente adquiriu as ratificações necessárias para entrar em vigor internacional no ano de 1976. Seu grande objetivo é expandir e tornar obrigatórios e vinculantes os direitos civis e políticos elencados na Declaração Universal dos Direitos Humanos. É um exemplo de *hard law*. No Brasil, o Pacto foi promulgado pelo Decreto nº 592, de 6 de julho de 1992.

7.2.2. Imediata Aplicação (autoaplicabilidade)

O Pacto Internacional dos Direitos Civis e Políticos impôs aos Estados-membros sua imediata aplicação (autoaplicabilidade), diferentemente, como veremos, do Pacto Internacional dos Direitos Econômicos, Sociais e Culturais, que determinou sua aplicação progressiva.

7.2.3. Mecanismos de Controle e Fiscalização

Conforme determina seu artigo 40, os Estados que aderirem ao Pacto se comprometem a submeter *relatórios* sobre as medidas por eles adotadas para tornar efetivos os direitos reconhecidos no citado Pacto e sobre o progresso alcançado no gozo desses direitos. Sobre os citados relatórios cabe esclarecer, de maneira geral, que estes devem ser apresentados por estados-partes a órgãos de monitoramento de tratados internacionais de direitos humanos e se destinam a aferir avanços na implementação de *standards* de proteção adotados por esses tratados e, por isso, costumam seguir formatos preestabelecidos pelos órgãos de monitoramento, de modo a permitir a quantificação de resultados.

O Pacto apresenta também um sistema, opcional, de *comunicações interestatais* ou *actio popularis*, por meio do qual um Estado-parte pode denunciar outro que incorrer em violações dos direitos humanos. Mas, para a denúncia ter validade, os dois Estados, denunciante e denunciado, devem ter expressamente declarado a competência do Comitê de Direitos Humanos para processar tais denúncias.

7.2.3.1. Processamento das Comunicações Interestatais

O processamento das comunicações interestatais deve seguir o rito descrito no artigo 41 do Pacto Internacional de Direitos Civis e Políticos: **a)** se um Estado-parte do Pacto considerar que outro Estado-parte não vem cumprindo as disposições da Convenção, poderá, mediante comunicação escrita, levar a questão ao conhecimento deste Estado-parte. Dentro de um prazo de três meses, a contar da data do recebimento da comunicação, o Estado destinatário fornecerá ao Estado que enviou a comunicação explicações ou quaisquer outras declarações por escrito que esclareçam a questão, as quais devem fazer referência, até onde seja possível e pertinente, aos procedimentos nacionais e aos recursos jurídicos adotados, em trâmite ou disponíveis sobre a questão; **b)** se, dentro de um prazo de seis meses, a contar da data do recebimento da comunicação original pelo Estado destinatário, a questão não estiver dirimida satisfatoriamente para ambos os Estados-partes interessados, tanto um como o outro terão o direito de submetê-la ao Comitê, mediante notificação endereçada ao Comitê ou outro Estado interessado; **c)** o Comitê tratará de todas as questões que se lhe submetam somente após ter-se assegurado de que todos os recursos jurídicos internos disponíveis tenham sido utilizados e esgotados, em consonância com os princípios do direito internacional geralmente reconhecidos. Não se respeitará essa regra quando a aplicação dos mencionados recursos se prolongar injustificadamente; **d)** o Comitê realizará reuniões confidenciais quando estiver examinando as comunicações previstas nesse artigo; **e)** sem prejuízo das disposições da alínea *c*, o Comitê colocará seus bons ofícios à disposição dos Estados-partes interessados, no intuito de alcançar uma solução amistosa para a questão, baseada no respeito aos direitos humanos e a liberdades fundamentais reconhecidos no Pacto Internacional dos Direitos Civis e Políticos; **f)** em todas as questões que se lhe submetem em virtude do artigo 41, o Comitê poderá solicitar aos Estados-partes interessados, a que se faz referência na alínea *b*, que lhe forneçam quaisquer informações pertinentes; **g)** os Estados-partes interessados, a que se faz referência na alínea *b*, terão o direito de fazer-se representar quando as questões forem examinadas no Comitê e de apresentar suas observações verbalmente e/ou por escrito; **h)** o Comitê, dentro dos 12 meses seguintes à data de recebimento da notificação mencionada na *b*, apresentará relatório em que: **i)** se houver sido alcançada uma solução nos termos da alínea *e*, o Comitê restringir-se-á, em seu relatório, a uma breve exposição dos fatos e da solução alcançada; **ii)** se não houver sido alcançada solução alguma nos termos da alínea *e*, o Comitê restringir-se-á, em seu relatório, a uma breve exposição dos fatos; serão anexados ao relatório o texto das observações escritas e as atas das observações orais apresentadas pelos Estados-partes interessados.

7.2.4. Comitê de Direitos Humanos

O Comitê de Direitos Humanos, conforme determina o artigo 28 do Pacto, é o órgão criado com o objetivo de controlar a aplicação, pelos Estados-partes, das disposições desse instru-

33. ARAGÃO, Eugênio José Guilherme. "A Declaração Universal dos Direitos Humanos: mera declaração de propósitos ou norma vinculante de direito internacional?". *Revista Eletrônica do Ministério Público Federal*.

mento. Essa fiscalização é denominada controle de convencionalidade internacional[34]. Deve-se destacar que o citado controle pode ser exercido até em face das Constituições nacionais[35], podendo gerar as chamadas normas constitucionais inconvencionais[36]. Isto é, engloba todos os atos estatais, inclusive as omissões.

O citado controle é assim definido por André de Carvalho Ramos: "O controle de convencionalidade *internacional* é atividade de fiscalização dos atos e condutas dos Estados em confronto com seus compromissos internacionais. Em geral, o controle de convencionalidade é atribuído a órgãos compostos por julgadores independentes, criados por tratados internacionais, o que evita que os próprios Estados sejam, ao mesmo tempo, fiscais e fiscalizados[37]".

Em termos práticos, o Comitê vai analisar a conformidade dos atos estatais em relação às obrigações internacionais assumidas no momento da ratificação do Pacto Internacional dos Direitos Civis e Políticos.

7.3. Protocolo Facultativo ao Pacto Internacional dos Direitos Civis e Políticos

O Protocolo Facultativo[38], adotado em 16 de dezembro de 1966, cria um importante mecanismo para melhorar o controle sobre a aplicação, pelos Estados-partes, das disposições do Pacto Internacional dos Direitos Civis e Políticos. Trata-se do sistema das *petições individuais*, que permite ao indivíduo "lesionado" enviar petições ao Comitê de Direitos Humanos, com o fito de denunciar as violações sofridas contra os direitos consagrados no Pacto. Vale apontar que o Comitê definiu que as petições também podem ser enviadas por terceiras pessoas ou organizações não governamentais que representem o indivíduo lesionado.

Tal sistema coroa a capacidade processual internacional do indivíduo, mas devemos lembrar que ele só terá funcionalidade se o Estado violador tiver ratificado o Pacto e o Protocolo Facultativo. Ademais, é importante ter em mente os requisitos para a admissão das petições individuais e das comunicações interestatais (artigo 5º do Protocolo Facultativo). Só serão aceitas as petições em que ficarem comprovadas a inexistência de litispendência internacional e o esgotamento de todos os recursos internos disponíveis, com a ressalva de que a regra não será aplicada quando o indivíduo for privado de seu direito de ação pela jurisdição doméstica ou lhe forem ceifadas as garantias do devido processo legal e, ainda, se os processos internos forem excessivamente demorados. Cabe ainda frisar, segundo a jurisprudência das cortes internacionais, que o ônus da prova da existência de um recurso acessível e suficiente recai sobre o Estado demandado.

Por fim, o Comitê de Direitos Humanos, com suporte na denúncia e nas possíveis informações adicionais da vítima e nos esclarecimentos do Estado violador, emitirá decisão que será publicada no relatório anual do Comitê à Assembleia Geral. Nesta decisão, além de declarar a existência ou não da violação de direitos humanos insculpidos no Pacto, poderá determinar a reparação da violação, como também a adoção de medidas para efetivar os direitos do Pacto. Lembremos que a decisão do Comitê não é vinculante, isto é, não obriga legalmente o Estado. Todavia, os efeitos políticos e morais de uma decisão do Comitê podem ser suficientemente eloquentes ao ponto de o Estado cumpri-la.

7.4. Segundo Protocolo Facultativo ao Pacto Internacional dos Direitos Civis e Políticos com Vista à Abolição da Pena de Morte

O 2º Protocolo, adotado pela ONU em 15 de dezembro de 1989, tem por fundamento a consciência de que a abolição da pena de morte contribui para a promoção da dignidade humana e para o desenvolvimento progressivo dos direitos do homem. Ademais, devem-se considerar todas as medidas de abolição da pena de morte como um progresso no gozo do direito à vida.

Os Estados-partes têm a obrigação de tomar as medidas adequadas para abolir a pena de morte no âmbito da sua jurisdição.

Por fim, é importante apontar que não é admitida qualquer reserva ao Protocolo, exceto a formulada no momento da ratificação ou adesão prevendo a aplicação da pena de morte em tempo de guerra, em virtude de condenação por infração penal de natureza militar de gravidade extrema, desde que cometida em tempo de guerra.

7.5. Pacto Internacional dos Direitos Econômicos, Sociais e Culturais

7.5.1. Histórico e Objetivo

Esse tratado também foi aprovado em 1966 pela Assembleia Geral das Nações Unidas, mas, devido à grande resistência que sofreu, somente adquiriu as ratificações necessárias para entrar em vigor no ano de 1976. Seu grande objetivo é expandir e tornar obrigatórios e vinculantes os direitos econômicos, sociais e culturais elencados na Declaração Universal dos Direitos Humanos. É um exemplo de *hard law*. No Brasil, o Pacto foi promulgado pelo Decreto nº 591, de 6 de julho de 1992.

7.5.2. Princípio ou Cláusula da Proibição/Vedação do Retrocesso Social ou da Evolução Reacionária

Como vimos, o Pacto Internacional dos Direitos Econômicos, Sociais e Culturais determinou uma aplicação progressiva[39]

34. "Há ainda o controle de convencionalidade nacional, que vem a ser o exame de compatibilidade do ordenamento interno às normas internacionais feito pelos Tribunais internos" (RAMOS, André de Carvalho. *Teoria geral dos direitos humanos na ordem internacional. 2. ed. São Paulo: Saraiva, 2012. P. 250)*. Esse controle será estudado no item 12.5.

35. Vide o caso "A última tentação de Cristo" *versus* Chile – Corte Interamericana de Direitos Humanos.

36. "(...) também é possível admitir que existam normas constitucionais inconvencionais, por violarem direitos humanos provenientes de tratados, direitos estes que (justamente por terem *status* constitucional) também pertencem ao bloco das cláusulas pétreas. Seria o caso daquelas normas da Constituição, alocadas à margem do bloco de constitucionalidade, ou seja, que não integrem o núcleo intangível constitucional, que estão a violar normas de tratados de direitos humanos (as quais, por serem normas de 'direitos humanos', já detêm primazia sobre quaisquer outras, por pertencerem ao chamado 'bloco de constitucionalidade" (MAZZUOLI, Valerio de Oliveira. *O controle jurisdicional da convencionalidade das leis*. 2. ed. São Paulo: Ed. RT, 2011. p. 149-150).

37. RAMOS, André de Carvalho. *Teoria geral dos direitos humanos na ordem internacional. 2. ed. São Paulo:* Saraiva, 2012. p. 250.

38. O procedimento de ratificação no Brasil ainda não foi finalizado.

39. "A principal obrigação de resultado refletida no artigo 2º, ponto 1, é tomar medidas "com vistas a alcançar progressivamente a plena

de seus preceitos partindo de um *mínimo essencial*. Isso porque grande parte dos Estados não teria os meios materiais necessários para garantir a máxima efetivação dos direitos econômicos, sociais e culturais de suas populações. Cabe destacar que essa justificativa é veementemente atacada por grande parte dos estudiosos dos direitos humanos. Um exemplo dado é que o direito de voto é exercitado nas eleições, mas os custos para organizar uma eleição são altíssimos (o Brasil é um exemplo). Ora, o direito de voto é um direito político (1ª geração) e mesmo assim depende de grande gasto do Estado para ser efetivado. Percebe-se que essa justificativa dada para garantir a progressividade – e não imediatidade – na implementação dos direitos econômicos, sociais e culturais pelos países não é tão convincente.

Essa progressividade na implementação dos direitos do Pacto criou, como consequência, o princípio ou cláusula da proibição/vedação do retrocesso social ou da evolução reacionária. Ou ainda a vedação da contrarrevolução social nas palavras de José Gomes Canotilho[40]. Outro termo utilizado para conceituar tal regra é efeito *cliquet*. Lembrando que *cliquet* é uma expressão utilizada por alpinistas e significa a impossibilidade de retroceder no percurso, ou seja, o alpinista deve continuar subindo e nunca descer. Isto é, os Estados somente podem avançar na implementação dos direitos do Pacto, e nunca recuar (leia-se eliminar direitos já garantidos ou diminuir a proteção conferida por eles). Num sentido amplo, essa vedação se estende aos novos tratados de direitos humanos, assim, não é possível a diminuição protetiva e a restrição para o gozo dos direitos humanos por meio da edição de um novo tratado. Fica nítido o caráter vinculativo do princípio ou cláusula da proibição/vedação do retrocesso social ou da evolução reacionária.

Outra consequência importante dessa cláusula se dá no Direito dos Tratados, pois sua inteligência impede a denúncia dos tratados internacionais de direitos humanos. É como se esse instituto de Direito Internacional não tivesse aplicação no âmbito internacional de proteção dos direitos humanos.

Hodiernamente, pode-se defender que essa regra deve ser aplicada como garantia para a efetividade de todos os tipos de direitos humanos e não somente em relação aos direitos econômicos, sociais e culturais. Cabe aqui reproduzir o importante artigo 29 da Convenção Americana dos Direitos Humanos, que corrobora tal colocação: "Nenhuma disposição da presente Convenção pode ser interpretada no sentido de: **a)** permitir a qualquer dos Estados-partes, grupo ou indivíduo, suprimir o gozo e o exercício dos direitos e liberdades reconhecidos na Convenção ou limitá-los em maior medida do que a nela prevista; **b)** limitar o gozo e exercício de qualquer direito ou liberdade que possam ser reconhecidos em virtude de leis de qualquer dos Estados-partes ou em virtude de Convenções em que seja parte um dos referidos Estados; **c)** excluir outros direitos e garantias que são inerentes ao ser humano ou que decorrem da forma democrática representativa de governo; **d)** excluir ou limitar o efeito que possam produzir a Declaração Americana dos Direitos e Deveres do Homem e outros atos internacionais da mesma natureza". No mesmo sentido é o conhecido voto em separado do juiz Piza Escalante, no Parecer Consultivo 04/84 da Corte Interamericana de Direitos Humanos, que defende a aplicação do princípio da proibição do retrocesso também para os direitos civis e políticos.

7.5.3. *Mecanismos de Controle e Fiscalização*

No que tange à sistemática de controle sobre a aplicação das disposições do Pacto Internacional dos Direitos Econômicos, Sociais e Culturais, foi adotado apenas o envio de relatórios pelos Estados-partes. Tais relatórios devem ser enviados ao secretário-geral, que os encaminhará ao Conselho Econômico e Social. Para analisá-los e assim proceder ao controle de convencionalidade internacional, o Conselho Econômico e Social criou o Comitê sobre Direitos Econômicos, Sociais e Culturais.

7.6. Protocolo Facultativo ao Pacto Internacional dos Direitos Econômicos, Sociais e Culturais

O Protocolo Facultativo, adotado em 10 de dezembro de 2008 (ainda não entrou em vigor), cria importantes mecanismos para melhor controlar a aplicação, pelos Estados-partes, das disposições do Pacto Internacional dos Direitos Econômicos, Sociais e Culturais (controle de convencionalidade internacional).

Um dos mecanismos criados pelo Protocolo é a possibilidade de o indivíduo "lesionado" enviar *petições* ao Comitê de Direitos Econômicos, Sociais e Culturais com o fito de denunciar as violações sofridas contra os direitos consagrados no Pacto Internacional dos Direitos Econômicos, Sociais e Culturais. Também é possível que as petições sejam enviadas por terceiras pessoas ou organizações que representem o indivíduo lesionado.

Outro sistema implantado pelo Protocolo é o das *comunicações interestatais*. Por esse sistema, um Estado-parte pode denunciar outro que incorrer em violações dos direitos humanos. Mas, para a denúncia ter validade, os dois Estados, denunciante e denunciado, devem ter expressamente declarado a competência do Comitê de Direitos Econômicos, Sociais e Culturais para processar tais denúncias.

---

realização dos direitos reconhecidos" no Pacto. O termo "progressiva realização" é muitas vezes usado para descrever a intenção dessa expressão. O conceito de progressiva realização constitui um reconhecimento do fato de que a plena realização de direitos econômicos, sociais e culturais não é possível de ser alcançada num curto espaço de tempo. Nesse sentido, a obrigação difere significativamente daquela contida no artigo 2º do Pacto Internacional dos Direitos Civis e Políticos que inclui uma obrigação imediata de respeitar e assegurar todos os direitos relevantes. Contudo, o fato de a realização ao longo do tempo ou, em outras palavras, progressivamente, ser prevista no Pacto, não deve ser mal interpretada como excluindo a obrigação de todo um conteúdo que lhe dê significado. De um lado, a frase demonstra a necessidade de flexibilidade, refletindo as situações concretas do mundo real e as dificuldades que envolve para cada país, no sentido de assegurar plena realização dos direitos econômicos, sociais e culturais. Por outro lado, a expressão deve ser lida à luz do objetivo global, a verdadeira razão de ser, do Pacto que é estabelecer obrigações claras para os Estados-partes no que diz respeito à plena realização dos direitos em questão. Assim, impõe uma obrigação de agir tão rápida e efetivamente quanto possível em direção àquela meta. Além disso, qualquer medida que signifique deliberado retrocesso haveria de exigir a mais cuidadosa apreciação e necessitaria ser inteiramente justificada com referência à totalidade dos direitos previstos no Pacto e no contexto do uso integral do máximo de recursos disponíveis" (ponto 9 do Comentário Geral nº 3 do Comitê dos Direitos Econômicos, Sociais e Culturais da ONU. 5ª Sessão, 1990).

40. *Direito Constitucional e Teoria da Constituição*. 7. ed. Coimbra: Almedina, 2003.

Uma ferramenta muito interessante criada pelo Protocolo determina a realização de *investigações in loco*, determinadas quando um Estado-parte for acusado de grave e sistemática violação dos direitos elencados no Pacto Internacional dos Direitos Econômicos, Sociais e Culturais.

Por fim, pode-se apontar o artigo 5º do Protocolo, que trata das *medidas provisórias*. O Comitê, ao receber uma denúncia e verificar o risco de dano irreparável à vítima ou às vítimas, pode entrar em contato com o Estado denunciado para que este adote, com urgência, medidas provisórias antes da análise do mérito da denúncia.

É interessante apontar a peculiaridade dos tratados internacionais de direitos humanos, pois, diferentemente dos tradicionais, que visam compor os interesses dos Estados, aqueles buscam garantir o exercício de direitos por indivíduos. Percebe-se também que o sistema global de proteção não conta com uma corte internacional de direitos humanos.

8. SISTEMA GLOBAL DE PROTEÇÃO ESPECÍFICA

Antes de analisarmos pontualmente alguns instrumentos internacionais de proteção específica dos direitos humanos, cabe esclarecer que eles são considerados específicos por protegerem indivíduos determinados, e não todos os seres humanos. Nas palavras de Norberto Bobbio, é o processo de *especificação* dos sujeitos titulares de direitos. Mais detidamente: "Essa especificação ocorreu com relação seja ao gênero, seja às várias fases da vida, seja à diferença entre estado normal e estados excepcionais na existência humana. Com relação ao gênero, foram cada vez mais reconhecidas as diferenças específicas entre a mulher e o homem. Com relação às várias fases da vida, foram-se progressivamente diferenciando os direitos da infância e da velhice, por um lado, e os do homem adulto, por outro. Com relação aos estados normais e excepcionais, fez-se valer a exigência de reconhecer direitos especiais aos doentes, aos deficientes, aos doentes mentais etc.[41]."

8.1. Convenção Internacional sobre a Eliminação de Todas as Formas de Discriminação Racial

A Convenção, adotada pela ONU por meio da Resolução 2.106 (XX) da Assembleia Geral em 21 de dezembro de 1965 e promulgada no Brasil em 8 de dezembro de 1969 pelo Decreto nº 65.810, tem por fundamento a consciência de que a discriminação entre as pessoas por motivo de raça, cor ou origem étnica é um obstáculo às relações amistosas e pacíficas entre as nações e é capaz de perturbar a paz e a segurança entre os povos e a harmonia de pessoas vivendo lado a lado, até dentro de um mesmo Estado.

Os Estados-partes, atualmente[42]177, têm a obrigação de implementar políticas públicas que assegurem efetivamente a progressiva eliminação da discriminação racial. Percebe-se que o ideal de igualdade não vai ser atingido somente por meio de políticas repressivas que proíbam a discriminação – é necessária uma comunhão da proibição da discriminação (igualdade formal) com políticas promocionais temporárias (igualdade material). Aliás, o artigo 1º, ponto 4, da Convenção dispõe que as ações afirmativas não serão consideradas como discriminação racial. Tal dualidade de ação faz-se necessária, pois a parcela populacional vítima de discriminação racial coincide com a parcela socialmente vulnerável.

A Convenção, no ponto 1 do seu artigo primeiro, estabelece que a expressão "discriminação racial" significará qualquer distinção, exclusão, restrição ou preferência baseada em raça, cor, descendência ou origem nacional ou étnica que tem por objetivo ou efeito anula ou restringir o reconhecimento, gozo ou exercício num mesmo plano (em igualdade de condição) de direitos humanos e liberdades fundamentais no domínio político econômico, social, cultural ou em qualquer outro domínio de sua vida. E esclarece no ponto 4 que não serão consideradas discriminações racial as medidas especiais tomadas como o único objetivo de assegurar progresso adequado de certos grupos raciais ou étnicos ou indivíduos que necessitem da proteção que possa ser necessária para proporcionar a tais grupos ou indivíduos igual gozo ou exercício de direitos humanos e liberdades fundamentais, contanto que, tais medidas não conduzam, em consequência, á manutenção de direitos separados para diferentes grupos raciais e não prossigam após terem sidos alcançados os seus objetivos.

Cabe destacar que o próprio artigo primeiro estabelece situações em que a Convenção não será aplicada. A primeira delas é a não aplicação às distinções, exclusões, restrições e preferências feitas por um Estado-parte nesta Convenção entre cidadãos (ponto 2). E a outra é que a Convenção não poderá ser interpretada como afetando as disposições legais dos Estados-partes, relativas a nacionalidade, cidadania e naturalização, desde que tais disposições não discriminem contra qualquer nacionalidade particular (ponto 3).

Para monitorar o cumprimento pelos Estados-partes das obrigações constantes na Convenção, foi criado o Comitê sobre a Eliminação da Discriminação Racial, responsável por receber as petições individuais, os relatórios confeccionados pelos Estados-partes e as comunicações interestatais. O Comitê apenas receberá petições contra Estados que tenham feito a declaração facultativa do artigo 14 da Convenção, que reconhece a competência do Comitê para tanto. O Brasil aceitou a citada competência no dia 17 de julho de 2002.

A decisão do Comitê não tem força vinculante, mas será publicada no relatório anual, o qual é encaminhado à Assembleia Geral da ONU.

8.2. Convenção Internacional sobre a Eliminação de Todas as Formas de Discriminação contra a Mulher

A Convenção, adotada pela ONU em 18 de dezembro de 1979 e promulgada no Brasil em 13 de setembro de 2002 pelo Decreto nº 4.377[43], tem por fundamento a consciência de que a discriminação contra a mulher viola os princípios da igualdade de direitos e do respeito da dignidade humana, dificulta a participação da mulher, nas mesmas condições que o homem, na vida política, social, econômica e cultural de seu país, constitui um obstáculo ao aumento do bem-estar da sociedade e da família e

41. BOBBIO, Norberto. *A era dos direitos*. Rio de Janeiro: Elsevier, 2004. p. 59.

42. Dados atualizados em 26.09.2014.

43. Que também revoga o Decreto nº 89.460, de 20 de março de 1984.

dificulta o pleno desenvolvimento das potencialidades da mulher para prestar serviço a seu país e à humanidade.

Os Estados-partes, atualmente 188, têm a obrigação de progressivamente eliminar a discriminação e promover a igualdade de gênero. Assim, consoante visto na Convenção Internacional sobre a Eliminação de Todas as Formas de Discriminação Racial, os Estados, além de proibirem a discriminação, podem adotar medidas promocionais temporárias para acelerar o processo de obtenção do ideal de igualdade de gênero. Cabe destacar que tais medidas não serão consideradas discriminatórias e deverão cessar quando os objetivos de igualdade de oportunidade e tratamento houverem sido alcançados (artigo 4º, ponto 1, da Convenção).

Para monitorar o cumprimento pelos Estados-partes das obrigações constantes na Convenção, foi criado o Comitê sobre a Eliminação da Discriminação contra a Mulher, responsável por receber os relatórios confeccionados pelos Estados-partes.

As petições individuais e a possibilidade de realizar investigações *in loco* só foram possibilitadas, como mecanismos de controle e fiscalização (controle de convencionalidade internacional), com a adoção do Protocolo Facultativo à Convenção Internacional sobre a Eliminação de Todas as Formas de Discriminação contra a Mulher. O Brasil ratificou o citado protocolo no dia 28 de junho 2002.

A decisão do Comitê não tem força vinculante, mas será publicada no relatório anual, o qual é encaminhado à Assembleia Geral da ONU.

8.3. Convenção contra a Tortura e outros Tratamentos ou Penas Cruéis, Desumanos ou Degradantes

A Convenção, adotada pela ONU por meio da Resolução 39/46 da Assembleia Geral em 28 de setembro de 1984 e promulgada no Brasil em 15 de fevereiro de 1991 pelo Decreto nº 40, tem por fundamento a obrigação que incumbe os Estados - em virtude da Carta das Nações Unidas, em particular do artigo 55, *c* - de promover o respeito universal e a observância dos direitos humanos e das liberdades fundamentais. Ademais, o artigo 5º da Declaração Universal dos Direitos Humanos e o artigo 7º do Pacto Internacional sobre Direitos Civis e Políticos determinam que ninguém será sujeito a tortura ou a pena ou tratamento cruel, desumano ou degradante.

Os Estados-partes, atualmente 156, têm a obrigação de proibir a tortura, esta não podendo ser praticada nem mesmo em circunstâncias excepcionais. A Convenção contra a Tortura e outros Tratamentos ou Penas Cruéis, Desumanos ou Degradantes estabeleceu jurisdição compulsória e universal para julgar os acusados de tortura. A compulsoriedade determina que os Estados-partes devem punir os torturadores, independentemente do local onde o crime foi cometido e da nacionalidade do torturador. A universalidade determina que os Estados-partes processem (ou seja, promover a persecução penal) ou extraditem o suspeito da prática de tortura, independentemente da existência de tratado prévio de extradição.

Em relação à dita universalidade de jurisdição, a Corte Internacional de Justiça (caso Bélgica vs. Senegal[44]) decidiu que a obrigação do Senegal de extraditar ou promover a persecução penal (*aut dedere aut judicare*) contra o ex-presidente do Chad, Hissène Habré, somente prevalece para os fatos que tiveram lugar após a entrada em vigor da Convenção da ONU contra a Tortura para o Senegal.

Sobre a Convenção, cabe esclarecer, com base em seu artigo 1º, que a tortura é crime próprio, pois as dores ou os sofrimentos são infligidos por um funcionário público ou outra pessoa no exercício de funções públicas, ou por sua instigação, ou com seu consentimento ou aquiescência. É importante também notar que a definição dada pela Convenção não restringe qualquer instrumento internacional ou legislação nacional que contenham ou possam conter dispositivos de alcance mais amplo – artigo 1º, *in fine*, da Convenção. Ademais, a Convenção define o termo tortura como qualquer ato pelo qual dores ou sofrimentos agudos, físicos ou mentais, são infligidos intencionalmente a uma pessoa a fim de obter, dela ou de terceira pessoa, informações ou confissões; de castigá-la por ato que ela ou terceira pessoa tenha cometido ou seja suspeita de ter cometido; de intimidar ou coagir essa pessoa ou outras pessoas; ou por qualquer motivo baseado em discriminação de qualquer natureza. Pelo conceito, percebe-se que a finalidade é determinante para caracterização da tortura[45].

Há diferenças entre o conceito de tortura adotado na Convenção e o adotado na legislação interna. Por exemplo, pela lei brasileira o sujeito ativo da tortura pode ser qualquer pessoa, enquanto que pela Convenção somente pode ser sujeito ativo o funcionário público. Por outro lado, no que se refere à tortura motivada pela discriminação, a Convenção é mais abrangente, pois diz que essa pode ser de qualquer natureza, enquanto a lei brasileira aponta apenas a racial e a religiosa.

Cabe traçar um panorama geral do conceito de tortura no Direito Internacional dos Direitos Humanos. Nesse esteio pode-se apontar que é englobado no conceito supracitado a tortura perpetrada direta ou indiretamente por agente público no marco das Convenções de 1984 e de 1985, da ONU e do sistema interamericano respectivamente; e engloba, também, à tortura perpetrada por atores não estatais no marco da Declaração Universal dos Direitos Humanos, do Pacto Internacional de Direitos Civis e Políticos e da Convenção Americana de Direitos Humanos.

44. Caso "questões relativas à obrigação de perseguir ou extraditar", de 20 de julho de 2012.

45. O crime de tortura está assim disciplinado pela legislação nacional (Lei nº 9.455/1997):
"Art. 1º Constitui crime de tortura:
I – constranger alguém com emprego de violência ou grave ameaça, causando-lhe sofrimento físico ou mental:
a) com o fim de obter informação, declaração ou confissão da vítima ou de terceira pessoa;
b) para provocar ação ou omissão de natureza criminosa;
c) em razão de discriminação racial ou religiosa.
II – submeter alguém, sob sua guarda, poder ou autoridade, com emprego de violência ou grave ameaça, a intenso sofrimento físico ou mental, como forma de aplicar castigo pessoal ou medida de caráter preventivo.
Pena – reclusão, de dois a oito anos.
§ 1º Na mesma pena incorre quem submete pessoa presa ou sujeita a medida de segurança a sofrimento físico ou mental, por intermédio da prática de ato não previsto em lei ou não resultante de medida legal.
§ 2º Aquele que se omite em face dessas condutas, quando tinha o dever de evitá-las ou apurá-las, incorre na pena de detenção de um a quatro anos (...)".

Para monitorar o cumprimento pelos Estados-partes das obrigações constantes na Convenção e assim exercer o controle de convencionalidade internacional, foi criado o Comitê contra a Tortura, responsável por receber as petições individuais, os relatórios confeccionados pelos Estados-partes e as comunicações interestatais. O Estado-parte tem de declarar expressamente que aceita a competência do Comitê para receber as comunicações interestatais e as petições individuais (artigos 21, ponto I, e 22, ponto I, da Convenção), mas cabe enfatizar que sempre serão consideradas inadmissíveis as petições apócrifas (art. 22, ponto 2, da Convenção). Ademais, o Comitê contra a Tortura poderá instaurar investigação, desde que tenha informações que levantem fortes indícios de que certo país está incorrendo em prática sistemática de tortura (artigo 20, ponto I, da Convenção), entendida como prática não fortuita, mas habitual, extensa e deliberada, ao menos em parte do território do estado sob análise.

A decisão do Comitê não tem força vinculante, mas será publicada no relatório anual, o qual é encaminhado à Assembleia Geral da ONU.

Cabe aqui sublinhar que essa Convenção trata de um tema específico de proteção, ou seja, no qual pode ser vítima (e, assim, necessitar de proteção) qualquer indivíduo, enquanto as outras estudadas no sistema global de proteção específica dos direitos humanos cuidam de um determinado grupo vulnerável de pessoas.

Por fim e a título de curiosidade, os últimos Relatórios enviados pelo Brasil no tocante à esta importante Convenção foram apreciados e julgados pelo Comitê de Fiscalização como parcialmente aceitáveis, pois, de um lado, o Comitê elogiou a disposição do governo brasileiro para tentar resolver o problema da tortura no Brasil; mas, por outro, também repreendeu o país por entender que existe uma certa cultura de aceitação popular da tortura, principalmente em relação a presídios, casas de detenção e delegacias, o que foi duramente criticado e repreendido pelo Comitê, gerando, de um modo geral, um relatório final desfavorável ao Brasil no que tange à aplicação efetiva de meios administrativos e legais para cumprimento dos termos e preceitos da Convenção.

8.4. Convenção sobre os Direitos da Criança

A Convenção, adotada pela ONU por meio da Resolução 44/25 da Assembleia Geral em 20 de novembro de 1989 e promulgada no Brasil em 21 de novembro de 1990 pelo Decreto nº 99.710, tem por fundamento a consciência de que a criança, em virtude de sua falta de maturidade física e mental, necessita de proteção e cuidados especiais, inclusive a devida proteção legal, tanto antes quanto após seu nascimento. É importante apontar que a Convenção, no artigo 1º, determina que criança é todo ser humano com menos de 18 anos de idade, a não ser que, em conformidade com a lei aplicável à criança, a maioridade seja alcançada antes.

Os Estados-partes, atualmente 194 (Convenção com o maior número de Estados-partes), têm a obrigação de proteger a criança contra todas as formas de discriminação e garantir-lhe a assistência apropriada em diversas áreas.

Para monitorar o cumprimento pelos Estados-partes das obrigações constantes na Convenção, foi criado o Comitê sobre os Direitos da Criança, responsável por receber os relatórios confeccionados pelos Estados-partes.

A decisão do Comitê não tem força vinculante, mas será publicada no relatório anual, o qual é encaminhado à Assembleia Geral da ONU.

8.4.1. *Primeiro Protocolo Facultativo para a Convenção sobre os Direitos da Criança sobre o Envolvimento de Crianças em Conflitos Armados*

A Convenção, adotada pela ONU por meio da Resolução 54/263 da Assembleia Geral em 25 de maio de 2000 e promulgada no Brasil em 8 de março de 2004 pelo Decreto nº 5.006, tem por fundamento a preocupação sobre o impacto prejudicial e disseminado de conflitos armados sobre as crianças e, principalmente, de suas consequências de longo prazo sobre a paz duradoura, a segurança e o desenvolvimento.

O artigo 2º traz a ideia central do Protocolo: "Os Estados-Partes assegurarão que menores de 18 anos não serão recrutados de maneira compulsória em suas forças armadas".

O Protocolo no seu artigo 4º, ponto 1, traz uma proibição incontestável: "Os grupos armados distintos das forças armadas de um Estado não deverão, em qualquer circunstância, recrutar ou utilizar menores de 18 anos em hostilidades".

Os Estados-partes têm a obrigação de adotar todas as medidas possíveis para assegurar que pessoas em sua jurisdição recrutadas ou utilizadas em hostilidades, em contradição com o presente Protocolo, sejam desmobilizadas ou liberadas do serviço de outro modo. Quando necessário, os Estados-Partes prestarão a essas pessoas toda a assistência apropriada para a sua recuperação física e psicológica, bem como sua reintegração social (artigo 6º, ponto 3, do Protocolo Facultativo).

Importante destacar a obrigação de cada Estado-Parte submeter ao Comitê sobre os Direitos da Criança, no prazo de dois anos a contar da data de entrada em vigor do Protocolo para aquele Estado-Parte, um relatório, inclusive com as medidas adotadas para implementar as disposições previstas no Protocolo (artigo 8º, ponto 1, do Protocolo Facultativo).

8.4.2. *Segundo Protocolo Facultativo para a Convenção sobre os Direitos da Criança sobre à Venda de Crianças, à Prostituição Infantil e à Pornografia Infantil*

A Convenção, adotada pela ONU por meio da Resolução 54/263 da Assembleia Geral em 25 de maio de 2000 e promulgada no Brasil em 8 de março de 2004 pelo Decreto nº 5.007, tem por fundamento o reconhecimento do direito da criança de estar protegida contra a exploração econômica e contra o desempenho de qualquer trabalho que possa ser perigoso para a criança ou interferir em sua educação, ou ser prejudicial à saúde da criança ou ao seu desenvolvimento físico, mental, espiritual, moral ou social.

O Protocolo, no seu artigo 1º, disciplina uma obrigação indeclinável: "Os Estados-Partes proibirão a venda de crianças, a prostituição infantil e a pornografia infantil".

Interessante verificar que esse Protocolo estabeleceu a necessidade de cada Estado-Parte (atualmente 168) adotar medidas internas para garantir sua jurisdição quando os delitos, tipificados no presente Protocolo, forem cometidos em seu território ou a bordo de embarcação ou aeronave registrada naquele Estado (artigo 4º, ponto 1). Ainda, o Estado-Parte deve estabelecer sua jurisdição nos seguintes casos: a) quando o criminoso presumido for um cidadão daquele Estado ou uma pessoa que mantém residência habitual em seu território; b) quando a vítima for um cidadão daquele Estado (artigo 4º, ponto 2). Por fim, cada Estado-Parte também deve estabelecer sua jurisdição quando o criminoso presumido estiver presente em seu território e não for extraditado para outro Estado-parte pelo fato de o delito haver sido cometido por um de seus cidadãos (artigo 4º, ponto 3).

Aqui também cada Estado-Parte deve submeter ao Comitê sobre os Direitos da Criança, no prazo de dois anos a contar da data de entrada em vigor do Protocolo para aquele Estado-Parte, um relatório, inclusive com as medidas adotadas para implementar as disposições previstas no Protocolo (artigo 12, ponto 1, do Protocolo Facultativo).

8.5. Convenção sobre os Direitos das Pessoas com Deficiência

A Convenção, adotada pela ONU por meio da Resolução 61/106 da Assembleia Geral em 13 de dezembro de 2006 e promulgada no Brasil em 25 de agosto de 2009 pelo Decreto nº 6.949, tem por fundamento a consciência de que a deficiência é um conceito em evolução e resulta da interação entre pessoas com deficiência, e que as barreiras devidas às atitudes e ao ambiente impedem a plena e efetiva participação dessas pessoas na sociedade em igualdade de oportunidades com os demais indivíduos. Ademais, a discriminação contra qualquer pessoa, por motivo de deficiência, configura violação da dignidade e do valor inerentes ao ser humano.

Cabe destacar que essa Convenção e seu respectivo Protocolo Facultativo foram internalizados, no Brasil, em conformidade com o artigo 5º, § 3º, da Constituição, isto é, têm hierarquia constitucional tanto pelo aspecto formal quanto pelo material. Em outras palavras, possuem hierarquia de emenda constitucional. Por consequência, uma eventual denúncia, em conformidade com o art. 48 da mesma Convenção, não retira a vigência, no direito brasileiro, dos direitos ali reconhecidos, pois possuem *status* de cláusula constitucional pétrea (art. 60, § 4.º, IV, da Constituição Federal).

Assim, dará azo, como iremos posteriormente estudar[46], ao controle concentrado de convencionalidade (nacional).

Os Estados-partes, atualmente 151, têm a obrigação de proteger e promover o pleno exercício dos direitos humanos das pessoas com deficiência. Ou seja, o Estado tem de arquitetar políticas públicas que permitam à pessoa com deficiência exercer seus direitos em igualdade de condições com os demais cidadãos. A atuação estatal deverá ter duas frentes: uma repressiva, que proíba a discriminação (igualdade formal), e outra promocional, que estabeleça ações afirmativas temporárias (igualdade material).

Para monitorar o cumprimento pelos Estados-partes das obrigações constantes na Convenção e assim exercer o controle de convencionalidade internacional, foi criado o Comitê para os Direitos das Pessoas com Deficiência, responsável por receber os relatórios[47] confeccionados pelos Estados-partes. As petições individuais e a possibilidade de realizar investigações *in loco* são possíveis, como mecanismos de controle e fiscalização, mediante a adoção do Protocolo Facultativo à Convenção sobre os Direitos das Pessoas com Deficiência.

A decisão do Comitê não tem força vinculante, mas será publicada no relatório anual, o qual é encaminhado à Assembleia Geral da ONU.

8.6. Regras Mínimas das Nações Unidas para o Tratamento dos Presos

Antes de comentar esse diploma internacional cabe destacar que o mesmo é sempre cobrado nos concursos para **Delegado**, assim sendo, merece uma leitura integral de seus dispositivos.

Adotadas pelo 1º Congresso das Nações Unidas sobre Prevenção do Crime e Tratamento de Delinquentes, realizado em Genebra, em 1955, e aprovadas pelo Conselho Econômico e Social da ONU através da sua resolução 663 C I (XXIV), de 31 de julho de 1957, aditada pela Resolução 2076 (LXII) de 13 de maio de 1977. Em 25 de maio de 1984, através da Resolução 1984/47, o Conselho Econômico e Social aprovou treze procedimentos para a aplicação efetiva das Regras Mínimas.

Importante é o determinado pelo artigo 8º das Regras Mínimas, vez que esse artigo impõe que as diferentes categorias de presos devem ser mantidas em estabelecimentos penitenciários separados ou em diferentes zonas de um mesmo estabelecimento penitenciário, tendo em consideração o respectivo sexo e idade, antecedentes penais, razões da detenção e medidas necessárias a aplicar. Assim: **a)** na medida do possível, homens e mulheres devem estar detidos em estabelecimentos separados; nos estabelecimentos que recebam homens e mulheres, a totalidade dos locais destinados às mulheres será completamente separada; **b)** presos preventivos devem ser mantidos separados dos condenados; **c)** pessoas presas por dívidas ou outros reclusos do foro civil devem ser mantidos separados de reclusos do foro criminal; e d) os jovens reclusos devem ser mantidos separados dos adultos.

O artigo 10[48] traz obrigações no tocante aos locais destinados aos presos da seguinte forma: "as acomodações destinadas aos reclusos, especialmente dormitórios, devem satisfazer todas as exigências de higiene e saúde, tomando-se devidamente em consideração as condições climatéricas e especialmente a cubicagem de ar disponível, o espaço mínimo, a iluminação, o aquecimento e a ventilação".

O artigo 22 traça responsabilidades referentes aos serviços médicos que os presos têm direito: "**a)** cada estabelecimento penitenciário deve dispor dos serviços de pelo menos um médico qualificado, que deverá ter alguns conhecimentos de psiquiatria. Os serviços médicos devem ser organizados em estreita ligação com a administração geral de saúde da comunidade ou da nação.

46. O tema será abordado no item 12.5.

47. No dia 30.05.2012 o Brasil apresentou seu primeiro Relatório de Monitoramento da Convenção das Nações Unidas sobre os Direitos das Pessoas com Deficiência, no qual foram apresentadas as ações do governo, entre 2008 e 2010, em cumprimento das disposições da Convenção. É um relatório periódico sobre os progressos alcançados em matéria de aplicação da Convenção, firmado na Conferência dos Estados-partes para ratificação do tratado.

48. Os artigos 11, 12, 13 e 14 estabelecem obrigações correlatas.

Devem incluir um serviço de psiquiatria para o diagnóstico, e em casos específicos, o tratamento de estados de perturbação mental; **b)** os reclusos doentes que necessitem de cuidados especializados devem ser transferidos para estabelecimentos especializados ou para hospitais civis. Quando o tratamento hospitalar é organizado no estabelecimento este deve dispor de instalações, material e produtos farmacêuticos que permitam prestar aos reclusos doentes os cuidados e o tratamento adequados; o pessoal deve ter uma formação profissional suficiente; **c)** todos os reclusos devem poder beneficiar dos serviços de um dentista qualificado".

Fica estabelecido que as penas corporais, a colocação em "segredo escuro" bem como todas as punições cruéis, desumanas ou degradantes devem ser completamente proibidas como sanções disciplinares (artigo 31).

E o grande objetivo do tratamento destinado aos presos fica explicitado no artigo 65, a saber: "o tratamento das pessoas condenadas a uma pena ou medida privativa de liberdade deve ter por objetivo, na medida em que o permitir a duração da condenação, criar nelas à vontade e as aptidões que as tornem capazes, após a sua libertação, de viver no respeito da lei e de prover às suas necessidades. Este tratamento deve incentivar o respeito por si próprio e desenvolver o seu sentido da responsabilidade".

9. SISTEMA REGIONAL DE PROTEÇÃO

O sistema regional de proteção junta-se ao global para formar o sistema internacional de proteção dos direitos humanos. Em determinadas situações ocorrerá uma sobreposição de normas (oriundas do sistema global e do regional), todavia, isso não se reflete em problema, pois o que se busca é a substancial proteção dos direitos humanos. Destarte, o sistema que estiver mais bem organizado para proteger o indivíduo naquele caso será o aplicado, ou seja, os sistemas não competem, mas se completam.

A vantagem indiscutível dos sistemas regionais é terem sido arquitetados conforme valores culturais, políticos e econômicos compartilhados pelos países geograficamente próximos. Essa coesão cultural, política, econômica e geográfica facilita a formulação e o monitoramento das regras protetivas dos indivíduos.

Passemos à análise pontual dos sistemas regionais de proteção, com atenção especial ao sistema americano.

9.1. Sistema americano

9.1.1. Breve Histórico

O sistema protetivo americano está principalmente alicerçado em torno da Organização dos Estados Americanos (OEA), organização internacional que tem por objetivo garantir a paz e a segurança no continente americano. Por isso, diz-se que é uma organização internacional de vocação regional, considerada organismo regional das Nações Unidas.

O sistema protetivo americano foi instalado em 1948 pela Carta da Organização dos Estados Americanos, que, por sua vez, foi adotada na 9ª Conferência Internacional Americana, que se reuniu em Bogotá, na Colômbia. Na mesma Conferência, foi adotada a Declaração Americana dos Direitos e Deveres do Homem, que foi o primeiro acordo internacional sobre direitos humanos, antecipando a Declaração Universal dos Direitos Humanos, escrita seis meses depois. O sistema protetivo americano não contava com mecanismo constritivo de proteção dos direitos humanos, mas apenas com uma declaração (*soft law*) de que os Estados-membros deveriam proteger os direitos humanos.

9.1.2. Convenção Americana de Direitos Humanos

Em 22 de novembro de 1969, na Conferência de San José da Costa Rica, foi adotada a Convenção Americana de Direitos Humanos[49] (Pacto de San José da Costa Rica), a qual só entrou em vigor internacional em 18 de julho de 1978 (quando atingiu as 11 ratificações necessárias) e é o principal instrumento protetivo do sistema americano. No Brasil, a Convenção passou a ter vigência por meio do Decreto nº 678 de 6 de novembro de 1992. Cabe destacar que o artigo 2º desse decreto dispõe sobre a declaração interpretativa do governo brasileiro: "O Governo do Brasil entende que os artigos 43 e 48, *d*, não incluem o direito automático de visitas e inspeções *in loco* da Comissão Interamericana de Direitos Humanos, as quais dependerão da anuência expressa do Estado". Tal declaração interpretativa funciona como uma ressalva que limita os poderes da Comissão Interamericana de Direitos Humanos[50].

Como órgãos de fiscalização e julgamento (controle de convencionalidade internacional) do sistema americano de proteção dos direitos humanos, a Convenção instituiu a Comissão e a Corte Interamericana de Direitos Humanos, dotando-o, dessa maneira, de mecanismos constritivos de proteção dos direitos humanos (*hard law*). Ao mesmo tempo, os Estados-partes comprometem-se a adotar, de acordo com as suas normas constitucionais e com as disposições desta Convenção, as medidas legislativas ou de outra natureza que forem necessárias para tornar efetivos (art. 2º da CADH) os direitos e liberdades reconhecidos na Convenção Americana de Direitos Humanos. Importante sublinhar que o texto convencional obriga não somente o Poder Legislativo, mas também os poderes Executivo e Judiciário dos Estados-partes.

Na Convenção só é permitida a participação dos países-membros da OEA. Ao longo da Convenção é possível identificar inúmeros direitos civis e políticos (ditos de primeira geração), nos moldes do Pacto Internacional de Direitos Civis e Políticos. A única menção aos direitos econômicos, sociais e culturais é encontrada no artigo 26, que se limita a determinar que os Estados se engajem em progressivamente implementar tais direitos (em sua dimensão negativa e positiva), ditos de segunda geração. Tal escolha (de só regular os direitos políticos e civis) foi supostamente direcionada para obter a adesão dos EUA.

---

49. É de suma importância sublinhar que a Convenção Americana de Direitos Humanos é autoaplicável. Tal definição provém do Parecer Consultivo 07/86 da Corte Interamericana de Direitos Humanos. Assim, uma vez internalizada, estará apta a irradiar seus efeitos diretamente na ordem interna do país-parte, isto é, não necessitará de lei que regulamente sua incidência nos países que aderiram a seus mandamentos.

50. Todavia, deve-se apontar, como uma das consequências do princípio *pro homine*, que a interpretação das limitações de direitos estabelecidos nos tratados internacionais de direitos humanos deve ser restritiva – tudo para impedir ao máximo a diminuição da proteção da pessoa humana. Aliás, nesse sentido é o Parecer Consultivo 02, de 24 de setembro de 1982, da Corte Interamericana de Direitos Humanos.

9.1.3. *Protocolo de San Salvador*

A situação descrita no final do último item modificou-se com a adoção, na Conferência Interamericana de San Salvador, em 17 de novembro de 1988, do Protocolo Adicional[51] à Convenção, conhecido como Protocolo de San Salvador[52]. A partir de então, tem-se uma enumeração dos direitos econômicos, sociais e culturais que os países americanos – membros da OEA – obrigaram-se a implementar progressivamente. Lembrando-se sempre da tripla obrigação dos Estados para com todos os direitos humanos: proteger, respeitar e realizar[53].

A Corte Interamericana tem competência para interpretar e aplicar o Protocolo Adicional à Convenção Americana de Direitos Humanos (Protocolo de San Salvador) somente em relação ao artigo 8º, ponto 1, alínea *a* (direitos sindicais dos trabalhadores) e ao artigo 13 (direito à educação). Tudo em conformidade com o artigo 19, ponto 6, do mencionado Protocolo, o qual determina que são esses os únicos direitos passíveis de ser acionados perante a Corte (justiciabilidade), entre um amplo conjunto de direitos econômicos, sociais e culturais de que trata esse Protocolo.

Entretanto, o que se percebe no campo prático é uma jurisprudência criativa que permite uma implementação indireta dos direitos econômicos, sociais e culturais. Uma das grandes contribuições para essa substancial evolução foi a construção jurisprudencial de um conceito amplo ou *lato sensu* do direito de acesso à justiça[54] (artigo 25 da Convenção Americana), o que permite o acionamento da Corte para proteção de todos os direitos humanos, inclusive os econômicos, sociais e culturais. Cabe destacar também a construção jurisprudencial da Corte, que qualificou de *jus cogens* os princípios da equidade e da não discriminação, os quais são, logicamente, aplicados em relação a todos os direitos humanos. Por fim, devemos mencionar o estabelecimento, pela Corte, de um conceito amplo do direito à vida, o qual exige a proteção e a implementação dos direitos econômicos, sociais e culturais para sua satisfatória efetivação (consoante o comentado no subitem 4.3).

51. Interessante apontar aqui o papel da Comissão Interamericana de submeter à Assembleia Geral projetos de protocolos adicionais à Convenção Americana sobre Direitos Humanos, com a finalidade de incluir progressivamente no regime de proteção da referida Convenção outros direitos e liberdades (art.19, *e*, do Estatuto da Comissão Interamericana de Direitos Humanos).

52. O Congresso Nacional aprovou o Protocolo por meio do Decreto Legislativo nº 56, de 19 de abril de 1995. Mas o Protocolo só entrou em vigor internacional em 16 de novembro de 1999, momento em que também passou a viger no Brasil, pois o Governo brasileiro tinha depositado o Instrumento de Adesão do referido ato em 21 de agosto de 1996. O Decreto de promulgação é o de nº 3.321/1999.

53. Para ilustrar, segue um trecho da importante sentença da Corte Interamericana de Direitos Humanos exarada no caso Velásquez Rodríguez, ocasião em que foi explicitada a obrigação de os Estados-partes garantirem o livre e o pleno exercício dos direitos reconhecidos na Convenção Americana de Direitos Humanos: "Esta obrigação implica o dever dos Estados-partes de organizar todo o aparato governamental e, em geral, todas as estruturas por meio das quais se manifesta o exercício do poder público, de maneira que sejam capazes de assegurar juridicamente o livre e pleno exercício dos direitos humanos. Como consequência dessa obrigação, os *Estados devem prevenir, investigar e sancionar toda violação dos direitos reconhecidos pela Convenção* e procurar, ademais, o restabelecimento, se possível, do direito violado e também a reparação dos danos produzidos pela violação dos direitos humanos" (tradução minha). O caso analisado trata de um estudante universitário de Honduras – Velásquez Rodríguez – que foi detido por autoridades policiais hondurenhas, sendo, posteriormente, vítima de tortura até ser tido como desaparecido. Em sentença de 29 de julho de 1998, a Corte Interamericana de Direitos Humanos declarou, por unanimidade, que Honduras violou, em prejuízo de Velásquez Rodríguez, o direito à liberdade pessoal (artigo 7º da Convenção), o direito à integridade pessoal (artigo 5º da Convenção) e o direito à vida (artigo 4º da Convenção), todos em conexão com o artigo 1º, ponto 1, da Convenção. A Corte declarou ainda, também por unanimidade, que Honduras deveria pagar uma justa indenização compensadora para os familiares da vítima, mas não fixou os parâmetros para o pagamento, apenas ressalvou que, se a Comissão Interamericana de Direitos Humanos e Honduras não chegassem a um acordo, a Corte seria responsável por estabelecer a forma e a quantia da indenização.

9.1.4. *Protocolo sobre Abolição da Pena de Morte*

Em 8 de junho de 1990, foi adotado, em Assunção, no Paraguai, outro Protocolo Facultativo à Convenção, dessa vez sobre a abolição da pena de morte. Os Estados que aderem ao Protocolo ficam impedidos, em qualquer hipótese, de aplicar a pena de morte; assim, estão revogadas as disposições de direito interno que prevejam a pena capital. Esse Protocolo foi influenciado diretamente pelo Segundo Protocolo Facultativo ao Pacto Internacional dos Direitos Civis e Políticos de 1989.

O Brasil ao ratificar o Protocolo sobre abolição da pena de morte, declarou, devido à imperativos constitucionais, *reserva*-[55]conforme o estabelecido no artigo 2º do Protocolo em questão, o qual assegura aos Estados-partes o direito de aplicar pena de morte em tempo de guerra, de acordo com o Direito Internacional, para delitos sumamente graves de caráter militar. O Protocolo foi promulgado no Brasil via o Decreto presidencial nº 2.754/98.

Em relação ao tema pena de morte, cabe esclarecer que esta é admitida no Brasil, desde que cumpridas certas condições (artigo 5º, XLVII, *a*, c/c artigo 84, XIX, ambos da CF): **a)** existência de guerra declarada em virtude de agressão externa; e **b)** a prática, por brasileiro ou estrangeiro, do crime de alta traição (disciplinado no Código Penal Militar – CPM). Logo, em tempos de paz não é possível a aplicação da pena capital no país, a qual também está abolida para todos os crimes não militares. A título de curiosidade, o CPM disciplina que a execução da pena capital será por fuzilamento.

9.1.5. *Direitos Previstos*

Segue, para conhecimento, a lista dos direitos humanos protegidos na Convenção Americana de Direitos Humanos e no Protocolo de San Salvador.

Convenção Americana de Direitos Humanos:

a) direito ao reconhecimento da personalidade jurídica (art. 3º);

b) direito à vida (art. 4º). É importante apontar que a Convenção determina que, em geral, este direito deve ser protegido desde o momento da concepção;

54. Nesse sentido, cabe transcrever o ponto 1 da Resolução 2.656/11 da OEA: "Afirmar que o acesso à justiça, como direito humano fundamental, é, ao mesmo tempo, o meio que possibilita que se restabeleça o exercício dos direitos que tenham sido ignorados ou violados".

55. A reserva é um condicionante do consentimento. Ou seja, é a declaração unilateral do Estado aceitando o tratado, mas sob a condição de que certas disposições não valerão para ele.

c) direito à integridade pessoal (art. 5º). Leia-se integridade física, psíquica e moral;

d) proibição da escravidão e da servidão (art. 6º). O tráfico de escravos e o tráfico de mulheres também são proibidos em todas as suas formas;

e) direito à liberdade pessoal (artigo 7º). É no ponto 7 deste artigo que aparece o princípio da proibição da detenção por dívidas e a sua correlata exceção somente em virtude de inadimplemento de obrigação alimentar. E seu reflexo no Brasil foi, depois de muitas decisões, a Súmula Vinculante 25 do STF;

f) garantias judiciais (art. 8º). É neste artigo que aparece o princípio da celeridade dos atos processuais;

g) princípio da legalidade e da retroatividade da lei penal mais benéfica (art. 9º);

h) direito à indenização por erro judiciário (art. 10). O artigo dispõe ser necessário o trânsito em julgado da condenação;

i) proteção da honra e da dignidade (art. 11);

j) liberdade de consciência e de religião (art. 12);

k) liberdade de pensamento e de expressão (art. 13)

l) direito de retificação ou resposta (art. 14). Direito a ser utilizado quando as informações inexatas ou ofensivas forem emitidas, em seu prejuízo, por meios de difusão legalmente regulamentados e que se dirijam ao público em geral;

m) direito de reunião (art. 15). Desde que pacífica e sem armas;

n) liberdade de associação (art. 16);

o) proteção da família (art. 17);

p) direito ao nome (art. 18);

q) direitos da criança (art. 19);

r) direito à nacionalidade (art. 20). Este artigo traz a importante regra de que toda pessoa tem direito à nacionalidade do Estado em cujo território houver nascido, se não tiver direito a outra;

s) direito à propriedade privada (art. 21);

t) direito de circulação e de residência (art. 22). Tal artigo traz duas regras importantes, a primeira, constante do ponto 7 do artigo, é a de que toda pessoa tem o direito de buscar e receber asilo em território estrangeiro, em caso de perseguição por delitos políticos ou comuns conexos com delitos políticos e a segunda, constante do ponto 8 do artigo, é a de que em nenhum caso o estrangeiro pode ser expulso ou entregue a outro país, seja ou não de origem, onde seu direito à vida ou à liberdade pessoal esteja em risco de violação em virtude de sua raça, nacionalidade, religião, condição social ou de suas opiniões políticas;

u) direitos políticos (art. 23);

v) Igualdade perante a lei (art. 24);

w) Proteção judicial (art. 25).

Protocolo de San Salvador:

a) direito ao trabalho (art. 6º);

b) condições justas, equitativas e satisfatórias de trabalho (art. 7º);

c) direitos sindicais (art. 8º);

d) direito à seguridade social (art. 9º);

e) direito à saúde (art. 10);

f) direito a um meio ambiente sadio (art. 11);

g) direito à alimentação (art. 12);

h) direito à educação (art. 13);

i) direito de receber os benefícios da cultura (art. 14);

j) direito à constituição e à proteção da família (art. 15);

k) direitos da criança (art. 16);

l) proteção dos idosos (art. 17);

m) proteção dos deficientes (art. 18).

Agora cabe analisar a estrutura e a função da Comissão e da Corte Interamericana de Direitos Humanos.

9.2. Comissão Interamericana de Direitos Humanos

9.2.1. *Apresentação e Estrutura*

A Comissão Interamericana de Direitos Humanos[56] é o órgão administrativo do sistema regional de proteção americano. É composta de sete membros, que devem ser pessoas de alta autoridade moral e de reconhecido saber em matéria de direitos humanos (art. 2º, ponto 1, do Estatuto da Comissão). Esses membros são eleitos, a título pessoal, pela Assembleia Geral da OEA, a partir de uma lista de candidatos propostos pelos governos dos Estados-membros, e cumprem mandato de quatro anos, com a possibilidade de uma reeleição. Vale lembrar que não pode fazer parte da Comissão mais de um nacional de um mesmo país (art. 7º do Estatuto da Comissão) e o seu quórum é constituído pela maioria absoluta dos membros da Comissão (art. 17, ponto 1, do Estatuto da Comissão).

Com relação ao quórum, cabe distinguir duas situações. Com relação aos Estados que são partes da Convenção, as decisões serão tomadas por maioria absoluta de votos dos membros da Comissão nos casos que estabelecerem a Convenção Americana sobre Direitos Humanos e o Estatuto. Nos demais casos, o quorum exigido será de maioria absoluta dos membros presentes. E com relação aos Estados que não são partes da Convenção, as decisões serão tomadas por maioria absoluta de votos dos membros da Comissão, salvo quando se tratar de assuntos de procedimento, caso em que as decisões serão tomadas por maioria simples (art. 17, pontos 2 e 3, do Estatuto da Comissão).

Os membros da Comissão, nos Estados membros da Organização que são Partes da Convenção Americana sobre Direitos Humanos, gozam, a partir do momento de sua eleição e enquanto durar seu mandato, das imunidades reconhecidas pelo direito internacional aos agentes diplomáticos. Gozam também, no exercício de seus cargos, dos privilégios diplomáticos necessários ao desempenho de suas funções. E nos Estados membros da Organização que não são Partes da Convenção Americana sobre Direitos Humanos, os membros da Comissão gozarão dos privilégios e imunidades pertinentes aos seus cargos, necessários para desempenhar suas funções com independência (art. 12, pontos 1 e 2, do Estatuto da Comissão).

9.2.2. *Competência*

A principal função da Comissão é promover o respeito aos direitos humanos[57] no continente americano, destacando-se por

56. A sede da Comissão fica em Washington, D.C., nos Estados Unidos da América (art.16, ponto 1, do Estatuto da Comissão).

57. Art. 1º, ponto 2, do Estatuto da Comissão Interamericana de Direitos Humanos: "Para os fins deste Estatuto, entende-se por direitos humanos: a. os direitos definidos na Convenção Americana sobre Direitos Humanos com relação aos Estados-Partes da mesma;b. os direitos consagrados na Declaração Americana de Direitos e Deveres do Homem, com relação aos demais Estados membros"

sua função de órgão consultivo da OEA no tema. Destarte, tem competência para enviar recomendações aos Estados-partes da Convenção Americana de Direitos Humanos ou até mesmo para os Estados-membros da OEA que não tenham ratificado a Convenção Americana.

Em sua competência inserem-se também a possibilidade de realizar estudos, solicitar informações aos Estados no que tange à implementação dos direitos humanos insculpidos na Convenção e confeccionar um relatório anual[58] para ser submetido à Assembleia Geral da OEA. A parte do relatório anual, a Comissão pode confeccionar relatórios especiais ou gerais sobre a situação dos direitos humanos nos Estados membros sempre que considerar necessário (art. 59, ponto 1, *h*, do Regulamento da Comissão Interamericana de Direitos Humanos). Cabe lembrar que as recomendações e os relatórios (tanto o anual e o alicerçado em alguma acusação[59]) da Comissão não têm poder vinculante, isto é, não vinculam os Estados destinatários.

9.2.2.1. Petições Individuais

Um aspecto importante de sua competência é a possibilidade de receber petições, que contenham denúncias ou queixas de violação desta Convenção por um Estado-parte, do indivíduo "lesionado", de terceiras pessoas ou de organizações não governamentais legalmente reconhecidas em um ou mais Estados-membros da OEA que representem o indivíduo lesionado (artigo 44 da Convenção Americana sobre Direitos Humanos)[60]. Entrementes, essa competência só poderá ser exercida se o Estado violador tiver aderido à Convenção Americana de Direitos Humanos. Percebe-se que não é necessária a expressa aceitação da competência da Comissão para receber petições, bastando que o Estado tenha aderido à Convenção.

9.2.2.2. Comunicações Interestatais

A Comissão também tem competência para receber comunicações interestatais. Conforme já visto no sistema global de proteção, nesse mecanismo um Estado-parte pode denunciar o outro que incorrer em violação dos direitos humanos. Mas, para a denúncia ter validade, os dois Estados, denunciante e denunciado, devem ter expressamente declarado a competência da Comissão Interamericana de Direitos Humanos para tanto[61]. Isso porque a Comissão não admitirá nenhuma comunicação contra um Estado-parte que não haja feito tal declaração (artigo 45, ponto 2, da Convenção Americana). E as declarações sobre o reconhecimento desta competência podem ser feitas para que esta vigore por tempo indefinido, por período determinado ou para casos específicos (artigo 45, ponto 3, da Convenção Americana). Cabe infelizmente destacar que o Brasil não fez a citada declaração, ou seja, não aceitou a competência da Comissão Interamericana para receber comunicações interestatais[62].

Entretanto, cabe destacar que o artigo 50 do Regulamento da Comissão Interamericana de Direitos Humanos estabelece que todos os Estados-Partes da Convenção são suscetíveis de serem denunciados.

9.2.2.3. Requisitos de Admissibilidade

Figuram aqui os mesmos requisitos de admissibilidade verificados quando da análise do procedimento de apresentação de petições individuais e de comunicações interestatais no sistema global de proteção. Ou seja, só são aceitas as petições ou as comunicações que comprovarem a inexistência de litispendência internacional, ausência de coisa julgada internacional e o esgotamento de todos os recursos internos disponíveis. Ademais, o artigo 46 da Convenção Americana de Direitos Humanos exige que a petição ou a comunicação seja apresentada dentro do prazo de seis meses, a partir da data em que o presumido prejudicado em seus direitos tenha sido notificado da decisão definitiva exarada no sistema protetivo nacional e a petição a ser interposta deve conter o nome, a nacionalidade, a profissão, o domicílio e a assinatura da pessoa ou pessoas ou do representante legal da entidade que submeter a petição. Importante destacar que não

58. Segue a redação do art. 59, ponto 1, do Regulamento da Comissão Interamericana de Direitos Humanos: "O Relatório Anual à Assembleia Geral da Organização incluirá o seguinte: a) uma análise da situação dos direitos humanos no Hemisfério, acompanhada das recomendações aos Estados e aos órgãos da Organização sobre as medidas necessárias para fortalecer o respeito aos direitos humanos; b) um breve relato referente à origem, às bases jurídicas, à estrutura e aos fins da Comissão, bem como ao estado da Convenção Americana e dos demais instrumentos aplicáveis; c) informação sucinta dos mandatos conferidos e recomendações formuladas à Comissão pela Assembleia Geral e pelos outros órgãos competentes, bem como da execução de tais mandatos e recomendações; d) uma lista das sessões realizadas no período abrangido pelo relatório e de outras atividades desenvolvidas pela Comissão em cumprimento de seus fins, objetivos e mandatos; e) uma súmula das atividades de cooperação da Comissão com outros órgãos da Organização, bem como com organismos regionais ou mundiais da mesma natureza, e dos resultados alcançados em suas atividades; f) os relatórios sobre petições e casos individuais cuja publicação haja sido aprovada pela Comissão, e uma relação das medidas cautelares concedidas e estendidas e das atividades desenvolvidas perante a Corte Interamericana; g) uma exposição sobre o progresso alcançado na consecução dos objetivos estabelecidos na Declaração Americana dos Direitos e Deveres do Homem e na Convenção Americana sobre Direitos Humanos e nos demais instrumentos aplicáveis; h) os relatórios gerais ou especiais que a Comissão considerar necessários sobre a situação dos direitos humanos nos Estados membros e, se pertinente, os relatórios de seguimento, destacando-se nos mesmos os progressos alcançados e as dificuldades que houverem surgido para uma efetiva observância dos direitos humanos; i) qualquer outra informação, observação ou recomendação que a Comissão considerar conveniente submeter à Assembleia Geral e qualquer nova atividade ou projeto que implique despesa adicional".

59. A acusação é feita mediante petição individual ou comunicação interestatal.

60. Como exemplo pode-se citar o conhecido caso Maria da Penha.

61. Artigo 45, ponto 1, da Convenção Americana: "Todo Estado-parte pode, no momento do depósito do seu instrumento de ratificação desta Convenção, ou de adesão a ela, ou em qualquer momento posterior, declarar que reconhece a competência da Comissão para receber e examinar as comunicações em que um Estado-parte alegue haver outro Estado-parte incorrido em violações dos direitos humanos estabelecidos nesta Convenção".

62. Os países que fizeram a declaração e assim podem apresentar comunicações interestatais no sistema interamericano são: Argentina (05/09/84); Bolívia (27/07/93); Chile (21/08/90); Colômbia (21/06/85); Costa Rica (02/07/93); Equador (13/08/84); Jamaica (07/08/78); Nicarágua (06/02/06); Peru (21/01/81); e Uruguai (19/04/85). Informação verificada no dia 04/09/14.

é necessária a manifestação expressa de concordância da vítima ou vítimas da alegada violação aos direitos humanos.

9.2.2.3.1. Ressalva

O sistema americano impõe a mesma ideia de ressalva existente no sistema global. As regras de esgotamento de todos os recursos internos disponíveis e do prazo de seis meses para a apresentação da petição ou comunicação não serão aplicadas quando o indivíduo for privado de seu direito de ação pela jurisdição doméstica, ou lhe forem ceifadas as garantias do devido processo legal, ou, ainda, se os processos internos forem excessivamente demorados. E o ônus da prova da existência de um recurso acessível e suficiente recai sobre o Estado demandado.

Ademais, cabe apontar, consoante jurisprudência da Corte Interamericana, que o Estado-parte tem direito de renunciar a regra do prévio esgotamento dos recursos internos. Na decisão de 13 novembro de 1981 (caso Viviana Gallardo e outras), a Corte Interamericana, invocando precedente da Corte Europeia de Direitos Humanos (De Wilde, Ooms and Versyp Cases – "Vagrancy" Cases), apontou que segundo os princípios do Direito Internacional geralmente reconhecidos e a prática internacional, a regra que exige o prévio esgotamento dos recursos internos foi concebida no interesse do Estado, pois busca dispensá-lo de responder perante um órgão internacional por atos a ele imputado, antes de ter a oportunidade de resolvê-los com seus próprios instrumentos. Essa regra é considerada como meio de defesa e como tal, renunciável, ainda que de modo tácito. Essa renúncia, uma vez anunciada, é irrevogável.

9.2.3. Procedimento

De posse da acusação, a Comissão assim agirá: **a)** buscará uma solução amistosa entre o indivíduo denunciante e o Estado violador; **b)** se não se chegar a uma solução, e dentro do prazo que for fixado pelo Estatuto da Comissão, esta redigirá um relatório no qual exporá os fatos e suas conclusões; **c)** o relatório será encaminhado aos Estados interessados, aos quais não será facultado publicá-lo; **d)** ao encaminhar o relatório, a Comissão pode formular as proposições e as recomendações que julgar adequadas; **e)** se, no prazo de três meses a partir da remessa aos Estados interessados do relatório da Comissão, o assunto não tiver sido solucionado ou submetido à decisão da Corte pela Comissão (chamada remessa automática) ou pelo Estado interessado, aceitando sua competência, a Comissão poderá emitir, pelo voto da maioria absoluta de seus membros, sua opinião e conclusões sobre a questão submetida à sua consideração; **f)** a Comissão fará as recomendações pertinentes e fixará um prazo dentro do qual o Estado deve tomar as medidas que lhe competir para remediar a situação examinada; **g)** transcorrido o prazo fixado, a Comissão decidirá, pelo voto da maioria absoluta de seus membros, se o Estado tomou ou não as medidas adequadas e se publica ou não seu relatório.

Importante aclarar que na Opinião Consultiva 13/1993[63], a Corte asseverou que os artigos 50 e 51 da Convenção contemplam relatórios separados, cujo conteúdo pode ser similar, mas o primeiro não pode ser publicado. Já o segundo pode ser, desde que haja prévia decisão da Comissão, por maioria absoluta de votos, depois de transcorrido o prazo que foi conferido ao Estado para tomar as medidas adequadas.

Vale frisar que o envio à Corte apenas será permitido se o Estado violador tiver aquiescido de forma expressa e inequívoca em relação à competência da Corte Interamericana de Direitos Humanos para solucionar os casos de violação dos direitos humanos insculpidos na Convenção e em outros tratados do sistema americano de proteção.

Por fim, a Comissão, por iniciativa própria (*ex officio*) ou depois de receber uma denúncia, poderá entrar em contato com o Estado denunciado para que este adote, com urgência, medidas cautelares de natureza individual ou coletiva antes da análise do mérito da denúncia, desde que verificado risco de dano irreparável à vítima ou às vítimas. Dentro dessa ótica, poderá também solicitar que a Corte adote medidas provisórias mesmo antes da análise do mérito do caso, desde que o caráter de urgência e de gravidade as justifique.

As medidas cautelares (adotadas por Estados) e as provisórias (adotadas pela Corte) possuem o mesmo efeito prático.

9.2.4. Caso Maria da Penha

Importante mencionar que a conhecida Lei Maria da Penha (11.340/2006), que criou mecanismos para coibir e prevenir a violência doméstica e familiar contra a mulher, foi fruto de uma interferência internacional benigna sobre a ordem jurídica interna.

A história de Maria da Penha Maia Fernandez é conhecida de todos: trata-se de uma repetição de atos de violência doméstica – infelizmente uma realidade diuturna – em conjunto com a falta de uma legislação específica a dar suporte ao devido julgamento do infrator – deve-se lembrar que o infrator (na época marido) apenas foi preso 19 anos depois de ter cometido os crimes categorizados como de violência doméstica e cumpriu somente dois anos em regime fechado.

Em função de tal quadro, o Centro para a Justiça e o Direito Internacional – CEJIL – formalizou, em conjunto com Maria da Penha e o Comitê Latino-Americano e do Caribe para a Defesa dos Direitos da Mulher – CLADEM –, uma denúncia (petição individual) na Comissão Interamericana de Direitos Humanos contra a procrastinação em se obter uma decisão sobre o caso, tendo em vista que isso demorou 19 anos para acontecer.

Os peticionários apontaram a violação dos artigos 8º (Garantias judiciais), 24 (Igualdade perante a lei) e 25 (Proteção judicial) da Convenção Americana de Direitos Humanos com relação à obrigação estabelecida no artigo 1º, ponto 1 (obrigação de respeitar os direitos), do mesmo instrumento, como também dos artigos II e XVIII da Declaração Americana dos Direitos e Deveres do Homem e dos artigos 3º, 4º, *a*, *b*, *c*, *d*, *e*, *f*, e *g*, 5º e 7º da Convenção Interamericana para Prevenir, Punir e Erradicar a Violência contra a Mulher (conhecida como Convenção de Belém do Pará).

Com base em tal denúncia, a Comissão Interamericana de Direitos Humanos publicou o Relatório nº 54/2001, que condenou o Brasil por dilação injustificada e tramitação negligente, pois o Estado brasileiro descumpriu o dever de garantir às pessoas sujeitas à sua jurisdição o exercício livre e pleno de seus direitos humanos. Por meio desse relatório, a Comissão

63. Essa OC será analisada com mais detalhes no subitem 9.3.6.13.

fez recomendações ao Brasil e uma dessas foi acatada, dando, assim, origem a produção da Lei 11.340/2006 (Lei Maria da Penha). Essa lei foi confeccionada tendo por base o artigo 226, § 8º, da CF, a Convenção sobre a Eliminação de Todas as Formas de Discriminação contra a Mulher e a Convenção Interamericana para Prevenir, Punir e Erradicar a Violência contra a Mulher.

Outra recomendação, presente no Relatório, que merece destaque é aquela no sentido de que o Brasil simplificasse os procedimentos judiciais penais.

9.3. Corte Interamericana de Direitos Humanos

9.3.1. *Apresentação e Estrutura*

A Corte é o órgão jurisdicional do sistema regional de proteção americano. Sua composição é de sete juízes, os quais são nacionais dos países-membros da OEA e escolhidos pelos Estados-partes da Convenção. Vale sublinhar que essa escolha é realizada a título pessoal entre juristas da mais alta autoridade moral, de reconhecida competência em matéria de direitos humanos e que reúnam as condições requeridas para o exercício das mais elevadas funções judiciais, de acordo com a lei do Estado do qual sejam nacionais ou do Estado que os propuser como candidatos. Não deve haver dois juízes da mesma nacionalidade.

Um traço marcante é que a Corte só pode ser acionada pelos Estados-partes ou pela Comissão; o indivíduo, conforme artigo 61 da Convenção, é proibido de apresentar petição à Corte. Entretanto, pessoas e ONGs podem, excepcionalmente, peticionar à Corte, nos casos em que já sejam partes, para que esta adote medidas provisórias em casos de extrema gravidade e urgência, desde que verificado risco de dano irreparável à vítima ou às vítimas, nos termos do artigo 63, ponto 2, da Convenção Americana de Direitos Humanos. Se o assunto ainda não estiver submetido ao conhecimento da Corte, a Comissão poderá solicitar que esta adote medidas provisórias mesmo antes da análise do mérito do caso, desde que o caráter de urgência e de gravidade as justifique.

De maneira mais ampla ainda (o que engloba as medidas provisórias citadas no parágrafo acima), o regulamento desse tribunal admite a participação direta dos indivíduos demandantes em todas as etapas do procedimento, após a apresentação do caso pela Comissão Interamericana (art. 23, ponto 1, do Regulamento da Corte Interamericana de Direitos Humanos).

9.3.2. *Competência*

No que se refere à sua competência, identifica-se uma atuação *consultiva* e *contenciosa*. Antes de analisar tais atuações, deve-se destacar que o quórum para as deliberações da Corte é de cinco juízes (artigo 56 do Pacto de San José da Costa Rica e art. 14 do Regulamento da Corte Interamericana).

A competência consultiva[64] da Corte é marcada por sua grande finalidade de uniformizar a interpretação da Convenção Americana de Direitos Humanos e dos tratados de direitos humanos confeccionados no âmbito da OEA. Dentro dessa competência, qualquer Estado-membro ou órgão[65] da OEA pode pedir que a Corte emita parecer que indique a correta interpretação da Convenção e dos tratados concernentes à proteção dos direitos humanos nos Estados Americanos (art. 64, ponto 1, da Convenção Americana de Direitos Humanos).

Os órgãos da OEA também desfrutam o direito de solicitar opiniões consultivas, mas somente em suas esferas de competência. Assim, enquanto os Estados-membros da OEA têm direito absoluto a pedir opiniões consultivas, os órgãos apenas podem fazê-lo dentro dos limites de sua competência. O direito dos órgãos de pedir opiniões consultivas está restrito a assuntos em que tenham um legítimo interesse institucional[66].

Ademais, a Corte pode fazer análise de compatibilidade entre a legislação doméstica de um país-membro da OEA e o sistema protetivo americano, com o intuito de harmonizá-los.

Sintetizando, "na jurisdição consultiva não há partes, no seu sentido material, pois não há Estados requeridos e nem uma sanção judicial é prevista[67]".

Já a competência contenciosa só será exercida em relação aos Estados-partes da Convenção que expressem e inequivocamente tenham aceitado essa competência da Corte (artigo 62 da Convenção Americana de Direitos Humanos). A declaração de aceite da competência da Corte pode ser feita incondicionalmente ou sob condição de reciprocidade, por prazo determinado ou ainda somente para casos específicos. O Brasil reconheceu a competência obrigatória da Corte em 8 de novembro 2002 (Decreto nº 4.463). O reconhecimento foi feito por prazo indeterminado, mas abrange fatos ocorridos após 10 de dezembro de 1998.

Em síntese, pode-se dizer que a jurisdição contenciosa da Corte está limitada em razão das partes que intervêm no procedimento (*ratione personae*), em razão da matéria objeto da controvérsia (*ratione materiae*) e em razão do tempo transcorrido desde a notificação aos Estados do relatório da Comissão (*ratione temporis*).

É limitada *ratione personae* porque só os Estados-partes ou a Comissão podem acioná-la; é limitada *ratione materiae* porque apenas pode conhecer de casos que tenham por supedâneos a Convenção Americana de Direitos Humanos, o Protocolo de San Salvador (somente em relação aos artigos 8º, ponto 1, alínea *a*, e 13), a Convenção Interamericana para Prevenir e Punir a Tortura (conforme o que dispõe o artigo 8º) e a Convenção Interamericana sobre o Desaparecimento Forçado de Pessoas (conforme o que dispõe o artigo 13); e, por fim, é limitada *ratione temporis* porque o caso tem de ser tanto submetido à Corte no prazo de três meses contados da data de envio do relatório, pela Comissão, aos Estados interessados, como também as alegadas violações devem datar de momento posterior ao reconhecimento da competência contenciosa da Corte pelo Estado.

64. Todas as opiniões consultivas da Corte Interamericana de Direitos Humanos serão elencadas e brevemente comentadas no item 9.3.6.

65. Os órgãos estão elencados no capítulo X da Carta da Organização dos Estados Americanos.

66. Conforme ponto 14 da Opinião Consultiva 02/82 da Corte Interamericana de Direitos Humanos.

67. RAMOS, André de Carvalho. *Teoria geral dos direitos humanos na ordem internacional*. 2. ed. São Paulo: Saraiva, 2012. p. 242.

No tocante à Convenção Americana de Direitos Humanos, cabe apontar que a Corte tem competência para analisar não somente os direitos por ela disciplinados, mas também as normas que regulam o processo (competência ampla).

É importante apontar que a competência de uma Corte internacional se baseia no fato de o país, no momento da ratificação de um tratado, ter assumido responsabilidades perante a comunidade internacional. Assim, no caso dos direitos humanos, o país americano que adere à Convenção assume a responsabilidade de implementar (aspecto positivo e negativo da atuação estatal) os direitos humanos perante o sistema regional protetivo. Tal noção, por si só, afasta considerações esdrúxulas de violação de soberania nacional.

9.3.3. *Procedimento*

Se no exercício de sua competência contenciosa ficar comprovada a violação de direitos humanos da(s) vítima(s), a Corte determinará a adoção, pelo Estado agressor[68], de medidas que façam cessar a violação e restaurar o direito vilipendiado (*restitutio in integrum*), além de poder condenar o Estado agressor ao pagamento de indenização (tendo por base o plano material e o imaterial) à(s) vítima(s). A obrigação de reparar, que se regulamenta em todos os aspectos (alcance, natureza, modalidades e determinação dos beneficiários) pelo direito internacional, não pode ser modificada ou descumprida pelo Estado obrigado, mediante a invocação de disposições de seu direito interno.

Essa atuação da Corte ficou patente no julgamento do caso Velasquez Rodriguez, onde ficou estabelecido que os Estado têm o dever de prevenir, investigar e punir violações de direitos humanos enunciados na Convenção Americana de Direitos Humanos. Em trecho da sentença da Corte Interamericana de Direitos Humanos, no caso supracitado, é explicitada a obrigação dos Estados-Partes em garantir o livre e o pleno exercício dos direitos reconhecidos na Convenção: "Esta obrigação implica no dever dos Estados-Partes de organizar todo o aparato governamental e, em geral, todas as estruturas através das quais se manifesta o exercício do poder público, de maneira que sejam capazes de assegurar juridicamente o livre e pleno exercício dos direitos humanos. Como consequência desta obrigação, os Estados devem prevenir, investigar e sancionar toda violação dos direitos reconhecidos pela Convenção e procurar, ademais, o restabelecimento, se possível, do direito violado e também a reparação dos danos produzidos pela violação dos direitos humanos" (tradução nossa). O Caso analisado trata de um estudante universitário de Honduras – Velásquez Rodríguez – que foi detido por autoridades policiais hondurenhas, sendo, posteriormente, vítima de tortura até ser tido por desaparecido. Em sentença de 29 de julho de 1888, a Corte Interamericana de Direitos Humanos declarou, por unanimidade, que Honduras violou, em prejuízo de Velásquez Rodríguez, o direito à liberdade pessoal (art. 7º da Convenção), o direito à integridade pessoal (art. 5º da Convenção) e o direito à vida (art. 4º da Convenção), todos em conexão com o art. 1º, ponto 1, da Convenção. Ainda, a Corte declarou, também por unanimidade, que Honduras deveria pagar uma justa indenização compensadora para os familiares da vítima, todavia, não fixou os parâmetros para o pagamento da indenização, apenas ressalvou que se a Comissão Interamericana de Direitos Humanos e Honduras não chegassem a um acordo, a Corte seria responsável para estabelecer a forma e a quantia da indenização.

O cumprimento da sentença da Corte se dá geralmente de maneira voluntária pelos Estados. Caso isso não ocorra, por exemplo, no Brasil, o cumprimento se dará mediante execução da sentença, como título executivo judicial, perante a justiça federal, consoante disposto no artigo 109, I, da CF. Mas deve-se saber que os Estados-partes da Convenção se comprometem a cumprir a decisão da Corte em todo caso em que forem parte (artigo 68 da Convenção Americana de Direitos Humanos). Ademais, caso o Estado levante óbices jurídicos para viabilizar a execução da sentença em conformidade com o processo interno vigente, estará incorrendo em violação adicional da CADH (art. 2º), por não adotar providências no sentido de adequar o seu direito interno às obrigações internacionalmente assumidas.

Em relação à sentença da Corte Interamericana, resta ainda informar que ela será sempre fundamentada, definitiva e inapelável (artigos 66 e 67 da Convenção Americana de Direitos Humanos), todavia, em caso de divergência sobre o sentido ou alcance da sentença, a Corte interpretá-la-á, a pedido de qualquer das partes[69]-[70], desde que o pedido seja apresentado dentro de 90 dias a partir da data da *notificação* da sentença. Ainda é possível apontar que a Corte admitiu, em casos excepcionais, o recurso de revisão contra sentenças que colocam fim ao processo, com o propósito de evitar que a coisa julgada mantenha uma situação de evidente injustiça, devido ao descobrimento de um fato que se houvesse sido conhecido no momento da confecção da sentença teria o condão de alterar seu resultado, o que demonstraria a existência de um vício substancial na sentença[71].

Diferentemente do sistema global, percebe-se que o sistema americano de proteção (o europeu também) dispõe de uma Corte

68. Como já dito no item 6 sobre a responsabilização de Estado, é importante dizer que o artigo 28 da Convenção Americana de Direitos Humanos estabelece a cláusula federal, que em seu ponto 2 determina: "No tocante às disposições relativas às matérias que correspondem à competência das entidades componentes da federação, o governo nacional deve tomar imediatamente as medidas pertinentes, em conformidade com sua Constituição e com suas leis, a fim de que as autoridades competentes das referidas entidades possam adotar as disposições cabíveis para o cumprimento desta Convenção". Ademais, sempre o governo central responderá perante a comunidade internacional, pois é o representante do Estado como um todo, que é o único detentor de personalidade jurídica internacional. Em outras palavras, a Federação de estados ou Estado Federal é a união permanente de dois ou mais estados, na qual cada um conserva apenas a autonomia interna, pois a soberania externa é exercida por um órgão central,normalmente denominado *governo federal*. O Brasil é Estado Federal desde a Constituição Federal de 1891. Por fim, a título conclusivo, pode-se afirmar que a divisão de autonomias em relação às competências internas não interfere na responsabilização internacional.

69. A Comissão Interamericana não tem competência para fazer o citado pedido de interpretação. O esclarecimento foi feito em função de semelhante questionamento já ter aparecido em algumas provas de concursos.

70. Funciona como os embargos de declaração.

71. Caso Genie Lacayo, Solicitação de Revisão da sentença de 29 de janeiro de 1997 (Resolução de 13 de setembro de 1997, item 10).

de Direitos Humanos. Tal fato possibilita que o sistema conte, para seu bom funcionamento, com decisões jurídicas vinculantes e obrigatórias. Assim, espera-se que esses sistemas acabem logrando uma maior efetividade na tarefa de bem proteger o ser humano.

9.3.3.1. Amicus Curiae

A expressão *amicus curiae* significa a pessoa ou instituição alheia ao litígio e ao processo que apresenta à Corte fundamentos acerca dos fatos contidos no escrito de submissão do caso ou formula considerações jurídicas sobre a matéria do processo, por meio de um documento ou de uma alegação em audiência (artigo 2º, ponto 3, do Regulamento da Corte Interamericana).

O artigo 44 do Regulamento cuida, via seus pontos, de como deve ocorrer a apresentação de *amicus curiae* na Corte:

1. O escrito de quem deseje atuar como *amicus curiae* poderá ser apresentado ao Tribunal, junto com seus anexos, através de qualquer dos meios estabelecidos no artigo 28, ponto 1, do presente Regulamento, no idioma de trabalho do caso, e com o nome do autor ou autores e assinatura de todos eles.

2. Em caso de apresentação do escrito de *amicus curiae* por meios eletrônicos que não contenham a assinatura de quem o subscreve, ou no caso de escritos cujos anexos não os acompanhem, os originais e a documentação respectiva deverão ser recebidas no Tribunal num prazo de 7 dias contado a partir dessa apresentação. Se o escrito for apresentado fora desse prazo ou sem a documentação indicada, será arquivado sem mais tramitação.

3. Nos casos contenciosos, um escrito em caráter de *amicus curiae* poderá ser apresentado em qualquer momento do processo, porém no mais tardar até os 15 dias posteriores à celebração da audiência pública. Nos casos em que não se realize audiência pública, deverá ser remetido dentro dos 15 dias posteriores à resolução correspondente na qual se outorga prazo para o envio de alegações finais. Após consulta à Presidência, o escrito de *amicus curiae*, junto com seus anexos, será posto imediatamente em conhecimento das partes para sua informação.

4. Nos procedimentos de supervisão de cumprimento de sentenças e de medidas provisórias, poderão apresentar-se escritos de *amicus curiae*.

9.3.4. Casos contenciosos do Brasil

Como o Brasil aceitou a competência da Corte (Decreto nº 4.463), ele é passível de ser condenado nessa instância internacional e já o foi. Antes de comentarmos pontualmente os casos contenciosos que envolvem o Brasil, cabe frisar que existem três tipos de sentença: sentenças de exceções preliminares; de mérito; e de reparações e custas. Ademais, a Corte pode resolver numa única sentença as exceções preliminares, o mérito e as reparações e custas do caso.

Apesar de a Convenção Americana de Direitos Humanos e o Regulamento da Corte não explicarem o conceito de "exceção preliminar", em sua jurisprudência a Corte tem reiteradamente afirmado que por esse meio se questiona a admissibilidade de uma demanda ou a competência do Tribunal para conhecer determinado caso ou algum de seus aspectos, em razão da pessoa, da matéria, do tempo ou do lugar. Dessa forma, a Corte tem asseverado que uma exceção preliminar tem por finalidade obter uma decisão que previna ou impeça a análise do mérito do aspecto questionado ou do caso como um todo[72]. Relacionado ao tema, cabe enfatizar que o momento processual oportuno para apresentação de exceção preliminar, embasada no descumprimento do requisito de esgotamento dos recursos internos, é aquele anterior à adoção do Relatório de Admissibilidade pela Comissão Interamericana. Logo, se nada foi alegado junto à Comissão, considera-se caracterizado a desistência tácita dessa objeção.

E se mesmo assim o Estado insistir em alegar o descumprimento do requisito de esgotamento dos recursos internos perante à Corte, ficará configurada a violação ao princípio de *stoppel*, que determina a proibição de se comportar de forma contrária a sua conduta anterior (*non concedit venire contra factum proprium*). Em outras palavras, o Estado requerido estaria obrigado a apresentar objeção no primeiro momento em que fosse chamado perante a Comissão Interamericana, sob pena de ficar impedido de invocar o não esgotamento no julgamento perante a Corte Interamericana (*estoppel*).

Cabe ainda reafirmar o dito quando do estudo do sistema global de proteção, o ônus da prova da existência de um recurso acessível e suficiente recai sobre o Estado demandado.

Ainda, no caso Escher e Outros vs. Brasil, a Corte Interamericana asseverou que o descumprimento de prazo estabelecido para apresentação de argumentos pelas partes não constitui exceção preliminar válida. Isso porque não impugna a admissibilidade da demanda nem impede que o Tribunal conheça o caso. Em outras palavras, mesmo que o Tribunal resolvesse, hipoteticamente, aceitar o pedido do Estado, não afetaria de forma alguma a competência da Corte para conhecer o mérito da controvérsia.

Cabe apontar ainda que as custas e os gastos estão compreendidos no conceito de reparação consagrado no artigo 63, ponto 1, da Convenção Americana. A Corte busca na resolução dos casos à ela submetidos a *reparação integral*. Na Resolução de Supervisão de Cumprimento de Sentença do caso Escher e Outros vs. Brasil, a Corte ponderou que, em determinados casos, a publicação da Sentença constitui uma medida de satisfação, a qual tem uma repercussão pública e uma natureza distinta das medidas de compensação, como a indenização pelos danos morais ordenada em benefício das vítimas. O conteúdo da sentença deve ter uma repercussão pública proporcional ao vilipêndio sofrido. Assim, a publicação da sentença faria parte do conceito de reparação integral.

a) Caso Ximenes Lopes *versus* Brasil

Analisaremos a sentença (de 4 de julho de 2006) que resolve o mérito e as reparações e custas. Todavia, deve-se apontar que a Corte prolatou, anteriormente e em separado, uma sentença de exceção preliminar nesse caso.

A Corte foi acionada pela Comissão Interamericana de Direitos Humanos, a qual havia recebido anteriormente a denúncia. A demanda foi apresentada para que a Corte decidisse se o Brasil era responsável pela violação dos direitos consagrados nos artigos 4º (direito à vida), 5º (direito à integridade pessoal), 8º

72. Assim, as alegações que não tenham tal natureza, como por exemplo as que se referem ao mérito de um caso, podem ser formuladas mediante outros atos processuais previstos na Convenção Americana, mas não sob a figura de uma exceção preliminar.

(garantias judiciais) e 25 (proteção judicial) da Convenção Americana, com relação à obrigação estabelecida no artigo 1º, ponto 1 (obrigação de respeitar os direitos), do mesmo instrumento, em detrimento do senhor Damião Ximenes Lopes, portador de deficiência mental, pelas supostas condições desumanas e degradantes de sua hospitalização; pelos alegados golpes e ataques contra a integridade pessoal; por sua morte enquanto se encontrava submetido a tratamento psiquiátrico; bem como pela suposta falta de investigação e garantias judiciais que caracterizam seu caso e o mantém na impunidade.

A Corte decidiu, no mérito e por unanimidade, pelo reconhecimento parcial da responsabilidade internacional do Brasil. Dessa maneira, declarou que o Brasil violou os direitos à vida e à integridade pessoal consagrados nos artigos 4º, ponto 1, e 5º, pontos 1 e 2, da Convenção, em relação à obrigação geral de respeitar e garantir os direitos estabelecida no artigo 1º, ponto 1, desse tratado. Por fim, violou os direitos às garantias judiciais e à proteção judicial consagrados nos artigos 8º, ponto 1, e 25, ponto 1, da Convenção, em relação ao artigo 1º, ponto 1, desse tratado.

b) Caso Nogueira de Carvalho e outro *versus* Brasil

Nesse caso, a Corte prolatou uma sentença (de 28 de novembro de 2006) que resolve as exceções preliminares e o mérito.

A Corte foi acionada pela Comissão Interamericana de Direitos Humanos, a qual havia recebido anteriormente a denúncia. A demanda foi apresentada para que a Corte decidisse se o Brasil era responsável pela violação dos direitos consagrados nos artigos 8º (garantias judiciais) e 25 (proteção judicial) da Convenção Americana, com relação à obrigação estabelecida no artigo 1º, ponto 1 (obrigação de respeitar os direitos), do mesmo instrumento, pela presumida falta de devida diligência no processo de investigação dos fatos e punição dos responsáveis pela morte de Francisco Gilson Nogueira de Carvalho e da falta de provisão de um recurso efetivo no caso.

A Corte rechaçou as exceções preliminares (incompetência *ratione temporis* da Corte para conhecer desse caso e não esgotamento dos recursos da jurisdição interna) interpostas pelo Estado e, no mérito, decidiu, por unanimidade, pelo arquivamento do expediente, pois, em virtude do limitado suporte fático de que dispõe a Corte, não ficou demonstrado que o Brasil tenha violado no citado caso os direitos às garantias judiciais e à proteção judicial consagrados nos artigos 8º e 25 da Convenção Americana de Direitos Humanos.

c) Caso Escher e outros *versus* Brasil

Nesse caso, a Corte prolatou uma sentença (de 6 de julho de 2009) que resolve as exceções preliminares, o mérito e as reparações e custas.

A Corte foi acionada pela Comissão Interamericana de Direitos Humanos, a qual havia recebido anteriormente uma petição apresentada pelas organizações Rede Nacional de Advogados Populares e Justiça Global em nome dos membros das organizações Cooperativa Agrícola de Conciliação Avante Ltda. (Coana) e Associação Comunitária de Trabalhadores Rurais (Adecon), em função da alegada interceptação e monitoramento ilegal de linhas telefônicas, realizada pela Polícia Militar do estado do Paraná, bem como a divulgação das conversas telefônicas, a denegação de justiça e de reparação adequada.

A demanda foi apresentada para que a Corte decidisse se o Brasil era responsável pela violação dos artigos 8º, ponto 1 (garantias judiciais), 11 (proteção da honra e da dignidade), 16 (liberdade de associação) e 25 (proteção judicial) da Convenção Americana, em relação à obrigação geral de respeito e garantia dos direitos humanos e ao dever de adotar medidas de direito interno, previstos, respectivamente, nos artigos 1º, ponto 1, e 2º do referido tratado, também em consideração às diretrizes emergentes da cláusula federal contida no artigo 28 do mesmo instrumento.

O Brasil interpôs três exceções preliminares; a Corte descaracterizou uma e rechaçou as outras, declarando-se, assim, competente para conhecer o caso. No mérito, a Corte decidiu, por unanimidade, que o Brasil violou o direito à vida privada e o direito à honra e à reputação reconhecidos no artigo 11 em relação com o artigo 1º, ponto 1, da Convenção Americana, pela interceptação, gravação e divulgação das conversas telefônicas; o direito à liberdade de associação reconhecido no artigo 16 em relação com o artigo 1º, ponto 1, da Convenção; os direitos às garantias judiciais e à proteção judicial reconhecidos nos artigos 8º, ponto 1, e 25 em relação com o artigo 1º, ponto 1, da Convenção; e, por fim, decidiu que o Brasil não descumpriu a cláusula federal estabelecida no artigo 28 em relação com os artigos 1º, ponto 1, e 2º da Convenção.

Cabe lembrar que, depois dessa sentença, foi feito um pedido para que a Corte interpretasse o alcance de um ponto resolutivo da sentença, pois, como já dito, em caso de divergência sobre o sentido ou alcance da sentença, a Corte interpretá-la-á, a pedido de qualquer das partes, desde que este seja apresentado dentro de 90 dias a partir da data da notificação da sentença.

d) Caso Garibaldi *versus* Brasil

Nesse caso, a Corte prolatou uma sentença (de 23 de setembro de 2009) que resolve as exceções preliminares, o mérito e as reparações e custas.

A Corte foi acionada pela Comissão Interamericana de Direitos Humanos, a qual havia recebido anteriormente uma petição apresentada pelas organizações Justiça Global, Rede Nacional de Advogados e Advogadas Populares (Renap) e Movimento dos Trabalhadores Rurais Sem Terra (MST) em nome de Sétimo Garibaldi e seus familiares.

A demanda foi apresentada para que a Corte decidisse se o Brasil era responsável pela violação dos artigos 8º (garantias judiciais) e 25 (proteção judicial) da Convenção Americana, com relação à obrigação geral de respeito e garantia dos direitos humanos e ao dever de adotar medidas legislativas e de outro caráter no âmbito interno, previstos, respectivamente, nos artigos 1º, ponto 1, e 2º do referido tratado, também em consideração às diretrizes emergentes da cláusula federal contida no artigo 28 do mesmo instrumento.

O Brasil interpôs quatro exceções preliminares; a Corte admitiu parcialmente a exceção preliminar de incompetência *ratione temporis* para examinar supostas violações ocorridas antes do reconhecimento de sua competência pelo Brasil[73] e não aceitou as outras.

---

73. Lembrando que o Brasil reconheceu a competência obrigatória da Corte em 08.11.2002 (Decreto nº 4.463). O reconhecimento foi feito por prazo indeterminado, mas abrange fatos ocorridos após 10.12.1998.

No mérito, a Corte decidiu, por unanimidade, que o Brasil violou os direitos às garantias judiciais e à proteção judicial reconhecidos nos artigos 8º, ponto 1, e 25, ponto 1, em relação com o artigo 1º, ponto 1, da Convenção Americana, e não descumpriu a cláusula federal estabelecida no artigo 28 em relação com os artigos 1º, ponto 1, e 2º da Convenção Americana.

e) Caso Gomes Lund e outros (Guerrilha do Araguaia) *versus* Brasil

Nesse caso, a Corte prolatou uma sentença (de 24 de novembro de 2010) que resolve as exceções preliminares, o mérito e as reparações e custas.

A Corte foi acionada pela Comissão Interamericana de Direitos Humanos, a qual havia recebido anteriormente uma petição apresentada pelo Centro pela Justiça e o Direito Internacional (Cejil) e pela *Human Rights Watch/Americas*, em nome de pessoas desaparecidas no contexto da Guerrilha do Araguaia e seus familiares.

Essa demanda se refere à alegada responsabilidade do Brasil pela detenção arbitrária, tortura e desaparecimento forçado de 62 pessoas, entre membros do Partido Comunista do Brasil e camponeses da região, resultado de operações do Exército brasileiro empreendidas entre 1972 e 1975 com o objetivo de erradicar a Guerrilha do Araguaia, no contexto da ditadura militar (1964-1985) Assim, foi apresentada para que a Corte decidisse se o Brasil era responsável pela violação dos direitos estabelecidos nos artigos 3º (direito ao reconhecimento da personalidade jurídica), 4º (direito à vida), 5º (direito à integridade pessoal), 7º (direito à liberdade pessoal), 8º (garantias judiciais), 13 (liberdade de pensamento e expressão) e 25 (proteção judicial), da Convenção Americana de Direitos Humanos, em conexão com as obrigações previstas nos artigos 1º, ponto 1 (obrigação geral de respeito e garantia dos direitos humanos), e 2º (dever de adotar disposições de direito interno) da mesma Convenção.

O Brasil interpôs quatro exceções preliminares; a Corte admitiu parcialmente a exceção preliminar de falta de competência temporal da Corte para examinar supostas violações ocorridas antes do reconhecimento de sua competência pelo Brasil e não aceitou as outras.

Antes de comentarmos a decisão sobre o mérito, cabe apontar que o caráter contínuo ou permanente do desaparecimento forçado de pessoas foi reconhecido de maneira reiterada pelo Direito Internacional dos Direitos Humanos, no qual o ato de desaparecimento e sua execução se iniciam com a privação da liberdade da pessoa e a subsequente falta de informação sobre seu destino, e permanecem até quando não se conheça o paradeiro da pessoa desaparecida e os fatos não tenham sido esclarecidos. A Corte, portanto, é competente para analisar os alegados desaparecimentos forçados das supostas vítimas a partir do reconhecimento de sua competência contenciosa efetuado pelo Brasil; só não foi em relação à alegada execução extrajudicial da senhora Maria Lúcia Petit da Silva, cujos restos mortais foram identificados em 1996, ou seja, dois anos antes de o Brasil reconhecer a competência contenciosa da Corte.

No mérito, a Corte decidiu, por unanimidade, que as disposições da Lei de Anistia brasileira (nº 6.683/1979), que impedem a investigação e sanção de graves violações de direitos humanos, são incompatíveis com a Convenção Americana[74] (controle de convencionalidade internacional), como também que o Brasil é responsável pelo desaparecimento forçado e, portanto, pela violação dos direitos ao reconhecimento da personalidade jurídica, à vida, à integridade pessoal e à liberdade pessoal em relação com o artigo 1º, ponto 1, desse instrumento. Ademais, decidiu que o Brasil descumpriu a obrigação de adequar seu direito interno à Convenção Americana de Direitos Humanos, contida em seu artigo 2º, em relação aos artigos 8º, ponto 1, 25 e 1º, ponto 1, do mesmo instrumento. E ainda declarou o Brasil responsável pela violação do direito à liberdade de pensamento e de expressão consagrado no artigo 13 da Convenção, em relação com os artigos 1º, ponto 1, 8º, ponto 1, e 25 desse instrumento. Também foi declarada a responsabilidade do Brasil pela violação do direito à integridade pessoal, consagrado no artigo 5º, ponto 1, da Convenção, em relação com o artigo 1º, ponto 1, desse mesmo instrumento, em prejuízo dos familiares.

Cabe sublinhar que nessa decisão a Corte definiu que o dever de investigar e punir os responsáveis pela prática de desaparecimentos forçados possui caráter de *jus cogens*.

Por fim, Roberto Caldas, juiz *ad hoc* indicado pelo Brasil, destacou, em seu voto em separado e concordante, o papel da Corte no controle de convencionalidade internacional: "se aos tribunais supremos ou aos constitucionais nacionais incumbe o controle de constitucionalidade e a última palavra judicial no âmbito interno dos Estados, à Corte Interamericana de Direitos Humanos cabe o controle de convencionalidade e a última palavra quando o tema encerre debate sobre direitos humanos. É o que decorre do reconhecimento formal da competência jurisdicional da Corte por um Estado, como o fez o Brasil[75]".

9.3.5. Resumo dos prazos

Para facilitar a memorização dos prazos que limitam a utilização do sistema protetivo americano, faremos um esquema explicitando-os didaticamente:

✓ **Provocação da Comissão Interamericana de Direitos Humanos:** a comunicação do Estado-parte ou a petição do indivíduo (considerando terceiras pessoas ou organizações que representem o indivíduo lesionado) devem ser apresentadas *dentro do prazo de seis meses*, a partir da data em que o presumido prejudicado em seus direitos tenha sido notificado da decisão definitiva exarada no sistema protetivo nacional.

✓ **Provocação da Corte Interamericana de Direitos Humanos:** a submissão do caso pelo Estado ou pela Comissão

74. A Corte já tinha decidido nesse sentido, onde ganhou destaque o conhecido caso Barrios Altos do Peru. Na sentença prolatada no mencionado caso, datado do dia 14 de maio de 2001, pode-se sublinhar a seguinte passagem: "são inadmissíveis as disposições de anistia, as de prescrição e o estabelecimento de leis excludentes de responsabilidade que pretendam impedir a investigação e sanção dos responsáveis pelas violações graves de direitos humanos, tais como a tortura, as execuções sumárias, extralegais ou arbitrárias e os desaparecimentos forçados, todos eles proibidos por transgredir direitos inderrogáveis reconhecidos pelo Direito Internacional dos Direitos Humanos". (tradução minha)

75. Página 3, ponto 5, dovoto em separado e concordante do juiz *ad hoc* Roberto Caldas.

deve ocorrer *dentro do prazo de três meses* contados da data de envio do relatório, pela Comissão, aos Estados interessados.

✓ **Provocação da Corte Interamericana de Direitos Humanos II:** o pedido de interpretação da sentença (poderá ser formulado em relação às exceções preliminares, mérito ou reparações e custas), feito por qualquer das partes, deve ocorrer *dentro do prazo de 90 dias* a partir da data da notificação da sentença.

9.3.6. *Opiniões consultivas*[76]

A Convenção Americana de Direitos Humanos, ao permitir que os Estados-membros e os órgãos da OEA solicitem opiniões consultivas, cria um sistema paralelo ao do artigo 62 da Convenção e oferece um método judicial alternativo de caráter consultivo, destinado a ajudar os Estados e os órgãos a cumprir e a aplicar tratados em matéria de direitos humanos, sem submeter-se ao formalismo e ao sistema de sanções que caracteriza o processo contencioso[77]. Mais especificamente e consoante já dito a respeito da competência consultiva, "a Corte Interamericana de Direitos Humanos emite pareceres consultivos (ou opiniões consultivas) de duas espécies: os pareceres interpretativos de tratados de direitos humanos do sistema interamericano e os pareceres sobre a compatibilidade entre leis ou projetos de lei internos (segundo a decisão da Corte no Parecer Consultivo n. 12/91) e a Convenção Americana de Direitos Humanos[78]".

Em relação ao dito acima, cabe reproduzir importante distinção arquitetada por André de Carvalho Ramos: "Os pareceres interpretativos de normas americanas de direitos humanos *compõem o controle de interpretação* das citadas normas, demonstrando a orientação em *abstrato* da Corte para os operadores internos do Direito. Já os pareceres sobre a compatibilidade de leis ou projetos de leis internos com a Convenção formam o *controle de convencionalidade em abstrato* estipulado pelo Pacto de San José. Ambos os controles prescindem de litígio ou de vítimas, mas, em contrapartida, os pareceres são considerados como não vinculantes[79]".

Sem embargo, a Corte já reconheceu que considera inadmissível solicitação de consulta que conduza ao desvirtuamento da jurisdição contenciosa da Corte ou, em geral, à debilitação ou alteração do sistema previsto pela Convenção, de maneira a tornar mitigados os direitos das vítimas de eventuais violações de direitos humanos[80].

Por fim, o artigo 15, ponto 1, do Regulamento da Corte dispõe expressamente que o voto de cada juiz será afirmativo ou negativo, sem abstenções. Essa circunstância descarta totalmente a possibilidade de uma abstenção sobre o mérito. No mais, as decisões da Corte serão adotadas por maioria dos juízes presentes no momento da votação (ponto 3 do art. 15) e em caso de empate o voto do Presidente decidirá o caso (ponto 4 do art. 15)[81].

Seguem breves análises sobre as opiniões consultivas já confeccionadas pela Corte Interamericana de Direitos Humanos.

9.3.6.1. *Opinião Consultiva 01/1982*

Foi solicitada pelo governo do Peru com o objetivo de esclarecer o significado da frase "ou de outros tratados concernentes à proteção dos direitos humanos nos Estados americanos", constante do artigo 64 da Convenção Americana de Direitos Humanos.

De maneira mais específica, o governo peruano formulou a pergunta e enumerou três possíveis respostas: **a)** somente os tratados adotados dentro do marco do sistema interamericano; **b)** ou os tratados concluídos unicamente entre os Estados americanos, ou seja, a referência está limitada aos tratados de que são partes exclusivamente os Estados americanos; **c)** ou todos os tratados de que um ou mais Estados americanos são partes.

Essa consulta teve por escopo último a determinação do âmbito de abrangência da competência consultiva da Corte, isto é, saber quais são os limites dessa competência.

A Corte, por unanimidade, decidiu que possui competência consultiva sobre toda disposição, concernente à proteção dos direitos humanos, de qualquer tratado internacional aplicável aos Estados americanos, independentemente de ser bilateral ou multilateral, de qual seja seu objeto principal ou de que tenha ou possa ter Estados-partes estranhos ao sistema interamericano. Também decidiu, por unanimidade, que, por razões determinantes expressas em decisão motivada, a Corte poderá abster-se de responder a uma consulta se averiguar que, nas circunstâncias do caso, a petição exceda os limites de sua função consultiva, seja porque o assunto indagado se refere principalmente a compromissos internacionais contraídos por um Estado não americano ou à estrutura de funcionamento de órgãos ou organismos internacionais estranhos ao sistema interamericano, cujo trâmite da solicitação possa conduzir a uma alteração ou debilitação, em prejuízo do ser humano, do regime previsto pelo Pacto de San José da Costa Rica; ou até por outra razão análoga.

9.3.6.2. *Opinião Consultiva 02/1982*

Foi solicitada pela Comissão Interamericana de Direitos Humanos com o objetivo de obter respostas para a seguinte indagação: a partir de que momento se entende que um Estado é parte da Convenção Americana de Direitos Humanos? Quando ratificar ou aderir à Convenção com uma ou mais reservas; a partir da data do depósito de seu instrumento de ratificação ou adesão; ou após o termo do prazo previsto no artigo 20 da Convenção de Viena sobre o Direito dos Tratados?

A Comissão sustentava a necessidade de interpretação dos artigos 74 e 75 da Convenção Americana de Direitos Humanos para o perfeito cumprimento dessa solicitação.

Antes de qualquer definição sobre o tema suscitado, a Corte reforçou, com base no artigo 64 da Convenção Americana de Direitos Humanos, sua competência para emitir a opinião con-

76. Função exercida com base no artigo 64, pontos 1 (consulta geral) e 2 (consulta particular), da Convenção Americana de Direitos Humanos.
77. Opinião Consultiva 3/83, de 8 de setembro de 1983, item 43.
78. RAMOS, André de Carvalho. *Teoria geral dos direitos humanos na ordem internacional.* 2. ed. São Paulo: Saraiva, 2012. p. 244.
79. *Teoria geral dos direitos humanos na ordem internacional.* 2. ed. São Paulo: Saraiva, 2012. p. 244.
80. Opinião Consultiva 1/82, de 24 de setembro de 1982, item 31.
81. Esse formato adotado nas decisões e nas votações também é observado no exercício da competência contenciosa da Corte.

sultiva solicitada pela Comissão. Cabe aqui destacar que o artigo 1º do Estatuto da Corte determina que a Corte é uma instituição judicial autônoma cujo objetivo é a interpretação e aplicação da Convenção Americana de Direitos Humanos.

Outra questão preliminar é a legitimidade da Comissão para formular dado pedido de opinião consultiva. A Corte apontou, sem maiores discussões, a existência de tal legitimidade e, por unanimidade, decidiu que a Convenção entra em vigência, no Estado que a tenha ratificado ou a ela aderido com ou sem reservas, na data do depósito do instrumento de ratificação ou adesão.

9.3.6.3. Opinião Consultiva 03/1983

Foi solicitada pela Comissão Interamericana de Direitos Humanos e teve por fito a determinação da correta interpretação do artigo 4º da Convenção Americana de Direitos Humanos.

De maneira mais específica, foram formuladas estas perguntas: **a)** pode um governo aplicar a pena de morte para delitos que ainda não tivessem previsto a dita sanção na legislação interna, no momento da entrada em vigor da Convenção Americana de Direitos Humanos nesse Estado?; **b)** pode um governo, com base numa reserva feita, no momento da ratificação, ao artigo 4º, ponto 4, da Convenção, legislar depois da entrada em vigor da Convenção para impor a pena de morte aos delitos que não comportavam essa sanção quando foi efetuada a ratificação?

O governo da Guatemala[82] apresentou objeção à competência da Corte em exarar opinião consultiva nesse caso, pois se trata de verdadeiro "contencioso encoberto" e sabe-se que a competência contenciosa da Corte só pode ser exercida em relação aos Estados-partes da Convenção que expressa e inequivocamente tenha aceitado essa competência da Corte (artigo 62 da Convenção Americana de Direitos Humanos). Mas a Corte afastou tal pretensão e demonstrou que essa política decisória está em consonância com a jurisprudência da Corte Internacional de Justiça (CIJ). Cabe transcrever o trecho que caracteriza bem a jurisprudência da CIJ:

"Com essa procedência, a Corte de Haia reconheceu que a opinião consultiva poderia eventualmente afetar os interesses de Estados que não tenham aceitado a competência contenciosa e que não estejam dispostos a litigar sobre o assunto. A questão decisiva sempre foi saber se o órgão solicitante tem interesse legítimo na obtenção da opinião com a finalidade de orientar suas ações futuras[83]".

A Comissão possui legítimo interesse porque uma de suas funções é enviar recomendações aos Estados-partes da Convenção Americana de Direitos Humanos ou até mesmo aos Estados-membros da OEA.

Por unanimidade, a Corte assim respondeu às perguntas formuladas pela Comissão: **a)** a Convenção Americana de Direitos Humanos proíbe peremptoriamente a extensão da pena de morte. Assim, não pode o governo de um Estado-parte aplicar a pena de morte a delitos para os quais não estava prevista essa sanção na legislação interna; **b)** uma reserva limitada por seu próprio texto ao artigo 4º, ponto 4, da Convenção não permite que governo de um Estado-parte legisle posteriormente para estender a aplicação da pena de morte a delitos que não comportavam tal sanção.

O juiz hondurenho Carlos Roberto Reina exarou opinião em separado. Em seu voto, concordou com a posição da Corte, mas apresentou proposta de redação para a segunda resposta da Corte: "uma reserva limitada por seu próprio texto ao artigo 4º, ponto 4, da Convenção não permite que o governo de um Estado-parte, como pretendia o da Guatemala, legisle posteriormente para estender a aplicação da pena de morte a delitos que não comportavam tal sanção".

Também apresentou opinião em separado o juiz costa-riquenho Rodolfo Piza Escalante, concordando com a posição da Corte e proferindo uma resposta mais completa e direta. Ele fechou seu voto afirmando que a reserva formulada pelo governo da Guatemala no momento da ratificação da Convenção somente permite ao país aplicar a pena de morte aos delitos comuns conexos com os políticos que já contemplavam referida sanção e não pode o governo invocar tal reserva para estender sua aplicação a novos delitos, independentemente da natureza que possuírem.

9.3.6.4. Opinião Consultiva 04/1984

Foi solicitada pelo governo da Costa Rica com o objetivo de esclarecer se era compatível com o sistema protetivo americano a alteração de certos dispositivos (artigos 14 e 15 – "nacionalidade") da Constituição Política da Costa Rica.

Como visto, a Corte pode fazer análise de compatibilidade entre a legislação doméstica de um país-membro da OEA e o sistema protetivo americano, com o escopo de harmonizá-los.

Mais precisamente, o governo da Costa Rica, originariamente indagado pela Comissão de Reforma dos artigos 14 e 15 da Constituição, buscava saber se existia alguma incompatibilidade entre as reformas propostas[84] e os artigos 17, ponto 4,

---

82. O governo da Guatemala apresentou reserva ao artigo 4º, ponto 4, da Convenção Americana de Direitos Humanos no momento de sua ratificação.

83. Trecho do ponto 40 da Opinião Consultiva 03/83 da Corte Interamericana de Direitos Humanos.

84. Segue a proposta de reforma constitucional dos artigos 14 e 15 da Constituição da Costa Rica:
"Artigo 14. São costa-riquenhos por naturalização:
1) Os que tenham adquirido essa qualidade em virtude de leis anteriores;
2) Os nacionais de outros países da América Central, os espanhóis e os latino-americanos por nascimento, com cinco anos de residência oficial no país e que cumpram com os demais requisitos que determina a lei;
3) Os nacionais de outros países da América Central, os espanhóis e os latino-americanos que não sejam por nascimento e os demais estrangeiros que tenham residido oficialmente por um período mínimo de sete anos e que cumpram com os demais requisitos que determina a lei;
4) A mulher estrangeira que, ao se casar com um costa-riquenho perde sua nacionalidade ou que estando casada dois anos com um costa-riquenho e tenha esse mesmo período de residência no país, manifeste seu desejo de adquirir nossa nacionalidade; e
5) Aqueles que receberam a nacionalidade honorífica da Assembleia Legislativa.
Artigo 15. Quem solicita a naturalização deve provar ter boa conduta, demonstrar que tem trabalho ou meio de viver conhecido, que sabe falar, escrever e ler no idioma espanhol. E se submeterá a um exame compreensivo sobre a história do país e seus valores, devendo, mesmo assim, prometer que residirá no território nacional de modo regular e jurar que respeitará a ordem constitucional da República.

20, pontos 1, 2 e 3, e 24 da Convenção Americana de Direitos Humanos.

Dentro dessa indagação geral de aferimento de compatibilidade, o governo da Costa Rica formulou as seguintes perguntas específicas: **a)** o direito de toda pessoa ter uma nacionalidade estipulado no artigo 20, ponto 1, da Convenção é afetado pelas modificações propostas nos artigos 14 e 15 da Constituição da Costa Rica?; **b)** a reforma proposta no ponto 4 do artigo 14 é compatível com o artigo 17, ponto 4, da Convenção Americana de Direitos Humanos, no tocante à igualdade entre os cônjuges?

Na apreciação da admissão do pedido de análise de compatibilidade, a Corte pela primeira vez definiu certas posições. Por exemplo, a expressão "leis internas", sem qualquer ressalva ou sem que do seu contexto resulte um sentido mais restringido, significa toda a legislação nacional e todas as normas jurídicas, independentemente de sua natureza, incluindo disposições constitucionais.

Também enfrentou a questão sobre a possibilidade de o pedido de análise de compatibilidade versar sobre um projeto de reforma constitucional, e não sobre uma lei interna vigente. Nesse caso, decidiu-se, por bom senso, pela possibilidade de dada consulta, até porque, conforme assinalado na Opinião Consultiva 03/83, o processo consultivo está destinado a ajudar os Estados e os órgãos da OEA no cumprimento e na aplicação dos tratados de direitos humanos, sem submetê-los ao formalismo e ao sistema de sanções que caracteriza o processo contencioso.

A Corte assim decidiu:

Em relação ao artigo 20 da Convenção,

a) por cinco votos contra um[85], que o direito à nacionalidade, reconhecido pelo artigo 20 da Convenção, não foi respeitado pelo projeto de reforma constitucional, objeto da consulta.

Em relação aos artigos 24 e 17, ponto 4, da Convenção,

b) por unanimidade, que não constitui discriminação contrária à Convenção Americana estipular condições preferenciais para obtenção da nacionalidade costa-riquenha, por naturalização, em benefício dos americanos, latino-americanos e espanhóis, em detrimento dos demais estrangeiros.

c) por cinco votos contra um[86], que não constitui discriminação contrária à Convenção Americana limitar essa preferência aos americanos, latino-americanos e espanhóis de nascimento.

d) por cinco votos contra um[87], que não constitui, em si, discriminação contrária à Convenção Americana agregar os requisitos do artigo 15 do projeto ao procedimento para obtenção da nacionalidade costa-riquenha, por naturalização.

e) por unanimidade, que constitui discriminação incompatível com os artigos 17, ponto 4, e 24 da Convenção Americana estipular no artigo 14, ponto 4, do projeto de reforma constitucional condições preferenciais para a naturalização por matrimônio em benefício de apenas um dos cônjuges.

O juiz estadunidense Thomas Buergenthal exarou voto divergente em relação ao item *c* da decisão da Corte, argumentando que o projeto de reforma constitucional, se for adotado, violará o artigo 24 da Convenção Interamericana por estabelecer uma distinção discriminatória entre os americanos, espanhóis e latino-americanos que possuem essas nacionalidades por nascimento e aqueles que adquiriram por naturalização. Assim, a distinção feita no artigo 14 do projeto de reforma constitucional entre nacionais por nascimento e nacionais por naturalização é incompatível com o artigo 24 da Convenção Americana.

Também apresentou voto divergente o juiz costa-riquenho Rodolfo Piza Escalante em relação aos itens *a* e *d* e acrescentou uma consideração não enfrentada pela Corte. Seguem algumas considerações do juiz em seu voto apartado: configura discriminação contrária à Convenção exigir o conhecimento do idioma espanhol para fins de leitura e escrita, assim como o requisito adicional de realização de uma prova sobre a história do país e seus valores. Sua aplicação levaria a exclusões e distinções arbitrárias entre pessoas e grupos humanos determinados. Também configura discriminação incompatível com os artigos 17, ponto 4, e 24 da Convenção Americana a estipulação de condições preferenciais para a naturalização por matrimônio em favor de apenas um dos cônjuges. Essa discriminação estaria superada mediante a substituição do termo "mulher estrangeira" por "pessoa estrangeira".

Para o juiz costa-riquenho, não configura, em si, discriminação contrária à Convenção, embora seja uma pouco convincente regressão, condicionar a concessão da naturalização voluntária em função do matrimônio a requisitos adicionais de dois anos de matrimônio e de residência no país, concorrentemente. No entanto, essa proposição parece incorrer diretamente em incompatibilidade com o direito de nacionalidade reconhecido no artigo 20, ponto 1, da Convenção Americana, assim como também em relação ao princípio da unidade da família, referido nos direitos consagrados no artigo 17, pontos 1 e 2, da mesma Convenção, ao impor por dois anos um impedimento desarrazoado e um obstáculo grave ao interesse natural dos cônjuges no fortalecimento daquela unidade familiar.

9.3.6.5. Opinião Consultiva 05/1985

Foi solicitada pelo governo da Costa Rica com o objetivo de aclarar a correta interpretação dos artigos 13 e 29 da Convenção Americana de Direitos Humanos, tendo por base o licenciamento obrigatório dos jornalistas[88] e a compatibilidade da Lei nº 4.420/1969[89] (Lei Orgânica do Sindicato de Jornalistas da Costa Rica) com os artigos 13 e 29 do Pacto de San José da Costa Rica.

A questão era saber se o licenciamento obrigatório como condição para o exercício do jornalismo estava permitido ou compreendido nas limitações à liberdade de pensamento e expressão contidas nos artigos 13 e 29 da Convenção. Ou seja, se havia compatibilidade entre as normas internas e os artigos da Convenção.

Em primeiro lugar, a Corte decidiu, por unanimidade, que o licenciamento obrigatório de jornalistas, enquanto impeça o acesso de qualquer pessoa ao uso pleno dos meios de comunica-

Por meio de lei se estabelecerão os requisitos e a forma de tramitação do pedido de naturalização".

85. O juiz costa-riquenho Rodolfo E. Piza Escalante apresentou voto divergente.
86. O juiz estadunidense Thomas Buergenthal apresentou voto divergente.
87. O juiz costa-riquenho Rodolfo E. Piza Escalante apresentou voto divergente.
88. Leia-se diploma de jornalismo.
89. Essa lei estabelece o licenciamento obrigatório de seus membros para poder exercer o jornalismo.

ção social como veículo para expressar-se ou transmitir opinião, é incompatível com o artigo 13 da Convenção Americana de Direitos Humanos.[90]

90. **Art. 4º, V, do Decreto-lei 972/69: Exigência de Curso de Jornalismo e Não recepção – 2**
Asseverou-se que o tema envolveria a delimitação do âmbito de proteção da liberdade de exercício profissional assegurada pelo art. 5º, XIII, da CF ("é livre o exercício de qualquer trabalho, ofício ou profissão, atendidas as qualificações profissionais que a lei estabelecer"), assim como a identificação das restrições e conformações legais constitucionalmente permitidas. Afirmou-se que se teria no citado preceito uma inequívoca reserva legal qualificada, ou seja, a Constituição remeteria à lei o estabelecimento das qualificações profissionais como restrições ao livre exercício profissional. Esse modelo de reserva legal qualificada estaria presente nas Constituições anteriores que prescreviam à lei a definição das "condições de capacidade" como condicionantes para o exercício profissional. Considerou-se que, no âmbito desse modelo de reserva legal qualificada, pairaria uma imanente questão constitucional quanto à razoabilidade e proporcionalidade das leis restritivas, especificamente das leis que disciplinam as qualificações profissionais como condicionantes do livre exercício das profissões e salientou-se que a reserva legal fixada pelo art. 5º, XIII, da CF não conferiria ao legislador o poder de restringir o exercício da liberdade a ponto de atingir o seu próprio núcleo essencial. Assim, ressaltou-se que seria preciso verificar se a lei restritiva da liberdade de exercício profissional, ao definir as qualificações profissionais, como autorizado pelo texto constitucional, transbordaria os limites da proporcionalidade, atingindo o próprio núcleo essencial dessa liberdade. Citou-se, a esse respeito, precedentes da Corte (RE 70563/SP, DJU de 22.4.71 e Rp 930/DF, DJU de 2.9.77), e registrou-se que, desde a Rp 930/DF, o Supremo teria firmado orientação no sentido de que as restrições legais à liberdade de exercício profissional somente poderiam ser levadas a efeito no que respeita às qualificações profissionais, devendo ser reputada inconstitucional a restrição legal desproporcional e que violasse o conteúdo essencial daquela liberdade.
RE 511961/SP, rel. Min. Gilmar Mendes, 17.6.2009. (RE-511961)
Art. 4º, V, do Decreto-lei 972/69: Exigência de Curso de Jornalismo e Não recepção – 3
Tendo em conta essas ponderações, aduziu-se, relativamente ao inciso V do art. 4º do Decreto-lei 972/69, ser preciso aferir se o exercício da profissão de jornalista exigiria qualificações profissionais e capacidades técnicas específicas e especiais e se, dessa forma, estaria o Estado legitimado constitucionalmente a regulamentar a matéria em defesa do interesse da coletividade. Frisou-se que a doutrina constitucional consideraria que as qualificações profissionais a que se refere o art. 5º, XIII, da CF somente poderiam ser exigidas, pela lei, daquelas profissões que, de alguma forma, poderiam trazer perigo de dano à coletividade ou prejuízos diretos a direitos de terceiros, sem culpa das vítimas, como a medicina e as demais profissões ligadas à área da saúde, a engenharia, a advocacia e a magistratura, dentre outras. Dessa forma, a profissão de jornalista, por não implicar tais riscos, não poderia ser objeto de exigências quanto às condições de capacidade técnica para o seu exercício, sendo que eventuais riscos ou danos efetivos provocados por profissional do jornalismo a terceiros não seriam inerentes à atividade e, dessa forma, não seriam evitáveis pela exigência de um diploma de graduação. Tais entendimentos, que apreenderiam o sentido normativo do art. 5º, XIII, da CF, demonstrariam, portanto, a desproporcionalidade das medidas estatais que visam restringir o livre exercício do jornalismo mediante a exigência de registro em órgão público condicionado à comprovação de formação em curso superior de jornalismo.
RE 511961/SP, rel. Min. Gilmar Mendes, 17.6.2009. (RE-511961)
Art. 4º, V, do Decreto-lei 972/69: Exigência de Curso de Jornalismo e Não recepção – 4
Afirmou-se que as violações à honra, à intimidade, à imagem ou a outros direitos da personalidade não constituiriam riscos inerentes ao exercício do jornalismo, mas sim o resultado do exercício abusivo e antiético dessa profissão. Depois de distinguir o jornalismo despreparado do abusivo, destacou-se que o último não estaria limitado aos profissionais despreparados ou que não frequentaram um curso superior, e que as notícias falaciosas e inverídicas, a calúnia, a injúria e a difamação configurariam um grave desvio de conduta, passível de responsabilidade civil e penal, mas não solucionado na formação técnica do jornalista. No ponto, afastou-se qualquer suposição no sentido de que os cursos de graduação em jornalismo seriam desnecessários após a declaração de não recepção do art. 4º, V, do Decreto-lei 972/69, bem como se demonstrou a importância desses cursos para o preparo técnico e ético dos profissionais. Apontou-se que o jornalismo seria uma profissão diferenciada por sua estreita vinculação ao pleno exercício das liberdades de expressão e informação, constituindo a própria manifestação e difusão do pensamento e da informação de forma contínua, profissional e remunerada, razão por que jornalismo e liberdade de expressão não poderiam ser pensadas e tratadas de forma separada. Por isso, a interpretação do art. 5º, XIII, da CF, na hipótese da profissão de jornalista, teria de ser feita, impreterivelmente, em conjunto com os preceitos do art. 5º, IV, IX, XIV, e do art.220, da CF, os quais asseguram as liberdades de expressão, de informação e de comunicação em geral.
RE 511961/SP, rel. Min. Gilmar Mendes, 17.6.2009. (RE-511961)
Art. 4º, V, do Decreto-lei 972/69: Exigência de Curso de Jornalismo e Não recepção – 5
Mencionou-se, também, o que decidido pela Corte no julgamento da ADPF 130/DF (DJE de 12.5.2009), no sentido de que as liberdades de expressão e de informação e, especificamente, a liberdade de imprensa, somente poderiam ser restringidas pela lei em casos excepcionalíssimos, sempre em razão da proteção de outros valores e interesses constitucionais igualmente relevantes, como os direitos à honra, à imagem, à privacidade e à personalidade em geral. Nesse sentido, aduziu-se que o constituinte de 1988 não concebeu a liberdade de expressão como direito absoluto, insuscetível de restrição pelo Judiciário ou pelo Legislativo, mas apenas estabeleceu ser inadmissível que a disciplina legal criasse embaraços à liberdade de informação. Assim, no caso da profissão de jornalista, a interpretação do art. 5º, XIII, em conjunto com os seus incisos IV, IX, XIV e o art. 220, da CF, levaria à conclusão de que a ordem constitucional somente admitiria a definição legal das qualificações profissionais na hipótese em que fossem elas fixadas para proteger, efetivar e reforçar o exercício profissional das liberdades de expressão e de informação por parte dos jornalistas. Disso se perceberia que a exigência de curso superior para a prática do jornalismo não estaria autorizada pela ordem constitucional, por consubstanciar uma restrição, um impedimento, uma verdadeira supressão do pleno, incondicionado e efetivo exercício da liberdade jornalística, expressamente proibido pelo art. 220, § 1º, da CF. Portanto, em se tratando de jornalismo, atividade intimamente ligada às liberdades de expressão e informação, o Estado não estaria legitimado a estabelecer condicionamentos e restrições quanto ao acesso à profissão e ao respectivo exercício profissional.
RE 511961/SP, rel. Min. Gilmar Mendes, 17.6.2009. (RE-511961)
Art. 4º, V, do Decreto-lei 972/69: Exigência de Curso de Jornalismo e Não recepção – 6
Ressaltou-se, ademais, que a impossibilidade do estabelecimento de controles estatais sobre a profissão jornalística também levaria à conclusão de que não poderia o Estado criar uma ordem ou um conselho profissional (autarquia) para a fiscalização desse tipo de profissão e que o exercício do poder de polícia do Estado seria vedado nesse campo em que imperam as liberdades de expressão e de informação. Por outro lado, observou-se que a vedação constitucional a qualquer tipo de controle estatal prévio não desprezaria o elevado potencial da atividade jornalística para gerar riscos de danos ou danos efetivos à ordem, segurança, bem-estar da coletividade e a direitos de terceiros. Asseverou-se que, no Estado Democrático de Direito, a proteção da liberdade de imprensa também levaria em conta a proteção contra a própria imprensa, sendo que a Constituição garantiria as liberdades de expressão e de informação sem permitir, entretanto, violações à honra, à intimidade e à dignidade humana. Entendeu-se ser certo que o exercício abusivo do jornalismo ensejaria graves danos individuais e

Por último, a Corte também decidiu por unanimidade que a Lei nº 4.420/1969, enquanto impeça certas pessoas de pertencer ao Sindicato de Jornalistas e, por consequência, o uso pleno dos meios de comunicação social como veículo para expressar-se e transmitir opinião, é incompatível com o artigo 13 da Convenção Americana de Direitos Humanos.

O juiz colombiano Rafael Nieto Navia exarou opinião em separado em que estabelece outro paradigma (artigo 16 da Convenção) para análise de compatibilidade da Lei nº 4.420/1969 diante da Convenção Americana de Direitos Humanos. Assim, termina seu voto em separado defendendo, como o fez a Corte, a incompatibilidade da Lei nº 4.420/1969 em relação à Convenção, mais precisamente em seu artigo 16 (liberdade de associação), pois cria restrições não permitidas pelo citado artigo.

Também apresentou opinião separada o juiz costa-riquenho Rodolfo Piza Escalante, em que concordou com as duas conclusões da Corte, mas acrescentou, em caráter de opinião separada, outras considerações. A primeira assevera que o licenciamento dos jornalistas em geral e o que estabelece a Lei nº 4.420/1969 em particular são incompatíveis também com o artigo 13 da Convenção enquanto impõe uma licença ou autorização prévia para o exercício da profissão, que equivale a uma restrição prévia ao exercício da liberdade de expressão (não autorizada pelo artigo 13, ponto 2, da Convenção). A outra consideração tem o condão de mostrar as outras violações à liberdade de expressão que o licenciamento obrigatório ocasiona e em especial a Lei nº 4.420/1969 suscita. São elas: **a)** a outorga ao Sindicato de Jornalistas de atribuições para estabelecer restrições e sanções que não estão taxativamente definidas em lei viola o artigos 13, ponto 2, e 9º (legalidade penal), ambos da Convenção Americana de Direitos Humanos; **b)** não se justifica a imposição de restrições derivadas da obrigação de associar-se para fins sindicais e outras que não são necessárias para assegurar o respeito aos direitos ou a reputação dos demais, nem para a proteção da segurança nacional, da ordem pública ou da saúde ou moral públicas em uma sociedade democrática, como dispõe de forma restritiva o artigo 13, ponto 2, da Convenção, em sintonia com os valores fundamentais do sistema protetivo inaugurado pela Convenção Americana de Direitos Humanos.

Por fim, e em razão do dito no item *b* de sua conclusão, o juiz Escalante aderiu também à opinião em separado confeccionada pelo juiz Nieto, com a ressalva de que o Sindicato de Jornalistas exerce funções de caráter público que não estão enumeradas no artigo 1º de sua Lei Orgânica.

9.3.6.6. Opinião Consultiva 06/1986

Foi solicitada pelo governo da República Oriental do Uruguai com o objetivo de aclarar o alcance da expressão "leis" empregada no artigo 30 da Convenção Americana de Direitos Humanos. Mais precisamente, buscava-se saber se a expressão "leis" se referia a um sentido formal – norma jurídica emanada do Legislativo e promulgada pelo Poder Executivo, respeitados os procedimentos estabelecidos na Constituição – ou a um sentido material, como sinônimo de ordenamento jurídico, prescindindo do procedimento de elaboração e da classificação normativa que poderia ter na escala hierárquica da respectiva ordem jurídica.

A Corte, por unanimidade, decidiu que a palavra "leis" constante do artigo 30 da Convenção significa norma jurídica de caráter geral, ligada ao bem comum, emanada dos órgãos legislativos constitucionalmente previstos e democraticamente eleitos, além de elaborada segundo o procedimento estabelecido pelas constituições dos Estados-partes para a formação das leis.

9.3.6.7. Opinião Consultiva 07/1986

Foi solicitada pelo governo da Costa Rica com o objetivo de aclarar a devida interpretação e alcance do artigo 14, ponto 1, da Convenção Americana de Direitos Humanos, tendo por base os artigos 1º, ponto 1, e 2º da mesma Convenção.

---

coletivos, mas que seria mais certo ainda que os danos causados pela atividade jornalística não poderiam ser evitados ou controlados por qualquer tipo de medida estatal de índole preventiva. Dessa forma, o abuso da liberdade de expressão não poderia ser objeto de controle prévio, mas de responsabilização civil e penal sempre *a posteriori*. Em decorrência disso, não haveria razão para se acreditar que a exigência de diploma de curso superior de jornalismo seria medida adequada e eficaz para impedir o exercício abusivo da profissão. Portanto, caracterizada essa exigência como típica forma de controle prévio das liberdades de expressão e de informação, e verificado o embaraço à plena liberdade jornalística, concluir-se-ia que ela não estaria autorizada constitucionalmente. **RE 511961/SP, rel. Min. Gilmar Mendes, 17.6.2009. (RE-511961)**

Art. 4º, V, do Decreto-lei 972/69: Exigência de Curso de Jornalismo e Não recepção – 7

Diante dessas considerações, julgou-se demonstrada a necessidade de proteção dos jornalistas não apenas em face do Estado, mas dos próprios meios de comunicação, ante seu poder quase incomensurável. Os direitos dos jornalistas, especificamente as garantias quanto ao seu estatuto profissional, deveriam ser assegurados em face do Estado, da imprensa e dos próprios jornalistas, sendo que a exigência de diploma comprovante da formatura em um curso de jornalismo não teria qualquer efeito nesse sentido. Reputou-se que, nesse campo de proteção dos direitos e prerrogativas profissionais dos jornalistas, a autorregulação seria a solução mais consentânea com a ordem constitucional e com as liberdades de expressão e de informação, solução esta aventada pela Corte para o campo da imprensa em geral no julgamento da citada ADPF 130/DF. Dessa forma, seriam os próprios meios de comunicação que deveriam estabelecer os mecanismos de controle quanto à contratação, avaliação, desempenho, conduta ética dos profissionais do jornalismo, podendo as empresas de comunicação estipular critérios de contratação, como a especialidade de determinado campo do conhecimento, e, ainda, a própria exigência de curso superior em jornalismo. Esse tipo de orientação regulatória, ao permitir a autopoiesis do sistema de comunicação social, ofereceria uma maior proteção das liberdades de expressão. Considerou-se que essa seria, portanto, a melhor interpretação dos artigos 5º, IX, XIII, e 220 da CF e a solução mais consentânea com a proteção das liberdades de profissão, de expressão e de informação na ordem constitucional brasileira. Destacou-se que tal interpretação também teria sido acolhida pela Corte Interamericana de Direitos Humanos que, em 13.11.85, declarou que a obrigatoriedade do diploma universitário e da inscrição em ordem profissional para o exercício da profissão de jornalista violaria o art. 13 da Convenção Americana de Direitos Humanos, que protege a liberdade de expressão em sentido amplo. Acrescentou-se que, nessa mesma linha, tem se manifestado a Organização dos Estados Americanos – OEA, por meio da Comissão Interamericana de Direitos Humanos. Por fim, constatou-se que o Decreto-lei 972/69 teria sido editado sob a égide do regime ditatorial instituído pelo Ato Institucional 5/68, restando patente que a exigência de diploma de curso superior em jornalismo para o exercício da profissão tinha por finalidade afastar dos meios de comunicação intelectuais, políticos e artistas que se opunham ao regime militar, atendendo a outros valores que não estariam mais vigentes em nosso Estado Democrático de Direito. Vencido o Min. Marco Aurélio que desprovia os recursos.
RE 511961/SP, rel. Min. Gilmar Mendes, 17.6.2009. (RE-511961)

A Corte esclareceu que a consulta comportava duas questões com significados diversos. A primeira reside em precisar a interpretação do artigo 14, ponto 1, da Convenção, tendo por base o artigo 1º, ponto 1. Por sua vez, a outra questão tem a ver com a aplicação do artigo 14, ponto 1, no âmbito jurídico interno da Costa Rica. A Corte apenas respondeu a primeira questão em função do disposto no artigo 64, ponto 1, da Convenção. Ou seja, a segunda questão encontrava-se fora do âmbito da competência consultiva da Corte.

A Corte decidiu, por quatro votos contra três[91], admitir a consulta formulada pelo governo da Costa Rica.

Em relação ao mérito, a Corte decidiu que:

a) por unanimidade, o artigo 14, ponto 1, da Convenção reconhece um direito de retificação ou resposta internacionalmente exigível. E, em respeito ao artigo 1º, ponto 1, da Convenção, os Estados-partes têm a obrigação de respeitar e garantir seu livre e pleno exercício a todas as pessoas que estejam sob sua jurisdição;

b) por unanimidade, quando o direito consagrado no artigo 14, ponto 1, da Convenção não puder ser efetivo dentro do ordenamento jurídico de um Estado-parte, esse Estado tem a obrigação, em virtude do artigo 2º da Convenção, de adotar, com supedâneo em seus procedimentos constitucionais e das disposições da própria Convenção, as medidas legislativas ou de outro caráter necessárias para dar efetividade ao mandamento do artigo 14, ponto 1;

c) por seis votos contra um[92], a palavra "lei", tal como empregada no artigo 14, ponto 1, está relacionada às obrigações assumidas pelos Estados-partes no artigo 2º e, por conseguinte, as medidas que o Estado-parte deve adotar compreendem todas as disposições internas adequadas, consoante o respectivo sistema jurídico, para garantir o livre e pleno exercício do direito consagrado no artigo 14, ponto 1. Mas, quando tais medidas restringirem um direito reconhecido pela Convenção, será necessária a existência de uma lei formal.

O juiz uruguaio Héctor Gros Espiell exarou opinião em separado em que reafirmou sua concordância com a opinião consultiva emitida pela Corte no caso. Mas ressalvou que a Corte deveria ter analisado outros critérios no desenvolvimento de sua fundamentação. Mais precisamente, elucidou que o direito de retificação ou resposta seria mais bem definido e compreendido quando relacionado com outros direitos reconhecidos pela Convenção, tendo por base as obrigações que os Estados-partes assumiram, como corolário do disposto nos artigos 1º, ponto 1, e 2º da Convenção Americana de Direitos Humanos.

Os juízes Rafael Nieto Navia e Pedro Nikken apresentaram opinião divergente conjunta no que tange à admissibilidade da consulta. As razões por eles apresentadas são as seguintes:

a) a função da Corte não é interpretar o direito interno, mas o direito internacional. No caso da jurisdição contenciosa, o âmbito de análise são as próprias disposições da Convenção; no caso da competência consultiva, o âmbito é formado pela Convenção e outros tratados concernentes à proteção dos direitos humanos nos Estados americanos (em conformidade com a Opinião Consultiva n. 01/82, p. 42);

b) não obstante o dito no item anterior, deve-se reconhecer que o direito interno dos Estados americanos não é completamente alheio à consideração da Corte. No âmbito de sua competência contenciosa, a Corte pode ser chamada a decidir tendo por base o direito interno de um Estado-parte, na medida em que sua aplicação pode dar causa a determinada violação das obrigações que o mesmo Estado assumiu em virtude da Convenção. Todavia, para resolver a questão central, deveria a Corte decidir se a Convenção foi violada ou não, de modo que são as regras da Convenção que deveriam ser interpretadas para a correta definição de seu alcance e determinação da ocorrência ou não de violação;

c) também no âmbito de sua competência consultiva, conforme o que dispõe o artigo 64, ponto 2, da Convenção, a Corte tem a função, diante da solicitação de qualquer Estado-membro da OEA, de pronunciar-se sobre a compatibilidade de determinada lei de certo Estado com a Convenção Americana de Direitos Humanos ou outros tratados concernentes à proteção dos direitos humanos nos Estados americanos. Trata-se de uma função que tem o propósito de ajudar os Estados-membros da OEA no cumprimento de suas obrigações internacionais em relação aos direitos humanos, especificamente no que tange à adequação de seu ordenamento interno à Convenção Americana de Direitos Humanos;

d) mas, mesmo nesse caso, a interpretação da Corte tem de se referir, no essencial, à Convenção ou a outros tratados referentes à proteção dos direitos humanos, ou seja, ao direito internacional. Trata-se, novamente, de estabelecer o alcance da garantia oferecida pelo tratado submetido à interpretação. Realizada essa tarefa, cabe comparar o resultado da interpretação com o conteúdo de uma lei interna para determinar em que medida existe contradição entre essa lei e o compromisso internacional assumido pelo Estado solicitante;

e) no caso em questão, é de interesse especial determinar se a consulta solicitada se refere à interpretação da Convenção ou, pelo contrário, busca apontar uma possibilidade interpretativa do direito costa-riquenho. No primeiro caso, a Corte teria competência para responder à consulta, mas, no segundo, a interpretação solicitada estaria fora do âmbito de competência da Corte, sendo, por consequência, inadmissível. Esta última é a posição dos juízes no caso.

O juiz estadunidense Thomas Buergenthal também apresentou opinião divergente para expressar sua concordância com a posição dos juízes Rafael Nieto Navia e Pedro Nikken.

Por fim, o juiz costa-riquenho Rodolfo Piza Escalante confeccionou uma opinião separada que apresentou, sinteticamente, as seguintes considerações:

a) a solicitação deve ser admitida pela Corte tanto como consulta geral, com supedâneo no artigo 64, ponto 1, quanto como consulta particular, com base no artigo 64, ponto 2, da Convenção;

b) a admissibilidade provém do fato de que se perscrutava a interpretação do artigo 14, ponto 1, relacionado com os artigos 1º, ponto 1, e 2º, todos da Convenção Americana de Direitos Humanos e a compatibilidade do ordenamento jurídico costa-riquenho com essas normas internacionais.

Depois teceu considerações sobre o mérito da consulta.

91. Discordam os juízes Buergenthal, Nieto Navia e Nikken.

92. Discordou o juiz Piza Escalante.

9.3.6.8. *Opinião Consultiva 08/1987*

Foi apresentada pela Comissão Interamericana de Direitos Humanos com o objetivo de aclarar a devida interpretação dos artigos 25, ponto 1, e 7º, ponto 6, da Convenção Americana de Direitos Humanos relacionados com a última frase do artigo 27, ponto 2, da mesma Convenção.

A Corte decidiu, por unanimidade, que os procedimentos jurídicos consagrados nos artigos 25, ponto 1, e 7º, ponto 6, da Convenção Americana de Direitos Humanos não podem ser suspensos conforme o disposto no artigo 27, ponto 2, da mesma Convenção, pois constituem garantias judiciais indispensáveis para proteger direitos e liberdades que tampouco podem ser suspensas, segundo preceitua o já citado artigo 27, ponto 2, da Convenção.

9.3.6.9. *Opinião Consultiva 09/1987*

Foi solicitada pelo governo da República Oriental do Uruguai com o objetivo de especificar o correto alcance da proibição de suspensão das garantias judiciais indispensáveis para a proteção dos direitos mencionados no artigo 27, ponto 2, da Convenção Americana de Direitos Humanos. Mais precisamente, o governo uruguaio desejava que a Corte opinasse especificamente sobre: **a)** quais eram essas garantias judiciais indispensáveis; e **b)** qual era a relação do artigo 27, ponto 2, da Convenção com os artigos 25 e 8º da mesma Convenção.

A Corte decidiu, por unanimidade, que devem ser considerados garantias judiciais indispensáveis, conforme o estabelecido no artigo 27, ponto 2, da Convenção, o *habeas corpus* (artigo 7º, ponto 6), o amparo[93] ou qualquer outro recurso efetivo perante os juízes ou tribunais competentes (artigo 25, ponto 1), destinado a garantir o respeito aos direitos e liberdades cuja suspensão não está autorizada pela Convenção Americana de Direitos Humanos.

Também decidiu, por unanimidade, que devem ser considerados garantias judiciais indispensáveis que não podem ser suspensas os procedimentos judiciais inerentes à forma democrática representativa de governo (artigo 29, *c*), previstos no direito interno dos Estados-partes como idôneos para garantir a plenitude do exercício dos direitos a que se refere o artigo 27, ponto 2, da Convenção e cuja supressão ou limitação comportem a falta de defesa de tais direitos.

Por fim, decidiu, também por unanimidade, que as mencionadas garantias judiciais devem ser exercitadas conforme o princípio do devido processo legal, esculpido no artigo 8º da Convenção Americana de Direitos Humanos.

9.3.6.10. *Opinião Consultiva 10/1989*

Foi solicitada pelo governo da República da Colômbia com o objetivo de aclarar a correta interpretação do artigo 64 da Convenção Americana de Direitos Humanos, tendo por referência a Declaração Americana dos Direitos e Deveres do Homem. Mais precisamente, o governo colombiano buscava uma resposta para a seguinte indagação: o artigo 64 da Convenção autoriza a Corte Interamericana de Direitos Humanos a confeccionar opiniões consultivas, desde que solicitado por algum Estado-membro da OEA ou por algum dos órgãos do sistema interamericano, sobre a interpretação da Declaração Americana dos Direitos e Deveres do Homem?

Requereu também que a Corte determinasse o *status* normativo que a Declaração tem no sistema interamericano de proteção dos direitos humanos. Por último, perguntou, desde que a Corte afirmasse possuir jurisdição para interpretar a Declaração, qual era a extensão da jurisdição da Corte para interpretar a Declaração tendo por base o artigo 64 da Convenção.

Em sua fundamentação, a Corte asseverou que a circunstância de a Declaração Americana de Direitos e Deveres do Homem não ser um tratado não significa que ela não produza efeitos jurídicos nem que a Corte esteja impossibilitada de interpretá-la.

Mais precisamente, a Corte fez a seguinte diferenciação: **a)** para os Estados-membros da OEA, a Declaração é o texto que determina quais são os direitos humanos a que se refere a Carta. Além disso, os artigos 1º, ponto 2, *b*, e 20 do Estatuto da Comissão Interamericana de Direitos Humanos definem a competência da Comissão sobre os direitos humanos enunciados na Declaração. Ou seja, para esses Estados, a Declaração Americana constitui, em relação à Carta da OEA, uma fonte de obrigações internacionais; e **b)** para os Estados-partes da Convenção Americana de Direitos Humanos, a fonte concreta de suas obrigações, no tocante à proteção dos direitos humanos, é a própria Convenção. Contudo, há que levar em conta o artigo 29, *d*, da Convenção, logo, os Estados-membros da OEA devem respeitar as obrigações que derivam da Declaração também.

Prosseguindo, a Corte decidiu, por unanimidade, que é competente para analisar a opinião consultiva em questão. E, por unanimidade, decidiu que o artigo 64, ponto 1, da Convenção Americana de Direitos Humanos autoriza a Corte, desde que solicitado por algum Estado-membro da OEA ou, dentro de seu interesse de atuação, por algum dos órgãos do sistema interamericano, a confeccionar opiniões consultivas sobre a interpretação da Declaração Americana dos Direitos e Deveres do Homem, dentro dos limites de sua competência, conforme definido na Carta da OEA e na Convenção Americana de Direitos Humanos ou em outros tratados de direitos humanos com incidência nos países americanos.

9.3.6.11. *Opinião Consultiva 11/1990*

Foi apresentada pela Comissão Interamericana de Direitos Humanos com o objetivo de aclarar algumas questões sobre o artigo 46, pontos 1 e 2, da Convenção Americana de Direitos Humanos. De forma mais precisa, a solicitação formulou duas perguntas: **a)** o requisito de esgotamento dos recursos jurídicos internos é aplicado a um indigente que, em razão de circunstâncias econômicas, não é capaz de fazer uso dos recursos jurídicos existentes em certo país?; e **b)** no caso de eximir os indigentes desse requisito, quais critérios a Comissão deve considerar para decidir sobre a admissibilidade de tais casos?

A Corte decidiu, por unanimidade, que, se por razões de indigência ou por temor generalizado dos advogados em lhe patrocinar legalmente, um reclamante perante a Comissão for impedido de utilizar os recursos internos necessários para

93. O amparo é uma ação adotada por inúmeros países, muitos da América do Sul, como também Portugal, Espanha e Alemanha. Trata-se de uma ação constitucional que tem por fito proteger todos os direitos fundamentais, menos os que tutelam a liberdade física e a locomoção (já protegidos pelo *habeas corpus*).

proteger um direito garantido pela Convenção, o requisito de esgotamento dos recursos não precisa ser verificado. Também decidiu por unanimidade que se, diante das hipóteses levantadas, um Estado-parte provou a disponibilidade dos recursos internos, o reclamante deverá demonstrar que são aplicáveis as exceções disciplinadas no artigo 46, ponto 2, da Convenção e que ficou impedido de obter a assistência legal necessária para a proteção ou garantia dos direitos reconhecidos na Convenção.

9.3.6.12. *Opinião Consultiva 12/1991*

Foi solicitada pelo governo da República da Costa Rica com o objetivo de verificar a compatibilidade do projeto de lei de reforma de dois artigos do Código de Procedimentos Penais e da criação do Tribunal Superior de Cassação Penal em trâmite na Assembleia Legislativa com o artigo 8º, ponto 2, *h*, da Convenção Americana de Direitos Humanos.

Mais precisamente, foram elaboradas as seguintes perguntas: **a)** a criação de um Tribunal de Cassação Penal é adequada diante do disposto no artigo 8º, ponto 2, *h*, da Convenção, mais especificamente do "direito de recorrer da decisão perante um juiz ou Tribunal Superior"?; **b)** no artigo 8º, ponto 2, *h*, da Convenção faz-se referência unicamente ao termo "delitos". Qual é a posição a ser seguida no que concerne às contravenções?

A Corte, por unanimidade, decidiu não responder à solicitação do governo da Costa Rica. Em sua fundamentação, a Corte expressou que uma resposta à citada consulta poderia ter como resultado uma solução encoberta, sob a forma de uma opinião consultiva, de assuntos litigiosos ainda não submetidos à consideração da Corte e sem que as vítimas tenham oportunidade de participar do processo. Isso resultaria na distorção do sistema. O procedimento contencioso é, por definição, uma oportunidade na qual os assuntos são discutidos e confrontados de maneira muito mais direta que no processo consultivo. E os indivíduos são representados no processo contencioso perante a Corte pela Comissão, cujos interesses podem ser de outra ordem no processo consultivo.

9.3.6.13. *Opinião Consultiva 13/1993*

Foi solicitada pelos governos da República da Argentina e da República Oriental do Uruguai com o objetivo de definir a correta interpretação dos artigos 41, 42, 44, 46, 47, 50 e 51 da Convenção Americana de Direitos Humanos, com base "na situação e nas circunstâncias concretas" trazidas à análise.

A Corte decidiu, por unanimidade, que é competente para emitir a opinião consultiva em questão. Decidiu também, por unanimidade, que a Comissão Interamericana de Direitos Humanos é competente, nos termos dos artigos 41 e 42 da Convenção, para qualificar qualquer norma do direito interno de um Estado-parte como violadora das obrigações que este assumiu no momento da ratificação da Convenção Americana de Direitos Humanos, mas não é competente para dizer se essa norma contradiz ou não o ordenamento jurídico interno desse mesmo Estado. Assim, uma norma interna pode ser considerada violadora da Convenção por ser irrazoável ou por não estar em conformidade com ela; portanto, uma lei que contraria as obrigações de um Estado derivadas da Convenção não pode ser considerada "razoável" nem "conveniente". Nessa opinião, a Corte fez menção direta ao controle de convencionalidade internacional exercido por ela.

Também por unanimidade, a Corte decidiu que, sem olvidar as outras atribuições que o artigo 41 da Convenção conferiu à Comissão, uma vez declarada inadmissível uma petição ou comunicação de caráter individual (artigo 41, *f*, combinado com os artigos 44 e 45, ponto 1, da Convenção), não cabe qualquer pronunciamento sobre seu mérito.

Por fim, decidiu, por unanimidade, que os artigos 50 e 51 da Convenção contemplam relatórios separados, cujo conteúdo pode ser similar, mas o primeiro não pode ser publicado. Já o segundo pode ser, desde que haja prévia decisão da Comissão por maioria absoluta de votos depois de transcorrido o prazo que foi conferido ao Estado para tomar as medidas adequadas.

9.3.6.14. *Opinião Consultiva 14/1994*

Foi solicitada pela Comissão Interamericana de Direitos Humanos com o objetivo de obter resposta para as seguintes indagações: **a)** quando um Estado-parte da Convenção Americana de Direitos Humanos produz uma lei que viola manifestamente as obrigações que o Estado contraiu ao ratificar a Convenção, quais seriam, nesse caso, os efeitos jurídicos dessa lei em face das obrigações internacionais do Estado?; **b)** quando um Estado-parte da Convenção Americana de Direitos Humanos produz uma lei cujo cumprimento por parte dos agentes ou funcionários desse Estado se traduz em uma violação manifesta da Convenção, quais são as obrigações e responsabilidades dos ditos agentes ou funcionários? As perguntas têm por base o disposto no artigo 4º, pontos 2 e 3, da Convenção em relação ao cotejo do artigo 235 da antiga Constituição peruana[94] e do artigo 140 da nova Constituição peruana[95].

A Corte decidiu, por unanimidade, que é competente para emitir a opinião consultiva. Também decidiu por unanimidade nos seguintes termos: **a)** a produção de uma lei manifestamente contrária às obrigações assumidas por um Estado ao ratificar ou aderir à Convenção constitui uma violação desse diploma internacional, e, caso essa violação afete direitos e liberdades protegidos de indivíduos determinados, dará azo à responsabilidade internacional de tal Estado; **b)** o cumprimento por parte de agentes ou funcionários do Estado de uma lei manifestamente violadora da Convenção dará ensejo à responsabilidade internacional desse Estado. E, no caso de o ato de cumprimento constituir por si só um crime internacional, gerará também a responsabilidade internacional dos agentes ou funcionários que executaram o ato.

9.3.6.15. *Opinião Consultiva 15/1997*

Foi solicitada pelo Estado chileno com o objetivo de obter resposta para as seguintes indagações: **a)** pode a Comissão Interamericana de Direitos Humanos, tendo adotado os dois relatórios a que se referem os artigos 50 e 51 da Convenção e dado o caráter definitivo ao segundo, modificar substancialmente esses relatórios e emitir um terceiro?; **b)** no caso de a Comissão Interamericana de Direitos Humanos, de acordo com

94. "Não há pena de morte, exceto por traição à pátria em caso de guerra externa."

95. "A pena de morte somente pode ser aplicada por delito de traição à pátria em caso de guerra e por terrorismo, conforme as leis e os tratados em que o Peru é parte obrigada."

a Convenção, não estar possibilitada de modificar seu relatório definitivo, qual dos relatórios deverá ser considerado válido para o Estado?

Essas perguntas têm por supedâneos os seguintes antecedentes: **a)** no dia 14 de setembro de 1995 a Comissão aprovou, de acordo com o artigo 50 da Convenção, o relatório 20/95 sobre o caso Martorell e o transmitiu ao Estado chileno, o qual respondeu no dia 8 de fevereiro de 1996. No dia 19 de março do mesmo ano, a Comissão colocou ao conhecimento do Estado chileno o relatório 11/96 e o comunicou que a Comissão deu sua aprovação final ao relatório e ordenou sua publicação; **b)** no dia 2 de abril de 1996, a Comissão informou o Estado chileno que havia concordado em atrasar a publicação do relatório 11/96, em função de informação alusiva a novos fatos que os peticionários levaram ao conhecimento da Comissão nos dias 27 e 29 de março de 1996; e **c)** no dia 2 de maio de 1996 foi celebrada uma audiência por pedido dos peticionários, da qual participaram estes e os representantes do Estado chileno, e, no dia 3 de maio de 1996, a Comissão adotou um novo relatório sobre o caso, que foi transmitido ao Chile por se tratar de "uma cópia do relatório com as modificações aprovadas pela Comissão na sessão celebrada no dia 3 de maio do ano corrente".

A Corte decidiu, por unanimidade, que tem competência para emitir a opinião consultiva em questão e que a solicitação do Estado chileno era admissível. Decidiu também, por seis votos contra um[96], nos seguintes termos: **a)** a Comissão Interamericana de Direitos Humanos, no exercício das atribuições conferidas pelo artigo 51 da Convenção Americana de Direitos Humanos, não pode modificar as opiniões, conclusões e recomendações transmitidas a um Estado-membro, salvo diante de circunstâncias excepcionais. Uma das circunstâncias excepcionais seria a existência, no relatório, de erros materiais sobre os fatos do caso. Finalmente, outra hipótese seria a descoberta de fatos que não eram conhecidos no momento da emissão do relatório e que tiveram uma influência decisiva em seu conteúdo[97]. O pedido de modificação somente pode ser promovido pelas partes interessadas, quer dizer, os peticionários e o Estado, desde que antes da publicação do próprio relatório e dentro de um prazo razoável a contar de sua notificação. Nessa hipótese, será outorgada às partes interessadas a oportunidade de debater sobre os fatos ou erros materiais que motivaram sua petição, em conformidade com o princípio da equidade processual. Em nenhuma circunstância a Comissão está autorizada, pela Convenção, a emitir um terceiro relatório; **b)** pela forma como foi respondida a primeira pergunta, não é necessário responder à segunda.

O juiz chileno Máximo Pacheco Gómez apresentou opinião divergente para demonstrar que a Corte deveria ter respondido à solicitação de opinião consultiva formulada pelo Chile da seguinte maneira: **a)** a Comissão Interamericana de Direitos Humanos, uma vez que adotou os dois relatórios a que se referem os artigos 50 e 51 da Convenção Americana de Direitos Humanos e notificou o Estado acerca de que o último desses relatórios tem caráter definitivo, não pode modificar o relatório de caráter definitivo; **b)** por não poderem modificar o relatório definitivo, o Estado e as partes devem considerá-lo válido.

Por fim, o juiz brasileiro Antônio Augusto Cançado Trindade emitiu voto concorrente em relação à decisão de competência e admissibilidade. Ele ponderou que um tribunal internacional não pode *ex officio* emitir uma opinião consultiva, pois isso equivaleria a transformá-lo, *ultra vires*, em um legislador internacional. Sem embargo, um tribunal como a Corte Interamericana, uma vez consultado por um Estado ou órgão internacional, assume jurisdição internacional sobre o assunto e pode e deve determinar *ex officio* se emitirá ou não a opinião consultiva solicitada, embora a solicitação tenha sido retirada. O tribunal internacional tem a *Kompetenz-Kompetenz* (*compétence de la compétence*), cujo exercício corresponde a um juízo de discricionariedade (conhecido como *judicial propriety*) inteiramente distinto da questão de competência original para emitir a opinião consultiva.

Nesse sentido, no procedimento em questão, a Corte manteve corretamente sua jurisdição e determinou o alcance de sua competência, apesar de o pedido ter sido retirado; da mesma forma, o caso em consideração manteve seu caráter jurídico e importância prática para todos os Estados-partes da Convenção e dos dois órgãos de supervisão da Convenção, apesar de o pedido ter sido retirado. Consequentemente, a retirada do pedido não produziu efeitos jurídicos, e a Corte, com toda propriedade e tendo por base o artigo 63 de seu regulamento, entendeu que tinha a faculdade e o dever de pronunciar-se sobre a matéria submetida a seu conhecimento, no exercício da função consultiva que lhe foi atribuída pelo artigo 64 da Convenção Americana. Terminou seu voto concorrente afirmando que a função consultiva da Corte Interamericana é matéria de ordem pública (*ordre public*) internacional.

9.3.6.16. Opinião Consultiva 16/1999

Foi solicitada pelos Estados Unidos Mexicanos com o objetivo de obter resposta para as seguintes indagações, tendo como suporte a Convenção de Viena sobre Relações Consulares: **a)** no marco do artigo 64, ponto 1, da Convenção Americana, deve-se entender o artigo 36 da Convenção de Viena sobre Relações Consulares no sentido de conter disposições concernentes à proteção dos direitos humanos nos Estados americanos?; **b)** do ponto de vista do direito internacional, está subordinada a exigibilidade dos direitos individuais conferidos pelo citado artigo 36, requerida pelos interessados junto ao Estado receptor, à manifestação do Estado de sua nacionalidade?; **c)** tendo por base o objeto e o fim almejado pelo artigo 36, ponto 1, *b*, da Convenção de Viena, deve-se interpretar a expressão "sem dilação", contida no citado preceito, no sentido de requerer que as autoridades do Estado receptor informem a todo estrangeiro detido pelos delitos apenados com a pena capital os direitos que possuem, consoante o disposto no artigo 36, ponto 1, *b*, da Convenção de Viena, no momento da prisão e em todo caso antes que o detento dê qualquer declaração ou confissão perante as autoridades policiais ou judiciais?; **d)** do ponto de vista do direito internacional e tratando-se de pessoas estrangeiras, quais devem ser as consequências jurídicas da imposição e da execução da pena de morte sem a notificação disciplinada no artigo 36, ponto 1, *b*, da Convenção de Viena?

96. O voto divergente foi do juiz chileno Máximo Pacheco Gómez.

97. Em outro sentido, não se pode reabrir o debate sobre os mesmos fatos anteriores nem sobre as considerações de direito.

O México também formulou as seguintes perguntas, com suporte no Pacto Internacional dos Direitos Civis e Políticos: **a)** no marco do artigo 64, ponto 1, da Convenção Americana, devem ser entendidos os artigos 2º, 6º, 14 e 50 do Pacto no sentido de conter disposições concernentes à proteção dos direitos humanos nos Estados americanos?; **b)** no marco do artigo 14 do Pacto, deve ser entendido que o próprio artigo 14 deve ser aplicado e interpretado à luz da expressão "todas as garantias possíveis para assegurar um juízo justo", contida no ponto 5 das respectivas salvaguardas das Nações Unidas e que, tratando-se de estrangeiros acusados ou culpados pela prática de delitos apenados com a pena capital, a dita expressão inclui a imediata notificação do detento ou processado, pelo Estado receptor, acerca dos direitos conferidos pelo artigo 36, ponto 1, *b*, da Convenção de Viena?; **c)** por tratar-se de pessoas estrangeiras acusadas ou culpadas pela prática de delitos apenados com a pena capital, há conformidade entre a omissão do Estado receptor em notificar os interessados de seus direitos (artigo 36, ponto 1, *b*, da Convenção de Viena) e o direito destes em dispor dos "meios adequados para a preparação de sua defesa" em consonância com o disposto no artigo 14, ponto 3, do Pacto?; **d)** por tratar-se de pessoas estrangeiras acusadas ou culpadas pela prática de delitos apenados com a pena capital, deve ser entendido que as expressões "garantias mínimas" (contida no artigo 14, ponto 3, do Pacto) e "equiparadas como o mínimo" (contida no ponto 5 das salvaguardas das Nações Unidas) livram o Estado receptor do imediato cumprimento das disposições disciplinadas no artigo 36, ponto 1, *b*, da Convenção de Viena sobre Relações Consulares?; **e)** os países americanos, constituídos como Estados federais, que são partes no Pacto de Direitos Civis e Políticos e com base nos artigos 2º, 6º, 14 e 50 deste, estão obrigados a garantir a notificação oportuna (artigo 36, ponto 1, *b*, da Convenção de Viena) a todo indivíduo de nacionalidade estrangeira preso, detido ou processado em seu território por delitos apenados com a pena capital e a adotar disposições, conforme previsão de seu direito interno, para fazer efetiva nesses casos a notificação oportuna, caso já não esteja garantida por lei ou por outro meio para dar plena eficácia aos direitos e garantias consagrados no Pacto?; **f)** no marco do Pacto e tratando-se pessoas estrangeiras, quais devem ser as consequências jurídicas da imposição e execução da pena de morte sem a notificação disciplinada no artigo 36, ponto 1, *b*, da Convenção de Viena sobre Relações Consulares?

Por fim, o México formulou as seguintes questões, com supedâneo na Carta da Organização dos Estados Americanos e na Declaração Americana dos Direitos e Deveres do Homem: **a)** tratando-se de prisões e detenções de estrangeiros por delitos apenados com a pena capital e tendo por base os artigos 3º, ponto 1, da Carta e o 2º da Declaração, há compatibilidade entre a omissão do Estado receptor em notificar os interessados, sem dilação, de seus direitos (artigo 36, ponto 1, *b*, da Convenção de Viena) e a proclamação da Carta de Direitos Humanos, sem distinção por motivos de nacionalidade, e o reconhecimento na Declaração do direito de igualdade diante da lei sem distinção alguma?; **b)** tratando-se de pessoas estrangeiras e tendo por base os artigos 3º, ponto 1, da Carta e os 1º, 2º e 26 da Declaração, quais são as consequências jurídicas da imposição e execução da pena de morte sem a notificação disciplinada no artigo 36, ponto 1, *b*, da Convenção de Viena?

A Corte decidiu, por unanimidade, que:

✓ é competente para emitir a opinião consultiva;

✓ o artigo 36 da Convenção de Viena sobre Relações Consulares reconhece direitos individuais ao detido estrangeiro, entre eles o direito à informação sobre a assistência consular, aos quais correspondem deveres correlatos a cargo do Estado receptor;

✓ o artigo 36 da Convenção de Viena sobre Relações Consulares cuida da proteção dos direitos do nacional do Estado que envia e está em consonância com a ordem internacional dos direitos humanos;

✓ a expressão "sem dilação", constante do artigo 36, ponto 1, *b*, da Convenção de Viena, significa que o Estado deve cumprir com seu dever de informar o detido sobre seus direitos no momento da privação da liberdade e em todo caso antes que dê sua primeira declaração perante a autoridade;

✓ a observância dos direitos do indivíduo disciplinados no artigo 36 da Convenção de Viena não está subordinada à manifestação do Estado que o envia;

✓ os artigos 2º, 6º, 14 e 50 do Pacto Internacional de Direitos Civis e Políticos são aplicados aos Estados americanos;

✓ o direito individual à informação (artigo 36, ponto 1, *b*, da Convenção de Viena) é condição para que o direito ao devido processo legal (artigo 14 do Pacto Internacional de Direitos Civis e Políticos) adquira eficácia no caso concreto. E o direito ao devido processo legal estabelece garantias mínimas suscetíveis de expansão via outros instrumentos internacionais, como a Convenção de Viena sobre Relações Consulares, que ampliam o horizonte protetivo dos detidos.

Por seis votos contra um[98], a Corte decidiu que a observância do direito à informação do detido estrangeiro (artigo 36, ponto 1, *b*, da Convenção de Viena) faz parte das ditas garantias do devido processo legal, e, nessa circunstância, a imposição da pena de morte constitui uma violação do direito a não ser privado de sua vida "arbitrariamente", nos termos de importantes preceitos alocados em tratados de direitos humanos (*v.g.* Convenção Americana de Direitos Humanos, artigo 4º; Pacto Internacional sobre Direitos Civis e Políticos, artigo 6º). Assim, ficará caracterizada a responsabilidade internacional do Estado e seu correlato dever de indenizar.

Ao final e por unanimidade, a Corte decidiu que as disposições internacionais que tratam da proteção dos direitos humanos nos Estados americanos, inclusive o disposto no artigo 36, ponto 1, *b*, da Convenção de Viena, devem ser respeitadas pelos Estados americanos partes nas respectivas convenções, independentemente de possuírem estrutura federal ou unitária.

O juiz barbadense Oliver Jackman apresentou opinião parcialmente divergente. De forma sucinta, entendeu não ser possível classificar como arbitrário um processo de aplicação de pena de morte pelo simples fato de não ter sido observado o benefício da assistência consular.

Por fim, o juiz brasileiro Antônio Augusto Cançado Trindade e o juiz mexicano Sergio García Ramírez apresentaram votos concorrentes que acompanharam a opinião consultiva.

Cabe terminar este comentário com a bela ponderação do jurista brasileiro Cançado Trindade:

98. O voto divergente foi do juiz barbadense Oliver Jackman.

"Neste final de século, temos o privilégio de testemunhar o processo de humanização do direito internacional, que hoje alcança também o campo das relações consulares. A confluência das relações consulares com os direitos humanos deu azo à produção do direito individual subjetivo à informação sobre a assistência consular, de que são titulares todos os seres humanos que estejam perante uma situação de necessidade de seu exercício. Esse direito individual, situado no universo conceitual dos direitos humanos, é hoje respaldado tanto pelo direito internacional convencional como pelo direito internacional consuetudinário[99]". (tradução minha)

9.3.6.17. Opinião Consultiva 17/2002

Foi solicitada pela Comissão Interamericana de Direitos Humanos com o escopo de definir a correta interpretação dos artigos 8º e 25 da Convenção Americana de Direitos Humanos e determinar se as medidas especiais estabelecidas no artigo 19 da mesma Convenção constituem "limites ao arbítrio ou a discricionariedade dos Estados" em relação às crianças. Também se solicitou a formulação de critérios gerais válidos sobre as matérias dentro do marco da Convenção Americana.

A Comissão incluiu na consulta a solicitação de que a Corte se pronunciasse especificamente sobre a compatibilidade das seguintes medidas especiais adotadas por alguns Estados com os artigos 8º e 25 da Convenção Americana: **a**) a separação dos jovens de seus pais e/ou família por se considerar, pelo arbítrio do órgão competente e sem o devido processo legal, que estes últimos não possuem condições para a educação e cuidados no geral de seus filhos; **b**) a supressão da liberdade mediante a internação de menores em estabelecimentos de guarda ou custódia, por considerá-los abandonados ou propensos a se envolver em situações de risco ou ilegalidade; **c**) a aceitação, em sede penal, de confissões de menores obtidas sem as devidas garantias; **d**) a tramitação de ações ou procedimentos administrativos que infrinjam direitos fundamentais do menor sem a garantia de defesa; **e**) a definição, em procedimentos administrativos e judiciais, de direitos e liberdades sem a garantia do direito de ser ouvido pessoalmente e a não consideração da opinião e preferências do menor nessa definição.

A corte decidiu, por seis votos contra um[100], que é competente para emitir a opinião consultiva e que a solicitação da Comissão Interamericana de Direitos Humanos era admissível.

Ademais, declarou que, para os efeitos dessa opinião consultiva, criança ou menor de idade é toda pessoa que não tenha completado 18 anos, salvo se tenha alcançado antes a maioridade por determinação legal.

No mérito, a Corte decidiu da seguinte maneira:

a) em conformidade com a normativa contemporânea do direito internacional dos direitos humanos, na qual se situa o artigo 19 da Convenção Americana de Direitos Humanos, as crianças são titulares de direitos, e não somente objeto de proteção;

b) a expressão "interesse superior da criança", consagrada no artigo 3º da Convenção sobre os Direitos das Crianças, implica que o desenvolvimento da criança e o exercício pleno de seus direitos devem ser considerados critérios orientadores para a elaboração de normas e a aplicação destas em todas as facetas relativas à vida da criança;

c) o princípio da igualdade, disciplinado no artigo 24 da Convenção Americana de Direitos Humanos, não impede a adoção de regras e medidas específicas em relação às crianças, as quais requerem um tratamento diferenciado em função de suas condições especiais. Esse tratamento deve ser direcionado à proteção de seus direitos e interesses;

d) a família constitui o âmbito preferencial para o desenvolvimento da criança e o exercício de seus direitos. Por isso, o Estado deve apoiar e fortalecer a família, por meio de diversas medidas tendentes a auxiliar o cumprimento de sua função natural;

e) devem ser dadas preferência e a respectiva facilitação para a permanência da criança em seu núcleo familiar, salvo se existirem razões determinantes para separá-la de sua família. A separação deverá ser excepcional e preferencialmente temporária;

f) para o correto cuidado com as crianças, o Estado deve se valer de instituições que disponham de pessoal adequado e instalações suficientes para o desempenho de tarefas desse gênero;

g) o respeito ao direito à vida, em relação às crianças, abarca não somente as proibições, entre elas, da privação arbitrária, estabelecidas no artigo 4º da Convenção Americana de Direitos Humanos, mas também a obrigação de adotar medidas necessárias para que a existência das crianças se desenvolva em condições dignas;

h) a verdadeira e plena proteção das crianças significa a possibilidade de poderem desfrutar amplamente todos os seus direitos, entre eles os econômicos, sociais e culturais, previstos em diversos instrumentos internacionais. Os Estados-partes nos tratados internacionais de direitos humanos têm a obrigação de adotar medidas positivas para assegurar a proteção de todos os direitos da criança;

i) os Estados-partes na Convenção Americana têm o dever, consoante o disposto nos artigos 17 e 19, combinado com o artigo 1º, ponto 1, da mesma Convenção, de tomar todas as medidas positivas que assegurem a proteção das crianças contra maus-tratos, seja em sua relação com as autoridades públicas, seja nas relações interindividuais ou com entes não estatais;

j) nos procedimentos judiciais ou administrativos referentes à direitos das crianças devem ser observados os princípios e as regras do devido processo legal. Isso abarca as regras correspondentes a juiz natural – competente, independente e imparcial –, duplo grau de jurisdição, presunção de inocência, contraditório e ampla defesa, respeitando as particularidades das crianças;

k) os menores de 18 anos que recebam a imputação de uma conduta delituosa devem se sujeitar a órgãos judiciais distintos dos correspondentes aos maiores de idade;

l) a conduta que motive a intervenção do Estado nos casos de delitos perpetrados por menores de idade deve estar descrita na lei penal. Outros casos, como os de abandono, desamparo, risco ou enfermidade, devem ser atendidos de forma diferente, e não com os mesmos procedimentos aplicáveis aos menores que incorreram em conduta típica. Contudo, nesses casos é preciso observar, igualmente, os princípios e as normas do devido processo legal, tanto em relação aos menores como em relação às pessoas que exerçam direitos sobre eles;

99. Voto concorrente na Opinião Consultiva 16/1999, p. 96.

100. O voto divergente foi do juiz barbadense Oliver Jackman.

m) é possível empregar vias alternativas de solução de controvérsias que afetam as crianças, mas é preciso regular com especial cuidado a aplicação desses meios para que não alterem ou diminuam seus direitos.

O juiz barbadense Oliver Jackman apresentou voto divergente, pois para ele a opinião consultiva era pura especulação acadêmica. Dessa forma, votou de forma totalmente contrária ao decidido pela Corte no exercício de sua função consultiva.

Por fim, o juiz brasileiro Antônio Augusto Cançado Trindade e o juiz mexicano Sergio García Ramírez apresentaram votos concorrentes que acompanharam a opinião consultiva em questão.

9.3.6.18. Opinião Consultiva 18/2003

Foi solicitada pelos Estados Unidos Mexicanos com o objetivo de obter a posição da Corte sobre a privação do gozo e exercício de certos direitos laborais (aos trabalhadores imigrantes) e sua compatibilidade com a obrigação dos Estados americanos de garantir a observância dos princípios da igualdade jurídica, não discriminação e proteção igual e efetiva da lei consagrados nos instrumentos internacionais de proteção dos direitos humanos, assim como a subordinação ou condicionamento da observância das obrigações impostas pelo direito internacional dos direitos humanos, incluídas aquelas oponíveis *erga omnes*, na consecução de certos objetivos de política interna de um Estado americano. Ademais, a consulta trata do caráter que os princípios da igualdade jurídica, não discriminação e proteção igual e efetiva da lei alcançaram no contexto de desenvolvimento progressivo do direito internacional dos direitos humanos e de sua codificação.

As normas cuja interpretação o México solicitou ao Tribunal foram as seguintes: os artigos 3º, ponto 1, e 17 da Carta da OEA; o artigo 2º da Declaração Americana de Direitos e Deveres do Homem; os artigos 1º, ponto 1, 2º e 24 da Convenção Americana de Direitos Humanos; os artigos 1º, 2º, ponto 1, e 7º da Declaração Universal de Direitos Humanos; e os artigos 2º, pontos 1 e 2, 5º, ponto 2, e 26 do Pacto Internacional de Direitos Civis e Políticos.

A Corte decidiu, por unanimidade, que é competente para emitir a opinião consultiva. E, no mérito, decidiu da seguinte maneira e também de forma unânime: **a)** os Estados têm a obrigação geral de respeitar e garantir os direitos fundamentais, devendo, assim, adotar medidas positivas e evitar tomar iniciativas que limitem ou infrinjam um direito fundamental, além de suprimir as medidas e as práticas que restrinjam ou vulnerem um direito fundamental; **b)** o descumprimento pelo Estado, mediante qualquer tratamento discriminatório, da obrigação geral de respeitar e garantir os direitos humanos gera responsabilidade internacional; **c)** o princípio da igualdade e da não discriminação possui um caráter fundamental para a salvaguarda dos direitos humanos tanto no direito internacional como no interno; **d)** o princípio fundamental da igualdade e da não discriminação faz parte do direito internacional geral, por ser aplicável a todo Estado, independentemente de ser parte ou não de determinado tratado internacional. Na atual etapa de evolução do direito internacional, o princípio fundamental da igualdade e o da não discriminação tornaram-se parte do domínio do *jus cogens*; **e)** o princípio fundamental da igualdade e da não discriminação, de caráter peremptório, acarreta obrigações *erga omnes* de proteção que vinculam a todos os Estados e geram efeitos em relação a terceiros, inclusive particulares; **f)** a obrigação geral de respeitar e de garantir os direitos humanos vincula os Estados, independentemente de qualquer circunstância ou consideração, inclusive o *status* migratório das pessoas; **g)** o direito ao devido processo legal deve ser reconhecido no marco das garantias mínimas que se devem garantir a todo imigrante, independentemente de seu *status* migratório. O amplo alcance da intangibilidade do devido processo legal compreende todas as matérias e todas as pessoas, sem qualquer discriminação; **h)** a qualidade migratória de uma pessoa não pode constituir uma justificação para privá-la do gozo e exercício de seus direitos humanos, entre eles os de caráter laboral. O imigrante, ao assumir uma relação de trabalho, adquire direitos, por ser trabalhador, que devem ser reconhecidos e garantidos, independentemente de sua situação regular ou irregular no país de emprego. Esses direitos são consequências da relação laboral; **i)** o Estado tem a obrigação de respeitar e garantir os direitos humanos laborais de todos os trabalhadores, independentemente de sua condição de nacional ou estrangeiro, e não pode tolerar situações de discriminação em prejuízo destes nas relações laborais que se estabeleçam entre particulares (empregador-empregado). O Estado não deve permitir que os empregadores privados violem os direitos dos trabalhadores, nem que a relação contratual vulnere as normas mínimas internacionais; **j)** os trabalhadores, titulares dos direitos laborais, devem contar com todos os meios adequados para exercê-los. Os trabalhadores imigrantes ilegais possuem os mesmos direitos laborais que correspondem aos demais trabalhadores do Estado de emprego, e este último deve tomar todas as medidas necessárias para que sejam reconhecidos e garantidos na prática; **k)** os Estados não podem subordinar ou condicionar a observância do princípio da igualdade perante a lei e do da não discriminação à consecução dos objetivos de suas políticas públicas, quaisquer que sejam estas, incluídas as de caráter migratório.

O juiz brasileiro Antônio Augusto Cançado Trindade, o juiz mexicano Sergio García Ramírez, o juiz equatoriano Hernán Salgado Pesantes e o juiz venezuelano Alirio Abreu Burelli apresentaram votos concorrentes que acompanharam a opinião consultiva em questão.

Mais uma vez, encerramos este comentário com uma reflexão do jurista brasileiro Cançado Trindade:

> "Uma das contribuições significativas da presente Opinião Consultiva nº 18 sobre a *Condição Jurídica e os Direitos dos Imigrantes Ilegais* reside em sua determinação do amplo alcance do devido processo legal. Na Opinião Consultiva anterior, sobre o *Direito à Informação sobre a Assistência Consular no Marco das Garantias do Devido Processo Legal* (nº 16), a Corte Interamericana sublinhou a evolução histórica do devido processo legal no sentido de sua expansão *ratione materiae*, enquanto na presente Opinião Consultiva nº 18 se examina a dita expansão *ratione personae* e se determina que o direito ao devido processo deve ser reconhecido no marco das garantias mínimas que devem ser garantidas a todo imigrante, independentemente de seu *status* migratório. A acertada conclusão da Corte, no sentido de que o amplo alcance da intangibilidade do devido processo compreende todas as matérias e todas as pessoas sem discriminação, atende efetivamente as exigências e os imperativos do bem comum[101]".

101. Voto concorrente na Opinião Consultiva 18/2003, p. 147.

9.3.6.19. *Opinião Consultiva 19/2005*

Foi solicitada pela República Bolivariana da Venezuela com o objetivo de saber se existe um órgão dentro do sistema interamericano de proteção dos direitos humanos que disponha das competências necessárias para exercer o controle de legalidade das atuações da Comissão, para o qual possam recorrer os Estados-partes da Convenção na defesa da legalidade. No caso de existir tal órgão, o Estado desejaria saber qual é ele e quais são suas atribuições.

Pela interpretação dos artigos 41 e 44 a 51 da Convenção Americana de Direitos Humanos referentes à atuação da Comissão Interamericana de Direitos Humanos, a Corte decidiu, por unanimidade, que é competente para emitir a opinião consultiva.

No mérito, decidiu, por unanimidade, da seguinte maneira: **a)** a Comissão Interamericana de Direitos Humanos, como órgão do sistema interamericano de proteção dos direitos humanos, tem plena autonomia e independência no exercício de seu mandato, conforme disciplinado na Convenção Americana de Direitos Humanos; **b)** a Comissão Interamericana de Direitos Humanos atua dentro do marco legal, estabelecido pela Convenção Americana de Direitos Humanos, no exercício das funções de sua competência no trâmite dos procedimentos relativos às petições individuais (artigos 44 a 51 da Convenção Americana), assim como no exercício das outras atribuições destinadas à promoção e proteção dos direitos humanos, consagradas no artigo 41 da Convenção; **c)** a Corte Interamericana de Direitos Humanos, no exercício de suas funções, efetua o controle de legalidade das atuações da Comissão Interamericana no que se refere ao trâmite dos assuntos que estejam sob sua jurisdição, conforme sua competência determinada pela Convenção Americana e outros instrumentos interamericanos de proteção dos direitos humanos.

9.3.6.20. *Opinião Consultiva 20/2009*

Foi solicitada pela República da Argentina com o escopo de definir a correta interpretação do artigo 55 da Convenção Americana de Direitos Humanos, tendo por base a figura do juiz *ad hoc* e da igualdade de armas no processo perante a Corte Interamericana, no contexto de um caso oriundo de uma petição individual, assim como levando em conta a nacionalidade dos magistrados da Corte e o direito a um juiz independente e imparcial.

Pela interpretação do artigo 55, pontos 1 e 3, da Convenção Americana de Direitos Humanos, a Corte decidiu, por unanimidade, que é competente para emitir a opinião consultiva.

No mérito, decidiu, por unanimidade, que, conforme o que dispõe o artigo 55, ponto 3, da Convenção Americana de Direitos Humanos, a possibilidade de os Estados-partes, no caso submetido à Corte, nomearem um juiz *ad hoc* para integrar esse Tribunal quando não se tenha um juiz de sua nacionalidade, fica restrita aos casos originados em **comunicações interestatais** (artigo 45 da Convenção Americana de Direitos Humanos); que não é possível o exercício desse direito em favor dos Estados-partes quando o caso for oriundo de uma petição individual (artigo 44 da Convenção Americana); e que o juiz nacional do Estado demandado não deve participar do julgamento dos casos contenciosos originados em **petições individuais**.

Por fim, o juiz mexicano Sergio García Ramírez apresentou voto concorrente que acompanhou a opinião consultiva.

9.3.6.21. *Opinião Consultiva 21/2014*

Foi solicitada pelos Estados de Argentina, Brasil, Paraguai e Uruguai[102] com o objetivo de que a Corte determine com maior precisão quais são as obrigações dos Estados com relação às medidas passíveis de serem adotadas a respeito de meninos e meninas, associadas à sua condição migratória, ou à de seus pais, à luz da interpretação autorizada dos artigos 1º, ponto 1, 2º, 4º, ponto 1, 5º, 7º, 8º, 11, 17, 19, 22, ponto 7, 22, ponto 8, 25 e 29 da Convenção Americana sobre Direitos Humanos e dos artigos 1º, 6º, 8º, 25 e 27 da Declaração Americana dos Direitos e Deveres do Homem e do artigo 13 da Convenção Interamericana para Prevenir e Punir a Tortura.

De uma maneira bem específica, transcrevemos as nove perguntas formuladas pelos Estados solicitantes.

✓ Quais são, à luz dos artigos 1º, 2º, 5º, 7º, 8º, 19, 22, ponto 7, e 25 da Convenção Americana e dos artigos 1º, 25 e 27 da Declaração Americana dos Direitos e Deveres do Homem, os procedimentos que deveriam [ser adotados] a fim de identificar os diferentes riscos para os direitos de meninos e meninas migrantes; determinar as necessidades de proteção internacional; e adotar, se for o caso, as medidas de proteção especial que se requeiram?

✓ Quais são, à luz dos artigos 1º, 2º, 7º, 8º, 19 e 25 da Convenção Americana e do artigo 25 da Declaração Americana dos Direitos e Deveres do Homem, as garantias do devido processo que deveriam reger os processos migratórios que envolvem meninos e meninas migrantes?

✓ Como se deve interpretar, à luz dos artigos 1º, 7º, 8º, 19 e 29 da Convenção Americana e do artigo 25 da Declaração Americana dos Direitos e Deveres do Homem, o princípio de *ultima ratio* da detenção como medida cautelar no âmbito de procedimento migratório quando estão envolvidos meninos e meninas que se encontram junto a seus pais, e quando estão envolvidos meninos/as não acompanhados ou separados de seus pais?

✓ Que características devem ter, à luz dos artigos 2º, 7º, 19, 25 e 29 da Convenção Americana e do artigo 25 da Declaração Americana dos Direitos e Deveres do Homem, as medidas alternativas adequadas de proteção de direitos da criança que deveriam constituir a resposta estatal prioritária para evitar qualquer tipo de restrição à liberdade ambulatória? Quais são as garantias do devido processo que deveriam aplicar-se no procedimento de decisão sobre medidas alternativas à detenção?

✓ Quais são as condições básicas que deveriam cumprir os espaços de alojamento de meninos/as migrantes, e quais são as obrigações principais que têm os Estados a respeito dos meninos e meninas (sós ou acompanhados) que se encontram sob a custódia estatal por razões migratórias, à luz dos artigos 1º, 2º, 4, ponto 1, 5º, 17 e 19 da Convenção Americana e dos artigos 1º e 25 da Declaração Americana dos Direitos e Deveres do Homem?

---

102. Pelos países postulantes fica nítido que é uma demanda consultiva proveniente do Mercosul, mas como o artigo 64, ponto 1, da Convenção Americana prevê que somente os Estados-membros e os órgãos da OEA podem consultar a Corte sobre a interpretação da Convenção Americana ou de outros tratados concernentes à proteção dos direitos humanos nos Estados Americanos, tais países decidiram assinar o pedido de consulta de forma independente do Mercosul.

✓ Quais são, à luz dos artigos 1º, 2º, 7º, 8º, 19 e 25 da Convenção Americana e do artigo 25 da Declaração Americana dos Direitos e Deveres do Homem, as garantias do devido processo que deverão reger os processos migratórios que envolvem a meninos e meninas, quando nestes processos se apliquem medidas que restrinjam a liberdade pessoal das crianças?

✓ Qual é o alcance e conteúdo do princípio de não devolução à luz dos artigos 1º, 2º, 4º, ponto 1, 5º, 7º, 8º, 19, 22, ponto 7, 22, ponto 8 e 25 da Convenção Americana, artigo 13, ponto 4, da Convenção Interamericana para Prevenir e Punir a Tortura, e dos artigos 1º, 25 e 27 da Declaração Americana dos Direitos e Deveres do Homem, ao adotar-se medidas que possam implicar [n]o retorno de um menino/a a um país determinado?

✓ Que características, à luz do artigo 22, ponto 7, da Convenção Americana e do artigo 27 da Declaração Americana dos Direitos e Deveres do Homem, deveriam ter os procedimentos a serem empregados quando se identifica um potencial pedido de asilo ou de reconhecimento da condição de refugiado de um menino/a migrante?

✓ Qual é o alcance que se deveria conferir à proteção do direito dos meninos/as de não serem separados de seus pais nos casos em que poderia aplicar-se uma medida de deportação a um ou ambos os progenitores, como consequência de sua condição migratória, à luz dos artigos 8º, 17, 19 e 25 da Convenção Americana e artigos 6º e 25 da Declaração Americana dos Direitos e Deveres do Homem?

A Corte, inicialmente, considerou-se competente para emitir a presente opinião consultiva e decidiu, por unanimidade, nos seguintes termos:

De acordo com o requerido pelos Estados solicitantes, o presente Parecer Consultivo determina a seguir, com a maior precisão possível e em conformidade com as normas citadas anteriormente, as obrigações estatais a respeito de crianças, associadas à sua condição migratória ou à de seus pais, e que os Estados devem, em consequência, considerar ao elaborar, adotar, implementar e aplicar suas políticas migratórias, incluindo nelas, conforme corresponda, tanto a adoção ou aplicação das correspondentes normas de direito interno como a assinatura ou aplicação dos tratados e/ou outros instrumentos internacionais pertinentes.

1) Tendo presente, para estes efeitos, que é criança toda pessoa que não tenha completado 18 anos de idade, os Estados devem priorizar o enfoque dos direitos humanos desde uma perspectiva que tenha em consideração, de forma transversal, os direitos das crianças e, em particular, sua proteção e desenvolvimento integral, os quais devem prevalecer sobre qualquer consideração da nacionalidade ou *status* migratório, a fim de assegurar a plena vigência de seus direitos, nos termos dos pontos 34 a 41 e 51 a 71[103] da opinião consultiva.

2) Os Estados se encontram obrigados a identificar as crianças estrangeiras que necessitam de proteção internacional dentro de suas jurisdições, através de uma avaliação inicial com garantias de segurança e privacidade, com o fim de lhes proporcionar o tratamento adequado e individualizado que seja necessário de acordo com sua condição de crianças e, em caso de dúvida sobre a idade, avaliar e determinar a mesma; determinar se se trata de uma criança desacompanhada ou separada, assim como sua nacionalidade ou, se for o caso, sua condição de apátrida; obter informação sobre os motivos de sua saída do país de origem, de sua separação familiar se for o caso, de suas vulnerabilidades e qualquer outro elemento que evidencie ou negue sua necessidade de algum tipo de proteção internacional; e adotar, caso seja necessário e pertinente, de acordo com o interesse superior da criança, medidas de proteção especial, nos termos dos pontos 72 a 107 da presente opinião consultiva.

3) Com o propósito de assegurar um acesso à justiça em condições de igualdade, garantir um efetivo devido processo e velar para que o interesse superior da criança tenha sido uma consideração primordial em todas as decisões adotadas, os Estados devem garantir que os processos administrativos ou judiciais nos quais se resolva sobre os direitos das crianças migrantes estejam adaptados a suas necessidades e sejam acessíveis a elas, nos termos dos pontos 108 a 115 da presente opinião consultiva.

4) As garantias de devido processo que, conforme o Direito Internacional dos Direitos Humanos, devem reger todo processo migratório, seja administrativo ou judicial, que envolva crianças são: o direito a ser notificado da existência de um procedimento e da decisão que se adote no âmbito do processo migratório; o direito a que os processos migratórios sejam conduzidos por um funcionário ou juiz especializado; o direito a ser ouvido e a participar nas diferentes etapas processuais; o direito a ser assistido gratuitamente por um tradutor e/ou intérprete; o acesso efetivo à comunicação e assistência consular; o direito a ser assistido por um representante legal e a comunicar-se livremente com este representante; o dever de designar um tutor no caso de crianças desacompanhadas ou separadas; o direito a que a decisão que se adote avalie o interesse superior da criança e seja devidamente fundamentada; o direito a recorrer da decisão perante um juiz ou tribunal superior com efeitos suspensivos; e o prazo razoável de duração do processo, nos termos dos pontos 116 a 143 da presente opinião consultiva.

5) Os Estados não podem recorrer à privação de liberdade de crianças para garantir os fins de um processo migratório, nem tampouco podem fundamentar tal medida no descumprimento dos requisitos para ingressar e permanecer em um país, no fato de que a criança se encontre sozinha ou separada de sua família, ou na finalidade de assegurar a unidade familiar, uma vez que podem e devem dispor de alternativas menos lesivas e, ao mesmo tempo, proteger, de forma prioritária e integral, os direitos da criança, nos termos dos pontos 144 a 160 da presente opinião consultiva.

6) Os Estados devem elaborar e incorporar em seus respectivos ordenamentos internos um conjunto de medidas não privativas de liberdade a serem aplicadas enquanto se desenvolvem os processos migratórios, que visem, de forma prioritária, a proteção integral dos direitos da criança, com estrito respeito de seus direitos humanos e do princípio de legalidade, e as decisões que ordenem estas medidas devem ser adotadas por uma autoridade administrativa ou judicial competente em um procedimento que respeite determinadas garantias mínimas, nos termos dos pontos 161 a 170 da presente opinião consultiva.

7) Os espaços de alojamento devem respeitar o princípio de separação e o direito à unidade familiar, de tal modo que no

103. Essa numeração é a adotada nas opiniões consultivas da Corte Interamericana, assim facilitará a busca do leitor interessado.

caso de crianças desacompanhadas ou separadas, devem alojar-se em locais distintos ao dos adultos e, no caso de crianças acompanhadas, devem alojar-se com seus familiares, exceto se for mais conveniente a separação, em aplicação do princípio do interesse superior da criança. Ademais, deve-se assegurar condições materiais e um regime adequado para as crianças em um ambiente não privativo de liberdade, nos termos dos pontos 171 a 184 da presente opinião consultiva.

8) Em situações de restrição de liberdade pessoal que podem constituir ou eventualmente se desdobrar, pelas circunstâncias do caso concreto, em uma medida que materialmente corresponda a uma privação de liberdade, os Estados devem respeitar as garantias que se tornam operativas diante destas situações, nos termos dos pontos 185 a 206 da presente opinião consultiva.

9) Os Estados têm a proibição de devolver, expulsar, deportar, retornar, rechaçar na fronteira ou não admitir, ou de qualquer maneira, transferir ou remover uma criança a um Estado quando sua vida, segurança e/ou liberdade estejam em risco de violação por causa de perseguição ou ameaça à mesma, violência generalizada ou violações massivas aos direitos humanos, entre outros, assim como para um Estado onde corra o risco de ser submetida a tortura ou outros tratamentos cruéis, desumanos ou degradantes, ou a um terceiro Estado a partir do qual possa ser enviado a outro no qual possa correr estes riscos, nos termos dos pontos 207 a 242 da presente opinião consultiva.

10) De acordo com o estabelecido na Convenção sobre os Direitos da Criança e outras normas de proteção dos direitos humanos, qualquer decisão sobre a devolução de uma criança ao país de origem ou a um terceiro país seguro apenas poderá basear-se nos requerimentos de seu interesse superior, tendo em consideração que o risco de violação de seus direitos humanos pode adquirir manifestações particulares e específicas em razão da idade, nos termos dos pontos 207 a 242 da presente opinião consultiva.

11) A obrigação estatal de estabelecer e realizar procedimentos justos e eficientes para identificar os potenciais solicitantes de asilo e determinar a condição de refugiado através de uma análise adequada e individualizada das petições, com as correspondentes garantias, deve incorporar os componentes específicos desenvolvidos à luz da proteção integral devida a todas as crianças, aplicando integralmente os princípios reitores e, em especial, o relativo ao interesse superior da criança e sua participação, nos termos dos pontos 243 a 262 da presente opinião consultiva.

12) Qualquer órgão administrativo ou judicial que deva decidir sobre a separação familiar por expulsão motivada pela condição migratória de um ou de ambos os progenitores deve realizar uma análise de ponderação, que contemple as circunstâncias particulares do caso concreto e garanta uma decisão individual, priorizando em cada caso o interesse superior da criança. Nas hipóteses em que a criança tem direito à nacionalidade do país do qual um ou ambos os progenitores podem ser expulsos, ou que cumpra as condições legais para residir permanentemente neste país, os Estados não podem expulsar um ou ambos os progenitores por infrações migratórias de caráter administrativo, pois se sacrificaria de forma irrazoável ou desmedida o direito à vida familiar da criança, nos termos dos pontos 263 a 282 da presente opinião consultiva.

Em atenção a que as obrigações determinadas anteriormente se referem a um tema tão próprio, complexo e variável da época atual, elas devem ser entendidas como parte do desenvolvimento progressivo do Direito Internacional dos Direitos Humanos, processo no qual, consequentemente, este Parecer Consultivo se insere.

9.4 Outros Sistemas

9.4.1. Sistema Europeu

O sistema protetivo europeu está principalmente alicerçado em torno do Conselho da Europa. O Conselho da Europa é uma organização internacional de vocação regional que tem por objetivo garantir a defesa dos direitos humanos, o desenvolvimento democrático e a estabilidade político-social no continente e foi fundado, em 5 de Maio de 1949, pelo Tratado de Londres. Atualmente é composto por 47 Estados-membros.

Seu principal instrumento protetivo é a Convenção Europeia de Direitos Humanos de 1950, que entrou em vigor em 03 de setembro de 1953 (data do depósito do décimo instrumento de ratificação) e que instituiu a Comissão Europeia de Direitos Humanos e a Corte Europeia. Mas, por meio do Protocolo n. 11, a Comissão e a Corte foram substituídas por uma Corte de Direitos Humanos reformulada. Tal reformulação teve por objetivo dotar o sistema europeu de maior compulsoriedade.

Esse mesmo protocolo tornou a Corte competente para receber petições individuais. Essa possibilidade tem contribuído em muito para o envolver do sistema protetivo europeu, pois democratiza seu manejo e aumenta a capilaridade de seu monitoramento.

O único problema é que a Convenção Europeia dos Direitos Humanos apenas trata dos direitos civis e políticos. Destarte, o outro instrumento protetivo de suma importância para o sistema europeu é a Carta Social Europeia, pois essa cuida dos direitos econômicos, sociais e culturais.

A Carta Social Europeia foi adotada em 1961 e a Carta Social Europeia Revisada foi adotada em 1996. A Carta conta com o Comitê Europeu dos Direitos Sociais para auxiliar sua implementação. Percebe-se que a Corte Europeia de Direitos Humanos cuida somente da aplicação da Convenção Europeia de Direitos Humanos (direitos civis e políticos).

9.4.2. Sistema Africano

A União Africana – UA – foi fundada em 2002 e é a organização que sucedeu a Organização da Unidade Africana – OUA, essa criada no ano de 1963.

O principal instrumento protetivo do sistema africano é a Carta Africana dos Direitos Humanos e dos Povos, de 1981, a qual instituiu a Comissão Africana de Direitos Humanos para operacionalizar o sistema. Cabe destacar que foi apenas com a Carta Africana que ficou estabelecido, de fato, um sistema regional de proteção dos direitos humanos no continente africano. Em ordem cronológica, é o terceiro sistema de proteção, aparecendo depois do global e do interamericano.

Sem prejuízo de esclarecer que a OUA já atuava no campo dos refugiados (Convenção sobre Governança dos Aspectos Específicos dos Refugiados, de 1969). "A questão dos refugiados, contudo, é específica, e não representou uma prévia do sistema. Ou seja, a adoção do tratado sobre refugiados não foi a primeira etapa de um projeto para a proteção dos direitos humanos na África, mas um caso particular, um problema que exigia solução. O papel de início do sistema regional africano pertence à Carta Africana[104]".

A OUA estava focada primordialmente no fortalecimento do processo de emancipação da África em relação aos seus colonizadores. E como bem lembra Marina Feberbaum, "... os países africanos soberanos, que, na maior parte, haviam acabado de conquistar suas soberanias, não aceitavam qualquer ideia de interferência externa, o que explica a aversão à implantação de um sistema de proteção de direitos humanos. Dito de outra maneira, a criação de mecanismos de proteção de direitos humanos, ainda que tal atividade se limitasse à função de monitoramento, seria demasiadamente invasiva aos olhos de Estados 'majoritariamente recém-independentes, que protegiam obsessivamente sua liberdade e repudiavam qualquer medida que sugerisse interferência externa nos seus assuntos internos[105]". Portanto, percebe-se que o surgimento de um sistema organizado de proteção dos direitos humanos na África aconteceu com a adoção da supracitada Carta.

A Corte Africana de Direitos Humanos só foi instituída em 1998 pelo Protocolo à Carta (Protocolo Burkina Faso). E em 11 de julho de 2003 foi adotado o Protocolo sobre os Direitos das Mulheres Africanas, o qual detalhou e expandiu os direitos das mulheres (principalmente os que combatem a discriminação de gênero).

É importante apontar que a Carta Africana é o único tratado regional de proteção dos direitos humanos que prevê conjuntamente os direitos civis e políticos como também os econômicos, sociais e culturais. A Carta também trata o direito ao desenvolvimento (direito coletivo, isto é, direito do povo) como direito humano e não prevê a cláusula geral de derrogação (comum nos tratados de direitos humanos), que permite ao Estado se desobrigar dos compromissos, assumidos por meio de tratado, em tempos de "emergência". Exemplos de emergência são a guerra, o perigo público, ou qualquer outra situação que ameace a independência ou segurança do Estado.

9.4.3. Sistema Árabe

A Liga de Estados Árabes é uma organização de estados árabes fundada em 1945.

Seu principal instrumento protetivo é a Carta Árabe de Direitos Humanos, a qual instituiu a Comissão Árabe de Direitos Humanos e a Corte Árabe.

10. SISTEMA AMERICANO DE PROTEÇÃO ESPECÍFICA

Passemos à análise pontual dos instrumentos regionais de proteção específica dos direitos humanos. Conforme dito no capítulo 8, tais instrumentos são considerados específicos, regra geral, por protegerem indivíduos determinados, e não todos os seres humanos, ou cuidarem de temas específicos.

104. FEFERBAUM, Marina. *Proteção Internacional dos Direitos Humanos – Análise do Sistema Africano*. São Paulo: Saraiva, 2012. p. 71.

105. FEFERBAUM, Marina. *Proteção Internacional dos Direitos Humanos – Análise do Sistema Africano*. São Paulo: Saraiva, 2012. p. 72-73.

10.1. Convenção Interamericana para Prevenir e Punir a Tortura

A Convenção, adotada em 9 de dezembro de 1985, em Cartagena, na Colômbia, e promulgada no Brasil em 9 de dezembro de 1989 pelo Decreto nº 98.386, tem por fundamento a consciência de que todo ato de tortura ou outros tratamentos ou penas cruéis, desumanos ou degradantes constituem uma ofensa à dignidade humana.

Os Estados-partes têm obrigação de proibir a tortura, esta não podendo ser praticada nem mesmo em circunstâncias excepcionais. Por tortura entende-se todo ato pelo qual são infligidos intencionalmente a uma pessoa penas ou sofrimentos físicos ou mentais, com fins de investigação criminal, como meio de intimidação, como castigo pessoal, como medida preventiva, como pena ou com qualquer outro fim[106]. Entende-se também como tortura a aplicação em uma pessoa de métodos tendentes a anular a personalidade da vítima ou a diminuir sua capacidade física ou mental, embora não causem dor física ou angústia psíquica (artigo 2º da Convenção).

E consoante ao artigo 3º, *a* e *b*, da Convenção, apenas os funcionários ou empregados públicos, ou ainda os particulares, desde que instigados pelos dois primeiros, podem ser sujeitos ativos do crime de tortura.

É muito importante a ressalva do artigo 4º: "O fato de haver agido por ordens superiores não eximirá da responsabilidade penal correspondente".

Outro ponto que merece destaque é o que se encontra disposto no artigo 10 da Convenção: "as declarações obtidas por meio de tortura não podem ser admitidas como prova em processo, salvo em processo instaurado contra a pessoa acusada de havê-las obtido mediante atos de tortura e unicamente como prova de que, por esse meio, o acusado obteve tal declaração".

Igualmente ao previsto na Convenção da ONU contra a Tortura e outros Tratamentos ou Penas Cruéis, Desumanos ou Degradantes, os Estados-partes se obrigam a punir os torturadores, independentemente do país em que a tortura tenha sido realizada e da nacionalidade do torturador. Percebe-se que a Convenção Interamericana também estabeleceu jurisdição compulsória e universal para julgar os acusados de tortura. Consoante o comentado no subitem 9.3, a compulsoriedade da jurisdição determina que os Estados-partes devem punir os torturadores, independentemente do local onde o crime foi cometido e da nacionalidade do torturador e da vítima. E a universalidade da jurisdição determina que os Estados-partes processem ou extraditem o suspeito da prática de tortura, independentemente da existência de tratado prévio de extradição.

Para monitorar o cumprimento das obrigações constantes na Convenção, a Comissão Interamericana de Direitos Humanos

106. Em caso recente – Mendoza y Otros vs. Argentina –, a Corte Interamericana condenou a República da Argentina pela violação, dentre outros, dos artigos 1, 6 e 8 da Convenção Interamericana para Prevenir e Punir a Tortura em prejuízo de algumas das vítimas. A sentença foi proferida no dia 14 de maio de 2013. Para acessar o caso em seu inteiro teor, basta acessar o seguinte endereço eletrônico: http://www.corteidh.or.cr/docs/casos/articulos/seriec_260_esp.pdf. Outro caso parecido é o García Lucero y Otros vs. Chile: http://www.corteidh.or.cr/docs/casos/articulos/seriec_267_esp.pdf.

recebe relatórios confeccionados pelos Estados-partes, os quais auxiliam a confecção do relatório anual da Comissão.

10.2. Convenção Interamericana para Prevenir, Punir e Erradicar a Violência contra a Mulher (Direito das Mulheres)

A Convenção Interamericana para Prevenir, Punir e Erradicar a Violência contra a Mulher(também conhecida como Convenção de Belém do Pará), adotada em 9 de junho de 1994, em Belém do Pará, no Brasil, e promulgada no Brasil em 1º de agosto de 1996 pelo Decreto nº 1.973, tem por fundamento a consciência de que a eliminação da violência contra a mulher é condição indispensável para seu desenvolvimento individual e social e sua plena e igualitária participação em todas as esferas da vida.

Os Estados-partes têm a obrigação de punir todas as formas de violência contra a mulher e de adotar políticas destinadas a prevenir e erradicar tal violência. Por violência contra a mulher entende-se qualquer ato ou conduta baseados no gênero, que causem morte, dano ou sofrimento físico, sexual ou psicológico à mulher, tanto na esfera pública como na esfera privada (artigo 1º da Convenção).

A Convenção, em seu artigo 2º, define de maneira mais exata as três situações em que a violência contra a mulher pode ser configurada: **a)** dentro da família ou unidade doméstica ou em qualquer outra relação interpessoal, em que o agressor conviva ou tenha convivido no mesmo domicílio que a mulher e que compreende, entre outros, estupro, violação, maus-tratos e abuso sexual; **b)** na comunidade e seja perpetrada por qualquer pessoa e que compreende, entre outros, violação, abuso sexual, tortura, maus-tratos de pessoas, tráfico de mulheres, prostituição forçada, sequestro e assédio sexual no lugar de trabalho, bem como em instituições educacionais, estabelecimentos de saúde ou qualquer outro lugar; e **c)** perpetrada ou tolerada pelo Estado ou seus agentes, onde quer que ocorra.

Para monitorar o cumprimento das obrigações constantes na Convenção, a Comissão Interamericana de Mulheres receberá relatórios confeccionados pelos Estados-partes (artigo 10 da Convenção) e a Comissão Interamericana de Direitos Humanos receberá petições individuais. Esse último sistema permite que qualquer pessoa, grupo de pessoas ou entidade não governamental juridicamente reconhecida em um ou mais Estados-membros da Organização enviem à Comissão Interamericana de Direitos Humanos petições com o fito de denunciar as violações contra os direitos consagrados na Convenção Interamericana para Prevenir, Punir e Erradicar a Violência contra a Mulher.

10.3. Convenção Interamericana para a Eliminação de Todas as Formas de Discriminação contra as Pessoas Portadoras de Deficiência

A Convenção, adotada em 7 de junho de 1999, na Cidade da Guatemala, na Guatemala, e promulgada pelo Brasil em 8 de outubro de 2001 pelo Decreto nº 3.956, tem por fundamento a consciência de que as pessoas portadoras de deficiência têm os mesmos direitos humanos e liberdades fundamentais que outras pessoas e que esses direitos, inclusive o de não serem submetidas à discriminação com base na deficiência, emanam da dignidade e da igualdade que são inerentes a todo ser humano.

Os Estados-partes têm obrigação de eliminar todas as formas de discriminação contra as pessoas portadoras de deficiência e de propiciar sua plena integração à sociedade. Por deficiência entende-se a restrição física, mental ou sensorial, de natureza permanente ou transitória, que limita a capacidade de exercer uma ou mais atividades essenciais da vida diária, causada ou agravada pelo ambiente econômico e social (artigo 1º da Convenção).

Para monitorar o cumprimento das obrigações constantes na Convenção e exercer o controle de convencionalidade internacional, foi criada a Comissão para a Eliminação de Todas as Formas de Discriminação contra as Pessoas Portadoras de Deficiência, que recebe relatórios confeccionados pelos Estados-partes, os quais auxiliam a confecção dos relatórios da Comissão.

10.4. Convenção Interamericana contra a Corrupção (Administração da Justiça)

A Convenção, adotada em 29 de março de 1996, na cidade de Caracas, na Venezuela, e promulgada no Brasil em 7 de outubro de 2002 pelo Decreto nº 4.410, tem por fundamento a consciência de que a corrupção solapa a legitimidade das instituições públicas e atenta contra a sociedade, a ordem moral e a justiça, bem como contra o desenvolvimento integral dos povos, e de que a democracia representativa, condição indispensável para a estabilidade, a paz e o desenvolvimento da região, exige, por sua própria natureza, o combate a toda forma de corrupção no exercício das funções públicas e aos atos de corrupção especificamente vinculados a seu exercício.

O artigo 2º lista os dois grandes propósitos dessa Convenção: **a)** promover e fortalecer o desenvolvimento, por cada um dos Estados-partes, dos mecanismos necessários para prevenir, detectar, punir e erradicar a corrupção; e **b)** promover, facilitar e regular a cooperação entre os Estados-partes a fim de assegurar a eficácia das medidas e ações adotadas para prevenir, detectar, punir e erradicar a corrupção no exercício das funções públicas, bem como os atos de corrupção especificamente vinculados a seu exercício.

Os Estados-partes têm a obrigação de adotar as medidas que forem necessárias para estabelecer sua jurisdição sobre os delitos tipificados nessa Convenção, quando estes forem cometidos em seu território, ou por um de seus cidadãos, ou por uma pessoa que tenha sua residência habitual em seu território, ou ainda quando o suspeito se encontrar em seu território e a referida parte não o extraditar para outro país por motivo da nacionalidade do suspeito (artigo 5º da Convenção). Percebe-se que a Convenção Interamericana contra a Corrupção também estabeleceu jurisdição compulsória e universal para julgar os acusados desse delito. A compulsoriedade da jurisdição determina que os Estados-partes devem punir os autores do delito, independentemente do local onde o crime tiver sido cometido e da nacionalidade do violador e da vítima. E a universalidade da jurisdição determina que os Estados-partes processem ou extraditem o suspeito da prática de desaparecimento forçado, independentemente da existência de tratado prévio de extradição.

Por sua vez, os atos de corrupção são tipificados pelo artigo 6º, ponto 1, da Convenção contra a Corrupção: **a)** a solicitação ou a aceitação, direta ou indiretamente, por um funcionário público ou pessoa que exerça funções públicas de qualquer objeto de valor pecuniário ou de outros benefícios como dádivas, favores, promessas ou vantagens para si mesmo, para outra pessoa ou para entidade em troca da realização ou omissão de qualquer ato no exercício de suas funções públicas; **b)** a oferta ou outorga, direta ou indiretamente, a um funcionário público ou pessoa que exerça funções públicas de qualquer objeto de valor pecuniário ou de outros benefícios como dádivas, favores, promessas ou vantagens a esse funcionário público, outra pessoa ou entidade em troca da realização ou omissão de qualquer ato no exercício de suas funções públicas; **c)** a realização, por parte de um funcionário público ou pessoa que exerça funções públicas, de qualquer ato ou omissão no exercício de suas funções, a fim de obter ilicitamente benefícios para si mesmo ou para um terceiro; **d)** o aproveitamento doloso ou a ocultação de bens provenientes de qualquer dos atos a que se refere o citado artigo; e **e)** a participação, como autor, coautor, instigador, cúmplice, acobertador ou mediante qualquer outro modo na perpetração, na tentativa de perpetração ou na associação ou confabulação para perpetrar qualquer dos atos a que se refere o artigo.

O artigo 20 assim determina:

> "Nenhuma das normas desta Convenção será interpretada no sentido de impedir que os Estados-partes prestem, reciprocamente, cooperação com base no previsto em outros acordos internacionais, bilaterais ou multilaterais, vigentes ou que forem celebrados no futuro entre eles, ou em qualquer outro acordo ou prática aplicável".

É importante notar que essa Convenção não estatui mecanismo de controle da aplicação de seus preceitos, ou seja, o controle de convencionalidade internacional não poderá ser exercitado.

10.5. Convenção Interamericana contra o Terrorismo

A Convenção, adotada em 03 de junho de 2002, na cidade de Bridgetown, em Barbados, e promulgada no Brasil em 26 de dezembro de 2005 pelo Decreto nº 5.639, tem por fundamento a consciência compartilhada de que o terrorismo constitui uma grave ameaça para os valores democráticos e para a paz e a segurança internacionais e é causa de profunda preocupação para todos os Estados membros.

A Convenção, já no seu artigo 1º, explicita que o seu objetivo é prevenir, punir e eliminar o terrorismo. E os artigos 7º ao 9º traçam formas de cooperação entre os Estados membros para garantir a efetividade no combate ao terrorismo. Pela leitura da Convenção percebe-se que não ficou estabelecido um conceito de terrorismo. Pelo contrário, a redação do artigo 2º aponta que os delitos de terrorismo são aqueles previstos em alguns instrumentos internacionais (10 foram listados[107]).

Alguns pontos da Convenção ganham destaque devido sua relação explícita com o tema dos direitos humanos. Por exemplo, os artigos 12 e 13 defendem a denegação da condição de refugiado e a denegação de asilo. Essa é a redação do art. 12: "Cada Estado-Parte adotará as medidas cabíveis, em conformidade com as disposições pertinentes do direito interno e internacional, para assegurar que não se reconheça a condição de refugiado a pessoas com relação às quais haja motivos fundados para considerar que cometeram um delito estabelecido nos instrumentos internacionais enumerados no Artigo 2 desta Convenção". E o art. 13 a seguinte: "Cada Estado-Parte adotará as medidas cabíveis, em conformidade com as disposições pertinentes do direito interno e internacional, a fim de assegurar que não se conceda asilo a pessoas com relação às quais existam motivos fundados para se considerar que cometeram um delito estabelecido nos instrumentos internacionais enumerados no Artigo 2 desta Convenção".

Entretanto, o artigo 15 cobra respeito aos direitos humanos. Segue redação do artigo citado: "1. As medidas adotadas pelos Estados-Partes em decorrência desta Convenção serão levadas a cabo com pleno respeito ao Estado de Direito, aos direitos humanos e às liberdades fundamentais; 2. Nada do disposto nesta Convenção será interpretado no sentido de desconsiderar outros direitos e obrigações dos Estados e das pessoas, nos termos do direito internacional, em particular a Carta das Nações Unidas, a Carta da Organização dos Estados Americanos, o direito internacional humanitário, o direito internacional dos direitos humanos e o direito internacional dos refugiados; 3. A toda pessoa que estiver detida ou com relação à qual se adote quaisquer medidas ou que estiver sendo processada nos termos desta Convenção será garantido um tratamento justo, inclusive o gozo de todos os direitos e garantias em conformidade com a legislação do Estado em cujo território se encontre e com as disposições pertinentes do direito internacional".

11. INTERPRETAÇÃO E APLICAÇÃO

Após termos analisado os sistemas internacionais de proteção dos direitos humanos, podemos perceber que em determinadas situações ocorre uma sobreposição de normas (oriundas do sistema global, do regional e do nacional). Mas, como já anunciado, isso não se reflete em problema, pois o que se busca é a substancial proteção dos direitos humanos. Destarte, o sistema que estiver mais bem organizado para proteger o indivíduo no caso será o aplicado. Em outras palavras, os sistemas não competem, mas se completam.

Depois dessa breve introdução sobre a especificidade da tarefa interpretativa dos estudiosos dos direitos humanos, pas-

107. **a)**Convenção para a Repressão do Apoderamento Ilícito de Aeronaves, assinada na Haia em 16 de dezembro de 1970; **b)** Convenção para a Repressão de Atos Ilícitos contra a Segurança da Aviação Civil, assinada em Montreal em 23 de dezembro de 1971; **c)** Convenção sobre a Prevenção e Punição de Crimes contra Pessoas que Gozam de Proteção Internacional, Inclusive Agentes Diplomáticos, adotada pela Assembleia Geral das Nações Unidas em 14 de dezembro de 1973; **d)** Convenção Internacional contra a Tomada de Reféns, adotada pela Assembleia Geral das Nações Unidas em 17 de dezembro de 1979; **e)** Convenção sobre a Proteção Física dos Materiais Nucleares, assinada em Viena em 3 de dezembro de 1980; **f)** Protocolo para a Repressão de Atos Ilícitos de Violência nos Aeroportos que Prestem Serviços à Aviação Civil Internacional, complementar à Convenção para a Repressão de Atos Ilícitos contra a Segurança da Aviação Civil, assinado em Montreal em 24 de dezembro de 1988; **g)** Convenção para a Supressão de Atos Ilegais contra a Segurança da Navegação Marítima, feita em Roma em 10 de dezembro de 1988; **h)** Protocolo para a Supressão de Atos Ilícitos contra a Segurança das Plataformas Fixas Situadas na Plataforma Continental, feito em Roma em 10 de dezembro de 1988; **i)** Convenção Internacional para a Supressão de Atentados Terroristas a Bomba,adotada pela Assembleia Geral das Nações Unidas em 15 de dezembro de 1997; j) Convenção Internacional para a Supressão do Financiamento do Terrorismo, adotada pela Assembleia Geral das Nações Unidas em 9 de dezembro de 1999.

semos a análise pontual dos principais princípios interpretativos desse ramo do Direito.

11.1. Princípio da primazia da norma mais favorável

Em se tratando de interpretação e de aplicação das regras protetivas de direitos humanos, deve-se ter por fundamento o *princípio da primazia da norma mais favorável à vítima*, o qual determina a busca da maior efetividade possível na proteção dos direitos humanos.

Portanto, de modo geral, os sistemas protetivos global, regional e nacional interagem e complementam-se para melhor proteger o indivíduo dos abusos perpetrados contra sua dignidade humana. Esse exercício foi denominado, por Erik Jaime[108], de o *diálogo das fontes*[109], ou seja, os diversos sistemas de proteção (fontes heterogêneas) são coordenados para garantir a maior tutela possível da dignidade da pessoa humana – dessa forma, o sistema com maiores possibilidades de garantir a proteção no caso específico será o eleito, podendo até haver uma aplicação conjunta dos sistemas, desde que apropriada. A Constituição brasileira traz previsão expressa da "cláusula de diálogo ou dialógica" no seu art. 4º, II.

Além disso, nenhuma lei ou norma de direito interno, como as disposições de anistia, as regras de prescrição e outras excludentes de responsabilidade, podem impedir que um Estado cumpra essa obrigação, especialmente quando se tratar de graves violações de direitos humanos que constituam crimes contra a humanidade, como os de lesa-humanidade, pois são inanistiáveis e imprescritíveis.

11.2. Princípio *pro homine*

De outra perspectiva, há o importante *princípio pro homine*, segundo o qual a interpretação das regras protetivas dos direitos humanos deve ser sempre favorável ao seu destinatário, ou seja, o indivíduo; e nunca em prol dos Estados, que se beneficiariam de interpretações restritivistas. Aliás, conforme já apontado no item 7.6., a especificidade dos tratados de direitos humanos – ao contrário dos tradicionais, que visam compor os interesses dos Estados – está na garantia do exercício de direitos pelos indivíduos.

Esse princípio deu azo à construção de três linhas interpretativas pela jurisprudência internacional: **a)** interpretação sistemática dos direitos: objetiva o reconhecimento de direitos implícitos mediante a análise holística das regras protetivas dos direitos humanos[110]; **b)** interpretação restritiva das limitações de direitos: tudo para impedir ao máximo a diminuição da proteção da pessoa humana; e **c)** preenchimento de lacunas e omissões em benefício do indivíduo[111].

108. *Identité culturelle et integration: le droit international privé postmoderne*. Séries Recueil des Cours de l'Académie de Droit International de la Haye 251, 1995.

109. O citado diálogo também é previsto expressamente no artigo 29, *b*,da Convenção Americana de Direitos Humanos.

110. André de Carvalho Ramos (*op. cit.*, p. 82-83)cita a decisão da Corte Europeia dos Direitos Humanos no caso Golder como emblemático dessa linha interpretativa alicerçada no princípio *pro homine*.

111. "(...) No caso da 'denúncia' peruana do reconhecimento da jurisdição obrigatória da Corte Interamericana de Direitos Humanos de 1999, a Corte, em decisões históricas, considerou desprovido tal ato, uma vez que a Convenção Americana de Direitos Humanos, apesar de omissa quanto à possibilidade de denúncia do reconhecimento de jurisdição obrigatória, possui dispositivo expresso que veda o retrocesso ou qualquer diminuição na proteção já acordada ao indivíduo" (RAMOS, *op. cit.*, p. 83-84).

11.3. Princípio da máxima efetividade

Outro princípio que merece ser citado é o da *máxima efetividade*, que propugna o papel da interpretação dos direitos humanos no atingimento da plena aplicabilidade de seus preceitos, conferindo, dessa forma, maior proteção à pessoa humana, posto que efetiva. Mediante tal princípio interpretativo, o argumento reacionário de que os direitos humanos são meras normas programáticas cairia por terra.

11.4. Princípio da interpretação autônoma

Por sua vez, o *princípio da interpretação autônoma* defende que "os conceitos e termos inseridos nos tratados de direitos humanos podem possuir sentidos *próprios*, distintos dos sentidos a eles atribuídos pelo direito interno, para dotar de maior efetividade os textos internacionais de direitos humanos[112]". Essa colocação pode ser aplicada na interpretação dos textos "nacionais" de direitos humanos também, sempre em respeito à especificidade do campo de conhecimento destes e à necessidade de garantir a máxima efetividade de seus preceitos protetivos e emancipadores da pessoa humana. Esse princípio é de grande utilização pela Corte Europeia dos Direitos Humanos.

11.5. Princípio da interpretação evolutiva dos direitos humanos

A interpretação dos direitos humanos deve também ter por base o *princípio da interpretação evolutiva dos direitos humanos*. Esse princípio é de grande razoabilidade, pois os direitos humanos contam com inúmeros termos de conceito fluido, que demandam uma interpretação atual para sua pertinente aplicação. Sabe-se que o direito é apenas uma parcela da cultura geral, criada pelo e para o bem do homem, logo se trata de uma construção dinâmica, que assume novas formas ao longo do tempo. Por isso, os direitos humanos devem ser interpretados e aplicados em consonância com os valores atuais de determinada sociedade.

11.6. Teoria da margem de apreciação

A teoria da margem de apreciação é muito utilizada na interpretação dos direitos humanos, sobretudo pela Corte Europeia dos Direitos Humanos. Ela funciona como um freio para os juízes internacionais, pois impede a análise de uma situação concreta de desrespeito dos direitos da pessoa humana, em função das características de complementaridade e subsidiariedade que os sistemas protetivos internacionais dos direitos humanos possuem.

Essa teoria permite a diferenciação de temas nos direitos humanos, pois alguns não poderiam ser processados nos sistemas internacionais por dizerem respeito à matéria de grande sensibilidade nacional (umbilicalmente relacionada ao interesse público), que, por essa razão, deve ser analisada internamente pelos juízes nacionais.

112. RAMOS, *op. cit.*, p. 87.

Em poucas palavras, a equação interesse público/direitos humanos deve ser preferencialmente balanceada pelo próprio Estado (inserida em sua margem de apreciação), mesmo que disso surja qualquer violação dos direitos humanos, pois estando em contato direto com a realidade de seus países, as autoridades nacionais estão, em princípio, melhor situadas que a jurisdição internacional para avaliar as sensibilidades e os contextos locais. Assim, a mitigação destes últimos em prol do interesse público em dado caso é obra exclusiva do Estado pela teoria da margem de apreciação.

Mas essa teoria não pode ser adotada cruamente. Nesse sentido, reproduzo consideração do Prof. André de Carvalho Ramos:

> "o uso da margem de apreciação é controlado pela Corte Europeia dos Direitos Humanos, sendo sempre ponderado pelo princípio da proporcionalidade. No caso de condutas estatais restritivas de direitos protegidos desproporcionais e irrazoáveis, pode a Corte Europeia declarar a violação da Convenção Europeia de Direitos Humanos[113]".

O perigo da teoria da margem de apreciação reside em relativizar a proteção dos direitos humanos, pois tais poderiam ser desrespeitados em dado momento pela concordância majoritária de certa sociedade sobre o alcance de seu interesse público. Afortunadamente, essa teoria não tem a mesma acolhida na Corte Interamericana de Direitos Humanos.

12. DIREITOS HUMANOS NO BRASIL

A Constituição Federal de 1998 torna nuclear o tema dos direitos humanos. Nunca na história brasileira os direitos fundamentais foram tratados de maneira tão ampla e minuciosa por um diploma constitucional. Antes de analisarmos o tratamento conferido pela CF 88, vamos trazer um rápido histórico do tratamento dispensado aos direitos fundamentais pelas antigas constituições brasileiras.

12.1. Histórico das Constituições

Faremos uma explanação evolutiva de caráter acumulativo, isto é, sobre os direitos incorporados por um texto constitucional, sem repetir os já citados, enfocando assim as novidades, os avanços e os retrocessos das Constituições.

12.1.1. Constituição de 1824

Trata-se da primeira Constituição brasileira, a qual se inscreve de maneira muito importante no processo de consolidação da independência e de construção do Estado brasileiro. Trata, em seu título 8º, das disposições gerais e das garantias dos direitos civis e políticos dos cidadãos brasileiros.

Essa Constituição é conhecida por ter sida outorgada pelo imperador D. Pedro I, após ter dissolvido a Assembleia Constituinte que fora instalada para a confecção da primeira Constituição brasileira, e por criar um sistema político monárquico, hereditário e constitucional, além de manter a religião católica apostólica romana como oficial, permitindo-se apenas o culto particular de outras religiões – apesar dessa previsão, na prática a liberdade religiosa era total. Outros pontos de destaque dessa Constituição são o estabelecimento do voto indireto e censitário (com exclusão das mulheres e dos analfabetos) e a divisão política do país em províncias, sendo o presidente de cada uma escolhido pelo imperador (configuração de um Estado unitário).

O ponto mais inovador da Constituição de 1824 foi a instituição do Poder Moderador (que compunha a divisão do poder político juntamente com o Executivo, o Legislativo e o Judiciário), cujo surgimento na letra da lei foi atribuída a Martim Francisco de Andrada, um grande admirador de Benjamin Constant. Esse poder serviria para resolver impasses e assegurar o funcionamento do governo mediante a concentração das atribuições nas mãos do imperador.

12.1.2. Constituição de 1891

No dia 25 de novembro de 1889 foi fundada a República brasileira, isto é, passou-se do regime monárquico para o republicano, o que foi visto historicamente como um golpe militar, pois a transição foi arquitetada pela elite do Exército em conjunto com os ricos cafeicultores.

Em 1891 foi promulgada a Constituição da República dos Estados Unidos do Brasil[114], que, nos artigos 72 a 78, traz uma declaração de direitos. Entre eles, podemos destacar a total liberdade religiosa – o Brasil tornou-se um estado laico. Também foi instituído o voto direto e universal (contra o antigo indireto e censitário), mas os analfabetos e as mulheres continuavam sem o direito de votar.

Como já apontamos em relação à forma de governo (República), a Constituição também inovou quando instituiu a Federação como forma de Estado (contra o antigo Estado unitário) e estabeleceu o regime de governo presidencialista. Ato-consequência da mudança da forma de Estado foi a substituição das províncias por estados-membros.

Por fim, o Poder Moderador foi extinto e remanesceram apenas o Executivo, o Legislativo e o Judiciário, consoante preconizara Montesquieu.

12.1.3. Constituição de 1934

A Constituição promulgada em 1934 não difere substancialmente de sua antecessora e foi confeccionada tendo por inspiração a Constituição alemã de 1919 ("Constituição de Weimar").

Seu título III traz dois capítulos: um denominado Dos Direitos Políticos, e o outro, Dos Direitos e Das Garantias Individuais. De forma inovadora, essa Constituição inclui ainda títulos que cuidam da ordem econômica e social (IV), da família, educação e cultura (V) e da segurança nacional (VI). Há nela um nítido caráter social, sendo a primeira Constituição brasileira a mencionar os direitos sociais em seu texto.

A Constituição de 1934 é constantemente lembrada por ter estendido o direito de voto às mulheres e o tornado secreto. Podemos destacar também os avanços alcançados nos direitos trabalhistas e a adoção do princípio do ensino primário gratuito e de frequência obrigatória.

12.1.4. Constituição de 1937

O ano de 1937 foi marcado pelo golpe de Getúlio Vargas, que utilizou o Plano Cohen como estopim para a instalação do

113. RAMOS, *op. cit.*, p. 96.

114. O nome é mais um indicativo da escolha da Constituição dos Estados Unidos da América como paradigma inspirador.

Estado Novo. Deve-se dizer que o Estado Novo representou, nas palavras de Boris Fausto, "uma aliança da burocracia civil e militar e da burguesia industrial, cujo objetivo comum imediato era o de promover a industrialização do país sem grandes abalos sociais[115]".

A Constituição outorgada em 1937 ("Constituição Polaca") previu direitos fundamentais, todavia, o artigo 186 assim dispunha: "É declarado em todo o País o estado de emergência". Isto é, os direitos fundamentais ficavam muito limitados em função desse "estado de emergência duradouro".

Essa Constituição tem nítido caráter ditatorial e se aproxima muito das Constituições fascistas europeias.

12.1.5. Constituição de 1946

Com o fim do Estado Novo, o Brasil reinstaurou o regime de governo presidencialista e elegeu Eurico Gaspar Dutra em 1945.

A Constituição promulgada em 1946 é nitidamente de roupagem liberal-democrática, assim, afasta-se da Constituição anterior, de 1937, apesar de manter algumas similaridades com esta. Em relação à ordem social, a Constituição de 1946 manteve, de certa forma, os benefícios mínimos assegurados na de 1934. Cabe destacar que foi a Constituição de 1946 que conferiu, no plano dos direitos políticos, a igualdade entre homens e mulheres, pois, por exemplo, na Constituição de 1934 só algumas mulheres podiam votar.

12.1.6. Constituição de 1967

Em 1964 foi desferido o golpe militar para cumprir com os propósitos de modernização conservadora da elite brasileira.

A Constituição de 1967 escolheu a segurança nacional exacerbada em prejuízo dos direitos fundamentais. A situação piorou com a edição dos Atos Institucionais, notadamente o de nº 5, que inaugurou a fase "dos anos de chumbo" ou da "ditadura escancarada", na acepção de Elio Gaspari. Além disso, desde 1964, com o Ato Institucional nº 1, as eleições para presidente da República tornaram-se indiretas e, com o Ato Institucional nº 3, de 1966, as eleições para governadores também se tornaram indiretas (artigo 1º):

> "A eleição de Governador e Vice-Governador dos Estados far-se-á pela maioria absoluta dos membros da Assembleia Legislativa, em sessão pública e votação nominal.
>
> § 1º – Os Partidos inscreverão os candidatos até quinze dias antes do pleito perante a Mesa da Assembleia Legislativa e, em caso de morte ou impedimento insuperável de qualquer deles, poderão substituí-los até vinte e quatro horas antes da eleição.
>
> § 2º – Se não for obtido o *quorum* na primeira votação, repetir-se-ão os escrutínios até que seja atingido, eliminando-se, sucessivamente, do rol dos candidatos, o que obtiver menor número de votos.
>
> § 3º – Limitados a dois os candidatos ou na hipótese de só haver dois candidatos inscritos, a eleição se dará mesmo por maioria simples".

As eleições diretas para governadores foram restabelecidas em 1982, enquanto as para presidente da República somente em 1990, com a eleição de Fernando Collor de Mello.

115. FAUSTO, Boris. *História concisa do Brasil*.São Paulo: Edusp/Imprensa Oficial do Estado, 2001. p. 201.

12.1.6.1. Constituição de 1969 ou Emenda Constitucional nº 1

Há uma grande discussão sobre a EC nº 1 ser ou não considerada uma Constituição, por ter mudado radicalmente a Constituição de 1967, alterando inclusive seu epíteto para Constituição da República Federativa do Brasil.

12.2. Constituição Cidadã de 1988

Fruto da redemocratização, a Constituição Federal (CF) de 1988 torna a dignidade da pessoa humana um dos fundamentos da República Federativa do Brasil (artigo 1º, III, da CF). Outros fundamentos que reforçam o *status* dos direitos humanos no Brasil são a cidadania, os valores sociais do trabalho e o pluralismo político (respectivamente artigo 1º, II, IV e V, da CF).

O parágrafo único do artigo 1º da CF aponta que o regime de governo, no Brasil, será uma democracia, pois todo o poder emana do povo (soberania popular) e este poderá exercê-lo indiretamente por meio de seus representantes ou diretamente. Os mecanismos de democracia direta encontram-se listados no artigo 14, I, II e III, da CF (plebiscito, referendo e iniciativa popular).

"Ademais, a Constituição de 1988 conferiu significado ímpar ao direito de acesso à justiça e criou mecanismos especiais de controle da omissão legislativa (ação direta por omissão e mandado de injunção), destinados a colmatar eventuais lacunas na realização de direitos, especialmente na formulação de políticas públicas destinadas a atender às determinações constitucionais.[116]"

Inclusive, podem-se considerar os direitos humanos até como limitadores do poder constituinte originário:

"É fora de dúvida que o poder constituinte é um fato político, uma força material e social, que não está subordinado ao Direito positivo preexistente. Não se trata, porém, de um poder ilimitado ou incondicionado. Pelo contrário, seu exercício e sua obra são pautados tanto pela realidade fática como pelo Direito, âmbito no qual a dogmática pós-positivista situa os valores civilizatórios, os direitos humanos e a justiça[117]".

12.2.1. Intervenção federal por grave violação dos direitos humanos

Outro ponto de destaque é a inclusão dos direitos da pessoa humana na lista dos princípios sensíveis da Constituição (artigo 34, VII, *b*, da CF), os quais autorizam, diante de suas violações, a medida extrema da intervenção[118]. Isso significa que se um estado federado incidir em grave violação dos direitos humanos e nada fizer para mudar essa situação lamentável, a União

116. MENDES, *op. cit.*, p. 681. Também: "A Constituição de 1988 é a primeira Carta brasileira a consagrar o direito fundamental de proteção à saúde. Textos constitucionais anteriores possuíam apenas disposições esparsas sobre a questão, como a Constituição de 1824, que fazia referência à proteção de socorros públicos (artigo 179, XXXI)" (p. 685).

117. BARROSO, *op. cit.*, p. 110.

118. "A intervenção federal pelo inciso VII do artigo 34 busca resguardar a observância dos chamados princípios constitucionais sensíveis. Esses princípios visam assegurar uma unidade de princípios organizativos tidos como indispensáveis para a identidade jurídica da federação, não obstante a autonomia dos Estados-membros para se auto-organizarem" (MENDES, *op. cit.*, p. 835).

intervirá[119] nessa unidade federada para restabelecer o respeito integral dos direitos da pessoa humana.

O STF já se pronunciou sobre um pedido de intervenção federal que teve por base a grave violação dos direitos da pessoa humana (artigo 34, VII, *b*, da CF). Foi a IF 114-5/MT, ocasião em que o STF sublinhou que a gravidade do fato por si só (violação dos direitos da pessoa humana) não é motivo suficiente para intervenção federal. É necessária a cabal demonstração de que o estado não pode dar uma resposta efetiva ao fato grave ocorrido, ou seja, somente será possível a intervenção federal nesses casos se o estado não possuir uma estrutura mínima que lhe permita responder ao fato danoso – na maioria dos casos, estrutura para movimentar efetivamente a persecução penal[120].

12.2.2. *Federalização dos crimes contra os direitos humanos*

O destaque indicado até aqui pelas previsões constitucionais analisadas, ganhou corpo com a inclusão do § 5º ao artigo 109 da CF pela EC nº 45 de 2004. Segue a redação legal do mencionado parágrafo:

"Nas hipóteses de grave violação de direitos humanos, o Procurador-Geral da República, com a finalidade de assegurar o cumprimento de obrigações decorrentes de tratados internacionais de direitos humanos dos quais o Brasil seja parte, poderá suscitar, perante o Superior Tribunal de Justiça, em qualquer fase do inquérito ou processo, incidente de deslocamento de competência para a Justiça Federal".

Trata-se da denominada *federalização* dos crimes contra os direitos humanos, e um caso conhecido é o IDC 2-DF/STJ de relatoria da ministra Laurita Vaz, pois o caso tinha como pano de fundo a atuação de um grupo de extermínio e o incidente de deslocamento de competência foi parcialmente acolhido[121]. É importante asseverar, com base na jurisprudência do STJ, que o incidente de deslocamento só será provido se ficar comprovado que a justiça estadual constitui verdadeira barreira ao cumprimento dos compromissos internacionais de proteção dos direitos humanos assumidos pelo Brasil.

Dito de outra forma e agora com ênfase na razão de ser do instituto, deve-se ter consciência de que um caso de grave violação dos direitos humanos previstos em tratados internacionais em que o Brasil seja parte, embora ocorrido no âmbito de um estado-membro da federação, é capaz de ensejar no cenário internacional a responsabilidade do Estado brasileiro, de modo que o deslocamento de competência para a órbita federal, em casos como esse, dá a oportunidade, no plano interno, para o órgão de Justiça da União examinar e decidir a questão, antes de arcar com o pesado ônus dessa violação. No IDC 1-PA/STJ, a linha jurisprudencial acima disposta foi inicialmente construída e no voto do relator desse julgamento ficou fixado a necessidade de se observar os princípios da proporcionalidade e da razoabilidade quando da efetivação do deslocamento.

12.2.3. *Hermenêutica aplicada*

Para corroborar a importância de tudo o que foi dito, é mister asseverar que é regra básica da hermenêutica jurídica aquela que determina que a aplicação da lei deverá levar em conta os valores constitucionais que irradiam sobre todo o ordenamento jurídico. Vimos que os direitos humanos ocupam lugar central na CF (logo, direitos fundamentais), destarte, toda interpretação e aplicação de alguma norma do ordenamento jurídico brasileiro devem ser balizadas pela dignidade da pessoa humana. Assim, a interpretação que violar a dignidade da pessoa humana não é válida, ou melhor, é inconstitucional.

12.3. Artigo 5º da CF

Da análise do artigo 5º da CF percebe-se que o legislador constituinte regrou direitos civis e políticos, como também os econômicos, sociais e culturais como fundamentais. Tal atitude afirma a indivisibilidade e a interdependência dos direitos humanos, consoante o que estudamos no capítulo 4. A Constituição ainda traçou certos direitos coletivos e difusos como fundamentais.

É importante frisar, como já mencionado no capítulo introdutório, que a doutrina atual, principalmente a alemã, considera os direitos fundamentais os valores éticos sobre os quais se constrói determinado sistema jurídico nacional, ao passo que os direitos humanos existem mesmo sem o reconhecimento da ordem jurídica interna de um país, pois estes possuem vigência universal. Mas, na maioria das vezes, os direitos humanos são

119. O STF entende que a intervenção é medida extrema e, para ser decretada, precisa observar a proporcionalidade (IF 2.915/SP, rel. min. Marco Aurélio).

120. Cabe aqui transcrever a ementa da IF 114-5/MT, rel. Min. Néri da Silveira:
"Intervenção Federal.
2. Representação do Procurador-Geral da República pleiteando intervenção federal no Estado de Mato Grosso, para assegurar a observância dos 'direitos da pessoa humana', em face de fato criminoso praticado com extrema crueldade a indicar a inexistência de 'condição mínima', no Estado, 'para assegurar o respeito ao primordial direito da pessoa humana, que é o direito à vida'. Fato ocorrido em Matupá, localidade distante cerca de 700 km de Cuiabá.
3. Constituição, arts. 34, VII, letra *b*, e 36, III.
4. Representação que merece conhecida, por seu fundamento: alegação de inobservância pelo Estado-membro do princípio constitucional sensível previsto no art. 34, VII, alínea *b*, da Constituição de 1988, quanto aos 'direitos da pessoa humana'. Legitimidade ativa do Procurador-Geral da República (Constituição, artigo 36, III).
5. Hipótese em que estão em causa 'direitos da pessoa humana', em sua compreensão mais ampla, revelando-se impotentes as autoridades policiais locais para manter a segurança de três presos que acabaram subtraídos de sua proteção, por populares revoltados pelo crime que lhes era imputado, sendo mortos com requintes de crueldade.
6. Intervenção Federal e restrição à autonomia do Estado-membro. Princípio federativo. Excepcionalidade da medida interventiva.
7. No caso concreto, o Estado de Mato Grosso, segundo as informações, está procedendo à apuração do crime. Instaurou-se, de imediato, inquérito policial, cujos autos foram encaminhados à autoridade judiciária estadual competente que os devolveu, a pedido do Delegado de Polícia, para o prosseguimento das diligências e averiguações.
8. Embora a extrema gravidade dos fatos e o repúdio que sempre merecem atos de violência e crueldade, não se trata, porém, de situação concreta que, por si só, possa configurar causa bastante a decretar-se intervenção federal no Estado, tendo em conta, também, as providências já adotadas pelas autoridades locais para a apuração do ilícito.
9. Hipótese em que não é, por igual, de determinar-se intervenha a Polícia Federal, na apuração dos fatos, em substituição à Polícia Civil de Mato Grosso. Autonomia do Estado-membro na organização dos serviços de justiça e segurança, de sua competência (Constituição, arts. 25, § 1º; 125 e 144, § 4º).
10. Representação conhecida mas julgada improcedente".

121. IDC 2-DF, rel. min. Laurita Vaz, julgado em 27.10.2010.(Inform. STJ 453)

reconhecidos internamente pelos sistemas jurídicos nacionais, situação que os torna também direitos fundamentais, ou seja, os direitos humanos previstos na Constituição de um país são denominados direitos fundamentais.

Cabe também mencionar a obrigação, preponderantemente atribuída ao Legislativo brasileiro, que o inciso XLI do artigo 5º da CF criou: "a lei punirá qualquer discriminação atentatória dos direitos e liberdades fundamentais".

12.3.1. *§§ 1º e 2º do artigo 5º da CF*

Ponto relevante é a determinação de que as normas definidoras dos direitos e as garantias fundamentais têm aplicação imediata (artigo 5, § 1º, da CF). Isto é, o juiz pode aplicar diretamente os direitos fundamentais, sem necessidade de qualquer lei que os regulamente. Tal regra tem por base o *princípio da força normativa da Constituição*, idealizado por Konrad Hesse, e "a ideia de que os direitos individuais devem ter eficácia imediata ressalta a vinculação direta dos órgãos estatais a esses direitos e o seu dever de guardar-lhes estrita observância[122]".

O § 2º é enfático: "Os direitos e garantias expressos nesta Constituição não excluem outros decorrentes do regime e dos princípios por ela adotados, ou dos tratados internacionais em que a República Federativa do Brasil seja parte". Tal estipulação possibilita a ampliação progressiva dos direitos fundamentais, pois o Brasil poderá aumentar seu catálogo de direitos à medida que internaliza tratados internacionais de direitos humanos[123].

Assim, a comunhão dos §§ 1º e 2º permite-nos concluir que um tratado de direitos humanos internalizado pelo Brasil faz parte de seu bloco de constitucionalidade[124] e, assim, pode ser aplicado direta e imediatamente pelo juiz. Lembrando que o bloco de constitucionalidade é composto de todas as normas do ordenamento jurídico que possuem *status* constitucional[125].

Tal ilação suscita muitas discussões, assim, procederemos no próximo item ao estudo do instituto da incorporação de tratado internacional no Brasil e sua posterior ocupação hierárquica no ordenamento jurídico brasileiro.

12.4. Incorporação de tratados

12.4.1. *Teses monista e dualista*

Há inúmeras discussões doutrinárias sobre o relacionamento do direito internacional com o nacional. Desse debate surgiu de um lado a tese *monista* e de outro a *dualista*.

122. MENDES, *op. cit.*, p. 671.

123. No mesmo sentido: "Trata-se de evidente cláusula de abertura do rol de direitos fundamentais, a permitir a inclusão de outros direitos e garantias àqueles já previstos na Lei Maior, desde que consoantes com os princípios constitucionais". WEIS, Carlos. *Estudo sobre a obrigatoriedade de apresentação imediata da pessoa presa ao juiz: comparativo entre as previsões dos tratados de direitos humanos e do projeto de Código de Processo Penal*. Defensoria Pública do Estado de São Paulo, 2011. p. 7.

124. O termo bloco de constitucionalidade já foi citado, pelo STF, nas ADIns 595 e 514, de relatoria do Min. Celso de Mello, mas nunca foi aplicado no Brasil.

125. De forma geral e conforme o artigo 5º, §2º, da CF, o bloco de constitucionalidade é formado pelo texto constitucional, pelos princípios dele decorrentes e pelos tratados internacionais de direitos humanos.

Segundo a tese monista, o direito internacional e o nacional fazem parte do mesmo sistema jurídico, ou seja, incidem sobre o mesmo espaço. Logo, os compromissos normativos que os países adeptos do monismo – como França, Bélgica e Holanda –, assumem na comunidade internacional passam a ter vigência imediata no ordenamento interno de tais Estados, gerando a figura da *incorporação automática*.

A tese dualista, ao contrário, advoga que cada um pertence a um sistema distinto e, por assim dizer, incidem sobre espaços diversos. Assim, essa concepção não possibilita a configuração da incorporação automática.

A tese monista ainda se subdivide em: **a) monismo radical**: prega a preferência pelo direito internacional em detrimento do direito nacional; e **b) monismo moderado**: prega a equivalência entre o direito internacional e o nacional. É importante apontar que a jurisprudência internacional aplica o monismo radical, uma escolha respaldada pelo artigo 27 da Convenção de Viena sobre Direito dos Tratados: "Uma parte não pode invocar as disposições de seu direito interno para justificar o inadimplemento de um tratado".

O dualismo também se subdivide em: **a) dualismo radical**: impõe a edição de uma lei distinta para incorporação do tratado; e **b) dualismo moderado ou temperado**: não exige lei para incorporação do tratado, apenas um procedimento formal (aprovação do Congresso e promulgação do Executivo).

12.4.2. *Incorporação no Direito brasileiro*

No Brasil, o procedimento é complexo, tomando corpo com a aprovação do Congresso e a promulgação do Executivo.

A Constituição Federal silenciou sobre esse aspecto, e, em virtude da omissão constitucional, a doutrina defende, como já salientado, que o Brasil adotou a corrente dualista, ou, melhor dizendo, a corrente dualista moderada. Isso porque o tratado só passará a ter validade interna após ter sido aprovado pelo Congresso Nacional e ratificado e promulgado pelo presidente da República. Devemos lembrar que a promulgação é efetuada mediante decreto presidencial.

Depois de internalizado, o tratado é equiparado hierarquicamente à norma ordinária infraconstitucional[126]-[127]. Assim, as normas infraconstitucionais preexistentes ao tratado serão derrogadas quando com ele colidirem (critério cronológico) ou quando forem gerais e os tratados forem especiais (critério da especialidade). Percebe-se que por se tratar de normas de mesma hierarquia (o tratado e a lei interna), em caso de conflito deve-se utilizar os critérios de solução de antinomias aparentes. Por outro lado, é muito defendida a tese que confere prevalência ao tratado sobre a lei interna (especialmente com supedâneo no art. 27 da Convenção de Viena sobre Direitos dos Tratados), apesar de o tema não ser pacífico, em matéria tributária adotou-se expressamente a prevalência do tratado sobre o direito interno (art. 98 do Código Tributário Nacional – CTN), determinando que a legislação tributária posterior ao tratado lhe deve obediência.

126. Conforme a ADI-MC 1.480/DF.

127. Os tratados e as convenções de direitos humanos não poderão ter *status* de lei complementar pela simples escolha do rito adotado para sua incorporação no direito brasileiro, isso porque a Constituição explicitamente elencou quais matérias devem ser exclusivamente tratadas por via de Lei Complementar.

Com a edição da EC nº 45, os tratados de direitos humanos que forem aprovados, em cada Casa do Congresso Nacional, em dois turnos, por três quintos dos votos dos respectivos membros, serão equivalentes às emendas constitucionais[128] – conforme o que determina o artigo 5º, § 3º, da CF[129]-[130]. Ou seja, tais tratados terão hierarquia constitucional quando aprovados por maioria qualificada no Congresso Nacional (regime especial de incorporação) e forem ratificados e posteriormente publicados pelo presidente da República.

Importante sublinhar que cabe ao Congresso Nacional decidir quando aprovará o tratado internacional de direitos humanos pelo quórum especial. Ou seja, ele não tem o dever de sempre aprovar os tratados de direitos humanos por maioria qualificada, mas tem o poder discricionário de decidir quando assim o fará.

12.4.3. *Tese da Supralegalidade*

Muito se discutiu em relação à hierarquia dos tratados de direitos humanos que foram internalizados anteriormente à edição da EC nº 45. Em 3 de dezembro de 2008, o Ministro Gilmar Mendes, no RE 466.343-SP[131], defendeu a tese da supralegalidade de tais tratados, ou seja, superior às normas infraconstitucionais e inferior às normas constitucionais. O voto do Ministro Gilmar Mendes foi acompanhado pela maioria (posição atual do STF). Portanto, todo tratado de direitos humanos que for internalizado sem observar o procedimento estabelecido no artigo 5º, § 3º, da CF, tem *status* de norma supralegal.

Todavia, tal assunto desperta calorosas discussões: no mesmo recurso extraordinário em que foi exarada a tese da supralegalidade, por exemplo, o Ministro Celso de Mello defendeu o caráter constitucional dos tratados de direitos humanos independentemente do quórum de aprovação.

Apesar de a tese da supralegalidade ser um avanço da jurisprudência brasileira, deve-se apontar que uma leitura mais acurada da CF já permitiria apontar que os tratados de direitos humanos internalizados sem o procedimento especial teriam *status* constitucional, já que o § 2º do artigo 5º da CF inclui os direitos humanos provenientes de tratados entre seus direitos protegidos, ampliando seu bloco de constitucionalidade, o qual é composto de todas as normas do ordenamento jurídico que possuem *status* constitucional.

Com o mesmo pensar preleciona Valerio de Oliveira Mazzuoli:

> "Da análise do § 2º do art. 5º da Carta brasileira de 1988, percebe-se que três são as vertentes, no texto constitucional brasileiro, dos direitos e garantias individuais: a) direitos e garantias *expressos* na Constituição, a exemplo dos elencados nos incisos I a LXXVIII do seu art. 5º, bem como outros fora do rol de direitos, mas dentro da Constituição, como a garantia da anterioridade tributária, prevista no art. 150, III, *b*, do Texto Magno; b) direitos e garantias *implícitos*, subtendidos nas regras de garantias, bem como os decorrentes do regime e dos princípios pela Constituição adotados, e c) direitos e garantias inscritos nos tratados internacionais em que a República Federativa do Brasil seja parte[132]".

E continua o supracitado jurista:

"O que se deve entender é que o *quorum* que o § 3º do art. 5º estabelece serve tão somente para atribuir eficácia *formal* a esses tratados no nosso ordenamento jurídico interno, e não para atribuir-lhes a índole e o nível *materialmente* constitucionais que eles já têm em virtude do § 2º do art. 5º da Constituição[133]".

Apesar da crítica bem fundamentada, deve-se adotar a tese da supralegalidade nos concursos para Delegado, pois tal tese tem lastro na posição atual do STF.

12.5. Controle de convencionalidade e supralegalidade

12.5.1. *Apresentação*

No Brasil, o controle jurisdicional de convencionalidade das leis ganhou formato específico por obra de Valerio de Oliveira Mazzuoli. O citado controle tem a função de compatibilizar a legislação interna (objeto) com os tratados internacionais de direitos humanos em vigor no Brasil (paradigma ou parâmetro)[134] – o que o difere do já mencionado controle de convencionalidade internacional (exercido pelos órgãos internacionais) é o fato de ser exercido por tribunais internos.

12.5.2. *Crítica*

Antes de analisar o citado controle, cabe mencionar que André de Carvalho Ramos considera somente o controle de convencionalidade internacional como autêntico, principalmente pelo fato da decisão nacional não ter o condão de vincular o juiz internacional (intérprete autêntico). Além dessa consideração, o citado autor deduz algumas diferenças entre os controles, dentre as quais destaco as duas seguintes: **a)** o controle internacional pode fiscalizar o Poder Constituinte Originário e o nacional não; **b)** o controle nacional fica dependente da hierarquia conferida ao tratado-parâmetro

---

128. Mas não possuirão *status* de norma constitucional originária. Ou seja, é obra do Poder Constituinte Derivado Reformador e não do Poder Constituinte Originário.

129. Bem fundamentada é a crítica formulada por Valerio de Oliveira Mazzuoli ao mencionado § 3º do artigo 5º da CF: "também rompe a harmonia do sistema de integração dos tratados de direitos humanos no Brasil, uma vez que cria *categorias* jurídicas entre os próprios instrumentos internacionais de direitos humanos ratificados pelo governo, dando tratamento diferente para normas internacionais que têm o mesmo fundamento de validade, ou seja, hierarquizando diferentemente tratados que têm o mesmo conteúdo ético, qual seja, a proteção internacional dos direitos humanos. Assim, essa *desigualação dos desiguais* que permite o § 3º ao estabelecer ditas *categorias de tratados* é totalmente injurídica por violar o princípio (também constitucional) da *isonomia*" (*op. cit.*, p. 29).

130. Esse § 3º é denominado de cláusula holandesa pelo Prof. Francisco Rezek.

131. Ementa: PRISÃO CIVIL. Depósito. Depositário Infiel. Alienação fiduciária. Decretação da medida coercitiva. Inadmissibilidade absoluta. Insubsistência da previsão constitucional e das normas subalternas. Interpretação do art. 5º, inc. LXVII e §§ 1º, 2º e 3º, da CF, à luz do art. 7º, § 7, da Convenção Americana de Direitos Humanos (Pacto de San José da Costa Rica). Recurso Improvido. Julgamento conjunto do RE nº 349.703 e dos HCs nº 87.585 e nº 92.566. É ilícita a prisão civil de depositário infiel, qualquer que seja a modalidade de depósito.

132. MAZZUOLI, Valerio de Oliveira. *O controle jurisdicional da convencionalidade das leis*. 2. ed. São Paulo, p. 39-40.

133. MAZZUOLI, *op. cit.*, p. 51.

134. É o controle de convencionalidade nacional, nas palavras de André de Carvalho Ramos.

pelo próprio ordenamento jurídico. No caso brasileiro, temos três possibilidades: legal, supralegal e constitucional[135].

12.5.3. *Condições de funcionamento*

Para compreender a funcionalidade do controle de convencionalidade, cabe entender como Mazzuoli concebe a alocação hierárquica dos tratados de direitos humanos no ordenamento pátrio após internalização. Em apertada síntese e como já assinalado no do item 12.4.3., os tratados de direitos humanos que foram incorporados pelo *procedimento simples* (artigo 5º, § 2º, da CF) terão *status* constitucional, melhor dizendo, materialmente constitucional. Por outro lado, quando o procedimento adotado para a incorporação for o *especial* (artigo 5º, § 3º, da CF), os tratados de direitos humanos serão formal e materialmente constitucionais (equivalentes às emendas constitucionais). E os outros tratados terão *status* supralegal (artigo 27 da Convenção de Viena sobre Direito dos Tratados) e servirão de paradigma para o controle de supralegalidade da legislação infraconstitucional.

12.5.4. *Controle vertical material de validade*

"Em suma, doravante se falará em controle de constitucionalidade apenas para o estrito caso de (in)compatibilidade vertical das leis com a Constituição, e em controle de convencionalidade para os casos de (in)compatibilidade legislativa com os tratados de direitos humanos (formalmente constitucionais ou não) em vigor no país"[136]. Dito de outra forma, criou-se um controle vertical material de validade[137] da legislação interna.

Em termos gerais, o citado autor defende que a produção normativa interna apenas será válida quando passar por dois limites verticais materiais. O primeiro é a Constituição (controle de constitucionalidade) e os tratados de direitos humanos que possuem natureza constitucional (controle de convencionalidade); o outro são os demais tratados que possuem *status* supralegal (controle de supralegalidade).

12.5.5. *Formas de exercício*

O controle de convencionalidade e de supralegalidade serão exercidos de forma difusa, isto é, por todos os juízes e tribunais no caso concreto. Nesse caso, são aplicadas todas as considerações referentes ao controle de constitucionalidade difuso. Por outro lado, só existirá controle concentrado de convencionalidade na hipótese de o paradigma de verificação ser um tratado de direitos humanos formal e materialmente constitucional (internalizado consoante o disciplinado no artigo 5º, § 3º, da CF). Portanto, "o controle de *supralegalidade* é sempre exercido pela via de exceção, ou seja, é sempre *difuso*; já o controle de *convencionalidade* poderá ser *difuso* ou *concentrado*, neste último caso quando o tratado de direitos humanos for aprovado pela sistemática do art. 5º, § 3º, da Constituição e entrar em vigor no Brasil (entenda-se, após ratificado...) com a equivalência de emenda constitucional[138]".

Todas as ponderações sobre o controle de constitucionalidade concentrado são aplicadas ao controle de convencionalidade concentrado, inclusive no tocante à utilização das ações destinadas ao controle abstrato de constitucionalidade – ADIn, Adecon, ADO e ADPF[139] – e os respectivos entes/pessoas detentores de competência para seu manuseio (artigo 103 da CF). A razão de ser reside no fato de a análise de compatibilidade de legislação interna (objeto) ser feita com base em tratado de direitos humanos internalizados pelo procedimento especial (paradigma ou parâmetro), que é equivalente a uma emenda constitucional (formal e materialmente constitucional).

O autor também menciona a possibilidade de lançar mão do controle de convencionalidade preventivamente, tanto pelo Congresso Nacional, quando julgar inconvencional um projeto de lei (especialmente por obra da Comissão de Constituição e Justiça – CCJ), como pelo presidente da República, quando vetar o projeto de lei considerado inconvencional.

12.5.6. *Objeto*

Para ficar claro o objeto do dito controle de convencionalidade, o autor sublinha que ele entrará em ação quando a lei interna (**objeto**) estiver em sintonia com a Constituição, mas em desarmonia com o tratado de direitos humanos (**paradigma ou parâmetro**) – tanto no controle concentrado como no difuso. Do contrário, seria feito o controle de constitucionalidade.

Dito de outra forma, se o paradigma de verificação de compatibilidade for a Constituição, estará em jogo o controle de constitucionalidade (difuso ou concentrado); por sua vez, quando o paradigma for algum tratado de direitos humanos, entrará em cena o controle de convencionalidade (difuso ou concentrado) – desde que previamente se tenha atestado a compatibilidade da lei com a Carta Magna. Percebe-se que o controle de convencionalidade ocasiona o fenômeno chamado doutrinariamente de *ampliação de parametricidade constitucional*.

Por fim,

"ambas essas supernormas (Constituição e tratados) é que irão se *unir* em prol da construção de um direito infraconstitucional compatível com ambas, sendo certo que a incompatibilidade desse mesmo direito infraconstitucional com apenas uma das supernormas já o invalida por completo. Com isto, possibilita-se a criação de um Estado Constitucional e Humanista de Direito em que *todo* o direito doméstico guarde total compatibilidade tanto com a Constituição quanto com os tratados internacionais de direitos humanos ratificados pelo Estado, chegando-se, assim, a uma ordem jurídica interna *perfeita*, que tem no valor dos direitos humanos sua maior racionalidade, principiologia e sentido[140]".

135. RAMOS, André de Carvalho. *Teoria geral dos direitos humanos na ordem internacional*. 2. ed. São Paulo: Saraiva, 2012. p. 250-251.

136. MAZZUOLI,*op. cit.*, p. 74.

137. "Em suma, a validade das normas jurídicas, nesse novo contorno que o constitucionalismo contemporâneo lhe traz, não é mais uma conotação meramente formal, a depender somente da regularidade do seu processo de produção (conforme defendido por Hobbes, posteriormente por Bentham e Austin, até chegar a Kelsen e Bobbio). Tornou-se ela também (como explica Ferrajoli) um fato *substancial*, dependente dos *conteúdos das decisões*, as quais serão inválidas se contrastarem com os novos princípios positivos do direito internacional" (MAZZUOLI,*op. cit.*, p. 105-106).

138. MAZZUOLI,*op. cit.*, p. 136.

139. Podendo se falar também do Mandado de Injunção.

140. MAZZUOLI,*op. cit.*, p. 142.

7. Direito Administrativo

Wander Garcia

1. REGIME JURÍDICO-ADMINISTRATIVO

1.1. Conceito

Há dois grandes regimes jurídicos: o de *direito público* e o de *direito privado*. O primeiro, que mais nos interessa, é aquele destinado a reger as relações jurídicas em que o Poder Público está presente, atuando numa posição de supremacia.

O Poder Público tem deveres extremamente importantes para a sociedade. Tais deveres englobam tarefas de *segurança*, de *fiscalização e controle* de condutas antissociais, de oferecimento de *serviços essenciais*, como educação, saúde, energia elétrica, água, transporte, dentre outros. Para que tais deveres sejam devidamente cumpridos é necessário que haja um regime jurídico diferenciado, um **regime jurídico de direito público**, que tem duas grandes marcas: a) supremacia do interesse público sobre o interesse privado; b) indisponibilidade do interesse público.

Porém, não se pode esquecer que o Poder Público age em **três grandes atividades**, quais sejam: a) *atividade legislativa*, de elaborar leis; b) *atividade administrativa*, de executar direta e concretamente a lei; c) *atividade jurisdicional*, de aplicar a lei, mediante provocação, com o fito de compor conflitos de interesse caracterizados por pretensões resistidas.

A *atividade legislativa* é objeto do Direito Constitucional, destacando-se o tema do "processo legislativo".

A *atividade jurisdicional* é objeto do Direito Processual (penal, civil, do trabalho etc.).

Já a *atividade administrativa* é objeto do Direito Administrativo. Esse ramo do Direito regula o chamado **regime jurídico administrativo**, que pode ser definido como *o conjunto harmônico de princípios e normas que regem os bens, os órgãos, os agentes e a atividade administrativa, a qual visa realizar concreta, direta e imediatamente os fins desejados pelo Estado*.

É importante destacar que o Direito Administrativo rege toda e qualquer atividade da Administração, seja ela do Executivo, do Legislativo ou do Judiciário, já que os dois últimos poderes também exercem (atipicamente) atividades administrativas. Por exemplo, quando exercer o poder disciplinar sobre servidores ou fazer licitação para adquirir bens.

Assim, um membro do Poder Judiciário (magistrado) pratica tanto atos jurisdicionais (ex.: quando exara uma sentença) como atos administrativos (ex.: quando aplica uma advertência ao servidor do fórum).

1.2. Origem

Só é possível falar-se em regime jurídico administrativo com o aparecimento do Estado de Direito, em que a lei passa a valer tanto para os administrados como para o administrador.

Tal se deu com o declínio dos regimes absolutistas, marcados pela vontade incontrastável dos soberanos, e que foi perdendo espaço, até se extinguir, após a Declaração dos Direitos do Homem e do Cidadão na França (1789) e a Declaração de Independência dos Estados Unidos (1796).

Os Estados de Direito, por sua vez, valeram-se da ideia de separação dos Poderes desenvolvida por Montesquieu (*O Espírito das Leis*, 1748).

2. PRINCÍPIOS DO DIREITO ADMINISTRATIVO

2.1. Introdução

Vejamos primeiro o que são princípios.

Princípios *são normas jurídicas de especial relevância e alta carga valorativa que, além de vincular, servem de vetor interpretativo a todos os destinatários do Direito.*

São, então, (1) alicerces do ordenamento jurídico, (2) normas vinculantes, (3) vetores interpretativos, (4) normas relevantes, (5) além de deterem alta carga valorativa.

Pode-se dizer que os princípios gerais do Direito Administrativo decorrem de dois outros basilares, quais sejam, o da supremacia do interesse público sobre o privado e o da indisponibilidade do interesse público.

O princípio da ***supremacia do interesse público sobre o interesse privado***[1] parte da ideia de que o fim do Estado é o bem comum, e não o individual. Assim, deve prevalecer o interesse público, o interesse comum, e não o interesse particular que cada um tem.

Essa supremacia pode ser verificada nas seguintes *prerrogativas* da Administração: a) presunção de legitimidade dos atos administrativos; b) prazos maiores no processo civil; c) prazo prescricional menor contra o Estado; d) imperatividade, exigibilidade, coercibilidade e autoexecutoriedade de boa parte dos atos administrativos, atributos esses que permitem a autotutela da Administração, que não precisa buscar o Poder Judiciário para a imposição de grande parte de seus atos.

A doutrina diferencia a chamada *supremacia estatal geral*, que incide sobre todas as pessoas, da *supremacia estatal especial*, que incide sobre as pessoas com quem o Estado tem relação jurídica específica. A submissão de todos nós às leis de trânsito é um exemplo da supremacia estatal geral. Já a submissão das concessionárias de serviço público às imposições do Poder Concedente é exemplo da supremacia estatal especial.

1. Celso Antônio Bandeira de Mello define interesse público como o "interesse resultante do conjunto dos interesses que os indivíduos pessoalmente têm quando considerados em sua qualidade de membros da Sociedade e pelo simples fato de o serem" (*Curso de Direito Administrativo*, p. 59). Aliás, o interesse público pode ser primário (verdadeiro interesse público) ou secundário, interesse que diz respeito apenas à pessoa jurídica estatal (que não é verdadeiro interesse público), como o interesse de arrecadar mais tributos. Hely Lopes Meirelles, por sua vez, entende por interesse público as "aspirações ou vantagens licitamente almejadas por toda a comunidade administrada, ou por uma parte expressa de seus membros" (*Direito Administrativo Brasileiro*, p. 81).

O princípio da **indisponibilidade do interesse público**, por sua vez, decorre da ideia de República (coisa de todos). Ele indica que os interesses públicos não podem ser objeto de disposição, devendo o Poder Público velar por sua proteção e promoção. A ordem jurídica trará o perfil do que é interesse público, cabendo à Administração Pública buscar seu atendimento. Decorrem desse princípio os seguintes: a) princípio da legalidade; b) princípio da isonomia; c) princípio da motivação; d) princípio da publicidade, dentre outros.

Passemos, agora, ao estudo dos demais princípios do Direito Administrativo, que, repita-se, são expressões dos dois acima referidos.

2.2. Princípios do Direito Administrativo em espécie

2.2.1. Princípio da legalidade

Esse princípio pode ser **conceituado** como *aquele pelo qual a Administração Pública só pode fazer o que a lei determinar ou permitir*.

O princípio da legalidade está **previsto** expressamente no art. 37, *caput*, da CF.

Trata-se de princípio próprio do Estado de Direito. Aliás, o Direito Administrativo nasce justamente com o aparecimento desse tipo de Estado.

O princípio em questão afirma que a atividade administrativa é sublegal, devendo expedir comandos complementares à lei. É muito famosa a frase de Seabra Fagundes a respeito da legalidade: "administrar é aplicar a lei de ofício".

Na **prática**, isso significa que a Administração Pública não pode fazer coisa alguma sem que haja uma lei prévia dizendo que ela está autorizada ou tem a obrigação de fazê-la.

Tomei conhecimento de um **exemplo** interessante: o Prefeito de uma determinada cidade resolveu baixar um ato administrativo determinando que todo o comércio local fechasse aos domingos, sem que houvesse lei alguma na cidade trazendo essa determinação. Tal conduta fere o princípio da legalidade, pois o Prefeito só poderia ter agido se houvesse uma lei municipal nesse sentido.

O Chefe do Poder Executivo tem o poder de regulamentar a lei, e não de fazer a própria lei. Nesse sentido, o art. 84, IV, da CF dispõe que o Presidente da República – e os demais Chefes do Executivo (Prefeito e Governador, por simetria) – tem competência para expedir decretos e regulamentos para a fiel execução da *lei*. Esses decretos têm por objetivo explicar a lei e dizer como ela deverá ser cumprida.

Ou seja, no Brasil temos *regulamentos de execução de lei*, e não *regulamentos autônomos de lei*.

No exemplo dado, o Prefeito daquela cidade poderia baixar um regulamento para o fim de executar a lei que proíbe o comércio aos domingos, caso a lei existisse (regulamento de execução de lei). Mas não poderia criar a própria proibição do comércio por meio de um decreto (regulamento autônomo de lei).

O princípio da legalidade é tão forte que no Direito brasileiro há pouquíssimas **exceções**.

A primeira exceção diz respeito aos *regulamentos autônomos de lei*. O art. 84, VI, da CF criou duas exceções, em que o Chefe do Executivo poderá, por decreto, fazer algo que somente a lei poderia fazer: a) dispor sobre a organização e funcionamento da administração federal, quando não implicar aumento de despesa nem criação ou extinção de órgãos públicos; b) dispor sobre a extinção de funções ou cargos públicos, quando vagos.

Um exemplo da situação "a" é um Prefeito, por decreto, transformar uma secretaria municipal em outra secretaria municipal (ex.: transformar a secretaria de administração em secretaria de gestão pública). O que não é possível é extinguir ou criar um órgão público, mas transformar um órgão é plenamente possível.

Um exemplo da situação "b" é um Prefeito, por decreto, extinguir 30 cargos de telefonista da prefeitura, por estarem vagos esses cargos e não haver mais interesse em provê-los, em virtude da tecnologia dos sistemas de telefonia não mais requerer tantos cargos de telefonista numa repartição pública.

A segunda exceção ao princípio da legalidade é a *medida provisória* (art. 62, CF). Com efeito, a medida provisória, apesar de não ser *lei em sentido estrito*, tem *força de lei*.

Assim, é possível que uma medida provisória, mesmo que não haja lei sobre um dado assunto, inove na ordem jurídica e determine algo para a Administração Pública.

Um exemplo foi a medida provisória que regulamentou as obrigações que cada um de nós passamos a ter com o "Apagão Elétrico" que assolou o Brasil há alguns anos. A medida provisória em questão foi possível porque estávamos numa situação de relevância e urgência, que justificava a edição da medida em detrimento do processo normal de elaboração de diplomas legislativos.

Porém, de acordo com a Constituição, a medida provisória não pode ser expedida para qualquer matéria. A EC 32/2001 estabeleceu, no art. 62, § 1º, da CF, vedação à edição de medidas provisórias sobre as seguintes matérias: *nacionalidade, cidadania, direitos políticos, partidos políticos e direito eleitoral; direito penal, processual penal e processual civil; organização do Poder Judiciário e do Ministério Público, a carreira e a garantia de seus membros; planos plurianuais, diretrizes orçamentárias, orçamento e créditos adicionais e suplementares; matéria reservada à lei complementar; disposição que vise a detenção ou sequestro de bens, de poupança popular ou qualquer outro ativo financeiro.*

Parte da doutrina faz uma diferenciação entre a *legalidade* e a *reserva legal*. Há matérias que podem ser reguladas por lei e por medida provisória, hipótese em que se fala em obediência à legalidade. Há matérias que só podem ser reguladas por lei em sentido formal, hipótese em que se fala em obediência à reserva legal. As matérias mencionadas no parágrafo anterior obedecem ao princípio da reserva legal. Como exemplo, temos o direito penal, matéria que só pode ser regulada por lei, nunca por decreto ou medida provisória (art. 5º, XXXIX, CF).

Por fim, vale diferenciar o princípio da legalidade para a Administração, com o **princípio da legalidade para o particular**. O primeiro está previsto no art. 37, *caput*, da CF, ao passo que o segundo, no art. 5º, II, da CF ("ninguém será obrigado a fazer ou deixar de fazer alguma coisa senão em virtude de lei"). O primeiro dispõe que a Administração só pode fazer o que a lei determinar ou permitir, enquanto que o segundo dispõe que o particular pode fazer o que bem entender, a não ser o que a lei proibir. Portanto, a Administração está amarrada, presa. Ela só pode fazer algo se a lei desamarrar e permitir que esse algo seja feito. Já o particular está livre, podendo fazer o que quiser. Ele só ficará impedido de fazer algo quando vier uma lei proibindo que ele o faça.

Por fim, importante darmos uma palavra sobre o **princípio da juridicidade**. Esse princípio pode ser visto como estágio evolutivo atual do princípio da legalidade, pois exige do administrador público atuação em conformidade não só com a lei, em sentido formal, mas com todo o direito; muito mais do que respeitar a *legalidade estrita*, o que se espera hoje é que o administrador atenda ao *Direito* como um todo, ou seja, busque uma decisão de acordo com a *juridicidade* ou *legitimidade*, daí a ideia de que, mais do que o respeito ao princípio da legalidade, o administrador tem que respeitar o princípio da juridicidade.

2.2.2. Princípio da impessoalidade

Esse princípio pode ser **conceituado** como *aquele que impõe tratamento igualitário às pessoas, respeito à finalidade e também a ideia de que os atos dos agentes públicos devem ser imputados diretamente à Administração Pública e nunca à pessoa do agente.*

O princípio da impessoalidade está **previsto** expressamente no art. 37, *caput*, da CF.

Repare que o princípio tem três comandos: a) *impõe igualdade de tratamento*; b) *impõe respeito ao princípio da finalidade*; c) impõe *neutralidade do agente*, que não pode fazer autopromoção.

Um exemplo de violação ao primeiro comando ("a") é o agente público, responsável para julgar a concessão de alvarás para construção, dar prioridade aos pedidos de alvará formulados por amigos seus em detrimento das demais pessoas que tiverem pedido o alvará em data anterior.

Um exemplo de violação ao segundo comando ("b") é o agente público usar um ato que tem uma finalidade legal "X" com o objetivo de atender a uma finalidade "Y", como ocorre quando se utiliza o ato "remoção" – cuja finalidade é organizar melhor as funções de agentes públicos ou transferir um agente público para outro local, a pedido deste – com a finalidade de punição.

Um exemplo de violação ao terceiro comando ("c") é um Prefeito determinar a utilização de um símbolo usado na sua campanha eleitoral em todas as obras da prefeitura. Tal situação é expressamente vedada pelo art. 37, § 1º, da CF, que dispõe que a publicidade oficial deverá ter caráter educativo, informativo ou de orientação social, dela não podendo constar nomes, *símbolos* ou imagens que caracterizem *promoção pessoal*.

O terceiro comando do princípio da impessoalidade também tem outros tipos de reflexo. Um deles é a possibilidade de reconhecer a validade de atos praticados por funcionário público irregularmente investido no cargo ou função sob o fundamento de que tais atos configuram atuação do órgão e não do agente público. Isso ocorre, pois, se todos os atos praticados pela Administração são *imputados* diretamente a esta (o agente público é neutro, ou seja, é um mero órgão da Administração), mesmo os atos praticados por alguém irregularmente investido em função pública poderão ser considerados válidos já que, em última análise, são atos da Administração e podem ser preservados se estiverem de acordo com as demais normas jurídicas.

2.2.3. Princípio da moralidade administrativa

Esse princípio pode ser **conceituado** como *aquele que impõe obediência à ética da Administração, consistente no conjunto de preceitos da moral administrativa, como o dever de honestidade, lealdade, boa-fé e probidade.*

O princípio da moralidade está **previsto** expressamente no art. 37, *caput*, da CF.

Todavia, a Constituição não determina que a moralidade exigida por seu art. 37, *caput*, esteja juridicizada. Aliás, se assim o fosse, bastaria a exigência de respeito ao princípio da legalidade. A Constituição também não está se referindo à moralidade comum, pois o art. 5º, LXXIII, da CF, ao tratar das hipóteses de cabimento de ação popular, é mais específico no tema e usa a expressão completa, qual seja, "moralidade administrativa", que é a moralidade no interior da administração e não no bojo da sociedade como um todo.

Assim, quando a Constituição exige, também, respeito à moralidade está impondo o dever de atendimento a moralidade administrativa (e não à moralidade comum), mas não está se referindo a uma moralidade juridicizada, mas a uma moralidade extraída da prática diária da boa administração. Ou seja, está-se exigindo um comportamento com respeito aos padrões éticos de boa-fé, decoro, lealdade, honestidade e probidade. Aliás, nesse sentido é o disposto no art. 2º, parágrafo único, IV da Lei 9.784/1999, no Código de Ética Profissional do Servidor Público Federal (Decreto 1.171/1994) e na Lei 8.112/1990.

São exemplos de atos que ferem o princípio da moralidade administrativa os seguintes: a) Prefeito e Câmara aumentam a remuneração dos agentes públicos em demasia a fim de se fortalecerem e de inviabilizarem economicamente a gestão posterior; b) Prefeito e Câmara geram grande diminuição de impostos para a gestão seguinte, com a mesma finalidade espúria mencionada; c) desapropriação realizada com o fim de prejudicar um inimigo político; d) uso de cartões corporativos do governo para gastos de ordem pessoal.

Não é necessária lesão ao erário para o desrespeito a esse princípio. Um prefeito que desapropria um imóvel com a finalidade de prejudicar um inimigo político, estará sujeito à invalidação dessa desapropriação pela violação ao princípio da moralidade, mesmo que o imóvel fosse necessário mesmo e que não houvesse, então, prejuízo econômico com o ato.

Dentro do tema do princípio da moralidade, vale fazer referência a outros institutos jurídicos relacionados.

O primeiro deles é a **improbidade administrativa**, que consiste na *imoralidade administrativa qualificada pelo prejuízo ao patrimônio público, pelo enriquecimento ilícito do agente ou pela ofensa aos princípios da Administração Pública*. A prática de tal ato importará, nos termos da Constituição, a suspensão dos direitos políticos, a perda da função pública, a indisponibilidade de bens e o ressarcimento ao erário, sem prejuízo da ação penal cabível (art. 37, § 4º, CF). A Lei 8.429/1992 repete tais sanções e acrescenta outras (art. 12 da Lei 8.429/1992), que serão estudadas em capítulo próprio.

Outro importante instituto é o da **ação popular**. Essa ação, que visava apenas à anulação de ato lesivo ao patrimônio público, passou a ser cabível, com a CF/1988, também para anular ato lesivo ao meio ambiente, ao patrimônio histórico e cultural e à *moralidade administrativa*.

Também se relaciona com o princípio da moralidade uma das hipóteses que caracterizam crime de responsabilidade do Presidente da República, consistente no ato que atenta contra a *probidade* na administração (art. 85, V, da CF).

Ainda no tema "direitos políticos", a Constituição dispõe que lei complementar deve trazer hipóteses de **inelegibilidade**, a fim de proteger a *probidade administrativa*, a *moralidade* para o exercício do mandato e a normalidade e legitimidade das eleições contra a influência do poder econômico ou o abuso do exercício de função, cargo ou emprego na administração direta e indireta. (art. 14, § 9º, CF).

Por fim, também pode ser instaurada CPI para investigar fato determinado relacionado à violação do princípio da moralidade administrativa (art. 58, § 3º, da CF), sem prejuízo da atuação do Tribunal de Contas no caso (por ausência de legitimidade do ato, que inclui a moralidade deste – art. 70, *caput*, da CF), do ajuizamento de ações civis públicas e da impugnação individual do ato em ações comuns ou especiais (como o mandado de segurança), quando se desejar anular ato que viola o princípio.

Enfim, essa relação de situações em que a moralidade é exigida revela o quão esse princípio é importante para o nosso Direito, mormente se pensarmos no número de escândalos que nosso País revela a cada dia, o que faz com que a aplicação do princípio aos casos concretos tenha função primordial para termos um País probo e que atenda cada vez mais aos justos anseios da população.

2.2.4. Princípio da publicidade

Esse princípio pode ser **conceituado** como *aquele que impõe ampla divulgação dos atos oficiais, para conhecimento público e início dos efeitos externos.*

O princípio da publicidade está **previsto** expressamente no art. 37, *caput*, da CF.

O conceito apresentado revela que o princípio tem dois grandes **sentidos**: a) garantir que todos tenham conhecimento das coisas que acontecem na Administração Pública; b) garantir que os atos oficiais só tenham efeitos externos após sua publicação.

Com isso, os cidadãos em geral poderão exercer sua cidadania, questionando atos governamentais, solicitando o controle destes e até ingressando com ações contra atos que estejam em desacordo com a ordem jurídica. Da mesma forma, o Ministério Público e as demais pessoas legitimadas também terão elementos para fazer esse tipo de controle.

As pessoas individualmente prejudicadas também recebem a proteção do princípio da publicidade. Um exemplo é aquele que recebe uma multa de trânsito. Tal pessoa só terá de pagar a multa se receber uma notificação oficial no prazo previsto em lei. A notificação é, portanto, requisito de eficácia da multa aplicada. O art. 281, parágrafo único, II, da Lei 9.503/1993, dispõe que o auto de infração será arquivado e seu registro julgado insubsistente se não houver, no prazo máximo de 30 dias, notificação da autuação.

Nesse sentido, é importante reforçar a ideia de que a *publicidade* dos atos oficiais é requisito de ***eficácia*** dos atos administrativos, e não requisito de *existência* ou de *validade* destes.

Por outro lado, o princípio da publicidade tem **exceções**. Ou seja, há casos em que o interesse público justificará que determinados atos oficiais sejam deixados em sigilo, ainda que temporariamente.

Confira os casos em que se admite o sigilo dos atos oficiais: a) para a defesa da segurança da sociedade e do Estado; b) em investigações policiais; c) para o resguardo da inviolabilidade da intimidade, da vida privada, da honra e da imagem das pessoas.

A Lei 12.527/2011 regula o acesso à informação previsto no inciso XXXIII do art. 5º da CF ("todos têm direito a receber dos órgãos públicos informações de seu interesse particular, ou de interesse coletivo ou geral, que serão prestadas no prazo da lei, sob pena de responsabilidade, ressalvadas aquelas cujo sigilo seja imprescindível à segurança da sociedade e do Estado").

Essa lei se aplica a todos os entes federativos. Por conta dela, houve um movimento muito amplo no sentido de os entes da Administração Pública passarem a divulgar pela internet a remuneração e o subsídio dos agentes públicos, por se tratar de obrigação que decorre dos termos da lei.

Essa lei trata também dos requisitos do pedido de acesso a informações aos órgãos e entidades estatais (arts. 10 a 14) e também das restrições de acesso à informação (arts. 21 a 31).

Uma regra fundamental da lei dispõe que "não poderá ser negado acesso à informação necessária à tutela judicial ou administrativa de direitos fundamentais" (art. 21).

A lei detalha melhor os casos em que cabe sigilo por motivo de segurança da sociedade e do Estado (art. 23), sigilo esse que varia entre 5, 15 e 25 anos (informações reservada, secreta e ultrassecreta, respectivamente), bem como os casos em que cabe sigilo por motivo de respeito à intimidade, vida privada, honra e imagem das pessoas, que poderão ter seu acesso restrito pelo prazo máximo de 100 anos (art. 31).

Por fim, vale dizer que se sujeitam a essa lei todos os órgãos da Administração Direta, todas as suas entidades e também as aquelas controladas direta ou indiretamente pelos entes políticos (art. 1º), sendo que a Lei 9.784/1999 se aplica subsidiariamente (art. 20).Quanto ao respeito ao princípio da publicidade no âmbito dos **processos administrativos em geral**, a Lei 9.784/1999 estabelece, em seu art. 2º, parágrafo único, V, a obrigatoriedade da divulgação dos atos administrativos, devendo-se publicar no Diário Oficial as principais fases do processo. Os demais atos podem ser afixados na porta do ente ou conforme o disposto na lei local. O artigo 28 da Lei 9.784/99 obriga, ainda, à intimação do interessado, por correspondência, por exemplo, para tomar ciência dos atos do processo administrativo.

Por fim, vale lembrar que a propaganda oficial não pode caracterizar promoção pessoal (*vide* novamente o art. 37, § 1º, CF), devendo ser objetiva e com caráter informativo, educativo ou de orientação social.

2.2.5. Princípio da eficiência

Esse princípio pode ser **conceituado** como *aquele que impõe o dever de a Administração Pública atender satisfatoriamente às necessidades dos administrados, bem como de o administrador público fazer o melhor, como profissional, diante dos meios de que dispõe.*

O princípio da eficiência está **previsto** no art. 37, *caput*, da CF, por força da EC 19/1998, que o introduziu expressamente na Constituição.

Porém, mesmo antes da EC 19/98, já se falava na Constituição em controle interno dos Poderes para atender a eficiência (art. 74, II, CF), de modo que o princípio estava no mínimo implícito na redação original da Constituição.

Ademais, o Decreto-Lei 200/1967, que regula a Administração Pública federal, também tem regras voltadas para a eficiência, como as seguintes: a) fortalecimento do sistema de mérito (art. 25, VII); b) dirigentes capacitados (art. 25, V); c) supervisão ministerial das entidades da administração indireta (art. 26, III); d) demissão de servidor ineficiente ou desidioso (art. 100).

Ocorre que, com a **Reforma do Estado**, ocorrida em 1998, percebeu-se a necessidade de trazer um princípio geral de eficiência. Tal reforma estava preocupada em diminuir o controle de meios (administração burocrática) e focar no controle de fins (administração gerencial), controle este que se volta para os resultados, ou seja, para a eficácia.

Na verdade, *a administração pública gerencial* não abandona as conquistas da *administração pública burocrática*, em especial o combate aos vícios da *administração pública patrimonialista* (corrupção, personalismo, confusão entre o patrimônio do soberano e o público, nepotismo etc.).

Porém, não se pode buscar a eficiência a qualquer custo. Esse princípio deve ser obedecido sem desconsiderar os demais, como o da legalidade, da moralidade, da publicidade e da eficiência.

Para concretizar o princípio da eficiência, a EC 19/1998 também trouxe para o servidor público mais um requisito para adquirir a estabilidade, qual seja, o de que passe por uma *avaliação especial de desempenho*, sendo que, mesmo depois de adquiri-la, deverá se submeter a *avaliações periódicas de desempenho*, podendo ser exonerado, caso não seja aprovado em qualquer delas (art. 41, § 1º, III, da CF). Para a Administração, a EC em questão trouxe a possibilidade de realização de *contrato de gestão*, aumentando a autonomia dos órgãos e entidades públicos em troca da fixação de metas de desempenho a cumprir (art. 37, § 8º, CF).

2.2.6. *Princípio da segurança jurídica*

Esse princípio pode ser **conceituado** como *aquele que impõe a exigência de maior estabilidade nas relações jurídicas de forma a se atender ao interesse público.*

O princípio da segurança jurídica não está **previsto** expressamente na CF. Porém, está implícito no art. 5º, XXXVI, pelo qual a lei não pode prejudicar o direito adquirido, o ato jurídico perfeito e a coisa julgada.

No plano infraconstitucional, o princípio está previsto expressamente no art. 2º, *caput*, da Lei 9.784/1999.

O princípio da segurança jurídica tem as seguintes **consequências**:

a) decorre dele o dever de respeitar o direito adquirido, o ato jurídico perfeito e a coisa julgada (art. 5º, XXXVI, CF), salvo algumas questões inafastáveis de ordem pública;

b) permite a convalidação de atos anuláveis, ou seja, de atos que podem ser repetidos sem o vício que os inquinava;

c) permite a conversão de atos nulos em atos de outra categoria, na qual serão válidos;

d) permite a manutenção de atos nulos expedidos há muito tempo, desde que haja excepcionalíssimo interesse público (ex.: loteamento popular antigo feito sem autorização administrativa);

e) proíbe a aplicação retroativa de nova interpretação por parte da Administração (inciso XIII do parágrafo único do art. 2º da lei acima referida); tal proibição visa a preservar a boa-fé, a confiança do administrado na Administração;

f) protege expectativas legítimas de promessas firmes. Ex.: permissão de uso de bem público dada pelo Estado com prazo determinado, que acaba sendo revogada antes do final do prazo; com base no princípio da proteção da confiança, é possível que o permissionário requeira em juízo que continue com a permissão ou que receba indenização pela quebra da confiança;

g) não gera direito adquirido a regime funcional ou contratual;

h) "a garantia da irretroatividade da lei, prevista no art. 5º, XXXVI, da Constituição da República, não é invocável pela entidade estatal que a tenha editado" (Súmula 654 do STF);

i) "os valores recebidos de boa-fé pelo servidor público, quando pagos indevidamente pela Administração Pública em função de interpretação equivocada de lei, não devem ser devolvidos" (STJ, AgRg no Ag 1.423.790, *DJ* 30.11.2012).

O princípio da segurança jurídica também pode ser considerado em dois aspectos: a) no aspecto objetivo, está ligado à irretroatividade das leis e das novas interpretações, e a finalidade é proteger o próprio sistema (endossegurança); b) no aspecto subjetivo, está ligado ao princípio da proteção à confiança legítima.

O princípio da proteção à confiança legítima foi criado pela jurisprudência alemã após a 2ª Guerra Mundial, período em que se buscou uma reação a atos que afetaram repentina e bruscamente os administrados.

De acordo com esse princípio, quando (1) o Estado expede um ato conclusivo capaz de gerar confiança no administrado, (2) levando este a praticar determinada conduta no sentido da expectativa criada pelo Estado, (3) este fica adstrito a manter a sua palavra mesmo se o ato for ilegal, (4) salvo má-fé do administrado.

Um exemplo interessante é a situação em que a administração outorga ao particular uma permissão de serviço público pelo prazo de 4 anos, tratando-se de prazo ideal para a amortização de investimentos pelo permissionário e recebimento de retorno compatível pelo seu trabalho, sendo que, dois anos depois, a permissão vem a ser revogada. Nesse caso, mesmo havendo previsão legal de que a permissão de serviço público é precária, podendo, assim, ser revogada a qualquer tempo independentemente de licitação, o fato é que o particular recebeu um ato *conclusivo* (permissão) que gerou a *confiança legítima* de que seria mantido até o final do período de 4 anos (por conta do prazo específico no documento, da necessidade de 4 anos para amortizações e lucros e da inexistência de má-fé pelo particular), devendo o estado manter sua promessa, sua palavra, não revogando a permissão antes do tempo. A aplicação do princípio da confiança fará com que o Estado tenha de voltar atrás na revogação do ato ou tenha essa revogação do ato anulada. Em o Estado demonstrando interesse público na anulação do ato, a aplicação do princípio determinará a condenação do Estado a pagar indenização pela perda antecipada da permissão pelo particular.

Uma vez violado princípio da proteção à confiança legítima, a correção dessa medida, pode, assim, dar-se por variados instrumentos. Pode ser o caso de anulação do ato que viola o princípio. Pode ser o caso de condenação do Estado no pagamento de indenização. Pode ser o caso de uma medida específica, como é o caso da determinação de nomeação de uma pessoa aprovada num concurso dentro das vagas previstas no edital, pois o STF, nesse tipo de caso, vem dizendo que o princípio da confiança é violado quando o edital prevê certo número de vagas num concurso público, mas os servidores aprovados dentro desse limite não vêm a ser nomeados.

2.2.7. Princípio da razoabilidade

Esse princípio pode ser **conceituado** como *aquele que impõe o dever de agir dentro de um padrão normal, evitando-se negligência e excesso e atuando de forma compatível entre os meios e fins previstos na lei.*

O princípio da razoabilidade não está expresso na Constituição Federal.

Porém, o art. 5º, LXXVIII, da CF, introduzido pela EC 45/2004, introduziu o direito à *razoável* duração do processo judicial e administrativo. A expressão "razoável", apesar de ligada à questão do processo célere, acaba trazendo à tona o valor da razoabilidade.

Assim, o princípio da razoabilidade continua implícito de modo geral na CF, mas pelo menos está expresso para fins de duração do processo no nosso Texto Maior.

Apesar disso, ele pode ser encontrado exposto em alguns textos infralegais, como o da Constituição do Estado de São Paulo (art. 111) e no art. 2º, *caput*, da Lei de Processo Administrativo Federal (Lei 9.784/1999).

Além do mais, o art. 2º, parágrafo único, VI, da Lei 9.784/1999 também acaba por tratar do princípio da razoabilidade ao trazer a seguinte obrigação à Administração em seus atos: "adequação entre meios e fins, vedada a imposição de obrigações, restrições e sanções em medida superior àquelas estritamente necessárias ao atendimento do interesse público".

São **exemplos** de violação ao princípio da razoabilidade os seguintes: a) demissão de um agente público, quando era suficiente uma suspensão; b) cumulação indistinta de todas as sanções por ato de improbidade administrativa, mesmo em casos mais leves, como de violação a princípios da administração; c) requisição administrativa de bens ou serviços em quantidade maior do que a necessária; d) dissolução de passeata pacífica por meio de arma de fogo.

O princípio somente tem **incidência** em relação a atos *discricionários*, não incidindo em relação a atos *vinculados*. Isso porque, quando um ato é vinculado, a Administração só tem uma opção de ato a ser praticado, não havendo que se falar em mais de uma possibilidade e, portanto, que o ato fere a razoabilidade. Porém, quando se tem um ato discricionário, existe mais de uma opção para o administrador, ocasião em que se poderá discutir se a atitude tomada está ou não de acordo com a razoabilidade.

Uma dúvida muito frequente é se o princípio da razoabilidade é sinônimo do **princípio da proporcionalidade**. Essa dúvida ganha ainda mais relevância pelo fato de o art. 2º, *caput*, da Lei 9.784/1999 dispor que a Administração deve respeitar a *razoabilidade* e também a *proporcionalidade*.

Na prática, costuma-se usar a expressão "proporcionalidade" para situações que envolvem quantidade. São situações em que se tem um "meio" (por exemplo, a possibilidade de aplicação de mais de um valor de multa) e "fim" (punir e prevenir que alguém cometa a infração). Por exemplo, se uma multa poderia variar de R$ 100 a R$ 1.000,00 e acaba sendo fixada em R$ 1.000,00, diz-se que houve violação ao princípio da proporcionalidade se o caso não era grave.

A expressão "razoabilidade" acaba sendo utilizada para outras situações que não envolvem questão matemática, mas sim a busca de uma conduta igualitária da Administração. Por exemplo, se um Prefeito, mesmo diante do caos na área da saúde, resolver fazer uma obra para reformar a praça em frente ao hospital, em detrimento de maiores investimentos no próprio serviço de saúde, diz-se que houve violação ao princípio da razoabilidade. Nesse caso, o investimento na praça (que beneficia pessoas que nela brincam e passeiam) é discriminatório e desigual em relação à falta de investimento na saúde (considerando o caos em que se está e que a questão da saúde envolve o valor mais importante de todos, que é a vida)? Na análise dessa relação de congruência o princípio da razoabilidade orientará para a busca da medida mais igualitária e menos discriminatória.

Outras diferenças apontadas são as seguintes: a) quanto à origem, a razoabilidade se desenvolveu no direito anglo-saxônico (na Inglaterra, sob o prisma do devido processo legal em geral, trazido na Magna Carta; nos EUA, sob o prisma do devido processo legal substantivo), ao passo que a proporcionalidade, no direito germânico; b) quanto ao âmbito de incidência, o princípio da proporcionalidade é aplicado quando se está diante de uma relação em que há "meio" e "fim", ao passo que o da razoabilidade, quando se está diante de uma relação de "critério distintivo" e "medida tomada", em que se deve buscar a igualdade, ou seja, uma relação de congruência entre o "critério distintivo" e a "medida tomada"; b) quanto à conteúdo valorativo, a razoabilidade de fundamento nas noções de racionalidade e equilíbrio (mais subjetivas) e a proporcionalidade, nas noções de adequação, necessidade e ponderação (mais objetivas).

Quanto ao princípio da proporcionalidade, o STF, no julgamento do RE 466.343-1, especificou que esse princípio, quando aplicado na restrição a direitos fundamentais, deve levar em conta os seguintes critérios:

a) adequação: eficácia do meio escolhido;

b) necessidade: uso do meio menos restritivo ou gravoso para atingir a finalidade, face ao indivíduo paciente;

c) proporcionalidade em sentido estrito: ponderação entre os benefícios alcançados com o ato e os danos por ele causados.

Quanto à ordem correta de aplicação do princípio, é a seguinte: primeiro analisa-se, de fato, se há colisão de direitos fundamentais; depois descreve-se o conflito identificando os pontos relevantes do caso e, por fim, faz-se o exame, sucessivo, da adequação, da necessidade e da proporcionalidade em sentido estrito.

Outro ponto importante, agora quanto ao princípio da razoabilidade, é que este costuma ser **usado contra** a Administração, mas, muitas vezes, o contrário também acontece.

Isso porque, de um lado, o princípio pode ser visto como um *dever-poder*, ou seja, antes de tudo os poderes públicos só se justificam como instrumento dos deveres públicos, daí porque não se deve agir nunca com excesso (sem razoabilidade) para atingir os deveres existentes. De outro lado, o princípio pode ser visto como um *poder-dever*, de modo que se deve respeitar a decisão discricionária de um agente público desde que ela seja aceitável (razoável), ainda que algumas pessoas não concordem com seu conteúdo.

De qualquer forma, e agora tratando dos dois princípios em tela, o fato é que são instrumentos essenciais na limitação dos excessos e abusos do Estado e devem ser invocados, sob qualquer dos nomes citados, para evitar que isso aconteça ou para fazer cessar ou reparar condutas estatais que desrespeitem esses valores.

2.2.8. *Princípio da motivação*

Esse princípio pode ser **conceituado** como *aquele que impõe ao administrador público o dever de indicar, prévia ou contemporaneamente, os pressupostos de fato e de direito que determinam a decisão ou o ato, de forma explícita, clara e congruente.*

O princípio da motivação **não está previsto** expressamente no art. 37, *caput*, da CF.

Porém, o princípio pode ser encontrado para as decisões do Poder Judiciário e do Ministério Público (art. 93, IX, da CF c/c art. 129, § 4º, da CF), que devem ser devidamente fundamentadas, sob pena de nulidade.

Apesar de não haver previsão genérica do princípio da motivação na Constituição Federal, há na legislação infraconstitucional. O art. 2º, *caput*, da Lei 9.784/1999 faz referência expressa à motivação como princípio a ser obedecido por toda a Administração Direta e Indireta, de todos os poderes.

O princípio da motivação **decorre** do aparecimento do Estado de Direito, em que a única vontade que impera é a da lei e não a pessoal, de modo que a Administração tem de justificar seus atos. Ele é reforçado pelo princípio da moralidade e pela ampliação do acesso ao Judiciário, que também exigirão a motivação como forma de preservar a probidade administrativa e permitir que as pessoas possam impugnar atos da Administração em juízo.

Uma dúvida muito comum é se a obrigatoriedade de motivação é **regra** ou **exceção**. A pergunta tem pertinência, pois o art. 50 da Lei 9.784/1999 traz um rol de casos em que a motivação é necessária. Com isso, para alguns, ela só seria obrigatória quando a lei determinar.

Porém, não se deve esquecer que a motivação é um princípio e, como tal, é uma norma que tem hierarquia material em relação a algumas regras, como a prevista no art. 50 da Lei 9.784/1999. Não bastasse isso, o rol de casos em que a motivação é obrigatória é tão amplo que se pode afirmar: a regra é que os atos administrativos que afetem direitos devem ser motivados.

Assim, só não haverá o dever de motivar quando a lei expressamente o dispensar, como é o caso da nomeação e da exoneração para cargo em comissão, que são livres, ou seja, não dependem de motivação por aquele que comete tais atos.

Nos demais casos, a motivação é requisito de validade do ato administrativo atinente à *forma*.

Vale ressaltar, todavia, que, caso se esteja diante de *ato vinculado* e em situação cuja motivação seja óbvia, e ainda haja respeito aos demais requisitos de validade, este poderá ser mantido se demonstrada a ausência de prejuízo. Nessa hipótese, a motivação não deixa de ser obrigatória, podendo o servidor vir a ser responsabilizado por sua ausência, mas o ato pode ser mantido no mundo jurídico, desde que possa ser demonstrado que antecede à lei quanto aos demais aspectos.

Nos *atos discricionários*, por sua vez, a falta de motivação gera necessariamente sua invalidação, sob pena de se permitir a invenção de motivos em momento posterior.

A **motivação *aliunde***, consistente na declaração de concordância com os fundamentos apresentados em outra manifestação anteriormente expedida, é admitida e largamente utilizada na Administração Pública. Ter-se-á por motivação do ato aquela à qual faz referência. Ex.: a autoridade expede um ato adotando como fundamento parecer que o precede.

Vale lembrar que, quando se tratar de decisões de órgãos colegiados ou de decisões orais, a motivação deve constar da respectiva ata ou termo escrito.

2.2.9. *Princípio da autotutela*

Esse princípio pode ser **conceituado** como *aquele que impõe o dever de a Administração Pública anular seus próprios atos, quando eivados de vício de ilegalidade, e o poder de revogá-los por motivo de conveniência e oportunidade, respeitados os direitos adquiridos.*

O princípio da autotutela não está **previsto** expressamente no art. 37, *caput*, da CF.

Porém, o princípio é muito conhecido e está previsto na Súmula 473 do STF e no art. 53 da Lei 9.784/1999.

Perceba-se que, diante de *ilegalidade*, fala-se em dever (ato vinculado) de anular. E que diante de motivo de *conveniência e oportunidade*, fala-se em poder (ato discricionário) de revogar. O nome do princípio remete à ideia de que a Administração agirá sozinha, ou seja, sem ter de levar a questão ao Poder Judiciário.

Um exemplo de aplicação da autotutela consiste em a Administração, tomando ciência da ilegalidade na concessão de uma licença para construir, promover sua anulação de ofício.

Outro exemplo consiste em a Administração, após ter concedido uma autorização para uso de um bem público para que uma comunidade feche uma rua por um dia para realizar uma festa local, revogar a autorização dada por conta da ciência de um fato novo que torna inconveniente a manutenção da autorização outorgada ao particular.

Tanto a anulação como a revogação poderão se dar independentemente de apreciação judicial.

2.2.10. *Princípio do controle judicial dos atos administrativos*

Esse princípio pode ser **conceituado** como *aquele que impõe que todo ato administrativo seja passível de controle por parte do Poder Judiciário, ainda que se trate de ato discricionário, desde que esse controle se atenha aos aspectos de legalidade, razoabilidade e moralidade.*

Tal controle se justifica tanto pelo fato de estarmos num Estado de Direito como porque existe o **princípio da universalidade da jurisdição**, pelo qual *a lei não excluirá da apreciação do Poder Judiciário lesão ou ameaça de lesão a direito* (art. 5º, XXXV, CF).

Ao tratarmos do princípio em questão, importante se faz trazermos à baila noções sobre os Sistemas de Controle Jurisdicional da Administração.

Há dois **sistemas**: a) o sistema do contencioso administrativo (sistema francês); b) o sistema judiciário (sistema inglês).

Como vimos, o Brasil adotou o segundo, ou seja, o sistema da jurisdição única.

Na Europa continental, de outra parte, há órgãos independentes e autônomos da própria Administração destinados a efetuar o controle dos atos administrativos. Trata-se da chamada *dualidade de jurisdição* (ou *contencioso administrativo*), em que um órgão exerce a jurisdição sobre os atos administrativos e o Poder Judiciário a exerce sobre os demais atos e fatos jurídicos. Na França, por exemplo, o Conselho de Estado é que faz esse tipo de papel (há os chamados tribunais administrativos, que se sujeitam ao Conselho, que funciona como juízo de apelação, de cassação e até de juízo originário e único de determinados litígios administrativos).

O Brasil adotou outro sistema, o anglo-americano, em que não existe essa dualidade, cabendo apenas ao Poder Judiciário exercer a jurisdição, de modo que é este que faz o controle ora estudado.

2.2.11. Outros princípios

A doutrina também aponta como princípios do Direito Administrativo os seguintes: **finalidade** (impõe à Administração que só pratique atos voltados ao interesse público), **especialidade** (ligado à descentralização administrativa, impõe que as pessoas jurídicas criadas pelo Estado – autarquias, por exemplo – atuem de acordo com a finalidade definida em lei), **controle ou tutela** (ligado ao anterior, impõe que a Administração Direta fiscalize os entes que tiver criado, com o objetivo de garantir a observância de suas finalidades legais), **continuidade** (impõe que os serviços públicos não sejam interrompidos), **responsabilidade do Estado** (impõe responsabilidade objetiva a este) tratando também dos princípios da **hierarquia**, do **interesse público**, da **ampla defesa** e do **contraditório**, dentre outros.

3. PODERES DA ADMINISTRAÇÃO PÚBLICA

3.1. Considerações gerais

Os poderes têm *caráter instrumental*, uma vez que são os meios pelos quais a Administração busca atingir seu fim, qual seja, a proteção e promoção do interesse público.

Por conta disso, a doutrina costuma associar a ideia de poder à de dever, daí porque muitos autores dizem que a Administração tem, na verdade, um *poder-dever* ou um *dever-poder*, como prefere Celso Antônio Bandeira de Mello.

Enfim, os poderes conferidos à Administração só existem com o objetivo de atender seus **deveres** – dever de agir, dever de eficiência, dever de probidade e dever de prestar contas.

Considerando a importância dos poderes para atender os objetivos da Administração, esses são irrenunciáveis. Ademais, não se pode manejá-los sem que o agente tenha *competência* (ou teremos excesso de poder) ou, ainda que competente, quando se desvia da finalidade para a qual existe aquele ato (caso de desvio de poder).

Parte da doutrina faz a distinção *poderes administrativos* e *poderes políticos*. Os primeiros são os poderes que a administração detém para realizar atividades administrativas, ou seja, atividades de execução de lei, ao passo que os poderes políticos são os que guardam fundamento de validade na própria Constituição Federal, além de terem alto grau de discricionariedade. Como exemplo de poder político temos o poder de iniciativa de projeto de lei, de veto a projeto de lei, dentre outros. Como exemplo de poder administrativo temos a aplicação de uma multa de trânsito, que encerra o poder administrativo denominado "poder de polícia".

Normalmente, estudam-se os poderes tratando, em primeiro lugar, de sua classificação quanto à margem de liberdade do administrador público (poderes vinculado e discricionário) e depois tratando dos poderes em espécie (hierárquico, disciplinar, regulamentar e de polícia).

3.2. Definições de Hely Lopes Meirelles

Hely Lopes Meirelles traz as seguintes definições dos poderes administrativos (*Direito Administrativo Brasileiro*, 26. ed., São Paulo: Malheiros, p. 109-123):

a) poder vinculado – "é aquele que o Direito Positivo – a lei – confere à Administração Pública para a prática de ato de sua competência, determinando os elementos e requisitos necessários à sua formalização";

b) poder discricionário – "é o que o Direito concede à Administração, de modo explícito, para a prática de atos administrativos com liberdade na escolha de sua conveniência, oportunidade e conteúdo";

c) poder hierárquico – "é o de que dispõe o Executivo para distribuir e escalonar as funções de seus órgãos, ordenar e rever a atuação de seus agentes, estabelecendo a relação de subordinação entre os servidores do seu quadro de pessoal";

d) poder disciplinar – "é a faculdade de punir internamente as infrações funcionais dos servidores e demais pessoas sujeitas à disciplina dos órgãos e serviços da Administração";

e) poder regulamentar – "é a faculdade de que dispõem os Chefes de Executivo (Presidente da República, Governadores e Prefeitos) de explicar a lei para sua correta execução, ou de expedir decretos autônomos sobre matéria de sua competência ainda não disciplinada por lei";

f) poder de polícia – "é a faculdade de que dispõe a Administração Pública para condicionar e restringir o uso e gozo de bens, atividades e direitos individuais, em benefício da coletividade ou do próprio Estado".

3.3. Poderes vinculado e discricionário

Repare que a diferença entre o **poder vinculado** e o **poder discricionário** é que, no primeiro, a lei deixa bem *determinados* os elementos e requisitos necessários à prática de um ato, ao passo que, no segundo, a lei confere *margem de escolha* para a Administração quanto à conveniência, a oportunidade e o conteúdo do ato.

No exercício de um ato ou poder vinculado, não será possível ao administrador público fazer apreciações pessoais, subjetivas, uma vez que está muito claro na lei *quando* deve agir e a *forma* desse agir. São atos vinculados os seguintes: concessão de aposentadoria voluntária e multa de trânsito por excesso de velocidade.

No exercício de um ato ou poder discricionário, é dado ao administrador público utilizar critério de conveniência e oportunidade para discernir *quando* deve agir ou a *forma* desse agir. Observe que não existe arbitrariedade ou liberdade total para Administração, mas sim *margem de liberdade* para que essa, no caso concreto, verifique a melhor providência a ser tomada.

Nesse sentido, todo ato discricionário tem uma parte vinculada, em que o agente estará adstrito ao que dispuser a lei. A *competência*, por exemplo, sempre é vinculada, já que a lei sempre determina quem é competente.

No entanto, Hely Lopes Meirelles entende que três requisitos dos atos administrativos são sempre vinculados: *competência*, *forma* e *finalidade* (interesse público). Ou seja, a competência discricionária é sempre *parcialmente vinculada*, não conferindo, assim, *total liberdade* para o agente público, mas apenas *margem de liberdade* para este.

Dessa forma, o *mérito* de um ato discricionário, ou seja, a margem de liberdade que remanesce ao agente público se situará nos requisitos *motivo e/ou objeto*.

O Judiciário não pode se imiscuir no *mérito* administrativo, sob pena de violação ao princípio da independência dos Poderes. Todavia, o Judiciário pode apreciar os seguintes aspectos de um ato discricionário: de *legalidade*, de *razoabilidade* e de *moralidade*.

São exemplos de atos discricionários os seguintes: a autorização de uso de bem público para que o particular realize um evento e a autorização para compra de uma arma (Lei 10.826/2003).

3.4. Poderes hierárquico e disciplinar

Repare que a diferença entre o poder hierárquico e o poder disciplinar é que o primeiro diz respeito ao dia a dia das relações de subordinação (escalonamento de funções, ordens, revisão de atos), ao passo que o segundo só atua quando houver um ilícito disciplinar, possibilitando à Administração a aplicação de sanções disciplinares.

O **poder hierárquico** *é aquele conferido* ao *agente público para organizar a estrutura da Administração e fiscalizar a atuação de seus subordinados, expressando-se na distribuição e orientação das funções, na expedição de ordens e na revisão dos atos dos demais agentes, numa relação de ampla subordinação*.

Esse poder se dá de *órgão* para *órgão* ou de *cargo* para *cargo*. Dessa forma, a hierarquia não se confunde com o *controle* (*supervisão ministerial* ou *tutela*), pois este se dá de *pessoa jurídica* para *pessoa jurídica*. A hierarquia confere amplos poderes ao órgão superior, ao passo que o controle somente permite que a entidade controladora fiscalize a controlada no que a lei dispuser e quanto a possíveis desvios de finalidade da entidade.

A delegação e a avocação são institutos muito ligados ao poder hierárquico e serão vistos no item 4.3.2.2.1.

O **poder disciplinar** é *aquele conferido ao agente público para aplicação de sanções ou penalidades aos demais agentes, dada a prática de uma infração disciplinar.*

Perceba que, em relação ao poder hierárquico, o poder disciplinar é mais específico, direcionando-se tão somente à atividade de punir ou não um agente por infração funcional, enquanto aquele é mais amplo, dizendo respeito à organização, orientação e revisão de atos.

Por outro lado, é bom salientar que o poder disciplinar não se dirige apenas sobre os servidores públicos. O conceito doutrinário desse poder engloba não só a atividade disciplinar dos agentes públicos, como também a que se dirige a outras pessoas que mantêm relação jurídica com a Administração, já que esse poder é a faculdade de punir internamente as infrações funcionais dos servidores e demais pessoas sujeitas à disciplina dos órgãos e serviços da Administração.

O poder disciplinar pode ser tanto vinculado como discricionário e depende do que dispuser a lei a respeito.

O ato decorrente do poder disciplinar deve ser devidamente motivado. Aliás, dois aspectos são muito importantes nesse poder: a) a necessidade de apuração da falta com contraditório e ampla defesa; b) o dever de motivar.

Mais à frente veremos outros elementos referentes ao processo administrativo disciplinar.

3.5. Poder regulamentar

Conforme já visto, o poder regulamentar pode ser **conceituado** como a *faculdade de que dispõem os Chefes de Executivo de explicar a lei para sua correta execução ou de expedir decretos autônomos sobre matéria de sua competência ainda não disciplinada por lei*.

Na **prática**, o poder disciplinar se dá pela edição de decretos regulamentares, ou seja, de decretos que explicam a lei, propiciando sua fiel execução.

Vamos a um **exemplo**. Imagine uma lei municipal que estabelece a proibição de emissão de ruído acima de determinado limite após as 22 horas. Esse tipo de lei costuma trazer a proibição em si, o limite de decibéis para os diferentes locais de um município (zonas residenciais, zonas comerciais, em frente a hospitais etc.) e a sanção aplicável em caso de descumprimento. Porém, tais leis não entram em detalhes sobre como serão aplicadas no plano concreto. É nessa hora que entra o regulamento. O Prefeito, por meio de um decreto, detalhará como a fiscalização deverá ser feita, que tipo de aparelho poderá aferir o limite de decibéis, além de outras regras necessárias à fiel execução da lei.

O poder regulamentar consiste justamente em o Chefe do Executivo emitir regulamentos com vistas à operacionalização do cumprimento da lei.

É por isso que o exercício desse poder não pode inovar na ordem jurídica, ou seja, criar direitos ou obrigações novos. Esse poder tem por objetivo apenas regulamentar o que a lei estabeleceu, não podendo passar por cima dela.

Conforme já visto quando estudamos o princípio da legalidade, só excepcionalmente são cabíveis *decretos autônomos de lei*, valendo citar os dois casos previstos no art. 84, VI, da Constituição, em que um decreto poderá inovar na ordem jurídica, atentando, claro, aos limites estabelecidos no dispositivo.

No mais, a regra é que os decretos sejam *voltados à execução de lei*.

Passemos agora às **características** do poder regulamentar:

a) é exercido pelo *Chefe do Poder Executivo*;

b) é *indelegável*;

c) o meio utilizado para trazer ao mundo jurídico o regulamento é o *decreto* (ato-forma);

d) objetiva tão somente *propiciar a fiel execução da lei*, não podendo, como regra, ir além do que ela dispõe, ou seja, *não podendo inovar* na ordem jurídica;

e) o Congresso Nacional tem competência para sustar atos normativos do Executivo que exorbitem o poder regulamentar (art. 49, V, CF);

f) há leis que são de eficácia contida, por dizerem ser necessário regulamento para produzirem efeitos (condição suspensiva, portanto).

Não se deve confundir o **poder normativo** com o **poder regulamentar**. Aquele tem conceito mais amplo, que abrange tanto o poder regulamentar, como poder de editar outros atos normativos infralegais. O poder normativo pode ser exercido por outros agentes além do Chefe do Executivo (único que pode praticar o poder regulamentar). Por exemplo, exercem poder normativo um Ministro de Estado (art. 84, parágrafo único, da CF) e uma agência reguladora, tudo nos termos da lei e dos regulamentos.

3.6. Poder de polícia

3.6.1. *Conceito de poder de polícia em sentido amplo*

Conforme já vimos, o poder de polícia pode ser **conceituado** como *a faculdade de que dispõe a Administração Pública para condicionar e restringir o uso e gozo de bens, atividades e direitos individuais, em benefício da coletividade ou do próprio Estado.*

O conceito em tela **abrange** duas situações: a) as leis, que trazem as limitações administrativas aos direitos, à liberdade e à propriedade das pessoas; b) a polícia administrativa, consistente na atividade de fiscalizar a conformidade do comportamento das pessoas aos limites estabelecidos pela lei.

Portanto, o poder de polícia em sentido amplo abrange tanto a lei como a fiscalização com vistas a verificar se a aquela está sendo cumprida.

Vejamos um exemplo. Em matéria de trânsito, o Código de Trânsito Brasileiro é o instrumento que traz a *limitação administrativa*, ao passo que os agentes de trânsito exercem a fiscalização, a *polícia administrativa.*

3.6.2. *Conceito de poder de polícia em sentido estrito (polícia administrativa)*

A **polícia administrativa** pode ser **conceituada** como *a atividade da Administração Pública, expressa em atos normativos ou concretos, de condicionar a liberdade e a propriedade dos indivíduos aos ditames da lei, mediante ação fiscalizadora, ora preventiva, ora repressiva.*

A polícia administrativa é sempre sublegal, ou seja, atua no sentido de fazer com que a lei seja cumprida.

Para tanto, a polícia administrativa vale-se não só de atos concretos (ex.: multas) como também de atos normativos (ex.: regulamentos).

A tarefa primordial da polícia administrativa é impor um *não fazer* ("non facere"). Para tanto, os agentes administrativos atuarão *preventivamente* (ex.: fazendo vistorias) e *repressivamente* (ex.: aplicando sanções, apreendendo produtos, removendo veículos etc.).

Dessa forma, a polícia administrativa é essencialmente **negativa**, já que impõe um não fazer. Há casos, porém, em que será positiva, como quando o poder de polícia se dá para que o proprietário atue concretamente para atender à função social da propriedade.

3.6.3. *Características da polícia administrativa*

O poder de polícia em sentido estrito ou polícia administrativa tem as seguintes **características**:

a) provém privativamente de autoridade pública, ou seja, não é permitida sua delegação ao particular. A este somente é possível ser credenciado para **contribuir materialmente** com o poder de polícia, como no caso de empresa que controla radares fotográficos de trânsito, mas a declaração de vontade será, ao final, da autoridade pública, que, com base nesses elementos materiais, poderá aplicar ou não uma multa de trânsito; ou seja, o poder de polícia não pode ser delegado para entidade privada (STF, ADI 1.717/DF, *DJ* 29.03.2003), mas é possível que o particular receba (por contrato de prestação de serviço ou por credenciamento) a incumbência de colaborar, com atividades materiais, com a administração pública;

b) é imposto coercitivamente pela administração, independente da concordância do particular, sem necessidade de buscar o Poder Judiciário; Hely Lopes Meirelles denomina esse atributo de autoexecutoriedade;

c) abrange de forma genérica as atividades e a propriedade, diferentemente da servidão e da requisição administrativas, que abrangem atividades e pessoas *específicas.*

Por conta da generalidade do poder de polícia, seu exercício *não gera direito de indenização* em favor do particular. Ao contrário, seu exercício é fato que enseja a cobrança de uma *taxa* a ser paga pelo particular.

Parte da doutrina aponta que o poder de polícia é **discricionário**. Porém, isso nem sempre ocorre. Vai depender do texto da lei que cria a limitação administrativa. Se a lei é bem clara e objetiva sobre o que está proibido e sobre qual conduta o agente público deve tomar, como ocorre com boa parte das normas do Código de Trânsito, está-se diante de competência vinculada e não competência discricionária. Já se a lei traz conceito vago sobre a hipótese que enseja uma atuação, bem como possibilita que seja aplicada mais de uma sanção para o agente infrator, aí sim teremos uma competência discricionária.

Em outras palavras, a lei que estabelece o condicionamento à liberdade e à propriedade das pessoas (poder de polícia em sentido amplo) pode tanto trazer conceitos claros e objetivos, ensejando uma competência vinculada (ex.: "o recuo de frente dos imóveis residenciais deve ser de 4 metros"), como trazer conceitos fluidos e vagos e/ou mais de uma opção ao agente público, ensejando competência discricionária (ex.: "em caso de violação da presente lei, será aplicada multa de R$ 1.000,00 a R$ 5.000,00, de acordo com a gravidade da infração").

Por fim, resta saber se o poder de polícia possibilita que a Administração sempre **use a força** para fazer valer seus atos. Hely Lopes Meirelles chama esse atributo de "coercibilidade", ao passo que Celso Antônio Bandeira de Mello chama esse atributo de "autoexecutoriedade". Para Hely, a expressão "autoexecutoriedade" designa a simples possibilidade de a Administração fazer imposições ao particular, sem recorrer ao Judiciário, sendo a coercibilidade um *plus*, que permite o uso da força.

A possibilidade de a Administração impor comandos de não fazer sem buscar o Poder Judiciário é pacífica, decorrendo da imperatividade (na linguagem de Celso Antônio Bandeira de Mello) e da autoexecutoriedade (na linguagem de Hely Lopes Meirelles).

Já a possibilidade de a Administração, após ter imposto um comando, fazer o uso da força para fazer valer o comando (*autoexecutoriedade* para Celso Antônio e *coercibilidade* para Hely), não é a regra, mas a exceção em matéria de poder de polícia.

Com efeito, a Administração só pode usar a força para que faça valer suas determinações de polícia em caso de urgência ou quando a lei expressamente determinar. Do contrário, terá de buscar a prestação jurisdicional.

Assim, caso uma lei proíba ruídos acima de um dado limite e uma lanchonete, já autuada, continue gerando ruídos excessivos, a interdição do estabelecimento só será possível se a lei local expressamente previr tal possibilidade. Do contrário, o Município deverá ingressar com ação de interdição de estabelecimento.

3.6.4. Polícia administrativa x polícia judiciária

Não se pode confundir a *polícia administrativa* (exs.: fiscalizações de vigilância sanitária, de trânsito e de construções), com a *polícia judiciária* (ex.: investigação feita pela polícia civil).

Tais polícias têm as seguintes **diferenças**:

a) a primeira age sobre *ilícitos administrativos*, ao passo que a segunda age sobre *ilícitos penais*;

b) a primeira age sobre *bens* e *pessoas*, ao passo que a segunda age sobre *pessoas*;

c) a primeira atua por *variados órgãos*, ao passo que a segunda atua pela *polícia civil* e pela *polícia federal*;

d) a primeira tem atuação *preventiva, repressiva e punitiva*, ao passo que a segunda costuma atuar *repressivamente*, voltada a investigar ilícitos penais;

e) a primeira é custeada por taxas, ao passo que a segunda, por impostos.

A polícia militar, por sua vez, faz o chamado *policiamento ostensivo*. Esse policiamento pode ser considerado uma espécie à parte de polícia. Porém, vários autores consideram a polícia militar como *polícia administrativa de segurança pública*.

A guarda municipal, de sua parte, tem por função a proteção municipal preventiva. É competência geral das guardas municipais a proteção dos bens, serviços e logradouros públicos municipais e instalações do Município (art. 4º, *caput*, da Lei 13.022/2014). São competências específicas das guardas municipais, dentre outras, respeitadas as competências dos órgãos federais e estaduais, prevenir e inibir, pela presença e vigilância, bem como coibir, infrações penais ou administrativas e atos infracionais que atentem contra os bens, serviços e instalações municipais; colaborar, de forma integrada com os órgãos de segurança pública, em ações conjuntas que contribuam com a paz social; exercer competências de trânsito que lhes forem conferidas; encaminhar ao delegado de polícia, diante de flagrante delito, o autor da infração, preservando o local do crime, quando possível e sempre que necessário (art. 5º da Lei 13.022/14). Assim, verifica-se que as guardas municipais também exercem polícia administrativa, em geral relacionada à segurança pública.

3.6.5. Princípio da intranscendência das sanções administrativas e das medidas restritivas de direito

O art. 5º, XLV, da CF dispõe que "nenhuma pena passará da pessoa do condenado, podendo a obrigação de reparar o dano e a decretação do perdimento de bens ser, nos termos da lei, estendidas aos sucessores e contra eles executadas, até o limite do valor do patrimônio transferido". Essa disposição constitucional alcança não só sanções penais, como também sanções administrativas.

3.6.6. Prazo para a ação punitiva (Lei 9.873/1999)

Praticado um ilícito administrativo, a Administração Pública passa a ter um prazo para exercer a **ação punitiva**.

De acordo com o art. 1º da Lei 9.873/1999, a ação punitiva da Administração Pública Federal, direta e indireta, prescreve em **5 (cinco) anos**. No entanto, quando o fato objeto da ação punitiva da Administração também constituir crime, a prescrição reger-se-á pelo prazo previsto na lei penal.

Esse prazo será contado dos seguintes **momentos**: a) como regra: da prática do ato; b) nas infrações permanentes ou continuadas: do dia em que tiver cessado.

É possível também que ocorra a **prescrição intercorrente**. Esta se dá quando o procedimento administrativo ficar parado por mais de 3 anos, pendente de julgamento ou despacho. Configurada a prescrição intercorrente, os autos serão arquivados de ofício ou mediante requerimento da parte interessada, sem prejuízo da apuração da responsabilidade funcional decorrente da paralisação, se for o caso.

Interrompe-se a prescrição da **ação punitiva**:

a) pela notificação ou citação do indiciado ou acusado, inclusive por meio de edital;

b) por qualquer ato inequívoco que importe apuração do fato;

c) pela decisão condenatória recorrível;

d) por qualquer ato inequívoco que importe em manifestação expressa de tentativa de solução conciliatória no âmbito interno da administração pública federal.

Suspende-se a prescrição durante a vigência de compromissos de cessação ou de desempenho.

Em matéria de trânsito há regra específica. Por conta de tal regra, o STJ é pacífico no sentido da indispensabilidade de uma primeira notificação quando da autuação da infração de trânsito, oportunizando-se, assim, o exercício do direito ao contraditório e à ampla defesa. A autoridade de trânsito terá o prazo de 30 dias para notificar o infrator para que se defenda. Não o fazendo no prazo legal, deverá o auto de infração ser arquivado e seu registro julgado insubsistente, a teor do art. 281, parágrafo único, inciso II, do CTB (STJ, REsp 951.915/RS).

Uma vez constituída uma sanção pecuniária decorrente da ação punitiva, começa a correr o prazo para a **ação de execução** da administração pública federal.

Esse prazo também é de 5 (cinco) anos, contados da constituição definitiva do crédito não tributário (art. 1º-A da Lei 9.873/1999).

Interrompe-se o prazo prescricional da **ação executória**:

a) pelo despacho do juiz que ordenar a citação em execução fiscal;

b) pelo protesto judicial;

c) por qualquer ato judicial que constitua em mora o devedor;

d) por qualquer ato inequívoco, ainda que extrajudicial, que importe em reconhecimento do débito pelo devedor;

e) por qualquer ato inequívoco que importe em manifestação expressa de tentativa de solução conciliatória no âmbito interno da administração pública federal.

3.6.7. Setores da polícia administrativa e competência

São **setores** comuns da polícia administrativa os seguintes: segurança pública; ordem pública; tranquilidade pública; higiene e saúde pública; defesa do consumidor; defesa do patrimônio estético, artístico, histórico e paisagístico; moralidade pública; economia popular; trânsito; meio ambiente etc.

Quanto à **competência** para o poder de polícia, Hely Lopes Meirelles traz a resposta: *"é competente para dada medida de polícia* *administrativa quem for competente para legislar sobre a matéria"*, ressalvada a competência dos Municípios para suplementar a legislação federal e a competência concorrente dos Estados.

4. ATOS ADMINISTRATIVOS

4.1. Conceito

O **ato administrativo** pode ser **conceituado** como *a declaração do Estado, ou de quem lhe faça as vezes, no exercício de prerrogativas públicas, destinada a cumprir direta e concretamente a lei.*

Repare que um ato jurídico só será ato administrativo se contiver os seguintes elementos:

a) presença do *Estado* ou de alguém lhe faça as vezes, como é o tabelião e o registrador;

b) ato praticado com *prerrogativas públicas*, ou seja, com supremacia estatal em relação à outra parte ou ao destinatário do ato;

c) ato destinado a executar a lei no caso concreto, fazendo-o de ofício.

Assim, nem todo ato da Administração é ato administrativo. Caso não haja prerrogativas ou não se busque a execução da lei no caso concreto, não se terá um ato administrativo.

Confira alguns atos que são "atos da Administração", mas não "atos administrativos":

✓ **a)** *atos regidos pelo Direito Privado.* Exs.: locação de prédio para uso do Poder Público; escritura de compra e venda; emissão de cheque; tais atos não têm os atributos (as qualidades e forças) do ato administrativo; vale ressaltar que os atos antecedentes dos citados devem obedecer ao Direito Público;

✓ **b)** *atos materiais*: fatos administrativos. Exs.: cirurgia, ministração de aula, serviço de café, pavimentação; não há declaração, prescrição do Estado;

✓ **c)** *atos políticos:* são os atos de governo, praticados com grande margem de discrição e diretamente em obediência à Constituição, no exercício de função pública. Exs.: indulto, iniciativa de lei, veto, sanção; são amplamente discricionários.

Por outro lado, há atos administrativos que não são praticados pelo Poder Executivo, como os da vida funcional do Poder Judiciário e do Poder Legislativo (contratação de servidores, licitação para obras e aquisições).

Os dirigentes de entidades da Administração Indireta e os executores de serviços delegados podem praticar atos que se equiparam a atos administrativos típicos, tornando-os passíveis de controle por meio de mandado de segurança e ação popular.

4.2. Perfeição, validade e eficácia

Os atos administrativos, que são espécies de atos jurídicos, também podem ser verificados segundos os planos da existência, da validade e da eficácia.

Para tanto, vale conhecer os seguintes conceitos:

a) **perfeição:** *situação do ato cujo processo formativo está concluído*; ato perfeito é o que completou o ciclo necessário à sua formação (plano da existência). Ex.: decisão administrativa que acaba de ser redigida e assinada pela autoridade;

b) **validade:** *adequação do ato às exigências normativas* (plano da validade). Ex.: a decisão administrativa mencionada (já existente, portanto), que esteja, também, de acordo com a lei;

c) **eficácia:** *situação em que o ato está disponível para produção de efeitos típicos* (plano da eficácia). Ex.: ato existente e válido, cuja condição suspensiva ou o termo que o acometia já se implementou, habilitando-o à produção de efeitos, situação que ocorre quando se autoriza o uso de bem público ao particular apenas 10 dias após a expedição do ato de autorização.

Questão interessante diz respeito ao **silêncio administrativo**. De acordo com o princípio da legalidade nem mesmo uma declaração expressa da Administração pode se dar sem que a lei permita ou determine tal declaração. Consequentemente, com o silêncio da Administração não poderia ser diferente. Assim, apenas quando a lei expressamente atribuir algum efeito jurídico ao silêncio administrativo é que este produzirá algum efeito. Nesse sentido, caso um particular faça um pedido para a Administração e a lei dispuser expressamente que a inexistência de resposta num certo prazo (silêncio) importa em aprovação do pedido, aí sim o silêncio terá efeito jurídico, no caso o de se considerar aprovada a solicitação feita. Já se um particular faz um pedido e a lei nada dispuser a respeito do que acontece em caso de silêncio administrativo, o particular não poderá considerar atendido o pedido, por conta do aludido princípio da legalidade.

4.3. Requisitos do ato administrativo

Hely Lopes Meirelles ensina que o ato administrativo tem os seguintes **requisitos**: *competência, forma, motivo, finalidade e objeto.*

Já Celso Antônio Bandeira de Mello prefere separar os **elementos de existência** (conteúdo, forma e pertinência à função administrativa) dos **pressupostos de validade** do ato administrativo (sujeito competente capaz e não impedido; motivo; requisitos procedimentais; finalidade; causa; formalização).

Nesse sentido, vale a pena trazer os dois entendimentos doutrinários.

4.3.1. Requisitos do ato administrativo segundo Hely Lopes Meirelles

Os cinco requisitos do ato administrativo para Hely Lopes Meirelles coincidem com os requisitos mencionados no art. 2º, parágrafo único, da Lei 4.717/1965 (Lei de Ação Popular).

O primeiro deles é a **competência**, que consiste na *medida da atribuição legal de cargos, órgãos ou entidades.*

São vícios de competência os seguintes: a) usurpação de função: alguém se faz passar por agente público sem o ser, ocasião em que o ato será inexistente; a) excesso de poder: alguém que é agente público acaba por exceder os limites de sua competência (ex.: fiscal do sossego que multa um bar que visita por falta de higiene); o excesso de poder torna nulo ato, salvo em caso de incompetência relativa, em que será considerado anulável; a) função de fato: exercida por agente que está irregularmente investido em cargo público, apesar de a situação ter aparência de legalidade; nesse caso, os atos praticados serão considerados válidos se houver boa-fé.

O segundo requisito é o **objeto**, que *é o conteúdo do ato, aquilo que o ato dispõe, decide, enuncia, opina ou modifica na ordem jurídica.*

O objeto deve ser lícito, possível e determinável, sob pena de nulidade. Ex.: o objeto de um alvará para construir é a licença.

O terceiro requisito é a **forma**, que consiste no conjunto de *formalidades necessárias para a seriedade do ato*. A seriedade do ato impõe: a) respeito à forma propriamente dita; b) motivação.

O quarto requisito é o **motivo**, que consiste no *fundamento de fato e de direito que autoriza a expedição do ato*. Ex.: o motivo da interdição de estabelecimento consiste no fato de este não ter licença (motivo de fato) e de a lei proibir o funcionamento sem licença (motivo de direito).

De acordo com a Teoria dos Motivos Determinantes, o motivo invocado para a prática do ato condiciona sua validade. Dessa forma, provando-se que o motivo é inexistente, falso ou mal qualificado, o ato será considerado nulo.

E o quinto requisito é a **finalidade**, que *é o bem jurídico objetivado pelo ato*. Ex.: proteger a paz pública, a salubridade, a ordem pública.

Cada ato administrativo tem uma finalidade.

O **desvio de poder (ou de finalidade)** *ocorre quando um agente exerce uma competência que possuía, mas para alcançar finalidade diversa daquela para a qual foi criada*.

Não se deve confundir o *excesso de poder* (vício de sujeito) com o *desvio de poder* (vício de finalidade), espécies do gênero abuso de autoridade.

4.3.2. Elementos e pressupostos do ato administrativo segundo Celso Antônio Bandeira de Mello

4.3.2.1. Elementos de existência do ato administrativo

4.3.2.1.1. Conteúdo

Consiste no que o ato estabelece, dispõe, decide, enuncia, opina ou modifica na ordem jurídica. Trata-se do *objeto* a que se refere Hely Lopes Meirelles[2]. Ex.: quando alguém recebe um alvará para construir uma casa, o conteúdo desse ato é uma *licença*. Para que estejamos diante de um ato administrativo, o conteúdo deve ter *pertinência em relação à função administrativa*. Do contrário, teremos apenas um *ato jurídico* que não é o do tipo *ato administrativo*.

4.3.2.1.2. Forma

Trata-se do revestimento exterior do ato, do modo pelo qual esse revela sua existência. Basta ter um objeto e uma forma qualquer para que o ato exista. Se o ato vai ser válido ou não quanto a esse último aspecto, isso será visto no pressuposto *formalização*. São exemplos de forma as seguintes: escrita, verbal e gestual.

4.3.2.2. Pressupostos de validade do ato administrativo

4.3.2.2.1. Sujeito

É quem produz o ato. O sujeito deve ser **capaz**, **não impedido** e **competente** para que o ato seja válido.

Quanto à **capacidade**, o ato expedido por agente público que se torna *incapaz*, desde que preencha os demais requisitos legais e seja do tipo vinculado, será considerado válido, já que no Direito Administrativo o que importa é o atendimento do fim previsto em lei. No entanto, se um incapaz pratica um ato discricionário, esse ato será necessariamente inválido, pois não há como dar margem de liberdade a quem não tem capacidade civil.

2. O objeto é trazido por Hely como requisito de validade do ato administrativo, devendo ser lícito, possível e determinado.

Quanto aos casos de **impedimento** para atuar em processo administrativo, estes estão previstos no art. 18 da Lei 9.784/1999, valendo citar como exemplo o impedimento de um servidor que tenha interesse direto ou indireto em dada matéria que a ele seria submetida.

Com relação à **competência**, esta *é a medida do poder atribuído a cargo público, órgão público ou entidade da Administração*.

A competência só pode ser instituída pela *lei*, daí a frase de Caio Tácito de que "não é competente quem quer, mas quem pode, segundo a norma de Direito".

A competência é *intransferível* e *improrrogável* pela simples vontade do agente.

Porém, o exercício da competência pode ser delegado e avocado nos limites das normas que regulam a Administração Pública.

Confira os requisitos para a **delegação de competência** (arts. 12 a 14, Lei 9.784/1999):

a) órgão ou titular de cargo podem delegar;

b) desde que não haja impedimento legal;

c) desde que seja apenas parte da competência;

d) deve ser a outro órgão ou titular de cargo, mesmo que não subordinado hierarquicamente;

e) deve ser conveniente em razão de índole técnica, social, econômica, jurídica ou territorial;

f) pode ser de órgão colegiado ao respectivo presidente;

g) não podem ser delegados:

g1) Edição de ato normativo;

g2) Decisão de recurso administrativo;

g3) Matérias de competência exclusiva de órgão ou autoridade;

h) depende de publicação do ato de delegação no D.O.;

i) ato deve especificar matérias e poderes transferidos, a duração e objetivos da delegação e o recurso cabível;

j) é revogável a qualquer tempo;

k) decisões adotadas por delegação devem mencionar expressamente essa qualidade.

Quanto à **avocação** de competência, confira as regras previstas no art. 15 da Lei 9.784/1999:

a) é a passagem da competência de órgão hierarquicamente inferior para superior;

b) é temporária;

c) é excepcional, dependendo de motivos relevantes devidamente justificados.

Os atos expedidos por agente incompetente serão quase sempre nulos. São **vícios de competência** os seguintes:

a) usurpação de função: *consiste na situação em que alguém se faz passar por agente público sem o ser*; o ato será no mínimo nulo, mas, para a maioria dos doutrinadores, trata-se de ato inexistente;

b) excesso de poder: *ocorre na hipótese em que alguém que é agente público acaba por exceder os limites de sua competência*. Ex.: fiscal do sossego público que multa um bar que visita por falta de higiene; o ato será nulo, pois a incompetência é material, já que o fiscal deveria atuar na matéria "sossego público" e não na matéria "vigilância sanitária"; entende-se que, em se tratando de vício de *incompetência relativa* (territorial, por exemplo), o ato será anulável e não nulo;

c) função de fato: *é aquela exercida por agente que está irregularmente investido no cargo público, apesar da situação ter aparência legal.* O ato não será anulado se estiver conforme a lei quanto aos demais pressupostos, prevalecendo o princípio da segurança jurídica, dada a boa-fé e a aparência de legalidade. O agente, todavia, terá anulada sua nomeação, desligando-se da função que exercia.

4.3.2.2.2. Motivo

É o fato que autoriza ou exige a prática do ato. Se o motivo está previsto em lei, o ato é vinculado. Se não estiver previsto, o ato é discricionário. Voltando àqueles requisitos trazidos por Hely Lopes Meirelles, o *motivo*, para ele, consiste não só no fundamento de *fato*, mas também no de *direito*, que autorizam a expedição do ato. Na classificação que ora estudamos, *motivo* é tão somente o *fato* autorizador, enquanto que o fundamento de direito é o pressuposto de validade que veremos a seguir, que está dentro da *formalização*.

A chamada **teoria dos motivos determinantes** dispõe que *o motivo invocado para a prática do ato condiciona sua validade.* Se se provar que o motivo é inexistente, falso ou mal qualificado, o ato será nulo. Exs.: caso uma licitação seja revogada sob o único fundamento de que não há disponibilidade orçamentária, a prova da inexistência de tal situação torna o ato de revogação nulo; caso a exoneração de ocupante de um cargo em comissão tenha sido motivada em fato inexistente, ainda que a motivação não seja obrigatória no caso, o ato é considerado nulo.

Aliás, segundo o STJ, configura-se vício de legalidade a falta de coerência entre as razões expostas no ato e o resultado nele contido (MS 13948, *DJe* 07.11.2012).

Não se deve confundir o motivo do ato (algo concreto, do mundo dos fatos – o motivo da apreensão de uma lotação, por exemplo, é a inexistência de autorização para circulação) com o motivo legal (fundamento legal, algo abstrato). Em suma, tal teoria dispõe que os atos administrativos, quando forem motivados, ficam vinculados aos motivos expostos, para todos os fins de direito. Os motivos devem, portanto, coincidir com a realidade, sob pena de o ato ser nulo, mesmo se a motivação não era necessária.

Distinção importante é a que se faz entre **motivo** e **móvel.** Motivo é o fato que autoriza o ato, enquanto móvel é a intenção, a vontade do agente. Se o ato é vinculado, não interessa o móvel do agente. Já se o ato é discricionário, o móvel viciado (ex.: por buscar uma perseguição política, como a desapropriação de imóvel de um inimigo político), ainda que atenda ao "fim legal", torna o ato nulo.

Também se faz relevante diferenciarmos **motivo** e **motivação**. O primeiro é o fato, enquanto o segundo integra a *formalização* (pressuposto de validade do ato que se verá em seguida), consistindo a *motivação* na exposição do motivo de fato e da sua relação de pertinência com a fundamentação jurídica e com o ato praticado. Como regra, a motivação é obrigatória, só deixando de existir tal dever se a lei expressamente autorizar.

4.3.2.2.3. Requisitos procedimentais

São os outros atos jurídicos indispensáveis à prática do atual. Ex.: é necessário o concurso para que haja a nomeação; para que se conceda a licença, deve haver solicitação.

4.3.2.2.4. Finalidade

É o bem jurídico objetivado pelo ato. Ex.: proteger a paz pública, a salubridade, a ordem pública. Cada espécie de ato administrativo tem uma finalidade. Para cada fim a ser alcançado há um ato que será o instrumento para sua realização. Se alguém utiliza um ato administrativo para alcançar finalidade diversa daquela para o qual fora criado, este alguém estará cometendo um desvio de poder ou de finalidade.

Assim, o **desvio de poder ou desvio de finalidade** consiste em *o agente se servir de um ato administrativo para satisfazer finalidade alheia à sua natureza.* Esse tipo de conduta gera a nulidade do ato, conforme a Lei de Ação Popular.

Esse desvio pode se manifestar das seguintes formas:

a) quando o agente busca finalidade alheia ao interesse público, ex.: prejudicar inimigo, favorecer amigo;

b) quando o agente busca finalidade pública, mas alheia à categoria do ato que utiliza, ex.: *remove-se* alguém com a finalidade de punição, quando o correto seria aplicar uma *pena disciplinar*, como demissão, suspensão, advertência etc.

Vale destacar que não se deve confundir o *excesso de poder* (vício de sujeito, de competência) com o *desvio de finalidade ou desvio de poder* (vício de finalidade), os quais são espécies do *gênero abuso de autoridade*, que, aliás, é fundamento para que se ingresse com mandado de segurança (art. 5º, LXIX, CF).

4.3.2.2.5. Causa

É o vínculo de pertinência entre o motivo e o conteúdo do ato. Para que um ato administrativo atenda o pressuposto de validade *causa*, é necessário que haja correlação lógica entre o motivo e o conteúdo do ato em função de sua finalidade.

No âmbito da causa se examinam a *razoabilidade* e a *proporcionalidade*, que são vistas olhando o conteúdo do ato, o seu motivo e a intensidade necessária para atingir a finalidade.

Um exemplo de situação que não atende ao pressuposto de validade *causa* é a utilização de arma de fogo para dissolver uma passeata pacífica.

Não se deve confundir o *motivo* com a *causa*. O *motivo* é fundamento de fato e de direito que autoriza a prática do ato, não se confundindo com a *causa*, que é relação de adequação, de proporcionalidade entre o motivo invocado e o ato praticado. Ambos (motivo e causa) são requisitos ou pressupostos de validade do ato administrativo. Há problema no motivo quando o fato ou o direito invocados são falsos ou inadequados, respectivamente. Há problema na causa quando o ato praticado é desproporcional aos motivos invocados, em função da finalidade do ato.

4.3.2.2.6. Formalização

É a específica maneira pela qual o ato deve ser externado, incluindo o dever de motivação.

Assim, além de todo ato administrativo dever ser exteriorizado (o que requer uma forma qualquer), cumpre que seja de dado modo (específica forma). Ex.: o contrato oriundo de uma concorrência pública deve ser *escrito*. Mas não é só, para que o ato atenda ao pressuposto de validade *formalização*, é necessário que ele seja *motivado*, ou seja, que contenha a exposição do motivo de fato, do motivo de direito e do vínculo entre eles e o ato praticado.

Excepcionalmente, alguns aspectos de formalização podem ser irrelevantes à validade do ato. Nesses casos, tornam o ato apenas irregular. Por exemplo, quando há omissão de elemento relativo à simples padronização, como é o caso de uma certidão de objeto e pé expedida em papel não timbrado.

No entanto, como regra, a falta de motivação gera a nulidade do ato.

Por fim, vale lembrar que, enquanto no Direito Privado vige o princípio da liberdade das formas, no Direito Público a solenidade é a regra, de modo que a forma é substancial.

4.4. Atributos do ato administrativo

4.4.1. *Noções gerais*

Em primeiro lugar nunca se deve confundir os *requisitos*, *pressupostos* ou *elementos* do ato com os *atributos* (qualidades, prerrogativas) deste, tema de que cuidaremos agora.

Os atributos dos *atos administrativos* não existem, como regra, nos *atos jurídicos em geral* (do Direito Privado). A ordem jurídica dispensa tratamento diferenciado aos atos administrativos, já que eles, sendo instrumentos de atuação da Administração Pública para realizar a proteção e a promoção do interesse público, devem ter prevalência sobre os outros, como condição de garantia desse interesse público almejado.

Assim, tais poderes não existem em benefício da Administração, mas se justificam como forma de prover o bem comum. Exprimem a supremacia do interesse público.

Vejamos tais *atributos* ou *notas peculiares* dos atos administrativos.

4.4.2. *Atributos em espécie*

4.4.2.1. *Presunção de legitimidade*

É a qualidade que reveste tais atos de se presumirem verdadeiros e conforme ao direito, até prova em contrário.

Perceba que o princípio traz duas presunções: a) de veracidade dos fatos; b) de legalidade do ato praticado.

Trata-se de presunção *juris tantum* (presunção relativa) de legitimidade e não de presunção *juris et de jure* (presunção absoluta). Um exemplo desse atributo é o ato que constata que o particular deixou de promover a limpeza de um terreno de sua propriedade e que determina sua feitura. Tal ato presume-se verdadeiro quanto à constatação da falta de limpeza e legal quanto à determinação dada. O particular fica com o ônus de provar o contrário.

A presunção de legitimidade decorre do princípio da legalidade, pois, como esse princípio informa toda a atuação administrativa, presume-se que a Administração tenha cumprido a lei, valendo lembrar que tal presunção admite prova em contrário.

A existência de tal presunção é interessante administrativamente falando, pois torna mais célere e eficiente a atividade administrativa. Isso porque a presunção de legitimidade dos atos administrativos autoriza a sua imediata execução, mesmo que tenham sido impugnados, salvo se se conseguir sua suspensão ou anulação administrativa ou judicial.

4.4.2.2. *Imperatividade*

É a qualidade pela qual os atos administrativos se impõem a terceiros, independentemente de sua concordância.

Esse atributo é também chamado de *poder extroverso*.

Essa qualidade do ato administrativo permite que a Administração mande no particular, independentemente de sua concordância.

Partindo do exemplo dado no item anterior, imperatividade significa que a Administração pode *determinar* que o particular faça a limpeza de seu terreno, sem que tenha de ter a concordância deste ou que tenha de buscar autorização do Poder Judiciário.

É importante deixar claro que nem todos os atos administrativos são dotados de imperatividade. Os atos enunciativos e negociais não têm esse atributo, já que esta qualidade é desnecessária à sua operatividade.

A lei é que vai dispor quais atos são dotados de imperatividade.

4.4.2.3. *Exigibilidade*

É a qualidade em virtude da qual a Administração pode compelir terceiros a cumprir o determinado, mediante coação indireta.

Aqui já se presume a constituição da obrigação (a imperatividade), com o *plus* de se poder impelir o terceiro à observância do dever, sem necessidade de se recorrer ao Poder Judiciário.

Continuando o exemplo dado nos itens anteriores, o atributo significa que, após o particular ter sido notificado para limpar seu terreno (imperatividade), pode a Administração, na inércia deste, aplicar uma *multa* (exigibilidade = coação indireta), a fim de compelir indiretamente o particular a cumprir o que fora determinado.

4.4.2.4. *Autoexecutoriedade*

É a qualidade pela qual o Poder Público pode compelir materialmente o administrado, sem busca da via judicial, ao cumprimento da obrigação que impôs e exigiu.

Veja-se que a autoexecutoriedade é ainda mais forte que a exigibilidade, uma vez que a primeira admite que a Administração use da coação direta (coação material), que significa fazer uso da força.

No Direito Francês é denominada *privilège d`action d`office*.

Partindo do exemplo que vínhamos dando, a autoexecutoriedade significa que, depois de notificar o particular para limpar o terreno (imperatividade) e aplicar a multa (exigibilidade), a Administração pode, por si própria, invadir o terreno do particular, fazer a limpeza e mandar a conta dos custos de seu ato (autoexecutoriedade).

Outros exemplos desse atributo são a requisição de bens e serviços particulares, no caso de iminente perigo público, dissolução de passeata com o uso da força, a fim de possibilitar a passagem de uma ambulância por uma via pública, a interdição de uma obra, a apreensão de mercadorias falsificadas, a apreensão do veículo por violação de certas normas de trânsito, entre outros.

Repare que aqui há sanção e também desconstituição do ato ilegal.

É bom deixar claro que a autoexecutoriedade não é atributo de todo ato administrativo. Trata-se de atributo excepcional, que existe nos seguintes casos:

a) quando a lei expressamente autorizar;

b) quando a medida for condição indispensável à eficaz garantia do interesse público;

c) quando a medida for urgente e não houver via judiciária de igual eficácia à disposição da Administração, ocasião em que se entende que a medida é permitida implicitamente pela lei.

Vale observar que Hely Lopes Meirelles chama de autoexecutoriedade a possibilidade de a Administração impor seus atos independentemente de pronunciamento do Poder Judiciário, chamando de **coercibilidade** a possibilidade de a Administração usar a força.

Parte da doutrina também denomina de executoriedade o que chamamos neste item de autoexecutoriedade.

Ademais, Hely Lopes Meirelles entende que a coercibilidade é a regra em matéria de atos da administração (e não exceção, como pensa a maior parte da doutrina), só não sendo possível ser utilizada quando a lei expressamente o proibir, como é o caso da cobrança de tributos e multas já impostos e não pagos, em que será necessário promover-se uma execução fiscal junto ao Poder Judiciário.

4.4.2.5. Tipicidade

Alguns doutrinadores, com destaque para Maria Sylvia Zanella Di Pietro, entendem que há, ainda, um quinto atributo do ato administrativo.

Trata-se do atributo da **tipicidade**, pela qual *o ato administrativo deve corresponder a figuras definidas previamente pela lei como aptas a produzir determinados resultados.*

Isso significa que os atos administrativos devem respeitar os tipos definidos na lei.

Para nós, todavia, o que se define por tipicidade nada mais é do que *pressuposto de validade* do ato administrativo e não *atributo* deste.

Com efeito, *atributos* são *prerrogativas* dos atos administrativos, e a tipicidade não nos parece uma prerrogativa do ato administrativo, mas o requisito de validade deste.

No entanto, em exames e concursos públicos, a tipicidade é tratada como atributo dos atos administrativos, de modo que fica a notícia de que, aparecendo o instituto, deve-se lembrar que a doutrina o trata como atributo do ato administrativo.

4.5. Formas de extinção dos atos administrativos

4.5.1. Cumprimentos de seus efeitos

Os atos administrativos *nascem*, *produzem seus efeitos* e se *extinguem* num determinado momento.

O ideal é que os atos administrativos se extingam pelas vias naturais. E a via natural de extinção do ato administrativo é o cumprimento de seus efeitos.

Uma vez que um ato administrativo cumpriu seu papel, produzindo os efeitos para os quais foi expedido, entende-se que o ato foi extinto.

Como exemplo, temos uma autorização da Prefeitura para que seja feita uma festa na praça da cidade, autorização esta que ficará extinta no momento em que a festa terminar, uma vez que seus efeitos foram cumpridos.

4.5.2. Desaparecimento do sujeito ou do objeto sobre o qual recai o ato

Todo ato administrativo recai ou sobre um *sujeito* ou sobre um *objeto*. Por exemplo, a nomeação de um servidor público recai sobre um sujeito, no caso sobre a pessoa nomeada. Já o tombamento de um imóvel recai sobre um objeto, no caso o bem tombado.

Perceba que a razão de existir do ato administrativo nos dois exemplos citados é justamente a presença de uma pessoa, no primeiro caso, e de um objeto, no segundo caso.

Caso a pessoa ou o objeto venha a desaparecer, o ato administrativo correspondente perderá sua razão de ser e, consequentemente, será extinto.

Assim, no primeiro exemplo, morrendo o servidor nomeado, o ato administrativo de nomeação restará extinto, ocorrendo automaticamente a vacância do cargo. Da mesma forma, vindo a desaparecer o bem tombado (por um incêndio de grandes proporções, por exemplo), o ato administrativo de tombamento também ficará extinto.

4.5.3. Contraposição

A contraposição pode ser **conceituada** como a *extinção de um ato administrativo pela prática de outro antagônico ao primeiro.*

Um exemplo é o ato de *exoneração* de um servidor público. Tal ato, uma vez praticado, faz com que a *nomeação* do mesmo servidor, feita no passado, fique automaticamente extinta, já que a primeira (exoneração) é totalmente antagônica à segunda (nomeação).

4.5.4. Cassação

A cassação pode ser **conceituada** como a *extinção de um ato que beneficia um particular por este não ter cumprido os deveres para dele continuar gozando.*

Portanto, o **motivo** da cassação de um ato administrativo é o fato de seu beneficiário ter descumprido obrigações que foram estipuladas como contrapartida para que o interessado conseguisse se beneficiar desse ato.

Por exemplo, a pessoa que tem a permissão de uso de um bem público e que não vem pagando o preço público correspondente poderá vir a ter cassado o ato de permissão.

Outro exemplo diz respeito à autorização de porte de arma de fogo. Um dos deveres de quem tem o porte é não ser pego em estado de embriaguez ou sob efeito de entorpecentes. Assim sendo, caso o detentor de porte de arma seja pego numa dessas duas situações, terá a autorização correspondente cassada, nos termos do art. 10, § 2º, do Estatuto do Desarmamento – Lei 10.826/2003.

A cassação não se confunde com a revogação. Enquanto a primeira tem por motivo o descumprimento de obrigações pelo beneficiário do ato, a segunda tem por motivo a ocorrência de um fato novo não relacionado ao beneficiário que torna inconveniente ao interesse público a manutenção do ato.

A cassação também não se confunde com a anulação, pois nessa a extinção do ato se dá pela ocorrência de uma ilegalidade por ocasião de sua formação, ao passo que a cassação consiste numa ilegalidade praticada pelo beneficiário ocorrida depois da prática do ato administrativo. Enfim, na cassação, o ato, embora legítimo na sua origem e formação, torna-se ilegal na sua execução.

4.5.5. Caducidade

A caducidade pode ser **conceituada** como a *extinção de um ato porque a lei não mais o permite.* Trata-se de extinção por invalidade superveniente.

Um exemplo é a permissão de serviço público dada a alguém para exercer o transporte coletivo urbano por meio de *vans* ou peruas. Imaginemos que, depois de conferida a permissão, advenha uma lei municipal criando nova modelagem no serviço de transporte coletivo para o fim de abolir o transporte por meio de *vans*, admitindo apenas o transporte por meio de ônibus e micro-ônibus. Nesse caso, todas as permissões conferidas aos chamados perueiros ficarão extintas, pela ocorrência do instituto da caducidade.

Outro exemplo interessante aconteceu no Município de São Paulo. A cidade sempre foi marcada por grave poluição visual, principalmente pelo excessivo número de *outdoors* e placas indicativas de estabelecimentos comerciais. Esses elementos visuais eram permitidos pela legislação, bastando o interessado requerer licenças na Prefeitura. Todavia, foi editada uma lei na cidade de São Paulo, a chamada Lei Cidade Limpa, que simplesmente proibiu a existência de *outdoors* na cidade e limitou bastante o tamanho das placas indicativas dos estabelecimentos comerciais. Com a entrada em vigor dessa lei, todas as licenças que os interessados possuíam restaram extintas, pela ocorrência do instituto da caducidade.

Outro exemplo interessante aconteceu com a edição do Estatuto do Desarmamento, que passou a praticamente proibir o porte de arma no Brasil por particulares. Com a entrada em vigor do Estatuto, todas as autorizações de porte de arma concedidas conforme a lei antiga caducaram no prazo de 90 dias (art. 29).

Enfim, a caducidade nada mais é do que a extinção de um ato administrativo pela ilegalidade superveniente, ou seja, pelo fato de uma lei editada posteriormente à prática do ato não mais permitir que esse tipo de ato exista.

4.5.6. Revogação

A revogação pode ser **conceituada** como a *extinção de um ato administrativo legal ou de seus efeitos por outro ato administrativo pela ocorrência de fato novo que torna o ato inconveniente ou inoportuno, respeitando-se os efeitos precedentes (ex nunc)*.

Em suma, a revogação é extinção do ato administrativo por motivo de conveniência ou oportunidade.

Um exemplo disso é a revogação de um certame licitatório para a construção de uma praça temática pela ocorrência de fato novo consistente na abrupta diminuição da arrecadação de um município, fazendo com que não seja mais conveniente ao interesse público fazer gastos com a construção de praças, considerando as dificuldades econômicas que o município passou a ter.

Outro exemplo é a revogação da permissão de uso de bem público concedida a uma pessoa jurídica, pelo fato de um Município passar a ter interesse em utilizar o imóvel, para fins de atender, por exemplo, à demanda crescente por creches na cidade.

Repare, nos dois casos, que as situações narradas não contemplam ilegalidade alguma a propiciar a anulação, nem descumprimento de deveres pelo beneficiário do ato, a propiciar cassação, nem lei posterior incompatível com o ato, a propiciar a caducidade.

As situações narradas revelam que, após a expedição de um ato administrativo totalmente de acordo com a lei, aconteceram fatos novos que fizeram com que o interesse público se direcionasse para o fim de extinguir o ato, dando-se a esta extinção o nome de revogação.

O **sujeito ativo da revogação** é a *Administração Pública*, por meio de autoridade administrativa competente para o ato, podendo ser seu superior hierárquico. O Poder Judiciário nunca poderá revogar um ato administrativo, já que se limita a apreciar aspectos de legalidade deste e nunca aspectos de conveniência ou oportunidade. O Judiciário só poderá anular atos administrativos por ele mesmo praticados, como na hipótese em que um provimento do próprio Tribunal é revogado por este.

Quanto ao **objeto da revogação,** tem-se que essa recai sobre *o ato administrativo ou relação jurídica dele decorrente*, salientando-se que o ato administrativo deve ser *válido*, pois, caso seja inválido, estaremos diante de hipótese que enseja anulação. É importante ressaltar que não é possível *revogar* um ato administrativo já extinto, dada a falta de utilidade em tal proceder, diferente do que se dá com a *anulação* de um ato extinto, que, por envolver a retroação de seus efeitos (a invalidação tem efeitos *ex tunc*), é útil e, portanto, possível.

O **fundamento da revogação** é a *mesma regra de competência que habilitou o administrador à prática do ato que está sendo revogado*, devendo-se lembrar que só cabe falar-se em revogação nas hipóteses de ato discricionário.

Já o **motivo da revogação** é a *inconveniência ou inoportunidade* da manutenção do ato ou da relação jurídica gerada por ele. Isto é, o administrador público faz apreciação ulterior e conclui pela necessidade da revogação do ato para atender ao interesse público.

Quanto aos **efeitos da revogação**, essa suprime o ato ou seus efeitos, mas respeita aqueles que já transcorreram. Ou seja, opera-se da data da revogação em diante, não negando os efeitos operados ao tempo de sua vigência. Trata-se de eficácia *ex nunc*, portanto.

Quanto aos **limites ao poder de revogar**, a doutrina aponta que são atos irrevogáveis os seguintes: a) os que a lei assim declarar; b) os atos já exauridos, ou seja, que cumpriram seus efeitos; c) os atos vinculados, já que não se fala em conveniência ou oportunidade, dado que o agente só tem uma opção; d) os meros ou puros atos administrativos (exs.: certidão, voto dentro de uma comissão de servidores); e) os atos de controle; f) os atos complexos (praticados por mais de um órgão em conjunto); g) os atos que geram direitos adquiridos.

Hely Lopes Meirelles lembra que a jurisprudência vem reconhecendo como irrevogáveis os atos que geram *direitos subjetivos* para o destinatário, noção que, a nosso ver, deve estar compreendida na ideia de *direito adquirido*.

Quanto aos *atos gerais* ou *regulamentares*, estes são, por sua natureza, revogáveis em qualquer tempo e em quaisquer circunstâncias, respeitando-se os efeitos produzidos.

Tema relevante é o atinente à relação entre **revogação** e **indenização.** Por respeitar os efeitos precedentes (a revogação não retroage – *ex nunc*) e por não poder atingir direitos adquiridos, a *revogação legítima* não gera direito à indenização, salvo se envolver uma relação contratual.

Nada obstante, caso o Poder Público tenha a intenção de atingir efeitos passados (*ex tunc*), só lhe resta desapropriar o direito, indenizando por completo o particular, como no caso em que, após expedida uma licença para construir, decida a Administração alterar o traçado de via pública, o que impede a obra na forma aprovada.

No que concerne à **revogação da revogação** (ou revogação de um ato revocatório), no Direito Administrativo, diferente do que ocorre com as leis, entendemos, assim como Celso Antônio Bandeira de Mello, que é admitido o efeito repristinatório. Ou seja, revogado o ATO X pelo ATO Y e, em seguida, o ATO Y pelo ATO Z, fica restaurado o ATO X. Assim, a revogação de um ato revocatório de outro tem natureza *constitutiva* do primeiro. Porém, essa tese não é admitida por inúmeros doutrinadores, como José dos Santos Carvalho Filho e o saudoso Diógenes Gasparini, de acordo com os quais, também no Direito Administrativo, só é possível a repristinação por expressa disposição normativa.

4.5.7. Anulação (invalidação)

A anulação pode ser **conceituada** como a *extinção do ato administrativo ou de seus efeitos por outro ato administrativo ou por decisão judicial, por motivo de ilegalidade, com efeito retroativo (ex tunc).*

Em suma, a anulação é extinção do ato administrativo por motivo de ilegalidade.

Um exemplo é a anulação de uma permissão de uso de bem público para a instalação de uma banca de jornais por ter sido conferida sem licitação.

O **sujeito ativo da invalidação** pode ser tanto o *administrador público* como o *juiz*. A Administração Pública poderá invalidar de ofício ou a requerimento. Já o Poder Judiciário só poderá invalidar um ato por provocação ou no bojo da uma lide.

A possibilidade de o Poder Judiciário anular atos administrativos decorre do fato de estarmos num Estado de Direito (art. 1º, CF), em que a lei deve ser obedecida por todos. Decorre também do princípio da inafastabilidade da jurisdição ("a lei não poderá excluir da apreciação do Poder Judiciário lesão ou ameaça a direito" – artigo 5º, XXXV, da CF) e da previsão constitucional do mandado de segurança, do *habeas data* e da ação popular, que só fazem sentido se se permitir que o Judiciário possa anular atos administrativos.

O **objeto da invalidação** é o ato administrativo inválido ou os efeitos de tal ato (relação jurídica). Por exemplo, quando se anula uma licitação, há de se anular a licitação em si e a relação jurídica dela decorrente, no caso o contrato administrativo.

O **fundamento** da anulação é o dever de obediência ao princípio da legalidade. Não se pode conviver com a ilegalidade. Portanto, o ato nulo deve ser invalidado.

O **motivo da invalidação** é a *ilegalidade* do ato e da eventual relação jurídica por ele gerada. Hely Lopes Meirelles diz que o motivo da anulação é a *ilegalidade* ou a *ilegitimidade* do ato, diferente da revogação, que tem por motivo a *inconveniência ou inoportunidade*. Fala-se em *ilegalidade* ou *ilegitimidade* do ato para ressaltar que a anulação deve ser feita não só quando haja violação frontal ao que dispõe o texto legal (ilegalidade), mas também quando haja abuso, por excesso ou desvio de poder, ou mesmo quando se viole princípios do Direito (ilegitimidade).

Quanto ao **prazo para que se efetive a invalidação**, Hely Lopes Meirelles diz que, em que pese a inclinação da doutrina para a ideia de que não há prazo para anulação do ato administrativo, a jurisprudência vem atenuando tal afirmativa para dizer que se deve manter atos ilegítimos praticados e operantes há longo tempo e que já produziram efeitos perante terceiros de boa-fé, de modo a fazer valer o princípio da segurança jurídica.

Na esfera federal, a Lei 9.784/1999 dispõe em seu art. 54: "o direito da Administração de anular os atos administrativos de que decorram efeitos favoráveis para os destinatários decai em cinco anos, contados da data em que foram praticados, salvo comprovada má-fé ".

Nesse sentido, temos duas situações:

a) prazo para anular ato que beneficia alguém de boa-fé: 5 anos;

b) prazo para anular ato que beneficia alguém de má-fé: não há prazo, porém, em virtude do princípio da segurança jurídica há que entenda que se deva aplicar ao caso o maior prazo previsto no Código Civil, que é de 15 anos (art. 1.238 – usucapião extraordinária). Vale lembrar, ainda, que a boa-fé é presumida, de modo que compete à Administração Pública que pretender anular o ato ou outro autor de ação para o mesmo fim (por exemplo, o autor popular e o Ministério Público) o ônus da prova da má-fé.

Quanto ao termo *a quo* do prazo de 5 anos previsto para o primeiro caso, temos as seguintes situações:

a) regra: o prazo de 5 anos começa a correr da data em que o ato foi praticado;

b) no caso de atos com efeitos patrimoniais contínuos: o prazo de 5 anos começa a correr da percepção do primeiro pagamento.

O art. 54, § 2º, da Lei 9.784/1999 traz regra interessante, que tem o seguinte teor: "considera-se exercício do direito de anular qualquer medida de autoridade administrativa que importe impugnação à validade do ato".

Essa regra faz com que a decadência não se opere se, no curso dos cinco anos de prazo, a autoridade administrativa tome medida que importe impugnação à validade do ato.

É importante ressaltar que o prazo em questão é um prazo *decadencial* e não *prescricional*. Dessa forma, não incidem as regras de suspensão e interrupção da prescrição previstas no Código Civil.

Outro ponto importante é que a regra ora estudada está prevista na Lei de Processo Administrativo Federal, o que não impede que Municípios e Estados-membros estabeleçam regras sobre o prazo decadencial para anular atos administrativos, como é o caso do Estado de São Paulo, que, em sua Lei de Processo Administrativo, estabelece que o prazo decadencial para anular atos ilegais é de 10 (dez) anos, contados de sua produção (art. 10, I, da Lei Estadual 10.177/1998). Dessa forma, deve-se verificar, no âmbito de cada ente federativo, se existe lei estabelecendo prazo diferenciado para a anulação de atos administrativos ilegais. Caso não haja ato normativo local nesse sentido, aplicar-se-ão, por analogia, as regras previstas na Lei 9.784/1999.

Considerando o posicionamento do STF no MS 31736/DF (j. 10.09.2013), há de se tomar cuidado quanto ao início do prazo decadencial no caso de aposentadoria. Considerando que esta é considerado um ato complexo, que só se torna perfeito e acabado quando, após a aposentadoria ser deferida pela Administração, é confirmada pelo Tribunal de Contas respectivo, o prazo decadencial para anular uma ilegalidade numa aposentadoria concedida não se inicia do deferimento desta pela Administração, mas sim da data em que o Tribunal de Contas tiver aprovado ou não o ato. No caso julgado pelo STF a aposentadoria foi deferida pela Administração em 1992 e, apenas em 2012 o Tribunal de Contas analisou e decidiu por ilegalidades em seu cálculo. Porém, a aposentada, que já estava nessa qualidade desde 1992, não conseguiu anular a decisão do

Tribunal de Contas, sob o argumento do transcurso do prazo de 5 anos para a anulação de atos que beneficiam terceiros de boa-fé. Isso porque, segundo o STF, esse prazo não chegou correr, já que o ato de aposentadoria só se aperfeiçoou em 2012 (e não em 1992), sendo que os 5 anos para anular alguma ilegalidade no ato como um todo só tem início em 2012. Por outro lado, o plenário do STF também assentou que, nesse tipo de caso, havendo boa-fé do servidor público que recebe valores indevidos a título de aposentadoria, só a partir da data em que for ela julgada ilegítima pelo órgão competente (no exemplo dado acima, em 2012) deverá ser devolvida a quantia recebida a maior após essa data (MS 26085, DJ 09.06.2011). Não se deve, todavia, confundir o reconhecimento de nulidades pelos Tribunais de Contas quanto a aposentadorias (que é um ato completo, ou seja, que só se forma quando o Tribunal de Contas a aprova), como o mesmo reconhecimento quando se tratar de outros tipos de atos não complexos, como uma promoção. Nesse último caso, após deferida a promoção, o Tribunal de Contas têm 5 anos para exercer o controle de legalidade dos atos administrativos (no caso, declarar a sua ilegalidade e determinar a sua anulação a tempo), contados da data em que a Administração deferiu a promoção (vide, a respeito: STF, MS 26404/DF, j. 29.10.2009).

De rigor lembrar que a anulação de atos que geram uma relação jurídica constituída a pessoas não pode se dar simplesmente porque se verificou uma ilegalidade e se está dentro do prazo de 5 anos para que se dê. É necessário que se verifique se não é o caso de convalidação, bem como que se instaure o adequado procedimento e que se respeite às garantias constitucionais do **devido processo legal, da ampla defesa e do contraditório** (STF, AI 587487 AgR/RJ).

Por fim, ainda em relação decadência quinquenal para anular atos prevista na Lei 9.784/1999, o STJ entende que os atos administrativos praticados anteriormente ao advento da Lei 9.784/1999 estão sujeitos ao prazo decadencial de 5 anos, porém, contado da entrada em vigor da lei que estabeleceu esse prazo (9.784/1999), qual seja, 01.02.1999, e não da prática do ato (REsp 1.270.474-RN, j. 18.10.2012).

No que concerne aos **efeitos da invalidação,** como o ato nulo já nasce com a sanção de nulidade, a declaração se dá retroativamente, ou seja, com efeito *ex tunc*. Invalidam-se as consequências passadas, presentes e futuras do ato, já que, do ato ilegal, não nascem direitos. A anulação importa no desfazimento do vínculo e no retorno das partes ao estado anterior. Tal regra é atenuada em face dos terceiros de boa-fé. Assim, a anulação da nomeação de um agente público, por exemplo, surte efeitos em relação a este (que é parte da relação jurídica anulada), mas não em relação aos terceiros destinatários dos atos por este praticado, desde que tal ato respeite a lei quanto aos demais aspectos.

Tema relevante é o atinente aos **tipos de invalidade** ou **tipos de vícios dos atos administrativos** e os respectivos **meios de correção.**

A doutrina majoritária (corrente quaternária) entende que podem ocorrer os seguintes **vícios** nos atos administrativos:

a) atos administrativos **inexistentes**, que, de tão absurdos que são, sequer precisam ter declarada sua inexistência;

b) atos administrativos **nulos**, que devem ser anulados no prazo decadencial;

c) atos administrativos **anuláveis**, que podem ser convalidados, permanecendo na ordem jurídica;

d) atos administrativos **irregulares**, que são aqueles que contêm vício formal de pouca relevância, devendo permanecer na ordem jurídica.

Hely Lopes Meirelles defendia a ideia de que não havia, no Direito Administrativo, atos anuláveis, pois a anulabilidade é instituto do direito privado, em que se pode dispor de certos interesses. Para esse respeitado doutrinador, o ato administrativo ou era nulo ou era válido e só.

Confira, agora com mais detalhes, a definição dos tipos de vícios dos atos administrativos:

a) atos inexistentes: *são os que assistem ao campo do absurdo jurídico, do totalmente intolerável*; tais atos não produzem efeito algum. Exs.: instrução de um agente policial a outro para torturar um bandido; prática de usurpação de função, ou seja, conduta de alguém que se faz passar por agente público, praticando ato da alçada deste;

b) atos irregulares: *são aqueles que padecem de vícios formais irrelevantes, reconhecíveis de plano, em que há descumprimento de norma que tem por único objetivo impor padronização interna dos atos*; tais atos não devem ser invalidados. Ex.: certidão feita pela autoridade competente, mas em papel não timbrado;

c) atos nulos (nulidade absoluta): *são os que a lei assim declare ou aqueles sobre os quais a convalidação seja racionalmente impossível, pois, se o conteúdo fosse repetido, seria repetida a ilegalidade;* a nulidade absoluta é grave, devendo o ato ser anulado, salvo se já tiver operado o prazo decadencial para tanto. Exs.: nomeação para cargo efetivo feita sem concurso público; contrato feito sem licitação, quando não incidia nenhuma hipótese de dispensa ou inexigibilidade desta;

d) atos anuláveis (nulidade relativa): *são os que podem ser repetidos sem o vício originário*; a nulidade relativa é vício de menor gravidade, sendo possível a convalidação do ato. Ex.: ato expedido por autoridade com incompetência territorial; ato praticado com particular relativamente incapaz; ato praticado mediante erro ou dolo.

Vistos os vícios concernentes à questão da validade, passemos ao estudo dos **meios integradores da invalidade**.

A convalidação (ou saneamento) *é a supressão da invalidade de um ato pela expedição de outro, com efeitos retroativos*. Incide sobre os atos *anuláveis*, tornando-os válidos com efeito retroativo.

A convalidação só poderá ser feita se o ato puder ser repetido sem o vício que o inquinava ou se, apesar de se estar diante de ato com vício insanável, haja excepcional e patente interesse público na sua preservação. No primeiro caso, geralmente incide sobre vícios de sujeito (competência) e de forma (descumprimento de forma que não seja substancial), os quais, sanados, importam em convalidação do ato anterior, cuja maior vantagem é ter efeito retroativo, efeito que não existiria com a simples expedição de um novo ato, sem aproveitamento do anterior viciado.

Vejamos, agora, os **requisitos** que a doutrina aponta como essenciais para que seja possível a convalidação: a) possibilidade de o ato ser expedido novamente, sem o vício originário; b) prejuízo maior se não se mantiver o ato viciado; c) inexistência de prejuízo ao erário e a terceiro; d) boa-fé; e) inexistência de impugnação prévia do ato.

O artigo 55 da Lei 9.784/1999 admite expressamente a convalidação, devendo a Administração, sempre que possível, optar por ela. Todavia, há uma hipótese em que a Administração poderá optar entre convalidar e não convalidar um ato anulável. Trata-se do caso em que se têm *atos discricionários praticados por autoridade incompetente*. Nesse caso, a autoridade que for a competente não fica obrigada a convalidar o ato viciado, dada a margem de liberdade que detém para praticá-lo.

A convalidação será chamada de *ratificação* nas hipóteses em que há vício de incompetência, não podendo incidir nos casos em que essa for outorgada com exclusividade ou em razão de matéria.[3]

Quanto ao vício de *forma*, a convalidação só será possível se essa não for essencial à validade do ato. Há de se lembrar que a forma abrange a forma propriamente dita (escritura pública, escritura particular, ato verbal etc.) e a motivação. Quanto à motivação, a sua ausência, caso se esteja diante de *ato vinculado* e em situação cuja motivação seja óbvia e passível de demonstração futura, verificando-se que houve respeito aos demais requisitos de validade do ato, este poderá ser mantido se demonstrada a ausência de prejuízo. Já quanto aos *atos discricionários*, a falta de motivação gera sua invalidação, sob pena de se permitir a invenção de motivos em momento posterior. Todavia, há entendimentos doutrinários e jurisprudenciais no sentido de que, excepcionalmente, é possível que um ato discricionário sem motivação pode ser convalidado, desde que a administração promova motivação posterior que demonstre de modo inquestionável o seguinte: a) que o motivo extemporaneamente alegado preexistia; b) que esse motivo era idôneo para justificar o ato; c) que o motivo foi a razão determinante da prática do ato (STJ, AgRg no RMS 40.427-DF).

Quanto ao *motivo* e à *finalidade*, fica difícil falar-se em convalidação. O mesmo se pode dizer quanto ao *objeto*. Neste caso, poderá caber a *conversão*, que é instituto jurídico que não se confunde com a *convalidação*.

Vejamos, agora, um *exemplo* de convalidação. Imagine a nomeação de um servidor feita por um Ministro de Estado, quando a competência era da alçada do Presidente da República, seguindo-se a delegação por parte deste para a referida nomeação. O ato originário contém vício (falta de competência), que pode ser sanado, pela convalidação, mediante *ratificação* do Presidente da República ou, após a delegação da competência, *confirmação* pelo Ministro de Estado.

A **conversão (ou sanatória)** *consiste no aproveitamento de um ato inválido, tornando-o ato de outra categoria, com efeito retroativo à data do ato original.*

A conversão incide sobre atos nulos, aproveitando-os em outra categoria de atos. A palavra-chave aqui é "aproveitar".

Diferentemente da convalidação, que mantém o ato na categoria de atos em que ele é praticado, na conversão aproveita-se o ato nulo para uma outra situação, para uma outra categoria de atos.

Um exemplo é a *permissão* de uso de bem público concedida sem licitação (permissão nula!), que acaba sendo convertida numa *autorização* de uso de bem público (outra categoria de ato!), que não requer licitação.

Outro exemplo é a nomeação de um agente público para um cargo de provimento *efetivo*, sem realização de concurso público, que acaba sendo convertida em nomeação para cargo em *comissão*, que não requer prévia aprovação em concurso público.

O instituto da conversão está previsto no Código Civil. Confira: "art. 170. Se, porém, o negócio nulo contiver os requisitos de outro, subsistirá este quando o fim a que visavam as partes permitir supor que o teriam querido, se houvesse previsto a nulidade".

Por fim, vale ressaltar que a conversão, assim como a convalidação, tem efeito retroativo, ou seja, ficam mantidos todos os atos praticados no período antecedente ao saneamento, salvo, naturalmente, se houver má-fé.

Não sendo possível a conversão ou a convalidação do ato, mas remanescendo clara a necessidade de mitigar consequências graves para o interesse público decorrentes da anulação do ato, a doutrina também discute a possibilidade de efetivar a **modulação dos efeitos anulatórios**, providência que, em matéria de controle de constitucionalidade, é bastante comum quando se declara a inconstitucionalidade de um ato normativo. Um exemplo é o caso de se anular o alvará de construção de um conjunto de quatro prédios construídos como habitação popular, quando as duas primeiras torres já tiverem sido erguidas. Pode ser que a melhor medida seja manter a integridade das duas primeiras torres já construídas, fazendo-se uma compensação em relação às demais torres a serem construídas, desde que o vício que gerou à anulação tenha relação com a medida mitigadora das novas torres, não sendo possível que tal modulação se dê, por exemplo, caso todas as torres (as já construídas e as por construir) estejam situada em área de manancial, hipótese em que somente a demolição de tudo deve ser admitida.

4.6. Classificação dos atos administrativos

4.6.1. *Quanto à liberdade de atuação do agente*

Ato vinculado *é aquele em que a lei tipifica objetiva e claramente a situação em que o agente deve agir e o único comportamento que poderá tomar*. Tanto a situação em que o agente deve agir como o comportamento que vai tomar são únicos e estão clara e objetivamente definidos na lei, de forma a inexistir qualquer margem de liberdade ou apreciação subjetiva por parte do agente público. Ex.: licença para construir, concessão de aposentadoria.

Ato discricionário *é aquele em que a lei confere margem de liberdade para avaliação da situação em que o agente deve agir ou para escolha do melhor comportamento a ser tomado.*

Seja na situação em que o agente deve agir, seja no comportamento que vai tomar, o agente público terá uma margem de liberdade na escolha do que mais atende ao interesse público. Neste ponto fala-se em *mérito administrativo*, ou seja, na valoração dos motivos e escolha do comportamento a ser tomado pelo agente.

Vale dizer, o agente público fará apreciação subjetiva, agindo segundo o que entender ser mais conveniente e oportuno ao interesse público.

Reconhece-se a discricionariedade nos seguintes casos, dentre outros:

3. Outra expressão pertinente, mas que não se confunde com a convalidação e a *ratificação*, é a *confirmação*, que consiste na renúncia ao poder de anular o ato ilegal, o que é diferente de sanar o vício do ato, corrigindo-o (convalidação).

a) quando a regra que traz a competência do agente traz *conceitos fluidos*, como *bem comum*, *moralidade*, *ordem pública* etc.;

b) quando a lei *não traz um motivo* que enseja a prática do ato, como, por exemplo, a que permite nomeação para cargo em comissão, de livre provimento e exoneração;

c) quando *há mais de uma opção* para o agente quanto ao momento de atuar, à forma do ato (ex.: verbal, gestual ou escrita), à sua finalidade ou ao conteúdo (ex.: possibilita-se que o agente público, diante de uma infração administrativa, escolha se deve fazer uma advertência, aplicar uma multa ou fazer uma apreensão).

A discricionariedade sofre alguns *temperamentos*, de modo a fazer com que a margem de liberdade seja a mais estreita possível e a preservar o princípio da legalidade. Confira:

a) todo ato discricionário é *parcialmente regrado ou vinculado*; a competência, por exemplo, é sempre vinculada; aliás, Hely Lopes Meirelles entende que a competência, a forma e a finalidade são sempre vinculadas, conforme vimos;

b) só há discricionariedade *nas situações marginais*, nas zonas cinzentas; assim, situações que envolvem certa subjetividade, mas encontram na sociedade quase que um consenso, não ensejam margem de liberdade para o agente público; por exemplo, caso o agente público encontre duas pessoas fazendo sexo no meio da rua, ainda que um ou outro possa achar que isso não é imoral, o fato é que é indubitável no pensamento médio que a conduta é imoral, fazendo com que o agente, em que pese estar diante de um conceito fluido ("moralidade pública"), deva agir reconhecendo a existência de uma situação de imoralidade; em suma, o temperamento em tela lembra a todos que a situação concreta (o colorido do caso concreto) diminui a margem de liberdade conferida ao agente público.

c) não há discricionariedade volitiva para a Administração na chamada "discricionariedade técnica"; esta se dá quando a solução de alguma controvérsia administrativa exija o conhecimento técnico especializado, como de um engenheiro ou de um médico; por exemplo, havendo dúvida sobre se algum imóvel está ou não em perigo de desabamento, na hipótese de um engenheiro chamado pela Administração para fazer a análise em questão concluir pelo risco de desabamento, não caberá à Administração invocar a discricionariedade para dizer que pensa diferente e que não vai determinar a interdição ou a demolição do bem, pois no caso tem-se discricionariedade técnica, em que a Administração fica vinculada à manifestação conclusiva do profissional que tiver exarado seu entendimento técnico sobre a questão.

Questão muito importante quanto aos atos discricionários é saber se o Judiciário poderá apreciá-los.

A resposta a essa pergunta é positiva, ou seja, o Judiciário pode sim apreciar atos discricionários. Porém, só poderá fazê-lo quanto aos seguintes aspectos:

a) legalidade: todo ato discricionário é parcialmente *regrado* ou *vinculado* e, especificamente quanto a esse ponto, o Poder Judiciário poderá apreciar o ato discricionário; imagine uma competência que diga que "o Governador, em caso de falta grave, poderá suspender ou demitir o servidor público, mediante contraditório e ampla defesa"; trata-se de um ato discricionário, pois a expressão "falta grave" é bastante fluida, sem contar o fato de que o governador tem duas opções, "demitir" ou "suspender" o agente; porém, mesmo se tratando de um ato discricionário, há elementos vinculados nesse ato; um deles é a competência, pois só o Governador pode praticar o ato; outro é fato de que o governador só tem duas opções, de modo que, se tomar uma terceira medida (por exemplo, "demissão a bem do serviço público"), estará saindo dos limites do ato discricionário; além disso, o Governador é obrigado a garantir o contraditório e a ampla defesa; pois bem, se qualquer desses pontos vinculados do ato discricionário for desrespeitado, poderá o Judiciário, fazendo o controle de legalidade, anular o referido ato;

b) moralidade: todo ato discricionário está sujeito a cumprir o princípio da moralidade, que está previsto no art. 37, *caput*, da CF; assim, caso um ato discricionário fira a moralidade (por exemplo, a desapropriação do imóvel de um inimigo político de um Prefeito), poderá ser anulado pelo Poder Judiciário;

c) razoabilidade: todo ato discricionário está sujeito a cumprir o princípio da razoabilidade, que está previsto no art. 2º, *caput*, da Lei 9.784/1999; assim, caso um ato discricionário fira a razoabilidade ou a proporcionalidade (por exemplo, desapropria-se área bem maior do que a necessária para a implantação de um projeto da Administração), poderá ser anulado pelo Poder Judiciário. Em matéria de controle de políticas públicas frequentemente o Judiciário analisa a razoabilidade na eleição de prioridades feita pela Administração, determinando, muitas vezes, a implementação de políticas públicas determinadas pela Constituição e que eventualmente tiverem sido relegadas a segundo plano sem justificativa razoável. Nesses casos, costuma-se exarar sentença determinando que a Administração Pública adote providências administrativas e respectiva previsão orçamentária para implantação ou ampliação da política pública faltosa.

Em suma, o Judiciário pode sim apreciar um ato discricionário, mas apenas quanto aos aspectos de legalidade, razoabilidade e moralidade, não sendo possível a revisão dos critérios adotados pelo administrador (o *mérito administrativo*), se tirados de dentro da margem de liberdade a ele conferida pelo sistema normativo.

4.6.2. *Quanto às prerrogativas da administração*

Atos de império são os *praticados no gozo de prerrogativas de autoridade*. Ex.: interdição de um estabelecimento.

Atos de gestão são os *praticados sem uso de prerrogativas públicas, em igualdade com o particular, na administração de bens e serviços*. Ex.: contrato de compra e venda ou de locação de um bem imóvel.

Atos de expediente *são os destinados a dar andamento aos processos e papéis que tramitam pelas repartições, preparando-os para decisão de mérito a ser proferida pela autoridade*. Ex.: remessa dos autos a uma autoridade, para que esta tome uma decisão, conduta que tem o nome de "levar os autos à conclusão".

A distinção entre ato de gestão e de império está em desuso, pois era feita para excluir a responsabilidade do Estado pela prática de atos de império, de soberania. Melhor é distingui-los em atos regidos pelo *direito público* e pelo *direito privado*.

4.6.3. *Quanto aos destinatários*

Atos individuais *são os dirigidos a destinatários certos, criando-lhes situação jurídica particular*. Ex.: decreto de desapropriação, nomeação de agente público, exoneração de agente público, licença para construir, autorização de uso de bem público, tombamento, dentre outros.

Atos gerais *são os dirigidos a todas as pessoas que se encontram na mesma situação, tendo finalidade normativa.*

São diferenças entre um e outro as seguintes:

a) os atos individuais podem ser impugnados individualmente, ao passo que os normativos só por ADI ou após uma providência concreta;

b) os atos normativos prevalecem sobre os atos individuais;

c) a revogação de atos individuais deve respeitar eventual direito adquirido de seu beneficiário, ao passo que os atos normativos podem ser livremente revogados.

4.6.4. *Quanto à formação da vontade*

Atos simples *decorrem de um órgão, seja ele singular ou colegiado.* Ex.: nomeação feita pelo Prefeito; deliberação de um conselho ou de uma comissão.

Atos complexos *decorrem de dois ou mais órgãos, em que as vontades se fundem para formar um único ato.* Ex.: decreto do Presidente, com referendo de Ministros.

Atos compostos *decorrem de dois ou mais órgãos, em que a vontade de um é instrumental em relação à vontade de outro, que edita o ato principal.* Aqui existem dois atos pelo menos: um principal e um acessório. Um exemplo é a nomeação do Procurador-Geral da República, que depende de prévia aprovação pelo Senado. Outro exemplo são os atos que dependem de aprovação ou homologação. Não se deve confundir atos compostos com atos de um procedimento, vez que, enquanto os segundos são o encadeamento de atos tendentes ao ato principal, os primeiros resultam de dois ou mais órgãos e não têm por elemento marcante a sucessão de atos preparatórios de um ato final, diferentemente do procedimento.

4.6.5. *Quanto aos efeitos*

Ato constitutivo *é aquele em que a Administração cria, modifica ou extingue direito ou situação jurídica do administrado.* Exs.: permissões de serviço público e de uso de bem público, penalidades, revogação de atos, autorizações, dentre outros.

Ato declaratório *é aquele em que a Administração reconhece um direito que já existia.* Exs.: admissão, licença, homologação, isenção, anulação.

Ato enunciativo *é aquele em que a Administração apenas atesta dada situação de fato ou de direito.* Não produz efeitos jurídicos diretos. São juízos de conhecimento ou de opinião. Exs.: certidões, atestados, informações e pareceres.

4.6.6. *Quanto à situação de terceiros*

Atos internos são *aqueles que produzem efeitos apenas no interior da Administração.* Exs.: pareceres, informações.

Atos externos *são aqueles que produzem efeitos sobre terceiros.* Nesse caso, dependerão de publicidade para terem eficácia. Exs.: admissão, licença.

4.6.7. *Quanto à estrutura*

Atos concretos *são aqueles que dispõem sobre uma única situação, sobre um caso concreto.* Ex.: exoneração de um agente público.

Atos abstratos *são aqueles que dispõem sobre reiteradas e infinitas situações.* Ex.: regulamento.

4.6.8. *Outra classificação*

Atos normativos *são aqueles que contêm comando geral da Administração Pública, com o objetivo de executar a lei.* Exs.: regulamentos (da alçada do Chefe do Executivo), instruções normativas (da alçada dos Ministros de Estado), regimentos, resoluções etc.

Atos ordinatórios *são aqueles que disciplinam o funcionamento da Administração e a conduta funcional de seus agentes.* Exs.: instruções (são escritas e gerais, destinadas a determinado *serviço público*), circulares (escritas e de caráter uniforme, direcionadas a determinados *servidores*), avisos, portarias (expedidas por chefes de órgãos – trazem determinações gerais ou especiais aos subordinados, designam alguns servidores, instauram sindicâncias e processos administrativos etc.), ordens de serviço (determinações especiais ao *responsável* pelo ato), ofícios (destinados às *comunicações* escritas entre autoridades) e despacho (contém *decisões* administrativas).

Atos negociais *são declarações de vontade coincidentes com pretensão do particular.* Exs.: licença, autorização e protocolo administrativo.

Atos enunciativos *são aqueles que apenas atestam, enunciam situações existentes.* Não há prescrição de conduta (determinações) por parte da Administração. Exs.: certidões, atestados, apostilas e pareceres.

Atos punitivos *são as sanções aplicadas pela Administração aos servidores públicos e aos particulares.* Exs.: advertência, suspensão e demissão; multa de trânsito.

4.7. Atos administrativos em espécie

4.7.1. *Quanto ao conteúdo*

Autorização *é o ato administrativo unilateral, discricionário e precário pelo qual a Administração faculta ao particular, em proveito deste, o uso privativo de bem público ou o desempenho de uma atividade, os quais, sem esse consentimento, seriam legalmente proibidos.* Exs.: autorização de uso de praça para realização de festa beneficente ou evento cultural; autorização para compra e registro ou para porte de arma. A autorização se baseia no poder de polícia, fazendo-se juízo de conveniência e oportunidade acerca da sua concessão ou não. Trata-se de ato *constitutivo*.

Licença *é o ato administrativo unilateral e vinculado pelo qual a Administração faculta àquele que preencha requisitos legais o exercício de uma atividade.* Exs.: licença para construir; licença para dirigir veículos automotores. A licença também se baseia no poder de polícia, havendo juízo de legalidade somente. Trata-se de ato *declaratório*, daí porque, enquanto na autorização se fala em interesses, na licença se fala em direitos subjetivos, pois cumpridos os requisitos para a licença o interessado tem direito de exigi-la, diferentemente do que acontece quanto à autorização.

Admissão é o *ato unilateral e vinculado pelo qual a Administração reconhece ao particular que preencha requisitos legais o direito à prestação de um serviço público.* Exs.: admissão de aluno em escola ou universidade pública; admissão de paciente em hospital; admissão de pessoa carente em programa de assistência social.

Permissão *é o ato administrativo unilateral, discricionário e precário, pelo qual a Administração faculta ao particular a execução de serviço público ou a utilização privativa de bem público, mediante licitação.* Exs.: permissão para taxista ou perueiro efetuar transporte remunerado de passageiros; permissão para que uma banca de jornal se instale numa calçada ou praça públicas. Vale lembrar que, por ser precária, pode ser revogada a qualquer momento sem que o particular tenha direito à indenização. Ademais, diferentemente da autorização, a permissão depende de licitação.

Concessão *é o ato bilateral (contrato) e não precário pelo qual a Administração faculta a uma pessoa jurídica a execução de serviço público ou a utilização privativa de bem público, mediante licitação na modalidade concorrência*. Exs.: concessão dada a uma empresa de ônibus para que efetue transporte remunerado de passageiros; concessão dada a um restaurante para que utilize espaço público num aeroporto. Por não ser precária, o particular tem direito de ver mantida a concessão. Todavia, caso haja interesse público na sua revogação, este prevalece sobre o do particular, o qual terá direito à indenização pela revogação da concessão, diferentemente do que ocorre na autorização e na permissão, que são atos precários, ou seja, passíveis de revogação sem direito à indenização em favor do interessado. Confira algumas diferenças entre a concessão e a permissão: a) a primeira só pode ser concedida a pessoa jurídica, ao passo que a segunda, a pessoa física ou jurídica; b) a primeira é contratual, ao passo que a segunda é precária, podendo ser revogada sem direito à indenização em favor do permissionário; c) a primeira deve ser concedida após licitação na modalidade concorrência, ao passo que a segunda pode ser concedida por meio de outras modalidades licitatórias; d) a primeira é formalizada mediante *contrato de concessão*, ao passo que a segunda, mediante *contrato de adesão*.

Credenciamento *é o ato ou contrato formal pelo qual a administração pública confere a um particular (pessoa física ou jurídica), normalmente sem prévia licitação, a prerrogativa de exercer certas atividades materiais ou técnicas, em caráter instrumental ou de colaboração com o Poder Público, a título oneroso, remuneradas, na maioria das vezes, diretamente pelos interessados*. Um exemplo de credenciamento é o ato que ocorre com as empresas de autoescola, que recebem credenciamento do Poder Público para a prática de certas atividades em colaboração com este (aulas, exames etc.), sem licitação e com cobrança dos interessados. Inexistindo viabilidade técnica de competição, está-se diante de hipótese de inexigibilidade (art. 25, *caput*, da Lei 8.666/1993). Assim, é inexigível a licitação nas hipóteses em que o credenciamento é aberto para outorga a todos os interessados habilitados, já que inexistente a possibilidade teórica de competição.

Aprovação *é o ato unilateral e discricionário pelo qual se exerce o controle prévio ou posterior do ato administrativo*. A aprovação é um tipo de *controle* que analisa a *conveniência e a oportunidade* do ato controlado. Ex.: aprovação dada pelo Senado à indicação do Presidente para nomeação de Ministro para o STF. Em tese, o Senado pode rejeitar a indicação, não a aprovando, por considerá-la não conveniente, em vista de não ter o indicado reputação ilibada, por exemplo.

Homologação *é o ato unilateral e vinculado pelo qual se reconhece a legalidade de um ato administrativo*. A homologação é um tipo de *controle* que analisa apenas o *cumprimento das formalidades legais*, não entrando no mérito dos atos praticados. Ex.: homologação de uma licitação ou de um concurso público pela autoridade superior à comissão de licitação, autoridade essa que controlará exclusivamente a legalidade dos procedimentos, sem entrar no mérito dos julgamentos feitos.

Parecer *é o ato pelo qual órgãos consultivos da Administração emitem opinião técnica sobre assunto de sua competência*. Podem ser de três tipos: ***facultativo*** (o parecer é pedido se a autoridade quiser); ***obrigatório*** (a autoridade é obrigada a solicitar o parecer, em que pese não ser obrigada a acatá-lo) e ***vinculante*** (a autoridade é obrigada a solicitar o parecer e a acatar o seu conteúdo – ex.: parecer médico). O STF vem decidindo que o parecer jurídico que deve ser dado sobre minuta de editais, de contratos e de convênios é um parecer vinculante (MS 24.584), pois o art. 38, parágrafo único, da Lei 8.666/1993 dispõe que o setor jurídico deve *aprovar* tais minutas, o que revela que o parecer é verdadeira *decisão administrativa* e não mera opinião técnica. Dessa forma, havendo alguma ilegalidade, o parecerista responde como se fosse autor da minuta por ele aprovada, ficando sujeito, por exemplo, a multas pelo Tribunal de Contas e a ações populares, ações civis públicas e ações por improbidade administrativa, valendo lembrar, todavia, que a responsabilidade do agente público não é objetiva: depende de culpa ou dolo, nos casos de ressarcimento do erário, e de dolo em algumas modalidades de improbidade administrativa.

Visto *é o ato administrativo unilateral pelo qual a autoridade atesta a regularidade formal de outro ato administrativo*. Ex.: pedido de férias de um agente, que recebe o visto de seu chefe (o qual observa sua regularidade formal) antes deste encaminhar para o chefe subsequente apreciá-lo.

Protocolo administrativo *é o ato negocial pelo qual o Poder Público acerta com o particular a realização de determinado empreendimento ou atividade ou a abstenção de certa conduta*.

4.7.2. Quanto à forma

Decreto *é a forma de que se revestem os atos individuais ou gerais, emanados do Chefe do Poder Executivo*. Exs.: nomeação e exoneração de agentes públicos (atos individuais); regulamentos (atos gerais que têm por objeto proporcionar a fiel execução da lei – artigo 84, IV, CF). Não existe, como regra, *regulamento autônomo* em nosso direito, uma vez que ele sempre deve estar adstrito ao que dispõe uma lei, nunca podendo existir por si só; ou seja, no Brasil a regra é termos *regulamentos de execução* de lei. Como vimos, a EC 32/2001 modificou o artigo 84, VI, da CF, permitindo que o Presidente, por meio de decreto, disponha de matérias que somente a lei poderia dispor. Trata-se de situação que excepciona a regra no sentido de que não há regulamentos autônomos em nosso direito.

Resolução e portaria *são as formas de que se revestem os atos, gerais ou individuais, emanados de autoridades que não sejam o Chefe do Executivo*. Ex.: no Estado de São Paulo, a resolução é própria dos Secretários de Estado, enquanto as portarias são a forma de que se revestem os atos das autoridades até o Diretor de Serviço. Assim, em cada ente político se instituirá a forma que deve revestir os atos de cada autoridade. Importa lembrar, ainda, que as resoluções e portarias trarão, além de atos *individuais* próprios de tais autoridades, atos *gerais* consistentes em instruções para cumprimento das leis e regulamentos.

Circular *é o instrumento de que se valem as autoridades para transmitir ordens internas a seus subordinados*.

Despacho *é o ato administrativo que contém decisões das autoridades sobre assunto de interesse individual ou coletivo submetido à sua apreciação*. **Despacho normativo** é aquele que aprova uma decisão sobre assunto de interesse geral, ficando esta obrigatória para toda a administração, além de valer para todos que estiverem na mesma situação.

Alvará é *a forma pela qual a Administração confere licença ou autorização para a prática de ato ou exercício de atividade sujeita ao poder de polícia do Estado*. Exs.: alvará de construção (instrumento que confere e prova a licença); alvará para porte de arma (instrumento da autorização conferida).

4.8. Procedimento administrativo

Não se deve confundir o ato administrativo com o procedimento administrativo. O segundo *consiste na sucessão encadeada de atos que propiciam a formação do ato final objetivado pela Administração*.

Assim, um procedimento é uma sucessão de atos, não se confundindo com cada ato em si.

Na verdade, ficaria melhor falar-se em *processo administrativo* para designar a definição dada, reservando-se a expressão procedimento administrativo para designar o *rito* a ser seguido.

Porém, em Direito Administrativo a expressão *procedimento administrativo* acaba sendo usada para designar *processo administrativo*.

De qualquer forma, é bom lembrar que há processos administrativos típicos, como o processo disciplinar e o processo de licitação, cuja característica marcante é ter uma regulamentação específica em lei própria. Os processos administrativos que não tiverem regulamentação própria devem seguir o disposto na Lei de Geral de Processo Administrativo (Lei 9.784/1999).

5. ORGANIZAÇÃO DA ADMINISTRAÇÃO PÚBLICA

5.1. Considerações gerais

O Estado tem três Poderes independentes e harmônicos entre si (Legislativo, Executivo e Judiciário). Porém, é por meio da Administração Pública que o Estado atua, tratando-se esta do aparelhamento necessário à realização de sua finalidade.

Em sentido *formal*, Administração Pública é o conjunto de órgãos instituídos para consecução dos fins do Governo (que é o comando, a iniciativa).

Em sentido *material*, é o conjunto das funções necessárias aos serviços públicos em geral.

E em sentido *operacional*, é o desempenho sistemático dos serviços estatais.

O fato é que a Administração é o instrumento de que se vale o Estado para pôr em prática as opções políticas do Governo.

Tal atuação se dará por intermédio de *entidades* (pessoas jurídicas), *órgãos* (centros de decisão) e de *agentes* (pessoas investidas em cargos, empregos e funções).

5.2. Conceitos básicos sobre a organização da Administração Pública

O objetivo deste tópico é efetuar uma série de distinções e conceitos de grande valia para o estudo sistematizado do tema proposto.

A primeira distinção trata da relação entre a pessoa jurídica e os órgãos estatais.

As **pessoas jurídicas estatais** *são entidades integrantes da estrutura do Estado e dotadas de personalidade jurídica*, ou seja, de aptidão genérica para contrair direitos e obrigações.

Já os **órgãos públicos** *são centros de competência integrantes das pessoas estatais instituídos para o desempenho das funções públicas por meio de agentes públicos*. São, portanto, parte do corpo (pessoa jurídica).

Cada órgão é investido de determinada competência, dividida entre seus cargos.

Apesar de não terem personalidade jurídica, têm prerrogativas funcionais, o que admite até que interponham mandado de segurança, quando violadas (tal capacidade processual, todavia, só têm os órgãos independentes e os autônomos).

Todo ato de um órgão é imputado diretamente à pessoa jurídica da qual é integrante, assim como todo ato de agente público é imputado diretamente ao órgão ao qual pertence (trata-se da chamada "teoria do órgão", que se contrapõe à teoria da representação ou do mandato, conforme se verá no capítulo seguinte). Deve-se ressaltar, todavia, que a representação legal da entidade é atribuição de determinados agentes, como o Chefe do Poder Executivo e os Procuradores.

Tema importante acerca dos órgãos públicos é a sua **classificação**. Passemos, então, ao estudo da classificação dos órgãos, levando em conta os ensinamentos de Hely Lopes Meirelles.

Quanto à **posição**, os órgãos públicos podem ser:

a) órgãos *independentes*: são os originários da Constituição e representativos dos Poderes do Estado (Legislativo, Executivo e Judiciário); aqui estão todas as corporações legislativas, chefias de executivo e tribunais e juízo singulares;

b) órgãos *autônomos*: são os que estão na cúpula da Administração, logo abaixo dos órgãos independentes, tendo autonomia administrativa, financeira e técnica, segundo as diretrizes dos órgãos a eles superiores; aqui estão os Ministérios, as Secretarias Estaduais e Municipais, a AGU, dentre outros;

c) órgãos *superiores*: são os que detêm poder de direção quanto aos assuntos de sua competência, mas sem autonomia administrativa e financeira, tais como os gabinetes, as procuradorias judiciais, os departamentos, as divisões, dentre outros;

d) órgãos *subalternos*: são os que se acham na base da hierarquia entre órgãos, tendo reduzido poder decisório, com atribuições de mera execução, tais como as portarias e as seções de expediente.

Quanto à **estrutura**, os órgãos podem ser:

a) *simples* ou *unitários*: constituídos por um só centro de competência;

b) *compostos*: constituídos pelo conjunto de outros órgãos menores, com atividades-fim idênticas ou auxiliares. Ex.: Ministério da Saúde.

Quanto à **atuação funcional**, os órgãos podem ser:

a) *singulares* ou *unipessoais*: são os que atuam por um único agente. Ex.: Presidência da República;

b) *colegiados* ou *pluripessoais*: são os que atuam por manifestação conjunta da vontade de seus membros. Exs.: corporações legislativas, tribunais e comissões.

Outra distinção relevante para o estudo da estrutura da Administração Pública é a que se faz entre **desconcentração e descentralização**.

A **desconcentração** *é a distribuição interna de atividades administrativas, de competências*. Ocorre de *órgão* para *órgão* da entidade Ex.: competência no âmbito da Prefeitura, que poderia estar totalmente concentrada no órgão Prefeito Municipal, mas que é distribuída internamente aos Secretários de Saúde, Educação etc.

Já a **descentralização** *é a distribuição externa de atividades administrativas, que passam a ser exercidas por pessoa ou pessoas distintas do Estado*. Dá-se de *pessoa jurídica* para *pessoa jurídica* como técnica de especialização. Ex.: criação de autarquia para titularizar e executar um dado serviço público, antes de titularidade do ente político que a criou. A descentralização pode ser de duas espécies:

a) na descentralização **por serviço**, a lei atribui ou autoriza que outra pessoa detenha a *titularidade* e a execução do serviço; repare que é necessária lei; aqui, fala-se em *outorga* do serviço;

b) na descentralização **por colaboração**, o contrato ou ato unilateral atribui à outra pessoa a *execução* do serviço; repare que a delegação aqui se dá por contrato, não sendo necessária lei; o particular colabora, recebendo a execução do serviço e não a titularidade deste; aqui, fala-se também em *delegação* do serviço e o caráter é transitório.

Há também outra distinção importante, relacionada à Administração Direta e Indireta.

A **Administração Direta** *compreende os órgãos integrados no âmbito direto das pessoas políticas (União, Estados, Distrito Federal e Municípios)*. Repare que todos os órgãos dos entes políticos fazem parte da Administração Direta, de modo que a prefeitura, a câmara de vereadores, os tribunais judiciais, os tribunais de contas, o ministério público, dentre outros, são parte integrante da administração, já que são órgãos, e não pessoas jurídicas criadas pelos entes políticos.

Já a **Administração Indireta** *compreende as pessoas jurídicas criadas pelo Estado para titularizar e exercer atividades públicas (autarquias, fundações públicas, agências reguladoras e associações públicas) e para agir na atividade econômica ou em atividades não típicas de Estado (empresas públicas, sociedades de economia mista, fundações privadas criadas pelo Estado e consórcios públicos de direito privado)*. Repare que a Administração Indireta é composta de pessoas jurídicas (e não de órgãos!) criados pelos entes políticos.

Outra classificação relevante para o estudo do tema em questão é a que segue.

As **pessoas jurídicas de direito público** *são os entes políticos e mais as autarquias e fundações públicas, uma vez que todas essas pessoas são criadas para exercer típica atividade administrativa, o que impõe que tenham, de um lado, prerrogativas de direito público, e, de outro, restrições de direito público, próprias de quem gere coisa pública*. São espécies de pessoas jurídicas de direito público as seguintes: autarquias, fundações públicas, agências reguladoras e associações públicas (consórcios públicos de direito público).

As **pessoas jurídicas de direito privado estatais** *são as empresas púbicas e as sociedades de economia mista, visto que são criadas para exercer atividade econômica, devendo ter os mesmos direitos e restrições das demais pessoas jurídicas privadas, em que pese tenham algumas restrições adicionais, pelo fato de terem sido criadas pelo Estado*. São espécies de pessoas jurídicas de direito privado estatais as seguintes: empresas públicas, sociedades de economia mista, fundações privadas criadas pelo Estado e consórcios públicos de direito privado.

Para fecharmos essa introdução, é necessário conhecermos também a distinção seguinte.

A **hierarquia** *consiste no poder que um órgão superior tem sobre outro inferior, que lhe confere, dentre outras prerrogativas, uma ampla possibilidade de fiscalização dos atos do órgão subordinado*.

O **controle (tutela** ou **supervisão ministerial)** *consiste no poder de fiscalização que a pessoa jurídica política tem sobre a pessoa jurídica que criou, que lhe confere tão somente a possibilidade de submeter a segunda ao cumprimento de seus objetivos globais, nos termos do que dispuser a lei*. Ex.: a União não pode anular um ato administrativo de concessão de aposentadoria por parte do INSS (autarquia por ela criada), por não haver hierarquia, mas pode impedir que o INSS passe a comercializar títulos de capitalização, por exemplo, por haver nítido desvio dos objetivos globais para os quais fora criada a autarquia. Aqui não se fala em *subordinação*, mas em *vinculação administrativa*.

5.3. Administração indireta

5.3.1. Autarquias

As autarquias podem ser **conceituadas** como as *pessoas jurídicas de direito público, criadas por lei específica, para titularizar atividade administrativa*. Realizam atividades próprias (típicas) da Administração Direta, as quais são passadas para as autarquias para agilizar, facilitar e principalmente especializar a prestação dos serviços públicos. O Dec.-lei 200/1967 define autarquia como "o serviço autônomo, criado por lei, com personalidade jurídica, patrimônio e receita próprios, para executar atividades típicas da Administração Pública, que requeiram, para seu melhor funcionamento, gestão administrativa e financeira descentralizada" (art. 5º, I).

São um prolongamento, um *longa manus* do Estado. Qualquer ente político (União, Estados-membros, Distrito Federal e Municípios) pode criar uma autarquia, desde que por lei específica e para realizar atividades típicas da Administração.

A autarquia deve ser criada por lei específica, lei essa que tem o poder de conferir personalidade jurídica a ela, não sendo necessário levar atos constitutivos ao Registro Público. Porém, a organização da autarquia se estabelece por decreto, que aprovará o regulamento ou o estatuto da entidade. A lei criadora da entidade tratará também do patrimônio inicial, já transferindo ou autorizando sua transferência, da entidade criadora para a entidade criada.

A expressão autarquia vem dos termos *autós* (= próprio) e *arquia* (= governo), o que nos ajuda a lembrar que a autarquia tem autonomia administrativa e financeira.

São exemplos de autarquia os seguintes entes: INSS, CADE, Banco Central, INCRA e USP.

Quando a autarquia tiver algumas diferenças em relação às autarquias tradicionais, diz-se que se está diante de autarquia de regime especial.

Vejamos as **características** das autarquias.

São dotadas de **capacidade administrativa**, ou seja, podem ser *titulares* de serviço público, mas o mesmo não acontece com as sociedades de economia mista e empresas públicas, por exemplo, que, no máximo, podem *executar* um serviço público. Ou seja, as autarquias podem receber *outorga do serviço* mais do que a mera delegação deste.

Isso significa que as autarquias poderão *regulamentar*, *fiscalizar* e *executar* o serviço público de que são titulares, podendo repassar o último (execução do serviço) ao particular, mediante concessão de serviço público.

Em outras palavras, as autarquias desempenham **atribuições típicas de Estado**. O Decreto-Lei 200/1967, em seu artigo 5º, I, deixa claro que a autarquia só pode ser criada para exercer atividade típica da Administração, o que exclui sua criação para exercer atividade meramente econômica, por exemplo.

As autarquias possuem **autonomia (capacidade de autoadministração)**. Por serem *pessoas jurídicas* (e não *órgãos* da Administração Direta), são sujeitos de direitos e obrigações, e têm gestão administrativa e financeira própria. Não se trata, portanto, de autonomia em sentido político, já que estão sujeitas a controle das entidades maiores a que se vinculam, mas autonomia administrativa.

Por serem pessoas de direito público, as autarquias têm **responsabilidade objetiva** (art. 37, § 6º, da CF). Justifica-se esse tipo de responsabilização pelo fato de agirem em atividades típicas da Administração Direta. Aliás, as autarquias respondem diretamente por seus atos, não podendo a entidade criadora ser chamada a responder solidariamente. A entidade matriz só responderá *subsidiariamente*, ou seja, na falta de patrimônio suficiente da autarquia.

As autarquias têm um regime jurídico muito próximo ao dos entes políticos, dada a natureza de suas atividades. Trata-se do chamado **regime jurídico de direito público**, cujas regras são apresentadas a seguir.

Na relação com a Administração Direta, as autarquias estão sujeitas a **controle** (*supervisão ministerial* ou *tutela*). A entidade criadora da autarquia tem o poder de influir sobre esta apenas para exigir o cumprimento dos objetivos públicos para os quais foi criada, e para que harmonize sua conduta à atuação administrativa global do Estado.

Perceba-se, portanto, que o controle não permite que a Administração Direta demita um servidor público de uma autarquia, por exemplo, ou invalide um contrato administrativo que esta tenha celebrado. O controle só poderá ser feito de forma global sobre os rumos que a autarquia tem tomado. A lei que cria a autarquia é que dará os contornos e a forma de exercício do controle.

Entre a entidade criadora e a autarquia há mera vinculação, ou seja, mero poder de correção finalística do serviço autárquico.

Esse controle pode se dar nas seguintes frentes: a) controle político (ex.: nomeação de seus dirigentes pelo Executivo); b) controle administrativo (ex.: supervisão ministerial quanto à correção finalística da autarquia); c) controle financeiro (pelo Tribunal de Contas e outros meios trazidos na lei).

No que concerne à relação com terceiros, as **prerrogativas administrativas** (não as políticas) do Estado se transmitem às autarquias. Assim, as autarquias têm as seguintes prerrogativas ou sujeições:

a) expedem verdadeiros **atos administrativos**, com todos os ***atributos*** do ato administrativo, quais sejam, presunção de legitimidade, imperatividade, exigibilidade e autoexecutoriedade;

b) celebram contratos administrativos, regidos pela Lei 8.666/1993;

c) devem **licitar** para celebrar contratos, concessões e permissões;

d) devem promover **concurso público** para admissão de pessoal;

e) devem contratar pessoal pelo **regime estatuário**, como regra; dada a natureza das atividades de uma autarquia (atividade administrativa, e não meramente econômica), o vínculo com seus agentes deve ser o de ***cargo público***, criado por *lei* e regido pelo *estatuto* dos funcionários públicos, e não pela CLT, salvo para atribuições subalternas;

f) possuem **bens públicos**, portanto, bens inalienáveis, imprescritíveis e impenhoráveis; dessa forma, a execução de valores em face de uma autarquia deverá ultimar-se mediante a expedição de precatório;

g) possuem **imunidade de impostos sobre o patrimônio, renda e serviços** (art. 150, VI, *a*, CF), quanto a atividades vinculadas às finalidades essenciais da pessoa e desde que não haja contraprestação ou pagamento de preços ou tarifas para o exercício;

h) possuem **prerrogativas processuais próprias** da Fazenda Pública, como recurso de ofício quando cabível (art. 10, Lei 9.469/1997), prazo em quádruplo para contestar e em dobro para recorrer, juízo privativo da entidade estatal a que pertencem, ampliação do prazo para desocupação em caso de despejo; prescrição quinquenal de suas dívidas passivas, execução fiscal de seus créditos inscritos, dentre outras.

Nas relações internas, por serem pessoas jurídicas de direito público (sujeitas ao regime jurídico de direito público), devem respeitar as normas de direito financeiro (normas orçamentárias) e o regime de pessoal é o mesmo da Administração Direta, em que a regra é o regime estatutário.

5.3.2. *Fundações públicas de direito público*

As fundações públicas de direito público podem ser conceituadas como *autarquias que tomam como substrato um patrimônio personalizado*.

Enfim, tais fundações são autarquias, cujo elemento patrimonial é o mais relevante. Trata-se da personalização de um patrimônio, cujo objetivo é a titularização de uma atividade administrativa.

São exemplos dessas fundações a FUNAI, o IPEA, a FUNDAP e a FAPESP.

Tais autarquias tomam o nome de fundação, pois, aqui, o elemento patrimônio prepondera em detrimento do elemento humano, ocorrendo o inverso com a autarquia típica.

Quanto ao **regime jurídico**, é idêntico ao das autarquias, para o qual se remete o leitor.

Existem, todavia, algumas diferenças entre as autarquias e as fundações públicas.

A primeira delas já foi apontada: as fundações têm como elemento preponderante o patrimonial.

A segunda diz respeito à criação de tais entes. Parte da doutrina entende que tais entidades são *criadas por lei específica*, por se tratarem de verdadeiras autarquias (ex.: Maria Sylvia Zanella Di Pietro). Por outro lado, outra parte da doutrina entende que a fundação deve ter sua criação *autorizada por lei específica*. Isso significa que, autorizada por lei a criação de uma fundação, deve esta ser efetivamente criada com o registro de seus atos constitutivos no Cartório do Registro Civil das Pessoas Jurídicas. A razão dessa discórdia diz respeito ao texto do art. 37, XIX, da CF, que não esclarece se está fazendo referência às fundações públicas, às fundações privadas ou a ambas.

A última diferença reside no fato de que, no que concerne às fundações, a Constituição dispõe que lei complementar definirá as áreas de sua atuação (art. 37, XIX, CF), também havendo dissenso doutrinário sobre se o dispositivo está fazendo referência às fundações públicas de direito público, às fundações privadas criadas ou a ambas.

Não se pode confundir as fundações públicas com as fundações privadas criadas pelo Estado. Isso porque nada impede que o Estado crie fundações com personalidade de direito privado, sendo apenas necessário que haja autorização legal. Muitas vezes deseja-se criar uma pessoa jurídica, cujo elemento patrimonial terá caráter preponderante, para um fim de interesse público, mas que não trate de típica atividade administrativa.

Em tal hipótese, cria-se uma fundação privada, com regime jurídico de direito privado. Nesse caso, haverá fiscalização por parte do Ministério Público, na forma da lei civil.

Portanto, o critério que diferencia uma *fundação pública de direito público* de uma *fundação privada criada pelo Estado* é a natureza da atividade da pessoa jurídica criada. Se se tratar de típica atividade administrativa, será uma fundação pública. Se não, uma fundação privada.

Uma fundação estatal criada para fiscalizar o meio ambiente certamente será uma fundação pública de direito público, recebendo o regime jurídico de uma autarquia, com as diferenças acima apontadas. Já uma fundação estatal criada para ser uma mera biblioteca pública, por não atuar em atividade típica de Estado, é uma fundação privada criada pelo Estado, recebendo o regime de direito privado, que será visto mais à frente.

5.3.3. *Agências reguladoras*

As agências reguladoras podem ser **conceituadas** como *autarquias sob regime especial, encarregadas do exercício do poder normativo e fiscalizador das concessões e permissões de serviço público, bem como do poder de polícia sobre certas atividades.*

A atual política de passar ao setor privado a execução dos serviços públicos, reservando ao Estado a regulamentação e fiscalização dos vários setores relativos a tais serviços, trouxe a necessidade de criar entes, com natureza de pessoa jurídica de direito público, para desempenhar tal papel de regulação e fiscalização, a fim de preservar o interesse dos usuários e da coletividade em geral.

Assim, foram criadas autarquias especiais, com o nome de agências reguladoras, servindo de exemplo as seguintes: ANEEL (regula e fiscaliza o setor de geração, transmissão e distribuição de energia elétrica), ANATEL (regula e fiscaliza o setor de telecomunicações), ANP (regula e fiscaliza as atividades econômicas exercidas pela Petrobras e outros concessionários do setor), ANVISA (regula e fiscaliza a produção e a comercialização, sob o aspecto da vigilância sanitária, de medicamentos, alimentos, cosméticos etc.), ANS (regula e fiscaliza o setor de saúde complementar), ANA (regula e fiscaliza as atividades decorrentes do aproveitamento dos recursos hídricos, bem como o direito de uso de água em rios da União – águas), ADENE (desenvolvimento do Nordeste), ANTT (transportes), ANCINE (cinema), dentre outras.

O **regime jurídico** das agências reguladoras é igual ao das autarquias, com algumas peculiaridades, daí porque se diz que tais agências são *autarquias sob regime especial*, uma vez que, diferente das autarquias tradicionais, as leis que criaram as agências reguladoras trouxeram algumas diferenças em seu regime jurídico. Vejamos:

a) os dirigentes das agências reguladoras são nomeados pelo Presidente da República, com prévia *aprovação pelo Senado*;

b) os dirigentes das agências reguladoras têm *mandato fixo*, só podendo ser destituídos pelo cometimento de crime, improbidade administrativa ou descumprimento injustificado das políticas estabelecidas para o setor ou pelo contrato de gestão, situação que, em tese, confere maior isenção a tais agentes;

c) os ex-dirigentes das agências estão sujeitos à chamada "quarentena", ou seja, no período de tempo em que continuam vinculados à autarquia após o exercício do cargo, ficam impedidos de prestar serviços às empresas que estavam sob sua regulamentação ou fiscalização;

d) têm *poder normativo* reconhecido pela Constituição Federal (art. 21, XI), já que são *órgãos reguladores*; tal poder deve, todavia, ficar adstrito ao que dispuser as leis de criação dessas agências.

Vale lembrar que a autonomia financeira de tais agências se dá não só com o aporte de verbas orçamentárias, como também em relação à cobrança de taxas pelo exercício do poder de polícia, além de multa por descumprimento de preceitos legais ou contratuais.

5.3.4. *Agências executivas*

A expressão "agências executivas" designa um *qualificativo atribuível a autarquias e fundações integrantes da Administração Federal, por iniciativa do Ministério Supervisor e com anuência do Ministério da Administração, à entidade que haja celebrado contrato de gestão com aquele e possua um plano estratégico de reestruturação e desenvolvimento institucional.*

Tal possibilidade de qualificação veio a partir da introdução do princípio da eficiência pela EC 19/1998.

De um lado, são dadas maiores autonomia e prerrogativas às autarquias e fundações que tiverem interesse em receber tal qualificativo e, de outro, são atribuídas metas de desempenho e eficiência a serem atingidas.

A existência do contrato de gestão e o cumprimento dos demais requisitos permitirão a qualificação em questão, habilitando a entidade a receber as vantagens previstas na lei.

Tal figura jurídica é trazida na Lei 9.649/1998 (*vide* o artigo 51 e também o Decreto 2.487/1998).

A lei dispõe que a qualificação de agência executiva é feita pelo Presidente da República, após a iniciativa e a anuência previstas acima. Para que seja implementada é necessário ainda a celebração do chamado contrato de gestão, que fixará o plano estratégico de reestruturação e melhoria do desempenho da pessoa, contrato esse que tem prazo mínimo de um ano.

Uma das maiores vantagens conferidas às autarquias e fundações que receberem essa qualificação consiste na ampliação dos limites de isenção ao dever de licitar para as agências executivas (artigo 24, XXIV, da Lei de Licitações): aumenta-se o valor para dispensa de licitação em seu âmbito para o montante de 20% do limite previsto para a utilização da modalidade convite.

5.3.5. *Consórcios públicos*

Com a edição da Lei 11.107/2005, duas novas pessoas jurídicas estatais foram criadas. Ambas têm o nome de *consórcio público*, mas uma é de direito público (associação pública) e outra é de direito privado (consórcio público de direito privado).

Tais consórcios consistem na *reunião de entes políticos* (União, Estados, DF e Municípios) para formação de *pessoas jurídicas* com vistas à *gestão associada de serviços públicos*.

Como antecedentes do assunto, podemos citar a Lei 8.080/1990, que assim dispunha: "art. 10. Os municípios poderão constituir consórcios para desenvolver em conjunto as ações e os serviços de saúde que lhes correspondam. § 1º Aplica-se aos consórcios administrativos intermunicipais o princípio da direção única, e os respectivos atos constitutivos disporão sobre sua observância".

Na prática, os municípios acabavam montando associações civis, regidas pelo Código Civil.

Até que veio o disposto na nova redação do art. 241 da Constituição e, depois, a Lei 11.107/2005, possibilitando o aparecimento de consórcios públicos com regimes mais claros e definidos.

Os consórcios públicos têm por **finalidade mediata** a realização de objetivos de *interesse comum* dos entes políticos. Nesse sentido, os consórcios públicos diferem dos contratos, já que estes têm em mira a satisfação de interesses contrapostos das partes e não de *interesses comuns*. Ademais, os consórcios públicos são pessoas jurídicas, ao passo que os contratos não são pessoas jurídicas.

As **finalidades imediatas** dos consórcios podem ser das seguintes naturezas:

a) regulação e fiscalização de serviços públicos (art. 2º, § 3º, da Lei 11.107/2005), como a criação de uma agência reguladora de saneamento básico por parte de Estado e alguns Municípios;

b) mera prestação de serviço público (art. 1º, § 3º, da lei citada), como a criação de um hospital público por parte de vários Municípios (consórcio intermunicipal de saúde).

É importante ressaltar que o consórcio público não pode ter fins econômicos (art. 4º, IV), ou seja, não pode visar ao lucro. Dessa forma, os consórcios públicos de direito privado não poderão ser criados se for necessário investimento privado.

Vejamos com mais detalhe, agora, as duas **espécies** de consórcios públicos.

As **associações públicas** são criadas para exercer atividade típica de Estado. Assim, são pessoas de direito público, de natureza autárquica (art. 41, IV, do CC). Tais entidades integram a Administração Indireta de todos os entes consorciados (art. 6º, § 1º, da Lei 11.107/2005). Um exemplo de consórcio público dessa natureza (consórcio público de direito público) é a criação de uma pessoa jurídica por entes políticos em associação para a *fiscalização* do meio ambiente numa dada região.

Já os **consórcios públicos de direito privado** são criados para o exercício de atividades que não são exclusivas do Estado. Nesse sentido, são pessoas de direito privado estatais. Um exemplo de consórcio público dessa natureza é um hospital público criado por entes políticos em associação.

O **regime jurídico** das associações públicas segue o regime geral das pessoas de direito público, aplicando-se o regime especial da lei 11.107/2005 e, subsidiariamente, a legislação das associações civis (art. 15). A aplicação do regime geral das pessoas de direito público fará com que tais consórcios pratiquem atos administrativos, tenham bens públicos, contratem agentes públicos, como regra, pelo regime estatutário, dentre outras características do regime autárquico, já vistas no presente texto.

Já o regime dos consórcios públicos de direito privado segue o regime geral das pessoas privadas estatais, aplicando o regime especial da lei 11.107/2005 e, subsidiariamente, a legislação das associações civis (art. 15). A aplicação do regime geral das pessoas de direito privado estatais fará com que tais consórcios pratiquem atos regidos pelo direito privado, tenham bens privados (portanto penhoráveis), contratem agentes públicos, como regra, pelo regime celetista, dentre outras características do regime de direito privado, a serem vistas no próximo item.

A **criação** dos consórcios públicos segue o seguinte trâmite:

1) Subscrição de Protocolo de Intenções entre os entes políticos, com os seguintes pontos:

a) denominação, finalidade, espécie, prazo e sede;

b) identificação dos consorciados e da área;

c) critérios de representação do consórcio;

d) regulamentação da assembleia geral; número de votos de cada consorciado (ao menos 1);

e) eleição e mandato do representante (Chefe do Executivo);

f) autorização e limites para a gestão associada de serviços públicos;

2) Publicação do Protocolo na imprensa oficial;

3) Ratificação do Protocolo por lei de cada ente;

4) Celebração do **Contrato de Consórcio Público** (art. 5º), que pode se dar por apenas parcela dos celebrantes do protocolo.

O início da personalidade dos consórcios públicos se dá da seguinte forma:

a) nas associações públicas, com a vigência das leis de ratificação do protocolo de intenções;

b) nos consórcios de direito privado, segundo a lei civil, ou seja, após o arquivamento do estatuto social no registro público competente.

Os entes consorciados devem fazer, ano a ano, um **Contrato de Rateio**, que terá por objetivo tratar dos recursos econômicos necessários para a manutenção do consórcio.

Por fim, vale ressaltar que a Lei 11.107/2005 introduziu a possibilidade de qualquer dos entes consorciados contratar entidade ou órgão pertencente a outro ente consorciado para a prestação de serviços públicos, tudo isso sem licitação, configurando uma nova espécie de dispensa (art. 24 da Lei 8.666/1993). Esse contrato, que se assemelha a um Contrato de Concessão de Serviço Público, tem o nome de **Contrato de Programa**.

5.3.6. *Empresas estatais ou governamentais*

As empresas estatais podem ser **conceituadas** como *pessoas jurídicas de direito privado especial, cuja criação se dá pelo Estado, autorizado por lei específica, com a finalidade de executar serviço público ou explorar atividade econômica não ligada a esse tipo de serviço, em caráter suplementar, desde que necessário aos imperativos da segurança nacional ou a relevante interesse coletivo.*

O § 1º do artigo 173 da Constituição dispõe que "a lei estabelecerá o estatuto jurídico da empresa pública, da sociedade de economia mista e de suas subsidiárias que explorem atividade econômica de produção ou comercialização de bens ou de prestação de serviços".

Repare que tais entidades são criadas, então, para agir na atividade econômica, seja na área de produção ou comercialização de produtos (ex.: Petrobras), seja na prestação de serviços (ex.: Correios).

Deve ficar registrado, dessa forma, que tais empresas realizam típica atividade econômica e por isso têm regime jurídico de direito privado, de modo que não podem ser chamadas a titularizar serviço público, mas apenas para serem suas delegatárias, ou seja, apenas para a mera execução desse tipo de serviço.

Passemos à análise das características das empresas estatais:

a) possuem um **regime jurídico de direito privado**, ou seja, aquele próprio das empresas privadas, como determina a CF, inclusive no que tange aos direitos e obrigações do direito civil e comercial (**igualdade em contratos**, por exemplo), do direito do trabalho (regime de contratação será o da **CLT** e as controvérsias julgadas pela Justiça do Trabalho), do direito tributário (**não há imunidade tributária**) e do direito processual civil (**não têm prerrogativas** quanto aos prazos, custas e reexame necessário);

b) estão sujeitas à **responsabilidade civil subjetiva**, salvo quando prestarem serviço público, hipótese em que a responsabilidade será objetiva (art. 37, § 6º, da CF), ou quando incidir outro tipo de responsabilidade objetiva prevista em lei (ex.: matéria ambiental, relação de consumo, danos causados pela circulação de produtos e danos decorrentes do desenvolvimento de atividade de risco, conforme arts. 927, parágrafo único, e 931, ambos do Código Civil);

c) possuem **bens privados**, (art. 98, CC) bens esses que poderão ser utilizados, onerados, penhorados ou alienados na forma estatutária e independentemente de autorização legislativa especial, porque tal autorização está implícita na lei que autorizou a criação da empresa e lhe outorgou os poderes necessários para realizar suas atividades, como nos ensina Hely Lopes Meirelles; vale ressaltar que, no caso de a empresa estatal executar serviço público, os bens que estiverem afetados ao serviço não poderão ser penhorados, como decorrência do princípio da continuidade do serviço público.

Apesar das características apontadas acima, não se deve esquecer que as pessoas de direito privado estatais foram criadas pelo Estado, fazendo parte da Administração Indireta estatal. Dessa forma, o **regime jurídico de direito privado** delas é ***especial***, sofrendo tais entidades sujeições que as empresas puramente privadas não têm:

a) devem promover concurso público para admissão de pessoal;

b) devem promover licitação para a celebração de contratos;

c) são fiscalizadas pelo Tribunal de Contas;

d) obedecem aos princípios da Administração Pública e seus agentes são equiparados a funcionários públicos para efeitos penais e de improbidade administrativa;

e) os dirigentes de empresas estatais estão sujeitos ao mandado de segurança quando exerçam funções delegadas do Poder Público;

f) apesar de terem autonomia administrativa e financeira, sofrem o controle ou supervisão da entidade criadora, bem como condicionantes legais e constitucionais (*vide* artigo 169, § 1º, da CF);

g) seus agentes estão sujeitos ao teto salarial previsto no art. 37, XI, da CF, nos casos estabelecidos no § 9º do art. 37, não havendo tal submissão quando a empresa estatal não for dependente economicamente da entidade que a tiver criado;

h) seus agentes estão sujeitos à proibição de acumulação remunerada de cargos, empregos ou funções na Administração (art. 37, XVII, CF);

i) não estão sujeitas à falência (art. 2º, I, da Lei 11.101/05).

Quanto à questão da imunidade tributária, a imunidade recíproca, que alcança as entidades autárquicas, não alcança, como se viu, as empresas estatais. Porém, há duas exceções, que uma empresa estatal tem o direito à imunidade recíproca. São elas:

a) quando a empresa estatal tem monopólio sobre certo serviço público, como os Correios e a Infraero;

b) quando a empresa estatal tem capital totalmente público ou praticamente todo público, tem função absolutamente pública e não concorre no mercado, por exemplo, porque não cobra por seus serviços; um exemplo foi um caso julgado pelo STF em que se reconheceu essa imunidade a um hospital federal, revestido da forma sociedade de economia mista, em que o capital era 99,9% federal e que atendia exclusivamente pelo Sistema Único de Saúde, ou seja, sem atuar no mercado (RE 580264, j. 16.12.2010); outro exemplo foi o reconhecimento dessa imunidade, também pelo STF, a uma sociedade de economia mista (Codesp) que presta o serviço de Administração Portuária, com controle acionário quase total da União (99,97%), sendo que a entidade, apesar de cobrar por seus serviços, não o faz com o intuito de lucro e não concorre com outras empresas privadas (RE 253472/SP).

Quanto à criação, as empresas estatais dependem de **autorização de lei específica.**

Observe-se que, diferente da autarquia, que é *criada* por lei específica, as empresas estatais têm sua criação *autorizada* por lei específica, de maneira que tal criação só se efetiva com o arquivamento dos atos constitutivos da sociedade na Junta Comercial.

Qualquer um dos entes políticos pode criar uma empresa estatal. Vale salientar que também depende de autorização legislativa, em cada caso, a criação de subsidiárias de empresas estatais, assim como a participação de qualquer delas em empresa privada (art. 37, XX, CF). Assim, a Constituição exige que a autorização legislativa seja específica e se dê a cada vez que uma nova subsidiária é criada, usando o inciso a expressão "em cada caso".

No que concerne ao **objeto** das empresas estatais, a Constituição atual deixa claro que a sua criação só se justifica quando, excepcionalmente, o Estado tenha de agir na *atividade econômica*. Tais empresas poderão, por exemplo, ser concessionárias de serviço público (executam o serviço público, mas não são titulares deste, sob pena de terem de obedecer ao regime jurídico próprio das autarquias e fundações públicas). E também podem simplesmente agir em atividades econômicas que não importem em prestação de serviço público.

Sua atuação se dá em **atividade econômica suplementar**, não sendo possível que o Estado crie à vontade empresas estatais. Isso ocorre porque, como se sabe, a ordem econômica é fundada na livre iniciativa, na propriedade privada e na livre concorrência, daí porque apenas excepcionalmente pode o Estado nela agir.

Nesse sentido, o art. 173 da CF determina que o Estado só poderá agir na atividade econômica em duas hipóteses:

a) quando houver *relevante interesse público*, como na fabricação de remédio caro para combater a AIDS;

b) quando houver *imperativo de segurança nacional*, como na fabricação de material bélico em caso de guerra.

Essas são as características das empresas estatais, valendo, portanto, tanto para as empresas públicas como para as sociedades de economia mista. Vejamos agora as diferenças entre esses dois tipos de ente.

As **empresas públicas** são empresas estatais com as seguintes peculiaridades:

a) constituídas por qualquer modalidade societária admitida (S/A, Ltda. etc.);

b) com capital social formado integralmente por recursos de pessoas jurídicas de direito público (caso tenha participação da União, esta deve ter a maioria do capital votante); caso a União faça parte de uma empresa pública, a maioria do capital votante deve ser de sua propriedade da União, admitindo-se, no capital da empresa a participação de outras pessoas jurídicas de direito público interno bem como de entidades da Administração Indireta da União, dos Estados, Distrito Federal e Municípios (art. 5º do Dec.-lei 900/1969);

c) caso sejam da União, têm foro na Justiça Federal (art. 109, I e IV, da CF) na área cível e criminal, salvo quanto às contravenções penais, cujo julgamento é da competência da Justiça Comum;

d) são exemplos desse tipo de empresa a Caixa Econômica Federal, os Correios e o SERPRO.

As **sociedades de economia mista** são empresas estatais com as seguintes peculiaridades:

a) constituídas somente pela forma de sociedade anônima (S/A);

b) possuem necessariamente capital privado e público, sendo que a maioria das ações com direito a voto é do Poder Público;

c) a Justiça Comum é o foro próprio de tais sociedades mesmo sendo federais;

d) são exemplos desse tipo de empresa o Banco do Brasil, a Petrobras e a Sabesp.

5.3.7. Entes de cooperação (paraestatais)

5.3.7.1. Noções gerais

Tradicionalmente, a expressão "entidade paraestatal" era utilizada para designar não só aquelas entidades criadas pelo particular para fins de interesse público, como também as empresas estatais (sociedades de economia e empresa pública).

Porém, como as empresas estatais fazem parte da Administração Indireta, ou seja, não seguem paralelas ao Estado, mas são parte integrante deste, hoje a expressão "paraestatal", no âmbito doutrinário, designa tão somente aquelas entidades do terceiro setor, ou seja, os entes de cooperação do Estado.

De qualquer forma, é necessário tomar certos cuidados, pois ainda há muitas leis, que, por serem antigas, utilizam a expressão entidade paraestatal para se referirem também às empresas estatais.

A partir de tal observação, podemos **conceituar** as entidades paraestatais como *aquelas pessoas jurídicas de direito privado dispostas paralelamente ao Estado, executando atividade de interesse público.*

Vejamos, agora, quatro tipos de ente de cooperação (serviços sociais autônomos, organizações sociais, OSCIPs e simples organizações da sociedade civil).

5.3.7.2. Serviços Sociais Autônomos

Os **serviços sociais autônomos** *são pessoas jurídicas de direito privado, sem fins lucrativos, vinculadas a categorias profissionais e destinadas ao fomento de assistência social, educacional ou de saúde, podendo receber recursos públicos e contribuições parafiscais.* São entidades desse tipo o SESC, o SENAI, o SENAC e o SESI.

São **características** dessas entidades, que prestam serviços de interesse público, as que seguem:

a) são pessoas jurídicas de direito privado não criadas pelo Estado (são tão somente oficializadas, qualificadas como tal pelo Estado);

b) o regime de seus empregados é celetista;

c) não têm prerrogativas públicas, ou seja, não gozam de privilégios administrativos, fiscais e processuais;

d) nem estão diretamente submetidas à obrigatoriedade de realização de concurso público e licitação (STF, RE 789.874/DF, j. 17.09.2014), o que não exclui o dever de agirem de forma proba, devendo criar processos seletivos e de contratações que estejam em acordo com os princípios da impessoalidade, da moralidade e da eficiência, já que tais entidades manejam recursos públicos;

e) seus funcionários são equiparados a agentes públicos, sujeitos à prática de crimes funcionais e de ato de improbidade administrativa, já que gerem recursos públicos;

f) as ações movidas contra essas entidades devem ser julgadas, salvo interesse direto da União, na Justiça Comum e não na Justiça Federal (STF, RE 414375/SC);

g) seus dirigentes estão sujeitos a mandado de segurança, bem como cabe ação popular em caso de lesão ao patrimônio da entidade;

h) são obrigados a prestar contas junto ao Tribunal de Contas (art. 5.º, V, da Lei 8.443/1992);

i) os dirigentes dessas entidades são obrigados a juntar, à documentação correspondente à prestação de contas junto ao Tribunal de Contas, cópia da declaração de rendimentos e de bens, relativa ao período-base da gestão, de conformidade com a legislação do Imposto sobre a Renda (art. 4º da Lei 8.730/1993 e STJ, REsp 1.356.484-DF, j. 05.02.2013);

j) possuem estrutura de sociedades civis, associações e fundações privadas;

k) atribuída a qualificação de serviço social autônomo, a entidade passa a recolher contribuições parafiscais de associados e a ser destinatária de dotações orçamentárias;

l) por receberem auxílio público ficam sujeitas a controle finalístico e à prestação de contas para o Poder Público.

5.3.7.3. Organizações Sociais – OS (Lei 9.637/1998)

Já as **organizações sociais** são *entidades privadas, sem fins lucrativos, cujas atividades se dirigem ao ensino, pesquisa científica, desenvolvimento tecnológico, proteção e conservação do meio ambiente, cultura, saúde, qualificadas como tal por decisão do Ministro respectivo da atividade e do Ministro da Administração Federal e Reforma do Estado.*

A qualificação de uma entidade como organização social é um instrumento que permite a transferência de certas atividades de interesse público ao setor privado, sem necessidade de concessão ou permissão, tratando-se de nova forma de parceria com valorização do terceiro setor, possibilitando, de outra parte, maior controle sobre as entidades que recebem recursos públicos para fins coletivos.

O instituto das organizações sociais está regulamentado, no âmbito federal, na Lei 9.637/1998.

São exemplos de organizações sociais algumas Santas Casas de Misericórdia (hospitais privados filantrópicos), que receberam tal qualificação, celebraram contrato de gestão com a Administração Pública e vêm recebendo equipamentos, pessoal e dinheiro estatais para a prestação do serviço público de saúde para a população.

São **requisitos** para que seja atribuída a qualificação de organização social a uma entidade os seguintes:

a) não ter fins lucrativos, devendo os excedentes ser aplicados em suas atividades;

b) ter fim social de interesse coletivo;

c) ter conselho de administração como órgão superior, com presença de mais de 50% de representantes do governo e de entidades civis;

d) decisão dos Ministros indicados no conceito, qualificando a entidade.

Uma vez recebida a qualificação de organização social, a entidade poderá firmar contrato de gestão com o Poder Público, contrato este que fixará os termos da parceria, como as atividades a serem desempenhadas pela entidade e a colaboração a ser oferecida pelo Estado, que poderá consistir em aporte de bens públicos em permissão de uso, recursos do orçamento e até servidores públicos.

Os serviços contratados pelo Poder Público junto à organização social, a partir do contrato de gestão, não dependem de licitação, tratando-se de caso de dispensa de licitação previsto no art. 24 da Lei 8.666/1993.

A partir desse momento, a organização social deverá promover a publicidade de seus atos, estará sujeita ao controle do Tribunal de Contas e à verificação periódica do atendimento das metas a que tiver se submetido.

Assim como os serviços sociais autônomos, as organizações sociais não são obrigadas a promover concurso público para a admissão de seu pessoal, nem a promover licitação para a realização de contratos com terceiros, devendo, todavia, efetuar tais despesas mediante obediência aos princípios da impessoalidade, da moralidade e da eficiência.

Caso ocorra descumprimento, pela entidade, do contrato de gestão, apurado em processo administrativo com ampla defesa, será feita sua desqualificação, que importará em reversão (devolução) dos bens públicos que estavam sendo utilizados pela entidade privada.

As Organizações Sociais (OSs) não se confundem com as **Organizações da Sociedade Civil de Interesse Público (OSCIPs)**, regulamentadas pela Lei 9.790/1999.

a) As primeiras atuam em atividades em que o Estado deveria atuar (ex.: saúde, educação etc.), apesar de não se tratarem de atividades exclusivas do Estado, ao passo que as segundas atuam em atividades de utilidade pública, em relação às quais o Estado tem interesse de fomento, tais como promoção da segurança alimentar, da ética e da paz;

b) As OSCIPs, na verdade, são entidades que recebem o **fomento** do Estado, por exemplo, para defender os consumidores, os idosos, os homossexuais etc.;

c) As OSs são qualificadas mediante aprovação do Ministro supervisor e do Ministro da Administração Federal e Reforma do Estado, ao passo que as OSCIPs são qualificadas pelo Ministro da Justiça;

d) As OSs celebram com a Administração *contrato de gestão*, ao passo que as OSCIPs celebram *termo de parceria*.

5.3.7.4. Organizações da Sociedade Civil de Interesse Público – OSCIPs (Lei 9.790/1999)

Podem receber a qualificação de OSCIP pessoas jurídicas de direito privado, sem fins lucrativos, que atuem observando o princípio da universalização dos serviços, e cujos objetivos sociais tenham ao menos uma das seguintes finalidades (art. 3º da lei): "I – promoção da assistência social; II – promoção da cultura, defesa e conservação do patrimônio histórico e artístico; III – promoção gratuita da educação, observando-se a forma complementar de participação das organizações de que trata esta Lei; IV – promoção gratuita da saúde, observando-se a forma complementar de participação das organizações de que trata esta Lei; V – promoção da segurança alimentar e nutricional; VI – defesa, preservação e conservação do meio ambiente e promoção do desenvolvimento sustentável; VII – promoção do voluntariado; VIII – promoção do desenvolvimento econômico e social e combate à pobreza; IX – experimentação, não lucrativa, de novos modelos socioprodutivos e de sistemas alternativos de produção, comércio, emprego e crédito; X – promoção de direitos estabelecidos, construção de novos direitos e assessoria jurídica gratuita de interesse suplementar; XI – promoção da ética, da paz, da cidadania, dos direitos humanos, da democracia e de outros valores universais; XII – estudos e pesquisas, desenvolvimento de tecnologias alternativas, produção e divulgação de informações e conhecimentos técnicos e científicos que digam respeito às atividades mencionadas neste artigo".

A Lei 9.790/1999 estabelece, ainda, que a dedicação dessas entidades nessas finalidades pode ser tanto na execução direta de programas, como na prestação de serviços intermediários de apoio a outras organizações sem fins lucrativos e a órgãos que atue em áreas afins (art. 3º, parágrafo único).

As pessoas jurídicas interessadas na qualificação como OSCIP, além de não ter fins lucrativos e de atuar nas finalidades estabelecidas no art. 3º da referida lei, devem ainda atender aos requisitos estabelecidos no art. 4º da lei, relacionados aos componentes de resguardo da legalidade, da impessoalidade, da moralidade, da publicidade, da economicidade e da eficiência na atuação da entidade, bem como não se tratar de entidade não passível de qualificação, que são as seguintes (art. 2º da lei): "I – as sociedades comerciais; II – os sindicatos, as associações de classe ou de representação de categoria profissional; III – as instituições religiosas ou voltadas para a disseminação de credos, cultos, práticas e visões devocionais e confessionais; IV – as organizações partidárias e assemelhadas, inclusive suas fundações; V – as entidades de benefício mútuo destinadas a proporcionar bens ou serviços a um círculo restrito de associados ou sócios; VI – as entidades e empresas que comercializam planos de saúde e assemelhados; VII – as instituições hospitalares privadas não gratuitas e suas mantenedoras; VIII – as escolas privadas dedicadas ao ensino formal não gratuito e suas mantenedoras; IX – as organizações sociais; X – as cooperativas; XI – as fundações públicas; XII – as fundações, sociedades civis ou associações de direito privado criadas por órgão público ou por fundações públicas; XIII – as organizações creditícias que tenham quaisquer tipo de vinculação com o sistema financeiro nacional a que se refere o art. 192 da Constituição Federal".

Preenchidos os requisitos e apresentados os documentos de que trata o art. 5º da lei federal, compete ao Ministro da Justiça decidir sobre a possibilidade ou não da qualificação.

Uma vez qualificada como OSCIP, a entidade fica habilitada para a celebração, com o Poder Público, de Termo de Parceria (art. 9º), destinado à formação do vínculo de cooperação entre as partes, para o fomento e a execução das atividades de interesse público previstas no já referido art. 3º da lei.

O Poder Público não é obrigado a fazer parceria com a entidade que for qualificada como OSCIP.

A celebração de Termo de Parceria será precedida de consulta aos Conselhos de Políticas Públicas das áreas correspondentes de atuação existentes, nos respectivos níveis de governo. Assim, no âmbito da Secretaria de Educação ou da Secretaria de Assistência Social de dado Estado ou Município, por exemplo, deverá ser constituído o conselho respectivo, para o fim acima indicado.

O Termo de Parceria tratará, entre outras questões essenciais, do objeto, das metas e resultados, e da avaliação de desempenho das entidades respectivas (art. 10, § 2º).

É importante lembrar que as OSCIPs têm o dever legal de atender ao princípio da universalização dos serviços (art. 3º), atendendo, assim, a todos que procurarem a entidade, ressalvados os casos em que houver limitação máxima de pessoas pelo tipo de atendimento, ocasião em que se deve atender a todos dentro do limite de vagas existentes e segundo as metas acertadas com o Poder Público e com critérios de admissão que respeitem a impessoalidade e a moralidade.

Em função do princípio da legalidade, é necessário que os Estados, Distrito Federal e Municípios tenham lei local operacionalizando a realização de termo de parceria com as OSCIPs. Além de autorização que o Poder Público local qualifique e celebre termo de parceria com OSCIPs, a lei local pode estabelecer requisitos como tempo de existência da OSCIP, experiência na área de atuação, qualificações especiais para celebrar termo de parceria em determinadas atividades, entre outros requisitos.

Apesar de a lei federal não exigir licitação para a celebração de Termo de Parceria com OSCIPs, em respeito aos princípios da isonomia e da indisponibilidade do interesse público, faz necessário que cada ente regulamente procedimento com vistas a assegurar tais valores. Isso implica na previsão de chamamentos públicos, que tragam critérios os mais objetivos possíveis, para a escolha, dentre as entidades interessadas, da que melhor atende ao interesse público.

Vale lembrar que a Constituição Federal, regra matriz sobre o dever de licitar, não impõe licitação pública para "o fomento e a execução das atividades de interesse público" previstas na Lei 9.790/1999, mas apenas para a contratação de obras, prestação de serviços, alienações e compras da Administração Pública (art. 37, XXI).

Dessa forma, para atender à isonomia e à indisponibilidade do interesse cabe fazer seleção nos termos do regulamento local, que poderá instituir, por exemplo, procedimento de Chamamento Público ou de Concurso de Projetos para a hipótese, procedimento que agora está regulamento em lei geral sobre parcerias, lei essa que é aplicável, no que couber, às OSCIPs (art. 4º da Lei 13.019/2014).

Um exemplo de OSCIP já implementada no setor é a Escola de Pais do Brasil – Seccional de Florianópolis, entidade sem fins econômicos, declarada de utilidade pública e credenciada pelo Ministério da Justiça como Organização da Sociedade Civil de Interesse Público – OSCIP, que organiza seminários, ministra cursos e ciclos de debates nas redes particular e pública de ensino, em empresas e centros comunitários e onde quer que se solicite sua atividade. Atua na prevenção e na busca por soluções de problemas ligados à família e à cidadania.

5.3.7.5. *Organizações da Sociedade Civil – OSC (Lei 13.019/2014)*

A Lei 13.019/2014, o chamado Marco Regulatório das Organizações da Sociedade Civil (MROSC), instituiu normas gerais para as *parcerias voluntárias, estabelecidas entre a Administração Direta e Indireta dos entes políticos e organizações da sociedade civil, que, em regime de mútua cooperação, acertem a consecução de finalidades de interesse público* (art. 1º).

Essa lei veio em resposta à "CPI das ONGs", que constatou que havia um grande número de ONGs no país que trabalhavam de forma irregular, servindo, muitas vezes, de laranjas para o desvio de recursos públicos. A CPI constatou também que, mesmo em entidades que não eram de fachada, havia vários vícios na celebração e execução dos convênios (esse era o nome do instrumento utilizado para o acerto dessas parcerias com a Administração Pública, nome esse que agora não mais poderá ser utilizado para designar esse tipo de parceria), como a ausência de processo seletivo para a celebração do convênio, a ferir, muitas vezes, o princípio da impessoalidade, a ausência de instrumento adequado de prestação de contas e também a ausência de metas e de controle de resultados. Naturalmente que há muitas entidades seríssimas nesse setor, que, vale lembrar, é essencial para a consecução de atividades de interesse público em nosso Pais, mas já estava mais do que na hora de vir uma lei que pudesse sanear os vícios mencionados, além de tratar de outras questões de suma importância para esse tipo de parceria.

Antes de tratarmos com mais detalhe desse tipo de parceria, de rigor pontuar que essa lei se aplica às parcerias que envolvam ou não transferências de recursos financeiros, **mas não se aplica às seguintes hipóteses**:

a) às transferências de recursos homologadas pelo Congresso Nacional ou autorizadas pelo Senado Federal naquilo em que as disposições dos tratados, acordos e convenções internacionais específicas conflitarem com esta Lei, quando os recursos envolvidos forem integralmente oriundos de fonte externa de financiamento;

b) às transferências voluntárias regidas por lei específica, naquilo em que houver disposição expressa em contrário;

c) aos contratos de gestão celebrados com organizações sociais, na forma estabelecida pela Lei 9.637, de 15 de maio de 1998.

Por outro lado, a lei se aplica, no que couber, às relações da administração pública com as OSCIPs (art. 4º).

Na prática, esse tipo de parceria acontece muito nas **seguintes áreas**: a) assistência social; b) educação; c) saúde; d) esporte; e) cultura; f) direitos humanos.

São **exemplos** as parcerias celebradas com entidades sem fins lucrativos (organizações da sociedade civil) para acolhimento de crianças sem família, para acolhimento de pessoas sem habitação, para realização de atividades com crianças e adolescentes em situação de risco no contraturno das aulas, atendimento a moradores de rua, acolhimento de idosos, apoio a famílias e indivíduos que vivenciam violação de direitos, dentre eles a violência física, psicológica, sexual, cumprimento de medidas socioeducativas em meio aberto, dentre outros.

Para que uma **entidade** possa realizar esse tipo de parceria há de atender aos seguintes **requisitos**:

a) enquadrar-se no conceito de organização da sociedade civil, que é a *pessoa jurídica de direito privado sem fins lucrativos que não distribui, entre os seus sócios ou associados, conselheiros, diretores, empregados ou doadores, eventuais resultados, sobras, excedentes operacionais, brutos ou líquidos, dividendos, bonificações, participações ou parcelas do seu patrimônio, auferidos mediante o exercício de suas atividades, e que os aplica integralmente na consecução do respectivo objeto social, de forma imediata ou por meio da constituição de fundo patrimonial ou fundo de reserva* (art. 2º, I, da Lei 13.019/2014);

b) possuir: i) no mínimo, 3 (três) anos de existência, com cadastro ativo, comprovados por meio de documentação emitida pela Secretaria da Receita Federal do Brasil, com base no Cadastro Nacional da Pessoa Jurídica – CNPJ; ii) experiência prévia na realização, com efetividade, do objeto da parceria ou de natureza semelhante; iii) capacidade técnica e operacional para o desenvolvimento das atividades previstas e o cumprimento das metas estabelecidas (art. 24, § 1º, VII);

c) dispor expressamente em seu estatuto social de cláusulas que estabeleçam o seguinte: i) objetivos voltados à promoção de atividades e finalidades de relevância pública e social; ii) a constituição de conselho fiscal ou órgão equivalente, dotado de atribuição para opinar sobre os relatórios de desempenho financeiro e contábil e sobre as operações patrimoniais realizadas; iii) a previsão de que, em caso de dissolução da entidade, o respectivo patrimônio líquido seja transferido a outra pessoa jurídica de igual natureza que preencha os requisitos desta Lei e cujo objeto social seja, preferencialmente, o mesmo da entidade extinta; iv) normas de prestação de contas sociais a serem observadas pela entidade, que determinarão, no mínimo: a observância dos princípios fundamentais de contabilidade e das Normas Brasileiras de Contabilidade; que se dê publicidade, por qualquer meio eficaz, no encerramento do exercício fiscal, ao relatório de atividades e demonstrações financeiras da entidade, incluídas as certidões negativas de débitos com a Previdência Social e com o Fundo de Garantia do Tempo de Serviço – FGTS, colocando-os à disposição para exame de qualquer cidadão.

A Administração Pública, por sua vez, deverá criar, caso não já tenha, **Conselho de Política Pública** ("para atuar como instância consultiva, na respectiva área de atuação, na formulação, implementação, acompanhamento, monitoramento e avaliação de políticas públicas"), **Comissão de Seleção** (órgão colegiado responsável pelo Chamamento Público, espécie de certame licitatório para a escolha da entidade) e a **Comissão de Monitoramento e Avaliação** (órgão colegiado que destinado a avaliar as parcerias), conforme incisos IX, X e XI do art. 2º da Lei 13.019/2014.

Dentre os **princípios e diretrizes** a serem respeitados nesse tipo de parceria, destacam-se os da **transparência**, do **controle social das ações públicas** e da **priorização do controle de resultados**, tendências cada vez mais fortes no direito administrativo.

Conforme já comentado, os instrumentos a serem firmados com as organizações da sociedade civil não mais poderão ser chamados de convênio, que passam a ser apenas os acordos de mútua cooperação entre entes políticos. Agora os instrumentos firmados por essas entidades com o Poder Público passam a se chamar **termo de colaboração** e **termo de fomento**, usando-se sempre o nome "termo de colaboração", ficando reservado a nomenclatura "termo de fomento" para as parcerias decorrentes de planos de trabalho que foram propostos pelas organizações da sociedade civil (arts. 16 e 17 da Lei 13.019/2014).

Mas a celebração desses termos depende, como se viu, de um processo seletivo, que tem o nome de **chamamento público**. Mas antes desse procedimento, é necessário que a Administração crie um Plano de Trabalho (art. 22 da Lei 13.019/2014), que será executado pela entidade vencedora do certame. A partir desse plano, faz-se um edital de chamamento, que, sempre que possível, deve estabelecer critérios e indicadores a serem seguidos (especialmente objetos, metas, métodos, custos, plano de trabalho e indicadores, quantitativos e qualitativos, de avaliação de resultados (art. 23, parágrafo único, da Lei 13.019/2014), sendo que o grau de adequação da proposta aos objetivos específicos do programa ou ação em que se insere o tipo de parceria e ao valor de referência constante do chamamento público é critério obrigatório de julgamento (art. 27, *caput*, da Lei 13.019/2014). A lei prevê, ainda, a inversão de fases nesse procedimento, de modo que primeiro se ultima a etapa competitiva e se ordena as propostas, para depois se verificar os requisitos de habilitação da organização da sociedade civil selecionada em primeiro lugar (art. 28, *caput*).

Uma vez finalizado o chamamento público e celebrado o termo de colaboração ou o termo de fomento, passa-se à **execução** desses termos, cujo grande destaque é a **prestação de contas** a ser feita pelo parceiro junto ao Poder Público. Nesse ponto, vale lembrar que, num termo de colaboração ou de fomento, não há relação de crédito e débito (não há obrigações recíprocas, mas sim repasse de recursos pelo Poder Público, para que sejam alocadas pelas entidades nos objetivos comuns acertados. Por isso é que a entidade parceria tem o dever de prestar contas, que se dará mediante a apresentação de dois relatórios (art. 66 da Lei 13.019/2014): a) Relatório de Execução do Objeto, voltado para as atividades desenvolvidas com vistas à execução do objetivo (ex: como se deu o atendimento às crianças, idosos etc.); b) Relatório de Execução Financeira, voltado à descrição das despesas e receitas efetivamente realizadas.

Com relação à prestação de contas financeira, importante ressaltar que a entidade não obrigada a fazer licitação para a aquisição de produtos e serviços no mercado com o dinheiro recebido pelo Poder Público. Porém, é obrigado a **gastar esses recursos com respeito** aos princípios da legalidade, da moralidade, da boa-fé, da probidade, da impessoalidade, da economicidade, da eficiência, da isonomia, da publicidade, da razoabilidade e do julgamento objetivo e a busca permanente de qualidade e durabilidade. Para tanto, a entidade parceira deve apresentar regulamento de compras e contratações seguindo os princípios mencionados, a ser aprovado pela administração pública (art. 34, VIII, da Lei 13.019/2014). Regulamento poderá, com base na complexidade do objeto, estabelecer procedimentos diferenciados para prestação de contas, desde que o valor da parceria não seja igual ou superior a R$ 600.000,00 (art. 63, § 3º).

Quanto ao **prazo da parceria**, a lei não traz limite, mas dispõe que deverá constar do termo de colaboração ou de fomento a vigência e as hipóteses de prorrogação (art. 42, VI). De qualquer forma, por analogia, entendemos que, em se tratando de serviços públicos contínuos, há de se admitir o limite máximo previsto na Lei 8.666/1993, que é total de 60 meses, já contidas as prorrogações ordinárias, sem prejuízo da prorrogação extraordinária prevista no art. 57, § 4º, da Lei 8.666/1993.

A lei prevê, ainda, **sanções graves** às seguintes pessoas: a) às entidades que executarem a parceria em desacordo com o plano de trabalho e com as normas da lei e legislação específica (art. 73); b) aos responsáveis pela execução e emissão de pareceres técnicos (arts. 75 e 76); c) e aos agentes públicos e particulares beneficiários ou que concorrem pelo ato, pela prática de atos de improbidade administrativa, sendo que a lei cria diversos tipos novos de improbidade (art. 77).

Em termos de **disposições transitórias**, a nova lei é clara no sentido de que se aplica as normas anteriores aos instrumentos (que eram chamados de convênio) celebrados até o momento anterior à entrada em vigor da lei, que tem *vacatio legis* de 90 dias e foi publicada em 01.08.2014[4]. A *contrario sensu*, e naturalmente, instrumentos celebrados após a entrada em vigor da nova lei, ficam regidos por esta (arts. 83 e 88).

5.3.8. Ordem dos Advogados do Brasil – OAB

A natureza jurídica da OAB foi exaustivamente debatida pelo STF na ADI 3.026-4/DF.

A decisão proferida pelo STF na ADI mencionada anota que a OAB não é uma autarquia especial e não integra a Administração Indireta como outro tipo de pessoa jurídica, de modo que não se sujeita ao controle estatal.

Por outro lado, o STF reconhece que a OAB presta, sim, um *serviço público*.

Na prática, isso significa que a OAB, de um lado, não é obrigada a fazer concursos públicos, licitações e a se submeter à fiscalização do TCU e ao regime estatutário dos agentes públicos, podendo contratar pelo regime celetista.

De outro lado, por ser um *serviço público*, a OAB pode fiscalizar os advogados e também tem direito a vantagens tributárias.

Na ementa do acórdão, o STF deixa claro que a OAB não é integrante da Administração Indireta, tratando-se de uma figura ímpar no País, no caso, um *Serviço Público Independente*.

O acórdão também conclui que a OAB não pode ser comparada às demais entidades de fiscalização profissional, pois não está voltada exclusivamente a finalidades corporativas, possuindo finalidade institucional.

4. A Medida Provisória 658/2014, alterou o art. 88 da Lei 13.019/2014, para aumentar a *vacatio legis* da Lei 13.019/2104 para 360 dias de sua publicação oficial.

6. AGENTES PÚBLICOS

6.1. Conceito

Os agentes públicos podem ser **conceituados** como *os sujeitos que servem ao Poder Público como instrumentos de sua vontade, mesmo que o façam apenas ocasionalmente*.

Saber quem é agente público é importante para diversos fins, tais como verificação de cabimento de mandado de segurança em face de ato de dada autoridade, submissão a certas restrições de direito público, sujeição à aplicação especial da lei penal, sujeição à Lei de Improbidade Administrativa, sujeição à Lei de Abuso de Autoridade, dentre outras situações.

No entanto, as leis trazem diferentes conceitos de agente público para efeito de determinar quem está e quem não está a ela sujeito. Por exemplo, o conceito de agente público na Lei de Improbidade Administrativa é muito mais amplo que o conceito previsto no Código Penal.

Tal situação é plenamente possível, pois cada lei deverá definir quem está a ela sujeito.

De qualquer forma, o conceito trazido por nós é um conceito geral que pode ser aplicado independentemente das especificidades de cada lei.

6.2. Natureza da atuação dos agentes públicos

Neste item comumente são estudadas as teorias do *mandato*, da *representação* e da *presentação*.

A terceira teoria, qual seja, a de que a natureza da atuação do agente público perante o Poder Público é de *presentação*, é a mais adotada, dispensando a análise aprofundada das demais, pelos seguintes motivos:

a) a natureza transitória e revogável do mandato (teoria do mandato) não se coaduna com a estabilidade dos agentes públicos;

b) a representação (teoria da representação) é forma de integração da vontade dos incapazes, e o Estado não é incapaz;

c) na presentação, o Estado se faz presente por um de seus órgãos, um agente público, de modo que todos os atos são imputados diretamente a ele (Estado), teoria que se coaduna com a realidade.

A **teoria da presentação** fez com que se desenvolvesse a *teoria do órgão*, de acordo com a qual todo ato expedido por um agente público é imputado diretamente à Administração Pública.

De fato, quando um agente público pratica um ato, esse agente nada mais está fazendo do que se fazendo presente (presentando) como Estado. No fundo, quem pratica o ato é o próprio Estado, e não o agente público, que é um mero presentante deste.

Essa conclusão tem várias consequências, dentre as quais a de que, causado um dano a terceiro por conduta de agente estatal, o Estado responderá objetivamente, não sendo sequer possível que a vítima ingresse com ação diretamente em face do agente público, devendo acionar o Estado, que, regressivamente, poderá se voltar em face do agente público que tiver agido com culpa ou dolo (art. 37, § 6º, da CF).

6.3. Classificação dos agentes públicos

Segundo Celso Antônio Bandeira de Mello, os agentes públicos podem ser classificados da forma como vemos nos enunciados adiante.

Agentes políticos *são os titulares de cargos estruturais à organização política do país.* Seu vínculo com o Estado não é de natureza profissional, mas política. A relação jurídica com o Estado é estatutária (não contratual), descendendo da própria Constituição.

São exemplos de agentes políticos o Presidente da República, Governadores, Prefeitos, Senadores, Deputados, Vereadores, Secretários de Governo, Ministros de Estado.

Há controvérsia sobre a inclusão dos juízes e promotores na aludida espécie. Se se encarar como discrímen da classificação o fato de serem titulares de cargos estruturais no âmbito da organização política do País (e não no sentido de fazerem política, no sentido pejorativo da palavra), há de se chegar à conclusão de que tais agentes são, efetivamente, agentes políticos.

Servidores estatais *são todos aqueles que mantêm com as entidades da Administração Direta e Indireta, públicas ou privadas, relação de trabalho de natureza profissional em caráter não eventual, sob vínculo de dependência.* Subdividem-se em dois grupos:

a) **servidores públicos:** são aqueles servidores estatais que atuam junto ao ente político e respectivas pessoas de direito público (autarquias e fundações públicas); podem ser titulares de *cargo público* (regime estatutário), sendo esta a regra (exs.: escreventes, delegados e fiscais), ou de *emprego público* (regime celetista); no primeiro caso, terão o nome de *servidores titulares de cargo público;* no segundo, de *servidores empregados*, que são os admitidos para funções materiais subalternas, contratados por necessidades temporárias de excepcional interesse público ou remanescentes do regime anterior à CF/1988;

b) **servidores de pessoas governamentais de direito privado:** são os que atuam como empregados, sob regime trabalhista, nas empresas públicas e sociedades de economia mista.

Já os **particulares em colaboração com a Administração**, por sua vez, *são os que, sem perder a qualidade de particulares, exercem função pública, ainda que em caráter episódico*. Subdividem-se nos seguintes grupos:

a) requisitados para prestação de atividade pública. Exs.: jurados e mesários;

b) gestores de negócios públicos que atuam em situações de necessidade pública premente;

c) contratados por locação civil de serviços. Ex.: advogado contratado para sustentação oral;

d) concessionários e permissionários de serviços públicos, bem como delegados de função ou ofício público. Ex.: notários e tabeliães.

Outra classificação importante dos agentes públicos é a que os divide nas seguintes espécies:

Agentes políticos: *vide* correspondente acima.

Agentes administrativos: *vide* servidores estatais.

Agentes honoríficos: *cidadãos convocados para prestar, transitoriamente, serviço ao Estado, em razão de sua honorabilidade.* Não há remuneração. Ex.: mesários eleitorais, jurados do Tribunal do Júri.

Agentes delegados: *particulares que recebem delegação para executar atividade, obra ou serviço público, agindo em nome próprio e por sua conta e risco, mediante remuneração advinda do Estado ou dos usuários dos serviços.* Ex.: tabeliães, oficiais de registro, concessionários de serviço público.

Agentes credenciados: *particulares que recebem uma incumbência específica para representar a Administração.* São remunerados. Aqui a transitoriedade é maior que na espécie anterior. Ex.: advogado renomado contratado por Prefeitura para fazer sustentação oral num julgamento perante o Tribunal; advogado que tem convênio com o Estado para representar necessitados em juízo em nome destes.

Outra classificação possível, feita diante do texto constitucional, é a que divide os servidores públicos em: a) agentes políticos, b) servidores públicos em sentido estrito ou estatutários; c) empregados públicos; d) contratados por tempo determinado.

Por fim, vale dar uma palavra sobre os militares. Esses têm estatuto próprio, podendo ser considerados servidores estatutários também.

Porém, para alguns autores, como Maria Sylvia Zanella Di Pietro, os *militares* devem ser considerados uma espécie à parte de agentes públicos, dadas as peculiaridades de seu regime jurídico.

Assim, para quem tem esse entendimento, haveria quatro grandes grupos de agentes públicos: a) agentes políticos; b) servidores públicos; c) militares; d) particulares em colaboração com a Administração.

6.4. Espécies de vínculos: cargos, empregos e funções

6.4.1. *Cargos públicos*

Os cargos públicos podem ser **conceituados** como as *mais simples unidades de competência a serem exercidas por agente público, devendo ser criados por lei.* Além de serem criados por lei, qualquer alteração nas atribuições do cargo somente pode ocorrer por meio de lei formal (STF, MS 26.740-DF).

Os cargos públicos são próprios das pessoas jurídicas de direito público.

Os cargos públicos podem ser efetivos ou em comissão (esse será visto no próximo item). Os titulares de **cargos efetivos** (também chamados de servidores públicos) devem passar por concurso público, podem adquirir estabilidade e se submetem ao regime estatutário, daí porque tais cargos são reservados a agentes públicos em que o dever de isenção e a responsabilidade são grandes, o que não ocorre, por exemplo, na contratação de servidores temporários, que serão chamados para empregos públicos, como se verá.

É importante consignar, desde já, que a EC 19/1998 suprimiu a obrigatoriedade do regime jurídico único, supressão essa que está suspensa no momento por decisão do STF em ADI que questiona a ausência de votação no Congresso quanto a essa modificação.

De qualquer forma, a exigência de regime jurídico único, que consta da redação original do art. 39, *caput*, da CF, quer dizer apenas que não é possível haver mais de um estatuto de funcionário público para reger os servidores com **cargo público** na Administração Direta e Indireta. Há de existir um "único" estatuto de funcionário público no âmbito das pessoas jurídicas de direito público da administração direta e indireta de um dado ente federativo. Por exemplo, na esfera federal, não é possível que haja dois estatutos de servidores públicos (a Lei 8.112/19990 e uma outra lei), de modo a um estatuto servir para uma parte dos servidores e outro, para outra parte. A única exceção se dá quanto aos militares, que têm estatuto próprio. Outra possibilidade, diz respeito à concorrência de um regime jurídico geral (no caso federal, a Lei 8.112/1990), com leis específicas tratando de alguma particularidade de uma carreira. Ademais, nada impede que as pessoas contratadas para um mero núcleo de encargo de trabalho (emprego) sejam regidas pela CLT.

Outro ponto importante acerca do regime jurídico dos servidores estatutários é que não é possível que estes celebrem acordos ou convenções coletivas e trabalho, pois a Administração Pública está sujeita ao princípio da legalidade, não se autorizando que se conceda por convenção ou acordo coletivo vantagens a servidores públicos, já que essas concessões dependem de lei de iniciativa do Executivo (art. 61, § 1º, II, "a" e "c") e de prévia dotação orçamentária (art. 169, §. 1º, I e II). Vide a respeito a decisão proferida pelo STF na ADI 554/MT. A celebração de convenções e acordos coletivos de trabalho é direito exclusivo dos trabalhadores da iniciativa privada, sujeitos ao regime celetista (art. 7º, XXVI, da CF).

6.4.2. *Funções públicas*

Em sentido amplo, as funções públicas abrangem as funções em confiança, os estágios, as contratações temporárias (art. 37, IX, da CF) e a contratação de agentes de saúde e de combate a endemias (art. 198, § 4º, da CF).

De um lado, temos essas funções públicas em sentido amplo e, de outro, temos os *cargos públicos* e os *empregos públicos*.

Em sentido estrito, as funções públicas dizem respeito às *funções em confiança*, que podem ser conceituadas como *o conjunto de atribuições, criadas por lei, correspondente a encargos de direção, chefia e assessoramento, a serem exercidas exclusivamente por titular de cargo efetivo, da confiança da autoridade que as preenche.*

A função em confiança está prevista no artigo 37, V, CF (não confundir com cargo em comissão, também previsto neste inciso, que pode ser preenchido por pessoas que não fizeram concurso público, que não são da carreira).

Assim, só quem já tem um cargo efetivo na Administração pode ser chamado para uma função de confiança (para ser chefe de uma seção, por exemplo).

A qualquer momento o servidor pode perder uma função em confiança, ocasião em que voltará a ocupar o cargo efetivo que antes detinha.

Enfim, quando uma determinada lei criar uma função de direção, chefia ou assessoramento e dispuser que só quem tem cargo efetivo poderá assumir essa função, estaremos diante de uma *função em confiança* e não diante de um *cargo em comissão*.

6.4.3. *Empregos públicos*

Os empregos públicos podem ser **conceituados** como *núcleos de encargos de trabalho, a serem preenchidos por contratados pelo regime jurídico celetista, contratual.*

O regime celetista tem por característica **maior rigidez** do que o regime estatutário. Isso porque um contrato faz lei entre as partes (*pacta sunt servanda*), ao passo que o Estatuto de Funcionário Público, que rege os detentores de cargo, é uma lei que pode ser modificada a qualquer momento sem que o agente público tenha direito adquirido ao regime funcional que tinha antes.

Outra diferença entre o regime celetista e o regime estatutário é a de que o primeiro **não admite a aquisição de estabilidade** como regra, ao passo que esse instituto é próprio aos regidos pelo regime estatutário que detenham cargo efetivo, o mesmo não acontecendo em relação aos estatutários que detêm cargo em comissão.

Apesar de o empregado público ter regime funcional celetista e submeter-se obrigatoriamente ao Regime Geral da Previdência Social, a admissão de pessoas para um emprego público depende de **concurso público**.

Outro ponto importante diz respeito aos **casos em que é possível utilizar o regime celetista**, ou seja, em que se permite a contratação de agentes públicos para um emprego público. Os casos são os seguintes:

a) pessoas jurídicas de direito privado estatais: todos os agentes serão contratados para emprego público, ou seja, pelo regime celetista;

b) pessoas jurídicas de direito público: serão contratados para emprego público, pelo regime celetista, aqueles que tiverem atribuições subalternas (ex.: telefonista, jardineiro etc.).

No último caso, os empregados públicos, apesar de serem celetistas, têm direito à estabilidade própria dos que têm cargos públicos, conforme vem decidindo a jurisprudência (Súmula 390 do TST).

Assim, um empregado público da União tem direito à estabilidade, ao passo que um empregado público do Banco do Brasil não tem esse direito.

Ainda nesse tema, existe grande discussão se a dispensa de empregado público em pessoa jurídica de direito privado estatal (por exemplo, no Banco do Brasil) precisa ser motivada.

Respondendo a essa pergunta o Tribunal Superior do Trabalho entende que a motivação é dispensável (TST, OJ-I 247). Todavia, a motivação faz-se necessária nos Correios, que, apesar de ser uma pessoa jurídica de direito privado estatal, por ter o monopólio de sua atividade, está submetido a várias sujeições das pessoas jurídicas de direito público, dentre elas àquela de motivar seus atos.

Não bastasse, o STF, além do que já se decidia em relação aos Correios, passou a decidir que, em se tratando de empresa pública ou sociedade de economia mista ***prestadoras de serviço público***, a dispensa depende de motivação em qualquer caso, pois tais empresas estatais não são como as estatais meramente exploradoras de atividade econômica, tendo, assim, um regime jurídico privado, mas com mais condicionantes públicos, como é o caso do dever de motivação em caso de dispensa de agentes públicos; confira: "em atenção, no entanto, aos princípios da impessoalidade e isonomia, que regem a admissão por concurso público, a dispensa do empregado de empresas públicas e sociedades de economia mista que prestam serviços públicos deve ser motivada, assegurando-se, assim, que tais princípios, observados no momento daquela admissão, sejam também respeitados por ocasião da dispensa; a motivação do ato de dispensa, assim, visa a resguardar o empregado de uma possível quebra do postulado da impessoalidade por parte do agente estatal investido do poder de demitir" (STF, RE 589.998, *DJ* 12.09.2013). Repare que essa regra não se aplica as empresas estatais ***exploradoras de atividade econômica***.

6.5. Cargo público

6.5.1. Classificação quanto à posição

Isolados são os cargos que não estão subdivididos em classes. Então, não há promoção.

De carreira são os cargos subdivididos em classes. Cada classe indica uma promoção.

Quadro é o conjunto de todos os cargos, isolados e de carreira. A **carreira** é composta de **classes** (crescentes), que é o conjunto de cargos da mesma natureza de trabalho. Por fim temos os **cargos,** que são as menores unidades de competência. **Lotação** é o número de servidores que devem ter exercício em cada repartição.

No âmbito federal, por exemplo, há um quadro para cada unidade básica de organização, ou seja, tem-se um quadro para cada Ministério.

6.5.2. Classificação quanto à vocação de retenção dos ocupantes

Podem ser de **provimento em comissão** (de ocupantes provisórios - demissíveis *ad nutum*), de **provimento efetivo** (de ocupantes permanentes) e de **provimento vitalício** (permanentes com maiores garantias)

Cargos em comissão *são unidades de competência a serem preenchidas por servidores de carreira nos casos, condições e percentuais mínimos previstos em lei.*

Repare que é possível que tais cargos sejam preenchidos sem que o ocupante faça concurso público.

Outras características do cargo em comissão são as seguintes:

a) seu caráter é provisório, sendo ocupado por pessoas de confiança, que podem ser nomeadas e exoneradas livremente (*ad nutum*);

b) o regime funcional dos cargos em comissão é estatutário e não celetista; dessa forma, é o Estatuto de Funcionários Públicos que rege os servidores com cargo em comissão, estatuto esse que não se aplicará na parte que trata do direito à estabilidade, pois esse direito não existe em favor daqueles que detêm cargo em comissão;

c) o regime previdenciário dos ocupantes de cargo em comissão é o Regime Geral da Previdência Social e não o Regime Próprio de Previdência dos funcionários públicos, regime aplicável apenas aos servidores que detêm cargo efetivo;

d) só podem ser criados cargos em comissão para atribuições em que o elemento confiança é indispensável (para chefia, direção e assessoramento); o STF declara com frequência a inconstitucionalidade de leis que criam cargos em comissão para atribuições eminentemente técnicas, como as de cargos para médico, auditor, jornalista, psicólogo, enfermeiro, motorista etc. (v., p. ex., ADI 3602), deixando claro que esses cargos devem ser efetivos, providos, assim, por concurso público.

Vale ressaltar que, em que pese o art. 37, V, CF dispor que a nomeação para cargo em comissão é livre, podendo ser chamado quem nunca fez concurso público algum, a lei que criar cargos em comissão deverá trazer percentuais mínimos deles que devem ser providos por servidores de carreira.

Cargos de provimento efetivo são a regra em matéria de cargos públicos, dependendo de concurso público de provas ou de provas e títulos seu provimento.

Enquanto os cargos em comissão têm como marca a transitoriedade, os cargos efetivos têm por nota a permanência, daí a possibilidade de o servidor, preenchidos certos requisitos, auferir a estabilidade, que é o direito de não ser demitido, salvo se incidir em falta grave, apurada em processo administrativo, ou em consequência da avaliação periódica, assegurada a ampla defesa, dentre outras situações que veremos a seguir.

Cargos de provimento vitalício são aqueles cujo elemento permanência é ainda mais intenso, uma vez que seus ocupantes só podem perdê-lo por meio de sentença transitada em julgado. É atributo dos magistrados (art. 95, I, CF), membros do Ministério Público (art. 128, § 5º, I, "a", CF) e membros dos Tribunais de Contas (art. 73, § 3º, CF). Seu provimento pode ou não depender de concurso público. E a vitaliciedade ocorre após dois anos de exercício, se o ingresso foi por concurso (juízes e promotores), ou logo após a posse, se por indicação (Ministros dos Tribunais Superiores, por exemplo).

6.5.3. Provimento em cargo público

Consiste no ato de designação de alguém para titularizar cargo público. É da alçada do chefe do Poder, ou do Presidente ou Procurador-Geral, quanto ao Tribunal de Contas e ao Ministério Público, respectivamente. Pode haver delegação dessa competência.

Os provimentos podem ser de vários tipos, de acordo com a natureza da designação.

Nomeação *é o provimento autônomo de servidor em cargo público*. Por ela, determinada pessoa é designada para titularizar cargo público independentemente de ter tido algum vínculo com o cargo. Caso não compareça, a nomeação será declarada sem efeito.

Não se deve confundir a **nomeação** (designação) com a **posse**, que é ato seguinte, consistente na aceitação do cargo, em que ocorre o fenômeno da **investidura**. Com esta (a investidura) forma-se a relação jurídica funcional, marcando o início dos direitos e deveres funcionais, bem como as restrições, impedimentos e incompatibilidades. Na Lei 8.112/1990, o prazo para tomar posse é de 30 dias. Por fim, ocorrerá outra situação que é a **entrada em exercício**, que no âmbito federal deve-se dar até 15 dias após a posse. Como a posse já estabelece a relação jurídica, caso o agente não entre em exercício, não se pode tão somente nomear outra pessoa, devendo, antes, exonerar-se o agente faltoso. Mas se houver nomeação sem que o nomeado tome posse, basta que seja chamada a pessoa seguinte na classificação, pois a primeira nomeação será declarada sem efeito.

A Lei 8.112/1990 admite posse por **procuração específica** (art. 13, § 3º, da Lei 8.112/1990).

O artigo 13 da Lei de Improbidade Administrativa (Lei 8.429/1992) dispõe que "a posse e o exercício de agente público ficam condicionados à apresentação de declaração dos bens e valores que compõem o seu patrimônio privado, a fim de ser arquivada no serviço de pessoal competente". Tal declaração deve abranger qualquer espécie de bem e valor patrimonial e, quando for o caso, abrangerá também os do cônjuge ou companheiro, dos filhos e de outros que sejam dependentes. Deve ser anualmente atualizada e também na data em que o agente deixar o serviço público. Prescreve a lei, ainda, que será punido com demissão a bem do serviço público, sem prejuízo de outras sanções cabíveis, o agente que se recusar a prestar declarações de bens, dentro do prazo determinado, ou que as prestar falsamente.

Promoção (ou acesso) *é o ato de designação para titularizar cargo superior da própria carreira.* Consiste em ato de provimento derivado vertical. É feita pelo Chefe do Poder. No caso do Poder Executivo, seu Chefe (que age por decreto) pode delegá-la para o Ministro ou Secretário, que agirão por resolução ou portaria. É importante consignar a respeito da promoção que: "a União, os Estados e o Distrito Federal manterão escolas de governo para a formação e o aperfeiçoamento dos servidores públicos, constituindo-se a participação nos cursos um dos requisitos para a promoção na carreira, facultada, para isso, a celebração de convênios ou contratos entre os entes federados" (art. 39, § 2º, CF).

Readaptação *é o ato de designação para titularizar cargo compatível com a limitação física ou mental que advier ao agente público.* É uma espécie de transferência para um cargo compatível e com funções, escolaridade e vencimentos equivalentes. Caso o agente revele incapacidade permanente para o trabalho, é caso de conceder-lhe aposentadoria por invalidez, não se falando em readaptação.

Reversão é o *ato de designação para que o aposentado volte a titularizar cargo, por não mais persistir o motivo da aposentadoria.* Pode ser de ofício ou a pedido. Não se deve confundir com a reversão ocorrida no campo das concessões de serviço público, pela qual os bens que o concessionário utilizava na prestação do serviço público passam ao Poder Público com a extinção da avença. A reversão a pedido depende de previsão legal.

No âmbito da Lei 8.112/1990 a reversão cabe em dois casos (art. 25): a) por invalidez, cessados os motivos da aposentadoria; b) no interesse da Administração, a pedido e em até 5 anos.

Aproveitamento *é o ato de designação do servidor que estava em disponibilidade para que volte a titularizar cargo público.* Trata-se do reingresso de servidor estável que se encontra em disponibilidade. Esta (a disponibilidade) é o ato pelo qual o Poder Público transfere para a inatividade remunerada servidor estável cujo cargo venha a ser extinto ou ocupado por outrem em decorrência de reintegração, com proventos proporcionais.

Reintegração *é ato de reinvestidura do servidor estável, quando invalidada sua demissão por decisão administrativa ou judicial.* Geralmente, a reintegração decorre de decisão judicial que declara nula a demissão do agente público. Reintegrado o servidor, terá direito ao ressarcimento de todas as vantagens perdidas no período em que esteve demitido.

Tema correlato com a reintegração é o que diz respeito à comunicabilidade da instância criminal e da esfera administrativa.

Como regra, as instâncias civil, administrativa e criminal são independentes. Porém a instância criminal produzirá efeitos nas demais quando importar em absolvição por inexistência do fato ou por negativa de autoria (art. 126 da Lei 8.112/1990). A mera absolvição criminal por falta de provas não é suficiente para que o agente público demitido na esfera administrativa leve essa sentença à Administração para pedir sua reintegração. Essa só vai acontecer se a absolvição do agente demitido for por inexistência material do fato ou negativa de autoria.

Recondução *é o retorno do servidor estável ao cargo que antes titularizava, por ter sido inabilitado no estágio probatório de outro cargo ou por ter sido desalojado pela reintegração daquele cuja vaga ocupou.* A recondução, na primeira hipótese, depende de previsão expressa no estatuto local.

6.5.4. *Investidura*

A investidura *consiste na posse do cargo.*

Com a investidura, a relação jurídica fica efetivamente formada.

A partir de tal evento já há titularidade de cargo, ficando o agente sujeito a ser exonerado. Além disso, inicia-se uma série de deveres, tais como de: honestidade, imparcialidade, legalidade, lealdade, obediência (não estando o servidor obrigado a cumprir as ordens manifestamente ilegais), conduta ética, dentre outros.

Impedimentos e incompatibilidades também passam a existir, como o impedimento de contratar com a Administração ou a incompatibilidade com o exercício de certas atividades particulares, dentre outros.

Direitos também se iniciam, como o de exercício do cargo, dentre outros que serão vistos quando se tratar do sistema remuneratório.

6.5.5. *Entrada em exercício*

Consiste no efetivo exercício da atividade ligada ao cargo. Trata-se do início do desempenho das atribuições, com os consequentes efeitos remuneratórios e previdenciários.

6.5.6. *Desinvestidura (vacância)*

Consiste no desligamento do agente público correspondente à sua destituição do cargo, do emprego ou da função. Passemos à análise das hipóteses que geram a vacância.

Falecimento: a morte do agente torna vago o cargo, o emprego ou a função.

Aposentadoria: *a transferência para a inatividade remunerada*, seja ela voluntária, compulsória ou por invalidez, gera o desligamento do agente, a vacância, não podendo o servidor permanecer trabalhando no cargo que detinha. O agente público somente poderá cumular a aposentadoria com outra remuneração se for nomeado para um cargo em comissão ou se detiver mandato eletivo, respeitando, na somatória do que receber, o teto remuneratório respectivo.

Perda do cargo, emprego ou função: *é o desligamento em virtude de sentença judicial em ação penal ou de improbidade administrativa.* O art. 92, I, do Código Penal diz ser efeito da condenação a perda do cargo, emprego ou função se aquela consistir em prisão de 1 (um) ano ou mais em crime contra administração, ou se consistir em prisão por tempo superior a 4 (quatro) anos nos demais crimes. Tal efeito da condenação penal deve estar motivadamente declarado na sentença para incidir. Quanto à ação civil por ato de improbidade administrativa, a perda do cargo é sanção típica do reconhecimento da prática de ato ímprobo. Quantos aos militares oficiais, há as seguintes particularidades previstas no art. 142, § 3º, da CF: "VI – o oficial só perderá o posto e a patente se for julgado indigno do oficialato ou com ele incompatível, por decisão de tribunal militar de caráter permanente, em tempo de paz, ou de tribunal especial, em tempo de guerra".

Dispensa: *é o desligamento daquele admitido pelo regime da CLT sem que haja justa causa.* Conforme já mencionado, tal ato só deve ser motivado se se tratar de empregado público de pessoa jurídica de direito público e de empregados de empresa pública e sociedade de economia mista *prestadoras de serviço* *público*. Todavia, tais dispensas devem respeitar critérios gerais e igualitários, a fim de que se respeite a legalidade, a moralidade, a razoabilidade e a eficiência.

Demissão: *é o desligamento por justa causa quando há infração disciplinar*. Tem natureza punitiva, sancionatória, o que a difere da exoneração, própria para os desligamentos que não têm tal natureza. A demissão por infração disciplinar depende de processo administrativo em que se assegure ampla defesa, seja para servidores estáveis, seja para servidores que ainda estão em estágio probatório.

Exoneração: *é o desligamento a pedido ou de ofício, sempre com caráter não punitivo*. De ofício, pode ser *imotivada* (no caso dos titulares de cargo em comissão) ou *motivada*, nas hipóteses de não satisfação do estágio probatório (Súmula 21 do STF: "funcionário em estágio probatório não pode ser exonerado nem demitido sem inquérito ou sem as formalidades legais de apuração de sua capacidade") ou quando o agente não entrar em exercício.

A EC 19/1998 prevê mais duas hipóteses de exoneração motivada.

A primeira se dá em caso de **avaliação insatisfatória de desempenho.** Isso porque, a partir de tal emenda, é requisito para adquirir a estabilidade a aprovação em **avaliação *especial* de desempenho** (feita por comissão instituída para essa finalidade após os 3 anos de estágio probatório – art. 41, § 4º, CF) e, mesmo após adquirir-se a estabilidade, o servidor estará sujeito a **avaliações *periódicas* de desempenho** (procedimento que será regulamentado na forma de lei complementar, assegurada ampla defesa – art. 41, § 1º, III, CF), sendo que, não aprovado em qualquer dos dois tipos de avaliação, será exonerado.

Trata-se de exoneração e não de demissão porque não se trata de punição por infração, mas de desligamento por simples falta de aptidão. Quanto à avaliação periódica de desempenho, há outro dispositivo constitucional incidente que dispõe que a lei complementar estabelecerá *critérios e garantias especiais para a perda do cargo pelo servidor público estável que, em decorrência das atribuições de seu cargo efetivo, desenvolva atividades exclusivas de Estado. Na hipótese de insuficiência de desempenho, a perda do cargo somente ocorrerá mediante processo administrativo em que lhe sejam assegurados o contraditório e a ampla defesa* (art. 247, CF). Perceba-se que, para tal situação, a previsão é de processo administrativo e não apenas ampla defesa.

A segunda nova espécie de exoneração se dá **para atender limite de despesas com pessoal ativo e inativo** (art. 169, § 4º). A Lei de Responsabilidade Fiscal traz limites máximos de despesas com pessoal ativo e inativo, consistentes nos seguintes percentuais da receita corrente líquida: 50% (União) e 60% (Estados e Municípios). Em caso de superação desse limite, deve-se exonerar pessoal, consoante os critérios trazidos na Lei 9.801/1999, que estabelece a necessidade de se começar a tentativa de readequação dos gastos reduzindo em pelo menos 20% os cargos em comissão e as funções de confiança, passando à exoneração dos não estáveis, para só após exonerar servidores estáveis e, mesmo assim, desde que ato normativo motivado de cada um dos Poderes especifique a atividade funcional, o órgão ou unidade objeto da redução e traga os seguintes critérios combinados: menor tempo de serviço, maior remuneração e menor idade.

O servidor que perde cargo por esse motivo fará jus a indenização correspondente a um mês de remuneração por um ano de serviço. O cargo será extinto, vedada a criação de outro semelhante por pelo menos 4 anos.

Sobre o tema vacância de cargo, havia grande discussão quanto à existência de direito ao FGTS quando esta se desse por contratação de servidor público sem concurso público. O STF acabou por dirimir a questão, sob o fundamento de que se trata, na espécie, de efeitos residuais de fato jurídico que existira, não obstante reconhecida sua nulidade, considerando-se, assim, constitucional a disposição nesse sentido contida no art. 19-A da Lei 8.036/1990. Porém, o STF entende que, afora o direito aos salários e ao FGTS depositado, a inconstitucionalidade do ato não permite o pagamento, no caso, das verbas rescisórias relativas ao aviso-prévio, à gratificação natalina, às férias e respectivo terço, à indenização referente ao seguro-desemprego e à multa prevista na CLT (RE 705.140/RS, j. 28.08.2014).

6.6. Vedação ao nepotismo (Súmula Vinculante nº 13)

A Súmula Vinculante nº 13 do STF proíbe a contratação de parentes no âmbito dos três Poderes. Confira o teor da súmula, divida em diversos pedaços, para que possa ser melhor compreendida:

a) "A nomeação de cônjuge, companheiro ou parente em linha reta, colateral ou por afinidade, até o 3º grau, inclusive, (...)

b) (...) da autoridade nomeante ou de servidor da mesma pessoa jurídica investido em cargo de direção, chefia ou assessoramento (...)

c) (...) para o exercício de cargo em comissão ou de confiança ou, ainda, de função gratificada (...)

d) (...) na administração pública direta e indireta em qualquer dos Poderes da União, dos Estados, do DF e dos Municípios, (...)

e) (...) compreendido o ajuste mediante designações recíprocas, (...)

f) (...) viola a Constituição Federal."

Repare que a proibição abrange tanto parentes consanguíneos como parentes por afinidade ("a"), até 3º grau, incluindo, ainda, o cônjuge e o companheiro.

Repare também que o parente que não pode ser nomeado ("b") é o parente de duas pessoas: da autoridade que faz a nomeação e de alguém que esteja investido em cargo em comissão naquele ente. Assim, parentes de quem assina as nomeações e parentes de alguém que já tenha um cargo em comissão num ente estatal estão impossibilitados de serem nomeados.

Outro ponto que merece ser ressaltado é que o impedimento de nomeação de terceiro é para o exercício de cargo em comissão ou de função de confiança no ente ("c"), nada impedindo que alguém preste um concurso público para cargo efetivo numa entidade em que um parente seu seja autoridade nomeante ou já tenha um cargo em comissão, sendo que, aprovado no concurso, o terceiro terá direito à nomeação para o cargo respectivo.

A proibição em tela não se dirige só à Administração Direta, atinge também toda a Administração Pública Indireta ("d").

A súmula também veda o nepotismo cruzado ("e"). Tal prática consiste em autoridades de entes diversos combinarem de um nomear o parente do outro. Esse tipo de ajuste recíproco tem claro objetivo de fraudar a proibição do nepotismo e é considerado prática vedada pela súmula vinculante.

Ao final, a súmula conclui dizendo que esse tipo de prática viola a Constituição, sendo certo que o STF fundou sua decisão no princípio da moralidade, previsto no art. 37, *caput*, da CF.

Apesar de o texto da súmula não indicar, o STF entende que a vedação ao nepotismo tem uma exceção, qual seja, a súmula não incide sobre a nomeação de servidores para cargo de natureza política. Confira decisão a respeito: "Impossibilidade de submissão do reclamante, Secretário Estadual de Transporte, agente político, às hipóteses expressamente elencadas na Súmula Vinculante nº 13, por se tratar de cargo de natureza política. 2. Existência de precedente do Plenário do Tribunal: RE 579.951/RN, rel. Min. Ricardo Lewandowski, DJE 12.09.2008." (STF, Rcl 6650 MC-AgR, DJ 21.11.2008).

6.7. Acessibilidade a cargos e empregos na Constituição

6.7.1. Oportunidade a brasileiros e estrangeiros

Segundo o art. 37, I, da CF, *"os cargos, empregos e funções públicas são acessíveis aos brasileiros que preencham os requisitos estabelecidos em lei, assim como aos estrangeiros, na forma da lei"*.

Essa regra garante a possibilidade de que todos possam vir a ser agentes públicos (preenchidos certos requisitos, claro).

Repare que, enquanto a norma relativa aos brasileiros é de eficácia contida ou restringível (o que a faz produzir imediatamente efeitos, em que pese a lei poder restringi-los), a norma relativa aos estrangeiros é diferente, dando a ideia de ter eficácia limitada (o que a faz depender de uma lei para produzir efeitos).

Quanto aos brasileiros, a regra não faz distinção entre os natos e os naturalizados. Nada obstante, o § 3º do art. 12 da CF dispõe: "são privativos de brasileiro nato os cargos: I - de Presidente e Vice-Presidente da República; II - de Presidente da Câmara dos Deputados; III - de Presidente do Senado Federal; IV - de Ministro do Supremo Tribunal Federal; V - da carreira diplomática; VI - de oficial das Forças Armadas; VII - de Ministro de Estado da Defesa".

6.7.2. Requisitos de ingresso no serviço público

O texto constitucional, tal como configurado hoje, permite que sejam estabelecidos requisitos para o ingresso no serviço público.

Porém, para que tais requisitos estejam em acordo com a Lei Maior, é necessário que atendam ao seguinte:

a) estejam **previstos em lei** (art. 37, I, da CF); decretos, resoluções e outros instrumentos não são suficientes para inserir no edital a previsão de exame psicotécnico; deve ser lei em sentido formal (STF, AI 529.219 Agr, DJ 26.03.2010);

b) sejam **objetivos**, **científicos** e **pertinentes**, sob pena de violação ao princípio da isonomia (art. 5º, *caput*, da CF);

c) sejam passíveis de **recurso** e **impugnação**, sob pena de violação aos princípios do contraditório e da ampla defesa; *vide*, por exemplo, o REsp 1.046.586 (STJ).

Assim, requisitos ligados ao sexo, à idade, ao exame psicotécnico, dentre outros, são compatíveis com a Constituição, desde que atendam aos itens mencionados.

Nesse sentido, confira três súmulas do STF:

a) Súmula 683: "o limite de idade para a inscrição em concurso público só se legitima em face do art. 7º, XXX, da Constituição, quando possa ser justificado pela natureza das atribuições do cargo a ser preenchido";

b) Súmula 684: é inconstitucional o veto não motivado à participação de candidato a concurso público";

c) Súmula 686: só por lei se pode sujeitar a exame psicotécnico a habilitação de candidato a cargo público".

O STF e o STJ também têm decidido que, na fase de investigação social em concurso público, o fato de haver instauração de inquérito policial ou propositura de ação penal contra candidato, por si só, não pode implicar a sua eliminação (STF, Ag. Reg. no ARE 713.138-CE; STJ, AgRg no RMS 39.580-PE, j. 11.02.2014).

No mais, há interessante súmula do STJ, que trata do momento em que se pode exigir comprovação de requisito relacionado ao exercício do cargo: *"o diploma ou habilitação legal para o exercício do cargo deve ser exigido na posse e não na inscrição para o concurso público"* (Súmula 266).

6.7.3. A jurisprudência e o exame psicotécnico

O STF e o STJ firmaram jurisprudência no sentido de que é possível exigir exame psicotécnico nos concursos públicos, com caráter eliminatório, desde que se atenda a três requisitos: a) previsão expressa do exame em lei formal; b) existência de critérios objetivos, científicos e pertinentes; c) recorribilidade. *Vide*, por exemplo, decisão do STJ no RMS 43.416-AC, j. 18.02.2014.

A **previsão expressa em lei formal** traz vários desdobramentos.

Em primeiro lugar, decretos, resoluções e outros instrumentos normativos não são suficientes para que se insira no edital a previsão de exame psicotécnico, devendo-se tratar de lei em sentido formal (STF, AI 529.219 Agr, *DJ* 26.03.2010). Isso porque o art. 37, I, da CF dispõe que somente a lei pode estabelecer requisitos para a acessibilidade a cargos, empregos e funções. Essa disposição deu ensejo à edição da Súmula 686 do STF ("só por lei se pode sujeitar a exame psicotécnico a habilitação de candidato a concurso público").

Em segundo lugar, a lei deve ser objetiva e específica quanto à exigência do citado exame, não sendo suficiente que faça referência a expressões como "submissão a exame de aptidão física e mental". Nesse sentido, o STF entende que a previsão contida na CLT (art. 168) não é suficiente para se exigir exame psicotécnico quanto a empregos públicos na Administração Pública (RE 559.069, DJ 12.06.2009). Da mesma forma, exames psicotécnicos em concursos da Magistratura vêm sendo corretamente impugnados, pelo fato de o art. 78 da Lei Orgânica da Magistratura não ser objetivo quanto à previsão de exame psicotécnico.

Os **critérios objetivos, científicos e pertinentes** também trazem vários desdobramentos.

Os tribunais superiores não entendem pertinente o chamado teste "profissiográfico", pelo qual se tenta verificar se o candidato tem perfil psicológico compatível com a profissão. De fato, esse tipo de teste tem caráter bastante subjetivo e ofende os princípios da igualdade e da impessoalidade. Uma coisa é verificar se alguém tem alguma patologia incompatível com a profissão desejada. Outra é verificar se alguém atende ao modelo ou perfil psicológico esperado para a profissão. Essa última tentativa é inconstitucional.

Outro desdobramento diz respeito à necessidade do edital trazer os critérios do exame de modo claro e objetivo. Nesse sentido, as seguintes condutas são vedadas: a) simples previsão genérica de exame psicotécnico; b) previsão de exame psicotécnico, mas com mera informação de que este será feito segundo critérios científicos; c) previsão de exame psicotécnico, mas com critérios vagos e subjetivos, ainda que com descrições longas.

E quanto à **recorribilidade**, o edital deve prever, e a Administração deve respeitar, o seguinte: a) a necessidade do laudo trazer motivação adequada, especificando de modo claro, congruente, transparente e objetivo os fundamentos de sua conclusão; b) a necessidade do laudo ser entregue ao candidato logo em seguida à sua elaboração; c) a necessidade de prazo para a interposição de recurso, com oportunidade de apresentação de laudo divergente por outro profissional, contratado pelo candidato; d) a necessidade de julgamento do recurso, com apreciação específica e motivada sobre os pontos levantados pelo candidato. Sobre a recorribilidade, vale ler o AI 539.408 AgR, relatado pelo Min. Celso de Mello, do STF.

Vale ressaltar que os tribunais superiores vêm também entendendo que, quando houver violação ao primeiro requisito (previsão expressa em lei formal), o candidato estará dispensado de fazer o exame. Já quando houver violação ao requisito que determina a observância de critérios objetivos e de motivação, é necessário fazer novo exame (STJ, AgRg no Ag 1.291.819, DJ 21.06.2010), não ficando o candidato dispensado de fazê-lo, nem podendo este substituir o exame feito por outro exame realizado em concurso público diverso. Quanto aos demais requisitos, relacionados à previsão editalícia clara, científica e pertinente, entendemos que sua ausência macula a regra do edital correspondente, ficando o candidato dispensado do exame psicotécnico em atenção aos princípios da proteção da confiança e da segurança jurídica.

Por fim, caso o candidato prejudicado queira ingressar com o mandado de segurança, deverá promovê-lo no prazo de 120 dias contados da publicação do edital, se desejar impugnar as formalidades nele previstas (STJ, RMS 29.776, DJ 19.10.2009), ou no prazo de 120 dias do resultado do exame psicotécnico, se desejar impugnar aspectos relativos ao exame em si (STJ, AgRg no REsp 1.052.083, DJ 01.06.2009). De qualquer maneira, desejando ingressar com ação pelas vias comuns, o prazo para tanto é de 5 anos, contados do ato impugnado (STJ, REsp 984.946, DJ 29.11.2007).

6.7.4. Obrigatoriedade do concurso

O artigo 37, II, da CF tem o seguinte teor: *"a investidura em cargo ou emprego público depende de aprovação prévia em concurso público de provas ou de provas e títulos, de acordo com a natureza e a complexidade do cargo ou emprego, na forma prevista em lei, ressalvadas as nomeações para cargo em comissão declarado em lei de livre nomeação e exoneração"*.

Esse dispositivo cria uma regra que determina a realização de concurso para a admissão de pessoal na Administração.

Todavia, como toda regra, essa também tem exceção. Não será necessário concurso público nas nomeações para cargo em comissão.

Da mesma forma, não há necessidade de promover concurso público nas contratações temporárias de excepcional interesse público, sendo suficiente que se faça mero processo seletivo.

6.7.5. Validade do concurso público

Segundo o art. 37, III, da CF, "*o prazo de validade do concurso público será de até dois anos, prorrogável uma vez, por igual período*".

Há um detalhe importante: a lei dispõe que a validade é de *até* 2 anos e não *de* dois anos. Ex.: se for fixado no edital como de um ano o prazo de validade do concurso, tal prazo poderá ser prorrogado, mas terá que ser *somente uma vez* e pelo *mesmo* período de um ano, de modo que, caso prorrogado, o prazo total do exemplo será de 2 anos de validade do concurso.

Os candidatos de um concurso não têm direito subjetivo à determinação de prorrogação do prazo de validade de um concurso. Trata-se de decisão discricionária da Administração. Porém, já se decidiu que, apesar de a Administração não estar obrigada a prorrogar o prazo de validade dos concursos, se novos cargos vierem a ser criados, durante esse prazo de validade, mostra-se de todo recomendável que se proceda a essa prorrogação (STF, RE 581.113-C).

6.7.6. Direitos do aprovado em concurso público

No passado, o aprovado em concurso público tinha apenas o direito de não ser *preterido* na ordem de classificação (art. 37, IV, da CF). Dessa forma, a aprovação no concurso gerava ao candidato mera *expectativa de direito*, cabendo à administração a análise *discricionária* da conveniência ou não em nomear os candidatos aprovados.

Diante de alguns abusos, os tribunais começaram a reconhecer o direito à nomeação em situações em que a Administração Pública, no prazo de validade do concurso, *externava* de alguma maneira que tinha interesse em nomear novos servidores. Um exemplo eram as situações em que se abria *novo concurso* no prazo de validade do anterior ou em que se nomeava outro servidor (inclusive agentes terceirizados temporários – STJ, AgRg no RMS 33.893, *DJ* 30.11.2012) para exercer as *mesmas funções* do cargo para o qual o candidato fora aprovado.

Recentemente, o STF e o STJ passaram a entender também que o candidato aprovado em concurso tem *direito* de ser nomeado *no limite das vagas previstas no respectivo edital*, uma vez que a Administração, ao estabelecer o número de vagas, *vincula-se* a essa escolha e cria expectativa nos candidatos, impondo-se as nomeações respectivas, em respeito aos princípios da *boa-fé, razoabilidade, isonomia* e *segurança jurídica*.

É bom consignar que o STF até admite que a Administração deixe de nomear os aprovados no limite das vagas do edital se houver ato *motivado* demonstrando a existência de fato novo que torne inviável a nomeação. Tal ato, todavia, poderá ser controlado pelo Judiciário (RE 227.480, DJ 21.08.2009). De qualquer forma, na prática, será muito difícil que a Administração consiga justificar a existência de motivo que inviabiliza as nomeações, pois somente razões *pertinentes, novas, imprevisíveis* e *justificadas antes da impugnação de candidatos* à ausência de sua nomeação atendem ao princípio da *adequada motivação*. O STF, em outra decisão, resumiu assim os requisitos que devem estar previstos em conjunto para caracterizar essa situação excepcional: "a) superveniência, ou seja, vinculadas a fatos posteriores à publicação do edital; b) imprevisibilidade, isto é, determinadas por circunstâncias extraordinárias; c) gravidade, de modo a implicar onerosidade excessiva, dificuldade ou mesmo impossibilidade de cumprimento efetivo das regras editalícias; d) necessidade, traduzida na ausência de outros meios, menos gravosos, de se lidar com as circunstâncias" (RE 598.099, j. 10.08.2011).

A Administração também não será obrigada a nomear o servidor nessas condições caso o concurso tenha sido feito por conta da instalação de um novo órgão e esse órgão não vem a ser criado no período de validade do concurso (STF, RE 748.105 AgR/DF, j. 17.09.2013).

Feita essa ressalva, vale anotar outras características desse direito.

A primeira delas diz respeito ao efeito das *desistências* de outros candidatos nomeados no concurso. Por exemplo, alguém aprovado na 919ª posição, num concurso com 770 vagas previstas no edital, 633 nomeados e 150 desistências têm direito de ser nomeado? Segundo o STJ, a resposta é positiva. Isso porque as desistências devem ser *somadas* ao total de vagas previsto no edital. No caso (aliás, esse é um caso real – STJ, RMS 21.323, DJ 21.06.2010), somando-se as 770 vagas do edital com as 150 desistências dos nomeados, a administração pública fica obrigada a nomear até o classificado na 920ª posição.

A segunda característica diz respeito ao efeito da *criação de novas vagas* durante o prazo de validade do concurso. Nesse ponto, o STJ *não* vem reconhecendo o direito à nomeação daqueles que, com as novas vagas, estariam classificados no limite da somatória destas com as vagas do edital (AgRg no RMS 26.947, DJ 02.02.2009).

A terceira observação diz respeito a *efeito econômico* da não nomeação de um aprovado no limite das vagas do edital. Nessa seara, o STJ também não vem reconhecendo o direito à indenização pelo período pretérito à efetiva nomeação, pois entende não ser correto receber-se retribuição sem o efetivo exercício do cargo (AgRg no REsp 615.459/SC, *DJe* 07.12.2009). Todavia, quando há preterição na ordem de classificação, ou seja, quando alguém deixa de ser nomeado em favor de outro que está em pior classificação, o STJ entende devida a indenização, com pagamento de vencimentos retroativos à data da impetração judicial (MS 10.764/DF, DJ 01.10.2009).

A quarta observação diz respeito ao *momento adequado* para o ingresso com ação judicial visando à nomeação no limite das vagas do edital. Nesse ponto, ainda não há posição específica de nossos tribunais superiores. Mas há algumas pistas. O STJ entende que há interesse processual em se promover a ação ainda durante o prazo de validade do concurso (RMS 21.323, DJ 21.06.2010), o que permitiria, em nossa opinião, o ingresso da ação logo após a homologação do certame. E o mesmo STJ entende que também há interesse processual em promover a ação após o prazo de validade do concurso. Tratando-se de mandado de segurança, o STJ entende que o prazo decadencial de 120 se inicia da data que expirar a validade do concurso (AgRg no RMS 21.165/MG, DJ 08.09.2008).

Em suma, o fato é que o candidato a concursos públicos vem cada vez mais recebendo o apoio da jurisprudência dos tribunais superiores. E essa informação é útil não só para resolver questões que pedem o conhecimento dessas novidades, como também para que o candidato corra atrás dos seus direitos caso esses sejam violados.

6.7.7. Acesso a novas carreiras sem concurso público

Infelizmente, é muito comum a tentativa de burlar o instituto do concurso público, "promovendo" um servidor de uma carreira, para outra carreira, sem concurso público. Colocamos "promovendo" entre parêntesis, pois uma promoção só pode se dar dentro de uma carreira. Quando um servidor vai de uma carreira para outra carreira sem concurso, tem-se o que muitos chamam de acesso. O servidor passou num concurso para uma carreira "X" (carreira essa onde se esperar que terá promoções, mas dentro da própria carreira) e acaba sendo designado para uma carreira "Y", carreira totalmente diferente da primeira, sem concurso público. Por exemplo, o servidor entra numa carreira de "Técnico" e, sem concurso, consegue mudar para uma carreira de "Analista". Esse tipo de acesso a uma nova carreira é uma fraude, uma burla ao princípio do concurso público, pois o servidor prestou concurso para uma carreira (com grau de dificuldade e conteúdos diversos) e passa a outra carreira sem concursos e preterindo muitas pessoas que gostariam de prestar o concurso para essa segunda carreira, mas não têm essa oportunidade, por conta de servidores de outra carreira passarem para essa carreira diversa e que certamente teria muitos interessados se um concurso pra ela fosse aberto.

A Constituição de 1988 é clara: a investidura em cargo público efetivo depende de concurso (art. 37, II). Portanto, quando a Administração, mesmo diante de uma lei autorizativa, nomeia um servidor que estava num cargo "X" para um cargo "Y" sem concurso, está cometendo uma grande inconstitucionalidade, ferindo o princípio da acessibilidade aos cargos públicos, conforme julgou o STF, por exemplo, na ADI 917/MG (j. 06.11.2013), na qual se "julgou procedente pedido formulado em ação direta para declarar a inconstitucionalidade do §§ 1º ao 5º do artigo 27 da Lei 10.961/1992, do Estado de Minas Gerais, que dispõem sobre o acesso como forma de provimento dos cargos públicos naquela unidade federativa.

6.7.8. Direito à segunda chamada em teste de aptidão física

Esse tema que sofreu modificação na jurisprudência do STF, que agora entende que "os candidatos em concurso público não têm direito à prova de segunda chamada nos testes de aptidão física em razão de circunstâncias pessoais, ainda que de caráter fisiológico ou de força maior, salvo contrária disposição editalícia". Entendeu-se que não há ofensa do princípio da isonomia e que o direito à segunda chamada poderia tornar o concurso infindável, além de gerar alto custo para a Administração. Por conta da mudança de posicionamento, e para que ficasse respeitado o princípio da segurança jurídica, atribuiu-se à decisão os efeitos da repercussão geral para o fim de assegurar a validade das provas de segunda chamada ocorridas até a data da conclusão do julgamento em questão (RE 630.733, j. 15.05.2013).

6.7.9. Direito à anulação de questões de concursos

Tema recorrente na jurisprudência é o direito do candidato de requerer a anulação de certas questões de concursos públicos. Geralmente, esse pedido é feito nas seguintes situações: a) quando a questão é formulada fora do conteúdo programático previsto no edital; b) quando a questão foi mal elaborada e apresenta problema no seu mérito.

A princípio, a jurisprudência do STF é no sentido de que o Judiciário é incompetente para substituir-se à banca examinadora de concurso público no reexame de critérios de correção das provas e de conteúdo das questões formuladas. Assim, quanto às alegações de que a questão está fora do conteúdo programático, por exemplo, basta que um tema esteja previsto de forma genérica no edital, para que, desde que haja um mínimo de conexão desse tema com o perguntado na questão que se deseja anular, para que Judiciário afaste a possibilidade de proceder à anulação da questão, mormente em mandado de segurança, que não permite dilação probatória (STF, MS 30.860/DF, j. 28.08.2012). E havendo dúvida sobre se uma questão foi corretamente elaborada ou não, o Judiciário deve evitar se substituir à banca examinadora.

Porém, o mesmo STF entende que, havendo erro grosseiro, o Judiciário pode ser reconhecer a ilegalidade. Um exemplo foi o caso em que questões de Direito Civil do concurso para Procurador da República foram anuladas pelo STF por restar patente sua ofensa ao que dispõe o Código Civil (MS 30.859/DF, 28.08.2012).

6.7.10. *Cláusula de barreira*

Outro tema recorrente é o da constitucionalidade ou não da chamada cláusula de barreira (ou afunilamento). Essa cláusula é aquela utilizada quando um concurso tem mais de uma fase e se estipula no edital que só serão corrigidas as provas da outra fase referente a um número determinado de candidatos aprovados. Por exemplo, o edital do concurso pode prever uma nota de corte e dizer que, dentre os que atingiram a nota de corte, apenas 200 candidatos passarão para a próxima fase do concurso.

O STF entende que esse tipo de condição de passagem para outra fase é norma de avaliação e de classificação a critério do organizador do exame, tratando-se, ainda, de cláusula que atinge a todos indistintamente, daí porque não se pode considerá-la discriminatória (MS 30195 AgR-DF, j. 26.06.2012). *Vide*, também, o RE 635.739/AL, j. 19.02.2014, pelo STF.

6.7.11. *Legitimação do Ministério Público para questionar itens de editais de concursos*

Sobre esse tema, o STF entende que o Ministério Público tem essa legitimidade, pois lhe é conferido atuar, mesmo quando se está diante de interesse individual homogêneo, quando presente o interesse social (RE 216.443/MG, j. 28.08.2012). No caso mencionado, o Ministério Público estadual ajuizara ação civil pública em torno de concurso para diversas categorias profissionais de uma prefeitura, tendo questionado que a pontuação adotada privilegiaria candidatos os quais já integrariam o quadro da Administração Pública Municipal, circunstância que revela que a matéria cuidada na ação tinha a relevância exigida a justificar a legitimidade do Ministério Público estadual.

6.7.12. *Direitos da pessoa com deficiência*

Segundo o art. 37, VIII, da CF, *"a lei reservará percentual dos cargos e empregos públicos para as pessoas portadoras de deficiência e definirá os critérios para a sua admissão"*.

A respeito dessa regra, confira dois entendimentos do STF:

a) na reserva de vagas para deficientes (concorrência específica), esses só concorrem entre si (RMS 25.666, DJ 04.12.2009);

b) para o cálculo do número de vagas reservadas, deve-se fazer o arredondamento "para cima" da fração (RE 606.728-AgR, DJ de 01.02.2011);

6.7.13. *Vagas reservadas aos negros ("Cotas").*

A Lei 12.990/2014 reservou aos negros 20% das vagas oferecidas nos concursos públicos para provimento de **cargos efetivos** e **empregos públicos** no âmbito da administração pública federal, das autarquias, das fundações públicas, das empresas públicas e das sociedades de economia mista controladas pela União (art. 1º).

Essa **reserva de vagas** obedece às seguintes regras (arts. 2º a 4º):

a) será aplicada sempre que o número de vagas oferecidas no concurso público for igual ou superior a 3 (três), sendo que, na hipótese de quantitativo fracionado para o número de vagas reservadas a candidatos negros, esse será aumentado para o primeiro número inteiro subsequente, em caso de fração igual ou maior que 0,5 (cinco décimos), ou diminuído para número inteiro imediatamente inferior, em caso de fração menor que 0,5 (cinco décimos);

b) constará expressamente dos editais dos concursos públicos, que deverão especificar o total de vagas correspondentes à reserva para cada cargo ou emprego público oferecido;

c) poderão concorrer a essas vagas candidatos negros, considerados como aqueles que se autodeclararem pretos ou pardos no ato da inscrição no concurso público, conforme o quesito cor ou raça utilizado pelo IBGE, sendo que, na hipótese de constatação de declaração falsa, o candidato será eliminado do concurso e, se houver sido nomeado, ficará sujeito à anulação da sua admissão ao serviço ou emprego público, após procedimento administrativo em que lhe sejam assegurados o contraditório e a ampla defesa, sem prejuízo de outras sanções cabíveis;

d) os candidatos negros concorrerão concomitantemente às vagas reservadas e às vagas destinadas à ampla concorrência, de acordo com a sua classificação no concurso, sendo que os candidatos negros aprovados dentro do número de vagas oferecido para ampla concorrência não serão computados para efeito do preenchimento das vagas reservadas; já no caso de desistência de candidato negro aprovado em vaga reservada, a vaga será preenchida pelo candidato negro posteriormente classificado;

d) na hipótese de não haver número de candidatos negros aprovados suficiente para ocupar as vagas reservadas, as vagas remanescentes serão revertidas para a ampla concorrência e serão preenchidas pelos demais candidatos aprovados, observada a ordem de classificação.

e) quanto à nomeação dos candidatos aprovados, esta respeitará os critérios de alternância e proporcionalidade, que consideram a relação entre o número de vagas total e o número de vagas reservadas a candidatos com deficiência e a candidatos negros;

A lei entrou em vigor na data de sua publicação e terá vigência pelo prazo de 10 (dez) anos (lei temporária), não se aplicando aos concursos cujos editais já tivessem sido publicados antes de sua entrada em vigor (art. 6º).

Vale, por fim, trazer a seguinte decisão do STJ sobre a não caracterização de pessoa com deficiência para fins de aplicação das regras de acessibilidade a essa pessoa, quando se tratar de alguém com surdez unilateral: "Candidato em concurso público com surdez unilateral não tem direito a participar do certame na qualidade de deficiente auditivo. Isso porque o Decreto 5.296/2004 alterou a redação do art. 4º, II, do Decreto 3.298/1999 – que dispõe sobre a Política Nacional para Integração de Pessoa Portadora de Deficiência e excluiu da qualificação "deficiência auditiva" os portadores de surdez unilateral. Vale ressaltar que a jurisprudência do STF confirmou a validade da referida alteração normativa. Precedente citado do STF: MS 29.910 AgR, Segunda Turma, DJe 01.08.2011." (MS 18.966-DF, j. 02.10.2013).

6.7.14. *Contratação temporária*

O art. 37, IX, da CF, traz a seguinte disposição: *"a lei estabelecerá os casos de contratação por tempo determinado para atender a necessidade temporária de excepcional interesse público"*.

Cada ente político poderá legislar para o fim de regulamentar o dispositivo acima transcrito.

A Lei 8.745/1993 (alterada pela Lei 9.849/1999) traz, para a esfera federal, os casos em que cabe esse tipo de contratação, servindo de exemplo a contratação em situação de calamidade pública, combate a surtos endêmicos ou para recenseamento.

Geralmente o prazo máximo de contratação é de 12 meses, findo o qual o contrato se extingue.

Permite-se, em algumas situações, prorrogação do contrato.

É importante relatar que não é possível prever a contratação temporária para a admissão de servidores para funções burocráticas ordinárias e permanentes. Assim, o STF entendeu inconstitucional lei do Estado do Rio Grande do Norte que criou contratação temporária para Defensor Público (ADI 3.700). Confira outra decisão do STF a respeito do tema: "Servidor público: contratação temporária excepcional (CF, art. 37, IX): inconstitucionalidade de sua aplicação para a admissão de servidores para funções burocráticas ordinárias e permanentes." (ADI 2.987)

A contratação temporária não exige concurso público, mas é necessário fazer um processo seletivo simplificado para garantir um mínimo de moralidade, podendo esse ser dispensado em situações justificadas, procedendo-se à análise de *curriculum*. Nesse sentido, confira a seguinte decisão do STF: "A regra é a admissão de servidor público mediante concurso público: CF, art. 37, II. As duas exceções à regra são para os cargos em comissão referidos no inciso II do art. 37, e a contratação de pessoal por tempo determinado para atender a necessidade temporária de excepcional interesse público. CF, art. 37, IX. Nessa hipótese, deverão ser atendidas as seguintes condições: a) previsão em lei dos cargos; b) tempo determinado; c) necessidade temporária de interesse público; d) interesse público excepcional." (ADI 2.229)

Os contratados são regidos pelo regime *sui generis* estabelecido na lei citada, não sendo correto dizer que são contratados pelo regime celetista, já que eles têm um estatuto próprio.

Assim sendo, compete à Justiça Comum e não à Justiça do Trabalho julgar as controvérsias decorrentes dessa relação, conforme vem decidindo pacificamente o STF (ADI 3.395-MC-DF).

6.8. Direito de greve e de sindicalização

A Constituição de 1988, em sua redação original, contemplava o direito de greve no serviço público, mas o condicionava à edição de uma *lei complementar*.

Essa lei acabou não sendo editada e o STF, chamado a se pronunciar, decidiu, num mandado de injunção julgado nos anos 90, que o direito de greve do servidor era norma de eficácia limitada, não podendo ser exercido enquanto não fosse regulamentado.

Na ocasião, o STF se limitou a declarar a mora legislativa, adotando a teoria não concretista, pela qual o mandado de injunção não se presta a suprir lacunas legislativas, mas apenas a constatar a mora, quando esta existir.

Sobreveio a EC 19/1998, pela qual o direito de greve do servidor ficava mantido, devendo ser exercido nos termos e limites definidos em *lei específica* (art. 37, VII).

Outra década se passou sem a edição da tal lei específica. Até que, em 2007, o STF, rompendo com sua tradição em mandado de injunção, adotou a teoria concretista geral, julgando procedente novos mandados de injunção sobre o assunto (MIs 670/ES, 708/DF e 712/PA), para declarar *mora legislativa abusiva* e **conceder ao servidor o direito de exercer greve**, observados os preceitos da Lei 7.783/1989, que trata da greve na iniciativa privada.

A decisão resolveu preencher uma lacuna legislativa, com efeitos *erga omnes*, utilizando-se da analogia para determinar a utilização da lei referida até que adviesse a lei específica preconizada na Constituição.

A partir dessa decisão, começaram a surgir várias discussões sobre os contornos do direito de greve.

Sobre os **serviços que não podem ser objeto de greve**, além das proibições constitucionais relativas aos *militares das forças armadas* e aos *policiais militares* (art. 142, § 3º, IV, c/c art. 42, § 1º da CF), há entendimento do Min. Eros Grau no sentido de que *policiais civis* também não podem entrar em greve. Aliás, para esse Ministro, o direito de greve não é absoluto. Há serviços públicos em que a coesão social impõe que sejam prestados plenamente, em sua totalidade.

Nesse sentido, Eros Grau entende ser proibida a greve nos serviços de *segurança pública*, de *administração da Justiça*, de *arrecadação tributária* e de *saúde pública* (Recl 6.568, DJ 25.09.2009), posição que ainda não está pacificada no STF.

No STJ, por sua vez, vem se admitindo a greve nos mais variados setores, salvo os proibidos pela Constituição. No entanto, levando em conta os princípios da supremacia do interesse público e da continuidade do serviço público, esse tribunal vem, caso a caso, estipulando um **percentual mínimo** de pessoal a continuar trabalhando a fim de que não haja paralisação total dos serviços.

A título de exemplo, o STJ, considerando o período eleitoral, definiu em 80% o mínimo de servidores necessários na Justiça Eleitoral (Pet 7.933, DJ 08.06.2010). Para a Justiça Federal, fixou-se em 60% o mínimo de servidores em serviço (Pet 7.961, DJ 18.06.2010). E para os médicos peritos do INSS, determinou-se que 50% mantivessem o trabalho (Pet 7.985, DJ 25.06.2010).

Para fazer valer suas decisões o STJ vem fixando o pagamento de **multa** à entidade representante dos trabalhadores no caso de descumprimento de decisão relativa à greve. Trata-se de multa diária, que vem sendo fixada entre R$ 50 mil e R$ 100 mil para sindicatos de grande porte.

Outro ponto interessante diz respeito à possibilidade de **corte nos vencimentos** dos grevistas. No STJ, ainda há controvérsia a respeito. O posicionamento tradicional admite o corte. Mas há decisão recente no sentido de que, por se tratar de direito constitucional do servidor e envolver verba alimentar, o corte prévio é proibido, devendo-se buscar a compensação dos dias paralisados sob pena de reposição ao erário dos vencimentos pagos. É bom lembrar que a Lei 8.112/1990 dispõe que só por lei e por mandado judicial é possível o desconto de vencimentos (art. 45). Ademais, ainda não foi instituído um Fundo de Greve, com contribuições para o exercício desse direito constitucional. Nada impede, todavia, que se determine que o servidor grevista reponha, posteriormente, as horas não trabalhadas.

Por fim, vale lembrar que não é possível **exonerar ou demitir** servidor por ter participado de movimento grevista. Há várias leis no país dispondo que o servidor em estágio probatório que participar de greve deve ser exonerado. Tais leis ferem o direito constitucional de greve e o princípio da isonomia, segundo o STF (ADI 3.235, DJ 12.03.2010).

É importante ressaltar, ainda, que a Constituição veda a greve dos militares das Forças Armadas (art. 142, § 3º, IV, CF) e, por extensão, dos militares dos Estados-membros, do Distrito Federal e dos Territórios (art. 42, § 1º, CF).

Quanto ao direito de sindicalização, o art. 37, VI, da CF estabelece que *"é garantido ao servidor público civil o direito à livre associação sindical"*. Aqui também incide vedação aos militares (art. 142, § 3º, IV, CF).

6.9. Proibição de acumulação remunerada

A Constituição traz regra proibindo a acumulação remunerada de cargos públicos (art. 37, XVI).

Nada obstante, desde que haja compatibilidade de horários, admite-se a acumulação remunerada nos seguintes casos: a) de dois cargos de professor; b) um cargo de professor com outro, técnico ou científico; c) a de dois cargos ou empregos privativos de profissionais da saúde com profissões regulamentadas (alteração feita por força da EC 34/2001).

Quanto à **extensão da regra**, deve-se ressaltar que a proibição vale também para empregos e funções e abrange autarquias, fundações, empresas públicas, sociedades de economia mista, suas subsidiárias e sociedades controladas, direta ou indiretamente, pelo Poder Público.

Outros casos trazidos na Constituição de permissão de acumulação remunerada são os seguintes: a) magistrados e membros do Ministério Público: permite-se acumulação com um cargo ou função de professor (art. 95, parágrafo único, I, e art. 128, § 5º, II, "d", ambos da CF, respectivamente); b) vereador: pode acumular, mas desde que haja compatibilidade de horários (art. 38, III, CF); caso não haja tal compatibilidade, o eleito deve se afastar do cargo, emprego ou função que tinha, tendo a faculdade de escolher qual remuneração deseja receber como vereador, se a que detinha antes ou a prevista para o cargo eletivo; c) prefeito: não pode acumular, devendo afastar-se do cargo, emprego ou função que detinha, podendo optar pela remuneração (art. 38, II, CF); d) mandato eletivo federal, estadual e distrital: ficará afastado do cargo, emprego ou função anterior (art. 38, I, CF), sem poder optar pela remuneração.

Nos casos de afastamento, o tempo de serviço do mandato será contado para todos os fins do cargo, emprego ou função originais (previdenciários, para concessão de quinquênios etc.), exceto promoção por merecimento.

A **finalidade** de tal regra é evitar que o exercício de várias funções possa comprometer a boa qualidade do serviço, atendendo também a critérios de moralidade (quanto aos cargos em comissão), bem como à necessidade de se permitir que outras pessoas possam ter oportunidade de acesso a cargos, empregos ou funções públicas. As exceções, por sua vez, visam a melhor aproveitar pessoas que tenham capacidade técnica e científica para dadas atribuições.

Vale salientar que, mesmo nos casos em que há permissão de acumulação remunerada de cargos públicos (casos que tem rol taxativo na constituição), tem-se que cumprir ainda o requisito da **compatibilidade de horários**, dos dois cargos que se pretende acumular. Por conta disso o TCU decidiu no Acórdão 2.133/05 que o limite máximo de horas de trabalho nos dois cargos em que se pretende a acumulação é de 60 horas semanais, decisão fundamentada na presunção de que, mais do que isso, haveria comprometimento da qualidade do serviço. Todavia, o STJ tem decidido que esse limite não tem força normativa, nem há lei estabelecendo carga horária máxima, seja diária, seja semanal. Dessa forma, a compatibilidade de horários deve ser vista caso a caso, não se podendo fazer presunção de que 60 horas é o máximo permitido por semana (AgRg no AREsp 291.919-RJ, j. 18.04.2013).

Há de se ressaltar também que em qualquer dos casos de acumulação comentados neste item faz-se mister respeitar o disposto no inciso XI do art. 37 da Constituição quanto aos **tetos remuneratórios**. Assim sendo, a somatória dos valores recebidos em acumulação não pode ultrapassar o teto respectivo, sofrendo o agente um corte na folha de pagamento se tal ocorrer.

Tema correlato é o da **acumulação de remuneração com aposentadoria.** Também, como regra, é proibida. Como exceção pode existir tal acumulação se os cargos da ativa e da inatividade forem cumuláveis entre si. Outra exceção importante é a que permite a acumulação da aposentadoria com a remuneração de um cargo em comissão ou de um mandato eletivo (art. 37, § 10, CF). Perceba que a regra que veda a percepção simultânea de proventos de aposentadoria com remuneração de cargo, emprego ou função diz respeito tão somente às aposentadorias especiais, ou seja, a dos ocupantes de cargos efetivos (art. 40, CF), a dos militares estaduais (art. 42, CF) e a dos militares das Forças Armadas (art. 142, CF).

6.10. Estabilidade e estágio probatório

O instituto da *estabilidade* está previsto no art. 41 da CF. A partir do texto constitucional, a doutrina aponta três requisitos para sua aquisição: a) nomeação para "cargo efetivo", em virtude de concurso público; b) "três anos de efetivo exercício" no cargo; c) aprovação em "avaliação especial de desempenho por comissão instituída para essa finalidade".

O primeiro requisito ("cargo efetivo") foi introduzido pela EC 19/1998. A redação anterior exigia apenas que o "servidor" fosse nomeado em virtude de concurso, não havendo referência ao cargo ser efetivo ou não, o que permitia que servidores celetistas em geral pudessem pleitear a estabilidade.

A atual redação, porém, parece ter deixado claro que somente servidores titulares de verdadeiros cargos efetivos teriam direito à estabilidade.

Porém, o TST, chamado a se manifestar sobre o tema, concluiu que os "servidores celetistas" das pessoas jurídicas de direito público (União, Estados, DF, Municípios, autarquias, fundações públicas, agências reguladoras e associações públicas) também têm direito à estabilidade, direito esse que só não existe para os celetistas das pessoas jurídicas de direito privado estatal, como a empresa pública e a sociedade de economia mista (Súmula 390 do TST).

Quanto ao segundo requisito ("três anos de efetivo exercício"), esse também foi alterado pela EC 19/1998. Na redação original exigiam-se dois anos de efetivo exercício. Essa redação fazia com que a Administração Pública estipulasse como estágio probatório o período de dois anos, porque esse estágio sempre foi considerado o tempo de efetivo exercício em que se verificaria se o servidor empossado tinha ou não aptidão para auferir a definitiva titularidade do cargo.

Ocorre que a Constituição foi alterada, aumentando o tempo de exercício para três anos, e os estatutos de funcionário público não acompanharam essa modificação. Exemplo disso é o próprio estatuto federal (Lei 8.112/1990). Isso fez com que os tribunais, num primeiro momento, decidissem que o prazo para estágio probatório é um e o prazo de efetivo exercício para adquirir a estabilidade é outro. Esse posicionamento tinha repercussão prática, pois há direitos que só existem após o fim do estágio probatório (ex.: direito de promoção) e, sendo esse mais curto, pessoas que ainda não tinham estabilidade poderiam gozar desses direitos após os dois anos de estágio.

Apenas em 2010 o STF (STA 269 AgR, DJ 26.02.2010) e o STJ (MS 12.523/DF, DJ 18.08.2009) se posicionaram no sentido de que o período de estágio probatório deve coincidir com o período de efetivo exercício para a aquisição da estabilidade, no caso, ambos os períodos são de 3 anos e correm conjuntamente, pouco importando a redação do estatuto local.

Vale ressaltar que esses tribunais vêm entendendo que os períodos de estágio probatório e efetivo exercício ficam suspensos quando o servidor é afastado ou cedido para outro órgão (STJ, RMS 23.689, DJ 07.06.2010).

Ademais, para o STF e para o STJ (RMS 23.689, DJ 07.06.2010), não pode o servidor em estágio probatório aposentar-se voluntariamente, uma vez que o estágio probatório constitui etapa final do processo seletivo para a aquisição da titularidade do cargo público.

Passando ao terceiro requisito para a estabilidade ("avaliação especial de desempenho por comissão instituída para essa finalidade"), o primeiro ponto exigido pelo STF (AI 623.854, DJ 23.10.2009) e pelo STJ (RMS 20.934, DJ 01.02.2010) é que haja um procedimento que não é de natureza disciplinar (não sendo necessário cumprir os requisitos do processo disciplinar), mas que assegure o devido processo legal, o que impõe observância do contraditório e da ampla defesa. Assim, exige-se que o servidor possa apresentar defesa, instruir o procedimento com provas e ter contra si exarada decisão devidamente motivada.

Outro direito do servidor é que a avaliação de desempenho ocorra no limite dos três anos de efetivo exercício. Isso significa que, após o transcurso desse prazo, sem a realização da avaliação, o servidor pode ser considerado estável, pois a desídia da Administração não pode ser a ele imputada, presumindo-se que o servidor teve reconhecida sua aptidão.

Após o transcurso dos três anos de efetivo exercício, o servidor pode até ser exonerado por inaptidão para o cargo, mas desde que a avaliação de desempenho tenha se dado durante o período de estágio probatório e a exoneração tenha sido motivada nas suas conclusões (STJ, RMS 23.504, DJ 02.08.2010).

Vale igualmente lembrar que os servidores em estágio probatório não podem sofrer restrições que não decorram explícita ou implicitamente da lei. Nesse sentido, o STF proíbe a discriminação dos não estáveis, caso lei ou ato normativo estabeleça que estes, se participarem de greve durante o estágio probatório, estão sujeitos à exoneração (ADI 3.235, DJ 12.03.2010). Servidor em estágio probatório tem, portanto, direito de greve.

6.11. Disponibilidade

É a colocação do servidor estável em inatividade remunerada, até seu adequado aproveitamento em outro cargo, com proventos proporcionais ao seu tempo de serviço.

Trata-se de direito do servidor, desde que estável, que ocorre nas seguintes situações: a) quando o cargo é extinto; b) quando o cargo é declarado desnecessário; c) quando um servidor é reintegrado e volta para o cargo para onde foi chamado um novo servidor, ficando este desalojado por não ter um cargo de origem, devendo, então, ser colocado em disponibilidade.

É importante ressaltar que só tem esse direito quem já é estável (*vide* § 3º do artigo 41 da CF há pouco transcrito). Nesse sentido, dispõe a Súmula 22 do STF que: "o estágio probatório não protege o funcionário contra a extinção do cargo".

Nunca se deve esquecer de que a CF é taxativa no sentido de que na disponibilidade a remuneração será proporcional ao tempo de serviço do agente. Antes da EC 19/1998, o STF entendia que era integral, portanto, é bom saber que agora é proporcional.

A disponibilidade a que estão sujeitos os juízes e promotores não implica remuneração proporcional, sob pena de ofensa à vitaliciedade a que têm direito, de maneira que será integral a remuneração para essas situações.

6.12. Sistema remuneratório

Para que se possa entender o sistema remuneratório dos servidores públicos, de rigor verificar os seguintes conceitos:

a) remuneração (estipêndio/vencimentos): devida à grande massa de servidores, corresponde ao padrão fixado em lei (vencimento), mais vantagens pessoais;

b) salário: devido aos empregados públicos da Administração Direta e Indireta, vale dizer, àqueles regidos pela CLT;

c) subsídio: modalidade de remuneração fixada em parcela única e devida aos agentes políticos (art. 39, § 4º, CF: fala-se em membro de Poder, detentor de mandato eletivo, Ministros de Estado e Secretários Estaduais e Municipais), membros do Ministério Público, aos Policiais (art. 144, § 9º, CF), Procuradores de Estado, Defensores Públicos, Procuradores da Fazenda Nacional e integrantes da Advocacia Geral da União (art. 135), bem como Ministros dos Tribunais de Contas. O § 8º do artigo 39 da CF abre possibilidade de a remuneração dos servidores organizados em carreira ser também por subsídio, nos termos de lei. Vale ressaltar que no subsídio não se fala em vantagens pessoais, já que se trata de parcela única, vedado o acréscimo de qualquer gratificação, adicional, abono, prêmio, verba de representação ou outra espécie remuneratória, obedecido ao teto remuneratório constitucional. Entretanto, os direitos gerais dos servidores previstos no § 3º do artigo 39 da CF permanecem.

d) adicionais: devidos por tempo de serviço ou função especial, que exige conhecimentos especializados ou um regime próprio de trabalho. O adicional se relaciona com o tempo (adicional de tempo) ou com a função (adicional de função – ex.: por dedicação integral, por nível universitário);

e) gratificações: devidas por condições personalíssimas ou por anormalidades no desempenho da função, com característica de precariedade. As gratificações se relacionam com o servidor (pessoal: por ter filho – salário família etc.) ou com o serviço (segurança, salubridade ou onerosidade;

f) indenizações: mero ressarcimento de despesas efetuadas pelo agente no desempenho de atividade pública, não se incorporando na remuneração. Ex.: ajuda de custo (mudança), diárias (despesas com viagem) e auxílio-transporte (condução para o trabalho).

A par dos conceitos acima, tem-se como fundamental também verificar os seguintes princípios o regras desses sistema:

a) proibição de efeito cascata: vantagens e gratificações não podem incidir umas sobre as outras. Nesse sentido, *vide* o inciso XIV do artigo 37 da CF: *"os acréscimos pecuniários percebidos por servidor público não serão computados nem acumulados para fins de concessão de acréscimos ulteriores"*.

b) fixação por lei e revisão geral anual: *a remuneração e o subsídio somente poderão ser fixados ou alterados por lei específica, observada a iniciativa privativa em cada caso. Fica assegurada revisão geral anual, sempre na mesma data e sem distinção de índices.* O STF é pacífico no sentido de que não é possível que iniciativa ou emenda parlamentar disponha sobre o aumento de remuneração dos servidores, de iniciativa privativa do Executivo (arts. 61, § 1º, II, *a*, e 63, I, *a*, ambos da CF), sendo que a fixação ou alteração de remuneração depende de lei específica (art. 37, X, da CF), ficando vedada a ainda que a lei estabeleça vinculação ou equiparação remuneratórias para efeito de remuneração de pessoal (art. 37, XIII, da CF), conforme se pode conferir na ADI 64/RO.

c) teto remuneratório: a EC 41/2003 modificou o inciso XI do art. 37 da CF, que antes trazia como teto único o subsídio dos Ministros do STF, estabelecendo um teto nacional consistente também no subsídio mensal, em espécie, dos Ministros do STF, bem como subtetos. Na esfera da União vale o teto nacional para todos os Poderes. Nos Estados e DF tem-se como subtetos no âmbito do Executivo o subsídio do Governador, no âmbito do Legislativo o subsídio dos Deputados estaduais/distritais e no âmbito do Judiciário o subsídio dos Desembargadores do TJ, limitado este a 90,25% do subsídio dos Ministros do STF. A EC 47/2005 permite aos Estados e ao DF, por meio de emenda às respectivas Constituições e Lei Orgânica, adotar como limite único o subsídio dos Desembargadores do TJ, não se aplicando a regra aos subsídios dos deputados estaduais e distritais e dos vereadores. Nos Municípios, o subteto é o subsídio do Prefeito. Estabeleceu-se, ainda, como subteto para os membros do MP, Procuradores e Defensores Públicos, o subsídio dos Desembargadores do TJ. Vale salientar que o valor do que deve estar contido no teto abrange a remuneração e o subsídio, os proventos, pensões ou outra espécie remuneratória, percebidos cumulativamente ou não, incluídas as vantagens pessoais ou de qualquer outra natureza. Além disso, a regra do teto atinge os ocupantes de cargos, funções e empregos públicos da administração, direta, autárquica e fundacional, membros dos Poderes da União, dos Estados, do DF e dos Municípios, detentores de mandato eletivo e demais agentes políticos. Aplica-se também às empresas públicas e sociedades de economia mista e suas subsidiárias que receberem recursos da União, dos Estados, do Distrito Federal ou dos Municípios para pagamento de despesas de pessoal ou custeio em geral (art. 37, § 9º, CF).

Vale ressaltar que o STF vinha entendendo que "as vantagens pessoais percebidas antes da entrada em vigor da EC 41/2003 não se computam para fins de cálculo do teto constitucional" (MS 27565, j. 18.10.2011). Nesse caso, reconheceu-se a procurador da república aposentado o direito de, a partir da data da impetração, continuar a receber, sem redução, o montante bruto que percebia anteriormente à EC 41/2003, até a sua total absorção pelas novas formas de composição de seus proventos. Porém, o mesmo STF reconheceu a eficácia imediata do abate-teto sobre salários e proventos de servidores públicos ativos e inativos e a inclusão de vantagens pessoais no teto remuneratório, em decisão que entendeu por bem "fixar a tese de que o teto de remuneração estabelecido pela Emenda Constitucional 41/2003 é de eficácia imediata, submetendo às referências de valor máximo nela fixadas todas as verbas remuneratórias percebidas pelos servidores de União, estados e municípios, ainda que adquiridas sob o regime legal anterior" (RE 609.381, j. 02.10.2014).

d) proibição de vinculação ou equiparação: *é vedada a vinculação ou equiparação de quaisquer espécies remuneratórias para efeito de remuneração dos servidores*; o STF entende violada essa regra quando se vincula o reajuste de vencimentos ao incremento da arrecadação de ICMS (RE 218.874/SC) ou que vincula o reajuste do subsídio do governador ao reajuste concedido aos servidores (ADI 3491); o STF editou a Súmula Vinculante n. 37, tratando, ainda, da proibição de aumento de vencimento dos servidores com fundamento na isonomia ("Não cabe ao Poder Judiciário, que não tem função legislativa, aumentar vencimentos de servidores públicos sob o fundamento de isonomia"); vide, a respeito, a decisão proferida pelo STF no RE 592.317/RJ, j. 28.08.2014;

e) irredutibilidade: *os subsídios e os vencimentos são irredutíveis* (art. 37, XV, CF); o STF entende que fere esse princípio o aumento na carga de trabalho do servidor sem o consequente aumento na remuneração (RE 255792/MG); entende também que o princípio é violado quando se desconta a remuneração de servidor afastado de suas funções por responder por processo penal em face da acusação de cometimento de crime funcional (RE 482.006);

f) publicação obrigatória: "os Poderes Executivo, Legislativo e Judiciário publicarão anualmente os valores do subsídio e da remuneração dos cargos e empregos públicos" (art. 39, § 6º, CF).

g) direitos dos ocupantes de cargos públicos: o § 3º do artigo 39 da Constituição dispõe que se aplica aos servidores ocupantes de cargo público o disposto no art. 7º, IV, VII, VIII, IX, XII, XIII, XV, XVI, XVII, XVIII, XIX, XX, XXII e XXX.

Confira o disposto nos incisos citados do art. 7º da CF: IV e VII (salário mínimo), VIII (décimo terceiro salário), IX (remuneração de trabalho noturno superior à do diurno), XII (salário-família ao trabalhador de baixa renda), XIII (jornada diária não superior a 8 horas e semanal não superior a 44 horas, facultadas compensações), XV (repouso semanal remunerado), XVI (hora extra superior em pelo menos 50% da hora normal), XVII (férias anuais, com 1/3 a mais de remuneração), XVIII (licença à gestante de 120 dias), XIX (licença-paternidade), XX (proteção do mercado de trabalho da mulher), XXII (redução dos riscos do trabalho) e XXX (proibição de diferença de salário, função ou admissão por discriminação).

6.13. Aposentadoria

Consiste na transferência para a inatividade remunerada, cumpridos certos requisitos. Vejamos os tipos de aposentadoria:

Por invalidez: deve ser invalidez permanente, sendo os proventos proporcionais ao tempo de contribuição, exceto se decorrente de acidente em serviço, moléstia profissional ou doença grave contagiosa ou incurável, na forma da lei.

Compulsória: aos 70 anos de idade, com proventos proporcionais ao tempo de contribuição.

Voluntária: a pedido do interessado.

a) **com remuneração proporcional ao tempo de serviço:** aos 65 anos/homem e 60 anos/mulher;

a) **com remuneração integral:** aos 60 anos/homem (mínimo de 35 anos de contribuição) e 55 anos/mulher (mínimo de 30 anos de contribuição).

As aposentadorias mencionadas ficam condicionadas a que o agente tenha tempo mínimo de 10 anos de efetivo exercício no serviço público e 5 anos no cargo efetivo em que se dará a aposentadoria.

No caso de professor que comprove exclusivo e efetivo magistério na educação infantil/ensino fundamental/ensino médio reduz-se em 5 anos a idade e o tempo de contribuição para a concessão de aposentadoria voluntária integral.

Vale consignar que a Constituição abre espaço para o fim da aposentadoria com limite na remuneração integral. Confira-se a redação trazida pela EC 20/1998 ao § 14 do art. 40: *"a União, os Estados, o Distrito Federal e os Municípios, desde que instituam regime de previdência complementar para os seus respectivos servidores titulares de cargo efetivo, poderão fixar, para o valor das aposentadorias e pensões a serem concedidas pelo regime de que trata este artigo, o limite máximo estabelecido para os benefícios do regime geral de previdência social de que trata o art. 201"*. O § 15 do mesmo artigo diz que a lei complementar disporá sobre as normas gerais para instituição do regime de previdência complementar em questão.

A possibilidade citada não saiu do papel, daí porque o constituinte derivado editou a EC 41/2003 limitando o valor dos benefícios previdenciários dos agentes públicos e determinando a instituição de previdência complementar fechada, de natureza pública e na modalidade de contribuição definida.

Assim, dispôs o texto constitucional que os proventos serão calculados considerando as remunerações utilizadas como base para as contribuições do servidor aos regimes de que tratam os arts. 40 e 201 da CF, na forma da lei (art. 40, § 3º), estabelecendo como limite máximo para o valor dos benefícios do regime geral do art. 201 a quantia de R$ 2.400,00, reajustada a partir da publicação da EC/41 pelos índices aplicados aos benefícios do regime geral (art. 5º, EC/41)

Quanto à previdência complementar dos servidores públicos, foi criada na esfera federal pela Lei 12.618/2012, sobre a qual vale fazer os seguintes apontamentos:

a) essa lei entrou totalmente em vigor, quanto ao Poder Executivo, com a edição do Decreto 7.808, publicado em 21 de setembro de 2012 (vide art. 33 da Lei 12.618/2012), decreto esse que criou a Fundação de Previdência Complementar do Servidor Público Federal do Poder Executivo (Funpresp-Exe); quanto ao Poder Judiciário, com a edição da Resolução STF n. 496/2012, publicada em 29.10.2012; e quanto à Câmara dos Deputados, ao Senado Federal e ao Tribunal de Contas da União, estes três órgãos celebraram, em 31.01.2013, convênio de adesão à Funpresp-Exe, como patrocinadores do plano sob administração desta; com isso agentes públicos federais que ingressaram no serviço público após as datas mencionadas passaram a ter como limite máximo de aposentadoria o previsto para o regime geral de previdência (art. 3º, I, da Lei 12.618/2012), mas com a possibilidade de complementar esse valor com o regime de previdência complementar; porém, servidores que tenham ingressado no serviço público até data anterior ao início da vigência de previdência complementar poderão, mediante prévia e expressa opção, aderir ao regime de previdência complementar (art. 1º, parágrafo único, da Lei 12.618/2012), mas aplicando-se a ele o limite máximo estabelecido para os benefícios do regime geral de previdência, o que, mesmo havendo um benefício especial em favor desses servidores mais antigos que aderirem (art. 3º, §§ 1º e 2º, da Lei 12.618/2012), fará com que dificilmente um servidor que tenha ingressado no serviço público antes da vigência do regime em questão tenha interesse em aderir a ele;

b) o regime de previdência complementar é aplicável não só aos servidores públicos do Executivo em geral, como também do Judiciário, do Legislativo, Ministério Público da União (MPU) e Tribunal de Contas da União (TCU), como também aos membros do Judiciário, do MPU e do TCU, ou seja, atingindo juízes federais e do trabalho, desembargadores, ministros dos tribunais superiores, procuradores da república e do trabalho e ministros dos tribunais de contas;

c) a lei define como **patrocinadores** a União, suas autarquias e fundações, como **participante**, o servidor titular de cargo e o membro de poder, que aderirem aos planos de benefícios administrados pelas entidades; e como **assistidos**, o participante ou o seu beneficiário em gozo de benefício de prestação continuada (art. 2º da Lei 12.618/2012);

d) os planos de benefício da Lei 12.618/2012 são estruturados na modalidade de **contribuição definida**, sendo que a alíquota que incidirá sobre o valor que superar o benefício do regime geral da previdência (art. 16 e ss.) e será definida pelo servidor anualmente, com o servidor e o patrocinador pagando a mesma alíquota, até o limite de 8,5% no caso da alíquota a ser paga pelo patrocinador; assim, imaginemos que o teto do regime geral de previdência fosse de R$ 2.400,00 (esse é o valor original quando da reforma da previdência, mas é reajustado constantemente desde lá); imagine agora que um servidor federal que adira ao regime de previdência complementar ganhe R$ 8.000,00 por mês; nesse caso, sobre R$ 2.400,00 serão devidas as contribuições correntes da União e do servidor; e sobre a diferença entre o que ganha o servidor e o teto da previdência geral (diferença que, no caso, é de R$ 5.600,00), incidirá alíquota para fazer frente à previdência complementar, sendo que o servidor é quem define, todo ano, quanto quer pagar de alíquota (por exemplo, 7% sobre esses R$ 5.600,00) e a União fica obrigada a contribuir com a mesma alíquota (no caso, 7% também), não podendo a União contribuir com mais de 8,5%; já servidores que não ganham mais do que R$ 2.400,00, também podem contribuir para a previdência complementar, mas não haverá contribuição pela União, de modo que o benefício complementar desse tipo de servidor tende a ser proporcionalmente menor do que o benefício de um servidor que ganha mais de R$ 2.400,00.

Além disso, a reforma constitucional estabeleceu a obrigatoriedade de os Estados, DF e Municípios instituírem contribuição previdenciária de seus servidores, para o custeio, em benefício destes, do regime previdenciário do art. 40, cuja alíquota não será inferior a da União (11%).

Estipulou ainda a contribuição dos inativos e pensionistas, que incidirá em percentual igual ao estabelecido para os servidores ativos, mas incidente apenas sobre os valores que superem o limite máximo para os benefícios do regime geral (R$ 2.400,00) (art. 40, § 18, CF).

No que concerne à pensão por morte, estabeleceu-se que a lei disporá sobre o assunto e o benefício será igual, caso aposentado o falecido, aos proventos deste até o limite do art. 201 mais 70% da parcela excedente ao limite, e, caso na ativa o falecido, à remuneração deste até o limite do art. 201 mais 70% da parcela excedente a este limite (art. 40, § 7º, CF). Tal disposição, todavia, não se aplica aos militares das Forças Armadas (art. 10, EC/41) e quanto aos pensionistas dos militares dos Estados, DF e Territórios aplica-se o que for fixado em lei específica do respectivo ente estatal.

Quanto à revisão dos benefícios previdenciários, determinou-se o fim da paridade com a remuneração dos servidores ativos, assegurando-se apenas o reajuste dos benefícios para preservar seu valor real, conforme critérios estabelecidos em lei (art. 40, § 8º, CF). Tal regra também não é aplicável aos militares das Forças Armadas (art. 10, EC/41).

Ademais, é sempre bom lembrar que o STF é pacífico no sentido de que, não havendo redução dos proventos percebidos pelo inativo, não há inconstitucionalidade na lei que estabelece, para a carreira, o sistema de vencimento único, com absorção de outras vantagens remuneratórias (Ag. Reg. no RE 634.732/PR). Ou seja, alteração no regime da carreira não gera direitos aos servidores inativos, desde que não haja irredutibilidade. Por exemplo, "desde que mantida a irredutibilidade, o servidor inativo, embora aposentado no último patamar da carreira anterior, não tem direito adquirido de perceber proventos correspondentes aos da última classe da nova carreira reestruturada por lei superveniente" (RE 606.199, j. 09.10.2013). Porém, "as vantagens remuneratórias de caráter geral conferidas a servidores públicos, por serem genéricas, são extensíveis a inativos e pensionistas" (STF, RE 596.962/MT, j. 21.08.2014).

A lei não pode estabelecer contagem de tempo de contribuição fictício, como, por exemplo, dizer que férias não gozadas pelo servidor equivale a 3 meses de tempo de contribuição para efeito de aposentadoria.

O tempo de contribuição federal, estadual ou municipal será contado para efeito de aposentadoria e o tempo de serviço correspondente para efeito de disponibilidade. Também conta o tempo de contribuição para o regime geral, a chamada contagem recíproca (art. 201, § 9º, CF).

Aliás, vale ressaltar que, hoje, o requisito não é mais *tempo de serviço*, mas *tempo de contribuição*.

O artigo 8º da EC 20/1998 trazia a regra de transição para os servidores que já o eram quando de sua edição. Agora, tal regra foi modificada pelo artigo 2º da EC 41/2003, a qual também estabeleceu regra de transição para aqueles que ingressaram no serviço público até a data de sua publicação (art. 6º, EC 41/2003).

Quanto à aposentadoria especial de que trata o art. 40, §. 4º, da CF (p. ex., por trabalhar em atividades insalubres), o STF, diante da mora legislativa em regulamentar a questão, reconheceu que "enquanto não editada a lei reguladora do direito assegurado constitucionalmente, o critério a ser levado em conta é o da Lei 8.213/1991, mais precisamente o definido no artigo 57, adotando-se os parâmetros previstos para os trabalhadores em geral (Ag. Reg. no ARE 727.541-MS).

Quanto ao ocupante exclusivamente de cargo em comissão (ou seja, aquele que não seja servidor já com cargo efetivo), aplica-se as regras previdenciárias do regime geral de previdência (art. 40, § 13, da CF), e não as regras acima sobre o regime próprio de previdência do servidor público. Nesse sentido, não se aplica, por exemplo, a regra da aposentadoria compulsória a quem tenha cargo em comissão, de modo que uma pessoa com 80 ou 90 anos (e há casos disso) pode trabalhar no poder público num cargo em comissão.

6.14. Processo administrativo disciplinar

É aquele destinado à apuração de faltas disciplinares, violação de deveres funcionais e imposição de sanções a servidores públicos.

6.14.1. *Garantias e princípios*

a) contraditório e ampla defesa: *"aos litigantes, em processo judicial ou administrativo, e aos acusados em geral são assegurados o contraditório e ampla defesa, com os meios e recursos a ela inerentes"* (art. 5º, LV, CF). *Vide* também a Lei 9.784/1999, aplicável subsidiariamente às leis federal e locais que tratam do processo disciplinar; vale salientar, que, apesar das inúmeras garantias contidas nesse princípio, o STF, na Súmula Vinculante 5, *não* entende que a falta de defesa técnica por advogado no processo disciplinar, por si só, *ofenda* o contraditório e a ampla defesa; ou seja, a falta de advogado *não gera* a presunção de desrespeito a esse princípio, se forem preservados os três elementos dessa garantia, que são os seguintes: "a) *o direito de manifestação* (que obriga o órgão julgador a informar à parte contrária dos atos praticados no processo e sobre os elementos dele constantes); b) *o direito de informação sobre o objeto do processo* (que assegura ao defendente a possibilidade de se manifestar oralmente ou por escrito sobre os elementos fáticos e jurídicos contidos no processo); e c) o direito de ver os seus argumentos contemplados pelo órgão incumbido de julgar (que exige do julgador capacidade de apreensão e isenção de ânimo para contemplar as razões apresentadas)" (STF, RE 434.059/DF);

b) juiz natural: *"ninguém será processado nem sentenciado senão pela autoridade competente"* (art. 5º, LIII, CF);

c) vedação da prova ilícita: *"são inadmissíveis, no processo, as provas obtidas por meios ilícitos"* (art. 5º, LVI, CF). Ex.: não é possível requerer a interceptação telefônica em processo administrativo disciplinar (Lei 9.296/1996); porém, o STJ admite a utilização dessa prova, em processo disciplinar, na qualidade de "prova emprestada", caso tenha sido produzida em ação penal, e desde que devidamente autorizada pelo juízo criminal e com a observância das diretrizes da Lei 9.296/1996 (MS 16.146, j. 22.5.13); não se considera ilícita a prova quando feita pela própria vítima (interlocutor) de fiscal que exigia propina, bem como não se considera flagrante preparado (mas flagrante esperado) no caso em que a solicitação de dinheiro pelo fiscal se dera dias antes de sua prisão (quando não mais se dependia do flagrante para a configuração do delito) e a equipe policial apenas permaneceu alerta, sem instigar a atuação do fiscal (STJ, RMS 19.785);

d) direito ao silêncio, *in dubio pro reo*, presunção de inocência e ônus da prova da Administração; por conta do princípio da presunção de inocência, não é possível cortar remuneração preventivamente, mas é cabível o afastamento cautelar do agente; por conta do ônus da prova da Administração não é possível que esta simplesmente coloque o ônus da prova sobre o servidor e atue de modo tendencioso e direcionado a culpabilizá-lo (STJ, MS 10.906);

e) gratuidade: não se pode cobrar custas do agente público;

f) oficialidade: instaurado e desenvolvido de ofício pela Administração;

g) formalismo moderado: deve-se ter em mente a instrumentalidade das formas, respeitando sempre a ampla defesa e o contraditório; por conta disso, o STJ entende, por exemplo, que a prorrogação *motivada* do prazo para a conclusão dos trabalhos da comissão em processo administrativo disciplinar não acarreta, por si só, a nulidade do procedimento (MS 16.031, j. 26.06.2013); por conta disso, "o excesso de prazo para a conclusão do processo administrativo disciplinar não gera, por si só, qualquer nulidade no feito, desde que não haja prejuízo para o acusado. Isso porque não se configura nulidade sem prejuízo (*pas de nulité sans grief*)" (RMS 33.628-PE, j. 02.04.2013).

h) motivação: a motivação já um imperativo decorrente do regime republicano, do princípio da inafastabilidade da jurisdição (sem a motivação, como se vai exercer esse direito, demonstrando ao Judiciário uma ilegalidade ou abuso de poder) e do princípio da moralidade administrativa, mas esse princípio (da motivação) é ainda mais importante quando se pratica atos que restringem ou interferem nos direitos de terceiro; em matéria disciplinar, então, é ainda mais importante que a Administração motive adequadamente seus atos, explicitando e explicando as razões de seu convencimento; porém, isso não quer dizer que a Administração tem o dever de fazer o exame detalhado de cada argumento trazido pelas partes (STF, Ag. Reg. no ARE 637.958-MG);

i) respeito aos demais princípios administrativos: o STJ determinou a anulação de demissão certa ocasião, por ofensa aos princípios da impessoalidade (art. 37, *caput*, da CF) e da imparcialidade (art. 18 da Lei 9.784/1999), pelo fato de o processo administrativo ter sido instaurado por um dos investigados e também pelo fato de uma das testemunhas também se tratar de investigado, tendo prestado depoimento sem o compromisso de dizer a verdade (MS 14.233, DF).

Já no plano substancial, além do respeito aos princípios e regras administrativos em geral, destaque-se a relevância de decidir consoante os princípios da legalidade, da moralidade e, mais do que nunca, da razoabilidade e da proporcionalidade. Quanto aos dois últimos princípios, o Judiciário tem, inclusive, anulado a aplicação de penas de demissão (determinando que a Administração aplique nova pena, mas agora proporcional), quando revela violação à razoabilidade ou proporcionalidade (STJ, RMS 29.290-MG). O Judiciário também tem anulado penas disciplinares quando se demonstra que a autoridade apenadora comete desvio de finalidade, apenando o servidor por perseguição ou interesse de natureza diversa, mas não prevista em lei, revelando violação aos princípios da impessoalidade (e imparcialidade), moralidade e razoabilidade (STJ, MS 14.959-DF).

6.14.2. *Incidência*

O processo administrativo é obrigatório para as hipóteses em que são cabíveis sanções mais graves, tais como: **a)** demissão; **b)** perda do cargo; **c)** suspensão por mais de 30 dias; **d)** cassação da aposentadoria; **e)** destituição de cargo em comissão como punição (diferente da livre exoneração).

6.14.3. *Fases do processo administrativo:*

a) Instauração: por portaria, auto de infração, representação ou despacho da autoridade;

b) Instrução: produção de provas com participação do acusado;

c) Defesa: deve ser ampla e efetiva;

d) Relatório: elaborado pelo presidente da comissão (que deve ser formada por pessoas estáveis de cargo idêntico ou superior ao processado); trata-se de mera peça opinativa, não vinculando autoridade julgadora;

(As quatro fases anteriores também são chamadas de **inquérito**)

e) Julgamento: decisão final, que deve ser motivada e fundamentada pela autoridade competente, por exemplo, pelo Prefeito, Secretário dos Negócios Jurídicos. Vale salientar que o STJ entende que não é obrigatória a intimação do interessado para apresentar alegações finais após o relatório final do processo administrativo disciplinar, não havendo previsão legal nesse sentido (MS 18.090-DF, j. 08.05.2013).

Cabe recurso administrativo e ao Judiciário, que não adentra ao mérito do julgamento, mas ao respeito às formalidades, aos aspectos de legalidade. Em caso de anulação judicial da demissão, haverá reintegração do agente, com direito a indenização.

6.14.4. *Meios sumários*

Sindicância: meio sumário de investigação, destinado à apuração preliminar de fatos com dois objetivos, que devem ser vistos no prazo de 30 dias: **a) aplicação de sanções menos severas**: multa, repreensão e suspensão de até 30 dias; **b) processo preparatório**: meio de convencimento para instauração de processo administrativo ou arquivamento da peça de instauração.

Verdade Sabida: aquela testemunhada ou conhecida inequivocamente pelo superior hierárquico e que enseja sanção leve. Alguns estatutos admitem que a partir dela se imponha sanção, desde que se garanta ampla defesa ou contraditório. Porém, trata-se de instituto inconstitucional, pois há de sempre se garantir contraditório e ampla defesa.

Termo de Declarações: servidor, confessando a falta, aceita a sanção aplicável, desde que não se exija processo disciplinar. Também é inconstitucional, pois sempre há de se garantir contraditório e ampla defesa.

O STF entende inconstitucional esses dois meios, sob o argumento de que não é "admissível que o Estado, em tema de restrição à esfera jurídica de qualquer cidadão e de seus servidores, exerça a sua autoridade de maneira abusiva ou arbitrária, de modo a desprezar, no exercício de sua atividade, o postulado da plenitude de defesa, visto que o reconhecimento da legitimidade ético-jurídica de qualquer medida imposta pelo Poder Público de que resultem, como no caso, consequências gravosas no plano dos direitos e garantias individuais exige a observância da garantia do devido processo" (ADI 2120/AM).

6.14.5. *Comunicabilidade de instâncias*

A regra é a da independência das instâncias cível, administrativa e criminal. A absolvição ocorrida no juízo criminal somente se comunicará à instância administrativa se se tratar de "absolvição por negativa de autoria" ou de "absolvição por inexistência do fato", e nunca se for "absolvição por falta de provas".

De qualquer forma, o exercício do poder disciplinar pelo Estado não está sujeito ao encerramento da perseguição criminal, nem se deixar influenciar, como se viu, por eventual sentença absolutória nessa instância, salvo nos casos mencionados (STF, MS 23.190/RJ, j. 01.08.2013; STJ, MS 18.090-DF, j. 08.05.2013).

Deve-se acrescentar que, de acordo com a Súmula 18 do STF, *"pela falta residual, não compreendida na absolvição pelo juízo criminal, é admissível a punição administrativa do servidor público"*.

7. IMPROBIDADE ADMINISTRATIVA

7.1. Conceito

É o ato de imoralidade qualificada pela lei que importa em enriquecimento ilícito do agente, prejuízo ao erário ou violação dos princípios da administração pública e que enseja, em processo judicial promovido pela pessoa jurídica lesada ou pelo Ministério Público, a aplicação das seguintes sanções: suspensão dos direitos políticos, perda da função pública, indisponibilidade dos bens, ressarcimento ao erário, perda de bens e valores acrescidos ilicitamente, multa civil e proibição de contratar com a administração pública ou dela receber benefícios. Tudo sem prejuízo das sanções penais, civis e administrativas.

Atualmente, o regime jurídico da improbidade está previsto na CF (art. 37, § 4º) e na Lei 8.429/1992 (Lei de Improbidade Administrativa).

7.2. Modalidades

A Lei 8.429/1992 estabelece três modalidades de ato de improbidade administrativa.

A primeira modalidade é a de **enriquecimento ilícito (art. 9º)**. Essa modalidade consiste em o agente auferir vantagem patrimonial indevida em razão do exercício da atividade pública. São exemplos de improbidade nessa modalidade os seguintes: receber comissão, propina; utilizar bem ou funcionário públicos em proveito próprio; adquirir bens desproporcionais à renda, dentre outros.

O STJ é pacífico no sentido de que é necessário dolo para a configuração dessa modalidade.

A segunda modalidade é a de atos que causam **prejuízo ao erário (art. 10)**. Essa modalidade consiste em o agente, por ato doloso ou culposo, ensejar perda patrimonial, desvio, malbaratamento ou dilapidação dos bens das entidades. São exemplos de improbidade nessa modalidade os seguintes: permitir ou facilitar que bem público seja desviado para particular, ou que seja alienado por preço inferior ao de mercado; realizar operações financeiras sem observância das normas legais; conceder benefício fiscal sem observância da lei; frustrar licitação; ordenar ou permitir realização de despesas não autorizadas; dentre outros.

O STJ é pacífico no sentido de que essa modalidade pode se configurar tanto mediante conduta dolosa como mediante conduta culposa em sentido estrito (EREsp 875.163/RS, DJ 30.06.2010).

A terceira modalidade é que importa em **violação a princípios da Administração Pública (art. 11)**. Essa modalidade consiste em o agente violar dolosamente deveres de honestidade, imparcialidade, legalidade e lealdade às instituições. São exemplos de improbidade nessa modalidade os seguintes: praticar ato visando a fim proibido em lei ou diverso daquele previsto na regra de competência (desvio de finalidade), retardar ou deixar de praticar ato de ofício, revelar fato que deva permanecer em segredo, negar publicidade aos atos oficiais, deixar de prestar contas.

O STJ é pacífico no sentido de que é necessário dolo para a configuração dessa modalidade.

A jurisprudência do STJ afastou todas as teses de responsabilidade objetiva em qualquer das modalidades citadas.

E, nos casos em que se exige dolo, a jurisprudência desse tribunal esclareceu que se trata do *dolo genérico*, consistente na "vontade de realizar fato descrito na norma incriminadora" (REsp 765.212/AC, j. 02.03.2010).

Segue relação dos tipos de improbidade previstos na Lei 8.429/1992, com grifos e comentários nossos:

> Dos Atos de Improbidade Administrativa que Importam **Enriquecimento Ilícito**
>
> **Art. 9º** Constitui ato de improbidade administrativa importando enriquecimento ilícito **auferir qualquer tipo de vantagem patrimonial indevida em razão** do exercício de cargo, mandato, função, emprego ou atividade nas entidades mencionadas no art. 1º desta lei, **e notadamente**: *(a expressão "e notadamente revela que o rol abaixo é exemplificativo, de modo que o caput já traz um tipo genérico dessa modalidade; ademais, aqui se exige dolo e não é necessário que haja lesão ao erário)*
>
> I – **receber**, para si ou para outrem, **dinheiro**, **bem móvel ou imóvel**, ou **qualquer outra vantagem econômica**, direta ou indireta, a título de comissão, percentagem, gratificação ou presente de quem tenha interesse, direto ou indireto, **que possa ser atingido ou amparado por ação ou omissão decorrente das atribuições do agente público**;
>
> II – **perceber vantagem econômica**, direta ou indireta, **para facilitar** a aquisição, permuta ou locação de bem móvel ou imóvel, ou a contratação de serviços pelas entidades referidas no art. 1º por preço superior ao valor de mercado;
>
> III – **perceber vantagem econômica**, direta ou indireta, **para facilitar** a alienação, permuta ou locação de bem público ou o fornecimento de serviço por ente estatal por preço inferior ao valor de mercado;
>
> IV – **utilizar**, em obra ou serviço **particular**, veículos, máquinas, equipamentos ou material de qualquer natureza, de propriedade ou à disposição de qualquer das entidades mencionadas no art. 1º desta lei, bem como o trabalho de servidores públicos, empregados ou terceiros contratados por essas entidades; o STJ reconheceu que incide o dispositivo na utilização, por Prefeita, de procuradores municipais para defendê-la na Justiça Eleitoral em casos envolvendo uso indevido de dinheiro público e abuso de autoridade e do poder econômico quando candidata à reeleição (REsp 908.790-RN, j. 20.10.2009); também foi reconhecida a aplicação do dispositivo num caso em que um Prefeito usou vinte funcionários públicos em horário de expediente na construção de casa para a sua moradia (STJ, REsp 867.146-SC);
>
> V – **receber vantagem econômica de qualquer natureza**, direta ou indireta, **para tolerar** a exploração ou a prática de jogos de azar, de lenocínio, de narcotráfico, de contrabando, de usura ou de qualquer outra atividade ilícita, ou **aceitar promessa** de tal vantagem;
>
> VI – **receber vantagem econômica de qualquer natureza**, direta ou indireta, **para fazer declaração falsa** sobre medição ou avaliação em obras públicas ou qualquer outro serviço, ou

sobre quantidade, peso, medida, qualidade ou característica de mercadorias ou bens fornecidos a qualquer das entidades mencionadas no art. 1º desta lei;

VII – **adquirir**, para **si** ou para **outrem**, no exercício de mandato, cargo, emprego ou função pública, **bens de qualquer natureza cujo valor seja desproporcional à evolução do patrimônio ou à renda do agente público**;

VIII – **aceitar emprego, comissão ou exercer atividade de consultoria ou assessoramento** para pessoa física ou jurídica **que tenha interesse suscetível** de ser atingido ou amparado por ação ou omissão decorrente das atribuições do agente público, durante a atividade;

IX – **perceber vantagem econômica** para **intermediar** a liberação ou aplicação de verba pública de qualquer natureza;

X – **receber vantagem econômica de qualquer natureza**, direta ou indiretamente, **para omitir** ato de ofício, providência ou declaração a que esteja obrigado;

XI – **incorporar**, por qualquer forma, **ao seu patrimônio** bens, rendas, verbas ou valores integrantes do acervo patrimonial das entidades mencionadas no art. 1º desta lei;

XII – **usar, em proveito próprio**, bens, rendas, verbas ou valores integrantes do acervo patrimonial das entidades mencionadas no art. 1º desta lei.

Dos Atos de Improbidade Administrativa que Causam **Prejuízo ao Erário**

Art. 10. Constitui ato de improbidade administrativa que causa lesão ao erário **qualquer ação ou omissão, dolosa ou culposa, que enseje** perda patrimonial, desvio, apropriação, malbaratamento ou dilapidação dos bens ou haveres das entidades referidas no art. 1º desta lei, e notadamente: *(repare que a modalidade se configura mediante conduta culposa ou dolosa)*

I – **facilitar ou concorrer** por qualquer forma **para a incorporação** ao patrimônio particular, de pessoa física ou jurídica, de bens, rendas, verbas ou valores integrantes do acervo patrimonial das entidades mencionadas no art. 1º desta lei;

II – **permitir ou concorrer** para que pessoa física ou jurídica privada **utilize** bens, rendas, verbas ou valores integrantes do acervo patrimonial das entidades mencionadas no art. 1º desta lei, **sem a observância das formalidades legais ou regulamentares aplicáveis à espécie**;

III – **doar** à pessoa física ou jurídica bem como ao ente despersonalizado, ainda que de fins educativos ou assistências, bens, rendas, verbas ou valores **do patrimônio de qualquer das entidades** mencionadas no art. 1º desta lei, **sem observância** das formalidades legais e regulamentares aplicáveis à espécie;

IV – **permitir ou facilitar** a alienação, permuta ou locação de bem integrante do patrimônio de qualquer das entidades referidas no art. 1º desta lei, ou ainda a prestação de serviço por parte delas, **por preço inferior ao de mercado**;

V – **permitir ou facilitar** a aquisição, permuta ou locação de bem ou serviço **por preço superior ao de mercado**;

VI – **realizar operação financeira** sem observância das normas legais e regulamentares ou aceitar garantia insuficiente ou inidônea;

VII – **conceder benefício administrativo ou fiscal** sem a observância das formalidades legais ou regulamentares aplicáveis à espécie;

VIII – **frustrar a licitude de processo licitatório ou de processo seletivo para celebração de parcerias com entidades sem fins lucrativos, ou dispensá-los indevidamente**; o STJ afastou decisão que condenara agentes por improbidade neste tipo, ao fundamento de que o elemento subjetivo (culpa ou dolo) não foram comprovados, e dano ao erário, essencial para a configuração da modalidade, não aconteceu, em virtude de do pagamento da quantia de R$ 50 mil pela Administração correspondeu efetivamente a uma prestação de serviço (REsp 1.038.777-SP, j. 03.02.2011);

IX – **ordenar ou permitir** a realização de despesas não autorizadas em lei ou regulamento;

X – **agir negligentemente na arrecadação de tributo ou renda**, bem como no que diz respeito à **conservação do patrimônio público**;

XI – **liberar verba pública** sem a estrita observância das normas pertinentes **ou influir** de qualquer forma para a sua aplicação irregular;

XII – **permitir, facilitar ou concorrer** para que **terceiro se enriqueça ilicitamente**; o STJ entende que a configuração do art. 10, XII, da Lei 8.429/1992 só é pertinente em caso de comprovada demonstração, nos autos, do nexo de causalidade entre o enriquecimento de terceiro e o prejuízo da Administração (REsp 842.428-ES);

XIII – **permitir que se utilize**, em obra ou serviço particular, veículos, máquinas, equipamentos ou material de qualquer natureza, de propriedade ou à disposição de qualquer das entidades mencionadas no art. 1º desta lei, bem como o trabalho de servidor público, empregados ou terceiros contratados por essas entidades.

XIV – **celebrar contrato ou outro instrumento** que tenha por objeto a prestação de serviços públicos por meio da gestão associada sem observar as formalidades previstas na lei;

XV – **celebrar contrato** de rateio de consórcio público sem suficiente e prévia dotação orçamentária, ou sem observar as formalidades previstas na lei.

XVI – **facilitar ou concorrer, por qualquer forma, para a incorporação, ao patrimônio particular de pessoa física ou jurídica, de bens, rendas, verbas ou valores públicos transferidos pela administração pública a entidades privadas** mediante celebração de parcerias, sem a observância das formalidades legais ou regulamentares aplicáveis à espécie;

XVII – **permitir ou concorrer para que pessoa física ou jurídica privada utilize bens, rendas, verbas ou valores públicos transferidos pela administração pública a entidade privada mediante celebração de parcerias**, sem a observância das formalidades legais ou regulamentares aplicáveis à espécie;

XVIII – **celebrar parcerias da administração pública com entidades privadas sem a observância das formalidades legais ou regulamentares aplicáveis à espécie**;

XIX – **frustrar a licitude de processo seletivo para celebração de parcerias da administração pública com entidades privadas ou dispensá-lo indevidamente**;

XX – **agir negligentemente na celebração, fiscalização e análise das prestações de contas de parcerias firmadas pela administração pública com entidades privadas**;

XXI – **liberar recursos de parcerias firmadas pela administração pública com entidades privadas sem a estrita observância das normas pertinentes ou influir de qualquer forma para a sua aplicação irregular**.

A Lei 13.019/2014, que trata do Marco Regulatório para Celebração de Parcerias com Organizações da Sociedade Civil, criou os incisos XVI a XXI e deu nova redação ao inciso VIII do art. 10 da Lei 8.429/1992, além criar o inciso VIII do art. 11 da mesma lei.

Dos Atos de Improbidade Administrativa que Atentam Contra os **Princípios da Administração Pública**

Art. 11. Constitui ato de improbidade administrativa que atenta contra os princípios da administração pública qualquer **ação ou omissão que viole os deveres** de honestidade, imparcialidade, legalidade, e lealdade às instituições, e notadamente: *(aqui se exige dolo e não se exige lesão ao erário)*

I – **praticar ato visando fim proibido em lei ou regulamento** ou diverso daquele previsto, na regra de competência; o STJ entendeu configurado o dispositivo e também o *caput* do art. 11 (neste caso, por violação aos princípios da moralidade, finalidade, legalidade e interesse público), em caso no qual vereadores de um município exigiram de seus assessores comissionados a entrega de percentual dos seus vencimentos para o pagamento de outros servidores não oficiais (assessores informais), bem como para o custeio de campanhas eleitorais e despesas do próprio gabinete (REsp 1.135.767-SP);

II – **retardar ou deixar de praticar, indevidamente, ato de ofício**; o STJ afastou a aplicação desse dispositivo a um caso em que agente público agiu com desídia e negligência, mas sem demonstração de que teria agido com dolo, ainda que eventual (REsp 875.163-RS, j. 19.05.2009);

III – **revelar fato ou circunstância** de que tem ciência em razão das atribuições e que deva permanecer em segredo;

IV – **negar publicidade aos atos oficiais**;

V – **frustrar a licitude de concurso público**; o STJ entendeu não configurar o ilícito a contratação temporária de servidores e sua prorrogação sem concurso, quando amparadas em legislação local, a afastar o dolo genérico, essencial para a configuração dessa modalidade de improbidade (EDcl no AgRg no AgRg no AREsp 166.766-SE, j. 23.10.2012); por outro lado, o STJ reconheceu a aplicação do dispositivo em caso no qual a contratação sem concurso se deu e ainda o agente público contratante postergou por 8 anos a eficácia do ato ímprobo (REsp 915.322-MG);

VI – **deixar de prestar contas** quando esteja obrigado a fazê-lo;

VII – **revelar ou permitir que chegue ao conhecimento de terceiro**, antes da respectiva divulgação oficial, teor de medida política ou econômica capaz de afetar o preço de mercadoria, bem ou serviço;

VIII – **descumprir as normas relativas à celebração, fiscalização e aprovação de contas de parcerias firmadas pela administração pública com entidades privadas.**

O STJ também afasta o reconhecimento de improbidade quando o agente público, mesmo cometendo uma ilegalidade, não tenha atuado, num sentido amplo, com imoralidade, desídia, desvio ético ou desonestidade. Afinal, a expressão improbidade significa desonestidade e, não havendo ofensa a esse bem jurídico, não há falar-se em responsabilidade por ato de improbidade administrativa. Um exemplo foi o de um Prefeito que permitiu o uso de um imóvel público a título precário, sem que houvesse lei autorizando (contrariando assim a lei orgânica local), para abrigar, sob a orientação de servidores em trabalho voluntário, crianças sujeitas a abusos e maus-tratos, durante a noite e finais de semana, pois à época não havia nem conselho tutelar no local (REsp 1.129.277-RS, j. 04.05.2010). Reconheceu-se que o ato foi praticado com o intuito de assegurar direitos fundamentais a crianças e adolescentes e que a eventual ilegalidade na formalização não é suficiente para caracterizar ato de improbidade, sem prejuízo de que a questão seja corrigida.

7.3. Sanções ou penas (art. 12)

A Lei 8.429/1992 estabelece as seguintes sanções para aquele que pratica o ato de improbidade:

a) suspensão dos direitos políticos: de 8 a 10, de 5 a 8 e de 3 a 5 anos, para os arts. 9º, 10 e 11, respectivamente;

b) perda da função pública;

c) indisponibilidade dos bens (§ 4º do art. 37 da CF);

d) ressarcimento ao erário;

e) perda de bens e valores acrescidos ilicitamente;

f) multa civil: até 2 e até 3 vezes o valor do acréscimo ou dano e até 100 vezes a remuneração do agente, para os artigos 9º a 11, respectivamente;

g) proibição de contratar com a Administração Pública ou dela receber benefícios ou incentivos fiscais ou creditícios, direta ou indiretamente, ainda que por intermédio de pessoa jurídica da qual seja sócio majoritário, por 10, 5 e 3 anos, para os artigos 9º a 11, respectivamente.

As quatro primeiras sanções foram criadas expressamente pela CF, enquanto as demais foram criadas pela Lei 8.429/1992.

Na fixação das penas previstas nesta Lei o juiz levará em conta a extensão do dano causado, assim como o proveito patrimonial obtido pelo agente.

A aplicação das sanções independe de dano ao erário (art. 21, I), salvo quanto à pena de ressarcimento, e da aprovação ou rejeição de contas pelo órgão de controle interno ou Tribunal de Contas (art. 21, II).

No tocante à **cumulação das sanções previstas no art. 12 da Lei 8.429/1992**, o STJ entendeu que estas não podem ser cumuladas de modo indistinto, em obediência ao princípio da proporcionalidade (REsp 626.204/RS, DJ 06.09.2007).

Na prática, somente em casos gravíssimos, como de enriquecimento ilícito do agente (art. 9º), justifica-se a cumulação de todas as sanções previstas no art. 12.

Casos que envolvam violação a princípios (art. 11) e prejuízo ao erário (art. 10), desde que não dolosos, dão ensejo, normalmente, apenas a multa civil e ressarcimento do dano (AgRg no AgRg no Ag 1.261.659/TO, DJ 07.06.2010).

Aliás, em matéria de aplicação das sanções, vale trazer à colação outro entendimento do STJ, esse no sentido de que a aplicação da sanção de demissão/perda do cargo, em caso de prática de ato de improbidade, não é de competência exclusiva da autoridade judiciária, podendo ser feita pela autoridade administrativa, dada a independência das instâncias (AgRg no MS 15.054/DF, DJ 18.05.2010).

7.4. Sujeitos do ato de improbidade

São **sujeitos passivos**, ou seja, podem ser vítimas do ato de improbidade as seguintes pessoas (art. 1º, *caput* e parágrafo único, da Lei 8.429/1992):

a) pessoas jurídicas de direito público e de direito privado integrantes da Administração Direta e Indireta;

b) empresa incorporada ao patrimônio público;

c) entidade para cuja criação ou custeio o Estado tenha contribuído ou contribua com mais de 50% do patrimônio ou da receita anual;

d) entidade para cuja criação ou custeio o erário haja concorrido ou concorra com menos de 50% do patrimônio ou da receita anual; nesse caso a *sanção patrimonial* fica limitada à repercussão do ilícito sobre a contribuição dos cofres públicos;

e) entidades que recebam subvenção, benefício ou incentivo, fiscal ou creditício, de órgãos ou empresas públicas (ressarcimento só da contribuição pública); nesse caso a *sanção patrimonial* também fica limitada à repercussão do ilícito sobre a contribuição dos cofres públicos.

São **sujeitos ativos**, ou seja, praticam atos de improbidade as seguintes pessoas (arts. 2º e 3º da Lei 8.429/1992):

a) *agentes públicos*, ou seja, todo aquele que exerce, ainda que transitoriamente ou sem remuneração, por eleição, nomeação, designação, contratação ou qualquer outra forma de investidura ou vínculo, mandato, cargo, emprego ou função nas entidades mencionadas acima como sujeitos passivos; aqui temos os chamados *agentes próprios* de improbidade;

b) aquele que *induziu* ou *concorreu* para a prática do ato (art. 3º);

c) particular *beneficiado*, direta ou indiretamente, pelo ato (art. 3º). Vale informar que o STJ tem entendimento de que "não é possível o ajuizamento de ação de improbidade administrativa exclusivamente em face de particular, sem a concomitante presença de agente público no polo passivo da demanda" (REsp 1.171.017-PA, j. 25.02.2014).

No tocante aos *sujeitos ativos* do ato de improbidade, o STF fixou entendimento de que os **agentes políticos** que respondam por crime de responsabilidade (exs.: Presidente, Ministros de Estado, desembargadores, entre outros) não estão sujeitos à incidência da Lei 8.429/1992 (RE 579.799, DJ 19.12.2008), dada a similitude das sanções nas duas esferas.

Todavia, o STF não incluiu os Prefeitos nesse rol, apesar destes responderem por crime de responsabilidade (Rcl 6034, DJ 29.08.2008), sob o argumento de que apenas as autoridades com foro de prerrogativa de função para o processo e o julgamento por crime de responsabilidade, elencadas na Constituição Federal (arts. 52, I e II; 96, III; 102, I, *c*; 105, I, *a*, e 108, I, *a*, todos da CF/1988), não estão sujeitas a julgamento também na Justiça cível comum pela prática da improbidade administrativa (vide também o REsp 1.034.511-CE, j. 01.09.2009, do STJ), o que não é o caso do Prefeito.

Porém, há quem não concorde com isso, por entender que não faz sentido que o Prefeito responda nas duas esferas (por crime de responsabilidade e por improbidade administrativa), com o mesmo tipo de consequência, já que essas duas esferas são bem semelhantes quanto às sanções cabíveis. E o caso foi considerado de repercussão geral, estando o STF para reapreciar em breve a questão.

Quanto aos sujeitos ativos impróprios de improbidade (art. 3º), o STJ já admitiu que uma ação de improbidade fosse mantida após a exclusão de agentes públicos do polo passivo da demanda, mesmo restando como réus, além da sociedade de economia mista na qual se deram os fatos, apenas particulares (REsp 1.138.523, j. 23.02.2010).

Quanto ao sucessor daquele que causar lesão ao patrimônio público ou se enriquecer ilicitamente, o art. 8º da Lei 8.429/1992, respeitando o princípio constitucional da intranscendência das sanções e restrições de direito (art. 5º, XLV, da CF), dispõe que aquele está sujeito às cominações desta lei, mas até o limite do valor da herança. No caso, o sucessor terá de suportar a perda de bens ou valores acrescidos ilicitamente ao patrimônio do falecido, o ressarcimento ao erário pelo ato cometido pelo falecido e a multa civil imposta ao falecido que tenha praticado o ato de improbidade, enfim, todas as sanções econômicas aplicadas a este, serão suportadas pelos sucessores do *de cujus*, nos limites das forças da herança, ou seja, os sucessores arcarão com esses valores até o valor da herança, não tendo obrigação de suportar com seu patrimônio pessoal anterior ao falecimento do sucedido, as dívidas deixadas por este.

7.5. Processo

São **legitimados ativos** o Ministério Público e a pessoa jurídica interessada (art. 17). Qualquer pessoa poderá representar à autoridade administrativa competente (ou ao MP) para instaurar investigação a fim de apurar a prática do ato (art. 14). Comissão processante dará ciência ao MP e ao Tribunal de Contas da existência de procedimento (art. 15). A Fazenda Pública, se for o caso, promoverá ações para complementação do ressarcimento do patrimônio público (art. 17, § 2º).

Caso a ação tenha sido promovida pelo MP, aplica-se o disposto no § 3º do art. 6º da Lei 4.717/1965, chamando-se a pessoa jurídica lesada para contestar, abster-se de contestar o pedido ou atuar ao lado do autor, de acordo com o interesse público (§ 3º do art. 17).

O Ministério Público, se não for parte, será obrigatoriamente fiscal da lei, sob pena de nulidade.

As **cautelares** previstas pela Lei 8.429/1992 são as seguintes:

a) Sequestro (art. 16): havendo fundados indícios de responsabilidade – arts. 822 a 825, CPC. O pedido pode incluir investigação, exame e bloqueio de bens, contas bancárias e aplicações financeiras no exterior;

b) Indisponibilidade de bens (art. 7º): recairá sobre bens que assegurem ressarcimento (arresto) e sobre o acréscimo patrimonial (pode ser sequestro);

c) Afastamento do agente público (art. 20, parágrafo único): quando a medida for necessária à instrução processual, sem prejuízo da remuneração, podendo ser determinada pela autoridade judicial ou administrativa competente.

Apesar de não prevista na Lei de Improbidade, é cabível também a cautelar de exibição de documentos para fins de quebra do sigilo bancário ou fiscal do agente.

Quanto à medida cautelar de **indisponibilidade de bens**, tutela de urgência que visa garantir eventual condenação pecuniária resultante de improbidade administrativa, o STJ entende que tal medida pode alcançar bens adquiridos anteriormente à prática do ato de improbidade (REsp 839936/PR, DJ 01.08.2007), mesmo que se tratem de bem de família (REsp 806.301/PR, DJ 03.03.2008). Porém, o mesmo STJ já decidiu que "os valores investidos em aplicações financeiras cuja origem remonte a verbas trabalhistas não podem ser objeto de medida de indisponibilidade em sede de ação de improbidade administrativa", ressalva a penhora dos rendimentos dessa aplicação (REsp. 1.164.037-RS, j. 20.02.2014).

O STJ também entende que a decretação da medida prescinde da individualização de bens na petição inicial e requer apenas o *fumus boni juris*, estando o *periculum in mora* implícito na lei (REsp 1.177.290/MT, DJ 01.07.2010).

Por fim, o STJ determina que a medida só incide sobre as bases patrimoniais da futura sentença condenatória, incluído o valor de eventual multa civil (AgRg nos EDcl no REsp 637413/RS, DJ 21.08.2009), não podendo atingir todo o patrimônio do acusado de ato ímprobo, se não for necessário.

O **procedimento** previsto pela lei é o ordinário (art. 17), com notificação do requerido, antes do recebimento da inicial, para oferecer resposta por escrito no prazo de 15 dias (defesa preliminar), podendo o juiz rejeitar a ação se convencido da inexistência do ato, da improcedência da demanda ou da inadequação da via eleita (§ 8º).

O STJ ainda não se pacificou sobre a ausência de oportunidade para os réus apresentarem **defesa preliminar** antes do recebimento da inicial (art. 17, § 7º, da Lei 8.429/1992) constituir cerceamento de defesa que gera nulidade absoluta do processo desde sua origem. Há acórdãos nesse sentido (REsp 883.795/SP, DJ 26.03.2008), mas também há decisões no sentido de que a nulidade só existirá se houver demonstração do efetivo prejuízo (REsp 1.174.721/SP, DJ 29.06.2010).

Por fim, é importante ressaltar que a lei **veda** expressamente qualquer tipo de transação, acordo ou conciliação na ação por improbidade administrativa (art. 17, § 1º, da Lei 8.429/1992).

Quanto à **competência** para o ajuizamento da ação de improbidade, não havendo disposição na lei a esse respeito, é de rigor valer-se do contido nas regras gerais sobre ações civis públicas, devendo prevalecer o disposto no artigo 2º da Lei 7.347/1985, que diz competente, de forma funcional (*rectius*: absoluta), o foro do local onde ocorrer o dano, com a peculiaridade de que nas causas em que a União, entidade autárquica ou empresa pública federal forem autoras, rés, assistentes ou oponentes, a competência será da Justiça Federal, junto ao juízo da seção judiciária que abranger a área em que se configurou o dano, dada a posição exarada pelo STF a respeito, a qual deu origem ao cancelamento da Súmula 183 do STJ.

No que pertine à existência de **foro por prerrogativa de função** na ação por improbidade, a questão acabou se esvaziando com a não submissão da maior parte dos agentes políticos à Lei 8.429/1992. No entanto, no caso do Prefeito, como a lei continua se aplicando a este, a questão é relevante. Nesse ponto, o STF declarou inconstitucional a alteração feita no art. 84, § 2º, do Código de Processo Penal, que estendia o foro privilegiado da esfera penal às ações de improbidade, que são consideradas ações cíveis (ADI 2.797, DJ 19.12.2006). Assim, as ações de improbidade contra os Prefeitos devem ser promovidas em primeira instância.

A **sentença** aplicará as sanções e determinará o pagamento ou a reversão dos bens, conforme o caso, em favor da pessoa jurídica (art. 18).

Vale ressaltar que a perda da função pública e a suspensão dos direitos políticos só produzirão efeitos com o trânsito em julgado da sentença condenatória (art. 20, *caput*).

7.6. Prescrição (art. 23)

No que diz respeito ao **prazo prescricional** para o exercício da pretensão de aplicar as sanções de improbidade administrativa, o STF entende que a pretensão é imprescritível quanto à sanção de ressarcimento do erário. Aliás, o STF foi além ao interpretar o art. 37, § 5º, da CF e consagrou entendimento de que são imprescritíveis as pretensões de ressarcimento ao erário toda vez que este é causado por ato ilícito do ofensor, seja um ato de improbidade ou não, seja um ato praticado por agente público ou não (MS 26.210, DJ 10.10.2008).

Quanto à aplicação das **demais sanções**, têm-se os seguintes prazos (art. 23): a) 5 anos: após o término do exercício do mandato, de cargo em comissão ou de função de confiança; b) no prazo da lei específica quanto à prescrição para faltas punidas com demissão a bem do serviço público, para os casos de cargo efetivo e emprego público (normalmente 5 anos contados da data do fato).

Resta saber qual regra deve ser aplicada quanto aos servidores detentores de cargo efetivo, mas que praticaram o ato em momento que estavam em cargos em comissão ou função de confiança. O STJ apreciou a questão e entendeu que se deveria aplicar a regra pertinente ao servidor efetivo (REsp 1.060.529/MG, DJe 18.09.2009), regra essa normalmente mais favorável ao agente público, uma vez que o termo *a quo* do prazo prescricional tem início logo após a prática do ato.

Nos casos de mais de um réu, entendeu-se que o prazo prescricional corre individualmente, de acordo com as condições de cada um (STJ, REsp 1.185.461/PR, DJ 17.06.2010).

E no caso de reeleição de Prefeito, entendeu-se que o prazo começa a fluir do término do segundo mandato (REsp 1.153.079/BA, DJ 29.04.2010).

Segundo o STJ, "Nas ações civis por ato de improbidade administrativa, interrompe-se a prescrição da pretensão condenatória com o mero ajuizamento da ação dentro do prazo de cinco anos contado a partir do término do exercício de mandato, de cargo em comissão ou de função de confiança, ainda que a citação do réu seja efetivada após esse prazo" (REsp 1.391.212-PE, j. 02.09.2014).

8. BENS PÚBLICOS

8.1. Conceito

Bens públicos são aqueles pertencentes às pessoas jurídicas de direito público interno (art. 98 do CC), podendo ser móveis ou imóveis, corpóreos ou incorpóreos. Todos os outros bens são particulares, seja qual for a pessoa a que pertencerem (segunda parte do art. 98 em questão). Os bens adquiridos pelos concessionários de serviço público e afetados a esse serviço também são bens públicos, desde que reversíveis (art. 35, § 1º, da Lei 8.987/1995). Isso ocorre pois o Poder Concedente (sempre pessoa de direito público) é proprietário com termo suspensivo de tais bens (v. art. 131 do CC e 18 da Lei 8.987/1995).

Não se deve confundir tal conceito com a noção de domínio público em sentido amplo, que abrange tanto os bens pertencentes ao Estado (bens públicos) como aqueles em relação aos quais sua utilização subordina-se às normas estabelecidas por este (bens particulares de interesse público) e ainda as coisas inapropriáveis individualmente, mas de fruição geral da coletividade (*res nullius*). Assim, tal ideia abrange tanto o domínio patrimonial (sobre os bens públicos) como o domínio eminente (sobre todas as coisas de interesse público), entendido esse como o poder político pelo qual o Estado submete à sua vontade todas as coisas de seu território, no ensinamento de Hely Lopes Meirelles. Em nome do domínio eminente é que são estabelecidas as limitações administrativas, as servidões etc.

8.2. Classificação

Segundo sua destinação, os bens públicos podem ser classificados da seguinte forma (art. 99 do Código Civil):

a) bens de uso comum do povo (ou do domínio público): *são os destinados a uso público, podendo ser utilizados indiscriminadamente por qualquer do povo*. Ex.: mares, rios, estradas, ruas e praças. Não há direito de uso exclusivo ou privilégios na utilização de tais bens. Apesar de destinados ao uso indistinto de todos, podem assumir caráter gratuito ou oneroso, na forma da lei (art. 103, CC: *"o uso comum dos bens públicos pode ser gratuito ou retribuído, conforme for estabelecido legalmente pela entidade a cuja administração pertencer"*). Ex.: zona azul, pedágio, ancoragem em portos;

b) bens de uso especial (ou do patrimônio administrativo indisponível): *são aqueles destinados à execução dos serviços públicos ou a servirem de estabelecimento para os entes públicos*. Ex.: edifícios onde estão as repartições públicas, equipamentos e veículos públicos; teatros, museus, universidades, bibliotecas, escolas públicas e hospitais; cemitérios e mercados públicos. Também são chamados de bens de uso especial aqueles que têm destinação específica, como museus, universidades, ou ainda aqueles utilizados pelos concessionários e permissionários do Poder Público;

c) bens dominicais (ou do patrimônio disponível): *são aqueles que não têm destinação específica, nem se encontram sujeitos ao uso comum do povo*. São bens que simplesmente integram o patrimônio do Estado e que, eventualmente, podem ser alienados. Ex.: terrenos de marinha, terras devolutas, prédios em renda etc. O CC não os trata como inalienáveis, dispondo que "podem ser alienados, observadas as exigências da lei" (art. 101), o que não quer dizer que podem ser objeto de penhora, visto que a execução contra as pessoas de direito público se faz, de acordo com o art. 100 da CF, mediante a expedição de precatório.

8.3. Afetação e desafetação

Em regra, todos os bens públicos ingressam no patrimônio público afetados por destinação específica.

Afetação *significa vinculação de um bem a uma destinação específica*. Decorre de um fato natural, da lei ou de ato administrativo. Uma avenida é afetada (destinada) à circulação de veículos e pessoas. O local onde fica uma repartição pública é afetado ao uso do Poder Público para consecução de seus fins.

Desafetação *consiste na retirada da destinação dada ao bem público, com o consequente ingresso do bem na categoria dos bens dominicais*. A desafetação só pode ocorrer em virtude de lei ou de ato administrativo decorrente de autorização legislativa.

8.4. Regime jurídico

Os bens públicos são gravados de uma série de condicionantes decorrentes do fato de pertencerem ao povo e de terem destinações voltadas à coletividade, direta ou indiretamente. Confira as regras decorrentes desse regime jurídico especial.

a) São **inalienáveis**, o que significa que não podem ser vendidos ou doados, salvo se passarem para a categoria de bens dominicais. São **requisitos para alienação**[5] **de bens imóveis:** (1) presença de interesse público devidamente justificado, (2) desafetação, (3) avaliação, (4) autorização legislativa e (5) licitação na modalidade concorrência. Em sendo bens móveis não serão necessárias a desafetação e a autorização legislativa. Há *dispensa de autorização legislativa* também na alienação de bens por pessoas de direito privado estatais. Há *dispensa de licitação*, se imóveis, em caso de dação em pagamento, doação ou venda para outro órgão ou ente público; permuta; investidura (aquisição de área pública isoladamente inaproveitável; a Lei 9.648/1998, que trouxe redação ao § 3º do art. 17 da Lei 8.666/1993, também considera investidura a "alienação aos legítimos possuidores diretos ou, na falta destes, ao Poder Público, de imóveis para fins residenciais construídos em núcleos urbanos anexos a usinas hidrelétricas, desde que considerados dispensáveis na fase de operação dessas unidades e não integrem a categoria de bens reversíveis ao final da concessão"); disposições em geral para programas habitacionais. No caso de bens móveis, a dispensa de licitação ocorre na doação social, na permuta, venda de ações, títulos e bens produzidos pelos entes e venda de materiais e equipamentos para órgãos e entes públicos.

Instituto próximo da questão ora tratada é a *legitimação de posse*, que consiste na transferência do domínio de terra devoluta ou área pública sem utilização para particular ocupante. O Estatuto da Terra traz a regulamentação da questão na esfera federal. Trata-se de transferência de domínio voluntária, ou seja, distinta da usucapião (não voluntária), que é vedada quanto aos bens públicos;

b) São **imprescritíveis**, o que significa que não são passíveis de usucapião (prescrição aquisitiva). O art. 183, § 3º, da CF dispõe que os imóveis públicos não serão adquiridos por usucapião. O art. 191, parágrafo único, da CF repete tal regra. O art. 102 do Código Civil também dispõe dessa forma, sem que traga a restrição de que se trate de bem imóvel, já que dispõe que "os *bens públicos* não estão sujeitos a usucapião" (g.n.)[6];

c) Também são **impenhoráveis**, o que inclui a vedação de serem objeto de garantia. Isso decorre do fato de que os bens públicos devem estar disponíveis para que o Estado desenvolva suas atividades, o que não se coaduna com a entrega em garantia ou para penhora. A regra em questão não vale para os bens das pessoas jurídicas de direito privado estatais (sociedade de economia mista e empresas públicas), salvo se forem concessionárias de serviço público, hipótese em que apenas os bens afetados ao serviço serão impenhoráveis. A impossibilidade de oneração dos bens públicos encontra exceção nas operações de crédito por antecipação de receita (art. 167, IV, CF) e nos débitos com a União (art. 167, § 4º, CF).

A **execução contra o Estado** é feita por meio de precatório (art. 100, CF). Os pagamentos das Fazendas serão feitos na **ordem cronológica de apresentação desses** (requisição do Presidente do Tribunal) e à conta do crédito respectivo, sem indicação dos casos ou pessoas. É **obrigatória a inclusão no orçamento** das entidades de direito público de verba para pagamento de débitos oriundos de sentença transitada em julgado, constante de precatório **apresentado até 1º de julho**, fazendo-se o **pagamento até o final do exercício seguinte**, em valor atualizado. **Exceções:** débitos alimentares e débitos de pequeno

5. *Vide* art. 17 da Lei 8.666/1993 (Lei de Licitações e Contratos).

6. *Vide* também a Súmula 340 do STF.

valor (valores distintos conforme capacidade do ente político), que seguem regra própria. Vale lembrar que o pagamento de precatório fora da ordem cronológica pode gerar sequestro (art. 100, § 6º, CF). O não pagamento, por sua vez, pode gerar pedido de intervenção no ente (art. 34, V, "a", e 35, I, CF).

Vale ressaltar que todos os bens públicos são impenhoráveis, inclusive os bens dominicais.

No entanto, há situações excepcionais em que os bens públicos podem ser objeto de constrição judicial.

O STJ vem admitindo a penhora de dinheiro público quando a Fazenda Pública não cumpre decisões judiciais que determinam o fornecimento de medicamentos e tratamentos na área da saúde.

A jurisprudência é calcada no postulado da proporcionalidade, fazendo com que, na ponderação entre a regra constitucional do precatório com os princípios constitucionais da dignidade da pessoa humana e da proteção integral da saúde, preponderem os dois últimos valores.

8.5. Formas de aquisição e uso dos bens públicos

8.5.1. *Aquisição*

Pode se dar por desapropriação ou por compra, a qual dependerá de prévia licitação, salvo os casos de dispensa e inexigibilidade. Adquire-se também por dação em pagamento, permuta, penhora e sucessão.

8.5.2. *Uso dos bens públicos*

a) uso livre: ocorre quanto aos bens de uso comum do povo, respeitando-se as leis e sem que haja exclusividade, ainda que momentânea;

b) autorização de uso: ato unilateral, discricionário e precário, em que se faculta uso em caráter episódico, no interesse do particular. Ex.: fechar rua para festa; circo; carga pesada;

c) permissão de uso: ato unilateral, discricionário e precário, no interesse coletivo, que faculta uso com maior permanência do bem público, mediante licitação. Ex.: banca de jornal, barracas, feiras, box em mercado municipal;

d) concessão de uso: contrato que transfere o uso por prazo certo para finalidade específica, mediante licitação. Não há precariedade, vale dizer, a revogação antes do prazo contratual gera direito à indenização. Ex.: restaurante ou lanchonete em aeroporto ou rodoviária;

e) concessão de direito real de uso: contrato pelo qual se transfere, como direito real, o uso remunerado ou gratuito de imóvel não edificado, mediante licitação. Serve para urbanização, industrialização e cultivo de terra (Dec.-lei 271/1967). O direito real confere mais estabilidade à concessão feita, que fica oponível até ao Poder Público, ressalvada a possibilidade de desapropriação;

f) concessão de uso especial (MP 2.220/2001; art. 183, § 1º, CF): como não se admite usucapião de bem público, nas hipóteses em que forem preenchidos os requisitos legais para a usucapião especial urbano até 30.06.2001 há direito do ocupante à concessão de uso especial, que se constitui administrativa ou judicialmente;

g) cessão de uso: consiste na atribuição gratuita da posse de um bem público de entidade ou órgão para outro, possibilitando ao cessionário a utilização nas condições estabelecidas no termo, por prazo certo ou indeterminado. Trata-se de ato de colaboração entre os entes públicos. Caso se trate de cessão externa, é necessária autorização legal.

8.6. Espécies de bens na CF (da União)

8.6.1. *Os que atualmente lhe pertencem e os que lhe vierem a ser atribuídos*

8.6.2. *Terras devolutas indispensáveis à defesa*

a) das fronteiras, fortificações e construções militares;

b) das vias federais de comunicação;

c) da preservação ambiental, definidas em lei.

Terras devolutas são as terras vazias, sem proprietário ou não afetadas a nada, representando bem disponível estatal (art. 5º do Decreto-lei 9.760/1946). As da União são as voltadas à preservação ambiental e defesa de fronteiras, fortificações e vias federais de comunicação, definidas em lei (art. 20, II, CF). São do Estado as que não forem da União e dos Municípios as atribuídas por aqueles às edilidades. A Lei 6.383/1976 trata da discriminação das terras devolutas da União, sob responsabilidade do INCRA, podendo ser administrativa ou judicial, esta no rito sumário. O art. 29 da referida lei diz que o ocupante de terras públicas, quando as tenha tornado produtivas com o seu trabalho e o de sua família, fará jus à legitimação da posse de área contínua de até 100 hectares, preenchidos os requisitos legais.

Vale citar, ainda, a Lei 601/1850, que tem o seguinte teor: "Art. 3º São terras devolutas: § 1º As que não se acharem aplicadas a algum uso público nacional, provincial, ou municipal. § 2º As que não se acharem no domínio particular por qualquer título legitimo, nem forem havidas por sesmarias e outras concessões do Governo Geral ou Provincial, não incursas em comisso por falta do cumprimento das condições de medição, confirmação e cultura. § 3º As que não se acharem dadas por sesmarias, ou outras concessões do Governo, que, apesar de incursas em comisso, forem revalidadas por esta Lei. § 4º As que não se acharem ocupadas por posses, que, apesar de não se fundarem em título legal, forem legitimadas por esta Lei".

8.6.3. *Terras tradicionalmente ocupadas pelos índios*

Os índios têm posse permanente e usufruto exclusivo das riquezas do solo, dos rios e dos lagos nelas existentes. O aproveitamento dos demais recursos só se dará com autorização do Congresso Nacional, garantida a participação nos resultados.

8.6.4. *Lagos e rios:*

a) de terrenos de seu domínio;

b) que banhem mais de um Estado;

c) que sirvam de limite com outros países;

d) que se estendam a território estrangeiro ou dele provenham, inclusive os terrenos marginais.

8.6.5. *Terrenos de marinha*

São aqueles formados pela porção de terras banhadas pelas águas dos rios navegáveis ou pelas águas do mar (art. 20, VII, CF). O art. 2º do Decreto-lei 9.760/1946 os define como a faixa de 33 metros da linha do preamar médio de 1831 para a parte da terra. O particular que ocupar parte de terreno de marinha, mediante a devida outorga (enfiteuse ou aforamento, ou mesmo mero regime de ocupação), pagará à União taxa de Administração (art. 127 do Dec.-lei 9.760/1946). E caso o ocupante venha a transferir a terceiros, mediante alienação a título oneroso, esse direito sobre o bem (chamado "domínio útil"), deverá pagar o chamado laudêmio (art. 5º do Dec.-lei 2.398/1987). Aliás, o pagamento de laudêmio à União é devido não só quando há transferência do domínio ou de ocupação, seja para terceiros, seja para integralizar cotas de empresa, como também quando há transferência do direito a benfeitorias no bem (AgRg no AREsp 429.801/PE, DJe 25.02.2014). Aliás, no caso de irregularidade da ocupação, a União, independentemente de fazer a cobrança devida pela ocupação do bem, pode buscar a anulação dos registros da ocupação, podendo fazê-lo administrativamente (sem necessidade de ação judicial), " em razão do atributo da presunção de legitimidade e executoriedade do ato administrativo, justificando-se, inclusive, a inversão do ônus da prova a cargo dos ocupantes (Resp 409.303-RS, DJ 14.10.2012).

8.6.6. *Mar territorial*

Faixa de 12 milhas, contadas do litoral continental, sobre a qual o Estado exerce poderes de soberania (art. 20, VI, da CF e Lei 8.617/1993).

8.6.7. *Recursos da zona econômica exclusiva*

A zona econômica exclusiva consiste na faixa de 12 a 200 milhas, sobre a qual o Estado exerce poderes de exploração dos recursos naturais do mar (art. 20, V, CF e Lei 8.617/1993).

8.6.8. *Recursos naturais da plataforma continental*

A plataforma continental consiste no prolongamento natural das terras da superfície sob a água do mar, porção de terras submersas que apresentam a mesma estrutura geológica das terras do continente (art. 20, V, CF e Lei 8.617/1993).

8.6.9. *Ilhas*

a) fluviais (de rios) e lacustres (de lagos) nas zonas limítrofes com outros países; as demais são dos Estados;

b) oceânicas (no oceano);

c) costeiras (próximas à costa), excluídas as de terceiros.

8.6.10. *Recursos minerais, inclusive dos subsolos*

É assegurada a participação (ou compensação financeira) no resultado da exploração de petróleo, gás natural, potencial hídrico e outros recursos minerais, no respectivo território, plataforma continental, mar territorial e zona econômica exclusiva, em favor dos Estados, DF, Municípios e União, nos termos da lei (art. 20, § 1º, da CF).

9. INTERVENÇÃO DO ESTADO NA PROPRIEDADE

9.1. Limitação administrativa

É a imposição unilateral, geral e gratuita, que traz os limites dos direitos e atividades particulares de forma a condicioná-los às exigências da coletividade. Ex.: proibição de construir sem respeitar recuos mínimos; proibição de instalar indústria ou comércio em determinadas zonas da cidade; leis de trânsito, de obras e de vigilância sanitária; lei do silêncio.

A limitação administrativa pode ser de três tipos: *positiva* (ex.: imposição de construção de muro ou de limpar o imóvel), *negativa* (ex.: limitação da altura de uma obra) ou *permissiva* (ex.: permitir vistoria de imóvel pelo Poder Público).

Perceba-se a identidade entre a limitação administrativa e o poder de polícia. Enquanto o poder de polícia é a atividade condicionadora dos direitos aos seus limites, a limitação é o próprio limite que o particular deve observar e que o Poder Público deve levar em conta na sua atividade de poder de polícia.

Nem a limitação administrativa, nem a atividade de condicionamento dos direitos feita pelo Poder Público (poder de polícia), ensejarão indenização ao particular, visto que são imposições que atingem a todos igualmente, não prejudicando ninguém especificamente, mas apenas traçando os limites do direito que cada um de nós temos.

São diferenças entre limitação administrativa e servidão: a primeira não é ônus real, ao passo que a segunda é ônus real; aquela é gratuita (atingindo a todos), enquanto esta é onerosa (pois atinge um bem em particular); a limitação importa e traça deveres de não fazer (*non facere*), já a segunda em deveres de suportar (*pati*) – *suportar* é mais amplo que *não fazer*).

9.2. Requisição de bens ou serviços

É o ato pelo qual o Estado determina e efetiva a utilização de bens ou serviços particulares, mediante indenização ulterior, para atender necessidades públicas urgentes e transitórias, ou seja, em caso de iminente perigo público.

O **requisito** para requisição de *bens* está previsto na CF, em seu artigo 5º, XXV: *no caso de iminente perigo público, a autoridade competente poderá usar de propriedade particular, assegurada ao proprietário indenização ulterior, se houver dano.*

São situações de iminente perigo público uma inundação, um incêndio, a falta de alimento etc. Em caso de inundação, por exemplo, pode o Poder Público, para dar guarida àqueles que poderão ter sua casa invadida pela água, requisitar o ginásio de um clube particular para abrigo de tais pessoas. Após isso, o particular será indenizado.

O fundamento do instituto consiste no estado de necessidade pública. O artigo 22, inciso III, da CF, diz caber privativamente à União legislar sobre "requisições civis ou militares, em caso de iminente perigo público e em tempo de guerra". A requisição administrativa de bens e serviços é tratada pela Lei Delegada 4/1962 e pelo Decreto-lei 2/1966, enquanto que as requisições civis e militares em tempo de guerra estão reguladas pelo Decreto-lei 4.812/1942.

São **diferenças entre desapropriação e requisição** as seguintes: a desapropriação só se refere a *bens*, enquanto a requisição pode ser de *bens* ou *serviços;* a primeira é direcionada a *aquisição* do bem, ao passo que a segunda busca apenas seu *uso*, de forma que a desapropriação visa atender a necessidades *permanentes* e a requisição, a necessidades *transitórias;* a primeira depende de *acordo ou processo* para se efetivar, a segunda é *autoexecutável;* a desapropriação depende de *indenização prévia*, a requisição dá ensejo à *indenização posterior* desde que haja dano.

9.3. Ocupação temporária (ou provisória)

Consiste no direito de uso do Poder Público sobre um bem particular não edificado, de forma transitória, remunerada ou gratuita, com o objetivo de executar obras, serviços ou atividades públicas.

O artigo 36 do Decreto-lei 3.365/1941 (Lei de Desapropriação) prevê tal ocupação: *é permitida a ocupação temporária, que será indenizada, a final, por ação própria, de terrenos não edificados, vizinhos às obras e necessários à sua realização. O expropriante prestará caução, quando exigida.*

Quanto às diferenças entre a ocupação e a requisição, a primeira incide sobre bens, enquanto a segunda sobre *bens* e *serviços*; a requisição é típica de situações de urgência, enquanto a ocupação não tem essa característica necessariamente; o exemplo de ocupação mais comum (o trazido acima) prevê que ela só se dá sobre terrenos não edificados e mediante caução (se exigida), enquanto a requisição incide sobre qualquer bem e sem caução.

Em leis esparsas existem outros tipos de ocupação, como aquela destinada a fazer pesquisas acerca da existência de minérios em bens particulares, medida que evita uma desapropriação do bem com posterior ciência de que a suspeita de que havia minério no local era infundada.

9.4. Servidões administrativas

É o ônus real de uso imposto pela Administração a um bem particular, com objetivo de assegurar a realização de obras e serviços públicos, assegurada indenização ao particular, salvo se não houver prejuízo.

São exemplos de servidão os seguintes: instalação de linhas e torres de transmissão de energia elétrica em bem particular; servidão de aqueduto; e servidão para instalação de placas indicativas de ruas em imóveis particulares (nesse caso geralmente não haverá dano ao particular, não se podendo falar em indenização).

Institui-se tal ônus real tal qual a desapropriação para aquisição da propriedade de um bem. Há necessidade de ato declaratório da utilidade pública da servidão (art. 40 do Dec. Lei. 3.365/1941: *o expropriante poderá constituir servidões, mediante indenização* ***na forma desta lei***), com consequente tentativa de acordo para indenização, que, infrutífera, ensejará processo judicial para sua instituição. Assim, os *títulos* para instituição da servidão podem ser tanto o **acordo administrativo** como a **sentença judicial**. Após isso, um dos dois será **registrado** no Cartório Imobiliário, *constituindo*, finalmente, o direito real em tela.

A indenização segue a sorte daquela prevista para a desapropriação. A Súmula 56 do STJ tem o seguinte teor: *na desapropriação para instituir servidão administrativa são devidos juros compensatórios pela limitação do uso da propriedade.* O único cuidado que se deve ter ao ler a presente súmula é não confundir servidão com limitação administrativa.

São diferenças gerais entre a servidão administrativa e a servidão civil: a primeira é ônus real do Poder Público sobre a propriedade, enquanto a segunda é ônus real de um prédio (dominante) em face de outro prédio (serviente); aquela tem serventia pública (utilidade pública) e esta tem serventia privada (utilidade privada e bem certo).

9.5. Tombamento

O tombamento pode ser **conceituado** como o *ato do Poder Público que declara de valor histórico, artístico, paisagístico, turístico, cultural ou científico, bens ou locais para fins de preservação.*

O instituto está regulamentado no Dec.-lei 25/1937.

Quanto ao **objeto**, o tombamento pode alcançar tanto bens imóveis individualmente considerados (um prédio histórico), um conjunto arquitetônico (o Pelourinho, em Salvador), um bairro (o Centro do Rio de Janeiro), uma cidade (Ouro Preto) e até um sítio natural. Pode também alcançar bens móveis, como a mobília da casa de um personagem histórico, como Santos Dumont.

Admite-se o chamado *tombamento cumulativo*, que é o tombamento de um mesmo bem por mais de um ente político.

A **instituição** do tombamento pode ser *voluntária* (por requerimento do próprio dono da coisa) ou *contenciosa*. A última impõe a notificação do proprietário para, no prazo de 15 dias, impugnar, se quiser, a intenção do Poder Público de tombar a coisa. Uma vez concluído pelo tombamento, este será feito mediante inscrição do ato num dos quatro Livros do Tombo (Paisagístico, Histórico, Belas Artes e Artes Aplicadas). Em se tratando de imóvel, o ato também deve ser registrado no Registro de Imóveis.

É importante ressaltar que, com a notificação do proprietário, ocorre o *tombamento provisório*, que já limita o uso da coisa por seu dono.

Além de poder ser instituído por *ato administrativo*, o tombamento também pode advir de *ato legislativo* (por exemplo, o art. 216, § 5º, da CF, pelo qual "ficam tombados os documentos e sítios detentores de reminiscências históricas dos antigos quilombos") ou *ato judicial*. No terceiro caso, o juiz, diante de uma ação coletiva (ex.: ação popular ou ação civil pública), determina a inscrição do tombamento no Livro do Tombo.

Quanto aos **efeitos** do tombamento, temos, entre outros, os seguintes: a) o proprietário deverá conservar a coisa (se não tiver recursos, deve levar ao conhecimento do Poder Público, que fica autorizado legalmente a executar a obra); b) o proprietário não pode reparar, pintar ou restaurar a coisa, sem prévia autorização especial do Poder Público; c) os vizinhos não podem reduzir a visibilidade da coisa tombada, nem colocar anúncios sem prévia autorização especial; d) os entes políticos têm direito de preferência na aquisição da coisa, caso o proprietário queira aliená-la; e) o bem tombado, se for um bem público, ou seja, pertencente a uma pessoa jurídica de direito público, é inalienável; f) o bem tombado não pode sair do País, salvo se por prazo curto, sem alienação, para fim de intercâmbio cultural e mediante autorização do Poder Público; g) o proprietário do bem tombado tem direito de ser indenizado, caso sofra restrição especial que o prejudique economicamente.

A Constituição traz uma norma especial sobre o tombamento do patrimônio cultural ao dispor que "ficam tombados todos os documentos e os sítios detentores de reminiscências históricas dos antigos quilombos" (art. 216, § 5º).

O Dec.-lei 25/1937 é de leitura obrigatória para se conhecer mais sobre o instituto do tombamento.

9.6. Expropriação (art. 243 da CF)

A expropriação pode ser **conceituada** como *a retirada da propriedade de alguém sem o pagamento de indenização alguma.*

O instituto é cabível nas seguintes **hipóteses (art. 243 da CF, com nova redação dada pela EC 81/2014):** a) sobre propriedades rurais e urbanas de qualquer região do País onde forem localizadas culturas ilegais de plantas psicotrópicas ou a exploração de trabalho escravo na forma da lei; b) sobre bem apreendido em decorrência de tráfico ilícito de entorpecentes e drogas afins e da exploração de trabalho escravo.

Os bens expropriados terão a seguinte **destinação:** a) propriedades serão expropriadas e destinadas à reforma agrária e a programas de habitação popular, sem qualquer indenização ao proprietário e sem prejuízo de outras sanções previstas em lei; b) o bem será confiscado e reverterá a fundo especial com destinação específica, na forma da lei.

Resta estudar agora a desapropriação, que consiste na retirada da propriedade de terceiro, mas mediante o devido pagamento.

9.7. Desapropriação

9.7.1. Fundamentação legal

O instituto da desapropriação está regulamentado nos seguintes diplomas: Constituição Federal – arts. 5º, XXIV, 182, § 3º, 184,185 e 243; Decreto-lei 3.365/4191 (utilidade e necessidade pública), Lei 4.132/1962 (interesse social), Decreto-Lei 1.075/1970 (imissão provisória na posse em imóveis residenciais urbanos), Lei 8.257/1991 (glebas com culturas ilegais de plantas psicotrópicas), Lei 8.629/1993 (reforma agrária), Lei Complementar 76/1993 (rito sumário de contraditório especial para reforma agrária) e Lei 10.257/2001 (desapropriação por interesse social como instrumento de política urbana).

9.7.2. Direito material

Pode-se **conceituar** a desapropriação como o *procedimento pelo qual o Poder Público, fundado em necessidade pública, utilidade pública ou interesse social, compulsoriamente adquire para si um bem certo, em caráter originário, mediante indenização prévia, justa e pagável em dinheiro, salvo no caso de imóveis em desacordo com a função social da propriedade, hipóteses em que a indenização far-se-á em títulos da dívida pública.*

A desapropriação é expressão do princípio da supremacia do interesse público sobre o particular. É muito comum que entrem em choque dois interesses. De um lado, o Poder Público, interessado muitas vezes em utilizar um dado imóvel particular para, por exemplo, construir uma escola, um hospital ou uma repartição pública. De outro, o particular interessado em não alienar nem ceder um imóvel do qual é titular do direito de propriedade. Entre o interesse do Poder Público e o interesse do particular, prevalecerá o primeiro, ou seja, o Poder Público poderá exigir que o particular entregue o bem de sua propriedade, e, em troca, o particular terá direito de ser indenizado, indenização que será, em regra, prévia, justa e pagável em dinheiro.

A desapropriação é **forma originária de aquisição da propriedade**, não se vinculando, portanto, ao título anterior. Isso significa, por exemplo, que as dívidas do imóvel ficam sub-rogadas no preço pago pela desapropriação e não mais neste (art. 31 do Decreto-lei 3.365/1941). Ademais, mesmo que se tenha desapropriado imóvel de pessoa que não era seu dono, não haverá invalidade (ou seja, não há direito de reivindicação por terceiro – art. 35 do Decreto-lei 3.365/1941), ressalvado o direito de o verdadeiro dono se insurgir contra o que se supunha dono do imóvel.

A **competência para legislar** sobre desapropriação é privativa da União (art. 22, II, CF).

São **fases** da desapropriação a **declaratória,** em que o ente declara de utilidade pública determinada área a ser desapropriada, e a **executória**, em que são tomadas providências concretas para efetivar a manifestação de vontade anterior. Tenta-se, em primeiro lugar, fazer um acordo com o proprietário (desapropriação extrajudicial). Não sendo frutífera tal tentativa, ingressa-se com ação de desapropriação.

A **competência para a primeira fase** (competência para declarar bem de utilidade pública ou interesse social) é dos entes políticos (União, Estados, DF e Municípios), do DNIT (Lei 10.233/2001) e da ANEEL (art. 10 da Lei 9.074/1995).

A **competência para a segunda fase** (competência para executar a desapropriação) é dos entes políticos, autarquias e fundações públicas; concessionárias de serviço público ou entes delegados pelo Poder Público, desde que autorizados expressamente pela lei ou pelo contrato (art. 3º do Decreto-lei 3.365/1941).

O **objeto** da desapropriação é qualquer bem (móvel ou imóvel, material ou imaterial, inclusive o espaço aéreo e o subsolo), exceto moeda corrente nacional (salvo moedas raras), pessoas e direitos personalíssimos. O objeto deve também ser existente, preciso, certo e possível. É cabível a desapropriação do espaço aéreo e do subsolo quando de sua utilização pelo Poder Público resultar prejuízo patrimonial ao proprietário do solo.

Bem público pode ser desapropriado. A União pode desapropriar de todos os entes, além dos particulares. Estados desapropriam dos Municípios e dos particulares. Municípios, só dos particulares. Quando a desapropriação se dá sobre bem público, além de se respeitar os limites acima, deve ser precedida de autorização legislativa.

Por fim, vale destacar que não é possível a autodesapropriação, ou seja, a desapropriação de bem da própria pessoa.

A **declaração de utilidade pública** consiste no ato pelo qual o Poder Público manifesta intenção de adquirir compulsoriamente determinado bem submetendo-o à sua força expropriatória. Deve-se identificar o *bem*, seu *destino* e o *dispositivo legal* que autoriza o ato. Faz-se por decreto, normalmente. O Poder Legislativo pode tomar a iniciativa, cabendo ao Executivo efetivá-la. Ao Poder Judiciário é vedado decidir se se verificam ou não os casos de utilidade pública (art. 9º do Dec.-lei 3.365/1941).

São **efeitos da declaração:** a) submete o bem à força expropriatória do Estado; **b) fixa o estado** dos bens, o que não significa que não possa ser vendido ou alterado (importante, pois o Estado deverá indenizar as benfeitorias necessárias efetuadas posteriormente; as benfeitorias úteis, por sua vez, só serão indenizadas pelo Estado se este autorizar sua realização; as voluptuárias nunca serão indenizadas); **c) confere ao Poder Público o direito de penetrar** no bem, com auxílio de força policial se o caso (art. 7º do Dec.-lei 3.365/1941 – tal efeito demonstra a autoexecutoriedade do Decreto); **d) dá início ao prazo de caducidade** da declaração.

A **caducidade da declaração** consiste na perda de sua validade pelo decurso do tempo sem que o Poder Público promova os atos concretos de expropriação, ficando inviabilizada a desapropriação. Nas hipóteses de desapropriação por **utilidade pública, o prazo de caducidade é de 5 anos** (art. 10 do Decreto-lei 3.365/1941). No caso de desapropriação por **interesse social, a caducidade se dá após 2 anos** (art. 3º, Lei 4.132/1961). A desapropriação por interesse social se dá quando não se cumpre a função social da propriedade, sendo as demais por utilidade ou necessidade pública. Caso haja a caducidade, somente **decorrido 1 ano** poderá haver nova declaração sobre aquele bem.

Imissão provisória de posse é a transferência da posse do bem objeto de desapropriação para o expropriante, já no início da lide, concedida pelo Juiz, se o Poder Público declarar urgência e depositar, em Juízo, a favor do proprietário, importância fixada segundo critério legal.

A **indenização** será sempre **justa**, **prévia** e, como regra, em **dinheiro**. Mas quando não se atender à função social, seja em área urbana, seja em área rural, a desapropriação decorrente de tal situação implicará pagamento por títulos públicos, resgatáveis anual e sucessivamente. Vale dizer, em que pese o pagamento seja prévio, não será em dinheiro, mas em títulos resgatáveis anualmente. Vejamos as hipóteses de pagamento com títulos públicos:

Imóvel rural: a União é competente para desapropriá-lo quando o fundamento é o não atendimento à função social; o pagamento é feito em títulos da dívida agrária, com cláusula de preservação do valor real, resgatáveis em até 20 anos, a partir do segundo ano de emissão do título. Cuidado, pois as benfeitorias úteis e necessárias são indenizadas em dinheiro (art. 184, § 1º, da CF).

Imóvel urbano: o Município é o competente para desapropriá-lo quando o fundamento é o não atendimento à função social da propriedade (imóvel não edificado, subutilizado ou não utilizado). Depende de lei específica, para a área incluída no Plano Diretor, a exigência, nos termos de lei federal, de que o proprietário promova o adequado aproveitamento do imóvel, sob pena de, sucessivamente, determinar-se o parcelamento ou edificação compulsórios, instituir-se IPTU progressivo no tempo, para só depois, mantida a situação, efetivar-se a desapropriação. Nesse caso o pagamento será feito em títulos da dívida pública (de emissão previamente aprovada pelo Senado), resgatáveis em até 10 anos, em parcelas anuais, iguais e sucessivas, assegurados o valor real da indenização e os juros legais. Não há previsão de pagamento em dinheiro das benfeitorias, talvez porque geralmente não haverá benfeitoria alguma (art. 182, CF).

Não há indenização (confisco): na expropriação de propriedades rurais e urbanas de qualquer região, onde forem localizadas culturas ilegais de plantas psicotrópicas ou a exploração de trabalho escravo, o mesmo ocorrendo com bens de valor econômico apreendidos em decorrência de tráfico ilícito de entorpecentes e drogas afins e da exploração de trabalho escravo. Há, portanto, o confisco de tais bens, que serão utilizados em projetos sociais (assentamentos, cultivos, instituições, recuperação, fiscalização etc.).

A **justa indenização** compreende o valor de mercado do imóvel, abrangendo os danos emergentes e os lucros cessantes do proprietário. Inclui juros moratórios, compensatórios, correção monetária e honorários advocatícios. Os juros moratórios, segundo a MP 2.183-56, correm a partir de 1º de janeiro do exercício seguinte ao que o pagamento deveria ser feito. Os juros compensatórios são contados desde o momento da imissão antecipada na posse, pois, a partir daí, o proprietário não mais terá a disponibilidade do bem, devendo ser compensado por isso. A correção monetária é contada desde a realização do laudo pericial que fixa o valor do bem expropriado. Os honorários são fixados tendo por base de cálculo a diferença entre o oferecido pelo Poder Público e o fixado pelo Poder Judiciário.

Consuma-se a desapropriação com o pagamento da indenização, pois a Constituição diz que a desapropriação requer prévia (e justa) indenização. É importante saber qual o momento em que se consuma a desapropriação, a fim de concluir-se até quando o Poder Público pode dela desistir Destarte, pode-se desistir da desapropriação até o último momento anterior ao do pagamento da indenização. Deve-se ressaltar que eventuais danos causados ao particular devem ser ressarcidos.

Desapropriação por zona *é aquela de área maior do que a necessária à realização de obra ou serviço, para abranger zona contígua a ela, tendo em vista* reservá-la *para o futuro ou* revendê-la, *se extraordinária valorização for decorrência da desapropriação a ser efetuada.* Ou seja, consiste em desapropriar área maior do que a necessária naquele momento, com a finalidade de garantir espaço para realização de obras no futuro ou com o objetivo de revender a área maior desapropriada, quando houver valorização muito grande do local, a fim de não causar enriquecimento sem causa ao antigo proprietário. A declaração de utilidade deve compreendê-las, mencionando qual é para revenda e qual será para o desenvolvimento da obra (art. 4º do Decreto-lei 3.365/1941). Parte da doutrina defende que o Poder Público deveria, no caso de valorização, cobrar o tributo contribuição de melhoria, já que se trata de alternativa menos gravosa ao proprietário, entendimento não compartilhado pela jurisprudência do STF.

Direito de extensão *consiste na faculdade do expropriado de exigir que na desapropriação se inclua a parte restante do bem que se tornou inútil ou de difícil utilização.* Deve ser exercido quando da realização do acordo administrativo ou no bojo da ação de desapropriação, sob pena de se considerar que houve renúncia.

Segundo o art. 20 do Dec.-lei 3.365/1941, a contestação somente poderá versar sobre dois pontos: a) vício do processo judicial; b) impugnação do preço. Qualquer outra questão deverá ser decidida por ação autônoma.

Quanto ao vício do processo judicial pode-se alegar, em preliminar, tanto defeitos processuais (ausência de pressupostos processuais) como aqueles relativos à ação (ausência de condição de ação).

Quanto à impugnação ao preço, o que se permite é discutir o *quantum* ofertado pelo Poder Público na sua petição inicial.

10. RESPONSABILIDADE CIVIL DO ESTADO

10.1. Evolução histórica e teorias sobre a responsabilidade estatal

A responsabilidade patrimonial do Estado passou pelas seguintes fases:

a) fase da irresponsabilidade: nessa fase, o Estado não respondia por danos causados aos particulares, sob o argumento de que o poder soberano dos reis era divino, de modo que não era correto dizer que o rei errava ("the king can do no wrong");

b) fase civilista: nessa fase, o Estado passou a responder, mas apenas se o dano tivesse sido causado por *culpa ou dolo de um funcionário estatal*; assim, caso o motorista de uma Prefeitura, por exemplo, atropelasse alguém por conta de uma manobra imprudente, o Estado responderia civilmente pela respectiva indenização;

c) fase publicista: nessa fase, o Estado passou a responder civilmente mediante a aplicação de institutos jurídicos mais adequados às características estatais, ou seja, segundo princípios próprios do direito público, daí o nome de fase *publicista*; pertencem a essa fase a responsabilização estatal segundo dois fundamentos:

c1) culpa administrativa: aqui, o Estado responde se o dano tiver origem num *serviço defeituoso*; por exemplo, caso alguém sofra um acidente automotivo pelo fato de haver uma enorme cratera numa rua já há alguns meses, caracteriza-se o serviço estatal defeituoso e, consequentemente, a culpa administrativa a ensejar a responsabilidade civil do Estado. Repare que, aqui, o foco não é a culpa do *funcionário*, mas a culpa do *serviço*, também chamada de culpa anônima do serviço, pois não se analisa a conduta de alguém em especial, mas o desempenho do serviço público;

c2) risco administrativo: aqui, o Estado responde objetivamente pelos danos que causar, ou seja, basta que uma conduta estatal cause um dano indenizável a alguém para que o Estado tenha de responder civilmente, pouco importando se há culpa do funcionário ou se há culpa administrativa. Um exemplo é um policial atirar para se defender e a bala acabar atingindo um terceiro (a chamada "bala perdida"); nesse caso, pouco importa se o policial agiu com culpa ou não, respondendo o Estado objetivamente. O princípio maior que rege a Teoria do Risco Administrativo é o da igualdade, não sendo justo que a vítima sofra sozinha por conduta estatal que, em tese, beneficia a todos; a teoria em questão objetiva que haja igualdade nos ônus e encargos sociais.

A responsabilidade fundada no **risco administrativo** é a regra hoje no direito brasileiro, que, assim, impõe que o Estado responda objetivamente pelos danos que seus agentes causarem a terceiros (art. 37, § 6º, da CF).

A responsabilidade objetiva estatal tem como marco histórico o famoso Caso Blanco, em que uma menina fora atropela por veículo público e ficou decidido que o Poder Judiciário (que analisava casos cíveis, com princípios próprios) não era o competente para conhecer da questão, mas sim o Conselho de Estado (que analisava casos afetos ao Poder Público), que deveria aplicar princípios próprios do direito público, como o da igualdade e da legalidade, que impõem a indenização ao particular que é lesado em detrimento de uma atividade de proveito à coletividade.

Por fim, é bom ressaltar que a responsabilidade objetiva no Brasil admite excludentes de responsabilidade do Estado, de modo que não adotamos a **Teoria do Risco Integral**, que não admite excludentes, mas a **Teoria do Risco Administrativo**, conforme mencionado, teoria essa que admite excludentes de responsabilidade.

A Teoria do Risco Integral vem sendo aplicada, sem controvérsia alguma, na responsabilidade por *dano nuclear*, seja o responsável pelo dano o Estado ou o particular.

10.2. Modalidades de responsabilidade

Conforme vimos no item anterior, a responsabilidade do Estado, como regra, é objetiva, fundada no *risco administrativo*.

Porém, a jurisprudência vem reconhecendo que, em alguns casos, a responsabilidade estatal é subjetiva, fundada na *culpa administrativa*.

Assim sendo, pode-se dizer, hoje, que há duas modalidades de responsabilidade civil estatal.

A primeira modalidade é a **responsabilidade objetiva**. Trata-se da regra em matéria de responsabilidade do Estado, nos termos do art. 37, § 6º, da CF. A responsabilidade é objetiva em duas situações:

a) por conduta comissiva do Estado: nesse caso pode-se dizer que o Estado causou materialmente um dano, já que atuou positivamente (comissivamente), o que faz incidir o texto do art. 37, § 6º, da CF, que não reclama conduta culposa ou dolosa para que o Estado responda civilmente por danos causados a terceiros; são exemplos de *condutas comissivas* a bala perdida de um policial, a agressão feita por agente público com arma da corporação, a transfusão de sangue contaminado com HIV em hospital público, a interdição indevida de um estabelecimento comercial, um acidente com um carro oficial dirigido de modo imprudente, dentre outros. O art. 37, § 6º, da CF estabelece que essa responsabilidade objetiva alcança as pessoas jurídicas de direito público (entes políticos, mais entidades com natureza autárquica) e as pessoas jurídicas de direito privado prestadoras de serviços públicos;

b) por atividade de risco estatal: nesse caso, temos situações em que não se sabe muito bem se o Estado age numa conduta comissiva ou omissiva; por exemplo, imagine um depósito de explosivos das Forças Armadas, que acaba por pegar fogo, gerando inúmeros danos na vizinhança. Perceba que pouco importa se a conduta estatal é comissiva ou omissiva, pois como a atividade de armazenar explosivos é uma atividade de risco, aplica-se o disposto no art. 927, parágrafo único, do Código Civil, para efeito de responsabilizar o Estado objetivamente; vale ressaltar que qualquer pessoa, de direito público ou de direito privado, responde objetivamente por danos causados por atividades de risco que pratiquem.

A segunda modalidade é a **responsabilidade subjetiva**. Trata-se de exceção em matéria de responsabilidade do Estado. A responsabilidade será subjetiva em três situações:

a) por conduta omissiva do Estado: nesse caso não se pode dizer que o Estado causou materialmente um dano, pois uma omissão não é capaz de "causar" coisa alguma, situação que impede a aplicação da responsabilidade objetiva prevista no art. 37, § 6º, da CF, que se aplica quando o Estado, por seus agentes, "causa" um dano a terceiro; por outro lado, não é possível simplesmente aplicar o Código Civil nesse tipo de situação (omissiva), pois esse Código é fundado em princípios de Direito Privado, e a responsabilidade estatal deve ser fundada em princípios de Direito Público; assim sendo, em caso de conduta omissiva do Estado, esse responderá **subjetivamente**, mas com fundamento na **culpa administrativa** e não na culpa do funcionário público. A culpa administrativa ocorre quando se demonstra que o serviço é **defeituoso** (a chamada "falta do serviço"), ou seja, quando se demonstra que o serviço: i) não funcionou, ii) funcionou atrasado ou iii) funciona mal; tal apreciação é feita levando-se em conta o que legitimamente se espera do serviço estatal. São exemplos de condutas omissivas estatais que costumam gerar responsabilidade por envolver serviço defeituoso o não recapeamento de ruas pelo Poder Público, propiciando acidentes automobilísticos; a falta de limpeza de bueiros e córregos, propiciando alagamentos e deslizamentos de imóveis; a morte de detento ocasionada por outro detento; a ausência de fiscalização ambiental pelo Estado, propiciando danos ambientais; a existência de animal em estrada, causando acidente; a falha no semáforo, causando acidente; o acidente em sala de aula de escola pública, machucando aluno; dentre outros. Todavia, a jurisprudência não costuma responsabilizar o Estado por atos causados por um fugitivo da prisão, que, tempos depois da fuga, comete crimes, causando danos a terceiros; por enquanto, o STF e o STJ vêm entendendo que a responsabilidade do Estado por omissão é subjetiva; vale ressaltar que o STF tem decisão no sentido de que a responsabilidade estatal por atos omissivos ***específicos*** é objetiva; um exemplo de caso de omissão específica do Estado é a agressão física a aluno por colega, em escola estadual, hipótese em que a responsabilidade estatal será objetiva, com base na Teoria do Risco Administrativo (STF, ARE 697.326 AgR/RS, DJ 26.04.2013); não se pode confundir uma *conduta omissiva genérica* (ex: o Estado não conseguir evitar todos os furtos de carros), com uma *conduta omissiva específica* (ex: o Estado ter o dever de vigilância sobre alguém e não evitar o dano); no primeiro caso, o Estado responde *subjetivamente*, só cabendo indenização se ficar provado que o serviço foi defeituoso (ex: um policial presencia um furto e nada faz); no segundo caso, o Estado responde *objetivamente*, não sendo necessário perquirir sobre se o serviço estatal foi ou não defeituoso;

b) por condutas omissivas ou comissivas de pessoas jurídicas de direito privado estatais exploradoras de atividade econômica: essas pessoas não são alcançadas pela responsabilidade objetiva prevista no art. 37, § 6º, da CF; dessa forma, a regulamentação de sua responsabilidade cabe ao direito privado e este, como regra, estabelece a responsabilidade civil subjetiva, em que a pessoa jurídica só responderá se um agente seu agir mediante conduta culposa ou dolosa (art. 186 do Código Civil). Todavia, o caso concreto pode envolver situação que gere responsabilidade objetiva, não pela Constituição Federal, mas pela legislação infraconstitucional; por exemplo, se a pessoa jurídica em tela causar dano em virtude de atividade de risco, responderá objetivamente (art. 927, parágrafo único, do CC); o mesmo acontecerá se se tratar de uma relação de consumo (por exemplo, a relação entre o Banco do Brasil e seus clientes);

c) quanto à responsabilidade civil do agente público: nesse caso, o próprio art. 37, § 6º, da CF estabelece que o agente público só responderá por danos causados a terceiros se agir com culpa ou dolo e, mesmo assim, apenas em ação regressiva movida pelo Poder Público, não sendo possível que a vítima ingresse com ação indenizatória diretamente contra o agente público que lhe causar dano.

10.3. Fundamentos da responsabilidade objetiva e motivos que ensejam

São fundamentos da responsabilidade objetiva do Estado os princípios da **igualdade** e da **legalidade**.

De acordo com o princípio da *igualdade*, não é isonômico que uma pessoa sofra danos por obra do Estado, que age em favor de todas as outras pessoas, e não seja indenizada por isso.

O princípio da *legalidade*, por sua vez, não permite que o Estado haja de forma a causar danos às pessoas, pois isso é ilegal. Agindo assim, o Estado, fica, então, com a obrigação de reparar o dano.

Há quem complemente os fundamentos expostos neste estudo para dizer que a responsabilidade objetiva do Estado fundamenta-se, também, no princípio da **solidariedade social**, previsto no art. 3º da CF.

Quanto aos motivos que ensejam a responsabilidade objetiva estatal, a doutrina destaca que as funções estatais (ex.: atuação policial, realização de grandes obras etc.) ensejam danos mais intensos do que o normal, o que faz com que o Estado mereça um tratamento diferenciado, no sentido de responder efetivamente quando causá-los a terceiros.

O fato é que os deveres públicos colocam o Estado permanentemente obrigado a agir no mundo dos fatos. Não bastasse isso, o Estado possui o direito de usar a força, o que dá ensejo a maior causação de danos.

O administrado, por sua vez, não tem como se evadir dos perigos gerados pelo Estado, já que esse dita os termos de sua atividade.

Tudo isso faz com que somente a responsabilidade objetiva do Estado seja apta a garantir o efetivo ressarcimento a todas as pessoas sujeitas aos perigos causados pelo Poder Público.

10.4. Pressupostos ou requisitos da responsabilidade objetiva

Considerando os elementos vistos no item 10.2, é possível, agora, sistematizar os requisitos para que o Estado responda objetivamente.

Grosso modo, os requisitos são três: a) conduta comissiva (não é necessário que haja culpa ou dolo); b) dano indenizável; c) nexo de causalidade entre a conduta e o dano.

Adensando melhor essas ideias, temos como primeiro requisito da responsabilidade objetiva o seguinte: **fato ou ato de agente das pessoas jurídicas de direito público ou das pessoas privadas prestadoras de serviço público.**

Dois pontos devem ser ressaltados.

O primeiro, quanto ao fato de que as pessoas jurídicas de direito público, como também as pessoas jurídicas de direito privado prestadoras de serviço público (ex.: Correios), respondem objetivamente.

O segundo, quanto ao fato de que tais pessoas respondem pelos atos lesivos praticados por seus agentes contra terceiros, desde que esses agentes tenham agido "na qualidade de agentes públicos".

Assim, se um servidor público, no final de semana, vai a um bar e acaba se desentendendo com alguém, espancando esse alguém e gerando uma série de sequelas nele, o Estado não irá responder por esse ato, pois o agente público não atuou, no caso, na qualidade de agente público.

De qualquer forma, é bom ressaltar que, se um agente público usa a arma da corporação para causar um dano a alguém, mesmo que isso ocorra em período de folga, o Estado responderá objetivamente.

O segundo requisito – **dano indenizável** – requer que o dano causado a terceiro tenha os seguintes requisitos:

a) lesão a *direito* da vítima, vale dizer, à esfera juridicamente protegida do indivíduo;

b) dano *certo* (dano necessário, não apenas eventual), ***especial*** (dano que atinge pessoas em particular e não coletividade em geral) e ***anormal*** (dano que ultrapassa os problemas e dificuldades comuns da vida em sociedade; ex.: uma pequena fila numa repartição pública ou o pó de uma obra pública não configuram o dano anormal, não gerando indenização).

O terceiro requisito – **nexo de causalidade entre a conduta estatal e o dano** – impõe que haja um nexo entre o ato estatal e o dano causado a terceiro. O STF entende que não há nexo de causalidade quando um detento foge da prisão e, tempos depois, comete crimes ou com a ajuda de comparsas (STF, AR 1.376). Todavia, houve um caso em que um presidiário, que já havia fugido sete vezes da prisão, acabou por estuprar um menor de 12 anos, caso esse que levou o STF a entender que havia nexo de causalidade, uma vez que, se a lei de execução penal tivesse sido corretamente aplicada, o preso estaria em regime fechado e não teria conseguido fugir pela oitava vez e cometido o crime (STF, RE 409.203).

10.5. Excludentes da responsabilidade do Estado

Conforme visto no item 10.1, o Brasil adota a Teoria do Risco Administrativo em matéria de responsabilidade do Estado e não a Teoria do Risco Integral.

Assim sendo, a responsabilidade do Estado admite excludentes.

Confira os casos em que se reconhece que a responsabilidade estatal ficará excluída: a) força maior (ex.: um tornado causa estragos em diversos imóveis de uma cidade); b) culpa exclusiva de terceiro; c) culpa exclusiva da vítima.

A culpa concorrente da vítima e do Estado não exclui a responsabilidade estatal, gerando apenas atenuação do *quantum* indenizatório.

10.6. Responsabilidade do agente público. Denunciação da lide do agente público que causou o dano e direito de regresso

O agente público, segundo o art. 37, § 6º, da CF, responde pelos danos que causar a terceiros, perante a pessoa com quem trabalha, se agir com culpa ou dolo.

Ou seja, os agentes públicos têm dupla proteção: a) a primeira é de só responder se agirem com culpa ou dolo; b) a segunda, de não poderem ser acionados diretamente pelo terceiro lesado.

Quanto a esse segundo aspecto, fica, então, a notícia de que o terceiro lesado só poderá ingressar com ação diretamente contra o Poder Público. Em seguida, em ação de regresso, o agente público que tiver atuado com culpa ou dolo pode ser acionado pelo Poder Público para que este se ressarça dos prejuízos que teve de arcar por conta do agente público responsável pelo dano.

Assim, não cabe a responsabilidade "per saltum" da pessoa natural do agente público (STF, RE 327.904, rel. Min. Carlos Brito, j. 15.08.2006 – Informativo 436), devendo o juiz julgar extinta, por ilegitimidade de parte, eventual ação promovida pelo terceiro lesado em face do agente público.

Resta saber se o Estado poderá, logo que acionado pelo terceiro lesado, denunciar da lide o agente público, criando demanda paralela a ser julgada em sentença única.

O STJ vem aceitando a denunciação da lide nesses casos. Porém, vem crescendo o entendimento de que a denunciação da lide somente é possível quando a causa de pedir trazida na ação de responsabilidade seja a narração de uma conduta culposa ou dolosa do agente público. Nesse caso, como a ação já é fundada na culpa, não há problema em se denunciar da lide o agente público, eis que a sua culpa já estará sendo discutida na demanda principal.

Porém, quando a petição inicial se funda, fática e juridicamente, na responsabilidade objetiva do Estado, parece-nos temerário que o juiz admita eventual denunciação da lide do Poder Público. Isso porque ela não se coaduna com a ideia de responsabilidade objetiva, que visa a uma indenização pronta e rápida que não aconteceria se pudesse ser chamado o agente público para responder, instaurando-se uma lide paralela, em que se tivesse que discutir sua culpa ou seu dolo.

Aliás, o STJ é pacífico no sentido de que a ação de denunciação da lide não importa na perda do direito do Estado de ingressar com ação de regresso contra o servidor, já que o Estado tem garantido o direito de se ressarcir na própria Constituição Federal (art. 37, § 6º, da CF).

Vale lembrar que, uma vez que o Estado arque com indenização em favor de terceiro e o agente público responsável pelo ato danoso tenha agido com culpa ou dolo, o Estado nem sempre terá de ingressar com ação de regresso, sendo possível, desde que haja concordância do agente público, desconto da indenização em folha de pagamento, na forma da lei, e desde que seja parceladamente, de modo a não comprometer a subsistência do agente e de sua família.

10.7. Responsabilidade das pessoas jurídicas prestadoras de serviço público

Conforme já visto, a responsabilidade dessas pessoas, nos termos do art. 37, § 6º, da CF, também é objetiva. Assim, as concessionárias de serviço público, por exemplo, nas áreas de água e esgoto, energia elétrica, telefonia, transporte público, dentre outras, respondem pelos danos que seus agentes causarem, independentemente de culpa.

É importante ressaltar que o STF vinha entendendo que a responsabilidade objetiva dos concessionários (prevista no art. 37, § 6º, da CF) só existiria em relação ao usuário do serviço e não em relação a terceiro não usuário, que sofre dano no contexto da prestação de um serviço público. O terceiro deveria buscar responsabilização da concessionária com fundamento em outras regras jurídicas.

No entanto, houve **mudança** na orientação jurisprudencial, para admitir a responsabilidade objetiva também em favor do não usuário do serviço público. Confira: "A responsabilidade civil das pessoas jurídicas de direito privado prestadoras de serviço público é objetiva relativamente a terceiros usuários e não usuários do serviço, segundo decorre do art. 37, § 6º, da Constituição Federal. II – A inequívoca presença do nexo de causalidade entre o ato administrativo e o dano causado ao terceiro não usuário do serviço público, é condição suficiente para estabelecer a responsabilidade objetiva da pessoa jurídica de direito privado." (STF, RE 591874)

O STF passou a entender que a expressão "terceiros", contida no dispositivo constitucional citado, inclui os terceiros não usuários do serviço público. Primeiro porque não há restrição redacional nesse sentido, não se podendo fazer interpretação restritiva do dispositivo constitucional. Segundo porque a Constituição, interpretada à luz do princípio da isonomia, não permite que se faça qualquer distinção entre os chamados "terceiros", usuários e não usuários do serviço público, uma vez que todos podem sofrer dano em razão da ação administrativa estatal. Terceiro porque os serviços públicos devem ser prestados de forma adequada e em caráter geral, estendendo-se, indistintamente, a todos os cidadãos, beneficiários diretos ou indiretos da ação estatal.

10.8. Responsabilidade por obra pública

Quando é o próprio Estado que executa uma obra por agentes públicos pertencentes aos quadros da própria Administração, não há dúvida alguma de que o Estado responde objetivamente por danos causados a terceiros.

A dúvida sobre se o Estado responde ou não existe quando a obra pública causadora de dano foi encomendada pelo Estado a uma empreiteira, ou seja, a um particular que tenha celebrado contrato administrativo com a Administração Pública.

A Lei 8.666/1993, que regula as licitações e os contratos administrativos, é clara ao dispor que o contratado é responsável pelos danos causados a terceiros, decorrentes de sua culpa ou dolo na execução do contrato (art. 70). O dispositivo também esclarece que tal responsabilidade não fica excluída ou reduzida pela fiscalização ou acompanhamento pelo órgão interessado.

Assim sendo, não há responsabilidade primária e solidária do Estado pelos danos causados por obras realizadas por empreiteira contratada deste.

Mas há duas situações em que o Estado poderá responder por conta de uma obra pública que tiver encomendado a um empreiteiro.

O primeiro caso diz respeito às situações em que os danos causados a terceiros são produzidos por motivo inerente à obra encomendada pelo Estado. São aquelas situações em que o contratado não age com culpa ou dolo, mas, em virtude de características próprias da obra, danos serão inevitáveis. Por exemplo, em caso de nivelamento de ruas, é praticamente inexorável a causação de danos, vez que casas à margem da via ficarão em nível mais baixo ou mais elevado que esta.

O segundo caso diz respeito à hipótese em que o contratado pela Administração, culpado pelos danos decorrentes da obra, não tem recursos para arcar com os ônus decorrentes da responsabilidade civil que carrega. Nesse caso, o Estado, por ser o patrocinador da obra e por agir em favor de toda a coletividade, deve indenizar os danos causados, socializando a sua reparação em favor daquele que sofreria sozinho caso não fosse indenizado. Tem-se, no caso, responsabilidade subsidiária do Estado.

10.9. Responsabilidade do tabelião e do registrador

Tanto o tabelião como o registrador respondem objetivamente perante terceiros, nos termos do que determina o art. 37, § 6º, da CF.

Além disso, o Estado, que confere uma delegação a essas pessoas, também responde objetivamente e diretamente pelos danos por eles causados.

O Ofício de Notas não é uma pessoa jurídica, mas sim uma estrutura organizada para a prestação de serviços notariais. Tal estrutura é organizada técnica e administrativamente pelo notário, que é uma pessoa física a quem é delegado o exercício da atividade notarial, mediante concurso público.

O notário exerce, então, função pública, sendo tratado pela doutrina como um particular em colaboração com o Poder Público. Trata-se, na verdade, de um agente público delegado, ou seja, de um agente público que recebe a delegação de um serviço público, que será prestado em nome próprio e por conta e risco do notário.

Assim sendo, a pessoa física titular da serventia extrajudicial é quem responde, com seu patrimônio pessoal, por eventuais danos causados a terceiros por atos praticados por si ou por seus prepostos. Nesse sentido é o disposto no art. 22 da Lei 8.935/1994. O notário, responsabilizado, poderá exercer o direito de regresso no caso de culpa ou dolo de seus prepostos.

Porém, não se pode olvidar de que a atividade prestada pelo notário é uma atividade administrativa e, portanto, de interesse estatal. Por isso, o Estado também responde pelos atos praticados pelos notários e seus prepostos.

Como tais serviços são organizados pelos Estados-membros, estes serão os responsáveis civilmente pelos prejuízos causados a terceiros, nos termos do art. 37, § 6º, da CF.

Segundo o STF, a responsabilidade civil do notário e a do Estado são objetivas, no caso.

Assim, o terceiro lesado poderá propor ação contra o notário, contra o Estado ou contra ambos, sendo que é objetiva tanto a responsabilidade da pessoa física do notário como a responsabilidade da pessoa jurídica do Estado-membro respectivo.

Vale ressaltar que há decisão do STJ com entendimento um pouco diferente. No caso, entende este Tribunal que se deve ingressar com ação em face do notário e, caso este não possa suportar a indenização, aí sim caberá acionar o Estado subsidiariamente (STJ, REsp 1.163.652/PE, DJ 01.07.2010).

10.10. Responsabilidade por atos legislativos e jurisdicionais

O Estado não responde, como regra, pela edição de leis que prejudiquem alguém.

Tal regra só cede nas seguintes situações: a) se uma lei declarada inconstitucional causa danos ao particular; b) em caso de lei de efeito concreto causar dano a uma pessoa em particular (ex: criação de Parque Florestal em área privada).

O Estado também não responde, como regra, pela expedição de decisões que prejudiquem alguém. Como exceção temos: a) o caso de erro judiciário, que é aquele reconhecido em revisão criminal ou o decorrente de prisão de alguém além do tempo permitido; b) os casos em que o juiz responde pessoalmente por dolo, fraude, recusa, omissão ou retardamento injustificado de providências de seu ofício, nos termos do art. 133 do CPC; c) os casos de erro grave (ex: prisão de alguém sem qualquer envolvimento com o fato criminoso – *vide* o caso do "Bar Bodega" no Informativo 570 do STF).

10.11. Responsabilidade por atos do Ministério Público

O Ministério Público não é pessoa jurídica, mas órgão da Administração Direta da União (Ministério Público da União – art. 128) e dos Estados-membros.

Assim, não tendo o Ministério Público personalidade jurídica, não há como responsabilizá-lo civilmente por seus atos.

Por outro lado, a responsabilidade do Estado é, como regra, objetiva, de modo que quando um órgão estatal causa um dano a terceiro, a pessoa jurídica estatal correspondente tem de responder, ressalvada a ação de regresso em face do agente público que tiver agido com culpa ou dolo, no caso, o membro do Ministério Público.

Esse é o posicionamento do STF (AI 552.366 AgR, DJ 28.10.2009).

10.12. Responsabilidade subsidiária

O Estado responde subsidiariamente pelos danos causados pelas seguintes pessoas que estiverem atuando em atividades que ele mesmo deveria prestar: a) pessoas jurídicas de direito público da Administração Indireta (autarquias, fundações públicas, agências reguladoras e associações públicas); b) pessoas jurídicas de direito privado prestadoras de serviço público; c) pessoas jurídicas de direito privado executoras de obra pública, por danos decorrentes dessa obra.

Há de se ressaltar que a responsabilidade subsidiária, para acontecer, depende da impotência econômica ou financeira da entidade estatal.

10.13. Prescrição

Até pouco tempo atrás não havia controvérsia alguma sobre qual era o prazo prescricional para o exercício da pretensão indenizatória em face do Estado. Doutrina e jurisprudência eram uníssonas no sentido de que esse prazo era de 5 anos, nos termos do art. 1º do Decreto 20.910/1932, que regula a prescrição contra a Fazenda Pública.

Porém, com a entrada em vigor do atual Código Civil, que estabelece que o prazo prescricional para ações indenizatórias é de 3 anos (art. 206, § 3º, V), uma forte corrente passou a considerar que esse prazo também deveria ser aplicado às ações indenizatórias em face da Fazenda Pública. Isso porque o art. 10 do Decreto 20.910/32 prevê que o prazo de 5 anos nele previsto "não altera as prescrições de menor prazo, constantes das leis e regulamentos, as quais ficam subordinadas às mesmas regras". Dessa forma, como o prazo previsto no Código Civil é, atualmente, um prazo "menor" do que o de 5 anos previsto no Decreto mencionado, dever-se-ia aplicar o prazo previsto no Código, fazendo com que a prescrição de ações de reparação civil em geral tivesse prazo de 3 anos contra a Fazenda Pública.

Todavia, o STJ, que já estave bastante dividido, encaminhou-se no sentido de que o prazo continua de 5 anos. Confira decisão tomada em recurso repetitivo: "ADMINISTRATIVO. PROCESSUAL CIVIL. RESPONSABILIDADE CIVIL DO ESTADO. AÇÃO DE INDENIZAÇÃO CONTRA A FAZENDA PÚBLICA. PRAZO PRESCRICIONAL.DECRETO 20.910/1932. QUINQUENAL. TEMA OBJETO DE RECURSO REPETITIVO. SÚMULA 168/STJ. INCIDÊNCIA. 1. A jurisprudência desta Corte firmou-se no sentido de que a prescrição contra a Fazenda Pública é quinquenal, mesmo em ações indenizatórias, uma vez que é regida pelo Decreto 20.910/1932. Orientação reafirmada em recurso submetido ao regime do art. 543-C do CPC (REsp 1251993/PR, Rel. Min. Mauro Campbell Marques, Primeira Seção, DJe 19.12.2012). 2. Incidência da Súmula 168/STJ, *in verbis*: 'Não cabem embargos de divergência, quando a jurisprudência do tribunal se firmou no mesmo sentido do acórdão embargado'. Agravo regimental improvido" (AgRg nos EAREsp 53471/RS, relator Ministro HUMBERTO MARTINS, 1ª Seção, j. 27.02.2013).

Há de se aguardar, agora, como se posicionará a jurisprudência em relação à responsabilização civil de *pessoas jurídicas* que causarem danos à Administração por condutas definidas na Lei 12.846, de 1º de agosto de 2013. Parece-nos que, de acordo com essa lei, a prescrição da pretensão do Poder Público de buscar a reparação civil no caso mencionado (de pessoa jurídica cuja conduta incida no art. 5º da lei), voltará a ser de 5 anos, nos termos de seu art. 25, *caput*. Apesar de a lei ter usado uma terminologia totalmente inadequada ("prescrição da infração"), parece-nos que dispositivo citado **não fez** distinção entre a aplicação de sanções civis (como a de reparação civil, que, inclusive, envolve verdadeiro prazo *prescricional*) e administrativas (que, em verdade, envolve prazo decadencial, apesar de ser comum a lei usar a palavra "prescrição" para abranger prazos decadenciais também), de modo que o prazo prescricional de 5 anos se aplicaria tanto às sanções civis, como às sanções administrativas para as pessoas jurídicas que praticarem condutas definidas no art. 5º da Lei 12.846/2013.

Ainda em relação à questão da prescrição, há dois casos específicos em que o prazo prescricional para a ação indenizatória estão definidos por existir regra especial estabelecendo tais prazos, sem que haja exceção quanto à sua aplicação. O primeiro é prazo para ingresso de ação indenizatória por desapropriação indireta (prazo prescricional de 10 anos) e o segundo é para ingresso de ação indenizatória por restrições decorrentes de atos do Poder Público (prazo prescricional de 5 anos – art. 10 do Dec.-lei 3.365/1941).

Por fim, de rigor lembrar que há três casos de imprescritibilidade da pretensão de reparação civil, quais sejam: a) ressarcimento do erário; b) ressarcimento de dano ambiental; c) ressarcimento de danos por perseguição política, prisão e tortura durante a ditadura militar. Quanto a esse último caso, *vide*, por exemplo, o AgRg no Ag 1.428.635, julgado pelo STJ em 02.08.2012.

Vale, também, uma palavra sobre o termo *a quo* da contagem do prazo prescricional.

No caso, esse prazo é contado da data do fato ou do ato lesivo. Todavia, caso o dano tenha sido causado por conduta considerada crime na esfera penal, o prazo prescricional começará a fluir a partir do trânsito em julgado da ação penal (STJ, AgRg no Ag 1383364/SC, DJ 25.05.2011).

10.14. Responsabilidade civil e administrativa de pessoas jurídicas (Lei 12.846/2013)

A Lei 12.846, de 1º de agosto de 2013, dispõe sobre a responsabilização **objetiva**, nas esferas administrativa e civil, de **pessoas jurídicas**, pela prática, por estas, de atos contrários à Administração Pública, **inclusive** atos contrários à Administração Pública estrangeira, ainda que cometidos no exterior (arts. 1º e 28).

Essa responsabilidade objetiva, todavia, somente se aplica quanto aos atos lesivos **definidos no art. 5º da Lei** (por exemplo: fraude à licitação), e desde que a pessoa que tenha cometido tais atos seja uma pessoa jurídica. As demais pessoas (pessoas físicas ou naturais) e os demais casos (ilícitos não previstos no art. 5º da Lei 12.846/2013), continuam regulamentados pelas leis existentes ao tempo da Lei 12.846/2013, podendo se tratar tanto de responsabilidade subjetiva (quando se aplicar o artigo 186 do Código Civil, por exemplo), como de responsabilidade objetiva (quando se aplicar os artigos 927, parágrafo único e 931 do Código Civil, também por exemplo).

Outro requisito para que haja responsabilidade administrativa e civil da pessoa jurídica perante a Administração é que os atos lesivos respectivos tenham sido praticados em seu **interesse ou benefício**, ainda que não exclusivamente em seu interesse ou benefício (art. 2º).

As sanções administrativas podem ser aplicadas **sem intervenção do Judiciário** no caso de aplicação de *multa* e de *publicação extraordinária de decisão condenatória* (art. 6º). A multa variará de 0,1% a 20% do faturamento bruto da pessoa jurídica no último exercício anterior ao da instauração do processo administrativo, em valor nunca inferior à vantagem auferida. Quanto à publicação extraordinária de decisão condenatória, consiste em se determinar a publicação, às expensas da pessoa jurídica infratora, de extrato da decisão condenatória em meio de comunicação de grande circulação, em edital afixado pelo prazo mínimo de 30 dias no próprio estabelecimento ou no local da atividade, e no sítio eletrônico da pessoa jurídica.

Quanto às demais sanções administrativas previstas no art. 19 da Lei (que incluem o perdimento de bens, a suspensão ou interdição parcial de atividades, a dissolução compulsória da pessoa jurídica e a proibição de contratar com a Administração), bem como quanto à reparação civil, cabe ao Poder Público ingressar com **ação judicial**, para que o Judiciário promova a devida responsabilização. A ação em questão seguirá o rito da Lei de Ação Civil Pública (art. 21, *caput*), e pode ser ajuizada não só por meio das procuradorias dos entes públicos, como também pelo Ministério Público (art. 19, *caput*), sendo, que na omissão das autoridades administrativas, este poderá também pedir em juízo a aplicação das sanções previstas no art. 6º da Lei.

É importante ressaltar que a aplicação das sanções previstas na lei ora comentada **não afeta** os processos de responsabilização e aplicação de penalidades decorrentes dos atos de improbidade nos termos da Lei 8.429/1992 e de ilícitos alcançados pela Lei 8.666/1993 ou outras normas de licitação e contratos.

Quanto à **decadência** ou **prescrição** para aplicar as sanções previstas na Lei, o prazo é de 5 anos, contados da data da ciência da infração ou, no caso de infração permanente ou continuada, do dia em que tiver cessado (art. 25). Na esfera administrativa ou judicial, a prescrição será interrompida com a instauração de processo que tenha por objeto a apuração da infração.

Outro ponto importante da lei, que deverá provocar mais efetividade na apuração dessas infrações, é a regulamentação do chamado **acordo de leniência** (art. 16). De acordo com este, a autoridade máxima de cada órgão ou entidade pública poderá celebrar acordo de leniência com as pessoas jurídicas responsáveis pela prática dos atos previstos na Lei que colaborem efetivamente com as investigações e o processo administrativo, desde que dessa colaboração resulte a identificação dos demais envolvidos na infração, quando couber, e a obtenção célere de informações e documentos que comprovem o ilícito sob apuração. A celebração do acordo de leniência isentará a pessoa jurídica das sanções previstas no inciso II do art. 6º e no inciso IV do art. 19 e reduzirá em até 2/3 (dois terços) o valor da multa aplicável. Vale ressaltar que o acordo de leniência não exime a pessoa jurídica da obrigação de reparar integralmente o dano causado.

Por fim, importante destacar que "os órgãos ou entidades dos Poderes Executivo, Legislativo e Judiciário de todas as esferas de governo deverão informar e manter atualizados, para fins de publicidade, no **Cadastro Nacional de Empresas Inidôneas e Suspensas – CEIS**, de caráter público, instituído no âmbito do Poder Executivo federal, os dados relativos às sanções por eles aplicadas, nos termos do disposto nos arts. 87 e 88 da Lei 8.666, de 21 de junho de 1993" (art. 23 – g.n.).

11. LICITAÇÃO PÚBLICA

11.1. Finalidades ou objetivos

A Administração Pública, para cumprir suas tarefas, **precisa realizar muitos contratos**. A maior parte deles envolve **aquisição** de bens, serviços e obras. Mas há também situações em que a Administração **aliena** bens ou faz **permissões e concessões**.

No entanto, é fundamental que a Administração Pública, previamente à contratação, siga um procedimento destinado a preservar certos princípios. Esse procedimento tem o nome de **licitação**.

A Lei 8.666/1993, em sua redação original, dispunha que a licitação tinha por finalidade atender aos seguintes objetivos (art. 3º, *caput*): a) garantir a observância do princípio da **isonomia**; b) garantir a seleção da proposta **mais vantajosa** para a administração.

A simples existência de um processo de licitação já evita que interessados em contratar com a Administração Pública sejam excluídos dessa possibilidade, o que preserva o princípio da igualdade. Além disso, a existência de concorrência entre interessados, por si só, já é capaz de obrigá-los a formular a mais vantajosa proposta possível, o que atende ao princípio da indisponibilidade do interesse público.

Mas como tais finalidades da licitação devem ser buscadas da maneira mais efetiva possível, não basta que a licitação seja procedimento obrigatório para contratações da Administração Pública. É necessário, também, que todas as regras do procedimento sejam direcionadas ao máximo atendimento desses objetivos.

Um exemplo de regra que visa a garantir o princípio da isonomia é a que veda a criação de requisitos de habilitação que não estejam dispostos no art. 27 e seguintes da Lei 8.666/1993.

Um exemplo de regra que visa a garantir a proposta mais vantajosa para a Administração é a que estabelece, na modalidade pregão, que os licitantes, depois de apresentadas suas propostas, terão oportunidade de fazer lances verbais com vistas a se chegar a melhor proposta possível (art. 4º, VIII, da Lei 10.520/2002).

A Lei 12.349/2010 alterou o art. 3º, *caput*, da Lei 8.666/1993, criando uma terceira finalidade para a licitação, qual seja: promover o **desenvolvimento nacional sustentável**.

Exemplo de regra que visa a promover o desenvolvimento nacional sustentável é a que estabelece que, em caso de empate, terão preferência as propostas relativas a bens e serviços produzidos no País (art. 3º, § 2º, II, da Lei 8.666/1993).

Em resumo, a licitação tem três finalidades: a) garantir a isonomia; b) garantir a proposta mais vantajosa para a administração; c) promover o desenvolvimento nacional sustentável.

11.2. Legislação

A **regra-matriz** da licitação encontra-se no art. 37, XXI, da Constituição Federal, *in verbis*: "Ressalvados os casos especificados na legislação, as obras, serviços, compras e alienações serão contratados mediante processo de licitação pública que assegure igualdade de condições a todos os concorrentes, com cláusulas que estabeleçam obrigações de pagamento, mantidas as condições efetivas da proposta, nos termos da lei, o qual somente permitirá as exigências de qualificação técnica e econômica indispensáveis à garantia do cumprimento das obrigações".

Repare que a regra-matriz traz, pelo menos, os seguintes princípios licitatórios:

a) princípio da obrigatoriedade da licitação, pelo qual qualquer contrato deve ser por ela precedido, ressalvados os casos especificados na lei;

b) princípio da isonomia, pelo qual se deve assegurar "igualdade de condições a todos os concorrentes", bem como só se permitirá exigências de qualificação "indispensáveis à garantia do cumprimento das obrigações", de modo a garantir que interessados na licitação não sejam excluídos sem justa causa;

c) princípio da indisponibilidade, pelo qual só se permitirá exigências de qualificação "indispensáveis à garantia do cumprimento das obrigações", o que garante o maior número possível de licitantes, medida que tende a fazer com que haja maior concorrência e, consequentemente, melhores propostas;

d) princípio da proporcionalidade, também decorrente da ideia de que só se permitirá exigências de qualificação "indispensáveis à garantia do cumprimento das obrigações", o que faz com a Administração não faça exigências que não sejam estritamente necessárias para cumprir as finalidades do processo de licitação;

e) princípio do devido procedimento administrativo, pelo qual as contratações da Administração devem ser feitas mediante *processo* de licitação pública, o que faz com que fique reduzida a discricionariedade da Administração, que deve seguir ritos e regras previstos em lei.

Uma vez estabelecida a regra-matriz da licitação, a Constituição Federal tratou de dispor sobre quem tem **competência para legislar** nessa matéria. Nesse sentido, o art. 22, XXVII, da CF estabelece que compete privativamente à União legislar sobre "normas gerais de licitação e contratação, em todas as modalidades, para as administrações públicas diretas, autárquicas e fundacionais da União, Estados, Distrito Federal e Municípios, obedecido o disposto no art. 37, XXI, e para as empresas públicas e sociedades de economia mista, nos termos do art. 173, § 1º, III".

Assim, a CF elegeu a **União** como responsável, privativamente, pela edição de **normas gerais** sobre licitação.

Normas gerais sobre licitação *são aquelas que tratam de questões que reclamam tratamento homogêneo em todo o País.* Já as **normas especiais** sobre licitação *são aquelas que tratam de questões que requerem tratamento peculiar no âmbito do ente local ou aquelas que envolvam a operacionalização da aplicação da lei geral no ente local.*

Argumentando ofensa à competência da União, o STF entendeu inconstitucional uma lei do Distrito Federal que criava, no âmbito da licitação, restrições a empresas que discriminarem na contratação de mão de obra (ADI 3.670, DJ 18.05.2007). O Pretório Excelso também entendeu inconstitucional lei do estado do Rio Grande do Sul que criava, também no âmbito da licitação, preferência a licitantes que usassem *softwares* livres ou sem restrições proprietárias (ADI 3.059, DJ 20.08.04).

Por outro lado, na ADI 927, o STF entendeu que as disposições da Lei 8.666/1993 que tratam da doação de bem imóvel e da permuta de bem móvel têm aplicação apenas à União, já que as questões relativas ao destino de bens públicos estão ligadas ao autogoverno dos demais entes políticos quanto ao seu patrimônio público, envolvendo questão de interesse local a justificar certas normas especiais por parte destes.

Outra decisão do STF a favor de lei local considerada constitucional em face da competência da União para editar normas gerais sobre licitação foi a que aprovou legislação municipal que proibia agentes políticos e seus parentes de contratar com o município. Asseverou-se que, diante das leis gerais da União, estados e municípios podem legislar para complementar tais normas e adaptá-las às suas realidades. O STF também assentou que a referida norma municipal foi editada com base no art. 30, II, da CF, e em homenagem aos princípios da impessoalidade e moralidade administrativa, bem como com prevenção a eventuais ao interesse público e ao patrimônio do município, sem restringir a competição entre os licitantes (RE 423560/M, j. 29.05.2012).

Outro ponto importante sobre o disposto no art. 22, XXVII, da CF é o fato de ter sido feita uma ressalva para as empresas públicas e sociedades de economia mista, que deveriam obedecer ao art. 173, § 1º, III, da CF, introduzida pela EC 19/1998.

Esse dispositivo tem o seguinte teor: "§ 1º – A lei estabelecerá o estatuto jurídico da empresa pública, da sociedade de economia mista e de suas subsidiárias que explorem atividade econômica de produção ou comercialização de bens ou de prestação de serviços, dispondo sobre: (...) III – licitação e contratação de obras, serviços, compras e alienações, observados os princípios da administração pública."

Repare que a Constituição admitiu que pudesse haver uma lei paralela tratando da licitação e contratação por parte de empresas públicas exploradoras de atividade econômica (produção, comércio e prestação de serviços). Essa lei, que deverá ser ordinária e federal, tem uma única condicionante: deve estabelecer as regras do certame observando os princípios da administração pública.

No entanto, enquanto essa lei não vem, entende-se que tais pessoas jurídicas têm que realizar licitação nos termos da Lei 8.666/1993, ressalvadas hipóteses em que ela não atender ao *pressuposto jurídico* – de ser conveniente ao interesse público – como no caso em que tais entidades, em sua atuação no mercado, desejem fazer contratos ligados à sua atividade-fim e a realização da licitação possa comprometer as atividades da estatal, impedindo que ela atue no mercado em condições paritárias com as demais empresas.

A própria Lei 8.666/1993, em seu art. 17, II, "e", estabelece que é dispensada a licitação na venda de bens móveis produzidos ou comercializados por órgãos ou entidades da Administração, em virtude de suas finalidades.

De qualquer forma, fica a notícia de que, enquanto não editada a lei referida, as empresas estatais exploradoras de atividade econômica em sentido estrito devem fazer licitação com base na Lei 8.666/1993, com a ressalva sobre os contratos relativos à sua atividade-fim e sobre o caso da Petrobras, que ainda não tem posição definitiva no STF.

O caso da Petrobras diz respeito ao art. 67 da Lei 9.478/1997, que estabelece que "os contratos celebrados pela PETROBRAS, para aquisição de bens e serviços, serão precedidos de procedimento licitatório simplificado, a ser definido em decreto do Presidente da República". Esse decreto foi editado (Decreto 2.745/1998). Entendemos que se trata de decreto inconstitucional, pois o art. 173, § 1º, III, da CF é claro ao dispor que somente uma lei poderá estabelecer regras sobre a licitação de empresas estatais exploradoras de atividade econômica.

Todavia, o STF, nas poucas decisões dadas a respeito, demonstra que tende a fixar entendimento no sentido da validade do referido decreto. *Vide* os seguintes casos: AC 1.193, RE 441.280, MS 25.888 e MS 27.837.

O art. 175 da CF também trata do instituto da licitação quando dispõe que a concessão e a permissão de serviços públicos devem se dar "sempre através de licitação".

Resta, agora, tecer umas palavras sobre a licitação na legislação infraconstitucional.

Nesse sentido, confira as principais leis que fazem referência ao instituto:

a) Lei 8.666/1993, a mais importante delas, traz normas gerais sobre licitações e contratos da Administração Pública;

b) Lei 10.520/2002, que trata da licitação na modalidade pregão; o Decreto 3.555/2000 regulamenta o procedimento do pregão na esfera federal; o Decreto 5.450/2005 define o procedimento a ser adotado no pregão eletrônico;

c) Lei Complementar 123/2006, que, em seus arts. 42 a 49, contém normas sobre licitação, favorecendo as microempresas e empresa de pequeno porte;

d) Lei 12.642/2011, que institui o Regime Diferenciado de Contratações Públicas – RDC;

e) Lei 11.488/2007, que, em seu art. 34, determina a aplicação da Lei Complementar 123/2006 às sociedades cooperativas;

f) Lei 8.987/1995, que trata da permissão e concessão de serviço público, inclusive quanto à licitação cabível à espécie;

g) Lei 11.079/2004, que trata das parcerias público-privadas, inclusive quanto à licitação cabível à espécie;

h) Lei 12.232/2010, que trata da licitação quanto aos contratos de serviços de publicidade;

i) Lei 9.472/1997, que estabelece novas modalidades licitatórias para a ANATEL, o pregão e a consulta (arts. 54 a 57);

j) Lei 9.648/1998, que dispensa a licitação para a celebração de contratos de prestação de serviços com as organizações sociais;

k) Lei 11.107/2005 que, regulamentando os consórcios públicos, dobra o limite de valor para a contratação direta por essas entidades;

l) Lei 13.019/2014, que, ao regulamentar a celebração de parcerias com organizações da sociedade civil, regulamenta o processo seletivo denominado "chamamento público", que tem por finalidade escolher a entidade que celebrará o respectivo termo de colaboração ou termo de fomento.

11.3. Princípios da licitação

O art. 3º da Lei 8.666/1993 estabelece os seguintes princípios da licitação: a) legalidade; b) impessoalidade; c) moralidade; d) igualdade; e) publicidade; f) probidade administrativa; g) vinculação ao instrumento convocatório; h) do julgamento objetivo; e i) os princípios correlatos.

Para guardar, lembre-se de que há quatro princípios da Administração (legalidade, impessoalidade, moralidade e publicidade) mais os seguintes: igualdade (que já está no conceito de impessoalidade), probidade (que já está no conceito de moralidade), vinculação ao instrumento convocatório e julgamento objetivo. O princípio da eficiência não está expresso no art. 3º da Lei 8.666/1993, mas, naturalmente, aplica-se à licitação, já que está expresso na Constituição Federal (art. 37, *caput*).

O princípio da **legalidade** impõe que a Administração só faça, numa licitação, o que a lei determina ou autoriza. Assim, não pode a Administração desconsiderar o disposto na Lei 8.666/1993, criando, por exemplo, novas regras sobre dispensa de licitação, modalidades de licitação novas, tipos de licitação novos, dentre outras.

O princípio da **impessoalidade** impõe que a Administração trate os licitantes de modo igualitário, não promovendo perseguições ou favorecimentos indevidos. Esse princípio também impõe que seja respeitado o princípio da finalidade, o que faz com que a licitação não possa ser utilizada para outras finalidades que não as três que o instituto tem, quais sejam, garantir a isonomia, garantir a proposta mais vantajosa para a Administração e promover o desenvolvimento nacional sustentável.

O princípio da **igualdade**, contido no princípio da impessoalidade, tem efeito relevante no que diz respeito às restrições que a Administração faz a que certas pessoas contratem com ela. Ademais, o princípio também incide quando a Administração quer ter direitos adicionais aos que já estão estipulados como cláusulas exorbitantes. Por conta disso, a Administração não pode inventar novas cláusulas exorbitantes que não estejam expressamente permitidas em lei, sob pena de ferir não só o princípio da legalidade como também o da igualdade. Há casos, todavia, em que é possível restringir a participação de certas pessoas em procedimentos licitatórios, das cooperativas na licitação para a contratação de prestação de serviços com locação de mão de obra, quando o trabalho, por sua natureza, demandar necessidade de subordinação, ante os prejuízos que podem advir para a Administração Pública caso o ente cooperativo se consagre vencedor no certame e não cumpra suas obrigações (REsp 1.204.186, DJ 29.10.2012).

Os princípios da **moralidade** e da **probidade** impõem que a Administração Pública aja sempre de forma honesta, proba, leal e de boa-fé.

O princípio da **publicidade** impõe uma série de providências em matéria de licitação. Uma delas é a exigência de que seja publicado em diário oficial e em jornal de grande circulação aviso contendo o resumo dos editais, inclusive com indicação de onde os interessados poderão ler seu texto integral (art. 21 da Lei 8.666/1993).

O princípio da **vinculação ao instrumento convocatório** determina que, além das disposições legais, a Administração deve seguir, rigorosamente, os termos do edital ou do convite. Assim, todas as disposições do instrumento convocatório têm de ser seguidas, sejam as que tratam dos requisitos de habilitação e dos critérios de julgamento da licitação, sejam as que tratam dos termos em que serão celebrados o futuro contrato administrativo. No mesmo sentido do princípio da vinculação ao instrumento convocatório estão também as regras da "vinculação ao termo que dispensou ou declarou inexigível a licitação" e da "vinculação à proposta do licitante vencedor", nos termos do art. 55, XI, da Lei 8.666/1993 ("a vinculação ao edital de licitação ou ao termo que a dispensou ou a inexigiu, ao convite e à proposta do licitante vencedor").

O princípio do **julgamento objetivo** se dirige a dois momentos da licitação. Primeiro quanto à estipulação dos critérios de julgamento. Nesse sentido, o art. 40, VII, da Lei 8.666/1993 impõe que o edital indique, obrigatoriamente, critério de julgamento, com disposições claras e parâmetros objetivos. Segundo, quanto ao julgamento em si, que será feito em momento posterior. Nesse sentido, "no julgamento das propostas, a Comissão levará em consideração os critérios objetivos definidos no edital ou convite", sendo "vedada a utilização de qualquer elemento, critério ou fator sigiloso, subjetivo ou reservado que possa, ainda que indiretamente, elidir o princípio da igualdade entre os licitantes" (art. 44, § 1º, da Lei 8.666/1993). Ademais, "o julgamento das propostas será objetivo, devendo a Comissão de licitação ou o responsável pelo convite realizá-lo em conformidade com os tipos de licitação, os critérios previamente estabelecidos no ato convocatório e de acordo com os fatores exclusivamente nele referidos, de maneira a possibilitar sua aferição pelos licitantes e pelos órgãos de controle" (art. 45 da Lei 8.666/1993). A lei está tão preocupada com o dever de julgamento objetivo que há vários outros dispositivos reforçando a sua necessidade: arts. 30, § 8º, 31, §§ 2º e 5º, 42, § 5º, 46, § 1º, I, § 2º, I, e § 3º, todos da Lei 8.666/93.

11.4. Quem deve licitar?

O art. 1º, parágrafo único, da Lei 8.666/1993 responde à pergunta formulada neste item. Confira: "subordinam-se ao regime desta Lei, além dos órgãos da administração direta, os fundos especiais, as autarquias, as fundações públicas, as empresas públicas, as sociedades de economia mista e demais entidades controladas direta ou indiretamente pela União, Estados, Distrito Federal e Municípios".

Em resumo, pode-se dizer que estão sujeitos à Lei 8.666/1993 os seguintes entes:

a) os entes políticos (União, Estados, Distrito Federal e Municípios);

b) as pessoas jurídicas de direito público (autarquias, fundações públicas, agências reguladoras e associações públicas);

c) as pessoas jurídicas de direito privado estatais (empresas públicas, sociedades de economia mista, fundações privadas criadas pelo Estado e consórcios públicos de direito privado);

d) as entidades controladas direta ou indiretamente pelos entes políticos;

e) os fundos especiais.

Repare que as entidades paraestatais, ou seja, entidades não criadas pelos Estados, mas que atuam em atividades de utilidade pública, não têm o dever de licitar.

Assim, não são obrigadas a licitar as entidades do Sistema "S", as Organizações Sociais (OS) e as Organizações da Sociedade Civil de Interesse Público (OSCIPs). Nesse sentido, confira a seguinte decisão do Tribunal de Contas da União (TCU): "é assente que as entidades do Sistema 'S' não estão obrigadas a seguir rigorosamente os ditames da Lei 8.666/1993, todavia têm que observar os princípios constitucionais gerais da Administração Pública" (TCU, Acórdão 88/08, DOU 01.02.2008).

Assim, tais entidades não precisam fazer a licitação segundo a Lei 8.666/1993, mas devem fazer seus gastos observando, dentre outros, os princípios da impessoalidade, da moralidade e da eficiência.

A OAB também não tem o dever de licitar.

11.5. Contratação direta

11.5.1. Pressupostos da licitação

A Constituição Federal estabelece que a Administração deve, como regra, contratar apenas mediante licitação (art. 37, XXI, da CF). Todavia, o próprio dispositivo citado admite que a lei preveja situações em que a contratação poderá ser direta, ou seja, sem licitação.

Nesse sentido, a doutrina aponta os pressupostos para que a licitação se dê. Confira:

a) pressuposto lógico: para que seja possível a realização da licitação, deve existir pluralidade de objetos e de ofertantes; caso o objeto seja singular ou o fornecedor seja exclusivo, estará inviabilizada a licitação;

b) pressuposto jurídico: também será necessário que a realização da licitação seja conveniente ao interesse público. Ex.: não é de interesse público que o Estado que tenha uma empresa de Imprensa Oficial faça licitação para que seja escolhida outra empresa para publicar seu Diário Oficial, devendo contratar diretamente com aquela;

c) pressuposto fático: não fará sentido fazer-se a licitação acaso não compareça nenhum interessado.

11.5.2. Grupos de contratação direta

Há três grupos de contratação direta. Confira:

a) licitação dispensada (art. 17): relativa à alienação de bens públicos; a lei traz um rol taxativo desses casos; não há discricionariedade para a Administração, que, nos casos indicados, não deve fazer licitação;

b) dispensa de licitação (art. 24): o art. 24 traz os casos em que daria para fazer a licitação, mas a lei autoriza sua não realização; trata-se de rol taxativo de casos de dispensa; há discricionariedade para a Administração decidir se vai ou não realizar a licitação no caso concreto; a lei faculta a dispensa, sem obrigar que a Administração não realize a licitação;

c) inexigibilidade de licitação (art. 25): o art. 25 estabelece que, quando a licitação é inviável ("não tem como ser feita"), é hipótese de sua inexigibilidade; tal dispositivo traz um rol de casos de inviabilidade, mas se trata de um rol exemplificativo; aqui não há discricionariedade para a Administração, que, nos casos de inviabilidade, não deve fazer licitação.

11.5.3. Licitação dispensada

O art. 17 da Lei 8.666/1993 prevê diversos casos de licitação dispensada, tema visto na matéria "bens públicos". De qualquer forma, vale fazer a lembrança de alguns casos.

Quanto aos **imóveis**, a alienação depende de interesse público, *autorização legislativa*, avaliação e licitação, dispensada esta na: a) dação em pagamento; b) doação para Administração ou para programas sociais; c) investidura (alienação a proprietário lindeiro de área remanescente ou resultante de obra pública inaproveitável isoladamente).

Quanto aos **móveis**, a alienação depende de interesse público, avaliação e licitação, dispensada esta na doação social, na permuta entre órgãos da Administração e outros casos.

11.5.4. Dispensa de licitação

O art. 24 estabelece mais de 30 hipóteses de dispensa de licitação. Para facilitar a compreensão, classificaremos essas hipóteses em cinco grupos.

11.5.4.1. Em razão do valor (I e II)

a) contratos de até 10% do valor limite para o convite, ou seja: R$ 15 mil para obras e serviços de engenharia; R$ 8 mil para compras e serviços;

b) contratos de até 20% do valor limite para o convite, se feitos por consórcios públicos, empresas estatais e agências executivas (§ 1º do art. 24).

Obs.: não é possível o **fracionamento** de contratações que possam ser feitas de uma só vez, para que não haja violação reflexa da lei.

11.5.4.2. Em razão de situações excepcionais

a) em caso de **guerra** ou **grave perturbação da ordem** (III) – ex.: greve;

b) em caso de **calamidade pública** ou **emergência** (IV), somente para os bens/serviços relacionados à urgência, por no máximo 180 dias, vedada prorrogação do contrato; ex.: desmoronamento de uma ponte;

c) em caso de **licitação deserta** (V), caso não haja interessados à licitação e esta não possa ser repetida sem prejuízo, mantidas as condições do edital.

Obs.: não se deve confundir **licitação deserta** com **licitação fracassada**; na última, aparecem interessados, mas esses ou são inabilitados ou são desclassificados, não cabendo dispensa, mas concessão de prazo para os licitantes apresentarem nova documentação;

d) quando a União tiver que intervir no **domínio econômico** para regular preços ou normalizar o abastecimento (VI);

e) em caso de **rescisão contratual**, para conclusão do remanescente de obra; contrata-se o 2º melhor classificado nas condições oferecidas pelo vencedor do certame (XI).

11.5.4.3. Em razão do objeto

a) Para *compra* ou *locação* de **imóvel** pela Administração (X): deve ser tratar de imóvel destinado a finalidade precípua da Administração, com instalação/localização ideais para Administração e com valor compatível com o de mercado; ex.: aluguel de imóvel para instalar um creche municipal;

b) Para *aquisição* ou *restauração* de **obras de arte** e **objetos históricos** (XV), desde que de autenticidade certificada e que compatível com finalidade do órgão.

11.5.4.4. Em razão da pessoa

a) na contratação de **instituição brasileira** de pesquisa, ensino, desenvolvimento institucional ou recuperação de preso, **com** inquestionável reputação ético-profissional e **sem** fins lucrativos (XIII): ex: contratação da FGV para uma consultoria;

b) na contratação de serviços de **organizações sociais** para atividades contempladas no contrato de gestão (XXIV).

11.5.4.5. Outros casos

VII. quando as propostas apresentadas consignarem preços manifestamente superiores aos praticados no mercado nacional, ou forem incompatíveis com os fixados pelos órgãos oficiais competentes, casos em que, observado o art. 48 da Lei 8.666/1993 e, persistindo a situação, será admitida a adjudicação direta dos bens ou serviços por valor não superior ao constante do registro de preços, ou dos serviços;

VIII. para a aquisição, por pessoa jurídica de direito público interno, de bens produzidos ou serviços prestados por órgão ou entidade que integre a Administração Pública e que tenha sido criado para esse fim específico em data anterior à vigência da Lei 8.666/1993, desde que o preço contratado seja compatível com o praticado no mercado; importante ressaltar que o limite temporal de criação do órgão ou entidade que integre a administração pública estabelecido nesse caso de dispensa de licitação não se aplica aos órgãos ou entidades que produzem produtos estratégicos para o SUS, no âmbito da Lei 8.080, de 19 de setembro de 1990, conforme elencados em ato da direção nacional do SUS (art. 24, § 2º, da Lei 8.666/1993);

IX. quando houver possibilidade de comprometimento da segurança nacional, nos casos estabelecidos em decreto do Presidente da República, ouvido o Conselho de Defesa Nacional;

XII. nas compras de hortifrutigranjeiros, pão e outros gêneros perecíveis, no tempo necessário para a realização dos processos licitatórios correspondentes, realizadas diretamente com base no preço do dia;

XVI. para a impressão dos diários oficiais, de formulários padronizados de uso da administração, e de edições técnicas oficiais, bem como para prestação de serviços de informática a pessoa jurídica de direito público interno, por órgãos ou entidades que integrem a Administração Pública, criados para esse fim específico;

XVII. para a aquisição de componentes ou peças de origem nacional ou estrangeira, necessários à manutenção de equipamentos durante o período de garantia técnica, junto ao fornecedor original desses equipamentos, quando tal condição de exclusividade for indispensável para a vigência da garantia;

XVIII. nas compras ou contratações de serviços para o abastecimento de navios, embarcações, unidades aéreas ou tropas e seus meios de deslocamento quando em estada eventual de curta duração em portos, aeroportos ou localidades diferentes de suas sedes, por motivo de movimentação operacional ou de adestramento, quando a exiguidade dos prazos legais puder comprometer a normalidade e os propósitos das operações e desde que seu valor não exceda ao limite previsto na alínea "a" do inciso II do art. 23 da Lei 8.666/1993;

XIX. para as compras de material de uso pelas Forças Armadas, com exceção de materiais de uso pessoal e administrativo, quando houver necessidade de manter a padronização requerida pela estrutura de apoio logístico dos meios navais, aéreos e terrestres, mediante parecer de comissão instituída por decreto;

XX. na contratação de associação de portadores de deficiência física, sem fins lucrativos e de comprovada idoneidade, por órgãos ou entidades da Administração Pública, para a prestação de serviços ou fornecimento de mão de obra, desde que o preço contratado seja compatível com o praticado no mercado;

XXI. para a aquisição de bens e insumos destinados exclusivamente à pesquisa científica e tecnológica com recursos concedidos pela CAPES, pela FINEP, pelo CNPq ou por outras instituições de fomento à pesquisa credenciadas pelo CNPq para esse fim específico;

XXII. na contratação de fornecimento ou suprimento de energia elétrica e gás natural com concessionário, permissionário ou autorizado, segundo as normas da legislação específica;

XXIII. na contratação realizada por empresa pública ou sociedade de economia mista com suas subsidiárias e controladas, para a aquisição ou alienação de bens, prestação ou obtenção de serviços, desde que o preço contratado seja compatível com o praticado no mercado;

XXV. na contratação realizada por Instituição Científica e Tecnológica - ICT ou por agência de fomento para a transferência de tecnologia e para o licenciamento de direito de uso ou de exploração de criação protegida;

XXVI. na celebração de contrato de programa com ente da Federação ou com entidade de sua administração indireta para a prestação de serviços públicos de forma associada nos termos do autorizado em contrato de consórcio público ou em convênio de cooperação;

XXVII. na contratação da coleta, processamento e comercialização de resíduos sólidos urbanos recicláveis ou reutilizáveis, em áreas com sistema de coleta seletiva de lixo, efetuados por associações ou cooperativas formadas exclusivamente por pessoas físicas de baixa renda reconhecidas pelo poder público como catadores de materiais recicláveis, com o uso de equipamentos compatíveis com as normas técnicas, ambientais e de saúde pública;

XXVIII. para o fornecimento de bens e serviços, produzidos ou prestados no País, que envolvam, cumulativamente, alta complexidade tecnológica e defesa nacional, mediante parecer de comissão especialmente designada pela autoridade máxima do órgão;

XXIX. na aquisição de bens e contratação de serviços para atender aos contingentes militares das Forças Singulares brasileiras empregadas em operações de paz no exterior, necessariamente justificadas quanto ao preço e à escolha do fornecedor ou executante e ratificadas pelo Comandante da Força;

XXX. na contratação de instituição ou organização, pública ou privada, com ou sem fins lucrativos, para a prestação de serviços de assistência técnica e extensão rural no âmbito do Programa Nacional de Assistência Técnica e Extensão Rural na Agricultura Familiar e na Reforma Agrária, instituído por lei federal;

XXXI. nas contratações visando ao cumprimento do disposto nos arts. 3º, 4º, 5º e 20 da Lei 10.973, de 2 de dezembro de 2004, observados os princípios gerais de contratação dela constantes.

XXXII. na contratação em que houver transferência de tecnologia de produtos estratégicos para o Sistema Único de Saúde - SUS, no âmbito da Lei 8.080, de 19 de setembro de 1990, conforme elencados em ato da direção nacional do SUS, inclusive por ocasião da aquisição destes produtos durante as etapas de absorção tecnológica.

XXXIII. na contratação de entidades privadas sem fins lucrativos, para a implementação de cisternas ou outras tecnologias sociais de acesso à água para consumo humano e produção de alimentos, para beneficiar as famílias rurais de baixa renda atingidas pela seca ou falta regular de água.

11.5.5. *Inexigibilidade de licitação*

O art. 25 da Lei 8.666/1993 dispõe que a licitação é inexigível quando houver **inviabilidade de competição.** O mesmo dispositivo apresenta um rol exemplificativo (três hipóteses) de casos em que existe tal **situação.**

11.5.5.1. *Em caso de fornecedor exclusivo (I)*

Por exemplo, quando há um único fornecedor de um medicamento. Outro exemplo é a contratação de serviço postal, que só pode ser feito pelos Correios, que tem o monopólio desse serviço.

A lei traz a seguinte disposição sobre esse caso de inexigibilidade: "para aquisição de materiais, equipamentos ou gêneros que só possam ser fornecidos por produtor, empresa ou representante comercial exclusivo, vedada a preferência de marca, devendo a comprovação de exclusividade ser feita através de atestado fornecido pelo órgão de registro do comércio do local em que se realizaria a licitação ou a obra ou serviço, pelo Sindicato, Federação ou Confederação Patronal, ou, ainda, pelas entidades equivalentes".

Trata-se de situação em que seria inútil licitar, dada a impossibilidade de competição.

Não se deve, todavia, confundir a exclusividade de produtor-vendedor com a exclusividade comercial. A primeira sempre gera a inexigibilidade. Já a segunda depende de se aferir a exclusividade do vendedor na praça de comércio em que se esteja realizando a licitação.

Em caso positivo, estar-se-á em caso de inexigibilidade; se negativo, não.

No convite, considera-se como praça de comércio a localidade. Na tomada de preços, observando-se o registro cadastral. E na concorrência, o País.

Não se deve confundir, outrossim, fornecedor exclusivo com *preferência de marca*. Essa não é permitida pela Lei de Licitações, que só abre exceção quando se trata da dispensa de certame para aquisição de certos equipamentos pelas Forças Armadas, preenchidos os requisitos legais, a fim de manter a *padronização*.

11.5.5.2. *Caso seja necessário contratar serviço singular (II)*

Serviço singular é aquele serviço técnico *diferenciado*, não podendo se tratar de um serviço *comum*. Um exemplo é a necessidade de contratar uma consultoria para a modelagem de uma parceria público-privada, serviço que, efetivamente, é singular. Já a contratação de um escritório de advocacia para o ingresso com uma ação simples, como uma ação de revisão contratual, não envolve serviço singular, mas serviço comum, corrente.

Uma vez havendo necessidade de contratar um serviço singular, deve-se contratar *profissional com notória especialização*.

A lei traz a seguinte disposição sobre esse caso de inexigibilidade: "*para a contratação de serviços técnicos enumerados no art. 13 desta Lei, de natureza singular, com profissionais ou empresas de notória especialização, vedada a inexigibilidade para serviços de publicidade e divulgação*".

Repare que a lei dispõe que não há possibilidade de contratar por inexigibilidade serviços de publicidade ou divulgação.

11.5.5.3. Na contratação de artista (III)

A lei traz a seguinte disposição sobre esse caso de inexigibilidade: "para contratação de profissional de qualquer setor artístico, diretamente ou através de empresário exclusivo, desde que consagrado pela crítica especializada ou pela opinião pública".

11.5.6. Formalidades para a contratação direta

As dispensas, as inexigibilidades e o retardamento previsto no art. 8º, parágrafo único, da Lei 8.666/1993 deverão ser feitos mediante os seguintes requisitos, conforme o caso (art. 26 da Lei 8.666/1993): a) existência de um processo administrativo; b) justificativa da não realização da licitação; c) justificativa de preço – pesquisa de preço; d) razão da escolha do fornecedor; e) comunicação, em 3 dias úteis, à autoridade superior, para ratificação; f)publicação da contratação, em 5 dias, para eficácia do ato.

11.5.7. Responsabilidade em caso de superfaturamento

O art. 25, § 2º, da Lei 8.666/1993 estabelece nos casos de inexigibilidade e em qualquer dos casos de dispensa, se comprovado superfaturamento, que respondem *solidariamente* pelo dano causado à Fazenda Pública o *fornecedor ou o prestador de serviços* e o *agente público* responsável, sem prejuízo de outras sanções legais cabíveis.

11.6. Fases da licitação

11.6.1. Fase interna

O procedimento licitatório importa numa sucessão de atos com vistas à escolha do vencedor do certame.

Essa sucessão de atos pode ser dividida, num primeiro momento, em duas grandes etapas, quais sejam: a fase interna e a fase externa da licitação.

A fase interna consiste no conjunto de preparativos feitos no interior da Administração, prévios à publicação do edital ou ao envio da carta-convite.

Dentre os principais atos da fase interna, destacam-se os seguintes:

a) *abertura de processo administrativo, devidamente autuado, protocolado e numerado*;

b) *solicitação de contratação com indicação sucinta do objeto*, ou seja, o órgão interessado indicará a necessidade de se fazer a compra, da contratação de serviço, da contratação de obra etc.;

c) *verificação acerca da existência de dotação orçamentária para a despesa*, ou seja, verifica-se se há previsão orçamentária para a contratação solicitada pelo órgão interessado;

d) *verificação do impacto orçamentário-financeiro*, ou seja, verifica-se se, no momento, há recursos financeiros disponíveis;

e) *autorização para abertura de licitação e designação de comissão especial de licitação, de leiloeiro ou de responsável pelo convite, de acordo com o caso*;

f) *realização de audiência pública, quando for o caso*; essa audiência é necessária quando o valor estimado para uma licitação ou conjunto de licitações com objetos similares (simultâneas ou sucessivas) for superior a R$ 150 milhões (são simultâneas aquelas que têm objetos similares e com realização prevista em intervalo de até 30 dias; são sucessivas aquelas com objetos similares, cujo edital da mais recente tenha data anterior a 120 dias do término do contrato resultante da licitação antecedente);

g) *elaboração ou finalização do texto da minuta do edital*;

h) *exame e aprovação da minuta do edital pela assessoria jurídica da Administração*; vale lembrar que o STF entende que o parecer da assessoria jurídica tem natureza jurídica de decisão (*parecer vinculante*), o que faz com que o assessor jurídico responda por qualquer irregularidade no edital que tiver aprovado;

i) *aprovação do edital*; ou seja, autoridade competente deverá apreciar a minuta e aprovar o edital.

Antes de passarmos para a fase externa da licitação, vale tratar um pouco sobre as pessoas que dirigirão os trabalhos numa licitação.

Nesse sentido, o art. 51 da Lei 8.666/1993 estabelece que a licitação será processada e julgada por comissão permanente ou especial de, *no mínimo, 3 (três) membros*, sendo pelo menos *2 (dois) deles* servidores qualificados pertencentes aos quadros *permanentes* dos órgãos da Administração responsáveis pela licitação. Ou seja, só um membro pode ser daqueles que têm cargo em comissão.

No caso de convite, a Comissão de licitação, excepcionalmente, nas pequenas unidades administrativas e em face da exiguidade de pessoal disponível, poderá ser substituída por servidor formalmente designado pela autoridade competente.

A Comissão para julgamento dos pedidos de inscrição em registro cadastral, sua alteração ou cancelamento será integrada por profissionais legalmente habilitados no caso de obras, serviços ou aquisição de equipamentos.

Os membros das Comissões de licitação responderão *solidariamente* por todos os atos praticados pela Comissão, salvo se posição individual divergente estiver devidamente fundamentada e registrada em *ata lavrada* na reunião em que tiver sido tomada a decisão.

A investidura dos membros das Comissões permanentes *não excederá a 1 (um) ano*, vedada a recondução da totalidade de seus membros para a mesma comissão no período subsequente.

No caso da modalidade *concurso*, o julgamento será feito por uma comissão especial integrada por pessoas de reputação ilibada e reconhecido conhecimento da matéria em exame, servidores públicos ou não.

11.6.2. Fase externa

Uma vez que a minuta do edital estiver aprovada, passa-se à fase externa da licitação, fase essa que tem os seguintes momentos:

11.6.2.1. Publicação do instrumento convocatório

Nessa etapa, temos duas possibilidades.

Se se tratar de licitação na modalidade **convite**, não há edital. O instrumento convocatório é a **carta-convite**, que deverá ser remetida a pelo menos 3 interessados, cadastrados ou não na Administração.

Repare que devem ser feitos, no mínimo, 3 convites. O ideal é fazer o maior número possível. Ademais, há de se convidar tanto pessoas cadastradas como pessoas não cadastradas na Administração.

Por fim, faz-se necessário afixar cópia da carta-convite em quadro de aviso da Administração.

Nas demais modalidades de licitação, o instrumento convocatório tem o nome de **edital**.

O edital é o *ato pelo qual são convocados os interessados e estabelecidas as condições que regerão o certame*, devendo **tratar**, obrigatoriamente, do seguinte (art. 40 da Lei 8.666/1993):

a) regras procedimentais: *modalidade* de licitação (*caput*); *objeto* do certame (I); onde estão as *informações* relevantes (IV, V e VIII); quais são as *datas* para recebimento dos envelopes com a documentação e a proposta e para início da abertura dos envelopes (*caput*); *forma de apresentação* das propostas (VI);

b) condições de participação: qualificação para participação na licitação (VI), em conformidade com os artigos 27 a 31; disciplina sobre a participação de consórcios no certame;

c) critérios de julgamento: *tipo* de licitação, tais como menor preço, melhor técnica etc. (*caput*); *critérios de avaliação* das propostas (VII); *padrão mínimo de qualidade*;

d) futuro contrato: *direitos* e *obrigações* de cada parte (pagamento, entrega e prazos); *prerrogativas extraordinárias* da Administração Pública; modos de *recomposição* da equação econômico-financeira (reajustes e revisões); hipóteses de *rescisão contratual*; *sanções* cabíveis e sua quantificação;

e) anexo: o edital deve trazer em anexo as especificações complementares e a minuta do futuro contrato a ser celebrado.

Qualquer modificação no edital exige divulgação pela mesma forma que se deu no texto original, reabrindo-se o prazo inicialmente estabelecido, exceto quando, inquestionavelmente, a alteração não afetar a formulação das propostas (art. 21, § 4º, da Lei 8.666/1993).

Os prazos estabelecidos para a apresentação da proposta pelo licitante serão contados a partir da última publicação do edital resumido ou da expedição do convite, ou ainda da efetiva disponibilidade do edital ou do convite e respectivos anexos, prevalecendo a data que ocorrer mais tarde (art. 21, § 3º, da Lei 8.666/1993).

O edital poderá ser impugnado. Essa **impugnação** obedece às seguintes regras (art. 41):

a) pode ser feita por um *interessado* e também por qualquer *cidadão*;

b) o prazo para o *cidadão* impugnar é até de *5 dias úteis* da data da abertura dos envelopes de habilitação, devendo a Administração julgar e responder à impugnação em até *3 dias úteis*;

c) o prazo para o *licitante* impugnar é até o 2º dia útil da data da abertura dos envelopes de habilitação ou da data da sessão de leilão.

A impugnação feita tempestivamente pelo licitante não o impedirá de participar do processo licitatório até o trânsito em julgado da decisão a ela pertinente.

A inabilitação do licitante importa preclusão do seu direito de participar das fases subsequentes.

Independentemente dos prazos para impugnação, nada impede que qualquer licitante, contratado ou pessoa jurídica ou física, represente para o Ministério Público, para o órgão de controle interno da Administração ou para o Tribunal de Contas acerca de irregularidades que encontrar (art. 113, § 1º).

11.6.2.2. Habilitação

11.6.2.2.1. Conceito

A expressão "habilitação" ora é utilizada para designar um *procedimento* (uma série de atos, portanto), ora é utilizada para designar um *ato administrativo* só.

Na sua **acepção procedimental**, a habilitação *é o conjunto de atos destinados a apurar a idoneidade e a capacitação de um sujeito para contratar com a Administração Pública.*

Já na **acepção de ato administrativo**, a habilitação *é o ato pelo qual a Administração Pública decide se um sujeito é dotado da idoneidade necessária para a participação na licitação.*

Em termos práticos, essa fase licitatória tem por fim verificar se o interessado tem *idoneidade* e *capacitação* para vir a contratar com a Administração Pública. O foco aqui não é verificar qual interessado tem a melhor proposta comercial (isso é visto na fase de julgamento e classificação), mas se o interessado tem aptidão para vir a ser contratado pela Administração Pública.

A Constituição Federal, em seu art. 37, XXI, acaba por trazer duas disposições sobre a habilitação, que são as seguintes: a) "processo de licitação pública que assegure igualdade de condições a todos os concorrentes"; e b) processo de licitação em que só se permite "exigências de qualificação técnica e econômica indispensáveis à garantia do cumprimento das obrigações".

O princípio da igualdade admite certas restrições à participação de interessados na licitação. Um exemplo é uma licitação para fornecimento de combustível para uma Prefeitura, em que o edital estabelece que só poderão participar do certame postos de gasolina que estejam situados até 15 km do pátio de carros da Prefeitura. Trata-se de limitação lícita, pois, se um posto de gasolina muito distante ganhar o certame, a Prefeitura gastará muita gasolina para ir ao posto abastecer os carros.

No caso relatado, a restrição à participação tem pertinência. Porém, há várias situações em administrações públicas no País que criam restrições impertinentes e, portanto, violadoras do princípio da igualdade. Confira, a respeito, a seguinte decisão do STF: "LICITAÇÃO PÚBLICA. Concorrência. Aquisição de bens. Veículos para uso oficial. **Exigência de que sejam produzidos no Estado-membro**. Condição compulsória de acesso. Art. 1º da Lei 12.204/1998, do Estado do Paraná, com a redação da Lei 13.571/2002. Discriminação arbitrária. Violação ao princípio da isonomia ou da igualdade. Ofensa ao art. 19, II, da vigente Constituição da República. Inconstitucionalidade declarada. Ação direta julgada, em parte, procedente. Precedentes do Supremo. É inconstitucional a lei estadual que estabeleça como condição de acesso a licitação pública, para aquisição de bens ou serviços, que a empresa licitante tenha a fábrica ou sede no Estado-membro." (STF, ADI 3583, DJ 13.03.2008)

As exigências, além de atender à isonomia, devem estar previstas em lei (princípio da legalidade) e ser indispensáveis à garantia do cumprimento das obrigações pelo interessado. Confira decisão do Tribunal de Contas da União (TCU), que se deparou com exigência em edital não prevista em lei: "Além disso, para a habilitação de interessado em participar de licitação só pode ser exigida a documentação exaustivamente enumerada nos arts. 27 a 31 da Lei de Licitações e Contratos, onde não há menção à necessidade de comprovação de que a empresa não tenha entre seus sócios participante de outra entidade que esteja em situação de inadimplência em contratação anterior com a Administração Pública." (TCU, Acórdão 991/2006, DOU 26.06.06).

11.6.2.2.2. Momento

Após a publicação do edital, segue-se um prazo para os interessados na licitação apresentarem dois envelopes para a Administração. O primeiro envelope é composto dos documentos que comprovam a *idoneidade* e a *capacitação* do licitante (documentos de habilitação) e o segundo traz documento com a proposta comercial do licitante (documentos de proposta).

A fase de habilitação consiste justamente em abrir o envelope contendo os documentos de habilitação e em verificar se o interessado atende às qualificações necessárias à participação no certame.

Resta saber em que momento isso deve ser feito, ou seja, quando é que ocorre a fase de habilitação.

Como **regra**, a habilitação ocorre logo após o recebimento dos dois envelopes mencionados e antes da abertura dos envelopes com a proposta (art. 43 da Lei 8.666/1993). Em outras palavras, a habilitação normalmente ocorre após a publicação do edital e antes da fase de julgamento e classificação.

O procedimento de habilitação envolve os seguintes atos:

a) os documentos poderão ser apresentados em *original*, por qualquer processo de *cópia autenticada* por cartório competente ou por *servidor da administração ou publicação em órgão da imprensa oficial* (art. 32);

b) os envelopes serão abertos e os documentos apreciados (art. 43, I);

c) os licitantes presentes e a comissão rubricarão todos os documentos (art. 43, § 2º);

d) os licitantes que demonstrarem os requisitos de qualificação serão habilitados;

e) os licitantes que não demonstrarem os requisitos de qualificação serão inabilitados;

f) caso não haja recurso por parte dos inabilitados, serão devolvidos a estes os envelopes fechados contendo as respectivas propostas; havendo recurso, os envelopes fechados só serão devolvidos quando e se o recurso for denegado (art. 43, II);

g) a inabilitação posterior de um licitante só poderá acontecer se houver fatos supervenientes ou se fatos que já ensejavam a inabilitação só forem conhecidos após o julgamento;

h) após a fase de habilitação, não cabe desistência de proposta, salvo por motivo justo decorrente de fato superveniente e aceito pela comissão (art. 43, § 6º);

i) se todos os licitantes forem inabilitados, a Administração poderá fixar aos licitantes o prazo de 8 dias úteis para a apresentação de nova documentação escoimada das causas referidas que levaram à inabilitação, facultada, no caso de convite, a redução deste prazo para três dias úteis (art. 48, § 3º).

Na **tomada de preços**, o momento da habilitação é um pouco diferente. Isso porque, nessa modalidade, só poderá participar da licitação aquele que já esteja previamente cadastrado ou que apresente os documentos para o devido cadastro até o 3º dia anterior à data do recebimento das propostas.

Assim, na tomada de preços temos a chamada *habilitação prévia* e não a *habilitação preliminar*, que é aquela que ocorre após o edital (e que é a regra, como vimos).

Num primeiro momento, só pode participar da tomada de preços quem já esteja previamente *cadastrado*, ou seja, que já tenha a documentação de habilitação já apresentada à Administração.

Os arts. 34 a 37 da Lei 8.666/1993 tratam dos registros cadastrais, que são muito comuns nos órgãos e entidades da Administração Pública que realizam frequentemente licitações. O registro cadastral deve estar permanente aberto aos interessados, devendo a unidade responsável proceder, no mínimo anualmente, ao chamamento público para a atualização dos registros existentes e ingresso de novos interessados, sendo autorizado que unidades administrativas utilizem registros cadastrais de outros órgãos ou entidades da Administração Pública.

O interessado que já tem registro cadastral receberá um documento cujo nome é "certificado de registro cadastral" (art. 32, § 2º, da Lei 8.666/1993), o qual será apresentado quando for participar de uma tomada de preços.

Já o interessado em participar de uma tomada de preços que não estiver previamente cadastrado tem a possibilidade de participar da licitação desde que atenda às condições exigidas para cadastramento até o 3º dia anterior à data do recebimento das propostas. Ou seja, publicado o edital de uma tomada de preços, o interessado deverá correr para conseguir seu cadastramento, nos termos dos arts. 34 a 37 da Lei 8.666/1993 e das demais regras locais, até o momento acima referido.

Caso a *comissão do certame* ou a *comissão de cadastramento*, no momento do recebimento dos envelopes com a proposta, não tenha tido tempo ainda de analisar se os documentos apresentados para cadastro são suficientes, deverá a comissão de licitação receber a proposta sob condição, vale dizer, condicionada à regularidade do cadastro solicitado, que será verificada em seguida. Nesse caso, procede-se de modo semelhante à concorrência, pois a comissão vai ter que parar e verificar a qualificação antes de abrir os envelopes das propostas, podendo marcar outra data para tanto, se for o caso.

Já quanto ao **convite**, ao **concurso**, ao **leilão** e ao **fornecimento de bens para pronta entrega**, pode-se dispensar, no todo ou em parte, a documentação dos arts. 28 a 31. Ou seja, na prática, seguem o critério de habilitação preliminar, mas, em alguns casos, pode a Administração dispensar todas ou algumas das exigências de qualificação. No entanto, a regularidade do interessado com a Seguridade Social é exigência de qualificação que não pode ser dispensada em hipótese alguma, nos termos do art. 195, § 3º, da CF.

Por fim, no **pregão** temos uma inversão de fases. Primeiro é aberto o envelope com as propostas comerciais, passando à existência de lances verbais e a uma negociação com o melhor classificado e depois é aberto o envelope com os documentos de habilitação do melhor classificado no certame (art. 4º, XII, da Lei 10.520/2002). Ou seja, primeiro vem a fase de julgamento e classificação e depois a de habilitação. Aqui, fala-se em **habilitação posterior**.

Em resumo, o momento da habilitação, em regra, é logo após a publicação do edital (*habilitação preliminar*), mas se dará antes do edital na tomada de preços (*habilitação prévia*) e após o julgamento e classificação no pregão (*habilitação posterior*).

11.6.2.2.3. Documentação a ser apresentada (qualificação)

O art. 27 da Lei 8.666/1993 dispõe que, nas licitações, exigir-se-á dos interessados, exclusivamente, documentação relativa a: a) habilitação jurídica; b) qualificação técnica; c) qualificação econômico-financeira; d) regularidades fiscal e trabalhista; e) regularidade quanto ao trabalho de menores.

A **habilitação jurídica** consiste na *comprovação da existência de capacidade de fato e da titularidade de condições para contratar com a Administração Pública*. São exigidos, conforme o caso, os seguintes documentos (art. 28 da Lei 8.666/1993):

a) cédula de identidade;

b) registro comercial, no caso de empresa individual;

c) ato constitutivo, estatuto ou contrato social em vigor, devidamente registrado, em se tratando de sociedades comerciais, e, no caso de sociedades por ações, acompanhado de documentos de eleição de seus administradores;

d) inscrição do ato constitutivo, no caso de sociedades civis, acompanhada de prova de diretoria em exercício;

e) decreto de autorização, em se tratando de empresa ou sociedade estrangeira em funcionamento no País, e ato de registro ou autorização para funcionamento expedido pelo órgão competente, quando a atividade assim o exigir.

A **regularidade fiscal** *consiste na existência de inscrição nos cadastros públicos de contribuinte e na inexistência de débitos fiscais exigíveis*. São exigidos, conforme o caso, os seguintes documentos (art. 29 da Lei 8.666/1993):

a) prova de inscrição no Cadastro de Pessoas Físicas (CPF) ou no Cadastro Geral de Contribuintes (CGC);

b) prova de inscrição no cadastro de contribuintes estadual ou municipal, se houver, relativo ao domicílio ou sede do licitante, pertinente ao seu ramo de atividade e compatível com o objeto contratual;

c) prova de regularidade para com a Fazenda Federal, Estadual e Municipal do domicílio ou sede do licitante, ou outra equivalente, na forma da lei;

d) prova de regularidade relativa à Seguridade Social e ao Fundo de Garantia por Tempo de Serviço (FGTS), demonstrando situação regular no cumprimento dos encargos sociais instituídos por lei.

Há de se ressaltar que só se pode exigir do licitante a apresentação de inscrições e certidões pertinentes. Assim, uma empresa prestadora de serviço não é obrigada a apresentar demonstração de inscrição no Fisco estadual, nem certidão negativa de tributo estadual.

Da mesma forma, não se pode exigir certidões com requisitos formais que podem não ser uniformes nas mais variadas esferas administrativas brasileiras. Nesse sentido, confira a seguinte decisão do STJ: "A despeito da vinculação ao edital a que se sujeita a Administração Pública (art. 41 da Lei 8.666/1993), afigura-se ilegítima a exigência da apresentação de certidões comprobatórias de regularidade fiscal quando não são fornecidas, do modo como requerido pelo edital, pelo município de domicílio do licitante" (STJ, REsp 974854/MA, DJ 16.05.2008)

A **qualificação técnica** *consiste na idoneidade técnica para a execução do objeto licitado, mediante a demonstração de experiência anterior na execução de contrato similar e da disponibilidade de pessoal e de equipamentos indispensáveis*. Podem ser exigidos, conforme o caso, os seguintes documentos (art. 30 da Lei 8.666/1993):

a) registro ou inscrição na entidade profissional competente (capacidade genérica);

b) comprovação de aptidão para desempenho de atividade pertinente e compatível em características, quantidades e prazos com o objeto da licitação (capacidade específica);

c) indicação das instalações e do aparelhamento e do pessoal técnico adequados e disponíveis para a realização do objeto da licitação, bem como da qualificação de cada um dos membros da equipe técnica que se responsabilizará pelos trabalhos (capacidade operacional);

d) comprovação, fornecida pelo órgão licitante, de que recebeu os documentos e, quando exigido, de que tomou conhecimento de todas as informações e das condições locais para o cumprimento das obrigações objeto da licitação;

e) prova de atendimento de requisitos previstos em lei especial, quando for o caso.

As qualificações previstas nos itens "b" e "c" serão feitas por **atestados** fornecidos por pessoas jurídicas de direito público ou privado. Caso se trate de serviços ou obras, será necessário que os atestados sejam registrados nas entidades profissionais competentes.

A respeito da exigência de atestados, um exemplo é uma licitação para construir uma rodovia. Certamente, o edital exigirá, como qualificação técnica, dentre outros requisitos, que os licitantes apresentem atestado de que já fizeram obra semelhante, requisito indispensável para se aferir sua aptidão para executar a obra caso venha a ganhar a licitação. Por se tratar de obra, tal atestado deverá ser registrado na entidade profissional competente.

Quanto à capacitação técnico-profissional (pessoal técnico especializado), a exigência deve se limitar à comprovação do licitante de possuir em seu quadro permanente, na data prevista para entrega da proposta, profissional detentor de atestado de responsabilidade técnica por execução de obra ou serviço de características semelhantes, limitadas estas exclusivamente às parcelas de maior relevância e valor significativo do objeto da licitação, vedadas as exigências de quantidades mínimas ou prazos máximos. Tais profissionais deverão participar da obra ou serviço objeto da licitação, admitindo-se a substituição por profissionais de experiência equivalente ou superior, desde que aprovada pela administração.

Será sempre admitida a comprovação de aptidão através de certidões ou atestados de obras ou serviços similares de complexidade tecnológica e operacional equivalente ou superior.

É vedada a exigência de comprovação de atividade ou de aptidão com limitações de tempo ou de época ou ainda em locais específicos, ou quaisquer outras não previstas na Lei 8.666/1993 que inibam a participação na licitação.

As exigências mínimas relativas a instalações de canteiros, máquinas, equipamentos e pessoal técnico especializado, considerados essenciais para o cumprimento do objeto da licitação, serão atendidas mediante a apresentação de relação explícita e da declaração formal da sua disponibilidade, sob as penas cabíveis, vedadas as exigências de propriedade e de localização prévia.

Admite-se a exigência de experiência anterior (STJ, RMS 39.883-MT, Rel. Min. Humberto Martins, j. 17.12/2013).

Segundo o art. 30, § 8º, da Lei 8.666/1993, no caso de obras, serviços e compras de grande vulto, de alta complexidade técnica, poderá a Administração exigir dos licitantes a metodologia de execução, cuja avaliação, para efeito de sua aceitação ou não, antecederá sempre à análise dos preços e será efetuada exclusivamente por critérios objetivos.

Entende-se por licitação de alta complexidade técnica aquela que envolva alta especialização como fator de extrema relevância para garantir a execução do objeto a ser contratado, ou que possa comprometer a continuidade da prestação de serviços públicos essenciais.

O Tribunal de Contas da União (TCU), chamado a interpretar várias das disposições acima em caso concreto, exarou interessante decisão, que determinou à Administração Pública que:

> "9.3.4. Abstenha-se de exigir comprovação de vínculo empregatício do responsável técnico de nível superior com a empresa licitante, uma vez que extrapola as exigências de qualificação técnico-profissional, definidas no art. 30, inciso II e § 1º, da Lei 8.666/1993.
>
> 9.3.5. Abstenha-se de exigir, para a comprovação de qualificação técnico-operacional dos licitantes, os requisitos de propriedade e de localização prévia dos equipamentos a serem utilizados na obra, conforme o disposto no § 6º do art. 30 da Lei 8.666/1993.
>
> 9.3.6. Não exija, como requisito para habilitação dos licitantes, a apresentação de certificados de qualidade e outros documentos que não integrem o rol da documentação exigida por lei, para comprovação de capacidade técnica, nos termos do inciso II c/c o § 1º, ambos do art. 30 da Lei 8.666/1993, abstendo-se especialmente de exigir certificado do Programa Brasileiro de Qualidade e Produtividade de Habitat (PBQPH) – Nível A, aceitando-o, se for o caso, apenas como critério de pontuação técnica.
>
> 9.3.7. Abstenha-se de efetuar exigência de quantitativos mínimos de serviços nos atestados técnico-profissionais, para fins de qualificação técnico-profissional, ante a expressa vedação do art. 30, § 1º, I, da Lei 8.666/1993" (TCU Acórdão 608/2008, Plenário, DOU 14.05.2008).

A **qualificação econômico-financeira** *consiste em o licitante ter recursos financeiros e situação econômica adequados à satisfatória execução do objeto da contratação*. Podem ser exigidos, conforme o caso, os seguintes documentos (art. 31 da Lei 8.666/1993):

a) balanço patrimonial e demonstrações contábeis do último exercício social, já exigíveis e apresentados na forma da lei, que comprovem a boa situação financeira da empresa, vedada a sua substituição por balancetes ou balanços provisórios, podendo ser atualizados por índices oficiais quando encerrado há mais de 3 (três) meses da data de apresentação da proposta;

b) certidão negativa de falência, concordata ou recuperação judicial expedida pelo distribuidor da sede da pessoa jurídica, ou de execução patrimonial, expedida no domicílio da pessoa física;

c) garantia, nas mesmas modalidades e critérios previstos no "caput" e § 1º do art. 56 da Lei 8.666/1993, limitada a 1% (um por cento) do valor estimado do objeto da contratação.

A exigência de *índices* limitar-se-á à demonstração da capacidade financeira do licitante para assumir compromissos caso seja contratado, vedada a exigência de valores mínimos de faturamento anterior, índices de rentabilidade ou lucratividade.

A Administração, nas *compras para entrega futura* e na *execução de obras e serviços*, poderá exigir capital mínimo ou patrimônio líquido mínimo, ou ainda as garantias previstas no § 1º do art. 56 da Lei 8.666/1993, como dado objetivo de comprovação da qualificação econômico-financeira dos licitantes e para efeito de garantia ao adimplemento do contrato a ser ulteriormente celebrado.

O capital mínimo ou o valor do patrimônio líquido a que nos referimos não poderá exceder a 10% (dez por cento) do valor estimado da contratação, devendo a comprovação ser feita relativamente à data da apresentação da proposta, na forma da lei, admitida a atualização para esta data através de índices oficiais.

Poderá ser exigida, ainda, a relação dos compromissos assumidos pelo licitante que importem diminuição da capacidade operativa ou absorção de disponibilidade financeira (dívidas do licitante!), calculada esta em função do patrimônio líquido atualizado e sua capacidade de rotação.

A comprovação de boa situação financeira da empresa será feita de forma objetiva, através do cálculo de índices contábeis previstos no edital e devidamente justificados no processo administrativo da licitação que tenha dado início ao certame, vedada a exigência de índices e valores não usualmente adotados para correta avaliação de situação financeira suficiente ao cumprimento das obrigações decorrentes da licitação.

O TCU, chamado a interpretar questão atinente à qualificação econômico-financeira em caso concreto, exarou interessante decisão: "Os índices e seus valores devem ser fixados de modo a avaliar a capacidade financeira da empresa em cumprir com suas obrigações contratuais. Não é fazendo comparações com a capacidade econômico-financeira das maiores empresas do ramo (índices de liquidez geral e de liquidez corrente iguais ou superiores a 3,00) que se aferirá a capacidade econômico-financeira para a execução de determinado contrato. A obra em questão, devido a seu porte, não necessita da capacidade técnica, operacional e econômico-financeira de grandes construtoras, de grandes empresas de capital aberto, mas, antes, se destina a empresas locais e regionais de médio porte (TCU, Acórdão 1.899/2006, Plenário, DOU 16.10.2006).

A **regularidade quanto ao trabalho de menores** *consiste em o licitante cumprir o disposto no inciso XXXIII do art. 7º da CF, que proíbe o trabalho noturno, perigoso e insalubre a menor de 18 anos, bem como qualquer trabalho a menores de 16 anos, salvo na condição de aprendiz, a partir de 14 anos.*

O licitante deve demonstrar essa qualificação por meio da apresentação de uma declaração de regularidade.

O descumprimento dessa regra, caso descoberto no futuro, ensejará a rescisão do contrato administrativo (art. 78, XVIII, da Lei 8.666/1993).

Resta saber como fica o atendimento aos requisitos de habilitação quando um **consórcio** de empresas participa como licitante.

Em primeiro lugar, é importante dizer que o edital deve prever se é possível ou não a participação de um consórcio de empresas.

Caso o edital preveja essa possibilidade, há de determinar o seguinte aos consorciados:

a) que comprovem o *compromisso* público ou particular, subscrito pelos consorciados, de constituir formalmente o consórcio, caso venham a ser contratados; a constituição e o registro do consórcio serão feitos antes da celebração do contrato;

b) que indiquem a *empresa líder* do consórcio, que será responsável por este e deverá atender às condições de liderança previstas no edital, valendo salientar que somente empresa brasileira pode ser líder de consórcio;

c) que fica *proibida a participação* de empresa consorciada, na mesma licitação, através de mais de um consórcio ou isoladamente;

d) que ficam responsáveis *solidariamente* pelos atos praticados em consórcio, tanto na fase de licitação, quanto na de execução do contrato.

Resta saber, agora, quais regras regerão o cumprimento dos requisitos para a habilitação quando se tem um consórcio de empresas disputando a licitação. Confira:

a) cada consorciado deve apresentar os documentos de habilitação (arts. 28 a 31 da Lei 8.666/1993);

b) para efeito de qualificação técnica, admite-se o somatório dos quantitativos de cada consorciado, na proporção de sua respectiva participação;

c) para efeito de qualificação econômico-financeira, admite-se o somatório dos valores de cada consorciado, na proporção de sua respectiva participação;

d) pode a administração estabelecer, para o consórcio, um acréscimo de até 30% dos valores exigidos para licitante individual, inexigível este acréscimo para os consórcios compostos, em sua totalidade, por micro e pequenas empresas assim definidas em lei.

A **regularidade trabalhista** *consiste na inexistência de débitos inadimplidos perante a Justiça do Trabalho (Lei 12.440/2011).*

A prova dessa regularidade se dá pela CNDT (Certidão Negativa de Débitos Trabalhistas), expedida eletrônica e gratuitamente.

O interessado não obterá CNDT se em seu nome constar inadimplemento de obrigações estabelecidas em sentença transitada em julgado, acordos judiciais e acordos firmados perante o Ministério Público do Trabalho ou Comissão de Conciliação Prévia

Todavia, verificada a existência de débitos garantidos por penhora suficiente ou com exigibilidade suspensa, será expedida Certidão Positiva de Débitos Trabalhistas em nome do interessado com os mesmos efeitos da CNDT.

A CNDT certificará a empresa em relação a todos os seus estabelecimentos, agências e filiais e o seu prazo de validade é de 180 dias contados de sua emissão.

11.6.2.3. Julgamento e classificação

Essa fase consiste na *verificação objetiva da conformidade das propostas com os critérios previamente estabelecidos, bem como na sua ordenação em ordem da melhor para a pior para a Administração.*

Nessa fase, deve a Administração abrir os envelopes que contêm as *propostas comerciais* dos licitantes.

Vale lembrar que, aqui, as propostas também devem ser rubricadas pelos licitantes presentes e pela comissão (art. 43, § 2º, da Lei 8.666/1993).

As propostas devem ser analisadas, em primeiro lugar, quanto à sua aptidão. Havendo vícios na proposta, o licitante será desclassificado.

Confira os vícios que ensejam desclassificação:

a) vício formal: *consiste no descompasso da proposta com as regras e padrões estipulados no edital ou na lei.* Dentre os vícios formais está a existência de proposta que faz referência à proposta de outro (ex.: "a proposta da empresa é R$ 0,01 centavo mais barata que a proposta mais barata dos demais licitantes");

b) vício material: *consiste no descompasso da proposta com o objeto licitado.* Um exemplo é uma licitação para adquirir papel A4, mas que recebe uma proposta para papel A3;

c) vício quanto à exequibilidade: *consiste na existência de proposta de valor insuficiente para cobrir os custos do fornecedor.* Imagine uma licitação para comprar combustível, em que o fornecedor vencedor oferece o preço de R$ 1,39 para fornecer gasolina, tendo a Administração feito pesquisa de preço e encontrado como valor de mercado a quantia de R$ 2,90; ora, com um preço desses, ou a gasolina é roubada ou é "batizada"; esse preço é manifestamente inexequível. A lei exige que a proposta seja *manifestamente inexequível* para que seja desclassificada, devendo-se levar em conta os parâmetros estabelecidos no § 1º do art. 41 da Lei 8.666/1993;

d) outros vícios: não se admitirá proposta que apresente preços global ou unitários simbólicos, irrisórios ou de valor zero, incompatíveis com os preços dos insumos e salários de mercado, acrescidos dos respectivos encargos, ainda que o ato convocatório da licitação não tenha estabelecido limites mínimos, exceto quando se referirem a materiais e instalações de propriedade do próprio licitante, para os quais ele renuncie a parcela ou à totalidade da remuneração (art. 44, § 3º, da Lei 8.666/1993).

Quando todos os licitantes são inabilitados, quando todas as propostas forem desclassificadas, a Administração poderá fixar aos licitantes o prazo de 8 dias úteis para a apresentação de outras propostas escoimadas de vícios, facultada, no caso de convite, a redução deste prazo para 3 dias úteis.

Em seguida à verificação de vícios nas propostas, deve a Administração julgar aquelas consideradas aptas, procedendo-se, depois, à classificação das que forem aceitas.

Não se considerará qualquer oferta de vantagem não prevista no edital ou no convite, inclusive financiamentos subsidiados ou a fundo perdido, nem preço ou vantagem baseada nas ofertas dos demais licitantes.

O julgamento e a classificação variarão de acordo com o tipo de licitação (menor preço, maior lance, melhor técnica etc.), tema que será visto em item adiante.

11.6.2.4. Homologação

A homologação *é o ato pelo qual se examina a regularidade do procedimento licitatório.*

A autoridade competente (por exemplo, o Secretário Municipal de Administração) deve verificar a regularidade do procedimento e, estando este em ordem, deve homologar o certame licitatório.

11.6.2.5. Adjudicação

A adjudicação *é o ato pelo qual se atribui o objeto do certame ao vencedor da licitação.*

Como regra, a adjudicação é feita após a homologação (art. 43, VI, da Lei 8.666/1993).

Porém, na modalidade de licitação pregão, primeiro é feita a adjudicação e, depois, a homologação (art. 4º, XXI e XXII, da Lei 10.520/2002).

São efeitos da adjudicação os seguintes: a) o direito de o adjudicatório não ser preterido, caso a Administração faça a contratação; b) a vinculação do adjudicatário à proposta por ele feita; c) a liberação dos demais licitantes para retirar documentos e levantar garantias.

Apesar da vinculação do adjudicatário, decorridos 60 (sessenta) dias da data da entrega das propostas, sem a convocação para a contratação, esse ficará liberado dos compromissos assumidos (art. 64, § 3º, da Lei 8.666/1993).

A recusa injustificada do adjudicatário em assinar o contrato, aceitar ou retirar o instrumento equivalente, dentro do prazo estabelecido pela Administração, caracteriza o descumprimento total da obrigação assumida, sujeitando-o às penalidades legalmente estabelecidas (art. 81 da Lei 8.666/93).

11.7. Modalidades de licitação

11.7.1. Concorrência

A expressão "modalidades" significa "procedimento", "rito". Não se deve confundir *modalidade* de licitação (concorrência, tomada de preços, convite etc.) com *tipo* de licitação (menor preço, melhor técnica etc.). A primeira, como se viu, diz respeito ao *procedimento* a ser seguido pela Administração. O segundo diz respeito ao *critério de julgamento* a ser seguido pela Administração.

A concorrência pode ser **conceituada** como *a modalidade destinada a transações de grande vulto e a casos especiais elencados na lei, que permite a participação de qualquer interessado que, na fase inicial de habilitação, comprove possuir os requisitos mínimos de qualificação exigidos no edital.*

Essa modalidade tem **destinação obrigatória** para os contratos de:

a) grande vulto, ou seja, para *obras e serviços de engenharia* de valor superior a R$ 1,5 milhão, e, quanto às *compras e demais serviços*, de valor superior a R$ 650 mil;

b) compra de imóveis, de qualquer valor;

c) alienações de imóveis, de qualquer valor; vale salientar que também se admite o leilão para alienação de imóveis adquiridos em processos judiciais e por dação em pagamento (art. 19 da Lei 8.666/1993);

d) alienação de móveis, quando estes forem avaliados em valor superior a R$ 650 mil; se o valor for inferior a essa quantia, pode-se usar a modalidade tomada de preços ou leilão (art. 17, § 6º, da Lei 8.666/1993);

e) concessões de direito real de uso (art. 23, § 3º, da Lei 8.666/1993);

f) concessões de serviço público (art. 2º, II, da Lei 8.987/1995);

g) licitações internacionais, de qualquer valor; vale salientar que, nas licitações internacionais, é cabível também a tomada de preços, quando o órgão ou entidade dispuser de cadastro internacional de fornecedores, bem como convite, se não houver fornecedor do bem ou serviço no País (art. 23, § 3º, da Lei 8.666/1993);

h) aquisição de bens por sistema de registro de preços (art. 15, § 3º, I, da Lei 8.666/1993): vale salientar que o registro de preços também pode ser feito por meio da modalidade pregão (art. 11 da Lei 10.520/2002); o Sistema de Registro de Preços é um procedimento que a Administração pode adotar perante compras rotineiras de bens padronizados (ex.: material de escritório, medicamentos): presumindo que adquirirá tais bens múltiplas vezes, a Administração abre licitação, e aquele que oferecer a cotação mais baixa terá seus preços registrados para quando a Administração precisar; não se trata de modalidade de licitação, já que inclusive é precedida de uma (concorrência ou pregão), mas de procedimento a ser feito para situações de fornecimento contínuo.[7]

Essa modalidade tem **destinação facultativa** para os casos em que couber modalidade licitatória de menor expressão, tais como tomada de preços e convite (art. 23, § 4º, da Lei 8.666/1993).

A concorrência tem como **principais características** as seguintes:

a) prazos maiores: o prazo mínimo entre a publicação do aviso do edital e o recebimento das propostas é de 30 dias, como regra, e de 45 dias se o contrato a ser celebrado contemplar o regime de empreitada integral ou quando a licitação for do tipo "melhor técnica" ou "técnica e preço" (art. 21, § 2º, I, "b", e II, "a", da Lei 8.666/1993); há de se lembrar que o prazo é contado da última publicação do aviso do edital; além disso, na contagem do prazo, deve-se excluir o dia do início e incluir o dia do vencimento (art. 110 da Lei 8.666/1993);

b) universalidade: a concorrência admite a participação de qualquer interessado que atenda, na fase inicial de habilitação preliminar, os requisitos de qualificação previstos no edital (art. 22, § 1º, da Lei 8.666/1993), ou seja, não é necessário que o interessado esteja previamente cadastrado para participar da concorrência, daí porque se fala em acesso universal ao certame; todavia, na fase de habilitação, aquele licitante que não cumprir os requisitos de qualificação será inabilitado;

c) habilitação preliminar: conforme já mencionado, a habilitação, na concorrência, é feita logo após a publicação do edital e antes do julgamento das propostas, daí porque se fala em *habilitação preliminar*, diferente da tomada de preços (*habilitação prévia*) e do pregão (*habilitação posterior*).

11.7.2. Tomada de preços

A tomada de preços pode ser **conceituada** como *a modalidade destinada a transações de médio vulto, que só permite a participação de interessados devidamente cadastrados ou que atendam às condições do cadastro até o 3º dia anterior à data do recebimento das propostas, observada a necessária qualificação* (art. 22, § 2º, da Lei 8.666/1993).

Essa modalidade tem **destinação prevista** para os contratos de: a) **médio vulto**, ou seja, para *obras e serviços de engenharia* de valor até R$ 1,5 milhões, e, quanto às *compras e demais serviços*, de valor até R$ 650 mil; b) **licitações internacionais**, quando o órgão ou a entidade dispuser de cadastro internacional de fornecedores, bem como convite, se não houver fornecedor do bem ou serviço no País (art. 23, § 3º, da Lei 8.666/1993).

7. Cada registro valerá por um ano. O § 3º do art. 15 da Lei dispõe que o sistema de registro de preços será regulamentado por decreto, atendidas as peculiaridades regionais, observado o seguinte: I – seleção feita mediante concorrência; II – estipulação prévia do sistema de controle e atualização dos preços registrados; III – validade do registro não superior a 1 ano. O § 4º, por sua vez, assevera que a existência de preços registrados não obriga a Administração a firmar as contratações que deles poderão advir, ficando-lhe facultada a utilização de outros meios, respeitada a legislação relativa às licitações, sendo assegurado ao beneficiário do registro preferência em igualdade de condições.

Essa modalidade tem **destinação facultativa** para os casos em que couber o convite, modalidade licitatória de menor expressão (art. 23, § 4º, da Lei 8.666/1993).

Existe uma **proibição** muito séria, que tem em mira evitar fraudes na utilização das modalidades licitatórias.

É vedada a utilização da modalidade "tomada de preços" para parcelas de uma mesma obra ou serviço, ou ainda para obras e serviços da mesma natureza e no mesmo local que possam ser realizadas conjunta e concomitantemente, sempre que o somatório de seus valores caracterizar o caso de concorrência, exceto para as parcelas de natureza específica que possam ser executadas por pessoas ou empresas de especialidade diversa daquela do executor da obra ou serviço (art. 23, § 5º, da Lei 8.666/1993).

A ideia da lei é evitar fracionamentos de contratos para que se utilize tomada de preços quando caberia concorrência.

A tomada de preços tem como **principais características** as seguintes:

a) prazos intermediários: o prazo mínimo entre a publicação do aviso edital e o recebimento das propostas é de 15 dias, como regra, e de 30 dias quando a licitação for do tipo "melhor técnica" ou "técnica e preço" (art. 21, § 2º, II, "b", e III, da Lei 8.666/1993); há de se lembrar que o prazo é contado da última publicação do aviso do edital; além disso, na contagem do prazo deve-se excluir o dia do início e incluir o dia do vencimento;

b) prévio cadastro: o interessado em participar da licitação deve já ter um registro cadastral, ou seja, deve ter um documento cujo nome é *certificado de registro cadastral* (art. 32, § 2º, da Lei 8.666/1993), documento esse que será apresentado por ele quando for participar da tomada de preços; caso o interessado não tenha cadastro prévio, poderá participar da licitação desde que atenda às condições exigidas para cadastramento até o 3º dia anterior à data do recebimento das propostas; ou seja, publicado o edital, o interessado deverá correr para conseguir seu cadastramento, nos termos dos arts. 34 a 37 da Lei 8.666/1993 e das demais regras locais, até o momento acima referido.

11.7.3. Convite

O convite pode ser **conceituado** como *a modalidade destinada a transações de menor vulto, na qual se deve convidar ao menos três interessados, cadastrados ou não, permitida a participação de outros interessados cadastrados que manifestarem interesse com antecedência de até 24 horas da data da apresentação das propostas* (art. 22, § 3º, da Lei 8.666/1993).

Essa modalidade tem **destinação** para os contratos de **menor vulto**, ou seja, para *obras e serviços de engenharia* de valor até R$ 150 mil, e, quanto às *compras e demais serviços*, de valor até R$ 80 mil.

Aqui também existe aquela séria **proibição**, que tem em mira evitar fraudes na utilização das modalidades licitatórias.

É vedada a utilização da modalidade "convite" para parcelas de uma mesma obra ou serviço, ou ainda para obras e serviços da mesma natureza e no mesmo local que possam ser realizadas conjunta e concomitantemente sempre que o somatório de seus valores caracterizar o caso de tomada de preços ou concorrência, exceto para as parcelas de natureza específica que possam ser executadas por pessoas ou empresas de especialidade diversa daquela do executor da obra ou serviço (art. 23, § 5º, da Lei 8.666/1993).

A ideia da lei é evitar fracionamentos de contratos para que se utilize convite, quando caberia tomada de preços ou concorrência.

O convite tem como **principais características** as seguintes:

a) prazo menor: o prazo mínimo entre a publicação do aviso edital e o recebimento das propostas é de 5 dias *úteis*, contados da expedição do convite (art. 21, § 2º, IV, e § 3º, da Lei 8.666/1993); há de se lembrar que o prazo é contado da última publicação do aviso do edital; além disso, na contagem do prazo, deve-se excluir o dia do início e incluir o dia do vencimento;

b) publicidade reduzida: no convite, a publicidade se reduz à expedição de carta-convite a pelo menos três interessados e à afixação de cópia do convite no quadro de avisos da Administração Pública;

c) participação restrita a convidados ou cadastrados: confira as regras (art. 22, §§ 3º, 6º e 7º, da Lei 8.666/1993):

c1) devem ser convidados pelo menos três interessados, cadastrados ou não;

c2) se existir na praça mais de três interessados, a cada novo convite, deve-se chamar, no mínimo, um cadastrado que não tenha sido ainda convidado, até que todos os cadastrados sejam convidados;

c3) quando, por limitações do mercado ou manifesto desinteresse dos convidados, for impossível a obtenção do número mínimo de licitantes, pode-se convidar número menor, desde que haja a devida motivação, sob pena de repetição do convite;

c4) interessados em participar da licitação podem fazê-lo mesmo que não tenham sido convidados, desde que sejam cadastrados na repartição e que manifestem interesse até 24 horas da data da apresentação das propostas; é necessário, então, que o interessado faça um requerimento nesse prazo; a doutrina entende que só se pode exigir prévio cadastro desse interessado não convidado se a Administração tiver exigido habilitação no convite feito no caso concreto;

d) habilitação facultativa: a fase de habilitação não é obrigatória no convite, podendo ser dispensada no todo ou em parte (art. 32, § 1º, da Lei 8.666/1993); porém, a regularidade com a Seguridade Social deve sempre ser exigida, por força de determinação prevista na Constituição Federal (art. 195, § 3º, da CF);

e) direção dos trabalhos: a regra é que a licitação pelo convite seja dirigida por uma comissão de licitação, como nas modalidades concorrência e tomada de preços; porém, em pequenas unidades, pode substituí-la por servidor formalmente designado (art. 51, § 1º, da Lei 8.666/1993).

11.7.4. Concursos

O concurso pode ser **conceituado** como *a modalidade destinada à escolha de trabalho técnico, científico ou artístico, mediante prêmios ou remuneração ao vencedor* (art. 22, § 4º, da Lei 8.666/1993).

Essa modalidade tem **destinação** para a *premiação de trabalhos* técnicos (ex.: concurso para a escolha do melhor projeto arquitetônico), científicos (ex.: concurso para a escolha da melhor monografia jurídica) e artísticos (exs.: concursos para escolha de melhores hino, brasão da cidade, fotografia, poema etc.).

O concurso tem como **principais características** as seguintes:

a) prazo: o prazo mínimo entre a publicação do aviso do edital e o recebimento do trabalho pronto é de 45 dias; há de se lembrar que o prazo é contado da última publicação do aviso do edital; além disso, na contagem do prazo, deve-se excluir o dia do início e incluir o dia do vencimento; o prazo é grande, pois o interessado não vai entregar uma mera proposta, mas já entregará o trabalho pronto;

b) regulamento: o edital deve, no mínimo, fazer referência ao local onde está o regulamento do concurso; deve também indicar a qualificação exigida dos participantes (ex.: dizer que o concurso é só para os estagiários de uma Prefeitura); deve, ainda, traçar as diretrizes e a forma de apresentação do trabalho, bem como as condições de realização e os prêmios a serem dados ao(s) vencedor(es); se o objeto do concurso for um projeto (ex.: projeto arquitetônico), o vencedor deverá autorizar sua execução a qualquer tempo, segundo a conveniência da Administração;

c) habilitação facultativa: a fase de habilitação não é obrigatória no concurso, podendo ser dispensada no todo ou em parte (art. 32, § 1º, da Lei 8.666/1993);

d) julgamento: o julgamento será feito por uma comissão especial integrada por pessoas de reputação ilibada e reconhecido conhecimento da matéria em exame, servidores públicos ou não (art. 51, § 5º, da Lei 8.666/1993).

11.7.5. Leilão

O leilão pode ser **conceituado** como *a modalidade destinada à venda de bens móveis inservíveis, de produtos apreendidos ou penhorados, de imóveis adquiridos em processo judicial ou por dação em pagamento e de ativos, ações e outros direitos relacionados ao Programa Nacional de Desestatização.*

Essa modalidade tem **destinação** indicada no conceito, valendo salientar, quanto à desestatização, que essa é regulamentada na Lei 9.491/1997.

O leilão tem como **principais características** as seguintes:

a) prazo: o prazo mínimo entre a publicação do aviso do edital e a sessão de leilão é de 45 dias; há de se lembrar que o prazo é contado da última publicação do aviso do edital; além disso, na contagem do prazo, deve-se excluir o dia do início e incluir o dia do vencimento;

b) tipo de licitação: como o leilão visa à alienação de bens, o tipo licitatório cabível (critério de julgamento) é o de maior lance; esse deve ser igual ou superior ao valor da avaliação; os lances são verbais ou mediante procedimentos tecnológicos;

c) habilitação facultativa: a fase de habilitação não é obrigatória no leilão, podendo ser dispensada no todo ou em parte (art. 32, § 1º, da Lei 8.666/1993);

d) direção dos trabalhos: pode ser cometida a leiloeiro oficial ou a servidor designado pela Administração (art. 53 da Lei 8.666/1993).

11.7.6. Pregão

Essa modalidade de licitação não está prevista na Lei 8.666/1993, mas na Lei 10.520/2002. Trata-se de modalidade aplicável à Administração Pública Direta e Indireta de todos os entes políticos (União, Estados, DF e Municípios).

O pregão pode ser **conceituado** como *a modalidade destinada à aquisição de bens e serviços comuns, caracterizada pela inversão de fases, aumento dos momentos de competição, celeridade, oralidade e redução de exigências para a participação* (art. 22, § 4º, da Lei 8.666/1993).

Essa modalidade é **destinada** à aquisição de *bens e serviços comuns.*

Bens e serviços comuns são "aqueles cujos padrões de desempenho e qualidade possam ser objetivamente definidos no edital, por meio de especificações usuais no mercado" (art. 1º, parágrafo único, da Lei 10.520/2002).

Enfim, bens e serviços comuns são aqueles que têm especificações usuais no mercado.

São exemplos de *bens comuns* os seguintes: água mineral, combustível, material hospitalar, medicamentos, material de limpeza, móveis, veículos, computadores, dentre outros.

São exemplos de *serviços comuns* os seguintes: de digitação, de manutenção, de assinatura (de TV, revista e telefonia móvel), de copa, de garçom, de ascensorista, de lavanderia, de limpeza, de reprografia, de vigilância, dentre outros.

O fato é que, nos dias de hoje, quase tudo tem especificação usual no mercado e, portanto, quase tudo pode ser adquirido pela Administração mediante a modalidade pregão.

Aliás, é bom ressaltar que não há limitação de valor para aquisição mediante o pregão. Assim, até mesmo uma compra de milhões de reais, que ensejaria concorrência, pode ser feita pelo pregão.

A única exigência é que se trate de bens e serviços comuns.

Nada obstante, há situações que não ensejam o uso de pregão. Um exemplo é a contratação de uma obra. A *obra* não está no conceito nem de *serviço*, nem de *compra de bens*, para fins de licitação (art. 6º, I, II e III, da Lei 8.666/1993). Como regra, também não é possível a utilização de pregão para alienação de bens e para as locações imobiliárias.

Serviços de engenharia, ao contrário, desde que sejam serviços com especificações usuais no mercado, como o serviço de terraplenagem, podem ser contratados mediante pregão.

O pregão tem como **principais características** as seguintes (Lei 10.520/2002):

a) prazo: o prazo mínimo entre a publicação do aviso do edital e a data para a apresentação das propostas (data da sessão de pregão) é de *8 dias úteis* (art. 4º, V);

b) tipo de licitação: menor preço (art. 4º, X);

c) direção dos trabalhos: haverá um pregoeiro e a respectiva equipe de apoio, sendo que esta será integrada em sua maioria por servidores ocupantes de cargo efetivo ou emprego na Administração Pública (art. 3º, IV);

d) inversão de fases: primeiro vem a fase de *julgamento* e depois a de *habilitação*; primeiro vem a *adjudicação* e depois a *homologação* (art. 4º, VII, XII, XXI e XXII);

e) lances verbais: faz-se uma classificação provisória e depois selecionam-se as melhores propostas (1ª classificada mais propostas até 10% superiores, garantidas três propostas diferentes) para uma fase de lances verbais, com vistas a alcançar a proposta mais vantajosa para a Administração (art. 4º, VIII);

f) negociação do preço: o licitante que chegar à melhor proposta estará sujeito, ainda, a uma negociação de preço que o pregoeiro fará caso o proposto não atinja um valor aceitável (art. 4º, XI, XVI e XVII);

g) exigências vedadas: é vedada a exigência de *garantia da proposta*, de *aquisição de edital* por interessado e de pagamento de *taxas* (salvo de reprografia) (art. 5º);

h) redução das exigências de habilitação (art. 4º, XIII);

i) concentração dos atos do certame na sessão de pregão: faz-se tudo na sessão, inclusive a adjudicação do objeto do certame, se não houver recurso;

j) recurso único e oral (art. 4º, XVIII).

Quanto ao **procedimento** da fase externa do pregão, confira o passo a passo:

a) publicação do edital;

b) antes de iniciar a sessão pública, faz-se o credenciamento do licitante ou de seus representantes, que devem identificar-se e, conforme o caso, comprovar a existência de poderes para a formulação de propostas e para a prática de todos os demais atos inerentes ao certame;

c) aberta a sessão, os interessados apresentarão uma *declaração de habilitação* (declaração dando ciência de que cumprem os requisitos de habilitação) e entregarão os *envelopes contendo a proposta comercial*;

d) *abertura dos envelopes com a proposta comercial*;

e) *desclassificação* de eventuais propostas com vícios;

f) elaboração de *classificação provisória*;

g) *seleção das propostas* que passarão aos lances verbais; deve-se selecionar o 1º classificado (autor da oferta de valor mais baixo) e os autores das ofertas com preços até 10% superiores àquela; há de se garantir, no mínimo, três propostas diferentes; repare que não são três licitantes diferentes, mas três propostas de valor diferente, o que faz com que, muitas vezes, haja bem mais do que três licitantes nessa fase, bastando que haja licitantes com propostas de valor igual;

h) *início de nova disputa*, com *lances verbais* e sucessivos, até se chegar ao melhor lance possível;

i) *classificação definitiva*, levando em conta também os que não foram selecionados para os lances verbais, mas excluindo os que já foram desclassificados;

j) *negociação* com o autor da oferta de menor valor;

k) *exame da aceitabilidade* da proposta de menor valor;

l) *declaração da aceitabilidade da proposta* ou nova negociação com outro classificado;

m) *abertura do envelope de habilitação* da oferta com preço aceitável;

n) *saneamento de eventuais falhas* nos documentos de habilitação;

o) *declaração de habilitação* do licitante que tem preço aceitável ou exame sucessivo das ofertas subsequentes até apuração de uma aceitável e que atenda aos requisitos de habilitação;

p) *declaração do licitante vencedor*;

q) consulta aos licitantes sobre o interesse em apresentar *recurso*;

r) *adjudicação do objeto do certame ao vencedor na própria sessão de pregão*, caso não haja recurso; o recurso deve ser interposto na própria sessão de pregão (por meio do pregoeiro), apresentando-se o motivo; em seguida, a sessão ficará suspensa e o recorrente terá 3 dias para apresentar suas razões, seguindo-se o prazo de 3 dias para os demais licitantes se manifestarem;

s) *elaboração e subscrição da ata da sessão*;

t) *homologação do certame pela autoridade competente* (não é o pregoeiro, mas a autoridade superior) e publicação da decisão homologatória;

u) *empenho de despesa*;

v) *convocação do vencedor* para celebração do contrato; vale salientar que o prazo de validade das propostas é de 60 dias, se outro não estiver fixado no edital;

x) havendo recusa do adjudicatário, negociação com os próximos classificados, até que haja preço aceitável com condições de habilitação;

z) *celebração do contrato*.

Vale salientar que a Lei 10.520/2002 admite o pregão por meio eletrônico, cuja regulamentação se encontra no Decreto 5.450/2005 para o âmbito da União.

Esse decreto dispõe que o pregão eletrônico deve ser utilizado preferencialmente em relação ao pregão presencial.

Uma diferença básica do pregão eletrônico para o pregão presencial é o fato de que, no primeiro, o interessado deve estar previamente credenciado no SICAF – Sistema de Cadastramento Unificado de Fornecedores.

11.7.7. Vedação

Por fim, vale citar que é **vedada** a criação de outras modalidades de licitação ou a combinação das previstas em lei (art. 22, § 8º, da Lei 8.666/1993).

Assim, não é possível que qualquer dos entes da Administração Pública venha a criar uma nova modalidade de licitação, ou mesmo combinar modalidades para o fim de criar uma inédita modalidade licitatória.

Somente por meio de lei – e deve se tratar de uma lei federal, pois somente a União poderá legislar sobre normas gerais em matéria de licitação – é que é possível criar uma nova modalidade licitatória.

Um exemplo é o **pregão**, que foi criado pela Lei 10.520/2002.

Outro exemplo é a modalidade de licitação denominada **consulta**, que é exclusiva da Agência Nacional de Telecomunicações – ANATEL. O art. 54 da Lei 9.472/1997 estabelece que essa agência pode utilizar o procedimento da consulta mediante procedimentos próprios determinados por atos normativos expedidos pela agência, desde que não seja para a contratação de obras e serviços de engenharia.

11.8. Tipos de licitação

Não se deve confundir as *modalidades* de licitação (ou procedimentos licitatórios – concorrência, convite etc.) com *tipos* de licitação (ou critérios de julgamento – menor preço, melhor técnica etc.). Feita tal observação, vejamos os tipos de licitação.

11.8.1. Menor preço

Esse tipo é o mais comum em matéria de licitação. Isso porque a Administração adquire muitos bens, e esse tipo é o adequado para as compras e aquisições estatais.

Esse tipo de licitação é compatível com as modalidades concorrência, tomada de preços, convite e pregão.

Devem ser desclassificadas as propostas com preço simbólico, irrisório, de valor zero ou impraticável, tanto para mais como para menos.

A lei diz que serão desclassificadas as propostas com preços manifestamente inexequíveis ou que não venham a ter demonstrada sua viabilidade através de documentação da coerência com os custos dos insumos e a produtividade.

Em caso de empate, têm preferência, sucessivamente, os bens e serviços: a) produzidos no País; b) produzidos ou prestados por empresas brasileiras; c) produzidos ou prestados por empresas que invistam em pesquisa e desenvolvimento de tecnologia no País.

Permanecendo o empate, far-se-á um sorteio, em ato público, para o qual todos os licitantes serão convocados, vedado qualquer outro processo.

11.8.2. *Maior lance ou oferta*

Esse tipo de licitação é próprio para a alienação de bens móveis e imóveis e concessão de direito real de uso de bens públicos.

Esse tipo de licitação é compatível com as modalidades concorrência e leilão.

11.8.3. *Melhor técnica e técnica e preço*

Esses tipos de licitação são utilizados exclusivamente para *serviços de natureza predominantemente intelectual*, em especial na elaboração de projetos, cálculos, fiscalização, supervisão e gerenciamento, de engenharia consultiva em geral e, em particular, para elaboração de estudos técnicos preliminares e projetos básicos e executivos, bem como para contratação de bens e serviços de informática.

Quanto aos bens e serviços de informática cabe também o pregão (e não a concorrência, própria dos casos em que se usa o tipo melhor técnica), ressalvadas as aquisições em que a técnica é realmente importante e que os produtos não possam ser definidos por especificações usuais de mercado.

Excepcionalmente, utilizar-se-á esse tipo de licitação para fornecimento de bens, execução de obras ou prestação de serviços de grande vulto, quando dependentes de tecnologia sofisticada, desde que haja autorização expressa da autoridade de maior nível hierárquico da Administração promotora da licitação.

No tipo "melhor técnica", o ato convocatório fixará preço máximo a ser pago. Há três tipos de documentos: com a qualificação, com a proposta técnica e com a proposta de preço. Deve-se seguir o seguinte procedimento:

a) abertura de *envelope com a documentação de habilitação*;

b) quanto aos habilitados, abertura do *envelope com a proposta técnica*; tal proposta seguirá os termos do edital e poderá tratar da capacitação e experiência; da metodologia e organização; da tecnologia e dos recursos materiais; da qualificação das equipes técnicas;

c) *avaliação e classificação das propostas técnicas*;

d) *valorização mínima* das propostas técnicas;

e) abertura dos envelopes com as *propostas de preço* daqueles que têm a valorização mínima;

f) negociação entre os licitantes, considerando a melhor proposta técnica e o menor preço com valorização mínima, até se chegar ao vencedor.

No tipo "melhor técnica e preço" far-se-á a classificação das propostas segundo critério de média nas notas respectivas. Deve-se seguir o seguinte procedimento:

a) abertura de *envelope com a documentação de habilitação*;

b) quanto aos habilitados, abertura do *envelope com a proposta técnica*; tal proposta seguirá os termos do edital e poderá tratar da capacitação e experiência; da metodologia e organização; da tecnologia e dos recursos materiais; da qualificação das equipes técnicas;

c) avaliação e classificação das *propostas técnicas*;

d) será feita a avaliação e a valorização das *propostas de preços*, de acordo com critérios objetivos preestabelecidos no instrumento convocatório;

e) a classificação dos proponentes far-se-á de acordo com a *média ponderada das valorizações das propostas técnicas e de preço*, de acordo com os pesos preestabelecidos no instrumento convocatório.

11.9. Licitação com participação de Microempresa (ME) e Empresa de Pequeno Porte (EPP)

Em primeiro lugar, vale trazer a definição dessas empresas (art. 3º da Lei Complementar 123/2006, alterado pela Lei Complementar 139/2011):

a) microempresa: empresário ou pessoa jurídica que aufira, em cada ano-calendário, receita bruta igual ou inferior a R$ 360 mil;

b) empresa de pequeno porte: empresário ou pessoa jurídica que aufira, em cada ano-calendário, receita bruta superior a R$ 360 mil e igual ou inferior a R$ 3,6 milhões.

Considera-se receita bruta o produto da venda de bens e serviços nas operações de conta própria, o preço dos serviços prestados e o resultado nas operações em conta alheia, não incluídas as vendas canceladas e os descontos incondicionais concedidos.

Não poderá se beneficiar do tratamento jurídico diferenciado previsto na Lei Complementar 123/2006 a pessoa jurídica:

a) de cujo capital participe outra pessoa jurídica;

b) que seja filial, sucursal, agência ou representação, no País, de pessoa jurídica com sede no exterior;

c) de cujo capital participe pessoa física que seja inscrita como empresário ou seja sócia de outra empresa que receba tratamento jurídico diferenciado nos termos da Lei Complementar, desde que a receita bruta global ultrapasse o limite de R$ 3,6 milhões;

d) cujo titular ou sócio participe com mais de 10% (dez por cento) do capital de outra empresa não beneficiada pela Lei Complementar, desde que a receita bruta global ultrapasse o limite de R$ 3,6 milhões;

e) cujo sócio ou titular seja administrador ou equiparado de outra pessoa jurídica com fins lucrativos, desde que a receita bruta global ultrapasse o limite de R$ 3,6 milhões;

f) constituída sob a forma de cooperativas, salvo as de consumo;

g) que participe do capital de outra pessoa jurídica;

h) que exerça atividade de banco comercial, de investimentos e de desenvolvimento, de caixa econômica, de sociedade de crédito, financiamento e investimento ou de crédito imobiliário, de corretora ou de distribuidora de títulos, valores mobiliários e câmbio, de empresa de arrendamento mercantil, de seguros privados e de capitalização ou de previdência complementar;

i) resultante ou remanescente de cisão ou qualquer outra forma de desmembramento de pessoa jurídica que tenha ocorrido em um dos 5 (cinco) anos-calendário anteriores;

j) constituída sob a forma de sociedade por ações.

Para fins dos benefícios tributários previstos na lei complementar há outras pessoas jurídicas excluídas (art. 17). Mas para fins das vantagens decorrentes do acesso aos mercados, basta verificar os requisitos de faturamento já citados, bem como as pessoas jurídicas que estão excluídas do benefício.

Confira agora os direitos conferidos a uma ME ou EPP na licitação:

a) comprovação diferida da regularidade fiscal: nas licitações públicas, a comprovação de regularidade fiscal das MEs e EPPs somente será exigida para efeito de assinatura do contrato (art. 42 da LC 123/2006); as MEs e EPPs, por ocasião da participação em certames licitatórios, deverão apresentar toda a documentação exigida para efeito de comprovação de regularidade fiscal, mesmo que esta apresente alguma restrição, hipótese em que será assegurado o prazo de 5 (cinco) dias úteis, cujo termo inicial corresponderá ao momento em que o proponente for declarado o vencedor do certame, prorrogáveis por igual período, a critério da Administração Pública, para a regularização da documentação, pagamento ou parcelamento do débito e emissão de eventuais certidões negativas ou positivas com efeito de certidão negativa; a não regularização da documentação nesse prazo implicará decadência do direito à contratação, sem prejuízo das sanções previstas no art. 81 da Lei 8.666/1993, sendo facultado à Administração convocar os licitantes remanescentes, na ordem de classificação, para a assinatura do contrato, ou revogar a licitação (art. 43 da LC 123/2006);

b) empate ficto: nas licitações será assegurada, como critério de desempate, preferência de contratação para as MEs e EPPs; entende-se por empate aquelas situações em que as propostas apresentadas pelas microempresas e empresas de pequeno porte sejam iguais ou até 10% (dez por cento) superiores à proposta melhor classificada (na modalidade de pregão, o intervalo percentual será de até 5% (cinco por cento) superior ao melhor preço). Ocorrendo o empate, a ME ou EPP melhor classificada poderá apresentar proposta de preço inferior àquela considerada vencedora do certame, situação em que será adjudicado em seu favor o objeto licitado; não ocorrendo a contratação da ME ou EPP, serão convocadas as remanescentes que porventura se enquadrem nessa condição, na ordem classificatória, para o exercício do mesmo direito; no caso de equivalência dos valores apresentados pelas MEs e EPPs que se encontrem nos intervalos estabelecidos, será realizado sorteio entre elas para que se identifique aquela que primeiro poderá apresentar melhor oferta. Na hipótese da não contratação de uma ME ou EPP, o objeto licitado será adjudicado em favor da proposta originalmente vencedora do certame; o empate ficto somente se aplicará quando a melhor oferta inicial não tiver sido apresentada por microempresa ou empresa de pequeno porte; no caso de pregão, a ME ou EPP melhor classificada será convocada para apresentar nova proposta no prazo máximo de 5 (cinco) minutos após o encerramento dos lances, sob pena de preclusão (arts. 44 e 45 da LC 123/2006);

c) cédula de crédito microempresarial: a ME e a EPP titulares de direitos creditórios decorrentes de empenhos liquidados por órgãos e entidades da União, Estados, Distrito Federal e Município não pagos em até 30 (trinta) dias contados da data de liquidação poderão emitir cédula de crédito microempresarial;

d) tratamento diferenciado: nas contratações públicas da administração direta e indireta, autárquica e fundacional, federal, estadual e municipal, deverá ser concedido tratamento diferenciado e simplificado para as microempresas e empresas de pequeno porte objetivando a promoção do desenvolvimento econômico e social no âmbito municipal e regional, a ampliação da eficiência das políticas públicas e o incentivo à inovação tecnológica, sendo que, no que diz respeito às compras públicas, enquanto não sobrevier legislação estadual, municipal ou regulamento específico de cada órgão mais favorável à microempresa e empresa de pequeno porte, aplica-se a legislação federal (art. 47 da LC 123/2006, com redação dada pela LC 147/14);

e) licitação exclusiva para ME e EPP: a administração pública deverá realizar processo licitatório destinado exclusivamente à participação de microempresas e empresas de pequeno porte nos itens de contratações cujo valor seja de até R$ 80.000,00 (oitenta mil reais);

f) subcontratação obrigatória para ME e EPP: a administração pública poderá realizar processo licitatório em que seja exigida dos licitantes a subcontratação de microempresa ou de empresa de pequeno porte;

g) cota obrigatória para ME e EPP: a administração pública poderá realizar processo licitatório em que se estabeleça cota de até 25% (vinte e cinco por cento) do objeto para a contratação de microempresas e empresas de pequeno porte, em certames para a aquisição de bens de natureza divisível.

Na hipótese da subcontratação obrigatória, os empenhos e pagamentos do órgão ou entidade da administração pública poderão ser destinados diretamente às microempresas e empresas de pequeno porte subcontratadas.

Não se aplicam os três últimos itens nos seguintes casos:

a) os critérios de tratamento diferenciado e simplificado para as microempresas e empresas de pequeno porte não forem expressamente previstos no instrumento convocatório;

b) não houver um mínimo de 3 (três) fornecedores competitivos enquadrados como microempresas ou empresas de pequeno porte sediados local ou regionalmente e capazes de cumprir as exigências estabelecidas no instrumento convocatório;

c) o tratamento diferenciado e simplificado para as microempresas e empresas de pequeno porte não for vantajoso para a administração pública ou representar prejuízo ao conjunto ou complexo do objeto a ser contratado;

d) a licitação for dispensável ou inexigível, nos termos dos arts. 24 e 25 da Lei nº 8.666, de 21 de junho de 1993, excetuando- se as dispensas tratadas pelos incisos I e II do art. 24 da mesma Lei, nas quais a compra deverá ser feita preferencialmente de microempresas e empresas de pequeno porte, aplicando-se o disposto no inciso I do art. 48.

11.10. Licitação e promoção do desenvolvimento nacional

A Lei 12.349/2010 alterou o art. 3º da Lei 8.666/1993 para o fim de estabelecer um novo objetivo para a licitação, qual seja, a *promoção do desenvolvimento nacional sustentável.*

Para tanto, essa lei trouxe as seguintes ferramentas, previstas nos §§ 5º a 13 do art. 3º da Lei 8.666/1993:

a) margem de preferência ordinária: nos processos de licitação, poderá ser estabelecida margem de preferência para *produtos manufaturados e para serviços nacionais que atendam a normas técnicas brasileiras*; essa margem de preferência será estabelecida com base em estudos revistos periodicamente, em prazo não superior a 5 (cinco) anos, que levem em consideração: geração de emprego e renda; efeito na arrecadação de tributos federais, estaduais e municipais; desenvolvimento e inovação tecnológica realizados no País; custo adicional dos produtos e serviços; e em suas revisões, análise retrospectiva de resultados;

b) margem de preferência adicional: para *os produtos manufaturados e serviços nacionais resultantes de desenvolvimento e inovação tecnológica realizados no País*, poderá ser estabelecida margem de preferência adicional àquela prevista no item anterior.

As margens de preferência por produto, serviço, grupo de produtos ou grupo de serviços referidas acima serão definidas pelo Poder Executivo federal, não podendo a soma delas ultrapassar o montante de 25% (vinte e cinco por cento) sobre o preço dos produtos manufaturados e serviços estrangeiros.

As margens de preferências mencionadas não se aplicam aos bens e aos serviços cuja capacidade de produção ou prestação no País seja inferior: a) à quantidade a ser adquirida ou contratada; b) ao quantitativo fixado com fundamento no § 7º do art. 23 da Lei 8.666/1993, quando for o caso.

A margem de preferência ordinária poderá ser estendida, total ou parcialmente, aos bens e serviços originários dos Estados-Partes do Mercado Comum do Sul – Mercosul.

A título de exemplo do item ora estudado, o Decreto 7.709/2012 dá margem de preferência de 25% e 15%, respectivamente, para aquisições de motoniveladora e pás mecânicas, escavadores, carregadoras, pás carregadoras e retroescavadeira nacionais.

Os editais de licitação para a contratação de bens, serviços e obras poderão, mediante prévia justificativa da autoridade competente, exigir que o contratado promova, em favor de órgão ou entidade integrante da administração pública ou daqueles por ela indicados a partir de processo isonômico, medidas de compensação comercial, industrial, tecnológica ou acesso a condições vantajosas de financiamento, cumulativamente ou não, na forma estabelecida pelo Poder Executivo federal.

Nas contratações destinadas à implantação, manutenção e ao aperfeiçoamento dos sistemas de tecnologia de informação e comunicação, considerados estratégicos em ato do Poder Executivo federal, a licitação poderá ser restrita a bens e serviços com tecnologia desenvolvida no País e produzidos de acordo com o processo produtivo básico de que trata a Lei 10.176, de 11 de janeiro de 2001.

Será divulgada na internet, a cada exercício financeiro, a relação de empresas favorecidas em decorrência das margens de preferência, com indicação do volume de recursos destinados a cada uma delas.

É importante registrar que as preferências em questão e nas demais normas de licitação e contratos devem **privilegiar** o tratamento diferenciado e favorecido às microempresas e empresas de pequeno porte na forma da lei (art. 3º, § 14, e 5º-A da Lei 8.666/1993). Por outro lado, as preferências dispostas no art. 3º da Lei 8.666/1993 prevalecem sobre as demais preferências previstas na legislação quando estas forem aplicadas sobre produtos ou serviços estrangeiros (art. 3º, § 15, da Lei 8.666/1993).

11.11. RDC – Regime Diferenciado de Contratações Públicas

A Lei 12.462/2011 estabelece o RDC – Regime Diferenciado de Contratações Públicas, aplicável **exclusivamente** às contratações necessárias à realização (art. 1º):

a) das Olimpíadas/2016 e Paraolimpíadas/1206;

b) da Copa das Confederações/2013 e Copa do Mundo/2014;

c) das obras de infraestruturas e serviços para os aeroportos das capitais do Estados distantes até 350 km das cidades sedes dos mundiais referidos acima;

d) das ações do Programa de Aceleração do Crescimento – PAC;

e) das obras e serviços de engenharia no âmbito do Sistema Único de Saúde – SUS;

f) das obras e serviços de engenharia para construção, ampliação e reforma de estabelecimentos penais e unidades de atendimento socioeducativo.

A opção pelo RDC **afasta** a aplicação da Lei 8.666/1993 (art. 1º, § 2º).

A Lei de RDC acrescenta os **princípios** da "economicidade" e da "eficiência", que não estavam expressos na Lei 8.666/1993 (art. 3º).

Essa lei também admite a chamada **contratação integrada**, ou seja, contratar uma empresa para fazer tudo, do projeto básico e executivo, à execução, testes e pré-operação (art. 9º).

Também inovou ao admitir **remuneração variável** do contratado, vinculada ao desempenho, com base em metas, qualidade, sustentabilidade e prazos (art. 10).

A licitação se desenrola nas seguintes **fases**, nesta ordem: preparatória, publicação do instrumento convocatório (com prazos menores), apresentação de propostas ou lances, julgamento, habilitação, recursal e encerramento (adjudicar e homologar – art. 12).

Quanto aos **tipos de licitação**, a lei prevê os seguintes: menor preço ou maior desconto, técnica e preço, melhor técnica e conteúdo artístico, maior oferta de preço ou maior retorno econômico (art. 18).

Outra inovação interessante é a vedação do **nepotismo** nas contratações diretas, ou seja, nas contratações sem licitação (art. 37).

11.12. Licitação e Sistemas de Defesa

A Lei 12.598/2012 estabelece normas especiais para compras, contratações e desenvolvimento de produtos e sistemas de defesa.

Exemplo de norma especial é a promoção de **licitação exclusiva** para as chamadas EED – Empresas Estratégicas de Defesa, pessoa jurídica credenciada pelo Ministério da Defesa, com sede, operação, pesquisa e desenvolvimento de tecnologia no Brasil.

11.13. Revogação da licitação

A revogação da licitação é possível, desde que fundada em situação ulterior aferida pela autoridade competente que a justifique, ou seja, que torne conveniente ou oportuna a extinção do certame, sempre respeitando a ampla defesa e o contraditório e mediante motivação.

A revogação da licitação tem efeitos *ex nunc*, já que, até a sua ocorrência, não havia nenhuma ilegalidade, daí porque, se já há vencedor e a licitação for revogada licitamente, deve-se indenizá-lo das eventuais despesas que já teve.

Caso a licitação seja revogada ilicitamente, indeniza-se o prejudicado completamente.

11.14. Anulação da licitação

A anulação da licitação deve ser de ofício ou provocada, assegurada a ampla defesa e o contraditório, e tem por motivo ilegalidade ocorrida no certame (art. 59 da Lei 8.666/1993).

Anulada a licitação, o contrato também fica anulado automaticamente, se já celebrado.

A anulação tem efeitos *ex tunc*, não gerando indenização, ressalvado o que o contratado já realizou e desde que ele não tenha sido o culpado pela anulação.

Ou seja, indenizar-se-á só o que está de boa-fé e apenas quanto ao que já foi executado, valendo lembrar que a boa-fé é presumida.

A revogação só poderá ser feita pela autoridade competente e não pelo órgão julgador do certame, diferente do que ocorre na anulação, que pode ser feita pela comissão ou pelas demais autoridades competentes, bem como pelo Poder Judiciário.

12. CONTRATOS ADMINISTRATIVOS

12.1. Conceito

O contrato administrativo pode ser conceituado *como o acordo de vontades entre a Administração e terceiros pertinente a obras, serviços, compras, alienações ou locações, em que existem cláusulas exorbitantes em favor da primeira, preservado o equilíbrio econômico-financeiro entre as partes.*

Repare que um contrato só será do tipo "contrato administrativo" se o acordo de vontades cumprir os seguintes requisitos: a) presença da *Administração Pública*; b) existência de cláusulas que coloquem a Administração em *posição de supremacia* em relação à outra parte contratante; c) *reciprocidade nas obrigações*, que devem ser pertinentes a obras, serviços, compras, alienações ou locações.

Quanto ao terceiro requisito, vale destacar que o contrato administrativo não se confunde com o convênio administrativo, pois, no primeiro, há obrigações recíprocas (um quer uma coisa ou serviço e o outro quer uma remuneração em dinheiro), ao passo que no segundo há interesses comuns (os convenentes querem desenvolver um projeto comum, dividindo tarefas), estabelecendo-se uma parceria para unir esforços no cumprimento desse interesse comum.

Preenchidos tais requisitos, estar-se-á diante de um contrato administrativo, cujo regime jurídico, naturalmente, é diferenciado em relação ao dos contratos privados.

12.2. Características principais

O contrato administrativo tem duas características marcantes. A primeira delas é a existência de **cláusulas exorbitantes** em favor do Poder Público, que tem mais direitos que o particular em relação às *cláusulas regulamentares* do contrato. A segunda é o direito ao **equilíbrio econômico-financeiro**, o que faz com que ambas as partes tenham direito a que as *cláusulas econômicas* do contrato mantenham o equilíbrio que detinham quando de sua celebração.

Vamos a um exemplo. A Administração, em virtude de ter cláusulas exorbitantes em seu favor, pode, unilateralmente, modificar uma cláusula contratual para o fim de determinar que o contratado forneça mais produtos do que o previsto no contrato. Esse direito da Administração existe justamente porque há **cláusulas exorbitantes** em seu favor, cláusulas essas que existem apenas quanto às *cláusulas regulamentares* do contrato (ex.: prazos, quantidade, especificações etc.). O contratado será obrigado a cumprir essa ordem da Administração, mas terá, de outra parte, direito a que seja mantido o **equilíbrio econômico-financeiro**, ou seja, a que seja mantido o equilíbrio das *cláusulas econômicas* do contrato. Isso se dará mediante o aumento da quantia a ser paga para o contratado, que, tendo de trazer mais produtos, deverá receber mais por isso.

As **cláusulas exorbitantes** se justificam pois a Administração, diferentemente do particular, age em nome de toda a coletividade, de forma que tais poderes são indispensáveis à preservação do interesse público buscado na contratação.

O art. 58 da Lei 8.666/1993 exemplifica esse tipo de cláusula ao dispor que a Administração tem a prerrogativa de interferir nos contratos para:

a) **modificá-los, unilateralmente**, para melhor adequação às finalidades de interesse público, respeitados os direitos do contratado;

b) **rescindi-los, unilateralmente**, nos casos especificados no inc. I do art. 79 da Lei 8666/1993;

c) **fiscalizar-lhes a execução**;

d) **aplicar-lhes sanções** motivadas pela inexecução total ou parcial do ajuste;

e) **nos casos de serviços essenciais**, ocupar, provisoriamente, bens móveis, imóveis, pessoal e serviços vinculados ao objeto do contrato, na hipótese de necessidade de acautelar apuração administrativa de faltas contratuais pelo contratado, bem como na hipótese de rescisão do contrato administrativo (essa cláusula era muito utilizada nas concessões de serviço público; porém, com a edição da Lei 8.987/1995, passou-se a aplicar as regras específicas desta lei).

Quanto à característica da **manutenção do equilíbrio econômico-financeiro**, vale salientar que essa ela tem raiz constitucional, estando prevista no art. 37, XXI, do Texto Maior, no ponto em que o dispositivo assevera que o processo de licitação pública deve assegurar "*igualdade de condições a todos os concorrentes, com cláusulas que estabeleçam obrigações de pagamento, mantidas as condições efetivas da proposta* (...)". Além disso, também está prevista na Lei 8.666/1993, que estabelece que as cláusulas econômicas de contrato administrativo não podem ser alteradas sem a concordância do contratado, devendo ser revistas se houver alteração contratual que desequilibre a equação econômico-financeira original (art. 58, § 1º, da Lei 8.666/1993).

12.3. Regime jurídico

Como se sabe, os contratos administrativos têm seu regime jurídico delineado na Lei 8.666/1993. Porém, além dessa lei, a Constituição e outros diplomas legislativos também participam da formação do precitado regime jurídico.

Sobre o tema, confira o art. 54 da Lei 8.666/1993: "os contratos administrativos de que trata esta Lei regulam-se pelas suas cláusulas e pelos preceitos de direito público, aplicando-se-lhes, supletivamente, os princípios da teoria geral dos contratos e as disposições de direito privado".

Assim, pode-se sistematizar a questão, concluindo-se que se aplicam aos contratos administrativos as seguintes normas jurídicas, sucessivamente:

1º) CF: ex.: princípio da eficiência;

2º) Lei 8.666/1993 e Preceitos de Direito Público: ex.: casos de rescisão;

3º) Cláusulas editalícias e contratuais;

4º) Princípios da Teoria Geral dos Contratos: ex.: princípio da função social dos contratos;

5º) Disposições de Direito Privado: ex.: regras sobre vícios redibitórios (Código Civil e CDC), desconsideração da personalidade jurídica (art. 50 do Código Civil), cláusula penal máxima (art. 412 do Código Civil), juiz pode reduzir valor de multa, se excessiva, como no caso de uma multa de 88% reduzida para 10% (*vide* REsp 330.677).

12.4. Formalização

Para um contrato administrativo ser celebrado são necessários os seguintes requisitos:

a) ato administrativo motivado especificando a necessidade de contratação;

b) solicitação com indicação do objeto a ser contratado e de sua quantidade;

c) constatação da existência de recurso próprio para a despesa;

d) verificação do impacto orçamentário-financeiro; não basta haver previsão orçamentária. No curso de cada exercício financeiro há de se verificar se existem recursos em caixa, respeitando-se as cotas trimestrais de despesas fixadas (art. 47 da Lei 4.320/1964) e há de se obedecer também a outros requisitos legais (ex.: art. 42 da Lei de Responsabilidade Fiscal – LC 101/2000);

e) autorização para abertura de licitação;

f) elaboração e aprovação de edital;

g) reserva de recursos;

h) *licitação*, salvo dispensa ou inexigibilidade desta;

i) *convocação do adjudicatário*: estipula-se prazo para o adjudicatário (vencedor da licitação) comparecer para assinar o contrato (art. 64, *caput*), o qual pode ser prorrogado uma vez, com justificativa do contratado (art. 64, § 1º). Decorridos 60 dias da data de entrega das propostas, sem convocação, o adjudicatário fica liberado do dever de assinar o contrato, ou seja, fica liberado dos compromissos assumidos (art. 64, § 3º). Se o convocado não assinar contrato, a Administração tem duas opções (art. 64, § 2º): i) convocar o licitante remanescente, nas mesmas condições do vencedor; ou ii) revogar o certame;

j) os contratos devem conter determinadas cláusulas *escritas* acerca do *regime de execução, reajustes, condições de pagamento e atualização, prazos de início, execução, conclusão, multas e rescisão; garantias (caução, seguro, fiança);*

k) *devem ser escritos*, sendo nulo o contrato verbal com a Administração, salvo o de pequenas compras de pronto pagamento, assim entendidas aquelas de valor não superior a 5% do limite para aquisições por convite. A lei admite em alguns casos o regime de adiantamento (art. 68 da Lei 4.320/1964), em que se entrega numerário ao servidor para gasto futuro. Isso deve acontecer apenas nos casos definitivos em lei, como, por exemplo, no pagamento de diárias;

l) o *instrumento* do contrato é obrigatório nos casos de concorrência e de tomada de preços, bem como nas dispensas e inexigibilidades compreendidas naquelas modalidades, e facultativo nas compras de entrega imediata e sem obrigações futuras, bem como nos demais casos escritos não compreendidos nas duas modalidades acima, nos quais pode ser substituído por carta-contrato, nota de empenho de despesa, autorização de compra ou ordem de execução de serviço. A minuta do futuro contrato integrará sempre o edital;

m) o *contrato* tem como condição de *eficácia* a publicação de seu resumo na Imprensa Oficial, a qual deve se dar até o 5º dia útil do mês seguinte à sua assinatura e até 20 dias após esta, seja de que valor for;

n) faculta-se à Administração a exigência de *garantias* a fim de assegurar a execução do contrato, devendo estar prevista no edital. O particular deve escolher entre caução, em dinheiro ou títulos da dívida pública, seguro-garantia ou fiança bancária. A garantia não pode exceder a 5% do valor do contrato, salvo quanto a obras, serviços e fornecimentos de grande vulto envolvendo alta complexidade técnica e riscos financeiros consideráveis, quando o limite poderá ser elevado até a 10% do valor do contrato. A garantia será liberada ou restituída após a execução, e, quando em dinheiro, será atualizada monetariamente.

12.5. Alterações dos contratos (art. 65)

12.5.1. Unilaterais

São as alterações feitas por imposição da Administração. As modificações aqui permitidas, que serão a seguir expostas, são feitas unilateralmente pela Administração, mas não podem implicar alteração do objeto contratual, sob pena de se caracterizar burla ou fraude à licitação feita. Permitem-se apenas alterações no projeto ou meramente quantitativas. Vejamos as alterações permitidas (art. 65, I):

a) **qualitativa:** *quando houver modificação do projeto ou das especificações para melhor adequação técnica aos seus objetivos;*

b) **quantitativa:** *quando necessária a modificação do valor contratual em decorrência de acréscimo ou diminuição quantitativa de seu objeto, nos limites permitidos na lei.*

No caso de alteração do projeto ou especificações (alteração qualitativa), temos duas situações típicas:

a) situações novas: por exemplo, decisão judicial impondo que dada obra atenda a preceitos técnicos em matéria de acústica;

b) situações existentes, mas desconhecidas: o solo se revela diferente do imaginado (ex.: tem muita pedra; tem falha geológica), impondo fundação diferenciada.

Um bom projeto básico evita isso, o que faz com que os tribunais de contas tenham cada vez mais recomendado a feitura de bons projetos antes que um edital de licitação seja elaborado.

A alteração qualitativa não admite que seja alterado o próprio objeto contratual. Assim, não é possível alterar o objeto contratual de cimento para tijolo, por exemplo.

Já quando é necessária a modificação do valor contratual em decorrência de acréscimo ou diminuição nas obras, serviços e compras, temos os seguintes limites:

a) acréscimo: até 25% do valor inicial; tratando-se de reforma, é possível acréscimo de até 50% do valor inicial;

b) diminuição: até 25% do valor inicial.

Não são computados nos limites os *reajustes* e *revisões*.

As alterações de valor devem levar em conta os ganhos e as perdas de escala.

12.5.2. *Bilaterais*

São as autorizadas pela lei, sendo feitas de comum acordo entre as partes, ou por processo judicial promovido pelo interessado, para restabelecer o equilíbrio inicial quando houver prejuízo significativo causado por um dos seguintes fatos:

a) força maior ou caso fortuito: alteração que requer i) desequilíbrio contratual, ii) evento lesivo consistente em força maior ou caso fortuito e iii) configuração de álea econômica extraordinária e extracontratual (prejuízo significativo). Ex.: uma grande chuva destrói uma obra pública em andamento, executada por uma construtora contratada pela Administração;

b) sujeições ou interferências imprevistas: *descoberta de um óbice natural ao cumprimento do contrato na forma prevista*. Ex.: descoberta de que o terreno em que o particular deverá construir a obra contratada é rochoso, aumentando em demasia os custos para a realização da fundação. Preenchidos os requisitos de desequilíbrio e configuração de álea extraordinária, também se enseja a alteração bilateral;

c) fato da administração: *toda ação ou omissão da Administração que se dirige e incide direta e especificamente sobre o contrato, retardando ou impedindo sua execução*. Ex.: atraso do Poder Público na entrega do imóvel para feitura de uma obra contratada com o particular. Esta alteração unilateral também gera, por óbvio, direito ao reequilíbrio econômico-financeiro.[8] Para alteração do contrato motivada pelo fato da administração é necessário: i) desequilíbrio contratual, ii) fato da administração e iii) configuração de álea econômica extraordinária e extracontratual (prejuízo significativo);

d) fato do príncipe: *fato geral do Poder Público que afeta substancialmente o contrato, apesar de não se dirigir especificamente a ele*. Ex.: mudança de política cambial por parte do Banco Central (STJ, ROMS 15.154);

e) modificação tributária: *criação, alteração ou extinção de tributo ou encargo legal que interfira diretamente nos preços (custos) para mais ou para menos* (art. 65, § 5º). Assim, aumentos significativos em tributos como ISS, ICMS, IPI, dentre outros, geram o direito à revisão contratual. Note que o aumento no imposto sobre a renda não interfere nos custos de uma empresa, mas apenas na renda desta, não ensejando a revisão contratual; da mesma forma, a criação da CPMF não enseja a revisão, por não gerar um prejuízo significativo, segundo o Tribunal de Contas da União (TCU);

f) aplicação da Teoria da Imprevisão: caso não se configure nenhuma das hipóteses acima, é possível invocar-se cláusula genérica para alteração contratual, que requer *desequilíbrio contratual causado pela sobrevinda de fatos imprevisíveis ou previsíveis, porém, de consequências incalculáveis, retardadores ou impeditivos da execução do contrato*. Vale dizer, são necessários: i) desequilíbrio contratual ulterior, ii) imprevisibilidade ou previsibilidade de consequência incalculável e iii) retardamento ou impedimento da execução do ajustado (prejuízo significativo). Ex.: advento de guerra causando aumento demasiado no preço do petróleo, atingindo contratos em curso; crise mundial aumentando muito o dólar.

8. Art. 65: (...) "§ 6º Em havendo alteração unilateral do contrato que aumente os encargos do contratado, a Administração deverá restabelecer, por aditamento, o equilíbrio econômico-financeiro inicial".

Não caberá revisão contratual nos seguintes casos: a) de culpa do contratado; b) de evento existente antes das propostas; c) de ausência de prejuízo significativo.

A jurisprudência entende que não dá ensejo à revisão contratual dois fatos: a) dissídio coletivo, por se tratar de algo previsível; b) inflação, por também se tratar de fato previsível e que é compensado pelo instituto do *reajuste* e não da *revisão*.

O reajuste *é a atualização monetária em contratos de trato sucessivo, feita a cada 12 meses*. Ele difere da revisão, pois esta decorre de evento *extraordinário*, ao passo que o reajuste decorre de evento *ordinário*.

O reajuste tem como termo inicial a data prevista para a apresentação da proposta do licitante (art. 40, XI, da Lei 8.666/1993 e art. 3º, § 1º, da Lei 10.192/2001), nos termos do que decide o STJ (REsp 846.367/RS).

Em caso de atraso no pagamento, incide correção monetária mensal (Lei do Plano Real).

Por fim, e voltando à questão da *revisão* contratual, caso qualquer das situações ocorridas anteriormente leve a uma consequência tal que a revisão contratual não consiga trazer novamente o equilíbrio originário, o contrato deverá ser extinto.

12.6. Execução do contrato

Dispõe o artigo 66 da Lei 8.666/1993 que o contrato deverá ser executado fielmente: "*O contrato deverá ser executado fielmente pelas partes, de acordo com as cláusulas avençadas e as normas desta lei, respondendo cada uma delas pelas consequências de sua inexecução total ou parcial.*"

O contrato administrativo, portanto, faz lei entre as partes, que devem cumpri-lo integralmente.

Nada obstante, como se viu, tal regra sofre as seguintes exceções:

a) a Administração pode modificar unilateralmente condições contratuais;

b) nestes casos, e naqueles outros em que se configurarem hipóteses de desequilíbrio econômico-financeiro, deve-se promover sua modificação.

Outra questão importante nesta matéria é o fato de que a Administração deverá manter um representante para fiscalizar a execução dos contratos, enquanto o contratado deve indicar um preposto, aceito pela primeira, para acompanhar a execução do ajuste.

Deve-se destacar, ainda, que o contratado, na execução do ajuste, não pode deixar de cumprir suas obrigações por suspensão do contrato de até 120 dias, bem como por atraso no seu pagamento por até 90 dias. Vale dizer: a exceção de contrato não cumprido não pode ser alegada pelo particular em tais condições, em que pese poder ser alegada pelo Poder Público, se a culpa é do particular.

O contratado tem como prestação principal adimplir o objeto contratual, devendo também: observar as normas técnicas adequadas, empregar o material apropriado, sujeitar-se aos acréscimos e supressões legais, executar pessoalmente o objeto do contrato (a execução é pessoal, mas não personalíssima, daí a possibilidade de contratar terceiros para colaborar ou até para executar partes, desde que nos limites admitidos pela Administração na execução do contrato – *vide* art. 72, por exemplo, que trata da subcontratação), atender aos encargos trabalhistas, previdenciários, fiscais e comerciais decorrentes da execução, bem como manter o preposto acima indicado.

Vale ressaltar que, na execução do contrato, o particular é responsável pelas obrigações que contrair, as quais não poderão ser imputadas ao Poder Público: "*Art. 71. O contratado é responsável pelos encargos trabalhistas, previdenciários, fiscais e comerciais resultantes da execução do contrato.*"

Assim sendo, a Administração não poderá ser acionada por terceiros, em virtude de atos do contratado.

A Lei 9.032/1995, todavia, dispõe que a Administração Pública responde solidariamente com o contratado pelos *encargos previdenciários* resultantes da inexecução do contrato, nos termos do art. 31 da Lei 8.212/1991.

O TST também admite que a Administração responda por encargos trabalhistas no caso de terceirização de serviços, como nos contratos em que a Administração faz com empresas de vigilância, limpeza, dentre outros. Porém, a responsabilidade da Administração é subsidiária e depende de que esta tenha agido de forma culposa na aplicação da Lei 8.666/1993 (conforme Súmula 331 do TST).

Executado o contrato, esse será recebido provisoriamente pela Administração, em até 15 dias da comunicação escrita do contratado, pelo responsável pelo acompanhamento e definitivamente por servidor ou comissão designada pela autoridade, após decurso do prazo de observação ou vistoria que ateste a adequação do objeto ao contrato, tudo sem prejuízo da responsabilidade civil pela solidez e segurança da obra ou do serviço (art. 73).

A **inexecução total ou parcial** do contrato enseja sua rescisão, com as consequências contratuais e as previstas em lei ou regulamento (art. 77). O art. 78 da Lei 8.666/1993 enumera os motivos para rescisão do contrato, dentre eles os seguintes:

a) o não cumprimento ou o cumprimento irregular de cláusulas contratuais;

b) a lentidão no seu cumprimento, o atraso injustificado no início, a paralisação sem justa causa e sem prévia comunicação;

c) a subcontratação não admitida no contrato;

d) o desatendimento das determinações regulares da autoridade designada para acompanhamento de sua execução;

e) razões de interesse público (revogação do contrato);

f) *suspensão* da execução por mais de 120 dias ou *atraso* por mais de 90 dias; em ambos os casos a extinção será opção do contratado, não cabendo rescisão, todavia, se houver calamidade pública, grave perturbação da ordem interna ou guerra;

g) caso fortuito ou força maior impeditivos da execução.

Os casos de rescisão serão formalmente motivados nos autos do processo administrativo, assegurados o contraditório e a ampla defesa. Quando a rescisão não se der por culpa do contratado (incisos XII a XVII do art. 78), esse será ressarcido dos prejuízos que houver sofrido, tendo ainda direito à devolução da garantia, pagamento pela execução até a rescisão e pagamento do custo da desmobilização. A rescisão pelo não cumprimento das cláusulas contratuais acarretará, sem prejuízo das sanções legais, na assunção imediata do objeto pela Administração, com a ocupação e utilização do local, instalações, equipamentos, material e pessoal empregados na execução do contrato necessários à sua continuidade e retenção dos créditos decorrentes do contrato até o limite dos prejuízos causados à Administração.

Os artigos 86 e seguintes tratam das sanções administrativas cabíveis em caso de inexecução parcial ou total do contrato, garantida prévia defesa, servindo como exemplo: advertência, multa, suspensão temporária de participação em licitação e impedimento de contratar por prazo não superior a 2 anos, declaração de inidoneidade para licitar ou contratar com a Administração enquanto durarem os motivos da punição ou até que seja promovida a reabilitação perante a autoridade, que depende de cumprimento de sanções e ressarcimento ao erário, podendo-se aplicar as duas últimas sanções também aos profissionais que tiverem dado causa ao ilícito.

Quanto a sanção de inidoneidade para licitar ou contratar com a Administração, ela se irradia para todas as esferas de governo. Assim, na esteira de um exemplo tirado da jurisprudência do STJ, uma empresa que tenha recebido essa sanção de um município, por ter fornecido medicamento adulterado a este, ficará impedida de contratar com todos os outros municípios, Estados, DF e União (Resp 520.553). Porém, essa sanção tem efeitos futuros, ou seja, não alcança os contratos em curso quando de sua aplicação, sem prejuízo de que, dentro de cada contrato em curso possa haver sua rescisão por específicas inexecuções em cada contrato (STJ, MS 13.964/DF).

12.7. Extinção do contrato

O contrato administrativo se extingue pelas seguintes causas:

a) **conclusão do objeto ou decurso do tempo:** quanto à questão da duração do contrato, é importante que fique claro que todo contrato administrativo deve ter prazo determinado e respeitar os créditos orçamentários; quanto aos serviços contínuos (ex.: limpeza, vigilância merenda etc.), cabem sucessivas prorrogações, limitando-se a contratação total a até 60 meses, sendo que, em casos excepcionais, devidamente justificados e mediante autorização da autoridade superior, cabe outra prorrogação, por mais 12 meses, totalizando 72 meses; já quanto a serviços relativos à segurança nacional, o prazo máximo do contrato é de 120 meses;

b) **acordo entre as partes (rescisão amigável ou bilateral):** ocorre por acordo entre as partes, desde que haja interesse público. A extinção bilateral também é chamada de distrato;

c) **culpa da Administração (rescisão judicial):** a chamada *rescisão judicial* ocorre por ação judicial promovida pelo particular, que não pode promover a extinção do ajuste unilateralmente. O particular deverá trazer como fundamento o descumprimento, por parte do Poder Público, de obrigações contratuais. Conforme já escrito, o particular não pode alegar a exceção de contrato não cumprido até 120 dias de suspensão do contrato e 90 dias de atraso no pagamento; a suspensão do contrato consiste em a Administração dizer para o contratado que é para ele suspender o cumprimento de suas obrigações, período em que também não receberá quantia alguma; o atraso no pagamento é pior, pois o particular deve continuar cumprindo com suas obrigações, mas nada poderá fazer para rescindir o contrato se o atraso não superar 90 dias. Naturalmente, o contratado prejudicado pela suspensão ou atraso no contrato poderá, posteriormente, requerer compensação financeira pelos danos que suportar com essas condutas da Administração;

d) **por vontade da Administração (rescisão unilateral ou administrativa):** essa forma de extinção é promovida pela

Administração, respeitando o contraditório e a ampla defesa, nos seguintes casos:

d1) anulação: por motivo de *ilegalidade* na licitação ou no contrato;

d2) revogação: por inconveniência ou inoportunidade; nesse caso, o STJ entende o seguinte: "esta Corte Superior já se pronunciou no sentido de que a rescisão do contrato administrativo por ato unilateral da Administração Pública, sob justificativa de interesse público, impõe ao contratante a obrigação de indenizar o contratado pelos prejuízos daí decorrentes, como tais considerados não apenas os danos emergentes, mas também os lucros cessantes. Precedentes. É que, sob a perspectiva do Direito Administrativo Consensual, os particulares que travam contratos com a Administração Pública devem ser vistos como parceiros, devendo o princípio da boa-fé objetiva (e seus corolários relativos à tutela da legítima expectativa) reger as relações entre os contratantes público e privado" (REsp 1240057/AC, *DJe* 21.09.2011);

d3) inexecução do contrato pelo contratado.

12.8. Outras questões

Uma questão que aparece com certa frequência é saber se é possível a aplicação do instituto da **arbitragem** para regular contratos administrativos.

A jurisprudência vem entendendo que essa possibilidade existe, caso se trate de empresas estatais, dada a natureza dos interesses de que cuidam tais empresas.

Não há norma na Lei 8.666/1993 estabelecendo a possibilidade de aplicação da mediação e da arbitragem quanto às pessoas jurídicas de direito público.

Porém, em matéria de concessão de serviço público e de parceria público-privada, a lei admite que o edital preveja a utilização de arbitragem para a resolução de disputas decorrentes ou relacionadas ao contrato (art. 23-A da Lei 8.987/1995 e art. 11, III, da Lei 11.079/2004).

Naturalmente, a arbitragem não poderá discutir cláusulas regulamentares desses contratos, podendo incidir apenas sobre questões de outra natureza.

Outra questão bastante polêmica é quanto à possibilidade de **retenção de pagamento da contratada pela não manutenção da regularidade fiscal**. O STJ entende que não é possível *retenção* por esse motivo, já que não há previsão legal nesse sentido, lembrando que o objetivo da retenção é cobrir prejuízos causados pelo contratado e multas aplicadas pela Administração (arts. 80, IV, e 87, § 2º). Porém, é possível *rescindir* o contrato no caso por descumprimento de cláusula essencial desse.

13. SERVIÇO PÚBLICO

13.1. Conceito

O serviço público pode ser conceituado como *toda atividade oferecida aos administrados, prestada pelo Estado ou por concessionário, sob regime de Direito Público.*

São exemplos de serviço público os serviços de fornecimento de energia, água, telefone, transporte coletivo, coleta de lixo, dentre outros.

13.2. Instituição

A Constituição Federal e as leis federais, estaduais ou municipais são os instrumentos aptos a instituir os serviços públicos.

Assim, não é possível que o Chefe do Executivo, por exemplo, por meio de decreto determine que um dado serviço, antes privado, passe a ser público. Ou seja, caso determinado Município queira estabelecer que o serviço funerário é um serviço público, será necessário que uma lei local traga essa disposição.

São exemplos de serviços públicos criados pela Constituição Federal os seguintes: serviço postal, telecomunicações, radiodifusão sonora e de sons e imagens, energia elétrica, navegação aérea, aeroespacial, infraestrutura aeroportuária, transporte ferroviário, portos, transporte rodoviário, transporte coletivo urbano, seguridade social, saúde, educação, dentre outros.

13.3. Características e adequação

Quando a CF ou a lei elegem um dado serviço como público, o Poder Público passa a ser o ***titular*** de serviço, ou seja, passa a ter o direito e o dever de **regulamentar**, **fiscalizar** e **executar** o serviço.

Com relação à **execução**, ou seja, à sua mera prestação aos usuários, o Poder Público pode passar seu exercício ao particular, por meio de concessão ou permissão de serviço público, precedidas de licitação.

O Estado continuará a ser titular, dono do serviço, ditando as regras e fiscalizando sua prestação, e o particular ficará com seu exercício, em troca do qual receberá uma remuneração.

Há serviços, todavia, inerentes à própria ideia de Estado (como o de polícia judiciária, polícia administrativa, jurisdição, dentre outros), que não podem ser concedidos, eis que são ***serviços próprios do Estado***, ou seja, ***de execução privativa deste***.

Há, de outra parte, serviços, como educação e saúde, em que o particular não precisa receber concessão ou permissão do Poder Público para prestá-lo, ficando, todavia, sujeito à fiscalização estatal (arts. 199 e 209 da CF, respectivamente).

A Lei 8.987/1995 dispõe sobre o regime de concessão e permissão da prestação de serviços previsto no art. 175 da Constituição Federal.

O art. 6º da Lei 8.987/1995 impõe a que o serviço público seja adequado, estabelecendo que **serviço adequado** é o que satisfaz as seguintes condições:

a) generalidade: *todos devem ter acesso ao serviço, garantido o tratamento equânime aos usuários que estiverem na mesma situação;*

b) eficiência: os serviços públicos devem ser atuais e atender satisfatoriamente aos interesses dos usuários;

c) segurança: os serviços devem ser seguros, não causando danos ao particular;

d) cortesia: os usuários devem ser tratados com urbanidade, respeito, educação e atenção;

e) atualidade: compreende a modernidade das técnicas, do equipamento e das instalações e a sua conservação, bem como a melhoria e a expansão do serviço;

f) modicidade das tarifas: ou seja, as tarifas devem ter preços acessíveis;

g) regularidade e continuidade: *Impõe que o serviço esteja sempre à disposição para utilização coletiva.* O serviço público não pode ser interrompido, mesmo em caso de greve, quando será mantido para garantir o mínimo à população, salvo em situação de emergência ou após aviso prévio por: a) razões de ordem técnica ou segurança; b) inadimplemento do usuário, considerado o interesse da coletividade. O STJ admite o corte do serviço por inadimplemento.

Não cabe o corte, porém, em quatro casos:

a) serviços essenciais (STJ, AgRg no Edcl na Susp. de Liminar 606/CE);

b) débitos antigos; apenas o débito presente enseja o corte; débitos antigos devem ser cobrados pelas vias ordinárias;

c) cobrança por aferição unilateral em caso de fraude no medidor (STJ, REsp 975.314); nesse caso, como é a concessionária que estipula o valor a ser pago, não seria correto que ela pudesse cortar o serviço;

d) cobrança feita junto ao atual usuário do serviço por débito pretérito de usuário anterior; aliás, o atual usuário sequer pode ser cobrado pela dívida do usuário anterior (STJ, AgRg no REsp 1.327.162, DJ 28.09.2012).

13.4. Classificação

13.4.1. Quanto à obrigatoriedade

a) **compulsórios:** *são os de utilização obrigatória;* por conta disso, são remunerados por taxa (regime tributário), como o serviço de coleta de lixo;

b) **facultativos**: *são os de utilização não obrigatória*; portanto, são remunerados por tarifa ou preço público (regime não tributário), como o de transporte coletivo.

13.4.2. Quanto à essencialidade

a) **serviços públicos:** *são os que a Administração presta diretamente à comunidade por serem essenciais à sobrevivência do grupo social* (exs.: defesa, polícia); tais serviços também são chamados de *pró-comunidade* ou *próprios do Estado*;

b) **serviços de utilidade pública:** *são os prestados pela Administração ou concessionários, por ser conveniente que haja regulamentação e controle* (exs.: luz, gás, telefone); tais serviços são chamados de *pró-cidadão* ou *impróprios do Estado*.

13.4.3. Quanto aos destinatários

a) ***uti singuli***: *são os que têm usuários determinados* (ex.: água, luz);

b) ***uti universi***: *são os que têm usuários indeterminados* (ex.: segurança).

13.4.4. Quanto à finalidade

a) **administrativos:** *são os executados para atender às necessidades da Administração ou preparar outros serviços que serão prestados ao público;*

b) **industriais/comerciais:** *são os que produzem renda para quem os presta, por meio de tarifa ou preço público* (ex.: correios);

c) **sociais:** *são os definidos pela Constituição como serviços sociais*, como o de educação, saúde etc.

14. CONCESSÕES DE SERVIÇO PÚBLICO

14.1. Conceito de concessão de serviço público

A concessão de serviço público pode ser conceituada como a *atribuição pelo Estado, mediante licitação, do exercício de um serviço público de que é titular, a alguém que aceita prestá-lo em nome próprio, por sua conta e risco, nas condições fixadas e alteráveis unilateralmente pelo Poder Público, ressalvada a manutenção do equilíbrio econômico-financeiro do contrato.*[9]

A matéria vem regulamentada na Lei 8.987/1995, nos termos das diretrizes apontadas no art. 175 da Constituição Federal.

14.2. Noções gerais acerca da concessão de serviço público

O concessionário de serviço público recebe o **exercício (e não a titularidade)** dos serviços públicos. Assim, só se concede o exercício do serviço público e não sua titularidade, que continua com o Estado, o qual, por ser dele titular, ditará as regras e fiscalizará o exercício concedido ao particular. A saúde e a educação, apesar de serem serviços públicos, não dependem de concessão para que os particulares as prestem, bastando autorizações, em alguns casos. O objetivo da concessão é o de obter o melhor serviço possível.

Quanto à **remuneração** do concessionário, esta se dará por tarifa, subsídio e outros meios alternativos, como a publicidade, a qual é muito comum e pode ser verificada nos anúncios publicitários afixados nos ônibus de transporte coletivo.

A natureza da concessão não é simplesmente contratual, mas complexa. Trata-se de relação jurídica com três partes:

a) **ato regulamentar:** ato unilateral do Poder Público que fixa as condições de funcionamento, organização e modo da prestação dos serviços, podendo ser alterado unilateralmente também, de acordo com as necessidades públicas;

b) **ato condição:** concordância do concessionário, que aceita submissão ao ato regulamentar e às demais condições;

c) **contrato:** instrumento no qual estará prevista a questão financeira, garantindo-se, para o presente e para o futuro, o equilíbrio econômico-financeiro dos contratantes; caso haja alteração regulamentar ou outra alteração extracontratual que cause desequilíbrio, deve o Poder Público reequilibrar o contrato, mantendo a proporção, a igualdade inicial.

O Estado muda, unilateralmente, a regulamentação (as cláusulas regulamentares, que trazem as especificações de como e em que condições os serviços devem ser prestados), só respeitando a natureza do objeto do contrato e a equação econômico-financeira (cláusulas regulamentares que trazem as especificações sobre a parte econômica do contrato).

14.3. Formalidades para a realização da concessão

Uma vez que um serviço é considerado público e se trate de um daqueles que o Estado pode fazer concessão, esta dependerá dos seguintes requisitos para que aconteça:

a) **lei:** esta deverá autorizar a concessão ou permissão do serviço público;

b) **licitação na modalidade concorrência:** além de ser necessária a realização de licitação, ela deve se dar, em matéria de concessão de serviço público, naquela modalidade mais abrangente, qual seja, a concorrência.

Quanto à licitação para a outorga de concessão, o julgamento será feito segundo um dos seguintes critérios: a) menor valor da tarifa; b) maior oferta pela concessão; c) melhor proposta técnica com preço fixado no edital; d) combinação de proposta técnica com valor da tarifa; e) combinação de proposta

9. *Vide* a obra de Celso Antônio Bandeira de Mello.

técnica com o preço da concessão; f) melhor preço da concessão, após aprovação da proposta técnica; g) menor tarifa, após aprovação da proposta técnica.

A Lei 9.491/1997, que regula o Programa Nacional de Desestatização, traz a modalidade leilão como adequada à respectiva licitação.

14.4. Poderes do concedente

A Lei 8.987/1995 estabelece que o titular do serviço público (concedente) tem os seguintes poderes numa concessão de serviço públicos:

a) **de inspeção e fiscalização:** vê-se desempenho, cumprimento de deveres e de metas;

b) **de alteração unilateral das cláusulas regulamentares:** respeitados equilíbrio financeiro e os limites legais (p. ex, não pode alterar a natureza do objeto da concessão);

c) **de intervenção:** em casos de comprometimento do serviço público, a Administração pode intervir na concessionária para regularizar a situação; ex.: intervenção em empresa de ônibus que não está desempenhando corretamente seu papel, mesmo após notificações e aplicação de multa;

d) **extinção da concessão antes do prazo:** a extinção pode se dar, dentre outros motivos, por conveniência e oportunidade do concedente para melhorar o serviço público (encampação ou resgate), ou por falta cometida pelo concessionário (caducidade);

e) **aplicação de sanções ao concessionário inadimplente:** multas, por exemplo.

14.5. Prazo

A Lei 8.987/1995 não estabelece prazo máximo ou mínimo para a concessão de serviço público.

Portanto, faz-se necessário que o edital de concorrência pública para a outorga da concessão estabeleça qual será o prazo do contrato celebrado com o vencedor do certame.

Admite-se prorrogação da concessão, desde que haja previsão editalícia.

14.6. Transferência da concessão e do controle acionário da concessionária

A lei autoriza a transferência da concessão se a Administração previamente anuir, o que parece burlar a ideia de licitação, a nosso ver.

Por maior razão, a lei também autoriza a transferência do controle acionário da pessoa jurídica vencedora da licitação, também desde que haja anuência do Poder Concedente.

O art. 27 da Lei dispõe ser causa de caducidade da concessão (extinção por culpa do particular) a transferência da concessão ou do controle acionário sem tal anuência do Poder Concedente.

14.7. Direitos do concessionário

O concessionário tem dois direitos básicos:

a) **manutenção do equilíbrio econômico-financeiro** do contrato no decorrer de sua execução;

b) não sofrer exigência de prestação **estranha ao objeto da concessão.**

Uma vez garantidos esses direitos, o concessionário é obrigado a cumprir as determinações regulamentares do Poder Concedente, que, de acordo com as exigências do interesse público, modificará as cláusulas regulamentares do serviço, estabelecendo os detalhes de como este deverá ser prestado.

14.8. Formas de extinção

a) **Advento do termo contratual:** forma usual, em que termina o prazo da concessão e ela fica extinta. Os bens aplicados no exercício do serviço são revertidos para o Poder Concedente, nos termos previstos no edital. Hely Lopes Meirelles denomina tal forma de extinção como reversão, porque há retorno do serviço ao Poder Concedente. Preferimos não tratar da hipótese por este nome, uma vez que o instituto da reversão, que será visto a seguir, é a *consequência* da extinção da concessão e não uma *forma* de sua extinção.

b) **Rescisão judicial:** forma de extinção feita a pedido de qualquer um dos "contratantes". Como o Poder Público pode extinguir de ofício a concessão, geralmente a rescisão judicial será pedida pelo concessionário, por culpa do Poder Concedente. Na ação pode-se pleitear indenização por não ter havido, ainda, amortização do investimento feito pelo concessionário. Os serviços prestados pela concessionária não poderão ser interrompidos ou paralisados até a decisão judicial transitar em julgado. Extinta a concessão, os bens também são revertidos para o poder público, para garantia da continuidade do serviço público, na forma prevista no edital.

c) **Rescisão consensual:** mútuo acordo, com reversão dos bens da mesma forma.

d) **Rescisão por ato unilateral do Poder Concedente:**

✓ **encampação ou resgate:** é o encerramento da concessão por ato do Poder Concedente, durante o transcurso do prazo inicialmente fixado, *por motivo de conveniência e oportunidade administrativa* (espécie de revogação) sem que o concessionário haja dado causa ao ato extintivo. Depende de lei específica que o autorize, como forma de proteção ao concessionário e também porque geralmente enseja grandes custos. É necessária prévia indenização, que compense o investimento ainda não amortizado, bem como que faça frente aos lucros cessantes pela extinção prematura do contrato de concessão, já que não há culpa do concessionário. Bens revertem ao Poder Concedente. Ex.: fim dos bondes.

✓ **caducidade ou decadência:** encerramento da concessão antes do prazo, *por inadimplência do concessionário.* Depende de prévio processo administrativo, com direito a ampla defesa, para apuração da falta grave do concessionário, processo que só poderá ser acionado após comunicação detalhada à concessionária dos descumprimentos contratuais referidos no § 1º do art. 38 da Lei, dando-lhe prazo para regularização. Além das hipóteses previstas em tal dispositivo, é também causa da caducidade a transferência da concessão ou do controle acionário sem prévia anuência do Poder Concedente (art. 27). A declaração de caducidade será feita por decreto do Poder Concedente. Só se indeniza a parcela não amortizada, uma vez que houve culpa daquele que exercia o serviço público. Da eventual indenização devida serão descontados os valores relativos a multas contratuais e danos causados pela concessionária.

✓ **anulação da concessão:** é o encerramento da concessão quando esta for outorgada com vício jurídico. Se não houve má-fé por parte do concessionário, este terá direito à indenização pelas despesas que teve e para a amortização do investimento.

✓ **falência da concessionária:** faz com que se extinga a concessão feita.

✓ **extinção da empresa ou morte do concessionário:** também faz extinguir a concessão.

14.9. Reversão dos bens

Consiste na *passagem ao Poder Concedente dos bens do concessionário aplicados no serviço público como consequência da extinção da concessão, cuja finalidade é manter a continuidade do serviço público.*

A reversão se dará nos limites definidos no edital de convocação para a licitação, assegurando-se ao concessionário a amortização do investimento que fez. Ex.: frota de ônibus de empresa que teve sua concessão extinta passa para o Poder Público.

14.10. Responsabilidade do concessionário

Cabe lembrar aqui que o § 6º do artigo 37 da CF, que prevê a responsabilidade objetiva do Estado, dispõe que *as pessoas jurídicas de direito privado prestadoras de serviço público* respondem pelos danos que seus agentes, nessa qualidade, causarem a terceiros.

Daí se conclui não somente que a responsabilidade dos concessionários é objetiva, como também que o Estado não responderá pelos danos causados por tais pessoas jurídicas a terceiros, mas sim o próprio concessionário.

O Poder Público responderá apenas subsidiariamente (ou seja, após o esgotamento do patrimônio da concessionária), desde que o dano tenha sido causado na prestação do serviço público.

14.11. Permissões de serviço público

O **conceito tradicional** de permissão de serviço público é o seguinte: *ato unilateral e precário, "intuito personae", por meio do qual o Poder Público transfere a alguém o exercício de um serviço público, mediante licitação.*

Apesar da confusão na doutrina e na jurisprudência, principalmente após a Constituição de 1988 (que parece dar natureza contratual à permissão) e a Lei 8.987/1995 (que também utiliza a palavra "contrato de adesão" para designá-la), deve-se encarar a permissão como *ato unilateral, precário e sem direito à indenização por extinção unilateral,* adotando-se seu conceito tradicional, já que o art. 2º, IV, da Lei 8.987/1995 é claro ao dispor que a permissão é precária, característica essa incompatível com a ideia de contrato, que é vínculo firme, que faz lei entre as partes, e não vínculo precário.

Assim, a Administração deve ser muito responsável quando analisa se um caso concreto é hipótese de concessão ou de permissão de serviço público. Se este requisitar grandes investimentos (ex.: serviço de transporte coletivo de massa), a Administração deverá outorgar concessão. Se não, poderá ser outorgada permissão (ex.: serviço de transporte individual por táxi).

Isso não foi respeitado no passado, principalmente na concessão do serviço de transporte coletivo, em que se outorgava permissão, quando deveria ser concessão.

Dessa forma, tendo em vista o princípio da boa-fé, da presunção de legitimidade dos atos da Administração e da relevância desses fatos, em casos em que caberia concessão e fora dada permissão, caso haja revogação dessa antes do tempo, deve-se usar o regime jurídico da concessão para reger as consequências decorrentes de tal intenção do Poder Público.

Nesse sentido, Maria Sylvia Zanella Di Pietro traz a diferenciação entre a permissão tradicional e a **permissão condicionada ou qualificada**, ensinando o seguinte: "A rigor, a autorização de uso e a permissão de uso são precárias, enquanto a concessão é estável. Na prática administrativa, tem-se admitido autorização e permissão com prazo (sendo chamadas de condicionadas ou qualificadas), o que confere ao beneficiário a mesma estabilidade que decorre da concessão e, portanto, o mesmo direito à indenização, em caso de revogação do ato antes do prazo estabelecido. Confundem-se, nessas hipóteses, os institutos da autorização e permissão, de um lado, e a concessão, de outro".

Com o fim de fecharmos o raciocínio, podemos conferir as disposições da Lei 8.987/1995 acerca da concessão e da permissão de serviço público:

a) concessão de serviço público: *a delegação de sua prestação, feita pelo Poder Concedente, mediante licitação, na modalidade concorrência, à pessoa jurídica ou consórcio de empresas que demonstre capacidade para o seu desempenho, por sua conta e risco e por prazo determinado* (art. 2º, II);

b) permissão de serviço público: *a delegação, a título precário, mediante licitação, da prestação de serviços públicos, feita pelo Poder Concedente à pessoa física ou jurídica que demonstre capacidade para o seu desempenho, por sua conta e risco* (art. 2º, IV).

Por outro lado, o art. 40 da Lei 8.987/1995 estabelece que "a permissão de serviço público será formalizada mediante **contrato de adesão** que observará os termos desta lei, das demais normas pertinentes e do edital de licitação, inclusive quanto à precariedade e à revogabilidade unilateral do contrato pelo poder concedente. Parágrafo único. Aplica-se às permissões o disposto nesta lei." (g.n.)

Diante de todo o exposto, confiram-se as principais diferenças entre os institutos da concessão e da permissão:

a) enquanto a concessão tem efetiva natureza contratual, a permissão é precária, não dando ensejo a indenização pela sua extinção (a lei diz que se formalizará a permissão mediante um *contrato* de adesão, mas deixa claro, mais de uma vez, sua precariedade), salvo em caso de permissão condicionada ou qualificada;

b) a concessão só pode ser atribuída a pessoa jurídica ou consórcios de empresas, enquanto que a permissão pode ser atribuída tanto a pessoa jurídica quanto física;

c) a concessão requer licitação na modalidade concorrência, ao passo que permissão apenas requer licitação, não havendo necessidade de que se utilize a modalidade em questão.

14.12. Concessão de serviço público precedida da execução de obra pública

O art. 2º, inciso III, da Lei 8.987/1995 define tal concessão como "a construção total ou parcial, conservação, reforma, ampliação ou melhoramento de quaisquer obras de interesse público, delegada pelo poder concedente, mediante licitação, na modalidade concorrência, à pessoa jurídica ou consórcio de empresas que demonstre capacidade para a sua realização, por sua conta e risco, de forma que o investimento da concessionária seja remunerado e amortizado mediante a exploração do serviço ou da obra por prazo determinado".

8. DIREITO TRIBUTÁRIO

Robinson Sakiyama Barreirinhas

1. INTRODUÇÃO

O Estado atua de diversas formas para atender às expectativas do povo: conduzindo a política monetária (emitindo moeda, orientando os juros no mercado), regulamentando setores da economia (por meio das agências reguladoras, por exemplo), administrando empresas estatais etc.

Entretanto, uma das principais formas de atuação estatal refere-se à política fiscal ou orçamentária, relativa à prestação de serviços públicos (por meio de despesas públicas) e à arrecadação dos recursos financeiros necessários para isso.

A principal fonte de receitas à disposição do Estado é a tributação, ou seja, o recolhimento de tributos pelos cidadãos e sociedades, na forma da lei.

O direito tributário regula a relação jurídica estabelecida por lei entre o Fisco (arrecadador dos tributos) e os contribuintes e responsáveis (sujeitos passivos, que recolhem os tributos ao Fisco) no âmbito da tributação.

Gabarito de concurso público
Direito tributário é o conjunto de normas que regula o comportamento das pessoas de levar dinheiro aos cofres públicos. **(Procurador do Estado/SE - FCC - 2005)**

Assim, as normas tributárias referem-se à obrigação tributária principal (cujo objeto é o recolhimento de tributos e penalidades pecuniárias), às obrigações acessórias (relativas aos deveres instrumentais a cargo dos contribuintes e responsáveis, como emissão de nota fiscal, prestação de informações, registros fiscais etc.), além da própria atividade arrecadatória (lançamento, cobrança, processo administrativo, formas de extinção do crédito etc.).

2. TRIBUTO - DEFINIÇÃO

2.1. A definição é dada pela lei complementar federal

No sistema jurídico brasileiro, compete à lei complementar federal, entre outras coisas, definir o que é *tributo, conforme dispõe o art. 146, III, a, da CF:*

> **Art. 146.** Cabe à lei complementar:
>
> (...)
>
> III - estabelecer normas gerais em matéria de legislação tributária, especialmente sobre:
>
> a) definição de tributos e de suas espécies, (...);

No âmbito puramente financeiro, pelo enfoque do ente arrecadador, o tributo é definido como receita corrente derivada, nos termos do art. 9º da Lei 4.320/1964.

Pelo enfoque da relação entre o Fisco e os sujeitos passivos, a norma nacional que define tributo é o Código Tributário Nacional - CTN.

Ambos os normativos (Lei 4.320/1964 e CTN) são formalmente leis ordinárias, mas materialmente leis complementares. Significa que, embora tenham sido aprovados como leis ordinárias, foram recepcionados pela Constituição Federal como leis complementares.

Gabarito de concurso público
O CTN continua sendo lei ordinária, mas com força de lei complementar. **(Magistratura/SC - 2010)**

Antes de estudarmos especificamente a definição dada pelo CTN, é interessante anotarmos que a função essencial dos tributos é arrecadatória, representando a receita básica necessária para o sustento financeiro do Estado. Trata-se da *função fiscal.*

É muito importante, entretanto, a utilização dos tributos como ferramenta de intervenção social e econômica - a *função extrafiscal.*

Finalmente, há autores que se referem à *função parafiscal* dos tributos, quando a lei delega a sujeição ativa a determinada entidade que arrecada os valores e os utiliza para cumprimento de suas importantes funções de interesse público. Por exemplo, a União tem competência para instituir e cobrar as contribuições de interesse de categorias profissionais (art. 149 da CF), mas delega a sujeição ativa, por exemplo, ao Conselho Regional de Medicina, que passa a cobrar a contribuição devida pelos médicos em sua região e, ademais, fica com os recursos arrecadados (não os repassa para a União).

Funções dos tributos	
Fiscal	arrecadatória, receitas para o funcionamento do Estado
Extrafiscal	intervenção no mercado, interferências nas relações privadas
Parafiscal	arrecadação em favor de entidades paraestatais, que cobram e ficam com os recursos

2.2. Código Tributário Nacional

O Código Tributário Nacional, como dito, embora formalmente lei ordinária, foi recepcionado pela Constituição Federal como lei complementar.

É por essa razão que eventuais mudanças no CTN devem, necessariamente, ser veiculadas por lei complementar federal.

Nos termos do art. 146, III, *a*, da CF, o art. 3º do CTN **define** o que é tributo:

> **Art. 3º** Tributo é toda prestação pecuniária compulsória, em moeda ou cujo valor nela se possa exprimir, que não constitua sanção de ato ilícito, instituída em lei e cobrada mediante atividade administrativa plenamente vinculada.

Vamos analisar, a seguir, cada um dos aspectos dessa definição.

2.3. Tributo é prestação

O tributo é definido, pelo CTN, como *prestação*.

Prestação é o objeto de relação obrigacional (= aquilo que o devedor deve fazer em relação ao credor, aquilo que o credor pode exigir do devedor).

No Direito Tributário, o devedor é conhecido como *sujeito passivo* e o credor é o *sujeito ativo*.

Mais adiante, veremos que o sujeito passivo pode ser o contribuinte ou o responsável tributário.

2.4. Tributo é prestação pecuniária

O tributo refere-se à entrega de **dinheiro** pelo devedor ao credor. O objeto da relação obrigacional tributária corresponde a uma quantia em moeda.

É isso que significa o termo *pecuniária*.

Não há tributo *in labore* (= trabalho) ou *in natura* (entrega de algum outro bem que não seja dinheiro).

Não são tributos: prestação de serviço militar, serviço eleitoral, entrega de sacas de café.

Tampouco são tributos: obrigações tributárias acessórias, como emissão de nota fiscal ou escrituração de livros.

O art. 3º do CTN traz a expressão *em moeda ou cujo valor nela se possa exprimir*, o que apenas confirma o conceito, pois o termo *pecuniária* já indica exatamente isso.

Salientamos que a forma de pagamento não altera a natureza pecuniária (cheque, vale-postal, estampilha, papel selado, processo mecânico – art. 162 do CTN).

Em regra, somente quando a quantia em reais (moeda corrente nacional) chega aos cofres do Fisco é que há cumprimento da obrigação tributária principal (por exemplo, quando o cheque é compensado).

As diversas modalidades de extinção do crédito (dação de imóvel em pagamento) ou a penhora em execução tampouco alteram a natureza pecuniária.

2.5. Tributo é prestação compulsória

O tributo independe da vontade do devedor. É isso que significa prestação *compulsória*.

Diferentemente das obrigações do direito privado em geral, a obrigação tributária não surge a partir de um ato de vontade.

Quando alguém concorda em comprar um automóvel, por exemplo, surge a obrigação de pagar uma quantia em dinheiro ao vendedor (= prestação pecuniária), mas ela somente surgiu porque o indivíduo optou por isso. Não há, nesse caso, compulsoriedade (embora haja obrigatoriedade).

A obrigação tributária é *ex lege*, ou seja, surge a partir da *vontade da lei*.

É por isso que há fato gerador, e não ato gerador dos tributos (a vontade ou mesmo a capacidade do agente é irrelevante).

A expressão *instituída em lei* no art. 3º do CTN apenas reforça esse conceito, já que ninguém pode ser obrigado a fazer algo independentemente de sua vontade senão em virtude de lei – art. 5º, II, da CF.

Vale dizer: se algo é compulsório, como a prestação pecuniária, é preciso que haja lei nesse sentido.

2.6. Tributo não é sanção por ato ilícito

O fato gerador (o que faz surgir o tributo) é sempre lícito (auferir renda, ser proprietário de algo etc.).

Não fazem surgir tributo: atrasar o pagamento de imposto, ultrapassar limite de velocidade no trânsito etc. (ilícitos). Embora possam surgir obrigações pecuniárias a partir desses ilícitos (pagamento de multa), não se trata de tributo!

São tributados os fatos lícitos, ainda que realizados ilicitamente (por ex., renda auferida por promotor de jogo do bicho – aplicação do brocardo "*pecunia non olet*"). Perceba que auferir renda, em si, é ato lícito, ainda que realizado por meios criminosos.

Ao Direito Tributário interessa, nesses casos, apenas o fato gerador tributário (por ex., auferir renda), que é fato lícito, o que não afasta eventual responsabilidade criminal.

Gabaritos de concursos públicos
Escapa ao conceito de tributo a ideia de penalidade. **(Magistratura/MT – 2009 – VUNESP)** *A partir do conceito legal de tributo, é possível afirmar que a multa NÃO é espécie de tributo porque o tributo não é sanção por ato ilícito e a multa é sanção pecuniária por prática de ato ilícito.* **(Procurador do Município/Teresina-PI – 2010 – FCC)**

Jurisprudência
Sonegação fiscal de lucro advindo de atividade criminosa: "non olet". Drogas: tráfico de drogas, envolvendo sociedades comerciais organizadas, com lucros vultosos subtraídos à contabilização regular das empresas e subtraídos à declaração de rendimentos: caracterização, em tese, de crime de sonegação fiscal, a acarretar a competência da Justiça Federal e atrair pela conexão, o tráfico de entorpecentes: irrelevância da origem ilícita, mesmo quando criminal, da renda subtraída à tributação. A exoneração tributária dos resultados econômicos de fato criminoso – antes de ser corolário do princípio da moralidade – constitui violação do princípio de isonomia fiscal, de manifesta inspiração ética. **HC 77.530/RS, STF, Rel. Min. Sepúlveda Pertence, j. 25.08.1998.**
Assim, por exemplo, a renda obtida com o tráfico de drogas deve ser tributada, já que o que se tributa é o aumento patrimonial e não o próprio tráfico. Nesse caso, a ilicitude é circunstância acidental à norma de tributação. No caso de importação ilícita, reconhecida a ilicitude e aplicada a pena de perdimento, não poderá ser cobrado o imposto de importação, já que "importar mercadorias" é elemento essencial do tipo tributário. Assim, a ilicitude da importação afeta a própria incidência da regra tributária no caso concreto. **REsp 984.607/PR, STJ, Rel. Ministro Castro Meira, j. 07.10.2008.** **Obs.: o STJ entendeu, entretanto, que pode incidir IPI, PIS e Cofins, nesse caso (o acórdão refere-se a** *produto industrializado* **e** *faturamento***).**

2.7. Tributo é cobrado mediante atividade administrativa plenamente vinculada

O sujeito ativo deve cobrar o tributo sem qualquer margem para juízo de conveniência ou oportunidade (não há discricionariedade).

Ocorrendo o fato gerador, o tributo deve ser exigido em estrita conformidade com a lei (não há, tampouco, arbitrariedade).

O lançamento é atividade vinculada, sob pena de responsabilidade funcional (art. 142, parágrafo único, do CTN).

3. ESPÉCIES TRIBUTÁRIAS

3.1. Critério para a classificação (CTN)

As espécies tributárias também são definidas por lei complementar federal.

O CTN, em seu art. 4º, dá o critério para essa classificação, determinando que a natureza *específica* do tributo é indicada por seu *fato gerador:*

> **Art. 4º** A natureza jurídica específica do tributo é determinada pelo fato gerador da respectiva obrigação, sendo irrelevantes para qualificá-la: (...)

Gabarito de concurso público
A natureza jurídica específica do tributo é determinada pelo fato gerador da obrigação. **(Magistratura/SP - 2007)** *Por meio da base de cálculo, é possível identificar o tipo de tributo.* **(Procurador do Estado/GO - 2010)**

A doutrina acrescenta que a natureza é determinada pelo *fato gerador* **e** pela ***base de cálculo.***

Se o fato gerador for a propriedade de veículo automotor, estaremos diante do IPVA (imposto estadual que incide sobre esse domínio). Sua base de cálculo deve ser o *valor do automóvel*, que tem direta correspondência com o fato gerador (note que a base de cálculo quantifica o fato gerador). A base de cálculo não poderia ser a renda do proprietário, por exemplo, o que indicaria outra natureza específica (do imposto de renda, no caso).

3.2. Aspectos irrelevantes para qualificar a natureza específica (art. 4º, I e II, do CTN)

É irrelevante para qualificar a natureza específica do tributo:

a) denominação e demais características formais adotadas pela lei; ou

b) a destinação legal do produto da sua arrecadação.

Assim, o nome dado pelo legislador não altera a natureza do tributo. Tampouco é relevante a destinação dada aos valores arrecadados pelo Fisco (veremos a importante exceção do empréstimo compulsório, mais adiante).

Jurisprudência
"Taxa de armazenagem portuária" é preço público, e não tributo, apesar da denominação. **REsp 205.241/SP, STJ, Rel. Ministro Castro Meira, j. 01.03.2005.** **Obs.: por essa razão, essa "taxa" não se sujeita ao princípio da legalidade (seus valores são fixados por portaria ministerial).**

3.3. Espécies tributárias

A doutrina clássica classificou os tributos em três espécies: impostos, taxas e contribuições de melhoria. São essas as espécies indicadas no art. 145 da CF e no art. 5º do CTN.

Trata-se da *teoria tripartida.*

Mais modernamente, a *teoria pentapartida* reconhece a existência de duas outras espécies tributárias: os empréstimos compulsórios e as contribuições especiais (alguns autores referem-se a contribuições *parafiscais*).

Espécies Tributárias		
Teoria Pentapartida	Teoria Tripartida	Impostos
		Taxas
		Contribuições de melhoria
		Empréstimos compulsórios
		Contribuições especiais

Gabarito de concurso público
A adoção da teoria do "pentapartite" pelo STF implica a adoção de cinco modalidades de tributos previstos na Constituição Federal. Em consequência, a Súmula 418 do STF, que dispõe que "o empréstimo compulsório não é tributo, e sua arrecadação não está sujeita à exigência constitucional de prévia autorização orçamentária", perdeu sua eficácia. **(Magistratura/PA - 2008 - FGV)**

3.4. Impostos

3.4.1. Definição de imposto

A definição dessa espécie tributária é dada pelo art. 16 do CTN:

> **Art. 16.** Imposto é o tributo cuja obrigação tem por fato gerador uma situação independente de qualquer atividade estatal específica, relativa ao contribuinte.

Perceba que a definição refere-se ao fato gerador (critério definidor), que é qualquer situação que não esteja ligada a uma atividade estatal específica, voltada ao contribuinte.

Por essa razão, o imposto é conhecido como *tributo não vinculado.*

Gabarito de concurso público
A cobrança de impostos deve sempre decorrer de uma situação que independa de qualquer atividade estatal específica. **(Magistratura Federal/3ª Região - 2010)**

São exemplos de fatos geradores de impostos: auferir renda, ser proprietário de algo, promover circulação de mercadoria, industrializar produtos, importar etc.

Note que essas situações não se relacionam com atividade estatal. Diferentemente das taxas, por exemplo, em que há sempre uma prestação de serviço ou fiscalização (= atividades estatais específicas voltadas aos contribuintes), que estudaremos mais adiante.

3.4.2. Características dos impostos

O art. 145, § 1º, da CF refere-se à pessoalidade e à graduação segundo a capacidade econômica do contribuinte, como características dos impostos, *sempre que possível.*

> **Art. 145**, § 1º, da CF – Sempre que possível, os impostos terão caráter pessoal e serão graduados segundo a capacidade econômica do contribuinte (...)

Embora a legislação tributária deva ser genérica (a mesma para todos), é possível que o legislador adote determinadas características pessoais como critérios para a cobrança do tributo. Por exemplo, a legislação do imposto de renda procura onerar menos o cidadão que tenha mais dependentes (= pessoalidade), pois presume que ele tem menor capacidade econômica.

Pela capacidade contributiva (= capacidade econômica), quem tem mais condições econômicas deve contribuir com mais para a manutenção do Estado (deve pagar mais tributos).

A progressividade das alíquotas em relação à base de cálculo, que veremos mais a fundo em seguida, é instrumento pelo qual se dá a gradação segundo a capacidade econômica do contribuinte.

O legislador não pode vincular a receita arrecadada com impostos a determinada despesa (*não afetação*), mas há exceções em relação à saúde e à educação, por exemplo (art. 167, IV, da CF).

3.4.3. Progressividade

A progressividade das alíquotas em relação à base de cálculo, poderosa ferramenta para graduação da tributação segundo a capacidade econômica dos contribuintes, implica alíquotas maiores para bases de cálculo maiores – não é simples proporcionalidade.

Veja esse exemplo fictício, com duas pessoas (Pedro e Maria) com salários de R$ 1 mil e R$ 10 mil. Na segunda linha, hipótese de proporcionalidade, com alíquota única de imposto sobre essas rendas. Na terceira linha, hipótese de progressividade, com alíquota superior para cálculo do imposto incidente sobre o salário maior:

	Pedro: salário de R$ 1 mil		Maria: salário de R$ 10 mil	
Proporcionalidade:	10%	R$ 100,00	10%	R$ 1 mil
Progressividade:	5%	R$ 50,00	10%	R$ 1 mil

Perceba que há sempre proporcionalidade quando uma alíquota única (10%, no exemplo) incide sobre uma base de cálculo variável (renda do contribuinte, no caso). Isso, repetimos, não é progressividade.

A progressividade somente existe quando há diversas alíquotas escalonadas, incidindo as maiores sobre as bases maiores.

Devem ser progressivos, segundo a CF, o imposto de renda (IR) e o imposto territorial rural (ITR).

Pode ser progressivo, segundo a CF, o imposto predial e territorial urbano (IPTU). Interessante notar que, além da progressividade em relação à base de cálculo, esse imposto municipal comporta também a progressividade no tempo, como ferramenta do direito urbanístico (art. 182, § 4º, II, da CF).

O STF vinha entendendo que outros impostos reais não poderiam ter alíquotas progressivas em relação ao valor da base de cálculo, considerando inexistir expressa previsão constitucional (ver Súmula 656/STF). Ocorre que recentemente a Suprema Corte reviu a questão, especificamente em relação ao ITCMD, reconhecendo que o imposto pode ser progressivo, atendendo assim o princípio da capacidade contributiva (RE 562.045/RS – Repercussão Geral).

Jurisprudência
(...) 2. O efeito extrafiscal ou a calibração do valor do tributo de acordo com a capacidade contributiva não são obtidos apenas pela modulação da alíquota. O escalonamento da base de cálculo pode ter o mesmo efeito. 3. Ao associar o tipo de construção (precário, popular, médio, fino e luxo) ao escalonamento crescente da avaliação do valor venal do imóvel, a Lei 3.326/1996 do Município de Campo Grande passou a graduar o valor do tributo de acordo com índice hábil à mensuração da frivolidade ou da essencialidade do bem, além de lhe conferir mais matizes para definição da capacidade contributiva. Impossibilidade, nos termos do texto constitucional anterior à inovação trazida pela EC 29/2000. **AI 583.636 AgR/MS, STF, Rel. Min. Joaquim Barbosa, j. 06.04.2010.**

3.5. Taxas

3.5.1. Definição e tipos

A Constituição Federal prevê taxas pelo exercício do poder de polícia (= fiscalização) ou pela prestação de determinados serviços públicos.

> **Art. 145**, II, da CF – taxas, em razão do exercício do poder de polícia ou pela utilização, efetiva ou potencial, de serviços públicos específicos e divisíveis, prestados ao contribuinte ou postos a sua disposição;

Há somente esses dois tipos de taxa. Não existe, por exemplo, taxa pelo uso de bem público.

3.5.2. Características gerais das taxas

A taxa é tributo **vinculado** a determinada atividade estatal voltada ao contribuinte (o oposto do imposto!)

A base de cálculo não pode ser idêntica à do imposto (art. 145, § 2º, da CF e art. 77, parágrafo único do CTN).

A CF usa o termo *própria*, mas o STF acolheu o texto mais restritivo do CTN, que impede o uso de base de cálculo *idêntica* à de imposto:

> Súmula Vinculante 29 do STF: É constitucional a adoção, no cálculo do valor de taxa, de um ou mais elementos da base de cálculo própria de determinado imposto, desde que não haja integral identidade entre uma base e outra.

Gabarito de concurso público
Lei publicada no Diário Oficial do Estado em 21.07.2009 institui, a partir de 01.01.2010, taxa de licenciamento de veículos, fixando como alíquota o percentual de 5% e tomando como base de cálculo o valor venal dos automóveis. Tal norma é inconstitucional, pois institui taxa, adotando base de cálculo própria de imposto.
Interpreta-se dando por constitucional a adoção, no cálculo da taxa, de um ou mais elementos da base de cálculo própria de determinado imposto, desde que não haja integral identidade entre uma base e outra. **(Magistratura Federal-4ª Região - 2010)**

3.5.3. *Taxa pelo exercício do poder de polícia*

O art. 78 do CTN define *poder de polícia*, cujo exercício permite a cobrança de taxa:

> **Art. 78** do CTN. Considera-se poder de polícia atividade da administração pública que, limitando ou disciplinando direito, interesse ou liberdade, regula a prática de ato ou abstenção de fato, em razão de interesse público (...)

São as taxas de **fiscalização**, que deve ser efetiva, ainda que a cobrança seja periódica (o STJ afastou a Súmula 157, admitindo taxa na renovação de licença).

Gabaritos de concursos públicos
O tributo que tem por fato gerador o exercício regular do poder de polícia, como, por exemplo, a fiscalização dos serviços notariais e registrais, é denominado taxa. **(Cartório/AP - 2011 - VUNESP)**
O poder de polícia é a faculdade discricionária de condicionar o uso e o gozo de bens, atividades, serviços e direitos individuais, em prol do interesse público. **(Ministério Público/MG - 2007)**

A base de cálculo deve refletir o custo da fiscalização, ou seja, deve ter relação com a despesa realizada pela administração com o exercício do poder de polícia.

3.5.4. *Taxa de serviço*

3.5.4.1. *Definição e características*

A taxa de serviço incide apenas no caso de serviços *específicos* e *divisíveis*.

> Art. 145, II, da CF – taxas, (...) pela utilização, efetiva ou potencial, de serviços públicos específicos e divisíveis, prestados ao contribuinte ou postos a sua disposição;

São os serviços prestados *uti singuli*, ou seja, quando é possível identificar quanto cada pessoa se utilizou dele.

Exemplos: coleta de lixo, emissão de passaporte, serviços judiciários. Em todos esses casos, é possível indicar, pelo menos em tese, quanto cada cidadão utilizou do serviço.

Não é o caso, por exemplo, do serviço de limpeza de ruas e praças, em relação ao qual é impossível identificar quanto cada cidadão utilizou (é serviço *uti universi*, prestado indistintamente a toda a coletividade, que não permite a cobrança de taxa).

Gabarito de concurso público
Segundo o STF, são específicos e divisíveis os serviços públicos municipais de coleta, remoção e tratamento ou destinação de lixo ou resíduos provenientes de imóveis, desde que essas atividades sejam completamente dissociadas de outros serviços públicos de limpeza realizados em benefício da população em geral e de forma indivisível, a exemplo dos serviços de conservação e limpeza de bens públicos, como praças, calçadas, ruas e bueiros. **(Defensoria Pública da União - 2010 - CESPE)**

3.5.4.2. *Serviços de utilização compulsória*

Há serviços que são essenciais para o interesse público (interessa à coletividade que todos sejam atendidos).

Nesses casos, a utilização é compulsória, ou seja, todos devem utilizá-los, mesmo contra sua vontade.

A prestação desses serviços de utilização compulsória permite a cobrança de taxa pela utilização potencial, desde que o serviço esteja à disposição do usuário (arts. 77, *caput, in fine*, e 79, I, *b*, do CTN). Assim, mesmo que o cidadão não utilize efetivamente o serviço, deverá pagar a taxa.

Exemplo: coleta de lixo domiciliar. Se o caminhão de lixo passa em frente ao imóvel do cidadão, a taxa poderá ser cobrada, ainda que nenhum resíduo seja produzido ou coletado (= utilização potencial).

Gabarito de concurso público
A taxa pode ter como fato gerador a utilização potencial de serviço público específico e divisível, posto à disposição do contribuinte mediante atividade administrativa em efetivo funcionamento, desde que tal serviço seja de utilização compulsória. **(Ministério Público/ES - 2010 - CESPE)**

3.5.4.3. *Serviços de utilização não compulsória*

Há serviços indelegáveis, ínsitos à soberania.

Esses serviços não são de utilização compulsória.

Há certa facultatividade, que não é total, pois, em determinadas circunstâncias, o cidadão não tem escolha senão valer-se do serviço.

Nesses casos, a taxa somente pode ser cobrada no caso de utilização efetiva do serviço (não há cobrança pela simples disponibilização do serviço, como no caso dos de utilização compulsória).

Exemplos: serviços judiciais, de emissão de passaporte etc.

3.5.4.4. *As duas categorias de serviços taxáveis*

Veja o seguinte resumo a respeito dos serviços específicos e divisíveis que podem ser taxados: de utilização compulsória (permitem cobrança pela simples disponibilização) e de utilização não compulsória (permitem cobrança apenas quando há efetiva prestação e utilização).

Serviços de utilização compulsória	– Essenciais ao interesse público – Permitem cobrança também pela utilização potencial, quando o serviço está à disposição do contribuinte – Exemplo: coleta de lixo residencial

Serviços de utilização não compulsória	- Indelegáveis, ínsitos à soberania - Permitem cobrança apenas pela utilização efetiva - Exemplos: emissão de passaporte, judiciais

3.5.4.5. Não permitem cobrança de taxa

Vejamos os serviços que **não** permitem a cobrança de taxa.

Serviços *uti universi*: limpeza de ruas e praças, segurança pública, iluminação urbana. São aqueles que não permitem a identificação do uso por cada um dos cidadãos.

Quanto você utilizou de iluminação pública no mês passado? Essa pergunta não pode ser respondida, pois o serviço é *uti universi*.

Serviços de utilização totalmente facultativa (admitem preço público): cópia simples de autos judiciais, publicidade em equipamentos públicos. Há, nesse caso, concorrência com serviços privados.

Uso de espaços públicos (admite preço público). Lembre-se que, no Brasil, não há taxa pelo uso de bens públicos.

Serviços prestados por concessionárias de serviço público, remunerados por tarifa paga pelo usuário: fornecimento de água, esgoto, energia, *pedágio*. O Judiciário pacificou o entendimento nesse sentido (concessionária de serviço público cobra tarifa, e não tributo).

Jurisprudência
(...) Ocorre que o e. STF apreciou a questão de maneira diversa, focando a normatização do regime de concessões (Direito Administrativo). Nos termos do art. 175, parágrafo único, III, da CF, as concessionárias de serviços públicos são remuneradas por tarifa, inclusive no caso de fornecimento de água e coleta de esgoto. Precedentes: RE-ED 447536/SC, rel. Min. Carlos Velloso, j. 28.06.2005, DJ 26.08.2005, e RE 503.759/MS, rel. Min. Cármen Lúcia, j. 02.10.2007, DJ 25.10.2007. (...) Nos termos dos arts. 9º e 13 da Lei 8.987/1995, os valores cobrados pela concessionária de serviço público pela coleta de esgoto têm natureza tarifária. **REsp 1.027.916/MS, STJ, Rel. Min. Herman Benjamin, j. 25.03.2008.**

A Primeira Seção, ao analisar a prescrição relativa à contraprestação pelos serviços de água e esgoto, fixou o entendimento de que "é irrelevante a condição autárquica do concessionário do serviço público. O tratamento isonômico atribuído aos concessionários (pessoas de direito público ou de direito privado) tem por suporte, em tais casos, a idêntica natureza da exação de que são credores. Não há razão, portanto, para aplicar ao caso o art. 1º do Decreto 20.910/1932, norma que fixa prescrição em relação às dívidas das pessoas de direito público, não aos seus créditos".

EREsp 989.762/RS, STJ, Rel. Min. Herman Benjamin, j. 09.09.2009.

3.6. Contribuição de melhoria

3.6.1. Definição

Contribuição de melhoria é o tributo cujo fato gerador é a valorização imobiliária decorrente de obra pública (art. 81 do CTN).

Trata-se de tributo **vinculado** a determinada atividade estatal, mediatamente (indiretamente) voltada ao contribuinte (= obra pública que gera valorização imobiliária).

Gabarito de concurso público
A contribuição de melhoria é instituída para fazer face ao custo de obras públicas do qual decorra valorização imobiliária. **(Magistratura Federal/3ª Região - 2010)**

Permitem a cobrança de contribuição de melhoria: construção de praças, escolas, hospitais, avenidas que valorizem o imóvel próximo.

Não permitem a cobrança: simples manutenção de equipamentos (recapeamento de rua, reforma da praça, conserto de viaduto) ou obras que desvalorizem o imóvel.

3.6.2. Limites para cobrança da contribuição de melhoria

O Fisco não pode cobrar contribuições de melhoria além de um limite total (valor global arrecadado) e de um limite individual (montante exigido de cada contribuinte).

Limite total: é o valor da despesa realizada com a obra (a soma dos valores cobrados de cada contribuinte não pode ultrapassar o custo total da obra). O Fisco não pode "ter lucro" com a cobrança da contribuição de melhoria. A jurisprudência é pacífica no sentido de que esse limite total subsiste no sistema tributário brasileiro, mas há entendimento doutrinário *minoritário* em contrário.

Limite individual: é o acréscimo de valor que da obra resultar para cada imóvel beneficiado (não se pode exigir de cada contribuinte mais do que a valorização do seu imóvel). O art. 12 do Dec.-lei 195/1967 refere-se ao limite anual de 3% do maior valor fiscal do imóvel.

3.6.3. Procedimento

Não se pode esquecer que a contribuição de melhoria, sendo tributo, depende de lei.

Ademais, é necessária a publicação prévia de edital, com informações detalhadas a respeito da obra e da valorização esperada em relação aos imóveis, com prazo mínimo de 30 dias para impugnação pelos interessados (art. 82 do CTN):

> **Art. 82.** A lei relativa à contribuição de melhoria observará os seguintes requisitos mínimos:
>
> I - publicação prévia dos seguintes elementos:
>
> a) memorial descritivo do projeto;
>
> b) orçamento do custo da obra;
>
> c) determinação da parcela do custo da obra a ser financiada pela contribuição;
>
> d) delimitação da zona beneficiada;
>
> e) determinação do fator de absorção do benefício da valorização para toda a zona ou para cada uma das áreas diferenciadas, nela contidas;
>
> II - fixação de prazo não inferior a 30 (trinta) dias, para impugnação pelos interessados, de qualquer dos elementos referidos no inciso anterior;

A rigor, a contribuição de melhoria é tributo dificílimo de ser instituído e cobrado regularmente atendendo à interpretação da lei dada pelos Tribunais. De fato, o STJ entende que, antes de cobrar o tributo, o Poder Público deve demonstrar inequivocamente a efetiva ocorrência da valorização imobiliária em relação ao imóvel de cada contribuinte, o que, na prática, é bastante difícil, senão impossível.

Jurisprudência

Compete à Fazenda Pública demonstrar a base de cálculo da contribuição de melhoria (valorização do imóvel) em decorrência da obra pública, afastando-a de qualquer resquício confiscatório, como se daria na sua cobrança com base de cálculo presumida. **AgRg no Ag 1.190.553/RS, STJ, Rel. Min. Eliana Calmon, j. 17.08.2010.**

É pacífico no Superior Tribunal de Justiça o entendimento de que a valorização individualizada do imóvel do contribuinte é fator delimitador da base de cálculo da contribuição de melhoria, não sendo permitido tão somente o rateio do custo da obra entre aqueles que residem na área em que foi realizada a obra pública. (...) No caso, como o Tribunal de origem consignou que não houve o cálculo individualizado do benefício trazido ao imóvel de cada um dos contribuintes localizados na área abrangida pela respectiva obra pública, forçoso reconhecer, então, que o acórdão recorrido viola os artigos 81 e 82 do CTN. **REsp 147.094/PR, STJ, Rel. Min. Benedito Gonçalves, j. 15.02.2011.**

3.7. Empréstimo compulsório

3.7.1. Hipóteses

Diferentemente dos impostos, taxas e contribuições de melhoria (espécies tributárias conforme a teoria tripartida), o empréstimo compulsório não é definido pelo fato gerador, mas sim pelas hipóteses que permitem sua instituição (determinadas despesas extraordinárias e investimentos públicos).

> **Art. 148** da CF. A União, mediante lei complementar, poderá instituir empréstimos compulsórios:
>
> I – para atender a despesas extraordinárias, decorrentes de calamidade pública, de guerra externa ou sua iminência;
>
> II – no caso de investimento público de caráter urgente e de relevante interesse nacional, observado o disposto no art. 150, III, "b".

Há somente essas duas hipóteses que permitem a instituição do tributo. Não subsiste aquela prevista no art. 15, III, do CTN (não foi recepcionada pelo sistema tributário atual).

Gabaritos de concursos públicos

No que concerne aos empréstimos compulsórios, aplica-se o princípio da anterioridade aos empréstimos compulsórios, no caso de investimento público de caráter urgente e de relevante interesse nacional; a competência para instituir empréstimo compulsório é exclusiva da União; a lei fixa obrigatoriamente o prazo de empréstimo compulsório e as condições de seu resgate; segundo o STF, se o empréstimo compulsório for pago em dinheiro, a sua restituição deve ser também em dinheiro. **(Procurador de Contas TCE/ES – CESPE – 2009)**

3.7.2. Empréstimos compulsórios: características

Apenas a União detém a competência para a instituição de empréstimos compulsórios.

A instituição, a modificação e a extinção exigem lei complementar federal (não basta simples lei ordinária – não é possível por medida provisória, portanto).

Como já dito, a CF não indica fatos geradores.

Reiteramos que a instituição do empréstimo compulsório é possível apenas nas duas hipóteses previstas no art. 148 da CF: despesa extraordinária (calamidade pública ou guerra externa) e investimento público urgente e de relevante interesse nacional.

No caso de despesa extraordinária, não se observa a anterioridade (princípio que será estudado mais adiante), de modo que o tributo pode ser cobrado no mesmo ano em que for instituído.

A aplicação dos recursos provenientes de empréstimo compulsório será vinculada à despesa que fundamentou sua instituição (art. 148, parágrafo único, da CF). Trata-se de espécie tributária em que a destinação dos recursos arrecadados é relevante para sua caracterização.

A lei deve fixar o prazo e as condições de resgate. Não se pode esquecer que é um empréstimo, ou seja, deve ser devolvido, e o legislador deve indicar quando e como.

Gabarito de concurso público

Nos termos do artigo 148, inciso I da Constituição Federal, a União poderá, mediante lei complementar, instituir empréstimo compulsório para atender a despesas extraordinárias, sem sujeição ao princípio da anterioridade tributária, anual e nonagesimal, em situação de iminência de guerra externa. **(Defensoria Pública/SP – 2010 – FCC)**

3.8. Contribuições especiais

As contribuições especiais são caracterizadas por sua finalidade e não pelo fato gerador (diferentemente, portanto, dos impostos, taxas e contribuições de melhoria).

Alguns autores referem-se a elas como contribuições *parafiscais*.

É comum serem classificadas como tributos vinculados a atividade estatal, ainda que indiretamente.

Há as seguintes contribuições especiais, todas definidas por sua finalidade (arts. 149, 149-A e 195 da CF):

a) sociais;

b) intervenção no domínio econômico (CIDE);

c) interesse das categorias profissionais ou econômicas;

d) custeio de regimes próprios dos servidores;

e) custeio do serviço de iluminação pública.

3.8.1. Contribuições sociais

3.8.1.1. Definição e características

Contribuições sociais são tributos da competência da **União,** cuja **finalidade** é o custeio da seguridade social (previdência, saúde e assistência).

Gabarito de concurso público

As contribuições de seguridade social têm natureza jurídica de tributo. **(Defensoria/MG – 2009 – FURMARC)**

Submetem-se apenas ao princípio da anterioridade nonagesimal (estudaremos mais adiante).

As contribuições sociais previstas expressamente pelo art. 195 da CF são veiculadas por lei ordinária.

Entretanto, a União pode criar outras contribuições sociais, além daquelas expressamente previstas no dispositivo citado, hipótese em que a instituição deve ser por lei complementar (art. 195, § 4º, da CF). Ademais, essas outras contribuições não poderão ser cumulativas, nem podem repetir base de cálculo ou fato gerador de outra já existente (aplicação do art. 154, I, da CF).

Gabarito de concurso público
As contribuições sociais residuais devem ser instituídas por lei complementar, ser não cumulativas e ter bases de cálculo e fatos geradores diferentes dos de outras contribuições sociais. **(Magistratura Federal-5ª Região - 2011)**

3.8.1.2 *Contribuições sociais previstas expressamente no art. 195 da CF*

O art. 195 da CF prevê expressamente a cobrança das seguintes contribuições sociais:

a) dos empregadores, das empresas e equiparados (i) sobre folha de salários e rendimentos pagos a pessoas físicas, (ii) sobre a receita ou o faturamento e (iii) sobre o lucro;

b) dos trabalhadores e equiparados;

c) sobre concursos de prognósticos (loterias);

d) dos importadores.

Como já dito, a União pode instituir outras contribuições, por lei complementar, observado o art. 154, I, da CF.

3.8.1.3 *Contribuições sociais: outras normas (arts. 149 e 195 da CF)*

As contribuições sociais (e as CIDEs):

a) não incidem sobre receitas decorrentes de exportação;

b) incidem sobre importações;

c) suas alíquotas podem ser *ad valorem* (tendo por base o faturamento, a receita bruta ou o valor da operação e, no caso de importação, o valor aduaneiro) ou específicas (tendo por base a unidade de medida adotada).

A pessoa em débito com a seguridade social, conforme lei, não pode contratar com o Poder Público, nem dele receber benefícios ou incentivos fiscais ou creditícios.

São *isentas* (imunes) as entidades beneficentes de assistência social, atendidos os requisitos legais.

O produtor rural e o pescador artesanal em economia familiar (sem empregados permanentes) contribuem sobre o resultado da comercialização da produção.

As contribuições sociais devidas pelos empregadores e equiparados poderão ter alíquotas ou bases de cálculo diferenciadas, em razão da atividade econômica, da utilização intensiva de mão de obra, do porte da empresa ou da condição estrutural do mercado de trabalho.

É vedada a concessão de remissão ou anistia (perdão) de contribuições sociais sobre salários e rendimentos pagos e de contribuições devidas pelos empregados e equiparados em valor superior ao fixado em lei complementar.

A lei definirá setores para os quais as contribuições sobre receita, faturamento e importadores serão não cumulativas.

Essa não cumulatividade aplica-se à substituição gradual, total ou parcial, da contribuição sobre salários e rendimentos pagos, pela contribuição sobre receita ou faturamento.

3.8.2. *Contribuições de intervenção no domínio econômico – CIDE*

3.8.2.1. *Definição*

As CIDEs são tributos da União cuja **finalidade** é *extrafiscal*, de intervenção no mercado.

Temos hoje no Brasil a CIDE sobre combustíveis, a CIDE sobre remessas ao exterior e as contribuições ao Sistema "S", por exemplo.

As CIDEs (e as contribuições sociais):

a) não incidem sobre receitas decorrentes de exportação;

b) incidem sobre importações;

c) suas alíquotas podem ser *ad valorem* (tendo por base o faturamento, a receita bruta ou o valor da operação e, no caso de importação, o valor aduaneiro) ou específicas (tendo por base a unidade de medida adotada).

Gabarito de concurso público
As contribuições de intervenção no domínio econômico poderão ter alíquotas ***ad valorem****, tendo por base o valor da operação, e, no caso de importação, o valor aduaneiro.* **(Magistratura/RO – 2011 – PUCPR)**

Jurisprudência
(...) A imunidade prevista no art. 149, § 2º, I, da Constituição, introduzida pela Emenda Constitucional n. 33/2001, não alcança a Contribuição Social sobre o Lucro Líquido (CSLL), haja vista a distinção ontológica entre os conceitos de lucro e receita. 6. Vencida a tese segundo a qual a interpretação teleológica da mencionada regra de imunidade conduziria à exclusão do lucro decorrente das receitas de exportação da hipótese de incidência da CSLL, pois o conceito de lucro pressuporia o de receita, e a finalidade do referido dispositivo constitucional seria a desoneração ampla das exportações, com o escopo de conferir efetividade ao princípio da garantia do desenvolvimento nacional (art. 3º, I, da Constituição). 7. A norma de exoneração tributária prevista no art. 149, § 2º, I, da Constituição também não alcança a Contribuição Provisória sobre Movimentação ou Transmissão de Valores e de Créditos e Direitos de Natureza Financeira (CPMF), pois o referido tributo não se vincula diretamente à operação de exportação. A exação não incide sobre o resultado imediato da operação, mas sobre operações financeiras posteriormente realizadas. **RE 474.132/SC, STF, Rel. Min. Gilmar Mendes, Tribunal Pleno, j. 12.08.2010**

3.8.2.2. *CIDE sobre combustíveis – art. 177, § 4º, da CF*

Contribuição relativa à importação ou à comercialização de petróleo, gás natural e derivados, além de álcool combustível.

Pode ter alíquotas diferenciadas por produto e uso e que podem ser reduzidas e restabelecidas pelo Executivo, não se submetendo à anterioridade.

Os recursos arrecadados destinam-se a subsidiar preços ou transporte dos combustíveis, financiar projetos ambientais relacionados à indústria do petróleo e gás e programas de infraestrutura em transportes.

3.8.3. Contribuições de interesse de categorias profissionais ou econômicas

3.8.3.1. Definição

São tributos da União, mas cobrados por entidades de classe, que ficam com os recursos arrecadados para que possam realizar suas atividades (= *parafiscalidade*).

As contribuições para os conselhos profissionais (CREA, CRM, CRC etc.) e a contribuição sindical são exemplos de contribuições de interesse de categorias profissionais ou econômicas.

Não é o caso da contribuição confederativa, que não tem natureza tributária (não é compulsória).

3.8.4. Contribuições dos servidores

3.8.4.1. Definição

São tributos dos entes políticos (União, Estados, DF e Municípios), cuja **finalidade** é o custeio dos regimes próprios de previdência dos servidores.

Perceba que, diferentemente da contribuição social, da CIDE e da contribuição de interesse de categorias, a competência, nesse caso, não é exclusiva da União.

Jurisprudência
A Constituição de 1988 – art. 149, § 1º – define que "os Estados, o Distrito Federal e os Municípios poderão instituir contribuição, cobrada de seus servidores, para o custeio, em benefícios destes, de sistemas de previdência e assistência social". O preceito viola o texto da Constituição de 1988 ao instituir contribuição compulsória. Apenas os servidores públicos titulares de cargos efetivos podem estar compulsoriamente filiados aos regimes próprios de previdência. Inconstitucionalidade da expressão "definidos no art. 79" contida no artigo 85, caput, da LC 64/2002. 2. Os Estados-membros não podem contemplar de modo obrigatório em relação aos seus servidores, sob pena de mácula à Constituição do Brasil, como benefícios, serviços de assistência médica, hospitalar, odontológica, social, e farmacêutica. O benefício será custeado mediante o pagamento de contribuição facultativa aos que se dispuserem a dele fruir. **ADI 3106/MG, STF, Rel. Min. Eros Grau, Tribunal Pleno, j. 14.04.2010** **A competência dos Estados refere-se apenas aos servidores efetivos. Abrange apenas a previdência (antes da EC 41/2003, abrangia também a assistência social).** **Assim, não pode haver cobrança compulsória para assistência à saúde.**

3.8.4.2 Características

A instituição da contribuição dos servidores, para custeio dos sistemas próprios de previdência, é obrigatória para Estados, Distrito Federal e Municípios.

Ademais, a alíquota cobrada não pode ser inferior à da contribuição a cargo dos servidores efetivos da União (11%).

3.8.5. Contribuição para custeio do serviço de iluminação pública (COSIP, CIP ou CCSIP)

3.8.5.1. Definição

Tributo municipal e do DF, cuja **finalidade**, como o nome indica, é custear a iluminação pública.

Os municípios sempre tentaram cobrar taxas de iluminação pública, que eram derrubadas na Justiça, pois o serviço é *uti universi*.

Atendendo ao pleito das cidades, o constituinte derivado criou essa contribuição especial, prevista no art. 149-A da CF.

3.8.5.2. Características

Pode ser cobrada na fatura de consumo de energia elétrica (o consumidor pode ser o contribuinte).

É comum a cobrança por valores fixos, até para não se confundir com o ICMS.

4. COMPETÊNCIA TRIBUTÁRIA E SUJEIÇÃO ATIVA

4.1. Definição de competência

Competência tributária refere-se à possibilidade da União, dos Estados, do DF e dos Municípios (= entes políticos, entes tributantes) instituírem, modificarem e extinguirem tributos.

Competência tributária é a atribuição dada pela Constituição Federal à União, aos Estados, ao Distrito Federal e aos Municípios para instituírem, alterarem e extinguirem tributos por meio de lei

Compreende a **competência legislativa** plena para criar, alterar e extinguir tributos (art. 6º do CTN), ou seja, só tem competência tributária quem tem competência legislativa (= entes políticos).

Gabarito de concurso público
A instituição do tributo ocorre em função da competência tributária do ente da Federação. **(Ministério Público/RO – 2008 – CESPE)**

A competência tributária (= competência para legislar) não se confunde com sujeição ativa (= ocupação do polo ativo da obrigação tributária, capacidade tributária ativa, para cobrar o tributo).

A distribuição da receita da arrecadação (art. 6º, parágrafo único, do CTN) ou a parafiscalidade não alteram a competência tributária fixada constitucionalmente.

4.2. Disposições constitucionais

A CF não institui tributos, apenas fixa as competências.

Somente os entes políticos (União, Estados, DF e Municípios) têm competência tributária. Uma autarquia, por exemplo, pode até ser sujeito ativo (cobrar o tributo), mas jamais terá competência tributária, pois nunca poderá legislar a respeito do tributo.

O Distrito Federal acumula as competências estaduais e municipais.

Gabarito de concurso público
Cabe ao Distrito Federal, na competência que é própria de Município, instituir imposto sobre transmissão **causa mortis** *e doação, de quaisquer bens ou direitos.* **(Magistratura/DF – 2007)**

Nos Territórios Federais (hoje não há), os impostos estaduais serão da competência da União, assim como os municipais, se não houver Municípios. Caso o Território Federal seja dividido em Municípios, cada um deles cobrará os tributos municipais.

Gabarito de concurso público
Se, na região Norte do país, for criado território federal, mediante lei complementar, competirá à União a instituição do ICMS nesse território. **(Procurador Federal – 2010 – CESPE)**

4.3. Classificação tradicional

Dentre diversas classificações, há uma clássica, bastante exigida em concursos, que divide as competências em: privativa, comum, residual e extraordinária.

A competência privativa refere-se aos impostos.

A competência comum atine aos tributos que podem ser instituídos e cobrados por qualquer ente político, caso das taxas e das contribuições de melhoria.

A competência residual é aquela da União, prevista no art. 154, I, da CF. Somente ela pode instituir outros impostos além daqueles previstos expressamente na Constituição Federal (Estados, Distrito Federal e Municípios somente podem instituir os impostos listados taxativamente na CF).

Finalmente, fala-se da competência extraordinária, também da União, para instituir imposto por simples lei ordinária em caso de guerra externa ou sua iminência – art. 154, II, da CF.

Competência privativa	– dos entes políticos em relação aos impostos
Competência comum	– dos entes políticos, para taxas e contribuições de melhoria
Competência residual	– da União, que pode criar outros impostos além dos listados na CF
Competência extraordinária	– da União, para imposto em caso de guerra externa ou sua iminência

4.3.1. Competência privativa – impostos

A CF lista os impostos federais, estaduais e municipais, sendo que cada ente político somente pode legislar a respeito dos respectivos tributos.

O IR somente pode ser instituído pela União. O IPVA somente pelos Estados e DF. O IPTU apenas pelos Municípios e DF. Daí a *privatividade* a que se refere essa classificação.

Gabarito de concurso público
As competências para instituição de impostos são classificadas como legislativas exclusivas e não podem ter seu rol ampliado. **(Defensoria/PA – 2009 – FCC) [Obs.: note a terminologia diferente adotada pela FCC]**

4.3.2. Competência comum – taxas e contribuições de melhoria

Todos os entes políticos podem criar taxas e contribuições de melhoria, em relação a suas fiscalizações, seus serviços e suas obras.

Por essa razão, afirma-se que há competência *comum* em relação a essas espécies tributárias.

4.3.3. Competência residual da União

A CF lista taxativamente todos os impostos Estaduais (ITCMD, IPVA e ICMS) e Municipais (ITBI, IPTU e ISS).

A listagem dos impostos federais, entretanto, não é taxativa.

A União, e somente ela, pode criar outros impostos além dos listados na CF. Daí a competência *residual.*

Eventual imposto no âmbito da competência residual deve ser instituído por lei complementar, deverá ser não cumulativo e não poderá ter fato gerador ou base de cálculo de outro já existente (art. 154, I, da CF), ou seja, não pode haver bitributação ou *bis in idem.*

Gabaritos de concursos públicos
Em nosso sistema tributário, os impostos designados residuais são de competência privativa da União e só podem ser instituídos mediante lei complementar. **(Magistratura/PE – 2011 – FCC)**   *De acordo com o art. 154, I, da Constituição Federal, poderá a União, por intermédio da chamada competência residual, instituir impostos, mediante lei complementar, que sejam não cumulativos e não tenham fato gerador ou base de cálculo próprios dos discriminados na Constituição.* **(Magistratura Federal/3ª Região – 2010)**

4.3.4. Competência extraordinária da União

A União pode criar o imposto extraordinário em caso de guerra externa ou sua iminência – art. 154, II, da CF.

Essa competência é exercida por simples lei ordinária (não se exige lei complementar, como no caso da competência residual).

A CF não indica o fato gerador desse imposto extraordinário (apenas a hipótese que dá ensejo à sua criação – guerra externa ou sua iminência).

Assim, o legislador federal pode escolher qualquer fato gerador, inclusive algum já existente (pode haver bitributação ou *bis in idem*).

Gabarito de concurso público
A competência extraordinária é uma permissão expressa na Constituição Federal para a bitributação e para o **bis in idem**. **(Defensoria/MT – 2007)**

O imposto extraordinário deve ser suprimido, gradualmente, cessadas as causas de sua criação (o art. 76 do CTN prevê prazo de 5 anos para isso).

4.4. Características da competência

A doutrina costuma indicar algumas características da competência tributária (não confunda com a classificação antes estudada, que usa terminologia semelhante).

A competência é

a) privativa: somente o ente competente pode legislar acerca de seus tributos; não há, em regra, isenções heterônomas – art. 151, III, da CF;

b) indelegável: o ente político não pode delegar a outro a competência legislativa (pode delegar a sujeição ativa, que veremos mais adiante, mas não a competência tributária);

c) incaducável e irrenunciável: o decurso de tempo não afasta a competência, nem pode haver renúncia;

d) inalterável: a legislação não pode alterar os conceitos, institutos e formas utilizados pela CF para delimitar as competências – art. 110 do CTN;

e) facultativa: o ente político não é obrigado a instituir, efetivamente, todos os tributos de sua competência (embora possa haver sanções no âmbito do direito financeiro, por conta da responsabilidade fiscal).

Gabarito de concurso público
A competência tributária é indelegável, inalienável, imprescritível, irrenunciável e inalterável. **(Defensoria/PA – 2009 – FCC)**

4.5. Exercício da competência

Em regra, cada ente político exerce sua competência tributária por meio de **lei ordinária.**

Alguns tributos federais exigem lei complementar: empréstimo compulsório, imposto da competência residual, outras contribuições sociais (não previstas expressamente na CF) e imposto sobre grandes fortunas.

Medida provisória e lei delegada substituem lei ordinária, mas não lei complementar. Por exemplo, é possível alterar a alíquota do imposto de renda por medida provisória (substituindo a lei ordinária federal), mas não sua base de cálculo, pois esta última deve ser regulada por lei complementar federal (art. 146, III, *a*, da CF).

4.6. Conflito de competência

Há **bitributação** quando dois entes políticos pretendem tributar a mesma situação, o que não é permitido, em princípio. Por exemplo, se a União cobra ITR e o Município exige IPTU sobre o mesmo imóvel, há indevida bitributação.

Há *bis in idem* quando o mesmo ente político pretende tributar duas vezes a mesma situação, o que tampouco se admite. Por exemplo, o Município cobra ITBI no momento em que o cidadão registra a escritura de compra e venda e, posteriormente, quando leva ao registro imobiliário.

> CF, Art. 24. Compete à União, aos Estados e ao Distrito Federal legislar concorrentemente sobre:
>
> I – direito tributário, financeiro (...)

4.7. Competência concorrente

A competência para instituir, modificar e extinguir tributos (competência tributária em sentido estrito) é privativa, como visto anteriormente.

O art. 24 da CF refere-se às demais normas da tributação, especialmente aquelas gerais, ao inseri-las na competência concorrente da União, dos Estados e do Distrito Federal:

> **Art. 24** da CF. § 1º – No âmbito da legislação concorrente, a competência da União limitar-se-á a estabelecer normas gerais.
>
> Art. 146 da CF. Cabe à lei complementar:
>
> I – dispor sobre conflitos de competência, em matéria tributária, entre a União, os Estados, o Distrito Federal e os Municípios;
>
> II – regular as limitações constitucionais ao poder de tributar;
>
> III – estabelecer normas gerais em matéria de legislação tributária, especialmente sobre:
>
> (...)

Perceba que a União não pode invadir a competência tributária (em sentido estrito) dos Estados, DF e Municípios, ou seja, não pode instituir, isentar, extinguir tributos estaduais e municipais. Detém, entretanto, competência para fixar normas gerais relativas à tributação, por meio de lei complementar (arts. 24, § 1º, e 146 da CF):

Normas gerais são aquelas que dão uniformidade ao sistema tributário nacional, regulando a tributação em todas as esferas da Federação. Por exemplo, as regras atinentes a decadência, prescrição, lançamento, fato gerador, espécies tributárias etc.

4.8. Competência suplementar

A União, portanto, produz as normas gerais em matéria tributária. Aos Estados e ao Distrito Federal cabe, nos termos do art. 24, § 2º, da CF, suplementar essa legislação, regulando a tributação conforme as peculiaridades locais, além de exercer efetivamente a competência tributária:

> **Art. 24** da CF. (...) § 2º – A competência da União para legislar sobre normas gerais não exclui a competência suplementar dos Estados.

Gabarito de concurso público
Existindo norma geral da União, é facultado aos Estados legislar supletivamente em matéria tributária. **(Procurador do Estado/SP – FCC – 2009)**

É comum, entretanto, que a União não exerça plenamente sua competência para legislar nacionalmente, ou seja, para produzir normas gerais em matéria tributária.

Por exemplo, perceba que compete à União, por meio de lei complementar, determinar as bases de cálculo, os fatos geradores e os contribuintes em relação aos impostos previstos na Constituição (art. 146, III, *a*, da CF). Ocorre que jamais foram produzidas tais normas gerais em relação ao IPVA estadual.

Nesse caso de omissão do Congresso Nacional em determinar o fato gerador, a base de cálculo e os contribuintes do IPVA, será que os Estados e o Distrito Federal simplesmente ficam impossibilitados de instituir e cobrar seu imposto sobre a propriedade de veículos automotores?

A resposta é negativa. Na omissão da União, cada Estado e o Distrito Federal legislarão amplamente sobre o IPVA (= exercício da competência legislativa plena para atender a suas peculiaridades), inclusive adentrando o campo legislativo das leis complementares (definindo o fato gerador, a base de cálculo e os contribuintes do imposto), conforme o art. 24, § 3º, da CF:

> **Art. 24** da CF. (...) § 3º – Inexistindo lei federal sobre normas gerais, os Estados exercerão a competência legislativa plena, para atender a suas peculiaridades.

Gabarito de concurso público
Inexistindo lei federal sobre normas gerais, os Estados exercerão sua competência legislativa plena, para atender a suas peculiaridades. **(Procurador do Estado/SP – FCC – 2009)**
A competência tributária abrange o poder de legislar plenamente, incluindo-se o estabelecimento de normas gerais em matéria tributária, desde que não existam normas gerais impostas pela União sobre a mesma matéria. **(Ministério Público/RR – 2008 – CESPE)**

Jurisprudência
IPVA. Estado de Minas Gerais. Legalidade da cobrança, independentemente de existência de pretérita lei complementar. Precedentes desta Corte. Agravo improvido. 1. A exação em tela se mostra perfeitamente legal, prescindindo da edição de lei complementar, bastando, para tanto, a lei estadual, ainda que editada anteriormente à vigência da Constituição Federal de 1988. (...) **RE 262.643 AgR/MG, STF, rel. Min. Dias Toffoli, j. 06.04.2010**

Quando o Congresso Nacional eventualmente produzir a norma nacional do IPVA, as leis estaduais terão sua eficácia suspensa, na parte que lhe for contrária, conforme o art. 24, § 4º, da CF:

> **Art. 24** da CF. (...) § 4º – A superveniência de lei federal sobre normas gerais suspende a eficácia da lei estadual, no que lhe for contrário.

Parece-nos que a omissão do Congresso em relação a normas gerais não prejudica tampouco os Municípios (caso de aspectos do ITBI, por exemplo):

> CF, Art. 30. Compete aos Municípios:
>
> II – suplementar a legislação federal e a estadual no que couber; (...)

4.9. Tabela resumo: a competência de cada ente

Veja a seguinte tabela com os tributos da competência da cada ente político, para estudo e memorização.

Ente	Tributos
União	– II, IE, IR, IPI, IOF, ITR, imposto sobre grandes fortunas (art. 153 da CF) – imposto extraordinário, imposto da competência residual (art. 154 da CF) – empréstimo compulsório (art. 148 da CF) – contribuições especiais (sociais, CIDE, categorias profissionais ou econômicas – arts. 149 e 195 da CF)
Estados e DF	– ITCMD, ICMS e IPVA (art. 155 da CF)
Municípios e DF	– ITBI, IPTU, ISS (art. 156 da CF) – Contribuição para custeio dos serviços de iluminação pública (art. 149-A da CF)
Todos os entes	– taxas, contribuições de melhoria (art. 145, II e III, da CF) – contribuição dos servidores para custeio do regime previdenciário próprio (art. 149, § 1º, da CF)

4.10. Sujeição ativa

4.10.1. Definição e características

Sujeito ativo é o credor da obrigação tributária, quem ocupa o polo ativo da relação obrigacional tributária. Refere-se à capacidade tributária ativa, à aptidão para cobrar o crédito tributário.

Em regra, sujeito ativo é o próprio ente competente (União, Estado, DF ou Município), mas o legislador pode indicar outra pessoa (normalmente autarquia) para cobrar o tributo (= delegação da capacidade ativa).

Não há solidariedade ativa, ou seja, não há dois sujeitos ativos tributários em relação ao mesmo tributo.

4.10.2. Desmembramento

Se houver desmembramento de Estado ou de Município, o novo ente político criado sub-roga-se dos direitos do ente originário, aplicando sua legislação. Ou seja, o novo Estado ou Município irá cobrar os tributos relativos aos fatos geradores ocorridos em seu território, à luz da legislação do ente político originário, até que produza sua própria legislação:

> CTN, Art. 120. Salvo disposição de lei em contrário, a pessoa jurídica de direito público, que se constituir pelo desmembramento territorial de outra, sub-roga-se nos direitos desta, cuja legislação tributária aplicará até que entre em vigor a sua própria.

Gabarito de concurso público
Salvo disposição de lei em contrário, a pessoa jurídica de direito público que se constituir pelo desmembramento territorial de outra aplica a legislação tributária da pessoa jurídica de direito público da qual se desmembrou até que entre em vigor a própria legislação. **(Ministério Público/ES – 2010 – CESPE)**

4.11. Delegação

O ente competente pode delegar a sujeição ativa por meio de lei:

> CTN, Art. 7º A competência tributária é indelegável, salvo atribuição das funções de arrecadar ou fiscalizar tributos, ou de executar leis, serviços, atos ou decisões administrativas em matéria tributária, conferida por uma pessoa jurídica de direito público a outra, nos termos do § 3º do artigo 18 da Constituição.
>
> § 1º A atribuição compreende as garantias e os privilégios processuais que competem à pessoa jurídica de direito público que a conferir.

§ 2º A atribuição pode ser revogada, a qualquer tempo, por ato unilateral da pessoa jurídica de direito público que a tenha conferido.

§ 3º Não constitui delegação de competência o cometimento, a pessoas de direito privado, do encargo ou da função de arrecadar tributos.

Não confunda: a competência tributária (competência para legislar acerca do tributo) é indelegável, mas o legislador pode delegar a sujeição ativa, isto é, indicar outra pessoa (normalmente autarquia) para ocupar o polo ativo da obrigação tributária.

Por exemplo, os conselhos profissionais (como o CRM dos médicos) detêm a sujeição ativa para cobrar as contribuições de interesse das respectivas categorias profissionais.

O tributo é da competência da União, nos termos do art. 149 da CF. Ou seja, somente a União pode legislar a respeito. Mas a cobrança é feita por essa entidade fiscalizadora e representativa da categoria profissional (= delegação legal da sujeição ativa), por meio de execução fiscal, com todas as garantias e privilégios do crédito tributário (art. 7º, § 1º, do CTN).

A contratação de bancos para recebimento do tributo é simples cometimento (não delegação). Nesse caso, a efetiva cobrança é feita pelo sujeito ativo (ente público, autarquia), sendo a instituição financeira mera prestadora de serviço intermediário.

4.12. Parafiscalidade

Há *parafiscalidade* quando o sujeito ativo delegado fica com os recursos arrecadados para realizar suas atividades essenciais.

É o caso dos conselhos profissionais, já citados (CRF, CRC etc.), que cobram tributo federal (contribuição de interesse de categoria) e ficam com os valores (não os repassam à União).

Repetimos que a competência tributária em relação a essas contribuições é da União, nos termos do art. 149 da CF, ou seja, somente ela pode legislar acerca desses tributos (a competência é indelegável). Mas quem ocupa o polo ativo da obrigação (quem exige o tributo) é o Conselho profissional, que fica com o valor arrecadado.

Interessante anotar que a OAB é considerada serviço público independente e não autarquia especial (como CRM, CREA etc.) – ADI 3.026/DF-STF. Seus créditos (da OAB) têm natureza cível, não tributária – REsp 1.066.288/PR-STJ.

4.13. O caso do ITR

Os Municípios podem optar por fiscalizar e cobrar o ITR federal, ficando com 100% da arrecadação – arts. 153, § 4º, III, e 158, II, *in fine*, da CF.

É um caso excepcional em que a própria Constituição prevê uma espécie de parafiscalidade entre entes políticos (o Município cobra tributo federal e fica com o valor arrecadado).

Não há delegação da competência tributária (somente a União pode legislar)

A opção do Município não pode implicar redução do imposto ou qualquer outra forma de renúncia fiscal.

Gabarito de concurso público
A competência para instituição do ITR é da União, mas a capacidade [**sic – significa capacidade ativa, sujeição ativa**] *poderá ser transferida aos Municípios que optarem pela arrecadação e fiscalização deste tributo, nos termos da lei.* **(Defensoria/PA – 2009 – FCC)**

5. IMUNIDADES

5.1. Definição

Vimos que a Constituição fixa as competências tributárias dos entes políticos de modo positivo, ou seja, indica quais tributos poderão ser exigidos pela União, pelos Estados, pelo DF e pelos Municípios.

Ademais, a Constituição também delimita negativamente a competência tributária, afastando a possibilidade de os entes políticos instituírem e exigirem tributos em relação a determinadas pessoas ou situações.

Essa delimitação negativa da competência é o que se denomina *imunidade*.

5.2. Disposições constitucionais

Sempre que a CF afastar a competência, há imunidade, independentemente do termo utilizado (*isenção* – arts. 184, § 5º, e 195, § 7º – ou *não incidência* – art. 156, § 2º, I).

Gabarito de concurso público
O art. 155, § 2º, inciso X, letra "d", da CF, enuncia que o ICMS "não incidirá" sobre prestação de serviços de comunicação nas modalidades de radiodifusão e transmissão de imagens. O dispositivo consagra imunidade tributária. **(Magistratura/PE – 2011 – FCC)**

São *limitações constitucionais do poder de tributar.*

Há autores que defendem que as imunidades referem-se apenas a impostos, mas há casos de imunidades em relação a contribuições sociais (arts. 149, § 2º, I, e 195, § 7º) e a taxas (art. 5º, XXXIV, LXXIV, LXXVI e LXXVII).

5.3. Distinção entre imunidade e isenção

A imunidade é norma constitucional – a isenção é norma legal produzida pelo ente competente.

A imunidade afasta a competência tributária – a isenção pressupõe a competência.

Quando há imunidade, não existe norma de incidência – quando há isenção, segundo o CTN, ocorre o fato gerador e surge a obrigação, mas o pagamento do crédito é dispensado.

5.4. Distinção entre imunidade e não incidência

Não incidência refere-se genericamente a situações fora do alcance da norma de incidência.

No caso de não incidência, não se cogita da cobrança do tributo.

Por exemplo, a propriedade de cavalo é caso de não incidência (ninguém defende que o IPVA poderia incidir nesse caso).

A imunidade é norma constitucional expressa que afasta a competência. Por exemplo, não se pode cobrar IPVA sobre veículo da União, pois a competência é afastada expressamente nessa hipótese (= imunidade recíproca, que veremos mais adiante).

5.5 Distinção entre imunidade e isenção heterônoma

Em princípio, somente quem tem competência tributária pode criar isenção.

Excepcionalmente, a CF prevê que o Congresso Nacional excluirá da incidência do ISS as exportações de serviços (= isenção heterônoma).

É caso único em que a União (pelo Congresso Nacional) afasta a tributação municipal.

5.6. Regras aplicáveis às imunidades recíproca, dos templos, dos partidos, entidades sindicais de trabalhadores e das entidades educacionais e assistenciais

Mais adiante estudaremos cada uma das imunidades previstas no art. 150, VI, da CF. Antes disso, é interessante fixarmos algumas regras aplicáveis à imunidade recíproca, dos templos, dos partidos políticos e das entidades educacionais e de assistência social sem fins lucrativos (art. 150, VI, *a c*, da CF).

Essas imunidades referem-se apenas a **impostos**, e **não** a taxas, contribuição de melhoria, contribuições especiais e empréstimos compulsórios. Ou seja, o partido político, por exemplo, não se exime de recolher taxa pela coleta de lixo, contribuição social em relação aos rendimentos pagos a trabalhadores etc.

Essas imunidades abrangem qualquer imposto que implique redução do patrimônio, prejudique a renda ou onere os serviços da entidade imune.

Assim, essas imunidades referem-se a impostos sobre patrimônio (ITR, IPVA, IPTU), renda (IR) e serviços (ISS, ICMS), mas também sobre transmissão de bens (ITCMD e ITBI), operações financeiras (IOF) e importações em que o ente imune é o contribuinte de direito (II, IPI e ICMS).

O imóvel alugado para terceiro também é imune em relação ao IPTU, desde que a renda seja aplicada nas atividades essenciais da entidade protegida (Súmula 724 do STF, aplicável aos templos, partidos, entidades sindicais, educacionais e assistenciais).

Gabarito de concurso público
Os frutos da atividade de locação de espaço para estacionamento dos fiéis pela entidade religiosa estão abrangidos pela imunidade tributária, desde que esses valores sejam revertidos para as atividades essenciais da entidade. **(Magistratura/RO - 2011 - PUCPR)**

A imunidade não afasta as obrigações relativas à responsabilidade tributária, nem o dever de cumprimento das obrigações acessórias – art. 9º, § 1º, do CTN:

Jurisprudência
A responsabilidade ou a substituição tributária não alteram as premissas centrais da tributação, cuja regra-matriz continua a incidir sobre a operação realizada pelo contribuinte. Portanto, a imunidade tributária não afeta, tão somente por si, a relação de responsabilidade tributária ou de substituição e não exonera o responsável tributário ou o substituto. **RE 202987/SP, STF, Rel. Min. Joaquim Barbosa, j. 30.06.2009.**

Como exemplo, determinada instituição educacional sem fins lucrativos, apesar de imune em relação aos impostos, não pode deixar de escriturar os livros fiscais ou prestar as informações ao fisco conforme a legislação aplicável, nem pode abster-se de reter o imposto de renda na fonte, na condição de responsável tributário, em relação aos salários pagos a seus empregados.

A imunidade afasta a tributação na exploração de atividade econômica, sendo importante salientar que há precedentes do STF reconhecendo a imunidade em caso de produção e venda de mercadoria por entidade imune.

Gabarito de concurso público
A imunidade tributária não exclui o pagamento do IPI e ICMS da pessoa política que explora atividade econômica privada. **(Magistratura/SP - 2008)**

Finalmente, a imunidade não beneficia o contribuinte de direito que vende produto, bem ou serviço a ente imune (Súmula 591 do STF).

Veja o seguinte exemplo: imagine que um ente imune (templo, partido etc.) adquira um automóvel. Haverá, nesse caso, incidência do ICMS sobre a venda, pois o contribuinte ("de direito"), conforme a legislação, é o estabelecimento vendedor, que não é beneficiado pela imunidade (ou seja, o vendedor, que não é imune, recolherá o tributo estadual):

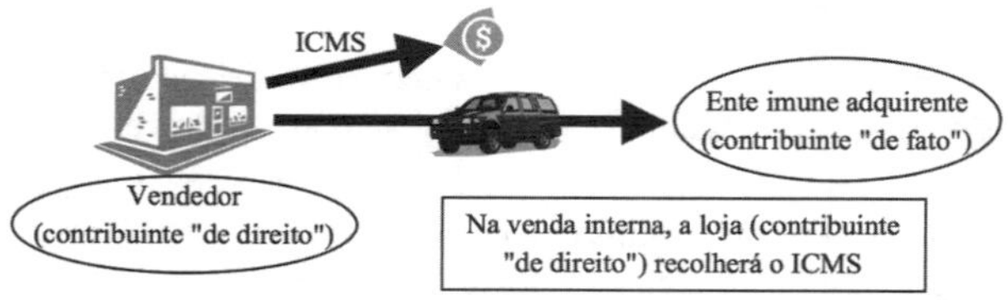

Gabarito de concurso público
Em virtude [sic – apesar] da imunidade recíproca a que se refere o artigo 150, VI, "a", da Constituição Federal, se um Estado compra de uma empresa privada um produto industrializado, nessa venda, há incidência do IPI e também da COFINS. **(Magistratura Federal - 3ª Região - XIII)**

Jurisprudência
I – A imunidade do art. 150, VI, a, da Constituição somente se aplica ao imposto incidente diretamente sobre serviço, patrimônio ou renda do próprio ente beneficiado, ou seja, na qualidade de contribuinte de direito. II – O Município é contribuinte de fato do ICMS relativo aos bens e serviços, portanto, não faz jus a imunidade em questão. **AI 805.295 AgR/MG, STF, Rel. Min. Ricardo Lewandowski, j. 02.12.2010.**

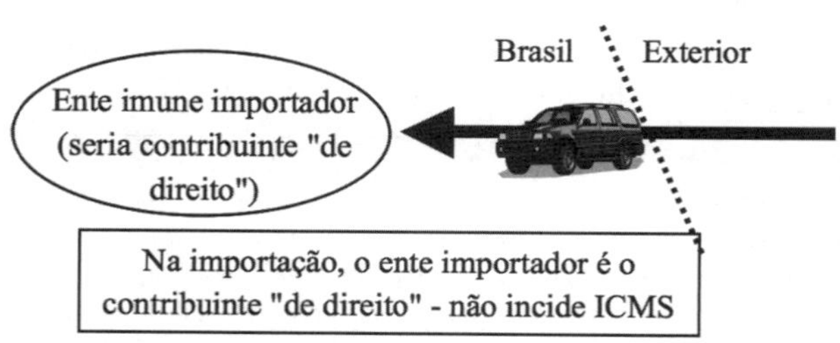

Por outro lado, caso este mesmo ente imune importe o veículo, não haverá incidência do ICMS. Isso porque, na importação, contribuinte do imposto estadual é o importador (é ele o contribuinte "de direito"). Veja que, se houvesse a cobrança, o ente imune ocuparia a condição de contribuinte do imposto, o que atingiria diretamente o seu patrimônio e é inconstitucional:

Jurisprudência
Na tributação das operações de importação, o contribuinte por excelência do tributo é o importador (que tende a ser o adquirente da mercadoria) e não o vendedor. Há confusão entre as figuras do contribuinte de direito e do contribuinte de fato. 2. Assim, não faz sentido argumentar que a imunidade tributária não se aplica à entidade beneficente de assistência social nas operações de importação, em razão de a regra constitucional não se prestar à proteção de terceiros que arquem com o ônus da tributação. **AI 476.664 AgR/RS, STF, Rel. Min. Joaquim Barbosa, j. 06.04.2010.**

5.7. Imunidade recíproca

5.7.1. Previsão constitucional

A imunidade recíproca é prevista no art. 150, VI, *a*, da CF:

CF, Art. 150. Sem prejuízo de outras garantias asseguradas ao contribuinte, é vedado à União, aos Estados, ao Distrito Federal e aos Municípios:

(...)

VI – instituir impostos sobre:

a) patrimônio, renda ou serviços, uns dos outros;

(...)

5.7.2. Imunidade recíproca – entes imunes

A imunidade recíproca refere-se à União, aos Estados, ao DF e aos Municípios, decorrendo do princípio federativo. Eles não podem cobrar impostos uns dos outros, o que agrediria as respectivas autonomias financeiras.

Gabarito de concurso público
A imunidade tributária recíproca sob o prisma teleológico, assegura, confirma e preserva o regime constitucional federativo. **(Magistratura/SP – 2009 – VUNESP)** *O princípio que visa preservar a arrecadação tributária de forma harmônica entre as três entidades políticas e a coexistência autônoma e independente dessas entidades é: imunidade recíproca.* **(Cartório/SP – 2008)**

A imunidade recíproca é estendida às *autarquias* e *fundações* instituídas e mantidas pelo Poder Público, no que se refere ao patrimônio, à renda e aos serviços vinculados a suas finalidades essenciais ou às delas decorrentes.

5.7.3. Imunidade recíproca – entidades de direito privado

Em princípio, a imunidade recíproca não abrange entidades de direito privado da administração indireta: empresas públicas e sociedades de economia mista.

Excepcionalmente, o STF entende que a Empresa de Correios e Telégrafos (ECT) e a Empresa Brasileira de Infraestrutura Aeroportuária (Infraero) são imunes em relação aos serviços de prestação obrigatória e exclusiva pelo Estado.

5.7.4. Imunidade recíproca – exploração de atividade econômica

CF, Art. 150. (...)

(...)

§ 3º – As vedações do inciso VI, "a", e do parágrafo anterior [imunidade recíproca] não se aplicam ao patrimônio, à renda e aos serviços, relacionados com exploração de atividades econômicas regidas pelas normas aplicáveis a empreendimentos privados, ou em que haja contraprestação ou pagamento de preços ou tarifas pelo usuário (...)

A imunidade não beneficia entidades que explorem atividade econômica (generalidade das empresas públicas e de economia mista).

O STF, entretanto, reconheceu o benefício em caso de entidade imune (de assistência social) que produz e vende mercadoria.

A imunidade recíproca não abrange concessionárias de serviço público, que cobram tarifa dos usuários (art. 13 do CTN), nem registros públicos, cartorários e notariais delegados.

Gabarito de concurso público
O Supremo Tribunal Federal inclinou-se pela orientação de que os serviços de registros públicos, notariais e cartorários embora públicos, não são imunes ao ISSQN. **(Magistratura/SP – 2009 – VUNESP)**

Não exonera o promitente comprador da obrigação de pagar imposto relativamente ao bem imóvel (ITBI e IPTU, Súmulas 75 e 583 do STF) – art. 150, § 3º, *in fine*, da CF.

5.8. Imunidade dos templos de qualquer culto

5.8.1. Previsão constitucional

A imunidade dos templos é prevista no art. 150, VI, *b*, da CF:

CF, Art. 150. Sem prejuízo de outras garantias asseguradas ao contribuinte, é vedado à União, aos Estados, ao Distrito Federal e aos Municípios:

(...)

VI – instituir impostos sobre:

(...)

b) templos de qualquer culto;

(...)

5.8.2. Imunidade dos templos – abrangência

Essa imunidade procura proteger e garantir a liberdade de culto, sem margem para juízo valorativo pelo Fisco, ou seja, qualquer igreja é beneficiada.

Abrange toda a atividade e o espaço necessário para o culto, incluindo anexos, casa do religioso, estacionamento para os fiéis, banheiros, retiros, desde que "relacionados com as finalidades essenciais" (art. 150, § 4º, da CF).

Como já dito, o imóvel alugado para terceiro também é imune em relação ao IPTU, desde que a renda seja aplicada nas atividades essenciais do templo (Súmula 724 do STF).

Abrange a venda de bens relacionados ao culto (velas, incensos), mas não a exploração de atividade econômica efetiva (caso a igreja abra um supermercado, haverá incidência do ICMS).

Jurisprudência
Os cemitérios que consubstanciam extensões de entidades de cunho religioso estão abrangidos pela garantia contemplada no artigo 150 da Constituição do Brasil. Impossibilidade da incidência de IPTU em relação a eles. A imunidade aos tributos de que gozam os templos de qualquer culto é projetada a partir da interpretação da totalidade que o texto da Constituição é, sobretudo do disposto nos artigos 5º, VI, 19, I e 150, VI, b. **RE 578.562/BA, STF, Rel. Eros Grau, j. 21.05.2008**

5.9. Imunidade dos partidos, entidades sindicais, educacionais e de assistência social

5.9.1. Previsão constitucional

Essa imunidade é prevista no art. 150, VI, *c*, da CF:

> CF, Art. 150. Sem prejuízo de outras garantias asseguradas ao contribuinte, é vedado à União, aos Estados, ao Distrito Federal e aos Municípios:
>
> (...)
>
> VI – instituir impostos sobre:
>
> (...)
>
> c) patrimônio, renda ou serviços dos partidos políticos, inclusive suas fundações, das entidades sindicais dos trabalhadores, das instituições de educação e de assistência social, sem fins lucrativos, atendidos os requisitos da lei;

5.9.2. Imunidade dos partidos e entidades sindicais, educacionais e de assistência social – abrangência

Essa imunidade prestigia entidades essenciais para a democracia representativa, para a defesa dos direitos dos trabalhadores e as que colaboram com o Estado em áreas sensíveis (educação e assistência social).

Refere-se apenas a entidades sindicais de **trabalhadores, não a entidades patronais (estas não são imunes).**

Gabarito de concurso público
O Sindicato Patronal das Indústrias do Setor de Plásticos e Derivados, alegando como argumento o fato de constituir- se como sindicato, requereu imunidade constitucional tributária abrangendo a totalidade de seu patrimônio, renda e serviços. Com relação ao pleito e fundamentação apresentada, não se aplica a imunidade por se tratar de sindicato patronal. **(Procurador do Estado/RO - 2011 - FCC)**

Somente são beneficiadas as entidades educacionais e de assistência social sem fins lucrativos, na forma da lei (essa lei regulamentadora, veremos, é o CTN, por seu art. 14).

O STF reconheceu a imunidade em caso de entidade de assistência social que produz e vende mercadoria.

Abrange todo o patrimônio necessário para as atividades essenciais, incluindo prédios administrativos e estacionamento para estudantes (precedentes do STF).

O imóvel alugado para terceiro também é imune ao IPTU, desde que a renda seja aplicada nas atividades essenciais da entidade (Súmula 724 do STF).

Como as outras imunidades do art. 150, VI, da CF, esta também se refere apenas a impostos. Há, entretanto, imunidade em relação a contribuições sociais, prevista no art. 195, § 7º, da CF (embora o constituinte tenha utilizado o termo *isenção*).

5.9.3. Entidades educacionais e de assistência social – requisitos (art. 14 do CTN)

Para que a entidade educacional ou de assistência social seja beneficiada pela imunidade, é preciso que atenda aos requisitos do art. 14 do CTN:

a) não pode distribuir qualquer parcela de seu patrimônio ou de suas rendas, a qualquer título;

b) deve aplicar integralmente, no País, os seus recursos na manutenção dos seus objetivos institucionais;

c) deve manter escrituração de suas receitas e despesas em livros revestidos de formalidades capazes de assegurar sua exatidão;

d) deve reter tributos na fonte e cumprir os demais deveres instrumentais.

A imunidade é dada pela CF, cabendo ao Fisco apenas reconhecê-la, desde que preenchidos os requisitos.

O fato de a entidade não ter fins lucrativos não impede a cobrança de mensalidade, o superávit de suas contas (ela não precisa ter prejuízos) ou o pagamento de salários.

Entretanto, os salários e os benefícios pagos devem ser compatíveis com o mercado para não representarem distribuição disfarçada de lucro ou dilapidação do patrimônio.

5.10. Imunidade dos livros, jornais e periódicos

5.10.1. Previsão constitucional

A imunidade dos livros, jornais e periódicos é prevista no art. 150, VI, *d*, da CF:

> CF, Art. 150. Sem prejuízo de outras garantias asseguradas ao contribuinte, é vedado à União, aos Estados, ao Distrito Federal e aos Municípios:
>
> (...)
>
> VI – instituir impostos sobre:
>
> (...)
>
> d) livros, jornais, periódicos e o papel destinado a sua impressão.
>
> (...)

5.10.2. Imunidade de livros, jornais e periódicos – impostos

A imunidade é **objetiva** e restrita aos **impostos** incidentes sobre os livros, jornais, periódicos e o papel para impressão.

Abrange, portanto, Imposto de Importação, IPI e ICMS relativos à compra do papel, produção e comercialização desses **bens.**

Não há imunidade em relação aos tributos que incidem direta ou indiretamente sobre a **atividade** ou **outros bens** (ISS, IR, IOF, IPTU etc.).

Assim, a gráfica não paga II ou IPI, quando importa o papel, nem ICMS quando vende o livro, o jornal ou o periódico. Mas paga ISS sobre serviços prestados, IR sobre o lucro auferido, IOF sobre suas operações financeiras, IPTU em relação ao imóvel de sua propriedade etc.

5.10.3. Imunidade de livros e periódicos – abrangência

Pretende-se prestigiar o acesso à informação, à educação e à cultura.

Assim, a imunidade abrange toda publicação, independentemente do conteúdo (mesmo fescenino, de baixo nível). Não há margem para juízo valorativo do Fisco.

A imunidade inclui listas telefônicas, livros-brinquedo (*pop up*, com música infantil, bonecos afixados etc.).

Em princípio, abrange o conteúdo do livro eletrônico, mas não o próprio equipamento (ainda não há jurisprudência pacificada a respeito).

O STF vem entendendo que a imunidade abrange, além do próprio livro, jornal ou periódico, apenas o papel utilizado na impressão, filmes e papéis fotográficos (Súmula 657 do STF).

A Suprema Corte não reconhece a imunidade em relação às tintas e aos equipamentos para impressão.

Jurisprudência
A imunidade tributária prevista no art. 150, VI, da Constituição não alcança os serviços de composição gráfica ou de impressão onerosos, oferecidos a terceiros interessados. Segundo o quadro fático-jurídico definido nos autos, o material produzido pela agravante é inassimilável aos conceitos constitucionais-tributários de jornal, livro e periódico, porquanto mais se aproximam de material promocional ou de propaganda. AI 723.018 AgR/MG, STF, Rel. Min. Joaquim Barbosa, j. 06/03/2012 *A jurisprudência do Supremo Tribunal Federal, que me parece juridicamente correta, é firme no sentido de que a distribuição de periódicos, revistas, publicações, jornais e livros não está abrangida pela imunidade tributária da alínea "d" do inciso VI do art. 150 do Magno Texto.* RE 630.462 AgR/PR, STF, Rel. Min. Ayres Britto, j. 07.02.2012

5.11. Imunidade dos fonogramas e videofonogramas, suportes materiais e arquivos digitais

O Constituinte derivado incluiu nova imunidade no texto constitucional, em favor dos músicos brasileiros:

> CF, Art. 150. Sem prejuízo de outras garantias asseguradas ao contribuinte, é vedado à União, aos Estados, ao Distrito Federal e aos Municípios:
>
> (...)
>
> VI – instituir impostos sobre:
>
> (...)
>
> e) fonogramas e videofonogramas musicais produzidos no Brasil contendo obras musicais ou literomusicais de autores brasileiros e/ou obras em geral interpretadas por artistas brasileiros bem como os suportes materiais ou arquivos digitais que os contenham, salvo na etapa de replicação industrial de mídias ópticas de leitura a laser.
>
> (...)

O intuito é fomentar e proteger relevante aspecto cultural brasileiro, afastando a incidência de impostos sobre a produção musical de artistas nacionais, especificamente sobre as gravações, sejam elas veiculada por CD, DVD ou simples arquivo digital.

Ressalvou-se a tributação sobre a produção industrial das mídias ópticas (CD e DVD).

5.12. Outras imunidades

Além das imunidades previstas no art. 150, VI, a Constituição Federal prevê também outras:

a) Contribuição social e CIDE sobre receitas decorrentes de exportação – art. 149, § 2º, I, da CF;

b) Contribuição social de entidades beneficentes de assistência social – art. 195, § 7º, da CF;

c) Contribuição social sobre aposentadoria e pensão concedida pelo regime geral de previdência social (RGPS-INSS) – art. 195, II, *in fine*, da CF;

d) IPI e ICMS sobre exportação – arts. 153, § 3º, III, e 155, § 2º, X, *a*, da CF;

e) ITR sobre pequenas glebas – art. 153, § 4º, II, da CF;

f) ITBI sobre alterações societárias – art. 156, § 2º, I, da CF.

Gabarito de concurso público
Considere-se que Joaquina tenha 80 anos de idade e seja aposentada pelo RGPS. Nessa situação, não há incidência de contribuição previdenciária sobre a aposentadoria percebida por Joaquina, em razão de imunidade tributária específica. **(Procuradoria Federal – 2007 – CESPE)**

6. PRINCÍPIOS

6.1. Definição e aspectos gerais

Princípios são proposições normativas de alta carga valorativa, que orientam a produção e a interpretação das demais normas.

Há diversos princípios tributários incluídos entre as *limitações constitucionais ao poder de tributar*. Outros princípios tributários são implícitos.

Muitos deles refletem princípios gerais do Direito brasileiro (ex.: legalidade) e outros indicam regras bastante objetivas (ex.: anterioridade).

Gabarito de concurso público
Os princípios constitucionais tributários são expressão da soberania estatal e traduzem-se em limitações ao poder de tributar, o que não impede que o Estado exija dos indivíduos, por atividade vinculada, parcela do seu patrimônio. **(MAGISTRATURA/PB – 2011 – CESPE)**

6.2. Princípio da legalidade

6.2.1. Disposição constitucional

O princípio da legalidade tributária é expressamente previsto no art. 150, I, da CF.

> CF, Art. 150. Sem prejuízo de outras garantias asseguradas ao contribuinte, é vedado à União, aos Estados, ao Distrito Federal e aos Municípios:
>
> I – exigir ou aumentar tributo sem lei que o estabeleça;
>
> (...)

Trata-se de aspecto do princípio da legalidade que abrange todo o sistema jurídico brasileiro, previsto no art. 5º, II, da CF.

Não há tributação sem previsão legal.

Gabarito de concurso público
O Princípio da Legalidade Tributária não significa um direito do Fisco, visto que traduz uma limitação em sua ação, conforme dispõe o artigo 150 da Constituição Federal. **(Ministério Público/MG - 2008)**

O dispositivo constitucional tem um viés em favor dos contribuintes, inserido na ideia de limitação constitucional do poder de tributar.

Entretanto, é importante ressaltar que a legalidade refere-se não apenas à instituição e à majoração de tributos, mas também à redução ou extinção (veja o art. 150, § 6º, da CF). De fato, o poder público não pode abrir mão de receitas públicas sem previsão legal.

6.2.2. *Princípio da legalidade – abrangência*

Os elementos essenciais da tributação devem ser estabelecidos por lei (art. 97 do CTN):

a) instituição, majoração, redução, dispensa e extinção de tributos e de penalidades;

b) fato gerador da obrigação principal;

c) alíquotas e base de cálculo;

d) cominação de penalidades, sua dispensa ou redução;

e) hipóteses de suspensão, extinção e exclusão do crédito tributário.

Não se exige lei, em sentido estrito, em relação a elementos instrumentais da tributação e, excepcionalmente, para alteração de determinadas alíquotas. Eis matérias que podem ser veiculadas por normas infralegais:

a) alteração de alíquotas de II, IE, IPI, IOF e CIDE sobre combustíveis, atendidas as condições e os limites estabelecidos pela lei

b) correção monetária da base de cálculo, dentro do índice oficial de inflação (Súmula 160 do STJ);

c) vencimento do tributo;

d) modelos de guias e livros fiscais;

e) definição dos locais de pagamento.

Jurisprudência
O Plenário desta Corte, ao julgar os RREE 154.273 e 172.394, não acolheu a alegação de ofensa ao princípio constitucional da legalidade. - Por outro lado, ainda no julgamento do citado RREE, ficou decidido que, no caso, "não se compreendendo no campo reservado à lei, pelo Texto Constitucional, a definição do vencimento e do modo pelo qual se procederá à atualização monetária das obrigações tributárias, também não se pode ter por configurada delegação de poderes no cometimento desse encargo, pelo legislador ordinário, ao Poder regulamentar". **RE 154.248/SP, STF rel. Min. Moreira Alves, j. 26.03.2002**

6.2.3. *Princípio da legalidade – nomenclatura*

A doutrina muitas vezes utiliza diversas expressões para se referir a aspectos do princípio da legalidade, em geral:

Reserva legal: a tributação depende sempre de lei;

Reserva absoluta de lei: a incidência e as condutas da administração devem ser previstas em lei;

Reserva de lei formal: a tributação depende de lei em sentido estrito, em regra aquela produzida pelo Legislativo e enviada à sanção do Executivo, embora se admitam MP e normas infralegais relativas a determinadas alíquotas de impostos;

Tipicidade fechada: os elementos da incidência devem estar exaustivamente previstos em lei.

6.2.4. *Princípio da legalidade – alíquotas*

As alíquotas devem ser, em regra, fixadas ou alteradas por lei.

Há, entretanto, hipóteses excepcionais de determinados tributos federais que podem ter suas alíquotas alteradas por normas infralegais (decretos, portarias etc.), desde que atendidas as condições e os limites estabelecidos em lei:

a) imposto de importação;

b) imposto de exportação;

c) IPI;

d) IOF;

e) redução e restabelecimento da alíquota da CIDE sobre combustíveis (art. 177, § 4º, I, *b*, da CF).

São tributos de carga fortemente *extrafiscal*, que visam à intervenção no mercado, e não, prioritariamente, a arrecadação (não têm caráter estritamente *fiscal*, arrecadatório).

Por essa razão, o legislador entendeu por bem autorizar a modificação das alíquotas por norma infralegal (decreto, portaria etc. – a competência não é privativa do Presidente da República), garantindo maior agilidade no uso desse importante instrumento.

Jurisprudência
É compatível com a Carta Magna a norma infraconstitucional que atribui a órgão integrante do Poder Executivo da União a faculdade de estabelecer as alíquotas do Imposto de Exportação. Competência que não é privativa do Presidente da República. **RE 570.680/RS, STF, rel. Min. Ricardo Lewandowski, Pleno, j. 28.10.2009, Reperc. Geral**

Gabarito de concurso público
A competência para a fixação das alíquotas do imposto de exportação de produtos nacionais ou nacionalizados não é exclusiva do presidente da República. **(Defensoria Pública da União - 2010 - CESPE)**

6.2.5. *Princípio da legalidade – Obrigações acessórias*

O CTN, ao tratar da obrigação principal (tributo e penalidade pecuniária) refere-se sempre à *lei* (arts. 97, III, e 114). Ao dispor sobre a obrigação acessória (deveres instrumentais, como emissão de documentos fiscais, escrituração, declarações etc.) refere-se à *legislação* (que inclui normas infralegais – arts. 96, 113, § 2º, e 115).

Por essa razão, discute-se se a obrigação acessória exige lei ou se pode ser instituída por norma infralegal (decretos, portarias etc.).

No julgamento da ACO 1.098 AgR-TA/MG-STF, o Min. Marco Aurélio posicionou-se pela necessidade de lei, mesmo no caso da obrigação acessória, o que fez constar na ementa a seguir transcrita. É importante notar, entretanto, que o Min. Ricardo Lewandowski, por exemplo, ao acompanhar o Min. Marco Aurélio, entendeu que a instrução normativa em análise poderia ter infringido os limites da lei complementar (fundamento diverso):

Jurisprudência
Ante o disposto no artigo 113, § 2º, do Código Tributário Nacional, a exigir lei em sentido formal e material para ter-se o surgimento de obrigação tributária, ainda que acessória, mostra-se relevante pedido de tutela antecipada veiculado por Estado, visando a afastar sanções, considerado o que previsto em instrução da Receita Federal. **ACO 1.098 AgR-TA/MG, STF, rel. p/ acórdão Min. Marco Aurélio, Tribunal Pleno, j. 08.10.2009**

O STJ tem precedente no sentido de desnecessidade de lei para fixação da obrigação acessória:

Jurisprudência
A legalidade exigida para a imposição da obrigação tributária instrumental não é estrita, ou seja, pode advir de ato normativo que não a lei em sentido formal. Todos aqueles veículos normativos previstos no art. 96 do CTN, tais como decretos e regulamentos, entre outros contidos no art. 100, são aptos a formar vínculo jurídico tributário acessório. No caso, a exigência da obrigação acessória de que ora se cuida - anotação nas notas fiscais do número do lote dos medicamentos - não viola o princípio da legalidade, já que encontra previsão expressa no Decreto n.º 43.128/2002, amparado pelo acordo do CONFAZ entabulado por meio do AJUSTE SINIEF n.07/2002. **RMS 20.587/MG, STJ, rel. Ministro Castro Meira, j. 09.11.2010**

Em outros casos, o Superior Tribunal de Justiça aceita obrigações acessórias previstas de maneira ampla em lei e detalhadas em norma infralegal:

Jurisprudência
1. São legais as disposições contidas na Instrução Normativa SRF 304/2003, exigindo Declaração de Informações sobre Atividades Imobiliárias - DIMOB. Precedente do STJ. *2. Descabe falar em ausência de previsão legal no tocante à multa por descumprimento da obrigação acessória, uma vez que fundada no art. 57 da Medida Provisória 2.158/2001.* **REsp 838.143/PR, STJ, rel. Ministra Eliana Calmon, j. 15.10.2009** **Obs.: o art. 57 da MP 2.158/2001 remete ao art. 16 da Lei 9.779/1999 que, por sua vez, determina genericamente que "compete à Secretaria da Receita Federal dispor sobre as obrigações acessórias relativas aos impostos e contribuições por ela administrados, estabelecendo, inclusive, forma, prazo e condições para o seu cumprimento e o respectivo responsável".**

Enfim, importante conhecer todos esses posicionamentos, mas é difícil falar hoje em entendimento jurisprudencial pacífico a respeito da matéria.

Parece-nos possível, entretanto, afirmar que há necessidade de lei, mas que pode ser genérica, sendo a obrigação acessória detalhada por norma infralegal (a prevalecer o posicionamento do STJ no REsp 838.143/PR, que nos parece adequado).

6.2.6. Princípio da legalidade – Benefícios fiscais

No caso de benefícios fiscais, exige-se não apenas lei, mas também que ela seja específica, regulando apenas o benefício ou o próprio tributo:

Assim, não é possível incluir uma isenção de imposto de renda, por exemplo, em uma lei que cuide de servidores públicos ou de rodovias federais. A lei deve tratar apenas do benefício fiscal ou somente do imposto de renda.

Gabarito de concurso público
Diz respeito a taxas a regra de que qualquer subsídio ou isenção, redução de base de cálculo, concessão de crédito presumido, anistia ou remissão só poderá ser concedido por lei específica que regule exclusivamente essas matérias ou a correspondente exação. **(Magistratura/DF - 2007)**

6.3. Princípio da isonomia

6.3.1. Disposição constitucional

> CF, Art. 150. Sem prejuízo de outras garantias asseguradas ao contribuinte, é vedado à União, aos Estados, ao Distrito Federal e aos Municípios:
>
> (...)
>
> II – instituir tratamento desigual entre contribuintes que se encontrem em situação equivalente, proibida qualquer distinção em razão de ocupação profissional ou função por eles exercida, independentemente da denominação jurídica dos rendimentos, títulos ou direitos; (...)

O princípio tributário da isonomia é previsto no art. 150, II, da CF:

Perceba que o constituinte deixou claro que não importa a denominação dos rendimentos ou da ocupação profissional: a tributação deve ser a mesma para todos. Isso evita discussões quanto ao IR incidente sobre soldos de militares ou sobre o salário de juízes, por exemplo (não são exceções à regra impositiva).

6.3.2. Princípio da isonomia – critério

Isonomia é tratar igualmente os contribuintes na mesma situação e desigualmente aqueles em situações distintas, conforme a desigualdade.

O critério de comparação é a capacidade contributiva ou capacidade econômica, que pode ser avaliada objetivamente, em relação a cada tributo.

Gabarito de concurso público
Sobre o princípio da capacidade contributiva, é correto afirmar que é o principal critério de aplicação da igualdade tributária no âmbito dos impostos com finalidade fiscal. **(Procurador do Estado/RS - FUNDATEC - 2010)**

A capacidade contributiva é princípio norteador do direito tributário, ínsito à ideia de justiça, pela qual os que possuem mais contribuem com mais para o funcionamento do Estado.

Toda a tributação, desde a definição das competências tributárias pela Constituição até a efetiva instituição dos tributos pelos entes políticos, além da própria exigência fiscal, deve ser orientada por esse princípio.

Isso significa que todo aquele que apresente a mesma capacidade contributiva deve, em regra, pagar tributo equivalente, daí porque se relaciona mais diretamente com a função fiscal dos tributos (função arrecadatória).

Também é comum referir-se à capacidade contributiva em relação aos impostos (art. 145, § 1º, da CF), até porque nesses casos (dos impostos, tributos não vinculados - art. 16 do CTN) não há contraprestação ou valorização de bem (caso das taxas e contribuições de melhoria, respectivamente) que balizem o valor a ser cobrado do contribuinte (muito embora, repetimos, a capacidade tributária e a isonomia sejam aplicáveis a toda a tributação).

6.3.3. *Princípio da isonomia – Instrumentos*

Diversos instrumentos viabilizam a isonomia, permitindo que as pessoas paguem tributos conforme sua capacidade econômica:

a) progressividade de alíquotas do IR, ITR, IPTU e ITCMD (este último com reconhecimento recente pelo STF);

b) isenções e outros benefícios em favor de contribuintes de menor capacidade econômica;

c) seletividade de alíquotas do IPI e do ICMS;

d) diferenciação de alíquotas do IPVA e do IPTU;

e) tratamento diferenciado e favorecido para cooperativas e micro e pequenas empresas.

Perceba, portanto, que uma isenção (que afasta a cobrança de tributo em relação a determinada pessoa ou situação), por exemplo, atende a isonomia, desde que exonere quem tenha menor capacidade contributiva.

6.3.4. *Princípio da isonomia – Entes federados*

É vedado à União tributar a renda das obrigações da dívida pública dos Estados, do Distrito Federal e dos Municípios, bem como a remuneração e os proventos dos respectivos agentes públicos, em níveis superiores aos que fixar para suas obrigações e para seus agentes – art. 151, II, da CF.

Isso decorre não apenas da isonomia, mas também do pacto federativo e da autonomia dos entes políticos.

6.4. Princípio da irretroatividade

6.4.1. *Disposição constitucional*

A irretroatividade tributária, que decorre também de um princípio geral do direito brasileiro (irretroatividade das normas jurídicas), é prevista no art. 150, III, *a*, da CF:

> CF, Art. 150. Sem prejuízo de outras garantias asseguradas ao contribuinte, é vedado à União, aos Estados, ao Distrito Federal e aos Municípios:
>
> (...)
>
> III – cobrar tributos:
>
> a) em relação a fatos geradores ocorridos antes do início da vigência da lei que os houver instituído ou aumentado;
>
> (...)

6.4.2. *Princípio da irretroatividade – Aspectos*

A legislação tributária aplica-se imediatamente aos fatos geradores futuros e aos pendentes (aqueles iniciados, mas ainda não concluídos) – art. 105 do CTN.

STF julgou válida lei relativa ao IR publicada em 31.12.1994, "a tempo, portanto, de incidir sobre o resultado do exercício financeiro encerrado", tendo observado a irretroatividade – RE 232.084/SP.

Jurisprudência
Diploma normativo que foi editado em 31.12.1994 [sábado], a tempo, portanto, de incidir sobre o resultado do exercício financeiro encerrado. Descabimento da alegação de ofensa aos princípios da anterioridade e da irretroatividade, relativamente ao Imposto de Renda, o mesmo não se dando no tocante à contribuição social, sujeita que está à anterioridade nonagesimal prevista no art. 195, § 6º da CF, que não foi observado. **RE 232.084/SP, STF, rel. Ministro Ilmar Galvão, j. 04.04.2000**

Gabaritos de concursos públicos
O Princípio da Anterioridade Tributária guarda pertinência com o postulado da não surpresa tributária. **(Ministério Público/ MG - 2008)** *Atende ao princípio da anterioridade de exercício a publicação, no Diário Oficial, da lei instituidora de imposto no dia 31.12, sábado, apesar de a sua circulação dar-se apenas na segunda-feira.* **(Magistratura Federal/1ª Região - 2009 - CESPE)**

6.4.3. *Princípio da irretroatividade – Exceções*

A lei se aplica a atos e fatos pretéritos nos casos de:

a) lei expressamente interpretativa, sem penalidade pela infração dos dispositivos interpretados (art. 106, I, do CTN);

b) norma sancionadora mais benéfica ao infrator (*lex mitior*), exceto no caso de ato definitivamente julgado (art. 106, II, do CTN);

c) novas regras para a fiscalização ou aumento das garantias e privilégios do crédito, exceto criação de responsabilidade (art. 144, § 1º, do CTN).

A doutrina costuma se referir a essas hipóteses como exceções à irretroatividade.

Caso bastante famoso de aplicação retroativa de normas atinentes à fiscalização tributária é o da utilização dos dados da antiga CPFM para fiscalização de outros tributos:

Jurisprudência
É possível a utilização de informações provenientes da arrecadação da CPMF para a instauração de procedimento administrativo-fiscal objetivando a cobrança de créditos relativos a outros tributos, inclusive quanto a fatos geradores anteriores a 2001, nos termos do art. 11, § 3º, da Lei 9.311/1996, com a redação dada pela Lei 10.174/2001, do art. 6º da Lei Complementar 105/2001, e do art. 144, § 1º, do CTN. **EREsp 806.753/RS, STJ, rel. Ministro Herman Benjamin, j. 22.08.2007**

Gabarito de concurso público
Os princípios constitucionais tributários estabelecem limites ao poder de tributar. Assim, o princípio da irretroatividade da lei tributária não é violado quando a lei é aplicada de maneira interpretativa a ato ou fato pretérito, excluindo a aplicação de penalidade à infração. **(Cartório/SP - 2008)**

6.4.4. *Princípio da irretroatividade* – *Lex mitior*

Perceba que somente a norma que reduz ou exclui *penalidades* retroage para beneficiar o infrator (*lex mitior*), mas nunca a norma relativa ao tributo (essa jamais retroage).

Assim, a alíquota e a base de cálculo do imposto, da taxa, da contribuição etc. serão sempre aquelas vigentes à época do fato gerador.

Eventual multa, entretanto, poderá ser reduzida por norma posterior, desde que ela ainda não tenha sido paga, quando na vigência da nova legislação, e que não seja questão definitivamente julgada.

Exemplo:

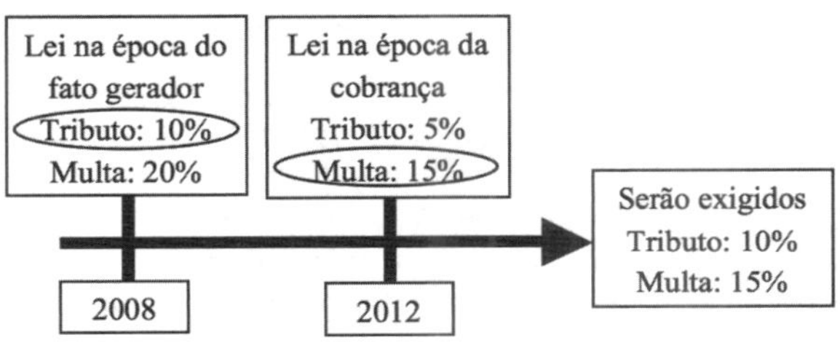

Perceba, nesse exemplo, que o contribuinte não pagou o tributo na época correta (em 2008), quando a alíquota aplicável era de 10% e a multa pelo atraso, de 20%.

Posteriormente, houve redução desses percentuais, mas apenas a multa é minorada em favor do infrator. A alíquota do tributo será sempre aquela vigente à época do fato gerador.

6.5. Princípio da anterioridade

6.5.1. *Disposição constitucional*

O princípio da anterioridade é regra peculiar do Direito Tributário, que protege o contribuinte contra a exigibilidade imediata de tributo instituído ou majorado (não surpresa).

Se houver instituição ou aumento, ele será exigível apenas após determinado período (90 dias ou 1° exercício seguinte ao da publicação da lei, o que ocorrer depois):

> CF, Art. 150. Sem prejuízo de outras garantias asseguradas ao contribuinte, é vedado à União, aos Estados, ao Distrito Federal e aos Municípios: (...)
>
> III – cobrar tributos: (...)
>
> b) no mesmo exercício financeiro em que haja sido publicada a lei que os instituiu ou aumentou;
>
> c) antes de decorridos noventa dias da data em que haja sido publicada a lei que os instituiu ou aumentou, observado o disposto na alínea b; (...)

6.5.2. *Aspectos*

A eficácia da norma que institui ou majora tributo se dá somente após 90 dias da **publicação** (anterioridade nonagesimal) ou em 1° de janeiro do ano seguinte (anterioridade anual), o que ocorrer depois.

Por exemplo, se o ICMS é majorado em abril deste ano, o aumento somente é exigível a partir de 1° de janeiro do ano seguinte (anterioridade anual). Entretanto, se o ICMS é aumentado em novembro deste ano, somente em fevereiro do ano seguinte é que se poderá cobrar o valor a maior (anterioridade nonagesimal). Vale sempre a data posterior.

A anterioridade refere-se somente aos casos de instituição ou majoração, não aos de redução ou extinção. É proteção ao contribuinte, de modo que norma mais benéfica pode ter eficácia imediata.

Como exemplo, se o ISS é reduzido em fevereiro desse ano, o benefício vale imediatamente (não há anterioridade).

Apesar da expressão "cobrar tributos", entende-se que se refere aos fatos geradores, ou seja, a nova norma (que aumente ou institua tributo) aplica-se a fatos geradores ocorridos após o período da anterioridade.

Trata-se de cláusula pétrea (direito e garantia individual), segundo o STF, não podendo ter seu alcance reduzido pelo constituinte derivado.

Jurisprudência
1. O poder constituinte derivado não é ilimitado, visto que se submete ao processo consignado no art. 60, §§ 2° e 3°, da Constituição Federal, bem assim aos limites materiais, circunstanciais e temporais dos §§ 1°, 4° e 5° do aludido artigo. 2. A anterioridade da norma tributária, quando essa é gravosa, representa uma das garantias fundamentais do contribuinte, traduzindo uma limitação ao poder impositivo do Estado. **RE 587.008/SP, STF, rel. Min. Dias Toffoli, Tribunal Pleno, j. 02.02.2011, Repercussão Geral – Mérito**

A alteração do prazo de recolhimento não implica aumento ou diminuição do tributo, de modo que não se sujeita à anterioridade (entendimento do STF e do STJ).

Jurisprudência
O Supremo Tribunal Federal fixou entendimento no sentido de que a alteração do prazo para recolhimento das contribuições sociais, por não gerar criação ou majoração de tributo, não ofende o Princípio da Anterioridade Tributária [artigo 195, § 6°, CB/1988]. **RE 295.992 AgR/SC, STF, rel. Min. Eros Grau, j. 10/06/2008**

Gabaritos de concursos públicos
Não ofende o princípio da legalidade decreto que antecipa data de recolhimento de tributo. **(Magistratura Federal/1ª Região – 2009 – CESPE)**
Norma legal que altera o prazo de recolhimento da obrigação tributária não se sujeita ao princípio da anterioridade. **(Procurador do Município/Florianópolis-SC – 2010 – FEPESE)**

Há peculiaridade no caso do IR, conforme o disposto na Súmula 584 do STF: aplica-se a lei vigente no ano da declaração.

O fato gerador do IR, por sua natureza, ocorre durante o ano-base, que se inicia em 1° de janeiro e termina no último instante de 31 de dezembro, de modo que o valor somente pode ser cobrado no ano seguinte (ano-exercício).

Por essa razão, o STF entendeu que, se a lei que majora o IR é publicada durante o ano-base, aplica-se a ele, pois o valor correspondente somente será cobrado no exercício seguinte. Ainda há muito debate doutrinário a respeito, até porque não houve caso recente levado ao Judiciário.

Jurisprudência
Diploma normativo que foi editado em 31.12.1994 [sábado], a tempo, portanto, de incidir sobre o resultado do exercício financeiro encerrado. Descabimento da alegação de ofensa aos princípios da anterioridade e da irretroatividade, relativamente ao Imposto de Renda, o mesmo não se dando no tocante à contribuição social, sujeita que está à anterioridade nonagesimal prevista no art. 195, § 6º da CF, que não foi observado. **RE 232.084/SP, STF, rel. Ministro Ilmar Galvão, j. 04.04.2000**

Interessante adiantarmos que o IR submete-se apenas à anterioridade anual, não à nonagesimal (é exceção).

Jurisprudência
(...) 4. A revogação do artigo que estipulava diminuição de alíquota da CPMF, mantendo-se o mesmo índice que vinha sendo pago pelo contribuinte, não pode ser equiparada à majoração de tributo. 5. Não incidência do princípio da anterioridade nonagesimal. 6. Vencida a tese de que a revogação do inciso II do § 3º do art. 84 do ADCT implicou aumento do tributo para fins do que dispõe o art. 195, § 6º da CF. **RE 566.032/RS, STF, rel. Min. Gilmar Mendes, Tribunal Pleno, j. 02.02.2011, Repercussão Geral - Mérito**

6.5.3. *Princípio da anterioridade – Medida provisória*

No caso de medida provisória que institua ou majore **imposto** (exceto II, IE, IPI, IOF e extraordinário), só produzirá efeito no exercício seguinte se houver sido convertida em lei até o último dia do ano em que foi editada – art. 62, § 2º, da CF.

A anterioridade nonagesimal é contada da edição da MP, não de sua conversão (há discussão).

Perceba que essa regra vale apenas para impostos. A majoração de uma contribuição social por MP, por exemplo, é exigível 90 dias após sua publicação, mesmo que isso ocorra antes do 1º dia do exercício seguinte e mesmo que ela não seja convertida em lei até o final do ano.

6.5.4. *Princípio da anterioridade – Exceções*

Há diversas exceções ao princípio da anterioridade anual e nonagesimal. Veja a seguinte tabela para estudo e memorização, pois isso é muito exigido em concursos:

Exceções à anterioridade anual	Exceções à anterioridade nonagesimal
Empréstimo compulsório em caso de despesa extraordinária	**Empréstimo compulsório em caso de despesa extraordinária**
Impostos de importação e exportação	**Impostos de importação e exportação**
IPI	**Imposto de Renda**
IOF	**IOF**
Imposto extraordinário	**Imposto extraordinário**
Restabelecimento da alíquota do ICMS e da CIDE sobre combustíveis e lubrificantes	**Fixação da base de cálculo do IPVA e do IPTU**
Contribuições sociais	

Perceba, por exemplo, que o IPI é exceção ao princípio da anterioridade anual, mas não ao da nonagesimal. Assim, se sua alíquota é majorada em março deste ano, por exemplo, somente será exigível (o aumento) em junho seguinte.

De modo inverso, o IR é exceção ao princípio da anterioridade nonagesimal, mas não ao da anual. Caso sua alíquota seja majorada em novembro deste ano, o aumento valerá já em 1º de janeiro do exercício seguinte.

Gabaritos de concursos públicos
A regra da anterioridade NÃO se aplica aos impostos de importação e exportação. **(Magistratura/PE - 2011 - FCC)**   *Aplica-se o princípio da anterioridade aos empréstimos compulsórios, no caso de investimento público de caráter urgente e de relevante interesse nacional.* **(Procurador de Contas TCE/ES - CESPE - 2009)**   *O ICMS poderá ser aumentado no mesmo exercício financeiro em que foi publicada a lei que o instituiu ou aumentou, quando se tratar de combustíveis e lubrificantes sobre os quais o imposto incidirá uma única vez.* **(Magistratura/RO - 2011 - PUCPR)**

6.6. Princípio da vedação de confisco

6.6.1. *Disposição constitucional*

O tributo, embora implique redução do patrimônio do particular em favor do Estado, não pode significar supressão da propriedade, pois o confisco é vedado:

> CF, Art. 150. Sem prejuízo de outras garantias asseguradas ao contribuinte, é vedado à União, aos Estados, ao Distrito Federal e aos Municípios:
>
> (...)
>
> IV – utilizar tributo com efeito de confisco;
>
> (...)

6.6.2. *Princípio da vedação de confisco – Aspectos*

O princípio da vedação de confisco decorre do princípio da capacidade contributiva e do direito à propriedade.

A tributação não pode reduzir de maneira acentuada a propriedade do indivíduo – art. 5º, *caput*, da CF. Não deve atingir as fontes produtoras de riqueza dos contribuintes.

O STF entende que o princípio é aplicável também às penalidades tributárias, embora admita percentuais bastante altos para as sanções.

Jurisprudência

1. Conforme orientação fixada pelo Supremo Tribunal Federal, o princípio da vedação ao efeito de confisco aplica-se às multas. 2. Esta Corte já teve a oportunidade de considerar multas de 20% a 30% do valor do débito como adequadas à luz do princípio da vedação do confisco. Caso em que o Tribunal de origem reduziu a multa de 60% para 30%. 3. A mera alusão à mora, pontual e isoladamente considerada, é insuficiente para estabelecer a relação de calibração e ponderação necessárias entre a gravidade da conduta e o peso da punição. É ônus da parte interessada apontar peculiaridades e idiossincrasias do quadro que permitiriam sustentar a proporcionalidade da pena almejada.

RE 523.471 AgR/MG, rel. Min. Joaquim Barbosa, j. 06.04.2010

A desproporção entre o desrespeito à norma tributária e sua consequência jurídica, a multa, evidencia o caráter confiscatório desta, atentando contra o patrimônio do contribuinte, em contrariedade ao mencionado dispositivo do texto constitucional federal.

ADI 551/RJ, STF, rel. Min. Ilmar Galvão, j. 24.10.2002

Gabarito de concurso público

Pode-se concluir que o conceito "efeito de confisco" permite que o Poder Judiciário o reconheça em sede de controle normativo abstrato, ainda que se trate de multa fiscal. **(Magistratura/SP – 2009 – VUNESP) ver ADI 551/RJ**

O caráter confiscatório é fácil de se identificar no caso dos impostos sobre propriedade e renda, das taxas e das contribuições de melhoria. IPTU de 50%, por exemplo, é claramente confiscatório.

Mas é difícil de aferir no caso dos impostos sobre produção e circulação de bens e serviços, à luz da seletividade. IPI de 50% sobre bebidas alcoólicas, por exemplo, não seria confiscatório (na verdade, o percentual é superior a isso).

São admitidas alíquotas muito altas no caso de impostos *extrafiscais*, que servem para o Estado intervir no mercado (caso dos impostos aduaneiros, por exemplo – II e IE).

Jurisprudência

1. A caracterização do efeito confiscatório pressupõe a análise de dados concretos e de peculiaridades de cada operação ou situação, tomando-se em conta custos, carga tributária global, margens de lucro e condições pontuais do mercado e de conjuntura social e econômica (art. 150, IV da Constituição). 2. O isolado aumento da alíquota do tributo é insuficiente para comprovar a absorção total ou demasiada do produto econômico da atividade privada, de modo a torná-la inviável ou excessivamente onerosa.

RE 448.432 AgR/CE, STF, rel. Min. Joaquim Barbosa, j. 20.04.2010

A progressividade indevida pode ser confiscatória e, portanto, inconstitucional:

Jurisprudência

O acórdão recorrido está em harmonia com o entendimento desta Suprema Corte que, no julgamento da ADI 2.010-MC, decidiu que a instituição de alíquotas progressivas para a contribuição previdenciária dos servidores públicos ofende o princípio da vedação à utilização de qualquer tributo com efeito de confisco, nos termos do art. 150, IV, da Constituição.

AI 676.442 AgR/PR, STF rel. Min. Ricardo Lewandowski, j. 19.10.2010

6.7. Princípio da vedação de limitação ao tráfego de pessoas ou bens

6.7.1. Disposição constitucional

O tributo não pode ser usado para interferir no direito de ir e vir:

> CF, Art. 150. Sem prejuízo de outras garantias asseguradas ao contribuinte, é vedado à União, aos Estados, ao Distrito Federal e aos Municípios:
>
> (...)
>
> V – estabelecer limitações ao tráfego de pessoas ou bens, por meio de tributos interestaduais ou intermunicipais, ressalvada a cobrança de pedágio pela utilização de vias conservadas pelo Poder Público;
>
> (...)

6.7.2. Princípio da vedação de limitação ao tráfego de pessoas ou bens – Aspectos

Inexiste, em princípio, tributo interestadual ou intermunicipal que possa embaraçar o tráfego de pessoas ou bens. De qualquer forma, caso os Estados, o Distrito Federal ou os Municípios apliquem a legislação tributária de modo a interferir no direito de ir e vir dentro do território nacional, haverá inconstitucionalidade.

Eventualmente, a União poderia pretender criar imposto nesse sentido, no exercício da competência residual, o que seria vedado.

O pedágio, a rigor, costuma ser classificado como preço público ou tarifa, no caso de concessão.

6.8. Princípio da uniformidade territorial

6.8.1. Disposição constitucional

Os tributos federais devem ser uniformes em todo o Brasil, com uma única exceção:

> CF, Art. 151. É vedado à União:
>
> I – instituir tributo que não seja uniforme em todo o território nacional ou que implique distinção ou preferência em relação a Estado, ao Distrito Federal ou a Município, em detrimento de outro, admitida a concessão de incentivos fiscais destinados a promover o equilíbrio do desenvolvimento socioeconômico entre as diferentes regiões do País;
>
> (...)

6.8.2. Princípio da uniformidade territorial – Aspectos

Trata-se de princípio aplicável especificamente à União.

Garante tratamento isonômico aos contribuintes em todo o país.

É permitida a diferenciação em relação às realidades locais. É o caso do ITR, que não incide sobre pequenas glebas: uma pequena gleba em São Paulo é muito menor que uma pequena gleba no Amazonas, por exemplo.

A única exceção prevista no dispositivo constitucional é a concessão de incentivos fiscais destinados a promover o equilíbrio do desenvolvimento socioeconômico entre as diferentes regiões do País.

Gabarito de concurso público
O princípio da uniformidade geográfica admite excepcionalmente que sejam concedidos incentivos fiscais destinados a promover o equilíbrio do desenvolvimento socioeconômico entre as diferentes regiões do país. **(Magistratura/MS – 2008 – FGV)**

Interessante anotar que a Constituição Federal prevê expressamente a manutenção da Zona Franca de Manaus, com suas características de livre comércio, de exportação e importação, e de incentivos fiscais, por prazo sucessivamente prorrogado, a última vez por 50 (cinquenta) anos adicionais, conforme o art. 92-A do ADCT, sem que isso seja considerada ofensa ao princípio da uniformidade territorial.

6.9. Princípio da não diferenciação em razão da origem ou do destino dos bens e serviços

6.9.1. Disposição constitucional

O art. 152 da CF prevê esse princípio a ser observado pelos fiscos locais:

> CF, Art. 152. É vedado aos Estados, ao Distrito Federal e aos Municípios estabelecer diferença tributária entre bens e serviços, de qualquer natureza, em razão de sua procedência ou destino.

6.9.2. Princípio da não diferenciação em razão da origem ou do destino dos bens – Aspectos

É princípio aplicável especificamente aos Estados, ao DF e aos Municípios, que veda a cobrança de ICMS ou ISS de maneira discriminatória.

O incentivo à produção e à economia local não pode se dar em detrimento da unidade da Federação.

7. LEGISLAÇÃO TRIBUTÁRIA

7.1. Definição

O art. 96 do CTN define *legislação tributária:*

> CTN, art. 96. A expressão "legislação tributária" compreende as leis, os tratados e as convenções internacionais, os decretos e as normas complementares que versem, no todo ou em parte, sobre tributos e relações jurídicas a eles pertinentes.

É expressão que corresponde àquilo que a doutrina costuma denominar fontes, fontes formais, veículos normativos, instrumentos normativos, instrumentos introdutórios de normas etc.

7.2. "Legislação" conforme o CTN

Perceba, portanto, que, para o CTN, *legislação* não é apenas o conjunto de leis. Além delas, abrange tratados, decretos e normas complementares.

Para que fique bem claro, segundo o art. 96 do CTN, a expressão *legislação tributária* abarca:

✓ Leis;

✓ Tratados e convenções internacionais;

✓ **Decretos;**

✓ Normas complementares:

✓ *Atos normativos expedidos pelas autoridades administrativas;*

✓ *Decisões administrativas com eficácia normativa;*

✓ *Práticas reiteradas das autoridades administrativas;*

✓ *Convênios entre União, Estados, DF e Municípios.*

Perceba que *normas complementares* são uma categoria de *legislação tributária* abaixo dos decretos.

É importante memorizar que *decreto* não é *norma complementar,* pois isso é muito exigido em concursos.

7.3. Estrutura do sistema normativo

Veja a seguinte representação gráfica do sistema normativo tributário:

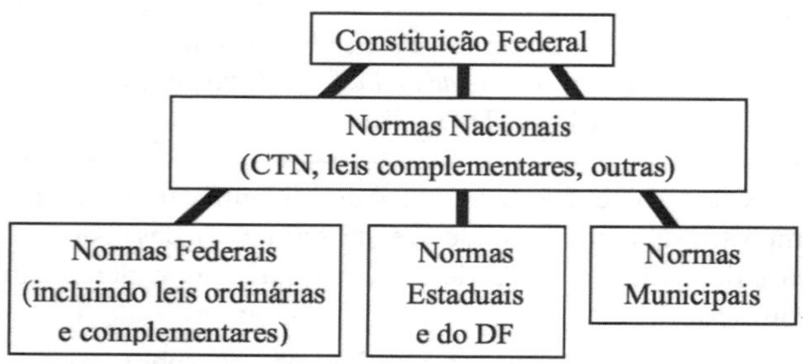

No topo do sistema temos a Constituição Federal, que fixa as competências, as imunidades, os princípios etc.

Na base temos as normas produzidas por União, Estados, DF e Municípios, no exercício de suas competências tributárias, instituindo, alterando e extinguindo tributos, regulando suas respectivas administrações tributárias e a exigência das exações.

Perceba que entre as normas constitucionais (competência tributária, princípios, imunidades etc.) e as normas produzidas por cada ente tributante (federais, estaduais, distritais e municipais) há uma categoria intermediária, de normas nacionais, que, embora produzidas pelo Congresso Nacional (Legislativo da União), aplicam-se a todos os entes federados (União, Estados, DF e Municípios), dando unidade ao sistema tributário nacional.

7.4. Constituição Federal e emendas

As normas tributárias básicas estão na Constituição Federal.

Os princípios expressos e implícitos são encontrados na CF.

Já vimos que a Constituição veicula as normas de competência tributária.

A CF pode ser emendada pelo constituinte derivado (Congresso Nacional), por meio de um procedimento específico, com quórum qualificado.

Há determinadas cláusulas pétreas, ou seja, matérias que não podem ser veiculadas por emenda constitucional.

O STF já decidiu, por exemplo, que não é possível reduzir o alcance ou criar novas exceções à anterioridade (que é garantia individual) e à imunidade recíproca (ligada ao princípio federativo).

7.5. Lei ordinária

7.5.1. Conceitos básicos

A lei ordinária é o instrumento normativo básico, produzido pelo Legislativo de cada ente tributante.

Quando a CF refere-se simplesmente à *lei*, entende-se que é lei ordinária.

Os elementos essenciais da tributação (art. 97 do CTN) devem ser, em regra, veiculados por lei ordinária (há tributos federais que dependem de lei complementar).

7.5.2. Devem ser veiculados por lei

Já vimos, mas é bom lembrar, quais são os elementos essenciais da tributação, cujas normas devem ser veiculadas por lei (nunca por norma infralegal, como decretos e portarias):

a) instituição, majoração, redução, dispensa e extinção de tributos e de penalidades;

b) fato gerador da obrigação principal;

c) alíquotas e base de cálculo;

d) cominação de penalidades, sua dispensa ou redução;

e) hipóteses de suspensão, extinção e exclusão do crédito tributário.

7.5.3. Não precisam ser veiculados por lei

Também é interessante rememorar as matérias que não exigem lei, podendo ser tratadas por normas infralegais (decretos, portarias etc.):

a) alteração de alíquotas de II, IE, IPI, IOF e CIDE sobre combustíveis, atendidas as condições e os limites estabelecidos pela lei;

b) correção monetária da base de cálculo, dentro do índice oficial de inflação (Súmula 160 do STJ);

c) vencimento do tributo;

d) modelos de guias e de livros fiscais;

e) locais de pagamento.

7.6. Lei complementar (normas nacionais e federais)

Naquela representação gráfica vista anteriormente, do sistema normativo tributário, repare que as normas nacionais (que se aplicam a todos os entes tributantes) e determinadas normas federais (que se referem à competência tributária da União) devem ser veiculadas por lei complementar federal.

Veremos, inicialmente, as leis complementares que veiculam essas normas nacionais, que dão unidade ao sistema tributário brasileiro. É o caso, por exemplo, do CTN, da LC 87/1996, que regula nacionalmente o ICMS, e da LC 116/2003, que regula o ISS (são normas que se aplicam a todos os Estados e Municípios brasileiros).

Mais adiante, trataremos das leis complementares que veiculam simples normas federais, relativas à competência tributária da União. São normas que não se aplicam, em princípio, a Estados, DF e Municípios.

7.6.1. Lei complementar: normas nacionais (arts. 146 e 146-A da CF)

Os arts. 146 e 146-A da CF indicam as matérias que devem ser veiculadas por lei complementar federal, de natureza nacional (aplicáveis a todos os entes tributantes):

a) conflitos de competência;

b) regulamentação das limitações constitucionais ao poder de tributar;

c) normas gerais em matéria de legislação tributária;

d) critérios especiais de tributação para prevenir desequilíbrios da concorrência.

É a lei complementar, por exemplo, que indica quando incide o ITR e quando incide o IPTU em relação a determinado imóvel (rural ou urbano). É também lei complementar que define a incidência do ISS ou do ICMS, quando serviços são prestados com fornecimento de mercadoria. São exemplos de normas nacionais que resolvem conflitos de competência.

Gabarito de concurso público
Os conflitos sobre competência tributária entre Estados-membros e Municípios serão resolvidos por Lei Complementar. **(Magistratura Federal – 1ª Região – 2005)**

As limitações constitucionais ao poder de tributar, especificamente as imunidades, devem ser reguladas por lei complementar federal. É o caso do art. 14 do CTN, que regulamenta a imunidade de entidades educacionais e de assistência social.

As normas gerais em matéria tributária são importantíssimas e serão estudadas em tópico próprio, logo em seguida.

Finalmente, cabe à lei complementar federal fixar critérios para que a tributação possa ser utilizada como ferramenta em favor da concorrência.

7.6.1.1. Normas gerais em matéria de legislação tributária (art. 146, III, da CF)

O art. 146, III, e seu parágrafo único, da CF dão exemplos de normas gerais em matéria tributária que devem ser veiculadas por lei complementar federal:

a) definição de tributos e de suas espécies, bem como, em relação aos impostos discriminados na CF, a dos respectivos fatos geradores, bases de cálculo e contribuintes;

b) obrigação, lançamento, crédito, prescrição e decadência tributários (Súmula Vinculante 8 do STF);

c) tratamento diferenciado ao ato cooperativo;

d) tratamento diferenciado e favorecido às microempresas e às empresas de pequeno porte, inclusive regimes especiais ou simplificados;

e) Simples Nacional (LC 123/2006).

Jurisprudência
Súmula Vinculante 8 do STF: São inconstitucionais o parágrafo único do artigo 5º do decreto-Lei n. 1.569/1977 e os artigos 45 e 46 da Lei n. 8.212/1991, que tratam de prescrição e decadência de crédito tributário. **Obs.: contribuições previdenciárias são tributos e a matéria – prescrição e decadência tributárias – é regulada por lei complementar, de modo que se aplicam os prazos quinquenais do CTN.**

Gabarito de concurso público
O art. 146 da Constituição Federal dispõe que cabe à lei complementar definir tratamento diferenciado e favorecido para as microempresas e para as empresas de pequeno porte. **(Magistratura/DF – 2011)**

Os Estados e o DF podem suprir a ausência de norma produzida pela União, para atendimento de suas peculiaridades, inclusive em matéria tributária (art. 24, §§ 3º e 4º, da CF).

A lei estadual perde a eficácia, no que for contrário, com o surgimento de lei federal.

Municípios tampouco podem ter sua competência tributária prejudicada pela omissão da União, cabendo, nesse caso, exercê-las plenamente.

7.6.2. Lei complementar: normas federais

Além de veicular normas nacionais, a lei complementar federal também veicula normas federais, ou seja, normas relativas à competência tributária da União:

a) empréstimos compulsórios;

b) impostos da competência residual;

c) outras contribuições sociais;

d) imposto sobre grandes fortunas.

Nesses casos, o Congresso Nacional, ao produzir uma lei complementar, está apenas tratando de tributos da competência da União, e não de normas aplicáveis a Estados, DF e Municípios (não são normas nacionais).

7.7. Medida Provisória

A Medida Provisória, produzida pelo Executivo, substitui a lei ordinária (jamais a lei complementar).

Não pode tratar de matéria processual tributária.

No caso da instituição e majoração de impostos (exceto II, IE, IPI, IOF e imposto extraordinário), produzirá efeitos apenas no exercício seguinte, se for convertida em lei até o final do ano de sua edição (art. 62, § 2º, da CF).

Gabarito de concurso público
A MP que aumentar alíquota de imposto de renda e proventos de qualquer natureza só produzirá efeitos no exercício financeiro seguinte se houver sido convertida em lei até o último dia daquele em que foi editada. **(Magistratura/RS – 2009)**

O STF admitiu MP estadual, com base no princípio da simetria.

7.8. Lei delegada

O Congresso Nacional pode atender à solicitação do Presidente e, por meio de resolução, delegar poder para produzir lei, nos termos do art. 68 da CF.

Se a delegação determinar a apreciação do projeto pelo Congresso, será em votação única, sem emenda.

Não pode veicular matéria reservada à lei complementar.

7.9. Decretos legislativos e resoluções

Os decretos legislativos e as resoluções são produzidos pelo Legislativo, mas sem posterior sanção do chefe do Executivo.

O decreto legislativo serve para: ratificação de tratados internacionais; disciplina das relações decorrentes de MP rejeitada ou que perdeu eficácia; ratificação de convênios.

As resoluções são utilizadas para o Senado Federal fixar: alíquotas máximas do ITCMD; alíquotas interestaduais, mínimas e máximas do ICMS; alíquotas mínimas do IPVA (perceba que essas são normas nacionais, aplicáveis aos Estados e DF, produzidas pelo Senado).

7.10. Tratados internacionais

Os tratados ou convenções internacionais são celebrados pelo Presidente da República (art. 84, VIII, da CF), muitas vezes por meio do plenipotenciário (seu representante no âmbito internacional).

Posteriormente, submete-se ao referendo do Congresso Nacional (art. 49, I, da CF), que pode aprová-lo por meio de decreto legislativo.

A seguir, o Presidente ratifica o tratado, manifestando, aos demais países, seu consentimento.

Finalmente, o Presidente promulga o tratado por decreto, cuja publicação insere-o no sistema jurídico nacional.

1º O Presidente da República celebra o tratado, muitas vezes por meio de plenipotenciário – art. 84, VIII, da CF
2º O Congresso Nacional referenda o tratado, aprovando-o por decreto legislativo – art. 49, I, da CF
3º O Presidente ratifica o tratado, manifestando o consentimento aos demais países
4º O Presidente promulga o tratado, por decreto, cuja publicação insere-o no sistema jurídico interno

Gabarito de concurso público
No ordenamento jurídico interno brasileiro, tratado internacional acerca de matéria tributária passa a vigorar na data de início da vigência do decreto que o promulgar. **(Ministério Público/ES – 2010 – CESPE)**

Em princípio, não há *acordos executivos* (sem referendo pelo Congresso) em matéria tributária.

Em geral, os tratados são equivalentes a leis ordinárias federais (exceto no caso de direitos humanos), mas há grande debate em relação à matéria tributária (art. 98 do CTN).

CTN, Art. 98. Os tratados e as convenções internacionais revogam ou modificam a legislação tributária interna, e serão observados pela que lhes sobrevenha.

Perceba que o art. 98 do CTN claramente indica a supremacia do tratado internacional em relação às normas internas tributárias.

Considerando que os tratados são equiparados a lei ordinária federal, não serviriam, em princípio, para conceder benefícios fiscais relativos a tributos estaduais ou municipais (art. 151, III, da CF). Há também grande debate doutrinário a respeito disso, com entendimentos favoráveis.

São amplamente aceitos, entretanto, tratados que garantem ao bem estrangeiro o mesmo tratamento tributário dado ao similar nacional (GATT, OMC – Súmula 575 do STF e Súmulas 20 e 71 do STJ).

Assim, se o peixe nacional é isento de ICMS, o importado também deverá ser beneficiado.

Gabarito de concurso público
O juiz Nerivaldo Branquinho, ao examinar mandado de segurança impetrado por Exportadora e Importadora Ltda. contra o Sr. Delegado Regional Tributário de Xiririca da Serra, que objetiva a isenção de ICMS sobre filé de merluza importado da Argentina, sob o fundamento de o Brasil ser signatário de tratado internacional, julga corretamente quando decide que à mercadoria importada do país signatário do GATT, ou membro do ALALC, estende-se a isenção do Imposto de Circulação de Mercadorias concedida a similar nacional. **(Magistratura/SP – 2011 – VUNESP)**

A CESPE já se posicionou de maneira dúbia em gabarito oficial, no sentido de que "a celebração de tratado internacional com cláusula que prevê exoneração tributária não é equivalente à instituição de isenção de tributo estadual pela União e, portanto, essa isenção de imposto estadual não viola a CF".

Gabarito de concurso público
Considerando que a União, antes de a CF entrar em vigor, tenha celebrado tratado internacional que concede isenção de tributos para a importação de mercadoria para o Brasil, se há isenção para o produto nacional similar e considerando o disposto no art. 151, inciso III, da CF, segundo o qual é vedado à União instituir isenções de tributos da competência dos estados, do DF ou dos municípios: A hipótese descrita no art. 151, inciso III, da CF veda a instituição da isenção denominada heterônoma. A celebração de tratado internacional com cláusula que prevê exoneração tributária não é equivalente à instituição de isenção de tributo estadual pela União e, portanto, essa isenção de imposto estadual não viola a CF. **(Cartório/DF – 2008 – CESPE)**

Não fica claro, pelo gabarito, se a banca entende que o tratado internacional pode instituir isenção (ou "exoneração") de tributo estadual. O fato incontestável, entretanto, é que a jurisprudência ratifica esses tratados, que, repetimos, apenas garantem tratamento isonômico ao similar importado (não instituem efetivamente novo benefício fiscal).

Já a FGV afirmou, em gabarito oficial, "que o STF entende que a concessão de isenção na via do tratado não se sujeita à vedação à concessão de isenção heterônoma, pois o âmbito de aplicação do art.151, III, da CRFB é o das relações das entidades federadas entre si, não alcançando a União quando esta se apresenta na ordem externa" (XI Exame da OAB Unificado).

7.11. Decretos

Os decretos são produzidos pelo chefe do Executivo (Presidente, Governadores e Prefeitos), normalmente referendados por Ministros ou secretários.

Regulamentam as leis e não podem ultrapassar seus limites (não há, em princípio, *decretos autônomos* em matéria tributária).

Servem também para consolidar a legislação (o CTN prevê consolidação anual – art. 212).

Excepcionalmente podem ser utilizadas para alteração de alíquotas de tributos federais (II, IE, IPI, IOF, CIDE sobre combustíveis), embora a União, em regra, utilize outros instrumentos normativos (portaria ministerial, por exemplo).

Não são *normas complementares*, como definidas pelo CTN. As normas complementares, que veremos a seguir, estão abaixo dos decretos.

7.12. Normas complementares

Segundo o art. 100 do CTN, são normas complementares:

a) atos normativos expedidos pelas autoridades administrativas;

b) decisões administrativas com eficácia normativa;

c) práticas reiteradas das autoridades administrativas;

d) convênios entre União, Estados, DF e Municípios.

Gabarito de concurso público
Se o secretário de Fazenda do estado do Amazonas profere uma decisão com eficácia normativa, é correto afirmar que tal decisão somente tem efeitos jurisdicionais se assim previr a lei. **(Ministério Público/AM – 2008 – CESPE)**

O parágrafo único do art. 100 do CTN traz norma importantíssima, muito exigida em concursos:

CTN, Art. 100. Parágrafo único. A observância das normas referidas neste artigo exclui a imposição de penalidades, a cobrança de juros de mora e a atualização do valor monetário da base de cálculo do tributo.

Perceba que a norma complementar, por não ser lei, não pode reduzir ou afastar tributos. Assim, caso o Executivo produza uma norma complementar nesse sentido, ela não será válida.

Entretanto, se o contribuinte cumpre a norma complementar posteriormente reconhecida como irregular e paga menos tributo do que era devido, deverá recolher a diferença, mas não poderá ser punido por isso (o erro foi do Executivo!). Nesse caso, o contribuinte deverá pagar o tributo que não recolheu, mas não serão cobrados multas ou juros de mora, conforme o art. 100, parágrafo único, do CTN.

Gabarito de concurso público
A observância das práticas reiteradas das autoridades administrativas livra o contribuinte da imposição de penalidades, da cobrança de juros de mora e da atualização do valor monetário da base de cálculo do tributo. *(Magistratura/RO – 2011 – PUCPR)*

8. VIGÊNCIA, APLICAÇÃO, INTERPRETAÇÃO E INTEGRAÇÃO DA LEGISLAÇÃO TRIBUTÁRIA

8.1. Vigência

8.1.1. Distinção entre validade, vigência e eficácia

A doutrina nem sempre é harmônica na definição dos conceitos de validade, vigência e eficácia. Apresentamos entendimento que se alinha com as normas do CTN e da CF em matéria tributária.

Validade é a pertinência da norma ao sistema jurídico. Norma válida é a produzida pelo órgão competente, observadas as regras aplicáveis.

Vigência é a delimitação **temporal** e **espacial** da validade da norma.

Eficácia refere-se à possibilidade de a norma produzir efeitos concretos.

8.1.2. Exemplos: validade, vigência e eficácia

Norma válida, mas não vigente: durante *vacatio legis.*

Norma não válida, mas vigente: norma revogada, com vigência para fatos passados.

Norma válida e vigente, mas não eficaz: ausência de regulamentação necessária para sua aplicação, ou antes de decorrido o prazo da anterioridade.

8.1.3. Vigência no espaço

Em conformidade com o *princípio da territorialidade*, as normas têm vigência nos limites do território do ente tributante (País, Estado, DF ou Município).

Uma norma da União aplica-se em todo o território nacional. Uma norma do Estado vige em seu respectivo território. O mesmo vale para o DF e para cada Município.

No âmbito federal, o IR aplica-se a fatos ocorridos no exterior, desde que haja elemento de conexão com o Brasil. São comuns tratados contra bitributação.

No âmbito dos Estados, DF e Municípios, é possível a extraterritorialidade conforme convênios ou normas gerais - art. 102 do CTN.

Jurisprudência
Não há violação do princípio da territorialidade quando o município competente para cobrança de ISS exige obrigação acessória de cadastramento das empresas contribuintes quando estas possuem sede em outro município, mas prestam serviços no município arrecadador. **AgRg no REsp 1.140.354/SP, STJ, rel. Min. Humberto Martins, j. 11.05.2010**

8.1.4. Vigência no tempo

A vigência no tempo é regulada pelas normas gerais do direito brasileiro - regra de 45 dias para *vacatio legis* (art. 1º da LINDB).

Atualmente, as leis devem indicar quando entram em vigor (art. 8º da LC 95/1998), sendo comum a expressão "essa lei entra em vigor na data de sua publicação".

O tratado internacional entra em vigor no âmbito interno com a vigência do decreto presidencial que o promulga; no âmbito externo, o tratado entra em vigor conforme acordado ou a partir da manifestação de consentimento dos Estados.

Gabarito de concurso público
No ordenamento jurídico interno brasileiro, tratado internacional acerca de matéria tributária passa a vigorar na data de início da vigência do decreto que o promulgar. **(Ministério Público/ES - 2010 - CESPE)**

O CTN traz regras específicas para a vigência da legislação complementar (art. 103 do CTN), salvo disposição em contrário:

a) atos normativos das autoridades administrativas: vigência a partir da data de sua publicação;

b) decisões com eficácia normativa: vigência 30 dias após a publicação;

c) convênios: vigência na data neles prevista (a rigor, não há regra subsidiária no CTN, para o caso de omissão).

Gabarito de concurso público
Caso a União celebre com os estados-membros convênio para a adoção de método eletrônico para o lançamento de certos tributos, o referido convênio entrará em vigor na data nele prevista. **(Advogado da União/AGU - CESPE - 2009)**

8.1.5. Vigência no tempo: questão da isenção

Pela literalidade do CTN, a isenção é simples exclusão do crédito (dispensa do pagamento), de modo que há fato gerador e surge a obrigação.

A revogação da isenção, assim, não corresponderia à instituição do tributo ou à sua majoração.

Nesse sentido, há forte entendimento, especialmente jurisprudencial, de que a revogação da isenção, em geral, não se submete à anterioridade, exceto no caso de impostos sobre patrimônio (ITR, IPTU, IPVA) e renda (IR), porque, nesses casos, há norma expressa no CTN:

> CTN, art. 104. Entram em vigor no primeiro dia do exercício seguinte àquele em que ocorra a sua publicação os dispositivos de lei, referentes a impostos sobre o patrimônio ou a renda:
>
> (...)
>
> III - que extinguem ou reduzem isenções, salvo se a lei dispuser de maneira mais favorável ao contribuinte, e observado o disposto no artigo 178.

Jurisprudência
Revogada a isenção, o tributo torna-se imediatamente exigível. Em caso assim, não há que se observar o princípio da anterioridade, dado que o tributo já é existente. **RE 204.062/ES, STF, Rel. Min. Carlos Veloso, j. 27.09.1996**
A redução ou a extinção de desconto para pagamento de tributo sob determinadas condições previstas em lei, como o pagamento antecipado em parcela única, não pode ser equiparada à majoração

do tributo em questão, no caso, o IPVA. Não incidência do princípio da anterioridade tributária.
ADI 4.016/PR-MC, STF, rel. Min. Gilmar Mendes, j. 01.08.2008
Súmula 615 do STF. O princípio constitucional da anualidade (§ 29 do art. 153 da CF) não se aplica à revogação de isenção do ICM.

Obs.: embora a súmula utilize o termo *anualidade*, trata-se do princípio da anterioridade anual, que era previsto no art. 153, § 29, da CF/1967 conforme a EC 1/1969

Interessante anotar, entretanto, que, para boa parte da doutrina mais moderna, a isenção afasta a incidência tributária, ou seja, não há fato gerador, nem obrigação tributária.

Nessa linha de raciocínio, a revogação da isenção **sempre corresponde** à instituição ou majoração do tributo, de modo que se submete à anterioridade.

Perceba, portanto, que há duas linhas interpretativas a respeito da revogação da isenção e da vigência da tributação correspondente, muito embora, como visto, a jurisprudência se incline para a primeira delas.

8.2 Aplicação

8.2.1. Definição

Aplicação refere-se ao ato de vontade pelo qual determinados agentes, em face de uma situação concreta, decidem qual a norma incidente.

8.2.2. Aplicação a fatos futuros e pendentes

Conforme o art. 105 do CTN, a legislação aplica-se imediatamente aos fatos geradores futuros e pendentes.

Gabarito de concurso público

A legislação tributária aplica-se imediatamente aos fatos geradores pendentes e futuros. **(Magistratura/PB - 2011 - CESPE)**

Vimos o caso do IR, ao estudar a irretroatividade (durante o ano-base, seu fato gerador está pendente, concluindo-se apenas no último instante do dia 31 de dezembro).

8.2.3. Aplicação a fatos pretéritos

Ao estudarmos o princípio da irretroatividade, apontamos os casos excepcionais em que a lei se aplica a fato anterior à sua vigência:

a) lei expressamente interpretativa, sem penalidade pela infração dos dispositivos interpretados (art. 106, I, do CTN);

b) norma sancionadora mais benéfica ao infrator (*lex mitior*), exceto no caso de ato definitivamente julgado (art. 106, II, do CTN);

c) novas regras para a fiscalização ou aumento das garantias e privilégios do crédito, exceto criação de responsabilidade (art. 144, § 1º, do CTN).

Jurisprudência

Lei supostamente interpretativa que, em verdade, inova no mundo jurídico deve ser considerada como lei nova.
RE 566.621/RS, STF, Rel. Min. Ellen Gracie, j. 04.08.2011
Obs.: na linha desse entendimento, o prazo quinquenal da repetição de indébito previsto na LC 118/2005 vale apenas para ações ajuizadas após o início de sua vigência.

Gabarito de concurso público

Se, em procedimento administrativo fiscal, houver discussão sobre o alcance de uma norma impositiva, e, em face disso, tiver sido editada lei explicitando o sentido da referida norma, essa lei terá efeito retroativo. **(Procurador do Estado/PE - CESPE - 2009)**

A retroatividade não se aplica às multas administrativas:

Jurisprudência

Inaplicável a disciplina jurídica do Código Tributário Nacional, referente à retroatividade de lei mais benéfica (art. 106 do CTN), às multas de natureza administrativa.
REsp 1.176.900/SP, STJ, rel. Min. Eliana Calmon, j. 20.04.2010

Se já houve o pagamento da penalidade pecuniária (ato jurídico perfeito) e, posteriormente, há redução da sanção, não há retroatividade (quem pagou não pode pedir devolução com base em legislação posterior):

Jurisprudência

2. Somente há que se falar em ato não definitivamente julgado, para efeito do art. 106, II, c, do CTN, se o crédito tributário ainda não estiver sido extinto ao tempo do protocolo da impugnação administrativa ou judicial em curso.
3. O pedido judicial de redução da penalidade somente ocorreu após os créditos terem sido integralmente extintos pelo adimplemento das parcelas, sendo assim, o pagamento integral do parcelamento extinguiu o crédito tributário na forma do art. 156, I, do CTN, o que inviabiliza a redução da penalidade com base no art. 106, II, c, do mesmo diploma legal, a despeito da superveniente edição da Lei n. 9.430/1996, que reduziu o limite da multa moratória prevista na Lei n. 8.981/1995 de 30% para 20% sobre o valor do débito.
REsp 852.647/RS, STJ, rel. Min. Mauro Campbell Marques, j. 24.08.2010

Também há entendimento jurisprudencial no sentido de que a retroatividade não se aplica ampliativamente, como no caso de inclusão de atividade em regime especial de tributação:

Jurisprudência

(...) a Lei n. 10.034/2000, que possibilitou que instituições de ensino optassem pelo SIMPLES não pode ter efeitos retroativos, visto que ela não se enquadra em nenhuma das hipóteses do art. 106 do CTN.
REsp 1.194.524/RJ, STJ, rel. Min. Mauro Campbell Marques, j. 05.08.2010

8.3. Interpretação

8.3.1. Definição

Interpretar é construir o conteúdo, o sentido e o alcance das normas jurídicas a partir da leitura dos textos legais.

Por outra linha doutrinária, interpretar é o esforço para extrair do texto legal o significado depositado pelo legislador.

A interpretação é pressuposto para a aplicação da legislação.

8.3.2. *Métodos interpretativos*

Aplicam-se ao Direito Tributário os métodos interpretativos da teoria geral do direito:

a) gramatical ou literal;

b) lógico-sistemático;

c) teleológico ou conforme a finalidade;

d) histórico.

Há, entretanto, regras específicas no CTN, que veremos mais adiante (arts. 109 a 112).

8.4 Integração

Em caso de ausência de disposição expressa (lacuna), a autoridade competente para aplicar a legislação tributária utilizará, sucessivamente, na ordem indicada (art. 108 do CTN):

1º – analogia 2º – princípios gerais de direito tributário 3º – princípios gerais de direito público 4º – equidade

É importante que o estudante memorize esses instrumentos de integração, inclusive sua ordem de aplicação, pois isso é muito exigido em concursos.

Gabarito de concurso público
Antes de aplicar os princípios gerais de direito tributário, o juiz deve fazer uso, se possível, da analogia. Entre a analogia e a equidade, o juiz deverá aplicar a primeira. **(Magistratura/PI - 2008 - CESPE)**

8.4.1. *Analogia*

Em caso de lacuna, o intérprete busca situação fática semelhante, verifica a norma aplicável a ela e, em seguida, adota-a para o caso analisado (= analogia).

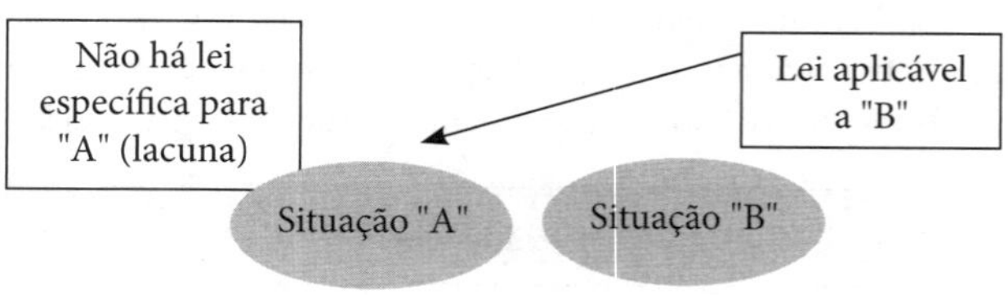

No diagrama acima, não há lei específica regulando a situação "A" (há lacuna), mas há uma situação semelhante (a situação "B"). Nesse caso, a lei aplicável à situação "B" é aplicada por analogia à situação "A".

Parte-se da premissa de que, se o legislador tivesse pensado no caso em análise, teria fixado a mesma norma aplicável para a situação semelhante.

O emprego da analogia não poderá resultar na exigência de tributo não previsto em lei.

Gabarito de concurso público
O emprego da analogia não poderá resultar na exigência de tributo não previsto em lei. **(Magistratura/PA - 2008 - FGV)**

Jurisprudência
O princípio da estrita legalidade tributária não permite dar à regra de responsabilidade tributária alcance nela não compreendido inicialmente, nem mesmo por analogia (art. 108, § 1º, do CTN). **REsp 866.152/SC, STJ, Rel. Min. Mauro Campbell Marques, j. 05/08/2010**

Tampouco é possível aplicar a analogia para ampliar benefícios fiscais, já que eles dependem de lei específica (art. 150, § 6º, da CF) que deve ser interpretada estritamente (ou literalmente, para usar o termo do art. 111 do CTN).

8.4.2. *Princípios gerais de Direito Tributário*

Outro instrumento para a solução de lacunas é a utilização dos princípios gerais de Direito Tributário, como capacidade contributiva, isonomia, irretroatividade, anterioridade, não confisco, uniformidade territorial, não diferenciação etc.

8.4.3. *Princípios gerais de direito público*

O aplicador da lei utilizará, ainda, os princípios gerais de direito público, como supremacia do interesse público sobre o particular, indisponibilidade do interesse público, ampla defesa etc.

8.4.4. *Equidade*

Equidade é a justiça aplicada ao caso concreto.

Embora a aplicação da lei seja inafastável (*dura lex sede lex* – a lei é dura, mas é a lei), é preciso reconhecer que sua aplicação cega pode implicar injustiça para todos (*summum jus summa injuria* – quanto maior o direito, maior pode ser a injustiça).

O emprego da equidade não poderá resultar na dispensa do pagamento de tributo devido.

Jurisprudência
No caso dos autos, tendo o acórdão recorrido assentado que os ora agravantes praticam operação de mera comercialização de produtos no varejo, o que não gera a incidência do tributo em questão, deve ser rejeitada a equiparação pretendida, pois, em atenção às regras de hermenêutica insertas nos art. 108, § 2º, e 111 do CTN, a equidade não pode ser aplicada para dispensar o pagamento de tributo devido nem é possível ampliação jurisprudencial da norma que concede renúncia fiscal. **AgRg no REsp 786.079/SC, STJ, Rel. Min. Herman Benjamin, j. 03.12.2009**

Gabarito de concurso público
O emprego da equidade não poderá resultar na dispensa de pagamento de tributo devido. **(Magistratura/PA - 2008 - FGV)**

8.5. Princípios de direito privado na interpretação tributária

CTN, Art. 109. Os princípios gerais de direito privado utilizam-se para pesquisa da definição, do conteúdo e do alcance de seus institutos, conceitos e formas, mas não para definição dos respectivos efeitos tributários.

Se a norma tributária refere-se a "pai" ou a "curador", o intérprete analisará o conceito à luz do direito privado, mas não seus efeitos tributários (responsabilidade pelo tributo, por exemplo).

Dessa forma, consultará o Código Civil para definir o que é *pai* ou *curador*, mas não para a definição de responsabilidade. A responsabilidade tributária do pai ou do curador (efeito tributário) será interpretada à luz da legislação e dos princípios tributários.

Jurisprudência
O CTN dispõe que os princípios de direito privado não têm o condão de desqualificar o regime tributário de determinada exação (art. 109 do CTN). **REsp 1.013.458/SC, STJ, Rel. Min. Luiz Fux, j. 09.12.2008**

8.6. Interpretação das normas de competência

> CTN, Art. 110. A lei tributária não pode alterar a definição, o conteúdo e o alcance de institutos, conceitos e formas de direito privado, utilizados, expressa ou implicitamente, pela Constituição Federal, pelas Constituições dos Estados, ou pelas Leis Orgânicas do Distrito Federal ou dos Municípios, para definir ou limitar competências tributárias

A competência fixada pela CF é inalterável pela lei.

Assim, se o constituinte definiu que o Estado pode tributar a propriedade de veículos automotores, não pode o legislador local consignar que, para fins de IPVA, cavalos serão considerados veículo automotor.

Isso seria o mesmo que ampliar a competência tributária, o que não pode ser feito por norma infraconstitucional.

Jurisprudência
O art. 110 do CTN é mera explicitação do princípio da supremacia da Carta Magna, veiculando norma que versa sobre os limites da competência tributária concorrente e, assim, é revestido de carga constitucional, que não pode ser analisada em recurso especial. **AgRg no REsp 1.121.931/PR, STJ, Rel. Min. Luiz Fux, j. 15.02.2011**

Gabarito de concurso público
O conceito de mercadoria adotado pela Constituição Federal é o que a lei comercial define como tal. **(Magistratura/SP - 2009 - VUNESP)**

8.7. Interpretação literal dos benefícios

> CTN, Art. 111. Interpreta-se literalmente a legislação tributária que disponha sobre:
>
> I - suspensão ou exclusão do crédito tributário;
>
> II - outorga de isenção;
>
> III - dispensa do cumprimento de obrigações tributárias acessórias.

A regra é a incidência tributária e o cumprimento dos deveres acessórios. A exceção (benefício fiscal) deve ser interpretada estritamente (ou literalmente, conforme o CTN).

Isso significa que uma isenção, por exemplo, jamais pode ser interpretada extensivamente para abranger situações ou pessoas não indicadas expressamente na lei.

Gabarito de concurso público
Interpreta-se literalmente a legislação tributária que disponha sobre dispensa do cumprimento de obrigações tributárias acessórias. **(Procurador do Município/Florianópolis-SC - 2010 - FEPESE)**

Já vimos que os benefícios fiscais devem ser veiculados por lei específica, que trate apenas do benefício ou do tributo a que se referem, conforme o art. 150, § 6º, da CF:

> CF, art. 150, § 6º Qualquer subsídio ou isenção, redução de base de cálculo, concessão de crédito presumido, anistia ou remissão, relativos a impostos, taxas ou contribuições, só poderá ser concedido mediante lei específica, federal, estadual ou municipal, que regule exclusivamente as matérias acima enumeradas ou o correspondente tributo ou contribuição, sem prejuízo do disposto no art. 155, § 2.º, XII, *g* [benefícios de ICMS dependem de convênios interestaduais].

Jurisprudência
Ademais, a criação e extensão de benefício fiscal exige lei específica (art. 150, § 6º da Constituição Federal) e há vedação expressa à interpretação extensiva (art. 111 do CTN). **AgRg no REsp 1.226.371/RS, Rel. Min. Humberto Martins, j. 03.05.2011**

8.8. Interpretação benigna das sanções

Havendo dúvida, a lei tributária sancionadora deve ser interpretada de modo mais benéfica ao acusado.

> CTN, Art. 112. A lei tributária que define infrações, ou lhe comina penalidades, interpreta-se da maneira mais favorável ao acusado, em caso de dúvida quanto:
>
> I - à capitulação legal do fato;
>
> II - à natureza ou às circunstâncias materiais do fato, ou à natureza ou extensão dos seus efeitos;
>
> III - à autoria, imputabilidade, ou punibilidade;
>
> IV - à natureza da penalidade aplicável, ou à sua graduação.

É regra parecida com o *in dubio pro reo* do Direito Penal.

Perceba, entretanto, que essa interpretação mais benéfica é feita apenas no caso de dúvida a respeito das matérias indicadas no dispositivo.

9. OBRIGAÇÃO TRIBUTÁRIA, FATO GERADOR E CRÉDITO

9.1. Obrigação tributária

A obrigação tributária refere-se à relação entre o sujeito passivo e o sujeito ativo, que surge com o fato gerador, e à prestação correspondente.

Veja uma representação gráfica da obrigação tributária, surgida com o fato gerador, e a constituição do crédito tributário pelo lançamento (o lançamento se refere à obrigação principal, como veremos mais adiante).

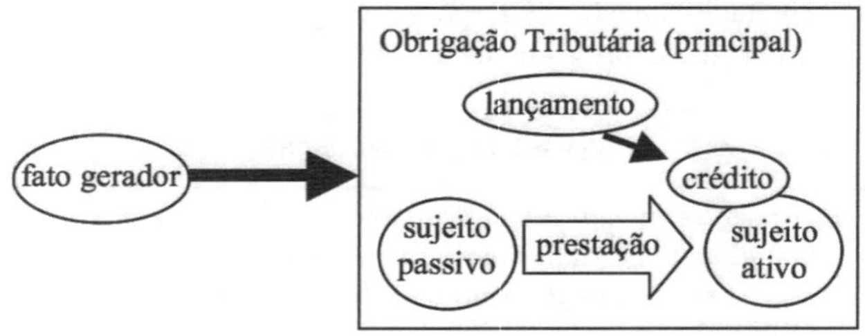

9.1.1. *Espécies (art. 113 do CTN)*

Há duas espécies de obrigação tributária:

a) Obrigação principal (tem por objeto prestação pecuniária, tributo ou penalidade);

b) Obrigação acessória (a prestação não é pecuniária).

9.1.1.1. *Obrigação principal*

CTN, Art. 113, § 1º A obrigação principal surge com a ocorrência do fato gerador, tem por objeto o pagamento de tributo ou penalidade pecuniária e extingue-se juntamente com o crédito dela decorrente.

O objeto da obrigação principal é sempre a entrega de dinheiro (tributo ou penalidade pecuniária).

Apesar de ser obrigação **tributária** principal, seu objeto pode ser tributo ou algo que não é tributo (multa não é tributo, pois decorre de fato ilícito).

9.1.1.2. *Obrigação acessória*

CTN, Art. 113, § 2º A obrigação acessória decorre da legislação tributária e tem por objeto as prestações, positivas ou negativas, nela previstas no interesse da arrecadação ou da fiscalização dos tributos.

O objeto da obrigação acessória não é pecuniário, ou seja, é qualquer outra coisa que não seja entregar dinheiro ao Fisco, mas que tenha relação, evidentemente, com a tributação. Exemplos: emitir nota fiscal, escriturar livros, apresentar declarações, permitir a entrada do fiscal no estabelecimento.

Jurisprudência
Inscrever-se no Cadastro Nacional de Pessoa Jurídica (CNPJ) antes de iniciar a atividade econômica é uma obrigação acessória. **(Ministério Público/RO - 2008 - CESPE)**

A obrigação acessória decorre da *legislação tributária* (não necessariamente lei, mas também pode ser decreto, portaria etc.).

Apesar do nome *acessória*, essa obrigação pode existir independentemente de obrigação principal. Por exemplo, as entidades imunes devem manter escrituração fiscal (obrigação acessória), embora não haja obrigação principal (dever de pagar tributo). Outro exemplo é o caso da suspensão da exigibilidade do crédito tributário (obrigação principal), que não afasta as obrigações acessórias.

Jurisprudência
Isto porque, ainda que, em tese, o deslocamento de bens do ativo imobilizado e de material de uso e consumo entre estabelecimentos de uma mesma instituição financeira não configure hipótese de incidência do ICMS, compete ao Fisco Estadual averiguar a veracidade da aludida operação, sobressaindo a razoabilidade e proporcionalidade da norma jurídica que tão somente exige que os bens da pessoa jurídica sejam acompanhados das respectivas notas fiscais. **REsp 1.116.792/PB, Rel. Ministro Luiz Fux, j. 24.11.2010**

Caso haja descumprimento da obrigação acessória (inadimplemento), surge penalidade pecuniária (multa):

CTN, Art. 113, § 3º A obrigação acessória, pelo simples fato da sua inobservância, converte-se em obrigação principal relativamente à penalidade pecuniária.

Já vimos, ao estudarmos o princípio da legalidade, o debate a respeito da necessidade de lei em sentido estrito para a instituição de obrigação acessória.

Lembre-se que o CTN, ao tratar da obrigação principal (tributo e penalidade pecuniária), refere-se sempre à *lei* (arts. 97, III, e 114). Ao dispor sobre a obrigação acessória (deveres instrumentais, como emissão de documentos fiscais, escrituração, declarações etc.), refere-se à *legislação* (que inclui normas infralegais – arts. 96, 113, § 2º, e 115).

Como dito anteriormente, apesar da incerteza jurisprudencial, parece-nos possível afirmar que há necessidade de lei, mas que pode ser genérica, sendo a obrigação acessória detalhada por norma infralegal (a prevalecer o posicionamento do STJ no REsp 838.143/PR, que nos parece adequado).

9.2. Fato gerador

9.2.1. *Fato gerador: duplo sentido*

A expressão *fato gerador* é utilizada em dois sentidos:

a) previsão legal (geral e abstrata) da situação que faz surgir a obrigação tributária = hipótese de incidência, fato gerador abstrato.

b) efetiva ocorrência do fato da vida previsto na lei = fato imponível, fato gerador concreto, fato jurídico tributário.

9.2.2. *Fato gerador da obrigação principal*

CTN, Art. 114. Fato gerador da obrigação principal é a situação definida em lei como necessária e suficiente à sua ocorrência.

Fato gerador da obrigação principal é a situação prevista em **lei, necessária** e **suficiente** para sua ocorrência:

a) necessária: sem o fato gerador não há obrigação;

b) suficiente: não é preciso mais nada para surgir a obrigação tributária.

9.2.3. *Fato gerador da obrigação acessória*

CTN, Art. 115. Fato gerador da obrigação acessória é qualquer situação que, na forma da legislação aplicável, impõe a prática ou a abstenção de ato que não configure obrigação principal.

Fato gerador da obrigação acessória é a situação prevista na legislação que faz surgir essa relação obrigacional não pecuniária.

Perceba que o CTN não faz referência à *lei*, mas apenas à *legislação*, o que gera o debate que já vimos ao estudarmos a obrigação acessória (necessidade de lei em sentido estrito para sua instituição).

É definido por exclusão (faz surgir obrigação tributária que não é principal, ou seja, que não é pecuniária).

9.2.4. Fato gerador: momento da ocorrência

Se o fato gerador for *situação de fato*, dá-se por ocorrido desde o momento em que se verifiquem as circunstâncias materiais necessárias a que produza os efeitos que normalmente lhe são próprios (art. 116, I, do CTN).

Por exemplo, a circulação de mercadoria (fato gerador do ICMS) é uma situação de fato, que ocorre com a saída para o adquirente.

Se for *situação jurídica*, desde o momento em que esteja definitivamente constituída, nos termos de direito aplicável (art. 116, II, do CTN).

Por exemplo, a transmissão de imóvel (fato gerador do ITBI ou do ITCMD) é uma situação jurídica, pois é regulada por outro ramo do direito (o Direito Civil), segundo o qual o domínio existe a partir do registro imobiliário. Assim, o fato gerador do imposto correspondente (ITBI se a transmissão for onerosa; ITCMD se for *causa mortis* ou por doação) ocorre somente a partir do registro imobiliário.

9.2.5. Fato gerador: momento da ocorrência de situação jurídica condicionada

Se o fato gerador for situação jurídica e houver condição suspensiva, entende-se que ocorre desde o momento de seu implemento (somente então ocorre o fato gerador – art. 117, I, do CTN).

Por exemplo, em uma doação condicionada a evento futuro e incerto (casamento do beneficiado), o fato gerador do ITCMD (imposto estadual que incide sobre doações) ocorre apenas no momento em que a condição é implementada (com o casamento e a efetiva doação, nesse exemplo).

Se o fato gerador for situação jurídica com condição resolutiva (ou resolutória), dá-se por ocorrido desde o momento da prática do ato ou da celebração do negócio (art. 117, II, do CTN). A rigor, essa condição é irrelevante para o fato gerador.

Por exemplo, um empréstimo bancário com cláusula extintiva em caso de alta inflação. No momento em que o empréstimo é realizado, com a disponibilização do dinheiro ao tomador, incide o IOF federal, sendo irrelevante o implemento futuro da cláusula resolutiva.

9.2.6. Fato gerador: irrelevância da validade ou dos efeitos

A definição legal do fato gerador é interpretada abstraindo-se (art. 118 do CTN):

a) da validade jurídica dos atos efetivamente praticados e da natureza de seu objeto ou dos seus efeitos – ex.: advocacia por profissional sem registro na OAB (incide o ISS);

b) dos efeitos dos fatos efetivamente ocorridos – ex.: mercadoria roubada após a venda (incide o ICMS).

A situação que configura o **fato** gerador é necessária e suficiente, de modo que a validade ou os efeitos dos atos praticados e dos atos ocorridos é irrelevante.

Gabaritos de concursos públicos
Podem ser tributados os atos nulos e os atos ilícitos, em face do princípio da interpretação objetiva do fato gerador. **(Defensoria/ MT - 2007)** *Contra um menor absolutamente incapaz foi lavrado um auto de infração e imposição de multa constituindo crédito tributário relativo a negócio que o menor praticou sem estar devidamente representado. Esta exigência tributária, em tese, está correta, pois a validade jurídica dos atos efetivamente praticados e os efeitos dos fatos efetivamente ocorridos são irrelevantes para a definição do fato gerador, não havendo impedimento, portanto, para que o negócio celebrado seja fato gerador de tributo.* **(Procurador do Município/Teresina-PI – 2010 – FCC)**

9.2.7. Fato gerador: norma antielisiva

> CTN, Art. 116, Parágrafo único. A autoridade administrativa poderá desconsiderar atos ou negócios jurídicos praticados com a finalidade de dissimular a ocorrência do fato gerador do tributo ou a natureza dos elementos constitutivos da obrigação tributária, observados os procedimentos a serem estabelecidos em lei ordinária.

O legislador pretendeu reduzir as brechas pelas quais os contribuintes buscam reduzir o recolhimento do tributo.

A rigor, elisão fiscal ou planejamento tributário é algo legal. O que se veda é a evasão fiscal (= ilícito).

Dissimular é ocultar a ocorrência do fato gerador. Caso haja dissimulação, a autoridade administrativa deve desconsiderar os atos ou negócios praticados com essa finalidade e cobrar o tributo devido.

Discute-se se a falta de propósito negocial ou o abuso de forma seriam elementos para identificar a dissimulação ilícita. Não há, ainda, lei regulamentadora.

9.2.8. Fato gerador: uma classificação

Dentre as diversas classificações dos fatos geradores, apresentamos uma bastante adotada, que aponta o instantâneo, o periódico e o continuado:

Fato gerador instantâneo	–	evento isolado, ocorrido em momento determinado – ex.: ICMS, IPI, II
Fato gerador periódico	–	perfaz-se ao longo de um período, dentro do qual está *pendente* – ex.: IR
Fato gerador continuado	–	situação que tende a perdurar indefinidamente no tempo: ex.: ITR, IPTU

9.3. Crédito tributário

9.3.1. Aspectos gerais

A obrigação tributária nasce automaticamente com a ocorrência do fato gerador, mas é *inexigível* pelo Fisco antes do lançamento.

Com o lançamento, constitui-se o **crédito** tributário, que decorre da obrigação principal e tem a mesma natureza desta (art. 139 do CTN). A partir daí, com o vencimento, a obrigação torna-se exigível.

A extinção do crédito extingue a obrigação (art. 113, § 1º, do CTN).

Gabarito de concurso público
Nos termos do Código Tributário Nacional, considera-se constituído o crédito tributário com a ocorrência do lançamento do crédito tributário efetuado pela autoridade administrativa. **(Magistratura/SC - 2010)**

9.3.2. Crédito tributário: arts. 140 e 141 do CTN

As circunstâncias que modificam o crédito, sua extensão ou seus efeitos, ou as garantias ou os privilégios, ou que excluem sua exigibilidade não afetam a obrigação tributária.

Por exemplo, a nulidade do crédito ou eventual garantia real dada pelo contribuinte não alteram, necessariamente, a obrigação.

A modificação, a suspensão, a extinção e a exclusão ocorrem somente nos casos previstos no CTN.

O crédito e suas garantias não podem ser dispensados pela administração tributária, sob pena de responsabilidade funcional do agente.

Gabarito de concurso público
As circunstâncias que modificam o crédito tributário, sua extensão ou seus efeitos, ou as garantias ou os privilégios a ele atribuídos, ou que excluem sua exigibilidade, não afetam a obrigação tributária que lhe deu origem. **(Magistratura/DF - 2011)**

10. LANÇAMENTO TRIBUTÁRIO

10.1. Definição do CTN

O lançamento tributário, pelo qual se constitui o crédito, é definido pelo art. 142 do CTN:

> Art. 142. Compete **privativamente** à autoridade administrativa **constituir** o crédito tributário pelo lançamento, assim entendido o procedimento administrativo tendente a verificar a ocorrência do fato gerador da obrigação correspondente, determinar a matéria tributável, calcular o montante do tributo devido, identificar o sujeito passivo e, sendo caso, propor a aplicação da penalidade cabível.

10.2. Lançamento tributário: características

O fato gerador faz surgir imediatamente a obrigação tributária. Com o lançamento (e após o vencimento), a obrigação principal (tributo ou penalidade pecuniária) torna-se exigível pelo Fisco.

Segundo o CTN, o lançamento **constitui** o crédito.

Gabarito de concurso público
No que concerne ao lançamento é correto afirmar: é ato administrativo constitutivo, pois dá nascimento a crédito tributário. **(Ministério Público/GO - 2005)**

Boa parte da doutrina, entretanto, entende que o lançamento **declara** o crédito, que surge automaticamente com a obrigação.

Há uma tese conciliatória, pela qual o lançamento **declara** a ocorrência do fato gerador (passado) e **constitui** o crédito tributário (presente).

10.3. Lançamento tributário: privatividade

Segundo o CTN, o lançamento é privativo do Fisco.

Gabarito de concurso público
Em ação judicial movida pelo contribuinte questionando os critérios constantes em legislações distintas para o lançamento, o juiz, na sentença de mérito, deverá indicar qual o critério a ser seguido. Nesse caso, mesmo que haja a possibilidade de obtenção do valor devido em liquidação por arbitramento, a autoridade fazendária na atividade de lançamento não poderá ser substituída. **(Magistratura/BA - 2006 - CESPE)**

Trata-se de atividade vinculada e obrigatória, sob pena de responsabilidade funcional (art. 142, parágrafo único, do CTN).

Gabarito de concurso público
O ato administrativo denominado de lançamento é vinculado para o agente da administração tributária. **(Delegado/PA - 2009 - MOVENS)**

A jurisprudência, entretanto, entende que a declaração prestada pelo contribuinte, na forma da legislação de determinados tributos (por exemplo, a DCTF federal ou as declarações relativas ao ICMS), indicando a ocorrência do fato gerador e o valor do tributo devido, constitui o crédito.

Assim, se o contribuinte entrega a DCTF (declaração federal) registrando a ocorrência do fato gerador da COFINS em determinado período, com a indicação do valor devido, mas não o recolhe, entende-se que o Fisco não precisa lançar, pois o crédito já está constituído (Súmula 436 do STJ). Nesse caso, bastará inscrever o valor em dívida ativa e executá-lo judicialmente.

Jurisprudência
Súmula 436 do STJ. A entrega de declaração pelo contribuinte reconhecendo débito fiscal constitui o crédito tributário, dispensada qualquer outra providência por parte do fisco.

10.4. Lançamento tributário: formalização

O lançamento documenta a ocorrência do fato gerador e formaliza a relação jurídica obrigacional.

Pelo lançamento, indica-se o sujeito passivo, o valor do tributo (calculado normalmente pela multiplicação de uma alíquota pela base de cálculo), das multas, dos juros e da correção monetária.

Se o valor estiver em moeda estrangeira, será feita a conversão em reais no lançamento, pelo câmbio da data de ocorrência do fato gerador.

Gabarito de concurso público
Quando o pagamento de um tributo depende da conversão de moeda estrangeira, o câmbio para a conversão é: o vigente no dia da ocorrência de fato gerador. **(Magistratura Federal - 1ª Região - 2005)**

10.5. Lançamento tributário: terminologia

Muitas vezes, utiliza-se o termo *lançamento* para o tributo e *autuação* quando há constituição do crédito pela fiscalização, com aplicação de multa.

Segundo o CTN, a autoridade lançadora *propõe* a aplicação de penalidade para a autoridade superior, que decidiria a respeito.

Atualmente, entretanto, o próprio fiscal já aplica a multa, que pode ser contestada administrativamente.

10.6. Lançamento tributário: constituição provisória e definitiva

Para a jurisprudência que vem se pacificando, a notificação do lançamento constitui provisoriamente o crédito tributário.

A constituição definitiva ocorre somente com o fim do processo administrativo ou após o prazo para impugnação ou recurso pelo sujeito passivo (ver, por ex., Súmula Vinculante 24 do STF).

Jurisprudência
Súmula Vinculante 24/STF: Não se tipifica crime material contra a ordem tributária, previsto no art. 1º, incisos I a IV, da Lei n. 8.137/1990, antes do lançamento definitivo do tributo.

10.7. Lançamento tributário: lei aplicável

> CTN, art. 144. O lançamento reporta-se à data da ocorrência do fato gerador da obrigação e rege-se pela lei então vigente, ainda que posteriormente modificada ou revogada.
>
> (...)

A lei aplicável em relação ao tributo é sempre aquela vigente à época do fato gerador (art. 144 do CTN).

Lembre-se, entretanto, que se aplica a lei posterior ao fato gerador que (art. 144, § 1º, e art. 106, II, do CTN):

a) fixa novos critérios de apuração ou processos de fiscalização;

b) amplia os poderes de investigação do Fisco;

c) outorga maiores garantias ou privilégios ao crédito, exceto a atribuição de nova responsabilidade tributária a terceiros;

d) *lex mitior* (norma sancionadora mais benéfica).

Gabaritos de concursos públicos
O lançamento tributário rege-se pela lei vigente na data da ocorrência do fato gerador, ainda que ao tempo da constituição do crédito tal lei haja sido revogada. **(Magistratura/PB – 2011 – CESPE)** *Se uma nova lei for publicada após a ocorrência do fato gerador de imposto não lançado por período certo de tempo, ampliando os poderes de investigação das autoridades administrativas, o lançamento será regido pela lei em vigor na data da feitura do lançamento.* **(Ministério Público/ES – 2010 – CESPE)**

10.8. Lançamento tributário: modificação

O lançamento notificado só pode ser alterado em caso de (art. 145 do CTN):

a) impugnação do sujeito passivo;

b) recurso de ofício ou;

c) iniciativa de ofício da autoridade, nos casos do art. 149 do CTN (lançamento de ofício).

Gabarito de concurso público
Em conformidade com o CTN, quando regularmente notificado o sujeito passivo, o lançamento somente pode ser alterado por impugnação do próprio sujeito passivo, recurso de ofício ou por iniciativa de ofício da autoridade administrativa. **(Magistratura/PA – 2008 – FGV)**

Jurisprudência
O princípio da imutabilidade do lançamento tributário, insculpido no artigo 145 do CTN, prenuncia que o poder-dever de autotutela da Administração Tributária, consubstanciado na possibilidade de revisão do ato administrativo constitutivo do crédito tributário, somente pode ser exercido nas hipóteses elencadas no artigo 149 do Codex Tributário, e desde que não ultimada a extinção do crédito pelo decurso do prazo decadencial quinquenal, em homenagem ao princípio da proteção à confiança do contribuinte (encartado no artigo 146) e no respeito ao ato jurídico perfeito. **REsp 1.115.501/SP, STJ, Rel. Min. Luiz Fux, j. 10.11.2010 – repetitivo**

A modificação de critérios jurídicos não permite a alteração do lançamento (erro de direito) – Súmula 227 do TFR e art. 146 do CTN.

> CTN, art. 146. A modificação introduzida, de ofício ou em consequência de decisão administrativa ou judicial, nos critérios jurídicos adotados pela autoridade administrativa no exercício do lançamento somente pode ser efetivada, em relação a um mesmo sujeito passivo, quanto a fato gerador ocorrido posteriormente à sua introdução.

Jurisprudência
Súmula 227 do TFR. A mudança de critério jurídico adotado pelo fisco não autoriza a revisão de lançamento.

Significa que, se o Fisco muda sua interpretação a respeito da norma tributária, deverá aplicá-la aos lançamentos futuros, mas não para modificar os já realizados.

10.9. Lançamento tributário: revisão por erro

Veja os seguintes exemplos de erros de fato (que permite a modificação do lançamento) e de direito (mudança de entendimento, que não permite a alteração do lançamento):

Erro de fato (permite a revisão)	– a autoridade lançadora engana-se quanto à matéria tributável, pois pensou que o motor era elétrico, mas é a diesel, com alíquota aplicável maior. Nesse caso, pode e deve revisar o lançamento
Erro de direito (não permite a revisão)	– a autoridade lançadora interpreta erroneamente a legislação aplicável, pois sabia que o motor era a diesel, mas entendeu que se aplicava, por analogia, benefício fiscal dado ao motor elétrico. Há erro de direito, que não admite a revisão do lançamento

10.10. Modalidades de lançamento

Há somente três modalidades de lançamento: por declaração (ou misto), de ofício (ou direto) e por homologação (ou autolançamento):

Lançamento por **declaração** (ou misto)	- o sujeito passivo declara e o Fisco calcula o crédito e notifica para o pagamento
Lançamento de **ofício** (ou direto)	- o Fisco faz tudo, calcula e notifica o sujeito passivo para o pagamento - ex.: IPVA, IPTU
Lançamento por **homologação** (ou autolançamento)	- o contribuinte faz tudo, calcula e recolhe o tributo (o Fisco só homologa) - ex.: ICMS, IPI, ISS, contribuições

Gabarito de concurso público

São exemplos de impostos sujeitos normalmente a lançamento de ofício e por homologação, respectivamente: IPTU e IPI. **(Defensoria/SP - 2007 - FCC)**

10.11. Lançamento por declaração (misto)

10.11.1. Definição

Lançamento por declaração é aquele realizado com base na declaração do sujeito passivo ou de terceiro, prestada ao Fisco, na forma da *legislação*, com informações sobre **matéria de fato** indispensáveis para a constituição do crédito (art. 147 do CTN).

O Fisco analisa essa declaração e, com base nela, calcula o valor devido, notificando o contribuinte para que pague.

Gabarito de concurso público

Considere que, após preencher e entregar ao órgão fiscal todos os documentos e informações necessários à apuração de determinado tributo, a empresa X receba uma notificação para pagamento. Nessa situação, tal tributo tem lançamento por declaração. **(Magistratura/SE - 2008 - CESPE)**

Alguns autores afirmam que o ITR é lançado por declaração, mas a jurisprudência pacificou-se em sentido diverso (o ITR é lançado por homologação - ver REsp 1.027.051/SC-STJ).

A rigor, praticamente não existe tributo relevante no Brasil que seja atualmente lançado por declaração.

10.11.2. Lançamento por declaração: erro e retificação

O declarante pode retificar a declaração que vise a reduzir ou a excluir o tributo somente **antes da notificação** do lançamento, desde que comprove o erro (art. 147, § 1º, do CTN).

Gabarito de concurso público

A retificação da declaração por iniciativa do próprio declarante, quando vise à redução ou exclusão de tributo, somente pode ser admitida mediante comprovação do erro em que se funde, e antes de notificado o lançamento. **(Defensoria/SP - 2009 - FCC)**

Depois da notificação, o sujeito passivo pode contestar judicialmente o crédito (entendimento doutrinário).

Se o erro for apurável pelo próprio exame da declaração, será corrigido de ofício pela autoridade (art. 147, § 2º, do CTN).

10.11.3. Lançamento por declaração: arbitramento

> CTN, art. 148. Quando o cálculo do tributo tenha por base, ou tome em consideração, o valor ou o preço de bens, direitos, serviços ou atos jurídicos, a autoridade lançadora, mediante processo regular, arbitrará aquele valor ou preço, sempre que sejam omissos ou não mereçam fé as declarações ou os esclarecimentos prestados, ou os documentos expedidos pelo sujeito passivo ou pelo terceiro legalmente obrigado, ressalvada, em caso de contestação, avaliação contraditória, administrativa ou judicial.

Quando há **omissão** ou **não mereçam fé** os documentos, declarações ou esclarecimentos, cabe arbitramento por parte do Fisco.

O arbitramento refere-se a **valores ou preços** de bens, direitos, serviços ou atos jurídicos necessários para o lançamento.

Deve ser instaurado **processo administrativo regular** pelo Fisco para **arbitramento** do valor ou preço (não é arbitrariedade!), garantido o **contraditório** (administrativo e judicial) em caso de contestação (art. 148 do CTN).

Essas regras do art. 148 do CTN são aplicáveis a qualquer arbitramento realizado pela autoridade fiscal, mesmo no caso de autuação (lançamento de ofício) relativa a tributo originariamente lançado por homologação.

Jurisprudência

A apuração do valor da base de cálculo pode ser feita por arbitramento nos termos do artigo 148 do CTN quando for certa a ocorrência do fato imponível e a declaração do contribuinte não mereça fé, em relação ao valor ou preço de bens, direitos, serviços ou atos jurídicos registrados. Nesse caso, a Fazenda Pública fica autorizada a proceder ao arbitramento mediante processo administrativo-fiscal regular, assegurados o contraditório e a ampla defesa, exatamente o que ocorreu no caso, em que foi utilizado o próprio Livro de Inventário do Centro de Distribuição.

REsp 1.109.298/RS, STJ, Min. Castro Meira, j. 26.04.2011

Gabarito de concurso público

Se o cálculo do tributo tiver por base valor de bens ou direitos, e estes não forem corretamente informados pelo sujeito passivo, a autoridade que efetivar o lançamento arbitrará estes valores, podendo o sujeito passivo contraditá-los. **(Auditor Fiscal/CE - 2006 - ESAF - adaptado)**

10.12. Lançamento de ofício (direto)

10.12.1. Definição

Lançamento de ofício é a modalidade em que o Fisco lança diretamente, verificando a ocorrência do fato gerador, determinando a matéria tributável, calculando o montante do tributo, identificando o sujeito passivo e aplicando a penalidade (art. 149 do CTN).

Não há, nesse caso, participação direta do sujeito passivo.

O Fisco utiliza dados de cadastros, muitas vezes alimentados por declarações dos contribuintes, mas isso não pode levar o estudante a confundir o lançamento de ofício com o lançamento por declaração.

10.12.2. Lançamento de ofício: cabimento

Cabe lançamento de ofício para **todos** os tributos:

a) originariamente, quando a lei indica essa modalidade de lançamento para o tributo;

b) subsidiariamente, quando o tributo deveria ter sido lançado por declaração ou por homologação, mas não foi, por omissão, culpa, erro, fraude etc.

O art. 149 do CTN cuida também da aplicação de penalidade pecuniária isolada (sem lançamento de tributo) e da revisão do lançamento de ofício anteriormente realizado (por erro ou falta funcional).

10.12.3. Lançamento de ofício: art. 149 do CTN

> Vejamos, a seguir, as hipóteses de lançamento e revisão de ofício, listadas no art. 149 do CTN.
>
> Art. 149. O lançamento é efetuado e revisto de ofício pela autoridade administrativa nos seguintes casos:
>
> I – quando a lei assim o determine;
>
> (...)

O inciso I indica o caso do lançamento de ofício originário, quando a lei determina essa modalidade para determinado tributo (ex.: IPVA, IPTU).

> **Art. 149.** O lançamento é efetuado e revisto de ofício pela autoridade administrativa nos seguintes casos:
>
> (...)
>
> II – quando a declaração não seja prestada, por quem de direito, no prazo e na forma da legislação tributária;
>
> (...)

O inciso II corresponde ao caso de omissão do sujeito passivo ou do terceiro obrigado à declaração (no lançamento por declaração), que leva o Fisco a lançar de ofício.

> **Art. 149.** O lançamento é efetuado e revisto de ofício pela autoridade administrativa nos seguintes casos:
>
> (...)
>
> III – quando a pessoa legalmente obrigada, embora tenha prestado declaração nos termos do inciso anterior, deixe de atender, no prazo e na forma da legislação tributária, a pedido de esclarecimento formulado pela autoridade administrativa, recuse-se a prestá-lo ou não o preste satisfatoriamente, **a juízo daquela autoridade**;
>
> (...)

Outro caso de omissão, em relação a pedido de esclarecimento feito pelo Fisco, no inciso III. Há uma peculiar discricionariedade da administração tributária que, se entender que o esclarecimento não é satisfatório (ou não ocorreu), deverá lançar de ofício.

> **Art. 149.** O lançamento é efetuado e revisto de ofício pela autoridade administrativa nos seguintes casos:
>
> (...)
>
> IV – quando se comprove falsidade, erro ou omissão quanto a qualquer elemento definido na legislação tributária como sendo de declaração obrigatória;
>
> (...)

Conforme o inciso, IV, há lançamento de ofício também no caso de falsidade ou erro na declaração prestada pelo particular.

Jurisprudência

1. A Administração Tributária tem o poder/dever de revisar de ofício o lançamento quando se comprove erro de fato quanto a qualquer elemento definido na legislação tributária como sendo de declaração obrigatória (art. 145, III, c/c art. 149, IV, do CTN).
2. A este poder/dever corresponde o direito do contribuinte de retificar e ver retificada pelo Fisco a informação fornecida com erro de fato, quando dessa retificação resultar a redução do tributo devido.
3. Caso em que a Administração Tributária Municipal, ao invés de corrigir o erro de ofício, ou a pedido do administrado, como era o seu dever, optou pela lavratura de cinco autos de infração eivados de nulidade, o que forçou o contribuinte a confessar o débito e pedir parcelamento diante da necessidade premente de obtenção de certidão negativa.
4. Situação em que o vício contido nos autos de infração (erro de fato) foi transportado para a confissão de débitos feita por ocasião do pedido de parcelamento, ocasionando a invalidade da confissão.
5. A confissão da dívida não inibe o questionamento judicial da obrigação tributária, no que se refere aos seus aspectos jurídicos. Quanto aos aspectos fáticos sobre os quais incide a norma tributária, a regra é que não se pode rever judicialmente a confissão de dívida efetuada com o escopo de obter parcelamento de débitos tributários. No entanto, como na situação presente, a matéria de fato constante de confissão de dívida pode ser invalidada quando ocorre defeito causador de nulidade do ato jurídico (v.g. erro, dolo, simulação e fraude).
REsp 1.133.027/SP, STJ, Rel. p/ acórdão Min. Mauro Campbell Marques, j. 13.10.2010, repetitivo

> **Art. 149.** O lançamento é efetuado e revisto de ofício pela autoridade administrativa nos seguintes casos:
>
> (...)
>
> V – quando se comprove omissão ou inexatidão, por parte da pessoa legalmente obrigada, no exercício da atividade a que se refere o artigo seguinte [lançamento por homologação];
>
> (...)

Hipótese de omissão ou inexatidão do sujeito passivo em relação ao lançamento por homologação. Nesse caso, do inciso V, o Fisco lançará de ofício.

> **Art. 149.** O lançamento é efetuado e revisto de ofício pela autoridade administrativa nos seguintes casos:
>
> (...)
>
> VI – quando se comprove ação ou omissão do sujeito passivo, ou de terceiro legalmente obrigado, que dê lugar à aplicação de penalidade pecuniária;
>
> (...)

O inciso VI refere-se à aplicação de penalidade pecuniária, sendo comum o uso do termo *autuação* para esse lançamento de ofício.

> **Art. 149.** O lançamento é efetuado e revisto de ofício pela autoridade administrativa nos seguintes casos:
>
> (...)
>
> VII – quando se comprove que o sujeito passivo, ou terceiro em benefício daquele, agiu com dolo, fraude ou simulação;
>
> (...)

Trata-se, no inciso VII, de reiteração da possibilidade de autuação no caso de ilícito tributário.

> **Art. 149.** O lançamento é efetuado e revisto de ofício pela autoridade administrativa nos seguintes casos:
>
> (...)
>
> VIII – quando deva ser apreciado fato não conhecido ou não provado por ocasião do lançamento anterior;
>
> (...)

Hipótese (inciso VIII) de revisão de anterior lançamento de ofício, em que a matéria tributável não havia sido adequadamente apreciada (erro de fato). Lembre-se que o erro de direito (mudança de entendimento quanto à interpretação da legislação) não permite a revisão.

Gabarito de concurso público
O lançamento é efetuado e revisto de ofício pela autoridade administrativa nas seguintes hipóteses, dentre outras, previstas no artigo 149 do CTN quando deve ser apreciado fato não conhecido por ocasião do lançamento anterior e quando a declaração não seja prestada, por quem de direito, no prazo e na forma da legislação tributária. **(Auditor Fiscal/MS - 2006 - FGV)**

> **Art. 149.** O lançamento é efetuado e revisto de ofício pela autoridade administrativa nos seguintes casos:
>
> (...)
>
> IX – quando se comprove que, no lançamento anterior, ocorreu fraude ou falta funcional da autoridade que o efetuou, ou omissão, pela mesma autoridade, de ato ou formalidade especial.
>
> (...)

O inciso IX refere-se à revisão do lançamento de ofício anteriormente realizado, por fraude, falta ou omissão da autoridade fiscal.

> **Art. 149.** O lançamento é efetuado e revisto de ofício pela autoridade administrativa nos seguintes casos:
>
> (...)
>
> Parágrafo único. A revisão do lançamento só pode ser iniciada enquanto não extinto o direito da Fazenda Pública.

Após o prazo decadencial, não é mais possível revisar o lançamento anterior. Estudaremos a decadência quando analisarmos as modalidades de extinção do crédito tributário, mais adiante.

10.13. Lançamento por homologação (autolançamento)

10.13.1 Definição

Lançamento por homologação é aquele em que o próprio sujeito passivo verifica a ocorrência do fato gerador, calcula o tributo devido e, antes de qualquer atuação do Fisco, recolhe o valor correspondente.

À autoridade administrativa, resta homologar a atividade do sujeito passivo, expressa ou tacitamente.

Como o sujeito passivo faz tudo, é também conhecido como *autolançamento*.

10.13.2. Art. 150, caput, do CTN

> **Art. 150.** O lançamento por homologação, que ocorre quanto aos tributos cuja legislação atribua ao sujeito passivo o dever de **antecipar o pagamento** sem prévio exame da autoridade administrativa, **opera-se pelo ato** em que a referida **autoridade**, tomando conhecimento da atividade assim exercida pelo obrigado, **expressamente a homologa**.
>
> (...)

O CTN procurou manter a tese de que o lançamento é privativo do Fisco, razão pela qual se refere à homologação pela autoridade competente, que pode ser tácita. Na verdade, quase sempre há apenas homologação tácita.

10.13.3. Lançamento por homologação: momento da extinção do crédito

> **Art. 150.** § 1º. O pagamento antecipado pelo obrigado nos termos deste artigo extingue o crédito, sob condição resolutória da ulterior homologação ao lançamento.
>
> (...)

Atualmente, após enorme discussão judicial, a legislação é clara ao afirmar que a extinção do crédito se dá com o pagamento realizado pelo sujeito passivo, e não com a homologação pelo Fisco – art. 3º da LC 118/2005.

Isso é relevante para a contagem do prazo para a repetição de eventual indébito (quando o sujeito paga tributo indevido e pede a restituição do valor). Voltaremos ao assunto ao tratarmos da extinção do crédito e das ações tributárias.

10.13.4. Homologação tácita – Art. 150, § 4º, CTN

Se não houver homologação expressa do Fisco, ocorre a homologação tácita, após 5 anos contados do fato gerador.

Com a sua ocorrência, não há como o Fisco rever o lançamento (ocorre decadência).

Entretanto, para que seja possível, é preciso que tenha ocorrido recolhimento.

Não há homologação tácita, tampouco, no caso de dolo, fraude ou simulação.

Jurisprudência
O prazo decadencial quinquenal para o Fisco constituir o crédito tributário (lançamento de ofício) conta-se do primeiro dia do exercício seguinte àquele em que o lançamento poderia ter sido efetuado, nos casos em que a lei não prevê o pagamento antecipado da exação ou quando, a despeito da previsão legal, o mesmo inocorre, sem [ou ocorre pagamento antecipado com] a constatação de dolo, fraude ou simulação do contribuinte, inexistindo declaração prévia do débito **REsp 973.733/SC, STJ, Rel. Min. Luiz Fux, j. 12.08.2009 - repetitivo**

Obs.: esse repetitivo trata de decadência, mas deixa claro que não há homologação tácita quando:
- não ocorre o pagamento
- o pagamento ocorre com dolo, fraude ou simulação.

Ademais, para que haja lançamento de ofício subsidiário, não pode ter havido declaração prévia de débito (já que essa declaração do sujeito passivo tem o efeito de constituir o crédito, sendo desnecessário lançamento pelo fisco - Súmula 436 do STJ)

10.13.5. *Tributo declarado e não pago*

Nos tributos empresariais lançados por homologação (IPI, ICMS, COFINS etc.) costuma haver declaração prestada ao Fisco, informando a matéria tributável e o valor do tributo (ex.: DCTF).

Essa declaração é considerada "confissão" do devedor, que corresponde ao próprio lançamento:

Jurisprudência

Súmula 436 do STJ: A entrega de declaração pelo contribuinte reconhecendo débito fiscal constitui o crédito tributário, dispensada qualquer outra providência por parte do fisco.

O Fisco não precisa realizar lançamento de ofício (não há contagem de prazo decadencial), bastando inscrever o débito e executá-lo.

Discute-se se há, nessa hipótese, lançamento por homologação ou se é outra modalidade.

Gabaritos de concursos públicos

Quando o contribuinte apura o imposto devido e informa tal valor ao fisco sem, entretanto, efetuar o recolhimento, desnecessário se faz o procedimento administrativo fiscal para verificar a ocorrência do fato gerador, apontar a matéria tributável, calcular o valor e indicar o sujeito passivo. **(Magistratura/BA - 2006 - CESPE)**

O juiz de direito Libório Rangel, no exercício de suas funções, depara-se com o seguinte caso: sujeito passivo de obrigação tributária alega que não tem obrigação de pagar o tributo, porquanto, no caso em espécie, não ocorreu processo administrativo.

O Magistrado decidirá corretamente quando: tratando-se de débito declarado pelo próprio contribuinte, o chamado autolançamento, a exigência fiscal não se baseia em prévio procedimento administrativo, daí por que julga improcedente a demanda. **(Magistratura/SP - 2011 - VUNESP)**

Há uma situação muito peculiar, em que o contribuinte declara o débito tributário em conjunto com crédito que entende possuir contra o mesmo ente público, para fins de compensação tributária. Muitas vezes, o Fisco indefere a compensação (por entender que o crédito privado não é válido, por exemplo) e, automaticamente, inscreve e inicia a cobrança do débito tributário.

Ocorre que o STJ afasta a aplicação de sua Súmula 436 nesse caso, exigindo o lançamento de ofício por parte do Fisco, permitindo impugnação administrativa pelo sujeito passivo antes da inscrição e cobrança:

Jurisprudência

O STJ possui entendimento pacificado no sentido de que é vedada a imediata inscrição em dívida ativa dos valores confessados em DCTF, quando o referido documento informar a quitação do crédito tributário por meio de compensação. Nessa hipótese, rejeitada a compensação declarada, impõe-se o lançamento de ofício, com abertura de prazo para impugnação.

REsp 1.179.646/PR, STJ, Rel. Min. Herman Benjamin, j. 17.08.2010

10.13.6. *Depósito judicial e lançamento*

A suspensão da exigibilidade do crédito não impede o lançamento tributário - ver REsp 1.129.450/SP.

Entretanto, no caso do depósito judicial (que é modalidade de suspensão do crédito), o lançamento não é necessário em relação ao montante depositado.

Essa desnecessidade também ocorre no caso de depósito judicial realizado para suspender o crédito antes do lançamento.

Isso porque, para realizar o depósito, o sujeito passivo acaba identificando a matéria tributável e o valor do tributo, conforme exigido pelo Fisco (o que corresponde ao lançamento).

Jurisprudência

No caso de tributos sujeitos a lançamento por homologação, o contribuinte, ao realizar o depósito judicial com vistas à suspensão da exigibilidade do crédito tributário, promove a constituição deste nos moldes do que dispõe o art. 150 e parágrafos do CTN. Isso, porque verifica a ocorrência do fato gerador, calcula o montante devido e, em vez de efetuar o pagamento, deposita a quantia aferida, a fim de impugnar a cobrança da exação. Assim, o crédito tributário é constituído por meio da declaração do sujeito passivo, não havendo falar em decadência do direito do Fisco de lançar, caracterizando-se, com a inércia da autoridade fazendária apenas a homologação tácita da apuração anteriormente realizada. Não há, portanto, necessidade de ato formal de lançamento por parte da autoridade administrativa quanto aos valores depositados.

EREsp 686.479/RJ, STJ, Rel. Min. Denise Arruda, j. 27.08.2008

11. SUJEIÇÃO PASSIVA

11.1. Definição

A sujeição passiva refere-se à ocupação do polo passivo da obrigação tributária, à condição de devedor da prestação correspondente.

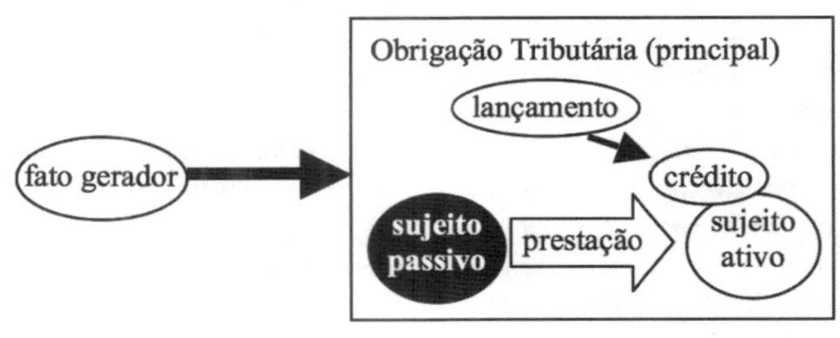

Sujeito passivo da obrigação principal é a pessoa obrigada ao pagamento do tributo ou da penalidade pecuniária (art. 121, *caput*, do CTN).

Sujeito passivo da obrigação acessória é a pessoa obrigada às prestações que constituem seu objeto (art. 122 do CTN).

11.2. Legalidade

O sujeito passivo deve ser indicado pela lei.

No caso dos impostos previstos na CF, o **contribuinte** (uma das duas espécies de sujeito passivo tributário) deve estar definido em lei complementar federal (art. 146, III, *a*, da CF).

11.3. Convenções particulares não alteram a sujeição passiva

Nos termos do art. 123 do CTN, salvo disposições de lei em contrário, as convenções particulares, relativas à responsabilidade pelo pagamento de tributos, não podem ser opostas à Fazenda Pública, para modificar a definição legal do sujeito passivo das obrigações tributárias correspondentes.

É comum, por exemplo, que nos contratos de locação de imóvel o inquilino fique responsável pelo recolhimento do IPTU. Para o Fisco, entretanto, essa disposição contratual é irrelevante. Em caso de inadimplemento, o tributo será cobrado do proprietário que a lei indica como contribuinte do imposto municipal.

Jurisprudência
A jurisprudência do STJ entende que o locatário não tem legitimidade ativa para a ação de repetição de indébito tributário do IPTU, uma vez que, à luz do art. 34 do CTN, o "contribuinte do imposto é o proprietário do imóvel, o titular do seu domínio útil, ou o seu possuidor a qualquer título", não se admitindo, por outro lado, nos termos do art. 123 do CTN, que convenções particulares, relativas à responsabilidade pelo pagamento de tributos, possam modificar a definição legal do sujeito passivo das obrigações tributárias correspondentes. **AgRg no AgRg no REsp 1.131.379/RJ, STJ, Rel. Min. Benedito Gonçalves, j. 18.03.2010**

Gabarito de concurso público
Não é pessoalmente responsável pela obrigação tributária, perante a Fazenda Pública, o locatário cujo contrato prevê a responsabilidade tributária. **(Ministério Público/PB - 2010)**

De fato, se o sujeito passivo é indicado pela lei, não haveria como um acordo privado alterá-lo perante o Fisco.

Gabaritos de concursos públicos
Um estado, ao firmar contrato com uma empresa privada, desobrigando-a de recolher tributo devido pela sua atividade, passou a ser responsável pelo seu pagamento. Caso não haja disposição de lei em contrário, nenhuma convenção ou contrato tem validade para alterar o sujeito passivo de obrigação tributária perante a fazenda pública. **(Procurador do Estado/PI - 2008 - CESPE)**
Determinada empresa contratou os serviços de um contador e entregou a ele, regularmente, todos os cheques para a quitação dos impostos devidos. Certo dia, essa empresa recebeu do fisco estadual e do federal a informação de que estava devendo impostos aos quais se destinavam aqueles cheques, bem como multas. Em ambos os casos, a responsabilidade pelo pagamento dos tributos e das multas é da empresa. **(Ministério Público/SE - 2010 - CESPE)**

11.4. Espécies de sujeito passivo (obrigação principal)

Há apenas duas espécies de sujeito passivo da obrigação principal: o contribuinte e o responsável tributário.

Contribuinte (sujeito passivo natural, direto) é o sujeito passivo que tem relação pessoal e direta com a situação que constitua o fato gerador (é o agente, o titular ou o beneficiário dessa situação).

Responsável (sujeito passivo indireto) é o sujeito passivo que, sem se revestir da condição de contribuinte, tem sua obrigação decorrente de disposição expressa da **lei.** Ou seja, é definido por exclusão: responsável é o sujeito passivo indicado pela lei, mas que não tem relação pessoal e direta com o fato gerador (não é contribuinte).

Gabarito de concurso público
Em nosso sistema tributário, a diferença entre o contribuinte e o responsável tributário é que enquanto o contribuinte realiza o fato gerador, a responsabilidade deste último deriva exclusivamente da lei. **(Magistratura/PE - 2011 - FCC)**

11.5. Contribuinte (sujeito passivo natural, direto)

Veja, na seguinte representação gráfica, que o contribuinte é o sujeito passivo que tem relação pessoal e direta com o fato gerador.

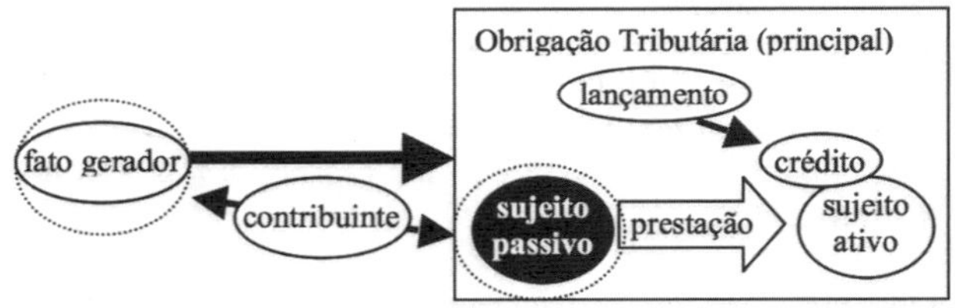

Contribuinte é o agente, o titular ou o beneficiário da situação que configura o fato gerador.

Essa relação é tão próxima que, como veremos a seguir, pela própria identificação do fato gerador é possível, de pronto, reconhecer o contribuinte.

11.5.1. Contribuinte: exemplos

Lembre-se que contribuinte é o agente, o titular ou o beneficiário da situação que configura o fato gerador, tendo com ela uma relação pessoal e direta.

Veja, nos seguintes exemplos, como é fácil identificá-lo, a partir dos fatos geradores:

✓ IR: o fato gerador do imposto de renda é auferir renda, logo, contribuinte é quem aufere a renda (agente);

✓ ICMS: o principal fato gerador corresponde à circulação de mercadoria, de modo que contribuinte é quem promove essa circulação (agente);

✓ ISS: o fato gerador é a prestação de determinados serviços, razão pela qual contribuinte é quem presta o serviço (agente);

✓ ITR, IPVA, IPTU: o fato gerador desses impostos é a propriedade (de imóveis ou automóveis), de modo que o contribuinte só poderia ser o respectivo proprietário (titular);

✓ Taxas: o fato gerador é o exercício do poder de polícia ou a prestação de determinados serviços, logo, contribuintes são, respectivamente, o fiscalizado e o usuário do serviço (beneficiários);

✓ Contribuição de melhoria: o fato gerador é a valorização imobiliária decorrente de obra pública, razão pela qual contribuinte é quem percebe o aumento patrimonial decorrente da obra (beneficiário).

11.5.2. Contribuinte: capacidade contributiva

Contribuinte é o sujeito passivo direto, quem *naturalmente* deve ocupar o polo passivo da obrigação, pois é quem demonstra *capacidade contributiva*, quem deve ser onerado pelo tributo.

Por essa razão, quando a lei indica responsável tributário, traz ferramentas para que o ônus econômico recaia sobre o contribuinte (ou quem deveria ser contribuinte), como a retenção na fonte ou o repasse no preço.

Jurisprudência
3. O contribuinte tem relação pessoal e direta com o fato gerador e, como regra, responde diretamente pelo ônus da tributação, em atenção ao princípio da capacidade contributiva. *4. Na sistemática da substituição tributária, o substituto apura e recolhe o ICMS que incidirá na operação futura a ser realizada pelo substituído. É este último, como contribuinte, que deve suportar diretamente o ônus do tributo, ainda que o repasse ao consumidor final, por se tratar de imposto indireto.* **REsp 1.090.414/RS, STJ Rel. Min. Luiz Fux, Primeira Seção, j. 23.02.2011**

Gabarito de concurso público
O tratamento jurídico do sujeito passivo tributário pode ser separado do econômico, daí é que a pessoa responsável pelo recolhimento do imposto aos cofres públicos pode não ser o que suporta o ônus do tributo. **(Defensoria/SE – 2006 – CESPE)**

11.6. Solidariedade

11.6.1. Definição

Há solidariedade no Direito Tributário quando duas ou mais pessoas ocupam o polo passivo da obrigação tributária.

Não há benefício de ordem perante o Fisco (eventual direito de regresso é regulado pelo direito privado), ou seja, a administração tributária pode cobrar a totalidade do crédito de qualquer um dos sujeitos passivos solidários.

Há duas grandes distinções em relação à solidariedade do Código Civil: no Direito Tributário, a solidariedade é somente passiva e jamais decorre da vontade das partes.

11.6.2. Solidariedade: espécies (art. 124 do CTN)

Existem duas espécies de solidariedade tributária: natural e legal.

Natural: é a solidariedade entre as pessoas que têm interesse comum na situação que constitua o fato gerador da obrigação principal.

Por exemplo, condôminos em relação ao IPTU, comunhão universal em relação ao IR. Não é o caso do vendedor e do adquirente em relação ao ITBI, pois os interesses não são comuns (um quer vender e o outro quer comprar).

Apesar de pecuniária, a prestação tributária é tratada como sendo indivisível.

Legal: é a solidariedade entre pessoas expressamente designadas em lei.

Jurisprudência
A jurisprudência desta Corte consolidou-se no sentido de que inexiste solidariedade passiva em execução fiscal apenas por pertencerem as empresas ao mesmo grupo econômico, já que tal fato, por si só, não justifica a presença do "interesse comum" previsto no artigo 124 do Código Tributário Nacional. **AgRg no REsp 1.102.894/RS, Rel. Min. Castro Meira, j. 21/10/2010**

11.6.3. Solidariedade: efeitos

O art. 125 do CTN traz os efeitos da solidariedade tributária:

> **Art. 125.** Salvo disposição de lei em contrário, são os seguintes os efeitos da solidariedade:
>
> I – o pagamento efetuado por um dos obrigados aproveita aos demais;
>
> II – a isenção ou remissão de crédito exonera todos os obrigados, salvo se outorgada pessoalmente a um deles, subsistindo, nesse caso, a solidariedade quanto aos demais pelo saldo;
>
> III – a interrupção da prescrição, em favor ou contra um dos obrigados, favorece ou prejudica aos demais.

Perceba o caso peculiar do inciso II. O benefício fiscal concedido pessoalmente a um dos obrigados não aproveita aos outros. Por exemplo, se há isenção de IPTU para maiores de 60 anos e apenas um dos dois condôminos preenche o requisito (o outro é mais jovem), somente o primeiro deles é beneficiado, em relação à sua parcela do imóvel.

Gabaritos de concursos públicos
Em decorrência da solidariedade tributária, o pagamento efetuado por um dos obrigados aproveita aos demais. **(Magistratura/PR – 2008)** *Na solidariedade tributária, a isenção ou remissão outorgada pessoalmente a um dos obrigados não exonera os demais, ficando mantida a solidariedade quanto ao saldo.* **(Magistratura/SP – 2007)**

11.7. Capacidade tributária

11.7.1 Definição

Capacidade tributária é expressão utilizada em dois sentidos:

a) aptidão para ocupar o polo passivo da obrigação tributária, ou seja, para ser sujeito passivo;

b) aptidão para realizar o fato gerador do tributo.

11.7.2. Características da capacidade tributária

> CTN, Art. 126. A capacidade tributária passiva independe:
>
> I - da capacidade civil das pessoas naturais;
>
> II - de achar-se a pessoa natural sujeita a medidas que importem privação ou limitação do exercício de atividades civis, comerciais ou profissionais, ou da administração direta de seus bens ou negócios;
>
> III - de estar a pessoa jurídica regularmente constituída, bastando que configure uma unidade econômica ou profissional.

Mesmo os incapazes (absoluta ou relativamente) podem ser sujeitos passivos de tributos. Temos **fato** gerador, não **ato** gerador, de modo que a vontade do agente é irrelevante, em princípio, para fins tributários. Menor de idade, deficientes mentais, pródigos etc., todos eles têm capacidade tributária.

Falido, profissional com licença cassada etc., também podem ser sujeitos passivos.

Sociedade irregular, espólio, condomínio, massa falida têm capacidade tributária e podem ser sujeitos passivos (ainda que não tenham personalidade jurídica própria).

Gabarito de concurso público
Uma criança recém-nascida já tem capacidade tributária para ser devedora de IPTU. **(Ministério Público/RR - 2008 - CESPE)**

11.8. Domicílio tributário

11.8.1. Definição

Domicílio tributário é o local em que o sujeito passivo deve ser encontrado; onde as notificações serão entregues; onde, em princípio, o tributo será recolhido (art. 159 do CTN); onde a execução será proposta.

11.8.2. Eleição pelo próprio sujeito passivo

Em regra, o sujeito passivo escolhe seu domicílio tributário na forma da legislação.

Ele pode indicar ao Fisco qualquer endereço, desde que não prejudique a cobrança. Entende-se que essa escolha deve recair em uma localidade dentro do território do ente tributante.

Gabarito de concurso público
De regra, o contribuinte tem domicílio fiscal ou tributário no lugar onde eleger, desde que não recusado pela autoridade administrativa. **(Ministério Público/MS - 2011 - FADEMS)**

O CTN traz regras subsidiárias para a definição do domicílio somente para os casos em que não há essa opção expressa pelo sujeito passivo ou quando ela é recusada pelo Fisco.

11.8.3. Domicílio: regra subsidiária

Veja, portanto, que, quando o sujeito passivo não indica expressamente seu domicílio, aplica-se o art. 127 do CTN para sua fixação:

> CTN, Art. 127. Na **falta de eleição**, pelo contribuinte ou responsável, de domicílio tributário, na forma da legislação aplicável, considera-se como tal:
>
> I - quanto às pessoas naturais, a sua residência habitual, ou, sendo esta incerta ou desconhecida, o centro habitual de sua atividade;
>
> II - quanto às pessoas jurídicas de direito privado ou às firmas individuais, o lugar da sua sede, ou, em relação aos atos ou fatos que derem origem à obrigação, o de cada estabelecimento;
>
> III - quanto às pessoas jurídicas de direito público, qualquer de suas repartições no território da entidade tributante.
>
> (...)

Ademais, se as regras dos incisos anteriormente transcritos não forem aplicáveis, ou se o domicílio eleito for recusado pelo Fisco, considera-se o local da situação dos bens ou da ocorrência dos atos ou fatos que deram origem à obrigação:

> CTN, Art. 127. (...)
>
> § 1º Quando não couber a aplicação das regras fixadas em qualquer dos incisos deste artigo, considerar-se-á como domicílio tributário do contribuinte ou responsável o lugar da situação dos bens ou da ocorrência dos atos ou fatos que deram origem à obrigação.
>
> § 2º A autoridade administrativa pode recusar o domicílio eleito, quando impossibilite ou dificulte a arrecadação ou a fiscalização do tributo, aplicando-se então a regra do parágrafo anterior.

Gabarito de concurso público
A autoridade administrativa pode recusar o domicílio eleito, no caso de impossibilitar a fiscalização do tributo **(Ministério Público/GO - 2005)**

11.9. Responsável tributário

11.9.1. Definição

O **responsável** (sujeito passivo indireto) é definido por exclusão: é aquele a quem a lei impõe a obrigação tributária, sem se revestir da condição de contribuinte.

Não sendo contribuinte, não tem relação pessoal e direta com o fato gerador, mas deve ter algum vínculo com ele.

Significa que o legislador não pode escolher qualquer pessoa para ser responsável, pois ela tem que ter alguma relação, ainda que indireta, com o fato gerador.

Responsável tributário é expressão utilizada somente para a obrigação principal.

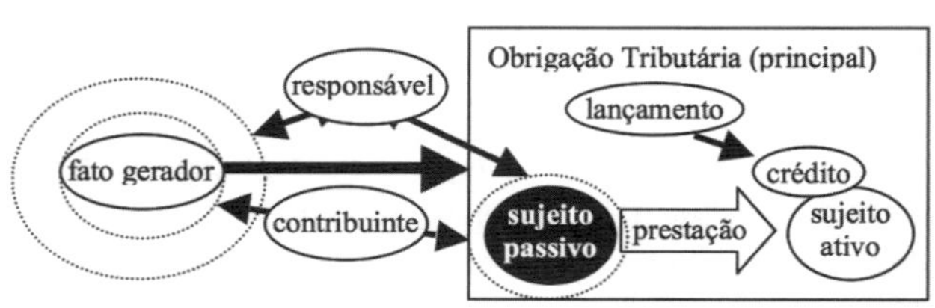

Veja na representação gráfica acima que, enquanto o contribuinte tem relação pessoal e direta com o fato gerador (é o agente, titular ou beneficiário da situação que o configura), a relação do responsável é mais distante, apenas indireta.

Por exemplo, quando o trabalhador recebe o salário, identifica-se como contribuinte do imposto de renda, pois tem relação pessoal e direta com o fato gerador (é ele quem aufere a renda). O empregador pode ser indicado como responsável tributário, pois não tem essa relação pessoal e direta com o fato gerador (não é ele quem aufere a renda), mas possui claramente vínculo indireto (o empregador é quem paga o salário, permitindo que o contribuinte aufira a renda). Perceba com há uma relação do responsável tributário com o fato gerador, ainda que mais distante em relação àquela do contribuinte.

11.9.2. *Responsável tributário: art. 128 do CTN*

> CTN, Art. 128. Sem prejuízo do disposto neste capítulo, a **lei** pode atribuir de modo expresso a responsabilidade pelo crédito tributário a terceira pessoa, **vinculada ao fato gerador** da respectiva obrigação, excluindo a responsabilidade do contribuinte ou atribuindo-a a este em caráter supletivo do cumprimento total ou parcial da referida obrigação.

O art. 128 deixa claro que há casos de responsabilidade previstos no próprio CTN (que estudaremos mais adiante), mas também que a lei de cada ente tributante pode prever outras hipóteses de responsabilidade tributária.

A responsabilidade pode ser: exclusiva, subsidiária, principal ou solidária.

Gabarito de concurso público
É admissível que a lei atribua a um contribuinte a responsabilidade supletiva parcial pelo pagamento de determinado tributo. **(Ministério Público/RR - 2008 - CESPE)**

Importante salientar que, ao criar nova espécie de responsabilidade, o legislador ordinário deve observar as "regras matrizes de responsabilidade de terceiros estabelecidas em caráter geral" pelos arts. 134 e 135 do CTN, conforme entendimento do STF. Significa dizer que o legislador ordinário não pode, por exemplo, criar responsabilidade de sócio decorrente de simples inadimplemento tributário, pois isso se afastaria da norma geral fixada pelo art. 135 do CTN.

Jurisprudência
2. O Código Tributário Nacional estabelece algumas regras matrizes de responsabilidade tributária, como a do art. 135, III, bem como diretrizes para que o legislador de cada ente político estabeleça outras regras específicas de responsabilidade tributária relativamente aos tributos da sua competência, conforme seu art. 128. 3. O preceito do art. 124, II, no sentido de que são solidariamente obrigadas "as pessoas expressamente designadas por lei", não autoriza o legislador a criar novos casos de responsabilidade tributária sem a observância dos requisitos exigidos pelo art. 128 do CTN, tampouco a desconsiderar as regras matrizes de responsabilidade de terceiros estabelecidas em caráter geral pelos arts. 134 e 135 do mesmo diploma. **RE 562.276, Rel. Min. Ellen Gracie, Tribunal Pleno, j. 03.11.2010, Repercussão Geral - Mérito**

11.9.3. *Espécies de responsabilidade*

Dentre diversas classificações doutrinárias, é bastante adotada aquela que indica haver responsabilidade por *transferência* e por *substituição*:

✓ **Transferência:** a obrigação tributária surge em relação ao contribuinte, mas, por conta de evento posterior ao fato gerador, outra pessoa passa a ocupar o polo passivo (basicamente, os casos previstos no CTN são de transferência);

✓ **Substituição**: quando a obrigação já surge em relação ao responsável, pois a lei exclui a figura do contribuinte (caso da substituição "para frente" e da retenção na fonte).

Gabarito de concurso público
A extinta CPMF é exemplo de responsabilidade tributária por substituição, visto que, embora o fato gerador do tributo fosse a movimentação bancária e o contribuinte era o correntista que movimentava os próprios recursos financeiros, a lei determinava às instituições financeiras o dever de recolher o tributo. **(Procurador do Estado/PB - 2008 - CESPE)**

11.9.4. *Substituição tributária "para trás"*

A substituição tributária "para trás" implica diferimento (adiamento) no recolhimento do tributo, que é feito nas operações seguintes, dentro da cadeia de produção, comercialização e consumo.

Normalmente é prevista para casos em que há muitos fornecedores de insumos para um ou alguns poucos adquirentes.

Por exemplo, o adquirente dos insumos recolhe o imposto devido sobre essa operação posteriormente, no momento em que vende o produto final:

A fábrica (substituta) recolhe não apenas o imposto devido pela venda do leite para a loja, mas também aquele devido sobre as vendas anteriormente realizadas pelos produtores (substituídos)

Veja que, em princípio, os produtores de leite, nesse exemplo, deveriam recolher o imposto incidente sobre as vendas para a fábrica, mas esse pagamento é diferido (adiado) para a operação seguinte. Ou seja, o produtor do leite não paga o imposto, deixando para a fábrica esse dever.

Gabarito de concurso público
A responsabilidade tributária por substituição comporta espécie apelidada "para trás", em que há postergação do pagamento do tributo, transferindo-se a terceiro a obrigação de reter e recolher o montante devido. **(Magistratura Federal - 4ª Região - XIII - 2008)**

11.9.5. *Substituição tributária "para frente"*

A substituição tributária "para frente" é, de certa forma, o oposto da substituição tributária "para trás".

Normalmente é adotada quando há um ou alguns poucos fabricantes e muitos adquirentes.

Por exemplo, o fabricante recolhe não apenas o imposto incidente sobre a operação que realiza, mas antecipa também os valores que seriam pagos pelos adquirentes, em relação às operações subsequentes dentro da cadeia de produção, comercialização e consumo.

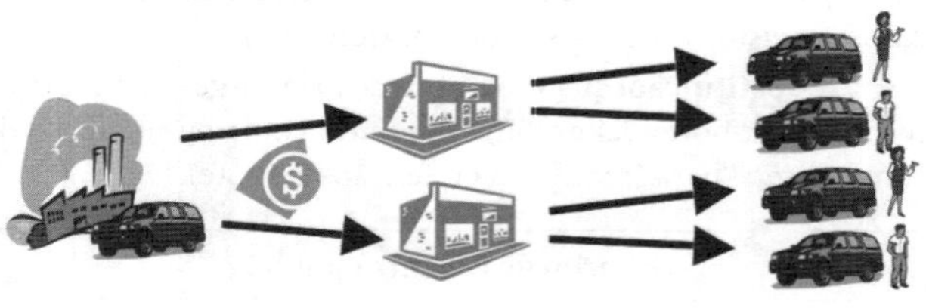

A fábrica (substituta) recolhe não apenas o imposto devido pela venda dos carros para as concessionárias (substituídas), mas também **antecipa** aquele devido sobre as vendas posteriores para os consumidores

Note que, nesse exemplo, a concessionária de veículos não recolhe imposto ao fisco sobre as vendas dos veículos aos consumidores finais, pois o montante correspondente já foi pago antecipadamente pela fábrica, na operação anterior.

Jurisprudência

Inviável exigir do recorrido-substituto o ICMS não recolhido, se inexistiu culpa ou dolo. Ao contrário, respeitou-se determinação judicial para não apurar e recolher o tributo. Em caso de cobrança, seria impossível ao responsável repassar o ônus do tributo ao substituído-contribuinte.
REsp 1.090.414/RS, STJ, Rel. Min. Luiz Fux, Primeira Seção, j. 23.02.2011

Como há recolhimento antecipado, em relação a fato gerador futuro, sempre houve muita discussão quanto à constitucionalidade dessa sistemática, que foi reconhecida pelo Judiciário e, posteriormente, ratificada pelo constituinte derivado, que incluiu o § 7º ao art. 150 da CF:

CF, Art. 150, § 7º. A lei poderá atribuir a sujeito passivo de obrigação tributária a condição de responsável pelo pagamento de imposto ou contribuição, cujo fato gerador deva ocorrer posteriormente, assegurada a imediata e preferencial restituição da quantia paga, caso não se realize o fato gerador presumido.

Perceba que, nos termos do art. 150, § 7º, da CF, se o fato gerador futuro não ocorrer (por exemplo, se o veículo é roubado na concessionária, antes da venda para o consumidor final), o valor antecipadamente recolhido pela fábrica deve ser devolvido pelo Fisco.

Segundo o STF, a devolução do ICMS somente é devida em caso de não ocorrência do fato gerador futuro, mas não na hipótese de ele ocorrer por valor menor que o presumido (ainda há debate):

Jurisprudência

O fato gerador presumido, por isso mesmo, não é provisório, mas definitivo, não dando ensejo a restituição ou complementação do imposto pago, senão, no primeiro caso, na hipótese de sua não realização final. Admitir o contrário valeria por despojar-se o instituto das vantagens que determinaram a sua concepção e adoção, como a redução, a um só tempo, da máquina-fiscal e da evasão fiscal a dimensões mínimas, propiciando, portanto, maior comodidade, economia, eficiência e celeridade às atividades de tributação e arrecadação. Ação conhecida apenas em parte e, nessa parte, julgada improcedente.
ADI 1.851/AL, rel. Min. Ilmar Galvão, Tribunal Pleno, j. 08.05.2002

O STJ aplica esse entendimento da Suprema Corte apenas em relação aos Estados signatários do Convênio ICMS 13/1997, apreciado pelo STF ao julgar a citada ADI 1.851/AL, por entender que esse precedente restringe-se aos signatários do acordo:

Jurisprudência

2. O STF, ao apreciar a sistemática da substituição tributária "para frente" (art. 150, § 7º, da CF), admitiu a restituição do ICMS apenas no caso de não ocorrência do fato gerador presumido.
3. O STJ adota esse entendimento ao analisar matéria infraconstitucional correspondente (arts. 6º e 10 da LC 87/1996), com relação aos Estados signatários do Convênio ICMS 13/1997, apreciado pelo STF ao julgar a Adin 1.851-4/AL.
AR 3.147/GO, Rel. Min. Herman Benjamin, j. 24.03.2010

Obs.: No caso dos Estados não signatários do Convênio (SP, PE, PR e SC), o STJ mantém o entendimento favorável à restituição no caso de operação a valor menor que o presumido

11.9.6. Responsabilidade no CTN

O CTN regula basicamente três categorias de responsabilidade:

Dos sucessores (arts. 129 a 133)	– adquirentes de bens, espólio, herdeiros; sociedades resultantes de fusão, incorporação etc.; adquirentes de fundos de comércio
De terceiros (arts. 134 e 135)	– pais, tutores, administradores, inventariantes, tabeliães, sócios etc.
Por infrações (arts. 136 a 138)	– responsabilidade independentemente da intenção do agente, hipóteses de responsabilidade pessoal do agente, exclusão da responsabilidade pelas multas em caso de denúncia espontânea

Analisaremos, a seguir, cada um dos casos previstos no Código Tributário Nacional.

Antes disso é interessante mencionar outra responsabilidade, prevista no art. 208 do CTN, especificamente atinente à emissão dolosa ou fraudulenta de certidão negativa de débito, com erro contra a fazenda:

CTN, art. 208. A certidão negativa expedida com dolo ou fraude, que contenha erro contra a Fazenda Pública, responsabiliza pessoalmente o funcionário que a expedir, pelo crédito tributário e juros de mora acrescidos.

Parágrafo único. O disposto neste artigo não exclui a responsabilidade criminal e funcional que no caso couber.

Gabarito de concurso público
O funcionário do fisco que expedir fraudulentamente certidão negativa contra a fazenda pública responderá pelo crédito tributário, já que estará caracterizada a responsabilidade de terceiro pela obrigação tributária. **(Magistratura Federal/1ª Região - 2009 - CESPE)**

Feita a anotação, passamos a analisar as normas de responsabilidade previstas nos arts. 129 a 138 do CTN.

11.9.7. Responsabilidade dos sucessores

CTN, Art. 129. O disposto nesta Seção aplica-se por igual aos **créditos** tributários definitivamente constituídos ou em curso de constituição à data dos atos nela referidos, e aos constituídos posteriormente aos mesmos atos, desde que relativos a obrigações tributárias surgidas até a referida data.

A responsabilidade dos sucessores abrange o tributo e a penalidade pecuniária, mesmo quando o artigo correspondente (arts. 131, 132 e 133 do CTN) refere-se apenas ao tributo.

Jurisprudência
A responsabilidade tributária do sucessor abrange, além dos tributos devidos pelo sucedido, as multas moratórias ou punitivas, que, por representarem dívida de valor, acompanham o passivo do patrimônio adquirido pelo sucessor, desde que seu fato gerador tenha ocorrido até a data da sucessão. **REsp 923.012/MG, rel. Min. Luiz Fux, j. 09.06.2010 – repetitivo**

Todos os fatos geradores já ocorridos são abarcados pela responsabilidade, ainda que o crédito seja constituído depois do evento que gera a responsabilidade.

11.9.8. Responsabilidade dos sucessores – Art. 130 do CTN

CTN, Art. 130. Os **créditos tributários** relativos a impostos cujo fato gerador seja a propriedade, o domínio útil ou a posse de bens **imóveis**, e bem assim os relativos a taxas pela prestação de serviços referentes a tais bens, ou a contribuições de melhoria, sub-rogam-se na pessoa dos respectivos adquirentes, **salvo quando conste do título a prova de sua quitação**.

Parágrafo único. No caso de arrematação em **hasta pública**, a sub-rogação ocorre sobre o respectivo preço.

O adquirente do imóvel passa a ser responsável pelos tributos relacionados ao bem.

Para afastar a responsabilidade, o adquirente deve conseguir Certidão Negativa de Débito e fazer constar a informação no título translativo (na escritura).

A aquisição em hasta pública é considerada originária e afasta essa responsabilidade (o ônus tributário recai sobre o preço pago).

Gabarito de concurso público
Considere que pessoa jurídica tenha adquirido imóvel não residencial em hasta pública. Em consonância com a jurisprudência do STJ, a arrematação tem o efeito de expurgar qualquer ônus obrigacional sobre o imóvel para a pessoa jurídica arrematante, devendo a transferência ocorrer livre de qualquer encargo ou responsabilidade tributária. **(Defensoria da União - 2010 - CESPE)**

Jurisprudência
O adquirente só deixa de ter responsabilidade pelo pagamento dos débitos anteriores que recaiam sobre o bem, se ocorreu, efetivamente, depósito do preço, que se tornará a garantia dos demais credores. De molde que o crédito fiscal perquirido pelo fisco é abatido do pagamento, quando da praça, por isso que, encerrada a arrematação, não se pode imputar ao adquirente qualquer encargo ou responsabilidade. **REsp 1.179.056/MG, STJ, Rel. Min. Humberto Martins, j. 07.10.2010**

Assim, o juiz, ao receber o valor pago pela arrematante, deve determinar o recolhimento dos tributos devidos, antes de liberar eventual diferença para o credor. Se o montante pago pelo arrematante não for suficiente para a quitação total do crédito tributário, a diferença é exigível, mas apenas contra o antigo proprietário (o arrematante não deve nada ao Fisco):

Jurisprudência
De igual modo, quando o imóvel é arrematado em hasta pública, se a arrematação não enseja a quitação dos débitos fiscais – como ocorre no caso dos autos –, não há falar em extinção do crédito tributário. Especificamente em relação a esta hipótese, impende ressaltar que o parágrafo único do art. 130 do CTN traz uma exceção de responsabilidade oponível apenas pelo adquirente do imóvel em hasta pública, ou seja, não beneficia o antigo proprietário, como bem observou o Tribunal de origem. **REsp 1.087.275/SP, STJ, Rel. Min. Denise Arruda, j. 17.11.2009**

Note que o dispositivo do CTN exonera apenas o arrematante (quem dá o lance no leilão judicial), não eventual adjudicatário (credor que fica com o bem penhorado para quitação do débito em execução).

Importante salientar que tabeliães também podem ser responsabilizados, mas como terceiros, não como sucessores, nos termos dos arts. 134, VI, e 135, I, do CTN (estudaremos mais adiante).

11.9.9. Responsabilidade dos sucessores – Art. 131 do CTN

CTN, Art. 131. São pessoalmente responsáveis:

I – o adquirente ou remitente, pelos tributos relativos aos bens adquiridos ou remidos;

II – o sucessor a qualquer título e o cônjuge meeiro, pelos tributos devidos pelo *de cujus* até a data da partilha ou adjudicação, limitada esta responsabilidade ao montante do quinhão do legado ou da meação;

III – o espólio, pelos tributos devidos pelo *de cujus* até a data da abertura da sucessão.

Embora o dispositivo refira-se a tributos (não a crédito, que abrange tributos e penalidades pecuniárias), a jurisprudência entende que a responsabilidade prevista no art. 131 do CTN abrange também as multas, como já adiantamos.

Em princípio, herdeiros e legatários não deveriam ser responsabilizados, pois os créditos devem ser recolhidos pelo espólio antes da partilha (art. 192 do CTN), mas pode haver lançamento posterior.

O STJ entende que a aquisição em hasta pública afasta a responsabilidade também em relação aos bens móveis, muito embora o art. 131 do CTN não tenha disposição expressa, a exemplo daquela prevista no art. 130, parágrafo único.

Jurisprudência
Na arrematação de bem móvel em hasta pública, os débitos de IPVA anteriores à venda sub-rogam-se no preço da hasta, quando há ruptura da relação jurídica entre o bem alienado e o antigo proprietário. Aplicação analógica do artigo 130, parágrafo único, do CTN. **REsp 1.128.903/RS, STJ, Rel. Min. Castro Meira, j. 08.02.2011**

Interessante notar que o inventariante também pode ser responsabilizado, mas como terceiro, não como sucessor, nos termos dos arts. 134, IV, e 135, I, do CTN.

11.9.10. Responsabilidade dos sucessores – Art. 132 do CTN

> CTN, Art. 132. A pessoa jurídica de direito privado que resultar de fusão, transformação ou incorporação de outra ou em outra é responsável pelos tributos devidos até à data do ato pelas pessoas jurídicas de direito privado fusionadas, transformadas ou incorporadas.

Essa responsabilidade do art. 132 refere-se às operações ou alterações societárias.

Jurisprudência
Transformação, incorporação, fusão e cisão constituem várias facetas de um só instituto: a transformação das sociedades. Todos eles são fenômenos de natureza civil, envolvendo apenas as sociedades objeto da metamorfose e os respectivos donos de cotas ou ações. **REsp 242.721/SC, rel. p/ acórdão Min. Humberto Gomes de Barros, j. 19.06.2001**

Repetimos que, embora o dispositivo refira-se a tributos, entende-se que a responsabilidade abrange também as penalidades pecuniárias.

Em regra, a sociedade resultante das operações responde pelos créditos tributários deixados pelas outras.

Vejamos, a seguir, cada um dos casos.

11.9.10.1. Fusão

Na fusão, duas ou mais sociedades se unem formando uma nova. A sociedade resultante responde por todos os débitos tributários deixados pelas que se uniram.

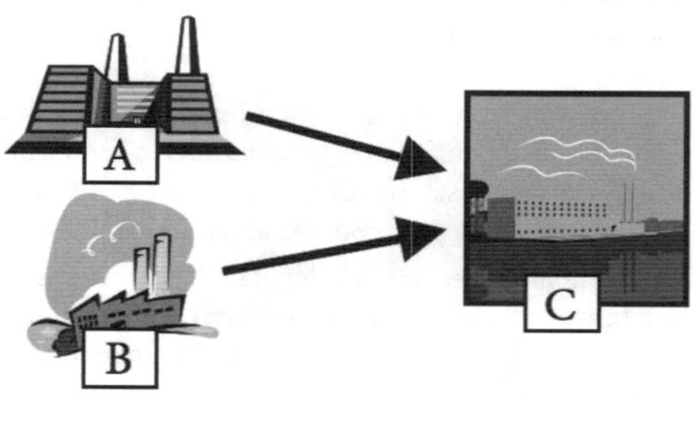

Perceba que, nesse exemplo, as sociedades A e B desaparecem ao formarem a sociedade C (resultante da fusão).

11.9.10.2. Transformação

A sociedade passa de um tipo para outro na transformação. Nesse caso, não há discussão, já que a sociedade é, na prática, a mesma, e responde por todos os débitos anteriores.

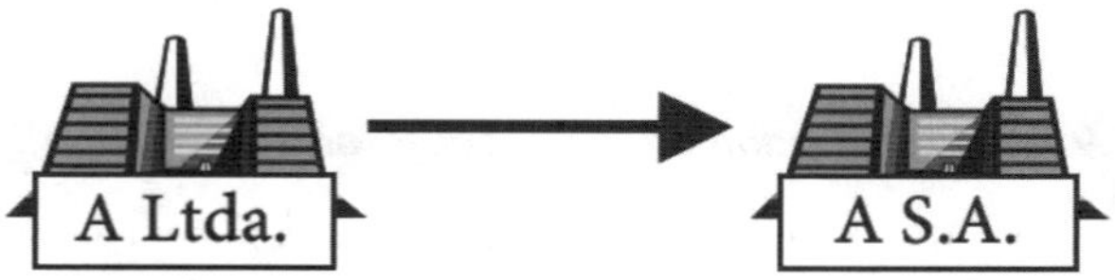

Nesse exemplo, a sociedade A simplesmente deixou de ser sociedade limitada e passou a existir como sociedade anônima, após a transformação.

11.9.10.3. Incorporação

Na incorporação, uma sociedade remanescente absorve outra, que deixa de existir. A sociedade subsistente responde por todos os débitos deixados pela extinta.

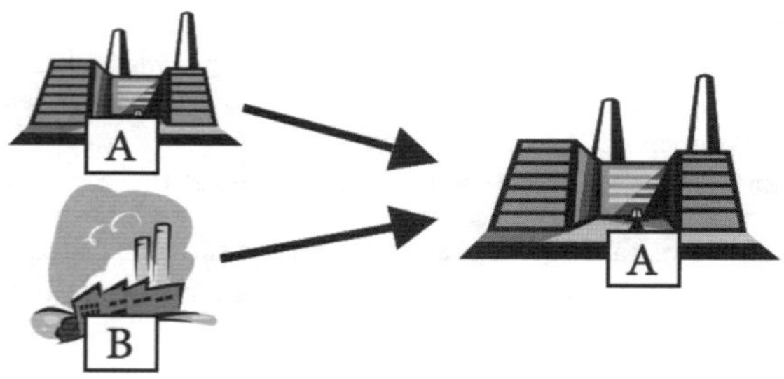

Nesse exemplo, a sociedade A incorporou a sociedade B. Note que a sociedade B deixa de existir, diferentemente da sociedade A, que subsiste. Essa é a diferença em relação à fusão, em que ambas as sociedades originárias desaparecem.

11.9.10.4. Cisão

Com a cisão, a sociedade transfere parcela de seu patrimônio para outra(s).

A transferência do patrimônio pela sociedade cindida pode ser total, hipótese em que deixa de existir (subsistem apenas as sociedades resultantes da cisão), como no exemplo abaixo (= cisão total). Outra hipótese é de transferência apenas parcial do patrimônio, em que a sociedade cindida subsiste (= cisão parcial).

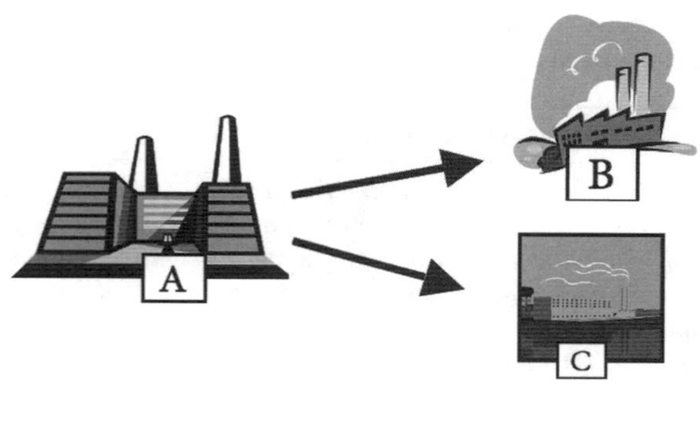

O exemplo acima é de cisão total, pois a sociedade A cindida deixa de existir, surgindo as sociedades B e C, que dividem o patrimônio social original.

A cisão não é prevista expressamente no CTN, mas a jurisprudência é pacífica no sentido de que há responsabilidade por sucessão também nesse caso:

Jurisprudência
Embora não conste expressamente do rol do art. 132 do CTN, a cisão da sociedade é modalidade de mutação empresarial, sujeita, para efeito de responsabilidade tributária, ao mesmo tratamento jurídico conferido às demais espécies de sucessão. **REsp 852.972/PR, STJ, Rel. Min. Teori Albino Zavascki, j. 25.05.2010**

Nesse caso, há grande discussão, pois a Lei das Sociedades Anônimas (posterior ao CTN) prevê que os atos societários podem dispor sobre os haveres e os deveres assumidos por cada uma das sociedades resultantes.

O Fisco entende que, em regra, as sociedades subsistentes respondem solidariamente pelos créditos tributários deixados pela cindida.

Há jurisprudência reconhecendo a solidariedade especificamente entre a sociedade resultante da cisão e a empresa cindida originária que continue a existir:

Jurisprudência
A empresa resultante de cisão que incorpora parte do patrimônio da outra responde solidariamente pelos débitos da empresa cindida. *Irrelevância da vinculação direta do sucessor do fato gerador da obrigação.* **REsp 970.585/RS, rel. Min. José Delgado, j. 04/03/2008**

11.9.11. Responsabilidade dos sucessores – Art. 132, parágrafo único, do CTN

CTN, Art. 132. Parágrafo único. O disposto neste artigo aplica-se aos casos de extinção de pessoas jurídicas de direito privado, quando a exploração da respectiva atividade seja continuada por qualquer sócio remanescente, ou seu espólio, sob a mesma ou outra razão social, ou sob firma individual.

O CTN prioriza a tributação da empresa, ou seja, da atividade empresarial.

Por essa razão, quem continua a exploração da empresa (sócio ou espólio) responde pelos débitos anteriores.

11.9.12. Responsabilidade dos sucessores – Art. 133 do CTN

CTN, Art. 133. A pessoa natural ou jurídica de direito privado que adquirir de outra, por qualquer título, fundo de comércio ou estabelecimento comercial, industrial ou profissional, e continuar a respectiva exploração, sob a mesma ou outra razão social ou sob firma ou nome individual, responde pelos tributos, relativos ao fundo ou estabelecimento adquirido, devidos até à data do ato:

I – integralmente, se o alienante cessar a exploração do comércio, indústria ou atividade;

II – subsidiariamente com o alienante, se este prosseguir na exploração ou iniciar dentro de seis meses a contar da data da alienação, nova atividade no mesmo ou em outro ramo de comércio, indústria ou profissão.

A responsabilidade do art. 133 refere-se também aos tributos e às penalidades pecuniárias, conforme entendimento jurisprudencial.

Para haver a responsabilidade é preciso que, cumulativamente:

a) o sujeito **adquira o estabelecimento;** e

b) continue a mesma atividade empresarial.

Se o alienante abandonar a atividade empresarial, a responsabilidade do adquirente é integral. Se o alienante continuar na atividade empresarial (ainda que em outro ramo) ou retornar em 6 meses, a responsabilidade do adquirente é subsidiária.

O ônus de se comprovar, para fins desta responsabilidade, que houve efetiva aquisição do estabelecimento é, em princípio, do Fisco:

Jurisprudência
A responsabilidade do artigo 133 do Código Tributário Nacional surge em decorrência da aquisição do fundo de comércio ou estabelecimento, fato que não está caracterizado no caso dos autos. **AgRg no Ag 1.321.679/RJ, STJ, Rel. Min. Mauro Campbell Marques, j. 21.10.2010** Obs.: nesse caso, a nova empresa instalou-se no imóvel em que funcionava a devedora e passou a exercer a mesma atividade, mas não se comprovou a aquisição do estabelecimento empresarial (ônus do fisco)

Vejamos alguns exemplos, para fixar o conceito, muito exigido em concursos.

Exemplo 1: João compra o estabelecimento de Pedro (uma farmácia), e continua a exploração da mesma atividade empresarial. Nesse caso, **há** responsabilidade **integral**, caso Pedro abandone a atividade empresarial, ou **subsidiária**, caso Pedro continue na atividade empresarial ou retorne dentro de 6 meses.

Gabarito de concurso público
Ômega adquiriu, a título oneroso, estabelecimento empresarial de Delta Auto Peças Ltda. e, após três meses, Delta iniciou nova atividade empresarial, na área de venda de medicamentos. Ômega será subsidiariamente responsável pelos débitos tributários devidos por Delta até a alienação. **(Magistratura Federal-5ª Região – 2011)**

Exemplo 2: João compra o estabelecimento de Pedro (uma farmácia), mas não continua a exploração da mesma atividade empresarial (passa a vender calçados). Nesse caso, **não há** responsabilidade.

Exemplo 3: Pedro, que explora a atividade de farmácia, é despejado pelo dono do imóvel porque não pagava o aluguel. João passa a alugar o imóvel e instala uma nova farmácia (não comprou nada de Pedro). Nesse caso, **não há** responsabilidade, pois não houve aquisição do estabelecimento empresarial.

Jurisprudência

A responsabilidade do art. 133 do CTN ocorre pela aquisição do fundo de comércio ou estabelecimento, ou seja, pressupõe a aquisição da propriedade com todos os poderes inerentes ao domínio, o que não se caracteriza pela celebração de contrato de locação, ainda que mantida a mesma atividade exercida pelo locador.

REsp 1.140.655/PR, STJ, Rel. Min. Eliana Calmon, j. 1712.2009

11.9.12.1. Responsabilidade dos sucessores – Art. 133, § 1º, do CTN – Falência e recuperação judicial

CTN, Art. 133. § 1º. O disposto no **caput** deste artigo não se aplica na hipótese de alienação judicial:

I – em processo de falência;

II – de filial ou unidade produtiva isolada, em processo de recuperação judicial.

A partir da LC 118/2005, passou-se a prestigiar a recuperação da empresa, facilitando-se a alienação total ou parcial do estabelecimento da devedora.

O adquirente, nesse caso, não responde pelos débitos tributários, com as exceções do § 2º:

CTN, Art. 133. § 2º Não se aplica o disposto no § 1º deste artigo quando o adquirente for:

I – sócio da sociedade falida ou em recuperação judicial, ou sociedade controlada pelo devedor falido ou em recuperação judicial;

II – parente, em linha reta ou colateral até o 4º (quarto) grau, consanguíneo ou afim, do devedor falido ou em recuperação judicial ou de qualquer de seus sócios; ou

III – identificado como agente do falido ou do devedor em recuperação judicial com o objetivo de fraudar a sucessão tributária.

Essas exceções buscam evitar fraudes contra o Fisco.

Gabarito de concurso público

Entre os casos em que não haverá responsabilidade por sucessão, está a de qualquer alienação judicial [de estabelecimento] em processo de falência, a um concorrente do devedor que não tenha relação com ele nem com sócio seu. **(Procurador da Fazenda Nacional – 2007 – ESAF)**

Os recursos arrecadados com a alienação judicial serão utilizados para pagar créditos extraconcursais (posteriores à quebra e à recuperação, basicamente), além de trabalhistas (até 150 salários mínimos por credor), acidentários e com garantias reais (limitados ao valor do bem gravado):

CTN, Art. 133. § 3º. Em processo da falência, o produto da alienação judicial de empresa, filial ou unidade produtiva isolada permanecerá em conta de depósito à disposição do juízo de falência pelo prazo de 1 (um) ano, contado da data de alienação, somente podendo ser utilizado para o pagamento de créditos extraconcursais ou de créditos que preferem ao tributário.

11.9.13. Responsabilidade de terceiros – Art. 134 do CTN

Até aqui, vimos os casos de responsabilidade dos sucessores.

Os artigos 134 e 135 do CTN tratam da responsabilidade de terceiros.

CTN, Art. 134. Nos casos de **impossibilidade de exigência** do cumprimento da obrigação principal pelo contribuinte, respondem solidariamente com este nos **atos em que intervierem** ou pelas **omissões de que forem responsáveis**:

I – os pais, pelos tributos devidos por seus filhos menores;

II – os tutores e curadores, pelos tributos devidos por seus tutelados ou curatelados;

III – os administradores de bens de terceiros, pelos tributos devidos por estes;

IV – o inventariante, pelos tributos devidos pelo espólio;

V – o síndico e o comissário, pelos tributos devidos pela massa falida ou pelo concordatário;

VI – os tabeliães, escrivães e demais serventuários de ofício, pelos tributos devidos sobre os atos praticados por eles, ou perante eles, em razão do seu ofício;

VII – os sócios, no caso de liquidação de sociedade de pessoas.

Parágrafo único. O disposto neste artigo só se aplica, em matéria de penalidades, às de caráter moratório.

A responsabilidade do art. 134 é **subsidiária** em relação ao **tributo** e à multa **moratória** (não punitiva) e surge somente se atendidos cumulativamente os seguintes requisitos:

a) se o Fisco não puder cobrar o tributo diretamente do contribuinte; e

b) se houver ato praticado pelo responsável ou omissão relacionados ao débito (é preciso haver culpa – é praticamente uma sanção imposta ao responsável).

Jurisprudência

Tributário. Imposto sobre Transmissão *Causa Mortis* e Doação, de quaisquer bens e direitos. Responsabilidade de terceiros. Art. 134 do CTN. Responsabilidade subsidiária. Precedente da Primeira Seção do STJ.

REsp 909.215/MG, STJ, Rel. Min. Teori Albino Zavascki, j. 14.09.2010

Obs.: Nesse caso houve análise da responsabilidade dos tabeliães pelo ITCMD, concluindo-se que, apesar de o art. 134 do CTN fazer referência à solidariedade, a responsabilidade é **subsidiária**.

Exemplos:

✓ João não recolhe o IR devido por seu filho Pedro. Posteriormente, o Fisco não consegue cobrar o débito do contribuinte (de Pedro), pois o filho não tem mais patrimônio: o pai responde pela dívida tributária;

✓ Responsável pelo registro de imóveis não exige a comprovação do recolhimento do ITBI, conforme a legislação municipal, antes de registrar a alienação: se não for possível cobrar o contribuinte, o titular do cartório responde pelo débito.

Gabarito de concurso público

Quando do registro da escritura pública de venda e compra, o Oficial do Registro de Imóveis tem o dever legal de fiscalizar o recolhimento do imposto incidente sobre a operação. Se o registro acontecer sem o recolhimento do imposto de transmissão devido, o Oficial responderá solidariamente com o contribuinte, no caso de impossibilidade de exigência do cumprimento da obrigação principal por este, pelo tributo devido sobre o ato de transmissão praticado em razão de seu ofício. **(Cartório/AP - 2011 - VUNESP)**

11.9.14. Responsabilidade de terceiros - Art. 135 do CTN

CTN, Art. 135. São pessoalmente responsáveis pelos créditos correspondentes a obrigações tributárias resultantes de atos praticados com excesso de poderes ou infração de lei, contrato social ou estatutos:

I - as pessoas referidas no artigo anterior;

II - os mandatários, prepostos e empregados;

III - os diretores, gerentes ou representantes de pessoas jurídicas de direito privado.

A responsabilidade prevista no art. 135 do CTN é de situação mais grave que a do art. 134, pois há excesso de poderes, violação de lei, contrato social ou estatutos (dolo, e não simples culpa).

O terceiro responde pelo tributo e pela penalidade pecuniária.

O Judiciário vinha entendendo que a responsabilidade do administrador é subsidiária em relação à empresa, muito embora a Súmula 430 do STJ faça referência à responsabilidade solidária (nossos grifos):

Jurisprudência

É igualmente pacífica a jurisprudência do STJ no sentido de que a simples falta de pagamento do tributo não configura, por si só, nem em tese, circunstância que acarreta a responsabilidade ***subsidiária*** *do sócio, prevista no art. 135 do CTN.*
REsp 1.101.728/SP, STJ, Rel. Min. Teori Albino Zavascki, j. 11.03.2009 - repetitivo

Súmula 430 do STJ: O inadimplemento da obrigação tributária pela sociedade não gera, por si só, a responsabilidade ***solidária*** *do sócio-gerente.*

Perceba que esse enunciado sumular consolidou uma antiga e pacífica jurisprudência: a simples inadimplência não é ilícito grave o suficiente para ensejar a responsabilidade do administrador da sociedade.

Por outro lado, a dissolução irregular implica responsabilidade:

Jurisprudência

Súmula 435 do STJ: Presume-se dissolvida irregularmente a empresa que deixar de funcionar no seu domicílio fiscal, sem comunicação aos órgãos competentes, legitimando o redirecionamento da execução fiscal para o sócio-gerente.

O sócio-gerente que deixa de manter atualizados os registros empresariais e comerciais, em especial quanto à localização da empresa e à sua dissolução, viola a lei (arts. 1.150 e 1.151, do CC, e arts. 1º, 2º, e 32, da Lei 8.934/1994, entre outros). A não localização da empresa, em tais hipóteses, gera legítima presunção iuris tantum de dissolução irregular e, portanto, responsabilidade do gestor, nos termos do art. 135, III, do CTN, ressalvado o direito de contradita em Embargos à Execução.
EREsp 716.412/PR, STJ, Rel. Min. Herman Benjamin, j. 12.09.2007

Para que fique claro: simplesmente deixar de pagar o tributo não é considerado ilegalidade apta a gerar a responsabilidade do administrador da sociedade devedora. Entretanto, a dissolução irregular da sociedade (sem baixa na junta comercial e nos registros fiscais, por exemplo) implica descumprimento da legislação que rege a matéria, levando à responsabilidade tributária do administrador.

Como já dito, essas normas dos arts. 134 e 135 do CTN são consideradas gerais, a serem observadas pelo legislador ordinário que venha a criar nova modalidade de responsabilidade de terceiros, conforme o art. 128 do CTN.

Jurisprudência

2. O Código Tributário Nacional estabelece algumas regras matrizes de responsabilidade tributária, como a do art. 135, III, bem como diretrizes para que o legislador de cada ente político estabeleça outras regras específicas de responsabilidade tributária relativamente aos tributos da sua competência, conforme seu art. 128. 3. O preceito do art. 124, II, no sentido de que são solidariamente obrigadas "as pessoas expressamente designadas por lei", não autoriza o legislador a criar novos casos de responsabilidade tributária sem a observância dos requisitos exigidos pelo art. 128 do CTN, tampouco a desconsiderar as regras matrizes de responsabilidade de terceiros estabelecidas em caráter geral pelos arts. 134 e 135 do mesmo diploma.
RE 562.276, Rel. Min. Ellen Gracie, Tribunal Pleno, j. 03.11.2010, Repercussão Geral - Mérito
Obs.: no caso analisado, haveria inconstitucionalidade também pela confusão patrimonial entre sociedade e sócio, em violação ao direito à propriedade e à iniciativa privada (arts. 5º, XXII, e 170, parágrafo único, da CF).

11.9.15. Responsabilidade por infrações

11.9.15.1. Características da responsabilidade por infrações

CTN, Art. 136. Salvo disposição de lei em contrário, a responsabilidade por infrações da legislação tributária independe da intenção do agente ou do responsável e da efetividade, natureza e extensão dos efeitos do ato.

Muitos autores se referem à responsabilidade *objetiva* em relação às infrações tributárias, mas o art. 136 do CTN trata da irrelevância da intenção e do resultado.

Se o contribuinte não recolhe o tributo, o Fisco não precisa investigar a intenção do agente ou do responsável. Cobrará a penalidade independentemente disso.

Se não houve emissão de nota fiscal, é devida a multa, ainda que não haja prejuízo para o Fisco (caso o contribuinte tenha recolhido corretamente o tributo, por exemplo), pois o resultado é irrelevante.

Gabarito de concurso público
Salvo disposição legal em contrário, a responsabilidade por infração da legislação tributária independe da intenção do agente ou do responsável, da efetividade, natureza e extensão dos efeitos do ato. **(Magistratura/PA - 2008 - FGV)**

11.9.15.2. Casos em que a intenção é relevante e há responsabilidade pessoal do agente

Embora a regra seja a irrelevância da intenção do agente, há exceções que implicam sua responsabilidade pessoal.

Isso ocorre no caso de o ilícito tributário configurar também crime:

> CTN, Art. 137. A responsabilidade é pessoal ao agente:
>
> I – quanto às infrações conceituadas por lei como crimes ou contravenções, salvo quando praticadas no exercício regular de administração, mandato, função, cargo ou emprego, ou no cumprimento de ordem expressa emitida por quem de direito;
>
> (...)

É possível que a norma tributária, excepcionalmente, defina o dolo do agente como elementar para a configuração da infração. Nesse caso, a responsabilidade será pessoal:

> CTN, Art. 137. A responsabilidade é pessoal ao agente:
>
> (...)
>
> II – quanto às infrações em cuja definição o dolo específico do agente seja elementar;
>
> (...)

O inciso III traz outra hipótese em que, excepcionalmente, o dolo é relevante e há responsabilidade pessoal do agente. Trata-se do caso em que o infrator age contra aquele a quem deveria mostrar lealdade:

> CTN, Art. 137. A responsabilidade é pessoal ao agente:
>
> (...)
>
> III – quanto às infrações que decorram direta e exclusivamente de dolo específico:
>
> a) das pessoas referidas no artigo 134, contra aquelas por quem respondem;
>
> b) dos mandatários, prepostos ou empregados, contra seus mandantes, preponentes ou empregadores;
>
> c) dos diretores, gerentes ou representantes de pessoas jurídicas de direito privado, contra estas.

Gabarito de concurso público
A responsabilidade será pessoal, dos pais, quanto às infrações que decorram direta e exclusivamente de dolo específico contra os filhos. **(Magistratura/PI - 2008 - CESPE)**

11.9.15.3. Denúncia espontânea

O legislador busca incentivar o recolhimento espontâneo do tributo, ainda que a destempo, antes de qualquer atividade fiscalizatória.

Como incentivo, afasta a exigência das multas. É o benefício da denúncia espontânea, previsto no art. 138 do CTN:

> CTN, Art. 138. A responsabilidade é excluída pela denúncia espontânea da infração, acompanhada, se for o caso, do pagamento do tributo devido e dos juros de mora, ou do depósito da importância arbitrada pela autoridade administrativa, quando o montante do tributo dependa de apuração.
>
> Parágrafo único. Não se considera espontânea a denúncia apresentada após o início de qualquer procedimento administrativo ou medida de fiscalização, relacionados com a infração.

Para haver o benefício da denúncia espontânea, é preciso:

a) recolhimento total do tributo (ou do valor arbitrado) corrigido monetariamente e dos juros de mora;

b) deve ocorrer antes do início de qualquer procedimento fiscalizatório relacionado com a infração (pode haver fiscalização em relação a outro tributo, por exemplo).

Gabarito de concurso público
Segundo o Código Tributário Nacional, a denúncia espontânea está afastada se realizada após início de procedimento de fiscalização. **(Procurador do Município/Teresina-PI - 2010 - FCC)**

A fiscalização cujo início afasta a denúncia espontânea é somente aquele relativo ao tributo pago. Por exemplo, se a empresa está sendo fiscalizada em relação especificamente ao imposto de renda e, imediatamente, recolhe IPI em atraso, há denúncia espontânea em relação a esse último tributo (porque não há fiscalização do IPI em andamento).

Ademais, somente a fiscalização realizada pela autoridade fiscal competente impede o benefício da denúncia espontânea (simples inquérito policial, por exemplo, não ilide a espontaneidade).

Jurisprudência
1. "Procedimento de fiscalização que obsta a denúncia espontânea não pode ser genérico, ao contrário, tem de relacionar-se com a infração." (...) *2. A preexistência de inquérito policial não constitui procedimento apto a descaracterizar, por si só, a denúncia espontânea.* **AgRg no REsp 1.156.606/SP, STJ, Rel. Min. Arnaldo Esteves Lima, j. 14.06.2011**

A denúncia espontânea afasta qualquer espécie de multa (moratória ou punitiva).

Não subsistem entendimentos diversos do Fisco, que muitas vezes exige a multa moratória, por ter natureza primordialmente indenizatória pelo atraso no pagamento, consignando que somente a multa punitiva, de caráter estritamente sancionador, estaria abrangida pela denúncia espontânea.

Como dito, esse entendimento está ultrapassado pela jurisprudência:

Jurisprudência
A regra do artigo 138 do CTN não estabelece distinção entre multa moratória e punitiva com o fito de excluir apenas esta última em caso de denúncia espontânea. **REsp 908.086/RS, rel. Min. Castro Meira, j. 05.06.2008**

Simples parcelamento do débito não implica denúncia espontânea (art. 155-A, § 1º, do CTN).

Não há denúncia espontânea no caso de obrigações acessórias formais, sem vínculo direto com o fato gerador, como a entrega de declaração do IR em atraso (a multa é sempre exigida).

Jurisprudência
A denúncia espontânea não tem o condão de afastar a multa decorrente do atraso na entrega da declaração de rendimentos, uma vez que os efeitos do artigo 138 do CTN não se estendem às obrigações acessórias autônomas.
REsp 1.129.202/SP, STJ, Min. Castro Meira, j. 17.06.2010 *1 - A entrega das declarações de operações imobiliárias fora do prazo previsto em lei constitui infração formal, não podendo ser considerada como infração de natureza tributária, apta a atrair o instituto da denúncia espontânea previsto no art. 138 do Código Tributário Nacional. Do contrário, estar-se-ia admitindo e incentivando o não pagamento de tributos no prazo determinado, já que ausente qualquer punição pecuniária para o contribuinte faltoso. 2 - A entrega extemporânea das referidas declarações é ato puramente formal, sem qualquer vínculo com o fato gerador do tributo e, como obrigação acessória autônoma, não é alcançada pelo art. 138 do CTN, estando o contribuinte sujeito ao pagamento da multa moratória devida.* **AgRg no REsp 884.939/MG, rel. Min. Luiz Fux, j. 05.02.2009**

A legislação relativa a muitos tributos lançados por homologação exige declarações periódicas por parte dos contribuintes, que devem apontar, entre outras coisas, os valores devidos. Já vimos, inclusive, que essas declarações têm o efeito de constituir o crédito tributário, nos termos da Súmula 436 do STJ.

Pois bem: caso o contribuinte declare o valor devido, mas pague-o extemporaneamente, não há denúncia espontânea. Considera-se que o Fisco já sabia do débito, por conta da própria declaração do contribuinte, o que afasta a espontaneidade. Esse entendimento jurisprudencial foi consolidado pela Súmula 360 do STJ:

Jurisprudência
Súmula 360/STJ: O benefício da denúncia espontânea não se aplica aos tributos sujeitos a lançamento por homologação, regularmente declarados, mas pagos a destempo.

Gabarito de concurso público
O benefício da denúncia espontânea não se aplica aos tributos sujeitos a lançamento por homologação regularmente declarados, mas pagos a destempo. **(Procurador do Município/Florianópolis-SC - 2010 - FEPESE)**

12. SUSPENSÃO, EXTINÇÃO E EXCLUSÃO DO CRÉDITO TRIBUTÁRIO

12.1. Introdução

Após o surgimento da obrigação tributária, o natural seria a constituição do crédito e seu pagamento.

Entretanto, há casos de **exclusão**, em que, apesar do surgimento da obrigação tributária, afasta-se a possibilidade de constituição do crédito.

Além do pagamento, há outras modalidades de **extinção.**

Finalmente, há hipóteses em que a exigibilidade do crédito fica **suspensa** (não pode ser cobrado durante determinado período).

A suspensão e a exclusão do crédito **não** dispensam o cumprimento das obrigações acessórias.

12.2. Tabela-resumo

É importante memorizar as modalidades de suspensão, extinção e exclusão do crédito tributário, previstas no CTN.

Suspensão	- moratória - depósito integral - reclamações e recursos administrativos - liminar em MS - liminar ou tutela antecipada em outras espécies de ação - parcelamento
Extinção	- pagamento - compensação - transação - remissão - prescrição e decadência - conversão de depósito em renda - pagamento antecipado e homologação do pagamento - consignação em pagamento - decisão administrativa irreformável - decisão judicial transitada em julgado - dação em pagamento de imóveis
Exclusão	- isenção - anistia

Repare que *moratória* é modalidade de suspensão e *remissão* é modalidade de extinção.

Ademais, perceba que há apenas duas modalidades de exclusão: *isenção* e *anistia*.

Muitas vezes os examinadores exigem esse conhecimento.

Gabaritos de concursos públicos
De acordo com o Código Tributário Nacional são modalidades de suspensão da exigibilidade do crédito tributário: concessão de medida liminar ou tutela antecipada e depósito do montante integral. **(Procurador do Estado/RO - 2011 - FCC)** *A suspensão do crédito tributário não ocorre em casos de: consignação em pagamento.* **(Procurador do Estado/PB - 2008 - CESPE)**

Nos termos do Código Tributário Nacional, é modalidade de suspensão de exigibilidade do crédito tributário a: moratória. **(Auditor Fiscal/RJ - 2008 - FGV)**
São modalidades de extinção do crédito tributário: prescrição, decadência, transação, conversão do depósito em renda e consignação em pagamento. **(Magistratura Federal/3ª Região - 2010)**

Discute-se a possibilidade de novas modalidades de suspensão, extinção e exclusão do crédito serem criadas por lei ordinária federal, estadual, distrital ou municipal.

O STF, ao julgar a ADI 2.405 MC/RS, admitiu a instituição nova modalidade de extinção do crédito por lei estadual (dação em pagamento de imóveis antes da previsão no CTN) - a reserva de LC refere-se apenas a prescrição e decadência.

Jurisprudência

Extinção de crédito tributário, criação de nova modalidade (dação em pagamento) por lei estadual: possibilidade do Estado-membro estabelecer regras específicas de quitação de seus próprios créditos tributários.
ADI 2.405 MC/RS, STF, Min. Carlos Britto, Pleno, j. 06.11.2002

Posteriormente, ao analisar a ADI 1.917/DF, não houve consenso no STF quanto à possibilidade de criação de nova modalidade de extinção do crédito por lei local (dação de bens móveis), mas concordou-se que, no caso em análise, haveria ofensa ao princípio da licitação (lei declarada inconstitucional).

Jurisprudência

I - Lei ordinária distrital - pagamento de débitos tributários por meio de dação em pagamento. II - Hipótese de criação de nova causa de extinção do crédito tributário. III - Ofensa ao princípio da licitação na aquisição de materiais pela administração pública. IV - Confirmação do julgamento cautelar em que se declarou a inconstitucionalidade da lei ordinária distrital 1.624/1997.
ADI 1.917-DF, STF, Min. Ricardo Lewandowski, Pleno, j. 26.04.2007

Obs.: nesse caso, discutiu-se no STF se havia incompatibilidade com a ADI 2405-MC/RS.

Interessante notar que gabarito oficial da FGV (em exame da OAB-2ª fase, 2011.1) adotou o entendimento de que existem somente as modalidades previstas no CTN (art. 141 do CTN), sendo inviável a criação de outras por lei ordinária.

Embora persista esse debate, não há qualquer dúvida em relação especificamente à decadência e à prescrição tributárias, que, por força de previsão expressa no art. 146, III, *b*, da CF, somente podem ser veiculados por lei complementar federal, nos termos da Súmula Vinculante 8 do STF.

Gabarito de concurso público

O prazo de 10 (dez) anos para a cobrança das contribuições previdenciárias foi julgado inconstitucional pelo Supremo Tribunal Federal, resultando em súmula vinculante. **(Magistratura/PR - 2010 - PUC/PR)**

12.3. Instituição de benefícios

O CTN prevê modalidades, mas muitas delas exigem lei de cada ente tributante (moratória, parcelamento, compensação, transação, remissão, dação de imóveis em pagamento, isenção e anistia).

Interessante lembrar que o art. 150, § 6º, da CF dispõe que "qualquer subsídio ou isenção, redução de base de cálculo, concessão de crédito presumido, anistia ou remissão, relativos a impostos, taxas ou contribuições, só poderá ser concedido mediante lei específica, federal, estadual ou municipal, que regule exclusivamente as matérias acima enumeradas ou o correspondente tributo ou contribuição, sem prejuízo do disposto no art. 155, § 2.º, XII, *g*", da Constituição (exigência de convênio interestadual para concessão de benefícios relativos ao ICMS).

Excepcionalmente, a União pode conceder moratória em relação a tributos de outros entes e benefícios de ICMS são concedidos por convênio interestadual, como já dito.

Tratados internacionais (GATT, OMC) **em regra** apenas garantem o mesmo tratamento tributário ao similar importado (não concedem benefícios). Ou seja, a isenção de ICMS para pescados pode ser dada pelos Estados e Distrito Federal, mas admite-se que o tratado internacional firmado pela União garanta que o peixe importado goze do mesmo benefício fiscal.

12.4. Suspensão do crédito – Características gerais

A suspensão do crédito **não** dispensa obrigações acessórias. Ou seja, mesmo que haja uma liminar suspendendo a exigibilidade do ICMS (= obrigação principal), por exemplo, o comerciante não pode deixar de emitir notas fiscais ou prestar informações ao Fisco (= obrigações acessórias).

A suspensão do crédito impede a cobrança pelo Fisco e, consequentemente, suspende a prescrição (*actio nata* se o fisco não pode cobrar, não corre contra ele o prazo prescricional).

Apesar de impossibilitar a cobrança, caso a suspensão tenha ocorrido antes da constituição do crédito (por exemplo, antecipação de tutela em ação declaratória), nada impede que o Fisco realize o lançamento, até para evitar a decadência (o prazo para o lançamento não se suspende ou interrompe, no caso).

Jurisprudência

A suspensão da exigibilidade do crédito tributário na via judicial impede o Fisco de praticar qualquer ato contra o contribuinte visando à cobrança de seu crédito, tais como inscrição em dívida, execução e penhora, mas não impossibilita a Fazenda de proceder à regular constituição do crédito tributário para prevenir a decadência do direito.
REsp 1.129.450/SP, rel. Min. Castro Meira, j. 17.02.2011

Gabarito de concurso público

A concessão de medida liminar em ação judicial suspende a exigibilidade do crédito tributário, mas não a possibilidade de sua constituição pelo fisco. **(Magistratura Federal/1ª Região - 2009 - CESPE)**

Interessante lembrar que especificamente no caso de depósito judicial integral realizado antes do lançamento não há necessidade de qualquer atuação do Fisco (o depósito judicial constituiu por si só o crédito tributário).

Como são benefícios fiscais, devem ser interpretadas literalmente – art. 111, I, do CTN.

Nos próximos tópicos, analisaremos cada uma das modalidades de suspensão do crédito previstas no CTN.

12.5. Suspensão: moratória

12.5.1. Definição de moratória

Moratória é a ampliação do prazo de pagamento, favor legal que adia a exigibilidade do tributo.

Há entendimento (adotado pelo CESPE em determinados gabaritos, como veremos mais adiante) de que a moratória é concedida **antes** do vencimento (distinção com parcelamento, que seria concedido após o vencimento).

A rigor, moratória concedida após o vencimento tem apenas o efeito de afastar a exigência de penalidades e juros pelo pagamento posterior.

Por outro lado, se ainda não ocorreu o vencimento, basta norma infralegal para adiá-lo (não se trata de matéria reservada à lei, conforme entendimento do STF).

Gabarito de concurso público
A moratória deve ser concedida por lei do ente político competente para a instituição de tributo, significando dilação do prazo para pagamento do crédito. **(Procurador do Município/Teresina--PI – 2010 – FCC)**

12.5.2. Espécies de moratória (art. 152 do CTN)

A moratória pode ser concedida em caráter geral ou individual:

✓ **Caráter geral:** quando é concedida pelo ente competente ou, excepcionalmente, pela União.

A União pode conceder moratória de tributos estaduais e municipais, desde que fixe o mesmo favor em relação aos seus próprios tributos e às obrigações privadas. É mesmo situação excepcionalíssima de favor legal heterônomo (concedido por quem não é o ente competente em relação ao tributo);

✓ **Caráter individual:** quando a moratória é concedida por despacho da autoridade administrativa, conforme a lei, ao analisar, caso a caso, se o interessado preenche os requisitos legais.

O art. 153, III, *b*, do CTN prevê moratória com prestações e vencimentos (= parcelamento), sendo que a lei *poderia* atribuir à autoridade administrativa a fixação dos prazos (o que é discutível, por conta da reserva legal relativa à concessão de benefícios fiscais).

12.5.3. Delimitação da moratória

A moratória pode ser restrita a determinada região, ou a determinada classe ou categoria de sujeitos passivos (art. 152, parágrafo único, do CTN).

Gabarito de concurso público
No que respeita à moratória, conforme disciplinada no Código Tributário Nacional, é correto afirmar que a lei que a conceder pode circunscrever expressamente a sua aplicação a determinada classe ou categoria de sujeitos passivos. **(Magistratura/MT – 2009 – VUNESP)**

Salvo disposição legal em contrário, abrange apenas os créditos constituídos, ou com lançamento iniciado, à data da lei ou do despacho concessivo.

A moratória não aproveita a casos de dolo, fraude ou simulação.

12.5.4. Requisitos da lei de moratória

A lei que concede a moratória deve indicar:

a) o prazo de duração;

b) sendo o caso, os tributos a que se aplica, o número de prestações e os vencimentos;

c) no caso de moratória de caráter individual, também:

✓ as condições para concessão;

✓ as garantias a serem fornecidas pelo beneficiado;

✓ autoridade pode fixar as prestações e vencimentos.

12.5.5. Revogação da moratória individual

A concessão de moratória, remissão, isenção ou anistia em caráter individual não gera direito adquirido.

Se o Fisco verificar que o beneficiado não satisfazia ou deixou de satisfazer os requisitos para o benefício, deverá revogá-lo de ofício.

Há distinção para as hipóteses em que o beneficiário agiu, ou não, com dolo, fraude ou simulação, no que se refere às consequências da revogação:

Situação	Consequência
O beneficiário agiu com dolo, fraude ou simulação	– O crédito tributário deve ser pago com juros moratórios e penalidades – O tempo entre a concessão e a revogação do benefício não conta para fins de prescrição do direito à cobrança (**não corre prescrição** contra o Fisco)
O beneficiário não agiu com dolo, fraude ou simulação (houve simples erro)	– O crédito tributário deve ser pago com juros moratórios, mas sem penalidades – A revogação só pode ocorrer antes do término do prazo para cobrança, que não para de fluir (corre prescrição contra o Fisco)

É importante ressaltar que essas regras de revogação da moratória individual aplicam-se também às revogações de remissões, isenções e anistias concedidas individualmente.

Gabarito de concurso público
O tempo decorrido entre a concessão da moratória e sua revogação não se computa para efeito da prescrição do direito à cobrança do crédito tributário, quando a moratória é concedida em caráter individual, por dolo do beneficiado. Os juros de mora são devidos também no caso de revogação da moratória concedida em caráter individual por erro da autoridade fiscal, desde que o crédito tributário não esteja prescrito. **(Magistratura/PR – 2010 – PUC/PR)**

12.6. Suspensão: parcelamento

12.6.1. Definição

O parcelamento é espécie de moratória em que a exigibilidade do crédito fica adiada (suspensa até data futura), qualificada pela possibilidade de pagamentos periódicos (art. 155-A do CTN).

Como já dito, o CESPE apresentou gabaritos no sentido de que a moratória (mesmo parcelada) é concedida antes do vencimento, enquanto o parcelamento é posterior ao vencimento.

Gabarito de concurso público
Um contribuinte inadimplente de determinado tributo requereu na secretaria de fazenda o pagamento integral do débito, incluindo os juros e multas, em parcelas mensais e iguais, o que foi aceito pelo fisco. O contribuinte requereu o instituto denominado parcelamento, uma vez que o débito já está vencido. **(Ministério Público/RO - 2008 - CESPE)**

12.6.2. Características do parcelamento

Aplicam-se ao parcelamento subsidiariamente as regras da moratória (art. 155-A, § 2º, do CTN).

Salvo disposição contrária, o parcelamento refere-se apenas aos créditos já constituídos ou com lançamento iniciado à data da lei ou do despacho concessivo.

Ainda que a lei estenda o benefício, o crédito deve estar constituído para o efetivo parcelamento (normalmente exige-se confissão pelo contribuinte).

Jurisprudência
Quanto aos aspectos fáticos sobre os quais incide a norma tributária, a regra é que não se pode rever judicialmente a confissão de dívida efetuada com o escopo de obter parcelamento de débitos tributários. No entanto, como na situação presente, a matéria de fato constante de confissão de dívida pode ser invalidada quando ocorre defeito causador de nulidade do ato jurídico (v.g. erro, dolo, simulação e fraude).   **REsp 1.133.027/SP, Rel. p/ Acórdão Ministro Mauro Campbell, j. 13.10.2010 - repetitivo**

Não se trata de novação, mas suspensão do crédito, ou seja, não há alteração da obrigação tributária, ainda que haja oferecimento de garantias reais pelo devedor (ver art. 183, parágrafo único, do CTN).

O parcelamento não excluiu juros e multas, salvo disposição em contrário (não há denúncia espontânea – Súmula 208 do TFR).

12.6.3. Parcelamento na recuperação judicial – Art. 155-A, §§ 3º e 4º, do CTN

Em relação à recuperação judicial, lei específica de cada ente disporá sobre as condições de parcelamento dos tributos devidos.

Enquanto inexistir essa lei específica, aplicam-se as leis gerais de parcelamento do ente tributante, sendo que o prazo não pode ser inferior ao da lei federal.

Busca-se, com isso, fomentar o instrumento da recuperação judicial, já que o empresário deve estar em situação regular perante o Fisco para sua concessão.

12.7. Suspensão: depósito integral

Para que haja suspensão do crédito tributário, o depósito deve ser **integral e em dinheiro**:

Jurisprudência
Súmula 112 do STJ. O depósito somente suspende a exigibilidade do crédito tributário se for integral e em dinheiro.

Gabarito de concurso público
A suspensão da exigibilidade do crédito tributário com o depósito integral acarreta o impedimento à inscrição como dívida ativa, se realizado posteriormente à constituição definitiva do crédito. **(Auditor Fiscal/RJ)**

O depósito pode ser judicial (mais comum) ou administrativo (feito perante o próprio Fisco).

O depósito é prerrogativa do sujeito passivo, não imposição contra ele: não pode ser exigido como requisito para ações ou recursos administrativos ou judiciais (Súmula Vinculante 21 do STF e Súmula 373 do STJ):

Jurisprudência
Súmula Vinculante 21 do STF. É inconstitucional a exigência de depósito ou arrolamento prévios de dinheiro ou bens para admissibilidade de recurso administrativo.   *Súmula 373 do STJ. É ilegítima a exigência de depósito prévio para admissibilidade de recurso administrativo.*

Entretanto, caso o devedor opte por fazer o depósito judicial, não poderá levantá-lo antes do trânsito em julgado, com mérito favorável a ele. Assim, ainda que o depósito seja prerrogativa do sujeito passivo que implica suspensão da exigibilidade do crédito, depois de realizado não pode ser revertido livremente.

Jurisprudência
2. O direito – ou faculdade – atribuído ao contribuinte, de efetuar o depósito judicial do valor do tributo questionado, não importa o direito e nem a faculdade de, a seu critério, retirar a garantia dada, notadamente porque, suspendendo a exigibilidade do crédito tributário, ela operou, contra o réu, os efeitos próprios de impedi-lo de tomar qualquer providência no sentido de cobrar o tributo ou mesmo de, por outra forma, garanti-lo.   *3. As causas de extinção do processo sem julgamento do mérito são invariavelmente imputáveis ao autor da ação, nunca ao réu. Admitir que, em tais casos, o autor é que deve levantar o depósito judicial, significaria dar-lhe o comando sobre o destino da garantia que ofereceu, o que importaria retirar do depósito a substância fiduciária que lhe é própria.*   *4. Assim, ressalvadas as óbvias situações em que a extinção do processo decorre da circunstância de não ser a pessoa de direito público parte na relação de direito material questionada, o depósito judicial somente poderá ser levantado pelo contribuinte que, no mérito, se consagrar vencedor. Nos demais casos, extinto o processo sem julgamento de mérito, o depósito de converte em renda.*   **EREsp 227.835/SP, STJ, Rel. Ministro Teori Albino Zavascki, j. 09.11.2005**

Veja, por esse precedente citado, que o STJ admite apenas uma hipótese em que o sujeito passivo pode levantar o depósito mesmo sem vencer a demanda no mérito: quando o juiz entender que o Fisco litigante não é o sujeito ativo tributário (o depósito não pode, evidentemente, ser convertido em renda em favor de quem não é titular do crédito).

Gabarito de concurso público
O depósito somente suspende a exigibilidade do crédito tributário se for integral e em dinheiro e somente poderá ser levantado, ou convertido em renda, após o trânsito em julgado da sentença. **(Magistratura/SC - 2008)**

A jurisprudência do STJ é no sentido de que o depósito judicial, quando realizado antes do lançamento, constitui o crédito tributário, sendo dispensável ato do Fisco nesse sentido. Ou seja, o depósito implica "lançamento tácito" em relação ao valor consignado judicialmente.

Jurisprudência
Os depósitos efetuados pelo contribuinte por ocasião do questionamento judicial do tributo suspendem a exigibilidade do mesmo, enquanto perdurar a contenda, ex vi do art. 151, II, do CTN e, por força do seu desígnio, implica lançamento tácito do montante exato do quantum depositado, conjurando eventual alegação de decadência do direito de constituir o crédito tributário. **REsp 1.157.786/MG, rel. Min. Luiz Fux, j. 19.10.2010**

Atualmente, o depósito judicial em favor da União é imediatamente disponibilizado ao Tesouro (Lei 9.703/1998). Permite-se sistemática semelhante para Estados, DF e Municípios.

12.8. Suspensão: reclamações e recursos administrativos

O sujeito passivo pode impugnar o lançamento perante o próprio Fisco. Ou seja, pode apresentar reclamação ou recurso administrativo contra a exigência, que será julgado pelo próprio ente tributante.

Gabarito de concurso público
As reclamações e os recursos administrativos são os modos pelos quais o contribuinte exterioriza seu inconformismo, sem correr o risco de vir a sofrer execução fiscal enquanto não julgados definitivamente. **(Magistratura/SC - 2008)**

O processo administrativo fiscal refere-se a essas impugnações ao lançamento, embora prestem-se também à discussão relativa a compensações, parcelamentos, regimes especiais de tributação etc.

Durante o processo administrativo em que se impugna o lançamento, a exigibilidade do crédito fica suspensa.

Assim, enquanto o Fisco estiver examinando a impugnação do sujeito passivo contra a exigência tributária, não poderá cobrá-lo administrativa ou judicialmente.

Há precedentes do STJ entendendo que mesmo o processo administrativo em que se discute a compensação tem também o efeito de suspender a exigibilidade do crédito tributário:

Jurisprudência
O pedido administrativo de compensação tem o condão de suspender a exigibilidade do crédito tributário. *Agravo regimental improvido.* **AgRg no REsp 1.301.890/RS, rel. Min. Cesar Asfor Rocha, j. 21.06.2012**

Por outro lado, o entendimento é diverso no caso específico de pedido de compensação com precatório devido por outra pessoa jurídica (o devedor do precatório não corresponde ao próprio sujeito ativo do tributo que se pretende compensar), ou seja, em que a compensação é claramente indevida, conforme a jurisprudência pacífica. Nesse caso, o STJ entende que o processo administrativo correspondente não tem o efeito de suspender a exigibilidade do crédito tributário:

Jurisprudência
A orientação adotada pelo STJ é no mesmo sentido do aresto impugnado: a suspensão da exigibilidade do crédito tributário não encontra amparo em precatórios apontados com o propósito de compensação, mormente quando este possui natureza diversa e se trata de créditos titularizados por pessoa jurídica diferente da que compõe a relação jurídico-tributária que se pretende extinguir pela compensação. **AgRg no AREsp 135.557/RS, rel. Min. Castro Meira, j. 14.08.2012**

Não se pode exigir depósito ou garantia de instância como requisitos para o processo administrativo (Súmula Vinculante 21 do STF, semelhante à Súmula 373 do STJ). Por essa razão, a exigência do arrolamento de bens no processo administrativo fiscal federal (art. 33, § 2º, do Dec.-lei 70.235/1972) foi afastada pelo STF (ADI 1.976/DF).

Devem ser observados o contraditório e a ampla defesa também no processo administrativo – art. 5º, LV, da CF.

12.9. Suspensão: liminares e tutelas antecipadas

A simples impetração de mandado de segurança ou o ajuizamento de ação ordinária **não** suspende a exigibilidade do crédito tributário.

Para isso, é necessário que o juiz defira **liminar** ou conceda **antecipação da tutela**, que são modalidades de suspensão previstas no CTN.

Como já vimos, elas não impedem o lançamento do tributo, caso ainda não realizado (ou poderia haver decadência, cujo prazo não se suspende).

Gabarito de concurso público
A medida liminar em mandado de segurança afasta (suspende) o ato impugnado até o final julgamento, para evitar danos irreparáveis ou de difícil reparação. **(Magistratura/SC - 2008)**

12.10. Extinção: pagamento

12.10.1. Definição

No Direito Tributário, pagamento refere-se à entrega de **dinheiro** ao Fisco e é a modalidade básica de extinção do crédito tributário.

12.10.2. Características do pagamento

A imposição de penalidade não afasta a obrigação de pagamento integral do crédito (art. 157 do CTN).

O pagamento não importa presunção de quitação das demais prestações ou de outros créditos tributários (art. 158 do CTN).

Gabaritos de concursos públicos
O pagamento do crédito tributário não resta ilidido pela imposição de penalidade por descumprimento da legislação tributária. **(Procurador do Município/Teresina-PI - 2010 - FCC)**
Quando o pagamento é total, não importa na presunção de pagamento de outros créditos referentes ao mesmo tributo ou a outros. **(Procurador do Estado/CE - 2008 - CESPE)**
[O pagamento] Quando parcial, não importa presunção de pagamento das prestações em que se decomponha. **(Auditor Fiscal/MS - 2006 - FGV)**

12.10.3. Local do pagamento

Se a legislação não dispuser em contrário, o pagamento é feito na repartição do Fisco localizada no domicílio do sujeito passivo (art. 159 do CTN). Veja, para fins de comparação, a regra civilista do art. 327 do CC.

12.10.4. Formas de pagamento

O pagamento é efetuado em dinheiro, cheque ou vale postal (nestes últimos casos, a legislação pode exigir garantias). No caso do cheque, a rigor, somente com o recebimento do dinheiro pelo Fisco (compensação do título) é que se considera extinto o crédito (art. 162, § 2º, do CTN).

A lei pode prever pagamento em estampilha, papel selado ou processo mecânico, o que não é comum atualmente.

12.10.5. Vencimento e atraso

Se a legislação não fixar a data de vencimento, será 30 dias após a notificação do lançamento (trata-se, portanto, de regra subsidiária - art. 160 do CTN). Lembre-se que o vencimento do tributo não depende de lei (pode ser fixado e alterado por norma infralegal).

A legislação pode conceder desconto pela antecipação do recolhimento pelo sujeito passivo.

O atraso implica juros de mora, independentemente do motivo, com penalidades e execução de garantias (art. 161 do CTN).

Gabarito de concurso público
O crédito não integralmente pago no vencimento é acrescido de juros de mora, seja qual for o motivo determinante da falta, sem prejuízo da imposição das penalidades cabíveis e da aplicação de qualquer medida de garantia prevista na legislação. **(Magistratura/PR - 2008)**

Se a lei não indicar outro, os juros moratórios serão de 1% ao mês (outra regra subsidiária).

Caso o sujeito passivo tenha dúvida razoável em relação à tributação, pode formular consulta ao próprio Fisco. Se a consulta for apresentada, na forma da legislação, antes do vencimento, não haverá multa ou fluência de juros até a resposta pela autoridade fiscal (ou seja, o sujeito passivo pode aguardar a resposta antes de pagar o crédito em discussão).

12.10.6. Imputação em pagamento

Se houver mais de um débito vencido, do mesmo sujeito passivo em relação ao mesmo sujeito ativo, a administração deve observar a imputação, nessa ordem (art. 163 do CTN):

a) débitos por obrigação própria, depois os relativos a responsabilidade tributária;

b) contribuição de melhoria, depois taxas, por fim impostos;

c) ordem crescente dos prazos de prescrição;

d) ordem decrescente dos montantes.

Gabaritos de concursos públicos
Nessa situação, a referida imputação deve-se dar, primeiramente, quanto aos débitos oriundos de obrigação própria e, em segundo lugar, aos decorrentes de responsabilidade tributária. **(Procurador Federal - 2010 - CESPE)**
Considere que Gustavo possua débitos vencidos relativos ao imposto sobre a renda correspondente aos períodos de 2003 e de 2005, que, juntos, totalizem R$ 9.000,00. Considere, ainda, que, intencionando regularizar sua situação perante o fisco, Gustavo efetue o pagamento de parte desse valor. Nessa situação hipotética, a autoridade tributária, ao receber o pagamento, deverá determinar a respectiva imputação, na ordem crescente dos prazos de prescrição. **(Advogado da União/AGU - CESPE - 2009)**

A rigor, isso não é comum, atualmente, pois os contribuintes recolhem os valores por meio de guias bancárias, com indicação expressa e exata do tributo que está sendo pago.

12.11. Extinção: compensação

12.11.1. Características

Diferentemente do que ocorre no âmbito das relações privadas, a compensação tributária somente ocorre se houver previsão expressa em lei do ente competente (art. 170 do CTN).

Jurisprudência
O Superior Tribunal de Justiça pacificou entendimento no sentido de que a compensação de débito tributário com precatórios depende de lei autorizadora, inexistente no Estado do Rio Grande do Sul. **AgRg no Ag 1.367.821/RS, STJ, Rel. Ministro Arnaldo Esteves Lima, j. 17.03.2011**

Mesmo no caso em que o particular é titular de precatório devido pelo ente tributante, não pode pretender compensá-lo com o tributo devido se não houver lei autorizativa.

Admite-se a compensação de crédito tributário com créditos líquidos, certos, vencidos e também **vincendos (= ainda não vencidos)** do particular contra o Fisco.

Se o crédito do particular for vincendo, a administração deve apurar o valor, exigindo desconto pela antecipação, que não pode ser maior que 1% ao mês.

12.11.2. Compensação no Judiciário

Jurisprudência

Súmula 212 do STJ. A compensação de créditos tributários não pode ser deferida em ação cautelar ou por medida liminar cautelar ou antecipatória.

Gabarito de concurso público

A compensação de créditos tributários não poderá ser deferida em ação cautelar ou por medida liminar cautelar ou antecipatória. **(Magistratura/SC - 2010)**

CTN, art. 170-A. É vedada a compensação mediante o aproveitamento de tributo, objeto de contestação judicial pelo sujeito passivo, antes do trânsito em julgado da respectiva decisão judicial.

Jurisprudência

Súmula 213 do STJ. O mandado de segurança constitui ação adequada para a declaração do direito à compensação tributária.

Perceba, pela Súmula 213 do STJ, que o Superior Tribunal de Justiça, muito peculiarmente, reconhece o pedido declaratório no mandado de segurança para fins de compensação. Trata-se de mandado de segurança impetrado preventivamente, para resguardar a compensação a ser realizada pelo sujeito passivo e impedir a autuação fiscal posterior.

Entretanto, se o sujeito passivo já realizou a compensação por sua conta e risco, nos termos da legislação aplicável, não cabe impetrar o *writ* apenas para convalidá-la:

Jurisprudência

Súmula 460 do STJ. É incabível o mandado de segurança para convalidar a compensação tributária realizada pelo contribuinte.

Gabarito de concurso público

A compensação de créditos tributários não poderá ser deferida em ação cautelar ou por medida liminar cautelar ou antecipatória. **(Magistratura/SC - 2010)**

A lei aplicável à compensação é aquela vigente à época do encontro de contas. Se a compensação for pleiteada judicialmente, aplica-se a lei vigente quando da propositura da ação, ainda que posteriormente modificada.

Jurisprudência

A lei que regula a compensação tributária é a vigente à data do encontro de contas entre os recíprocos débito e crédito da Fazenda e do contribuinte.

REsp 1.164.452/MG, rel. Min. Teori Albino Zavascki, j. 25.08.2010 - repetitivo

Ainda que superado este óbice, a Primeira Seção pacificou o entendimento de que a lei aplicável na compensação é aquela vigente à época do ajuizamento da ação, não podendo a causa ser julgada à luz do direito superveniente, já que os novos preceitos normativos condicionam a sua aplicação ao atendimento de requisitos outros que não constaram da causa de pedir nem foram objeto de exame nas instâncias ordinárias.

AgRg no Ag 1.422.316/DF, rel. Min. Herman Benjamin, j. 18.10.2011

Gabarito de concurso público

Quanto à compensação de tributos federais, é matéria firme na atual jurisprudência do Superior Tribunal de Justiça deve ser considerado o regime jurídico vigente à época do ajuizamento da demanda, não podendo ser a causa julgada à luz do direito superveniente. **(Magistratura Federal-4ª Região - 2010)**

Obs.: nada impede, entretanto, que o interessado pleiteie a compensação à luz da nova lei na esfera administrativa, por meio de outro pedido, ou mesmo que proponha outra demanda judicial, com o novo fundamento.

12.12. Extinção: transação

CTN, Art. 171. A lei pode facultar, nas condições que estabeleça, aos sujeitos ativo e passivo da obrigação tributária celebrar transação que, mediante concessões mútuas, importe em determinação de litígio e consequente extinção de crédito tributário.

Parágrafo único. A lei indicará a autoridade competente para autorizar a transação em cada caso.

A transação tributária, como modalidade de extinção do crédito, deve estar prevista minuciosamente em lei.

No Direito Tributário, há somente transação terminativa de litígio, não preventiva.

12.13. Extinção: remissão

12.13.1. Definição

Remissão (do verbo *remitir*) significa **perdão** do crédito tributário.

Não confundir com *remição*, do verbo *remir*, resgatar.

Gabarito de concurso público

A remissão é ato de autoridade administrativa dotada de expressa autorização legal; a remição, por seu turno, é ato de resgate que pode ser realizado pelo particular em relação a bem penhorado em execução fiscal. **(Magistratura Federal - 4ª Região - XII - 2005)**

Refere-se ao tributo e à penalidade pecuniária (= crédito), diferente da anistia, que se restringe à multa.

Como os demais benefícios fiscais, exige lei específica, que regule apenas o perdão (benefício) ou o tributo a que se refere - art. 150, § 6º, da CF.

12.13.2. Requisitos da lei de remissão

A lei autoriza a autoridade a conceder, por despacho fundamentado, remissão total ou parcial, atendendo (art. 172 do CTN):

a) à situação econômica do sujeito passivo;

b) ao erro ou ignorância excusáveis do sujeito passivo, quanto a matéria de fato;

c) à diminuta importância do crédito tributário;

d) a considerações de equidade, em relação a características pessoais ou materiais do caso;

e) a condições peculiares a determinada região do território da entidade tributante.

Perceba, portanto, que o legislador não pode conceder remissões livremente, fora dessas hipóteses previstas no CTN.

Ademais, o CTN não faz referência expressa à remissão em caráter geral, referindo-se apenas à concessão pela autoridade fiscal, por meio de despacho fundamentado.

Lembre-se que, no caso de remissão concedida individualmente, eventual revogação é regulada pelas mesmas normas atinentes à moratória (art. 172, parágrafo único, c/c art. 155 do CTN). Vimos isso ao estudarmos aquela modalidade de suspensão do crédito tributário.

12.13.3. Vedação de remissão e anistia para contribuições sociais – art. 195, § 11, da CF

A Constituição Federal veda expressamente a concessão de remissão ou anistia para débitos superiores ao valor fixado em lei complementar para as contribuições sociais devidas por:

a) empregadores e equiparados sobre folhas de salários e demais rendimentos pagos a pessoas físicas;

b) trabalhadores e equiparados.

12.14. Extinção: decadência

12.14.1. Definição

Decadência é a perda do direito de o Fisco constituir o crédito tributário (lançar) pelo decurso do prazo de 5 anos (art. 173 do CTN).

É indicada pelo CTN como modalidade de extinção do crédito tributário (muito embora ocorra antes de sua constituição, impedindo o lançamento).

As normas relativas à decadência e à prescrição tributária devem ser veiculadas exclusivamente por lei complementar federal, nos termos do art. 146, III, *b*, da CF.

Por essa razão, o STF declarou inconstitucionais dispositivos de lei ordinária que fixavam prazos decadenciais e prescricionais relativos a contribuições sociais (Súmula Vinculante 8 do STF).

Jurisprudência

Súmula Vinculante 8 do STF. São inconstitucionais o parágrafo único do artigo 5º do Decreto-lei n. 1.569/1977 e os artigos 45 e 46 da Lei n. 8.212/1991, que tratam de prescrição e decadência de crédito tributário.
Obs.: as contribuições previdenciárias são tributos e a matéria – prescrição e decadência tributárias – é regulada por lei complementar, de modo que se aplicam os prazos quinquenais do CTN.

Para que não haja dúvida: há somente prazos decadenciais e prescricionais de 5 anos, previstos no CTN.

Gabarito de concurso público

Nos casos de tributos que não estão sujeitos a lançamento por homologação, o direito de a Fazenda Pública constituir o crédito tributário extingue-se após cinco anos, contados do primeiro dia do exercício seguinte àquele em que o lançamento poderia ter sido efetuado. **(Auditor Fiscal/RJ – 2008 – FGV)**

12.14.2. Contagem do prazo decadencial

O prazo decadencial é quinquenal (5 anos), contado (art. 173 do CTN):

a) do primeiro dia do exercício seguinte àquele em que o lançamento poderia ter sido efetuado (regra);

b) da data em que se tornar definitiva a decisão que houver anulado, por vício formal, o lançamento anteriormente efetuado (caso de interrupção);

c) da data em que tenha se iniciado a constituição do crédito pela notificação do sujeito passivo, a respeito de qualquer medida preparatória indispensável.

12.14.3. Decadência no lançamento de ofício

Veja na seguinte representação gráfica um exemplo de contagem do prazo decadencial em relação a tributo lançado de ofício.

Se o fato gerador ocorreu em 2011, o tributo poderia ser lançado já nesse exercício. Por essa razão, o prazo decadencial quinquenal começa a correr em 1º de janeiro do ano seguinte (2012), terminando em 1º de janeiro de 2017.

12.14.4. Decadência no lançamento por homologação

No lançamento por homologação, há regra específica, pois ocorre homologação tácita (que impede a revisão pelo fisco) após 5 anos contados do fato gerador (art. 150, § 4º, do CTN).

Se não houve pagamento ou se ocorreu dolo, fraude ou simulação, **não há falar em homologação tácita** e se aplica a regra do art. 173, I, do CTN (primeiro dia do exercício seguinte).

Gabarito de concurso público

A contagem do prazo decadencial para a Fazenda Pública lançar o crédito tributário depende, em regra, do tipo de lançamento previsto em lei para a sua liquidação. **(Magistratura/RO – 2011 – PUCPR)**

Jurisprudência

A jurisprudência desta Corte entende que nas exações cujo lançamento se faz por homologação, havendo pagamento antecipado, conta-se o prazo decadencial a partir da ocorrência do fato gerador (art. 150, § 4º, do CTN). Somente quando não há pagamento antecipado, ou há prova de fraude, dolo ou simulação é que se aplica o disposto no art. 173, I, do CTN.
AgRg no Ag 1.216.911/RS, STJ, Rel. Ministro Benedito Gonçalves, j. 03.05.2011

Vejamos os exemplos seguintes.

12.14.4.1. Decadência no lançamento por homologação – Se houve pagamento sem dolo, fraude ou simulação

Quando há pagamento sem dolo fraude ou simulação, o prazo decadencial é o do art. 150, § 4º, do CTN.

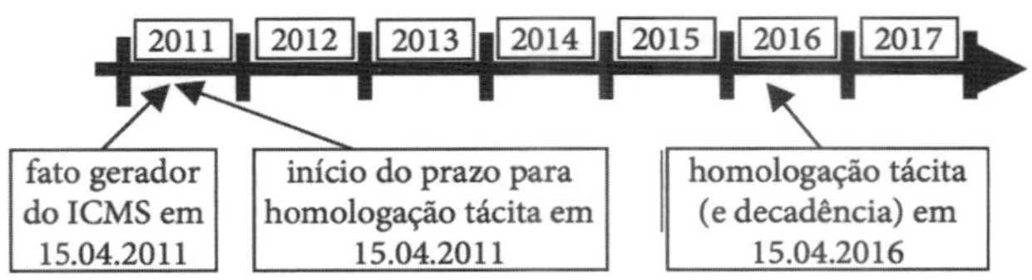

Nesse caso, o quinquênio é contado a partir do fato gerador (não do primeiro dia do exercício seguinte).

12.14.4.2. Decadência no lançamento por homologação – Se não houve pagamento ou se ocorreu dolo, fraude ou simulação

A contagem do art. 150, § 4º, do CTN (a partir do fato gerador) somente ocorre quando há, efetivamente, homologação tácita, ou seja, quando há recolhimento antecipado, sem dolo, fraude ou simulação.

Se não há pagamento ou ocorre algum desses vícios, o prazo quinquenal é contado na forma do art. 173, I, do CTN, a partir do primeiro dia do exercício seguinte:

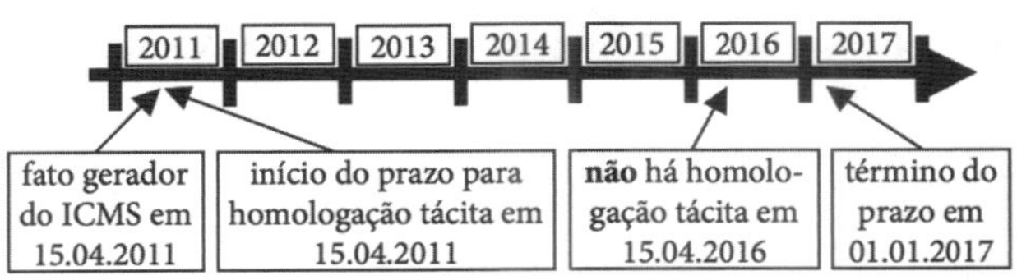

12.15. Extinção: prescrição

12.15.1. Definição

É a perda do direito de o Fisco cobrar o crédito tributário, pelo decurso do prazo de 5 anos (art. 174 do CTN).

É indicada pelo CTN como modalidade de extinção do crédito tributário, ou seja, não apenas afasta o direito à cobrança, mas também atinge o próprio direito material (o crédito tributário).

Por essa razão, se houve prescrição, posterior pagamento realizado pelo sujeito passivo é indevido, cabendo pedido de restituição (note a diferença em relação ao direito privado).

Gabarito de concurso público

A dívida tributária prescrita que ainda assim seja paga poderá ser devolvida. **(Magistratura/RO – 2011 – PUCPR)**

Perceba que a decadência ocorre antes do lançamento, enquanto a prescrição se dá após a constituição do crédito.

Assim como a norma relativa à decadência, aquela atinente à prescrição deve ser veiculada exclusivamente por lei complementar federal, conforme dispõe o art. 146, III, *b*, da CF (Súmula Vinculante 8 do STF).

Essa prescrição, anterior à propositura da execução fiscal, pode ser decretada de ofício pelo juiz. Veremos, ao estudarmos a execução fiscal, que há também a prescrição intercorrente, a ser decretada no curso do processo, com regras bastante específicas.

Gabarito de concurso público

[A prescrição] Pode ser decretada, de ofício, pelo juiz, não necessitando ser alegada por uma das partes; admite tanto causas suspensivas, como interruptivas; pode operar antes do ajuizamento da ação, como durante o seu curso. **(Procuradoria Distrital – 2007)**

12.15.2. Contagem do prazo prescricional

O prazo prescricional é quinquenal (5 anos), contado da data da constituição definitiva do crédito tributário.

Gabaritos de concursos públicos

Em nosso sistema tributário, a data da constituição definitiva do crédito tributário é o marco fundamental para contagem do prazo de prescrição tributária. **(Magistratura/PE – 2011 – FCC)**

Quanto à prescrição e à decadência do crédito tributário, podem-se identificar diversos prazos de um lustro previstos no Código Tributário Nacional. **(Magistratura/PR – 2010 – PUC/PR)**

Obs.: lustro = 5 anos

Pela *actio nata*, o prazo somente flui a partir do momento em que o Fisco pode cobrar o tributo.

Assim, após a notificação do lançamento, se não há impugnação, o prazo começa a partir do vencimento.

Jurisprudência

Apenas com o transcurso do prazo da notificação para o sujeito passivo da obrigação tributária efetuar o pagamento é que nasce o direito do Fisco de ajuizar ação de cobrança. Assim, só há falar em prescrição no momento em que o direito de ação for exercitável (princípio da ***actio nata****).*
AgRg nos EDcl no REsp 1.225.654/RJ, STJ, Rel. Min. Herman Benjamin, j. 10.05.2011

Se há recurso administrativo (que suspende a exigibilidade do crédito), a prescrição somente flui após a decisão final.

Vimos anteriormente que a legislação de muitos tributos lançados por homologação prevê declarações pelos contribuintes, nas quais informam o valor a ser recolhido. Essas declarações têm o efeito de constituir o crédito tributário (valem como lançamento), nos termos da Súmula 436 do STJ.

Se houve tributo declarado e não pago, o prazo prescricional para a cobrança (não há prazo decadencial para lançamento) começa a partir do vencimento.

Há ainda outra hipótese peculiar, em que essa declaração do contribuinte, em relação aos tributos lançados por homologação, é feita, na forma da legislação aplicável, após o vencimento. Nesse caso, o prazo prescricional começa a correr a partir da declaração (quando o Fisco fica sabendo da constituição do crédito).

Jurisprudência
Consequentemente, o **dies a quo** *do prazo prescricional para o Fisco exercer a pretensão de cobrança judicial do crédito tributário declarado, mas não pago, é a data do vencimento da obrigação tributária expressamente reconhecida.* *(...)* *Vislumbra-se, portanto, peculiaridade no caso sub examine, uma vez que a declaração de rendimentos entregue no final de abril de 1997 versa sobre tributo que já deveria ter sido pago no ano-calendário anterior, inexistindo obrigação legal de declaração prévia a cada mês de recolhimento, consoante se depreende do seguinte excerto do acórdão regional: (...)* *12. Consequentemente, o prazo prescricional para o Fisco exercer a pretensão de cobrança judicial da exação declarada, in casu, iniciou-se na data da apresentação do aludido documento, vale dizer, em 30.04.1997, escoando-se em 30.04.2002, não se revelando prescritos os créditos tributários na época em que ajuizada a ação (05.03.2002).* **REsp 1.120.295/SP, STJ, Rel. Min. Luiz Fux, j. 12.05.2010 - repetitivo**

Também por conta da *actio nata*, qualquer outra modalidade de suspensão da exigibilidade do crédito (liminares, parcelamentos etc.) suspende o prazo prescricional.

Vejamos os exemplos seguintes para melhor compreensão e memorização.

12.15.2.1. Contagem do prazo prescricional - Sem recurso administrativo

Se não há recurso administrativo, o prazo quinquenal começa a correr já a partir do vencimento, logo após a notificação do lançamento (o vencimento, em regra, ocorre 30 dias após a notificação):

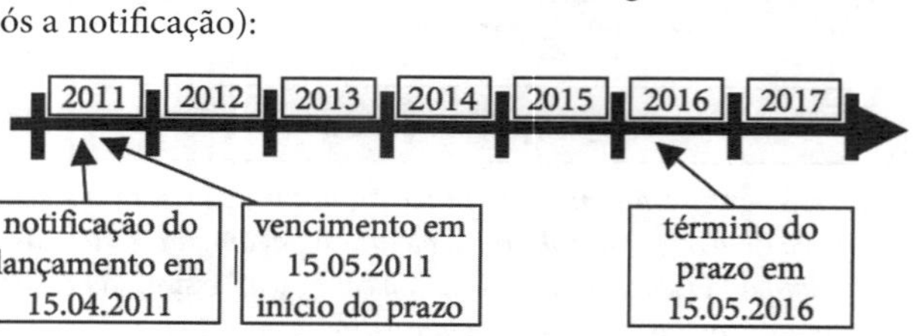

12.15.2.2. Contagem do prazo prescricional - Com recurso administrativo

O recurso administrativo, como já vimos, suspende a exigibilidade do crédito, ou seja, impede que o Fisco cobre os valores até a decisão final.

Se não é possível cobrar, não há como contar o prazo prescricional (*actio nata*).

Assim, o quinquênio se inicia apenas após a decisão administrativa final (a rigor, após o vencimento, posterior à decisão):

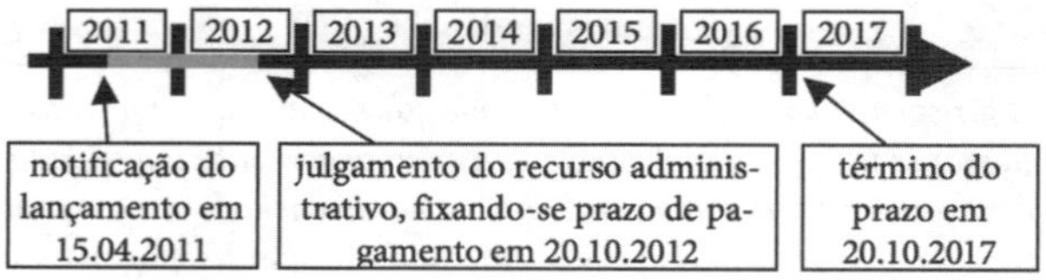

12.15.3. Interrupção da prescrição

Interrompem a prescrição (art. 174, parágrafo único, do CTN):

a) despacho do juiz que ordena a citação em execução fiscal;

b) protesto judicial;

c) qualquer ato judicial que constitua em mora o devedor;

d) qualquer ato inequívoco, ainda que extrajudicial, que importe em reconhecimento do débito pelo devedor.

Interrompido, o prazo recomeça a fluir desde o início.

Perceba que o despacho do juiz que ordena a citação interrompe o prazo.

O STJ, ao interpretar o dispositivo do CTN cotejando-o ao art. 219, § 1º, do CPC, entendeu que a interrupção da prescrição pela citação (pelo despacho que a ordena, no caso) retroage à data da propositura da ação:

Jurisprudência
O Codex Processual, no § 1º, do artigo 219, estabelece que a interrupção da prescrição, pela citação, retroage à data da propositura da ação, o que, na seara tributária, após as alterações promovidas pela Lei Complementar 118/2005, conduz ao entendimento de que o marco interruptivo atinente à prolação do despacho que ordena a citação do executado retroage à data do ajuizamento do feito executivo, a qual deve ser empreendida no prazo prescricional. **REsp 1.120.295/SP, STJ, Rel. Min. Luiz Fux, j. 12.05.2010 - repetitivo**

Assim, o Fisco deve se acautelar para iniciar a execução fiscal em tempo hábil, ou seja, em menos de 5 anos contados da constituição do crédito.

Porém, se há demora na citação por sua culpa exclusiva, não há essa retroatividade, ou seja, pode ser reconhecida a prescrição:

Jurisprudência
Ainda que se entenda em sentido contrário, é firme a orientação da Primeira Seção desta Corte de que não retroage a prescrição à data da propositura da ação, conforme o art. 219, § 1º, do CPC, quando a demora na citação é imputada exclusivamente ao Fisco. AgRg no AREsp 167.198/DF, rel. Min. Napoleão Nunes Maia Filho, j. 21.06.2012

A confissão de dívida é comumente exigida pela legislação como pressuposto para a concessão ou reconhecimento de benefícios fiscais, especialmente o parcelamento.

Há autores afirmando que o parcelamento teria o efeito de interromper a prescrição, o que nos parece incorreto. O parcelamento apenas suspende o prazo prescricional. É essa confissão de dívida prévia, normalmente exigida para fins do parcelamento, que o interrompe.

Gabaritos de concursos públicos

A prescrição da ação de cobrança do crédito tributário considera-se interrompida, no caso do contribuinte reconhecer a dívida e aderir a parcelamento, no âmbito extrajudicial. **(Ministério Público/PR - 2009)**

A empresa GLOF Indústria de Cabos Elétricos Ltda., em agosto de 2005, foi notificada de auto de lançamento contra si lavrado em virtude de sonegação fiscal do ICMS que perpetrou em novembro de 2000. Em julho de 2008, ajuizou ação anulatória de auto de lançamento, mas não obteve tutela antecipada para suspender a exigibilidade do crédito tributário. Em novembro de 2009, aproveitando-se de lei estadual que autorizava parcelamento, firmou pedido de parcelamento do crédito tributário. No mesmo pedido, havia cláusula pela qual a empresa se confessava devedora do mencionado crédito tributário, reconhecendo sua liquidez e certeza. Entretanto pagou apenas a primeira parcela, em novembro de 2009, deixando sem pagamento as demais. Diante disso, em agosto de 2011, a Fazenda Pública ajuizou ação de execução fiscal para a cobrança do crédito tributário. Diante dessa situação hipotética [é correto afirmar que] a ação de execução fiscal foi legitimamente ajuizada, uma vez que não decorrido o prazo de prescrição. **(Procurador do Estado/AC - FMP - 2012)**

12.16. Extinção: conversão do depósito em renda

O depósito administrativo ou judicial apenas suspende a exigibilidade do crédito tributário.

Com a decisão final, favorável ao Fisco, esse depósito torna-se receita tributária, ou seja, é convertido em renda do ente tributante.

Essa conversão, semelhante ao pagamento em dinheiro, é modalidade de extinção do crédito tributário.

12.17. Extinção: Pagamento antecipado e homologação

No lançamento por homologação, quando o sujeito passivo recolhe o valor devido, ocorre a extinção do crédito tributário (como no caso do pagamento), condicionada à posterior homologação.

Havia entendimento no sentido de que a extinção ocorreria no momento da homologação (expressa ou tácita), o que ficou ultrapassado pela interpretação autêntica veiculada pelo art. 3º da LC 118/2005: a extinção ocorre no momento do pagamento antecipado.

12.17.1. Extinção: Consignação em pagamento

Cabe ação de consignação em caso de (art. 164 do CTN):

a) recusa de recebimento, ou subordinação deste ao pagamento de outro tributo ou de penalidade, ou ao cumprimento de obrigação acessória;

b) subordinação do recebimento ao cumprimento de exigências administrativas sem fundamento legal; e

c) exigência, por mais de uma pessoa jurídica de direito público, de tributo idêntico sobre um mesmo fato gerador.

A rigor, a simples propositura da ação consignatória não extingue o crédito tributário.

Somente com o julgamento de procedência é que o valor consignado é convertido em renda e, com isso, extingue-se o crédito.

12.18. Extinção: decisão administrativa irreformável e decisão judicial transitada em julgado

A decisão administrativa irreformável e a decisão judicial transitada em julgado, favoráveis ao sujeito passivo, extinguem o crédito tributário.

Se a decisão foi pela invalidade do lançamento, sem afastar a ocorrência do fato gerador, é possível nova constituição do crédito, desde que não esgotado o prazo decadencial.

Se afastada apenas parcela do crédito e for possível aferir o montante restante por simples cálculo aritmético, não há necessidade de novo lançamento (basta retificação da inscrição em dívida ativa e da certidão correspondente, em caso de execução fiscal em andamento).

12.19. Extinção: dação em pagamento de bens imóveis

Para que haja a possibilidade de dação em pagamento de bens imóveis, como modalidade de extinção do crédito, é preciso lei autorizativa do respectivo ente tributante (não basta a previsão genérica do CTN).

A dação refere-se apenas a bens imóveis (art. 156, XI, do CTN). O Código Tributário Nacional não prevê a possibilidade de dação de bens móveis em pagamento. Lei distrital nesse sentido foi declarada inconstitucional pelo STF (ADI 1.917/DF - haveria ofensa ao princípio da licitação).

Havendo lei autorizativa, o Fisco avalia o imóvel, inclusive quanto à conveniência em aceitá-lo (a lei pode prever a recusa), e, havendo concordância, imputa o valor no pagamento do crédito (se o valor do imóvel for maior que a dívida, o Fisco devolve a diferença; se o valor do bem for inferior, o crédito tributário subsiste pela diferença).

12.20. Exclusão: modalidades

O CTN prevê apenas duas hipóteses de exclusão do crédito tributário, ou seja, situações em que ocorre o fato gerador, surge a obrigação tributária, mas o crédito é excluído (não pode ser constituído pelo Fisco).

Essas duas únicas modalidades de exclusão são a isenção e a anistia, que somente podem ser concedidas por lei específica, que regule apenas o benefício ou o tributo - art. 150, § 6º, da CF.

Gabarito de concurso público

A isenção e anistia, pelo CTN, são causas de exclusão do crédito tributário, isto é, no primeiro caso o contribuinte fica exonerado do pagamento do tributo e no segundo da penalidade imposta. **(Ministério Público/SC - 2010)**

Devem ser interpretadas estritamente (literalmente), a exemplo dos outros benefícios fiscais - art. 111, I e II, do CTN.

A exclusão **não** dispensa as obrigações acessórias - art. 175, parágrafo único, do CTN. Assim, mesmo uma pessoa isenta deve prestar informações ao Fisco (= obrigação acessória), na forma da legislação aplicável, por exemplo.

12.21. Exclusão: isenção

12.21.1. Definição

Lembre-se de que a isenção é uma das duas modalidades de exclusão do crédito tributário (a outra é a anistia – art. 175 do CTN).

O CTN trata a isenção como dispensa do pagamento: há fato gerador e obrigação, mas o Fisco não pode constituir o crédito (ele é excluído).

A doutrina mais moderna entende que a isenção delimita negativamente a norma de incidência: não há fato gerador, nem obrigação tributária, em relação à situação ou ao sujeito isento.

Essa distinção tem relevância ao se discutir a vigência da norma que revoga a isenção (vimos isso ao estudarmos a vigência da legislação tributária).

Gabaritos de concursos públicos
Ocorre a isenção tributária quando, mesmo havendo fato gerador e obrigação tributária, exclui-se a constituição do crédito tributário. **(Procurador do Município/Aracaju – 2008 – CESPE)**
A dispensa, por questão de política fiscal, de pagamento de tributo regularmente devido caracteriza isenção. **(Magistratura Federal – 1ª Região – 2005)**
Qualquer isenção ou subsídio relativos a impostos só poderão ser concedidos por meio de lei específica, que regule exclusivamente a respectiva matéria. **(Ministério Público/RO – 2008 – CESPE)**
O governador desse estado não poderia ter enviado para a casa legislativa projeto contendo matéria sobre isenção de ICMS sem que antes houvesse deliberação sobre o assunto por parte dos outros estados e do DF, que deveriam anuir com a concessão. **(Procurador do Estado/PI – 2008 – CESPE)**

12.21.2. Requisitos da lei e delimitação

A lei isentiva deve especificar as condições e os requisitos para a concessão do benefício, os tributos a que se aplica e, sendo o caso, o prazo de sua duração (art. 176 do CTN).

Salvo disposição legal em contrário, não abrange (i) taxas e contribuições de melhoria, nem (ii) tributos instituídos posteriormente à sua concessão (art. 177 do CTN).

Pode ser restrita a determinada região, em função de condições a ela peculiares.

12.21.3. Distinção da isenção em relação à imunidade e à não incidência

A imunidade é norma constitucional, enquanto a isenção é norma legal produzida pelo ente competente.

A imunidade afasta a competência tributária, enquanto a isenção pressupõe a competência.

A não incidência refere-se genericamente a situações fora do alcance da norma de incidência.

Gabaritos de concursos públicos
Em relação ao Imposto Sobre Serviços, se não consta da lista anexa à Lei Complementar n. 116/2003 determinado serviço, podemos afirmar que a sua não exigência ocorre em vista de não incidência. **(Auditor Fiscal/CE – 2006 – ESAF)**
Para discernir a isenção do diferimento do tributo, basta considerar que enquanto aquela desonera o pagamento do tributo, este implica em adiamento da incidência. **(Magistratura/PE – 2011 – FCC)**

12.21.4. Isenção de caráter individual

Se a isenção não for concedida em caráter geral, a autoridade administrativa a efetivará, caso a caso, ao analisar o requerimento do interessado, que deve comprovar que preenche as condições e requisitos para o benefício (art. 179 do CTN).

Se o tributo for lançado periodicamente, a autoridade deverá renovar a concessão a cada período.

12.21.5. Revogação da isenção

A isenção pode ser revogada a qualquer tempo, desde que por lei, já que a competência tributária é inafastável.

Entretanto, se a isenção foi concedida por prazo certo **e** em função de determinadas condições, ela não pode ser livremente revogada, ou seja, deve-se respeitar o direito adquirido (art. 178 do CTN – veja que a Súmula 544 do STF refere-se apenas à condição onerosa).

Por exemplo, se um município concede isenção de IPTU por 20 anos (tempo certo) para empresas que construam fábricas em seu território (condição onerosa), e uma sociedade preencha esses requisitos, ela terá direito ao benefício durante esse período de tempo, ainda que a norma venha a ser revogada.

Gabarito de concurso público
Nos termos do Código Tributário Nacional, a isenção concedida por prazo certo e em função de determinadas condições não pode ser revogada a qualquer tempo. **(Procurador do Estado/RO – 2011 – FCC)**

Finalmente, lembre-se de que há regras específicas para a revogação de isenção concedida individualmente, idênticas àquelas aplicáveis às moratórias – art. 179, § 2º, c/c art. 155 do CTN. Vimos isso ao estudarmos essa modalidade de suspensão do crédito.

12.22. Exclusão: anistia

12.22.1. Definição

Anistia é o perdão das infrações (art. 180 do CTN), referindo-se apenas às penalidades pecuniárias (diferente da remissão, que é perdão de todo o crédito).

12.22.2. Delimitação da anistia

A anistia abrange exclusivamente as infrações cometidas anteriormente à vigência da lei concessiva e não se aplica (art. 180, I e II):

a) a atos tipificados criminalmente ou como contravenção;

b) a atos praticados com dolo, fraude ou simulação;

c) salvo disposição em contrário, às infrações resultantes de conluio.

12.22.3. Anistia de caráter individual

Se a anistia não for concedida em caráter geral, a autoridade administrativa a efetivará, caso a caso, ao analisar o requerimento do interessado, que deve comprovar que preenche as condições e os requisitos para o benefício.

Lembre-se de que as regras para a revogação de moratórias individualmente concedidas aplicam-se também à anistia – art. 182, parágrafo único, c/c art. 155 do CTN.

Gabaritos de concursos públicos
Tanto a isenção quanto a anistia, quando não concedidas em caráter geral, são efetivadas, em cada caso, por despacho da autoridade administrativa, tratando-se de ato administrativo vinculado à lei. **(Ministério Público/SC - 2010)**
Suponha que uma lei isente de IPTU os proprietários de imóveis nascidos há mais 60 anos. Nessa situação, tal isenção deve ser efetivada por despacho da autoridade administrativa, em requerimento com o qual o interessado prove o cumprimento dos requisitos previstos na lei. **(Ministério Público/AM - 2008 - CESPE)**

12.22.4. *Concessão limitada*

A anistia pode ser concedida limitadamente (art. 181, II, do CTN):

a) às infrações relativas a determinado tributo;

b) às infrações punidas com penalidades pecuniárias até determinado montante, conjugadas ou não com penalidades de outra natureza;

c) a determinada região do território da entidade tributante, em função de condições a ela peculiares;

d) sob condição do pagamento de tributo no prazo fixado pela lei que a conceder, ou cuja fixação seja atribuída pela mesma lei à autoridade administrativa.

Gabaritos de concursos públicos
É inadmissível um estado conceder anistia em caráter limitado a multas de contribuintes que tenham, no mínimo, certa idade. **(Ministério Público/SE - 2010 - CESPE)**

12.22.5. *Vedação de remissão e anistia para contribuições sociais – art. 195, § 11, da CF*

A Constituição Federal veda expressamente a concessão de remissão ou anistia para débitos superiores ao valor fixado em lei complementar para as contribuições sociais devidas por:

a) empregadores e equiparados sobre folhas de salários e demais rendimentos pagos a pessoas físicas; e

b) trabalhadores e equiparados.

13. IMPOSTOS EM ESPÉCIE

13.1. Introdução

13.1.1. *Competências relativas a impostos*

A Constituição Federal indica expressamente os impostos da competência de cada ente político (União, Estados, Distrito Federal e Municípios).

Lembre-se que essa indicação é taxativa, exceto para a União, que detém a chamada competência residual (somente ela pode instituir outros impostos além daqueles previstos expressamente na CF), conforme o art. 154, I, da Constituição Federal.

Veja a seguinte tabela, que indica os impostos da competência de cada ente federado, para estudo e memorização:

União	– II, IE, IR, IPI, IOF, ITR, imposto sobre grandes fortunas (art. 153 da CF) – imposto extraordinário, imposto da competência residual (art. 154 da CF)
Estados e DF	– ITCMD, ICMS e IPVA (art. 155 da CF)
Municípios e DF	– ITBI, IPTU, ISS (art. 156 da CF)

13.1.2. *Lançamento*

Basicamente, todos os impostos são lançados por homologação, com exceção do IPVA e do IPTU na maior parte dos Estados e Municípios, que são lançados de ofício (depende da lei local).

Lançamento de ofício	– IPVA e IPTU, conforme a legislação local
Lançamento por homologação	– II, IE, IR, IPI, IOF – ITR – ICMS, ITCMD – ITBI, ISS

Perceba que o imposto de renda, apesar da famosa declaração de bens, é tributo lançado por homologação.

A legislação do ITR prevê expressamente o lançamento por homologação, mas, como há diversas declarações que são prestadas pelo proprietário rural, em relação ao imóvel, seu valor e índices de produtividade, há autores que consideram ser caso de lançamento por declaração. De qualquer forma, é importante salientar que a jurisprudência dominante reconhece tratar-se de lançamento por homologação, conforme expressamente dispõe o Regulamento do ITR.

Jurisprudência
Esta linha de argumentação é corroborada pelo que determina o art. 111 do Código Tributário Nacional - CTN (interpretação restritiva da outorga de isenção), em especial pelo fato de que o ITR, como imposto sujeito a lançamento por homologação, e em razão da parca arrecadação que proporciona (como se sabe, os valores referentes a todo o ITR arrecadado é substancialmente menor ao que o Município de São Paulo arrecada, por exemplo, a título de IPTU), vê a efetividade da fiscalização no combate da fraude tributária reduzida. **REsp 1.027.051/SC, rel. p/ acórdão Min. Mauro Campbell Marques, j. 07.04.2011**

RITR, art. 48. O lançamento do ITR é procedimento de competência privativa da autoridade administrativa, que se opera de ofício ou por homologação, destinado à constituição do crédito tributário.

(...)

Art. 50. Caso o sujeito passivo deixe de tomar as iniciativas necessárias ao lançamento por homologação pela Fazenda Pública, esta deve proceder à determinação e ao lançamento de ofício do crédito tributário.

13.1.3. Regra-matriz de incidência

A regra-matriz de incidência é uma ferramenta interessante para o estudo dos impostos em espécie.

Quando falamos de fato gerador, até aqui, referimo-nos ao critério material (auferir renda, ser proprietário, promover a circulação). Entretanto, para que haja a incidência, além do critério material, há os critérios especial e temporal.

Somente quando se observam os três critérios do *antecedente* da regra-matriz (material, espacial e temporal) é que há incidência, devendo ser verificados, então, os dois critérios do *consequente* da regra-matriz (pessoal e quantitativo).

Antecedente
- Critério material
- Critério espacial
- Critério temporal

deve ser →

Consequente
- Critério pessoal
- Critério quantitativo

Por exemplo, para que haja incidência do ICMS goiano, é preciso que o empresário promova a circulação da mercadoria (critério material), no território do Estado de Goiás (critério espacial), considerando-se o momento da saída da mercadoria do estabelecimento (critério temporal). Nesse caso, o critério pessoal corresponde ao sujeito passivo (quem promove a operação) e ao sujeito ativo (Estado de Goiás); o critério quantitativo refere-se à alíquota (18%, por exemplo) que é multiplicada pela base de cálculo (valor da operação).

Como outro exemplo, para que haja incidência do IPVA paulista, é preciso que alguém seja proprietário de um veículo automotor (critério material), no território do Estado de São Paulo (critério espacial), considerando-se o primeiro dia de cada ano (critério temporal). Nesse caso, o critério pessoal corresponde ao sujeito passivo (proprietário do automóvel) e ao sujeito ativo (Estado de São Paulo); o critério quantitativo refere-se à alíquota (4%, por exemplo) que é multiplicada pela base de cálculo (valor do veículo).

Ao estudarmos esses critérios para cada um dos impostos, teremos analisado os principais aspectos de cada tributo.

13.2. Impostos da União

13.2.1. Imposto de importação – II

13.2.1.1. Critério material do II

O critério material do II é a entrada de mercadoria estrangeira no território nacional.

Inclui entrada de bem que será posteriormente exportado (embora haja benefícios fiscais e regimes especiais, como o chamado *drawback*).

A bagagem trazida pelo viajante é abrangida pelo critério material, podendo haver tributação.

Não inclui simples passagem pelo território, como, por exemplo, quando um avião de carga estrangeiro faz apenas escala no Brasil, seguindo viagem para o destino final em outro país. Nesse caso, não há falar em incidência do II.

O STJ afastou a incidência em caso de importação ilícita, em que é aplicada a pena de perdimento (o importador perde o bem):

Jurisprudência

No caso de importação ilícita, reconhecida a ilicitude e aplicada a pena de perdimento, não poderá ser cobrado o imposto de importação, já que "importar mercadorias" é elemento essencial do tipo tributário.

REsp 984.607/PR, rel. Ministro Castro Meira, j. 07.10.2008

13.2.1.2. Critério espacial do II

O II refere-se a todo o território nacional, correspondendo ao território aduaneiro. Ou seja, a entrada de bem estrangeiro em qualquer ponto do território brasileiro está abrangido pela tributação do II.

13.2.1.3. Critério temporal do II

A incidência do II ocorre no momento da entrada no território nacional, considerada como sendo:

a) a data do registro da declaração de importação (= início do despacho aduaneiro);

b) o dia do lançamento, no caso de remessa postal e de bagagens;

c) outras regras do art. 73 do Regulamento Aduaneiro – RA.

Jurisprudência

I. – Fato gerador do imposto de importação de mercadoria despachada para consumo considera-se ocorrido na data do registro na repartição aduaneira competente, da declaração apresentada pelo importador (art. 23 do Decreto-lei 37/1966). II. – O que a Constituição exige, no art. 150, III, a, é que a lei que institua ou majore tributos seja anterior ao fato gerador. No caso, o decreto que alterou as alíquotas é anterior ao fato gerador do imposto de importação.

AI 420.993 AgR/PR, STF, rel. Min. Carlos Velloso, j. 31.05.2005

13.2.1.4. Critério pessoal do II

Sujeito ativo do II é a União.

Contribuinte do II, conforme o art. 22 do CTN, é:

a) o importador ou equiparado; e

b) o arrematante de produtos apreendidos ou abandonados.

13.2.1.5 Critério quantitativo do II

As alíquotas do II podem ser *ad valorem* (= percentual a ser multiplicado pela base de cálculo, alterável por ato infralegal) ou específica (quantia em reais a ser multiplicada por uma unidade de medida).

Elas podem ser alteradas por norma infralegal, pelo próprio Executivo, nas condições e limites fixados pela lei. É um tributo de carga fortemente extrafiscal, de intervenção no mercado.

A base de cálculo é (i) o valor aduaneiro (preço normal) conforme GATT ou (ii) a unidade de medida (no caso da alíquota específica). O CTN cita também (iii) o preço da arrematação.

Quando a legislação prevê que o II será calculado pela multiplicação da alíquota de 10% sobre o valor aduaneiro do produto importado, estamos diante de uma alíquota *ad valorem*.

Entretanto, se a legislação prevê o cálculo do II pela multiplicação de R$ 10,00 por cada contêiner de produto, trata-se de alíquota específica.

Gabarito de concurso público
A base de cálculo do imposto sobre importações, quando a alíquota seja **ad valorem**, *é o valor aduaneiro, ou seja, o valor pelo qual foi realizado o eventual negócio jurídico referente à importação.* **(Magistratura Federal - 5ª Região - 2007 - CESPE)**

13.2.2. *Imposto de Exportação – IE*

13.2.2.1. *Critério material do IE*

O critério material do IE é a saída de mercadorias nacionais ou nacionalizados do território nacional.

13.2.2.2. *Critério espacial do IE*

O IE refere-se a todo o território nacional, correspondendo ao território aduaneiro.

13.2.2.3. *Critério temporal do IE*

O IE incide na data do registro de exportação (= início do despacho aduaneiro).

13.2.2.4. *Critério pessoal do IE*

Sujeito ativo é a União.

Contribuinte é o exportador ou equiparado.

13.2.2.5. *Critério quantitativo do IE*

A alíquota pode ser *ad valorem* (alterável por ato infralegal) ou específica (quantia em reais), como no caso do II.

Elas podem ser alteradas por norma infralegal, pelo próprio Executivo, nas condições e limites fixados pela lei. É um tributo de carga fortemente extrafiscal, de intervenção no mercado.

A base de cálculo é (i) o preço normal que o produto ou similar alcançaria, ao tempo da exportação, em uma venda em condições normais de livre concorrência ou (ii) a unidade de medida (no caso de alíquota específica).

13.2.3. *Imposto de renda – IR*

13.2.3.1. *Princípios específicos do IR*

O IR submete-se aos princípios da:

a) generalidade: o imposto atinge todas as pessoas, sem distinção;

b) universalidade: o imposto abrange todas as rendas e proventos apurados no período;

c) progressividade: as alíquotas devem ser maiores, conforme maiores sejam as bases de cálculo.

É vedado "instituir tratamento desigual entre contribuintes que se encontrem em situação equivalente, proibida qualquer distinção em razão de ocupação profissional ou função por eles exercida, independentemente da denominação jurídica dos rendimentos, títulos ou direitos" (art. 150, II, da CF).

13.2.3.2. *Critério material do IR*

Em relação ao critério material, o IR incide sobre a aquisição da disponibilidade econômica ou jurídica:

a) de renda, que é o produto do capital, do trabalho, ou da combinação de ambos;

b) de proventos de qualquer natureza, que são acréscimos **patrimoniais** não compreendidos no conceito de renda.

O salário, por exemplo, é renda, pois é produto do trabalho. O aluguel recebido é renda, já que é produto do capital (exploração do patrimônio imobiliário).

Um prêmio de loteria, embora não seja produto do capital ou do trabalho de quem aufere (não é renda, portanto), é provento de qualquer natureza, tributável pelo IR, pois implica acréscimo patrimonial.

São irrelevantes: denominação da renda, do rendimento, localização, condição jurídica ou nacionalidade da fonte, origem e forma de percepção.

O Judiciário vem entendendo que as indenizações por danos morais, além daquelas por danos emergentes, não se submetem ao IR.

Jurisprudência
Súmula 498 do STJ. Não incide imposto de renda sobre a indenização por danos morais. *Súmula 463 do STJ. Incide imposto de renda sobre os valores percebidos a título de indenização por horas extraordinárias trabalhadas, ainda que decorrentes de acordo coletivo.* *Súmula 386 do STJ. São isentas de imposto de renda as indenizações de férias proporcionais e o respectivo adicional.* *Súmula 215 do STJ. A indenização recebida pela adesão ao programa de incentivo à demissão voluntária não está sujeita à incidência do imposto de renda.* *Súmula 125 do STJ. O pagamento de férias não gozadas por necessidade de serviço não está sujeito à incidência do Imposto de Renda.*

Jurisprudência
As verbas concedidas ao empregado por mera liberalidade do empregador quando da rescisão unilateral de seu contrato de trabalho implicam acréscimo patrimonial por não possuírem caráter indenizatório, sujeitando-se, assim, à incidência do imposto de renda. **REsp 1.102.575/MG, STJ, rel. Min. Mauro Campbell Marques, j. 23.09.2009 – repetitivo** *O tema referente à incidência do imposto de renda sobre os juros de mora já foi amplamente discutido pela Primeira Seção, por ocasião do julgamento do recurso especial repetitivo n. 1.227.133-RS, no qual, objetivamente, se decidiu que: Não incide imposto de renda sobre os juros moratórios legais vinculados a verbas trabalhistas reconhecidas em decisão judicial, por força de lei específica de isenção referente às verbas discutidas naquela ocasião (art. 6º, inciso V, da Lei n. 7.713/1988).* **AgRg EDcl REsp 1.132.119/RS, STJ, Rel. Min. Benedito Gonçalves, Primeira Turma, j. 27.03.212**

Obs.: em relação aos IR sobre juros de mora, alguns Ministros do STJ entenderam que não há acréscimo patrimonial, outros que há isenção especificamente no caso de verbas trabalhistas reconhecidas judicialmente – não há, até o momento, consenso no Tribunal

Gabaritos de concursos públicos

Na alienação de propriedade de ações efetuada por residente no País não incide o imposto de renda se a sociedade transferir ações de outras sociedades constantes do seu ativo, se a transferência for feita a título de devolução de capital, pelo valor contábil na sociedade que reduz o capital. **(Magistratura Federal - 3ª Região - XIII)**

Considere que certa sociedade cooperativa, formada por professores de língua estrangeira, tenha auferido vultosa quantia monetária proveniente de suas aplicações financeiras. Nesse caso, a sociedade cooperativa deve recolher o imposto de renda sobre o resultado das referidas aplicações. **(Procuradoria Federal - 2007 - CESPE)**

Obs.: perceba que, mesmo que o candidato não conheça em detalhes a legislação do imposto de renda, é possível aferir se houve ou não acréscimo patrimonial e, consequentemente, se incidiu ou não o IR

13.2.3.3. *Critério espacial do IR*

O IR incide sobre rendas e proventos auferidos em qualquer lugar do mundo, desde que haja elemento de conexão com o território nacional (domicílio do contribuinte, localização da fonte etc.).

Há acordos internacionais para evitar bitributação, além de regra no regulamento do IR no sentido de que, se o contribuinte já pagou IR em outro país, em relação a uma renda auferida por lá (por exemplo, aluguel de imóvel localizado no exterior), poderá abater o valor recolhido, reduzindo o imposto de renda devido ao Fisco brasileiro.

Em outras palavras, ainda que não haja acordo internacional, permite-se abater valores recolhidos a título de IR a outros países, relativo a fonte localizada no exterior, desde que haja reciprocidade (art. 103 do RIR).

13.2.3.4. *Critério temporal do IR*

O IR refere-se a rendas, proventos e lucro apurados durante o ano civil.

O fato gerador é *pendente* durante o exercício, concluindo-se no último instante do dia 31 de dezembro.

Assim, para apuração do valor devido, leva-se em consideração todo acréscimo patrimonial ocorrido entre o primeiro instante do dia 1º de janeiro até o último instante do dia 31 de dezembro de cada ano (= ano-base).

Por essa razão, há autores que consideram o fato gerador como *periódico*. Outros estudiosos, por outra aproximação, defendem que o IR incide apenas no último instante do dia 31 de dezembro do ano-base.

Há incidências exclusivas e antecipações. Por exemplo, sobre os rendimentos financeiros (aplicações em instituições financeiras) o IR incide exclusivamente na fonte (ou seja, não entra no posterior ajuste anual, feito no momento da declaração).

O art. 43, § 2º, do CTN, buscando tributar a renda auferida no exterior, determina que a lei estabelecerá as condições e o momento em que se dará sua disponibilidade, nesse caso, para fins de incidência do IR.

> CTN, art. 43, § 2º – Na hipótese de receita ou de rendimento oriundos do exterior, a lei estabelecerá as condições e o momento em que se dará sua disponibilidade, para fins de incidência do imposto referido neste artigo.

O STF analisa a constitucionalidade da regulamentação desse dispositivo, que considera disponibilizado o lucro para a controladora ou coligada brasileira na data do balanço da empresa estrangeira (antes, portanto, da distribuição desse lucro) – RE 611.586/PR (repercussão geral).

13.2.3.5. *Critério pessoal do IR*

Sujeito ativo é a União.

> CTN, art. 45. Contribuinte do imposto é o titular da disponibilidade a que se refere o artigo 43, sem prejuízo de atribuir a lei essa condição ao possuidor, a qualquer título, dos bens produtores de renda ou dos proventos tributáveis.
>
> Parágrafo único. A lei pode atribuir à fonte pagadora da renda ou dos proventos tributáveis a condição de responsável pelo imposto cuja retenção e recolhimento lhe caibam.

Contribuinte é o titular da disponibilidade da renda ou do provento. Ademais, nos termos do art. 45 do CTN, a lei pode atribuir a condição de contribuinte ao possuidor, a qualquer título, dos bens produtores de renda ou dos proventos tributáveis.

É comum a responsabilidade por retenção na fonte.

13.2.3.6. *Critério quantitativo do IR*

As alíquotas do IR são *ad valorem* (%) e progressivas, ou seja, há percentuais maiores para bases de cálculo maiores.

A base de cálculo do IR é o montante real, arbitrado ou presumido, da renda ou dos proventos tributáveis.

No caso das pessoas jurídicas, a base de cálculo corresponde ao lucro (real, presumido ou arbitrado) observado no ano-base (determinadas despesas autorizadas por lei são subtraídas das receitas auferidas no exercício).

No caso das pessoas físicas, a base de cálculo é o rendimento líquido anual (os rendimentos, menos determinadas despesas previstas em lei).

13.2.4. *Imposto sobre produtos industrializados – IPI*

13.2.4.1. *Princípios e características do IPI*

O IPI submete-se ao princípio da seletividade conforme a essencialidade do produto. Significa que as alíquotas devem ser menores para os produtos essenciais (alimentos da cesta básica etc.) e maiores para os produtos não essenciais (cigarros, bebidas alcoólicas etc.). Eis uma tabela exemplificativa:

Produto	Alíquota
Cigarros	300%
Chopp	40%

Produto	Alíquota
Batom	22%
Automóvel 1.0	7%
Medicamentos	0%
Feijão e arroz	NT (não tributado)

O IPI é não cumulativo, compensando-se o valor devido em cada operação com o montante cobrado nas anteriores.

As exportações são imunes em relação ao IPI (assim como em relação ao ICMS).

O impacto do IPI será reduzido sobre a aquisição de bens de capital pelo contribuinte.

Bens de capital são aqueles equipamentos necessários para a produção de outros bens: máquinas, instalações industriais etc.

13.2.4.2. *Princípio da não cumulatividade*

Vejamos o seguinte exemplo simplificado de uma cadeia de produção e comercialização para entendermos bem como funciona a não cumulatividade. Para esse exemplo, imaginemos uma alíquota única de 10% incidente em cada etapa:

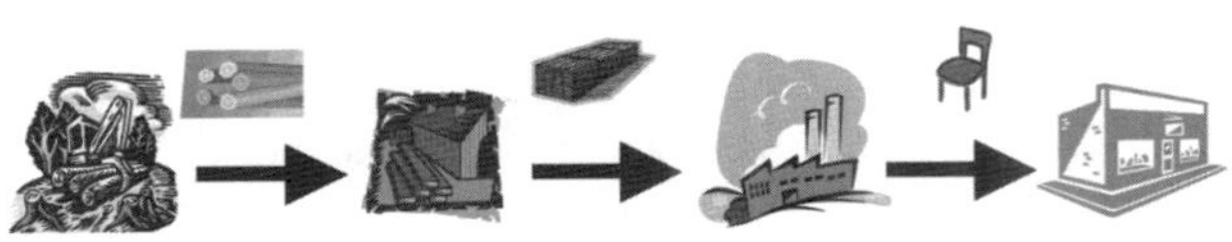

venda:	R$ 100,00
IPI:	R$ 10,00
pgto:	R$ 10,00

venda:	R$ 150,00
IPI:	R$ 15,00
crédito:	R$ 10,00
pagto:	R$ 5,00

venda:	R$ 200,00
IPI:	R$ 20,00
crédito:	R$ 15,00
pagto:	R$ 5,00

Perceba que, quando o extrativista vende as toras de madeira por R$ 100,00, recolherá ao Fisco R$ 10,00 de IPI.

Quando a serralheria vende as tábuas produzidas a partir das toras por R$ 150,00, o IPI devido será de R$ 15,00 (10%), mas, por conta da não cumulatividade, o contribuinte irá subtrair aquilo que foi pago pelo extrativista (R$ 10,00 da operação anterior).

Ao final, a soma de tudo que foi recolhido ao Fisco, por todos os contribuintes, foi R$ 20,00, que corresponde a 10% sobre o preço final da cadeira.

Isso demonstra que a não cumulatividade é uma ferramenta que permite a distribuição do encargo financeiro por toda a cadeia de produção e consumo.

Dito de outra forma, por maior que seja a cadeia de produção e consumo, o valor recolhido ao Fisco será sempre de 10% sobre o preço final do produto (desde que a alíquota seja única e não haja benefícios fiscais).

Note também que o creditamento refere-se ao produto adquirido que acaba sendo incorporado àquele vendido pelo contribuinte (a madeira cortada pela indústria extrativista está incorporada à cadeira ao final produzida).

Após muito debate, consolidou-se o entendimento jurisprudencial no sentido de que não há creditamento fictício em caso de entrada de produto isento, não tributado ou sujeito à alíquota zero, pois não houve cobrança de IPI na operação anterior. Isso somente seria possível em caso de previsão legal expressa.

O princípio da não cumulatividade por si tampouco garante a manutenção do crédito em caso de saídas não tributadas. Nesse caso, entretanto, há disposição legal admitindo a possibilidade (a partir da Lei 9.779/1999 – antes dessa lei, os sujeitos passivos deveriam cancelar os créditos relativos às operações anteriores).

Tudo isso a exemplo do que ocorre com o ICMS estadual, que conta com vedação expressa nesse sentido no texto constitucional (ver art. 155, § 2º, II, da CF).

Jurisprudência

A jurisprudência do Supremo Tribunal Federal é no sentido de que não há direito à utilização de créditos do IPI na aquisição de insumos não tributados, isentos ou sujeitos à alíquota zero.
RE 508.708 AgR/RS, STF, rel. Min. Ayres Britto, j. 04.10.2011

Nos termos da orientação firmada por esta Suprema Corte, o direito ao creditamento do montante do IPI cobrado na aquisição de insumo ou matéria-prima que será utilizado em operação da qual resulte a saída de bem desonerado depende de expressa autorização legal.
AI 843.665 AgR/RS, STF, rel. Min. Joaquim Barbosa, j. 06.03.2012

Houve também muito debate acerca da possibilidade de creditamento em relação à energia elétrica. O STF e o STJ já pacificaram o entendimento em sentido contrário, até porque a operação não se sujeita ao IPI (incide apenas o ICMS).

Jurisprudência

A energia elétrica utilizada pela indústria não é considerada produto intermediário para efeito de creditamento, pela sistemática da não cumulatividade, seja porque não é produto no sentido jurídico-tributário do termo, seja porque não incide IPI sobre o consumo, o que desautoriza a adoção da técnica do aproveitamento.
REsp 749.466/PR, STJ, rel. Min. Eliana Calmon, j. 03.11.2009

Gabarito de concurso público

A indústria não pode creditar-se do valor do IPI relativo à energia elétrica consumida no processo de industrialização, por não se tratar de insumo ou matéria-prima que se incorpore à transformação do produto. **(Magistratura Federal/1ª Região – 2009 – CESPE)**

O crédito na sistemática da não cumulatividade é escritural, razão pela qual não cabe sua correção monetária, exceto se o contribuinte não o aproveitou por conta de óbice injustificado do Fisco.

Jurisprudência

1. A correção monetária não incide sobre os créditos de IPI decorrentes do princípio constitucional da não cumulatividade (créditos escriturais), por ausência de previsão legal.
2. A oposição constante de ato estatal, administrativo ou normativo, impedindo a utilização do direito de crédito oriundo da aplicação do princípio da não cumulatividade, descaracteriza referido crédito como escritural, assim considerado aquele oportunamente lançado pelo contribuinte em sua escrita contábil.
REsp 1.035.847/RS, STF, rel. Min. Luiz Fux, j. 24.06.2009

Gabarito de concurso público
É devida a correção monetária de créditos escriturais de imposto sobre produtos industrializados na hipótese em que o seu não aproveitamento pelo contribuinte em tempo oportuno tenha ocorrido em razão da demora motivada por ato administrativo ou normativo do fisco considerado ilegítimo. **(Procurador Federal - 2010 - CESPE)**

13.2.4.3. Critério material do IPI

O critério material é a operação relativa a produto industrializado, basicamente sua venda.

Considera-se industrializado o produto que tenha sido submetido a qualquer operação que lhe modifique a natureza ou a finalidade, ou o aperfeiçoe para o consumo (art. 46, parágrafo único, do CTN). Trata-se de transformação, beneficiamento, montagem, acondicionamento, reacondicionamento, renovação ou recondicionamento (art. 4º do Regulamento do IPI - RIPI).

13.2.4.4. Critério espacial do IPI

O IPI refere-se às operações realizadas no território nacional, inclusive na entrada de produto estrangeiro (incide também na importação).

13.2.4.5. Critério temporal do IPI

O IPI incide no momento da saída do produto do estabelecimento do contribuinte.

No caso da importação, o IPI incide no momento do desembaraço aduaneiro do produto.

Pode haver incidência também no momento da arrematação de produto apreendido ou abandonado.

13.2.4.6. Critério pessoal do IPI

Sujeito ativo do IPI é a União.

Contribuinte é:

a) industrial ou equiparado;

b) importador ou equiparado;

c) comerciante que revende produto tributado a industrial;

d) arrematante.

É interessante notar o caso do item "c", acima, de comerciante que, em princípio, não seria contribuinte do IPI. Entretanto, se esse comerciante está no meio da cadeia industrial, ou seja, se revende insumos para a indústria, deverá recolher o IPI:

De fato, se o comerciante não fosse contribuinte, isso seria prejudicial para a indústria "B" que adquire o produto, já que não haveria direito a creditamento. Lembre-se que somente há esse direito caso a operação anterior tenha sido tributada. Caso o comerciante não se sujeitasse ao IPI nessa hipótese, a indústria "B" pagaria IPI "cheio" na venda de seu produto, sem qualquer abatimento, "perdendo-se" o que foi recolhido pela indústria "A".

13.2.4.7. Critério quantitativo do IPI

As alíquotas **devem** ser seletivas conforme a essencialidade do produto (tributo extrafiscal).

Elas podem ser alteradas por norma infralegal, pelo próprio Executivo, nas condições e limites fixados pela lei. É um tributo de carga fortemente extrafiscal, de intervenção no mercado.

As alíquotas devem ser reduzidas para bens de capital (= são os bens aplicados na produção de outros bens - ex.: máquinas, equipamentos, instalações industriais).

A base de cálculo do IPI é:

a) o valor da operação;

b) o preço normal na importação, somado ao imposto de importação, às taxas e aos encargos cambiais; ou

c) o preço da arrematação.

13.2.5. Imposto sobre operações financeiras - IOF

13.2.5.1 Critério material do IOF

O critério material do IOF são as operações de crédito, câmbio e seguro, relativas a títulos e valores mobiliários e com ouro como ativo financeiro ou instrumento cambial (art. 63 do CTN).

Operação	Descrição
Crédito	Dinheiro a ser restituído no futuro, empréstimo, linha de crédito, cheque especial, desconto de títulos
Câmbio	Troca de moedas
Seguro	Cobertura de risco, álea
Títulos e valores mobiliários	Emitidos por empresas, negociados no mercado próprio)
Ouro ativo financeiro ou cambial	Investimentos, lastro cambial (ouro-mercadoria submete-se ao ICMS)

13.2.5.2. Critério espacial

O IOF refere-se às operações realizadas no território brasileiro, embora nem sempre seja fácil identificar isso.

13.2.5.3. Critério temporal do IOF

Os incisos do art. 63 do CTN descrevem didaticamente o critério temporal do IOF, em relação a cada uma das operações tributadas (no caso do ouro, o momento da incidência consta do art. 153, § 5º, da CF):

Operação	Momento da incidência
Crédito	Entrega total ou parcial do valor objeto da obrigação, ou sua colocação à disposição do interessado
Câmbio	Entrega da moeda ou do documento representativo, ou sua colocação à disposição do interessado

Seguro	Emissão da apólice ou documento equivalente, ou recebimento do prêmio
Títulos e valores mobiliários	Emissão, transmissão, pagamento ou resgate
Ouro ativo financeiro ou cambial	Somente na operação de origem

Jurisprudência
A jurisprudência do Supremo Tribunal Federal é firme no sentido da constitucionalidade do inciso I do art. 1º da Lei 8.033/1990, que trata da incidência do IOF sobre transmissão ou resgate de títulos mobiliários, públicos e privados, inclusive de aplicações de curto prazo, tais como letras de câmbio, depósitos a prazo com ou sem emissão de certificado, letras imobiliárias, debêntures e cédulas hipotecárias. **RE 287.628 AgR/PR, STF, rel. Min. Ayres Britto, j. 06.03.2012**
No julgamento do RE n. 190.363/RS, o Plenário desta Corte assentou que, nas operações com ouro, como ativo financeiro ou instrumento cambial, incide IOF apenas na operação de origem. **RE 181.849 AgR/RS, STF, rel. Min. Dias Toffoli, j. 08.05.2012**

13.2.5.4. *Critério pessoal do IOF*

Sujeito ativo do IOF é a União.

Contribuinte (art. 66 do CTN) é qualquer das partes na operação, conforme a lei.

13.2.5.5. *Critério quantitativo do IOF*

As alíquotas do IOF podem ser alteradas por norma infralegal, pelo próprio Executivo, nas condições e limites fixados pela lei. É um tributo de carga fortemente extrafiscal, de intervenção no mercado.

A base de cálculo depende de cada incidência, podendo ser (art. 64 do CTN):

Operação	Momento da incidência
Crédito	Montante da operação de crédito, incluindo principal e juros
Câmbio	Montante em reais da operação
Seguro	Montante do prêmio (= valor pago pelo segurado)
Títulos e valores mobiliários	Valor nominal na emissão do título ou do valor mobiliário, acrescido do ágio; preço, valor nominal ou cotação na transmissão; preço no resgate

13.2.6. *Imposto territorial rural – ITR*

13.2.6.1. *Princípios e características do ITR*

O ITR será progressivo e terá suas alíquotas fixadas de forma a desestimular a propriedade improdutiva.

É um imposto de carga extrafiscal, que visa a estimular o uso socialmente responsável da propriedade rural.

Há imunidade para as pequenas glebas rurais, definidas em lei, quando exploradas por proprietário que não possua outro imóvel.

Pode ser fiscalizado e cobrado pelos Municípios que optarem, na forma da lei, vedada a redução do imposto ou outra forma de renúncia.

13.2.6.2. *Critério material do ITR*

O critério material do ITR é a propriedade, o domínio útil ou a posse de imóvel por natureza, conforme definido na lei civil.

Imóvel por natureza significa, para fins do ITR, a terra nua (o solo, o terreno), e não as construções, plantações etc.

Há precedentes do STJ afastando a tributação em caso de imóvel invadido por sem-terra, em que houve omissão do Poder Público na reintegração de posse determinada judicialmente.

Jurisprudência
Na peculiar situação dos autos [invasão do imóvel por sem-terra e omissão do Estado na reintegração], ao considerar-se a privação antecipada da posse e o esvaziamento dos elementos de propriedade sem o devido êxito do processo de desapropriação, é inexigível o ITR diante do desaparecimento da base material do fato gerador e da violação dos referidos princípios da propriedade, da função social e da proporcionalidade. **REsp 1.144.982/PR, STJ, rel. Min. Mauro Campbell, j. 13.10.2009**

13.2.6.3. *Critério espacial do ITR*

O ITR incide sobre imóveis localizados fora da área urbana definida pela lei municipal.

Veremos, ao estudarmos o IPTU, que a lei municipal não pode indicar qualquer área como sendo urbana, pois deve observar os requisitos do art. 32, § 1º, do CTN (é preciso que haja determinadas melhorias no local).

O ITR incide excepcionalmente sobre imóveis localizados dentro da área urbana, desde que utilizados em exploração de atividade extrativa vegetal, agrícola, pecuária ou agroindustrial (art. 15 do Dec.-lei 57/1966 – REsp 1.112.646/SP repetitivo).

13.2.6.4. *ITR e IPTU*

Veja a seguinte representação gráfica para compreender bem o âmbito de incidência do ITR, em relação ao do IPTU.

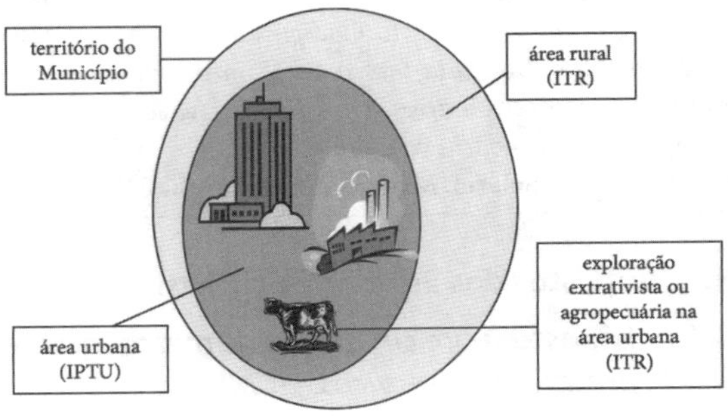

13.2.6.5. *Critério temporal do ITR*

O ITR incide em 1º de janeiro de cada ano.

13.2.6.6. *Critério pessoal do ITR*

O sujeito ativo do ITR é a União, mas pode ser o Município que optar por fiscalizar e cobrar o tributo, na forma da lei – art. 153, § 4º, III, da CF (nesse caso, o Município fica com 100% do valor arrecadado, e não apenas 50% – art. 158, II, da CF).

Gabarito de concurso público
[O ITR] Será fiscalizado e cobrado pelos Municípios que assim optarem, na forma da lei, desde que não implique redução do imposto ou qualquer outra forma de renúncia fiscal. **(Cartório/ MS – 2009 – VUNESP)**

Sujeito passivo é (i) o proprietário do imóvel; (ii) o titular do domínio útil; ou (iii) o possuidor.

Perceba que o Fisco não pode, em princípio, escolher de quem cobrar o imposto. Contribuinte é sempre o proprietário. Excepcionalmente, se houver enfiteuse, será o titular do domínio útil. Também excepcionalmente, o contribuinte poderá ser o possuidor que ocupe o imóvel como se fosse proprietário, com *animus domini*, e que possa efetivamente vir a ser o proprietário no futuro, por usucapião (*ad usucapionem*).

Entretanto, é bom salientar que o STJ, ao analisar a sujeição passiva do IPTU, tem entendido que o promitente-comprador do imóvel (= possuidor com *animus domini*) é solidariamente responsável com o proprietário (promitente vendedor, que consta como proprietário no registro imobiliário) – ver REsp 1.110.551/SP repetitivo.

13.2.6.7. *Critério quantitativo do ITR*

As alíquotas do ITR devem ser progressivas e devem desestimular a propriedade improdutiva.

A base de cálculo é o valor fundiário, ou seja, o da terra nua tributável (o ITR não incide sobre o valor das construções, diferentemente do IPTU, nem plantações).

Jurisprudência
Não se encontrando individualizada na averbação, a reserva florestal não poderá ser excluída da área total do imóvel desapropriando para efeito de cálculo da produtividade. **MS 24.924/DF, STF, rel. para o acórdão Min. Joaquim Barbosa, j. 24.02.2011**
Sem dúvida, é assim: a existência da reserva legal não depende da averbação para os fins do Código Florestal e da legislação ambiental. Mas isto nada tem a ver com o sistema tributário nacional. Para fins tributários, a averbação deve ser condicionante da isenção, tendo eficácia constitutiva. **REsp 1.027.051/SC, rel. Min. Mauro Campbell, j. 07.04.2011**

13.3. Impostos dos Estados e do Distrito Federal

13.3.1. *Imposto sobre circulação de mercadorias e prestação de serviços – ICMS*

13.3.1.1. *Princípios e características do ICMS*

As alíquotas do ICMS **podem** ser seletivas conforme a essencialidade da mercadoria ou do serviço. Perceba que o IPI **deve** ser seletivo, enquanto o ICMS **pode** ser seletivo.

Seletividade significa que o ICMS incidente sobre um bem essencial (alimento da cesta básica, por exemplo) deve ter alíquota baixa (ou mesmo isenção), enquanto o imposto sobre mercadoria não essencial deve ser maior (cigarros, bebidas alcoólicas, por exemplo).

Há imunidade de ICMS sobre (i) exportações; (ii) operações interestaduais com petróleo, derivados e energia elétrica; (iii) ouro como ativo financeiro ou instrumento cambial; e (iv) rádio e TV aberta (de recepção livre e gratuita).

Apesar de se tratar de um tributo estadual, diversas matérias relacionadas ao ICMS devem ser reguladas por lei complementar federal (além daquelas aplicáveis a todos os impostos – art. 146, III, *a*, da CF), conforme o art. 155, § 2º, XII, da CF, dando-lhe característica de tributo nacional. Dentre essas matérias reservadas à lei complementar, está regular a forma como, mediante deliberação dos Estados e do Distrito Federal, isenções, incentivos e benefícios fiscais serão concedidos e revogados (alínea *g), assunto que retomaremos logo mais.*

O ICMS é tributo não cumulativo, como o IPI.

Como dito, o ICMS é não cumulativo, de modo que o contribuinte abate, do valor a ser recolhido, os montantes de ICMS cobrados nas operações anteriores (art. 155, § 2º, I, da CF).

As isenções e não incidências afastam o creditamento.

Assim, se o estabelecimento adquire um produto isento, por exemplo, não poderá abater nada do valor a ser recolhido nas operações subsequentes (não há creditamento fictício, em caso de não tributação da operação anterior, salvo disposição legal em contrário).

De modo semelhante, se a saída da mercadoria for isenta, o estabelecimento deverá estornar (cancelar) eventuais créditos relativos à aquisição do bem:

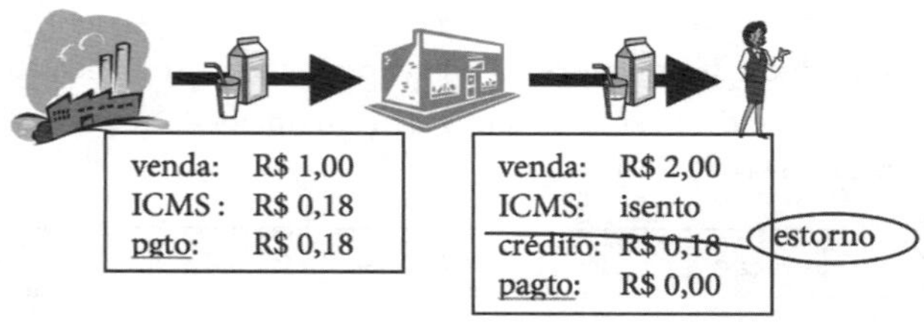

No exemplo acima, a fábrica de leite em caixinha recolheu R$ 0,18 de ICMS pela venda no valor de R$ 1,00. O estabelecimento comercial adquirente desse leite teria direito, em princípio, de se creditar desses R$ 0,18, pela sistemática da não cumulatividade. Entretanto, como a operação seguinte realizada pelo estabelecimento comercial (venda do leite para o consumidor final) é isenta, o crédito deverá ser cancelado, ou seja, não poderá ser aproveitado pelo comerciante.

Jurisprudência
O Plenário do Supremo Tribunal Federal (RE 174.478/SP, rel. p/ o acórdão o Min. Cezar Peluso, DJ 30.09.2005), ao apreciar questão similar à destes autos, assentou que a redução da base de cálculo do ICMS corresponderia a uma isenção parcial, possibilitando o estorno proporcional do tributo, e que tal compensação não afronta o princípio da não cumulatividade. **AI 565.666 AgR/RS, STF, rel. Min. Ellen Gracie, j. 31.08.2010**

> *A jurisprudência do Supremo Tribunal Federal é firme no sentido de que não afronta o princípio constitucional da não cumulatividade a sistemática para compensação do ICMS resultante da aquisição de bens para o ativo fixo conforme previsto na LC 102/2000.*
> **AI 667.826 AgR/SP, STF, rel. Min. Ayres Britto, j. 13.03.2012**

O creditamento relativo a mercadorias destinadas a uso e consumo vem sendo adiado sucessivamente pela legislação complementar (art. 33, I, da LC 87/1996).

O creditamento atinente à energia elétrica é restrito, na forma do art. 33, II, da LC 87/1996.

No caso da mercadoria destinada ao ativo permanente, o creditamento cabe somente a partir da LC 87/1996, e de modo escalonado (1/48 por mês – art. 20, § 5º, I, da LC 87/1996).

Assim como no caso do IPI, o crédito de ICMS na sistemática da não cumulatividade é escritural, razão pela qual não cabe sua correção monetária, exceto se o contribuinte não o aproveitou por conta de óbice injustificado do fisco.

> **Jurisprudência**
>
> Súmula 509/STJ. É lícito ao comerciante de boa-fé aproveitar os créditos de ICMS decorrentes de nota fiscal posteriormente declarada inidônea, quando demonstrada a veracidade da compra e venda.

13.3.1.1.2. Benefícios fiscais

Isenções, incentivos e benefícios fiscais devem ser concedidos e revogados mediante deliberação dos Estados e do Distrito Federal (por convênio interestadual), na forma da lei complementar (regra que procura evitar a "guerra fiscal") – art. 155, § 2º, XII, *g*, da CF e art. 1º da LC 24/1975.

Para que fique claro: o Estado ou o DF não podem isoladamente conceder benefício fiscal de ICMS, devendo submeter sua intenção aos demais Estados (art. 155, § 2º, XII, *g*, da CF).

> **Gabarito de concurso público**
>
> *Qualquer benefício fiscal concedido ao tributo de ICMS depende de deliberação entre os estados e o DF, o que é pressuposto para a criação da legislação específica.* **(Magistratura/AL – 2008 – CESPE)**

Essa norma visa a minorar a guerra fiscal, ou seja, a competição predatória entre os entes federados, que passam a reduzir agressivamente a tributação para atrair investimentos que, em princípio, seriam alocados em outro Estado.

Para a realização do convênio de ICMS, todos os Estados e o DF devem ser convocados para a reunião do CONFAZ.

Para a concessão de benefícios exige-se unanimidade dos presentes na reunião e, depois, ratificação por todos os Estados e o DF em 15 dias.

Para revogação total ou parcial, é necessária aprovação de 4/5 dos presentes na reunião do Confaz e, depois, ratificação por 4/5 em 15 dias.

Interessante anotar que a jurisprudência do STF é pacífica no sentido da invalidade de benefícios fiscais concedidos sem prévia aprovação pelo CONFAZ. O STJ, entretanto, decide que enquanto o STF não afastar especificamente a lei estadual em análise, os outros Estados (e o DF) devem respeitar os creditamentos eventualmente realizados pelos contribuintes com base na legislação impugnada (ou seja, o STF deve declarar inconstitucional cada uma das leis estaduais que fixam benefícios sem convênio interestadual, ou talvez fixar o tema em Súmula Vinculante, o que vem sendo cogitado).

> **Jurisprudência**
>
> *Não pode o Estado-membro conceder isenção, incentivo ou benefício fiscal, relativos ao ICMS, de modo unilateral, mediante decreto ou outro ato normativo, sem prévia celebração de convênio intergovernamental no âmbito do CONFAZ.*
> **ADI 2.345/SC, STF, rel. Min. Cezar Peluso, j. 30.06.2011**
>
> *Entretanto, o colegiado reviu esse entendimento para impor a observância do crédito fictício pelo Estado de destino, acolhendo a tese de que a inconstitucionalidade deve ser previamente declarada em ADIn específica, relativa à lei do Estado de origem.*
> **RMS 32.453/MT, STJ, rel. Min. Herman Benjamin, j. 07.06.2011**

13.3.1.1.3. Imunidades e não incidência

Há imunidade de ICMS sobre (art. 155, § 2º, X, da CF):

✓ exportações, com manutenção e aproveitamento do ICMS cobrado nas operações anteriores;

✓ operações interestaduais com petróleo, derivados e energia elétrica (quando destinados a industrialização ou comercialização, incidindo nas operações internas posteriores);

✓ ouro enquanto ativo financeiro ou instrumento cambial (incide apenas o IOF); e

✓ rádio e TV aberta (de recepção livre e gratuita).

Ademais, o STF julgou inconstitucional a incidência do ICMS sobre (i) transporte aéreo internacional de carga e (ii) transporte aéreo intermunicipal, interestadual e internacional de passageiros – ADI 1.600/UF.

> **Gabarito de concurso público**
>
> *Segundo jurisprudência do STF, é inconstitucional cobrar, das empresas aéreas nacionais, ICMS sobre a prestação de serviços de transporte aéreo internacional de cargas.* **(Advogado da União/AGU – CESPE – 2009)**

13.3.1.2. Critério material do ICMS

Quanto ao critério material, o ICMS incide sobre (art. 2º da LC 87/1996):

a) operações relativas à circulação de mercadorias;

b) prestação de serviços de transporte interestadual e intermunicipal e de comunicação;

c) entrada de bem ou mercadoria importada do exterior;

d) prestação de serviços no exterior;

e) prestação de serviços não incluídos na competência dos Municípios, com fornecimento de mercadorias;

f) aquisição em licitação de mercadorias ou bens apreendidos ou abandonados.

Gabarito de concurso público

Mercadorias são as coisas objeto do comércio, destinadas à circulação econômica. **(Procurador do Estado/PR - 2007)**

Segundo jurisprudência do STJ, é ilegítima a cobrança do ICMS sobre o serviço de habilitação de telefone celular. **(Advogado da União/AGU - CESPE - 2009)**

Obs.: o ICMS incide apenas sobre os serviços de comunicação em si (por exemplo, prestado pela concessionária quando fazemos uma ligação telefônica), e não sobre os serviços preparatórios ou complementares (como habilitação, assistência técnica, secretária eletrônica etc.)

Os programas de computador "de prateleira", ou seja, aqueles vendidos como mercadoria (não sob encomenda, não personalizados) sujeitam-se ao ICMS. A jurisprudência tem acompanhado a evolução tecnológica e reconhecido a incidência do imposto estadual mesmo quando não há substrato físico, caso dos *softwares* adquiridos por *download*.

Jurisprudência

ICMS. Incidência sobre softwares adquiridos por meio de transferência eletrônica de dados (art. 2º, § 1º, item 6, e art. 6º, § 6º, ambos da Lei impugnada). Possibilidade. Inexistência de bem corpóreo ou mercadoria em sentido estrito. Irrelevância.
ADI 1.945 MC/MT, STF, rel. Min. Gilmar Mendes, j. 26.05.2010

A propósito, essa é uma regra para distinguir a incidência do ICMS em relação ao ISS. Quando se tratar de mercadoria genérica, vendida indistintamente a consumidores (mercadoria "de prateleira"), incide o ICMS. Se for bem encomendado por determinada pessoa, para ser produzido de modo personalizado, há prestação de serviço e incidência do ISS. Isso vale para medicamentos (se for comum, de prateleira, incide ICMS; se for manipulado, personalizado, incide o ISS), para *softwares* (como já visto) e para produção de gráficas.

Jurisprudência

Súmula 156 do STJ. A prestação do serviço de composição gráfica, personalizada e sob encomenda, ainda que envolva fornecimento de mercadorias, está sujeita, apenas, ao ISS.

No caso especificamente das gráficas, é preciso salientar que o STF fixou o entendimento de que não incide o ISS no caso de embalagens fornecidas para a indústria, como insumo, o que dá margem à tributação pelo ICMS.

Jurisprudência

*Até o julgamento final e com eficácia apenas para o futuro (***ex nunc***), concede-se medida cautelar para interpretar o art. 1º, caput e § 2º, da Lei Complementar 116/2003 e o subitem 13.05 da lista de serviços anexa, para reconhecer que o ISS não incide sobre operações de industrialização por encomenda de embalagens, destinadas à integração ou utilização direta em processo subsequente de industrialização ou de circulação de mercadoria.*
ADI 4.389 MC/DF, STF, rel. Min. Joaquim Barbosa, j. 13.04.2011

13.3.1.3. Critério espacial do ICMS

O ICMS incide sobre as operações e prestações realizadas no território de cada ente tributante.

13.3.1.4. Critério temporal do ICMS

Ocorre a incidência nos seguintes momentos:

a) na saída da mercadoria do estabelecimento (ver Súmula 166 do STJ: não incide no simples deslocamento entre estabelecimentos);

b) no início da prestação do serviço de transporte;

c) no desembaraço aduaneiro;

d) na arrematação em hasta pública;

e) outras situações previstas no art. 12 da LC 87/1996.

A saída do estabelecimento refere-se às situações em que há efetiva circulação econômica do bem (basicamente, nos casos de venda da mercadoria).

Gabarito de concurso público

O ICMS pode incidir sobre a importação de produto do exterior, sendo legítima a sua cobrança antes de o produto circular no território nacional. **(Procurador do Estado/PE - CESPE - 2009)**

13.3.1.5. Critério pessoal do ICMS

Sujeito ativo do ICMS é o Estado ou o DF em cujo território ocorre o fato gerador, conforme art. 11 da LC 87/1996.

Contribuinte é qualquer pessoa que realize, com **habitualidade** ou em volume que caracterize intuito comercial, operações de circulação de mercadoria ou prestações de serviços de transporte interestadual e intermunicipal e de comunicação, ainda que as operações e as prestações se iniciem no exterior (art. 4º da LC 87/1996).

O requisito da habitualidade significa que um particular que vende seu veículo, por exemplo, não deve recolher o ICMS. Entretanto, se começar a comprar e vender carros com habitualidade, passará a ser contribuinte do imposto estadual.

Outros contribuintes são: quem (i) importa bens, (ii) é destinatário de serviços prestados no exterior ou lá iniciados, (iii) adquire bens em hasta pública etc.

É importante perceber que, nesses outros casos (importação, arrematação), a habitualidade é irrelevante. Se um particular importa um único veículo, ainda que para uso próprio (a destinação tampouco é relevante), deverá recolher o ICMS (art. 155, § 2º, IX, *a*, da CF).

Gabarito de concurso público

No que tange à circulação de bens, a importação de mercadorias por consumidor final está sujeita à incidência do Imposto sobre Circulação de Mercadorias e Serviços pelo Estado do domicílio do importador. **(Magistratura/AL - 2007 - FCC)**

[Incide ICMS] na importação de veículo por pessoa física, destinado a uso próprio. **(Magistratura/GO - 2009 - FCC)**

A lei refere-se ao "estabelecimento responsável (...) autônomo" (art. 11, *caput*, e § 3º, II, da LC 87/1996), de modo que o Fisco sempre entendeu que a circulação de mercadorias entre estabelecimentos do mesmo contribuinte submetia-se à tributação. Isso, entretanto, tem sido afastado pela jurisprudência, por inexistir efetiva circulação econômica, nos termos da Súmula 166 do STJ, inclusive no caso de transferências interestaduais (estabelecimentos localizados em Estados diferentes) conforme o REsp 1.125.133/SP repetitivo.

Jurisprudência
Súmula 166 do STJ. Não constitui fato gerador do ICMS o simples deslocamento de mercadoria de um para outro estabelecimento do mesmo contribuinte.

Gabarito de concurso público
Não constitui fato gerador do ICMS o simples deslocamento de mercadoria de um para outro estabelecimento do mesmo contribuinte. **(Magistratura/GO – 2009 – FCC)**

13.3.1.6. Critério quantitativo do ICMS

A base de cálculo do ICMS é o valor da operação de circulação ou o preço da prestação do serviço.

No caso da importação, a base de cálculo inclui o II, o IPI, o IOF sobre câmbio e outras despesas.

O ICMS é calculado "por dentro", ou seja, compõe sua própria base de cálculo.

Por exemplo, se o valor da venda da mercadoria é R$ 100,00, o ICMS de 18% não é acrescido ao montante (não se cobra R$ 118,00, o que seria cálculo "por fora"). Por ser calculado "por dentro", o preço cobrado do adquirente será de R$ 100,00 e a nota trará um simples destaque de R$ 18,00, significando que esse valor, a ser recolhido ao Fisco, está "embutido" no preço.

Veja o seguinte exemplo, de duas notas fiscais fictícias, em que apresentamos (simplificadamente) a cobrança do IPI "por fora" (na primeira nota) e do ICMS "por dentro" (na segunda nota):

Cálculo "por fora"			**Cálculo "por dentro"**	
preço:	R$ 100,00		preço:	R$ 100,00
IPI:	R$ 15,00		ICMS:	R$ 18,00
Total:	R$ 115,00		Total:	R$ 100,00

Perceba como o valor do IPI foi acrescido ao preço do produto, sendo que o adquirente pagou o total de R$ 115,00 ao vendedor. Já no caso do ICMS, o total cobrado foi R$ 100,00, com o ICMS "embutido" no preço.

Nas operações entre contribuintes com produto destinado à industrialização ou à comercialização, o IPI não é incluído na base do ICMS.

A alíquota interna é fixada por cada Estado e DF; o Senado **pode** fixar alíquotas mínimas e máximas.

Alíquotas interestaduais, incidentes quando a mercadoria ou o serviço é vendido para contribuinte do ICMS localizado em outro Estado (ou DF), **são** fixadas pelo Senado:

a) a alíquota interestadual geral é de 12%;

b) excepcionalmente, é de 7% nas operações e prestações originadas de Estados do Sul e do Sudeste com destino a Estados (e ao DF) das regiões Norte, Nordeste, Centro-Oeste e ao Espírito Santo; e

c) a partir de janeiro/2013: alíquota interestadual de 4% para produtos importados (intuito de enfrentar a "guerra dos portos").

13.3.1.7. Operações interestaduais para contribuintes do ICMS

As alíquotas interestaduais, menores que as internas, são aplicadas nas vendas realizadas para **contribuintes** localizados em outros Estados (ou DF).

Veja o seguinte exemplo com alíquota interestadual de 7% e interna de 18% (colocamos os mesmos preços de venda para simplificar e facilitar a visualização):

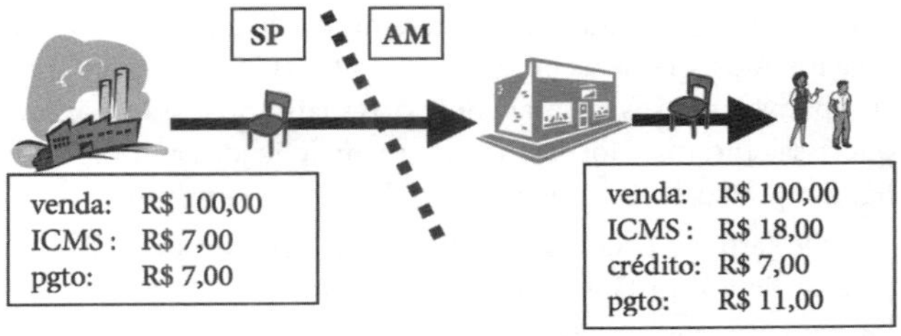

Perceba que o total recolhido aos Fiscos paulista e amazonense foi R$ 18,00 (R$ 7,00 + R$ 11,00), o que corresponde à alíquota interna incidente sobre o preço final (= 18% de R$ 100,00).

Quando o estabelecimento revende a mercadoria no Estado de destino, ele terá se creditado em percentual menor que a alíquota interna, de modo que recolherá mais imposto do que pagaria se tivesse adquirido o bem no próprio Estado.

Perceba que a alíquota interestadual permite a divisão da receita do ICMS entre o Estado de destino e o Estado de origem. Quanto menor for a alíquota interestadual, menos recursos ficam na origem e mais recursos ficam no destino.

Por essa razão, quando a operação interestadual é realizada de um Estado considerado mais desenvolvido economicamente (Sul, Sudeste, excluindo o ES) para um que seria menos desenvolvido (outras regiões e ES), a alíquota interestadual é menor (7%), o que favorece estes últimos (Estados considerados menos desenvolvidos economicamente).

Gabarito de concurso público
Nas operações interestaduais entre contribuintes do ICMS o destinatário deve se creditar da alíquota interestadual e se debitar da alíquota interna. **(Magistratura/SC – 2010)**

13.3.1.8. Operações interestaduais para NÃO contribuintes do ICMS

Se a operação interestadual for destinada a quem não é contribuinte do ICMS, incide apenas a alíquota interna.

Veja o seguinte exemplo, com alíquota interna de 18%.

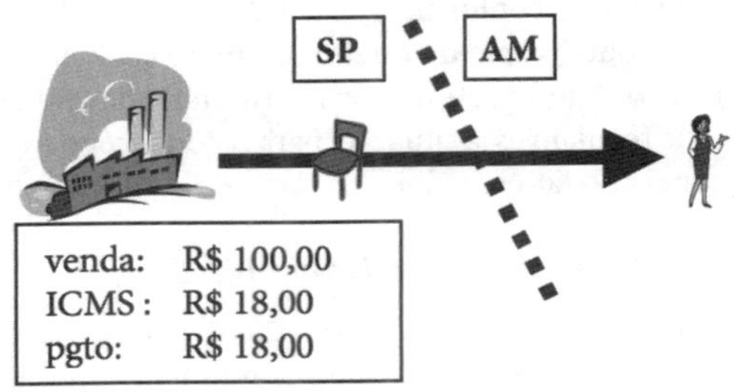

O tributo, nesse caso, é totalmente recolhido na origem (SP).

É por isso que os Estados que não são grandes produtores e vendedores de mercadorias reclamam da sistemática atual, que prestigia os Estados fornecedores (origem). Há grande debate para que o ICMS passe a ser pago no Estado de destino, o que dependeria de ampla reforma constitucional.

13.3.2. Imposto sobre transmissão *causa mortis* e doação – ITCMD

O Congresso Nacional não produziu até hoje a norma nacional específica para o ITCMD, nos termos do art. 146, III, *a*, da CF.

Por essa razão, continuam sendo aplicadas as regras do antigo imposto estadual sobre transmissão de imóveis e direitos relacionados, previstas nos arts. 35 a 42 do CTN, no que forem compatíveis com as normas constitucionais. Interessante anotar que essas mesmas normas são também aplicadas ao ITBI (não há, tampouco, lei complementar relativa a esse tributo).

De fato, os Estados e o DF não podem ser prejudicados pela omissão do Congresso. Quanto aos temas em que não há regulamentação nacional, os Estados e o DF exercem sua competência legislativa plena, nos termos do art. 24, § 3º, da CF.

Jurisprudência
Ante a omissão do legislador federal em estabelecer as normas gerais pertinentes ao imposto sobre a doação de bens móveis, os Estados-membros podem fazer uso de sua competência legislativa plena com fulcro no art. 24, § 3º, da Constituição. **RE 601.247 AgR/RS, STF, Min. Ricardo Lewandowski, j. 29.05.2012**
Obs: esse precedente se refere especificamente ao IPVA, que tampouco conta com lei complementar a fixar suas normas gerais

13.3.2.1. Critério material do ITCMD

O critério material do ITCMD é a transmissão *causa mortis* ou por doação de quaisquer bens ou direitos.

13.3.2.2. Critério espacial do ITCMD

O critério espacial corresponde ao território do ente tributante (Estado ou Distrito Federal).

13.3.2.3. Critério temporal do ITCMD

A transmissão *causa mortis* (fato gerador) ocorre no momento da morte do autor da herança (conforme a lei civil).

No caso de doação, a transmissão se dá no momento do registro imobiliário (bens imóveis) ou da tradição (bens móveis).

Perceba que o ITCMD é um tributo cujo fato gerador é "situação jurídica", conforme o art. 116, II, do CTN, ou seja, regulada por outro ramo do direito (o direito civil, neste caso). Por essa razão, o intérprete da norma tributária deve analisar as normas que regulam essa situação, para reconhecer o momento da ocorrência do fato gerador.

13.3.2.4. Critério quantitativo do ITCMD

As alíquotas do ITCMD são fixadas pela lei estadual e podem ser progressivas, conforme entendimento acolhido pelo STF (RE 562.045, com repercussão geral).

O Senado deve fixar teto por resolução (atualmente de 8%).

A base de cálculo é o valor venal dos bens e direitos.

O imposto *causa mortis* é calculado sobre os valores dos bens na data da avaliação (Súmula 113 do STF), pela alíquota vigente ao tempo da abertura da sucessão (Súmula 112 do STF).

Jurisprudência
Constitucional manteve a antiga regra de que cabe ao Senado Federal estabelecer as alíquotas máximas do imposto de transmissão causa mortis. Diante da existência de resolução reguladora da matéria, compatível com o novo Texto, não restou espaço para o legislador estadual dispor acerca da alíquota do tributo, sob invocação do § 3º do art. 34 do Ato das Disposições Constitucionais Transitórias. **AI 147.490 AgR, STF, rel. Min. Ilmar Galvão, j. 14.09.1993**
Não se coaduna com o sistema constitucional norma reveladora de automaticidade quanto à alíquota do imposto de transmissão causa mortis, a evidenciar a correspondência com o limite máximo fixado em resolução do Senado Federal. **RE 213.266/PE, rel. Min. Marco Aurélio, j. 20.10.1999**

13.3.2.5. Critério pessoal do ITCMD

Sujeito ativo do ITCMD é:

a) no caso de imóveis e respectivos direitos, o Estado (ou DF) onde está localizado o bem;

b) no caso de bens móveis, títulos e créditos, o Estado (ou DF) onde se processar o inventário ou arrolamento ou onde o doador tiver domicílio;

c) a lei deve regulamentar os casos de doador domiciliado ou residente no exterior e de falecido que possuía bens, era residente ou domiciliado ou teve seu inventário processado no exterior.

Gabarito de concurso público
Sr. Gabriel Khalil possuía o seguinte patrimônio: um apartamento onde residia em Rondônia (RO); uma aplicação na caderneta de poupança em agência bancária situada na Cidade de São Paulo (SP); um imóvel comercial no Rio de Janeiro (RJ); e uma fazenda no Mato Grosso (MT). Em viagem de turismo em Minas Gerais (MG) veio a falecer naquele estado. Aberta a sucessão, seu inventário tramita na Justiça de Rondônia, local de seu domicílio. De acordo com as normas da Constituição Federal, será cabível o ITCMD, pertencente ao estado RO sobre o imóvel residencial e aplicação financeira em SP; ao estado do RJ sobre o imóvel comercial; e ao estado do MT em relação à fazenda. **(Procurador do Estado/RO – 2011 – FCC)**

Sujeito passivo é qualquer das partes, na forma da lei.

13.3.3. Imposto sobre a propriedade de veículos automotores – IPVA

A exemplo do ITCMD, o Congresso Nacional não produziu até hoje a norma nacional específica para o IPVA, nos termos do art. 146, III, *a*, da CF.

Isso não impede o exercício da competência tributária pelos Estados e pelo Distrito Federal que, enquanto perdurar a omissão do Congresso, exercerão a competência legislativa plena, nos termos do art. 24, § 3º, da CF.

Jurisprudência

Ante a omissão do legislador federal em estabelecer as normas gerais pertinentes ao imposto sobre a doação de bens móveis, os Estados-membros podem fazer uso de sua competência legislativa plena com fulcro no art. 24, § 3º, da Constituição.
RE 601.247 AgR/RS, STF, Min. Ricardo Lewandowski, j. 29.05.2012

13.3.3.1. Critério material do IPVA

O critério material do IPVA é a propriedade de veículos automotores terrestres (carros, caminhões, motocicletas).

O STF entende que o imposto não incide sobre a propriedade de embarcações e aeronaves.

Jurisprudência

IPVA – Imposto sobre Propriedade de Veículos Automotores (CF, art. 155, III; CF 69, art. 23, III e § 13, cf. EC 27/85): campo de incidência que não inclui embarcações e aeronaves.
RE 255.111/SP, STF, rel. Min. Sepúlveda Pertence, j. 29.05.2002

Gabarito de concurso público

A incidência do IPVA só alcança os veículos terrestres, de acordo com a jurisprudência do STF. **(Procurador do Estado/PB – 2008 – CESPE)**

Perceba, para fins de concursos estaduais principalmente, que a legislação dos Estados costuma manter a previsão de incidência do IPVA sobre a propriedade de aeronaves e embarcações, apesar do entendimento pacífico do STF. Preste, nesses casos, muita atenção na pergunta. Note que no exemplo dado (concurso do CESPE), o examinador tomou a cautela de questionar "de acordo com a jurisprudência do STF". Se a pergunta fosse "de acordo com a Lei do Estado de (...)" o gabarito poderia ser outro.

13.3.3.2. Critério espacial do IPVA

O critério espacial refere-se ao território de cada Estado e do DF (local do registro, que deve corresponder ao do domicílio ou residência do proprietário).

13.3.3.3. Critério temporal do IPVA

O momento da incidência é fixado pela legislação de cada Estado e do DF, sendo comum os seguintes critérios:

a) 1º de janeiro de cada ano;

b) aquisição do veículo novo pelo 1º proprietário;

c) desembaraço aduaneiro, quando importado pelo consumidor final.

13.3.3.4. Critério pessoal do IPVA

Sujeito ativo do IPVA é o Estado ou o Distrito Federal onde está registrado o veículo.

Contribuinte é o proprietário.

13.3.3.5. Critério quantitativo do IPVA

As alíquotas são fixadas pela lei de cada Estado e do Distrito Federal.

O Senado fixará alíquotas mínimas (para evitar "guerra fiscal" e fraude por pessoas que registram o veículo em outro Estado para se aproveitarem de alíquotas menores).

As alíquotas podem ser diferenciadas em função do tipo e utilização do veículo. É comum, por exemplo, que o legislador fixe alíquotas menores para veículos utilitários (caminhões, tratores) em relação a veículos de passeio.

Jurisprudência

Não se admite a alíquota diferenciada de IPVA para veículos importados e os de procedência nacional. O tratamento desigual significaria uma nova tributação pelo fato gerador da importação.
RE 367.785 AgR/RJ, STF, rel. Min. Eros Grau, j. 9.5.2006

A jurisprudência do STF firmou orientação no sentido de que, mesmo antes da EC 42/2003 – que incluiu o § 6º, II, ao art. 155 da CF –, já era permitida a instituição de alíquotas de IPVA diferenciadas segundo critérios que não levem em conta a capacidade contributiva do sujeito passivo, por não ensejar a progressividade do tributo. É o que se observa no caso dos autos, em que as alíquotas do imposto foram estabelecidas em razão do tipo e da utilização do veículo.
RE 601.247 AgR/RS, STF, Min. Ricardo Lewandowski, j. 29.05.2012

Gabarito de concurso público

Lei estadual pode fixar alíquotas diversas do IPVA para dois automóveis com as mesmas características e faixa de valor, caso um deles seja movido a gasolina e o outro a álcool. Lei estadual pode fixar alíquotas diversas do IPVA para dois automóveis com a mesma potência e faixa de valor, caso um deles seja destinado ao transporte coletivo de passageiros e o outro seja caracterizado como automóvel de passeio. **(Procurador do Estado/SP – FCC – 2009)**

A base de cálculo é o valor venal do veículo (= valor de mercado, preço do veículo em uma venda normal, à vista), conforme a legislação de cada Estado e do Distrito Federal.

A simples atualização da base de cálculo, dentro dos índices inflacionários, comumente realizada pelos Estados e pelo Distrito Federal a cada ano, pode ser feita por norma infralegal (art. 97, § 2º, do CTN e, por analogia, a Súmula 160 do STJ).

Gabarito de concurso público

O valor venal do automóvel é a base de cálculo do IPVA, entretanto, sua atualização não está sujeita ao princípio da legalidade estrita estabelecida para as normas tributárias. **(Procurador do Estado/PE – CESPE – 2009)**

Interessante relembrar que a fixação de sua base de cálculo (assim como a do IPTU) não se sujeita à anterioridade nonagesimal (art. 150, § 1º, *in fine*, da CF).

13.4. Impostos dos Municípios e Distrito Federal

13.4.1. Imposto sobre a propriedade predial e territorial urbana – IPTU

13.4.1.1. Critério material do IPTU

O critério material do IPTU é a propriedade, domínio útil ou posse de imóvel por natureza ou por acessão física (terreno e construções).

Perceba que, diferente do ITR, o IPTU incide não apenas sobre a propriedade do terreno, mas também sobre as construções.

13.4.1.2. Critério temporal do IPTU

O momento da incidência é definido pela lei de cada município e do Distrito Federal, sendo comum 1º de janeiro de cada ano (a exemplo dos demais impostos sobre a propriedade).

Há municípios que preveem a incidência proporcional, no caso de construção realizada durante o ano. Por exemplo, se a obra é concluída em julho, cobra-se aproximadamente 50% do IPTU relativo à construção.

13.4.1.3. Critério espacial do IPTU

O IPTU incide sobre imóveis localizados na zona urbana do Município, delimitada pela lei local.

Entretanto, a lei municipal não pode definir qualquer área como sendo urbana. É preciso que a localidade tenha pelo menos 2 melhoramentos dentre os listados no art. 32, § 1º, do CTN:

> CTN, art. 32. (...)
>
> § 1º Para os efeitos deste imposto, entende-se como zona urbana a definida em lei municipal; observado o requisito mínimo da existência de melhoramentos indicados em pelo menos 2 (dois) dos incisos seguintes, construídos ou mantidos pelo Poder Público:
> I – meio-fio ou calçamento, com canalização de águas pluviais;
> II – abastecimento de água;
> III – sistema de esgotos sanitários;
> IV – rede de iluminação pública, com ou sem posteamento para distribuição domiciliar;
> V – escola primária ou posto de saúde a uma distância máxima de 3 (três) quilômetros do imóvel considerado.
> (...)

Ademais, a lei pode indicar como urbana a área urbanizável, ou de expansão urbana, em loteamento aprovado, destinado a habitação, indústria ou comércio (art. 32, § 2º, do CTN).

Por exemplo, se a área é rural (não tem qualquer melhoramento), mas a lei municipal permite que haja loteamento urbano na localidade (é área de expansão urbana) e, posteriormente, a Prefeitura aprova efetivamente um loteamento no local, poderá incidir o IPTU.

Jurisprudência
O § 2º do art. 32 do CTN permite sejam inseridos na zona urbana os imóveis "urbanizáveis, ou de expansão urbana, constantes de loteamentos aprovados pelos órgãos competentes, destinados à habitação, à indústria ou ao comércio", ainda que não beneficiados por no mínimo dois dos melhoramentos listados em seu § 1º. **REsp 613.102/DF, STJ, rel. Min. Teori Zavascki, j. 20.09.2005**

13.4.1.4. IPTU e ITR

Veja a seguinte representação gráfica, que distingue as áreas submetidas à incidência do ITR federal e do IPTU municipal.

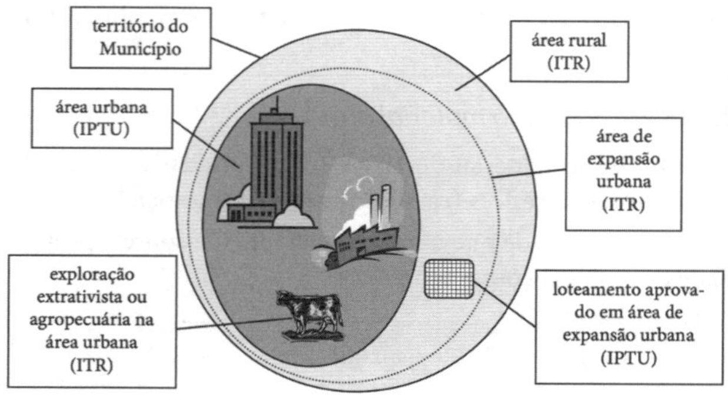

Lembre-se que o ITR incide excepcionalmente sobre imóveis localizados dentro da área urbana, desde que utilizados em exploração de atividade extrativa vegetal, agrícola, pecuária ou agroindustrial (art. 15 do Dec.-lei 57/1966 – REsp 1.112.646/SP repetitivo). Isso afasta, por consequência, a tributação municipal (não incide IPTU, ou haveria bitributação).

13.4.1.5. Critério pessoal do IPTU

Sujeito ativo do IPTU é o Município onde está localizado o imóvel.

Sujeito passivo é o proprietário, titular do domínio útil ou o possuidor (*animus domini* ou *ad usucapionem*).

Jurisprudência
A jurisprudência do Superior Tribunal de Justiça firmou-se no sentido de ser indevida a cobrança de IPTU das sociedades empresárias arrendatárias de áreas no Porto de Santos, porquanto não exercem a posse com **animus domini.** **AgRg Ag 1.357.283/SP, rel. Min. Arnaldo Esteves, j. 24.05.2011**

Em princípio, contribuinte é sempre o proprietário. Excepcionalmente, se houver enfiteuse, será o titular do domínio útil. Também excepcionalmente, o contribuinte poderá ser o possuidor que ocupe o imóvel como se fosse proprietário, com *animus domini* e que possa efetivamente vir a ser o proprietário no futuro, por usucapião (posse *ad usucapionem*).

Jurisprudência
Súmula 583 do STF. Promitente-comprador de imóvel residencial transcrito em nome de autarquia é contribuinte do Imposto Predial e Territorial Urbano.

Entretanto, é bom salientar que o STJ tem entendido que o promitente-comprador do imóvel (= possuidor com *animus domini*) é solidariamente responsável com o proprietário (promitente vendedor, que consta como proprietário no registro imobiliário) – ver REsp 1.110.551/SP repetitivo.

Jurisprudência

A jurisprudência desta Corte Superior é no sentido de que tanto o promitente comprador (possuidor a qualquer título) do imóvel quanto seu proprietário/promitente vendedor (aquele que tem a propriedade registrada no Registro de Imóveis) são contribuintes responsáveis pelo pagamento do IPTU.
REsp 1.110.551/SP, STJ, Min. Mauro Campbell, j. 10.06.2009 - repetitivo

Gabarito de concurso público

Nessa situação hipotética, tanto a promitente compradora [possuidora a qualquer título] do imóvel quanto o proprietário são contribuintes responsáveis pelo pagamento do IPTU. **(Defensoria Pública da União - 2010 - CESPE)**

Note que, embora a jurisprudência tenha sido construída em relação ao IPTU, aplica-se por analogia ao ITR, o outro imposto que incide sobre a propriedade imobiliária.

13.4.1.6. Critério quantitativo do IPTU

As alíquotas do IPTU devem ser fixadas pela lei municipal, podendo ser (art. 156, § 1º, da CF):

a) progressivas em razão do valor do imóvel;

b) diferenciadas conforme a localização e o uso;

c) progressivas no tempo, para o promover o adequado aproveitamento do imóvel (art. 182, § 4º, II, da CF).

Note que o IPTU pode ser progressivo em relação ao valor do imóvel (quanto maior o valor, maior a alíquota aplicável). A Súmula 668 do STF refere-se ao período anterior à EC 29/2000, que alterou o art. 156, § 1º, da CF para prever expressamente essa progressividade.

Ademais, o IPTU pode ser progressivo no tempo, como ferramenta para impor ao proprietário o uso socialmente responsável do imóvel, conforme o plano diretor, nos termos do art. 182, § 4º, II, da CF. Trata-se de utilização extrafiscal do IPTU bastante peculiar, servindo a progressividade como espécie de sanção.

Gabarito de concurso público

O IPTU pode ser progressivo no tempo, sendo essa uma das formas de apenação em caso de descumprimento de exigência pelo poder público municipal de adequado aproveitamento de solo urbano não edificado, subutilizado ou não utilizado. **(Magistratura/PI - 2008 - CESPE)**

É muito comum a diferenciação de alíquotas conforme o uso do imóvel. Por exemplo, imóveis comerciais e indústrias sujeitam-se a alíquotas superiores àquelas aplicáveis aos residenciais. A diferenciação conforme a localização também é possível.

A base de cálculo do IPTU é o valor venal do terreno **e** das construções. O imposto não incide sobre móveis mantidos para utilização, exploração, aformoseamento ou comodidade.

Valor venal não significa, necessariamente, o valor pago pelo proprietário. Valor venal é o valor de mercado do bem, o preço que o imóvel alcançaria, em tese, em uma venda normal, à vista.

Lembre-se de que o ITR incide apenas sobre o valor da terra nua, mas o IPTU incide também sobre o valor das construções.

Como o IPTU é, em regra, lançado de ofício (em conformidade com a legislação de cada Município e do Distrito Federal), a base é aferida pelo próprio Fisco. Tradicionalmente, o Judiciário brasileiro exige que essa base de cálculo individualizada (para cada contribuinte) seja fixada pela própria lei local, por meio das chamadas plantas genéricas de valores. Admite-se, entretanto, que o Executivo atualize essa base anualmente por norma infralegal, desde que dentro dos limites dos índices oficiais de inflação (se o aumento for maior que a inflação, somente poderá ser feito por lei).

Jurisprudência

Súmula 160 do STJ. É defeso, ao Município, atualizar o IPTU, mediante decreto, em percentual superior ao índice oficial de correção monetária.
Súmula 397 do STJ. O contribuinte do IPTU é notificado do lançamento pelo envio do carnê ao seu endereço.

13.4.2. Imposto sobre transmissão** inter vivos **de bens imóveis – ITBI

13.4.2.1. Critério material do ITBI

O critério material do ITBI é a transmissão *inter vivos*, a qualquer título, por ato oneroso, de bens imóveis, por natureza ou acessão física, e de direitos reais sobre imóveis, exceto os de garantia, bem como cessão de direitos a sua aquisição.

13.4.2.2. Critério espacial do ITBI

O critério espacial é o território do Município tributante.

13.4.2.3. Critério temporal do ITBI

O ITBI incide no momento da transmissão (fato gerador), que ocorre quando do registro imobiliário, conforme a legislação civil.

Há municípios que cobram o ITBI no momento da escritura (lavrada no cartório de notas, antes do registro imobiliário), mas isso vem sendo afastado pela jurisprudência.

Trata-se de outro tributo cujo fato gerador é "situação jurídica", conforme o art. 116, II, do CTN, ou seja, regulada por outro ramo do direito (o direito civil, neste caso). Por essa razão, o intérprete da norma tributária deve analisar as normas que regulam essa situação, para reconhecer o momento da ocorrência do fato gerador.

13.4.2.4. Critério pessoal do ITBI

Sujeito ativo do ITBI é o Município onde está localizado o imóvel.

Contribuinte é qualquer das partes (adquirente ou alienante), conforme a lei local. Normalmente, o legislador municipal escolhe o adquirente do imóvel, no caso de transmissão do domínio.

13.4.2.5. Critério quantitativo do ITBI

As alíquotas do ITBI são fixadas pela lei local e não podem ser progressivas (ver Súmula 656 do STF).

Interessante anotar que o STF reconheceu a possibilidade de progressividade das alíquotas do ITCMD estadual, mas o entendimento não foi, até o momento, estendido ao ITBI municipal.

A base de cálculo é o valor venal do imóvel (terreno e construções), no caso de transmissão do domínio. Normalmente, a lei municipal reduz a base de cálculo nos casos de transmissão de outros direitos reais, como a posse, o usufruto etc.

Jurisprudência
Súmula 656 do STF. É inconstitucional a lei que estabelece alíquotas progressivas para o imposto de transmissão **inter vivos** *de bens imóveis – ITBI com base no valor venal do imóvel.*

13.4.2.6. Imunidades do ITBI

O art. 156, § 2º, I, da CF fixa imunidade em relação a determinadas transmissões de bens ou direitos no bojo de operações societárias (integralização de capital, fusões, incorporações, cisões etc.), desde que a atividade preponderante da sociedade adquirente não seja a exploração imobiliária:

> CF, art. 156, § 2º – O imposto previsto no inciso II [ITBI]:
>
> I – não incide sobre a transmissão de bens ou direitos incorporados ao patrimônio de pessoa jurídica em realização de capital, nem sobre a transmissão de bens ou direitos decorrente de fusão, incorporação, cisão ou extinção de pessoa jurídica, salvo se, nesses casos, a atividade preponderante do adquirente for a compra e venda desses bens ou direitos, locação de bens imóveis ou arrendamento mercantil; (...)

Gabarito de concurso público
[O ITBI] incide sobre a transmissão de bens ou direitos decorrente de fusão de pessoa jurídica quando a atividade preponderante do adquirente for locação de bens imóveis. **(Cartório/MS – 2009 – VUNESP)**

Ademais, conforme o art. 184, § 5º, da CF, são imunes em relação ao ITBI as transferências de imóveis desapropriados para reforma agrária.

Importante destacar que, nos termos do art. 150, § 3º, *in fine*, da CF e, especificamente, da Súmula 75 do STF, sendo vendedora uma autarquia, a sua imunidade fiscal não compreende o Imposto de Transmissão *inter vivos*, que é encargo do comprador (a imunidade recíproca jamais aproveita a particulares).

13.4.3. Imposto sobre serviços de qualquer natureza – ISS

13.4.3.1. Critério material do ISS

O critério material do ISS é a prestação dos serviços listados na LC 116/2003.

A lista é taxativa, mas permite interpretação extensiva de seus itens (*v.g.* serviços de informática e congêneres – item 1 da lista; Súmula 424 do STJ – serviços bancários congêneres).

O ISS não incide sobre locações de bens móveis:

Jurisprudência
Súmula Vinculante 31 do STF. É inconstitucional a incidência do imposto sobre serviços de qualquer natureza – ISS sobre operações de locação de bens móveis.

Se o serviço, previsto na LC 116/2003, é prestado com fornecimento de mercadoria, incide ISS sobre o preço total, exceto se a própria lista fizer ressalva.

13.4.3.2. Serviços com mercadorias

Veja a seguinte tabela, com os casos em que há serviço prestado com fornecimento de mercadoria.

Perceba que o critério preponderante é a listagem na LC 116/2003. Se o serviço estiver listado, incide ISS sobre o preço total, exceto se houver disposição em contrário na própria lei. Caso o serviço não esteja listado na LC 116/2003, incide ICMS sobre o preço total.

Situação	Incidência	Exemplo
Serviço na lista da LC 116/2003	ISS sobre tudo	- Serviços gráficos (Súmula 156 do STJ) - Assistência médica (Súmula 274 do STJ)
Serviço na lista da LC 116/2003, que faz ressalva em relação à mercadoria	ISS sobre o serviço e ICMS sobre a mercadoria	- Conserto de veículos e máquinas - Recondicionamento de motores - Bufê
Serviço não constante da lista da LC 116/2003	ICMS sobre tudo	Bares e restaurantes (Súmula 163 do STJ)

É muito importante notar que o valor do serviço ou da mercadoria (critério da preponderância) é irrelevante.

13.4.3.3. Incidências do ISS

Em regra, incide ISS na produção de *softwares*, medicamentos manipulados, cartões magnéticos **personalizados e sob encomenda** (na comercialização de bens "de prateleira" incide o ICMS).

Por exemplo, se vou até a loja e compro um sistema operacional "na caixa", incidirá o ICMS, pois se trata de mercadoria. Entretanto, se contrato um programador para fazer um aplicativo específico para minha empresa (personalizado e sob encomenda), incidirá o ISS.

Incide ISS na industrialização sob encomenda (matéria-prima fornecida exclusivamente pelo contratante do serviço), não o IPI.

É comum, por exemplo, que uma pedreira envie blocos de pedra para uma indústria, encomendando o corte do produto em peças menores, para serem usadas como piso residencial. A indústria realiza os cortes e devolve as pedras para a pedreira. Nesse caso, a indústria realizou um serviço, incidindo exclusivamente o ISS.

Incide ISS sobre os serviços dos tabeliães e notários, mesmo sendo serviço público delegado com cobrança de taxa (emolumentos).

Incide também sobre o *leasing* financeiro e o *lease back*.

Não incide ISS, entretanto, sobre operações de industrialização por encomenda de embalagens, destinadas à indústria ou ao comércio, pois, nesse caso, ainda que haja personalização e encomenda, o STF entendeu tratar-se de insumo industrial, sujeito ao ICMS.

Gabaritos de concursos públicos
Compete aos municípios instituir o ISS sobre o **leasing** *financeiro, uma vez que o* **leasing** *é contrato complexo e não se confunde com contratos de aluguel, compra e venda ou com operação de crédito.* **(Defensoria Pública da União - 2010 - CESPE)** *Obs.: O STF pacificou o entendimento de que incide ISS sobre* **leasing** *financeiro e lease back, embora não incida na modalidade* **leasing** *operacional - ver RE 547.245/SC* *O Supremo Tribunal Federal inclinou-se pela orientação de que os serviços de registros públicos, notariais e cartorários embora públicos, não são imunes ao ISSQN.* **(Magistratura/SP - 2009 - VUNESP)**

13.4.3.4. *Critério espacial do ISS*

O critério espacial do ISS é o território do Município tributante.

O serviço considera-se prestado, em regra, no local do estabelecimento do prestador ou de seu domicílio. O STJ muitas vezes afasta essa norma.

Há diversas exceções (art. 3º da LC 116/2003), em que o local da efetiva prestação é facilmente identificável e o serviço considera-se lá prestado (ex.: obras, limpeza, vigilância, transportes, estacionamento, armazenagem, exposições, diversões, cessão de mão de obra, pedágio).

13.4.3.5. *Critério temporal do ISS*

O imposto incide no momento em que o serviço é disponibilizado ao tomador.

13.4.3.6. *Critério pessoal do ISS*

Sujeito ativo do ISS é o Município onde o serviço é prestado.

Contribuinte é o prestador do serviço.

A LC 116/2003 traz uma série de casos de responsáveis tributários, como o importador e o tomador de determinados serviços.

13.4.3.7. *Critério quantitativo do ISS*

As alíquotas do ISS são fixadas pela lei local, observado o piso **real** de 2% (exceto para obras) e o teto de 5%.

Não se admitem benefícios ou incentivos que reduzam a tributação abaixo dos 2% sobre o preço.

Por exemplo, a lei municipal não pode dispor que a alíquota é de 2%, mas que a base de cálculo corresponde a 50% do preço do serviço (isso seria o mesmo que uma alíquota de 1% sobre o preço, o que está abaixo do piso).

Gabaritos de concursos públicos
A alíquota do ISSQN não poderá ser superior a 5% do preço do serviço. **(Cartório/SC - 2008)** *De acordo com o Ato das Disposições Constitucionais Transitórias da CRFB/1988, a alíquota mínima do ISS é de 2%.* **(Auditor Fiscal/RJ - 2008 - FGV)**

A base de cálculo do ISS é o preço do serviço. O STJ tem afastado a possibilidade de abatimento dos materiais empregados em obras.

Existe tributação fixa (valor fixo em reais) para profissionais liberais e sociedades uniprofissionais (sociedades formadas por uma única categoria de profissionais liberais), como escritórios de advocacia, de contabilidade, arquitetura, sociedades formadas por médicos, dentistas etc.

Somente há tributação fixa em relação a sociedades com responsabilidade pessoal dos sócios, sem caráter empresarial. Nesses casos, é cobrado um valor determinado em reais para cada um dos profissionais.

14. GARANTIAS E PRIVILÉGIOS DO CRÉDITO TRIBUTÁRIO

14.1. Introdução

O crédito tributário corresponde a receita pública, **privilegiada** em relação aos créditos privados.

Para assegurar o recebimento do crédito pelo Estado, o CTN enumera **garantias**, mas a listagem não é taxativa (art. 183 do CTN).

Tudo isso decorre da indisponibilidade e da supremacia do interesse público.

Gabarito de concurso público
As garantias e privilégios do crédito tributário decorrem da noção de verticalidade que marca a relação jurídica tributária. **(Magistratura/SP - 2009 - VUNESP)**

A lei pode prever expressamente outras garantias (reais, fianças etc.), em função da natureza ou das características de cada tributo, o que é comum no caso de parcelamentos, compensações e moratórias.

A natureza das garantias dadas ao crédito não altera sua natureza, nem a da obrigação tributária.

A legislação que cria novas garantias é aplicada no momento do lançamento a fatos geradores pretéritos, exceto se houver atribuição de responsabilidade tributária a terceiros – art. 144, § 1º, do CTN.

14.2. Bens que respondem pelo débito

Sem prejuízo de privilégios especiais, previstos em lei, **todos os bens e rendas do sujeito passivo**, seu espólio ou massa falida, respondem pelo débito, mesmo os bens gravados por ônus real ou cláusula de inalienabilidade ou impenhorabilidade.

Gabarito de concurso público
Em se tratando de imóvel gravado com cláusula de impenhorabilidade, decorrente de disposição testamentária, é certa a afirmação de que responde pela satisfação do crédito tributário, não sendo o gravame oponível à Fazenda na execução do seu crédito. **(Auditor Fiscal/RJ)**

Não respondem os bens que a lei declare absolutamente impenhoráveis (imóvel residencial, salários, seguro de vida etc. - Lei 8.009/1990 e art. 649 do CPC).

Interessante lembrar que no caso do bem de família, a impenhorabilidade não é oponível em caso de cobrança de impostos, predial ou territorial, taxas e contribuições devidas em função do imóvel familiar (art. 3º, IV, da Lei 8.009/1990).

14.3. Presunção de fraude contra a fazenda – Art. 185 do CTN

Presume-se fraudulenta a alienação ou oneração de bens ou rendas, ou seu começo, por sujeito passivo em débito, desde que:

a) o crédito esteja inscrito em dívida ativa; e

b) não tenham sido reservados bens ou rendas suficientes para o pagamento total da dívida inscrita.

Gabarito de concurso público
A fraude à execução fiscal ocorre com a alienação de bens pelo sujeito passivo em débito tributário para com a fazenda pública, após a regular inscrição do crédito tributário na dívida ativa, tornando-o insolvente. **(MAGISTRATURA/PB – 2011 – CESPE)**

Assim, qualquer alienação ou oneração ocorrida após a inscrição em dívida ativa pode ser considerada fraudulenta e inoponível contra o Fisco, desde que o devedor não tenha recursos suficientes para responder pelo débito.

Atualmente o STJ entende desnecessário o registro da penhora ou prova da má-fé do terceiro adquirente para configuração da fraude, sendo inaplicável a Súmula 375 do STJ ao caso.

Jurisprudência
*1. A lei especial prevalece sobre a lei geral (***lex specialis derrogat lex generalis***), por isso que a Súmula n. 375 do Egrégio STJ não se aplica às execuções fiscais.* *(...)* *9. Conclusivamente: (a) a natureza jurídica tributária do crédito conduz a que a simples alienação ou oneração de bens ou rendas, ou seu começo, pelo sujeito passivo por quantia inscrita em dívida ativa, sem a reserva de meios para quitação do débito, gera presunção absoluta (***jure et de jure***) de fraude à execução (lei especial que se sobrepõe ao regime do direito processual civil); (...) (c) a fraude de execução prevista no artigo 185 do CTN encerra presunção jure et de jure, conquanto componente do elenco das "garantias do crédito tributário"; (...)* **REsp 1.141.990/PR, rel. Min. Luiz Fux, j. 10.11.2010 – repetitivo**

É comum a doutrina e a jurisprudência referirem-se à *fraude à execução*, ao tratar do art. 185 do CTN, mas perceba que ela é presumida a partir da inscrição em dívida ativa (antes da ação de execução), embora, de fato, seja efetivamente discutida no bojo da execução fiscal ou dos embargos.

Gabarito de concurso público
A Fábrica de Doces Martinica Ltda. não pagou uma dívida tributária, face a dificuldades financeiras. O sócio administrador, em seguida, conseguiu realizar a venda do único imóvel da sociedade, visando obter recursos para investir em aumento de produção e de faturamento, embora ficando a sociedade, momentaneamente, sem renda ou bens suficientes para pagar a dívida. Nessas condições, de acordo com o Código Tributário Nacional, essa alienação será considerada fraudulenta, desde que o crédito tributário esteja regularmente inscrito como dívida ativa. **(Procurador do Estado/SC – 2009)** Obs.: Na prática, o imóvel poderá ser penhorado, independentemente da boa-fé do adquirente

14.4. Penhora *on-line* – Arts. 655, I, e 655-A do CPC

O CTN prevê expressamente a penhora *on-line* de contas e investimentos bancários.

Assim, o magistrado da execução fiscal pode ordenar, pelo sistema informatizado (Bacenjud), que as entidades financeiras bloqueiem valores nas contas-correntes e de investimentos, suficientes para responder pelo débito tributário, colocando-os à disposição do juízo.

Essa penhora *on-line* corresponde à constrição de dinheiro, de modo que é preferencial. Ou seja, o juiz pode determinar a penhora *on-line* ainda que não tenham se esgotado as diligências para localização de outros bens penhoráveis.

Jurisprudência
Nada obstante, a partir da vigência da Lei 11.382/2006, os depósitos e as aplicações em instituições financeiras passaram a ser considerados bens preferenciais na ordem da penhora, equiparando-se a dinheiro em espécie (artigo 655, I, do CPC), tornando-se prescindível o exaurimento de diligências extrajudiciais a fim de se autorizar a penhora **on-line** *(artigo 655-A, do CPC).* **REsp 1.141.990/PR, rel. Min. Luiz Fux, j. 10.11.2010 – repetitivo.**

14.5. Indisponibilidade universal – Art. 185-A do CTN

Esgotadas as diligências para encontrar bens penhoráveis no curso da execução fiscal, o juiz poderá determinar a indisponibilidade universal de bens e direitos do devedor (art. 185-A do CTN).

Para isso, é preciso que:

a) o devedor tenha sido citado;

b) não tenha pago, nem apresentado bens à penhora no prazo legal; e

c) não tenham sido localizados bens penhoráveis.

Gabarito de concurso público
A indisponibilidade dos bens do sujeito passivo pode ser determinada pelo juiz sempre que o contribuinte, no prazo legal, não pagar e não forem encontrados bens passíveis de penhora. **(Magistratura/AL – 2007 – FCC)**

O juiz comunicará a decisão, preferencialmente por meio eletrônico, aos órgãos e entidades que promovem registros de transferências de bens (bolsa de valores, departamentos de trânsito, registros imobiliários etc.).

Jurisprudência
1. O bloqueio universal de bens e de direitos, previsto no art. 185-A do CTN, não se confunde com a penhora de dinheiro aplicado em instituições financeiras, por meio do sistema BacenJud, disciplinada no art. 655-A do CPC (redação conferida pela Lei 11.382/2006). *2. O bloqueio incide na hipótese em que "o devedor tributário, devidamente citado, não pagar nem apresentar bens à penhora no prazo legal e não forem encontrados bens penhoráveis", e abrangerá todo e qualquer bem ou direito do devedor, observado como limite o valor do crédito tributário, se verificado o concurso dos requisitos previstos no art. 185-A do CTN.*

> 3. *Consoante jurisprudência do STJ, a aplicação da referida prerrogativa da Fazenda Pública pressupõe a comprovação do esgotamento das diligências para localização de bens do devedor.* **AgRg Ag 1.164.948/SP, rel. Min. Herman Benjamin, j. 04.11.2010**

Esse precedente do STJ é bastante interessante, pois distingue o bloqueio universal, previsto no art. 185-A do CTN (depende de esgotamento das diligências), da penhora *on-line*, disciplinada pelo art. 655-A do CPC (que não depende do esgotamento das diligências).

Entretanto, é comum autores e mesmo gabaritos de concursos confundirem os conceitos, o que merece atenção do candidato:

Gabarito de concurso público
A penhora **on-line**, *no Direito Tributário, encontra amparo no CTN e permite a decretação judicial da indisponibilidade dos bens e direitos do devedor, com a comunicação da decisão, preferencialmente por meio eletrônico, aos órgãos e entidades que promovem os registros de transferência de bens, a fim de que, no âmbito de suas atribuições, façam cumprir a ordem judicial. (Magistratura/ PA - 2008 - FGV)*

14.6. Preferência geral

Em atenção ao princípio da supremacia do interesse público em relação ao privado, o crédito tributário prefere a qualquer outro, exceto aos trabalhistas e acidentários (art. 186 do CTN).

Ou seja, o pagamento dos tributos e penalidades pecuniárias é prioritário em relação a qualquer outro, salvo os trabalhistas e acidentários.

Sua cobrança não se sujeita ao concurso de credores ou à habilitação em falência, recuperação, inventário ou arrolamento.

14.7. Preferência na falência

Embora o crédito tributário não precise ser habilitado na falência, sua preferência é bastante mitigada nesse caso. De fato, o juiz da falência determinará o pagamento de diversos outros créditos e, apenas se sobrar recursos da massa, permitirá a quitação dos tributários.

Na falência, há determinados créditos que são extraconcursais, isto é, não entram no concurso de credores e são pagos antes. Em regra, são as dívidas assumidas durante o processo de recuperação judicial e da própria falência. Isso inclui os tributos cujos fatos geradores ocorreram após a quebra.

Gabarito de concurso público
Segundo o CTN, os créditos tributários decorrentes de fatos geradores ocorridos no curso do processo de falência são considerados extraconcursais. **(Magistratura/PA - 2008 - FGV)**

Dentre os créditos concursais, ou seja, basicamente aqueles relativos ao período anterior à quebra, há uma ordem de preferência, de modo que aqueles mais abaixo somente serão pagos se sobrar dinheiro após o pagamento dos anteriores (art. 186 do CTN e art. 83 da Lei 11.101/2005).

Ordem de classificação dos créditos na falência (art. 83 da LF)
1º – os créditos derivados da legislação do trabalho, limitados a 150 (cento e cinquenta) salários-mínimos por credor, os decorrentes de acidentes de trabalho. Também os créditos equiparados a trabalhistas, como os relativos ao FGTS (art. 2º, § 3º, da Lei 8.844/1994) e os devidos ao representante comercial (art. 44 da Lei 4.886/1965)
2º – créditos com garantia real até o limite do valor do bem gravado (será considerado como valor do bem objeto de garantia real a importância efetivamente arrecadada com sua venda, ou, no caso de alienação em bloco, o valor de avaliação do bem individualmente considerado)
3º – créditos tributários, independentemente da sua natureza e tempo de constituição, excetuadas as multas tributárias
4º – com privilégio especial (= os previstos no art. 964 da Lei 10.406/2002; os assim definidos em outras leis civis e comerciais, salvo disposição contrária da LF; e aqueles a cujos titulares a lei confira o direito de retenção sobre a coisa dada em garantia)
5º – créditos com privilégio geral (= os previstos no art. 965 da Lei n 10.406/2002; os previstos no parágrafo único do art. 67 da LF; e os assim definidos em outras leis civis e comerciais, salvo disposição contrária da LF)
6º – créditos quirografários (= aqueles não previstos nos demais incisos do art. 83 da LF; os saldos dos créditos não cobertos pelo produto da alienação dos bens vinculados ao seu pagamento; e os saldos dos créditos derivados da legislação do trabalho que excederem o limite estabelecido no inciso I do *caput* do art. 83 da LF). Ademais, os créditos trabalhistas cedidos a terceiros serão considerados quirografários
7º – as multas contratuais e as penas pecuniárias por infração das leis penais ou administrativas, inclusive as multas tributárias
8º – créditos subordinados (= os assim previstos em lei ou em contrato; e os créditos dos sócios e dos administradores sem vínculo empregatício)
Lembre-se que os **créditos extraconcursais** (= basicamente os surgidos no curso do processo falimentar, que não entram no concurso de credores) são pagos com precedência sobre todos esses anteriormente mencionados, na ordem prevista no art. 84 da LF: (i) remunerações devidas ao administrador judicial e seus auxiliares, e créditos derivados da legislação do trabalho ou decorrentes de acidentes de trabalho relativos a serviços prestados após a decretação da falência; (ii) quantias fornecidas à massa pelos credores; (iii) despesas com arrecadação, administração, realização do ativo e distribuição do seu produto, bem como custas do processo de falência; (iv) custas judiciais relativas às ações e execuções em que a massa falida tenha sido vencida; e (v) obrigações resultantes de atos jurídicos válidos praticados durante a recuperação judicial, nos termos do art. 67 da LF, ou após a decretação da falência, e tributos relativos a fatos geradores ocorridos após a decretação da falência, respeitada a ordem estabelecida no art. 83 da LF.

Perceba que, na falência, o crédito relativo ao tributo fica abaixo dos trabalhistas (até 150 salários-mínimos) e acidentários e dos créditos com garantia real (até o valor do bem gravado). As multas tributárias ficam ainda mais abaixo, depois dos créditos quirografários.

Gabarito de concurso público
No processo falimentar, o crédito tributário não tem preferência sobre os créditos com garantia real, no limite do valor do bem gravado. **(Procurador da Fazenda Nacional - 2007 - ESAF)**

14.8. Concurso de preferência entre fiscos

Há preferência entre os entes federados, na cobrança tributária, com a União em primeiro lugar, Estados e DF depois e, por fim, os Municípios (art. 187, parágrafo único, do CTN).

1º União
2º Estados, DF e Territórios, conjuntamente e pró rata
3º Municípios, conjuntamente e pró rata

O art. 29, parágrafo único, da Lei 6.830/1980 inclui as respectivas autarquias ao lado de cada ente, na ordem de preferências.

Gabarito de concurso público
Os créditos tributários da União preferem os dos Estados e os do Distrito Federal, e destes os dos Municípios **(Ministério Público/MA - 2002)**

14.9. Preferência em inventários, arrolamentos e liquidação

A LC 118/2005, que reduziu a preferência do crédito tributário na falência, não alterou as regras relativas aos inventários, arrolamentos e liquidação.

Os créditos tributários, vencidos ou vincendos, exigíveis no decurso do inventário, do arrolamento ou da liquidação são pagos preferencialmente a quaisquer outros (arts. 189 e 190 do CTN).

Gabarito de concurso público
São pagos, preferencialmente a quaisquer outros, os créditos tributários vencidos ou vincendos, a cargo de pessoas jurídicas de direito privado em liquidação judicial ou voluntária, exigíveis no decurso da liquidação. **(Magistratura/MT - 2009 - VUNESP)**

14.10. Exigência de quitação dos tributos

É preciso comprovar a quitação dos tributos para a (arts. 191 a 192 do CTN):

a) extinção das obrigações do falido;

b) concessão de recuperação judicial;

c) sentença de julgamento de partilha ou adjudicação.

Perceba que essa exigência é uma forma indireta de incentivar o pagamento dos tributos, garantindo o seu recebimento pelo Fisco nessas situações.

A comprovação de regularidade fiscal é feita pela apresentação de certidão negativa de débitos ou de certidão positiva com efeito de negativa, que estudaremos mais adiante.

14.11. Vedação de contrato

A contratação com a administração ou a participação em concorrência depende de quitação de todos os tributos devidos à Fazenda interessada, relativos à atividade a ser contratada (salvo se expressamente autorizado por lei) – art. 193 do CTN.

Outro meio indireto de garantir, ou pelo menos favorecer, o recebimento dos créditos tributários pelo Fisco.

15. ADMINISTRAÇÃO TRIBUTÁRIA

15.1. Introdução

Administração tributária é expressão que se refere aos órgãos da administração pública relacionados à fiscalização e à cobrança dos tributos, abrangendo as atividades de lançamento, inscrição em dívida, execução fiscal, análise de pedidos de compensação, parcelamento e de outros benefícios fiscais.

Trata-se de aspecto essencial do Poder Público, pois garante a existência de recursos necessários ao próprio funcionamento do aparato estatal, observando-se a impessoalidade, a transparência e o tratamento isonômico em relação a todos os contribuintes.

Por essa razão, o constituinte prestigiou a administração tributária no art. 37, XVIII e XXII, da CF, nos seguintes termos:

> CF, art. 37. (...) XVIII – a administração fazendária e seus servidores fiscais terão, dentro de suas áreas de competência e jurisdição, precedência sobre os demais setores administrativos, na forma da lei; (...)
>
> XXII – as administrações tributárias da União, dos Estados, do Distrito Federal e dos Municípios, atividades essenciais ao funcionamento do Estado, exercidas por servidores de carreiras específicas, terão recursos prioritários para a realização de suas atividades e atuarão de forma integrada, inclusive com o compartilhamento de cadastros e de informações fiscais, na forma da lei ou convênio. (...)

Jurisprudência
A atividade de lançamento é privativa de fiscais de carreira, nos termos do art. 37, XXII, da Constituição Federal. O Secretário de Fazenda secunda o Governador na elaboração e implantação das políticas fiscais, o que não se confunde com lançamento e cobrança de ICMS. **AgRg RMS 18.140/RJ, Min. Herman Benjamin, j. 08.09.2009**

Gabarito de concurso público
Os servidores que exercem atividades da administração tributária têm autonomia e independência. **(Magistratura/SE - 2008 - CESPE)**

15.2. Fiscalização

15.2.1. Legislação relativa à fiscalização

A legislação relativa à fiscalização, que define a competência e os poderes das autoridades, aplica-se a todas as pessoas, naturais ou jurídicas, contribuintes ou não, inclusive às imunes e isentas (art. 194 do CTN).

Não se aplicam à fiscalização disposições legais que limitem ou excluam o direito de examinar mercadorias, livros, arquivos, documentos e papéis dos sujeitos passivos e sua obrigação de exibi-los (art. 195 do CTN).

15.2.2. *Fiscalização, livros, auxílio policial*

O início da fiscalização deve ser registrado nos livros fiscais exibidos ou em documento próprio, com cópia autenticada entregue ao fiscalizado – a legislação deve fixar prazo máximo para o procedimento (art. 196 do CTN).

Os livros obrigatórios, a escrituração empresarial e fiscal e os comprovantes dos lançamentos contábeis devem ser conservados até o término do prazo prescricional.

As autoridades podem solicitar auxílio policial em caso de necessidade, embaraço ou desacato, ainda que não se configure crime ou contravenção (art. 200 do CTN).

Perceba, portanto, que os agentes da fiscalização tributária podem realizar suas atividades, adentrando os estabelecimentos empresariais e apreendendo os livros e registros fiscais, independentemente de ordem judicial.

Gabarito de concurso público

Agentes do Fisco Estadual apreenderam notas e livros fiscais, durante determinada atividade fiscalizadora na empresa Beta, sem estarem munidos de mandado judicial para tal fim. Esse procedimento é considerado legal, sendo os documentos de exibição obrigatória pelo contribuinte. **(Magistratura/PA – 2009 – FGV)**

Entretanto, é importante salientar que o STF afastou a possibilidade de o fiscal entrar em espaços privados não abertos ao público onde alguém exerce sua atividade profissional, como eventualmente é o caso de escritórios de contabilidade. Esses ambientes foram equiparados ao domicílio, para fins de proteção, de modo que o agente da fiscalização precisará de autorização judicial para neles realizar diligências.

Jurisprudência

*Sem que ocorra qualquer das situações excepcionais taxativamente previstas no texto constitucional (art. 5º, XI), nenhum agente público, ainda que vinculado à administração tributária do Estado, poderá, contra a vontade de quem de direito ("**invito domino**"), ingressar, durante o dia, sem mandado judicial, em espaço privado não aberto ao público, onde alguém exerce sua atividade profissional, sob pena de a prova resultante da diligência de busca e apreensão assim executada reputar-se inadmissível, porque impregnada de ilicitude material.*
HC 82.788/RJ, STF, Min. Celso de Mello, j. 12.04.2005

15.2.3. *Dever de prestar informações*

Devem prestar informações sobre bens, negócios e atividades de terceiros à fiscalização, mediante intimação escrita (art. 197 do CTN):

a) tabeliães, escrivães etc.;

b) instituições financeiras;

c) administradoras de bens;

d) corretores, leiloeiros e despachantes oficiais;

e) inventariantes;

f) administradores judiciais;

g) quaisquer outras entidades ou pessoas que a lei designe.

Esse dever não existe no caso de sigilo em razão de cargo, ofício, função, ministério, atividade ou profissão. Ou seja, o advogado, por exemplo, não tem dever de prestar informações ao Fisco sobre seus clientes, relacionadas à tributação, desde que delas tenha conhecimento por conta de sua atividade (há sigilo profissional, no caso).

Gabarito de concurso público

Não são obrigados a prestar à autoridade administrativa todas as informações de que disponham com relação aos bens, negócios ou atividades de terceiros entidades ou pessoas que a lei designe, em razão de seu cargo, ofício, função, ministério, atividade ou profissão, quando o informante esteja legalmente obrigado a observar segredo em razão de cargo, ofício, função, ministério, atividade ou profissão. **(Auditor Fiscal/RJ – 2008 – FGV)**

Jurisprudência

Não há falar em inexistência de dever de prestar informações relativas a operações de compra e venda e aluguel de imóveis [DIMOB], já que as administradoras de bens e os corretores são obrigados, nos termos do art. 197, III e IV, do CTN.
No mundo atual, em que as declarações fiscais são enviadas quase que exclusivamente por meio eletrônico, pela rede mundial de computadores, seria inadequado interpretar o vetusto art. 197 do CTN no sentido de que a Secretaria da Receita Federal deveria solicitar informações individualmente, por intimações escritas em papel.
REsp 1.105.947/PR, Min. Herman Benjamin, j. 23.06.2009

15.2.4. *Sigilo fiscal*

Não podem ser divulgadas informações obtidas em razão da fiscalização sobre a situação econômica ou financeira do sujeito passivo ou de terceiros, nem sobre a natureza e o estado de seus negócios ou atividades, **exceto** nos casos de (art. 198, § 1º, do CTN):

a) requisição judicial;

b) solicitação de autoridade administrativa, para investigação do sujeito passivo por prática de infração administrativa, mediante regular processo, com entrega pessoal mediante recibo e preservação do sigilo.

Outros casos em que se **admite** a divulgação (art. 198, § 3º, do CTN):

a) representação fiscal para fins penais;

b) inscrição em dívida ativa;

c) parcelamento ou moratória;

d) assistência mútua e permuta de informações entre os Fiscos federal, estaduais, distrital e municipais, para fiscalização dos respectivos tributos, na forma de lei ou de convênio;

e) a União pode permutar informações fiscais com Estados estrangeiros, conforme tratados.

Gabaritos de concursos públicos

Visando a garantia da preservação do sigilo, no caso de intercâmbio de informações sigilosas, no âmbito da Administração Pública, a entrega da informação à autoridade solicitante deve ser feita pessoalmente, mediante recibo, e desde que exista processo regularmente instaurado. (Procurador do Estado/SC - 2009)

A Fazenda Pública pode divulgar as informações econômicas e financeiras do sujeito passivo, para investigação administrativa, desde que apurada em procedimento administrativo instaurado. (Magistratura/SP - 2008)

É permitida a divulgação, por parte da Fazenda Pública, de informação obtida em razão do ofício sobre a situação econômica ou financeira do sujeito passivo, mediante requisição de autoridade judiciária no interesse da justiça. (Procurador do Estado/SC - 2010 - FEPESE)

15.3. Dívida ativa

15.3.1. Inscrição e características

Após o vencimento, o crédito tributário é inscrito em dívida ativa pela procuradoria.

É importante ressaltar que há dívida ativa tributária e não tributária - art. 2º da Lei 6.830/1980. Ou seja, mesmo créditos públicos de natureza não tributária (multas administrativas, por exemplo) são inscritas em dívida ativa.

A dívida regularmente inscrita goza de presunção relativa de certeza e liquidez e tem efeito de prova pré-constituída (art. 204 do CTN).

A presunção pode ser ilidida (afastada) por prova inequívoca, a cargo do sujeito passivo ou do terceiro a que aproveite.

A fluência de juros de mora não afasta a liquidez do crédito inscrito (art. 201, parágrafo único, do CTN).

Gabaritos de concursos públicos

A inscrição do crédito tributário na dívida ativa e a consequente expedição da certidão é pressuposto para a cobrança por meio de execução fiscal. **(Magistratura/PB - 2011 - CESPE)**

A presunção de certeza e liquidez de que goza a dívida ativa regularmente inscrita é sempre relativa. A cobrança de juros de mora feita administrativamente pela fazenda pública não impede, de maneira nenhuma, a inscrição do título como dívida ativa e sua execução. **(Procurador do Município/Aracaju - 2008 - CESPE)**

A execução fiscal é o único local adequado para discussão judicial da Dívida Ativa, salvo as hipóteses de mandado de segurança, da ação de repetição do indébito e da ação anulatória do ato declarativo da dívida. **(Procuradoria Distrital - 2007) - [obs.: literalidade do art. 38 da Lei 6.830/1980]**

Em atenção à presunção de liquidez e certeza da inscrição, o STJ entende que, se o nome do sócio consta da Certidão da Dívida Ativa - CDA (que estudaremos a seguir), compete ao particular o ônus de provar que não há sua responsabilidade tributária. Esse ônus é do Fisco apenas se pretender redirecionar a execução contra sócio cujo nome não consta da CDA.

Jurisprudência

A orientação da Primeira Seção desta Corte firmou-se no sentido de que, se a execução foi ajuizada apenas contra a pessoa jurídica, mas o nome do sócio consta da CDA, a ele incumbe o ônus da prova de que não ficou caracterizada nenhuma das circunstâncias previstas no art. 135 do CTN, ou seja, não houve a prática de atos "com excesso de poderes ou infração de lei, contrato social ou estatutos".

REsp 1.104.900/ES, Min. Denise Arruda, j. 25.03.2009, repetitivo.

Gabarito de concurso público

No curso de execução fiscal promovida contra sociedade empresária e seus sócios-gerentes, cabe a estes o ônus da prova para dirimir ou excluir a responsabilidade, via embargos do devedor, porquanto a certidão de dívida ativa goza de presunção **juris tantum** *de liquidez e certeza.* **(Advogado da União/AGU - CESPE - 2009)**

15.3.2. Requisitos do termo de inscrição

O termo de inscrição em dívida ativa, autenticado pela autoridade competente, deve conter (art. 202 do CTN):

a) o nome do devedor, o dos corresponsáveis e, se possível, seus domicílios ou residências;

b) a quantia devida e a maneira de calcular os juros de mora;

c) a origem e a natureza do crédito e a disposição da lei em que seja fundado;

d) a data em que foi inscrita;

e) sendo caso, o número do processo administrativo

A Certidão da Dívida Ativa - CDA, extraída a partir dessa inscrição, é título executivo extrajudicial (art. 585, VII, do CPC) e contém todos esses requisitos, além da indicação do livro e da folha da inscrição.

15.3.3. Nulidade da inscrição e CDA

A omissão ou erro em relação a qualquer dos requisitos implica nulidade da inscrição e do respectivo processo de cobrança.

Entretanto, a nulidade pode ser sanada até a sentença nos embargos à execução fiscal, mediante substituição da certidão nula, devolvendo-se o prazo para defesa em relação à parte modificada - art. 203 do CTN e art. 2º, § 8º, da Lei 6.830/1980 - Súmula 392 do STJ.

Jurisprudência

Conforme a jurisprudência do STJ, não é cabível a extinção da Execução Fiscal com base na nulidade da CDA, sem a anterior intimação da Fazenda Pública para emenda ou substituição do título executivo, quando se tratar de erro material ou formal. Precedentes do STJ.

AgRg AREsp 96.950/RS, STJ, Herman Benjamin, j. 20.03.2012

É possível prosseguir a execução da parte válida da CDA se, por meros cálculos aritméticos, for possível aferir os valores.

AgRg REsp 1.216.672/SC, STJ, Min. Castro Meira, j. 19.06.2012

6. Consequentemente, tendo em vista a desnecessidade de revisão do lançamento, subsiste a constituição do crédito tributário que teve por base a legislação ulteriormente declarada inconstitucional, exegese que, entretanto, não ilide a inexigibilidade do débito fiscal, encartado no título executivo extrajudicial, na parte referente ao quantum a maior cobrado com espeque na lei expurgada do ordenamento jurídico, o que, inclusive, encontra-se, atualmente, preceituado nos artigos 18 e 19, da Lei 10.522/2002, verbis: (...)
(...)
8. Consectariamente, dispensa-se novo lançamento tributário e, a fortiori, emenda ou substituição da certidão de dívida ativa (CDA).
REsp 1.115.501/SP, STJ, rel. Min. Luiz Fux, j. 10.11.2010 – repetitivo.

A emenda ou substituição da Certidão da Dívida Ativa são admitidas diante da existência de erro material ou formal, não sendo possível, entretanto, a alteração do sujeito passivo da obrigação tributária.
REsp 880.724/BA, STJ, Min. Luiz Fux, j. 23.10.2007

Gabaritos de concursos públicos

A nulidade do termo de inscrição da dívida ativa pode ser sanada, mediante substituição da certidão nula, devendo ser devolvido à devedora o prazo para defesa, que somente pode versar sobre a parte modificada. **(Magistratura Federal – 5ª Região – 2011)**

A Fazenda Pública, na execução fiscal, poderá substituir a Certidão da Dívida Ativa até a prolação da sentença de embargos, quando se tratar de correção de erro material e formal, vedada a modificação do sujeito passivo da execução. **(Magistratura/SC – 2010)**

15.3.4. Certidões negativas

A lei pode exigir que a prova de quitação dos tributos, quando exigível, seja feita por certidão negativa, emitida pelo Fisco por requerimento do interessado, contendo todas as informações para sua identificação, domicílio fiscal, ramo de negócio ou atividade, e período a que se refere (art. 205 do CTN).

A certidão deve ser emitida em até 10 dias do requerimento, nos termos em que foi pedida.

Cabe certidão positiva com efeito de negativa no caso de créditos não vencidos, com exigibilidade suspensa ou de execução garantida por penhora efetiva e suficiente (art. 206 do CTN).

Jurisprudência

1. Não se reveste de ilegalidade a determinação de que a expedição de certidão positiva com efeito de negativa esteja condicionada à penhora de bens suficientes que garantam o débito exequendo, posto que a exegese do art. 206 do CTN conspira em prol do interesse público.
2. Para ser reconhecido o direito à Certidão Negativa de débito, não basta o oferecimento de bens à penhora. É necessário seja a mesma efetivada, garantindo o débito.
REsp 408.677/RS, STJ, rel. Min. Luiz Fux, j. 27.08.2002

Gabaritos de concursos públicos

A certidão em que constar a existência de crédito não vencido, no curso de cobrança executiva em que tenha sido efetivada a penhora, ou cuja exigibilidade tenha sido suspensa, será considerada "positiva, com efeito, de negativa". (Magistratura/PA – 2008 – FGV)

NÃO será expedida a certidão positiva de débitos com efeitos de negativa quando os débitos forem objeto de execução fiscal na qual foi apresentada apenas exceção de pré-executividade. (Procurador do Estado/RR – 2006 – FCC)

15.3.5. Dispensa de certidão negativa e responsabilidade

A prova de quitação é dispensada no caso de ato indispensável para evitar a caducidade de direito, mas os participantes respondem pelo tributo eventualmente devido, juros e penalidades, exceto infrações com responsabilidade pessoal do infrator (art. 207 do CTN).

O funcionário responde pessoalmente pelo crédito (com juros) no caso de certidão expedida com dolo ou fraude, com erro contra a fazenda, sem prejuízo da responsabilidade criminal e funcional (art. 208 do CTN).

Gabarito de concurso público

Será responsabilizado pessoalmente pelo crédito tributário o funcionário que expedir certidão negativa, com fraude, contendo erro contra a Fazenda Pública. **(Ministério Público/MS – 2011 – FADEMS)**

16. PROCESSO ADMINISTRATIVO TRIBUTÁRIO

16.1. Introdução e denominação

É comum distinguir-se *procedimento fiscal* do *processo administrativo fiscal*, especialmente no dia a dia da administração tributária.

Procedimento fiscal refere-se à *fiscalização* em sentido estrito, que é a atividade do auditor fiscal atinente à análise de livros, registros, notas, estoques do sujeito passivo e que eventualmente termina com a lavratura do auto de infração (lançamento de ofício).

O início do procedimento fiscal deve ser documentado, sempre que possível, nos livros fiscais exibidos. Se em documento separado, deve ser dada cópia autenticada para o fiscalizado – art. 196 do CTN.

A legislação fixará prazo máximo para conclusão da fiscalização.

Processo administrativo fiscal é aquele iniciado com a impugnação ao lançamento (= fase litigiosa do procedimento, na terminologia do art. 14 do Decreto 70.235/1972) ou com a consulta formulada pelo interessado.

É comum referir-se a processo administrativo também em relação aos pedidos de concessão ou de reconhecimento de benefícios fiscais (parcelamentos, isenções, anistias etc.), regimes especiais de tributação, compensações etc.

Gabaritos de concursos públicos

Processo administrativo tributário é o conjunto de atos decorrentes da relação jurídica estabelecida em contraditório, entre a administração fazendária e o sujeito passivo de obrigação tributária ou de outro dever jurídico. **(Auditor Fiscal/MS - 2006 - FGV)**

Conforme o Decreto n. 70.235, de 06 de março de 1972, que dispõe sobre o processo administrativo fiscal, a impugnação da exigência instaura a fase litigiosa do procedimento administrativo fiscal. (Procurador do Estado/SC - 2010 - FEPESE)

16.2. Objetivo e princípios

Por meio do processo administrativo fiscal, busca-se uma decisão da administração tributária a respeito da impugnação feita pelo sujeito passivo, mantendo, modificando ou afastando o lançamento, ou ainda a resposta à consulta formulada.

Como já dito, admite-se que há processo administrativo fiscal também nos casos em que a legislação prevê procedimento para concessão de benefícios fiscais, compensações, parcelamentos etc. Nesse caso, o sujeito passivo busca o deferimento do pedido, com reconhecimento ou concessão do benefício pleiteado.

No processo administrativo fiscal devem ser observados os princípios constitucionais do contraditório e da ampla defesa (art. 5º, LV, da CF).

Veja o seguinte gabarito da ESAF, que indica de maneira bastante didática os mais importantes princípios específicos que orientam o processo administrativo fiscal:

Gabarito de concurso público

Livre convencimento*: o julgador não está adstrito à conclusão apresentada como resultado da diligência solicitada, podendo dele divergir, desde que fundamentadamente.*
Contraditório e ampla defesa*: se no curso do processo ocorrer alteração da fundamentação legal, devolve-se ao sujeito passivo o prazo para impugnação.*
Oficialidade*: iniciado o processo, compete à própria administração impulsioná-lo até sua conclusão, diligenciando no sentido de reunir o conhecimento dos atos necessários ao seu deslinde.*
Verdade material*: a autoridade julgadora tem o direito e o dever de carrear para o expediente todos os dados, informações, documentos a respeito da matéria tratada, sem estar jungida aos aspectos considerados pelos sujeitos.* **(Auditor da Previdência Social - 2002 - ESAF)**

Além deles, há também o princípio da *informalidade*. O julgador, por exemplo, não declara desnecessariamente nulidades, nos casos dos arts. 59, § 3º, e 60 do Decreto 70.235/1972.

Gabaritos de concursos públicos

Os princípios que expressam a garantia da parte de tomar conhecimento dos atos processuais e de reagir contra esses, bem como o dever da administração pública de apreciar a legalidade dos atos de seus agentes independentemente de provocação, devendo impulsionar o processo até sua conclusão e diligenciar no sentido de reunir o conhecimento dos atos necessários ao seu deslinde, são, respectivamente contraditório e oficialidade. **(Auditor Fiscal da Receita Federal - 2002.1 - ESAF)**

Requisitos da decisão administrativa. Imparcialidade: Independência perante os interesses privados, individuais ou de grupos, perante os interesses partidários, perante os concretos interesses políticos do Governo; Constitui uma das características de que se compõe o princípio da eficiência do ato administrativo. Motivação: Objetiva garantir a ampla defesa e a plena possibilidade de controle, inclusive jurisdicional, da validade do ato; narrativa dos fatos e das razões jurídicas ensejadores do ato e demonstração da pertinência lógica entre eles. Publicidade: Relaciona-se com a transparência do ato administrativo. **(Auditor Fiscal da Previdência Social - 2002 - ESAF)**

Não tendo ocorrido recusa ou sonegação de documento ou informação por parte do sujeito passivo, o ônus da prova do ilícito é da fiscalização. Um indício, isoladamente, não é meio de prova que autorize o lançamento. A presunção legal relativa inverte o ônus da prova. Em se tratando de presunção legal absoluta, qualquer prova em contrário apresentada pelo sujeito passivo não será considerada. **(Auditor Fiscal da Previdência Social - 2002 - ESAF)**

16.3. Características

A legislação de cada ente regula o procedimento e o processo administrativo fiscal.

No âmbito federal, temos o Decreto 70.235/1972 e a Lei 9.784/1999 (esta é norma geral, relativa a todos os processos administrativos, não apenas aos fiscais).

Em atenção ao direito de petição e aos princípios do contraditório e da ampla defesa, não podem ser exigidos depósitos ou garantias como condição para a impugnação administrativa (início do processo) ou para os recursos administrativos, conforme a Súmula Vinculante 21 do STF e a Súmula 373 do STJ. Por essa razão, a exigência do arrolamento de bens no processo administrativo fiscal federal (art. 33, § 2º, do Dec.-lei 70.235/1972) foi afastada pelo STF (ADI 1.976/DF).

Gabarito de concurso público

É inconstitucional a exigibilidade do arrolamento de bens no valor equivalente a 30% da exigência fiscal, prevista pelo Decreto 70.235/1972, como pressuposto de admissibilidade do recurso voluntário na esfera administrativa federal, conforme procedência do pedido na ADI 1976/07. **(Magistratura/MS - 2008 - FGV)**

O processo administrativo em que se impugna o lançamento suspende a exigibilidade do crédito.

Assim, enquanto o Fisco estiver examinando a impugnação do sujeito passivo contra a exigência tributária, não poderá cobrá-lo administrativa ou judicialmente.

Há precedentes do STJ entendendo que mesmo o processo administrativo em que se discute a compensação tem também o efeito de suspender a exigibilidade do crédito tributário (AgRg no REsp 1.301.890/RS).

Por outro lado, o entendimento é diverso no caso específico de pedido de compensação com precatório devido por outra pessoa jurídica (o devedor do precatório não corresponde ao próprio sujeito ativo do tributo que se pretende compensar), ou seja, em que a compensação é claramente indevida, conforme a jurisprudência pacífica. Nesse caso, o STJ entende que o processo administrativo correspondente não tem o efeito de suspender a exigibilidade do crédito tributário (ver AgRg no AREsp 135.557/RS).

A jurisprudência tem entendido que o lançamento será definitivo apenas com a decisão administrativa definitiva ou com o decurso de prazo para impugnação (ver, por exemplo, Súmula Vinculante 24 do STF).

Jurisprudência
Súmula Vinculante 24 do STF: Não se tipifica crime material contra a ordem tributária, previsto no art. 1º, incisos I a IV, da Lei n. 8.137/1990, antes do lançamento definitivo do tributo.

Gabarito de concurso público
Enquanto pendente o processo administrativo, subsiste a incerteza sobre a existência e o conteúdo da obrigação tributária, não se podendo falar em crédito constituído antes do encerramento da discussão. **(Fiscal de Tributos Estaduais/AL - 2002 - CESPE)**

A consulta formulada antes do vencimento afasta a cobrança de juros moratórios – art. 161, § 2º, do CTN.

17. AÇÕES TRIBUTÁRIAS

17.1. Introdução

Veja a seguinte tabela para visualizar as principais ações tributárias propostas pelos contribuintes.

Principais ações propostas pelo particular	
Ação	Cabimento
Declaratória	– Antes do lançamento tributário
Anulatória	– Após o lançamento, mesmo depois do início da execução
Mandado de segurança	– Preventivamente ou até 120 dias após o lançamento ou ato coator, desde que não haja necessidade de dilação probatória – Também para declarar direito à compensação
Consignatória	– Quando o Fisco, injustificadamente, recusa-se a receber ou impossibilita o pagamento, ou quando há mais de um Fisco exigindo tributo relativo ao mesmo fato gerador
Repetição	– Para restituição de tributo indevidamente recolhido
Embargos	– Para opor-se à execução fiscal

O Fisco propõe Execução Fiscal e, eventualmente, Cautelar Fiscal.

17.2. Ação declaratória de inexistência de obrigação tributária

A ação declaratória de inexistência de obrigação tributária é ação ordinária, proposta antes do lançamento.

Nela o autor suscita a invalidade da norma tributária, a inocorrência de fato gerador, o receio de que o sujeito passivo seja incorretamente identificado etc.

A propositura da ação ordinária (qualquer que seja) não impede, por si, o lançamento e a posterior cobrança, ou seja, o fato de alguém ter proposto a ação não impede que o valor lançado seja inscrito em dívida ativa e cobrado judicialmente.

Para suspensão da exigibilidade do crédito, após o lançamento, é necessário depósito integral em dinheiro, antecipação de tutela ou liminar em cautelar. Somente assim evita-se a inscrição em dívida ativa e a execução fiscal.

17.3. Ação anulatória do lançamento (ou declaratória de nulidade)

A ação anulatória é ação ordinária, proposta após o lançamento, em que o autor suscita sua nulidade.

Gabarito de concurso público
Para distinguir a ação declaratória de inexigibilidade de crédito fiscal e a ação anulatória de débito fiscal, basta considerar que a primeira supõe inexistência de procedimento fiscal constitutivo do crédito tributário e a segunda sua constituição definitiva. **(Magistratura/AL - 2007 - FCC)**

Admite-se a anulatória até mesmo após o início da execução fiscal, em atenção ao princípio da inafastabilidade da tutela jurisdicional (acesso ao Judiciário). Isso é relativamente comum nos casos em que o executado não pode garantir o juízo da execução (o que impede a interposição dos embargos) ou quando perdeu o prazo para os embargos.

Gabarito de concurso público
É cabível a propositura de ação anulatória de débito fiscal quando já iniciada a execução fiscal e ainda não foi realizada a garantia do juízo da execução. **(Magistratura/SC - 2009)** *A proposição de Ação Anulatória, estando em curso Execução Fiscal, é possível, mas a suspensão da exigibilidade do débito só se fará mediante prova do depósito integral do seu valor.* **(Magistratura/PA - 2009 - FGV)** **Obs.: a rigor, é possível também antecipação de tutela em anulatória, com efeito de suspensão da exigibilidade do crédito**

Há precedentes do STJ no sentido de que há prazo de 5 anos contados a partir do lançamento para que o sujeito passivo proponha a anulatória.

Não se exige depósito prévio (Súmula Vinculante 28 do STF), apesar de disposição legal nesse sentido (art. 38 da Lei 6.830/1980).

Gabaritos de concursos públicos
É inconstitucional a exigência de depósito prévio como requisito de admissibilidade de ação judicial na qual se pretenda discutir a exigibilidade de crédito tributário. **(Magistratura Federal - 4ª Região - 2010)**
Segundo a doutrina majoritária, o depósito preparatório do valor do débito, monetariamente corrigido e acrescido dos juros e multa de mora e demais encargos, não é pressuposto de admissibilidade da ação anulatória de débito fiscal; contudo, se efetuado o depósito do montante integral nesse caso, estará suspensa a exigibilidade do crédito por parte da Fazenda. **(Magistratura/PA - 2008 - FGV)**

O depósito, é bom lembrar, é sempre uma prerrogativa do devedor para a suspensão do crédito, não uma imposição a ele.

A propositura da anulatória (assim como a de qualquer ação ordinária) não suspende a exigibilidade do crédito. É preciso depósito integral em dinheiro, antecipação de tutela ou liminar em cautelar para essa finalidade.

É possível haver conexão com a execução e litispendência em relação aos embargos à execução.

Ao optar pela ação judicial, o sujeito passivo renuncia ao direito de recorrer administrativamente e desiste do processo administrativo eventualmente em andamento, em que se impugna o mesmo crédito, nos termos do art. 38, parágrafo único, da Lei 6.830/1980.

Gabarito de concurso público
A propositura, pelo contribuinte, de ação anulatória do ato declarativo da dívida, importa em renúncia ao poder de recorrer na esfera administrativa e desistência do recurso acaso interposto. **(Procurador do Estado/SC - 2010 - FEPESE)**

17.4. Mandado de segurança

O mandado de segurança (MS) impugna ato ilegal praticado por autoridade que ofende direito líquido e certo.

O MS pode ser preventivo ou repressivo, devendo ser impetrado, nesse último caso, em até 120 dias após o ato coator.

Quando o impetrante se opõe ao lançamento, o prazo é contado da respectiva notificação.

Não cabe MS contra lei em tese (Súmula 266 do STF).

É preciso prova pré-constituída, pois não há dilação probatória, ou seja, o impetrante deve provar todos os fatos documentalmente, já com a petição inicial.

O MS em si, assim como as ações ordinárias, não suspende a exigibilidade do crédito tributário. Para isso, é preciso que o juiz conceda liminar ou que seja realizado depósito integral em dinheiro.

Cabe MS para declarar o direito à compensação, mas não para convalidar a compensação já realizada (Súmulas 213 e 460 do STJ).

17.5. Consignação em pagamento

O sujeito passivo pode consignar judicialmente o valor do crédito tributário nos casos de (art. 164 do CTN):

a) recusa de recebimento, ou subordinação ao pagamento de outro tributo ou de penalidade, ou ao cumprimento de obrigação acessória;

b) subordinação do recebimento ao cumprimento de exigências administrativas sem fundamento legal;

c) exigência, por mais de uma pessoa, de tributo idêntico sobre o mesmo fato gerador.

A consignação só pode se referir ao valor que o consignante se propõe a pagar, ou seja, o autor deve depositar o que ele acha correto, ainda que inferior ao montante cobrado pelo Fisco.

A ação não suspende a exigibilidade do crédito, exceto se o depósito corresponder ao valor exigido.

Não cabe consignatória para a realização de parcelamento.

A extinção do crédito somente ocorre no caso de procedência, com conversão do depósito em renda.

Se a consignatória for julgada improcedente, ainda que em parte, o crédito é cobrado com juros de mora e multas.

17.6. Repetição de indébito

17.6.1. Aspectos gerais

A ação de repetição de indébito é uma ação ordinária condenatória para que o Fisco devolva valores indevidamente recolhidos (art. 165 do CTN).

A ação independe de comprovação de erro ou de prévio protesto, ou seja, se alguém pagou tributo indevido ou a maior, presume-se o erro (não se imagina que houve doação, por exemplo).

Gabarito de concurso público
O pagamento do crédito tributário quando indevido, gera ao sujeito passivo o direito à restituição, ainda quando o pagamento tenha se dado independentemente de prévio protesto, desde que requerido administrativa ou judicialmente no prazo legal. **(Procurador do Município/Teresina-PI - 2010 - FCC)**

A restituição parcial ou total do tributo implica restituição proporcional dos juros de mora e multas, exceto as relativas a infrações de caráter formal, não prejudicadas pela causa da restituição.

17.6.2. Prazo para a repetição

O prazo prescricional para a repetição judicial do indébito é de **5 anos** contados (art. 168 do CTN):

a) da extinção do crédito (**pagamento indevido**);

b) da data em que se tornar definitiva a decisão administrativa ou transitar em julgado a decisão judicial que tenha reformado, anulado, revogado ou rescindido a decisão condenatória.

Se houve pedido administrativo de restituição, o prazo para a ação é de apenas **2 anos** contados da decisão administrativa denegatória. O prazo é interrompido pelo início da ação, recomeçando pela metade.

Atualmente, após enorme discussão judicial, a legislação é clara ao afirmar que a extinção do crédito, no caso dos tributos lançados por homologação, se dá com o pagamento realizado pelo sujeito passivo e não com a homologação pelo Fisco – art.

3º da LC 118/2005. Esse, portanto, é o termo inicial para a contagem do prazo quinquenal para repetição de indébito: data do pagamento feito pelo sujeito passivo.

Gabarito de concurso público
Prazo para pedir a devolução dos tributos sujeitos a lançamento por homologação se conta do pagamento antecipado e não mais da extinção efetiva do crédito tributário. **(Magistratura/RO - 2011 - PUC/PR)**

17.6.3. Restituição de tributos indiretos

O CTN refere-se ao contribuinte "de fato" para fins de legitimidade ativa processual na repetição do indébito (art. 166).

Há tributos empresariais (IPI, ICMS, ISS) que, por sua natureza jurídica, permitem a transferência do ônus econômico ao adquirente dos bens ou serviços (= tributos indiretos). O sujeito passivo, embora seja o *contribuinte "de direito"*, não assume o encargo financeiro da tributação, que é arcado pelo consumidor final, que é *contribuinte "de fato"*.

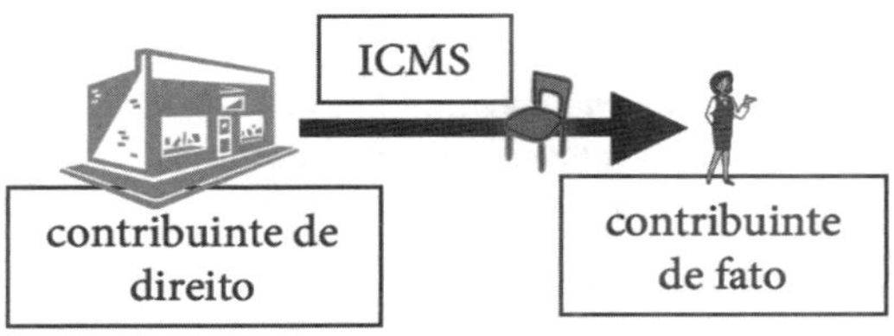

Nesse caso, se houve pagamento a maior ou indevido, presume-se que o adquirente (*contribuinte "de fato"*) é que assumiu o ônus financeiro.

Para que o sujeito passivo (*contribuinte "de direito"*) repita o indébito, deve afastar essa presunção e comprovar que assumiu o ônus econômico do tributo indevidamente recolhido, ou então deve conseguir autorização do *contribuinte "de fato"* para que possa ingressar em juízo e pedir a devolução.

Ademais, o *contribuinte "de fato"* não tem legitimidade ativa para propor a ação, já que a relação jurídico-tributária se dá entre o sujeito passivo (*contribuinte "de direito"*) e o Fisco. É bom ressalvar, entretanto, que o STJ reconheceu excepcionalmente a legitimidade ativa processual do consumidor final de energia elétrica, fornecida por concessionária em regime de exclusividade.

Jurisprudência
O "contribuinte de fato" (**in casu**, *distribuidora de bebida) não detém legitimidade ativa ad causam para pleitear a restituição do indébito relativo ao IPI incidente sobre os descontos incondicionais, recolhido pelo "contribuinte de direito" (fabricante de bebida), por não integrar a relação jurídica tributária pertinente.* **REsp 903.394/AL, rel. Min. Luiz Fux, j. 24.03.2010, repetitivo**
Diante do que dispõe a legislação que disciplina as concessões de serviço público e da peculiar relação envolvendo o Estado-concedente, a concessionária e o consumidor, esse último tem legitimidade para propor ação declaratória c/c repetição de indébito na qual se busca afastar, no tocante ao fornecimento de energia elétrica, a incidência do ICMS sobre a demanda contratada e não utilizada.
O acórdão proferido no REsp 903.394/AL (repetitivo), da Primeira Seção, Ministro Luiz Fux, DJe de 26.04.2010, dizendo respeito a distribuidores de bebidas, não se aplica ao casos de fornecimento de energia elétrica. **REsp 1.299.303/SC, rel. Min. Cesar Asfor, j. 08.08.2012, repetitivo**

17.7. Cautelar Fiscal

A cautelar fiscal é detalhadamente regulada pela Lei 8.397/1992.

Serve para garantir que o Fisco receba os valores devidos pelo sujeito passivo na Execução Fiscal (garantia de efetividade da execução).

Pode ser proposta após o lançamento (regra) e, excepcionalmente, antes da constituição do crédito.

É preciso (art. 3º): (i) prova literal da constituição do crédito e (ii) prova documental de algum dos casos previstos no art. 2º da Lei.

> **Art. 2º** A medida cautelar fiscal poderá ser requerida contra o sujeito passivo de crédito tributário ou não tributário, quando o devedor:
>
> I – sem domicílio certo, intenta ausentar-se ou alienar bens que possui ou deixa de pagar a obrigação no prazo fixado;
>
> II – tendo domicílio certo, ausenta-se ou tenta se ausentar, visando a elidir o adimplemento da obrigação;
>
> III – caindo em insolvência, aliena ou tenta alienar bens;
>
> IV – contrai ou tenta contrair dívidas que comprometam a liquidez do seu patrimônio;
>
> V – notificado pela Fazenda Pública para que proceda ao recolhimento do crédito fiscal:
>
> a) deixa de pagá-lo no prazo legal, salvo se suspensa sua exigibilidade;
>
> b) põe ou tenta por seus bens em nome de terceiros;
>
> VI – possui débitos, inscritos ou não em Dívida Ativa, que somados ultrapassem trinta por cento do seu patrimônio conhecido;
>
> VII – aliena bens ou direitos sem proceder à devida comunicação ao órgão da Fazenda Pública competente, quando exigível em virtude de lei;
>
> VIII – tem sua inscrição no cadastro de contribuintes declarada inapta, pelo órgão fazendário;
>
> IX – pratica outros atos que dificultem ou impeçam a satisfação do crédito.

Gabaritos de concursos públicos
A medida cautelar fiscal pode ser instaurada antes ou após a constituição do crédito, mesmo já estando em curso a execução judicial da Dívida Ativa. **(Procuradoria Distrital - 2007)**
Na medida cautelar fiscal, o requerido será citado para, no prazo de 15 (quinze) dias, contestar o pedido, indicando as provas que pretenda produzir. **(Magistratura/PR - 2008)** *É admitida a substituição da medida cautelar fiscal decretada, a qualquer tempo, pela prestação de garantia correspondente ao valor da prestação da Fazenda Pública.* **(Procurador do Estado/SC - 2010 - FEPESE)**

17.8. Execução fiscal e embargos

17.8.1. Aspectos gerais

A execução fiscal serve para cobrança da dívida ativa tributária ou não tributária dos entes políticos e suas autarquias (Lei 6.830/1980).

A certidão da dívida ativa (CDA), extraída a partir da inscrição em dívida ativa, é o título executivo e, em princípio, corresponde à inicial.

A execução pode ser promovida contra o sujeito passivo (contribuinte ou responsável) ou o fiador.

A competência para a execução exclui a de qualquer outro juízo, inclusive o da falência e o do inventário.

As intimações da fazenda são sempre pessoais.

Gabarito de concurso público
A intervenção do Ministério Público nas execuções fiscais é desnecessária. **(Magistratura/PA - 2008 - FGV)**

Até a sentença, a CDA pode ser emendada ou substituída, com devolução de prazo, vedada a modificação do sujeito passivo (Súmula 392 do STJ).

Presume-se fraudulenta a alienação ou oneração de bens ou rendas, sem reserva de recursos para atender ao crédito **inscrito em dívida ativa** (a Súmula 375 do STJ não se aplica ao crédito tributário).

O juiz, a requerimento das partes, poderá, por conveniência da unidade da garantia da execução, ordenar a reunião de processos contra o mesmo devedor, hipótese em que os processos serão redistribuídos ao juízo da primeira distribuição (art. 28 da Lei 6.830/1980). O STJ fixou o entendimento de que essa reunião de execuções fiscais contra o mesmo devedor constitui faculdade do juiz – Súmula 515 daquela Corte.

17.8.2. Despacho inicial na execução

O despacho do juiz que defere a inicial determina:

a) a citação (em regra pelo correio) para que o executado pague a dívida ou garanta a execução em 5 dias;

b) a penhora, se não houver pagamento ou garantia;

c) o arresto, se o executado não for localizado;

d) o registro da penhora ou do arresto;

e) a avaliação dos bens penhorados ou arrestados.

É importante lembrar que o despacho do juiz que determina a citação interrompe o prazo prescricional, ou seja, o Fisco deve se acautelar para que proponha a execução observando o prazo de 5 anos.

Gabaritos de concursos públicos
O despacho do juiz que defere a inicial da execução fiscal importa em ordem para citação, penhora, arresto, registro da penhora ou do arresto, e avaliação dos bens penhorados ou arrestados. **(Procuradoria Distrital - 2007)**
Nesse caso, e de acordo com a Lei de Execução Fiscal, o juiz deve, inicialmente, determinar a citação pelo correio, com aviso de recebimento, e a citação deve ser considerada feita na data da entrega da carta no endereço do executado. **(Magistratura Federal/5ª Região - 2009 - CESPE)**
A citação por edital na execução fiscal é cabível quando frustradas as demais modalidades. (Magistratura Federal - 4ª Região - 2010)

17.8.3. Garantia e penhora

Para garantir a execução, o executado pode:

a) efetuar depósito em dinheiro;

b) oferecer fiança bancária;

c) nomear bens à penhora (a partir do mais líquido);

d) indicar bens oferecidos por terceiros à penhora, desde que aceitos pela fazenda.

O executado pode requerer a substituição do bem penhorado por dinheiro ou fiança, o que será deferido. Qualquer outra substituição dependerá da concordância do Fisco.

Se o executado não garantir a execução, o Fisco pode requerer a penhora *on-line* ou a penhora de outros bens.

Gabarito de concurso público
Tendo em vista o disposto na Lei n. 6.830, de 22.09.1980, que trata da execução fiscal, não ocorrendo o pagamento nem a garantia da execução legalmente prevista, a penhora poderá recair em qualquer bem do executado, exceto, unicamente, os bens e rendas que a lei declara absolutamente impenhoráveis. **(Procurador do Estado/SC - 2009)**

O juiz deferirá pedido da fazenda de substituição do bem penhorado por qualquer outro, independentemente da ordem de liquidez, ou de reforço da penhora insuficiente. Perceba que, no caso do pedido de substituição formulado pelo Fisco, não será necessária a concordância do executado.

Jurisprudência
Se há penhora efetivada, esse fato não é suficiente para obstar a penhora on-line *a pedido da Fazenda exequente, uma vez que a substituição do bem penhorado é prerrogativa que lhe é assegurada por lei especial.* **AgRg Ag 1.221.342/SP, rel. Min. Benedito Gonçalves, j. 12.04.2011**

A fazenda poderá recusar a substituição de bem penhorado por outro menos líquido (caso do precatório, em regra).

Jurisprudência
Súmula 406 do STJ. A Fazenda Pública pode recusar a substituição do bem penhorado por precatório. *A jurisprudência do Superior Tribunal de Justiça admite a penhora de crédito relativo a precatório judicial. Todavia, não se equiparando o precatório a dinheiro ou a fiança bancária, mas a direito de crédito, a Fazenda Pública pode recusar a nomeação ou a substituição do bem por quaisquer das causas previstas no art. 656 do CPC, ou nos arts. 11 e 15 da LEF.* **AgRg AREsp 48.580/RS, Min. Humberto Martins, j. 22.11.2011**

O juiz pode determinar a penhora *on-line* de contas e investimentos bancários, não sendo necessário o esgotamento das diligências para localização de bens.

Esgotadas as diligências, o juiz poderá determinar a indisponibilidade universal de bens e direitos do devedor (art. 185-A do CTN).

17.8.4. Embargos à execução

Garantida a execução, o executado poderá oferecer embargos no prazo de **30 dias** contados (i) do depósito, (ii) da juntada da prova da fiança bancária ou (iii) da intimação da penhora.

No prazo para embargos, toda a matéria de defesa deve ser alegada, as provas requeridas, os documentos juntados, além do rol de testemunhas.

Não se admite reconvenção ou compensação e as exceções (salvo suspeição, incompetência e impedimento) serão arguidas como preliminar.

No caso da compensação, o que não se admite é o executado pleitear a extinção do crédito no curso da execução. Por outro lado, pode comprovar que o crédito já foi extinto por compensação no âmbito administrativo ou em demanda judicial anterior (isso é possível).

A Fazenda tem **30 dias** para impugnar os embargos interpostos pelo executado.

Atualmente, os embargos à execução não são recebidos com efeito suspensivo automático, o que deve ser deferido pelo juiz nos termos do art. 739-A do CPC.

Jurisprudência

Após a entrada em vigor da Lei 11.382/2006, que incluiu no CPC o art. 739-A, os Embargos do Devedor poderão ser recebidos com efeito suspensivo somente se houver requerimento do embargante e, cumulativamente, estiverem preenchidos os seguintes requisitos: a) relevância da argumentação; b) grave dano de difícil ou incerta reparação; e c) garantia integral do juízo.
AgRg Ag 121.809/PR, rel. Min. Herman Benjamin, j. 03.05.2012

Gabarito de concurso público

Os embargos serão recebidos em efeito suspensivo somente a requerimento do embargante, quando forem relevantes seus fundamentos e o prosseguimento da execução puder causar ao executado dano de difícil ou incerta reparação. **(Magistratura Federal-4ª Região - 2010)**

17.8.5. Adjudicação dos bens pela fazenda

A fazenda pode ficar com os bens penhorados (adjudicá-los):

a) antes do leilão, pelo preço da avaliação, se a execução não for embargada ou se os embargos forem rejeitados;

b) findo o leilão, (i) se não houver licitante, pelo preço da avaliação, ou, (ii) havendo licitante, com preferência, em igualdade de condições com a melhor oferta, no prazo de 30 dias.

17.8.6. Exceção de pré-executividade

O executado pode, excepcionalmente, opor-se à execução sem garantia do juízo, por meio de exceção de pré-executividade, desde que alegue matérias cognoscíveis de ofício (ordem pública) que não demandem dilação probatória.

Jurisprudência

Súmula 393 do STJ. A exceção de pré-executividade é admissível na execução fiscal relativamente às matérias conhecíveis de ofício que não demandem dilação probatória.

Gabaritos de concursos públicos

A exceção de pré-executividade é admissível na execução fiscal relativamente às matérias conhecíveis de ofício que não demandem dilação probatória. **(Magistratura Federal-4ª Região - 2010)**

Segundo a doutrina majoritária, o contribuinte pode opor objeção de pré-executividade quando a execução fiscal violar preceitos de ordem pública, como, por exemplo, o pagamento do crédito realizado antes da execução. **(Magistratura/PA - 2008 - FGV)**

17.8.7. Prescrição

A prescrição comum (antes da execução) pode ser conhecida de ofício (Súmula 409 do STJ).

Assim, se o juiz percebe que a execução foi proposta depois dos 5 anos contados a partir do lançamento (art. 174 do CTN), deverá declarar de ofício a prescrição.

Interrompem a prescrição (art. 174, parágrafo único, do CTN):

a) despacho do juiz que ordena a citação em execução fiscal;

b) protesto judicial;

c) qualquer ato judicial que constitua em mora o devedor;

d) qualquer ato inequívoco, ainda que extrajudicial, que importe em reconhecimento do débito pelo devedor.

Interrompido, o prazo recomeça a fluir desde o início.

Ao estudarmos as modalidades de extinção do crédito tributário, vimos que o despacho do juiz que ordena a citação interrompe o prazo prescricional (art. 174, parágrafo único, *I*, do CTN).

O STJ, ao interpretar o dispositivo do CTN cotejando-o ao art. 219, § 1º, do CPC, entendeu que a interrupção da prescrição pela citação (pelo despacho que a ordena, no caso) retroage à data da propositura da ação:

Jurisprudência

O Codex Processual, no § 1º, do artigo 219, estabelece que a interrupção da prescrição, pela citação, retroage à data da propositura da ação, o que, na seara tributária, após as alterações promovidas pela Lei Complementar 118/2005, conduz ao entendimento de que o marco interruptivo atinente à prolação do despacho que ordena a citação do executado retroage à data do ajuizamento do feito executivo, a qual deve ser empreendida no prazo prescricional.
REsp 1.120.295/SP, STJ, Rel. Min. Luiz Fux, j. 12/05/2010 - repetitivo

Assim, o Fisco deve se acautelar para iniciar a execução fiscal em tempo hábil, ou seja, em menos de 5 anos contados da constituição do crédito.

Porém, se há demora na citação por culpa exclusiva do Fisco, não há essa retroatividade, ou seja, pode ser reconhecida a prescrição:

Jurisprudência
Ainda que se entenda em sentido contrário, é firme a orientação da Primeira Seção desta Corte de que não retroage a prescrição à data da propositura da ação, conforme o art. 219, § 1º, do CPC, quando a demora na citação é imputada exclusivamente ao Fisco. **AgRg no AREsp 167.198/DF, rel. Min. Napoleão Nunes Maia Filho, j. 21.06.2012**

Isso não se confunde com a prescrição intercorrente, que corre durante o processo de execução.

17.8.8. Prescrição intercorrente

Se o devedor ou bens não forem localizados, o juiz suspenderá o processo por até 1 ano, período em que não corre a prescrição, abrindo vista à fazenda (não é necessária sua intimação, quando ela mesmo requer a suspensão), nos termos do art. 40 da Lei 6.830/1980.

Jurisprudência
1. Esta Egrégia Corte tem decidido que são prescindíveis as intimações da Fazenda Pública das decisões que suspendem ou determinam o arquivamento do feito executório, a pedido do próprio órgão público. Precedentes. *(...)* **AgRg AREsp 10.703/RS, STJ, Min. Castro Meira, j. 17.11.2011**

Após isso, o juiz ordena o arquivamento, iniciando-se a contagem do prazo de 5 anos da prescrição intercorrente.

Jurisprudência
Súmula 314 do STJ. Em execução fiscal, não localizados bens penhoráveis, suspende-se o processo por um ano, findo o qual se inicia o prazo da prescrição quinquenal intercorrente.

Passados 5 anos, o juiz, depois de ouvida a fazenda, reconhece de ofício a prescrição intercorrente.

A falta de intimação da Fazenda para ser ouvida, antes da decretação da prescrição, implicará nulidade apenas se demonstrado o prejuízo (*pas de nullité sans grief*).

Jurisprudência
*2. A ausência de intimação da Fazenda, para seu pronunciamento, antes de decretar-se a prescrição intercorrente, tem sido reconhecida nos casos em que o órgão público demonstra o efetivo prejuízo nas razões do recurso de apelação, o que não ocorreu no caso em debate (***pas de nullité sans grief***).* **AgRg AREsp 10.703/RS, STJ, Min. Castro Meira, j. 17.11.2011**

17.8.9. Abandono

O STJ também já admitiu a decretação de abandono da execução por inércia do Fisco, após intimação regular, independentemente de requerimento do interessado (até porque, muitas vezes nem há citação), afastando, portanto, o disposto na Súmula 240 do STJ.

Jurisprudência
A inércia da Fazenda exequente, ante a intimação regular para promover o andamento do feito e a observância dos artigos 40 e 25 da Lei de Execução Fiscal, implica a extinção da execução fiscal não embargada ex officio, afastando-se o Enunciado Sumular 240 do STJ, segundo o qual "a extinção do processo, por abandono da causa pelo autor, depende de requerimento do réu". Matéria impassível de ser alegada pela exequente contumaz. **REsp 1.120.097/SP, rel. Min. Luiz Fux, j. 13.10.2010, repetitivo**

18. REPARTIÇÃO DAS RECEITAS TRIBUTÁRIAS

18.1. Introdução

Além das receitas tributárias próprias, decorrentes das respectivas competências tributárias, os Estados e o DF contam com parcela das receitas relativas à competência da União.

De modo semelhante, os Municípios retêm ou recebem parte das receitas tributárias da União e dos respectivos Estados.

Essa repartição de receitas é fixada na CF.

Apresentaremos a seguir as regras objetivas para a repartição de receitas, lembrando que isso é muito exigido em concursos.

Para auxiliar na memorização, veremos listagens e diagramas.

18.2. Pertencem aos Estados e ao DF (art. 157 da CF)

Os Estados e o DF ficam com:

a) 100% do produto da arrecadação do IR retido na fonte, relativo aos rendimentos pagos, a qualquer título, por eles, por suas autarquias e pelas fundações que instituírem ou mantiverem;

b) 20% do produto da arrecadação de eventual imposto da competência residual que venha a ser criado.

Estados e DF
100% do IR na fonte

Estados e DF
20% do imposto da competência residual

18.3. Pertencem aos Municípios (art. 158 da CF)

Os Municípios ficam com:

a) 100% do produto da arrecadação do IR retido na fonte, relativo aos rendimentos pagos, a qualquer título, por eles, por suas autarquias e pelas fundações que instituírem ou mantiverem;

b) 50% do produto da arrecadação do ITR relativamente aos imóveis situados em seus territórios; ficam com 100%, caso optem pela fiscalização e cobrança do imposto;

c) 50% do produto da arrecadação do IPVA relativo aos automóveis licenciados em seus territórios;

d) 25% do produto da arrecadação do ICMS, creditado a cada Município pelos seguintes critérios: (i) ¾, no mínimo, na proporção do valor adicionado em seu território e (ii) até ¼ em conformidade com a lei estadual.

Municípios
100% do IR na fonte

Municípios
50% ou 100% do ITR

Municípios
50% do IPVA

Municípios
25% do ICMS

Gabaritos de concursos públicos
Os recursos arrecadados na fonte pelas autarquias municipais a título de imposto de renda sobre o pagamento feito a seus servidores, a qualquer título, não são repassados para a União. **(Magistratura/RO - 2011 - PUCPR)** *Parte do produto da arrecadação do ICMS é distribuída entre os municípios do respectivo estado.* **(Magistratura/AC - 2008 - CESPE)**

18.4. Pertencem também aos Estados, ao DF e aos Municípios

A União deve transferir o produto da arrecadação do IOF sobre ouro, enquanto ativo financeiro ou instrumento cambial, aos Estados, ao DF e aos Municípios, na seguinte proporção, conforme a origem do metal:

30% para o Estado ou o DF;

Estados e DF
30% do IOF sobre ouro

70% para o Município.

Municípios
70% do IOF sobre ouro

18.5. Resumo

Veja o seguinte resumo, com os percentuais de tributos federais e estaduais pertencentes a Estados e Municípios.

Pertencem aos Estados e ao DF:

Estados e DF
100% do IR na fonte

Estados e DF
20% do imposto da competência residual

Estados e DF
30% do IOF sobre ouro

Pertencem aos Municípios:

Municípios
100% do IR na fonte

Municípios
50% ou 100% do ITR

Municípios
50% do IPVA

Municípios
25% do ICMS

Municípios
70% do IOF sobre ouro

18.6. A União entregará (art. 159 da CF)

A União entregará 48% do produto da arrecadação do IR e do IPI, sendo:

a) 21,5% para o Fundo de Participação dos Estados e do Distrito Federal;

b) 22,5% para o Fundo de Participação dos Municípios + 1% no primeiro decêndio do mês de dezembro de cada ano;

c) 3% para aplicação em programas de financiamento ao setor produtivo das regiões N, NE e CO, assegurado ao semiárido do NE metade dos recursos destinados à região, na forma da lei.

Ademais, a União entregará:

a) 10% do produto da arrecadação do IPI aos Estados e ao DF, proporcionalmente ao valor das respectivas exportações de produtos industrializados - nenhuma Unidade deve receber mais que 20% do total - 25% do valor recebido pelos Estados serão repassados aos respectivos Municípios, pelos critérios do ICMS;

b) 29% do produto da arrecadação da CIDE sobre combustíveis para os Estados e ao DF (destinados ao financiamento de programas de infraestrutura de transportes) - 25% do valor recebido pelo Estado será repassado aos respectivos Municípios.

Gabarito de concurso público
Acerca da repartição da receita tributária, é correto afirmar que o estado do Amazonas tem direito a receber sua parcela sobre os 29% do produto da arrecadação da contribuição de intervenção no domínio econômico relativa às atividades de importação ou comercialização de petróleo e seus derivados, gás natural e seus derivados, e álcool combustível. **(Ministério Público/AM - 2008 - CESPE)**

18.7. A União entregará (art. 159 da CF – Resumo)

Veja a seguinte representação gráfica, com as transferências constitucionais da União para os fundos de participação e diretamente para os Estados e DF:

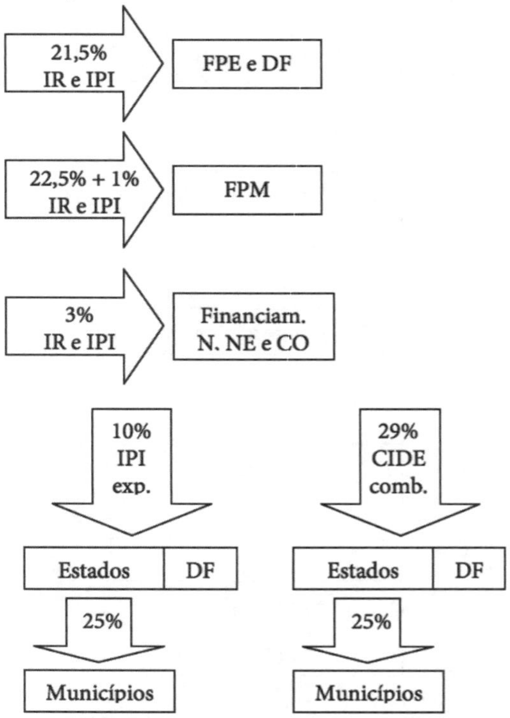

18.8. Vedações (art. 160 da CF)

A Constituição veda expressamente a retenção ou qualquer restrição à entrega e ao emprego dos recursos pertencentes aos Estados, ao DF e aos Municípios.

Gabarito de concurso público
É vedada a retenção ou qualquer restrição à entrega e ao emprego dos recursos atribuídos aos Estados, ao Distrito Federal e aos Municípios, neles compreendidos adicionais e acréscimos relativos a impostos. **(Procurador do Estado/SE - FCC - 2005)**

Excepcionalmente, a União e os Estados podem condicionar a entrega dos recursos:

a) ao pagamento de seus créditos, inclusive de suas autarquias;

b) ao cumprimento da obrigação constitucional de aplicação de recursos mínimos na saúde.

Jurisprudência
I – A ausência de recolhimento da contribuição para o PASEP pelos Estados, Distrito Federal e Municípios autoriza a União, nos termos do art. 160, parágrafo único, I, da Constituição, a reter cotas do Fundo de Participação daqueles entes federados até que eles comprovem a quitação do débito. Precedentes. II – Desnecessidade de prévia constituição do crédito tributário da União como requisito para bloquear os repasses devidos aos Estados, Municípios e ao Distrito Federal, na forma do art. 160 da CF. Precedentes. **RE 589.105 AgR/PR, STF, Min. Ricardo Lewandowski, j. 22.11.2011**

Gabarito de concurso público
A União e os Estados podem condicionar a entrega de recursos ao pagamento de seus créditos, inclusive de suas autarquias. **(Procurador do Estado/SE - FCC - 2005)**

18.9. Regulamentação por lei complementar

Cabe à lei complementar federal:

a) definir o valor adicionado, para fins de distribuição dos 25% do ICMS para os Municípios;

b) estabelecer as normas para a entrega, pela União, das parcelas do IR, IPI e CIDE sobre combustíveis, especialmente sobre os critérios para rateio dos Fundos de Participação (FPE e FPM);

c) dispor sobre o acompanhamento do cálculo das quotas e da liberação dos valores.

Jurisprudência
II – O art. 161 da Carta Política, no que tange ao ICMS, reservou à lei complementar apenas o que diz respeito aos critérios de apuração do valor adicionado e às formas de acompanhamento do cálculo e da liberação dos repasses desse imposto devidos aos municípios. III – A Lei Paulista 8.510/1993 disciplinou os critérios de rateio do valor de ICMS referido no art. 158, parágrafo único, II, da Constituição, cujos parâmetros não se inserem na reserva da lei complementar prevista no art. 161 da CF. **RE 379.013 ED/SP, STF, Min. Ricardo Lewandowski, j. 29.11.2011** *Por ocasião do julgamento do RE 572.762 (rel. Min. Ricardo Lewandowski, o Tribunal Pleno (DJe publicado em 05.09.2008), decidiu que o repasse de parcela do ICMS devida aos Municípios não pode ficar sujeita aos planos de incentivo fiscal do Estado, sob pena de violar o sistema constitucional de repartição de receitas.* **RE 531.566 AgR/SP, STF, Min. Joaquim Barbosa, j. 09.06.2009**

Gabarito de concurso público
Cabe à lei complementar dispor sobre o acompanhamento, pelos Estados e pelo Distrito Federal, do cálculo das quotas e da liberação de sua participação no produto da arrecadação do imposto da União sobre renda e proventos de qualquer natureza, incidente na fonte, sobre rendimentos pagos, a qualquer título, por eles, suas autarquias e pelas fundações que instituírem e mantiverem. **(Procurador do Estado/SE - FCC - 2005)**

18.10. Cálculo e divulgação da repartição

Cabe ao Tribunal de Contas da União calcular as quotas dos Fundos de Participação (FPE e FPM).

A União, os Estados, o DF e os Municípios divulgarão, até o último dia do mês subsequente ao da arrecadação, os montantes de cada tributo, os recursos recebidos, entregues e a entregar, e a expressão numérica dos critérios de rateio.

Os dados divulgados pela União serão discriminados por Estado e por Município; os dos Estados, por Municípios.

19. SIMPLES NACIONAL

19.1. Definição e características

O Simples Nacional é um regime único de arrecadação de impostos e contribuições federais, estaduais e municipais (art. 146, parágrafo único, da CF).

O ingresso no Simples Nacional é opcional para o contribuinte.

Pode haver condições de enquadramento diferenciadas por Estado.

O recolhimento é unificado e centralizado, com distribuição imediata das parcelas dos demais entes, vedada retenção ou condicionamento.

A arrecadação, fiscalização e cobrança são compartilhadas, com cadastro nacional único de contribuintes.

Gabarito de concurso público
O regime único de arrecadação permitirá o direito de opção para o contribuinte. A lei complementar poderá estabelecer condições de enquadramento diferenciadas por estado. No regime único, o recolhimento será unificado e centralizado. No regime único, a distribuição da parcela de recursos pertencentes aos respectivos entes federados será imediata. **(Magistratura/AC - 2008 - CESPE)**

19.2. Estatuto nacional da microempresa e da empresa de pequeno porte - LC 123/2006

O Estatuto não trata apenas do Simples Nacional (regime único de arrecadação), mas também de matéria trabalhista, de crédito e mercados.

Há critérios para a empresa se enquadrar no Estatuto (como ME, EPP ou MEI) e outros requisitos para ingressar no Simples Nacional.

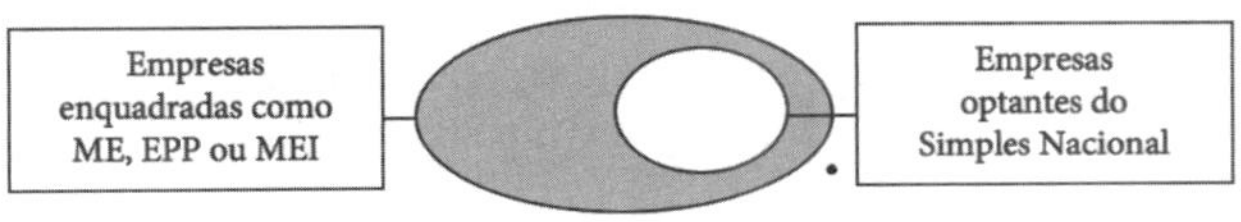

Perceba, portanto, que há microempresas (ME), empresas de pequeno porte (EPP) e microempreendedores individuais (MEI) que não são optantes do Simples Nacional, ou seja, que não recolhem os tributos de maneira unificada.

Por outro lado, todas as empresas que ingressam no Simples Nacional são, necessariamente, ME, EPP ou MEI, pois esse é um requisito essencial para o recolhimento dos tributos pela sistemática simplificada.

19.3. Critério básico para enquadramento no Estatuto

Para ser considerada ME, EPP ou MEI a empresa (empresário ou sociedade empresária) deve ser regular (registrada na Junta Comercial ou no Registro Civil de PJ) e perceber, no máximo, as seguintes receitas brutas anuais:

a) microempresa (ME): igual ou inferior a R$ 360 mil;

b) empresa de pequeno porte (EPP): superior a R$ 360 mil e igual ou inferior a R$ 3,6 milhões;

c) microempreendedor individual (MEI): até R$ 60 mil.

19.4. Vedações ao enquadramento no Estatuto

Determinadas empresas, apesar de regulares e dentro do limite máximo de receita bruta anual, não se enquadram no Estatuto como ME, EPP ou MEI.

Isso porque há vedações, listadas nos arts. 3º, § 4º, e 18-A, § 4º, da LC 123/2006, **dentre elas**:

a) sociedade de cujo capital participe outra pessoa jurídica;

b) que seja filial, sucursal, agência ou representação no país de pessoa jurídica com sede no exterior;

c) sociedades por ações etc.

Assim, mesmo que uma empresa seja efetivamente pequena (com receita bruta inferior ao limite legal), ela não poderá ser enquadrada como EPP ou ME, caso seja filial de sociedade estrangeira, por exemplo.

Interessante ressaltar que mais recentemente foi excluída a possibilidade de enquadramento de pessoas jurídicas cujos titulares ou sócios guardem, cumulativamente, com o contratante do serviço, relação de pessoalidade, subordinação e habitualidade, buscando coibirem-se fraudes à legislação trabalhista.

No mais, é importante estudar detidamente as listagens desses dispositivos legais.

19.5. Requisito básico para opção pelo Simples Nacional

O requisito básico para a empresa poder optar pelo regime unificado de arrecadação (Simples Nacional) é ser ME, EPP ou MEI.

Assim, para ingressar no Simples Nacional, a empresa deve, necessariamente, preencher todos os requisitos para se enquadrar no Estatuto (basicamente, ter pequena receita bruta anual e não incidir em alguma das vedações vistas no item anterior).

Gabarito de concurso público
A lanchonete Comer Bem é uma empresa de pequeno porte enquadrada entre aquelas às quais a CF oferece tratamento diferenciado, nos termos de legislação complementar. Essa empresa está sujeita, em razão de seu porte, a norma constitucional aplicável especificamente a esse grupo, que se refere a regime único de arrecadação de impostos e contribuições federais. **(Magistratura/SE - 2008 - CESPE)**

19.6. Vedações à opção pelo Simples Nacional

Apesar de enquadrada com ME, EPP ou MEI, não pode optar pelo Simples a empresa que caia em uma das vedações do **art. 17** da LC 123/2006, como:

a) ter sócio domiciliado no exterior;

b) possuir débitos tributários;

c) com ausência de inscrição ou irregularidade em cadastro fiscal federal, municipal ou estadual, quando exigível;

d) exercer determinadas atividades etc.

Veja, portanto, que ser ME, EPP ou MEI é requisito necessário, mas não suficiente para o recolhimento dos tributos pela sistemática unificada.

Jurisprudência
A inscrição no Simples Nacional submete-se à aferição quanto à inexistência de débitos com o INSS, ou com as Fazendas Públicas Federal, Estadual ou Municipal, nos termos no inciso V, do art. 17, da LC 123/2006, sem que, para tanto, esteja configurada qualquer ofensa aos princípios da isonomia, da livre-iniciativa e da livre concorrência.
A adesão ao Simples Nacional é uma faculdade do contribuinte, que pode anuir ou não às condições estabelecidas, razão pela qual não há falar-se em coação. **RMS 27.376/SE, STJ, Min. Teori Zavascki, j. 04.06.2009**

Mais uma vez salientamos a importância de estudar a listagem trazida pelo dispositivo legal, cujo conhecimento muitas vezes é exigido em concursos.

19.6.1 Atividades que podem ser abarcadas pelo Simples Nacional (exceções às atividades vedadas nos incisos do *caput* do art. 17)

A LC 123/2006 trouxe algumas exceções às exclusões relacionadas às atividades desenvolvidas pela ME ou EPP (atenção: as exceções são apenas relativas às atividades – isso não se aplica aos casos de sócio no exterior ou de débito tributário, por exemplo, em que é inviável a inclusão na sistemática do "Supersimples"). Trata-se de casos em que o legislador garantiu o ingresso da empresa no Simples Nacional, desde que se dedique exclusivamente às atividades listadas no art. 17, § 1º c/c o art. 18, §§ 5º-B a 5º-E, ou que as exerça em conjunto com outras não excluídas expressamente do "Supersimples".

Dentre tais atividades, destacamos a recente inclusão os serviços advocatícios, que passam a ser beneficiados pela sistemática do Simples Nacional.

O estudante não deve descuidar de estudar toda a listagem.

19.7. Tributos abrangidos pelo Simples Nacional

O regime único de arrecadação abrange os seguintes tributos:

Impostos Federais
IRPJ e IPI

Contribuições Sociais
CSLL, COFINS, PIS/PASEP, CPP (patronal)

Imposto Estadual
ICMS

Imposto Municipal
ISS

Há, entretanto, diversas incidências excluídas do regime, listadas no art. 13, § 1º, da LC 123/2006, como IR sobre aplicações financeiras, ICMS e ISS na substituição tributária etc., que devem ser estudadas pela leitura da Lei.

19.8. Cálculo do valor a ser recolhido

As ME e EPP recolhem um valor mensal único, correspondente à aplicação de determinadas alíquotas à receita bruta do período.

A depender das atividades realizadas, a empresa se enquadra em determinada tabela de alíquotas,

Em cada tabela, há diversas alíquotas, variáveis conforme a receita bruta no período.

Essa mesma tabela indica a parcela do valor recolhido a ser destinada a cada ente político, correspondendo a cada imposto e contribuição abrangidos pelo regime único.

O MEI recolhe um valor fixo mensal.

19.9. Fiscalização e cobrança

A fiscalização é compartilhada pelos Fiscos federal, estaduais, distrital e municipais. Os Estados podem delegar competência aos Municípios.

Os processos administrativos são julgados pelo ente responsável pela autuação, embora se admitam convênios entre os entes federados. Os Municípios podem delegar competência aos respectivos Estados.

As consultas são respondidas pela União, pelos Estados (quando relativas ao ICMS) e pelos Municípios (quando relacionadas ao ISS).

A inscrição e a cobrança são feitas pela União, permitindo-se convênios, com delegação de competência a Estados (em relação ao ICMS) e a Municípios (quanto ao ISS).

Gabarito de concurso público
Os créditos tributários oriundos da aplicação da lei complementar 123/2006, que instituiu o Simples Nacional, serão apurados, inscritos em Dívida Ativa da União e cobrados judicialmente pela Procuradoria-Geral da Fazenda Nacional (PGFN), que pode delegar aos Estados e Municípios, mediante convênio, a inscrição em dívida estadual e municipal e a cobrança judicial de tributos estaduais e municipais a que se refere essa lei. **(Magistratura/PA – 2008 – FGV)**

As ações dos contribuintes são movidas, em princípio, contra a União, sendo que os demais entes devem prestar-lhe auxílio. Se a ação versar exclusivamente acerca do ICMS ou do ISS, deverá ser proposta contra o respectivo Estado ou Município. Os mandados de segurança são impetrados contra a respectiva autoridade fiscal (pode ser estadual ou municipal).

9. Direito Civil

Wander Garcia

1. LEI DE INTRODUÇÃO ÀS NORMAS DO DIREITO BRASILEIRO – LINDB

1.1. Princípios do Direito Civil

Miguel Reale, coordenador da comissão que redigiu o anteprojeto que deu origem ao novo Código, salienta que esse é norteado por três **princípios**: o da socialidade, o da eticidade e o da operabilidade. Tais princípios fazem refletir os elementos acima apontados.

O **princípio da socialidade** é aquele que *impõe prevalência dos valores coletivos sobre os individuais.*

Já o **princípio da eticidade** é aquele que *impõe a justiça e a boa-fé nas relações civis.*

O **princípio da operabilidade**, por sua vez, é *aquele que impõe soluções viáveis, operáveis e sem grandes dificuldades na aplicação do direito.* Está contido nesse princípio o da **concreção**, pelo qual *o legislador deve criar leis pensando em situações as mais concretas possíveis, evitando ser muito abstrato, ou quando não possível, dando poderes ao juiz para resolver o conflito de modo a melhor atender às diretrizes legais.* O princípio da operabilidade é identificado no Código Civil, por exemplo, quando este confere ao juiz papéis mais abrangentes, tais como papel de *juiz moderador* (ex.: juiz que pode reduzir o valor de multas, caso abusivas) e de *juiz com maior discricionariedade* (ex.: juiz que está diante de cláusulas gerais e conceitos jurídicos indeterminados, que permitem que esse agente busque a melhor solução para o caso concreto, diante das diretrizes traçadas pela lei).

Apesar de não mencionado expressamente por Miguel Reale, entendemos que também norteia o Código Civil o princípio da **dignidade da pessoa humana**, que é *aquele que impõe respeito aos múltiplos aspectos da personalidade humana, como a moral, a intelectual e a física.* A existência de um capítulo no Código Civil destinado exclusivamente aos direitos da personalidade, somada à previsão constitucional da proteção da dignidade da pessoa humana demonstram que o princípio em tela informa o atual Código Civil.

E também não há como negar que o Código Civil ainda dá primazia à **propriedade individual**, à **autonomia da vontade** e à **igualdade**. A primeira é garantida pela Constituição e pelo Código Civil. A segunda ainda é a fonte inicial da formação das relações jurídicas civis. E a igualdade, entendida em seu sentido amplo (tratar igualmente os iguais e desigualmente os desiguais), é o princípio que fundamenta as relações privadas, na qual se busca o equilíbrio entre as partes, diferentemente do que ocorre nas relações públicas, em que há supremacia do interesse público sobre o interesse privado, em nítida situação de desequilíbrio.

A partir dessas observações, é possível criar uma Teoria dos Princípios Basilares, ou seja, uma teoria que visa a identificar quais são os princípios do Direito Civil que inspiram e norteiam todos os outros princípios e regras desse macrossistema.

Nesse sentido, pode-se dizer que são **princípios basilares** do Direito Civil os seguintes: a) **autonomia da vontade**; b) **igualdade**; c) **propriedade individual**; d) **solidariedade social** (contendo as ideias de socialidade, eticidade e dignidade da pessoa humana); e e) **operabilidade**.

Além dos princípios basilares, e abaixo deles, temos os **princípios-norma**, que são as *normas jurídicas aplicáveis a determinada categoria de relações, dotadas de especial relevância e alta carga valorativa.* São exemplos desses princípios os da função social dos contratos (aplicável aos contratos), da boa-fé objetiva (aplicável aos contratos), da função social da propriedade (aplicável ao direito de propriedade), da igualdade entre os filhos (aplicável ao direito de família e sucessões), entre outros.

Tais princípios têm as seguintes características: a) têm aplicação *direta e imediata* aos casos concretos; b) têm *hierarquia* em relação às meras regras-norma, hierarquia essa que é chamada de *hierarquia material* caso estejam previstos em leis da mesma categoria das regras (ex.: há hierarquia material, e não formal, entre um princípio previsto no Código Civil e uma mera regra prevista no mesmo Código); c) servem de *elemento integrativo* e de *vetor interpretativo* aos aplicadores do Direito.

Por fim, temos os **princípios gerais do direito**, que são as *diretrizes políticas, sociais e jurídicas extraídas do sistema jurídico como um todo.* Um exemplo desse princípio é o da *presunção de boa-fé.* Tais princípios somente são aplicados em caso de lacunas, ou seja, em casos de vazio no sistema jurídico. E, mesmo assim, tais princípios são só chamados caso a lacuna não possa ser resolvida com a *analogia* e os *costumes.* Dessa forma, tais princípios não têm aplicação direta e imediata aos casos concretos, dependendo, para sua aplicação, da existência de lacuna que não possa ser suprida pelos elementos mencionados.

1.2. Introdução ao estudo do Direito Civil

1.2.1. *Finalidade da Lei de Introdução às Normas do Direito Brasileiro*

A primeira Lei de Introdução às Normas do Direito Brasileiro foi a Lei nº 3.071/1916. Essa lei foi revogada pelo Decreto-Lei 4.657/1942, atualmente em vigor.

A Lei de Introdução às Normas do Direito Brasileiro é norma introdutória do Direito como um todo, e não apenas do Direito Civil, como parecia ser, diante do nome que detinha antes (Lei de Introdução ao Código Civil). Tal lei, na verdade, tem **três finalidades**.

A primeira delas, e a que mais se sobressai, é a de **regular a forma de aplicação das leis em geral**: a) o início e a duração de sua obrigatoriedade (arts. 1º e 2º); b) os mecanismos de integração em caso de lacuna (art. 4º); c) os critérios de interpretação (art. 5º); e d) os meios de preservação da segurança jurídica em face da edição de novas normas (art. 6º).

A segunda finalidade é a de **regular o direito internacional privado brasileiro** (arts. 7º a 17).

A última é a de **regular os atos civis praticados no estrangeiro pelas autoridades consulares brasileiras** (arts. 18 e 19).

A primeira finalidade incide não só sobre a aplicação das normas de Direito Civil, mas sobre o Direito como um todo, ressalvada a existência de uma lei especial dispondo de modo contrário. Por exemplo, em Direito Penal, sob o argumento de que existe uma lacuna, não será possível valer-se da analogia para considerar crime um tipo de conduta ainda não regulada pelo Direito, por haver vedação dessa forma de integração na lei penal.

1.2.2. Fontes do Direito

Quando se pergunta "quais são as fontes do Direito", fica sempre a dúvida sobre a qual fonte a indagação se refere. Existem *fontes criadoras* do Direito (legislador, por exemplo). Há *fontes formais* do Direito (a lei, por exemplo). Há *fontes históricas* do Direito (fatos históricos marcantes que deram origem à modificação de uma lei).

As **fontes formais** do Direito podem ser divididas em duas espécies: principais e acessórias.

As **fontes *formais principais*** são: a lei, a analogia, o costume e os princípios gerais do direito. Como adotamos o sistema romano-germânico, de início, só a lei é fonte formal principal. Apenas em caso de lacuna é que se admite que o aplicador se valha da analogia, do costume e dos princípios gerais, nessa ordem, como fonte formal jurídica (art. 4º da LINDB).

Para completo entendimento do assunto, é importante destacar que, por lei, deve-se entender norma constitucional, lei ordinária, lei complementar, lei delegada, resolução legislativa, decreto legislativo e medida provisória.

Já as **fontes *formais secundárias ou acessórias*** são: os decretos, as resoluções administrativas, as instruções normativas, as portarias etc. São acessórias pois guardam obediência a uma fonte principal.

Doutrina e jurisprudência são consideradas, tradicionalmente, como *fontes não formais* ou *fontes indiretas* (mediatas). Isso porque trazem preceitos não vinculantes. São também consideradas *fontes meramente intelectuais* ou *informativas*.

Há de se fazer alguns temperamentos com relação à jurisprudência. Isso porque, apesar de um entendimento reiterado pelos tribunais não ter força de lei, a Emenda Constitucional 45/04 estabeleceu que o Supremo Tribunal Federal poderá, após reiteradas decisões sobre matéria constitucional, aprovar súmula, que terá efeito vinculante e incidirá sobre a validade, a interpretação e a eficácia de normas determinadas acerca das quais haja controvérsia (art. 103-A da CF).

Tais súmulas, ainda que declarativas em relação ao que é Direito, poderão ser consideradas verdadeiras fontes formais, já que têm eficácia *erga omnes*.

1.2.3. Lei

1.2.3.1. Conceito

Em sentido estrito, pode-se **conceituar** a **lei** como o *ato do Poder Legislativo imperativo, geral, originário e autorizador de se exigir do Estado a garantia de seu cumprimento mediante o uso de coação física, se necessário.*

1.2.3.2. Classificação

As leis podem ser **classificadas** a partir de diversos **critérios**. Vejamos:

a) Quanto à sua **natureza**: podem ser *substantivas* ou *adjetivas*.

Substantivas *são as que estabelecem os direitos e deveres das pessoas em suas atividades e relações pessoais e profissionais*. São também chamadas de *materiais*.

Adjetivas *são as que regulamentam os atos de um processo, o qual tem por objetivo fazer valer as normas materiais*. São também chamadas de normas *processuais* ou *formais*;

b) Quanto à **hierarquia**: são escalonadas em *constitucionais, complementares* e *ordinárias*. As normas complementares estão em posição superior às ordinárias, não só porque exigem quórum especial (art. 69 da CF), como porque, segundo a Constituição, têm o condão de dispor sobre a elaboração das leis (art. 59, parágrafo único), o que se deu com a edição da Lei Complementar 95/1998;

c) Quanto à **competência** ou **extensão territorial**: são *federais, estaduais/distritais* e *municipais*;

d) Quanto ao **alcance**: podem ser *gerais* ou *especiais*.

Gerais *são as que regulam uma dada relação jurídica, a par de outra lei que regula um determinado aspecto daquela relação.* Assim, o Código Civil, ao tratar do contrato de locação é uma lei geral (arts. 565 e ss.), ao passo que a Lei 8.245/91 é uma lei especial, pois trata apenas de um determinado aspecto da locação, no caso a locação de imóvel urbano.

Especiais *são as que regulam sozinhas uma relação jurídica por inteiro ou um determinado aspecto de uma relação jurídica regulada de modo genérico por outra lei.* Além da Lei de Locações, podem ser citados o Código de Defesa do Consumidor e o Estatuto da Criança e do Adolescente.

A classificação é importante para efeito de se descobrir qual é a lei aplicável ao caso concreto. Entre uma lei especial e uma lei geral, ainda que a lei geral seja posterior, deve-se aplicar a lei especial. Isso porque se presume que esta tratou com mais detalhe do assunto.

É importante ressaltar que **uma lei pode ser especial em relação a uma e geral em relação a outra**. Por exemplo, em relação à compra e venda prevista no Código Civil, as normas sobre o assunto previstas no CDC são especiais. Mas em relação à Lei de Alienação Fiduciária (Decreto-Lei 911/69), as normas do CDC são consideradas gerais.

1.2.3.3. Nascimento da lei.

O processo de elaboração das leis tem as seguintes etapas: iniciativa, discussão, votação, sanção (ou veto, com posterior recusa ao veto), promulgação e publicação.

A **sanção**, que pode ser expressa ou tácita (CF, art. 66, § 3º) é a *aquiescência dada pelo Chefe do Poder Executivo ao projeto de lei aprovado*. Permite-se também o veto, motivado pela inconstitucionalidade ou contrariedade do projeto ao interesse público, hipótese em que o Poder Legislativo poderá rejeitá-lo ("derrubá-lo"), por voto da maioria absoluta dos deputados e senadores, em sessão conjunta.

Após a sanção ou a recusa ao veto, passa-se à **promulgação**, que é o *ato pelo qual o Poder Executivo autentica a lei, atestando sua existência e determinando sua obediência*. O Executivo tem quarenta e oito horas contadas da sanção ou da comunicação da recusa ao veto para proceder à promulgação. Caso não o faça, o Presidente do Senado o fará e, se este não o fizer em igual prazo, caberá ao Vice-Presidente do Senado fazê-lo (CF, art. 66, § 7º).

Feita a promulgação, vem a **publicação**, que é *a divulgação oficial da nova lei, possibilitando seu conhecimento público.*

Em seguida à publicação, temos uma situação eventual pela qual pode passar uma lei, o chamado **período de vacância**, que é o *lapso temporal entre a data da publicação da lei e um termo prefixado na própria lei ou em outro diploma legislativo, durante o qual aquela não pode ainda produzir efeitos.* Esse intervalo entre a data da publicação da lei e sua entrada em vigor chama-se *vacatio legis.*

Segundo a LINDB, não havendo disposição em contrário, a lei começa a vigorar em todo o país quarenta e cinco dia após sua publicação. Nos estados estrangeiros, a obrigatoriedade da lei brasileira, quando for admitida, inicia-se três meses após oficialmente publicada (art. 1º, *caput* e § 1º). Adotou-se o princípio da *vigência sincrônica*, já que haverá vigência simultânea em todo o território nacional, ou seja, *prazo único* para entrada em vigor no país. Tal princípio se contrapõe ao da *vigência progressiva*, pelo qual a lei vai entrando em vigor no país segundo prazos que variam de acordo com a região[1]. Já nos estados estrangeiros, o prazo é outro, de modo que os agentes de nossas representações diplomáticas e os que têm fora do Brasil interesses regulados pela lei brasileira, por exemplo, só ficam obrigados após o período de três meses acima aludido.

Repare que, no silêncio, temos o período de vacância de quarenta e cinco dias, que poderá ser modificado mediante expressa indicação na lei de que entrará em vigor em outro termo. Segundo a Lei Complementar 95/98, deve-se reservar a cláusula "entra em vigor na data da sua publicação" apenas para as leis de pequena repercussão. Quanto às demais, deve-se fixar um período de vacância que contemple prazo razoável para que dela se tenha amplo conhecimento (art. 8º, *caput*, da LC 95/98). O Código Civil, por exemplo, entrou em vigor um ano após sua publicação (art. 2.044 do CC). A contagem do prazo dar-se-á com a inclusão da data da publicação e do último dia do prazo, entrando em vigor no dia subsequente à sua consumação integral (art. 8º, § 1º, da LC 95/98).

Há períodos de vacância fixados na própria Constituição, como os previstos nos art. 150, III, "b" e "c", e 195, § 6º (no que concerne à cobrança de tributos).

Pode ocorrer de, no curso do período de vacância, ser necessária nova publicação da lei destinada a alguma correção. Nesse caso, o prazo de vacância começará a correr mais uma vez a partir da data da nova publicação (art. 1º, § 3º, da LINDB).

Pode ocorrer também de, após o período de vacância, ser necessária nova publicação da lei para o mesmo fim. Nesse caso, como a lei já estava em vigor, os efeitos que ela produziu até aquele momento serão respeitados. A LINDB é expressa no sentido de que as correções serão consideradas lei nova (art. 1º, § 4º), de modo que novo período de vacância deverá ser computado.

1. Segundo a anterior LINDB, a obrigatoriedade das leis, quando não se fixasse outro prazo, "começaria no Distrito Federal, três dias depois de oficialmente publicada, quinze dias no Estado do Rio de Janeiro, trinta dias nos Estados Marítimos e no de Minas Gerais, cem dias nos outros, compreendidas as circunscrições não constituídas em Estado".

1.2.3.4. Vigência da lei

1.2.3.4.1. Vigência da lei no tempo

Neste tópico estuda-se o princípio da continuidade e a revogação das leis e também o conflito das leis no tempo.

Princípio da continuidade é *aquele pelo qual a lei terá vigência enquanto outra não a modificar ou a revogar.* Ou seja, a regra é a de que as leis têm caráter permanente. Mas há exceções à regra.

Há casos em que a lei tem **vigência temporária** (leis temporárias), que cessará nas seguintes hipóteses: a) advento de termo (prazo) fixado para sua duração; b) implemento de condição resolutiva (leis circunstanciais); c) consecução de seus fins.

A lei **também poderá perder vigência:** a) pela não recepção em função de nova ordem constitucional; b) por suspensão de sua execução pelo Senado, em razão de declaração incidental de inconstitucionalidade pelo STF; ou c) pelo trânsito em julgado de ação destinada ao controle concentrado de constitucionalidade, em caso de reconhecimento da inconstitucionalidade.

A revogação é a *supressão de uma lei por outra.* Existem variadas espécies de revogação, daí a pertinência de proceder a sua classificação:

a) Quanto à **extensão**: pode ser *total* ou *parcial.*

Revogação total (ou ab-rogação) é *a supressão integral da lei anterior.* O art. 2.045 do atual Código Civil revogou por inteiro o Código anterior.

Revogação parcial (ou derrogação) é *a supressão de parte da lei anterior*;

b) Quanto *à* **forma de sua execução**: pode ser *expressa* ou *tácita.*

Revogação expressa é *aquela em que a lei nova declara inequivocamente a supressão de dada lei.* O atual Código Civil, como se viu, revogou expressamente a Lei 3.071/16 (CC anterior) em seu art. 2.045.

Revogação tácita é *aquela em que a lei nova, apesar de não declarar inequivocamente que a lei antiga está sendo suprimida, mostra-se incompatível com ela ou regule inteiramente a matéria de que essa tratava.*

A *incompatibilidade* se dá, por exemplo, quando uma lei nova permite algo que a antiga proibia. Ou quando a primeira proíbe algo que a segunda permite. Chama-se também revogação indireta.

A *regulamentação por inteiro de uma matéria* se dá quando a nova lei esgota a matéria da qual a lei anterior tratava. Assim, ainda que a nova Lei de Falências não fizesse referência expressa à revogação da lei anterior, o fato é que esta ficaria revogada, uma vez que aquela regula por inteiro a matéria dessa. Chama-se também revogação global.

Anote-se que é possível que uma lei revogada continue a produzir efeitos. Exemplo disso é a disposição do art. 2.038 do atual CC, que determina a continuidade da aplicação do CC/16 para as enfiteuses já existentes quando da entrada em vigor do primeiro. Trata-se da *ultratividade* ou *pós-atividade da lei.*

É importante anotar que, "salvo disposição em contrário, a lei revogada não se restaura por ter a lei revogadora perdido a vigência" (art. 2º, § 3º, da LINDB). Ou seja, se uma lei "A" é revogada por uma lei "B", e a tal lei "B" é revogada pela lei "C", a lei "A" não fica restaurada. Isso quer dizer que não existe o efeito repristinatório (restaurador) da primeira lei revogada. O que pode acontecer é a lei "C" expressamente dizer que novamente entrará em vigor a lei "A". Neste caso teremos uma lei nova e não exatamente uma repristinação.

De qualquer forma, ainda que não adotado como regra pela nossa LINDB, vamos conceituar o instituto da **repristinação**, *que consiste na restauração da lei revogada, em virtude da lei revogadora ter pedido a vigência.* O instituto em tela só é admitido quando a lei expressamente restaurar a lei anterior ou, no âmbito do Direito Administrativo, no que concerne aos *atos administrativos* (e não às *leis*).

No tema aplicação da lei no tempo é, ainda, importante anotar que a lei nova, apesar de ter efeito imediato e geral, deve respeitar o ato jurídico perfeito, o direito adquirido e a coisa julgada (art. 6º da LINDB). A Constituição, em seu art. 5º, XXXVI, reforça o princípio ao dispor que "a lei não prejudicará o direito adquirido, o ato jurídico perfeito e a coisa julgada".

Trata-se do **princípio da irretroatividade da lei**.

A **coisa julgada** pode ser conceituada como a *qualidade da sentença de mérito de o seu comando ser imutável. Isso se dá com o trânsito em julgado da decisão.*

O **direito adquirido** é *aquele que já se incorporou ao patrimônio de seu titular, uma vez que preenchidos, sob a vigência da lei anterior, os requisitos para a aquisição do direito.* Para a LINDB, "consideram-se adquiridos assim os direitos que seu titular, ou alguém por ele, possa exercer, como aqueles cujo começo do exercício tenha termo prefixo, ou condição preestabelecida inalterável, a arbítrio de outrem" (art. 6º, § 2º).

O **ato jurídico perfeito** é *aquele já consumado segundo a lei vigente ao tempo em que se efetuou* (art. 6º § 1º, da LINDB).

A lei não pode *prejudicar* tais valores, mas pode *beneficiar*. É por isso que a lei penal que beneficia o acusado retroage (art. 5º, XL, da CF) e que a lei tributária também retroage em alguns casos (art. 106 do CTN).

Não se deve confundir *retroatividade* com *aplicabilidade imediata*. A lei não pode atingir, para prejudicar, fatos passados, mas pode ser aplicada de modo imediato para fatos que ocorrerem depois de sua vigência, ainda que relacionados com fatos anteriores.

1.2.3.4.2. Vigência da lei no espaço

Nesse tema vige o princípio da **territorialidade**, para o qual *a lei tem aplicação dentro do território do Estado que a expediu.* Esse princípio decorre da soberania estatal. A ideia de território estende-se também a outros espaços, como os navios e aeronaves de guerra, onde se encontrarem.

Admite-se, todavia, que a lei estrangeira, em determinadas hipóteses, tenha eficácia em nosso território, ou seja, admite-se a **extraterritorialidade**. Isso se dá com fundamento na solidariedade internacional. A aplicação da lei estrangeira em outro território tem por finalidade proteger a pessoa em território estrangeiro e regular os efeitos de atos estrangeiros que venham a se cumprir no país. Em virtude da existência de exceções é que se diz que adotamos o princípio da **territorialidade moderada**.

Todavia, em nenhuma hipótese poderá ser aplicada uma lei estrangeira (bem como atos, sentenças e declarações de vontade) que ofenda a soberania nacional, a ordem pública e os bons costumes do país (art. 17 da LINDB).

Chama-se **estatuto pessoal** o conjunto de normas que rege o estrangeiro pela lei de seu país de origem. Um estrangeiro que estiver em nosso país poderá carregar consigo um conjunto de normas estrangeiras que regulará seus direitos no Brasil. Esses temas são estudados com profundidade no Direito Internacional.

1.2.3.5. Aplicação da lei

1.2.3.5.1. Interpretação da lei

Interpretar é *extrair o sentido e o alcance da lei, com vistas a sua posterior aplicação.*

A interpretação que nos interessa não é um fim em si mesmo. Ela objetiva extrair da lei normas jurídicas para aplicação aos casos concretos, possibilitando que o Direito cumpra seu papel de garantir uma convivência justa entre as pessoas.

As **técnicas interpretativas** são tão importantes que, para seu estudo, foi se formando uma verdadeira ciência, que é chamada de **hermenêutica**. Pode-se defini-la, portanto, como *a ciência da interpretação.*

A **técnica gramatical** *consiste em verificar o significado das palavras, isolada e sintaticamente, atendendo à pontuação e à colocação dos vocábulos.* Usa-se também a expressão *interpretação literal* para fazer referência a essa técnica.

A **técnica lógica** *consiste na análise dos períodos da lei, combinando-os entre si mediante um raciocínio lógico, de modo a se atingir uma perfeita compatibilidade.*

A **técnica sistemática** *consiste em relacionar os vários dispositivos legais que guardam pertinência com o tema no sistema jurídico, de modo a buscar uma resposta única e trabalhada.*

A **técnica histórica** *consiste em averiguar os antecedentes da norma, desde as circunstâncias fáticas e valorativas que a precederam* (occasio legis) *até as discussões e deliberações legislativas, de modo a verificar a razão de sua existência* (ratio legis).

A **técnica teleológica** *consiste em averiguar o sentido e o alcance da lei partindo dos fins sociais a que ela se dirige, bem como adaptando-a às exigências do bem comum* (art. 5º da LINDB).

A utilização das técnicas de interpretação pode levar a **resultados** *declarativos (ou especificadores), restritivos* e *extensivos.* Em determinadas matérias existem óbices, decorrentes de sua própria natureza, a alguns dos resultados possíveis. Por exemplo, em Direito Penal, não se pode interpretar um tipo penal de modo a que se chegue a um resultado extensivo em relação ao texto da lei. Quando se tem uma exceção, também não se pode interpretar de modo a que se chegue a um resultado extensivo. A própria ordem jurídica se encarrega de colocar óbices a determinados resultados. O art. 114 do Código Civil, por exemplo, dispõe que os negócios jurídicos benéficos (como uma doação) e a renúncia "interpretam-se estritamente".

1.2.3.5.2. Integração das lacunas

O Direito tem por objetivo regular o comportamento humano, de modo a garantir uma convivência justa entre as pessoas. Para tanto, são editadas inúmeras leis. Como se viu, é a partir dessas que se vão extrair as normas jurídicas destinadas a regular as variadas questões que se apresentarem no mundo fenomênico. O aplicador partirá da lei, adaptada à realidade fático-valorativa daquele momento histórico. O problema é quando não há lei regulando aquele fato. Estar-se-á diante de uma lacuna.

As **causas** das lacunas são as seguintes: a) impossibilidade de o legislador lograr êxito em regular todas as questões de interesse da sociedade; b) superveniência de modificações fáticas e sociais sem que a lei acompanhe a nova realidade.

É importante anotar que o juiz somente pode colmatar (preencher a lacuna) para o caso concreto que decide. Exceção a essa regra somente pode se dar por meio do mandado de injunção, importante na colmatagem da lacuna enquanto não sobrevier lei preenchendo o vazio. Tal possibilidade não vinha sendo admitida pelo Supremo Tribunal Federal. Todavia, no mandado de injunção que pedia o reconhecimento de mora abusiva do Congresso em legislar sobre o direito de greve do servidor público, o STF resolveu permitir que esse direito fosse exercido, aplicando-se a Lei de Greve para o setor privado por analogia.

Seja qual for o tipo de lacuna, deve-se recorrer ao art. 4º da LINDB, que dispõe: "quando a lei for omissa, o juiz decidirá o caso de acordo com a analogia, os costumes e os princípios gerais do direito".

A lei não permite que o juiz se exima de decidir. Deve o magistrado aplicar a norma legal, e, na sua falta, as três fontes referidas, sucessivamente (art. 126 do CPC).

O juiz só decidirá por equidade nos casos previstos em lei (art. 127 do CPC), como o previsto no art. 11, II, da Lei 9.307/96. Isso não impede que o juiz, ao aplicar a lei, busque a forma mais equânime de fazê-lo. Ou seja, deve o juiz agir com "equidade dentro da lei". O que não pode é ignorar a lei e simplesmente decidir do modo que entender ser mais equânime. Reconhece a doutrina que também é possível valer-se da equidade quando haja lacuna e nenhum dos critérios previstos na lei consiga integrá-la. De qualquer forma, entendemos ser difícil que isso se configure, pois um dos princípios gerais de direito, último recurso a ser utilizado em caso de lacuna, é o da igualdade, que remete justamente à ideia de equidade.

A **integração** pode ser definida como *o processo de preenchimento de lacunas, mediante a aplicação da analogia, dos costumes e dos princípios gerais do direito, nessa ordem, criando-se norma individual para o caso*. Repare que há uma ordem de preferência na utilização das fontes. Comecemos com a primeira.

Decidir de acordo com a analogia *consiste em aplicar, a um acontecimento não regulado por uma norma jurídica, outra norma prevista para hipótese semelhante*. São necessários os seguintes procedimentos: a) comparar as semelhanças entre as hipóteses; b) avaliar se a semelhança justifica um tratamento jurídico idêntico. O fundamento da utilização da analogia é o princípio da igualdade. Utiliza-se muito aqui os argumentos vistos, especialmente o argumento *a fortiori*, que compreende o "a maiori ad minus" e o "a minori ad maius". Não sendo possível a utilização da analogia, deve-se recorrer aos costumes.

Decidir de acordo com o costume *consiste em aplicar as normas decorrentes da prática reiterada de determinado ato, com a convicção de sua obrigatoriedade jurídica*. O costume, que é fonte formal secundária do direito, tem dois elementos: a) o objetivo (o uso); e b) o subjetivo (a crença na sua obrigatoriedade). Em relação à lei, são divididos em: a) *contra legem* (contrários à lei); b) *praeter legem* (quando não estiver regulado em lei); c) *secundum legem* (quando a lei já o reconhece). As normas costumeiras a serem aplicadas na forma do art. 4º da LINDB são aquelas *praeter legem*. O costume contra a lei só poderá ser aplicado nos casos de lacuna superveniente, ou seja, naqueles casos em que a lei não acompanhou as mudanças na sociedade, continuando a prescrever comandos patentemente em descompasso com a nova realidade. Só em situações muito excepcionais é que se pode admitir tal possibilidade. Não sendo possível valer-se dos costumes, socorre-se dos princípios gerais de direito.

Decidir de acordo com os princípios gerais de direito *consiste em aplicar as ideias políticas, sociais e jurídicas subjacentes ao sistema jurídico*. Se a questão fática posta à aplicação da lei pode ser resolvida pela utilização de um princípio de direito pertinente aos fatos apresentados, não estaremos diante de lacuna. Deve-se a ela aplicar o princípio, que é lei voltada para o caso. Quando não houver lei ou princípio jurídico pertinente ao caso é que estaremos diante de lacuna. Não sendo possível recorrer à analogia e ao costume, recorre-se aos princípios gerais do direito, que, como o próprio nome diz, não são especiais em relação àquela questão. São princípios que norteiam o direito como um todo, como: o da igualdade, o da legalidade, o da presunção de boa-fé, o da proibição do locupletamento ilícito, o da dignidade da pessoa humana etc.

2. PARTE GERAL

2.1. Pessoas naturais

2.1.1. Generalidades

Antes de iniciarmos o estudo das pessoas naturais, devemos mostrar a importância da noção de "pessoas" para o Direito Civil, em particular, e para o Direito, como um todo.

O Direito regula as relações jurídicas entre as pessoas. Mas quais são os elementos de uma relação jurídica? São três: a) **sujeitos de direito**, que são os entes que podem fazer parte de uma relação jurídica, normalmente pessoas (um animal, por exemplo, não pode fazer parte de uma relação jurídica, mas apenas ser um objeto dela); b) um **objeto**, que é, de modo imediato, uma obrigação (de dar, de fazer de não fazer), e, de modo mediato, o bem da vida buscado (um móvel, um imóvel, um semovente, a honra, a vida etc.); e c) um **acontecimento** que faz nascer a tal relação, uma vez que não é qualquer fato do mundo fenomênico que gera uma "relação jurídica", sendo necessário que essa situação esteja previsto numa norma jurídica como apto a fazer criar, a modificar ou a extinguir um direito.

A partir da noção do que regula o Direito (relação jurídica) e de que somente pessoas (naturais ou jurídicas) podem fazer parte de uma relação jurídica, mostra-se, assim, a importância de estudar as pessoas. Excepcionalmente, um ente não personalizado, ou seja, alguém que não seja uma pessoa também poderá fazer parte de uma relação jurídica, como o espólio e o nascituro. De qualquer forma, vamos ao estudo das pessoas naturais, que, como se viu, são, por excelência, elementos essenciais das relações jurídicas.

2.1.2. Conceito de pessoa natural

Pessoa natural *é o ser humano*. O Código Civil, em seu art. 1º, dota de personalidade o ser humano.

2.1.3. Personalidade

Personalidade *é a qualificação conferida pela lei a certos entes, que entrega a esses aptidão ou capacidade genérica para adquirir direitos e contrair obrigações*. Ou seja, é uma qualificação legal que confere capacidade jurídica a certos entes. O direito confere tal qualificação jurídica a toda pessoa, inclusive à pessoa jurídica.

Assim, a personalidade pode ser vista como o atributo que a ordem jurídica confere a entes de adquirir/contrair genericamente direitos e obrigações. Quem tem personalidade é, então, sujeito de direito, qualificação que não se pode dar a um animal, por exemplo, já que tais entes não podem adquirir direitos ou contrair obrigações.

Para *atuar* na vida jurídica é necessário, como regra, ter personalidade jurídica. A origem da palavra traz esse sentido. Em latim, *persona* significa a máscara que os atores usavam para a amplificação de sua voz. Para *atuar* no teatro, portanto, tais máscaras também eram necessárias (*per sonare*).

Deve-se tomar cuidado com a expressão **"sujeito de direito"**, visto que há entes que não têm personalidade, mas que são sujeitos de direitos, tais como o nascituro, o espólio, a massa falida, o condomínio edilício, a herança jacente e a herança vacante. Neste caso, não existe aptidão genérica para contrair direitos e obrigações, mas aptidão específica para contrair certos direitos e certas obrigações ligadas às finalidades do ente.

Enquanto uma pessoa, *sujeito de direito personificado*, por ter personalidade, pode fazer tudo o que a lei não proíbe (art. 5º, II, da CF), um *sujeito de direito não personificado* só pode fazer o que a lei permite.

O **nascituro**, por exemplo, não tem personalidade jurídica, mas a lei põe a salvo, desde a concepção, direitos que possa ter (art. 2º do CC). Isso significa que o nascituro é um sujeito de direito, mas não quer dizer que tenha personalidade, ou seja, que tenha aptidão genérica para realizar atos e negócios jurídicos.

O **condomínio edilício** também. Não tem personalidade, ou seja, não tem qualificação que o habilita a praticar qualquer ato jurídico que não seja proibido em lei, mas, por ser um *sujeito de direito despersonificado*, só está habilitado a praticar atos permitidos expressa ou implicitamente em lei, como contratar funcionários e serviços de manutenção. A **massa falida** também é um *sujeito de direito despersonificado*, tendo autorização especial para praticar atos úteis à administração dos bens arrecadados do empresário falido, podendo cobrar créditos desse, por exemplo.

Resta saber quando um ente passa a ser qualificado como dotado de personalidade. Ou seja, quando se tem o **início da personalidade**. No que concerne à pessoa jurídica, veremos em capítulo próprio. Quanto à pessoa natural, dispõe o art. 2º do CC que "a personalidade civil da pessoa começa do nascimento com vida".

O entendimento predominante sobre o que seja **nascimento com vida** é no sentido de que este se dá no exato instante em que a pessoa dada à luz respira. São dois requisitos, portanto: a) separação do ventre materno; e b) respiração. Das múltiplas funções vitais, o primeiro movimento de inspiração do ar atmosférico para os pulmões caracteriza o nascimento com vida. Caso respire, ainda que uma só vez, pode-se dizer que nasceu com vida, e que, portanto, chegou a adquirir personalidade, pouco importando se tem ou não forma humana e se tem ou não aptidão, perspectiva para viver.

Adotamos, portanto, a **teoria *natalista***, segundo a qual o nascimento com vida faz nascer a personalidade, em detrimento de outras teorias, como a *concepcionista*, para qual a personalidade já se inicia com a fecundação do óvulo e as que consideram que o início da personalidade depende de outros fatores, como a *viabilidade de vida*.

De qualquer forma, ainda que em perfeito estado quanto às demais faculdades de saúde, caso o ente que venha a nascer (separe-se do ventre materno) não respire, não terá adquirido personalidade. A entrada de ar nos pulmões da criança é que determina a aquisição da personalidade, ainda que por pouco instantes. Há vários exames periciais para que se faça tal constatação e o mais conhecido é a *docimasia hidrostrática de Galeno*, pela qual se coloca fragmentos dos pulmões em meio líquido, a fim de se verificar se houve ou não inspiração.

O **nascituro**, ou seja, *aquele que já foi concebido, mas ainda não nasceu com vida*, não tem personalidade, como se viu. Todavia, dispõe o art. 2º do CC que "a lei põe a salvo, desde a concepção", seus direitos. Em outras palavras, o nascituro é um *sujeito de direito despersonificado*. Grande parte dos direitos atribuídos a esse sujeito de direito tem sua aquisição subordinada à implementação de uma condição suspensiva, qual seja, a de que *nasça com vida*. Caso nasça com vida, o direito do nascituro se consolida como existente desde a data da concepção, retroagindo, portanto, seus efeitos.

De qualquer forma, permite a lei que determinados interesses possam ser protegidos desde a concepção, por meio de provimentos cautelares. Dentre seus direitos, vale lembrar os direitos à vida (art. 5º da CF e CP), à filiação (art. 1.596 do CC), à integridade física, a alimentos, a uma adequada assistência pré-natal (art. 8º do ECA), a um curador que represente e zele por seus interesses, a ser contemplado por doação (art. 542 do CC), dentre outros.

2.1.4. *Capacidade jurídica*

Capacidade jurídica pode ser **conceituada** como *a aptidão conferida pela ordem jurídica para adquirir direitos e contrair obrigações*[2].

Só tem capacidade jurídica, ou seja, capacidade para praticar atos jurídicos, os entes eleitos pelo Direito. É a ordem jurídica que dirá quem tem capacidade.

Ao distribuir capacidade a certos entes o Direito faz algumas distinções. É por isso que há três **espécies de capacidade**: a) a capacidade de direito (de gozo ou de fruição); b) a capacidade de fato (ou de exercício); e c) a capacidade excepcional (ou especial).

Capacidade de direito consiste na *aptidão genérica conferida pela ordem jurídica para adquirir direitos e contrair deveres.*

Capacidade de fato consiste na *aptidão genérica conferida pela ordem jurídica para, sozinho, adquirir direitos e contrair deveres.*

Capacidade excepcional consiste na *aptidão especial conferida pelo Direito para adquirir direitos e contrair deveres.*

No primeiro caso, repare que a aptidão é genérica, ou seja, é possível adquirir todos os direitos e contrair todos os deveres que não forem vedados. Essa *aptidão genérica* para a prática de atos da vida civil é consequência de se ter personalidade, pois, segundo o CC, "toda *pessoa* é capaz de direitos e deveres na ordem civil" (art. 1º). Assim, uma criança de três anos, um adulto, uma pessoa jurídica, todos, só por serem pessoas, terão

2. O termo capacidade tem origem no latim *capere*, que significa apoderar-se, adquirir, apanhar.

capacidade de direito. Isso possibilita que uma criança receba uma herança (aquisição de direitos) e tenha um imóvel em seu nome locado (o que importa em contrair deveres).

No segundo caso, repare que a pessoa pode praticar sozinha os atos da vida jurídica. Trata-se de um *plus*. Confere-se aqui a possibilidade de se adquirir um direito e de se contrair uma obrigação por si só, ou seja, sem que seja necessário que o interessado seja representado ou assistido por outrem. Aqui é diferente. Nem toda pessoa tem a capacidade de fato. Não seria conveniente, por exemplo, que uma criança de três anos, que tem capacidade para adquirir direitos e contrair deveres, exercesse-os sozinha. Como regra, só tem capacidade de fato ou de exercício os maiores de dezoito anos. Assim, uma criança pode receber uma doação (uma vez que, por ter personalidade, tem *capacidade de direito*, pode adquirir direitos) e também pode vender bens (já que, repita-se, tem aptidão genérica não só para adquirir direitos, como para contrair obrigações), mas não poderá praticar tais atos pessoalmente (diretamente), mas apenas por meio de seu representante legal (seus pais, por exemplo). Vale dizer, os pais dessa criança é que assinarão o contrato de compra e venda do bem que essa pessoa adquirir. Caso uma pessoa não tenha capacidade de fato, terá de ser representada ou assistida por outra pessoa, na forma da lei. Ou seja, quem não tiver capacidade de fato dependerá da *mediação* de outro para a prática de atos jurídicos válidos.

No terceiro caso, repare que o ente não tem aptidão genérica, mas aptidão especial. Não pode fazer tudo o que a lei não proíbe (aptidão genérica). Só pode fazer o que a lei autoriza (aptidões excepcionais). Essa terceira capacidade é própria daqueles entes que não são pessoas, mas em favor dos quais a lei faculta a prática de certos atos da vida jurídica. É o caso do nascituro, do espólio, da massa falida etc. O espólio não pode praticar qualquer ato, mas somente aqueles que a lei autoriza, e, mesmo assim, mediante autorização judicial como regra.

Diante das duas primeiras situações, surgem mais dois conceitos: a) o de capacidade de plena; e b) o de incapacidade.

Capacidade plena é a que *decorre da titularização das capacidades de direito e de fato.*

Incapacidade é a *inexistência de parte ou de toda capacidade de fato*. A incapacidade pode ser relativa ou absoluta. Será relativa quando não se tenha parte da capacidade de fato, como ocorre com o pródigo, por exemplo, que pode praticar alguns atos jurídicos sozinhos e outros, não. Será absoluta quando não haja qualquer capacidade de fato, como ocorre com uma criança de três anos, por exemplo.

Em outras palavras: na *incapacidade* ou se estará diante de um *absolutamente incapaz* (aquele que não pode praticar sozinho nenhum ato, devendo ser representado) ou de um *relativamente incapaz* (aquele que não pode praticar sozinho alguns atos, devendo ser assistido por alguém com capacidade plena para a sua prática).

É importante notar que a expressão "incapacidade" no Código Civil (arts. 3º e 4º) só se refere às *pessoas*, ficando de fora a análise da terceira situação (capacidade especial ou excepcional).

2.1.5. Legitimação

Não se deve confundir o instituto da capacidade, que abrange a capacidade de direito e de fato, como vimos, com o da legitimação.

A **legitimação** consiste na *aptidão específica do sujeito de direito para a prática de certos atos jurídicos*. A capacidade consiste na aptidão *genérica* para a prática de atos.

Assim, uma pessoa adulta, mesmo tendo capacidade (de direito e de fato) para praticar atos da vida civil, não tem legitimação para vender um imóvel a um dos filhos, sem autorização de seu cônjuge e dos demais descendentes (art. 496 do CC). Tem capacidade plena para vender seus bens, podendo fazê-lo em relação à pessoa que quiser num primeiro momento, mas não tem legitimação para fazê-lo em relação a um de seus filhos, sem que haja autorização dos demais. Se o fizer, o ato será inválido não por falta de capacidade, mas por falta de legitimação, ou seja, por falta de aptidão específica para a prática do ato "compra e venda".

A **ilegitimação**, portanto, pode ser conceituada como a *restrição específica ao sujeito de direito para a prática de determinados atos da vida civil com certas pessoas ou em relação a certos negócios ou bens*. São impedimentos circunstanciais. Outros exemplos de ilegitimidade são os seguintes: o tutor não pode adquirir bem do tutelado (art. 1.749, I, do CC); o casado, exceto no regime de separação absoluta de bens, não pode alienar imóveis sem a autorização do outro cônjuge (art. 1.647, I, do CC); o que comete ato de indignidade não pode herdar (art. 1.814, II, do CC); os casos de impedimento matrimonial (art. 1.521 do CC).

2.1.6. Incapacidade

Incapacidade também pode ser **conceituada** como a *restrição legal genérica ao exercício dos atos jurídicos*. Outro conceito é o seguinte: *inexistência de parte ou de toda capacidade de fato*.

Toda pessoa tem capacidade de *direito* (ou de *gozo*). Portanto, a incapacidade a que faz referência a lei (arts. 3º e 4º) é tão somente a incapacidade de *fato* (ou de *exercício*).

Como já dito, não seria conveniente, por exemplo, que uma criança de três anos, que tem capacidade para adquirir direitos e contrair deveres, exercesse-os sozinha.

Passemos, então, ao estudo dos absolutamente e dos relativamente incapazes.

2.1.7. Absolutamente incapazes

Absolutamente incapazes são *os que não podem exercer sozinhos qualquer ato jurídico* (art. 3º do CC).

Ou seja, são os completamente privados de praticar, por si sós, atos da vida civil. A prática de atos em seu nome só poderá ser feita por *representantes*, que assinam sozinhos os atos, sob pena de nulidade absoluta daqueles por ventura realizados pessoalmente pelo incapaz (art. 166, I, do CC).

O absolutamente incapaz, apesar de *ter* (de gozar) o direito, não pode *exercer* direta e pessoalmente nenhum aspecto dos atos da vida jurídica a ele relativos, que são praticados diretamente por seu representante legal, sob pena de serem declarados atos nulos.

A *representação* supre a incapacidade absoluta e é feita pelos pais, na hipótese de se tratar de menor sob o poder familiar (art. 1.690 do CC); pelo tutor, na hipótese de menor sob tutela (art. 1.747, I, do CC); ou pelo curador, nos demais casos (arts. 1.781 e 1.747, I, do CC).

A representação legal, ora comentada, não se confunde com a representação convencional (mandato). De qualquer forma, aplica-se às duas hipóteses o art. 119 do CC, pelo qual é "**anulável** o negócio concluído pelo **representante em conflito**

de interesses com o representado, se tal fato era ou devia ser de conhecimento de quem com aquele tratou" (g.n.).

A **incapacidade absoluta**, portanto, pode ser conceituada como a *proibição total do exercício do direito pelo incapaz*. O direito é tão radical nesse ponto que, ainda que os atos beneficiem os absolutamente incapazes, serão nulos se não praticados por seus representantes.

Confiram-se as **espécies** de absolutamente incapazes:

a) Os menores de 16 anos.

Os menores de 16 anos não teriam, segundo a lei, atingido o discernimento para distinguir o que podem ou não fazer e mesmo para discernir o que lhes é ou não conveniente.

Tais menores eram chamados de *impúberes*, reservando-se a expressão menores *púberes* aos que tinham entre 16 e 18 anos. Essas denominações são impróprias em relação ao que dispõe hoje a lei, visto que a puberdade não se inicia aos 16 anos, mas bem antes.

b) Os que, por enfermidade ou deficiência mental, não tiverem o necessário discernimento para a prática dos atos da vida civil.

Fábio Ulhoa Coelho distingue *enfermidade* de *deficiência* mental. Diz que deficiência mental é um *estado* e, como tal, em poucos casos, poderá ser evitada ou curada. Já a enfermidade mental é uma lesão à saúde, de efeitos mais ou menos prolongados, com maior possibilidade de cura.

Assim, aquele que é são e passa a desenvolver uma doença mental deve ser considerado um *enfermo* mental; aquele que já nascer com o problema mental, um *deficiente* mental.

Podemos **conceituar enfermidade** ou **deficiência mental** como *o comprometimento das faculdades mentais que possibilitam à pessoa discernir o que melhor atende ao seu bem-estar*.

Mas não basta que haja uma enfermidade ou uma deficiência mental para que se configure essa espécie de absolutamente incapaz. É necessário que, de tal problema, resulte a **ausência do necessário discernimento** para a prática de atos da vida civil.

Ou seja, é necessário que a pessoa não tenha um *mínimo* de discernimento para a prática dos atos da vida civil. Quando a lei faz referência à *ausência do necessário discernimento*, só pode ter em mente, dada a gravidade da restrição, aqueles que não têm discernimento nenhum para a prática de atos. Assim, deve-se ler a expressão "não tiverem o necessário discernimento" como "não tiverem o mínimo discernimento" ou "não tiverem discernimento algum". Aquele que tem algum discernimento, mas que seja um discernimento reduzido, será um relativamente incapaz, como se verá.

A **senilidade**, por si só, não é causa bastante para que a pessoa seja interditada, o que somente se dará se a velhice por ventura originar um estado patológico, como a arteriosclerose, devendo-se verificar se de fato o discernimento sofreu abalo. Se a doença apenas o reduziu, o idoso será considerado relativamente incapaz; se o extirpou por completo, absolutamente incapaz.

Também não gera a incapacidade jurídica a **deficiência física**. Um cego ou surdo, por exemplo, são pessoas capazes, podendo exercer diretamente seus direitos e deveres. Tornam-se incapazes ou plenamente capazes nas mesmas situações que o não deficiente físico.

Novidade trazida pelo CC é a possibilidade de o enfermo (não necessariamente mental) e o deficiente físico, voluntariamente, requererem que o juiz nomeie curador para cuidar de todos ou alguns de seus negócios ou bens (art. 1.780), tudo a facilitar a prática de atos de seu interesse. Tal situação se assemelha a um mandato, com a diferença de que o curador tem o dever de prestar contas com muito mais rigor. Difere da curatela normal pelo fato de o curatelado poder, a qualquer tempo, pedir seu levantamento;

c) Os que, mesmo por causa transitória, não puderem exprimir sua vontade.

Não poder exprimir a vontade é o mesmo que *ter obstruída, por motivo físico ou psíquico, a possibilidade de manifestação da vontade*. Quem estiver nessa condição, ainda que por uma causa transitória, será considerado absolutamente incapaz.

Pode até se tratar de alguém que tenha discernimento. Basta que não consiga manifestar sua vontade para que possa ser interditada a fim de que outro se expresse por ela.

É importante, ainda, notar que a impossibilidade de exprimir a vontade gerará a incapacidade absoluta, ainda que temporária. Vale trazer como exemplo a situação daquele que se encontra em coma profundo.

Se a situação for passageira, não cabe interdição (art. 1.767, II, do CC), em que pese eventual ato praticado pela pessoa nessas condições ser considerado nulo. Se se tratar de alguém que fique em estado vegetativo, em caráter duradouro, procede-se ao processo de interdição.

Os surdos-mudos que não consigam exprimir sua vontade, por não terem recebido educação adequada, também podem se enquadrar na espécie.

2.1.8. Relativamente incapazes

Relativamente incapazes são *os que não podem exercer sozinhos a grande maioria dos atos civis, necessitando de assistência de alguém com capacidade plena, que praticará junto com o incapaz os atos jurídicos de seu interesse* (art. 4º do CC).

Será anulável a prática de ato jurídico sem a presença de assistente (art. 171, I, do CC). Essa supre a incapacidade. Uma diferença que se tem aqui é que, caso o incapaz não queira praticar o ato, esse não se realizará, pois ele é quem o pratica, ainda que assistido.

Além disso, a lei permite que o relativamente incapaz exerça sozinho alguns atos civis. Aquele que tem entre 16 e 18 anos, por exemplo, pode sozinho (sem assistência): aceitar mandato (art. 666 do CC), fazer testamento (art. 1.860, parágrafo único, do CC), ser testemunha em atos jurídicos (art. 228, I, do CC), dentre outros.

Os pródigos, por sua vez, podem praticar sozinhos todos os atos de mera administração de seu patrimônio (art. 1.782 do CC). Por fim, vale lembrar que o novo Código inovou ao dispor que o juiz, quantos aos relativamente incapazes, assinará, segundo o estado ou o desenvolvimento mental do interdito, os limites da curatela, podendo dispor quais atos o incapaz poderá praticar sozinho (art. 1.772 do CC).

Confiram-se as **espécies** de relativamente incapazes:

a) Os maiores de 16 e menores de 18 anos.

A experiência de vida dos que têm entre 16 e 18 anos não é, presume a lei, suficiente para que sejam considerados plenamente capazes. De outra parte, essas pessoas têm maior grau de amadurecimento que os menores de 16 anos, portanto merecem tratamento diferenciado.

Praticado um ato civil que não esteja autorizado a fazer sozinho, sem a assistência de um responsável legal, o ato será anulável. Entretanto, o menor não poderá invocar sua pouca idade para eximir-se da obrigação que tenha contraído, quando dolosamente a tiver ocultado, ao ser inquirido pela outra parte, ou se espontaneamente se disser maior (art. 180 do CC).

Ademais, "a incapacidade relativa de uma das partes não pode ser invocada pela outra em benefício próprio, nem aproveita aos cointeressados capazes, salvo se, neste caso, for indivisível o objeto do direito ou da obrigação comum" (art. 105 do CC).

Apesar de não ser questão específica dos relativamente incapazes, deve-se destacar que "ninguém poderá reclamar o que, por uma obrigação anulada, pagou a um incapaz, se não provar que reverteu em proveito dele a importância paga" (art. 181 do CC).

O menor relativamente incapaz, além de poder aceitar mandato (art. 666 do CC), fazer testamento (art. 1.860, parágrafo único, do CC) e ser testemunha em atos jurídicos (art. 228, I, do CC), como vimos, pode também celebrar contrato de trabalho e ser eleitor (art. 14, § 1º, II, "c", da CF).

b) Os ébrios habituais, os viciados em tóxicos e os que, por deficiência mental, tenham discernimento reduzido.

Deve-se entender por **ébrio habitual** o *dependente de álcool, ou seja, o alcoólatra ou dipsômano*. Hoje vem sendo muito usada a expressão "alcoólico" para designar o dependente de álcool, uma vez que a expressão "alcoólatra" tem caráter muito pejorativo na sociedade.

Quanto aos **toxicômanos,** não há dúvida quanto à necessidade de haver dependência, já que a lei usa a expressão "viciados", que a identifica.

Quer-se evitar nos dois casos, principalmente, a ruína econômica do indivíduo. Vale salientar que, caso a dependência leve a situações como: a) impossibilidade de a pessoa se expressar; ou b) enfermidade mental que propicie a ausência do necessário discernimento, estaremos diante de hipótese de incapacidade absoluta.

A terceira hipótese do dispositivo é a do **portador de deficiência mental que tiver um discernimento reduzido**, questão já tratada no tópico precedente. Vale lembrar que, aqui, existe ainda alguma capacidade de entendimento, mas menor que a daquele que está com a plena faculdade mental;

c) Os excepcionais, sem desenvolvimento mental completo.

Maria Helena Diniz ensina que tal situação abrange os fracos de mente, os surdos-mudos e os portadores de anomalia psíquica, que apresentem sinais de desenvolvimento mental incompleto, comprovados e declarados em sentença de interdição, tornando-os incapazes de praticar atos na vida civil, sem a assistência de um curador.

Serve como exemplo, também, a situação de alguns portadores da síndrome de Down.

Excepcionais *com desenvolvimento mental completo* são totalmente capazes. Excepcionais *sem o desenvolvimento mental completo* são relativamente capazes. E excepcionais *sem o necessário discernimento* são absolutamente incapazes;

d) Os pródigos.

Podemos definir **pródigo** como *aquele que dissipa seu patrimônio sem controle.*

A prodigalidade pode se dar das seguintes formas: a) *oniomania*, perturbação mental que provoca o portador a adquirir descontroladamente tudo o que tiver vontade; b) *cibomania*, perturbação que leva à dilapidação patrimonial em jogos de azar; c) *imoralidade*, que leva ao descontrole de gastos para satisfação de impulsos sexuais

O pródigo, em verdade, só fica privado da prática de atos que possam comprometer o seu patrimônio, não podendo, sem assistência de seu curador, alienar, emprestar, dar quitação, transigir, hipotecar, agir em juízo e praticar atos que não sejam de mera administração (*vide* arts. 1.767, V, e 1.782 do CC). Pode casar (mas não dispor sobre o regime de bens sozinho), mudar de domicílio, exercer o poder familiar, contratar empregados domésticos etc.;

2.1.9. Interdição

No que se refere aos incapazes por motivo de idade, o simples fato de a terem inferior a 16 anos (absolutamente incapazes) e entre 16 e 18 anos (relativamente incapazes) já faz com que sejam reconhecidos como tais.

Já no que se refere aos demais casos de incapacidade, somente um pronunciamento judicial e o preenchimento de certas formalidades fará com que não se questione a condição de incapaz de uma dada pessoa.

O art. 1.767 do CC prevê os casos em que caberá a interdição ou a curatela e, tirando os casos em que se é incapaz por motivo de idade, todos os outros previstos nos arts. 3º e 4º estão presentes, com exceção dos que não podem exprimir sua vontade por motivo transitório (por uma embriaguez completa, por exemplo), os quais, em que pese serem considerados incapazes naquela situação, não serão interditados, dado que seu problema é temporário.

O processo de interdição é o meio adequado ao pronunciamento judicial da incapacidade. Seu objetivo é aferir a existência e, se for o caso, o grau de incapacidade de uma pessoa.

Segundo o art. 1.768 do CC, são legitimados ativos para a demanda: os pais ou tutores; o cônjuge (ou o companheiro, segundo entendimento doutrinário); qualquer parente; e o Ministério Público, esse só em caso de moléstia mental grave ou subsidiariamente aos demais (por não existirem, por não promoverem a interdição ou por serem incapazes). Segundo o art. 1.770 do CC, no caso de interdição promovida pelo Ministério Público, o juiz nomeará defensor (curador especial) ao suposto incapaz; nos demais casos, o Ministério Público será o defensor.

Antes de pronunciar a interdição, deve o juiz, assistido por especialistas, examinar pessoalmente o arguido de incapacidade (art. 1.771 do CC).

Pronunciada a interdição, no caso dos relativamente incapazes, o juiz assinará, segundo o estado e o desenvolvimento mental do interdito, os limites da curatela (art. 1.772 do CC).

Segundo o art. 1.775, *caput* e parágrafos, do CC, a nomeação do curador segue a seguinte ordem preferencial: cônjuge ou companheiro; na falta, os pais; na falta desses, os descendentes mais próximos. São os casos de curatela legítima. Não havendo pessoas nessa condição, compete ao juiz a escolha do curador (curatela dativa).

A autoridade do curador estende-se à pessoa e aos bens dos filhos do curatelado (art. 1.778 do CC).

Havendo meio de recuperar o interdito, deve o curador promover seu tratamento em estabelecimento apropriado (art. 1.776 do CC).

A sentença que declara a interdição produz efeito imediato, embora sujeita a recurso (art. 1.773 do CC). Deve-se publicá-la na imprensa e no órgão oficial, por três vezes, bem como registrá-la em livro especial no Cartório do 1º Ofício do Registro Civil da comarca da decisão. Dessa data em diante, terceiros que celebrarem contrato com o incapaz não poderão alegar ignorância de seu estado.

A lei prevê o levantamento da interdição cessada a causa que a determinou. A incapacidade termina, normalmente, por desaparecerem as causas que a determinaram, como na hipótese de cura de enfermidade mental. Deve ser feita a averbação no Registro Público competente da sentença que põe fim à interdição.

2.1.10. Emancipação

Emancipação pode ser **conceituada** como o *fim da menoridade antes da idade prevista em lei* ou como a antecipação da capacidade plena.

A **consequência** imediata da emancipação é *habilitar a pessoa à prática de todos os atos da vida civil* (art. 5º, *caput, do CC*). Outras consequências são a possibilidade de o emancipado ser responsabilizado civilmente sem benefício algum e a cessação do direito automático de pedir pensão alimentícia.

As espécies de emancipação são as seguintes:

a) Voluntária (ou direta): é a concedida pelos pais, ou por um deles na falta do outro, mediante instrumento público inscrito no Registro Civil competente (Lei 6.015/73, art. 29, IV, 89 e 90), independentemente de homologação judicial, ao menor que tenha 16 anos completos.

Há de se ponderar que doutrina e jurisprudência consideram que a emancipação voluntária não exonera os pais da responsabilidade pelos atos ilícitos praticados pelo filho que ainda não tiver completado 18 anos. Confira-se: "a única hipótese em que poderá haver responsabilidade solidária do menor de 18 anos com seus pais é ter sido emancipado nos termos do art. 5º, parágrafo único, inciso I, do no Código Civil" (Enunciado nº 41 das JDC/CJF);

b) Judicial: é a concedida pelo juiz, ouvido o tutor, desde que o menor tenha 16 anos completos;

c) Legal: é a que decorre da ocorrência de certos eventos previstos em lei. Tal emancipação não depende de registro para produzir efeitos. Eventual demanda promovida para ver reconhecida a emancipação nos casos abaixo tem mera função de gerar maior segurança jurídica ao interessado.

O **casamento** é a primeira causa, seja qual for a idade do nubente. Pode acontecer de ocorrer emancipação até de alguém que se casou antes da idade núbil, por suprimento judicial. Não faz sentido que uma pessoa que constituiu família continue sob a autoridade de outrem. A emancipação não é afetada pelo fim do casamento, salvo em caso de invalidação deste quanto ao que estiver de má-fé, segundo corrente majoritária.

Outra causa é o **exercício *de emprego público efetivo***. Vale ressaltar que, aqui, também não há idade mínima prevista na lei. Estão excluídas situações temporárias, tais como estágios, contratações temporárias e investidura em cargo em comissão. De qualquer forma, será hipótese pouco provável de acontecer, visto que, normalmente, os estatutos do funcionalismo preveem a idade mínima de 18 anos para o ingresso em função pública.

Outro motivo é a **colação de grau em curso superior**, também independente da idade. Trata-se de mais uma hipótese bastante rara, mormente agora em que a maioridade é atingida aos 18 anos.

E, ainda, pelo ***estabelecimento civil ou comercial, ou pela existência de relação de emprego, desde que, em função deles, o menor com 16 anos completos tenha economia própria***. O fato de o menor ter economia própria, ou seja, conseguir prover seu próprio sustento, é demonstração de que é dotado de experiência e amadurecimento suficientes para a prática de atos da vida civil. Entendemos que eventual demissão superveniente do emancipado não o torna novamente incapaz, já que os requisitos para a emancipação são de difícil configuração e demonstram efetivamente o amadurecimento necessário para o exercício pleno dos atos da vida civil.

2.1.11. Fim da personalidade

Deve-se tratar, agora, do **fim da personalidade**. Dispõe o art. 6º do CC que "a existência da pessoa natural termina com a morte". Com a morte, extingue-se a personalidade, passando-se os direitos e as obrigações do morto (essas no limite das possibilidades da herança) aos seus sucessores. Tais direitos e obrigações, denominados espólio, não têm personalidade, ou seja, não tem a qualificação que lhes conferiria a autorização genérica para praticar atos jurídicos; mas são sujeitos de direitos, visto que estão autorizados, por meio das pessoas indicadas na lei, a praticar certos atos, como ingressar com ação para cobrar determinada quantia devida ao monte.

São **consequências** da morte as seguintes: extinção do poder familiar, dissolução do casamento, abertura da sucessão, extinção dos contratos personalíssimos; mas fica mantida a vontade expressada pelo falecido em testamento e preservam-se alguns direitos da personalidade (relativos ao cadáver, à imagem, ao nome e aos direitos de autor).

A **morte** pode ser de três tipos: real, civil e presumida.

Morte real é *aquela certa, que pode ser atestada por exame médico*. Constatada a morte de uma pessoa, um médico fará um atestado de óbito. Na falta desse profissional, duas pessoas qualificadas que tiverem presenciado ou verificado a morte o farão. Com base no atestado de óbito será feita a lavratura do assento de óbito no Registro Público competente. A partir desse assento é que será extraída a certidão de óbito. O enterro depende dessa certidão. A cremação será feita em virtude de vontade do falecido ou por motivo de saúde pública, dependendo de atestado de 2 (dois) médicos ou de médico legista e, caso se trate de morte violenta, de autorização judicial.

Comoriência é a *presunção de morte simultânea, que se aplica quando duas ou mais pessoas falecerem na mesma ocasião, sem que se possa determinar quem morreu primeiro*.

A importância do tema está no direito das sucessões. Se um dos mortos na mesma ocasião tiver falecido primeiro, isso poderá fazer com que o outro seja seu herdeiro. Se considerarmos que a morte se deu simultaneamente, nenhum dos dois herdará do outro.

Na França, a solução é diferente. Cria-se uma escala de possibilidades. Entre homem e mulher, presume-se que a mulher morreu primeiro. Entre o mais novo e o mais velho, presume-se que esse faleceu primeiro.

Morte civil é *aquela em que a lei considera morta para a prática de atos da vida jurídica pessoa ainda viva*. Trata-se de instituto abolido nas legislações modernas. No passado, era sanção que recaía sobre os escravos e sobre outras pessoas, por motivos políticos ou religiosos. Há resquícios do instituto em nossa lei na regulamentação da indignidade e da deserdação, nas quais o herdeiro excluído da sucessão é considerado "como se morto fosse". (arts. 1.814, 1.816 e 1.961 a 1.963 do CC).

Morte presumida é *a que decorre de declaração judicial da morte, sem decretação de ausência, em caso de perigo de vida ou guerra, ou de declaração de ausência quando se autoriza a abertura de sucessão definitiva*.

Com efeito, o art. 6º do CC diz que se tem a **morte presumida** "quanto aos ausentes, nos casos em que a lei autoriza a abertura da sucessão definitiva".

O art. 7º do CC assevera que "pode ser declarada a morte presumida, **sem a decretação de ausência**: I – se for extremamente provável a morte de quem estava em perigo de vida; II – se alguém, desaparecido em campanha ou feito prisioneiro, não for encontrado até 2 (dois) anos após o término da guerra", dispondo o dispositivo em seu parágrafo único que "a declaração da morte presumida, nesses casos, somente poderá ser requerida depois de esgotadas as buscas e averiguações, devendo a sentença fixar a data provável do falecimento".

2.1.12. Ausência

Em caso de ***ausência***, ou seja, de uma pessoa **desaparecer** de seu domicílio sem deixar notícias ou procurador a quem caiba administrar seus bens e tenha interesse em fazê-lo, e de não ter se configurada nenhuma das hipóteses acima, pode o interessado ou o Ministério Público requerer ao juiz a **declaração de ausência** da pessoa, nomeando em favor dela um **curador** (o cônjuge, os pais ou os descendentes do desaparecido, nessa ordem, ou, na falta, alguém nomeado pelo juiz), que procederá à **arrecadação** dos bens do ausente, tudo na forma dos arts. 22 a 26 do CC (**fase da curadoria do ausente**).

Passado **1 (um) ano da arrecadação** dos bens do ausente, ou, se há procurador, passados 3 (três) anos, poderão os interessados requerer que se: a) declare a ausência; e que se b) **abra provisoriamente a sucessão**, que produzirá efeitos após 180 dias da publicação da respectiva sentença pela imprensa, efetuando-se o inventário e partilha dos bens (**fase da sucessão provisória**). *Vide* arts. 26 a 36 do CC.

Passados **10 (dez) anos do trânsito em julgado da sentença que abriu a sucessão provisória** ou 5 (cinco) anos das últimas notícias do ausente que já contar com 80 (oitenta) anos, poderão os interessados requerer a **sucessão definitiva**, procedendo-se ao **levantamento das cauções** que tiverem sido exigidas daqueles herdeiros que não eram ascendentes, descendentes ou cônjuges do ausente (**fase da sucessão definitiva**).

Caso o ausente não apareça nos 10 (dez) anos seguintes à abertura da sucessão definitiva, não terá mais direito algum às coisas deixadas. Se comparecer nesse período, terá direito aos bens existentes no estado em que se acharem, os sub-rogados em seu lugar, ou o preço que os herdeiros e demais interessados tiverem recebido pelos bens alienados depois daquele tempo.

Se, nos 10 (dez) anos a que se refere o parágrafo anterior, o ausente não regressar e **não houver interessado algum**, os bens arrecadados passarão ao Município ou ao Distrito Federal, se localizados nas respectivas circunscrições, incorporando-se à União se situados em território federal.

As disposições sobre a sucessão definitiva, no caso, estão nos arts. 37 a 39 do CC.

Por fim, vale anotar que, hoje, o ausente não é mais considerado um *incapaz*, mas alguém ***presumido morto*** pela lei a partir do momento em que é aberta a sucessão definitiva.

2.2. Direitos da Personalidade

2.2.1. Conceito de Direitos da Personalidade

Direitos da Personalidade *são aqueles que protegem características inerentes à pessoa*. São direitos que recaem sobre nossos atributos naturais e suas projeções sociais.

Os objetos de tais direitos são, portanto, os seguintes aspectos próprios da pessoa: a) sua integridade física (vida, corpo, partes do corpo); b) sua integridade intelectual (liberdades de pensamento e de expressão, autorias científica e artística); e c) sua integridade moral (intimidade, vida privada, honra, imagem e nome).

O CC preferiu não conceituar direitos da personalidade, mas dispôs que são intransmissíveis, irrenunciáveis e que seu exercício não é passível de sofrer limitações (art. 11 do CC).

De início, são protegidas as características próprias da pessoa natural. Todavia, o nascituro e a pessoa jurídica, no que couber, também estarão resguardados. O primeiro, em virtude do disposto no art. 2º, segunda parte, do CC. E o segundo, em razão do art. 52 do mesmo Código.

Já a pessoa jurídica terá protegidos interesses como o nome, a imagem e o segredo. Reconhecendo a existência de uma honra objetiva em favor desse tipo de pessoa, o STJ sumulou que "a pessoa jurídica pode sofrer dano moral" (Súmula 227).

2.2.2. Regime Jurídico Geral

Os direitos da personalidade são:

a) Absolutos: *oponíveis contra todos* ("erga omnes"). Esses direitos geram deveres de abstenção por parte de cada um de nós, inclusive do Estado. Enquanto num contrato há relatividade (só há efeitos relativamente a cada contratante), o direito à imagem, por exemplo, gera efeitos em face de todos, tratando-se, assim, de um direito oponível de modo absoluto;

b) Intransmissíveis: *não passíveis de cessão à esfera jurídica de outrem*. É importante destacar que a *titularidade* do direito é que não pode ser transmitida. O *exercício* do direito, todavia, pode ser transferido. Um exemplo: não se pode transmitir a um terceiro direito moral de que conste o nome do autor (ou um pseudônimo por ele criado) na obra de sua autoria. Mas é possível que se transfira a uma editora o direito de explorar economicamente a obra, reproduzindo-a e vendendo vários de seus exemplares. No segundo caso não se transferiu o direito como um todo, mas *parcela dos poderes* que tem o seu titular;

c) Irrenunciáveis: *não são passíveis de rejeição por parte de seu titular*. Não se pode renegar direitos da personalidade. Difere da intransmissibilidade, pois aquela diz respeito à cessão a um terceiro, ao passo que a renúncia abrange situações de desistência, de renegação. Assim, não se pode vender um órgão em virtude da intransmissibilidade. Não se pode pôr fim à vida em virtude da irrenunciabilidade;

d) Indisponíveis: *não são passíveis de se abrir mão, de disposição*. Essa regra, na verdade, engloba as duas anteriores. Quer dizer que os direitos da personalidade não podem ser transmitidos, objetos de renúncia ou objetos de abandono. É bom anotar que alguns poderes inerentes aos direitos de personalidade podem ser objetos de disposição, tais como os poderes de doar em vida órgãos, preenchidos determinados requisitos, de consentir na exposição da imagem e de permitir o acesso a informações da vida privada (sigilo bancário, por exemplo). Aliás, quanto aos dois últimos interesses, é possível que razões de interesse público justifiquem sua exposição, mesmo sem o consentimento do titular do direito;

e) Ilimitados: *abrangem interesses imanentes ao ser humano, ainda que não mencionados expressamente pela lei ou que não identificados pela ciência*. Assim, mesmo que não identificados expressamente como direitos da personalidade, têm essa natureza os direitos a alimentos, ao planejamento familiar, à dignidade, ao culto religioso etc.

f) Imprescritíveis: *não são passíveis de perda pelo decurso do tempo*. Não é porque o autor de um texto o fez há 30 anos, por exemplo, que perderá os direitos de personalidade correspondentes. Por outro lado, violado o direito, e nascida a pretensão de reparação civil, começa a correr prazo prescricional. Normalmente, o prazo para se pedir uma indenização pela violação do direito é de 3 anos. Exemplo da imprescritibilidade dos direitos da personalidade é o que diz respeito à pretensão para a compensação por danos morais em razão de acontecimentos que maculam tão vastamente os direitos da personalidade, como a tortura e a morte. Nesse sentido, o Superior Tribunal de Justiça reconhece ser imprescritível tal pretensão quando se tratar de perseguição política na época da ditadura (AgRg no RE 1.163.157);

g) Impenhoráveis: *não são passíveis de constrição judicial*. Dessa forma, não posso penhorar um órgão de uma pessoa, nem o seu nome, muito menos os direitos morais que têm em relação à obra que tiver criado. Mas é possível a penhora de frutos econômicos dos interesses protegidos pelos direitos da personalidade, ressalvada a quantia correspondente ao necessário para a sobrevivência do autor (CPC, art. 649, IV);

h) Inexpropriáveis: *não são passíveis de desapropriação*. O Estado pode, mediante indenização, despojar compulsoriamente uma pessoa de sua propriedade, em caso de interesse público. Nada obstante, não poderá fazê-lo em relação a direitos da personalidade, ideia que decorre de se tratar de direito indisponível;

i) Vitalícios: *acompanham a pessoa até a sua morte*. Alguns direitos, inclusive, são resguardados mesmo depois da morte, como o respeito ao corpo do morto, à sua honra e à sua memória, bem como os direitos morais do autor. Prova disso é que o parágrafo único do art. 12 do CC diz que tem legitimação para fazer cessar a ameaça ou a lesão a direito da personalidade do morto, o cônjuge sobrevivente, ou qualquer parente em linha reta, ou colateral até o quarto grau.

2.2.3. Garantias do Regime Jurídico Geral

Violado ou ameaçado de ser violado um direito da personalidade, pode-se reclamar em juízo as seguintes sanções (CC, art. 12):

a) cessação da ameaça ou da lesão ao direito;

b) perdas e danos;

c) demais sanções previstas em lei.

Assim, se alguém verificar a existência de uma foto sua num *outdoor* com fins publicitários, sem a necessária autorização, poderá pedir a retirada do cartaz (a) e uma indenização por danos materiais e morais porventura existentes (b). Um autor que verificar a reprodução indevida de sua obra também poderá pedir sua retirada de circulação (a), uma indenização por danos materiais e morais (b), além de poder ficar com os exemplares da obra reproduzida e de poder representar o ofensor na esfera criminal (c).

Repare que a lei permite um atuar repressivo (para cessar a lesão) e uma atitude preventiva (em caso de ameaça de lesão). Para fins destas possibilidades, será de grande valia a ação cominatória, valendo trazer à tona as normas que se extraem dos arts. 287, 461 e 644 do CPC.

São partes legítimas para requerer a aplicação de tais sanções a própria pessoa lesada, por si ou por seu representante, e, caso já falecida, o cônjuge sobrevivente, ou qualquer parente em linha reta, ou colateral até o quarto grau (art. 12, parágrafo único, do CC). Repare que há uma lacuna nesse dispositivo. Não se incluiu o companheiro no rol dos legitimados. Se a finalidade da lei é possibilitar que pessoas presumidamente próximas ao morto e que também são sucessoras dele estejam legitimadas, não há justificativa para a exclusão do companheiro, que também tem presumida afetividade em relação ao falecido, além de ser sucessor deste. Nesse sentido, o Enunciado 275 das Jornadas de Direito Civil entende que o rol dos legitimados presentes nos arts. 12 e 20 do CC compreende o companheiro. E o Enunciado 398, das mesmas Jornadas, entende que as medidas previstas no art. 12, parágrafo único, do CC podem ser invocadas por qualquer uma das pessoas ali mencionadas de forma concorrente e autônoma.

2.2.4. Regimes Jurídicos Especiais

O CC disciplina de modo especial a proteção do próprio corpo (arts. 13 a 15 do CC), o direito ao nome (arts. 16 a 19), a proteção aos escritos, à palavra e à imagem (art. 20) e a proteção à vida privada (art. 21).

2.2.4.1. Proteção do corpo

2.2.4.1.1. Disposição do corpo em vida

O art. 13 do CC traz a seguinte **regra**: *é defeso o ato de disposição do próprio corpo, quando importar diminuição permanente da integridade física, ou contrariar os bons costumes*.

O parágrafo único e o *caput* do art. 13 trazem as seguintes **exceções**: a) em caso de *exigência médica;* e b) *para fins de transplante*, na forma estabelecida em lei especial.

Isso significa que não se pode dispor do corpo em duas situações: a) se isso importar em diminuição permanente da integridade física; b) se houver contrariedade aos bons costumes. Mas se estará autorizado: a) em caso de exigência médica; e b) para fins de transplante.

A expressão *diminuição permanente* proíbe, portanto, que alguém corte o próprio braço ou a própria perna, uma vez que tais condutas são irreversíveis. E a frase *contrariar bons costumes* proíbe, por exemplo, que alguém se machuque intencionalmente, mesmo que sem diminuição permanente da integridade física.

Os bens jurídicos tutelados pelo dispositivo são a saúde humana e os bons costumes. Assim, não fere a lei a colocação de adereços (brincos, *piercings*), uma vez que, se é que importam em diminuição permanente, não afetam a saúde da pessoa. O mesmo se pode dizer de cirurgias plásticas, que, se feitas segundo as regras técnicas, não afetam a saúde da pessoa, além de não contrariarem os bons costumes.

Nos casos em que houver exigência médica, como quando se amputa uma perna por motivo de doença ou se retira parte do intestino em virtude de câncer, ou até quando se faz cirurgia para a redução do estômago, a diminuição permanente estará autorizada. Entende-se abarcado no requisito da "exigência médica" a cirurgia de mudança de sexo, já que a doutrina entende que essa expressão *refere-se tanto ao bem-estar físico quanto ao bem-estar psíquico do disponente* (v. Enunciados 6 e 276 das JDC/CJF). Nesse sentido, a Resolução nº 1.955/2010 do Conselho Federal de Medicina traz os requisitos para a cirurgia de mudança de sexo.

A outra exceção (para fins de transplante) está regulada na Lei 9.434/97. Essa lei permite a disposição de tecidos (não se regula a disposição de sangue, de esperma e de óvulo), órgãos ou partes do corpo vivo, atendidos os seguintes requisitos (art. 9º da Lei):

a) deverá ser gratuita a disposição;

b) deverá o doador ser capaz; o incapaz só poderá doar medula óssea, desde que ambos os pais e o juiz autorizem e não haja risco para sua saúde; a gestante só poderá doar tecido para transplante de medula óssea, desde que não haja risco à sua saúde ou ao feto;

c) dever-se-á tratar de órgãos duplos, de partes de órgãos, tecidos ou partes do corpo cuja retirada não impeça o organismo doador de continuar vivendo sem risco para a sua integridade e não represente grave comprometimento de suas aptidões vitais e saúde mental e não cause mutilação ou deformação inaceitável;

d) deverá estar presente uma necessidade terapêutica comprovadamente indispensável ao receptor;

e) deverá o doador autorizar, preferencialmente por escrito e diante de testemunhas, especificamente o tecido, o órgão ou a parte do corpo objeto da retirada;

f) deverá o juiz autorizar a doação, salvo em relação à medula óssea e em relação à doação para cônjuge ou parentes consanguíneos até quarto grau inclusive;

g) poderá o doador revogar a doação a qualquer momento antes de sua concretização;

h) a realização de transplantes ou enxertos só poderá ser realizada por estabelecimento de saúde autorizado pelo SUS.

2.2.4.1.2. Disposição do corpo para depois da morte

O art. 14 do CC traz a seguinte **regra**: *é válida, com objetivo científico ou altruístico, a disposição gratuita do próprio corpo, no todo ou em parte, para depois da morte.*

A expressão *objetivo científico* diz respeito aos casos em que se deixa o corpo ou partes do corpo para fins de estudos (ex.: para uma faculdade de medicina). Já a expressão *objetivo altruístico* se refere aos casos em que está a se preocupar com o bem-estar alheio, como quando se deixa elemento do corpo para fins de transplante em favor de quem precisa de um tecido (ex.: córnea), de um órgão (ex.: coração) ou de parte do corpo (ex.: fígado).

A Lei 9.434/97 permite a retirada *post mortem* de tecidos (não se regula a disposição de sangue, de esperma e de óvulo), órgãos ou partes do corpo humano, destinados a transplante ou tratamento, atendidos os seguintes requisitos (arts. 3º a 8º da Lei):

a) deverá ser gratuita a disposição;

b) deverá ser precedida de diagnóstico de morte encefálica, constatada e registrada por dois médicos não participantes das equipes de remoção e transplante; os prontuários médicos serão mantidos na instituição por um período mínimo de 5 anos;

c) deverá ser admitida a presença de médico de confiança da família do falecido no ato de comprovação e atestação da morte encefálica;

d) deverá ser feita mediante o *consenso afirmativo* do doador, não se presumindo sua vontade em doar; não existindo indicação da vontade do falecido (por meio de um documento, por exemplo), a retirada dependerá da autorização do cônjuge ou parente, maior de idade, obedecida a linha sucessória, reta ou colateral, até o segundo grau inclusive, firmada em documento subscrito por duas testemunhas presentes à verificação da morte (parece-nos haver lacuna na ausência do companheiro na regra); o Enunciado 277 das JDC/CJF é no sentido de que a manifestação expressa do doador de órgão em vida prevalece sobre a vontade dos familiares; assim, a aplicação do art. 4º da Lei 9.434/97 (que trata da autorização ou não pelos familiares) ficou restrita à hipótese de silêncio do potencial doador;

e) poderá o doador revogar a doação a qualquer momento;

f) é vedada a remoção quanto a pessoas não identificadas;

g) após a retirada, o corpo será condignamente recomposto para ser entregue, em seguida, aos parentes do mortos ou seus responsáveis legais para sepultamento;

h) a realização de transplantes ou enxertos só poderá ser realizada por estabelecimento de saúde autorizado pelo SUS.

2.2.4.1.3. Tratamento e intervenção cirúrgica

O art. 15 do CC traz a seguinte **regra**: *ninguém pode ser constrangido a submeter-se, com risco de vida, a tratamento médico ou intervenção cirúrgica.*

Três princípios permeiam a regra em questão.

Pelo **princípio da informação**, *o paciente tem o direito de receber todas as informações relativas à sua situação, à possibilidade de tratamento e aos respectivos riscos* (*vide* arts. 6º, III, e 31 do CDC).

De acordo com o **princípio da autonomia**, *o profissional deve respeitar a vontade do paciente ou de seu representante, se aquele for incapaz.*

Já pelo **princípio da beneficência**, *a atuação médica deve buscar o bem-estar do paciente, evitando, sempre que possível, danos e riscos.*

A partir de tais princípios e da regra enunciada, percebe-se que o paciente tem o *direito de recusa a tratamento arriscado*. Assim, informado de que uma cirurgia para retirada de um tumor da cabeça gera um risco de morte, este é quem escolherá se deseja ou não fazê-la.

Quando não for possível consultar o paciente, e havendo situação de iminentes riscos para sua vida, o tratamento ou a intervenção cirúrgica deverão ser realizados, não respondendo o médico por constrangimento ilegal (art. 146, § 3º, I, do CP). Em situações como essas, o médico age em verdadeiro estado de necessidade, que é uma excludente da ilicitude.

2.2.4.2. Escritos, palavra e imagem

O art. 20 do CC traz a seguinte **regra**: *a divulgação de escritos, a transmissão da palavra, ou a publicação, a exposição* *ou a utilização da imagem de uma pessoa poderão ser proibidas, a seu requerimento e sem prejuízo da indenização que couber, se lhe atingirem a honra, a boa fama ou a respeitabilidade, ou se se destinarem a fins comerciais.*

O próprio art. 20 traz as seguintes **exceções** à impossibilidade de exposição daqueles interesses: a) se houver *autorização* da pessoa; b) se *necessário à administração da justiça*.

Ou seja, não se pode expor os escritos, a palavra e a imagem das pessoas em duas situações: a) se lhe atingir a honra; b) se tiver fins comerciais. Mas é possível expor tais interesses: a) se houver autorização; b) se necessário à administração da justiça.

A expressão *se lhe atingirem a honra, a boa fama ou a respeitabilidade* proíbe que alguém tenha, por exemplo, veiculada sua imagem de uma maneira difamatória. A frase *se se destinarem a fins comerciais* proíbe, por exemplo, que alguém tenha publicada sua foto em um informe publicitário ou em uma revista de "fofocas" sem sua autorização.

É importante lembrar que as **garantias** que a lei traz ao lesado são as seguintes: a) proibir a exposição; b) reclamar indenização. Apesar da não referência à aplicação das demais sanções previstas em lei, tal como está previsto no art. 12 (regime jurídico geral), tal providência é possível, como no caso em que a conduta do ofensor também configura crime (injúria, difamação ou calúnia, por exemplo). Ou quando se prevê o direito de resposta, proporcional ao agravo (art. 5º, V, da CF).

Em se tratando de morto ou de ausente, são partes **legítimas**: a) o cônjuge; b) os ascendentes ou descendentes. Em relação ao regime jurídico geral, repare que aqui não se elegeu os parentes colaterais até o quarto grau como legitimados. Repare, ainda, que mais uma vez parece haver uma lacuna, ao não se legitimar o companheiro.

São três os interesses protegidos pelas regras: a) os escritos (expressados em documento); b) a palavra (expressada pela voz); c) a imagem (retrato e atributo).

Os **escritos** encontram regramento especial na Lei 9.610/98 (Lei sobre Direitos Autorais), que protege "os textos de obras literárias, artísticas ou científicas", dentre outros (art. 7º da Lei).

As **palavras** também encontram regramento especial nessa Lei, que protege "as conferências, alocuções, sermões e outras obras da mesma natureza", dentre outras (art. 7º da Lei).

Quanto à **imagem**, essa deve ser dividida em duas espécies.

a) imagem-retrato: *consiste na reprodução gráfica da figura humana, podendo se referir a partes do corpo também, como a voz e as pernas*. São exemplos: o retrato, o desenho, a fotografia e a filmagem de uma pessoa. A imagem-retrato está protegida pelo art. 5º, X, da CF, pelo qual "são invioláveis a intimidade, a vida privada, a honra e a *imagem* das pessoas, assegurado o direito a indenização pelo dano material ou moral decorrente de sua violação";

b) imagem-atributo: *consiste no conjunto de características sociais do indivíduo, ou de dada pessoa jurídica, que o identifica socialmente*. Enquanto a imagem-retrato condiz com o retrato físico da pessoa, a imagem-atributo se refere a seu retrato social. A proteção a essa imagem está prevista no art. 5º, X, da CF, pelo qual fica assegurado "o direito de resposta, proporcional ao agravo, além da indenização por dano material, moral ou à *imagem*". Nessa, os agentes danosos são os meios de comunicação, ideia tirada do texto do dispositivo, que fala também em direito de resposta, extensível às pessoas jurídicas. Havendo violação da imagem-atributo, deve haver indenização, independente de demonstração de prejuízo econômico ou mesmo existência de dor profunda, mas simplesmente pelo *dano à imagem*, devendo a indenização seguir critério facilitado, distinto do dano material e moral. Repare que fala em "indenização por dano material, moral ou à imagem".

É importante trazer à tona alguns **temperamentos** à proteção em tela. Nenhum direito é absoluto. O direito à preservação da imagem encontra pontos de atrito com a *liberdade de expressão e de comunicação* e com o *direito de acesso à informação*.

O Supremo Tribunal Federal, no julgamento da ADPF 130 (p. em 06/11/09), ao julgar não recepcionada pela Constituição a Lei de Imprensa (Lei 5.250/67), **exarou entendimento no sentido de que, na ponderação de interesses entre os dois blocos de direitos da personalidade citados (liberdade de imprensa e de expressão x imagem, honra, intimidade e vida privada) prepondera o primeiro bloco, impedindo-se a censura prévia**. O segundo bloco incide posteriormente para fins de direito de resposta e responsabilidade civil, penal e administrativa.

É claro que não é qualquer fato que poderá ser livremente veiculado pela imprensa. Deve-se tratar de fato relevante para o indivíduo em sociedade. Caso contrário, pode haver abuso e, portanto, ensejo à reparação do dano causado ao ofendido. Tal se dá, por exemplo, com a divulgação por um jornal ou uma revista de elementos da intimidade ou da vida privada de artistas sem seu consentimento. Nesse caso, não há fato relevante para a vida social, conceito nobre, mas "fuxico", "fofoca", o que não está protegido no relevante direito de informação jornalística.

A manifestação abusiva da expressão, apesar de não poder ser censurada, pode sofrer coerções posteriores, principalmente as que envolvem o direito de resposta e a indenização por danos materiais e morais.

2.2.4.3. *Vida privada*

O art. 21 do CC traz a seguinte **regra**: *a vida privada da pessoa natural é inviolável, e o juiz, a requerimento do interessado, adotará as providências necessárias para impedir ou fazer cessar ato contrário a esta norma.*

É importante destacar que a **garantia** que a lei traz ao lesado é a seguinte: pode-se pedir ao juiz que impeça ou faça cessar a violação da vida privada. Apesar de não prevista no dispositivo, eventual violação também dá ensejo a que se reclame indenização (art. 5º, X, da CF). E, em que pese também a não referência à aplicação das demais sanções previstas em lei, tal como está previsto no art. 12 (regime jurídico geral), tal providência é possível, como no caso em que a conduta do ofensor também configura crime (interceptação indevida de conversa telefônica, por exemplo), em que se faculta a persecução criminal.

Apesar de o dispositivo se referir apenas à vida privada, são dois os interesses protegidos pela regra: a) a própria vida privada; e b) a intimidade.

Os direitos de inviolabilidade da vida privada e da intimidade são espécies do gênero **direito à privacidade**, *que é aquele de a pessoa manter informações privadas a seu respeito sob seu controle exclusivo*. Tal direito se traduz no direito de ser deixado tranquilo ou em paz.

A **intimidade**, por sua vez, é *o espaço que a pessoa tem consigo*. Diz respeito aos seus pensamentos, segredos, dúvidas existenciais e sonhos. O diário particular de uma pessoa contém informações sobre sua intimidade.

A **vida privada** consiste nos *espaços exteriores privados, ligados às relações familiares, de amizade e profissionais das pessoas*. Aqui temos suas correspondências e conversas telefônicas, os sigilos bancário e fiscal, as relações amorosas etc.

2.2.4.4. Direitos autorais

Quanto aos direitos autorais, a matéria é exaustivamente tratada na Lei 9.610/98, que regula os direitos de autor e os que lhe são conexos, reputados bens móveis para fins legais (art. 3º).

Tal lei **protege**, por exemplo, os textos de obras literárias, artísticas ou científicas, as obras musicais, coreográficas, fotográficas e cinematográficas, o desenho, a pintura, a escultura, dentre outras (art. 7º).

Não são objeto da proteção dos direitos autorais ideias, sistemas, métodos, projetos ou conceitos matemáticos como tais, formulários em branco, texto de atos oficiais, informações de uso comum como calendários, nomes, títulos isolados etc. (art. 8º).

A proteção à obra intelectual abrange o seu título, se original. A lei considera **autor** a pessoa física criadora de obra literária, artística ou científica, sem prejuízo da proteção às pessoas jurídicas nos casos previstos em lei (art. 11).

Não depende de registro a proteção aos direitos autorais (art. 18), podendo o autor registrar sua obra no órgão público de que trata o art. 17 da Lei 5.988/73 (art. 19).

Pertencem ao autor os direitos **patrimoniais** e **morais** sobre a obra que criou (art. 22). Os **direitos morais** do autor, inalienáveis e irrenunciáveis (art. 27), são, dentre outros, os seguintes: a) o de reivindicar, a qualquer tempo, a autoria da obra; b) o de ter seu nome ou sinal indicado como sendo o do autor na utilização de sua obra; c) o de conservar a obra inédita; d) o de assegurar sua integridade, opondo-se a quaisquer modificações; e e) o de modificá-la (art. 24).

Os primeiros quatro direitos são transmitidos aos sucessores por morte do autor. No que concerne aos direitos patrimoniais, depende de autorização prévia e expressa do autor a utilização da obra por outrem. Os herdeiros podem explorar economicamente a obra por 70 anos contados de 1º de janeiro do ano subsequente ao do falecimento do autor (como regra), ou da publicação da obra (no caso de obras anônimas ou pseudônimas), ou da sua divulgação (quanto às obras audiovisuais e fotográficas), conforme os arts. 41 a 44. Findo o período, a obra passará ao **domínio público**, o mesmo ocorrendo se não houver sucessores do autor falecido ou se for obra de autor desconhecido, ressalvada a proteção legal aos conhecimentos étnicos e tradicionais (art. 45).

Não constituem ofensa aos direitos autorais: a) a reprodução, em um só exemplar, de pequenos trechos, para uso privado do copista, desde que feita por este, sem intuito de lucro; b) a citação de passagens de qualquer obra, para fins de estudo ou crítica, indicando-se nome do autor e a origem da obra; c) o apanhado de lições em escola, vedada a publicação sem autorização expressa; d) a utilização de obras para demonstração à clientela; e) a representação teatral ou musical no recesso familiar ou para fins didáticos, na escola e sem fim lucrativo; f) as paráfrases e paródias que não forem reproduções da obra nem lhe impliquem descrédito; e g) a representação de obras situadas permanentemente em logradouros públicos (arts. 46 a 48).

A **transferência** dos direitos patrimoniais poderá ser dos seguintes tipos: a) transmissão total (salvo os direitos morais e os excluídos pela lei; se for definitiva, dependerá de contrato escrito); b) cessão total ou parcial (faz-se por escrito e se presume onerosa).

O titular do direito violado poderá requerer: i) a apreensão dos exemplares reproduzidos ou a suspensão da divulgação, ii) sem prejuízo da indenização cabível, iii) bem como a perda em seu favor dos exemplares apreendidos e iv) o pagamento do preço dos que tiverem sido vendidos (art. 102). Responde solidariamente com o contrafator aquele que vender, expuser, distribuir ou tiver a obra reproduzida com fraude.

2.2.4.5. Nome

Os arts. 16 a 18 do CC trazem a seguinte **regra**: *toda pessoa tem direito ao nome, que não pode ser empregado de modo que exponha a pessoa ao desprezo público, ainda que sem intenção difamatória, ou para fins de propaganda comercial sem autorização do seu titular.* O art. 19 dispõe que *o pseudônimo adotado para atividades lícitas goza da proteção que se dá ao nome.*

Por ser objeto de direito da personalidade, o nome é intransferível, irrenunciável e indisponível. O **princípio da imutabilidade**, todavia, sofre **exceções,** quando houver:

a) modificação no estado de filiação ou de paternidade: em virtude da procedência de ação negatória de filiação; reconhecimento, judicial ou voluntário, de paternidade; ou realização ou desfazimento de adoção. Muda-se o sobrenome apenas, salvo no caso de adoção de menores, em que é possível que se altere inclusive o prenome, a pedido do adotante ou do adotado (art. 47, § 5º, do ECA);

b) alteração do nome de um dos pais: modificando-se o nome familiar de um dos pais, será necessário fazer o mesmo em relação aos filhos;

c) casamento: qualquer um dos nubentes pode adotar o nome do outro (art. 1.565, § 1º, do CC);

d) dissolução da sociedade conjugal e do casamento: não é obrigatória a perda do nome do outro na separação e no divórcio (arts. 1.578 e 1.571, § 2º, do CC). Todavia, a requerimento do inocente e desde que não se revele prejuízo à outra parte, pode-se perder compulsoriamente o direito de continuar usando o nome de casado. Pode também o cônjuge inocente renunciar, a qualquer momento, ao direito de usar o sobrenome do outro;

e) pela união estável: o companheiro pode pedir ao juiz a averbação do patronímico do companheiro no seu registro de nascimento;

f) vontade daquele que tem entre 18 e 19 anos: o art. 56 da LRP faculta ao interessado, no primeiro ano após ter atingido a maioridade civil, requerer a alteração de seu nome, desde que não prejudique os apelidos de família, averbando-se a alteração que será publicada pela imprensa; o pedido pode ser feito administrativamente;

g) erro gráfico evidente: o art. 110 da LRP dispõe que a correção de erros de grafia poderá ser processada a partir do próprio cartório onde se encontrar o assentamento, mediante petição assinada pelo interessado, que será remetida ao Ministério Público e ao juiz, que despachará no prazo de 48 horas. Exemplo dessa situação é o daquele que recebeu o nome de "Osvardo", quando deveria ser "Osvaldo". Também ocorre quando se troca o "i" pelo "e" ou o "s" pelo "x" quando da grafia do patronímico. Prova-se o erro, neste caso, pela comparação com os documentos dos demais membros da família;

h) exposição do portador do nome ao ridículo: o art. 55, parágrafo único, da LRP impede que os oficiais do registro civil registrem prenome suscetíveis de expor ao ridículo seus portadores. Para que essa regra seja eficaz, há de se reconhecer que, caso o oficial atenda ao pedido dos pais numa situação dessas, nada impede que no futuro busque-se a modificação do nome em razão dessa circunstância. Nomes como Bin Laden e Adolph Hitler poderão dar ensejo ao pedido de modificação. Mas já houve casos em que se admitiu a modificação de nomes bastante comuns, como Raimunda;

i) apelido público notório: o art. 58 da LRP dispõe que o prenome é definitivo, admitindo-se sua substituição por apelidos públicos notórios. São exemplos: Lula, Xuxa e Pelé. A redação dada pela Lei 9.708/98 ao dispositivo em questão permite a "substituição" do prenome e não a mera "inserção" apelido público notório. Houve casos de modificação de "Amarildo" para "Amauri" e de "Maria" para "Marina". Basta provar em juízo que a pessoa é conhecida publicamente (no trabalho, na família, entre amigos etc.) por nome diverso do que consta em seus documentos; a prova se faz por testemunhas, por correspondências, por cadastros etc.;

j) necessidade para a proteção de vítimas e testemunhas de crimes: o § 7º do art. 57 da LRP admite a alteração de nome completo para proteção de vítimas e testemunhas de crimes, bem como de seu cônjuge, convivente, ascendentes, descendentes, inclusive filhos menores e dependentes, mediante requerimento ao juiz competente dos registros públicos, ouvido o MP;

k) homonímia: a redação do art. 57, *caput*, da LRP, traz uma norma um tanto quanto aberta, que possibilita modificações em outras situações excepcionais, como na homonímia;

l) cirurgia de mudança de sexo: o Superior Tribunal de Justiça vem admitindo tal possibilidade, inclusive no autorizando, além da mudança de **nome**, que o transexual operado solicite modificação civil de seu **gênero** (de masculino para feminino ou de feminino para masculino), para que conste de toda sua documentação referência exclusiva ao novo sexo civil, facilitando a inserção social e profissional.

2.3. Pessoas Jurídicas

2.3.1. Conceito

Pode-se **conceituar** pessoa jurídica como o *grupo humano criado na forma da lei e dotado de personalidade jurídica própria para a realização de fins comuns.*

As pessoas jurídicas são, então, *sujeitos de direito personalizados*, de modo que têm aptidão genérica para adquirir direitos e obrigações compatíveis com sua natureza.

No que concerne aos direitos da personalidade, o Código Civil assegura que "aplica-se às pessoas jurídicas, no que couber, a proteção dos direitos da personalidade" (art. 52).

A título de exemplo, é compatível com a pessoa jurídica a proteção de sua integridade moral, daí porque o Superior Tribunal de Justiça assegura indenização por danos morais a tais entes.

2.3.2. Requisitos para a sua regular constituição

As pessoas jurídicas de direito público são criadas pela Constituição ou por meio de leis específicas. Já as pessoas jurídicas de direito privado têm sua criação regulada pelo Código Civil.

A doutrina aponta diversos requisitos para a constituição de uma pessoa jurídica. São os seguintes:

a) vontade humana criadora, ou seja, intenção de criar pessoa jurídica distinta de seus membros;

b) observância das condições legais para a sua instituição;

c) objetivo lícito;

d) ato constitutivo, ou seja, documento escrito, denominado estatuto (nas associações e sociedades institucionais), escritura pública/testamento (nas fundações), contrato social (nas sociedades contratuais) e lei (nas autarquias);

e) autorização ou aprovação do Poder Executivo, quando necessário, ou seja, nos poucos casos em que a lei condiciona a criação da pessoa jurídica à autorização mencionada (exs.: empresas estrangeiras, montepio, caixas econômicas, bolsas de valores etc.);

f) autorização de lei específica, no caso de pessoas jurídicas de direito privado estatais;

e) registro, ou seja, arquivamento dos atos constitutivos no Registro Público competente, em se tratando de pessoa jurídica de direito privado.

O art. 45 do Código Civil dispõe que o **surgimento**, ou seja, a **existência legal** da pessoa jurídica de direito privado começa com sua **inscrição** no Registro Público competente. Dessa forma, o **início da personalidade** da pessoa jurídica de direito privado se dá com o **registro competente**.

O registro declarará o seguinte (art. 46 do CC):

I. a denominação, os fins, a sede, o tempo de duração e o fundo social, quando houver;

II. o nome e a individualização dos fundadores ou instituidores, e dos diretores;

III. o modo por que se administra e representa, ativa e passivamente, judicial e extrajudicialmente;

IV. se o ato constitutivo é reformável no tocante à administração, e de que modo;

V. se os membros respondem, ou não, subsidiariamente, pelas obrigações sociais;

VI. as condições de extinção da pessoa jurídica e o destino do seu patrimônio, nesse caso.

Havendo ilegalidade no ato de constituição da pessoa jurídica de direito privado, o interessado terá três anos para exercer o direito de anulá-lo, contado o prazo da publicação de sua inscrição no registro público (art. 45, parágrafo único, do CC). O prazo é decadencial e, após o seu decurso, todos os vícios ficarão convalidados.

O **ato constitutivo deve ser arquivado** nos seguintes registros públicos: a) na OAB (se se tratar de sociedade de advogados); b) na Junta Comercial (se se tratar de sociedade empresária); c) no Cartório de Pessoas Jurídicas (se se tratar de sociedades simples, fundações e associações).

Os partidos políticos, depois de arquivarem seus atos constitutivos no Cartório de Pessoas Jurídicas, adquirindo personalidade jurídica, devem registrar seus estatutos no Tribunal Superior Eleitoral (art. 17, § 2º, da CF). Os sindicatos, após o registro no Cartório, também devem comunicar sua criação ao Ministério do Trabalho.

As **sociedades empresárias** são pessoas jurídicas de direito privado, com fins lucrativos, cujo objeto é o exercício de atividade econômica organizada para a produção ou a circulação de bens ou de serviços (art. 982 c/c art. 966, ambos do CC). Por exemplo, uma indústria.

Já as **sociedades simples** são pessoas jurídicas de direito privado que admitem como objeto o exercício de profissão intelectual, de natureza científica, literária ou artística, ainda que com o concurso de auxiliares ou colaboradores, salvo se o exercício da profissão constituir elemento de empresa. Por exemplo, uma sociedade que reúne quatro médicos, que agem como profissionais liberais independentes um do outro.

As sociedades que não forem objeto de inscrição no Registro Público são consideradas **sociedades despersonificadas** (em comum, irregulares ou de fato).

O art. 986 do CC dispõe que, enquanto não inscritos os atos constitutivos, as **sociedades despersonificadas ficarão sujeitas às seguintes disposições**: a) os sócios, nas relações entre si ou com terceiros, somente por escrito podem provar a existência da sociedade, mas os terceiros podem prová-la de qualquer modo (art. 987); b) os bens e dívidas sociais constituem patrimônio especial, do qual os sócios são titulares em comum (art. 988); c) os bens sociais respondem pelos atos de gestão praticados por qualquer dos sócios, salvo pacto expresso limitativo de poderes, que somente terá eficácia contra o terceiro que o conheça ou deva conhecer (art. 989); d) todos os sócios respondem solidária e ilimitadamente pelas obrigações sociais, excluído do benefício de ordem, previsto no art. 1.024 do CC, aquele que contratou pela sociedade (art. 990); e) reger-se-á a sociedade pelas regras mencionadas, observadas, subsidiariamente e, no que com ela forem compatíveis, as normas da sociedade simples (art. 986).

2.3.3. Funcionamento das pessoas jurídicas

Cada espécie de pessoa jurídica tem sua peculiaridade no que concerne ao seu funcionamento.

Todavia, o Código Civil traz algumas regras a esse respeito, que são as seguintes:

a) obrigam a pessoa jurídica os atos dos administradores, exercidos nos limites de seus poderes definidos no ato constitutivo (art. 47); nesse sentido, aquele que tem contato com um administrador de uma pessoa jurídica deve verificar os poderes que o ato constitutivo outorga a essa pessoa; se os atos praticados pelo administrador da pessoa jurídica estiverem dentro dos limites definidos no ato constitutivo, a pessoa jurídica ficará obrigada, sejam quais forem os termos contratuais estabelecidos por seus administrador;

b) se a pessoa jurídica tiver administração coletiva, as decisões se tomarão pela maioria de votos dos presentes, salvo se o ato constitutivo dispuser de modo diverso (art. 48);

c) decai em três anos o direito de anular as decisões a que se refere a alínea anterior, quando violarem a lei ou estatuto, ou forem eivadas de erro, dolo, simulação ou fraude (art. 48, parágrafo único);

d) se a administração da pessoa jurídica vier a faltar, o juiz, a requerimento de qualquer interessado, nomear-lhe-á administrador provisório (art. 49).

Verificadas as regras de funcionamento da pessoa jurídica, é o caso, agora, de verificarmos sua dissolução.

2.3.4. Extinção das pessoas jurídicas

A pessoa jurídica dissolve-se pelas seguintes causas:

a) **convencional**, por deliberação de seus membros, conforme o quórum estabelecido nos estatutos ou na lei;

b) **administrativa**, em razão de decisão administrativa que, nos termos da lei, determine o fim da pessoa jurídica, quando esta dependa de aprovação ou autorização do Poder Público para funcionar e pratique atos nocivos ou contrários aos seus fins;

c) **judicial**, quando se configura algum dos casos de dissolução previstos em lei ou no estatuto e a sociedade continua a existir, obrigando um dos sócios a ingressar em juízo.

Sobre a **dissolução** de uma pessoa jurídica do tipo **sociedade**, confira as **hipóteses legais** não abarcadas pelas causas *convencionais* e *administrativas* (arts. 1.033 e 1.034 do CC):

a) vencimento do prazo de duração;

b) falta de pluralidade de sócios, não reconstituída no prazo de cento e oitenta dias (não se aplica essa extinção caso o sócio remanescente requeira a transformação da sociedade para empresário individual ou empresa individual de responsabilidade limitada);

c) anulação da constituição, por ilegalidade;

d) exaurimento do seu fim social;

e) verificação da inexequibilidade dos fins sociais ou da existência de atividade nociva que justifique a extinção da sociedade (essa última hipótese é de ordem doutrinária e jurisprudencial, servindo de exemplo a extinção de algumas torcidas organizadas por ordem da Justiça).

Não se deve confundir as expressões **dissolução, liquidação** e **cancelamento** da inscrição da pessoa jurídica, a qual importará na sua extinção definitiva.

Num primeiro momento, verificam-se causas que levam à **dissolução** da pessoa jurídica (convenção, decisão administrativa ou decisão judicial). A pessoa jurídica, neste momento, ainda não está extinta, mas está em processo de extinção. Num segundo momento, inicia-se a **liquidação**, devendo os administradores providenciar imediatamente a investidura do liquidante e restringir a gestão própria aos negócios inadiáveis, vedadas novas operações, pelas quais responderão solidária e ilimitadamente. **Encerrada a liquidação**, promover-se-á o **cancelamento da inscrição** da pessoa jurídica.

Segundo o art. 51 do CC, nos casos de dissolução da pessoa jurídica ou cassada a autorização para seu funcionamento, ela **subsistirá** para os **fins de liquidação**, até que essa se conclua.

Far-se-á, no registro onde a pessoa jurídica estiver inscrita, **a averbação de sua dissolução**.

As disposições para a liquidação das **sociedades** aplicam-se, no que couber, **às demais pessoas jurídicas de direito privado**. Nesse sentido, vale ler as disposições acerca da liquidação das sociedades, presentes nos arts. 1.102 a 1.112 do Código Civil. É também objetivo da liquidação a partilha dos bens entre os sócios. Tal partilha se fará de modo proporcional à participação de cada um no capital social. No caso das associações e fundações, há regras próprias que serão analisadas em seguida.

Quanto à transformação, incorporação, fusão e cisão das sociedades, matéria afeta ao Direito Empresarial, confira o disposto nos arts. 1.113 a 1.122 do Código Civil.

2.3.5. *Desconsideração da personalidade jurídica*

2.3.5.1. *Conceito*

Nesse caso tem-se o instituto da desconsideração da personalidade jurídica, que pode ser conceituado como *a declaração de ineficácia da personalidade jurídica para determinados fins, atingindo diretamente o patrimônio dos sócios ou administradores de pessoa jurídica, a fim de evitar fraude ou abuso de direito.*

O instituto está previsto no art. 50 do Código Civil e, quando aplicado, a pessoa jurídica não é desconstituída, mas declarada ineficaz em relação a certas e determinadas obrigações.

Assim, se uma pessoa natural utiliza uma pessoa jurídica para cometer fraudes, as obrigações contraídas por essa poderão repercutir na esfera dos bens pessoais da pessoa natural, com a desconsideração da sua personalidade.

A desconsideração prevista no Código Civil é chamada de *desconsideração direta.*

Resta saber se o Código Civil brasileiro também admite a **desconsideração inversa**. Nessa desconsideração, como o próprio nome diz, desconsidera-se a pessoa natural do sócio ou administrador de uma pessoa jurídica para o fim de atingir o patrimônio da própria pessoa jurídica da qual faz parte o primeiro. Um exemplo pode aclarar o instituto. Imagine que alguém que deseja se separar de seu cônjuge sem ter de repartir bens que está em seu nome, passe tais bens para uma pessoa jurídica da qual é sócio, ficando esvaziado patrimonialmente como pessoa natural. Nesse caso, a desconsideração inversa atua para o fim de, na separação judicial, o juiz desconsiderar a autonomia da natural em relação à pessoa jurídica, determinando que os bens que pertencem à última sejam partilhados com o cônjuge prejudicado, como se fossem bens pertencentes à pessoa natural do cônjuge que perpetrou a fraude. Exemplo disso pode ser conferido na seguinte decisão do STJ: "Se o sócio controlador de sociedade empresária transferir parte de seus bens à pessoa jurídica controlada com o intuito de fraudar partilha em dissolução de união estável, a companheira prejudicada, ainda que integre a sociedade empresária na condição de sócia minoritária, terá legitimidade para requerer a desconsideração inversa da personalidade jurídica de modo a resguardar sua meação" (REsp 1.236.916-RS, j. 22.10.2013).

Apesar da desconsideração inversa não estar expressa no Código Civil, a doutrina e a jurisprudência a admitem, tendo em vista que essa desconsideração visa a evitar e reprimir justamente a mesma conduta, qual seja, o abuso da personalidade.

2.3.5.2. *Hipóteses que ensejam a desconsideração*

O Código Civil adotou a *teoria maior* da desconsideração. De acordo com essa teoria, para que a desconsideração se dê, é necessário, além da dificuldade em responsabilizar a pessoa jurídica (normalmente, essa dificuldade ocorre quando a pessoa jurídica acionada está insolvente, mas a doutrina entende que não é necessária a demonstração da insolvência para que se proceda à desconsideração – Enunciado 281 das JDC/CJF), a presença de outros requisitos.

No caso, exige-se que tenha havido *abuso de personalidade*. Esse abuso, nos termos do art. 50 do Código Civil, pode ser de duas espécies:

a) **desvio de finalidade:** ou seja, a utilização da pessoa jurídica para fim diverso daquele para a qual foi criada. Por exemplo, utilização de pessoa jurídica para emissão de notas fiscais frias;

b) **confusão patrimonial:** ou seja, situação em que os bens dos sócios das pessoas jurídicas se confundem com os bens dela.

A confusão patrimonial é típica das situações em que o sócio recebe, para si, créditos da pessoa jurídica, ou em que esta recebe para si créditos do sócio.

Existem empresas que não têm bens em nome próprio, mas somente no nome dos sócios. Isso pode prejudicar credores, que poderão pedir a desconsideração da personalidade.

A *teoria menor* da desconsideração, não adotada pelo Código Civil, propugna que a desconsideração da personalidade jurídica pode se dar toda vez que ela for obstáculo ao ressarcimento do dano, não sendo necessária demonstração de fraude ou abuso. Essa teoria tem esse nome porque exige *menos* requisitos para que se dê a aplicação do instituto.

Há diversas situações que caracterizam o abuso de personalidade. Porém, a doutrina aponta que o encerramento irregular das atividades da pessoa jurídica não basta, por si só, para caracterizar o abuso da personalidade jurídica (Enunciado 282 das JDC/CJF), sendo necessário que tal encerramento tenha se dado com o objetivo de dificultar o cumprimento de suas obrigações, caracterizando o desvio de finalidade.

Aliás, é bom remarcar que a doutrina entende que os casos que ensejam desconsideração da personalidade nas relações civis (*desvio de finalidade* e *confusão patrimonial*) devem ser interpretados restritivamente (Enunciado 146 das JDC/CJF), por serem exceções à regra que estabelece a autonomia entre a pessoa jurídica e a pessoa de seus sócios ou administradores. Há de se lembrar de que o Código Civil adotou a teoria maior da desconsideração, diferente da Lei de Crimes Ambientais e do CDC, que adotaram a teoria menor da desconsideração, que traz menos requisitos para que esta se dê.

2.3.5.3. *Legitimado ativo*

De acordo com o art. 50 do Código Civil, podem requerer a desconsideração qualquer *interessado* ou o *Ministério Público*, esse quando couber sua intervenção.

O **Ministério Público** pode intervir em ações em que se estiver diante de interesses indisponíveis, bem como em ações coletivas e de falência, entre outras. Nesses casos, o *Parquet* é legitimado para requerer a desconsideração da personalidade.

O **interessado** é, normalmente, o credor da obrigação que está sendo satisfeita pela pessoa jurídica. Aqui se está diante de alguém que tem interesse jurídico na desconsideração.

A doutrina vem reconhecendo que a teoria de desconsideração, prevista no art. 50 do Código Civil, pode ser invocada pela pessoa jurídica, em seu favor. Exemplo dessa situação se dá quando bens da pessoa jurídica são passados para o nome de um dos sócios com o fito de prejudicar credores. A pessoa jurídica, interessada em solver suas obrigações, pode, em tese, requerer a desconsideração para que se atinja o patrimônio que está em nome do sócio que cometeu a fraude. Naturalmente, tal situação só acontecerá na prática se esse sócio não mais estiver no comando administrativo da empresa.

2.3.5.4. Legitimado passivo

De acordo com o art. 50 do Código Civil, a desconsideração da personalidade pode atingir o patrimônio tanto de *sócios* como de *administradores da sociedade.*

Assim, deve-se ressaltar, de início, que não só sócios, como também mero administrador não sócio, estão sujeitos à incidência do instituto.

Outra observação importante é que, apesar da lei fazer referência à palavra "sócio", a desconsideração da pessoa jurídica pode atingir também associados e outros membros de pessoas jurídicas. Ou seja, o instituto não se aplica apenas à *sociedade,* mas também às associações, fundações e outras pessoas jurídicas que não têm fins lucrativos ou econômicos.

Nesse sentido, confira o Enunciado 284 das JDC/CJF: "as pessoas jurídicas de direito privado sem fins lucrativos ou de fins não econômicos estão abrangidas no conceito de abuso da personalidade jurídica".

Vale, ainda, indagar se, uma vez ocorrido abuso da personalidade (por desvio de finalidade ou confusão patrimonial), pode-se atingir o patrimônio de qualquer sócio e administrador, independente de dolo específico de sua parte quanto ao abuso perpetrado.

Na análise literal do art. 50 do Código Civil, chega-se à conclusão de que se adotou a teoria objetiva no caso. No entanto, em face do princípio da proporcionalidade, a doutrina vem entendendo que o sócio ou administrador que desconhece o abuso não responde com seu patrimônio pessoal.

Nesse sentido, confira o Enunciado 7 das JDC/CJF: "só se aplica a desconsideração quando houver prática de ato irregular, e, limitadamente, aos administradores ou sócios que nela hajam incorrido".

2.3.5.5. Questões processuais

O Superior Tribunal de Justiça vem entendendo que aquele que sofre a desconsideração da personalidade num processo judicial, respondendo com seu próprio patrimônio por obrigações alheias, passa a ser **parte** do processo (REsp 258.812, DJ 18/12/06).

O STJ também entende que a desconsideração da personalidade **é possível na fase da execução de sentença**, mesmo que quem sofra os efeitos da desconsideração não tenha sido chamado a participar do processo de conhecimento que levou à formação do título que se estiver executando (REsp 920.602, DJ 23/06/08). Naturalmente, o afetado pela desconsideração terá direito de se defender, exercendo plenamente o contraditório e a ampla defesa, garantindo-se o devido processo legal.

2.3.6. Classificação das pessoas jurídicas

2.3.6.1. Quanto à nacionalidade

Quanto à **nacionalidade**, as pessoas jurídicas podem ser divididas em **nacionais** e **estrangeiras**.

Pessoas jurídicas nacionais são aquelas organizadas e constituídas conforme a lei brasileira, tendo no País sua sede e administração (art. 1.126 do CC). **Pessoas jurídicas estrangeiras** são aquelas de fora do País, que não possuem as características citadas.

A sociedade estrangeira não poderá funcionar no País sem autorização do Poder Executivo. Se autorizada, sujeitar-se-á lei brasileira quanto aos atos aqui praticados, devendo ter representante no Brasil. Nesse caso, poderá nacionalizar-se, transferindo sua sede para o território nacional (arts. 1.134 a 1.141 do CC).

2.3.6.2. Quanto à estrutura interna

Quanto à **estrutura interna**, as pessoas jurídicas podem ser divididas em **corporações** e **fundações**.

As **corporações** (*universitas personarum*) são um conjunto ou reunião de pessoas que formam uma pessoa jurídica. O elemento marcante aqui são as *pessoas*. São exemplos de corporações as sociedades e as associações.

As **fundações** (*universitas bonorum*) são um conjunto ou reunião de bens que formam uma pessoa jurídica. O elemento marcante aqui são os bens. Diferentemente das corporações, que normalmente costumam ter fins voltados à satisfação de seus membros, as fundações têm objetivos externos, estabelecidos pelo instituidor da pessoa jurídica.

2.3.6.3. Quanto à atuação

Quanto à atuação, as pessoas jurídicas podem ser de direito público e de direito privado.

As **pessoas jurídicas de direito público** são de duas espécies:

a) externo: países e organizações internacionais;

b) interno: União, Estados, Distrito Federal, Municípios, autarquias, agências reguladoras, associações Públicas (consórcios públicos de direito público) e fundações públicas.

As **pessoas jurídicas de direito privado** podem ser subdivididas nas seguintes espécies (art. 44):

a) sociedades: *são pessoas jurídicas com objetivo de lucro*; as cooperativas são consideradas sociedades simples;

b) associações: *são pessoas jurídicas constituídas de pessoas que se reúnem para realização de fins não econômicos*; têm objetivos científicos, artísticos, educativos, culturais, políticos, corporativos, esportivos etc.;

c) fundações: *são acervos de bens, que recebem personalidade jurídica para realização de fins determinados de interesse público, de modo permanente e estável*; o elemento marcante é o patrimonial;

d) entidades religiosas: têm o regime jurídico das associações; são livres a criação, a organização, a estruturação interna e o funcionamento das organizações religiosas, sendo vedado ao poder público negar-lhes reconhecimento ou registro dos atos constitutivos e necessários ao seu funcionamento;

e) partidos políticos: têm o regime jurídico das associações; os partidos políticos serão organizados e funcionarão conforme o disposto em lei específica;

f) consórcios públicos de direito privado: são pessoas jurídicas formadas pela reunião de entes federativos para a gestão conjunta de serviços que podem ser exercidos por pessoas de direito privado;

g) empresas individuais de responsabilidade limitada: trata-se de nova espécie, introduzida pela Lei 12.441/11; verificar explicações no capítulo de Direito Empresarial deste livro.

De acordo o Enunciado 142 das JDC/CJF, "os partidos políticos, os sindicatos e as associações religiosas possuem natureza associativa, aplicando-se-lhes o Código Civil".

Acerca das organizações religiosas o Enunciado 143 das JDC/CJF defende que "a liberdade de funcionamento das organizações religiosas não afasta o controle de legalidade e legitimidade constitucional de seu registro, nem a possibilidade de reexame, pelo Judiciário, da compatibilidade de seus atos com a lei e com seus estatutos".

2.3.7. Associações

Como se viu, **associações** *são pessoas jurídicas constituídas de pessoas que se reúnem para realização de fins não econômicos.* O instituto está regulamentado nos arts. 53 a 61 do Código Civil.

Não há, entre os associados, direitos e obrigações recíprocos. Nas associações todos têm um interesse comum, que no caso é o de realizar fins não econômicos relacionados à ciência, à arte, à educação, à cultura, ao esporte, à política, à defesa de classe, à defesa de minorias e de valores importantes para a sociedade, para a religião etc.

A CF assegura a liberdade de associação para fins lícitos. Qualquer pessoa pode se associar. Mas o associado pode se retirar a qualquer tempo, não podendo ser obrigado a permanecer associado.

Sob pena de **nulidade**, o **estatuto das associações conterá (art. 54)**:

I. a denominação, os fins e a sede da associação;

II. os requisitos para a admissão, demissão e exclusão dos associados;

III. os direitos e deveres dos associados;

IV. as fontes de recursos para sua manutenção;

V. o modo de constituição e de funcionamento dos órgãos deliberativos;

VI. as condições para a alteração das disposições estatutárias e para a dissolução;

VII. a forma de gestão administrativa e de aprovação das respectivas contas.

Os associados devem ter **direitos iguais, mas** o estatuto poderá instituir categorias com vantagens especiais **(art. 55)**.

Ainda quanto aos direitos, **nenhum associado poderá ser impedido de exercer direito ou função que lhe tenha sido legitimamente conferido**, a não ser nos casos e pela forma previstos na lei ou no estatuto. Assim, num clube, por exemplo, não é possível impedir a entrada de um associado que não esteja pagando sua colaboração mensal, salvo se o estatuto dispuser expressamente que o direito de frequentar o clube ficará cerceado em caso de inadimplemento **(art. 58)**.

A **qualidade de associado é intransmissível se** o estatuto não dispuser o contrário. Assim, ninguém pode ceder sua qualidade de associado numa associação de classe por exemplo. Todavia, em se tratando de clubes esportivos, é comum que o estatuto permita a transmissão da qualidade de associado **(art. 56)**.

Mesmo se o associado for titular de quota ou fração ideal do patrimônio da associação, a transferência daquela não importará, de per si, na atribuição da qualidade de associado ao adquirente ou ao herdeiro, salvo disposição diversa do estatuto. Essa regra decorre do fato de que a qualidade de associado é intransmissível.

A **exclusão** do associado é admitida, preenchidos os seguintes requisitos **(art. 57)**:

a) reconhecimento de **justa causa**;

b) prévio **procedimento que assegure direito de defesa**, nos termos do estatuto;

c) direito a **recurso**, nos termos do estatuto.

Compete privativamente à **assembleia geral:** a) destituir os administradores; e b) alterar o estatuto. Para as deliberações mencionadas é exigido decisão da assembleia especialmente convocada para esse fim, cujo quórum será o estabelecido no estatuto, bem como os critérios de eleição dos administradores **(art. 59, parágrafo único)**.

A **convocação dos órgãos deliberativos** far-se-á na forma do estatuto, garantido a 1/5 (um quinto) dos associados o direito de promovê-la **(art. 60)**.

Dissolvida a associação, **o remanescente** do seu patrimônio líquido, depois de deduzidas, se for o caso, as quotas ou frações ideais pertencentes a algum associado, **será destinado a entidade de fins não econômicos designada no estatuto**, ou, omisso este, por deliberação dos associados, **a instituição municipal, estadual ou federal, de fins idênticos ou semelhantes (art. 61)**.

Por cláusula do estatuto ou, em seu silêncio, por deliberação dos associados, podem esses, antes da destinação do remanescente referida, receber em restituição, atualizado o respectivo valor, as contribuições que tiverem prestado ao patrimônio da associação **(art. 61, § 1º)**.

Não existindo no Município, no Estado, no Distrito Federal ou no Território, em que a associação tiver sede, instituição nas condições indicadas, o que remanescer do seu patrimônio deve ser se entregue à Fazenda do Estado, do Distrito Federal ou da União **(art. 61, § 2º)**.

2.3.8. Fundações

Como se viu, **fundações** *são acervos de bens, que recebem personalidade jurídica para realização de fins determinados de interesse público, de modo permanente e estável.*

O elemento marcante nas fundações é o patrimonial. Aqui não se tem propriamente uma reunião de pessoas com vistas a dada finalidade. Aqui se tem reunião de bens com vistas à consecução de objetivos não econômicos.

O Código Civil estabelece que a fundação somente poderá constituir-se para fins religiosos, morais, culturais ou de assistência. O Enunciado 8 das JDC/CJF é no sentido de que "a constituição da fundação para fins científicos, educacionais ou de promoção do meio ambiente está compreendida no Código Civil, art. 62, parágrafo único". O Enunciado 9 vai além e defende que o art. 62, parágrafo único, do CC "deve ser interpretado de modo a excluir apenas as fundações com fins lucrativos".

O instituto está regulamentado nos arts. 62 a 69 do Código Civil.

A criação de uma fundação depende, *grosso modo*, de um ato de dotação de bens (por testamento ou escritura pública), da elaboração do estatuto (com apreciação do Ministério Público) e do registro no Cartório das Pessoas Jurídicas.

Para criar uma fundação, seu **instituidor** fará, por **escritura pública ou testamento, dotação especial de bens livres**, especificando o fim a que se destina e declarando, se quiser, a maneira de administrá-la. Quando insuficientes para constituir a fundação, os bens a ela destinados serão, se de outro modo não dispuser o instituidor, incorporados em outra fundação que se proponha a fim igual ou semelhante.

Constituída a fundação por negócio jurídico entre vivos, o instituidor é obrigado a transferir-lhe a propriedade, ou outro direito real, sobre os bens dotados, e, se não o fizer, serão registrados, em nome dela, por mandado judicial.

As pessoas responsabilizadas pelo instituidor pela aplicação do patrimônio, tendo ciência do encargo, formularão logo o estatuto da fundação projetada, submetendo-o, em seguida, à aprovação da autoridade competente (o Ministério Público), com recurso ao juiz. Se o estatuto não for elaborado no prazo assinado pelo instituidor ou, não havendo prazo, em cento e oitenta dias, a incumbência caberá ao Ministério Público.

Velará pelas fundações o **Ministério Público do Estado** onde situadas. O Código Civil dispõe que, se a fundação funcionar no Distrito Federal ou em Território, caberá o encargo ao Ministério Público Federal. No entanto, na ADI nº 2.794-8, o STF entendeu que o dispositivo é inconstitucional, por violar as atribuições do Ministério Público do Distrito Federal.

Se a fundação estender sua atividade por mais de um Estado, caberá o encargo, em cada um deles, ao respectivo Ministério Público.

Para que se possa **alterar o estatuto** da fundação, é mister que a reforma:

I. seja deliberada por **dois terços** dos indivíduos competentes para gerir e representar a fundação;

II. não contrarie ou desvirtue o fim desta;

III. seja **aprovada pelo órgão do Ministério Público**, e, caso esse a denegue, poderá o juiz supri-la, a requerimento do interessado.

Quando a alteração não houver sido aprovada por **votação unânime**, os administradores da fundação, ao submeterem o estatuto ao órgão do Ministério Público, requererão que se dê ciência à minoria vencida para impugná-la, se quiser, em dez dias.

Tornando-se **ilícita**, **impossível** ou **inútil** a finalidade a que visa a fundação, **ou vencido o prazo de sua existência**, o órgão do Ministério Público, ou qualquer interessado, promover-lhe-á a **extinção**, **incorporando-se o seu patrimônio**, salvo disposição em contrário no ato constitutivo ou no estatuto, **em outra fundação**, designada pelo juiz, que se proponha a fim igual ou semelhante.

2.4. Domicílio

2.4.1. Conceito

Domicílio *é a sede jurídica da pessoa.*

O instituto do domicílio é de grande importância para o Direito. As pessoas fazem parte de diversas relações, de natureza civil, empresarial, processual, administrativa, tributária, eleitoral etc.; e, em todas essas, precisam ser encontradas para responder por suas obrigações. Esse ponto de referência é o domicílio, que vem do latim *domus,* que quer dizer "casa" ou "morada". O instituto está regulamentado nos arts. 70 a 78 do Código Civil.

2.4.2. Domicílio da pessoa natural

O **domicílio da pessoa natural** *é local onde ela estabelece sua residência com ânimo definitivo.*

Repare que o domicílio da pessoa natural tem dois elementos, o **objetivo** (ato de fixação em determinado local) e o **subjetivo** (ânimo definitivo de permanência).

Não se deve confundir *morada* (local onde a pessoa natural se estabelece provisoriamente), *residência* (que, pressupondo maior estabilidade, é o lugar onde a pessoa natural se estabelece habitualmente) e *domicílio*, que requer *residência* com *ânimo definitivo.*

O **domicílio básico**, que é o local onde se estabelece a residência com ânimo definitivo, pode ser **modificado**, desde que a pessoa natural **transfira sua residência** com a **intenção manifesta de o mudar**. A prova da intenção resultará do que declarar a pessoa às municipalidades dos lugares, que deixa, e para onde vai, ou, se tais declarações não fizer, da própria mudança, com as circunstâncias que a acompanharem.

Caso a pessoa natural **tenha mais de uma residência**, considera-se domicílio *qualquer uma delas.* Trata-se do caso, por exemplo, daquele que reside numa cidade durante a semana e, em outra, nos finais de semana.

Caso a pessoa natural **não tenha residência habitual**, é domicílio *o lugar onde for encontrada* (*domicílio aparente ou ocasional*).

Quanto às **relações profissionais**, é **também** domicílio da pessoa natural *o local onde estas são exercidas.* Se a pessoa exercer profissão em lugares diversos, cada um deles constituirá domicílio para as relações que lhe corresponderem.

Tem **domicílio necessário**, ou seja, domicílio que não pode ser fixado por sua própria vontade, mas por vontade da lei, as seguintes pessoas: a) o **incapaz**, sendo seu domicílio o de seu representante ou assistente; b) o **servidor público**, sendo seu domicílio o local onde exerce permanentemente suas atribuições; c) o **militar**, sendo seu domicílio o local onde servir, e, sendo da Marinha ou da Aeronáutica, a sede do comando a que se encontrar imediatamente subordinado; d) o **marítimo**, sendo seu domicílio o do local onde o navio estiver matriculado; e) o **preso**, sendo seu domicílio o lugar em que cumprir a sentença.

Vale citar a Súmula 383 do Superior Tribunal de Justiça, pela qual "a competência para processar e julgar as ações conexas de interesse do menor é, em princípio, do foro do domicílio do detentor de sua guarda".

O **agente diplomático do Brasil**, que, citado no estrangeiro, alegar extraterritorialidade sem designar onde tem, no país, seu domicílio, poderá ser demandado no Distrito Federal ou no último ponto do território brasileiro onde o teve.

2.4.3. Domicílio das pessoas jurídicas

O domicílio da pessoa jurídica *é o local onde funcionarem as respectivas diretorias ou administrações, ou aquele eleito no estatuto.*

Caso tenha mais de um estabelecimento em lugares diferentes, cada um deles será considerado domicílio para os atos nele praticados.

Se a administração, ou diretoria, tiver a sede no estrangeiro, haver-se-á por domicílio da pessoa jurídica, no tocante às obrigações contraídas por cada uma das suas agências, o lugar do estabelecimento, sito no Brasil, a que ela corresponder.

Quanto às pessoas jurídicas de direito público, o domicílio é, da União, o Distrito Federal, dos Estados e Territórios, as respectivas capitais, e do Município, o lugar onde funcione a administração municipal.

2.4.4. *Domicílio nos contratos*

Admite-se nos contratos escritos que os contratantes especifiquem o domicílio onde se exercitem e cumpram os direitos e obrigações deles resultantes.

É possível, portanto, estabelecer o foro de eleição para a hipótese de se ingressar com ação judicial.

Em matéria de relação de consumo, caso o foro de eleição tenha sido fixado de modo a dificultar a defesa do aderente em juízo, pode o juiz declinar de ofício de sua competência, reconhecendo a nulidade da cláusula de eleição de foro (art. 112, parágrafo único, do CPC).

2.5. Bens

2.5.1. *Conceito*

Na acepção do Código Civil *bens são toda utilidade física ou ideal que sejam objeto de um direito subjetivo.*

Nesse sentido, não há como confundir *bens* com *coisas*. O primeiro abrange utilidades materiais e imateriais, ao passo que as coisas dizem respeito às utilidades materiais, corpóreas.

Dessa forma, há bens que não são coisas, tais como a honra e a imagem.

Os *bens* são vocacionados a ser *objetos* de uma *relação jurídica*, a qual também tem a *pessoa* como um de seus elementos.

2.5.2. *Classificação dos bens*

2.5.2.1. Bens considerados em si mesmos

2.5.2.1.1. Imóveis/móveis

Considerados em si mesmos, ou seja, analisados em seu aspecto intrínseco, os bens têm uma primeira classificação que leva em conta sua mobilidade ou não.

Saber se um bem é imóvel ou não é importante por diversos motivos. Por exemplo, bens imóveis só se adquirem pelo registro, ao passo que móveis, pela tradição. Ademais, os primeiros dependem de outorga uxória para alienação e os segundos, não. Os prazos para usucapião são distintos, sendo maiores em se tratando de bens imóveis. A hipoteca e o direito real de garantia incidem sobre imóvel, ao passo que o penhor, sobre móvel.

Bens imóveis *são aqueles que não podem ser transportados de um lugar para outro sem alteração de sua substância.* Por exemplo, um terreno. São bens **imóveis** os seguintes:

a) ***imóveis por natureza***: o solo;

b) **imóveis por acessão**: tudo quanto se incorporar ao solo, natural ou artificialmente; aqui temos como exemplos de *bem imóvel por **acessão natural*** as árvores, frutos pendentes, pedras, fontes e cursos de água; já de *bens imóveis por **acessão artificial*** temos como exemplo as construções e as plantações, já que as últimas importam num atuar humano e não em nascimento espontâneo. Construções provisórias (que se destinam a remoção ou retirada), como os circos, parques de diversão, barracões de obra, entre outras, não são consideradas acessões.

c) **imóveis por determinação legal**:

i) os **direitos reais sobre imóveis**, tais como a propriedade e a hipoteca;

ii) as **ações que asseguram direitos reais sobre imóveis**, tal como a ação reivindicatória;

iii) o **direito à sucessão aberta**, ou seja, o direito de herança, enquanto não tiver sido feita a partilha de bens, pouco importando a natureza dos bens deixados na herança; a renúncia de uma herança é, portanto, uma renúncia de bem imóvel, devendo ser feita mediante escritura pública ou termo nos autos (art. 1806, CC) e autorização do cônjuge.

O Código Civil dispõe, ainda, que **não perdem o caráter de bens imóveis**:

a) as **edificações que, separadas do solo, mas conservando a sua unidade, forem removidas para outro local**; aqui se pode usar como exemplo casas pré-fabricadas, transportadas de um local para outro;

b) os **materiais provisoriamente separados de um prédio, para nele se reempregarem;** aqui se pode utilizar como exemplo parte de um telhado retirada para manutenção que depois será recolocada em seu lugar.

O atual Código Civil não faz referência aos imóveis por *acessão intelectual*, ou seja, àqueles bens que, mesmo não sendo imóveis, passavam a ser considerados como tal por vontade do proprietário da coisa. O instituto, previsto no Código anterior, era útil naquelas situações em que se queria unir um bem imóvel (uma fazenda, por exemplo) com bens nele empregados (tratores, máquinas, ferramentas etc.) para que tudo fosse considerado uma coisa só, o que repercutiria em caso de garantias, alienações e outros negócios. O atual Código não mais permite essa imobilização por vontade do dono e, em substituição, criou o instituto da *pertença*, que será visto logo adiante.

Bens móveis *são os passíveis de deslocamento sem alteração de sua substância.* Por exemplo, um livro. São bens móveis os seguintes:

a) **móveis por natureza**: os bens suscetíveis de remoção por força alheia, sem alteração da substância ou destinação econômico-social, ex.: um livro, um computador, alimentos, uma casa pré-fabricada, que, enquanto exposta à venda ou transportada, é um móvel também, porém, uma vez incorporada ao solo, passa a ser imóvel, permanecendo com essa natureza se for retirada do solo para ser incorporada em outro lugar, como se viu quando tratamos dos imóveis;

b) **semoventes**: também são móveis por natureza; a diferença é que esses bens são suscetíveis de movimento próprio, também sem que haja alteração da substância ou destinação econômico-social. Ex.: um cachorro.

c) **móveis por determinação legal:**

i) as **energias que tenham valor econômico**, como a energia elétrica;

ii) os **direitos reais sobre objetos móveis**, como o penhor;

iii) as **ações correspondentes a direitos reais sobre objetos móveis**, como a reintegração de posse em relação a bens móveis;

iv) os **direitos pessoais de caráter patrimonial**, como os créditos em geral, o fundo de comércio, as quotas e ações de sociedades e os direitos de autor;

v) as **ações sobre direitos pessoais de caráter patrimonial**, como a ação indenizatória;

d) **móveis por antecipação**: são os bens incorporados ao solo, mas com a intenção de separá-los e convertê-los em móveis, como as árvores destinadas ao corte e os frutos ainda não colhidos.

Não perdem o caráter de bens móveis os **materiais destinados a alguma construção enquanto não forem empregados**, como os materiais que acabam de ser comprados em uma loja de materiais de construção.

Readquirem a qualidade de bens móveis os provenientes da **demolição** de algum prédio. No caso da demolição, que é diferente daquela situação em os bens serão reempregados no imóvel, os objetos de demolição (portas, batentes, azulejos etc.) voltam a ser móveis.

Os **navios** e as **aeronaves** são bens móveis. Porém, podem ser imobilizados para fins de hipoteca, que é direito real de garantia sobre imóveis (v. art. 1.473, VI e VII, do CC, bem como o art. 138 da Lei 7.565/86 – Código Brasileiro de Aeronáutica).

2.5.2.1.2. Fungíveis/infungíveis

Bens fungíveis *são os móveis que podem ser substituídos por outros da mesma espécie, qualidade e quantidade.* Ex.: dinheiro.

Repare que, para ser fungível, o bem precisa, em primeiro lugar, ser *móvel.* Ademais, deve ser daquele tipo de móvel que pode ser substituído por outro da mesma espécie, qualidade e quantidade. Um quadro pintado por um renomado pintor, por exemplo, não pode ser considerado fungível, dada a impossibilidade de sua substituição por outro equivalente. O mesmo se pode dizer de uma casa, que, por se tratar de bem imóvel, é, nos termos da lei, infungível, **ressalvada** disposição convencional entre as partes em sentido contrário.

Bens infungíveis *são os imóveis ou os móveis que não podem ser substituídos por outros da mesma espécie, qualidade e quantidade.* Exs.: uma casa e uma obra de arte.

Essa classificação é útil, pois há contratos que só recaem sobre bens fungíveis (ex.: mútuo). E outros que só recaem sobre bens infungíveis (ex.: comodato). Ademais, para a compensação de dívidas, é necessário que estas sejam líquidas, vencidas e fungíveis. A expressão fungibilidade também aparece para classificar as obrigações e em matéria de ações possessórias e recursos, quando se admite o conhecimento de uma ação ou um recurso por outro.

2.5.2.1.3. Consumíveis/inconsumíveis

Bens consumíveis *são os móveis cujo uso importa sua destruição ou os destinados à alienação.* Ex.: alimentos em geral.

Repare que, para ser consumível, o bem precisa, em primeiro lugar, ser móvel. Ademais, deve ser daquele tipo de móvel que, uma vez usado, destrói-se imediatamente, como é o caso dos alimentos. Também são considerados consumíveis, para fins legais, os bens que forem destinados à alienação. Isso porque, uma vez alienados, também não têm mais utilidade para o vendedor.

Bens inconsumíveis *são os imóveis ou os móveis cujo uso não importa sua destruição e que não esteja destinado à alienação.* Ex.: uma obra de arte que ornamenta a casa de alguém, um carro, uma casa.

Essa classificação é útil, pois os bens consumíveis não podem ser objeto de usufruto. Se o forem, configurando-se o *usufruto impróprio*, o usufrutuário, ao final, deve devolver o equivalente.

Ademais, o CDC adotou classificação semelhante, que divide os bens em **duráveis** e **não duráveis**. Os primeiros ensejam reclamação por vícios em até 90 dias, ao passo que os segundos, em até 30 dias (art. 26 do CDC).

2.5.2.1.4. Divisíveis/indivisíveis

Bens divisíveis *são os que se podem fracionar sem alteração da substância, boa diminuição de valor ou prejuízo do uso a que se destinam.* Ex.: quantia em dinheiro.

Tais bens, mesmo sendo fisicamente divisíveis, podem tornar-se indivisíveis por disposição de *lei* ou por *vontade das partes.*

Bens indivisíveis *são os que, caso fracionados, sofrem alteração da substância, boa diminuição de valor ou prejuízo ao uso a que se destinam, bem como os que, em virtude da lei ou da vontade das partes, receberam essa qualificação.*

Os bens podem ser indivisíveis pelas seguintes causas: a) **por natureza**, como o animal, um carro, uma obra de arte; b) **por determinação legal**, como as servidões prediais (art. 1.386 do CC), a hipoteca (art. 1.421 do CC), o direito dos coerdeiros até a partilha (art. 1.791, CC) e a impossibilidade de desmembramento de lote cuja área seja inferior a 125 m^2 (art. 4º, III, da Lei 6.766/79); c) **por vontade das partes**, por convenção que torna coisa comum indivisa por prazo não superior a 5 anos, suscetível de prorrogação (art. 1.320, § 1º, do CC).

Essa classificação é útil em matéria de cumprimento das obrigações em que houver mais de um devedor ou credor. Caso a prestação seja indivisível, mesmo que não haja solidariedade entre os devedores, cada um deles responderá pela dívida por inteiro (art. 259, CC). A classificação também tem relevância quando há um condomínio sobre um dado bem e se deseja extinguir esse condomínio. Se a coisa for divisível, a extinção será mais simples. Já, se for indivisível, diferente será o procedimento para a divisão (arts. 1.320 e 1.322 do CC).

2.5.2.1.5. Singulares/Coletivos

Bens singulares *são os bens que, embora reunidos, se consideram de per si, independentemente dos demais.* Ex.: são singulares, quando considerados em sua individualidade, um boi, uma árvore, um livro etc. Já se cada um deles for considerado agregado a outros, formando um todo, ter-se-á bens coletivos ou uma universalidade de fato. Assim, temos bens coletivos num rebanho de gado, numa floresta e numa biblioteca, respectivamente.

Os bens singulares podem ser de duas **espécies:**

a) *singulares simples*, quando suas partes, da mesma espécie, estão ligadas pela própria natureza (um boi, p. ex.);

b) *singulares compostos*, quando suas partes se acham ligadas pela indústria humana (uma casa, p. ex.).

O Código Civil anterior conceituava os **bens coletivos** ou **universais** como *aqueles que se encaram agregados em um todo.* Tais bens consistem na reunião de vários bens singulares, que acabam formando um todo com individualidade própria. Os bens coletivos são chamados também de universais ou de universalidades. Há duas espécies de universalidades:

a) *universalidades de fato*, que consistem na pluralidade de bens singulares que, pertinentes à mesma pessoa, tenham destinação unitária (exs.: rebanho e biblioteca); os bens que formam essa universalidade podem ser objeto de relações jurídicas próprias; assim, pode-se destacar um boi do rebanho e vendê-lo isoladamente;

b) *universalidade de direito*, que consiste no complexo de relações jurídicas de uma pessoa, dotadas de valor econômico (exs.: herança, patrimônio, fundo de comércio, massa falida etc.); a diferença entre a universalidade de fato e a de direito é que a primeira se forma a partir da vontade do titular, ao passo que a segunda decorre da lei, que pode, em determinados casos, criar alguns obstáculos à alienação em separado de partes desse todo.

2.5.2.2. Bens reciprocamente considerados

2.5.2.2.1. Principais/acessórios

Considerados em si mesmos, ou seja, analisados um em comparação com outro, os bens podem ser principais e acessórios.

Saber se um bem é principal ou acessório é importante, pois o acessório segue o principal. O contrário, não. E isso pode ter várias repercussões, como em matéria de formação, validade e extinção dos negócios jurídicos.

A doutrina aponta as seguintes relações entre o bem principal e o bem acessório: a) a natureza do acessório tende a ser a mesma do principal, tendo em vista o princípio da gravitação; assim, sendo o solo bem imóvel (por natureza), a árvore também o é (por acessão); b) o acessório acompanha o principal em seu destino, salvo disposição legal ou convencional em contrário; c) o proprietário do principal é proprietário do acessório.

Bens principais *são os bens que existem por si, ou seja, independentemente da existência de outros bens*. São exemplos o solo e um contrato de locação etc. Os bens principais têm existência própria, autônoma.

Bens acessórios *são aqueles cuja existência depende da existência de outro, do principal*. São exemplos uma árvore (que depende da existência do solo) e um contrato de fiança locatícia (que depende de um contrato de locação).

São **espécies de bens acessórios**:

a) os produtos: *utilidades da coisa que não se reproduzem*, por exemplo, os recursos minerais; são utilidades que se retiram da coisa, diminuindo-lhe a quantidade, porque não se reproduzem periodicamente, como pedras, metais etc.; o Código Civil dispõe que, apesar de ainda não separados do bem principal, os produtos podem ser objeto de negócio jurídico; assim, o dono de um sítio pode vender um caminhão de areia (produto) desse imóvel, mesmo antes de separar a areia do local;

b) os frutos: *utilidades que se reproduzem, podendo ser civis, naturais ou industriais*. Exs.: juros e alugueres (frutos civis), frutos de uma árvore (frutos naturais) e produção de uma fábrica (frutos industriais); quanto ao seu estado, os frutos podem ser *pendentes* (enquanto unidos à coisa que os produziu), *percebidos ou colhidos* (depois de separados da coisa que os produziu), *estantes* (os separados e armazenados ou acondicionados para venda), *percipiendos* (os que deviam ser, mas não foram colhidos e percebidos) e os *consumidos* (os que não existem mais porque foram utilizados); o Código Civil também dispõe que, apesar de ainda não separados do bem principal, os produtos podem ser objeto de negócio jurídico;

Obs.: saber o que é e o que não é produto e fruto, e a situação em que cada fruto se encontra, é relevante principalmente em matéria possessória; o possuidor de boa-fé que venha a perder a coisa possuída tem direitos diferentes em relação a esses bens, comparado com o possuidor de má-fé, matéria vista no tópico de Direito das Coisas;

c) as pertenças: *são bens móveis que, não constituindo partes integrantes de outros bens, estão destinados a estes de modo duradouro*. São exemplos os móveis de uma casa e os tratores e equipamentos de uma fazenda. Repare que os bens citados a) são **móveis**, b) **não estão integrados na coisa** de modo que sua retirada comprometesse sua substância, e c) **são bens destinados de modo duradouro** à casa e à fazenda. As pertenças, como se percebe, são bens acessórios. E os bens acessórios, como regra, seguem o bem principal. Assim, em tese, a venda de uma fazenda importaria também na venda dos tratores e equipamentos da fazenda. No entanto, o atual Código Civil resolveu regulamentar o instituto das pertenças justamente para excepcionar essa regra. O artigo 94 diz que os negócios jurídicos que digam respeito ao principal **não abrangem as pertenças**. No entanto, o próprio Código Civil dispõe que as pertenças seguirão o principal **caso** haja *disposição de lei*, *de vontade* ou *circunstancial* em contrário. Assim, vendida uma fazenda, os tratores não fazem parte desse negócio. Vendida uma casa, os móveis dela também não acompanham a venda. No entanto, se a lei dispuser o contrário, se as partes convencionarem o contrário (ex.: vende-se uma fazenda com "porteira fechada") ou se as circunstâncias em que o negócio estiver sendo feito der a entender que as pertenças acompanharão o bem principal, a regra de que a pertença não segue o principal fica excepcionada;

d) as benfeitorias: *são melhoramentos feitos em coisa já existente*. Por exemplo, um novo quarto construído numa casa já pronta. Diferem das acessões, que consistem na criação de coisa nova, como é o caso de uma casa construída num terreno vazio. As benfeitorias têm as seguintes espécies: i) **voluptuárias** (*são as de mero deleite* – não aumentam o uso habitual do bem, ainda que o tornem mais agradável ou sejam de elevado valor), ii) **úteis** (*são as que aumentam ou facilitam o uso do bem*) e iii) **necessárias** (*são as indispensáveis à conservação do bem ou a evitar que este se deteriore*). Não se consideram benfeitorias os melhoramentos ou acréscimos sobrevindos ao bem sem a intervenção do proprietário, possuidor ou detentor. O instituto da benfeitoria se diferencia do instituto da pertença, pois a primeira passa a ser parte integrante da coisa. Assim, vendido o bem principal, a benfeitoria nele realizada, apesar de ser bem acessório, acompanhará o bem principal, ao contrário do que acontece ordinariamente com a pertença. Saber a natureza da benfeitoria (se voluptuária, útil ou necessária) também é relevante em matéria de Direito das Coisas, pois também há tratamento diferenciado acerca dos direitos que têm os possuidores de boa e de má-fé em relação à coisa que perderam. Em matéria de desapropriação o tema também é pertinente, pois, uma vez feito o decreto expropriatório, o expropriado não terá mais direito a indenizações decorrentes de benfeitorias que fizer posteriormente na coisa, salvo se se tratar de benfeitoria necessária, em qualquer caso, e se se tratar de benfeitoria útil autorizada pelo Poder Público.

2.5.2.3. Bens públicos

Essa temática é desenvolvida em Direito Administrativo, para onde remetemos o leitor.

2.6. Fatos Jurídicos

2.6.1. *Fato jurídico em sentido amplo*

Em sentido amplo, **fato jurídico** *é todo acontecimento natural ou humano que produz efeito jurídico,* ou seja, qualquer acontecimento que se dê no mundo fenomênico que gere uma consequência jurídica é considerado fato jurídico. Assim, se alguém jogar uma pedra em outra pessoa causando dano a esta, certamente se está diante de um fato jurídico, pois o acontecimento (jogar uma pedra causando dano) gera como consequência jurídica o dever de indenizar. Por outro lado, caso alguém pegue nas mãos uma pedra e a devolva ao chão, jogando-a, não haverá consequência jurídica alguma, caracterizando-se o que se convencionou chamar de **fato simples**.

O fato jurídico pode ser de variadas espécies. Confira:

1. Fato jurídico em sentido estrito: *é o acontecimento natural que produz efeitos jurídicos.* Exs.: nascimento, morte, decurso do tempo, raio, temporal etc. O fato jurídico em sentido estrito pode ser tanto um fato ordinário (como a morte natural e o decurso do tempo) como um fato extraordinário (como um tufão numa dada localidade);

2. Ato jurídico: *é o acontecimento humano que produz efeitos jurídicos.* O ato jurídico em sentido estrito pode ser dividido em duas espécies, quais sejam, os atos ilícitos e os atos lícitos:

2.1. Atos ilícitos: *são os atos humanos contrários ao Direito, que produzem efeitos jurídicos não queridos pelo agente.* Exemplo de ato ilícito é o atropelamento de A por B, tendo A agido com imprudência. Esse acontecimento terá como efeito o surgimento de um dever por parte de A de indenizar B, efeito certamente não querido por A;

2.2. Atos lícitos: *são os atos humanos conformes ao Direito, que geram efeitos jurídicos normalmente queridos pelo agente.* Os atos lícitos podem ser divididos em três espécies, quais sejam, os atos jurídicos em sentido estrito, os negócios jurídicos e os atos-fatos jurídicos:

a) Atos jurídicos em sentido estrito (não negocial): *são simples comportamentos humanos, voluntários, conscientes e conformes ao Direito, cujos efeitos jurídicos são predeterminados pela lei.* Aqui, não há liberdade de escolha por parte do agente dos efeitos jurídicos que resultarão de seu comportamento. São exemplos de ato jurídico em sentido estrito a tradição (entrega da coisa), o reconhecimento de um filho, o perdão, a confissão, a mudança de domicílio, a ocupação, o achado de um tesouro, a notificação etc. Para ilustrar as características do instituto, tomemos o exemplo do reconhecimento de um filho. Esse ato humano é voluntário, consciente e conforme ao Direito. Porém, os efeitos que dele decorrem (por exemplo, quanto ao estado familiar e o dever de prestar alimentos) não podem ser negociados pelo agente. Não é possível, por exemplo, reconhecer um filho desde que os alimentos sejam fixados até determinado valor. Aqui há mera atuação da vontade, mera intenção. Costumam, por fim, ser potestativos;

b) Negócio jurídico: *são declarações de vontade qualificadas, cujos efeitos são regulados pelo próprio interessado.* Aqui, há liberdade de escolha por parte daquele ou daqueles que praticam o ato. Os agentes declaram sua vontade e têm poder de negociar os efeitos jurídicos que nasceram de sua declaração. São exemplos o testamento (negócio jurídico unilateral) e o contrato de compra e venda (negócio jurídico bilateral). Nos dois casos, os agentes têm como estipular as condições dos atos praticados. Vigora nos negócios jurídicos o princípio da liberdade negocial. Os efeitos jurídicos dos atos praticados não estão predeterminados na lei, como ocorre no ato jurídico em sentido estrito. Os efeitos jurídicos são negociados e estipulados pelos próprios interessados, respeitando a lei, é claro;

c) Atos-fatos jurídicos: *são simples comportamentos humanos conformes ao Direito, mas desprovidos de intencionalidade ou consciência (voluntariedade) quanto aos efeitos jurídicos que dele resultarão.* Ex.: quando uma criança ou algum outro absolutamente incapaz *acha um tesouro*, independente do elemento volitivo, ou seja, da intenção de procurar e de ficar dono do bem, o Direito atribuirá metade dos bens achados a essas pessoas (art. 1.264 do CC). Aqui, o direito leva em conta apenas o *ato material* de achar, pouco importando o elemento volitivo. É por isso que se fala em ato-fato, uma vez que o comportamento fica entre o *ato* (por ser humano) e o *fato* (da natureza, por não serem relevantes a consciência e a vontade).

Passaremos, agora, ao estudo dos **negócios jurídicos**, começando por sua classificação.

2.6.2. *Classificação dos negócios jurídicos*

2.6.2.1. Quanto ao número de vontades para a formação

Unilaterais *são negócios que se aperfeiçoam com uma única manifestação de vontade.* Ex.: testamento e renúncia de herança. Podem ser recepticios (a vontade deve se tornar conhecida do destinatário para produzir efeitos – ex.: revogação de mandato) ou não recepticios (conhecimento por parte de outras pessoas é irrelevante – ex.: testamento, confissão de dívida).

Bilaterais *são os negócios que se aperfeiçoam com duas manifestações, coincidentes sobre o objeto.* Ex.: contratos em geral. O fato de existir mais de uma pessoa em cada um dos dois polos contratuais não faz com que o ato deixe de ser bilateral.

Plurilaterais *são os negócios que envolvem mais de duas partes ou polos.* Ex.: contrato de sociedade com três ou mais sócios.

2.6.2.2. Quanto às vantagens

Gratuitos *são os negócios em que apenas uma das partes aufere benefícios.* Ex.: doação sem encargo.

Onerosos *são negócios em que todos os contratantes auferem vantagens e também encargos.* Ex.: compra e venda.

Bifrontes: *são tipos de negócios que podem ser gratuitos ou não, de acordo com a vontade das partes.* Ex.: mútuo, depósito e mandato. Os contratos citados podem ou não ser objetos de remuneração em favor do mutuante, do depositante e do mandante. Caso haja remuneração o contrato será um negócio jurídico oneroso. Caso não haja, o contrato será um negócio jurídico gratuito. Deve-se tomar cuidado para não confundir classificação dos negócios jurídicos com a classificação dos contratos. Na Parte Geral, estudam-se as classificações dos negócios jurídicos apenas.

2.6.2.3. Quanto à autonomia

Principais *são os negócios que existem independentemente da existência de outros.* Ex.: contrato de locação de imóvel.

Acessórios *são os negócios cuja existência depende da de outro, o negócio principal.* Ex.: o contrato de fiança locatícia.

Os negócios acessórios seguem a sorte dos negócios principais. Assim, se um contrato principal é considerado nulo e se extingue, o contrato de fiança também ficará extinto. O contrário não acontece, ou seja, o negócio acessório não determina a sorte do negócio principal.

2.6.2.4. Quanto à forma

Solenes (formais) *são os negócios que devem obedecer à forma prescrita em lei*. Ex.: escritura, se envolver compra e venda de imóvel; aliás, se essa compra e venda for de valor superior a 30 salários mínimos, será necessária escritura pública. Se a forma for exigida como condição de *validade* do negócio jurídico (ex.: escritura para a venda de imóveis) a sua falta torna o negócio jurídico nulo, por se tratar de formalidade *ad solemnitatem*. Mas, se determinada forma tiver por objetivo apenas a *prova* do ato (ex.: registro do compromisso de compra e venda no Registro de Imóveis), estar-se-á diante de formalidade *ad probationem tantum* e sua falta não gera a nulidade do ato, mas apenas sua ineficácia perante terceiros.

Não solenes *são os negócios de forma livre*. Aliás, no Direito Privado, a regra é a liberdade das formas. Ou seja, quando a lei não impuser determinada forma para a prática de um negócio, os interessados poderão escolher a forma que mais lhe aprouverem, tais como a forma verbal, escrita etc.

2.6.3. Reserva mental

O atual Código Civil inovou em relação ao Código anterior ao regulamentar o instituto da reserva mental.

De acordo com este instituto, "a manifestação de vontade subsiste ainda que o seu autor haja feito a reserva mental de não querer o que manifestou, salvo se dela o destinatário tinha conhecimento" (art. 110).

A reserva mental é, na verdade, a emissão de uma declaração de vontade não querida em seu íntimo, tendo por objetivo enganar o destinatário dessa declaração de vontade.

Um exemplo pode aclarar a regra. Imagine que "A" manifeste perante "B" que emprestará a este determinada quantia em dinheiro, sendo que "A", no seu íntimo, faz uma reserva no sentido de que não fará o tal empréstimo. Essa situação pode se dar, por exemplo, numa situação de crise financeira de "B", que diz que irá se suicidar, caso não consiga um empréstimo.

Pois bem, o Código Civil dispõe que essa reserva mental feita por "A" não afeta a declaração de vontade que fez. Ou seja, a reserva mental feita é **irrelevante para o direito**.

Todavia, na hipótese de o destinatário da manifestação da vontade (no caso, "B") ter ciência dessa reserva mental (no caso, saiba que "A", no seu íntimo, não tem intenção declarada), o Código Civil dispõe que a manifestação de vontade de "A" **é como se não existisse e não precisa ser cumprida**. Tal solução se dá, pois, nesse caso, como "B" está ciente da reserva, não está sendo enganado e, portanto, não precisa da proteção legal.

2.6.4. Representação

Quando alguém tiver de praticar um negócio jurídico, pode praticar sozinho ou por meio de um representante. O representante é, então, aquele que atua em nome do representado.

Os **requisitos** e os **efeitos** da **representação legal** (que decorre da lei) são os estabelecidos nas normas respectivas; os da **representação voluntária** (que decorre de acordo entre as partes) são os da Parte Especial deste Código.

Assim, o estudo específico dos vários tipos de representação, que vai da representação legal que os pais fazem de seus filhos à representação que ocorre em relação às pessoas jurídicas e à representação em virtude de mandato, deve ser feito nas disposições pertinentes previstas no Código Civil e em outras leis.

Porém, a Parte Geral do Código, nos arts. 115 a 120, traz regras acerca da representação, regras essas que ora serão estudadas.

Os poderes de representação, como se sabe, podem ser conferidos por lei (representação legal) ou pelo interessado (representação voluntária).

No entanto, o representante, quando atua, é obrigado a demonstrar que é legítimo representante sob pena de, não o fazendo, responder pelos atos cometidos com excesso. Confira: "O representante é obrigado a provar às pessoas, com quem tratar em nome do representado, a sua qualidade e a extensão de seus poderes, sob pena de, não o fazendo, responder pelos atos que a estes excederem" (art. 118).

Essa regra faz com que o representante tenha todo interesse em ser bem transparente com as pessoas com quem contratar, para que estas, posteriormente, não possam alegar algo em seu desfavor. Além disso, compete ao representante apenas atuar nos limites de seus poderes.

Nesse sentido, o Código Civil assegura que "a manifestação de vontade pelo representante, nos limites de seus poderes, produz efeitos em relação ao representado" (art. 116 do CC). Ou seja, desde que o representante aja segundo os limites em que pode atuar, o representado, seja qual for o negócio praticado, fica vinculado à manifestação de vontade proferida pelo representante junto a terceiros.

Todavia, há negócios que o representante, mesmo tendo praticado nos limites dos poderes que tinha, não pode praticar, pelo fato de a lei trazer uma presunção de que esse tipo de negócio pode ser prejudicial ao representado.

O primeiro caso é dos negócios feitos pelo representante em **conflito de interesses** com o representado. Há casos em que o representante pratica atos em nome do representado, no qual há um interesse do representante que, se atendido, acabará prejudicando o representado. Tal se dá, por exemplo, quando um vizinho dá procuração a outro vizinho para que este vote em nome do primeiro numa assembleia condominial, e, numa das deliberações da assembleia, o procurador é chamado a votar sobre se o responsável pelo ressarcimento com gastos decorrentes de infiltração no prédio é ele, o representante, ou seu vizinho, o representado. Caso os outros vizinhos que participaram da votação tenham ciência de que o que está sendo votado está em conflito de interesses, o voto deste contra o vizinho representado deverá ser anulado. Confira, a respeito, o teor do art. 119 do Código Civil: "É anulável o negócio concluído pelo representante em conflito de interesses com o representado, se tal fato era ou devia ser do conhecimento de quem com aquele tratou. Parágrafo único. É de cento e oitenta dias, a contar da conclusão do negócio ou da cessação da incapacidade, o prazo de decadência para pleitear-se a anulação prevista neste artigo."

Outro caso polêmico é o do chamado **contrato consigo** mesmo, em que o representante, em nome do representado, faz um contrato deste consigo mesmo. Por exemplo, "A" é representante de "B" e resolve comprar um imóvel de "B", usando a procuração que ele deu para si. O contrato terá como partes "A" e "B", mas "A" estará atuando, ao mesmo tempo, em nome próprio e como representante de "B". O Código Civil repudia esse tipo de situação e só permite o contrato consigo mesmo nos casos em que a **lei** o admite expressamente (p. ex., para alienar determinado bem, por determinado preço – art. 685 do CC) e também nos casos em que o **representante autorizar** previamente esse tipo de contratação. Confira, a respeito, o art. 117 do Código Civil: "Salvo se o permitir a lei ou o representado, é anulável o negócio jurídico que o representante, no seu interesse ou por conta de outrem, celebrar consigo mesmo. Parágrafo único. Para esse efeito, tem-se como celebrado pelo representante o negócio realizado por aquele em quem os poderes houverem sido subestabelecidos".

O parágrafo único do art. 117 trata da hipótese em que "A" recebe procuração de "B" e substabeleceu poderes de representação a "C". Nesse caso, se "A" celebrar contrato, em nome próprio, com "B", representado por "C", a lei considera que "A" está celebrando contrato consigo mesmo, afinal de contas "C" foi escolhido por "A" para esse intento, que se presume fraudulento.

Em suma, o contrato consigo mesmo (autocontrato) é vedado como regra, só se admitindo quando a lei permitir ou quando o representado expressamente o autorizar. A proibição, aliás, também existe no Código de Defesa do Consumidor (art. 51, VIII).

2.6.5. *Planos da existência, da validade e da eficácia do negócio jurídico*

O negócio jurídico pode ser analisado nos planos da existência, da validade e da eficácia.

O **plano da existência** tem em mira verificar os **elementos** necessários para que um negócio jurídico se repute **existente** no mundo jurídico.

Uma vez existente um negócio jurídico, é caso de perquirir acerca do **plano da validade**, no qual se verifica se o negócio está ou não **conforme à ordem jurídica**.

Mas não basta. Muitas vezes um negócio jurídico *existe* e é *válido*, porém ainda não produz *efeitos*. Por isso, há de se investigar acerca do **plano da eficácia**, no qual se analisa se o negócio jurídico está ou não **produzindo efeitos**.

Nossa tarefa, agora, é analisar os três planos, começando pelo plano da existência.

2.6.6. *Elementos de existência do negócio jurídico*

São elementos de existência do negócio jurídicos os seguintes: *manifestação de vontade*, *finalidade negocial* e *idoneidade do objeto*.

2.6.6.1. *Manifestação de vontade*

A vontade manifestada é pressuposto básico para que um negócio exista. Naturalmente, para que haja manifestação de vontade, faz-se necessária a presença de um *agente emissor* dessa vontade, daí porque é desnecessária a indicação desse elemento, assim como também entendemos desnecessária a indicação do elemento *forma*, uma vez que o elemento manifestação de vontade pressupõe a existência de uma dada forma.

A **manifestação de vontade** pode ser **expressa**, **tácita** e **presumida**.

A **manifestação expressa** é aquela que se realiza pela palavra *falada* ou *escrita*, ou por *gestos*, explicitando a intenção do agente.

A **manifestação tácita** é aquela que se revela pelo *comportamento* do agente. Exemplo de manifestação tácita é o fato de alguém, diante de uma doação com encargo ofertada por outrem, nada dizer a respeito, mas logo em seguida recolher imposto de transmissão por doação, comportamento esse que demonstra ter concordado com a oferta, operando a manifestação tácita de vontade.

A **manifestação presumida** é aquela que decorre de presunções legais. A diferença entre a manifestação tácita e a presumida é que esta decorre de situações regulamentadas expressamente pela lei, como as previstas nos arts. 322, 323, 324, 539 e 1.807 do Código Civil. Um exemplo é a situação em que o doador fixa prazo para o donatário declarar se aceita ou não a liberalidade. Desde que o donatário, ciente do prazo, não faça dentro dele a declaração, entender-se-á que aceitou, se a doação não for sujeita a encargo (art. 539 do CC).

Resta a dúvida se o **silêncio**, por si só, pode importar anuência, que é um tipo de manifestação de vontade. O Código Civil, em seu art. 111, dispõe que o silêncio importa anuência, quando as circunstâncias ou os usos o autorizarem, e não for necessária a declaração de vontade expressa. Dessa forma, não basta mero silêncio para que se entenda ter havido manifestação de vontade tácita. É necessário que haja outras circunstâncias ou comportamentos (ou mesmo alguma disposição legal, como o art. 539 do CC) que levem à conclusão de anuência. Ademais, é necessário que o negócio não seja daqueles que reclamam declaração de vontade expressa.

2.6.6.2. *Finalidade negocial*

A simples existência de uma manifestação de vontade não garante que estamos diante de um negócio jurídico.

Como se viu, não há como confundir o ato jurídico em sentido estrito com o negócio jurídico. Este se diferencia daquele exatamente pela existência de uma finalidade negocial.

Isso porque negócios jurídicos *são aquelas declarações de vontade qualificadas, cujos efeitos são regulados pelo próprio interessado*. Os agentes declaram sua vontade e têm poder de negociar os efeitos jurídicos que nasceram de sua declaração.

Assim, o reconhecimento de um filho, por exemplo, não é um negócio jurídico, pois não tem fim negocial. Ao contrário, um testamento e um contrato são negócios jurídicos, pois têm fim negocial. Nos dois casos, os agentes têm como estipular as condições dos atos praticados. Vigora nos negócios jurídicos o princípio da liberdade negocial, como se viu.

2.6.6.3. *Objeto idôneo*

De nada valerá haver uma declaração de vontade se esta não recair sobre algum objeto. Ademais, também não é suficiente que a declaração recaia sobre um objeto que não tenha pertinência ao negócio que se deseja fazer.

2.6.7. *Pressupostos de validade do negócio jurídico*

São pressupostos de validade do negócio jurídico os seguintes: *manifestação de vontade livre*, *agente emissor da vontade capaz, legitimação, objeto lícito, possível e determinável, obediência à forma, quando prescrita em lei, inexistência de outras hipóteses de nulidade e anulabilidade.*

2.6.7.1. Manifestação de vontade livre

A existência de uma manifestação de vontade é requisito de existência do negócio jurídico. Mas a existência de uma manifestação de vontade *livre* é requisito de validade do negócio jurídico.

Assim, negócios praticados por alguém mediante erro, dolo ou coação são negócios inválidos, por não se configurar, em tais casos, vontade livre.

A coação moral irresistível (ex.: ameaça de matar alguém que não praticar um negócio jurídico) gera a invalidade do negócio jurídico. Já a coação física irresistível (ex.: pegar à força o dedo polegar de alguém com o fito de fazer a pessoa "assinar" um contrato com sua digital) não chega sequer a configurar uma manifestação de vontade, de modo que se está diante de um negócio inexistente, e não diante de um negócio inválido.

2.6.7.2. Agente capaz

Não basta que o agente tenha expressado vontade livre. Para que o negócio jurídico seja válido, é necessário que o agente tenha capacidade de fato, ou seja, capacidade de exercício.

Caso um absolutamente incapaz pratique um negócio jurídico por si só, ou seja, sem que o faça por meio de seu representante, ter-se-á uma nulidade absoluta. Já caso um relativamente incapaz pratique um negócio jurídico sozinho, ou seja, sem a presença de seu assistente, ter-se-á uma nulidade relativa.

2.6.7.3. Legitimação

Não basta a capacidade geral para que o ato seja válido. O agente também deve ter aptidão específica para a prática do ato que deseja. Nesse sentido, alguém casado pelo regime de comunhão parcial e com filhos não poderá alienar um imóvel a um dos filhos sem a autorização dos outros e do cônjuge, por carecer de legitimação.

2.6.7.4. Objeto lícito, possível e determinável

Objeto lícito é aquele que não contraria o direito como um todo. Aqui, analisa-se se não há alguma norma no sistema jurídico que considera ilícito dado objeto.

Objeto possível é aquele possível jurídica e fisicamente. A possibilidade jurídica diz respeito à inexistência de alguma proibição direta do Código Civil. A possibilidade física diz respeito à possibilidade, ainda que difícil, de o objeto ser reproduzido no mundo fenomênico.

2.6.8. Pressupostos de eficácia do negócio jurídico

2.6.8.1. Inexistência de termo suspensivo pendente

Termo suspensivo *é o evento futuro e certo que condiciona o início dos efeitos do contrato.* Por exemplo, um contrato de locação que traz uma cláusula estabelecendo que o locatário só poderá adentrar o imóvel após dez dias de sua celebração.

2.6.8.2. Inexistência de condição suspensiva pendente

Condição suspensiva *é o evento futuro e incerto que condiciona o início dos efeitos do contrato.* Por exemplo, um contrato de doação que prevê que o donatário só será proprietário da coisa se vier a se casar com determinada pessoa.

2.6.9. Elementos acidentais do negócio jurídico

2.6.9.1. Condição

Cláusula acertada pelas partes que subordina o efeito do negócio jurídico a evento futuro e incerto. Espécies:

a) condição suspensiva: *a que subordina a eficácia inicial do ato a sua implementação.* Ex.: "se você se casar, começarei a te pagar uma pensão";

b) condição resolutiva: *a que faz com que o ato deixe de produzir efeitos.* Ex.: "se você se casar, deixarei de te pagar a pensão".

Condições proibidas: as contrárias à lei, à ordem pública e aos bons costumes; as que privam o ato de todos os efeitos (perplexas); as que sujeitam o negócio ao puro arbítrio de uma das partes (as puramente potestativas é que são proibidas – ex.: pagarei se quiser; as simplesmente potestativas podem ser válidas – ex.: doarei se fores bem em sua apresentação); as físicas (nenhum ser humano seria capaz) ou juridicamente (proibida na lei) impossíveis. Todas elas tornam o negócio nulo. As condições impossíveis, quando resolutivas, têm-se por inexistentes.

Regras finais: reputa-se verificada a condição se maliciosamente retardada pela parte a quem prejudica. Por outro lado, reputa-se não verificada a condição se maliciosamente levada a efeito por quem dela aproveita.

2.6.9.2. Termo

É a data acertada à qual fica subordinado o efeito do negócio jurídico. Ou seja, é o dia em que começa ou em que se extingue a eficácia do negócio jurídico. O termo convencional consiste em evento futuro e certo. Mas a data exata pode ser certa (se definida) ou incerta (ex.: dia da morte).

2.6.9.3. Encargo (ou modo)

Cláusula acessória às liberalidades pela qual se impõe uma obrigação ao beneficiário. Considera-se não escrito o encargo ilícito ou impossível, salvo se constituir o motivo determinante da liberalidade, quando invalida o negócio jurídico.

2.6.10. Defeitos do negócio jurídico (geram sua anulabilidade – ato anulável)

2.6.10.1. Erro ou ignorância

O erro ou ignorância pode ser **conceituado** como *o engano cometido pelo próprio agente.* O instituto está previsto nos arts. 138 a 144 do Código Civil.

Para tornar o ato anulável, o erro deve ser:

a) substancial (essencial): quanto à sua natureza, seu objeto, suas qualidades;

b) escusável;

c) real: o prejuízo deve ser a causa determinante do negócio.

Exemplo de erro é a situação em que alguém pensa estar fazendo um contrato de doação, mas está fazendo uma compra e venda.

O erro acidental (relativo a questões secundárias) não gera a anulabilidade do ato.

A respeito do erro, o Código Civil traz, ainda, as seguintes regras:

a) o falso motivo só vicia a declaração de vontade quando expresso como razão determinante;

b) a transmissão errônea da vontade por meios interpostos é anulável nos mesmos casos em que o é a declaração direta;

c) O erro de indicação da pessoa ou da coisa, a que se referir a declaração de vontade, não viciará o negócio quando, por seu contexto e pelas circunstâncias, se puder identificar a coisa ou pessoa cogitada;

d) o erro de cálculo apenas autoriza a retificação da declaração de vontade;

e) o erro não prejudica a validade do negócio jurídico quando a pessoa, a quem a manifestação de vontade se dirige, oferecer-se para executá-la na conformidade da vontade real do manifestante.

2.6.10.2. Dolo

O dolo pode ser **conceituado** como *o erro provocado pela parte contrária ou por terceiro, por meio de expediente malicioso*. O instituto está previsto nos arts. 145 a 150 do Código Civil.

Exemplo de dolo é a adulteração de quilometragem de veículo, feita pelo vendedor, em prejuízo do comprador.

Para tornar o ato anulável o dolo deve ser:

a) essencial;

b) com malícia;

c) determinante;

d) não recíproco.

O dolo acidental também não enseja a anulação do ato, mas enseja a reparação por perdas e danos, circunstância que não acontece no caso de erro acidental.

A respeito do dolo, o Código Civil traz, ainda, as seguintes regras:

a) nos negócios jurídicos bilaterais, o silêncio intencional de uma das partes a respeito de fato ou qualidade que a outra parte haja ignorado constitui omissão dolosa, provando-se que sem ela o negócio não se teria celebrado;

b) pode também ser anulado o negócio jurídico por dolo de terceiro se a parte a quem aproveite dele tivesse ou devesse ter conhecimento; em caso contrário, ainda que subsista o negócio jurídico, o terceiro responderá por todas as perdas e danos da parte a quem ludibriou;

c) o dolo do representante legal de uma das partes só obriga o representado a responder civilmente até a importância do proveito que teve; se, porém, o dolo for do representante convencional, o representado responderá solidariamente com ele por perdas e danos;

d) se ambas as partes procederem com dolo, nenhuma pode alegá-lo para anular o negócio ou reclamar indenização.

2.6.10.3. Coação

A coação pode ser **conceituada** como *a ameaça que constrange alguém à prática de um negócio*. O instituto está previsto nos arts. 151 a 155 do Código Civil.

Exemplo de coação é o contrato assinado por alguém mediante ameaça de morte.

Para tornar o negócio anulável, a ameaça deve ser:

a) da parte que aproveita ou de terceiro, com conhecimento daquela;

b) determinante;

c) grave: veem-se aspectos subjetivos das partes;

d) injusta: mal prometido não é exercício regular de direito; se for, a ameaça não é injusta;

e) iminente;

f) relativa ao paciente, sua família ou seus bens.

Se a coação disser respeito a pessoa não pertencente à família do paciente, o juiz, com base nas circunstâncias, decidirá se houve coação.

A respeito da coação, o Código Civil traz, ainda, as seguintes regras:

a) ao apreciar a coação, ter-se-ão em conta o sexo, a idade, a condição, a saúde, o temperamento do paciente e todas as demais circunstâncias que possam influir na gravidade dela;

b) não se considera coação a ameaça do exercício normal de um direito, nem o simples temor reverencial;

c) vicia o negócio jurídico a coação exercida por terceiro se dela tivesse ou devesse ter conhecimento a parte a que aproveite e esta responderá solidariamente com aquele por perdas e danos;

d) subsistirá o negócio jurídico se a coação decorrer de terceiro sem que a parte a que aproveite dela tivesse ou devesse ter conhecimento; mas o autor da coação responderá por todas as perdas e danos que houver causado ao coacto.

2.6.10.4. Estado de perigo

O estado de perigo pode ser **conceituado** como *a assunção de obrigação excessivamente onerosa com o intuito de salvar a si ou a alguém de sua família de grave dano conhecido da outra parte*. O instituto está previsto no art. 156 do Código Civil.

Exemplo de estado de perigo é a exigência de cheque-caução em hospital.

O ato cometido em situação de estado de perigo é anulável. Mas há corrente doutrinária que entende que o ato deveria ser válido, determinando-se apenas o ajuste das prestações.

2.6.10.5. Lesão

A lesão pode ser **conceituada** como *a assunção de prestação manifestamente desproporcional ao valor da prestação oposta por premente necessidade ou inexperiência*. O instituto está previsto no art. 157 do Código Civil.

Exemplo de lesão é a compra de imóvel que vale R$ 500 mil por R$ 100 mil, por inexperiência de quem vende. Outro exemplo é a venda de um apartamento por 40% do seu preço de mercado para pagar resgate de sequestro não conhecido da outra parte.

O STJ reconhece a configuração do instituto em contrato no qual o advogado, aproveitando-se de desespero do cliente, firmou contrato pelo qual sua remuneração seria de 50% do benefício econômico gerado pela causa (REsp 1.155.200, DJ 02/03/11).

O instituto requer a configuração de dois **elementos** para se caracterizar:

a) elemento objetivo: prestação manifestamente desproporcional;

b) elemento subjetivo: premente necessidade ou inexperiência.

Quanto ao requisito subjetivo "inexperiência", o Enunciado 410 das Jornadas de Direito Civil traz o seguinte entendimento:

"art. 157: A inexperiência a que se refere o art. 157 não deve necessariamente significar imaturidade ou desconhecimento em relação à prática de negócios jurídicos em geral, podendo ocorrer também quando o lesado, ainda que estipule contratos costumeiramente, não tenha conhecimento específico sobre o negócio em causa."

O instituto não incide quanto a atos unilaterais, pois há de se comparar a existência de duas prestações.

Na lesão, não há necessidade de existir: a) situação de perigo; b) conhecimento da situação pela outra parte.

O ato praticado mediante lesão é anulável. Porém, o negócio pode ser mantido se a parte prejudicada receber uma compensação.

2.6.10.6. *Fraude contra credores*

A fraude contra credores **dá-se com** *a transmissão de bens ou remissão de dívidas feitas pelo devedor já insolvente ou por elas reduzido à insolvência.* O instituto está previsto nos arts. 158 a 165 do Código Civil.

São **requisitos** da fraude contra credores os seguintes:

a) ***consilium fraudis*:** conluio fraudulento (elemento subjetivo); nos negócios gratuitos, o conluio é presumido; nos negócios onerosos, a existência de ações contra o alienante configuram-no;

b) evento danoso: prejuízo (elemento objetivo);

c) ação própria: pauliana ou revocatória.

Confira as diferenças entre a **fraude contra credores** e a **fraude à execução:** a) vício social X ato atentatório da Justiça; b) depende de ação própria X reconhecimento na própria execução; c) gera anulação do negócio X gera ineficácia do negócio perante o credor.

A respeito da fraude contra credores, o Código Civil traz, ainda, as seguintes regras:

a) se o adquirente dos bens do devedor insolvente ainda não tiver pagado o preço e este for, aproximadamente, o corrente, desobrigar-se-á depositando-o em juízo, com a citação de todos os interessados; se inferior, o adquirente, para conservar os bens, poderá depositar o preço que lhes corresponda ao valor real;

b) a ação poderá ser intentada contra o devedor insolvente, a pessoa que com ele celebrou a estipulação considerada fraudulenta, ou terceiros adquirentes que hajam procedido de má-fé;

c) o credor quirografário que receber do devedor insolvente o pagamento da dívida ainda não vencida ficará obrigado a repor, em proveito do acervo sobre que se tenha de efetuar o concurso de credores, aquilo que recebeu;

d) presumem-se fraudatórias dos direitos dos outros credores as garantias de dívidas que o devedor insolvente tiver dado a algum credor;

e) presumem-se, porém, de boa-fé e valem os negócios ordinários indispensáveis à manutenção de estabelecimento mercantil, rural, ou industrial, ou à subsistência do devedor e de sua família:

f) anulados os negócios fraudulentos, a vantagem resultante reverterá em proveito do acervo sobre que se tenha de efetuar o concurso de credores; se esses negócios tinham por único objeto atribuir direitos preferenciais, mediante hipoteca, penhor ou anticrese, sua invalidade importará somente na anulação da preferência ajustada.

2.6.11. *Atos nulos*

São atos **nulos** os seguintes (art. 166 do CC):

a) os celebrados por pessoa absolutamente incapaz;

b) os de objeto ilícito, impossível ou indeterminável;

c) os que tiverem motivo determinante, comum a ambas as partes, ilícito;

d) os que não revestirem a forma prescrita em lei;

e) os que preterirem alguma solenidade que a lei considere essencial para sua validade;

f) os que tiverem por objeto fraudar lei imperativa;

g) os que a lei taxativamente declarar nulo, ou proibir-lhe a prática, sem cominar sanção;

h) o negócio jurídico simulado, mas subsistirá o que se dissimulou, se válido for na substância e na forma.

Qualquer interessado ou o MP, quando cabível, pode alegar a nulidade e o juiz pode pronunciá-la de ofício (art. 168 do CC).

O negócio nulo não pode ser convalidado (art. 168, parágrafo único do CC).

A sanção de nulidade opera de pleno direito. Assim, a ação judicial respectiva resulta em sentença de natureza declaratória, com eficácia *ex tunc*.

Quanto à **simulação**, essa pode ser de duas espécies:

a) absoluta: *quando não se quer negócio algum* (ex.: divórcio simulado para fugir de responsabilidade civil);

b) relativa: *quando se encobre um negócio querido.*

Na simulação relativa, temos as seguintes situações:

i) negócio simulado: *o que se declara, mas não se quer. O negócio simulado é nulo.* Ex.: doação de um imóvel;

ii) negócio dissimulado: *o que se pretende de verdade.* O negócio dissimulado pode ser mantido, desde que válido na forma e na substância. Ex.: compra e venda do mesmo imóvel.

2.6.12. *Atos anuláveis*

São atos **anuláveis** os seguintes (art. 171 do CC):

a) os praticados por relativamente incapaz;

b) os com defeito (erro, dolo, coação, estado de perigo, lesão ou fraude contra credores);

c) outros previstos em lei, como no caso de falta de legitimação.

O negócio anulável pode ser confirmado pelas partes, inclusive tacitamente (caso já tenha sido cumprido com ciência do vício), salvo direito de terceiro.

Só os interessados podem alegar a anulabilidade.

O prazo decadencial para pleitear a anulação é de 2 anos, como regra. Todavia, para anulação nos casos "a" e "b", o prazo é de 4 anos.

A sanção de anulabilidade não opera de pleno direito, dependendo de provocação da parte interessada. Assim, a sentença respectiva tem natureza constitutiva e eficácia *ex nunc*.

2.6.13. *Anulabilidade x Nulidade*

Para fechar o tema das invalidades no Código Civil, faz-se necessário fazer uma análise comparativa entre os institutos da anulabilidade e da nulidade. Confira a comparação, que traz, primeiro, informação sobre a anulabilidade e, depois, sobre a nulidade:

a) interesse envolvido: privado x público;

b) legitimidade para alegar: só interessados x interessados, MP e juiz de ofício;

c) possibilidade confirmação: admite x não admite;

d) consequência do decurso do tempo: convalesce (em regra: 2 anos) x não convalesce;

e) ação cabível: anulatória x declaratória de nulidade;

f) efeitos da sentença: não retroage (*ex nunc*) x retroage (*ex tunc*);

g) possibilidade de aproveitamento: pela *convalidação* x pela *conversão* em outro ato.

2.7. Prescrição e decadência

2.7.1. Prescrição

2.7.1.1. Conceito

É a causa extintiva da pretensão por seu não exercício no prazo estipulado pela lei;

✓ Diz respeito às ações condenatórias.

2.7.1.2. Características:

a) parte que se beneficia só pode renunciar ao direito após o decurso do prazo (art. 191 do CC);

b) prazos não podem ser alterados por convenção (art. 192 do CC);

c) juiz pode reconhecer de ofício (art. 219, § 5º, CPC);

d) pode-se reconhecê-la a qualquer tempo (art. 193 do CC);

e) relativamente incapaz e PJ têm ação contra responsáveis por ela (art. 195 do CC);

f) prescrição iniciada contra uma pessoa continua a correr contra o seu sucessor (art. 196 do CC).

2.7.1.3. Não corre prescrição

a) entre os cônjuges, na constância da sociedade conjugal;

b) entre ascendentes e descendentes, durante o poder familiar;

c) entre tutelados ou curatelados e seus tutores ou curadores, durante a tutela ou curatela;

d) contra os incapazes de que trata o art. 3º;

e) contra os ausentes do País em serviço público da União, dos Estados ou dos Municípios;

f) contra os que se acharem servindo nas Forças Armadas, em tempo de guerra;

g) pendendo condição suspensiva;

h) não estando vencido o prazo;

i) pendendo ação de evicção.

2.7.1.4. Interrompem a prescrição (uma única vez)

a) o despacho do juiz, mesmo incompetente, que ordenar a citação, se o interessado a promover no prazo e na forma da lei processual;

b) o protesto, nas condições do item antecedente;

c) o protesto cambial;

d) a apresentação do título de crédito em juízo de inventário ou em concurso de credores;

e) qualquer ato judicial que constitua em mora o devedor;

f) qualquer ato inequívoco, ainda que extrajudicial, que importe reconhecimento do direito pelo devedor.

Observações:

a) a prescrição interrompida recomeça a correr da data do ato interruptivo ou do último ato do processo que a interrompeu;

b) a prescrição pode ser interrompida por qualquer interessado;

c) a interrupção da prescrição por um credor não aproveita aos outros; semelhantemente, a interrupção operada contra o codevedor, ou seu herdeiro, não prejudica aos demais coobrigados (art. 204);

d) exceção: interrupção por um credor solidário aproveita aos outros, assim como a interrupção efetuada contra o devedor solidário envolve os demais e seus herdeiros;

e) a interrupção operada contra um dos herdeiros do devedor solidário não prejudica os outros herdeiros ou devedores senão quando se trate de obrigações e direitos indivisíveis (acessório não segue o acessório);

f) a interrupção produzida contra o principal devedor prejudica o fiador (acessório segue o principal).

2.7.1.5. Prazos

2.7.1.5.1. Geral

A prescrição ocorre em 10 anos quando a lei não lhe haja fixado prazo menor (art. 205 do CC).

2.7.1.5.2. Especiais (art. 206 do CC)

a) 1 ano: pretensão de hotéis, segurado contra segurador (pedido de pagamento suspende prazo), tabeliães, peritos etc.;

b) 2 anos: prestação de alimentos, a partir dos vencimentos;

c) 3 anos: alugueres, ressarcimento por enriquecimento sem causa, reparação civil, seguro obrigatório (ex. DPVAT) etc.;

d) 4 anos: pretensão relativa à tutela, da prestação de contas;

e) 5 anos: cobrança de dívidas líquidas constantes de instrumentos; pretensão de profissionais liberais, contado da conclusão dos serviços; pretensão do vencedor para haver do vencido o que despendeu em juízo.

2.7.2. Decadência

2.7.2.1. Conceito

É a causa extintiva do direito potestativo pelo seu não exercício no prazo estipulado pela lei.

✓ Diz respeito às ações constitutivas.

2.7.2.2. Características

a) salvo disposição legal, não se aplicam os casos de impedimento, suspensão e interrupção (art. 207 do CC);

b) não corre prazo decadencial contra absolutamente incapaz (art. 208 do CC);

c) é nula a renúncia à decadência legal (art. 209 do CC), mas a decadência convencional pode ser alterada;

d) o juiz deve conhecer de ofício decadência legal (art. 210 do CC);

e) pode-se reconhecê-la a qualquer tempo (art. 211 do CC).

3. DIREITO DAS OBRIGAÇÕES

3.1. Introdução

3.1.1. Conceito

Obrigação *é o vínculo jurídico que confere ao credor (sujeito ativo) o direito de exigir do devedor (sujeito passivo) o cumprimento de determinada prestação.*

3.1.2. *Elementos*

3.1.2.1. *Sujeitos*

Trata-se do elemento subjetivo. De acordo com esse elemento, toda obrigação tem duas classes de sujeitos, o ativo (credor) e o passivo (devedor) **(devedor)**.

3.1.2.2. *Objeto*

Aqui temos o elemento objetivo. Toda obrigação requer um objeto, ou seja, uma *conduta humana* a ser cumprida. O objeto pode ser dividido em dois. O objeto imediato, que será dar, fazer ou não fazer. Já o objeto mediato será "o que" se vai dar, fazer ou não fazer. Por exemplo, quem tem uma dívida de R$ 500 está diante de uma obrigação cujo objeto imediato é "dar" e o objeto mediato é o "dinheiro". Para que o negócio seja válido, seu objeto (tanto o imediato como o mediato) deve ser lícito, possível jurídica e fisicamente, e determinável (art. 166, II, do CC). Assim, se um contrato estipular a obrigação de entregar a herança de pessoa viva, esse negócio será nulo, pois seu objeto é impossível juridicamente.

3.1.2.3. *Vínculo jurídico*

Não basta a existência de sujeitos e de um objeto para que se constitua uma obrigação. Se duas pessoas estiverem simplesmente conversando e uma delas estiver com um livro nas mãos, não terá se formado obrigação alguma. Agora, se essas pessoas combinarem a venda do livro, aí sim ter-se-á criado um vínculo jurídico, com obrigações para as duas partes, inclusive. Um fica obrigado a entregar o livro; o outro, a pagar um preço.

3.1.3. *Fontes das obrigações*

Como seu viu, para se criar uma obrigação não bastam sujeitos e objeto. Há de se ter um fato jurídico apto, ou seja, um acontecimento do mundo fenomênico que faça nascer a obrigação. Quais seriam, então, essas fontes das obrigações? Em última análise, a lei é sempre a fonte, pois é ela que estabelecerá os fatos que fazem nascer uma obrigação. Mas que tipos de fatos a lei considera aptos para nascer uma obrigação?

São fontes de obrigações os *atos ilícitos* (geram obrigações de indenizar, normalmente), os *contratos* (geram obrigações variadas, como entregar uma coisa, pagar um preço), as *declarações unilaterais de vontade* (*vide* a respeito a promessa de recompensa, a gestão de negócios, o pagamento indevido e o enriquecimento sem causa) e *outros fatos ou situações rotuladas especificamente pela lei* (como a obrigação de pagar tributo, a obrigação de pagamento de alimentos a parentes e a obrigação de indenizar por fato de terceiro).

3.2. Classificação das Obrigações

3.2.1. *Quanto à possibilidade de exigência*

3.2.1.1. *Obrigação civil*

É aquela que pode ser exigida por meio de ação judicial. São exemplos a obrigação de entregar uma coisa, na compra venda, e a obrigação de pagar alugueres, na locação.

3.2.1.2. *Obrigação natural*

É aquela que não pode ser exigida por meio de ação judicial, mas, caso cumprida voluntariamente, não pode ser repetida. Ou seja, o devedor não é obrigado a cumpri-la, mas, se o fizer, o credor não é obrigado a devolver o que recebeu. A retenção (*soluti retentio*) é único efeito da obrigação natural. São exemplos as obrigações relativas a dívidas prescritas (art. 882 do CC) e dívidas de jogo (art. 814 do CC). *Vide* também art. 564, III, do CC. A obrigação natural diz respeito a uma dívida inexigível, portanto, não passível de compensação.

3.2.2. *Quanto à extensão*

3.2.2.1. *Obrigação de resultado*

É aquela em que o devedor se compromete a atingir determinado fim, sob pena de responder pelo insucesso. São exemplos a obrigação do vendedor de entregar a coisa vendida, a obrigação do transportador de levar o passageiro são e salvo ao destino e a obrigação do cirurgião plástico em cirurgias de natureza estética.

3.2.2.2. *Obrigação de meio*

É aquela em que o devedor se compromete a empregar seus conhecimentos e técnicas com vistas a alcançar determinando fim, pelo qual não se responsabiliza. São exemplos as obrigações dos médicos e dos advogados. Tais profissionais se obrigam a fazer o melhor, mas não se obrigam, por exemplo, a curar, no primeiro caso, e a ganhar uma ação, no segundo.

Essa classificação é importante em matéria de responsabilidade civil contratual.

3.2.3. *Quanto aos elementos acidentais*

3.2.3.1. *Obrigação pura e simples*

É aquela que produz efeitos normalmente, por não estar sujeita a condição, termo ou encargo.

3.2.3.2. *Obrigação condicional*

É aquela cujos efeitos estão subordinados a evento futuro e incerto.

3.2.3.3. *Obrigação a termo*

É aquela cujos efeitos estão subordinados a evento futuro e certo.

3.2.3.4. *Obrigação com encargo ou modal*

É aquela que estabelece um gravame a ser cumprido pelo credor.

3.2.4. *Quanto ao momento do cumprimento*

3.2.4.1. *Obrigação de execução instantânea ou momentânea*

É aquela que se cumpre imediatamente após a sua constituição. Um exemplo é a obrigação de pagamento à vista.

3.2.4.2. *Obrigação de execução diferida*

É aquela que se cumpre em um só ato, mas em momento futuro. Por exemplo, quando se combina que a entrega será feita 60 dias após a constituição da obrigação.

3.2.4.3. *Obrigação de execução continuada, periódica ou de trato de sucessivo*

É aquela que se cumpre por meio de atos reiterados e protraídos no tempo. Um exemplo é a obrigação de pagar parcelas de um financiamento.

Essa classificação é importante para efeito de aplicação da regra da imprevisão (arts. 317 e 478 do CC).

3.2.5. Quanto à liquidez

3.2.5.1. Obrigação líquida

É aquela cujo objeto está determinado. Por exemplo, quando alguém se obriga a pagar R$ 500. Está-se diante de uma obrigação líquida.

3.2.5.2. Obrigação ilíquida

É aquela cujo objeto não está determinado. Por exemplo, quando alguém atropela uma pessoa, que sofre danos materiais diversos e morais. De início, a obrigação de indenizar não é líquida.

Essa classificação é importante em matéria de configuração da mora (o art. 397 do CC considera em mora, de pleno direito, o devedor que descumpre obrigações positivas e líquidas); de compensação (o art. 369 dispõe que esta só é possível entre dívidas vencidas e líquidas); e de imputação do pagamento (o art. 352 exige, para que o devedor indique a dívida que está pagando, que esta seja vencida e líquida).

3.2.6. Quanto à existência por si só

3.2.6.1. Obrigação principal

É aquela que existe por si só. São exemplos as decorrentes do contrato de compra e venda (de entregar uma coisa e de pagar um preço).

3.2.6.2. Obrigação acessória

É aquela cuja existência depende da existência da principal. São exemplos a multa (cláusula penal) e juros de mora.

Essa classificação é importante para efeito de aplicação da seguinte regra: "o acessório segue o principal". Por exemplo, a nulidade do principal leva à nulidade do acessório. O contrário não ocorre, claro. Nosso Código acolhe tal regra em vários dispositivos, como nos arts. 92, 184, 233 e 364.

3.2.7. Quanto à natureza do direito

3.2.7.1. Obrigação correspondente a direito pessoal

É aquela travada diretamente entre pessoas, em que o patrimônio do devedor fica sujeito ao seu cumprimento.

3.2.7.2. Obrigação correspondente a direito real

É aquela em que todas as pessoas ficam sujeitas a respeitar a relação entre uma pessoa e uma coisa. Também é chamada de *ônus real*.

3.2.7.3. Obrigação propter rem

É aquela à qual o titular de direito sobre uma coisa, exatamente por estar nessa situação jurídica, fica sujeito. Trata-se de uma obrigação híbrida. Recai sobre uma pessoa (direito pessoal), mas por força de um direito real. São exemplos a obrigação do possuidor de uma coisa de não prejudicar a segurança, o sossego e a saúde de um prédio vizinho (art. 1.277 do CC), a obrigação dos donos de imóveis confinantes de concorrerem para as despesas de tapumes divisórios (art. 1.297, § 1º, do CC), a obrigação de um condômino de contribuir para as despesas de conservação da coisa (art. 1.315 do CC), a obrigação do titular da coisa de arcar com os débitos tributários a ela pertinentes (art. 130 do CTN). Repare, no caso das despesas condominiais e tributárias, que o novo proprietário da coisa, tenha ou não dado causa à dívida contraída para o seu uso, fica sujeito ao seu pagamento, com possível penhora da coisa com vistas à satisfação do crédito. É por isso que a obrigação também é denominada *ambulatorial*.

3.2.8. Quanto aos seus elementos

3.2.8.1. Obrigação simples

É aquela que só tem um sujeito ativo, um sujeito passivo e um objeto. Por exemplo, a obrigação de "A" entregar um carro a "B".

3.2.8.2. Obrigação composta ou complexa

É aquela que tem mais de um sujeito ativo, de um sujeito passivo ou de um objeto. Por exemplo, obrigações com vários credores ou com vários devedores (pluralidade subjetiva). Nesses casos podem-se ter obrigações divisíveis, indivisíveis ou solidárias, o que será visto a seguir. Outro exemplo é a obrigação de "A" entregar a "B" uma casa **e** um carro, ou uma casa **ou** um carro (pluralidade objetiva). No primeiro caso temos obrigação cumulativa (ou conjuntiva). No segundo, obrigação alternativa (ou disjuntiva).

3.3. Modalidades das obrigações

3.3.1. Obrigação de dar

3.3.1.1. Conceito

É aquela de entregar ou restituir uma coisa. Na compra e venda, temos a *entrega* da coisa. No comodato, a *restituição*. Essas duas formas de dar são espécies do gênero *tradição*.

No nosso direito, só se adquire a propriedade de uma coisa móvel com a tradição, de modo que, enquanto essa não se der, o devedor da coisa (vendedor) permanece proprietário dela. Isso gera as seguintes consequências (art. 237 do CC): a) a coisa perece para o dono (*res perit domino*); b) os melhoramentos e acrescidos na coisa até a tradição beneficiam o dono, que poderá exigir aumento no preço.

3.3.1.2. Regras para o caso de perecimento da coisa (perda total)

a) *se ocorrer antes da tradição ou pendente condição suspensiva, sem culpa do devedor*, resolve-se a obrigação retornando as partes ao estado anterior. Por exemplo, se, por força maior, um carro a ser entregue pelo vendedor tem perda total em virtude de uma inundação. Eventual valor pago pelo comprador será devolvido pelo vendedor. No caso de pender condição suspensiva a situação é a mesma. Um exemplo é a disposição "se passar no vestibular, te dou este carro". Se antes da aprovação no vestibular o carro perecer sem culpa do devedor, a obrigação ficará resolvida. *Vide* art. 234 do CC;

b) *se ocorrer antes da tradição ou pendente condição suspensiva, com culpa do devedor*, o credor tem direito a receber o equivalente em dinheiro, mais perdas e danos. Por se exemplo, se, por imprudência do vendedor, esse, após ter vendido ou prometido carro, envolve-se em batida com perda total do veículo. Terá de devolver ao comprador o dinheiro que eventualmente receber, além de indenizá-lo por perdas e danos. No caso daquele que recebeu a promessa, terá de dar a ele o equivalente em dinheiro, mais perdas e danos. *Vide* arts. 234 e 236 do CC;

c) *se ocorrer antes da tradição e a obrigação for de restituir*, a obrigação ficará resolvida. São casos como o dever de restituir que cabe ao comodatário e ao depositário. Como se viu, a coisa perece para o dono, ou seja, o comodante e o depositando suportarão a perda. Todavia, se aquele que recebeu a coisa para restituir agir com culpa, responderá pelo equivalente em dinheiro, mais perdas e danos. Muitas vezes, inclusive, a culpa é presumida. *Vide* arts. 235 e 236 do CC;

d) *se ocorrer após a tradição*, o problema é do credor, pois a coisa perece para o dono. Mas há exceções. Por exemplo, se a coisa vier a perecer por já estar com problema quando da sua entrega (ex.: cavalo com moléstia respiratória). O devedor responderá por esse vício redibitório.

3.3.1.3. Regras para o caso de deterioração da coisa (perda parcial)

Um exemplo de deterioração da coisa é a perda do estepe do carro. As regras são semelhantes. Se não houver culpa do devedor, a obrigação fica resolvida, ressalvada a possibilidade de o credor ficar com a coisa, com abatimento no preço (art. 238 do CC). Já se houver culpa do devedor, poderá o credor exigir o equivalente em dinheiro mais perdas e danos, ou aceitar a coisa no estado, mais perdas e danos (art. 239). Quanto à deterioração da coisa nas obrigações de restituição, o credor a receberá no estado em que se encontre. Já se houver culpa do devedor, este responderá pelo equivalente, mais perdas e danos (art. 240).

3.3.1.4. Coisa certa ou incerta

A coisa incerta há de ser pelo menos determinável, de modo que a lei exige a indicação, pelo menos, do *gênero* e da *quantidade* da coisa. Se faltar um ou outro, o objeto será indeterminável. Então, se for indicado que a coisa é "laranja" e que a quantidade é "50 quilos" não haverá problema. A qualidade será determinada quando houver a escolha das laranjas pelo devedor. Esse, todavia, não pode escolher a de pior qualidade. Deve escolher pelo menos a de meio-termo. A escolha da coisa também tem o nome de *concentração* e, salvo estipulação em contrário, compete ao devedor. Feita a escolha e cientificado o credor, acaba a incerteza, a coisa torna-se certa, determinada. Antes da escolha, não pode o devedor alegar perda ou deterioração da coisa (art. 246 do CC), pois o gênero nunca perece (*genuns nunquam perit*). Ficaria estranho mesmo dizer que não há laranjas e que a obrigação não pode ser cumprida. Se o devedor não as possui mais, que as consiga com terceiro. Só se pode fazer esse tipo de alegação se se tratar de gênero limitado, ou seja, restrito a certo lugar. Por exemplo, quando se combina de entregar laranjas de certo sítio e elas não existirem mais.

3.3.2. Obrigação de fazer

3.3.2.1. Conceito

É aquela em que o devedor presta atos ou serviços.

3.3.2.2. Espécies

a) **personalíssima** (*intuitu personae*, infungível ou imaterial), em que só o devedor pode cumprir a obrigação, seja porque assim se estabeleceu (o contrato diz que o devedor cumprirá pessoalmente a obrigação), seja porque sua própria natureza impede a substituição do devedor (por exemplo, na contratação de um cantor para um show ou de um artista plástico para fazer uma escultura);

b) **impessoal** (fungível ou material), em que não é necessário que o devedor cumpra pessoalmente a obrigação, ou seja, para o credor o importante é que o objeto seja prestado, ainda que por terceiro.

Há também obrigação de fazer no contrato preliminar (*pacto de contrahendo*), que é aquele em que se faz uma promessa de fazer contrato futuro. É o caso do compromisso de compra e venda, por exemplo.

3.3.2.3. Regras em caso de não cumprimento da obrigação de fazer

a) *Se a obrigação for personalíssima e se tornar impossível sem culpa do devedor*, ficará resolvida (art. 248 do CC). Por exemplo, se o cantor não conseguir chegar a tempo ao show por ter ficado preso na estrada em virtude de deslizamento de terra na pista (*impossibilidade*);

b) *se a obrigação for personalíssima e se tornar impossível por culpa do devedor*, ficará transformada em obrigação de indenizar por perdas e danos (art. 248). Por exemplo, se o cantor sair com muito atraso para fazer o show e não chegar a tempo (*impossibilidade*);

c) *se a obrigação for personalíssima e houver recusa do devedor*, ficará transformada em obrigação de indenizar por perdas e danos (art. 247). Por exemplo, se o cantor, por vontade própria, avisar, a uma semana do show, que não irá comparecer para a apresentação (*recusa*). Repare que, nesse caso, a obrigação ainda não se tornou impossível. A solução dada pelo CC para o caso (perdas e danos) não é a única. O CC parte do pressuposto de que não se pode constranger fisicamente o devedor a cumprir a obrigação. Por outro lado, o CPC, no § 1º do art. 461, dispõe que a obrigação somente se converterá em perdas e danos se o autor o requerer ou se impossível a tutela específica ou a obtenção do resultado prático correspondente. No caso, sem forçar fisicamente o devedor, é possível valer-se de instrumento de coação indireta, a cominação de multa diária (*astreinte*) para fazê-lo cumprir a obrigação. Nesse sentido é também o art. 84 do CDC. Também são dispositivos aplicáveis os arts. 287 e 644 do CPC, esse último quando se tiver título executivo. Ou seja, há duas saídas para o caso: c1) pleitear a transformação da obrigação de fazer em obrigação de indenizar perdas e danos; c2) exigir judicialmente o cumprimento da obrigação, por meio de demanda cominatória, sem prejuízo de indenização por demais perdas e danos;

d) *se a obrigação for impessoal e se tornar impossível sem culpa do devedor*, ficará resolvida (art. 248 do CC). Por exemplo, se o eletricista não puder comparecer para fazer um reparo nas instalações elétricas de uma casa de show por ter ficado preso na estrada que dá acesso ao local em virtude de deslizamento de terra na pista;

e) *se a obrigação for impessoal e se tornar impossível por culpa do devedor*, ficará transformada em obrigação de indenizar por perdas e danos (art. 248). Por exemplo, se o eletricista não puder comparecer para fazer um reparo nas instalações elétricas de uma casa de show por ter saído com muito atraso e não chegar a tempo;

f) *se a obrigação for impessoal e houver recusa ou mora do devedor*, o credor tem três opções: f1) pleitear a transformação da obrigação de fazer em obrigação de indenizar perdas e danos; f2) exigir judicialmente o cumprimento da obrigação, por meio de demanda cominatória, sem prejuízo de indenização por demais perdas e danos; f3) fazer executar a obrigação por terceiro à custa do devedor (art. 249 do CC). A novidade está na terceira possibilidade, pois o atual Código faculta ao credor, em caso de urgência, executar ou mandar executar o fato independentemente de autorização judicial, sendo depois ressarcido (art. 249, parágrafo único). Por exemplo, se um encanador é contratado para comparecer num determinado dia para consertar um vazamento numa casa e, passado tal dia, e mesmo já tendo recebido, ele não comparecer e a casa ficar inundada ou na iminência de sê-lo, pode o credor contratar outro encanador, ressarcindo-se depois com o primitivo contratado;

g) *se a obrigação for de emitir declaração de vontade*, o credor poderá se aproveitar do disposto no art. 466-A do CPC. Se se tratar de imóvel, cabe a ação de adjudicação compulsória (Dec.-lei nº 58/37; Lei 649/49; Lei 6.766/79).

3.3.3. Obrigação de não fazer

3.3.3.1. Conceito

É aquela em que o devedor deve se abster de praticar um ato ou uma atividade. Também é chamada de *obrigação negativa* ou *obrigação de abstenção*. São exemplos a obrigação de não construir acima de certa altura ou de não divulgar determinado segredo.

3.3.3.2. Regras para o caso de não cumprimento da obrigação de não fazer, ou seja, caso se faça o que se combinara não fazer

a) *Se a obrigação se tornar impossível sem culpa do devedor*, ficará resolvida (art. 250 do CC). Tal ocorre quando se tornar impossível a abstenção do ato. Por exemplo, se alguém que se obrigou a não construir um muro for obrigado pelo Município a fazê-lo;

b) *se a obrigação se tornar impossível por culpa do devedor*, ficará transformada em obrigação de indenizar por perdas e danos (art. 248, por analogia);

c) *se o devedor praticar o ato a cuja abstenção se obrigara*, o credor terá duas opções: c1) pleitear a transformação da obrigação de não fazer em obrigação de indenizar por perdas e danos; c2) exigir judicialmente o cumprimento da obrigação, por meio de demanda cominatória, sem prejuízo de indenização por demais perdas e danos;

d) *se o devedor praticar o ato por culpa sua*, ficará transformada em obrigação de indenizar por perdas e danos (art. 248, por analogia).

3.3.4. Obrigação alternativa

3.3.4.1. Conceito

É a aquela que tem dois ou mais objetos e que se extingue com a prestação de um deles. Há previsão de mais de um objeto, mas o devedor se exonera cumprindo apenas um deles. Por exemplo, uma pessoa se obriga a entregar seu carro ou sua moto. Entregando um ou outro, está exonerado da obrigação.

3.3.4.2. Escolha

Compete ao devedor como regra (*favor debitoris*). Mas as partes podem estipular que a escolha compete ao credor ou a terceiro. A escolha só se considera feita após comunicação à parte contrária. O não exercício do direito de escolha no prazo acarreta decadência para o seu titular.

3.3.4.3. Impossibilidade de uma das prestações

Subsiste o débito em relação à(s) outra(s). Se houver culpa do devedor e a escolha couber ao credor, caso esse tenha interesse na obrigação que se impossibilitou, terá direito ao valor dela com perdas e danos.

3.3.4.4. Impossibilidade de ambas as prestações

Se não houver culpa do devedor, a obrigação será extinta. Se houver culpa e competir a ele a escolha, pagará o valor da que se impossibilitou por último, mais perdas e danos; e se competir ao credor a escolha, esse poderá reclamar o valor de qualquer das obrigações, mais perdas e danos.

3.3.4.5. Obrigação alternativa x obrigação facultativa

Na segunda, existe faculdade para o devedor de substituir o objeto da prestação. Por exemplo, uma pessoa se obriga a entregar seu carro, podendo substituí-lo pela entrega de sua moto. A diferença é que se trata de obrigação simples (só tem um objeto). Se o carro perecer, a obrigação fica extinta. O credor só pode exigir o cumprimento da obrigação principal.

3.3.5. Obrigações divisíveis e indivisíveis

3.3.5.1. Conceito de obrigação divisível

É aquela em que cada um dos devedores só está obrigado a cumprir sua cota-parte da dívida e cada um dos credores só pode exigir sua parte do crédito. Por exemplo, se "A" e "B" (devedores) devem R$ 1.000,00 a "C" (credor), "A" está obrigado a pagar R$ 500 para "C".

3.3.5.2. Conceito de obrigação indivisível

É aquela em que, por conta da impossibilidade de divisão do objeto, cada devedor está obrigado pela totalidade da prestação e cada credor pode exigi-la por inteiro. Por exemplo, se "A" e "B" (devedores) devem um carro a "C", esse pode exigir de "A" ou de "B" a coisa, independentemente de cada um ser responsável por parte do débito. Aquele que cumprir a obrigação sub-roga-se no direito do credor em relação aos outros coobrigados. Se houver mais de um credor, o devedor deverá a todos conjuntamente. A indivisibilidade pode ser das seguintes espécies: a) física ou natural (ex.: animal vivo); b) legal (ex.: menor fração de imóvel rural); c) por motivo econômico (ex.: pedra preciosa); e d) por motivo determinante do negócio (ex.: terreno adquirido para construção de um shopping). A obrigação indivisível difere da solidária, pois, caso a primeira se converta em perdas e danos, cada devedor ficará obrigado apenas pela sua cota-parte.

3.3.6. Obrigação solidária

3.3.6.1. Conceito

É aquela em que há mais de um credor ou mais de um devedor, cada um com direito, ou obrigado, à dívida toda. Por exemplo, se "A" e "B" (devedores) devem R$ 1.000,00 a "C" e "D", os últimos podem exigir, juntos ou isoladamente, os R$

1.000,00 integrais só de "A" ou só de "B". A solidariedade pode recair só sobre os devedores (solidariedade passiva), só sobre os credores (solidariedade ativa) ou sobre ambos os polos (solidariedade mista).

3.3.6.2. Formação da obrigação solidária

A solidariedade não se presume. Ela decorre da lei (solidariedade legal) ou da vontade das partes (solidariedade convencional).

3.3.6.3. Solidariedade ativa

É aquela em que qualquer um dos credores pode exigir sozinho a totalidade da obrigação junto ao devedor. Por exemplo, os titulares de uma conta corrente. Eles são credores solidários dos valores depositados, podendo exigir do banco a entrega de todo o numerário. O devedor pode se exonerar da dívida pagando-a a qualquer dos credores. No entanto, se já tiver sido demandado por algum deles (é necessário citação), só poderá a esse pagar em razão do princípio da prevenção. O credor que tiver recebido a prestação responderá perante os outros. Com a morte do credor solidário, desaparece a solidariedade em relação aos herdeiros isoladamente considerados. Se a prestação for convertida em perdas e danos, subsiste a solidariedade.

3.3.6.4. Solidariedade passiva

É aquela em que cada um dos devedores pode ser demandado a cumprir a totalidade da obrigação junto ao credor. Com a morte de um dos devedores solidários, só se pode cobrar de um herdeiro, isoladamente, a quota correspondente ao seu quinhão hereditário. Se houver impossibilidade da obrigação por culpa de um dos devedores, todos continuam solidários pelo valor da coisa em dinheiro, mas pelas perdas e danos só responde o culpado. Se houver inexecução da obrigação, todos respondem pelos juros solidariamente, mas o culpado deverá ressarcir os demais. As defesas comuns (ex.: prescrição) podem ser alegadas por qualquer devedor solidário. Já as defesas pessoais (ex.: erro, coação) só podem ser alegadas pelo devedor a que disserem respeito. O credor pode renunciar à solidariedade total (em relação a todos os devedores) ou parcialmente (em relação a um deles, por exemplo). O devedor que tiver pagado a obrigação terá direito de regresso contra os demais. A presunção é a de que as cotas de cada devedor são iguais. Se um dos codevedores for insolvente, sua quota será dividida igualmente por todos.

3.3.6.5. Aspectos processuais

No *processo de conhecimento*, cabe ao devedor solidário valer-se do *chamamento ao processo*. Já no *processo de execução*, quando couber, é possível alegar o *benefício de ordem*, que é a faculdade de o executado indicar à penhora bens livres de outro devedor solidário.

3.4. Transmissão das obrigações

3.4.1. Introdução

O tema diz respeito à alteração no aspecto subjetivo da obrigação, no caso a substituição dos sujeitos que ocupam um dos polos da relação obrigacional. Aqui, não se fala em alteração nos demais elementos da obrigação (objeto e vínculo).

3.4.2. Cessão de crédito

3.4.2.1. Conceito

É o negócio jurídico bilateral pelo qual o credor transfere a outrem, a título oneroso ou gratuito, os seus direitos na relação obrigacional. Há três figuras: o cedente (credor que transmite o crédito), o cessionário (terceiro que recebe o crédito) e o cedido (o que continua devedor).

3.4.2.2. Limites materiais

Como regra, qualquer crédito pode ser objeto de cessão, salvo por impossibilidade decorrente: a) da natureza da obrigação (ex.: alimentos de direito de família); b) da lei (ex.: crédito penhorado); e c) da convenção com o devedor (*pacto de non cedendo*).

3.4.2.3. Forma

Como regra, cabe qualquer forma admitida em lei. Todavia, se a cessão tiver por objeto direito que só pode ser transmitido por escritura pública, há de se obedecer esta forma (ex.: cessão de direitos hereditários).

3.4.2.4. Eficácia perante terceiros

Para tanto, a cessão deverá ser feita por instrumento público ou por instrumento particular com as formalidades da procuração e com registro no Cartório de Títulos e Documentos.

3.4.2.5. Eficácia perante o devedor cedido

Para tanto, a cessão depende de notificação do devedor ou de sua ciência manifestada por escrito. Antes da notificação, o devedor pode pagar ao cedente, exonerando-se da dívida. Depois, só se exonera se pagar ao cessionário. É no momento da ciência da cessão que o devedor deve alegar as exceções pessoais de que disponha em relação ao cedente, como a compensação, sob pena de se presumir que delas tenha aberto mão.

3.4.2.6. Responsabilidade do cedente

Se a cessão for a título oneroso, o cedente fica responsável pelo seguinte: a) pela existência do crédito quando da cessão; b) pela sua qualidade de credor; e c) pela validade da obrigação. Já se for a título gratuito, o cedente só responde pela existência do crédito se tiver procedido de má-fé. Em qualquer caso, só haverá responsabilidade pelo débito se o cedente tiver assumido expressamente a responsabilidade pela solvência do cedido. Nesse caso teremos a cessão *pro solvendo*, e a responsabilidade é apenas pelo que o cedente tiver recebido do cessionário, acrescido de juros e despesas com a cessão.

3.4.3. Assunção de dívida (cessão de débito)

3.4.3.1. Conceito

É o negócio jurídico bilateral pelo qual um terceiro (assuntor) assume a posição de devedor. O que ocorre é tão somente a substituição no plano passivo, sem que haja extinção da dívida, de modo que não se confunde com a novação subjetiva passiva, em que nasce uma obrigação nova.

3.4.3.2. Espécies

a) Expromissão: *é o contrato entre o credor e o terceiro, pelo qual esse assume a posição de novo devedor, sem a participação do devedor originário;*

b) delegação: *é o contrato entre o devedor originário (delegante) e o terceiro (delegatário), com a concordância do credor.*

3.4.3.3. *Efeitos*

a) Liberatórios: o devedor originário fica desvinculado do pagamento da dívida. Essa é a regra;

b) cumulativos: o devedor originário continua vinculado, servindo a assunção de reforço da dívida, com solidariedade entre os devedores. A doutrina também chama a hipótese de adesão, coassunção ou adjunção à dívida. Trata-se de caso que depende de convenção expressa. Essa hipótese não se confunde com a fiança, pois o novo devedor responde por dívida própria.

3.5. Adimplemento e extinção das obrigações

3.5.1. *Introdução*

As obrigações podem ser extintas de dois modos. O modo satisfatório ocorre quando o credor recebe a prestação ou tira algum proveito. A satisfação pode ser direta (ex.: pagamento) ou indireta (ex.: compensação). O modo não satisfatório ocorre quando a obrigação fica extinta sem qualquer proveito para o credor (ex.: remissão, prescrição, novação etc.).

3.5.2. *Pagamento*

3.5.2.1. *Conceito*

É o efetivo cumprimento da prestação. O termo "pagamento" vale para designar o cumprimento de qualquer modalidade obrigação (de dar, fazer ou não fazer).

3.5.2.2. *Elementos essenciais*

a) Existência de obrigação que justifique o pagamento, sob pena de se tratar de pagamento indevido, possibilitando repetição de indébito;

b) intenção de pagar (*animus solvendi*), sob pena de se tratar de pagamento por engano, também possibilitando repetição;

c) cumprimento da prestação;

d) presença de sujeito que paga (*solvens*);

e) presença daquele a quem se paga (*accipens*).

3.5.2.3. *Quem deve pagar*

Qualquer interessado na extinção da obrigação pode pagar. Assim, além do devedor, pode pagar o terceiro interessado, ou seja, aquele que poderia ter seu patrimônio atingido caso a dívida não fosse paga (ex.: fiador, avalista, sócio, adquirente de imóvel hipotecado etc.). Nesse caso, o *solvens* (terceiro interessado) fica sub-rogado nos direitos do credor originário. Já o pagamento feito por terceiro não interessado (por interesse moral ou afetivo, por exemplo), em nome próprio, apenas autoriza esse a reembolsar-se do que pagar, sem sub-rogação nos direitos do credor. A obrigação original fica extinta, nascendo obrigação nova. Se o terceiro não interessado agir em nome do devedor, terá feito uma liberalidade, ficando a obrigação resolvida, sem direito de regresso em face daquele. Por fim, é importante destacar que, se o devedor tinha meios de impedir a cobrança do credor, o terceiro que pagar sem sua autorização não terá direito a qualquer reembolso.

3.5.2.4. *A quem se deve pagar*

O pagamento deve ser feito ao credor, ao seu representante ou aos seus sucessores. O pagamento feito a qualquer outra pessoa não tem efeito liberatório. O devedor, apesar de poder acionar quem receber indevidamente, continuará obrigado ao pagamento. Porém há situações em que o pagamento feito a terceiro desqualificado tem valor: a) se houver ratificação pelo credor; b) se reverter em proveito do credor; c) se for feito de boa-fé ao credor putativo, ou seja, àquele que parecia, objetivamente, ser o credor (ex.: herdeiro aparente). De outra parte, há situações em que o pagamento feito ao credor não terá valor: a) se for feito ao credor incapaz de dar quitação, salvo se reverteu em seu proveito; b) se o devedor tiver sido intimado da penhora e mesmo assim pagar ao credor.

3.5.2.5. *Objeto do pagamento*

O pagamento deve coincidir com a coisa devida. Assim, o credor não é obrigado a receber prestação diversa da pactuada, ainda que mais valiosa. Da mesma forma, só se pode constranger o credor a receber o todo, não em partes. As dívidas em dinheiro deverão ser pagas no vencimento, em moeda corrente (real) e pelo valor nominal. Quanto ao valor nominal, a própria lei admite a convenção de aumento progressivo de prestações sucessivas, dando força à ideia de dívida de valor (e não de dívida de dinheiro). O reajuste automático de prestação tem o nome de cláusula de escala móvel. A Lei nº 10.192/01 considera nula de pleno direito a estipulação de reajuste em periodicidade inferior a um ano. Também admite-se a revisão da obrigação "quando, por motivos imprevisíveis, sobrevier desproporção manifesta entre o valor da prestação devida e o do momento de sua execução" (art. 317 do CC). Adotou-se a teoria da imprevisão. Outrossim, são nulas as convenções de pagamento em ouro ou em moeda estrangeira. A ideia é preservar o curso forçado da moeda nacional. Há exceções no Dec.-Lei nº 857/69 e na Lei nº 6.423/77 (ex.: importação e exportação). Presumem-se a cargo do devedor as despesas com o pagamento e a quitação.

3.5.2.6. *Lugar do pagamento*

É aquele onde o devedor deve cumprir a obrigação e o credor exigir seu cumprimento. A regra é o domicílio do devedor (dívida quesível ou *quérable*). Mas por motivo legal, convencional ou circunstancial é possível que a obrigação tenha de ser cumprida no domicílio do credor (dívida portável ou *portable*). Se o pagamento consistir na tradição de um imóvel ou em prestações relativas a imóvel, far-se-á no lugar onde estiver situado o bem. Será válido o pagamento feito em lugar diverso se houver motivo grave que justifique isso e não haja prejuízo para o credor.

3.5.2.7. *Tempo do pagamento*

Salvo disposição legal ou contratual em contrário, pode o credor exigir imediatamente o pagamento. O credor poderá cobrar a dívida antes do vencimento se: a) o devedor cair em falência ou concurso de credores; b) os bens do devedor, hipotecados ou empenhados, forem penhorados em execução por outro credor; c) cessarem, ou se tornarem insuficientes, as garantias do débito, fidejussórias ou reais, e o devedor, intimado, negar-se a reforçá-las.

3.5.3. *Pagamento em consignação*

3.5.3.1. *Conceito*

Forma especial de pagamento, por meio de depósito judicial ou em estabelecimento bancário, cabível quando houver mora do credor ou risco para o devedor na realização do pagamento direto. Serve para a entrega de qualquer objeto, só não se admite para a obrigação de fazer ou não fazer. Se for feito por processo de conhecimento, a sentença tem natureza declaratória. Para que o devedor fique exonerado da obrigação, a consignação deve cumprir os mesmos requisitos exigidos para a validade do pagamento quanto às pessoas, ao objeto, modo, tempo e lugar. O depósito em estabelecimento bancário só é admitido quando a prestação for em dinheiro.

3.5.3.2. Cabimento

a) Se o credor não puder, ou, sem justa causa, recusar receber o pagamento, ou dar quitação na devida forma;

b) se o credor não for, nem mandar receber a coisa no lugar, tempo e condição devidos;

c) se o credor for incapaz de receber, for desconhecido, declarado ausente, ou residir em lugar incerto ou de acesso perigoso ou difícil;

d) se ocorrer dúvidas sobre quem deva legitimamente receber o objeto do pagamento;

e) se pender litígio sobre o objeto do pagamento.

3.5.4. Pagamento com sub-rogação

3.5.4.1. Conceito

É a operação pela qual a dívida se transfere a terceiro que a pagou, com todos os seus acessórios. Tem-se aqui uma sub-rogação subjetiva, uma vez que há troca de devedor. Extingue-se a obrigação com relação ao credor original. Por outro lado, transferem-se ao novo credor todos os direitos, ações, privilégios e garantias do primitivo em relação à dívida.

3.5.4.2. Espécies

a) Legal ou automática: *é a que opera de pleno direito,* em favor:

a1) do credor que paga a dívida do devedor comum; aqui temos um devedor com dois credores, sendo que um desses paga o outro para evitar o fim do patrimônio do devedor, por exemplo;

a2) do adquirente do imóvel hipotecado, que paga o credor hipotecário, bem como do terceiro que efetiva o pagamento para não ser privado de direito sobre o imóvel;

a3) do terceiro interessado, que paga a dívida pela qual era ou podia ser obrigado, no todo ou em parte;

b) convencional: *é a que decorre da vontade das partes* e que se verifica nos seguintes casos:

b1) quando o credor recebe o pagamento de terceiro e expressamente lhe transfere todos os seus direitos;

b2) quando terceira pessoa empresta ao devedor a quantia precisa para solver a dívida, sob a condição de ficar o mutuante sub-rogado nos direitos do credor satisfeito. Ex.: contratos de mútuo pelo Sistema Financeiro da Habitação.

3.5.5. Imputação do pagamento

3.5.5.1. Conceito

É a indicação ou determinação da dívida a ser quitada quando uma pessoa obrigada por dois ou mais débitos da mesma natureza e com o mesmo credor só pode pagar parte deles.

3.5.5.2. Regra geral

Cabe ao devedor indicar, no ato do pagamento, qual dívida deseja saldar.

3.5.5.3. Ausência de indicação pelo devedor

Nesse caso, o credor fará a indicação por meio da quitação. Se a indicação não for feita, dar-se-á a imputação legal:

a) o pagamento será imputado primeiro nos juros vencidos e depois no capital;

b) o pagamento será imputado primeiro nas dívidas vencidas há mais tempo;

c) se todas forem vencidas no mesmo tempo, imputa-se na mais onerosa;

d) se todas forem iguais, imputa-se proporcionalmente.

Por fim, é importante trazer à colação a orientação fixada pela Súmula nº 464 do STJ: "a regra de imputação de pagamentos estabelecida no art. 354 do Código Civil não se aplica às hipóteses de compensação tributária".

3.5.6. Dação em pagamento

3.5.6.1. Conceito

É o acordo de vontades por meio do qual o credor aceita receber prestação diversa da que lhe é devida. Por exemplo, uma pessoa devia R$ 1.000,00 e combina com o credor que pagará com a entrega de uma bicicleta. Trata-se de contrato real, pois só se aperfeiçoa com a tradição. Se for determinado o preço da coisa dada em pagamento, as relações entre as partes regular-se-ão pelas normas do contrato de compra e venda.

3.5.6.2. Efeitos

Extingue a obrigação original. Todavia, se houver evicção, ficará restabelecida a prestação primitiva, ficando sem efeito a quitação dada.

3.5.7. Novação

3.5.7.1. Conceito

É a criação de obrigação nova para extinguir a anterior. Trata-se, ao mesmo tempo, de causa extintiva e geradora de obrigações. Decorre da vontade dos interessados, não da lei.

3.5.7.2. Requisitos de validade

a) Existência de obrigação anterior: assim, não podem ser objeto de novação obrigações nulas ou extintas;

b) constituição de nova dívida: há de ser algo efetivamente novo e válido;

c) intenção de novar ou *animus novandi*: a novação não se presume; assim, é indispensável a aceitação expressa do credor em relação à nova dívida.

3.5.7.3. Espécies

a) objetiva ou real: quando houver modificação no próprio objeto da obrigação. Por exemplo, substitui-se obrigação em dinheiro para obrigação de não fazer;

b) subjetiva ou pessoal: quando houver substituição de um dos sujeitos da obrigação anterior; não se confunde com a cessão de crédito e a assunção de dívida, pois na novação o vínculo é extinto. Pode ser:

b1) ativa: quando houver substituição do credor, formando-se nova dívida entre devedor e terceiro;

b2) passiva: quando houver substituição do devedor. Será chamada novação por expromissão quando o devedor é substituído sem o seu consentimento; se for por ordem do devedor, chama-se delegação, sendo necessária a anuência do credor;

c) mista ou subjetiva-objetiva: quando, ao mesmo tempo, houver substituição do objeto e de algum dos sujeitos da obrigação anterior.

3.5.8. *Compensação*

3.5.8.1. *Conceito*

É a extinção das obrigações entre duas pessoas que são, ao mesmo tempo, credora e devedora uma da outra. As obrigações ficam extintas até onde se compensarem. Por exemplo, se "A" deve R$ 1.000,00 a "B" e este, R$ 800 a "A", pela compensação, a segunda obrigação fica extinta, remanescendo uma dívida de R$ 200 de "A" para "B".

3.5.8.2. *Espécies*

a) Legal: é a que decorre da lei, automaticamente. Nesse caso, o devedor poderá alegar a compensação na contestação (exceção de compensação) ou em embargos do devedor. Por se tratar de questão dispositiva, o juiz não pode pronunciá-la de ofício, salvo em relação a honorários advocatícios fixados na própria sentença;

b) convencional: é a que decorre da vontade das partes.

3.5.8.3. *Requisitos da compensação legal*

a) Reciprocidade das obrigações; a exceção é a situação do fiador, que poderá opor compensação de crédito do devedor para com o credor;

b) prestações líquidas e vencidas; dívida prescrita não pode ser oposta, pois, de acordo com o art. 190 do CC, a exceção prescreve no mesmo prazo que a pretensão;

c) coisas fungíveis; ou seja, as coisas a serem compensadas devem ser do mesmo gênero e qualidade.

3.5.8.4. *Impedimentos à compensação*

Tanto a vontade (impedimento convencional) como a lei (impedimento legal) podem estabelecer restrições à compensação. São casos de impedimento legal:

a) se uma das dívidas provier de furto, roubo ou esbulho;

b) se uma das dívidas se originar de comodato, depósito ou alimentos;

c) se uma das dívidas for de coisa não suscetível de penhora;

d) se a compensação se der em prejuízo de terceiros.

Em relação a débitos fiscais, a legislação especial é que trata do tema.

3.5.9. *Confusão*

Confusão é a extinção da obrigação pela reunião, em uma única pessoa, das qualidades de credora e devedora na relação jurídica. A confusão pode ser total ou parcial. O processo será extinto, sem julgamento de mérito. Um exemplo é um herdeiro que recebe de herança um crédito contra si mesmo.

3.5.10. *Remissão das dívidas*

Consiste na exoneração da dívida do devedor, por liberalidade do credor. A lei exige concordância do devedor. Assim, trata-se de negócio jurídico bilateral. A remissão não pode prejudicar terceiros. Se isso ocorrer, pode ser configurada a fraude contra credores. A remissão pode ser expressa, tácita (ex.: quitação total após pagamento parcial) ou presumida (ex.: devolução voluntária do título).

3.6. Inadimplemento das obrigações

3.6.1. *Introdução*

Nem sempre a obrigação é cumprida como estipulado entre o credor e o devedor. Nesses casos, fala-se em inadimplemento, que pode ser absoluto (ou definitivo) ou relativo (ou mora). Aliás, o descumprimento de deveres acessórios, anexos e instrumentais (decorrentes do princípio da boa-fé objetiva) também podem configurar o inadimplemento.

O **inadimplemento absoluto** *ocorre na hipótese do credor estar impossibilitado de receber a prestação devida, seja porque é impossível o cumprimento, seja porque a prestação já não lhe é útil.* Será total quando a prestação por inteiro não puder ser cumprida e parcial se apenas uma parte da prestação não puder ser cumprida. O critério para distinguir o inadimplemento absoluto da mora não é só a impossibilidade da prestação. Também ocorre o primeiro quando a prestação já não for útil ao credor. Assim, se o vestido de uma noiva chega após o casamento, não se tem simples mora, mas inadimplemento absoluto. O descumprimento de obrigação de não fazer acarreta, sempre, inadimplemento absoluto, uma vez que não há mais como cumprir o que foi combinado.

O **inadimplemento relativo** *ocorre na hipótese em que ainda for possível e útil a realização da prestação, apesar da inobservância do tempo, do lugar e da forma devidos.* No exemplo anterior, caso o vestido de noiva devesse ser entregue vinte dias antes do casamento, mas isso só ocorrer dez dias antes do evento, estar-se-á diante de mora, não de inadimplemento absoluto. A distinção entre a primeira e o segundo é importante, pois esse enseja cobrança de perdas e danos, sem direito à prestação, ao passo que aquela enseja cobrança de perdas e danos, bem como da própria prestação.

O **inadimplemento culposo** (absoluto ou relativo) faz com que o devedor tenha de responder por perdas e danos, juros, atualização monetária e honorários de advogado (caso tenha sido contratado um). É importante consignar que, na responsabilidade civil contratual ou negocial, a culpa é presumida. Assim, se alguém deixar de cumprir uma obrigação contratual, presume-se que agiu com culpa. Basta o credor fazer a prova do inadimplemento, não sendo necessário que prove algum fato imputável ao devedor. Esse só fica exonerado da responsabilidade se demonstrar alguma excludente, como o caso fortuito ou de força maior ou a culpa exclusiva de terceiro. Já na responsabilidade civil extracontratual subjetiva (culposa), o credor é que tem o ônus da prova da culpa do causador do dano. Nos contratos benéficos ou gratuitos, aquele que pratica a liberalidade só responde se agir com dolo. Assim, na doação pura e simples, o doador só responde pela impossibilidade de entrega da coisa doada caso tenha agido com dolo (ex.: se tiver destruído a coisa).

O **inadimplemento fortuito** não gera, em princípio, obrigação de indenizar. Segundo o art. 393 do CC, o devedor não responde pelos prejuízos resultantes do caso fortuito ou força maior, salvo se expressamente houver por eles se responsabilizado. Assim, só haverá responsabilidade no fortuito se o devedor assumir essa obrigação.

Dívida x responsabilidade: não se deve confundir as duas. A primeira é o elemento pessoal (*Schuld*), ao passo que a segunda, o patrimonial (*Haftung*). Um devedor, enquanto estiver em dia, tem uma dívida. Quando incorrer em inadimplência, passa a ter uma responsabilidade, ou seja, todos os seus bens passam a ser a garantia do pagamento da dívida, salvo bens impenhoráveis. O Direito coloca à disposição do credor meios para que este consiga satisfazer de modo específico seu crédito. Não sendo possível isso, a obrigação converte-se em perdas e danos, ficando o patrimônio do devedor sujeito a esse pagamento.

3.6.2. Mora

3.6.2.1. Conceito

Quanto ao devedor, consiste no não pagamento, e quanto ao credor, na não aceitação do pagamento no tempo, lugar e forma devidos. É importante ressaltar que a diferença entre mora e inadimplemento absoluto é que, na primeira, a obrigação ainda pode ser cumprida.

3.6.2.2. Mora do devedor (mora solvendi ou debitoris)

3.6.2.2.1. Espécies

a) Mora *ex re* (ou de pleno direito): *é aquela em que o fato que a ocasiona está previsto objetivamente na lei.* Assim, a mora é automática. Basta que ocorra o fato para que se configure a mora. Ex.: quando a obrigação tem data de vencimento. O CC estabelece que "o inadimplemento da obrigação, positiva e líquida, no seu termo, constitui de pleno direito em mora o devedor" (art. 397 do CC). Trata-se das chamadas obrigações impuras, em que se aplica a regra do *dies interpellat pro homine.* Outra regra de mora automática é a seguinte: "nas obrigações provenientes de ato ilícito, considera-se o devedor em mora, desde que o praticou" (art. 398 do CC);

b) mora *ex persona* (ou por ato da parte): *é aquela que depende de providência por parte do credor para que se caracterize.* Por exemplo, a que depende de interpelação judicial ou extrajudicial, protesto ou mesmo citação do devedor. Aliás, caso ainda não esteja configurada a mora num dado caso, a citação válida terá sempre esse efeito segundo o art. 219 do CPC. O CC estabelece que "não havendo termo, a mora se constitui mediante interpelação judicial ou extrajudicial" (art. 397, parágrafo único). Trata-se das chamadas obrigações perfeitas, em que, por não haver vencimento, a mora depende de notificação. Mas há casos em que, mesmo havendo termo (vencimento) estabelecido, a lei determina que a mora só se configurará após notificação extrajudicial ou judicial. É o caso dos compromissos de compra de venda e da alienação fiduciária em garantia.

3.6.2.2.2. Pressupostos

a) Exigibilidade da prestação; ou seja, termo vencido ou condição suspensiva implementada;

b) inexecução culposa; assim, se o devedor conseguir provar que a inexecução ocorreu por caso fortuito ou força maior, fica excluída a mora;

c) viabilidade do cumprimento tardio; ou seja, não se estará diante de mora se a inexecução da obrigação tornar inútil ao credor seu cumprimento posterior; nesse caso tem-se inadimplemento absoluto.

Vale observar que a "simples propositura da ação de revisão de contrato não inibe a caracterização da mora do autor" (Súmula nº 380 do STJ).

3.6.2.2.3. Efeitos

Caracterizada a mora, o credor tem duas opções:

a) exigir o cumprimento da obrigação, mais o pagamento de todos os prejuízos que a mora causar, incluindo perdas e danos, juros, atualização monetária e honorários de advogado;

b) enjeitar a prestação, exigindo a satisfação de todas as perdas e danos, caso a prestação, devido à mora, tornar-se inútil aos seus interesses.

Obs.: estando o devedor em mora, esse responderá, inclusive, pela impossibilidade da prestação. Trata-se do efeito que a doutrina chama de perpetuação da obrigação (*perpetuatio obligationis*). O devedor responde mesmo que a impossibilidade decorra de caso fortuito ou de força maior. Só não responderá se provar que o dano teria ocorrido mesmo que tivesse cumprido a prestação a termo (*exceção de dano inevitável*).

3.6.2.3. Mora do credor (mora accipiendi ou credendi)

3.6.2.3.1. Pressupostos

a) Vencimento da obrigação; o credor não é obrigado a receber antes do tempo; todavia, se o vencimento já tiver ocorrido e o credor não quiser receber, estará configurada sua mora, independentemente de culpa do credor; se não houver vencimento, o devedor deverá notificar para constituição em mora;

b) efetiva oferta da prestação pelo devedor ao credor;

c) recusa injustificada em receber; assim, não se configura a mora se o credor tem justo motivo para não aceitar o pagamento, como no caso de haver diferença entre o que deveria ser cumprido e o que é oferecido.

Obs.: o ônus da prova da mora do credor é do devedor. É por isso que o devedor deve propor ação de consignação em pagamento, exonerando-se da obrigação e evitando a incidência de penalidades e indenizações.

3.6.2.4. Purgação da mora

É a atitude voluntária da parte que tem por finalidade sanar o cumprimento defeituoso da obrigação pelo seu efetivo adimplemento. O devedor em mora deve oferecer a prestação mais a importância dos prejuízos decorrentes do dia da oferta. O credor em mora deve oferecer o recebimento, sujeitando-se aos efeitos da mora até a mesma data.

3.6.3. Perdas e danos. Características

a) Incidem quando há inadimplemento obrigacional;

b) dependem da existência de dano;

c) incluem os *danos emergentes* (o que efetivamente se perdeu) e os *lucros cessantes* (o que razoavelmente se deixou de lucrar);

d) incluem os danos materiais (ou patrimoniais) e os danos morais (ou de natureza extrapatrimonial);

e) só incluem os prejuízos efetivos e os lucros cessantes por efeito direto e imediato (nexo de causalidade entre os danos sofridos pelo credor e o inadimplemento do devedor);

f) quando se trata de dívida em dinheiro, as perdas e danos incluem os *danos emergentes* (a própria prestação + atualização monetária + custas e honorários de advogado) e os *lucros cessantes* (juros de mora); o juiz pode conceder *indenização suplementar*, quando for provado que os juros de mora não cobrem o prejuízo e não houver pena convencional;

g) os juros de mora são contados desde a citação; isso não ocorre nas indenizações por ato ilícito e nos casos de mora *ex re*.

3.6.4. Juros legais

A lei usa a expressão juros legais no capítulo que trata dos juros moratórios. Como se sabe, juros moratórios são aqueles que têm caráter indenizatório pelo retardamento no cumprimento da obrigação. Esses juros também têm caráter punitivo. Não se deve confundir os juros moratórios com os juros remuneratórios (ou compensatórios). Esses são devidos como forma de remunerar o capital emprestado (ex.: taxa de juros do cheque especial). A lei estabelece as seguintes regras para os juros moratórios:

a) as partes podem convencionar os juros moratórios no percentual de até 12% ao ano;

b) se as partes não convencionarem os juros moratórios, estes serão fixados "segundo a taxa que estiver em vigor para a mora do pagamento de impostos devidos à Fazenda Nacional", ou seja, segundo a taxa Selic; o STJ vem entendendo que se aplica a taxa Selic, não incidindo, cumulativamente, correção monetária, uma vez que ela já embute essa correção (EResp 727.842/SP, DJ 20/11/08);

c) ainda que não se alegue prejuízo, o devedor é obrigado ao pagamento de juros moratórios, inclusive quando não se deve dinheiro, fixando-se, nesse caso, valor pecuniário para o cálculo dos juros devidos.

3.6.5. Cláusula penal

3.6.5.1. Conceito

É a obrigação acessória que incide caso uma das partes deixe de cumprir a obrigação principal. Por exemplo, fixa-se o pagamento de uma multa de 10% caso o aluguel não seja pago em dia. Decorre de convenção entre as partes. Essa cláusula pode ser estipulada tanto para a mora como para o inadimplemento absoluto.

3.6.5.2. Finalidades

a) meio de coerção: trata-se incentivo ao fiel cumprimento da obrigação;

b) prefixação de perdas e danos: ou seja, independentemente de provar a existência de danos, o credor pode exigi-la do devedor em caso de não cumprimento da obrigação.

3.6.5.3. Indenização suplementar

Como regra, a cláusula penal é *substitutiva* (ou *disjuntiva*), ou seja, o credor não poderá pedir indenização suplementar. Todavia, caso haja previsão de que a cláusula penal é apenas uma indenização mínima, o credor poderá pedir a complementação, hipótese em que teremos a *clausula penal cumulativa*.

Amenizando um pouco a regra, o Enunciado nº 430 das Jornadas de Direito Civil entende que, em se tratando de contrato de adesão, não há necessidade de convenção prevendo a possibilidade de indenização suplementar caso o valor do dano supere o valor da cláusula penal. Nesse sentido, confira: "art. 416, parágrafo único: no contrato de adesão, o prejuízo comprovado do aderente que exceder ao previsto na cláusula penal compensatória poderá ser exigido pelo credor independentemente de convenção".

3.6.5.4. Espécies

a) compensatória: *é a estipulada para a hipótese de total inadimplemento da obrigação*; nesse caso, o credor só poderá exigir a multa, uma vez que a prestação já não pode mais ser cumprida;

b) moratória ou compulsória: *é a estipulada para evitar o retardamento culposo no cumprimento da obrigação ou para dar segurança especial a uma cláusula determinada*; nesse caso, o credor poderá exigir a prestação e a multa.

3.6.5.5. Limites da cláusula penal

a) valor: a multa não pode exceder o valor da obrigação principal, ou seja, seu valor máximo é de 100%. Já no CDC, a multa é de até 2% sobre o valor da prestação no fornecimento de crédito; a Lei de Usura limita a multa em 10% para os contratos de mútuo; a legislação que regula compromissos de compra e venda de imóveis também a limita em 10%; em relação às despesas de condomínio, a taxa máxima é de 2%;

b) redução equitativa: se a obrigação principal tiver sido cumprida em parte, ou se o montante da penalidade for manifestamente excessivo, a penalidade deve ser reduzida equitativamente pelo juiz.

3.6.6. Arras ou sinal

3.6.6.1. Conceito

É o bem entregue por um dos contratantes a outro como confirmação do contrato e princípio de pagamento. Trata-se de pacto acessório e contrato real (só se aperfeiçoa com a entrega do dinheiro ou da coisa).

3.6.6.2. Espécies

a) confirmatórias: *são as utilizadas para confirmar o negócio.* Se quem pagar as arras desistir do contrato, ficará sem elas em favor da outra parte. Já se quem recebeu as arras desistir do contrato, deverá devolvê-las em dobro, com atualização monetária, juros e honorários de advogado. As arras confirmatórias servem de prefixação das perdas e danos. Se os prejuízos superarem seu valor, pode-se pedir indenização suplementar;

b) penitenciais: *são as utilizadas para a prefixação das perdas e danos, no caso de qualquer das partes desistir do contrato.* A regra é igual à das arras confirmatórias. A diferença é que aqui não cabe pedido de indenização suplementar.

4. DIREITO DOS CONTRATOS

4.1. Conceito, existência, validade, eficácia, formação, estipulação em favor de terceiro e promessa por fato de terceiro e contrato com pessoa a declarar

4.1.1. Conceito de contrato

Contrato *é o acordo de vontades para o fim de adquirir, resguardar, modificar ou extinguir direitos*, conforme lição de Clóvis Bevilaqua. Trata-se de uma das fontes humanas geradoras de obrigações. As outras são: a) as declarações unilaterais da vontade; b) os atos ilícitos. Esse conceito abrange tanto os contratos principais como os acessórios. O Direito Romano distinguia *contrato* de *convenção*. Essa era o gênero, que tinha como espécies o *contrato* e o *pacto* (hoje chamado contrato acessório).

4.1.2. Existência, validade e eficácia

O negócio jurídico pode ser avaliado em três planos: da existência, da validade e da eficácia.

O **plano da existência** analisa os requisitos necessários para a *formação* do contrato. Não preenchidos quaisquer dos elementos de existência do contrato, o acontecimento sequer tem repercussão na esfera jurídica. Por exemplo, se uma pessoa não autoriza outra a prestar um serviço de manutenção de seu carro, o contrato respectivo não se formou, não existe na esfera jurídica.

O **plano da validade** analisa os requisitos necessários para que o contrato *não sofra as sanções* de nulidade ou de anulabilidade, sanções essas que podem impedir que o contrato produza efeitos.

O **plano da eficácia** analisa os momentos em que o contrato regular *inicia e termina a produção de seus efeitos.*

4.1.2.1. Elementos de existência do contrato

4.1.2.1.1. Exteriorização de vontade

Consiste na manifestação de vontade expressa ou tácita. A manifestação expressa *é aquela exteriorizada de modo inequívoco.* Pode ser verbal, escrita ou gestual. A manifestação tácita *é aquela que decorre de um comportamento.* Por exemplo, uma pessoa recebe uma proposta para ganhar um bem em doação e, sem nada dizer, recolhe o imposto de transmissão de bens, aceitando tacitamente a doação.

4.1.2.1.2. Acordo de vontades (consentimento)

Consiste na coincidência de vontades no sentido da formação do contrato. Assim, para existir um contrato, não basta a exteriorização de uma vontade. São necessárias duas vontades coincidentes. Não se admite, portanto, a existência do autocontrato ou contrato consigo mesmo. O que pode haver é que um mandatário celebre contrato figurando, de um lado, em nome do mandante e, de outro, em nome próprio. Por exemplo, "A" celebra um contrato com "B", sendo que "A" recebeu uma procuração de "B" para atuar em nome desse. Não é sempre que o Direito autoriza uma situação dessas. O art. 117 do CC, inclusive, dispõe que, "salvo se o permitir a lei ou o representado, é anulável o negócio jurídico que o representante, no seu interesse ou por conta de outrem, celebrar consigo mesmo".

4.1.2.1.3. Finalidade negocial

Consiste na vontade de regulamentar uma dada relação jurídica, o que difere da simples intenção manifestada por uma determinada vontade. Assim, quem celebra um contrato de compra e venda busca regulamentar uma dada relação jurídica, celebrando um *negócio jurídico*. Já aquele que muda de domicílio manifesta apenas uma intenção, sem buscar a regulamentação de uma relação jurídica em especial.

4.1.2.1.4. Apreciação pecuniária

Consiste na existência de um elemento econômico no acordo de vontades. A patrimonialidade é considerada, pela doutrina, como ínsita a todo e qualquer tipo de contrato, ainda que existente apenas no caso de descumprimento do dever principal.

4.1.2.1.5. Elementos especiais

Há determinados contratos que exigem, para sua formação, a presença de outros elementos. É o caso dos contratos reais, que exigem, para a sua existência, a entrega da coisa. Por exemplo, o mútuo (empréstimo de coisa fungível) só passa a existir quando há tradição.

4.1.2.2. Pressupostos de validade do contrato

4.1.2.2.1. Vontade livre

Consiste na vontade externada sem vícios. O pressuposto não é preenchido, por exemplo, se a vontade resulta de erro, dolo ou coação, situações em que o contrato será considerado anulável (art. 171, II, CC).

4.1.2.2.2. Capacidade das partes

Consiste na aptidão genérica para, pessoalmente, praticar os atos da vida civil. O incapaz, para que seja parte de um contrato válido, deve ser assistido (se relativamente incapaz) ou representado (se absolutamente incapaz), sob pena de o ato ser anulável (art. 171, I, do CC) ou nulo (art. 166, I, do CC), respectivamente.

4.1.2.2.3. Legitimação das partes

Consiste na aptidão específica para a prática de certos atos da vida civil. O cônjuge que aliena bem imóvel sem a anuência de seu consorte, salvo no regime de separação absoluta, não tem legitimação. O ato por ele praticado é considerado anulável (art. 1.647, I, c/c art. 1.649, do CC).

4.1.2.2.4. Obediência à forma, quando prescrita em lei

Trata-se de requisito que só incidirá se houver forma imposta por lei. Se a lei civil nada dispuser sobre a forma, essa será de livre escolha das partes. Normalmente, um contrato de compra e venda de móvel não requer forma especial; já um contrato de compra e venda de imóvel sempre requer forma especial, no caso a forma escrita. Aliás, se o imóvel for de valor superior a 30 salários mínimos, a forma é ainda mais especial, uma vez que é exigida escritura pública. A desobediência à forma torna o contrato nulo (art. 166, IV, do CC), salvo se se tratar de forma estabelecida em lei apenas para efeito probatório.

4.1.2.2.5. Objeto lícito, possível e determinável

Tanto o objeto *imediato*, ou seja, a obrigação de dar, fazer ou não fazer, como o objeto *mediato* da obrigação, isto é, o bem econômico sobre o qual ele recai (coisa ou serviço), devem respeitar tais imposições. **Objeto lícito** *é aquele que não atenta contra a ordem jurídica como um todo.* Um exemplo de contrato com objeto ilícito é o contrato de sociedade para a exploração de prostituição. **Objeto possível juridicamente** *é aquele que não está proibido expressamente pela lei.* Um exemplo de contrato impossível juridicamente é o que trata de herança de pessoa viva (art. 426 do CC). **Objeto determinável** *é aquele indicado* *ao menos pelo gênero e pela quantidade.* O contrato com objeto ilícito, impossível ou indeterminável é considerado nulo (art. 166, II, do CC).

4.1.2.2.6. Inexistência de configuração de outras hipóteses legais de ato anulável ou nulo

Além dos casos mencionados, a lei estabelece outras hipóteses que geram invalidade. São exemplos de ato anulável os casos de **fraude contra credores** (arts. 158 e ss. do CC) e de ato nulo os **contratos que tiverem como objetivo fraudar lei imperativa** (ex.: contratos que violarem o princípio da função social) e os que **a lei taxativamente declarar nulo, ou proibir a sua prática, sem cominar sanção** (art. 166, VI e VII, do CC).

4.1.2.3. Pressupostos de eficácia do contrato

4.1.2.3.1. Inexistência de termo suspensivo pendente

Termo suspensivo *é o evento futuro e certo que condiciona o início dos efeitos do contrato.* Por exemplo, um contrato de locação que traz uma cláusula estabelecendo que o locatário só poderá adentrar ao imóvel após dez dias de sua celebração.

4.1.2.3.2. Inexistência de condição suspensiva pendente

Condição suspensiva *é o evento futuro e incerto que condiciona o início dos efeitos do contrato.* Por exemplo, um contrato de doação que prevê que o donatário só será proprietário da coisa se vier a se casar com determinada pessoa.

4.1.3. Formação dos contratos

4.1.3.1. Introdução

Antes de se formar, o contrato passa por uma fase, a fase pré-contratual, que também é chamada de fase de puntuação, de tratativas ou de negociações preliminares. Em seguida, as partes podem fazer um contrato preliminar (que é aquele que acerta a celebração de um contrato futuro), podem fazer um contrato definitivo ou podem não fazer contrato algum.

Portanto, há de se separar bem três situações: a) fase de negociações preliminares à formação do contrato; b) contrato preliminar; c) contrato definitivo.

A fase de negociações preliminares não gera, como regra, obrigações entre aqueles que negociam. Todavia, a doutrina e a jurisprudência evoluíram no sentido de dar mais responsabilidade aos envolvidos nessa fase. Com base no princípio da boa-fé, vem se entendendo que, se na fase das negociações preliminares forem criadas fortes expectativas em um dos negociantes, gerando inclusive despesas de sua parte, o outro negociante deverá responder segundo a chamada responsabilidade pré-contratual, instituto jurídico que se aplica apenas à fase de negociações preliminares, daí o nome "pré-contratual". Nesse sentido, vale transcrever trecho da obra de Maria Helena Diniz sobre o assunto: "todavia, é preciso deixar bem claro que, apesar de faltar obrigatoriedade aos entendimentos preliminares, pode surgir, excepcionalmente, a responsabilidade civil para os que deles participam, não no campo da culpa contratual, mas no da aquiliana. Portanto, apenas na hipótese de um dos participantes criar no outro a expectativa de que o negócio será celebrado, levando-o a despesas, a não contratar com terceiro ou a alterar planos de sua atividade imediata, e depois desistir, injustificada e arbitrariamente, causando-lhe sérios prejuízos, terá, por isso, a obrigação de ressarcir todos os danos. Na verdade, há uma responsabilidade pré-contratual, que dá certa relevância jurídica aos acordos preparatórios, fundada não só no princípio de que os interessados deverão comportar-se de boa-fé, prestando informações claras e adequadas sobre as condições do negócio (...), mas também nos arts. 186 e 927 do Código Civil, que dispõem que todo aquele que, por ação ou omissão, dolosa ou culposa, causar prejuízo a outrem fica obrigado a reparar o dano" (**Curso de Direito Civil Brasileiro**, vol. 3. 26. ed., São Paulo: Saraiva. p. 42, 2010).

Nada obstante, entre a fase de tratativas e a celebração do contrato em si, há atos com consequência jurídica relevante. Tais atos são a "oferta" e a "aceitação", essenciais à formação do contrato.

4.1.3.2. Oferta, proposta ou policitação

A oferta pode ser **conceituada** como *a declaração de vontade pela qual o proponente (policitante) leva ao conhecimento do oblato os termos para a conclusão de um contrato.*

Para que vincule, a oferta deve ter os seguintes **requisitos**:

a) seriedade: não pode ser brincadeira;

b) clareza: não pode ser ambígua;

c) completude: deve indicar todos os aspectos essenciais do contrato (preço e coisa);

d) com destinatário: deve ser dirigida a alguém ou ao público.

O **efeito** da oferta é *obrigar* o proponente aos seus termos, **salvo se**:

a) o contrário dela resultar;

b) a natureza ou as circunstâncias levarem a outra conclusão;

c) seus termos evidenciarem a falta de obrigatoriedade.

Ademais, a oferta **deixa de ser obrigatória** nos seguintes casos (art. 428 do CC):

a) *se feita sem prazo à pessoa presente, não for imediatamente aceita*; considera-se presente a pessoa que contrata por telefone ou outro meio semelhante; cuidado, pois, no CDC, o orçamento, caso não estipule prazo de validade, terá prazo de 10 dias;

b) *se feita sem prazo a pessoa ausente, tiver decorrido tempo suficiente para chegar a resposta ao conhecimento da outra parte (prazo moral)*; é exemplo de ausência a oferta feita por e-mail ou correspondência;

c) *se feita com prazo a pessoa ausente, não tiver sido expedida a resposta no tempo estipulado*;

d) *se houver retratação anterior ou simultânea à chegada da proposta ao conhecimento da outra parte.*

4.1.3.3. Aceitação

A aceitação pode ser **conceituada** como *a adesão integral do oblato à proposta formulada.*

Para que a aceitação leve à formação do contrato são necessários os seguintes **requisitos** (arts. 431 e 432 do CC):

a) deve ser expedida no prazo;

b) não deve conter adições, restrições ou modificações;

c) deve ser expressa.

A aceitação **tácita** só se admite se há costume entre as partes (art. 111 do CC) ou nos casos legais (ex.: silêncio do donatário em face de doação oferecida por alguém – art. 539 do CC).

Uma vez que a aceitação foi feita cumprindo os requisitos legais, seu **efeito** jurídico será a criação do vínculo contratual.

No entanto, o vínculo não será criado nos seguintes casos:

a) se houver retratação (art. 433 do CC); nesse caso, a retratação deve chegar ao conhecimento do proponente junto ou antes da aceitação;

b) se, embora expedida a tempo, por motivo imprevisto, a aceitação chegar tarde ao conhecimento do proponente (ex.: por problema nos correios), conforme art. 430 do CC; nesse caso, o proponente ficará liberado, mas deverá comunicar imediatamente o fato ao aceitante, sob pena de responder por perdas e danos.

4.1.3.4. Teorias sobre o momento da conclusão dos contratos entre ausentes

De acordo com o **sistema da informação (ou cognição)**, o contrato se forma no momento em que o policitante toma conhecimento da aceitação pelo oblato. O problema é que nunca se sabe exatamente quando isso ocorre.

Já o sistema da **agnição (declaração)** contempla as seguintes **espécies**:

a) declaração propriamente dita: o contrato se forma assim que se faz a declaração de aceitação, ou seja, assim que o oblato escreve a resposta com a aceitação; o problema é que essa resposta pode ser rasgada logo em seguida;

b) recepção: o contrato se forma no momento em que o proponente recebe a declaração de aceitação; também é complicada essa espécie, pois não há como o aceitante ter certeza do momento em que o proponente recebe a declaração de aceitação;

c) expedição: o contrato se forma no momento em que a declaração de aceitação é expedida; essa espécie é mais aceita, pois traz um dado mais objetivo; ademais, está prevista expressamente no *caput* do art. 434 do CC.

Porém, os contratos não se formarão no seguintes casos (art. 434 do CC):

a) se houver retratação da aceitação;

b) se for estipulado prazo para chegar à aceitação e essa não chegar;

c) se for estipulado que o proponente deseja esperar a resposta (recepção).

Quanto ao contrato eletrônico, não há previsão expressa a respeito no Código Civil. Porém, a doutrina aponta que ele se forma com a recepção (Enunciado JDC/CJF nº 173).

4.2. Princípios dos contratos

4.2.1. Princípio da autonomia da vontade

É aquele que assegura a liberdade de contratar, consistente na escolha entre celebrar ou não um contrato e na faculdade de escolher com quem, o que e como contratar.

4.2.2. Princípio da força obrigatória (obrigatoriedade, intangibilidade)

É aquele pelo qual o contrato faz lei entre as partes. Esse princípio decorre do anterior e estabelece a ideia de *pacta sunt servanda.* Em virtude dele, as partes são obrigadas a cumprir o combinado e não podem modificar unilateralmente o contrato.

4.2.3. Princípio da relatividade

É aquele pelo qual os efeitos dos contratos só são produzidos entre as partes. Decorre do princípio da autonomia da vontade.

4.2.4. Princípio da função social dos contratos

Aquele que só legitima e protege contratos que objetivam trocas úteis, justas e não prejudiciais ao interesse coletivo. Tal princípio é inspirado na diretriz de sociabilidade do atual Código Civil, que, traduzida para o plano contratual, impõe que o ele seja instrumento de adequado convívio social.

Consequências do princípios:

a) Os contratos devem ser **úteis**, ou seja, devem ser de interesse das partes. Assim, não é útil o contrato que estabelece a venda casada, em que um comerciante, por exemplo, é obrigado a adquirir cervejas e refrigerantes, quando seu interesse é apenas adquirir refrigerantes;

b) os contratos devem ser **justos**, ou seja, devem ser equilibrados. O contrato deve ser meio de negociação sadia de interesses e não meio de opressão. As cláusulas não podem ser abusivas, leoninas. Esse princípio impõe respeito à solidariedade, à justiça social e à dignidade da pessoa humana. Assim, não é justo o contrato que estabelece prestações exageradas ou desproporcionais, como, por exemplo, o contrato que estabelece que um contratante fica exonerado de qualquer responsabilidade pelo serviço prestado ou que estabelece que o comprador deve renunciar à indenização por benfeitorias necessárias que fizer no imóvel que tiver de ser devolvido;

c) os contratos devem **respeitar o interesse coletivo**, ou seja, não podem prejudicar os interesses difusos e coletivos, tais como o direito ao meio ambiente ecologicamente equilibrado. O próprio art. 170 da CF dispõe que um dos princípios da ordem econômica é a defesa do meio ambiente. A ideia central aqui é a promoção de um *desenvolvimento sustentável.*

O juiz, diante dessa cláusula geral, deverá se valer das *regras de experiência* e das *conexões sistemáticas*, ou seja, da utilização de regras previstas em outros diplomas legislativos que estabeleçam valores concernentes ao equilíbrio contratual. O juiz usará o princípio para interpretar o contrato, corrigir ou contrato e até declarar nulas uma cláusula contratual ou todo o contrato se, depois de todo esforço interpretativo, não puder mantê-lo.

4.2.5. Princípio da boa-fé objetiva

Aquele que impõe aos contratantes guardar em todas as fases que envolvem o contrato o respeito à lealdade.

Consequências:

a) Os contratantes devem ser **leais**, ou seja, devem agir com honestidade, retidão, respeito, cuidado e probidade;

b) deve-se analisar a conduta dos contratantes segundo os parâmetros da **boa-fé objetiva**, ou seja, o que se entende como atitude de boa-fé na sociedade. Trata-se da concepção ética de boa-fé e não da concepção individual, subjetiva, de boa-fé. Assim, não se verifica o que pensa um dos contratantes sobre o que é agir de boa-fé. Verifica-se o que pensa a sociedade sobre isso. O juiz, diante dessa cláusula geral, também deverá se valer das *regras de experiência* e das *conexões sistemáticas*, ou seja, da utilização de regras previstas em outros diplomas legislativos que estabeleçam valores concernentes à boa-fé.

Exemplo de aplicação prática do princípio é o trazido no Enunciado 432 das Jornadas de Direito Civil, *in verbis*: "art. 422: Em contratos de financiamento bancário, são abusivas cláusulas contratuais de repasse de custos administrativos (como análise do crédito, abertura de cadastro, emissão de fichas de compensação bancária etc.), seja por estarem intrinsecamente vinculadas ao exercício da atividade econômica, seja por violarem o princípio da boa-fé objetiva".

O princípio se aplica desde a fase das tratativas contratuais, passando pela fase de celebração, execução, extinção e até após o contrato. E o juiz também usará o princípio para interpretar o contrato, corrigir ou contrato e até declarar nulas uma cláusula contratual ou todo o contrato se, depois de todo esforço interpretativo, não puder mantê-lo.

O princípio da boa-fé objetiva também é fundamento, hoje, na imposição de reparação de danos originados na fase pré-contratual. Com efeito, quando pessoas estão em tratativas para celebrar um contrato, mas tal tratativa é de tal monta que gera expectativa legítima de que o contrato vá ser concluído, havendo rompimento das tratativas e prejuízo material a alguma das partes, de rigor, em homenagem ao princípio da boa-fé objetiva, o reconhecimento da responsabilidade civil em desfavor da parte infratora.

4.3. Classificação dos contratos

4.3.1. *Quanto aos efeitos (ou quanto às obrigações)*

4.3.1.1. Contratos unilaterais

São aqueles em que há obrigações para apenas uma das partes. São exemplos a doação pura e simples, o mandato, o depósito, o mútuo (empréstimo de bem fungível – dinheiro, p. ex.) e o comodato (empréstimo de bem infungível). Os três últimos são unilaterais, pois somente se formam no instante em que há entrega da coisa (são contratos reais). Entregue o dinheiro, por exemplo, no caso do mútuo, esse contrato estará formado e a única parte que terá obrigação será o mutuário, a de devolver a quantia emprestada (e pagar os juros, se for mútuo feneratício).

4.3.1.2. Contratos bilaterais

São aqueles em que há obrigações para ambos os contratantes. Também são chamados de sinalagmáticos. A expressão "sinalagma" confere a ideia de reciprocidade às obrigações. São exemplos a prestação de serviços e a compra e venda.

4.3.1.3. Contratos bilaterais imperfeitos

São aqueles originariamente unilaterais, que se tornam bilaterais por uma circunstância acidental. São exemplos o mandato e o depósito não remunerados. Assim, num primeiro momento, o mandato não remunerado é unilateral (só há obrigações para o mandatário), mas, caso esse incorra em despesas para exercê-lo, o mandante passará também a ter obrigações, no caso a de ressarcir o mandatário.

4.3.1.4. Contratos bifrontes

São aqueles que originariamente podem ser unilaterais ou bilaterais. São exemplos o mandato e o depósito. Se for estipulada remuneração em favor do mandatário ou do depositário, estar-se-á diante de contrato bilateral, pois haverá obrigações para ambas as partes. Do contrário, será unilateral, pois haverá obrigações apenas para o mandatário ou para o depositário.

Importância da classificação: a classificação é utilizada, por exemplo, para distinguir contratos em que cabe a exceção de contrato não cumprido. Apenas nos contratos bilaterais é que uma parte pode alegar a exceção, dizendo que só cumpre a sua obrigação após a outra cumprir a sua. Nos contratos unilaterais, como só uma das partes tem obrigações, o instituto não se aplica. Isso vale tanto para a inexecução total (hipótese em que se alega a *exceptio non adimplecti contractus*) como para a inexecução parcial (hipótese em que se alega a *exceptio non rite adimplecti contractus*), previstas no art. 476 do CC, e ainda para a exceção de insegurança, prevista no art. 477 do CC. Para aplicação do instituto, é importante verificar qual das duas partes tem de cumprir sua obrigação em primeiro lugar.

4.3.2. *Quanto às vantagens*

4.3.2.1. Contratos gratuitos

São aqueles em que há vantagens apenas para uma das partes. Também são chamados de benéficos. São exemplos a doação pura e simples, o depósito não remunerado, o mútuo não remunerado e o comodato.

4.3.2.2. Contratos onerosos

São aqueles em que há vantagens para ambas as partes. São exemplos a compra e venda, a prestação de serviços, o mútuo remunerado (feneratício) e a doação com encargo.

Não se deve confundir a presente classificação com a trazida anteriormente e achar que todo contrato unilateral é gratuito e que todo contrato bilateral é oneroso. Como exemplo de contrato unilateral e oneroso pode-se trazer o mútuo feneratício.

Importância da classificação: a) os institutos da evicção e dos vícios redibitórios somente são aplicados aos contratos onerosos; b) na fraude contra credores, em se tratando de contratos gratuitos celebrados por devedor insolvente ou reduzido à insolvência, o *consilium fraudis* é presumido. Nos contratos onerosos, por sua vez, tal *consilium* deve ser provado; c) na responsabilidade civil, essa se configura por mera culpa de qualquer das partes em contratos onerosos, ao passo que, nos contratos gratuitos, quem detém o benefício só responde se agir com dolo; d) na interpretação dos contratos, essa será estrita (não ampliativa) nos contratos gratuitos ou benéficos.

4.3.3. *Quanto ao momento de formação*

4.3.3.1. Contrato consensual

É aquele que se forma no momento do acordo de vontades. São exemplos a compra e venda e o mandato. Nesse tipo de contrato, a entrega da coisa (tradição) é mera execução.

4.3.3.2. Contrato real

É aquele que somente se forma com a entrega da coisa. São exemplos o comodato, o depósito e o mútuo. Nesses contratos a entrega da coisa é requisito para a formação, a existência do contrato.

4.3.4. *Quanto à forma*

4.3.4.1. Contratos não solenes

São aqueles de forma livre. São exemplos a compra e venda de bens móveis, a prestação de serviços e a locação. A regra é ter o contrato forma livre (art. 107 do CC), podendo ser verbal, gestual ou escrito, devendo obedecer a uma forma especial apenas quando a lei determinar.

4.3.4.2. Contratos solenes

São aqueles que devem obedecer a uma forma prescrita em lei. São exemplos a compra e venda de imóveis (deve ser escrita, e, se de valor superior a 30 salários mínimos, deve ser por escritura pública), o seguro e a fiança.

A forma, quando trazida na lei, costuma ser essencial para a validade do negócio (forma *ad solemnitatem*). Porém, em algumas situações, a forma é mero meio de prova de um dado negócio jurídico (forma *ad probationem tantum*).

4.3.5. Quanto às qualidades pessoais dos contratantes

4.3.5.1. Contratos impessoais

São aqueles em que a prestação pode ser cumprida, indiferentemente, pelo devedor ou por terceiro. Em obrigações de dar, por exemplo, não importa se é o próprio devedor ou terceiro quem cumpre a obrigação, mas sim que essa seja cumprida.

4.3.5.2. Contratos personalíssimos

São aqueles celebrados em razão de qualidades pessoais de pelo menos um dos contratantes, não podendo a respectiva prestação ser cumprida por terceiro. Também são chamados de contratos *intuitu personae.* Geralmente, nesse tipo de contrato, há obrigações de fazer. Os elementos confiança, qualidade técnica e qualidade artística são primordiais. São exemplos a contratação de um pintor renomado para realizar uma obra de arte e a contratação de um cantor para se apresentar numa casa de espetáculos. Nesses dois exemplos, a *pessoalidade* é da natureza do contrato. Entretanto, é possível que, por vontade dos contratantes, fique estipulado o caráter personalíssimo desse.

Importância da classificação: a) em caso de não cumprimento da obrigação, em se tratando de contrato impessoal, o credor tem, pelo menos, duas opções, quais sejam, mandar executar a obrigação por terceiro à custa do devedor ou simplesmente requerer indenização por perdas e danos; no caso de contrato personalíssimo, todavia, a obrigação não cumprida se converte em obrigação de pagar perdas e danos, já que só interessa seu cumprimento pelo devedor e não por terceiro;b) em caso de falecimento do devedor, em se tratando de contrato impessoal, a obrigação fica transmitida aos herdeiros, que deverão cumpri-la nos limites das forças da herança; no caso de contrato personalíssimo, por sua vez, o falecimento do devedor antes de incorrer em mora importa a extinção do contrato, não transferindo as obrigações respectivas aos herdeiros daquele.

4.3.6. Quanto à existência de regramento legal

4.3.6.1. Contratos típicos (ou nominados)

São os que têm regramento legal específico. O CC traz pelo menos vinte contratos típicos, como a compra e venda, a doação e o mandato. Leis especiais trazem diversos outros contratos dessa natureza, como o de locação de imóveis urbanos (Lei 8.245/1991), de incorporação imobiliária (Lei 4.561/1964) e de alienação fiduciária (Decreto-Lei 911/1969 com as alterações da Lei 10.931/2004).

4.3.6.2. Contratos atípicos (ou inominados)

São os que não têm regramento legal específico, nascendo da determinação das partes. Surgem da vida cotidiana, da necessidade do comércio. São exemplos o contrato de cessão de clientela, de agenciamento matrimonial, de excursão turística e de feiras e exposições. Apesar de não haver regulamentação legal desses contratos, o princípio da autonomia da vontade possibilita sua celebração, observados alguns limites impostos pela lei. O art. 425 do CC dispõe que "é lícito às partes estipular contratos atípicos, observadas as normas gerais fixadas neste Código". Assim, as pessoas podem criar novas figuras contratuais, desde que respeitem os seguintes preceitos do CC: os da parte geral (ex.: o objeto deve ser lícito, possível e determinável) e os da teoria geral das obrigações e dos contratos (ex.: deve atender ao princípio da função social dos contratos). De qualquer modo, nesse tipo de contrato as partes devem trazer maiores detalhes acerca de seu regramento, dada a inexistência de regulação legal da avença.

4.3.6.3. Contratos mistos

São os que resultam da fusão de contratos nominados com elementos particulares, não previstos pelo legislador, criando novos negócios contratuais. Exemplo é o contrato de exploração de lavoura de café, em que se misturam elementos atípicos com contratos típicos, como a locação de serviços, a empreitada, o arrendamento rural e a parceria agrícola.

4.3.7. Quanto às condições de formação

4.3.7.1. Contratos paritários

São aqueles em que as partes estão em situação de igualdade, podendo discutir efetivamente as condições contratuais.

4.3.7.2. Contratos de adesão

São aqueles cujas cláusulas são aprovadas pela autoridade competente ou estabelecidas unilateralmente sem que o aderente possa modificar ou discutir substancialmente seu conteúdo. Exemplos: contratos de financiamento bancário, seguro e telefonia. A lei estabelece que a inserção de uma cláusula no formulário não desnatura o contrato, que continua de adesão.

Importância da classificação: Os contratos de adesão têm o mesmo regime jurídico dos contratos paritários, mas há algumas diferenças pontuais. Se o contrato de adesão for regido pelo Direito Civil, há duas regras aplicáveis: a) as cláusulas ambíguas devem ser interpretadas favoravelmente ao aderente (art. 423 do CC); b) a cláusula que estipula a renúncia antecipada do aderente a direito resultante da natureza do contrato é nula (art. 424 do CC). Já se o contrato de adesão for regido pelo CDC, há duas regras peculiares a esse contrato (art. 54 do CDC): a) os contratos de adesão admitem cláusula resolutória, mas essas são alternativas, cabendo a escolha ao consumidor, ou seja, é ele quem escolhe se deseja purgar a mora e permanecer com o contrato ou se prefere a sua resolução; b) as cláusulas limitativas de direito devem ser redigidas com destaque, permitindo sua imediata e fácil identificação, sendo que o desrespeito a essa regra gera a nulidade da cláusula (art. 54, § 4º, c/c o art. 51, XV, do CDC).

4.3.8. Quanto à definitividade

4.3.8.1. Contratos definitivos

São aqueles que criam obrigações finais aos contratantes. Os contratos são, em sua maioria, *definitivos.*

4.3.8.2. *Contratos preliminares*

São aqueles que têm como objeto a realização futura de um contrato definitivo. Um exemplo é o compromisso de compra e venda. Os contratos preliminares devem conter os requisitos essenciais do contrato a ser celebrado, salvo quanto à forma. Assim, enquanto a compra e venda definitiva de um imóvel deve ser por escritura pública, o compromisso de compra e venda pode ser por escritura particular. Além disso, o contrato preliminar deve ser levado a registro para ter eficácia perante terceiros. Assim, um compromisso de compra e venda não precisa ser registrado para ser válido, mas sem a formalidade não há como impedir que um terceiro o faça antes, pois, não registrando, carregará esse ônus. De qualquer forma, o compromissário comprador, uma vez pagas todas as parcelas do compromisso, tem direito à adjudicação compulsória, independentemente da apresentação do instrumento no Registro de Imóveis. O compromissário deve apenas torcer para que alguém não tenha feito isso antes. As regras sobre o contrato preliminar estão nos artigos 462 e 463 do CC:

a) consequência imediata do contrato preliminar: desde que não conste cláusula de arrependimento, qualquer das partes pode exigir a celebração do contrato definitivo, assinalando prazo à outra. É importante ressaltar que, em matéria de imóveis, há diversas leis impedindo a cláusula de arrependimento;

b) consequência mediata do contrato preliminar: esgotado o prazo mencionado sem a assinatura do contrato definitivo, a parte prejudicada pode requerer ao Judiciário que supra a vontade do inadimplente, conferindo caráter definitivo ao contrato preliminar, salvo se a isso se opuser a natureza da obrigação.

4.3.9. *Quanto ao conhecimento prévio das prestações*

4.3.9.1. *Contrato comutativo*

É aquele em que as partes, de antemão, conhecem as prestações que deverão cumprir. Exs.: compra e venda, prestação de serviços, mútuo, locação, empreitada etc. A maior parte dos contratos tem essa natureza.

4.3.9.2. *Contrato aleatório*

É aquele em que pelo menos a prestação de uma das partes não é conhecida de antemão. Ex.: contrato de seguro.

4.3.10. *Quanto ao momento de execução*

4.3.10.1. *Contratos instantâneos*

São aqueles em que a execução se dá no momento da celebração. Um exemplo é a compra e venda de pronta entrega e pagamento.

4.3.10.2. *Contratos de execução diferida*

São aqueles em que a execução se dá em ato único, em momento posterior à celebração. Constitui exemplo a compra e venda para pagamento em 120 dias.

4.3.10.3. *Contratos de trato sucessivo ou de execução continuada*

São aqueles em que a execução é distribuída no tempo em atos reiterados. São exemplos a compra e venda em prestações, a locação e o financiamento pago em parcelas.

Importância da classificação: para efeito de discernir que tipo de contrato está sujeito à regra da imprevisão. Tal instituto, previsto nos arts. 478 a 480 do CC, só é aplicável aos contratos de execução diferida e de execução continuada, visto que não se pode conceber que uma prestação possa se tornar excessivamente onerosa por um fato novo em contratos em que a execução se dá no mesmo instante de sua celebração.

4.4. Onerosidade excessiva

4.4.1. *Introdução*

A Primeira Guerra Mundial trouxe sérias consequências à execução dos contratos, principalmente os de longo prazo. Isso fez com que ganhasse força a ideia de que está implícita em todo pacto uma cláusula pela qual a obrigatoriedade de seu cumprimento pressupõe a inalterabilidade da situação de fato que deu origem à sua formação. Tratava-se da chamada cláusula *rebus sic stantibus* ("enquanto as coisas estão assim"). Enquanto as condições fáticas existentes quando da celebração do contrato estiverem inalteradas, as disposições desse serão obrigatórias. Modificadas tais condições, causando desequilíbrio entre os contratantes, há de se alterar suas disposições. No Brasil, houve certa resistência a essa ideia, uma vez que o país acabara de ganhar um novo Código Civil (o de 1916), que não fazia referência ao assunto. Isso fez com que a ideia do *rebus sic stantibus* acabasse sendo aceita desde que os novos fatos fossem extraordinários e imprevisíveis, daí porque entre nós ganhou o nome de Teoria da Imprevisão. Mesmo assim, era só uma teoria. Algumas leis até trataram da questão, mas sempre de modo pontual. São exemplos a Lei de Alimentos, a Lei de Locações e a Lei de Licitações e Contratos Administrativos. Sobreveio o Código de Defesa do Consumidor, que inovou ao permitir a revisão contratual por onerosidade excessiva, independentemente de fato imprevisível. E em 2003, com a entrada em vigor do atual CC, previu-se para qualquer contrato regido pelo Direito Civil o instituto da "resolução por onerosidade excessiva", contudo novamente vinculada à ocorrência de fatos imprevisíveis. Como se verá, o CC adotou um nome infeliz ("resolução"), pois, em caso de onerosidade excessiva por fato imprevisível, deve-se, em primeiro lugar, buscar a revisão contratual e não a extinção do contrato.

4.4.2. *Requisitos para aplicação da regra da imprevisão*

O CC exige o seguinte para que se tenha direito à revisão ou à resolução do contrato:

a) o contrato deve ser de execução continuada ou diferida;

b) a prestação de uma das partes deve se tornar excessivamente onerosa;

c) a outra parte deve ficar com extrema vantagem;

d) o desequilíbrio deve ser decorrência de acontecimentos extraordinários e imprevisíveis.

O primeiro requisito é óbvio, pois num contrato de execução instantânea não há tempo para que a prestação fique excessivamente onerosa.

O segundo requisito impõe que a perda seja razoável. Pequenas perdas não possibilitam a revisão contratual.

O requisito de extrema vantagem para a outra parte vem sendo atenuado pela doutrina. Em virtude do princípio da função social dos contratos, basta que uma das partes fique com a prestação excessivamente onerosa para que possa pleitear a revisão contratual.

Por fim, exige-se acontecimento extraordinário e imprevisível. O requisito afasta acontecimentos ordinários, como é o caso da inflação. O problema é que, no mundo moderno e na realidade brasileira, quase tudo é previsível e quase tudo acontece com uma certa frequência. A inflação é previsível. O aumento do dólar também. Assim, num primeiro momento, somente situações extremas, como a guerra ou a ocorrência de uma catástrofe causada pela natureza, preencheriam o requisito. Isso fez com que a doutrina flexibilizasse a regra, apontando que os "motivos imprevisíveis" que autorizam a revisão contratual podem estar relacionados tanto com uma causa imprevisível (guerra, ciclone etc.) como um resultado imprevisível (o tamanho do aumento do dólar, por exemplo).

4.4.3. Consequência da configuração do instituto

O devedor poderá pedir em juízo a resolução do contrato, retroagindo os efeitos da sentença para a data da citação (art. 478 do CPC). Trata-se de consequência extremamente radical e que fere os princípios da conservação dos contratos, da função social, da boa-fé objetiva e da proibição de exercício abusivo dos direitos, bem como das disposições dos arts. 317 e 480 do CC. Assim, deve-se buscar, em primeiro lugar, a revisão contratual, que só não será efetivada se for inviável, para só então partir-se para a resolução do contrato. Se a parte prejudicada ingressar diretamente com pedido de resolução do contrato, o art. 479 do CC dispõe que a medida poderá ser evitada se o réu se oferecer a modificar equitativamente as condições do pacto. O juiz analisará se a proposta é ou não equitativa, verificando se há ou não boa-fé dos contratantes.

4.5. Evicção

4.5.1. Conceito

É a perda da coisa adquirida onerosamente, em virtude de decisão judicial ou administrativa que a atribui a outrem por motivo anterior à aquisição. O exemplo comum é daquele que adquire onerosamente um bem de quem não é dono, vindo a perdê-lo por uma ação movida pelo verdadeiro proprietário da coisa. Quem aliena direito sobre o bem tem, assim, o dever de garantir que era seu titular e que a transferência o atribuirá realmente ao adquirente. O instituto da evicção tem três personagens, quais sejam, o **alienante** (aquele que transferiu o direito sobre a coisa, e que não era seu verdadeiro titular), o **evicto** (aquele que adquiriu o direito sobre a coisa, mas foi vencido numa demanda promovida por terceiro, verdadeiro titular de tal direito) e o **evictor** ou **evencente** (terceiro reivindicante da coisa, que vence a demanda que promoveu contra o adquirente).

4.5.2. Incidência

O instituto incide tanto na perda da posse como na perda do domínio sobre a coisa; a perda pode ser parcial ou total; deve se tratar de contrato oneroso; a garantia subsiste mesmo na compra feita em hasta pública; a privação da coisa, configuradora da evicção, pode se dar tanto por decisão judicial, como por decisão administrativa.

4.5.3. Garantia

Ocorrendo a evicção, o evicto se voltará contra o alienante para fazer valer os seguintes direitos:

a) de *restituição integral do preço ou das quantias pagas*; o preço será o do valor da coisa na época em que se evenceu;
b) de *indenização dos frutos que tiver sido obrigado a restituir*;
c) de *indenização pelas despesas dos contratos e pelos prejuízos que diretamente resultarem da evicção;* assim, as despesas contratuais com escritura pública, registro e imposto de transmissão, bem como qualquer outra que decorra diretamente da perda da coisa, como a correção monetária e os juros, deverão ser indenizadas;
d) de *ressarcimento das custas judiciais e dos honorários do advogado por ele constituído;*
e) de *pagamento das benfeitorias necessárias ou úteis que fizer, não abonadas pelo reivindicante.*

4.5.4. Possibilidades de alteração da garantia

4.5.4.1. Possibilidades

Segundo o art. 448 do CC, é facultado às partes, desde que por cláusula expressa, reforçar, diminuir ou excluir a responsabilidade pela evicção.

Assim, pode-se estipular expressamente que, em caso de evicção, o adquirente terá direito à devolução do preço com um acréscimo de cinquenta por cento, por exemplo, punição que reforça a garantia.

Pode-se também diminuir e até excluir a responsabilidade pela evicção, estipulando-se expressamente que, em caso de perda da coisa, o adquirente não terá direito à devolução do preço por inteiro (diminuição) ou do valor total pago (exclusão).

Entretanto, o art. 449 do CC dispõe que, mesmo havendo cláusula excluindo a garantia contra evicção (a chamada cláusula genérica de exclusão ou cláusula de irresponsabilidade), se esta vier a ocorrer, o evicto ainda assim terá direito ao pagamento do preço pago pela coisa, salvo se tiver ciência do risco da evicção e assumido expressamente esse risco. Há, portanto, dois tipos de exclusão estabelecidos em lei: a exclusão parcial e a exclusão total.

4.5.4.2. Exclusão parcial

Dá-se quando há mera cláusula que exclui a garantia (ex.: fica excluída a garantia que decorre da evicção). Neste caso, o evicto continuará tendo direito à devolução do preço pago pela coisa, ficando excluídos somente os demais direitos que decorrem da evicção (indenização dos frutos, despesas, prejuízos, sucumbência e benfeitorias). Tal limitação da autonomia da vontade decorre da necessidade de dar guarida ao princípio do não enriquecimento sem causa. Aqui temos uma *cláusula genérica de exclusão da garantia.*

4.5.4.3. Exclusão total

Dá-se quando presentes três requisitos. O primeiro deles consiste na a) existência de uma cláusula de exclusão da garantia, como aquela dada anteriormente como exemplo. Além disso, é necessário que b) o evicto tenha ciência do risco da evicção, como na hipótese em que é informado que corre uma demanda reivindicatória promovida por terceiro em face do alienante. Por fim, é imprescindível que, ciente do risco de perda da coisa, c) o evicto o tenha assumido, vale dizer, é necessário assunção do risco por parte do adquirente. Trata-se da chamada *cláusula específica de exclusão da garantia.* O art. 449 do CC não impõe textualmente que os dois últimos requisitos (ciência e assunção do risco da evicção) estejam expressos numa cláusula contratual, de modo que se pode admitir sua comprovação de outra forma.

4.5.5. *Requisitos para exercer a garantia que decorre da evicção*

a) *perda total ou parcial* do domínio, da posse ou do uso da coisa alienada;

b) *onerosidade da aquisição*, salvo a doação para casamento com certa e determinada pessoa;

c) *inexistência de cláusula de irresponsabilidade*. Caso exista, só se terá direito ao preço pago.

d) *anterioridade do direito do evictor*. O alienante não responderá se o direito do evictor sobre a coisa só se der após sua transferência ao adquirente.

e) *denunciação da lide ao alienante*. O STJ entende que a obrigatoriedade da denunciação é tão somente para exercer o direito de regresso no mesmo processo, não impedindo que se ingresse com ação autônoma em seguida, para o fim de fazer valer diante do alienante os direitos que decorrem da evicção, entendimento que encontra arrimo no princípio que veda o enriquecimento sem causa. Por fim, vale trazer à tona nova regra contida no Código Civil de 2002, que cria a figura da denunciação *per saltum*, ao possibilitar, no art. 456 transcrito, que o adquirente notifique o alienante imediato ou qualquer dos anteriores.

4.6. Vícios redibitórios

4.6.1. *Conceito*

São problemas ocultos presentes em coisas recebidas em virtude de contrato comutativo, que as tornem impróprias ao uso a que são destinadas ou lhes diminuam o valor. O instituto está previsto nos arts. 441 a 446 do CC. São exemplos um carro com motor ruim e um apartamento com infiltração, vícios que o comprador nem sempre pode perceber. O fundamento do instituto é o princípio da garantia quanto à coisa. Não se deve confundir o instituto dos vícios redibitórios com o do erro e do dolo. O vício é um problema na coisa, ao passo que o erro e o dolo são problemas na vontade. Além disso, o vício possibilita a redibição do contrato ou o abatimento no preço, ao passo que o erro e o dolo ensejam a anulação do contrato.

4.6.2. *Requisitos para a configuração do instituto*

a) prejuízo sensível ao uso ou ao valor da coisa;

b) problema imperceptível à diligência ordinária do adquirente (vício oculto);

c) problema já existente ao tempo da entrega da coisa;

d) contrato oneroso e comutativo.

4.6.3. *Efeitos*

Configurado o vício, o adquirente poderá ingressar com uma das seguintes ações (denominadas ações edilícias):

4.6.3.1. *Ação redibitória*

É aquela que objetiva a rescisão do contrato. Nesta ação pede-se a extinção do contrato, com a devolução do valor recebido e o pagamento das despesas do contrato. Se o alienante sabia do vício, o adquirente pode também pedir indenização por perdas e danos.

4.6.3.2. *Ação estimatória (**quanti minoris**)*

É aquela que tem por finalidade a obtenção do abatimento do preço.

Observação: o prazo para ingressar com as ações acima é decadencial, uma vez que nos dois casos estamos diante de prazo previsto na Parte Especial do CC, bem como de pretensões de natureza constitutiva (rescisão e modificação do contrato, respectivamente).

4.6.4. *Prazo para ingressar com a ação*

a) se a coisa for móvel: 30 dias.

b) se a coisa for imóvel: 1 ano.

4.6.5. *Termo a* **quo**

Conta-se o prazo da (do):

4.6.5.1. *Data da entrega efetiva*

Quando o adquirente não estava na posse da coisa.

4.6.5.2. *Data da alienação*

Quando o adquirente estava na posse da coisa. Nesse caso, o prazo fica reduzido à metade.

4.6.5.3. *No momento em que o adquirente tiver ciência do vício*

Quando este, além de oculto, só poderá ser conhecido mais tarde, dada a sua natureza. Neste caso, a lei estipula um prazo máximo para *ciência* do vício. Esse prazo é de 180 dias para móvel e de 1 ano para imóvel. Assim, se uma pessoa comprar um carro com esse tipo de vício e vier a descobri-lo 170 dias depois, cumpriu o primeiro prazo, qual seja, o prazo de 180 dias para a tomada de ciência do problema na coisa. Em seguida, começará o segundo prazo, o de *garantia* para ingressar com uma das ações mencionadas. No caso, o prazo será de 30 dias, por se tratar de móvel. Mas, se a pessoa só tem ciência do vício 190 dias após a aquisição, o *prazo para ciência* do vício terá terminado, ficando prejudicado o direito. Nessa hipótese, nem se começa a contar o *prazo de garantia*.

4.6.6. *Garantia contratual*

O CC estabelece que "não correrão os prazos da garantia legal na constância da garantia contratual" (art. 446). Isso significa que, havendo garantia voluntária (ex.: até a próxima Copa do Mundo), primeiro se conta o prazo dela, para só depois se contar o prazo da garantia legal. Todavia, a lei dispõe que, havendo garantia voluntária (= a garantia contratual), o adquirente deve denunciar eventual defeito que a coisa tiver ao alienante no prazo de 30 dias após seu descobrimento, sob pena de decadência. Ou seja, a lei dá com uma mão (diz que os prazos de garantia voluntária e legal devem ser somados), mas tira com a outra (estabelece um procedimento diferente, que obriga o adquirente a avisar a ocorrência do defeito ao alienante 30 dias após essa descoberta), prazo independente do de garantia. Aqui temos o chamado "prazo de aviso". De qualquer forma, nunca haverá decadência em prazo menor que o próprio prazo de garantia legal (30 dias para móvel e 1 ano para imóvel).

4.7. Extinção dos contratos

4.7.1. *Execução*

Esta é a forma normal de extinção dos contratos. Na compra e venda a execução se dá com a entrega da coisa (pelo vendedor) e com o pagamento do preço (pelo comprador).

4.7.2. *Invalidação*

O contrato anulável produz seus efeitos enquanto não for anulado pelo Poder Judiciário. Uma vez anulado (decisão constitutiva), o contrato fica extinto com efeitos "ex nunc". Já o contrato nulo recebe do Direito uma sanção muito forte, sanção que o priva da produção de efeitos desde o seu início. A parte interessada ingressa com ação pedindo uma decisão declaratória, decisão que deixa claro que o contrato nunca pode produzir efeitos, daí porque essa decisão tem efeitos "ex tunc". Se as partes acabaram cumprindo "obrigações", o juiz as retornará ao estado anterior.

4.7.3. *Resolução*

Há três hipóteses de extinção do contrato pela resolução, a saber:

4.7.3.1. *Por inexecução culposa*

É aquela que decorre de culpa do contratante. Há dois casos a considerar:

a) se houver cláusula resolutiva expressa (pacto comissório), ou seja, previsão no próprio contrato de que a inexecução deste gerará sua extinção, a resolução opera de pleno direito, ficando o contrato extinto; o credor que ingressar com ação judicial entrará apenas com uma ação declaratória, fazendo com que a sentença tenha efeitos *ex tunc.* A lei protege o devedor em alguns contratos, estabelecendo que, mesmo existindo essa cláusula, ele tem o direito de ser notificado para purgar a mora (fazer o pagamento atrasado) no prazo estabelecido na lei.

b) se não houver cláusula resolutiva expressa, a lei estabelece a chamada **"cláusula resolutiva tácita"**, disposição que está implícita em todo contrato, e que estabelece que o seu descumprimento permite que a outra parte possa pedir a resolução do contrato. Neste caso, a resolução dependerá de interpelação judicial para produzir efeitos, ou seja, ela não ocorre de pleno direito. Repare que não basta mera interpelação extrajudicial. Os efeitos da sentença judicial serão "ex nunc".

É importante ressaltar que a parte lesada pelo inadimplemento (item *a* ou *b*) tem duas opções (art. 474 do CC): a) pedir a resolução do contrato; ou b) exigir o cumprimento do contrato. Em qualquer dos casos, por se tratar de inexecução culposa, caberá pedido de indenização por perdas e danos. Se houver cláusula penal, esta incidirá independentemente de prova de prejuízo (art. 416 do CC). Todavia, uma indenização suplementar dependerá de convenção no sentido de que as perdas e os danos não compreendidos na cláusula penal também serão devidos.

4.7.3.2. *Por inexecução involuntária*

É aquela que decorre da impossibilidade da prestação. Pode decorrer de caso fortuito ou força maior, que são aqueles fatos necessários, cujos efeitos não se consegue evitar ou impedir. Esta forma de inexecução exonera o devedor de responsabilidade (art. 393 do CC), salvo se este expressamente assumiu o risco (art. 393 do CC) ou se estiver em mora (art. 399 do CC).

4.7.3.3. *Por onerosidade excessiva*

Conforme vimos, no caso de onerosidade excessiva causada por fato extraordinário e imprevisível, cabe revisão contratual. Não sendo esta possível, a solução deve ser pela resolução do contrato, sem ônus para as partes. A resolução por onerosidade excessiva está prevista no art. 478 do CC.

4.7.4. *Resilição*

4.7.4.1. *Conceito*

É a extinção dos contratos pela vontade de um ou de ambos contratantes. A palavra-chave é *vontade.* Enquanto a resolução é a extinção por inexecução contratual ou onerosidade excessiva, a resilição é a extinção pela vontade de uma ou de ambas as partes.

4.7.4.2. *Espécies*

a) bilateral, *que é o acordo de vontades para pôr fim ao contrato* (**distrato**). A forma para o distrato é a mesma que a lei exige para o contrato. Por exemplo, o distrato de uma compra e venda de imóvel deve ser por escritura, pois esta é a forma que a lei exige para o contrato. Já o distrato de um contrato de locação escrito pode ser verbal, pois a lei não exige documento escrito para a celebração de um contrato de locação. É claro que não é recomendável fazer um distrato verbal no caso, mas a lei permite esse procedimento.

b) unilateral, *que é a extinção pela vontade de uma das partes* (**denúncia**). Essa espécie de resilição só existe por exceção, pois o contrato faz lei entre as partes. Só é possível a denúncia unilateral do contrato quando: i) houver previsão contratual ou ii) a lei expressa ou implicitamente autorizar. Exemplos: em contratos de execução continuada com prazo indeterminado, no mandato, no comodato e no depósito (os três últimos são contratos feitos na base da confiança), no arrependimento de compra feita fora do estabelecimento comercial (art. 49 do CDC) e nas denúncias previstas na Lei de Locações (arts. 46 e 47 da Lei 8.245/1991). A lei exige uma formalidade ao denunciante. Este deverá notificar a outra parte, o que poderá ser feito extrajudicialmente. O efeito da denúncia é "ex tunc". Há uma novidade no atual CC, que é o "aviso prévio legal". Esse instituto incide se alguém denuncia um contrato prejudicando uma parte que fizera investimentos consideráveis. Nesse caso, a lei dispõe que a denúncia unilateral só produzirá efeitos após um prazo compatível com a amortização dos investimentos (art. 473, parágrafo único).

4.7.5. *Morte*

Nos contratos impessoais, a morte de uma das partes não extingue o contrato. Os herdeiros deverão cumpri-lo segundo as forças da herança. Já num contrato personalíssimo (contratação de um advogado, contratação de um cantor), a morte da pessoa contratada extingue o contrato.

4.7.6. *Rescisão*

A maior parte da doutrina encara a rescisão como gênero, que tem como espécies a resolução, a resilição, a redibição etc.

4.8. Compra e venda

4.8.1. Introdução

Na fase primitiva da civilização havia apenas troca ou permuta de objetos. Isso porque não havia denominador comum de valores. Em seguida, algumas mercadorias passaram a ser utilizadas como padrão monetário (ouro, prata, cabeça de gado). Aliás, cabeça de gado chamava *pecus*, o que deu origem à palavra pecúnia. Até que surgiu o papel-moeda, que é um elemento representativo de um padrão monetário. Isso possibilitou grande circulação de riqueza, tornando o contrato de compra e venda o mais comum dos contratos.

4.8.2. Conceito

É o contrato pelo qual um dos contratantes (vendedor) se obriga a transferir o domínio de coisa corpórea ou incorpórea, e outro (comprador), a pagar-lhe certo preço em dinheiro ou valor fiduciário equivalente. Ou seja, um dá uma coisa (um alimento, um móvel, um eletrodoméstico) e o outro dá dinheiro ou outro valor fiduciário (cheque, por exemplo). Perceba que compra e venda não transfere a propriedade da coisa, mas apenas obriga uma das partes a transferir a coisa a outro.

4.8.3. Sistemas

Quanto aos efeitos dos contratos de compra e venda, existem três: a) francês, em que o contrato tem o poder de transferir o domínio da coisa. Ou seja, celebrado o contrato de compra e venda, independentemente da tradição (na coisa móvel) ou do registro (na coisa imóvel), a propriedade dela já é do comprador; b) romano, em que o contrato apenas cria obrigações. O descumprimento do contrato gera perdas e danos; c) brasileiro, que adotou o romano, com poucas exceções; assim, o contrato de compra e venda gera obrigações e não transferência direta da propriedade.

4.8.4. Classificação

O contrato de compra e venda é bilateral, consensual, oneroso, comutativo e não solene (salvo os direitos reais sobre imóveis).

4.8.5. Elementos

4.8.5.1. Consentimento

a) deve recair sobre uma coisa e um preço (elemento de existência);

b) deve recair sobre a natureza do contrato e sobre o objeto (elemento de validade); não recaindo, pode-se estar diante de erro ou dolo;

c) deve ser livre e espontâneo (elemento de validade); não o será se houver coação;

d) deve surgir de agente capaz (elemento de validade).

4.8.5.2. Preço

a) deve ter peculiaridade (ser ou representar dinheiro), seriedade (ser verdadeiro, real, sob pena de ser simulação) e certeza (certo ou determinável);

b) a lei admite o preço segundo: i) acordo entre os contratantes; ii) arbítrio de terceiro escolhido pelas partes; iii) tabelamento oficial; iv) taxa de mercado ou bolsa em certo dia e lugar; v) índices ou parâmetros (p. ex.: valor do petróleo);

c) a lei admite, excepcionalmente, convenção de venda sem fixação de preço, desde que essa seja a intenção das partes, hipótese em que se considera o tabelamento oficial ou o preço corrente das vendas habituais do vendedor;

d) o preço é livre, mas existem alguns temperamentos, que podem tornar o contrato anulável, como, por exemplo, em "Negócios da China" (aplicação do instituto da lesão – art. 157 do CC) e no estado de perigo (art. 156 do CC).

4.8.5.3. Coisa

a) pode ser corpórea (móveis e imóveis) ou incorpórea (ações, direito de autor, créditos);

b) deve ser existente, ainda que de modo potencial; se for inexistente por ter perecido (ex.: casa destruída), a venda é nula; se for sobre coisa futura sem assunção de risco, a venda é sob condição; se for coisa futura com assunção de risco, a venda é aleatória;

c) deve ser individuada, ou seja, determinada ou determinável; se for coisa incerta, deve ser indicada ao menos quanto ao gênero e à quantidade; o devedor escolherá, pelo menos, a de termo médio;

d) deve ser disponível, ou seja, alienável natural, legal e voluntariamente (não pode conter cláusula de inalienabilidade) e pertencente ao vendedor. Neste caso, não sendo o vendedor dono da coisa, a venda poderá ser convalidada se ele vier a adquiri-la posteriormente e estiver de boa-fé (art. 1.268 do CC).

4.8.6. Efeitos da compra e venda

4.8.6.1. Principais

a) gera obrigações recíprocas de entregar a coisa e pagar o preço;

b) gera responsabilidades por vícios redibitórios e pela evicção.

4.8.6.2. Secundários

a) responsabilidade pelos riscos da coisa: até a tradição, é do vendedor; se houver mora no recebimento, é do comprador; se for entregue ao transportador indicado ao vendedor, é do comprador;

b) responsabilidade pelos riscos do preço: até o pagamento, é do comprador; após o pagamento e em caso de mora em receber, é do vendedor;

c) responsabilidade pelas despesas de escritura e registro: é do comprador, salvo convenção diversa;

d) responsabilidade pela tradição: é do vendedor, salvo convenção diversa;

e) responsabilidade pelas dívidas pretéritas que gravam a coisa até a tradição: é do vendedor, salvo convenção diversa; se a obrigação for *propter rem*, o comprador terá direito de regresso contra o vendedor;

f) direito de retenção da coisa: até o pagamento, o vendedor não é obrigado a entregar a coisa, salvo nas vendas a crédito e convenção em contrário.

4.8.7. Limitações à compra e venda

4.8.7.1. Venda de ascendente a descendente

É anulável, salvo se houver consentimento dos outros descendentes e do cônjuge. A ideia é impedir vendas por preços mais baixos, prejudicando herdeiros. Repare que isso só ocorre na venda. A doação não precisa do consentimento. Porém, o donatário deverá colacionar os bens recebidos em vida, no inventário do doador, quando este falecer, salvo se houver dispensa disso.

4.8.7.2. *Aquisição por pessoa encarregada de zelar pelos interesses do vendedor*

É nula. Exemplos: aquisição pelo tutor, curador, administrador, juiz, servidor público etc.

4.8.7.3. *Venda de fração ideal de coisa indivisível em condomínio*

Os consortes terão direito de preferência. Um exemplo é de três pessoas donas de um mesmo imóvel. Caso uma delas queira vender sua parte, deverá oferecer às outras, que terão preferência na aquisição. Não respeitada tal preferência, o prejudicado poderá depositar o preço dentro de 180 dias da transmissão. Se os dois consortes prejudicados tiverem interesse na coisa, tem primazia o que tiver benfeitorias de maior valor na coisa, o que tiver maior quinhão e o que fizer o primeiro depósito, nessa ordem.

4.8.7.4. *Venda entre cônjuges*

Só é possível em relação a bens excluídos da comunhão.

4.8.8. **Venda** *ad mensuram*

4.8.8.1. *Conceito*

Aquela em que o preço estipulado é feito com base nas dimensões do imóvel. Ex.: alguém compra um terreno em que se deixou claro que os 360 m² têm o valor de R$ 50 mil.

4.8.8.2. *Consequência*

A área do imóvel deverá efetivamente corresponder às dimensões dadas.

4.8.8.3. *Tolerância*

A lei admite uma diferença de até 1/20 da área total enunciada.

4.8.8.4. *Exclusão da tolerância*

a) se houver exclusão expressa no contrato;

b) se o comprador provar que não teria realizado o negócio se soubesse da diferença.

4.8.8.5. *Direitos do comprador*

Poderá pedir o complemento da área (ação *ex empto* ou *ex vendito*). Não sendo possível, terá a opção entre pedir a resolução do contrato ou o abatimento proporcional do preço.

4.8.9. **Venda** *ad corpus*

4.8.9.1. *Conceito*

Aquela em que o imóvel é vendido como coisa certa e discriminada, sendo meramente enunciativa eventual referência às suas dimensões. Ex.: consta do contrato que a área tem mais ou menos 20.000 m².

4.8.9.2. *Consequência*

Pouco importa a área efetiva do imóvel. Não haverá complemento ou devolução do preço.

4.8.10. *Retrovenda*

4.8.10.1. *Conceito*

Cláusula pela qual o vendedor reserva-se o direito de reaver o imóvel que está sendo alienado, em certo prazo, restituindo o preço mais despesas feitas pelo comprador (art. 505 do CC). Ou seja, é aquela situação em que alguém vende um imóvel, mas assegura o direito de recomprá-lo em certo prazo, pelo mesmo preço da venda anterior. Infelizmente esse instituto é muito utilizado na agiotagem. O Judiciário vem reconhecendo a simulação quando o intuito da retrovenda é servir de garantia para uma dívida.

4.8.10.2. *Direito de retrato*

O prazo máximo para esse direito é de 3 anos. Trata-se de prazo decadencial.

4.8.11. *Preferência*

4.8.11.1. *Conceito*

Convenção em que o comprador se obriga a oferecer ao vendedor a coisa que aquele vai vender, para que este use seu direito de prelação na compra, tanto por tanto (art. 513). Por exemplo, é aquela situação em que alguém compra um andar de um prédio comercial para instalar sua empresa e, já pensando no futuro crescimento, estabelece com o vendedor, que é dono da sala vizinha, que quer preferência na aquisição da segunda sala, caso o vendedor queira vendê-la no futuro.

4.8.11.2. *Exercício do direito*

Havendo interesse em vender a coisa, o vendedor deverá notificar o titular do direito de preferência para que este diga se tem interesse em adquiri-la, no mínimo, pelo mesmo valor da proposta recebida pelo vendedor. Não havendo prazo estipulado, o titular do direito de preferência terá 3 dias, se a coisa for móvel, e 60 dias, se a coisa for imóvel, para manifestar-se, sob pena de decadência. O prazo máximo que pode ser convencionado para esse tipo de manifestação é de 180 dias, se a coisa for móvel, e de 2 anos, se imóvel.

4.8.11.3. *Descumprimento do direito*

A preferência contratual, se preterida, enseja apenas direito de o prejudicado pedir perdas e danos ao ofensor. Não há direito de perseguir a coisa. Por isso, não se deve confundir esse direito de preferência com outros direitos de preferência que decorrem da lei, que admitem a persecução da coisa, como no caso da preferência que existe entre coproprietários de um bem indivisível, quando um deles deseja vender sua fração ideal.

4.9. Contrato estimatório (venda em consignação)

O contrato estimatório pode ser **conceituado** como *aquele em que o consignante entrega bens móveis ao consignatário, para que este os venda, pagando àquele o preço ajustado, ou restitua a coisa ao consignante no prazo ajustado.*

Trata-se da famosa **venda em consignação**, muito comum nas vendas de carros, livros, joias, obra de arte, artesanato, bebidas. Atualmente, há muitas lojas de veículo consignado. O dono do veículo leva o automóvel à loja, deixando-o lá, em consignação, para que a loja tente vender o veículo. Uma vez vendido o veículo, o valor mínimo combinado será entregue ao dono do veículo, ficando o valor pago a mais com a loja de veículos.

A vantagem desse contrato é que o vendedor final (ex.: a loja de veículos) não precisar ter um grande capital de giro, pois não tem que comprar bens para revender.

Quanto à **coisa consignada**, há de se observar as seguintes regras:

a) não pode ser objeto de constrição em favor dos credores do consignatário, enquanto não pago integralmente o preço (art. 536 do CC); isso ocorre, pois o consignatário (ex.: loja de veículos consignados) não é dono da coisa, mas apenas a mantém para tentar vendê-la a terceiro;

b) não pode ser alienada pelo consignante antes de lhe ser restituída ou de ser comunicada restituição (art. 537 do CC); ou seja, o consignante (dono da coisa) deve respeitar a posição do consignatório; porém, o consignante pode pedir a coisa de volta, sendo que, uma vez restituída a coisa, o consignante poderá vendê-la a quem bem entender;

c) se não puder ser restituída, ainda que por fato não imputável ao consignatário, este deverá pagar o preço (art. 535 do CC); por exemplo, se o carro, que estava na loja de carros, vier a se perder, o consignatário (loja de veículos) deverá pagar o preço da coisa ao consignante (dono do carro).

Quanto à **classificação**, o contrato é *típico, bilateral, oneroso* e *real*.

O contrato estimatório tem, ainda, as seguintes **características**:

a) transfere-se a posse e o poder de disposição (e não a propriedade);

b) a propriedade continua com o consignante, até que seja vendida a terceiro ou adquirida pelo consignatário, mas o consignante não pode alienar a coisa antes de ser devolvida ou comunicada a sua restituição (art. 537 do CC);

c) o consignante fixa **preço de estima**, ou seja, o preço mínimo que ele deseja receber pela coisa consignada; esse preço deve ser abaixo do de mercado e o consignatário deve pagar esse preço, ficando com a diferença do valor pago a maior;

d) o consignatário, findo o contrato, pode devolver o bem, ficar com ele (pagando o preço estimado) ou vendê-lo a terceiro (pagando o preço estimado);

e) decorrido o prazo sem entrega da coisa pelo consignatário, cabe reintegração de posse;

f) o consignante, caso não receba o valor pela coisa vendida pelo consignatário, não deve acionar o terceiro, mas o consignatário.

Quanto ao **consignatário**, temos as seguintes regras:

a) tem poderes de posse e de disposição (ou seja, tem um *mandato* para vender a coisa);

b) tem por obrigação principal uma obrigação alternativa, qual seja, de vender a coisa, de ficar com a coisa ou de devolver a coisa no prazo combinado, sendo que, nos dois últimos casos, deve pagar o preço estimado;

c) tem por obrigação acessória arcar com as despesas de custódia e venda da coisa, salvo acordo entre as partes.

Quanto ao **consignante**, temos as seguintes regras:

a) tem poderes de fixar o preço de estima;

b) tem poder de propriedade compatível com o poder do consignatário; tem a posse indireta apenas, podendo retomar após o decurso do prazo; notificado o consignatário sem que este devolva a coisa, caberá reintegração de posse;

c) tem por obrigação não poder dispor da coisa no curso do contrato.

4.10. Doação

O contrato de doação pode ser **conceituado** como *o contrato em que uma pessoa, por liberalidade, transfere de seu patrimônio bens ou vantagens para o de outra, mediante aceitação desta* (art. 538 do CC).

Quanto à **classificação**, a doação é contrato:

a) gratuito: há vantagem apenas para uma das partes;

b) unilateral: há obrigação apenas para uma das partes, salvo na doação com encargo (contrato bilateral);

c) consensual: constitui-se com o mero acordo de vontades, não sendo necessária a entrega da coisa, ou seja, não é contrato *real*;

d) solene/formal: ou seja, há forma prescrita em lei, que deve ser obedecida; no caso, o art. 541, *caput,* e parágrafo único, do CC impõe forma escrita (pública ou privada), salvo bens móveis e de pequeno valor, se lhes seguir incontinenti a tradição.

São **características** do contrato de doação as seguintes:

a) a contratualidade: trata-se de contrato "inter vivos", não se confunde com o testamento, que é ato "causa mortis"; ademais, a doação gera direitos pessoais, direitos típicos de um contrato;

b) o "animus donandi": a doação depende da existência de intenção de praticar uma liberalidade;

c) a transferência de bens ou direitos do patrimônio do doador ao patrimônio do donatário; ou seja, é necessário que haja enriquecimento de um lado e empobrecimento de outro;

d) a necessidade de aceitação do donatário: ou seja, a doação não se aperfeiçoa enquanto beneficiário não a aceitar (art. 539 do CC); a aceitação pode ser das seguintes espécies:

d1) expressa: por exemplo, a feita no próprio instrumento de doação; na doação com encargo só cabe aceitação expressa;

d2) tácita: é aquela que decorre de comportamento do donatário; por exemplo, se o donatário recolhe imposto de transmissão, é sinal que aceitou tacitamente a doação;

d3) presumida: é aquela em que o doador fixa prazo para aceitação ou não da doação, sendo que o donatário é notificado das condições e do prazo para aceitação, deixando transcorrer o prazo "in albis".

No contrato de doação, há **casos particulares**, em que se têm regras específicas:

a) absolutamente incapaz: dispensa-se aceitação, se a doação for pura e simples (art. 543 do CC), já que, nesse tipo de doação, presume-se o benefício para o incapaz; porém, na doação com encargo, o representante legal deve aceitar ou não a doação;

b) nascituro: nesse caso a aceitação será feita pelo representante legal deste (art. 542 do CC);

c) doação em contemplação de casamento futuro: não pode ser impugnada por falta de aceitação; ficará sem efeito se o casamento não se realizar (art. 546 do CC).

Vejamos, agora, aos **requisitos especiais** da doação:

a) subjetivos:

✓ Os **absoluta ou relativamente incapazes** não podem, em regra, doar, nem por seu representante.

✓ Os **cônjuges** não podem doar sem autorização (salvo no regime de separação absoluta), salvo doações remuneratórias de móveis (serviço prestado), doações módicas, doações *propter nuptias* (art. 1.647, parágrafo único, do CC) e doação de bens próprios (salvo imóveis – art. 1.642, II, do CC).

✓ O **cônjuge adúltero** não pode fazer doação a seu cúmplice, sob pena de anulabilidade.

Art. 550 do CC; aliás, "a doação do cônjuge adúltero ao seu cúmplice pode ser anulada pelo outro cônjuge, ou por seus herdeiros necessários, até dois anos depois de dissolvida a sociedade conjugal".

✓ A doação entre **consortes** não é possível, se casados pelo regime de comunhão universal, mas é possível nos demais casos, sendo que essa doação importará em adiantamento do que cabe ao cônjuge donatário, na herança.

✓ **O falido** não pode doar porque não está na administração da coisa, além do que a doação seria lesiva; é cabível, em alguns casos, a ação pauliana (fraude contra credores – art. 158 do CC).

✓ O ascendente pode doar a **descendente**, mas tal doação importará em adiantamento da legítima (art. 544 do CC), devendo o valor da doação ser colacionado no inventário (arts. 2002 do CC e 1.014 do CPC), salvo se o doador, no instrumento de doação ou por testamento, dispensar a colação, dispondo que a doação está saindo da metade disponível (arts. 1.847, 2.005 e 2.006 do CC).

✓ Cabe doação a **sociedade não constituída** (entidade futura), mas tal doação caducará se a entidade não for criada em dois anos da liberalidade (art. 554 do CC).

b) objetivos:

✓ Só podem ser doadas as coisas ***in commercio***; partes do corpo não podem ser doadas, portanto; salvo excepcionalmente, nos casos previstos em lei;

✓ É nula a **doação universal**, ou seja, a doação de todos os bens, sem reserva de parte do patrimônio ou renda suficiente para subsistência do doador (art. 548 do CC). A finalidade da regra é evitar a penúria do doador, garantindo-lhe a dignidade (art. 1º, III, da CF). É possível evitar a sanção de nulidade, fazendo-se reserva de usufruto em favor do doador.

✓ É nula a doação inoficiosa, ou seja, de parte excedente à de que o doador poderia dispor em testamento no momento em que doa (art. 549 do CC).

c) requisito formal:

A doação deve ser escrita, podendo ser verbal nos casos já mencionados.

Confira, agora, as **espécies** de doação:

a) pura e simples: é a doação feita por mera liberalidade, sem condição, termo, encargo ou outra restrição. Não perdem esse caráter as doações meritórias (p. ex., para um grande cientista) e a doação remuneratória ou gravada, no que exceder o valor dos serviços ou gravame.

b) modal ou com encargo (ou onerosa): é a doação em que o doador impõe ao donatário uma incumbência específica em benefício próprio (ex.: cuidar do doador), de terceiro (ex.: cuidar do tio doente do doador) ou do interesse geral (ex.: construir uma escola). Se o encargo for ilícito ou impossível, deve ser ignorado. Havendo encargo, é interessante que haja um prazo para o seu cumprimento. Não havendo, deve-se notificar o donatário, assinando prazo razoável para cumprir (art. 562 do CC). Podem exigir o cumprimento o doador, seus herdeiros, os beneficiários do encargo e o Ministério Público, neste caso, se o encargo for do interesse geral, desde que depois da morte do doador, sem que este tenha agido. Em caso de mora no cumprimento da obrigação, o doador pode, ainda, revogar a doação.

c) doação remuneratória: é a doação em que, sob aparência de liberalidade, há firme propósito do doador de pagar serviços prestados pelo donatário ou alguma vantagem que haja recebido deste. Não perde caráter de liberalidade no valor excedente ao valor dos serviços remunerados.

d) doação condicional: é a doação que produz ou deixa de produzir efeitos segundo evento futuro e incerto.

e) doação em forma de subvenção periódica: essa doação parece com a prestação de alimentos (art. 545 do CC), ficando extinta com a morte do doador, salvo se este dispôs de modo diverso, ou seja, que a subvenção periódica continuará.

f) doação com cláusula de reversão: é aquela doação em que o doador estipula a volta dos bens ao seu patrimônio se sobreviver ao donatário (art. 547 do CC). A venda da coisa, estando ainda vivo o doador, é anulável.

g) doação a termo: é aquela doação que tem termo final ou inicial. Ex.: pelo prazo de 10 anos.

h) doação conjuntiva: é a doação feita em comum a mais de uma pessoa. A lei presume que a doação é distribuída por igual. Haverá direito de acrescer, caso venha a faltar um dos donatários, apenas no caso de doação para marido e mulher, subsistindo na totalidade a doação para o cônjuge sobrevivo (art. 551 do CC).

Quanto à **revogação da doação**, pode ser por ingratidão ou por inexecução da obrigação.

Vejamos primeiro a revogação por **ingratidão**.

O art. 556 do CC dispõe que não se pode renunciar antecipadamente ao direito de revogar uma doação, por ingratidão.

Confira as **hipóteses** de **revogação da doação por ingratidão** (art. 557 do CC):

a) se o donatário atentou contra a vida do doador ou cometeu crime de homicídio doloso contra ele;

b) se cometeu contra ele ofensa física;

c) se o injuriou gravemente ou o caluniou;

d) se, podendo ministrá-los, recusou ao doador os alimentos de que este necessitava.

A revogação também é possível se as ofensas mencionadas se derem contra o cônjuge, ascendente, descendente, ainda que adotivo, ou irmão do doador (art. 558 do CC).

O prazo decadencial para ingressar com ação com vistas à revogação da doação é de 1 ano, contado da chegada ao conhecimento do doador o fato que autorizar a sua autoria (art. 559 do CC).

A **legitimidade ativa** para ingressar com essa ação é apenas do doador (trata-se de ação personalíssima), não se transmitindo aos herdeiros, que podem, no máximo, prosseguir na ação intentada pelo doador, caso este venha a falecer.

No caso de homicídio doloso a ação caberá aos herdeiros do doador, salvo perdão por parte deste (art. 561 do CC).

Já a **legitimidade passiva** para a ação visando à revogação da doação é do donatário.

A revogação por ingratidão não prejudica os direitos adquiridos por **terceiros**, nem obriga o donatário a restituir os frutos percebidos antes da citação válida; mas o sujeita a pagar os posteriores, e, quando não possa restituir em espécie as coisas doadas, a indenizá-la pelo meio-termo do seu valor (art. 563 do CC).

Não se revogam por ingratidão (art. 564 do CC):

a) as doações puramente remuneratórias;

b) as oneradas com encargo já cumprido;

c) as que se fizerem em cumprimento de obrigação natural;

d) as feitas para determinado casamento.

Passemos agora ao estudo da revogação da doação por **inexecução do encargo** se o donatário incorrer em mora (art. 562 do CC).

Não havendo prazo para o cumprimento, o doador poderá notificar judicialmente o donatário, assinando-lhe prazo razoável para que cumpra a obrigação assumida.

Podem exigir o cumprimento do encargo o doador, os herdeiros, os beneficiários do encargo e o Ministério Público (se o encargo for de interesse geral, depois da morte do doador, se este nada tiver feito – art. 553 do CC).

4.11. Empréstimo

O empréstimo é o gênero, que tem como espécies o *comodato* e o *mútuo*.

O empréstimo permite que alguém utilize coisa alheia, com o dever de restituir a coisa ao final.

4.11.1. Comodato

O comodato pode ser **conceituado** como *o empréstimo gratuito de coisas não fungíveis* (art. 579 do CC).

Outro conceito de comodato é o seguinte: *é o contrato pelo qual uma pessoa entrega a outra, gratuitamente, coisa não fungível para que a utilize e depois restitua.*

O comodato é um *empréstimo de uso*, já que a coisa é devolvida depois, ao passo que o mútuo é um *empréstimo de consumo*, já que a coisa (fungível) acaba sendo consumida, devolvendo-se o equivalente.

O comodato tem as seguintes **características**:

a) é unilateral: ou seja, gera obrigações apenas para o comodatário, já que é um contrato que se forma apenas com a entrega da coisa; acidentalmente, o comodato pode gerar obrigações para o comodante, hipótese em que se terá um contrato bilateral imperfeito;

b) é gratuito: ou seja, somente o comodatário aufere vantagens; se for estipulada remuneração, desfigura-se para aluguel; não desfigura o contrato a existência de pequeno encargo, como cuidar das plantas, dos pássaros, ou seja, não pode ser uma contraprestação;

c) é real: ou seja, perfaz-se com a tradição do objeto (art. 579, 2ª parte, do CC); na falta de entrega não se tem comodato, mas no máximo contrato preliminar (promessa de comodato);

d) é não solene: ou seja, não há forma especial para sua validade.

O comodato tem os seguintes **requisitos**:

a) subjetivos:

✓ administradores de bens alheios, especialmente de incapazes (tutores, curadores), não podem dá-los em comodato, pois não seria administração normal a cessão gratuita do uso; nesses casos, o comodato só seria possível mediante autorização judicial;

✓ não há necessidade de que o comodante seja proprietário da coisa dada em comodato; por exemplo, o usufrutuário pode dar a coisa em comodato; porém, o locatário não pode assim agir, sob pena de despejo.

b) objetivos:

✓ Deve se tratar de coisa não fungível, podendo ser móvel ou imóvel.

Quanto à **duração**, o contrato de comodato tem as seguintes características:

a) é temporário; se fosse perpétuo, seria uma doação;

b) possibilidades:

b1) se não tiver prazo convencional (duração indeterminada), tem-se o comodato "ad usum" ou com "tempo presumido"; nesse caso presumir-se-lhe-á pelo tempo necessário para o uso concedido (art. 581 do CC); exs.: empréstimo para fazer um curso em São Paulo por 6 meses ou empréstimo de um trator para uma colheita; a retomada antes do prazo, nesse caso, só será possível em caso de necessidade imprevista e urgente reconhecida pelo juiz, como quando o comodante fique doente e precise fazer um tratamento na cidade onde se encontra o imóvel dado em comodato;

b2) se tiver prazo convencional certo, deve-se respeitá-lo; a retomada antes do termo final só será possível em caso de necessidade imprevista e urgente (art. 581 do CC).

Quanto às **obrigações do comodatário**, temos as seguintes:

a) como obrigação principal, deve *conservar* a coisa como se sua fosse (art. 582 do CC); não basta o cuidado elementar; correndo risco o objeto, o comodatário deve dar preferência à coisa comodada no salvamento (art. 583 do CC), mas não é necessário que arrisque a própria vida;

b) *não usar* a coisa, senão de acordo com o contrato ou a natureza dela (art. 582 do CC; não é possível cedê-la a terceiro, mudar a sua destinação (ex.: de residencial para comercial), sob pena de responsabilidade por perdas e danos;

c) arcar com as *despesas* normais com uso e gozo da coisa emprestada (ex.: limpeza, condomínio, tributos), não podendo recobrá-las do comodante (art. 584 do CC); porém, o comodatário não responde por despesas extraordinárias (ex.: infiltração, problemas na fundação), mas, se urgentes, deve reparar e depois cobrar do comodante;

d) restituir a coisa "in natura", o que deverá ser feito no prazo ajustado ou, na falta, quando lhe for reclamado, ressalvado o tempo necessário ao uso concedido (finalidade), ou, ainda, em caso de necessidade imprevista e urgente (art. 581 do CC); não restituída a coisa, deve-se constituir em mora o comodatário (por meio de notificação), com posterior ingresso com ação de reintegração de posse; constituído o comodatário em mora, este responderá, até restituir a coisa, pelo aluguel desta que for arbitrado pelo comodante (art. 582 do CC);

e) responder pelo dano à coisa, por culpa ou dolo; responderá também por caso fortuito ou de força maior se, correndo risco o objeto dado em comodato, salvar seus bens primeiro (art. 583 do CC) ou se estiver em mora (arts. 582 e 399 do CC);

f) responder solidariamente se houver mais de um comodatário simultaneamente sobre uma coisa (arts. 585 e 275 a 285, do CC).

São **obrigações do comodante**:

a) reembolsar o comodatário pelas despesas extraordinárias e urgentes que este fizer, ressalvado o direito de retenção em favor deste; porém, o comodante não tem obrigação de restituir as despesas normais e o valor das benfeitorias úteis e voluptuárias não autorizadas por ele;

b) indenizar o comodatário pelos vícios ocultos que escondeu dolosamente e não preveniu.

O comodato fica **extinto** nas seguintes hipóteses:

a) com o advento do termo convencionado;

b) pela resolução, por iniciativa do comodante, em caso de descumprimento de suas obrigações;

c) por sentença, a pedido do comodante, provada a necessidade imprevista e urgente;

d) pela morte do comodatário, se o contrato for "intuito personae"; ex.: morte de paralítico que recebeu cadeira de rodas;

e) pelo distrato;

f) pela alienação da coisa emprestada.

4.11.2. Mútuo

O mútuo pode ser **conceituado** como o *empréstimo de coisas fungíveis* (art. 586 do CC).

Trata-se de contrato pelo qual uma das partes transfere uma coisa fungível a outra, obrigando-se esta a restituir-lhe coisa do mesmo gênero, da mesma qualidade e na mesma quantidade.

Diferentemente do comodato, que é um empréstimo de uso, o mútuo é um empréstimo de consumo.

Um exemplo é o empréstimo de dinheiro, já que este é coisa fungível. O dinheiro emprestado será consumido pelo mutuário, que, mais tarde, devolverá a mesma quantia, mas não necessariamente o mesmo dinheiro que recebeu.

Outro exemplo é empréstimo de café que um vizinho faz para o outro. Quem recebe o café irá consumi-lo. Em seguida, deverá restituir o café, procurando comprar outro da mesma marca e na mesma quantidade emprestada.

Por conta dessa característica do mútuo (empréstimo de consumo), a doutrina aponta que esse contrato transfere a propriedade da coisa emprestada, o que pode ser visualizado com tranquilidade no exemplo do empréstimo de café. O café a ser devolvido em seguida será outro.

O mútuo tem as seguintes **características**:

a) é unilateral: ou seja, gera obrigações apenas para o mutuário; isso ocorre, pois o mútuo só se forma com a entrega da coisa, e, uma vez formado, somente o mutuário tem deveres;

b) é gratuito, se não houver remuneração para o mutuante; e é oneroso, se houver remuneração para o mutuante; o mútuo oneroso é denominado mútuo feneratício; em caso de mútuo destinado a fins econômicos (empréstimo de dinheiro feito em favor de uma empresa) presumem-se devidos juros (art. 591 do CC), vale dizer, presume-se que se trata de mútuo oneroso; mútuo destinado a fins econômicos é aquele não feito por amizade, cortesia ou espírito de solidariedade;

c) é real, pois somente passa a existir com a tradição da coisa; assim, o empréstimo de dinheiro somente se perfaz quando há a entrega do dinheiro; mesmo que já haja um contrato de mútuo assinado, enquanto não houver a entrega de dinheiro, o contrato não é considerado existente, tratando-se, nessa fase, de mera promessa de mutuar;

d) é não solene: ou seja, não se exige forma especial; de qualquer forma, é recomendável que o mútuo se dê por escrito, tendo em vista as limitações para provar por testemunhas contratos com valor superior a dez salários mínimos (art. 227 do CC).

O mútuo tem os seguintes **requisitos**:

a) **subjetivos:**

✓ o mutuante deve estar habilitado a obrigar-se;

✓ o mutuário também deve estar habilitado; por exemplo, no caso de mútuo feito a pessoa menor, sem prévia autorização do representante legal, o valor emprestado não pode ser reavido nem do mutuário nem de seus fiadores (art. 588 do CC); trata-se de proteção contra a exploração gananciosa da sua inexperiência; porém, deixa-se de aplicar a pena nos seguintes casos (art. 589 do CC): i) se o representante ratificar posteriormente; ii) se o menor, ausente o representante, contrair empréstimo para seus alimentos habituais; iii) se o menor tiver bens ganhos com seu trabalho, de modo a que eventual execução futura não ultrapasse as forças do patrimônio do menor; iv) se o empréstimo reverter em benefício do menor; v) se o menor entre 16 e 18 anos tiver obtido o empréstimo maliciosamente (art. 180 do CC).

b) objetivos:

✓ É necessário que a coisa seja fungível e de propriedade do mutuante.

Quanto à **duração**, o contrato de mútuo tem as seguintes características (arts. 590 e 592 do CC):

a) a restituição da coisa emprestada deve ser feita no prazo convencionado, que, inexistindo, dá ensejo às seguintes regras:

a1) se for produtos agrícolas: devolve-se até a próxima colheita;

a2) se for dinheiro: o prazo do mútuo será de 30 dias, pelo menos;

a3) se for outra coisa fungível: o mútuo se dará pelo período de tempo que declarar mutuante; ou seja, este, a todo tempo, poderá intimar o devedor para restituir no prazo razoável que estipular;

a4) se o mutuário sofrer notória mudança em sua situação econômica: pode-se exigir a restituição antes do vencimento (art. 590 do CC).

São **obrigações do mutuário:**

a) restituir o que recebeu, em coisas do mesmo gênero, qualidade e quantidade, no prazo estipulado (art. 586 do CC); é válida a cláusula de devolver a coisa equivalente ou seu valor no momento da restituição; em relações de consumo, a restituição total ou parcial do valor emprestado antes do prazo definido no contrato acarreta a redução proporcional dos juros e demais acréscimos (art. 52, § 2º, do CDC); não sendo possível a devolução do gênero, por causa não imputável ao devedor, substitui-se pelo equivalente pecuniário; indenização por perdas e danos só se houver culpa do mutuário;

b) pagar juros, se convencionados, ou se se trata de mútuo com fins econômicos; não se deve confundir os juros compensatórios (remuneração do capital) com os juros moratórios ou legais (pela mora); os juros legais são devidos desde a citação; quanto aos limites legais aos juros compensatórios, o art. 591 do CC estabelece que estes não podem exceder a taxa estipulada no art. 406 do CC (taxa dos juros legais), que é a Taxa Selic, a qual já contém correção monetária e juros; a capitalização de juros é vedada, salvo se feita anualmente; a cumulação de juros compensatórios com juros moratórios é possível, pois cada um tem sua origem, mas não é possível cumulá-los com comissão de permanência; todavia, a regra de limitação de juros e de proibição de capitalização de juros não se aplica às instituições financeiras, inclusive às administradoras de cartão de crédito

(Medida Provisória 2.170-36/01); o conceito de instituição financeira pode ser encontrado no art. 17 da Lei 4.595/64 e na LC 105/01);

c) pagar correção monetária, também chamada de cláusula de escala móvel; essa correção não se confunde com os juros; porém, quando aplicada a Taxa Selic, é importante observar que essa taxa já embute juros e correção monetária; porém, se os juros e a correção monetária forem estipulados especificamente, há de se tomar cuidado para que os juros estejam dentro dos limites (salvo instituição financeira), bem como se a correção monetária também está dentro dos limites, valendo salientar que a Lei do Plano Real (Lei 10.192/01) considera nula a estipulação de correção monetária em periodicidade inferior a um ano;

d) responder pelos riscos da coisa desde a tradição (art. 587 do CC).

4.12. Prestação de Serviço

A prestação de serviço pode ser **conceituada** como *o contrato pelo qual uma parte se obriga para com a outra a fornecer-lhe a prestação de uma atividade, mediante remuneração* (art. 594 do CC).

São **exemplos** desse contrato a manutenção de equipamentos, a limpeza, a vigilância, a lavandeira, o gerenciamento, dentre outros.

O *regime jurídico* desse contrato se dá pelos arts. 593 e seguintes do Código Civil. No entanto, determinados serviços são regulados em outros contratos típicos do Código Civil (ex.: empreitada, transporte e corretagem) ou em lei especial, como é o caso do serviço voluntário (Lei 9.608/98), serviço trabalhista (CLT), serviço decorrente de contrato administrativo (Lei 8.666/93), serviço público (Lei 8.987/95), dentre outros.

A prestação de serviços tem a seguintes **características**:

a) é bilateral, pois há obrigações para as duas partes; o prestador de serviço tem uma obrigação de fazer, ao passo que o tomador do serviço, uma obrigação de pagar;

b) é onerosa, pois há vantagens para ambas as partes; aliás, presume-se que o serviço é retribuído, sendo que, se não houver valor fixado, deve-se proceder ao arbitramento da retribuição (art. 596 do CC);

c) é consensual, pois se forma com o acordo de vontades;

d) é comutativa, pois, de antemão, conhecem-se as prestações de cada uma das partes;

e) é não solene, pois não há forma prescrita em lei para esse contrato.

Há um requisito subjetivo bastante importante no contrato de prestação de serviço. Trata-se da necessidade de o serviço ser prestado por alguém que possua habilitação, caso a lei assim determine. Assim, serviços advocatícios e médicos, por exemplo, devem ser prestados por aquele que possua habilitação para tanto. Caso alguém preste um serviço sem o título de habilitação ou sem a satisfação dos requisitos legais, a consequência é que esses serviços não poderão ser cobrados (art. 606 do CC). Excepcionalmente, o juiz poderá fixar em favor de quem prestou o serviço nessas condições uma compensação razoável, desde que o prestador do serviço esteja de boa-fé e que não se trate de um serviço vedado a inabilitados por lei de ordem pública.

Confira, agora, os **efeitos** do contrato de prestação de serviço:

a) o prestador do serviço deve adimplir primeiro (art. 597 do CC); ou seja, primeiro presta-se o serviço para depois receber por este, salvo convenção ou costume entre as partes;

b) quanto à duração, a prestação de serviço não se poderá convencionar por mais de 4 anos; não havendo prazo estipulado, nem se podendo inferir da natureza do contrato, ou do costume do lugar, qualquer das partes, a seu arbítrio, mediante prévio aviso, pode resolver o contrato; dar-se-á esse aviso: i) com antecedência de 8 dias, se o salário se houver fixado por tempo de um mês, ou mais; ii) com antecipação de 4 dias, se o salário se tiver ajustado por semana, ou quinzena; iii) de véspera, quando se tenha contratado por menos de sete dias; obs.: não se conta no prazo do contrato o tempo em que o prestador de serviço, por culpa sua, deixou de servir (art. 600 do CC);

c) aquele que aliciar pessoas obrigadas em contrato escrito a prestar serviço a outrem pagará a este a importância que ao prestador de serviço, pelo ajuste desfeito, houvesse de caber durante dois anos (art. 608 do CC).

Em caso de descumprimento do contrato pelo prestador de serviço, sua responsabilidade é subjetiva, no âmbito do Código Civil (art. 248 do CC), e objetiva, no âmbito do Código de Defesa do Consumidor (art. 14 do CDC), salvo o profissional liberal, que, mesmo no CDC, responde subjetivamente.

Caso o prestador de serviço seja despedido sem justa causa (art. 603 do CC), paga-se a retribuição vencida mais metade do que lhe tocaria até o fim do contrato. Se despedido com justa causa (art. 602 do CC), paga-se só a retribuição vencida, e o *prestador* responde por perdas e danos. O mesmo acontecerá se o próprio prestador de serviço se despedir sem justa causa.

O contrato é **extinto** nos seguintes casos (art. 607 do CC):

a) morte de qualquer das partes, salvo se for convencionada a impessoalidade do contrato;

b) escoamento do prazo ou conclusão dos serviços;

c) resilição por aviso prévio;

d) resolução por inadimplemento;

e) resolução pela impossibilidade de continuação, motivada por força maior.

A alienação do prédio agrícola, onde a prestação dos serviços se opera, não importa em rescisão do contrato, salvo ao prestador de serviço escolher entre novo tomador do serviço e o primitivo contratante (art. 609 do CC).

4.13. Depósito

O depósito pode ser **conceituado** como *o contrato em que o depositário recebe um objeto móvel, para guardar, até que o depositante o reclame* (art. 627 do CC).

A finalidade do contrato é a guarda de coisa alheia. Dessa forma, a princípio, o bem não deve ser usado pelo depositário, mas apenas guardado por este.

São exemplos de depósito o contrato de estacionamento, a alienação fiduciária, a guarda de joias em cofre, os guarda-móveis de aeroporto e os hotéis de cachorro.

O depósito tem as seguintes características:

a) é real, pois se forma com a entrega da coisa, não bastando o consentimento (art. 627 do CC);

b) é gratuito, pois, como regra, não envolve retribuição (art. 628 do CC); todavia, o depósito será oneroso nos seguintes casos: i) quando houver convenção nesse sentido; ii) quando resultar de atividade negocial (ex.: estacionamento); iii) quando o depositário o praticar por profissão; iv) quando for um depósito necessário, pois este não se presume gratuito (art. 651 do CC); por exemplo, o depósito da bagagem do hóspede por hotel é remunerado, ainda que esse preço esteja embutido no preço da hospedagem; na falta de convenção sobre o valor da retribuição recorre-se à lei, aos usos e até ao arbitramento (art. 628, parágrafo único, do CC);

c) é unilateral: se for gratuito, ocasião em que só o depositário terá obrigações (de entregar a coisa); se o depositante tiver de pagar remuneração, ter-se-á um contrato bilateral;

d) é não solene, não exigindo forma prescrita em lei; a forma escrita é apenas para *prova* do depósito voluntário (art. 646 do CC), e não para a *validade* deste; assim, recibos, tíquetes e outros documentos são meios de prova do depósito, e não requisitos de validade deste.

O depósito tem as seguintes **espécies**:

a) voluntário: decorre do consenso espontâneo; o depositante não precisa ser dono da coisa, mas deve ter o poder para administrá-la;

b) necessário: decorre de obrigação legal; é o que se efetua por ocasião de calamidade, como incêndio (depósito miserável), inundação, naufrágio e saque (art. 647 do CC); também é depósito necessário o que os hospedeiros têm em relação às bagagens dos hóspedes (art. 649 do CC).

São **obrigações do depositante**:

a) reembolsar as despesas feitas pelo depositário (art. 643 do CC);

b) indenizar o depositário pelos prejuízos que advierem do depósito (art. 643 do CC);

c) sujeitar-se ao direito de retenção em favor do depositário até o pagamento da retribuição, despesas e prejuízos líquidos provados de pronto (art. 644 do CC); valores ilíquidos exigem caução e remoção para depósito público.

São **obrigações do depositário**:

a) guardar a coisa alheia como se fosse sua; pode confiar a terceiro (ex.: banco, cofre etc.), já que não é contrato personalíssimo;

b) só usar a coisa ou dá-la em depósito a alguém mediante licença expressa do depositante (art. 640 do CC), sob pena de responder por perdas e danos; depositário também responderá por perdas e danos, se confiada a coisa a terceiro autorizado, este causar prejuízo; depositário será responsável se agir com culpa na escolha do terceiro;

c) conservar a coisa, respondendo subjetivamente por danos causados a esta, mas com culpa presumida; depositário se livra da responsabilização em caso de força maior e caso fortuito (art. 393 do CC), mas terá que prová-los (art. 642 do CC); inclusive: tem ônus de provar força maior.

d) restituir a coisa com seus frutos e acrescidos, quando o exija o depositante (art. 629 do CC), ainda que o depósito tenha prazo (art. 633 do CC), salvo: i) exercício de direito de retenção; ii) se o objeto estiver embargado; iii) se sobre ele pender execução; iv) se houver motivo razoável para suspeitar que a coisa foi dolosamente obtida, ocasião em que será recolhido ao depósito público (art. 634 do CC).

Nos depósitos voluntário e necessário, aquele que não restituir a coisa quando exigido, será compelido a fazê-lo mediante:

a) prisão não excedente a um ano;

b) pagamento de indenização dos prejuízos.

No entanto, o STF entende que não é mais cabível a prisão civil do depositário infiel. Nesse sentido, confira o teor da Súmula Vinculante nº 25: "é ilícita a prisão civil de depositário infiel, qualquer que seja a modalidade de depósito". Nesse sentido também é a Súmula 419 do STJ, ambas fundamentadas na Convenção Americana de Direitos Humanos (Pacto de San José da Costa Rica).

4.14. Fiança

4.14.1. Conceito

É contrato pelo qual uma pessoa (fiador) garante satisfazer ao credor uma obrigação assumida pelo devedor (afiançado), caso este não a cumpra (art. 818 do CC).

4.14.2. Exemplos

Em contratos de locação e de mútuo.

4.14.3. Obrigações

A fiança pode se dar em relação a *dívidas presentes* e *futuras*, mas, quanto a estas, o fiador não será demandado enquanto não se fizer certa e líquida a obrigação do devedor. A fiança normalmente serve de garantia a obrigações de dar dinheiro, mas nada impede uma fiança em outras obrigações de dar e nas obrigações de fazer e de não fazer. Nestes casos, a garantia tende a ser de satisfazer perdas e danos.

4.14.4. Natureza jurídica

É de *contrato acessório*; é também considerada uma *garantia* ou uma *caução* (garantia e caução são gêneros que abrangem a fiança, o aval, a hipoteca etc.), mas do tipo *fidejussória*, pois é uma garantia de natureza pessoal (o patrimônio de uma certa *pessoa* responde); já numa garantia *real* (hipoteca e penhor, p. ex.), um *bem certo* faz esse papel. Neste caso, o credor perseguirá um bem e não uma pessoa.

4.14.5. Classificação

4.14.5.1. Quanto à existência por si só

É *contrato acessório*; a consequência prática disso é que a fiança segue a sorte do contrato principal (há uma exceção no art. 824 do CC). Por exemplo, se este se extinguir, a fiança também restará extinta. A doutrina lembra que a fiança também é um *contrato subsidiário*, ou seja, tem sua execução subordinada ao não cumprimento, pelo devedor, do contrato principal. Dessa forma, se o contrato principal for integralmente cumprido, a fiança não produzirá efeitos práticos.

4.14.5.2. Quanto às obrigações

É *contrato unilateral*; isso porque a fiança é um contrato entre o credor e o fiador (o afiançado ou devedor não faz parte do contrato; aliás, pode-se estipular fiança até sem o consentimento do devedor – art. 820 do CC); repare que nesse contrato o credor não tem obrigações; só o fiador as tem, o que o torna um contrato unilateral.

4.14.5.3. Quanto às vantagens

a) regra geral: é *contrato gratuito*, pois só há vantagens para o credor; o fiador não tem vantagens.

b) exceção: será *contrato oneroso* se o fiador receber uma retribuição. Ex.: na fiança bancária, o Banco (fiador) receberá uma remuneração do afiançado.

A fiança *não admite interpretação extensiva* (art. 819 do CC). Exemplo disso decorre da Súmula 214 do STJ: "o fiador na locação não responde por obrigações resultantes de aditamento ao qual não anuiu".

Por outro lado, a lei dispõe que a fiança abrange, salvo limitação, os acessórios da dívida principal, tais como juros, multas e despesas judiciais, desde a citação do fiador (art. 822 do CC).

4.14.5.4. Quanto à relevância pessoal

É *contrato personalíssimo*; isso porque é feito com base na confiança; o credor pode até rejeitar o fiador se este for inidôneo; a consequência prática de ser um contrato *intuitu personae* é que, com o falecimento do fiador, a fiança ficará extinta; as dívidas existentes até o falecimento serão suportadas pelos herdeiros do fiador, no limite das forças da herança; já as dívidas que se vencerem após a morte do fiador não mais estão cobertas pela fiança (art. 836 do CC);

4.14.6. Requisitos subjetivos especiais

1. O **pródigo** não pode prestar fiança, sem a assistência de seu curador, pois tal ato não é mera administração do seu patrimônio (art. 1.782 do CC); trata-se de requisito de validade – o ato será anulável se descumprido;

2. O **cônjuge**, exceto no regime de separação absoluta, depende do consentimento do outro para prestar fiança (art. 1.647, III, do CC); trata-se de requisito de validade – o ato também será anulável se descumprido; *vide*, ainda, os arts. 1.642, IV, e 1.649; o STJ vem entendendo que a fiança dada sem autorização do cônjuge é totalmente ineficaz (Súmula nº 332: "a fiança prestada sem autorização de um dos cônjuges implica a ineficácia total da garantia").

3. Se houver obrigação de dar fiador (legal, convencional ou judicial), o **credor não é obrigado a aceitar pessoa**:

a) *inidônea* (fiador falido, insolvente, estelionatário etc.);

b) *não domiciliada no município onde tenha de prestar a fiança* (repare que a lei não fala em "com imóvel no município", mas em "não domiciliada no município");

c) *que não possua bens suficientes para cumprir a obrigação.* (art. 825 do CC)

Obs.: o credor pode exigir substituição do fiador se este se tornar insolvente ou incapaz (art. 826 do CC).

4.14.7. Efeitos da fiança

4.14.7.1. Principal

Cria a obrigação do fiador pagar a dívida do devedor se este não o fizer no tempo e forma devidos (art. 818, CC).

4.14.7.2. Fiança de fiança

Consiste em alguém assumir a obrigação de satisfazer a dívida caso o fiador não possa fazê-lo. O fiador do fiador também leva o nome de *subfiador* ou *abonador*.

4.14.7.3. Cofiança (fiança conjunta)

a) conceito: *consiste na existência de mais de um fiador para a mesma obrigação*; neste caso, os fiadores têm obrigação concomitante, podendo ser chamados conjuntamente para satisfação do crédito perante o credor.

b) solidariedade dos cofiadores: a fiança conjuntamente prestada a um só débito por mais de uma pessoa importa *solidariedade* entre elas (art. 829).

c) benefício de divisão: *estipulação entre os fiadores, pela qual se reservam a responder unicamente pela parte, que, em proporção, lhe couber no pagamento.* Tal benefício, se estipulado, desfaz a presunção de solidariedade entre os cofiadores (art. 829).

4.14.7.4. Fiança parcial

Consiste em o fiador fixar no contrato a parte da dívida que toma sob sua responsabilidade, caso em que não será por mais obrigado (art. 830 do CC).

4.14.7.5. Benefício de ordem (ou de excussão)

a) conceito: *direito de o fiador, demandado pelo pagamento da dívida, exigir que sejam primeiro executados os bens do devedor* (art. 827 do CC).

b) exercício do direito: segundo a lei, o fiador, no prazo da contestação da lide, deve indicar bens do devedor, livres e desembargados, suficientes para solver o débito. A lei foi imprecisa, pois deveria dispor "no prazo para oferecer bens à penhora", uma vez que não há contestação na ação de execução (art. 827 do CC).

c) impossibilidade de alegação do benefício de ordem: o benefício não pode ser invocado se

c1) o fiador *renunciar* expressamente a esse direito;

c2) o fiador tiver se obrigado como *principal pagador* ou *devedor solidário*;

c3) o devedor for *insolvente* ou *falido* (art. 828 do CC).

4.14.7.6. Sub-rogação legal em favor do garante

a) conceito: *é a transferência dos direitos do credor ao fiador se este pagar integralmente a dívida* (art. 831 do CC). Apesar de a lei usar a expressão "integralmente", também haverá sub-rogação, mas proporcional, se houver pagamento parcial da dívida.

b) extensão pessoal: o fiador que pagar a dívida pode acionar tanto o *devedor*, como cada um dos *outros fiadores* pela respectiva quota. A parte de outro fiador que se tornar insolvente distribuir-se-á pelos demais (art. 831 do CC).

c) extensão objetiva:

c1) o devedor responde também perante o fiador por todas as *perdas e danos* que este pagar, e pelos que sofrer em razão da fiança (art. 832 do CC).

c2) o fiador tem direito aos *juros do desembolso* pela taxa estipulada na obrigação principal (juros compensatórios – ex.: na fiança num contrato de mútuo), e, não havendo taxa convencionada, aos *juros legais* (juros de mora – ex.: na fiança num contrato locação) (art. 833 do CC).

c3) é bom lembrar que a sub-rogação transfere ao novo credor todos os *direitos, ações, privilégios* e *garantias* do primitivo, em relação à dívida, contra o devedor principal e os fiadores (art. 349 do CC).

4.14.7.7. Desídia do credor

Quando o credor, sem justa causa, não der o devido andamento à execução iniciada contra o devedor, poderá o fiador promover tal andamento (art. 834). A regra, que traz uma legitimidade de processo civil, visa a proteger o fiador contra eventual dissipação do patrimônio pelo devedor no curso da ação de execução. *Vide* também a regra do art. 839 do CC.

4.14.7.8. Penhora de bem de família do fiador de locação

Como se sabe, a Lei 8.009/1990 admite a penhora do bem de família se o devedor for fiador de uma locação de imóvel urbano. Porém, com fundamento na EC 26/2000, que instituiu como direito social fundamental o direito à moradia, alguns acórdãos foram proferidos no sentido da impenhorabilidade de bem de família de fiador de locação. Ocorre que, por enquanto, os tribunais superiores vêm reafirmando a penhorabilidade do bem de família nesse caso (STF: RE 407.688-SP, *DJ* 06.10.2006; STJ: AgRg no Ag 830.400-RS, *DJ* 22.04.2008, e REsp 891.290-RJ, DJ 12.05.2008).

4.14.8. Extinção da fiança

4.14.8.1. Pela extinção da obrigação principal

Isso pode se dar com o *cumprimento* da obrigação pelo devedor, com a *confusão*, com a *compensação*, com o *perdão* da dívida (remissão) etc.

4.14.8.2. Pela novação, sem intervenção do fiador (art. 366 do CC)

Repare que nem sempre a novação importa em extinção da fiança, mas apenas no caso em que o fiador nela não intervir. Cuidado para não confundir essa situação com o *aditamento* contratual sem anuência do fiador, em que a solução é diversa, como se viu na Súmula 214 do STJ. Se o aditamento ocorrer no curso do prazo certo previsto no contrato, o fiador não responde pela parte que exceder o valor da obrigação que originariamente afiançou. Se o aditamento ocorrer quando o contrato já estiver vigorando por prazo indeterminado, o fiador por nada responderá, se não houver sua anuência.

4.14.8.3. Pela concessão de moratória ao devedor, sem o consentimento do fiador (art. 838, I, do CC)

Trata-se de causa de extinção que ocorre com certa frequência e que nem sempre é aproveitada pelo fiador.

4.14.8.4. Pela impossibilidade de sub-rogação em favor do fiador, por fato do credor (art. 838, II, do CC)

Dá-se, por exemplo, quando o credor tem duas garantias em seu favor, como fiança e hipoteca, e abre mão deste direito real. Nesse caso, estará prejudicando o fiador, que sub-rogado nos direitos e garantias do credor teria um direito real em seu favor, o que lhe garantiria a satisfação do seu crédito.

4.14.8.5. Pela aceitação, por parte do credor, de pagamento da dívida pelo devedor por meio de objeto diverso do que estava obrigado

Nesse caso, o fiador não mais responde, ainda que o credor perca a coisa pela evicção (art. 838, III, CC).

4.14.8.6. Pela exoneração da fiança:

a) conceito: *é a extinção da garantia, a pedido do fiador, quando esta não tiver limitação no tempo* (art. 835 do CC).

b) modo: o fiador deverá *notificar* o credor. Diferente do antigo CC, o atual não exige sentença judicial para que a exoneração ocorra. A forma atual é a notificação, que pode ser *extrajudicial*.

c) efeitos: durante 60 dias após a notificação do credor, o fiador fica obrigado por todos os efeitos da fiança. Trata-se de um prazo que a lei presume como suficiente para que o credor busque junto ao devedor um novo fiador.

d) locação de imóvel urbano: a Lei nº 8.245/1991, em seu art. 39, dispõe que "salvo disposição contratual em contrário, qualquer das garantias da locação se estende até a efetiva devolução do imóvel". Ou seja, o fiador fica obrigado até a entrega das chaves do imóvel ao credor (locador). Assim, salvo se houver disposição contratual de que a fiança ficará extinta num dado termo ou ocorrido dado evento, o fiador não tem como se exonerar da fiança, ainda que o contrato esteja vigorando por tempo indeterminado. Trata-se de solução que nos parece bastante desproporcional, pois a fiança, como regra, é um contrato que não traz benefício algum para o fiador, que não pode, assim, ficar indefinidamente adstrito ao seu cumprimento. Sensível a isso, o atual Código Civil não só permite a exoneração do fiador (desde que o contrato esteja vigorando por tempo indeterminado, claro), como também admite que esta se dê por simples notificação extrajudicial. O STJ, de um lado, admite essa exoneração do fiador (mediante notificação resilitória), mas, de outro, é claro no sentido de que "a prorrogação da locação por prazo indeterminado implica também prorrogação automática da fiança (*ope legis*)" (REsp 1.326.557, j. 13.11.12), respondendo o fiador, assim, até a devolução do imóvel.

4.14.8.7. Pela morte do fiador

A responsabilidade dos herdeiros pelo cumprimento da fiança se limita ao tempo decorrido até a morte do fiador e não pode ultrapassar as forças da herança (art. 836 do CC). Eventos ocorridos após a morte do fiador não serão de responsabilidade de seus herdeiros, dada a extinção da fiança.

4.14.9. Oposição de exceções: o fiador pode opor ao credor as seguintes exceções

4.14.9.1. Pessoais (suas, do fiador)

Incapacidade de ser fiador, nulidade da fiança, exoneração pelo decurso do prazo etc.

4.14.9.2. Extintivas da obrigação que competem ao devedor principal

O fiador pode alegar que já houve pagamento, compensação, remissão, dentre outros, em favor do devedor principal. Mas a lei não permite que o fiador alegue exceções que digam respeito simplesmente à incapacidade pessoal do devedor principal (ex.: o fiador dizer que o devedor era pródigo), salvo o caso de mútuo feito a pessoa menor (ex.: o fiador pode alegar que não responderá, pois a fiança foi feita num empréstimo a alguém de 15 anos, sem a presença de seu representante). *Vide* art. 837 do CC.

4.15. Mandato

4.15.1. Conceito

É contrato pelo qual uma pessoa (mandatário ou representante) recebe de outrem (mandante ou representado) poderes para, em nome deste, praticar atos ou administrar interesses (art. 653 do CC).

A expressão vem de "manu" + "datum", que significa dar as mãos. São exemplos os mandatos para que uma pessoa inscreva outra num concurso público, administre o patrimônio do representado, vote em nome do representado numa assembleia de condôminos, dentre outros. Cuidado, pois o contrato em tela não tem o nome de "procuração". Esta é apenas o *instrumento* do mandato. Ou seja, a *forma* como o mandato se exterioriza. O papel é a "procuração". O seu conteúdo é o "mandato".

O maior de 16 e o menor de 18 anos não emancipado pode ser *mandatário*, mas o mandante não tem ação contra ele senão de conformidade com as regras gerais aplicáveis às obrigações contraídas por menores (art. 666).

4.15.2. Diferenças

O instituto não se confunde com o da comissão mercantil, em que o comissário atua em seu próprio nome, e com a representação legal ou judicial, pois a primeira não decorre do acordo de vontades (não é contrato), mas da lei (ex.: pais e curadores representam filhos e curatelados), e a segunda decorre de ordem judicial (ex.: inventariante, administrador etc.). Há regimes jurídicos próprios para regular essas situações.

4.15.3. Classificação

4.15.3.1. Quanto às vantagens

a) regra geral: é *contrato gratuito*, pois só há vantagens para o mandante; o mandatário não tem vantagens, não recebe remuneração (art. 658 do CC);

b) exceções: será *contrato oneroso* em dois casos:

b1) se houver estipulação de retribuição;

b2) se decorrer de ofício ou profissão lucrativa do mandatário;

O mandato conferido a um advogado ou a um despachante, por exemplo, será oneroso.

Não havendo retribuição prevista em lei ou no contrato, ela será determinada pelos usos, e, na falta, por arbitramento (art. 658, parágrafo único, do CC).

4.15.3.2. Quanto às obrigações

a) se o mandato for gratuito: será *contrato unilateral*, pois só o mandatário terá obrigações; se o mandante vier a ter obrigações no curso do contrato, decorrente de despesas que surgirem, parte da doutrina fala em contrato bilateral imperfeito.

b) se o mandato for oneroso: será *contrato bilateral*, pois o mandatário terá suas usuais obrigações, e o mandante também, pois arcará com uma remuneração em favor do primeiro.

4.15.3.3. Quanto à relevância pessoal

É *contrato personalíssimo*; isso porque é feito com base na confiança; a consequência prática disso é que, como regra, cabe revogação (unilateral) do contrato a qualquer tempo. Outra consequência é que a morte de qualquer das partes gera a extinção do contrato.

4.15.3.4. Quanto ao momento da formação

É *contrato consensual*, pois passa a existir desde o acordo de vontades. Inclusive, é um contrato cuja aceitação pode ser tácita, revelando-se pelo começo de execução da representação (art. 659 do CC).

4.15.3.5. Quanto à forma

a) regra geral: é *contrato não solene;* apesar de o art. 653 dizer que "a procuração é o instrumento do mandato", o art. 656 dispõe que o mandato pode ser "verbal ou escrito". O fato de se admitir a forma verbal demonstra que não há solenidade a ser atendida.

b) exceção: será *contrato solene* se a lei exigir forma especial para o ato a ser praticado pelo mandatário (art. 657 do CC). Por exemplo, se for constituído um mandato dando poderes para o mandatário alienar um imóvel do mandante de valor superior a 30 salários mínimos, a procuração deve ser uma escritura pública.

c) prova do mandato: para fins de *validade* do mandato, vimos os itens "a" e "b". Resta saber se a lei exige forma especial para a *prova* do mandato. Perante terceiro, o mandatário está sujeito a ter que provar o mandato. Nesse caso, a procuração, documento escrito do qual constará o lugar onde foi passada, as qualificações das partes, o objeto e a extensão dos poderes conferidos, será o meio adequado. Segundo a lei, o terceiro *poderá* exigir que a procuração traga firma reconhecida (art. 654, §§ 1º e 2º). O art. 38 do CPC não exige firma reconhecida para a prova da procuração judicial.

4.15.4. Espécies de mandato

4.15.4.1. Especial

É aquele específico para um ou mais negócios determinados do mandante (art. 660 do CC). Exs.: procuração para vender um imóvel (especial para um negócio determinado do mandante) e procuração para emprestar um imóvel e alugar um outro imóvel (especial para dois negócios determinados do mandante).

4.15.4.2. Geral

É aquele para administrar todos os negócios do mandante (art. 660 do CC). Repare que, em que pese se referir a todos os negócios, o mandato geral só admite a *administração ordinária* dos bens (ex.: gerenciar, fazer pagamentos, contratar, proceder a reparos etc.). Será necessário um mandato com **poderes especiais e expressos** para: alienar, hipotecar, transigir e praticar outros atos que exorbitem a administração ordinária (art. 661, § 1º).

4.15.5. Direitos do mandatário

4.15.5.1. De remuneração

Se o mandato for oneroso, mesmo que o negócio não surta o efeito esperado, o mandatário terá direito à retribuição, salvo se agir com culpa (arts. 658 e 676, CC).

4.15.5.2. De adiantamento da importância das despesas necessárias à execução do mandato

O mandatário pode fazer tal pedido, nos termos do art. 675 do CC. Ingressam aí despesas para pagamento de taxas, transporte e hospedagem, por exemplo.

4.15.5.3. De recebimento dos valores desembolsados para fazer frente ao mandato, mas não adiantados

O mandante é obrigado a pagar todas as despesas da execução do mandato, também na hipótese de o negócio não surtir o efeito esperado, salvo culpa do mandatário (art. 676 do CC).

4.15.5.4. *De retenção*

O mandatário tem sobre a coisa de que tenha a posse em virtude do mandato direito de retenção até se reembolsar do que no desempenho do encargo despendeu (art. 681 do CC).

4.15.5.5. *De substabelecer seus poderes, se houver autorização*

O mandatário, autorizado, pode se fazer substituir na execução do mandato. Neste caso, o mandatário só responderá por eventuais danos causados pelo substabelecido se tiver agido com culpa na escolha deste ou nas instruções dadas a ele (art. 667, § 2º, CC). Não existindo autorização, a situação fica assim:

a) se havia proibição: os atos praticados em nome do mandante não obrigam este (se a proibição constava do mandato), salvo ratificação posterior; a responsabilidade do mandatário por eventuais danos é objetiva (art. 667, § 1º, do CC); não se vai verificar a conduta nem do mandatário, nem do substabelecido;

b) se não havia proibição: a responsabilidade do mandatário por eventuais danos só existirá se o substabelecido tiver agido culposamente (art. 667, § 4º, do CC).

4.15.6. *Deveres do mandatário*

1. Dar execução ao mandato, aplicando toda a diligência habitual: regra prevista no art. 667 do CC.

2. Responder pelos danos ocorridos sob a gerência do substabelecido: art. 667 do CC.

3. Apresentar o instrumento de mandato, quando terceiro exigir: *vide* art. 654, § 2º.

4. Enviar ao mandante as somas recebidas: pelas somas que devia entregar ao mandante ou recebeu para despesa, mas empregou em proveito seu, pagará o mandatário juros, desde o momento em que abusou (art. 670 do CC).

5. Não compensar os prejuízos a que deu causa com os proveitos que gerou ao mandante: *vide* art. 669 do CC.

6. Prestar contas de sua gerência: *vide* arts. 668 do CC e 914 do CPC.

7. Concluir negócio já começado se houver perigo na demora, apesar de ciente do fim do mandato: *vide* arts. 674 e 682 do CC.

8. Responsabilizar-se pessoalmente por negócios feitos em seu próprio nome: mesmo que o negócio seja de conta do mandante (*vide* art. 663 do CC).

4.15.7. *Direitos do mandante*

1. Revogar o mandato a qualquer tempo: salvo cláusula de irrevogabilidade (arts. 683 a 686 do CC). Em matéria de compromisso de compra e venda de imóvel há situações em que o compromitente vendedor constitui o compromissário comprador seu procurador para fins de celebração da escritura definitiva de compra e venda. É o chamado mandato "em causa própria" (mandato *in rem suam*). Nesse caso, tem-se cláusula de irrevogabilidade (*vide* art. 685).

2. Autorizar ou não o substabelecimento, com ou sem reserva de poderes.

3. Ratificar ou não negócio realizado pelo mandatário que exceder poderes com ciência do terceiro: art. 673 do CC. Cuidado para não confundir *atuação fora do mandato* (exceder poderes ou exorbitar dos poderes) com *descumprimento das instruções*, que será visto adiante.

4. Exigir do mandatário entrega de somas, informações, prestação de contas e pagamento de indenização por prejuízos.

5. Acionar o mandatário que comprar, em nome próprio, algo que deveria ser comprado para o mandante, exigindo para si a coisa comprada: *vide* art. 671 do CC.

4.15.8. *Obrigações do mandante*

1. Honrar os compromissos assumidos em seu nome: a regra vale mesmo que o mandatário tenha descumprido suas instruções, mas não vale quando o mandatário exorbitar seus poderes ou não tiver poder algum (arts. 663, 665 e 675, do CC).

2. Pagar despesas e retribuições ao mandatário, quando devidos.

3. Pagar perdas e danos se revogar contrato irrevogável: *vide* art. 683 do CC.

4. Outras obrigações: *vide* art. 686 (terceiros de boa-fé).

4.15.9. *Extinção do mandato*

1. Pela revogação (feita pelo mandante) ou pela renúncia (feita pelo mandatário): a primeira está prevista no art. 687, ao passo que a segunda, no art. 688. Nos dois casos temos resilição unilateral com denúncia vazia (há restrições no art. 45 do CPC e no art. 688 do CC.

2. Pela morte ou interdição de uma das partes: atenuam as regras as disposições dos arts. 689 e 690 do CC.

3. Pelo término do prazo ou pela conclusão do negócio.

5. RESPONSABILIDADE CIVIL

5.1. Responsabilidade subjetiva

5.1.1. *Hipótese de incidência (art. 186)*

Aquele que, por ação ou omissão voluntária, negligência ou imprudência, violar direito e causar dano a outrem, ainda que exclusivamente moral, comete ato ilícito.

conduta culposa/dolosa + dano + nexo causal

5.1.2. *Consequência (art. 927)*

Aquele que cometer ato ilícito *fica obrigado a reparar dano*

5.1.3. *Excludentes da ilicitude*

a) legítima defesa;

b) exercício regular de direito e estrito cumprimento de dever legal;

c) estado de necessidade – neste caso, o 3º não culpado será indenizado pelo agressor.

5.2. Responsabilidade objetiva

Na responsabilidade objetiva não é necessário comprovar conduta dolosa ou culposa do causador do dano. Para responsabilização deste basta comprovar CONDUTA + DANO + NEXO DE CAUSALIDADE.

5.2.1. *Ato ilícito por abuso de direito (art. 187)*

Também comete ato ilícito o titular de um direito que, ao exercê-lo, excede manifestamente os limites impostos pelo seu fim econômico ou social, pela boa-fé ou pelos bons costumes.

Trata-se do chamado **ato emulativo.**

O Enunciado 37/CJF considera **objetiva** a responsabilidade no caso, ou seja, não é necessário culpa ou dolo. Exemplos:

a) excesso na liberdade de informação;

b) excesso no exercício da propriedade (direito de vizinhança);

c) excesso na legítima defesa.

✓ Acerca da temática do abuso de direito, confira, ainda, os seguintes enunciados das Jornadas de Direito Civil:

a) 413 – Art. 187: Os bons costumes previstos no art. 187 do CC possuem natureza subjetiva, destinada ao controle da moralidade social de determinada época, e objetiva, para permitir a sindicância da violação dos negócios jurídicos em questões não abrangidas pela função social e pela boa-fé objetiva.

b) 414 – Art. 187: A cláusula geral do art. 187 do Código Civil tem fundamento constitucional nos princípios da solidariedade, devido processo legal e proteção da confiança, e aplica-se a todos os ramos do direito.

5.2.2. *Atividade de risco (art. 927, parágrafo único)*

Quando a atividade normalmente desenvolvida pelo autor do dano implicar, por sua natureza, risco para os direitos de outrem.

Exs.: acidente em loja de fogos; acidente com helicóptero, matando terceiros.

Configura-se quando a atividade causar a pessoa determinada um ônus maior do que aos demais membros da coletividade (Enunciado 38/CJF).

Confira, ainda, outros dois enunciados das Jornadas de Direito Civil:

a) "446 – Art. 927: A responsabilidade civil prevista na segunda parte do parágrafo único do art. 927 do Código Civil deve levar em consideração não apenas a proteção da vítima e a atividade do ofensor, mas também a prevenção e o interesse da sociedade."

b) "448 – Art. 927: A regra do art. 927, parágrafo único, segunda parte, do CC aplica-se sempre que a atividade normalmente desenvolvida, mesmo sem defeito e não essencialmente perigosa, induza, por sua natureza, risco especial e diferenciado aos direitos de outrem. São critérios de avaliação desse risco, entre outros, a estatística, a prova técnica e as máximas de experiência."

5.2.3. *Produtos postos em circulação (art. 931)*

Os empresários individuais e as empresas respondem independentemente de culpa pelos danos causados pelos ***produtos*** *postos em circulação.*

Ex.: danos causados por insumo vendido a uma indústria.

5.2.4. *Responsabilidade pelo fato de 3º (arts. 932 e 933)*

Responsabilidade **indireta**.

Não afasta a responsabilidade do causador do dano.

Se o agente praticante do ato responder (o que requer culpa ou dolo, como regra), o responsável também responderá, mas sem necessidade de dolo ou culpa *in vigilando* ou *in eligendo* ou mesmo de se invocar o modelo da culpa presumida para o caso.

Hipóteses:

a) **Pais** por filhos menores sob sua autoridade e companhia; para o STJ, a emancipação voluntária não exclui responsabilidade do pai;

b) **Tutor e curador** nos mesmos casos;

c) **Empregador** por empregados, no exercício do trabalho; para o STF, é presumida a culpa do patrão (Súmula nº 341); para o STJ, o tomador de serviço não responde por empresa terceirizada;

d) **Dono** de hotel por hóspedes;

e) **Partícipe** de crime, sem ganho, até o limite de sua participação.

5.3. Outros casos de obrigação de indenizar

5.3.1. *Dono ou detentor de animal (art. 936)*

Responsabilidade presumida: *o dono ou detentor* do animal ressarcirá o dano por este causado, se não provar culpa da vítima ou força maior.

O Enunciado nº 452 das Jornadas de Direito Civil entende que o caso é de responsabilidade objetiva, com excludente do fato exclusivo de terceiro.

5.3.2. *Prédio em ruína (art. 937)*

Responsabilidade presumida: *o dono de edifício ou construção responde pelos danos que resultarem de sua ruína se esta provier de falta de reparos, cuja necessidade fosse manifesta.*

5.3.3. *Coisas caídas ou lançadas (art. 938)*

Responsabilidade objetiva: *aquele que habitar prédio, ou parte dele, responde pelo dano proveniente das coisas que dele caírem ou forem lançadas em lugar indevido.*

5.4. Excludentes de responsabilidade em geral

5.4.1. *Legítima defesa*

Situação atual/iminente de **injusta agressão** a si ou a 3º.

Ex.: atira-se em pessoa que está para matar outra.

5.4.2. *Exercício regular de direito*

Ex.: ingresso com ação judicial; protesto.

5.4.3. *Estrito cumprimento de dever legal*

Ex.: prestação de informações às autoridades fiscais.

5.4.4. *Estado de necessidade*

Dano a coisa ou pessoa para remover perigo iminente.

Se 3º atingido não causar o perigo, o agente **responde**, com ação regressiva contra verdadeiro culpado.

Ex.: "A", fechado por "B", desvia carro, batendo em 3º ("C") para não atropelar alguém; "A", apesar do estado de necessidade, responderá perante 3º ("C"), podendo ingressar com ação de regresso contra "B", culpado por tudo.

5.4.5. *Caso fortuito ou de força maior*

É o fato necessário, cujos efeitos não são possíveis de evitar ou impedir (art. 393, parágrafo único, do CC).

Exs.: um tornado de grande expressão, um terremoto.

De acordo com o Enunciado nº 443 das Jornadas de Direito Civil, "o caso fortuito e a força maior somente serão considerados como excludentes da responsabilidade civil quando o fato gerador do dano não for conexo à atividade desenvolvida".

Para o STJ, roubo em posto de gasolina é considerado força maior, excluindo a responsabilidade do estabelecimento.

Já roubo em agência bancária é evento previsível, não caracterizando força maior.

Outro entendimento importante é o fixado na Súmula nº 479 do STJ: "As instituições financeiras respondem objetivamente pelos danos gerados por fortuito interno relativo a fraudes e delitos praticados por terceiros no âmbito de operações bancárias".

5.4.6. *Culpa exclusiva da vítima*

Ex.: alguém se joga na frente de um carro e é atropelado.

Obs.: culpa concorrente da vítima só altera valor indenizatório.

5.4.7. *Fato de terceiro*

Ex.: arremesso de pedra em ônibus, ferindo passageiro (STJ).

Já se houver acidente de ônibus causado por 3º, transportador responde perante passageiros, com regresso contra 3º.

Obs.: a extinção da punibilidade criminal não acarreta exoneração da responsabilidade, salvo negativa de autoria/fato.

5.5. Sujeitos passivos do direito à indenização

5.5.1. *Autores e coautores da ofensa*

5.5.1.2. *Responsáveis indiretos*

a) Responsáveis por atos de terceiros (arts. 932 e 933);

b) Súmula STJ 130: a em**presa responde, perante o cliente, pela reparação de dano/furto em seu estacionamento;**

c) Súmula STF 492: empresa **locadora** de veículos responde civil e solidariamente com o locatário pelos danos por este causados a terceiro, no uso do carro locado;

d) Súmula STJ 132: a ausência de registro da transferência não implica responsabilidade do antigo dono resultante de acidente que envolva o **veículo alienado**.

5.5.1.3. *Solidariedade*

Se a ofensa tiver mais de um autor, todos responderão solidariamente pela reparação (art. 942).

Um exemplo de solidariedade está na Súmula STJ n. 221: são civilmente responsáveis pelo ressarcimento de dano, decorrente de publicação pela imprensa, tanto o autor do escrito quanto o proprietário do veículo de divulgação.

Porém, essa súmula não se aplica em relação aos provedores de internet e redes sociais. Nesse sentido, se um usuário de rede social posta conteúdo ofensivo a terceiro, este não poderá pedir indenização por danos materiais e morais junto à empresa provedora daquele portal. Tal empresa só poderá ser acionada se, mesmo após ter sido comunicada a respeito da mensagem ofensiva, não a tiver excluído.

Outro exemplo de solidariedade é o trazido pelo STJ, no REsp 343.649, quando se decidiu que, quem permite que terceiro conduza seu veículo, é responsável solidário pelos danos culposamente causados por este.

5.6. Sujeitos ativos do direito à indenização

5.6.1. *Vítima direta*

Ex.: aquele que sofreu o acidente.

5.6.2. *Vítima indireta*

Ex.: os familiares próximos da vítima do acidente.

Tem-se no caso danos morais **reflexos** ou por **ricochete**.

Trata-se do *préjudice d'affection*, pois o instituto é fundado no princípio da afeição.

O STJ admite o dano indireto, sendo comum fixar-se indenização por danos morais em favor de pessoas muito próximas da vítima de um homicídio, tais como pais, filhos, irmãos, cônjuge e companheiro.

5.7. Reparação dos danos

5.7.1. *Regra*

A indenização mede-se pela extensão do dano.

Trata-se do princípio da reparação integral dos danos.

Exemplo de aplicação prática do princípio é a Súmula 281 do STJ, que impede a tarifação do dano moral.

5.7.2. *Exceções ao princípio da reparação integral*

a) Se houver **excessiva desproporção** entre a *gravidade da culpa* e o *dano* o juiz pode reduzir equitativamente a indenização (art. 944, parágrafo único);

b) Se houver **culpa recíproca**, a indenização será *proporcional*, levando em conta os graus de culpa (art. 945);

c) O **incapaz** responde *subsidiária* e *equitativamente*.

Subsidiariamente: pois só responde se responsável não responder ou não dispuser de meios; ex.: curador de um incapaz rico, que não tiver meios.

Equitativamente: pois, caso o incapaz responda, o valor não poderá privá-lo do necessário para a sua subsistência; há entendimento de que pais, tutores e curadores também se beneficiam dessa limitação quando o pagamento da indenização puder prejudicar a subsistência do incapaz (Enunciado CJF nº 39).

Adotou-se a **Teoria do Patrimônio Mínimo**, de modo a garantir sempre um patrimônio para o incapaz, criando a **Responsabilidade Mitigada e Subsidiária**.

5.7.3. *Espécies de danos*

5.7.3.1. *Dano material*

a) **danos emergentes:** *o que efetivamente se perdeu;* ex.: conserto do veículo, medicamentos, tratamentos;

b) **lucros cessantes:** *o que razoavelmente se deixou de lucrar*; ex.: renda que profissional liberal deixa de auferir por ficar 30 dias sem trabalhar;

c) **decorrentes da "Perda de uma Chance"**: dano decorrente da possibilidade de buscar posição jurídica mais vantajosa que **muito provavelmente** ocorreria; ex.: voo atrasado a impedir posse de aprovado em concurso. De acordo com o Enunciado nº 444 das Jornadas de Direito Civil, "a responsabilidade civil pela perda de chance não se limita à categoria de danos extrapatrimoniais, pois, conforme as circunstâncias do caso concreto, a chance perdida pode apresentar também a natureza jurídica de dano patrimonial. A chance deve ser séria e real, não ficando adstrita a percentuais apriorísticos".

5.7.3.2. *Dano estético*

Cicatrizes, marcas, aleijão.

STJ: dano estético é cumulável com dano moral (Súmula 387).

5.7.3.3. Dano moral

STJ: Cumulável com dano material (Súmula 37).

5.7.4. Na demanda antes de vencida a dívida (art. 939)

Credor ficará obrigado a i) esperar o tempo que faltava para o vencimento; ii) descontar os juros correspondentes, embora estipulados; iii) pagar as custas em dobro.

5.7.5. Na demanda por dívida já paga (art. 940)

Credor ficará obrigado a pagar ao devedor o dobro do que houver cobrado.

5.7.6. Na demanda com pedido maior que o devido (art. 940)

Credor ficará obrigado a: pagar ao devedor o equivalente do que dele exigir.

Obs. 1: excludente – as penas previstas nos arts. 939 e 940 não se aplicarão quando o autor **desistir** da ação antes de contestada a lide, salvo ao réu o direito de haver indenização por algum prejuízo que prove ter sofrido.

Obs. 2: STJ admite cobrança da indenização na contestação.

5.7.7. Homicídio (art. 948)

a) despesas c/ tratamento da vítima, seu funeral e o luto da família (ex.: médico + enterro + dano moral);

b) alimentos às pessoas a quem o morto os devia, levando-se em conta a duração provável da vida da *vítima*; trata-se da famosa "pensão".

5.7.8. Lesão à saúde (art. 949)

a) despesas do tratamento e dos lucros cessantes até ao fim da convalescença, além de prejuízos provados (art. 949);

b) se resultar defeito impedindo o ofendido de exercer profissão ou diminuindo sua capacidade de trabalho, a indenização incluirá pensão correspondente à importância do trabalho para quem se inabilitou ou da depreciação sofrida (art. 950);

c) o prejudicado, se preferir, poderá exigir que a indenização seja arbitrada e paga de uma só vez, em vez de pensão.

Obs.: o disposto nos arts. 948 a 950 aplica-se ao caso de danos causados no exercício de atividade profissional.

5.7.9. Esbulho (art. 952)

a) havendo usurpação ou esbulho do alheio, indenização abrange: i) valor das deteriorações; ii) lucros cessantes;

b) faltando a coisa, reembolsa-se o equivalente pelo preço ordinário e de afeição, desde que este não supere àquele.

5.7.10. Injúria, difamação e calúnia (art. 953)

a) a indenização consistirá na reparação do dano que delas resulte ao ofendido – não cabe tarifação de danos!

b) se o ofendido não puder provar prejuízo material, o juiz fixará, equitativamente, o valor da indenização.

5.7.11. Ofensa à liberdade pessoal (art. 954)

Cárcere privado e prisão ilegal (por denúncia falsa ou má-fé).

A indenização consistirá no pagamento das perdas e danos que sobrevierem ao ofendido, e, se este não provar prejuízo, juiz fixará equitativamente o valor da indenização.

5.8. Dano moral

5.8.1. Conceito

*Consiste na **ofensa ao patrimônio moral** de pessoa, tais como o nome, a honra, a fama, a imagem, a intimidade, a credibilidade, a respeitabilidade, a liberdade de ação, a autoestima, o respeito próprio e a afetividade.*

5.8.2. Sujeitos passivos do dano moral

a) Pessoas naturais; ex.: atropelamento da esposa de alguém, causando morte;

b) Pessoas jurídicas (Súmula 227 do STJ), sendo que, nesse caso, o dano moral exsurge da ofensa à honra **objetiva** da pessoa jurídica; ex.: difamação do nome de um restaurante da cidade;

c) Coletividade: o STJ está dividido sobre essa possibilidade, apesar de haver disposição legal expressa acerca do cabimento de indenização por dano moral em caso de danos coletivos ou difusos (art. 6º, VII, do CDC).

5.8.3. Prova do dano moral

a) Pessoa natural: a simples lesão ao patrimônio moral da pessoa natural caracteriza o dano moral, não sendo necessário prova da ocorrência desse dano; ex.: mãe não precisa demonstrar que sentiu morte do filho; na inexecução de um **contrato** não existe tal presunção;

b) Pessoa jurídica: o fato lesivo deve ser devidamente demonstrado para caracterizá-lo (Enunciado 189/CJF);

c) Dano moral "in re ipsa": para o STJ, determinadas condutas geram dano moral, sem necessidade de demonstração ou prova da ocorrência deste, mesmo quando a vítima for pessoa jurídica; por exemplo, a inscrição indevida em cadastro de inadimplentes e a publicação não autorizada da imagem de pessoa, com fins econômicos ou comerciais (Súmula STJ 403).

5.8.4. Exemplos de casos em que <u>cabe</u> dano moral

Súmula STJ 388: a simples devolução indevida de cheque caracteriza dano moral;

Súmula STJ 370: caracteriza dano moral a apresentação antecipada de cheque pré-datado;

Súmula STJ 227: a pessoa jurídica pode sofrer dano moral.

Casos de abandono afetivo: vide, por exemplo, STJ, REsp 1.159.242, j. 24.04.12.

Casos de ocultação da verdade, por cônjuge, quanto à paternidade biológica: vide, por exemplo, STJ, REsp 922.462, j. 04.04.2013. Na mesma decisão em que se reconheceu a responsabilidade do cônjuge infiel, afastou-se a responsabilidade do cúmplice ("amante").

5.8.5. Exemplos de casos em que <u>não cabe</u> dano moral

Súmula STJ 385: anotação irregular em cadastro de crédito não gera dano moral se já existe legítima inscrição;

Informativo 350 STJ: descumprimento de contrato, por si só, não gera dano moral;

Mero dissabor decorrente de produto com vício não gera dano moral se a coisa vem a ser consertada.

5.8.6. *Encargos de condenação*

a) correção monetária: é devida desde a data da fixação da indenização por dano moral (sentença ou acórdão); segundo a Súmula nº 362 do STJ, "A correção monetária do valor da indenização do dano moral incide desde a data do arbitramento";

b) juros moratórios: são devidos desde a data do evento danoso (Súmula STJ 54);

c) honorários: incidem também sobre o valor fixado a título de danos morais.

Súmula STJ 326: na ação de indenização por dano moral, a condenação em montante inferior ao postulado na petição inicial não implica sucumbência recíproca.

5.9. Pensão segundo o STJ

5.9.1. *Falecimento de pai/mãe, com filhos menores*

Devida até 25 anos do filho, quando presumidamente este terá concluído sua formação.

5.9.2. *Falecimento de cônjuge ou companheiro*

Devida até quando a vítima fizesse 70 anos.

5.9.3. *Falecimento de filho menor em família de baixa renda*

Devida desde quando a vítima tivesse 14 anos, até quando fizesse 65 anos; valor cairá à metade quando vítima fizesse 25, pois se presume que teria contraído família e não mais poderia ajudar tanto os pais.

5.9.4. *Falecimento de filho maior que ajudava família*

Devida vitaliciamente à família, diminuindo o valor quando a vítima fizesse 25 anos.

5.9.5. *Encargos de condenação*

a) correção monetária: é devida desde o evento danoso;

b) juros moratórios: são devidos desde a data do evento danoso (Súmula STJ 54);

c) honorários: incidem sobre as parcelas vencidas e 12 parcelas vincendas.

5.10. DPVAT

A Lei 6.194/1974 dispõe sobre o seguro obrigatório (DPVAT) de danos pessoais causados por veículos automotores de via terrestre, ou por sua carga, a pessoas transportadas ou não.

Os danos pessoais cobertos pelo DPVAT são os seguintes: a) morte (R$ 13.500,00 por pessoa vitimada); b) invalidez permanente, total ou parcial (até R$ 13.500,00 por pessoa vitimada); c) despesas de assistência médica e suplementares (até R$ 2.700,00, como reembolso à vítima, no caso de despesas de assistência médica e suplementares devidamente comprovadas).

No caso de invalidez permanente, esta pode ser total e parcial. Quanto à parcial, pode ser parcial completa e parcial incompleta, conforme a extensão das perdas anatômicas ou funcionais. A indenização variará de acordo com o enquadramento da perda, nos termos das regras previstas na Lei 6.194/1974. Aliás, mesmo sendo a lei clara nesse sentido, o STJ teve de elaborar uma súmula a respeito (Súmula n. 474): "A indenização do seguro DPVAT, em caso de invalidez parcial do beneficiário, será paga de forma proporcional ao grau da invalidez".

Em qualquer caso, o pagamento da indenização se dará mediante simples prova do acidente e do dano decorrente, independentemente da existência de culpa, havendo ou não resseguro, abolida qualquer franquia de responsabilidade do segurado.

Vale observar que, segundo a Súmula 257 do STJ, "a falta de pagamento do prêmio do seguro obrigatório de Danos Pessoais Causados por Veículos Automotores de Vias Terrestres (DPVAT) não é motivo para a recusa do pagamento da indenização".

No mais, o STJ também é pacífico no sentido de que "as seguradoras integrantes do consórcio do seguro DPVAT são solidariamente responsáveis pelo pagamento de indenizações securitárias, podendo o beneficiário reclamar de qualquer delas o que lhe é devido" (REsp 1.108.715, j. 15.05.2012).

Quanto aos encargos devidos, "os juros de mora na indenização do seguro DPVAT fluem a partir da citação" (Súmula STJ n. 426).

Quanto à ação de cobrança do seguro obrigatório, a pretensão respectiva prescreve em 3 anos (Súmula STJ n. 405), sendo que, no caso, de incapacidade ou invalidez, o termo inicial é a data em que o segurado teve ciência inequívoca da incapacidade laboral ou invalidez (Súmula STJ n. 278).

Por fim, vale citar a Súmula/STJ n. 470, pela qual o "O Ministério Público não tem legitimidade para pleitear, em ação civil pública, a indenização decorrente do DPVAT em benefício do segurado."

6. DIREITO DAS COISAS

6.1. Introdução

Para formar uma relação jurídica são necessários três elementos: a) *sujeitos de direito*, b) *bens* e um c) *fato* que faça nascer a relação. Para visualizarmos esses três elementos, vamos imaginar um contrato de compra e venda, que é uma das principais relações jurídicas de que trata o Direito. Esse contrato requer a existência de um vendedor e de um comprador (*sujeito de direito*), de uma coisa de expressão econômica (*bem*) e de um acordo de vontade sobre o preço da coisa (*fato* que faz nascer a relação jurídica).

A Parte Geral do Direito Civil trata da capacidade dos *sujeitos de direito*. Cuida ainda das classificações e do regime jurídico básico dos *bens*. E também cuida de trazer regulamentação básica acerca dos *fatos e negócios jurídicos*.

O Direito das Obrigações e o Direito Contratual focam na relação jurídica obrigacional formada. Tratam principalmente dos direitos e deveres das *pessoas* que entabulam negócios jurídicos. Repare que o objetivo maior aqui é regulamentar **direitos pessoais**, ou seja, *direitos e deveres entre pessoas determinadas, em que uma pode exigir uma prestação da outra*.

Já o Direito das Coisas tem como objetivo maior regulamentar relações jurídicas em que o elemento marcante é uma coisa corpórea (a posse, por exemplo), bem como relações que estabelecem **direito reais**, que *são direitos que estabelecem um* *poder jurídico, direto e imediato, do titular sobre a coisa, com exclusividade e contra todos.*

Em suma, no Direito das Coisas estuda-se a **posse** (de bens móveis ou imóveis) e os **direitos reais**, ou seja, aqueles direitos que se têm sobre uma coisa, com exclusividade e contra todos (propriedade, superfície, servidão, usufruto, uso, habitação, penhor, hipoteca e anticrese).

Nossa primeira tarefa será tratar da posse para em seguida tratar dos direitos reais sobre coisas móveis e imóveis.

6.2. Posse

6.2.1. *Conceito de posse*

É o exercício, pleno ou não, de algum dos poderes inerentes à propriedade (art. 1.196 do CC). É a *exteriorização da propriedade*, ou seja, a *visibilidade da propriedade*. Os poderes inerentes à propriedade são *usar*, *gozar* e *dispor* da coisa, bem como *reavê-la* (art. 1.228). Assim, se alguém estiver, por exemplo, *usando* uma coisa, como o locatário e o comodatário, pode-se dizer que está exercendo *posse* sobre o bem.

6.2.2. *Teoria adotada*

Há duas teorias sobre a posse. A primeira é a **Teoria Objetiva** (de Ihering), para a qual a posse se configura como a mera *conduta de dono*, pouco importando a apreensão física da coisa e a vontade de ser dono dela. Já a segunda, a **Teoria Subjetiva** (de Savigny), entende que a posse só se configura se houver a apreensão física da coisa (*corpus*), mais a vontade de tê-la como própria (*animus domini*). Nosso CC adotou a Teoria Objetiva de Ihering, pois não trouxe como requisito para a configuração da posse a apreensão física da coisa ou a vontade de ser dono dela, mas apenas que se tenha uma conduta de proprietário. Assim, uma pessoa que paga os impostos de um sítio e coloca um caseiro para cuidar da área, mesmo não tendo apreensão física sobre a coisa por inteiro e que não tenha em sua cabeça um ânimo de dono, exerce posse, pois sua conduta revela uma conduta de proprietário, ou seja, uma exteriorização da propriedade.

6.2.3. *Detenção*

É aquela situação em que alguém conserva a posse em nome de outro e em cumprimento às suas ordens e instruções. É muito importante entender o instituto da detenção, pois ele traz exceções ao conceito de posse. Um exemplo típico é o do caseiro. Quem olhasse de longe poderia chegar à conclusão de que um caseiro exerce posse sobre um imóvel de que cuida. Em geral, caseiros usam e cuidam da coisa, exteriorizando um dos poderes da propriedade. Todavia, o próprio art. 1.198 do CC exclui do conceito de posse a situação em que se encontra um detentor. Assim, o caseiro em relação a imóvel de que cuida e o funcionário público em relação aos móveis da repartição têm mera *detenção* sobre a coisa, não recebendo os direitos típicos daquele que exerce *posse*.

6.2.4. *Classificação da posse*

6.2.4.1. *Posse direta e indireta*

Quanto ao campo de seu exercício (art. 1.197 do CC).

a) posse indireta: *é aquela exercida por quem cedeu, temporariamente, o uso ou o gozo da coisa a outra pessoa.* São exemplos as exercidas pelo locador, nu-proprietário, comodante e depositante. O possuidor indireto ou mediato pode se valer da proteção possessória.

b) posse direta: *é aquela exercida por quem recebeu o bem, temporariamente, para usá-lo ou gozá-lo, em virtude de direito pessoal ou real.* Vale lembrar que o possuidor direito ou imediato também pode se valer de proteção possessória, inclusive contra o proprietário da coisa que exerça a posse indireta e que perturbe a sua posse.

6.2.4.2. *Posse individual e composse*

Quanto à simultaneidade de seu exercício (art. 1.199 do CC).

a) posse individual: *é aquela exercida por apenas uma pessoa.*

b) composse: *é a posse exercida por duas ou mais pessoas sobre coisa indivisa.* São exemplos a posse dos cônjuges sobre o patrimônio comum e dos herdeiros antes da partilha. Na composse *pro diviso* há uma divisão de fato da coisa.

6.2.4.3. *Posse justa e injusta*

Quanto à existência de vícios objetivos (art. 1.200 do CC).

a) posse justa: *é aquela que não for violenta, clandestina ou precária.* Assim, é justa a posse não adquirida pela força física ou moral (não violenta), não estabelecida às ocultas (não clandestina) e não originada do abuso de confiança por parte de quem recebe a coisa com o dever de restituí-la (não precária). Perceba que os vícios equivalem, no Direito Penal, aos crimes de roubo, furto e apropriação indébita.

b) posse injusta: *é aquela originada do esbulho.* Em caso de violência ou clandestinidade, a posse só passa a existir após a cessação da violência ou da clandestinidade (art. 1.208 do CC). Já em caso de precariedade (ex.: um comodatário passa a se comportar como dono da coisa), a posse deixa de ser justa e passa a ser injusta diretamente. É importante ressaltar que, cessada a violência ou a clandestinidade, a posse passa a existir, mas o vício que a inquina faz com que o Direito a considere injusta. E, mesmo depois de um ano e dia, a posse continua injusta, só deixando de ter essa característica se houver aquisição da coisa, o que pode acontecer pela usucapião, por exemplo. A qualificação de posse injusta é relativa, valendo apenas em relação ao anterior possuidor da coisa. Em relação a todas as outras pessoas, o possuidor injusto pode defender a sua posse.

6.2.4.4. *Posse de boa-fé e de má-fé*

Quanto à existência de vício subjetivo (art. 1.201 do CC).

a) posse de boa-fé: *é aquela em que o possuidor ignora o vício ou o obstáculo que impede a aquisição da coisa.* É de boa-fé a posse daquele que crê que a adquiriu de quem legitimamente a possuía. Presume-se de boa-fé o possuidor com **justo título**, ou seja, *aquele título que seria hábil para transferir o direito à posse, caso proviesse do verdadeiro possuidor ou proprietário da coisa.*

b) posse de má-fé: *é aquela em que o possuidor tem ciência do vício ou do obstáculo que impede a aquisição da coisa.* A posse de boa-fé pode se transmudar em posse de má-fé em caso de ciência posterior do vício. A citação para a demanda que visa à retomada da coisa tem o condão de alterar o caráter da posse.

Obs.: saber se a posse de alguém é de boa-fé ou de má-fé interfere no direito à indenização pelas benfeitorias feitas, no direito de retenção, no direito aos frutos, no prazo de prescrição aquisitiva (usucapião), na responsabilidade por deterioração da coisa etc.

6.2.4.5. *Posse nova e velha*

Quanto ao tempo da posse.

a) posse nova: *é aquela de menos de ano e dia.*

b) posse velha: *é aquela de mais de ano e dia.* Essa classificação, prevista no CC anterior, não tem correspondente no atual CC.

Não se deve confundir esse conceito com os de **ação de força nova** (que é a ação possessória promovida dentro de ano e dia da turbação ou do esbulho) e **ação de força velha** (que é a ação possessória promovida após ano e dia do esbulho). Esses conceitos decorrem do art. 924 do CPC, que estabelece que na ação de força velha o autor da demanda não poderá se valer do rito especial possessório, que prevê a concessão de liminar. Deve o interessado ingressar com ação pelo rito ordinário, nada impedindo, todavia, que seja beneficiado com a concessão de tutela antecipada, preenchidos seus requisitos, conforme vem entendendo o STJ.

6.2.4.6. *Posse natural e jurídica*

Quanto à origem.

a) posse natural: *é a que decorre do exercício do poder de fato sobre a coisa.*

b) posse civil ou jurídica: *é que decorre de um título*, não requerendo atos físicos ou materiais.

6.2.5. *Aquisição da posse*

6.2.5.1. *Conceito*

Adquire-se a posse desde o momento em que se torna possível o exercício, em nome próprio, de qualquer dos poderes inerentes à propriedade (art. 1.204).

6.2.5.2. *Aquisição originária*

É aquela que não guarda vínculo com a posse anterior. Ocorre nos casos de: **a) Apreensão,** *que consiste na apropriação unilateral da coisa sem dono* (abandonada – *res derelicta*, ou de ninguém – *res nullius*) ou na retirada da coisa de outrem sem sua permissão (cessadas a violência ou a clandestinidade); **b) Exercício do direito**, como no caso da servidão constituída pela passagem de um aqueduto em terreno alheio; **c) Disposição,** que consiste em alguém dar uma coisa ou um direito, situação que revela o exercício de um poder de fato (posse) sobre a coisa.

6.2.5.3. *Aquisição derivada*

É aquela que guarda vínculo com a posse anterior. Nesse caso, a posse vem gravada dos eventuais vícios da posse anterior. Essa regra vale para a sucessão a título universal (art. 1.206 do CC), mas é abrandada na sucessão a título singular (art. 1.207 do CC). Ocorre nos casos de **tradição,** *que consiste na transferência da posse de uma pessoa para outra, pressupondo acordo de vontades.* A tradição pode ser de três tipos:

a) Tradição real: *é aquela em que há a entrega efetiva, material da coisa.* Ex.: entrega de um eletrodoméstico para o comprador. No caso de aquisição de grandes imóveis não há necessidade de se colocar fisicamente a mão sobre toda a propriedade, bastando a referência a ela no título. Trata-se da chamada ***traditio longa manu.***

b) Tradição simbólica: *é aquela representada por ato que traduz a entrega da coisa.* Exemplo: entrega das chaves de uma casa.

c) Tradição consensual: é aquela decorrente de contrato, de acordo de vontades. Aqui temos duas possibilidades. A primeira é a ***traditio brevi manu***, que *é aquela situação em que um possuidor em nome alheio passa a possuir a coisa em nome próprio.* É o caso do locatário que adquire a coisa. Já a segunda é o **constituto possessório,** *que é aquela situação em que um possuidor em nome próprio passa a possuí-la em nome de outro, adquirindo a posse indireta da coisa.* É o caso do dono que vende a coisa e passa a nela ficar como locatário ou comodatário.

6.2.6. *Perda da posse*

6.2.6.1. *Conceito*

Perde-se a posse quando cessa, embora contra a vontade do possuidor, o poder sobre o bem. É importante ressaltar, quanto ao ausente (no sentido de não ter presenciado o esbulho), que este só perde a posse quando, tendo notícia desta, abstém-se de retomar a coisa ou, tentando recuperá-la, é violentamente repelido (art. 1.224).

6.2.6.2. *Hipóteses de perda posse*

a) Abandono: *é a situação em que o possuidor renuncia à posse, manifestando voluntariamente a intenção de largar o que lhe pertence;* ex.: quando alguém atira um objeto na rua;

b) Tradição com intenção definitiva: *é a entrega da coisa com o ânimo de transferi-la definitivamente a outrem;* se a entrega é transitória, não haverá perda total da posse, mas apenas perda temporária da posse direta, remanescendo a posse indireta;

c) Destruição da coisa e sua colocação fora do comércio;

d) Pela posse de outrem: nesse caso a perda da posse se dá por esbulho, podendo a posse perdida ser retomada.

6.2.7. *Efeitos da posse*

Aquele que exerce posse tem uma série de direitos. Esses direitos vão variar de acordo com o tempo de posse (usucapião), o fato de ser de boa-fé ou não, dentre outras variáveis. Confira-se os efeitos:

6.2.7.1. *Percepção dos frutos*

Quando o legítimo possuidor retoma a coisa de outro possuidor, há de se resolver a questão dos frutos percebidos ou pendentes ao tempo da retomada. De acordo com o caráter da posse (de boa ou de má-fé) haverá ou não direitos para aquele que teve que entregar a posse da coisa. Antes de verificarmos essas regras, vale trazer algumas definições.

6.2.7.1.1. Conceito de frutos

São utilidades da coisa que se reproduzem (frutas, verduras, filhotes de animais, juros etc.). Diferem dos **produtos**, que *são as utilidades da coisa que não se reproduzem* (minerais, por exemplo).

6.2.7.1.2. Espécies de frutos quanto à sua natureza

a) civis (como os alugueres e os juros), b) naturais (como as maçãs de um pomar) e c) industriais (como as utilidades fabricadas por uma máquina).

6.2.7.1.3. Espécies de frutos quanto ao seu estado

a) pendentes (são os ainda unidos à coisa que os produziu); b) percebidos ou colhidos (são os já separados da coisa que os produziu); c) percebidos por antecipação (são os separados antes do momento certo); d) percipiendos (são os que deveriam ser colhidos e não o foram); e) estantes (são os já separados e armazenados para fim de venda); f) consumidos (são os que não existem mais porque foram utilizados).

6.2.7.1.4. Direitos do possuidor de boa-fé

Tem direito aos frutos que tiver percebido enquanto estiver de boa-fé (art. 1.214).

6.2.7.1.5. Inexistência de direitos ao possuidor de boa-fé

Não tem direito às seguintes utilidades: **a)** aos frutos pendentes quando cessar a sua boa-fé; **b)** aos frutos percebidos antecipadamente, estando já de má-fé no momento em que deveriam ser colhidos; **c)** aos produtos, pois a lei não confere esse direito, como faz com os frutos. De qualquer forma, é importante ressaltar que nos casos dos itens "a" e "b", apesar de ter que restituir os frutos colhidos ou o seu equivalente em dinheiro, terá direito de deduzir do que deve as despesas com a produção e o custeio.

6.2.7.1.6. Situação do possuidor de má-fé

Este responde por todos os frutos colhidos e percebidos, bem como pelos que, por sua culpa, deixou de perceber, desde o momento em que se constituiu de má-fé. Todavia, tem direito às despesas de produção e custeio (art. 1.216 do CC), em virtude do princípio do não enriquecimento sem causa.

6.2.7.2. Responsabilidade por perda ou deterioração da coisa

Quando o legítimo possuidor retoma a coisa de outro possuidor, também há de se resolver a questão de eventual perda ou destruição da coisa, bem como de eventual deterioração ou degradação da coisa, que passa a ter seu valor diminuído.

6.2.7.2.1. Responsabilidade do possuidor de boa-fé

Não responde pela perda ou deterioração às quais não der causa (art. 1.217 do CC).

6.2.7.2.2. Responsabilidade do possuidor de má-fé

Como regra, responde pela perda ou deterioração da coisa, só não tendo esse dever se provar que de igual modo esses acontecimentos se dariam, caso a coisa estivesse com o reivindicante dela (art. 1.218 do CC). Um exemplo de exoneração da responsabilidade é a deterioração da coisa em virtude de um raio que cai sobre a casa.

6.2.7.3. Indenização por benfeitorias e direito de retenção

Outra questão importante de se verificar quando o legítimo possuidor retoma a coisa de outro possuidor é a de eventual benfeitoria feita pelo segundo. De acordo com o caráter da posse (de boa ou de má-fé) haverá ou não direitos para aquele que teve que entregar a posse da coisa. Antes de verificarmos essas regras, é imperativo trazer algumas definições.

6.2.7.3.1. Conceito de benfeitorias

São os melhoramentos feitos em coisa já existente. São bens acessórios. Diferem da **acessão**, que *é a criação de coisa nova.* Uma casa construída no solo é acessão, pois é coisa nova, já uma garagem construída numa casa pronta é benfeitoria, pois é um melhoramento em coisa já existente.

6.2.7.3.2. Espécies de benfeitorias

a) benfeitorias necessárias são as que se destinam à conservação da coisa (ex.: troca do forro da casa, em virtude do risco de cair); b) benfeitorias úteis são as que aumentam ou facilitam o uso de uma coisa (ex.: construção de mais um quarto numa casa pronta); c) benfeitorias voluptuárias são as de mero deleite ou recreio (ex.: construção de uma fonte luminosa na entrada de uma casa).

6.2.7.3.3. Direitos do possuidor de boa-fé

Tem direito à **indenização** pelas benfeitorias necessárias e úteis que tiver feito, podendo, ainda, levantar as benfeitorias voluptuárias, desde que não deteriore a coisa. A indenização se dará pelo valor atual da benfeitoria. Outro direito do possuidor de boa-fé é o de retenção da coisa, enquanto não for indenizado por benfeitorias úteis e necessárias que tiver realizado na coisa (art. 1.219 do CC). Significa que o possuidor não é obrigado a entregar a coisa enquanto não for ressarcido. O direito deve ser exercido no momento da contestação da ação que visa à retomada da coisa, devendo o juiz se pronunciar sobre a sua existência. Trata-se de um excelente meio de coerção para recebimento da indenização devida. Constitui verdadeiro direito real, pois é direito que não se converte em perdas e danos.

6.2.7.3.4. Direitos do possuidor de má-fé

Tem direito apenas ao ressarcimento das benfeitorias necessárias que tiver feito, não podendo retirar as benfeitorias voluptuárias (art. 1.220 do CC). Trata-se de uma punição a esse possuidor, que só é ressarcido pelas benfeitorias necessárias, pois são despesas que até o possuidor legítimo teria que fazer. O retomante escolherá se pretende indenizar pelo valor atual ou pelo custo da benfeitoria. O possuidor de má-fé não tem direito de retenção da coisa enquanto não for indenizado pelas benfeitorias necessárias que eventualmente tiver realizado.

6.2.7.4. Usucapião

A posse prolongada, e que preenche outros requisitos legais, dá ensejo a outro efeito da posse, que é a aquisição da coisa pela usucapião.

6.2.7.5. Proteção possessória

A posse também tem por efeito o de gerar direito de o possuidor defendê-la contra a perturbação e a privação de seu exercício, provocadas por terceiro.

6.3. Direitos reais

6.3.1. Conceito de direito real

É o poder, direto e imediato, do titular sobre a coisa, com exclusividade e contra todos. Perceba que esses direitos envolvem os seguintes elementos: a) sujeito ativo, que pode ser qualquer pessoa; b) sujeito passivo, que é toda a coletividade, ou seja, todos nós temos que respeitar os direitos reais das pessoas; em caso de violação do direito real, passa-se a ter um sujeito passivo determinado; c) bem: é a coisa de expressão econômica sobre a qual o titular do direito tem poder; d) poder direto e imediato sobre a coisa. O direito real difere do direito pessoal, pois este gera uma relação entre pessoas determinadas (princípio da relatividade) e, em caso de sua violação, converte-se em perdas e danos. No direito real, ao contrário, seu titular pode perseguir a coisa sobre a qual tem poder, não tendo que se contentar com a conversão da situação em perdas e danos.

6.3.2. *Princípios do direito real*

6.3.2.1. *Princípio da aderência*

Aquele pelo qual se estabelece um vínculo entre o sujeito e a coisa, independentemente da colaboração do sujeito passivo. No direito pessoal, o vínculo depende da colaboração de pelo menos duas pessoas, ou seja, o gozo do direito depende da intermediação de outra pessoa.

6.3.2.2. *Princípio do absolutismo*

Aquele pelo qual os direitos reais são exercidos contra todos ("erga omnes"). Por exemplo, quando alguém é proprietário de um imóvel, todos têm que respeitar esse direito. Daí surge o *direito de sequela* ou o *jus persequendi*, pelo qual, violado o direito real, a vítima pode perseguir a coisa, em vez de ter de se contentar com uma indenização por perdas e danos.

6.3.2.3. *Princípio da publicidade (ou visibilidade)*

Aquele pelo qual os direitos reais só se adquirem depois do registro do título na matrícula (no caso de imóvel) ou da tradição (no caso de móvel). Por ser o direito real oponível *erga omnes*, é necessário essa publicidade para que sejam constituídos. Os direitos pessoais, por sua vez, seguem o consensualismo, ou seja, basta o acordo de vontades (o consenso) para que sejam constituídos.

6.3.2.4. *Princípio da taxatividade*

Aquele pelo qual o número de direitos reais é limitado pela lei. Assim, por acordo de vontades não é possível criar uma nova modalidade de direito real, que são *numerus clausus*. São direitos que afetam terceiros, daí a necessidade de previsão legal. Os direitos pessoais, por sua vez, não são taxativos, podendo ser criados pelas partes interessadas (art. 425 do CC), daí porque são chamados *numerus apertus*.

6.3.2.5. *Princípio da tipificação*

Aquele pelo qual os direitos reais devem respeitar os tipos existentes em lei. Assim, o acordo de vontades não tem o condão de modificar o regime jurídico básico dos direitos reais.

6.3.2.6. *Princípio da perpetuidade*

Aquele pelo qual os direitos reais não se perdem pelo decurso do tempo, salvo as exceções legais. Esse princípio se aplica ao direito de propriedade. Os direitos pessoais, por sua vez, têm a marca da transitoriedade.

6.3.2.7. *Princípio da exclusividade*

Aquele pelo qual não pode haver direitos reais, de igual conteúdo, sobre a mesma coisa. Por exemplo, o nu-proprietário e o usufrutuário não têm direitos iguais quanto ao bem objeto do usufruto. No caso de condomínio (duas ou mais pessoas proprietárias de um bem), cada uma tem porção ideal na coisa, exclusivas e distintas.

6.3.2.8. *Princípio do desmembramento*

Aquele que permite o desmembramento do direito matriz (propriedade), constituindo-se direitos reais sobre coisas alheias. Ou seja, pelo princípio é possível desmembrar um direito real (propriedade, por exemplo) em outros direitos reais (uso, por exemplo).

6.3.3. *Espécies de direito real*

Propriedade, superfície, servidão, usufruto, uso, habitação, direito do promitente comprador de imóvel, penhor, hipoteca e anticrese.

6.4. Propriedade

6.4.1. *Características gerais*

6.4.1.1. *Conceito*

É o direito real que faculta ao seu titular (o proprietário) os poderes de usar, gozar e dispor da coisa, bem como de reavê-la de quem quer que injustamente a possua ou detenha (art. 1.228 do CC).

6.4.1.2. *Função social da propriedade*

O direito de propriedade deve ser exercido em consonância com as suas finalidades econômicas e sociais e de modo que sejam preservados, de conformidade com o estabelecido em lei especial, a flora, a fauna, as belezas naturais, o equilíbrio ecológico e o patrimônio histórico e artístico, bem como evitada a poluição do ar e das águas (art. 1.228, § 1º).

6.4.1.3. *Vedação ao abuso de direito*

São defesos os atos que não trazem ao proprietário qualquer comodidade, ou utilidade, e sejam animados pela intenção de prejudicar outrem (art. 1.228, § 2º).

6.4.1.4. *Extensão física da propriedade do solo*

Abrange a do espaço aéreo e subsolo correspondentes, em altura e profundidade úteis ao seu exercício. Todavia, essa propriedade não abrange os recursos minerais (salvo os de emprego imediato na construção civil, desde que não submetidos a transformação industrial) e os potenciais de energia hidráulica (arts. 1.229 e 1.230).

6.4.2. *Formas de aquisição da propriedade imóvel*

A propriedade imóvel pode ser adquirida por diversas formas. O modo corrente é a aquisição pelo **registro** do título (escritura de compra e venda, escritura de doação) na matrícula. É possível também a aquisição pela **usucapião**, pela **acessão**, pela **sucessão *causa mortis*** e pela **desapropriação**.

6.4.2.1. *Registro na matrícula do imóvel*

6.4.2.1.1. Conceito

Consiste no ato de registrar o título translativo da alienação do imóvel (escritura de compra e venda ou de doação) na matrícula existente no Registro de Imóveis (art. 1.245 do CC).

6.4.2.1.2. Momento da aquisição da propriedade imóvel

No Direito Brasileiro, a propriedade imóvel não se adquire com o contrato de compra e venda ou de doação. Enquanto o contrato não for registrado na matrícula do imóvel, o comprador não adquirirá a propriedade do bem (art. 1.245, § 1º, do CC). Isso porque o Brasil adotou o sistema romano-germânico. No sistema francês, a propriedade imóvel é adquirida no momento da conclusão do contrato de compra e venda ou de doação.

6.4.2.1.3. Presunção de veracidade do Registro Público

Nosso Direito estabelece a presunção de veracidade nas informações constantes do Registro de Imóveis. Assim, enquanto não há ação para a decretação da invalidade do registro, e o respectivo cancelamento, o adquirente continua a ser considerado dono do imóvel (art. 1.245, § 2º, do CC).

6.4.2.1.4. Início dos efeitos do registro

O registro é eficaz desde o momento em que se apresentar o título ao oficial do registro e este prenotar no protocolo. Esse efeito só não existirá se o interessado tiver de complementar a documentação apresentada e não o fizer no prazo de trinta dias (art. 1.246 do CC).

6.4.2.2. Usucapião

6.4.2.2.1. Conceito

É a forma de aquisição originária da propriedade, pela posse prolongada no tempo e o cumprimento de outros requisitos legais. A usucapião também é chamada de prescrição aquisitiva. Essa forma de aquisição da propriedade independe de registro no Registro de Imóveis. Ou seja, cumpridos os requisitos legais, o possuidor adquire a propriedade da coisa. Assim, a sentença na ação de usucapião é meramente declaratória da aquisição da propriedade, propiciando a expedição de mandado para registro do imóvel em nome do adquirente, possibilitando conhecimento de todos da nova situação. A aquisição é originária, ou seja, não está vinculada ao título anterior. Isso faz com que eventuais restrições que existirem na propriedade anterior não persistam quanto ao novo proprietário.

6.4.2.2.2. Requisitos

São vários os requisitos para a aquisição da propriedade pela usucapião. Vamos enumerar, neste item, apenas os requisitos que devem ser preenchidos em todas as modalidades de usucapião, deixando os requisitos específicos de cada modalidade para estudo nos itens abaixo respectivos. Os requisitos gerais são os seguintes:

a) posse prolongada no tempo: não basta mera detenção da coisa, é necessária a existência de posse, e mais, de posse que se prolongue no tempo, tempo esse que variará de acordo com o tipo de bem (móvel ou imóvel) e outros elementos, como a existência de boa-fé, a finalidade da coisa etc.;

b) posse com *animus domini*: não basta a mera posse; deve se tratar de posse com ânimo de dono, com intenção de proprietário; essa circunstância impede que se considere a posse de um locatário do bem, como hábil à aquisição da coisa;

c) posse mansa e pacífica: ou seja, posse sem oposição; assim, se o legítimo possuidor da coisa se opôs à posse, ingressando com ação de reintegração de posse, neste período não se pode considerar a posse como mansa e pacífica, como sem oposição;

d) posse contínua: ou seja, sem interrupção; não é possível computar, por exemplo, dois anos de posse, uma interrupção de um ano, depois mais dois anos e assim por diante; deve-se cumprir o período aquisitivo previsto em lei sem interrupção.

6.4.2.2.3. Usucapião extraordinário – Requisitos

a) tempo: 15 anos; o prazo ficará reduzido para 10 anos se o possuidor houver estabelecido no imóvel a sua moradia habitual, ou nele realizado obras ou serviços de caráter produtivo (art. 1.238, *caput* e parágrafo único, do CC);

b) requisitos básicos: posse "mansa e pacífica" (sem oposição), "contínua" (sem interrupção) e com "ânimo de dono".

6.4.2.2.4. Usucapião ordinário – Requisitos

a) tempo: 10 anos; o prazo ficará reduzido para 5 anos se preenchidos dois requisitos: a) se o imóvel tiver sido adquirido onerosamente com base no registro constante do respectivo cartório; b) se os possuidores nele tiverem estabelecido a sua moradia ou realizado investimentos de interesse social e econômico (art. 1.242, *caput* e parágrafo único, do CC);

b) requisitos básicos: posse "mansa e pacífica" (sem oposição), "contínua" (sem interrupção) e com "ânimo de dono";

c) boa-fé e justo título: como o prazo aqui é menor, exige-se do possuidor, no plano subjetivo, a boa-fé, e no plano objetivo, a titularidade de um título hábil, em tese, para transferir a propriedade.

6.4.2.2.5. Usucapião especial urbano – Requisitos

a) tempo: 5 anos (art. 1.240 do CC);

b) requisitos básicos: posse "mansa e pacífica" (sem oposição), "contínua" (sem interrupção) e com "ânimo de dono";

c) tipo de imóvel: a) área urbana; b) tamanho de até 250 m^2;

d) finalidade do imóvel: utilização para a moradia do possuidor ou de sua família;

e) requisitos negativos: i) que o possuidor não seja proprietário de outro imóvel urbano ou rural; ii) que o possuidor não tenha já sido beneficiado pelo direito ao usucapião urbano.

6.4.2.2.6. Usucapião urbano coletivo – Requisitos

a) tempo: 5 anos (art. 10 da Lei 10.257/01 – Estatuto da Cidade);

b) requisitos básicos: posse "mansa e pacífica" (sem oposição), "contínua" (sem interrupção) e com "ânimo de dono";

c) tipo de imóvel: a) área urbana; b) tamanho superior a 250 m^2;

d) finalidade do imóvel: a) utilização para a moradia; b) população de baixa renda;

e) requisitos negativos: i) que o possuidor não seja proprietário de outro imóvel urbano ou rural; ii) que seja impossível identificar o terreno ocupado por cada possuidor.

6.4.2.2.7. Usucapião especial rural – Requisitos

a) tempo: 5 anos (art. 1.239 do CC);

b) requisitos básicos: posse "mansa e pacífica" (sem oposição), "contínua" (sem interrupção) e com "ânimo de dono";

c) tipo de imóvel: a) área de terra em zona rural; b) tamanho de até 50 hectares;

d) finalidade do imóvel: a) utilização para a moradia do possuidor ou de sua família; b) área produtiva pelo trabalho do possuidor ou de sua família;

e) requisito negativo: a terra não pode ser pública.

6.4.2.2.8. Usucapião especial urbana familiar – Requisitos (introduzida pela Lei 12.424/11)

a) tempo: 2 anos (art. 1.240-A do CC);

b) requisitos básicos: posse "mansa e pacífica" (sem oposição), "contínua" (sem interrupção) e com "ânimo de dono";

c) tipo de imóvel: a) área urbana; b) tamanho de até 250 m²;

d) finalidade do imóvel: utilização para a moradia do possuidor ou de sua família;

e) tipo de posse: posse direta, com exclusividade;

f) requisito específico: imóvel cuja propriedade o possuidor dividia com ex-cônjuge ou ex-companheiro que tenha abandonado o lar;

g) requisitos negativos: i) que o possuidor não seja proprietário de outro imóvel urbano ou rural; ii) que o possuidor não tenha já sido beneficiado pelo direito ao usucapião urbano;

h) consequência: o possuidor abandonado adquire o domínio integral do imóvel.

6.4.2.3. Posse pro labore *(desapropriação privada)*

O atual CC criou nova hipótese que dá ensejo à aquisição forçada da propriedade. Essa hipótese prevê, de um lado, que o possuidor que sofra a reivindicação da coisa tenha utilizado esta em obras e serviços de relevante interesse social e econômico, e que, de outro, tenha interesse em pagar indenização para o proprietário da área.

6.4.2.3.1. Conceito

Consiste no direito de o possuidor de extensa área permanecer/ adquirir compulsoriamente a coisa, pagando justa indenização ao proprietário do imóvel, desde que preenchidos os demais requisitos legais.

6.4.2.3.2 Requisitos

a) posse ininterrupta por mais de 5 anos; b) boa-fé do possuidor; c) extensa área; d) considerável número de possuidores; e) realização de obras e serviços considerados pelo juiz de interesse social e econômico relevante. Perceba que, diferentemente da usucapião coletiva, a desapropriação privada não requer moradia, mas requer boa-fé e pagamento de justa indenização.

6.4.2.3.3. Operacionalização

Por ocasião da reivindicação da coisa, os interessados deverão requerer ao juiz a fixação de justa indenização devida ao proprietário, que, paga, ensejará registro da sentença no Registro de Imóveis para o fim de atribuir a propriedade aos possuidores (art. 1.228, §§ 4º e 5º).

No entanto, o Enunciado nº 496 das Jornadas de Direito Civil entende que esse direito dos possuidores pode ser objeto de ação autônoma, não se restringindo à defesa em pretensões reivindicatórias.

6.4.2.4. Acessão

6.4.2.4.1. Conceito

É modo originário de aquisição da propriedade, pelo qual fica pertencendo ao proprietário tudo quanto se une ou se incorpora ao seu bem (art. 1.248 do CC).

6.4.2.4.2. Espécies

a) natural: consiste na união do acessório ao principal advinda de acontecimento natural (formação de ilhas, aluvião, avulsão e abandono);

b) artificial (industrial): resulta de trabalho humano.

6.4.2.4.3. Requisitos

a) conjunção entre duas coisas, até então separadas;

b) caráter acessório de uma das duas, em confronto com a outra; uma é principal (coisa acedida) e a outra, acessória (coisa acedente).

6.4.2.4.4. Princípios básicos para a solução de problemas quando o acessório vem de terceiro

a) princípio de que o acessório segue o principal: assim, normalmente o dono da coisa principal fica com a coisa acessória vinda do bem de terceiro.

b) princípio do não enriquecimento sem causa: faz com que, sempre que possível, o proprietário prejudicado tenha direito à indenização pela incorporação de coisa sua a um bem de outra pessoa.

6.4.2.4.5. Formação de ilhas em rios não navegáveis (art. 1.248, I, do CC, e art. 23 do Código de Águas)

a) conceito: *depósito paulatino de materiais (trazidos pela corrente) ou rebaixamento de águas, deixando descoberta e a seco parte do fundo ou do leito.*

b) titularidade: a área de terras formada passa a ser do proprietário ribeirinho, a depender de sua formação.

c) ilha formada no meio do rio: passa a pertencer aos proprietários ribeirinhos fronteiros, na proporção de suas testadas.

d) ilha formada entre a linha que divide o álveo: quando a ilha se forma na metade mais próxima a uma das margens, esta pertencerá ao proprietário ribeirinho do lado da formação.

e) ilha formada pelo desdobramento de um novo braço do rio: nesse caso, os proprietário das margens que perderam o braço serão donos da área.

6.4.2.4.6. Aluvião (art. 1.250 do CC)

a) conceito: *acréscimo natural e imperceptível de terras às margens dos rios.* Ocorre quando a terra vai se depositando em uma margem do rio, formando um novo pedaço de terra. A doutrina denomina aluvião imprópria aquela situação em que esse pedaço de terra se forma pelo afastamento de águas, que descobrem parte do álveo, ou seja, parte da área coberta pelas águas.

b) titularidade: essa nova área de terra passa a ser do proprietário dos terrenos marginais, na proporção de suas testadas.

6.4.2.4.7. Avulsão (art. 1.251 do CC)

a) conceito: *deslocamento de uma porção de terra de um prédio a outro por força natural violenta.*

b) consequências: i) o dono do outro prédio adquire propriedade do acréscimo se indenizar ou não houver reclamação em 1 ano; ii) se não houver o pagamento da indenização reclamada, o dono do prédio deve aquiescer na remoção do acréscimo.

6.4.2.4.8. Abandono de álveo (art. 1.252 do CC)

a) conceito: *é o rio que seca ou que se desvia em virtude de fenômeno natural.* O álveo é a superfície coberta pelas águas, de modo que o abandono de álveo é a seca do rio, que fica descoberto, abandonado.

b) titularidade: a área formada pertencerá aos proprietários ribeirinhos das duas margens, ficando, cada um, proprietário até o local onde se tinha a linha média do álveo.

6.4.2.4.9. Acessões artificiais

a) conceito: *são as que resultam de um comportamento humano.* São exemplos as construções e as plantações.

b) características: i) dá-se de móveis a imóveis; ii) a acessão existente em terreno presume-se feita pelo proprietário e à sua custa, até prova em contrário; iii) fazendo ou não a acessão, como regra, o proprietário do bem principal fica dono do acessório (da acessão); iv) não pode haver enriquecimento sem causa.

c) acessão em terreno próprio com elementos alheios: por exemplo, planta em seu terreno com semente alheia; nesse caso o proprietário do terreno adquire a propriedade da semente, mas deve pagar ao dono do material o seu valor, bem como pagar perdas e danos, se agiu de má-fé (art. 1.254 do CC).

d) acessão com elementos próprios em terreno alheio: por exemplo, uma pessoa planta sementes suas no terreno de alguém ou edifica com materiais próprios no terreno de outrem; nesse caso, o proprietário das sementes ou dos materiais os perde para o proprietário do terreno, tendo direito de indenização pelo valor dos elementos, caso esteja de boa-fé. Se o valor da acessão exceder consideravelmente o valor do terreno e aquele que plantou ou edificou estiver de boa-fé, este poderá adquirir a propriedade do solo se pagar indenização (art. 1.255 do CC).

e) construção em solo próprio, que invade solo alheio: é o caso de alguém que constrói em terreno próprio, mas que acaba por invadir parte de terreno alheio. A lei permite que o construtor de boa-fé que invadiu área de até um vigésimo do solo alheio fique dono da parte invadida, desde que o valor da construção exceda o dessa parte e que pague indenização que represente o valor da área perdida e a desvalorização da área remanescente. O possuidor de má-fé só terá o mesmo direito na hipótese de não ser possível demolir a porção invasora sem grave prejuízo à sua construção, desde que paguem indenização correspondente a dez vezes o valor que pagaria se estivesse de boa-fé. Para o caso de construções que excedam um vigésimo do terreno alheio, o invasor de má-fé pagará indenização em dobro, ao passo que o possuidor de boa-fé tem direito de adquirir a área invadida se também pagar o valor que a invasão acrescer à sua construção (arts. 1.258 e 1.259).

6.4.3. Perda da propriedade imóvel

6.4.3.1. Alienação:

6.4.3.1.1. Conceito

Consiste na venda, na doação, na troca ou na dação em pagamento.

6.4.3.1.2. Efeitos

Os efeitos da perda da propriedade são subordinados ao registro do título translatício no Registro de Imóvel (art. 1.275, parágrafo único, do CC).

6.4.3.2. Renúncia

6.4.3.2.1. Conceito

Ato unilateral pelo qual o proprietário declara expressamente o seu intuito de abrir mão da coisa. Tem como condição não acarretar prejuízos a terceiro.

6.4.3.2.2. Efeitos

Os efeitos da perda da propriedade dependem do registro do ato renunciativo, que deverá se consubstanciar numa escritura pública (art. 108 do CC) ou num termo judicial (art. 1.806 do CC – herança).

6.4.3.3. Abandono

6.4.3.3.1. Conceito

Ato unilateral pelo qual o proprietário se desfaz da coisa, a partir de conduta que revela não mais querer conservá-la em seu patrimônio.

6.4.3.3.2. Presunção absoluta da intenção de abandonar

O atual CC presumiu o abandono de forma absoluta na hipótese de o proprietário da coisa a) cessar os atos de posse sobre ela e b) deixar de satisfazer os ônus fiscais (deixar de pagar o IPTU ou o ITR). Nesse caso, não se encontrando o imóvel na posse de outrem, deverá ser arrecadado como bem vago, passando, três anos depois, à propriedade do Município onde se encontrar, se se tratar de imóvel urbano, ou à propriedade da União, se se tratar de imóvel rural.

6.4.3.4. Perecimento do imóvel

6.4.3.4.1 Conceito

Consiste na sua destruição por ato voluntário ou involuntário. Exemplo do primeiro caso é o incêndio proposital. E, do segundo, o raio, o furacão e o terremoto.

6.4.3.4.2. Efeitos

Em última análise, o dono da construção ou da plantação continua proprietário do solo.

6.4.3.5. Desapropriação

6.4.3.5.1. Conceito

Consiste no despojamento compulsório do proprietário do imóvel por parte do Poder Público, que fica obrigado a pagar justa indenização.

6.4.3.5.2. Efeitos

A desapropriação só se consuma com o pagamento integral da indenização devida. Até este momento, o Poder Público poderá desistir da aquisição da área. Não desistindo e havendo o pagamento da indenização, o juiz determina o registro da sentença respectiva no Registro de Imóveis.

6.4.3.6. *Outras hipóteses*

Também se perde a propriedade pela usucapião, pelo casamento, pela dissolução da sociedade conjugal, no casamento pelo regime de comunhão universal, pela sentença em ação reivindicatória, pelo implemento de condição resolutiva, pelo confisco (art. 243 da CF) e pela desapropriação privada (art. 1.228, §§ 4º e 5º, CC), dentre outros casos.

6.4.4. *Aquisição da propriedade móvel*

6.4.4.1. *Ocupação*

6.4.4.1.1. Conceito

Modo de aquisição originário da propriedade de coisa móvel e sem dono, por não ter sido ainda apropriada ("res nullius"*) ou por ter sido abandonada (*"res derelicta"*)* (art. 1.263 do CC).

6.4.4.1.2. Ocupação x Descoberta

A descoberta difere da ocupação, por se referir a coisa perdida pelo seu proprietário. O regime jurídico da **descoberta** determina que aquele que ache coisa alheia perdida há de restituí-la ao dono ou legítimo possuidor. Se não o encontrar, entregará a coisa achada à autoridade competente. Aquele que restituir terá direito a uma recompensa não inferior a 5% do seu valor, e à indenização pelas despesas que houver feito, se o dono não preferir abandoná-la. Decorridos sessenta dias da divulgação da notícia pela autoridade por imprensa ou edital, não se apresentando quem comprove a propriedade da coisa, será esta vendida em hasta pública e, deduzidas do preço as despesas, mais a recompensa do descobridor, pertencerá o remanescente ao Município onde se achou o objeto perdido. Sendo a coisa de pequeno valor, o Município poderá dá-la a quem a achou (art. 1.233 a 1.237 do CC). A doutrina chama a recompensa pela entrega da coisa de "achádego" e o descobridor de "inventor".

6.4.4.2. *Achado do tesouro*

6.4.4.2.1. Conceito de tesouro

Consiste no depósito antigo de coisas preciosas, oculto e de cujo dono não haja memória (art. 1.264 do CC).

6.4.4.2.2. Conceito do achado do tesouro

Consiste na descoberta casual desse depósito antigo.

6.4.4.2.3. Consequências possíveis

a) será dividido por igual entre o proprietário do prédio e aquele que achar a coisa; b) pertencerá por inteiro ao proprietário do prédio se foi quem achou, se foi quem determinara a pesquisa para encontrá-lo ou se achado por terceiro não autorizado a procurar; c) havendo enfiteuse, este terá o direito que corresponde ao proprietário da coisa.

6.4.4.3. *Usucapião*

6.4.4.3.1. Conceito

Modo originário de aquisição da propriedade pela posse prolongada da coisa. Também se aplicam à usucapião de bem móvel as regras dos arts. 1.243 e 1.244 do CC.

6.4.4.3.2. Usucapião ordinário

Requer posse ininterrupta e sem oposição por três anos, além de boa-fé e justo título (art. 1.260 do CC).

6.4.4.3.3. Usucapião extraordinário

Requer apenas posse ininterrupta e sem oposição por cinco anos (art. 1.261 do CC).

6.4.4.4. *Tradição*

6.4.4.4.1. Conceito

Consiste na entrega da coisa móvel ao adquirente, com a intenção de lhe transferir o domínio, em razão de título translativo da propriedade. Aqui, vale a mesma observação feita para a aquisição de bens imóveis pelo registro na matrícula, ou seja, vale lembrar que o simples acordo de vontades (contrato) não transfere a propriedade da coisa móvel, sendo necessária a tradição, que é o que dá visibilidade, publicidade ao negócio, daí o fato de o Direito estabelecer que só ela tem o condão de transferir a propriedade (art. 1.267 do CC).

6.4.4.4.2. Espécies de tradição

Vide aquisição e perda da posse (item 6.2.6).

6.4.4.4.3. Tradição por quem não é proprietário

Nesse caso, não há alienação da propriedade, exceto se forem preenchidos os seguintes requisitos: a) a coisa for oferecida ao público (em leilão público ou estabelecimento comercial); b) a coisa for transferida em circunstâncias tais que, ao adquirente de boa-fé, pareça que o alienante é dono da coisa. Outra possibilidade de o negócio valer é o vendedor adquirir posteriormente a propriedade, estando o adquirente de boa-fé (art. 1.268 do CC).

6.4.4.4.4. Tradição decorrente de negócio nulo

O CC dispõe que não transfere a propriedade a tradição, quando tiver por título um negócio nulo. Um exemplo é a entrega de um bem vendido por um absolutamente incapaz (art. 1.268, § 2º, do CC).

6.4.4.5. *Especificação*

6.4.4.5.1. Conceito

É modo de aquisição da propriedade pela transformação de coisa móvel em espécie nova, em virtude de trabalho ou indústria do especificador, desde que não seja possível reduzi-la à forma primitiva (art. 1.269 do CC). Um exemplo é o trabalho feito por artesão em matéria-prima da qual não é dono. O fundamento do instituto é a valorização do trabalho e da função social da propriedade.

6.4.4.5.2. Requisitos

a) bem móvel; b) matéria-prima alheia; c) impossibilidade de retorno ao estado anterior.

6.4.4.5.3. Consequências

a) especificador de boa-fé: vira proprietário da coisa se o valor da coisa especificada exceder consideravelmente o da matéria-prima; deve indenizar o prejudicado; se o valor da coisa especificada não exceder o da matéria-prima, o possuidor de boa-fé tem direito de ser indenizado.

b) especificador de má-fé: a coisa especificada pertencerá ao dono da matéria-prima, sem direito de indenização em favor do especificador.

6.4.4.6. *Confusão/Comissão/Adjunção*

6.4.4.6.1. Incidência dos institutos

Nas situações em que coisas pertencentes a pessoas diversas se mesclarem, sem possibilidade de separá-las (art. 1.272, § 1º, do CC).

6.4.4.6.2. Confusão

É a mistura entre coisas líquidas. Ex.: água e álcool.

6.4.4.6.3. Comissão

É a mistura entre coisas secas ou sólidas. Ex.: açúcar e farinha.

6.4.4.6.4. Adjunção

É a justaposição de coisas, sem possibilidade de destacar acessório do principal. Ex.: duas coisas coladas.

6.4.4.6.5. Consequências

a) se for possível a separação: não haverá problema, bastando a entrega de cada coisa ao seu proprietário;

b) se não for possível a separação ou esta exigir gasto excessivo: nasce um condomínio forçado, cabendo, a cada um, quinhão proporcional ao valor da coisa que entrou para a mistura.

c) se uma das coisas for principal: o dono dela ficará proprietário de tudo, indenizando os outros.

d) se a mescla foi operada de má-fé: aquele que estiver de boa-fé decidirá se pretende ou não ficar com a coisa, assegurado, em qualquer caso, o direito de receber uma indenização.

6.5. Condomínio

6.5.1. Conceito

É o direito de propriedade de mais de uma pessoa sobre a mesma coisa, cabendo a cada uma delas a totalidade dos poderes inerentes ao domínio, sendo que o exercício desses poderes é limitado pelos direitos dos demais. (art. 1.314 do CC).

6.5.2. Direitos e exercício dos direitos

No plano qualitativo, todos os condôminos podem usar, reivindicar e gravar a coisa, bem como alhear parte ideal dela; por outro lado, não podem alterar a destinação da coisa e dar posse a estranhos; já no plano quantitativo, os condôminos devem dividir as despesas proporcionalmente, deliberar sobre a administração da coisa pela maioria e dividir os frutos na proporção de seus quinhões.

6.5.3. Classificação

6.5.3.1. Quanto à origem

a) **convencional (voluntário):** *é o resultante do acordo de vontades*, como a aquisição conjunta de um bem; b) **incidental (eventual):** *é o resultante de causas alheias à vontade dos condôminos*, como a herança deixada para vários herdeiros; c) **forçado (legal):** *é o resultante de imposição da ordem jurídica, como consequência do estado de indivisão da coisa*, como as paredes, cercas, muros e valas.

6.5.3.2. Quanto à forma

a) ***pro diviso:*** *é aquele em que a comunhão existe juridicamente, mas não de fato, dado que cada condômino exerce atos sobre parte certa e determinada do bem*; b) ***pro indiviso:*** *é aquele em que a comunhão existe de fato e de direito*.

6.5.4. Quota ideal

6.5.4.1. Conceito

É a fração que, no bem indiviso, cabe a cada consorte. Repare que o direito recai sobre o bem todo, mas com algumas limitações quantitativas em relação a alguns poderes de proprietário.

6.5.4.2. Consequências

a) possibilita o cálculo do montante das vantagens e ônus atribuíveis a cada um dos comunheiros;

b) possibilita direitos plenos (de usar e reivindicar, por exemplo) e direitos limitados (aos frutos, à repartição de despesas e a deliberações);

c) a fração deve estar no título; no silêncio, presumem-se iguais os quinhões.

6.5.5. Direitos dos condôminos

6.5.5.1. Usar da coisa conforme sua destinação e sobre ela exercer todos os direitos compatíveis com a indivisão

Assim, não é possível impedir ou atrapalhar o uso por parte do outro, nem mudar a destinação do bem, muito menos dar posse, uso ou gozo a estranhos, sem autorização dos demais.

6.5.5.2. Reivindicar os bens de terceiros

O condômino pode ingressar sozinho com a ação reivindicatória ou reintegratória de posse.

6.5.5.3. Alhear ou gravar sua parte

A alienação deve respeitar o direito de preferência em favor dos demais condôminos (art. 504 do CC); já o gravame (instituição de hipoteca, por exemplo) só incidirá sobre a parte ideal pertencente ao condômino.

6.5.5.4. Direito de pedir a divisão

6.5.6. Deveres dos condôminos

1. Concorrer para as despesas de conservação e divisão da coisa, na proporção de sua parte.

2. Responder pelas dívidas contraídas em proveito da comunhão, presumindo-se o rateio na proporção dos quinhões.

3. Responder pelos frutos que percebeu da coisa e pelo **dano** que lhe causou.

6.5.7. Extinção do condomínio

6.5.7.1. Regra geral

A todo tempo será lícito ao condomínio exigir a divisão da coisa comum (art. 1.320 do CC).

6.5.7.2. *Exceções*

a) existindo pacto de não dividir, cujo prazo máximo é de cinco anos, suscetível de prorrogação posterior; b) pela vontade do doador ou do testador; c) por determinação judicial, se houver graves razões aconselhando.

6.5.7.3. *Meios*

a) Coisa divisível: divide-se fisicamente, de acordo com os quinhões.

b) Coisa indivisível: a) verifica-se se um dos consortes tem interesse em adjudicar tudo para si, com a concordância de todos; não sendo possível, b) vende-se e reparte-se o apurado, sendo que há direito de preferência do condômino em relação a estranhos. É importante ressaltar que as regras do direito de preferência em caso de venda voluntária de fração ideal (art. 504 do CC) são diferentes das regras do mesmo direito em caso de divisão forçada (art. 1.322 do CC).

6.5.8. *Administração do condomínio*

6.5.8.1. *Escolha do administrador*

A maioria escolherá o administrador, que pode ser estranho ao condomínio (art. 1.323 do CC).

6.5.8.2. *Poderes do administrador*

Este não poderá praticar atos que exigem poderes especiais, como alienar, por exemplo.

6.5.8.3. *Quorum para deliberações*

Estas serão tomadas pela maioria absoluta; a maioria será calculada pelo valor dos quinhões. Em caso de empate, decidirá o juiz, a requerimento de qualquer condômino, ouvidos os outros (art. 1.325, §§ 1º e 2º, do CC).

6.5.9. *Condomínio edilício*

6.5.9.1. *Conceito*

É o condomínio caracterizado pela existência de uma propriedade comum ao lado de uma propriedade privativa (art. 1.331 do CC). Nesse caso temos a) *unidades autônomas*, tais como apartamentos, escritórios, salas, lojas e garagens; e b) *partes comuns*, tais como o terreno, a estrutura do edifício, o telhado, os corredores, as escadas, as áreas de lazer.

6.5.9.2. *Natureza*

É um sujeito de direito despersonificado, já que a lei autoriza sua atuação em juízo, bem como a contratação de serviços e de funcionários.

6.5.9.3. *Instituição*

Ocorre com o a) **Ato de Instituição**, que discrimina e individualiza as unidades, e nasce de ato *inter vivos* ou de testamento, registrado no Registro de Imóveis (art. 1.332, *caput* e I, do CC); b) **Convenção**, que, aprovada por 2/3 das frações ideais, traz os direitos e deveres dos condôminos, devendo ser também registrada no Registro Imobiliário para ser oponível contra terceiros; c) **Regulamento** (ou Regimento Interno), que consiste no documento que completa a convenção, tecendo minúcias sobre o funcionamento do condomínio edilício. A alteração da convenção depende do voto de 2/3 do condôminos.

6.5.9.4. *Estrutura interna do condomínio:*

a) Unidades autônomas: nenhuma unidade pode ser privada de saída para a via pública; o proprietário pode alugar, ceder ou gravar sua unidade, independente de autorização dos outros condôminos, que também não têm direito de preferência na aquisição da unidade do vizinho; o direito de preferência só existe no caso de o condômino resolver alugar sua garagem a estranhos; para efeitos tributários, cada unidade é prédio isolado; vale salientar que, de acordo com a alteração promovida pela Lei 12.607/2012 junto ao art. 1.331, § 1º, do CC, os abrigos para veículos só poderão ser alienados ou alugados a pessoas estranhas ao condomínio se houver autorização expressa na convenção de condomínio;

b) Áreas comuns: cada consorte pode utilizá-las sem dano, incômodo ou embaraço aos demais; são insuscetíveis de divisão e de alienação.

6.5.9.5. *Deveres e sujeições dos condôminos*

a) contribuir para as despesas na proporção de sua fração ideal, salvo disposição em contrário na convenção, não podendo votar na assembleia se não estiver quite;

b) pagar juros de 1% ao mês e multa de até 2% caso não pague sua contribuição; quanto à multa, o Enunciado nº 505 das Jornadas de Direito Civil entende que "é nula a estipulação que, dissimulando ou embutindo multa acima de 2%, confere suposto desconto de pontualidade no pagamento da taxa condominial, pois configura fraude à lei (Código Civil, art. 1336, § 1º), e não redução por merecimento";

c) não alterar a fachada;

d) preservar o sossego, a salubridade, a segurança e os bons costumes;

e) pagar multa de até dez vezes o valor de sua contribuição, de acordo com as disposições legais e convencionais aplicáveis ao caso concreto; o Enunciado nº 508 das Jornadas de Direito Civil entende que "verificando-se que a sanção pecuniária mostrou-se ineficaz, a garantia fundamental da função social da propriedade (arts. 5º, XXIII, da CRFB e 1.228, § 1º, do CC) e a vedação ao abuso do direito (arts. 187 e 1.228, § 2º, do CC) justificam a exclusão do condômino antissocial, desde que a ulterior assembleia prevista na parte final do parágrafo único do art. 1.337 do Código Civil delibere a propositura de ação judicial com esse fim, asseguradas todas as garantias inerentes ao devido processo legal".

6.5.9.6. *Administração do condomínio:*

a) Exercício: dá-se pelo síndico, cujo mandato é de até dois anos, permitida a reeleição.

b) Competência do síndico: representa ativa e passivamente o condomínio, em juízo ou fora dele; pode ser condômino ou pessoa natural ou jurídica estranha.

c) Assembleia: a Geral Ordinária tem por objeto aprovar, por maioria dos presentes, o orçamento das despesas, a contribuição dos condôminos e a prestação de contas. Já a Extraordinária é convocada pelo síndico ou por 1/4 do condôminos.

d) Quórum: salvo quando exigido quórum especial, as deliberações da assembleia serão tomadas, em primeira convocação, por maioria dos votos dos condôminos presentes que representem pelo menos metade das frações ideais. Em segunda votação, a assembleia poderá deliberar por maioria dos votos presentes. Depende da aprovação de 2/3 dos votos dos condôminos a alteração da convenção. A mudança de destinação do edifício depende da unanimidade.

6.6. Direitos reais de fruição

6.6.1. Introdução

Os direitos reais sobre coisas alheias podem ser de gozo ou fruição (superfície, servidão, usufruto, uso, habitação), de garantia (penhor, hipoteca, anticrese) ou de aquisição (compromisso de compra e venda). Os direitos reais estudados neste capítulo consistem no desmembramento do direito de propriedade para permitir que o beneficiário do direito use e/ou goze da coisa alheia.

6.6.2. Superfície

6.6.2.1. Conceito

Direito real pelo qual o proprietário concede a outrem, por tempo determinado, gratuita ou onerosamente, a faculdade de construir ou de plantar em seu terreno (art. 1.369 do CC, e arts. 21 a 24 da Lei 10.257/01).

6.6.2.2. Instituição

Mediante escritura pública devidamente registrada no Registro de Imóvel; não é possível por meio de testamento.

6.6.2.3. Direitos do proprietário do solo (fundieiro ou concedente)

a) pode receber quantia (à vista ou parceladamente), caso se combine a onerosidade do direito de superfície; o nome do pagamento é "solarium";
b) pode adquirir a construção ou a plantação, extinto o direito, independentemente de indenizar o superficiário, salvo convenção em contrário;
c) tem direito de preferência na alienação do direito de superfície.

6.6.2.4. Direitos do superficiário

a) pode plantar ou construir no terreno; não se autoriza obra no subsolo, salvo se inerente ao objeto da concessão;
b) pode transferir o direito a terceiros, e, por morte, a herdeiros; não há a figura do laudêmio, comissão devida ao dono da coisa, na enfiteuse;
c) tem direito de preferência na alienação do imóvel.

6.6.2.5. Deveres do superficiário

a) deve pagar o "solarium", se onerosa;
b) responde pelos encargos e tributos incidentes sobre o imóvel;
c) deve manter a destinação para o qual foi prevista.

6.6.2.6. Extinção

a) pela consolidação, que ocorre pela fusão, na mesma pessoa, do direito de superfície e do direito de propriedade; b) por ter se dado destinação diversa da estabelecida pelo bem; c) pelo advento do termo; d) pela renúncia do superficiário; e) pelo distrato; f) pelo perecimento do bem gravado; g) pelo não uso do direito de construir, no prazo convencionado; h) pela desapropriação do solo ou do direito.

6.6.2.7. Diferenças em relação à enfiteuse

Esta se constitui por testamento; o enfiteuta tem direito ao resgate da coisa, preenchidos requisitos legais; a enfiteuse confere todos os poderes inerentes ao domínio; a enfiteuse é perpétua, ao passo que a superfície é temporária; a enfiteuse prevê pagamento de laudêmio (comissão) ao proprietário, em caso de venda do direito.

6.6.2.8. Diferenças em relação ao direito de superfície do Estatuto da Cidade (EC)

Este vale para imóveis urbanos, ao passo que o do CC, para imóveis rurais; o previsto no EC pode ser por tempo determinado ou indeterminado; abrange o direito de usar o solo, o subsolo e o espaço aéreo; não limita o direito à feitura de construção ou plantação.

6.6.3. Servidão

6.6.3.1. Conceito

É o direito real de gozo que proporciona utilidade para o prédio dominante e grava o prédio serviente, que pertence a dono diverso (art. 1.378). Um exemplo é a servidão pela qual um prédio fica proibido de construir acima de certa altura, a fim de beneficiar outro. Outro exemplo é a servidão de passagem, em que um prédio que não tem entrada para a rua (prédio dominante) se beneficia com a possibilidade de utilização do prédio vizinho (prédio serviente) para passagem de pessoas e veículos. É importante ressaltar que o direito só recai sobre imóveis, bem como que não se liga a uma pessoa, mas a um prédio. O dono deste fica adstrito apenas pelo fato de ser proprietário da coisa. O imóvel que se beneficia com a servidão leva o nome de *dominante*, ao passo que o que recebe o gravame é chamado *serviente*.

6.6.3.2. Finalidade

Proporcionar valorização do prédio dominante, tornando-o mais útil, agradável ou cômodo. O instituto é muito utilizado para corrigir desigualdades naturais entre prédios ou para estabelecer padrões estéticos ou de comodidade entre imóveis.

6.6.3.3. Características do direito de servidão

a) perpétuo: tem duração indefinida, como regra. Mas é possível instituir servidão a termo ou com condição (servidão *ad tempus*).
b) indivisível: mesmo no caso de divisão do prédio dominante ou do prédio serviente, a restrição continua a gravar cada uma das partes do prédio serviente, salvo se a restrição perder sentido (art. 1.386 do CC).
c) inalienável: como a restrição é feita pela necessidade do prédio dominante, não há que se falar em transferência da restrição, por alienação, a outro prédio.

6.6.3.4. *Constituição das servidões*

As servidões se constituem por **negócio jurídico** (contrato ou testamento) registrado no Registro de Imóveis; por **sentença judicial** (em ação de divisão, para possibilitar a utilização dos quinhões partilhados – arts. 979 e 980 do CPC) e por **usucapião**.

6.6.3.5. *Ações judiciais*

a) **ação confessória:** *é a que visa ao reconhecimento da existência da servidão;* é promovida pelo dono do prédio dominante; b) **ação negatória:** *é a que visa à negativa da existência da servidão;* é promovida pelo dono do prédio serviente; c) **manutenção ou reintegração de posse:** *promovidas para reprimir algumas violações ao exercício da servidão.*

6.6.3.6. *Extinção da servidão*

a) pela **renúncia**; b) pela **cessação da utilidade**; c) pelo **resgate**, pelo dono do prédio serviente; d) pela **confusão** (dono dos dois prédios passa a ser uma pessoa só); e) pela **usucapião**, nas servidões aparentes; f) pelo **perecimento** da coisa; g) pelo **decurso do prazo ou da condição**; h) pela **desapropriação**.

6.6.3.7. *Passagem forçada*

a) conceito: *direito assegurado ao proprietário do prédio encravado (sem acesso para a via pública) de, mediante pagamento de indenização, constranger vizinho a lhe dar passagem* (art. 1.285 do CC).

b) finalidade: *atender a função econômica e social da propriedade.*

c) sujeito passivo: normalmente, é o proprietário contíguo; porém, se não for suficiente a colaboração deste, pode-se atingir o vizinho não imediato; procura-se o imóvel que mais natural e facilmente se preste à passagem.

d) requisitos: i) **encravamento natural**, que é aquele não provocado pelo dono do prédio encravado (ex.: não tem esse direito quem vendeu a área que possibilitava sua passagem, salvo contra quem tiver comprado a área – art. 1.285, § 2º, do CC); ii) **encravamento absoluto**, que é aquele em que não há outra saída, ainda que uma saída difícil e penosa; iii) **menor ônus possível ao serviente**, ou seja, procura-se a passagem junto ao vizinho cujo imóvel mais natural e facilmente se prestar ao intento, bem como a passagem que menos atrapalhe o vizinho no uso de seu imóvel; iv) **pagamento de indenização**, ou seja, o vizinho que tiver que dar a passagem deverá ser indenizado pelos danos que suportar com essa medida forçada.

e) extinção: a passagem forçada fica extinta i) no caso de abertura de estrada que passe ao lado da divisa do prédio encravado, bem como ii) no caso de a área encravada ser anexada a outra não encravada.

f) diferenças entre "servidão de passagem ou de trânsito" e "passagem forçada": a primeira decorre de negócio jurídico, ao passo que a segunda decorre da lei; a primeira nem sempre decorre de um imperativo (pode ser instituída apenas para mais comodidade ou facilidade), ao passo que a segunda decorre de um imperativo, já que se tem um prédio encravado; na primeira não se fala em indenização (pode até envolver pagamento, pois muitas vezes decorre de um contrato), já na segunda a indenização decorre da própria lei; a primeira está regulada no âmbito dos direitos reais, ao passo que a segunda, mesmo encerrando as características de direito real, está no âmbito do direito de vizinhança.

6.6.4. *Usufruto*

6.6.4.1. *Conceito*

É o direito real conferido a alguém de retirar temporariamente de coisa alheia os frutos e as utilidades que ela produz, sem alterar-lhe a substância (art. 1.390 do CC). Repare que o usufrutuário pode não só *usar* a coisa (por exemplo, habitar uma casa dada em usufruto), como também pode *fruir*, tirar os frutos da coisa (no mesmo exemplo, pode alugar a coisa para terceiro, tirando renda dela). O proprietário da coisa é chamado *nu-proprietário*, ao passo que o beneficiário do usufruto e denominado *usufrutuário*.

6.6.4.2. *Características*

a) temporário: o usufruto extingue-se no prazo ajustado ou com a morte do usufrutuário; no caso da pessoa jurídica, a lei traz com prazo máximo o de 30 anos do início do exercício do usufruto (art. 1.410, III, do CC).

b) direito real: diferente do comodato, que é um empréstimo de coisa infungível que gera mero direito pessoal, no usufruto tem-se um direito real, ou seja, um direito que é oponível *erga omnes*.

c) inalienável: não é possível ceder *o direito ao usufruto*; todavia, o mero *exercício do direito ao usufruto* pode ser transmitido, de modo gratuito ou oneroso (art. 1.393 do CC); assim, se "A" for titular de um usufruto, não poderá passar esse direito para "B". "A" será sempre o usufrutuário da coisa. Mas poderá passar o exercício desse direito, possibilitando, por exemplo, que "B" possa usar e fruir da coisa na qualidade de locatário dela, por exemplo. Em virtude da inalienabilidade do direito ao usufruto, não é possível penhorá-lo para vender o *direito ao usufruto* a terceiro. Todavia, pode o juiz penhorar o *exercício do direito ao usufruto*, por exemplo, nomeando um administrador para alugar a coisa a terceiro, de modo a gerar renda para pagamento da dívida exequenda. Quando a dívida toda tiver sido paga, será levantada a penhora sobre o *exercício do direito ao usufruto*, e o titular do *direito ao usufruto* volta a gozar integralmente da coisa.

6.6.4.3. *Constituição do usufruto*

O usufruto se constitui por **determinação legal** (ex.: a lei estabelece o usufruto dos pais sobre os bens do filho menor – art. 1.689, I, do CC); por **negócio jurídico** (contrato ou testamento) registrado no Registro de Imóveis; e por **usucapião**.

6.6.4.4. *Objeto*

O usufruto pode recair sobre a) um ou mais bens **móveis** ou **imóveis** (assim, pode recair até sobre títulos de crédito); ou sobre b) a totalidade ou parte de um **patrimônio**.

6.6.4.5. *Classificação quanto à origem*

a) usufruto legal: *é o que decorre da lei*. Ex.: dos pais em relação aos bens dos filhos menores;

b) usufruto convencional: *é o que decorre de negócio jurídico*. Ex.: o pai doa imóveis aos seus filhos, mas estipula que ficará com usufruto desses bens.

6.6.4.6. Classificação quanto à duração

a) usufruto temporário: *é o que tem prazo certo de vigência.*

b) usufruto vitalício: *é o que perdura até a morte do usufrutuário ou enquanto não sobrevier causa legal extintiva.*

6.6.4.7. Classificação quanto ao objeto

a) usufruto próprio: *é o que tem por objeto coisas inconsumíveis, cujas substâncias são conservadas, podendo ser restituídas ao nu-proprietário.*

b) usufruto impróprio: *é o que incide sobre bens consumíveis.* Com a extinção do usufruto, devolve-se coisa equivalente.

6.6.4.8. Classificação quanto aos titulares

a) usufruto simultâneo: *é o constituído em favor de duas ou mais pessoas, ao mesmo tempo, extinguindo-se gradativamente em relação a cada uma das que falecerem, salvo expressa estipulação de direito de acrescer.* Assim, a regra é que, instituído usufruto em favor de mais de duas pessoas, com o falecimento de uma delas, a sua parte não vai para quem continuar vivo. A parte da pessoa falecida só será acrescida aos que sobreviverem se houver estipulação expressa desse direito de acrescer (art. 1.411 do CC) ou no caso de legado de usufruto (art. 1.946 do CC).

b) usufruto sucessivo: *é o constituído em favor de uma pessoa, para que depois de sua morte transmita a terceiro. É vedado pela lei.*

6.6.4.9. Direitos do usufrutuário

a) de posse, uso, administração e percepção dos frutos da coisa; b) de transferir o exercício do direito ao usufruto, gratuita ou onerosamente.

6.6.4.10. Deveres do usufrutuário

a) inventariar, antes de assumir o usufruto, os bens que receber, determinando o estado em que se acham; b) dar caução (fidejussória ou real) se lha exigir o dono da coisa; se o usufrutuário não der caução, não poderá administrar a coisa; no caso de doação em que o doador reserva a si o usufruto da coisa doada (ex.: pai doa ao filho, mantendo o usufruto da coisa), não haverá obrigação de prestar caução; c) velar pela conservação dos bens e entregá-los, findo o usufruto; d) pagar as despesas ordinárias de conservação, bem como prestação e tributos devidos pela posse ou rendimento da coisa usufruída; e) dar ciência ao dono de qualquer lesão contra a posse da coisa, ou contra o direito do usufrutuário.

6.6.4.11. Extinção

O usufruto fica extinto com a) a renúncia ou desistência do direito; b) a morte do usufrutuário; c) o advento do termo final; d) a extinção da pessoa jurídica ou, se ela perdurar, após o decurso de 30 anos; e) a cessação do motivo que deu origem ao direito; f) a destruição da coisa (salvo se for consumível); g) a consolidação da propriedade e do usufruto na mesma pessoa; h) a culpa do usufrutuário prevista no art. 1.410, VII, do CC; i) pelo não uso, a não fruição da coisa.

6.6.5. Uso

6.6.5.1. Conceito

É o direito real que, a título gratuito ou oneroso, autoriza uma pessoa a retirar temporariamente de coisas alheias todas as utilidades para atender às suas próprias necessidades e às de sua família (art. 1.412 do CC). Repare que *direito real de uso* autoriza não só o uso da coisa, como também a percepção de frutos dela. Nesse sentido, é instituto que se aproxima do usufruto. A diferença é que o *usuário* não pode retirar os frutos além das necessidades próprias e de sua família. Essas necessidades serão avaliadas segundo a condição social e o lugar onde viver o *usuário*. É também chamado de *usufruto restrito*.

6.6.5.2. Características

É temporário, indivisível, intransmissível e personalíssimo (ou seja, deve ser exercido pessoalmente pelo *usuário* e sua família).

6.6.5.3. Objeto

O *uso* pode recair sobre bens móveis ou imóveis.

6.6.5.4. Constituição

Corre por negócio jurídico (contrato ou testamento), sentença judicial ou usucapião.

6.6.5.5. Regime jurídico

É o previsto acima, aplicando-se, no que couber, as disposições relativas ao usufruto.

6.6.6. Habitação

6.6.6.1. Conceito

É o direito real temporário de ocupar gratuitamente coisa alheia, para morada do titular e de sua família (art. 1.414 do CC). Perceba que é ainda mais restrito que o uso, pois só permite a *morada* do titular do direito e de sua família. Outra diferença é que é gratuito, ou seja, não há contrapartida em favor do dono da coisa.

6.6.6.2. Características

É temporário, indivisível, intransmissível, personalíssimo e gratuito.

6.6.6.3. Objeto

A habitação só pode recair sobre "casa", cujo conceito abrange apartamentos.

6.6.6.4. Constituição

Corre por negócio jurídico (contrato ou testamento) ou lei (*vide* art. 1.831 do CC – cônjuge sobrevivente).

6.6.6.5. Regime jurídico

É o previsto anteriormente, aplicando-se, no que couber, as disposições relativas ao usufruto. É importante ressaltar que o habitador não pode alugar ou emprestar a coisa, mas tão somente morar nela.

6.7. Direitos reais em garantia

6.7.1. Introdução

Como se viu, os direitos reais sobre coisas alheias podem ser de gozo ou fruição (superfície, servidão, usufruto, uso, habitação), de garantia (penhor, hipoteca, anticrese) ou de aquisição (compromisso de compra e venda). Os direitos reais estudados neste capítulo têm por objeto servir de garantia especial para o recebimento de créditos. Todo credor tem direito de cobrar a dívida do devedor, com penhora de bens deste para satisfação do crédito. Mas muitas vezes os credores têm interesse em convencionar segurança especial para o recebimento do crédito. Essa garantia pode ser pessoal (fidejussória) ou real. Exemplo de garantia pessoal é o aval ou a fiança. O problema é que essa garantia não é tão segura como a real, pois o fiador ou o avalista podem ficar sem patrimônio, caso em que o credor não terá como satisfazer o seu crédito. Já a garantia real, que será estudada agora, é muito mais segura, pois, independentemente de quem estiver com a coisa dada em garantia, o credor com garantia real poderá persegui-la para satisfação do seu crédito. Ou seja, a garantia real é muito mais eficaz, pois o bem dado em garantia fica vinculado ao pagamento da dívida. Como os direitos reais em garantia estão sempre ligados a uma dívida, sua natureza é de direitos reais *acessórios*.

6.7.2. *Efeitos*

Os direitos reais em garantia geram os seguintes efeitos:

a) direito de preferência: os credores hipotecários (de hipoteca) e pignoratícios (de penhor) têm preferência no pagamento de seus créditos, em relação a outros credores que não tiverem o mesmo direito (art. 1.422 do CC). Uma vez arrematada em juízo a coisa, o credor com garantia real receberá primeiro, e, havendo sobras, serão pagos os demais credores. Havendo mais de uma hipoteca, terá preferência aquele que tiver prioridade na inscrição, ou seja, aquele que tiver a garantia mais antiga.

b) direito de sequela: consiste no poder de o credor com garantia real perseguir e reclamar a coisa dada em garantia de qualquer pessoa.

c) direito de excussão: consiste no poder de promover a venda judicial da coisa dada em garantia, após o vencimento da dívida. Esse direito é diferente na anticrese.

d) indivisibilidade: o pagamento de uma ou mais prestações da dívida não importa em exoneração da garantia, salvo convenção entre as partes.

6.7.3. *Requisitos para a validade da garantia*

a) **Capacidade geral** para os atos da vida civil; b) **Capacidade especial para alienar**; c) **Legitimidade** (ex.: presença de outorga uxória); d) **Existência de bem suscetível de alienação** (ex.: não pode ser dado em garantia um bem público).

6.7.4. *Requisitos para a constituição e a eficácia da garantia*

a) **especialização**, que consiste na descrição pormenorizada do bem, do valor do crédito, do prazo para pagamento e da taxa de juros; b) **publicidade**, que consiste no registro no Registro de Imóveis (para hipoteca, anticrese e penhor rural) ou no Registro de Títulos e Documentos (para penhor convencional).

6.7.5. *Cláusula comissória*

Consiste na estipulação que autoriza o credor a ficar com a coisa dada em garantia, caso a dívida não seja paga. Nosso direito proíbe essa cláusula, considerando nula estipulação nesse sentido. Assim, deixando o devedor de pagar em dia sua dívida, estará sujeito à execução judicial da coisa, e não à perda automática dela (art. 1.428 do CC). O objetivo da lei é evitar a agiotagem.

6.7.6. *Penhor*

Esse direito real em garantia recai sobre coisa **móvel** e fica constituído de acordo com a **tradição**, a transferência efetiva da posse da coisa ao credor (art. 1.431 do CC), que passa a ser depositário da coisa. No penhor rural, industrial, mercantil e de veículos as coisas empenhadas ficam na posse do devedor, que as deve guardar e conservar.

Por se tratar de contrato solene, deverá ser levado a registro, sendo que no penhor comum este se dará no Cartório de Títulos de Documentos.

Extingue-se o penhor extinguindo-se a obrigação, perecendo a coisa, renunciando o credor, com a confusão, com a adjudicação judicial, a remissão ou a venda da coisa empenhada.

6.7.7. *Hipoteca*

Esse direito real em garantia recai sobre os **imóveis** e seus acessórios, o domínio direto, o domínio útil, as estradas de ferro, os navios, as aeronaves, dentre outros. A hipoteca abrange as ações e melhoramentos feitos posteriormente no imóvel (arts. 1.473 e 1.474 do CC).

A hipoteca deve ser registrada no cartório do lugar do imóvel.

A lei considera nula a cláusula que proíbe o proprietário alienar a coisa, mas o adquirente terá de suportar a garantia que recai sobre o bem.

O dono do imóvel hipotecado pode constituir outra hipoteca sobre ele, mediante novo título, em favor do mesmo ou de outro credor, respeitada a prioridade da primeira hipoteca.

Extingue-se a hipoteca pela extinção da obrigação principal, pelo perecimento da coisa, pela resolução da propriedade, pela renúncia do credor, pela remição, pela arrematação ou adjudicação, e pela averbação do cancelamento do registro.

6.7.8. *Anticrese*

Pode-se conceituar a anticrese *como o direito real em garantia em que o devedor entrega imóvel ao credor, que recebe o direito de perceber os frutos e rendimentos da coisa, para compensação da dívida* (art. 1.506 do CC).

O credor anticrético pode administrar os bens dados em anticrese e fruir seus frutos e utilidades, mas deverá apresentar anualmente balanço, exato e fiel, de sua administração.

10. Direito Processual Civil

Luiz Dellore

1. TEORIA GERAL DO PROCESSO CIVIL

1.1. Lide e Formas de Solução da Lide

1.1.1. Introdução

O homem vive em sociedade e necessita dos mais diversos bens, que não existem em número suficiente para todos – ou seja, são escassos. Diante disso, há conflitos entre as pessoas que compõem a sociedade para a obtenção de determinados bens. Para tentar regular a vida em sociedade, surgem regras de comportamento (direito positivo).

Porém, a existência de regras não é suficiente para evitar ou eliminar todos os conflitos que podem surgir. Nessas situações, caracteriza-se a *insatisfação* – que é um fator de instabilidade. Ou seja, para se manter a paz social, os *conflitos, litígios ou lides devem ser eliminados.*

1.1.2. Lide

A **lide** é a *pretensão qualificada pela resistência*, conforme clássica definição do autor italiano Carnelutti.

Indo além do conceito carneluttiano, outro autor italiano (que viveu no Brasil), Liebman, definiu lide como *pretensão qualificada pela resistência, deduzida em juízo*. A inclusão da expressão "deduzida em juízo" significa que, para Liebman, só aquilo que é levado à apreciação do Judiciário é que será pacificado – e que, portanto, interessa ao direito processual.

Já que a lide é um fator antissocial, deve ser pacificada. Se os litigantes não observam espontaneamente as regras de comportamento (*normas primárias*), então deverá haver a aplicação de sanções (*normas secundárias*).

1.1.3. Formas de solução da lide

A evolução da solução da lide, ao longo da história, pode ser assim sintetizada:

(i) Autotutela: *imposição da decisão por uma das partes, especialmente pela força.*

(ii) Autocomposição: *um ou ambos os litigantes abrem mão da sua pretensão.*

(iii) Arbitragem facultativa: *os litigantes, espontaneamente, buscam um terceiro de sua confiança para decidir a lide (normalmente o ancião ou líder religioso).*

(iv) Arbitragem obrigatória: *o Estado impõe a obrigação de se solucionar a lide via um árbitro, vedando a autotutela.*

(v) Jurisdição: *poder estatal de aplicar o direito em relação a uma lide.*

(vi) ADRs: da sigla em inglês, *formas alternativas de decisão da lide.*

1.1.4. ADR (alternative dispute resolution – formas alternativas de solução da lide)

Nos últimos anos ganham força em nosso país os métodos alternativos de solução da lide, dentre os quais se destacam:

a) conciliação: *o conciliador busca o consenso entre os litigantes e tem uma postura propositiva, sugerindo soluções para as partes.* Tem previsão no CPC.

b) mediação: *o mediador busca o consenso entre os litigantes e tem uma postura de induzir que as próprias partes encontrem a solução.* No momento, não há lei que a regulamente.

c) arbitragem: *as partes estabelecem que a decisão da lide será proferida por um árbitro privado, que conheça a matéria em debate e não por um juiz do Poder Judiciário.* Uma vez que haja a opção pela arbitragem, não é possível a utilização da jurisdição. É prevista pela Lei 9.307/1996. Não se deve confundir a moderna arbitragem (ADR) com a arbitragem facultativa mencionada no tópico anterior.

Um ponto comum às ADRs é que não há decisão judicial. Uma forma de distinguir as três figuras é a seguinte:

✓ o **mediador** é *terceiro* que busca o acordo entre as partes, *mas sem sugerir a solução;*

✓ o **conciliador** é *terceiro* que busca o acordo entre as partes, *sugerindo a solução;*

✓ o **árbitro** é *terceiro* que irá *decidir a lide.*

✓ Os métodos alternativos de solução da lide têm sido muito estimulados. Nesse sentido, o CNJ editou a Resolução n. 125, cuja ementa é a seguinte "Dispõe sobre a Política Judiciária Nacional de tratamento adequado dos conflitos de interesses no âmbito do Poder Judiciário e dá outras providências." Merecem destaque os seguintes pontos da referida resolução:

✓ a promoção de incentivo à autocomposição através de parcerias firmadas entre o Poder Judiciário, entidades públicas e privadas (ex.: universidades, instituições de ensino);

✓ a criação dos Núcleos Permanentes de Métodos Consensuais de Solução de Conflitos, dentro dos Tribunais, nos quais serão instalados os "Centros Judiciários de Solução de Conflitos" onde acontecerão as sessões e audiências de conciliação e mediação;

✓ o incentivo de órgãos como a Ordem dos Advogados do Brasil, Defensoria Pública, Ministério Público e Procuradorias a participarem dos "Centros Judiciários" para valorizar a atuação na prevenção dos litígios;

✓ a criação do Portal da Conciliação, no site do CNJ, para compartilhamento de informações, resultados, projetos, pesquisas, realização de fórum de discussão sobre o tema.

1.2. Jurisdição e competência

1.2.1. Conceito de jurisdição: poder estatal de aplicar o direito (decidir) em relação a um caso concreto (lide).

A jurisdição é exercida pelos juízes, que são escolhidos pelo próprio Estado.

O Estado-juiz se substitui aos titulares dos interesses em conflito (que, por si, não chegaram à solução) e impõe uma solução – por isso se fala em *substitutividade* como característica da jurisdição.

Além disso, as decisões dos órgãos jurisdicionais são capazes de se tornar imutáveis, não podendo ser revistos ou modificados (por isso se fala na definitividade da jurisdição – cuja face mais visível é a coisa julgada, que será oportunamente analisada).

Em relação aos **princípios da jurisdição**, tem-se o seguinte:

(i) investidura: Jurisdição é monopólio do Estado, mas há necessidade de que pessoas a exerçam (juízes – órgãos ou agentes da jurisdição). Assim, *a função jurisdicional só pode ser exercida por quem tenha sido regularmente investido na autoridade de juiz* (no caso do Brasil, a rigor mediante concurso);

(ii) aderência ao território: diz respeitos aos limites territoriais do poder jurisdicional (limitações territoriais à autoridade dos juízes); considerando a soberania estatal, *a jurisdição limita-se ao território do país*;

(iii) indelegabilidade: *não se admite que um órgão do Poder Judiciário delegue, para outro, a atribuição para realizar atos* – cada órgão atuará conforme previsto na Constituição e leis aplicáveis;

(iv) inevitabilidade: a autoridade das decisões dos órgãos jurisdicionais é impositiva, independentemente da vontade das partes, que deverão sujeitar-se ao resultado do processo (ou seja, *iniciado o processo, não é opção das partes acatar o resultado*);

(v) indeclinabilidade: *nenhum magistrado pode deixar de decidir a causa*, qualquer que seja o motivo. Ou seja, é vedado o *non liquet*. O princípio está previsto no art. 126 do CPC;

(vi) inafastabilidade: é garantido, a todos, *o direito de acessar o Poder Judiciário*, que não pode deixar de dar uma resposta ao conflito apresentado pelas partes (art. 5º, XXXV, CF);

(vii) juiz natural: julgamento deve ser efetivado por *juiz independente e imparcial, previamente definido pelo sistema* (Constituição e leis) não se admitindo a existência de tribunais de exceção, e

(viii) inércia: órgãos jurisdicionais devem ser provocados, *em regra não se admitindo atuação de ofício*.

Alguns dos princípios da jurisdição também são classificados como *princípios do processo* – e serão retomados mais adiante.

Apesar de a jurisdição ser una e indivisível como função estatal, pode ser separada em espécies, existindo diversas classificações, adiante analisadas as mais relevantes.

1.2.1.1. Jurisdição Superior ou Inferior

Este critério parte da posição hierárquica do órgão jurisdicional.

A jurisdição inferior é exercida pelos juízes de primeiro grau, que em regra são dotados de competência originária para prolatar decisões no curso processo.

Havendo recurso contra tais decisões, a controvérsia será submetida à apreciação de juízes pertencentes aos demais graus – tribunais intermediários (de segundo grau) e, eventualmente tribunais superiores. Esta seria a jurisdição superior.

Pode-se ainda afirmar que, usualmente, a função exercida pela jurisdição superior é de controle e revisão dos atos praticados pela jurisdição inferior.

1.2.1.2. Jurisdição de Direito ou Equidade

É possível classificar a jurisdição conforme a fonte de direito com base na qual se resolve a lide submetida ao Judiciário.

Na maior parte das vezes, o juiz decidirá conforme os limites estabelecidos na lei (jurisdição de Direito); contudo, há situações nas quais o magistrado pode decidir com base em outros valores e levando em conta o "critério de justiça" (jurisdição de equidade) – desde que expressamente previstas em lei (CPC, art. 127), como na jurisdição voluntária (CPC, art. 1.109).

1.2.1.3. Jurisdição Civil ou Penal

Esta classificação leva em conta a natureza do conflito e sua consequência.

Será penal quando a sanção para um ato apresentar pretensões punitivas. Será civil por exclusão, englobando tudo aquilo que não ostentar caráter criminal.

É certo que possível um mesmo ato ter consequências criminais e cíveis.

1.2.1.4. Jurisdição Interna ou Externa

No que diz respeito à delimitação da soberania nacional de cada país, a jurisdição também pode ser compreendida no âmbito interno (nacional) e externo (internacional).

1.2.1.5. Jurisdição Contenciosa ou Voluntária

Na jurisdição contenciosa, há efetivamente o litígio que precisa ser dirimido pelo Judiciário.

Na jurisdição voluntária, não há efetivamente a lide, mas ainda assim está-se diante de uma situação que precisa da intervenção do Judiciário. Também chamada de "administração pública de interesses privados".

O tema será enfrentado logo no início do capítulo 6 (procedimentos especiais).

1.2.1.6. Jurisdição Comum ou Especial: divisão da Jurisdição conforme a lide debatida (matéria objeto do conflito)

Por questões de conveniência e melhor divisão do trabalho, não é todo juiz do Brasil que irá julgar toda e qualquer causa. Entende-se que é conveniente uma divisão conforme a lide em discussão.

Desta forma, há uma especialização conforme a matéria debatida em juízo. Assim, há diversos ramos da Jurisdição. No atual sistema constitucional brasileiro, a divisão existente é a seguinte:

Ordinária (comum)	**Federal (CF, art. 109, I)**
	Estadual (CF, art. 125)

Extraordinária (especializada)	**Eleitoral (CF, art. 118)**
	Trabalhista (CF, art. 111)
	Penal Militar (CF, art. 122)

Conforme a lide discutida em juízo, um dos ramos do Poder Judiciário será o competente para apreciar a causa em detrimento dos demais.

A partir da natureza da lide debatida, deve-se analisar se a questão é da competência de uma das três Justiças Especializadas (Eleitoral, Trabalhista ou Militar). Se não for, conclui-se se tratar de causa de competência da Justiça Comum (Federal ou Estadual).

Na Justiça Comum, deve-se analisar se algum ente federal é parte do processo (CF, art. 109, I: União, autarquias ou empresas públicas federais): se for, a competência será da Justiça Federal; se não for, a competência será da Justiça Estadual – que, portanto, é a residual. Mas, ainda assim, é a que tem a maior quantidade de causas e juízes.

1.2.3. Conceito de competência

É a medida, parcela, parte da jurisdição. Ou seja, apesar de todo juiz ser investido na jurisdição, *cada magistrado tem uma parcela, um pedaço da jurisdição*, para julgar determinadas causas. Isto é a competência.

1.2.4. Divisão da competência

Existem diversos critérios para a classificação da competência. Aqui destacamos os mais relevantes.

1.2.4.1. Em relação ao juiz brasileiro ou juiz estrangeiro

Há **competência concorrente** quando o *juiz brasileiro e o juiz de outro país podem tratar da matéria* (CPC, art. 88). Isso ocorre nas seguintes situações:

(i) réu domiciliado no Brasil;

(ii) obrigação tiver de ser cumprida no Brasil;

(iii) ação se origina de fato ocorrido ou de ato praticado no Brasil.

Nestes casos, a decisão estrangeira, para ser executada no Brasil, deve inicialmente passar pelo procedimento de **homologação de sentença estrangeira (CPC, arts. 483 e 484)**, procedimento de competência *exclusiva do STJ* (CF, art. 105, I, "i").

Além disso, fala-se em **competência exclusiva** quando *somente juiz brasileiro pode tratar da matéria* (CPC, art. 89). Verifica-se nas seguintes hipóteses:

(i) imóveis situados no Brasil;

(ii) inventário e partilha de bens situados no Brasil.

Assim, nessas situações, ainda que um juiz estrangeiro profira alguma decisão, não poderá ser homologada nem, portanto, aplicada no Brasil. Terá de existir, necessariamente, um processo mediante um juiz brasileiro tratando do tema.

Não confundir hipóteses de competência exclusiva / concorrente com situações nas quais há limites à jurisdição, como nos casos de **Estados estrangeiros e seus chefes / agentes diplomáticos**. Nesses casos, *o Estado estrangeiro pode não se submeter à jurisdição nacional.*

Apesar de existir divergência jurisprudencial quanto à extinção de plano no caso de demanda contra Estado estrangeiro, o STJ tem entendido que deve haver a citação para que tal ente "querendo, oponha resistência à sua submissão à autoridade judiciária brasileira" (STJ, RO 64-SP, Informativo 395). Isso porque, apesar de não ser frequente, pode o Estado estrangeiro se submeter à jurisdição brasileira.

1.2.4.2. Tipos e espécies de competência:

A questão é regulada pelo CPC, art. 111.

Os dois tipos são a **competência absoluta**, *fundada em interesse público, que não pode ser alterada por vontade das partes*, e a **competência relativa**, *fundada no interesse das partes, e que pode ser alterada se estas assim quiserem.*

Como espécies da competência absoluta há:

✓ **competência em razão da matéria:** *Justiça Federal, Estadual ou Trabalhista? Vara Cível, Criminal ou Família?*

✓ **competência em razão da função** ou **competência hierárquica**: *competência originária em 1º grau (regra) ou em grau superior? (exceção, como em casos de foro por prerrogativa de função)*

Nestas situações, ainda que haja contrato entre as partes escolhendo que a lide será solucionada por outro órgão judiciário, isso não será aceito pelo juiz. Exatamente porque se trata da competência absoluta, não há liberdade das partes para alterá-la.

Como espécies da competência relativa há:

✓ **competência territorial**: *São Paulo ou Rio de Janeiro? Belo Horizonte ou Curitiba?*

✓ **competência em razão do valor**: *Juizado Especial ou Vara tradicional da Justiça Estadual?*

Nestes casos, diferentemente do que se expôs em relação à competência absoluta, é possível se falar em **foro de eleição**: *podem as partes optar, em contrato, por um órgão judiciário situado em comarca distinta daquela prevista em lei como a territorialmente competente.* Exatamente porque esta competência se funda no interesse das partes.

No tocante à **competência em razão do valor**, vale destacar que, apesar de ser incompetência relativa, no sistema brasileiro atual, não há espaço para contrato entre as partes. *A única possibilidade que se tem é a escolha, pelo autor, do JEC ou da vara tradicional da Justiça Estadual.*

Conforme o tipo de competência (absoluta ou relativa), há distinções em relação às consequências para o processo. E isso é importante especialmente em relação às **situações de incompetência**.

No quadro a seguir verificam-se as distinções entre a competência absoluta e relativa em relação a três situações:

Tipo de competência/ Distinções	Conhecimento de ofício pelo juiz (parte precisa provocar?)	Forma de arguição pelo réu	Consequências da não arguição
Absoluta	**Sim (CPC, art. 113)**	**Preliminar de Contestação (CPC, art. 301, II)**	**Pode ser alegada / Conhecida a qualquer tempo e grau de jurisdição. (CPC, art. 113) Após coisa julgada, cabe rescisória. (CPC, art. 485, II)**
Relativa	**Não* (CPC, art. 112, 113 e 114)**	**Exceção de Incompetência relativa (CPC, art. 112, 304 e 307)**	**Prorrogação da competência (CPC, art. 114)**

Em regra, o juiz deve *conhecer de ofício a incompetência absoluta* e *não pode conhecer de ofício a incompetência relativa* (STJ, Súmula 33: A incompetência relativa não pode ser declarada de ofício).

Contudo, em relação ao **conhecimento de ofício da incompetência relativa pelo juiz**, há uma **exceção** (CPC, art. 112, parágrafo único – por isso o asterisco no quadro acima). Tratando-se de situação em que há *contrato de adesão (relação de consumo) e há cláusula de eleição de foro em prejuízo do consumidor, poderá o juiz declarar de ofício a incompetência territorial*, diante do ajuizamento da demanda por parte do fornecedor.

Tratando-se de incompetência relativa (territorial), a parte deve se valer da exceção de incompetência relativa. Já se o caso for de incompetência absoluta, o réu se utiliza da própria contestação, alegando essa defesa em preliminar.

No tocante a não arguir a incompetência, é conveniente debater o **conceito de preclusão**: trata-se da *perda de uma faculdade processual pela parte*. Ou seja, a parte poderia ter realizado algum ato processual, mas não o fez – e, assim, perdeu a possibilidade de fazê-lo.

Como a incompetência absoluta pode ser alegada a qualquer tempo e grau de jurisdição, percebe-se que não há a preclusão. E, inclusive, após a formação da coisa julgada, ainda é possível se utilizar a ação rescisória pelo prazo de dois anos contados do trânsito em julgado (CPC, art. 495).

Por outro lado, se a parte não ingressar com a exceção de incompetência relativa no prazo e forma previstos em lei, não poderá assim proceder posteriormente. Portanto, percebe-se que a incompetência relativa preclui. Denomina-se **prorrogação da competência** o fenômeno pelo qual *o juiz antes relativamente incompetente passa a ser relativamente competente, diante da ausência de exceção de incompetência territorial*. É possível concluir que somente pode ocorrer a prorrogação no tocante à incompetência relativa.

1.2.5. Critérios para fixação da competência territorial

O CPC e leis extravagantes bem regulam a fixação da competência territorial.

Existem duas **regras**, a saber:

(i) na hipótese de **direito pessoal** ou **direito real sobre móveis**, a competência para o julgamento da causa será o *foro do domicílio do réu* (CPC, art. 94).

(ii) tratando-se de **direito real sobre imóveis**, competente para julgar a lide será o *foro do local da coisa* (CPC, art. 95).

Em relação ao art. 94 do CPC, existem algumas situações adicionais previstas no dispositivo legal. Se o *réu tiver mais de um domicílio*, "será demandado no foro de qualquer deles"; se tiver *domicílio incerto ou desconhecido*, "será demandado onde for encontrado ou no foro do domicílio do autor"; caso *não tenha domicílio no Brasil*, a causa "será proposta no foro do domicílio do autor", sendo que *se também o autor residir fora do Brasil*, a causa "será proposta em qualquer foro"; e se houver litisconsórcio passivo com *réus com domicílios distintos*, o autor poderá optar por qualquer dos foros (CPC, art. 94, §§ 1º ao 4º).

Já em relação ao art. 95 do CPC, apesar de se tratar de competência territorial (e, portanto, em regra passível de modificação pela vontade das partes), a parte final do artigo traz casos em que **não cabe foro de eleição**: "Pode o autor, entretanto, optar pelo foro do domicílio ou de eleição, **não recaindo** o litígio sobre *direito de propriedade, vizinhança, servidão, posse, divisão e demarcação de terras e nunciação de obra nova*". Assim, nesses casos, obrigatoriamente a competência será do local do imóvel, *não se admitindo a modificação por vontade das partes*.

Ademais, *além destas duas regras gerais* (arts. 94 e 95 do CPC), existem diversas **exceções** tanto no próprio CPC como em leis extravagantes.

No CPC, o tema é tratado nos arts. 96 a 100:

✓ no **inventário, partilha ou arrecadação**: foro do *último domicílio do falecido* – mesmo foro competente para todas as ações em que o espólio for réu (CPC, art. 96);

✓ porém, se o falecido **não possuía domicílio certo**, competente será o *foro da situação dos bens* ou, se existiam bens em lugares diferentes, o *foro do local do óbito* (CPC, art. 96, parágrafo único);

✓ nas demandas em que o **ausente for réu**: *foro de seu último domicílio* (CPC, art. 97);

✓ quando o **réu for incapaz**: *foro do domicílio de seu representante* (CPC, art. 98);

✓ no momento em que a **União for autora**: seção judiciária (termo para foro na Justiça Federal) do *domicílio do réu* (CF, art. 109, § 1º);

✓ quando a **União for ré**: seção judiciária em que for *domiciliado o autor*, naquela onde houver *ocorrido o ato ou fato* que deu origem à demanda ou onde esteja situada a coisa, ou, ainda, *no Distrito Federal* (CF, art. 109, § 2º);

✓ no **divórcio**: foro do *domicílio da mulher* (CPC, art. 100, I). Discute-se se o dispositivo seria constitucional, considerando a isonomia. Ainda afirma-se que sim, especialmente em situações em que a mulher é hipossuficiente (STF, RE 227114, 2ª T., j. 22.11.2011, informativo 649);

✓ na **ação de alimentos**: foro do domicílio de *quem pleiteia alimentos* (CPC, art. 100, II);

✓ nas indenizações decorrentes de **acidente de veículo ou de ato ilícito**: foro do *local do fato* ou do domicílio do autor (CPC, art. 100, parágrafo único);

✓ nas lides envolvendo **relações de consumo**: foro do *domicílio do consumidor* (CDC, art. 101, I);

✓ nas **ações de despejo**, se não houver foro de eleição: foro do *local do imóvel* (Lei 8.245/1991, art. 58, II).

Como se pode perceber, em muitas dessas situações de exceção, o legislador buscou facilitar o acesso à justiça para a parte mais fraca, ou seja, para a parte **hipossuficiente**. Assim, inverteu a regra de que é competente o foro do domicílio do réu.

Contudo, vale destacar que, como se está diante de competência territorial (relativa) e como essas exceções servem para facilitar a postulação em juízo para os autores, nada impede que o autor ajuíze a causa no domicílio do réu.

1.2.6. Exemplos de fixação de Justiça e foro competentes

Para concluir este tópico, vale analisar alguns exemplos de fixação de competência, tanto em relação à competência em razão da matéria como em relação à competência territorial.

a) batida de carro entre particulares, ocorrida em São Paulo, autor domiciliado em Santos e réu domiciliado em Campinas:

✓ Justiça Estadual, foro competente: São Paulo ou Santos (CPC, art. 100, parágrafo único);

b) batida de carro entre uma ambulância da Secretaria de Saúde do Estado do Rio de Janeiro e um particular, ocorrida no Rio de Janeiro, autor domiciliado em Niterói:

✓ Justiça Estadual, foro competente: Rio de Janeiro ou Niterói (CPC, art. 100, parágrafo único);

c) batida de carro entre uma ambulância do Ministério da Saúde e um particular, ocorrida em Belo Horizonte, autor domiciliado em Betim:

✓ Justiça Federal (CF, art. 109, I), foro competente: Belo Horizonte ou Betim (CPC, art. 100, parágrafo único);

d) usucapião de imóvel situado em São José dos Pinhais, possuidor e proprietários particulares, domiciliados em Curitiba:

✓ Justiça Estadual, foro competente: São José dos Pinhais (CPC, art. 95);

e) despejo por falta de pagamento de imóvel situado em Recife, locador domiciliado em Olinda, locatário domiciliado em Recife:

✓ Justiça Estadual, foro competente: Recife (Lei 8.245/1991, art. 58, II – local do imóvel, salvo se houver foro de eleição);

f) ação revisional de aposentadoria contra o INSS, aposentado domiciliado em Luziânia/GO, cidade que não tem Justiça Federal (subseção judiciária mais próxima: Goiânia):

✓ Justiça Estadual, foro competente: Luziânia. Apesar de o INSS ser órgão federal, se não há Justiça Federal na Comarca, a causa será julgada perante a Justiça Estadual – com recurso julgado pelo TRF da 1ª Região (CF, art. 109, §§ 3º e 4º);

g) ação indenizatória de particular contra a União. Pessoa domiciliada em Lauro de Freitas/BA, cidade que não tem Justiça Federal (subseção judiciária mais próxima: Salvador):

✓ Justiça Federal, foro competente: Salvador. No caso, como a ação é contra a União e não o INSS, não se aplica a regra do tópico anterior (CF, art. 109, I);

h) reclamação trabalhista de empregado da Caixa Econômica Federal (empresa pública federal), que reside e trabalha em Manaus:

✓ Justiça do Trabalho, foro competente: Manaus. Apesar de a reclamada ser ente federal, a justiça especializada atrai a competência em relação à Justiça Comum (CF, art. 109, I, parte final);

i) ação indenizatória de danos morais de empregado contra sua empregadora. Empregado domiciliado em Vila Velha, empresa sediada em Vitória:

✓ Justiça do Trabalho, foro competente: Vila Velha. Apesar de o dano moral ser um instituto típico do direito civil e não da área trabalhista, a competência é da Justiça do Trabalho (CF, art. 114, VI);

j) acidente do trabalho em que o acidentado pleiteia uma diferença em relação ao que é pago pelo INSS a título de auxílio-acidente. Acidente ocorrido na Comarca de Imbituba/SC, que não tem Justiça Federal (subseção judiciária mais próxima: Florianópolis):

✓ Justiça Estadual, foro competente: Imbituba. Apesar de o INSS ser Federal, no acidente do trabalho, por previsão constitucional, considerando o objetivo de facilitar o acesso à justiça do acidentado, a competência é da Justiça Estadual – com recurso julgado pelo TJ (CF, art. 109, I, parte final);

k) acidente do trabalho em que o acidentado pleiteia danos morais afirmando que o acidente somente ocorreu por culpa do seu empregador. Acidente ocorrido em Porto Alegre:

✓ Justiça do Trabalho, foro competente: Porto Alegre. A jurisprudência do STF fixou a competência da Justiça do Trabalho para se pleitear danos decorrentes de acidente do trabalho em face do empregador (CF, art. 114, VI -- STF, CC 7204, j. 29.06.2005).

1.2.7. Alterações da competência após o ajuizamento da demanda

A regra prevista na legislação processual é a ***perpetuatio jurisdictionis***, ou seja, *a competência é fixada no momento da propositura da ação, sendo irrelevantes as posteriores alterações que porventura ocorram* (CPC, art. 87).

Assim, se o réu mudar de endereço durante o trâmite do processo, não haverá redistribuição da causa.

Contudo, o próprio art. 87 do CPC, que prevê a *perpetuatio*, traz *exceções*: haverá a redistribuição se (i) houver supressão do órgão judiciário perante o qual tramitava a causa ou (ii) houver alteração da competência em razão da competência absoluta (matéria ou hierarquia / função).

Assim, se uma vara for extinta ou se mudar a competência da vara (de vara cível para vara de família), aí será possível a redistribuição da causa.

Por sua vez, se houver **conexão** (*duas ou mais demandas que têm a mesma causa de pedir ou o pedido* – CPC, art. 103) ou **continência** (*duas ou mais demandas em que há identidade de partes e de causa de pedir, mas o pedido de uma é mais amplo que o das outras* – CPC, art. 104), cabe a reunião das duas causas para julgamento conjunto (CPC, art. 105). Isso ocorrerá de modo a evitar decisões contraditórias e para prestigiar a celeridade e economias processuais.

Nessas hipóteses, a **prevenção** é que *determinará qual o juízo responsável pelo julgamento de ambas as demandas*, ou seja, o juiz que primeiro tiver tido contato com a lide é que julgará as causas conexas ou continentes.

Contudo, há aqui uma dificuldade no CPC, com dois artigos aparentemente conflitantes.

De um lado, o art. 106 destaca que: "correndo em separado ações conexas perante juízes que têm a mesma competência territorial, considera-se *prevento aquele que despachou em primeiro lugar*".

De seu turno, o art. 219, *caput*, preceitua que: "a citação válida torna prevento o juízo".

A jurisprudência (STJ, CC 39.595/DF, *DJ* 09.02.2005) resolveu o problema da seguinte forma: aplica-se o art. 106 (prevenção pelo *primeiro despacho*), nos termos de sua redação, quando se estiver diante da *mesma competência territorial* (ou seja, mesma comarca); aplica-se o art. 219 (prevenção pela *citação*) quando se estiver diante de *competência territorial distinta* (ou seja, comarcas distintas).

E há ainda outro aspecto decidido pela jurisprudência: o **primeiro despacho capaz de ensejar a prevenção** é o *despacho de conteúdo positivo*, ou seja, que determina a citação do réu. O despacho do juiz que determina a emenda da inicial não acarreta a prevenção (STJ, REsp 217.860/PR, *DJ* 20.09.1999).

Utiliza-se o **conflito de competência** se *um ou mais juízes entenderem que são competentes ou incompetentes para julgar a mesma causa* (CPC, art. 115). O conflito pode ser suscitado pelo juiz, MP ou partes (CPC, art. 116).

O conflito pode ser **negativo** (os dois juízes entendem que são *incompetentes* para julgar a causa) ou **positivo** (os dois juízes entendem que são *competentes* para julgar a causa).

O conflito é decidido pelo Tribunal que seja hierarquicamente superior aos dois juízes envolvidos no conflito.

Ou seja:

✓ se o conflito for entre o juiz de direito da 1ª Vara Cível do Rio de Janeiro e o juiz de direito da 2ª Vara Cível de Niterói, competente para julgar o conflito será o TJRJ;

✓ se o conflito for entre o juiz da 1ª Vara Federal do Rio de Janeiro e o juiz de direito da 2ª Vara Cível de Niterói, competente para julgar o conflito será o STJ.

1.3. Princípios processuais

Os **princípios** são a *base na qual se assenta qualquer ramo do direito, permeando toda sua aplicação. Dão ao sistema um aspecto de coerência e ordem*. Assim, os princípios processuais dão coerência e lógica ao sistema processual.

1.3.1. Princípio do acesso à justiça (inafastabilidade do controle jurisdicional)

O **princípio do acesso à justiça** garante que *o jurisdicionado, diante de uma lide, poderá buscar a solução via jurisdição, sendo indevidas quaisquer limitações à possibilidade de se acionar o Judiciário*. É previsto na CF, art. 5º, XXXV: "a lei não excluirá da apreciação do Poder Judiciário lesão ou ameaça a direito".

Um exemplo de limitação seria a dificuldade de a parte pobre arcar com as custas do processo. Para tanto, de modo a garantir o acesso à justiça, há a previsão da assistência jurídica (CF, art. 5º, LXXIV, e Lei 1.060/1950).

Por fim, destaque-se que houve discussão se a arbitragem (forma de ADR, como já visto) violaria o acesso à justiça, já que veda a possibilidade de discussão da lide perante o Judiciário. Prevalece a posição de que, diante da opção das partes pela arbitragem, não há violação ao princípio (STF, SE 5206 AgR, *DJ* 30.04.2004).

1.3.2. Princípio do devido processo legal

Este é um princípio pelo qual muitos dos demais princípios são extraídos. É previsto na CF, art. 5º, LIV: "ninguém será privado da liberdade ou de seus bens sem o devido processo legal". Para o processo civil, é certo que o princípio se refere à perda de bens.

O princípio se aplica a diversas situações (há alta abstração) e indica as condições mínimas para o trâmite do processo.

Pode-se definir o **princípio do devido processo legal** como o *princípio que determina que o Estado-juiz não deve agir de qualquer forma, mas sim de uma forma específica, prevista em lei (regras previamente estabelecidas)*. E, sem essa forma, não é possível à parte perder seus bens em virtude de um processo judicial. Tanto o autor como o réu são beneficiários do princípio.

Mais recentemente, tem se falado em **devido processo legal formal** (conceito acima exposto) e, também, em **devido processo legal substancial** (ou **material**), o qual *assegura que uma sociedade só será submetida a leis razoáveis* (princípio da razoabilidade das leis).

1.3.3. Princípio da ampla defesa

O **princípio da ampla defesa** é a *garantia de qualquer réu de ter plenas condições de apresentar seus argumentos de defesa*. Pode ser entendido como o reverso do princípio do acesso à justiça. É positivado no art. 5º, LV da CF: "aos litigantes (...) são assegurados o contraditório e ampla defesa, com os meios e recursos a ela inerentes".

O dispositivo constitucional faz menção a "recursos" inerentes à ampla defesa. Não se deve entender o termo em seu sentido técnico processual (ato que busca revisão de uma decisão judicial), mas sim como meios para que a defesa seja plenamente exercitada.

Porém, a ampla defesa não significa que tudo aquilo que o réu pretende alegar ou provar deve ser levado em consideração. O juiz deve analisar a pertinência e conveniência das provas e das alegações.

1.3.4. Princípio do contraditório

O **princípio do contraditório** pode ser assim definido: *quando uma parte se manifesta, a outra também deve ter a oportunidade de fazê-lo*. É positivado no art. 5º, LV, da CF, reproduzido no tópico acima.

Trata-se de um binômio: "informação e possibilidade de manifestação". O primeiro é indispensável; o segundo é opcional, ou seja, não haverá violação ao princípio se a parte, ciente (informada), não se manifestar.

Em hipóteses de urgência, a concessão de alguma medida pelo juiz antes da manifestação da parte contrária não importa em violação ao princípio – desde que, posteriormente, a outra parte seja ouvida. Este seria o pedido de liminar *inaudita altera parte* (sem que se ouça a outra parte).

1.3.5. Princípio do juiz natural (princípio da vedação do tribunal de exceção)

O **princípio do juiz natural** preceitua que o *órgão julgador competente para determinada causa deve existir e ser conhecido antes de ocorrido o fato a ser julgado*. É previsto no art. 5º da CF, em dois incisos: "XXXVII – não haverá juízo ou tribunal de exceção" e "LIII – ninguém será processado nem sentenciado senão pela autoridade competente".

Assim, o juiz natural é o juiz competente previsto em lei (Constituição e Códigos) para julgar a lide em abstrato, antes mesmo de sua ocorrência.

O objetivo do princípio é garantir a *imparcialidade* do julgador, a qual é usualmente deixada de lado quando se cria um tribunal *ad hoc* (para determinado ato, após a sua ocorrência).

Deve-se ter cuidado para não confundir o juiz natural com a identidade física do juiz (princípio adiante analisado).

1.3.6. Princípio da isonomia (princípio da igualdade)

Pelo **princípio da isonomia** *o juiz deve tratar, no âmbito do processo, as partes da mesma forma*. Há previsão na CF, art. 5º, *caput* ("Todos são iguais perante a lei") e no CPC, art. 125, I (o qual prevê que o juiz deve "assegurar às partes igualdade de tratamento").

Assim, prevê o princípio que o Judiciário deve tratar os litigantes da mesma forma, sem que haja benefícios em prol de um e em detrimento do outro. Como exemplo, os prazos processuais devem ser os mesmos tanto para o autor como para o réu.

Contudo, por vezes a própria legislação cria situações processuais distintas entre os litigantes. E isso se justifica pela necessidade de se equilibrar a posição entre as partes, em virtude de uma prévia desigualdade, ou seja, o princípio da igualdade também significa tratar desigualmente os desiguais – na medida de suas desigualdades (ex.: isenção de custas somente para a parte hipossuficiente).

1.3.7. Princípio da proibição de provas ilícitas

O princípio da **proibição da prova ilícita** deixa claro que "são inadmissíveis, no processo, as provas obtidas por meios ilícitos" (CF, art. 5º, LVI). O valor que se busca proteger é a intimidade das pessoas (também protegida na CF, art. 5º, X).

Se uma prova ilícita for levada ao processo, esta não deverá ser apreciada pelo magistrado no momento do julgamento.

Derivada uma prova lícita de uma inicialmente ilícita, o entendimento majoritário é de que persiste a nulidade (esta é a denominada **teoria do fruto da árvore envenenada**).

1.3.8. Princípio da publicidade

O **princípio da publicidade** prevê que *os atos processuais e a tramitação do processo devem ser, em regra, públicos*. É previsto no art. 93, IX da CF: "todos os julgamentos dos órgãos do Poder Judiciário serão públicos (...)".

Porém, não se trata de um princípio absoluto, já que há situações em que o processo pode ser sigiloso. E isso é previsto na própria CF, no art. 5º, LX: "a lei só poderá restringir a publicidade dos atos processuais quando a defesa da intimidade ou o interesse social o exigirem".

Assim, em certos casos – como nas discussões envolvendo direito de família –, tendo em vista a defesa da intimidade, o processo não será público para terceiros, em virtude do **segredo de justiça** (CPC, art. 155).

1.3.9. Princípio da motivação (princípio da fundamentação)

Pelo **princípio da motivação** *toda decisão proferida pelo Poder Judiciário deverá ser fundamentada, explicada, motivada pelo magistrado que a profere*. É positivado na CF, art. 93, IX: "todos os julgamentos dos órgãos do Poder Judiciário serão públicos, e fundamentadas todas as decisões (...)".

A finalidade é que as partes saibam a razão pela qual seus argumentos foram aceitos ou, principalmente, negados. Inclusive de modo a se ter condições de impugnar a decisão, via recurso. Caso não haja motivação, a decisão será nula.

1.3.10. Princípio da duração razoável do processo (princípios da economia e celeridade)

O **princípio da duração razoável do processo** foi inserido na Constituição pela EC 45/2004 (Reforma do Judiciário). Nos termos do art. 5º, LXXVIII, "a todos, no âmbito judicial e administrativo, são assegurados a razoável duração do processo e os meios que garantam a celeridade de sua tramitação".

É a expressão positivada dos princípios implícitos da economia processual e da celeridade (parte da doutrina trata estes dois princípios como sinônimos).

Para os que entendem existir diferença, o **princípio da economia processual** busca *um processo econômico não só em relação ao tempo, como também recursos humanos, recursos materiais, custos etc.* Já quando se fala em **princípio da celeridade**, *a ideia é um processo que não tenha uma duração prolongada.*

1.3.11. Princípio do duplo grau de jurisdição

Como não se trata de um princípio explícito, há quem entenda não se tratar de um princípio. Contudo, a posição majoritária é que se trata de um princípio implícito, que decorre do devido processo legal.

O **princípio do duplo grau de jurisdição** pode ser definido como a *possibilidade de reexame de uma decisão judicial, por um outro órgão jurisdicional, usualmente superior*.

Contudo, reconhece-se que em algumas hipóteses o princípio pode ser excepcionado. Como exemplo, podem ser apontados os acórdãos proferidos em causas de competência originária do STF (ex.: ADI – ação direta de inconstitucionalidade).

1.3.12. Princípio da inércia (princípio dispositivo)

O **princípio da inércia** determina que, *para a atuação do Judiciário visando a solucionar uma lide, há necessidade de manifestação da parte interessada*. Ou seja, o Judiciário fica inerte até que seja provocado pelo autor. O princípio está previsto nos arts. 2º e 262 do CPC e tem por objetivo garantir a imparcialidade do juiz.

Porém, existem algumas *exceções* no sistema, em que a própria legislação afirma que o juiz poderá agir *de ofício* (ou seja, sem provocação da parte). Como exemplo, o art. 989 do CPC, que traz a possibilidade de início do inventário pelo juiz, caso não haja a provocação pelos legitimados.

1.3.13. Princípio da congruência (princípio da adstrição do juiz ao pedido ou da correlação)

Como decorrência do princípio dispositivo, há o **princípio da congruência**, o qual aponta que *o juiz apenas pode conceder o que foi pedido pela parte*. É previsto nos arts. 128 e 460 do CPC.

Se o Judiciário somente pode se movimentar se provocado pela parte (princípio dispositivo), é certo que tal Poder não deve conceder algo além do que foi pleiteado pela parte.

Se o juiz conceder algo fora do que foi pedido, fala-se em decisão *extra petita* (a parte pede dano material e o juiz concede dano moral). Se o juiz conceder algo além do que foi pedido, fala-se em decisão *ultra petita* (a parte pede R$ 10 mil de dano moral e o juiz concede R$ 20 de dano moral). Nesses dois casos, há nulidade da decisão.

1.3.14. Princípio do livre convencimento motivado do juiz (princípio da livre convicção ou da persuasão racional)

O **princípio do livre convencimento motivado** regula a avaliação das provas existentes nos autos e está previsto no art. 131 do CPC. Assim, *o juiz não está vinculado a qualquer prova em específico, mas ao conjunto probatório como um todo – contudo, ao decidir, terá de indicar os motivos que deram base a seu convencimento.*

Ou seja, uma prova não vale mais que a outra. E um exemplo claro disto é que o juiz não está vinculado à conclusão do perito no laudo pericial (CPC, art. 436). Porém, reitere-se, deverá fundamentar o porquê de não acolher ou acolher determinada prova. Relembre-se que o princípio da motivação já aponta esta necessidade.

1.3.15. Princípio da oralidade

O **princípio da oralidade** é aquele que *estimula a realização dos atos processuais por meio verbal; ou seja, mediante a realização de audiências.*

Para que se compreenda este princípio, há de se analisar seus *subprincípios,* ou seja, a finalidade da oralidade é:

a) aproximar o juiz das partes e das provas (**princípio da imediatidade** - CPC, art. 446, II);

b) reduzir a instrução a um número mínimo de audiências (audiência una) e a um pronto julgamento (**princípio da concentração** - CPC, art. 455 e 456);

c) na linha do princípio acima exposto, deve-se evitar que, a cada interlocutória, o processo seja suspenso (**princípio da irrecorribilidade das interlocutórias** - CPC, arts. 522 e 527, III, sendo que o agravo retido como regra e a limitação à concessão do efeito suspensivo no agravo de instrumento são exemplos disso);

d) determinar que esse juiz que produziu a prova julgue a causa (**princípio da identidade física do juiz** - CPC, art. 132).

Apesar de seguir previsto no Código, o princípio da oralidade vem perdendo muita força na jurisprudência.

1.3.16. Princípio da lealdade processual

O processo acarreta sempre a manifestação de ambas as partes (*vide* princípio do contraditório). É certo que a ida ao Judiciário já decorre da existência da lide, o que muitas vezes significa um grau acentuado de animosidade entre os litigantes. Contudo, o processo não pode ser um local de conflito.

Daí o princípio da **lealdade processual**, que *busca evitar uma atuação desleal ou fraudulenta das partes e de seus advogados, no âmbito do processo, prevendo sanções processuais para quem assim atue.* Apesar do foco do princípio ser as partes, aplica-se também a todos que atuam no processo.

Como expressão do princípio pode-se destacar a **litigância de má-fé**, *figura processual que prevê multa à parte que agir deslealmente no processo* (CPC, arts. 17 e 18).

A parte (autor, réu, terceiro) é considerada litigante de má-fé *quando* (CPC, art. 17):

✓ deduzir pretensão ou defesa contra texto expresso de lei ou fato incontroverso;

✓ alterar a verdade dos fatos;

✓ usar do processo para conseguir objetivo ilegal;

✓ opuser resistência injustificada ao andamento do processo;

✓ proceder de modo temerário em qualquer incidente ou ato do processo;

✓ provocar incidentes manifestamente infundados;

✓ interpuser recurso com intuito manifestamente protelatório.

A condenação em litigância de má-fé importa em (i) *multa* de, no máximo, *1% do valor da causa,* além de (ii) *indenização* à parte contrária pelos danos sofridos, honorários e despesas. Essa indenização será desde logo fixada pelo juiz, em quantia não superior a 20% do valor da causa ou mediante liquidação por arbitramento.

A imposição da pena por litigância de má-fé poderá ser imposta **de ofício ou a requerimento da parte** (CPC, art. 18).

Se houver litisconsórcio entre os litigantes de má-fé, haverá condenação de forma proporcional ou mesmo de forma solidária, se os litigantes se coligaram para lesar a parte contrária (CPC, art. 18, § 1º).

Figura *análoga* à litigância de má-fé, própria do processo de execução (e cumprimento de sentença), é o **ato atentatório à dignidade da justiça**. É previsto no art. 600 do CPC, para quando o executado:

✓ frauda a execução;

✓ se opõe maliciosamente à execução, empregando ardis e meios artificiosos;

✓ resiste injustificadamente às ordens judiciais;

✓ intimado, não indica ao juiz, em 5 (cinco) dias, quais são e onde se encontram os bens sujeitos à penhora e seus respectivos valores.

Se o executado assim proceder, o juiz poderá aplicar *multa de até 20% do valor do débito* objeto da execução, sem prejuízo de outras sanções, sendo que a *multa reverte em proveito do exequente* e é exigível na própria execução (CPC, art. 601).

Vale destacar que o juiz pode *afastar a multa,* desde que o devedor se comprometa a "não mais praticar" tais atos (CPC, art. 601, parágrafo único).

1.3.17. Princípios relacionados às nulidades

É importante que, no processo, haja a observância de formas, de maneira que se garanta segurança aos litigantes (princípio do devido processual legal). Contudo, dúvida não há de que a observância irrestrita das formas engessa o andamento do processo (em violação ao princípio da razoável duração do processo).

Neste contexto é que se inserem os princípios relacionados às nulidades (isso porque a inobservância de forma, a rigor, acarreta a nulidade do ato processual, ou seja, sua repetição).

Merecem destaque os seguintes princípios:

a) princípio da **instrumentalidade das formas**, pelo qual *ainda que a forma prevista em lei não for observada, o juiz considerará válido o ato se, realizado de outro modo, alcançar-lhe a finalidade* (CPC, art. 244). Logo, *só haverá nulidade se houver prejuízo* (regra do *pas de nullitè sans grief* - CPC, art. 249, § 1º);

b) princípio da causalidade: *decretada a nulidade de um ato, os que dele decorrerem também devem ser reconhecidos como nulos* (CPC, art. 248);

c) princípio da conservação: *não há nulidade dos atos posteriores que sejam independentes daquele que foi anteriormente anulado* (CPC, art. 250).

1.3.18. Princípio da eventualidade

O processo tem por finalidade a solução da lide e deve seguir sempre com essa finalidade. Nesta linha, para evitar demora na tramitação do processo (princípio da razoável duração), fala-se em **preclusão**, como já visto acima. Ou seja, o processo não pode voltar para uma fase anterior a todo momento.

Assim, o **princípio da eventualidade** aponta que *a parte, no momento em que se manifestar, deverá trazer todos os argumentos e pedidos possíveis, visto que em regra não é possível fazê-lo em momento posterior.*

Para ilustrar, vale trazer o exemplo da contestação em que réu deverá apresentar *todos* seus argumentos de defesa, ainda que contraditórios (CPC, art. 300).

1.4. Partes, procuradores, sucumbência, funções essenciais à justiça (Ministério Público, Defensoria Pública e Advocacia), Fazenda Pública em juízo.

1.4.1. Partes e capacidades

Para que se saiba quem pode figurar como parte no âmbito do Poder Judiciário, é necessário que se conheça as diversas capacidades existentes:

a) capacidade de ser parte: *pode ser parte em um processo judicial quem tem a possibilidade de ser titular de direitos - assim, trata-se de conceito ligado à personalidade jurídica* (CC, art. 1º).

Apesar disso, para resolver questões de ordem prática, a legislação processual por vezes concede capacidade de ser parte a entes despersonalizados. É, por exemplo, o caso do espólio, que é representado pelo inventariante (cf., CPC, art. 12, III, IV, V, VII e IX).

Como se percebe, ou há ou não há capacidade de ser parte, não sendo possível falar em correção dos polos da relação processual no caso de incapacidade de ser parte - o processo será extinto;

b) capacidade processual *(legitimatio ad processum): é a capacidade de figurar no processo judicial por si mesmo, sem o auxílio de outrem.*

Não se deve confundir esta figura com a condição da ação *legitimidade de parte* (*legitimatio ad causam*), adiante enfrentada.

A regra do CPC (art. 8º) é que os absolutamente incapazes (CC, art. 3º) devem ser representados, ao passo que os relativamente incapazes (CC, art. 4º) devem ser assistidos.

Uma criança tem capacidade de ser parte (pode pleitear alimentos, por exemplo), mas não pode figurar, sozinha, no processo. Assim, não tem capacidade processual, devendo estar acompanhada para que haja a supressão de sua incapacidade processual. Diferentemente da incapacidade de ser parte, a incapacidade processual pode ser suprida (CPC, art. 13).

Por sua vez, há algumas pessoas que, apesar de não serem incapazes à luz da legislação civil, têm restrições em sua capacidade processual. É a hipótese dos *litigantes casados*.

Em regra, não há qualquer distinção entre solteiros e casados. A *exceção* envolve as *ações reais imobiliárias* (CPC, art. 10). Neste caso, ou há litisconsórcio ou há autorização do cônjuge para se ingressar em juízo - via outorga uxória (prestada pela esposa ao marido) ou outorga marital (prestada pelo marido à esposa). O legislador assim previu considerando que a discussão envolvendo direitos reais imobiliários pode influenciar toda a família;

c) capacidade postulatória: *é a capacidade plena de representar as partes em juízo; a capacidade de falar, de postular perante os órgãos do Poder Judiciário.* Em regra, o advogado é o titular da capacidade postulatória (CPC, art. 36).

Porém, há casos em que a lei concede capacidade postulatória à própria parte - mas isso não impede a postulação por meio de um advogado. As situações são as seguintes:

✓ Juizados Especiais Cíveis, nas causas de até 20 salários mínimos (Lei 9.099/1995, art. 9º);

✓ ação de Alimentos (Lei 5.478/1968, art. 2º);

✓ *habeas corpus*;

✓ reclamações trabalhistas (CLT, art. 791);

✓ qualquer causa, desde que não haja advogado disponível para patrociná-la (CPC, art. 36, parte final).

1.4.2. Alteração das partes após o ajuizamento da demanda (sucessão processual)

Pelo **princípio da estabilização subjetiva das partes**, uma vez *realizada a citação, devem ser mantidas as mesmas partes na relação processual* (CPC, art. 264).

Contudo, existem algumas *exceções*. Dá-se o nome **sucessão processual** à *alteração das partes em um processo judicial*. Não deve ser confundida com a **substituição processual**, que *importa em pleitear direito alheio em nome próprio* (CPC, art. 6º).

Um exemplo de sucessão processual é a hipótese de *falecimento* de uma das partes (CPC, art. 43) quando - após a suspensão do processo (CPC, art. 265, I) - o sucessor ingressará nos autos para assumir a posição processual do falecido. Isso ocorrerá mediante um procedimento denominado habilitação (CPC, art. 1.055).

Outro exemplo em que pode ocorrer a sucessão é a *alienação de objeto litigioso*. Neste caso, quem adquire o bem poderá ingressar no processo no lugar da parte que alienou o bem - desde que haja consentimento da parte contrária (CPC, art. 42, § 1º).

1.4.3. Curador especial

O CPC prevê, para determinados casos, a figura de um **curador especial**. Trata-se de um *advogado nomeado pelo juiz para postular em nome de determinada parte que apresenta uma situação de hipossuficiência.*

Preceitua o art. 9º do CPC que o juiz dará curador especial:

(i) ao incapaz, se não tiver representante legal, ou se os interesses deste colidirem com os daquele;

(ii) ao réu preso (ou que venha a ser preso durante a fluência do prazo de contestação - STJ, REsp 1.032.722, Informativo 503);

(iii) ao réu revel citado por edital ou com hora certa (ou seja, quando houver citação ficta).

Em regra, compete à própria parte buscar o advogado que lhe assistirá. Mas, nesses casos, diante de alguma dificuldade (*situação de hipossuficiência*), o magistrado é quem providencia o curador especial, em observância aos princípios da ampla defesa e contraditório.

1.4.4. Mandato

A parte usualmente será representada em juízo por um advogado. O *contrato que regula a relação cliente - advogado* é o **mandato**. A **procuração** é o *instrumento do mandato, e prova que a parte é representada pelo advogado.*

Em regra, ao apresentar qualquer manifestação, o advogado já junta ao processo a procuração. Contudo, em *situações de urgência*, é possível que o advogado pleiteie alguma providência jurisdicional sem a apresentação da procuração, requerendo prazo para tanto - de 15 dias, prorrogáveis por mais 15 dias (CPC, art. 37).

A *procuração geral para o foro* permite que o advogado exerça os principais atos do processo em nome da parte. Porém, há necessidade da concessão dos *poderes especiais* para que seja possível realizar alguns atos como receber citação, receber valores, transigir e dar quitação à parte contrária (CPC, art. 38).

1.4.4.1. Formas de extinção do mandato

A legislação civil prevê o **término do mandato** nas seguintes hipóteses (CC, art. 682):

(i) renúncia ou revogação;

(ii) morte ou interdição das partes (seja cliente ou advogado);

(iii) mudança de estado que inabilite o mandante a conferir poderes (como uma alteração societária que altere quem, na empresa, possa outorgar mandato) ou o mandatário para os exercer (perda da capacidade postulatória pelo advogado, que pode ocorrer por força de uma suspensão perante a OAB, dentre outras razões);

(iv) pelo término do prazo ou pela conclusão do negócio.

A **renúncia** é o *ato pelo qual o advogado deixa de representar o cliente*. Pode o advogado "a qualquer tempo, renunciar ao mandato, *provando que cientificou o mandante* a fim de que este nomeie substituto" (CPC, art. 45). Ou seja, se não houver a comprovação no processo de que houve a ciência ao cliente, a renúncia não será válida. Mas, mesmo que comprovada a ciência da renúncia, *o advogado continuará a representar o mandante nos autos por 10 dias*, de modo a não lhe causar prejuízo (CPC, art. 45).

Por outro lado, a **revogação** é o *ato pelo qual o cliente desconstitui o advogado da sua função de mandatário*. Do ponto de vista processual, o CPC não traz a necessidade de o cliente (mandante) comprovar que deu ciência ao advogado (mandatário) da revogação. Pela lei processual, a parte que revoga o mandato deve, no mesmo ato, constituir novo advogado (CPC, art. 44). Contudo, à luz da ética profissional, o novo mandatário deve dar ciência ao anterior de que está assumindo a causa.

1.4.5. Sucumbência e honorários sucumbenciais

O **ônus da sucumbência** é *a condenação ao pagamento das despesas (custas processuais, honorários periciais e outras) e honorários advocatícios, pela parte vencida*. Tem previsão no CPC, art. 20, ou seja, os honorários estão incluídos no ônus da sucumbência.

A titularidade dos honorários é do advogado e não da parte. Ainda que o advogado atue em causa própria e seja o vencedor, há a condenação na sucumbência.

O CPC baliza a fixação dos honorários:

✓ no caso de *procedência de pedido condenatório*, os honorários serão fixados entre *10% e 20% sobre o valor da condenação*. É o previsto no CPC, art. 20, § 3º, dispositivo que traz critérios para que seja feita a fixação: a) o grau de zelo do profissional; b) o lugar de prestação do serviço; c) a natureza e importância da causa, o trabalho realizado pelo advogado e o tempo exigido para o seu serviço;

✓ no caso de *improcedência ou procedência de pedido declaratório, execuções, causas de pequeno valor* ou de *valor inestimável*, ou ainda quando a *Fazenda for vencida*, os honorários serão fixados por *"apreciação equitativa do juiz"* (CPC, art. 20, § 4º), levando-se em conta, porém, os mesmos itens "a", "b" e "c" acima indicados. Ou seja, nestes casos a fixação poderá não ser realizada com base nos percentuais previstos no § 3º.

Como já exposto, a regra é que o vencido arque com os honorários e custas. Contudo, há algumas situações em que existem dúvidas:

✓ se houver **sucumbência recíproca** (hipótese de *parcial procedência do pedido*), os honorários e custas serão *divididos proporcionalmente* (CPC, art. 21) – *salvo* se um dos litigantes decair de parte mínima do pedido, hipótese em que a outra parte responderá integralmente pela sucumbência (CPC, art. 21, parágrafo único);

✓ se houver **desistência ou reconhecimento do pedido**, arcará *a parte que desistiu ou reconheceu* (CPC, art. 26);

✓ se houver **transação sem estipulação em relação a quem arca com as despesas**, essas serão *divididas igualmente entre as partes* (CPC, art. 26, § 2º).

1.4.6. Ministério Público

O **Ministério Público, MP** ou ***Parquet*** é *instituição permanente, essencial à função jurisdicional e destinada à preservação dos valores fundamentais do Estado* (defesa da ordem jurídica, regime democrático e interesses sociais – CF, art. 127).

A Constituição (art. 128) divide o MP em MPE (Ministério Público Estadual – atua perante a Justiça Estadual) e MPU (Ministério Público da União). O MPU compreende o MP Federal (atua perante o STF, STJ e Justiça Federal) e, também, MP do Trabalho (Justiça do Trabalho), MP Militar (Justiça Militar da União) e MPDFT (Distrito Federal e Territórios).

No que interessa para o processo civil, pertinente à atuação do MPE e do MPF, as carreiras são assim divididas:

Órgão	**1º grau**	**2º grau**	**Chefia**
MPE	Promotor de Justiça	Procurador de Justiça	Procurador-Geral de Justiça
MPF	Procurador da República	Procurador Regional da República	Procurador-Geral da República

A atuação do MP em um processo judicial pode se dar de duas formas:

✓ parte em que o MP postula como qualquer autor, principalmente no âmbito coletivo, mediante a ação civil pública (defesa do consumidor, meio ambiente, educação, criança, idoso, patrimônio público etc.);

✓ fiscal da lei (*custos legis*), em que o MP se manifesta opinando e verificando se o interesse da coletividade em debate está sendo adequadamente analisado pelo Judiciário. Esta atuação se dá em processos individuais e coletivos; mas, se o MP não for autor de uma demanda coletiva, obrigatoriamente atuará como fiscal da lei.

O MP atuará como fiscal da lei nas seguintes hipóteses (CPC, art. 82):

(i) em demandas que envolvam interesses de incapazes;

(ii) em discussões envolvendo estado da pessoa e direito de família (poder familiar, tutela, curatela, interdição, casamento, declaração de ausência e disposições de última vontade);

(iii) em processos coletivos que discutam posse de terra rural;

(iv) em causas nas quais exista interesse público (ou seja, basicamente as que envolvam a participação de um ente estatal ou em que a lide interesse à coletividade).

Em relação a essa última hipótese, a jurisprudência aponta que não há necessidade de participação em todo e qualquer processo envolvendo o Estado – mas sim quando efetivamente houver interesse da coletividade (por exemplo, não haveria justificativa na participação do MP em um mandado de segurança que discute uma multa de trânsito aplicada por uma Prefeitura).

A não manifestação do MP quando ele deveria ter sido ouvido acarreta a nulidade do processo (CPC, art. 84).

1.4.7 Advocacia

O advogado também exerce atividade essencial, sendo figura indispensável à administração da justiça (CF, art. 133).

Em regra, é o advogado que detém *a capacidade postulatória (CPC, art. 36). Como exposto, trata-se da capacidade plena de representar as partes em juízo (vide item 1.4.1 supra).*

O advogado atua em juízo fazendo prova do seu mandato (vide item 1.4.4 acima).

1.4.8. Defensoria Pública

A Defensoria Pública é "instituição essencial à função jurisdicional do Estado, incumbindo-lhe a orientação jurídica e a defesa, em todos os graus, dos necessitados, na forma do art. 5º, LXXIV" (CF, art. 134).

Trata-se, assim, da instituição encarregada de prestar assistência jurídica integral e gratuita aos cidadãos financeiramente hipossuficientes ("pobre na acepção jurídica do termo", nos termos da Lei 1.060/1950).

Apesar de alguma divergência doutrinária, é possível separar os conceitos da seguinte forma:

(i) justiça gratuita: *isenção de custas* no processo, pode ser requerida por qualquer litigante que seja, nos termos da Lei 1.060/1950, "pobre na acepção jurídica do termo";

(ii) assistência judiciária: *postulação em juízo pelo órgão estatal responsável pela defesa judicial dos que têm dificuldades financeiras* para arcar com os custos de advogado (ou seja, a assistência jurídica é prestada pela Defensoria – e, por óbvio, pressupõe a concessão de gratuidade de justiça no caso concreto);

(iii) assistência jurídica: é mais ampla que a simples postulação em juízo, pois *engloba também a orientação extrajudicial e esclarecimentos de dúvidas à população carente* – e, portanto, não apenas o processo judicial. A assistência jurídica plena é atingida mediante o exercício das atividades da Defensoria Pública.

A lei da defensoria (LC 80/1994) traz algumas *prerrogativas processuais* para a Defensoria:

a) consistente na **vista pessoal** dos processos fora dos cartórios e secretarias (LC 80/1994: art. 44, VI; art. 89, VI; e art. 128, VI);

b) prazo em dobro para a atuação da Defensoria Pública em juízo (LC 80/1994: art. 44, I; art. 89, I; e art. 128, I).

c) possibilidade de **representar o assistido independentemente de procuração**, em feito administrativo ou judicial, (LC 80/1994: art. 44, XI; art. 89, XI; e art. 128, XI).

Por fim, destaque-se que o STF decidiu que a instalação das Defensorias, no âmbito estadual, é obrigatória, não sendo possível sua não criação, ainda que haja convênio com a OAB (ADIs 3892 e 4270, julgadas em 2012).

1.4.9. Fazenda Pública em juízo

Por "Fazenda Pública" entenda-se o Estado em juízo. No conceito incluem-se a União, Estados, Municípios, Distrito Federal e respectivas autarquias e fundações, excluindo-se as empresas públicas e sociedades de economia mista (cuja natureza é de pessoa jurídica de direito privado e, portanto, têm regras processuais semelhantes às dos órgãos privados).

Na qualidade de instituição que está em juízo postulando em nome do Estado (zelando pelo interesse público), ostenta situação diferenciada no âmbito processual, seja no polo ativo ou passivo.

Dentre as principais *distinções processuais,* destaca-se:

a) prazos processuais diferenciados: a Fazenda Pública dispõe de prazo em *quádruplo para contestar* e *em dobro para recorrer,* nos termos do art. 188 do CPC.

b) custas e honorários: a Fazenda Pública está *dispensada do pagamento* das custas e emolumentos (que ostentam natureza tributária e cuja dispensa encontra fundamento na confusão como causa excludente da obrigação), mas *não do pagamento* das **despesas em sentido estrito** (que se destinam a remunerar terceiros cuja responsabilidade é auxiliar a atividade do Estado-juiz, como por exemplo, os honorários do perito judicial – Súmula 232 do STJ).

c) reexame necessário: para resguardar o interesse público, *mesmo que não haja recurso, a decisão desfavorável à Fazenda será examinada pelo 2º grau* – trata-se, exatamente, do reexame necessário (CPC, art. 475).

d) tutela antecipada contra a Fazenda Pública: existem *restrições quanto ao uso dos provimentos de urgência* em face da Fazenda Pública (art. 1º da Lei 8.437/1992).

1.5. Litisconsórcio e intervenção de terceiros

1.5.1. Litisconsórcio

Entende-se por **litisconsórcio** a *situação em que há pluralidade de partes na relação jurídica processual em qualquer dos polos.*

Justifica-se o litisconsórcio considerando que a lide pode envolver não apenas a parte "A" de um lado e a parte "X" do outro, mas sim as partes "A" e "B" contra as partes "X" e "Y".

Não se deve confundir o litisconsórcio com o processo coletivo. No litisconsórcio, há pluralidade de partes, todas devidamente indicadas; no processo coletivo um autor coletivo formula algum pedido em prol de uma coletividade de pessoas (determinadas, determináveis ou indetermináveis, conforme o caso).

Existem diversas *classificações* envolvendo o litisconsórcio, sendo esse o tema mais frequente em provas e concursos.

1.5.1.1. Classificação quanto ao polo da relação processual

Em relação ao polo em que os litisconsortes se encontram, é possível se falar em:

(i) litisconsórcio passivo: aquele em que *existem, no mesmo processo, dois ou mais réus;*

(ii) litisconsórcio ativo: verifica-se quando *há, no mesmo processo, dois ou mais autores;*

(iii) litisconsórcio misto ou **recíproco**: situação na qual, *ao mesmo tempo, há mais de um autor e mais de um réu.*

Como se percebe, não há maiores dificuldades em relação a esta classificação. A base legal para estas situações encontra-se no CPC, art. 46, *caput*.

1.5.1.2. Classificação quanto ao momento de formação do litisconsórcio

Existem dois momentos em que o litisconsórcio pode ter início:

(iv) litisconsórcio originário ou **inicial**: aquele *formado desde o início da demanda, já indicado na petição inicial*;

(v) litisconsórcio superveniente, incidental ou **ulterior**: o qual *é formado em momento posterior ao início da demanda.*

O litisconsórcio superveniente usualmente se verifica por força de uma determinação de emenda da inicial por parte do juiz. Isso porque a regra prevista no Código é que, após a citação, não se alteram mais as partes litigantes (CPC, art. 264).

1.5.1.3. Classificação quanto à necessidade de existência do litisconsórcio

A classificação que ora se apresenta responde à seguinte indagação: em determinado caso, é *obrigatória* a existência do litisconsórcio para que o processo tenha sua tramitação válida? Conforme a resposta, haverá:

(vi) litisconsórcio facultativo: situação na qual *há pluralidade de litigantes por opção das partes* (ou seja, apesar de existir, o litisconsórcio *não é obrigatório* para a validade do processo);

(vii) litisconsórcio necessário: situação na qual *há pluralidade de litigantes porque a lei ou a relação jurídica objeto do litígio assim determinam* (ou seja, o litisconsórcio *é obrigatório* sob pena de extinção do processo sem resolução do mérito).

Para facilitar a compreensão, vale apresentar exemplos.

Dois vizinhos de um mesmo condomínio assinam a mesma operadora de TV a cabo. Por força de problemas da empresa, há cobrança indevida, inscrição em cadastros restritivos de crédito e cancelamento do sinal. É *possível* que ambos ingressem em juízo com uma única ação indenizatória? Sim. Mas é *obrigatório* que assim procedam? Não.

O exemplo trata de uma situação de *litisconsórcio facultativo*. Nos termos do CPC, art. 46, essa modalidade de litisconsórcio é possível nas seguintes situações:

a) comunhão de direitos ou obrigações em relação à lide;

b) direitos ou obrigações derivam do mesmo fato ou direito debatido;

c) conexão pela causa de pedir ou pedido;

d) afinidade de questões em relação a um mesmo fato ou direito.

Contudo, a experiência mostrou que um litisconsórcio ativo facultativo com muitos autores não é conveniente para a tramitação de um processo. Isso porque há dificuldades tanto para o juiz organizar o processo como para o réu se defender. Imagine que o problema com a TV a cabo envolve todos os 300 apartamentos de um condomínio com vários edifícios. Seria complicada a tramitação de uma demanda com inúmeros autores.

Denomina-se **litisconsórcio multitudinário** ou **múltiplo** *o grande número de litisconsortes ativos facultativos em um processo judicial.* Neste caso, o Código permite que o *juiz desmembre o processo*, criando *vários outros com um número menor de autores.* Aponta o Código que o juiz pode assim proceder quando o elevado número de litisconsortes "comprometer a rápida solução do litígio ou dificultar a defesa" (CPC, art. 46, parágrafo único). Se o réu requerer o desmembramento ao juiz, será *interrompido o prazo para contestar*, que reiniciará quando da intimação da decisão judicial a respeito da limitação do litisconsórcio multitudinário.

Agora, outro exemplo: autor ingressa em juízo pleiteando a usucapião de um terreno cuja proprietária, no registro de imóveis, é uma mulher casada. Nesse caso, o polo passivo *deverá trazer*, obrigatoriamente, o cônjuge. Isso porque em demandas envolvendo direitos reais imobiliários, a lei assim determina (CPC, art. 10, § 1º, I). Se o marido não estiver no polo passivo, o juiz determinará a emenda da inicial. Se não for cumprida a decisão do juiz, o processo será extinto, sem resolução do mérito (CPC, art. 47, parágrafo único). Ou seja, a participação do litisconsorte *é obrigatória* para a normal tramitação do processo.

Trata-se, portanto, de uma situação de *litisconsórcio necessário*, nos termos do CPC, art. 47, parte final.

1.5.1.4. Classificação quanto à necessidade de mesma decisão para os litisconsortes

Uma vez existente o litisconsórcio, a pergunta que se faz a seguir é: a decisão a ser proferida no processo tem de ser a mesma para os litisconsortes? Conforme a resposta, teremos:

(viii) litisconsórcio comum ou **simples**: situação na qual *a decisão não necessariamente será a mesma para os litisconsortes*;

(ix) litisconsórcio unitário: situação na qual *a decisão deverá ser a mesma para os litisconsortes, invariavelmente.*

Vale destacar que, no litisconsórcio simples, a decisão judicial poderá ou não ser a mesma – o juiz terá liberdade para julgar o pedido procedente para um e improcedente para o outro, ou mesmo procedente ou improcedente para ambos. Como exemplo, vale imaginar uma demanda indenizatória em virtude de um "engavetamento" em que dois motoristas que sofreram o dano acionam, em um único processo (litisconsórcio ativo) o réu, causador do acidente. Conforme a prova dos autos, poderá o juiz julgar o pedido procedente para ambos ou procedente para um e improcedente para o outro.

Já no litisconsórcio necessário, ao contrário, uma vez que determinada decisão for proferida para um, necessariamente também o será no mesmo sentido para o outro – seja pela procedência ou improcedência. Basta visualizar, a título de exemplo, uma demanda em que o MP ingressa em juízo pleiteando a anulação de um casamento. Ora, é certo que a decisão para a esposa e para o marido terá de ser a mesma (CPC, art. 47, parte inicial). Não há como o casamento ser nulo para um e não o ser para o outro cônjuge.

1.5.1.5. Litisconsórcio facultativo é sempre simples? E litisconsórcio necessário é sempre unitário?

Apesar de *em regra* o litisconsórcio facultativo ser simples, isso não ocorre sempre. Da mesma forma, apesar de *em regra* o litisconsórcio necessário ser unitário, há exceções. Para ilustrar, basta analisar os exemplos mencionados nos dois tópicos anteriores.

Há situações nas quais o **litisconsórcio é necessário e simples**: ou seja, *precisa existir o litisconsórcio, mas a decisão pode ser distinta para os litisconsortes* (ex.: usucapião de área que compreende mais de um imóvel no cartório de imóveis, sendo que são distintos os proprietários de cada uma delas).

E há casos em que o **litisconsórcio é facultativo e unitário**: ou seja, *não precisa existir o litisconsórcio mas, já que existe, a decisão tem de ser a mesma para os litigantes* (ex.: dois condôminos ingressam em juízo pleiteando a anulação de determinada reunião de condomínio).

1.5.2. Intervenção de terceiros

A **intervenção de terceiro**, como se depreende do próprio nome, *permite que terceiro (ou seja, alguém que não é o autor ou o réu) passe a participar da relação processual*. A finalidade da intervenção é a economia processual: considerando que já existe uma lide em debate, aproveita-se para discuti-la em todos os aspectos, inclusive naquele envolvendo terceiro.

Existem duas modalidades de intervenções no sistema processual:

✓ **intervenção espontânea**: aquela em que *o terceiro, que está fora do processo, espontaneamente busca seu ingresso em uma determinada demanda*;

✓ **intervenção provocada**: aquela na qual *uma das partes litigantes (autor ou réu) busca trazer para o processo terceiro*.

Assistência e oposição são intervenções espontâneas. Nomeação à autoria, denunciação da lide e chamamento ao processo são intervenções provocadas.

Vale dizer que, exceto em relação à assistência, uma vez aceita a intervenção, o terceiro passa a ser parte do processo.

1.5.2.1. Assistência

Na **assistência,** *terceiro busca seu ingresso no processo para auxiliar o assistido* (seja o autor, seja réu).

Contudo, para que a assistência seja possível, é necessário existir **interesse jurídico**, e não meramente interesse econômico ou moral. Para entender o que significa interesse jurídico, basta verificar se *a decisão judicial proferida na demanda proposta entre "A" e "B" irá influenciar a esfera jurídica de "C"*. Se a resposta for positiva, haverá interesse jurídico e, portanto, será admitida a assistência.

Para visualizar o exposto, basta imaginar um despejo entre locador e locatário – sendo que existe sublocação. Se houver a decretação do despejo, a esfera jurídica do sublocatário estará sendo violada – daí a existência do interesse jurídico para justificar a figura da assistência.

Por outro lado, analisando a discussão judicial envolvendo a chamada "Taça das Bolinhas", dois clubes de futebol litigam para saber quem deve ficar com tal troféu. Um torcedor, por mais fanático que seja, não terá a sua *esfera jurídica* alterada se a taça permanecer ou não com seu time. Assim, nesse caso não existiria interesse jurídico capaz de permitir o uso da assistência.

Logo, reitere-se, cabe a assistência quando houver interesse jurídico do terceiro. Contudo, há uma *exceção*. Tratando-se de causa que interesse à União, há lei permitindo a assistência mesmo que exista apenas interesse econômico (Lei 9.469/1997, art. 5º, parágrafo único).

Existem duas modalidades de assistência:

✓ **assistência simples** ou **adesiva** (CPC, art. 53): *o assistente não dispõe da lide, ou seja, o assistente não pode ir além do que fizer o assistido*. Assim, se o assistido não recorrer, não pode o assistente fazê-lo; não pode o assistente se opor à desistência ou reconhecimento do pedido assistido. A decisão a ser proferida irá influenciar a relação jurídica existente entre assistente e assistido. É o exemplo do sublocatário;

✓ **assistência litisconsorcial** (CPC, art. 54): *o assistente dispõe da lide, ou seja, o assistente pode ir além do que fizer o assistido*. Logo, se não houver recurso do assistido, poderá o assistente recorrer; se assistido desistir do processo, pode prosseguir o assistente. A decisão a ser proferida irá influenciar a relação jurídica entre o assistente e a parte contrária do assistido. Como exemplo, uma ação possessória envolvendo um imóvel que é um condomínio; se houver o ajuizamento por parte de apenas um dos condôminos, o outro poderá ingressar no feito como assistente litisconsorcial.

A assistência cabe em qualquer procedimento e em qualquer grau de jurisdição – mas o assistente receberá o processo no estado em que ele se encontra. Ou seja, não se voltará a uma fase anterior para que o assistente possa realizar algum ato (CPC, art. 50, parágrafo único).

O *procedimento* para o ingresso do assistente é uma petição pleiteando seu ingresso. Se não houver impugnação de qualquer das partes, o assistente será aceito; se houver impugnação, esta será autuada em apartado para solução do juiz, *sem* a suspensão do processo (CPC, art. 51).

1.5.2.2. Oposição

Na **oposição,** *terceiro ingressa para discutir com as partes a titularidade de bem que já é objeto do litígio* (ou seja, discorda o opoente tanto do autor como do réu).

Esta modalidade de intervenção é bem explicada no CPC, art. 56: "quem pretender, no todo ou em parte, a coisa ou o direito sobre que controvertem autor e réu, poderá, até ser proferida a sentença, oferecer oposição contra ambos".

Na verdade, a oposição é uma *ação tendo como autor o opoente e como litisconsortes passivos o autor e réu* do processo principal.

Apresentada antes da audiência de instrução, a oposição deverá ser julgada em conjunto com a ação principal (CPC, art. 59). Se for apresentada após a audiência, ficará a critério do juiz julgar a causa antes ou em conjunto os dois pedidos (CPC, art. 60).

A hipótese típica em que cabe a oposição é a situação em que "A" e "B" se afirmam proprietários de um determinado imóvel (por exemplo, uma reivindicatória), sendo que "C", terceiro, entende ser ele o efetivo proprietário. E, para tanto, ingressa com a oposição.

1.5.2.3. Nomeação à autoria

A **nomeação à autoria** é *utilizada pelo réu para indicar quem é que efetivamente deveria participar do polo passivo da demanda – e, com isso, o réu originário é excluído do processo*.

Ou seja, é uma oportunidade de correção do polo passivo pelo autor, a partir de uma indicação do réu. Contudo, as hipóteses de cabimento são restritas:

✓ *mero detentor da coisa* nomeia à autoria o possuidor ou o proprietário (CPC, art. 62 – destaque-se que não cabe ao possuidor nomear o proprietário; a hipótese é exclusiva para o detentor – e o exemplo típico é o caseiro, em relação a seu patrão);

✓ em ações *indenizatórias*, o responsável pelo prejuízo indica que *praticou o ato por ordem de terceiro* (CPC, art. 63 – seria a situação em que um empregado nomeia seu empregador em virtude de um determinado dano).

A nomeação é apresentada antes da contestação, em peça específica para isso. Para ser aceita, deverá haver a *concordância do autor e do nomeado*.

Havendo a concordância quanto à nomeação, o réu-nomeante será excluído do processo, que passará a contar apenas com o réu-nomeado no polo passivo.

Mas, se não houver a concordância com a nomeação (seja pelo autor, seja pelo réu-nomeado), a nomeação será afastada e *será aberto novo prazo para o réu originário contestar* (CPC, art. 67). Tratando-se de novo prazo, tem-se que a nomeação acarreta a *interrupção* do prazo para contestar. E nesta contestação a ser apresentada após a infrutífera nomeação, é certo que o réu irá apontar ser parte ilegítima passiva.

1.5.2.4. Denunciação da lide

As duas últimas intervenções (denunciação e chamamento) são aquelas que, até por serem mais semelhantes, acarretam maiores dúvidas.

A **denunciação da lide** tem por finalidade *fazer com que terceiro venha a litigar em conjunto com o denunciante e, se houver a condenação deste, o denunciado irá ressarcir o prejuízo do denunciante.*

Ou seja, como se pode perceber é, na realidade, uma *ação de regresso* – a qual tramita em conjunto com a ação principal.

Pela legislação (CPC, art. 70), três são as hipóteses em que é cabível a denunciação:

(i) o *comprador pode denunciar o vendedor* na hipótese de *evicção* (CC, art. 447 – ou seja, se "A" vende para "B" um imóvel e, posteriormente, "C" ingressa em juízo contra "B" afirmando que o imóvel é seu, "B" pode denunciar "A" – que terá de indenizar "B" se o pedido de "C" for procedente);

(ii) o *possuidor pode denunciar o proprietário* se for o possuidor quem figurar no polo passivo (exemplo: o locatário denunciando o locador – lembrando que, como visto acima, se for o mero detentor da posse, a intervenção a ser utilizada é outra);

(iii) o réu pode denunciar *aquele que tem obrigação de indenizar, por força de lei ou contrato* (o exemplo típico é o réu em uma ação indenizatória acionar sua seguradora).

Se a denunciação é requerida pelo autor, será realizada na petição inicial. Se requerida pelo réu (o mais frequente), será elaborada em conjunto com a contestação (CPC, art. 71).

Ainda que seja aceita a denunciação, permanecerão no processo denunciante e denunciado. Ou seja, *o objetivo do denunciante não é ser excluído do processo, mas sim se resguardar no caso de eventual condenação, obtendo também a do denunciado.*

A sentença, ao final, julgará o pedido e a denunciação ao mesmo tempo. E, apesar de haver alguma divergência, a posição majoritária é que não cabe a condenação do denunciado ao ressarcimento do autor, ou seja, *a sentença condena o réu a ressarcir o autor e, se o caso (se presentes os requisitos), também condena o denunciado a ressarcir o denunciante.*

1.5.2.5. Chamamento ao processo

O **chamamento ao processo** tem por finalidade *fazer com que terceiros (outros devedores solidários) venham a litigar em conjunto com o chamante*. A *principal distinção* entre o chamamento e a denunciação é que *aqui não há a necessidade de se provar que o terceiro também é responsável pelo débito* (diferentemente da denunciação, em que há uma verdadeira ação de regresso). Ou seja, aceito o chamamento, já é certo que haverá responsabilização do chamado.

As hipóteses de cabimento do chamamento são as seguintes (CPC, art. 77):

(i) do devedor principal, quando apenas o fiador tiver sido colocado no polo passivo (situação mais frequente, na qual o fiador chama o locatário que não pagou o aluguel);

(ii) dos demais fiadores, quando apenas um fiador tiver sido colocado no polo passivo (basta pensar, também, dois fiadores no contrato de locação, mas apenas um é acionado);

(iii) dos demais devedores solidários, quando apenas um tiver sido colocado no polo passivo.

Como se pode perceber das três semelhantes hipóteses, *o chamante é responsável pelo débito, mas também existem outros responsáveis* (devedores solidários, fiadores, devedor principal).

O chamamento é apresentado em conjunto com a contestação (CPC, art. 78).

A sentença que julgar procedente o pedido em face do réu-chamante também será título executivo para que aquele que pagar o débito possa exigi-lo do devedor principal ou dos demais codevedores (CPC, art. 80).

Exemplo: determinada obrigação tem dois devedores solidários. Apenas "A" é colocado no polo passivo. "A" – mesmo sendo responsável pela dívida na sua totalidade – chama "B" para que venha também a figurar no polo passivo. Se "A" for condenado e pagar todo o débito, poderá executar "B" para receber metade do valor pago (se for essa a proporção da garantia de cada um).

1.5.2.6. Síntese das intervenções de terceiro

Para finalizar este tópico, é conveniente uma recapitulação envolvendo as diversas formas de intervenção de terceiro.

Vale destacar que todas as formas de intervenção são típicas do processo de conhecimento, procedimento comum ordinário.

No procedimento sumário há limitações. Conforme previsão legal, só cabe intervenção de terceiros nas seguintes hipóteses: assistência, recurso de 3º prejudicado e intervenção baseada em seguro (denunciação, com base no CPC, art. 70, III).

Além disso, para se fixar o objetivo de cada uma das intervenções, cabe destacar a "palavra-chave" que faz com que nos relembremos de cada uma das intervenções:

✓ na **assistência**, o assistente *ajuda* (qualquer das partes contra a outra);

✓ na **oposição**, o opoente *atrapalha* (ambas as partes);

✓ na **nomeação**, o nomeante é o *"dedo-duro"* (afirma que o terceiro é o responsável pelo ato que deu origem à lide);

✓ na **denunciação**, há verdadeira *ação de regresso* entre denunciante e denunciado;

✓ no **chamamento**, o chamante busca os demais *devedores solidários*, em que há *automaticamente a condenação do chamado*, sem que haja a necessidade de produção de provas.

1.6. Pressupostos processuais, elementos da ação, condições da ação e atos processuais

1.6.1. Introdução

Como já visto, pelo princípio da inércia, o Poder Judiciário só atua se provocado. E a forma de provocar o Estado é mediante o **processo**, que é o *instrumento que o Estado coloca à disposição dos litigantes para solucionar a lide (administrar justiça).*

Por sua vez, já que a autotutela em regra é vedada, é direito da parte poder acionar o Judiciário. Assim, **ação** é o *direito que as partes têm ao processo.*

Esses conceitos usualmente não são pedidos em fases escritas de concursos, mas (i) às vezes são objeto de indagação nos exames orais e (ii) sua compreensão é importante para que se tenha a base para entender os três temas objeto deste tópico – os quais são usualmente perguntados pelas bancas examinadores em conjunto, apesar de serem institutos distintos.

1.6.2. Pressupostos processuais

A análise dos processos e dos procedimentos existentes no CPC será realizada mais adiante, no próximo capítulo, por questões didáticas.

No momento, analisa-se a figura dos **pressupostos processuais**, que *são requisitos que devem estar presentes para que o processo tenha seu início (pressupostos de existência) e desenvolvimento (pressupostos de validade) de forma regular.*

A doutrina não é unânime quanto à classificação dos pressupostos processuais. Optamos por seguir a nomenclatura existente no CPC, que fala em pressupostos de constituição e de desenvolvimento válido e regular do processo (CPC, art. 267, IV).

Assim:

✓ **pressupostos de existência**: são *aqueles sem os quais não é possível sequer se falar em processo* (jurisdição, citação, capacidade postulatória e petição inicial);

✓ **pressupostos de validade**: *são aqueles necessários para que o processo seja válido e regular* (petição inicial apta, citação válida, capacidade processual do autor, competência do juízo e imparcialidade do juiz).

Nestas situações, ausentes os pressupostos de existência ou validade, o processo será extinto, sem resolução do mérito (CPC, art. 267, IV).

Contudo, há também os **pressupostos negativos**, que *são aqueles requisitos que, uma vez presentes, acarretam a extinção do processo sem resolução de mérito* (CPC, art. 267, V). Seriam a litispendência (CPC, art. 301, §§ 1º a 3º), coisa julgada (CPC, art. 301, §§ 1º a 3º) e perempção (CPC, art. 268, parágrafo único). E, para alguns autores, também a convenção de arbitragem (CPC, art. 301, IX).

1.6.3. Elementos identificadores da ação

Os **elementos identificadores da ação** ou **elementos identificadores da demanda** são *elementos que permitem concluir que uma ação é idêntica ou semelhante a outra. São as partes, causa de pedir e pedido* (CPC, art. 282, II, III e IV).

Para que se compreenda melhor tais elementos, cabe uma breve explicação:

✓ **partes**: *autor e réu na relação jurídica processual;*

✓ **causa de pedir**: *fatos e fundamentos jurídicos pelos quais o autor ingressa em juízo;*

✓ **pedido**: *objetivo da parte quando busca o Judiciário.*

A importância concreta dos elementos identificadores é (i) verificar se uma ação é idêntica a outra e (ii) saber o que ocorrerá diante de ações idênticas ou semelhantes.

Se houver a **tríplice identidade** – ou seja, *mesmas partes, causa de pedir ou pedido* –, haverá *litispendência ou coisa julgada* (CPC, art. 301, §§ 1º a 3º).

A **litispendência** se verifica quando *estão em trâmite, ao mesmo tempo, duas ações idênticas*; a **coisa julgada** ocorre *quando a primeira ação idêntica já transitou em julgado.* Nestes casos, haverá a extinção do segundo processo, sem resolução do mérito (CPC, art. 267, V).

Em outras palavras, *a partir da análise dos elementos da ação é que se poderá verificar se há pressupostos processuais negativos* – e por isso é que há alguma dificuldade na compreensão do tema (e os concursos formulam questões em relação a isso).

De seu turno, se houver semelhança entre duas demandas, fala-se em *conexão* ou *continência* – o que acarreta a reunião dos dois processos para julgamento conjunto. O tema já foi antes debatido (item 1.2.7 *supra*).

1.6.4. Condições da ação

Para que haja a apreciação do mérito (solução da lide), é necessário que estejam presentes tanto os pressupostos processuais como as condições da ação.

As **condições da ação** podem ser definidas como os *requisitos para que uma ação possa existir e ser processada perante o Judiciário.* Ou seja, o direito de ação não é irrestrito, mas sim condicionado pelas condições de ação – trata-se de uma disciplina do direito de agir, para que o Judiciário não se manifeste a respeito de demandas que seriam absolutamente inviáveis.

Pela legislação, três são as condições da ação (CPC, art. 267, VI):

✓ **legitimidade de partes**: *coincidência/identidade entre as partes na relação jurídica processual e na relação jurídica material* (para o processo judicial do divórcio [relação material], são partes legítimas no processo o marido e a mulher);

✓ **interesse de agir**: *necessidade e adequação do provimento jurisdicional pleiteado* (se ainda não houve o vencimento de uma dívida, não há falta de pagamento e, então, não há *necessidade* de se buscar o Judiciário; se o autor utiliza um processo ou procedimento indevido em relação ao pedido formulado, fala-se em *inadequação*);

✓ **possibilidade jurídica do pedido**: *o pedido formulado pela parte não é vedado pelo sistema jurídico* (mais fácil de visualizar é a *impossibilidade jurídica do pedido*, como a usucapião de área pública).

A **carência da ação** (CPC, art. 301, X) é a *ausência de uma das condições da ação.* Nesta situação, *o autor será carecedor da ação.* Diante disso, o processo será extinto sem resolução do mérito (CPC, art. 267, VI).

Discussão que tem sido mais frequente diz respeito à **teoria da apresentação** x **teoria da asserção**. Essas duas teorias se referem ao *momento e grau de profundidade* de verificação das condições da ação.

A análise da existência das condições da ação deve ser feita:

(i) com base em *todas as informações disponíveis no processo* – inclusive com o material probatório obtido após a instrução? (teoria da apresentação);

(ii) ou *apenas deve levar em conta o que afirma o autor na petição inicial*? (teoria da asserção).

Exemplo: Enrico ingressa em juízo pleiteando indenização decorrente de batida de veículo provocada por Giuseppe. Só que Giuseppe não é proprietário nem condutor do veículo. Mas, se isso somente for confirmado após a instrução, a hipótese será de carência de ação?

Pela teoria da apresentação, sim. Pela teoria da asserção, não – o caso será de improcedência.

A *teoria da asserção*, portanto, *reconhece a carência de ação somente em casos gritantes* e encontra acolhida em julgados do STJ ("pela teoria da asserção, a verificação das condições da ação é realizada com base nos fatos narrados na inicial" - REsp 595.188).

Mas o CPC, ao apontar que a ausência das condições da ação pode ser reconhecida a qualquer tempo e grau de jurisdição (CPC, art. 267, § 3º), tende a adotar a teoria da apresentação.

Assim, segue a divergência na doutrina e jurisprudência (o STJ, apesar de muitas vezes aplicar a teoria da asserção, também por vezes aplica a teoria da apresentação, como por exemplo quando edita uma súmula a respeito da legitimidade de parte).

Por fim, vale destacar que o *projeto de novo CPC* traz apenas **duas condições da ação**: *legitimidade de partes* e *interesse de agir* (a possibilidade jurídica do pedido deixa, portanto, de existir como condição da ação).

1.6.5. Atos Processuais

1.6.5.1. Conceito e características

Ação humana que produz efeito jurídico em relação ao processo. Do art. 158 do CPC decorre um conceito de ato processual: "declarações (...) produzem imediatamente a constituição, a modificação ou a extinção de direitos processuais".

Como **características** do ato processual:

- os atos não se apresentam isoladamente;
- os atos se ligam pela finalidade comum;
- os atos são interdependentes.

Os atos processuais são praticados pelos diversos sujeitos do processo. Por vezes se exaurem em uma só atividade, por vezes são a soma de atividades.

1.6.5.2. Classificações:

a) atos da parte (CPC, arts. 158 a 161):

- *postulatórios*: ato praticado pela parte com o fim de obter resposta judiciária (pleitear, demandar)
- *dispositivos*: ato em que se abre mão, em regra em prejuízo próprio, de determinada posição jurídica processual ativa (ex: desistência do processo, CPC, 267, VIII)
- *probatórios/instrutórios*: ato destinado ao convencimento do juiz (ex: juntada de documentos)
- *reais*: ato que não se manifesta por palavras, mas por condutas materiais das partes no processo (ex: pagamento de custas).

b) atos do magistrado (CPC, arts. 162 a 165):

(i) do **juiz** de 1º grau:

- *sentença* (CPC, art. 162, § 1º)
- *decisão interlocutória* (CPC, art. 162, § 2º)
- *despacho* (CPC, art. 162, § 3º)

(ii) dos **magistrados superiores** (desembargadores e ministros):

- *acórdãos* (CPC, art. 163)
- *decisão monocrática* (CPC, art. 557)

Esses conceitos serão enfrentados no capítulo de recursos.

c) atos dos **auxiliares da justiça** (CPC, arts. 166 a 171)

- de *movimentação* (visam a dar seguimento ao processo, como remessa dos autos ao tribunal)
- de *documentação* (registram a prática de um ato processual, como a certidão de intimação)
- de *execução* (dizem respeito ao cumprimento das determinações do juiz por parte dos auxiliares da justiça, como, por exemplo, a busca e apreensão de um bem)

1.6.5.3. Forma

Existem diversas regras no CPC quanto à forma do ato processual. Como base, os princípios relacionados às nulidades (vide item 1.3.17 acima).

A partir dos princípios, tem-se:

a) forma determinada *somente quando a lei obriga* (critério da utilidade)

b) se a forma determinada não for observada: *nulidade, se houver cominação na lei* (ex., art. 247) – *salvo se não houver prejuízo* (art. 250, parágrafo único)

c) somente os *atos subsequentes que decorrem do ato nulo é que também serão considerados nulos* (causalidade)

Em regra, os atos são públicos (princípio da publicidade), mas podem correr em segredo de justiça nos casos do art. 155 do CPC:

I – em que o exigir o interesse público;

II – que dizem respeito a casamento, filiação, separação dos cônjuges, conversão desta em divórcio, alimentos e guarda de menores).

Devem ser exteriorizados mediante o uso do vernáculo (CPC, art. 156), sendo que os documentos redigidos em língua estrangeira deverão ser traduzidos, mas por tradutor juramentado (CPC, art. 157).

1.6.5.4. Prazos

Prazo é *período entre dois termos (inicial e final)*, para a realização de um ato processual.

Quanto à **possibilidade de alteração** por vontade das partes, os prazos são *peremptórios* (estipulados no interesse da Justiça, são normas cogentes e *não podem ser alterados*, como os prazos recursais) ou *ordinatórios, dispositivos ou dilatórios* (mediante acordo, as partes podem reduzi-los ou prorrogá-los - vide CPC, art. 421, § 1º)

Quanto à **consequência** de sua inobservância, há prazos *próprios* (aqueles em que *ocorre a preclusão* – o que é a regra) e os *impróprios* (não há perda da oportunidade de praticar o ato – são os prazos previstos na lei para o juiz, como o CPC, art. 281).

Em relação à **contagem dos prazos**, o dispositivo chave para contagem de prazo é o art. 184 do CPC:

> **Art. 184.** Salvo disposição em contrário, computar-se-ão os prazos, excluindo o dia do começo e incluindo o do vencimento.
>
> § 1º Considera-se prorrogado o prazo até o primeiro dia útil se o vencimento cair em feriado (...)
>
> § 2º Os prazos somente começam a correr do primeiro dia útil após a intimação (...)

Assim, o **roteiro** a ser seguido para a contagem de prazo é o seguinte:

1º) Devemos identificar qual é o *termo inicial do prazo*.

2º) Começamos a contar o prazo a partir da primeira unidade temporal após o termo inicial. Se o termo inicial é hoje, começo a contar a partir de amanhã (art. 184, *caput*).

3º) A regra de contagem a partir do dia seguinte não prevalece se se tratar de domingo ou feriado, quando, então, a contagem passará a ser feita a partir do primeiro dia útil seguinte (art. 184, § 2º).

4º) O prazo cuja contagem já se iniciou prossegue normalmente até o dia do vencimento (art. 184, *caput*). A superveniência de domingo ou feriado não interferirá na contagem dos prazos. Se, porém, o último dia da contagem do prazo cair em domingo ou feriado, o vencimento ficará prorrogado para o primeiro dia útil seguinte (art. 184, § 1º).

Deve-se levar em conta, ainda, a existência do Diário de Justiça eletrônico (**diário oficial eletrônico**). Nesse caso, o dia em que é divulgada a intimação é considerado como dia da *disponibilização*. E a *publicação* é considerada como o dia útil seguinte (vide art. 4º, § 3º da Lei 11.419/2006).

2. PROCESSO DE CONHECIMENTO

2.1. Processos, procedimentos e ritos

O processo mais regulamentado no Código é o processo de conhecimento, que será analisado neste capítulo.

Mas, para que se entenda bem o tema, é necessário inicialmente realizar uma breve análise dos conceitos de processo, procedimento e rito.

Processo é o *instrumento que o Estado coloca à disposição dos litigantes para solucionar a lide (administrar justiça).*

Procedimento é a *forma, modo, maneira pela qual o processo se exerce.*

Rito é a *forma, modo, maneira pela qual o procedimento se desenvolve.*

Ou seja, são três conceitos correlacionados, porém distintos.

2.1.1. Processos no CPC

O atual CPC conhece três tipos de processos (CPC, art. 270 – cf. Livro I, II, e III do Código):

a) Processo de conhecimento (tutela cognitiva): *há crise de certeza, ou seja, não se sabe quem tem razão até que o juiz decida. Visa a uma sentença de mérito, que decidirá a lide.*

Por sua vez, o processo de conhecimento pode ser classificado conforme o pedido formulado, o provimento pretendido ou a sentença obtida, da seguinte forma:

(i) pedido condenatório: impõe ao réu uma obrigação de pagar, dar, fazer, não fazer etc.;

(ii) pedido constitutivo (+ ou –): constitui, modifica ou extingue uma relação jurídica;

(iii) pedido declaratório (+ ou –): declara a (in)existência de uma relação jurídica.

Ainda, para alguns autores, há também o pedido *mandamental* e *executivo lato sensu*;

b) Processo de execução (tutela satisfativa): *há crise de adimplemento, ou seja, já se sabe quem tem razão, mas não há a satisfação do direito do credor por parte do devedor. Para ser utilizado, é necessário título executivo e inadimplemento*;

c) Processo cautelar (tutela acautelatória): *há crise de urgência, processo que apresenta caráter de proteção. Visa a garantir o sucesso de processo principal (conhecimento ou execução). Depende de periculum in mora e do fumus boni juris.*

Conforme a lide, haverá um processo específico a ser utilizado. Cada processo tem sua utilização bem delimitada e, assim, não há como se utilizar mais de um processo diante de uma lide.

Contudo, nem todos os processos são iguais. Uma vez mais, conforme a lide debatida, haverá trâmites distintos, mesmo em relação a um mesmo processo. Daí a necessidade de estudar o procedimento.

2.1.2. Procedimentos e ritos no CPC

Como já exposto, procedimento é a forma pela qual o processo se desenvolve. Cada processo terá seus próprios procedimentos. E rito é a forma pela qual o procedimento se desenvolve.

No CPC, o panorama é o seguinte:

a) No *processo de conhecimento*, há os seguintes procedimentos:

(i) comum, *que é o procedimento-padrão, a ser utilizado na maior parte das causas*, que por sua vez se subdivide nos seguintes ritos (CPC, art. 272):

✓ **sumário** (CPC, art. 275); e

✓ **ordinário** (CPC, art. 274).

(ii) especial, *que apresenta distinções em relação ao procedimento comum*, de modo a decidir a lide de forma mais adequada (CPC, art. 271; Livro IV e leis extravagantes);

b) No *processo de execução*, não há um procedimento comum e outros especiais. O que existem são **diversos tipos de procedimentos**, *cada um correspondente a cada uma das diversas espécies de execução* (alimentos, entrega de coisa, contra a fazenda etc.). Não se fala em rito.

c) No *processo cautelar*, há a seguinte divisão:

(i) cautelares nominadas, *previstas no Código para situações específicas, com procedimentos regulamentados*; e

(ii) cautelares inominadas, *fundadas no poder geral de cautela do juiz* (CPC, art. 798), *que seguem um procedimento geral* (previsto no CPC, arts. 796 a 812).

Diante do exposto é possível apresentar o seguinte quadro síntese.

Processo	Procedimento	Rito
1) Conhecimento	1.1) Comum; 1.2) Especial.	1.1.1) Ordinário; 1.1.2) Sumário.
2) Execução	2.1) pagar quantia; 2.2) fazer ou não fazer; 2.3) alimentos etc.; (Diversos, conforme a espécie de obrigação.)	–
3) Cautelar	3.1) inominadas; 3.2) nominadas.	–

2.1.3. *Procedimentos no processo de conhecimento*

Considerando o panorama geral exposto, é possível analisar os procedimentos no processo de conhecimento:

(i) procedimento comum ordinário: *é a base, a norma que se aplica de forma subsidiária aos demais.*

É o procedimento regulado com mais vagar pelo CPC, é o mais completo, com maior número de atos (inicial, contestação, réplica etc.) e fases mais facilmente distinguíveis (postulatória, saneadora, instrutória, decisória e cumprimento de sentença);

(ii) procedimento comum sumário: *é, na teoria, mais simples e célere que o rito ordinário.*

Isso porque apresenta concentração de fases. O critério para sua utilização é o valor da causa (CPC, art. 275, I) ou a matéria discutida (CPC, art. 275, II);

(iii) procedimentos especiais: *surgem diante da impossibilidade de solução a determinados problemas pelo procedimento comum. A finalidade é adequar o procedimento ao direito material debatido.*

As diferenças, em relação ao procedimento paradigma (ordinário), são previstas em lei e podem estar nos prazos, na previsão de liminar, na modificação/concentração das fases processuais etc.

2.1.4. *Distinção concreta entre os procedimentos e ritos*

Para visualizar a distinção entre os diversos procedimentos, cabe apresentar exemplos.

Basta visualizar um **pedido condenatório**, que pode tramitar:

✓ pelo procedimento *comum ordinário* (condenação a pagar 100 salários mínimos);

✓ pelo procedimento *comum sumário* (condenação a pagar 20 salários mínimos);

✓ pelo procedimento *especial* (condenação a pagar alimentos).

Procedimento comum ordinário (trâmite em 1º grau)
1) inicial;
2) contestação;
3) réplica;
4) saneamento/audiência de conciliação (CPC, art. 331);
5) instrução/audiência;
6) alegações finais/memoriais;
7) sentença (passível de recurso).

Procedimento comum sumário (trâmite em 1º grau)
1) inicial (acompanhada de rol de testemunhas e quesitos para perícia – CPC, art. 276).
2) audiência, em que haverá: – tentativa de conciliação, – contestação; e – réplica.
3) saneamento/instrução/audiência (se for o caso).
4) alegações finais/memoriais.
5) sentença (passível de recurso).

Procedimento especial – alimentos (Lei 5478/1968, trâmite em 1º grau)
1) inicial
2) audiência de conciliação, instrução e julgamento: – tentativa de conciliação; – apresentação de contestação; – produção de provas; – alegações finais.
3) sentença – que inclusive poderá ser proferida na própria audiência.

Como se percebe da análise dos três trâmites, as diferenças de procedimento e rito são eminentemente práticas e passíveis de verificação no cotidiano forense.

2.2. Formação, suspensão e extinção do processo

Uma vez verificada a distinção entre processo, procedimento e ritos, é possível verificar como todos os processos (independentemente de procedimentos) se formam e chegam a seu término.

2.2.1. Formação do processo

Como já visto, a *jurisdição é inerte (princípio dispositivo)*, razão pela qual a parte deve provocar o Judiciário para que tenha início processo (CPC, art. 262).

Esta é a regra constante da parte inicial do art. 263: "considera-se proposta a ação, tanto que a petição inicial seja despachada pelo juiz, ou simplesmente distribuída, onde houver mais de uma vara".

Portanto, percebe-se que há a **formação do processo** *no momento em que a petição inicial é protocolada em juízo.*

Assim, são **requisitos de constituição da relação processual**:

✓ *petição inicial escrita em português* (CPC, art. 156);

✓ *subscrita por advogado ou defensor;* e

✓ *endereçada a juiz.*

2.2.2. Suspensão do processo

Apesar de o princípio da celeridade permear todo o sistema processual, por vezes se faz necessária a **suspensão do processo**, ou seja, *a paralisação do trâmite processual.*

Não obstante, qualquer que seja a hipótese de suspensão, *atos urgentes podem ser praticados durante o período em que o processo está suspenso* (CPC, art. 266).

É importante consignar que suspensão do processo é algo distinto da suspensão ou interrupção do prazo processual.

É necessária previsão legal para que haja a suspensão do processo, sendo que o Código prevê diversas situações para tanto.

O principal dispositivo que trata do tema é o art. 265, que traz as seguintes **hipóteses de suspensão**:

(i) Pela *morte ou perda da capacidade processual* de qualquer das *partes*, de seu representante legal ou de seu procurador.

O autor, quando falece, deixa de deter capacidade de ser parte. Um idoso que é interditado perde sua capacidade processual. Um advogado que é desligado dos quadros da OAB não é mais dotado de capacidade postulatória. Nestes três exemplos, o processo não pode prosseguir. Mas preferível à extinção de plano é a *suspensão, até que a incapacidade seja solucionada.*

Contudo, se a falha não for suprida, sendo em relação ao autor, o processo será extinto sem mérito; sendo em relação ao réu, será decretada a revelia (CPC, art. 13 e art. 265, § 2º);

(ii) Por *convenção das partes.*

Se as partes estão em vias de celebrar um acordo para pôr fim ao processo, o prosseguimento do feito pode dificultar as negociações. Daí a conveniência de suspender o processo.

Contudo, o *prazo máximo para que o processo fique suspenso é de seis meses* (CPC, art. 265, § 3º). Após tal período, o processo deverá retomar seu curso;

(iii) Quando for oposta *exceção de incompetência relativa, impedimento ou suspeição.*

Nestes casos, considerando que não se sabe o juízo ou juiz que julgará a causa, é conveniente que se aguarde com a suspensão do processo;

(iv) Quando a *sentença de mérito depender do julgamento de outra causa ou de prova requisitada a outro juízo*, ou seja, quando houver *prejudicialidade externa.*

Ao se falar em prejudicialidade, significa dizer que *antes da solução da questão principal* (o pedido, aquilo que deverá ser apreciado pelo juiz), *deve ser solucionada a questão prejudicial em debate em outro processo.* O objetivo da suspensão pela prejudicialidade externa é evitar que haja a prolação de decisões conflitantes.

No que diz respeito à suspensão decorrente de prova a ser produzida em outro juízo, o exemplo é a *expedição de carta precatória para oitiva de testemunha.* Ou seja, o processo "principal" fica sobrestado até que a prova em questão seja produzida.

Considerando a morosidade que isso acarreta, houve alteração legislativa: apenas quando se tratar de prova "imprescindível" é que a carta terá o condão de suspender o processo (CPC, art. 338).

Por fim, o processo só poderá ficar suspenso pela alínea IV pelo prazo máximo de 1 ano (CPC, art. 265, § 5º);

(v) Por motivo de *força maior.*

Para fins deste inciso, deve-se entender por força maior a situação imprevisível, alheia à vontade das partes e do juiz que torne impossível a realização de determinado ato processual. Se isso ocorrer, o processo estará suspenso e, consequentemente, prorrogados os prazos para realização daquele ato processual. Como exemplo recente, as fortes chuvas que destruíram diversos fóruns em cidades do Sudeste do Brasil.

2.2.3. Extinção do processo

O processo em determinado momento terá de chegar a seu final. *O término do processo se dará pelas mais diversas razões.* É o que se denomina de **extinção do processo**.

O Código prevê o *término do processo por sentença* (CPC, art. 162, § 1º), que pode ser de duas ordens: *sem (CPC, art. 267) ou com (CPC, art. 269) resolução do mérito.*

E pela atual sistemática do CPC *somente no caso do art. 267* (sentença sem mérito) *é que se pode efetivamente falar em extinção*; no caso de resolução de mérito, não se fala mais em extinção (isso de modo a justificar teoricamente a fase de cumprimento de sentença, como se verá no capítulo 4).

Na primeira situação (art. 267) *o processo é extinto por força de alguma falha burocrática ou processual.* Assim, o pedido formulado pelo autor sequer é apreciado pelo juiz e a lide permanece incomposta e o mérito, não decidido. Daí a nomenclatura *"extinção sem resolução do mérito"* prevista na legislação.

Por outro lado, caso não apresente qualquer falha formal-burocrática, *o pedido é apreciado* – é o que se espera que ocorra quando se aciona a jurisdição. Nestas hipóteses, a lide é composta, o mérito é decidido. São as situações em que há *"resolução do mérito"* (art. 269).

2.2.3.1. Extinção do processo sem resolução do mérito

São **hipóteses de extinção do processo sem resolução do mérito** (CPC, art. 267):

(i) *indeferimento da inicial* (CPC, art. 295; o parágrafo único traz casos de *inépcia da inicial*).

Nas hipóteses em que o *vício da petição inicial for sanável*, deverá o juiz determinar *sua emenda* (CPC, art. 284). Contudo, (i) se, mesmo após a determinação, *não houver a emenda* ou (ii) *se o vício for grave e não admitir correção*, então haverá o indeferimento da inicial e *o magistrado extinguirá o processo, sem resolução do mérito*;

(ii) *o processo ficar parado* por mais de um ano por *negligência das partes.*

Este inciso retrata o *abandono de ambos* os litigantes;

(iii) *autor abandona* a causa por mais de 30 dias.

Já este inciso retrata o *abandono do autor.*

Nestes dois casos (incisos II e III), *as partes devem ser intimadas pessoalmente, antes da extinção do processo* (CPC, art. 267, § 1º). A providência se justifica por força de hipóteses como, por exemplo, a morte do advogado sem ciência do cliente;

(iv) *falta de requisitos de constituição* ou *validade* do processo.

Haverá extinção do processo *se não estiverem presentes os pressupostos processuais de existência e validade* (tema já antes tratado – cf. item 1.6.2 *supra*);

(v) *perempção, litispendência* e *coisa julgada.*

A litispendência e a coisa julgada (CPC, art. 301, §§ 1º a 3º) já foram analisadas no item 1.6.3. A **perempção** é a *situação na qual, se o autor provocar a extinção do processo por 3 vezes por força do abandono, o juiz, no 4º ajuizamento extinguirá o processo sem resolução do mérito* (CPC, art. 268, parágrafo único);

(vi) *carência de ação.*

A *falta de uma das condições da ação* já foi antes analisada (item 1.6.4);

(vii) *convenção de arbitragem.*

Se as partes celebraram contrato no qual estipulam que, *diante da lide, a solução será pela via da arbitragem, a causa não pode ser decidida pelo Poder Judiciário,* mas sim por um árbitro (Lei 9.307/1996). Daí a extinção sem resolução de mérito;

(viii) *autor desiste* da ação.

A desistência é distinta da renúncia (CPC, art. 269, V). *A primeira, por ser sem mérito, admite a repropositura da mesma ação. A segunda, por ser com mérito, forma coisa julgada* e impede a repropositura.

A partir do momento em que é *apresentada a contestação, a desistência depende da concordância do réu* (CPC, art. 267, § 4º);

(ix) ação for *intransmissível.*

Se o direito discutido em juízo for **intransmissível** (basicamente as hipóteses de direito personalíssimo), *o falecimento da parte* (o suposto titular do direito) *não permite que haja a sucessão da posição jurídica processual.* O grande exemplo é o divórcio. Daí a extinção;

(x) *confusão* entre autor e réu.

A **confusão** se verifica *quando as duas partes da relação processual se encontram em uma única parte na relação jurídica de direito material.* Como não é lícito alguém litigar contra si mesmo, o processo deve ser extinto. Como exemplo, a fusão de duas empresas que estavam litigando.

Em todos os incisos do art. 267 do CPC ora apresentados, *a sentença é terminativa,* ou seja, processual, não decide a lide. Assim, **em regra, admite-se a repropositura da ação** – *salvo em relação ao inciso V* (litispendência, coisa julgada e perempção – CPC, art. 268). Contudo, para a repropositura, é necessário o recolhimento das custas e honorários do processo anterior.

2.2.3.2. Sentença com resolução do mérito

Apesar de o art. 269 do CPC conter 5 incisos, apenas na situação prevista no inciso I é que há efetivamente decisão do juiz, optando pela tese apresentada pelo autor ou pelo réu. Nas demais hipóteses, o magistrado simplesmente se manifesta a respeito de uma situação que, pelo Código, também tem o condão de resolver o mérito.

São **hipóteses em que há resolução do mérito** (CPC, art. 269):

(i) juiz julga *procedente ou improcedente* o pedido do autor.

É a conclusão esperada – e mais frequente – de um processo judicial;

(ii) *réu* reconhece a *procedência do pedido.*

Neste caso, não há propriamente decisão, mas sim uma *homologação* do juiz. **Reconhecimento do pedido** é a *concordância do réu com o pedido formulado pelo autor.* É importante destacar que *não se trata de revelia* (ausência de contestação), mas sim de submissão à pretensão do autor;

(iii) as partes *transigem.*

É a hipótese de *acordo entre as partes.* Como se sabe, a *transação envolve concessões recíprocas para encerrar o litígio,* ou seja, cada parte cede um pouco de sua pretensão e resistência;

(iv) juiz reconhece *decadência ou prescrição.*

Transcorrido determinado lapso temporal, não será mais lícito à parte buscar o Judiciário para satisfazer sua pretensão – com isso ocorre a consumação da **prescrição e decadência.** Vale lembrar que o juiz pode conhecê-las de ofício (CPC, art. 219, § 5º e CC, art. 210).

Este tema é usualmente objeto de questões de concursos, com respostas erradas: *prescrição e decadência importam em extinção com resolução do mérito.* Foi uma opção legislativa para que a sentença fosse coberta pela *coisa julgada;*

(v) autor *renuncia ao direito* sobre que se funda a ação.

Como já exposto em relação ao art. 267, é *fundamental que se diferencie a desistência* (CPC, art. 267, VIII) *da renúncia* (CPC, art. 269, V). A desistência atinge o direito processual, acarreta a extinção sem mérito e assim permite uma nova propositura da mesma ação. Já na **renúncia** *o autor abre mão de sua pretensão, o ato atinge o direito material.* E isso acarreta a extinção com mérito, a sentença é coberta pela coisa julgada e assim não cabe a repropositura.

As hipóteses ora analisadas, em que há *análise do mérito,* importam em uma **sentença definitiva** (CPC, art. 269). Com o *trânsito em julgado de uma sentença definitiva,* tem-se a *coisa julgada material* (CPC, art. 467).

2.3. Procedimento comum sumário

Como já exposto, o procedimento comum se divide em rito ordinário e sumário. O procedimento comum de rito sumário é um procedimento mais simples e rápido que o ordinário (ao menos esse foi o objetivo do legislador).

2.3.1. Hipóteses de cabimento do sumário

Caso não seja hipótese de uso de um procedimento especial, deverá ser utilizado o comum. Em relação ao comum, inicialmente deve-se verificar se é caso de utilização do sumário.

Cabe o rito sumário nas seguintes situações:

(i) nas causas com *valor de até 60 salários mínimos* (CPC, art. 275, I);

(ii) nas causas em que, *qualquer que seja o valor, discuta-se matérias consideradas pelo legislador como mais simples,* a saber (CPC, art. 275, II):

✓ *arrendamento rural* e *parceria agrícola*;

✓ *cobrança de condomínio*;

✓ *danos em prédio* urbano ou rústico;

✓ *danos* decorrentes de *acidente de veículo*;

✓ cobrança de *seguro de veículo*;

✓ cobrança de *honorários de profissionais liberais;*

✓ *revogação de doação*;

✓ outras situações previstas em *leis especiais* (como, por exemplo, *revisional de aluguel* – Lei 8.245/1991, art. 68).

Caso se enquadre em algumas das hipóteses acima, **é possível o rito sumário em face da Fazenda Pública**.

Porém, **não cabe o rito sumário em causas de direito de família** (*estado e capacidade das pessoas*, nos termos do CPC, art. 275, parágrafo único).

2.3.2. Procedimento (vide quadro no item 2.1.4 supra)

Tratando-se de causa que tramita pelo procedimento comum rito sumário, a **inicial** deve trazer o *rol de testemunhas, quesitos e assistente técnico* (CPC, art. 276).

O réu será citado para comparecer à **audiência**, na qual haverá *tentativa de conciliação e será apresentada contestação.*

Nesta audiência, é possível a *conversão para o procedimento ordinário* (CPC, art. 277, §§ 4º e 5º).

Não cabem, no rito sumário:

(i) *reconvenção* (cabe *pedido contraposto*, formulado na própria contestação – CPC, art. 278, § 1º);

(ii) *ação declaratória incidental*;

(iii) *intervenção de terceiro*, salvo *assistência*, *recurso de 3º prejudicado* e **intervenção fundada no contrato de seguro** – ou seja, *denunciação em face de seguradora* (CPC, art. 280).

Exceto essas vedações previstas em lei, *as demais respostas do réu são cabíveis no sumário*, como a impugnação ao valor da causa, a impugnação à justiça gratuita ou exceções.

2.4. Procedimento comum ordinário

Como já acima exposto, este é o procedimento-padrão, a base dos demais processos e procedimentos e que, portanto, encontra a maior regulação por parte do CPC.

2.4.1. Hipóteses de cabimento do ordinário

Cabe o rito ordinário por exclusão: se não for hipótese de procedimento especial nem de procedimento comum sumário, este será o utilizado.

Assim, é o rito residual.

2.4.2. Petição inicial

Os **requisitos da petição inicial** estão previstos no CPC, art. 282. Diante de sua clareza, vale reproduzir o artigo.

> "**Art. 282.** A petição inicial indicará:
>
> I. o juiz ou tribunal a que é dirigida (ou seja, o *endereçamento da inicial* – a *competência* já foi analisada no capítulo anterior);
>
> II. os nomes, prenomes, estado civil, profissão, domicílio e residência do autor e do réu (o inciso se refere à *qualificação das partes*);
>
> III. o fato e os fundamentos jurídicos do pedido (a *causa de pedir*);
>
> IV. o *pedido*, com as suas especificações;
>
> V. o *valor da causa*;
>
> VI. as *provas* com que o autor pretende demonstrar a verdade dos fatos alegados;
>
> VII. o requerimento para a *citação* do réu."

Esses requisitos são para a *inicial do procedimento comum ordinário*. Mas, como já dito, também se aplicam aos *demais processos e procedimentos*, com algumas diferenças. Como exemplo, no *procedimento sumário* a inicial já deve trazer o *rol de testemunhas e quesitos* (cf. exposto no tópico acima).

Se a **petição inicial não trouxer algum dos requisitos**, o juiz determinará a *emenda da inicial* (CPC, 284). Contudo, se o autor não proceder à emenda, haverá o *indeferimento da inicial*, com a extinção do processo sem resolução do mérito (CPC, art. 267, I).

Por sua vez, **se o vício da inicial for grave** e sequer permitir a emenda, poderá o magistrado *desde logo extinguir o processo* (CPC, art. 295).

Nessas situações fala-se em **indeferimento liminar da inicial**, hipóteses em que o processo é extinto sem resolução do mérito e *sem haver a citação do réu*.

Também é possível se falar em **improcedência liminar da inicial**, situação na qual *o pedido é julgado improcedente (portanto, decisão de mérito), sem a citação do réu*.

É a hipótese prevista no CPC, art. 285-A, em que a sentença deverá ser favorável ao réu. Os **requisitos** para que isso ocorra são os seguintes:

✓ discussão envolvendo apenas *matéria de direito;* e

✓ a existência de *decisão prévia de improcedência em caso idêntico, na mesma vara*, que tenha sido prolatada após uma tramitação normal do processo, ou seja, um mecanismo de celeridade envolvendo ações de massa.

Assim, a finalidade da improcedência liminar é, nas causas de massa, desde logo reconhecer a improcedência quando já houver anterior sentença nesse sentido em prol da celeridade.

Considerando os diversos requisitos para a petição inicial, na sequência será feita a análise de alguns dos requisitos com mais vagar.

a) Causa de pedir: na terminologia do CPC, *são os fatos e fundamentos jurídicos do pedido* (Por que o autor pede em juízo determinada providência?).

Observemos que não se deve confundir **fundamentos jurídicos** (consequência jurídica pretendida pelo autor, decorrente dos fatos narrados) com **fundamentos legais** (base legal, artigos de lei).

Fazem parte da causa de pedir *apenas os fundamentos jurídicos*. Assim, ainda que a parte mencione determinados artigos na inicial, poderá o juiz julgar com base em outros dispositivos – desde que não altere os fatos ou fundamentos jurídicos levados aos autos pelo autor.

Para que haja a **alteração da causa de pedir** após o ajuizamento da inicial, deve ser observado o seguinte (CPC, art. 264):

(i) antes da citação: *permitido, sem qualquer restrição*, bastando uma petição do autor;

(ii) após a citação: permitido, *desde que o réu concorde* (hipótese em que haverá nova contestação) ou mediante *nova citação* do réu, no caso de revelia (CPC, art. 321);

(iii) após o saneamento do processo: *inadmissível*, em qualquer caso (art. 264, parágrafo único).

Essa é exatamente a **mesma regra em relação à alteração do pedido** após o ajuizamento;

b) Pedido: *é aquilo que o autor pede quando aciona o Judiciário*.

O pedido deve ser certo *e* determinado (este é o entendimento pacífico da jurisprudência e doutrina). Assim, deve-se tomar cuidado com a letra da lei, que não usa a locução "e" (CPC, art. 286).

O pedido também deve trazer claramente qual é o bem da vida pretendido pelo autor, inclusive em relação ao *quantum* (qual quantia em dinheiro, qual coisa a ser entregue?).

Apenas em casos expressamente previstos em lei é que será lícito formular um **pedido genérico**, o qual *não é determinado em relação ao valor que o autor pretende receber.*

Cabe o pedido genérico em 3 situações (CPC, art. 286):

(i) nas *ações universais*.

São as ações que envolvem *um conjunto de bens, uma universalidade* (o espólio, uma biblioteca, a massa falida);

(ii) quando não for possível *determinar, de modo definitivo, as consequências do evento*.

Este inciso permite, segundo a jurisprudência, pleitear-se *dano moral de maneira genérica*, ou seja, "em quantia a ser fixada pelo juiz" (STJ, AgRg no Ag 1300075/SP, *DJe* 18.08.2010);

(iii) quando a determinação do *valor da condenação depender de ato que deva ser praticado pelo réu*.

O exemplo típico para esta situação é a prestação de contas: *conforme as contas prestadas*, será possível *verificar se há e quanto é o valor a ser pago*.

O sistema processual admite a **cumulação de pedidos**, ou seja, a elaboração de *mais de um pedido, mesmo que não conexos (CPC, art. 103), em face do mesmo réu.*

Será possível a **cumulação** quando (CPC, art. 292):

(i) os pedidos forem *compatíveis*;

(ii) competente o *mesmo juízo;*

(iii) adequado o *mesmo procedimento* (ou utilização do ordinário).

A legislação permite ainda o chamado **pedido alternativo**, *que é aquele em que o autor formula dois pedidos para ver acolhido um, indistintamente.* Pede-se a entrega do bem comprado ou o dinheiro de volta (CPC, art. 288), sem preferência por parte do autor. Se qualquer dos pedidos for acolhido, estará satisfeito o autor.

Já **pedido subsidiário** ocorre quando *o autor formula um pedido principal e, somente se este não puder ser acolhido, formula um pedido subsidiário/eventual.* Pede-se o cumprimento do contrato como pedido principal e, somente se isso não for possível, pleiteia-se indenização por perdas e danos (CPC, art. 289). Aqui há, portanto, preferência por parte do autor – que somente estará totalmente satisfeito se for acolhido o pedido principal.

A doutrina também fala em **pedido sucessivo** quando há cumulação de pedidos, mas *o segundo pedido depende, do ponto de vista lógico, do acolhimento do primeiro*. Assim, numa investigação de paternidade cumulada com alimentos, somente após o acolhimento do pedido de reconhecimento da paternidade é que se pode cogitar de concessão do pedido de alimentos.

No mais, vale lembrar que o **pedido é interpretado restritivamente**, ou seja, a parte autora terá de formular clara e explicitamente o pedido, *não sendo possível ao magistrado interpretar o pedido de forma ampliativa* (como se o autor "quisesse ter dito ou pedido algo") na hora de decidir.

Nesta linha, deverá o autor formular expressamente o pedido de antecipação de tutela (CPC, art. 273), pois o magistrado não pode concedê-lo de ofício.

E há regra distinta tratando-se de **tutela específica das obrigações de fazer** (CPC, art. 461), ou seja, situação em que *o autor busca que o réu cumpra aquilo que ele se comprometeu a fazer* (tanto que somente se o autor requerer é que haverá conversão da obrigação em perdas e danos – CPC, art. 461, § 1º).

Nesse caso, será possível ao magistrado, para compelir que alguém faça ou deixe de fazer alguma coisa, *impor uma série de medidas de apoio* (multa-diária, busca e apreensão, desfazimento de obras etc.). E, quanto a estas medidas de apoio, o CPC aponta que podem ser deferidas *de ofício* (CPC, art. 461, § 5º);

c) Prova (Teoria Geral da Prova): o objetivo da prova *é formar o convencimento do juiz quanto aos fatos trazidos pelas partes*.

Cabe relembrar que, pela Constituição, *provas ilícitas são inadmissíveis* (CF, art. 5º, LVI).

O **momento principal de produção de prova** é a *audiência de instrução* (CPC, art. 336). Porém, tratando-se de *documentos, já na inicial e contestação* devem ser juntados.

A regra é que *somente os fatos devem ser provados*, mas não o direito (há *exceção* prevista no CPC, art. 337: o juiz poderá determinar que a parte prove "direito municipal, estadual, estrangeiro ou consuetudinário").

Ainda que o Código seja de 1973, é possível utilizar como prova os formatos só conhecidos nos últimos anos, como CD, DVD, fax e e-mail. Isso porque *tudo pode ser prova*, ainda que não especificado em lei, *desde que legal* (CPC, art. 332).

Além disso, cabe ressaltar que o boletim de ocorrência pode ser utilizado como prova no âmbito do processo civil (exemplo: indenização em casos de lesão corporal decorrente de acidente de veículo; esbulho possessório no caso de reintegrações de posse etc.).

Fato incontroverso (aquele que *não é objeto de impugnação pela parte contrária*) e **fato notório** (aquele que é de *conhecimento comum dos litigantes*) *independem de prova* (CPC, art. 334).

Da mesma forma, *aquilo que ordinariamente ocorre* – as chamadas **máximas de experiência** – também não precisa ser provado (CPC, art. 335). Como exemplo, a culpa num acidente de veículo, com base no que ordinariamente ocorre, é do veículo que está atrás.

O **momento de requerer a produção das provas** é na *inicial e na contestação*. O **juiz irá decidir a respeito de qual prova será produzida** *no saneamento* (CPC, art. 331, § 2º: fixação dos pontos controvertidos a respeito dos quais haverá prova). E, nos termos do CPC, art. 130, *cabe ao juiz deferir provas de ofício*.

Quanto ao **ônus da prova**, *em regra é de quem alega*.

Assim, compete:

✓ **ao autor**, provar *o fato constitutivo do seu direito* (CPC, art. 333, I);

✓ **ao réu**, provar *o fato impeditivo, modificativo ou extintivo do direito do autor* (CPC, art. 333, II).

Há *exceções*, como nas **relações de consumo**, em que é possível a *inversão do ônus da prova*, desde que presente a hipossuficiência do consumidor ou verossimilhança da alegação (CDC, art. 6º, VIII).

Se o autor não se desvencilhar de seu ônus: *improcedência do pedido*, sendo vedada a repropositura, diante da coisa julgada que se forma (CPC, art. 269, I).

No tocante aos **meios de prova**, o Código conhece os seguintes:

(i) *documental* (CPC, art. 364);

(ii) *depoimento pessoal* (CPC, art. 342);

(iii) *testemunhal* (CPC, art. 400);

(iv) *pericial* (CPC, art. 420);

(v) *inspeção judicial* (CPC, art. 440);

(vi) *confissão* (CPC, art. 348) e

(vii) *exibição de documento ou coisa* (CPC, art. 355).

(i) Prova documental

O **momento de produção** da prova documental é *na inicial e na contestação* (CPC, art. 396).

Fora estes momentos, só podem ser juntados (CPC, art. 397):

a) *documentos novos* (prova de fatos posteriores aos narrados à inicial);

b) documentos para *rebater documentos produzidos pela parte contrária.*

Toda vez que um *documento for juntado, a parte contrária deverá ter a oportunidade de se manifestar* (CPC, art. 398).

Se uma das partes entender que o documento é falso, deverá apresentar **incidente de falsidade** (CPC, art. 390).

(ii) Depoimento pessoal

É o *interrogatório das partes*, seja o *autor ou o réu* (CPC, art. 342).

Existem *limitações ao dever de depor em juízo*, como em situações de sigilo ou autoincriminação (CPC, art. 347).

O depoimento pessoal é *requerido pelo juiz ou pela parte contrária* (CPC, art. 343, *caput*). Assim, não é requerido *pelo próprio depoente.*

Pode ocorrer, no depoimento pessoal, a **pena de confesso**: se a *parte não comparecer* ou, comparecendo, *recusar-se a responder* o que lhe for perguntado, *presumir-se-ão confessados os fatos contra ela* alegados (CPC, art. 343, § 1º).

No momento da colheita da prova, *quem ainda não depôs não pode ficar na sala de audiência* ouvindo o outro depoimento pessoal (CPC, art. 344, parágrafo único).

A parte depoente *não pode ler suas respostas*, mas é permitido levar *breves anotações* (CPC, art. 346). A parte não presta compromisso de dizer a verdade.

(iii) Prova testemunhal

É o *interrogatório de terceiros, que não são parte no processo* (CPC, art. 400).

A parte deve apresentar *rol de testemunhas* no prazo fixado em lei. No **sumário**, já na *inicial ou contestação* (CPC, art. 276). No **ordinário**, *10 dias antes da audiência* ou no *prazo fixado pelo juiz* (CPC, art. 407).

Há a apresentação do rol de testemunhas para (i) permitir que haja a *intimação das testemunhas* se as partes assim requererem e (ii) para que a *parte contrária saiba*, antes da audiência, *quem são as testemunhas.*

Cada parte poderá apresentar *até 10 testemunhas*, mas o juiz pode dispensar *mais do que 3 sobre o mesmo fato* (CPC, art. 407, parágrafo único).

Após a apresentação do rol, só cabe a **substituição da testemunha** que (CPC, art. 408):

✓ *falecer*;

✓ por *enfermidade* não tiver condições de depor; ou

✓ que mudou de endereço e *não foi encontrada pelo oficial* de justiça.

A testemunha é **intimada a comparecer à audiência**.

Se a testemunha foi *intimada e deixar de comparecer*, poderá ser *conduzida coercitivamente*, respondendo pelas despesas do adiamento (CPC, art. 412).

Se a parte se *comprometer a levar a testemunha independentemente de intimação*, no caso de *ausência* da testemunha, *presume-se que desistiu de ouvi-la* (CPC, art. 412, § 1º).

A testemunha, *no início do depoimento*, presta o **compromisso de dizer a verdade** (CPC, art. 415).

Inicialmente, o *juiz formula suas perguntas* à testemunha; na sequência as *partes fazem as reperguntas*, *primeiro a parte que arrolou*, depois a outra (CPC, art. 416).

Não podem ser testemunhas as pessoas (CPC, art. 405):

a) incapazes, ou seja:

✓ o *interdito* por demência;

✓ o que, acometido por enfermidade mental, ao tempo em que *ocorreram os fatos*, *não podia discerni-los*; ou não está *habilitado a transmitir as percepções*;

✓ o *menor de 16 anos*;

✓ o *cego e o surdo*, quando a *ciência do fato depender dos sentidos* que lhes faltam;

b) impedidas, a saber:

✓ o *cônjuge*, *o ascendente e o descendente* em qualquer grau, ou colateral, até o terceiro grau;

✓ o que é *parte* na causa;

✓ o que *intervém em nome de uma parte* (tutor, representante legal da pessoa jurídica ou o advogado que assistam ou tenham assistido as partes);

c) suspeitas, que são:

✓ o condenado por *crime de falso testemunho*, havendo transitado em julgado a sentença;

✓ o que, por seus *costumes*, *não for digno de fé*;

✓ o *inimigo* capital da parte, ou o seu *amigo* íntimo;

✓ o que tiver *interesse no litígio.*

Se necessário, *pode o juiz ouvir essas pessoas*, mas não como testemunhas e sim como *informantes*, que não prestam compromisso (CPC, art. 405, § 4º).

Se o juiz aceitar ouvir uma testemunha que não deveria ser ouvida, o advogado da parte contrária poderá apresentar a **contradita**, *que é exatamente a alegação de que a testemunha é incapaz, suspeita ou impedida* (CPC, art. 414, § 1º).

(iv) Prova pericial

A **prova pericial** consiste em *exame, vistoria ou avaliação* (CPC, art. 420) e é utilizada *quando há a necessidade de conhe-*

cimentos técnicos a respeito de qualquer disciplina – salvo direito (CPC, art. 420, parágrafo único, I).

O perito é de *livre escolha do juiz* (CPC, art. 421). Se a *questão for complexa*, abrangendo mais de uma área de conhecimento é possível a *designação de mais de um perito* (CPC, art. 431-B).

Deferida a realização de perícia, em *5 dias as partes podem indicar quesitos e assistentes técnicos* (CPC, art. 421, § 1º). Já no procedimento sumário, isso deve ser feito na inicial ou contestação (CPC, art. 276).

Apresentado o laudo pericial, as partes têm *10 dias para manifestação* (CPC, art. 433, parágrafo único) com a apresentação de *laudo do assistente técnico*, se assim quiserem (CPC, art. 433, parágrafo único). É possível inclusive a formulação de *quesitos suplementares* (CPC, art. 425).

Considerando o princípio do livre convencimento motivado, *o juiz não está vinculado ao laudo pericial* (CPC, art. 436) e pode, quando entender que a questão não está bem esclarecida, determinar a realização de *nova perícia* (CPC, art. 437).

(v) Inspeção judicial

A **inspeção** é meio de prova no qual *o juiz vai ao local dos fatos inspecionar pessoas ou coisas, a fim de se esclarecer sobre determinada questão que interesse à decisão da causa* (CPC, art. 440).

É possível que o *juiz seja acompanhado por peritos* (CPC, art. 441) e *pelas partes* (CPC, art. 442, parágrafo único).

(vi) Confissão

Entende-se por **confissão** a *situação na qual a parte admite a verdade de um fato contrário ao seu interesse* (CPC, art. 348).

(vii) Exibição de documento ou coisa

Pode o *juiz determinar que seja exibido determinado documento ou coisa* (CPC, arts. 355 e 360).

O destinatário da ordem pode ser:

✓ *o réu* (CPC, art. 357). Se o réu estiver com o documento/coisa e não o exibir, *admitem-se como verdadeiros os fatos que o requerente queria provar* com o que seria exibido (CPC, art. 359, I).

✓ *terceiro* (CPC, art. 360). Se terceiro estiver com o documento/coisa e não o exibir, o *juiz poderá determinar apreensão*, inclusive com força policial, sendo que o terceiro incorrerá no crime de desobediência.

d) Citação

Citação é o *ato pelo qual se chama a juízo o réu para se defender* (CPC, art. 213). Assim, uma vez realizada a citação válida do réu no processo, não haverá nova citação do réu no mesmo processo.

Não se deve confundir a citação com outras figuras.

A **intimação** é o *ato pelo qual se dá ciência a alguém dos atos e termos do processo para que faça ou deixe de fazer alguma coisa* (CPC, art. 234). Assim, tanto o réu como o autor podem ser intimados diversas vezes em um processo.

Já a **notificação** *é medida cautelar para se manifestar qualquer intenção de modo formal* (CPC, art. 867).

Portanto, no processo civil, apenas a citação e a intimação são *formas de comunicação de ato processual*.

O CPC conhece 4 **modalidades de citação**:

(i) citação por *correio*, que é a *regra* e poderá ocorrer para qualquer comarca do país (CPC, art. 222). A respeito do tema, vale reproduzir a Súmula 429 do STJ: "A citação postal, quando autorizada por lei, exige o aviso de recebimento";

(ii) citação por *oficial de justiça* ou *por mandado*, que é a forma de citação mais segura. Será realizada *quando a lei assim determinar* (maior segurança), por *opção do autor* ou quando *infrutífera a citação por correio* (CPC, art. 224).

São hipóteses em que a lei determina a **citação obrigatoriamente por oficial de justiça** (CPC, art. 222, alíneas):

✓ ações de *estado* (principalmente estado familiar – direito de família, por ser hipótese de direito indisponível);

✓ réu pessoa *incapaz*;

✓ ré *pessoa de direito público* (Fazenda Pública);

✓ processo de *execução*;

✓ local *não atendido por correio*.

A **citação por hora certa** é *citação realizada por oficial de justiça*, mas com algumas características específicas. Quando o *oficial tiver "suspeita de ocultação" do réu* e, por *3 vezes*, não encontrá-lo em seu endereço, *informará que voltará no dia imediato, em hora designada, e fará a citação a qualquer pessoa da família ou vizinho* (CPC, art. 227).

No dia e horário marcado, se o réu lá estiver, será devidamente citado. *Se o réu não estiver presente, será citado por hora certa*;

(iii) citação por *edital* ocorre quando *o réu estiver em local "incerto e não sabido"* (CPC, art. 231).

Tanto a *citação por hora certa como a citação por edital* são, na verdade, *situações que são uma ficção jurídica que a citação se realizou, com a ciência do réu*, por isso são hipóteses de **citação ficta**. Nesses casos, se o réu for revel, para garantir o contraditório, deverá ser *nomeado curador especial* (CPC, art. 9º, II), isto é, ainda que sem contato com o réu, um advogado apresentará contestação, buscando defender a pessoa que foi citada de forma ficta. Nesta hipótese, cabe a *contestação por negativa geral* (cf. item 2.4.3.1 abaixo);

(iv) citação por *meio eletrônico*. Ainda não muita utilizada, é a citação realizada por correio eletrônico. É regulada pela Lei. 11.419/2006.

Os **efeitos da citação** encontram-se no CPC, art. 219:

(i) torna *prevento o juízo;*

(ii) induz *litispendência;*

(iii) torna a *coisa litigiosa;*

(iv) constitui *em mora o devedor;* e

(v) *interrompe a prescrição.*

e) Valor da causa

Toda demanda cível, seja de jurisdição contenciosa ou voluntária, terá valor da causa (CPC, art. 258).

A *fixação* do valor da causa é realizada basicamente por dois critérios:

✓ **fixação legal ou obrigatória**: a atribuição do valor *já foi previamente definida pelo legislador.*

✓ **fixação voluntária**: como não há previsão legal para fixar o valor da causa, este será *livremente fixado a partir de uma estimativa do autor.*

As hipóteses de fixação legal estão no CPC, arts. 259 e 260:

2.4.3. Defesa do réu

O réu é citado para se *defender* (CPC, art. 213).

E a **resposta do réu** (CPC, art. 297) se dá de *diversas maneiras*, não apenas pela contestação. Enquanto o autor, ao acionar o Judiciário, tem basicamente a petição inicial, *o réu* *dispõe de diversos instrumentos* (isso se deve a razões históricas, à tradição). Mas, não há dúvida, a principal peça de defesa é a contestação.

2.4.3.1. *Contestação e revelia*

A **contestação** é a *resistência do réu ao pedido do autor.*

Pelo **princípio da eventualidade**, *toda matéria de defesa*, ainda que contraditória, *deve ser alegada* na contestação, sob pena de *preclusão* (CPC, art. 300, parte inicial).

Contudo, há *exceções*. Tratando-se de *matéria de ordem pública* (como condições da ação e pressupostos processuais), cabe a alegação em momento posterior (portanto, não há preclusão). Contudo, o réu arcará com as *custas do retardamento* do processo (CPC, art. 267, § 3º).

Decorrente do princípio da eventualidade, há o **ônus da impugnação específica** (art. 302). Ou seja, *se determinado fato não for especificamente impugnado, presume-se que seja verdadeiro.*

Portanto, em regra não cabe a **contestação por negativa geral** (situação em que o réu simplesmente afirma que "tudo que está na inicial não é verdadeiro", sem trazer sua versão aos fatos). A *exceção* é a contestação apresentada pelo *advogado dativo, curador especial e MP* (CPC, art. 302, parágrafo único).

A **defesa do réu**, na contestação, pode ser de *mérito* ou *processual.*

A **defesa de mérito** (CPC, art. 300 e 302) *impugna os fatos e é baseada na relação jurídica de direito material.*

Pode tanto ser a *resistência às alegações da inicial* (negam-se os fatos) ou a apresentação de *fato impeditivo, modificativo ou extintivo do direito do autor* (apresenta-se um fato que afaste a pretensão do autor - CPC, art. 326).

Como exemplo de **fato impeditivo**, a *incapacidade do contratante*; como exemplo de **fato modificativo**, a *compensação*, e como exemplo de **fato extintivo,** o *pagamento.*

A apresentação de *defesa de mérito busca a improcedência do pedido* (prolação de sentença em que há resolução do mérito - CPC, art. 269, I).

Já a **defesa processual** (CPC, arts. 301, 267 e 295) *impugna a relação de direito processual, ou seja, aspectos formais-burocráticos da causa* (pressupostos processuais e condições de ação). Como é *anterior ao mérito*, costuma também ser denominada **preliminar.**

A alegação de uma *defesa processual* pode acarretar:

✓ a *extinção do processo sem resolução de mérito*, desde que haja a respectiva previsão no CPC, art. 267 (ex.: litispendência: art. 301, V, c/c art. 267, V);

✓ a *possibilidade de correção da falha* (emenda) sob pena de extinção (ausência de recolhimento de custas: art. 301, XI, c/c art. 295, VI, e art. 267, I);

✓ a *alteração do juízo que julgará a causa* (incompetência absoluta: art. 301, II).

Defesas processuais trazidas pelo Código, que o réu irá alegar antes de discutir o mérito (preliminarmente - CPC, art. 301):

I. *vício de citação;*

II. *incompetência absoluta;*

III. *inépcia da inicial* (CPC, art. 295, parágrafo único);

IV. *perempção;*

V. *litispendência;*

VI. *coisa julgada;*

VII. *conexão (apesar da ausência de menção na lei, também a continência);*

VIII. *incapacidade de parte, defeito de representação, falta de autorização (incapacidade: criança sem representação; defeito de representação: falta de capacidade postulatória; falta de autorização: há casos em que o cônjuge precisa de autorização para litigar - CPC, art. 10);*

IX. convenção de *arbitragem;*

X. *carência de ação;*

XI. falta de caução ou *prestação prevista em lei (como principal exemplo de prestação prevista em lei, a ausência de recolhimento de custas).*

Como se percebe, *diversos argumentos de defesa já foram analisados em momentos anteriores.* Seja ao se discutir condições da ação e pressupostos processuais, seja ao se tratar das hipóteses de extinção do processo sem mérito. Isso demonstra que o processo civil é um sistema, em que *inicial, defesa e decisão estão conectadas.*

Como já visto, o princípio do contraditório pode ser traduzido em um binômio: informação e possibilidade de manifestação. Assim, é obrigatório que o réu seja citado para, querendo, contestar. E também é obrigatório dar-se a *oportunidade de contestar*. Mas, para a validade do processo, *não é obrigatória a existência de contestação.*

E **revelia** é, exatamente, *a ausência de contestação* (CPC, art. 319).

Várias defesas podem ser apresentadas pelo réu. Mas, reitere-se, o que acarreta a revelia é a ausência de contestação e não de quaisquer das outras defesas. Assim, se for apresentada exceção de incompetência, mas não contestação, haverá revelia. E se for apresentada contestação e não qualquer outra defesa (ainda que cabível), não haverá revelia.

Em *regra*, são **efeitos da revelia**:

(i) consideram-se *verdadeiros os fatos afirmados pelo autor* (CPC, art. 319);

(ii) os *prazos correm independentemente de intimação* (CPC, art. 322).

Contudo, há *exceções* em relação aos dois efeitos da revelia:

Em relação ao efeito (i), não haverá a presunção de veracidade se a lide versar a respeito de *direito indisponível*; se, diante de um *litisconsórcio passivo, algum dos réus contestar*; ou se a petição inicial não trouxer *documento público indispensável à prova do ato.*

Nestes casos, apesar da ausência de contestação, não serão considerados verdadeiros os fatos (CPC, art. 320).

Assim, numa investigação de paternidade, se o réu for revel, por se tratar de direito indisponível, *ainda assim haverá necessidade de dilação probatória* (DNA). E, diante de dois réus, se um contestar, *em relação à matéria que for comum à defesa dos dois*, o fato será controvertido e, portanto, haverá *necessidade de prova.*

Por sua vez, no tocante ao efeito (ii), se o réu declarado revel vier a *constituir advogado nos autos*, a partir daí *deverá ocorrer sua intimação* (CPC, art. 322, parágrafo único). Mas isso não permitirá que seja reaberto o prazo de contestar ou de realizar outros atos já preclusos – o *réu recebe o processo no estado em que este se encontrar*.

Vale destacar que, mesmo ocorrendo a revelia, *não cabe alteração da causa de pedir ou pedido* – salvo mediante *nova citação* (CPC, art. 321).

2.4.3.2. *Outras defesas do réu*

Conforme já exposto, além da contestação, é possível que o réu apresente uma série de outras defesas. *Cada uma das demais defesas deve ser utilizada para impugnar uma situação específica*. Assim, a *contestação é a defesa residual*: se a matéria de defesa não for passível de alegação em qualquer outro instrumento, será alegada na contestação.

Assim, é importante que se tenha bem clara a *finalidade* de cada uma das outras defesas do réu.

a) Intervenção de terceiros provocada pelo réu.

O tema já foi antes debatido. Assim, neste momento, basta relembrar que são três as intervenções que podem ser utilizadas pelo réu:

✓ *nomeação à autoria* (CPC, art. 62);

✓ *denunciação da lide* (CPC, art. 70);

✓ *chamamento ao processo* (CPC, art. 77).

b) Exceções

Cabe **exceção** (CPC, art. 304) *para se alegar determinadas matérias processuais que não são passíveis de alegação na contestação*.

O CPC prevê a utilização de exceção para 3 situações: *incompetência territorial*, *impedimento* e *suspeição*.

(i) A **exceção de incompetência relativa** presta-se a *alegar a incompetência territorial* (CPC, arts. 112 e 307). Vale lembrar que a incompetência absoluta é alegada em preliminar de contestação;

(ii) A **exceção de impedimento** é utilizada para *afastar do julgamento um magistrado que se presume não isento para julgar a causa* (CPC, arts. 134 e 312), visto que:

✓ o juiz é *parte*;

✓ o juiz atuou como *mandatário, perito, MP* ou foi *testemunha*;

✓ o juiz *proferiu decisão no processo em 1º grau*, quando a causa estiver no Tribunal;

✓ quando estiver *atuando como advogado da parte* cônjuge ou parente até o 2º grau (neste caso, *não poderá* o advogado ingressar na causa para provocar o impedimento do magistrado);

✓ o juiz for *cônjuge ou parente* até 3º grau de uma *das partes*,

✓ o juiz for de *órgão de administração de pessoa jurídica* que fora *parte* na causa;

(iii) A **exceção de suspeição** é utilizada para *afastar do julgamento um magistrado que provavelmente não será isento para julgar a causa* (CPC, arts. 135 e 312), visto que:

✓ o juiz é *amigo íntimo* ou *inimigo capital* das partes;

✓ alguma das partes é *credora ou devedora do juiz*;

✓ o juiz é *herdeiro, donatário* ou *empregador* de alguma das partes;

✓ o juiz *receber dádivas ou aconselhar* alguma das partes a respeito do objeto da causa;

✓ o juiz for *interessado no julgamento da causa* em favor de uma das partes;

✓ o juiz declarar-se *suspeito por motivo de foro íntimo*.

As *duas últimas* também podem ser utilizadas pelo *autor*. E, da mesma forma, é possível que seja apontado o *impedimento ou suspeição do MP, serventuário, perito etc.* (CPC, art. 138). O que difere as duas figuras é que no impedimento *é certo* que o juiz não pode julgar; na suspeição *é recomendável* que ele não julgue.

Quanto ao **procedimento,** a exceção é apresentada *antes da contestação* e é *autuada em apartado*.

Ao se apresentar a exceção, *o processo será suspenso*. Assim, o prazo para contestar *volta a fluir após a decisão da exceção* (CPC, art. 306).

Tratando-se de **exceção de incompetência**, deverá o excipiente indicar as *razões da incompetência relativa* e indicar o juízo que entende competente. A parte contrária (excepto) terá 10 dias para se manifestar (CPC, art. 308). Se necessário, haverá dilação probatória (CPC, art. 309) e então o juiz decidirá se acolhe ou rejeita a exceção.

Sendo **exceção de impedimento ou suspeição**, a peça será *endereçada ao juiz supostamente impedido ou suspeito* que, se concordar com a alegação, *remeterá os autos ao seu substituto*. Se o juiz não concordar, apresentará suas razões e remeterá os autos para *decisão do Tribunal* (CPC, art. 313).

c) Reconvenção

A **reconvenção** é *uma ação proposta pelo réu (reconvinte) em face do autor (reconvindo), nos mesmos autos* do processo já existente (CPC, art. 315).

Trata-se na verdade de uma *nova demanda*, que poderia ter sido ajuizada de forma autônoma. É apresentada nos mesmos autos para prestigiar a economia processual. Para que seja cabível, o CPC determina que haja *conexão* entre *a matéria da reconvenção e o teor da inicial ou da contestação* (CPC, art. 315).

Quanto ao **procedimento**:

✓ deve ser formulada uma *petição inicial* (apartada da contestação), endereçada ao mesmo juízo em que tramita a ação;

✓ o autor reconvindo (réu na reconvenção) será *intimado* na pessoa do advogado para *contestar no prazo de 15 dias* (CPC, art. 316).

✓ a reconvenção *tramitará nos mesmos autos* da ação principal;

✓ a reconvenção será **julgada na mesma sentença que a ação** proposta pelo autor (CPC, art. 318).

Há situações nas quais **não cabe a reconvenção**, mas sim *um pedido na própria contestação*, o denominado **pedido contraposto** ou *pedido em favor do réu*. É o que se verifica no *rito sumário* (CPC, art. 278, § 1º), no *JEC* (Lei 9.099/1995, art. 31) e nas chamadas *ações dúplices* (ex.: possessórias – CPC, art. 922).

d) Ação declaratória incidental

A **ação declaratória incidental** *tem por objetivo transformar a questão prejudicial em questão principal* (CPC, arts. 5º e 325). Com isso, haverá a *formação da coisa julgada também em relação à questão prejudicial*, ou seja, ampliação dos limites objetivos da coisa julgada.

Para que se entenda o cabimento da ação declaratória incidental, é necessário conceituar **questão prejudicial**, que é a *questão de mérito logicamente anterior à questão principal* (pedido formulado pelo autor) e de *análise necessária* quando da apreciação da questão principal, porém, como não faz parte do pedido, *não será objeto do dispositivo da sentença.*

Para fixar o difícil tema, vale apresentar alguns exemplos:

✓ autor pleiteia o cumprimento da cláusula 10ª do contrato em face do réu; réu na contestação afirma que o contrato na sua totalidade é nulo. Assim, *a nulidade do contrato é questão prejudicial em relação ao cumprimento da cláusula 10ª* (que é a questão principal);

✓ autor pleiteia alimentos em face do réu, suposto pai; réu afirma em contestação que não é o pai. Logo, *a paternidade é questão prejudicial em relação aos alimentos.*

Assim, nos dois casos, se houver apenas a contestação, *o que fará coisa julgada é a apreciação do pedido* (questão principal). Se *autor ou réu quiserem* – diante do surgimento da questão prejudicial – poderão ingressar com a ação declaratória incidental. E, a partir daí, *também a questão prejudicial será coberta pela coisa julgada.*

Se a ação declaratória incidental for proposta pelo réu, será no prazo da contestação. Se for proposta pelo autor, será no prazo da réplica. Quanto ao **procedimento**, *a declaratória incidental segue a mesma lógica da reconvenção.*

e) Impugnação ao valor da causa

A **impugnação ao valor da causa** *tem por finalidade exclusivamente apontar que o valor da causa constante da inicial está equivocado e deve ser corrigido* (CPC, art. 261).

Caso o réu *não concorde com o valor pleiteado pelo autor a título de indenização*, deve impugnar isso *na contestação, no mérito*, ou seja, não se deve confundir impugnação ao valor da causa com impugnação ao valor pleiteado pelo autor.

A IVC impugna o *aspecto processual* do tema: se o autor não indicou corretamente o valor da causa, nos termos da lei, cabe a impugnação.

Como exemplo, uma demanda em que o autor pleiteia R$ 1 mil reais por mês a título de pensão alimentícia (e o réu não tem condições de pagar essa quantia) e dá à causa o valor de R$ 1 mil. Diante desse caso:

✓ cabe a *impugnação* para apontar que o *valor da causa deve ser R$ 12 mil* (CPC, art. 259, VI);

✓ para discutir o valor da pensão mensal de R$ 1 mil, o réu deve fazê-lo no mérito da contestação independentemente de ter apresentado ou do resultado da IVC.

Quanto ao **procedimento**:

✓ é peça que deve ser apresentada *em separado da contestação e será autuada em apartado.*

✓ deve ser apresentada *no prazo da contestação, sem qualquer consequência* em relação a *prazos processuais* (não suspende nem interrompe o processo).

f) Impugnação à justiça gratuita

A **impugnação à justiça gratuita** *tem por objetivo afastar os benefícios da justiça gratuita, já concedidos à parte contrária pelo juiz* (art. 7º da Lei 1.060/1950).

Diante do requerimento de justiça gratuita por qualquer das partes, o juiz defere o pedido. Diante da concessão do benefício, pode a parte contrária apresentar a IJG. Deverá o *impugnante provar* a inexistência ou desaparecimento dos *requisitos necessários* à concessão dos benefícios da gratuidade de justiça

Quanto ao **procedimento**:

✓ é peça que *será autuada em apartado* em relação ao processo principal;

✓ deve ser apresentada *em qualquer fase do processo*, quando a parte contrária descobrir *razões para impugnar a gratuidade* (assim, pode ser usada por qualquer das partes);

✓ se o réu tem ciência desde o início do processo que o autor não faz jus à justiça gratuita, deve apresentar a *IJG em conjunto com a contestação;*

✓ *sem qualquer consequência* em relação a *prazos processuais* (não suspende nem interrompe o processo).

2.4.3.3. Quadro-síntese das defesas do réu

Para visualizar o quanto foi exposto a respeito das defesas do réu, vale verificar o quadro abaixo – que inclusive traz as peças que podem ser utilizadas pelo autor:

Defesa	Finalidade?	Autor pode utilizar?	Altera prazo de contestação?
1) Exceção (art. 304) a) impedimento b) suspeição c) incompetência relativa	**Discutir? a) manter juiz imparcial b) manter juiz imparcial c) competência territorial**	**a) sim b) sim c) não**	**Suspende**
2) Impugnação valor causa (art. 261)	**Discutir o valor da causa**	**Não**	**Não**
3) Reconvenção (art. 315)	**Contra-ataque**	**Não**	**Não**
4) Ação Declaratória Incidental (art. 325)	**Permitir que questão prejudicial seja coberta pela coisa julgada**	**Sim**	**Não**
5) Ingresso 3º a) nomeação autoria b) denunciação lide c) chamamento processo	**a) "dedo-duro" b) ação de regresso c) solidariedade**	**a) não b) sim c) não**	**a) interrompe b) não altera c) não altera**

6) Impugnação JG (art. 7º da Lei 1.060/1950)	Afastar justiça gratuita já concedida	Sim	Não
7) Contestação	Defesa preliminar e de mérito	--	--

2.4.4. Providências preliminares e julgamento conforme o estado do processo

2.4.4.1. Visão geral

No procedimento comum ordinário, após a inicial e contestação, os autos voltam para o juiz verificar qual deve ser o desenrolar do processo. Conforme as alegações realizadas no processo, é possível que algumas **providências preliminares** sejam tomadas.

É o que se verifica no caso de *necessidade de produção de prova* (CPC, art. 324), ajuizamento de *ação declaratória incidental* (art. 325) ou *contestação* que traga matéria de *mérito* (art. 326) ou *processual* (art. 327)

Assim, após a manifestação do réu em defesa, é possível que as partes sejam instadas a se manifestar a respeito da produção de provas, o autor responder à Ação Declaratória Incidental e/ou apresentar réplica.

Depois de cumpridas as providências preliminares, ou caso estas não sejam necessárias, então procederá o juiz, nos termos do art. 328, ao **julgamento conforme o estado do processo**.

Assim, antes do início da fase instrutória, o juiz deve verificar se estão presentes os requisitos para que se verifique uma dessas três situações: (i) *extinção do processo*, (ii) *julgamento antecipado da lide*, (iii) *audiência preliminar e saneamento*.

2.4.4.2. Providências preliminares

Como acima exposto, são três:

a) especificação de provas (CPC, art. 324): pelo texto legal, seria o caso de o juiz abrir vista ao autor para especificar *somente na hipótese em que houve ausência de contestação, mas sem os efeitos de revelia*.

Como já visto, há casos em que a ausência de contestação não acarreta a presunção de veracidade - como nos casos de *direito indisponível* (CPC, art. 320);

b) possibilidade de **ação declaratória incidental** (CPC, art. 325): o tema já foi antes enfrentado, na defesa do réu;

c) réplica (CPC, arts. 326 e 327): de modo a *garantir o contraditório*, o autor apresentará sua manifestação em relação aos argumentos e documentos apresentados pelo réu na contestação.

2.4.4.3. Julgamento conforme o estado do processo

Findas as providências preliminares, o juiz deverá apreciar se o processo tem condições de prosseguir ou se já é possível a prolação de sentença. É o julgamento de que ora se trata. Três são as possíveis soluções:

a) extinção do processo (CPC, art. 329)

Se presente uma das hipóteses do art. 267 do CPC (ou seja, *defesa processual*), o magistrado proferirá *sentença terminativa* (extinção sem resolução do mérito).

Se não ocorrer nenhuma das hipóteses de sentença terminativa (CPC, art. 267), deverá o juiz analisar se está presente alguma das *hipóteses previstas no art. 269, II a V, do CPC*. Se isso ocorrer, também o feito já será sentenciado – mas sentença *com resolução de mérito*.

Relembrando, as hipóteses do art. 269 são as seguintes:

I. reconhecimento do pedido;

II. transação;

III. prescrição e decadência;

IV. renúncia ao direito em que se funda a ação;

b) julgamento antecipado da lide (CPC, art. 330)

Se não for o caso de extinção (art. 329), passa o magistrado a analisar a possibilidade de **julgamento antecipado da lide** (art. 330), que *é a decisão de mérito em que o juiz acolhe ou rejeita o pedido (CPC, art. 269, I), sem dilação probatória* (daí o "*antecipado*" do julgamento).

O **julgamento antecipado é permitido** nas seguintes hipóteses (CPC, art. 330):

(i) quando a questão de *mérito for unicamente de direito*, ou, sendo de *direito e de fato, não houver necessidade de produzir prova em audiência*;

(ii) quando ocorrer a *revelia*.

Assim, nessas hipóteses, sinaliza a lei que *a causa já reúne elementos suficientes para o seu julgamento*, sendo desnecessária a produção de provas;

c) audiência preliminar e saneamento (CPC, art. 331)

Não sendo hipótese de extinção ou de julgamento antecipado, parte-se para esta última hipótese.

Na **audiência preliminar**, ocorrerá:

(i) *tentativa de conciliação*, realizada pelas partes ou por procurador com poderes;

(ii) não obtida a conciliação, o juiz:

1) fixará os *pontos controvertidos*;

2) examinará as *questões processuais pendentes;* e

3) determinará as *provas a serem produzidas*, com a designação de *audiência de instrução*, se for o caso.

Em relação à **obrigatoriedade da audiência**, a atual redação do § 3º do art. 331 do CPC aponta que é *opcional* sua realização quando:

✓ o direito em discussão *não admitir transação;*

✓ as circunstâncias da causa evidenciarem ser *improvável a conciliação.*

Não sendo hipótese de audiência de conciliação, dispõe o CPC que *o juiz poderá sanear o processo* (CPC, art. 331, § 3º).

No **saneamento do processo** (CPC, art. 331, § 2º), *o juiz afasta as preliminares, reconhece que a relação processual está correta, defere as provas a serem produzidas e inicia a fase de a produção de provas.*

Vale lembrar que, após o saneamento, não cabe mais alterar a causa de pedir ou pedido (CPC, art. 264, parágrafo único).

2.4.5. Audiência de instrução

Não sendo hipótese de *julgamento antecipado da lide* e se houver *prova a ser produzida em audiência*, será designada **audiência de instrução e julgamento** (CPC, art. 444 e ss.).

No início da audiência (antes da instrução), o juiz tentará a *conciliação* (CPC, art. 448).

A **ordem das provas**, na audiência de instrução, é a seguinte (CPC, art. 452):

(i) oitiva do *perito e dos assistentes técnicos* para esclarecimentos (laudo já terá sido elaborado previamente);

(ii) *depoimento pessoal das partes*; primeiro do autor, depois do réu (é proibido, a quem ainda não depôs, assistir ao interrogatório da outra parte – CPC, art. 344, parágrafo único);

(iii) oitiva de *testemunhas*; primeiro do autor, depois do réu.

Ao **final da audiência**, as partes apresentam *alegações finais orais*, ou por escrito (*memoriais*), em prazo a ser fixado pelo juiz.

2.4.6. *Sentença, coisa julgada e ação rescisória*

2.4.6.1. *Sentença*

Conforme já visto antes, **sentença** (CPC, art. 162, § 1º) *é ato em que juiz aprecia a lide em 1º grau de jurisdição.* A sentença pode ser com ou sem resolução de mérito (CPC, arts. 267 e 269).

São **requisitos para a sentença**: *relatório, fundamentação e dispositivo* (CPC, art. 458).

A sentença deve *refletir o pedido* formulado pela parte na inicial sob pena de ser *viciada* (CPC, art. 128 e 460):

✓ se o juiz conceder *além do que foi pedido* (foi pleiteado R$ 10 mil de danos e o juiz concedeu R$ 15mil), haverá julgamento *ultra petita;*

✓ se o juiz conceder algo *diferente do que foi pedido* (a parte pediu dano moral, o juiz concedeu dano material), haverá julgamento *extra petita;*

✓ se o juiz conceder *aquém do que foi pedido* (a parte formulou pedidos cumulados: danos materiais e danos morais, mas o juiz somente aprecia o dano material pleiteado), haverá julgamento *infra petita* (ou *citra petita*).

2.4.6.2. *Coisa julgada*

Pode-se definir **coisa julgada** (CPC, art. 467) como a *qualidade de imutabilidade e indiscutibilidade dos efeitos da sentença de mérito transitada em julgado.*

Nos termos da lei processual (CPC, art. 469), apenas o *dispositivo da sentença* é que faz coisa julgada.

Portanto, não é coberta pela coisa julgada *a motivação da sentença.* E a questão prejudicial só será se houver ajuizamento de ação declaratória incidental (CPC, art. 470).

Assim, quanto aos **limites objetivos** (qual parte da decisão é coberta pela coisa julgada), *apenas o dispositivo é atingido.*

A coisa julgada *não prejudica nem beneficia* terceiros (CPC, art. 472).

Assim, quanto aos **limites subjetivos** (quem é coberto pela coisa julgada), *apenas as partes litigantes é que são atingidas pela imutabilidade da decisão.*

Divide-se a coisa julgada em duas espécies:

✓ **coisa julgada formal**: *é a imutabilidade da sentença, no próprio processo em que foi prolatada,* não admitindo mais reforma (atinge qualquer sentença – inclusive as sentenças terminativas, processuais). Uma vez transitada em julgado a decisão, *cabe a repropositura,* salvo nos casos do CPC, art. 267, V (cf. art. 268);

✓ **coisa julgada material**: é a verdadeira coisa julgada, *a imutabilidade e indiscutibilidade da sentença não só no processo em que foi proferida – mas também para qualquer outro processo* (atinge somente as *sentenças com julgamento de mérito*).

Uma vez transitada em julgado a decisão e tendo esta sido coberta pela coisa julgada, há ainda possibilidade de impugnação. Trata-se da ação rescisória (CPC, art. 485).

2.4.6.3. *Ação Rescisória (AR)*

2.4.6.3.1. Finalidade e cabimento

A **finalidade da AR** é *rescindir sentença de mérito transitada em julgado.* Assim, trata-se de uma *revisão da coisa julgada* em hipóteses expressamente previstas na legislação.

É possível, conforme o caso, não só *a rescisão do julgado* (**juízo rescindente**), mas também que *seja proferida uma nova decisão* (**juízo rescisório**).

Decisões que podem ser impugnadas por AR:

✓ *sentença;*

✓ *acórdão*, proferido por Tribunal de 2º grau ou Tribunal Superior.

Assim, *decisão interlocutória e decisão monocrática não* podem ser impugnadas por AR – exatamente porque tais decisões, não sendo finais, *não são cobertas pela coisa julgada.*

Cabimento da AR:

As **hipóteses de cabimento** estão especificamente previstas em lei (CPC, art. 485):

I. proferidas por *juiz corrupto;*

II. proferidas por *juiz impedido* ou *absolutamente incompetente;*

III. resultarem de *dolo da parte vencedora* ou de *colusão* entre as partes;

IV. que *violem coisa julgada* anteriormente formada;

V. que *violem literal disposição de lei;*

VI. fundadas em *prova declarada falsa;*

VII. *documento novo;*

VIII. fundadas em *confissão, desistência ou transação inválidas;*

IX. fundadas em *erro de fato.*

2.4.6.3.2. Prazo

Prazo decadencial para ajuizamento da AR: *2 anos, contados do trânsito em julgado* da decisão que se busca rescindir (CPC, art. 495).

Uma situação que provocou debates é o trânsito em julgado de um *capítulo da sentença* em 1º grau e de outro capítulo da decisão no Tribunal. Nestes casos, havia dúvida se haveria *mais de um prazo para ajuizamento da AR.*

O STJ pacificou a questão, afirmando que era *somente um prazo* e contado do *trânsito da última decisão.* A questão foi definida na Súmula 401: "O prazo decadencial da ação rescisória *só se inicia quando não for cabível qualquer recurso do último pronunciamento judicial*".

Os defensores da tese da *relativização da coisa julgada* (coisa julgada inconstitucional) buscam desconstituir a coisa julgada mesmo após esse prazo. Para esses, em *casos graves, situações repugnantes*, quando em jogo a *dignidade da pessoa humana*, deveria ser aceita a AR mesmo após o prazo de 2 anos.

Como exemplos:

(i) a situação em que se decidiu a investigação de paternidade quando ainda não existia o DNA. E, hoje, com esse exame, percebe-se que a decisão judicial não refletiu a realidade;

(ii) os casos em que há decisão condenando a Fazenda Pública a indenizar alguém em valores elevados e, posteriormente, descobre-se que a condenação era indevida (como numa desapropriação milionária em que, depois do prazo da AR, descobre-se que a área já era do ente expropriante).

Trata-se de um assunto polêmico, com divergência na doutrina, mas há *decisões dos Tribunais Superiores que acolhem a tese (tanto do STJ quanto do STF).*

2.4.6.3.3. Competência

Trata-se de ação *competência originária dos Tribunais.*

Se ajuizada para atacar *sentença,* sempre será *competente o Tribunal de 2º grau.*

Se for atacar *acórdão de Tribunal, o próprio Tribunal* (de 2º grau ou Superior) julgará a AR.

Porém, se *o Tribunal Superior* se limitou a *não conhecer do recurso,* daí a competência *é do Tribunal de 2º grau.*

Ou seja, tratando-se de acórdão a ser rescindido, a *competência é do último Tribunal que apreciou o mérito da causa.*

2.4.6.3.4. Petição inicial e procedimento

A **petição inicial da AR** deve observar o art. 488 c/c art. 282, ambos do CPC e deve trazer:

✓ endereçamento (*tribunal*);

✓ partes (*partes, terceiro prejudicado, MP* – CPC, art. 487);

✓ causa de pedir (fundada no *art. 485 do CPC*);

✓ pedido (*rescisão* [juízo rescindente] e, eventualmente, *nova decisão* [juízo rescisório] – CPC, art. 488, I);

✓ valor da causa;

✓ além de custas, deve haver recolhimento de 5% sobre o valor da causa, que reverterá à parte ré em caso de improcedência (CPC, art. 488, II).

A AR tem **procedimento especial** (CPC, art. 485 e ss.; art. 491, parte final) e tem o seguinte trâmite:

Procedimento especial da AR
1) inicial diretamente no Tribunal;
2) citação; **– cabe antecipação de tutela para obstar o cumprimento de sentença (CPC, art. 489).**
3) contestação (prazo: 15 a 30 dias – CPC, art. 491);
4) instrução (no 1º grau, carta de ordem – CPC, art. 492);
5) memoriais (CPC, art. 493);
6) decisão (acórdão); **– cabe, conforme o resultado da ação, embargos de declaração, embargos infringentes, REsp e RE do acórdão que julga a AR.**

3. RECURSOS

3.1. Teoria Geral dos Recursos

Inicialmente, será apresentada uma visão geral dos recursos (ou seja, a teoria geral) para, depois, tratar-se especificamente de cada um deles.

Mas é importante ter a visão do todo, visto que as perguntas dos concursos muitas vezes tratam de vários recursos ao mesmo tempo – e não apenas de um aspecto específico de determinado recurso.

Contudo, vale destacar que o tema não é muito frequente em concursos de delegado, por vezes sequer constando do edital, de modo que se recomenda ao candidato confirmar se o tema será objeto de sua prova.

3.1.1. Conceito

Recurso, na linha da definição de Barbosa Moreira (*Comentários ao Código de Processo Civil.* Rio de Janeiro: Forense, 2003. p. 233, vol. 5), é o "remédio voluntário e idôneo a ensejar, dentro do mesmo processo, a reforma, a invalidação, o esclarecimento ou a integração da decisão judicial impugnada".

A existência dos recursos decorre dos princípios processuais da ampla defesa, contraditório e duplo grau de jurisdição.

Pelo **princípio da taxatividade**, *somente a lei pode prever quais são os recursos* – que são os previstos no CPC, art. 496.

Da soma do conceito de recurso e do princípio da taxatividade, é possível concluir que:

a) o reexame necessário não é recurso.

O **reexame necessário** é a *situação na qual a sentença é contrária à fazenda pública (União, Estados, Municípios e suas autarquias e fundações) e, mesmo sem recurso, a decisão de 1º grau tem de ser confirmada pelo Tribunal.* Só não haverá o reexame se (CPC, art. 475, § 2º): (i) a condenação for inferior a 60 salários mínimos ou (ii) a sentença estiver fundada em súmula de Tribunal Superior ou em jurisprudência dominante do plenário do STF. Como não se trata de ato voluntário da parte, não é recurso;

b) ações de impugnação autônomas não são recursos.

As **ações de impugnação autônomas**, *apesar de impugnarem decisões judiciais, assim o fazem mediante a instauração de uma nova relação processual,* ou seja, *não se trata da mesma relação processual na qual a decisão foi proferida.* Como exemplos, a ação rescisória (que busca desconstituir a coisa julgada – CPC, art. 485), o mandado de segurança e o *habeas corpus* contra decisão judicial. Nessas três situações, há a instauração de uma nova relação processual;

c) pedido de reconsideração não é recurso.

O **pedido de reconsideração** é a *petição na qual a parte, uma vez que um pleito seu não foi atendido, busca a reconsideração por parte do juiz.* No cotidiano forense é utilizado com frequência pelos advogados, mas, como não está previsto no art. 496, não é recurso. Assim, não modifica em nada o prazo para interposição do recurso cabível. Ou seja: se o juiz indeferir a antecipação de tutela e a parte apresentar pedido de reconsideração, esta peça não alterará o prazo para interposição do agravo de instrumento.

Além disso, os seguintes *incidentes* que se verificam nos tribunais também não são recursos:

i) incidente de **uniformização de jurisprudência** (CPC, art. 476): havendo divergência entre órgãos internos de um tribunal, poderá *um magistrado, antes do julgamento da causa, submeter a questão a respeito da interpretação do direito a um órgão que englobe mais julgadores* (conforme regimento interno).

No caso, surgindo a questão, a causa (lide) deixa de ser apreciada para que o tribunal, pelo órgão indicado no regimento interno, decida. Após a decisão, a causa volta a ser julgada pelo órgão fracionário anterior – já fixada a tese objeto de divergência;

ii) incidente de **declaração de inconstitucionalidade** (CPC, art. 480): considerando o sistema difuso-concreto brasileiro, qualquer juiz pode declarar a inconstitucionalidade de um diploma legal, incidentalmente no processo (como questão prejudicial).

Mas, quando isso ocorrer no âmbito dos tribunais, há necessidade de decisão da maioria dos membros do tribunal, em obediência à "cláusula de reserva de plenário" (CF, art. 97).

Quanto à forma de julgamento, ela é bifásica como exposto no item anterior.

3.1.2. Finalidade dos recursos

Como já exposto, o recurso impugna a decisão judicial e três são as possíveis finalidades de um recurso: invalidação, reforma e integração.

a) Invalidação ou **anulação da decisão**: *caso a decisão impugnada não tenha observado a forma processual prevista para determinado ato, deverá ser anulada.* Portanto a decisão será retirada do mundo jurídico e haverá a repetição do ato anulado pelo juiz de origem.

Assim, a decisão será viciada em virtude de um erro procedimental (*error in procedendo*), defeito de forma que macula a sua validade. O vício de forma ocorre porque uma norma de natureza processual não foi observada (como, por exemplo, a manifestação do MP quando uma das partes for menor);

b) Reforma da decisão: *caso a decisão impugnada não tenha aplicado a correta solução para lide, deverá ser reformada. Isto é*, o Tribunal já proferirá uma decisão que substituirá a anterior.

Assim, a decisão será viciada não em relação à forma, mas sim quanto ao conteúdo, o mérito, a lide, ou seja, houve um erro de julgamento (*error in judicando*). Em tal situação, o Tribunal reformará a decisão;

c) Integração da decisão: *caso a decisão impugnada seja obscura, contraditória ou omissa cabem esclarecimentos ou complementos – ou seja, a integração da decisão.*

Neste caso, o próprio órgão prolator da decisão (e não um órgão superior) é que irá complementá-la. Os embargos de declaração são o recurso típico para a integração de uma decisão.

3.1.3. Enumeração dos recursos existentes no processo civil brasileiro

São recursos no processo civil (CPC, art. 496):

1) apelação (CPC, art. 513);

2) agravo (CPC, art. 522);

3) embargos infringentes (CPC, art. 530);

4) embargos de declaração (CPC, art. 535);

5) recurso ordinário constitucional (ROC – CPC, art. 539, e CF, art. 102, II, e 105, II);

6) recurso especial (REsp – CPC, art. 541, e CF, art. 105, III);

7) recurso extraordinário (RE – CPC, art. 541, e CF, art. 102, III);

8) embargos de divergência (CPC, art. 546).

Além destes, há ainda a modalidade de **recurso adesivo** para alguns dos acima arrolados (CPC, art. 500):

✓ apelação adesiva;

✓ embargos infringentes adesivos;

✓ RE adesivo;

✓ REsp adesivo.

Por fim, é de se destacar que existem algumas distinções em relação ao JEC (*vide* tópico próprio, no capítulo 6).

3.1.4. Cabimento de cada recurso

Para cada espécie de decisão judicial a lei processual prevê um determinado recurso. E apenas um recurso. Este é **princípio da unirrecorribilidade ou unicidade**, ou seja, *para cada decisão só cabe um tipo de recurso.*

Assim, não é possível, ao mesmo tempo, para uma mesma decisão e com a mesma finalidade, utilizar-se de apelação e agravo.

Para saber o cabimento de cada recurso, a regra mais fácil é analisar a natureza da decisão: *conforme a natureza da decisão impugnada, determina-se o recurso cabível.*

Para tanto, é necessário que se saiba quais são as possíveis decisões que o Poder Judiciário pode proferir. E isso é variável conforme o grau de jurisdição.

O sistema processual diferencia as decisões proferidas por um juiz de 1º grau das decisões proferidas no âmbito dos Tribunais – seja Tribunal de Justiça (TJ – Justiça Estadual), Tribunal Regional Federal (TRF – Justiça Federal) ou Tribunais Superiores (STJ e STF).

Em 1º grau de jurisdição, *três são as possíveis decisões de um juiz* (CPC, art. 162):

a) sentença (§ 1º): *decisão que resolve o mérito (CPC, art. 269) ou põe fim ao processo, sem análise do mérito* (CPC, art. 267);

b) decisão interlocutória (§ 2º): *decisão que soluciona questão incidente, mas não põe fim ao processo*); e

c) despacho (§ 3º): *decisão que simplesmente dá andamento ao processo, sem ser dotada de efetivo caráter decisório por não resolver qualquer ponto controvertido.*

A partir da identificação das decisões, fica mais simples concluir pelo cabimento dos recursos:

✓ da *sentença* cabe *apelação* (CPC, art. 513);

✓ da *decisão interlocutória*, cabe *agravo* (CPC, art. 522 – agravo de instrumento ou retido);

✓ do *despacho* não cabe recurso, trata-se de *decisão irrecorrível* (CPC, art. 504).

Destaca se que esta apresentação é apenas uma visão geral, já que o estudo de cada recurso, individualmente, será feito adiante.

No âmbito dos Tribunais, *duas são as possíveis decisões de um desembargador (TJ ou TRF) ou Ministro (STJ ou STF):*

d) acórdão: *decisão colegiada, proferida por três ou mais julgadores* (CPC, art. 163);

e) decisão monocrática: *decisão proferida por apenas um julgador, possível em hipóteses específicas* (CPC, art. 557).

Cabe destacar que, por certo, o relator poderá proferir decisões monocráticas sem efetiva carga decisória ("despacho"). Porém, a lei não traz essa previsão legal em relação aos atos proferidos nos Tribunais. Assim, mais técnico falar apenas em decisão monocrática e acórdão.

Quando um recurso é distribuído ao Tribunal, é sorteado um *relator*, julgador que será o responsável pela elaboração do relatório e, na sessão de julgamento, lerá aos demais julgadores o seu relatório e voto. Assim, é a figura central no julgamento colegiado. No âmbito de um Tribunal intermediário, há também a figura do *revisor* e, ainda, do *terceiro*.

Quando o recurso tiver clara falha processual ou quando a matéria já estiver pacificada (súmula ou jurisprudência dominante), *poderá o relator julgar sem a participação dos pares*: esta é a decisão monocrática (conveniente a leitura do CPC, art. 557, *caput* e § 1º-A).

Identificado um acórdão ou decisão monocrática, novamente fica mais simples a compreensão dos recursos cabíveis:

(i) de *decisões monocráticas* cabe:

✓ *agravo interno*, legal ou regimental (CPC, art. 557, § 1º – mas há exceções no parágrafo único do art. 527);

✓ *agravo nos próprios autos* (CPC, art. 544 – redação da Lei 12.322/2010).

✓ *Lembrando que, no caso de decisão monocrática sem carga decisória ("despacho"), não haverá interesse recursal para impugnar essa decisão;*

(ii) de *acórdãos* cabem *os demais recursos* (ou seja, que *não são cabíveis de decisão de 1º grau ou de monocrática*):

✓ Embargos infringentes (CPC, art. 530);

✓ Recurso ordinário (ROC – CPC, art. 539);

✓ Recurso especial (REsp – CPC, art. 541);

✓ Recurso extraordinário (RE – CPC, art. 541); e

✓ Embargos de divergência (CPC, art. 546).

Reitera-se que aqui apenas se traz uma visão geral, já que o estudo de cada recurso, individualmente, será feito adiante.

Além disso, há recurso **cabível de qualquer ato judicial com carga decisória**: *embargos de declaração* (CPC, art. 535 – obscuridade, omissão, contradição).

3.1.4.1. *Síntese do cabimento dos recursos no processo civil*

De modo a sintetizar o cabimento de cada um dos recursos, tal qual acima indicado, cabe apresentar um quadro:

Grau de jurisdição	Decisão	Recurso cabível
1º grau	**Sentença**	**– Apelação**
1º grau	**Decisão interlocutória**	**– Agravo de instrumento** **– Agravo retido**
1º grau	**Despacho**	**– Irrecorrível**
2º grau ou grau Superior	**Decisão monocrática**	**– Agravo interno** **– Agravo nos próprios autos**
2º grau ou grau Superior	**Acórdão**	**– Resp** **– RE** **– Embargos infringentes** **– ROC** **– Embargos de divergência**
*** Todos**	*** Qualquer uma com carga decisória (menos despacho)**	*** Embargos de declaração**

Como é possível perceber, os *embargos de declaração* assumem uma *função distinta* no sistema recursal: como servem para *esclarecer* uma decisão, podem ser utilizados para *qualquer tipo delas*.

Mas não cabe de uma sentença, ao mesmo tempo, apelação e embargos de declaração. Inicialmente a parte deverá ingressar com embargos de declaração e, depois, se ainda houver necessidade, ingressará com a apelação. Trata-se do princípio da unirrecorribilidade, como já visto.

E o cabimento de cada recurso é bem especificado na legislação processual. Assim, salvo algumas poucas situações, não há dúvida a respeito de qual o recurso cabível. Daí não ser hoje positivado, em nosso país, o **princípio da fungibilidade recursal** – que *é a possibilidade do recebimento de um recurso por outro, quando houver dúvida objetiva a respeito de qual é o recurso cabível para determinada situação.*

Reitere-se: tal princípio *não está previsto na lei* e somente é admitido pela jurisprudência em pouquíssimas situações, nas quais haja divergência a respeito do recurso cabível, na doutrina e jurisprudência.

Uma situação que ainda provoca erros no cotidiano forense e nos concursos – mas que *não* permite o uso da fungibilidade, já que pacificada na jurisprudência e doutrina – é a *exclusão de um litisconsorte do processo*: se "A" ingressa em juízo em face de "B" e "C" e o juiz exclui "C" da relação processual, alegando ser ele parte ilegítima, qual a natureza da decisão? Sentença ou interlocutória? E qual o recurso cabível? Apelação ou agravo?

Conforme firme jurisprudência, como o processo prossegue entre "A" e "B", não houve extinção. Assim, é cabível o *agravo* (STJ, AgRg no REsp 1204587/MG, *DJe* 04.02.2011).

3.1.4.2. Cabimento do recurso adesivo

O recurso pode ser interposto na sua modalidade principal ou, quando cabível, na sua modalidade adesiva. Nos termos do art. 500 do CPC, cabe o recurso adesivo para a apelação, embargos infringentes, REsp e RE.

O **recurso principal** *é aquele interposto pela parte no prazo previsto, sem se preocupar com a conduta da parte contrária.* Não havendo o total acolhimento do que foi pleiteado (ou seja, sucumbência), *cada parte pode interpor seu recurso de forma independente.*

Já o **recurso adesivo** *é aquele interposto fora do prazo originalmente previsto; se "A" recorreu de forma principal, mas "B" não, este terá uma segunda chance: no prazo das contrarrazões poderá interpor recurso adesivo.* Só cabe em caso de *sucumbência recíproca* (ou seja, cada parte perdeu um pouco).

Para bem entender o recurso adesivo, é necessária a compreensão do **princípio da vedação da *reformatio in pejus***, ou seja, *vedação da reforma para pior em desfavor do recorrente, no âmbito de apenas um recurso por ele interposto.* Ou seja, em regra o Tribunal não pode, ao apreciar o recurso interposto por "A" (sendo que "B" não recorreu), piorar sua situação. Assim, *se apenas uma das partes recorreu, sua situação ou melhora ou é mantida.* Como é possível concluir, o princípio em comento decorre do princípio da inércia. Contudo, a jurisprudência afirma que, caso se trate de *matéria de ordem pública, será possível ao Tribunal analisar a questão,* sem que isso importe em *reformatio in pejus* (STJ, EDcl nos EDcl no REsp 998.935/DF, *DJe* 04.03.2011).

Para ilustrar o exposto, vale um exemplo: "A" ingressa em juízo pleiteando indenização por danos materiais de R$ 10 mil. O juiz concede R$ 5 mil a título de danos. Podem autor e réu apelar de forma autônoma (porque ambos sucumbiram, ainda que parcialmente). Mas, se somente "A" apelar pleiteando a majoração da indenização, o Tribunal somente poderá manter em R$ 5 mil ou aumentar a condenação – nunca diminuir (*reformatio in pejus*). *Contudo,* se no prazo de resposta da apelação "B" apresentar *apelação adesiva* (em peça apartada à das contrarrazões), *poderá o Tribunal também diminuir a indenização.*

É importante destacar que a admissibilidade do recurso adesivo vincula-se à do recurso principal. Ou seja: se o principal não for conhecido por intempestividade, também não o será o recurso adesivo.

3.1.5. Juízo de admissibilidade e juízo de mérito

O recurso pode ser objeto de duas análises: inicialmente, uma análise da *admissibilidade recursal* e, se esta for positiva, passa-se à análise do *mérito recursal.*

No **juízo de admissibilidade** *será verificado se estão presentes os requisitos formais para que o recurso seja analisado* (requisitos de admissibilidade, semelhante às condições da ação e pressupostos processuais).

Se tais requisitos estiverem *ausentes,* o recurso *não será conhecido* ou *não será admitido.*

Por outro lado, uma vez *presentes os requisitos,* então o recurso será *conhecido* ou *admitido.*

Somente se conhecido o recurso passa-se à próxima fase, que é o **juízo de mérito**, ou seja, *a efetiva análise da impugnação realizada pelo recorrente em seu recurso.*

No mérito recursal é que haverá a análise dos erros da decisão impugnada, isto é, do *error in procedendo* (erro no processamento) e/ou do *error in judicando* (erro no julgamento).

O resultado do juízo de mérito pode ser pelo *provimento* ou *desprovimento* do recurso.

Em *síntese*: inicialmente há o *conhecimento* (admissão) do recurso para que depois seja analisado o mérito (objeto) recursal, com o *provimento* ou *não provimento.* Assim, a ausência dos pressupostos de admissibilidade leva ao *não conhecimento* ou à *não admissão* do recurso – e, se isso ocorrer, *não* se fala em provimento ou desprovimento.

3.1.5.1. Requisitos de admissibilidade recursal

Há grande divergência na doutrina a respeito da classificação dos requisitos de admissibilidade recursal – mas, pelo foco desta obra, não é viável a análise das diversas classificações. Apesar de existirem variações conforme o concurso, entidade organizadora ou Estado, pode-se apontar que *uma das classificações mais adotadas é a de Barbosa Moreira (O novo processo civil brasileiro.* Rio de Janeiro: Forense, 2010. p. 116), que divide os requisitos de admissibilidade em *intrínsecos e extrínsecos.* Assim, será esta a classificação aqui apresentada.

Os **requisitos intrínsecos** (ou **pressupostos intrínsecos**) *se referem à própria decisão impugnada.* Ou seja, são *verificados considerando-se conteúdo e forma de uma decisão judicial.* Há de se analisar a decisão judicial para apurar esses requisitos. Três são os requisitos intrínsecos: *cabimento, legitimidade recursal* e *interesse recursal.*

Por outro lado, os **requisitos extrínsecos** (ou **pressupostos extrínsecos**) *se referem a fatores externos à decisão judicial impugnada.* Assim, *para sua verificação não se leva em conta a decisão em si.* Diferentemente do critério anterior, para que se avaliem estes requisitos, não há necessidade de analisar o conteúdo e forma da decisão. Os requisitos extrínsecos são os seguintes: *tempestividade, preparo, regularidade formal* e *inexistência de fato impeditivo ao direito de recorrer.*

Do acima exposto, percebe-se que são sete os requisitos de admissibilidade. Na sequência, haverá a análise de cada um deles.

(i) Cabimento: *o recurso interposto deverá ser aquele previsto na lei para a impugnação do tipo de decisão atacada.* É o que já foi exposto no item 3.1.4.1 acima.

Se for interposto agravo de uma sentença, o recurso não será conhecido por não ser o cabível.

Traçando um paralelo com as condições da ação, este requisito pode ser entendido como a *possibilidade jurídica* de interposição do recurso conforme a decisão.

(ii) Legitimidade para recorrer: *o recurso somente poderá ser interposto por quem tem legitimidade recursal, ou seja, partes, Ministério Público (MP) e terceiro prejudicado* (CPC, art. 499).

O MP pode recorrer seja na condição de parte, seja como fiscal da lei. O terceiro prejudicado, quando afetado por uma decisão, pode recorrer: trata-se de intervenção de terceiros na fase recursal.

Se o filho do autor ingressar com recurso para impugnar uma decisão, o recurso não será conhecido por ausência de legitimidade para recorrer.

Traçando um paralelo com as condições da ação, este requisito pode ser entendido como a *legitimidade de parte na esfera recursal.*

(iii) Interesse em recorrer: *o recorrente só tem necessidade na interposição do recurso quando houver perdido (ou seja, quando houver sucumbência).*

Há sucumbência ainda que a parte tenha decaído de mínima parte do pedido. Assim, se o autor pediu 100 e recebeu 99,99, há sucumbência e, portanto, interesse recursal.

Logo, se o pedido foi julgado totalmente improcedente e o réu recorrer, o recurso não será conhecido por falta de interesse recursal – já que não houve qualquer sucumbência de sua parte, salvo se não tiver ocorrido condenação dos honorários e custas em favor do réu (mas aí haverá sucumbência).

Traçando um paralelo com as condições da ação, este requisito pode ser entendido como o *interesse de agir na esfera recursal.*

(iv) Tempestividade: *interposição do recurso no prazo fixado em lei.* Será considerado intempestivo o recurso interposto fora do prazo previsto na legislação processual.

Há situações em que o prazo recursal é em dobro:

✓ para o MP e Fazenda Pública (CPC, art. 188);

✓ para a Defensoria Pública (Lei 1.060/1950, art. 5º, § 5º);

✓ para os litisconsortes com advogados distintos (CPC, art. 191).

Se houver interposição de agravo no prazo de 20 dias, o recurso não será conhecido pela intempestividade - salvo se estivermos diante de alguma das hipóteses acima indicadas.

(v) Preparo: *a interposição de alguns recursos depende do pagamento de custas e porte de remessa e retorno (custo do correio), sob pena de deserção.*

Caso a parte nada recolha, não será possível posteriormente recolher. Contudo, se houver recolhimento *a menor*, cabe a complementação (CPC, art. 511, § 2º).

Assim, se um recurso for interposto sem o recolhimento das custas, não será conhecido pela deserção.

(vi) Inexistência de fato impeditivo ao direito de recorrer: este requisito, diferentemente dos demais, é negativo – assim, *se houver algum fato impeditivo, o recurso não será conhecido.*

Existem três fatos impeditivos:

a) desistência: *uma vez interposto, pode a parte, a qualquer momento e sem a concordância da parte contrária, desistir do recurso* (CPC, art. 501). Havendo a desistência, prevalecerá a decisão recorrida;

b) renúncia: *antes da interposição do recurso, podem as partes (ou uma das partes) renunciar ao direto de recorrer, também sem a necessidade de concordância da parte contrária* (CPC, art. 502).

A diferença entre a renúncia e a desistência é que, na primeira, ainda não houve a interposição do recurso; na segunda, isso já ocorreu;

c) aquiescência (concordância): *a concordância decorre de um ato incompatível com a vontade de recorrer* (CPC, art. 503).

Se, ao ser prolatada uma sentença condenatória, o réu prontamente realizar o pagamento, isso significa concordância com a decisão. Assim, se posteriormente vier a ser interposto recurso, *não será conhecido pela aquiescência.*

Se, após a prolação de uma sentença, o autor apresentar por petição afirmando que abre mão do direito de recorrer e, posteriormente, interpuser apelação, *o recurso não será conhecido pela renúncia.*

Se, após a prolação de uma sentença e interposição da apelação, a parte recorrente peticionar afirmando que não mais quer a análise do recurso, *este não será conhecido pela desistência.*

(vii) Regularidade formal: *este é um requisito de admissibilidade que não se insere em nenhum dos outros antes expostos e que se refere a aspectos formais envolvendo os recursos.* Existem requisitos gerais, iguais para todos os recursos, bem como requisitos específicos, variando conforme os recursos.

Como exemplos de requisitos gerais, a apresentação do recurso em petição escrita, em português, assinada pelo advogado, além da existência de impugnação que tenha relação com a decisão recorrida. Como exemplo de requisitos específicos, a juntada das cópias necessárias para instruir o agravo de instrumento.

Assim, se um agravo de instrumento for interposto sem as peças necessárias, o recurso não será conhecido por falta de regularidade formal.

3.1.6. Efeitos da interposição dos recursos

Uma vez interposto o recurso e recebido pelo magistrado, este indicará em quais *efeitos o recurso é recebido.*

Os *dois principais efeitos* são o devolutivo e o suspensivo.

a) efeito suspensivo: *impede que a decisão judicial surta seus efeitos imediatamente.* Portanto, apesar da prolação de uma decisão judicial a favor de uma das partes, o efeito suspensivo impede que os efeitos de tal decisão sejam desde logo observados. Assim, se uma sentença condena o réu a pagar R$ 10 mil e há interposição da apelação, o efeito suspensivo impede a efetiva execução da quantia.

Não são todos os recursos que são dotados de efeito suspensivo;

b) efeito devolutivo: *é a possibilidade de nova discussão da matéria impugnada por parte do Poder Judiciário* (a "devolução" não é ao mesmo juiz que prolatou a decisão recorrida, mas sim ao Judiciário).

Como se pode concluir, todos os recursos são dotados de efeito devolutivo.

A regra do efeito devolutivo é que o Tribunal somente irá apreciar o que foi objeto de apelação. Assim, se houve sentença condenando a pagar danos morais e materiais e o réu somente apela dos danos morais, usualmente o Tribunal somente apreciará a questão dos danos morais – até por força do princípio da vedação da *reformatio in pejus*, como já visto.

Contudo, tratando-se de matérias que o juiz pode conhecer *de ofício*, será possível a *atuação do Tribunal mesmo sem provocação da parte.* Como exemplo, as condições da ação. Portanto, na hipótese acima, mesmo que a apelação apenas trate dos danos morais, se o desembargador entender que alguma parte é legítima, poderá assim concluir, extinguindo o processo.

3.2. Recursos em Espécie

3.2.1. Apelação

3.2.1.1. Cabimento

Cabe apelação de *sentença*, qualquer que seja o *procedimento*, seja *sentença definitiva* (mérito – CPC, art. 269) ou *sentença terminativa* (extinção sem resolução de mérito – CPC, art. 267).

Portanto, só cabe de *decisão proferida por juiz de 1º grau.*

Da sentença proferida no JEC cabe recurso inominado (Lei 9.099/1995, art. 41).

3.2.1.2. Prazo/custas

O prazo para apelar é de *15 dias* (CPC, art. 508). Da mesma forma, é de 15 dias o prazo para responder ao recurso (contrarrazões de apelação).

Há custas (CPC, art. 519).

3.2.1.3. Efeitos

Há, como em todos os recursos, efeito devolutivo.

Em regra, há o *efeito suspensivo.*

As *exceções*, nas quais não há o efeito suspensivo, estão previstas em lei – tanto no CPC (art. 520, incisos) como em legislação extravagante:

(i) sentença que homologar a divisão ou a demarcação;

(ii) sentença que condenar à prestação de alimentos;

(iii) sentença que decidir o processo cautelar;

(iv) sentença que rejeitar liminarmente ou julgar improcedente os embargos à execução;

(v) sentença que julgar procedente o pedido de instituição de arbitragem;

(vi) sentença que confirmar a antecipação da tutela;

(vii) sentenças previstas na Lei de Locação, como a que decretar o despejo (Lei 8.245/1991, art. 58, V).

3.2.1.4. Processamento (interposição/julgamento)

A seguir será apresentada a tramitação de uma apelação, desde sua interposição em 1º grau até a conclusão do julgamento, no Tribunal. Vale esclarecer que o processamento da apelação é a base do processamento dos demais recursos.

3.2.1.4.1. Em 1º grau

A apelação é *interposta em 1º grau* (juízo *a quo*), em petição que deverá trazer (CPC, art. 514) o nome das partes, fundamentos de fato e de direito (*error in judicando* e *error in procedendo*) e pedido de nova decisão.

Na ausência de algum requisito de admissibilidade, o próprio juiz de 1º grau *não conhecerá* ou *não admitirá* a apelação (como no caso de intempestividade, por exemplo). Ao contrário, estando presentes os requisitos de admissibilidade, *o juiz receberá a apelação*, indicando em quais *efeitos* o recurso é recebido, e abrirá vista ao recorrido para apresentar contrarrazões.

Após as contrarrazões, poderá o juiz novamente apreciar a admissibilidade (CPC, art. 518, § 2º). Estando em termos o recurso, os *autos serão remetidos ao Tribunal* (órgão *ad quem*) para julgamento.

Em regra, ao receber a apelação, *o juiz não pode reconsiderar a sentença*. Contudo, há *exceções:*

(i) tratando-se de *indeferimento da inicial* (CPC, art. 295), ou seja, quando *houver grave vício processual na inicial, que sequer permita a emenda*; e

(ii) tratando-se de *improcedência liminar* (CPC, art. 285-A), ou seja, quando *no juízo já houver anterior sentença de improcedência em caso idêntico.*

Somente nestes casos, *poderá o juiz reconsiderar a decisão, determinando a citação do réu* (CPC, art. 296 e 285-A, § 1º). Caso não haja a reconsideração por parte do juiz, os autos serão encaminhados ao Tribunal.

Mas há de se ficar atento para um aspecto em que há distinção: necessidade de citação do réu para responder ao recurso. Sendo hipótese de indeferimento da inicial, os autos serão remetidos ao Tribunal *sem a citação do réu* (CPC, art. 296, parágrafo único). Sendo hipótese de improcedência liminar, para que os autos sejam remetidos ao Tribunal haverá a *necessidade de citação do réu* para que apresente contrarrazões ao recurso (CPC, art. 285-A, § 2º).

Por fim, é necessário destacar um **requisito de admissibilidade recursal exclusivo da apelação**: *o juiz não receberá o recurso de apelação se a sentença estiver em conformidade com súmula do STJ ou do STF* (CPC, art. 518, § 1º). Ou seja, se a sentença estiver baseada em uma súmula de Tribunal Superior e a apelação impugnar *apenas* a tese jurídica que estiver sumulada, o recurso não será admitido. Convém destacar que *não é apenas a súmula vinculante* que acarreta o não conhecimento do recurso, mas qualquer súmula de Tribunal Superior (incluindo a súmula vinculante).

3.2.1.4.2. No Tribunal

Uma vez remetida a apelação ao Tribunal, será *distribuída a um relator* (desembargador que ficará responsável pela principal análise do recurso). Essa distribuição será realizada imediatamente – ou seja, ainda que não venha a ser julgada nesse primeiro momento, já se saberá quem é o relator responsável pela causa (CF, art. 93, XV).

Como já foi exposto, sendo a hipótese de vício processual ou de jurisprudência dominante (CPC, art. 557), *poderá o relator decidir a apelação monocraticamente*, seja para não conhecer, seja para conhecer e dar ou negar provimento. Não sendo a hipótese de julgamento monocrático, *o relator elaborará relatório* (o qual será desde logo juntado aos autos) e seu *voto* (que não será divulgado até a sessão de julgamento) e *enviará o recurso ao revisor* (CPC, arts. 549 e 551). O revisor estudará o processo e então *pedirá dia para a sessão de julgamento* – data que deverá ser publicada no diário oficial, para ciência das partes e interessados.

No dia da sessão de julgamento, a ordem será a seguinte:

✓ leitura do relatório pelo relator;

✓ se assim quiserem, sustentação oral dos advogados das partes (CPC, art. 554);

✓ leitura do voto do relator;

✓ voto do revisor (leitura de seu voto ou, simplesmente, acompanhar o relator);

✓ voto do terceiro juiz (CPC, art. 555).

Se algum dos magistrados não estiver em condições de proferir o voto (dúvida quanto ao julgamento), poderá *pedir vista* – ou seja, retirar de julgamento o recurso para estudo, retomando-o futuramente (CPC, art. 555, § 2º).

Em alguns casos, *a lei processual não prevê a figura do revisor*, quando então o processo irá para julgamento logo após a elaboração do voto pelo relator. Assim ocorre em causas do procedimento sumário, despejo e indeferimento liminar da inicial (CPC, art. 551, § 3º).

Mas, em qualquer hipótese, a apelação será *julgada por três desembargadores*: relator, revisor (ou, quando não houver, o magistrado será denominado 2º juiz) e 3º juiz.

3.2.2. *Agravos de 1º grau*

De decisões interlocutórias proferidas por magistrados de 1º grau, é cabível agravo, em duas modalidades: **agravo de instrumento** e **agravo retido**. Cada um dos recursos será analisado de forma separada.

A principal distinção entre os dois recursos é que o *agravo de instrumento será desde logo apreciado*, ao passo que o *agravo retido será apreciado apenas em momento posterior*. Atualmente, a lei aponta que *a regra é o agravo retido*, sendo que o *agravo de instrumento somente será cabível em situações de urgência*.

3.2.2.1. *Agravo de instrumento*

3.2.2.1.1. Cabimento

Cabe agravo de instrumento de *decisão interlocutória* (CPC, art. 162, § 2º), proferida por magistrado de 1º grau.

Contudo, nos termos do CPC, art. 522, somente caberá agravo de instrumento das seguintes decisões interlocutórias:

(i) capaz de causar à parte lesão grave e de difícil reparação (ou seja, situação de urgência);

(ii) que versar sobre inadmissão da apelação; ou

(iii) que versar sobre os efeitos em que a apelação é recebida.

As situações de inadmissão da apelação ou efeitos da apelação são de fácil percepção. A situação que gera dúvidas é aquela referente a "casos de lesão grave e de difícil reparação", ou seja, situações de urgência. As principais situações de lesão grave e de difícil reparação, conforme análise de provas pretéritas, envolvem *decisões sobre tutelas de urgência* (liminar em tutela antecipada ou liminar em cautelar).

Em síntese, *cabe o agravo de instrumento quando a decisão interlocutória causar prejuízo imediato à parte*. Nos demais casos, caberá agravo retido.

3.2.2.1.2. Prazo/custas

O prazo para interposição do agravo de instrumento é de *10 dias* (CPC, art. 522). Da mesma forma, é de 10 dias o prazo para responder ao recurso (contraminuta ou contrarrazões de agravo de instrumento).

Há possibilidade de cobrança de custas e porte de retorno (CPC, art. 525, § 1º), sendo que isso é regulamentado no âmbito de cada Tribunal (no âmbito da Justiça Federal, é cobrado em todas as regiões; na Justiça Estadual, a maioria dos Estados cobra). Para fins de concursos estaduais, é fundamental a análise das regras locais, editadas pelo respectivo TJ.

3.2.2.1.3. Efeitos

Há, como em todos os recursos, efeito devolutivo.

Em regra, não há o *efeito suspensivo*. Mas, nos casos de "lesão grave e de difícil reparação" e diante de "relevante fundamentação", é possível que o relator atribua efeito suspensivo ou antecipação da tutela recursal ao agravo de instrumento (CPC, arts. 527, III, e 558).

Cabe o **efeito suspensivo** *se a decisão de 1º grau for positiva*, ou seja, se o juiz conceder a liminar pleiteada pelo autor, *o réu agrava de instrumento pleiteando a suspensão dos efeitos daquela decisão*.

Ao revés, cabe a **antecipação de tutela recursal** *se a decisão de 1º grau for negativa*. Ou seja, se o juiz negar a liminar pleiteada pelo autor, *o autor agrava de instrumento pleiteando a concessão da antecipação de tutela recursal*. Seria o denominado "efeito suspensivo ativo", *terminologia não técnica*, que por vezes é utilizada no cotidiano forense e em alguns exames (mas opte por não utilizar o termo).

3.2.2.1.4. Processamento (interposição/julgamento)

O agravo de instrumento é interposto *diretamente no Tribunal*. Trata-se do *único* recurso interposto diretamente no juízo *ad quem*.

O agravante, considerando a urgência, desde logo se dirige ao Tribunal. Para que se saiba qual a discussão, o recurso deverá trazer *cópias do processo*. Exatamente essas cópias é que *formam o instrumento*, que dá nome ao recurso.

Existem algumas **cópias necessárias** que, se não forem juntadas, acarretarão o não conhecimento do recurso por falta de regularidade formal. São as seguintes (CPC, art. 525, I):

✓ *decisão agravada* (para que se saiba qual a decisão recorrida);

✓ *certidão de intimação de tal decisão* (para que se possa apurar a tempestividade do agravo);

✓ *procurações outorgadas* aos advogados do agravante e do agravado (para que se saiba se o advogado do agravante tem poderes e quem é o advogado do agravado que deverá ser intimado para responder ao agravo).

Além das cópias necessárias, podem ser juntadas outras **cópias facultativas** (CPC, art. 525, II), aquelas *que o agravante entender úteis para a compreensão da lide*.

Como o agravo é interposto diretamente no Tribunal, deverá o agravante, no prazo de 3 dias, *juntar cópia do agravo perante o 1º grau*, para que o juiz saiba que sua decisão foi impugnada (CPC, art. 526). Diante disso, *poderá o juiz reconsiderar sua decisão*, ou seja, modificar a decisão que foi agravada (juízo de retratação) – hipótese em que o agravo será considerado prejudicado (CPC, art. 529).

Caso o agravante não cumpra essa providência prevista no art. 526 e desde que *alegado e provado pelo agravado*, o recurso não será conhecido (CPC, art. 526, parágrafo único). Assim, não poderá o agravo não ser conhecido pela falta da observância de ofício pelo relator – isso *depende da provocação do agravado*.

O agravo de instrumento será distribuído a um relator, que poderá proceder da seguinte forma (CPC, art. 527):

(i) se houver grave vício processual ou jurisprudência pacífica, desde logo negar seguimento, bem como conhecer e dar ou negar provimento ao agravo, de forma monocrática (CPC, art. 557);

(ii) se não se tratar de situação de urgência (só nesses casos cabe agravo de instrumento, como visto – CPC, art. 522), converter o agravo de instrumento em agravo retido, remetendo o recurso ao juiz de 1º grau – a conversão em retido é um *dever imposto ao relator*, não uma mera faculdade;

(iii) conceder ou negar o pedido liminar de efeito suspensivo/antecipação de tutela recursal, se este tiver sido formulado;

(iv) se entender necessário, requisitar informações do juiz de origem;

(v) determinar a oitiva do agravado para que apresente contrarrazões ou contraminuta de agravo, no prazo de 10 dias.

Não sendo hipótese de julgamento monocrático, após a manifestação do agravado o recurso será pautado para julgamento pela sessão. *Não há revisor* (CPC, art. 551), *não cabe sustentação oral* (CPC, art. 554) e o agravo será julgado por *três desembargadores* (CPC, art. 555).

3.2.2.2. *Agravo retido*

3.2.2.2.1. Cabimento

Cabe agravo retido de *decisão interlocutória* (CPC, art. 162, § 2º), *proferida por magistrado de 1º grau.*

Tratando-se de decisão interlocutória, *a regra é o cabimento do agravo retido*. Somente cabe agravo de instrumento nas hipóteses do CPC, art. 522 (em síntese, situação de urgência).

Diferentemente do agravo de instrumento, que será prontamente analisado pelo Tribunal, o agravo retido somente será apreciado em momento posterior. Assim, *seu objetivo imediato é evitar a preclusão.*

3.2.2.2.2. Prazo/custas

O prazo para interposição do agravo retido é de *10 dias* (CPC, art. 522). Da mesma forma, é de 10 dias o prazo para responder ao recurso (contraminuta ou contrarrazões de agravo retido).

Não há custas (CPC, art. 522, parágrafo único).

3.2.2.2.3. Efeitos

Há, como em todos os recursos, efeito devolutivo.

Não há o *efeito suspensivo*.

3.2.2.2.4. Processamento (interposição/julgamento)

O recurso é interposto *perante o 1º grau* e fica retido nos autos para apreciação pelo Tribunal antes de *eventual apelação*.

Ou seja, como não se trata de situação de urgência, a parte agrava para permitir que a decisão impugnada permaneça passível de discussão. Assim, *se não há o agravo retido, ocorre a preclusão*.

Basta visualizar o indeferimento de uma prova – como uma perícia contábil – que poderá ser realizada a qualquer momento e, assim, não há risco de perecimento. Se a parte não recorrer do indeferimento da perícia, não poderá posteriormente discutir isso, por força da preclusão. Mas não está presente a urgência para o agravo de instrumento. Logo, é cabível o agravo retido.

Recebido o agravo retido, o juiz abrirá *vista ao agravado*. Após, poderá *reconsiderar* sua decisão (CPC, art. 523, § 2º).

Não ocorrendo a reconsideração, o agravo permanecerá retido nos autos até eventual apreciação pelo Tribunal. Ao final, diante da sentença e de eventual recurso, a parte que agravou retido *deverá requerer – em preliminar de apelação – a apreciação do agravo retido, pelo Tribunal*. Se não houver esse requerimento, o agravo retido não será conhecido (CPC, art. 523, § 1º).

No Tribunal, antes do julgamento da apelação, será apreciado o agravo retido. Se provido, o processo será anulado e devolvido ao 1º grau (no caso do exemplo apresentado para a realização da perícia contábil). Se o agravo retido não for conhecido ou não for provido, haverá o julgamento da apelação.

Tratando-se de *decisão proferida em audiência de instrução e julgamento*, o *agravo retido deverá ser oral* e apresentado *na própria audiência*, devendo constar no termo de audiência as razões expostas pelo advogado (CPC, art. 523, § 3º).

3.2.3. Embargos de declaração

3.2.3.1. Cabimento

Cabem **embargos de declaração** (CPC, art. 535) de *qualquer pronunciamento judicial com caráter decisório* (sentença, decisão interlocutória, acórdão e decisão monocrática).

O recurso se presta a esclarecer uma decisão judicial que contenha *obscuridade, omissão ou contradição.*

Decisão **obscura** *é aquela que não é clara, que não permite a correta compreensão de seus termos.*

Decisão **omissa** *é aquela na qual o juiz não se manifesta a respeito de questão ou pedido que ele deveria se manifestar.*

Decisão **contraditória** *é aquela que apresenta em seu bojo duas afirmações inconciliáveis.*

Nestes três casos, há vício na decisão, a qual precisa ser aclarada, esclarecida e complementada. E isso deve ser realizado *pelo próprio órgão que prolatou a decisão.*

3.2.3.2. Prazo/custas

Os embargos de declaração devem ser *opostos* no prazo de *5 dias* (CPC, art. 536). Pela legislação, não há resposta da outra parte aos embargos.

Não há preparo (CPC, art. 536, parte final).

3.2.3.3. Efeitos

Há, como em todos os recursos, efeito devolutivo. E, neste caso, haverá a devolução não só ao Judiciário como *ao próprio órgão prolator* da decisão embargada.

Quanto ao *efeito suspensivo*, a questão não é pacífica, existindo divergência doutrinária e jurisprudencial. Mas, a rigor, se a decisão embargada surtir efeitos imediatos, *os embargos de declaração não têm o condão de sustar tais efeitos*. Assim:

✓ se forem embargos de declaração de uma *sentença*, como a sentença em regra não surte efeitos imediatos (apelação tem efeito suspensivo), *os embargos de declaração teriam efeito suspensivo*;

✓ se forem embargos de declaração de uma *decisão interlocutória que concede antecipação de tutela*, como em regra o agravo de instrumento não tem efeito suspensivo, *os embargos de declaração não teriam efeito suspensivo.*

3.2.3.4. Processamento (interposição/julgamento)

Os embargos de declaração são *opostos perante o órgão prolator da decisão embargada* (juiz ou relator no âmbito dos Tribunais). O recurso será julgado exatamente por tal órgão (CPC, art. 537), ou seja, tratando-se de embargos de declaração, *o juízo* a quo *e* ad quem *são os mesmos.*

Opostos os embargos de declaração, há a *interrupção do prazo para interposição do outro recurso* pertinente para atacar a decisão, para *ambas as partes* (CPC, art. 538). A interrupção do prazo significa que há novo prazo para recorrer, na íntegra.

Logo, diante da prolação de uma sentença de parcial procedência, se o autor embarga de declaração no 5º dia do prazo, há a interrupção do prazo para apelar tanto do autor quanto do réu. Ou seja, quando da decisão dos embargos, haverá novo prazo de 15 dias para ambas as partes apelarem.

Prosseguindo no exemplo, é possível que, enquanto uma parte apele, a outra embargue declaração. Se houver modificação da sentença pelos embargos, é certo que haverá necessidade de nova apelação. Mas, caso os embargos não forem providos e a sentença permaneça a mesma, *a jurisprudência aponta que há necessidade de reiterar a apelação*, sob pena de seu *não conhecimento* (STJ, AgRg no REsp 1049826/SP, *DJe* 25.03.2011). E isso se aplica à apelação ou a qualquer outro recurso.

Não cabe a utilização, ao mesmo tempo, de embargos de declaração e de outro recurso. Portanto, diante de uma sentença, inicialmente a parte deve opor declaratórios para, somente após a decisão dos embargos, interpor apelação. Assim é, pois (i) não se sabe se haverá ou não a modificação da sentença (o que pode alterar o interesse recursal); e (ii) por força do princípio da unirrecorribilidade recursal.

Portanto, em síntese, o processamento dos embargos de declaração será o seguinte:

✓ oposição pela parte recorrente;

✓ apreciação dos embargos pelo próprio órgão prolator da decisão embargada;

✓ com a publicação da decisão dos embargos, recomeça a correr o prazo recursal para ambas as partes.

A rigor, o objetivo dos embargos é esclarecer a decisão. Contudo, excepcionalmente, haverá efetivamente uma *mudança da decisão*. Nestes casos, fala-se em *efeitos infringentes* ou *modificativos* dos embargos de declaração.

Afirma a jurisprudência que a "atribuição de efeitos infringentes aos embargos de declaração supõe a prévia intimação da contraparte; sem o contraditório, o respectivo julgamento padece de nulidade absoluta" (STJ, AgRg nos EDcl no RMS 19.354/MG, *DJe* 18.02.2011). Ou seja, para a jurisprudência mais recente do STJ, havendo a *possibilidade de efeitos infringentes*, deverá ser exercido o contraditório, com a apresentação de *contrarrazões de embargos de declaração no prazo de 5 dias*, para garantir a igualdade entre as partes.

Uma outra possibilidade de utilização dos embargos é para fins de *prequestionamento* em relação aos recursos especial e extraordinário. Logo, se o acórdão é omisso no tocante aos dispositivos de lei apontados como violados, cabem declaratórios para que haja a manifestação do Tribunal nesse sentido.

Por fim, se o recurso for utilizado de forma protelatória, há previsão de multa de 1% sobre o valor da causa. No caso de reiteração de declaratórios protelatórios, a multa é majorada para 10% – e para a interposição de qualquer outro recurso há a necessidade de recolhimento da multa (CPC, art. 538, parágrafo único).

3.2.4. Embargos infringentes

3.2.4.1. Cabimento

Cabem **embargos infringentes** *de acórdão não unânime que reforma decisão de mérito, no bojo de apelação ou rescisória* (CPC, art. 530).

Antes, qualquer decisão que fosse "m.v." (maioria de votos, "2x1") acarretaria a utilização dos infringentes. Contudo, dificultando a compreensão do cabimento do recurso, a atual redação do Código *apenas permite o uso dos infringentes se*, ao mesmo tempo:

(i) *o julgamento recorrido for de mérito* (logo, não cabe em caso de sentenças processuais);

(ii) *o acórdão reformar, por maioria, a decisão recorrida* (assim, se a decisão for mantida por maioria, não cabem infringentes); e

(iii) *o acórdão for proferido* em julgamento de *apelação* ou de *ação rescisória*.

Existem muitas *divergências quanto ao cabimento dos embargos infringentes*. E o risco no erro dos infringentes é que, se o recurso for utilizado quando não for cabível, já estará ultrapassado o prazo para interpor recurso especial ou extraordinário do acórdão. Do outro lado, se a parte ingressar direto com especial ou extraordinário, quando cabíveis os infringentes, aplica-se a Súmula n. 207 do STJ: "é inadmissível recurso especial quando cabíveis embargos infringentes contra o acórdão proferido no Tribunal de origem".

Cabem embargos infringentes adesivos (CPC, art. 500, II).

3.2.4.2. Prazo/custas

O prazo para interposição dos embargos infringentes é de *15 dias* (CPC, art. 508). Da mesma forma, é de 15 dias o prazo para responder ao recurso (contrarrazões de embargos infringentes).

É possível que haja a necessidade de *preparo*. Isso é definido no âmbito de cada Tribunal – em diversos Estados há tal previsão.

3.2.4.3. Efeitos

Há, como em todos os recursos, efeito devolutivo.

Quanto ao efeito suspensivo, há divergência. Mas majoritariamente entende-se que *há efeito suspensivo*, salvo quando a apelação que deu origem ao acórdão já não fosse dotada de efeito suspensivo (ou seja, há a reprodução do efeito suspensivo em relação à apelação).

3.2.4.4. Processamento (interposição/julgamento)

O recurso deverá ser *endereçado ao relator do acórdão original* que, após abrir vista à parte contrária para contrarrazões, apreciará a admissibilidade do recurso (CPC, art. 531).

Admitidos os embargos, o processamento se dará com base no Regimento Interno de cada Tribunal (CPC, art. 533).

O objetivo do recurso é fazer *prevalecer o voto vencido* e, consequentemente, também a decisão de 1º grau, que acabou sendo reformada pelo acórdão por maioria.

Caso *parte do acórdão for não unânime e outra parte unânime*, caberão *infringentes* em relação à parte não unânime *e outros recursos* (especial e extraordinário) quanto à parte unânime. E o *prazo para se impugnar a parte unânime terá início somente após o julgamento dos infringentes* (CPC, art. 498).

3.2.5. *Recurso ordinário (recurso ordinário constitucional)*

3.2.5.1. *Cabimento*

O **recurso ordinário** tem um cabimento bem específico (CPC, art. 539): é apenas cabível de acórdão denegatório de ação constitucional (mandado de segurança, *habeas corpus*, *habeas data*, mandado de injunção) originária de Tribunal.

Como se percebe, cabe de *decisão não concessiva da ordem* de ações propostas diretamente nos Tribunais, e será julgado pelo STJ ou STF. Como tem previsão constitucional (CF, art. 102, II e 105, II), é também denominado de recurso ordinário constitucional. Caso a *decisão seja concessiva, não caberá ROC*, mas sim outro recurso para Tribunal Superior (REsp ou RE).

A hipótese mais comum de cabimento de ROC para o STJ é a de decisão denegatória de HC ou MS de competência originária do TJ ou TRF (CF, art. 105, II, *a* e *b*). Já a hipótese mais frequente de ROC para o STF ocorre nos momentos em que é denegado HC ou MS de competência originária dos Tribunais Superiores (CF, art. 102, II, *a*).

Há ainda *outra hipótese, pouco frequente, de cabimento de ROC* (CPC, art. 539, II, *b*): causas em que forem partes, de um lado, Estado estrangeiro ou organismo internacional e, do outro, Município ou pessoa residente ou domiciliada no País. *Tais causas tramitam, em 1º grau, perante a Justiça Federal* (CF. art. 109, II) e o *ROC será julgado pelo STJ*. Ou seja, excepcionalmente, não haverá julgamento por Tribunal de 2º grau.

3.2.5.2. *Prazo/custas*

No âmbito cível, o prazo para interposição do recurso ordinário é de *15 dias* (CPC, art. 508). Da mesma forma, é de 15 dias o prazo para responder ao recurso (contrarrazões de recurso ordinário).

Há necessidade de *custas* (STJ, RMS 29.228/SE, *DJe* 04.06.2009).

Tratando de *recurso ordinário de decisão denegatória de HC* (ainda que interposto de hipótese de prisão civil, como no caso de alimentos não pagos), o prazo de interposição é de *5 dias* (Lei 8.038/1990, art. 30), não havendo custas de preparo.

3.2.5.3. *Efeitos*

Há, como em todos os recursos, efeito devolutivo.

Não há efeito suspensivo.

3.2.5.4. *Processamento (interposição/julgamento)*

O recurso ordinário será interposto na origem e, após as contrarrazões, será remetido para o Tribunal de destino (juízo *ad quem* – STJ ou STF).

A competência para julgamento será:

✓ do *STJ*, no caso de acórdão denegatório *proferido nos TJs ou TRFs;*

✓ do *STF*, no caso de acórdão denegatório *proferido por Tribunais Superiores.*

O ROC garante o duplo grau de jurisdição de decisão denegatória de ações constitucionais. Quanto ao seu trâmite, aponta o art. 540 do CPC que o recurso seguirá o procedimento previsto para a apelação e também as regras dos Regimentos Internos.

Para evitar dúvidas, cabe esclarecer que, se um *mandado de segurança for impetrado em 1º grau* e for negado por sentença, *cabe apelação* a ser julgada pelo Tribunal de 2º grau. Mas, se a *competência originária desse mandado de segurança for de Tribunal de 2º grau, caberá recurso ordinário para o STJ.*

3.2.6. *Agravos de 2º grau*

De decisões monocráticas proferidas no âmbito dos Tribunais (por desembargadores ou Ministros), é cabível agravo, em duas modalidades: **agravo interno/regimental/legal** (os três nomes são sinônimos) e **agravo nos próprios autos**. Cada um dos recursos será analisado de forma separada.

A principal forma de diferenciar o cabimento dos dois recursos é que o agravo nos próprios autos, para ser utilizado, *depende de prévia interposição e negativa de seguimento a recurso especial (REsp) ou recurso extraordinário (RE).*

3.2.6.1. *Agravo interno (regimental ou legal)*

3.2.6.1.1. Cabimento

Cabe **agravo regimental** *de decisão monocrática proferida por relator de recurso* (CPC, art. 557, § 1º).

Nos últimos anos as reformas processuais aumentaram o poder dos relatores, no âmbito dos Tribunais, no tocante à admissibilidade e provimento dos recursos. Neste sentido, pode o relator negar seguimento (juízo de admissibilidade) e dar ou negar provimento (juízo de mérito) monocraticamente se estiver diante de jurisprudência dominante (CPC, art. 557, *caput*, e § 1º-A). *Contra esta decisão monocrática é que cabe o agravo regimental.*

Com a interposição do agravo, provido ou não o recurso, *a decisão monocrática irá se transformar em decisão colegiada (acórdão).*

Contudo, por força de lei (CPC, art. 527, parágrafo único), **não cabe agravo regimental das seguintes decisões monocráticas**:

✓ *contra decisão do relator que concede ou denega o efeito suspensivo ou antecipação dos efeitos da tutela recursal no agravo de instrumento* (CPC, art. 527, III);

✓ *contra a decisão do relator que converte o agravo de instrumento em agravo retido* (CPC, art. 527, II).

Nessas duas situações, será cabível *pedido de reconsideração* junto ao próprio relator (medida que *não tem natureza recursal*).

3.2.6.1.2. Prazo/custas

O prazo para interposição do agravo regimental é de *5 dias* (CPC, art. 557, § 1º). Não há previsão legal de resposta a esse agravo.

Não há custas no âmbito da Justiça Federal (TRFs) e da maior parte dos Tribunais Estaduais. Contudo, *há Tribunais que assim preveem* (de modo que, no âmbito estadual, necessário verificar o que prevê cada Tribunal)

3.2.6.1.3. Efeitos

Há, como em todos os recursos, efeito devolutivo.

Não há o efeito suspensivo.

3.2.6.1.4. Processamento (interposição/julgamento)

A interposição do recurso é bem simples e segue o procedimento previsto no regimento interno dos Tribunais (daí o termo *agravo regimental*). *Não há necessidade de cópias* (instrumento), *custas ou qualquer outra formalidade.*

O recurso é interposto nos próprios autos (por isso *agravo interno*), *dirigido ao relator*, que proferiu a decisão monocraticamente. *Não há manifestação da parte contrária.*

Se o *relator reconsiderar* (revogando a decisão monocrática), o recurso antes interposto volta a ter sua tramitação normal (ou seja, se uma apelação foi julgada monocraticamente e o relator reconsiderar, haverá o processamento normal da apelação para um julgamento colegiado).

Caso o relator não reconsidere, o recurso será colocado *em pauta para julgamento colegiado e prolação de acórdão.*

3.2.6.2. Agravo de decisão denegatória ou agravo nos próprios autos

Trata-se de recurso *alterado* pela Lei 12.322/2010. Antes era denominado de agravo de instrumento; no CPC agora recebe o nome de *agravo nos próprios autos*. Vale destacar que alguns concursos (i) ainda se valem do nome antigo, para confundir o candidato; e (ii) valem-se do nome "agravo de decisão denegatória" que, apesar de não constar da lei, é usualmente utilizado no cotidiano forense.

3.2.6.2.1. Cabimento

Cabe agravo nos próprios autos *de decisão monocrática proferida por desembargador que não admite recurso especial ou recurso extraordinário* **(CPC, art. 544).**

Como se verá ao se tratar do próximo recurso, quando é interposto o recurso especial (*REsp*) ou recurso extraordinário (*RE*), a Presidência do Tribunal de origem (TJ ou TRF) é que inicialmente realiza o juízo de admissibilidade recursal. *Se o recurso não é admitido, então cabe o agravo nos próprios autos*, recurso também conhecido como **agravo de decisão denegatória**, *exatamente porque ataca a decisão que negou a subida do recurso para Tribunal Superior.*

O objetivo do agravo nos próprios autos é, portanto, "destrancar o recurso", ou seja, fazer com que o recurso, não admitido pelo Tribunal de origem, seja apreciado pelo STJ (REsp) ou STF (RE). Também é utilizado no âmbito processual penal e no processo do trabalho (em relação ao recurso de revista).

3.2.6.2.2. Prazo/custas

O prazo para interposição do agravo nos próprios autos é de *10 dias* (CPC, art. 544). Da mesma forma, é de 10 dias o prazo para responder ao recurso (contraminuta ou contrarrazões de agravo).

Não há custas (CPC, art. 544, § 2º).

3.2.6.2.3. Efeitos

Há, como em todos os recursos, efeito devolutivo.

Não há o *efeito suspensivo*. Eventualmente, em casos de urgência, é possível a concessão de efeito suspensivo ao REsp e RE (cf. próximo recurso), mas não ao agravo.

3.2.6.2.4. Processamento (interposição/julgamento)

O agravo nos próprios autos será *interposto no Tribunal de origem*, endereçado a quem prolatou a decisão agravada (ou seja, ao Presidente do Tribunal – CPC, art. 544, § 2º).

Se forem dois recursos concomitantes (REsp e RE) e ambos não forem admitidos, deverá o recorrente ingressar com dois agravos (CPC, art. 544, § 1º).

Não há necessidade de qualquer documento – exatamente porque se está recorrendo nos próprios autos, que já traz todas as peças do processo.

O agravado será intimado para apresentar resposta e, então *os autos, na sua integralidade, serão remetidos ao Tribunal Superior* (CPC, art. 544, § 3º).

No Tribunal Superior, será observado o regimento interno do Tribunal, sendo que *cabe ao Ministro relator inclusive o julgamento monocrático do agravo* (CPC, art. 544, § 4º).

No mais, se houver julgamento monocrático, ainda cabe *agravo regimental para a Turma* (CPC, art. 545).

3.2.7. Recurso especial (REsp)

3.2.7.1. Cabimento

Cabe **recurso especial** *de acórdão que violar legislação infraconstitucional ou quando Tribunais diversos derem interpretação distinta a um mesmo dispositivo legal infraconstitucional* (CF, art. 105, III e CPC, art. 541).

Destaca-se que é cabível o REsp pela **divergência externa** e não pela divergência interna, ou seja, deve-se apontar o *dissenso jurisprudencial em relação a outro Tribunal* e não no próprio Tribunal. Nesse sentido, caso se ingresse com o REsp de um julgado do TJSP, *não cabe apontar que o próprio TJSP tem posição divergente* ao do acórdão recorrido – mas sim que a decisão do TJSP diverge da de qualquer outro Tribunal do país, inclusive o próprio STJ ou mesmo o TRF da 3ª Região (Tribunal Regional Federal situado em São Paulo).

Para o cabimento do REsp, o acórdão *não* deve admitir outros recursos, ou seja, *não cabe REsp de acórdão que admita infringentes* (será cabível o REsp após o julgamento dos infringentes) *ou de decisão monocrática* (será cabível o REsp após o agravo regimental). Portanto, só cabe REsp quando **esgotados os demais recursos**.

Na hipótese de o acórdão violar, ao mesmo tempo, dispositivo do CPC e da CF, serão **cabíveis, simultaneamente, recurso especial e recurso extraordinário**. Porém, cada recurso irá atacar matérias distintas: *REsp, a violação à legislação infraconstitucional; RE, a violação à Constituição.*

3.2.7.2. Prazo/custas

O prazo para interposição do REsp é de *15 dias* (CPC, art. 508). Da mesma forma, é de 15 dias o prazo para responder ao recurso (contrarrazões de REsp).

Há custas (Lei 11.636/2007).

3.2.7.3. Outros requisitos de admissibilidade

Além dos requisitos de admissibilidade usualmente existentes, o REsp tem também outros requisitos. E isso se justifica porque se trata de um recurso cuja finalidade não é simplesmente rediscutir a causa (como ocorre na apelação), mas discutir a *unidade da interpretação da legislação infraconstitucional.*

Assim, com o REsp o STJ busca *evitar a regionalização do direito*. Exatamente por isso **não se discute matéria fática** em tal recurso, mas apenas *matéria de direito* (*vide* abaixo Súmulas 5 e 7 do STJ). Ou seja, não será conhecido REsp que discuta se determinado fato ocorreu ou não. Debate-se no REsp, *à luz de determinados fatos já fixados* no Tribunal de origem, *qual o direito aplicável.*

Apesar de não ser possível discutir fato, o REsp permite a **discussão de matéria de mérito ou processual**. Cabe, portanto, o recurso tanto por *violação ao CC* como por *violação ao CPC.*

Para que bem se delimite a discussão da matéria de direito, é também requisito do REsp o **prequestionamento,** que *é a apreciação do artigo de lei pelo Tribunal a quo durante o julgamento do acórdão recorrido.* Ou seja, é o debate, pelos julgadores de origem, dos dispositivos apontados como violados no REsp.

Assim, *se o Tribunal de origem não tiver se manifestado sobre determinado dispositivo legal apontado como violado no REsp, não terá ocorrido o prequestionamento.*

Para bem se entender a questão, vale mencionar um exemplo. Diante de uma sentença de improcedência, o autor recorre e, em sua apelação, destaca que houve a violação de determinado artigo do CC. *Na própria apelação, requer a expressa manifestação do Tribunal a respeito daquele dispositivo legal para fins de prequestionamento.* Se o Tribunal não se manifestar a respeito do dispositivo, não haverá prequestionamento. Nesse caso, *pode a parte se valer dos embargos de declaração,* apontando *omissão* no acórdão quanto à análise do dispositivo legal apontado como violado.

3.2.7.4. Efeitos

Há, como em todos os recursos, efeito devolutivo.

Não há o *efeito suspensivo* (CPC, art. 542, § 2º).

Em casos de *urgência, admite-se* a concessão de efeito suspensivo ao REsp. O meio processual mais utilizado para isso é a *cautelar inominada para atribuir efeito suspensivo a REsp.*

3.2.7.5. Processamento (interposição/julgamento)

O REsp é interposto no *Tribunal de origem,* endereçado à Presidência.

Tratando-se de REsp fundado em *dissídio jurisprudencial* (divergência em relação a julgado de outro Tribunal - CF, art. 105, III, "c"), obrigatoriamente terá de ser instruído com o *acórdão paradigma* (a decisão do outro Tribunal). A *divergência é comprovada* mediante certidão, cópia autenticada, repositório de jurisprudência oficial ou mesmo via *reprodução do julgado obtida na internet* (CPC, art. 541, parágrafo único).

Interposto o REsp, a *parte contrária é intimada* para apresentar as contrarrazões (art. 542), no prazo de 15 dias. Em tal peça é possível impugnar não só o mérito, mas também a admissibilidade do recurso.

Com as razões e contrarrazões do REsp, *a Presidência procederá, ainda na origem, à análise da admissibilidade recursal.*

Se *não estiverem presentes os requisitos* de admissibilidade, *o recurso não será admitido.* Neste caso, cabe agravo nos próprios autos (como já visto no item anterior).

Se estiverem *presentes os requisitos* de admissibilidade, *o recurso será encaminhado ao STJ* (CPC, art. 543). No STJ, haverá novo juízo de admissibilidade, podendo o recurso ser conhecido ou não. Conhecido o recurso, haverá o julgamento no mérito. Também no STJ cabe o julgamento monocrático do Ministro, que poderá ser atacado por agravo regimental.

Existe a figura do **REsp retido** (tal qual ocorre no caso do agravo retido) *quando a decisão que deu origem ao acórdão* (CPC, art. 542, § 3º):

✓ for *interlocutória;*

✓ for proferida em *cautelar;*

✓ for proferida em *embargos à execução.*

Nessas hipóteses, o especial ficará retido nos autos até que venha o REsp da decisão posterior (ou seja, no caso de especial com origem em interlocutória, este recurso ficará retido até o processamento do REsp com origem na sentença que foi proferida, no mesmo processo de origem, posteriormente à interlocutória).

3.2.7.5.1. REsp repetitivo

Considerando a *massificação das causas* e a necessidade de *segurança jurídica,* houve alteração na tramitação do REsp.

Foi criado o **REsp repetitivo** (CPC, art. 543-C), *que regula a hipótese em que há multiplicidade de recursos com fundamento em idêntica questão de direito. Sendo este o caso, os recursos mais representativos são enviados ao STJ, os demais ficando suspensos. A decisão a ser proferida pelo STJ nesse REsp repetitivo servirá como base para os demais recursos que estavam suspensos.* Contudo, é necessário esclarecer que não se trata de súmula vinculante – apesar de ser um importante precedente jurisprudencial, por certo.

3.2.8. Recurso extraordinário (RE)

O RE apresenta uma série de similitudes em relação ao REsp. Assim, muito do que foi acima exposto ora também se aplica.

3.2.8.1. Cabimento

Cabe **recurso extraordinário** de *acórdão que violar a Constituição* (CF, art. 102, III e CPC, art. 541).

Há uma situação posterior à EC 45/2004 à qual se deve atentar: nos termos do art. 102, III, "d" da CF, *cabe RE de acórdão que julgar válida* **lei local contestada em face de lei federal**. A tendência, diante dessa situação, seria afirmar que caberia o REsp (e era assim antes da EC 45/2004). Mas houve a alteração porque a *competência legislativa* (que disciplina a solução do problema) *é prevista na Constituição.*

Para o cabimento do RE, o acórdão não deve admitir outros recursos, ou seja, não cabe RE de acórdão que admita infringentes ou de decisão monocrática. Portanto, tal qual ocorre quanto ao REsp, só cabe RE quando **esgotados os demais recursos**.

Na hipótese de o acórdão violar, ao mesmo tempo, dispositivo do CPC e da CF, serão **cabíveis, simultaneamente, recurso especial e recurso extraordinário**. Porém, cada recurso irá atacar matérias distintas: *REsp, a violação à legislação infraconstitucional; RE, a violação à Constituição.*

3.2.8.2. Prazo/custas

O prazo para interposição do RE é de *15 dias* (CPC, art. 508). Da mesma forma, é de 15 dias o prazo para responder ao recurso (contrarrazões de RE).

Há custas.

3.2.8.3. Outros requisitos de admissibilidade

Tal qual o REsp, também o RE tem distinções quanto à admissibilidade.

A finalidade do RE não é rediscutir a causa, mas sim buscar o *respeito e a unidade na interpretação da Constituição*. Ou seja, com o RE, busca o STF *zelar pela supremacia da Constituição*, por isso **não se discute matéria fática** em tal recurso, mas apenas *matéria de direito*. Mas o RE permite a **discussão de matéria de mérito ou processual,** isto é, cabe o recurso tanto por *violação a norma processual ou norma material contida na Constituição*.

Também há a necessidade de **prequestionamento**, nos moldes do já debatido quando se tratou do tema no REsp.

Por fim, a partir da EC 45/2004 (CF, art. 102, § 3º), há um novo requisito de admissibilidade: a **repercussão geral da questão constitucional**. Por esse requisito, *o STF somente conhecerá um RE que seja relevante não só para as partes, mas para a sociedade como um todo (ou seja, a existência de questões relevantes do ponto de vista econômico, político, social ou jurídico, que ultrapassem os interesses subjetivos da causa)*.

Isso significa que o STF não irá se manifestar a respeito de uma "briga de vizinhos". O tema foi regulado no CPC pelos arts. 543-A e 543-B.

A **competência** para apreciar a existência da repercussão geral é *exclusiva do STF*. O recurso *não será conhecido se 2/3 (dois terços) dos Ministros do STF* (8 dos 11) entenderem pela *ausência da repercussão geral*. A decisão sobre a presença da repercussão é irrecorrível (CPC, art. 543-A, *caput*).

3.2.8.4. Efeitos

Há, como em todos os recursos, efeito devolutivo.

Não há o *efeito suspensivo* (CPC, art. 542, § 2º)

Em casos de *urgência, admite-se* a concessão de efeito suspensivo ao RE. O meio processual mais utilizado para isso é a *cautelar inominada para atribuir efeito suspensivo a RE.*

3.2.8.5. Processamento (interposição/julgamento)

O processamento do RE é igual ao do REsp:

✓ interposto no *Tribunal de origem*, endereçado à Presidência;

✓ a parte contrária terá prazo de 15 dias para apresentar contrarrazões, podendo impugnar o mérito e a admissibilidade do RE;

✓ a Presidência do Tribunal de origem procederá à admissibilidade recursal;

✓ se não estiverem presentes os requisitos, o recurso não será admitido. Neste caso, cabe agravo nos próprios autos;

✓ se estiverem presentes os requisitos, o recurso será encaminhado ao STF;

✓ no STF, haverá novo juízo de admissibilidade (e análise exclusiva quanto à repercussão geral);

✓ é possível o julgamento monocrático do RE, caso em que caberá agravo regimental.

Tal qual o REsp retido, há o **RE retido**, quando a decisão que deu origem ao acórdão (i) for interlocutória, (ii) for proferida em cautelar ou (iii) for proferida em embargos à execução (CPC, art. 542, § 3º).

3.2.8.5.1. Súmula vinculante e reclamação

Os Tribunais, a partir de sua jurisprudência consolidada, podem editar **súmulas**, que são a *síntese do entendimento jurisprudencial a respeito de determinado tema*. Contudo, as súmulas em geral *não são de aplicação obrigatória* por parte dos magistrados inferiores.

Após muitas discussões, a EC 45/2004 aprovou a edição de **súmulas vinculantes**, *exclusivamente pelo STF* (CF, art. 103-A, e Lei 11.417/2006). Assim, após *reiteradas decisões sobre matéria constitucional*, poderá o STF editar enunciado de súmula que terá *efeito vinculante em relação aos demais órgãos do Poder Judiciário e à administração pública direta e indireta, nas esferas federal, estadual e municipal.*

Como se percebe, *a súmula vinculante deve ser observada pelo Judiciário e Executivo*, mas não pelo Legislativo. E *poderá o STF rever ou cancelar a súmula vinculante.*

Na hipótese de um juiz ou desembargador não aplicar a súmula vinculante, caberá **reclamação**, *diretamente para o STF, sem prejuízo do recurso cabível*. Ou seja, se uma *sentença* não observar uma súmula vinculante caberá *apelação* (recurso) e *reclamação* (medida judicial que não tem natureza recursal).

A reclamação é uma ação proposta diretamente no STF (Lei 11.417/2006, art. 7º, e Lei 8.038/1990) e é utilizada quando *há a usurpação da competência do STF*. Assim, se um magistrado inferior não aplica uma súmula, está violando a competência do STF, daí o cabimento da reclamação.

Por fim, vale esclarecer que, se uma *reclamação for procedente*, ela *cassará a decisão judicial impugnada, determinando que outra seja proferida* (Lei 11.417/2006, art. 7º, § 2º). Ou seja, não é o STF quem decidirá conforme a súmula, mas o STF imporá ao juízo inferior que julgue conforme a súmula.

3.2.9. Embargos de divergência

3.2.9.1. Cabimento

Os **embargos de divergência** são utilizados somente no STJ e STF, após o julgamento do REsp ou do RE. Assim, *são cabíveis quando o acórdão proferido no julgamento do REsp/RE divergir do julgamento proferida por outro órgão colegiado do próprio Tribunal*. Portanto, a finalidade é pacificar internamente as divergências de entendimento.

Assim, quando do julgamento de algum REsp, se o STJ já tiver julgado de alguma outra maneira a questão, por algum outro órgão interno do Tribunal, serão cabíveis os embargos de divergência. O mesmo se diga quando do julgamento de um RE pelo STF.

O recurso é previsto em um único artigo no CPC (art. 546). E, ainda que não seja dos recursos mais vezes pedidos em concursos, vale conhecer bem seu cabimento, pois é comum o examinador colocar os embargos de divergência como uma resposta errada para *confundir o candidato* em relação a outros recursos (especialmente em relação aos embargos infringentes).

A jurisprudência do STJ entende que o recurso só é cabível quando o *paradigma for proferido também em sede de recurso especial*. Assim, não cabe o recurso se a divergência for entre um recurso especial e um conflito de competência, recurso ordinário ou *habeas corpus* (EAg 1.195.905 e EREsp 998.249, informativo 504).

3.2.9.2. Prazo/custas

O prazo para interposição dos embargos de divergência é de *15 dias* (CPC, art. 508). Da mesma forma, é de 15 dias o prazo para responder ao recurso (contrarrazões de embargos de divergência).

Há necessidade de *custas* (STJ, Lei 11.636/2007 e STF, RISTF, art. 59, II e Tabela de Custas B, item IV.

3.2.9.3. Efeitos

Há, como em todos os recursos, efeito devolutivo.

Não há efeito suspensivo, tal qual ocorre com o REsp e o RE.

3.2.9.4. Processamento (interposição/julgamento)

Os embargos de divergência são endereçados ao próprio relator do recurso. Após a vista à parte contrária para contrarrazões, haverá o julgamento.

O parágrafo único do art. 546 dispõe que o procedimento dos embargos de divergência seguirá o previsto nos regimentos internos dos Tribunais (RISTJ, arts. 266 e 267; RISTF, arts. 330 a 336).

4. PROCESSO DE EXECUÇÃO E CUMPRIMENTO DE SENTENÇA

4.1. Visão geral do tema: processo de execução e cumprimento de sentença

Como já visto, o CPC, art. 270, trata separadamente de três processos: conhecimento, execução e cautelar. Na redação original do Código, a distinção entre cada processo era bem clara.

Antes, o **processo de execução** (Livro II do CPC) regulava *tudo* que fosse referente ao *inadimplemento de uma obrigação*. Porém, com a alteração decorrente da Lei 11.232/2005, o quadro se modificou.

Agora, a fase de **cumprimento de sentença**, inserida no final do processo de conhecimento (Livro I do CPC), regula o *inadimplemento de uma obrigação decorrente de uma decisão judicial* (ou, de forma mais ampla, de um *título executivo judicial*).

Por sua vez, segue existindo o **processo de execução** (Livro II do CPC), que regula o *inadimplemento de uma obrigação decorrente de um título executivo extrajudicial*.

Portanto, hoje o panorama é o seguinte:

Forma de execução	Requisitos
Processo de execução (Livro II do CPC – processo autônomo)	**Inadimplemento + Título executivo** *extrajudicial*
Cumprimento de sentença (Livro I do CPC – parte final do processo de conhecimento)	**Inadimplemento + Título executivo** *judicial*

Essas são as premissas para que se entenda o quadro executivo do processo civil brasileiro. Apesar de serem sistemas distintos, por vezes *o procedimento* a ser observado no processo de execução e na fase de cumprimento de sentença é o mesmo. Daí a necessidade de muita atenção para não confundir um sistema com o outro.

Ou seja, são **requisitos necessários para a execução ou para o cumprimento de sentença** o *inadimplemento* e o *título executivo*.

De seu turno, se houver *inadimplemento*, mas *não houver título executivo*, não cabe a execução. No caso, terá de ser utilizado o **processo de conhecimento** (com diversas opções de procedimento, conforme o caso).

Por sua vez, se *não houver inadimplemento*, mas houver *título executivo*, tampouco cabe a execução. No caso, a rigor, *terá de se esperar* até que haja o *vencimento do título* e eventual inadimplemento (basta imaginar uma nota promissória com data futura). Contudo, caso o devedor, antes do vencimento do título, passe a alienar seu patrimônio, então se estará diante de uma *situação de urgência*, sendo cabível o **processo cautelar** (no caso, o *arresto*).

4.2. Processo de execução

4.2.1. Dos requisitos necessários para qualquer execução

Retomando o exposto anteriormente, são requisitos necessários para se realizar qualquer execução autônoma:

(i) inadimplemento: *devedor que não satisfaz o crédito do credor* (CPC, art. 580);

(ii) título executivo extrajudicial: *documento que traduz uma obrigação e permite a propositura do processo de execução* (CPC, art. 585).

Somente cabe o processo de execução autônomo quando *existirem ambos os requisitos*.

Além disso, a execução deve estar fundada em **título de obrigação líquida, certa e exigível** (CPC, art. 586).

O processo de execução *busca a satisfação do crédito do exequente*. Mas essa satisfação deve respeitar o executado. Daí a legislação prever expressamente o **princípio da menor onerosidade**. Assim, *quando por vários meios o credor puder promover a execução, o juiz mandará que se faça pelo modo menos gravoso para o devedor* (CPC, art. 620).

4.2.2. Do título executivo extrajudicial

Os títulos executivos extrajudiciais estão previstos no CPC, art. 585:

(i) *títulos de crédito* (letra de câmbio, nota promissória, duplicata, debênture e cheque);

(ii) *documento escrito com determinadas formalidades* (documento público assinado pelo devedor, documento particular assinado pelo devedor e por duas testemunhas, transação referendada pelo MP, Defensoria Pública ou pelos advogados das partes);

(iii) os *contratos com garantia real* (hipoteca, penhor, anticrese), *contratos garantidos com caução* e *contratos de seguro de vida*;

(iv) o *crédito decorrente da enfiteuse*, ou seja, *foro* (pensão anual paga ao senhorio – CC/1916, art. 678) e *laudêmio* (compensação dada ao senhorio quando da alienação do domínio útil do imóvel - CC/1916, art. 683);

(v) o *crédito decorrente de aluguel de imóvel*, documentalmente comprovado, e *acessórios* (taxas e despesas de condomínio);

(vi) o *crédito dos auxiliares do juízo*, quando concedidos por decisão judicial (perito, intérprete, tradutor, depositário, oficial de justiça etc.);

(vii) a *CDA* (certidão de dívida ativa), ou seja, os créditos tributários devidos à União, Estados e Municípios.

São também executivos outros títulos mencionados em leis esparsas (CPC, art. 585, VIII).

Como se percebe da leitura do rol acima, *os títulos executivos extrajudiciais são criados sem a participação do Poder Judiciário*.

A origem é a vontade das partes, desde que observados os requisitos previstos na legislação. Assim, uma confissão de dívida assinada somente pelo devedor, apesar de ser prova documental, não é título executivo. Já uma confissão de dívida assinada pelo devedor e por duas testemunhas é título executivo (CPC, art. 585, II).

A legislação admite a **cumulação de execuções**. Ou seja, *é lícito ao credor, sendo o mesmo devedor, cumular várias execuções, mesmo que em títulos diferentes, desde que o juiz seja competente e o procedimento seja o mesmo* (CPC, art. 573).

É conveniente destacar que a *sentença arbitral não é título executivo extrajudicial*, visto que não se encontra nos incisos do mencionado art. 585 (*vide* item 4.3.2 *infra*).

4.2.3. Das diversas espécies de execução

Conforme o **tipo de obrigação inadimplida**, a execução terá um *trâmite diferenciado*. Assim, não há uma única, mas sim *diversas espécies de execução*, sendo que cada uma dessas espécies terá um *procedimento próprio*.

Abaixo indicamos as **mais relevantes espécies de execução previstas no CPC**, destacando como se *dá seu início*, visto que é exatamente neste momento da tramitação que se percebe a distinção entre elas.

Além disso, há execuções previstas em leis extravagantes, como a execução fiscal (Lei 6.830/1980).

4.2.3.1. Da execução para entrega de coisa

Prevista no CPC, art. 621 e ss., é utilizada diante do *inadimplemento de uma obrigação de entregar*, conforme previsto no título executivo extrajudicial.

O executado é citado para, dentro de 10 (dez) dias, *entregar a coisa* ou *apresentar embargos* (CPC, art. 621). *Cabe a fixação de multa diária* (*astreinte*) para o caso de não haver a entrega (CPC, art. 621, parágrafo único).

4.2.3.2. Da execução de obrigação de fazer e de não fazer

Prevista no CPC, art. 632 e ss., é utilizada diante do *inadimplemento de uma obrigação de fazer ou não fazer*, prevista em título executivo extrajudicial. É também denominada de **tutela específica das obrigações**, exatamente por que se busca que o executado *cumpra especificamente a obrigação de fazer a que se comprometeu*.

O executado é citado para *fazer ou não fazer algo*, no prazo fixado pelo juiz, se outro não estiver determinado no título executivo (CPC, art. 632).

O juiz, ao determinar a citação do executado, *fixará multa diária no caso de atraso no cumprimento da obrigação e a data a partir da qual a multa será devida* (CPC, art. 645). Ou seja, a forma de se compelir o executado a fazer ou deixar de fazer algo é a *astreinte*.

Por sua vez, se no prazo fixado o executado não satisfizer a obrigação, *poderá o exequente requerer* que (i) *seja realizada por terceiro à custa do executado* ou (ii) converter a obrigação de fazer em *indenização* (CPC, art. 633). E isso nos próprios autos da execução, sem a necessidade de um novo processo.

Já ao executado cabe *cumprir a obrigação* ou apresentar *embargos à execução*, que não dependem de penhora (CPC, art. 736).

4.2.3.3. Da execução contra a Fazenda Pública

Prevista no CPC, arts. 730 e 731, é utilizada diante do *inadimplemento de uma obrigação de pagar, em que o devedor é a Fazenda Pública* (União, Estados, Municípios e suas autarquias e fundações - ou seja, pessoas jurídicas de direito público).

Não se aplica à Fazenda Pública a fase do cumprimento de sentença, *ainda que se trate de obrigação de pagar contida em título executivo judicial*.

O ente estatal é citado para *apresentar embargos, no prazo de 30 dias* (art. 1º-B da Lei 9.494/1997). Os embargos estão regulados no CPC, art. 741 e ss.

Não há penhora, já que *bens públicos são impenhoráveis* (CPC, art. 649, I e CC, art. 100).

Uma vez julgados os embargos e mantida a obrigação, o pagamento se dará mediante **precatório** (CF, art. 100), que *é a requisição de pagamento de dívida judicial que o Tribunal encaminha ao órgão estatal devedor*.

A depender da natureza do débito (se dívida alimentícia ou não - CF, art. 100, § 1º), este será, ou não, pago com preferência sobre os demais, destacando-se que as obrigações ou requisições de pequeno valor (OPV ou RPV) não se submetem ao regime dos precatórios.

4.2.3.4. Da execução de alimentos

Ainda que se trate de uma obrigação de pagar, há um procedimento próprio para a execução dos alimentos, considerando que o direito em questão é necessário à sobrevivência do credor.

Assim, nos termos do CPC, art. 733, na **execução de alimentos** o devedor será citado para em 3 dias (i) *pagar*, (ii) *provar que pagou* ou (iii) *justificar a impossibilidade* de pagamento, *sob pena de prisão* (CPC, art. 733, § 1º).

Como se percebe, não cabem embargos: o executado em sua defesa *paga*, *prova o pagamento* ou apresenta a *justificativa da impossibilidade* de pagamento.

No silêncio do executado ou se o juiz não se convencer da justificativa apresentada, será decretada a **prisão civil**. E eventual prisão não afasta o dever de pagar as prestações dos alimentos (CPC, art. 733, § 2º).

Mas a **prisão civil por débito alimentar** só cabe em relação às *parcelas consideradas necessárias à sobrevivência*. E a Súmula 309 do STJ assim fixou: "o débito alimentar que autoriza a prisão civil do alimentante é o que compreende as *três prestações* *anteriores ao ajuizamento da execução* e as que se vencerem no curso do processo".

Portanto, somente é possível executar os *alimentos sob pena de prisão* em relação às *últimas 3 prestações mensais*.

Quanto às *demais parcelas vencidas*, executa-se os **alimentos sob pena de penhora** (cf. CPC, art. 732 - considerando as alterações legislativas, será observado o procedimento do cumprimento de sentença).

E, para concluir, vale lembrar que apesar da previsão constitucional de *prisão civil em duas hipóteses* (dívida alimentar e depositário infiel - CF, art. 5º, LXVII), o STF pacificou que **não cabe a prisão do depositário infiel**. O tema foi objeto da Súmula vinculante 25: "*é ilícita a prisão civil de depositário infiel*, qualquer que seja a modalidade do depósito" (destaque nosso).

4.2.4. Da execução de quantia certa contra devedor solvente

Esta é a espécie de execução mais utilizada no cotidiano forense e é a mais regulada pelo CPC.

4.2.4.1. Petição inicial e natureza da execução

Diante do *inadimplemento* e de um *título executivo extrajudicial que traga obrigação de pagar*, será utilizada a **execução por quantia certa contra devedor solvente** (CPC, art. 652).

A petição inicial do processo de execução segue a lógica da inicial do processo de conhecimento, com os seguintes requisitos:

(i) endereçamento (CPC, art. 282, I)

A **competência para ajuizar a execução** segue as *mesmas regras do processo de conhecimento* (CPC, art. 576, que remete ao art. 94). Assim, *a regra é o ajuizamento no domicílio do executado*;

(ii) qualificação das partes (CPC, art. 282, II)

A **legitimidade para a execução** é apurada a partir da análise do título executivo extrajudicial;

(iii) demonstração do *inadimplemento* e da *existência de título* (CPC, art. 282, III)

São **documentos essenciais** à propositura da execução o *título executivo* e o *demonstrativo de débito*;

(iv) requerimento para citação (CPC, art. 282, VII)

A **citação no processo de execução** deverá ser realizada por *oficial de justiça*, sendo hipótese em que não cabe citação por correio (CPC, art. 222, *d*);

(v) valor da causa (CPC, art. 282, V)

Nos termos do CPC, art. 259, I, será o *valor objeto da execução*.

Exatamente porque se aplicam ao processo de execução as regras do processo de conhecimento de forma subsidiária (CPC, art. 598), no caso de *vício formal da inicial* o juiz deverá determinar a *emenda da peça* (CPC, art. 284).

Uma vez distribuída a inicial, é permitido ao credor **dar publicidade a respeito da existência da execução**. Para tanto, o exequente poderá "obter *certidão comprobatória do ajuizamento da execução*, com identificação das partes e valor da causa, *para fins de averbação* no registro de imóveis, registro de veículos ou registro de outros bens sujeitos à penhora ou arresto" (CPC, art. 615-A). *Essa averbação não impede a alienação do bem, mas dá ciência a terceiros, os quais não poderão alegar desconhecimento a respeito da execução.*

A execução de título extrajudicial será, *em regra, definitiva*. Contudo, será *provisória* enquanto estiver *pendente apelação* da sentença de *improcedência dos embargos* do executado se os embargos tiverem sido inicialmente *recebidos com efeito suspensivo* (CPC, art. 587, parte final). Sendo execução provisória, haverá necessidade de caução para a alienação do bem penhorado (CPC, art. 475-O, III).

4.2.4.2. Penhora

No caso de execução de quantia, se não houver o pagamento do débito, haverá a **penhora**, que *é a constrição judicial de bem do executado, capaz de garantir o pagamento do débito exequendo*. Uma vez efetivada a penhora, a avaliação do bem será realizada pelo oficial de justiça (CPC, art. 652, § 1º).

O devedor responde pela execução com seus *bens presentes e futuros* (CPC, art. 591). Ou seja, se durante a tramitação do processo o devedor adquirir algum bem, será possível a penhora.

Pode o exequente, já na inicial do processo de execução, *indicar os bens do executado que devem ser penhorados* (CPC, art. 652, § 2º), inclusive requerendo a *penhora on-line* (CPC, art. 655-A).

Poderá o juiz determinar que o *executado indique quais são, onde estão e quanto valem os bens passíveis de penhora*, sob pena de ato atentatório à dignidade da justiça, que acarreta a imposição de uma multa (CPC, art. 600, IV).

Efetivada a penhora, será nomeado um **depositário** (e, como já exposto no item 4.2.3.4 acima, não há mais a prisão do depositário infiel). E o *depositário só será o executado se o exequente concordar ou nos casos de difícil remoção do bem* (CPC, art. 666, § 1º).

Se o oficial, *ao tentar citar o devedor, não encontrá-lo, mas encontrar bens penhoráveis*, poderá **arrestar tais bens** (CPC, art. 653). Não se trata de penhora, visto que esta somente pode ocorrer após a citação e se não houver o pagamento do débito. Uma vez efetivado o arresto e não encontrado o devedor, o credor deverá providenciar sua citação por edital. Após tal ato, *o arresto será convertido em penhora* (CPC, art. 654). Não se deve confundir esse arresto do processo executivo com o arresto cautelar, pois são figuras distintas.

Porém, o sistema brasileiro tem diversas **impenhorabilidades**, *situações nas quais, por força de lei, a penhora não é permitida, com o fim de proteger o executado e a sociedade*.

A Lei 8.009/1990 trata da *impenhorabilidade do bem de família*, apontando ser impenhorável o imóvel destinado à residência, bem como os móveis que o guarnecem (art. 1º e parágrafo único).

O CPC trata do tema no art. 649, trazendo diversas impenhorabilidades, como por exemplo os salários, remunerações e aposentadorias de uma forma geral (*salvo* para pagamento de *pensão alimentícia* - CPC, art. 649, § 2º);

4.2.4.3. Procedimento da execução por quantia certa contra devedor solvente

A finalidade desta espécie de execução é expropriar bens do executado para satisfazer o crédito do exequente.

Na sequência, é apresentado o procedimento desta modalidade de execução:

1) Inicial é instruída com: - título executivo extrajudicial; e - demonstrativo do débito atualizado (CPC, art. 614).
2) Estando em termos a inicial, o juiz: - fixa os honorários advocatícios (CPC, art. 652-A); e - determina a citação do executado, que será realizada por oficial de justiça.
3) Citado, o executado tem 3 dias para pagar, sob pena de penhora (CPC, art. 652): - *se pagar, honorários* fixados pelo juiz são *reduzidos à metade* (CPC, art. 652-A, parágrafo único); - o executado, *reconhecendo o crédito do exequente* e comprovando o *depósito de 30%* do valor devido, pode requerer o *parcelamento do restante em 6 vezes* (com juros e correção). Com isso, renuncia ao direito de embargar (CPC, art. 745-A).
4) Se o executado não pagar, o oficial de justiça penhorará e avaliará bens necessários ao pagamento do débito atualizado (principal e juros, custas, honorários), já intimando o executado (CPC, art. 652, § 1º). **Se houver advogado constituído, este é que será intimado da penhora (CPC, art. 652, § 4º).**
5) Poderá o executado embargar a execução em 15 dias contados da juntada do mandado de citação (CPC, art. 738). Os embargos não dependem de penhora (CPC, art. 736).
6) Prosseguindo a execução, haverá a tentativa de expropriação do bem penhorado (CPC, art. 685, parágrafo único), que poderá ocorrer de três maneiras, na seguinte ordem: (i) **adjudicação ao exequente**, *em que o próprio exequente receberá o bem como forma de pagamento* (CPC, art. 685-A); (ii) **alienação por iniciativa particular**, *em que o exequente tentará alienar o bem para quem não é parte no processo* (CPC, art. 685-C); ou (iii) **hasta pública** (praça para bem imóvel/leilão para bem móvel), *alienação realizada no bojo do processo judicial* (CPC, art. 686). Também cabe, como forma de pagamento ao credor, a **constituição de usufruto sobre o bem**, *por determinado período, quando o juiz entender que isso é menos gravoso ao executado e eficiente para o recebimento do crédito* (CPC, art. 716). Pode o credor, antes da praça, requerer, em pagamento do crédito, o usufruto do imóvel penhorado.
7) A *primeira opção* é a *adjudicação* por parte do exequente, *pelo preço da avaliação* (CPC, art. 685-A).
8) A *segunda opção* é a *alienação por iniciativa particular*, mediante *requerimento do exequente*, também pelo valor da avaliação (CPC, art. 685-C, *caput* e § 1º). A tentativa de venda do bem será realizada pelo próprio exequente ou por corretor cadastrado pelo juízo.
9) Se não houver êxito nas hipóteses anteriores, haverá *hasta pública*. O edital que convocar a hasta trará, entre outros requisitos, a indicação de duas datas (CPC, art. 686, VI). O trâmite será o seguinte: - na *primeira hasta* o lance mínimo será no *valor da avaliação*; - se não houver nenhum *lance no valor da avaliação (hasta negativa)*, será realizada a segunda praça ou leilão; - na segunda hasta, cabe *lance menor que a avaliação*, desde que *não seja por preço vil* (CPC, art. 692); - se o valor dos bens for de *até 60 salários*, não há necessidade de editais e não é possível arrematação por valor inferior ao da avaliação (CPC, art. 686, § 3º); - *é permitido ao exequente oferecer lance* na hasta pública (CPC, art. 690-A, parágrafo único). Se houver êxito, terá sido realizada a **arrematação** que é, portanto, a *alienação realizada via hasta pública*. Efetivada a arrematação, esta não será anulada se julgados procedentes eventuais embargos à execução (CPC, art. 694).
10) *Expropriado o bem* (seja pela adjudicação, alienação ou arrematação), é possível ao executado oferecer **embargos de 2ª fase** (ou **embargos à arrematação/adjudicação**). Estes embargos: - serão apresentados no prazo de *5 dias*, contados da adjudicação, alienação ou arrematação (CPC, art. 746); - poderão versar sobre *matérias supervenientes à penhora* (porque sendo matérias anteriores, deveriam ter sido apontadas nos embargos à execução); - se forem apresentados, *poderá o adquirente desistir da aquisição do bem* (CPC, art. 746, § 1º); Se (i) os embargos forem apresentados, (ii) o adquirente desistir e (iii) os embargos forem considerados protelatórios, haverá *multa de até 20%* do valor executado, *em favor do adquirente que desistiu* da aquisição do bem (CPC, art. 746, § 3º).
11) Extinção da execução (CPC, art. 794), por uma das 3 hipóteses: - *devedor satisfaz obrigação* (pagamento total do débito); - *acordo entre as partes*; ou - *credor renuncia ao crédito*.

4.2.5. *Da defesa do executado: embargos*

A defesa do executado, na execução de título executivo extrajudicial, dá-se via **embargos do devedor** ou **embargos à execução**.

Os embargos correspondem a um *processo de conhecimento*, com trâmite por um *procedimento especial* (CPC, art. 736 e ss.).

Matérias que podem ser alegadas nos embargos (CPC, art. 745):

(i) nulidade da execução, por *não ser executivo o título apresentado*;

(ii) *penhora incorreta* ou *avaliação errônea*;

(iii) *excesso de execução* ou *cumulação indevida* de execuções;

(iv) *retenção por benfeitorias* necessárias ou úteis, nos casos de *entrega de coisa certa*;

(v) *qualquer matéria de defesa*, visto que ainda não houve prévia manifestação do Poder Judiciário.

Há **excesso de execução** quando (CPC, art. 743):

✓ o credor pleiteia *quantia superior à do título*;

✓ *recai sobre coisa diversa* daquela declarada no título;

✓ *processa-se de modo diferente* do que foi determinado na sentença;

✓ quando o credor, *sem cumprir a prestação* que lhe corresponde, *exige o adimplemento da do devedor*;

✓ se o *credor não provar que a condição se realizou*.

Caso se alegue **excesso de execução com base em quantia superior à devida**, o *embargante deverá indicar o valor que entende correto*, com memória de cálculo, *sob pena de rejeição liminar dos embargos* (CPC, art. 739-A, § 5º).

4.2.5.1. Prazo para embargar

O prazo para embargar é de *15 dias*, contado da *juntada aos autos do mandado de citação* da execução (CPC, art. 738).

Diferentemente do que ocorre no processo de conhecimento:

✓ se houver *mais de um executado*, o prazo será contado *individualmente, salvo na hipótese de cônjuges* (CPC, art. 738, § 1º);

✓ ainda que existam litisconsortes com advogados distintos, *não haverá aplicação do prazo em dobro* do art. 191 do CPC (CPC, art. 738, § 3º).

Como já visto, no prazo para embargar pode o executado reconhecer que deve depositar 30% do valor devido e requerer o parcelamento do restante em 6 parcelas mensais (CPC, art. 745-A).

4.2.5.2. Procedimento dos embargos à execução

Trata-se de processo de conhecimento que tramita por procedimento especial (CPC, art. 736 e ss.):

1) Inicial: - **é distribuída** *por dependência* à execução e será *autuada em apartado* (CPC, art. 736, parágrafo único); - será instruída com *cópias* das peças relevantes presentes na execução (CPC, art. 736, parágrafo único); - *independe de penhora* (CPC, art. 736).
2) *Em regra*, os embargos *não são recebidos no efeito suspensivo* (CPC, art. 739-A). *Somente* será atribuído efeito suspensivo (com a suspensão de quaisquer atos executivos) se estiverem *presentes, ao mesmo tempo, os seguintes requisitos* (CPC, art. 739-A, § 1º): (i) *garantia do juízo* (penhora, depósito ou caução); (ii) *relevantes alegações* nos embargos; e (iii) risco de o prosseguimento da execução *causar grave dano de difícil reparação.* No caso de pluralidade de executados, a concessão do efeito suspensivo, diante de um *argumento exclusivo em favor do embargante, não suspende* a execução em relação *aos demais* (CPC, art. 739-A, § 4º). A concessão do efeito suspensivo *não impede a penhora* nem avaliação dos bens (CPC, art. 739-A, § 6.º).
3) Réu nos embargos (embargado) poderá se *manifestar em 15 dias* (CPC, art. 740).
4) Se necessário, haverá *dilação probatória* (CPC, art. 740).
5) Decisão mediante *sentença* da qual caberá apelação – que será recebida apenas no efeito devolutivo em caso de rejeição liminar ou de improcedência (CPC, art. 520, V). Embargos protelatórios são penalizados com *multa de até 20%* do valor executado, em favor do exequente (CPC, art. 740, parágrafo único).

4.2.6. *Da defesa de terceiro no processo de execução: embargos de terceiro*

Se há execução entre "A" e "B" e este entende que a penhora ou o valor são indevidos, a defesa se dá via embargos à execução, como visto acima.

Contudo, é possível que na execução entre "A" e "B" ocorra a penhora de bem de "C", neste caso, a defesa se dá via **embargos de terceiro**.

4.2.6.1. Cabimento

Os **embargos de terceiro** são utilizados *quando há turbação ou esbulho por ato judicial* (penhora, depósito, arresto etc.) *de bem daquele que não é parte no processo,* seja processo de execução, de conhecimento ou cautelar.

Os embargos podem ser utilizados por quem tem *propriedade e posse* (senhor e possuidor) ou apenas por quem tem *posse* (possuidor).

Cabe também a *utilização pelo cônjuge* para defesa de sua *meação* (CPC, art. 1.046, § 3º).

4.2.6.2. Procedimento

Trata-se de *processo de conhecimento* que tramita por *procedimento especial* (CPC, art. 1.046). Distribuídos por dependência, são autuados em apartado (CPC, art. 1.049).

Não há **prazo** específico, sendo possível a oposição dos embargos (CPC, art. 1.048):

✓ sendo constrição ocorrida em *processo de conhecimento*, até o *trânsito em julgado*;

✓ sendo constrição ocorrida em *processo de execução*, até *5 dias* após a arrematação ou a adjudicação, mas antes da assinatura da respectiva carta.

Será **réu nos embargos de terceiro** a *parte que pleiteou* e/ou que *teve proveito com a constrição judicial*. No tocante à **sucumbência**, assim preceitua a Súmula 303 do STJ: "em embargos de terceiro, *quem deu causa à constrição indevida deve arcar com os honorários advocatícios*".

Deverá o embargante *provar a posse e a qualidade de terceiro* (CPC, art. 1.050).

Se o juiz entender que está *provada a posse*, poderá *suspender o andamento do processo principal* (CPC, arts. 1.051 e 1.052).

O embargado poderá apresentar *contestação* no prazo de *10 dias* (CPC, art. 1.053).

Havendo necessidade, haverá *dilação probatória* (CPC, art. 1.053 e art. 803, parágrafo único).

Ao final, o juiz proferirá sua sentença.

4.3. Cumprimento de sentença

4.3.1. Dos requisitos necessários para o cumprimento de sentença

Retomando o já explanado acima, são requisitos necessários para o cumprimento de sentença:

(i) inadimplemento: *devedor que não satisfaz o crédito do credor* (CPC, art. 580);

(ii) título executivo judicial: *documento que traduz uma obrigação e permite o início da fase de cumprimento de sentença* (CPC, art. 475-N).

Somente cabe o cumprimento de sentença quando *existirem ambos os requisitos*.

4.3.2. Do título executivo judicial

Os títulos executivos judiciais estão previstos no CPC, art. 475-N:

(i) a *sentença proferida no processo civil* (obrigação de pagar quantia, obrigação de fazer, não fazer, entregar coisa);

(ii) a *sentença penal condenatória*;

(iii) a *sentença homologatória de conciliação ou de transação*, ainda que inclua matéria não posta em juízo;

(iv) a *sentença arbitral*;

(v) o *acordo extrajudicial homologado judicialmente*;

(vi) a *sentença estrangeira*, homologada pelo STJ;

(vii) o *formal e a certidão de partilha* (em relação às partes do inventário).

Destaca-se que:

✓ como se percebe do inciso IV, a **sentença arbitral**, que é a *decisão proferida por um árbitro no bojo da arbitragem*, apesar de *não ter a intervenção do Judiciário* (se há arbitragem, não se manifesta o Judiciário) é considerada título judicial.

✓ nas hipóteses dos *incisos pares* (sentença arbitral, penal ou estrangeira), *não houve prévia manifestação do juízo cível*, razão pela qual haverá necessidade de **citação do devedor** para o cumprimento de sentença;

✓ já em relação aos *incisos ímpares*, como já houve um *processo perante o juízo cível*, haverá necessidade apenas de **intimação do devedor** para o cumprimento de sentença.

4.3.3. Das diversas espécies de cumprimento de sentença

Tal qual exposto em relação ao processo de execução, conforme o *tipo de obrigação prevista no título executivo judicial*, será *variável a forma do cumprimento de sentença*.

Conforme o CPC, art. 475-I:

✓ tratando-se de *obrigação de fazer*, deve ser observado o CPC, art. 461;

✓ tratando-se de *obrigação de entregar coisa*, deve ser observado o CPC, art. 461-A;

✓ tratando-se de *obrigação de pagar quantia*, deve ser observado o CPC, art. 475-I e ss.

4.3.4. Do cumprimento de sentença para obrigação de pagar

4.3.4.1. Competência e natureza da execução

Como já exposto, a fase de cumprimento de sentença é a fase final do processo de conhecimento com pedido condenatório.

A **competência para a fase de cumprimento de sentença** é prevista no CPC, art. 475-P:

(i) *tribunais*, nas causas de sua *competência originária*;

(ii) *juízo que processou a causa no primeiro grau*.

Contudo, poderá o *exequente optar* pelo juízo do *local onde se encontram bens* sujeitos à expropriação OU pelo do *atual domicílio do executado* – casos em que o credor requererá a remessa dos autos ao novo juízo competente (CPC, art. 475-P, parágrafo único);

(iii) *juízo cível competente*, no caso de *sentença penal condenatória*, *arbitral* ou *estrangeira* (ou seja, no caso dos títulos judiciais previstos nos *incisos pares* do CPC, art. 475-N).

Logo, nos casos em que há a *necessidade de citação*, a *competência* para o cumprimento de sentença seguirá as *regras do processo de conhecimento* (CPC, art. 94 e ss.). Assim, basicamente será competente o juízo do *domicílio do executado*.

Em relação à **natureza da execução**, conforme a *estabilidade do título executivo*, é possível que a execução seja provisória ou definitiva.

Utiliza-se a **execução definitiva** quando se tratar de *sentença transitada em julgado ou não mais passível de impugnação, como a sentença arbitral*.

Já a **execução provisória** é utilizada quando *a sentença não transitou em julgado, mas o recurso interposto foi recebido somente no efeito suspensivo* (CPC, art. 475-I, § 1º), bem como na *execução de antecipação de tutela*.

Como na execução provisória há possibilidade de alteração da decisão exequenda, há *regras especiais* para seu prosseguimento (CPC, art. 475-O):

(i) corre por *iniciativa, conta e responsabilidade do exequente*, que se obriga, se a sentença for reformada, a reparar os danos que o executado haja sofrido;

(ii) exigência de *caução* para: a) levantamento de dinheiro e b) atos de alienação ou que possam gerar danos graves.

É possível que a **caução seja dispensada** (CPC, art. 475-O, § 2º) desde que, ao mesmo tempo:

(i) o exequente encontre-se em *estado de necessidade*;

(ii) o *crédito seja alimentar*;

(iii) o crédito seja de *até 60 salários mínimos*.

A *caução é igualmente dispensada* se o *recurso pendente for agravo de decisão denegatória* de REsp ou RE (CPC, art. 544) – salvo quando a dispensa possa causar dano de difícil reparação.

4.3.4.2. *Penhora e expropriação de bens*

No tocante à penhora (e impenhorabilidades) e à expropriação dos bens (adjudicação, alienação por iniciativa particular e hasta pública), *aplica-se integralmente ao cumprimento de sentença as regras previstas para o processo de execução* (cf. item 4.2.4.2 e quadro no item 4.2.4.3 *supra*).

4.3.4.3. *Liquidação de sentença*

Utiliza-se a **liquidação de sentença** quando *o título não determinar exatamente o valor devido* (CPC, art. 475-A).

Assim, utiliza-se a liquidação especialmente nas hipóteses em que, a partir de um *pedido genérico*, o juiz profere sentença ilíquida, em que o valor será *apurado em posterior liquidação*.

Há casos em que a legislação *veda a prolação de sentença ilíquida* (batida de carro e seguro daí decorrente – CPC, art. 475-A, § 3º).

Enquanto estiver *pendente recurso* – com ou sem efeito suspensivo – é possível dar início à liquidação (CPC, art. 475-A, § 2º).

Existem três **formas de liquidação de sentença**:

✓ liquidação por *cálculo*, na qual bastará a elaboração de uma *memória de cálculo* que acompanhará o início da fase de cumprimento de sentença (CPC, art. 475-B);

✓ liquidação por *arbitramento*, na qual o juiz *nomeará um perito*, para que *este indique o valor devido pela condenação* (CPC, art. 475-D);

✓ liquidação por *artigos*, na qual, para *determinar o valor da condenação, haverá necessidade de se alegar e provar fatos novos*, os denominados *"artigos da liquidação"* (CPC, art. 475-E).

Na liquidação por cálculo, que é a mais simples, já há o efetivo início da fase de cumprimento de sentença. Basta visualizar uma sentença que condene o réu a pagar R$ 10 mil acrescidos de juros, correção e sucumbência. *O autor procederá à liquidação mediante um simples cálculo aritmético* (o qual trará o valor total devido), que será apresentada como *anexo do pedido de cumprimento de sentença*.

Já na liquidação *por arbitramento ou por artigos*, antes do início do cumprimento de sentença, *há necessidade de um prévio procedimento diferenciado, denominado liquidação propriamente dita*. Daí, uma vez fixado o valor devido (*quantum debeatur*) em liquidação, é que terá início o cumprimento de sentença.

O **procedimento da liquidação** é o *comum* (CPC, art. 475-F) e o **recurso cabível** da decisão que julga a liquidação é o *agravo de instrumento* (CPC, art. 475-H).

4.3.4.4. *Procedimento da fase de cumprimento de sentença de pagar quantia*

Da mesma forma que a execução de quantia é a mais frequente, também o *cumprimento de sentença para pagar quantia* é o mais usual no cotidiano forense, o mais regulado pelo CPC e o mais pedido em provas.

O procedimento está previsto no art. 475-I e ss. do CPC.

1) Proferida decisão condenatória por quantia certa, *deve o devedor pagá-la, sem provocação do credor.* Se o devedor não efetuar o pagamento em *15 dias*, o valor da condenação será acrescido de *multa de 10%* (CPC, art. 475-J). Se houver pagamento parcial, a multa é parcial (CPC, art. 475-J, § 4º).
2) Não realizado o pagamento pelo devedor, *se o credor requerer*, será expedido *mandado de penhora* e avaliação (CPC, art. 475-J, parte final). Nesta petição o exequente poderá indicar os bens a serem penhorados (CPC, art. 475-J, § 3º).
3) Se o credor *não requerer a expedição de mandado de penhora em 6 meses*, os autos serão *arquivados*. Poderão os autos ser desarquivados a pedido da parte (CPC, art. 475-J, § 5º).
4) Cumprido o mandado de penhora requerido pelo credor (item 3), será o executado intimado (CPC, art. 475-J, § 1º): **– na pessoa de seu advogado ou representante legal; ou** **– pessoalmente, por mandado ou pelo correio.**
5) Efetivada a intimação da penhora, poderá o devedor oferecer impugnação, no prazo de 15 dias (CPC, art. 475-J, § 1.º). **Assim, sem penhora, não é possível apresentar impugnação.**
6) Expropriação de bens segue as regras da execução de título extrajudicial (*vide* quadro no item 4.2.4.3): – adjudicação pelo credor; – alienação por iniciativa particular; – hasta pública.

Uma questão que envolve o cumprimento de sentença foi objeto de grande polêmica e ainda encontra divergência na doutrina e jurisprudência: **qual é o termo inicial do prazo de 15 dias para pagamento, sob pena de multa de 10%?** (CPC, art. 475-J).

A resposta mais segura é seguir a *posição do STJ*, o qual aponta que o termo inicial do prazo de 15 dias *é a intimação na pessoa do advogado pela publicação na imprensa oficial.*

Assim, apenas após o trânsito em julgado e "a baixa dos autos à Comarca de origem e a aposição do 'cumpra-se' pelo juiz de primeiro grau, *o devedor haverá de ser intimado na pessoa do seu advogado, por publicação na imprensa oficial, para efetuar o pagamento no prazo de quinze dias*, a partir de quando, caso não o efetue, *passará a incidir sobre o montante da condenação, a multa de 10% (dez por cento) prevista no art. 475-J, caput, do Código de Processo Civil.*" (STJ, REsp 940274/MS, *DJe* 31.05.2010).

4.3.5. Da defesa do devedor no cumprimento de sentença

4.3.5.1. Da impugnação

A **impugnação** é a *defesa do devedor prevista no CPC para a fase de cumprimento de sentença.*

Para que a impugnação possa ser apresentada, *é necessária a realização da penhora.* O prazo da impugnação é de *15 dias, contados da intimação da penhora* (art. 475-J, § 1º).

Considerando que o cumprimento de sentença tem por *base um título executivo judicial* e, assim, *já houve prévia manifestação do Poder Judiciário*, não é qualquer matéria que pode ser alegada na impugnação. Não se pode discutir novamente o mérito (se a quantia a ser paga é ou não devida), pois aí haveria *violação à coisa julgada.*

Assim, **somente as seguintes matérias podem ser alegadas na impugnação** (CPC, art. 475-L):

(i) *falta ou nulidade da citação*, se o processo correu à *revelia*;

(ii) *inexigibilidade do título* (considera-se também inexigível o *título judicial fundado em lei declarada inconstitucional pelo STF* – CPC, art. 475-L, § 1º);

(iii) *penhora incorreta* ou *avaliação errônea*;

(iv) *ilegitimidade* das partes;

(v) *excesso de execução* (aqui se aplica tudo quanto foi *antes exposto* a respeito do tema nos embargos à execução; inclusive deverá o impugnante *declarar de imediato o valor que entende correto*, sob pena de rejeição liminar da impugnação – CPC, art. 475-L, § 2º).

(vi) qualquer *causa impeditiva, modificativa ou extintiva da obrigação* (pagamento, compensação, transação etc.), desde que *superveniente à sentença* (porque se anterior à sentença, isso já está protegido pela coisa julgada).

4.3.5.1.1. Do procedimento da impugnação

O procedimento da impugnação é o seguinte:

1) Efetivada a intimação da penhora no cumprimento de sentença, poderá o devedor oferecer impugnação, no prazo de 15 dias (CPC, art. 475-J, § 1.º).
2) Somente algumas matérias podem ser alegadas na impugnação (CPC, art. 475-L).
3) Em *regra*, a impugnação *não suspende o cumprimento de sentença* (CPC, art. 475-M). Contudo, poderá ser *concedido o efeito suspensivo*, desde que presentes, *ao mesmo tempo*: (i) *relevância da fundamentação* da impugnação; e (ii) prosseguimento da execução tenha o condão de causar ao executado *grave dano de difícil ou incerta reparação.*
4) A impugnação será autuada (CPC, art. 475-M, § 2º): – *em apartado*, se não concedido efeito suspensivo; ou – *nos próprios autos*, se concedido efeito suspensivo.
5) Réu na impugnação (impugnado, o exequente) poderá se manifestar.
6) Se necessário, dilação probatória.
7) Decisão do juiz (CPC, art. 475-M, § 3º): – *sentença*, se houver a extinção do cumprimento de sentença; ou – *decisão interlocutória*, se houver o seguimento da execução, ainda que parcialmente. Sendo sentença, será cabível a apelação; sendo interlocutória, agravo de instrumento.

4.3.5.2. Da exceção de pré-executividade

Não há previsão no Código a respeito desta defesa. Trata-se de criação jurisprudencial e doutrinária.

Em síntese, a **exceção de pré-executividade** (ou **objeção de executividade**) busca *permitir a defesa do devedor sem que haja a penhora.* Afinal, como visto, sem penhora não cabe a impugnação.

Cabe a exceção em situações nas quais *há grave vício no cumprimento de sentença, em relação a matéria a respeito da qual o juiz poderia se manifestar de ofício*, tais como:

✓ ausência de uma das *condições da ação*;

✓ ausência de *pressupostos processuais*;

✓ *prescrição.*

Só cabe a exceção se o *vício for flagrante* e for *desnecessária a dilação probatória.*

Portanto, (i) se tem início um cumprimento de sentença em que já ocorreu a prescrição; (ii) se pode o juiz conhecer de ofício da prescrição; (iii) se para apresentar a impugnação há necessidade de penhora, tem-se que é *possível uma simples petição apontando ao juiz a prescrição, sem necessidade de penhora ou de impugnação*. **Essa é a exceção de pré-executividade** (STJ, REsp 915.503/PR, *DJ* 26.11.2007).

4.4. Outros conceitos relacionados ao processo de execução

Estes temas são usualmente pedidos em concursos.

4.4.1. Fraudes

Diante da *alienação de bens que poderiam ser objeto de penhora*, fala-se em fraudes:

a) fraude à execução: é a *ineficácia de alienação feita pelo devedor após a citação em processo – de conhecimento ou execução –, que possa levá-lo à insolvência* (CPC, art. 593).

A Súmula 375 do STJ pacificou que: "o reconhecimento da fraude à execução depende do registro da penhora do bem alienado ou da prova de má-fé do terceiro adquirente".

Para ser reconhecida a fraude à execução, *não há necessidade de uma nova ação judicial;* o reconhecimento será requerido no bojo do processo que já tramita e no qual já houve a citação. Assim, se o réu, citado no processo judicial, alienar seus bens a ponto de ficar sem patrimônio, imediatamente poderá ser reconhecida a fraude;

b) fraude contra credores: é a *alienação realizada pelo devedor, que o levará à insolvência, com finalidade de prejudicar o credor em eventual processo judicial* (CC, art. 158).

Ocorre *antes da citação em qualquer processo judicial*. Tem como *requisitos* o *eventum damni* (dano – reduzir o devedor à insolvência) e o *consilium fraudis* (fraude – prejudicar o credor).

Há necessidade de um processo judicial (*ação pauliana*), em que serão litisconsortes passivos quem alienou e quem adquiriu o bem.

4.4.2. Remição e remissão

Estas figuras podem acarretar a extinção da execução. Mas são distintas, o que usualmente acarreta dúvidas:

(i) remissão da dívida: *perdão da dívida pelo credor* (CC, art. 385), hipótese que acarreta a extinção da execução (CPC, art. 794, III);

(ii) remição da execução: *liberação total da execução em virtude do pagamento, antes da adjudicação ou arrematação* (CPC, art. 651), hipótese que também acarreta a extinção da execução (CPC, art. 794, I).

Perceba-se que a *remição depende do pagamento total da execução*. Assim, **não há remição envolvendo um bem específico**.

Se estiver para ser adjudicado ao credor *um determinado bem*, poderão pessoas ligadas ao devedor obter a liberação daquele bem específico.

Ou seja, *poderão adjudicar, nas mesmas condições do credor, o cônjuge, ascendente e descendente do executado*, bem como o credor com garantia real ou outros credores que tenham penhorado o bem (CPC, art. 685-A, § 2º).

Havendo mais de um interessado, haverá licitação; para a mesma oferta, *a preferência será do cônjuge, ascendente e descendente, nessa ordem* (CPC, art. 685-A, § 3º).

5. TUTELAS DE URGÊNCIA (ANTECIPAÇÃO DE TUTELA E PROCESSO CAUTELAR)

5.1. Visão geral das tutelas de urgência

Como é notório, a resposta do Poder Judiciário a uma lide não é imediata. Contudo, há situações nas quais *a urgência demanda que haja, ainda que provisoriamente, uma rápida resposta*. É o momento em que se pleiteia uma **liminar**, ou seja, *uma decisão no início do processo*. E não há apenas um instrumento para que se obtenha uma liminar.

Tutela de urgência é *gênero* do qual o *processo cautelar e a antecipação de tutela são espécies.*

O atual CPC, na sua origem, somente trazia o processo cautelar (Livro III). A **finalidade do processo cautelar** *é resguardar o sucesso de um outro processo, denominado principal* (caráter *conservativo* – visa a evitar o perecimento do direito).

Na década de 1990 foi criado outro instrumento, a antecipação de tutela (inserido no Livro I do CPC – processo de conhecimento). A **finalidade da antecipação de tutela** *é, desde logo, antecipar os efeitos de uma futura sentença de mérito* (caráter *satisfativo* do direito).

5.1.1. Dificuldades na escolha da tutela de urgência a ser utilizada

Apesar de na teoria ser simples diferenciar o cabimento da antecipação de tutela da cautelar (*distinção entre assegurar e satisfazer*), na prática há grandes dificuldades. Tanto porque cada juiz pode ter um entendimento, como porque há situações que podem ser enquadradas nas duas hipóteses.

Exemplo: há risco de um protesto indevido, decorrente de um cheque roubado. Quer se *resguardar o nome* do emitente (cautelar) ou desde logo já *satisfazer o direito pleiteado*, considerando que uma futura sentença afirmará que ele nada deve (antecipação de tutela)? Na doutrina e na jurisprudência há *divergência*. Há os que defendem ser o caso de uma *cautelar inominada de sustação de protesto* (e futura ação principal) e há os que afirmam que desde logo é cabível uma *ação declaratória de inexigibilidade de débito*, com *pedido de antecipação de tutela* para obstar o protesto.

Diante disso, o legislador inseriu a **fungibilidade entre as tutelas de urgência**: "se o autor, *a título de antecipação de tutela, requerer providência de natureza cautelar, poderá o juiz*, quando presentes os respectivos pressupostos, *deferir a medida cautelar* em caráter incidental do processo ajuizado" (CPC, art. 273, § 7º).

Considerando que o CPC fala da possibilidade de o juiz conceder *a cautelar que foi pleiteada a título de antecipação de tutela*, surgiu a discussão a respeito do caminho inverso: seria possível ao juiz conceder *a antecipação de tutela que foi pleiteada como cautelar?*

Ou seja, **a fungibilidade entre tutela antecipada e cautelar seria de mão dupla**?

A posição dominante no STJ é que existe *total fungibilidade entre ambas as tutelas de urgência*, ou seja, cabe ao juiz conceder tutela antecipada que foi pedida como cautelar e cautelar que foi pedida como antecipação de tutela (STJ, AgRg no REsp 1013299/BA, *DJe* 15.10.2009).

A partir das distinções entre a tutela antecipada e a cautelar, é possível formular o seguinte quadro:

Tutelas de urgência		
	Tutela antecipada	**Cautelar**
Objetivo	**Satisfazer o direito pleiteado pela parte, adiantando efeitos da sentença**	**Assegurar o resultado do processo principal, evitando o perecimento do direito**
Requisitos	**1) Prova inequívoca da verossimilhança da alegação + fundado receio de dano irreparável ou de difícil reparação** **2) Prova inequívoca da verossimilhança da alegação + ato protelatório do réu/abuso do direito de defesa.** **3) Pedido incontroverso**	1) *Fumus boni iuris* (fumaça do bom direito – bom argumento) 2) *Periculum in mora* (perigo da demora – situação de urgência)
Local e momento a se pleitear	**Processo de conhecimento – pedido na petição inicial ou em momento posterior**	**Processo cautelar – petição inicial (ajuizado antes ou durante a tramitação do processo principal)**
Ambas podem ser concedidas *liminarmente* (no início do processo)		
Há *fungibilidade* entre as tutelas de urgência		

5.2. Tutela antecipada

5.2.1. Cabimento

Foi inserida no CPC em 1994, com a inclusão dos arts. 273 e 461 (este tratando das tutelas específicas das obrigações de fazer ou não fazer).

Como já exposto, a **tutela antecipada**, prevista no capítulo que trata do *processo de conhecimento, busca antecipar os efeitos da sentença de procedência.*

A finalidade é desde logo *satisfazer* e não simplesmente resguardar o direito em discussão. Isto porque a *urgência do caso concreto tornaria necessária a efetiva satisfação do direito e não somente sua proteção.*

É pleiteada e concedida *incidentalmente ao processo de conhecimento*, sem a necessidade de um outro processo.

Os **requisitos para a concessão da tutela antecipada** (CPC, art. 273, *caput*, I e II) são os seguintes:

(i) prova inequívoca da verossimilhança das alegações (prova que permita concluir pela existência do direito) e fundado receio de dano irreparável/de difícil reparação (perigo iminente de perecimento do direito). Ou seja, *verossimilhança + dano*;

(ii) prova inequívoca da verossimilhança das alegações e abuso do direito de defesa OU manifesto intuito protelatório. Ou seja, *verossimilhança + abuso de direito de defesa*;

(iii) existindo diversos pedidos, um deles não é resistido pelo réu (CPC, art. 273, § 6º). Ou seja, *pedido incontroverso*.

5.2.2. Características

Vejamos diversas características próprias da antecipação de tutela.

a) A antecipação de tutela será *requerida na própria petição inicial* ou, posteriormente, em *simples petição* (ou seja, **antecipação de tutela é pleiteada sem a necessidade de outro processo** – situação distinta da que se verifica na cautelar).

A **antecipação de tutela pode ser concedida**:

✓ *liminarmente* (no início do processo), *mesmo sem a oitiva da parte contrária*, se isso for necessário;

✓ em *momento posterior do processo*, mesmo no *âmbito recursal*, desde que presentes os requisitos;

✓ a jurisprudência vem admitindo a concessão da *antecipação de tutela na sentença* (STJ, AgRg no Ag 1307314/SP, *DJe* 01.12.2010) – situação que acaba por acarretar que a apelação seja recebida apenas no efeito devolutivo (CPC, art. 520, VII), permitindo a execução provisória;

b) Pela redação do CPC, art. 273, a **antecipação de tutela só pode ser concedida mediante pedido da parte**, portanto *não é cabível a concessão de ofício pelo magistrado*;

c) Não deve a antecipação de tutela ser concedida se houver perigo de irreversibilidade (CPC, art. 273, § 2º), *ou seja, se a situação não puder voltar ao que era antes da concessão da medida (status quo ante).*

Contudo, o cotidiano forense mostra que há muitas situações em que, *ainda que haja o risco de irreversibilidade, se não concedida a antecipação de tutela, haverá o risco de perecimento de um direito de grande relevo* (como, por exemplo, o direito à vida). É o que alguns denominam de **irreversibilidade recíproca** (não é um termo usual na jurisprudência, mas aparece em diversos concursos).

Nesses casos, o juiz deve avaliar qual o direito que deve prevalecer e, se o caso, *conceder a antecipação de tutela, ainda que irreversível.*

d) Considerando que é provisória, fundada em cognição sumária, *a antecipação de tutela pode ser revogada ou modificada a qualquer tempo* (CPC, art. 273, § 4º);

e) Concedida ou denegada a antecipação de tutela (por decisão interlocutória), **sempre o processo prossegue até a prolação da sentença**, *não sendo possível se encerrar quando da apreciação da antecipação de tutela* (CPC, art. 273, § 5º);

f) A antecipação de tutela será efetivada mediante execução provisória (CPC, art. 273, § 3º), cabendo inclusive *medidas de apoio como multa diária, busca e apreensão, remoção de pessoas e coisas* etc. (CPC, art. 461, § 5º);

g) Existem diversas **restrições quanto à concessão de tutela antecipada contra o Estado** (Lei 9.494/1997, art. 1º).

Contudo, tal qual exposto anteriormente em relação à irreversibilidade (item "c"), *a situação vem sendo mitigada pela jurisprudência.*

5.3. Processo cautelar

5.3.1. Finalidade e momento de utilização

Como já exposto, o CPC conhece **três processos para resolver os conflitos**, conforme o tipo de lide:

a) Conhecimento (tutela cognitiva): há crise de certeza; objetivo é uma sentença de mérito, em que o juiz decidirá quem, diante do conflito existente, tem razão. Até a sentença, portanto, não se sabe se prevalecem as alegações do autor ou do réu;

b) Execução (tutela satisfativa): crise de adimplemento; apresenta caráter de satisfação do direito do credor (exequente) – que já se sabe ser titular do direito. Para ser utilizado, é necessário título executivo e inadimplemento;

c) Cautelar (tutela acautelatória): crise de urgência; apresenta caráter de proteção; visa a garantir o sucesso de processo principal (conhecimento ou execução). Depende de *periculum in mora* e do *fumus boni juris.*

Assim, o **processo cautelar** (Livro III do CPC) *tem por finalidade garantir/proteger/assegurar o resultado de outro processo – o processo principal, que será de conhecimento ou de execução.*

Portanto, busca-se *evitar o perecimento do direito* (via cautelar) *enquanto se decide o mérito* (via processo de conhecimento/execução).

Logo, *em regra o processo cautelar é dependente* de uma execução ou de um processo de conhecimento (CPC, art. 796) e não busca resolver o problema em definitivo, mas apenas *preservar a situação até o fim do outro processo* (dito "principal") que efetivamente definirá a regra aplicável ao caso.

No que tange ao **momento da propositura da cautelar**, existem duas possibilidades:

✓ **cautelares preparatórias**, *as quais são ajuizadas antes do início da ação principal que efetivamente decidirá a lide*; e

✓ **cautelares incidentais**, *as quais são ajuizadas após a ação principal já estar tramitando* – e, assim, serão distribuídas por dependência a tal demanda principal.

5.3.2. Requisitos para a concessão

Diante da situação de urgência e da necessidade de resposta rápida, a *cognição da cautelar é sumária em relação à verificada no processo principal.* Assim, a cognição exauriente será efetivamente realizada no processo principal.

Os **requisitos para a concessão das cautelares** são os seguintes:

(i) *fumus boni iuris* (direito ameaçado): *fumaça do bom direito, aparência de que o alegado na inicial é pertinente* (especialmente em virtude de provas, mas também levando em conta as máximas da experiência). A *certeza é dispensada neste momento,* já que somente será possível sua demonstração no processo principal, no qual haverá a cognição exauriente;

(ii) *periculum in mora* (receio de lesão): *perigo da demora, urgência,* alegação de que, *se não concedida a cautelar, ocorrerá o perecimento do direito.*

Em outras palavras, diante de um *bom argumento + uma situação de perigo* é que é possível a concessão de uma cautelar.

5.3.3. Requisitos da inicial

A inicial do processo cautelar tem por base o CPC, art. 801. Assim, **são requisitos da inicial do processo cautelar**:

(i) *endereçamento* (a respeito da competência, *vide* abaixo);

(ii) *qualificação das partes;*

(iii) tratando-se de *cautelar preparatória,* deverá a parte *indicar qual o processo principal* ("a lide e seu fundamento", na redação do CPC); se for cautelar incidental, o requisito não é necessário;

(iv) exposição do *direito ameaçado e do receio de lesão* (ou seja, do *fumus boni iuris* e do *periculum in mora*);

(v) as *provas.*

Complementam-se estes requisitos com o que consta no CPC, art. 282:

✓ *pedido* (inclusive a ser liminarmente deferido);

✓ *valor da causa*; e

✓ *citação* do requerido.

No tocante à **competência para o processo cautelar**, existem variações (CPC, art. 800):

a) na **cautelar incidental**, *competente é o próprio juiz do processo principal, já existente.* Assim, haverá o requerimento de distribuição por dependência (acessório segue o principal);

b) na **cautelar preparatória**, *competente é o juiz que deverá apreciar o futuro processo principal.* Assim, apura-se em abstrato qual o juízo competente para o processo principal e aí é que será feita a distribuição da cautelar (novamente, o acessório segue o principal – mesmo quando o processo acessório seja ajuizado antes);

c) uma vez **interposto o recurso no processo principal** (antes mesmo de sua remessa ao grau superior), *passa a ser competente o Tribunal para apreciar a cautelar* (CPC, art. 800, parágrafo único).

5.3.4. Procedimento das cautelares

No tocante ao procedimento, há um trâmite a ser seguido pelas cautelares inominadas e que também se aplica, subsidiariamente, às cautelares nominadas, nos termos do CPC, art. 812 (a respeito desta distinção entre cautelares nominadas e inominadas, cf. o tópico abaixo).

Este é o procedimento padrão que ora se apresenta:

1) A petição inicial seguirá os requisitos do CPC, art. 801 c/c art. 282.
2) **Desde que** *pleiteado pelo requerente* e que seja uma situação de *efetiva urgência* (como quando a citação do requerido puder tornar ineficaz a cautelar), será possível a **concessão de liminar sem que se ouça a outra parte** (CPC, art. 804). Poderá o juiz *condicionar a concessão da liminar à prestação de caução* por eventuais danos que o requerido venha a sofrer (CPC, art. 804, parte final). A regra, contudo, é a oitiva do requerido antes da concessão de liminar (CPC, art. 797).

3) **Se o juiz não estiver convencido quanto à concessão da liminar**, poderá *designar audiência de justificação*, para produção de prova oral – que poderá ou não contar com a presença do requerido (CPC, art. 804).
4) **O requerido será citado para apresentar** *contestação, em 5 dias* (CPC, art. 802) – independentemente da concessão da liminar. Acaso não seja apresentada a contestação, haverá a revelia.
5) **Se necessário, será designada** *audiência de instrução e julgamento* (CPC, art. 803, parágrafo único)
6) **Se a cautelar for preparatória e for concedida a liminar**, *a ação principal deverá ser ajuizada em um prazo de 30 dias contados da EFETIVAÇÃO da cautelar* (CPC, art. 806), *sob pena de perda da eficácia da liminar* (CPC, art. 808, I). Trata-se de *prazo decadencial* que, portanto, não pode ser interrompido (STJ, REsp 669353, *DJe* 16.04.2009).
7) **Os autos do processo cautelar serão apensados aos autos do processo principal (CPC, art. 809).**
8) **A** *eficácia da cautelar perdura durante a tramitação do processo principal* – mesmo durante eventual *suspensão do processo principal* (CPC, art. 807, parágrafo único). Contudo, como é medida proferida em cognição sumária, *pode ser a qualquer tempo revogada ou modificada* (CPC, art. 807).
9) **Cessa a eficácia da cautelar** em 3 situações (CPC, art. 808): (i) se *não for ajuizada a principal* (item 6 acima); (ii) se *não for executada dentro de 30 (trinta) dias*; (iii) se o juiz declarar *extinto o processo principal*, por qualquer razão, com ou sem resolução do mérito.
10) **Uma vez concedida e executada a cautelar e depois revogada** – qualquer que seja a razão (seja no processo cautelar ou por força do processo principal) – *o requerente deverá indenizar o requerido pelos prejuízos causados* (CPC, art. 811). Essa indenização não demandará de ação autônoma e será *liquidada nos próprios autos da cautelar* (CPC, art. 811, parágrafo único).

5.3.5. Reflexos da decisão cautelar na ação principal

Como visto anteriormente, o processo cautelar é influenciado pela decisão proferida no processo principal (CPC, art. 808, III).

Agora é de se analisar o inverso, ou seja, os **reflexos da decisão do processo cautelar no processo principal**.

Em *regra*, a decisão a respeito da liminar (concedida ou denegada) ou a decisão final da cautelar (extinção sem mérito, procedência ou improcedência) *não têm qualquer influência no julgamento do processo principal* (CPC, art. 810).

Mesmo na hipótese em que a cautelar perdeu a eficácia por força do não ajuizamento da principal em 30 dias (CPC, art. 806), não haverá qualquer objeção ao ajuizamento ou influência da decisão cautelar no processo principal.

Contudo, há uma *exceção*: ser for reconhecida, na cautelar, a ocorrência de *prescrição ou decadência do direito a ser debatido*, essa decisão influenciará também o processo principal (CPC, art. 810, parte final). Ou seja, nesse caso a coisa julgada do processo cautelar terá de ser observada no processo principal.

5.3.6. Cautelares inominadas e nominadas

O legislador, ao tratar do processo cautelar, seguiu a seguinte lógica:

✓ para situações de urgência já conhecidas, o Código já trouxe algumas soluções, previstas e regulamentadas (as denominadas cautelares nominadas);

✓ para situações outras de urgência, o Código previu o chamado **poder geral de cautela** do magistrado (CPC, art. 798), *que poderá conceder qualquer medida de urgência*, desde que presentes os requisitos do *periculum in mora* e do *fumus boni juris* (cautelares inominadas).

De forma mais clara, a questão pode ser assim sintetizada:

(i) cautelares inominadas (CPC, art. 798): *não estão especificamente previstas no CPC, mas, desde que presentes os requisitos, pode o juiz concedê-las, com base em seu poder geral de cautela.*

(Exemplos típicos: cautelar inominada para sustar protesto ou evitar inclusão em cadastro restritivo de crédito; cautelar inominada para determinar o pagamento de internação por parte de plano de saúde).

(ii) cautelares nominadas: *são as cautelares especificamente previstas no CPC, em que há hipótese de cabimento já vislumbrada e regulada pelo legislador, diante de situações de urgência previsíveis.* (Exemplos típicos: arresto e sequestro).

Portanto, ao vislumbrar uma situação concreta de urgência, deve-se inicialmente verificar se há alguma previsão nos procedimentos cautelares específicos; se não houver, deve-se partir para uma cautelar inominada.

Vale reiterar que o procedimento indicado no quadro acima (item **5.3.4)** é aplicável às cautelares inominadas e, no que não for colidente, também às cautelares nominadas.

5.3.7. Algumas medidas cautelares nominadas

Como se percebe da simples leitura do índice do CPC, existem diversos procedimentos cautelares específicos (arts. 813 a 889).

Assim, neste momento, opta-se por apresentar as cautelares nominadas mais relevantes considerando a presença em editais de concursos de delegado.

5.3.7.1. Cautelar nominada de arresto

5.3.7.1.1. Cabimento

Cabe a **cautelar de arresto** nas seguintes hipóteses (CPC, art. 813):

(i) devedor *sem domicílio* certo:

a) tenta ausentar-se ou alienar bens; ou

b) deixa de pagar obrigação no prazo;

(ii) devedor *com domicílio* certo:

a) ausenta-se ou tenta ausentar-se furtivamente; ou

b) insolvente, tenta ou aliena bens; tenta ou contrai dívidas extraordinárias, tenta ou põe seus bens em nome de terceiros ou comete qualquer outro ato com objetivo de lesar credores;

(iii) devedor, *que possui bens de raiz*, tenta aliená-los, sem ficar com patrimônio suficiente para arcar com suas dívidas.

Assim, o objetivo do arresto *não é um bem específico*, mas o *patrimônio do devedor em geral*, de modo a garantir a dívida do credor (qualquer bem, até o limite suficiente para garantir a dívida), ou seja, é *evitar a dilapidação do patrimônio do devedor*.

É um meio de preservar a responsabilidade patrimonial, já que, com o arresto, é assegurada a viabilidade da futura penhora. Por tal razão, quaisquer bens podem ser arrestados (móveis, imóveis e mesmo semoventes).

5.3.7.1.2. Requisitos e procedimento

São **requisitos para a concessão do arresto** (CPC, art. 814):

✓ *prova literal da dívida* (isto comprova o *fumus boni iuris*).

O requerente deve demonstrar ser titular de um crédito que poderá ser cobrado em uma outra demanda, seja de conhecimento ou executiva (se já há título executivo extrajudicial, ainda que não vencido). A hipótese mais frequente é a de um título de crédito ainda não vencido;

✓ *prova documental da existência de algum dos requisitos previstos no art. 813* (ou seja, prova do *periculum in mora*).

Os fatos constantes do art. 813 provam o fundado temor de que a garantia da futura execução possa desaparecer, daí a situação de perigo de que não haverá bens passíveis de execução.

A *sentença pendente de recurso* equipara-se à prova literal da dívida (CPC, art. 814, parágrafo único).

Se existir *prova literal da dívida*, mas *não prova documental* de presença de algum dos requisitos para o arresto (CPC, art. 813), deve o juiz determinar a realização de *justificação prévia* (audiência - CPC, art. 815).

Na mesma hipótese acima tratada, poderá o *arresto ser concedido sem justificação se o requerente prestar caução* (CPC, art. 816, II) em quantia correspondente ao prejuízo que pode ser causado ao requerido (CPC, art. 804), mais custas e honorários.

Efetivado, *o arresto tende a se transformar em penhora*, quando do ajuizamento do processo de execução (CPC, art. 818). Assim, **aplicam-se ao arresto as regras referentes à penhora** (CPC, art. 821 - como, por exemplo, regras quanto à *impenhorabilidade*).

Concedido o **arresto como cautelar preparatória**, o entendimento é que o *prazo para propor a ação principal* é de *30 dias após a dívida tornar-se exigível* - e não 30 dias após a efetivação (CPC, art. 806). Isso porque, em 30 dias, pode ser que o título não tenha ainda vencido ou a sentença ainda não tenha transitado em julgado.

Não se deve confundir a cautelar autônoma de arresto com o *arresto previsto no bojo do processo de execução*, que ocorre quando não se encontra o devedor (CPC, art. 653).

Concedido o arresto, pode o requerido *substituir o bem arrestado por dinheiro ou fiança* (depósito em dinheiro, caução real ou fidejussória - CPC, art. 819).

De forma sintética e simplificada, o **arresto** é, em regra, *cautelar preparatória de uma futura execução de quantia certa contra devedor solvente*, e é cabível quando houver, conforme leciona Misael Montenegro Filho (*Curso de direito processual civil*. São Paulo: Atlas, 2009. p. 96):

(i) de um lado, um *credor qualificado* (portador de prova literal da dívida);

(ii) do outro lado, um *devedor desqualificado* (que tenta se ausentar, contrair dívidas, alienar seu patrimônio etc.).

5.3.7.2. Cautelar nominada de sequestro

5.3.7.2.1. Cabimento

Cabe a **cautelar de sequestro** para a proteção de bens nas seguintes situações (CPC, art. 822):

(i) bens acerca dos quais há *disputa de propriedade ou posse*, com *receio de dano*;

(ii) *frutos e rendimentos de imóvel* acerca do qual se *discute a propriedade*, se o *réu, condenado a devolver, os dissipa*;

(iii) *bens do casal*, quando o *cônjuge os estiver dilapidando*.

Assim, em síntese, **cabe o sequestro quando**:

✓ houver *dúvida ou discussão quanto à titularidade do bem*;

✓ houver *risco de dano ou perecimento da coisa*.

5.3.7.2.2. Requisitos e procedimento

Os **requisitos para a concessão do sequestro** são:

✓ a *disputa* ou *litigiosidade* a respeito de determinado bem (*fumus boni juris*); e

✓ o *receio de danificação* de tal bem (*periculum in mora*).

A *titularidade do bem* pode já estar sendo *objeto de discussão* (cautelar incidental) ou mesmo pode vir a ser *discutida em futura demanda* (cautelar preparatória).

Deferida a medida, o juiz indicará o *depositário dos bens sequestrados*.

Pode ser pessoa escolhida pelas partes, de comum acordo, ou mesmo uma das partes - desde que mediante caução (CPC, art. 824).

No tocante ao procedimento, aquilo que foi exposto para o arresto aplica-se ao sequestro, nos termos de expressa disposição legal (CPC, art. 823).

Há ainda previsão de **sequestro na lei de improbidade administrativa** (Lei 8.429/1992, art. 16), para "**sequestro dos bens** do agente ou terceiro que tenha **enriquecido ilicitamente** ou causado dano ao patrimônio público", a ser concedido desde que haja "fundados indícios de responsabilidade".

5.3.7.2.3. Distinções em relação ao arresto

Como se percebe, diferentemente do arresto, *no sequestro a proteção ocorre em relação a um bem específico*.

Assim, a **distinção-chave** entre as 2 medidas *diz respeito à determinação ou indeterminação dos bens objeto da constrição*:

✓ o arresto dirige-se ao *patrimônio do devedor em geral*, razão pela qual não há porque determiná-los nem há qualquer preferência;

✓ já o sequestro *dirige-se necessariamente a determinado bem*, que é objeto da relação jurídica tornada litigiosa.

Se de um lado a finalidade do arresto é garantir algum bem para a execução de quantia certa contra devedor solvente (arresto converte-se em penhora), no sequestro a finalidade é garantir o não perecimento do bem para futura execução para entrega de coisa (sequestro converte-se em depósito).

5.3.7.3. Cautelar nominada de arrolamento de bens

5.3.7.3.1. Cabimento

Cabe a **cautelar de arrolamento de bens** para *constatar a existência de bens e depositá-los, de modo a evitar extravio ou dissipação.* Como se pode perceber, o objetivo é a conservação de tais bens (CPC, art. 856).

A principal utilização é em casos de direito de família e discussões referentes a sociedades.

Se o requerente tem *ciência a respeito de qual bem pode ser dissipado*, a hipótese é de *sequestro; se não sabe quantos ou quais bens existem, o caso é de arrolamento.*

5.3.7.3.2. Requisitos e procedimento

Quantos aos **requisitos para o arrolamento de bens**:

✓ disputa quanto à titularidade dos bens e dúvida a respeito de quais são/quantos são os bens (*fumus boni iuris*);

✓ risco de desaparecimento ou perecimento dos bens (*periculum in mora*).

O interesse jurídico do requerente pode *decorrer de direito já constituído ou de discussão que ainda virá a ser travada em juízo* (CPC, art. 856, § 1º), isto é, cabe na modalidade *incidental ou preparatória*.

Deferida a medida, o juiz nomeará *depositário* (CPC, at. 858), o qual lavrará auto *descrevendo minuciosamente todos os bens encontrados*, registrando "quaisquer ocorrências que tenham interesse para a sua conservação" (CPC, art. 859).

Não sendo possível concluir o arrolamento no dia em que foi iniciado, o local *será lacrado até a continuação da diligência* (CPC, art. 860).

5.3.7.4. Síntese do cabimento do arresto, sequestro e arrolamento

As cautelares são muito *utilizadas para resguardar o êxito de demandas que envolvam questões patrimoniais* – seja para evitar a dilapidação do patrimônio do devedor, seja para evitar que determinado bem venha a perecer. Nessa perspectiva, fala-se em **cautelares patrimoniais, das quais essas** três primeiras apresentadas são típicos exemplos.

À luz do acima exposto, é possível sintetizar o cabimento das 3 cautelares da forma exposta abaixo:

a) arresto:

✓ utilizado por um credor qualificado em face de um devedor desqualificado;

✓ tem por finalidade evitar a dilapidação do patrimônio, de modo que o requerente tenha êxito numa futura execução de quantia certa (isto é, que ainda existam bens penhoráveis);

✓ assim, tem por objeto qualquer bem do requerido;

✓ o arresto tende a se converter, com o processo principal, em penhora;

b) sequestro:

✓ utilizado quando houver disputa a respeito da posse ou propriedade de um bem;

✓ tem por finalidade evitar o perecimento de determinado bem, de modo que o requerente tenha êxito numa futura execução de entrega de coisa certa;

✓ assim, tem por objeto um bem específico do requerido;

✓ o sequestro tende a se converter, com o processo principal, em depósito;

c) arrolamento:

✓ utilizado quando houver disputa a respeito da posse ou propriedade de bens indeterminados;

✓ tem por finalidade evitar o perecimento de tais bens, além de se saber quais são e quantos são os bens em disputa;

✓ ou seja, é instrumento próximo ao sequestro. A distinção entre as duas cautelares é que, no sequestro, sabe-se exatamente qual bem se quer proteger; no arrolamento, quer-se saber quais são os bens, além de protegê-los;

✓ assim, tem por objetivo arrolar (obter um relatório) e proteger um conjunto de bens na posse do requerido (utilizado principalmente em litígios de direito de família e entre sócios).

5.3.7.5. Cautelar nominada de busca e apreensão

5.3.7.5.1. Cabimento

A cautelar de **busca e apreensão** pode ter como objeto a *proteção de coisas ou de pessoas* (CPC, art. 839), por isso pode ser do tipo real ou pessoal, respectivamente. Como se percebe do seu nome, é composta de **dois núcleos**: *buscar e apreender*.

Trata-se de uma medida que pode ser incidental – quando já houver algum processo em curso – ou autônoma.

Essa cautelar tem uma *peculiaridade*: além de ser possível para assegurar a eficácia de um provimento jurisdicional (como a busca e apreensão de uma criança se o pai tenta fugir com ela enquanto se discute a guarda), também pode ser satisfativa, isto é, quando sua execução basta para que se alcance a pretensão do requerente (como no caso em que já houve a definição da guarda em favor da mãe e, durante a visita do filho ao pai, esse tenta fugir com a criança).

5.3.7.5.2. Requisitos e procedimento

Para que seja **concedida** a cautelar de busca e apreensão o requerente deverá demonstrar, como nas demais cautelares, o *fumus boni iuris* e o *periculum in mora*. Retomando o exemplo da busca e apreensão de menor, o perigo seria a *informação de que o pai pretende sair do país* e o bom argumento seria a *existência do processo judicial com guarda provisória para a mãe.*

Na petição inicial, deverá o requerente, quando possível, também indicar a localização da coisa ou pessoa a ser apreendida.

A medida pode ser concedida **liminarmente** (apenas com a prova da inicial) ou **após a justificação prévia** que, havendo interesses relacionados à intimidade da pessoa, *podem ocorrer em segredo de justiça (CPC, 841).*

São designados 2 (dois) oficiais de justiça para o cumprimento da diligência. Eles serão acompanhados de duas testemunhas. Se o morador, intimado a abrir as portas, recusar a fazê-lo, os oficiais podem *arrombá-la* para que tenham acesso ao local onde se presume estar a coisa ou pessoa procurada (CPC, art. 842).

5.3.7.6. Cautelar nominada de exibição

5.3.7.6.1. Cabimento

Essa cautelar tem como objeto a **exibição de** (CPC, art. 844):

(i) *coisa móvel;*

(ii) *documento* que seja *do requerente ou comum* entre requerente e requerido – ainda que esteja em poder de terceiro;

(iii) para a *escrituração comercial,* balanços etc., conforme previsão em lei.

A medida, quando autônoma, apresenta **caráter satisfativo**, *dispensando o ajuizamento da ação principal* prevista no art. 806 (poderá a parte, na posse dos documentos exibidos, posteriormente ingressar em juízo com alguma outra medida, mas que não será considerada principal em relação à exibição).

Por sua vez, a exibição incidental de documento se dá no próprio processo de conhecimento.

5.3.7.6.2. Requisitos e procedimento

✓ Nos termos do art. 845 do CPC, ao procedimento da cautelar de exibição aplicam-se as disposições relativas à exibição incidental (CPC, arts. 355 a 363 e 381 e 382).

5.3.7.7. Cautelar nominada de produção antecipada de provas

5.3.7.7.1. Cabimento

Como o próprio nome já indica, essa cautelar destina-se a **antecipar a realização de prova pericial ou testemunhal**, tendo em vista o risco de perecimento ou de desaparecimento dessa quando chegar o momento oportuno da instrução processual. Assim, tendo por objeto "prova", a medida pode consistir em *interrogatório, inquirição de testemunha ou exame pericial* (CPC, art. 846).

Não se presta à produção de prova documental – para isso, cabível a cautelar de exibição de documento acima analisada.

5.3.7.7.2. Requisitos e procedimento

Para justificar a adoção da medida, o requerente deve justificar a necessidade da antecipação, mencionando especificadamente o objeto da prova a ser produzida.

A cautelar de antecipação de prova *antecede o processo* e tem como objetivo *garantir a existência da prova que instruirá aquele.* Ocorre que, uma vez instaurado o processo e havendo receio de que não seja possível produzir a prova no momento oportuno, é possível requerer a concessão da medida como incidente nos próprios autos.

Desta forma, os requisitos para a providência compreendem o risco de perecimento ou impossibilidade de produção da prova *(periculum in mora)* e a relevância desta no processo que visa a instruir *(fumus boni iuris)*. Por exemplo, é o caso de adiantar a oitiva de uma testemunha idosa e doente que, por motivos de saúde, é provável que não possa depor quando for realizada a instrução.

5.3.7.8. Cautelares nominadas de protestos, notificações e interpelações

5.3.7.8.1. Cabimento

Embora tratada no capítulo das cautelares nominadas, os protestos, notificações e interpelações em rigor não constituem uma ação. Isso porque a **finalidade** das medidas é de *tão somente comunicar algo à outra parte, de maneira formal* (CPC, art. 867).

Assim, uma notificação – como, por exemplo, para constituir alguém em mora – é muito comum na esfera extrajudicial.

A previsão de notificação pela via judicial é cabível quando (i) o requerente quer mais segurança, (ii) as partes assim preveem em contrato e (iii) a lei assim determinar – como no caso de protesto interruptivo de prescrição, em que o Código Civil aponta a necessidade de "despacho do juiz" para interromper a prescrição (CC, art. 202, II).

5.3.7.8.2. Requisitos e procedimento

O requerente deve expor na inicial aquilo que ele pretende ver comunicado de modo formal. Os "fatos e fundamentos do protesto" nos termos da lei (CPC, art. 868).

Não há contraditório (se quiser, o requerido ingressa com novo protesto, mas não cabe contestação nos mesmos autos – CPC, art. 871); não há sentença.

Não há, tecnicamente, citação, mas mera intimação pelo oficial de justiça, a qual, uma vez efetivada, após 48 horas os autos (na íntegra) serão entregues ao recorrente (CPC, art. 872).

É admitida a intimação por edital nas hipóteses de (i) o protesto destinar-se ao conhecimento público; (ii) o requerido ser desconhecido ou estar em local ignorado ou de difícil acesso; e (iii) a demora na intimação pessoal puder frustrar a finalidade da própria medida (CPC, art. 870).

5.3.7.9. Cautelar de caução

5.3.7.9.1. Cabimento

Caução é a *garantia oferecida como sucedâneo de obrigações* decorrentes da lei ou de determinados atos do processo.

Assim, muitas vezes, para que determinado ato seja realizado em favor de alguém, essa pessoa deve prestar uma garantia para o caso de, ao final, não se confirmar sua pretensão – e, assim, o bem caucionado será revertido para a parte contrária.

Ou seja, *a caução busca acautelar alguém de um dano provável.* Uma das partes coloca à disposição da outra um bem que, em caso de inadimplemento, possa cobrir o valor da obrigação. Como exemplos, a necessidade de caução no caso de execução provisória (vide item 4.2.4.1) e no arresto (vide item 5.3.7.1.2).

Muitas vezes, a caução é realizada **incidentalmente**, *no próprio processo judicial em que ela se mostra necessária.* Contudo, pode também ocorrer de forma **autônoma**, e aí este se aplica o procedimento desta cautelar nominada.

A caução pode ser real (um bem é caucionado) ou fidejussória, ou seja, pessoal (uma pessoa é indicada como fiadora).

O Código traz duas possibilidades de caução: (i) quando a iniciativa parte daquele que está obrigado a dar caução (CPC, art. 829); (ii) quando parte daquele que tem direito à caução (CPC, art. 830).

5.3.7.9.2. Requisitos e procedimento

O procedimento varia conforme o objetivo seja o de prestar caução ou exigi-la.

Quando se for **prestar caução**, o obrigado requererá a citação da pessoa a favor de quem tiver de ser prestada, *indicando* *na petição inicial: I – o valor a caucionar; II – o modo pelo qual a caução vai ser prestada; III – a estimativa dos bens.*

No segundo caso (**exigir caução**), apenas será requerida a *citação do obrigado para que preste a caução*, sob pena de incorrer na sanção que a lei ou o contrato cominar para a falta.

Em ambos os casos, o requerido será citado para, no prazo de 5 (cinco) dias, aceitar a caução (art. 829), prestá-la (art. 830), ou contestar o pedido.

Nos termos do art. 832 do CPC, a sentença será proferida imediatamente se o requerido não contestar; se a caução oferecida ou prestada for aceita; ou se a matéria for somente de direito, ou, sendo de direito e de fato, já não houver necessidade de outra prova. Em não havendo nenhuma dessas situações, haverá a designação de audiência de instrução e julgamento (CPC, art. 833).

5.3.7.10. Cautelar de Atentado

5.3.7.10.1. Cabimento

A **finalidade do atentado** é *restabelecer a situação anterior* (status quo) *quando rompida indevidamente pela parte contrária.*

Do ponto de vista prático, atualmente não é muito utilizada – especialmente quando já há outra medida judicial e porque se busca obter o restabelecimento da ordem judicial no próprio processo em que ela foi determinada.

Admite-se o atentado nos seguintes **casos** (CPC, art. 879): (i) quando a *parte viola penhora, arresto, sequestro ou imissão na posse;* (ii) quando a parte *prossegue em obra embargada;* (iii) quando a parte pratica outra qualquer inovação ilegal no estado de fato.

Exemplo: bem penhorado tem como depositário o executado, que entrega o bem a terceiro, violando sua obrigação de depositário; o atentado pode ser utilizado para que o bem retorne para o depositário (e, como dito, é possível se pleitear isso incidentalmente no próprio processo de execução).

5.3.7.10.2. Requisitos e procedimento

Deve observar o procedimento comum das ações cautelares (CPC, art. 880). Como medida incidental e que pressupõe o curso de uma ação principal, será autuada em apartado e não suspenderá o trâmite desta última.

5.3.7.11. Medida provisional de separação de corpos

5.3.7.11.1. Cabimento

Dentre as **medidas provisionais previstas no art. 888** do CPC, merece destaque a **separação de corpos** *ou o* **afastamento temporário de um dos cônjuges**.

Essa cautelar permite que o requerente pleiteie *autorização judicial para cessar o dever de coabitação na constância do casamento*. Com isso, afasta-se eventual alegação de abandono do lar.

É possível requerer que um dos cônjuges saia do domicílio do casal ou que o outro não mais ingresse em tal local.

Presta-se, também, para marcar o início da separação de fato.

5.3.7.11.2. Requisitos e procedimento

Para a concessão da medida deve-se demonstrar a existência do casamento *(ou união estável)* e o indicativo de seu término *(fumus boni iuris)*, bem como o risco de dano grave relacionado à integridade física ou psicológica da parte requerente *(periculum in mora)*.

O procedimento é aquele estabelecido para as cautelares em geral (CPC, art. 801 e 803). É possível a concessão de liminar sem ouvir a parte contrária (especialmente em casos de risco à integridade de um dos cônjuges, usualmente a mulher) ou após justificação prévia.

6. PROCEDIMENTOS ESPECIAIS

6.1. Visão geral

Como já exposto em capítulos anteriores, o CPC conhece 3 processos (conhecimento, execução e cautelar).

No **processo de conhecimento**, existem *dois procedimentos*: comum e especial.

O **procedimento comum** se divide nos ritos *ordinário* e *sumário*.

O **procedimento é especial** quando apresentar *algo de distinto do procedimento comum.*

Em síntese, a divisão procedimental no processo de conhecimento é a seguinte:

(i) procedimento comum ordinário: *é a base, a norma geral que se aplica de forma subsidiária aos demais;*

(ii) procedimento comum sumário: *é, na teoria, mais simples e célere que o rito ordinário;*

(iii) procedimentos especiais: *surgem diante da impossibilidade de solução de determinados problemas pelo procedimento comum. A finalidade é adequar o procedimento ao direito material debatido.*

As diferenças, em relação ao procedimento paradigma (ordinário), são previstas em lei e podem estar nos prazos, na previsão de liminar, na modificação/concentração das fases processuais etc.

Mas é importante destacar que *não há apenas um procedimento especial*. São diversos procedimentos especiais, cada qual com alguma distinção em relação ao procedimento padrão.

Assim, diante de uma lide que deve ser solucionada via processo de conhecimento, **deve-se inicialmente verificar se existe algum procedimento especial**.

Se existir, deverá ser utilizado referido procedimento. Se não existir, parte-se para o procedimento comum – inicialmente verifica-se se é hipótese de cabimento do sumário; se não for, utiliza-se o ordinário.

Há procedimentos especiais no CPC e também em leis extravagantes.

No CPC, há procedimentos especiais de jurisdição contenciosa e procedimentos especiais de jurisdição voluntária.

É certo que inviável a análise, **nesta obra,** de **todos os procedimentos especiais. Assim, opta-se por apresentar aqui aqueles procedimentos que têm a maior probabilidade de estarem nos concursos de delegado (especialmente considerando editais e provas anteriores).**

6.1.1. Jurisdição contenciosa e voluntária

Consoante visto desde o início da exposição, a base para que exista o processo é a lide.

Contudo, há situações nas quais, mesmo sem a lide, há necessidade de se acionar o Judiciário. Nestes casos, fala-se em *jurisdição voluntária* por oposição à *jurisdição contenciosa*.

Assim:

✓ **jurisdição contenciosa**: *existe conflito entre as partes, o Judiciário atuará para compor a lide* (refere-se a tudo o quanto já foi exposto ao longo dos capítulos);

✓ **jurisdição voluntária** ou **graciosa**: não há lide, trata-se de verdadeira *administração pública, via Judiciário, de interesses privados*.

A respeito das distinções entre jurisdição voluntária e contenciosa, cabe apresentar o seguinte quadro:

Jurisdição contenciosa	Jurisdição voluntária (CPC, art. 1.103)
Existe lide	Inexiste lide
Existem partes (CPC, art. 14)	Existem interessados (CPC, art. 1.104)
Há coisa julgada (CPC, art. 467)	Não há coisa julgada (CPC, art. 1.111)
Juízo de legalidade estrita (CPC, art. 127)	Juízo de equidade (CPC, art. 1.109)

6.2. Ações possessórias

Na legislação civil, o **possuidor** é definido como *quem "tem de fato o exercício de algum dos poderes inerentes à propriedade"* (CC, art. 1.196).

Quando a *causa de pedir* de uma demanda **tiver por base a posse**, estaremos diante de uma *ação possessória*.

Quando a *causa de pedir* de uma demanda **tiver por base a propriedade**, estaremos diante de uma *ação petitória*. Dentre as petitórias, figura-se a ação reivindicatória (obtenção da *posse de um bem a partir de sua propriedade*), que segue o procedimento comum ordinário.

As possessórias é que têm um procedimento especial.

O CPC prevê **3 ações possessórias**:

(i) reintegração de posse, no caso de *esbulho* (*perda* da posse);

(ii) manutenção de posse, no caso de *turbação* (*perturbação* da posse, sem perdê-la);

(iii) interdito proibitório (*ameaça* de ser molestado na posse).

O **procedimento das possessórias é distinto** porque:

a) trata-se de **ações dúplices:**

É permitido ao réu, *na própria contestação, formular pedido em face do autor*, em relação a (CPC, art. 922):

✓ perdas e danos;

✓ própria proteção possessória.

Ou seja, em relação a esses pontos, *incabível a reconvenção*;

b) possibilidade de liminar:

Cabe *liminar na possessória* (CPC, art. 924) na hipótese de posse nova (ou seja, de *menos de ano e um dia*). Não se trata de uma antecipação de tutela (CPC, art. 273), mas sim de uma liminar com requisitos distintos: *prova da posse e tempo da moléstia*;

c) fungibilidade das ações possessórias:

Em virtude do *dinamismo dos fatos* em relação à posse, mesmo se o autor ajuizar uma determinada ação e a situação for (ou se transformar) em outra, *desde que provados os fatos, deverá o juiz conceder a proteção possessória* (CPC, art. 920);

d) audiência de justificação:

Se o juiz não se convencer, pelos documentos, a respeito da *concessão ou não da liminar*, deverá ser **designada audiência de justificação** para formar a convicção (CPC, art. 928).

Uma **prova** usual nas ações possessórias é o **boletim de ocorrência** referente ao *esbulho.possessório* (CP, art. 161, § 1º, II).

6.3. Juizados especiais

Atualmente existem três Juizados, que compõem um *sistema*.

No âmbito da Justiça Estadual existe o **Juizado Especial Cível** (Lei 9.099/1995), uma *opção* (em relação à Justiça Comum Estadual) para os litigantes com causas de *até 40 salários mínimos*.

De seu turno, na área federal, há o **Juizado Especial Federal** (Lei 10.259/2001), que tem *caráter obrigatório* para o julgamento das demandas com valor *até 60 salários mínimos*, bem como a aplicação subsidiária da Lei 9.099/1995.

E, também na esfera estadual, há o **Juizado da Fazenda Pública Estadual** (Lei 12.153/2009), para o julgamento de causas com valor de *até 60 salários mínimos* – sendo que, *onde estiver instalado, terá caráter obrigatório*. A lei teve sua vigência a partir de junho de 2010 e prevê que os juizados *devem ser instalados em até 2 anos*.

Mas, afinal, **o que são os Juizados?**

Trata-se tanto de (i) um *procedimento distinto* do comum ordinário previsto no CPC, como também (ii) a criação de uma *estrutura paralela* em relação à usual formatação da Justiça (em 2º grau, Colégio Recursal e não Tribunal).

Assim, é certo que haverá distinção em relação ao procedimento de causas perante os Juizados e causas perante a Justiça tradicional. Tanto é assim que no capítulo de recursos foi aberto um tópico específico para recursos nos juizados.

6.3.1. JEC (Lei 9.099/1995)

Os juizados buscam a **simplificação e a desburocratização do processo** (art. 2º).

Nesta linha, a inicial será mais simples que o art. 282 CPC. São **requisitos da inicial** (art. 14, § 1º):

(i) *qualificação* das partes;

(ii) fatos e fundamentos de forma *sucinta;*

(iii) *pedido e valor.*

Podem ser **autores no JEC** (art. 8º, § 1º):

✓ pessoas físicas *capazes;*

✓ *ME;*

✓ Organização da Sociedade Civil de Interesse Público (*OSCIP*);

✓ *sociedades de crédito ao microempreendedor.*

No tocante à capacidade postulatória, a própria parte é dotada nas *causas até 20 salários mínimos*, não havendo necessidade de advogado (art. 9º).

Não podem ser réus (art. 8º):

✓ *incapaz;*

✓ *preso;*

✓ pessoas jurídicas de *direito público;*

✓ *massa falida.*

Causas que **não são admitidas no JEC** (art. 3º, § 2º):

✓ *família* (alimentos e estado);

✓ *fiscal;*

✓ *falência;*

✓ interesse do *Estado.*

Visando à simplificação, há **institutos do CPC vedados no JEC**:

✓ intervenção de *terceiros* (art. 10);

✓ citação por *edital* (art. 18, § 2º);

✓ *reconvenção* (art. 31 – admite-se pedido contraposto);

✓ *ação rescisória* (art. 59).

O **procedimento do JEC** é:

1) inicial;
2) audiência de conciliação;
3) audiência de instrução (apresentação de contestação/ oitiva de testemunhas e depoimento pessoal, se for o caso/ alegações finais);
4) sentença (passível de recurso para o Colégio Recursal) que não poderá ser ilíquida (art. 38, parágrafo único);
5) após trânsito em julgado: formação do título – cumprimento de sentença perante o próprio JEC (art. 52).

6.3.2. JEF (Lei 10.259/2001) e JEFP (Lei 12.153/2009)

Aplica-se de forma subsidiária aos demais juizados a Lei 9.099/1995.

Além do procedimento, o destaque para o JEF e o JEFP é que no polo passivo encontram-se entes estatais. No **JEF**, *entes públicos federais*; no **JEFP**, *entes públicos estaduais e municipais.*

Outro destaque é que o pagamento não é feito por precatório, mas sim por requisição de pequeno valor, *muito mais ágil.*

Quanto ao **procedimento**:

JEF
1) inicial;
2) audiência de conciliação e instrução OU; **2a) contestação em 30 dias e, se necessário, audiência de instrução;**
3) sentença (passível de recurso para o Colégio Recursal);
4) após trânsito em julgado: formação do título – pagamento será efetuado em 60 dias, independentemente de precatório (requisição de pequeno valor – "RPV" – art. 17).

JEFP
1) inicial;
2) audiência de conciliação (com supervisão do juiz – art. 16);
3) audiência de instrução;
4) sentença;
5) após trânsito em julgado, formação do título – execução perante o próprio juizado. **– Quanto à execução, poderá ser por "obrigação de pequeno valor", em até 60 dias, ou precatório (art. 13): lei específica de cada ente estipulará até qual quantia será via OPV e a partir de qual valor será por precatório.** **– O art. 13, § 3º, estipula que, na ausência de lei, serão os seguintes valores para pagamento via OPV: (i) 40 salários mínimos, quanto aos Estados e ao Distrito Federal; (ii) 30 salários mínimos, quanto aos Municípios.** **– Se não houver o pagamento da OPV no prazo, será possível o sequestro de renda pública, dispensada a oitiva da Fazenda (art. 13, § 1º).**

6.3.3. Recursos nos juizados especiais

6.3.3.1. JEC (Lei 9.099/1995)

Considerando a Lei 9.099/1995 e a Constituição, no JEC existem três recursos:

✓ recurso inominado;

✓ embargos de declaração; e

✓ recurso extraordinário.

A Lei 9.099/1995 prevê *recurso para impugnar a sentença.* Diante da ausência de nome, a doutrina e a jurisprudência passaram a denominá-lo de **recurso inominado** (art. 41), a ser interposto no *prazo de 10 dias* (art. 42), dependendo de *preparo* (art. 42, § 2º), em regra *somente com efeito devolutivo* (art. 43).

Quanto ao *processamento* do recurso inominado, é *semelhante ao da apelação.* Após o recebimento, será aberta vista à parte contrária para *contrarrazões* e então o recurso será encaminhado ao **Colégio Recursal**, *órgão que é composto de juízes de 1º grau e que, de forma colegiada, decidirão o recurso.*

No mais, segundo entendimento majoritário, não cabe o recurso na modalidade adesiva, por falta de previsão legal.

Das decisões de 1º e 2º grau do Juizado cabem **embargos de declaração** *para sanar omissão, contradição, obscuridade ou dúvida* (art. 48), no prazo de *5 dias* (art. 49). Como se percebe, há mais uma hipótese de cabimento (*dúvida*), *não prevista no CPC.*

Outra distinção em relação ao CPC é que, no JEC, os embargos de declaração *suspendem o prazo*, ao passo que no CPC (art. 538) há a *interrupção.* Lembrando que a *suspensão do prazo significa que ele retoma de onde parou*, ao passo que na *interrupção tem início novo prazo.*

Portanto, à luz do CPC, se uma sentença é impugnada por *declaratórios no 5º e último dia do prazo*, posteriormente *a parte terá 15 dias para apelar* (novo prazo de 15 dias se inicia).

Já no JEC, se uma sentença é impugnada por *declaratórios no 5º e último dia do prazo*, posteriormente *a parte terá 5 dias para interpor o recurso inominado* (continuação do prazo de 10 dias).

No JEC é admissível também o **recurso extraordinário**, *se o acórdão do Colégio Recursal violar a Constituição* (CF, art. 102, III) – com todos os requisitos e formas como já acima exposto.

Por outro lado, **não cabe no JEC**, por falta de previsão legal:

✓ *agravo ou qualquer recurso contra decisões interlocutórias.* Em alguns Estados, em casos de urgência, admite-se o agravo (como em São Paulo). Mas o entendimento que prevalece (FONAJE, enunciado 15) é pelo *não cabimento do agravo*, com a admissão, em situações excepcionais, do *mandado de segurança.* Assim, vale conhecer o entendimento prevalecente no Estado da prova a ser realizada;

✓ *recurso especial.* Mesmo que uma decisão do Colégio Recursal viole legislação federal ou jurisprudência do STJ, não será cabível o REsp (neste sentido, Súmula 203 do STJ: "não cabe recurso especial contra decisão proferida por órgão de segundo grau dos juizados especiais").

Contudo, diante de dificuldades que essa situação vem causando no cotidiano forense, *tem-se admitido a reclamação para o STJ*, de modo a impugnar decisões do Colégio Recursal em claro confronto com a jurisprudência do Tribunal (STF, RE 571572 ED, *DJe*-223, DIVULG 26.11.2009 e Resolução 12/2009 do STJ). Isso *até que se crie, no JEC, um incidente de uniformização de jurisprudência* (*vide* item abaixo).

6.3.3.2. JEF (Lei 10.259/2001) e JEFP (Lei 12.153/2009)

As leis que criaram o JEF e o JEFP, no tocante aos recursos, são muito semelhantes.

A base recursal é a mesma já prevista no JEC (*a Lei 9.099/1995 é aplicada de forma subsidiária*). Assim, tal qual acima exposto, *são cabíveis:*

✓ recurso inominado;

✓ embargos de declaração; e

✓ recurso extraordinário.

Mas, além disso, há a previsão de:

✓ **recurso de decisão interlocutória** (ou seja, **agravo** – apesar de a Lei não fazer menção a este nome), *desde que se trate de tutela de urgência* (arts. 4º e 5º da Lei 10.259/2001 e art. 3º e 4º da Lei 12.153/2009);

✓ **incidente ou pedido de uniformização**, *a ser utilizado caso haja divergência entre os diversos Colégios Recursais ou entre estes e o STJ* (art. 14 da Lei 10.259/2001 e art. 18 da Lei 12.153/2009). Mas vale destacar que o incidente, apesar de impugnar acórdão de Colégio Recursal, *não tem natureza recursal.*

6.4. Mandado de Segurança Individual

O ***mandado de segurança*** *é o instrumento adequado para proteger direito líquido e certo não amparado por* habeas corpus *ou* habeas data, *quando o responsável pela ilegalidade ou abuso de poder for autoridade pública ou agente de pessoa jurídica no exercício de atribuições do Poder Público* (Lei 12.016/2009, art. 1º).

O direito líquido é certo é aquele que independe de outra prova que não a documental.

O prazo para impetração do mandado de segurança é decadencial de 120 (cento e vinte) dias contados da ciência do ato impugnado (Lei 12.016/2009, art. 23). A decadência se refere ao uso do instrumento, sendo possível o ajuizamento da demanda pelas vias ordinárias até a prescrição da pretensão.

Procedimento:

1) Petição inicial: deverá demonstrar a ofensa ao direito líquido e certo, indicando a autoridade coatora do ato;
2) Liminar: é possível a concessão de liminar (Lei 12.016/2009, art. 7º, III) – sendo que existem restrições à concessão de liminares contra a Fazenda Pública (Lei 9.494/1997);
3) Após prestadas as informações pela autoridade coatora, o MP será ouvido (Lei 12.016/2009, art. 12);
4) Se a sentença for concessiva da ordem, há reexame necessário (Lei 12.016/2009, art. 14, § 1º).

6.5. *Habeas Corpus* no âmbito cível

O *habeas corpus* é uma **medida de natureza penal**, prevista na CF e no CPP.

Apesar disso, *é possível seu uso no cível, no caso de prisão civil.* Ainda que seja utilizado nessa hipótese, estaremos diante de uma medida penal (tanto que *não há valor da causa nem recolhimento de custas*), mas que será julgada por uma Turma ou Câmara Cível (nos Tribunais em que houver essa diferenciação).

Não há necessidade de atuação de advogado, sendo a própria parte dotada de capacidade postulatória.

No cível, a principal hipótese de cabimento é em relação à **prisão civil do devedor de alimentos** (tema já mencionado no item 4.2.3.4 acima).

No passado, também se utilizava para a hipótese de **prisão do depositário infiel**. Mas, considerando que o Brasil é signatário da Convenção Americana de Direitos Humanos (Pacto de San José da Costa Rica) que permite a prisão civil apenas no caso do devedor inescusável de alimentos, *o STF entendeu não mais ser cabível a prisão do depositário infiel* (nesse sentido, a Súmula Vinculante 25: "É ilícita a prisão civil de depositário infiel, qualquer que seja a modalidade do depósito").

6.6. *Habeas Data* (Lei 9.507/1997)

O *Habeas Data* é o meio processual para tutelar a garantia fundamental prevista no art. 5º, LXXII da CF. De um lado visa a assegurar ao interessado o **conhecimento das informações que lhe digam respeito**; de outro, permite a respectiva **retificação, quando incorretos os registros**.

Apresenta algumas semelhanças com o MS, inclusive em relação à sua forma de efetivação (caráter mandamental e possibilidade de tutela específica – CPC, art. 461 e §§).

A **legitimidade ativa** é do *indivíduo detentor dos dados* (remédio processual personalíssimo).

Antes do ingresso em juízo, a lei exige que a parte *revele sua pretensão no plano administrativo*, sendo que a petição inicial será instruída com *prova de eventual recusa*, seja ela de acesso ou de retificação (art. 8º, parágrafo único).

Ao apreciar a inicial, o juiz ordenará que se *notifique o coator* a respeito do conteúdo da petição, entregando-lhe a segunda via apresentada pelo impetrante, com as cópias dos documentos, a fim de que, no prazo de dez dias, preste as *informações* que julgar necessárias (art. 9º).

A inicial será desde logo indeferida, quando não for o caso de *habeas data*, ou se lhe faltar algum dos requisitos previstos na Lei (art. 10). E contra esta decisão caberá recurso de apelação (art. 15).

Se julgar procedente o pedido, o juiz marcará data e horário para que o coator:

I – *apresente ao impetrante as informações a seu respeito*, constantes de registros ou bancos de dadas; ou

II – *apresente em juízo a prova da retificação* ou da anotação feita nos assentamentos do impetrante (art. 13).

6.7. Ação popular (Lei 4.717/1965)

Presta-se à **defesa do patrimônio público** (declaração de *nulidade dos atos lesivos a qualquer ente ligado ao Estado*).

Quando surgiu, não tinha a abrangência coletiva que hoje a ela se dá (não era vista como um instrumento de defesa dos direitos coletivos).

A *legitimidade ativa é do cidadão* (prova da cidadania é feita com *título de eleitor*).

É um *procedimento especial* por apresentar diversas distinções em relação ao procedimento comum ordinário:

✓ *prazo para contestar* de 20 dias, prorrogáveis por mais 20 (art. 7º, § 2º, IV);

✓ *coisa julgada* (art. 18)

✓ *duplo grau* no caso de *improcedência ou carência (art. 19).*

✓ A decisão que reconhecer a lesividade de um ato ao patrimônio público beneficiará a toda a coletividade.

6.8. Ação civil pública (Lei 7.347/1985 – LACP)

Marca o *efetivo início* na defesa dos *interesses coletivos*. Pode ser utilizada para a defesa do:

(i) meio ambiente;

(ii) consumidor;

(iii) bens de valor artístico, estético, histórico, turístico e paisagístico;

(iv) qualquer outro interesse difuso ou coletivo;

(v) ordem econômica;

(vi) ordem urbanística,

(vii) à honra e à dignidade de grupos raciais, étnicos ou religiosos,

(viii) ao patrimônio público e social.

Cabe destacar que a inclusão dos dois últimos incisos *ocorreu em 2014.*

Pela lei, não cabe ACP para discussão de (art. 1º, parágrafo único):

✓ tributos;

✓ contribuições previdenciárias;

✓ FGTS;

✓ outros fundos de natureza institucional cujos beneficiários possam ser individualmente determinados.

A *legitimidade ativa* não é do indivíduo, mas de um ente que representa a coletividade (art. 5º):

(i) MP;

(ii) Defensoria Pública;

(iii) União, Estados, DF e Municípios;

(iv) autarquia, empresa pública, fundação, sociedade de economia mista;

(v) associação (criada há mais de um ano e que tenha como finalidade a defesa de algum dos bens previstos na lei).

Trata-se de um *procedimento especial* por apresentar uma série de distinções em relação ao procedimento comum (legitimidade, participação do MP no processo e coisa julgada).

6.9. Mandado de segurança coletivo (Lei 12.016/2009)

Essa lei regula tanto o MS individual (como visto em 6.3) quanto o coletivo.

A **legitimidade** para a impetração da medida é a seguinte (art. 21):

✓ *partido político* com representação no Congresso Nacional, na defesa de *interesses legítimos relativos a seus integrantes ou à finalidade partidária*;

✓ *organização sindical, entidade de classe ou associação* legalmente constituída e em funcionamento há, pelo menos, 1 (um) ano, em *defesa de direitos líquidos* e certos da totalidade, ou de parte, *dos seus membros ou associados*, na forma dos estatutos e desde que *pertinentes às suas finalidades* (dispensada autorização dos substituídos).

Cabe MS coletivo para tutelar direito **coletivo** e **individual homogêneo** (art. 21, parágrafo único).

A coisa julgada é *limitada aos membros do grupo ou categoria* (art. 22).

6.10. Normas processuais presentes em outras leis extravagantes

Além dos procedimentos especiais acima analisados, cabe, por fim, destacar alguns aspectos processuais em leis relevantes para a função de delegado. Não se trata de diplomas eminentemente processuais, mas que trazem regras processuais que são relevantes e que podem constar de algum concurso (e não apenas na disciplina processo civil).

6.10.1. Código de Defesa do Consumidor

O CDC, do ponto de vista processual, traz normas que se prestam à tutela individual e coletiva.

Quanto à tutela coletiva, o tema foi mencionado em tópicos acima (6.6 a 6.8).

Quanto à tutela individual, arrolamos a seguir os principais aspectos:

– *principiologia*: **acesso à justiça** e **assistência jurídica** aos necessitados (arts. 4º, 5º e 6º do CDC);

– **inversão do ônus da prova** (art. 6º, VIII do CDC): para sua aplicabilidade, exige (i) verossimilhança das alegações do consumidor e (ii) hipossuficiência. Prevalece o debate, na doutrina e jurisprudência, a respeito de qual o momento para que haja a inversão do ônus da prova (se é possível apenas na sentença ou se, desde o saneador isso já será decidido – existindo alguma prevalência desta última tese, no STJ). Essa divergência, em parte, decorre dos entendimentos distintos quanto ao ônus da prova ser *regra de produção de prova* (também chamada de regra de procedimento, pela qual o juiz deverá, antes da produção da prova, destacar de quem é o ônus) ou *regra de julgamento* (somente quando proferindo a sentença, na análise das provas, é que o juiz observará se é hipótese de inversão do ônus);

– **descabimento de arbitragem de forma compulsória** (art. 51, VII do CDC): são *abusivas* cláusulas que determinem a utilização compulsória da arbitragem;

– **tutela específica das obrigações de fazer ou não fazer** (art. 84 do CDC): é a presença, no âmbito do CDC, da situação prevista no art. 461 do CPC. A multa estabelecida no § 4º poderá ser fixada de ofício (AgRg no Ag 546.698/RS, Rel. Min. Fernando Gonçalves);

- **má-fé processual** (art. 87 do CDC): *não pode ser presumida e deve ser cabalmente comprovada*. Seus efeitos, uma vez verificada sua ocorrência, serão aplicados com base nos arts. 16 e 18 do CPC;

- **vedação da denunciação à lide** (art. 88 do CDC): descabe, nas demandas envolvendo consumo, a denunciação da lide. *O fundamento é evitar a morosidade processual e se buscar a reparação efetiva e integral dos danos causados ao consumidor*. Majoritariamente, entende-se que as modalidades de intervenção de terceiros não podem ser deferidas em prejuízo do consumidor (AgRg no Ag 184.616/RJ, Rel. Min. Nancy Andrighi);

-- **competência do foro do domicílio do consumidor** (art. 101, I, do CDC): nas ações de indenização amparadas na responsabilidade civil do fornecedor, o feito poderá ser ajuizado, *a critério do consumidor, em seu domicílio ou no do fornecedor*. Será nula a cláusula de foro de eleição que importe em dificuldade de acesso ao Poder Judiciário.

6.10.2. *Estatuto da Criança e do Adolescente*

O ECA (Lei 8.069/1990), do ponto de vista processual civil, também merece algumas considerações:

- **acesso à justiça** (art. 141 do ECA): toda criança ou adolescentes terá acesso à Defensoria Pública, Ministério Público e Poder Judiciário, por qualquer de seus órgãos. Vale destacar, porém, que isso não significa a desconsideração das regras de capacidade existentes no sistema. ;

- **capacidade processual** (art. 142 do ECA): assim como previsto no CC, os absolutamente incapazes serão representados e os relativamente incapazes serão assistidos em juízo;

- **criação de varas especializadas**: a lei prevê a criação de *varas especializadas e exclusivas da infância e da juventude* (art. 145 do ECA), nas quais haverá isenção de custas e emolumentos, ressalvada a hipótese de litigância de má-fé (art. 141, § 2º, do ECA). A competência territorial será determinada (art. 147 do ECA): (i) pelo domicílio dos pais ou responsável (inciso I); (ii) pelo lugar onde se encontre a criança ou adolescente, à falta dos pais ou responsável (inciso II).

- **competência das varas especializadas, no âmbito processual civil**: (i) adoção e seus incidentes (art. 148, III, do ECA); (ii) ações civis fundadas em interesses individuais, difusos ou coletivos afetos à criança e ao adolescente (art. 148, IV, do ECA); (iii) *quando a criança ou o adolescente estiverem sob medida de proteção* (prevista no art. 98 e ss. do ECA) também caberá à justiça da infância e juventude: (a) conhecer de pedidos de guarda e tutela; (b) conhecer de ações de destituição do poder familiar, perda ou modificação da tutela ou guarda; (c) suprir a capacidade ou o consentimento para o casamento; (d) conhecer de pedidos baseados em discordância paterna ou materna, em relação ao exercício do poder familiar; (e) conceder a emancipação, nos termos da lei civil, quando faltarem os pais; (f) designar curador especial em casos de apresentação de queixa ou representação, ou de outros procedimentos judiciais ou extrajudiciais em que haja interesses de criança ou adolescente; (g) conhecer de ações de alimentos; (h) determinar o cancelamento, a retificação e o suprimento dos registros de nascimento e óbito;

- **aplicação subsidiária do CPC, inclusive em relação a recursos** (arts. 152 e 198 do ECA): os procedimentos regulados no ECA terão aplicação subsidiária das normas previstas na legislação processual pertinente, também no tocante aos recursos, observadas as seguintes adaptações: (i) os recursos serão interpostos *independentemente de preparo*; (ii) *em todos os recursos*, salvo nos embargos de declaração, *o prazo para o MP e para a defesa será sempre de 10 (dez) dias*; (iii) os recursos terão preferência de julgamento e dispensarão revisor; (iv) antes de determinar a remessa dos autos à superior instância, no caso de apelação, ou do instrumento, no caso de agravo, a autoridade judiciária proferirá despacho fundamentado, mantendo ou reformando a decisão, no prazo de cinco dias; (v) mantida a decisão apelada ou agravada, o escrivão remeterá os autos ou o instrumento à superior instância dentro de vinte e quatro horas, independentemente de novo pedido do recorrente; se a reformar, a remessa dos autos dependerá de pedido expresso da parte interessada ou do Ministério Público, no prazo de cinco dias, contados da intimação.

Além disso: (i) a sentença que deferir a adoção produz *efeito desde logo*, embora sujeita a *apelação, que será recebida exclusivamente no efeito devolutivo*, salvo se se tratar de *adoção internacional ou se houver perigo de dano irreparável ou de difícil reparação ao adotando*; (ii) a sentença que *destituir ambos ou qualquer dos genitores do poder familiar* fica sujeita a apelação, que deverá ser recebida apenas no efeito devolutivo; (iii) os recursos nos procedimentos de adoção e de destituição de poder familiar, em face da relevância das questões, serão processados com *prioridade absoluta*, devendo ser imediatamente distribuídos, ficando vedado que aguardem, em qualquer situação, oportuna distribuição, e serão colocados em mesa para julgamento sem revisão e com parecer urgente do ministério público; (iv) o relator deverá colocar o processo em mesa para julgamento no prazo máximo de 60 (sessenta) dias, contado da sua conclusão; (v) o MP será intimado da data do julgamento e poderá na sessão, se entender necessário, apresentar oralmente seu parecer.

6.10.3. *Estatuto do Idoso*

O Estatuto do Idoso (Lei 10.741/2003) também tem normas processuais, com destaque para:

- **varas especializadas** (art. 70 do EI): a lei prevê a criação de varas especializadas e exclusivas do idoso;

- **prioridade na tramitação do processo** (art. 71 do EI): a partir dos *60 (sessenta) anos de idade*, a parte terá prioridade na tramitação processual. O benefício deve ser requerido pela parte, mediante documento probatório da idade. Contudo, há entendimento no sentido de que o benefício pode ser concedido de ofício por se tratar de norma de ordem pública;

- **competência** (art. 80 do EI): as causas envolvendo direitos de idosos deverão ser propostas no próprio domicílio do idoso – e o artigo afirma que isso se trata de *competência absoluta*, ressalvada a competência da Justiça Federal e a competência originária dos tribunais Superiores;

11. Direito Empresarial

Henrique Subi

1. TEORIA GERAL DO DIREITO EMPRESARIAL

1.1. Empresário

Com o advento do Código Civil (CC) de 2002, abandona-se a teoria dos atos de comércio sobre a qual se fundava o Direito Comercial e alarga-se o grupo de destinatários das respectivas normas, agora modernizadas pela adoção formal no país da **teoria da empresa** nascida na Itália. Assim, o Direito Empresarial deixa de acolher apenas os **comerciantes**, definidos em rol exaustivo, e abraça os **empresários**, definidos em conceito aberto pelo CC.

O art. 966 do CC define **empresário** como aquele que *exerce profissionalmente atividade econômica organizada para a produção ou a circulação de bens ou de serviços*. Para a caracterização do empresário, portanto, é necessária a concorrência de diversos elementos:

a) Profissionalismo: dizemos que determinada pessoa exerce um trabalho profissionalmente quando o faz com *habitualidade*, ou seja, *em caráter não eventual*, com frequência (ex.: a pessoa que vende seu próprio carro para outro particular unicamente quando está interessada em adquirir outro, não pode ser considerada um empresário do ramo de venda de veículos); *pessoalidade*, o que significa dizer que o empresário é aquele que exerce a atividade *em nome próprio* (empresária é a pessoa jurídica que figura como parte contratante e assume as responsabilidades pelo negócio e não seu eventual preposto – gerente, administrador – ou mesmo o sócio que por ela assina); e *monopólio das informações*, sendo profissional aquele que *detém os conhecimentos indispensáveis para a realização das atividades*, cabendo a ele decidir quais desses dados podem ou devem chegar ao conhecimento dos consumidores e demais figuras do mercado (ex.: insumos necessários, tecnologia empregada, riscos na utilização do produto ou serviço etc.);

b) Atividade econômica: para o Direito Empresarial, atividade econômica é aquela *com fins lucrativos*, que não devem jamais ser confundidos com o imprescindível superávit que qualquer atividade busca para perpetuar-se. Caracteriza-se a **finalidade lucrativa** com a *incorporação do lucro contábil da atividade ao patrimônio pessoal do empresário individual, ao titular da empresa individual de responsabilidade limitada ou com a divisão deste entre os sócios da pessoa jurídica empresária*. Ex.: uma ONG vende habitualmente doces caseiros para obter receita e financiar programas assistenciais. Para que essa organização sobreviva em seu intento, é fundamental que as receitas sejam maiores que as despesas. Porém, se o superávit é reaplicado na própria atividade, proporcionando assistência social a um número maior de pessoas, não estamos diante de uma sociedade empresária;

c) Organização: só é empresário aquele que organiza os **quatro fatores de produção** para o exercício de sua atividade econômica: **capital**, que são os *investimentos realizados no momento da constituição da empresa e os aportes financeiros exigidos ao longo de sua existência no mercado*; **mão de obra**, pois o empresário não trabalha sozinho, *ele deve contratar empregados ou colaboradores que o auxiliem na atividade* (a qual, lembre-se, ele exercerá sempre em nome próprio); **insumos**, que podem ser conceituados como *os bens que o empresário reúne e utiliza para consecução de seus objetivos*; e **tecnologia**, não necessariamente de ponta, mas o pleno conhecimento, pelo empresário, *dos métodos e dados importantes para a qualidade dos produtos ou serviços oferecidos*. Acompanhe o seguinte exemplo: suponha um senhor que ganha a vida fazendo e vendendo pastéis em uma feira livre. Ele investe dinheiro em seu pequeno negócio (**capital**) e com ele compra ingredientes, temperos, estufa, panelas (**insumos**); a fim de conseguir atender a demanda da feira, contrata ajudantes para fritar os pastéis e anotar os pedidos dos clientes (**mão de obra**); e o sucesso de suas vendas depende diretamente do quanto ele conhece da arte de fazer pastéis, como a quantidade de fermento na massa, a temperatura correta do óleo ou quanto tempo o recheio dura na geladeira antes de estragar (**tecnologia**);

d) Produção ou circulação de bens ou serviços: trata-se, a nosso ver, do coração do conceito, pois de nada adianta alguém exercer profissionalmente uma atividade econômica organizada se esta atividade não se enquadrar em um dos **objetos** previstos no CC. São eles: **indústria** (produção de bens), **comércio** (circulação de bens), **prestação de serviços** (produção de serviços) e **agenciamento** (circulação de serviços – **agente** *é o empresário que aproxima o prestador de serviços do interessado em contratá-lo*, sendo exemplos o agente de viagens e o agente de determinado artista famoso que negocia o local e o valor das apresentações).

Se estivermos tratando de uma **sociedade por ações**, regularmente instituída na forma da Lei 6.404/1976, ela será sempre empresária, pouco importando sua tipicidade ao conceito analisado, por força do art. 982, parágrafo único, do CC.

1.1.1. Atividades não empresárias por determinação legal

Em suma, e como regra, basta avaliarmos se a atividade exercida pela pessoa física ou jurídica enquadra-se no conceito que estaremos diante de um empresário. Todavia, o CC exclui diretamente do Direito de Empresa as atividades *intelectuais, de natureza científica, literária ou artística*. Isso impõe que advogados, contadores (**atividades científicas**), escritores (**atividade literária**) e pintores ou músicos (**atividades artísticas**), por mais que exerçam profissionalmente tais atividades, incorporando todos os demais elementos do art. 966, por expressa determinação legal não serão considerados empresários.

Esses afazeres são considerados, juntamente com quaisquer outros que não se vinculem ao conceito, **atividades econômicas civis**, cujo regime jurídico será aquele previsto no Direito das Obrigações.

Aquele que exerce, por conta própria, atividades econômicas civis é chamado de **profissional liberal**.

Já a sociedade que não puder ser considerada empresária, por sua atividade não se enquadrar no conceito do art. 966 ou por expressa exclusão legal, será chamada de **sociedade simples**.

Existe, entretanto, uma possibilidade para que as atividades intelectuais sejam empresárias: basta que constituam **elemento de empresa**, que nada mais é do que *a transformação de uma atividade intelectual em um serviço que se desvincula da individualidade do cientista, literato ou artista, tornando-se pura atividade econômica*. Com efeito, usualmente esses profissionais são procurados por conta das qualidades de seu trabalho individual, sendo os resultados umbilicalmente ligados ao profissional, o que não se coaduna com a **teoria da empresa**.

Se, não obstante, o profissional expandir seus negócios de forma que seu escritório, sua clínica ou seu ateliê seja procurado pelo renome da organização e não mais pela individualidade do trabalho de seu proprietário, fica caracterizada a empresa. É o que ocorre, por exemplo, com uma grande clínica médica que conte com os serviços de diversos profissionais. Dificilmente, nesse caso, os pacientes dirigem-se à clínica para se consultar com seu fundador, que dá nome ao empreendimento, mas sim para serem atendidos por um dos diversos médicos que lá trabalham. O dono da clínica talvez nem mais exerça a medicina, dedicando-se exclusivamente à administração do negócio. Veja-se, a propósito, o Enunciado 195 JDC/CJF: "A expressão 'elemento de empresa' demanda interpretação econômica, devendo ser analisada sob a égide da absorção da atividade intelectual, de natureza científica, literária ou artística, como um dos fatores da organização empresarial". A interpretação do STJ não diverge: "a caracterização do exercício de profissão intelectual como 'elemento de empresa' ocorre quando a aludida atividade integra um objeto mais complexo, próprio da atividade empresarial. Há, ainda, caracterização de 'elemento de empresa' quando o serviço é prestado sem caráter personalíssimo, vale dizer, quando não exige atuação pessoal de um profissional habilitado a desempenhar uma atividade qualificada dirigida a uma clientela individualizada" (STJ, REsp 1028086/RO, *DJ* 20.10.2011, voto do Ministro Teori Albino Zavascki).

A lei também exclui do regime jurídico empresarial as **cooperativas** (sem exceção) e o **produtor rural não registrado no órgão do Registro de Comércio**, que é a Junta Comercial. Quem se dedica à atividade rural (agricultura, pecuária ou extração) tem a opção de ser tratado como empresário ou não. Para a primeira hipótese, basta que requeira seu registro junto à Junta Comercial competente. Se não o fizer, não será empresário.

1.1.2. Configuração do empresário

Qualquer pessoa pode, em determinado momento, decidir lançar-se em alguma atividade empresária para auferir lucros com ela. Deve apenas escolher se o fará sozinho ou dividindo as responsabilidades e ganhos com terceiros.

A pessoa física que exerce sozinha, em nome próprio, atividade empresária é denominada **empresário individual**. Cuidado aqui: o empresário individual está "sozinho" porque prefere não ter sócios, mas deve sempre organizar mão de obra, contratando empregados e prepostos para que seja considerado empresário!

A principal característica do empresário individual é a ausência de separação patrimonial entre a atividade empresária e seu patrimônio pessoal. Isso implica que o empresário individual responde ilimitadamente pelas dívidas da empresa.

Com o advento da Lei 12.441/2011, foi criada uma nova forma de exercício de empresa: a **empresa individual de responsabilidade limitada (EIRELI)**, *espécie de pessoa jurídica cujo capital social é totalmente subscrito e integralizado por uma única pessoa física (há diversas manifestações doutrinárias contrárias a essa limitação, ou seja, defendendo a possibilidade de criação da EIRELI por uma outra pessoa jurídica, como acontece em outros países. A lei, todavia, é clara ao permitir somente pessoas físicas, sendo necessário aguardar manifestações jurisprudenciais sobre o tema)*. Com a atribuição da personalidade jurídica, forçoso reconhecer a autonomia patrimonial e negocial à EIRELI, e será ela, a pessoa jurídica, a ser considerada empresária, e não seu titular.

São requisitos para a constituição da EIRELI (art. 980-A do CC):

a) Capital social de, no mínimo, 100 salários mínimos;

b) A pessoa física que constituir a EIRELI somente poderá figurar em uma única pessoa jurídica desta modalidade;

c) Aplicação supletiva das normas que regem a sociedade limitada.

O novel dispositivo legal atribui, ainda, à EIRELI a remuneração decorrente da cessão de direitos patrimoniais de autor ou de imagem, nome, marca ou voz de que seja detentor o titular da pessoa jurídica, vinculados à atividade profissional.

Não poderíamos deixar de ressaltar o fato de que, apesar de seu pouco tempo de existência jurídica, a EIRELI já é alvo de uma série de críticas por parte da doutrina. À guisa de exemplo, anotamos que tramita no STF a Ação Direta de Inconstitucionalidade nº 4637, proposta pelo Partido Popular Socialista (PPS) alegando, em síntese, que a exigência mínima de 100 salários mínimos para a constituição do capital da EIRELI é inconstitucional, por violar a proibição de vinculação do salário mínimo para qualquer fim (prevista no art. 7º, IV, da CF) e limitar a livre iniciativa (art. 170 da CF), pois exige um poder econômico incompatível com a maioria dos pequenos empresários nacionais.

Se a atividade, por outro lado, for exercida em conjunto de duas ou mais pessoas, dividindo-se os riscos do negócio, estaremos diante de uma **sociedade empresária**. Mais uma vez, atenção! Empresária é a pessoa jurídica, a sociedade, e não os sócios, diante da personalidade distinta que a pessoa jurídica ostenta diante de seus fundadores.

Sabemos que o termo **sociedade** está vinculado ao estudo das **pessoas jurídicas** no CC, sendo deste gênero uma das espécies. Surge, então, uma questão relevante: e as demais espécies de pessoas jurídicas, podem ser consideradas empresárias?

Para responder a essa indagação, basta visitarmos o conceito de cada uma delas no Código. Diz o art. 53 que as **associações** *são uniões de pessoas organizadas para fins não econômicos*, o que afasta sem rodeios, a chance de serem consideradas empresárias; a **fundação** *somente poderá constituir-se para fins religiosos, morais, culturais ou de assistência* (art. 62, parágrafo único), novamente uma exclusão direta da atividade empresária; as **organizações religiosas**, por sua própria natureza, também não são voltadas para a produção ou circulação de bens ou serviços com fito de lucro; e, por último, os **partidos políticos** destinam-se a *assegurar, no interesse do regime democrático, a autenticidade do sistema representativo e a defender os direitos fundamentais definidos na Constituição Federal* (art. 1º da Lei 9.096/1995).

Restam, então, a empresa individual de responsabilidade limitada e a sociedade. A primeira analisamos acima, dentro do contexto do empresário individual, e obviamente pode ter natureza empresária. Quanto às pessoas jurídicas que se constituem pela união de duas ou mais pessoas com um objetivo comum, nota-se que a utilização do termo **sociedade empresária** não foi à toa. Dentre estas, ela é a única que se destina *ao exercício de atividade econômica e a partilha dos resultados entre os sócios.*

1.1.3. Capacidade para ser empresário

Antes de avaliar as regras sobre a capacidade para ser empresário, cumpre destacar que os mencionados ditames aplicam-se ao **empresário individual, ao titular de empresa individual de responsabilidade limitada** e ao **administrador** de sociedade empresária. Não se questiona a capacidade do sócio de sociedade empresária que não tenha poderes de administração, pois não praticará atos que a vinculem. As quotas sociais ou ações que o incapaz eventualmente detiver constituem parte de seu patrimônio, tendo ele unicamente direito à percepção dos lucros na proporção de sua participação no capital social. Vale frisar, contudo, que o art. 974, § 3º, do CC determina ainda que, para que se possa aceitar o incapaz como sócio, o *capital deve estar totalmente integralizado* e o *incapaz deve estar devidamente representado ou assistido.*

Enfim, são requisitos para o exercício de atividade empresária:

a) Estar no pleno gozo da capacidade civil: isto é, deve tratar-se de pessoa maior de 18 anos de idade e que não se enquadre em qualquer hipótese de incapacidade absoluta ou relativa, nos termos dos arts. 3º e 4º do CC;

b) Não estar impedido de exercer empresa por determinação legal ou judicial: são diversas as hipóteses previstas de impedimento para o exercício de atividade empresária no ordenamento jurídico. Ex.: **falido** não reabilitado civil e penalmente; **condenado** à pena acessória de vedação à atividade empresária prevista no art. 35, II, da Lei 8.934/1994; **leiloeiro oficial**; **funcionário público; devedores do INSS**; **deputados e senadores** etc. Caso haja violação do impedimento, a pessoa arcará com a responsabilidade administrativa e penal, mas não há qualquer alteração na órbita civil. A pessoa impedida não poderá invocar essa condição para eximir-se do adimplemento das obrigações contraídas, permanecendo estas integralmente válidas; não poderá requerer recuperação judicial ou extrajudicial da empresa, por ser equiparada a empresa irregular; pelo mesmo motivo, não poderá requerer a falência de devedor seu, mas poderá ter sua própria falência decretada.

Há divergência doutrinária sobre a possibilidade de o menor emancipado ser empresário. Alguns autores defendem a impossibilidade, pois a **emancipação** opera apenas efeitos civis e não penais, o que abriria portas para que o emancipado exercesse a empresa de forma temerária com o exclusivo fim de locupletar-se e saísse intocado por sua inimputabilidade em eventual persecução penal por crime falimentar.

A maioria, contudo, alinha-se em sentido diverso, dizendo que é perfeitamente possível o exercício de empresa pelo menor emancipado, dado que este é considerado absolutamente capaz pela legislação civil. Caso incorra em crime falimentar, este será tratado como **ato infracional** e sujeitará o emancipado a **medida socioeducativa**. Robustecemos o argumento anotando que uma das causas de emancipação, prevista no art. 5º, parágrafo único, inciso V, do CC é *o estabelecimento civil ou comercial, desde que (...) o menor com dezesseis anos completos tenha economia própria.*

Por exceção, o **incapaz**, absoluta ou relativamente, poderá ser empresário, desde que observados os seguintes itens:

a) não poderá iniciar uma nova empresa, apenas continuar empresa já existente;

b) deve, para tanto, obter autorização judicial (alvará);

c) os bens do incapaz que ele já possuía antes não respondem pelas dívidas da empresa e devem ser enumerados pelo juiz no alvará, exceto se os bens foram empregados na atividade;

d) deve ser representado ou assistido;

e) em caso de sociedade, o incapaz não pode ser administrador e o capital social deve estar totalmente integralizado.

Caso o representante ou assistente do incapaz torne-se impedido de exercer empresa, ele mesmo poderá nomear um ou mais **gerentes** *ad referendum* do juiz. Aliás, a rigor, o juiz pode nomear um gerente sempre que entender que tal diligência atenderá melhor aos interesses do incapaz.

1.1.4. Empresário casado

Cônjuges podem ser sócios um do outro, exceto se casados pelos regimes da **comunhão universal** ou da **separação obrigatória** de bens. Motivo: na comunhão universal, a sociedade não existiria verdadeiramente, seria uma ficção, dado que a total comunicação do patrimônio dos cônjuges, no qual se inserem as quotas sociais, impediria a caracterização da autonomia do patrimônio social e a divisão da responsabilidade entre eles. As quotas do marido pertenceriam também à mulher e vice-versa, tornando ambos, ao mesmo tempo, proprietários da totalidade do capital. Já na separação obrigatória, a constituição de uma sociedade poderia servir como instrumento de fraude ao isolamento do patrimônio dos nubentes imposto pela lei.

A regra deve ser observada indiferentemente para as sociedades empresárias ou sociedades simples (STJ, REsp 1058165/RS, *DJ* 14.04.2009) e abrange tanto a constituição originária da sociedade quanto a participação derivada, isto é, o ingresso superveniente de cônjuge em sociedade de que outro já participa (Enunciado 205 JDC/CJF).

Atente para o fato de que a sociedade entre cônjuges casados pelo regime da **separação convencional de bens** é totalmente permitida. A vedação opera apenas nos casos previstos no art. 1.641 do CC.

Ainda que não se trate de sociedade entre cônjuges, insta frisar que o empresário casado (seja individual, titular de empresa individual de responsabilidade limitada ou administrador de sociedade empresária) não sofre qualquer diminuição em seus poderes de administração da empresa. Não se exige **outorga uxória ou marital**, qualquer que seja o regime de bens, para a alienação ou oneração de imóveis que integrem o patrimônio da empresa, considerando a autonomia existente entre este e o patrimônio do empresário. Ele não estará alienando bem particular, razão pela qual fica afastada a participação do cônjuge como condição de eficácia do ato.

1.2. Registro

A atividade empresária, além de ser um fato jurídico, é, sem sombra de dúvidas, um fato econômico de grande relevância, considerando seu potencial para gerar empregos, aumentar a oferta de produtos e serviços e incentivar o crescimento econômico do país, colocando mais recursos em circulação.

Nessa situação, o empresário irá estabelecer relações com inúmeras pessoas, como empregados, fornecedores e consumidores.

É por isso que a regularidade da atividade empresária depende da formalidade do **registro**, que se presta a *dar garantia, publicidade, autenticidade, segurança e eficácia aos atos jurídicos das empresas* (art. 1º, I, da Lei 8.934/1994). Com efeito, as características do registro conferem a segurança jurídica necessária para que as pessoas que pretendam contratar com determinado empresário possam verificar a conveniência de fazê-lo diante das informações ali constantes.

1.2.1. Configuração do Registro Público de Empresas Mercantis

O **Registro Público de Empresas Mercantis (RPEM)** no Brasil está estruturado em dois níveis: nacional, exercido pelo **Departamento Nacional do Registro do Comércio (DNRC)**, com função supervisora, orientadora, coordenadora e normativa; e estadual, a cargo das **Juntas Comerciais**, cuja atribuição é justamente executar os serviços de registro impostos pela legislação.

Os serviços prestados pelas Juntas Comerciais incluem:

a) **Matrícula**: inscrição de pessoas exercentes de atividades **paracomerciais**, ou seja, que exercem funções paralelas ao regime jurídico empresarial. É o caso dos leiloeiros oficiais, que para serem autorizados a comandar pregões públicos devem estar matriculados na Junta Comercial de seu Estado; dos tradutores juramentados; entre outros;

b) **Arquivamento**: é o ato de registro de empresas por excelência. Por meio do arquivamento, a Junta analisa e dá publicidade à inscrição do empresário individual, ao ato de constituição da empresa individual de responsabilidade limitada e aos atos constitutivos de sociedades, bem como suas alterações posteriores;

c) **Autenticação**: para terem validade como escrituração contábil, os livros empresariais devem ser autenticados na Junta Comercial. Trata-se de **requisito extrínseco** à validade dos livros.

As Juntas Comerciais submetem-se, *em matéria de Direito Empresarial*, às determinações do DNRC e, *em matéria de Direito Administrativo (contratação de pessoal, licitações etc.)*, à Secretaria de Estado indicada na legislação local (Secretaria de Assuntos Jurídicos, por exemplo). Anote-se a exceção da Junta Comercial do **Distrito Federal**, que é subordinada **técnica e administrativamente** ao DNRC (art. 6º, parágrafo único, da Lei 8.934/1994).

As decisões da Junta Comercial sobre os pedidos a ela apresentados serão tomados por **órgão colegiado** em caso de arquivamento de sociedade anônima e por **decisão singular** em todos os demais casos (matrícula, autenticações e outros arquivamentos). Em qualquer hipótese, cabe recurso, que será julgado sempre por órgão colegiado.

1.2.2. Dos efeitos do registro

É com o registro da empresa que essa adquire **personalidade jurídica** e confere-se a **regularidade** do empresário.

A inscrição do empresário junto ao RPEM deve dar-se antes do início da atividade. O empresário que não registra seus atos constitutivos é considerado **irregular** e, como tal, sofrerá uma série de limitações:

a) não poderá contratar com o Poder Público;

b) não pode ser autor de pedido de falência contra qualquer de seus devedores (mas pode ter sua própria falência decretada);

c) não pode pedir recuperação judicial ou extrajudicial;

d) seus livros empresariais não fazem prova, implicando crime falimentar (art. 178 da Lei 11.101/2005);

e) não poderá requerer sua inscrição no Cadastro Nacional de Pessoas Jurídicas (CNPJ), o que acarretará a impossibilidade de emissão de notas fiscais e os consequentes problemas tributários;

f) os sócios somente poderão provar a existência da sociedade por escrito, enquanto terceiros podem fazê-lo por qualquer modo.

Note que o empresário irregular, como o próprio termo já indica, é empresário e deve ser tratado como tal. O registro é dever imposto por lei como requisito da **regularidade** do empresário, não de sua caracterização (Enunciado 199 JDC/CJF).

A Junta Comercial destina-se ao registro dos atos relativos aos empresários individuais, das empresas individuais de responsabilidade limitada, das sociedades empresárias e das cooperativas (mesmo não sendo estas empresárias). As sociedades simples são registradas no Cartório de Registro de Pessoas Jurídicas.

As sociedades de advogados, ainda que constituam, eventualmente, elemento de empresa, **nunca** são consideradas empresárias e são registradas exclusivamente na OAB (art. 15, § 1º, da Lei 8.906/1994). Falando de advogados, estes exercem papel fundamental no registro dos atos constitutivos da empresa, já que tais documentos somente serão aceitos se visados (rubricados) por advogado (art. 1º, § 2º, da Lei 8.906/1994).

Os documentos a serem registrados devem ser apresentados na Junta Comercial competente no prazo de 30 dias da assinatura para que produzam efeitos *ex tunc*, ou seja, retroativos à data da lavratura do instrumento. Caso o prazo não seja respeitado, os efeitos do registro serão *ex nunc*, valendo a data do efetivo arquivamento realizado na Junta, o que ocorre somente após a análise dos documentos e a concessão do registro pelo órgão.

O registro, como já salientado, garante **publicidade** aos atos empresariais a ele sujeitos, podendo qualquer pessoa consultar os arquivos da Junta Comercial e requerer a expedição de certidões independentemente de justificativa, bastando que recolha a respectiva taxa, se aplicável.

Dessa forma, o registro garante a oponibilidade *erga omnes* dos termos constantes dos atos arquivados, mas somente após as formalidades regulamentares e com sua efetiva publicação. Ninguém pode alegar desconhecimento da situação da empresa se o ato já estava registrado. O empresário poderá, excepcionalmente, amparar-se em documento ainda não levado a arquivamento, porém, terá o ônus de provar que o terceiro tinha dele real conhecimento.

O registro assegura, por fim, a **proteção** ao nome empresarial contra o uso indevido por terceiros, conforme veremos adiante.

1.2.3. Documentos que devem ser registrados

Serão obrigatoriamente arquivados:

a) os atos constitutivos e modificativos das empresas;

b) atos que importem na dissolução ou extinção da empresa;

c) a instituição de filial, sucursal ou agência, sendo que, se qualquer destas estabelecer-se em outro Estado da Federação, o registro deverá ser feito na Junta Comercial à qual estará submetida à filial e averbado naquela da respectiva sede;

d) o pacto antenupcial do empresário casado;

e) títulos de doação, herança ou legado de bens gravados com cláusula de inalienabilidade e incomunicabilidade;

f) a sentença que decretar ou homologar a separação judicial, ato de reconciliação e o divórcio do empresário;

g) a sentença que decretar a emancipação do incapaz.

Após o depósito do documento com o respectivo requerimento de registro, cabe à Junta Comercial a análise de seus aspectos formais, não podendo proceder ao arquivamento daqueles atos que contenham vícios de forma ou ofensa à legislação aplicável (ex.: empresa constituída por pessoa impedida de exercê-la). Verificando a ocorrência de tais defeitos, a Junta Comercial informará ao interessado que o registro não foi realizado, abrindo a oportunidade para que os vícios sejam corrigidos.

Note que a competência da Junta Comercial deve ficar limitada aos aspectos formais do documento, não podendo penetrar no mérito da empresa (seu objeto ou capital social declarado, por exemplo).

1.3. Escrituração

É o dever imposto pela lei ao empresário, à empresa individual de responsabilidade limitada e à sociedade empresária de *manter seu sistema de contabilidade em dia e conforme as melhores técnicas contábeis*. A escrituração da empresa é concretizada pelos **livros empresariais**, que podem ser divididos em:

a) Livros obrigatórios, que devem ser escriturados por todos os empresários e sociedades empresárias, sob pena de, não o fazendo, sofrerem as respectivas sanções. Há duas espécies de livros obrigatórios:

a1) Livros obrigatórios comuns, que são impostos a todo e qualquer tipo de empresa. Atualmente, o único desta espécie é o **Livro Diário**; e

a2) Livros obrigatórios específicos (ou especiais), que devem ser escriturados apenas se ocorrerem determinadas situações. Ex.: o **Livro Registro de Duplicatas** é obrigatório somente para as empresas que emitem esta espécie de título de crédito;

b) Livros facultativos (ou acessórios), que, como o próprio nome indica, servem para auxiliar o empresário na administração da atividade, mantendo um registro mais detalhado de suas operações. Não há sanções pela não escrituração de um livro facultativo. Ex.: **Livro Caixa**.

Considerando que a escrituração deve seguir o padrão contábil, é regra que ela seja realizada por um profissional que detenha os conhecimentos técnicos necessários, denominado **contabilista ou contador**, regularmente inscrito em seu conselho profissional. O art. 1.182 do CC abranda essa exigência na hipótese de não existir contabilista na localidade onde a empresa está estabelecida. Nesta situação, poderá o empresário indicar pessoa de sua confiança que repute hábil a efetuar a escrituração conforme a lei.

O dever de escrituração abrange também a obrigação de levantar anualmente o **balanço patrimonial** e o de **resultado econômico**. Trata-se de *documentos contábeis que demonstram a atual situação patrimonial da empresa*, como uma radiografia. O balanço patrimonial traz em seu bojo o total do ativo, do passivo e o patrimônio líquido da empresa, esmiuçados, cada um deles, em rubricas padronizadas por lei. O balanço de resultado econômico (ou demonstração da conta de lucros e perdas ou ainda, como conhecida na prática por força da Lei das Sociedades por Ações, **demonstração do resultado do exercício**) apresenta, pormenorizadamente, as receitas e despesas contabilizadas no período, apurando a existência de lucro ou prejuízo na empresa.

Os livros empresariais, dada sua importância, recebem um tratamento diferenciado quanto a seu valor probatório e confidencialidade. Com efeito, estando a escrituração em ordem e os livros devidamente autenticados pela Junta Comercial, os lançamentos neles constantes fazem prova a favor do empresário. Isso quer dizer que eventuais créditos neles registrados servem como prova de que a obrigação realmente existe. Ressalte-se que não configuram títulos executivos, tão somente elementos probatórios para o processo de conhecimento.

Em contrapartida, a existência de vícios intrínsecos ou extrínsecos na contabilidade derruba a eficácia probatória dos livros em benefício do empresário, sendo sempre hábeis a provar contra ele.

É importante lembrar, ainda, o **princípio da indivisibilidade da escrituração**, que determina, quando regulares, que os lançamentos contábeis sejam considerados como uma unidade. Em outras palavras, se houver nos livros fatos escriturados favoráveis e outros prejudiciais aos interesses do empresário, todos deverão ser considerados como prova pelo juiz (art. 380 do CPC). Ao empresário, porém, será lícito provar que os dados constantes da contabilidade não correspondem à verdade dos fatos por meio de outros documentos (art. 378 do CPC).

No que toca à confidencialidade, os arts. 1.190 e 1.191 do CC deixam claro que a obrigação de exibição dos livros depende de **mandado judicial** unicamente para dirimir as questões relativas à sucessão, comunhão ou sociedade, administração à conta de outrem ou falência e, conforme previsto no art. 105 da Lei nº 6.404/1976 (Lei das Sociedades por Ações), quando houver atos violadores da lei ou do estatuto social ou fundada suspeita de irregularidades graves atribuídas a qualquer dos órgãos da companhia, em pedido subscrito por acionistas representantes de, no mínimo, 5% do capital social. Na mesma esteira, destacamos que a apreensão dos livros somente se dará em caso de recusa na apresentação. Nota-se, portanto, que nem mesmo a autoridade judicial, fora dos casos expressamente previstos em lei, pode determinar a exibição compulsória dos livros empresariais.

Questão interessante se coloca sobre o acesso das autoridades fazendárias aos livros empresariais no exercício da fiscalização. Naturalmente, a proibição de acesso aos livros a elas não se aplica (art. 1.193 do CC e 195 do CTN), pois, se assim não fosse, estaríamos esvaziando o poder de fiscalização da Fazenda Pública, tornando-o inócuo. Veja-se, a propósito, a Súmula 439 do STF: "estão sujeitos à fiscalização tributária ou previdenciária quaisquer livros comerciais, limitado o exame aos pontos objeto da investigação".

A parte final do verbete sumular merece atenção, tendo em vista que deixa claro que a Fazenda, mesmo podendo muito, não pode tudo. A obrigação tributária acessória de franquear acesso aos livros está vinculada à potencial descoberta de tributos a pagar pelo contribuinte. O STJ já decidiu que a fiscalização municipal não pode exigir a exibição dos livros de empresário que não é contribuinte do ISS (STJ, REsp 539084/SP, *DJ* 18.10.2005).

1.4. Prepostos

São *quaisquer pessoas contratadas pelo empresário que atuam no interesse da empresa, representando-a perante terceiros*. Não percamos de vista que uma das características da atividade empresária é a **pessoalidade**, razão pela qual o preposto atua sempre em nome da empresa.

Os atos do **preposto**, desde que praticados dentro dos limites da atividade da empresa, trazem obrigações ao **preponente** (o empresário), independentemente de autorização escrita se o ato foi celebrado dentro do estabelecimento. Para os prepostos que atuam fora deste, é necessária a atribuição de poderes por escrito.

A responsabilidade civil dos prepostos, no caso de suas ações causarem danos a terceiros, depende da verificação do elemento subjetivo do ilícito. Se agiram com culpa, a responsabilidade é do empresário-preponente, que terá ação de regresso contra o preposto. Caso tenham agido com dolo, sua responsabilidade será solidária com a empresa.

O preposto não pode, ainda, negociar por conta própria ou de terceiro ou praticar quaisquer atos de operação econômica do mesmo gênero de seu preponente. Ex.: um funcionário de uma loja de roupas não pode, em seu tempo livre e aproveitando-se da clientela e do conhecimento adquirido em seu emprego, passar a vender roupas em seu próprio nome. Se o fizer, deverá indenizar o preponente (que poderá, inclusive, reter o lucro das operações ilícitas efetuadas) e ainda poderá incorrer em crime contra a ordem econômica diante da concorrência desleal.

1.4.1. Gerente

O CC individualizou dois prepostos, considerando a importância da atividade por eles exercida. O primeiro deles é o **gerente**, *preposto de confiança do empresário nomeado para, permanentemente, praticar quaisquer atos necessários ao exercício dos poderes que lhe foram outorgados*.

É possível que o preponente limite os poderes do gerente. Entretanto, para que tal providência tenha eficácia perante terceiros, deve obrigatoriamente estar **averbada** na Junta Comercial, salvo se ficar provado que o terceiro dela tinha conhecimento.

O gerente é autorizado a estar em juízo em nome do empresário quanto às obrigações resultantes do exercício de sua função (art. 1.176 do CC).

A responsabilidade civil do gerente, em regra, é solidária com a do preponente para atos praticados dentro dos limites de seus poderes e ligados à sua função (art. 1.175 do CC). Será pessoal, todavia, em situações desvinculadas de seu emprego, como, por exemplo, nos casos de infidelidade quando constar como depositário de penhora judicial (STJ, RHC 18089/SP, *DJ* 08.09.2005).

1.4.2. Contabilista

É o preposto *responsável pela escrituração da empresa*. Os lançamentos efetuados por ele consideram-se, salvo comprovada má-fé, como se o próprio empresário os tivesse feito. De outra banda, a responsabilidade do contabilista será pessoal, solidária com a do preponente, em caso de lançamentos incorretos na escrituração determinados pelo empresário e que sejam de seu conhecimento (art. 1.177 do CC). Com isso, podemos resumir as hipóteses de responsabilidade civil do contabilista conforme o seguinte quadro:

Escrituração incorreta	Responsável
Em caso de culpa do contabilista	O contabilista responde perante o empresário
Em caso de dolo **do contabilista, à revelia do empresário**	**Responsabilidade pessoal do contabilista perante terceiros**
Em caso de dolo do contabilista, em conluio com o empresário	**Responsabilidade pessoal do contabilista solidária com a do empresário perante terceiros**

1.5. Nome empresarial

1.5.1. Conceito

É a *designação pela qual o empresário e a sociedade empresária são conhecidos nas suas relações de fundo econômico*. Da mesma forma que o nome civil da pessoa natural, o nome empresarial individualiza a empresa perante seus clientes, fornecedores e colaboradores. É o *elemento identificador da empresa no mercado*.

1.5.2. Espécies

O direito brasileiro acolhe duas espécies de nome empresarial:

a) firma, baseada no nome civil do empresário individual, do titular de empresa individual de responsabilidade limitada ou de um, alguns ou todos os sócios de sociedade empresária. Pode, opcionalmente, trazer o ramo de atividade da empresa. Tem dupla função: além de identificar a empresa, é também a assinatura que deve ser aposta nos documentos que obriguem o empresário. Ex.: os sócios da sociedade empresária que gire sob a firma "Paulo da Silva & Cia. Ltda." devem criar uma assinatura que contemple este nome, incluindo todos os seus elementos constituintes ("& Cia. Ltda.");

b) denominação, aplicável à empresa individual de responsabilidade limitada ou à sociedade empresária, pode basear-se no nome civil do titular ou dos sócios ou qualquer outro elemento linguístico, vulgarmente conhecido como "elemento fantasia". Deve, obrigatoriamente, adotar o ramo de atividade da empresa. Difere também da firma por não se constituir em assinatura da empresa. Ex.: os sócios da sociedade empresária que gire sob a denominação "Carcará Serviços Técnicos Ltda." devem assinar, cada um, sua própria assinatura civil.

1.5.3. Regras para formação do nome empresarial

O nome empresarial é composto por um **núcleo**, que é o verdadeiro elemento identificador do empresário (o nome civil ou, no exemplo acima, "Carcará"), **elemento identificador do tipo societário** (Ltda., S.A.), **elemento identificador do ramo de atividade** ("Serviços Técnicos", "Casa de Carnes") e **partículas gerais** ("& Cia"., "Irmãos").

O empresário individual comum somente pode adotar firma baseada em seu nome civil. Caso seja um empresário individual de responsabilidade limitada, nos termos do art. 980-A, § 1º, do CC, deverá incluir a expressão "EIRELI" ao final do nome empresarial, **que poderá ser firma ou denominação**. Já as sociedades empresárias, a depender do tipo que adotem (cujos detalhes serão estudados no Capítulo 2), poderão optar por firma ou denominação, seguindo determinadas balizas. A fim de facilitar a visualização e o estudo, acompanhe o quadro abaixo:

Sociedade em conta de participação	- Não usa nome empresarial, pois sua existência não é divulgada.
Sociedade em nome coletivo	- Somente firma - Nome civil de um, alguns ou todos os sócios - Se faltar o nome de alguém, deve conter o elemento "e companhia" por extenso ou abreviado ("& Cia.")
Comandita simples	- Somente firma - Nome civil de um, alguns ou todos os sócios comanditados - Se faltar o nome de algum dos sócios comanditados, deve conter o elemento "e companhia" por extenso ou abreviado ("& Cia.")
Sociedade Limitada	- Firma ou denominação - Se firma: segue as regras da Sociedade em Nome Coletivo - Se denominação: deve constar o ramo de atividade - Sempre deve constar o elemento "limitada" por extenso ou abreviado ("Ltda.")
Comandita por ações	- Firma ou denominação - Se firma: a) Nome civil de um, alguns ou todos os sócios diretores ou administradores com responsabilidade ilimitada b) Se faltar o nome de algum deles, deve constar o elemento "e companhia" por extenso ou abreviado ("& Cia.") no final do nome - Se denominação, deve constar o ramo de atividade - Sempre deve constar o elemento "comandita por ações" por extenso ou abreviado ("C.A.")
Sociedade anônima	- Somente denominação - Deve constar o ramo de atividade - Deve constar o elemento "sociedade anônima", em qualquer parte, ou "companhia", no início ou no meio do nome (nunca no final), por extenso ou abreviado ("S.A." ou "Cia.") - Pode usar, como exceção, nome civil do fundador ou de pessoa que concorreu para o bom êxito da sociedade

Quanto às sociedades não empresárias, impera alguma controvérsia doutrinária sobre a possibilidade da **sociedade simples** adotar firma ou denominação. O CJF sacramentou a discussão no Enunciado 213 da III Jornada de Direito Civil: "O art. 997, inc. II, não exclui a possibilidade de sociedade simples utilizar firma ou razão social".

Entretanto, não se olvide que a interpretação doutrinária em comento refere-se à sociedade simples pura. Conforme explicaremos melhor adiante, a sociedade simples pode, se quiser, adotar qualquer dos **tipos societários** das sociedades empresárias contratuais (nome coletivo, comandita simples ou limitada) sem perder sua natureza de sociedade simples. Nessa situação, seu nome empresarial seguirá as regras estabelecidas para o tipo societário escolhido.

Já a **cooperativa**, por expressa determinação legal, gira somente por **denominação** na qual conste, obrigatoriamente, a partícula "cooperativa".

1.5.4. Efeitos do nome empresarial

Exceto na EIRELI e na sociedade limitada, a adoção de firma pelo empresário ou sociedade empresária implica *o reconhecimento de que o sócio cujo nome civil integra a firma possui responsabilidade ilimitada pelas obrigações sociais*. É o que ocorre com o empresário individual, com os sócios da sociedade em nome coletivo (ainda que estejam inseridos no nome empresarial pela expressão "& Cia.") e com os sócios comanditados na comandita simples (na comandita, existem duas classes de sócios: comanditados e comanditários. Os primeiros têm responsabilidade solidária e ilimitada pelas obrigações sociais e só eles podem praticar atos de administração. Os comanditários respondem apenas pelo valor de sua quota e não podem gerir a empresa). Caso seja incluído o nome civil de um sócio comanditário na firma da comandita simples, *ele será tratado como comanditado, ou seja, responderá solidária e ilimitadamente pelas obrigações da pessoa jurídica.*

Ostenta, ainda, o nome empresarial um **efeito patrimonial**, considerando que possui valor econômico. Ele *integra o **estabelecimento empresarial** como bem incorpóreo*. Com efeito, a reputação da empresa do mercado fica vinculada ao seu nome, de sorte que este pode passar a valer tanto ou mais que os próprios ativos da pessoa jurídica, se considerarmos que clientes e fornecedores procuram pelo estabelecimento diante do renome e da boa fama que ele goza.

1.5.5. Nome e outros designativos empresariais

O nome não é o único elemento identificador de que um empresário, EIRELI ou sociedade empresária pode valer-se na consecução de suas atividades. O mais importante é não confundirmos cada um deles, uma vez que se prestam a pontos distintos da atividade empresarial.

Nome empresarial, já vimos, é o *elemento identificador do **empresário***, a forma como ele é conhecido no mercado. Sua proteção contra uso indevido é feita pela própria Junta Comercial, como consequência imediata do registro da empresa.

Título do estabelecimento é o *elemento identificador do **ponto comercial***, é o *nome fantasia* do estabelecimento. Nada obsta que contenha elementos idênticos ao nome empresarial, mas são institutos distintos. Ex.: o "Restaurante Michelangelo" (título do estabelecimento) pode ter como nome empresarial "Andrade & Souza Comércio de Alimentos Ltda.". O título do estabelecimento também goza de proteção contra uso indevido por terceiros, a qual decorre das leis que coíbem a concorrência desleal.

Marca, por fim, *identifica determinado produto ou serviço*, e não o empresário ou seu estabelecimento. Ex.: Big Mac. Sua proteção é feita por meio do registro da marca no Instituto Nacional de Propriedade Intelectual – INPI.

Havemos de lembrar, nos dias de hoje, igualmente a questão do **domínio de internet**, o endereço da *home page* digitado pelo usuário para ter acesso ao *estabelecimento virtual da empresa*. Ele também goza de proteção através de registro na Fundação de Amparo à Pesquisa do Estado de São Paulo – FAPESP. Todavia, havendo conflito entre o domínio registrado na FAPESP e marca registrada no INPI, a jurisprudência vem concedendo primazia a esta última (TJSP, AC 0043361-97.2005.8.26.0000 e 9180440-33.2003.8.26.0000, *DJ* 20.10.2010 e 19.01.2011).

1.5.6. Proteção do nome empresarial

Destacamos anteriormente que o nome empresarial possui valor econômico, integrando o **ativo intangível** da empresa. Por conta disso, nada mais natural que a lei crie mecanismos para proteção contra seu uso indevido.

Duas grandes razões fundamentam essa questão: a **proteção ao crédito**, considerando o grave dano causado à reputação do empresário caso alguém mal intencionado utilize seu nome empresarial ou algum semelhante para praticar golpes no mercado, não honrando suas obrigações; e a **proteção à clientela**, que tem o direito de conhecer previamente o fornecedor do qual está adquirindo produtos ou serviços e de não ser ludibriada por nomes iguais ou semelhantes. Some-se a isso a possibilidade de **subtração de clientela**, já que o terceiro de má-fé pode locupletar-se pelo engano causado aos consumidores.

As regras de proteção ao nome seguem três princípios básicos:

a) Princípio da Veracidade: o nome empresarial, quando tiver por núcleo o nome civil de sócio, do titular da EIRELI ou do empresário individual, *deve representar o verdadeiro nome destes, a fim de que qualquer pessoa possa identificá-los*. São vedados, por isso, os apelidos (Tico, Pinguim, Alemão) e os hipocorísticos (Zé em vez de José, Chico no lugar de Francisco);

b) Princípio da Regulamentação: só está protegido o nome de empresa *regularmente registrada no órgão competente*, no caso a Junta Comercial do Estado;

c) Princípio da Novidade: *somente será admitido a registro nome empresarial que não seja idêntico ou semelhante a outro previamente registrado no mesmo Estado*. São considerados idênticos os nomes de escrita igual (homógrafos) e semelhantes os que têm a mesma sonoridade (homófonos – "Bestway" e "Bestiuei", por exemplo).

A análise da identidade ou semelhança deve considerar o nome empresarial por inteiro, exceto se se tratar de denominação que utilize elemento-fantasia incomum, hipóteses em que este será analisado isoladamente (art. 8º da IN DNRC 104/2007).

O preceptivo deixa claro que a proteção do nome não se restringe ao uso por empresas ligadas à mesma atividade econômica. Uma vez que a proteção ao nome interliga-se com a proteção ao crédito do empresário, não faria sentido permitir o uso de nomes idênticos ou semelhantes em outros ramos empresariais pela inegável possibilidade de confusões que isso traria. É a opinião pacífica da doutrina.

Contudo, a jurisprudência alinha-se em outro sentido. Tanto o STF (RE 115820/RJ, *DJ* 26.02.1991) quanto o STJ (REsp 262643/SP, *DJ* 17.03.2010; e AgRg no REsp 757880/RS, *DJ* 11.02.2010) entendem que a proteção legal ao nome é **relativa**, o que permite o uso do mesmo núcleo por empresa de outro ramo de atividade e devendo ser provado o prejuízo causado para fins de indenização.

Por derradeiro, resgatamos o conceito do **princípio da novidade** para anotar que a proteção ao nome *tem seu âmbito limitado ao Estado onde foi registrado*. Isso porque as Juntas Comerciais são órgãos estaduais e seria inviável exigir que a Junta Comercial do Amazonas soubesse quais nomes já constam nos assentamentos da Junta Comercial do Rio Grande do Sul.

Se o empresário desejar que seu nome esteja protegido em maior escala, *deve providenciar o registro dele em cada Junta Comercial onde quer garantir o uso exclusivo*, o que implica, para uma proteção nacional, o registro individual em todas as Juntas Comerciais do país (art. 11 da IN DNRC 104/2007).

Ocorrerá a perda da proteção do nome empresarial como consequência do cancelamento do registro da empresa, que será efetivado voluntariamente ou de ofício pela Junta Comercial nos casos:

a) Expiração do prazo da sociedade por prazo determinado;

b) Transcurso do prazo de 10 (dez) anos sem que a empresa tenha promovido qualquer arquivamento da Junta Comercial, sendo que, antes do cancelamento, deve o órgão de registro de empresas promover a notificação do empresário, questionando seu interesse em manter-se em atividade;

c) Liquidação da sociedade, conforme disposto no art. 1.168 do CC.

1.5.7. Alteração do nome empresarial

A alteração do nome da empresa pode dar-se de forma **voluntária**, situação que exige aprovação **unânime** dos sócios em reunião ou assembleia, ou **compulsória, obrigatória ou vinculada**, pelos motivos que seguem:

a) Saída, retirada ou morte do sócio que figure no nome: em respeito ao **princípio da veracidade**, se determinado sócio tinha seu nome civil integrando o nome empresarial e, por qualquer das situações mencionadas, não mais pertence ao quadro social, deve o nome ser alterado para excluir o nome civil do sócio retirante ou falecido;

b) Alteração da categoria de sócio: nas sociedades em comandita, apenas podem emprestar seu nome civil para compor o nome empresarial os sócios comanditados (na comandita simples) e os sócios diretores ou com poderes de administração (na comandita por ações). Se determinado sócio comanditado, por exemplo, em virtude de uma alteração contratual, tiver seu *status* alterado para sócio comanditário, deverá ser excluído seu nome civil da firma ou denominação, sob pena de continuar a responder ilimitadamente pelas dívidas sociais;

c) Transformação da sociedade: ocorre *quando a sociedade altera seu tipo societário*, de limitada para sociedade por ações, por exemplo. Com isso, será obrigatória a adaptação do nome ao novo tipo escolhido;

d) Alienação do estabelecimento: o nome empresarial, por si só, é inalienável. Contudo, é possível que, mediante autorização contratual, o adquirente do estabelecimento possa continuar usando o nome do antecessor. Na hipótese, deverá incluir seu nome civil antes da firma originária, qualificando-se como "sucessor de" (art. 1.164, parágrafo único, do CC). Ex.: Magno Alves Sucessor de Silva & Silva Colchões Ltda..

e) Lesão a direito de outrem: o controle do registro de nomes empresariais idênticos ou semelhantes deve ser prévio, ou seja, a Junta Comercial deve avaliar a possibilidade do registro antes de procedê-lo, em respeito ao **princípio da novidade**. Se mesmo assim o nome similar for registrado em ofensa a direito alheio, baseado na precedência do ato, deverá o mais recente ser alterado mediante provocação do interessado, podendo inclusive socorrer-se das vias judiciais para tanto.

1.6. Estabelecimento empresarial

1.6.1. Conceito

O estabelecimento é conceituado como *todo complexo de bens organizado pelo empresário, por empresa individual de responsabilidade limitada ou sociedade empresária para o exercício da empresa* (art. 1.142 do CC). Antigamente era denominado **fundo de comércio**.

No dia-a-dia, tendemos a usar o termo "empresa" e "estabelecimento" como sinônimos, apesar de não o serem. "Empresa" é a atividade econômica exercida, ao passo que "estabelecimento" é o *local onde ela é exercida. É a base física da empresa.*

O estabelecimento é composto por bens **corpóreos** (mesas, balcões, computadores...) e **incorpóreos** (título, marcas registradas, clientela...). Tais coisas, isoladamente, para pouco serviriam. Porém, quando o empresário, valendo-se de sua experiência e visão de negócios, reúne esses bens de forma organizada para deles usufruir com intuito de lucro, eles passam a ser considerados como um único corpo que possui valor econômico superior à soma de cada um de seus componentes separadamente. É o que denominamos **aviamento**.

Quanto à natureza jurídica, o estabelecimento é uma **universalidade de fato**, uma vez que a unificação dos bens e de sua destinação ocorre pelo e no interesse do empresário. Notadamente, possui valor econômico, ainda mais ao se considerar o aviamento, o qual deve ser mensurado em caso de dissolução parcial da sociedade e apuração de haveres do sócio retirante (STJ, REsp 907014/MS, *DJ* 11.10.2011).

1.6.2. Alienação do estabelecimento

O estabelecimento, como já dito, possui valor econômico autônomo e pode, em razão disso, ser objeto de contrato específico de alienação, mantendo-se a empresa em nome do proprietário original. *O contrato de alienação de estabelecimento empresarial chama-se* **trespasse**.

Não se perca de vista, de outro lado, que o estabelecimento, exatamente por integrar o ativo do empresário, é garantia de seus credores para o pagamento do passivo e como tal pode ser objeto de penhora total ou parcial. Desse modo, a inevitável redução do ativo imobilizado operada com a venda do estabelecimento deve ser avaliada e aprovada pelos credores para ser eficaz.

Por essa razão, o contrato de trespasse é celebrado entre alienante e adquirente, mas apresenta uma **condição de eficácia** perante os credores caso ao alienante não restem bens suficientes para solver seu passivo: estes devem ser notificados da pretensão da avença e aprová-la, expressa ou tacitamente, no prazo de 30 dias (art. 1.145 do CC). Caso o empresário-alienante não deseje depender de seus credores para ratificar a venda do estabelecimento, deve **pagar a todos** ou **demonstrar que mantém patrimônio suficiente para a quitação de seu passivo**.

O trespasse realizado sem as formalidades acima, ou seja, sem a satisfação pelo pagamento ou aprovação dos credores, configura ato de falência (art. 94, III, "c", da Lei 11.101/2005). O STJ já decidiu que a **alienação de parte essencial** do estabelecimento que o descaracterize como local de comércio ou indústria também configura o ato de falência (STJ, REsp 33762/SP, 26.02.1997).

Exsurge, ainda, como exigência para a eficácia perante terceiros da alienação, do usufruto e do arrendamento do estabelecimento o seu registro na Junta Comercial e sua publicação no Diário Oficial.

O adquirente do estabelecimento sucede o alienante em todas as dívidas regularmente contabilizadas, bem como nas obrigações trabalhistas e tributárias. É dever do interessado em comprar a unidade produtiva verificar o passivo do empresário, pois será responsável pelo adimplemento das obrigações, desde que regularmente registradas nos livros – o que é natural diante da inviabilidade de exigir-se do novel proprietário do estabelecimento o pagamento de dívidas inscritas somente na contabilidade paralela ("caixa 2"), a qual, além de proibida, nunca seria franqueada pelo alienante.

No que toca ao passivo trabalhista e tributário, destes não se exige o lançamento contábil para a responsabilização do adquirente, cabendo a este a avaliação do risco (STJ, AgRg no Ag 1225408/PR, *DJ* 23.11.2010).

Vale lembrar que somente as dívidas vinculadas ao estabelecimento objeto do trespasse é que serão sucedidas pelo adquirente e não todo o passivo do vendedor.

Já o alienante, mesmo com a plena validade e eficácia do contrato, continuará responsável solidário pelas dívidas contabilizadas pelo prazo de um ano, contado:

a) da publicação, para as dívidas vencidas no momento da celebração; e

b) do vencimento, para aquelas que estavam a vencer depois de fechado o acordo.

Como **efeito implícito** do trespasse, estabelece o art. 1.147 do CC a **cláusula de não restabelecimento**, que impõe ao alienante a *obrigação de não voltar a exercer a mesma atividade em outro estabelecimento na mesma localidade pelo prazo de 5 anos*. Leia-se "mesma localidade" como "mesmo município", conforme aponta a doutrina majoritária. A regra é posta para coibir a concorrência desleal, considerando que o alienante poderia carregar consigo a clientela se pudesse restabelecer-se na mesma cidade, diminuindo sobremaneira o faturamento do estabelecimento vendido. Não se questiona, de toda forma, a natureza dispositiva da norma, podendo o contrato de trespasse dispor diferentemente.

1.6.3. Proteção ao ponto

O ponto empresarial *é o local específico onde se encontra o estabelecimento, o endereço onde ele se instala*. Não se confunde com o próprio estabelecimento, que *é o conjunto de bens corpóreos e incorpóreos organizados para o exercício da empresa*, porque é dele **parte integrante**, sendo um de seus elementos imateriais.

Muitas vezes, o ponto possui valor econômico de grande vulto, pois a localização do estabelecimento é determinante, por exemplo, no volume e na captação da clientela. Em face disto, a lei protege o ponto explorado pelo empresário.

Notadamente, se o empresário escolhe como ponto um imóvel seu, a proteção decorrerá da Constituição Federal e de todas as normas garantidoras do direito de propriedade. Adicione-se a garantia de que, em caso de **desapropriação**, a indenização a que faz jus o proprietário deve incluir o valor do ponto e não apenas o imóvel.

Proteção específica do Direito Empresarial está prevista na Lei 8.245/1991. Trata-se da **renovação compulsória do contrato de locação**.

Temos, então, a hipótese de exploração de empresa em imóvel alheio, por meio de contrato de locação. Com o passar do tempo, o ponto empresarial vai ganhando força, fazendo com que mais e mais pessoas frequentem o local diante de sua visibilidade. Com a aproximação do fim do prazo de locação, haverá, potencialmente, um conflito de interesses: o locatário quer manter-se no local, pois trabalhou para construir a boa imagem da empresa e parte dela se funda no ponto; e o proprietário percebe que, agora que todos conhecem seu endereço, pode oferecer o imóvel à locação por um preço mais valorizado. Nesse embate, sobressai o interesse do empresário ou o direito de propriedade?

Optou a lei pela primeira opção. O **empresário** terá direito à renovação da locação, ainda que contra a vontade do proprietário, desde que:

a) O contrato tenha sido celebrado por escrito;

b) O contrato tenha prazo determinado de 5 anos, podendo o locatário somar vários contratos para atingir o mínimo exigido, desde que todos tenham sido celebrados por escrito e com prazo determinado. Não impede o exercício do direito o curto espaço de tempo entre cada renovação, tendo sido reconhecido como curto o lapso de um mês, mas não os prazos de seis, sete, doze ou vinte e quatro meses (STJ, AgRg no REsp 61436/SP, *DJ* 16.03.2006);

c) Esteja o empresário explorando o mesmo ramo de atividade há, no mínimo, 3 anos ininterruptamente até a propositura da ação;

d) A ação renovatória deve ser ajuizada entre um ano e seis meses antes do fim do contrato, sob pena de decadência. Basta, para obstar a caducidade, a protocolização do pedido no foro competente (STF, AgRg no REsp 866672/MG, *DJ* 19.06.2007).

Atendidos aos requisitos, a renovação será concedida pelo prazo do último contrato celebrado, respeitando-se o máximo de 5 anos (STJ, REsp 693729/MG, *DJ* 22.08.2006).

Reitere-se que o direito à ação renovatória é garantido ao **empresário**, restando desprotegido, portanto, o ponto daqueles que exercem atividades civis não amparadas pelo Direito Empresarial nos termos do art. 966 do CC (profissionais liberais e sociedades simples).

De outra banda, o direito de propriedade do dono do imóvel, apesar de mitigado, não é totalmente suprimido. Em face da propositura de uma ação renovatória de locação, eventualmente caberá ao locador a **exceção de retomada**, defesa processual baseada em uma das seguintes situações:

a) Necessidade de realizar obras que importem em radical transformação do imóvel por imposição do Poder Público;

b) Realização de obras de valorização do imóvel;

c) Retomada do imóvel para uso próprio, para fins não empresariais;

d) Transferência de estabelecimento empresarial existente há mais de um ano, de cuja empresa o locador, o cônjuge, ascendente ou descendente do proprietário seja sócio com maioria do capital. Ainda assim, deve a empresa do locador ou de pessoa de sua família explorar outro ramo de atividade, exceto se a locação do imóvel compreender, inafastavelmente, o próprio estabelecimento (ex.: posto de gasolina – STJ, REsp 4144/SP, *DJ* 04.02.1991);

e) Proposta melhor de terceiro, sendo que o atual locatário sempre terá preferência para ofertas iguais;

f) Insuficiência na proposta do locatário, ou seja, o valor que este pretende pagar não se coaduna com o atual valor de mercado do imóvel; e

g) Não preenchimento dos requisitos da ação renovatória ou sua protocolização fora do prazo legal.

Independentemente da possibilidade do locador retomar o imóvel, é preciso verificar se assistirá direito de indenização ao locatário pela perda do ponto. Vejamos o quadro sinótico abaixo:

Fundamento da exceção de retomada	Direito à indenização
Obras impostas pelo Poder Público (item "a")	**Sim**, caso o locador não inicie as obras no prazo de 3 meses da desocupação
Obras de valorização (item "b")	**Sim**, caso o locador não inicie as obras no prazo de 3 meses da desocupação
Uso próprio (item "c")	**Sim**, se o locador não der o destino alegado no prazo de 3 meses da desocupação ou der destino diverso
Transferência de estabelecimento (item "d")	**Sim**, se o locador não der o destino alegado no prazo de 3 meses da desocupação, der destino diverso ou estabelecer-se no mesmo ramo do locatário, **salvo** a hipótese de locação que inclua o estabelecimento
Proposta melhor de terceiro (item "e")	**Não**
Insuficiência da proposta (item "f")	**Não**
Ausência dos requisitos (item "g")	**Não** (STJ, REsp 286321/SP, *DJ* 03.12.2001)

O ônus da prova da insinceridade do motivo alegado na exceção de retomada é do locatário. Nos termos da Súmula nº 485 do STF: "Nas locações regidas pelo Decreto nº 24.150, de 20 de abril de 1934, a presunção de sinceridade do retomante é relativa, podendo ser ilidida pelo locatário". O texto do verbete sumular remete à antiga legislação sobre locações, devendo ser lida com referência à Lei nº 8.245/1991.

2. DIREITO SOCIETÁRIO

2.1. Conceito de sociedade

Na sociedade, *as pessoas reciprocamente se obrigam a contribuir, com bens ou serviços, para o exercício de atividade econômica e a partilha, entre si, dos resultados.*

Fundamenta-se a existência das sociedades na dificuldade natural do exercício de determinadas atividades econômicas. Diante de sua complexidade, as pessoas percebem que não conseguiriam alcançar o sucesso sozinhas, buscando alguém com projetos similares para dividir os riscos e os benefícios do negócio.

2.1.1. *Personalidade jurídica*

A sociedade é uma **pessoa jurídica de direito privado** (art. 44, II, do CC). Disso exsurge que ela possui **tríplice titularidade jurídica**, a saber:

a) **Titularidade negocial**, que a transforma em sujeito de direitos autônomo, distinto da pessoa dos sócios que por ela praticam o ato;

b) **Titularidade processual**, uma vez que pode ser parte em processo judicial; e

c) **Titularidade patrimonial**, pois a criação da sociedade implica no surgimento de uma massa patrimonial que lhe é própria, também distinta do patrimônio dos sócios que a compõem.

Há, não obstante, sociedades que não adquirem personalidade jurídica, chamadas de **sociedades não personificadas**. Basta, por ora, sabermos que elas existem, deixando o detalhamento de suas características para mais adiante.

2.1.2. *Desconsideração da personalidade jurídica*

Também conhecida como **teoria da superação ou da penetração na personalidade jurídica**, ou ainda pelos seus termos originais ***disregard of the legal entity*** e ***lifting the corporate veil***, dado que foi desenvolvida no direito norte-americano.

A desconsideração *visa a responsabilizar os sócios por obrigação da sociedade por conta do uso ilegal da pessoa jurídica, prejudicando credores ou o interesse público*.

Deveras, é bastante comum o uso abusivo da pessoa jurídica pelo sócio que pretender locupletar-se ilicitamente, bastando, por exemplo, que torne inviável o pagamento dos credores e a exigência judicial desses créditos ao transferir todo o patrimônio da empresa para seu nome. Sendo a dívida da empresa, teoricamente, o patrimônio pessoal do sócio não pode ser atingido.

Só que estamos diante de uma fraude e, por isso, não poderia a lei ficar com as mãos atadas em prejuízo de credores ou do próprio interesse público. Por ordem judicial, então, pode-se **ignorar** a autonomia patrimonial da pessoa jurídica e atingir o patrimônio dos sócios para a quitação da dívida. Note bem: não estamos falando de extinção da pessoa jurídica ou da exclusão do sócio fraudador. A sociedade continua existindo para todos os demais fins com os mesmos sócios. Exclusivamente para a cobrança da dívida em questão o juiz determina que se desconsidere a existência da titularidade da pessoa jurídica para que o crédito possa ser satisfeito pela penhora de bem particular do sócio.

Finda a demanda, não restará nenhum indício da desconsideração.

Por se tratar de ato excepcional, que descarta a verdadeira razão de ser da sociedade, que é a separação patrimonial, devem ser obedecidos certos requisitos legais. A fonte desses requisitos irá variar conforme a natureza da dívida que interessa no exame do caso concreto, considerando que a teoria da desconsideração está prevista em diversos diplomas legais:

a) **No art. 50 do CC**, para dívidas civis e empresárias, exceto com consumidores, exige-se *abuso de finalidade da pessoa jurídica, caracterizado pelo desvio de finalidade ou confusão patrimonial*;

b) **No art. 135 do CTN**, para dívidas fiscais, exige-se *atuação com excesso de poderes ou com infração à lei, ao contrato ou ao estatuto social* por parte daqueles que administram a sociedade a qualquer título;

c) **No art. 28 do CDC**, para dívidas com consumidores, ela poderá ocorrer quando houver *abuso de direito, excesso de poder, infração da lei, fato ou ato ilícito, violação do contrato ou estatuto social, falência, insolvência, encerramento ou inatividade da pessoa jurídica provocados por má administração*.

O Direito do Trabalho, ao contrário do que muitos pensam, não tem regra própria sobre a desconsideração, aplicando-se por analogia o art. 50 do CC.

É fácil notar que as hipóteses previstas nos três Códigos são semelhantes, podendo ser sistematizadas em dois requisitos: **ordem judicial** e **prova de fraude na condução da pessoa jurídica**.

Alguns autores chamam a atenção para a existência de uma **teoria menor da desconsideração da personalidade jurídica**, que, ao contrário da **teoria maior**, já estudada, impõe a responsabilização pessoal do sócio em caso de **mera inadimplência** da pessoa jurídica, ou seja, faltando patrimônio a esta para adimplir suas obrigações, busca-se o patrimônio do sócio independentemente da ocorrência de fraude. Tal aspecto da desconsideração pode ser visto no art. 28, § 5º, do CDC, que autoriza a superação *sempre que a personalidade jurídica for, de alguma forma, obstáculo ao ressarcimento de prejuízos causados aos consumidores*. No mesmo sentido temos o art. 4º da Lei 9.605/1998, que autoriza a desconsideração para a compensação de danos ambientais. Algo similar é aplicado cotidianamente na Justiça do Trabalho, mesmo sem qualquer previsão legal específica.

Outro ponto que merece destaque é a **teoria da desconsideração da personalidade jurídica inversa**, na qual o credor particular do sócio busca judicialmente a possibilidade de executar bens sociais para a quitação da dívida. Considerando que a *disregard doctrine* foi desenvolvida para coibir qualquer uso abusivo da personalidade jurídica, em recente julgado, o STJ pacificou a jurisprudência antes tormentosa atestando a possibilidade da desconsideração inversa no ordenamento pátrio (STJ, REsp 948117/MS, *DJ* 22.06.2010).

As disposições sobre a desconsideração da personalidade jurídica aplicam-se integralmente às empresas individuais de responsabilidade limitada, dado que se incluem dentre as pessoas jurídicas de direito privado, conforme a nova redação do art. 44 do CC, dada pela Lei 12.441/2011. Ademais, a teoria da desconsideração foi a razão do veto imposto pela Presidência da República ao parágrafo § 4º do art. 980-A, indicando seu uso irrestrito junto a esta nova espécie de pessoa jurídica.

2.2. Princípios de Direito Societário

2.2.1. *Princípio da preservação da empresa*

Prevê que o ordenamento jurídico cuide mais de *priorizar a sobrevivência da sociedade do que os interesses individuais de seus integrantes*. São exemplos a dissolução parcial da sociedade e a sociedade unipessoal temporária.

2.2.2. *Princípio da defesa das minorias societárias*

O pequeno investidor ou o titular de parte menor das quotas sociais *deve ter sua opinião e participação protegida pelo ordenamento em relação aos controladores e sócios majoritários*. Vemos sua aplicação no direito de recesso e competência para fiscalização.

2.2.3. *Princípio da proteção às microempresas e empresas de pequeno porte*

Com *status* constitucional (art. 179 da CF), *visa a conferir às pequenas empresas tratamento jurídico simplificado em suas relações sociais, tributárias e creditícias*. Um exemplo é o plano especial de recuperação judicial.

2.2.4. *Princípio da liberdade contratual e da autonomia da vontade*

Permeia todo o Direito Privado, representando que *os sócios são livres para dispor nas cláusulas do contrato social e nos demais atos negociais aquilo que bem entenderem*, devendo respeito apenas às normas de caráter cogente, estabelecidas em prol do interesse público.

2.3. Classificação das sociedades

2.3.1. *Quanto à personalidade jurídica*

a) Sociedades personificadas: são aquelas a que o ordenamento jurídico *confere personalidade jurídica*, com a autonomia daí decorrente, conforme estudado no item 2.1.1. São exemplos a sociedade simples, sociedade limitada e a sociedade por ações;

b) Sociedades não personificadas: ao contrário, são aquelas que *não detêm personalidade jurídica própria*, seja porque lhe falta o registro (sociedade em comum), seja porque os sócios não desejam divulgá-la (sociedade em conta de participação).

2.3.2. *Quanto à atividade exercida*

a) Sociedades empresárias: quando *exercerem atividade própria do empresário sujeito a registro* (art. 982 do CC);

b) Sociedades simples: por exclusão, são aquelas *constituídas para atividades excluídas do regime empresarial*, como as atividades intelectuais.

2.3.3. *Quanto à responsabilidade dos sócios*

a) Responsabilidade ilimitada: todos os sócios *respondem com seu patrimônio pessoal pela totalidade das dívidas contraídas pela sociedade*. Isto não exclui, como regra, o benefício de ordem, que prevê que primeiro são executados os bens sociais e, somente na insuficiência destes, serão alcançados os bens dos sócios;

b) Responsabilidade limitada: a responsabilidade do sócio *é limitada à integralização de sua participação no capital social, não respondendo mais por dívidas sociais a partir de então*. Em outras palavras, salvo exceções que serão estudadas oportunamente, depositando o sócio aquilo que ele se comprometeu a título de participação social (quotas ou ações), nada mais poderá ser-lhe imputado.

c) Sociedade mista: parte dos sócios detém responsabilidade limitada e parte ilimitada. Ocorre nas sociedades em comandita (simples e por ações), nas quais os sócios com poderes de administração respondem ilimitadamente pelas dívidas sociais e os demais apenas pelo valor de suas quotas.

2.3.4. *Quanto à forma de constituição e dissolução*

a) Sociedades contratuais: são aquelas que *se constituem por um acordo de vontades entre os sócios, o contrato social*. Sua dissolução pode ser apenas parcial, autorizando-se os sócios minoritários a continuarem a empresa, mesmo contra a vontade da maioria. São reguladas pelo CC (em nome coletivo, comandita simples e limitada);

b) Sociedades institucionais (ou estatutárias): regulamentam-se por um *estatuto social, conjunto de regras estabelecidas pelos fundadores ao qual os novos sócios apenas aderem*. Pode ser dissolvida pela vontade da maioria e segue as regras da Lei 6.404/1976 (comandita por ações e sociedade por ações).

2.3.5. *Quanto às condições de ingresso de novo sócio*

a) Sociedade de pessoas (ou *intuitu personae*): o perfil individual de cada um é parte fundamental da reunião de sócios. Cada pessoa que participa da sociedade está ali porque possui conhecimentos que auxiliam no desenvolvimento do objeto social. Dessa forma, caso um sócio deseje abandonar a empresa ou vem a falecer, os demais *podem vetar o ingresso do terceiro no quadro social*. Essa competência, porém, não implica impenhorabilidade das quotas, considerando que o arrematante não se torna necessariamente sócio (STJ, REsp 19018/PR, *DJ* 27.06.1994 e REsp 234391/MG, *DJ* 12.02.2001);

b) Sociedade de capital (ou *intuitu pecuniae*): ao contrário da sociedade "de pessoas", os sócios da sociedade "de capital" ingressam apenas com dinheiro. Há interesse na comunhão do esforço financeiro de cada um, não sendo relevantes as características pessoais dos sócios. Assim, *nenhum deles pode se opor à entrada de estranhos no quadro social*.

Não se perca de vista que toda sociedade pressupõe a existência de pessoas e de capital para sua constituição! A classificação se baseia na **preponderância** de um dos elementos na criação da sociedade.

Como regra, as sociedades institucionais são "de capital", considerando a negociabilidade ínsita das ações. Para as sociedades contratuais, em respeito ao princípio da autonomia da vontade, é necessário analisar o contrato social para verificar se se trata de uma sociedade "de pessoas" ou "de capital".

2.3.6. *Quanto à nacionalidade*

a) Sociedade nacional: *é aquela organizada conforme a lei brasileira e que tenha sede no País*;

b) Sociedade estrangeira: *as que têm sede em outro país ou que se constituam conforme legislação alienígena*. Não podem funcionar no Brasil sem autorização do Poder Executivo.

2.3.7. *Quanto ao controle*

a) Sociedade controlada: *sociedade de cujo capital outra sociedade possua a maioria dos votos nas deliberações e o poder de eleger a maioria dos administradores*;

b) Sociedade coligada (ou filiada): *sociedade em cujo capital outra sociedade tenha participação de 10% ou mais, sem controlá-la*;

c) Sociedade de simples participação: *sociedade em cujo capital outra sociedade tenha participação de menos de 10%*.

2.4. Sociedades não personificadas

2.4.1. *Sociedade em comum*

Por sociedade em comum o CC entende *a sociedade que não registrou seus atos constitutivos*, seja porque não os tem por escrito (**sociedade de fato**), seja porque simplesmente não levou o contrato ou estatuto a registro por qualquer outro motivo (**sociedade irregular**).

Independentemente da razão, importa que uma sociedade sem registro não ostenta os mesmos direitos daquela regularmente inscrita na Junta Comercial. Sobre as limitações negociais da sociedade em comum, *vide* item 1.2.

A par disso, os sócios de uma sociedade em comum têm **responsabilidade ilimitada e solidária** pelas obrigações sociais, todos eles. Mantêm, é certo, o benefício de ordem, **com exceção daquele que contratou pela sociedade**. Exemplo: três sócios de uma empresa não registram seus atos constitutivos. Em determinado negócio, um deles assina o contrato de compra de matéria-prima e, por dificuldades financeiras, a sociedade não paga a dívida. O patrimônio pessoal do sócio que assinou o contrato será executado juntamente com o patrimônio social, **porque ele não faz jus ao benefício de ordem**. Os outros dois sócios, caso os patrimônios anteriormente atingidos não sejam suficientes para quitar a obrigação, serão chamados **conjuntamente, porque solidários**, a responder com seu patrimônio particular pelo restante.

Isso ocorre porque, inexistindo personalidade jurídica, não há de se falar em titularidade patrimonial da sociedade. O art. 988 do CC define o patrimônio da sociedade em comum como *um patrimônio especial, formado pelos bens e dívidas da empresa, dos quais os sócios são titulares em comum*, vindo daí o nome da sociedade. O patrimônio não é dela, mas comum a todos os sócios.

2.4.2. *Sociedade em conta de participação*

É uma verdadeira exceção dentro do Direito Societário. A sociedade em conta de participação pode exercer atividade empresária e será, portanto, considerada como tal, **mas não é sujeita a registro**. Logo, não tem personalidade jurídica própria e vê impedida sua publicidade, dando-lhe conotação secreta.

E de fato esse é o principal atrativo na constituição de uma sociedade em conta de participação. Nessa modalidade, existem **sócios ostensivos** e **sócios participantes** (antigamente chamados, pelo parcialmente revogado Código Comercial, de **sócios ocultos**). Quem organiza, administra e pratica a atividade empresária são os **sócios ostensivos**, em conjunto ou separadamente, mas sempre **em seu próprio nome**. A sociedade ou os sócios participantes não aparecem no negócio. Quem se vincula perante terceiros é somente o sócio ostensivo, exclusiva e pessoalmente, ou seja, com **responsabilidade ilimitada**.

Os sócios participantes obrigam-se apenas perante o sócio ostensivo nos termos do contrato, sendo as partes livres para pactuar o que bem entenderem.

Sublinhamos novamente que a sociedade em conta de participação exerce atividade empresária, porém, não está sujeita a registro na Junta Comercial. Nada impede, contudo, que os sócios resolvam registrar o contrato no **Cartório de Registro de Títulos e Documentos** unicamente para cercarem-se de maiores formalidades. Tal diligência **não confere personalidade jurídica à sociedade em conta de participação** (art. 993 do CC).

A diferença entre os tipos de sócio é relevante também em caso de falência. A quebra do sócio ostensivo **implica a dissolução da sociedade**, classificando-se como crédito quirografário eventuais dívidas com os sócios participantes. Já na falência de qualquer destes, **não se dissolve a sociedade**, devendo o contrato da sociedade em conta de participação seguir as regras expostas na Lei 11.101/2005 para os contratos bilaterais do falido (art. 994, §§ 2º e 3º, do CC).

2.5. Sociedades personificadas contratuais

2.5.1. *Linhas gerais*

O ato constitutivo sujeito a registro nas sociedades contratuais, como vimos, é o **contrato social**. Para que seja admitido pela Junta Comercial, porém, é imprescindível a verificação da concorrência de determinados requisitos:

a) Requisitos dos contratos em geral: como qualquer outro contrato, o contrato social demanda *agente capaz* (os sócios devem estar no pleno gozo da capacidade civil e não serem impedidos de exercer empresa), *objeto lícito* (o objeto social, a atividade a ser exercida não pode ser proibida por lei) e *forma prevista ou não prescrita em lei* (no caso, o contrato social deve ser escrito e visado por advogado);

b) Pluralidade de sócios: não se concebe sociedade sem que haja ao menos dois sócios. A fim de que surja a autonomia patrimonial da sociedade, é basilar que mais de uma pessoa contribua para a formação do novo patrimônio, caso contrário, estaremos diante de um empresário individual;

Não obstante, a legislação prevê duas situações excepcionais em que se permite a existência de apenas um sócio: a **unipessoalidade temporária**, quando se autoriza que o único sócio restante (por falecimento ou retirada dos demais) continue a exercer a empresa pelo prazo de **180 dias**, findo o qual deve restabelecer a pluralidade no quadro social sob pena de, se não o fizer, responder ilimitadamente pelas dívidas sociais (extingue-se a sociedade e a pessoa passa a ser vista como empresário individual); e a **companhia subsidiária integral**, prevista no art. 251 da Lei 6.404/1976, uma espécie de sociedade por ações cujo único acionista é uma sociedade brasileira.

c) Constituição de capital: todos os sócios devem participar da constituição do capital social, com dinheiro, bens ou serviços (a contribuição com serviços é admitida apenas na sociedade simples pura e na cooperativa);

d) Participação nos lucros e nas perdas: é nula qualquer disposição contratual que exclua sócio da divisão dos resultados da empresa, sejam eles positivos (lucros) ou negativos (prejuízos). Deve-se atentar para o fato de que a vedação legal refere-se à **exclusão** do sócio da repartição dos resultados. Nada impede que se pactue uma distribuição diferenciada para determinados sócios, desde que todos recebam ou arquem com uma parte dos lucros ou das perdas, respectivamente, nos termos do contrato.

Ao lado dessas, o contrato social deve conter, ainda, as demais cláusulas obrigatórias previstas no art. 997 do CC.

Lembramos, por fim, que toda sociedade se funda em um pressuposto fático denominado *affectio societatis*, que pode ser definido como *o vínculo gerado pela empatia existente entre os sócios, fazendo com que cada um acredite que necessita da presença dos demais para que a empresa tenha sucesso.* Não se trata de amizade ou afeição pessoal entre os sócios, mas sim de afeição profissional, baseada na confiança e na qualidade do trabalho desenvolvido. Os sócios podem, eventualmente, ser inimigos pessoais por motivos políticos, filosóficos etc., porém, enquanto entenderem que a empresa somente continuará dando certo com a presença do outro, por mais indesejável que ela seja, subsistirá a *affectio societatis.*

A quebra da *affectio* implica a dissolução parcial da sociedade (Enunciado 67 JDC/CJF).

2.5.2. Sociedades simples

a) Noções gerais

Já conhecemos a bipartição das sociedades em simples e empresárias, implicando que as primeiras não se submetem ao regime jurídico empresarial. O que justifica, então, seu estudo nessa disciplina? O fato de suas normas serem de **aplicação supletiva** para as sociedades empresárias.

A sociedade simples **pode** adotar, se quiser, um dos tipos sociais previstos no CC para as sociedades empresárias (nome coletivo, comandita simples ou limitada), estudados adiante. Se assim preferir, seguirá o regramento estabelecido para o tipo, com aplicação supletiva das suas normas; caso contrário, trata-se de **sociedade simples pura ou propriamente dita**, que se submete exclusivamente às normas da sociedade simples aqui estudadas.

Os sócios da sociedade simples pura têm **responsabilidade ilimitada**, resguardado o benefício de ordem, porém, **não solidária**, ou seja, o sócio não responde por toda a dívida social. Sua responsabilidade fica adstrita **à proporção de sua participação no capital social**.

A lei presume, no silêncio do contrato, tratar-se de **sociedade "de pessoas"**, vedando-se o ingresso de terceiros por alienação ou sucessão de quotas sem o consentimento dos demais sócios.

A sociedade simples é a única que aceita a figura do **sócio de indústria** atualmente. O parcialmente revogado Código Comercial trazia uma espécie de sociedade denominada "sociedade de capital e indústria", na qual um ou alguns sócios integralizavam o capital social em dinheiro (o sócio de capital) e um ou alguns dos demais contribuíam apenas com serviços (o sócio de indústria).

O sócio de indústria deve prestar seus serviços exclusivamente junto à sociedade, sob pena de exclusão e suspensão no repasse dos lucros. Esses, aliás, serão calculados sobre a média do valor das quotas existentes.

b) Deliberações dos sócios

Os sócios tomarão suas decisões mediante deliberação por maioria do capital social (vence a posição defendida pelos sócios que somem maior parcela do capital). Havendo empate, considera-se a votação por cabeça (vence a posição defendida pelo maior número de sócios). Persistindo o empate, a decisão caberá ao juiz.

c) Administração

A administração da sociedade simples, por sua vez, pode ser cometida a sócio (ou a vários deles) ou a **terceiro estranho ao quadro social**. Em qualquer hipótese, o administrador pode ser nomeado no próprio contrato social ou por instrumento separado, que será averbado na Junta Comercial sob pena do administrador responder pessoal e solidariamente com a sociedade. Os poderes conferidos no próprio contrato social são **irrevogáveis**, salvo por justa causa comprovada judicialmente. Os poderes conferidos por ato separado **podem ser revogados a qualquer momento**.

Não podem ser nomeados administradores: **condenados a penas que vedem, ainda que temporariamente, o acesso a cargos públicos; condenados por crime falimentar** (Lei 11.101/2005), **prevaricação** (art. 319 do CP), **peita ou suborno** (corrupção ativa e passiva – arts. 317 e 333 do CP), **concussão** (art. 316 do CP), **peculato** (art. 312 do CP), **crime contra a economia popular** (Lei 1.521/1951), **contra o sistema financeiro nacional** (Lei 7.492/1986), **contra as normas de defesa da concorrência e contra as relações de consumo** (Lei 8.137/1990), **crimes contra a fé pública** (arts. 289 a 311-A do CP) **e contra a propriedade** (arts. 155 a 186 do CP).

A responsabilidade dos administradores é *subjetiva*, devendo ser provado o dolo ou culpa pelo prejuízo causado. Nesse tópico, importante lembrar que o CC adotou a **teoria *ultra vires*** (art. 1.015, parágrafo único), que determina que *a sociedade não responde pelos atos praticados com excesso de poderes pelo administrador*, desde que:

c1) A limitação dos poderes estava regularmente registrada na Junta Comercial, presumindo-se seu conhecimento diante da publicidade do Registro Público de Empresas Mercantis;

c2) Provada que a limitação era conhecida do terceiro que contratou, por qualquer outro meio;

c3) Tratava-se de operação evidentemente estranha aos negócios da sociedade, ou seja, à realização do objeto social.

O STJ defende, de outro lado, a boa-fé do terceiro que contratou, imputando, nesse caso, a responsabilidade também à sociedade (REsp 704546/DF, *DJ* 01.06.2010).

d) Dissolução parcial

Por fim, cumpre destacar as hipóteses de dissolução da sociedade contratual, seja ela simples pura ou empresária. Após longa construção doutrinária e jurisprudencial, o CC positivou, ao lado da **dissolução total** (que opera a extinção da pessoa jurídica), a **dissolução parcial** da sociedade (encontrada na lei sob a epígrafe "resolução da sociedade em relação a um sócio"), que consagra o **princípio da continuidade da empresa.** Com efeito, até o início da vigência do CC em 2003, a lei civil dispunha que se determinado sócio não mais concordasse com os rumos da atividade, poderia requerer a dissolução total desta, apurando-se seus haveres. Porém, a jurisprudência já reconhecia que a quebra da *affectio societatis* não deveria levar à extinção da sociedade se os demais integrantes desta manifestassem interesse em continuá-la. Deveria apenas ser retirado o sócio descontente, pagando-lhe o que de direito.

Consagrada a **dissolução parcial**, encontramos no CC os seguintes fundamentos:

d1) Vontade de sócio: situação imposta pela ausência superveniente da *affectio societatis*. Manifestando um dos sócios sua intenção em retirar-se, deve informar aos demais com 60 dias de antecedência, em se tratando de sociedade por prazo indeterminado; se a sociedade for a prazo certo, a retirada somente pode ocorrer comprovada judicialmente justa causa;

d2) Exclusão de sócio: possível nos casos de ausência de integralização do capital pelo sócio nos termos estipulados no contrato (o chamado **sócio remisso**); falta grave no cumprimento de suas obrigações e incapacidade superveniente;

d3) Falência de sócio: se pessoa jurídica;

d4) Morte de sócio: se pessoa física. Nesse caso, é necessário verificar se o contrato social permite a entrada dos herdeiros ou não, pois na primeira hipótese não haverá dissolução da sociedade, a não ser que não interesse àqueles o ingresso na empresa;

d5) Liquidação forçada de quota: determinada judicialmente após requerimento de credor particular do sócio, a fim de que seja usado para o adimplemento desta obrigação (art. 1.026, parágrafo único, do CC).

A **dissolução parcial** pode dar-se na via judicial, extrajudicial ou mesmo de pleno direito. Para facilitar a visualização, acompanhe o quadro abaixo:

Hipótese	Via
Vontade de sócio	- **Extrajudicial**, se a sociedade é de prazo indeterminado e respeitada a antecedência de 60 dias - **Judicial**, provando-se a justa causa, se a sociedade é de prazo determinado
Exclusão de sócio	- **Extrajudicial**, para o sócio remisso - **Judicial**, se fundada na prática de atos graves ou incapacidade superveniente
Falência de sócio	- **De pleno direito**
Morte de sócio	- **Extrajudicial**, inexistindo conflitos entre os sócios supérstites e os herdeiros - **Judicial**, havendo lide a ser solucionada (ex.: recusa dos sócios em proceder à apuração de haveres)
Liquidação forçada de quota	- **De pleno direito**

O sócio excluído ou seus herdeiros têm direito de receber o equivalente ao **valor patrimonial** das quotas, que *é aquele proporcional ao patrimônio líquido da sociedade no momento da dissolução*, apurado em balanço levantado especialmente para esta finalidade (conhecido como **balanço de determinação**). Não se confunde com o **valor nominal** da quota, que é aquele estampado no contrato social, nem com seu **valor econômico**, estabelecido pelo mercado, correspondendo ao valor da operação de compra e venda da quota social em uma negociação livre. A esse procedimento dá-se o nome de **apuração de haveres**.

Apesar de estar saindo da sociedade, o sócio que tem sua quota liquidada por qualquer motivo, continua responsável pelas dívidas sociais contraídas anteriormente à sua saída por dois anos após a averbação do ato na Junta Comercial. E continuará responsável também pelas dívidas contraídas posteriormente à sua saída e antes da averbação do ato, pelo mesmo prazo de dois anos, se saiu por vontade própria ou foi excluído judicial ou extrajudicialmente.

e) Dissolução total

Resta falar da **dissolução total** da sociedade contratual. Esta tem como efeito a **extinção da pessoa jurídica**, devendo seu patrimônio ser rateado proporcionalmente entre os sócios após o pagamento do passivo em procedimento judicial ou extrajudicial. Durante o processo, a sociedade pode praticar apenas os atos jurídicos relacionados à liquidação, havendo, desde então, restrições ao livre exercício da atividade. Para resguardar a boa-fé e proteger os terceiros que com ela contratem nesta etapa, é obrigatório o aditamento de seu nome empresarial para que passe a constar a expressão "em liquidação".

As hipóteses de dissolução total estão elencadas no art. 1.033 do CC e dispersas em outros dispositivos, podendo ser assim resumidas:

e1) Escoamento do prazo da sociedade por prazo determinado, a não ser que a atividade continue a ser exercida sem qualquer oposição, impondo sua prorrogação tácita por prazo indeterminado;

e2) Deliberação unânime dos sócios, na sociedade por prazo determinado;

e3) Deliberação da maioria absoluta dos sócios, na sociedade por prazo indeterminado;

e4) Unipessoalidade por mais de 180 dias, salvo se o sócio remanescente requerer, junto ao Registro Público de Empresas Mercantis, a transformação do registro em empresário individual ou em empresa individual de responsabilidade limitada;

e5) Extinção da autorização para funcionar, quando exigida por lei;

e6) Encerramento do processo de falência;

e7) Anulação do ato constitutivo da sociedade, exclusivamente por decisão judicial provocada por qualquer sócio;

e8) Exaurimento ou inexequibilidade do objeto social, exclusivamente por decisão judicial provocada por qualquer sócio;

e9) Qualquer outra hipótese prevista no contrato social.

Fala-se ainda da **dissolução de fato** da sociedade, caracterizada pela *venda do ativo e posterior divisão do produto entre os sócios, sem o regular pagamento do passivo e ignorando-se o procedimento de liquidação previsto em lei*. Normalmente, é seguida pelo abandono do estabelecimento comercial, situação comumente conhecida como "golpe na praça". Essa conduta é qualificada pela lei como **ato de falência** (art. 94, III, "f", da Lei 11.101/2005), impondo a decretação da quebra da empresa e eventual **crime falimentar** (art. 168 do mesmo diploma). Outrossim, responderão os sócios, independentemente do tipo societário, solidária e ilimitadamente pelas obrigações sociais diante da irregularidade de seus atos.

2.5.3. Sociedade em nome coletivo

Tipo societário contratual em que *os sócios possuem,* ***todos****, responsabilidade ilimitada pelas dívidas societárias*. Sem alterar essa premissa, os sócios podem dividir entre si as responsabilidades por meio de cláusula específica no contrato social.

Trata-se, necessariamente, de sociedade "de pessoas", sendo vedado o ingresso de terceiro estranho ao quadro social sem anuência dos sócios.

Apenas pessoas físicas podem ser sócias em nome coletivo, competindo a administração da sociedade obrigatoriamente a um, alguns ou todos os sócios. Não se permite a nomeação de administrador não sócio.

As causas de dissolução são as mesmas da sociedade simples, com uma única diferença: não se permite a liquidação forçada da quota de sócio por credor particular deste sem que antes se promova a **dissolução total** da sociedade (exatamente por se caracterizar como sociedade "de pessoas").

Nos demais aspectos, a sociedade em nome coletivo rege-se supletivamente pelas normas da sociedade simples.

2.5.4. Sociedade em comandita simples

Compõe, juntamente com a sociedade em conta de participação e com a sociedade em nome coletivo, o que a doutrina convencionou chamar de **sociedades contratuais menores**, diante de sua pouca expressividade prática.

A sociedade em comandita simples caracteriza-se pela *existência de duas classes de sócios: os comanditados e os comanditários*. Os primeiros, comanditados, são os únicos a quem podem ser conferidos os poderes de administração. Em contrapartida, responderão ilimitadamente pelas dívidas da empresa (sempre resguardado o benefício de ordem).

De outro lado, os comanditários não podem ser administradores e têm sua responsabilidade limitada ao valor de suas quotas. Cabe ao contrato social designar quem pertence a cada classe.

Considerando que apenas pessoas físicas podem ter responsabilidade ilimitada, conclui-se que **os sócios comanditados serão sempre pessoas físicas**. Nada obsta que pessoas jurídicas participem da comandita como sócias comanditárias.

Conforme já visto, somente os sócios comanditados podem emprestar seu nome civil para compor o nome empresarial. Caso sócio comanditário figure no nome, será tratado como se comanditado fosse, ou seja, arcará ilimitadamente com o passivo social até que seu nome civil seja retirado.

As diferenças entre as classes de sócios influenciam também a questão da sucessão: falecendo sócio comanditado, deve operar-se a dissolução parcial da sociedade, salvo se o contrato expressamente autorizar a entrada dos sucessores; já com o falecimento de sócio comanditário, a lógica se inverte: não haverá dissolução, integrando-se os herdeiros ao quadro social.

Há interessante regra para a unipessoalidade incidental na comandita: será extinta a sociedade se, no mesmo prazo de 180 dias, **faltar qualquer das categorias de sócio**. Perceba que pode haver uma dezena de sócios comanditados, mas, se falecer o único sócio comanditário, esta categoria deverá ser recomposta no prazo legal, sob pena de extinção.

Nas omissões da lei, a sociedade em comandita simples seguirá as regras da sociedade em nome coletivo, a qual, por sua vez, vale-se supletivamente daquilo estabelecido para a sociedade simples.

2.5.5. Sociedade limitada

a) Noções gerais

É a sociedade contratual mais comum nos dias de hoje, por impedir a extensão da responsabilidade pelas dívidas empresariais sobre o patrimônio dos sócios sem obrigá-los a curvar-se à larga burocracia das sociedades por ações. Conceitua-se como *a sociedade na qual os sócios têm sua responsabilidade limitada ao valor de suas quotas, mas todos respondem solidariamente pela integralização do capital social.*

O capital social, como em qualquer sociedade contratual, é dividido em **quotas** (ou cotas), que podem ser todas do mesmo valor ou não (o que é bastante incomum na prática) e são divididas entre os sócios no momento da criação da sociedade. Diz-se que, com a assinatura do ato constitutivo, os sócios **subscrevem** o capital social na proporção ajustada.

Deve seguir à subscrição o repasse de bens, dinheiro ou créditos dos sócios para a sociedade, fazendo nascer o patrimônio desta, já distinto do patrimônio pessoal dos contratantes. Esse ato denomina-se **integralização do capital social** e é o marco divisor da responsabilidade pessoal dos sócios, pois, nos termos da lei, estes respondem apenas **pelo capital subscrito e não integralizado de forma solidária**.

Acompanhe este exemplo prático: Alberto, Bruno e Carlos resolvem constituir uma sociedade limitada. Para tanto, estabelecem, no contrato social, que o capital é de R$ 100.000,00 dividido em quotas iguais de R$1.000,00 cada uma. No ato, Alberto **subscreve** 50 quotas (total de R$ 50.000,00 do capital social), Bruno **subscreve** 30 quotas (total de R$ 30.000,00 do capital) e Carlos **subscreve** 20 quotas (total de R$ 20.000,00 do capital).

Ato contínuo, Alberto **integraliza** sua parcela do capital transferindo para a pessoa jurídica a propriedade de um terreno no valor de R$ 50.000,00. Bruno **integraliza** sua parte em dinheiro, aplicando R$ 30.000,00 num fundo de investimentos em nome da sociedade. Carlos, por sua vez, informa aos demais que não detém no momento recursos financeiros bastantes para **integralizar** sua parte, deixando acertado que o fará dentro de um ano.

Assim, a empresa começa a funcionar e, naturalmente, contrairá dívidas. Se o patrimônio social não for suficiente para saldá-las, poderão os sócios ser alcançados **no limite do capital subscrito e não integralizado**, ou seja, até o montante de R$ 20.000,00, que é a parte de Carlos. Essa responsabilidade é **solidária**, respondendo todos os sócios pelos R$ 20.000,00, e também **limitada**, pois qualquer centavo acima deste valor não poderá ser cobrado nem mesmo dos sócios, devendo o credor arcar com o prejuízo.

Perceba, então, que, com a total **integralização** do capital social, nada mais poderá ser cobrado dos sócios. Ressalvadas as hipóteses de desconsideração da personalidade jurídica, restando débitos mesmo após a venda de todo o ativo na dissolução total da sociedade, os credores nada poderão exigir.

Frise-se que, no nosso exemplo, o sócio que eventualmente quitar a dívida no lugar de Carlos (o **sócio remisso**), terá direito de regresso contra este.

Por conta dessa sistemática, é vedada a participação de **sócio de indústria** (art. 1.055, § 2º, do CC), uma vez que é inviável a limitação de sua responsabilidade por este não contribuir com patrimônio para o capital social. Afinal, o sócio de indústria está sempre integralizando sua parte na sociedade enquanto presta os serviços a que se propôs.

Inexistindo disposição contratual expressa, a limitada é considerada sociedade "de pessoas". Pode ser administrada por sócio ou terceiro designado (que deve ser pessoa física – Enunciado 66 JDC/CJF), ambos no próprio contrato social ou por meio de instrumento separado que deve ser levado a registro.

b) Normas supletivas

Inovou o CC ao permitir aos sócios que optem pela legislação que queiram aplicar supletivamente às sociedades limitadas.

Caso o contrato social seja silente a respeito, aplicar-se-ão as normas da sociedade simples. Todavia, podem os sócios estabelecer expressamente que a sociedade limitada em questão será regida supletivamente pela **Lei das Sociedades por Ações (LSA – Lei 6.404/1976)**.

Cumpre sublinhar que as duas legislações não se excluem automaticamente: não são os sócios obrigados a adotar apenas uma ou outra regulamentação supletiva. Pode o contrato social elencar individualmente os pontos em que se valerá da LSA, deixando os demais assuntos para o ordenamento da sociedade simples (Enunciado 223 JDC/CJF).

c) Deliberações dos sócios

Existem duas formas dos sócios tomarem as decisões sobre questões relevantes atinentes à sociedade: a **assembleia** e a **reunião.** A forma deve estar fixada no contrato social.

A primeira, assembleia, é extensamente regulamentada pelo CC, devendo ser observada uma série de formalidades sob pena de nulidade na deliberação, tais como: publicação do ato convocatório por três vezes no Diário Oficial e em jornal de grande circulação, disponibilização prévia dos documentos relativos à prestação de contas dos administradores, registro da ata na Junta Comercial, entre outras.

A assembleia será a forma de deliberação **obrigatória** para as limitadas com *mais de 10 sócios*.

Sendo assim, para as sociedades que podem optar, há a possibilidade das deliberações serem tomadas em reunião. A principal diferença desta para a assembleia é o fato dos sócios serem livres para dispor sobre suas regras no contrato social. A reunião se dará segundo as formalidades estabelecidas pelos sócios.

Ocorre que, para tanto, os sócios devem estabelecer expressamente a reunião como forma de deliberação e, *mais ainda*, devem elencar **todas** as regras que serão seguidas para as tomadas de decisões. Isso porque, considerando que o art. 1.079 do CC determina a aplicação das normas relativas à assembleia supletivamente para a reunião quando o contrato for omisso, a ausência de explicitação daquilo que os sócios queiram que seja diferente, ou menos burocrático, cairá por terra e eles serão obrigados a agir conforme manda a lei para a assembleia. Exemplo: se os sócios querem que a convocação para a reunião seja dada por telefone, isso deverá estar disposto no contrato. Caso negativo, terão de publicar a convocação no Diário Oficial e em jornal de grande circulação.

d) *Quorum* de votação

Em regra, as decisões são tomadas em reunião ou assembleia com base em maioria simples, ou seja, pela maioria de votos dos *presentes*, sendo o valor de cada voto proporcional à participação no capital social.

Havendo empate, urge avaliar quais as regras de aplicação supletiva estabelecidas para a limitada na hipótese do contrato social nada dispor sobre o assunto. Sendo as da sociedade simples, já vimos que se calcula o desempate por sócio votante, todos com igual valor (voto por cabeça); persistindo o empate, devem recorrer ao Poder Judiciário. Se forem aplicadas as regras da LSA, esta determina, no art. 129, § 2º, que nova assembleia (ou reunião) seja realizada no prazo mínimo de dois meses para discutir apenas a matéria da divergência. Persistindo o empate, submete-se o caso ao juiz.

Sem prejuízo, a lei estabelece alguns assuntos que demandam maioria qualificada para a aprovação:

d1) Unanimidade dos sócios: nomeação de administrador não sócio quando o capital social não esteja totalmente integralizado;

d2) 3/4 do capital social: modificação do contrato, incorporação, fusão e dissolução da sociedade e a cessação de seu estado de liquidação;

d3) 2/3 do capital social: nomeação de administrador não sócio com o capital totalmente integralizado e destituição do administrador **sócio** nomeado no contrato social;

d4) metade do capital social: designação e destituição do administrador sócio, determinação do modo de remuneração do administrador (sócio ou não) e pedido de recuperação judicial (consta ainda no inciso VIII do art. 1.071 do CC a concordata, que deve ser interpretada como o novo instituto da recuperação).

As decisões tomadas com base na lei ou no contrato social vinculam **todos** os sócios, inclusive os ausentes e eventuais dissidentes. Em contrapartida, decisões que afrontem a lei ou o contrato responsabilizam apenas aqueles que votaram favoravelmente a elas, de forma ilimitada, devendo os dissidentes fazer constar expressamente na ata sua contrariedade diante da postura da maioria, sob pena de serem igualmente responsabilizados pelos atos ilícitos praticados ou por eventuais danos causados a terceiros. Vemos aqui efeitos semelhantes ao da **desconsideração da personalidade jurídica**, razão pela qual não se cogita de sua decretação diante dos resultados práticos serem iguais (Enunciado 229 JDC/CJF).

Caso os sócios deliberem pela modificação do contrato, incorporação ou fusão da sociedade, o sócio dissidente terá *o direito de retirar-se da sociedade nos trintas dias subsequentes à assembleia ou reunião*, liquidando-se sua participação na sociedade conforme as regras da dissolução parcial. É o chamado **direito de recesso**.

e) Conselho Fiscal

É órgão facultativo da sociedade limitada, que pode ser constituído para acompanhar e fiscalizar os trabalhos dos administradores e liquidantes da sociedade. O Conselho Fiscal tem poderes para examinar os livros empresariais, convocar assembleia na omissão dos administradores e elaborar pareceres indicativos para as deliberações sociais.

Se constituído, será ocupado por três ou mais integrantes e seus respectivos suplentes, que podem ser sócios ou não, aplicando-se as mesmas limitações do acesso ao cargo de administrador. Outrossim, também não podem participar do Conselho Fiscal membros de outros órgãos da sociedade ou de outra por esta controlada, empregados de quaisquer delas, bem como cônjuges ou parentes até o terceiro grau destas pessoas.

Em consagração ao **princípio da defesa das minorias societárias**, os detentores de menos da metade do capital social têm o direito de eleger, separadamente, um dos membros do Conselho Fiscal.

f) Aumento e diminuição do capital social

O capital social, foi dito alhures, *é a base do patrimônio societário, seu próprio alicerce*, uma vez que consubstancia o investimento dos sócios na criação da sociedade empresária. É salutar que o tamanho do capital social corresponda ao vulto da atividade exercida, porque o capital social é garantia dos credores, dado que integra o patrimônio social.

Sendo assim, é natural que o capital social possa ser alterado ao longo da existência da sociedade. Para que seja aumentado, o único requisito é que ele já esteja *totalmente integralizado*. Os sócios terão direito de preferência na aquisição das novas quotas sociais.

Já sua diminuição é autorizada apenas se *houver perdas irreparáveis* ou *for excessivo em relação ao objeto social*.

Na primeira hipótese, que ocorrerá somente após a integralização do capital, os sócios suportarão as perdas mediante diminuição proporcional no valor das quotas. Na segunda, os sócios receberão de volta o valor excedente ou o terão descontado de eventuais dívidas existentes. Nesse caso, podem os credores quirografários contestar a decisão em até 90 dias, situação que *sobrestará a eficácia* da deliberação dos sócios até que seja realizado o pagamento ao credor.

Independentemente da motivação, a alteração do capital social implica alteração do contrato, devendo, portanto, ser levada a averbação.

g) Exclusão de sócio minoritário

Além das hipóteses de dissolução parcial da sociedade já estudadas no item 2.5.2, "d", plenamente aplicável às sociedades limitadas, o art. 1.085 do CC colaciona mais uma: a possibilidade dos sócios representantes da maioria do capital social *excluírem, extrajudicialmente, sócio que esteja pondo em risco a continuidade da empresa em virtude de atos de inegável gravidade*. Tais atos são aqueles contrários à lei ou ao contrato, como a ruptura do dever de fidelidade, negligência na defesa dos interesses sociais, uso da pessoa jurídica para a consecução de benefícios particulares em detrimento dos demais sócios, entre outros.

Para que seja imposta, a possibilidade de exclusão do minoritário por decisão assemblear deve estar prevista no contrato social, sendo-lhe sempre assegurada a ampla defesa.

Havemos de ter cuidado para não confundir os institutos do art. 1.085, ora estudado, e do 1.030, que trata da exclusão *judicial* de sócio *majoritário*. Com efeito, o art. 1.030 é plenamente aplicável à sociedade limitada se esta tiver por regramento supletivo o da sociedade simples. Mas as possibilidades serão diversas: na hipótese do art. 1.030, a maioria *dos demais sócios* (votando por cabeça) podem deliberar pela exclusão *judicial* de qualquer sócio, inclusive majoritário; no art. 1.085, sócios detentores da *maioria do capital social* podem determinar, se assim previsto no contrato, a *exclusão extrajudicial* do sócio *minoritário*.

h) Dissolução

Aplicam-se irrestritamente à sociedade limitada as normas de dissolução parcial e dissolução total estudadas sobre a sociedade simples, independentemente da regência supletiva da LSA, em virtude da **natureza contratual** da limitada.

2.5.6. Transformação, incorporação, fusão e cisão das sociedades contratuais

Normalmente fundamentadas em razões econômicas, mercadológicas e de planejamento tributário, as **operações societárias** de transformação, incorporação, fusão e cisão são atos *tendentes a alterar a estrutura jurídica de uma ou mais empresas*, trazendo em seu bojo pontos relevantes concernentes aos direitos de terceiros e a responsabilidade dos sócios.

Transformação *é a alteração do tipo societário da pessoa jurídica*. A sociedade, por exemplo, pretende abrir seu quadro social para quaisquer interessados em investir no objeto da empresa, auxiliando a promover seu crescimento. Optam, então, por transformar a sociedade limitada existente em sociedade anônima, pulverizando o capital na Bolsa de Valores.

Para ser aprovada, a transformação depende de consentimento *unânime* dos sócios, exceto se outro *quorum* estiver previsto no contrato social. Nesse caso, eventual dissidente pode exercer seu direito de recesso.

A transformação em nenhuma hipótese acarretará prejuízo ou alteração na responsabilidade dos sócios diante dos credores já constituídos quando da operação. Falindo a sociedade, os credores anteriores à transformação poderão requerer junto ao juízo da quebra que a responsabilidade dos sócios siga o **tipo societário vigente na época da pactuação da dívida**, decisão judicial que somente beneficiará a esta espécie de credores.

Incorporação ocorre quando *uma ou mais sociedades (incorporadas) são absorvidas por outra (incorporadora), deixando de existir*. A empresa XY "engole" a empresa WZ, trazendo para seu próprio patrimônio toda a estrutura material e humana desta última, restando no mercado ao final da operação apenas a empresa XY.

A incorporadora sucederá a incorporada em todos os direitos e obrigações, sejam elas de âmbito civil, fiscal ou trabalhista.

A despeito de honrosos entendimentos em sentido contrário, não se exige que a empresa incorporadora seja de maior vulto e a incorporada menor, ou que a incorporadora seja lucrativa e a incorporada deficitária. Essa reorganização, chamada de **incorporação às avessas**, é importante instrumento de planejamento tributário em grupos empresariais e já está consolidada sua legalidade no âmbito administrativo (Câmara Superior de Recursos Fiscais, Recurso nº 107-137256, *DJ* 20.03.2006).

Temos **fusão** quando *duas ou mais empresas resolvem unir-se, criando uma empresa nova*. Ex.: a empresa XY resolve se fundir com a WZ para formarem a empresa AB, até então inexistente. Difere, portanto, da incorporação porque nesta uma das empresas envolvidas segue no mercado. Na fusão, as empresas fusionadas são extintas, deixando a empresa nova como sucessora nos direitos e obrigações de todas elas.

Na **cisão**, uma sociedade *transfere seu patrimônio para uma ou várias outras, já existentes ou criadas com esse patrimônio transferido*. A cisão pode ser **total** ou **parcial**: na cisão total, extingue-se a empresa cindida porque todo seu patrimônio foi transferido para outras; na cisão parcial, a empresa cindida continua operando com o patrimônio que lhe restou. Ex.: haverá cisão total quando a empresa AB dividir seu patrimônio de forma a criar as empresas XY e WZ.

As empresas resultantes da cisão, ou aquelas já existentes que recebem o patrimônio da cindida, sucederão esta nos direitos e obrigações na proporção do patrimônio que receberam.

É importante ressaltar que o CC estabelece as regras apenas para a reorganização societária das sociedades contratuais. Para as sociedades por ações, devemos aplicar as disposições da LSA. Note-se, todavia, que o CC não traça as normas aplicáveis à cisão, razão pela qual buscamos a LSA por analogia, integração a ser realizada sempre que o CC for omisso na matéria. Já o inverso não se concebe (aplicação analógica do CC para as sociedades por ações), diante da especificidade da LSA (Enunciados nº 70 e 231 JDC/CJF).

Em qualquer das operações, o credor que já ostentava esta condição e se sentir prejudicado com o ato, pode pedir a anulação deste no prazo *decadencial* de 90 dias, provando o prejuízo. Caso deseje, a nova pessoa jurídica pode consignar o pagamento a fim de extinguir a ação.

Se, por outro lado, no mesmo prazo de 90 dias contados da operação societária, ocorrer a falência da incorporadora ou da nova sociedade resultante da fusão ou da cisão, qualquer credor anterior poderá pedir a separação dos patrimônios, para que cada dívida seja arcada pela respectiva massa.

2.6. Sociedades personificadas institucionais (ou estatutárias)

2.6.1. *Linhas gerais*

Sociedades institucionais ou estatutárias são aquelas *cujo ato constitutivo é o estatuto social, conjunto de normas estabelecidas pelos fundadores ao qual os novos sócios aderem tão logo são integrados à sociedade.*

Seu capital social não é divido em quotas, mas em **ações**, o que torna as sociedades institucionais sempre sociedades "de capital". Isso porque a principal característica da ação é sua **negociabilidade**, podendo ser livremente alienadas. Tudo por uma só razão: o que as sociedades institucionais pretendem é a captação de investidores no mercado que acreditem no sucesso da empresa. Logo, a personalidade e habilidades individuais de cada sócio pouco importam, bastando que ingressem com o capital representado pelas ações que titularizam. A administração da sociedade fica a cargo da Diretoria e do Conselho de Administração, estudados adiante, cujos membros são indicados pelos sócios controladores.

A sociedade por ações é *sempre* empresária por força de lei, não se questionando sobre seu objeto (art. 982, parágrafo único, do CC).

2.6.2. *Sociedade em comandita por ações*

Trata-se de sociedade institucional na qual, diferentemente das sociedades anônimas, os diretores possuem responsabilidade ilimitada pelas obrigações sociais. Por conta disso, apenas eles podem figurar no nome empresarial, sob pena de quem nele aparecer ser tratado como se administrador fosse, tal qual na comandita simples.

Ademais, deliberações assembleares tendentes a mudar o objeto essencial da sociedade, prorrogar seu prazo de duração, reduzir o capital social e criar debêntures ou partes beneficiárias depende de anuência dos administradores.

Os diretores devem ser nomeados no próprio estatuto social e exercerão o cargo sem limite de tempo, podendo ser destituídos por votação de sócios que representem, no mínimo, 2/3 do capital social. Ainda assim, o ex-diretor continuará pessoalmente responsável pelas obrigações contraídas durante sua gestão pelo prazo de 2 anos.

No mais, a comandita por ações segue todas as regras estudadas a seguir para a sociedade anônima, com as exceções arroladas abaixo:

a) Responsabilidade dos administradores, já comentada, inexistente nas sociedades por ações;

b) Os administradores obrigatoriamente são acionistas na comandita;

c) Possibilidade de adoção de firma ou denominação como nome empresarial, enquanto que a S.A. gira exclusivamente sob denominação;

d) Inexistência de Conselho de Administração na comandita por ações;

e) Proibição de cláusula autorizativa de aumento do capital social;

f) Proibição de emissão de bônus de subscrição.

2.6.3. *Sociedade anônima*

Também chamada de **companhia**, a sociedade anônima é *espécie de sociedade institucional, cujo capital está dividido em ações e a responsabilidade dos sócios é limitada à subscrição destas.*

Seu regime jurídico não se encontra no CC, sendo que o próprio estabelece que as sociedades anônimas serão regulamentadas em lei especial. E andou bem ao fazê-lo, pois o vulto das atividades exercidas pelas companhias, bem como a especificidade de suas obrigações societárias e tributárias, não condizem com o regramento de uma lei geral como o CC.

A lei em questão é a 6.404/1976 (LSA), com as importantes alterações trazidas pela Lei 11.638/2007.

Dissemos anteriormente, e ora reiteramos, que a sociedade anônima é empresária por força de lei e deverá adotar, obrigatoriamente, **denominação** como nome comercial. Lembramos que o fato de girar sob denominação não proíbe a companhia de utilizar nome civil de *sócio fundador ou daquele que contribuiu de forma decisiva para o sucesso da empresa sem que isso desnature a natureza jurídica de denominação do nome.*

Cabe ao estatuto social indicar, com precisão, o objeto social da companhia, sendo permitido que este se restrinja à participação societária em outras empresas. É o que conhecemos na prática como *holding*. Tal situação (a participação em outras sociedades), ainda que não prevista expressamente no estatuto, é sempre permitida para a realização do objeto estatuído ou para a obtenção de benefícios fiscais (instrumento de planejamento tributário).

a) Responsabilidade dos sócios

A sociedade anônima tem como característica estruturante *a responsabilidade dos sócios limitada à integralização das ações subscritas.* Isso significa que o sócio responde exclusivamente pelo valor das ações que se comprometeu a adquirir. Uma vez pago, nenhuma dívida social ou de outro sócio poderá atingi-lo.

Este é um aspecto importante, pois é o que diferencia os sócios da companhia daqueles que estabelecem uma sociedade limitada. Nesta última, todos os sócios respondem solidariamente pela integralização do capital, tendo apenas direito de regresso contra o remisso. Na S.A., cada sócio responde exclusivamente pela integralização de suas ações e nada mais, o que o transforma, sob certo prisma, mais em investidor do que em sócio, considerando que não tem nenhuma relação ou responsabilidade pelos atos de seus pares.

b) Classificação das companhias

Nos termos do art. 4º da LSA, as sociedades anônimas podem ser **abertas** ou **fechadas**

Companhia aberta é aquela que está *autorizada a negociar seus valores mobiliários (ações, debêntures, bônus de subscrição* *etc.) no mercado a eles dedicado.* **Companhia fechada**, por conseguinte, é aquela *cujos valores mobiliários não estão admitidos a transitar pelo mercado.* Perceba que não é a *efetiva negociação* de seus papéis que dita a classificação da S.A., mas o fato da negociação *ser ou não admitida.*

É claro que a tendência da sociedade aberta, após cumprir todos os requisitos e burocracias necessárias para obter a autorização, é pulverizar seu capital junto a investidores, ao passo que, na companhia fechada, dada a inexistência da autorização governamental, suas ações estarão sempre nas mãos dos sócios fundadores, sendo transmitidas por contratos particulares de compra e venda. Ressaltamos apenas que não é esse o critério legal de classificação.

Essa distinção traz importantes consequências, dado que companhias abertas e fechadas têm tratamento distinto na LSA em diversos pontos distribuídos pelo texto legal. Ademais, a diferença é estrutural. A sociedade anônima aberta tem perfil ostensivamente *institucional*, tendo papel importante na economia nacional diante da captação de recursos junto à poupança popular e pelo constante controle estatal existente sobre elas. As fechadas, por seu turno, resguardadas as diferenças jurídicas já estudadas, aproximam-se das sociedades contratuais, pois a ausência de autorização para negociar seus valores mobiliários no mercado impõe uma relação mais estreita entre os sócios, baseada na mútua confiança. Não estamos falando de outra coisa que não a *affectio societatis*.

Mas não descuidemos: tanto a companhia aberta quanto a fechada, a despeito do agora exposto, são conceituadas e classificadas como *sociedades institucionais.*

A autorização necessária para as sociedades anônimas abertas negociarem seu capital e outros papéis na Bolsa de Valores deve ser requerida junto à Comissão de Valores Mobiliários - CVM, autarquia federal criada pela Lei 6.385/1976 com o objetivo de regulamentar e supervisionar o mercado de capitais segundo as diretrizes estabelecidas pelo Banco Central e pelo Conselho Monetário Nacional - CMN. A ideia matriz de sua criação é a proteção do investidor e do próprio mercado financeiro contra práticas abusivas dos controladores das companhias. Reconhece-se nisto, inclusive, a natureza de direito metaindividual, sendo possível o manejo de ação civil pública para a remediação de eventuais atos ilícitos que ofendam o interesse coletivo dos investidores (Lei 7.913/1989).

c) Constituição da companhia

O procedimento de constituição de uma sociedade anônima é escalonado, comportando *três fases*:

c1) Requisitos preliminares: previstos nos arts. 80 e 81 da LSA, são obrigatórios tanto para as companhias abertas quanto para as fechadas. Envolvem a *subscrição por, pelo menos, duas pessoas de todas as ações que compõem o capital social; a realização imediata em dinheiro de no mínimo 10% do capital social; e o depósito no Banco do Brasil ou qualquer outra instituição financeira autorizada pela CVM desta parcela de dinheiro integralizada.*

c2) Constituição propriamente dita: a depender se tratamos de uma S.A. aberta ou fechada, esta etapa segue caminhos diametralmente opostos.

Nas companhias abertas, temos a chamada **constituição continuada (ou sucessiva)** em virtude de também ser subdividida em atos escalonados. Configura um procedimento voltado para a lisura da subscrição pública do capital, própria desta modalidade de sociedade por ações.

Inicia-se com o *registro prévio* da companhia em organização na CVM e com a contratação obrigatória de instituição financeira como intermediária; autorizada pela autarquia a emissão pública de ações, serão estas *oferecidas ao público*, que devem subscrevê-las junto à instituição financeira intermediária; por fim, com a subscrição de todo o capital social, devem os fundadores convocar a *assembleia constituinte*, onde os sócios deliberarão e aprovarão o estatuto social por maioria do capital e elegerão os membros do Conselho de Administração e do Conselho Fiscal.

As companhias fechadas operam sua constituição de forma mais simples, denominada **constituição simultânea**, tendo em vista que a subscrição de todo o capital social é particular, restrita aos sócios fundadores. Eles podem fazê-la por meio de assembleia geral ou por escritura pública. Num ou noutro caso, o projeto de estatuto aprovado ou a escritura pública, respectivamente, devem ser assinados por todos os sócios.

c3) Providências complementares: da mesma forma que os requisitos preliminares, estas providências são comuns a ambos os tipos de S.A.. Traduzem-se no *registro do estatuto social mediante arquivamento na Junta Comercial* e, se o caso, a *transferência dos bens imóveis que o subscritor tenha entregado para formação do capital social.*

d) Valores mobiliários

Sabemos que a companhia aberta está autorizada a emitir valores mobiliários e negociá-los no mercado de capitais. Mas o que se entende por valores mobiliários?

São títulos representativos de investimentos financeiros relacionados à sociedade anônima emissora, que utiliza a receita proveniente de sua negociação para a consecução de seu objeto social. Já o investidor busca, com a compra do título, obter ganho financeiro sobre o valor investido, recuperando um montante maior do que pagou.

Os títulos são negociados no **Mercado de Valores Mobiliários (MVM)**, também conhecido como **mercado de capitais**, que, conforme ensina Waldo Fazzio Júnior, é "*um complexo operacional que compatibiliza os interesses de aplicadores de recursos e tomadores, de forma direta ou por meio de intermediários*" (**in** "Direito Comercial", São Paulo: Atlas, 2009, p. 187).

O MVM é composto, basicamente, de duas instituições jurídicas: a **bolsa de valores** e o **mercado de balcão**. A primeira, constituída como associação civil de diversas corretoras de valores, é supervisionada pela Comissão de Valores Mobiliários (CVM) e tem por objetivo propiciar às companhias e aos investidores um ambiente livre e aberto para a negociação de seus papéis. Opera, portanto, o **mercado secundário de valores**, porque esses já foram postos em circulação anteriormente.

Já o **mercado de balcão** é "*o conjunto de operações praticadas fora de Bolsa, por meio de instituição financeira habilitada para atuar no mercado de capitais ou por seus agentes autônomos. (...) É a negociação direta de valores mobiliários, sem mediação da Bolsa.*" (*ibidem*, p. 189). Agentes autônomos do mercado de capitais são as corretoras de valores. O mercado de balcão, logo vê-se, opera nos **mercados primário e secundário**, porque a **emissão inicial de valores** (mercado primário) deve ser feita por meio de instituições financeiras autorizadas, podendo também realizar transações de compra e venda de títulos posteriormente à sua emissão (mercado secundário).

Existem diversos valores mobiliários que podem ser emitidos pelas companhias. Estudaremos apenas os cinco de maior importância.

d1) Ações

São parcelas representativas do capital social da empresa. Ao adquirir uma ação, a pessoa física ou jurídica torna-se *sócio* da companhia.

O valor da ação pode ser expresso de diversas maneiras. O estatuto social pode dar-lhes um **valor nominal**, que nada mais é do que *o quociente da divisão do capital social pelo número de ações emitidas*. Ele não é obrigatório, mas, se constar do estatuto o **preço de emissão** da ação, *que é o valor pago por quem a subscreve*, não poderá ser inferior a ele. Fala-se, ainda, em **valor patrimonial**, que *representa a participação efetiva do acionista junto ao patrimônio líquido da empresa*, constituindo o valor a que este tem direito na liquidação da sociedade; e **valor de negociação**, que é *aquele obtido pelo acionista quando transfere suas ações para um comprador interessado*.

As ações podem, ainda, ser categorizadas pela companhia: **ações ordinárias** são aquelas que *garantem ao acionista os direitos comuns de qualquer sócio*, como o voto em assembleia e a participação nos lucros e nas perdas, sem qualquer limitação ou restrição; **ações preferenciais, que** garantem ao seu titular *certas vantagens, como a prioridade na distribuição dos lucros ou no reembolso do capital*, porém, podem trazer restrições a direitos, inclusive o de voto. É obrigatória a emissão de ações ordinárias pela companhia e as preferenciais sem direito a voto não podem ultrapassar 50% do total das ações emitidas; e **ações de fruição**, assim consideradas aquelas que já foram amortizadas pela companhia para o acionista, devolvendo-lhe o valor de seu investimento conforme aquilo que teria direito em caso de liquidação da companhia. Devem ser autorizadas pelo estatuto por ou assembleia geral extraordinária.

d2) Debêntures

São valores mobiliários que garantem ao seu titular um direito de crédito de médio ou longo prazo contra a companhia, pelo valor e nas condições estabelecidas na escritura de emissão (taxa de juros, prazo para resgate, conversibilidade em ações etc.).

Em outras palavras, a debênture representa um empréstimo de numerário para a S.A.. Necessitando esta captar valores no mercado, em vez de emitir ações e, assim, expandir seu capital e quadro social, a companhia pode valer-se da debênture, oferecendo-a àqueles que se interessarem pelo retorno financeiro deste empréstimo.

Por se assemelhar bastante ao contrato de mútuo, o debenturista, figurando como o mutuante, quem empresta o dinheiro, poderá ver seu crédito garantido por bens pertencentes ao ativo da sociedade ou não. Normalmente, quanto maior a segurança do negócio, atrelando-o a garantias reais, menor o retorno financeiro; por outro lado, quanto maior o risco, pela ausência de garantias, maior a taxa de juros e o ganho do debenturista.

Com isso em vista, a LSA prevê quatro espécies de debêntures: **com garantia real**, cujo pagamento está vinculado a um bem dado em garantia real (ex.: imóvel hipotecado em nome do debenturista); **com garantia flutuante**, quando o debenturista tem preferência na liquidação do ativo da companhia, mas não pode impedir a alienação de qualquer parte deste patrimônio como operação normal da empresa; **quirografárias**, ou seja, sem qualquer garantia; **subquirografárias**, as quais, em caso de liquidação da companhia, serão pagas com preferência unicamente sobre os sócios.

d3) Bônus de subscrição

Garantem ao seu titular preferência na subscrição de novas ações quando estas forem emitidas pela companhia. Trata-se da aquisição de um direito de preferência normalmente oferecido em conjunto para aqueles que acabam de subscrever ações ou debêntures, conferindo-lhes uma vantagem adicional futura e fidelizando-os junto à sociedade como investidores.

d4) *Commercial paper*

São títulos representativos de empréstimos tomados pela companhia no curto prazo, sendo esta sua principal diferença em relação às debêntures. O *commercial paper* tem como prazo de resgate, no mínimo, 30 e, no máximo, 180 dias.

d5) Partes beneficiárias

Representa uma exceção na lista apresentada de valores mobiliários por ser *exclusivo* das sociedades anônimas fechadas. As partes beneficiárias *visam a conferir, ao seu titular, direito de crédito eventual sobre a participação nos lucros da empresa, limitado a 10% do lucro total.*

Note que o detentor da parte beneficiária *não* se torna sócio. Ele apenas tem direito de, havendo lucro contábil apurado pela companhia, participar dele na proporção estipulada no título mobiliário. O único direito privativo dos acionistas, além da distribuição do lucro, que acompanha a parte beneficiária é o de *fiscalizar* os atos dos administradores, exatamente para conferir efetividade à participação nos resultados.

São comumente utilizadas como remuneração por serviços prestados por sócios, pelos fundadores ou mesmo por terceiros, podendo o estatuto social prever sua conversibilidade em ações.

e) Direitos e deveres do acionista

Como sócio da companhia, ao subscrever ações desta a pessoa física ou jurídica recebe, *incontinenti*, um plexo de direitos e deveres relacionados a esta condição e, portanto, indissociáveis de sua relação com a S.A.

O principal **dever** do acionista é a integralização das ações subscritas. Se não o fizer no prazo ajustado, será constituído em mora *de pleno direito*, podendo a companhia, a sua escolha: promover ação de execução para cobrança do débito, somado aos juros e multa estabelecidos no estatuto (sendo que esta última não pode ser superior a 10% do valor devido), servindo o boletim de subscrição como título executivo extrajudicial; ou mandar vender as ações do subscritor em Bolsa de Valores, por conta e risco deste.

A rigor, a S.A. pode promover as duas diligências cumulativamente (art. 107, § 3º, da LSA).

Podemos lembrar, ainda, o dever de *votar no interesse da sociedade*, reputando a LSA como *abusivo* o voto tendente a causar dano à companhia ou a outros acionistas ou a obter vantagem indevida. O acionista que assim proceder estará sujeito à responsabilização pelos danos que seu voto vier a causar para a sociedade, ainda que não tenha saído vencedor.

Quanto aos **direitos** do acionista, podemos elencar como fundamentais: participação nos lucros da empresa; participação naquilo que restar do ativo da companhia após sua liquidação com o pagamento de todo o passivo, na proporção das ações que possuir; fiscalização dos atos dos administradores; preferência na subscrição de novas ações, de partes beneficiárias conversíveis em ações, debêntures conversíveis em ações e bônus de subscrição; retirada da sociedade (o chamado **direito de recesso**) em caso de aprovação de alterações do estatuto social com as quais não concorde, recebendo na retirada o *valor patrimonial* de suas ações.

Perceba que o direito de voto não pode ser elencado como um direito fundamental de todos os acionistas, diante da existência das *ações preferenciais*, que podem limitar o exercício deste.

É importante destacar, também, a figura do **acionista controlador**. Trata-se *da pessoa física ou jurídica, ou grupo de pessoas vinculadas por acordo de voto, que é titular de direitos de sócio que lhe assegurem, de forma permanente, a maioria dos votos nas deliberações em assembleia e o poder de eleger a maioria dos administradores* (art. 116 da LSA). É *imprescindível*, para sua caracterização, que o acionista controlador utilize *efetivamente* seu poder para dirigir os negócios sociais.

A figura do acionista controlador *pode* advir do fato de estarmos falando do **acionista majoritário**, mas o controlador com este não se confunde, pois o que importa é a titularidade da maioria das ações *com direito a voto*. Mais ainda, o acionista controlador pode possuir apenas uma ação, de natureza simbólica, bastando que seja apoiado por outros sócios representantes da maioria do capital com direito de voto por meio de um **acordo de acionistas**, estudado a seguir.

O acionista controlador é responsável pelos danos que cause à companhia ou aos seus sócios por atos praticados com abuso de poder. O art. 117, § 1º, da LSA traz rol *exemplificativo* de atos considerados abusivos. É *indispensável* a prova do dano, porém, não se perquire sobre a intenção subjetiva do controlador, caracterizando-se, portanto, a *responsabilidade objetiva* por seus atos (STJ, REsp 798264/SP, *DJ* 06.02.2007).

f) Acordo de acionistas

Conceitua-se como *um pacto celebrado entre dois ou mais acionistas que, uma vez registrado junto à sede companhia, obriga esta a respeitá-lo.*

Os acionistas são livres para ajustarem o que bem entenderem no cotidiano da atividade empresarial, estando tais relações protegidas pelas regras aplicáveis aos contratos em geral. Quando este acordo versar sobre *compra e venda de ações ou preferência na aquisição, exercício do direito de voto ou concessão ou alteração do poder de controle*, estaremos diante do **acordo de acionistas** referido pela LSA, que deve ser arquivado na sede da empresa e, a partir de então, vincula os atos dos signatários e da própria companhia. Em razão disso, em caso de pretensão judicial de execução de acordo de acionistas não respeitado pelas partes ou pela sociedade, esta deverá integrar o polo passivo da ação, porque terá de suportar os efeitos da decisão (STJ, REsp 784267/RJ, *DJ* 21.08.2007).

O acordo de acionistas é um contrato **plurilateral**, dado que congrega interesses convergentes na colaboração de todos os participantes, outorgando direitos e deveres a todos, bem como resta sempre aberto à adesão de novos signatários; e **parassocial**, pois devem respeito aos requisitos de validade dos contratos em geral e seguem o regime jurídico do Direito Civil, a despeito de seu objeto ser especificamente regulamentado pelo Direito Empresarial. Há, ainda, posicionamento jurisprudencial de que, em sociedades de economia mista (que necessariamente se revestem da forma de sociedade anônima), é ilegal a extinção de acordo de acionistas por decreto do Chefe do Poder Executivo, por ofensa ao contraditório e ao devido processo legal administrativo (STJ, RMS 18769/PR, *DJ* 02.12.2004).

Exemplo clássico da vinculação da sociedade após o registro do contrato em sua sede é aquele da estipulação de preferência de um sócio na compra de ações pertencentes a outro. Caso não se cumpra o acordo, sendo as ações vendidas a terceiro que não o titular da preferência, a companhia não poderá registrar a transferência das ações realizada ao arrepio do acordo de acionistas, sendo garantido ao prejudicado o manejo de ação judicial para execução específica da avença.

g) Órgãos da sociedade anônima

Para viabilizar a administração da empresa de grande vulto normalmente exercida pela companhia, a LSA prevê a criação de quatro órgãos, voltados, cada um, para determinado aspecto do gerenciamento da atividade. Podem ser *obrigatórios*, como a assembleia geral, ou *facultativos* em determinados casos, como o Conselho de Administração. Ademais, os órgãos previstos em lei não são os únicos possíveis de serem criados. A sociedade pode, no seu interesse, criar outros tantos quanto repute necessário para auxiliar na direção dos negócios.

g1) Assembleia geral

Órgão obrigatório e mais importante da companhia, constitui-se da *reunião de todos os sócios, com ou sem direito a voto, para deliberação e decisão de qualquer negócio relativo ao objeto da companhia ou de resoluções que julgarem convenientes à sua defesa e desenvolvimento.*

Como se vê, a LSA garante à assembleia geral amplos poderes sobre a administração da companhia, podendo ela decidir sobre qualquer assunto de interesse desta. Outrossim, existem questões que somente podem ser discutidas e decididas pela assembleia geral. Trata-se de **competência privativa**, prevista no art. 122 da LSA, sendo a única hipótese de delegação para os administradores o pedido urgente de autofalência ou recuperação judicial, mas sempre *ad referendum* da assembleia.

A competência para convocação será do Conselho de Administração, quando houver, ou dos diretores, devendo respeitar uma antecedência mínima de 8 dias nas companhias fechadas e 15 dias nas companhias abertas. As formalidades de convocação podem ser desconsideradas se todos os acionistas estiverem presentes.

Considera-se instalada a assembleia em primeira convocação se estiverem presentes representantes de, no mínimo, um quarto do capital social. Em segunda convocação, a assembleia ocorrerá com qualquer número de presentes. As votações, como regra, são tomadas por maioria simples de votos, sendo que cada ação ordinária dá direito a um voto. Além de outros artigos esparsos, a LSA exige *quorum* qualificado de maioria absoluta para a deliberação dos assuntos previstos no art. 136.

O acionista detentor de ações preferenciais sem direito a voto conserva intacto seu direito de participar da assembleia, podendo manifestar-se a qualquer momento (**direito de voz**).

A assembleia geral pode reunir-se por duas razões: *anualmente e obrigatoriamente nos quatro primeiros meses seguintes ao término do exercício social* (que coincide com o ano civil), para discussão das demonstrações financeiras do ano anterior; destinação do lucro e pagamento de dividendos; eleição dos administradores e do Conselho Fiscal, se o caso; e aprovação de correção da expressão monetária do capital social. Trata-se da **assembleia geral ordinária (AGO)**.

Ao seu lado, é possível a convocação de assembleia *a qualquer momento, para discussão de qualquer assunto que não seja privativo da AGO*. Hipótese esta na qual estaremos diante da **assembleia geral extraordinária (AGE)**. Nada obsta que AGO e AGE sejam realizadas na mesma data, hora e local, bem como reduzidas a termo na mesma ata, a qual deverá indicar a natureza dúplice da reunião de sócios (**assembleia geral ordinária e extraordinária - AGOE**).

g2) Conselho de Administração

Como o nome sugere, compete ao Conselho de Administração, quando existir, fixar as diretrizes gerais da administração da companhia, manifestando-se sobre assuntos estratégicos e sobre atos ou contratos a serem firmados nos termos do estatuto, bem como eleger, destituir e fiscalizar o trabalho dos diretores. Com estes não se confundem na medida em que os membros do Conselho *não podem* representar a S.A. perante terceiros ou praticar atos concretos de gestão.

O Conselho de Administração é *obrigatório* nas companhias abertas e nas sociedades de economia mista. Nas companhias fechadas, ele é *facultativo*.

Caso seja criado pelo estatuto social, será composto de, no mínimo, três conselheiros, eleitos *dentre os acionistas* pela assembleia geral e por ela destituíveis a qualquer tempo para um prazo máximo de 3 anos, permitida a reeleição.

g3) Diretoria

Cabe aos diretores *a representação da companhia e a prática de quaisquer atos de gestão, conforme descritos no estatuto social.*

Haverá, no mínimo, dois diretores, eleitos pelo Conselho de Administração ou, na sua falta, pela assembleia geral para um mandato de 3 anos, permitida a reeleição, *podendo ser acionistas ou não.*

Até 1/3 dos membros do Conselho de Administração poderá atuar cumulativamente como diretor.

g4) Conselho Fiscal

É órgão obrigatório, *porém, não necessariamente permanente*, em todas as sociedades anônimas, com a função de *fiscalizar os atos dos administradores (conselheiros e diretores), opinando sobre as contas prestadas por estes, sobre as demonstrações financeiras e outros assuntos a serem debatidos pela assembleia geral.*

É composto por no mínimo 3 e no máximo 5 membros, acionistas ou não, eleitos pela assembleia geral, para cumprir suas funções até a próxima AGO, quando poderão ser reeleitos. A função de membro do Conselho Fiscal é indelegável.

Aos membros dos três últimos órgãos listados (Conselho de Administração, Diretoria e Conselho Fiscal) são impostos os **deveres de diligência** (conduta prudente no desempenho das funções), **de lealdade** (atuação conforme os interesses da companhia e não pessoais) e **de informar** (publicidade dos atos na forma da lei ou do estatuto). Todos eles responderão pelos atos ou omissões que causarem prejuízo à companhia se tiverem agido com dolo ou culpa no exercício de suas atribuições.

2.6.4. Dissolução da sociedade institucional

Criando um regime jurídico próprio, a LSA determina que a extinção da sociedade institucional pode dar-se por três fundamentos: **de pleno direito, por decisão judicial ou por decisão de autoridade administrativa**. A fim de facilitar a exposição e a classificação de todas as hipóteses, acompanhe o quadro sinóptico abaixo.

Fundamento	Hipóteses
De pleno direito	- Término do prazo de duração - Quando expressamente previsto no estatuto - Deliberação da assembleia geral - Unipessoalidade incidental, não restituída a pluralidade de acionistas até a AGO do ano seguinte - Extinção da autorização para funcionar - Incorporação, fusão ou cisão total
Por decisão judicial	- Anulação dos atos de constituição - Impossibilidade comprovada de alcançar seu objetivo social - Decretação da falência
Por decisão administrativa	- Nos casos e na forma previstas em leis especiais (ex.: falta de autorização para negociação de ações no mercado)

Qualquer que seja o fundamento da dissolução, a ela seguirá a **liquidação** da sociedade, *judicial ou extrajudicial*. Se extrajudicial, cabe à assembleia geral decidir sobre o modo de condução da liquidação e nomeação do liquidante, *que terá os mesmos deveres e responsabilidades dos administradores.*

Realizado o pagamento de todo o passivo da companhia, restando bens em nome desta, serão rateados entre os acionistas na proporção de seus haveres, após aprovação da assembleia.

3. TÍTULOS DE CRÉDITO

3.1. Conceito

A lei civil define título de crédito como *o documento necessário para o exercício do direito literal e autônomo nele contido* (art. 887 do CC). Esclarecendo melhor, o título de crédito representa uma obrigação jurídica de cunho patrimonial assumida por alguém, sendo que o credor, a fim de exigir o cumprimento desta no vencimento, deve apresentar o título ao devedor.

Mais do que isso, o título de crédito, como regra, consubstancia a própria obrigação, caracterizando sua *abstração*. Exemplo: não importa por qual razão a pessoa possui um cheque assinado por terceiro em mãos, ela terá direito ao valor nele escrito quando da apresentação na instituição financeira. Uma vez colocado em circulação, sendo transmitido a terceiro, o título se desvincula da relação jurídica que lhe deu origem. Suponha que Alberto pague suas compras no açougue com um cheque e, posteriormente, o dono do açougue entregue o mesmo cheque para um de seus fornecedores, Benedito. Alberto terá de pagar o dinheiro representado no cheque a Benedito, mesmo nunca o tendo visto antes na vida. Credor e devedor se unem exclusivamente pelo título, por isso diz-se que este é *abstrato*.

Esta regra, todavia, pode ser limitada pelas partes, que expressamente vinculam a emissão do título de crédito a outra obrigação. Bastante comum a prática de constar discriminadamente no contrato que as parcelas serão pagas mediante a quitação das notas promissórias emitidas no mesmo ato pelo devedor. Nesse caso, desde que o credor não negocie o título de crédito, mantendo-o consigo, continua o signatário das promissórias autorizado a alegar a **exceção de contrato não cumprido**, por exemplo, e não honrar os valores representados pelos títulos.

O estudo dos títulos de crédito recebe o nome de **Direito Cambiário (ou Cambial)**.

3.2. Princípios do Direito Cambiário

3.2.1. Princípio da cartularidade (ou da incorporação)

É credor do título aquele que o detém concretamente, fisicamente, quem o tem em mãos. *Cártula* é o instrumento material, o papel, que corporifica o título de crédito. Como já descrito, para que se exija o pagamento deste, inclusive em juízo, é obrigatória a apresentação da cártula;

3.2.2. Princípio da literalidade

Pode ser exigido do devedor apenas o que constar, literalmente, no título de crédito, seja o valor, as condições de pagamento ou garantia ou o prazo de vencimento. Pactuando as partes esta ou aquela cláusula relevante para o adimplemento da obrigação, deve esta ser escrita na cártula, sob pena de mostrar-se inexigível no futuro;

3.2.3. Princípio da autonomia das relações cambiárias

O mesmo título de crédito pode representar uma série de obrigações, todas elas decorrentes da obrigação patrimonial original assumida pelo devedor, como o aval e o endosso. *A nulidade de uma obrigação cambial não implica a nulidade das outras obrigações constantes do título*. Cada relação estabelecida na cártula é autônoma e eventuais vícios existentes em uma delas não desobriga o devedor a honrar o pagamento junto àquele que validamente detém o título. Esse princípio decorre da *abstração* do título de crédito supramencionada e implica, por sua vez, em outra regra: a **inoponibilidade de exceções pessoais a terceiros de boa-fé**.

Exemplifica-se: Jorge compra um colar de Pedro, pois este lhe garantiu que ele era fabricado em ouro. Como pagamento, Jorge emite uma nota promissória em favor de Pedro constando que a pagaria dali a 15 dias. Neste ínterim, Pedro **endossa** a nota promissória a Carlos, transferindo-lhe o crédito que ela representa, em pagamento de uma dívida. Em paralelo, Jorge descobre que o colar não é de ouro, mas sim de metal menos nobre. Chegada a data do vencimento, Carlos vai até Jorge para exigir o dinheiro. Pode Jorge negar-se a pagar por conta de ter recebido a coisa com vício? *Não*. Carlos, o detentor da cártula, nada tem a ver com isso. É **terceiro de boa-fé**. Jorge não pode alegar contra ele um argumento que possui contra Pedro, pois se trata de uma **exceção pessoal**. Cabe a Jorge pagar o valor da nota promissória a Carlos e, posteriormente, cobrar de Pedro abatimento no preço ou mesmo o desfazimento do negócio.

Não nos esqueçamos, por outro lado, que o regime jurídico cambiário afasta a oposição apenas de **exceções pessoais**, que não se cofundem com **vícios formais** do título, extrínsecos ou intrínsecos, como, por exemplo, a emissão de duplicata em caso não previsto em lei (STJ, REsp 774304/MT, *DJ* 05.10.2010).

3.3. Características dos títulos de crédito

Duas são as características intrínsecas a todo título de crédito: a **negociabilidade** e a **executividade**.

O título, por força de sua abstração, é, como regra, *livremente negociável*, ou seja, *o crédito que ele representa pode ser transmitido a terceiros por simples tradição ou por meio de endosso*. A própria existência dos títulos de crédito se fundamenta na facilidade de sua circulação, o que permite agilizar sobremaneira os negócios jurídicos em que ele se insere. O emissor não se vincula, já se disse, exclusivamente ao credor original da cártula, *mas a qualquer pessoa que validamente a possua na data do vencimento*.

Além disso, a materialização da dívida em título de crédito confere maior segurança jurídica ao credor, por serem, todos eles, **títulos executivos extrajudiciais** (art. 585, I, do CPC), dispensando, assim, prévia ação de conhecimento para sua exigência em juízo. Diante dessa característica, assinala Waldo Fazzio Júnior que "os títulos de crédito (...) se destacam como tópico privilegiado no universo do direito econômico porque agraciados pelo sistema jurídico-positivo, simultaneamente, com regras materiais que implementam sua circulação segura e regras processuais que lhes outorgam a possibilidade de realização forçada pela via jurisdicional da execução" (**in** "Manual de Direito Comercial", São Paulo: Atlas, 2009, p. 318).

Anote-se, ainda, que possui natureza jurídica de **coisa móvel**, com todas as implicações legais dessa classificação (pode ser objeto de furto, por exemplo).

3.4. Classificação dos títulos de crédito

3.4.1. Quanto à previsão legal

a) Típicos (ou nominados): são aqueles *previstos em lei, a qual traz o regime jurídico aplicável ao título*. Todos os títulos de crédito conhecidos são típicos: cheque, nota promissória, letra de câmbio e duplicata são os principais, regulamentados pelas respectivas leis que os criaram;

b) Atípicos (ou inominados): o CC não veda a possibilidade de criação de outros títulos de crédito, desde que atendam aos requisitos nele expostos. Serão regulamentados pelo próprio CC, que também serve de regramento supletivo para os títulos de crédito típicos (art. 903).

3.4.2. Quanto à forma

a) Vinculados: *tanto os requisitos materiais (de conteúdo) quanto os formais (tamanho, disposição das informações) são estabelecidos pela lei*. É o caso do cheque e da duplicata;

b) Não vinculados (ou de forma livre): *apenas os requisitos materiais estão previstos em lei*. Podem assumir qualquer forma, ou seja, serem representados em qualquer papel, de qualquer tamanho, bastando que expressem o conteúdo exigido pela norma. Entram aqui a nota promissória e a letra de câmbio.

3.4.3. Quanto à estrutura

a) Ordem de pagamento: existem *três* pessoas envolvidas na relação cambial original. O *sacador (ou emitente)* emite o título de crédito *determinando* que *sacado* pague ao *tomador (ou beneficiário)* determinada quantia. Não desnatura a ordem de pagamento o fato de sacador e tomador serem a mesma pessoa. É a estrutura da letra de câmbio, do cheque e da duplicata.

b) Promessa de pagamento: existem *duas* pessoas envolvidas na relação cambial original. O *sacador* emite o título *prometendo* pagar ao *tomador* determinada quantia. Aplica-se à nota promissória.

3.4.4. Quanto às hipóteses de emissão

a) Causais: *a lei autoriza sua emissão apenas em hipóteses específicas*. É o caso da duplicata, que somente pode ser emitida para representar compra e venda com pagamento a prazo ou prestação de serviços.

b) Não causais (ou abstratos): *podem ser emitidos em qualquer situação*. Cheque, letra de câmbio e nota promissória são títulos não causais, pois estão autorizados a representar obrigações de qualquer natureza.

3.4.5. Quanto à circulação

a) Ao portador: *transmite-se com a simples tradição*, a entrega física da cártula a terceira pessoa. Caracteriza-se pela ausência de indicação do tomador. Atualmente, o único título autorizado a ser emitido "ao portador" é o cheque de valor inferior a R$ 100,00;

b) Nominais "à ordem": *por indicar quem é seu beneficiário original*, caso este deseje transferir o crédito representado no título para terceiro deverá fazê-lo formalmente. Sua circulação está, destarte, *autorizada pela relação cambial conhecida por* ***endosso***, que transmite ao novo credor todos os direitos relativos ao título. Estudaremos as regras aplicáveis ao endosso mais adiante;

c) Nominais "não à ordem": *sua circulação não está autorizada*, ao menos não por relações cambiais. Quer o sacador evitar a circulação do título, mantendo-se vinculado apenas ao beneficiário original expressamente indicado. Trata-se de cláusula excepcional, pois afronta a própria natureza do título, e, portanto, deve estar expressa. Caso seja feito o endosso, este não será considerado como tal, mas sim **cessão civil de crédito**, ou seja, relação de Direito Civil e não de Direito Cambiário. Sua diferença para o endosso será analisada junto com este.

Afaste-se, desde já, antiga dúvida sobre a correta aplicação dos termos *nominal* e *nominativo*: título de crédito que indica o tomador é *nominal*; título *nominativo* é espécie de título nominal, em que a transferência de titularidade, para ser eficaz perante o emitente, depende de registro em livro empresarial próprio (ex.: certificado de ações).

3.5. Nascimento da obrigação cambial

Ao longo do tempo, surgiram duas teorias sobre o momento em que o título considera-se emitido e, portanto, válido. Segundo a **teoria da criação**, *considera-se emitido o título no momento da assinatura, sendo válido ainda que entre em circulação contra a vontade do sacador*.

Já para os adeptos da **teoria da emissão**, *considera-se emitido o título no momento de sua entrega voluntária e efetiva pelo sacador ao beneficiário*. De nada vale, para esta teoria, estar o título completo e assinado sem que o seu emitente deliberadamente o ponha em circulação.

O CC adotou a teoria da criação, porém, de forma abrandada. Lê-se *ipsis litteris* no art. 905, parágrafo único, a regra acima descrita caracterizadora de tal teoria. Não obstante, poderá o emitente recuperar o título das mãos de quem o detenha sem motivo justo (*abrandamento pela teoria da emissão*). Ocorre que, se terceira pessoa já está na posse do título e desconhece o vício de sua origem, evidenciando sua boa-fé, terá direito à quitação da cártula em seu favor, o que, mais uma vez, comprova a opção da Lei Civil pela teoria da criação.

3.6. Legislação aplicável aos títulos de crédito

A avaliação de quais normas vigem no País sobre os títulos de crédito é causa de antigas divergências doutrinárias e jurisprudenciais. Consolidando a posição majoritária extraída dos debates, e principalmente a pacificação do assunto pelo STF, temos o seguinte cenário: para o cheque, existe lei especial a ser observada (Lei 7.357/1985); para a duplicata, idem (Lei 5.474/1968); para a letra de câmbio e nota promissória, vigem entre nós as Convenções de Genebra Sobre Letra de Câmbio e Nota Promissória, também conhecidas como **Lei Uniforme** – LU, introduzidas no ordenamento pelos Decretos 57.595/1966 e 57.663/66 *com reservas*, ou seja, *não aplicamos todos os itens do tratado internacional*; para os casos omissos relativos à letra de câmbio e à nota promissória, continua em vigor o Decreto 2.044/1908; havendo ainda casos omissos ou em complementação às regras dos demais títulos, recorremos ao CC, também regulador dos títulos de créditos atípicos.

3.7. Requisitos materiais gerais

Os títulos de crédito, para serem considerados como tais, necessitam apresentar em seu corpo determinadas informações obrigatórias. Neste diapasão, encontramos pontos cuja exigência é geral para todo e qualquer título e outros específicos para cada um. Dos gerais tratamos agora. Os específicos serão estudados posteriormente junto às regras afeitas a cada título.

Devem constar em toda cártula:

a) Denominação do título, seu nome (cheque, duplicata etc.) no corpo do texto e na mesma língua da redação do título;

b) Assinatura do subscritor, também chamado de *emitente* ou *sacador*;

c) Identificação de quem deve pagar, constando, além do nome, documento oficial de identificação pessoal (RG, CPF, título de eleitor ou carteira de trabalho);

d) Indicação precisa do valor a ser pago, em números ou por extenso;

e) Data do vencimento, cuja omissão implica vencimento *à vista* (no momento de sua apresentação para pagamento). Além dessa modalidade, o vencimento pode ser estipulado *a certo termo da vista* (ex.: o título vence em 15 dias a partir da sua apresentação ao sacado), *a certo termo da data* (ex.: o título vence em 15 dias contados da data do saque) ou *em data certa* (ex.: o título vence no dia 15 de março de 2011);

f) Data da emissão;

g) Local da emissão e do pagamento, na falta, considera-se o domicílio do emitente ou do sacado, dependendo do título.

Tais requisitos, a despeito de serem obrigatórios, não o são desde o nascimento do título. Não há obstáculo legal para que este seja emitido ou mesmo circule incompleto (faltando a data do vencimento ou o valor a ser pago, por exemplo). As exigências devem se fazer presentes apenas no momento de sua cobrança ou do protesto, cabendo ao possuidor do título preenchê-las de boa-fé (STF, Súmula 387).

O preenchimento indevido por parte de um dos possuidores não pode ser oposto contra aquele que adquiriu o título de boa-fé, por conta da regra da inoponibilidade das exceções pessoais. O obrigado deve pagar o título conforme as determinações nele escritas (**princípio da literalidade**) e voltar-se contra aquele que o preencheu em desacordo com o pacto inicial.

Lembre-se, em derradeiro, que o título é *autônomo* em relação à obrigação que lhe deu origem. Isto implica que a falta de requisito legal obrigatório irá retirar sua natureza de título de crédito, porém, não implica nulidade do negócio original. A cártula *não é a própria obrigação, apenas a representa* (art. 888 do CC).

3.8. Títulos de crédito em espécie

3.8.1. Letra de câmbio

A letra de câmbio é o título de crédito por excelência, do qual se originaram todos os outros e o próprio estudo do Direito Cambiário (termo, aliás, derivado de *cambial*, sinônimo bastante utilizado de letra de câmbio). Isso porque sobre ela se aplicam todos os institutos de Direito Cambiário, sendo neste ponto a mais completa das cártulas. Assim, por questões didáticas, iniciamos por ela nossa incursão nas espécies de títulos de crédito, dado que seu estudo permite um conhecimento amplo do tema, autorizando que tratemos, quanto aos demais títulos, somente de suas especificidades em cada ato cambiário.

*Letra de câmbio é título de crédito à ordem, que se cria por meio do **saque**, completando-se pelo **aceite**, que se transfere por **endosso** e se garante por **aval**.*

Trata-se, na estrutura, de uma *ordem de pagamento*. Com isso, sabemos que existem três pessoas envolvidas na relação cambial. Acompanhe o esquema gráfico abaixo:

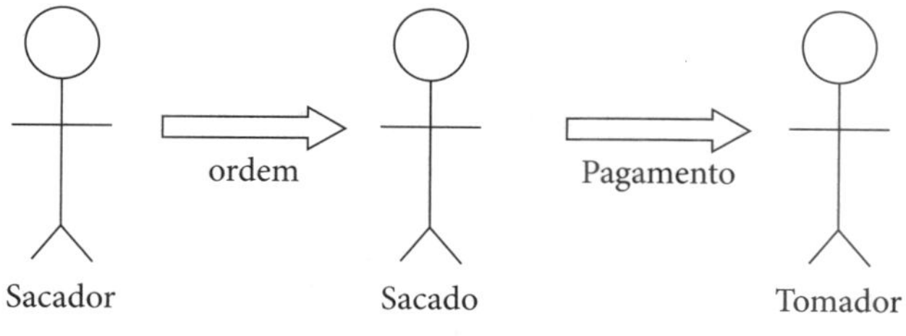

Denomina-se *saque* o ato de constituição do título de crédito, o qual, segundo a **teoria da criação** por nós adotada, completa-se com a *assinatura* da cártula. *Sacador*, portanto, é quem emite a letra de câmbio.

Ele o faz porque tem uma dívida com alguém, chamado de *tomador*, o beneficiário do crédito. Porém, ele também tem um crédito com terceira pessoa. Logo, a fim de simplificar as relações obrigacionais existentes, o sacador emite uma *ordem de pagamento* para que seu devedor, o *sacado*, pague certo valor ao tomador. Chegada a data do vencimento, o tomador, *que detém a cártula*, leva-a ao sacado para cobrança. Assim, tanto o sacador quita sua dívida com o tomador quanto o sacado extingue sua obrigação com o sacador (caso os valores sejam os mesmos).

Repise-se que sacador e tomador, ou mesmo sacador e sacado, *podem ser a mesma pessoa*, conforme o art. 3º da LU.

Resta apontar os requisitos específicos para a validade da letra de câmbio: o *termo "letra de câmbio"* no corpo do texto e na mesma língua da redação do título; *mandado puro e simples* de pagar determinada quantia, ou seja, a ordem de pagamento sem qualquer condição; a ausência de indicação do local do pagamento implica *domicílio do sacado*, indicando que, salvo disposição em contrário, a letra consubstancia *dívida quesível*; é *vedada* a emissão de letra de câmbio ao portador; a ausência de indicação do local de emissão da letra faz presumir que esta foi passada no *domicílio do sacador*.

Há, ainda, um outro efeito importante do saque: a vinculação do sacador como *coobrigado pelo pagamento do título*. Ao emitir a letra determinando que o sacado pague-a ao tomador, o sacador assume os riscos do sacado não fazê-lo, de forma justificada ou injustificada. Em qualquer das situações, o tomador poderá cobrar a dívida do próprio sacador, afinal, existe entre eles uma relação jurídica obrigacional preexistente à própria letra de câmbio.

Entretanto, deve o tomador buscar o pagamento primeiramente com o sacado. Ele é o *devedor principal* do título. O sacador, e outros personagens que poderão ingressar depois na relação cambial, são classificados como *coobrigados*, detentores do benefício de ordem no momento do pagamento. Podem ser chamados a honrar a obrigação apenas se o devedor principal e seu avalista, caso existente, não o fizerem no vencimento do título.

a) Aceite

Aceite *é o ato cambiário que vincula o sacado como devedor principal da letra de câmbio*. A partir deste momento, ele passa a ser denominado **aceitante**.

Para tanto, deve o aceitante apor sua assinatura no anverso do título. O aceite pode ser dado no verso da cártula, mas nesse caso o ato deve ser identificado (a assinatura do aceitante deve vir precedida da palavra "aceito" ou qualquer outra com o mesmo sentido). Diante do **princípio da literalidade**, o aceite deve ser dado no próprio título, não se reconhecendo o ato praticado por instrumento separado.

O aceite é *irretratável*, mas não obrigatório. O sacado não é obrigado a aceitar a letra, ainda que realmente tenha uma dívida com o sacador. Em caso de recusa do aceite, opera-se o *vencimento antecipado* do título, devendo este ser *protestado por falta de aceite* até o primeiro dia útil seguinte para que o tomador possa acionar o sacador. Note que o vencimento antecipado faz letra morta do prazo de pagamento eventualmente constante na cambial e o protesto é *indispensável* para que o tomador tenha direito de cobrar os coobrigados.

Situação equivalente ocorre nas hipóteses de **aceite limitativo** (*o aceitante aceita apenas parte do valor expresso na letra*) ou **aceite modificativo** (*o aceitante aceita o valor total, mas impõe modificações nas condições de pagamento, como o prazo de vencimento*), ambas espécies do gênero **aceite parcial**. Totalmente lícita, esta modalidade vincula o aceitante nos exatos termos de seu ato, mas também opera o vencimento antecipado *de toda a dívida* para os coobrigados. Afinal, se o aceite foi apenas parcial, é certo dizer que houve também uma recusa.

Para evitar que os efeitos da falta de aceite (como o vencimento antecipado) voltem contra si, pode o sacador inserir na letra de câmbio a cláusula "não aceitável". Com ela, o tomador não deve levar o título para aceite pelo sacado, mas, se o fizer, a recusa não implicará vencimento antecipado da obrigação cambial. É importante frisar que a cláusula "não aceitável" *não desonera o sacador como coobrigado*, tão somente permite que ele seja cobrado no prazo de vencimento inicialmente pactuado. É proibida a inclusão da cláusula nas letras que vencem a certo termo da vista, já que nestas o prazo de vencimento começa a correr justamente do aceite.

A LU permite, outrossim, o **aceite domiciliado**, no qual o aceitante, caso o local de pagamento seja seu próprio domicílio, ao aceitar a letra, *indica outro domicílio para o adimplemento da obrigação*. A decorrência prática disso é a alteração da competência para a cobrança judicial da dívida não paga, pois esta se estabelece na praça de pagamento indicada na cártula.

Em qualquer das modalidades, ou mesmo recusando-se a aceitar, o sacado não pode reter consigo a letra de câmbio, dado que o tomador dela necessita para promover o protesto por falta de aceite e a ação cambial contra os coobrigados (**princípio da cartularidade**). Se o fizer, cabe ao tomador protestar o título **por falta de devolução**, indicando ao tabelião as características da cártula para que aquele lavre o ato (**protesto por indicação**). Parte da doutrina entende inútil essa modalidade de protesto, porque o título continuará indevidamente nas mãos do devedor. A despeito dessa opinião, reputamos válido o ato do tabelião porque, ainda assim, terá o condão de autorizar a cobrança judicial dos coobrigados pelo pagamento da cártula.

A letra deve ser apresentada para aceite em certo prazo, a depender da modalidade do vencimento: para letras vencíveis a certo termo da data ou em data certa, o título deve ser levado ao sacado *até o prazo do vencimento*; nos casos de vencimento à vista ou a certo termo da vista, *em até um ano contado da data do saque*. Prazo diverso, contudo, pode ser estipulado pelo sacador. Em qualquer das situações, o desrespeito ao prazo de apresentação gera a perda do direito de cobrança em relação aos coobrigados.

Apresentada a letra, o sacado tem direito de exigir *que ela lhe seja reapresentada novamente em 24 horas*, dando a si mesmo tempo para ponderar sobre a conveniência de exarar ou não seu aceite. É o que a doutrina chama de **prazo de respiro**.

b) Endosso

É o ato cambiário destinado a transferir a titularidade do crédito e todos os direitos decorrentes do título para terceira pessoa. Obviamente, está presente apenas nos títulos nominais, pois aqueles ao portador transmitem-se com a simples tradição da cártula, e à ordem, já que a inserção da cláusula "não à ordem", como vimos, limita a transferência do crédito pela via cambiária.

O endosso serve à negociabilidade do título, fazendo com que o crédito circule de forma mais rápida e simples. Para o endosso, basta a assinatura do endossante no verso do título. O ato pode ser indicado no anverso, mas para tanto deverá ser identificado por meio de expressão clara de que se trata de um endosso.

Segue-se ao endosso a entrega da cártula ao endossatário. Nem poderia ser diferente, dado que este, atual credor do valor expresso no título, dela precisará para exigir o pagamento do devedor principal ou de outros coobrigados. É por esse motivo que *é proibido o* ***endosso parcial (ou limitado)***, aquele que transfere somente parte do crédito. Se fosse válido, seria exigido que tanto endossante quanto endossatário estivessem na posse do título para cada um exigir sua parte, possibilidade que não se vislumbra.

Também não vale o **endosso condicionado**. Qualquer condição que acompanhe o ato cambial é considerada não escrita.

Mister destacar que, mesmo transferindo o crédito e entregando o título ao endossatário, o endossante continua presente na cadeia de cobrança. Conclui-se, então, que o endosso tem *dois efeitos*: a *transferência do crédito* e todos os direitos relativos ao título e a *vinculação do endossante como coobrigado*. Se no vencimento não for paga a dívida pelo aceitante, o legítimo possuidor do título pode cobrá-lo de qualquer coobrigado, categoria que, sabemos agora, inclui, além do sacador, os endossantes.

O endosso pode ser realizado *até a data do protesto por falta de pagamento ou o escoamento de seu prazo*. Se realizado posteriormente, recebe o nome de **endosso póstumo (ou tardio)** e é considerado *cessão civil do crédito*, que é ato civil, e não endosso propriamente dito, que é ato cambial. Terá a mesma consequência o endosso exarado em título "não à ordem".

Destacamos abaixo as principais diferenças entre endosso e cessão civil:

Endosso	Cessão civil de crédito
Ato regulamentado pelo Direito Cambial	Ato regulamentado pelo Direito Civil
Unilateral	Bilateral
Somente permitido no próprio título	Pode ser feito em instrumento separado
Responde pela existência do crédito e vincula o endossante ao seu pagamento	Responde apenas pela existência do crédito, não se vinculando ao pagamento
Inoponibilidade das exceções pessoais	Pode o devedor opor ao cessionário as exceções pessoais que tinha contra o cedente

Pode, ainda, o endosso ser **em preto** ou **em branco**. **Endosso em preto** *é aquele que identifica o endossatário*; **endosso em branco**, em contrapartida, *é aquele que não o identifica*. O endossatário do endosso em preto pode endossar posteriormente o título de endosso em branco. Quem recebe a cártula por endosso em branco *pode transformá-lo em endosso em preto*, inserindo seu nome após o ato. Note que o endosso em branco, por não identificar o endossatário, legitima qualquer pessoa a estar na posse do título, tornando-o *ao portador*. A simples tradição da cambial, por aquele que a recebeu endosso em branco, é perfeitamente apta a transferir o crédito (porque falamos de título ao portador) e *não vincula aquele que a entrega como coobrigado pelo pagamento*.

Em qualquer dos casos, o endossante pode inserir no endosso a cláusula "não à ordem", evitando, assim, a livre circulação do crédito. A razão disso reside na vontade do endossante de vincular-se apenas ao endossatário original, não desejando ser chamado a pagar a dívida para pessoa estranha.

É possível, outrossim, que o endossante *não deseje se vincular como coobrigado*. Este ato não desnatura o endosso, mas, por se tratar de exceção ao disposto na legislação, há de ser expresso da **cláusula "sem garantia"**, devendo este termo constar do endosso.

Não há limite no número de endossos permitidos na mesma cártula, prevendo a LU que deve ser anexada uma folha em branco ao título para que as assinaturas sejam apostas na hipótese de não haver mais espaço no corpo deste documento.

Bastante comum na doutrina é a diferenciação entre **endosso próprio** e **endosso impróprio**. *Próprio é o endosso que opera os dois efeitos que lhe são naturais*: a transferência do crédito e todos os direitos relativos ao título e a vinculação do endossante como coobrigado. **Endosso impróprio** *é aquele que tem outro objetivo que não a transferência do crédito, garantindo ao possuidor da cártula apenas os demais direitos a ela relativos.*

Fala-se em **endosso-mandato (ou endosso-procuração)** quando *o título é endossado exclusivamente para que o endossatário cobre a dívida em nome do endossante, agindo como seu representante*, continuando o crédito de propriedade deste último. Por atuar o endossatário em nome do endossante, o devedor pode opor ao pagamento unicamente as exceções pessoais que detenha contra o endossante. Responderá o endossatário nesse caso, porém, se extrapolar os limites do mandato (STJ, Súmula 476).

Endosso-caução (ou endosso-pignoratício ou endosso-garantia) é espécie de endosso impróprio que *transfere a posse da cártula ao endossatário como garantia do pagamento de uma dívida pelo endossante*. Adimplida a obrigação, retorna para este o título para que execute a cobrança dos devedores da relação cambiária. Caso o endossante não cumpra sua obrigação, e somente neste momento, terá o endossatário que recebeu a cártula em garantia a plena titularidade dos direitos a ela relativos.

Em derradeiro, anote-se o conceito de **endosso de retorno**, que ocorre quando *o endossatário é pessoa já obrigada no título*, ou seja, um endossante anterior. Exemplo: A endossa o título a B, que por sua vez o endossa a C, que vem a endossá-lo para A. Este último ato é o endosso de retorno. Nesse exemplo, caso A venha a endossar o título para D, seu ato receberá o nome de **reendosso**, que pode ser definido como *o novo endosso realizado por aquele que já era endossante*. Em outras palavras, *é o endosso praticado por quem recebeu a cambial por meio de endosso de retorno.*

c) Aval

Aval *é o ato cambiário por meio do qual uma pessoa torna-se garantidora de outra na obrigação do pagamento*. Ao avalizar a obrigação, um terceiro, até então estranho ao título ou mesmo alguém já obrigado, garante o pagamento caso seu avalizado não o faça.

O instituto é bastante similar à fiança do Direito Civil. Por isso, da mesma forma que fizemos com o endosso e a cessão civil de crédito, estabelecemos as diferenças conceituais do aval e da fiança no quadro abaixo:

Aval	Fiança
Ato regulamentado pelo Direito Cambial	Ato regulamentado pelo Direito Civil
Somente permitido no próprio título*	Pode ser feito em instrumento separado
Inoponibilidade das exceções pessoais	Pode o devedor opor ao fiador as exceções pessoais que tinha contra o afiançado
Não existe benefício de ordem	O fiador tem direito de ser cobrado apenas se o afiançado não pagar

Costuma-se dizer que o avalista é *devedor igual* ao avalizado, isto é, ele se obriga no título no mesmo *status* daquele que garante: se avaliza a obrigação do aceitante, será tratado também como *devedor principal*; se avaliza o sacador ou qualquer endossante, será equiparado a *coobrigado*. A principal implicância dessa regra é a necessidade (para os coobrigados) ou desnecessidade (para o devedor principal) do protesto para serem incluídos no polo passivo da cobrança da dívida.

O aval é dado pela simples assinatura do avalista no anverso do título. Pode ser feito no verso, desde que identificado o ato pela expressão "em aval" ou qualquer outra equivalente.

Regra importante decorre do **princípio da autonomia das relações cambiais** no que tange ao aval. Ele é considerado como uma relação autônoma diante daquela assumida pelo avalizado. Isso significa que, mesmo sendo declarada nula, por qualquer motivo, a obrigação do avalizado (é pessoa absolutamente incapaz, por exemplo), *subsiste a obrigação do avalista*. Segue-se o mesmo raciocínio em caso de falência do avalizado, caso seja pessoa jurídica.

Denomina-se **aval antecipado** aquele dado em prol do sacado antes que este aceite a letra. Igualmente em face da autonomia do aval já mencionada, o aceite do sacado *não é* requisito para a validade do aval. O avalista continua obrigado ao pagamento independentemente da postura do sacado, ou seja, poderá ser compelido a pagar o valor garantido mesmo que o sacado recuse o aceite.

Tal como o endosso, o aval pode ser **em preto** ou **em branco**, conforme identifique ou não o avalizado, respectivamente. O aval em branco considera-se dado em favor do *sacador*. Nos termos da Súmula 189 do STF: "Avais em branco e superpostos consideram-se simultâneos e não sucessivos". Isso significa que, se dois ou mais avalistas lançam sua assinatura na cambial sem indicar o avalizado, considera-se que são todos avalistas do sacador (**aval simultâneo**), e não avalistas de outros avalistas (**aval sucessivo**).

A LU permite o **aval parcial (ou limitado)**, quando *o avalista garante apenas parte da dívida*. Diante do **princípio da literalidade**, deve a parcela garantida constar expressamente no próprio título.

Reconhece-se, da mesma forma, o aval dado após o *vencimento* da dívida cambial como válido. *Não o será*, todavia, o aval exarado após o *protesto* do título.

Não se olvide a existência de uma limitação à dação de aval pelas pessoas casadas. É *imprescindível* a **outorga uxória ou marital** para a validade do aval, exceto se o avalista é casado pelo regime da separação absoluta de bens (art. 1.647, III, do CC).

d) Pagamento do título

Para tratarmos das variadas situações que podem ocorrer no momento do pagamento da cártula, considere o esquema abaixo como exemplo geral:

* Segundo iterativa jurisprudência do STJ, é de ser reconhecido como instituto equivalente ao aval o acordo celebrado em instrumento separado vinculado a título de crédito, evitando-se apegos excessivos ao formalismo (REsp 200421/ES, *DJ* 25.09.2000). No mesmo sentido a Súmula 26 do Pretório Superior: "o avalista do título de crédito vinculado a contrato de mútuo também responde pelas obrigações pactuadas, quando no contrato figurar como devedor solidário".

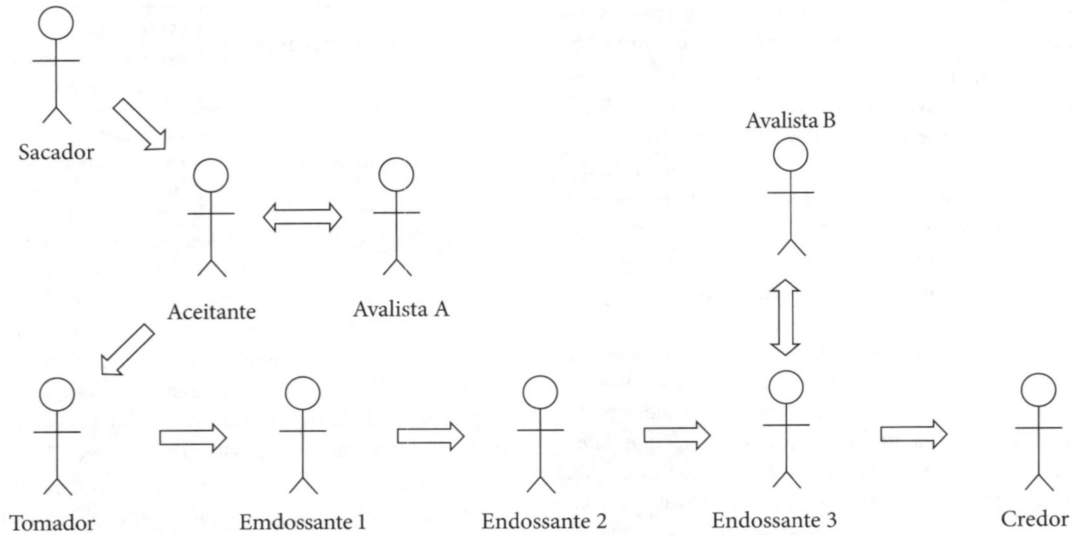

Chegada a data do vencimento, deve o credor do título levá-lo até o aceitante para pagamento, pois, como vimos, em regra, o título de crédito representa **dívida quesível**, sendo o aceitante seu *devedor principal.*

Se o aceitante pagar o título, *estão extintas todas as relações jurídicas representadas pela cártula*, pois a obrigação foi cumprida pelo verdadeiro sujeito passivo. De outra banda, se o pagamento foi realizado pelo avalista do aceitante, as demais relações cambiais também se extinguem, *exceto aquela que vincula avalista e aceitante.* Com efeito, o avalista mantém seu **direito de regresso** contra o avalizado e pode buscar com este o ressarcimento pelo que pagou.

Agora, se é um dos coobrigados ou seu avalista que paga, *este ato desonera todos os coobrigados que lhe sejam posteriores na cadeia de circulação da cambial*, podendo buscar o ressarcimento com qualquer outro devedor anterior.

Exemplo: se o Endossante 3 paga o credor, ele pode ser ressarcido por qualquer um dos outros, pois todos são anteriores na cadeia. Se é o Endossante 1 quem paga, *ele não poderá cobrar o Endossante 2, nem o Endossante 3, nem o Avalista B, que são posteriores na cadeia.* Deverá voltar-se contra o Tomador, o Aceitante, o Avalista A ou mesmo o Sacador. Quando este (Sacador) é quem paga o título, como todos os demais são posteriores, resta-lhe cobrar o Aceitante e seu Avalista.

Quem realiza o pagamento tem o direito de ficar com a cártula (**princípio da cartularidade**), na qual deverá ser registrada a respectiva quitação (**princípio da literalidade**), a fim de evitar o endosso do título já pago a terceiro de boa-fé, que teria, se tal endosso acontecesse, o direito de receber o valor nele representado (**princípio da autonomia das relações cambiais**).

É possível o pagamento parcial. Nesse caso, o credor mantém a posse do título, nele apondo o recibo relativo ao montante que recebeu.

Igualmente em decorrência do **princípio da literalidade**, o coobrigado que paga o título deve riscar deste seu endosso ou aval e todos que lhe sejam posteriores, mantendo íntegras apenas as relações cambiárias prévias.

e) Protesto

Havendo recusa de pagamento pelo aceitante ou seu avalista, deve o credor promover o **protesto por falta de pagamento** no Tabelionato de Protestos para que mantenha íntegro seu direito de acionar os *coobrigados e respectivos avalistas.* **Protesto** pode ser definido como *o ato extrajudicial e solene que constitui o devedor em mora no cumprimento de sua obrigação.*

Há divergência sobre o prazo para que o protesto seja realizado: a LU impõe o prazo de dois dias úteis após o vencimento, porém, o Brasil assinalou uma reserva à entrada em vigor deste artigo, razão pela qual alguns autores sustentam que se aplica o Decreto 2.044/1908, o qual determina que o protesto seja realizado no dia útil seguinte ao vencimento. À míngua de decisões judiciais sobre o tema, a maioria da doutrina defende a aplicação do Decreto, não só pela questão da reserva, como também por se tratar de um prazo decadencial que, se não observado, extinguirá o direito de crédito contra os coobrigados no título. Por sua importância, é salutar cumprir o prazo mais exíguo, de um dia útil, imposto pelo Decreto 2.044/1908.

Escoado o prazo sem que tenha sido realizado o protesto, repise-se, perde o credor o direito de cobrar a dívida cambial de *todos* os coobrigados e seus avalistas, mantendo-se apenas o aceitante e seu garantidor. É por esse motivo que dizemos que o protesto é *necessário* em relação aos coobrigados e *facultativo* quanto ao aceitante.

Encontra-se exceção a essa regra se o título for sacado com a **cláusula "sem despesas"**, ou termo equivalente, que *exclui a obrigatoriedade do protesto para cobrança dos coobrigados e avalistas, desde que tenha sido incluída pelo sacador.* A rigor, qualquer endossante pode incluir a cláusula, mas nesse caso *estará liberando o credor do protesto apenas em relação a si mesmo.*

O **cancelamento** do protesto pode ser realizado após o pagamento do título, mediante sua apresentação ao Tabelião pelo devedor, considerando que a posse da cambial pelo devedor faz presumir a quitação. Sendo impossível a apresentação da cártula original, o devedor pode provar o pagamento mediante declaração escrita do credor que o recebeu (com firma reconhecida). Em recente julgado, o STJ sacramentou o entendimento de que o ônus de requerer a baixa no registro de protesto corretamente lavrado após o pagamento é do *devedor*, ainda que com base em relação de consumo, não lhe assistindo direito a indenização com fundamento na demora do credor em informar o adimplemento da obrigação ao tabelião (STJ, REsp 1195668/RS, *DJ* 11.09.2012).

Pedidos de cancelamento do protesto fundados em outros argumentos que não o pagamento não podem ser atendidos diretamente pelo Tabelião. Mostra-se inafastável, nessas hipóteses, a determinação judicial obtida em ação própria, comumente conhecida como *sustação de protesto*. A causa de pedir mais comum é o dano moral decorrente do protesto indevido do título (porque, por exemplo, ainda não chegou seu vencimento) diante da inevitável restrição ao crédito na praça ao empresário que sucederá ao ato do Tabelião. Nessa hipótese, responderá pelos danos decorrentes do protesto indevido relacionado com a existência de vícios formais no título também o endossatário que o promover, ressalvado direito de regresso contra os endossantes e avalistas (STJ, Súmula 475).

Não se esqueça de que, ao lado do protesto por falta de pagamento, é cabível também o *protesto por falta de aceite*, comentado supra, quando o sacado se recusa a aceitar a ordem emitida pelo sacador, e o *protesto por falta de devolução do título*, sobre o qual discorremos no item "a". Para que o tomador possa voltar-se contra este, consubstanciando o vencimento antecipado da dívida, o protesto por falta de aceite é *obrigatório*.

3.8.2. *Nota promissória*

Diferentemente da letra de câmbio, a nota promissória é uma **promessa de pagamento**, e não uma ordem. Disso decorre que *o próprio sacador é o devedor da quantia representada pelo título*:

A estrutura da nota promissória como uma promessa de pagamento cria, portanto, *apenas uma relação jurídica*: aquele que saca a nota promissória (sacador) compromete-se a pagar certa quantia ao beneficiário da cártula (tomador) no vencimento nela expresso.

Ante a ausência da figura do sacado, *não há que se falar em aceite*, pois não existe qualquer ordem para outrem pagar a quantia. Com o saque, o emitente automaticamente se vincula ao pagamento como *devedor principal do título*. Seria absurdo exigir que o tomador, em determinado prazo, oferecesse o documento para aceite pela própria pessoa que o emitiu e, já com esse ato, prometeu pagar a quantia.

Para que se caracterize como título de crédito, a nota promissória deve apresentar os seguintes requisitos: o *termo "nota promissória"* no corpo do texto e na mesma língua deste; a *promessa pura e simples* (incondicionada) de pagar quantia determinada; *lugar do pagamento*, cuja ausência impõe que ele seja feito no *local da emissão*; *nome do beneficiário*, sendo proibida a emissão de nota promissória ao portador; *local e data da emissão*, sendo que a ausência da data *desnatura* o documento como título de crédito, já que é informação fundamental para verificar a capacidade das partes e a prescrição, ao passo que na ausência do local será considerado o *domicílio do subscritor*; a *assinatura do emitente*; e a *época do pagamento*, ou seja, o prazo de vencimento.

Quanto ao vencimento da nota promissória, não podemos nos furtar a colacionar robusta divergência doutrinária que cerca o tema. Ninguém discute a possibilidade da nota ser sacada com vencimento em data certa, a certo termo da data ou à vista. Coloca-se o embate entre os doutrinadores, contudo, sobre a possibilidade de saque de nota promissória *a certo termo da vista*. Rubens Requião e Victor Eduardo Rios Gonçalves, entre outros, negam a cláusula, argumentando que ela pressupõe a existência do aceite. Se este não se exige na nota promissória, inviável o vencimento a certo termo da vista.

Fábio Ulhôa Coelho e Fran Martins, acompanhados de outros renomados doutrinadores, admitem o vencimento a certo termo da vista na nota promissória escorados no art. 78 da LU, o qual, realmente, expõe as regras a serem seguidas nessa hipótese, razão pela qual adotamos a linha interpretativa dos últimos autores mencionados.

Na nota sacada a certo termo da vista, tem o tomador a obrigação de levá-la ao sacador no prazo de um ano contado da emissão para que o título seja **visado**, apondo-se a data deste ato, *que em nenhum momento se confunde com o aceite*. Não tem natureza de obrigação cambial. Sua função é exclusivamente demarcar o termo inicial do vencimento a certo termo da vista.

Dispõe, ainda, a LU que o visto do sacador sem que seja datado cria a possibilidade do título ser **protestado** pela falta dessa informação. Nesse caso, reputa-se a data do protesto como início do lapso temporal indicado na cártula para o vencimento.

a) Aceite

Repise-se, não há aceite na nota promissória.

b) Endosso, aval e pagamento do título

Seguem-se as mesmas regras indicadas para a letra de câmbio.

c) Protesto

Igualmente, devem ser aplicadas as determinações da letra de câmbio, isto é, o protesto é *facultativo* para o devedor principal e seu avalista e *obrigatório* para a cobrança de qualquer coobrigado ou respectivo avalista. Cabe, unicamente, um cuidado: na nota promissória, o *sacador é devedor principal*, e não coobrigado como na letra de câmbio, de forma que, contra ele, o *protesto é facultativo*.

d) Nota promissória vinculada e o STJ

É possível, e cada vez mais comum, a emissão de notas promissórias como *garantias* vinculadas a determinado contrato. Seja em parcelas ou quota única, com o pagamento pelo devedor a nota é entregue a este acompanhada do respectivo recibo de quitação. Por outro lado, se configurado o inadimplemento, os títulos são executados no Poder Judiciário.

Essa hipótese, é bom que se diga, *não altera* a classificação da nota promissória como **título de crédito não causal** (item 3.4.4). O contrato celebrado entre as partes não é *a causa determinante* do saque da cártula, como se exige para os títulos causais. As partes somente concordam que as notas promissórias sigam anexas ao pacto, vinculadas a este no tanto em que representam a dívida assumida. Não perdem sua autonomia como títulos de crédito, *sendo plenamente negociáveis*.

Entretanto, não é assim que o STJ enxerga a questão. Para o Colendo Tribunal Superior, há que se distinguir o contrato ao qual se vincula a nota promissória para saber se esta mantém sua autonomia ou não.

Neste estudo, segue-se uma regra bastante simples: se o contrato que deu origem às promissórias *possuir a força de título executivo extrajudicial*, elas mantêm sua autonomia, podendo ser livremente negociadas no mercado, subsistindo todas as regras até aqui estudadas. Na outra mão, caso o contrato de origem *não seja título executivo extrajudicial*, as cártulas perdem a autonomia, ficando eternamente vinculadas ao acordo. Entende o STJ que as notas foram emitidas justamente para entregar ao contrato a força da executividade, a qual obviamente se perderia caso a nota promissória fosse endossada e, assim, acabasse por anular um dos itens do acordo de vontades. Veja a Súmula 258 do STJ: "A nota promissória vinculada a contrato de abertura de crédito não goza de autonomia em razão da iliquidez do título que a originou".

A vinculação entre nota promissória e contrato é tamanha que o mesmo tribunal aceita que este complete requisito essencial à validade daquela, já tendo decidido que a falta de data na promissória não a descaracteriza se a data pode ser apurada pela assinatura do contrato (STJ, REsp 968320/MG, *DJ* 19.08.2010).

3.8.3. Cheque

Regulado pela Lei 7.357/1985, cheque *é o título de crédito que representa ordem de pagamento à vista do sacador contra banco ou instituição financeira*. Como ordem de pagamento, estabelece relação jurídica cambiária entre três pessoas, mas aqui temos uma característica peculiar quanto ao sacado: trata-se de instituição financeira regularmente inscrita no Banco Central.

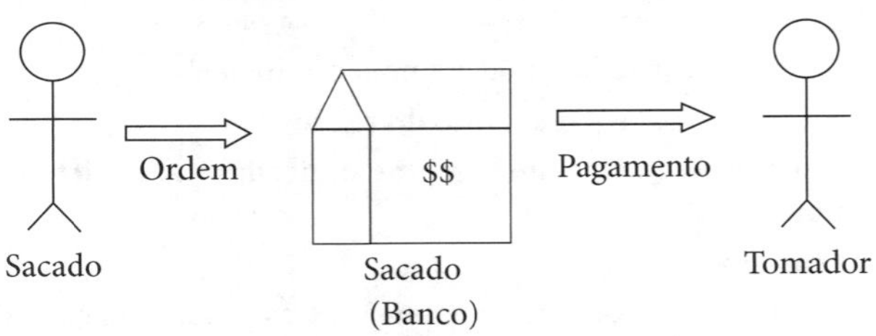

Disso decorre, ao contrário da letra de câmbio, que o sacado só pode ser pessoa jurídica e deve existir um relacionamento anterior entre este e o sacador. Enquanto nos demais títulos de crédito não se pressupõe que os credores e devedores cambiários tenham antes se obrigado mutuamente por qualquer motivo, para a emissão de um cheque é *imprescindível* que o sacador seja correntista do banco sacado, ou seja, que já exista um contrato que vincula a ambos antes mesmo da emissão da cártula.

Outra característica diferenciadora do cheque, a qual não deixa de ser uma decorrência lógica da regra anterior, é o fato do banco sacado *não arcar* com o pagamento do título. O dinheiro entregue pela instituição financeira ao tomador no momento em que este apresenta o cheque para pagamento *pertence ao sacador do título*, que anteriormente o depositou no banco para sua segurança pessoal. A ordem não é dada, a rigor, para que o sacado quite a dívida, mas sim para que o banco retire da conta corrente do sacador o dinheiro suficiente para pagar o título.

Não obstante, é totalmente possível que sacador e tomador sejam a mesma pessoa. É a hipótese do correntista sacar um cheque em seu próprio favor para depositá-lo em outra instituição financeira onde também possui aplicações.

Além disso, é salutar recordar que o cheque é título **não causal**, podendo ser emitido em qualquer hipótese e com completa autonomia sobre a relação jurídica obrigacional que o embasa, e **de forma vinculada**, devendo sua impressão seguir as diretrizes colocadas na Resolução 885/83 do Banco Central. É por isso que todos os cheques que conhecemos, não importa de qual banco ele seja, têm o mesmo tamanho, formato e informações impressas. Diferentemente da letra de câmbio e da nota promissória, que podem ser emitidas em qualquer papel, digitadas ou manuscritas, desde que contenham os requisitos essenciais estudados, só vale como cheque o documento com as características materiais e formais elencadas pelo Banco Central.

São requisitos específicos do cheque: a palavra *cheque* no corpo do texto e escrita na mesma língua deste; a *ordem incondicional* de pagar quantia em dinheiro; o *nome do banco ou da instituição financeira* a quem a ordem é dirigida (sacado); o *local de pagamento*, sendo considerado, na falta, o lugar do estabelecimento do banco sacado e, também não constando este, no lugar da emissão; o *local da emissão*, sendo considerado aquele escrito junto ao nome do emitente, se houver; a *data da emissão*, podendo ser preenchida pelo credor até a apresentação do título; e a *assinatura* do sacador.

O valor a pagar representado pelo cheque deve ser escrito em algarismos e por extenso, conforme o modelo aprovado pelo Banco Central. Caso exista qualquer divergência entre os valores numérico e por extenso, prevalece este último. Se forem escritos valores diferentes mais de uma vez (seja numericamente, seja por extenso), prevalece o menor.

Conceitualmente, o cheque se paga *à vista*, ou seja, seu vencimento se dá no momento da apresentação ao banco sacado. Considera-se *não escrita* qualquer cláusula que imponha prazo diferente de pagamento (art. 32 da Lei 7.357/1985), sendo, portanto, *totalmente ineficaz* (veja item **e5** abaixo).

a) Aceite

O cheque *não admite aceite*, porque o banco, ainda que ocupe a posição de sacado, *não tem obrigação cambial*.

Como vimos, o dinheiro utilizado para pagamento da cártula pertence ao sacador, cabendo ao sacado unicamente a custódia do numerário e sua entrega ao legítimo portador do título. Dessa forma, ele *não* se responsabiliza pelo seu pagamento, devendo, em caso de falta de provisão de fundos, o tomador cobrar o valor devido do emitente do cheque.

Não podemos confundir a espécie denominada **cheque visado** (item **e1**, abaixo) com aceite, dado que naquela hipótese o banco *também* não assume qualquer obrigação cambial, conforme se verá.

b) Endosso

Atualmente, o cheque é o único título de crédito que se permite que seja emitido **ao portador**, desde que seu valor não ultrapasse R$ 100,00. Na prática, todavia, este limite não é observado diante da possibilidade do legítimo possuidor preencher de boa-fé os requisitos faltantes na cártula, o que acaba permitindo que o cheque, qualquer que seja o valor, circule livremente ("ao portador") e a pessoa que desejar resgatá-lo no banco complete-o com seu nome no instante do depósito.

Sendo nominal, o cheque circula por endosso, que deverá ser *incondicional*, em preto ou em branco. O modelo de cheque em circulação no País tem incluída por padrão a cláusula "à ordem", a fim de consagrar a facilidade de circulação que é ínsita aos títulos de crédito. Nada obsta, contudo, que o sacador risque o texto da cláusula, transformando o cheque em nominal "não à ordem" e, assim, restringindo a possibilidade de endossos. No mais, aplicam-se todas as regras estudadas para a letra de câmbio.

Cumpre destacar que a conhecida limitação a um endosso por cheque advinha da Lei 9.311/1996, que instituiu a CPMF. Com a extinção desse tributo em 2007, restou revogada a mencionada lei e com ela a regra de limitação dos endossos. Desde então, não há qualquer restrição à circulação do cheque.

Especificamente em relação à cadeia de endossos no cheque, é farta a jurisprudência do STJ sobre o tema, ressaltando que é dever tanto do banco sacado quanto do banco que apresenta o cheque na câmara de compensação verificar a regularidade da cadeia de endossos, sob pena de responderem solidariamente pelos prejuízos causados em face da aceitação de cheque endossado irregularmente (REsp 989076/SP, *DJ* 30.03.2011; REsp 1007692/RS, *DJ* 17.08.2010; EREsp 280285/SP, *DJ* 28.06.2004).

c) Aval

Ao cheque serão aplicadas as regras já estudadas sobre o aval para a letra de câmbio, anotando que o aval em branco *presume-se dado ao sacador* e que o *banco sacado é proibido de ingressar na relação cambiária como avalista de quem quer que seja.*

d) Pagamento do título

Sendo ordem de pagamento à vista, o cheque vence no momento de sua apresentação para pagamento no banco sacado, que pode pagá-lo em dinheiro para o apresentante ou, a pedido deste, creditá-lo na respectiva conta bancária que possua.

Não se permite, por outro lado, que o credor retenha o título pelo tempo que desejar antes de apresentá-lo. Confere-lhe a lei prazo para tanto: 30 dias para cheques de mesma praça e 60 dias para cheques de praças diferentes. A *praça* em questão é a de *emissão* do cheque quando comparada com a do *estabelecimento* do banco sacado. Assim, se consta no cheque como local de emissão o *mesmo município* da agência bancária onde o sacador mantém suas economias, o prazo de apresentação é de 30 dias. Se forem municípios diferentes, 60 dias.

O transcurso do prazo sem apresentação da cártula impõe a perda do direito de cobrança de eventuais coobrigados e seus avalistas e o endosso feito depois disso terá efeito de mera cessão civil de crédito (**endosso póstumo**). Outrossim, o tomador também não poderá responsabilizar o sacador caso não existam mais fundos na conta por circunstância alheia à vontade deste (ex.: falência do banco responsável pela conta-corrente, confisco das reservas pelo Governo). Perceba que não é a simples falta de fundos, por dolo ou mero descontrole nas contas pessoais, que exclui a responsabilidade do sacador e seus avalistas. Nesses casos, continua o beneficiário habilitado a manejar a competente ação de execução contra os devedores da cártula até que se dê a prescrição desta (STF, Súmula 600).

Se, muito embora findo o prazo, houver fundos disponíveis na conta do correntista, o banco pagará o cheque. Diga-se que, para haver recusa de pagamento, deve o sacado fundar-se em *motivo justo*, tais como: falta de provisão de fundos, ausência de requisito essencial, incongruência da assinatura, contraordem ou sustação etc.

e) Espécies de cheque

A Lei 7.357/1985 e os costumes empresariais aceitam uma variedade de tipos de cheque, cada um com uma certa função:

e1) Cheque visado

O emitente do *cheque nominal* ou qualquer pessoa que legitimamente o possua, *desde que ainda não tenha recebido qualquer endosso*, pode requerer da instituição financeira sacada que esta *verifique a existência de fundos* na conta do sacador e, havendo-os suficientes, *reserve o valor da cártula para pagamento quando da apresentação*. Para formalizar o ato, o banco lança no título um visto, assinatura ou qualquer outra forma de declaração juntamente com a data no verso da cártula. A este título damos o nome de **cheque visado**.

Como antes mencionado, não se pode confundir o visto lançado pelo banco com o ato cambiário do aceite. O visto não gera qualquer obrigação cambial e, por isso, não torna o banco devedor do pagamento da dívida. Sua obrigação é unicamente de bloquear o valor na conta para entregá-lo ao credor no momento do pagamento.

Entretanto, caso o banco vise o cheque, mas não reserve o numerário, se não houver mais fundos suficientes quando o tomador apresentar o cheque para pagamento, o *banco deve pagar*, mantendo seu direito de regresso contra o correntista. Isso *não* faz do sacado um garantidor do pagamento. Aplica-se a ele, no caso, uma sanção pelo descumprimento de sua obrigação legal.

A reserva fica garantida durante o prazo de apresentação do cheque. Vencido este sem qualquer notícia do credor requerendo o pagamento, o banco libera a quantia bloqueada para uso do sacador.

e2) Cheque administrativo

Espécie de cheque *no qual sacador e sacado são a mesma pessoa, ou seja, uma instituição financeira*. Deve ser, obrigatoriamente, *nominal e admite, como seus congêneres, a oposição de contraordem de pagamento em caso de desacordo comercial (STJ,* REsp 290935/RJ, *DJ* 15.10.2009).

O cheque administrativo é aquele emitido pelo banco contra si mesmo, obrigando-se a pagar por ele quando apresentado pelo legítimo possuidor. Sua vantagem está na certeza de liquidez, pois seu pagamento advém das reservas financeiras do próprio banco.

e3) Cheque para ser creditado em conta

Trata-se de *cláusula inserida no cheque pelo sacador que visa a proibir seu pagamento em dinheiro pelo banco sacado, podendo exclusivamente ter seu valor creditado na conta-corrente do beneficiário*.

Para sua caracterização, basta que o emitente escreva a expressão "para ser creditado em conta", ou qualquer outra equivalente, no anverso do cheque, no sentido transversal. Com isso, o credor não poderá receber o pagamento pelo cheque em dinheiro no caixa, devendo obrigatoriamente depositá-lo em sua conta.

A ideia é garantir maior segurança ao sacador, que poderá sempre buscar a identificação da pessoa para quem foi pago o título.

e4) Cheque cruzado

Tem exatamente a mesma função do cheque para ser creditado em conta, qual seja, *a proibição do pagamento direto, em dinheiro, ao apresentante, forçando sua liquidação por meio de depósito bancário* para posterior identificação do beneficiário caso necessário.

O cheque cruzado se caracteriza pela aposição de duas linhas transversais paralelas no anverso do cheque. O cruzamento pode ser **em preto (ou especial)**, caso o emitente ou qualquer outro possuidor legítimo identifique, entre as linhas transversais, o nome do banco onde o cheque deve ser apresentado, ou **em branco (ou geral)**, quando não constam tais informações, podendo o cheque ser apresentado para pagamento em qualquer instituição financeira.

e5) Cheque pré-datado (ou pós-datado)

Talvez esta seja a modalidade de cheque mais comum no mercado, mas é fato que ela *não encontra respaldo na legislação*. Define-se como um costume empresarial, no qual *o emitente inclui no cheque cláusula que garante a existência de fundos em data futura, aceitando o tomador apresentá-lo apenas quando da chegada da data combinada*. Caracteriza-se com a expressão "bom para" ou qualquer outra equivalente no anverso da cártula.

A Lei 7.357/1985 opõe-se literalmente à existência do cheque pré-datado, pois conceitua o cheque como *ordem de pagamento à vista* e reputa *não escrita qualquer menção em contrário* (art. 32). Isso significa que a pessoa que saca um cheque nessas condições fecha um "acordo de cavalheiros" com o tomador, acreditando que este não apresentará o cheque antes da data marcada. Porém, se o fizer, o banco ignora a cláusula (pois se considera como não escrita) e paga o valor se houver fundos.

Não se pode negar, de outra sorte, a força do costume no nosso ordenamento jurídico, fonte de direito prevista, inclusive, no art. 113 do CC. Tanto é que o STJ editou a Súmula 370, que reconhece no cheque pré-datado uma fonte de direitos e obrigações: "caracteriza dano moral a apresentação antecipada de cheque pré-datado". É necessário esclarecer, por outro lado, que a responsabilidade civil alcançará apenas o tomador original do cheque pré-datado que o colocou em circulação antes da data pactuada. Por força da regra da **inoponibilidade das exceções pessoais a terceiros de boa-fé**, o endossatário que deposita o cheque pré-datado que recebeu de outrem antes do termo combinado entre as partes originais não pratica ato ilícito, desde que, obviamente, atue *de boa-fé* (a pré-datação não estava expressa no título, por exemplo).

3.8.4. Duplicata

Título de crédito criado no Brasil pela Lei 5.474/1968, a duplicata é conceituada como *ordem de pagamento emitida pelo empresário em decorrência de contrato de compra e venda de mercadoria com pagamento a prazo superior a 30 dias ou prestação de serviços*.

Do conceito podemos extrair que a duplicata é **ordem de pagamento**, que cria a estrutura de duas relações jurídicas já conhecida. Devemos destacar as peculiaridades da duplicata: o sacador do título é o *credor da dívida*, o comerciante ou prestador de serviços, e o sacado aquele que deve pagar a obrigação a prazo. Isso ocorre porque *sacador e tomador são a mesma pessoa*, ou seja, o comerciante emite a duplicata determinando que o sacado, seu cliente, pague-lhe a quantia devida no prazo combinado:

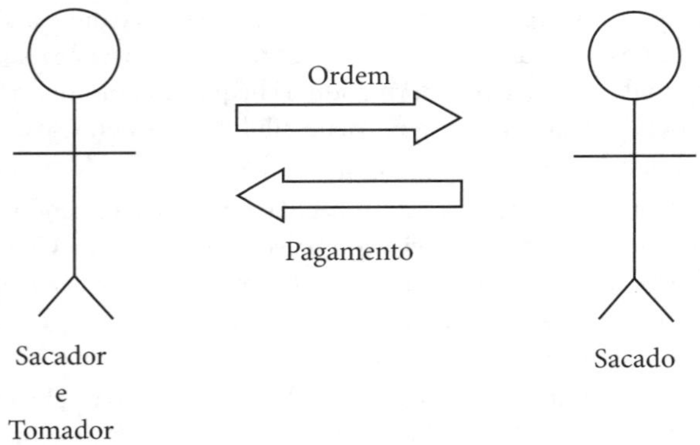

Além disso, a duplicata é **título causal**, de forma que só pode ser emitida em face de uma compra e venda de mercadoria na qual se pactue o pagamento com prazo superior a trinta dias ou prestação de serviços. É emitida pelo próprio empresário em seu favor para que ele tenha a possibilidade de negociar mais facilmente esse crédito a ser satisfeito no futuro para obter capital de giro, por exemplo.

Finalizada a compra e venda, o vendedor deve emitir uma **fatura**, documento empresarial que relaciona as mercadorias negociadas individualizadas em quantidade, natureza e preço. Com base nessa fatura, ele sacará a duplicata, ordenando o pagamento ao sacado, que não é ninguém menos que o comprador.

Trata-se, ainda, de **título de forma vinculada**, sendo seu formato e conteúdo regidos pela própria Lei 5.474/1968, que elenca seus requisitos específicos: a denominação *duplicata*; *data de emissão*; *número de ordem*; *número da fatura da qual a duplicata foi extraída*; *vencimento*, que só pode ser em data certa ou à vista; *nome e domicílio do vendedor e do comprador*; *valor a pagar*, em algarismos e por extenso; *local do pagamento*; *cláusula "à ordem"*, sendo proibida a *emissão* de duplicata "não à ordem" (a cláusula pode ser aposta posteriormente por endossante); *a declaração pelo comprador do reconhecimento da dívida*, a ser assinada quando do aceite; *a assinatura do sacador*, que é o vendedor da mercadoria.

Obviamente, o vendedor ou prestador de serviços não é obrigado a emitir duplicatas para toda venda ou prestação de serviços a prazo que realizar. Porém, ela é o único título de crédito que pode ser emitido vinculado a uma fatura. Optando o empresário pela emissão da duplicata, ele deverá manter, como **livro empresarial obrigatório**, o Livro de Registro de Duplicatas.

a) Aceite

Outra característica intrínseca e exclusiva da duplicata é o fato do aceite ser *obrigatório* pelo sacado. Com efeito, por representar uma obrigação nascida em um contrato de compra e venda ou prestação de serviços, é natural que o adquirente (agora sacado) seja compelido a pagar o que combinou por força do contrato. A emissão da cártula é uma liberalidade do fornecedor para que ele possa negociar esse crédito no mercado, de forma que sua existência vincula o sacado.

Sendo assim, deve o sacador encaminhar a duplicata para aceite no prazo máximo de 30 dias contados da emissão. Se o vencimento for à vista, o aceitante deve devolvê-la com seu aceite e acompanhada do pagamento. Caso contrário, tem o prazo de 10 dias para remetê-la de volta ao sacador após a prática do ato cambiário (aceite).

O sacado é obrigado a devolver a duplicata. Todavia, por ser título de aceite obrigatório, ainda que ele não a remeta de volta ao sacador, considerar-se-á realizado o aceite e vinculado o sacado como *devedor principal.* Diante dessas possibilidades, temos três tipos de aceite da duplicata:

a1) Aceite ordinário: quando sacado apõe seu aceite na cártula e devolve-a ao sacador;

a2) Aceite por comunicação: quando o sacado *não devolve a duplicata*, mas *comunica* o sacador de seu aceite;

a3) Aceite por presunção: com ou sem devolução do título, reputa-se aceito com o *recebimento* das mercadorias ou serviços pelo adquirente.

Se o sacado não devolver nem comunicar ao sacador seu aceite, poderá este promover o **protesto por falta de aceite ou por falta de devolução do título.** A ausência destes atos, contudo, não retira o direito ao **protesto por falta de pagamento**, se o caso. De toda forma, o protesto será obrigatório para o exercício do direito de crédito contra os coobrigados.

A recusa ao aceite somente será legítima e aceita nos casos de *avaria* ou *não recebimento* das mercadorias ou serviços; *vícios*, defeitos e diferenças na quantidade ou na qualidade do produto ou serviço; e *divergência* nos prazos e preços ajustados. Nessas hipóteses, o sacado devolve a duplicata sem aceite juntamente com as razões escritas de sua recusa.

b) Endosso e aval

Para o endosso e para o aval, aplicam-se as regras já estudadas para a letra de câmbio, anotando-se apenas que *o aval em branco presume-se dado à pessoa de cuja assinatura o avalista lançar a sua logo abaixo.* Se incabível a aplicação da regra, *considera-se avalizado o sacado.*

c) Pagamento do título

Não há novidades diante de tudo que já foi estudado para os demais títulos. Devedor principal é o aceitante e seus avalistas, coobrigados são os endossantes e seus avalistas, contra os quais o protesto do título, seja por falta de aceite, de devolução ou de pagamento, é obrigatório.

Mas, e se o sacado não devolve a duplicata? Como fica o protesto (e a futura execução) diante do princípio da cartularidade?

A Lei 5.474/1968 determina que o protesto seja realizado, em caso de **aceite por comunicação**, por meio de carta que indica o aceite. Se **aceite por presunção**, tira-se o protesto de acordo com o *comprovante de recebimento das mercadorias.* Faltando qualquer destes documentos, ocorre o chamado **protesto por indicação**, hipótese na qual o sacador enuncia ao Tabelião as características da duplicata emitida e não aceita ou devolvida, servindo a certidão de protesto inclusive como título executivo extrajudicial.

d) Triplicata

Ocorrendo a perda ou extravio da duplicata original, o art. 23 da Lei 5.474/1968 permite a emissão de uma segunda via (ou cópia), que recebe o nome de **triplicata** e *detém os mesmos efeitos do documento original.*

O costume empresarial aceita a emissão de triplicata em caso de *ausência de devolução do título* ao sacador, que a envia, então, a protesto. Aliás, costuma-se emitir a triplicata sempre que o comprador retém a duplicata. Perceba-se que não se trata de hipótese de perda ou extravio, *faltando-lhe embasamento legal,* porém, não há porque negar-se validade ao costume se não há prejuízo para as partes interessadas (art. 113 do CC).

3.9. Ação cambial

A grande vantagem do credor com a emissão de um título de crédito é o fato dele se constituir como um **título executivo extrajudicial** (art. 585, I, do CPC), prescindindo, portanto, sua cobrança judicial de prévia ação de conhecimento. *A ação de execução de título de crédito, pelo seu não pagamento no prazo, denomina-se* **ação cambial**.

Sujeito ativo da ação cambial é o *legítimo possuidor do título*, que presumivelmente detém o crédito nele representado. **Sujeito passivo** é o *devedor principal* do título, bem como qualquer *coobrigado*, desde que o credor *tenha promovido o protesto no prazo legal.* Isso porque a obrigação cambial é **solidária**, podendo ser cobrada integralmente de qualquer das pessoas constantes do título. Aquele que pagar, naturalmente, terá direito de regresso contra o devedor principal ou outro coobrigado que lhe seja anterior na cadeia de circulação da cártula, como já vimos.

É competente o *foro do local do pagamento indicado no título.* Na sua falta, deve ser observada a regra supletiva para cada título, analisada individualmente quando do estudo de cada um deles.

A apresentação da cártula original, completa em seus requisitos e sem rasuras, *é documento essencial à propositura da ação cambial*, devendo a inicial ser rejeitada na sua falta. Admite-se, excepcionalmente, a execução sem a juntada do título caso este esteja servindo de prova em outro processo, situação na qual o documento será substituído por certidão do cartório onde corre aquele processo atestando que o título original realmente encontra-se acostado àqueles autos.

É importante frisar que hipótese semelhante pode ocorrer com a ação cambial para cobrança de duplicata, dado o costume do devedor de não devolvê-la ao sacador após o aceite. Isso ocorrendo, servirá como título executivo a própria certidão do protesto por falta de aceite ou de devolução do título. Em caso de aceite por presunção, valerá o comprovante de entrega da mercadoria devidamente assinado pelo aceitante.

Promovida a ação cambial, o executado defende-se por meio dos **embargos à execução**. Terá, porém, limitada a matéria de defesa a *defeitos formais do título*, *exceções pessoais contra o exequente*, *falsidade da assinatura* ou *ausência de requisito essencial para propositura da ação.* Note que a natureza executiva da ação cambial não autoriza a produção de provas ou o questionamento do direito de crédito. O ônus da prova será sempre do executado.

3.10. Prescrição

Vencido o título, nasce para o titular do crédito a pretensão de executá-lo via ação cambial, que se extingue com a prescrição, no prazo estabelecido pela LU ou nas leis específicas.

Para a letra de câmbio e a nota promissória, aplicam-se os seguintes prazos: *3 anos*, para a cobrança contra o devedor principal ou seus avalistas; *1 ano*, para a cobrança contra qualquer dos coobrigados; *6 meses*, quando se tratar de direito de regresso do coobrigado que pagou, querendo voltar-se contra *outro coobrigado.* A execução contra o devedor principal seguirá sempre o prazo mais largo de 3 anos.

À duplicata aplicam-se os mesmos prazos, *com exceção do direito de regresso dos coobrigados uns contra os outros, que será de 1 ano.*

No que tange ao cheque, os prazos são mais curtos: *serão sempre de 6 meses, seja contra o sacador, endossantes ou no direito de regresso de um coobrigado contra outro.*

Os títulos de crédito atípicos, regulamentados pelo CC, prescrevem no prazo de três anos, em qualquer hipótese, conforme previsto no art. 206, § 3º, VIII, do mesmo diploma legal.

O termo inicial do prazo prescricional também varia de acordo com a situação: contra o devedor principal, conta-se *do vencimento do título*, caso esse seja em data certa, ou *do fim do prazo de um ano para apresentação para pagamento*, caso seu vencimento seja *a certo termo da vista* (STJ, REsp 824250/SE, *DJ* 26.04.2011); contra os coobrigados, a partir *do protesto*; no caso da ação de regresso, o prazo inicia na *data do pagamento*.

Prescrita a ação cambial, ainda será cabível a propositura de ação de conhecimento com base no locupletamento sem causa do devedor principal do título, prevista no Decreto 2.044/1908, para a letra de câmbio, nota promissória e duplicata, e na Lei 7.357/1965, para o cheque (Enunciado 463 JDC/CJF).

Não obstante, exsurge como opção para o portador de título prescrito a **ação monitória**. Afinal, a cártula não deixa de ser um documento escrito. A prescrição desnatura sua eficácia executiva, mas ele continua a representar uma obrigação contraída pelas partes de pagar determinada soma em dinheiro. É, inclusive, entendimento sumulado do STJ, estampado no Verbete 299: "É admissível ação monitória fundada em cheque prescrito".

3.11. Títulos de crédito impróprios

Resumidamente, após verificarmos todas as características e nuances dos títulos de crédito típicos, podemos apontar como seus elementos identificadores *a aplicação dos princípios da cartularidade, da literalidade e da autonomia, sua negociabilidade pelo endosso e sua eficácia como título executivo extrajudicial.*

Existem documentos, no entanto, que muito se aproximam da categoria dos títulos de crédito, porque apresentam algumas, *mas não todas*, dessas características. Por lhes faltar exequibilidade, ou não se lhes aplicar este ou aquele princípio, não são títulos de crédito propriamente ditos. Porém, como circulam facilmente (muitas vezes com a simples tradição) e sua apresentação impõe ao devedor a satisfação do direito neles contido, são chamados de **títulos de crédito impróprios.**

Em outras palavras, *são aqueles documentos que legitimam o seu portador a exigir determinada quantia de outrem, sem, contudo, revestir-se de todos os requisitos necessários para sua classificação como título de crédito.*

A doutrina classifica os títulos de crédito impróprios em quatro categorias, a saber: **títulos de legitimação**, que são aqueles cuja simples posse autoriza o exercício do crédito, sem serem reconhecidos como títulos executivos (ex.: ingressos de cinema, bilhetes premiados de loteria); **títulos representativos**, que representam a custódia de bens pelo terceiro não proprietário e autorizam a negociação dela pelo dono sem prejuízo da custódia, ou seja, sem implicar o deslocamento da mercadoria (ex.: *warrant*, emitido por armazéns-gerais; conhecimento de transporte, emitido pelas transportadoras); **títulos de financiamento**, emitidos em operações financeiras destinados ao incremento de determinada atividade econômica, que somente não se classificam como títulos de crédito pela possibilidade de constituição de direito real sobre coisa alheia (hipoteca ou penhor) no próprio título (ex.: cédula hipotecária); **títulos de investimento**, que representam parcelas de um contrato de mútuo, emitidos com a intenção de captar recursos junto a investidores (ex.: certificados de depósito bancário – CDBs). Havemos de destacar que as debêntures *poderiam* estar aqui elencadas, porém, esta possibilidade se afasta diante da existência de regime jurídico próprio (o dos valores mobiliários, previsto na LSA) para sua regulamentação.

4. DIREITO FALIMENTAR

4.1. Breve resumo histórico

É sabido que a Lei 11.101/2005, doravante denominada apenas Lei de Falências (LF), revogou expressamente o Decreto-lei 7.661/1945. Tal alteração legislativa trouxe importantes evoluções para o Direito Falimentar.

A principal delas foi o acolhimento integral da **teoria da empresa**, estampada no CC, garantindo a aplicação de seus benefícios a todos aqueles que sejam considerados *empresários*. A legislação anterior, elaborada sob a vigência do vetusto Código Comercial, creditava o regime jurídico falimentar apenas aos *comerciantes*, apesar da jurisprudência, ao longo das décadas, ter ampliado substancialmente seu campo de incidência.

Outrossim, foi extinta a **concordata**, sendo criada em seu lugar a **recuperação da empresa**. A diferença é tanto teórica quanto prática: inicialmente, verificamos que a criação do instituto da recuperação, em substituição à concordata, demonstra que a LF preocupa-se em bem diferenciar a empresa economicamente viável da inviável. Às empresas viáveis, que lhes seja dado o direito de tentar se recuperar após um período de crise econômica; às inviáveis, a falência.

Na prática, os conceitos se afastam ainda mais: a concordata previa apenas a dilação do prazo de vencimento das dívidas, em uma fórmula engessada que, no mais das vezes, em nada ajudava a empresa a não falir; a recuperação, veremos detalhadamente adiante, prevê a *liberdade de elaboração do plano de recuperação*. Atendidos a certos requisitos legais, o empresário em dificuldade é livre para elencar as diligências necessárias para sua recuperação, submetendo sua proposta aos credores. Nada mais correto, afinal, são eles os principais interessados no recebimento de seus créditos, sendo certo que, com a quebra do devedor, a chance de recebê-los diminui consideravelmente.

4.2. Princípios de Direito Falimentar

4.2.1. Princípio da conservação da empresa viável

Consagrado, como vimos, pela criação do instituto da recuperação da empresa, que visa a manter funcionando a empresa que apresente viabilidade econômica, não se impondo sua falência exclusivamente por força de um período de instabilidade.

4.2.2. Princípio da equivalência dos créditos (par conditio creditorum)

Segundo o qual *todos os credores terão tratamento equitativo*, priorizando-se o recebimento proporcional por todos eles do que a satisfação integral de apenas alguns. Deve se destacar, porém, que o princípio não veda a criação de uma *ordem de preferência* no pagamento, que efetivamente existe. A questão é: dentro da mesma classe de credores, o valor disponível para pagamento deve ser rateado entre todos.

4.2.3. *Princípio da prevalência dos interesses dos credores*

A falência e a recuperação da empresa, a despeito de se revestirem como procedimentos judiciais, são institutos voltados à satisfação das obrigações contraídas pelo devedor. É claro que o Estado tem interesse tanto na continuação da empresa viável quanto na extinção da empresa inviável (e é este o motivo do Poder Judiciário interceder em ambos os casos), mas os principais interessados são os credores, que devem ser ouvidos antes de todas as decisões judiciais e, muitas vezes, são soberanos naquilo que deliberarem.

4.3. Órgãos de administração da falência e da recuperação

4.3.1. *Juiz*

Por força do mandamento constitucional que veda a exclusão da apreciação do Poder Judiciário qualquer lesão ou ameaça de lesão a direito (art. 5º, XXXV, da CF), a falência e a recuperação de empresas serão, em regra, efetivadas por meio de procedimento judicial.

Em síntese, cabe ao juiz presidir o processo, decretando a falência, autorizando a recuperação e decidindo sobre todas as demais questões controvertidas debatidas no bojo dos autos, ouvidos os demais órgãos quando a lei exigir. Compete-lhe, também, a nomeação do **administrador judicial** e a homologação do quadro-geral de credores.

4.3.2. *Ministério Público*

Na vigência do Decreto-lei 7.661/1945, o Ministério Público deveria acompanhar integralmente todos os processos de falência e concordata ajuizados, entendendo-se que sua presença como *custos legis* era inafastável diante do interesse público envolvido na falência de qualquer empresa.

O projeto de lei aprovado, que resultou na atual LF, trazia comando no mesmo sentido. Entretanto, o artigo foi vetado pelo Presidente da República, questionando a existência de um interesse público geral no procedimento falimentar e igualmente visando a uma celeridade maior no processamento da quebra e da recuperação.

Com isso, a atuação do *Parquet* fica restrita aos casos expressamente previstos na LF, que relacionam, em apertada síntese:

a) impugnar o quadro-geral de credores antes de sua homologação ou promover sua alteração por meio de ação de rito ordinário (se já homologado);

b) requerer a substituição do Administrador Judicial e de membros do Comitê de Credores nomeados em desacordo com a lei;

c) ser intimado do deferimento da recuperação judicial e da decretação da falência;

d) recorrer, por meio de agravo, da decisão que concede a recuperação judicial;

e) propor ação revocatória;

f) ser intimado de todo e qualquer ato de alienação de ativos, podendo inclusive impugnar a arrematação;

g) pronunciar-se sobre a prestação de contas do Administrador Judicial no encerramento da falência.

4.3.3. *Administrador judicial*

*Pessoa de confiança do juiz e nomeada por este para administrar o complexo de bens e dívidas do empresário falido (**massa falida**) durante o processo de falência ou para acompanhar a execução do plano de recuperação, no caso de recuperação judicial da empresa.* Será, preferencialmente, advogado, economista, administrador de empresas, contador ou pessoa jurídica especializada. Nesse último caso, a sociedade deve indicar o nome do profissional responsável pela condução do processo, que não poderá ser substituído sem autorização do juiz (art. 21 da LF).

A figura do administrador judicial vem para substituir duas outras previstas na legislação anterior, que denominava **síndico** o responsável pela administração da falência e **comissário** o indivíduo designado para acompanhamento da concordata. Suas funções permanecem, essencialmente, as mesmas. Acontece que na atual LF ambos levam o mesmo nome.

Suas atribuições estão previstas no art. 22 da LF, divididas entre as atribuições comuns na recuperação judicial e na falência (inciso I), exclusivas da recuperação judicial (inciso II) e exclusivas da falência (inciso III). Todas elas estão inseridas no conceito apresentado.

Destacamos, ainda, que compete ao administrador judicial a *elaboração do quadro-geral de credores*, que é a lista de pessoas físicas e jurídicas que comprovaram possuir créditos junto ao falido ou empresário em recuperação, relacionados discriminadamente pelo valor desses créditos e sua classe (trabalhistas, credores com garantia real e os demais, reunidos em uma só classe junto com os quirografários).

Vale ressaltar, ainda, que o administrador judicial é o vínculo da empresa falida ou em recuperação com o juiz. Ele tem poderes de convocar a assembleia geral de credores sempre que entender necessário para a tomada de decisões que afetem o interesse destes e pode, para bem exercer seu ofício, contratar auxiliares ou empresas especializadas com autorização judicial, *sob pena dele próprio responder pela remuneração desses profissionais.*

O administrador judicial pode ser **substituído** pelo juiz, quando tiver de afastar-se de suas obrigações por motivos justificados (ex.: para tratar da própria saúde), hipótese em que receberá sua remuneração proporcionalmente aos serviços prestados. Situação diferente é a **destituição** do administrador judicial. Aqui, estamos falando de *sanção* para o administrador omisso ou negligente no cumprimento de seus deveres. O juiz pode destituir o administrador sempre que entender que este não agiu com a diligência necessária. Há, outrossim, uma hipótese legal específica de destituição: caso o administrador não apresente seus relatórios obrigatórios no prazo previsto em lei (art. 23, parágrafo único, da LF).

Destituído o administrador judicial, *ele perde o direito à remuneração.* Efeito idêntico ocorrerá quando as contas finais apresentadas pelo administrador forem reprovadas pelo juiz, decisão que servirá de título executivo para indenização da massa falida.

4.3.4. *Assembleia geral de credores*

Em poucas palavras, definimos a assembleia geral de credores como *o órgão colegiado formado por todos os credores do falido ou do devedor em recuperação judicial, reunido para deliberar sobre questões afetas aos interesses daqueles.*

A despeito de sua importância, e também de sua competência exclusiva para decisão de alguns temas, não há previsão de convocação obrigatória da assembleia geral no processo de falência. Ela será convocada pelos próprios credores (representantes de, no mínimo, 25% dos créditos de determinada classe) ou pelo administrador judicial quando as circunstâncias justificarem. Já na recuperação, há **convocação obrigatória** para a aprovação do plano de recuperação elaborado pelo devedor, exceto se este for microempresa ou empresa de pequeno porte que opte pelo plano previamente estabelecido pela LF, conforme se verá.

A assembleia geral se instala, em primeira convocação, se estiverem presentes credores que representem *mais da metade dos créditos de cada classe*. Em segunda convocação, os trabalhos se iniciam com qualquer número de credores.

É possível que um credor seja representado por outra pessoa na assembleia. Em se tratando de mandato específico, o procurador deve entregar o instrumento de procuração ao administrador judicial até 24 horas antes daquela prevista para instalação da assembleia. Podem, ademais, os **sindicatos de trabalhadores** representarem seus membros nas assembleias, desde que apresentem, *até 10 dias antes*, lista nominal dos trabalhadores que pretendem representar. Na eventualidade do mesmo credor constar da lista de mais de um sindicato, até 24 horas antes da assembleia ele deve indicar por qual deles quer ser representado, sob pena de não ser representado por nenhum (art. 37, § 6º, inciso I, da LF).

Como já aventado, uma vez instalada a assembleia geral, os credores são divididos em três classes: credores trabalhistas e com créditos decorrentes de acidente de trabalho; credores com garantia real; e credores com privilégio geral e especial, credores quirografários e credores subordinados. Como regra, as deliberações são aprovadas *pela maioria simples dos créditos presentes*, independentemente de classe. O voto de cada credor é proporcional ao valor do crédito, isto é, cada real em crédito vale um voto.

Para que serve, então, a divisão dos credores em classes? Algumas deliberações exigem que a matéria seja votada *separadamente em cada classe, sendo aprovada pela maioria dos créditos em cada uma delas*, para ser considerada aprovada. São exemplos a formação do **Comitê de Credores** e a votação do plano de recuperação judicial.

Podem votar todos os credores assim reconhecidos pelo quadro-geral elaborado pelo administrador judicial, mesmo que este ainda não tenha sido homologado pelo juiz.

Por fim, é importante trazer à baila o ditame do art. 40 da LF, que proíbe a concessão de liminares para suspender ou adiar a realização de assembleia geral em virtude da pendência de discussão judicial sobre a existência do crédito, seu valor ou classificação. O artigo é polêmico, porque aparentemente destoa do **princípio da indeclinabilidade da jurisdição**, previsto no art. 5º, inciso XXXV, da CF. A maioria dos autores acusa-o de inconstitucionalidade. Não obstante, ainda não existem posicionamentos dos Tribunais Superiores sobre o tema.

4.3.5. *Comitê de Credores*

O **Comitê de Credores** *é um órgão colegiado simplificado, formado por representantes das três classes de credores, com o objetivo de fiscalizar o trabalho do administrador judicial e manifestar suas opiniões nos casos previstos em lei.*

É formado por um membro e dois suplentes escolhidos em cada classe de credores. Atenção, *pois aqui as classes são divididas diferentemente*: trabalhistas e créditos decorrentes de acidente de trabalho; credores com garantia real e *com privilégio especial*; credores quirografários *e com privilégio geral*. Não é obrigatório que todas elas estejam representadas no Comitê, afinal, é possível que no caso concreto sequer existam credores de uma ou outra classe.

Nas deliberações do Comitê, *cada classe tem direito a um voto*, decidindo-se por maioria. Em caso de empate, decidirá o administrador judicial e, se este não puder votar (porque o Comitê delibera sobre sua destituição, por exemplo), o empate será dirimido pelo juiz.

Aplicam-se aos membros do Comitê as mesmas regras previstas para o administrador judicial no que tange à substituição e destituição.

A criação do Comitê é *facultativa*. Na sua ausência, suas atribuições serão desempenhadas pelo administrador judicial.

4.4. Falência

4.4.1. *Conceito*

Falência *é o estado de insolvência do devedor empresário, caracterizada pela insuficiência no valor de seus ativos (bens e direitos patrimoniais) para o pagamento de todo seu passivo (obrigações vencidas e vincendas), ainda que por mera presunção legal.*

A falência é decretada por meio de processo judicial de competência *do foro da Justiça Estadual da comarca do principal estabelecimento do devedor*. Perceba dois pontos importantes: um, a competência é *sempre* da Justiça Estadual Comum, não havendo previsão de competência da Justiça Federal para julgamento de processos falimentares; dois, a competência *não se estabelece pela sede do devedor*, mas sim pelo seu *principal estabelecimento*, que é aquele em que se concentra o maior volume de negócios (há entendimento doutrinário no sentido de que o conceito abrange, na verdade, o *local de onde partem as decisões empresariais* – Enunciado 466 JDC/CJF). Na hipótese de empresa estrangeira, deve-se avaliar qual de suas filiais no território nacional é aquela com maior movimentação.

Por meio do processo de falência, instala-se o **concurso de credores** (daí porque o processo falimentar é também chamado de **concursal**), cujo objetivo é o pagamento proporcional de todas as dívidas, evitando-se a preferência de alguns no recebimento exclusivamente porque cobrou primeiro o devedor em detrimento de outros cujas dívidas venceriam posteriormente. Sendo de mesma classe, os credores receberão conjuntamente na proporção de seus créditos.

4.4.2. *Sujeito passivo da falência*

Pode ser réu no processo de falência *o empresário, pessoa física ou jurídica, regular ou irregular*. Lembre-se que o empresário irregular, pessoa física ou sociedade em comum, *pode falir, porém, não lhe é autorizado requerer a falência de outrem* (item 1.2, letra "b").

A par desta regra, o art. 2º da LF destaca pessoas que *não estão sujeitas* ao regime jurídico falimentar, a despeito de serem empresárias: a empresa pública e a sociedade de economia mista; instituições financeiras; cooperativas de crédito; consórcios; entidades de previdência complementar (previdência privada); planos de saúde; seguradoras; sociedades de capitalização; e outras entidades que a lei eventualmente equiparar a estas.

O motivo da exclusão é a natureza das atividades elencadas, que, devido ao grande vulto econômico que normalmente apresentam, preferiu o legislador deixar as hipóteses de insolvência dessas empresas a cargo da legislação especial. Por isso dizemos que essas entidades não entram em falência, mas em **liquidação**.

Todavia, conforme ensina Fábio Ulhôa Coelho, devemos diferenciar as duas hipóteses diferentes de exclusão do regime jurídico falimentar estabelecidas pela Lei 11.101/2005.

Na primeira, chamada de **exclusão absoluta**, que engloba *as empresas públicas, as sociedades de economia mista e as câmaras de compensação e liquidação financeira*, a falência dessas entidades *nunca* poderá ser decretada. Elas se submetem, em todas as hipóteses, ao procedimento especial de liquidação, judicial ou extrajudicial, previsto nas respectivas legislações.

Na segunda, dita **exclusão relativa**, que alcança *as companhias de seguro, as operadoras de plano de saúde e as instituições financeiras (bancos, sociedades de* leasing*, administradoras de consórcios e sociedades de capitalização)*, essas empresas não poderão falir *em algumas hipóteses*. Ou seja, em casos específicos, discriminados pela legislação especial, poderemos aplicar a Lei 11.101/2005 para os casos de crise econômico-financeira dessas instituições. Acompanhe o quadro abaixo:

	Cias. de seguro	**Planos de saúde**	**Inst. financeiras**
Hipóteses de falência (aplicação da Lei 11.101/2005)	O ativo da companhia não é suficiente para quitar metade do passivo quirografário	O ativo da companhia não é suficiente para quitar metade do passivo quirografário, as despesas administrativas e operacionais ou se houver fundados indícios de crime falimentar	Só não poderá falir a pedido de credor em caso de prévia decretação de intervenção ou liquidação pelo BACEN. Em qualquer outro caso, aplica-se a LF
Lei especial aplicável (demais hipóteses)	Lei nº 10.190/2002	Lei nº 9.656/1998 e MP nº 2.177-44/2001	Lei nº 6.024/1974

A despeito de não figurar tecnicamente como sujeito passivo no processo falimentar, a decretação da falência da sociedade acarreta a falência do *sócio com responsabilidade ilimitada*, que sofrerá as mesmas limitações da sociedade falida nas obrigações patrimoniais e quanto ao impedimento para exercício de nova empresa.

4.4.3. *Sujeito ativo da falência e hipóteses de decretação*

O estudo de quem pode requerer a falência de outrem está umbilicalmente ligado às hipóteses legais de decretação da quebra.

Diante disso, é fundamental, primeiro, avaliarmos quando a lei determina que a falência do devedor empresário seja decretada:

a) Impontualidade injustificada: quando o devedor, *sem relevante razão de direito, não paga no vencimento obrigação líquida representada em título ou títulos executivos protestados cuja soma seja superior a 40 salários mínimos.*

Se este é o fundamento do pedido, a falência pode ser requerida por qualquer credor cujo crédito seja superior a 40 salários mínimos, desde que os títulos executivos sejam líquidos (também considerados aqueles que dependam de simples cálculos aritméticos – STJ, AgRg no Ag 1073663/PR, *DJ* 03.02.2011) e já estejam protestados (sendo que a notificação do protesto para fins falimentares *exige a identificação da pessoa que a recebeu* – STJ, Súmula 361). É permitido que vários credores se reúnam para atingir o valor mínimo exigido na lei, participando do processo falimentar como **litisconsortes ativos**.

Pode, também, ocorrer a **autofalência**, situação na qual *o próprio devedor requer a quebra*, que será analisada posteriormente. Além do próprio devedor, pessoalmente ou seu sócio, se for pessoa jurídica, a lei autoriza o pedido de falência elaborado pelo *cônjuge sobrevivente, qualquer herdeiro ou pelo inventariante*, em caso de falecimento do empresário individual.

b) Execução frustrada: caracterizada pela **tríplice omissão**, quando *o devedor, em processo de execução de título judicial ou extrajudicial, não paga, não deposita o valor em juízo nem nomeia bens à penhora para garantir a execução.*

Não se configura a execução frustrada caso a nomeação de bens à penhora seja intempestiva (STJ, REsp 741053/SP, *DJ* 20.10.2009).

Nesse caso, além da hipótese da autofalência, *qualquer credor* pode ingressar com o pedido de quebra, *não se exigindo o valor mínimo.*

c) Atos de falência: previstos no art. 94, inciso III, da LF, *são atos do devedor que a lei presume fraudulentos e indicativos de sua insolvência*. São exemplos clássicos a liquidação precipitada de ativos e o abandono de estabelecimento (usualmente conhecido como "golpe na praça").

O próprio artigo estabelece que os atos nele previstos não serão considerados como fundamento do pedido de falência se integrarem plano de recuperação judicial do devedor regularmente aprovado. Havemos de ter cuidado, pois esta parte do artigo demanda **interpretação restritiva**. Boa parte dos atos previstos são **nulos** ou **anuláveis**, como a realização de negócios simulados, e isso não poderia nunca estar previsto em plano de recuperação. O mesmo ocorre com o abandono do estabelecimento.

O pedido judicial de falência do devedor fundado em ato de falência segue a mesma regra da execução frustrada: é lícito a qualquer credor formulá-lo, independentemente do valor de seu crédito, esteja ele vencido ou não.

Sublinhamos uma vez mais que a lei diz *qualquer credor*, podendo este ser empresário ou não (ex.: é possível que o empresário individual tenha sua falência requerida por seu advogado, por conta de uma dívida líquida, não paga sem motivo justo, em valor superior a 40 salários mínimos). Se for empresário, *deve estar regularmente inscrito na Junta Comercial.*

4.4.4. A sentença de decretação da falência e seus efeitos

A sentença judicial que decreta a quebra da empresa tem natureza **constitutiva** (não obstante seja costumeiramente conhecida como *sentença declaratória de falência*), pois altera a situação jurídica do devedor, modificando, criando e extinguindo direitos de todos os envolvidos.

Outra característica que merece nota é que, apesar da nomenclatura legal de *sentença*, trata-se de **decisão interlocutória especial**, porque encerra uma fase processual e inicia outra – a falência propriamente dita, conforme se verá adiante. Assim, o recurso cabível contra a sentença que decreta a falência é o **agravo de instrumento**, nos termos do CPC, sendo cabível a retratação pelo juiz.

Da sentença declaratória de falência decorre uma série de efeitos:

a) Afastamento do devedor ou de seus sócios de suas atividades: o empresário individual ou sócios da sociedade falida ficam impedidos de exercer qualquer atividade empresarial até sua reabilitação.

b) Indisponibilidade dos bens e criação da massa falida: com a quebra, o falido *perde o direito de dispor sobre seus bens*, que serão arrecadados para posterior venda e pagamento dos credores. O patrimônio do devedor e do *sócio com responsabilidade ilimitada* passa a ser considerado uma *universalidade de fato*, que se denomina **massa falida objetiva**. Arrecadados todos os bens do devedor e do sócio com responsabilidade ilimitada, sua administração deve ser feita em conjunto, sendo proibidos quaisquer atos de alienação ou oneração individual sem a concordância do administrador judicial e do Comitê.

Fala-se, também, na formação da **massa falida subjetiva**, que é *o conjunto de credores do falido*;

c) Nomeação do administrador judicial: cuja função primordial, já vimos, é a administração da massa falida e a elaboração do quadro-geral de credores.

d) Suspensão das ações judiciais promovidas contra o falido e do respectivo prazo prescricional: a partir da decretação da quebra, o juízo que a determinou passa a ser o único competente para tratar das questões patrimoniais envolvendo o devedor. Dessa forma, todos aqueles que detêm créditos junto a este devem *habilitá-los* junto ao juízo falimentar. É o fenômeno da **força atrativa (ou *vis atractiva*)**, que cria o **juízo universal da falência**.

Há, porém, ações judiciais que não se sujeitam ao juízo universal, continuando a correr nas varas originais até o trânsito em julgado da sentença. É o caso das *ações trabalhistas, das execuções fiscais, das ações de competência da Justiça Federal, aquelas cujo devedor seja o autor da demanda ou nas que envolverem quantia ilíquida.*

Em todos esses casos, ao final do processo, o credor, munido do título executivo judicial, deve habilitar-se no juízo falimentar para que seu crédito seja classificado na ordem legal de pagamento, com exceção da Fazenda Pública, cujo crédito não depende de habilitação para ser pago (art. 187 do CTN).

Para garantir a existência de valores para pagamento desses créditos reconhecidos fora do juízo falimentar, o juiz que receber a petição inicial e o próprio devedor regularmente citado devem informar o juiz responsável pelo processo de falência para que seja efetuada a reserva das importâncias que estimarem devidas.

e) Fixação do termo legal da falência: o termo legal é *o período anterior à decretação da quebra no qual os atos jurídicos com escopo patrimonial praticados pelo devedor são considerados suspeitos e, destarte, ineficazes perante a massa falida.* Deve o juiz fixar a data inicial deste período, não podendo esta ser estabelecida mais de 90 dias antes do pedido de falência, do pedido de recuperação judicial (se este precedeu à falência) ou do primeiro protesto por falta de pagamento (excluídos aqueles eventualmente cancelados).

A existência do termo legal fundamenta-se no fato de que o devedor é, certamente, o primeiro a saber que a empresa vai mal e pode vir a falir. Sob esta óptica, determina a lei que alguns atos, elencados no art. 129, *não produzam efeitos* perante a massa falida, *independentemente da intenção ou não de fraudar os credores.* Repise-se que é hipótese de **ineficácia do ato**, que permanece válido diante do contratante de boa-fé e que, portanto, poderá cobrar do devedor os efeitos da evicção.

f) Suspensão das atividades da empresa: a fim de manter íntegro o patrimônio existente no momento da decretação da falência, a regra é que as atividades da empresa sejam suspensas para a arrecadação dos bens e sua posterior venda para pagamento dos credores.

Entretanto, por vezes é mais interessante para os próprios credores que a empresa continue funcionando, diante de sua produtividade. Se recomendável, o juiz pode determinar então a **continuação provisória da empresa**, que será gerida pelo administrador judicial.

g) Contratos do falido: a rigor, a decretação da falência não tem nenhum efeito direto e automático sobre os contratos firmados pelo empresário falido. *Os contratos não se resolvem de pleno direito com a falência*, continuando válidos. O que nasce é o dever do administrador judicial de *avaliar a conveniência de cumprir cada contrato*, devendo fazê-lo exclusivamente se for de interesse da massa, ou seja, se o cumprimento do acordo evitar o aumento do passivo ou permitir a manutenção ou preservação dos ativos, ouvido o Comitê de Credores. Caso contrário, o administrador judicial não deve honrá-lo.

Não pode, em contrapartida, o outro contratante ser deixado sem resposta, na dúvida sobre o cumprimento da avença. Estabelece, então, a LF que a outra parte deve interpelar o administrador judicial em até 90 dias contados de sua nomeação sobre a intenção ou não de adimplemento. Silente o administrador, ou resolvendo este pelo não cumprimento, caberá indenização ao contratante em valor apurado em processo ordinário que constituirá **crédito quirografário**.

As determinações estudadas aplicam-se tanto aos contratos bilaterais quanto aos unilaterais. Há, a par, algumas determinações específicas para certos tipos de contratos, nos quais não há espaço para discricionariedade do administrador judicial: ele deve seguir os ditames da lei.

Além das diversas hipóteses colacionadas pelo art. 119 da LF, dispõe o Diploma Falimentar que os contratos de mandato e comissão nos quais o falido seja parte *são encerrados de pleno direito* com a falência, *exceto os mandatos para representação judicial.*

As contas-correntes bancárias são também encerradas com a decretação da quebra, arrecadando-se eventual saldo para composição da massa falida.

4.4.5. *Sentença denegatória de falência*

Se não for caso de decretação da quebra, seja porque o requerente não preenche os requisitos legais, seja porque não restou plenamente configurada qualquer das hipóteses legais (impontualidade injustificada, execução frustrada ou ato de falência), ou ainda diante do pagamento efetuado pelo devedor, o juiz extinguirá o processo com resolução do mérito por meio de sentença, esta sim com natureza definitiva, da qual caberá recurso de **apelação**, recebido no duplo efeito.

4.4.6. *Ordem de pagamento dos créditos*

Como estudado anteriormente, um dos principais objetivos do juízo concursal da falência é o pagamento proporcional de todos os credores. Isso, porém, não estabelece igualdade de condições entre todos eles no recebimento dos créditos, pois a LF cria uma ordem de preferência no pagamento do passivo da massa falida.

O valor total dos débitos e o valor individual a qual cada credor tem direito em cada classe de pagamento são discriminados no **quadro-geral de credores**, elaborado pelo administrador judicial com base nas informações fornecidas pelo falido e posteriormente homologado pelo juiz. Só receberá o dinheiro a pessoa que estiver devidamente inscrita no quadro-geral, sendo possível sua impugnação para incluir crédito, alterar o valor reconhecido ou questionar sua inclusão em determinada classe.

O pagamento, portanto, será realizado na ordem seguinte:

a) Antecipação de créditos trabalhistas de natureza alimentar: *havendo dinheiro em caixa*, deve o administrador judicial antecipar o pagamento dos *salários* vencidos nos 3 meses anteriores à decretação da falência, até o limite de 5 salários mínimos por trabalhador.

b) Restituições em dinheiro, conforme art. 86, parágrafo único, da LF (*vide* item 4.4.8, infra);

c) Créditos extraconcursais: são aqueles previstos no art. 84 da LF, os quais, como o nome sugere, *não existiam no momento da criação do concurso de credores, ou seja, são os débitos da massa falida e não do devedor falido.* Figuram aqui, basicamente, as despesas realizadas para a administração da massa falida, como a remuneração do administrador judicial, e as dívidas surgidas depois da decretação da quebra, como os tributos cujos fatos geradores sejam posteriores à sentença declaratória de falência.

d) Créditos decorrentes da legislação do trabalho, limitados a 150 salários mínimos por trabalhador, e decorrentes de acidente de trabalho: neste momento, são pagos todos os créditos decorrentes da legislação trabalhista (férias, 13º salário etc.), *deduzida eventual antecipação recebida* (conforme item "a", que se refere exclusivamente a *salários*), até o limite de 150 salários mínimos por trabalhador. O que exceder este teto será classificado como *crédito quirografário.*

Quanto aos créditos decorrentes de acidente de trabalho, encontram-se neste mesmo patamar, *porém, não são limitados pelo teto imposto aos créditos trabalhistas.*

e) Créditos com garantia real, até o limite do valor do bem gravado: são dívidas do falido nas quais este *ofertou garantia real para pagamento* (penhor, hipoteca, anticrese, debêntures com garantia real etc.). Recebem após os credores trabalhistas, porém, os pagamentos aqui também são limitados, sendo quitados com preferência somente até o valor de avaliação do bem dado em garantia. O que exceder é classificado como *crédito quirografário.*

f) Créditos tributários: abrangem *tributos de qualquer natureza, cujos fatos geradores sejam anteriores à decretação da quebra* (os posteriores são extraconcursais) *e já estejam inscritos em dívida ativa.* Ficam excluídas as multas tributárias, expressamente colocadas após os créditos quirografários. O valor a ser pago neste momento, portanto, inclui apenas o tributo, os juros e a correção monetária.

g) Créditos com privilégio especial: previstos no art. 964 do CC e esparsos na legislação extravagante.

h) Créditos com privilégio geral: previstos no art. 965 do CC, em artigos esparsos da legislação extravagante e, o mais importante, no art. 67, parágrafo único, da LF, que concede privilégio geral ao *fornecedor de bens ou serviços que continuar a provê-los normalmente após o pedido de recuperação judicial,* caso a falência venha a ser decretada. Este fornecedor seria mero credor quirografário, mas, como auxiliou o devedor em recuperação, tem como benefício a subida de seu crédito na escala de pagamento.

i) Créditos quirografários: *são aqueles sem nenhum tipo de garantia ou privilégio*, decorrentes de títulos de crédito ou contratos sem pactos acessórios de garantia real. Seu conceito é residual: *qualquer crédito que não se enquadrar nas demais categorias, será considerado quirografário.*

j) Multas contratuais e por infrações das leis penais, administrativas e tributárias: dado seu caráter de penalidade, a LF optou por deixar o pagamento das multas em plano inferior. Importante é o pagamento do valor principal, corrigido monetariamente e com aplicação dos juros de mora. A cláusula penal será adimplida apenas se houver dinheiro disponível após o pagamento dos credores quirografários. Com a atual redação da LF, fica superada a Súmula 565 do STF, que, sob a vigência do Decreto-lei 7.661/1945, afastava do juízo falimentar a cobrança das multas fiscais moratórias.

k) Créditos subordinados: criação da LF em 2005, tratam-se dos últimos créditos a serem quitados. Sua classificação decorre expressamente da lei (tal como nos créditos com privilégio especial e geral), sendo possível elencar *as debêntures sem garantia real e os créditos dos sócios e administradores sem vínculo empregatício.*

Nunca é demais ressaltar que a existência de créditos em classe mais elevada *impede* o pagamento das classes inferiores. Com a venda total do ativo, os fundos levantados serão usados para o pagamento dentro de cada classe na ordem indicada, passando para a próxima apenas com a quitação integral dos créditos existentes nas categorias mais privilegiadas.

4.4.7. *Ação revocatória*

Ação judicial típica do processo falimentar, a ação revocatória *destina-se a obter declaração de ineficácia perante a massa falida ou a revogação de atos praticados pelo devedor antes da decretação da quebra, compreendidos ou não dentro do termo legal da falência.*

Tais atos são considerados ineficazes perante a massa diante da existência efetiva ou presumida de fraude contra os credores. A ação pode ser proposta por qualquer deles, pelo administrador judicial ou pelo Ministério Público no prazo *decadencial* de 3 anos, contados da decretação da falência.

A LF traz duas espécies de ação revocatória. Em dizeres mais técnicos, a *causa de pedir* na ação revocatória será uma de duas, previstas, respectivamente, nos arts. 129 e 130 da lei.

No art. 129, encontramos a **ineficácia objetiva**, que independe da comprovação da intenção de fraudar os credores pelo falido ou da má-fé do outro contratante, que pode saber ou não do estado crítico da empresa. O rol é *taxativo*, bastando ao interessado provar sua ocorrência. Por força da presunção legal, pode o juiz inclusive declará-la *de ofício*, dispensando a propositura da ação.

O art. 130, por seu turno, fundamenta a ação revocatória na **ineficácia subjetiva**, ou seja, a ineficácia do ato somente será declarada *se comprovada a intenção do devedor de fraudar os credores e o conluio fraudulento* (consilium fraudis) *com o outro contratante, que se beneficia do ato conhecendo a intenção nefasta da outra parte.* Aqui temos um conceito aberto, pois qualquer ato fraudulento, de qualquer natureza, pode ser declarado ineficaz se provada a fraude. O resultado, considerada a má-fé que envolve o ato, *não é de simples ineficácia perante a massa, mas sim de revogação daquele.*

Em resumo:

Ação revocatória	
Art. 129	**Art. 130**
Ineficácia objetiva	Ineficácia subjetiva
Ineficácia perante a massa	Revogação do ato
Rol taxativo	Conceito aberto
Independe da intenção de fraudar	*Consilium fraudis*
Pode ser declarada de ofício	Necessariamente mediante provocação

A jurisprudência traz uma questão muito interessante atinente à caracterização da ineficácia objetiva. Acompanhe o raciocínio: uma das hipóteses de ineficácia objetiva é a alienação do estabelecimento sem consentimento dos credores (art. 129, VI), ato que se caracteriza com o contrato de **trespasse**. Como já estudado, o trespasse transfere a terceiro todo o estabelecimento empresarial, tratado como *universalidade de fato*. É certo que as mercadorias em estoque constituem um dos elementos corpóreos do estabelecimento, porém, sua venda regular é parte integrante do desenvolvimento da atividade econômica, razão pela qual não pode ser considerada como alienação *do estabelecimento*. Sendo assim, é descabida a ação revocatória para pleitear a declaração da ineficácia de atos cotidianos da empresa, ainda que praticados em estado pré-falimentar (STJ, REsp 1079781/RS, *DJ* 14.09.2010).

4.4.8. *Pedido de restituição*

Sabemos que uma das primeiras determinações do administrador judicial, após sua nomeação, é a *arrecadação dos bens do falido e do sócio com responsabilidade ilimitada*, que na prática se resumem a todos aqueles que estejam na posse direta ou indireta destas pessoas. Pode acontecer, contudo, que dentro desse universo existam bens que *não pertencem ao falido* (ex.: um dos veículos estacionados dentro da fábrica pertencia a terceiro estranho ao quadro societário, que ali o deixou temporariamente), ou que a ele foram entregues em virtude de compra e venda para pagamento a prazo nos *15 dias que antecederam a quebra* (e ainda não foram pagos).

Ressalte-se que o limite temporal de 15 dias é específico para a hipótese de compra e venda a prazo. Para todas as demais, inclusive aquelas que autorizam a restituição em dinheiro, pouco importa o momento no qual o falido obteve a posse da coisa ou do valor a ser restituído (STJ, Súmula 133).

Em ambas as hipóteses, compete ao proprietário do bem ou ao vendedor o **pedido de restituição**, espécie de ação judicial em que se requer *a devolução do bem arrecadado ou seu equivalente em dinheiro.*

A restituição em dinheiro só será deferida:

a) Se a coisa não mais existir ao tempo do pedido de restituição;

b) Para os valores decorrentes de adiantamento de contrato de câmbio para exportação, nos termos da Lei 4.728/1965;

c) Dos valores entregues ao devedor pelo contratante de boa-fé se declarada a revogação ou ineficácia do contrato por força de ação revocatória.

A restituição em dinheiro é feita *logo após o adiantamento das verbas salariais de natureza alimentar*, conforme dispõe o art. 86, parágrafo único, da LF. Com essa redação, impõe-se que seja dada nova interpretação à Súmula 307 do STJ, editada sob a égide do Decreto-lei 7.661/1945, que dispõe: "A restituição de adiantamento de contrato de câmbio, na falência, deve ser atendida antes de qualquer crédito". Hodiernamente, por "qualquer crédito" devemos entender "créditos concursais e extraconcursais", mantendo-se a preferência dos créditos estritamente salariais relativos aos três meses anteriores à quebra, até o limite de 5 salários mínimos por trabalhador, mesmo diante do dever de restituição.

Pendente de julgamento o pedido de restituição, fica suspensa a disponibilidade da coisa arrecadada até o trânsito em julgado daquele, devendo a massa falida ou qualquer outra pessoa indicada pelo administrador judicial cuidar para que o bem não pereça. Ao final, julgado procedente o pedido de restituição, o proprietário deve ressarcir os gastos realizados com a conservação da coisa.

Indeferida a restituição, o crédito do requerente será anotado no quadro-geral de credores seguindo a classificação já conhecida.

Em qualquer caso (procedente ou improcedente o pedido de restituição), cabe *apelação sem efeito suspensivo.*

4.4.9. *Procedimento judicial*

O processo judicial da falência é escalonado, sendo sempre dividido em três etapas, qualquer que seja o fundamento do pedido.

Inicia-se com a fase **pré-falimentar**, na qual serão discutidos os motivos ensejadores da quebra, garantidos o contraditório e a ampla defesa do devedor; com a decretação da falência, abre-se a fase **falimentar propriamente dita**, na qual se opera a realização do ativo e pagamento do passivo da massa; por fim, verificados os requisitos legais, conclui-se o procedimento pelo **encerramento** da falência. Vamos analisar cada uma dessas fases em separado:

a) Fase pré-falimentar

Inicia-se com o ajuizamento do pedido de falência pelas pessoas autorizadas (*vide* item 4.4.3, supra). Fundada em impontualidade injustificada, a petição inicial deve vir acompanhada do título vencido *devidamente protestado*; se a causa de pedir for a execução frustrada, junta-se a *certidão do cartório* onde corre o processo de execução.

O devedor será citado para, *em 10 dias*, apresentar defesa e/ou realizar o **depósito elisivo**, que nada mais é do que *o depósito em juízo do valor cobrado pelo autor da ação*, com o fito de quitar a dívida e extinguir o processo. A apresentação de contestação e o depósito elisivo são independentes, abrindo-se, destarte, ao réu, três opções ao comparecer ao processo: *somente apresentar a contestação*, seguindo-se a produção de provas, se necessária, e o julgamento da lide pelo juiz; *apresentar a contestação e promover o depósito elisivo*, caso em que este se apresenta como **garantia do juízo**, ou seja, o processo continua até o julgamento pelo juiz, *mas a falência não poderá ser decretada em hipótese alguma*, mandando o magistrado que o requerente levante o valor caso seja procedente o pedido de quebra; ou *realizar apenas o depósito elisivo*, situação na qual o juiz simplesmente declara elidida a falência, condenando o devedor ao pagamento das verbas de sucumbência.

O valor do depósito elisivo deve compreender a dívida principal, correção monetária, juros de mora e honorários do advogado (STJ, Súmula 29).

O art. 98, parágrafo único, da LF autoriza expressamente o depósito elisivo nos pedidos de falência fundados em impontualidade injustificada ou execução frustrada, deixando de fora aquele baseado em ato de falência. Isso levou alguns autores a defender a impossibilidade de depósito elisivo nesta hipótese. Outros, porém, argumentam que o depósito elisivo sempre é possível porque configura pagamento da dívida, retirando do autor da ação a qualidade de credor e, portanto, sua legitimidade ativa. O tema ainda é controverso, não tendo os Tribunais Superiores se pronunciado sobre a questão.

Os argumentos possíveis de serem apresentados pelo réu em sua contestação podem ser limitados, dependendo do fundamento do pedido. Acusado da prática de ato de falência, há plena liberdade na contestação a fim de provar a inocorrência do ato ou que mantém ativo suficiente para saldar suas dívidas. Já contra a alegação de impontualidade injustificada ou execução frustrada, sua contestação deve cingir-se a demonstrar a existência de justo motivo para não honrar o título ou o processo executório prévio (prescrição, pagamento anterior, falsidade da assinatura etc.).

O devedor pode, em adição, como uma quarta alternativa, no prazo da defesa, *ingressar com pedido de recuperação judicial*, que suspenderá o processo falimentar.

Por fim, lembre-se da possibilidade da falência ser requerida pelo próprio devedor (a **autofalência**), prevista no art. 105 da LF. Sua característica peculiar é o fato *de não haver contestação*, por óbvio, devendo o juiz apenas verificar se o pedido está corretamente instruído com os documentos comprobatórios de seu estado de insolvência: se estiver, decreta a quebra; se não, determina a emenda da inicial.

b) Fase falimentar

Inicia-se com o trânsito em julgado da sentença declaratória de falência e visa a *saldar as dívidas do falido na ordem estabelecida no quadro-geral de credores* mediante a **arrecadação** dos bens e sua posterior **realização** (venda para terceiros).

Ao assumir suas funções, o administrador judicial deve fazer publicar uma primeira relação de credores com base em informações que lhe serão fornecidas pelo próprio falido ou seus sócios. Abre-se, então, prazo de *15 dias* para **impugnações** sobre a existência de determinado crédito, seu valor ou a classificação que lhe foi dada, bem como para que credores que não tenham sido relacionados promovam a **habilitação** de seus créditos, provando sua existência e valor. Destaque-se que a falência *opera o vencimento antecipado de todas as dívidas do falido*, devendo os respectivos credores habilitar seus créditos ainda que vincendos. Podem impugnar créditos o Comitê, se existente, o devedor, os credores e o Ministério Público.

Os pedidos são deduzidos *junto ao administrador judicial*, que publicará suas conclusões por meio de nova lista de credores no prazo de *45 dias*. Desta lista, caberão novas reclamações, agora formuladas ao juiz, em até *10 dias*.

Resolvidas as pendências, o juiz homologa o quadro-geral de credores.

Mesmo após a homologação do quadro, é possível a inclusão de créditos que nele ainda não constem. É a chamada **habilitação retardatária**, que seguirá o rito ordinário previsto no CPC. A rigor, recebe a nomenclatura de *habilitação retardatária qualquer pedido de inclusão de crédito posterior ao primeiro prazo para habilitações*.

Em paralelo a estes procedimentos, e deles totalmente independente, o administrador judicial pode começar a **realização do ativo**, por meio da alienação dos bens arrecadados após a avaliação pelo valor de mercado.

O art. 140 da LF estabelece uma ordem de preferência nos lotes a serem alienados, tudo com o escopo de facilitar a continuação da empresa: venda dos *estabelecimentos em bloco*; venda das *filiais ou unidades produtivas isoladamente*; alienação *em bloco dos bens que integram cada um dos estabelecimentos*; e venda *isolada dos bens individualmente considerados*.

Outras modalidades de alienação podem ser autorizadas pelo juiz mediante requerimento do administrador judicial ou do Comitê de Credores no interesse da massa.

As alienações serão promovidas mediante leilão por lances orais, propostas fechadas ou pregão, a critério do juiz, ouvidos, mais uma vez, o administrador judicial e o Comitê.

Frise-se, em derradeiro, que o Ministério Público deve ser intimado pessoalmente de *todos* os atos de alienação, sob pena de nulidade.

No que tange à realização do ativo, as inovações trazidas em 2005 pela nova LF eram, há muito, esperadas pela doutrina e jurisprudência, bem como pelo próprio mercado, que viu na possibilidade de venda dos bens arrecadados antes mesmo da consolidação do quadro-geral de credores (antes proibida pelo Decreto-lei 7.661/1945) um grande avanço no pagamento dos créditos. Isso porque, não raro, diante da complexidade dos incidentes apresentados ao longo do processo falimentar, o ativo do falido se deteriorava completamente, esvaindo-se seu valor de mercado e impossibilitando, destarte, a quitação das dívidas.

Outra mudança substancial que abriu caminho para que as alienações promovidas no bojo da falência garantissem resultado satisfatório, foi a previsão expressa de que *ficam afastadas as sucessões nas dívidas trabalhistas e tributárias sobre os estabelecimentos do falido adquiridos nessa condição* (alienação judicial no processo falimentar). Sabemos que, como regra, o adquirente de um estabelecimento empresarial herda o passivo trabalhista e tributário do antigo proprietário. Em se tratando de venda decorrente de falência, é natural a existência de débitos dessa natureza, o que acabava por afastar eventuais interessados no arremate. Ato contínuo, os bens acabavam vendidos isoladamente por valor muito menor, uma vez que era desconsiderado o **aviamento**, e as atividades da empresa acabavam encerradas, acarretando o desemprego de todos os seus trabalhadores.

Na nova sistemática, credores trabalhistas e tributários receberão seus créditos na ordem estabelecida pela lei, nada podendo cobrar do novo adquirente do estabelecimento.

Naturalmente, a LF se preocupou com a abertura de certa margem para fraudes que o benefício implica. Afinal, bastaria que o próprio devedor adquirisse seu estabelecimento por meio de outra pessoa jurídica para recebê-lo de volta isento das dívidas que auxiliaram a caracterizar sua insolvência. Para evitar esse efeito colateral nefasto, o art. 141, § 1º, dispõe que *haverá a sucessão nas dívidas* se for identificado que o adquirente é *sócio da sociedade falida ou de sociedade controlada pelo falido*; *parente, em linha reta ou colateral até quarto grau, consanguíneo ou afim, do falido ou de sócio da sociedade falida*; ou *agente* ("laranja") *do falido com o objetivo de fraudar a sucessão*.

c) Encerramento da falência

Realizado o ativo e pagos os credores até o esgotamento das forças da massa, deve o administrador judicial apresentar suas contas finais ao juiz no prazo de 30 dias, as quais, após a publicação em jornal de grande circulação, podem ser impugnadas por qualquer interessado ou pelo Ministério Público em até 10 dias. Rejeitadas as contas, *o administrador é destituído e perde seu direito à remuneração*. Da sentença do juiz que julga as contas do administrador cabe **apelação**.

Aprovadas as contas, deve o juiz *declarar encerrada a falência* por sentença. O trânsito em julgado desta marca o termo inicial da prescrição das obrigações do falido, cujos prazos *ficaram suspensos durante todo o trâmite do processo falimentar*.

O empresário que teve sua falência decretada fica *impedido de exercer nova empresa* até que suas obrigações sejam extintas. É a chamada **reabilitação do falido**, que deve ser obtida por sentença judicial, provando o interessado uma das seguintes situações:

c1) Pagamento de todos os créditos;

c2) Pagamento de mais de 50% dos créditos quirografários após a realização de todo o ativo, sendo autorizado que o interessado deposite o valor necessário para atingir o limite mínimo;

c3) Decurso do prazo de 5 anos, contado do encerramento da falência, se o falido não tiver sido condenado por crime falimentar;

c4) Decurso do prazo de 10 anos, contado do encerramento da falência, se o falido houver sido condenado por crime falimentar. Nessa hipótese, pode o juiz penal, *expressa e motivadamente*, estender os efeitos da inabilitação por até 5 anos após o cumprimento da pena, sendo autorizada eventual reabilitação penal antes do término do prazo para que o falido obtenha a declaração de extinção de suas obrigações.

4.5. Recuperação judicial

Substituta da antiga concordata, a recuperação judicial *é o procedimento que visa a preservar o funcionamento da empresa viável que atravessa período de crise econômico-financeira*. Atendidos aos requisitos legais, o empresário que acredita que o momento desfavorável pelo qual passa é temporário, pode requerer em juízo que sejam autorizadas medidas que permitam que a empresa se recupere, procurando, assim, causar o mínimo prejuízo possível aos credores (cujo crédito encontraria maiores dificuldades para ser satisfeito em uma falência) e continuar no mercado. Essas medidas são previstas no **plano de recuperação judicial**, elaborado pelo próprio empresário e aprovado pelos seus credores reunidos em assembleia geral.

4.5.1. Disposições comuns à recuperação judicial e à falência

Aplicam-se à recuperação judicial os conceitos aprendidos na falência sobre o papel do juiz, do Ministério Público, da Assembleia geral e do Comitê de Credores, do administrador judicial e da elaboração do quadro-geral de credores. Devemos atentar, não obstante, às pequenas diferenças abaixo discriminadas:

a) Os créditos tributários não estão sujeitos à recuperação judicial. Muito ao contrário, é um dos requisitos para a concessão do benefício a juntada de certidão negativa de débitos tributários (art. 57 da LF). Entretanto, a jurisprudência apresenta uma forte tendência em relativizar essa exigência, asseverando que se trata de um meio coercitivo de cobrança de tributos. Afinal, um empresário em crise dificilmente estará em dia com suas obrigações tributárias, o que sepultaria a aplicação do novo instituto (TJSP, AI 4563934800, *DJ* 22.11.2006; TJMG, AI 1007907348871-4/007, *DJ* 08.10.2009);

b) Também não estão sujeitos à recuperação judicial os seguintes créditos: propriedade fiduciária de bens móveis ou imóveis, arrendamento mercantil, compra e venda de imóveis gravada com cláusula de irrevogabilidade ou irretratabilidade, compra e venda com reserva de domínio e adiantamento de contrato de câmbio para exportação;

c) O administrador judicial não substitui os administradores da empresa, sendo sua função *acompanhar a execução do plano de recuperação pelo próprio devedor*.

4.5.2. Plano de recuperação

O instituto da recuperação judicial representou significativo avanço no tratamento da empresa em crise quando comparado à concordata. Esta tinha um formato fechado, autorizando apenas a moratória no pagamento dos créditos por determinado período de tempo.

A recuperação, por sua vez, deixa o devedor livre para propor as alterações que entender necessárias nas suas obrigações vencidas ou vincendas para que tenha condições de reerguer a empresa. A lista de meios de recuperação apresentada no art. 50 da LF é *meramente exemplificativa*, envolvendo a concessão de maior prazo para pagamento, a venda de estabelecimentos, o perdão de multas etc.

Existem apenas algumas restrições que o empresário deve atentar quando da elaboração do plano:

a) Não é possível prever prazo maior do que 1 ano para pagamento das dívidas trabalhistas;

b) Não é possível prever prazo maior do que 30 dias para pagamento de créditos estritamente salariais vencidos nos 3 meses anteriores à concessão da recuperação, até o limite de 5 salários mínimos por trabalhador.

Frise-se que, na hipótese do plano prever a venda de estabelecimentos ou unidades produtivas isoladas, a adjudicação será feita em leilão nos mesmos moldes da falência, ou seja, *não haverá sucessão das dívidas ao adquirente*, respeitadas também as exceções já estudadas (*vide* item 4.4.9, "b", supra).

4.5.3. Processamento do pedido de recuperação

São autorizados a ajuizar o pedido de recuperação, além do próprio empresário individual ou sociedade empresária, o cônjuge sobrevivente, seus herdeiros, o inventariante e o sócio remanescente da sociedade empresária em caso de falecimento do empresário.

O rito procedimental é dividido *em duas etapas*: o **deferimento do processamento da recuperação** e a **apresentação, aprovação e execução do plano de recuperação**.

Para que o devedor em crise tenha *deferido* seu pedido de recuperação, é necessária a concorrência dos seguintes requisitos:

a) Exercício regular de atividade empresária há mais de dois anos;

b) Não ser falido, ou, se já o foi, ter tido suas obrigações declaradas extintas por sentença transitada em julgado;

c) Não ter sido beneficiado com recuperação judicial há menos de 5 anos (ou 8, se for microempresa ou empresa de pequeno porte);

d) Não ter sido condenado ou não ter, como administrador ou sócio controlador, pessoa condenada por crime falimentar.

Além disso, o empresário deve comprovar a viabilidade da empresa, demonstrando os motivos da crise que atravessa e por que estes são passageiros, bem como quais as vantagens obtidas com a recuperação judicial. Para embasar seus argumentos, o interessado deve apresentar, junto com a petição inicial, os documentos arrolados no art. 51 da LF, que incluem, exemplificativamente: *suas demonstrações contábeis dos últimos três exercícios sociais; relação nominal e completa de credores, com indicação pormenorizada do crédito de cada um; relação integral dos empregados e da folha de pagamento; certidão de regularidade do registro da empresa na Junta Comercial etc.*

4.5.4. Efeitos do processamento da recuperação

O deferimento do processamento da recuperação judicial *suspende a tramitação e a prescrição das ações individuais em curso contra o devedor*, tal qual ocorre na falência. Todavia, aqui a suspensão *não poderá exceder 180 dias em nenhuma hipótese*: findo o lapso temporal, os processos retomam seu curso normal.

Além disso, *desde a distribuição do pedido*, o devedor fica proibido de alienar ou onerar bens ou direitos de seu ativo permanente, salvo com autorização judicial precedida de consulta ao Comitê fundada em evidente utilidade aos credores, salvo se a providência estiver prevista no plano de recuperação.

Por fim, a partir desse momento, o juízo que deferiu o processamento torna-se competente para tratar de quaisquer conflitos relacionados com a recuperação judicial, *exceto se a lide envolver bens não abrangidos pelo plano de recuperação judicial* (STJ, Súmula 480).

4.5.5. Apresentação, aprovação e execução do plano

Cumpridos os requisitos, o juiz *defere o processamento da recuperação judicial*, que não se confunde com o benefício propriamente dito. A decisão apenas inaugura a segunda fase do procedimento de recuperação.

Com a concessão judicial, o empresário que pleiteia a recuperação deve apresentar o **plano de recuperação judicial** para ser exposto ao crivo de seus credores *no prazo máximo de 60 dias*, sob pena de ter sua falência decretada. Se qualquer dos credores impugnar o plano, deve ser convocada uma **assembleia geral de credores**.

Nesta reunião, constituída exclusivamente para análise do plano apresentado pelo devedor, os credores são organizados nas três classes já conhecidas: trabalhistas e titulares de crédito decorrente de acidente de trabalho; credores com garantia real; credores com privilégio especial, geral, quirografários e subordinados.

A assembleia fatalmente terminará com um dos quatro resultados seguintes:

a) Aprovação do plano: para que o plano seja considerado aprovado, *é imprescindível que receba maioria de votos em todas as classes existentes, em votação independente.* Na classe dos credores trabalhistas, *estes votam por cabeça*, independentemente do valor de seus créditos, sendo considerado o plano aprovado pela concordância da maioria dos presentes; nas outras duas classes, o valor do voto *é proporcional ao valor do crédito*, sendo aprovado pela obtenção de votos favoráveis representantes da *maioria dos créditos presentes* e, *cumulativamente*, pela maioria dos *credores presentes*. Em qualquer das classes, não tem direito a voto e não será considerado na apuração do quórum necessário para aprovação o credor que não tiver o valor ou as condições de pagamento de seu crédito alterados pelo plano de recuperação;

b) Aprovação do plano com alterações: os credores estão autorizados a propor alterações no plano de recuperação. Estas, porém, devem ser *ratificadas* pelo devedor e não podem representar alterações prejudiciais ao valor ou forma de pagamento de obrigações relativas apenas a *credores ausentes à assembleia*;

c) Rejeição total do plano: hipótese na qual o devedor *terá sua falência decretada pelo juiz*; e

d) Apoio ao plano: quando este não obteve o quórum de aprovação previsto em lei, mas obteve, cumulativamente, *voto favorável da maioria dos credores que representem mais da metade dos créditos presentes na assembleia*, independentemente de classe; *aprovação, nos termos da lei, em duas das três classes* (ou em uma delas, caso só existam duas); e *voto favorável de, no mínimo, 1/3 dos credores da classe que rejeitou o plano*. Nesta situação, o juiz pode conceder a recuperação judicial, desde que não implique tratamento diferenciado entre os credores da classe que a rejeitou.

Aprovado o plano (diretamente ou por meio de decisão do juiz no caso de apoio ao plano), *tem início sua execução* por intermédio de decisão judicial que defere *o benefício da recuperação judicial*, da qual cabe recurso de **agravo de instrumento**. Esta decisão tem natureza de **título executivo judicial**, o que significa que, se o devedor em recuperação descumprir qualquer de suas obrigações previstas no plano, o credor respectivo pode promover a execução individual específica ou pedir a **convolação** da recuperação em falência.

4.5.6. *Efeitos da concessão da recuperação*

A recuperação judicial abrange *todos os créditos do devedor existentes na data do pedido*, vencidos ou vincendos, e todos se submeterão ao que estiver disposto no plano de recuperação, ainda que seus titulares não o tenham pessoalmente aprovado ou sejam objeto de execução específica (STJ, AgRg no Ag 1297876/SP, *DJ* 18.11.2010).

Ademais, será nomeado pelo juiz o administrador judicial, que, na recuperação, não substitui os administradores. Estes continuam a gerenciar a empresa, cabendo ao administrador apenas fiscalizar a execução do plano, *exceto se*:

a) Houverem sido condenados por sentença criminal trânsita por crime falimentar, crime contra o patrimônio, contra a economia popular ou contra a ordem econômica;

b) Houver indícios veementes da prática de crime falimentar;

c) Houverem agido com dolo, simulação ou fraude contra os interesses dos credores;

d) Houverem efetuado gastos pessoais manifestamente excessivos em relação à sua situação patrimonial, ou despesas sociais injustificáveis pelo seu vulto diante do capital social ou o gênero do negócio;

e) Houverem descapitalizado injustificadamente a empresa;

f) Houverem simulado ou omitido crédito ao apresentar a relação de credores na petição inicial;

g) Negarem-se a prestar as informações solicitadas pelo administrador judicial ou pelo Comitê; e

f) O afastamento estiver previsto no plano de recuperação.

Nesses casos, o próprio devedor ou seus administradores serão afastados e o juiz designará um **gestor judicial** para administrar a empresa e dar cumprimento ao plano de recuperação. Até que o juiz o faça, tal incumbência caberá ao administrador judicial.

Por fim, mandará o juiz que seja inserido no nome empresarial do devedor a expressão "Em Recuperação Judicial", a fim de conferir a devida publicidade ao fato, possibilitando àqueles que venham a contratar com o beneficiado ter ciência de sua condição econômico-financeira.

4.5.7. *Encerramento da recuperação judicial*

Será declarada encerrada a recuperação judicial com o *cumprimento de todas as obrigações previstas no plano de recuperação que se vencerem nos 2 anos seguintes aos da concessão do benefício*. Dentro desse prazo, o inadimplemento de qualquer obrigação pode ensejar a **convolação** da recuperação em falência.

Havendo previsão no plano de obrigações a vencer em prazo superior a 2 anos, estas, obviamente, também deverão ser cumpridas pelo devedor, *porém não estaremos mais no âmbito da recuperação, já encerrada*. Assim, seu descumprimento pode ser objeto de execução individual específica ou *pedido de falência com base na impontualidade injustificada ou execução frustrada*, não se autorizando a convolação.

Com a declaração do encerramento, serão pagas as custas judiciais e providenciada a retirada da expressão "Em Recuperação Judicial" do nome empresarial do beneficiado.

4.5.8. *Convolação da recuperação em falência*

Trata-se de hipóteses nas quais a recuperação judicial será *automaticamente convertida em falência* mediante sentença do juiz:

a) Pela não apresentação do plano de recuperação no prazo de 60 dias contados do deferimento do processamento do benefício;

b) Pela rejeição do plano pela assembleia geral de credores (exceto se houver apoio ao plano);

c) Pelo descumprimento de qualquer obrigação prevista no plano de recuperação dentro do prazo de 2 anos contados do início de sua execução.

Com a convolação, as obrigações sujeitas à recuperação terão restituídas suas características originais, sendo então classificadas no quadro-geral de credores da falência, descontados os valores eventualmente já pagos. Já aqueles que contrataram com o devedor em recuperação *depois* da concessão do benefício, serão classificados como *créditos extraconcursais*.

É importante ressaltar que, durante a execução do plano, nada impede que novos credores promovam pedido de falência da empresa com base na impontualidade injustificada ou execução individual frustrada, pois estes credores não se submetem à recuperação judicial.

4.5.9. *A recuperação judicial da microempresa e da empresa de pequeno porte*

A lei considera **microempresa** aquela que apresenta *faturamento (receita bruta) anual inferior a R$ 360.000,00* e **empresa de pequeno porte** aquela cujo *faturamento anual inferior a R$ 3.600.000,00*.

Cumprindo o dispositivo constitucional que determina a concessão de tratamento simplificado e diferenciado para as pequenas empresas, a LF criou, *como faculdade para estas*, a possibilidade de apresentarem um *plano simplificado de recuperação judicial*. Como vantagem, o plano é prefixado em lei e não depende de aprovação dos credores; como desvantagem, exatamente por ser prefixado em lei, não dá margem para a criação de novos mecanismos de recuperação e *abrange apenas os créditos quirografários*.

Em breve síntese, o plano simplificado deve prever o pagamento dos créditos quirografários em no máximo 36 parcelas mensais e sucessivas, corrigidas monetariamente e acrescidas de juros de 12% ao ano, sendo que a primeira parcela será paga em no máximo 180 dias contados da *distribuição* do pedido.

A opção da ME e da EPP pelo plano especial traz ainda outras peculiaridades:

a) O devedor dependerá de autorização do juiz, ouvido o administrador judicial e o Comitê, para aumentar suas despesas ou contratar empregados;

b) Ele não acarreta a suspensão das ações e da prescrição relativas aos créditos não abrangidos pelo plano;

c) Apesar da aprovação do plano não depender de assembleia geral de credores, é possível que estes voluntariamente se reúnam e, mediante manifestação de mais da metade dos credores quirografários, requeiram ao juiz a improcedência do pedido.

Além disso, a ME e a EPP não podem se beneficiar de nova recuperação judicial antes de decorrido o prazo de *8 anos* do encerramento da última, ao passo que as demais empresas devem aguardar apenas *5 anos*.

4.6. Recuperação extrajudicial

Ao lado da recuperação judicial, a LF criou o instituto da **recuperação extrajudicial**, consistente *na elaboração de um plano de recuperação da empresa pelo devedor em crise e negociado diretamente com os credores, sem a interferência direta do Poder Judiciário*.

Cabe ao juiz, no caso, unicamente a homologação do plano já assinado pelo empresário e seus credores, conferindo-lhe maior segurança jurídica e a natureza de título executivo judicial.

4.6.1. Requisitos

A homologação do plano de recuperação extrajudicial depende dos mesmos requisitos exigidos para o pedido de recuperação judicial, com uma diferença: *será vedado se estiver pendente pedido de recuperação judicial ou se já tiver um plano de recuperação judicial ou extrajudicial homologado há menos de 2 anos*.

4.6.2. Credores sujeitos ao plano

Diferentemente do que ocorre na recuperação judicial, aqui não é necessário que todos os credores de determinada classe se submetam ao plano. Pode o devedor *escolher com quais credores quer negociar*, mantendo os demais alheios às disposições pactuadas e, portanto, com suas obrigações íntegras, sem nenhuma alteração.

A lei veda que seja objeto do plano de recuperação extrajudicial *os débitos trabalhistas e decorrentes de acidente de trabalho, as dívidas tributárias e todos aqueles também expressamente excluídos da recuperação judicial (vide item 4.5.1, "b", supra)*.

Dentre as demais classes existentes (garantia real, privilégio especial e geral, quirografários e subordinados), os credores que estiverem nominalmente listados no plano de recuperação estarão vinculados a ele com a homologação do juiz, *a qual será obrigatória*:

a) Se todos os credores listados assinarem o plano de recuperação, manifestando sua adesão a ele. Nesta hipótese, o que temos na verdade é um contrato, que deveria ser observado por todos os signatários independentemente da homologação, em homenagem ao princípio do *pacta sunt servanda*;

b) Se mais de 3/5 dos credores listados em cada classe assinarem o plano. Aqui, sim, estamos diante da novidade legislativa. Com a aprovação por maioria qualificada dos credores de cada classe, a homologação judicial *sujeitará todos os credores listados no plano às avenças nele incluídas, ainda que não tenham manifestado sua concordância com a aposição de sua assinatura*. Reitere-se que serão vinculados apenas os credores nominalmente arrolados no instrumento; os que dele não constarem não serão afetados. Se esta situação é apresentada ao juiz, deve o empresário interessado na recuperação extrajudicial fazer juntar, também, os documentos mencionados nos arts. 162 e 163, § 6º, da LF, consistentes em demonstrações financeiras e contábeis, que esclareçam a situação patrimonial da empresa.

4.6.3. Procedimento da homologação

Distribuído o pedido de homologação, *os credores não poderão desistir de sua adesão*, salvo com a concordância expressa de todos os demais participantes, *inclusive o devedor*. Ao receber o pedido, o juiz o fará publicar, por meio de edital, no diário oficial e em jornal de grande circulação. O edital conferirá prazo ao devedor para comunicar, por carta, todos os credores participantes do plano da distribuição do pedido, as condições do plano e o prazo para impugnação.

Tal prazo é de *30 dias*, contados da publicação do edital. Qualquer credor, comprovando esta condição, poderá impugnar o plano, *seja dele participante ou não*. Suas alegações, entretanto, estão limitadas a:

a) Não preenchimento do percentual mínimo de 3/5 de concordância em cada classe de credores;

b) Prática de ato de falência;

c) Descumprimento de qualquer outro requisito legal;

d) Simulação de crédito; ou

e) Vício na representação dos credores que o subscreveram.

Havendo impugnação, o devedor se manifestará em 5 dias e os autos serão conclusos ao juiz para decisão em igual prazo. Da sentença cabe apelação *sem efeito suspensivo*.

5. SISTEMA FINANCEIRO NACIONAL

5.1. Estrutura do SFN

Cobrar conhecimentos específicos sobre o sistema financeiro nacional é uma peculiaridade das provas de Delegado dentro dos concursos jurídicos mais amplos. Usualmente, o tema fica restrito aos certames próprios dos bancos estatais, como Banco do Brasil e Caixa Econômica Federal. A razão disso é importância de saber do que estamos tratando quando estudamos os crimes contra o sistema financeiro nacional previstos na Lei nº 7.492/1986.

De maneira simplificada, o SFN pode ser estruturado da seguinte forma:

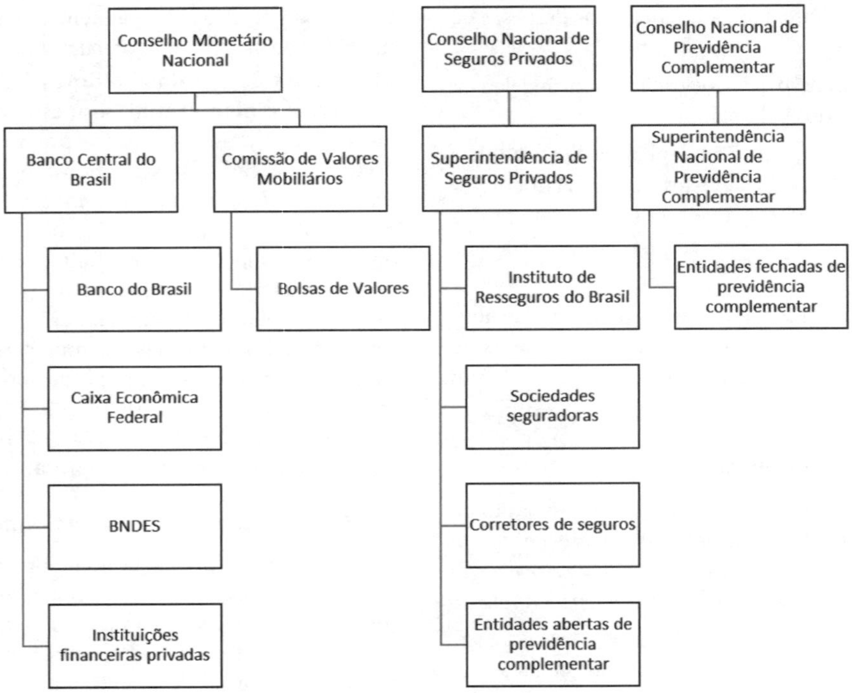

No primeiro escalão, encontramos as chamadas **entidades normativas**, que *têm o poder de regulamentar o mercado financeiro, sem qualquer função executiva*, ou seja, não praticam atos concretos de negociações financeiras (Conselho Monetário Nacional - CMN, Conselho Nacional de Seguros Privados - CNSP - e Conselho Nacional de Previdência Complementar - CNPC); logo abaixo, temos as **entidades supervisoras**, aquelas cuja função é *fiscalizar as entidades que atuam no SFN e, dentro de sua específica área de atuação, editar normas*; todas as demais são conhecidas como **entidades operadoras**, porquanto *prestam efetivamente serviços financeiros aos investidores*.

Vamos conhecer melhor as principais entidades que compõem o SFN, tomando como critério a recorrência nas provas para Delegado de Polícia.

5.2. Entidades Normativas

5.2.1. Conselho Monetário Nacional – CMN

É o *órgão deliberativo máximo* do SFN e é composto pelo **Ministro da Fazenda**, que o preside; **Ministro do Planejamento, Orçamento e Gestão**; e **Presidente do Banco Central**.

As principais funções do CMN estão dispostas no art. 4º da Lei nº 4.595/1964. Dizemos "principais" porque há outras esparsas na ampla legislação aplicável ao sistema financeiro, cujo estudo escapa à objetividade pretendida neste trabalho:

> "I – Autorizar as emissões de papel-moeda as quais ficarão na prévia dependência de autorização legislativa quando se destinarem ao financiamento direto pelo Banco Central da República do Brasil, das operações de crédito com o Tesouro Nacional, nos termos do artigo 49 desta Lei.
>
> O Conselho Monetário Nacional pode, ainda autorizar o Banco Central da República do Brasil a emitir, anualmente, até o limite de 10% (dez por cento) dos meios de pagamentos existentes a 31 de dezembro do ano anterior, para atender as exigências das atividades produtivas e da circulação da riqueza do País, devendo, porém, solicitar autorização do Poder Legislativo, mediante Mensagem do Presidente da República, para as emissões que, justificadamente, se tornarem necessárias além daquele limite.
>
> Quando necessidades urgentes e imprevistas para o financiamento dessas atividades o determinarem, pode o Conselho Monetário Nacional autorizar as emissões que se fizerem indispensáveis, solicitando imediatamente, através de Mensagem do Presidente da República, homologação do Poder Legislativo para as emissões assim realizadas:
>
> II – Estabelecer condições para que o Banco Central da República do Brasil emita moeda-papel de curso forçado, nos termos e limites decorrentes desta Lei, bem como as normas reguladoras do meio circulante;
>
> III – Aprovar os orçamentos monetários, preparados pelo Banco Central da República do Brasil, por meio dos quais se estimarão as necessidades globais de moeda e crédito;
>
> IV – Determinar as características gerais das cédulas e das moedas;
>
> V – Fixar as diretrizes e normas da política cambial, inclusive quanto a compra e venda de ouro e quaisquer operações em Direitos Especiais de Saque e em moeda estrangeira;
>
> VI – Disciplinar o crédito em todas as suas modalidades e as operações creditícias em todas as suas formas, inclusive aceites, avais e prestações de quaisquer garantias por parte das instituições financeiras;
>
> VII – Coordenar a política de que trata o art. 3º desta Lei com a de investimentos do Governo Federal;
>
> VIII – Regular a constituição, funcionamento e fiscalização dos que exercerem atividades subordinadas a esta lei, bem como a aplicação das penalidades previstas;
>
> IX – Limitar, sempre que necessário, as taxas de juros, descontos comissões e qualquer outra forma de remuneração de operações e serviços bancários ou financeiros, inclusive os prestados

pelo Banco Central da República do Brasil, assegurando taxas favorecidas aos financiamentos que se destinem a promover:

- recuperação e fertilização do solo;
- reflorestamento;
- combate a epizootias e pragas, nas atividades rurais;
- eletrificação rural;
- mecanização;
- irrigação;
- investimento indispensáveis às atividades agropecuárias;

X – Determinar a percentagem máxima dos recursos que as instituições financeiras poderão emprestar a um mesmo cliente ou grupo de empresas;

XI – Estipular índices e outras condições técnicas sobre encaixes, mobilizações e outras relações patrimoniais a serem observadas pelas instituições financeiras;

XII – Expedir normas gerais de contabilidade e estatística a serem observadas pelas instituições financeiras;

XIII – Delimitar, com periodicidade não inferior a dois anos o capital mínimo das instituições financeiras privadas, levando em conta sua natureza, bem como a localização de suas sedes e agências ou filiais;

XIV – Determinar recolhimento de até 60% (sessenta por cento) do total dos depósitos e/ou outros títulos contábeis das instituições financeiras, seja na forma de subscrição de letras ou obrigações do Tesouro Nacional ou compra de títulos da Dívida Pública Federal, seja através de recolhimento em espécie, em ambos os casos entregues ao Banco Central do Brasil, na forma e condições que o Conselho Monetário Nacional determinar, podendo este:

a) adotar percentagens diferentes em função;

- das regiões geoeconômicas;
- das prioridades que atribuir às aplicações;
- da natureza das instituições financeiras;

b) determinar percentuais que não serão recolhidos, desde que tenham sido reaplicados em financiamentos à agricultura, sob juros favorecidos e outras condições fixadas pelo Conselho Monetário Nacional.

XV – Estabelecer para as instituições financeiras públicas, a dedução dos depósitos de pessoas jurídicas de direito público que lhes detenham o controle acionário, bem como dos das respectivas autarquias e sociedades de economia mista, no cálculo a que se refere o inciso anterior;

XVI – Enviar obrigatoriamente ao Congresso Nacional, até o último dia do mês subsequente, relatório e mapas demonstrativos da aplicação dos recolhimentos compulsórios.

XVII – Regulamentar, fixando limites, prazos e outras condições, as operações de redesconto e de empréstimo, efetuadas com quaisquer instituições financeiras públicas e privadas de natureza bancária;

XVIII – Outorgar ao Banco Central da República do Brasil o monopólio das operações de câmbio quando ocorrer grave desequilíbrio no balanço de pagamentos ou houver sérias razões para prever a iminência de tal situação;

XIX – Estabelecer normas a serem observadas pelo Banco Central da República do Brasil em suas transações com títulos públicos e de entidades de que participe o Estado;

XX – Autoriza o Banco Central da República do Brasil e as instituições financeiras públicas federais a efetuar a subscrição, compra e venda de ações e outros papéis emitidos ou de responsabilidade das sociedades de economia mista e empresas do Estado;

XXI – Disciplinar as atividades das Bolsas de Valores e dos corretores de fundos públicos;

XXII – Estatuir normas para as operações das instituições financeiras públicas, para preservar sua solidez e adequar seu funcionamento aos objetivos desta lei;

XXIII – Fixar, até 15 (quinze) vezes a soma do capital realizado e reservas livres, o limite além do qual os excedentes dos depósitos das instituições financeiras serão recolhidos ao Banco Central da República do Brasil ou aplicados de acordo com as normas que o Conselho estabelecer;

XXIV – Decidir de sua própria organização; elaborando seu regimento interno no prazo máximo de trinta (30) dias;

XXV – Decidir da estrutura técnica e administrativa do Banco Central da República do Brasil e fixar seu quadro de pessoal, bem como estabelecer os vencimentos e vantagens de seus funcionários, servidores e diretores, cabendo ao Presidente deste apresentar as respectivas propostas;

XXVI – Conhecer dos recursos de decisões do Banco Central da República do Brasil;

XXVII – aprovar o regimento interno e as contas do Banco Central do Brasil e decidir sobre seu orçamento e sobre seus sistemas de contabilidade, bem como sobre a forma e prazo de transferência de seus resultados para o Tesouro Nacional, sem prejuízo da competência do Tribunal de Contas da União.

XXVIII – Aplicar aos bancos estrangeiros que funcionem no País as mesmas vedações ou restrições equivalentes, que vigorem nas praças de suas matrizes, em relação a bancos brasileiros ali instalados ou que nelas desejem estabelecer-se;

XXIX – Colaborar com o Senado Federal, na instrução dos processos de empréstimos externos dos Estados, do Distrito Federal e dos Municípios, para cumprimento do disposto no art. 63, nº II, da Constituição Federal;

XXX – Expedir normas e regulamentação para as designações e demais efeitos do art. 7º, desta lei.

XXXI – Baixar normas que regulem as operações de câmbio, inclusive swaps, fixando limites, taxas, prazos e outras condições.

XXXII – regular os depósitos a prazo de instituições financeiras e demais sociedades autorizadas a funcionar pelo Banco Central do Brasil, inclusive entre aquelas sujeitas ao mesmo controle acionário ou coligadas."

5.2.2. *Conselho Nacional de Seguros Privados – CNSP*

Órgão normativo do mercado segurador, é composto por **Ministro da Fazenda**, que o preside; **Superintendente da SUSEP**; um **representante do Ministério da Justiça**; um **representante do Banco Central do Brasil**; um **representante do Ministério da Previdência e Assistência Social**; e um **representante da Comissão de Valores Mobiliários**.

Suas atribuições estão elencadas no art. 32 do Decreto-lei nº 73/1966:

> "I – Fixar as diretrizes e normas da política de seguros privados;
>
> II – Regular a constituição, organização, funcionamento e fiscalização dos que exercerem atividades subordinadas ao Decreto-Lei, bem como a aplicação das penalidades previstas;

III – Estipular índices e demais condições técnicas sobre tarifas, investimentos e outras relações patrimoniais a serem observadas pelas Sociedades Seguradoras;

IV – Fixar as características gerais dos contratos de seguros;

V – Fixar normas gerais de contabilidade e estatística a serem observadas pelas Sociedades Seguradoras;

VI – delimitar o capital das sociedades seguradoras e dos resseguradores;

VII – Estabelecer as diretrizes gerais das operações de resseguro;

VIII – disciplinar as operações de cosseguro;

IX – Aplicar às Sociedades Seguradoras estrangeiras autorizadas a funcionar no País as mesmas vedações ou restrições equivalentes às que vigorarem nos países da matriz, em relação às Sociedades Seguradoras brasileiras ali instaladas ou que neles desejem estabelecer-se;

X – Prescrever os critérios de constituição das Sociedades Seguradoras, com fixação dos limites legais e técnicos das operações de seguro;

XI – Disciplinar a corretagem de seguros e a profissão de corretor;

XII – Decidir sobre sua própria organização, elaborando o respectivo Regimento Interno;

XIII – Regular a organização, a composição e o funcionamento de suas Comissões Consultivas;

XIV – Regular a instalação e o funcionamento das Bolsas de Seguro.

XV – fixar as condições de constituição e extinção de entidades autorreguladoras do mercado de corretagem, sua forma jurídica, seus órgãos de administração e a forma de preenchimento de cargos administrativos;

XVI – regular o exercício do poder disciplinar das entidades autorreguladoras do mercado de corretagem sobre seus membros, inclusive do poder de impor penalidades e de excluir membros;

XVII – disciplinar a administração das entidades autorreguladoras do mercado de corretagem e a fixação de emolumentos, comissões e quaisquer outras despesas cobradas por tais entidades, quando for o caso."

5.2.3. Conselho Nacional de Previdência Complementar – CNPC

Trata-se do *órgão normativo do mercado de fundos de previdência complementar*, usualmente conhecidos como "previdência privada". É composto por **Ministro da Previdência e Assistência Social**, que o preside; um **representante da Superintendência Nacional de Previdência Complementar** – PREVIC; um **representante da Secretaria de Políticas de Previdência Complementar**; um **representante da Casa Civil da Presidência da República**; um **representante do Ministério da Fazenda**; um **representante do Ministério do Planejamento, Orçamento e Gestão**; um **representante das entidades fechadas de previdência complementar**; um **representante dos patrocinadores e instituidores** de planos de benefícios das entidades fechadas; um **representante dos participantes e assistidos** dos planos de benefícios referidos.

Tem como atribuição precípua *estabelecer, mediante resoluções e recomendações, as disposições normativas aplicáveis ao regime de previdência complementar operado pelas entidades **fechadas** de previdência complementar*, assim entendidas aquelas *acessíveis exclusivamente aos empregados de uma empresa ou grupo de empresas e aos servidores da União, dos Estados, do Distrito Federal e dos Municípios, entes denominados **patrocinadores**; e aos associados ou membros de pessoas jurídicas de caráter profissional, classista ou setorial, denominadas **instituidores*** (art. 31 da Lei Complementar nº 109/2001). As disposições normativas aplicáveis às entidades **abertas** de previdência são de responsabilidade da **Superintendência de Seguros Privados**, conforme veremos adiante.

5.3. Entidades Supervisoras

5.3.1. Banco Central do Brasil – BCB ou BACEN

O BACEN é uma **autarquia** federal cuja principal missão é *assegurar a estabilidade do poder de compra da moeda nacional e manter um sistema financeiro sólido e eficiente.*

O presidente e a diretoria do BACEN são nomeados pelo **Presidente da República**, após aprovação das indicações pelo **Senado Federal** (art. 84, XIV, da CF).

A própria Constituição, ademais, elenca suas principais funções institucionais, conforme se lê no seu art. 164:

"**Art. 164.** A competência da União para emitir moeda será exercida exclusivamente pelo banco central.

§ 1º É vedado ao banco central conceder, direta ou indiretamente, empréstimos ao Tesouro Nacional e a qualquer órgão ou entidade que não seja instituição financeira.

§ 2º O banco central poderá comprar e vender títulos de emissão do Tesouro Nacional, com o objetivo de regular a oferta de moeda ou a taxa de juros.

§ 3º As disponibilidades de caixa da União serão depositadas no banco central; as dos Estados, do Distrito Federal, dos Municípios e dos órgãos ou entidades do Poder Público e das empresas por ele controladas, em instituições financeiras oficiais, ressalvados os casos previstos em lei."

Além destas, os arts. 10 e 11 da Lei nº 4.595/1964 atribuem ao BACEN:

"**Art. 10.** Compete privativamente ao Banco Central da República do Brasil:

I – Emitir moeda-papel e moeda metálica, nas condições e limites autorizados pelo Conselho Monetário Nacional.

II – Executar os serviços do meio-circulante;

III – determinar o recolhimento de até cem por cento do total dos depósitos à vista e de até sessenta por cento de outros títulos contábeis das instituições financeiras, seja na forma de subscrição de Letras ou Obrigações do Tesouro Nacional ou compra de títulos da Dívida Pública Federal, seja através de recolhimento em espécie, em ambos os casos entregues ao Banco Central do Brasil, a forma e condições por ele determinadas, podendo:

a) adotar percentagens diferentes em função:

1. das regiões geoeconômicas;

2. das prioridades que atribuir às aplicações;

3. da natureza das instituições financeiras;

b) determinar percentuais que não serão recolhidos, desde que tenham sido reaplicados em financiamentos à agricultura, sob juros favorecidos e outras condições por ele fixadas.

IV – receber os recolhimentos compulsórios de que trata o inciso anterior e, ainda, os depósitos voluntários à vista das instituições financeiras, nos termos do inciso III e § 2º do art. 19.

V – Realizar operações de redesconto e empréstimos a instituições financeiras bancárias e as referidas no Art. 4º, inciso XIV, letra "b", e no § 4º do art. 49 desta lei;

VI – Exercer o controle do crédito sob todas as suas formas;

VII – Efetuar o controle dos capitais estrangeiros, nos termos da lei;

VIII – Ser depositário das reservas oficiais de ouro e moeda estrangeira e de Direitos Especiais de Saque e fazer com estas últimas todas e quaisquer operações previstas no Convênio Constitutivo do Fundo Monetário Internacional;

IX – Exercer a fiscalização das instituições financeiras e aplicar as penalidades previstas;

X – Conceder autorização às instituições financeiras, a fim de que possam:

a) funcionar no País;

b) instalar ou transferir suas sedes, ou dependências, inclusive no exterior;

c) ser transformadas, fundidas, incorporadas ou encampadas;

d) praticar operações de câmbio, crédito real e venda habitual de títulos da dívida pública federal, estadual ou municipal, ações Debêntures, letras hipotecárias e outros títulos de crédito ou mobiliários;

e) ter prorrogados os prazos concedidos para funcionamento;

f) alterar seus estatutos.

g) alienar ou, por qualquer outra forma, transferir o seu controle acionário.

XI – Estabelecer condições para a posse e para o exercício de quaisquer cargos de administração de instituições financeiras privadas, assim como para o exercício de quaisquer funções em órgãos consultivos, fiscais e semelhantes, segundo normas que forem expedidas pelo Conselho Monetário Nacional;

XII – Efetuar, como instrumento de política monetária, operações de compra e venda de títulos públicos federais;

XIII – Determinar que as matrizes das instituições financeiras registrem os cadastros das firmas que operam com suas agências há mais de um ano."

"**Art. 11.** Compete ainda ao Banco Central da República do Brasil:

I – Entender-se, em nome do Governo Brasileiro, com as instituições financeiras estrangeiras e internacionais;

II – Promover, como agente do Governo Federal, a colocação de empréstimos internos ou externos, podendo, também, encarregar-se dos respectivos serviços;

III – Atuar no sentido do funcionamento regular do mercado cambial, da estabilidade relativa das taxas de câmbio e do equilíbrio no balanço de pagamentos, podendo para esse fim comprar e vender ouro e moeda estrangeira, bem como realizar operações de crédito no exterior, inclusive as referentes aos Direitos Especiais de Saque, e separar os mercados de câmbio financeiro e comercial;

IV – Efetuar compra e venda de títulos de sociedades de economia mista e empresas do Estado;

V – Emitir títulos de responsabilidade própria, de acordo com as condições estabelecidas pelo Conselho Monetário Nacional;

VI – Regular a execução dos serviços de compensação de cheques e outros papéis;

VII – Exercer permanente vigilância nos mercados financeiros e de capitais sobre empresas que, direta ou indiretamente, interfiram nesses mercados e em relação às modalidades ou processos operacionais que utilizem;

VIII – Prover, sob controle do Conselho Monetário Nacional, os serviços de sua Secretaria."

5.3.2. Comissão de Valores Mobiliários – CVM

A CVM foi criada pela Lei nº 6.385/1976 e tem natureza jurídica de **autarquia federal em regime especial**, vinculada ao **Ministério da Fazenda**, porém, sem com ele manter qualquer relação hierárquica, cuja missão é *fiscalizar o mercado de valores mobiliários no país*. Entenda-se por **valores mobiliários**, *grosso modo*, todos os papéis emitidos por sociedades anônimas abertas para negociação no mercado (relembre os principais deles no item 2.6.3, "d", *supra*). A CVM possui *personalidade jurídica e patrimônio próprios, autoridade administrativa independente, autonomia financeira e orçamentária, mandato fixo e estabilidade de seus dirigentes* (art. 5º da Lei nº 6.385/1976).

Sua administração compete a **um presidente** e **quatro diretores**, todos nomeados pelo **Presidente da República** após aprovação dos nomes pelo **Senado Federal** (art. 6º da Lei nº 6.385/1976).

As **competências** da CVM vêm dispostas no art. 8º do mencionado diploma legal:

"Art. 8º Compete à Comissão de Valores Mobiliários:

I – regulamentar, com observância da política definida pelo Conselho Monetário Nacional, as matérias expressamente previstas nesta Lei e na lei de sociedades por ações;

II – administrar os registros instituídos por esta Lei;

III – fiscalizar permanentemente as atividades e os serviços do mercado de valores mobiliários, de que trata o Art. 1º, bem como a veiculação de informações relativas ao mercado, às pessoas que dele participem, e aos valores nele negociados;

IV – propor ao Conselho Monetário Nacional a eventual fixação de limites máximos de preço, comissões, emolumentos e quaisquer outras vantagens cobradas pelos intermediários do mercado;

V – fiscalizar e inspecionar as companhias abertas dada prioridade às que não apresentem lucro em balanço ou às que deixem de pagar o dividendo mínimo obrigatório."

Já seus **poderes**, por sua vez, estão listados no art. 9º:

"**Art. 9º**.A Comissão de Valores Mobiliários, observado o disposto no § 2º do art. 15, poderá:

I – examinar e extrair cópias de registros contábeis, livros ou documentos, inclusive programas eletrônicos e arquivos magnéticos, ópticos ou de qualquer outra natureza, bem como papéis de trabalho de auditores independentes, devendo tais documentos ser mantidos em perfeita ordem e estado de conservação pelo prazo mínimo de cinco anos:

a) as pessoas naturais e jurídicas que integram o sistema de distribuição de valores mobiliários (art. 15);

b) das companhias abertas e demais emissoras de valores mobiliários e, quando houver suspeita fundada de atos ilegais, das respectivas sociedades controladoras, controladas, coligadas e sociedades sob controle comum;

c) dos fundos e sociedades de investimento;

d) das carteiras e depósitos de valores mobiliários (arts. 23 e 24);

e) dos auditores independentes;

f) dos consultores e analistas de valores mobiliários;

g) de outras pessoas quaisquer, naturais ou jurídicas, quando da ocorrência de qualquer irregularidade a ser apurada nos termos do inciso V deste artigo, para efeito de verificação de ocorrência de atos ilegais ou práticas não equitativas;

II – intimar as pessoas referidas no inciso I a prestar informações, ou esclarecimentos, sob cominação de multa, sem prejuízo da aplicação das penalidades previstas no art. 11;

III – requisitar informações de qualquer órgão público, autarquia ou empresa pública;

IV – determinar às companhias abertas que republiquem, com correções ou aditamentos, demonstrações financeiras, relatórios ou informações divulgadas;

V – apurar, mediante processo administrativo, atos ilegais e práticas não equitativas de administradores, membros do conselho fiscal e acionistas de companhias abertas, dos intermediários e dos demais participantes do mercado;

VI – aplicar aos autores das infrações indicadas no inciso anterior as penalidades previstas no Art. 11, sem prejuízo da responsabilidade civil ou penal."

5.3.3. *Superintendência de Seguros Privados – SUSEP*

Trata-se de uma **autarquia federal** criada pelo Decreto-lei nº 73/1966, vinculada ao **Ministério da Fazenda**, com o objetivo de *controlar e fiscalizar os mercados de seguro, previdência complementar* ***aberta*** *e capitalização*. Entidades de previdência complementar **abertas** são aquelas *constituídas unicamente sob a forma de sociedade anônima com o objetivo de instituir e operar planos de benefícios de caráter previdenciário* ***acessíveis a quaisquer pessoas físicas.*** Assuntos que digam respeito à supervisão do mercado de previdência complementar **fechada** são tratados pela PREVIC, entidade que estudaremos a seguir.

Compete à SUSEP (art. 36 do Decreto-lei nº 73/1966):

"I – processar os pedidos de autorização, para constituição, organização, funcionamento, fusão, encampação, grupamento, transferência de controle acionário e reforma dos Estatutos das Sociedades Seguradoras, opinar sobre os mesmos e encaminhá-los ao CNSP;

II – baixar instruções e expedir circulares relativas à regulamentação das operações de seguro, de acordo com as diretrizes do CNSP;

III – fixar condições de apólices, planos de operações e tarifas a serem utilizadas obrigatoriamente pelo mercado segurador nacional;

IV – aprovar os limites de operações das Sociedades Seguradoras, de conformidade com o critério fixado pelo CNSP;

V – examinar e aprovar as condições de coberturas especiais, bem como fixar as taxas aplicáveis;

VI – autorizar a movimentação e liberação dos bens e valores obrigatoriamente inscritos em garantia das reservas técnicas e do capital vinculado;

VII – fiscalizar a execução das normas gerais de contabilidade e estatística fixadas pelo CNSP para as Sociedades Seguradoras;

VIII – fiscalizar as operações das Sociedades Seguradoras, inclusive o exato cumprimento deste Decreto-lei, de outras leis pertinentes, disposições regulamentares em geral, resoluções do CNSP e aplicar as penalidades cabíveis;

IX – proceder à liquidação das Sociedades Seguradoras que tiverem cassada a autorização para funcionar no País;

X – organizar seus serviços, elaborar e executar seu orçamento.

XI – fiscalizar as operações das entidades autorreguladoras do mercado de corretagem, inclusive o exato cumprimento deste Decreto-Lei, de outras leis pertinentes, de disposições regulamentares em geral e de resoluções do Conselho Nacional de Seguros Privados (CNSP), e aplicar as penalidades cabíveis;

XII – celebrar convênios para a execução dos serviços de sua competência em qualquer parte do território nacional, observadas as normas da legislação em vigor."

5.3.4. *Superintendência Nacional de Previdência Complementar – PREVIC*

Segundo o art. 1º da Lei nº 12.154/2009, é uma **autarquia de natureza especial**, com autonomia administrativa, financeira e patrimonial, vinculada ao **Ministério da Previdência e Assistência Social**.

Sua Diretoria é composta por **um diretor-superintendente** e **quatro diretores**, todos nomeados pelo **Presidente da República** após indicação do **Ministro da Previdência** (art. 4º da Lei nº 12.154/2009).

Cabe à autarquia as seguintes funções (art. 2º do mencionado diploma legal):

"**Art. 2º.** Compete à Previc:

I – proceder à fiscalização das atividades das entidades fechadas de previdência complementar e de suas operações;

II – apurar e julgar infrações e aplicar as penalidades cabíveis;

III – expedir instruções e estabelecer procedimentos para a aplicação das normas relativas à sua área de competência, de acordo com as diretrizes do Conselho Nacional de Previdência Complementar, a que se refere o inciso XVIII do art. 29 da Lei nº 10.683, de 28 de maio de 2003;

IV – autorizar:

a) a constituição e o funcionamento das entidades fechadas de previdência complementar, bem como a aplicação dos respectivos estatutos e regulamentos de planos de benefícios;

b) as operações de fusão, de cisão, de incorporação ou de qualquer outra forma de reorganização societária, relativas às entidades fechadas de previdência complementar;

c) a celebração de convênios e termos de adesão por patrocinadores e instituidores, bem como as retiradas de patrocinadores e instituidores; e

d) as transferências de patrocínio, grupos de participantes e assistidos, planos de benefícios e reservas entre entidades fechadas de previdência complementar;

V – harmonizar as atividades das entidades fechadas de previdência complementar com as normas e políticas estabelecidas para o segmento;

VI – decretar intervenção e liquidação extrajudicial das entidades fechadas de previdência complementar, bem como nomear interventor ou liquidante, nos termos da lei;

VII – nomear administrador especial de plano de benefícios específico, podendo atribuir-lhe poderes de intervenção e liquidação extrajudicial, na forma da lei;

VIII – promover a mediação e a conciliação entre entidades fechadas de previdência complementar e entre estas e seus participantes, assistidos, patrocinadores ou instituidores, bem como dirimir os litígios que lhe forem submetidos na forma da Lei nº 9.307, de 23 de setembro de 1996;

IX – enviar relatório anual de suas atividades ao Ministério da Previdência Social e, por seu intermédio, ao Presidente da República e ao Congresso Nacional; e

X – adotar as demais providências necessárias ao cumprimento de seus objetivos."

5.4. Principais entidades operadoras

5.4.1. *Banco do Brasil – BB*

O BB é uma **sociedade de economia mista federal** que opera como *agente financeiro do Governo e é o principal executor das políticas de crédito rural e industrial do país.* Dada sua relevância no cenário econômico-financeiro e na execução de políticas públicas, suas atribuições estão espalhadas por diversos textos normativos aplicáveis ao SFN. Não obstante, podemos encontrar suas **principais competências** no art. 19 da Lei nº 4.595/1964:

> "**Art. 19.** Ao Banco do Brasil S. A. competirá precipuamente, sob a supervisão do Conselho Monetário Nacional e como instrumento de execução da política creditícia e financeira do Governo Federal:
>
> I – na qualidade de Agente, Financeiro do Tesouro Nacional, sem prejuízo de outras funções que lhe venham a ser atribuídas e ressalvado o disposto no art. 8º, da Lei nº 1628, de 20 de junho de 1952:
>
> a) receber, a crédito do Tesouro Nacional, as importâncias provenientes da arrecadação de tributos ou rendas federais e ainda o produto das operações de que trata o art. 49, desta lei;
>
> b) realizar os pagamentos e suprimentos necessários à execução do Orçamento Geral da União e leis complementares, de acordo com as autorizações que lhe forem transmitidas pelo Ministério da Fazenda, as quais não poderão exceder o montante global dos recursos a que se refere a letra anterior, vedada a concessão, pelo Banco, de créditos de qualquer natureza ao Tesouro Nacional;
>
> c) conceder aval, fiança e outras garantias, consoante expressa autorização legal;
>
> d) adquirir e financiar estoques de produção exportável;
>
> e) executar a política de preços mínimos dos produtos agropastoris;
>
> f) ser agente pagador e recebedor fora do País;
>
> g) executar o serviço da dívida pública consolidada;
>
> II – como principal executor dos serviços bancários de interesse do Governo Federal, inclusive suas autarquias, receber em depósito, com exclusividade, as disponibilidades de quaisquer entidades federais, compreendendo as repartições de todos os ministérios civis e militares, instituições de previdência e outras autarquias, comissões, departamentos, entidades em regime especial de administração e quaisquer pessoas físicas ou jurídicas responsáveis por adiantamentos, ressalvados o disposto no § 5º deste artigo, as exceções previstas em lei ou casos especiais, expressamente autorizados pelo Conselho Monetário Nacional, por proposta do Banco Central da República do Brasil;
>
> III – arrecadar os depósitos voluntários, à vista, das instituições de que trata o inciso III, do art. 10, desta lei, escriturando as respectivas contas;
>
> IV – executar os serviços de compensação de cheques e outros papéis;
>
> V – receber, com exclusividade, os depósitos de que tratam os artigos 38, item 3º, do Decreto-lei nº 2.627, de 26 de setembro de 1940, e 1º do Decreto-lei nº 5.956, de 01.11.1943, ressalvado o disposto no art. 27, desta lei;
>
> VI – realizar, por conta própria, operações de compra e venda de moeda estrangeira e, por conta do Banco Central da República do Brasil, nas condições estabelecidas pelo Conselho Monetário Nacional;
>
> VII – realizar recebimentos ou pagamentos e outros serviços de interesse do Banco Central da República do Brasil, mediante contratação na forma do art. 13, desta lei;
>
> VIII – dar execução à política de comércio exterior;
>
> IX – financiar a aquisição e instalação da pequena e média propriedade rural, nos termos da legislação que regular a matéria;
>
> X – financiar as atividades industriais e rurais, estas com o favorecimento referido no art. 4º, inciso IX, e art. 53, desta lei;
>
> XI – difundir e orientar o crédito, inclusive às atividades comerciais suplementando a ação da rede bancária:
>
> a) no financiamento das atividades econômicas, atendendo às necessidades creditícias das diferentes regiões do País;
>
> b) no financiamento das exportações e importações."

5.4.2. *Banco Nacional de Desenvolvimento Econômico e Social – BNDES*

Ao lado das demais instituições financeiras públicas, é classificado como **órgão auxiliar da execução da política de crédito do Governo Federal** (art. 22 da Lei nº 4.595/1964).

Inicialmente criado como autarquia, desde a edição da Lei nº 5.662/1971 o BNDES possui natureza jurídica de **empresa pública federal** e está sujeito à supervisão do **Ministério do Desenvolvimento, Indústria e Comércio Exterior.**

Nos termos do art. 3º de seu Estatuto (anexo ao Decreto nº 4.418/2002), o BNDES é "*o principal instrumento de execução da política de investimento do Governo Federal e tem por objetivo primordial apoiar programas, projetos, obras e serviços que se relacionem com o desenvolvimento econômico e social do País*". Para tanto, compete-lhe (art. 8º do Estatuto):

> I – financiar, nos termos do art. 239, § 1º, da Constituição, programas de desenvolvimento econômico, com os recursos do Programa de Integração Social – PIS, criado pela Lei Complementar nº 7, de 7 de setembro de 1970, e do Programa de Formação do Patrimônio do Servidor Público – PASEP, criado pela Lei Complementar nº 8, de 3 de dezembro de 1970;
>
> II – promover a aplicação de recursos vinculados ao Fundo de Participação PIS-PASEP, ao Fundo da Marinha Mercante – FMM e a outros fundos especiais instituídos pelo Poder Público, em conformidade com as normas aplicáveis a cada um; e
>
> III – realizar, na qualidade de Secretaria Executiva do Fundo Nacional de Desenvolvimento – FND, as atividades operacionais e os serviços administrativos pertinentes àquela autarquia."

5.4.3. *Caixa Econômica Federal – CEF*

Empresa pública federal que exerce as *atividades de banco comercial e operacionaliza as políticas do Governo Federal para habitação popular e saneamento básico.*

Dentre outras funções estratégicas da política financeira do Governo Federal, gerencia o pagamento do *FGTS, PIS, seguro-desemprego, programas sociais e prêmios de loteria.*

12. Direito Previdenciário

Henrique Subi

1. EVOLUÇÃO LEGISLATIVA DO DIREITO PREVIDENCIÁRIO

1.1. Breve histórico

A preocupação com a previdência, no sentido de amparo da pessoa em casos de necessidades básicas ou impossibilidade de dedicar-se a atividades remuneradas, por muito tempo ficou a cargo de instituições privadas ligadas a apenas certos grupos determinados de pessoas.

Tais entidades denominavam-se **montepios** e, em essência, eram muito parecidos com os atuais fundos de pensões de determinadas categorias de trabalhadores, ou seja, *os integrantes destes grupos poderiam contribuir para obter determinados benefícios no futuro, os quais também eram chamados de montepios*. Como exemplo, podemos citar o Montepio para a Guarda Pessoal de D. João VI, criado em 1808, e o Montepio Geral dos Servidores do Estado, criado em 1835, para fornecer previdência privada aos servidores públicos.

Em 1923, foi publicado o Decreto Legislativo nº 4.682, também conhecido como **Lei Eloy Chaves**, marco da previdência nacional porque, com o novo diploma, ela passa efetivamente a ser uma previdência **social**, isto é, custeada por diversos setores da sociedade. Com efeito, a Lei Eloy Chaves criou caixas de aposentadoria e pensão para os empregados das empresas ferroviárias, que eram mantidas por contribuição dos empregados, dos empregadores e do próprio Estado.

O termo *previdência social*, porém, somente foi cunhado pela Constituição de 1946, a qual garantiu, pela primeira vez, proteção aos eventos doença, invalidez, velhice e morte de todos aqueles que contribuíssem para o sistema, exceto os trabalhadores rurais e os empregados domésticos.

Essas categorias começaram a ser incluídas no regime de previdência social a partir da década de 1970, com a criação do FUNRURAL, em 1971 (para os trabalhadores rurais), e pela edição da Lei nº 5.859/1972, para os empregados domésticos. Sua acolhida, porém, só foi completa com a promulgação da Constituição Federal de 1988 (CF), conforme veremos mais adiante.

1.2. Situação atual do Direito Previdenciário

Consagrado e amplamente normatizado pela CF, a previdência social hoje encontra guarida no art. 6º, que a relaciona como um **direito social**, e nos arts. 194 e seguintes, que serão objeto de estudo pormenorizado mais adiante.

Com o fito de regulamentar as disposições constitucionais, foram editadas as Leis nº 8.212/1991 e 8.213/1991, responsáveis, respectivamente, pelo Plano de Custeio da Seguridade Social – PCSS e pelo Plano de Benefícios da Previdência Social – PBPS.

Por fim, a dar maior concretude às disposições legais, encontramos o Decreto nº 3.048/1999, conhecido como Regulamento da Previdência Social – RPS.

1.3. Doutrinas do seguro social

Em sua origem, a seguridade social surge vinculada aos conceitos do contrato de seguro regulado pelo Direito Civil. Em tempos idos, o seguro social *trabalhava com a ideia de* ***dano****, que, uma vez ocorrido, fazia nascer para o segurado o direito ao benefício previsto em lei*. Era a **doutrina civilista**.

A evolução da sociedade e do pensamento jurídico, por sua vez, acabou por demonstrar que este conceito não mais servia. A seguridade social, prestada pelo Estado, deveria ir além, protegendo o trabalhador não apenas do **dano**, evento necessariamente nefasto, que lhe causasse alguma desvalia. Ocorrências agradáveis, como a maternidade, igualmente afastavam a possibilidade de a mulher permanecer trabalhando e precisavam ser integradas, portanto, ao regime de previdência.

Avançamos, assim, para a **doutrina social**, que se afasta do conceito de dano e desvincula-se do Direito Civil. *Reconhecidas as naturais semelhanças com o contrato de seguro, a seguridade social estatal é, na verdade, mais abrangente e busca prever todas as* ***contingências*** *possíveis que obstam o trabalho regular da pessoa*. Note a diferença: o dano causa prejuízo, a contingência causa uma necessidade. E é essa necessidade que há de ser satisfeita pelo Estado, cumpridos os requisitos legais.

1.4. Regime Geral e Regimes Próprios de Previdência Social

Mesmo com a pretensão da CF de uniformizar os tratamentos e incluir na proteção do Direito Previdenciário uma grande gama de pessoas, permanece uma divisão dos sistemas destinados aos servidores públicos ocupantes de cargos efetivos e os demais trabalhadores.

Para os primeiros, cada ente de direito público deve criar um sistema próprio de previdência para seus servidores efetivos. Assim, os servidores da União, de cada Estado, do Distrito Federal e de cada Município têm suas próprias regras aplicáveis a aposentadorias, licença para tratamento de saúde, entre outros benefícios, e seus próprios órgãos de gerenciamento e administração dos valores e pagamentos aos beneficiários. São chamados de **regimes próprios de previdência social (RPPS)** e podem ser encontrados nas leis e estatutos que criam direitos e deveres para os servidores públicos. Exemplo: o RPPS dos servidores efetivos da União encontra-se na Lei nº 8.112/1990. Estas regras, por sua especificidade, são estudadas pelo Direito Administrativo.

Para as demais pessoas e trabalhadores, a CF reserva o **regime geral de previdência social (RGPS)**, a cargo do Instituto Nacional da Seguridade Social – INSS, autarquia criada em 1990 para administrar a previdência social geral dos trabalhadores estabelecida nas Leis nº 8.212 e 8.213/1991. É aqui que nosso campo de estudo se concentra.

2. A PREVIDÊNCIA SOCIAL NA CONSTITUIÇÃO FEDERAL

2.1. Estrutura

Com o advento da CF, o Direito Previdenciário passou por uma verdadeira revolução, uma vez que esta buscou integrar o maior número possível de pessoas ao sistema de previdência social por ela criado.

Inicialmente, a CF consagrou a previdência social como um **direito social** no art. 6º. E mais adiante (art. 194) reuniu-a, para organização conjunta por parte do Estado, com o **direito à saúde e à assistência social**, criando a **seguridade social**.

Portanto, na atual configuração, temos o gênero **seguridade social**, com três pilares de atuação: **saúde, previdência social e assistência social.**

Cada um dos pilares da seguridade social está voltado precipuamente a uma área de atuação e destina-se a grupos diferentes de pessoas, na seguinte conformidade:

a) Saúde: nos termos do art. 196 da CF, é um *direito de todos e um dever do Estado*. Sendo assim, a prestação de serviços públicos de saúde não encontra qualquer restrição quanto às características de seus usuários: simplesmente qualquer pessoa que dele necessite deve ser atendida. Não importa se é nacional ou estrangeiro, se paga regularmente seus tributos ou não, se trabalha ou está desempregado, se contribui para o INSS ou não. Ninguém pode ser excluído do serviço público de saúde, desde a pessoa mais rica do país até os cidadãos economicamente menos favorecidos da sociedade;

b) Assistência social: destina-se, conforme disposto no art. 203 da CF, ao atendimento *a quem dela necessitar, independentemente de contribuição para a seguridade social*, com objetivos voltados à garantia de uma existência digna. Como se vê, a assistência social já estabelece uma restrição ao seu acesso: a necessidade da pessoa. Ela não se destina a qualquer indivíduo, como a saúde, mas somente àqueles que cumpram determinados requisitos para receberem seus benefícios e serviços, normalmente ligados a um limite máximo de renda familiar. Enquanto a saúde deve acolher todos que dela quiserem fazer uso, pouco importando sua situação econômica, a assistência social é reservada somente a quem não tem condições de subsistência;

c) Previdência social: ao contrário das anteriores, a previdência social tem *caráter contributivo* (art. 201 da CF), o que significa dizer que somente aqueles que para ela contribuem financeiramente, por meio de tributos denominados **contribuições sociais**, participarão de seus benefícios e serviços. Dos três pilares, portanto, é o de acesso mais restrito, uma vez que seus beneficiários devem ostentar um mínimo de **capacidade contributiva**, usualmente qualificada como o exercício de qualquer atividade remunerada.

Não podemos perder de vista, principalmente dentro do contexto dos concursos para Delegado, que a previdência social está inserida no contexto maior da seguridade social. Isto implica que certas normas de caráter geral, aplicáveis a toda a **seguridade social**, também merecem nossa atenção, visto que a previdência delas não se dissocia na condição de pilar da seguridade. Outras serão específicas, voltadas somente ao Direito Previdenciário. Por isso, cuidado! Ao utilizarmos o termo *seguridade social*, lembre-se de que estamos estudando normas gerais. Quando estivermos tratando de normas específicas, veremos sempre a expressão *previdência social*.

2.2. Princípios e objetivos constitucionais

A CF dedica seu art. 194 para determinar que a **seguridade social** *compreende um conjunto integrado de ações de iniciativa dos Poderes Públicos e da sociedade, destinadas a assegurar os direitos relativos à saúde, à previdência e à assistência social.*

Do *caput* do dispositivo, podemos depreender:

a) Princípio da solidariedade: a seguridade social, em seu todo, deve ser prestada não só pelo Estado, como *por toda a sociedade*. Obviamente, compete ao primeiro a estruturação dos serviços e a administração dos benefícios que serão prestados a todos aqueles que fizerem jus a eles. Todavia, o custeio, o financiamento de todo este sistema será feito de forma **solidária:** todos aqueles que puderem contribuir, ainda que não façam uso da saúde, da previdência ou da assistência social, devem contribuir na forma de tributos (**contribuições sociais**) cuja receita é vinculada a programas de governo nestas áreas;

b) Instrumento de bem-estar e justiça social: a seguridade social tem por objetivo último garantir a todos o chamado *piso vital mínimo*, ou seja, o acesso às condições econômicas mínimas para uma existência digna. Neste diapasão, é um *instrumento de bem-estar*, já que busca assegurar melhor qualidade de vida aos cidadãos. Em adição, é também *instrumento de justiça social* na medida em que, ao determinar a contribuição ao sistema de todos aqueles que ostentarem **capacidade contributiva**, acaba por incentivar uma melhor distribuição da renda, dado que, naturalmente, os serviços públicos serão mais bem aproveitados por aqueles em situação financeira menos favorável.

A par destes princípios e objetivos **implícitos**, o art. 194, parágrafo único, da CF prossegue listando os **objetivos explícitos** da seguridade social em seus incisos, os quais analisaremos individualmente:

2.2.1. Universalidade da cobertura e do atendimento

Dentro do mesmo inciso, a CF acolheu dois objetivos diferentes: a *universalidade da cobertura* e a *universalidade do atendimento*.

Por **universalidade da cobertura** podemos entender o *dever do Estado de, ao estruturar novos benefícios e serviços da seguridade social, buscar ampliar o quadro de eventos cobertos por esses programas*. Uma nova ação na área da saúde, por exemplo, deve priorizar determinada doença que ainda não foi objeto de atenção mais pormenorizada pelo Serviço Único de Saúde; ou um novo benefício de previdência social, do qual se espera que atinja uma contingência ainda não amparada por benefício já existente.

Universalidade de atendimento, por sua vez, *vincula-se às pessoas que serão atendidas pelos novos benefícios e serviços da seguridade social. Toda ação nesta área deve priorizar o alcance do* *maior número possível de pessoas*. Com base nisso a CF garante que a saúde é um direito de todos e um dever do Estado, razão pela qual o Governo Federal procura ampliar, ano após ano, o número de famílias cadastradas nos programas de assistência social vigentes. No campo da previdência social, a proteção ao pequeno produtor rural e ao segurado facultativo é ótimo exemplo.

Em resumo, enquanto a universalidade de cobertura refere-se a *benefícios e serviços*, a universalidade de atendimento volta-se aos *beneficiários*.

2.2.2. Uniformidade e equivalência dos benefícios e serviços às populações urbanas e rurais

Novamente, dois objetivos reunidos em um só item. Temos que observar a *uniformidade dos benefícios e serviços* e a *equivalência* destes junto às populações urbanas e rurais.

Um dos grandes avanços da CF, em 1988, foi incluir no RGPS os trabalhadores rurais, até então desprotegidos de quaisquer contingências que os impossibilitassem de trabalhar. Para tanto, garantiu-lhes *os mesmos benefícios e serviços previstos para os trabalhadores urbanos* (aposentadoria, auxílio-doença, pensão por morte etc.), o que chamamos de **uniformidade dos benefícios e serviços**. Em paralelo, cuidou de asseverar que esses benefícios passassem a ser calculados pelos mesmos parâmetros, seja o trabalhador urbano ou rural. Tem-se, daí, a **equivalência dos benefícios e serviços**.

Apenas cuidado com a terminologia. Equivalência não significa que os valores são exatamente iguais, pois isso dependerá do valor com o qual o beneficiário contribuiu ao longo do tempo, significa que os valores serão *proporcionalmente iguais*, resultado de aplicação da mesma fórmula para todos.

2.2.3. Seletividade e distributividade na prestação dos benefícios e serviços

De novo, um inciso, dois objetivos: *seletividade dos benefícios e serviços* e *distributividade dos benefícios e serviços*.

A **seletividade** é um critério político, que determina *a escolha, dentre todas as situações, daquelas que serão cobertas pela seguridade social*. Em uma primeira análise, tal objetivo conflitaria com a universalidade de cobertura, pois esta pretende estender a seguridade social a todas as situações nas quais ela se faça necessária.

Trata-se, porém, de conflito apenas aparente, porque a *seletividade nada mais é do que instrumento de construção da universalidade*. Há de se reconhecer que abraçar, em um único sistema de seguridade social, todas as contingências necessárias para garantir aos cidadãos uma existência digna, prestando-lhes todos os benefícios e serviços que necessitem para tanto, não é algo que se faça do dia para a noite. Devem ser traçados planos de atuação que, fatalmente, serão implementados aos poucos.

É aí que entra em cena a seletividade, com o papel fundamental de indicar ao legislador e ao administrador público que, neste caminho rumo à universalidade, deve-se priorizar a proteção daquelas contingências que são mais importantes, deixando as demais para um momento posterior.

Essa escolha foi previamente realizada pelo próprio constituinte originário, ao elencar, no art. 201, que a previdência deverá atender aos eventos *doença, invalidez, morte, idade avançada, proteção à maternidade e à gestante e proteção ao trabalhador em situação de desemprego involuntário*.

Já a **distributividade** encontra total amparo na instrumentalização da **justiça social** e na **universalidade de atendimento**. Se o objetivo precípuo da seguridade social é promover a redução das desigualdades, mediante a distribuição de renda, é natural que os benefícios e serviços a serem implantados primeiro sejam aqueles que *permitam, em menor tempo, proteger o maior número de pessoas que deles necessitem em maior grau*. Deve-se distribuir, primeiro, àqueles que mais necessitem de proteção.

2.2.4. Irredutibilidade do valor dos benefícios

A irredutibilidade, aqui, deve ser entendida em duplo aspecto. De um lado, temos a **irredutibilidade nominal** dos benefícios, *que impede que seja reduzido o valor efetivo destes, o valor expresso em moeda corrente*. Exemplo: se determinado benefício é pago a um beneficiário no valor de R$ 1.000,00, em nenhum momento esse valor poderá ser diminuído para R$ 900,00.

Do outro lado, temos a **irredutibilidade real** do valor, *que determina a preservação de seu valor de compra ao longo do tempo, neutralizando-se os efeitos da inflação*. Exemplo: em 2011, R$ 1.000,00 pode comprar diversas coisas, mas para se comprar as mesmas coisas em 2016, serão necessários, diga-se, R$ 1.300,00. Logo, este deve ser o valor do benefício em 2016.

Resta claro que a verdadeira irredutibilidade, aquela que deve sempre ser respeitada, é a irredutibilidade real. Não há dúvidas de que o valor nominal do benefício não pode ser reduzido e, a bem da verdade, ninguém tentaria fazê-lo. Entretanto, não é raro que os reajustes concedidos pelo Governo a fim de conservar o valor real dos benefícios não acolham, integralmente, a inflação do período.

Insta frisar que a regra vem mais uma vez estabelecida, em outras palavras, no art. 201, § 4º, da CF: *é assegurado o reajustamento dos benefícios para preservar-lhes, em caráter permanente, o valor real, conforme critérios definidos em lei*.

2.2.5. Equidade na forma de participação no custeio

Equidade é uma palavra que está sempre ligada ao sentimento de *justiça social*. Tratar com equidade significa *reconhecer as desigualdades sociais e impor condições que visem a reduzi-las*.

Sendo assim, definir a equidade como elemento norteador da forma de participação do custeio da seguridade social culmina em reconhecer, na esfera das contribuições sociais, a aplicação do **princípio do respeito à capacidade contributiva**, determinando-se a colaboração de todos na manutenção do sistema da seguridade social, cada um na medida de suas possibilidades financeiras.

Esse dispositivo é o fundamento, por exemplo, das alíquotas progressivas da contribuição social dos empregados (8%, 9% ou 11%), dependendo do valor do salário de contribuição calculado.

2.2.6. Diversidade da base de financiamento

Tal princípio teve seu nascedouro na Constituição de 1934, que foi a primeira a estabelecer que o financiamento da seguridade social teria três fontes: governo, empregadores e trabalhadores. Chamou-se, na época, de **tripartição, ou tríplice forma, de custeio**.

Com o passar dos anos e com as sucessivas alterações legislativas e constitucionais, o que levou a maior atuação do

Estado junto à população mais carente, reparou-se que os custos dos programas sociais e da prestação dos serviços a eles relacionados cresciam vertiginosamente. Em respeito ao princípio da solidariedade, portanto, a CF ampliou a ideia cunhada em 1934 e, atualmente, impõe, de forma genérica, a **diversidade** da base de custeio.

Naturalmente, o cerne permanece o mesmo. Grande parte do orçamento da seguridade social continua a ser composto do dinheiro repassado pelo governo e pelas contribuições pagas por empregadores e trabalhadores. Mas a alteração permitiu *adicionar ao elenco as contribuições incidentes sobre os concursos de prognósticos e sobre as operações de importação*. Isso sem contar com a autorização prevista no art. 195, § 4º, da CF, para a instituição de *outras fontes* de custeio destinadas a garantir a *manutenção ou expansão* da seguridade social.

2.2.7. *Caráter democrático e descentralizado da administração*

O próprio inciso VII do art. 194 da CF explica como se dá a gestão democrática e descentralizada da seguridade social, ao determinar a gestão **quadripartite**, ou seja, formada por representantes de quatro grupos: governo, empregadores, trabalhadores e aposentados.

A regulamentação desse dispositivo foi incluída na Lei nº 8.213/1991 (art. 3º), que cria o Conselho Nacional de Previdência Social - CNPS, composto por seis representantes do Governo Federal (indicados pelo Presidente da República), três dos aposentados e pensionistas, três dos trabalhadores em atividade e três dos empregadores (todos indicados por centrais sindicais e confederações nacionais de sindicatos), para mandato de 2 anos, sendo possível uma recondução.

2.2.8. *Regra da previsão de custeio*

Mais uma regra do que um princípio, como classificam alguns autores, a CF obriga que qualquer criação, majoração ou ampliação de benefício ou serviço seja acompanhada da respectiva fonte de custeio total.

A regra justifica-se pela necessidade da manutenção do equilíbrio financeiro e atuarial do sistema e pretendia, em seu sentido original, que nada a mais fosse gasto sem que o governo arrecadasse mais para fazer frente a essas novas despesas. Entretanto, a fim de evitar o desgaste político da criação ou do aumento de tributos para sustentar os novos benefícios, atualmente as leis que estendem ou majoram as prestações previdenciárias limitam-se a apontar como fonte de custeio "o orçamento da União" ou expressão similar. Reitere-se que não é essa a pretensão da norma, mas tal postura também não vem sendo questionada.

2.3. Princípios específicos

A par dos princípios gerais estudados, previstos na CF e aplicáveis à seguridade social como um todo, a Lei nº 8.213/1991, no art. 2º, anota outros, destinados exclusivamente à Previdência Social.

2.3.1. *Cálculo dos benefícios considerando os salários de contribuição corrigidos monetariamente*

O salário de contribuição, estudado em pormenores mais adiante, pode ser definido como a base de cálculo da contribuição social do trabalhador. Além disso, ele é o ponto de partida do cálculo do valor efetivamente pago ao segurado a título de benefício previdenciário.

A norma estabelece que, no momento da apuração da renda mensal devida ao segurado, os salários de contribuição devem ser atualizados, a fim de que correspondam ao valor real da época da concessão do benefício. Isso é salutar, considerando que para a aposentadoria por tempo de contribuição, por exemplo, teremos de considerar salários de contribuição de 35 anos antes!

2.3.2. *Valor mínimo do benefício que substitua a remuneração do segurado*

Grande parte dos benefícios previdenciários destina-se a assegurar a subsistência do segurado nos períodos em que este, atingido pelas contingências previstas em lei, esteja impossibilitado de trabalhar. Logo, não receberá remuneração de seu empregador.

A medida assegura, nesses casos, o valor mínimo de um salário-mínimo para o benefício previdenciário, ainda que, pelos cálculos realizados conforme a legislação, o montante devesse ser menor.

Repise-se que isso se aplica somente em casos de substituição da remuneração. Benefícios pagos cumulativamente ao salário do empregado podem ser menores que o salário-mínimo (exemplo: auxílio-acidente).

2.3.3. *Previdência complementar facultativa, custeada por contribuição adicional*

Neste ponto, a Lei nº 8.213/1991 consagra o disposto igualmente no art. 202 da CF, que autoriza a criação de fundos de previdência privada, de contribuição facultativa dos trabalhadores, nos termos de lei complementar.

3. FINANCIAMENTO DA SEGURIDADE SOCIAL

3.1. Formas de financiamento

A partir desse ponto, deixamos para trás o conceito amplo de seguridade social e passaremos a focar, exclusivamente, na Previdência Social, nas relações estabelecidas entre os particulares e o INSS com vistas aos benefícios e serviços previdenciários.

Não obstante, quando o assunto é custeio, o pagamento de contribuições, é certo que o montante arrecadado é destinado ao financiamento da seguridade social toda, o que inclui, obviamente, a Previdência. É por essa razão que, tecnicamente, a Lei nº 8.212/1991 é conhecida como Plano de Custeio da Seguridade Social - PCSS.

A receita destinada à manutenção e ampliação do sistema de seguridade social no Brasil provém de várias fontes. Como já estudado no item 2.2.6, a CF estabelece como diretriz a **diversidade da base de financiamento**, com o seguinte texto:

> **Art. 195.** A seguridade social será financiada por toda a sociedade, de forma **direta e indireta**, nos termos da lei, mediante recursos provenientes dos orçamentos da União, dos Estados, do Distrito Federal e dos Municípios, e das seguintes contribuições sociais: (...) (grifo nosso)

Dos termos sublinhados, retiramos as duas formas de financiamento da seguridade social: o **financiamento indireto** e o **financiamento direto**.

3.1.1. Financiamento indireto

Chamamos **financiamento indireto da seguridade social** a parcela a ela destinada *oriunda dos orçamentos das pessoas jurídicas de direito público interno: União, Estados, Distrito Federal e Municípios*. É indireto porque, nessa hipótese, o dinheiro arrecadado de todas as formas (impostos, taxas, contribuições de melhoria, contribuições de intervenção no domínio econômico, preços públicos etc.) é dividido e parte dele entregue à seguridade social. Ou seja, o dinheiro pago pelo contribuinte para a seguridade social tem um intermediário em seu caminho: os cofres públicos da União, Estados, Distrito Federal e Municípios. Lembre-se que, nos termos da CF, quem financia a seguridade social é sempre a **sociedade**, então a passagem dos valores por um terceiro ente torna o financiamento **indireto** (sociedade → ente político → seguridade).

A parcela da União a ser entregue para a gestão da seguridade social advém de recursos adicionais destacados do Orçamento Fiscal, necessariamente apontados na lei orçamentária anual (art. 16 do PCSS). Idêntico procedimento é adotado nos Estados, Distrito Federal e Municípios, que repassam os montantes diretamente à seguridade social, sem integrar o orçamento da União (art. 195, § 1º, da CF).

Caso os valores arrecadados em geral (incluindo aqueles advindos do financiamento direto) não sejam suficientes para arcar com as despesas relativas ao pagamento de benefícios previdenciários devidos em determinado exercício, cabe à União suprir a falta, respeitando, sempre, a lei orçamentária anual (art. 16, parágrafo único, do PCSS).

3.1.2. Financiamento direto

Por **financiamento direto da seguridade social** entende-se *o valor arrecadado pelo pagamento, por parte dos contribuintes elencados em lei, das contribuições sociais*. É direto porque, nessa hipótese, a sociedade entrega o dinheiro para a seguridade social sem intermediários (sociedade → seguridade).

Para possibilitar ações nas áreas da seguridade social, principalmente o pagamento dos benefícios previdenciários, a alocação de recursos originários, exclusivamente, do caixa geral dos entes políticos não se mostra suficiente. A fim de complementar os recursos necessários, criou-se uma série de **contribuições sociais**, cobradas diretamente da sociedade, para que os órgãos gestores tivessem mais essa fonte de renda. Tratam, as contribuições sociais, de *tributos cujo* ***pagamento não está vinculado*** *a qualquer contraprestação estatal específica (o que as aproxima dos impostos), mas cuja* ***receita é vinculada*** *ao atendimento de ações da seguridade social (o que as diferencia dos impostos)*. A natureza tributária autônoma das contribuições sociais está pacificada, há muito tempo, pelo STF (RE 146.733-9/SP, *DJ* 29.06.1992).

O financiamento indireto da seguridade está ligado, muito mais, ao Direito Financeiro, que cuida do trânsito de numerário entre os entes políticos. Nossos olhos devem voltar-se, com especial atenção, ao financiamento direto, pela análise das contribuições sociais, o qual, por sua vez, está inafastavelmente vinculado ao Direito Tributário. Esse estudo se inicia no próximo tópico.

3.2. A relação jurídica de custeio direto da seguridade social

3.2.1. Elementos

A relação jurídica de custeio, como qualquer outra relação jurídica, é composta de *partes (sujeito ativo e passivo), objeto e vínculo* entre as partes.

Sujeito ativo — Sujeito passivo
Credor — Devedor
A ← Vínculo / Objeto — B

No nosso caso, aplicando os elementos à relação jurídica de custeio da seguridade social, obtemos o seguinte esquema:

a) **Sujeito ativo (ou credor):** será sempre a União;

b) **Sujeito passivo (ou devedor):** é o contribuinte, conforme dispuser a lei;

c) **Objeto:** o pagamento da contribuição social ou ação ou omissão imposta no interesse da arrecadação e fiscalização das contribuições (fazer ou não fazer);

d) **Vínculo:** a lei que institui a contribuição social e prevê a hipótese de incidência do tributo ou da obrigação de fazer ou não fazer.

União ← Lei / Tributo ou Fazer/Não Fazer — Contribuinte

Vamos analisar, individualmente, cada um destes elementos.

3.2.2. Sujeito ativo

A competência legislativa para instituir contribuições sociais é e sempre foi da **União**. Trata-se, pois, de *tributos federais* (art. 149 da CF).

Até 2007, entretanto, vigorava uma divisão quanto à **capacidade tributária ativa** (o poder de arrecadar e fiscalizar o pagamento) das contribuições sociais. As contribuições **previdenciárias** eram pagas ao INSS, por meio da Secretaria da Receita Previdenciária, ao passo que as demais contribuições sociais (destinadas à saúde e assistência social) eram arrecadadas pela própria União, pela Secretaria da Receita Federal, órgão vinculado ao Ministério da Fazenda.

Naquele ano, foi editada a Lei nº 11.457, que unificou a matéria em torno da Secretaria da Receita Federal do Brasil (chamada popularmente de Super-Receita) e extinguiu a Secretaria da Receita Previdenciária. A Super-Receita é órgão vinculado ao Ministério da Fazenda que, desde sua criação, tem competência para todas as atividades ligadas à tributação, fiscalização, acompanhamento e avaliação das contribuições sociais.

É por isso que, atualmente, podemos afirmar que o *sujeito ativo das contribuições previdenciárias será sempre a União*, que as arrecada por meio da Secretaria da Receita Federal do Brasil.

3.2.3. Sujeito passivo

Como resultado da aplicação do princípio da solidariedade, a CF prevê a criação de diversas contribuições sociais, a serem exigidas de várias espécies de contribuintes. Destarte, podem assumir o polo passivo da relação jurídica de custeio:

a) **Empresas**: nos termos do art. 15 do PCSS, é a *firma individual ou sociedade que assume o risco de atividade econômica urbana ou rural, com fins lucrativos ou não, bem como os órgãos e entidades da administração pública direta, indireta e fundacional.* Percebe-se que o conceito previdenciário de empresa é bem mais abrangente do que aquele estabelecido pelo próprio Direito Empresarial. Aqui, é irrelevante a finalidade lucrativa e órgãos públicos também estão incluídos (quando tiverem em seus quadros servidores ocupantes de cargos em comissão ou adotarem a CLT como regime de contratação de pessoal).

Mais além, o PCSS ainda insere nesta classificação pessoas como **equiparados a empresa**: *o contribuinte individual em relação ao segurado que lhe presta serviço* (por exemplo, se um profissional liberal contrata uma secretária, aquele é equiparado a empresa para fins de pagamento de contribuição previdenciária), *a cooperativa, a associação ou entidade de qualquer natureza ou finalidade, a missão diplomática e repartição consular de carreira estrangeiras.* Insere-se neste tópico, outrossim, a pessoa que contrata mão de obra para a construção de sua residência, devendo recolher sua cota patronal e a contribuição social dos pedreiros e outros profissionais a seu serviço.

b) **Empregador doméstico:** pode ser definido como *a pessoa física que contrata empregado doméstico, que, por sua vez, é o trabalhador que presta serviços de natureza contínua a pessoa ou família, no âmbito residencial desta, em atividade sem fins lucrativos;*

c) **Segurados:** enquanto a CF usa o termo **trabalhadores**, o PCSS prefere **segurados**, diante do caráter eminentemente contributivo do RGPS. Em outras palavras, os trabalhadores que contribuem para o financiamento da seguridade social arcando com as contribuições sociais impostas em lei são, automaticamente, segurados da Previdência, fazendo jus aos benefícios estabelecidos quando deles necessitarem.

Dispõe o art. 201 da CF que o RGPS é de **filiação obrigatória**, o que implica a ausência de opção, para aqueles que se enquadrem no conceito de segurados, em participar ou não dos benefícios do Regime Geral. *Grosso modo, quem exerce atividade remunerada deve filiar-se ao RGPS, ainda que não o deseje – deverá, assim, pagar as contribuições e receberá os benefícios quando ocorridas as contingências protegidas.* Tais pessoas constituem a classe dos **segurados obrigatórios da Previdência**, cuja existência se justifica por duas razões: primeira, porque, se exercem atividade remunerada, ostentam capacidade contributiva para colaborar com a manutenção e expansão do sistema previdenciário (**princípio da solidariedade**), o que nos faz lembrar da natureza tributária das contribuições; segunda, porque a Previdência é um **direito social**, obrigação de fazer do Estado, que não pode permitir que um trabalhador não disponha de proteções contra eventos que o impeçam de obter seus ganhos mensais, principalmente quando estas estão disponíveis a todos que cumpram os requisitos da legislação.

Ao seu lado, encontram-se *pessoas que não têm obrigação legal de contribuir com a Previdência, porém, interessadas no recebimento dos benefícios, optam por fazê-lo, sujeitando-se às obrigações legais daí decorrentes.* São os **segurados facultativos**, classe de livre acesso a todos aqueles que não se enquadram como segurados obrigatórios, *exceto os participantes de regime próprio de previdência* (servidores públicos ocupantes de cargo efetivo), cuja participação é expressamente vedada pelo art. 201, § 5º, da CF.

Mais detalhes sobre as categorias de segurados, formas de filiação, manutenção e perda da qualidade de segurado serão estudados no item 3.3, *infra.*

d) **Operadores de concursos de prognósticos:** são aqueles que *exploram sorteios de números, símbolos ou apostas de qualquer natureza.* É verdade que os concursos de prognósticos mais famosos, e mais rentáveis, são explorados pelo próprio Poder Público (loterias, Mega-Sena, Quina etc.), o qual não pode ser caracterizado tecnicamente como contribuinte. Não nos esqueçamos, em compensação, das *associações que promovem o turfe (corrida de cavalos) e, enquanto foram permitidos, os "bingos".* Estas pessoas jurídicas de direito privado devem, igualmente, contribuir com a Previdência Social.

e) **Importador:** *a pessoa física ou jurídica que promova a entrada de bens estrangeiros no território nacional ou contratante de serviços prestados por residente ou domiciliado no exterior.* Por equiparação, inclui-se ainda *o beneficiário do serviço, na hipótese em que o contratante também seja residente ou domiciliado no exterior.*

3.2.4. *Objeto*

Pode ser definido como *a prestação a que o sujeito passivo se obriga a cumprir, por força de lei ou contrato, em favor do sujeito ativo.*

A relação jurídica de custeio da seguridade social envolve uma **obrigação tributária**, uma vez que as contribuições sociais são tributos. Com isso, devemos tomar emprestados alguns conceitos do Direito Tributário para bem compreender as espécies de objetos relacionados a esta relação jurídica.

Denomina-se **obrigação tributária principal** aquela que envolve *o dever de pagar determinada quantia, a título de tributo ou multa tributária.* A memorização é simples: toda vez que o sujeito passivo tiver de pagar qualquer quantia ao sujeito ativo que se relacione com o tributo, estamos diante de uma obrigação tributária principal.

Diz-se principal porque é o verdadeiro cerne da relação jurídica. O interesse do Estado é receber a quantia determinada, independentemente de outras circunstâncias que possam estar presentes. O pagamento é o próprio objetivo almejado.

Temos, então, o primeiro objeto possível na relação jurídica de custeio: **o pagamento da contribuição**.

Prosseguindo, vamos a um exemplo. Certa empresa é contribuinte e paga regularmente determinada contribuição social. Para calcular corretamente o valor devido, ela promove a escrituração contábil de seus negócios. Além disso, nos prazos determinados, entrega declarações à Secretaria da Receita Federal do Brasil contendo informações sobre suas atividades e seus rendimentos. Tudo isso deve, obrigatoriamente, estar fundamentado em notas fiscais de entrada e saída de produtos ou de prestação de serviços.

Veja que, ao lado do pagamento e a fim de possibilitá-lo, a empresa pratica uma série de atos tendentes a facilitar o cálculo do tributo e a comprovação tanto do pagamento quanto dos fatos tributáveis. Estes atos são *obrigações legais estabelecidas no interesse da arrecadação e da fiscalização de tributos* e são chamados de **obrigações tributárias acessórias**. Todos os exemplos dados são de obrigações de fazer, ações a serem tomadas pelos contribuintes. Além delas, existem também as obrigações de não fazer, como a de tolerar o trabalho da fiscalização.

Vimos, com isso, outros dois objetos possíveis na relação jurídica de custeio: **obrigações de fazer ou não fazer**.

Voltaremos ao tema das obrigações principais no tópico 4 e das obrigações acessórias no tópico 6.

3.2.5. *Vínculo*

As relações jurídicas podem ter como fundamento, como vínculo que une as partes e obriga o devedor a cumprir a obrigação em favor do credor, um **contrato**, *ato negocial livre, baseado na autonomia da vontade*; ou a **lei**, *quando não se questiona a vontade das partes vincular-se, existindo apenas o dever de obedecer à norma posta*. Por isso, dizemos que as obrigações são **contratuais** (*ex voluntate*) ou **legais** (*ex lege*).

A relação jurídica de custeio, obrigação tributária que é, será sempre considerada como **obrigação legal**. Não há qualquer opção aberta ao contribuinte quanto a pagar ou não pagar o tributo, quanto a praticar ou não praticar o ato imposto pela legislação no interesse da fiscalização. Deve fazê-lo quando praticar o **fato gerador** previsto na norma, sob pena de receber as punições cominadas em caso de inadimplemento.

3.3. Segurados da Previdência

Destacamos no item 3.2.3, letra "c", que os segurados da Previdência Social são *todas as pessoas que com ela contribuem, fazendo jus, consequentemente, aos benefícios previdenciários previstos em lei*. Chega o momento de conhecermos as regras e classificações que a eles se aplicam, assunto esse muito solicitado nos concursos para Delegado.

3.3.1. *Premissas*

O estudo dos segurados da Previdência Social deve sempre ter em vista as seguintes premissas:

a) o exercício de atividade remunerada implica na filiação obrigatória ao RGPS (art. 9º, § 12, do RPS);

b) aquele que exerce, concomitantemente, mais de uma atividade remunerada sujeita ao RGPS é obrigatoriamente filiado em relação a cada uma dessas atividades (art. 9º, § 13, do RPS), tendo o direito aos benefícios e, igualmente, o dever de pagar contribuição em relação a cada uma delas;

c) o aposentado que volte a exercer atividade remunerada abrangida pelo RGPS é segurado obrigatório em relação a esta atividade (art. 11, § 3º, do PBPS), mesmo sem ter direito a nova aposentadoria, em consagração ao princípio da solidariedade;

d) o dirigente sindical, enquanto estiver no exercício do mandato, mantém o mesmo enquadramento que detinha antes da investidura (art. 11, § 4º, do PBPS). Exemplo: o empregado eleito presidente do sindicato de sua categoria continuará a ser visto pelo INSS como um segurado empregado, mesmo afastado de suas funções por conta do exercício do mandato sindical.

3.3.2. *Classificação*

Os trabalhadores segurados pelo RGPS estão divididos, inicialmente, em dois grandes grupos: os **segurados obrigatórios** e os **segurados facultativos**. Como o próprio nome indica, *os primeiros serão necessariamente segurados da previdência, ainda que isso não desejem*, por conta do exercício de atividade remunerada. *Os segundos participam do RGPS por opção própria*, por não exercerem qualquer atividade remunerada.

Os **segurados obrigatórios** subdividem-se, ainda, em cinco tipos: empregado, empregado doméstico, contribuinte individual, trabalhador avulso e segurado especial.

a) Segurado Obrigatório – Empregado

O termo **empregado** pressupõe, para sua utilização, a existência de *relação de emprego*, entendida esta como a do trabalhador que realiza sua atividade com habitualidade, onerosidade, pessoalidade e subordinação, conforme disposto na legislação trabalhista (art. 3º da CLT). A relação de emprego deve estar formalizada com o registro na Carteira de Trabalho e Previdência Social – CTPS, porém, sua ausência não desnatura a qualificação de emprego, por conta do princípio da **primazia da realidade**. Ainda que informal a relação de trabalho, o Poder Judiciário pode reconhecer o vínculo de emprego a qualquer momento uma vez presentes os requisitos, o que implicará na sua aceitação, também, para fins previdenciários.

O PCSS (art. 12), o PBPS (art. 11) e o RPS (art. 9º) enumeram, como segurados empregados, os seguintes:

a1) aquele que presta serviço de natureza urbana ou rural à empresa, em caráter não eventual, sob sua subordinação e mediante remuneração, inclusive como diretor empregado

Trata-se da típica relação de emprego, chamando a atenção à inclusão expressa do **trabalhador rural**, consequência da determinação constitucional de uniformidade do tratamento entre urbanos e rurais. Ressalte-se, apenas, que também os rurícolas, para se enquadrarem nesse dispositivo, devem, em tese, estar registrados como empregados (*vínculo formal de emprego*), ou, ao menos, terem esse vínculo reconhecido judicialmente.

A inclusão expressa do diretor empregado fundamenta-se no fato do diretor, usualmente, exercer função de confiança específica, *com poderes de administração da empresa e, por conseguinte, com superioridade hierárquica sobre outros empregados*. Da praxe empresarial extraímos que este profissional, por vezes, é contratado como um prestador de serviços, sem vínculo empregatício. Quando, porém, houver esse vínculo (por exemplo, quando o diretor alcançar o cargo crescendo profissionalmente dentro da empresa), ele será um empregado da empresa, pois ainda haverá pessoas em posição hierarquicamente superior a ele (como o presidente) e, como tal, será visto como **segurado empregado** pelo INSS.

a2) aquele que, contratado por empresa de trabalho temporário, definida em legislação específica, presta serviço para atender à necessidade transitória de substituição de pessoal regular e permanente ou a acréscimo extraordinário de serviços de outras empresas

O próprio dispositivo analisado já traz a definição do que se entende por trabalho temporário: aquele *destinado à substituição de pessoal regular e permanente ou acréscimo extraordinário de serviço* (art. 2º da Lei nº 6.079/1974).

Correntemente, a empresa que se vê na necessidade de substituir pessoal permanente ou com acréscimo extraordinário de serviço, usualmente sazonal (por exemplo, vendas de Natal), socorre-se de empresas especializadas em fornecer mão de obra temporária para esses fins. Note que o trabalhador tem vínculo com a empresa de trabalho temporário, mas presta serviços para outrem. Independentemente disso, é visto como segurado empregado enquanto perdurar sua relação de trabalho.

É importante destacar duas outras situações: uma, trabalhador contratado emergencialmente em situação que **não** se enquadre nas duas descritas (substituição de pessoal regular e permanente e acréscimo extraordinário de serviço), não é trabalhador temporário, mas sim **contribuinte individual**; outra, apesar de ambos serem caracterizados como **segurados empregados**, não confundir trabalho temporário com contrato de trabalho com prazo determinado.

a3) o brasileiro ou estrangeiro domiciliado e contratado no Brasil para trabalhar como empregado em sucursal ou agência de empresa nacional no exterior

O inciso visa a manter a proteção previdenciária ao trabalhador, brasileiro ou estrangeiro, que seja aqui domiciliado e contratado e é enviado ao exterior por interesse do empregador. Ainda que exercendo seu trabalho em território estrangeiro, continuará filiado à Previdência Social brasileira.

Só não se esqueça dos requisitos: além do **domicílio e da contratação no Brasil**, deve haver **vínculo empregatício** com **empresa nacional**, cujo conceito encontramos no art. 1.126 do Código Civil: *empresa organizada de conformidade com a lei brasileira e que tenha no país sua sede e administração.*

a4) aquele que presta serviço no Brasil a missão diplomática ou a repartição consular de carreira estrangeira e a órgãos a elas subordinados, ou a membros dessas missões e repartições, excluídos o não brasileiro sem residência permanente no Brasil e o brasileiro amparado pela legislação previdenciária do país da respectiva missão diplomática ou repartição consular

Missões diplomáticas (embaixadas) e repartições consulares (consulados), apesar de serem escritórios destinados à representação de interesses de outros países, são equiparadas a empresas quando atuarem em território nacional. Destarte, todos os seus funcionários, brasileiros ou estrangeiros, são **empregados**, sendo assim também considerados aqueles que prestam serviço diretamente aos próprios diplomatas em atuação no país.

O RGPS adota o **princípio da unicidade de proteção**, que determina que, a cada trabalhador, deve corresponder, em regra, apenas uma proteção previdenciária. A norma não descuida, neste sentido, do fato de muitos funcionários das embaixadas e consulados serem estrangeiros e aqui atuarem de forma transitória, no estrito interesse de seu país de origem. Diante da subsistência do vínculo com outro Estado, fica excluído do RGPS o *estrangeiro sem residência permanente no Brasil*, dada a presunção de que está acolhido pela Previdência de seu país. Vale o mesmo raciocínio para excluir do RGPS o brasileiro que trabalha na embaixada ou consulado e que, por expressa determinação da legislação alienígena, por esse fato passa a ser protegido pela Previdência estrangeira.

a5) o brasileiro civil que trabalha para a União, no exterior, em organismos oficiais brasileiros ou internacionais dos quais o Brasil seja membro efetivo, ainda que lá domiciliado e contratado, salvo se segurado na forma da legislação vigente do país de domicílio

O dispositivo abrange apenas o brasileiro **civil**, pois o militar possui regime próprio de previdência. Se ele trabalhar no exterior para a União, ou seja, *em nome e no interesse do Estado brasileiro*, em organismos oficiais brasileiros (*embaixadas e consulados*) ou internacionais (Organização das Nações Unidas – ONU, Organização Mundial do Comércio – OMC, Organização Internacional do Trabalho – OIT), *desde que destas o Brasil seja membro efetivo*, ainda que domiciliado e contratado no exterior, estará filiado ao RGPS na qualidade de empregado. Fica excluído, mais uma vez, o trabalhador que, por força da legislação previdenciária estrangeira, já esteja protegido por regime local de previdência (**princípio da unicidade de proteção**).

Sobre o trabalho nas embaixadas e consulados brasileiros, o RPS inclui ainda como **empregado** (art. 9º, I, "g") o **auxiliar local**, pessoa contratada para *prestar serviços ou desempenhar atividades de apoio que exijam familiaridade com as condições de vida, os usos e os costumes do país onde esteja sediado o posto.* O auxiliar local pode ser estrangeiro ou brasileiro e, como é contratado sem vínculo empregatício, as relações trabalhistas e previdenciárias, em regra, serão regidas pela lei do país da contratação. Estará incluído no RGPS apenas o auxiliar local **brasileiro** que, **em razão de proibição legal**, não possa filiar-se ao sistema previdenciário estrangeiro.

a6) o brasileiro ou estrangeiro domiciliado e contratado no Brasil para trabalhar como empregado em empresa domiciliada no exterior, cuja maioria do capital votante pertença a empresa brasileira de capital nacional

O tópico, apesar da redação complexa, é análogo ao item "a3", ficando claro que a legislação previdenciária equipara a empresa brasileira, já conceituada, com a empresa estrangeira (uma vez que domiciliada no exterior) cuja maioria do capital votante pertença a empresa brasileira de capital nacional, isto é, *cujo controle efetivo pertença a pessoas físicas domiciliadas e residentes no país ou a pessoas jurídicas de direito público interno.*

a7) o servidor público ocupante de cargo em comissão, sem vínculo efetivo com a União, Autarquias, inclusive em regime especial, e Fundações Públicas Federais

De início, o dispositivo determinava a filiação obrigatória ao RGPS como empregado apenas do servidor público ocupante de cargo em comissão, *aquele declarado em lei como de livre nomeação e exoneração* (exemplo: Ministro de Estado). Contudo, com o advento da Emenda Constitucional nº 20/1998, foi introduzido o § 13 no art. 40, que ampliou a aplicação desta determinação legal ao estabelecer a filiação obrigatória ao RGPS, além do ocupante de cargo em comissão, do ocupante de **cargo temporário** e de **emprego público**.

Portanto, a principal parte da alínea a ser lembrada é: "*sem vínculo efetivo*" com a Administração Direta, autárquica ou fundacional. Qualquer funcionário que **não** tenha cargo efetivo será filiado do RGPS na qualidade de empregado (veja, a respeito, as alíneas "i", "l" e "m" do inciso I do art. 9º do RPS).

Paralelamente, cabe destacar que **mesmo servidores ocupantes de cargos efetivos podem ser enquadrados como empregados no RGPS.** Isso ocorrerá sempre que o *respectivo ente político contratante não tenha criado regime próprio de previdência para seus servidores* (art. 9º, I, "j", do RPS). Apesar da União e de todos os Estados e DF já o terem feito, esta é uma realidade em diversos Municípios do país.

a8) o empregado de organismo oficial internacional ou estrangeiro em funcionamento no Brasil, salvo quando coberto por regime próprio de previdência social

A alínea assegura ao empregado de escritórios representativos de organismos internacionais em funcionamento no Brasil (ONU, OMC, OIT etc.) a proteção previdenciária, exceto se já participantes de regime próprio de previdência de outro país. A menção a "organismo oficial estrangeiro" mostra-se repetitiva, pois tais empregados já estavam acolhidos pela alínea "d" do inciso I do art. 12 do PCSS, estudada no tópico "a4", dado que "organismos oficiais estrangeiros" são apenas as embaixadas e consulados instalados em território nacional.

a9) o exercente de mandato eletivo federal, estadual ou municipal, desde que não vinculado a regime próprio de previdência

Enquanto o cidadão estiver no exercício de mandato eletivo, qualquer que seja ele, contribuirá para a Previdência Social como empregado, a não ser que seja servidor público ocupante de cargo efetivo com regime próprio de previdência. A intenção da norma é não deixar desamparado o exercente de cargo eletivo, considerando, por exemplo, que um membro do Poder Legislativo pode reeleger-se sucessivas vezes, sendo esta sua única atividade remunerada ao longo de muitos anos.

Se o eleito já é servidor público efetivo, será apenas licenciado do cargo, mantendo seu vínculo com o Estado. Por isso continua protegido pelo regime próprio de previdência.

Por conta do julgamento do RE nº 351.717-PR (*DJ* 08.10.2003) pelo STF, o Senado Federal suspendeu a execução da alínea "h" do inciso I do art. 12 do PCSS, de redação idêntica à esposada acima, adotando a posição do Supremo exposta em controle difuso de constitucionalidade sobre a impossibilidade de cobrança de contribuições sociais dos exercentes de mandato eletivo. Ocorre que tal decisão foi tomada antes da publicação da Emenda Constitucional nº 20/1998, a qual, ao dar nova redação ao art. 195, II, da CF, sepultou a discussão ao prever a contribuição para o RGPS pelo "trabalhador e demais segurados", o que, sem dúvida, acolhe os agentes políticos. Por essa razão, foi incluída a alínea "j" no dispositivo com a mesma redação, ora estudada, incluindo-os definitivamente no sistema previdenciário.

a10) o bolsista e o estagiário que prestam serviços à empresa, em desacordo com a Lei nº 11.788, de 25 de setembro de 2008

Os programas de bolsa e de estágio são regulamentados pela Lei nº 11.788/2008, que estabelece uma série de requisitos para que o uso da mão de obra do estudante possa ser assim caracterizado (jornada de trabalho limitada a 04 ou 06 horas diárias, termo de compromisso entre o educando, a parte concedente do estágio e a instituição de ensino, compatibilidade de atividades etc.).

Na falta de qualquer dos requisitos, fica claro que a contratação da pessoa como estagiária provavelmente deu-se com a intenção de fraudar a legislação trabalhista e previdenciária, constituindo verdadeira relação de emprego. Daí porque, estando em desacordo com a lei, o estagiário é segurado empregado.

Voltaremos a este tema mais à frente. Adiantando a curiosidade: o estagiário regular é **segurado facultativo**.

a11) o escrevente e o auxiliar contratados por titular de serviços notariais e de registro a partir de 21 de novembro de 1994, bem como aquele que optou pelo Regime Geral de Previdência Social, em conformidade com a Lei nº 8.935, de 18 de novembro de 2004

A mencionada lei alterou o regime de previdência dos trabalhadores contratados por cartórios extrajudiciais. Até então (novembro de 1994), os funcionários dos cartórios participavam do regime estatutário dos servidores públicos estaduais e, portanto, do respectivo regime próprio de previdência. Com a edição da Lei nº 8.935, os titulares dos serviços notariais e de registro passaram a ser obrigados a contratar novos escreventes e auxiliares conforme a legislação trabalhista (são **empregados** comuns, com carteira assinada). Aqueles que já trabalhavam no cartório puderam optar por manter-se no regime próprio ou migrar para o RGPS. Estes últimos passaram a também ser enquadrados como **empregados**.

a12) o trabalhador rural contratado por produtor rural pessoa física, na forma do art. 14-A da Lei nº 5.889, de 08 de junho de 1973, para o exercício de atividades de natureza temporária por prazo não superior a dois meses dentro do período de um ano

A inclusão expressa do trabalhador rural contratado por pequeno prazo, criado inicialmente pela Medida Provisória nº 410/2007 e definitivamente consagrado na Lei nº 11.718/2008, veio a completar as disposições da Lei nº 5.889/1973, que, com sua nova redação, é clara ao determinar que este trabalhador tem os mesmos direitos do trabalhador permanente. Ou seja, será tratado como **empregado** do produtor rural pessoa física, ainda que a lei autorize sua contratação sem registro na CTPS (art. 14-A, §3º, II, da Lei nº 5.889/73).

b) Segurado Obrigatório – Empregado doméstico

É definido em lei como *aquele que presta serviço de natureza contínua a pessoa ou família, no âmbito residencial desta, em atividades sem fins lucrativos.*

Para sua caracterização, é fundamental a concorrência de **todos** os requisitos: atividade contínua, prestada no âmbito residencial, sem fins lucrativos.

Por **atividade contínua** devemos entender *aquela dotada de assiduidade, prestada em dias seguidos ou com periodicidade definida.* É o oposto de atividade eventual, sem dias fixos, contratada apenas conforme a demanda. Buscando dar aplicabilidade ao conceito, a Justiça do Trabalho sempre se debruçou sobre a questão das diaristas, pessoas dedicadas a serviços de faxina e similares em dias predeterminados da semana. A jurisprudência mais recente indica que, se o trabalhador presta serviços até três vezes por semana, **não** está caracterizado o vínculo empregatício e, portanto, para fins previdenciários **não** se trata de empregado doméstico (TST, RR 44600-13.2009.5.04.0016, *DJ* 31.08.2011), **exceto** se o pagamento era realizado **mensalmente** (TST, E-ED-RR 250040-44.2004.5.02.0078, *DJ* 08.09.2011). Neste último caso, em sentido contrário: TST, RR 112900-74.2008.5.01.0071, *DJ* 24.11.2010.

Ausente o requisito da continuidade, o trabalhador se enquadra como **contribuinte individual**.

Âmbito residencial, por sua vez, é *o espaço doméstico, o lugar onde a pessoa ou família faz sua morada.* Frise-se que o termo "âmbito" não foi usado à toa: pretende-se com ele indicar que o empregado doméstico pode prestar serviços mesmo fora da casa, mas no interesse e visando à comodidade da pessoa ou família. É o caso do jardineiro, do caseiro, do motorista particular, entre outros. Todos eles são empregados domésticos.

Em derradeiro, a caracterização como empregado doméstico depende da atividade ser prestada **sem finalidade lucrativa**. O trabalho do empregado doméstico deve voltar-se, exclusivamente, ao conforto da pessoa ou família. Passando a colaborar em atividades lucrativas, ainda que realizadas dentro da casa, fica desnaturada sua condição. É o clássico exemplo da doutrina da faxineira que, além de manter a casa em ordem, auxilia sua empregadora no preparo de doces e salgados que esta revende na vizinhança.

Ausentes os requisitos do âmbito residencial e da atividade sem fins lucrativos, o trabalhador se enquadra como **empregado**.

c) Segurado Obrigatório – Contribuinte individual

Grosso modo, trata-se da categoria dos trabalhadores que *não detêm vínculo empregatício, prestando serviços de forma autônoma a diversos tomadores*.

Mais do que isso, na verdade, a categoria dos contribuintes individuais presta relevante função na busca da **universalidade de atendimento** da Previdência Social: a pretensão de que nenhum trabalhador fique desamparado caso atingido por contingências que impeçam o exercício de sua atividade remunerada. Veremos a seguir que, além dos prestadores de serviços autônomos, diversos outros trabalhadores aqui se incluem com o fito de garantir a todos a proteção previdenciária, razão pela qual esta categoria tem **natureza supletiva**: quem exerce atividade remunerada e não se enquadra em nenhuma das outras categorias, será contribuinte individual.

De toda forma, sua principal característica é a **ausência de subordinação** na realização de sua atividade.

O PCSS (art. 12), o PBPS (art. 11) e o RPS (art. 9º) enumeram, como contribuintes individuais, os seguintes:

c1) a pessoa física, proprietária ou não, que explora atividade agropecuária, a qualquer título, em caráter permanente ou temporário, em área superior a 4 (quatro) módulos fiscais; ou, quando em área igual ou inferior a 4 (quatro) módulos fiscais ou atividade pesqueira, com auxílio de empregados ou por intermédio de prepostos; ou ainda nas hipóteses dos §§ 10 e 11 do art. 12 do PCSS

Refere-se ao *produtor rural pessoa física*, a pessoa que explora atividade rural por conta própria, sem constituir empresa.

A extensa qualificação é salutar para diferenciar este contribuinte individual do segurado especial, figura que será analisada à frente. Com efeito, somente se caracterizará como contribuinte individual o produtor rural atuante em média ou grande propriedade – **maior que quatro módulos fiscais** (o módulo fiscal é uma *unidade de medida agrária, expressa em hectares e variável de acordo com cada município*).

Pode ainda ser considerado contribuinte individual o produtor rural que explore sua atividade em área igual ou inferior a quatro módulos fiscais, **desde que tenha o auxílio permanente de empregados ou prepostos**.

É, outrossim, contribuinte individual o explorador de atividade pesqueira, **não importando a área onde a exerce**, se a fizer com o auxílio de empregados ou prepostos.

Por fim, a menção aos §§ 10 e 11 acolhe as pessoas que, pela ausência de qualquer dos requisitos, não pode ser caracterizada como segurado especial. Vemos aqui a primeira demonstração da **natureza supletiva** da categoria dos contribuintes individuais.

c2) a pessoa física, proprietária ou não, que explora atividade de extração mineral – garimpo, em caráter permanente ou temporário, diretamente ou por intermédio de prepostos, com ou sem o auxílio de empregados, utilizados a qualquer título, ainda que de forma não contínua

O item não traz grandes dificuldades. É importante ressaltar que, diferentemente da atividade agropecuária, aqui **não** influenciam o tamanho da área ou a presença de empregados ou prepostos. O *explorador do garimpo, desde que pessoa física, será sempre contribuinte individual*.

c3) o ministro de confissão religiosa e o membro de instituto de vida consagrada, de congregação ou de ordem religiosa

Ministros de confissão religiosa *são as pessoas que dedicam sua vida a professar determinada fé, conduzindo seus respectivos fiéis nos cultos celebrados*. São os padres, pastores, rabinos, pais de santo etc.

Membros de instituto de vida consagrada *são aqueles que se dedicam integralmente aos dogmas de sua fé, alijando-se das atividades comuns do dia a dia para, unicamente, trabalhar em prol da religião*. São os monges, freiras, frades etc.

Interessante o fato de estas pessoas estarem incluídas como contribuintes individuais, e em consequência como **segurados obrigatórios**, porque isto implica no reconhecimento de que exercem atividade remunerada (art. 9º, § 12, do RPS), **mesmo que o valor por eles recebido não seja considerado remuneração para fins de incidência da contribuição social**.

Explicamos.

O ministro de confissão religiosa e o membro de instituto de vida consagrada são **sempre considerados contribuintes individuais**. Ocorre que, se o valor por eles recebido da instituição religiosa *for apenas em virtude de seu mister religioso ou para sua subsistência e independentemente da natureza e da quantidade do trabalho executado*, este montante **não** é remuneração para fins previdenciários, não devendo incidir sobre ele a contribuição social devida (art. 22, § 13, do PCSS), devendo o religioso declarar o valor do salário de contribuição sobre o qual deseja contribuir (art. 55, § 11, da Instrução Normativa nº 971/2009, da Secretaria da Receita Federal do Brasil).

Em sentido contrário, se o valor percebido pelo ministro de confissão religiosa ou membro de instituto de vida consagrada *exceder o necessário à sua subsistência ou for pago por cada tarefa religiosa cumprida*, tal montante será caracterizado como remuneração e incidirá, então, contribuição social sobre todo ele, respeitado o limite máximo do salário de contribuição.

c4) o brasileiro civil que trabalha no exterior para organismo oficial internacional do qual o Brasil é membro efetivo, ainda que lá domiciliado e contratado, salvo quando coberto por regime próprio de previdência social

Temos a tentação de acreditar que já lemos este texto em outro lugar. Realmente, ele é bastante similar ao item "a5", que define uma das espécies de empregado.

É exatamente por isso que devemos ter especial atenção à única diferença existente: lá, classifica-se como **empregado** o brasileiro civil que trabalha *para a União em organismo internacional no exterior*; aqui, classifica-se como **contribuinte individual** o brasileiro civil que trabalha *para o organismo internacional no exterior*.

Altera-se a parte contratante: é empregado quem trabalha em benefício, defendendo os interesses, da União em repartição de organismo internacional situada no estrangeiro; é contribuinte individual quem trabalha em prol do próprio organismo internacional situado fora do país.

A razão do tratamento diferenciado é o fato do organismo internacional, aqui parte contratante, *estar situado no exterior*, o que impede sua caracterização como empresa. A lei nacional não pode alcançar tais entidades quando sediadas em território estrangeiro. Quando a pessoa, por outro lado, trabalha **para** a União, ainda que fora de nossos limites territoriais, esta será sempre vinculada à legislação brasileira. Da mesma forma, se o escritório do organismo internacional está instalado no Brasil, seu funcionário será também classificado como **empregado**, porque, em nosso território, aplicamos nosso ordenamento jurídico.

Anote, então, o quadro-resumo:

		Contratante	
		União	Organismo Internacional
Localização da repartição	Brasil	**Empregado (a7)**	**Empregado (a8)**
	Exterior	**Empregado (a5)**	**Contrib. Individual (c4)**

c5) o titular de firma individual urbana ou rural, o diretor não empregado e o membro de conselho de administração de sociedade anônima, o sócio solidário, o sócio de indústria, o sócio-gerente e o sócio cotista que recebam remuneração decorrente de seu trabalho em empresa urbana ou rural, e o associado eleito para cargo de direção em cooperativa, associação ou entidade de qualquer natureza ou finalidade, bem como o síndico ou administrador eleito para exercer atividade de direção condominial, desde que recebam remuneração

Titular de firma individual urbana ou rural, atualmente, é denominado *empresário individual, que é a pessoa que exerce atividade econômica por conta própria, sem outros sócios.*

Diretor e membro do conselho de administração são *administradores das sociedades anônimas, funções definidas na Lei nº 6.404/1976.* Obviamente, aqui se enquadram desde que não sejam empregados da companhia, pois se o forem são classificados como segurados empregados.

Sócio solidário deve ser entendido como *o sócio com responsabilidade ilimitada*, presente nas sociedades em comum, na sociedade em nome coletivo e na sociedade em comandita simples.

Sócio de indústria é termo utilizado pelo revogado Código Comercial para definir *o sócio que contribuía apenas com a prestação de serviços, enquanto outro investia o capital, na então chamada sociedade de capital e indústria.* O artigo 9º, V, "g", do RPS inclui também o sócio capitalista como contribuinte individual. Como este tipo societário foi extinto com o advento do CC em 2002, tais disposições mostram-se inócuas.

Sócio gerente é *o sócio com poderes de administração da sociedade* e sócio cotista *é aquele que não possui tais poderes.* Todos eles, **desde que sejam remunerados pela empresa** por conta de trabalhos prestados em seu favor, são segurados obrigatórios na qualidade de contribuintes individuais.

O trabalhador cooperado é considerado, também, como **contribuinte individual** (art. 9º, V, "n", do RPS). Manterá a mesma qualidade se for eleito para cargo de direção da cooperativa ou outra associação de qualquer natureza.

Por último, o dispositivo acolhe os síndicos ou administradores de condomínios, **desde que remunerados.** Se não o forem, serão **segurados facultativos**. Vale lembrar que a isenção da taxa de manutenção condominial enquanto durar o mandato é forma de **remuneração indireta** do síndico, o qual, nesses casos, **deve** contribuir para a Previdência.

c6) quem presta serviço de natureza urbana ou rural, em caráter eventual, a uma ou mais empresas, sem relação de emprego

c7) a pessoa física que exerce, por conta própria, atividade econômica de natureza urbana, com fins lucrativos ou não

Os dois dispositivos merecem análise conjunta, pois tratam da mesma figura: *o prestador de serviços autônomo, que trabalha para pessoas físicas ou jurídicas conforme estas necessitem de sua mão de obra, sem qualquer tipo de vínculo empregatício.* Dada a ausência de subordinação e habitualidade na execução de seu trabalho, é classificado como contribuinte individual (antigamente era chamado de *autônomo*, termo ainda usado na prática pelas pessoas que se aposentaram antes do regime do PCSS).

c8) o Microempreendedor Individual – MEI de que tratam os arts. 18-A e 18-C da Lei Complementar nº 123, de 14 de dezembro de 2006, que opte pelo recolhimento dos impostos e contribuições abrangidos pelo Simples Nacional em valores fixos mensais

Microempreendedor individual (MEI) é o *empresário individual que aufere receita bruta máxima de R$ 60.000,00 (sessenta mil reais) no ano que opte em adimplir suas obrigações tributárias pelo sistema do Simples Nacional* (art. 18-A, § 1º, da Lei Complementar nº 123/2006).

A redação do item pode dar a entender que o MEI que não opte pela sistemática de contribuição fixa deixa de ser contribuinte individual. Há de se ter cuidado, pois isso não é verdade. Ele continuará classificado como contribuinte individual, pois não deixa de ser **titular de firma individual**, conforme descrito no item "c5".

d) Segurado Obrigatório – Trabalhador avulso

É o trabalhador *que presta serviços a diversas empresas, sem vínculo empregatício, porém com intermediação obrigatória do sindicato ou de órgão gestor de mão de obra (OGMO).*

Os principais aspectos do trabalhador avulso são **a ausência de vínculo empregatício** (que o transformaria em empregado) e a **intermediação do sindicato ou OGMO** (que, se não existir, faz do trabalhador um contribuinte individual). Na prática, as empresas interessadas na mão de obra em determinadas atividades, que não queiram contratar empregados, podem contatar o sindicado ou o OGMO e solicitar os trabalhadores. Os intermediadores indicarão as pessoas que realizarão o trabalho por meio de uma lista de obreiros cadastrados, operando-se um revezamento.

O trabalho avulso é regido pela Lei nº 12.815/2013 e está autorizado nas seguintes atividades (art. 9º, VI, do RPS):

d1) o trabalhador que exerce atividade portuária de capatazia, estiva, conferência e conserto de carga, vigilância de embarcação e bloco;

d2) o trabalhador de estiva de mercadorias de qualquer natureza, inclusive carvão e minério;

d3) o trabalhador em alvarenga (embarcação para carga e descarga de navios);

d4) o amarrador de embarcação;

d5) o ensacador de café, cacau, sal e similares;

d6) o trabalhador na indústria de extração de sal;

d7) o carregador de bagagem em porto;

d8) o prático de barra em porto;

d9) o guindasteiro;

d10) o classificador, o movimentador e o empacotador de mercadorias em portos.

Atenção ao fato de que, não obstante a grande maioria das atividades sejam típicas da zona portuária, não é verdade que somente estas autorizam a contratação de trabalhador avulso, como muitos memorizam. Há, ainda, a presença dos ensacadores de grãos e dos trabalhadores da extração de sal.

e) Segurado Obrigatório – Segurado especial

Fruto do objetivo constitucional de estender os benefícios do RGPS aos trabalhadores rurais, o segurado especial pode ser sumariamente definido como *o pequeno produtor rural, que trabalha a terra para seu sustento.* Mais pormenorizadamente, seu conceito vem exposto na própria CF (art. 195, § 8º): *"O produtor, o parceiro, o meeiro e o arrendatário rurais e o pescador artesanal, bem como os respectivos cônjuges, que exerçam suas atividades em regime de economia familiar, sem empregados permanentes (...)"*

Conforme se verá mais adiante, a criação da categoria do segurado especial baseia-se, ainda, no princípio da **equidade na forma de participação no custeio** da seguridade social. Como tais pessoas costumam auferir renda apenas em determinadas épocas do ano (a safra), sua contribuição será ajustada a esta realidade e pagam apenas um percentual daquilo obtido com a comercialização da produção. Obviamente, a fim de se manter o equilíbrio financeiro e atuarial do sistema, seus benefícios previdenciários serão limitados a um salário mínimo.

Reunindo o dispositivo constitucional, o PCSS e o RPS, temos os seguintes requisitos para a caracterização do segurado especial:

e1) Atividade rural em economia familiar: assim considerada aquela *em que o trabalho dos membros da família é indispensável à própria subsistência e ao desenvolvimento socioeconômico do núcleo familiar e é exercido em condições de mútua dependência e colaboração, sem a utilização de empregados permanentes.*

Desta forma, tanto o produtor rural quanto seu cônjuge e filhos maiores de 16 (dezesseis) anos ou equiparados são segurados especiais da Previdência. A proteção, lembre-se, é conferida a todos mediante o pagamento de uma única contribuição calculada sobre o resultado da comercialização da produção;

e2) Área de produção igual ou inferior a 04 (quatro) módulos fiscais: caso a atividade explorada seja agropecuária. Para o extrativista vegetal ou seringueiro, não há limite de área;

e3) Não utilizar embarcação; ou tenha esta até seis toneladas de arqueação bruta, ainda que com auxílio de parceiro; ou embarcação de até dez toneladas de arqueação bruta, no caso de parceiro outorgado: para o pescador artesanal. Arqueação bruta é a capacidade de peso total que a embarcação pode carregar;

e4) Não contratar empregados permanentes: sendo autorizada a contratação de empregados ou contribuintes individuais *à razão de 120 pessoas/dia por ano civil, ou por tempo equivalente em horas de trabalho, não sendo computado nesse prazo o período de afastamento em decorrência do recebimento de auxílio-doença,* para fazer frente às necessidades da safra. A razão deve ser entendida da seguinte forma: se o segurado especial contratar um empregado, este poderá trabalhar por até 120 dias, corridos ou intercalados, no mesmo ano civil (de janeiro a dezembro); se contratar dois empregados, poderão ficar por até 60 dias; quatro empregados, 30 dias; e, assim, sucessivamente;

e5) Não possuir outra fonte de rendimento: exceto benefício previdenciário de pensão por morte, auxílio acidente ou auxílio-reclusão, cujo valor não supere o do menor benefício de prestação continuada da Previdência Social (um salário mínimo); benefício de previdência complementar; exercício de atividade remunerada em período não superior a 120 dias, corridos ou intercalados, no ano civil; exercício de mandato eletivo de dirigente sindical de organização da categoria de trabalhadores rurais; exercício de mandato de vereador do município onde desenvolve a atividade rural, ou de dirigente de cooperativa rural constituída exclusivamente por segurados especiais; parceria ou meação; atividade artesanal desenvolvida com matéria-prima produzida pelo respectivo grupo familiar, podendo ser utilizada matéria-prima de outra origem, desde que a renda mensal obtida na atividade não exceda ao menor benefício de prestação continuada da Previdência Social; e atividade artística, desde que em valor mensal inferior ao menor benefício de prestação continuada da Previdência Social (art. 12, § 10, do PCSS). Nestas hipóteses, o trabalhador **deve recolher sua contribuição social conforme as regras da categoria em que se enquadrar** (empregado de uma pessoa jurídica durante a entressafra, por exemplo, terá o desconto na remuneração pela alíquota aplicável a qualquer empregado), **porém, continua sendo visto pela Previdência Social como segurado especial.**

Ressaltamos que, nos termos do art. 9º, § 18, do RPS, **não** descaracteriza a condição de segurado especial, dentre outras, a *exploração de atividade turística na propriedade rural, inclusive com hospedagem, por não mais que 120 dias ao ano; a participação em plano de previdência complementar; o fato de algum membro do grupo familiar ser beneficiário de programa de assistência social governamental; e a associação em cooperativa agropecuária.*

A Lei nº 12.873/2013 previu, ainda, uma nova possibilidade para o segurado especial complementar sua renda ser perder sua caracterização. Ao inserir o § 14 no art. 12 do PCSS, mencionado diploma normativo autorizou a constituição de sociedade empresária, sociedade simples, empresa individual de responsabilidade limitada ou o registro como empresário individual do segurado especial cujo objeto seja de âmbito agrícola, agroindustrial ou agroturístico. Para manter a qualidade de segurado especial, porém, deve se tratar de uma ***microempresa****, constituída exclusivamente por segurados especiais do mesmo Município (ou de cidades limítrofes) de sua sede e que continuem a desenvolver suas atividades.*

Frise-se, por fim, que nas hipóteses elencadas, nas quais o segurado pode exercer atividade remunerada sem perder essa classificação, deverá recolher normalmente as contribuições previdenciárias incidentes sobre essa outra profissão (art. 12, § 13, do PCSS).

f) Segurado facultativo

Recuperando o conceito anotado anteriormente, **segurado facultativo** da Previdência Social é *toda pessoa que, não exer-*

cendo atividade remunerada, opta, por iniciativa própria, por contribuir para o RGPS, fazendo jus aos benefícios enunciados em lei.

O RPS traz alguns exemplos: *dona de casa, síndico não remunerado de condomínio, estudante, brasileiro que acompanha cônjuge que presta serviço no exterior, quem deixou de ser segurado obrigatório, membro de Conselho Tutelar, estagiário nos termos da Lei nº 11.788/2008, bolsista de instituição de pesquisa em regime de dedicação exclusiva, o preso e o brasileiro domiciliado no exterior.*

Repise-se que são exemplos. Qualquer pessoa **maior de 16 anos que não exerça atividade remunerada e não esteja amparada por nenhum outro regime de previdência social** pode se inscrever como segurado facultativo.

A CF veda, expressamente, a inscrição como facultativo de pessoa participante de regime próprio de previdência (art. 201, § 5º).

3.3.3. *Filiação e inscrição*

Filiação define-se como *o ato jurídico que vincula o trabalhador à Previdência Social.* Com a filiação, a pessoa torna-se um **segurado**.

Considerando que a filiação ao RGPS é **obrigatória** para aqueles que exercem atividade remunerada, *tão logo esta se inicie o trabalhador já está filiado à Previdência.* Ainda que o INSS não saiba da existência deste trabalhador em atividade, sua filiação é uma imposição constitucional. Assim, o fato de alguém estar trabalhando, com ou sem registro de emprego, sem contribuir para a Previdência, coloca esta pessoa em situação de **inadimplemento**, ou seja, ela é devedora de contribuição social e pode, eventualmente, ser cobrada de seu débito com os acréscimos legais (correção monetária, juros e multa).

A despeito de se caracterizar como um vínculo jurídico, a filiação pode ser **múltipla**, ou seja, o *mesmo segurado possuir mais de uma filiação.* Isso ocorre quando a pessoa exerce mais de uma atividade remunerada sujeita ao RGPS, sejam elas de mesma natureza ou de natureza distinta. Nesse caso, o segurado será considerado *filiado em cada uma delas individualmente* (art. 11, § 2º, do PBPS), autorizando o recebimento de benefícios que sejam exclusivos de uma ou de outra. Exemplo: determinado trabalhador está filiado ao RGPS tanto como empregado (por trabalhar com carteira assinada para determinada empresa) quanto como contribuinte individual (por realizar trabalhos autônomos nas horas vagas). Caso venha a sofrer um acidente que deixe sequelas permanentes, reduzindo sua capacidade laborativa, terá direito ao auxílio-acidente porque é segurado empregado. O fato de *também* ser filiado como contribuinte individual (que não faz jus ao auxílio-acidente) não exclui seu direito ao benefício.

Em face do exposto, a filiação pode dar-se de duas formas:

a) Automática: quando o trabalhador não precisa praticar nenhum ato formal para obter sua filiação, decorrendo diretamente do exercício de atividade remunerada. É a forma de filiação dos *segurados obrigatórios*;

b) Mediante inscrição: para os *segurados facultativos*, que não exercem atividade remunerada e, portanto, participam do RGPS se quiserem, sua filiação decorre de um *ato formal, pelo qual o segurado fornece dados necessários para sua identificação no INSS* (art. 18 do RPS).

Em rigor, a **inscrição deve sempre ser realizada**, afinal, é com ela que o INSS obtém os dados cadastrais do segurado e todos aqueles relativos à atividade que exerce. A diferença é que, *enquanto os segurados obrigatórios promovem sua inscrição* ***depois da filiação*** *(pois esta ocorre juntamente com o início da atividade), os facultativos devem realizar sua inscrição* ***antes da filiação*** *(pois esta decorre da própria inscrição).*

É por isso que não se admite a **filiação retroativa** do segurado facultativo, ou seja, *o pagamento de certa quantia à vista, em determinada data, pretendendo que esta valha como contribuição para uma série de meses anteriores.* Exemplo: um segurado facultativo resolve se inscrever em junho de 2011, pretendendo benefícios da ordem de R$ 700,00. Conforme veremos mais adiante, deverá recolher como contribuição a alíquota de 20%, portanto, R$ 140,00. Não se aceita que este novo segurado, ao proceder sua inscrição, recolha R$ 1.400,00 pretendendo "considerar-se filiado" desde 10 meses antes. A inscrição e a filiação do facultativo voltam-se apenas para o futuro.

Não se confunde essa situação com a **quitação de contribuições atrasadas dos segurados obrigatórios**. Suponha que um dentista tenha trabalhado em seu próprio consultório por 10 anos, sem nunca ter promovido sua inscrição no INSS e, por conseguinte, sem nunca ter recolhido qualquer contribuição. Pretendendo fazer contar esse tempo de trabalho para sua aposentadoria, realiza sua inscrição e recolhe, além do mês atual, o equivalente aos 10 anos anteriores **com correção monetária, juros e multa**. Tal recolhimento é **plenamente válido**, porque o contribuinte individual, na verdade, **já era filiado** e estava em débito com a Seguridade Social.

A inscrição do **segurado empregado** e do **trabalhador avulso** deve ser realizada pela empresa ou pelo órgão gestor de mão de obra, respectivamente. Os demais (empregado doméstico, contribuinte individual, segurado especial e segurado facultativo) devem promover, pessoalmente, sua inscrição no INSS.

3.3.4. *Manutenção da qualidade de segurado*

Considerando que o RGPS é um sistema **contributivo**, é fácil deduzir que *enquanto o segurado estiver contribuindo para a Previdência Social ele manterá essa qualidade.* Como decorrência lógica, quando deixar de fazê-lo, perderá o *status* de segurado, não mais tendo direito aos benefícios previdenciários previstos em lei.

Este raciocínio, bastante correto, encontra algumas exceções. Sim, há períodos na vida laboral da pessoa em que esta *não contribui para o RGPS, mas mantém a qualidade de segurado por um certo período de tempo.* Esse interregno é chamado de **período de graça.**

Isso quer dizer, por exemplo, que se determinado segurado não estiver contribuindo (porque ficou desempregado), porém encontra-se no período de graça, caso venha a ser acometido de determinada doença que imponha repouso absoluto, terá direito de receber auxílio-doença enquanto permanecer nessa situação.

É claro que tal período não pode perdurar indefinidamente, sob pena de fazer ruir o equilíbrio atuarial do sistema previdenciário. Por isso, o PBPS estabelece os prazos aplicáveis ao período de graça:

a) sem limite de prazo, para quem está em gozo de benefício: afinal, os benefícios previdenciários são imunes à incidência de contribuição (com exceção do salário-maternidade). Ao contrário do que parece, este item não desdiz a regra exposta anteriormente, de que o período de graça deve durar por prazo determinado. Na verdade, quem está em gozo de benefício previdenciário está, justamente, fazendo uso daquilo que pagou. Não seria admissível imaginar que o próprio benefício, criado pela lei para amparar a pessoa em situações nas quais ela se vê privada da possibilidade de trabalhar, após certo período de tempo fosse suspenso sob o argumento de que a pessoa deixou de ser segurada da Previdência pela ausência de pagamentos mensais. De que serviria o seguro social, então? É fácil vislumbrar na situação da aposentadoria: após contribuir por 35 anos, a pessoa se aposenta por tempo de contribuição. O benefício irá perdurar até sua morte, sem que ela recolha qualquer centavo a mais para a Previdência.

b) até doze meses após a cessação de benefício por incapacidade ou após a cessação das contribuições, o segurado que deixar de exercer atividade remunerada abrangida pela previdência social ou estiver suspenso ou licenciado sem remuneração: este é o período de graça padrão do segurado obrigatório, sendo a hipótese mais comum na prática. A lei lhe garante a extensão dos benefícios previdenciários pelo prazo de doze meses contados do momento em que deixou de exercer atividade remunerada (e, presume-se, deixou de contribuir), prazo também aplicável para quem estava no gozo de determinado benefício por incapacidade (exemplo: auxílio-doença) e este é suspenso porque a perícia médica oficial assinalou o retorno da aptidão para o trabalho.

O lapso é ampliado para **24 meses** se o segurado já contava com mais de **120 contribuições mensais** quando deixa de contribuir (art. 15, § 1º, do PBPS). E, em se tratando de desemprego (hipótese exclusiva, portanto, do segurado **empregado**), o período ganha mais **12 meses**, desde que o segurado comprove essa situação mediante registro no órgão próprio do Ministério do Trabalho e Emprego – MTE.

A primeira hipótese é um bônus conferido ao trabalhador que já contribuiu por longo período para a Previdência. A segunda hipótese visa a premiar o cidadão que informa o governo de sua situação de desemprego para auxiliar nas estatísticas oficiais e estratégias de atuação do Poder Público no mercado. Há de se anotar, contudo, que existe corrente jurisprudencial que caminha no sentido de permitir a extensão da graça mesmo sem tal registro, bastando a prova do desemprego por qualquer meio admitido em Direito (Súmula nº 27 da Turma de Uniformização dos Juizados Especiais Federais). Em sentido contrário, reafirmando a necessidade de registro no MTE: STJ, REsp 627.661/RS, *DJ* 02.08.2004.

Em resumo, o período de graça em razão da supressão da atividade remunerada pode ser de 12, 24 ou 36 meses, dependendo da conjugação dos fatores expostos.

c) até doze meses após cessar a segregação, o segurado acometido de doença de segregação compulsória: tais males seriam aqueles que determinam, necessariamente, o afastamento social do doente para tratamento, diante de seu estágio avançado ou possibilidade de contágio. Na falta de regulamentação, parte da doutrina utiliza as doenças previstas no art. 151 do PBPS. Não acreditamos que seja a melhor solução, visto que várias das moléstias listadas permitem, sem qualquer prejuízo ao trabalhador ou à sociedade, o tratamento ambulatorial. Ademais, o dispositivo em estudo tem pouquíssima aplicabilidade prática, pois, se a doença que atinge o trabalhador impõe seu afastamento do trabalho, ele passará a receber auxílio-doença; ao se recuperar e ser suspenso o benefício, ele já estaria incluído no item anterior.

d) até doze meses após o livramento, o segurado detido ou recluso: trata-se do segurado que veio a ser preso. Manterá essa qualidade quando for posto em liberdade, definitiva ou provisoriamente, por doze meses. Devemos interpretar como liberdade a colocação do detento em regime aberto, diante da suspensão determinada pelo PBPS do auxílio-reclusão pago à sua família quando ocorrer essa progressão de regime.

e) até três meses após o licenciamento, o segurado incorporado às Forças Armadas para prestar serviço militar: outro dispositivo de pouco uso concreto, diante do direito trabalhista de suspensão do contrato de trabalho durante o serviço militar (art. 472 da CLT). Isso significa dizer que, ao menos para o segurado empregado, sua fonte de renda ainda estará lá quando for licenciado do serviço militar. A regra tem aplicação, portanto, apenas àqueles que se encontravam em outra categoria de segurados e foram convocados, podendo permanecer até três meses sem contribuir que ainda mantêm a qualidade de segurados.

f) até seis meses após a cessação das contribuições, o segurado facultativo: o facultativo tem regra própria, estando ainda coberto pelos benefícios por seis meses após a última contribuição. Atente para um ponto: isso **não** significa que o facultativo pode pagar apenas uma contribuição a cada seis meses que estará sempre segurado! Para manter essa qualidade, deverá pagar as contribuições em atraso.

Vale ressaltar que, em geral, durante o período de graça, o segurado conserva íntegro seu direito a *todos os benefícios previdenciários*, havendo apenas uma exceção aplicável ao **salário-maternidade**. A segurada **não** faz jus a este benefício quando estiver *desempregada em razão de demissão sem justa causa ocorrida durante o período de estabilidade provisória* (desde a confirmação da gravidez até cinco meses após o parto, nos termos do art. 10, II, "b", do ADCT). Isso porque, nessa hipótese, o salário-maternidade passa a ser considerado como **verba indenizatória**, cujo pagamento é de responsabilidade do empregador, o que libera o INSS da restituição deste benefício à empresa.

3.3.5. Perda da qualidade de segurado

Ultrapassado o prazo estabelecido para o período de graça, **perderá** o segurado esta qualidade, ficando sem o amparo da Previdência caso lhe sobrevenha qualquer das contingências protegidas. Ou seja, a determinação do dia em que o trabalhador deixa de ser considerado como segurado da Previdência é de extrema importância, já que o fato ocorrido antes disso lhe assegura proteção, mas o fato posterior nada lhe garantirá.

Dispõe, sobre o tema, o art. 15, § 4º, do PBPS: *"a perda da qualidade de segurado ocorrerá no **dia seguinte** ao do **término do prazo** fixado no Plano de Custeio da Seguridade Social **para recolhimento da contribuição** referente ao **mês imediatamente posterior ao do final dos prazos fixados neste artigo** e seus parágrafos"* (grifo nosso).

A redação é, sem dúvida, um tanto confusa. Para bem compreendê-la, e não errar uma questão por falhas de cálculo, precisamos conhecer uma regra importante sobre o pagamento das contribuições previdenciárias, o **regime de competência**.

Um exemplo ilustrará bem seu significado: uma pessoa trabalhou em certa empresa ao longo do mês de junho de 2011. Nos primeiros dias de julho de 2011 recebeu sua remuneração, *referente ao trabalho prestado em junho*. Dizemos que esta remuneração é da **competência** do mês de junho. Desta remuneração será descontada sua contribuição previdenciária. Logo, a contribuição descontada e paga à União em julho é da **competência** do mês de junho, tal qual a remuneração.

Em outras palavras: *o segurado recolhe, em determinado mês, a contribuição previdenciária referente à remuneração auferida no mês anterior.*

Acompanhe agora o raciocínio com base na seguinte linha do tempo:

Pois bem. O dispositivo legal diz que a perda da qualidade de segurado é operada no *dia seguinte* ao do *término do prazo* para recolhimento da contribuição. Sua leitura deve ser feita em conjunto com o art. 14 do RPS, que unifica a regra para todos os segurados: não importa qual a categoria do segurado em questão, considera-se o prazo de vencimento do **contribuinte individual**, ou seja, dia 15.

Fiquemos no mesmo exemplo citado, em que tínhamos um segurado empregado. Suponha, agora, que ele tenha sido demitido, sem justa causa, em agosto de 2011, com apenas duas contribuições mensais recolhidas. Como ele trabalhou em agosto e a contribuição relativa a esta competência será paga, seu período de graça começou a contar em setembro de 2011 e será de 12 meses (considerando, ainda, que ele não se registrou no MTE informando sua situação).

Note que o período de graça findou em agosto de 2012. Mas continua o dispositivo legal dizendo que a perda da qualidade de segurado se opera apenas *no dia seguinte* ***(16)*** *ao do término do prazo* ***(15)*** *para recolhimento da contribuição referente ao mês imediatamente posterior* ***(setembro)*** *ao do final do prazo do período de graça* ***(agosto)***. A contribuição do mês de setembro deve ser recolhida até 15 de outubro. Logo, em nosso exemplo, a perda da qualidade de segurado foi reconhecida em **16 de outubro de 2012**.

3.3.6. *Efeitos da perda da qualidade de segurado*

Com a perda da qualidade de segurado, *o trabalhador e seus dependentes deixam de ter, como regra, acesso a qualquer dos benefícios previdenciários*. Esta determinação, todavia, comporta duas exceções:

a) Direito adquirido: em respeito a este, se o segurado, ao perder esta qualidade, já havia cumprido todos os requisitos para a concessão de determinado benefício, *continuará a fazer-lhe jus*. Exemplo: ao perder a qualidade de segurado, o trabalhador já detinha todos os requisitos para se aposentar por tempo de contribuição. Poderá requerer o benefício a qualquer momento, por força do direito adquirido;

b) Aplicação do art. 3º da Lei nº 10.666/2003: que dispõe que a *perda da qualidade de segurado não será considerada para a concessão das aposentadorias por tempo de contribuição e especial*. Com isso, se o segurado deixar de efetuar suas contribuições por longo período de tempo, perdendo a proteção previdenciária, ao voltar a recolhê-las deve apenas fazê-lo até somar o requisito para aposentadoria. Exemplo: um empregado contribuiu por 33 anos, foi demitido e perdeu a qualidade de segurado. Tempos depois, conseguiu novo emprego. Basta que recolha mais dois anos para ter direito à aposentadoria por tempo de contribuição (que se dá com 35 anos de contribuição para o segurado homem). A perda da qualidade de segurado não lhe atrapalha em nada na concessão deste benefício, desde que, ao longo de sua vida, some o número de contribuições necessárias para se aposentar. Essa regra excepciona também as determinações sobre o período de carência, que serão estudadas mais adiante.

O § 1º do mesmo artigo traz disposição semelhante sobre a aposentadoria por idade, determinando que, neste caso, *desde que o segurado conte com, no mínimo, o tempo de contribuição correspondente ao exigido para efeito de carência na data do requerimento do benefício*, a perda da qualidade de segurado também não será considerada.

Trata da hipótese do segurado que, por exemplo, aos 60 anos de idade, perde a qualidade de segurado. Para se aposentar por idade, o homem precisa contar 65 anos, como regra. Se o segurado de nosso exemplo já tiver realizado 180 contribuições ao longo de sua vida profissional (que é o prazo de carência para este benefício), *basta esperar completar 65 anos de idade* para requerer sua aposentadoria.

4. CONTRIBUIÇÕES PARA A SEGURIDADE SOCIAL

4.1. Disposições gerais

Já dissemos que o recolhimento das contribuições previstas em lei para financiar a seguridade social constitui **obrigações tributárias**, diante da inserção das contribuições sociais como categoria autônoma de tributos. Mais especificamente, são **obrigações tributárias principais**, uma vez que impõem o dever de pagar determinada quantia aos cofres públicos.

Para estudá-las pormenorizadamente, então, precisamos visitar alguns institutos típicos do Direito Tributário, plenamente aplicáveis à relação jurídica de custeio direto da seguridade, estudada no capítulo anterior. Vale salientar que tais temas são também objeto de questionamento naquela disciplina nas provas para Delegado.

4.1.1. *Competência legislativa*

A CF entregou **competência legislativa exclusiva** para a **União** criar as contribuições sociais (art. 149), com exceção das *contribuições cobradas dos servidores públicos estaduais, distritais e municipais para custeio dos respectivos regimes próprios de previdência.* Estas são criadas, também respectivamente, por cada Estado, pelo Distrito Federal e por cada Município (art. 149, § 1º, da CF).

Originariamente, a CF previu as seguintes contribuições sociais:

> **Art. 195.** A seguridade social será financiada por toda a sociedade, de forma direta e indireta, nos termos da lei, mediante recursos provenientes da União, dos Estados, do Distrito Federal e dos Municípios, e das seguintes contribuições sociais:
>
> I - do empregador, da empresa e da entidade a ela equiparada na forma da lei, incidentes sobre:
>
> a) a folha de salários e demais rendimentos do trabalho pagos ou creditados, a qualquer título, à pessoa física que lhe preste serviço, mesmo sem vínculo empregatício;
>
> b) a receita ou faturamento;
>
> c) o lucro.
>
> II - do trabalhador e dos demais segurados da previdência social, não incidindo contribuição sobre aposentadoria e pensão concedidas pelo regime geral de previdência social de que trata o art. 201;
>
> III - sobre a receita de concursos de prognósticos;
>
> IV - do importador de bens ou serviços do exterior, ou de quem a lei a ele equiparar.

A competência exclusiva da União abrange igualmente a chamada **competência residual** (art. 195, § 4º, da CF), que é a *aptidão para criar novas contribuições sociais além daquelas expressamente previstas no texto constitucional.* Para tanto, devem ser observados os seguintes requisitos:

a) A criação deve dar-se por lei complementar: o que afasta a possibilidade de edição de qualquer outra espécie legislativa hierarquicamente inferior, principalmente medidas provisórias (art. 62, § 1º, III, da CF). Obviamente, normas superiores estão permitidas, as quais, no caso, limitam-se às emendas constitucionais. Essas foram utilizadas como instrumento, por exemplo, para a criação da antiga Contribuição Provisória sobre Movimentações Financeiras - CPMF.

b) A contribuição nova deve ser não cumulativa: cumulatividade do tributo significa *que este incide integralmente em todas as etapas da cadeia produtiva.* Exemplo: imposto de renda, pois cada pessoa jurídica envolvida na industrialização e comércio de determinado produto deve arcar com o seu imposto de renda calculado sobre todo o lucro que obtiver no período de apuração. Ao contrário, tributo não cumulativo é aquele *que autoriza o uso do valor do tributo incluído no preço da mercadoria como crédito para o recolhimento do mesmo tributo pelo próximo contribuinte da cadeia produtiva.* É o caso, por exemplo, do ICMS, no qual o valor do tributo destacado na nota fiscal de venda da indústria será usado como crédito quando o comerciante adquirente for recolher seu próprio ICMS;

c) A base de cálculo deve ser nova: não se autoriza a criação de contribuições sociais sobre fatos que já constituam base de cálculo de outros tributos. Impossível criar uma contribuição social incidente sobre a propriedade de bens imóveis, pois isto já obriga ao pagamento do IPTU. Porém, as movimentações financeiras, nos idos de 1997, não determinavam o pagamento de nenhum tributo, por isso foram escolhidas, então, como base de cálculo da CPMF.

4.1.2. Vigência da legislação aplicável

Para verificar em que momento a legislação relativa à cobrança de contribuições sociais entra em vigor, devemos primeiro analisar o conteúdo da norma, uma vez que dele dependerá diretamente a regra a ser aplicada.

a) Normas favoráveis ou indiferentes ao contribuinte: por "normas favoráveis" entendemos *aquelas que livram o contribuinte do pagamento do tributo ou diminuem seu valor*, caso das leis que criam isenções, que extinguem contribuições, que diminuem a alíquota etc. "Normas indiferentes" são *aquelas que não interferem no valor do tributo, mas apenas em questões paralelas*, como prazo de pagamento, necessidade de entrega de declarações etc.

Essas normas (favoráveis ou indiferentes) seguem a regra de vigência estabelecida na Lei de Introdução às Normas do Direito Brasileiro - Decreto-lei nº 4.657/1942: entram em vigor na data em que indicarem; na ausência desta, em 45 dias contados da publicação para efeitos internos e em 03 meses para efeitos no exterior.

b) Normas desfavoráveis ao contribuinte: valendo-nos dos mesmos critérios usados anteriormente, "normas desfavoráveis" são *aquelas que determinam o pagamento de tributo novo ou aumentam o valor a pagar.* São exemplos a lei que cria contribuição social nova, que aumenta a alíquota de contribuição já existente, que extingue uma isenção etc.

Neste caso, a lei somente entra em vigor **90 dias depois de sua publicação, ainda que tal prazo vença dentro do mesmo exercício, que coincide com o ano civil** (de janeiro a dezembro). Isto porque as normas desfavoráveis ao contribuinte relativas a contribuições sociais *não estão sujeitas à anterioridade anual prevista no art. 150, III, "b", da CF, mas apenas à anterioridade nonagesimal, também conhecida como "noventena"* (art. 195, § 6º, da CF).

4.1.3. Imunidades

São hipóteses de não incidência de tributos por expressa determinação constitucional, isto é, são situações nas quais, pela aplicação direta da lei, deveria haver o pagamento da contribuição social. No entanto, a **própria Constituição** veda a cobrança, protegendo o contribuinte.

Difere a imunidade da **isenção** na medida em que esta *é criada por lei.* Na isenção, o contribuinte está liberado do pagamento da contribuição social porque uma **lei ordinária** assim autorizou. Perceba que a proteção é menor na isenção, pois a lei pode ser facilmente revogada a qualquer momento com a edição de nova lei ordinária, ou mesmo de uma medida provisória, regulando diferentemente a matéria. Já as imunidades são **irrevogáveis**, pois tem *status* de **cláusula pétrea** (STF, ADI 939-DF, *DJ* 15.12.1993), ainda que tal classificação conte com alguma resistência por parte da doutrina e da jurisprudência.

Visto isso, leia-se o art. 195, § 7º, da CF: "*são isentas de contribuição para a seguridade social as entidades beneficentes de assistência social que atendam às exigências estabelecidas em lei*".

É facilmente identificável o deslize técnico cometido. Se estamos lendo um artigo da **Constituição** que impede a cobrança do tributo, estamos diante de uma **imunidade**. Equivocou-se o constituinte ao usar a expressão *"são isentas"*. Não obstante, em cega consideração à literalidade do texto constitucional, o termo vem sendo utilizado indiscriminadamente na prática.

O artigo estabelece, para o gozo da imunidade, que a entidade de **assistência social** (o que exclui entidades beneficentes dedicadas a outras atividades que não o auxílio às pessoas sem condição de prover a própria subsistência) deve *atender a exigências estabelecidas em lei*. Trata-se, portanto, de uma **imunidade condicionada**, sendo os requisitos encontrados no art. 14 do Código Tributário Nacional - CTN:

a) Não podem distribuir qualquer parcela de seu patrimônio ou de suas rendas, a qualquer título, aos diretores ou administradores;

b) Devem aplicar integralmente no país os seus recursos, para manutenção dos seus objetivos institucionais;

c) Devem manter escrituração de suas receitas e despesas em livros revestidos de formalidades capazes de assegurar sua exatidão.

O último requisito traz uma regra importante: *a imunidade ao pagamento do tributo* ***não*** *implica a liberação do cumprimento das obrigações acessórias*. Em outras palavras, não é porque a entidade está livre do dever de pagar as contribuições sociais que pode ignorar as obrigações de manter sua escrituração contábil em ordem, de emitir notas fiscais, de preencher declarações etc.

Com isso, não se pode exigir nenhuma das contribuições sociais a serem estudadas de entidades beneficentes de assistência social que cumpram as disposições do CTN.

Outra imunidade está prevista no art. 195, II, da CF, ao dispor que *não incidirá contribuição sobre aposentadoria e pensão concedidas pelo RGPS*. Nesta hipótese, o texto constitucional usou a melhor técnica, pois realmente a imunidade é uma espécie de não incidência tributária. Expõe, enfim, que sobre os benefícios de aposentadoria por tempo de contribuição, aposentadoria especial, aposentadoria por idade, aposentadoria por invalidez e pensão por morte não incidirá contribuição previdenciária.

Em verdade, sobre benefícios previdenciários, incide contribuição, na prática, apenas sobre o salário-maternidade. Contudo, enquanto as aposentadorias e a pensão por morte estão acobertadas por **imunidade**, os demais benefícios são protegidos por **isenção.**

4.1.4. *Remissão e anistia*

Ambos são institutos do Direito Tributário com plena aplicação na relação previdenciária de custeio. **Remissão** (cujo verbo é *remitir*, sinônimo de *perdoar) é o perdão da dívida fiscal, podendo abranger todo o valor devido (tributo principal, juros e multa) ou só parte dele*. A remissão ocorre **depois** do lançamento do tributo, ou seja, constituído regularmente o crédito tributário e não pago pelo contribuinte, pode este, em tese, ser perdoado através da veiculação de lei específica.

Anistia, por sua vez, é instituto que se destina *a evitar o lançamento tributário da infração fiscal cometida, liberando-se o contribuinte faltoso do pagamento desta*. Praticada determinada infração fiscal, o crédito sobre ela deve também ser constituído pelo lançamento. **Antes** dele, pode o Poder Público, novamente mediante lei específica, anistiar o pagamento, liberando os contribuintes que praticaram aquela ilegalidade **do pagamento da multa**. A anistia atinge apenas a multa; o valor do tributo principal, acrescido de juros e correção monetária **continua devido**.

Vistos os conceitos, resta verificar que, no âmbito do Direito Previdenciário, mais especificamente sobre as **contribuições sociais incidentes sobre a folha de pagamento das empresas e sobre a remuneração dos trabalhadores**, o art. 195, § 11, da CF *impede a concessão de remissão e anistia para valores superiores ao fixado em lei complementar*. Em outras palavras, a CF determina a criação de um teto para a concessão desses favores fiscais: abaixo dele, pode o Poder Público remitir ou anistiar a dívida; acima dele, deve promover a cobrança.

Essa disposição se justifica na tentativa de manter sempre o equilíbrio financeiro do sistema previdenciário. As duas contribuições mencionadas destinam-se, exclusivamente, ao pagamento dos benefícios da previdência, de sorte que a dispensa de seu pagamento deve ater-se a critérios mais rigorosos.

Vale dizer que a lei complementar mencionada no § 11 do art. 195 da CF ainda não foi editada. Tramita projeto na Câmara dos Deputados (PLP 512/2009) com a intenção de consagrar a posição já defendida na jurisprudência, que, por analogia ao limite legal colocado para o ajuizamento das execuções fiscais, usa o patamar de R$ 10.000,00 como limite para a concessão dos benefícios.

4.2. Contribuições sociais das empresas

Passamos agora à análise individual de cada uma das contribuições sociais existentes no ordenamento pátrio. Para facilitar o estudo, todas elas serão apresentadas da mesma forma: indicaremos a **previsão legal** (com todas as normas pertinentes), o **sujeito passivo** (lembrando que o sujeito ativo será sempre a União), a **destinação do valor arrecadado**, o **fato gerador**, a **base de cálculo**, a **alíquota** e outras **observações** que se mostrarem necessárias.

4.2.1. *Contribuição sobre a folha de pagamento*

a) Previsão legal: art. 195, I, "a", da CF; art. 22, I, do PCSS; art. 201 do RPS.

b) Sujeito passivo: o empregador, a empresa ou a entidade a ela equiparada.

c) Destinação do valor arrecadado: exclusivamente o pagamento de benefícios do RGPS (art. 167, XI, da CF).

d) Fato gerador: pagar, dever ou creditar remuneração, a qualquer título, a segurados que lhe prestem serviços, com ou sem vínculo empregatício.

Atente para o fato de que a folha de pagamento, para fins previdenciários, abrange os pagamentos feitos a quaisquer pessoas físicas que prestem serviço para a empresa em determinado mês, tendo vínculo empregatício ou sendo apenas um prestador de serviços eventual. Da mesma forma, o fato gerador (que impõe o dever de pagar o tributo) não é somente a entrega efetiva da remuneração ao segurado, mas o simples dever de pagá-lo, ou seja, ainda que a empresa esteja atrasada com o pagamento das remunerações aos seus empregados e prestadores de serviço, já nasceu o débito perante a União da contribuição sobre a folha de pagamento.

Remuneração deve ser entendida conforme o conceito dado pelo Direito do Trabalho, ou seja, *o valor pactuado a título de salário mais as gorjetas recebidas*.

e) Base de cálculo: o total das remunerações pagas, devidas ou creditadas para segurados, a qualquer título, ao longo do mês.

f) Alíquota: 20%, para as remunerações pagas, devidas ou creditadas, para segurados empregados, trabalhadores avulsos ou contribuintes individuais; 15%, para remunerações pagas a cooperados por intermédio de cooperativas de trabalho.

Lembre-se, para sua prova, que o Decreto nº 6.945/2009 reduziu a alíquota geral (20%) para as empresas das áreas de Tecnologia da Informação e Tecnologia da Informação e Comunicação, caracterizadas nos termos do art. 201-D, § 3º, do RPS, *na proporção de 1% para cada 10% da receita média trimestral total da empresa que seja destinada à exportação*, desde que atenda aos requisitos do art. 201-D, § 6º, do RPS. Em outros termos, se a receita média da empresa calculada no trimestre provier 50% dela de transações de exportação de produtos e serviços, a alíquota da contribuição sobre a folha será de 15%.

g) Vencimento: dia 20 do mês seguinte ao da competência.

h) Observações

✓ As instituições financeiras devem um adicional de 2,5% sobre a mesma base de cálculo (art. 22, § 1º, do PCSS);

✓ Empresas que tenham empregados ou trabalhadores avulsos (o que **exclui os contribuintes individuais**) em atividades de risco, que *são aquelas que autorizam o benefício da aposentadoria especial por periculosidade ou insalubridade*, devem um adicional de 1%, 2% ou 3% para o financiamento do Seguro de Acidentes de Trabalho – SAT e do mencionado benefício. A alíquota é determinada pela **atividade preponderante**, *aquela que possui maior número de funcionários trabalhando*, mencionada no Anexo V do RPS. Para o STJ, para apuração da atividade preponderante, deve ser analisado o risco de acidentes de trabalho e o número de segurados em atividade de risco em cada estabelecimento separadamente (Súmula nº 351 do STJ). É importante perceber que o adicional incidirá sobre **toda** a folha de pagamento.

✓ Empresas que tenham trabalhadores com direito a aposentadoria especial, além do adicional previsto no item anterior, devem ainda **outro adicional**, de 12%, 9% ou 6% sobre a remuneração **apenas dos segurados empregados ou avulsos expostos a agentes nocivos** característicos da periculosidade ou insalubridade, a depender do tempo de contribuição necessário para a aposentadoria especial (15, 20 ou 25 anos, respectivamente). Para o trabalho prestado por cooperado por intermédio de cooperativa profissional, os adicionais são reduzidos para 9%, 7% ou 5% respectivamente. Por exemplo: uma determinada empresa tem, no total, 500 funcionários, sendo que 100 deles estão expostos a agentes nocivos e recebem o correspondente adicional de insalubridade, tendo direito de aposentar-se com 25 anos de contribuição. O risco de acidente de trabalho destes 100 funcionários está classificado no Anexo V do RPS como leve. Nesse caso, a empresa terá de arcar com: **20%** do valor **total** de sua folha de pagamento, como contribuição básica; mais **1%** do valor **total** de sua folha de pagamento a título de adicional ao SAT; mais **6%** do valor **pago apenas aos segurados expostos aos agentes nocivos** para custeio da aposentadoria especial destes empregados.

4.2.2. Contribuição do Microempreendedor Individual – MEI

a) Previsão legal: art. 18-C, § 1º, III, da Lei Complementar nº 123/2006.

b) Sujeito passivo: MEI que contrata empregado.

c) Destinação do valor arrecadado: exclusivamente o pagamento de benefícios do RGPS (art. 167, XI, da CF).

d) Fato gerador: pagar, dever ou creditar remuneração ao segurado empregado que lhe preste serviço.

e) Base de cálculo: salário de contribuição do empregado. Atenção que a regra para o MEI é diferente, pois sua base de cálculo não é o valor da remuneração paga ao empregado, mas sim o **salário de contribuição** deste, conceito que será estudado mais adiante.

f) Alíquota: 3%

g) Vencimento: dia 20 do mês seguinte ao da competência.

h) Observação: apesar do conceito de MEI descrito no § 1º do art. 18-A da Lei Complementar nº 123/2006 remeter ao de empresário individual nos termos do art. 966 do CC, é fato que são abordagens diferentes. *Enquanto o empresário individual clássico, regido pelo CC,* ***deve*** *contratar empregados para sua caracterização, tal contratação é* ***vedada*** *para a classificação do MEI*. A contribuição em comento aplica-se à única exceção prevista: o MEI pode contratar apenas **um** empregado que receba não mais que **um salário mínimo** sem perder essa qualidade.

4.2.3. Contribuição da associação desportiva que mantém equipe de futebol profissional

a) Previsão legal: art. 22, § 6º, do PCSS; art. 205 do RPS.

b) Sujeito passivo: associação desportiva (clube) que mantém equipe de futebol profissional. Perceba que a manutenção da equipe de futebol profissional impõe o pagamento desta contribuição, a qual não se aplica a qualquer associação desportiva. Porém, havendo a equipe de futebol, a contribuição será sempre devida, mesmo em relação a outros esportes.

c) Destinação do valor arrecadado: exclusivamente o pagamento de benefícios do RGPS (art. 167, XI, da CF).

d) Fato gerador: auferir receita em razão da realização de evento esportivo em território nacional e por conta de qualquer forma de patrocínio, licenciamento de uso de marcas e símbolos, publicidade, propaganda e de transmissão de espetáculos desportivos.

e) Base de cálculo: receita bruta do espetáculo desportivo ou do patrocínio, licenciamento, publicidade e transmissão.

f) Alíquota: 5%

g) Vencimento: dois dias úteis após o evento esportivo quando a retenção for feita pela entidade promotora do evento; dia 20 do mês seguinte, quando a retenção for feita pelo patrocinador, licenciado para o uso da marca, empresa de publicidade ou geradora da transmissão do evento.

h) Observações

✓ Esta contribuição **substitui** a contribuição sobre a folha de pagamento dos **empregados e avulsos** da associação desportiva. Caso ela contrate contribuintes individuais ou trabalhadores cooperados, deverá arcar com a contribuição de 20% sobre a folha de pagamento relativa a essas remunerações.

✓ Para fazer jus à substituição, a associação desportiva deve estar organizada na forma de um dos seguintes tipos societários: **sociedade em nome coletivo, sociedade em comandita simples** ou **sociedade limitada**.

✓ É permitido que a associação desportiva mantenha outras atividades econômicas paralelas (exemplo: a produção de material esportivo com suas logomarcas). Entretanto, a contribuição sobre a receita bruta do espetáculo somente substitui a contribuição da associação desportiva naquilo que se relacionar com a manutenção e administração da própria equipe de futebol. Quanto a estas atividades secundárias, deverá recolher a contribuição sobre a folha de pagamento normalmente.

4.2.4. *Contribuição do produtor rural pessoa jurídica*

a) Previsão legal: art. 25 da Lei nº 8.870/1994; art. 201, §§ 16 e 17 do RPS.

b) Sujeito passivo: a pessoa jurídica que se dedique exclusivamente à atividade rural (agricultura e pecuária), inclusive aquelas listadas no art. 25, § 3º, do PCSS.

c) Destinação do valor arrecadado: exclusivamente o pagamento de benefícios do RGPS (art. 167, XI, da CF).

d) Fato gerador: a comercialização da produção pelo produtor rural pessoa jurídica.

e) Base de cálculo: receita bruta resultante da comercialização da produção.

f) Alíquota: 2,5% mais um adicional de 0,1% para o pagamento de benefícios resultantes de acidentes de trabalho. Portanto, a alíquota total é de 2,6%.

g) Vencimento: dia 20 do mês seguinte ao da operação de venda da produção.

h) Observações:

✓ Esta contribuição **substitui** a contribuição sobre a folha de pagamento dos **empregados e avulsos** do produtor rural pessoa jurídica. Caso ele contrate contribuintes individuais ou trabalhadores cooperados, deverá arcar com a contribuição de 20% sobre a folha de pagamento relativa a essas remunerações.

4.2.5. *Contribuição do produtor rural pessoa física*

a) Previsão legal: arts. 25 e 25-A do PCSS.

b) Sujeito passivo: a pessoa física que se dedique exclusivamente à atividade rural (agricultura e pecuária), inclusive aquelas listadas no art. 25, § 3º, do PCSS, bem como o consórcio simplificado de produtores rurais.

c) Destinação do valor arrecadado: exclusivamente o pagamento de benefícios do RGPS (art. 167, XI, da CF).

d) Fato gerador: a comercialização da produção pelo produtor rural pessoa física ou consórcio simplificado de produtores rurais.

e) Base de cálculo: receita bruta resultante da comercialização da produção.

f) Alíquota: 2,0% mais um adicional de 0,1% para o pagamento de benefícios resultantes de acidentes de trabalho. Portanto, a alíquota total é de 2,1%.

g) Vencimento: dia 20 do mês seguinte ao da operação de venda da produção.

h) Observações:

✓ Esta contribuição **substitui** a contribuição sobre a folha de pagamento dos **empregados e avulsos** do produtor rural pessoa física. Caso ele contrate contribuintes individuais ou trabalhadores cooperados, deverá arcar com a contribuição de 20% sobre a folha de pagamento relativa a essas remunerações.

✓ Não se pode confundir esta contribuição com aquela devida pelo produtor rural pessoa física em razão de *sua própria filiação ao RGPS*. O produtor rural pessoa física paga duas contribuições: por ser **contribuinte individual** e a ora estudada, que se aplica diante de sua equiparação à empresa por contratar empregados.

4.2.6. *Contribuição da agroindústria*

a) Previsão legal: art. 22-A do PCSS; arts. 201-A e 201-B do RPS.

b) Sujeito passivo: a agroindústria, assim definida como *o produtor rural pessoa jurídica que se destina à industrialização de produção própria e adquirida de terceiros*. O conceito de industrialização pode envolver o beneficiamento, o processamento, a extração de sumos, o embalamento etc.

c) Destinação do valor arrecadado: exclusivamente o pagamento de benefícios do RGPS (art. 167, XI, da CF).

d) Fato gerador: a comercialização da produção pela agroindústria.

e) Base de cálculo: receita bruta resultante da comercialização da produção.

f) Alíquota: 2,5% mais um adicional de 0,1% para o pagamento de benefícios resultantes de acidentes de trabalho. Portanto, a alíquota total é de 2,6%.

g) Vencimento: dia 20 do mês seguinte ao da operação de venda da produção.

h) Observações:

✓ Esta contribuição **substitui** a contribuição sobre a folha de pagamento dos **empregados e avulsos** da agroindústria. Caso ela contrate contribuintes individuais ou trabalhadores cooperados, deverá arcar com a contribuição de 20% sobre a folha de pagamento relativa a essas remunerações;

✓ Estão excluídas as agroindústrias destinadas à piscicultura, carcinicultura, suinocultura, avicultura, florestamento e reflorestamento como matéria-prima de industrialização própria por expressa determinação legal;

✓ A diferença entre esta contribuição e a prevista para o simples produtor rural pessoa jurídica é que, para a agroindústria, valerá esta alíquota de 2,6% sobre toda a sua receita bruta ainda que ela explore outra atividade econômica em paralelo, ao passo que o produtor rural pessoa jurídica deve dedicar-se **exclusivamente** à produção rural, sob pena de contribuir na regra geral da contribuição sobre a totalidade da folha de pagamento.

4.2.7. *Programa de Integração Social/Programa de Formação do Patrimônio do Servidor Público – PIS/PASEP*

a) Previsão legal: Lei Complementar nº 7/1970; Lei Complementar nº 26/1975; Lei nº 9.718/1998; Lei nº 10.637/2002.

b) Sujeito passivo: a empresa e a entidade a ela equiparada.

c) Destinação do valor arrecadado: pagamento do seguro-desemprego e do abono anual (benefícios **trabalhistas**, não previdenciários).

d) Fato gerador: auferir faturamento.

e) Base de cálculo: receita bruta mensal.

f) Alíquota: 0,65% no regime cumulativo; 1,65% no regime não cumulativo.

g) Vencimento: dia 25 do mês subsequente, antecipando-se o vencimento se não houver expediente bancário.

h) Observações:

✓ A contribuição do PIS **não é exclusivamente previdenciária**, servindo para financiamento de benefícios não previdenciários.

✓ As empresas são distribuídas entre os regimes cumulativo e não cumulativo pela legislação: como regra geral, seguem o segundo; o regime cumulativo fica reservado para as atividades listadas no art. 8º da Lei nº 10.637/2002.

4.2.8. *Contribuição para Financiamento da Seguridade Social - COFINS*

a) Previsão legal: Lei Complementar nº 70/1991; Lei nº 9.718/1998; Lei nº 10.833/2003.

b) Sujeito passivo: a empresa e a entidade a ela equiparada.

c) Destinação do valor arrecadado: financiamento da seguridade social como um todo (saúde, previdência e assistência social).

d) Fato gerador: auferir faturamento.

e) Base de cálculo: receita bruta mensal.

f) Alíquota: 3% no regime cumulativo; 7,6% no regime não cumulativo.

g) Vencimento: dia 25 do mês subsequente, antecipando-se o vencimento se não houver expediente bancário.

h) Observações:

✓ A COFINS **não é exclusivamente previdenciária**, servindo para financiamento de benefícios e serviços da seguridade social em geral, inclusive previdenciários.

✓ As empresas são distribuídas entre os regimes cumulativo e não cumulativo pela legislação: como regra geral, seguem o segundo; o regime cumulativo fica reservado para as atividades listadas no art. 10 da Lei nº 10.833/2003.

4.2.9. *Contribuição Social sobre o Lucro Líquido - CSLL*

a) Previsão legal: Lei nº 7.689/1988.

b) Sujeito passivo: a empresa e a entidade a ela equiparada.

c) Destinação do valor arrecadado: financiamento da seguridade social como um todo (saúde, previdência e assistência social).

d) Fato gerador: obter lucro contábil no exercício.

e) Base de cálculo: valor do resultado do exercício, antes da provisão para o imposto de renda.

f) Alíquota: 15% para as instituições financeiras; 9% para todas as demais pessoas jurídicas.

g) Vencimento: último dia útil do período de apuração (mensal ou trimestral).

h) Observações:

✓ A CSLL é recolhida na forma de adicional do imposto de renda da pessoa jurídica. Isso significa que são calculados no mesmo momento, por isso o regime de apuração da contribuição segue aquele adotado para o IRPJ.

4.3. Contribuição do empregador doméstico

a) Previsão legal: art. 24 do PCSS; art. 211 do RPS.

b) Sujeito passivo: empregador doméstico.

c) Destinação do valor arrecadado: exclusivamente o pagamento de benefícios do RGPS (art. 167, XI, da CF).

d) Fato gerador: contratar segurado empregado doméstico a seu serviço.

e) Base de cálculo: salário de contribuição dos empregados domésticos a serviço do empregador doméstico.

f) Alíquota: 12%.

g) Vencimento: dia 15 do mês seguinte ao da competência.

h) Observações:

✓ A contribuição do empregador doméstico tem a mesma natureza da contribuição das empresas sobre a folha de salários, ou seja, destina-se exclusivamente ao custeio da Previdência Social, não trazendo qualquer benefício, nesta seara, ao empregador doméstico.

✓ Além da alíquota (20% para as empresas, 12% para o empregador doméstico), há outra diferença entre as duas contribuições: enquanto a contribuição das empresas sobre a folha de pagamento não encontra limite máximo, a do empregador doméstico tem um valor máximo a ser recolhido. **Isso porque sua base de cálculo não é a remuneração, mas sim o salário de contribuição do empregado doméstico**, o qual, como veremos a seguir, é limitado em virtude do equilíbrio financeiro e atuarial do sistema previdenciário. Obviamente, se o mesmo empregador tiver vários empregados domésticos a seu serviço, o valor a pagar incidirá individualmente sobre o salário de contribuição de cada um deles. Assim, é mais correto dizer que a contribuição do empregador doméstico possui um limite máximo a ser pago em relação a cada empregado doméstico contratado.

4.4. Contribuições dos segurados

4.4.1. *Salário de contribuição*

a) Conceito

Não podemos avançar para o estudo das contribuições previdenciárias devidas pelos segurados sem conhecer o conceito de **salário de contribuição**.

Tantas vezes mencionado nos capítulos anteriores, o salário de contribuição pode ser definido, em poucas palavras, *como a base de cálculo da contribuição do segurado*. Vamos, com isso, estabelecer aqui um ponto importante: **o salário de contribuição não é o valor devido pelo segurado aos cofres da União a título de contribuição previdenciária!** É apenas sua base de cálculo, o *ponto de partida para encontrar o valor exato a ser recolhido*.

Em linhas mais precisas, temos que o salário de contribuição do **empregado e do trabalhador avulso** é *a remuneração auferida, em uma ou mais empresas, assim entendida a totalidade dos rendimentos pagos, devidos ou creditados a qualquer título, durante o mês, destinados a retribuir o trabalho, qualquer que seja sua forma, inclusive as gorjetas, os ganhos habituais sob a forma de utilidades e os adiantamentos decorrentes de reajuste salarial, quer pelos serviços efetivamente prestados, quer pelo tempo à disposição do empregador ou tomador de serviços nos termos da lei ou do contrato, ou, ainda, de convenção ou acordo coletivo de trabalho ou sentença normativa* (art. 28, I, do PCSS).

Para o **empregado doméstico** é *a remuneração registrada em sua Carteira de Trabalho e Previdência Social*, a não ser que se comprove que esta não corresponde à realidade (art. 28, II, do PCSS).

Para o **contribuinte individual** é *a remuneração auferida em uma ou mais empresas ou pelo exercício de sua atividade por conta própria, durante o mês* (art. 28, III, do PCSS).

Para o **segurado facultativo** é *o valor por ele declarado* (art. 28, IV, do PCSS).

Para o **segurado especial** não há que se falar em salário de contribuição, pois ele contribui apenas com um percentual sobre o resultado da comercialização de sua produção, sendo, portanto, diversa a base de cálculo de sua obrigação previdenciária.

b) Limites

Visando a manter o equilíbrio das contas previdenciárias, sem descuidar, por outro lado, do objetivo último da seguridade social que é a garantia de uma existência digna aos cidadãos, o salário de contribuição encontra limites máximo e mínimo no seu cálculo.

O **limite mínimo**, para o **empregado, o empregado doméstico e o trabalhador avulso**, é *o piso salarial da categoria estabelecido em lei ou negociações coletivas de trabalho*. Inexistindo o piso, bem como **para o contribuinte individual e o segurado facultativo**, o limite mínimo do salário de contribuição será *o salário mínimo*.

O **limite máximo**, por sua vez, é único para todos os segurados do RGPS. Seu valor é fixado pelo PCSS e atualizado periodicamente pelo Ministério da Previdência e Assistência Social na mesma época e pelos mesmos índices de reajustamento dos benefícios da Previdência, atendendo ao disposto no art. 20, § 1º, do PCSS. Apenas para fins de ilustração, o valor fixado em janeiro de 2014 é de R$ 4.390,24.

Isso significa que não importa o valor da remuneração efetivamente recebida pelo segurado. Seu salário de contribuição nunca será superior ao limite fixado pelo Poder Público. Sempre ilustrativo o exemplo do diretor empregado de uma empresa multinacional, com salário registrado na CTPS de R$ 30.000,00. Mesmo com este salário vultoso, o desconto de sua contribuição para o RGPS em seu contracheque está limitado a 11% (alíquota aplicável) de R$ 4.390,24, ou seja, R$ 482,93.

c) Parcelas não integrantes

A despeito dos conceitos abrangentes apresentados, é certo que o salário de contribuição não se constitui de todas as verbas recebidas pelos segurados, principalmente os empregados e avulsos. Além do próprio limite apresentado no item anterior a diferenciar a remuneração do empregado do seu salário de contribuição, ainda que o limite não seja atingido há parcelas integrantes da remuneração que **não integram o salário de contribuição**. Isso equivale a dizer que *sobre estas verbas **não** incide a alíquota da contribuição previdenciária devida pelo segurado*.

As parcelas não integrantes estão previstas no art. 28, § 9º, do PCSS, cuja leitura completa é essencial para a prova de Delegado. As mais relevantes, de toda forma, são as seguintes:

c1) os benefícios da previdência social, nos termos e limites legais, ressalvado o salário-maternidade

Confirmando aquilo que vimos anteriormente quando tratamos do período de graça, o segurado que estiver em gozo de benefício previdenciário não recolhe contribuição, pois o valor recebido não se considera salário de contribuição. A única exceção é o salário-maternidade, uma vez que, por não recair sobre ele o limite máximo dos benefícios, sobre ele deve incidir a cobrança do tributo;

c2) a parcela *in natura* recebida de acordo com os programas de alimentação aprovados pelo Ministério do Trabalho e Emprego

Parcela *in natura* da remuneração do trabalhador é aquela que *não é entregue em dinheiro, mas em utilidades*. No caso, trata-se da alimentação fornecida ao trabalhador, na forma de cestas básicas, refeitórios ou vale-alimentação, desde que integrantes de Programa de Alimentação do Trabalhador – PAT – devidamente aprovados pelo Ministério do Trabalho e Emprego. Há posicionamento do STJ dispensando esse ato formal em casos de oferta de alimentação dentro da própria empresa (REsp 511.359/AM, *DJ* 17.06.2003). Confirmando, de outra banda, a exigência da parcela ser paga *in natura*, determinando a incidência da contribuição caso paga em dinheiro, vide STJ, REsp 662.241/CE, *DJ* 04.08.2005;

c3) Multa de 40% sobre o valor depositado para o FGTS em caso de demissão sem justa causa

Benefício trabalhista previsto no art. 10 do Ato das Disposições Constitucionais Transitórias;

c4) Valor relativo a férias indenizadas e seu respectivo adicional constitucional

Popularmente conhecido como "venda das férias", esta situação ocorre quando o trabalhador não goza de seu descanso de 30 dias por ano de trabalho, recebendo o valor referente às férias em dinheiro, acrescido do adicional de um terço garantido pela CF. Aliás, vale dizer que, em se tratando de **indenizações,** a regra é que não incida a contribuição, por não se tratar de importância recebida em razão da atividade remunerada, mas sim de compensação financeira pelo desrespeito a determinado direito do trabalhador;

c5) Parcela recebida a título de vale-transporte, na forma da legislação própria

A legislação em questão é a Lei nº 7.418/1985, que instituiu o vale-transporte como direito do trabalhador que deve utilizar o transporte público no seu itinerário para o trabalho e de volta a sua residência. Pago corretamente, ou seja, mediante o desconto de 6% da remuneração do trabalhador e custeado o restante pela empresa no valor estritamente necessário para o transporte, está excluído da incidência da contribuição. Ao se referir à legislação instituidora do benefício, a lei pretende que este seja também entregue *in natura*, isto é, na forma dos próprios vales emitidos pelas empresas de transporte coletivo, posição adotada pelo STJ (REsp 508.283/PR, *DJ* 16.08.2005). Em julgado mais recente, o STF adotou posição oposta, permitindo o pagamento do vale-transporte em dinheiro sem que isso o integrasse ao salário de contribuição (RE 478.410/SP, *DJ* 10.03.2010);

c6) a ajuda de custo, em parcela única, recebida exclusivamente em decorrência de mudança do local de trabalho do empregado, na forma do art. 470 da CLT

O referido artigo da Consolidação das Leis do Trabalho garante que *as despesas decorrentes da transferência do empregado correrão por conta do empregador*, que pode pagá-las diretamente ou creditar o valor respectivo para o trabalhador fazer frente aos custos da mudança. A esta verba o PCSS dá o nome de **ajuda de custo** e, *desde que paga em parcela única*, não se constituirá salário de contribuição;

c7) as diárias para viagem, desde que não excedam a 50% da remuneração mensal

Enquanto a ajuda de custo refere-se ao reembolso das despesas efetuadas por conta da mudança **definitiva** do empregado de seu local de trabalho, sendo paga uma única vez, as **diárias** são devidas para *fazer frente aos custos do deslocamento do segurado para outras localidades em benefício do serviço*. Serão pagas dentro do mesmo mês tantas vezes quantas forem as viagens realizadas pelo trabalhador, em valor a ser fixado pela empresa. Dada sua natureza indenizatória, não se integrarão ao salário de contribuição *desde que o valor pago a título de diárias não supere o limite de 50% da remuneração do empregado*. Caso isso aconteça, **o valor total**, e não somente o que exceder, será considerado remuneração e integrará o cálculo do salário de contribuição. A ideia é evitar que a empresa pague parcelas da remuneração do empregado sob a rubrica das diárias. Mas é importante deixar claro: ainda que haja efetiva comprovação de que o funcionário realmente viajou muitas vezes, sendo-lhe pagos corretamente os valores das diárias que acabaram por superar 50% da remuneração, **mesmo assim** incidirá a contribuição previdenciária **sobre tudo**;

c8) a importância recebida a título de bolsa de complementação educacional de estagiário, quando paga nos termos da Lei nº 11.788/2008

A bolsa recebida pelo estagiário não é considerada remuneração, pois o programa de estágio é visto como uma complementação do estudo. Por essa razão que o estagiário é considerado **segurado facultativo** e não haverá cobrança da contribuição sobre a bolsa recebida. Mais uma vez, o PCSS estampa a necessidade do estágio cumprir os requisitos da Lei nº 11.788/2008, do contrário será considerado uma relação de emprego disfarçada e, consequentemente, o valor recebido pelo "estagiário" será classificado como remuneração integrante do salário de contribuição, devendo recolher sua contribuição previdenciária;

c9) A participação nos lucros ou resultado da empresa, quando paga ou creditada de acordo com lei específica

A participação nos lucros ou resultados (PLR) está disciplinada na Lei nº 10.101/2000, que veda o pagamento da PLR *em periodicidade inferior a um trimestre mais de duas vezes dentro do mesmo ano*. Participações pagas em periodicidade menor serão consideradas, portanto, como salário de contribuição (STJ, REsp 856.160/PR, *DJ* 04.06.2009);

c10) O abono do PIS/PASEP

O abono do PIS/PASEP *é um direito de natureza trabalhista, que garante a todos os empregados que recebam até dois salários mínimos por mês um crédito de um salário mínimo no ano seguinte*, valor sobre o qual não incidirá a contribuição previdenciária;

c11) Os valores correspondentes a transporte, alimentação e habitação fornecidos pela empresa ao empregado contratado para trabalhar em localidade distante da de sua residência, em canteiro de obras ou local que, por força da atividade, exija deslocamento e estada, observadas as normas de proteção estabelecidas pelo Ministério do Trabalho

Trata-se de outras parcelas *in natura* pagas pela empresa. Em vez de fornecer valores relativos ao transporte, alimentação e habitação, ela entrega as próprias utilidades: faz o transporte para o trabalhador, fornece-lhe alimentação e a morada. O montante correspondente a tais prestações não será considerado remuneração **se presentes os requisitos do dispositivo:** trabalho distante da residência, fornecimento das utilidades *in natura* e observância das normas estabelecidas pelo MTE;

c12) A importância paga ao empregado a título de complementação do auxílio-doença, desde que este direito seja extensivo à totalidade dos empregados da empresa

Este dispositivo merece atenção, diante das diferentes interpretações que lhe são dadas. Para o INSS e grande parte da doutrina, posição que sugerimos adotar para as provas de Delegado, portanto, ele se refere à complementação do **valor** do auxílio-doença paga pela empresa ao empregado que esteja em gozo do benefício, ou seja, a diferença entre o salário deste e o valor do benefício recebido, nos termos de convenção ou acordo coletivo. A jurisprudência, no entanto, usa esse item para excluir a cobrança de contribuição previdenciária da complementação do **período** dos primeiros 15 dias de afastamento do empregado, que são pagos pela empresa (o INSS somente começa a pagar o auxílio-doença no 16º dia de afastamento). Para o STJ, como não há prestação de serviço por parte do trabalhador nesse período, o pagamento não tem natureza salarial e, destarte, não deve ser incluído no salário de contribuição (REsp 1.086.141/RS, *DJ* 16.12.2008);

c13) O valor das contribuições efetivamente pago pela pessoa jurídica relativo a programa de previdência complementar, aberto ou fechado, desde que disponível à totalidade de seus empregados e dirigentes, observados, no que couber, os arts. 9º e 468 da CLT

c14) O valor relativo à assistência prestada por serviço médico ou odontológico, próprio da empresa ou por ela conveniado, inclusive o reembolso de despesas com medicamentos, óculos, aparelhos ortopédicos, despesas médico-hospitalares e outras similares, desde que a cobertura abranja a totalidade dos empregados e dirigentes da empresa

Os dois itens tratam de benefícios cedidos pela empresa a seus funcionários: previdência privada ou assistência à saúde, sendo a forma mais comum o plano de saúde corporativo. Não importa o meio pelo qual tais benefícios sejam prestados, *se disponíveis para todos os funcionários, em qualquer setor ou escalão*, estão excluídos da contribuição previdenciária. A essas benesses, o STJ ainda inclui, sob os mesmos requisitos, o seguro de vida em grupo (REsp 839.153/SC, *DJ* 19.12.2008);

c15) O ressarcimento de despesas pelo uso de veículo do empregado e o reembolso-creche pago em conformidade com a legislação trabalhista, observado o limite máximo de seis anos de idade, quando devidamente comprovadas as despesas realizadas

O ressarcimento pelo uso do veículo do empregado ocorre quando este, em prol do serviço, vale-se de seu próprio automóvel para deslocar-se entre os pontos necessários. O pagamento inclui o combustível e o desgaste do veículo e é independente do recebimento de diárias, se for o caso. Como se vê, tem clara natureza indenizatória e, por isso, está excluído do salário de contribuição.

O auxílio-creche é um benefício trabalhista, cuja exclusão do salário de contribuição está inclusive contemplada na Súmula nº 310 do STJ.

c16) A importância recebida a título de bolsa de aprendizagem garantida ao adolescente até quatorze anos de idade, de acordo com o disposto no art. 64 da Lei nº 8.069/1990

Se a bolsa-estágio é excluída do salário de contribuição, com muito mais razão deve sê-lo a bolsa-aprendizagem, paga ao **menor aprendiz**, o *adolescente que busca aprender uma profissão através de programa técnico-profissional ministrado segundo as diretrizes e bases da educação nacional, garantindo o acesso e frequência ao ensino regular*. A única ressalva é que o Estatuto da

Criança e do Adolescente (Lei nº 8.069/1990) e, sucessivamente, o dispositivo ora estudado foram alterados tacitamente pela Emenda Constitucional nº 20/1998, o que permitiu o trabalho como aprendiz apenas **a partir** dos 14 anos de idade.

d) Parcelas integrantes

Seguindo a regra geral, *todo valor recebido pelo empregado, em dinheiro ou* in natura, *como contraprestação pelo seu trabalho e que não esteja contemplado na lista do item anterior* é considerado salário de contribuição.

Assim, em rol exemplificativo, temos como integrantes da base de cálculo da contribuição do segurado:

d1) Abonos, comissões, bonificações, gratificações ou prêmios de qualquer natureza

d2) Adicionais de insalubridade e periculosidade

d3) Aviso-prévio, trabalhado ou indenizado

d4) Décimo-terceiro salário (exceto para fins de cálculo de benefício)

d5) Diárias de viagem, quando excederem 50% da remuneração mensal do empregado

d6) Férias gozadas dentro do período normal (doze meses após a aquisição) **e na vigência do contrato de trabalho, inclusive o terço constitucional**

d7) Adicional de horas extras

d8) Adicional de produtividade

d9) Descanso semanal remunerado

d10) Salário-maternidade (como exceção à regra de que benefícios previdenciários não se incluem no salário de contribuição)

d11) Remuneração paga pelo sindicato e/ou pela empresa para o segurado dirigente sindical

e) Proporcionalidade

Estudamos anteriormente uma premissa importante sobre a forma de contribuição dos segurados: *se este exerce mais de uma atividade remunerada, é considerado como segurado em cada uma delas e, por conta disso, deve também contribuir em cada uma delas* (art. 9º, § 13, do RPS).

Por outro lado, não podemos esquecer que a contribuição efetiva do segurado para o RGPS encontra um limite máximo, que é o teto do salário de contribuição. Como conjugar, então, estes dois fatores? Afinal, em se tratando de um segurado cuja contribuição será descontada automaticamente pela fonte pagadora (como acontece, por exemplo, com os empregados e contribuintes individuais que prestam serviços para empresas), existe o risco de cada fonte descontar o valor relativo à remuneração paga sem considerar os demais salários do segurado, impondo-lhe uma contribuição maior do que o limite do RGPS.

A resposta está na **proporcionalidade do salário de contribuição**, determinando o *cálculo da contribuição do segurado proporcionalmente sobre cada remuneração.*

Para bem entender esse sistema, vamos construir o raciocínio em três situações distintas. Também precisamos adiantar a seguinte informação sobre a contribuição do segurado empregado, que estudaremos em detalhes logo mais: *o percentual da alíquota aplicável é aquele que se refere à soma de todos os seus salários de contribuição, nos termos da seguinte tabela (Portaria MF nº 19/2014)*:

Salário-de-contribuição	**Alíquota**
até R$ 1.317,07	8%
de R$ 1.317,08 a R$ 2.195,12	9%
de R$ 2.195,13 a R$ 4.390,24	11%

E, apenas para facilitar, vamos supor que as remunerações do empregado equivalem exatamente ao salário de contribuição.

e1) Situação 1

Determinado contribuinte é segurado empregado em duas empresas diferentes, percebendo em cada uma R$ 900,00 de remuneração. Qual será a alíquota de sua contribuição e como a recolherá?

✓ Soma das remunerações: R$1.800,00

✓ Salário de contribuição do segurado: R$1.800,00

✓ Alíquota aplicável: 9%

✓ Contribuição na primeira empresa: R$ 81,00 (9% de R$ 900,00)

✓ Contribuição na segunda empresa: R$ 81,00 (9% de R$ 900,00)

✓ Contribuição total: R$ 162,00 (9% de R$1.800,00)

Quando os salários de contribuição, somados, não ultrapassam o teto, mas alteram a alíquota que seria individualmente aplicada a cada um deles, deve-se somente aplicar a alíquota total separadamente, sem qualquer alteração nos salários de contribuição. Cabe, todavia, ao segurado alertar seu empregador sobre esse fato, sob pena dele (segurado) ficar em débito com o INSS (caso cada empregador desconte 8% do salário de contribuição, o que seria natural se cada empregador não souber do outro trabalho de seu funcionário). A diferença, não obstante, ainda assim deverá ser recolhida pelos empregadores quando intimados a fazê-lo pelo INSS. Isso porque o art. 33, § 5º, do PCSS estabelece a *presunção absoluta de que os descontos na folha de pagamento do empregado foram feitos conforme a lei perante este*, nada se podendo exigir do trabalhador. O próprio artigo estabelece que a empresa será diretamente responsável pelo recolhimento.

e2) Situação 2

Determinado contribuinte é segurado empregado em duas empresas diferentes, percebendo R$ 2.200,00 e R$ 2.300,00 de remuneração, respectivamente. Qual será a alíquota de sua contribuição e como a recolherá?

✓ Soma das remunerações: R$ 4.500,00

✓ Salário de contribuição do segurado: R$ 4.390,24

✓ Alíquota aplicável: 11%

✓ Contribuição na primeira empresa: R$ 236,10 (11% de R$ 2.146,34 → valor proporcional)

✓ Contribuição na segunda empresa: R$ 246,83 (11% de R$ 2.243,90 → valor proporcional)

✓ Contribuição total: R$ 482,93 (11% de R$ 4.390,24)

Aqui aplicamos a **regra da proporcionalidade**, quando a soma dos salários de contribuição de fontes pagadoras diferentes ultrapassar o limite máximo do RGPS, mas seus valores unitários ficam dentro desse patamar. Note que se os empregadores nada souberem sobre as atividades paralelas de seu empregado, descontarão, cada um, 11% do respectivo salário de contribuição, fazendo com que a contribuição total do segurado seja R$ 495,00 (11% de R$ 4.500,00). Como o teto do RGPS é de R$ 4.390,24, essa contribuição a maior nada valerá para o cálculo dos benefícios, o que não interessa para o segurado.

Logo, ele, novamente, é quem deve informar seus empregadores para que cada um encontre o valor proporcional a ser descontado, por meio da seguinte fórmula:

$$\frac{\textit{Salário x Teto do RGPS}}{\textit{Soma das remunerações}}$$

A função apresentada permite encontrar, em nosso exemplo, qual a proporção que cada remuneração individualmente representa em R$ 4.500,00 e aplicar esta mesma proporção sobre o teto do RGPS. Sobre o valor encontrado, cada empresa aplica a alíquota de 11%. Veja que, ao final, a soma dos salários de contribuição proporcionais é igual ao teto do RGPS e a soma dos valores efetivamente descontados por cada fonte pagadora é exatamente igual a 11% do teto do RGPS.

e3) Situação 3

Determinado contribuinte é segurado empregado em duas empresas diferentes, percebendo R$ 4.500,00 e R$ 700,00 de remuneração, respectivamente. Qual será a alíquota de sua contribuição e como a recolherá?

✓ Soma das remunerações: R$ 5.200,00

✓ Salário de contribuição do segurado: R$ 4.390,24

✓ Alíquota aplicável: 11%

✓ Contribuição na primeira empresa: R$ 482,93 (11% de R$ 4.390,24)

✓ Contribuição na segunda empresa: R$ 0,00

✓ Contribuição total: R$ 482,93 (11% de R$ 4.390,24)

Quando o salário de contribuição de uma só empresa, *sozinho, já supera o teto do RGPS*, não é necessário aplicar a regra da proporcionalidade. Basta ao segurado informar seu segundo empregador para que ele **nada recolha**, pois toda a sua contribuição devida já terá sido descontada pela primeira fonte pagadora.

Resta esclarecer que o termo **proporcionalidade do salário de contribuição** é também usado com outro sentido, conforme disposto no art. 214, § 1º, do RPS: *quando a admissão, a dispensa, o afastamento ou a falta do empregado, inclusive o doméstico, ocorrer no curso do mês, o salário de contribuição será proporcional ao número de dias efetivamente trabalhados*. Com isso, por exemplo, se o empregado foi admitido para o trabalho e iniciou suas atividades na empresa no dia 15 de determinado mês, a primeira contribuição a ser descontada dele utilizará como base de cálculo um salário de contribuição **proporcional** ao tempo trabalhado. Isto é consequência natural do fato do segurado também receber, pelo trabalho prestado nesse primeiro período, somente metade da remuneração pactuada; logo, o salário de contribuição, na nossa hipótese, também será metade do usual.

4.4.2. Contribuições em espécie

a) Contribuição do segurado empregado e do trabalhador avulso

a1) Previsão legal: art. 20 do PCSS; art. 198 do RPS.

a2) Sujeito passivo: segurado empregado ou trabalhador avulso.

a3) Destinação do valor arrecadado: exclusivamente o pagamento de benefícios do RGPS (art. 167, XI, da CF).

a4) Fato gerador: auferir remuneração em uma ou mais empresas.

a5) Base de cálculo: salário-de-contribuição.

a6) Alíquota: 8%, 9% ou 11%, nos termos da tabela abaixo (Portaria MF nº 19/2014):

Salário de contribuição	Alíquota
até R$1.317,07	8%
de R$ 1.317,08 a R$ 2.195,12	9%
de R$ 2.195,13 a R$ 4.390,24	11%

a7) Vencimento: dia 20 do mês seguinte ao da competência.

a8) Observações:

✓ A contribuição do segurado empregado e do trabalhador avulso deve ser descontada de sua remuneração pela fonte pagadora e por esta remetida à União, sendo recolhida no mesmo vencimento da contribuição sobre a folha de pagamento da empresa. Mas não se esqueça de que o **sujeito passivo é o segurado**, pois o valor pago sai de sua remuneração. A empresa é apenas um instrumento de arrecadação.

✓ A tabela apresentada apenas **não** se aplica ao **trabalhador rural por pequeno prazo**, contratado pelo produtor rural pessoa física ou pelo segurado especial na forma do art. 14-A da Lei nº 5.889/1973, sendo sua alíquota **sempre** de 8%, não importando o valor efetivo de seu salário de contribuição.

b) Contribuição do segurado empregado doméstico

b1) Previsão legal: art. 20 do PCSS; art. 198 do RPS.

b2) Sujeito passivo: empregado doméstico.

b3) Destinação do valor arrecadado: exclusivamente o pagamento de benefícios do RGPS (art. 167, XI, da CF).

b4) Fato gerador: auferir remuneração em uma ou mais residências como empregado doméstico.

b5) Base de cálculo: salário de contribuição.

b6) Alíquota: 8%, 9% ou 11%, nos termos da tabela aplicável ao segurado empregado e ao trabalhador avulso, apresentada no item anterior.

b7) Vencimento: dia 15 do mês seguinte ao período de competência, podendo ser mensal ou trimestral (a opção é possível apenas aos empregadores domésticos quando o salário de contribuição de seu empregado doméstico for igual a um salário mínimo. Para os demais, será necessariamente mensal).

b8) Observações:

✓ Lembre-se que a única diferença entre a contribuição do segurado empregado e do empregado doméstico é a **data de vencimento**. Isso ocorre porque, tal qual acontece com as empresas, a obrigação de descontar e recolher a contribuição do empregado doméstico é do empregador doméstico, contudo, o vencimento da obrigação previdenciária deste é diferente (dia 15). Para facilitar a arrecadação, mantém-se a data de vencimento da contribuição do segurado na mesma data do vencimento da contribuição da fonte pagadora.

c) Contribuição do segurado contribuinte individual

c1) Previsão legal: art. 21 do PCSS; art. 199 do RPS.

c2) Sujeito passivo: contribuinte individual.

c3) Destinação do valor arrecadado: exclusivamente o pagamento de benefícios do RGPS (art. 167, XI, da CF).

c4) Fato gerador: auferir remuneração por atividade que o enquadre como contribuinte individual, nos termos do art. 12, V, do PCSS.

c5) Base de cálculo: salário de contribuição.

c6) Alíquota: 20%, 11% ou 5% (conforme disposto no item "c8", *infra*).

c7) Vencimento: dia 15 do mês seguinte ao período de competência, podendo a arrecadação ser mensal ou trimestral (a opção é possível apenas aos contribuintes individuais cujo salário de contribuição seja igual a um salário mínimo. Para os demais, será necessariamente mensal).

c8) Observações:

✓ O contribuinte individual pode contribuir de duas formas para o RGPS e sua opção influenciará nos benefícios previdenciários a que terá direito.

O contribuinte individual pode optar pela **exclusão do benefício da aposentadoria por tempo de contribuição**, hipótese em que sua alíquota será de 11%, para os contribuintes individuais em geral, ou 5%, para os **microempreendedores individuais**.

Caso mudem de ideia, a qualquer momento podem recolher a parcela faltante de 9% ou 15% (para somar 20%), respectivamente, aplicadas sobre o valor do salário mínimo vigente à época que se pretende complementar acrescida de correção monetária e juros. Veja o exemplo a seguir:

Determinado contribuinte individual, profissional liberal, optou pela exclusão do benefício da aposentadoria por tempo de contribuição. Como percebe, em média (apenas para fins didáticos – na prática o cálculo é feito sobre a exata remuneração de cada mês), R$ 1.000,00 por mês em sua atividade, recolhe 11% disto à União, ou seja, R$ 110,00. Fez isso por 10 anos, de 2000 a 2010. Arrependeu-se, porém, e agora gostaria que esses 10 anos contassem como tempo de contribuição para sua aposentadoria. Para tanto, deve recolher o equivalente a 9% do salário mínimo vigente em cada mês destes 10 anos, corrigidos monetariamente e com aplicação dos juros de mora legalmente previstos. Assim, supondo que o salário mínimo no ano 2000 era de R$ 300,00, para cada mês do ano 2000 nosso contribuinte deverá complementar R$ 27,00 (9% de R$ 300,00), mais correção monetária e juros. Para 2001, se o salário mínimo era de R$ 330,00, por exemplo, deverá complementar R$ 29,70 (9% de R$ 330,00) por mês, mais correção monetária e juros. E, assim, sucessivamente.

Em derradeiro, cumpre destacar que, se o contribuinte individual prestar serviço para empresa ou entidade a ela equiparada, com exceção das entidades beneficentes de assistência social, a fonte pagadora **descontará de sua remuneração a alíquota de 11%**. Caso o contribuinte seja optante do benefício da aposentadoria por tempo de contribuição, deverá complementar os 9% restantes **no mesmo mês da competência**.

Não se esqueça de que o regime de alíquotas diferenciadas (11% para os contribuintes individuais em geral, 5% para os microempreendedores individuais) retira do segurado **somente** o direito à aposentadoria por tempo de contribuição, mantendo-se as demais (aposentadoria por idade e por invalidez).

d) Contribuição do segurado facultativo

d1) Previsão legal: art. 21 do PCSS; art. 199 do RPS.

d2) Sujeito passivo: segurado facultativo.

d3) Destinação do valor arrecadado: exclusivamente o pagamento de benefícios do RGPS (art. 167, XI, da CF).

d4) Fato gerador: inscrever-se como segurado facultativo no INSS.

d5) Base de cálculo: salário de contribuição.

d6) Alíquota: 20%, 11% ou 5% (conforme disposto no item "d8", *infra*).

d7) Vencimento: dia 15 do mês seguinte ao período de competência, podendo a arrecadação ser mensal ou trimestral (a opção é possível apenas aos segurados facultativos cujo salário de contribuição seja igual a um salário mínimo. Para os demais, será necessariamente mensal).

d8) Observações:

✓ Aplica-se ao segurado facultativo a mesma opção prevista para o contribuinte individual sobre a aposentadoria por tempo de contribuição e todas as regras já expostas no item "c8", *supra*. Assim, se optar pela exclusão deste benefício, sua alíquota será de 11%, para todos os segurados facultativos, ou 5%, na específica hipótese do segurado facultativo sem renda própria que se dedique exclusivamente ao trabalho doméstico no âmbito de sua residência ("dona de casa"), desde que pertencente a família de baixa renda, assim considerada aquela inscrita no Cadastro Único para Programas Sociais do Governo Federal e cuja renda familiar não ultrapasse dois salários mínimos. A renda familiar é calculada somando os ganhos de todos os *moradores da mesma residência* que exerçam atividade remunerada.

e) Contribuição do segurado especial

e1) Previsão legal: art. 25 do PCSS.

e2) Sujeito passivo: segurado especial.

e3) Destinação do valor arrecadado: exclusivamente o pagamento de benefícios do RGPS (art. 167, XI, da CF).

e4) Fato gerador: comercialização da produção.

e5) Base de cálculo: receita bruta oriunda da comercialização da produção, inclusive das atividades previstas no art. 25, § 10, do PCSS.

e6) Alíquota: 2,0% mais um adicional de 0,1% para o pagamento de benefícios resultantes de acidentes de trabalho. Portanto, a alíquota total é de 2,1%.

e7) Vencimento: dia 20 do mês seguinte ao da operação de venda.

e8) Observações:

✓ Ao segurado especial, como já dissemos, não se aplica a noção de salário de contribuição, pois sua participação no custeio do RGPS segue a mesma lógica do produtor rural pessoa física, ou seja, aplica-se a alíquota sobre a receita obtida com a comercialização da produção.

✓ Isto implica que sua contribuição não será, necessariamente, periódica, pois haverá épocas do ano em que não haverá produção para comercializar (entressafra). Mesmo assim, manterá sua qualidade de segurado.

✓ Diante desta sistemática própria de contribuição, o segurado especial tem direito a benefícios previdenciários no valor de um salário mínimo. Caso queira obter um valor maior, *poderá inscrever-se como contribuinte individual com salário de contribuição maior que um salário mínimo*. Nesta hipótese, todavia, deverá recolher sua contribuição mensalmente, tal qual o contribuinte individual. Resta destacar que, **mesmo fazendo esta opção** (de contribuir como contribuinte individual), **não se descaracteriza sua condição de segurado especial**, sendo assim considerado para todos os efeitos. A única coisa que vai mudar é o valor de seus benefícios previdenciários.

✓ O segurado especial somente está obrigado a recolher, diretamente, sua contribuição caso venda sua produção a consumidor localizado no exterior ou, diretamente no varejo, a consumidor pessoa física, a outro produtor rural pessoa física ou a outro segurado especial. Caso comercialize sua produção para empresa ou cooperativa, estas são obrigadas a **descontar** o valor da contribuição do pagamento efetuado ao segurado especial e repassá-lo à União no mesmo prazo (dia 20 do mês seguinte ao da operação de venda).

4.5. Contribuição sobre a receita dos concursos de prognósticos

O art. 26, § 1º, do PCSS define **concursos de prognósticos** como sendo *todo e qualquer concurso de sorteios de números, loterias, apostas, inclusive as realizadas em reuniões hípicas, nos âmbitos federal, estadual, do Distrito Federal e municipal.*

Duas considerações são importantes sobre este conceito. Primeira, que é necessário dividir as diferentes espécies de concursos de prognósticos. Há concursos que são organizados pelo próprio Poder Público (as loterias: Loteria Federal, Quina, Timemania, Mega-Sena etc.), e há concursos de prognósticos organizados por instituições particulares (reuniões hípicas e os bingos, enquanto foram autorizados). Em cada uma delas, a forma de arrecadação e alíquota aplicáveis são diferentes.

Segunda, apesar da amplitude do texto legal ao mencionar os concursos de prognósticos em âmbito *estadual, distrital e municipal*, o permissivo esbarra no art. 22, XX, da CF que entrega competência privativa à **União** para legislar sobre sistemas de consórcios e sorteios. Aplicando o dispositivo, o STF editou a Súmula Vinculante nº 02, que dispõe: *é inconstitucional a lei ou ato normativo estadual ou distrital que disponha sobre sistemas de consórcios e sorteios, inclusive bingos e loterias.* Em outras palavras, Estados, Distrito Federal e Municípios não podem criar suas próprias loterias nem autorizar, em seus territórios, a exploração de outros concursos de prognósticos, como os bingos.

4.5.1. Concursos de prognósticos oficiais

Parte do valor arrecadado com as apostas realizadas nas loterias oficiais constitui receita da Seguridade Social. Tecnicamente, sequer se trata de uma contribuição, porque se resume a mero repasse do montante determinado em lei da entidade organizadora (a Caixa Econômica Federal) para o INSS, não havendo que se falar, por exemplo, em *sujeito passivo*. Usamos o termo **contribuição** somente em respeito à terminologia constitucional.

A contribuição está regulamentada nos arts. 26 do PCSS e 212 do RPS. O RPS, no inciso I do § 2º do art. 212, estabelece que seu valor corresponde à *renda líquida dos concursos de prognósticos realizados pelos órgãos do Poder Público.* E mais adiante define **renda líquida** como *o total da arrecadação, deduzidos os valores destinados ao pagamento de prêmios, de impostos e despesas com administração.*

A primeira leitura deixa transparecer que o intuito da legislação é entregar à Seguridade Social *todo o dinheiro arrecadado* com as loterias, excluindo-se unicamente o montante necessário para o pagamento do prêmio, despesas operacionais e os impostos eventualmente incidentes. Contudo, não é o que se observa na prática, pois com o passar do tempo sucessivas normas foram editadas distribuindo o valor arrecadado nas loterias entre diversos programas de governo.

O próprio PCSS já menciona o Programa de Crédito Educativo, criado em 1992. A ele seguiram o Instituto Nacional de Desenvolvimento do Desporto – INDESP, em 1998, e o Fundo de Financiamento ao Estudante de Nível Superior – FIES, em 1999. Com isso, o conceito de renda líquida deve ser lido como *o total da arrecadação, deduzidos os valores destinados ao pagamento de prêmios, de impostos, de despesas com administração e os valores destinados por lei a outros programas ou projetos do governo.* O que sobrar, vai para a Seguridade Social.

Vale lembrar que esse rateio é possível porque a contribuição sobre os concursos de prognósticos não tem sua receita exclusivamente vinculada às despesas previdenciárias, por não estar contemplada no art. 167, XI, da CF.

4.5.2. Concursos de prognósticos promovidos por particulares

a) Previsão legal: art. 26 do PCSS; art. 212 do RPS.

b) Sujeito passivo: entidade organizadora do concurso.

c) Destinação do valor arrecadado: financiamento da seguridade social como um todo (saúde, previdência e assistência social).

d) Fato gerador: recebimento de valores a título de apostas em concurso de prognósticos.

e) Base de cálculo: receita bruta auferida com as apostas.

f) Alíquota: 5%

g) Vencimento: dia 20 do mês seguinte ao da competência (art. 253 da IN RFB nº 971/2009).

h) Observações

✓ Concursos de prognósticos administrados por particulares são raros, dada a ilegalidade genérica na exploração de jogos de azar (a qual constitui contravenção penal). O RPS prevê a aplicação da alíquota de 5% sobre a **movimentação global das apostas em prado de corridas** e sobre **o movimento global de sorteio de números ou de quaisquer modalidades de símbolos.**

✓ **Prado de corridas** é o turfe, a corrida de cavalos, cujas apostas são administradas pelas associações civis que mantêm os hipódromos (Jóquei Clube e similares). **Sorteio de números ou quaisquer outros símbolos** tinha como endereço certo a exploração do jogo de bingo, enquanto este foi autorizado no país.

✓ Hoje, portanto, esta contribuição incide apenas sobre as apostas das corridas de cavalos. Nada impede, de outro lado, que bingos ou outros jogos de azar passem a ser expressamente autorizados por legislação futura. Se isso acontecer, aplicaremos as disposições acima concernentes à incidência da contribuição sobre a receita obtida com os sorteios.

4.6. Contribuição do importador de produtos ou serviços – PIS/PASEP-Importação e COFINS-Importação

a) Previsão legal: art. 1º da Lei nº 10.865/2004.

b) Sujeito passivo: o importador (pessoa física ou jurídica que promove a entrada de bens estrangeiros em território nacional), a pessoa física ou jurídica contratante de serviços de residente ou domiciliado no exterior e o beneficiário do serviço, quando o contratante também for residente ou domiciliado no exterior.

c) Destinação do valor arrecadado: financiamento da seguridade social como um todo (saúde, previdência e assistência social).

d) Fato gerador: a entrada de bens estrangeiros no território nacional (desembaraço aduaneiro) ou o pagamento, crédito, entrega, emprego ou remessa de valores a residentes ou domiciliados no exterior como contraprestação por serviço prestado.

e) Base de cálculo: valor aduaneiro do produto ou o total do valor pago a residente ou domiciliado no exterior pela prestação do serviço.

f) Alíquota: 1,65%, para o PIS/PASEP-Importação; 7,6%, para a COFINS-Importação.

g) Vencimento: data do registro da declaração de importação, para mercadorias, ou a data do pagamento, para prestação de serviços.

h) Observações

✓ O cálculo das contribuições é realizado "por dentro", ou seja, o valor delas integra a própria base de cálculo.

✓ Devem ser somados à base de cálculo, outrossim, o valor devido a título de ICMS, para mercadorias ou serviços de transporte ou telecomunicações, ou ISS, para os demais serviços.

✓ Tal qual a regulamentação do Imposto de Importação, as contribuições aqui tratadas possuem uma série de alíquotas diferenciadas, previstas no art. 8º da Lei nº 10.865/2004, e isenções, previstas no art. 9º do mesmo diploma legal.

5. DECADÊNCIA E PRESCRIÇÃO DAS CONTRIBUIÇÕES SOCIAIS

5.1. Preceitos fundamentais

Navegando uma vez mais pelos mares do Direito Tributário, aproveitando que se trata de disciplina também exigida nos concursos para Delegado, para bem entender os institutos da decadência e da prescrição precisamos, inicialmente, analisar a sistemática do **nascimento da obrigação tributária principal**, que, para nós, *representa o dever de pagar determinada contribuição*, e do respectivo **crédito tributário**, *ou o direito da União de receber o valor referente à mesma contribuição social.*

5.1.1. *Obrigação tributária principal*

Chamamos de **hipótese de incidência (HI)** *a descrição genérica e abstrata, prevista em lei, de determinado fato que, uma vez verificado, impõe ao sujeito passivo o dever de pagar o tributo*; e de **fato gerador (FG)** *o fato concreto que se amolda perfeitamente à hipótese de incidência, fazendo nascer, efetivamente, o dever de pagar.*

Dessa forma, a **obrigação tributária principal (OT)** nasce com a *ocorrência do fato gerador*, conforme mostrado a seguir:

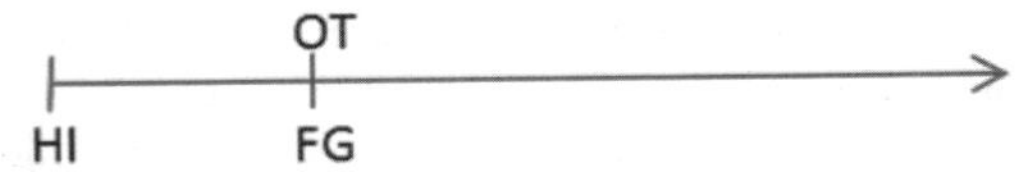

5.1.2. *Crédito tributário*

Uma das primeiras regras que aprendemos sobre qualquer relação jurídica, aliás, bastante intuitiva, é que *a toda obrigação, de um lado, corresponde um crédito de outro*. Se alguém deve fazer ou pagar algo a outrem, logo este último tem o direito de receber a prestação ou o dinheiro.

Sendo assim, percebe-se que crédito e débito (ou obrigação) são verso e anverso da mesma moeda, indissociáveis por sua própria natureza jurídica. Se duas pessoas firmam um contrato de empréstimo, por exemplo, o dever de restituir o valor emprestado (obrigação) nasce no mesmo momento (assinatura do contrato) que o direito da outra parte de receber de volta o montante acrescido de juros e correção monetária (crédito).

Não obstante a simples regra anteriormente enunciada, cuidou o Direito Tributário de complicar sobremaneira a relação do crédito e da obrigação tributária, criando uma situação na qual haverá obrigação de pagar, mas o Fisco ainda não terá direito de receber. É como se a lei tivesse separado a "cara" e a "coroa" da moeda...

Tal sistemática inovadora pode ser atribuída ao art. 142 do CTN, que dispõe que o **crédito tributário** é constituído por um ato administrativo denominado **lançamento,** que, com este objetivo, deve *verificar a ocorrência do fato gerador da obrigação correspondente, determinar a matéria tributável, calcular o montante do tributo devido, identificar o sujeito passivo e, sendo caso, propor a aplicação da penalidade cabível.*

A despeito de severas críticas a esta sistemática, a maioria reconhece que o **crédito tributário (CT) é constituído, ou seja, nasce a partir da ocorrência do lançamento** (STJ, REsp 250.306/DF, *DJ* 06.06.2000). Antes desse ato não havia crédito, mas existia a obrigação tributária oriunda do fato gerador. Veja a linha do tempo:

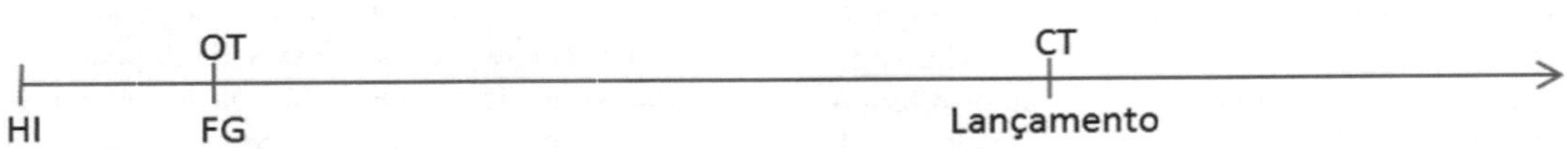

5.1.3. *Modalidades de lançamento*

O Direito Tributário, genericamente, elenca três formas para que o lançamento seja realizado: **lançamento de ofício, lançamento por declaração** (ou misto) e **lançamento por homologação** (ou autolançamento).

Para o Direito Previdenciário, no campo das contribuições sociais, interessam somente o **lançamento de ofício** e o **lançamento por homologação**.

O **lançamento de ofício** é aquele no qual *todos os atos necessários para a realização do lançamento ("verificar a ocorrência do fato gerador da obrigação correspondente, determinar a matéria tributável, calcular o montante do tributo devido, identificar o sujeito passivo e, sendo caso, propor a aplicação da penalidade cabível") são efetivados pela autoridade fazendária, cabendo ao sujeito passivo apenas realizar o pagamento do valor cobrado quando notificado para tanto.* No campo previdenciário, é utilizado para a **imposição de multas**. Isto quer dizer que, praticada determinada infração à legislação tributária, o sujeito passivo somente será compelido a pagar a multa dela decorrente quando for *notificado do lançamento da multa*.

O **lançamento por homologação**, por sua vez, inverte a sistemática mencionada, *colocando para o próprio sujeito passivo o dever de apurar o valor a pagar (identificando a base de cálculo e aplicando a alíquota cabível) e de recolhê-lo no prazo de vencimento estabelecido na legislação, independentemente de qualquer atuação do Fisco*. Ora, mas se o direito da União de receber o valor nasce apenas com o lançamento, por que deve o contribuinte pagar antes disso?

Na sistemática do lançamento por homologação, o sujeito passivo *antecipa o pagamento*, cuja correção será confirmada depois pela Fazenda, *através da* ***homologação*** *do pagamento realizado*. Daí o nome dado a esta forma de lançar. O contribuinte paga e a Administração Pública confere se ele pagou corretamente, homologando o pagamento e, com este ato, promovendo o lançamento do tributo. Perceba que, em virtude desse procedimento, o crédito tributário nasce e é extinto no mesmo momento: nasce com o lançamento e é extinto pelo pagamento, que já aconteceu.

O lançamento por homologação pode ser:

a) Expresso: quando a autoridade administrativa competente manifesta sua concordância com o pagamento efetuado por meio de *ato administrativo escrito e publicado*;

b) Tácito: que *decorre do silêncio da Administração Fazendária*. Na falta de manifestação expressa, considera-se lançado o tributo e homologado o pagamento após **cinco anos** contados da ocorrência do fato gerador (art. 150, § 4º, do CTN).

No Direito Previdenciário, **todas** as contribuições sociais são **lançadas por homologação**.

5.2. Decadência

Tradicionalmente, a **decadência** é conceituada como *a perda de um direito potestativo por parte de seu titular diante do decurso do tempo*. Em outras palavras, caso o titular de um direito não o exerça em determinado prazo, perderá a chance de fazê-lo. Tem como característica marcante o fato de **não sofrer suspensão ou interrupção no transcorrer de seu prazo**.

No campo tributário (e, na órbita previdenciária, sobre o objeto da relação jurídica de custeio – as contribuições sociais), esse titular é a União e esse direito é o de efetuar o lançamento para constituir o crédito tributário. Incluindo esses dados na fórmula apresentada, temos que *a decadência ocorre quando a Fazenda Pública não efetua o lançamento no prazo estipulado na lei, perdendo o direito de fazê-lo a partir de então*.

É fundamental ressaltar que o contribuinte estará eximido do dever de pagar o tributo e/ou de efetivar qualquer obrigação acessória após a decadência e que, dada a inexistência do crédito, **o pagamento de tributo caduco é pagamento indevido** e, como tal, o valor pode ser pedido de volta por meio de ação judicial própria, denominada **repetição de indébito**.

Para fixação, observe a linha do tempo:

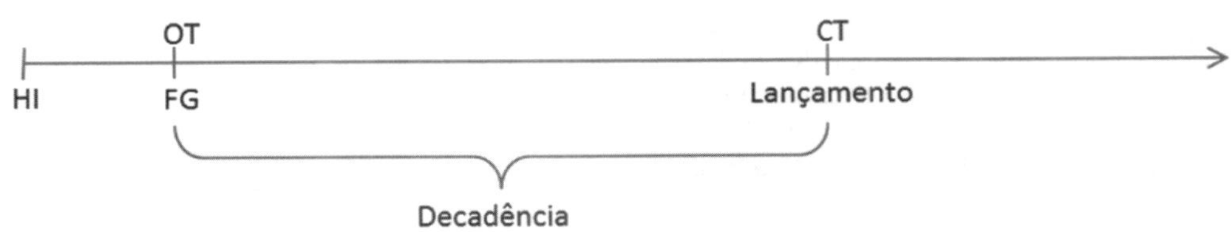

O prazo de decadência é de **cinco anos** e está regulamentado pelo art. 173 do CTN, que dispõe:

> **Art. 173.** O direito de a Fazenda Pública constituir o crédito tributário extingue-se após 5 (cinco) anos, contados:
>
> I – do primeiro dia do exercício seguinte àquele em que o lançamento poderia ter sido efetuado;
>
> II – da data em que se tornar definitiva a decisão que houver anulado, por vício formal, o lançamento anteriormente efetuado.
>
> Parágrafo único. O direito a que se refere este artigo extingue-se definitivamente com o decurso do prazo nele previsto, contado da data em que tenha sido iniciada a constituição do crédito tributário pela notificação, ao sujeito passivo, de qualquer medida preparatória indispensável ao lançamento.

Aparentemente simples, esse dispositivo não traz todas as imposições atinentes à decadência. Para a completa compreensão do instituto, devemos expandir os horizontes do estudo.

Primeiramente, anote que o *dies a quo*, a data inicial, do prazo de decadência varia de acordo com o tipo de lançamento próprio de cada tributo.

Para tributos lançados de ofício (caso das **multas devidas por infrações à legislação previdenciária**), aplica-se a regra insculpida no art. 173, I. Ou seja, o prazo de cinco anos será contado a partir do primeiro dia do exercício seguinte àquele em que o lançamento poderia ter sido efetuado.

Para clarear, um exemplo: considere que determinado contribuinte praticou uma infração à legislação previdenciária em julho de 2011. Até quando a União poderá realizar o lançamento da multa devida e notificá-lo ao sujeito passivo?

Vamos lá: se a infração foi praticada em 2011, significa que este é *o exercício em que o lançamento poderia ter sido efetuado*. Aplicando a regra, então, temos que o dia inicial do prazo de decadência do direito da União de lançar a multa é 1º de janeiro de 2012 – o primeiro dia (1º de janeiro) do exercício seguinte (2012) àquele em que o lançamento poderia ter sido efetuado.

Como o prazo de decadência é de cinco anos, cabe à Fazenda, no nosso exemplo, notificar o contribuinte até 31 de dezembro de 2016, pois em 1º de janeiro de 2017 já terá operado a decadência.

Isso para os tributos lançados de ofício, repise-se. E nos tributos lançados por homologação, como as contribuições sociais?

Resposta: o artigo 173, inciso I, deve ser aplicado em conjunto com o artigo 150, § 4º, ambos do CTN:

> **Art. 150.** (...)
>
> § 4º Se a lei não fixar prazo a homologação, será ele de cinco anos, a contar da ocorrência do fato gerador; expirado esse prazo sem que a Fazenda Pública se tenha pronunciado, considera-se homologado o lançamento e definitivamente extinto o crédito (...)

Em outras palavras, a solução depende de ter havido ou não ter havido o pagamento antecipado pelo contribuinte.

Se o contribuinte antecipou o pagamento do tributo, temos exatamente a hipótese prevista no art. 150, § 4º, do CTN, a qual será aplicada, determinando a decadência do direito de lançar após cinco anos contados do fato gerador (STJ, REsp 183.603/SP, *DJ* 15.05.2001), pois os prazos são coincidentes: **se o pagamento foi correto** e a autoridade fazendária competente nada disse em cinco anos, considera-se *homologado tacitamente o pagamento e lançado o tributo*; **se o pagamento foi incorreto** (foi pago um valor **menor** que o devido, por exemplo), e a autoridade fazendária competente nada disse em cinco anos, considera-se que *tacitamente ela concordou com o pagamento efetuado, perdendo o direito de lançar (**decadência**) da parte faltante.*

É imperioso reconhecer, todavia, que a aplicação dessa regra depende do contribuinte, que tinha o dever de antecipar o pagamento da contribuição social, *efetivamente ter pagado algum valor*. Afinal, se não houve pagamento antecipado (**nada** foi recolhido no prazo de vencimento indicado pela legislação), **nada** haverá a ser homologado, afastando a possibilidade de aplicar o art. 150, § 4º, do CTN.

Resta, então, fazer incidir sozinho o art. 173, I, do CTN. Ou seja: *nas contribuições sociais, todas lançadas por homologação, se houve pagamento antecipado o prazo de decadência **correrá a partir do fato gerador;** se não houve, correrá **a partir do primeiro dia útil do exercício seguinte àquele em que ocorreu o fato gerador**.*

Resgatando o ponto de partida de nosso estudo, o art. 173 do CTN, lembremos o que diz seu inciso II:

> **Art. 173.** O direito de a Fazenda Pública constituir o crédito tributário extingue-se após 5 (cinco) anos, contados:
>
> (...)
>
> II – da data em que se tornar definitiva a decisão que houver anulado, por vício formal, o lançamento anteriormente efetuado.

A ordem emanada neste dispositivo legal acaba por premiar a Administração Pública incompetente. Trazendo ao chão a já assentada lição doutrinária de que a decadência é inexorável, *não encontrando causas de suspensão ou de interrupção em seu curso*, o artigo impõe um novo prazo de cinco anos para a Fazenda, completo, na hipótese de ser anulado um lançamento no qual tenha constado erro formal na sua realização. Significa dizer: o Fisco faz um lançamento errado e, porque o anulou (provavelmente após a defesa do contribuinte alegar a nulidade do lançamento realizado fora dos ditames legais), ganha um novo prazo inteiro de cinco anos para realizar o novo lançamento, desta vez respeitando a lei.

Diante dessa análise, o STJ repudia a aplicação do CTN nessa hipótese, consagrando a impossibilidade de se interromper a decadência (REsp 332.366/MG, *DJ* 19.02.2002).

No entanto, em se tratando de concursos públicos, recomendamos, como sempre, manter-se o candidato fiel à literalidade do preceptivo (a não ser que a questão cobre, expressamente, o posicionamento jurisprudencial), ressaltando que ele apenas se aplica em caso de **vício formal**, ou seja, *aqueles inerentes ao procedimento do lançamento*, tais como fundamentação, competência do agente e outras formalidades do ato.

Finalmente, devemos avançar sobre o parágrafo único do art. 173, que dispõe:

> **Art. 173.** (...)
>
> Parágrafo único. O direito a que se refere este artigo extingue-se definitivamente com o decurso do prazo nele previsto, contado da data em que tenha sido iniciada a constituição do crédito tributário pela notificação, ao sujeito passivo, de qualquer medida preparatória indispensável ao lançamento.

Trata o parágrafo de uma **antecipação** na contagem do prazo decadencial, que é trazida do primeiro dia do exercício seguinte àquele em que o lançamento poderia ter sido efetuado para a data da notificação, ao sujeito passivo, de qualquer **medida preparatória** indispensável ao lançamento, *que pode ser o termo de início de ação fiscal ou uma apreensão de mercadorias*, por exemplo.

É fulcral ressaltar que essa mudança no *dies a quo* somente se opera se a tal medida preparatória foi notificada ao sujeito passivo **antes** do primeiro dia do exercício seguinte. Na situação contrária, se a medida ocorrer depois do primeiro dia do exercício seguinte, aplicar-se-á o inciso I do art. 173 (STJ, REsp nº 909.570/SP, *DJ* 24.04.2007). Novamente, a fundamentação dessa interpretação está respaldada na impossibilidade de se suspender ou interromper a decadência.

5.3. Prescrição

Outro instituto voltado à estabilização das relações jurídicas pelo decurso do tempo, a **prescrição** atinge *a pretensão do titular do direito, ou seja, a possibilidade de acionar o Poder Judiciário para satisfação do seu crédito.*

Aceitando esta definição histórica, forçoso seria concluir que a prescrição não operaria a extinção do crédito tributário, como indica o CTN, mas sim a pretensão de havê-lo em juízo por meio da ação de execução fiscal. A Fazenda continuaria com o crédito, apenas não poderia cobrá-lo de forma coercitiva e, portanto, *seu pagamento espontâneo pelo contribuinte configuraria pagamento válido, insuscetível de devolução*. Para boa parte da doutrina, este seria o principal **traço diferenciador** entre a prescrição e a decadência, *além do fato da prescrição aceitar a interrupção e a suspensão de seu prazo*, hipóteses que conheceremos logo mais.

Todavia, o STJ acolhe opinião oposta, segundo a qual a interpretação a ser dada ao CTN deve ser mais próxima da literal. Se o próprio Código estabelece que a prescrição é uma forma de extinção do crédito tributário, com sua ocorrência este deve desaparecer *e o contribuinte que paga tributo prescrito tem direito à restituição*. Veja, neste sentido, REsp nº 636.495/RS, *DJ* 26.06.2007 e REsp nº 1.004.747/RJ, *DJ* 06.05.2008.

Estipula o art. 174 do CTN que a prescrição ocorre no prazo de 5 (cinco) anos, contados da data da constituição definitiva do crédito tributário. Devemos ter atenção à expressão utilizada: constituição definitiva **não é** sinônimo de lançamento.

Afinal, se a lei quisesse que o prazo tivesse início com o lançamento, teria usado essa palavra, como fez diversas vezes (veja, a título de exemplo, o art. 173 do CTN). Se usou expressão diversa, esperava interpretação diversa, afinal *"onde a lei distingue, não cabe ao intérprete deixar de fazê-lo"*.

Por constituição definitiva do crédito, destarte, devemos entender *o momento a partir do qual o lançamento se torna imutável, indiscutível*. Enquanto pendente o prazo de pagamento, a impugnação apresentada pelo sujeito passivo ou qualquer outra causa que impeça a cobrança judicial do crédito, este não estará "definitivamente constituído" e, consequentemente, não teremos ainda o início do lapso prescricional (STJ, REsp nº 955.950/SC, *DJ* 20.09.2007).

Observe, então, a linha do tempo:

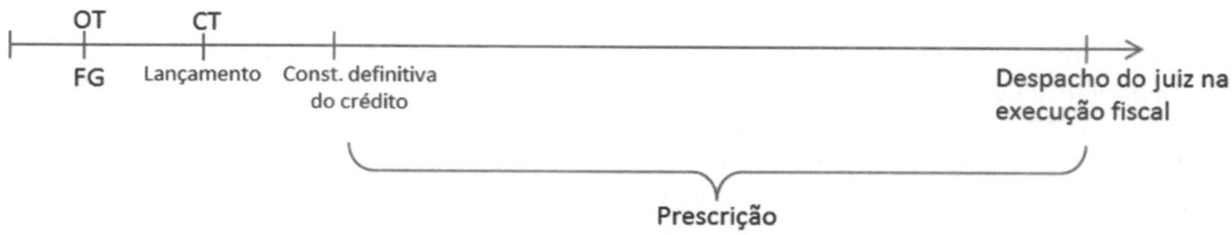

Para garantir a possibilidade de cobrar o contribuinte remisso em juízo, *deve a Fazenda Pública obter o despacho do juiz que ordena a citação dentro do lapso prescricional mencionado.* Esta situação é descrita no art. 174 do CTN, parágrafo único, inciso I, como uma das causas interruptivas da prescrição, denotando que, com sua ocorrência, o Fisco obtém novo prazo íntegro de cinco anos. Mas para quê?

Com o início da ação executiva fiscal dentro do interregno quinquenal, presume-se que a União cumpriu sua obrigação de exigir o pagamento das contribuições eventualmente devidas por determinado sujeito passivo. E a Administração tributária não poderia ser penalizada com a lentidão processual que assola todos os Tribunais do país, *daí porque não ser correto afirmar que, depois da interrupção da prescrição pelo despacho citatório, o processo executivo deve findar em cinco anos.*

Por outro lado, solução diferente deve ser adotada em relação ao *procedimento que estaciona por inércia da própria Fazenda*, por exemplo, caso esta não aponte bens penhoráveis para garantir o Juízo a fim de habilitar o executado a apresentar seus embargos. É o que lei, doutrina e jurisprudência denominam **prescrição intercorrente**, a qual se encontra regulamentada pelo art. 40 da Lei das Execuções Fiscais (Lei nº 6.830/1980) e que merece ser lido:

> **Art. 40.** O Juiz suspenderá o curso da execução, enquanto não for localizado o devedor ou encontrado bens sobre os quais possa recair a penhora, e, nesses casos, não correrá o prazo de prescrição.
>
> § 1º Suspenso o curso da execução, será aberta vista dos autos ao representante judicial da Fazenda Pública.
>
> § 2º Decorrido o prazo máximo de 1 (um) ano, sem que seja localizado o devedor ou encontrado bens penhoráveis, o Juiz ordenará o arquivamento dos autos.
>
> § 3º Encontrados que sejam, a qualquer tempo, o devedor ou os bens, serão desarquivados os autos para prosseguimento da execução.
>
> § 4º **Se da decisão que ordenar o arquivamento tiver decorrido o prazo prescricional, o juiz, depois de ouvida a Fazenda Pública, poderá, de ofício, reconhecer a prescrição intercorrente e decretá-la de imediato.**
>
> § 5º A manifestação prévia da Fazenda Pública prevista no § 4º deste artigo será dispensada no caso de cobranças judiciais cujo valor seja inferior ao mínimo fixado por ato do Ministro de Estado da Fazenda. (destaque nosso)

Como aplicação deste artigo, veja REsp nº 1.081.989/PR, *DJ* 15.09.2009, e ainda a Súmula nº 314 do STJ: *"Em execução fiscal, não localizados bens penhoráveis, suspende-se o processo por um ano, findo o qual se inicia o prazo da prescrição quinquenal intercorrente."*

Fica consignado, à luz do já visto, que, ao contrário do que dissemos sobre a decadência, a prescrição admite interrupção (reinício da contagem do prazo por inteiro) e suspensão (retoma-se a contagem do prazo de onde ela havia parado). A primeira é encontrada no CTN 174, parágrafo único:

> **Art. 174.** (...)
>
> **Parágrafo único.** A prescrição se interrompe:
>
> I – pelo despacho do juiz que ordenar a citação em execução fiscal;
>
> II – pelo protesto judicial;
>
> III – por qualquer ato judicial que constitua em mora o devedor;
>
> IV – por qualquer ato inequívoco ainda que extrajudicial, que importe em reconhecimento do débito pelo devedor.

Do primeiro item falamos acima, mas devemos atentar que o marco interruptivo é o **despacho do juiz que ordena a citação**, e não mais ela própria, como estava previsto neste artigo antes da edição da Lei Complementar nº 118/2005.

Protesto judicial é o procedimento cautelar nominado previsto nos arts. 867 a 873 do Código de Processo Civil. **Protesto** é todo *"ato formal e solene pelo qual se prova a inadimplência e o descumprimento de obrigação originada em títulos e outros documentos de dívida"* (Lei nº 9.492/1997, art. 1º) e pode ser, em termos gerais, **judicial**, quando requerido perante juiz de direito, ou **extrajudicial**, quando requerido perante o Tabelião de Protestos.

A lei tributária exige, para interrupção da prescrição, o **protesto judicial**, o que acaba por condenar o instituto ao ostracismo, pois, se a Fazenda precisa ir a juízo para requerer o protesto, normalmente aproveita a obrigação para mover, de imediato, a execução fiscal.

Fica reservada a hipótese para casos nos quais a Administração não esteja ainda apta a executar o contribuinte, desejando apenas adquirir novo fôlego para encerrar seus trabalhos sem operar a perda do crédito.

O STJ já asseverou que o protesto judicial deve seguir rigorosamente o procedimento previsto no CPC para irradiar seu efeito interruptivo sobre a prescrição (REsp nº 1.050.281/RS, *DJ* 05.08.2008).

Em seguida, menciona o CTN que *qualquer ato judicial que constitua o devedor em mora* interromperá a prescrição. Trata-se, a nosso ver, de artigo de aplicação supletiva que tem por escopo reiniciar o prazo prescricional em situação judicial que não se enquadre nos incisos anteriores. Isso porque o ato jurídico consagrado para a constituição do devedor em mora chama-se protesto.

Tal item era invocado pelo STJ na decisão de processos de execução fiscal anteriores à Lei Complementar nº 118/2005 para justificar a interrupção da prescrição pela citação por edital do devedor não encontrado (v. AgRg no REsp 993.586/RS, *DJ* 19.08.2008). Isso porque o texto anterior do inciso I dizia "citação pessoal do devedor"; como a nova redação não diferencia as modalidades de citação, temos que a citação editalícia enquadra-se hoje neste mesmo preceptivo.

O último dos motivos hábeis a interromper o curso da prescrição é o *ato inequívoco, ainda que extrajudicial, que consubstancie confissão da dívida pelo sujeito passivo*. Neste ponto, encontramos casos práticos que envolvem o pedido de **parcelamento** (REsp nº 1.074.000/RS, *DJ* 20.11.2008) e a **declaração de tributo sujeito a lançamento por homologação desacompanhada do pagamento** (REsp nº 850.423/SP, *DJ* 28.11.2007). Já a compensação, para o STJ, **não** se mostra motivo suficiente para interromper a prescrição (REsp nº 541.243/MG, *DJ* 10.10.2006 e REsp nº 584.372/MG, *DJ* 17.03.2005).

A suspensão da prescrição, por sua vez, não se encontra expressamente prevista. É necessário extraí-la pela interpretação do art. 155, parágrafo único, primeira parte, do CTN:

> **Art. 155.** (...)
>
> **Parágrafo único. No caso do inciso I deste artigo, o tempo decorrido entre a concessão da moratória e sua revogação não se computa para efeito da prescrição do direito à cobrança do crédito;** no caso do inciso II deste artigo, a revogação só pode ocorrer antes de prescrito o referido direito. (destaque nosso)

Tal artigo trata da revogação da moratória em caráter individual, trazendo soluções diferentes para o caso do contribuinte ter obtido o favor fiscal por meio de dolo ou simulação ou sem valer-se desses artifícios. Uma das diferenças diz respeito justamente à prescrição: impõe o parágrafo único que, no primeiro caso, o tempo durante o qual perdurou a moratória indevida não será computado no cálculo da prescrição.

Ora, que será isso se não a suspensão da prescrição? Em outras palavras, o que o Diploma Tributário dispõe é que, caso se apure que a concessão da moratória foi baseada em um ato ilícito, susta-se a contagem da prescrição e esta apenas voltará a correr com a revogação do benefício. Durante esse intervalo, a prescrição ficou **suspensa** e continuará seu curso *somente por aquilo que falta para completar cinco anos*.

Aumentando sua importância, devemos consignar que esta mesma regra é aplicada nos casos de **remissão, isenção** e **anistia**.

O STJ, no julgado AgRg no Ag nº 1.094.144/SP, *DJ* 26.05.2009, entende como outra hipótese de suspensão da prescrição aquela velada no próprio artigo 174, quando dispõe que esta começa a ser contada a partir da **constituição definitiva do crédito tributário**. Como vimos, caso o contribuinte impugne administrativamente a cobrança do tributo, somente haverá sua constituição definitiva após a decisão irrecorrível. Daí diz o Sodalício que, enquanto perdurar o procedimento administrativo, não corre a prescrição, ou seja, *esta se encontra suspensa*.

5.3.1. *Decadência e prescrição de tributos lançados por homologação na jurisprudência do STJ*

Para finalizar, algumas palavras acerca da atual orientação jurisprudencial sobre a prescrição e a decadência nos tributos lançados por homologação, situação que, já sabemos, se aplica a **todas as contribuições sociais**.

Adotando uma linha a nosso ver criticável, por retirar do lançamento por homologação a característica da **oficialidade** (o lançamento é **ato administrativo** e, como tal, deve ser realizado por autoridade com competência para tanto), o STJ entende que a *declaração do contribuinte nesses tributos, caso desacompanhada de pagamento ou pagamento parcial, dispensa qualquer ato formal da autoridade administrativa*, a qual pode inscrever desde logo o débito na dívida ativa, preparando-o para o início da execução fiscal. Em outras palavras, para o Tribunal Superior a **declaração do contribuinte tem força de lançamento**.

Essa posição altera os conceitos relatados *supra*, há muito tempo ensinados e defendidos pela doutrina mais autorizada.

Dessa forma, com a declaração do sujeito passivo (que é uma **obrigação acessória**, como a DCTF, a GFIP, entre outras), *fica consubstanciado o lançamento* e, destarte, **não há mais de falar-se em decadência, mas somente em prescrição**. Isso vem a causar uma forte confusão entre os dois institutos, obrigando o aplicador do Direito a desentranhar a nova sistemática da decadência e da prescrição nos tributos lançados por homologação nos termos sugeridos pelo Colegiado Superior.

Como resultado desse exercício, o qual levou em conta o julgado no REsp nº 850.423/SP, *DJ* 28.11.2007, podemos construir o quadro a seguir:

Se o contribuinte:			
Deve	Declara	Paga	Decadência ou prescrição?
100	100	100	Nenhuma. Ocorre a homologação do pagamento.
100	0	0	Decadência – 100
100	100	0	Prescrição – 100
100	70	70	Decadência – 30
100	70	0	Decadência – 30 + Prescrição – 70

Note: para o STJ, a **ausência de declaração** do contribuinte implica o reconhecimento da contagem de **decadência** para o Fisco lançar **de ofício**, por meio de auto de infração, a contribuição não recolhida com as penalidades cabíveis; por outro lado, a **declaração** do contribuinte **conclui o processo de lançamento** e a partir de então cabe à Fazenda inscrever o débito em dívida ativa e mover a execução fiscal antes da ocorrência da **prescrição**.

O mesmo ocorre no caso de declaração apenas parcial do verdadeiro débito: *inscreve-se a parte declarada na dívida ativa*, para a qual estamos contando a **prescrição**, e abre-se o prazo de **decadência** para *lançamento de ofício do restante não declarado*.

5.4. A Súmula Vinculante nº 08 do STF

O assunto prescrição e decadência das contribuições sociais é tema da Súmula Vinculante nº 08 do STF, com o seguinte teor: *"São inconstitucionais o parágrafo único do artigo 5º do Decreto-lei nº 1.569/1977 e os artigos 45 e 46 da Lei nº 8.212/1991, que tratam da prescrição e decadência de crédito tributário"*.

Os artigos 45 e 46 do PCSS estipulavam, respectivamente, que a decadência e a prescrição da cobrança das contribuições sociais *ocorreriam em 10 anos*, criando, assim, uma regra específica para esta espécie tributária e pretendendo, com isso, afastar a incidência do CTN.

Entretanto, as críticas começaram a surgir e a constitucionalidade destes dispositivos passou a ser questionada nos Tribunais a partir do reconhecimento pelo STF de que as contribuições sociais têm **natureza tributária**. Se é assim, devem seguir as normas gerais sobre Direito Tributário impostas pelo CTN.

Nesse diapasão, o art. 146, III, "b", da CF entrega expressamente à lei complementar o poder de estabelecer regras gerais sobre prescrição e decadência tributárias. Como o PCSS é lei ordinária, não poderia dispor sobre matéria reservada à lei complementar e padeciam, portanto, os arts. 45 e 46, de inconstitucionalidade formal.

Tal entendimento vigorou nos Tribunais pátrios por longo tempo, até culminar na edição da Súmula Vinculante nº 08.

Ocorre que, na parte do texto que se refere ao Direito Previdenciário (arts. 45 e 46 do PCSS), a Súmula perdeu seu objeto. Em resposta à decisão do STF, o Congresso Nacional, por intermédio da Lei Complementar nº 128/2008, houve por bem **revogar** os mencionados preceptivos legais. Desde então, não há que se falar em aplicação da Súmula Vinculante nº 08, pois os artigos da legislação previdenciária a que ela se refere não estão mais em vigor.

6. OBRIGAÇÕES ACESSÓRIAS

6.1. Objetivos

Relembrando o conceito estudado anteriormente, **obrigação tributária acessória** é aquela que *impõe ao sujeito passivo o dever de cumprir uma prestação de fazer ou não fazer em prol da arrecadação e/ou da fiscalização tributária*. Em outras palavras, qualquer imposição legal relativa às contribuições sociais que não seja o próprio pagamento destas é classificada como obrigação tributária acessória. São exemplos a retenção do valor relativo à contribuição social devida por outrem (como as empresas fazem em relação aos seus empregados), o preenchimento de declarações, a regular contabilização das atividades etc.

Como destacado, as obrigações acessórias são criadas com o escopo de *facilitar o trabalho de arrecadação e de fiscalização por parte da União*, fazendo com que o montante pago nas contribuições sociais chegue aos cofres públicos com o menor custo possível e limitando o trabalho de fiscalização ao menor número possível de contribuintes.

Impende destacar que as obrigações acessórias, apesar do nome dado pela doutrina, **não estão** diretamente vinculadas a uma ou mais obrigações principais (pagamento). Quer dizer, *é possível que existam obrigações acessórias impostas a pessoas físicas ou jurídicas que sequer são contribuintes da Seguridade Social*.

Por essa razão que se estabelece a **regra da dissociação das obrigações tributárias**: *ainda que determinada pessoa ou entidade seja imune ou isenta do pagamento das contribuições sociais, eventuais obrigações acessórias a elas impostas permanecem íntegras, sendo passível de multa seu descumprimento*. Exemplo: uma entidade beneficente de assistência social é imune às contribuições sociais desde que cumpra os requisitos estabelecidos no CTN. Exatamente por isso que **são obrigadas a manter sua escrituração contábil regular**, para que a fiscalização possa verificar, a qualquer momento, se, por exemplo, a entidade não está distribuindo lucros para seus diretores, o que afastaria a imunidade.

As obrigações acessórias relativas às contribuições sociais estão espalhadas pela legislação previdenciária. Nosso objetivo é reunir as principais delas e classificá-las de acordo com o sujeito passivo, nos mesmos moldes em que estudamos as contribuições propriamente ditas.

6.2. Obrigações acessórias das empresas

6.2.1. Obrigações vinculadas à retenção de valores

a) Arrecadar a obrigação do segurado empregado, do trabalhador avulso e do contribuinte individual a seu serviço, descontando-a da respectiva remuneração (art. 216, I, "a", do RPS)

Os três grandes grupos de segurados obrigatórios recolhem suas contribuições **indiretamente**, ou seja, cabe à fonte pagadora *reter o valor correspondente* e entregar, na forma estabelecida no RPS, à União dentro do prazo de vencimento.

O contribuinte individual que seja remunerado por pessoas físicas, por outro lado, deve recolher pessoalmente sua contribuição, valendo o mesmo para o segurado facultativo.

A mesma obrigação estabelecida neste tópico aplica-se ao **empregador doméstico** em relação à contribuição devida pelo empregado doméstico a seu serviço.

b) A empresa adquirente, consumidora ou consignatária ou a cooperativa são obrigadas a recolher a contribuição de que trata o art. 200 no prazo referido na alínea "b" do inciso I, no mês subsequente ao da operação de venda ou consignação da produção rural, independentemente de tais operações terem sido realizadas diretamente com o produtor ou com o intermediário pessoa física (art. 216, III, do RPS)

A empresa deve também reter o valor da contribuição do **segurado especial** e do **produtor rural pessoa física**, cabendo a estes recolher diretamente o tributo quando comercializarem sua produção com pessoa domiciliada no exterior ou diretamente no varejo a pessoa física, outro produtor rural pessoa física ou outro segurado especial.

6.2.2. Obrigações sobre emissão de documentos

a) A empresa que remunera contribuinte individual é obrigada a fornecer a este comprovante do pagamento do serviço prestado consignando, além dos valores da remuneração e do desconto feito, o número da inscrição do segurado no Instituto Nacional de Seguridade Social (art. 216, XII, do RPS)

O inciso impõe à empresa o dever de entregar ao contribuinte individual que lhe preste serviço um documento constando, discriminadamente, o valor da remuneração paga e do desconto da contribuição do segurado por retenção na fonte, a fim de que este possa, se assim instado a fazê-lo, comprovar suas contribuições perante o INSS.

b) A empresa ou cooperativa adquirente, consumidora ou consignatária da produção fica obrigada a fornecer ao segurado especial cópia do documento fiscal de entrada da mercadoria em que conste, além do registro da operação realizada, o valor da respectiva contribuição previdenciária (art. 225, § 24, do RPS)

Trata-se de obrigação análoga à explicada acima, dessa vez aplicável ao segurado especial. A diferença reside no fato de que, na hipótese aqui explorada, a empresa não precisa emitir um documento específico, bastando entregar ao segurado *cópia da nota fiscal de entrada da mercadoria*, em que conste o valor retido a título de contribuição previdenciária.

c) Encaminhar ao sindicato representativo da categoria profissional mais numerosa entre seus empregados, até o dia dez de cada mês, cópia da Guia de Previdência Social relativamente à competência anterior (art. 225, V, do RPS)

d) Afixar cópia da Guia da Previdência Social, relativamente à competência anterior, durante o período de um mês, no quadro de que trata o art. 74 da Consolidação das Leis do Trabalho.

A GPS é o documento de arrecadação das contribuições sociais descontadas dos trabalhadores. Após seu pagamento, a empresa deve, concomitantemente, encaminhar uma cópia ao sindicado **da categoria mais numerosa**, *assim entendida aquela em que se enquadra o maior número absoluto (e não percentual) de funcionários*, e afixar outra cópia no quadro de avisos dos funcionários.

6.2.3. *Obrigações relativas à fiscalização*

a) Preparar folha de pagamento da remuneração paga, devida ou creditada a todos os segurados a seu serviço, devendo manter, em cada estabelecimento, uma via da respectiva folha e recibos de pagamentos (art. 225, I, do RPS)

A folha de pagamento é o documento utilizado para apuração da base de cálculo da contribuição patronal, com alíquota de 20% sobre o total daquela. Sua elaboração, portanto, é essencial à fiscalização quanto à regularidade de seu pagamento e deve ser feita individualmente para cada estabelecimento da empresa, viabilizando que cada um deles mantenha uma cópia arquivada junto com os respectivos contracheques entregues aos segurados.

b) Lançar mensalmente em títulos próprios de sua contabilidade, de forma discriminada, os fatos geradores de todas as contribuições, o montante das quantias descontadas, as contribuições da empresa e os totais recolhidos (art. 225, II, do RPS)

Podemos resumir este item como a obrigação de manter a escrituração contábil da empresa em ordem e regularmente elaborada, com base nas normas aplicáveis, de forma que os livros empresariais representem fielmente todas as operações econômicas realizadas, principalmente aquelas que se constituem como fatos geradores de contribuições sociais.

c) Prestar ao Instituto Nacional de Seguridade Social e à Secretaria da Receita Federal todas as informações cadastrais, financeiras e contábeis de interesse, na forma por eles estabelecida, bem como os esclarecimentos necessários à fiscalização (art. 225, III, do RPS)

Refere-se a quaisquer informações de interesse dos órgãos públicos, inclusive aquelas ligadas a outras empresas ou segurados com quem o contribuinte tenha vínculo de qualquer espécie, necessárias ao bom andamento do processo de fiscalização.

6.2.4. *Obrigação de emitir e entregar a GFIP*

No campo previdenciário, no que tange à emissão de declarações de interesse da fiscalização, tem notória importância a **Guia de Recolhimento do Fundo de Garantia por Tempo de Serviço e Informações à Previdência Social - GFIP**, que, como o próprio nome sugere, serve *tanto como documento de arrecadação do FGTS dos empregados vinculados à empresa quanto como declaração de informações de interesse do INSS*, seja em relação à própria empresa, seja em relação aos segurados a ela vinculados.

A obrigação vem estabelecida no art. 225, IV, do RPS: "*informar mensalmente ao Instituto Nacional do Seguro Social, por intermédio da Guia de Recolhimento do Fundo de Garantia por Tempo de Serviço e Informações à Previdência Social, na forma por ele estabelecida, dados cadastrais, todos os fatos geradores de contribuição previdenciária e outras informações de interesse daquele instituto*".

Em apertada síntese, a GFIP reúne todas as informações de interesse do INSS sobre a empresa, tais como o número de funcionários (discriminados nominalmente), o valor descontado de cada um deles a título de suas respectivas contribuições previdenciárias, o valor depositado no FGTS, entre outros. Sua relevância decorre do fato das informações *comporem a base de dados para fins de cálculo e concessão de benefícios previdenciários, bem como constituírem-se em confissão de dívida*, caso determinada contribuição nela prevista não tenha sido recolhida.

A base de dados a que se refere o art. 225, § 1º, do RPS, supratranscrito, é o Cadastro Nacional de Informações Sociais - CNIS, criado pela Lei Complementar nº 128/2008. Neste cadastro consta a vida previdenciária de cada segurado, sendo acessado pelo INSS para verificar informações sobre *os vínculos e as remunerações dos segurados, para fins de cálculo do salário de benefício, comprovação de filiação ao Regime Geral de Previdência Social, tempo de contribuição e relação de emprego* (art. 29-A do PBPS).

Nota-se, portanto, que a GFIP e o CNIS estão intrinsecamente ligados, sendo aquela a fonte de informações que abastece este, o qual é de extrema relevância para o pagamento correto dos benefícios previdenciários e eficiência da fiscalização das contribuições sociais.

6.3. Obrigações acessórias dos segurados

Neste momento, já é possível perceber que, como regra geral, a obrigação acessória de recolhimento da contribuição devida pelo segurado é da **fonte pagadora**, pois assim a fiscalização do pagamento pode se concentrar em menos pessoas e entidades do que seria necessário caso cada trabalhador tivesse que, pessoalmente, efetuar o pagamento mensal de sua contribuição previdenciária.

Não obstante, existem exceções a esta lógica. Além daquelas já anotadas, destacamos que *são excluídos da obrigação de arre-*

cadar a contribuição do ***contribuinte individual*** *que lhe preste serviço o produtor rural pessoa física, a missão diplomática, a repartição consular e o contribuinte individual* (art. 216, § 32, do RPS).

Visando a facilitar o recolhimento das contribuições, a legislação previdenciária estabelece ainda algumas obrigações acessórias aos segurados relativas à retenção de valores:

a) O segurado especial é obrigado a arrecadar a contribuição de trabalhadores a seu serviço e a recolhê-la no mesmo prazo estabelecido para as empresas em geral (dia 20 do mês seguinte ao da competência) (art. 30, XIII, do PCSS)

b) Cabe ao próprio contribuinte individual que prestar serviços, no mesmo mês, a mais de uma empresa, cuja soma das remunerações superar o limite mensal do salário de contribuição, comprovar às que sucederem à primeira o valor ou valores sobre os quais já tenha incidido o desconto da contribuição, de forma a se observar o limite máximo do salário de contribuição (art. 216, § 28, do RPS)

6.4. Outras obrigações acessórias

a) A empresa deverá manter à disposição da fiscalização, durante cinco anos, os documentos comprobatórios do cumprimento das obrigações acessórias (art. 225, § 5º, do RPS, adaptado ao teor da Súmula Vinculante nº 08)

b) O Município, por intermédio do órgão competente, fornecerá ao Instituto Nacional do Seguro Social, para fins de fiscalização, mensalmente, relação de todos os alvarás para construção civil e documentos de "habite-se" concedidos, de acordo com critérios estabelecidos pelo referido Instituto

c) O titular de cartório de registro civil de pessoas naturais fica obrigado a comunicar, até o dia dez de cada mês, na forma estabelecida pelo Instituto Nacional do Seguro Social, o registro dos óbitos ocorridos no mês imediatamente anterior, devendo da comunicação constar o nome, a filiação, a data e o local de nascimento da pessoa falecida, devendo a comunicação ser realizada ainda que nenhum óbito tenha ocorrido no período (art. 228 do RPS)

7. RECOLHIMENTO FORA DO PRAZO DAS CONTRIBUIÇÕES E OUTRAS INFRAÇÕES À LEGISLAÇÃO PREVIDENCIÁRIA

7.1. Responsabilidade pelas infrações

Considera-se **infração à legislação previdenciária** *qualquer ato contrário ao disposto em leis ou outras normas relativas ao Regime Geral da Previdência Social*, ou, em outros termos, o inadimplemento de qualquer obrigação, principal ou acessória, pelo contribuinte.

Num primeiro momento, é importante sabermos que, nesta parte do Direito Previdenciário, onde vigoram diversas normas oriundas do Direito Tributário, aplicam-se as disposições deste sobre a **responsabilidade objetiva** pelo inadimplemento das obrigações impostas pela legislação. Com isso, *frente a ausência de cumprimento de qualquer dever legal, de pagar, fazer ou não fazer, serão aplicadas as punições previstas,* ***independentemente do reconhecimento de dolo ou culpa por parte do agente.***

Dolo é *a intenção deliberada de praticar determinada conduta buscando a ocorrência do resultado igualmente pretendido* (por exemplo, uma determinada empresa, sabendo que dia 20 do mês corresponde ao vencimento da contribuição sobre a folha de pagamento, intencionalmente nada recolhe aos cofres públicos, apropriando-se do dinheiro em seu patrimônio pessoal). **Culpa**, por sua vez, é *a conduta negligente, imprudente ou imperita, que causa determinado resultado não pretendido* (exemplo, o contador da empresa, jovem profissional em seu primeiro emprego, vê passar o dia 20 do mês e se esquece de pagar a contribuição incidente sobre a folha de pagamento). Perceba que nos dois exemplos o resultado é o mesmo: não houve o pagamento da contribuição. Porém, no primeiro o contribuinte agiu com dolo; no segundo, com culpa, pois a conduta foi imperita (ausência de cuidado profissional).

Retomando. Dissemos que no âmbito da relação previdenciária de custeio a responsabilidade pelas infrações é **objetiva**, ou seja, independe de dolo ou culpa. Isso implica duas conclusões: uma, tanto faz se a infração foi praticada com dolo ou culpa, ela será punida na forma prevista na legislação; duas, *ainda que não haja nem dolo, nem culpa, mas ocorra uma infração, ela será punida*. Exemplo: uma empresa preenche os documentos devidos e, no dia 20, entrega o dinheiro para seu mensageiro efetuar o pagamento da contribuição sobre a folha de pagamento no banco. No caminho, o mensageiro é vítima de roubo, sendo levado todo o dinheiro e, com isso, o pagamento não se realiza. É a hipótese de **caso fortuito** (nem dolo, nem culpa), mas a empresa terá de pagar a multa pelo atraso no pagamento do mesmo jeito.

7.2. Recolhimento fora do prazo

Dentre as infrações, sem dúvida a mais comum é o atraso no pagamento das contribuições. Ao analisarmos as contribuições sociais, anotamos, para cada uma delas, a data de vencimento da obrigação, sendo considerado *extemporâneo, ou fora do prazo, qualquer recolhimento realizado posteriormente ao vencimento estipulado*.

O recolhimento fora do prazo gera, em tese, **três** acréscimos no pagamento: **correção monetária, juros de mora e multa.**

7.2.1. Correção monetária

Não se trata de punição, mas *simples manutenção do valor real da moeda*, seu poder de compra. A correção monetária é a atualização do valor devido pelo índice de inflação do período decorrido entre o vencimento da obrigação e a data do efetivo pagamento.

No campo das contribuições previdenciárias, a aplicação da correção monetária foi extinta com a Lei nº 8.981/1995.

7.2.2. Juros de mora

Também não têm caráter punitivo. Os juros são *o fruto do capital, a remuneração devida por aquele que teve à sua disposição, por determinado período de tempo, capital alheio*. Pense num empréstimo bancário: o banco cobra juros como remuneração do capital, porque o dinheiro está com o cliente e não com o banco.

O pagamento em atraso de uma contribuição previdenciária pode, *grosso modo*, ser visto como um empréstimo: o dinheiro já devia estar com o INSS, porém o contribuinte o retém consigo, deixando-o à sua disposição. Até que "devolva" o dinheiro aos cofres públicos, deverá pagar juros pelo "empréstimo".

Desde a edição da Medida Provisória nº 449/2008, convertida na Lei nº 11.941/2009, o art. 35 do PCSS determina que os juros pelo atraso no pagamento das contribuições previdenciárias devem seguir a sistemática do art. 61 da Lei nº 9.430/1996, que dispõe:

a) Aplicação da taxa SELIC a partir do segundo mês subsequente ao vencimento da obrigação e até o último dia do mês anterior ao efetivo pagamento

b) 1% no mês do efetivo pagamento

A SELIC é a taxa de juros básica da economia nacional, fixada pelo Comitê de Política Monetária - COPOM - a cada 45 dias.

Na prática, a regra fica assim: um certo contribuinte não recolheu, no dia 20 de agosto, a contribuição devida sobre a folha de pagamento da empresa. Caso pague até 30 de setembro, arcará com juros de mora de 1% (índice aplicável ao **mês de pagamento**). Senão, começará a incidir a taxa SELIC a partir de 1º de outubro (**primeiro dia do segundo mês subsequente**). Se ele pagar em 15 de dezembro, aplicaremos a SELIC relativa ao período de 1º de outubro a 30 de novembro (**último dia do mês anterior ao efetivo pagamento**) mais 1% (pelo **mês do pagamento**).

7.2.3. *Multa*

Dos acréscimos previstos, a **multa** é a única com *caráter punitivo*. Sua intenção é *incentivar o contribuinte a cumprir sua obrigação no prazo assinalado*, evitando, assim, ter de arcar com o aumento no valor a pagar. Tem, portanto, *natureza jurídica de sanção*.

Antes regida pelos art. 239 do RPS, a multa em caso de atraso no pagamento de contribuições sociais também encontra hoje sua regulamentação no art. 61 da Lei nº 9.430/1996 por força da nova redação do art. 35 do PCSS (restando tacitamente revogado o RPS, norma de hierarquia inferior):

a) Em caso de atraso no pagamento, incidirá multa de 0,33% por dia de atraso, limitado ao máximo de 20%, ou seja, passados 61 dias de atraso, a multa deixa de aumentar (60 x 0,33 = 19,8; sendo proibida a cobrança de mais de 20% de multa, o 61º de atraso adiciona apenas 0,2% no montante total; após, nada mais aumentará);

b) Havendo lançamento de ofício, isto é, o contribuinte não recolheu voluntariamente as contribuições em atraso, a multa será de 75%;

c) Se o contribuinte, notificado pela fiscalização a prestar esclarecimentos sobre o inadimplemento, deixar de fazê-lo, a multa terá um acréscimo de 50%;

d) A multa será duplicada se ficar provada a ocorrência de sonegação, fraude ou conluio

A última agravante (sonegação, fraude ou conluio) deve ser entendida, simplesmente, como *a prova de uma infração dolosa ao dever de pagar as contribuições*. **Sonegar** significa *esconder, mascarar a ocorrência*, como em caso da empresa registrar faturamento menor que o verdadeiro porque realizou operações mercantis sem a emissão da correspondente nota fiscal. **Fraude** é *qualquer adulteração em documentos ou na contabilidade*, justamente para tentar evitar a descoberta da sonegação. Não é errado dizer que toda sonegação pressupõe uma fraude. Mais estranha ainda é a previsão do **conluio**, que é, na verdade, o *meio de praticar a fraude: há conluio quando duas ou mais pessoas resolvem, juntas, praticar uma infração*. A fraude, ou sonegação, pode ou não ser praticada por meio de conluio. Agora, o conluio, sozinho, nada significa: ele só existe em prol da sonegação fiscal.

Por essa razão que dissemos que a agravante da duplicação da multa ocorrerá quando a fiscalização tiver provas de que o inadimplemento ocorreu por **dolo**, com a intenção de fraudar o Fisco.

Há, de outra banda, **atenuantes** aplicáveis à multa previdenciária. Ela será reduzida em:

a) 50%, se for efetuado o pagamento no prazo de 30 dias, contados da data em que o contribuinte foi notificado do lançamento;

b) 40%, se for requerido o parcelamento da dívida pelo contribuinte no prazo de 30 dias contados da notificação do lançamento;

c) 30%, se o pagamento ocorrer no prazo de 30 dias depois do sujeito passivo ter sido notificado da decisão administrativa de primeira instância;

d) 20%, se for requerido o parcelamento da dívida pelo sujeito passivo no prazo de 30 dias contados da notificação da decisão administrativa de primeira instância.

As duas primeiras atenuantes servem como incentivo ao pagamento pelo contribuinte, demonstrando que o real interesse da Fazenda é receber o crédito principal (tributo) ao reduzir substancialmente a multa pelo atraso. As duas últimas atenuantes são aplicáveis ao contribuinte que *contestou o lançamento no âmbito da própria administração pública (defesa administrativa), porém, não logrou êxito em seu intento*, isto é, o julgamento administrativo em primeira instância entendeu que o lançamento do tributo e da multa estavam corretos. Como o contribuinte, em vez de pagar o débito, preferiu opor-se a ele, seu benefício na redução da multa será menor.

7.3. Outras infrações à legislação tributária

Ao lado do recolhimento fora do prazo, a legislação tributária elenca outras infrações *com multas específicas* em caso de ocorrência. Vejamos cada uma delas:

7.3.1. *Regra geral*

O art. 283 do RPS traz, em sua redação, a multa geral aplicável *a qualquer infração à legislação previdenciária* ***para a qual não haja previsão específica de multa***. A ideia é simples: se não há multa específica prevista para caso de ofensa a determinado artigo, aplicamos o art. 283 do RPS.

O dispositivo em comento estabelece dois patamares de multa, sendo ambos considerados o *valor mínimo aplicável*, pois podem incidir as agravantes dos art. 290 do RPS. Estabelece, outrossim, o valor máximo que a multa pode atingir depois de consideradas as agravantes. Tais valores são atualizados periodicamente, sendo o documento de atualização mais recente a Portaria MPAS nº 142/2007, e são os seguintes:

a) Multa mínima de R$1.195,13, para os casos previstos no inciso I do art. 283;

b) Multa mínima de R$11.951,21, para os casos previstos no inciso II do art. 283;

c) Multa máxima de R$119.512,33, em qualquer caso.

7.3.2. *Principais regras específicas*

a) A falta de inscrição do segurado sujeita o responsável a multa de R$1.254,89 por segurado não inscrito (art. 283, § 2º, do RPS);

b) A *falta* de entrega da GFIP sujeita o contribuinte a multa de 2% ao mês incidente sobre o montante das contribuições declaradas na GFIP, ainda que integralmente pagas, limitada a, no máximo, 20% (art. 32-A do PCSS);

c) A entrega da GFIP *com informações falsas ou erradas* sujeita o contribuinte a multa de R$20,00 para cada grupo de 10 informações incorretas (art. 32-A do PCSS);

d) A empresa que está em débito perante a Seguridade Social não pode distribuir lucros aos sócios, sob pena de multa de 50% dos valores indevidamente distribuídos (art. 285 do RPS);

e) A empresa que deixar de comunicar acidente de trabalho está sujeita a multa variável entre os limites mínimo e máximo do salário de contribuição por acidente que deixar de comunicar (art. 286 do RPS);

f) A empresa que deixar de encaminhar cópia da GPS ao sindicato de sua categoria mais numerosa ou deixar de afixá-lo no quadro de horário dos empregados está sujeita a multa de R$ 157,24 a 15.724,15 por competência em que houver a irregularidade.

7.3.3. *Circunstâncias agravantes e cálculo da multa*

Como visto, as infrações à legislação previdenciária são punidas com multas variáveis, cabendo à legislação estabelecer um valor mínimo e o valor máximo para cada uma delas. A multa concreta, especificamente aplicada à determinada empresa, deverá estar entre essas balizas. A autoridade competente para impor a multa, por sua vez, deve atentar para a existência de **circunstâncias agravantes** para determinar se a sanção aplicada *será fixada no mínimo legal ou sofrerá aumentos diante da gravidade da infração.*

Nos termos do art. 290 do RPS, são circunstâncias que sempre agravam a penalidade:

a) a tentativa de suborno do servidor público, que eleva a multa em três vezes;

b) agir com dolo, fraude ou má-fé, que eleva a multa em três vezes;

c) desacatar, no ato da ação fiscal, o agente responsável pela fiscalização, o que eleva a multa em duas vezes;

d) obstar os trabalhos da fiscalização, que eleva a multa em duas vezes;

e) a reincidência, que eleva a multa em três vezes ou em duas vezes, a depender se a reincidência é **específica** (*nova prática da mesma infração*) ou **genérica** (*prática de infração diferente da anterior*), respectivamente.

O parágrafo único do art. 290 do RPS exclui a caracterização da reincidência se entre a prática das infrações tiver decorrido período maior que 5 anos.

A ausência de circunstâncias agravantes impõe a **fixação da multa no mínimo previsto na legislação** (art. 292, I, do RPS).

8. PLANO DE BENEFÍCIOS DO REGIME GERAL DE PREVIDÊNCIA SOCIAL

8.1. A relação jurídica de benefício

Vimos mais atrás, no tópico 3.2.1, os elementos da relação jurídica de custeio direto da Seguridade Social, cujo objeto era o dever de pagar as contribuições sociais impostas por lei. Esse estudo, em rigor, seguiu-nos até o presente momento.

Iniciamos agora a análise da outra relação jurídica que envolve o Direito Previdenciário. Aliás, a **relação jurídica de benefício** é de Direito Previdenciário por excelência, sendo específica deste ramo do Direito, diferente da relação jurídica de custeio que, como amplamente verificado, tem suas origens e regulamentações vinculadas ao Direito Tributário.

Vamos relembrar. Dissemos que qualquer relação jurídica tem a seguinte estrutura:

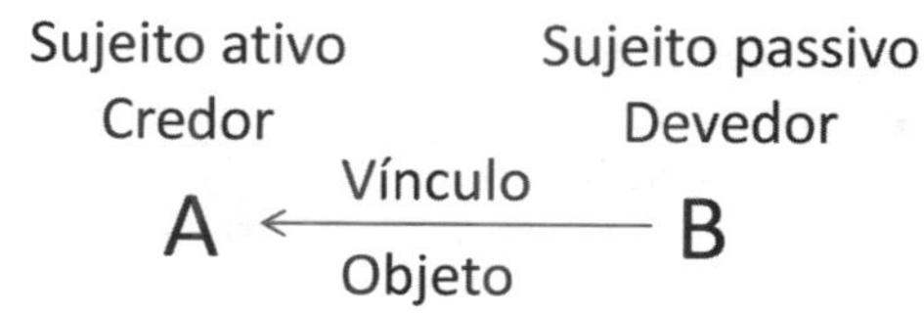

No que toca à **relação jurídica de benefício**, podemos apontar que cada um desses elementos toma a seguinte forma:

a) Sujeito ativo (ou credor): será o **beneficiário** da Previdência, *a pessoa que possui vínculo de filiação com o INSS* (conhecido como **segurado**) ou *pessoa ligada ao segurado por dependência econômica* (os **dependentes**). Voltaremos a esses conceitos mais adiante;

b) Sujeito passivo (ou devedor): será sempre o INSS;

c) Objeto: a realização das prestações previdenciárias previstas no PBPS (Lei nº 8.213/1991), que se dividem em **benefícios** e **serviços;**

d) Vínculo: a relação jurídica de benefício decorre da **filiação** do segurado ao RGPS.

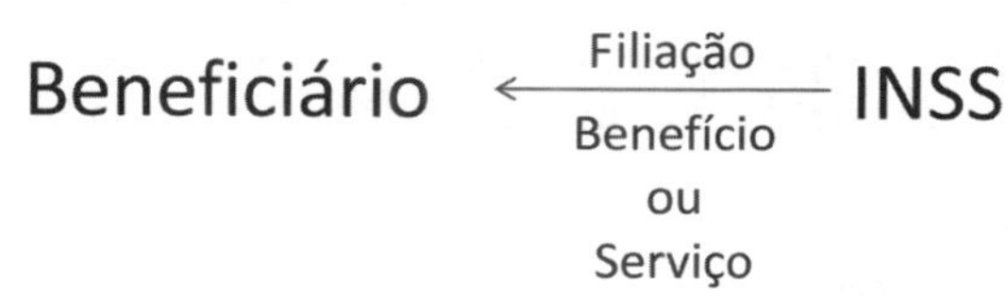

8.2. Beneficiários do RGPS

O PBPS prevê o pagamento de benefícios e a prestação de serviços para duas espécies de beneficiários: **os segurados** e os **dependentes**, que serão, é bom que se ressalte, sempre *pessoas físicas.*

8.2.1. *Segurados*

A figura do segurado já foi amplamente estudada. Aplicam-se para a relação de benefício *os mesmos conceitos aprendidos sobre a relação de custeio*. Estamos falando, portanto, do **segurado empregado, do empregado doméstico, do trabalhador avulso, do contribuinte individual, do segurado especial e do segurado facultativo**. Dizemos que estas pessoas possuem *vínculo direto* com o INSS, porque estão *inscritas* e *filiadas* ao RGPS.

8.2.2. *Dependentes*

A novidade fica por conta do conceito de **dependentes**. São pessoas *com vínculo indireto com o INSS, uma vez que se ligam ao segurado*. O termo *dependente* remete à necessária **dependência econômica** que deve existir entre o dependente e o segurado. Em outras palavras, o dependente é uma pessoa que depende da atividade remunerada do segurado para sua subsistência.

Por isso dissemos que o dependente tem vínculo indireto com o INSS: ele se liga ao segurado, que por sua vez está filiado ao RGPS.

As pessoas que podem se enquadrar como dependentes do segurado são divididas em **classes**, sendo que *a existência de pessoas nas classes mais altas impede o recebimento do benefício por aquelas das classes mais baixas*. Exemplo: se o segurado, ao falecer, deixa mulher e seu pai, apenas aquela receberá o benefício da pensão por morte, por ser dependente de 1ª classe, enquanto o pai é dependente de 2ª classe. Em contrapartida, se houver *mais de uma pessoa na mesma classe*, o benefício deve ser rateado igualmente entre elas.

a) 1ª Classe: além de afastar as duas classes inferiores, a 1ª classe de dependentes tem como característica principal **a presunção absoluta de dependência econômica**. Isso significa que seus integrantes *não precisam provar que dependiam diretamente do segurado para sua subsistência*, sendo esta situação presumida pela lei e não se autorizando prova em sentido contrário. Excetuam-se, apenas, os **equiparados a filho**, quais sejam, *o enteado e o menor tutelado*, que devem provar a dependência econômica para fazer jus aos benefícios.

a1) Cônjuge ou companheiro(a)

O primeiro integrante da 1ª classe de dependentes é o **cônjuge**, bem como o **companheiro(a)**. Cônjuge é a *pessoa casada formalmente*; companheiro(a) é quem vive *em união estável*, definida nos termos do art. 1.723 do Código Civil (CC) como *a convivência pública, contínua e duradoura e estabelecida com o objetivo de constituição de família*.

Para que o cônjuge figure como dependente do segurado, é necessário *que o casamento esteja vigente no momento do requerimento do benefício*. Isso exclui o cônjuge **separado judicialmente** (figura extinta com a Emenda Constitucional nº 66/2010), **separado de fato** (chamado pelo PBPS de *cônjuge ausente*, aquele que não mais reside com seu consorte, sem, todavia, promover formalmente o divórcio) e, obviamente, o **divorciado**, uma vez que nessa hipótese o casamento já foi extinto. **Excetuam-se** os casos em que o cônjuge, ainda que separado ou mesmo divorciado, *recebia pensão alimentícia*. Em resumo: desfeito o casamento por qualquer das formas apresentadas, o cônjuge não é mais dependente do segurado; **será ainda dependente** se estiver recebendo pensão alimentícia. A razão de ser desta exceção remonta ao fato da pensão alimentícia ser paga somente se o cônjuge comprovar sua *necessidade*, sendo, então, fato suficiente para o Direito Previdenciário reconhecer sua dependência econômica.

Sobre o direito a alimentos, trazemos à baila a Súmula nº 336 do STJ: *"a mulher que renunciou aos alimentos na separação judicial tem direito à pensão previdenciária por morte do ex-marido, comprovada a necessidade econômica superveniente"*. O verbete consagra a **irrenunciabilidade do direito a alimentos**, podendo o cônjuge apenas dele não fazer uso. Com efeito, ainda que, no momento da separação ou divórcio, os cônjuges tenham optado por não exercer seu direito a alimentos, por não haver necessidade naquela situação, ela (a necessidade) pode surgir depois. Comprovado este fato, por exemplo, no momento do óbito do segurado, o cônjuge sobrevivo deve ser contemplado com o benefício da pensão por morte.

Já quanto à união estável, é preciso lembrar que *há pessoas que são impedidas de constituí-la, por serem impedidas de casar* (com exceção da pessoa separada judicialmente ou de fato, porque, apesar de formalmente ainda estar casada, o art. 1.723, § 1º, do CC autoriza sua união estável). Tais casos estão previstos no art. 1.521 do CC:

> **Art. 1.521.** Não podem casar:
>
> I – os ascendentes com os descendentes, seja o parentesco natural ou civil;
>
> II – os afins em linha reta;
>
> III – o adotante com quem foi cônjuge do adotado e o adotado com quem o foi do adotante;
>
> IV – os irmãos, unilaterais ou bilaterais, e demais colaterais, até o terceiro grau inclusive;
>
> V – o adotado com o filho do adotante;
>
> (...)
>
> VII – o cônjuge sobrevivente com o condenado por homicídio ou tentativa de homicídio contra o seu consorte.

Nessas hipóteses, nos termos do art. 16, § 6º, do RPS, *não se reconhecerá o* status *de companheiro, e, consequentemente, o de dependente* (STF, RE 590.779/ES, *DJ* 10.02.2009).

Por fim, uma palavra sobre a **união homoafetiva**. O INSS já admitia a caracterização como dependente de companheiro(a) do mesmo sexo, ainda que por determinação judicial, desde 2007, posição mais recentemente confirmada no art. 25 da Instrução Normativa INSS/PRES nº 45/2010. Não obstante, com o reconhecimento da validade, pelo STF, da união homoafetiva (ADI 4277/DF, *DJ* 05.05.2011), e mesmo do casamento, pelo STJ, entre homossexuais (REsp 1.183.378/RS, *DJ* 25.102011), a questão tende a ficar definitivamente assentada no sentido de reconhecer os direitos de dependente ao companheiro (e até ao cônjuge) homossexual.

a2) Filho menor de 21 anos não emancipado

O filho, seja ele natural ou adotivo, conserva sua condição de dependente *até que complete 21 anos de idade*, ou seja, agraciado com a **emancipação**, ato jurídico que confere a plena capacidade civil ao menor com 16 anos completos nas seguintes hipóteses: *concessão dos pais, casamento, exercício de cargo público efetivo, constituição de estabelecimento civil ou empresarial em função do qual o menor tenha economia própria ou colação de grau em nível superior*.

A despeito de julgados isolados em sentido contrário, o STJ tem jurisprudência assentada de que o fato do filho estar cursando faculdade **não estende** o benefício da pensão por morte até que ele atinja 24 anos de idade (AgRg no REsp 818.640/SC, *DJ* 17.06.2010, REsp 779.418/CE, *DJ* 25.10.2005).

a3) Filho inválido ou civilmente incapaz

Para fins previdenciários, entende-se **invalidez** como *a total incapacidade para o trabalho, seja decorrente de deficiência física ou mental que torne a pessoa absoluta ou relativamente incapaz*. Ainda assim, a Lei nº 12.470/2011 fez incluir na classificação os filhos declarados incapazes por decisão judicial.

O filho inválido conserva sua posição de dependente de 1ª classe **independentemente de sua idade**, perdendo-a somente se cessar a invalidez. Vale ressaltar que esta deve ser **anterior à emancipação ou à data em que a pessoa completa 21 anos**. Se já superior a esta idade ou emancipado por qualquer das razões expostas no item anterior, *salvo a colação de grau em* *nível superior*, e, só então, vem a tornar-se inválido, este filho **não será** dependente para fins previdenciários (art. 17, III, do RPS).

Cumpre salientar que parte da doutrina repudia essa posição, assentando que os dependentes de primeira classe gozam de presunção absoluta de dependência econômica e, destarte, deverão ser assim classificados ainda que a invalidez ou incapacidade civil seja posterior ao aniversário de 21 anos.

a4) Equiparados a filho

O art. 16, § 2º, do PBPS **equipara** a filho o **enteado** e o **menor tutelado**, garantindo a estes a mesma posição na classe de dependentes.

Enteado é o *filho do outro cônjuge, com o qual o segurado não tem relação de parentesco* (há de se ter cuidado, pois se o padrasto ou a madrasta **adotar** o enteado este se tornará **filho** por conta do processo de adoção); **menor tutelado** é aquele a quem foi dado *um tutor, após processo judicial, para zelar por sua educação após a morte dos pais ou a perda do poder familiar quando houver patrimônio do menor a ser gerenciado.*

As únicas diferenças estabelecidas são: os equiparados a filho, *apesar de constarem da 1ª classe de dependentes*, **devem provar a dependência econômica** para receberem os benefícios e devem ser **previamente inscritos** no INSS pelo próprio segurado (ao passo que os filhos podem apresentar-se a qualquer momento).

Sobre o **menor sob guarda**, *instituto voltado à regularização de uma situação fática, de quem cuida do menor na ausência dos pais*, o STJ consolidou o entendimento de que estes **não se enquadram como dependentes**, ainda que comprovem dependência econômica (REsp 773.944/SP, *DJ* 05.02.2009).

b) 2ª classe: somente se filiarão ao RGPS na qualidade de dependentes na *ausência de qualquer pessoa de primeira classe*. Neste patamar, *é necessário, **sempre**, que comprovem a dependência econômica junto ao segurado*, sob pena de serem excluídos do pagamento dos benefícios.

Apenas os **pais** encontram-se na 2ª classe de dependentes. Merece atenção o fato do texto legal mencionar **pais** e não **ascendentes**, o que exclui os ancestrais mais antigos, principalmente os avós, ainda que eles sejam economicamente dependentes do segurado. Há julgado do STJ em sentido contrário, porém, atestando uma *situação singular* para reconhecer o direito ao benefício pelo avô do segurado falecido: a existência de verdadeira relação filial entre eles, uma vez que o segurado foi criado pelo avô desde a tenra idade pela precoce morte dos pais (REsp 528.987/SP, *DJ* 06.11.2003).

c) 3ª classe: segundo a sistemática já conhecida, *receberão os benefícios somente na inexistência de dependentes nas duas classes anteriores* e, também, *devem sempre provar a dependência econômica.*

Colocam-se aqui os **irmãos, unilaterais** (filhos apenas do mesmo pai ou da mesma mãe) ou **bilaterais** (filhos do mesmo pai e da mesma mãe, também chamados de *irmãos germanos*) **até 21 anos ou inválidos ou civilmente incapazes conforme declaração judicial de qualquer idade**. Todas as regras estudadas sobre o início e o fim da qualidade de dependente dos filhos são utilizadas para os irmãos.

8.3. Benefícios previdenciários – Disposições gerais

Iniciamos agora o estudo das **prestações** devidas pelo INSS aos segurados e dependentes.

Prestação previdenciária é *gênero* que se subdivide em duas espécies: **benefícios**, que são traduzidos na forma de *prestações pecuniárias (em dinheiro) periódicas*; e **serviços**, que se caracterizam por *qualquer outra prestação que não seja traduzida em dinheiro.*

Todas elas estão previstas no art. 18 do PBPS:

> **Art. 18.** O regime geral de previdência social compreende as seguintes prestações, devidas inclusive em razão de eventos decorrentes de acidentes do trabalho, expressas em benefícios e serviços:
>
> I – quanto ao segurado:
>
> a) aposentadoria por invalidez;
>
> b) aposentadoria por idade;
>
> c) aposentadoria por tempo de contribuição;
>
> d) aposentadoria especial;
>
> e) auxílio-doença;
>
> f) salário-família;
>
> g) salário-maternidade;
>
> h) auxílio acidente.
>
> II – quanto ao dependente:
>
> a) pensão por morte;
>
> b) auxílio-reclusão.
>
> III – quanto ao segurado e dependente:
>
> a) (Revogado)
>
> b) serviço social;
>
> c) reabilitação profissional.

Todos os itens citados representam **benefícios**, *exceto os do inciso III:* serviço social e reabilitação profissional. Essas são as únicas prestações previdenciárias da espécie **serviços**.

Daí podemos concluir que os **benefícios** serão pagos, necessariamente, **ou** ao segurado **ou** ao dependente. Por isso dissemos que, enquanto o segurado estiver presente, a relação do INSS com o dependente não se completa. Perceba que o dependente só ingressa na relação jurídica com a morte ou a prisão do segurado. Já os **serviços** podem ser prestados, concomitantemente, ao segurado e ao dependente.

Nosso estudo será mais focado nos **benefícios**, por sua maior importância teórica e prática. Sem prejuízo, anotamos que o **serviço social** *destina-se a "prestar ao beneficiário orientação e apoio no que concerne à solução dos problemas pessoais e familiares e à melhoria de sua inter-relação com a previdência social, para a solução de questões referentes a benefícios, bem como, quando necessário, à obtenção de outros recursos sociais da comunidade"* (art. 161 do RPS). Já a **reabilitação profissional** *"visa a proporcionar aos beneficiários, incapacitados parcial ou totalmente para o trabalho, em caráter obrigatório, independentemente de carência, e às pessoas portadoras de deficiência, os meios indicados para proporcionar o reingresso no mercado de trabalho e no contexto em que vivem"* (art. 136 do RPS).

8.3.1. Carência

A concessão dos benefícios depende da comprovação do período de **carência**, definido como *o número mínimo de contribuições mensais necessárias para autorizar o recebimento do benefício pelo segurado.* Se a contingência geradora da necessidade ocorrer antes de cumprida a carência exigida, o segurado, mesmo em dia com suas contribuições, não fará jus ao benefício.

A carência se justifica na manutenção do equilíbrio atuarial e financeiro do sistema previdenciário. A ideia é a mesma aplicada aos planos de saúde privados, exigindo-se do segurado um número mínimo de contribuições para que o INSS garanta o recebimento de algum valor antes de ter de gastar com a pessoa.

O prazo exigido por lei é contado a partir da *filiação ao RGPS* para o **segurado empregado e o trabalhador avulso**. Como a filiação ocorre com o início da atividade remunerada, temos que o *recolhimento das contribuições dessas duas espécies de segurados é* ***presumido***. Em outras palavras: ainda que o empregador não efetue o recolhimento das contribuições do empregado ou do avulso, sua carência já estará sendo computada desde o primeiro dia de trabalho.

Para o **empregado doméstico**, o **contribuinte individual** e o **segurado facultativo**, a carência será contada somente a partir *do primeiro dia do mês da competência a que se refere o pagamento da primeira contribuição* ***sem atraso***. Assim, se determinado contribuinte individual deu início às suas atividades em 15 de junho de 2011, ao recolher sua contribuição em 20 de julho de 2011, *terá iniciada a contagem de seu período de carência a partir de 01 de junho de 2011*. Note que o prazo só começa a correr com o pagamento da primeira contribuição sem atraso, porém, o termo inicial é o primeiro dia do mês da competência.

Com isso, **não se reconhece** como carência o recolhimento posterior de contribuições pretéritas, mesmo com os devidos acréscimos (juros e multa). Vem daí a imprescindível diferenciação entre **carência** e **tempo de contribuição**. Veja o caso do contribuinte individual que, tendo começado a trabalhar em outubro de 2008, nunca recolheu suas contribuições previdenciárias. Em 20 de novembro de 2011, pretendendo regularizar sua situação no INSS, efetua o pagamento das 36 contribuições de uma vez, com juros e multa. Ao fazê-lo, este segurado terá **36 meses de tempo de contribuição**, porém, apenas **01 mês e 20 dias de carência**, pois esta começa a correr unicamente a partir do pagamento da primeira contribuição **sem atraso**. A contribuição paga corretamente em 20 de novembro de 2011 refere-se a outubro de 2011, sendo a primeira sem atraso. Logo, a carência começou em 1º de outubro de 2011.

Para o **segurado especial**, aplica-se regra distinta. Considerando que ele não recolhe mensalmente suas contribuições, mas somente sobre a comercialização da produção quando esta ocorrer, basta que ele comprove *a efetiva atividade rural pelo número de meses exigido como carência*, ainda que neste período ele não tenha efetuado uma contribuição sequer.

Se o segurado perder essa qualidade, ao retornar ao exercício de atividade remunerada *deverá cumprir, no mínimo, um terço do período exigido* para **aproveitar** a carência paga anteriormente. Exemplo: a carência do auxílio-doença é, em regra, de 12 contribuições mensais. Suponha que um empregado efetuou 15 contribuições mensais, foi demitido e perdeu a qualidade de segurado (com o término do período de graça). Ao conseguir um novo trabalho, *deverá efetuar o pagamento de 4 contribuições, que é um terço de 12, como carência para ter direito ao auxílio-doença*. Da mesma forma, se tivesse recolhido apenas 6 contribuições, ao pagar as 4 primeiras relativas ao novo emprego, já contaria com **10 meses** de carência.

Falando em prazos, não são todos os benefícios que exigem carência para sua concessão. Para melhor memorização desses períodos, quando existentes, deixamos para relacioná-los junto com as demais regras específicas de cada benefício previdenciário, integrando-os no estudo destes.

8.3.2. Período Básico de Cálculo (PBC)

O cálculo do valor exato do benefício a ser pago ao segurado ou dependente passa por uma série de etapas e considera diversos valores.

O primeiro deles é o chamado **Período Básico de Cálculo (PBC)**, o verdadeiro ponto de partida para encontrarmos o valor da renda mensal a que o beneficiário tem direito.

O art. 29 do PBPS deixa entrever que o PBC é composto de todos os salários de contribuição do segurado ao longo de sua vida laborativa. Esta interpretação é parcialmente verdadeira, porque o conceito do PBC deve ser construído levando-se em conta o disposto no art. 3º da Lei nº 9.876/1999, que determina que o PBC dos segurados filiados ao RGPS até 25 de novembro de 1999 será considerado apenas desde a competência de julho de 1994, quando entrou em vigor o Plano Real. Dessa forma, podemos concluir que o PBC:

a) Dos segurados filiados até 25 de novembro de 1999 será todo o período contributivo a partir de julho de 1994;

b) Dos segurados filiados a partir de 26 de novembro de 1999 será todo o período contributivo.

Atenção ao fato do PBC tomar por base os **salários de contribuição** mensais, não o valor efetivamente pago a título de contribuição. Nos termos do art. 29-B do PBPS, cada salário de contribuição considerado no PBC será corrigido monetariamente pelo Índice Nacional de Preços ao Consumidor – INPC, calculado pelo IBGE.

Em derradeiro, destacamos que **os salários de contribuição referentes ao 13º salário do segurado não integram o PBC**. Nós sabemos que incide contribuição previdenciária sobre o 13º salário, afinal, ele é considerado salário de contribuição (vide item 4.4.1, "d", "d4"). Mas esse salário de contribuição **não pode** ser somado ao PBC. Isso implica que, se o segurado contribuiu corretamente por 10 anos, *terá 120 salários de contribuição considerados no PBC*, a despeito de ter pagado 130 contribuições mensais (ao considerarmos as incidentes sobre o 13º salário). É por isso que dizemos que a contribuição social incidente sobre o 13º salário é **tributo puro**, como o imposto de renda ou o IPVA, não trazendo qualquer alteração no valor do benefício do segurado no futuro.

8.3.3. Salário de benefício

Calculado o PBC, podemos dar mais um passo no cálculo do valor do benefício devido ao segurado ou dependente: o **salário de benefício**.

Antes de prosseguirmos, vale a ressalva: da mesma forma que o salário de contribuição **não se confunde** com a contribuição paga pelo segurado, sendo apenas sua base de cálculo, o salário de benefício também **não se confunde** com o valor do benefício recebido, sendo apenas sua base de cálculo.

O conceito de salário de benefício muda de acordo com o benefício a que se refere:

a) Para a aposentadoria por tempo de contribuição: o salário de benefício corresponde *à média aritmética simples dos 80% maiores salários de contribuição integrantes do PBC após a correção monetária,* ***multiplicado pelo fator previdenciário;***

b) Para a aposentadoria por idade: corresponde à *média aritmética simples dos 80% maiores salários de contribuição integrantes do PBC após a correção monetária,* ***multiplicado pelo fator previdenciário apenas se for benéfico ao segurado;***

c) Para a aposentadoria por invalidez, aposentadoria especial, auxílio-doença e auxílio-acidente: corresponde à *média aritmética simples dos 80% maiores salários de contribuição integrantes do PBC após a correção monetária,* sem aplicação do fator previdenciário;

d) Para o salário-família e o salário-maternidade: estes benefícios trabalham com valores mensais fixos, não utilizando o conceito geral de salário de benefício;

e) Para a pensão por morte: corresponde ao *mesmo valor do salário de benefício calculado para a aposentadoria, seja qual for a espécie, se o segurado já era aposentado na data do óbito,* ou *ao valor do salário de benefício equivalente ao da* ***aposentadoria por invalidez****, caso ainda não fosse aposentado na data do óbito;*

f) Para o auxílio-reclusão: valor do salário de benefício equivalente ao da aposentadoria por invalidez.

Note que o cerne do cálculo do salário de benefício é sempre o mesmo: *a média aritmética simples dos 80% maiores salários de contribuição após a correção monetária.* Isso significa que, primeiro, devemos considerar o número de salários de contribuição mensais existentes dentro do PBC. Por exemplo, 180 meses (quinze anos). A seguir, aplicamos a correção monetária sobre todos eles e verificamos quais são os 144 maiores (144 equivale a 80% de 180). Por fim, extraímos a média aritmética simples deste grupo de 144 salários de contribuição, somando todos e dividindo por 144 (que é o número de parcelas somadas).

Os conceitos variam sobre a incidência ou não do fator previdenciário, cujo conceito será tratado no tópico seguinte.

O salário de benefício também possui **limites mínimo e máximo**: será no mínimo *um salário mínimo* e no máximo *o valor máximo estabelecido para o salário de contribuição.*

Caso o segurado tenha recebido benefício previdenciário durante o PBC, nos meses em que isso ocorreu *será considerado como salário de contribuição o valor do salário de benefício que serviu de base para o cálculo do benefício recebido.* A regra existe para não prejudicar o segurado que, por exemplo, recebeu auxílio-doença por um ano por ter ficado incapacitado para o trabalho durante esse período. Já sabemos que, enquanto estiver no gozo de benefício previdenciário, o segurado não paga a contribuição social. Como a lei estabelece que, mesmo assim, tal período é considerado como tempo de contribuição, foi necessário estabelecer qual o parâmetro a ser utilizado posteriormente, ou seja, qual o valor que será considerado como salário de contribuição no PBC geral do segurado, incluindo o período em que ficou afastado do trabalho recebendo auxílio-doença. Estabeleceu-se, então, o *valor do salário de benefício encontrado no cálculo do auxílio-doença.*

8.3.4. Fator Previdenciário (FP)

Vimos que o salário de benefício da aposentadoria por tempo de contribuição e da aposentadoria por idade (e, via de consequência, a pensão por morte se o segurado já recebia um desses benefícios na época do óbito) acolhem, em seu cálculo, uma variável denominada **fator previdenciário (FP)**, *criada em 1999 com o escopo de mitigar os efeitos colaterais nefastos do aumento da expectativa de vida dos brasileiros sobre o orçamento da previdência.* A melhora na qualidade de vida faz com que as pessoas vivam mais após se aposentarem, o que desequilibra o sistema.

A criação do fator previdenciário, então, pretende *incentivar as pessoas a se aposentar mais tarde.* Para tanto, o fator é calculado por meio de uma fórmula que impõe uma diminuição **maior** no salário de benefício conforme seja **menor** a idade e o tempo de contribuição do trabalhador no momento em que este pretende se aposentar.

Eis a fórmula matemática do FP:

$$FP = \frac{Tc\ x\ a}{Es} x\ 1 + \frac{(Id + Tc\ x\ a)}{100}$$

Onde:

Tc = Tempo de contribuição (em anos)

Es = Expectativa de sobrevida do segurado (em anos)

Id = Idade do segurado (em anos)

a = 0,31 (alíquota fixa)

A expectativa de sobrevida do segurado é calculada pelo IBGE e publicada na Tábua Completa de Mortalidade, considerando-se a média nacional única para ambos os sexos. Esta tabela é construída anualmente e pode ser acessada em <www.ibge.gov.br/home/estatistica/populacao/tabuadevida/2010/ambossexos.pdf>.

Ao **tempo de contribuição** introduzido na fórmula, devemos **somar 5 anos** caso se trate de **mulher** e **outros 5 anos** se estivermos falando de professores. Ou seja:

a) para uma mulher que não seja professora, somamos 5 anos;

b) para uma professora, somamos 10 anos;

c) para um homem que não seja professor, não somamos nada;

d) para um professor, somamos 5 anos.

Isso ocorre porque as mulheres e os professores podem aposentar-se com menos tempo de contribuição do que os homens ou as profissões não ligadas ao magistério. Em consequência, é imperioso fazer o ajuste da fórmula, para que tais categorias não sejam prejudicadas.

Vamos construir um exemplo: certo contribuinte, contando com 57 anos de idade e 35 anos de contribuição sobre um salário de contribuição sempre igual a R$ 2.000,00 (desconsiderando a correção monetária para facilitar a conta), pretende aposentar-se. Sabemos que, para esse benefício, o conceito de salário de benefício é integrado obrigatoriamente pelo FP. Precisamos, então, calculá-lo:

$$FP = \frac{35\ x\ 0{,}31}{23{,}6} x\ 1 + \frac{(57 + 35\ x\ 0{,}31)}{100} = 0{,}77$$

A variável da Expectativa de Sobrevida foi colhida diretamente na Tábua de Mortalidade, apenas para viabilizar nosso exemplo.

Como o FP deu um número menor que 1, ao multiplicar o salário de benefício por ele, fatalmente o valor diminuirá. No nosso exemplo, a média aritmética simples dos 80% maiores salários de contribuição dá R$ 2.000,00, multiplicado por 0,77 chegaremos a R$1.540,00. E essa ainda não será, necessariamente, a renda mensal do benefício!

Vamos mudar um pouco o exemplo. Nosso novo contribuinte tem 65 anos de idade e contribuiu pelos mesmos 35 anos, sempre com salário de contribuição igual a R$ 2.000,00. Quanto será seu FP?

$$FP = \frac{35 \ x \ 0{,}31}{17{,}9} x \ 1 + \frac{(65 + 35 \ x \ 0{,}31)}{100} = 1{,}065$$

Nesse segundo caso, o FP atingiu um número maior que 1. Logo, aumentará o salário de benefício após a multiplicação: R$ 2.000,00, multiplicado por 1,065, dá R$ 2.131,65.

Perceba que a única coisa que alteramos foi a idade do contribuinte. Com o mesmo tempo de contribuição, o FP pode aumentar ou diminuir o valor do salário de benefício, sendo, portanto, altamente influenciado pela idade. Por isso afirmamos que o FP visa a desestimular a aposentadoria de quem ainda tem potencial para trabalhar mais.

Lembre-se que o **FP é obrigatório no cálculo da aposentadoria por tempo de contribuição e facultativo na aposentadoria por idade** (o que significa que, neste último caso, ele somente será usado se for maior que 1, porque só assim beneficia o segurado). Não há aplicação do FP para os demais benefícios previdenciários.

8.3.5. *Renda Mensal Inicial (RMI)*

Finalmente, concluímos nosso caminho matemático. A **Renda Mensal Inicial (RMI)** é *efetivamente o valor que será pago ao segurado ou dependente*. Ela é encontrada aplicando-se um *percentual sobre o salário de benefício*.

O percentual é previsto em lei individualmente para cada benefício. Por esta razão, tal qual fizemos com a carência, preferimos indicá-lo no momento em que estudarmos os benefícios um por um, facilitando a compreensão e a memorização dos valores.

Vale ressaltar que, em regra, *nenhum benefício será menor que o salário mínimo ou maior que o teto estabelecido para o salário de contribuição no RGPS*. São **exceções:**

a) Salário-família e auxílio-acidente: como **não** substituem a renda do trabalhador, sendo um complemento mensal ao salário, *podem ser **inferiores** ao salário mínimo*;

b) Salário-maternidade: reduzir o valor da remuneração mensal da trabalhadora quando ela se torna mãe seria um verdadeiro desestímulo a tão nobre propósito. Por isso, o salário-maternidade *tem exatamente o mesmo valor do salário da segurada*. Assim, *pode ser **superior** ao teto do salário de contribuição estabelecido para o RGPS.*

Chamamos o resultado obtido com a aplicação do percentual de renda mensal **inicial** porque ela (a renda) não será sempre igual. O art. 201, § 4º, da CF estabelece que a renda mensal do benefício deve ser reajustada anualmente, sendo complementado pelo art. 41-A do PBPS, que dispõe que este reajuste ocorrerá na mesma data do salário mínimo e com aplicação do INPC calculado pelo IBGE.

8.3.6. *Decadência e prescrição dos benefícios previdenciários*

Diferentemente do que ocorre com as contribuições sociais, que seguem as regras de decadência e prescrição do Direito Tributário, nos conflitos envolvendo benefícios devemos aplicar as regras próprias do Direito Previdenciário.

a) Benefício indeferido (art. 103, *caput*, do PBPS)

Se o segurado ou dependente *requer o benefício no INSS, mas este se recusa a pagá-lo sob o argumento de que o solicitante não faz jus ao recebimento nos termos da lei*, abre-se o prazo de **decadência** de **10 anos** para que o interessado busque reverter essa decisão, contados da data em que tomar ciência da **decisão definitiva** do INSS. Se deixar o prazo escoar sem oposição, o beneficiário *perde o direito ao benefício* (já que estamos falando de **decadência**), nunca mais podendo solicitá-lo.

b) Benefício deferido, porém em valor menor que o correto (art. 103, *caput*, do PBPS)

Caso o INSS *defira o benefício requerido, mas pague um valor menor do que o beneficiário entende correto*, abre-se para este o mesmo prazo de **10 anos** de **decadência** para impugnar o montante deferido, contados do **primeiro dia do mês seguinte ao do recebimento da primeira prestação**. Se deixar o prazo escoar sem oposição, o beneficiário *perde o direito à revisão do benefício*, recebendo-o sempre com o valor menor.

c) Recebimento de valores devidos pelo INSS (art. 103, parágrafo único, do PBPS)

Quando o segurado ou dependente pretender *receber na Justiça valores atrasados devidos pelo INSS, seja porque não os pagou no tempo certo ou pagou menos do que o devido*, terá o prazo de **prescrição** de **5 anos** para fazê-lo, contados **da data em que os benefícios deveriam ter sido pagos**, exceto quando se tratar de questão que envolva **acidente de trabalho**, quando o prazo começa a contar da *data do acidente*, quando dele resultar morte ou incapacidade temporária para o trabalho, ou *da data em que for reconhecida pelo INSS a incapacidade permanente ou agravamento das sequelas deixadas pelo acidente* (art. 104 do PBPS).

Esse item deve ser lido em conjunto com o anterior, dada sua similitude. Se o beneficiário pretende contestar o valor recebido, por entender que ele é menor que o devido, terá prazo de **decadência** de **10 anos** para fazê-lo. Porém, os valores que lhe serão complementados, em caso de deferimento de sua impugnação, ficam limitados aos **5 últimos anos**, por conta da **prescrição**.

Anote-se que a prescrição **não corre** contra absolutamente incapazes e ausentes, nos termos do art. 198 do CC. Ela fica **suspensa** até que cesse a incapacidade ou a ausência.

d) Revisão do benefício pela própria Administração (art. 103-A do PBPS)

A Administração Pública tem o poder de revisar seus próprios atos, a fim de adequá-los às disposições legais. É possível que determinado benefício tenha sido concedido de forma equivocada ou em valor errado nos termos da legislação aplicável.

Quando tais erros prejudicarem o beneficiário, valem os prazos de decadência e prescrição já analisados. De outro lado, quando os equívocos forem favoráveis ao segurado ou dependente (concedendo-se benefício indevido ou em valor maior do que o disposto em lei, por exemplo), o INSS poderá rever esses atos administrativos no prazo **decadencial** de **10 anos**, contados da **data em que foram praticados os atos**. Isso significa que, dentro deste interregno, o INSS pode revisar o valor pago a título de benefício, diminuindo-o, e até mesmo a própria concessão deste, deixando de pagá-lo ao beneficiário.

O PBPS ressalva, ainda, os casos de **má-fé**. Comprovado que o equívoco do INSS deu-se por conta de ato doloso do contribuinte, com a intenção de obter um benefício a que não tinha direito ou com valor maior que o correto (por exemplo, apresentando um documento falsificado), **não existirá** a limitação do prazo decadencial. Isto é, o INSS poderá rever o ato administrativo **a qualquer tempo**, mesmo depois de 10 anos.

8.4. Benefícios previdenciários em espécie

Seguindo a mesma sistemática utilizada para o estudo das contribuições sociais, apresentaremos as regras sobre os benefícios previdenciários sempre na mesma ordem: **previsão legal, sujeito ativo, contingência protegida, carência, requisitos, renda mensal inicial, data de início e de término do pagamento, outras observações que se fizerem indispensáveis.**

8.4.1. Aposentadoria por invalidez

a) Previsão legal: arts. 42 a 47 do PBPS; arts. 43 a 50 do RPS.

b) Sujeito ativo: segurado

c) Contingência protegida: incapacidade **total** e **permanente** para o exercício de **qualquer** atividade remunerada.

d) Carência: 12 contribuições mensais, sendo **dispensada** se a incapacidade total e permanente decorrer de *acidente de qualquer natureza (acidente comum ou acidente de trabalho) ou de uma das doenças listadas em Portaria do Ministério da Previdência Social.*

e) Requisitos: comprovação da incapacidade por perícia médica oficial. **Não** é necessário estar em gozo de auxílio-doença previamente.

f) Renda mensal inicial: 100% do salário de benefício, podendo incluir um acréscimo de 25% sobre o **valor do benefício** se o segurado *necessitar de assistência permanente de outra pessoa*, presumida esta nas hipóteses elencadas no Anexo I do RPS.

g) Termo inicial:

g1) Segurado em gozo prévio de auxílio-doença: na data em que a perícia atestar a necessidade de conversão do benefício;

g2) Segurado empregado: a partir do 16º dia do afastamento, se o pedido foi feito em até 30 dias a contar deste; ou a partir da data do requerimento, se ele foi feito passado aquele prazo;

g3) Demais segurados: na data do início da incapacidade para o trabalho, se respeitado o prazo de 30 dias a contar dela; ou a partir do requerimento, se este foi feito depois do prazo;

g4) Se o requerimento foi indeferido pelo INSS: na data do requerimento administrativo se a ação judicial for julgada procedente.

h) Termo final: ciente das dificuldades de retorno ao mercado de trabalho causadas pelo afastamento decorrente da aposentadoria, a legislação previdenciária estabelece regras de extinção progressiva do benefício, da seguinte forma:

h1) Recuperação total dentro de 5 anos contados do início da aposentadoria por invalidez ou do auxílio-doença que eventualmente a antecedeu: na data do retorno à atividade, para o **segurado empregado** *que tiver direito à estabilidade* no emprego por conta da legislação trabalhista; para os **demais segurados**, após tantos **meses** quantos forem os **anos** de duração do auxílio-doença e da aposentadoria por invalidez;

h2) Recuperação parcial ou recuperação total após o prazo previsto no item anterior ou reabilitação para atividade diferente da que o segurado exercia: cessa após 18 meses do atestado de recuperação, e o valor do benefício diminuirá progressivamente. Por *seis meses* após a cessação da incapacidade, manterá seu valor integral; no período seguinte de *seis meses*, será pago 50% do valor; pelos outros *seis meses* seguintes, será pago 25%. Findo esse último período de seis meses, fica extinto o benefício;

h3) Morte do segurado

i) Observações:

✓ Dentre as aposentadorias, a por invalidez é a única concedida em caráter **precário**, ou seja, *ela pode ser revogada a qualquer tempo*, não gerando direito adquirido ao benefício. Isso porque a condição da incapacidade **permanente** é aferida sob as condições e estágio da medicina no momento da perícia. A probabilidade pode ser maior ou menor, mas nada impede que o segurado, em certa data julgado incapaz de exercer qualquer atividade laborativa, melhore ou mesmo seja curado e possa voltar a trabalhar, revogando-se o benefício.

✓ Por conta dessa possibilidade, o aposentado por invalidez deve submeter-se a *perícias médicas periódicas*, a cada 2 anos, para atestar que continua sem condições de trabalhar. A recusa a se submeter à perícia acarreta a cassação do benefício.

✓ Ao se aposentar por invalidez, o segurado concorda, tacitamente, em *tentar melhorar sua condição*, devendo submeter-se a todos os tratamentos médicos recomendados pelo perito oficial e a programa de reabilitação profissional, sob pena de cassação do benefício. O segurado somente pode se recusar a ser submetido a **tratamentos cirúrgicos** e **transfusão de sangue**.

✓ Doenças ou lesões **preexistentes** ao início da atividade laborativa **excluem** o direito à aposentadoria por invalidez por conta dessas doenças ou lesões, **exceto** se ficar comprovado pela perícia que o trabalho foi o responsável pelo **agravamento** das enfermidades.

✓ Atualmente, as **doenças** que dispensam a carência encontram-se listadas na Portaria Interministerial MPAS/MS nº 2.998/2001 e são: *tuberculose ativa, hanseníase, alienação mental, neoplasia maligna, cegueira, paralisia reversível e incapacitante, cardiopatia grave, doença de Parkinson, espondiloartrose anquilosante, nefropatia grave, estado avançado da doença de Paget (osteíte deformante), Aids, contaminação por radiação e hepatopatia grave.*

8.4.2. Aposentadoria por idade

a) Previsão legal: arts. 48 a 51 do PBPS; arts. 51 a 54 do RPS.

b) Sujeito passivo: segurado.

c) Contingência protegida: idade avançada.

d) Carência: 180 contribuições mensais.

e) Requisitos: 65 anos de idade, para o homem; 60 anos de idade, para a mulher. As idades são **reduzidas em cinco anos**, para ambos os sexos, quando se tratar de **trabalhadores rurais, garimpeiros ou pescadores artesanais**.

f) Renda mensal inicial: 70% do salário de benefício, acrescido de 1% para cada grupo de 12 contribuições mensais realizadas, até o limite de 30%. Como a carência é de 180 contribuições, temos que a renda mensal inicial sempre será, no mínimo, de 85% do salário de benefício. Veja: um segurado, homem, contribuiu corretamente dos 55 aos 70 anos de idade, computando 180 contribuições mensais. Esse número de contribuições perfaz

15 grupos de 12, portanto, seu acréscimo à renda mensal será de 15% e o total dela será 85% do salário de benefício. Se tivesse contribuído por 16 anos (192 contribuições mensais), seria de 86% e assim por diante.

g) Termo inicial:

g1) Segurado empregado e empregado doméstico: a data do desligamento do emprego, se requerido o benefício até 90 dias depois; ou a data do requerimento, se escoado o prazo referido ou se não houver desligamento do emprego;

g2) Demais segurados: a data do requerimento;

g3) Segurado em gozo de auxílio-doença ou aposentado por invalidez: como o gozo de benefício previdenciário é considerado *período de graça*, ou seja, o segurado não perde essa qualidade, se cumprir a carência pode, tão logo atinja a idade legal, requerer a **conversão** do auxílio-doença ou da aposentadoria por invalidez em aposentadoria por idade. O valor mensal desta última pode vir a ser menor, porém, libera o aposentado das perícias médicas periódicas e autoriza-o a regressar ao mercado de trabalho sem perder o benefício previdenciário.

h) Termo final: morte do segurado.

i) Observações:

✓ Lembre-se de que, na aposentadoria por idade, o FP somente integra o cálculo do salário de benefício se for **favorável** ao segurado;

✓ Conforme exposto no tópico 3.3.6, "b", a perda da qualidade de segurado não obsta a concessão da aposentadoria por idade se o segurado já tiver cumprido a carência, nos termos do art. 3º da Lei nº 10.666/2003;

✓ Ao contrário do que muitos propalam, existe uma hipótese de **aposentadoria compulsória** no RGPS. A **empresa** pode requerer a aposentadoria por idade do segurado que completar 70 anos, se homem, ou 65 anos, se mulher, *desde que ele já tenha cumprido a carência*, sendo, então, o trabalhador aposentado obrigatoriamente. Ocorre que, nesse caso, a empresa deve arcar com **todas as verbas rescisórias e indenizações** previstas na CLT, *equiparando-se à demissão sem justa causa.*

8.4.3. *Aposentadoria por tempo de contribuição*

a) Previsão legal: arts. 56 a 63 do RPS.

b) Sujeito ativo: segurado.

c) Contingência protegida: não há. O que se estabelece é o direito do trabalhador à *inatividade remunerada* após contribuir por longo tempo para a Previdência Social.

d) Carência: 180 contribuições mensais.

e) Requisitos: 35 anos de contribuição, se homem; 30 anos de contribuição, se mulher. O tempo de contribuição é reduzido em **5 anos**, para ambos os sexos, se o trabalhador comprovar **dedicação exclusiva**, ao longo do período contributivo, à atividade de magistério (professor) em **nível infantil, fundamental ou médio**. A Lei nº 11.301/2006 elenca como atividades de magistério aquela exercida pelo *professor, pelo especialista em educação, pelo diretor de unidade escolar e pelos coordenadores e assessores pedagógicos.*

f) Renda mensal inicial: 100% do salário de benefício.

g) Termo inicial: segue as mesmas regras da aposentadoria por idade.

h) Termo final: morte do segurado.

i) Observações:

✓ Os arts. 52 a 56 do PBPS foram tacitamente revogados pela nova redação do art. 201, § 7º, I, da CF, dada pela Emenda Constitucional nº 20/1998. Como ainda não foi editada lei tratando da matéria, aplicamos somente o RPS, que já foi adaptado às novas determinações constitucionais. O mais incoerente é que o art. 18, I, "c", do próprio PBPS já traz a nomenclatura correta do benefício (antes chamado de *aposentadoria por tempo de serviço*), mas não corrigiram os artigos que explicitam o tema...

✓ Consideram-se tempo de contribuição todas as situações previstas nos arts. 60 e 61 do RPS. A forma de comprová-lo está disposta no art. 62 do RPS, sendo sempre necessário o **início de prova material (documental), sendo vedada a prova exclusivamente testemunhal**, o que se aceitará unicamente se comprovado **força maior ou caso fortuito**, assim considerados *o incêndio, inundação ou desmoronamento que tenha atingido a empresa onde o segurado alegue ter trabalhado.*

✓ Lembre-se que, no cálculo do salário de benefício da aposentadoria por tempo de contribuição, a influência do FP é **obrigatória.**

✓ É importante não confundir a **carência exigida** com o **requisito** de tempo de contribuição mínimo para a concessão da aposentadoria por tempo de contribuição. Já estudamos que **carência** e **tempo de contribuição** são conceitos distintos. Pegue a hipótese do contribuinte individual que trabalhou, de forma autônoma, por 20 anos sem nunca recolher suas contribuições. Certo dia, resolve regularizar sua situação, quitando esses 20 anos de contribuições em atraso. A partir daí, ele conta com **20 anos de contribuição**, mas apenas **uma contribuição mensal de carência**, pois esta é contada da do primeiro dia do mês da competência relativa ao primeiro pagamento sem atraso.

8.4.4. *Aposentadoria especial*

a) Previsão legal: arts. 57 e 58 do PBPS; arts. 64 a 70 do RPS.

b) Sujeito ativo: segurado empregado, trabalhador avulso ou contribuinte individual.

c) Contingência protegida: o risco à saúde criado pela exposição a agentes nocivos físicos, químicos ou biológicos.

d) Carência: 180 contribuições mensais.

e) Requisitos: 15, 20 ou 25 anos de contribuição em atividades em condições especiais que prejudiquem sua saúde ou integridade física, com comprovação da exposição a agentes nocivos físicos, químicos ou biológicos em **trabalho permanente**, assim considerado o *não ocasional nem intermitente, no qual a exposição do segurado ao agente nocivo seja indissociável da produção do bem ou prestação do serviço.*

f) Renda mensal inicial: 100% do salário de benefício.

g) Termo inicial: segue as mesmas regras da aposentadoria por idade.

h) Termo final:

h1) Morte do segurado;

h2) Retorno a atividade que exponha o segurado a agentes nocivos. Se o aposentado voltar a trabalhar em atividade comum, **continuará** a receber seu benefício.

i) Observações:

✓ A aposentadoria especial não deixa de ser uma espécie de aposentadoria por tempo de contribuição, em que este é reduzido diante dos prejuízos à saúde ou à integridade física do trabalhador. Não obstante, no cálculo de seu salário de benefício **não há** a inclusão do FP.

✓ Atente, ainda, para o fato da aposentadoria especial estar prevista apenas para alguns tipos de segurado (empregado, avulso e contribuinte individual) e não haver tempos diferenciados para homens e mulheres.

✓ A redução do tempo de contribuição para 15, 20 ou 25 anos depende do grau de nocividade dos agentes físicos, químicos ou biológicos a que o segurado esteja exposto, conforme o Anexo IV do RPS.

✓ A prova de exposição aos agentes nocivos é feita por meio de laudo técnico pericial e do **perfil profissiográfico**, *documento de elaboração obrigatória pela empresa onde constam todas as características ambientais das atividades realizadas pelos trabalhadores*. Ao deixar o trabalho, o segurado tem direito a uma cópia do perfil profissiográfico.

✓ No caso de agentes cancerígenos, que constem de lista elaborada pelo Ministério do Trabalho e Emprego, basta sua presença no ambiente de trabalho com **possibilidade** de exposição para garantir o direito à aposentadoria especial (art. 68, § 4º, do RPS).

✓ Para garantir a aposentadoria especial, o tempo de contribuição reduzido deve ser, **todo ele**, relativo a atividades nocivas. Entretanto, caso o trabalhador mude de emprego e, com isso, mude também o **grau de nocividade** de sua atividade, o tempo de contribuição deve ser ajustado mediante a seguinte tabela:

Tempo a converter	**Multiplicadores**		
	Para 15 anos	Para 20 anos	Para 25 anos
De 15 anos	-	1,33	1,67
De 20 anos	0,75	-	1,25
De 25 anos	0,60	0,80	-

Por exemplo: se um trabalhador laborou por 10 anos em uma atividade muito nociva, na qual teria direito à aposentadoria especial em 15 anos, e dela migrou para outra atividade nociva, porém em menor grau, que autoriza a aposentadoria especial em 20 anos, quanto tempo ele deverá trabalhar nesta nova atividade para ter direito à aposentadoria especial?

Conforme determina a legislação, o tempo anteriormente trabalhado em atividade nociva de grau diferente da atual deve ser ajustado. Assim, o fator de ajuste de 15 para 20 anos é de 1,33. Então, multiplicamos 10 anos por 1,33 e obtemos 13,3 (13 anos e um terço de ano é igual a 13 anos e 4 meses) anos de contribuição, número que será considerado na sua aposentadoria especial. Logo, deverá trabalhar por mais 6 anos e 8 meses (diferença entre 20 anos e 13 anos e 4 meses) para obter sua aposentadoria especial na nova atividade.

O mesmo raciocínio é aplicado caso o segurado **passar a trabalhar em atividade comum, não nociva**, após laborar por certo período em atividade sujeita a aposentadoria especial. A conversão, nesse caso, segue a tabela abaixo:

Tempo a converter	**Multiplicadores**	
	Homem	Mulher
De 15 anos	2,00	2,33
De 20 anos	1,50	1,75
De 25 anos	1,20	1,40

Valendo-nos do mesmo exemplo citado, se nosso segurado, em vez de ter mudado para outra atividade nociva, *passasse a trabalhar em atividade comum* após 10 anos de contribuição em atividade muito nociva (que o autorizaria a se aposentar com 15 anos de contribuição), deveria converter esses 10 anos pelo fator 2,00, obtendo 20 anos de contribuição. Portanto, esse segurado deverá contribuir por mais 15 anos para somar 35 anos e se aposentar normalmente por tempo de contribuição.

E na situação inversa? Um trabalhador contribuiu por 10 anos em atividade comum e, depois, passou a trabalhar em atividade nociva que lhe dá o direito à aposentadoria especial com 15 anos de contribuição. Como fica? Nesse caso, devemos lembrar que a aposentadoria especial é garantida caso **todo o tempo de contribuição reduzido** seja dedicado a atividades nocivas. Consequentemente, nosso segurado deverá contribuir por **15 anos** nesse seu novo emprego para fazer jus à aposentadoria especial, nada havendo a converter.

Se o segurado, uma vez recebendo o benefício, retornar à atividade que o coloque em risco, será notificado que o benefício será cessado no prazo de 60 dias.

8.4.5. *Aposentadoria especial do portador de necessidades especiais*

a) Previsão legal: Lei Complementar nº 142/2013 e Decreto nº 8.145/2013.

b) Sujeito ativo: segurado portador de deficiência física ou mental.

c) Contingência protegida: o maior desgaste imposto ao portador de necessidades especiais pelo exercício do trabalho.

d) Carência: 180 contribuições mensais.

e) Requisitos: 25, 29 ou 33 anos de contribuição para o homem, ou 20, 24 ou 28 anos de contribuição para a mulher, respectivamente para deficiência consideradas graves, médias ou leves; ou aos 60 anos de idade para o homem, ou 55 se mulher, independentemente do grau da deficiência.

f) Renda mensal inicial: segue as mesmas regras da aposentadoria por tempo de contribuição e por idade, a depender do caso, porém, sempre com **fator previdenciário facultativo** (será aplicado apenas se resultar em benefício para o segurado).

g) Termo inicial: segue as mesmas regras da aposentadoria por invalidez.

h) Termo final: morte do segurado.

i) Observações:

✓ A comprovação é feita mediante perícia médica a cargo do INSS, sendo vedada, para a contagem de tempo de contribuição, a prova exclusivamente testemunhal para afirmar a existência da deficiência antes da data da vigência da lei complementar que criou o benefício (7 de novembro de 2013).

✓ Tal qual ocorre na aposentadoria especial genérica, é possível a conversão de tempo de serviço comum (antes do desenvolvimento da deficiência) em especial ou entre graus diferentes da deficiência, considerando a possibilidade dela se agravar ou haver recuperação parcial do segurado, conforme as tabelas abaixo:

Tempo a converter	**Multiplicadores**			
Homens	Para 25 anos	Para 29 anos	Para 33 anos	Para 35 anos
De 25 anos	–	1,16	1,32	1,40
De 29 anos	0,86	–	1,14	1,21
De 33 anos	0,76	0,88	–	1,06
De 35 anos	0,71	0,83	0,94	–

Tempo a converter	**Multiplicadores**			
Mulheres	Para 20 anos	Para 24 anos	Para 28 anos	Para 30 anos
De 20 anos	–	1,20	1,40	1,50
De 24 anos	0,83	–	1,17	1,25
De 28 anos	0,71	0,86	–	1,07
De 30 anos	0,67	0,80	0,93	–

O art. 70-F do RPS estabelece que é proibido acumular, no mesmo período contributivo, a redução do tempo de contribuição da pessoa portadora de deficiência com aquela prevista para as atividades perigosas ou insalubres. Contudo, seu § 1º autoriza a conversão do tempo nessas atividades caso isso seja mais favorável para o portador de deficiência utilizando os fatores abaixo:

Tempo a converter	**Multiplicadores**				
Homens	Para 15 anos	Para 20 anos	Para 25 anos	Para 29 anos	Para 33 anos
De 15 anos	-	1,33	1,67	1,93	2,20
De 20 anos	0,75	-	1,25	1,45	1,65
De 25 anos	0,60	0,80	-	1,16	1,32
De 29 anos	0,52	0,69	0,86	-	1,14
De 33 anos	0,45	0,61	0,76	0,88	-

Tempo a converter	**Multiplicadores**				
Mulheres	Para 15 anos	Para 20 anos	Para 24 anos	Para 25 anos	Para 28 anos
De 15 anos	–	1,33	1,60	1,67	1,87
De 20 anos	0,75	–	1,20	1,25	1,40
De 24 anos	0,63	0,83	–	1,04	1,17
De 25 anos	0,60	0,80	0,96	–	1,12
De 28 anos	0,54	0,71	0,86	0,89	–

8.4.6. Auxílio-doença

a) **Previsão legal:** arts. 59 a 63 do PBPS; arts. 71 a 80 do RPS.

b) **Sujeito ativo:** segurado.

c) **Contingência protegida:** incapacidade **total** e **temporária** para o exercício da atividade laborativa à qual o segurado se dedica.

d) **Carência:** 12 contribuições mensais, sendo **dispensada** nas mesmas hipóteses da aposentadoria por invalidez.

e) **Requisitos:** comprovação da incapacidade total e temporária para o trabalho **por mais de 15 dias** por perícia médica oficial.

f) **Renda mensal inicial:** 91% do salário de benefício, **não** se aplicando o acréscimo de 25% previsto para a aposentadoria por invalidez.

g) **Termo inicial:** segue as mesmas regras da aposentadoria por invalidez.

h) **Termo final:**

h1) Morte do segurado;

h2) Data em que a perícia oficial atestar a recuperação da capacidade laborativa;

h3) Data em que a perícia oficial determinar a conversão do benefício para aposentadoria por invalidez ou auxílio--acidente.

i) **Observações:**

✓ O auxílio-doença aproveita das principais regras destinadas à aposentadoria por invalidez diante da similaridade dos dois benefícios. Muda apenas que, enquanto no primeiro a incapacidade para o trabalho é **temporária**, no segundo é **permanente**.

✓ Por conta disso, as mesmas obrigações previstas para o beneficiário por invalidez aplicam-se àquele em gozo de auxílio--doença (perícias periódicas, submissão ao tratamento indicado, exceto cirurgias e transfusão de sangue etc.).

✓ O auxílio-doença, tal qual a aposentadoria por invalidez, começa a ser pago a partir do **16º dia de afastamento** do trabalho, porque nos primeiros 15 dias deve a empresa pagar normalmente o **salário** do empregado relativo a este período.

✓ O percentual da renda mensal inicial é de 91% do salário de benefício *apenas se de sua aplicação resultar valor do benefício maior que o salário mínimo*. Como o auxílio-doença substitui a remuneração mensal do trabalhador, **seu valor não pode ser inferior ao salário mínimo**. Assim, caso, por exemplo, o segurado tenha contribuído toda a sua vida sobre o salário mínimo, o que implicará no mesmo valor para o salário de benefício, a renda mensal inicial de seu auxílio-doença deve ser 100% do salário de benefício, para garantir-lhe a renda mínima constitucionalmente prevista.

✓ Resultado diferente do exposto ocorrerá em relação ao segurado que exerce *mais de uma atividade laborativa* e fica temporariamente incapacitado para *apenas uma delas*, continuando a exercer e a ser remunerado pelas outras. Exemplo: o segurado tem dois empregos, sendo que, em cada um deles, tem como salário de contribuição o valor de um salário mínimo. Por conta de um acidente, fica temporariamente incapacitado de trabalhar em **apenas uma das atividades**, prosseguindo na outra. Terá direito ao auxílio-doença em relação à primeira delas, porém, no valor legalmente estabelecido (91% do salário de benefício), porque continuará a ter renda superior a um salário mínimo mesmo assim (uma vez que devemos considerar seu segundo salário).

8.4.7. *Salário-família*

a) Previsão legal: arts. 65 a 70 do PBPS; arts. 81 a 92 do RPS.

b) Sujeito ativo: segurado **empregado** (não o doméstico), **trabalhador avulso** e **aposentado** por invalidez ou que conte mais de 65 anos de idade, se homem, ou 60 anos, se mulher.

c) Contingência protegida: o nascimento de filhos para o segurado ou aposentado de baixa renda.

d) Carência: não há.

e) Requisitos: a existência de filhos menores de 14 anos de idade ou inválidos de qualquer idade, ou equiparados a filhos nestas condições (o conceito de **equiparado a filho** é o mesmo estudado para a caracterização do dependente); a baixa renda do segurado ou aposentado, assim entendida como o **salário de contribuição** menor que R$ 862,60.

f) Renda mensal inicial:

f1) Salário de contribuição de até R$ 573,91: R$ 29,43 por filho ou equiparado;

f2) Salário de contribuição de até R$ 862,60: R$ 20,74 por filho ou equiparado.

g) Termo inicial: a data do requerimento.

h) Termo final:

h1) Morte do segurado;

h2) Morte do filho ou equiparado;

h3) Data em que o filho ou equiparado completar 14 anos de idade;

h4) Data em que cessar a invalidez do filho ou equiparado;

h5) Desemprego do segurado.

i) Observações:

✓ Para fins de concessão do benefício, *considera-se o valor individual do salário de contribuição de cada trabalhador*, e **não** a renda familiar. Isto é, se tanto o pai quanto a mãe do menor de 14 anos receberem remuneração dentro da faixa do salário-família, **ambos** receberão o benefício, ainda que a soma dos salários de contribuição ultrapasse o limite estabelecido.

✓ De outra banda, nas mesmas condições, caso os pais sejam separados ou divorciados, o benefício caberá *somente ao que detiver a guarda do menor*.

✓ O pagamento do benefício é condicionado à apresentação de comprovação das vacinas obrigatórias **anualmente** até a criança completar 6 anos de idade e de comprovação **semestral** de frequência à escola a partir dos 7 anos de idade.

✓ O salário-família é pago ao trabalhador pela empresa ou tomador do serviço (no caso do avulso), a qual pode posteriormente compensar esse valor com aquele devido a título de contribuição sobre a folha de pagamento. No caso do aposentado, o benefício é pago diretamente junto com sua aposentadoria.

8.4.8. *Salário-maternidade*

a) Previsão legal: arts. 71 a 73 do PBPS; arts. 93 a 103 do RPS.

b) Sujeito ativo: a segurada ou o segurado em caso de adoção.

c) Contingência protegida: o nascimento ou a adoção de filho.

d) Carência:

d1) Para a segurada empregada, empregada doméstica e trabalhadora avulsa: não há.

d2) Para a segurada contribuinte individual, segurada especial e segurada facultativa: 10 contribuições mensais, reduzida proporcionalmente em caso de parto antecipado.

e) Requisitos: a comprovação da maternidade, tanto pelas vias naturais quanto por adoção (nesse último caso, também a paternidade permite o recebimento do benefício, nos termos do item "i", abaixo).

f) Renda mensal:

f1) Para o segurado empregado e trabalhador avulso: o mesmo valor de sua remuneração mensal.

f2) Para o segurado empregado doméstico: o mesmo valor de seu último salário de contribuição.

f3) Para o segurado especial: um doze avos do valor sobre o qual incidiu sua última contribuição anual (*a soma de todos os salários de contribuição do último período de um ano*).

f4) Para o contribuinte individual e o segurado facultativo: um doze avos da soma dos doze últimos salários de contribuição.

g) Termo inicial:

g1) Maternidade natural: até 28 dias antes do parto, a critério da gestante, podendo ser antecipado em até 2 semanas por determinação médica.

g2) Adoção: na data do deferimento da adoção ou da guarda para fins de adoção.

h) Termo final:

h1) Maternidade natural: 120º dia após o início do gozo do benefício. Este período poderá ser **estendido** em até 2 semanas por determinação médica, para repouso antes ou depois do parto (casos em que o benefício atingirá, portanto, 134 dias);

h2) Adoção: o benefício será de 120 dias em qualquer caso.

i) Observações:

✓ Considera-se **parto** *qualquer evento ocorrido após a 23ª semana de gestação*, inclusive se **natimorto**, hipótese em que a segurada fará jus ao benefício integral.

✓ Já o **aborto não criminoso** (ou seja, quando se tratar de gravidez resultante de estupro ou se for o único meio de salvar a vida da gestante), bem como o **aborto espontâneo,** ocorrido antes da 23ª semana de gestação, garante o benefício por **duas semanas.**

✓ Tal qual o salário-família, o salário-maternidade é pago para a segurada empregada diretamente pela empresa, que posteriormente o compensa com o débito relativo à contribuição sobre a folha de pagamento. O INSS paga diretamente o benefício às demais seguradas e à empregada do microempreendedor individual (art. 72, § 3º, do PBPS).

✓ O salário-maternidade não poderá ser inferior ao salário mínimo, porém não respeita o limite máximo do RGPS. Não obstante, encontra um **teto constitucional**: *o valor do subsídio pago aos Ministros do STF* (art. 248 da CF). Note que o **direito** da segurada não se altera, pois ela continua recebendo **exatamente** o valor de sua remuneração pela empresa, ainda que maior que a remuneração dos Ministros do STF, por força do art. 7º, XVIII, da CF; esta, porém, somente poderá compensar diante do INSS até o limite estabelecido na CF, tendo de arcar com a parcela que o superar.

✓ A Lei nº 11.770/2008 ampliou a **licença-maternidade** (*o direito de afastar-se do trabalho*), mas **não** o **salário-maternidade** (*benefício previdenciário pago mensalmente*), das seguradas do RGPS para 180 dias e tal extensão ficou *a critério da empresa*. Funciona assim: se a empresa concordar em conceder mais dois meses de licença-maternidade para sua funcionária, deverá, nesse novo período, pagar-lhe **salário**, sem direito de compensação com o INSS posteriormente (o benefício terminou aos 120 dias, sendo este o prazo com o qual a Previdência Social continua arcando). Criou-se, em outra esteira, um **benefício fiscal:** o valor desses dois salários pagos pela empresa em extensão da licença-maternidade *pode ser descontado da base de cálculo do Imposto de Renda Pessoa Jurídica.*

✓ A extensão do benefício a critério médico é limitada a 2 semanas. Se a gravidez gerar riscos para a gestante que determinem seu afastamento do trabalho em período maior, deverá receber **auxílio-doença** (com aplicação das regras que lhe são próprias). A partir do parto, receberá normalmente seu **salário-maternidade**. Se, porventura, findo o período do salário-maternidade, os médicos indicarem a continuidade do seu repouso, voltará a receber **auxílio-doença**.

✓ A Lei 12.873/2013 garantiu o benefício do salário-maternidade também ao pai adotivo, desde que se trate de adoção unilateral (apenas o homem adota a criança) ou a mulher não faça jus ao benefício (não é segurada do RGPS). Em outras palavras, somente se pagará **um** salário-maternidade, ainda que qualquer dos pais seja vinculado a regime próprio de previdência (art. 71-A, § 2º, do PBPS). A nova disposição também permitiu que o benefício pago originalmente à mãe, seja natural ou adotiva, continue sendo creditado ao pai em caso de falecimento daquela pelo período que faltava para atingir o termo final, exceto se a criança falecer ou for abandonada (art. 71-B do PBPS). Por fim, cumpre consignar que o benefício será imediatamente suspenso se o segurado ou segurada retornar ao trabalho durante o período de seu pagamento (art. 71-C do PBPS).

8.4.9. Auxílio-acidente

a) Previsão legal: arts. 18, § 1º, e 86 do PBPS; art. 104 do RPS.

b) Sujeito ativo: segurado **empregado, trabalhador avulso** e **segurado especial**.

c) Contingência protegida: incapacidade **parcial** e **permanente** para o exercício de atividade laborativa.

d) Carência: não há.

e) Requisitos: ocorrência de acidente de qualquer natureza (comum ou do trabalho) que deixe sequela **permanente** após o tratamento a qual implique em **redução** da capacidade de trabalho.

f) Renda mensal inicial: 50% do salário de benefício.

g) Termo inicial:

g1) Se o segurado estava em gozo de auxílio-doença: na data de consolidação das lesões e recuperação de parte da capacidade laborativa, momento em que a perícia determina a conversão do benefício;

g2) Se o segurado não estava em gozo de auxílio-doença: na data do requerimento administrativo;

g3) Se a concessão do benefício for garantida apenas judicialmente: na data de apresentação, em juízo, do laudo pericial (STJ, REsp 775.797/SP, *DJ* 11.01.2006).

h) Termo final:

h1) Morte do segurado;

h2) Aposentadoria do segurado.

i) Observações:

✓ O auxílio-acidente, apesar de seu nome, é devido também em razão da consolidação de lesões causadas por doenças. Entretanto, devem **necessariamente** ser caracterizadas como **doenças profissionais,** aquelas que *são produzidas ou desencadeadas pelo exercício do trabalho peculiar a determinada atividade*, ou **doenças do trabalho**, causadas *em função de condições especiais em que o trabalho é realizado*, pois estas espécies são **equiparadas a acidentes de trabalho** (art. 20 do PBPS).

✓ Perceba que o auxílio-acidente não é garantido a todos os segurados. O **desemprego** deste, porém, **não** afasta a concessão do auxílio-acidente.

✓ A contingência protegida pelo auxílio-acidente, vale destacar, não impede que o segurado continue trabalhando (por isso fala-se em **redução** da capacidade laborativa). Em razão disso, o valor da renda mensal inicial *pode ser inferior ao salário mínimo.*

8.4.10. Pensão por morte

a) Previsão legal: arts. 74 a 79 do PBPS; arts. 105 a 115 do RPS.

b) Sujeito ativo: dependente.

c) Contingência protegida: o falecimento do segurado responsável economicamente pela subsistência de seus dependentes.

d) Carência: não há.

e) Requisitos: a morte, real ou presumida, do segurado e a comprovação da situação de dependente.

f) Renda mensal inicial:

f1) Se o segurado já era aposentado na data do óbito: 100% do salário de benefício encontrado para o cálculo de sua aposentadoria;

f2) Se o segurado ainda não era aposentado na data do óbito: 100% do salário de benefício a que teria direito na **aposentadoria por invalidez.**

g) Termo inicial:

g1) Se o requerimento foi feito dentro de 30 dias do óbito: data do óbito;

g2) Se o requerimento foi feito mais de 30 dias depois do óbito: data do requerimento;

g3) Em caso de morte presumida: data da decisão judicial.

h) Termo final:

h1) Morte do dependente;

h2) Perda da qualidade de dependente.

i) Observações:

✓ Caso o segurado fosse aposentado por invalidez e recebesse o acréscimo de 25% pela necessidade de acompanhamento contínuo, esse valor **não se incorporaria** à pensão por morte devida ao dependente.

✓ A existência de mais de um dependente da mesma classe determina o **rateio** proporcional da pensão por morte entre eles. Falecendo ou perdendo a qualidade de dependente um deles, os demais incorporarão essa parcela às suas. Quando não houver mais nenhum dependente dessa classe, **o benefício será extinto**, não se transferindo para as classes posteriores.

✓ Dependentes por invalidez (filho e irmão) devem comprovar tal situação **na data do óbito.** Invalidez superveniente não gera direito ao benefício.

✓ O novo casamento do cônjuge sobrevivente **não** exclui seu direito à pensão por morte.

8.4.11. *Auxílio-reclusão*

a) Previsão legal: art. 80 do PBPS; arts. 116 a 119 do RPS.

b) Sujeito ativo: dependente.

c) Contingência protegida: a prisão do segurado de baixa renda responsável economicamente pela subsistência de seus dependentes.

d) Carência: não há.

e) Requisitos: a prisão do segurado, em regime fechado ou semiaberto, cujo salário de contribuição não ultrapasse R$ 862,60 e a comprovação da qualidade de dependente.

f) Renda mensal inicial: 100% do salário de benefício que seria devido para a aposentadoria por invalidez.

g) Termo inicial:

g1) Se o requerimento foi feito dentro de 30 dias da prisão: data da prisão;

g2) Se o requerimento foi feito mais de 30 dias depois da prisão: data do requerimento.

h) Termo final:

h1) Morte do segurado;

h2) Morte do dependente;

h3) Perda da qualidade de dependente;

h4) Soltura do segurado por qualquer razão (cumprimento da pena, *habeas corpus*, livramento condicional, *sursis* etc.);

h5) Progressão para o regime aberto.

i) Observações:

✓ O auxílio-reclusão não será pago se o segurado já era aposentado na data da prisão ou estava em gozo de auxílio-doença, pois sua prisão **não** suspende o pagamento desses benefícios.

✓ Caso o segurado trabalhe enquanto preso e, nessa condição, contribua como **segurado facultativo**, mesmo assim seus dependentes **farão jus** ao auxílio-reclusão.

✓ O benefício será devido enquanto o segurado estiver preso em regime fechado ou semiaberto. Para comprovar essa situação, o dependente deve entregar, trimestralmente, certidão nesse sentido expedida pelo diretor da unidade prisional.

✓ No caso de fuga, o benefício será suspenso e o pagamento retomado com a recaptura, **desde que ainda presente a qualidade de segurado**.

✓ Em caso de morte do segurado enquanto estiver preso, o benefício será automaticamente convertido em pensão por morte.

8.5. Cumulação de benefícios

Diante das mais variadas situações que podem ocorrer ao longo da vida laborativa do segurado, é razoável antever a possibilidade de esta passar por contingências geradoras de benefícios previdenciários iguais ou diferentes mais de uma vez ao longo de seu tempo de vínculo com o RGPS. Por conta disso, cuidou o PBPS de regulamentar a possibilidade, ou não, de **cumulação de benefícios.**

Inicialmente, é importante destacar que as regras mencionadas referem-se ao pagamento para a mesma pessoa de dois ou mais benefícios *oriundos do RGPS*. Quer dizer, **sempre** será possível a cumulação de benefícios oriundos de regimes diferentes de previdência social. Exemplo: um trabalhador é aposentado pelo RGPS e, nesta condição, toma posse em cargo público efetivo após regular aprovação em concurso, vinculando-se a regime próprio de previdência. Nessa situação, poderá gozar normalmente dos benefícios do regime próprio sem nunca perder seu direito à aposentadoria pelo RGPS.

O PBPS optou pela discriminação das situações nas quais a cumulação de benefícios é **proibida.** Assim, em tese, pode-se cumular benefícios do RGPS, **desde que não constem da relação abaixo**, prevista no art. 124 do PBPS:

a) aposentadoria e auxílio-doença;

b) mais de uma aposentadoria;

c) aposentadoria e abono de permanência em serviço.

O aposentado que continua a exercer atividade remunerada é **segurado obrigatório** do RGPS, conforme estudado no item 3.3.1, "c", e, nesta condição, deve pagar a contribuição social incidente sobre seu salário de contribuição, por força de sua natureza tributária (incidência obrigatória). Todavia, **não fará jus** a todos os benefícios previdenciários, diante da proibição de acumulação. Diga-se, aliás, que somente poderá receber, concomitantemente com a aposentadoria, o **salário-família.** Apesar da lista do art. 124 mencionar expressamente somente o auxílio-doença e outra aposentadoria pelo RGPS, sua leitura deve ser feita em conjunto com o art. 18, § 2º, do PBPS, que limita as prestações devidas ao aposentado que prossegue trabalhando ao salário-família e à reabilitação profissional, quando empregado.

Abono de permanência em serviço era um benefício previdenciário previsto para os segurados que, já tendo cumprido os requisitos para aposentadoria, preferiam não solicitá-la e prosseguiam trabalhando. Ele foi revogado em 1994, sendo um equívoco a permanência do inciso III do art. 124 do PBPS: se o benefício não existe mais, não devemos nos preocupar com sua cumulação com outros.

d) Salário-maternidade e auxílio-doença

Tratamos dessa hipótese quando estudamos o salário-maternidade (vide item 8.4.8, "i").

e) Mais de um auxílio-acidente

Se acidentes diferentes deixarem sequelas diferentes no trabalhador, mesmo que ambas retirem, cada uma, parte de sua capacidade laborativa, ainda assim será devido apenas um auxílio-acidente.

f) Mais de uma pensão deixada por cônjuge ou companheiro, ressalvado o direito de opção pela mais vantajosa

Se o beneficiário de pensão por morte deixada pelo cônjuge ou companheiro casar-se novamente ou constituir nova união estável com segurado do RGPS, caso o novo parceiro venha a falecer, **o cônjuge sobrevivente não terá direito às duas pensões**, devendo escolher a maior. É fundamental observar que a limitação é para pensões deixadas por cônjuges ou companheiros, *sendo perfeitamente possível a cumulação, por exemplo, de uma pensão por morte deixada pelo cônjuge com outra deixada pelo filho.*

13. Medicina Legal[1]

Rodrigo Santamaria Saber

1. INTRODUÇÃO

1.1. Conceito da Medicina Legal

A Medicina Legal é uma especialidade médica e jurídica que utiliza conhecimentos técnico-científicos da Medicina para o esclarecimento de fatos de interesse da Justiça.

Destaca-se que há certa divergência quanto ao seu próprio conceito Pela corrente restritiva, a Medicina Legal não seria uma ciência autônoma, enquanto que pela corrente extensiva ela seria sim, pois possuiria objeto e método próprios. Por fim, pela corrente intermediária, a Medicina Legal seria ciência e ao mesmo tempo uma arte.

1.2. Histórico da Medicina Legal

Atribui-se à *Imotep* como sendo o primeiro perito médico-legal, sendo que o Código de Hammurabi é tido como o mais antigo documento que relaciona direito e medicina.

1.3. Classificação da Medicina Legal

Perante o aspecto histórico, encontramos a Medicina Legal legislativa, a pericial, a doutrinária e a filosófica (a filosófica relaciona-se a discussões acerca da conexão desta matéria com outros assuntos, como a ética).

Quanto ao aspecto profissional, temos a medicina legal pericial (médico-legista), a antropológica (IIRGD) e a medicina legal criminalística (peritos criminais).

Por fim, sobre o aspecto didático, nós encontramos a medicina legal referente à traumatologia, vitimologia, infortunística (que trata das doenças e acidentes do trabalho), sexologia, tanatologia, asfixiologia, antropologia (que cuida dos métodos acerca da identidade e identificação) etc.

1.4. Medicina Legal *vs* Criminologia *vs* Criminalística

Medicina legal é uma ciência autônoma ou, por vezes, considerada como um braço da medicina, que estuda a relação entre o direito e os fenômenos biológicos. Já a criminologia é a ciência que estuda o criminoso e o porquê daquele crime ter sido cometido. Quanto à criminalística, esta é a ciência que analisa os vestígios do crime, em busca da identificação de todos os pormenores do mesmo.

1.5. Perícias

Uma vez feito um exame, para fins judiciais, por profissionais da medicina, nós estaremos diante de uma perícia médico-legal. Se o mesmo exame for feito por alguém de fora da área médica, estaremos diante de uma perícia simples.

1.5.1. Classificação das Perícias

Dentre inúmeras classificações, destacamos algumas. A perícia direta é aquela feita diretamente na pessoa ou no corpo do objeto, enquanto a indireta é aquela feita por documentos (ex. perícia baseada exclusivamente em prontuário médico de pronto-socorro).

A perícia de retratação é a que busca somente a descrição do que fora observado, enquanto que na perícia interpretativa, além de uma análise dos fatos ocorridos, há também uma conclusão, uma interpretação de todos os elementos colhidos. Por fim, na perícia retrospectiva examinam-se elementos já ocorridos, passados, enquanto que na perícia prospectiva analisam-se situações que devem vir a ocorrer.

1.5.2. Peritos Oficiais vs Peritos não Oficiais

Segundo o Código de Processo Penal (art. 159), os peritos (oficiais) devem ser diplomados em ensino superior, não prestam compromisso de dizer a verdade (só prestam tal compromisso quando se tornam peritos oficiais, ou seja, perante o caso concreto não precisam prestar tal compromisso novamente) e são indicados pela autoridade, isto é, não pelas partes (embora a lei exija somente um perito oficial; se for o caso de perícia complexa, mais de um poderá ser nomeado para a mesma).

São estas características que os diferem dos peritos não oficiais, que atuam quando não há o primeiro (perito oficial). Perante os peritos não oficiais, vale dizer, exige-se ao menos dois deles e de preferência com ensino superior, além da necessidade de prestarem compromisso de dizer a verdade.

1.5.3. Assistentes Técnicos

Perante uma perícia, as partes poderão contratar pessoas para acompanhá-la e proferir conclusões. São pessoas de confiança não do juiz, mas sim das partes, e que são chamadas de assistentes técnicos.

1.5.4. Quesitos

São perguntas feitas para elucidar pontos acerca de algum exame a ser realizado ou já efetuado. Logo, podem anteceder a própria perícia (quesitos originários), ser concomitantes a ela (suplementares) ou posteriores ao exame (complementares).

1.5.5. Prazos

A perícia pode ser feita em qualquer dia e horário (art. 161 do CPP), sendo que em caso de exame necroscópico, exige-se que, para tanto, aguarde-se no mínimo 6 horas (art. 162 do CPP).

Acerca do exame complementar para a classificação das lesões corporais em alguém, a lei exige um liame de 30 dias (art.

---

1 Esta doutrina fora feita utilizando-se de esparso material, em destaque as obras de Genival Veloso de França, *Medicina Legal*, 2011, 9a Edição, Editora Guanabara Koogan; Eduardo Roberto Alcântara Del-Campo, *Medicina Legal I e II*, 7a Edição, São Paulo, Editora Saraiva, 2012; e Delton Croce e Delton Croce Júnior, *Manual de Medicina Legal*, 8a Edição, Editora Saraiva, 2012.

168 do diploma processual penal). Se for o caso de avaliação de dependência de drogas, há previsão do prazo de 90 dias (art. 56, § 2º, da Lei de Drogas – Lei 11.343/2006).

1.5.6. *Falsa Perícia*

Se ocorrer falsidade na perícia, essa conduta configurará o delito previsto no art. 342 do Código Penal. Agora, é diferente do caso em que há dois peritos e estes divergirem acerca das conclusões (perícia contraditória), no qual não haverá qualquer tipo de delito.

1.6. Corpo de Delito *vs* Exame de Corpo de Delito

Corpo de delito é o somatório dos vestígios de um crime, enquanto que exame de corpo de delito, como o próprio nome diz, é a análise destes vestígios.

2. POLÍCIA CIENTÍFICA EM SÃO PAULO

2.1. Composição

No Estado de São Paulo encontramos o Instituto Médico Legal (IML), onde são encontrados os médicos legistas e os peritos criminais. Além dele, há também o Instituto de Criminalística e o Instituto de Identificação Ricardo Gumbleton Daunt (IIRGD). O IIRGD, dentre outras atribuições, é responsável pelas análises das impressões digitais e expedição das Carteiras de Identidades (RGs).

3. DOCUMENTOS MÉDICO-LEGAIS

3.1. Atestados Médicos

São documentos com conteúdo acerca de um fato determinado. Neste grupo são encontrados os atestados clínicos, os atestados para fins previdenciários (destinado à Previdência Social) e os atestados de óbito.

Quanto ao atestado de óbito, destaca-se que a morte pode ser tanto natural como não natural, violenta ou suspeita e, seja qual for o motivo da morte, para que haja o sepultamento, necessária a sua expedição, sendo que o médico que já dava assistência ao recém-falecido é que deve expedi-lo (caso assim não possa ou caso a pessoa não era assistida por nenhum médico, tal atestado será emitido pelo Serviço de Verificação de Óbitos – SVO, ou pelo IML caso a morte seja violenta ou suspeita).

3.2. Notificações Compulsórias

Compulsórias porque constituem uma obrigação atrelada ao médico, seja por motivos sociais ou sanitários.

Temos como subespécies, portanto, as notificações compulsórias em razão de doenças infectocontagiosas; as notificações compulsórias de comunicação de acidente de trabalho (CAT), feitas por médico do trabalho (em caso de omissão acerca desta notificação ou da primeira, isto é, da notificação compulsória em razão de doenças infectocontagiosas, o médico responderá pelo crime previsto no art. 269 do CP).

Ainda, como subespécies, podemos elencar a comunicação da ocorrência de crime de ação penal pública incondicionada (também destinada ao médico, mas que se não cumpri-la, incorrerá em contravenção penal, e não em crime previsto no Código Penal – art. 66, II, do Dec.-lei 3.688/1941); comunicação da ocorrência de morte encefálica (para que assim possa viabilizar eventual transplante de órgãos); comunicação em razão de violência doméstica; comunicação de esterilizações cirúrgicas (se ocorrer omissão, incorrerá em crime previsto em legislação especial – art. 16 da Lei 9.263/1996); comunicação de ocorrência de maus-tratos em criança ou adolescente (omissão gera infração administrativa prevista no Estatuto da Criança e do Adolescente – art. 245 do ECA); e ocorrência de maus-tratos em idosos ou tortura.

3.3. Relatórios Médico-Legais e Pareceres Médico-Legais

Os primeiros são documentos decorrentes da atuação médica, enquanto que os segundos são consultas feitas com o intuito de tornarem-se provas em algum processo.

4. ANTROPOLOGIA FORENSE

4.1. Conceito

A antropologia forense trata da identidade e identificação. Identidade é o conjunto de elementos que permitem a individualização de algo, enquanto a identificação é a maneira de se definir algumas características individualizantes, ou melhor, é o uso de técnica ou técnicas confiáveis, por peritos, em busca desta identidade (quando o processo utilizado é pouco confiável ou é feito por pessoa que não seja o perito, diz-se que há um reconhecimento e não uma identificação).

4.2. Evolução

Historicamente várias técnicas de identificação surgiram, como o sistema odontológico de Amoedo (análise da arcada dentária da pessoa, sendo que uma dentição completa é formada por 32 dentes), o sistema dactiloscópico de Vucetich, o sistema da fotografia sinaléptica de Bertillon (identificação por meio de duas fotos, isto é, uma de frente e outra de perfil direito), a biometria, a impressão genética do DNA, e o retrato falado.

Todos estes métodos diferem-se, além da forma, acerca do nível de imutabilidade, de reprodutibilidade, individualidade, praticabilidade, classificabilidade, universalidade, aceitação (acerca da privacidade ou grau de devassamento da vida privada que é razoável) e segurança.

A figura a seguir mostra uma identificação por meio do sistema de fotografia sinaléptica de Bertillon.

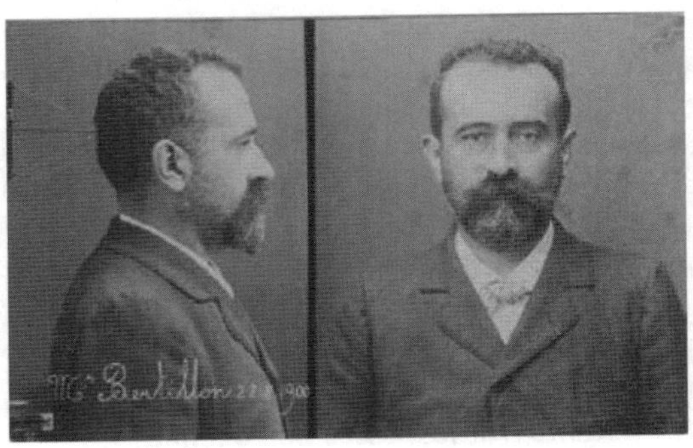

4.3. Raças

Salvatore Ottolenghi, por meio de análise de traços físicos e dos crânios, elaborou uma classificação com base em raças, subdividindo as mesmas em tipo caucásico, mongoloide, indiano, negroide e australoide.

4.4. Sexo

Análise acerca do esqueleto das pessoas, com ênfase maior na bacia, já que há uma grande diferença entre a bacia feminina e a masculina. Veja a figura a seguir.

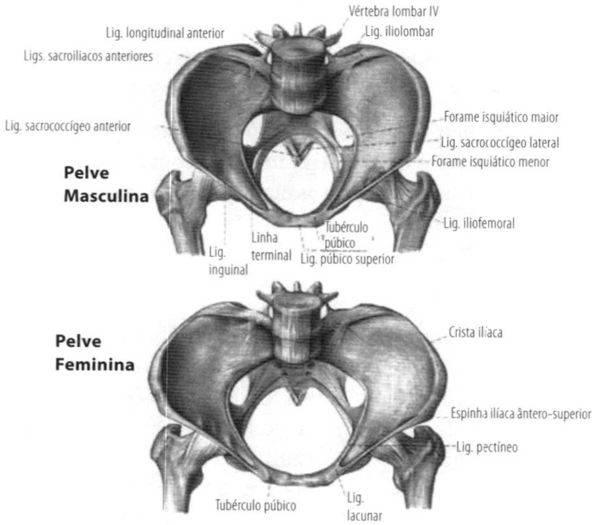

4.5. Idade

Análise também realizada com base no esqueleto das pessoas, pois há diferenciações no tamanho e estado de desenvolvimento dos mesmos conforme o decorrer da idade (um dos elementos do corpo que, se analisados podem demonstrar a idade da pessoa, é o punho).

4.6. Características Particulares Físicas Naturais

Análise quanto à estatura, peso, pintas, deformações etc.

4.7. Características Particulares Físicas Adquiridas

A análise, neste caso, já se daria através de mutilações sofridas, assim como tatuagens e cicatrizes.

4.8. Biometria

Ela ocorre tanto pelo sistema de verificação como pelo sistema de identificação, ou seja, se há uma pessoa e busco determinar se ela realmente é quem diz ser, deve-se utilizar o primeiro sistema (de verificação), enquanto que a busca por saber quem é determinada pessoa, o sistema a ser utilizado será o segundo (ambos se utilizam da comparação do tipo um para um).

A biometria, seja pelo sistema de verificação ou identificação, possui inúmeros métodos, como o feito pelas análises das impressões digitais, veias das mãos, das assinaturas, ou da íris da pessoa.

4.8.1. Sistema Datiloscópico de Vucetich

Os desenhos notados nas mãos e pés são formados já a partir o sexto mês de gestação, sendo que são perenes e imutáveis, ou seja, mesmo que ocorra uma queimadura de até 2º grau, não desaparecem (isto porque os desenhos das pontas dos dedos, nas faces palmares e plantares têm origem na própria derme, e não na epiderme, mais superficial).

Conforme já mencionado, compete ao IIRGD o trabalho acerca das impressões papilares (digitais, palmares e plantares) no Estado de São Paulo.

4.8.1.1. Sistema Datiloscópico de Vucetich – Cristas Papilares

É através de suas ondulações que os desenhos papilares são feitos. As cristas papilares são as linhas escuras encontras nos dedos, enquanto que as claras são os sulcos, que ao se desenvolverem paralelamente, formam os desenhos papilares.

Estas cristas papilares, vale mencionar, são onduladas em decorrência da epiderme (mais superficial) proteger as glândulas, terminais nervosos e vasculares que se encontram abaixo, na derme.

4.8.1.2. Sistema Datiloscópico de Vucetich – Glândulas Sudoríparas

Embora existam também as glândulas sebáceas, estas não são presentes em todas as regiões dos pés e das mãos, logo, não são utilizadas pela papiloscopia. Porém, as glândulas sudoríparas sim, ou seja, são encontradas em todas estas áreas e, por meio delas, é que se permite analisar as impressões papilares. Isto porque suas secreções geram a chamada tinta biológica (em verdade, são os poros que geram tal tinta, pois estes são as aberturas das glândulas sudoríparas).

4.8.1.3. Sistema Datiloscópico de Vucetich – Desenho Papilar vs Impressão Papilar

Os sulcos e cristas, encontrados na epiderme, assumem inúmeros desenhos, que são chamados de desenho papilar. Caso este desenho papilar esteja presente em alguma superfície, em decorrência da ação das glândulas sudoríparas, teremos, então, a chamada impressão papilar.

4.8.1.4. Sistema Datiloscópico de Vucetich – Formas de Impressão Papilar

A impressão papilar pode ser visível, moldada ou latente. A visível é aquela passível de análise a olho nu, pois algo, como tinta ou sangue, a deixou mais relevante, permitindo-se sua fotografia de forma direta.

Já a impressão moldada é aquela deixada em suporte pastoso, que também permite que sejam fotografadas diretamente (ex. impressão digital em baixo relevo, deixada na camada de tinta fresca de um automóvel). As impressões latentes, por sua vez, são aquelas invisíveis a olho nu, devendo então ser reveladas pelos chamados reveladores especiais.

Interessante é que nem todo suporte permite que uma impressão seja nele deixada, sendo que "marcas de dedos" são assim chamadas quando, embora haja uma "impressão", esta não possibilita a identificação. Ressalte-se ainda que o revelador a ser utilizado variará conforme a idade da impressão e seu suporte, e de que uma vez revelada a impressão, esta poderá ser fotografada ou levada até o IIRGD, por meio de aplicação de fitas adesivas.

4.8.1.5. Sistema Datiloscópico de Vucetich – Pessoa Viva

Retira-se as impressões de pessoa viva através do uso de tinta e um suporte. Tal retirada se inicia, no Brasil, pelos dedos polegares, se dando individualmente. Após tal ato, coletam-se as impressões de todos os dedos, de forma conjunta.

4.8.1.6. Sistema Datiloscópico de Vucetich – Pessoa Morta

Perante um cadáver, caso esteja em decomposição, retira-se a impressão digital através da chamada luva cadavérica, isto é, a pele que protege a mão é retirada e posta sobre uma mão artificial, para, depois, as impressões serem recolhidas. Já no caso do cadáver encontrar-se amolecido, antes da retirada das suas impressões papilares, injeta-se nos dedos um líquido que ajude na rigidez dos mesmos, como, por exemplo, a parafina.

4.8.1.7. Sistema Datiloscópico de Vucetich – Linhas Albodatiloscópicas

Por vezes são encontradas linhas transversais que não acompanham as cristas papilares. Estas linhas transversais, chamadas de linhas albodatisloscópicas são temporárias, isto é, podem surgir como desaparecer com o tempo.

4.8.1.8. Sistema Datiloscópico de Vucetich – Deltas

São os pontos de encontro das linhas encontras nos dedos, formando triângulos ou ângulos. É através delas (ou da ausência de deltas) que dividimos e, por conseguinte, classificamos os desenhos digitais.

Se não há deltas, estaremos diante de um arco (raramente ocorre). Já se estivermos diante de dois deltas em um único dedo, teremos um verticilo. Caso haja somente um delta, haverá uma presilha externa (delta à esquerda) ou interna (delta à direita).

Para lembrar: **e**xterna – **e**squerda

SISTEMA DATILOSCÓPICO DE VUCETICH

TIPOS FUNDAMENTAIS

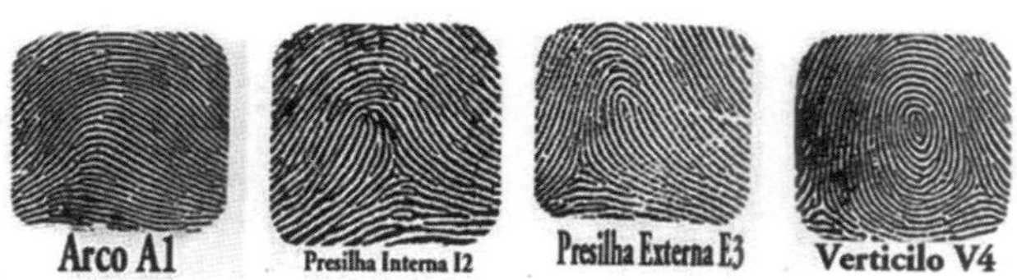

4.8.1.9. Sistema Datiloscópico de Vucetich – Identificação

Para ser feita uma identificação por este sistema, adota-se uma tabela, onde o verticilo recebe o número 4 ou a letra v (para o polegar), a presilha externa o número 3 ou a letra e (para o polegar), a presilha interna o número 2 ou a letra i (para o polegar), e o arco, o número 1 ou a letra a (para o polegar). Além disso, caso haja amputação, utiliza-se o número 0 e, se houver algum tipo de dedo defeituoso ou cicatriz relevante, a letra x. Por fim, a identificação dar-se-á inicialmente pela mão direita.

Para lembrar: V E I A – 4 3 2 1

Então vejamos. Perante uma pessoa que tenha na mão direita, de forma sequencial, um verticilo no polegar, um arco, outro arco, uma presilha externa e, no último dedo, uma presilha interna, e na mão esquerda um arco no polegar, uma presilha interna, presilha externa, um verticilo e um verticilo, sua classificação se daria da seguinte maneira: V – 1.1.3.2. e A – 2.3.4.4.

Vejamos outro exemplo. Diante de uma identificação caracterizada por tal tabela (E – 3.2.4.0. e X – 4.0.1.1.) podemos concluir que na mão direita é encontrado, em seu polegar, uma presilha externa e, sequencialmente, uma presilha externa, uma presilha interna, um verticilo e uma amputação; já na mão esquerda nós encontramos um polegar defeituoso ou com alguma cicatriz relevante, e de forma sequencial, um verticilo, um dedo amputado, um arco e outro arco.

4.8.1.10. Sistema Datiloscópico de Vucetich – Pontos Característicos

Diante de uma impressão ou fragmento de impressão, para o confrontamento com outras impressões e, assim, alcançarmos a identificação, um número de pontos em comum precisam ser encontrados.

No Brasil exige-se a localização de ao menos 12 pontos para se concluir que determinada impressão é de certa pessoa. Estes 12 pontos podem ser encontrados diante da análise das chamadas ilhotas, bifurcações, crochês, hastes, anastomoses, encerro, forquilha e outros pontos encontrados nos dedos. Veja nas figuras um exemplo de haste e outro de um ponto.

 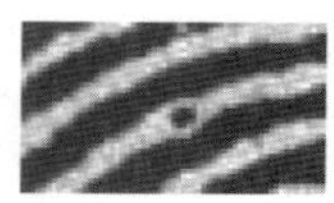

4.8.1.11. Sistema Datiloscópico de Vucetich – Impressões Plantares

No Brasil é utilizado para a identificação de recém-nascidos (identificação esta obrigatória, conforme dispositivo previsto no Estatuto da Criança e do Adolescente).

4.8.2. Sistema da Poroscopia

Decorre de uma análise dos poros, tendo em vista que também são perenes. Fora idealizado por Artur Kolman.

4.8.3. Síndrome de Naegeli

Doença hereditária rara que faz com que a pessoa não possua impressões digitais (cuidado, pois esta pessoa, embora não possua impressões digitais, possuirá sim impressões plantares).

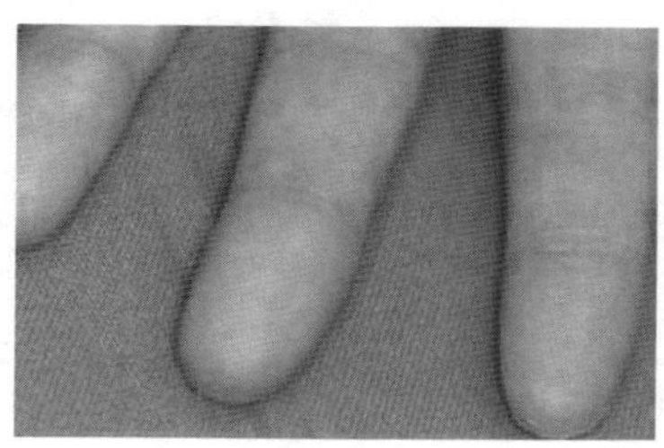

5. TRAUMATOLOGIA FORENSE

5.1. Conceito

Estudam-se as lesões praticadas sobre um corpo, decorrentes de ação de uma energia, energia esta de ordem mecânica, química, física etc.

5.2. Energias de Ordem Mecânica

Se a lesão ocorre em decorrência da ação do instrumento contra a pessoa, estaremos diante de um meio ativo (ex. carro vem na direção de um pedestre). Já na situação de a pessoa ir contra o instrumento, ter-se-á um meio passivo (ex. pessoa cai de um prédio e vem a colidir contra o chão). Por fim, caso tanto a pessoa como o instrumento agem um contra o outro, teríamos um meio misto (ex. uma batida entre dois automóveis).

Estes instrumentos também podem ser classificados quanto à superfície de contato, ou seja, podem ser punctórios (perfurantes), cortantes ou contundentes (o qual promove uma contusão), assim como perfurocortantes, perfurocontundentes ou cortocontundentes (cuidado, pois um mesmo instrumento pode produzir diversos tipos de ferimentos, dependendo de como é usado; logo, uma faca será classificada de acordo com sua ação, e não simplesmente como um instrumento perfurocortante).

5.2.1. Instrumento Punctório

O punctório (ou perfurante) atua por meio de pressão sobre um ponto (ex. agulhas), gerando lesões de irrelevante tamanho na superfície da pele, mas de relevante profundidade.

O instrumento perfurante ou punctório atua sempre por pressão sobre um ponto, produzindo ferimentos de diâmetro menor que o próprio instrumento (essa incongruência entre o tamanho do ferimento e o tamanho do instrumento fora explicada através das leis de Filhós e Langer).

5.2.2. Instrumento Cortante

Os instrumentos cortantes atuam sobre pressão e deslizamento sobre uma linha (na pele), gerando lesões incisas (ex. facas).

As lesões incisas têm, como características, a de não possuírem uma região de contusão (pois se assim fosse nós estaríamos diante de um instrumento cortocontundente), e a de possuírem margens lisas e regulares, onde na sua porção média há uma maior profundidade (as extremidades são rasas, gerando as chamadas caudas).

Perceba, portanto, que nas lesões incisas geralmente a extensão do ferimento será maior que a profundidade do mesmo, em decorrência das chamadas, e já mencionadas caudas, alongadas e mais superficiais.

A seguir uma ilustração que demonstra as caudas de uma ferida.

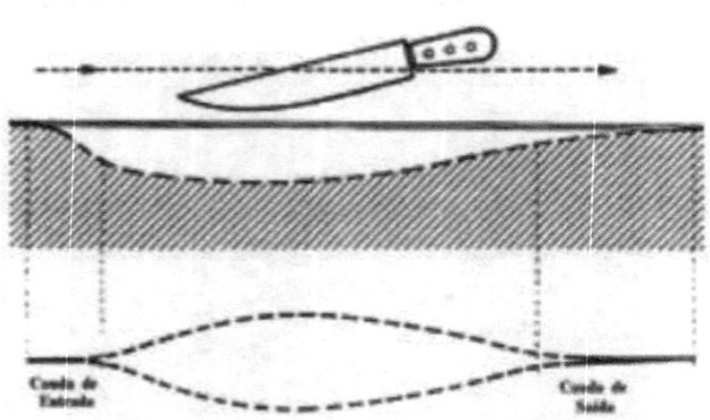

5.2.2.1. Instrumento Cortante – Esgorjamento, Degola e Decapitação

São todas lesões ocorridas na região do pescoço.

Enquanto no esgorjamento há uma lesão na parte anterior do pescoço, na degola a lesão se dá em sua parte posterior. E, por fim, a decapitação ocorre quando há a secção total do pescoço do restante do corpo.

A figura a seguir mostra um caso de um esgorjamento.

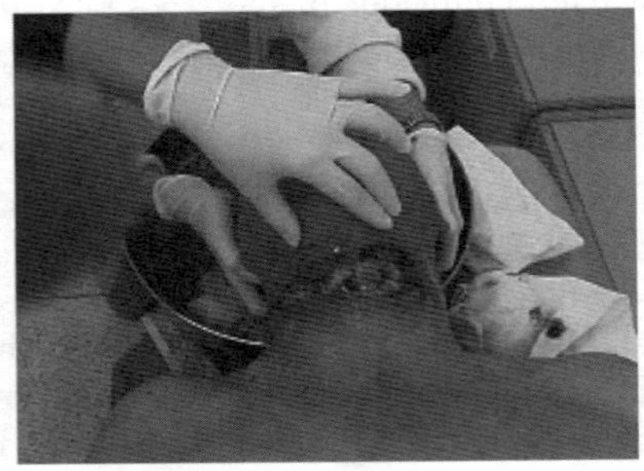

Para lembrar: **e**sgorjamento – **a**nterior (vogais) / **d**egola – **p**osterior (consoantes)

5.2.3. Instrumento Contundente

Os instrumentos contundentes agem através de uma pressão de uma superfície, gerando, assim lesões contusas.

5.2.3.1. Instrumento Contundente – Escoriações

São lesões contundentes mais leves, gerando os chamados arranhões (áreas da pele desprovidas da camada superficial).

5.2.3.2. Instrumento Contundente – Equimoses

São lesões contundentes que geram o rompimento de vasos sanguíneos, o que traz uma certa coloração ao ferimento. Isto é importante pois, conforme o tempo, as cores do ferimento vão se alterando, fenômeno que pode ajudar nas análises a respeito do período em que foram feitas e da continuidade dessas lesões (note que como as equimoses são reações vitais do corpo, estas não são encontradas quando uma pessoa sofre agressão depois de morta).

A primeira cor de uma equimose é a vermelha, passando-se ao azul, depois verde e, por fim, ao amarelo.

Para lembrar: V A V A – **v**ermelha, **a**zul, **v**erde e, **a**marelo

5.2.3.3. Instrumento Contundente – Hematomas

Neste caso há um acúmulo de sangue num órgão ou tecido, sendo que seu desaparecimento demanda bem mais tempo.

5.2.3.4. Instrumento Contundente – Bossas Hemáticas

Ocorre quando há hematomas, mas o sangue se encontra em local que impossibilita sua difusão para um tecido mole, gerando, assim, verdadeira bolsa de sangue.

As bossas hemáticas, os hematomas e as equimoses podem ser classificados como processos hemorrágicos, que se diferenciam pela gravidade (veja que as escoriações não são consideradas como uma espécie de hemorragia).

5.2.4. *Instrumento Perfurocortante*

Age através de uma ponta e uma lâmina, gerando, então, lesões perfuroincisas, caracterizadas por serem mais profundas do que largas (o ferimento perfuroinciso, geralmente, possui uma profundidade maior do que o cumprimento da lâmina que a produziu).

5.2.5. *Instrumento Perfurocontundente*

Age através de uma pressão para, depois, perfurar, gerando a lesão chamada perfurocontundente (ex. a bala do revólver).

5.2.6. *Instrumento Cortocontundente*

Age através de uma pressão sobre uma linha, o que acaba por gerar também o corte, ocasionando, assim, uma lesão cortocontusa (ex. dentada de uma pessoa na orelha do outro, e esta orelha vem a ser mutilada; pessoa que perde os dedos pelas pás de um ventilador).

5.3. Energias de Ordem Física

Podem ser provocadas em virtude de temperaturas, pressão, eletricidade, luz, som (há uma tabela, NR-15, que traz os limites de tolerância para o ruído, sendo que acima de 160 decibéis, entende-se que a surdez pode ser causada de forma imediata) etc.

5.3.1. *Energias de Ordem Física – Lesões pelo Calor*

As lesões produzidas pelo calor frio são chamadas de geladuras, enquanto que as lesões decorrentes do calor quente são chamadas de termoses ou queimaduras.

5.3.1.1. *Energias de Ordem Física – Lesões pelo Calor – Geladuras*

As lesões produzidas pelo frio (geladuras) têm um aspecto anserino e podem evoluir para a isquemia ou até mesmo para a necrose.

Na 1ª Guerra Mundial as geladuras ocorriam muito, em decorrência do frio intenso, e como geralmente afetavam os membros inferiores dos soldados, por causa da neve, foram chamadas de "pés de trincheira".

É importante frisar que as geladuras são divididas em três graus, isto é, em 1º grau (eritema), 2º grau (flictema) e 3º grau (necrose ou gangrena).

5.3.1.2. *Energias de Ordem Física – Lesões pelo Calor – Termonoses*

As termonoses são lesões provocadas pelo calor, mas de uma forma indireta, seja em decorrência dos raios solares (insolação), seja em virtude do superaquecimento do corpo pelo aumento do calor ambiente, denominado de intermação (esta é a que ocorre com os mineiros, depois de longo trabalho físico, pesado, em ambiente muito úmido e quente).

5.3.1.3. *Energias de Ordem Física – Lesões pelo Calor – Queimaduras*

As queimaduras decorrem da incidência direta do calor sobre o corpo, gerando, conforme classificação de Lussena/Hofmann, queimaduras de 1º grau (eritema ou chamado de sinal de Christinson), 2º grau (flictema; ocorre uma queimadura de 2º grau quando são encontradas as bolhas contendo líquido amarelo), 3º grau (escaras) e 4º grau (carbonização, onde o corpo fica numa posição que lembra a de um "boxeador", visto que ele perde volume).

Quanto à extensão das lesões provocadas pelas queimaduras, para se calcular o quanto do corpo fora queimado, adota-se a regra dos noves de Pulaski e Tennison, em que o corpo é dividido em frações correspondentes a 9% (ex. cada perna representa um percentual de 18%, isto é, 9% para a parte da frente, 9% para a parte detrás).

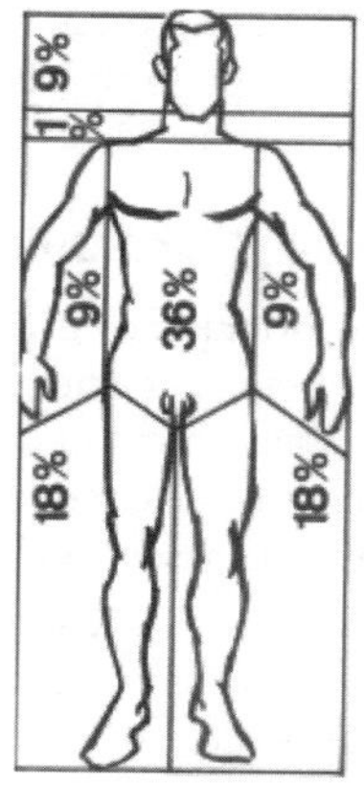

5.3.2. *Energias de Ordem Física – Lesões pela Pressão*

As lesões podem ser provocadas tanto pelo aumento da pressão (mal das montanhas ou dos aviadores) como pela sua diminuição (doença dos caixões ou mal dos escafandristas, que ocorrem perante os mergulhadores que retornam muito rápido à superfície).

5.3.3. *Energias de Ordem Física – Lesões pela Eletricidade*

A lesão causada por eletricidade pode ocorrer por via natural ou por via artificial.

5.3.3.1. *Energias de Ordem Física – Lesões pela Eletricidade – Via Natural ou Cósmica*

É a lesão causada, por exemplo, pelos raios, sendo que estas possuem aspecto arboriforme (cuja denominação é sinal de Lichtemberg).

Caso esta lesão leve à morte da pessoa, é denominada de fulminação, enquanto que se apenas gerar lesões corporais, passa a ser chamada de fulguração.

5.3.3.2. *Energias de Ordem Física – Lesões pela Eletricidade – Via Artificial*

É a lesão causada, por exemplo, pela tomada de uma residência, sendo que neste caso ela (lesão) possui características diferentes (coloração amarelo-esbranquiçada e indolor), a qual se atribui o nome de marca elétrica de Jellinek.

A doutrina traz diferenciações quanto à origem desta energia, ou seja, caso a eletricidade seja decorrente da execução de um condenado, dar-se-á o nome de eletrocussão, enquanto nas demais hipóteses de eletricidade artificial, o nome dado é eletroplessão.

5.4. Energias de Ordem Química

São as causadas por cáusticos ou corrosivos, tóxicos ou venenos (ex. monóxido de carbono, pesticidas). Vale dizer que as queimaduras provocadas por ácidos costumam ser secas e duras, sendo que o ato de tentar causar deformações numa pessoa por meio de tal instrumento (ácido) é chamado de vitriolagem.

Quanto às características das lesões provocadas por cianureto de potássio, podemos mencionar a presença de livores violáceos claros na pele, uma rigidez cadavérica precoce e intensa e, por fim, um odor de amêndoas amargas.

Já quanto à morte causada pelo monóxido de carbono (gás este incolor, insípido e inodoro), o cadáver fica com uma pele rosada, com rigidez precoce e putrefação tardia (a cianose, encontrada comumente nos asfixiados, não é encontrada neste caso).

5.5. Energias de Ordem Físico-Química (Asfixiologia)

As asfixias podem ocorrer por constrição do pescoço (enforcamento, esganadura e estrangulamento), por sufocação (seja de forma direta, como no soterramento ou confinamento, seja de forma indireta, como no caso de compressão do tórax), ou por colocação da vítima em meio gasoso ou líquido (afogamento).

Como características gerais encontradas em pessoas vítimas da asfixia, podemos mencionar a escuma da boca, assim como o resfriamento tardio do cadáver, e a cianose (a cianose é decorrente do acúmulo de gás carbônico no sangue).

Agora, característica presente na maior parte das asfixias mecânicas é a da existência de manchas vermelhas nos pulmões (manchas de Tardieu), enquanto que nos afogados, encontramos equimoses viscerais (manchas de Paltauf).

5.5.1. Energias de Ordem Físico-Química (Asfixiologia) – Enforcamento

Neste caso há uma constrição do pescoço por instrumento mecânico tracionado pelo próprio peso do corpo humano. Quando ele (enforcamento) ocorre, o sulco do pescoço, em geral, será oblíquo, descontínuo (pois é interrompido na altura do nó) e desigualmente profundo, assumindo a característica do meio utilizado (se fora usada uma corrente em volta do pescoço, a marca da figura da corrente fica "impressa" no próprio pescoço). No enforcamento, ainda vale dizer que manchas hipostáticas também são encontradas, manchas estas localizadas nas pernas e nas mãos.

A figura a seguir demonstra um caso de enforcamento, sendo possível visualizar o sulco oblíquo e descontínuo no pescoço da vítima.

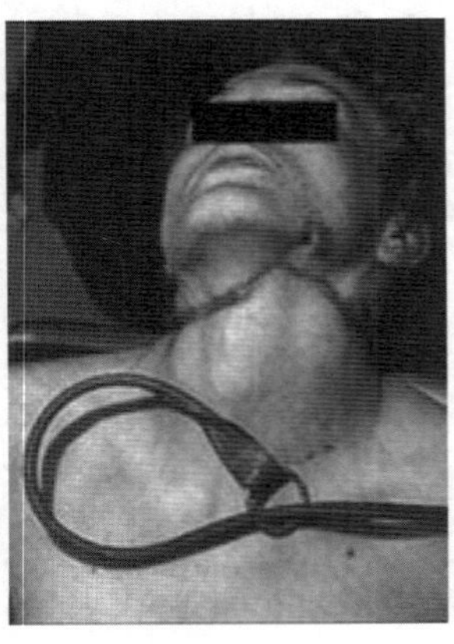

5.5.2. Energias de Ordem Físico-Química (Asfixiologia) – Estrangulamento

Ocorre, neste caso, a constrição do pescoço por instrumento mecânico não tracionado pelo próprio peso da vítima, mas sim por outro. Neste caso, o sulco será transversal e horizontal, contínuo (pois não haverá o nó) e homogêneo (igualmente profundo).

5.5.3. Energias de Ordem Físico-Química (Asfixiologia) – Esganadura

Nesta hipótese a constrição é produzida não por um instrumento mecânico, mas sim pela ação direta do criminoso, por meio de suas mãos (ex. a chamada "gravata"). A esganadura sempre é homicida, pois não é possível o suicídio através desta forma de asfixia. Sendo assim, as marcas das suas mãos e unhas substituem o sulco.

A esganadura, portanto, é a modalidade da asfixia que depende da intervenção da força muscular e que não possui sulco.

5.5.4. Energias de Ordem Físico-Química (Asfixiologia) – Sufocação

Ocorrerá sufocação em caso de soterramento (colocação da pessoa em meio sólido ou poeirento), caso ocorra obstrução das vias respiratórias (ex. alimentos), ou porque há a utilização de meios que impeçam a respiração normal (utilização de meios moles, como travesseiros). Também é considerado como sufocação o confinamento (pessoa se encontrar em ambiente pequeno e sem entradas de ar).

Por fim, temos também a sufocação indireta, decorrente da compressão torácica. É o caso, por exemplo, de uma criança que é enterrada na areia de uma praia, em pé, mas com a cabeça livre (ela poderá vir a falecer em decorrência da compressão torácica feita pela areia).

5.5.5. Energias de Ordem Físico-Química (Asfixiologia) – Afogamento

Ele (afogamento) possui fases, ou seja, há a fase da resistência, a fase da exaustão e a fase da asfixia em si.

Temos, como sinais de que ocorrera um afogamento, dentre outros, a pele anserina (é o eriçamento dos pelos, chamado de sinal de Bernt), cabeça de negro (pois há uma coloração verde-escura), encontro de plâncton nas unhas, maceração da pele, possíveis lesões de arrasto (pois o corpo vai se arrastando no leito do rio ou mar, gerando lesões na cabeça, joelhos, mãos e pés), rigidez cadavérica precoce, presença de líquido no ouvido médio, cogumelo de espuma (aquela espuma que sai da boca da vítima; cuidado, pois o cogumelo de espuma, ao contrário do que muitos pensam, pode aparecer em qualquer morte por asfixia, e não somente no afogamento), e manchas de Paltauf.

Quando ocorre realmente um afogamento, a vítima é chamada de afogado azul, ao passo que quando uma pessoa vem a falecer por outro meio, embora seja encontrada na água, é chamada de afogado branco ou falso afogado (nota-se a ausência de água nas vias respiratórias do afogado branco).

5.6. Energias de Ordem Bioquímica

Podem ser provocadas em virtude de fatores orgânicos e químicos. É o caso das lesões em decorrência das intoxicações alimentares, ou em decorrência da inanição (uma pessoa consegue ficar até uma semana somente à base de água).

5.7. Energias de Ordem Mista

As lesões são provocadas por fatores variados. Como exemplo, podemos citar a fadiga, as sevícias (agressões) e as doenças parasitárias.

5.7.1 Energias de Ordem Mista – Síndrome da Criança Maltratada ou Síndrome de Caffey-Kempe ou Síndrome de Silverman

Em uma criança podem ser observadas lesões, sendo que estas, por vezes, podem ser geradas em épocas diversas, concluindo-se, assim, serem agressões contínuas.

6. PSICOPATOLOGIA FORENSE

6.1. Conceito

A psicopatologia forense trata das perícias relacionadas com aspectos atinentes à imputabilidade ou inimputabilidade penal ou, ainda, à capacidade ou incapacidade em âmbito civil (estas perícias, diferentemente das demais, somente poderão ser realizadas por meio de ordem judicial, não cabendo ao delegado decretá-las).

Busca assim, por meio da psicopatologia, determinar se alguma pessoa consegue entender a realidade dos fatos ou determinar-se de acordo com esse entendimento (a capacidade, seja ela penal ou civil, tem como elementos a vontade, a inteligência e o desenvolvimento mental completo).

6.2. Capacidade e Imputabilidade

Há diversos fatores que podem afastar a capacidade ou a imputabilidade, ou ainda, as limitar. Podemos citar, como exemplos, o fator idade, visto que o menor de 18 anos é tido como inimputável na esfera penal ou relativamente incapaz no âmbito cível (se menor de 16 anos será tido como absolutamente incapaz); e o fator relacionado a transtornos mentais.

6.3. Transtornos Mentais

Diante do exposto acima, se há suspeita de que uma pessoa possa ou não sofrer de um transtorno mental, perícia para tanto deverá, portanto, ser realizada, haja vista que se trata de um elemento que pode modificar ou limitar a responsabilidade do agente.

Desta forma, a pessoa é submetida a um exame onde se tenta identificar o transtorno mental presente, assim como o seu grau. Para tanto, há uma classificação daqueles sintomas que são considerados, em conjunto, como transtornos mentais. São as classificações trazidas pelo CID-10 e DSM-IV.

6.3.1. Transtornos Mentais – Oligofrênicos

Quando uma pessoa possui desenvolvimento mental incompleto, onde a idade mental não supera 12 anos de idade, ela é chamada de oligofrênica.

A oligofrenia possui três espécies, ou seja, uma pessoa poderá ser classificada como idiota (idade mental inferior a 3 anos e QI inferior a 25), imbecil (idade mental entre 3 e 7 anos e QI até 50), ou débil mental (idade mental de 7 a 12 anos e QI até 90). Esta graduação é de extrema importância, pois dependendo do grau do retardo mental, o indivíduo poderá ser tido como inimputável ou semi-imputável.

6.3.2. Transtornos Mentais – Esquizofrenia

Este transtorno mental faz com que ocorra uma dissociação das faculdades psíquicas, com uma quebra na harmonia entre pensamento, sentimento e ação, não havendo uma relação racional com o mundo externo. A esquizofrenia pode afastar a imputabilidade da pessoa.

6.3.3. Transtornos Mentais – Personalidade Psicopática

O psicopata tem, como características, a pobreza nas relações afetivas, falta de remorso, vergonha e senso moral (carência de valor), impulsividade, agressividade, incapacidade de aprender pela experiência e punição, e ausência de delírios.

A personalidade psicopática, por sua vez, pode fazer com que a pessoa seja tida como semi-imputável.

6.3.4. Transtornos Mentais – Outros

Temos inúmeros outros transtornos, como os estados demenciais (ex. doença de Alzheimer), transtornos bipolares, personalidade esquizotípica etc.

6.4. Fatores Psicopatológicos

Além dos fatores biológicos (ex. idade) e dos fatores psiquiátricos (transtornos mentais), fatores psicopatológicos também podem influenciar a capacidade ou imputabilidade do agente. Podemos exemplificar, como fatores psicopatológicos, os transtornos relacionados ao sono, à embriaguez, toxicomania, transtornos obsessivo-compulsivos (os pródigos, como são chamados os gastadores compulsivos, são considerados, pelo Código Civil, relativamente incapazes), e transtornos relacionados à linguagem (ex. surdos-mudos).

Quanto aos transtornos relacionados ao sono, o sonambulismo pode ser tido como causa suficiente para afastar a imputabilidade de uma pessoa, haja vista que estará numa situação de semiconsciência. Entretanto, vale dizer que a hipnose já não possui tal força (de afastar a responsabilidade penal), pois entende-se que a pessoa, mesmo hipnotizada, somente realiza atos que faria mesmo que tivesse a plena consciência.

7. TOXICOLOGIA FORENSE

7.1. Toxicofilia

A toxicofilia ou toxicomania (hábito de usar drogas de forma regular) tem como elementos a dependência (e, por conseguinte, as crises de abstinência quando não há o uso), a compulsão (necessidade de haver o consumo) e a tolerância (os mesmos efeitos, com o passar do tempo, somente são alcançados com uma dosagem maior da substância).

7.2. Conceito de Drogas – Norma Penal em Branco

Conforme o disposto na Lei de Drogas (art. 1º da Lei 11.343/2006), consideram-se drogas as substâncias ou produtos capazes de causar dependência, assim especificados em lei ou relacionados em listas atualizadas periodicamente pelo Poder Executivo da União.

7.3. Classificação das Drogas

Os psicotrópicos são classificados em psicolépticos, psicanalépticos, psicodislépticos e pampsicotrópicos (utilizados como anticonvulsionantes).

7.4. Drogas Psicolépticas

As drogas psicolépticas são aquelas que deprimem o sistema nervoso, ou seja, que diminuem as atividades cerebrais, suprimindo sensações de angústia e ansiedade, gerando a de tranquilidade. Assim sendo, temos, como exemplos de drogas psicolépticas, os barbitúricos (ex. gardenal e anestésicos em geral) e os diazepínicos (ex. diazepam e valium).

7.5. Drogas Psicanalépticas

Já as drogas consideradas como psicanalépticas são aquelas que estimulam o sistema nervoso central, levando à euforia e à sensação de saciedade (perda do apetite). As anfetaminas, a cocaína, o ecstasy, a ketamina, o ópio e seus derivados (ex. morfina e heroína) são exemplos de tais drogas.

7.6. Drogas Psicodislépticas

Por fim, as drogas psicodislépticas são as que trazem alucinações e delírios por gerarem uma dissociação do psiquismo (elas não estimulam nem inibem o sistema nervoso central). São exemplos a maconha (cujo princípio ativo é o 9-gama-transtetrahidrocanabiol ou simplesmente THC, presente na *Cannabis sativa*) e seus derivados (*skunk* e o haxixe), o LSD-25 (ácido lisérgico, substância esta produzida pelo fungo chamado de "esporão de centeio"), a mescalina, os inalantes (ex. lança-perfume), a cafeína, o tabaco e o álcool.

7.6.1. Drogas Psicodislépticas – Álcool

O alcoolismo pode gerar desde uma simples embriaguez até uma psicose alcoólica.

Após a absorção e sua distribuição pelo corpo, o álcool é eliminado do mesmo por meio de um processo lento, na razão de aproximadamente 0,15g/l/hora, sendo que enquanto esta eliminação não ocorrer por completo, instrumentos como o etilômetro (bafômetro) podem detectar a sua presença e concentração através da análise do ar pulmonar profundo expirado.

7.6.1.1. Drogas Psicodislépticas – Álcool – Alcoolismo

O alcoolismo pode ser agudo como crônico, sendo que no alcoolismo agudo há a embriaguez normal e a patológica.

Na normal, os sintomas são classificados em três grupos, isto é, há a fase do macaco (onde há uma excitação), a fase do leão (surgindo, assim, comportamentos antissociais), e a fase do porco (ou comatosa).

Já o alcoolismo agudo patológico afeta os descendentes de alcoólatras e tem como sintomas o fato de pequenas quantidades de álcool produzirem grandes efeitos à pessoa.

Finalizando, o alcoolismo crônico apresenta-se quando ocorre um consumo contínuo e regular de álcool. Neste último caso, podem ocorrer, como quadro patológico, delírios, onde, frequentemente, há visões de animais (zoopsias). A este delírio alcoólico agudo dá-se o nome de "delirium tremens".

8. TANATOLOGIA

8.1. Conceito

Na tanatologia estuda-se a morte, sendo que esta, ao contrário do que a maior parte das pessoas crê, se dá por meio de um processo prolongado (e não único).

Para a constatação deste evento morte há alguns métodos, sendo que dentre os mais usuais elencamos aquele que se dá pela análise da circulação (morte circulatória, que ocorre com a parada cardíaca irreversível) e aquela decorrente da morte encefálica (morte cerebral), método este utilizado no Brasil.

Tais técnicas são de extrema importância, haja vista que pode ocorrer a chamada morte aparente, onde a pessoa está viva, mas aparenta se encontrar morta em virtude da baixa atividade metabólica e circulatória. Por este motivo, aliás, há norma legal que determina que o sepultamento deve ocorrer somente depois de 24 horas da constatação do óbito, para, assim, evitar o sepultamento de pessoa viva (arts. 77 e 78 da Lei 6.015/1976).

Por fim, diz-se que a morte ocorre por meio de um processo prolongado, pois nela inúmeros fenômenos se sucedem no tempo, alguns presentes em todas as mortes (fenômenos abióticos ou avitais), outros somente em alguns casos (fenômenos transformativos).

8.2. Fenômenos Cadavéricos Abióticos Imediatos

Os fenômenos cadavéricos abióticos podem ser imediatos (que, embora não trazem a certeza da morte, são usados pelos médicos para a constatação dela) ou consecutivos.

Quanto aos imediatos, podemos elencar o aspecto do rosto da pessoa, que é alterado em razão da perda do tônus muscular (máscara da morte ou face hipocrática), a prova de fluoresceína de Icard (nesta prova injeta-se fluoresceína na pessoa, sendo que caso a veia fique com uma coloração amarela, significará que a pessoa não está morta), a inconsciência, e a imobilidade.

8.3. Fenômenos Cadavéricos Abióticos Consecutivos

Já quanto aos consecutivos, temos, como um destes fenômenos, o de resfriamento do corpo (algidez cadavérica), que, vale mencionar, não é regular, isto é, corpos podem resfriar mais rapidamente do que outros. Em verdade, o que acontece é o equilíbrio da temperatura do corpo com o ambiente em que se encontra, logo, se a temperatura ambiente estiver superior à do corpo, este irá aquecer, e não resfriar.

Temos também, como fenômenos consecutivos, a rigidez cadavérica, já que com a morte há um aumento no teor do ácido lático nos músculos (e assim, uma coagulação da miosina). Destaca-se que esta rigidez cadavérica, que se inicia após um período de 3 a 5 horas, é temporária, uma vez que depois de certo período, o corpo retoma o seu estado de flacidez anterior.

Vale observar que em alguns casos, esta rigidez se dá de imediato, quando, então, o corpo fica na posição exata quando da morte (é o chamado espasmo cadavérico ou rigidez estatuária). Por fim, há outros casos em que a rigidez ocorre quando a pessoa ainda está viva, hipótese esta decorrente do tétano, em que há intoxicação por estricnina.

Outros fenômenos cadavéricos consecutivos são as hipóstases e os livores. Com a morte, o sangue não mais circula, sendo que pela gravidade, o mesmo se deposita nas partes mais baixas do corpo, de acordo com sua posição. A este fenômeno dá-se o nome de hipóstase, que possui a coloração vermelha púrpura. Na região oposta, em razão da falta de sangue, haverá uma coloração clara, regiões estas chamadas de livores cadavéricos. Importante destacar que tanto os livores como as hipóstases, após um período médio de 8 horas, não são alterados mais, mesmo que o corpo tenha sua posição modificada, vez que a coagulação já terá ocorrida.

Finalizando, como último fenômeno cadavérico abiótico consecutivo, temos a desidratação, que gerará, na pele da pessoa, o seu pergaminhamento.

8.4. Fenômenos Cadavéricos Transformativos Destrutíveis

Os fenômenos cadavéricos transformativos podem ser destrutivos ou conservadores.

No que tange aos fenômenos transformativos destrutíveis, temos a autólise (desintegração dos tecidos humanos, uma vez que há uma acidificação no corpo fazendo com que as células passem a absorver mais água por osmose, inchando até estourar), a maceração, e a putrefação.

Quanto à maceração, este é um fenômeno decorrente do corpo encontrar-se em meio líquido contaminado ou em fetos retidos no corpo da mãe (a partir do 5º mês de gestação), onde os ossos se soltam dos seus respectivos tecidos.

8.4.1. Fenômenos Cadavéricos Transformativos Destrutíveis – Putrefação

Já quanto à putrefação, esta se inicia com a autólise e ainda no intestino grosso, gerando a chamada mancha verde abdominal (a putrefação, em média, se inicia após a 20ª hora da morte). Ela decorre da atuação de germes, sendo que após a atuação no intestino, passa a ocorrer no restante do organismo.

A putrefação se dá em 4 fases, ou seja, pela fase da coloração, da gasosa, coliquativa e da esqueletização.

A fase da coloração, como dito, tem início pela mancha verde abdominal, embora nos afogados ela se dê, de início, na cabeça e na parte superior do tórax (cabeça de negro). Já a fase gasosa decorre dos gases gerados na putrefação, ocasionando um inchamento do corpo (língua e órgãos genitais), bolhas (flictemas putrefativos), assim como uma alteração na localização do sangue, uma vez que este é empurrado para as regiões periféricas do corpo (a isto dá-se o nome de circulação póstuma de Brouardel, sendo caracterizado por desenhos dos vasos na superfície da pele).

Após a fase gasosa temos a coliquativa, na qual o corpo passa por uma dissolução até que, por fim, restem somente as partes ósseas (fase da esqueletização).

8.5. Fenômenos Cadavéricos Transformativos Conservadores

Quanto aos conservadores, temos a corificação (o corpo não sofre decomposição por ser guardado em caixão metálico hermeticamente fechado, onde, então, a pele do corpo fica com um aspecto de couro curtido), a mumificação (corpos, dependendo das condições em que se situam, podem não sofrer a ação das bactérias em decorrência de rápida desidratação), a calcificação (que ocorre em fetos retidos no corpo da mulher, por meio da ação do cálcio) e a saponificação (este fenômeno, chamado também de adipocera, faz com que o corpo fique com um aspecto de cera ou sabão, em virtude de se encontrar em solos argilosos e úmidos, sem muita aeração).

8.6. Tempo da Morte (Cronotanatodiagnose)

Para se determinar quando a morte se deu, inúmeros métodos foram criados, sendo que uma das formas mais utilizadas é aquela em que se analisam os germes e outros organismos que estejam atuando sobre o cadáver. Isto porque as espécies encontradas nos corpos variam conforme o tempo, ou seja, uma espécie de fungo pode agir somente nos primeiros dias da morte, enquanto um determinado germe tem atuação somente depois de meses após o evento.

8.7. Comoriência

Se duas pessoas morrerem em virtude de um mesmo fato, sem que seja possível estabelecer qual morte ocorrera primeiro, entende-se, então, que a morte de ambas as pessoas se deu de forma simultânea, fenômeno este chamado de comoriência.

Agora, se de uma análise, distinguiram-se os momentos da morte de cada indivíduo, diz-se que ocorrera o fenômeno da primoriência.

8.8. Necropsia

A necropsia somente poderá ocorrer após 6 horas da constatação do óbito, quando fenômenos abióticos consecutivos estão bem evidentes. Nela, far-se-á um exame externo para, somente depois, um exame interno, sendo que, ao seu final, o corpo deverá ser fechado.

Vale mencionar que quando a morte não é esclarecida, mesmo após eventual necropsia, a esta dá-se o nome de necropsia branca.

9. BALÍSTICA

9.1. Conceito

A balística estuda tanto as armas como a trajetória e os efeitos de seus projéteis.

9.2. Armas

A arma pode ser classificada como de cano de alma lisa ou de cano de alma raiada. Quando se trata de arma raiada, significa que no interior do cano da arma há ressaltos e cavados, cuja finalidade é dar ao projétil um movimento de rotação e, assim, ajudar a manter a sua trajetória. A isto dá-se uma grande importância, já que as raias deixam nos seus projéteis a respectiva impressão (impressão esta de forma inversa), o que pode ajudar na identificação de disparos.

9.3. Calibre

Nas armas de alma raiada, o calibre da arma corresponde à do diâmetro interno do seu cano. Interessante é que para que não exista perda na pressão quando do momento do disparo, o projétil possui um calibre um pouco maior que o próprio diâmetro do cano da arma (calibre da arma). E é exatamente em razão disto que há aquela impressão das raias do cano no projétil impulsionado.

Agora, nas armas de alma lisa ocorre de forma diversa, ou seja, o calibre não é expressado pelo diâmetro interno do cano, mas sim pelo número de esferas de chumbo que é necessário para atingir uma libra de peso. Isto significa que quando estamos diante de uma arma de alma lisa, o calibre da mesma é inversamente proporcional ao diâmetro interno do cano (quanto maior o diâmetro, menor será o calibre).

Perceba que o calibre, seja na arma de alma lisa quanto na raiada, em nada se relaciona com o tipo de projétil utilizado por determinada arma.

9.4. Trajetória e Alcance do Disparo

A trajetória do projétil se dá de forma elíptica, em razão da perda da velocidade do mesmo, da resistência do ar e da atuação da gravidade (mesmo em queda livre, o projétil alcança a velocidade de 50m/s, o que permite que o mesmo consiga perfurar a pele humana).

Já quanto ao alcance do mesmo, utilizam-se expressões como alcance máximo (distância máxima que um projétil pode alcançar), alcance com precisão, e alcance útil (distância máxima que um projétil pode alcançar onde ainda contará com energia cinética suficiente para deter um homem).

9.5. Ferimentos

A arma de fogo, por meio de seu projétil gera uma lesão perfurocontusa.

Interessante é que naqueles casos onde uma bala entra e sai de um corpo, o seu ferimento de entrada é menor que o de saída, em virtude da elasticidade da pele humana. Ademais, a lesão de entrada geralmente é circular ou elíptica, sendo que ela terá bordos invertidos e invaginados (voltados para o interior do corpo), ao passo que a lesão de saída será inversa, ou seja, geralmente possuirá bordas evertidas e levantadas (indicando, assim, a trajetória do projétil).

9.5.1. Ferimentos – Balins

As armas de alma lisa são municiadas com projéteis múltiplos, chamados de balins, que geram lesões múltiplas, como se fossem produzidas por vários disparos unitários, distribuídas ao redor de um ponto central (quanto mais distantes forem estas lesões, umas das outras, maior será a distância entre a vítima o atirador).

9.5.2. Ferimentos – Câmara de Hoffmann

A câmara de Hoffmann, também chamada de câmara de mina, ocorre quando há um tiro encostado, e ainda em regiões da pele em que há tábuas ósseas abaixo, fazendo com que o ferimento de entrada tenha bordo evertidos e não mais bordos invertidos, como é a regra.

Externamente, tal câmara tem o aspecto estrelado (quando há um tiro disparado em região óssea, mais de um ferimento de saída pode ser encontrado, pois as fraturas ósseas podem constituir em verdadeiros projéteis secundários).

9.5.3. Ferimentos – Halos ou Orlas

Os halos ou orlas são regiões que circundam o ferimento gerado pelo projétil.

Num primeiro círculo, mais próximo ao ferimento, há a chamada orla de escoriação, com exposição da derme. Após este círculo, encontramos um maior, denominado de orla de enxugo, caracterizado por ser escuro em razão de ali permanecer as impurezas trazidas pelo projétil, como fuligem e restos de pólvora.

Por fim, num último círculo e maior, se dá a orla de contusão, correspondente a uma região equimótica.

Interessante é que enquanto o primeiro e o terceiro anel não são exclusivos do ferimento produzido por projéteis de arma de fogo, o segundo (orla de enxugo) é.

9.5.4. Ferimentos – Zona de Chamuscamento

A zona do chamuscamento ocorre quando o disparo é feito muito próximo (em torno de até 5 centímetros), fazendo com que a pele seja queimada em decorrência da chama expelida pela boca do cano da arma de fogo.

9.5.5. Ferimentos – Zona de Esfumaçamento

Agora, caso o disparo se dê numa distância maior (em torno de até 30 centímetros), a pele não é queimada, mas em torno do ferimento de entrada poderá ser depositada a fumaça decorrente deste disparo.

9.5.6. Ferimentos – Zona de Tatuagem

Por fim, nos disparos ainda mais distantes (em torno de até 50 centímetros), no ferimento podem ser encontrados grãos de pólvora e partículas metálicas decorrentes da abrasão do projétil, formando então a chamada zona de tatuagem.

Interessante é que enquanto a zona de esfumaçamento pode ser removida com água e sabão, as demais (zona de tatuagem e de chamuscamento) não podem. É em decorrência disto (da fácil retirada) que a zona de esfumaçamento é denominada também de "falsa tatuagem".

Outra observação importante é a de que por vezes estas zonas podem ser encontradas somente no interior do corpo da vítima. Isto ocorre caso ocorra um disparo encostado e este disparo se dê em tecidos moles.

9.5.7. Ferimentos – Sinal de Werkgaertner

Quando num ferimento visualiza-se a marca da boca da arma de fogo, assim como a marca da alça da mira sobre a pele, dizemos que ocorrera um ferimento por disparo encostado e a estas características dá-se o nome de sinal de Werkgaertner.

9.5.8. Ferimentos – Distância do Disparo

Perceba que conforme as zonas e as orlas encontradas, pode-se determinar a distância do disparo (agora, caso o tiro se dê a uma distância superior a 50 centímetros, não se poderá diferenciar, por tais fatores, se um tiro possui uma distância um pouco superior a tal medida ou bem superior, sendo apenas classificado o disparo como um disparo distante e não um tiro à queima roupa).

10. SEXOLOGIA

10.1. Cromossomos

São encontrados 46 cromossomos em cada pessoa, divididos em um par sexual (XY ou XX) e 22 pares autossômicos.

Eventualmente, distorções podem ocorrer em tais cromossomos, sejam nos sexuais ou nos autossômicos. Ora, a pessoa pode não possuir o par sexual, ou seja, contar com apenas um X. A isto é chamado de Síndrome de Turner, o que gera a esterilidade da mulher, assim como sua pouca estatura.

Pode ocorrer também do homem possuir, em seu cromossomo sexual, eventuais distorções, o que faz com que tenha uma estatura elevada e voz fina. A este episódio é dado o nome de Síndrome de Klinefelter (ex. 22 pares autossômicos mais XXXXY).

Se a alteração se der nos pares autossômicos, pode gerar a síndrome de Patau (cromossomo extra no par 13), a síndrome de Edwards (alteração no cromossomo 18) ou a síndrome de Down (cromossomo extra no par 21) etc..

10.2. Hermafrodita

É a partir do sexo cromossômico que a gônada embrionária, até então indiferenciada, passa a se desenvolver, modificando-se em uma gônada masculina ou feminina. Pode ocorrer, porém, um distúrbio neste desenvolvimento, gerando assim uma gônada não muito definida, ou ambas as gônadas, masculinas e femininas, caracterizando, assim, o hermafroditismo.

10.3. Impotência *Coeundi vs* Impotência *Acopulia vs* Impotência *Generandi vs* Impotência *Concipiendi*

A incapacidade de manter uma relação sexual é chamada de impotência *coeundi* (para o homem) ou impotência *acopulia* (para a mulher), ao passo que a impossibilidade de gerar filhos é chamada de impotência *generandi* (para o homem) ou impotência *concipiendi* (para a mulher). Esta diferenciação é importante, pois a incapacidade para manter relações sexuais pode gerar a anulação de um casamento, mas a incapacidade para gerar filhos, não.

10.4. Transtornos Sexuais – Transexualidade

Ocorre quando uma pessoa é de um sexo, mas se identifica como sendo do outro. O transexual, vale dizer, não se considera um homossexual (a homossexualidade, vale destacar, não é mais considerada como um transtorno sexual).

10.5. Transtornos Sexuais – Parafilias

Embora a DSM-IV traga, em sua lista, apenas oito perversões, existem muitas outras.

Como exemplos, temos o exibicionismo (a pessoa sente prazer em expor suas partes íntimas), a mixoscopia ou voyeurismo (pessoa sente prazer ao visualizar duas pessoas praticando o ato sexual), o masoquismo, sadismo e o sadomasoquismo (enquanto o sado é aquele que sente prazer ao impor um sofrimento ao parceiro, o masoquista gosta que este sofrimento seja imposto a ele próprio), o fetichismo (prazer, por exemplo, sobre as roupas íntimas do parceiro), riparofilia (prazer por pessoas com péssimo hábito de higiene), zoofilia etc..

10.6. Gravidez e Estado Puerperal

O ciclo menstrual normal da mulher dura 28 dias, sendo que a ovulação dela ocorre, geralmente, no 14º dia, e o período fértil dura por volta de 24 horas.

Uma vez fertilizado o óvulo, a gestação durará, normalmente, 40 semanas (ou 280 dias), sendo que o Código Civil entende que o prazo mínimo para a mesma é de 180 dias e o prazo máximo é de 300 dias.

Após o nascimento, num período de 45 dias entende-se que mulher encontra-se em estado puerperal, situação passível de produzir, sobre ela, alguns transtornos psicológicos. É por este motivo que se entende que caso a mulher venha a matar seu próprio filho neste período, não praticará o homicídio, mas o delito de infanticídio, cuja pena será bem menor.

10.7. Estupro e Aborto

Caso a mulher seja virgem e sofra um estupro caracterizado pela conjunção carnal (introdução total ou parcial do pênis na vagina), a análise da integridade ou ruptura do hímen poderá indicar a real ocorrência do fato. Entretanto, caso a mulher não seja virgem, outros sinais podem ser analisados, como outras lesões provocadas, assim como a existência ou não de sêmen no local (a alta concentração de fosfatase ácida no interior da vagina indica a presença de líquido espermático, pois ele é um dos componentes do liquido seminal). Além disto, mesmo que a mulher seja virgem e não haja a ruptura do hímen, isto não significa, por si só, que não houve conjunção carnal, pois o chamado hímen complacente, presente em algumas mulheres, não se rompe com o coito (perceba, portanto, que a integridade do hímen não é prova definitiva da virgindade de uma mulher).

O aborto pode ser legal ou ilegal. Atualmente apenas três tipos de aborto são permitidos, ou seja, aquele necessário para salvar a vida da gestante (aborto terapêutico ou necessário), o aborto em decorrência de estupro (aborto sentimental) e o aborto de anencéfalos (cuidado, pois o aborto eugênico, que é aquele realizado em decorrência da má-formação do feto, não é permitido, sendo somente legal o aborto em virtude da anencefalia).

10.8. Docimasia – Aborto *vs* Infanticídio

Diante de um feto morto, como saber se houve um aborto ou um eventual infanticídio? Dependerá de uma análise cuja finalidade será determinar se houve ou não a respiração do mesmo.

A análise pode ser feita de diversas formas, como por meio de um exame gastrointestinal (Docimasia de Breslau) ou por meio de exame pulmonar (Docimasia Hidrostática de Galeno). Aliás, este último método é o mais comumente aceito no Brasil, onde o feto é colocado num recipiente de água e observa-se se o mesmo afunda ou flutua, conforme haja a existência ou inexistência de ar nos pulmões.

10.9. Investigação de Paternidade

Na investigação de paternidade inúmeras provas podem ser usadas. Entretanto, dentre aquelas genéticas, somente as provas mendelianas (sanguíneas ou não sanguíneas) é que ainda possuem valor probatório.

Dentre as não sanguíneas, pode-se mencionar a cor da pele, o daltonismo e anomalias presentes nos dedos, por serem características hereditárias.

Quanto às sanguíneas, temos alguns sistemas bem conhecidos, como o sistema ABO, o RH, o MN, e o HLA, todos estes possibilitando não a confirmação da paternidade, mas a sua exclusão e, por fim, o exame de DNA (ou ADN).

TUDO em UM

PARA CONCURSOS DE

DELEGADO

QUESTÕES COMENTADAS

1. Direito Penal

Arthur Trigueiros e Eduardo Dompieri

1. CONCEITO, FONTES E PRINCÍPIOS

(Delegado/SP – 2014 – VUNESP) Assinale a alternativa que apresenta o princípio que deve ser atribuído a Claus Roxin, defensor da tese de que a tipicidade penal exige uma ofensa de gravidade aos bens jurídicos protegidos.

(A) Insignificância.
(B) Intervenção mínima.
(C) Fragmentariedade.
(D) Adequação social.
(E) Humanidade.

A: correta. De fato, Claus Roxin, eminente doutrinador alemão, em 1964, abeberando-se nos ensinamentos do Direito Romano, desenvolveu a tese de que a tipicidade penal exige ofensa significativa aos bens jurídicos **tutelados** pelas normas penais incriminadoras. Em outras palavras, as lesões ínfimas aos referidos bens jurídicos, sem qualquer expressividade, serão materialmente atípicas, adotando-se, aqui, o princípio da insignificância; **B, C, D** e **E:** incorretas, pois, como visto no comentário antecedente, não se atribui a Claus Roxin o princípio da intervenção mínima, fragmentariedade, adequação social e humanidade, mas, sim, o da insignificância.

Gabarito "A"

(Delegado/RO – 2014 – FUNCAB) São princípios que solucionam o conflito aparente de normas penais:

(A) insignificância, consunção, subsidiariedade e alteridade.
(B) insignificância, alteridade, consunção e alternatividade.
(C) especialidade, alteridade, consunção e subsidiariedade.
(D) especialidade, alternatividade, subsidiariedade e insignificância.
(E) especialidade, consunção, subsidiariedade e alternatividade.

A: incorreta, pois o princípio da insignificância atua como causa de exclusão da tipicidade material, nada tendo que ver com conflito aparente de normas, que será solucionado pelos princípios da especialidade, subsidiariedade e consunção. Também não se relaciona com conflito aparente de normas o princípio da alteridade, que expressa que o Direito penal somente atua diante de lesões a bens jurídicos alheios, não protegendo lesões praticadas a bens jurídicos próprios; **B:** incorreta, pois, como visto no comentário antecedente, insignificância e alteridade não têm relação alguma com o conflito aparente de normas. Quanto ao princípio da alternatividade, aplicável para aqueles tipos penais que contemplam dois ou mais verbos (tipos mistos alternativos, crimes de ação múltipla ou de conteúdo variado), a doutrina majoritária aponta que não se trata de mecanismo de solução de um conflito aparente de normas, mas, sim, de um conflito interno na mesma norma. Assim, por exemplo, no crime de tráfico de drogas (art. 33 da Lei 11.343/2006), o agente que *produzir* e *vender* três quilos de cocaína, não responderá por dois crimes, mas, sim, por crime único, em virtude da aplicação da alternatividade; **C:** incorreta, pois o princípio da alteridade, como visto anteriormente, não se relaciona com o conflito aparente de normas; **D:** incorreta, haja vista que alternatividade e insignificância não são mecanismos de resolução de conflito aparente de normas; **E:** correta, de acordo com a banca examinadora. No tocante aos princípios da especialidade, subsidiariedade e consunção, não há dúvida de que são instrumentos de solução de conflito aparente de normas. Contudo, fazemos ressalva no tocante ao princípio da alternatividade. Como afirmado no comentário à alternativa "B", a doutrina majoritária aponta que a alternatividade tem o condão de resolver um "conflito interno de normas" e não um "conflito aparente de normas". Remetemos o leitor aos comentários de referida alternativa.

Gabarito "E"

(Delegado/RJ – 2013 – FUNCAB) De acordo com o Glossário Jurídico do Supremo Tribunal Federal, "o princípio da insignificância tem o sentido de excluir ou de afastar a própria tipicidade penal, ou seja, não considera o ato praticado como um crime, por isso, sua aplicação resulta na absolvição do réu e não apenas na diminuição e substituição da pena ou não sua não aplicação". Sobre o tema princípio da insignificância, assinale a resposta correta.

(A) Buscando sua origem, de acordo com certa vertente doutrinária, no Direito Romano, o princípio da insignificância vem sendo objeto de recorrentes decisões do STF, nas quais são estabelecidos dois parâmetros para sua determinação: reduzidíssimo grau de reprovabilidade do comportamento e inexpressividade da lesão jurídica provocada.
(B) O princípio da insignificância, decorrência do caráter fragmentário do Direito Penal, tem base em uma orientação utilitarista, tem origem controversa, encontrando, na atual jurisprudência do STF, os seguintes requisitos de configuração: a mínima ofensividade da conduta do agente; nenhuma periculosidade social da ação; o reduzidíssimo grau de reprovabilidade do comportamento; e a inexpressividade da lesão jurídica provocada.
(C) Sua atual elaboração deita raízes na doutrina de Claus Roxin e, no Direito Penal brasileiro, consoante jurisprudência atual do STF, se limita à avaliação da inexpressividade da lesão jurídica provocada, ou seja, observa-se se a ofensa ao bem jurídico tutelado é relevante ou banal.
(D) Surgindo como uma consequência lógica do princípio da individualização das penas, a insignificância penal não aceita a periculosidade social da ação como parâmetro, de acordo com o posicionamento atual do STF, em razão da elevada abstração desse conceito, mas apresenta como requisitos: a mínima ofensividade da conduta do agente; o reduzidíssimo grau de reprovabilidade do comportamento; e a inexpressividade da lesão jurídica provocada.
(E) Inserida no princípio da intervenção mínima, embora já mencionada anteriormente por Welzel como uma faceta do princípio da adequação social, a insignificância determina a inexistência do crime quando a conduta praticada apresentar a simultânea presença dos seguintes requisitos, exigidos pela atual jurisprudência do STF: a mínima ofensividade da conduta do agente; nenhuma periculosidade social da ação; o reduzidíssimo grau de reprovabilidade do comportamento; a inexpressividade da lesão jurídica provocada; e a inexistência de um especial fim de agir.

A: incorreta, pois, para o STF (HC 21.523/DF, j. 22.08.2011), o princípio da insignificância, que, de fato, afasta a tipicidade material do fato, exige a conjugação de quatro parâmetros (ou requisitos): mínima ofensividade da conduta do agente, nenhuma periculosidade social da ação, reduzidíssimo grau de reprovabilidade do comportamento e inexpressividade da lesão jurídica provocada; **B:** correta. Realmente, o princípio da insignificância deriva do caráter fragmentário do Direito Penal, que, por ser um ramo "violento" do Direito, capaz de retirar ou reduzir a liberdade do indivíduo, deverá incidir apenas quando todos os demais ramos do Direito forem insuficientes a conferir proteção aos bens jurídicos relevantes. Cuidou o STF de consolidar sua jurisprudência no sentido de que o princípio da insignificância somente poderá ser aplicado se quatro vetores ou requisitos puderem ser constatados diante do caso concreto, a saber (tal como informado no comentário à alternativa anterior): mínima ofensividade da conduta do agente, nenhuma periculosidade social da ação, reduzidíssimo grau de reprovabilidade do comportamento e inexpressividade da lesão jurídica provocada; **C:** incorreta. Primeiramente, é bom que se diga que o princípio da insignificância tem sua origem remota no Direito Romano, que, por meio do brocardo de *minimis non curat praetor*, expressava que ao pretor (juiz) não caberia tratar de questões mínimas (ínfimas). Modernizado por Claus Roxin, eminente doutrinador alemão, em 1964, o princípio em questão passou a ser utilizado em "larga escala", inclusive no Brasil, mas, de acordo com o STF, desde que preenchidos os quatro requisitos mencionados nas alternativas anteriores, não bastando a inexpressividade de lesão ao bem jurídico para sua incidência; **D:** incorreta. Primeiramente, o princípio da insignificância não é corolário da individualização da pena, mas, sim, dos princípios da intervenção mínima (o Direito Penal, por acarretar a privação ou restrição da liberdade do sujeito, deve intervir minimamente na esfera de individualidade do agente), fragmentariedade (o Direito Penal somente deve "entrar em cena" se os demais ramos do Direito forem insuficientes à proteção dos bens jurídicos) e ofensividade (o Direito Penal somente deverá intervir diante de lesões que não se afigurem ínfimas aos bens jurídicos). Demais disso, o STF, para a aplicação do princípio sob enfoque, exige que o comportamento do agente não apresente qualquer periculosidade social, sob pena de o fato ser materialmente típico; **E:** incorreta, pois na atual jurisprudência do STF, não se exige, para a aplicação do princípio da insignificância, que inexista um especial fim de agir do agente em seu comportamento lesivo.

Gabarito "B"

(Delegado/PA – 2013 – UEPA) Dispondo sobre os direitos e garantias fundamentais dos brasileiros e estrangeiros residentes no país, a Constituição de 1988, em seu art. 5º, XLVIII, determina que "a pena será cumprida em estabelecimentos distintos, de acordo com a natureza do delito, a idade e o sexo do apenado". Esta norma garante o princípio:

(A) da legalidade, porque não se pode impor ao apenado o cumprimento de pena em estabelecimento que não esteja regulamentado por lei específica.
(B) da culpabilidade, porque não se pode impor ao réu uma pena sem a comprovação de sua culpa, por sentença condenatória transitada em julgado.
(C) da humanidade, porque evita a imposição de penas proscritas do ordenamento jurídico brasileiro.
(D) da individualização da pena, porque impõe ao Estado o dever de classificar os apenados a partir de características pessoais concretas, prevenindo problemas como o da "contaminação carcerária".
(E) da pessoalidade ou intranscendência da pena, porque assegura aos familiares do apenado não sofrerem os constrangimentos do cárcere.

A: incorreta, pois o princípio da legalidade (art. 5º, XXXIX, CF/1988 e art. 1º do CP) consagra a conhecida regra segundo a qual não há crime sem lei anterior que o defina, nem pena sem prévia cominação legal; **B:** incorreta, pois a regra prevista no art. 5º, XLVIII, da CF, nada tem que ver com o princípio da culpabilidade, mas, sim, com o da individualização da pena. Afinal, a determinação dos estabelecimentos penais e os condenados que neles cumprirão as respectivas penas impostas não dizem respeito à culpabilidade (a condenação criminal exige a demonstração de que o agente tenha agido com dolo ou culpa); **C:** incorreta, visto que o enunciado contido no art. 5º, XLVIII, da CF, que, como dito, trata de mais uma das garantias à adequada individualização da pena, não se confunde com o princípio da humanidade, que impõe, entre outras prescrições, a de que é vedada a imposição de penas cruéis, desumanas ou degradantes, bem assim a de morte (salvo em caso de guerra declarada), a de banimento e as de trabalhos forçados; **D:** correta. De fato, ao determinar que a pena será cumprida em estabelecimentos distintos, de acordo com a natureza do delito, a idade e o sexo do apenado (art. 5º, XLVIII, CF), nossa Carta Magna está a garantir o princípio da individualização da pena, impondo ao Estado o dever de classificar os apenados a partir de suas características pessoais; **E:** incorreta, pois o princípio da pessoalidade ou intranscendência, plasmado no art. 5º, XLV, da CF, assevera que a pena não passará da pessoa do condenado, sendo certo, porém, que os efeitos civis decorrentes da condenação criminal transferem-se aos sucessores, nos limites da herança.

Gabarito "D"

(Delegado/AM) Tendo em vista os princípios constitucionais referentes ao DP a alternativa correta é:

(A) não poderá haver penas cruéis, de banimento, de trabalhos forçados, de caráter perpétuo e de morte.
(B) a lei regulará a individualização da pena e adotará, entre outras, a de suspensão ou interdição de direitos, prestação social alternativa, multa, confisco de bens, privação ou restrição de liberdade.
(C) nenhuma pena passará da pessoa do condenado, podendo a obrigação de reparar o dano e a decretação do perdimento de bens ser, nos termos da lei, estendidas aos sucessores e contra eles executadas, até o limite do valor do patrimônio destes.
(D) a pena será cumprida em estabelecimentos distintos, de acordo com a natureza do delito, a idade e o sexo do apenado, sendo assegurado aos presos o respeito à integridade física e moral.

A: incorreta (art. 5º, XLVII, da CF). Trata do princípio da dignidade da pessoa humana, segundo o qual é vedado pena de caráter cruel. Todavia, o Ordenamento Jurídico admite, de forma excepcional, a pena de morte em caso de guerra declarada; **B:** incorreta (art. 5º, XLVI, da CF). Pelo princípio da individualização da pena, a lei regulará as seguintes penas: privação ou restrição da liberdade, perda de bens e valores (que não se confundem com o confisco de bens, que recai sobre bens ilícitos, sendo um efeito da sentença penal condenatória e não uma espécie de pena restritiva de direito), multa, prestação social alternativa e suspensão ou interdição de direitos; **C:** incorreta (art. 5º, XLV, da CF). Trata do princípio da personalidade ou da intranscendência, segundo o qual a obrigação de reparar o dano e a decretação do perdimento de bens em face dos sucessores ocorrerá até o limite do valor do patrimônio transferido; **D:** correta (art. 5º, XLVIII e XLIX, da CF).

Gabarito "D"

(Delegado/AM) Acerca dos princípios constitucionais que regem o DP, está incorreta a seguinte alternativa:

(A) O princípio da proporcionalidade não pode converter-se em instrumento de frustração da norma constitucional que repudia a utilização no processo de provas obtidas por meios ilícitos. Esse postulado, portanto, não deve ser invocado indiscriminadamente, ainda mais quando se acharem expostos, a clara situação de risco, direitos fundamentais assegurados pelas Constituição.
(B) Se a prova penal incriminadora resultar de ato ilícito praticado por particular, a *res* furtiva, por efeito de investigação criminal promovida por agentes policiais, for por estes apreendida, também aqui – uma vez que não é imputável ao Poder Público o gesto de desrespeito ao ordenamento jurídico constitucional – não remanescerá caracterizada a situação configuradora de ilicitude de prova.
(C) A persecução penal, cuja instauração é justificada pela suposta prática de um ato criminoso, não se projeta e nem se exterioriza como uma manifestação de absolutismo estatal. De exercício indeclinável, a *persecutio criminis* sofre os condicionamentos que lhe impõe o ordenamento jurídico. A tutela da liberdade, desse modo, representa uma insuperável limitação constitucional ao poder persecutório do Estado.
(D) A Carta Federal assegurou, em benefício de todos, a prerrogativa da inviolabilidade domiciliar. Sendo assim, ninguém, especialmente a autoridade pública, pode penetrar em casa alheia, exceto nas hipóteses previstas no texto constitucional ou com o consentimento do seu morador, que se qualifica, para efeito de ingresso de terceiros no recinto privado, como o único titular do direito de inclusão e de exclusão.

A: correta, eis que se admite, excepcionalmente, a utilização da prova ilícita, pelo princípio da proporcionalidade, dando-se prevalência ao bem de maior relevância, no caso, os direitos fundamentais constitucionais; **B:** incorreta, devendo ser assinalada, já que a regra é a inadmissibilidade da prova ilícita (art. 5º, LVI, da CF); **C:** correta. De fato, a persecução penal, seja a extrajudicial (fase inquisitiva), seja a judicial (com a propositura da ação penal), tem como fundamento a suposta prática de um ato criminoso ou contravencional, tratando-se, vale ressaltar, de um importante instrumento de garantia do jurisdicionado, que poderá se valer dos princípios do contraditório e da ampla defesa (na fase judicial), os quais, é certo, limitam o poder persecutório estatal **D:** correta (art. 5º, XI, da CF).

Gabarito "B"

(Delegado/DF – 2004) São normas penais não incriminadoras, EXCETO:

(A) "Não excluem a imputabilidade penal: I – a emoção ou a paixão" (art. 28, I, do Código Penal);
(B) "O resultado, de que depende a existência do crime, somente é imputável a quem lhe deu causa" (art. 13 do Código Penal);
(C) "Diz-se o crime: (...) II – tentado, quando iniciada a execução, não se consuma por circunstâncias alheias à vontade do agente" (art. 14, II, do Código Penal);
(D) "Pelo resultado que agrava especialmente a pena, só responde o agente que o houver causado ao menos culposamente" (art. 19 do Código Penal);
(E) "Se o agente for inimputável, o juiz determinará a sua internação (art. 26). Se, todavia, o fato previsto como crime for punível com detenção, poderá o juiz submetê-lo a tratamento ambulatorial" (art. 97 do Código Penal).

As normas penais podem ser incriminadoras (criam crimes e cominam penas) ou não incriminadoras, as quais se subdividem em permissivas (causas excludentes da ilicitude), exculpantes (causas que tratam da culpabilidade do agente), interpretativas, de aplicação, diretivas (tratam de princípios) ou integrativas ou de extensão. Todas as alternativas caracterizam normas penais não incriminadoras, exceto a alternativa "C", que trata da norma peal referente ao crime tentado.

Gabarito "C"

(Delegado/GO – 2009 – UEG) A Constituição Federal expressamente previu no art. 5º, XLV, que "nenhuma pena passará da pessoa do condenado", alçando a *status* constitucional o princípio do *nullum crime sine culpa* (não há crime sem culpa). Nessa perspectiva, afirma-se:

I. Ao vedar toda forma de responsabilidade pessoal por fato de outrem, a Constituição expressou o princípio segundo o qual a aplicação da pena pressupõe a atribuibilidade psicológica de um fato delitivo à vontade contrária ao dever do indivíduo.

II. A culpabilidade deve ser analisada sob três perspectivas, quais sejam, da responsabilidade pessoal, da responsabilidade subjetiva e da função de limitação e garantia do cidadão ao poder punitivo estatal.

III. A teoria psicológica da culpabilidade pauta-se pela ideia de que a culpabilidade não passa de um mero vínculo de caráter psicológico, que une o autor ao fato por ele praticado, sendo que o dolo e a culpa são espécies dessa relação psicológica que tem, por pressuposto, a imputabilidade do agente.

IV. Para a teoria finalista da culpabilidade, dolo e culpa são "corpos estranhos" na culpabilidade, que consistiria na reprovabilidade da conduta ilícita de quem tem capacidade genérica de entender e querer e podia, nas circunstâncias em que o fato ocorreu, conhecer a sua ilicitude, sendo-lhe inexigível comportamento que se ajuste ao direito.

Assinale a alternativa CORRETA:

(A) Somente a alternativa II é verdadeira.
(B) Somente as alternativas II e IV são verdadeiras.
(C) Somente as alternativas I, II, III são verdadeiras.
(D) Somente as alternativas I e III são verdadeiras.

I: correta. Tal assertiva está amparada nos princípios da personalidade (ou intranscendência) e da responsabilidade penal subjetiva; **II**: correta. A culpabilidade pode ser analisada em três sentidos: 1) princípio da culpabilidade como culpa em sentido amplo, vedando-se a responsabilidade objetiva (responsabilidade subjetiva), 2) culpabilidade do agente como pressuposto da pena (responsabilidade pessoal – princípio da intranscendência), 3) culpabilidade como grau de censurabilidade da conduta, o que influi na fixação da pena-base (gravidade em concreto da conduta), aplicando-se o princípio da individualização da pena; **III**: correta. No sistema clássico, a teoria adotada quanto à culpabilidade era a psicológica, composta pelo dolo (normativo) ou culpa (elementos psicológicos), sendo que a imputabilidade era seu pressuposto. Para essa teoria, a culpabilidade era o vínculo psicológico que ligava o autor ao fato por meio do dolo ou culpa; **IV**: incorreta. Para a teoria finalista, o dolo (natural) e a culpa passaram a integrar a conduta, no interior do fato típico (todo comportamento humano, consciente e voluntário, dirigido a um fim). Na culpabilidade adotou-se a teoria pura, composta pelos seguintes elementos normativos: imputabilidade, potencial consciência da ilicitude (que antes estava no interior do dolo) e exigibilidade de conduta diversa.

Gabarito "C"

(Delegado/GO – 2003 – UEG) A exigência de determinação, no que se refere não só à descrição das condutas delitivas, mas também à fixação dos marcos penais,

(A) é garantia de caráter absoluto, que justifica a escolha do Legislativo como único detentor do poder normativo em sede penal no assunto, por legitimação democrática, fazendo que o seu exercício não seja arbitrário.
(B) permite a retroatividade da lei penal posterior, quando beneficia o agente causador da conduta e ainda não exista sentença penal condenatória transitada em julgado.
(C) é garantia máxima para o indivíduo de que a lei formal é fonte criadora de crime e de penas, permitindo, entretanto, a utilização em seu lugar de outro ato normativo quanto às causas agravantes ou às medidas de segurança.
(D) atende ao Princípio da Intervenção Mínima e da Fragmentabilidade, de modo que a lei penal só deve intervir como ultima *ratio*.

O enunciado proposto se coaduna à assertiva contida na alternativa "A", que, é certo, trata do princípio da legalidade e seus fundamentos: a) político, relacionado à segurança jurídica (é possível saber qual comportamento é ou não proibido, de acordo com a lei, a fim de evitar arbitrariedades ou abusos); e b) jurídico (o tipo penal deve prever condutas certas e definidas, proibindo-se tipos penais vagos).

Gabarito "A"

(Delegado/GO – 2003 – UEG) Considere as proposições abaixo: O Direito Penal brasileiro adota, quanto à classificação das infrações penais, a divisão

I. tripartida, em crimes, delitos e contravenções, sendo a diferença apenas quantitativa (gravidade da conduta/pena).
II. bipartida, em crimes, delitos ou contravenções, sendo a diferença apenas quantitativa (gravidade da conduta/pena).
III. bipartida, em crimes ou delitos e contravenções, sendo a diferença apenas quanto à gravidade da conduta e à natureza da sanção.
IV. que distingue os crimes em punidos quantitativamente com pena privativa de liberdade, restritiva de direitos e multa.

Marque a alternativa CORRETA:

(A) As proposições I e II são verdadeiras.
(B) As proposições I e IV são verdadeiras.
(C) As proposições II e III são verdadeiras.
(D) As proposições III e IV são verdadeiras.

I: incorreta, já que crime é sinônimo de delito; **II**: incorreta, pois a diferença não é apenas quanto à gravidade da conduta, mas também quanto à natureza da sanção penal. Ainda, não são sinônimos os delitos e as contravenções, ambos espécies do gênero infração penal; **III**: correta. De fato, o Código Penal adotou o sistema dicotômico quanto às infrações penais, as quais são divididas em crimes ou delitos (mais graves, apenados com reclusão ou detenção e multa, alternativa ou cumulativamente cominada) e contravenções (menos graves, apenadas com prisão simples ou multa – isolada, alternativa ou cumulativamente cominada); **IV**: correta. As espécies de penas são: privativa de liberdade, restritiva de direitos e multa (art. 32 do CP).

Gabarito "D"

(Delegado/MT – 2000) Julgue os itens a seguir e assinale a alternativa correta:

I. Constitui crime inafiançável e imprescritível a prática da tortura, sujeito à pena de reclusão.
II. Nenhuma pena passará da pessoa do condenado, salvo a de multa, que poderá ser estendida aos seus sucessores e contra eles executada, até o limite do valor do patrimônio transferido.
III. Em nenhuma hipótese haverá pena de morte.
IV. Não há crime sem lei anterior que o defina, nem pena sem posterior cominação legal.

(A) Todos os itens estão corretos.
(B) Todos os itens estão incorretos.
(C) Somente estão corretos os itens II e IV.
(D) Somente estão corretos os itens I e III.
(E) Somente estão corretos os itens I e IV.

I: incorreta, pois o crime de tortura, embora inafiançável por força constitucional (art. 5º, XLIII, da CF), não é imprescritível, não se podendo confundir a assertiva em comento com o crime de racismo, que, de fato, é inafiançável, imprescritível e sujeito à pena de reclusão (art. 5º, XLII, da CF); **II**: incorreta, visto que a pena, seja ela privativa de liberdade, restritiva de direitos ou de multa, jamais passará da pessoa do condenado. No entanto, os efeitos civis decorrentes da prática do crime, de fato, estendem-se aos sucessores do agente, até os limites da herança (art. 5º, XLV, da CF); **III**: incorreta, visto que a pena de morte, embora vedada como regra, é admissível, apenas, em caso de guerra externa declarada (art. 5º, XLVII, alínea "a", CF e arts. 55 a 57 do Código Penal Militar); **IV**: incorreta, uma vez que não há crime sem lei anterior que o defina, nem pena sem *prévia* cominação legal (art. 5º, XXXIX, CF e art. 1º do CP).

Gabarito "B"

(Delegado/PA – 2006 – CESPE) Julgue os itens seguintes, com relação aos princípios constitucionais de direito penal.

I. A decisão acerca da regressão de regime deve ser calcada em procedimento no qual sejam obedecidos os princípios do contraditório e da ampla defesa, sendo, sempre que possível, indispensável a inquirição, em juízo, do sentenciado.
II. A vigente Constituição da República, obediente à tradição constitucional, reservou exclusivamente à lei anterior a definição dos crimes, das penas correspondentes e a consequente disciplina de sua individualização.
III. O princípio da presunção de inocência proíbe a aplicação de penas cruéis que agridam a dignidade da pessoa humana.
IV. Em virtude do princípio da irretroatividade *in pejus*, somente o condenado é que terá de se submeter à sanção que lhe foi aplicada pelo Estado.

A quantidade de itens certos é igual a

(A) 1.
(B) 2.
(C) 3.
(D) 4.

I: correta, visto que a decisão acerca da regressão de regime penitenciário, consoante os postulados do contraditório e ampla defesa, deve ser precedida da oitiva do condenado, inclusive consoante prescreve o art. 118, § 2º, da LEP (Lei 7.210/1984); **II**: correta, uma vez que não haverá crime sem lei anterior que o defina, nem pena sem prévia cominação legal (art. 5º, XXXIX, da CF), cabendo à lei regular a individualização das penas (art. 5º, XLVI, da CF); **III**: incorreta, pois o princípio da presunção de inocência (ou princípio da não culpabilidade ou do estado de inocência) prega que ninguém poderá ser considerado culpado até o trânsito em julgado da sentença penal condenatória (art.

5º, LVII, da CF), não se confundindo com o princípio da humanidade, que, entre outros, veda a imposição, pelo Estado, de penas ofensivas à dignidade da pessoa humana (ex.: penas cruéis, desumanas ou degradantes); **IV**: incorreta, uma vez que o princípio da irretroatividade *in pejus* (ou retroatividade benéfica), consagrado no art. 5º, XL, da CF (e repetido pelo art. 2º do CP), veda a retroação das leis que possam prejudicar o réu (em outras palavras, somente a lei que, de alguma forma, puder favorecer o agente delitivo, poderá e deverá retroagir).

Gabarito "B"

(Delegado/PI – 2009 – UESPI) Com relação aos princípios penais, assinale a opção correta.

(A) O princípio da humanidade das penas proíbe, em qualquer hipótese, a pena de morte no ordenamento jurídico brasileiro.
(B) O princípio da especialidade consagra que a lei penal geral deve afastar a lei penal especial naquilo em que elas forem conflitantes.
(C) O princípio da legalidade permite a criação de tipos penais incriminadores através da edição de medidas provisórias.
(D) Segundo o princípio da intervenção mínima, o direito penal deve atuar como regra e não como exceção.
(E) Segundo o princípio da intranscendência, a pena não pode passar da pessoa do condenado.

A: incorreta. A pena de morte é permitida em caso de guerra declarada, nos termos do estatuído no art. 5º, XLVII, *a*, da CF. *Vide*, também, arts. 55 a 57 do Código Penal Militar; **B:** incorreta. Ao revés, pelo princípio da especialidade, a lei penal especial deve ser aplicada em detrimento da lei geral (conflito aparente de normas); **C:** incorreta. O *princípio da legalidade*, consagrado nos arts. 1º do CP e 5º, XXXIX, da CF, prescreve que somente a lei, em seu sentido formal, pode descrever condutas criminosas e cominar penas; dessa forma, ficam excluídas outras formas legislativas, entre as quais a *medida provisória*, *ex vi* do art. 62, § 1º, I, *b*, da CF. **D:** incorreta. Pelo *postulado da intervenção mínima*, o Direito Penal deve interferir o mínimo possível na vida do indivíduo. **E:** correta, art. 5º, XLV, da CF.

Gabarito "E"

(Delegado/RJ – 2009 – CEPERJ) Ensina JORGE DE FIGUEIREDO DIAS que "o princípio do Estado de Direito conduz a que a proteção dos direitos, liberdade e garantias seja levada a cabo não apenas através do direito penal, mas também perante o direito penal"(DIAS, Jorge de Figueiredo. *Direito penal: parte geral*. tomo I. Coimbra: Coimbra Editora, 2004. p. 165). Assim, analise as proposições abaixo e, em seguida, assinale a opção correta.

I. O conteúdo essencial do princípio da legalidade se traduz em que não pode haver crime, nem pena que não resultem de uma lei prévia, escrita, estrita e certa.
II. O princípio da legalidade estrita não cobre, segundo a sua função e o seu sentido, toda a matéria penal, mas apenas a que se traduz em fixar, fundamentar ou agravar a responsabilidade do agente.
III. Face ao fundamento, à função e ao sentido do princípio da legalidade, a proibição de analogia vale relativamente a todos os tipos penais, inclusive os permissivos.
IV. A proibição de retroatividade da lei penal funciona apenas a favor do réu, não contra ele.
V. O princípio da aplicação da lei mais favorável vale mesmo relativamente ao que na doutrina se chama de "leis intermediárias"; leis, isto é, que entraram em vigor posteriormente à prática do fato, mas já não vigoravam ao tempo da apreciação deste.

(A) Apenas uma proposição está errada.
(B) Estão corretas apenas as proposições I, IV e V.
(C) Estão corretas apenas as proposições I, II, III e IV.
(D) Todas as proposições estão corretas.
(E) Apenas três da proposições estão corretas.

I: correta, dado que o princípio da legalidade, de índole constitucional (art. 5º, XXXIX, da CF), preleciona que nenhum crime e nenhuma pena poderão ser criados senão pela edição de uma lei prévia, que deverá ser escrita (*nullum crimen sine lege scripta*), estrita (*nullum crimen sine lege stricta*) e certa (*nullum crimen sine lege certa*); **II**: correta, visto que o princípio da legalidade estrita, vale dizer, a edição de lei em sentido estrito (atividade típica do Poder Legislativo), não irá prevalecer em toda a matéria penal, mas, apenas, para a criação dos tipos penais, bem assim a alteração de penas. Prova disso é a existência de normas penais em branco em sentido estrito, que são aquelas cujos complementos derivam de atividade não do Poder Legislativo, mas do Executivo, por exemplo (ex.: a lista das substâncias consideradas entorpecentes, para fins de tipificação dos crimes da Lei 11.343/2006 – Lei de Drogas, vem prevista em ato do Ministério da Saúde – Portaria 344/1998); **III**: incorreta, visto que é pacífico o entendimento de que, em matéria penal, somente é vedada a adoção de analogia em normas penais incriminadoras, visto que tal seria prejudicial ao réu, sem contar que violaria o princípio da legalidade. No entanto, o uso da analogia em normas penais não incriminadoras, tais como nos tipos penais permissivos (causas excludentes da ilicitude), é perfeitamente possível; **IV**: correta, pois a retroatividade, em matéria penal, somente é admissível se puder beneficiar o réu (art. 5º, XL, da CF e art. 2º do CP); **V**: correta, uma vez que o princípio da retroatividade benéfica é admissível em qualquer situação em que sobrevenha ao fato lei mais favorável ao agente.

Gabarito "A"

(Delegado/RJ – 2009 – CEPERJ) Costuma-se afirmar que o direito penal das sociedades contemporâneas é regido por princípios sobre crimes, penas e medidas de segurança, nos níveis de criminalização primária e de criminalização secundária, fundamentais para garantir o indivíduo em face do poder penal do Estado. Analise as proposições abaixo:

I. O princípio da insignificância revela uma hipótese de atipicidade material da conduta.
II. O princípio da lesividade (ou ofensividade) proíbe a incriminação de uma atitude interna.
III. Por força do princípio da lesividade não se pode conceber a existência de qualquer crime sem ofensa ao bem jurídico protegido pela norma penal.
IV. No direito penal democrático só se punem fatos. Ninguém pode ser punido pelo que é, mas apenas pelo que faz.
V. O princípio da coculpabilidade reconhece que o Estado também é responsável pelo cometimento de determinados delitos, praticados por cidadãos que possuem menor âmbito de autodeterminação diante das circunstâncias do caso concreto, principalmente no que se refere às condições sociais e econômicas do agente.

Pode-se afirmar que:

(A) todas as assertivas estão corretas.
(B) somente duas das assertivas estão corretas.
(C) somente duas das assertivas estão erradas.
(D) estão erradas as de número II e III.
(E) somente a de número I está errada.

I: correta. Com efeito, a incidência do *princípio da insignificância* gera a exclusão da tipicidade material da conduta; **II** e **III**: corretas. Pelo *princípio da lesividade* ou *ofensividade*, é inconcebível a incriminação de uma conduta não lesiva ou geradora de ínfima lesão. Ou seja, o legislador só está credenciado a criar tipos penais capazes de causar lesão a bens jurídicos alheios. A atitude interna, que não constitui conduta e integra a fase de cogitação do *iter criminis*, é impunível; **IV**: correta. O *direito penal do autor* consiste na norma que leva em conta o que o agente é. O *direito penal do fato*, ao contrário, preocupa-se com os fatos perpetrados pelo agente. Esta teoria está em harmonia com o sistema constitucional vigente; **V**: correta. São hipóteses nas quais a reprovação é exercida de forma compartilhada sobre o Estado e sobre o autor da infração penal, isso porque, segundo é sustentado, o Estado falhou, deixando de proporcionar a todos igualdade de oportunidades. Por essa razão, alguns tendem ao crime por falta de opção. Há autores que defendem, para esses casos, a aplicação da atenuante contida no art. 66 do Código Penal.

Gabarito "A"

(Delegado/RN – 2009 – CESPE) Cabe ao legislador, na sua propícia função, proteger os mais diferentes tipos de bens jurídicos, cominando as respectivas sanções, de acordo com a importância para a sociedade. Assim, haverá o ilícito administrativo, o civil, o penal etc. Este último é o que interessa ao direito penal, justamente por proteger os bens jurídicos mais importantes(vida, liberdade, patrimônio, liberdade sexual, administração pública etc.). O direito penal

(A) tem natureza fragmentária, ou seja, somente protege os bens jurídicos mais importantes, pois os demais são protegidos pelos outros ramos do direito.
(B) tem natureza minimalista, pois se ocupa, inclusive, dos bens jurídicos de valor irrisório.
(C) tem natureza burguesa, pois se volta, exclusivamente, para a proteção daqueles que gerenciam o poder produtivo e a economia estatal.
(D) é ramo do direito público e privado, pois protege bens que pertencem ao Estado, assim como aqueles de propriedade individualizada.

(E) admite a perquirição estatal por crimes não previstos estritamente em lei, assim como a retroação da *lex gravior.*

A: correta, uma vez que o princípio da fragmentariedade expressa exatamente o fato de o Direito Penal tutelar os bens jurídicos mais relevantes (bens jurídico-penais), ficando a cargo dos outros ramos do direito a tutela dos demais bens jurídicos; **B:** incorreta, pois o Direito Penal, por ser ramo violento, capaz de restringir a liberdade de locomoção do cidadão, somente será chamado a intervir diante de bens jurídicos de valor relevante, não se ocupando das lesões ínfimas ou irrisórias a bens jurídicos (princípio da insignificância ou bagatela); **C:** incorreta, pois o Direito Penal, em teoria, não escolhe essa ou aquela classe social para intervir, devendo incidir diante de fatos típicos contrários ao direito. **D:** incorreta, uma vez que o Direito Penal é, induvidosamente, ramo do direito público, já que a prática de um ilícito penal, ainda que tenha uma vítima imediata, tem sempre o Estado como sujeito passivo constante. **E:** incorreta, pois é princípio basilar do Direito Penal o da legalidade (não há crime sem lei anterior que o defina, nem pena sem prévia cominação legal – art. 5º, XXXIX, CF e art. 1º do CP), bem como o da irretroatividade *in pejus* (a lei penal não retroagirá, salvo para beneficiar o réu – art. 5º, XL, da CF e art. 2º, do CP).

Gabarito "A"

(Delegado/SP – 2011) A ideia de que o Direito Penal, deve tutelar os valores considerados imprescindíveis para a sociedade, e não todos os bens jurídicos, sintetiza o princípio da

(A) adequação social
(B) culpabilidade
(C) fragmentariedade
(D) ofensividade
(E) proporcionalidade

Reza o princípio da fragmentariedade que "*nem todos os ilícitos configuram infrações penais, mas apenas os que atentam contra valores fundamentais para a manutenção e o progresso do ser humano e da sociedade. Em resumo, todo ilícito penal será também ilícito perante os demais ramos do Direito, mas a recíproca não é verdadeira*" (Cleber Masson. *Direito Penal Esquematizado – Parte Geral.* 2. ed. Ed. Método, p. 32). Exatamente em razão dessa característica fragmentária é que se pode afirmar que o Direito Penal deve ser tido como a última etapa protetiva de bens jurídicos, sendo, portanto, considerado, um ramo de *ultima ratio.*

Gabarito "C"

(Delegado/SP – 2011) A lei estrita, desdobramento do princípio da legalidade, veda o emprego

(A) analogia
(B) costumes.
(C) princípios gerais do direito.
(D) equidade
(E) jurisprudência.

Conforme se verá nos comentários a seguir, a questão teve seu enunciado um pouco vago, deixando dúvidas sobre exatamente aquilo que a banca examinadora espetava do candidato. Afinal, são admitidos no Direito Penal, embora com restrições, o emprego da analogia, costumes, princípios gerais de direito, equidade e jurisprudência. De toda forma, vamos lá! Como é sabido e ressabido, em matéria penal, a fonte formal direta ou imediata é a lei, aqui considerada em sentido estrito. Logo, e sob pena de ofensa ao princípio da legalidade (art. 5º, XXXIX, da CF), é vedado o emprego da analogia maléfica ao réu (*in malam partem*). Também, não se pode cogitar de analogia com relação às leis penais incriminadoras. Destaque-se, ainda, que a analogia não é fonte do Direito Penal, mas, sim, forma de integração de lacunas na lei, diversamente dos costumes e princípios gerais do direito, considerados fontes formais indiretas ou mediatas. Aqueles, por óbvio, não podem criar crimes ou majorar penas, sob pena de afronta à legalidade, o mesmo podendo ser dito com relação aos precitados princípios gerais. A equidade diz respeito à aplicação da regra mais justa. Por fim, a jurisprudência, embora não seja fonte, é forma de interpretação do Direito Penal.

Gabarito "A"

(Delegado/SP – 2011) Com relação às fontes do Direito Penal, é correto dizer que as fontes formais são classificadas em

(A) materiais e de cognição.
(B) imediata e substancial
(C) mediata e de produção.
(D) mediata e imediata
(E) exclusivamente de cognição.

Com relação às fontes do Direito Penal, estas são dividas em dois grandes grupos: a) material (ou de produção, ou substanciais) – é o Estado, mais precisamente, a União, a quem compete privativamente legislar sobre Direito Penal (art. 22, I, da CF); b) formais (ou de cognição, ou de revelação) – subdividem-se, por sua vez, em fonte formal direta (ou imediata) e fontes formais indiretas (ou mediatas). Naquele caso, temos a lei, ao passo que nestes últimos casos, temos os costumes, os princípios gerais de direito e os atos administrativos. Logo, correta a alternativa "D", pois, de fato, as fontes formais são classificadas em diretas (imediatas) ou indiretas (mediatas).

Gabarito "D"

2. APLICAÇÃO DA LEI NO TEMPO

(Delegado/PR – 2013 – UEL-COPS) Quanto à eficácia temporal da Lei Penal, relacione a coluna da esquerda com a da direita.

(I). *Novatio legis incriminadora.*	**(A)** Lei supressiva de incriminação.
(II). *Novatio legis in pejus.*	**(B)** Aplicável às leis temporais e excepcionais.
(III). *Novatio legis in mellius*	**(C)** Lei nova incrimina fato anteriormente considerado lícito
(IV). *Abolitio criminis*	**(D)** Lei nova modifica o regime anterior, agravando a situação do sujeito
(V). Ultra-atividade	**(E)** Lei nova modifica o regime anterior, beneficiando a situação do sujeito

Assinale a alternativa que contém a associação correta.

(A) I-C, II-D, III-A, IV-E, V-B.
(B) I-C, II-D, III-E, IV-A, V-B.
(C) I-D, II-B, III-A, IV-E, V-C.
(D) I-D, II-C, III-B, IV-A, V-E.
(E) I-D, II-C, III-E, IV-A, V-B.

I: relaciona-se com a assertiva "C" da coluna da esquerda. De fato, entende-se por *novatio legis* incriminadora a edição de nova lei que passa a considerar crime um fato que, até então, não era assim considerado. Vale frisar que se trata de lei irretroativa; **II**: relaciona-se com a assertiva "D" da coluna da esquerda. Trata-se da hipótese em que, já existindo norma incriminadora, a nova lei cria situação mais gravosa para o agente (por exemplo, aumentando-se a pena abstratamente cominada de um crime). Por óbvio, será irretroativa, tendo em vista o art. 5º, XL, da CF (irretroatividade da lei penal prejudicial); **III**: relaciona-se com a assertiva "E" da coluna da esquerda. Trata-se do oposto da *novatio legis in pejus*. Já existindo norma incriminadora, o legislador edita nova lei, mas, desta feita, trazendo situação benéfica ao agente delitivo (por exemplo, reduzindo a pena abstratamente cominada para o crime). Logo, por ser benéfica, terá efeitos retroativos; **IV**: relaciona-se com a assertiva "A" da coluna da esquerda. Aqui, o legislador, ao editar nova lei, deixará de considerar o fato como criminoso (lei supressiva de incriminação). Por se tratar de lei benéfica, terá efeitos retroativos, operando, inclusive, a extinção da punibilidade (art. 107, III, do CP); **V**: relaciona-se com a assertiva "B". Entende-se por ultratividade o fenômeno segundo o qual uma lei, embora revogada, continuará a produzir efeitos. Verifica-se, por expressa disposição legal (art. 3º, do CP), para os casos de leis de vigência temporária (leis excepcionais e leis temporárias). Se o agente praticar o fato sob a égide de referidas leis, mesmo após a autorrevogação, a persecução penal poderá ser iniciada ou prosseguir, sob pena de absoluta ineficácia de referidas espécies de leis penais.

Gabarito "B"

(Agente de Polícia Federal – 2004 – CESPE) Julgue o item a seguir:

(1) Célio praticou crime punido com pena de reclusão de 2 a 8 anos, sendo condenado a 6 anos e 5 meses de reclusão em regime inicialmente semiaberto. Apelou da sentença penal condenatória, para ver sua pena diminuída. Pendente o recurso, entrou em vigor lei que reduziu a pena do crime praticado por Célio para reclusão de 1 a 4 anos. Nessa situação, Célio não será beneficiado com a redução da pena, em face do princípio da irretroatividade da lei penal previsto constitucionalmente.

1: incorreta, visto que, por força do art. 5º, XL, da CF, repetido pelo art. 2º, do CP, a lei penal não retroagirá, salvo para beneficiar o réu. O fato de Célio já haver sido condenado não obsta, de forma alguma, a aplicação retroativa da lei penal mais favorável, que poderá incidir até mesmo após o trânsito em julgado (art. 2º, parágrafo único, do CP).

Gabarito 1E

(Delegado/AP – 2006 – UFAP) Analise as assertivas e assinale a alternativa correta:

I. A lei temporária não possui ultra-atividade.
II. Retroatividade é a aplicação de uma lei penal benéfica, já revogada, a um fato ocorrido durante o período da sua vigência.

III. De acordo com o STF, se o agente inicia a execução do crime permanente sob a vigência de uma lei e a consumação só ocorre quando já em vigor nova lei, mais rigorosa, esta deverá ser aplicada, ainda que prejudicial ao agente.

(A) Estão corretas todas as alternativas.
(B) Estão erradas todas as alternativas.
(C) Estão corretas apenas as alternativas II e III.
(D) Está correta apenas a alternativa I.
(E) Está correta apenas a alternativa III.

I: incorreta (art. 3º do CP). A lei temporária ou excepcional aplica-se ao fato praticado durante a sua vigência, mesmo após a sua autorrevogação, quando decorrido o período de sua duração ou quando cessadas as circunstâncias que a determinaram. Assim, há ultra-atividade da lei temporária; **II:** incorreta, pois retroatividade é a aplicação de uma lei penal benéfica, em vigor, a um fato ocorrido antes do início se sua vigência; **III:** correta (Súmula 711 do STF).
Gabarito "E"

(Delegado/ES – 2006 – CESPE) Em cada um dos itens a seguir é apresentada uma situação hipotética acerca das normas pertinentes à parte geral do Código Penal seguida de uma assertiva a ser julgada.

(1) Manoel, com 22 anos de idade, efetuou um disparo contra um adolescente que completaria 14 anos no dia seguinte. Em razão das lesões provocadas pelo disparo, o adolescente faleceu, já tendo completado os 14 anos de idade. Sabe-se que, no crime de homicídio doloso, a pena é aumentada caso a vítima seja menor de 14 anos de idade, mas nessa situação, o aumento da pena não é aplicável, pois o homicídio só se consumou quando a vítima já havia completado a idade.

1: incorreta, tendo em vista que o Código Penal adotou a teoria da atividade com relação ao tempo do crime, considerando-o praticado no momento da ação ou da omissão, ainda que outro seja o momento do resultado (art. 4º do CP). Assim, o agente responderá pelo homicídio, incidindo-se a causa de aumento por ser a vítima menor de 14 anos, na data da conduta.
Gabarito 1E

(Delegado/GO – 2003 – UEG) Quanto à determinação do momento da prática delitiva *tempus delicti*, adota-se, no sistema penal brasileiro, a teoria

(A) da atividade ou da ação, respeitados os crimes omissivos.
(B) de que nos crimes permanentes permite que a conduta se protrai no tempo pela vontade do agente, e o tempo do crime é o de sua duração.
(C) do resultado ou do evento, respeitados os crimes omissivos impróprios.
(D) mista ou unitária, sendo tanto a da ação como a do resultado.

O Código Penal adotou a teoria da atividade com relação ao tempo do crime (art. 4º do CP), considerando-se praticado o crime no momento da ação ou da omissão, ainda que outro seja o momento do resultado. No crime permanente, a conduta do agente se protrai no momento. Assim, considera-se que o crime está sendo praticado durante todo esse lapso de tempo, sendo cabível, inclusive, a prisão em flagrante delito.
Gabarito "B"

(Delegado/MA – 2006 – FCC) Tem efeito retroativo a lei que

(A) elimina circunstância atenuante prevista na lei anterior.
(B) comina pena mais grave, mantendo a definição do crime da lei anterior.
(C) torna típico fato anteriormente não incriminado.
(D) não mais incrimina fato anteriormente considerado ilícito penal.
(E) acrescenta circunstância qualificadora não prevista na lei anterior.

A, B e C: incorretas, pois se trata de lei maléfica ao réu, somente gerando efeitos após a sua entrada em vigor; **D:** correta. Em regra, uma lei vigora, produzindo efeitos no ordenamento jurídico, até que outra lei a revogue (princípio da continuidade das leis). Quando há a revogação de uma lei por outra, surge o conflito de leis penais no tempo. A solução deve ser buscada da seguinte forma: se a lei posterior for benéfica (*abolitio criminis* ou *novatio legis in mellius*), deverá retroagir. Entretanto, se maléfica (*novatio legis* incriminadora ou *novatio legis in pejus*), não retroagirá. No caso, a lei que não mais incrimina fato anteriormente considerado ilícito penal é a *abolitio criminis*, retroagindo aos fatos praticados antes da sua entrada em vigor. **E:** incorreta, pois se trata de lei maléfica ao réu, somente gerando efeitos após a sua entrada em vigor.
Gabarito "D"

(Delegado/MG – 2012) Em relação à aplicação da Lei Penal é **correto** afirmar que:

(A) Para aplicação da lei penal no tempo e no espaço, o Código Penal Brasileiro adotou, respectivamente, as teorias do resultado e da ubiquidade.
(B) De acordo com o art. 10 do Código Penal, na contagem de prazos penais, não se computará o dia do começo, incluindo-se, porém, o do vencimento.
(C) Pelo princípio da especialidade, o agente que efetua diversos disparos de arma de fogo para o alto, vindo a causar a morte de dois transeuntes, responde pelos crimes de homicídio consumado, em concurso formal impróprio, já que a norma especial afasta a aplicação da norma geral.
(D) Com a *abolitio criminis* procedida pela Lei 11.106/2005, para o crime de rapto, cessaram todos os efeitos penais advindo de eventuais condenações, permanecendo, conduto, os efeitos civis.

A: incorreta. No tocante à aplicação da lei penal no tempo, o CP adotou a teoria da atividade (art. 4º). Quanto ao lugar do crime, adotou a teoria da ubiquidade (art. 6º do CP); **B:** incorreta. O art. 10 do CP preconiza situação diametralmente oposta à contida na assertiva. Na contagem dos prazos de natureza penal, haverá a *inclusão* do dia do começo e a *exclusão* do dia do vencimento; **C:** incorreta. Primeiramente, a redação da alternativa é criticável, pois padece de informações necessárias à sua perfeita compreensão. De qualquer forma, não se vislumbra cabível a aplicação do princípio da especialidade no fato de um agente efetuar disparos de arma de fogo para o alto e matar dois pedestres. Tivesse havido dolo (direto ou eventual) na produção do resultado morte, de fato, o agente deveria responder por duplo homicídio consumado, em concurso formal impróprio, desde que cada um dos crimes resultasse de desígnios autônomos. Com relação aos disparos de arma, estes, em razão do princípio da consunção, restariam absorvidos pelo homicídio (crime-fim e mais grave); **D:** correta. O crime de rapto violento (art. 219 do CP) e rapto consensual (art. 220 do CP) foram expressamente revogados pela Lei 11.106/2005, operando-se a *abolitio criminis*, considerada causa extintiva da punibilidade. Eventuais efeitos penais por condenações por referidos crimes seriam rescindidas em razão da descriminalização dos fatos, permanecendo, porém, os efeitos civis (extrapenais).
Gabarito "D"

(Delegado/MG – 2008) Com relação à lei penal no tempo e no espaço, assinale a afirmativa *CORRETA*.

(A) Apesar de pela a *abolitio criminis* se deixar de considerar determinado fato crime, inclusive alcançando o dispositivo fatos pretéritos objetivamente julgados, têm-se extintos apenas os efeitos penais das sentenças condenatórias, permanecendo, contudo, os efeitos civis.
(B) Não ficam sujeitos à lei brasileira os crimes cometidos no estrangeiro contra a administração pública, por quem está a seu serviço.
(C) Os crimes que, por tratado ou convenção, o Brasil se obrigou a reprimir, cometidos por brasileiros no estrangeiro, ficam sujeitos à lei brasileira sempre que for o fato punível também no país em que foi praticado, não podendo a pena cumprida no estrangeiro atenuar a pena imposta no Brasil.
(D) Para os crimes permanentes, vigoram as regras da ultra-atividade mesmo ante a superveniência de lei mais severa no decorrer da execução do delito.

A: correta. Em regra, toda causa de extinção da punibilidade que ocorre antes do trânsito em julgado da sentença penal condenatória, extingue todos os efeitos dela decorrentes, tanto penais como extrapenais. Todavia, se a causa ocorre após a condenação definitiva, somente extinguirá o efeito penal principal (pena e medida de segurança), persistindo os demais efeitos (penal secundário e extrapenal). No caso da anistia e da *abolitio criminis*, excepcionalmente, mesmo que a causa de extinção da punibilidade ocorra após a sentença penal condenatória transitada em julgada, haverá a extinção de todos os efeitos penais (principal e secundário), persistindo os efeitos civis; **B:** incorreta (art. 7º, I, "c", do CP); **C:** incorreta (art. 8º do CP). **D:** incorreta (súmula 711 do STF).
Gabarito "A"

(Delegado/MG – 2006) Sobre a lei penal, é CORRETO afirmar que:

(A) São espécies de extra-atividade da lei penal a retroatividade *in malam partem* e a ultra-atividade.
(B) A lei temporária é exceção ao princípio da irretroatividade da lei penal, sendo ela ultra-ativa.
(C) A *abolitio criminis* equivale à extinção da punibilidade dos fatos praticados anteriormente à edição da nova lei e faz cessar todos

os efeitos penais e civis da sentença condenatória transitada em julgado.

(D) Em matéria de prescrição, assim como para determinação do tempo do crime, a teoria adotada pelo Código Penal é a da atividade.

A: incorreta, pois a extra-atividade da lei penal se caracteriza pela retroatividade (que, por força do art. 5º, XL, CF e art. 2º do CP, somente pode ser *in bonam partem*, vale dizer, para beneficiar o agente) ou ultra-atividade, desde que, neste caso, estejamos diante da superveniência de uma lei prejudicial (que, portanto, não pode retroagir), ou se se tratar de lei excepcional ou temporária (art. 3º do CP); **B:** correta (art. 3º do CP); **C:** incorreta, visto que a *abolitio criminis* (lei supressiva de incriminação), causa extintiva da punibilidade (art. 107, III, do CP), embora alcance a execução e todos os efeitos penais advindos de eventual condenação, não afasta os efeitos civis daí decorrentes; **D:** incorreta. Em matéria de prescrição, o CP adotou a teoria do resultado, visto que somente se pode cogitar, em regra, como termo inicial da prescrição, o momento da consumação do fato (art. 111, I, do CP).

Gabarito "B"

(Delegado/MS – 2006) O Delegado de Polícia Carlos lavra durante o plantão do 1º Distrito Policial da Capital de 15.01.2005 um boletim de ocorrência referente a uma agressão a faca praticada por Cláudio contra Josias. O fato ocorre na festa de aniversário de Cláudio, cerca de vinte minutos antes deste completar a maioridade penal, em virtude de uma briga havida entre ambos, sendo verdade que Cláudio desfere oito facadas no tórax e abdômen de Josias. Cláudio foge do local e Josias é socorrido à Santa Casa local, aonde vem a óbito 5 horas após a internação. O Delegado de Polícia João da Silva deverá: (A Delegacia de Homicídios investiga crimes contra a vida e a Delegacia Especializada de atendimento à Infância e Juventude a conduta de menores)

(A) Registrar o fato como crime de lesão corporal seguida de morte e enviar o boletim de ocorrência para a Delegacia Especializada de atendimento à Infância e Juventude.

(B) Registrar o fato como ato infracional de homicídio e enviar o boletim de ocorrência para a Delegacia Especializada de atendimento à Infância e Juventude.

(C) Registrar o fato como ato infracional de homicídio e enviar o boletim de ocorrência para a Delegacia de Homicídios.

(D) Registrar o fato como crime de homicídio e enviar o boletim de ocorrência para a Delegacia Especializada de atendimento à Infância e Juventude.

(E) Registrar o fato como crime de homicídio e enviar o boletim de ocorrência para a Delegacia Especializada de Homicídios.

De fato, se um menor de dezoito anos praticar uma conduta que se amolde a um homicídio, terá praticado ato infracional, nos moldes do art. 103 do ECA. Para fins de aplicação da legislação específica, deve-se analisar se o agente, ao tempo do crime (leia-se: ação ou omissão), não contava com dezoito anos, que, para efeitos penais, somente se completa no primeiro instante do dia em que se completa o décimo oitavo aniversário. Assim, na questão ora analisada, deverá a autoridade policial registrar o fato como ato infracional de homicídio, remetendo o boletim de ocorrência à Delegacia Especializada (Infância e Juventude). Não se pode, aqui, cogitar de crime de homicídio, muito embora a morte (resultado) tenha ocorrido quando o agente já havia completado dezoito anos. Frise-se: para fins de aferição da imputabilidade (no caso, menoridade), deve-se levar em conta o tempo do crime (tempo da ação ou omissão, ainda que outro seja o momento do resultado).

Gabarito "B"

(Delegado/MS – 2006) Em 15.12.2005, ocorre em toda região norte do país forte estiagem, ocasionando situação de calamidade pública pela falta de chuva. As reservas de água dos Estados afetados alcançam níveis baixos, faltando inclusive água potável para a população. Em virtude do período anormal, é editada lei que tipifica a conduta de uso desnecessário de água. Em 15.01.2006 a estiagem acaba, com a chegada de chuvas, normalizando por completo o abastecimento da água na região afetada, ocasionando a autorrevogação da lei que tipificou a conduta de uso desnecessário de água. Em 18.12.2005, João da Silva é flagrado lavando seu carro e responsabilizado por tal conduta. Em 15.01.2006, o processo referente à conduta de João da Silva está em fase de instrução criminal.

(A) Por força dos efeitos da *abolitio criminis* o processo é arquivado imediatamente.

(B) O processo continua seu curso normal, mesmo com a revogação da lei.

(C) Por força dos efeitos da *novatio legis in mellius* e do *abolito criminis* simultaneamente o processo é arquivado imediatamente.

(D) Por força dos efeitos da *novatio legis in mellius* o processo é arquivado imediatamente.

(E) N. D. A.

De fato, conforme preconiza o art. 3º do CP, as leis excepcionais e temporárias serão aplicadas mesmo após cessadas as causas que determinaram suas edições. No caso em tela, a criação de uma lei penal para coibir o uso abusivo da água em tempo de forte estiagem gerará efeitos mesmo após o término do período excepcional, oportunidade em que se autorrevogará. É bom que se lembre que as leis excepcionais e temporárias são ultra-ativas, vale dizer, operam efeitos mesmo após a autorrevogação.

Gabarito "B"

(Delegado/PA – 2012 – MSCONCURSOS) No art. 5º da Constituição Federal, respectivamente incisos XXXIX e XL, há a determinação de que "*não há crime sem lei anterior que o defina, nem pena sem prévia cominação legal*" e "*a lei penal não retroagirá, salvo para beneficiar o réu*". É a mais importante garantia do cidadão contra o arbítrio do Estado, pois só a lei poderá estabelecer que condutas serão consideradas criminosas e quais as punições para cada crime. Analise estes princípios constitucionais e assinale a alternativa incorreta:

(A) Um réu com sentença penal transitada em julgado, condenado em 13 (treze) anos, 8 (oito) meses e 23 (vinte e três) dias, tendo cumprido 2 (dois) anos, deverá ser posto em liberdade imediatamente, porque a lei posterior deixou de considerar delito o fato por ele praticado. A lei nova, neste caso, acrescentou causas de exclusão da ilicitude, culpabilidade ou punibilidade do agente. As leis penais só podem retroagir para benefício do réu, atingindo, nesse caso, até mesmo a coisa julgada, o que não viola a Constituição Federal.

(B) Se não há crime sem lei anterior que o defina, ela poderá retroagir para alcançar um fato que, antes dela, não era considerado delito. Não há delito sem tipicidade, ou seja, não há crime sem que a conduta humana se ajuste à figura delituosa definida pela lei. O intérprete deverá ficar atento, porque a lei nova poderá não abolir o crime do sistema jurídico penal, apenas inseri-lo por nova legislação, até mesmo denominando-o de forma diferenciada, não ocorrendo, no caso, *abolitio criminis*.

(C) Não se aplica a lei nova, durante a *vacatio legis*, mesmo se mais benéfica, posto que esta ainda não está em vigor. A *abolitio criminis* elimina todos os efeitos penais, subsistindo, tão somente, os efeitos civis afetos ao fato criminoso. Assim, mesmo que a lei nova não considere crime a conduta do agente que era prevista como ilícita em lei anterior, a vítima, ou sua família, poderá interpor ação de reparação de danos morais e/ou materiais na esfera civil.

(D) Em face do princípio da retroatividade da lei mais benéfica, a *abolitio criminis*, quando a lei deixar considerar como crime certa conduta que antes era considerada como ilicitude penal, alcança o fato em qualquer fase em que ele se encontre. Assim, como definitivamente jurídica, inexistindo processo, o mesmo não pode ser iniciado. Se há ação penal, a mesma deverá ser decididamente arquivada, extinguindo-se a punibilidade. Havendo condenação, a pena não poderá ser executada. Se o condenado já está cumprindo pena, deverá ser expedido o alvará de soltura imediatamente.

(E) Em caso de crime permanente ou habitual, iniciado sob a vigência de uma lei e prolongando sob a de outra, vale esta, ainda que mais desfavorável como, por exemplo, extorsão mediante sequestro, que se prolonga ao perdurar a ofensa ao bem jurídico, enquanto a vítima estiver em poder dos sequestradores. Caso a execução tenha início sob o império de uma lei, prosseguindo sobre o de outra, aplica-se a mais nova, ainda que mais gravosa, pois, como a conduta se prolonga no tempo, a todo o momento renovam-se a ação e a incidência da nova lei. O tempo do crime se dilatará pelo período de permanência. Assim, se o autor, que era menor, durante a fase de execução do crime vier a atingir a maioridade, responderá segundo o Código Penal e não segundo o Estatuto da Criança e do Adolescente – ECA (Lei n. 8.069/1990).

A: correta. Mesmo que um réu tenha sido irrecorrivelmente condenado, se lei posterior deixar de considerar criminoso o fato por ele praticado, restará extinta sua punibilidade em virtude de *abolitio criminis* (art. 107, III, do CP), devendo cessar, imediatamente, o cumprimento da pena. A retroatividade da lei penal benéfica não encontra óbice na coisa julgada, seja em virtude da redação do art. 2º, parágrafo único, do CP, que admite expressamente a aplicação retroativa da *lex mitior* mesmo após o trânsito em julgado, seja pelo fato de o art. 5º, XL, da CF, não fazer qualquer limitação acerca da retroatividade da lei penal mais favorável; **B:** incorreta. Se sequer existir uma lei em sentido estrito definindo determinado fato como criminoso, obviamente não poderá retroagir para incriminar esse mesmo fato (art. 5º, XXXIX e XL, ambos da CF). Também incorreta a afirmação de que uma nova lei não poderá abolir o crime do sistema jurídico penal. Afinal, a supressão da incriminação por lei posterior está expressa em lei – *abolitio criminis* (art. 107, III, do CP); **C:** correta. De fato, antes da entrada em vigor, a lei não produz efeitos, não podendo, pois, ser aplicada. Imagine se fosse aplicada durante o período de vacância, mas viesse a ser revogada antes de sua entrada em vigor? Insegurança jurídica na certa! No mais, no tocante à *abolitio criminis*, esta extinguirá a punibilidade, cessando o efeito principal da condenação, remanescendo, porém, os civis; **D:** correta. De fato, com a *abolitio criminis*, deverá ser extinta a punibilidade do agente, o que deverá atingir qualquer etapa da persecução penal; **E:** correta. Nos termos da Súmula 711 do STF, nos crimes permanentes ou continuados, a lei penal mais grave será aplicada se sua vigência é anterior à cessação da continuação ou permanência. O mesmo raciocínio se aplica aos crimes habituais, que exigem uma reiteração de atos para a própria tipificação. Com relação ao tempo do crime, se se tratar de crime permanente ou continuado, a mesma *ratio* trazida pela Súmula 711 se aplica: se a conduta inicialmente for perpetrada por um menor de dezoito anos, mas a consumação se prolongar (no caso do crime permanente) ou se novos crimes forem praticados (no caso da continuidade delitiva), e durante o fase executiva do ilícito penal for atingida a maioridade, aplicar-se-á o CP e não o ECA.

Gabarito "B"

(Delegado/PI – 2009 – UESPI) Com relação à lei penal no tempo, assinale a alternativa correta.

(A) A lei penal mais benéfica é portadora da retroatividade, mas não da ultra-atividade.
(B) A lei penal mais benéfica é portadora da ultra-atividade, mas não da retroatividade.
(C) Uma lei penal em prejuízo do réu só poderá retroagir antes de iniciado o processo penal.
(D) A lei penal incriminadora é portadora da ultra-atividade.
(E) A lei penal descriminalizadora é portadora da extra-atividade.

A e **B:** incorretas. A lei penal mais benéfica é portadora tanto de retroatividade quanto de ultra-atividade; **C:** incorreta. Nos termos do art. 5º, XL, da CF, a lei penal não retroagirá, a não ser que seja para beneficiar o réu. **D:** incorreta. A lei penal incriminadora somente terá efeito ultra-ativo se for mais benéfica ao réu. **E:** correta, art. 2º, *caput*, do CP.

Gabarito "E"

(Delegado/SP – 2011) Em relação ao tempo do crime, a teoria adotada é

(A) da equivalência dos antecedentes.
(B) do resultado.
(C) da ubiquidade
(D) da atividade
(E) da territorialidade temperada.

A: incorreta. A teoria da equivalência dos antecedentes (ou teoria da *conditio sine qua non*) é adotada, como regra, em matéria de nexo causal (art. 13, *caput*, do CP); **B:** incorreta. A teoria do resultado tem aplicação, por exemplo, no Direito Processual Penal, para definir a regra geral sobre competência jurisdicional. Não se aplica no tocante ao tempo do crime; **C:** incorreta. A teoria da ubiquidade é adotada no tocante ao lugar do crime (art. 6º do CP); **D:** correta. De fato, o art. 4º do CP adotou a teoria da atividade para explicar o tempo do crime, assim considerado o momento da ação ou da omissão, ainda que outro seja o do resultado; **E:** incorreta. A teoria da territorialidade temperada diz respeito à aplicação da lei penal no espaço (art. 5º, *caput*, do CP).

Gabarito "D"

(Delegado/SP – 2008) Com relação ao tempo do crime, o Código Penal Brasileiro adotou a teoria da

(A) relatividade.
(B) consumação.
(C) atividade.
(D) ubiquidade.
(E) habitualidade.

Art. 4º do CP. Considera-se praticado o crime no momento da ação ou omissão, ainda que outro seja o momento do resultado. Chamada também de teoria da *ação*.

Gabarito "C"

(Delegado/SP – 2002) No que concerne ao tempo do crime, nosso Código Penal adotou a teoria

(A) do resultado.
(B) da ubiquidade.
(C) mista.
(D) da atividade.

De fato, de acordo com o art. 4º do CP, adotou-se, em matéria de tempo do crime, a teoria da atividade, segundo a qual se considera praticado o crime no momento da ação ou omissão (atividade), ainda que outro seja o momento do resultado. Não se podem confundir as teorias acerca do tempo do crime e lugar do crime. Neste último caso, o CP, no art. 6º, adotou a teoria da ubiquidade (ou teoria mista), segundo a qual se reputa cometido o crime no lugar em que ocorreu a ação ou omissão, bem como no lugar em que se produziu ou deveria produzir-se o resultado.

Gabarito "D"

(Delegado/SP – 1999) O fenômeno da ultra-atividade da lei penal

(A) está circunscrito às leis excepcionais ou temporárias.
(B) pode ocorrer em outra hipótese além das previstas nas leis excepcionais ou temporárias.
(C) está impedido por ferir mandamento constitucional.
(D) ocorre na *vacatio legis* e nada tem com leis excepcionais e temporária.

A: incorreta, visto que, muito embora as leis excepcionais e temporárias sejam ultra-ativas, conforme enuncia o art. 3º do CP, é certo que o fenômeno da ultra-atividade poderá ocorrer em outras hipóteses em que se verifique a superveniência de lei penal prejudicial ao agente, caso em que a lei anterior irá ser aplicada ao caso concreto; **B:** correta, eis que, como esclarecido na alternativa anterior, sempre que for editada uma lei posterior ao fato praticado pelo agente que lhe seja desfavorável, esta será irretroativa, sendo o caso de a lei anterior ser aplicada (ultra-atividade); **C:** incorreta, visto que a aplicação da lei penal mais favorável ao agente decorre do texto constitucional (art. 5º, XL, da CF); **D:** incorreta, pois a incidência de uma nova lei depende de sua entrada em vigor, o que é incompatível com o período de *vacatio legis*.

Gabarito "B"

(Polícia Civil/DF – 2009 – UNIVERSA) Assinale a alternativa correta em relação à lei penal no tempo e no espaço.

(A) Se Carlos foi preso após a prática de crime contra os costumes e, quando da prolação da sentença, o magistrado observou que havia sido publicada nova lei, com pena mínima inferior, que entraria em vigor no prazo de 45 dias, então esse fato caracteriza uma *novatio legis in mellius* no período de *vacatio legis*, que, ao entrar em vigor, provocará um *abolitio criminis*.
(B) A extra-atividade da lei ocorre quando a lei nova regula situações fora de seu período de vigência, seja passado ou futuro, e ocorrerá conflito intertemporal quando a lei nova regular inteiramente a matéria veiculada na anterior.
(C) A *abolitio criminis* poderá gerar os seguintes efeitos: 1 – se a denúncia ainda não foi recebida, o processo não pode ser iniciado; 2 – se o processo está em andamento ou o réu está cumprindo a pena, deve ser decretada a extinção da punibilidade; 3 – havendo sentença condenatória transitada em julgado, a pretensão executória não pode ser iniciada, e o nome do réu será riscado do rol dos culpados, permanecendo, em qualquer desses casos, os efeitos civis da condenação.
(D) Os princípios da territorialidade, da nacionalidade, da defesa e da justiça penal universal auxiliam a determinar a aplicação da lei penal no tempo, face a teoria da atividade adotada no ordenamento penal material em vigor.
(E) A *novatio legis in pejus* confunde-se com a *novatio legis* incriminadora porque ambas prejudicam a situação do réu.

A: incorreta, pois a superveniência de nova lei que reduza a pena do agente, embora constitua, de fato, *novatio legis in mellius* (nova lei benéfica), não afastará a criminalidade da conduta. Em outras palavras, se a lei posterior simplesmente reduzir a pena, isso não significa que haverá a exclusão do crime do ordenamento jurídico (*abolitio criminis*). Este último caso somente ocorre quando a nova lei deixar de considerar o fato como criminoso; **B:** incorreta, pois o conflito de leis penais no tempo (ou conflito intertemporal) pressupõe que determinado fato tenha sido praticado sob a vigência de determinada lei e este mesmo fato passe, posteriormente, a ser regulado por nova lei, que, se benéfica para o réu, irá retroagir, e, se prejudicial, gerará a ultratividade da lei anterior. A mera regulamentação da matéria por nova lei acarreta a revogação expressa ou tácita da lei anterior. Contudo, não haverá, necessariamente, conflito intertemporal, que, como dito, pressupõe que o fato tenha sido praticado sob a égide da lei anterior e a nova lei passe a regulamentá-lo, porém, ainda, pendente processo ou execução da pena ao agente; **C:** correta. De fato, se uma nova lei deixar de considerar o fato praticado pelo agente como criminoso (*abolitio criminis*), sequer processo penal poderá ser instaurado. Contudo, se já iniciada a ação penal, deverá o magistrado decretar extinta a punibilidade do agente, nos termos do art. 107, III, CP. Se já tiver havido condenação irrecorrível, com início de cumprimento da pena, o agente deverá ser libertado imediatamente, cessando todos os efeitos penais da condenação (ex.: reincidência, inscrição do nome do réu no rol dos culpados etc). Porém, os efeitos civis (efeitos extrapenais da condenação) do crime permanecem íntegros (ex.: obrigação do réu de reparar o dano provocado pelo crime); **D:** incorreta, visto que referidos princípios dizem respeito à aplicação da lei penal no espaço (arts. 5º, 6º e 7º, CP); **E:** incorreta, pois a *novatio legis in pejus* configura-se quando sobrevém lei que prejudica ou piora a situação do réu de alguma forma (ex.: a nova lei impõe pena mais elevada ou regime prisional mais severo), ao passo que a *novatio legis* incriminadora traduz-se na criação de figura criminosa até então inexistente. Neste caso, não havia crime; naquele caso, já havia crime, porém, a nova lei é mais rigorosa, prejudicando o réu.

Gabarito "C"

3. APLICAÇÃO DA LEI NO ESPAÇO

(Delegado Federal – 2004 – CESPE) Julgue o item a seguir.

(1) Laura, funcionária pública a serviço do Brasil na Inglaterra, cometeu, naquele país, crime de peculato. Nessa situação, o crime praticado por Laura ficará sujeito à lei brasileira, em face do princípio da extraterritorialidade.

1: Art. 7º, I, *c*, do CP. Neste caso, por força do que dispõe o § 1º do art. 7º, o crime perpetrado por Laura ficará sujeito à lei penal brasileira, ainda que absolvida ou condenada na Inglaterra.

Gabarito 1C

(Delegado Federal – 2002 – CESPE) Em cada um dos itens subsequentes, é apresentada uma situação hipotética relativa à aplicação da lei penal no espaço, seguida de uma assertiva a ser julgada.

(1) Em águas territoriais do Brasil, a bordo de um navio mercante que ostentava a bandeira da Argentina, um brasileiro praticou um homicídio contra um argentino, ambos tripulantes da embarcação. Nessa situação, aplicar-se-á a lei penal argentina.

(2) Em alto-mar, a bordo de uma embarcação de recreio que ostentava a bandeira do Brasil, Júlio praticou um crime de latrocínio contra Lauro. Nessa situação, aplicar-se-á a lei penal brasileira.

(3) Um navio mercante que ostentava a bandeira do Brasil naufragou em alto-mar. Sobre os destroços da embarcação, Leonardo ceifou a vida de Bento. Nessa situação, aplicar-se-á a legislação do primeiro país em que Leonardo descer à terra após o homicídio (prevenção).

(4) Whesley, cônsul honorário no Brasil do país BBB, exasperou-se com a secretária no consulado daquela República por causa de um ex-namorado dela, tendo-a constrangido, mediante violência, a manter com ele conjunção carnal e cópula anal. Nessa situação, pelo fato de o autor dos eventos ser funcionário consular, aplicar-se-á a lei do país BBB.

(5) Augusto, diplomata em serviço na embaixada do Brasil no país CCC, exigiu de alguns fornecedores estrangeiros a importância de US$ 1.200 para agilizar o pagamento de serviços prestados e de mercadorias adquiridas pela embaixada. Nessa situação, Augusto ficará sujeito à lei penal brasileira.

1: incorreta, uma vez que, de acordo com o art. 5º, § 2º, do CP, consideram-se como extensão do território nacional as embarcações estrangeiras de propriedade privada, desde que se achem em mar territorial do Brasil; **2:** correta, pois consideram-se extensão do território nacional (território ficto) as embarcações brasileiras, mercantes ou de propriedade privada, que se achem em alto-mar (art. 5º, § 1º, do CP); **3:** incorreta, eis que os destroços da embarcação naufragada são considerados remanescentes dela, motivo pelo qual, por ser um navio mercante brasileiro, aplicável a lei da bandeira, e, portanto, a lei brasileira; **4:** incorreta, visto que as imunidades diplomáticas, por força da Convenção de Viena, incorporada ao cenário jurídico pátrio pelo Decreto 56.435/1965, assegura aos agentes diplomáticos e funcionários de organizações internacionais, quando em serviço, incluindo os seus familiares, inviolabilidade pessoal, não podendo ser presos ou processados sem autorização de seu país. Quanto aos cônsules, a imunidade que eles gozam é limitada, exclusivamente, aos atos de ofício, não abrangendo, portanto, crimes sexuais, tal como proposto na assertiva; **5:** correta, eis que, de acordo com o art. 7º, I, "c", do CP, ficam sujeitos à lei brasileira, embora cometidos no estrangeiro, os crimes contra a administração pública, por quem está a seu serviço.

Gabarito 1E, 2C, 3E, 4E, 5C

(Delegado/AM) Sobre a aplicação da lei penal, a alternativa que faz referência incorreta é:

(A) considera-se praticado o crime no lugar em que ocorreu a ação ou omissão ainda que outro tenha sido o lugar do resultado

(B) ficam sujeitos à lei brasileira, embora cometidos no estrangeiro, os crimes contra a vida ou a liberdade do Presidente da República

(C) a pena cumprida no estrangeiro atenua a pena imposta no Brasil pelo mesmo crime, quando diversas, ou nela é computada, quando idênticas.

(D) para efeitos penais, consideram-se como extensão do território nacional as embarcações e aeronaves brasileiras, de natureza pública ou a serviço do governo brasileiro onde quer que se encontrem, bem como as aeronaves e as embarcações brasileiras, mercantes ou de propriedade privada, que se achem, respectivamente, no espaço aéreo correspondente ou em alto-mar

A: incorreta, devendo ser assinalada, pois segundo o art. 6º do CP, considera-se praticado o crime no lugar em que ocorreu a ação ou omissão, no todo ou em parte, bem como onde se produziu ou deveria produzir-se o resultado (teoria da ubiquidade); **B:** correta (art. 7º, I, "a", do CP). Trata-se da extraterritorialidade incondicionada, em que a lei brasileira será aplicada ao crime cometido no estrangeiro, independente de qualquer condição, em razão do bem jurídico que está sendo protegido, no caso, a vida ou liberdade do Presidente da República (princípio da defesa, da proteção ou real); **C:** correta (art. 8º do CP). **D:** correta (art. 5º, § 1º, do CP).

Gabarito "A"

(Delegado/AP – 2010) Relativamente ao tema da *territorialidade e extraterritorialidade* analise as afirmativas a seguir.

I. Ficam sujeitos à lei brasileira, embora cometidos no estrangeiro os crimes contra a administração pública, por quem está a seu serviço.

II. Ficam sujeitos à lei brasileira, os crimes praticados em aeronaves ou embarcações brasileiras, mercantes ou de propriedade privada, quando em território estrangeiro ainda que julgados no estrangeiro.

III. Ficam sujeitos à lei brasileira, embora cometidos no estrangeiro os crimes contra o patrimônio da União, do Distrito Federal, de Estado, de Território ou de Município quando não sejam julgados no estrangeiro.

Assinale:

(A) se somente a afirmativa I estiver correta.

(B) se somente a afirmativa II estiver correta.

(C) se somente a afirmativa III estiver correta.

(D) se somente as afirmativas II e III estiverem corretas.

(E) se todas as afirmativas estiverem corretas.

I: correta (art. 7º, I, "b", do CP). Trata-se de extraterritorialidade incondicionada, em que se aplica a lei brasileira a crime cometido no estrangeiro, quando atingir o patrimônio ou a fé pública da Administração Pública, por quem está ao seu serviço (princípio da defesa, da proteção ou real); **II:** incorreta (art. 5º, § 1º, do CP). No caso de aeronaves ou embarcações brasileiras, mercantes ou de propriedade privada, somente será aplicada a lei brasileira quando se encontrarem, respectivamente, no espaço aéreo correspondente ou em alto-mar. Será aplicável a lei brasileira, quando em território estrangeiro, caso se trate de embarcações ou aeronaves brasileiras, de natureza pública ou a serviço do governo brasileiro. Ou ainda, no caso de se tratar de aeronave ou embarcação mercante ou de propriedade privada, será aplicada a lei brasileira, se no estrangeiro ainda não foi julgado o crime, sob pena de se violar a soberania do país onde ocorreu o fato (art. 7º, II, "c", do CP), além do preenchimento das condições previstas no art. 7º, § 2º, do CP; **III:** incorreta (art. 7º, I, "b", do CP), pois quando o crime é cometido no estrangeiro contra o patrimônio da União, do Distrito Federal, de Estado, de Território ou de Município, a lei brasileira será aplicada ao caso, independente do implemento de qualquer condição (extraterritorialidade incondicionada).

Gabarito "A"

(Delegado/AP – 2010) Assinale a alternativa que apresente local que não é considerado como extensão do território nacional para os efeitos penais.

(A) aeronaves ou embarcações brasileiras, mercantes ou de propriedade privada, quando em território estrangeiro, desde que o crime figure entre aqueles que, por tratado ou convenção, o Brasil se obrigou a reprimir.

(B) as aeronaves e as embarcações brasileiras, mercantes ou de propriedade privada, que se achem, respectivamente, no espaço aéreo correspondente ou em alto-mar.

(C) as embarcações e aeronaves brasileiras, de natureza pública, onde quer que se encontrem.

(D) aeronaves ou embarcações estrangeiras de propriedade privada, achando-se aquelas em pouso no território nacional ou em voo no espaço aéreo correspondente, e estas em porto ou mar territorial do Brasil.

(E) as embarcações e aeronaves brasileiras, a serviço do governo brasileiro, onde quer que se encontrem.

A: incorreta, uma vez que o art. 7º, II, "c", do CP trata das aeronaves ou embarcações brasileiras, mercantes ou de propriedade privada, quando em território estrangeiro e aí não sejam julgados; **B:** correta (art. 5º, § 1º, do CP); **C:** correta (art. 5º, § 1º, do CP). **D:** correta (art. 5º, § 2º, do CP). **E:** correta (art. 5º, § 1º, do CP).

Gabarito "A"

(Delegado/AP – 2006 – UFAP) Analise as assertivas e assinale a alternativa correta:

I. Para os efeitos penais, consideram-se como extensão do território nacional as embarcações e aeronaves brasileiras, de natureza privada, onde quer que se encontrem.

II. A extraterritorialidade incondicionada aplica-se aos crimes que, por tratado ou convenção, o Brasil se obrigou a reprimir.

III. A sentença penal estrangeira pode ser homologada no Brasil para sujeitar o condenado ao cumprimento de pena.

(A) Estão corretas todas as alternativas.

(B) Estão erradas todas as alternativas.

(C) Estão corretas apenas as alternativas II e III.

(D) Está correta apenas a alternativa I.

(E) Está correta apenas a alternativa III.

I: incorreta (art. 5º, § 1º, do CP). No caso de aeronaves e embarcações brasileiras, de natureza privada, consideram-se como extensão do território nacional, desde que se encontrem, respectivamente, no espaço aéreo correspondente ou em alto-mar; II: incorreta, uma vez que aos crimes que por tratado ou convenção o Brasil se obrigou a reprimir, aplica-se a extraterritorialidade condicionada (art. 7º, II, "a" e § 2º, do CP); III: incorreta (art. 9º do CP). A homologação da sentença estrangeira somente produz efeitos para obrigar o condenado à reparação do dano, a restituições e a outros efeitos civis, ou para sujeitá-lo a medida de segurança (e não para o cumprimento de pena).

Gabarito "B"

(Delegado/PR – 2007) Diz o artigo 5º do Código Penal: "Aplica-se a lei brasileira, sem prejuízo de convenções, tratados e regras de direito internacional, ao crime cometido no território nacional". Sobre a lei penal no espaço, considere as seguintes afirmativas:

1. Como regra, são submetidos à lei brasileira os crimes cometidos dentro da área terrestre, do espaço aéreo e das águas fluviais e marítimas.
2. Consideram-se extensão do território nacional as embarcações e aeronaves brasileiras, de natureza pública ou a serviço do governo brasileiro, onde quer que se encontrem.
3. É aplicável a lei brasileira aos crimes praticados à bordo de embarcações estrangeiras de propriedade privada que se encontrem em alto-mar.
4. Ficam sujeitos à lei brasileira, embora cometidos no estrangeiro, os crimes que, por tratado ou convenção, o Brasil se obrigou a reprimir.

Assinale a alternativa correta.

(A) Somente as afirmativas 1 e 2 são verdadeiras.

(B) Somente as afirmativas 1, 2 e 4 são verdadeiras.

(C) Somente as afirmativas 1, 2 e 3 são verdadeiras.

(D) Somente as afirmativas 3 e 4 são verdadeiras.

(E) Somente as afirmativas 2 e 3 são verdadeiras.

1: correta (art. 5º, *caput*, do CP); 2: correta (art. 5º, § 1º, primeira parte, do CP); 3: incorreta (art. 5º, § 2º, do CP); 4: correta (art. 7º, II, "a", do CP).

Gabarito "B"

4. CONCEITO E CLASSIFICAÇÃO DOS CRIMES

(Delegado/RO – 2014 – FUNCAB) Em relação à classificação doutrinária de crimes, é correto afirmar que:

(A) crime progressivo é aquele em que o agente deseja produzir um resultado, mas, após consegui-lo, resolve prosseguir na violação do bem jurídico, produzindo um outro crime mais grave.

(B) crime de fato transeunte é aquele que não deixa vestígios.

(C) crime plurilocal é aquele em que a execução do crime se dá em um país e o resultado em outro.

(D) crime falho é o nome dado à tentativa imperfeita.

(E) crime plurissubsistente é aquele que exige pluralidade de sujeitos ativos.

A: incorreta. A definição contida na alternativa diz respeito à progressão criminosa, na qual o agente "substitui o seu dolo", produzindo um resultado mais grave após haver alcançado, anteriormente, resultado menor (crime menos grave). Não se confunde com o crime progressivo, que se dá quando o agente, para produzir um resultado mais grave, necessariamente terá praticado um crime menos grave (chamado de "crime de passagem"). É o caso das lesões corporais (crime menos grave) perpetradas para o alcance da morte da vítima (crime mais grave). Responderá o agente apenas por homicídio, incidindo, na espécie, o princípio da consunção; **B:** correta. Considera-se crime transeunte aquele que não deixa vestígios materiais, em contraposição aos crimes não transeuntes, que, por óbvio, deixam vestígios materiais, exigindo-se, aqui, o exame de corpo de delito (direito ou indireto); **C:** incorreta. Delito plurilocal é assim denominado quando a conduta é perpetrada em um lugar e o resultado se verifica em outro, mas no mesmo país (ex.: a subtração do veículo ocorre em município paulista, mas a efetiva inversão da posse ocorre já em solo mineiro). Não se confunde com delito à distância (ou de espaço máximo), que é aquele cuja ação/omissão ocorre em um país e o resultado se verifica em outro. Aplicar-se-á, nesse caso, o art. 6º do CP; **D:** incorreta. Na classificação da tentativa, diz-se que esta poderá ser perfeita (ou acabada, ou crime falho), quando o agente, mesmo esgotando todos os atos executórios (ou seja, toda a potencialidade ofensiva de que dispunha), não consegue consumar o crime por circunstâncias alheias à sua vontade, ou imperfeita (ou inacabada), quando os atos executórios, ainda não esgotados, forem interrompidos por fatores alheios à vontade do agente; **E:** incorreta. Diz-se plurissubsistente um crime quando sua prática puder decorrer de diversos atos, em contraposição ao crime unissubsistente, praticado mediante um só ato. Não se confunde com o crime plurissubjetivo (ou de concurso necessário), que, para a própria tipificação, exige a concorrência de duas ou mais pessoas (ex.: associação criminosa – art. 288, CP).

Gabarito "B"

(Delegado Federal – 2013 – CESPE) No que se refere à teoria geral do crime, julgue o próximo item.

(1) Segundo a teoria causal, o dolo causalista é conhecido como dolo normativo, pelo fato de existir, nesse dolo, juntamente com os elementos volitivos e cognitivos, considerados psicológicos, elemento de natureza normativa (real ou potencial consciência sobre a ilicitude do fato).

1: correta. De fato, de acordo com a teoria causal, também conhecida como teoria naturalista, clássica, naturalística ou mecanicista, idealizada por Liszt, Beling e Radbruch no início do século XIX, a ação é tida como um comportamento humano voluntário causador de modificação no mundo exterior. Dolo e a culpa estão sediados na culpabilidade, que integra o conceito analítico de crime. Daí dizer-se que, à luz da teoria em comento, o dolo é normativo, vale dizer, a finalidade do agente e a consciência da ilicitude somente serão verificadas quando da avaliação da culpabilidade. O dolo normativo (que, frise-se, tem como elemento integrante a consciência da ilicitude) contrapõe-se ao dolo natural, adotado pela teoria finalista, não tendo ele qualquer conteúdo valorativo, reservado à culpabilidade. Assim, enquanto que na teoria causalista o dolo está sediado na culpabilidade, na teoria finalista o dolo integra o fato típico.

Gabarito 1C

(Delegado Federal – 2004 – CESPE) Julgue o item seguinte.

(1) Rômulo sequestrou Lúcio, exigindo de sua família o pagamento de R$ 100.000,00 como resgate. Nessa situação, o crime de extorsão mediante sequestro praticado por Rômulo é considerado crime habitual.

1: *Habitual* é o crime que só resta caracterizado com a reiteração de atos. Um ato, isoladamente considerado, não tem o condão de constituir lesão ao bem jurídico tutelado. É o caso, por exemplo, do delito de curandeirismo (art. 284 do CP). O crime de extorsão mediante sequestro (art. 159 do CP) não exige, para sua configuração, a reiteração de atos. Trata-se de *crime permanente*, em que o momento consumativo, a contar da privação da liberdade da vítima, se prolonga no tempo por vontade do agente.

Gabarito 1E

(Agente de Polícia Federal – 2009 – CESPE) Quanto a tipicidade, ilicitude, culpabilidade e punibilidade, julgue o item a seguir.

(1) Os crimes comissivos por omissão – também chamados de crimes omissivos impróprios – são aqueles para os quais o tipo penal descreve uma ação, mas o resultado é obtido por inação.

1: correta, dado que, de fato, os crimes comissivos por omissão (ou omissivos impróprios ou impuros) são aqueles em que o agente, tendo um dever jurídico de evitar um resultado (art. 13, § 2º, do CP), deixa de agir (inação). Exatamente por não evitar o resultado a que estava obrigado a impedir, responderá por ele como se o houvesse produzido por ação (daí falar-se em crime comissivo por omissão).

Gabarito 1C

(Agente de Polícia Federal – 2004 – CESPE) Julgue a assertiva abaixo.

(1) Vítor desferiu duas facadas na mão de Joaquim, que, em consequência, passou a ter debilidade permanente do membro. Nessa situação, Vítor praticou crime de lesão corporal de natureza grave, classificado como crime instantâneo.

1: correta, já que a debilidade permanente de membro (no caso, a mão da vítima) é resultado configurador da qualificadora indicada no art. 129, § 1º, III, do CP. Doutrinariamente, diz-se que referido crime é instantâneo, isto é, consuma-se no exato momento em que a vítima tem um de seus membros atingido, de forma a provocar um enfraquecimento ou redução de sua capacidade funcional.

Gabarito 1C

(Delegado/AP – 2010) Carlos Cristiano trabalha como salva-vidas no clube municipal de Tartarugalzinho. O clube abre diariamente às 8 horas, e a piscina do clube funciona de terça a domingo, de 9 às 17 horas, com um intervalo de uma hora para o almoço do salva-vidas, sempre entre 12 e 13 horas.

Carlos Cristiano é o único salva-vidas do clube e sabe a responsabilidade de seu trabalho, pois várias crianças utilizam a piscina diariamente e muitas dependem da sua atenção para não morrerem afogadas.

Normalmente, Carlos Cristiano trabalha com atenção e dedicação, mas naquele dia 2 de janeiro estava particularmente cansado, pois dormira muito tarde após as comemorações do réveillon. Assim, ao invés de voltar do almoço na hora, decidiu tirar um cochilo. Acordou às 15 horas, com os gritos dos sócios do clube que tentavam reanimar uma criança que entrara na piscina e fora parar na parte funda. Infelizmente, não foi possível reanimar a criança. Embora houvesse outras pessoas na piscina, ninguém percebera que a criança estava se afogando.

Assinale a alternativa que indique o crime praticado por Carlos Cristiano.

(A) Homicídio culposo.
(B) Nenhum crime.
(C) Omissão de socorro.
(D) Homicídio doloso, na modalidade de ação comissiva por omissão.
(E) Homicídio doloso, na modalidade de ação omissiva.

A: incorreta, uma vez que o salva-vidas não agiu com imprudência, negligência, nem imperícia; **B:** correta. A questão trata do crime omissivo impróprio ou comissivo por omissão, em que o tipo penal prevê uma conduta positiva. Todavia, pela omissão do agente, em razão do descumprimento do dever jurídico de agir, ocorre o resultado naturalístico. O dever jurídico de agir, de acordo com o art. 13, § 2º, do CP, pode decorrer: a) do dever legal, b) da posição de garantidor como, por exemplo, o salva-vidas, que se compromete a evitar o resultado ou c) por ingerência na norma (quando o agente, com sua conduta anterior, cria o risco do resultado). Ainda, pela teoria jurídica ou normativa, são requisitos para a responsabilização penal pelo crime de omissão: o agente poder evitar o resulta e o dever jurídico de evitar esse resultado. Na questão acima, o salva-vidas, muito embora tivesse o dever jurídico de evitar afogamentos na piscina, não pôde evitar, uma vez que não estava presente no local. Isso porque, a imputação da omissão ao agente exige o dever e o poder evitar o resultado. Portanto, o fato é atípico, pela ausência do segundo requisito (poder evitar o resultado); **C:** incorreta, pois a omissão de socorro é um crime omissivo próprio, em que a omissão está prevista no tipo penal. No caso, por se tratar de salva-vidas, ou seria crime omissivo impróprio, diante de sua posição de garante ou o fato seria atípico (como de fato ocorreu). **D:** incorreta, pois não houve uma ação provocadora da omissão. **E:** incorreta, já que não há fato típico.

Gabarito "B"

(Delegado/AP – 2006 – UFAP) Analise as assertivas e assinale a alternativa correta:

I. O autoaborto é crime próprio, instantâneo, de forma livre, comissivo, material, de dano, unissubjetivo, doloso, e plurissubsistente.
II. A extorsão mediante sequestro é crime comum, complexo, doloso, formal, permanente, unissubjetivo e plurissubsistente.
III. O peculato é crime próprio, material, de forma livre, instantâneo, unissubjetivo e plurissubsistente.

(A) Estão corretas todas as alternativas.
(B) Estão erradas todas as alternativas.
(C) Estão corretas apenas as alternativas II e III.
(D) Está correta apenas a alternativa I.
(E) Está correta apenas a alternativa III.

I: correta. O autoaborto é crime próprio (exige uma qualidade especial do sujeito ativo, no caso, a gestante), instantâneo (é aquele em que a consumação ocorre em um determinado momento, sem se prolongar no tempo), de forma livre (admite-se qualquer meio executório), comissivo (praticado mediante uma conduta positiva), material (é aquele em que o tipo penal prevê uma conduta e um resultado naturalístico, sendo que a ocorrência deste é indispensável para a consumação do crime), de dano (exige-se a lesão ao bem jurídico protegido pela norma penal para que ocorra a sua consumação), unissubjetivo (pode ser praticado por um único agente ou em concurso eventual de pessoas), doloso (exige-se o dolo quanto ao resultado), e plurissubsistente (a conduta pode ter dois ou mais atos executórios); **II**: correta. A extorsão mediante sequestro é crime comum (pode ser praticado por qualquer pessoa, não se exigindo uma qualidade especial do sujeito ativo), complexo (resulta da união de dois ou mais tipos penais), doloso (exige-se o dolo quanto ao resultado), formal (o tipo penal prevê a conduta e o resultado naturalístico, mas não exige este último para a consumação do crime), permanente (é aquele em que a consumação se prolonga no tempo, por vontade do agente), unissubjetivo (pode ser praticado por um único agente ou em concurso eventual de pessoas), e plurissubsistente (a conduta pode ter dois ou mais atos executórios); **III**: correta. O peculato é crime próprio (exige uma qualidade especial do sujeito ativo, no caso, ser funcionário público), material (é aquele em que o tipo penal prevê uma conduta e um resultado naturalístico, sendo que a ocorrência deste é indispensável para a consumação do crime), de forma livre (admite-se qualquer meio executório), instantâneo (é aquele em que a consumação ocorre em um determinado momento, sem se prolongar no tempo), unissubjetivo (pode ser praticado por um único agente ou em concurso eventual de pessoas) e plurissubsistente (a conduta pode ter dois ou mais atos executórios).

Gabarito "A"

(Delegado/DF – 2004) No direito penal entende-se como ingerência:

(A) o comportamento anterior que cria o risco da ocorrência do resultado, gerando o dever de agir, que torna a omissão penalmente relevante;
(B) a participação de menor importância, que importa em causa de diminuição de pena;
(C) o arrependimento que, nos crimes sem violência ou grave ameaça à pessoa, motiva o agente a reparar o dano ou restituir a coisa até o recebimento da denúncia ou da queixa;
(D) a utilização de agente sem culpabilidade para a realização de um crime, importando em autoria mediata;
(E) a obediência por subalterno à ordem não manifestamente ilegal emanada de superior hierárquico.

A: correta (art. 13, § 2º, "c", do CP). As demais alternativas estão incorretas, pois não se referem ao conceito de ingerência, relativo aos crimes omissivos impróprios.

Gabarito "A"

(Delegado/SC – 2008) Em relação à classificação doutrinária dos crimes, marque V ou F, conforme as afirmações a seguir sejam verdadeiras ou falsas.

( ) Nos chamados "delitos de resultado" o tipo penal prevê um resultado típico, natural ou material vinculado à conduta pelo nexo causal.
( ) "Delitos vagos" são aqueles que têm por sujeito passivo entidades sem personalidade jurídica, como a família, o público ou a sociedade.
( ) O "crime falho" é também denominado "quase crime".
( ) "Crime multitudinário" é o praticado por uma multidão em tumulto, espontaneamente organizada no sentido de um comportamento comum contra pessoas ou coisas.

( ) "Crime transeunte" é o que deixa vestígios; "crime não transeunte" é o que não deixa vestígios.

A sequência correta, de cima para baixo, é:

(A) V – F – V – V – V
(B) V – V – F – V – F
(C) F – V – V – F – V
(D) F – F – V – V – F

"Delitos de resultado" são os crimes materiais (também chamados de resultado naturalístico); *"delitos vagos"* de fato são aqueles em que o sujeito passivo é uma entidade destituída de personalidade jurídica; *"crime falho"* (ou tentativa perfeita) é aquele em que o sujeito, mesmo tendo esgotado o processo de execução do crime, não logra consumá-lo. Difere, pois, do *quase crime*, que se dá nas hipóteses de crime impossível (art. 17 do CP); *"crime multitudinário"* é de fato aquele praticado sob influência de multidão; *transeunte* é o crime que não deixa vestígios; não transeunte, ao contrário, é o delito que deixa vestígios.

Gabarito "B"

(Delegado/SC – 2008) Um exemplo de crime complexo em sentido estrito é o de

(A) corrupção ativa.
(B) homicídio simples.
(C) denunciação caluniosa.
(D) extorsão mediante sequestro.

"Crime complexo" em sentido estrito é o resultado da união de dois tipos penais, ou seja, é o que contém, na sua definição, dois *crimes* reunidos numa só descrição típica. A extorsão mediante sequestro (art. 159 do CP) é consequência da fusão dos crimes de sequestro (art. 148 do CP) e extorsão (art. 158 do CP).

Gabarito "D"

(Delegado/SP – 2011) O aborto provocado pela gestante é crime

(A) formal.
(B) de mão própria.
(C) de conduta vinculada.
(D) de concurso necessário.
(E) de mera conduta.

A: incorreta, pois o crime de aborto é considerado crime material, ou seja, exige o resultado "morte" do feto ou do produto da concepção; **B:** correta. De fato, considera-se de mão própria o crime de aborto provocado pela gestante (também denominado de autoaborto), previsto no art. 124, primeira parte, do CP. Afinal, o tipo penal enuncia "*provocar aborto em si mesma*", o que denota a exigência de uma atuação pessoal do agente, intransferível, portanto; **C:** incorreta. Considera-se de conduta vinculada o crime cujos meios executórios estejam previamente definidos na lei. Não é o caso do autoaborto, que pode ser praticado de qualquer forma pela gestante (crime de ação livre), como, por exemplo, pelo emprego de medicamentos abortivos ou introdução mecânica de objeto pontiagudo no canal vaginal, transfixando a placenta e o feto; **D:** incorreta, pois crime de concurso necessário é aquele cujo tipo penal exige a concorrência de duas ou mais pessoas para a empreitada criminosa, tal como se vê, por exemplo, no antigo crime de quadrilha ou bando, cujo *nomen juris*, por força da Lei 12.850/2013, passou a ser associação criminosa (art. 288 do CP); **E:** incorreta, pois, como visto no comentário à alternativa "A", o autoaborto é crime material, exigindo um resultado naturalístico, não sendo classificado, portanto, como de mera conduta (assim considerado o crime que não admite a produção de um resultado naturalístico, bastando o comportamento positivo ou negativo do agente contido no tipo penal).

Gabarito "B"

(Delegado/SP – 2008) O crime de evasão mediante violência contra a pessoa (art. 352 do CP), em que a pena da tentativa é a mesma do crime consumado, sem qualquer redução, recebe em doutrina o *nomem iuris* de

(A) crime de ensaio.
(B) crime de encontro.
(C) crime de empreendimento.
(D) crime bipróprio.
(E) crime de conteúdo variado.

Trata-se de crimes em que o tipo penal equipara a pena da tentativa com a pena do crime consumado. Além do delito previsto no art. 352 do CP, há também vários crimes de empreendimento contidos na Lei de Segurança Nacional (Lei 7.170/1983).

Gabarito "C"

(Delegado/SP – 2008) Professor que, falando ao telefone, assiste impassível ao afogamento de seu instruendo adolescente, durante sessão prática de natação, comete crime

(A) omissivo impróprio.
(B) omissivo próprio.
(C) omissivo por comissão.
(D) comissivo impróprio.
(E) comissivo próprio.

O professor tinha o dever jurídico, imposto pelo art. 13, § 2º, do CP, de intervir para evitar o afogamento do aluno. Fala-se, aqui, em crime omissivo impróprio (comissivo por omissão), já que o professor, mesmo diante da constatação da situação de perigo (afogamento), omitiu-se e, dessa forma, deu ensejo ao resultado naturalístico. Perceba que esta modalidade de crime omissivo pressupõe, à sua consumação, a produção de resultado naturalístico, o que não ocorre no chamado crime omissivo puro, cuja consumação se dá com a mera abstenção do agente, independente de qualquer resultado. Outra coisa: o tipo penal, na omissão imprópria, descreve uma conduta comissiva, que, diante da ocorrência de uma das hipóteses previstas no art. 13, § 2º, do CP, ensejará a responsabilidade do agente; já na omissão própria o tipo penal contempla uma conduta omissiva.

Gabarito "A"

(Polícia Civil/MT – 2010 – UNEMAT) Em relação à Infração Penal, assinale a alternativa correta.

(A) O conceito de infração penal leva em consideração a pena cominada, como as de reclusão, de detenção ou prisão simples.
(B) A infração penal é gênero que abrange como espécies as contravenções penais e os crimes, sendo estes últimos também identificados como delitos.
(C) Contravenção penal consubstancia-se na infração a que a lei comina pena máxima não superior a um ano de detenção.
(D) No ordenamento jurídico pátrio, assim como na maioria das legislações mundiais, distinguem-se os conceitos de delito e crime.
(E) Os crimes apenados com reclusão se submetem ao regime fechado e semiaberto, enquanto os apenados com detenção se submetem aos regimes aberto e prisão simples.

A e **C:** incorretas. O conceito de crime pode levar em consideração três critérios, a saber: a) material, b) legal ou c) analítico (formal). Segundo o critério legal, o conceito de crime é fornecido pelo legislador. No caso, a Lei de Introdução ao Código Penal (Decreto-lei n. 3.914/1941), em seu art. 1º, estabelece que ao preceito secundário de crime é cominada pena de reclusão ou detenção, isoladamente, ou ainda, alternativa ou cumulativamente com a pena de multa. Caso a cominação seja de pena de prisão simples ou de multa, isolada, cumulada ou alternativamente, estar-se-á diante de contravenção penal; **B:** correta, pois, de fato, de acordo com o sistema dicotômico, a infração penal é gênero, que comporta duas espécies: a) crime ou delito e b) contravenção penal; **D:** incorreta, pois como já explicitado, delito e crime são sinônimos, distinguindo-se das contravenções penais; **E:** incorreta, pois os crimes apenados com reclusão se submetem aos regimes fechado, semiaberto ou aberto, enquanto que os crimes apenados com detenção se submetem tão somente aos regimes semiaberto e aberto, salvo necessidade de transferência a regime fechado, no caso de regressão (art. 33, *caput*, do CP). Por sua vez, somente será aplicada a pena de prisão simples para aquele que for condenado pela prática de contravenção penal (art. 1º da LICP).

Gabarito "B"

(Polícia Civil/PR – 2010 – UEL) No que respeita às infrações penais, assinale a alternativa correta.

(A) A doutrina brasileira majoritária adota o conceito analítico de crime, definindo-o como toda conduta típica, antijurídica, culpável e punível.
(B) O Direito Penal brasileiro agasalha a visão bipartida das infrações penais, dividindo-as em crime (ou delito) e contravenção penal.
(C) As condutas definidas como crime serão processadas por ação penal pública ou privada, enquanto que as contravenções penais admitem apenas a ação penal privada.
(D) Será admissível a tentativa, tanto nas condutas definidas como contravenções penais quanto naquelas definidas como crime.
(E) A doutrina brasileira majoritária adota o conceito formal de crime, definindo-o como toda conduta que ofenda bens jurídico-penais.

A: incorreta, pois a posição quadripartida (fato típico, antijurídico, culpável e punível) não mais é adotada no Brasil. Todavia, ainda existe divergência doutrinária com relação à corrente bipartida (fato típico e antijurídico) e tripartida (fato típico, antijurídico e culpável); **B:** correta, pois, de fato, de acordo com o sistema dicotômico (art. 1º, Lei de Introdução ao Código Penal), a infração penal é gênero, que comporta duas espécies: a) crime ou delito e b) contravenção penal; **C:** incorreta, pois toda contravenção penal é processada mediante ação penal pública incondicionada (art. 17, da LCP). Por sua vez, os crimes podem ser de ação penal pública, condicionada ou incondicionada, ou ainda de ação penal privada, a depender de previsão legal expressa; **D:** incorreta, pois a contravenção penal não admite tentativa (art. 4º, da LCP); **E:** incorreta. O conceito de crime pode levar em consideração três critérios, a saber: a) material, b) legal ou c) analítico (formal). Como já dito, há três correntes quanto ao conceito formal de crime: a) bipartida; b) tripartida; c) quadripartida.

Gabarito "B"

5. FATO TÍPICO E TIPO PENAL

(Delegado/BA – 2013 – CESPE) Acerca da parte geral do direito penal e seus Institutos, julgue os itens seguintes.

(1) Considere que Joana, penalmente imputável, tenha determinado a Francisco, também imputável, que desse uma surra em Maria e que Francisco, por questões pessoais, tenha matado Maria. Nessa situação, Francisco e Joana deverão responder pela prática do delito de homicídio, podendo Joana beneficiar-se de causa de diminuição de pena.

(2) Tanto a conduta do agente que age imprudentemente, por desconhecimento invencível de algum elemento do tipo quanto a conduta do agente que age acreditando estar autorizado a fazê-lo ensejam como consequência a exclusão do dolo e, por conseguinte, a do próprio crime.

(3) As causas ou concausas absolutamente independentes e as causas relativamente independentes constituem limitações ao alcance da teoria da equivalência das condições.

(4) Somente mediante expressa manifestação pode o agente diplomático renunciar à imunidade diplomática, porquanto o instituto constitui causa pessoal de exclusão da pena.

(5) Considere que Marcos, penalmente imputável, subtraia de seu genitor de sessenta e oito anos de idade, um relógio de alto valor. Nessa situação, o autor não pode beneficiar-se da escusa penal absolutória, em razão da idade da vítima.

1: incorreta. A assertiva retrata situação caracterizadora de cooperação dolosamente distinta, prevista no art. 29, § 2º, do CP, que assim dispõe: "Se algum dos concorrentes quis participar de crime menos grave, ser-lhe-á aplicada a pena deste; essa pena será aumentada até metade, na hipótese de ter sido previsível o resultado mais grave". Ora, como é sabido e ressabido, a regra geral acerca do concurso de pessoas é a de que, quem, de qualquer modo, concorre para o crime, por este responderá na medida de sua culpabilidade, nos termos do art. 29, *caput*, do CP, que consagra a teoria unitária ou monista. No caso em tela, um dos agentes (Joana) determinou ao outro (Francisco) que desse uma surra em Maria. Porém, por razões pessoais, o executor material do crime matou a vítima, afastando-se do ajuste inicial de vontades. Assim, de acordo com o já citado art. 29, § 2º, do CP, Joana deverá responder pelo crime menos grave (provavelmente, lesões corporais dolosas), sendo imputado o homicídio apenas a Francisco; **2:** incorreta. A conduta do agente que age imprudentemente (modalidade de culpa), desconhecendo, de forma invencível, elemento constitutivo do tipo, configura *erro de tipo essencial*, que afastará o dolo e a culpa, nos termos do art. 20, § 1º, do CP. Porém, cabe destacar ao candidato que apenas haverá a exclusão do dolo e da culpa se o erro de tipo for invencível, inevitável ou escusável. Todavia, quando o erro é evitável, vencível ou inescusável, o resultado será atribuído ao agente a título de culpa. No caso retratado na assertiva, o agente, embora tenha agido imprudentemente, incidiu em erro de tipo invencível (desconhecimento de elemento do tipo), razão pela qual, como visto, haverá a exclusão do dolo e da culpa. Já a conduta do agente que acredita estar autorizado a praticar determinada conduta típica, quando, em verdade, não está, caracteriza *erro de proibição*. Aqui, o agente pratica conduta penalmente típica, visto que, embora tenha conhecimento da tipicidade de sua conduta, supõe agir de acordo com o direito (por exemplo, acreditando estar agindo amparado por causa excludente da ilicitude). Neste caso, não ficará afastado o dolo (tal como ocorre no erro de tipo essencial), mas, sim, a culpabilidade (falta de potencial consciência da ilicitude). Importante registrar que o mero desconhecimento da lei é inescusável (art. 21, *caput*, do CP). Contudo, se o erro é inevitável, invencível ou escusável, haverá isenção de pena (exclusão da potencial consciência da ilicitude e, portanto, da culpabilidade). Contudo, se o erro é evitável, vencível ou inescusável, a pena será diminuída (art. 21, *caput*, parte final); **3:** correta. De início, importa registrar que do ponto de vista jurídico-penal, considera-se causa, para fins de reconhecimento do fato típico, toda ação ou omissão sem a qual o resultado não teria ocorrido (art. 13, *caput*, do CP). Aplicável, em matéria de nexo causal ou relação de causalidade, a teoria da equivalência dos antecedentes ou das condições (ou teoria da *conditio sine qua non*). Assim, reafirma-se, causa é tudo o quanto seja decisivo para a ocorrência do resultado (da forma que e como ocorreu). A imputação de um resultado a alguém somente será admissível se houver dado causa a ele. Pois bem. Cuidou a doutrina de dividir as causas em dois grandes grupos: a) causas absolutamente independentes e; b) causas relativamente independentes. No primeiro caso, não se poderá imputar ao agente o resultado se este tiver decorrido de causa absolutamente independente de seu comportamento (ex.: João ministra veneno no café de Joana. Porém, esta morre em razão de um infarto fulminante decorrente de doença cardíaca preexistente). Já se o resultado tiver decorrido, ainda que parcialmente, do comportamento do agente, contra este será possível a imputação. No entanto, importa registrar que se a causa for relativamente independente da conduta do agente, porém, superveniente a esta e por si só houver produzido o resultado, haverá a exclusão da imputação. Aqui, aplicável a teoria da causalidade adequada, consagrada pelo art. 13, § 1º, do CP; **4:** incorreta. As imunidades diplomáticas constituem prerrogativas funcionais, nas palavras de Rogério Sanches Cunha, sendo irrenunciáveis, já que são conferidas em razão do cargo e não da pessoa (*Manual de Direito Penal – Parte Geral*. Salvador: Juspodivm, 2013. p. 125). A Convenção de Viena sobre Relações Diplomáticas, de 1961, incorporada ao nosso ordenamento jurídico pelo Decreto nº 56.435/1965, em seu art. 32, 1 e 2, prescreve, porém, que o Estado de origem do agente diplomático (Estado acreditante) poderá renunciar a imunidade, desde que o faça expressamente; **5:** correta. De fato, nos termos do art. 183, III, do CP, não se beneficia da escusa absolutória prevista no art. 181, II (isenção de pena de crime patrimonial praticado por ascendente ou descendente) o agente que pratica o fato em detrimento de pessoa com idade igual ou superior a 60 (sessenta) anos. Assim, se Marcos furtou o relógio de seu pai idoso (com sessenta e oito anos), não será beneficiado pela escusa absolutória, devendo, portanto, responder pelo crime.

Gabarito 1E, 2E, 3C, 4E, 5C

(Agente de Polícia Federal – 2009 – CESPE – adaptada) Quanto aos elementos da tipicidade, julgue o item a seguir.

(1) São elementos do fato típico: conduta, resultado, nexo de causalidade, tipicidade e culpabilidade, de forma que, ausente qualquer dos elementos, a conduta será atípica para o direito penal, mas poderá ser valorada pelos outros ramos do direito, podendo configurar, por exemplo, ilícito administrativo.

1: incorreta, visto que o fato típico é somente formado pelos seguintes elementos: conduta, resultado, nexo de causalidade e tipicidade. A culpabilidade não pertence ao fato típico, sendo, no entanto, indispensável para que se possa impor pena ao agente delitivo. Daí dizer-se ser um pressuposto de aplicação da pena.

Gabarito 1E

(Delegado/AP – 2006 – UFAP) Analise as assertivas e assinale a alternativa correta:

I. Em relação ao nexo causal, o Código Penal brasileiro adotou a teoria da causalidade adequada, que não distingue entre causa, condição e ocasião.

II. A causa antecedente relativamente independente exclui a imputação penal.

III. Responde por homicídio o delegado de polícia que, em serviço, podendo agir para evitar o resultado, não impede que o delinquente mate terceiro na sua presença.

(A) Estão corretas todas as alternativas.

(B) Estão erradas todas as alternativas.

(C) Estão corretas apenas as alternativas II e III

(D) Está correta apenas a alternativa I.

(E) Está correta apenas a alternativa III.

I: incorreta, pois o CP adotou a teoria da equivalência dos antecedentes, em que se considera causa toda ação ou omissão, sem a qual o resultado não teria ocorrido (art. 13, *caput*, do CP). Somente de forma excepcional o CP adotou a teoria da causalidade adequada (art. 13, § 1º, do CP), no tocante à superveniência de causa relativamente independente da conduta do agente, em que haverá a exclusão da imputação quando, por si só, produziu o resultado, ou seja, há o rompimento no nexo causal quando a causa não for adequada à causação do resultado (não é toda causa que contribui para o resultado); **II:** incorreta, uma vez que a causa antecedente relativamente independente não exclui a imputação, mas tão somente a superveniente, quando, por sis só, produziu o resultado (art. 13, § 1º, do CP); **III:** correta. Trata-se de crime omissivo impróprio ou comissivo por omissão. No caso, o delegado de polícia tem a obrigação legal de preservar a ordem pública, bem como proteger a incolumidade das pessoas (art. 144 da CF e art. 13, § 2º, do CP). Assim, praticou o delito de homicídio, comissivo por omissão, uma vez que podendo agir para evitar o resultado, não impediu que o delinquente matasse terceiro na sua presença.

Gabarito "E"

(Delegado/CE – 2006 – CEV/UECE) Sobre o conceito de crime marque a opção verdadeira.

(A) A existência do resultado é essencial para a caracterização de todo e qualquer tipo de crime, especialmente considerando o disposto no Código Penal em que toda ação ou omissão é considerada causa do resultado tido como ilícito, devendo o resultado ser previsto, obrigatoriamente, no tipo penal em atendimento ao princípio da legalidade.

(B) A teoria finalista do crime possui os mesmos elementos de caracterização do fato típico da teoria causalista, já que em ambas o elemento subjetivo do tipo penal é remetido para o conceito da culpabilidade.

(C) A ocorrência de causa superveniente relativamente independente não isenta de responsabilidade criminal o agente, impondo a imputação dos fatos anteriores, desde que individualmente tidos como criminosos.

(D) A omissão só é relevante nos crimes omissivos impróprios, não possuindo qualquer importância nos crimes comissivos já que estes só admitem a sua prática pela ação, ou seja, por fato positivo.

A: incorreta, uma vez que a existência do resultado somente é essencial para a configuração dos crimes materiais, cujo tipo penal prevê a conduta e o resultado naturalístico para que se alcance a consumação do delito. Já nos crimes formais, o tipo penal prevê a conduta e o resultado, mas este não é essencial para a sua consumação, sendo mero exaurimento do crime. Por fim, no crime de mera conduta, o tipo penal só prevê a conduta, que já é suficiente para a consumação do delito, não prevendo nenhum resultado; **B:** incorreta, pois os elementos do fato típico não são os mesmos para a teoria finalista e para a teoria causalista. Para a teoria finalista, o elemento subjetivo do tipo penal está inserido na conduta, que poderá ser dolosa ou culposa, integrando o fato típico. Na culpabilidade só há elementos objetivos (teoria normativa pura). Já para a teoria causalista, o elemento subjetivo do tipo penal está inserido dentro da culpabilidade, que é composta pelo dolo e pela culpa (teoria psicológica da culpabilidade); **C:** correta (art. 13, § 1º, do CP). **D:** incorreta, pois a omissão é relevante tanto nos crimes comissivos por omissão (o tipo prevê uma conduta positiva, mas a omissão do agente é punida, diante do dever jurídico de impedir o resultado), como nos omissivos próprios (o tipo penal prevê a omissão).

Gabarito "C"

(Delegado/DF – 2004) NÃO ocorre nexo de causalidade nos crimes:

(A) de mera conduta;

(B) materiais;

(C) omissivos impróprios;

(D) comissivos por omissão;

(E) de dano.

A: correta, dado que nos crimes de mera conduta o legislador somente previu a conduta, que basta por si só para a consumação do delito. Assim, nos crimes de mera conduta não há nexo causal entre a conduta e o resultado, que não é exigido, nem é possível de ocorrer; **B:** incorreta, pois há nexo causal entre a conduta e o resultado, os quais estão previstos no tipo penal e são exigidos para a consumação do delito; **C** e **D:** incorretas. No crime omissivo impróprio ou comissivo por omissão exige-se o nexo causal entre a conduta omissiva e o resultado, sendo crime material. O resultado é imputado a quem se omitiu, mesmo podendo e devendo impedir a sua produção. Todavia, se da omissão não ocorreu nenhum resultado, o fato é atípico, já que o tipo pena é comissivo. Conclusão diversa ocorre no crime omissivo próprio, que é de mera conduta, pois basta a omissão prevista no tipo penal para se consumar o delito. **E:** incorreta, pois no crime de dano se exige a ocorrência da lesão ou ameaça de lesão ao bem jurídico tutelado pela norma penal, a qual deve ter nexo causal com a conduta do agente.

Gabarito "A"

(Delegado/GO – 2009 – UEG) Sobre a teoria, interpretação e aplicação da norma penal, é CORRETO afirmar:

(A) a interpretação analógica é aquela que abarca os casos análogos, conforme uma fórmula casuística gravada no dispositivo legal, não sendo admitida em direito penal.

(B) as normas penais que definem o injusto culpável e estabelecem as suas consequências jurídicas são passíveis de aplicação analógica.

(C) normas penais em branco impróprias são aquelas em que o complemento se encontra contido em outra lei emanada de outra instância legislativa.

(D) o criminoso na realidade não viola a lei penal, e sim a proposição que lhe prescreve o modelo de sua conduta, que é um preceito não escrito.

A: incorreta, uma vez que a interpretação analógica é permitida no ordenamento jurídico, como por exemplo, no art. 121, § 2º, I, do CP, em que há uma fórmula casuística (mediante paga ou promessa de recompensa) seguida de uma fórmula genérica (ou outro motivo torpe); **B:** incorreta, pois a analogia no Direito Penal somente é admitida com relação às normas penais não incriminadoras (princípio da reserva legal); **C:** incorreta. A norma penal em branco imprópria (ou homogênea ou em sentido lato) é aquela em que o preceito secundário busca o seu complemento em outra norma da mesma natureza jurídica e proveniente do mesmo órgão que elaborou a norma penal (e não de outra instância legislativa). **D:** correta. A estrutura da lei penal é composta pelo preceito primário e secundário. No preceito primário há uma descrição de uma conduta criminosa que é proibida, ou seja, o agente não deve fazer o que o tipo penal descreve (proibição indireta). Se o fizer, ser-lhe-á imposta a pena prevista no preceito secundário. No caso, por exemplo, do homicídio, o preceito primário é "matar alguém". Quando o agente realiza tal conduta, está violando o comando que está por trás desse preceito, qual seja, não é permitido que uma pessoa mate outra, podendo haver imposição de pena.

Gabarito "D"

(Delegado/MG – 2012) Considerando-se a relação de causalidade, é **incorreto** afirmar que

(A) o Código Penal adota a teoria da equivalência dos antecedentes causais.

(B) a superveniência de causa relativamente independente exclui o crime quando, por si só, produzir o resultado, podendo, entretanto, os fatos anteriores serem imputados a quem os praticou.

(C) o agente que efetua disparo de arma de fogo contra outrem, atingindo-o e, arrependido, leva a vítima para o hospital, vindo esta a falecer, em razão de infecção hospitalar, responde pelo crime de homicídio consumado.

(D) pratica crime comissivo por omissão, o delegado de polícia que, de forma indulgente, deixa de lavrar auto de prisão em flagrante no qual o conduzido é seu vizinho.

A: correta. De fato, como regra, o CP, em seu art. 13, *caput*, adotou a teoria da equivalência dos antecedentes causais (ou teoria da *conditio sine qua non*), sendo considerada *causa* toda ação ou omissão sem a qual o resultado não teria sido produzido; **B:** correta. O art. 13, § 1º, do CP, tratando das causas supervenientes relativamente independentes que, por si sós, produzem o resultado, adotou a teoria da causalidade adequada. Nesse passo, se a causa posterior à conduta do agente houver produzido, por si só, o resultado, sem estar na "linda de desdobramento normal" do curso causal, não poderá haver imputação de referido resultado ao agente. Contudo, este responderá pelos fatos anteriores que houver praticado; **C:** correta. De acordo com a doutrina, a infecção hospitalar encontra-se em uma "linha normal" de desdobramento da conduta inicial perpetrada pelo agente (no caso, disparo de arma de fogo), motivo pelo qual responderá pelo resultado, não se aplicando o disposto no art. 13, § 1º, do CP; **D:** incorreta. Não revela incorrer em omissão imprópria, nos moldes preconizados pelo art. 13, § 2º, do CP, o delegado de polícia que deixa de autuar em flagrante, por indulgência, o seu vizinho. A depender da motivação, a autoridade policial deverá responder pelo crime funcional descrito no art. 319 do CP (prevaricação), que traduz, no próprio tipo penal, conduta omissiva (*retardar ou deixar de praticar, indevidamente, ato de ofício*).

Gabarito "D"

(Delegado/MG – 2006) Durante roubo a mão armada, a vítima, Maria, perde a bolsa para o meliante e, assustada com a arma de fogo que lhe era apontada, morre em fulminante ataque cardíaco. Diante da situação hipotética, é CORRETO afirmar que:

(A) O meliante responderá pelo crime de latrocínio, ou seja, roubo qualificado pela morte da vítima, pois a morte é considerada resultado dúbio da violência empregada.

(B) O ataque cardíaco é causa concomitante à conduta relativamente independente e não exclui o nexo causal, respondendo o meliante pelo roubo em concurso formal com o homicídio doloso ou culposo se caracterizado o dolo ou a culpa quanto ao resultado morte no caso concreto.

(C) Uma vez que o ataque cardíaco de Maria é causa absolutamente independente, não há nexo de causalidade entre a ação do meliante e o resultado, tornando sua conduta penalmente irrelevante por se tratar de crime impossível.

(D) O meliante responderá por tentativa de roubo qualificado pela morte, uma vez que houve preterdolo em relação ao resultado mais grave.

(E) Por ser o ataque cardíaco concausa que por si só produziu o resultado morte, exclui-se o nexo causal e o meliante responde penalmente apenas pelo roubo qualificado pelo emprego de arma de fogo.

A: incorreta, pois, no latrocínio, a morte deve derivar da violência empregada no roubo, e, não, da grave ameaça (art. 157, § 3º, parte final, do CP); **B:** correta, visto que o ataque cardíaco pode perfeitamente ser considerado uma concausa relativamente independente, vale dizer, embora tenha sido a causa efetiva da morte, teve origem na conduta inicial do agente (roubo com emprego de arma), motivo pelo qual o resultado morte deve ser imputado ao agente como delito autônomo (homicídio doloso ou culposo); **C**, **D** e **E:**

incorretas, eis que um ataque cardíaco originado de uma ação humana lesiva não pode ser considerado uma causa absolutamente independente da conduta do agente, bem como não pode ser considerada causa que por si só produziu o resultado. Afinal, não fosse a conduta do agente, não teria a vítima tido o infarto fulminante.
Gabarito "B"

(Delegado/SC – 2008) "Alpha", com intenção de matar, põe veneno na comida de "Beta", seu desafeto. Este, quando já está tomando a refeição envenenada, vem a falecer exclusivamente em consequência de um desabamento do teto. No exemplo dado, é correto afirmar que "Alpha" responderá tão somente por tentativa de homicídio, porquanto:

(A) o desabamento é causa concomitante relativamente independente da conduta de "Alpha", que exclui o nexo causal entre esta e o resultado "morte".
(B) o desabamento é causa superveniente relativamente independente da conduta de "Alpha", que exclui o nexo causal entre esta e o resultado "morte".
(C) o desabamento do teto é causa superveniente absolutamente independente da conduta de "Alpha", que exclui o nexo causal entre esta e o resultado "morte".
(D) o desabamento é causa concomitante absolutamente independente da conduta de "Alpha", que exclui o nexo causal entre esta e o resultado "morte".

É "*causa absolutamente" independente* porque tem origem diversa da conduta. "Alpha" será responsabilizado tão só pela tentativa porquanto o fator que efetivamente causou a morte de "Beta" foi o desabamento do teto (causa absolutamente independente).
Gabarito "C"

(Delegado/SP – 2008) Policial, ao cumprir regularmente um mandado de prisão, privando a liberdade do condenado, pratica, à luz da teoria da tipicidade conglobante, uma conduta

(A) antinormativa mas não típica legalmente.
(B) tipicamente antijurídica.
(C) atípica legalmente.
(D) penalmente conglobada
(E) não típica penalmente.

De fato, de acordo com a teoria da tipicidade conglobante, desenvolvida pelo ilustre penalista argentino Eugenio Raúl Zaffaroni, a tipicidade penal deve ser avaliada de forma conglobada, isto é, comparada com todo o ordenamento jurídico. Assim, somente haverá tipicidade se a conduta praticada pelo agente revestir-se de antinormatividade, ou seja, se o seu comportamento violar não apenas a descrição do tipo penal, mas, também, violar o ordenamento jurídico como um todo. Destarte, se um policial priva um condenado de sua liberdade ao cumprir legalmente um mandado de prisão, embora, à luz da tipicidade meramente formal, incida na norma penal incriminadora, à luz da teoria da tipicidade conglobante, sequer pratica fato típico, visto que, analisado o ordenamento jurídico de forma conglobada, agiu em estrito cumprimento de dever legal, o que torna sua conduta lícita e, assim, atípica. Apenas para efeitos didáticos, a tipicidade penal pode ser expressa da seguinte forma: tipicidade formal (ou legal) + tipicidade conglobante = tipicidade penal.
Gabarito "E"

(Polícia Civil/DF – 2005 – NCE-UFRJ) Ticiana sai para o trabalho e deixa seu filho Caio, de 3 anos, aos cuidados da avó materna, Meviana. Num determinado momento, em que a avó sai de casa e deixa o neto sozinho, este sobe na janela do apartamento e cai do 10º andar, o que causa sua morte. É correto afirmar, nesse caso, que:

(A) Ticiana e Meviana devem responder criminalmente porque houve omissão própria;
(B) Meviana deve responder criminalmente porque houve omissão imprópria;
(C) Meviana deve responder criminalmente porque houve omissão própria;
(D) Ticiana deve responder criminalmente porque houve omissão imprópria;
(E) Ticiana deve responder criminalmente porque houve omissão própria.

A: incorreta, pois Ticiana não praticou omissão própria ou imprópria (crime comissivo por omissão – art. 13, §2º, CP), que pressupõe que o agente, tendo o dever jurídico de agir (e podendo agir) para evitar determinado resultado, fique inerte. No problema proposto, Ticiana, por estar ausente, não teria podido agir para evitar a queda do filho, motivo pelo qual apenas Meviana, avó de Caio, deverá responder por homicídio, praticado por omissão imprópria (art. 13, §2º, CP). Afinal, tendo ficado incumbida de zelar pela integridade do neto, deixou-o sozinho, não evitando sua queda; **B:** correta (art. 13, §2º), visto que a avó, assumindo a posição de garantidora, tendo, portanto, o dever de zelar pela integridade do neto, nada fez para impedir o resultado letal; **C:** incorreta, visto que a omissão de Meviana deverá gerar-lhe a punição por homicídio, a título de omissão imprópria. Afinal, referido crime não é punido por omissão própria. Ao contrário, trata-se de crime comissivo (somente podendo ser praticado por omissão se se tratar de omissão imprópria); **D:** incorreta, pois, como visto, Ticiana não praticou omissão imprópria. Afinal, a posição de garantidora de seu filho, na sua ausência, foi assumida por sua mãe Meviana. O fato de Ticiana haver deixado o filho aos cuidados da avó sequer pode caracterizar, por exemplo, crime de omissão de socorro (art. 135, CP) ou abandono de incapaz (art. 133, CP); **E:** incorreta, pelos motivos já trazidos na alternativa anterior.
Gabarito "B"

6. CRIMES DOLOSOS, CULPOSOS E PRETERDOLOSOS

(Delegado/SP – 2014 – VUNESP) "X" recebe recomendação médica para ficar de repouso, caso contrário, poderia sofrer um aborto. Ocorre que "X" precisa trabalhar e não consegue fazer o repouso desejado e, por essa razão, acaba expelindo o feto, que não sobrevive.

Em tese, "X"

(A) não praticou crime algum.
(B) praticou o crime de aborto doloso.
(C) praticou o crime de aborto culposo.
(D) praticou o crime de lesão corporal qualificada pela aceleração do parto.
(E) praticou o crime de desobediência.

A: correta. Entendendo-se que a conduta de "X", com recomendação médica de repouso, foi imprudente, teríamos um aborto culposo. Porém, por falta de previsão legal de referida modalidade, a gestando não praticou crime algum; **B:** incorreta. Não se enxerga na conduta de "X" tenha agido com vontade livre e consciente de causar o abortamento (dolo direto) ou assumido o risco de produzir o resultado (dolo eventual). Vê-se que o desatendimento à recomendação médica decorrer da necessidade de trabalhar, não conseguindo fazer o repouso desejado, daí advindo a morte do feto; **C:** incorreta, por inexiste a forma culposa de aborto; **D:** incorreta, pois não poderia a gestante responder por verdadeira autolesão (lesão corporal dolosa qualificada pela aceleração do parto), que, como sabido, é impunível. O fato de ter havido o abortamento, como visto, redundou, se tanto, de comportamento imprudente de "X". Porém, inexistindo a figura do aborto culposo, nada resta a ser feito; **E:** incorreta, não se subsumindo a conduta de "X" ao art. 330 do CP, que pressupõe a desobediência a ordem legal emanada de funcionário público. Ainda que o médico fosse funcionário público, sua recomendação (repouso) não se revestiria das características de uma "ordem". Logo, não se pode falar de prática de crime de desobediência.
Gabarito "A"

(Delegado/SP – 2014 – VUNESP) "X" estaciona seu automóvel regularmente em uma via pública com o objetivo de deixar seu filho, "Z", na pré-escola, entretanto, ao descer do veículo para abrir a porta para "Z", não percebe que, durante esse instante, a criança havia soltado o freio de mão, o suficiente para que o veículo se deslocasse e derrubasse um idoso, que vem a falecer em razão do traumatismo craniano causado pela queda. Em tese, "X"

(A) responderá pelo crime de homicídio culposo com pena mais severa do que a estabelecida no Código Penal, nos termos do Código de Trânsito Brasileiro.
(B) responderá pelo crime de homicídio culposo, entretanto, a ele poderá ser aplicado o perdão judicial.
(C) não responde por crime algum, uma vez que não agiu com dolo ou culpa.
(D) responderá pelo crime de homicídio doloso por dolo eventual.
(E) responderá pelo crime de homicídio culposo em razão de sua negligência.

A: incorreta, pois os crimes culposos exigem que o agente, com seu comportamento imprudente, negligente ou imperito, tenha inobservado um dever objetivo de cuidado, daí advindo um resultado ilícito involuntário. No caso relatado, não se enxerga tenha "X" agido com qualquer das modalidades de culpa. De outra borda, ao estacionar regularmente seu veículo em via pública, não seria objetivamente previsível que seu filho, em idade pré-escolar, soltasse o freio de mão. Logo, ausente mais um elemento dos tipos culposos, qual seja, a previsibilidade objetiva do resultado; **B:** incorreta, seja pelo fato de não dever responder "X" por homicídio culposo, pelas razões expostas no comentário antecedente, seja porque o perdão judicial, que é causa extintiva da punibilidade, ser cabível, na espécie, tal como se admite no art. 121, §5º, do CP, se as consequências do crime atingissem o agente de forma tão grave que a aplicação da sanção penal se tornasse desnecessária. No caso relatado na questão, a morte do idoso, pessoa desconhecida de "X", não lhe traria, ao que parece, consequências graves de ordem material ou moral; **C:** correta. De fato, como visto, não tendo "X" agido com dolo ou culpa na causação do resultado morte do idoso, não deverá responder por crime algum; **D:** incorreta. Se não se cogita, no caso sob a análise, sequer de homicídio culposo, incabível a imputação de homicídio doloso a "X", nem mesmo por dolo eventual. Este, nos termos do art. 18, I, do CP, pressupõe que o agente, embora sem querer diretamente a produção do resultado, assuma o risco de produzi-lo. Não se vê na conduta de "X" tenha agido com dolo eventual ao estacionar regularmente seu veículo, cujo freio de mão foi solto por seu filho menor de idade; **E:** incorreta. A negligência é modalidade de culpa, também conhecida como culpa negativa, que pressupõe que o agente, em virtude de seu comportamento, deixe de agir de determinada forma quando devia fazê-lo. Como dito anteriormente, "X" não foi negligente ao estacionar regularmente seu veículo, tendo o evento decorrido de pura e simples conduta de seu filho menor de idade, conduta esta que, ao menos com base no enunciado, não revela negligência ou qualquer outra espécie de culpa.

Gabarito "C"

(Delegado Federal – 1998 – CESPE) Acerca dos elementos constitutivos do crime (tipicidade, ilicitude e culpabilidade), julgue os itens a seguir.

(1) A previsibilidade objetiva do resultado da conduta é elemento da tipicidade culposa, ao passo que a previsibilidade subjetiva é elemento da culpabilidade.
(2) Na culpa consciente, o agente tem a previsão do resultado.
(3) Não há concorrência de culpas no direito penal.

1: correta, visto que, de fato, a tipicidade culposa tem como um de seus elementos a previsibilidade objetiva, vale dizer, a qualquer pessoa de mediana prudência e discernimento (homem médio), sob pena de atipicidade, deve ser possível antever a ocorrência do resultado. Já a previsibilidade subjetiva não é elemento do fato típico culposo, ingressando na culpabilidade (potencial consciência da ilicitude); **2**: correta, eis que, doutrinariamente, distingui-se a culpa inconsciente, que é aquela em que o agente, embora sendo objetivamente previsível o resultado, não o prevê, da culpa consciente, em que o agente, embora preveja o resultado, acredita sinceramente que este não ocorrerá; **3**: incorreta, pois, em matéria penal, não existe a compensação de culpas, típica do Direito Civil. Contudo, se duas ou mais pessoas contribuírem para a produção de um resultado, tendo agido com culpa, todas responderão pelo resultado culposo produzido.

Gabarito 1C, 2C, 3E

(Delegado/AP – 2006 – UFAP) Analise as assertivas e assinale a alternativa correta:

I. Salvo os casos expressos em lei, ninguém pode ser punido por fato previsto como crime, senão quando o pratica dolosamente.
II. Pelo resultado que agrava especialmente a pena, só responde o agente que o houver causado dolosamente.
III. A diferença entre a culpa consciente e o dolo eventual é que, neste último, ao contrário da primeira, o agente tem a previsão do resultado.

(A) Estão corretas todas as alternativas.
(B) Estão erradas todas as alternativas.
(C) Estão corretas apenas as alternativas II e III.
(D) Está correta apenas a alternativa I.
(E) Está correta apenas a alternativa III.

I: correta (art. 18, II, parágrafo único). Trata-se do caráter excepcional do crime culposo; **II**: incorreta, uma vez que os crimes qualificados pelo resultado podem ser de três espécies: a) dolo na conduta antecedente e dolo no resultado agravador, b) dolo na conduta antecedente e culpa no resultado agravador, c) culpa na conduta antecedente e culpa no resultado agravador. Demais disso, a assertiva em análise está em descompasso com o quanto previsto no art. 19 do CP ("*Pelo resultado que agrava especialmente a pena, só responde o agente que o houver causado ao menos culposamente*"); **III**: incorreta, tanto na culpa consciente quanto no dolo eventual há previsão do resultado. Todavia, na culpa consciente, o agente acredita sinceramente que o resultado não irá ocorrer e não quer que ele ocorra. Já no dolo eventual, o agente não se importa se o resultado irá ou não ocorrer, aceitando qualquer uma das alternativas.

Gabarito "D"

(Delegado/BA – 2008 – CEFETBAHIA) Rapaz, capaz e imputável, dirigindo seu veículo com velocidade compatível para a localidade, termina por atropelar um transeunte que, imprudentemente, atravessa a rua.

Com base nesse relato, o rapaz

(A) responderá por crime doloso.
(B) responderá por crime culposo.
(C) responderá por crime preterdoloso.
(D) não será responsabilizado pelo crime, pois a vítima deu causa ao acidente.
(E) responderá pelo crime por dolo eventual.

No caso em questão, deve-se analisar os elementos do crime culposo, quais sejam: conduta, resultado involuntário (se voluntário, será crime doloso), nexo causal, tipicidade, quebra do dever de cuidado objetivo (pela imprudência, negligência ou imperícia) e previsibilidade objetiva do resultado. A previsão do resultado (que não se confunde com a previsibilidade objetiva) é a previsibilidade subjetiva, que é a possibilidade de se antever o resultado, de acordo com as condições pessoais do agente, sendo analisada na culpabilidade (potencial consciência da ilicitude). Já a previsibilidade objetiva é a possibilidade de se antever o resultado, de acordo com o critério mediano de prudência e discernimento. Em caso de não ser possível tal previsibilidade, o fato é atípico, como ocorre, por exemplo, quando há caso fortuito, força maior ou culpa exclusiva da vítima, afastando a tipicidade do crime culposo.

Gabarito "D"

(Delegado/BA – 2006 – CONSULPLAN) Carlos capaz e imputável, dirigindo seu veículo com velocidade incompatível para a localidade, termina por atropelar um transeunte que imprudentemente atravessa a rua. Marque a alternativa correta:

(A) Carlos responderá por crime doloso.
(B) Carlos responderá por crime culposo.
(C) Carlos responderá por crime preterdoloso.
(D) Carlos não responderá por crime, pois a vítima deu causa ao acidente.
(E) N. R. A

No caso em questão, deve-se analisar os elementos do crime culposo, quais sejam: conduta, resultado involuntário (se voluntário, será crime doloso), nexo causal, tipicidade, quebra do dever de cuidado objetivo (é o comportamento prudente e cauteloso imposto a todos pelo ordenamento jurídico) e previsibilidade objetiva do resultado. Carlos, ao dirigir seu veículo com velocidade incompatível para a localidade, violou o dever de cuidado objetivo, agindo de forma imprudente, sem observar as cautelas necessárias, razão pela qual deverá responder pelo crime culposo. No caso, somente afastaria a responsabilidade de Carlos, caso tivesse agido com cautela e fosse impossível prever objetivamente a conduta do transeunte, diante da culpa exclusiva da vítima, afastando a tipicidade do crime culposo. Importante salientar que no Direito Penal não há compensação de culpas, a qual somente é admitida no direito privado, para reduzir ou excluir a indenização. O que se admite é a concorrência de culpas, em que todos os envolvidos que tiveram uma conduta culposa responderão pelo resultado produzido. Se o transeunte tivesse produzido algum resultado culposo, também seria responsabilizado.

Gabarito "B"

(Delegado/CE – 2006 – CEV/UECE) Ainda sobre o crime, marque a opção verdadeira.

(A) O crime doloso somente é aquele no qual o agente pratica uma conduta positiva ou negativa, desejando produzir determinado resultado, possuindo, portanto a intenção de realizar determinado dano.
(B) A diferença essencial do dolo eventual e da culpa consciente é que nesta existe a previsibilidade do resultado, enquanto naquele, não.
(C) O dolo indireto ou eventual pode gerar a responsabilização criminal do agente, sendo caracterizado quando o agente pratica a conduta sem um elemento volitivo específico, mas assumindo o risco de produzir o resultado danoso previsível.
(D) A culpa no conceito penal é caracterizada pela existência apenas de imprudência e negligência, sendo a primeira caracterizada quando o agente fica aquém dos cuidados que deveria ter, e a segunda quando o agente vai além de onde deveria estar.

A: incorreta (art. 18, I, do CP), uma vez que o dolo pode ser tanto direto como indireto (alternativo ou eventual); **B:** incorreta, pois tanto no dolo eventual como na culpa consciente há a previsibilidade do resultado. Todavia, naquele o agente não se importa com a ocorrência do resultado, já nesta o agente não quer que o resultado aconteça, acreditando sinceramente que poderá evitá-lo; **C:** correta. O dolo pode ser direto (de 1º e de 2º grau) ou indireto (alternativo, quando o agente quer um ou outro resultado, ou eventual, quando o agente assumiu o risco de produzir o resultado); **D:** incorreta, pois a quebra do dever de cuidado objetivo pode ocorrer pela imprudência (comportamento descuidado), negligência (falta de cautela necessária) ou imperícia (culpa que se manifesta na arte ou profissão).

Gabarito "C"

(Delegado/DF – 2004) Segundo a redação do artigo 18, I, do Código Penal ("Diz-se o crime: I – doloso, quando o agente quis o resultado ou assumiu o risco de produzi-lo") é possível concluir que foi adotada:

(A) a teoria do assentimento;
(B) a teoria da representação;
(C) as teorias do assentimento e da representação;
(D) as teorias do assentimento e da vontade;
(E) as teorias da representação e da vontade.

De fato, o Código Penal adotou a teoria do assentimento (ou do consentimento) e da vontade. Na teoria do assentimento, há dolo quando o agente assume o risco da produção do resultado (dolo eventual), já para a teoria da vontade, há dolo quando o agente quer a produção do resultado (dolo direto). O Código Penal não adotou a teoria da representação, segundo a qual o agente apenas prevê o resultado, sem querer a sua produção, o que seria compatível com a culpa consciente.

Gabarito "D"

(Delegado/GO – 2009 – UEG) Sobre o dolo, é CORRETO afirmar que

(A) o dolo direto de segundo grau compreende os meios de ação escolhidos para realizar o fim, incluindo os efeitos secundários representados como certos ou necessários, independentemente de serem esses efeitos ou resultados desejados ou indesejados pelo autor.
(B) age com culpa consciente aquele químico que manipula fórmulas para produção de alimentos sem as devidas cautelas relativas à contaminação; no entanto, sabedor do perigo, continua a atuar e acaba, desse modo, causando lesão à saúde dos consumidores.
(C) no dolo de primeiro grau, o agente busca indiretamente a realização do tipo legal.
(D) o Código Penal pátrio, no artigo 18, inciso I, adotou somente a teoria da vontade.

A: correta. *"Dolo direto de segundo grau"* é o que se refere às consequências secundárias, decorrentes dos meios escolhidos pelo autor para a prática da conduta, ao passo que o *"de primeiro grau ou imediato"* é aquele que diz respeito ao objetivo principal almejado pelo agente; **B:** incorreta. Na *culpa consciente*, o agente prevê o resultado, mas espera sinceramente que ele não ocorra, já que acredita que, com a sua habilidade, poderá evitá-lo. Aqui, o químico mostra-se indiferente, pois, sabedor do perigo gerado com a sua atividade, continua a manipular as fórmulas necessárias à produção de alimentos. Sua vontade, é bem verdade, não está voltada para a geração do perigo tampouco para a produção de lesão à saúde dos consumidores, mas a sua postura revela indiferença em relação à ocorrência desse resultado, que lhe é previsível. Está-se, então, diante do chamado *"dolo eventual"*; **C:** incorreta. Ao contrário, no *dolo de primeiro grau*, também chamado *dolo imediato*, o agente visa diretamente à realização do tipo legal. **D:** incorreta. O Código Penal acolheu – art. 18, I – as teorias da *vontade* (dolo direto) e do *assentimento* (dolo eventual).

Gabarito "A"

(Delegado/MA – 2006 – FCC) Quem, embora prevendo o resultado, não o aceita como possível esperando sinceramente que não ocorrerá, age com

(A) dolo eventual.
(B) culpa consciente.
(C) dolo indireto.
(D) culpa inconsciente.
(E) dolo específico.

A: incorreta. No dolo eventual há a previsão do resultado, mas o agente não se importa se ele irá ou não ocorrer, assumindo o risco de sua produção; **B:** correta. A culpa consciente pressupõe a previsão do resultado, assim como no dolo eventual, mas a diferença é que o agente não quer a produção do resultado, acreditando que ele não irá ocorrer, pois conseguirá evitá-lo; **C:** incorreta, visto que o dolo indireto se divide em dolo alternativo ou dolo eventual; **D:** incorreta, já que na culpa inconsciente não há a previsão do resultado, muito embora ele seja objetivamente previsível; **E:** incorreta, uma vez que "dolo específico" é o elemento subjetivo do tipo penal (especial fim de agir do agente).

Gabarito "B"

(Delegado/SP – 2011) Há algum ponto de semelhança entre condutas praticadas com culpa consciente e dolo eventual? Aponte a alternativa correta

(A) Sim. Tanto na culpa consciente quanto no dolo eventual há a aceitação do resultado.
(B) Sim. Tanto na culpa consciente quanto no dolo eventual o agente prevê o resultado.
(C) Não. Não há nenhum ponto de semelhança nas condutas em questão.
(D) Sim. Em ambas o elemento subjetivo da conduta é o dolo.
(E) Não. Pois a aceitação do resultado na culpa consciente é elemento normativo da conduta.

A: incorreta. Na culpa consciente, embora haja previsão do resultado, este não é aceito pelo agente, que acredita, sinceramente, em sua inocorrência; **B:** correta. De fato, culpa consciente e dolo eventual têm um ponto em comum, qual seja, a previsão do resultado. Porém, naquela, não há aceitação do resultado, enquanto que neste, há; **C:** incorreta, pelas razões trazidas no comentário anterior; **D:** incorreta. Obviamente, na culpa consciente, o elemento subjetivo da conduta não é o dolo, mas, é claro, a culpa!; **E:** incorreta, pois, como visto, na culpa consciente o agente não aceita a produção do resultado, mas, sim, o prevê.

Gabarito "B"

(Delegado/SP – 2008) Imaginando morto seu desafeto que tentara esganar, o agente dá causa à precipitação da vítima do alto de uma montanha. No entanto, os laudos técnico-periciais vêm atestar que a vitima encontrava-se apenas inconsciente por força das manobras asficticas e que o êxito letal decorrera, na realidade, dos politraumatismos produzidos pela queda livre. Tem-se, nessa situação,

(A) dolo direto de primeiro grau quanto à lesão e dolo direto de segundo grau no tocante ao homicídio.
(B) *aberratio ictus* (erro na execução).
(C) dolo geral.
(D) lesão corporal dolosa seguida de morte.
(E) erro sobre elemento do tipo incriminador.

O dolo geral também é chamado de "erro sucessivo ou *aberratio causae*". O que ocorre, em verdade, é um equívoco por parte do agente quanto ao meio de execução, à causalidade. O erro, assim, não incide sobre os elementos do tipo. Na hipótese narrada acima o agente responderá normalmente pelo resultado almejado (homicídio consumado). A divergência havida no nexo causal, neste caso, não tem o condão de elidir a responsabilidade do agente; é, pois, irrelevante.

Gabarito "C"

(Delegado/SP – 1998) São elementos do crime culposo, sem os quais haverá fato atípico

(A) descumprimento de dever de cuidado, previsibilidade objetiva e resultado involuntário.
(B) conduta voluntária, previsibilidade subjetiva e descumprimento do dever de cuidado.
(C) conduta e resultado voluntários, previsibilidade subjetiva e tipicidade.
(D) negligência, imperícia e imprudência, conduta involuntária e nexo causal.

De fato, sob pena de atipicidade, são elementos do crime culposo: a) conduta voluntária; b) resultado involuntário; c) nexo causal; d) tipicidade; e) previsibilidade objetiva; f) ausência de previsão (apenas na culpa inconsciente) e; g) quebra ou descumprimento do dever de cuidado (mediante a prática de conduta imprudente, negligente ou imperita). A previsibilidade subjetiva não é elemento do crime culposo, podendo influir, contudo, na culpabilidade (potencial consciência da ilicitude). Correta, pois, a alternativa "A". As demais alternativas ("B", "C" e "D") trazem elementos que não integram o fato típico culposo (previsibilidade subjetiva, resultado voluntário e conduta involuntária).

Gabarito "A"

7. ERRO DE TIPO, DE PROIBIÇÃO E DEMAIS ERROS

(Delegado/RJ – 2013 – FUNCAB) Maria é amiga e "cunhada" de Paula, pois namora Carlos, o irmão desta. Maria descobre que está sendo traída por Carlos e conta a Paula. Esta sugere que Maria simule o suicídio para dar uma lição em Carlos. Realizada a encenação, Carlos encontra Maria caída em sua cama, aparentando estar com os pulsos cortados e morta, tendo uma faca ao seu lado. Certo da morte de sua amada, pois a cena fora perfeitamente simulada, com aptidão para enganar qualquer pessoa, Carlos, desesperado, pega a faca supostamente utilizada por Maria e começa a golpear o corpo da namorada, gritando que ela não poderia ter feito aquilo com ele, haja vista amá-la demais e que, portanto, sua vida teria perdido o sentido. Maria, mesmo esfaqueada, não esboça qualquer reação, pois, para dar uma aura de veracidade à farsa, havia ingerido medicamentos que a fizeram dormir profundamente. Em razão dos golpes desferidos por Carlos, Maria acaba efetivamente morrendo. Assim, pode-se afirmar que Carlos:

(A) deve responder pelo crime de homicídio doloso duplamente qualificado, em face de a morte ter ocorrido por motivo torpe e pela impossibilidade de reação da vítima, sendo Paula coautora do mesmo crime, pois o direito penal brasileiro adota a teoria monista mitigada.

(B) deve responder por descumprir um dever de cuidado objetivo, que causou um resultado lesivo, já que há previsão expressa do crime na modalidade culposa, considerando Carlos que estava sob erro de tipo vencível; Paula é partícipe do mesmo crime, pois o direito penal brasileiro adota a teoria monista mitigada.

(C) não pode responder por crime algum, pois não há responsabilidade penal objetiva no direito penal brasileiro.

(D) deve responder pelo crime de vilipêndio a cadáver, haja vista estar em erro sobre o fato, que, pela teoria extremada da culpabilidade, amolda-se ao instituto do erro de proibição.

(E) deve ser indiciado pelo crime de destruição, subtração ou ocultação de cadáver, uma vez que, estando sob erro de tipo vencível, fez o cadáver perder a sua forma original.

O enunciado da questão retrata nítido erro de tipo essencial (art. 20, *caput*, do CP), capaz de afastar o dolo e a culpa, tratando-se, pois, de erro inevitável (ou invencível, ou escusável). Considerando que a falsa cena do suicídio fora perfeitamente simulada, as circunstâncias fáticas foram suficientes para gerar em Carlos uma falsa percepção da realidade. Assim, acreditando que sua namorada já estava morta, desferiu golpes de faca contra ela, fato este causador de sua morte. Ora, se o Direito Penal não admite a responsabilidade objetiva, o agente não deverá responder por crime algum. Não se cogita, portanto, de imputação por homicídio doloso ou culposo, excluindo-se, pois, as alternativas "A" e "B". Também não deverá responder por vilipêndio de cadáver (art. 211 do CP), pois este crime pressupõe a intenção de destruí-lo, o que, no enunciado, não se consegue enxergar ter sido a vontade de Carlos.

Gabarito "C"

(Delegado/RJ – 2013 – FUNCAB) Osvaldo, desejando matar, disparou seu revólver contra Arnaldo, que, em razão do susto, desmaiou. Osvaldo, acreditando piamente que Arnaldo estava morto, colocou-o em uma cova rasa que já havia cavado, enterrando-o, vindo a vítima a efetivamente morrer,em face da asfixia.Assim, Osvaldo praticou:

(A) homicídio qualificado pela asfixia e homicídio culposo, bem como ocultação de cadáver.

(B) homicídio qualificado pela asfixia e ocultação de cadáver.

(C) homicídio simples e ocultação de cadáver.

(D) homicídio culposo.

(E) homicídio simples.

O enunciado retrata situação denominada de erro sobre o nexo causal (*aberratio causae*). Verifica-se quando o agente, após praticar determinado comportamento, e acreditando que sua conduta foi suficiente para consumar o intento criminoso, pratica novo comportamento, este sim o efetivo causador do resultado inicialmente almejado. Assim, Osvaldo, nada obstante, faticamente, tenha matado Arnaldo com emprego de asfixia, visto que este foi enterrado vivo, responderá apenas por homicídio simples. A qualificadora deverá ser afastada em virtude do erro sobre o nexo causal. Caso lhe fosse imputada referida circunstância, estaríamos diante de responsabilidade objetiva, o que, como sabido, é inadmissível. De acordo com o gabarito da banca examinadora, Osvaldo deverá responder apenas por homicídio simples. No tocante à ocultação de cadáver, objetivamente este crime não foi perpetrado pelo agente, visto que, a despeito do erro sobre o nexo causal, não enterrou pessoa morta (cadáver). Logo, não poderá responder pela infração em comento.

Gabarito "E"

(Delegado/RJ – 2013 – FUNCAB) O erro é a falsa representação da realidade ou o falso ou equivocado conhecimento de um objeto. Acerca desse tema, é INCORRETO afirmar que:

(A) quando o erro do agente recai sobre a existência ou sobre os limites de uma causa de justificação, tem-se o erro de proibição.

(B) no erro de tipo essencial escusável há exclusão da tipicidade.

(C) o Código Penal adotou a teoria estrita da culpabilidade acerca do erro incidente sobre as causas de justificação.

(D) o erro acidental atinge os aspectos ou dados secundários do delito.

(E) no erro de proibição inescusável, o agente poderá ter a pena atenuada.

A: correta. De fato, considera-se, majoritariamente, como erro de proibição, o erro que recai sobre a existência ou sobre os limites de uma causa de justificação (causa excludente da ilicitude). Estamos, aqui, a tratar das descriminantes putativas. Apenas para relembrar o candidato, se o erro recair sobre as circunstâncias fáticas de uma causa de justificação, estaremos diante de erro de tipo, que, como sabido, exclui o dolo e a culpa (se invencível). Porém, se o erro, como dito anteriormente, recair sobre a existência ou sobre os limites de causas excludentes da antijuridicidade, estaremos diante de erro de proibição, que excluirá a culpabilidade (se invencível); **B:** correta. O erro de tipo essencial, que é aquele que recai sobre os elementos constitutivos do tipo legal de crime, tem o condão de excluir o dolo (art. 20, *caput*, CP), afastando, também, a culpa, se considerado invencível (ou escusável, ou inevitável); **C:** incorreta, devendo ser assinalada. Conforme amplamente defendido pela doutrina, nosso CP adotou a teoria limitada da culpabilidade, segundo a qual o erro que recai sobre os pressupostos fáticos de uma causa de justificação caracteriza erro de tipo, diversamente da teoria extremada (ou estrita), para a qual se caracteriza um erro de proibição; **D:** correta. Diversamente do erro essencial, que recai, como o nome sugere, sobre dados essenciais da figura típica (elementares), o erro acidental recai sobre aspectos acessórios do tipo, que refletem, apenas, na sanção penal; **E:** correta. Se o erro de proibição (art. 21, CP) for inescusável (ou vencível, ou evitável), o agente não ficará isento de pena, mas esta será reduzida de um sexto a um terço.

Gabarito "C"

(Delegado Federal – 2004 – CESPE) Julgue o item seguinte.

(1) O médico Caio, por negligência que consistiu em não perguntar ou pesquisar sobre eventual gravidez de paciente nessa condição, receita-lhe um medicamento que provocou o aborto. Nessa situação, Caio agiu em erro de tipo vencível, em que se exclui o dolo, ficando isento de pena, por não existir aborto culposo.

Art. 20, *caput*, do CP. De fato, Caio, embora tenha agido com negligência ao não perquirir eventual gravidez da paciente, em nenhum momento desejou interromper a gestação e, dessa forma, provocar o abortamento. Responderia, sim, por aborto na modalidade culposa se acaso houvesse tal previsão no Código Penal.

Gabarito 1C

(Agente de Polícia Federal – 1998 – CESPE) Um fazendeiro, durante uma cavalgada pelas matas de suas terras, ouviu um ruído atrás de um arbusto e, sem receio de que se tratasse de uma onça, atirou na direção do vulto, vindo a descobrir que se tratava, na realidade, de um empregado da fazenda. O fazendeiro

(1) incorreu em erro de tipo, porque não sabia que atirava em um homem.

(2) poderá, caso se entenda que houve erro vencível, responder por homicídio culposo.

1: correta, visto que o fazendeiro, ao atirar em direção ao arbusto, acreditava piamente que se tratava de uma onça, motivo pelo qual incidiu em erro de tipo, ou seja, atirou em "alguém" (empregado da fazenda) quando acreditava que se tratava de "algo" (animal). Neste caso, é bom que se diga, haverá a exclusão do dolo (art. 20, *caput*, do CP); 2: correta, pois o erro de tipo pode ser de duas espécies: a) invencível, inevitável ou escusável (por maior que fosse a diligência empregada, qualquer pessoa iria incidir no erro), capaz de gerar a exclusão do dolo e da culpa; b) vencível, evitável ou inescusável (se o agente empregasse maior diligência, poderia evitar o erro), capaz de gerar apenas a exclusão do dolo, respondendo pelo crime culposo, desde que haja expressa previsão legal da forma culposa (art. 20, *caput*, do CP).

Gabarito 1C, 2C

(Delegado/AC – 2008 – CESPE) Em cada um dos próximos itens, é apresentada uma situação hipotética, seguida de uma assertiva a ser julgada, acerca do tratamento do erro no direito penal.

(1) Plínio, com a intenção de cometer crime de dano, atirou uma pedra em direção à janela de vidro da casa de Roberta. No entanto, por erro de pontaria, acertou Gilda, que sofreu lesões corporais leves. Nessa situação, Plínio responderá por lesão corporal leve, na modalidade culposa, cuja ação penal, por ser pública condicionada, dependerá de representação da ofendida Gilda.

(2) Leandro, com a intenção de matar Getúlio, ministrou veneno a este. Presumindo que a vítima já falecera, Leandro a enterrou no quintal de sua casa, vindo posteriormente a ser apurado que a quantidade de veneno ministrada à vítima não fora suficiente para a sua morte, de forma que ela morreu em face da asfixia, após ser enterrada. Nessa situação, ocorreu erro sobre o nexo causal, de modo que Leandro responderá apenas por tentativa de homicídio.

1: correta, pois, de fato, aquele que atinge bem jurídico diverso do pretendido, decorrente de erro na execução, responderá pelo resultado a título de culpa (*aberratio ictus* com resultado único ou unidade simples – art. 74, 1ª parte, do CP). No caso em questão, Plínio só responderá por lesão corporal leve, na modalidade culposa, restando absorvida a tentativa de dano. Entretanto, cumpre ressaltar que somente é possível a punição a título de culpa se o resultado é previsto em lei como crime culposo. Caso contrário, o crime tentado não será absorvido, o qual subsistirá; **2**: incorreta, na medida em que, muito embora se trate de erro sobre o nexo causal (dolo geral ou por erro sucessivo), Leandro responderá por homicídio consumado e não tentado. Na *aberratio causae* há um nexo causal diferente do imaginado. O agente pratica uma conduta visando a um resultado, o qual se produz mediante uma relação de causalidade diversa da imaginada. Todavia, trata-se de erro acidental, cuja ocorrência não afasta a responsabilidade penal, por incidir sobre fatores secundários, irrelevantes.

Gabarito 1C, 2E

(Delegado/AM) Erasto, por erro derivado de culpa, pensa que um ladrão se encontra em seu quintal e efetua disparos de arma de fogo contra ele, certo de que agia em legítima defesa de sua propriedade. Ao se aproximar da vítima verificou que não era um ladrão, mas seu vizinho que fora visitá-lo. No caso, a situação pode ser definida como:

(A) culpa consciente
(B) culpa imprópria
(C) dolo específico
(D) culpa própria

De fato, trata-se de descriminante putativa por erro de tipo permissivo que recaiu sobre os pressupostos fáticos, ou seja, houve erro quanto aos pressupostos de fato de uma causa excludente da ilicitude, no caso, a legítima defesa (o agente supõe uma situação fática que, se existisse, tornaria sua ação legítima – art. 20, § 1°, do CP). Quando o erro deriva de culpa e o fato é punível como crime culposo, o agente não fica "isento de pena" (exclui o dolo, mas remanesce a culpa, desde que haja previsão legal). Em verdade, o agente atua com dolo, querendo a produção do resultado, mas como agiu com erro inescusável ou vencível, o dolo será tratado como se fosse culpa (culpa imprópria).

Gabarito "B"

(Delegado/AM) A denominada teoria limitada da culpabilidade preconiza que

(A) o erro de tipo essencial sempre é causa excludente da tipicidade
(B) quando a descriminante putativa surge em face de erro sobre a ilicitude do fato, afasta-se o dolo mas sempre remanescerá a culpa do agente
(C) tal como a teoria extrema da culpabilidade, nas descriminantes putativas sempre subsiste o dolo e a absolvição decorre de sua inevitabilidade
(D) o erro de tipo essencial vencível (ou evitável) é sempre causa excludente do dolo da conduta do agente, podendo remanescer, entretanto, a culpa

A: incorreta, já que o erro de tipo essencial sempre exclui o dolo (e não a tipicidade), mas permite a punição a título de culpa, se vencível; **B:** incorreta, pois a descriminante putativa sobre erro de tipo (teoria limitada da culpabilidade), quando invencível ou desculpável, exclui o dolo e a culpa, mas se vencível ou indesculpável, permite a punição por crime culposo (culpa imprópria); **C:** incorreta, pois para a teoria extrema da culpabilidade, a descriminante putativa caracteriza erro de proibição e não erro de tipo, sendo que se for inevitável exclui a culpabilidade (potencial consciência da ilicitude) e se evitável é causa obrigatória de diminuição da pena; **D:** correta (art. 20, *caput*, do CP).

Gabarito "D"

(Delegado/AM) João, pretendendo matar José, atira em sua direção mas, por erro de pontaria, atinge Pedro, causando a morte deste último, que estava ao lado de José. Trata-se de:

(A) erro de execução (*aberratio ictus*)
(B) erro sobre o objeto (*error in objecto*)
(C) erro sobre a pessoa (*error in persona*)
(D) resultado diverso do pretendido pelo agente

Trata-se de erro na execução (*aberratio ictus*), consistente na inabilidade do agente que faz com que pessoa diversa da pretendida seja atingida (art. 73, 1ª parte, do CP). O autor do crime não atinge uma pessoa pensando ser outra (erro sobre a pessoa), nem atinge um bem jurídico diverso do pretendido (*aberratio criminis*).

Gabarito "A"

(Delegado/AP – 2006 – UFAP) Analise as assertivas e assinale a alternativa correta:

I. A descriminante putativa isenta de pena, mas não há isenção de pena quando o erro deriva de culpa e o fato é punível como crime culposo.
II. O erro sobre a pessoa não isenta de pena e, nesse caso, considera-se praticado o crime contra a vítima pretendida e não contra a vítima efetiva.
III. O erro de proibição, se escusável, isenta de pena; se inescusável, poderá diminuí-la, de um sexto a um terço.

(A) Estão corretas todas as alternativas.
(B) Estão erradas todas as alternativas.
(C) Estão corretas apenas as alternativas II e III.
(D) Está correta apenas a alternativa I.
(E) Está correta apenas a alternativa III.

I: correta (art. 20, § 1°, do CP); **II**: correta (art. 20, § 3°, do CP); **III**: correta (art. 21 do CP).

Gabarito "A"

(Delegado/DF – 2004) O agente que deixa de agir desconhecendo a sua qualidade de garantidor incorre em:

(A) erro de tipo;
(B) erro de proibição;
(C) delito putativo por erro de tipo;
(D) delito putativo por erro de proibição;
(E) crime impossível.

A: correta (art. 20 do CP). Há erro de tipo quando o agente desconhece ou ignora um fato da realidade não sabendo que está praticando um crime. Se desconhece a sua qualidade de garantidor não poderá responder por crime comissivo por omissão (ou omissão imprópria – art. 13, § 2°, do CP); **B:** incorreta (art. 21 do CP). Há erro de proibição quando o agente desconhece o caráter ilícito do fato; **C** e **D:** incorretas (art. 20, § 1°, do CP). No delito putativo por erro de tipo o agente imagina que está praticando um crime, quando em verdade o fato é atípico. Já há delito putativo por erro de proibição quando o agente imagina que está praticando um crime, quando em verdade sua conduta não é ilícita; **E:** incorreta, eis que no crime impossível (art. 17 do CP), o agente, embora conhecendo a ilicitude de sua conduta e que esta se amolda a um tipo penal, não responderá pelo crime, tendo em vista a impropriedade absoluta do objeto ou ineficácia absoluta do meio.

Gabarito "A"

(Delegado/MG – 2012) Com relação ao erro de tipo e ao erro de proibição, assinale a alternativa **incorreta:**

(A) O erro de tipo permissível inescusável é aquele que recai sobre situação de fato, excluindo a culpabilidade dolosa, mas permitindo a punição do agente a título de culpa.
(B) De acordo com a teoria extremada da culpabilidade, todo e qualquer erro que recaia sobre uma causa de justificação é erro sobre a ilicitude do fato.
(C) O erro, sobre a causa do resultado, afasta o dolo ou a culpa, tendo em vista que recai sobre elemento essencial do fato.
(D) O erro de proibição mandamental é aquele que recai sobre uma norma impositiva e, se inevitável, isenta o agente de pena.

A: correta. O erro de tipo permissível (ou permissivo) é aquele que recai sobre causas excludentes da ilicitude (tipos permissivos). Quando o erro recair sobre as circunstâncias fáticas de uma causa de justificação (ou causa excludente da ilicitude), estaremos diante de modalidade de erro de tipo, que afastará o dolo, mas permitirá a punição do agente pelo crime culposo quando o erro for inescusável (ou vencível, ou evitável), conforme preconiza o art. 20, § 1°, do CP; **B:** correta. Acerca da natureza jurídica das descriminantes putativas, a resposta dependerá da teoria da culpabilidade adotada. Assim, para a teoria normativa pura da culpabilidade (ou extrema, ou estrita), todo erro que recair sobre uma causa de justificação (seja quanto à sua existência, os seus limites ou os seus pressupostos fáticos) será hipótese de erro de proibição (erro sobre a ilicitude do fato). Já para a teoria limitada da culpabilidade, se o erro recair sobre os pressupostos fáticos de uma causa de justificação, restará caracterizado o erro de tipo, ao passo que se o erro recair sobre a existência ou os limites da causa justificante, falaremos em erro de proibição; **C:** incorreta. O erro sobre o nexo causal (*aberratio causae*) é espécie de erro de tipo acidental, que é aquele que recai sobre fatores irrelevantes à configuração típica, não afastando, portanto, o dolo ou a culpa. Apenas o erro de tipo essencial, que é aquele que recai sobre elementos constitutivos do tipo penal, terá o condão de sempre afastar o dolo, remanescendo, porém, a culpa, se se tratar de erro vencível (ou evitável, ou inescusável), conforme art. 20, *caput*, do CP; **D:** correta. Denomina-se de erro de proibição mandamental aquele em que o agente, supondo encontrar-se em situação de perigo a algum bem jurídico, crê estar autorizado a não agir para impedir determinado resultado, ainda que tenha o dever jurídico de agir (art. 13, § 2°, do CP). Nesse caso, o erro recairá sobre um crime omissivo impróprio (ou comissivo por omissão). Se se tratar de erro invencível, o agente ficará isento de pena (art. 21, *caput*, do CP).

Gabarito "C"

(Delegado/MG – 2007) Quanto ao erro em matéria penal todas as alternativas estão corretas, EXCETO:

(A) A finalidade precípua do erro de tipo essencial é a de afastar o dolo da conduta do agente.

(B) Para a teoria extremada ou estrita da culpabilidade o erro que recai sobre uma situação de fato é erro de tipo, enquanto o erro que recai sobre os limites de uma causa de justificação é erro de proibição.

(C) O erro de tipo acidental incide sobre dados irrelevantes da figura típica e não impede a apreciação do caráter criminoso do fato.

(D) O erro mandamental é aquele que recai sobre o mandamento contido nos crimes omissivos próprios ou impróprios.

A: correta, dado que de fato, no erro de tipo essencial, que corresponde à falsa percepção da realidade, pelo agente, quanto a uma elementar do tipo penal, afasta-se, sempre, o dolo, seja o erro vencível ou invencível; **B:** incorreta, visto que, para a teoria extremada da culpabilidade, o erro sobre os pressupostos fáticos de uma causa de justificação (ou causa excludente da ilicitude) configura hipótese de erro de proibição. Já para a teoria limitada da culpabilidade, adotada pela Parte Geral do CP, o erro que recair sobre os pressupostos fáticos de uma causa de justificação é hipótese de erro de tipo permissivo, configurando, pois, uma descriminante putativa por erro de tipo. Já se o erro recair sobre a existência ou sobre os limites de uma causa de justificação, estaremos diante de uma descriminante putativa por erro de proibição; **C:** correta. Realmente, se o erro (falsa percepção da realidade) recair sobre dados secundários da figura típica, a infração penal restará configurada. É o caso do erro sobre o objeto, sobre o nexo causal (*aberratio causae*), na execução (*aberratio ictus*), quanto ao resultado (*aberratio criminis*) e sobre a pessoa (*error in persona*). **D:** correta, pois, de fato, o erro mandamental é verificado nos crimes omissivos próprios ou impróprios, desde que o agente tenha uma falsa percepção da realidade quanto ao mandamento implícito contido na norma penal incriminadora (ex.: na omissão de socorro, prevista no art. 135 do CP, existe um mandamento implícito, qual seja, "preste socorro"), o que configura verdadeiro erro de tipo, ou, no caso da omissão imprópria, no caso de o agente acreditar não ter o dever jurídico de impedir o resultado, fato caracterizador de verdadeiro erro de proibição.

Gabarito "B"

(Delegado/MG – 2006) Quanto ao erro em matéria Penal, todas as alternativas estão corretas, EXCETO:

(A) o erro de tipo culposo incide com exclusividade nos crimes culposos.

(B) O erro de proibição inevitável exclui a culpabilidade e não permite punição do direito penal.

(C) Não caracteriza erro de proibição escusável o erro de subsunção no qual o agente se engana acerca do enquadramento legal de sua conduta.

(D) O erro de proibição evitável não exclui a punição do crime doloso por não haver alteração da natureza do crime, mas conduz a redução da sua pena.

(E) O erro de tipo essencial exclui o dolo mas permite punição residual pela culpa caso exista previsão.

A: incorreta, pois o erro de tipo pode, se essencial e inevitável, excluir o dolo e a culpa, ou, se evitável, excluir apenas o dolo, remanescendo a culpa; **B:** correta (art. 21, *caput*, do CP); **C:** correta, eis que, de fato, o erro de proibição escusável (ou inevitável) é aquele que diz respeito à absoluta falta de potencial consciência da ilicitude do agente, que, pelas suas condições pessoais, jamais poderia crer ou imaginar que sua conduta poderia afrontar o direito. Não haverá exclusão da culpabilidade o mero engano, pelo agente, a respeito do enquadramento penal (subsunção) de sua conduta. Afinal, não se pode alegar ignorância da lei. **D:** correta (art. 21, *caput*, do CP). **E:** correta (art. 20, *caput*, do CP).

Gabarito "A"

(Delegado/MT – 2006) A Teoria Limitada da Culpabilidade preconiza que

(A) tal como na Teoria Extrema da Culpabilidade, nas discriminantes putativas sempre subsiste o dolo e a absolvição decorre de sua inevitabilidade.

(B) o erro de tipo essencial sempre é causa excludente da tipicidade.

(C) mesmo que o dolo seja afastado, sempre remanescerá a culpa do agente, quando a discriminante putativa surge em face do erro sobre a ilicitude do fato.

(D) o erro de tipo essencial vencível (ou evitável) é sempre causa excludente do dolo da conduta do agente, podendo remanescer, entretanto, a culpa.

De fato, de acordo com a teoria limitada da culpabilidade, que é a mais aceita no campo doutrinário e que foi adotada, ao que tudo indica, pelo nosso Código Penal, as descriminantes putativas são subdivididas em espécies de *erro de tipo* (que, por força do art. 20 do CP, quando invencível ou escusável, afasta o dolo, remanescendo a culpa apenas se o erro for vencível ou inescusável) e erro de proibição (quando o erro recair sobre a existência ou os limites de uma causa de justificação), excluindo-se a culpabilidade (ou seja, isentando o réu de pena) se for invencível (ou escusável).

Gabarito "D"

(Delegado/MT – 2006 – UFMT) Sobre erro de proibição, assinale a afirmativa correta.

(A) Recai sobre os elementos ou circunstâncias do tipo.

(B) É pressuposto objetivo do erro essencial.

(C) Pressupõe ausência de conduta no fato típico.

(D) Integra a espécie de coação *vis* absoluta.

(E) Incide sobre a ilicitude do fato.

A: incorreta, visto que o erro de proibição é causa excludente da culpabilidade, incidindo sobre a ilicitude do fato, consoante prescreve o art. 21 do CP, não se confundindo com o erro de tipo, que é aquele que recai sobre elementares do crime, cujo efeito será o afastamento da própria tipicidade (exclusão do dolo e culpa), desde que escusável ou inevitável; **B:** incorreta, pois no erro de proibição não se fala em erro essencial ou acidental, que são as espécies de erro de tipo; **C:** incorreta, uma vez que a ausência de conduta afasta o fato típico, ao passo que o erro de proibição, objeto da questão, como dito anteriormente, pode afastar a culpabilidade, desde que considerado escusável ou inevitável. **D:** incorreta, pois a *vis absoluta* é a coação física irresistível, que afasta a conduta e, por consequência, o fato típico, nada tendo que ver com o erro de proibição, que afasta a potencial consciência da ilicitude, elemento da culpabilidade. **E:** incorreta, pois a natureza jurídica do erro de proibição, como visto, é de causa excludente da culpabilidade (desde que escusável, é bom que se repita), não afastando a ilicitude do fato.

Gabarito "E"

(Delegado/MT – 2006 – UFMT) Um agente, pretendendo ofender a um desafeto, termina por matá-lo e, por erro na execução, também produz a morte de terceira pessoa. Nessas condições, o erro será denominado:

(A) *Aberratio ictus.*

(B) *Error in persona.*

(C) *Aberratio criminis.*

(D) *Error in objecto.*

(E) *Aberratio in persona.*

A: correta, pois ocorre *aberratio ictus* quando o agente, por erro na execução, atinge pessoa diversa da pretendida, respondendo como se houvesse atingido a vítima inicialmente visada (art. 73 do CP), tratando-se, é bom ressaltar, de um erro de tipo acidental; B e **E:** incorretas, pois o *error in persona* pressupõe que o agente se equivoque quanto à pessoa contra quem pretendia perpetrar o crime (art. 20, § 3º, do CP), tratando-se, igualmente, de erro de tipo acidental, que não isenta o agente da responsabilidade penal; **C:** incorreta, visto que *aberratio criminis* é espécie de erro de tipo acidental que se verifica quando o agente, por erro ou acidente na execução, dá causa a resultado diverso do inicialmente pretendido (art. 74 do CP), não se confundindo, portanto, com *aberratio ictus* ou *error in persona*; **D:** incorreta, pois o *error in objecto*, igualmente considerado espécie de erro de tipo acidental, é verificado quando o agente se equivoca quanto ao objeto material do crime (no caso, quanto à coisa sobre a qual recai a conduta), o que não afasta a tipicidade.

Gabarito "A"

(Delegado/MT – 2000) O erro sobre elementos constitutivos do tipo legal de crime

(A) isenta de pena, se inevitável.

(B) exclui o dolo.

(C) exclui a ilicitude.

(D) exclui a culpabilidade.

(E) diminui a pena de um sexto a um terço, se evitável.

De fato, o erro sobre elementos constitutivos do tipo legal de crime, consoante art. 20, *caput*, do CP, sempre exclui o dolo. Se o erro for inevitável (ou escusável), também será excluída a culpa, tornando o fato absolutamente atípico. Contudo, em se tratando de erro evitável (ou inescusável), remanescerá a culpa, desde que haja previsão do crime na forma culposa.

Gabarito "B"

(Delegado/PA – 2012 – MSCONCURSOS) Quanto ao erro do tipo, analise as alternativas e assinale a incorreta:

(A) O erro incriminador essencial escusável está previsto no Código Penal em seu art. 20, *caput*, 1ª parte e § 1º, 1ª parte. Ocorre quando, sobre o elemento constitutivo do tipo legal de crime, exclui o dolo. Há uma discriminante putativa isentando de pena quem, por erro plenamente justificado pelas circunstâncias, supõe situação de fato que, se existisse, tornaria a ação legítima.

(B) O erro incriminador essencial inescusável está previsto no Código Penal, em seu art. 20, *caput*, 2ª parte e § 1º, 2ª parte. Ocorre quando o agente age de forma descuidada. Exclui o dolo, mas, não afasta a culpa. Não há isenção de pena quando o erro deriva de culpa e o fato é punível como crime culposo. Assim, o agente responderá por crime culposo, quando previsto em lei.

(C) Responderá pelo delito aquele que furtar bijuteria, acreditando ser um diamante, uma vez que não haverá o reconhecimento do princípio da insignificância. Tal erro não exclui o crime porque a simples troca de objetos não impede a tipificação do delito e configuração do dolo. No erro de tipo acidental sobre o objeto, o réu não poderá ser beneficiado, pois, de qualquer forma o agente praticou ato ilícito. No exemplo mencionado, responderá perante a justiça, pelo crime descrito no art. 155, *caput, CP.* O sujeito imagina que sua conduta recairá sobre uma determinada coisa, enquanto, na verdade, recai sobre outra, mas sua vontade de furtar prevalece.

(D) O erro de tipo incriminador essencial inescusável não exclui o dolo e, portanto, o agente responderá pelo crime. É aquele que vicia a vontade, mas não a exclui. O *error in persona,* contra o qual o crime é praticado, não isenta de pena. Não se consideram, neste caso, as condições ou qualidades da vítima, senão as da pessoa contra quem o agente queria praticar o crime. Está previsto no artigo 20, § 3º, do Código Penal.

(E) O erro do tipo incriminador acidental está subdividido em *error in objeto, error in persona, aberratio ictus, aberratio criminis* e *aberratio causae.*

A: correta. De fato, o art. 20, *caput*, primeira parte, do CP, trata do erro de tipo essencial, que somente excluirá o dolo e a culpa quando for inevitável (ou invencível, ou escusável). Também trata de erro de tipo permissivo escusável o art. 20, § 1º, primeira parte, do CP (descriminantes putativas); **B:** correta. De fato, o art. 20, *caput*, segunda parte, do CP, trata do erro de tipo essencial inescusável (ou vencível, ou evitável), que somente afastará o dolo, remanescendo, porém, a punição culposa, se prevista em lei. Da mesma forma, o art. 20, § 1º, segunda parte, do CP, trata do erro de tipo permissivo inescusável (ou vencível, ou evitável), que caracteriza a denominada "culpa imprópria". O agente, por culpa, pratica um fato típico não amparado, verdadeiramente, por uma causa excludente da ilicitude, razão pela qual responderá na forma culposa do crime, se prevista em lei; **C:** correta. Pelas razões bem expostas na assertiva, o erro de tipo acidental (no caso, erro sobre o objeto) não afasta a punição pelo fato, não se podendo conceder o benefício do privilégio de que trata o art. 155, § 2º, do CP, nem mesmo ser reconhecida a insignificância penal, em razão da subtração de bijuteria, quando cria o agente tratar-se de diamante; **D:** incorreta. Todo erro de tipo incriminador essencial excluirá o dolo, seja vencível (ou inescusável), seja invencível (ou escusável). Remanescerá, porém, a culpa, se o erro pudesse ter sido evitado por maior diligência do agente (art. 20, caput, segunda parte, do CP). No tocante ao *error in persona*, a assertiva está correta; **E:** correta. De fato, o erro de tipo acidental, de acordo com a doutrina, se apresenta sob as seguintes formas: i) *error in objeto* (erro sobre o objeto); ii) *error in persona* (erro sobre a pessoa); iii) *aberratio ictus* (erro na execução); iv) *aberratio criminis* (resultado diverso do pretendido); e v) *aberratio causae* (erro sobre o nexo causal). Registre-se, e frise-se, que são todas modalidades de erro acidental, que recaem sobre circunstâncias ou dados irrelevantes à caracterização típica, permanecendo a incriminação pelo fato.

Gabarito "D"

(Delegado/PI – 2009 – UESPI) Juan, 19 anos, argentino residente em Córdoba/Argentina, recebeu um convite de seu amigo Pedro, brasileiro, residente em Teresina, para passar as férias no Delta do Parnaíba. Juan, entusiasmado com a possibilidade de conhecer o Brasil, aceitou o convite. Porém, Pedro, quando convidou o amigo, solicitou que trouxesse consigo 10 vidros de lança-perfume(cloreto de etila), e Juan, tendo total desconhecimento de que esta substância fosse proibida no Brasil, pois na Argentina tal substância circula livremente, prontamente atendeu ao pedido. Sendo Juan, em tese, apreendido com tal mercadoria, que excludente é possível alegar ao seu favor?

(A) A excludente é o erro de tipo inevitável, que afasta o dolo e a culpa.

(B) A excludente é o erro de tipo evitável, que afasta o dolo, mas permite a punição por culpa.

(C) A excludente é o erro de proibição, que afasta a ilicitude do fato.

(D) A excludente é o erro de proibição, que afasta o potencial conhecimento da ilicitude do fato.

(E) A excludente é o erro na execução, que também é chamado de *aberratius ictus.*

De acordo com o enunciado proposto, Juan incidiu em erro de proibição (erro sobre a ilicitude do fato), que, sendo inevitável, afastará a potencial consciência da ilicitude e, portanto, a culpabilidade (art. 21 do CP). Logo, incorretas as alternativas "A", "B", "C" e "E", visto que as duas primeiras tratam do erro de tipo (art. 20 do CP), inaplicável para a questão em tela, e as duas últimas contêm impropriedades (o erro de proibição inevitável é causa excludente da culpabilidade e não da ilicitude e o erro na execução é espécie de erro de tipo acidental, sem qualquer relação com a proposição em exame).

Gabarito "D"

(Delegado/RJ – 2009 – CEPERJ) Sobre a Teoria do Erro, analise as proposições abaixo e, em seguida, assinale a opção correta.

I. Em situação de erro determinado por terceiro, somente responderá pelo crime este terceiro.

II. Em situação de erro provocado por terceiro, não se pune o provocador que agiu com negligência.

III. Incorre em erro de proibição quem, fundada e concretamente, julga atuar conforme o direito, por supor juridicamente permitida sua atuação.

IV. O cidadão holandês que, em sua primeira visita ao Brasil, desembarca com pequena quantidade de droga ilícita para consumo pessoal, imaginando que tal fosse permitido entre nós, como em seu país de origem, incide em erro de proibição.

V. Erro de tipo consiste na ausência ou na falsa representação da realidade, razão pela qual o agente responderá por crime culposo, se culpa existir (erro evitável) e desde que o tipo penal de que se trate preveja a forma culposa.

(A) Somente uma das proposições está errada.

(B) Somente duas das proposições estão erradas.

(C) Somente as proposições IV e V estão corretas.

(D) Todas as proposições estão corretas.

(E) Somente as proposições I e IV estão erradas.

I: correta (art. 20, § 2º, do CP); **II**: incorreta, pois não faz a lei ressalva quanto à provocação do erro a título de dolo ou culpa (art. 20, § 2º, do CP); **III:** incorreta, visto que o erro de proibição deve ser analisado sob o aspecto da potencial consciência da ilicitude (e não da ausência concreta de conhecimento da ilicitude), sendo necessário que se verifique se do agente, no momento da ação ou omissão, poderia ser exigida a possibilidade de saber que sua conduta violaria o direito (art. 21 do CP); **IV**: correta, uma vez que, pelas condições culturais do holandês, e pela possibilidade de consumo de drogas em seu país, poderia acreditar que sua conduta não ofenderia nosso ordenamento jurídico, sendo viável a tese de erro de proibição (art. 21 do CP); **V**: correta, uma vez que, no erro de tipo, o agente, por falsa percepção da realidade, pratica o crime sem perceber que o comete, motivo pelo qual ficará excluído o dolo, remanescendo a forma culposa, desde que haja expressa previsão legal, caso o erro seja vencível, inescusável ou evitável (art. 20, *caput*, do CP).

Gabarito "B"

(Delegado/SC – 2008) Sobre o erro de tipo essencial, que recai sobre elemento constitutivo do tipo legal de crime, é correto afirmar que

(A) exclui o dolo somente quando for evitável.

(B) permite a redução da pena, se for inevitável.

(C) sempre exclui o dolo, seja evitável, seja inevitável, mas permite a punição por crime culposo, se houver previsão legal dessa modalidade.

(D) sempre exclui o dolo e a culpa quer seja inevitável ou evitável.

Art. 20, *caput*, do CP. Erro essencial é o que incide sobre elementos ou circunstâncias do tipo penal; acidental, por outro lado, é o erro que se refere a dados secundários do crime. Este não tem o condão de afastar o dolo; aquele, entretanto, sempre exclui o dolo, mas permite a punição por crime culposo, desde que previsto em lei.

Gabarito "C"

(Delegado/SP – 2003) O erro, sobre elemento constitutivo do tipo legal de crime

(A) não exclui o dolo, permitindo a punição também por culpa.

(B) exclui o dolo mas permite a punição por crime culposo, se previsto em lei.

(C) não exclui o dolo, nem permite a punição por crime culposo.

(D) exclui o dolo, não permitindo a punição por crime culposo, mesmo se previsto em lei.

De fato, o erro sobre elemento constitutivo do tipo legal de crime sempre excluirá o dolo, remanescendo, contudo, a culpa, se se tratar de erro de tipo vencível, inescusável ou evitável, caso em que o agente responderá por crime culposo, desde que previsto em lei (art. 20, *caput*, do CP). Adverte-se que se o erro for invencível, escusável ou inevitável, haverá a exclusão do dolo e da culpa.

Gabarito "B"

(Delegado/SP – 2011) Na *aberratio ictus*

(A) o agente erra a pessoa que pretendia atingir.
(B) o agente erra no uso dos meios de execução.
(C) o agente erra sobre a qualificadora.
(D) o agente erra o objeto que pretendia atingir.
(E) ocorre erro sobre o nexo causal.

A: incorreta. O erro que recai sobre a pessoa que o agente pretendia atingir é denominado de *error in persona* (ou erro sobre a pessoa), cujo tratamento vem previsto no art. 20, § 3º, do CP; **B:** correta. De fato, na *aberratio ictus*, o agente erra no uso dos meios de execução, atingindo pessoa diversa da que pretendia ofender (art. 73 do CP); **C:** incorreta. O erro sobre a qualificadora, como o próprio nome sugere, pressupõe que o agente, por uma falsa percepção da realidade, se equivoca quanto a uma qualificadora do crime. Não haverá exclusão do dolo ou da culpa, mas poderá haver a exclusão da própria qualificadora; **D:** incorreta. O erro sobre o objeto (*error in objecto*) não diz respeito ao erro sobre os meios executórios (*aberratio ictus*), mas, sim, caracteriza-se pela falsa percepção da realidade, pelo agente, que recai sobre o objeto do crime, não interferindo na tipicidade penal; **E:** incorreta. O erro sobre o nexo causal (*aberratio causae*) é o erro do agente no tocante ao meio de execução que determina o resultado por ele desejado. Trata-se, é bom frisar, de erro irrelevante (erro acidental).

Gabarito "B"

(Delegado/SP – 1998) A hipótese do alegado "desconhecimento da lei", aparece em nosso Código Penal,

(A) no artigo correspondente à figura do erro de tipo.
(B) apenas no artigo correspondente ao erro de proibição.
(C) no artigo correspondente à figura do erro de proibição e também nas "circunstâncias atenuantes"
(D) no rol das circunstâncias agravantes.

A: incorreta, pois no erro de tipo (art. 20 do CP), o agente não desconhece a lei. Em verdade, em razão de uma falsa percepção ou desconhecimento da realidade, pratica crime sem perceber; **B:** incorreta, pois o desconhecimento da lei aparece em nosso CP no artigo correspondente ao erro de proibição (art. 21 do CP), bem como no art. 65, II, do CP; **C:** correta (arts. 21 e 65, II, do CP). **D:** incorreta, eis que o desconhecimento da lei é considerado circunstância atenuante, e, não, agravante (vide arts. 61 e 65, ambos do CP).

Gabarito "C"

8. TENTATIVA, CONSUMAÇÃO, DESISTÊNCIA, ARREPENDIMENTO E CRIME IMPOSSÍVEL

(Delegado Federal – 2013 – CESPE) Em relação ao concurso de agentes, à desistência voluntária e ao arrependimento eficaz, bem como à cominação das penas, ao erro do tipo e, ainda, à teoria geral da culpabilidade, julgue os itens subsecutivos.

(1) No arrependimento eficaz, é irrelevante que o agente proceda *virtutis amore* ou *formidine poence*, ou por motivos subalternos, egoísticos, desde que não tenha sido obstado por causas exteriores independentes de sua vontade.
(2) De acordo com a teoria extremada da culpabilidade, o erro sobre os pressupostos fáticos das causas descriminantes consiste em erro de tipo permissivo.
(3) Configura autoria por convicção o fato de uma mãe, por convicção religiosa, não permitir a realização de transfusão de sangue indicada por equipe médica para salvar a vida de sua filha, mesmo ciente da imprescindibilidade desse procedimento.

1: correta. No arrependimento eficaz (art. 15, segunda parte, do CP), o agente, voluntariamente, após praticar todos os atos executórios que estavam ao seu alcance, arrepende-se e pratica novo comportamento, mas, desta feita, impeditivo da consumação. De acordo com a doutrina, bastará a voluntariedade do agente na interrupção de seu intento criminoso, pouco importando as razões que o levaram a tanto. Importante, porém, que o impedimento da consumação do crime decorra da vontade do agente. Caso contrário, estaremos diante de tentativa (art. 14, II, do CP). Nas exatas palavras de Nelson Hungria, em seus *Comentários ao Código Penal Brasileiro*, decerto consultado pela banca examinadora, "não se faz mister que o agente proceda *virtutis amore* ou *formidine poenoe*, por motivos nobres ou de índole ética (piedade, remorso, despertada repugnância pelo crime) ou por motivos subalternos, egoísticos (covardia, medo, receio de ser eventualmente descoberto, decepção com o escasso proveito que pode auferir): é suficiente que não tenha sido obstado por causas exteriores, independentes de sua vontade". Em outras palavras, pouco importa a motivação interna que levou o agente a se arrepender e impedir a consumação do crime inicialmente executado (pena, por exemplo). Bastará a voluntariedade; **2:** incorreta. De acordo com a teoria extremada (ou estrita) da culpabilidade, o erro do agente que recair sobre os pressupostos de fato de uma causa de justificação (excludente da ilicitude) recebe o mesmo tratamento conferido ao erro de proibição, excluindo, portanto, a culpabilidade (desde que invencível). Já para a teoria limitada da culpabilidade, o erro que recair sobre os pressupostos fáticos de causas de justificação é encarado como erro de tipo permissivo, com exclusão do dolo e da culpa (se invencível), ou apenas do dolo, remanescendo a culpa, se prevista em lei, em caso de erro vencível; **3:** correta. Denomina-se autoria por convicção, nas palavras de Rogério Greco, "as hipóteses em que o agente conhece efetivamente a norma, mas a descumpre por razões de consciência, que pode ser política, religiosa, filosófica, etc" (*Código penal comentado*. Rio de Janeiro: Impetus, 2013. p. 97).

Gabarito 1C, 2E, 3C

(Delegado de Polícia/GO – 2013 – UEG) Magrillo, contumaz praticante de crimes contra o patrimônio, decide subtrair uma quantia em dinheiro que supostamente X traria para casa. Para tanto, convida Cabelo de Anjo, seu velho conhecido de empreitadas criminosas. Ao chegar em casa do trabalho, X é ameaçado e, posteriormente, amarrado pelos agentes, que exigem a entrega do dinheiro, mas ao perceberem que não havia nenhum dinheiro com a vítima, a abandonam amarrada aos pés da mesa da cozinha. Nessa hipótese, Magrillo e Cabelo de Anjo praticaram

(A) roubo na forma tentada
(B) crime impossível por absoluta ineficácia do meio
(C) furto na forma tentada
(D) crime impossível por absoluta impropriedade do objeto

A: correta. Inegavelmente, Magrillo e Cabelo de Anjo deram início à execução do crime de roubo. Tanto é que empregaram grave ameaça e até violência física (a vítima X foi amarrada pelos agentes), exigindo, ato contínuo, dinheiro. Contudo, ao perceberem que o ofendido não dispunha de numerário, abandonaram o local e a vítima permaneceu amarrada aos pés da mesa da cozinha. Aqui, vislumbra-se o crime de roubo (art. 157 do CP), em sua forma tentada. Afinal, os agentes somente não subtraíram o dinheiro da vítima por circunstâncias alheias às suas vontades. Se tanto, já que tencionavam subtrair valores de X, houve impropriedade relativa do objeto, o que afasta a configuração do crime impossível (art. 17 do CP); **B**: incorreta. O meio empregado pelos agentes, segundo se extrai do enunciado, não foi absolutamente ineficaz. Afinal, a grave ameaça e a violência foram exercidas contra a vítima, que somente não foi efetivamente roubada por não dispor de dinheiro consigo no momento da empreitada criminosa. Não se enxerga, portanto, crime impossível (art. 17 do CP); **C**: incorreta, pois, no furto (art. 155 do CP), não se emprega grave ameaça ou violência, tal como se viu no enunciado; **D**: incorreta. O fato de os agentes não haverem encontrado dinheiro com a vítima no momento da empreitada criminosa não induz pensar em crime impossível por impropriedade absoluta do objeto. Como dito no comentário à alternativa "A", se tanto, houve relativa impropriedade do objeto, caracterizando, assim, a tentativa. O fato de a vítima não estar portando o dinheiro constitui circunstância alheia à vontade dos agentes, dando azo à configuração da tentativa (art. 14, II, do CP).

Gabarito "A"

(Delegado Federal – 2013 – CESPE) No item a seguir, é apresentada uma situação hipotética, seguida de uma assertiva a ser julgada com base no direito penal.

(1) Três criminosos interceptaram um carro forte e dominaram os seguranças, reduzindo-lhes por completo qualquer possibilidade de resistência, mediante grave ameaça e emprego de armamento de elevado calibre. O grupo, entretanto, encontrou vazio o cofre do veículo, pois, por erro de estratégia, efetuara a abordagem depois que os valores e documentos já haviam sido deixados na agência bancária. Por fim, os criminosos acabaram fugindo sem nada subtrair. Nessa situação, ante a inexistência de valores no veículo e ante a ausência de subtração de bens, elementos constitutivos dos delitos patrimoniais, ficou descaracterizado o delito de roubo, subsistindo apenas o crime de constrangimento ilegal qualificado pelo concurso de pessoas e emprego de armas.

1: incorreta. O fato de o carro forte já não mais conter valores em razão de já terem sido deixados na agência bancária constitui circunstância alheia à vontade dos agentes, caracterizando-se, pois, a tentativa. Ora, não se pode afastar, pelo menos, a figura tentada do roubo. Afinal, os três criminosos praticaram atos idôneos e inequívocos tendentes à subtração de valores do carro forte, somente não logrando êxito em seus intentos por circunstâncias alheias às suas vontades, consistentes em anterior esvaziamento dos valores e documentos na agência bancária.

Gabarito 1E

(Delegado Federal – 1998 – CESPE) Nos crimes contra o patrimônio,

(1) desde que não ocorra violência ou grave ameaça à pessoa, reparado o dano ou restituída a coisa, até o recebimento da denúncia ou da queixa, por ato voluntário do agente, a pena será reduzida de um a dois terços.

1: a assertiva – correta – contempla o instituto do arrependimento posterior, presente no art. 16 do CP.

Gabarito 1C

(Delegado Federal – 1998 – CESPE) A tentativa não é admissível nos crimes:

(1) em que há culpa própria.
(2) unissubsistentes.
(3) omissivos puros.
(4) permanentes.
(5) instantâneos.

1: correta, eis que na culpa própria (aquela em que o agente não quer o resultado, nem assume o risco de produzi-lo), não se pode admitir a tentativa, eis que o resultado decorrente da conduta é involuntário. Saliente-se que na culpa imprópria (art. 20, § 1°, do CP), o agente responderá pelo resultado a título de culpa, admitindo-se, apenas aqui, a tentativa (ex.: "A", achando que "B" é um ladrão, desfere um tiro contra ele, constatando, posteriormente, que se trata de um empregado que esqueceu da chave da porta de entrada da casa. Neste caso, se a vítima não morrer, "A" responderá por tentativa de homicídio culposo); **2**: correta, visto que os crimes unissubsistentes são aqueles que não admitem fracionamento do *iter criminis*, consumando-se com um só ato, razão pela qual não se admite a tentativa; **3**: correta, eis que os crimes omissivos próprios (ou omissivos puros) são unissubsistentes, razão pela qual não admitem a tentativa (ex.: omissão de socorro – art. 135 do CP); **4**: incorreta, pois os crimes permanentes são aqueles cuja consumação se protrai no tempo por força da conduta do agente, inexistindo motivos para que não se admita a tentativa. A título de exemplo, a extorsão mediante sequestro, que é crime permanente, admite tentativa; **5**: incorreta, visto que os crimes instantâneos, que são aqueles que se consumam em um dado momento, sem continuidade no tempo, são perfeitamente compatíveis com a tentativa. A título de exemplo, o crime de furto, considerado instantâneo, admite tentativa.

Gabarito 1C, 2C, 3C, 4E, 5E

(Agente de Polícia Federal – 2004 – CESPE) No item seguinte, é apresentada uma situação hipotética, seguida de uma assertiva a ser julgada.

(1) Marcelo, com intenção de matar, efetuou três tiros em direção a Rogério. No entanto, acertou apenas um deles. Logo em seguida, um policial que passava pelo local levou Rogério ao hospital, salvando-o da morte. Nessa situação, o crime praticado por Marcelo foi tentado, sendo correto afirmar que houve adequação típica mediata.

1: correta, visto que Marcelo, atirando em Rogério com *animus necandi* (intenção homicida), somente não conseguiu consumar seu intento por circunstâncias alheias à sua vontade, consistente no fato de um policial haver socorrido a vítima e a levado ao hospital, impedindo-se, assim, o resultado morte. Assim, o crime perpetrado foi o homicídio, em sua forma tentada. De fato, a adequação típica, no caso, é considerada mediata (ou indireta), visto que se faz necessária a conjugação do art. 121 do CP (homicídio), com o art. 14, II, do CP (tentativa), inexistindo um tipo penal que contemple a conduta de "tentar matar alguém". Daí dizer-se que a tipicidade é indireta, visto que não se amolda perfeitamente a um único tipo penal, necessitando-se uma conjugação de tipos penais.

Gabarito 1C

(Delegado/AM) Julieta, desejando a morte de Romeu, ministra-lhe uma dose de veneno. Arrependida, porém, ministra-lhe, ato contínuo, um antídoto, o que evita que a morte ocorra. Apesar disso, vem a vítima a sofrer consequências lesivas em seu organismo. Nesse caso, pode-se dizer que

(A) houve tentativa perfeita .
(B) configura-se caso de desistência voluntária .
(C) tipificou-se o delito de lesões corporais dolosas .
(D) Julieta deve responder por tentativa de homicídio.

A: incorreta, pois a tentativa perfeita pressupõe que o agente tenha esgotado todos os atos executórios que estavam à sua disposição, mas por circunstâncias alheias à sua vontade, o delito não se consuma. No caso, seria possível ministrar outras doses de veneno; **B**: incorreta, muito embora se trate de desistência voluntária, compatível com a tentativa imperfeita, no caso, o agente deve responder pelos atos já praticados; **C**: correta, pois a desistência voluntária foi eficaz (evitou o resultado morte), mas os atos praticados caracterizaram lesões corporais dolosas; **D**: incorreta, já que o agente que desiste de prosseguir, voluntariamente, na execução do crime (homicídio), somente responde pelos atos praticados (lesão corporal).

Gabarito "C"

(Delegado/AM) O filho intervêm, energicamente, a favor da mãe, diante das ameaças que o pai, embriagado fazia a sua esposa. O pai bêbado não se conforma. Vai até o guarda-roupa, retira de lá uma espingarda e, pelas costas, aciona várias vezes o gatilho contra o próprio filho. Nada acontece. A mãe, pressentindo aquele desfecho, havia retirado da arma todos os cartuchos. O pai cometeu:

(A) crime falho
(B) tentativa perfeita
(C) crime impossível
(D) tentativa imperfeita

A e **B**: incorretas, pois o crime falho é a denominação doutrinária dada à tentativa perfeita ou acabada, em que o agente esgota os meios executórios que estão à sua disposição, mas mesmo assim o crime não se consuma, por circunstâncias alheias à sua vontade; **C**: correta (art. 17 do CP). Há crime impossível quando, por ineficácia absoluta do meio ou por absoluta impropriedade do objeto, torna-se impossível a consumação do crime, não se punindo a tentativa. No caso, o fato de a espingarda estar desmuniciada configura a ineficácia absoluta do meio executório; **D**: incorreta, já que a tentativa imperfeita é aquele em que o agente inicia a execução do crime, mas não esgota todos os meios executórios que estão à sua disposição, sendo que o crime não se consuma, por circunstâncias alheias à sua vontade.

Gabarito "C"

(Delegado/AM) Dois assaltantes combinaram roubar um Banco e, para isso, passaram dois dias nas proximidades da agência bancária, observando o local e a rotina do funcionamento. Depois, quando estavam na casa de um deles, elaborando o croqui do local e esquematizando o crime, foram presos pela polícia e confessaram seus planos criminosos. Em relação ao caso, é correto afirmar que os assaltantes

(A) eram inimputáveis .
(B) praticaram ação típica.
(C) não podem ser punidos .
(D) praticam tentativa de roubo.

O caso em questão não pode ser punido, uma vez que se trata de atos meramente preparatórios, precedentes à execução do crime. O *iter criminis*, ou seja, o caminho do crime possui uma fase interna, consistente na cogitação (o planejamento do agente) que é irrelevante, bem como uma fase externa, composta por atos preparatórios, executórios e pela consumação. O Código Penal pune, em regra, os atos executórios e a consumação do delito. Excepcionalmente, alguns atos preparatórios serão punidos, quando o legislador previr como crime autônomo.

Gabarito "C"

(Delegado/AM) A tentativa é inadmissível no crime:

(A) doloso
(B) material
(C) unissubsistente
(D) omissivo impróprio

A: incorreta, pois é admissível a tentativa no crime doloso. Não se admite no crime culposo, cujo resultado naturalístico é involuntário. Logo, a ausência de intenção quanto ao fim é incompatível com a tentativa, na qual a consumação é afastada por circunstância alheia à vontade do agente; **B**: incorreta, já que se admite a tentativa no crime material, formal e de mera conduta, desde que sejam plurissubsistentes; **C**: correta, pois não se admite a tentativa no crime unissubsistente, na medida em que o *iter criminis* não é dividido. **D**: incorreta, pois a tentativa não é cabível no crime omissivo próprio ou puro, que se consuma no momento em que ocorre a omissão prevista no tipo penal. Se não houver omissão, não há fato típico.

Gabarito "C"

(Delegado/AM) Confrontando o arrependimento eficaz com a desistência voluntária, no campo penal, é correto dizer que

(A) enquanto o arrependimento eficaz se volta para evitar o resultado de uma ação delituosa já praticada, a desistência voluntária se dirige contra a continuidade do processo de execução de uma ação típica começada.
(B) enquanto o arrependimento eficaz isenta o agente dos atos típicos anteriormente praticados, a desistência voluntária não produz essa isenção .
(C) somente quanto aos efeitos punitivos as duas figuras se equivalem à tentativa.
(D) ambos produzem uma redução de pena de um a dois terços.

A: correta, já que o arrependimento eficaz ocorre quando o agente, depois de já praticados todos os atos executórios suficientes à consumação, adota providências aptas a evitar o resultado. Na desistência voluntária, por sua vez, o agente, por ato voluntário, deixa de prosseguir na execução do crime (art. 15 do CP); **B:** incorreta, pois tanto no arrependimento eficaz como na desistência voluntária o agente responde pelos atos já praticados; **C** e **D:** incorretas, pois tanto o arrependimento eficaz quanto a desistência voluntária são causas de exclusão da tipicidade (posição majoritária), não sendo causa obrigatória de diminuição da pena, como ocorre na tentativa.

Gabarito "A"

(Delegado/AP – 2006 – UFAP) Analise as assertivas e assinale a alternativa correta:

I. Nos crimes cometidos sem violência ou grave ameaça à pessoa, reparado o dano ou restituída a coisa, até a prolação da sentença, por ato voluntário do agente, a pena será reduzida de um a dois terços.

II. O flagrante provocado ou preparado e o flagrante esperado não são puníveis de acordo com Súmula do STF.

III. Para o reconhecimento do crime impossível, imprescindível que o meio seja absolutamente ineficaz ou que o objeto seja absolutamente impróprio.

(A) Estão corretas todas as alternativas.
(B) Estão erradas todas as alternativas.
(C) Estão corretas apenas as alternativas II e III.
(D) Está correta apenas a alternativa I.
(E) Está correta apenas a alternativa III.

I: incorreta (art. 16 do CP). Trata-se do arrependimento posterior, em que se aplica nos crimes cometidos sem violência ou grave ameaça à pessoa, reparado o dano ou restituída a coisa, até o recebimento da denúncia (e não até a prolação da sentença), por ato voluntário do agente, pena será reduzida de um a dois terços; **II**: incorreta. De acordo com a Súmula 145 do STF, não há crime no caso do flagrante preparado, quando a polícia provoca a atuação do agente, mas toma todas as providências para que se torne impossível a consumação do crime. Assim, trata-se de hipótese de crime impossível por obra do agente provocador, o que não ocorre no caso do flagrante esperado, que é válido (quando o policial espera um momento mais oportuno para que seja efetuada a prisão em flagrante e colheita de provas, como ocorre no caso do crime organizado – Lei 12.850/2013 e Lei de Drogas – Lei 11.343/2006); **III**: correta (art. 17 do CP).

Gabarito "E"

(Delegado/BA – 2008 – CEFETBAHIA) Por *iter criminis* compreende-se o conjunto de

(A) atos de execução do delito.
(B) atos preparatórios antecedentes ao delito.
(C) atos de consumação do delito.
(D) fases pelas quais passa o delito.
(E) atos de cogitação.

O *iter criminis*, ou seja, o caminho do crime possui uma fase interna, consistente na cogitação (o planejamento do agente) que é irrelevante, bem como uma fase externa, composta por atos preparatórios, executórios e pela consumação. Assim, o *iter criminis* é o conjunto de todas essas fases, pelas quais passa o delito. O Código Penal pune, em regra, os atos executórios e a consumação do delito. Excepcionalmente, alguns atos preparatórios serão punidos, quando o legislador previr como crime autônomo.

Gabarito "D"

(Delegado/BA – 2008 – CEFETBAHIA) Um homem atira visando matar outro que já estava morto, em razão de ataque cardíaco. Essa situação

(A) configura crime impossível ou de tentativa inidônea.
(B) diz respeito a crime de homicídio tentado.
(C) configura o que se denomina de "crime de ensaio".
(D) é a chamada "tentativa branca".
(E) configura homicídio consumado.

A: correta (art. 17 do CP). Trata-se de crime impossível (ou tentativa inidônea), não se punindo a tentativa, quando, por absoluta ineficácia do meio ou por impropriedade absoluta do objeto, é impossível a consumação do delito. No caso, houve a impropriedade absoluta do objeto material do delito (pessoa sobre a qual recaiu a conduta do agente), uma vez que o homem atirou visando matar outro, que já estava morto, em razão de ataque cardíaco; **B:** incorreta, pois não se pune a tentativa quando restar configurado o crime impossível; **C:** incorreta, haja vista que o crime de ensaio, também denominado de delito de experiência ou delito putativo por obra do agente provocador, caracteriza-se pelo flagrante preparado, quando alguém induz outrem à prática de um crime. É modalidade de crime impossível, mas por obra do agente provocador (Súmula 145 do STF) e não pelos requisitos do art. 17 do CP. **D:** incorreta. O crime impossível não se confunde com a tentativa branca ou incruenta, segundo a qual o objeto material não é atingido pela conduta delitiva; **E:** incorreta, uma vez que no caso era impossível a consumação do crime, diante da ocorrência do crime impossível.

Gabarito "A"

(Delegado/BA – 2006 – CONSULPLAN) Oscar pretendendo matar Carlos apodera-se de um revólver e aciona o gatilho reiteradas vezes. No entanto, não obteve êxito na sua pretensão, visto que a arma(revólver) estava descarregada. Marque a alternativa correta:

(A) Oscar responderá por tentativa de homicídio, pois sua intenção era matar Carlos.
(B) Por ineficácia absoluta do meio empregado, Oscar não responderá por tentativa de homicídio.
(C) Por absoluta impropriedade do objeto, Oscar não responderá por tentativa de homicídio.
(D) Oscar responderá por disparo de arma de fogo (art. 28, Lei de Contravenções Penais).
(E) N. R. A

A: incorreta. No tocante ao crime impossível o CP adotou a teoria objetiva temperada ou mitigada, segundo a qual deve ser levada em consideração a lesão ou ameaça de lesão efetiva ao bem jurídico tutelado pela norma penal. É temperada ou mitigada porque o crime impossível só restará caracterizado quando a ineficácia do meio executório ou a impropriedade do objeto material forem absolutas. Caso contrário, se for relativamente impossível a consumação, o agente responderá pela tentativa do delito. Se a teoria adotada fosse subjetiva, o agente seria punido pela tentativa, uma vez que teve a intenção de matar a vítima; **B:** correta (art. 17 do CP). Quando impossível consumar-se o crime, por ineficácia absoluta do meio executório, a tentativa do crime não será punida. No caso, Oscar pretendendo matar Carlos, apodera-se de um resolver e aciona o gatilho reiteradas vezes. Todavia, não obteve êxito em sua empreitada, uma vez que a arma estava descarregada, ou seja, o meio utilizado para a prática do crime pretendido era ineficaz. Assim, não responderá por tentativa de homicídio, pois o crime impossível é uma causa de exclusão da adequação típica do crime tentado; **C:** incorreta, já que não houve absoluta impropriedade do objeto material do crime (pessoa ou coisa sobre a qual recai a conduta do autor), mas ineficácia absoluta do meio executório escolhido para a prática do intento criminoso (arma desmuniciada); **D:** incorreta, uma vez que o disparo da arma foi o meio utilizado para a prática do homicídio pretendido, o qual absorveria o delito de disparo de arma de fogo (princípio da consunção), caso não tivesse havido o crime impossível; **E:** incorreta, pois a letra "B" está correta.

Gabarito "B"

(Delegado/CE – 2006 – CEV/UECE) Considere as seguintes afirmativas:

I. A tentativa de crime é admitida em qualquer espécie de crime, bastando que os fatos que descrevem a conduta criminosa não sejam reunidos no caso concreto.

II. Praticado o crime de roubo, havendo a devolução integral da coisa subtraída, ainda em sede de inquérito policial e feita diretamente ao Delegado de Polícia, ocorre o arrependimento posterior, passando-se a considerar extinta a punibilidade do citado ilícito.

III. O arrependimento eficaz e a desistência voluntária podem ocorrer nos crimes nos quais exista violência ou grave ameaça, desde que o resultado inicialmente pretendido não venha a ocorrer, respondendo o agente pelos fatos efetivamente ocorridos, admitindo-se, portanto a validade da mudança do *animus* do agente.

IV. O crime impossível só pode ser caracterizado quando a impossibilidade de ocorrência do ilícito é de ordem absoluta, não se admitindo a relativa, ocorrendo neste caso a tentativa de crime.

São corretas, apenas:

(A) II e III
(C) I e IV
(B) I e II
(D) III e IV

I: incorreta, pois não é em todos os tipos de crime que se admite a tentativa, a qual é inadmissível nas seguintes infrações penais: contravenção penal, crime culposo, crime preterdoloso, crime unissubsistente, crime de atentado ou de empreendimento, crime de perigo abstrato e crime omissivo próprio. Quanto aos crimes de mera conduta e habitual há divergência na doutrina no tocante à admissibilidade ou não da tentativa; **II**: incorreta, pois um dos pressupostos para o arrependimento posterior é que o crime não tenha sido cometido mediante violência ou grave ameaça (art. 16 do CP); **III**: correta (art. 15 do CP); **IV**: correta (art. 17 do CP).

Gabarito "D"

(Delegado/DF – 2004) A respeito da tentativa é correto afirmar que:

(A) a tentativa imperfeita pode também ser denominada tentativa branca.
(B) a consumação não pode ser obtida por razões alheias ou não à vontade do agente.

(C) pode ocorrer nos crimes habituais.
(D) o código penal adota a teoria objetiva moderada ou temperada no que concerne à punibilidade na tentativa.
(E) não pode ocorrer nos crimes complexos.

A: incorreta. A tentativa imperfeita (inacabada) é aquela em que o agente não esgota todos os meios executórios, sendo que o crime não se consuma, por circunstâncias alheias à vontade do agente. Já a tentativa branca (incruenta) é aquela em que o objeto material (pessoa ou coisa sobre a qual recai a conduta do agente) não é atingido pela conduta do autor; **B:** incorreta, pois na tentativa a consumação não ocorre por circunstâncias alheias à vontade do agente (art. 14, II, do CP). Se o agente desistiu de prosseguir no seu intento criminoso, poderá caracterizar desistência voluntária ou arrependimento eficaz (art. 15 do CP); **C:** incorreta. Os crimes habituais se caracterizam pela reiteração de atos que demonstram um estilo de vida do agente. Se não houver essa reiteração, mas tão somente atos isolados, o fato é atípico. Todavia, cumpre ressaltar que há entendimento minoritário no sentido de ser admissível a tentativa nos crimes habituais, como ocorreria, por exemplo, no crime de exercício ilegal de medicina, quando o agente é flagrado em ação, após reiterados atos; **D:** correta. De acordo com a teoria objetiva, a tentativa é punida em face da lesão ou ameaça de lesão efetiva ao bem jurídico tutelado pela norma penal, e não pela sua intenção criminosa, que era a de consumar o delito; **E:** incorreta, pois nada impede que haja a tentativa nos crimes complexos.
Gabarito "D"

(Delegado/ES – 2006 – CESPE) Em cada um dos itens a seguir é apresentada uma situação hipotética acerca das normas pertinentes à parte geral do Código Penal seguida de uma assertiva a ser julgada.

(1) Sebastião, com 55 anos de idade, pretendendo matar sua esposa Maria, comprou um revólver e postou-se frente a frente com a esposa, apontando-lhe a arma municiada. Todavia, após fazer pontaria para atirar na cabeça de Maria, desistiu do intento de matá-la. Guardou a arma e retirou-se do local. Nessa situação, Sebastião responderá por tentativa de homicídio, vez que deu início à execução do delito.

1: incorreta, pois na desistência voluntária, o agente que voluntariamente desiste de prosseguir na execução do crime, só responde pelos atos já praticados (art. 15 do CP). No caso, o fato de apontar a arma para a cabeça de Maria é ato preparatório e não executório do delito de homicídio. Em tese, a conduta de Sebastião poderia configurar o delito de ameaça (art. 147 do CP), uma vez que seu gesto causou mal injusto e grave à vítima.
Gabarito 1E

(Delegado/ES – 2006 – CESPE) Ainda em relação a normas pertinentes à parte geral do Código Penal, julgue os itens seguintes.

(1) Considere-se que Mariana, supondo estar grávida, realizou, em si própria, manobras abortivas, sem que na realidade trouxesse dentro de si uma nova vida em formação; Jorge ao ver Cláudio, seu desafeto, caído em via pública, aproveitou a situação para atropelá-lo dolosamente. Verificou-se, posteriormente, que Cláudio já estava morto por parada cardiorrespiratória ocorrida minutos antes de ter sido atropelado. Em ambas as hipóteses apresentadas acima, o crime é impossível em razão da absoluta impropriedade dos objetos sobre os quais incidiram as condutas de Mariana e de Jorge.

1: correta, pois de fato, em ambos os casos houve crime impossível, em razão da absoluta impropriedade dos objetos materiais sobre os quais incidiram as condutas de Mariana e de Jorge. Assim, não responderão por tentativa de aborto, nem por tentativa de homicídio, diante da causa de exclusão da tipicidade.
Gabarito "C"

(Delegado/GO – 2009 – UEG) Sobre a reparação do dano no direito penal é CORRETO afirmar que

(A) o arrependimento posterior, previsto no art. 16 do Código Penal, somente tem aplicação aos delitos patrimoniais dolosos.
(B) nos delitos tributários, o parcelamento do débito, após o oferecimento da denúncia, não acarreta consequências na seara punitiva.
(C) tratando-se de peculato culposo, a reparação do dano, se precede à sentença irrecorrível, extingue a punibilidade, se lhe é posterior, não produz qualquer efeito.
(D) a reparação do dano realizada após o recebimento da denúncia ou queixa e antes do julgamento traz reflexos no campo punitivo, vez tratar-se de uma circunstância atenuante genérica.

A: incorreta, pois o arrependimento posterior tem aplicação em qualquer crime que não tenha sido cometido mediante violência ou grave ameaça (art. 16 do CP); **B:** incorreta. *"A Lei 10.684/2003 criou duas espécies de efeitos penais. A primeira delas determina a suspensão da pretensão punitiva estatal nos crimes previstos nos artigos 1º e 2º da Lei 8.137/1990, quando a pessoa jurídica relacionada com o agente dos crimes aludidos, pleitear e ter deferido o parcelamento de seu débito. E a própria Lei não se descuida e adverte aos mais apressados que não fluirá o prazo prescricional durante o período de suspensão da lide penal. A segunda, com a chancela do judiciário, terá o condão de extinguir a punibilidade quando a pessoa jurídica relacionada com o agente infrator, efetuar o pagamento integral dos débitos oriundos de tributos, inclusive os acessórios.* (JÚNIOR, Eudes Quintino de Oliveira. *Extinção da punibilidade nos crimes tributários.* Disponível em: [www.lfg.com.br]. Acesso em: 11.09.2008); **C:** incorreta, porque no crime de peculato culposo, a reparação do dano, se precede à sentença irrecorrível, extingue a punibilidade, se lhe é posterior, reduz de metade a pena imposta (art. 312, § 3º, do CP); **D:** correta (art. 16 do CP). No arrependimento posterior, se reparado o dano ou restituída a coisa até o recebimento da denúncia ou queixa, haverá a redução da pena. Todavia, se a reparação do dano ocorrer após o recebimento da denúncia ou queixa, haverá a incidência da circunstância atenuante genérica (art. 65, III, "b", do CP).
Gabarito "D"

(Delegado/MA – 2006 – FCC) Salvo disposição em contrário, pune-se a tentativa com a pena correspondente ao crime consumado, diminuída de um a dois terços. A redução de pena decorrente da tentativa deve resultar

(A) do *iter criminis* percorrido pelo agente em direção à consumação do delito.
(B) da prevalência das circunstâncias atenuantes sobre as circunstâncias agravantes.
(C) da maior ou menor periculosidade do agente, tendo em conta os dados constantes do processo.
(D) da valoração dos antecedentes do agente, especialmente da primariedade e da reincidência.
(E) da intensidade do dolo, do grau da culpa, e dos motivos determinantes da conduta delituosa.

De fato, o critério de redução da pena no crime tentado é o *iter criminis* (caminho do crime), ou seja, quanto mais o crime se aproximar da consumação, menor será a redução, e vice-versa.
Gabarito "A"

(Delegado/MA – 2006 – FCC) José, com a intenção de subtrair joias, ingressa por uma porta aberta no interior da residência da vítima. Já no interior da moradia, apodera-se de um objeto, mas resolve ir embora do local sem nada levar. Nesse caso, José

(A) responderá por tentativa de furto.
(B) responderá por invasão de domicílio.
(C) responderá por furto consumado.
(D) não responderá por nenhum crime, pois houve desistência voluntária.
(E) não responderá por nenhum crime, pois houve arrependimento eficaz.

A: incorreta, já que a desistência voluntária exclui a tipicidade do crime tentado; **B:** correta (art. 15 do CP). No caso, trata-se do instituto da desistência voluntária, em que o agente, voluntariamente, desiste de prosseguir na execução do crime almejado (furto de joias no interior da residência da vítima), somente respondendo pelos atos já praticados (invasão de domicílio); **C:** incorreta, pois a desistência voluntária exclui a tipicidade do crime consumado e tentado. **D:** incorreta, pois o agente responderá pelos atos já praticados (invasão de domicílio; **E:** incorreta. No caso, houve desistência voluntária e não arrependimento eficaz, uma vez que o agente, após iniciar a execução do crime, desiste de prosseguir no seu intento criminoso, mesmo sem esgotar os atos executórios.
Gabarito "B"

(Delegado/SP – 2011) Na tentativa branca ou incruenta

(A) o agente sequer inicia os atos executórios.
(B) o agente impede voluntariamente a consumação do delito.
(C) o agente limpa o local do crime após a consumação.
(D) o corpo da vitima não derrama sangue
(E) o agente não atinge o objeto material do delito.

A: incorreta. Se o agente sequer iniciar os atos executórios, não se poderá falar em tentativa; **B:** incorreta. Se o agente iniciar os atos executórios mas, após esgotá-los, impedir a consumação do delito, será beneficiado pelo arrependimento eficaz (art. 15 do CP), denominado espécie de *tentativa abandonada* ou *qualificada*; **C:** incorreta. Não se denominada de tentativa branca ou incruenta o fato de o agente limpar o local do crime após a consumação. Ao contrário, aqui poderá restar caracterizado o crime de fraude processual (art. 347 do CP); **D:** incorreta, pois a tentativa branca ou incruenta se caracteriza pelo fato de o objeto material do delito (pessoa ou coisa) não ser atingido pela

conduta perpetrada pelo agente. Nada obstante, especificamente no caso do homicídio, se o agente não atingir a vítima, de fato não haverá "derramamento de sangue" em razão do objeto material do crime não ter sido lesionado; **E:** correta. Denomina-se de tentativa branca ou incruenta, como visto, a espécie de tentativa em que o agente não consegue, por circunstâncias alheias à sua vontade, atingir o objeto material do crime.
Gabarito "E"

(Delegado/SP – 2008) De acordo com a doutrina, ocorre a tentativa imperfeita quando

(A) a vítima não é atingida pelo agente.
(B) o agente pratica todos os atos executórios de que dispunha, mas, por circunstancia alheias à sua vontade, não alcança a consumação.
(C) o agente é impedido de praticar todos os atos executórios de que dispunha.
(D) o agente atinge a vitima, mas, voluntariamente, resolve não prosseguir com os atos executórios.
(E) o agente atinge pessoa diversa daquela que pretendia lesionar.

Na tentativa *imperfeita* ou *inacabada,* o sujeito não esgota o processo de execução possível, não chega a fazer uso de todos os meios de que dispõe.
Gabarito "C"

(Delegado/SP – 1998) De acordo com o nosso Código Penal, deve ser punida a tentativa de furto, porque

(A) sendo idônea, afeta a segurança jurídica, em seu aspecto objetivo.
(B) trata-se de delito incompleto, mas com tipicidade subjetiva completa.
(C) embora inidônea, causa perigo ao bem juridicamente tutelado.
(D) trata-se do delito incompleto punível apenas por ficção jurídica.

De fato, a punibilidade da tentativa, não apenas do furto, mas de todos os demais crimes que admitem o *conatus*, tem por pressuposto o fato de o agente, com sua conduta, ter gerado um perigo ao bem jurídico tutelado pela norma penal incriminadora. Assim, de acordo com a doutrina, em regra, o CP adotou a teoria objetiva, realística ou dualista. Mister ressaltar que o dolo da tentativa é o mesmo da consumação. Ou seja, quem responde por um crime tentado simplesmente não conseguiu atingir a consumação por circunstâncias alheias à sua vontade. Contudo, no aspecto subjetivo, a tentativa é idêntica à forma consumada de um crime. Afinal, quem atira em alguém com intenção de matar, mas não atinge seu intento, age com o mesmo *animus necandi* daquele que atira e consegue matar a vítima.
Gabarito "B"

(Polícia Civil/MT – 2010 – UNEMAT) João, Maria e Joaquim foram flagrados no instante em que se reuniam para planejar um assalto.

Acerca desta situação, assinale a alternativa correta.

(A) Cometeram o crime de tentativa de roubo.
(B) Cometeram o crime de tentativa de furto.
(C) O fato é atípico.
(D) Cometeram o crime de quadrilha ou bando.
(E) Cometeram o crime de quadrilha em sua modalidade tentada.

A e **B:** incorretas, já que se trata de mero ato preparatório, não configurando a tentativa de roubo, nem de furto; **C:** correta, pois o caso em questão não pode ser punido, uma vez que se trata de atos meramente preparatórios, precedentes à execução do crime. O *iter criminis*, ou seja, o caminho do crime possui uma fase interna, consistente na cogitação (o planejamento do agente) que é irrelevante, bem como uma fase externa, composta por atos preparatórios, executórios e pela consumação. O Código Penal pune, em regra, os atos executórios e a consumação do delito. Excepcionalmente, alguns atos preparatórios serão punidos, quando o legislador previr como crime autônomo; **D:** incorreta, não há falar-se em crime de quadrilha ou bando (atualmente denominada associação criminosa, conforme Lei 12.850/2013), já que a questão não fornece dados suficientes para se concluir que houve associação (vínculo subjetivo permanente e não transitório) entre três pessoas ou mais, para o fim de cometer crimes indeterminados. **E:** incorreta. Oportuno registrar que a tentativa do crime de quadrilha ou bando (atualmente, associação criminosa) é inadmissível, já que os atos anteriores à associação são meramente preparatórios, sendo, pois, impuníveis.
Gabarito "C"

9. ANTIJURIDICIDADE E CAUSAS EXCLUDENTES

(Agente de Polícia Federal – 2009 – CESPE) Quanto a ilicitude, julgue o item a seguir.

(1) Para que se configure a legítima defesa, faz-se necessário que a agressão sofrida pelo agente seja antijurídica, contrária ao ordenamento jurídico, configurando, assim, um crime.

1: incorreta, visto que, embora a legítima defesa tenha por pressuposto a existência de uma agressão injusta (atual ou iminente), é certo que não precisa ser considerada uma infração penal, bastando que seja contrária ao direito.
Gabarito 1E

(Agente de Polícia Federal – 1998 – CESPE) Um fazendeiro, durante uma cavalgada pelas matas de suas terras, ouviu um ruído atrás de um arbusto e, sem receio de que se tratasse de uma onça, atirou na direção do vulto, vindo a descobrir que se tratava, na realidade, de um empregado da fazenda. O fazendeiro

(1) agiu em legítima defesa, pois imaginava que seria atacado por uma onça.

1: incorreta, pois a reação ao ataque de um animal não é pressuposto fático da legítima defesa, que pressupõe uma agressão injusta (art. 25 do CP). Considera-se agressão todo comportamento humano, consciente e voluntário, provocador de lesão ou perigo de lesão a um bem jurídico. Diversamente ocorre com o estado de necessidade (art. 24 do CP), que tem como premissa a existência de uma situação de perigo, que pode, por exemplo, ser derivada de um ataque de um ser irracional (animais).
Gabarito 1E

(Delegado/AM) Segundo a legislação penal e a doutrina, a alternativa correta é

(A) a legítima defesa é causa especial de diminuição de pena
(B) pode haver legítima defesa contra legítima defesa
(C) a legítima defesa é uma circunstância atenuante
(D) pode-se agir em legítima defesa putativa.

A e **C**: incorretas, já que a legítima defesa é causa excludente da ilicitude (art. 23, II e art. 25 do CP); **B**: incorreta, pois não é possível haver legítima defesa real contra legítima defesa real, porquanto pressupõe uma agressão injusta; **D**: correta, pois é possível a existência de legítima defesa real contra uma legítima defesa putativa, na medida em que uma agressão será justa e a outra injusta.
Gabarito "D"

(Delegado/AM) O termo "ofendículos" em tema de legítima defesa significa:

(A) sujeitos ativos atingidos pela legítima defesa.
(B) sujeitos passivos atingidos pela legítima defesa.
(C) ofensa inicial ao bem jurídico atingido, a qual motiva a legítima defesa .
(D) aparato para defender o patrimônio ou qualquer bem jurídico de ataque ou ameaça.

De fato, para parte da doutrina, o ofendículo caracteriza legítima defesa preordenada, já para outra parte, trata-se de exercício regular de direito, sendo um meio de defesa contra ataque ou ameaça de lesão ao patrimônio ou outro bem jurídico.
Gabarito "D"

(Delegado/AP – 2006 – UFAP) Analise as assertivas e assinale a alternativa correta:

I. A denúncia à autoridade da ocorrência de um crime, feita por um médico, no exercício profissional, é exemplo de exercício regular de direito.
II. A intervenção cirúrgica, sem o consentimento do paciente, quando este estiver correndo risco de vida, é exemplo de estrito cumprimento do dever legal.
III. A reação contra ataque de animal que se encontra na rua, sem que seja incitado por ninguém, constitui legítima defesa.

(A) Estão corretas todas as alternativas.
(B) Estão erradas todas as alternativas.
(C) Estão corretas apenas as alternativas II e III.
(D) Está correta apenas a alternativa I.
(E) Está correta apenas a alternativa III.

I: incorreta, uma vez que se trata de estrito cumprimento do dever legal e não de exercício regular de um direito (art. 23, III, do CP). O médico, ao denunciar à autoridade a ocorrência de um crime, está cumprindo uma obrigação imposta por lei; **II**: incorreta (art. 23, III, do CP). Em tese, a intervenção médica ou cirúrgica caracteriza o exercício regular de um direito (o agente tem a opção de exercer ou não o seu direito), desde que haja o consentimento do paciente, sob pena de se caracterizar o crime de constrangimento ilegal. Entretanto, em caso de iminente risco de vida, o médico pode agir em estado de necessidade de terceiro, dispensando o consentimento do paciente (art. 24 do CP). Assim, em nenhuma hipótese o médico agirá em estrito cumprimento do dever legal; **III**: incorreta (art. 24 e 25 do CP). A reação contra ataque de animal, sem que seja incitado por alguém, constitui estado de necessidade e não legítima defesa. Isso porque o estado de necessidade pressupõe a existência de um perigo atual, não provocado voluntariamente pelo agente, consistente em um fato da natureza, de um animal ou atividade humana. Assim, o ataque de um animal, que provocou uma situação perigosa, caracteriza uma situação de necessidade. Já a legítima defesa pressupõe a reação a uma injusta agressão atual ou iminente, que só pode advir de uma conduta humana, mediante ação ou omissão, consciente e voluntária, que lesa ou expõe a perigo de lesão um bem jurídico tutelado pelo ordenamento. Cumpre ressaltar que, no caso, poderia caracterizar legítima defesa, na hipótese de uma pessoa se utilizar do animal como instrumento do crime, incitando-o ao ataque. Aí haveria injusta agressão e não estado de perigo.

Gabarito "B"

(Delegado/BA – 2008 – CEFETBAHIA) Um funcionário saiu em perseguição a um estudante que acabara de cometer um furto. Durante a perseguição, o estudante saca de um revólver e começa a atirar no funcionário que responde à agressão sofrida, vindo a ferir mortalmente o seu agressor. Sobre esse fato, é correto afirmar que o funcionário

(A) se encontrava em pleno exercício regular do direito.
(B) se encontrava no estrito cumprimento do dever legal.
(C) se encontrava agasalhado pelo instituto da legítima defesa.
(D) não se encontrava em nenhuma causa de exclusão de ilicitude.
(E) se encontrava em estado de necessidade.

Trata-se, no caso, do instituto da legítima defesa (art. 25 do CP), cujos requisitos restaram preenchidos, uma vez que o estudante provocou uma agressão injusta e atual ao sacar de um revólver e começar a atirar, ameaçando a integridade física do funcionário, o qual reagiu de forma moderada e com os meios necessários, eficaz para repelir a agressão. Assim, não há que se falar em exercício regular do direito, estrito cumprimento do dever legal, nem de estado de necessidade.

Gabarito "C"

(Delegado/BA – 2006 – CONSULPLAN) Um agente policial sai em perseguição a um indivíduo que acabara de cometer um assalto com uso de um revólver. Depois de prender o indivíduo, este reage com violência à prisão, atirando contra o agente, que por sua vez reage, atirando contra o assaltante, ferindo-o de morte. Marque a alternativa correta:

(A) O agente agiu em estado de necessidade.
(B) O agente agiu no exercício regular do direito.
(C) O agente agiu com abuso de autoridade.
(D) O agente cometeu o crime de homicídio.
(E) N. R. A

A: incorreta. Não há falar em estado de necessidade, uma vez que não houve situação de perigo, mas uma agressão injusta. Com relação ao agente policial, trata-se do instituto da legítima defesa (art. 25 do CP), cujos requisitos restaram preenchidos, uma vez que o ladrão provocou uma agressão injusta e atual ao atirar contra o policial, ameaçando a sua integridade física, o qual reagiu de forma moderada e com os meios necessários, eficaz para repelir a agressão; **B:** incorreta, pois o policial não agiu em exercício regular do direito, mas em legítima defesa; **C:** incorreta, dado que no caso não houve abuso de autoridade. **D:** incorreta, uma vez que na hipótese, muito embora tenha havido a morte do assaltante, o policial agiu amparado pela legítima defesa, excludente da antijuridicidade; **E:** correta. No caso, o assaltante, após cometer o assalto, praticou o crime de resistência (art. 329, *caput*, do CP) em concurso com o crime de homicídio tentado ou lesão corporal tentada (art. 329, § 2º, do CP), uma vez que reagiu com violência à prisão, atirando contra o policial, que por sua vez reagiu, atirando contra o assaltando e ferindo-o de morte, em legítima defesa.

Gabarito "E"

(Delegado/CE – 2006 – CEV/UECE) Considerando as excludentes de antijuridicidade marque a opção FALSA.

(A) Não se pode admitir arguição de legítima defesa real contra legítima defesa real, já que esta pressupõe necessariamente uma agressão injusta.
(B) É possível reconhecer estado de necessidade contra legítima defesa dita putativa, uma vez que aquele pressupõe situação de perigo não causada pelo agente.
(C) Durante operação policial, determinado agente mata potencial criminoso. Este deverá ser absolvido pela ocorrência do estrito cumprimento de dever legal e não pela legítima defesa, já que estava cumprindo com seu dever funcional.
(D) A legítima defesa pode ser caracterizada mesmo quando o agente que a invoca não estava sob risco pessoal direto, atuando na proteção e defesa de terceiro.

A: correta. Somente se admite legítima defesa real contra legítima defesa putativa, pois, nesse caso, haverá uma agressão injusta; **B:** correta (art. 25 do CP). Se a legítima defesa é putativa, a situação de perigo foi causada de forma involuntária, o que autoriza o agente a atuar em estado de necessidade para salvar de perigo atual, que não provocou por sua vontade, nem podia de outro modo evitar, direito próprio ou alheio, cujo sacrifício, nas circunstâncias, não era razoável exigir-se (art. 24 do CP); **C:** incorreta. Não há estrito cumprimento do dever legal, pois a lei não autoriza que o policial mate potencial criminoso, de igual modo não restou caracterizada a legítima defesa, que pressupõe a existência de uma injusta agressão. Assim, o policial não deverá ser absolvido, mas condenado, uma vez que não agiu amparado por nenhuma excludente de antijuridicidade; **D:** correta (art. 25 do CP). A legítima defesa pode ser de direito próprio ou alheio.

Gabarito "C"

(Delegado/DF – 2004) No que concerne ao estado de necessidade é correto afirmar que

(A) o código penal adota a teoria diferenciadora, sendo todo estado de necessidade justificante.
(B) não há distinção entre estado de necessidade justificante e estado de necessidade exculpante.
(C) o código penal adota a teoria unitária, sendo todo estado de necessidade exculpante.
(D) no estado de necessidade exculpante, o bem jurídico preservado sempre será de maior valor do que o bem jurídico sacrificado.
(E) para distinguir estado de necessidade exculpante e estado de necessidade justificante, é preciso ponderar bens jurídicos depois de confrontá-los.

A: incorreta, visto que o Código Penal adotou a teoria unitária, segundo a qual o estado de necessidade, como causa de exclusão da antijuridicidade, restará caracterizado se o bem jurídico sacrificado foi de igual ou inferior valor ao bem preservado. Caso o bem sacrificado seja de valor superior, haverá tão somente a redução da pena. Ademais, para a teoria diferenciadora, o estado de necessidade pode ser justificante (excludente da ilicitude, quando o bem sacrificado for de valor menor ao bem protegido) ou exculpante (causa supralegal de excludente da culpabilidade, pela inexigibilidade de conduta diversa, quando o bem sacrificado for de igual ou valor superior); **B:** incorreta, pois para a teoria diferenciadora há distinção entre o estado de necessidade justificante e estado de necessidade exculpante; **C:** incorreta, uma vez que a teoria unitária não faz tal distinção, dando tratamento único; **D:** incorreta, porque no estado de necessidade exculpante (causa supralegal de excludente da culpabilidade, pela inexigibilidade de conduta diversa), o bem sacrificado é de igual valor ou valor superior); **E:** correta. De fato, para a teoria diferenciadora é necessário diferenciar os valores dos bens jurídicos (sacrificado e protegido) para se concluir pela espécie de estado de necessidade.

Gabarito "E"

(Delegado/GO – 2003 – UEG) Considere os itens abaixo. Antijuridicidade: "É a violação da ordem jurídica em seu conjunto, mediante a realização do tipo", sendo consagrado na doutrina o entendimento de que

I. sob o aspecto formal, surge em decorrência da transgressão da norma, que acaba por lesar ou colocar em perigo bens jurídicos por ela protegidos.
II. sob o aspecto material, é a contradição entre o comportamento do agente e a norma penal.
III. ilicitude e injusto não provêm da mesma noção, sendo a primeira a relação de oposição da conduta do autor com a norma jurídica, e a segunda, a própria ação valorada como ilícita.
IV. toda ação compreendida em um tipo de injusto (doloso ou culposo) será ilícita se não estiver presente uma causa de justificação.

Marque a alternativa CORRETA:

(A) Os itens I e IV são verdadeiros.
(B) Os itens II e III são verdadeiros.
(C) Os itens II e IV são verdadeiros.
(D) Os itens III e IV são verdadeiros.

I e II: incorretas, porque os conceitos estão invertidos; **III:** correta. O injusto caracteriza a oposição do fato típico com aquilo que a sociedade compreende por justiça, o que difere da ilicitude, que é a oposição do fato típico com o ordenamento jurídico; **IV:** correta. De acordo com o caráter indiciário da ilicitude, todo fato típico é, em tese, antijurídico, salvo se presente alguma excludente (teoria da tipicidade como indício da ilicitude).

Gabarito "D"

(Delegado/MG – 2008) Considerando o conceito e a evolução dogmática da teoria do crime, é *CORRETO* afirmar

(A) que exercendo a tipicidade, conforme a teoria da *ratio essendi*, função incidiária da ilicitude, pode-se falar em causas justificantes legais, mas não em causas supralegais, por ferirem estas o princípio da legalidade.

(B) que para a teoria diferenciadora, adotada por nosso Código Penal, o estado de necessidade é justificante, afastando a ilicitude do fato típico praticado pelo agente.

(C) que para a teoria social da ação, a ação é concebida como o exercício de uma atividade final dirigida concretamente a fato juridicamente relevante.

(D) que são elementos da culpabilidade normativa pura a imputabilidade, a consciência potencial da ilicitude e a exigibilidade de conduta diversa.

A: incorreta, pois as causas de exclusão da ilicitude não se limitam às hipóteses legais, sendo admissíveis tanto na doutrina como na jurisprudência as causas supralegais de exclusão da ilicitude, como por exemplo, o consentimento do ofendido; **B:** incorreta, pois o CP não adotou a teoria diferenciadora, mas a unitária, cujo bem jurídico sacrificado pode ser de igual valor ou de valor superior ao bem protegido; **C:** incorreta, porque para a teoria social da ação, a ação é a conduta humana, consciente e voluntária, dirigida a um fim, que possui relevância social; **D:** correta. De acordo com a teoria normativa pura, os elementos da culpabilidade são: imputabilidade, potencial consciência da ilicitude e exigibilidade de conduta diversa.

Gabarito "D"

(Delegado/MG – 2007) Quanto às causas de justificação é CORRETO afirmar que

(A) na administração da justiça por parte dos agentes estatais é meio legítimo o uso de armas com o intuito de matar indivíduo que tenta evadir-se de cadeia pública.

(B) o policial ao efetuar prisão em flagrante tem sua conduta justificada pela excludente do exercício regular de direito.

(C) pode ser causa de exclusão da ilicitude o consentimento do ofendido nos delitos em que ele é o único titular do bem juridicamente protegido e pode dele dispor livremente.

(D) a obrigação hierárquica é causa de justificação que exclui a ilicitude da conduta de agente público.

A: incorreta, pois a morte de um indivíduo que tenta evadir-se de cadeia pública afigura-se, *a priori*, exagerada, não se podendo, de pronto, invocar qualquer excludente de ilicitude, salvo a análise do caso concreto; **B:** incorreta, visto que a prisão em flagrante efetuada por policial configura estrito cumprimento de um dever legal, *in casu*, imposto pelo art. 301 do CPP (flagrante obrigatório ou compulsório); **C:** correta. De fato, o consentimento do ofendido vem sendo aceito como causa supralegal de exclusão da ilicitude, desde que o titular do bem jurídico protegido pela norma penal incriminadora seja plenamente capaz para consentir e que se trate de bem jurídico disponível; **D:** incorreta, eis que a obediência hierárquica, desde que se trate de ordem não manifestamente ilegal, exclui a culpabilidade do subordinado, a teor do art. 22 do CP.

Gabarito "C"

(Delegado/MG – 2007) Com relação às causas excludentes de ilicitude é CORRETO afirmar que

(A) não existem causas supralegais de exclusão da ilicitude, uma vez que o art. 23 do Código Penal pode ser entendido como *numerus clausus*.

(B) não se reconhece como hipótese de legítima defesa a circunstância de dois inimigos que, supondo que um vai agredir o outro, sacam suas armas e atiram pensando que estão se defendendo.

(C) são requisitos para configuração do estado de necessidade a existência de situação de perigo atual que ameace direito próprio ou alheio, causado ou não voluntariamente pelo agente que não tem dever legal de afastá-lo.

(D) trata-se de estrito cumprimento de dever legal a realização, pelo agente, de fato típico por força do desempenho de obrigação imposta por lei.

A: incorreta, pois, embora o art. 23 do CP enuncie as principais causas excludentes da ilicitude (estado de necessidade, legítima defesa, estrito cumprimento de dever legal e exercício regular de direito), é certo que não esgota todas as causas de justificação, visto que outras são previstas na Parte Especial do CP (art. 128 do CP, por exemplo). Outrossim, doutrinariamente, admite-se a existência de causas supralegais de exclusão da ilicitude, vale dizer, não previstas expressamente em lei. É o caso do consentimento do ofendido (desde que a vítima seja plenamente capaz e o bem jurídico sacrificado seja disponível); **B:** incorreta, eis que a assertiva trata especificamente da legítima defesa putativa (ou imaginária), consoante art. 20, § 1º, do CP; **C:** incorreta, visto que, para o reconhecimento do estado de necessidade, de rigor que a situação de perigo ao bem jurídico próprio ou alheio não tenha sido causado pela vontade do agente (art. 24 do CP); **D:** correta. Entende-se por estrito cumprimento de dever legal, causa excludente da ilicitude que tem por base a prática de um fato típico praticado por agente que atue no desempenho de uma obrigação imposta por lei. É o caso do policial que realiza a prisão em flagrante de quem assim se encontre (art. 301 do CPP). Trata-se de imposição legal que as autoridades policiais e seus agentes devem cumprir.

Gabarito "D"

(Delegado/MT – 2006 – UFMT) No estado de necessidade,

(A) o sujeito ativo repele injusta agressão atual.

(B) a agressão sofrida é atual e iminente.

(C) o fato praticado pelo agente é típico.

(D) o agente afasta um perigo iminente.

(E) há um crime, embora ausente a infração penal.

A: incorreta, visto que não se tem como premissa do estado de necessidade a existência de uma injusta agressão, mas, sim, a existência de uma situação de perigo atual, consoante determina o art. 24 do CP; **B:** incorreta, já que, como dito na alternativa anterior, não se tem como pressuposto do estado de necessidade (causa excludente da ilicitude, diga-se de passagem) uma agressão injusta, sempre oriunda de comportamento humano, mas, como dito, uma situação de perigo, que pode decorrer não só de comportamento humano, mas, também, de eventos naturais e atos praticados por irracionais (animais, por exemplo); **C:** correta, uma vez que o estado de necessidade afasta a ilicitude (ou antijuridicidade), que é elemento do crime, subsistindo, contudo, a tipicidade (ex.: quem mata em estado de necessidade pratica fato típico – matar alguém –, embora não se trate de conduta ilícita ou antijurídica); **D:** incorreta, pois, de acordo com o art. 24 do CP, somente se cogita o estado de necessidade quando o agente pratica o fato para salvar-se ou salvar terceiro de perigo atual, não contemplando a lei o perigo "iminente" (todavia, a doutrina majoritária sustenta que o perigo iminente também pode ser pressuposto para que alguém atue em estado de necessidade); **E:** incorreta, porque quem age em estado de necessidade não comete crime, dado que este pressupõe, sempre, a prática de um fato antijurídico (ou ilícito, vale dizer, contrário ao direito).

Gabarito "C"

(Delegado/MT – 2006 – UFMT) Em legítima defesa subjetiva, o agente

(A) supõe a existência da agressão ou sua injustiça.

(B) atua em repulsa contra o excesso praticado pela vítima.

(C) excede por erro de tipo acidental.

(D) excede por erro de tipo escusável, supondo esteja afastando injusta agressão.

(E) responde pelo fato, em razão do excesso, dolosamente.

De acordo com a doutrina, fala-se em legítima defesa subjetiva quando o agente incorre em excesso por erro de tipo escusável (ou inevitável), o que gera o afastamento do dolo e da culpa. Inicialmente, atua o agente em legítima defesa, repelindo agressão injusta atual ou iminente (art. 25 do CP). No entanto, mesmo após cessar a agressão, crendo piamente que esta ainda não se esgotou, prossegue no contra-ataque ao agressor original, causando-lhe, no mais das vezes, lesões corporais ou a própria morte. Neste caso, constatado que o agente incidiu em erro de tipo inevitável (ou escusável), por nada responderá.

Gabarito "D"

(Delegado/PA – 2009 – MOVENS) Em relação às excludentes de ilicitude, assinale a opção correta.

(A) Pode alegar estado de necessidade quem tinha o dever legal de enfrentar o perigo.

(B) Entende-se em legítima defesa quem, usando dos meios necessários, repele agressão, apenas atual, a direito seu; não existindo legítima defesa de terceiros.

(C) O agente, na hipótese de estado de necessidade, responderá pelo excesso doloso ou culposo.

(D) O estrito cumprimento de dever legal e o exercício regular de direito são excludentes de culpabilidade e não de ilicitude.

A: incorreta. Aquele a quem incumbia o dever legal de enfrentar o perigo não pode invocar a excludente do estado de necessidade. É o teor do art. 24, § 1º, do CP; **B:** incorreta. A assertiva está em desconformidade com a redação do art. 25 do CP, que traça os requisitos da legítima defesa; **C:** correta. O excesso punível, que pode ser doloso ou culposo, se aplica a todas as causas de exclusão de ilicitude – art. 23, parágrafo único, do CP. **D:** incorreta. O *estrito cumprimento de dever legal* e o *exercício regular de direito* constituem excludentes de ilicitude – art. 23, III, do CP.

Gabarito "C"

(Delegado/PR – 2007) As causas de exclusão de ilicitude, previstas no artigo 23 do Código Penal, devem ser entendidas como cláusulas de garantia social e individual. Sobre as excludentes, considere as seguintes afirmativas:

1. Atua em legítima defesa quem repele ataque de pessoa inimputável ou de animal descontrolado.

2. Não pode alegar estado de necessidade quem tinha o dever legal de enfrentar o perigo.
3. Considera-se em estado de necessidade quem pratica o fato mediante a existência de perigo atual, involuntário e inevitável.
4. O estrito cumprimento do dever legal pressupõe que o agente atue em conformidade com as disposições jurídico-normativas e não simplesmente morais, religiosas ou sociais.

Assinale a alternativa correta.

(A) Somente as afirmativas 2 e 3 são verdadeiras.
(B) Somente as afirmativas 2, 3 e 4 são verdadeiras.
(C) Somente as afirmativas 2 e 4 são verdadeiras.
(D) Somente as afirmativas 1, 3 e 4 são verdadeiras.
(E) Somente as afirmativas 1, 2 e 3 são verdadeiras.

1: incorreta, pois a legítima defesa tem como pressuposto a existência de uma agressão injusta, sempre oriunda de um comportamento humano. Assim, o ataque de um animal descontrolado pode ser o ponto de partida do estado de necessidade (art. 24 do CP), mas, não, de invocação de legítima defesa (art. 25 do CP); **2**: correta (art. 24, § 1°, do CP); **3**: correta (art. 24, *caput*, do CP); **4**: correta, uma vez que se caracteriza o estrito cumprimento do dever legal, causa excludente da ilicitude (art. 23, III, do CP) quando o agente age nos exatos termos das disposições jurídico-normativas, as quais, obviamente, não compreendem as convicções morais, religiosas ou sociais do agente.

Gabarito "B"

(Delegado/RN – 2009 – CESPE) Assinale a opção correta no que concerne às descriminantes.

(A) O agente que, em legítima defesa, disparar contra seu agressor, mas, por erro, alvejar um terceiro inocente, não responderá por qualquer consequência penal ou civil.
(B) A atuação em estado de necessidade só é possível se ocorrer na defesa de direito próprio, não se admitindo tamanha excludente se a atuação destinar-se a proteger direito alheio.
(C) Na legítima defesa, toda vez que o agente se utilizar de um meio desnecessário, este será também imoderado.
(D) Não é possível a legítima defesa contra estado de necessidade.
(E) Não é possível legítima defesa real contra quem está em legítima defesa putativa.

A: incorreta, pois o agente que, em legítima defesa, dispara contra seu agressor e atinge terceira pessoa, terá agido em legítima defesa com *aberratio ictus* (erro na execução), o que, de fato, excluirá a responsabilidade penal, mas não a civil (STJ, REsp. 152030/DF, Rel. Min. Ruy Rosado de Aguiar, 4ª T., RSTJ 113, p. 290/RT 756); **B:** incorreta, já que o estado de necessidade pode ser próprio, quando a atuação do agente voltar-se à proteção de direito próprio que esteja sendo ameaçado por situação de perigo, ou de terceiro, quando o direito ameaçado pertencer a terceira pessoa (art. 24, *caput*, do CP); **C:** incorreta, visto que o uso de um meio desnecessário, ou seja, inadequado à repulsa da agressão injusta atual ou iminente, não será considerado, necessariamente, imoderado, eis que a imoderação diz respeito à conduta daquele que, após cessar a agressão, ainda prossegue no contra-ataque, dando margem ao excesso (art. 23, parágrafo único, do CP); **D:** correta, dado que a legítima defesa tem como pressuposto a existência de um agressão injusta, o que é incompatível com quem age em estado de necessidade, que atua para salvar-se de perigo atual, fazendo-o amparado pelo ordenamento jurídico; **E:** incorreta, eis que é perfeitamente possível a coexistência de legítima defesa real contra quem age em legítima defesa putativa (ou imaginária). Afinal, neste último caso, objetivamente, o agente age injustamente contra terceiro, acredita ser vítima de uma agressão injusta atual ou iminente. Por esse motivo, poderá invocar legítima defesa real quem for agredido por alguém que atue em legítima defesa putativa.

Gabarito "D"

(Delegado/SC – 2008) Analise as alternativas a seguir e assinale a correta.

(A) São requisitos da legítima defesa: a) existência de um perigo atual, b) perigo que ameace direito próprio ou alheio, c) conhecimento da situação justificante e d) não provocação voluntária da situação de perigo pelo agente.
(B) O Código Penal adotou a teoria diferenciadora para definir a excludente de ilicitude do "estado de necessidade". Assim sendo, se alguém pratica o fato para salvar de perigo atual, que não provocou por sua vontade, nem podia de outro modo evitar, direito próprio ou alheio de valor superior que o sacrificado exclui-se a ilicitude. Entretanto, se os bens em conflito forem equivalentes, ou se o bem preservado for de valor inferior ao sacrificado, não incidirá a excludente.
(C) São elementos da culpabilidade, segundo a Teoria Finalista da Ação: a) imputabilidade, b) potencial consciência da ilicitude e c) exigibilidade de conduta diversa.
(D) O oficial de justiça que executa uma ordem judicial de despejo age no exercício regular de um direito.

A: incorreta. São requisitos da legítima defesa: agressão atual ou iminente; agressão contra direito próprio ou de terceiro; agressão injusta; utilização dos meios necessários para a repulsa; moderação da reação; proporcionalidade na legítima defesa; e vontade de defender-se (requisito subjetivo); **B:** incorreta. Se o bem sacrificado for de valor maior do que o bem preservado, estaremos diante do chamado *estado de necessidade exculpante*, em que ficará excluída a culpabilidade, e não a ilicitude. Se, entretanto, se tratar de bens de valor equivalente ou do sacrifício de um bem de menor valor para preservar outro de maior valor, estaremos diante do chamado *estado de necessidade justificante*, no qual ficará excluída a ilicitude; **C:** correta. De fato, são esses os elementos da culpabilidade, segundo a teoria finalista da ação; **D:** incorreta. Oficial de Justiça que executa uma ordem de despejo age no estrito cumprimento do dever legal.

Gabarito "C"

(Delegado/SP – 2000) Conforme está expresso em nosso Código Penal para ser caracterizada a figura do estado de necessidade torna-se necessário que o perigo ao qual está submetido o agente seja

(A) iminente e não atual.
(B) atual e não iminente.
(C) atual ou iminente.
(D) idêntico, em termos de atual ou iminente, ao da legítima defesa.

De fato, de acordo com o art. 24 do CP, poderá ser invocado o estado de necessidade quando alguém se encontrar diante de um perigo atual, não mencionando a lei o perigo "iminente". A despeito da ausência de previsão legal expressa, a doutrina majoritária inclina-se no sentido de admitir o estado de necessidade em caso de perigo iminente, vale dizer, aquele que está prestes a ocorrer. No entanto, perceba o candidato que a banca examinadora formulou a pergunta com base no texto expresso do Código Penal, razão pela qual está incorreta a alternativa C, que seria a adequada de acordo com a doutrina.

Gabarito "B"

(Delegado/SP – 1999) As excludentes de ilicitude previstas em nosso Código Penal são também denominadas de normas

(A) penais permissivas.
(B) que excluem a tipicidade da conduta.
(C) penais em branco.
(D) penais que excluem a culpabilidade.

A: correta, visto que, de fato, as causas excludentes da ilicitude (ou antijuridicidade) são classificadas doutrinariamente como normas penais permissivas, isto é, permitem que o agente, em casos excepcionais, pratique fatos típicos. É o caso da legítima defesa (art. 25 do CP), ou, ainda, do estado de necessidade (art. 24 do CP); **B:** incorreta, pois as causas excludentes da ilicitude, como o próprio nome diz, excluem a ilicitude da conduta, não interferindo na tipicidade. Assim, quem mata em legítima defesa pratica fato típico (matar alguém), que, contudo, não será ilícito (ou antijurídico), haja vista ter agido amparado por uma norma permissiva; **C:** incorreta, eis que as normas penais em branco são aquelas consideradas incompletas, exigindo um complemento legal ou mesmo infralegal; **D:** incorreta, dado que as causas excludentes da culpabilidade são denominadas de normas dirimentes, gerando a isenção de pena do agente e, não, a exclusão da ilicitude de sua conduta.

Gabarito "A"

(Polícia Civil/GO – 2008 – UEG) Não há crime quando o agente pratica o fato no estrito cumprimento do dever legal. Nesse sentido,

(A) age em estrito cumprimento do dever legal policial que, ao ter de prender indiciado de má fama, não usa a força ou a astúcia para dominá-lo seguramente, mas antes logo atira contra ele.
(B) configura estrito cumprimento do dever legal ação de policial que promove agressões à vítima bêbada dentro de um restaurante que lhe esteja propalando xingamentos, causando-lhe lesões corporais.
(C) agem ao abrigo da excludente do estrito cumprimento do dever legal policiais que, em razão de racha de automóveis, em altas horas da noite, efetuam disparos na direção dos veículos envolvidos, para fazê-los parar.
(D) age em estrito cumprimento do dever legal policial que se vê obrigado a empregar força física para reduzir perturbador da ordem pública à passividade e obediência, com o intuito de manter a autoridade do poder constituído.

De fato, o estrito cumprimento do dever legal, considerado causa excludente da ilicitude (art. 23, III, CP), caracteriza-se pela existência de um dever imposto ao agente (em regra, funcionários públicos), que por ele deverá ser cumprido, sob pena de falta funcional ou, dependendo da situação, caracterização do crime de prevaricação (art. 319, CP).

No entanto, é bom que se lembre, qualquer causa excludente da ilicitude deverá ser invocada dentro de limites de razoabilidade, punindo a lei o excesso doloso ou culposo (art. 23, parágrafo único, CP). Destarte, não pode um policial, para prender alguém, simplesmente atirar contra ele. Afinal, a lei não impõe que para prender alguém seja desferido disparo de arma (incorreta, pois, a alternativa A). O mesmo se pode dizer com relação ao policial que agride pessoa bêbada que está incomodando pessoas em um restaurante. A lei não impõe ao policial o dever de agredir pessoa que se encontra embriagada, motivo pelo qual está incorreta a alternativa B. Também não se caracteriza o estrito cumprimento de um dever legal a conduta do policial de efetuar disparos na direção de veículos que estejam disputando "racha", a despeito de se tratar de crime (alternativa C). Por fim, correta está a alternativa D, pois o emprego de força física pelo policial para que se mantenha a ordem pública constitui estrito cumprimento de dever legal. Basta lembrar que é dever do policial garantir a segurança pública. Contudo, sempre sem excessos! Daí estar correta a alternativa D.

Gabarito "D"

(Polícia Civil/RN – 2008 – CESPE) Marco e Matias pescavam juntos em alto-mar quando sofreram naufrágio. Como não sabiam nadar bem, disputaram a única tábua que restou do barco, ficando Matias, por fim, com a tábua, o que permitiu o seu resgate com vida após ficar dois dias à deriva. O cadáver de Marco foi encontrado uma semana depois. A conduta de Matias, nessa situação, caracteriza

(A) estado de necessidade.
(B) estrito cumprimento do dever legal.
(C) legítima defesa própria.
(D) exercício regular de direito.
(E) homicídio culposo.

A: correta, pois Matias, para salvar-se de perigo atual, não provocado por sua vontade, ao conseguir obter a única tábua que restou do barco que naufragou, agiu em estado de necessidade (art. 24, CP); **B:** incorreta, uma vez que inexiste qualquer determinação legal que imponha a um náufrago a morte de outros náufragos; **C:** incorreta, pois a legítima defesa pressupõe a ocorrência de uma agressão injusta, atual ou iminente, decorrente de uma conduta humana (art. 25, CP), e não uma situação de perigo, tal como o naufrágio de um barco; **D:** incorreta, pois age no exercício regular de um direito a pessoa que atua com base em um direito previsto em lei ou não proibido por esta; **E:** incorreta, pois, como visto, Matias agiu em estado de necessidade.

Gabarito "A"

10. AUTORIA E CONCURSO DE PESSOAS

(Delegado/SP – 2014 – VUNESP) Segundo o conceito restritivo, é autor aquele que

(A) tem o domínio do fato.
(B) realiza a conduta típica descrita na lei.
(C) contribui com alguma causa para o resultado.
(D) age dolosamente na prática do crime.
(E) pratica o fato por interposta pessoa que atua sem culpabilidade.

A: incorreta. O conceito restritivo de autor não engloba aquele que tem o domínio do fato, apesar de não incidir no comportamento típico. Apenas para a teoria do domínio do fato é que também poderá ser considerado autor, embora sem executar a conduta prevista no tipo penal, aquele que tiver o domínio finalístico da ação/omissão perpetrada por terceiros; **B:** correta. De acordo com o conceito restritivo, extraído da teoria formal, autor será apenas aquele que realizar, total ou parcialmente, a conduta típica descrita na lei, em contraposição à teoria normativa (ou do domínio do fato), para a qual autor será, também, aquele que tem o controle da ação típica dos demais concorrentes, ainda que não execute o comportamento previsto no tipo penal; **C:** incorreta. Para os adeptos da teoria subjetiva ou subjetivo-causal, não haveria diferenças entre coautor e partícipe, bastando, para tanto, que tenham contribuído para a geração do resultado típico; **D:** incorreta, não havendo qualquer relação entre conceito restritivo de autor e atuação dolosa na prática de um crime. Poderá ser partícipe, por exemplo, aquele que agir com dolo para a prática de um homicídio, induzindo, instigando ou auxiliando o executor material a matar a vítima. Isso não o tornará autor; **E:** incorreta. Aquele que pratica o fato por interposta pessoa, que atua sem culpabilidade, é considerado autor mediato. Somente se adotarmos a teoria normativa é que conseguiremos incluir o autor mediato como "autor" de um crime, visto que este não executa materialmente o crime, mas se vale de terceiro, sem culpabilidade, para o cometimento do crime.

Gabarito "B"

(Delegado/RJ – 2013 – FUNCAB) Alfredo, querendo matar Epaminondas, sobe até o terraço de um prédio portando um rifle de alta precisão, com silencioso e mira telescópica. Sem ser visto, constata a presença de Gildenis, outro atirador, em prédio vizinho, armado com uma escopeta, também preparado para matar a mesma vítima, tendo Alfredo percebido sua intenção. Quando Epaminondas atravessa a rua, ambos começam a atirar, vindo a vítima a morrer em face, unicamente, dos disparos efetuados por Gildenis. Analisando o caso concreto, leia as assertivas a seguir:

I. Há, no caso, autoria colateral incerta.
II. Alfredo e Gildenis devem responder por homicídio consumado, inobstante o disparo fatal ter sido produzido unicamente pela arma de Gildenis.
III. Tanto Alfredo, quanto Gildenis, agiam em concurso de pessoas.
IV. Alfredo é o autor direto e Gildenis o autor mediato.

Agora, assinale a opção que contempla a(s) assertiva(s) verdadeira(s).

(A) Apenas a I.
(B) Apenas a II.
(C) Apenas II e III.
(D) Apenas I e II.
(E) I, II, III e IV.

I: incorreta, pois na autoria colateral, os agentes devem desconhecer a intenção uns dos outros no tocante ao crime para o qual ambos concorrem. Faltará a eles o liame subjetivo. Porém, no enunciado, ficou claro que Alfredo percebeu a presença do outro atirador no prédio vizinho, concluindo que sua intenção era a de matar Epaminondas. Exclui-se, portanto, a aplicação do instituto denominado "autoria colateral"; **II:** correta. Considerando que os disparos efetuados por Gildenes foram a causa da morte de Epaminondas, não restam dúvidas de que deverá responder por homicídio consumado. Quanto a Alfredo, considerando que este estava ciente da intenção do outro atirador, praticou conduta (disparos contra a vítima) em reforço ao comportamento delitivo alheio, devendo responder pelo resultado; **III:** incorreta. Não se cogita de concurso de pessoas, haja vista que faltava, ao menos no tocante a Gildenis, o liame subjetivo (vínculo psicológico), não tendo aderido à conduta de Alfredo; **IV:** incorreta, não se cogitando de autoria mediata por parte de Gildenis, visto que este, com os disparos, provocou a morte da vítima.

Gabarito "B"

(Delegado/PR – 2013 – UEL-COPS) Sobre o concurso de agentes, atribua V (verdadeiro) ou F (falso) às afirmativas a seguir.

( ) O Código Penal adota a teoria unitária ou monística, equiparando os participantes. No entanto, há hipóteses em que o mesmo Código atribui outro crime para a conduta de terceiro, acatando, nesses casos, a teoria pluralista.
( ) Um dos requisitos para o concurso de agentes é o acordo prévio de vontades (*Pactum sceleris*) sem o qual, cada um responderá por aquilo que efetivamente praticou, ocorrendo a chamada autoria colateral.
( ) Na cooperação dolosa distinta ou desvio subjetivo entre participantes, aplica-se a pena do crime menos grave ao participante que o pretendia, podendo esta ser aumentada até a metade se o resultado era previsível.
( ) O ajuste, a determinação ou a instigação e o auxílio são puníveis mesmo que os atos executórios não tenham sido iniciados.
( ) Autoria incerta é o mesmo que autoria ignorada, ocorrendo quando há incerteza sobre quem, dentre os realizadores dos vários comportamentos, produziu o resultado.

Assinale a alternativa que contém, de cima para baixo, a sequência correta.

(A) V, V, F, V, F.
(B) V, F, V, F, F.
(C) V, F, F, V, F.
(D) F, V, V, F, V.
(E) F, V, F, V, V.

Afirmativa I: verdadeira. De fato, o CP, em seu art. 29, adota a teria unitária, monista ou monística, segundo a qual quem, de qualquer modo, concorrer para um crime, incidirá nas penas a este cominadas, na medida de sua culpabilidade. Portanto, num primeiro momento, equiparam-se, do ponto de vista da imputação de um fato criminoso, todos os "participantes" do evento (autores, coautores e partícipes). No entanto, excepcionalmente, pessoas que concorram para um mesmo fato poderão vir a responder por delitos diversos. A esse fenômeno dá-se o nome de exceção pluralística à teoria monística. É o que se verifica, por exemplo, na conduta da gestante, que consente para que terceiro nela provoque o aborto. Ela – gestante – responderá pela figura típica prevista na parte final do art. 124 do CP, ao passo que o terceiro responderá pelo crime tipificado no art. 126 do CP; **Afirmativa II**: falsa, pois não é requisito para o reconhecimento do concurso de agentes que haja o prévio ajuste ou acordo de vontades entre eles, bastando que haja adesão de vontades ou liame subjetivo, o que poderá ocorrer antes ou durante a execução típica; **Afirmativa III**: verdadeira. De fato, no caso do art. 29, § 2º, do CP (cooperação dolosamente distinta ou desvio subjetivo entre participantes), se um dos agentes quis participar de delito menos grave, responderá pela pena deste, que, porém, poderá ser aumentada até a metade se o resultado mais grave, produzido por outro concorrente, era previsível; Afirmativa IV: falsa, pois o ajuste, a determinação ou a instigação e o auxílio não são puníveis, salvo disposição em contrário, se o crime não chegar, ao menos, a ser tentado (art. 31, CP); **Afirmativa V**: falsa. A autoria incerta verifica-se na hipótese em que diversas pessoas, sem vínculo subjetivo (ou liame psicológico), concorrem para a prática de um mesmo crime (autoria colateral), mas sem que se consiga identificar, precisamente, qual comportamento foi o efetivo causador do resultado. Não se confunde a autoria incerta – que, repita-se, tem ligação íntima com a autoria colateral – com a autoria desconhecida ou ignorada, na qual não se consegue sequer identificar os agentes envolvidos na empreitada criminosa. Observe que na autoria colateral os agentes são identificados, mas não se consegue apurar qual deles foi o responsável pela produção do resultado. Já na autoria desconhecida ou ignorada, como dito anteriormente, os agentes sequer são conhecidos, inviabilizando-se a persecução penal em juízo.

Gabarito "B"

(Delegado de Polícia/GO – 2013 – UEG) Sobre o concurso de pessoas, tem-se o seguinte:

(A) pela teoria do favorecimento da participação, a punibilidade do partícipe depende da culpabilidade do autor.

(B) pelo conceito extensivo, autor é quem executa a ação típica, não havendo diferença entre autoria e participação.

(C) pela cooperação dolosamente distinta, ocorre uma divergência entre o elemento subjetivo do partícipe e a conduta realizada pelo autor.

(D) pela teoria objetivo-formal, autor é causa do delito, enquanto partícipe é condição.

A: incorreta. A punibilidade do partícipe reside no fato de favorecer (contribuir) para que o autor pratique uma conduta socialmente danosa e intolerável do ponto de vista jurídico-penal. Trata-se da Teoria do favorecimento ou da causação, amplamente reconhecida na Alemanha e na Espanha, mas compatível com a teoria da acessoriedade limitada, que predomina no Brasil. Não se confunde com a Teoria da participação na culpabilidade, que fundamenta a punibilidade do partícipe no fato de atuar sobre o autor, contribuindo para que se torne um delinquente culpável. Como se sabe, pela teoria da acessoriedade limitada, que, como foi dito, predomina no Brasil, a punibilidade do partícipe exige, apenas, que contribua (induza, instigue ou auxilie) para que o autor cometa um fato típico e ilícito, pouco importando a culpabilidade, que é característica eminentemente pessoal; **B**: incorreta. Pela teoria extensiva ou conceito extensivo de autor, este será todo aquele que contribuir, de alguma forma, para o resultado, seja executando a ação típica, seja induzindo, instigando ou auxiliando alguém a fazê-lo. Funda-se na teoria da equivalência dos antecedentes, não diferenciando autor de partícipe; **C**: correta. De fato, na cooperação dolosamente distinta (art. 29, § 2º, do CP), há um desvio subjetivo entre os concorrentes da empreitada criminosa. Inicialmente estabelecido o "plano criminoso", um deles o altera, praticando crime mais grave. Nesse caso, aquele que quis participar de crime menos grave, por este responderá; **D**: incorreta. Pela Teoria objetivo-formal, autor é aquele cuja ação esteja em conformidade com a descrição típica do fato, sendo partícipe aquele que, de forma acessória ou secundária (ou seja, sem realizar a descrição típica do fato), contribui com menor relevância (se comparada à conduta do autor) para a empreitada criminosa.

Gabarito "C"

(Delegado Federal – 2002 – CESPE) Julgue o seguinte item.

(1) Por ser a concussão crime próprio, inadmissível é a participação de pessoa estranha ao quadro do funcionalismo público (particular).

1: incorreta, visto que a concussão (art. 316 do CP), embora considerada um crime próprio, visto exigir uma qualidade específica do sujeito ativo, qual seja, a de ser funcionário público, admite perfeitamente o concurso de pessoas, seja coautoria, seja participação, inclusive de pessoa estranha aos quadros do funcionalismo (denominada de *extraneus*). No entanto, indispensável que o terceiro tenha conhecimento da qualidade de funcionário público, sob pena de não responder pelo crime funcional.

Gabarito 1E

(Delegado Federal – 1998 – CESPE) Nos crimes contra o patrimônio

(1) se um dos agentes quis participar de um furto, não assumindo o risco de que o comparsa viesse a cometer roubo, responderá apenas por furto, com a pena aumentada de até a metade se o resultado mais grave fosse previsível.

1: correta (art. 29, § 2º, do CP).

Gabarito 1C

(Agente de Polícia Federal – 2009 – CESPE) Julgue o item abaixo, acerca do concurso de pessoa e sujeito ativo e passivo da infração penal.

(1) Com relação à responsabilidade penal da pessoa jurídica, tem-se adotado a teoria da dupla imputação, segundo a qual se responsabiliza não somente a pessoa jurídica, mas também a pessoa física que agiu em nome do ente coletivo, ou seja, há a possibilidade de se responsabilizar simultaneamente a pessoa física e a jurídica.

1: correta. De fato, doutrina e jurisprudência, em matéria de responsabilização penal da pessoa jurídica, afirmam que tal possibilidade decorre do sistema da dupla imputação, segundo o qual a denúncia deverá ser oferecida em face da pessoa jurídica e, também, da pessoa física que tenha agido em nome do ente coletivo.

Gabarito 1C

(Agente de Polícia Federal – 2004 – CESPE) Julgue o seguinte item, à luz do direito penal.

(1) Sujeito ativo do crime é aquele que realiza total ou parcialmente a conduta descrita na norma penal incriminadora, tendo de realizar materialmente o ato correspondente ao tipo para ser considerado autor ou partícipe.

1: incorreta, visto que o sujeito ativo de um crime é aquele que direta ou indiretamente, realiza a conduta criminosa ou contravencional. Considera-se autor do crime aquele que o pratica diretamente, vale dizer, realiza materialmente o ato correspondente ao tipo penal, ao passo que partícipe é aquele que, de forma acessória (indireta), concorre para o cometimento da infração penal, seja induzindo, seja instigando ou auxiliando alguém a perpetrar a conduta típica.

Gabarito 1E

(Delegado/AM) No que diz respeito ao concurso de agentes, é correto afirma que

(A) o coautor responde pelo crime não tentado.

(B) As circunstâncias pessoais se comunicam quando elementares ao tipo

(C) a pena é reduzida até um décimo nas participações de menor importância

(D) o coautor do crime responde pela maior pena aplicada aos demais participantes

A: incorreta, pois segundo o art. 31 do CP, se o crime não chega a ser ao menos tentado, os atos dos partícipes e coautores não são puníveis (princípio da exterioridade); **B:** correta (art. 30 do CP); **C:** incorreta, já que na participação de menor importância a pena poderá ser diminuída de 1/6 a 1/3 (art. 29, § 1º, do CP); **D:** incorreta, porque pela teoria unitária ou monista, quem concorre para o crime responde por ele, sendo que há um único crime com diversos agentes, os quais responderão na medida de suas culpabilidades (art. 29, *caput*, do CP).

Gabarito "B"

(Delegado/AM) Mateus e Marcos são inimigos de Lucas, que reside na cidade vizinha. Em determinado dia, o jornal noticia que Lucas irá fazer uma visita à cidade, e que chegará por volta das 10 horas da manhã. Então, sem que um saiba da decisão do outro, Mateus e Marcos resolvem matar seu desafeto, fazendo uma emboscada. Ainda sem qualquer conhecimento da conduta do outro, ambos se colocam cada qual, de um lado da estrada e ficam aguardando a passagem da vítima. Quando esta aparece, Mateus efetua os disparos que atingem e matam Lucas, ao passo que Marcos apenas atira quando Lucas já tinha falecido em virtude dos tiros desfechados por Mateus. A perícia confirma estes fatos. Diante disso, a alternativa correta é:

(A) Mateus e Marcos responderão por homicídio, mas Mateus deverá receber pena maior .

(B) Mateus responderá por homicídio e Marcos por tentativa de homicídio.

(C) Mateus responderá por homicídio e Marcos não responderá por crime .

(D) Mateus e Marcos responderão por homicídio.

No caso em questão trata-se da autoria colateral (coautoria imprópria ou coautoria lateral), a qual se caracteriza quando duas ou mais pessoas iniciam os atos executórios de um mesmo crime, visando a um mesmo resultado, conquanto um agente não tenha conhecimento da intenção do outro. Assim, não há que se falar em concurso de pessoas, uma vez que não há o requisito acerca do vínculo subjetivo, que é a vontade de praticar um mesmo crime em concurso. Ainda, importante distinguir a autoria colateral, em que há a identificação da conduta de quem causou o resultado, da autoria incerta, cuja conclusão não é possível. Na autoria colateral, o autor responderá pelo crime e o outro agente responderá pelo crime na forma tentada. Caso se trate de autoria incerta, ambos os agentes responderão pelo crime, em sua forma tentada. Na questão acima descrita, Mateus responderá por homicídio, já que a perícia conseguiu identificar que foram os seus disparos que acarretam a morte de Lucas. Por sua vez, Marcos não responderá pelo crime, nem em sua forma tentada, haja vista que Lucas já tinha falecido, quando efetuou o disparo, em virtude dos tiros desfechados por Mateus. Assim, aplica-se o art. 17 do CP, que trata do crime impossível, visto que não se pune a tentativa quando, por absoluta impropriedade do objeto material (pessoa ou coisa sobre a qual recai a conduta do autor), é impossível consumar o crime.

Gabarito "C"

(Delegado/BA – 2008 – CEFETBAHIA) Um ladrão comenta com um amigo que vai assaltar o Banco "Y" na manhã de segunda-feira pedindo que ele guarde segredo. No dia do roubo, ele é preso e diz à polícia que o amigo sabia de tudo.

Diante do narrado, é correto afirmar que o

(A) ladrão responde pelo crime de roubo e o amigo terá a pena diminuída de um a dois terços por participação de menor importância.

(B) amigo é partícipe do roubo, pois tinha ciência do crime a ser praticado.

(C) ladrão é o único autor do crime de roubo.

(D) ladrão é autor e o amigo é coautor.

(E) amigo é autor intelectual do roubo.

A: incorreta, pois o amigo não contribuiu com nenhuma conduta (não houve relevância causal de sua conduta). Portanto, não há que se falar em participação de menor importância, quando a relevância causal é mínima; **B:** incorreta, já que o conhecimento da prática de uma infração penal não torna a pessoa partícipe do delito, diante de sua omissão. Isso porque na conivência o sujeito não está vinculado subjetivamente à conduta do autor do crime, salvo se presente o dever de agir para impedir a produção do resultado (crime omissivo impróprio), o que não ocorreu no caso; **C:** correta, uma vez que no caso em questão estão ausentes os requisitos do concurso de pessoas. Não houve vínculo subjetivo (adesão psicológica para a prática do crime de roubo) e, por conseguinte, não houve relevância causal da conduta. Simplesmente o amigo "guardou segredo" da cogitação de um crime. Tal conduta não influiu para a prática do crime de roubo. O amigo não induziu ou instigou o ladrão (participação moral), nem tampouco o auxiliou materialmente, fornecendo instrumentos para a prática do crime (participação material). Na conivência o sujeito não está vinculado subjetivamente à conduta do autor do crime, não sendo partícipe, salvo se presente o dever de agir para impedir a produção do resultado; **D:** incorreta, pois para ser coautor o amigo deveria ter contribuído para a causação do resultado, mediante a execução do núcleo do tipo penal do crime de roubo; **E:** incorreta, porque não foi o amigo quem planejou mentalmente a prática do crime de roubo.

Gabarito "C"

(Delegado/ES – 2006 – CESPE) Em cada um dos itens a seguir é apresentada uma situação hipotética acerca das normas pertinentes à parte geral do Código Penal seguida de uma assertiva a ser julgada.

(1) Antônio, com 43 anos de idade, idealizou e planejou a subtração de joias de uma grande joalheria, traçando as coordenadas da ação com Marcos e Alexandre, para os quais forneceu um veículo e as ferramentas a serem utilizadas na empreitada criminosa. Na data combinada, Marcos e Alexandre executaram com êxito o furto, logrando subtrair um grande número de joias de elevado valor comercial, as quais foram devidamente repartidas entre os três indivíduos. Após intensa investigação, a polícia identificou a autoria do crime, indiciando Antônio, Marcos e Alexandre em sede de Inquérito Policial. Nessa situação, é correto afirmar que houve concurso de pessoas para a realização da figura típica, devendo Antônio responder como partícipe e Marcos e Alexandre como coautores do delito.

1: correta, pois Marcos e Alexandre são coautores do delito, na medida em que executaram o furto, subtraindo um grande número de joias de elevado valor comercial. Ou seja, realizaram o núcleo do tipo (teoria objetivo-formal). Ainda, Antônio é considerado partícipe, já que idealizou e planejou a subtração de joias de uma grande joalheria, traçando as coordenadas da ação. Nesse caso, trata-se de "autor intelectual", que para a teoria objetivo-formal é uma modalidade de participação. Já para a teoria do domínio do fato, o autor intelectual não é partícipe, porque o conceito de autor é mais amplo, segundo o qual se considera autor todo aquele que tem o controle sobre o fato.

Gabarito "C"

(Delegado/GO – 2003 – UEG) O Código Penal brasileiro disciplina o concurso de pessoas e adota como princípio

(A) a teoria unitária ou igualitária, não fazendo qualquer distinção entre autor, coautor e partícipe, pois todos os que concorrem para o crime são autores e recebem a mesma sanção penal.

(B) a teoria unitária, ainda que a autoria seja incerta, considerando que todos que corroboraram para o resultado respondem por ele (concurso eventual), que se distingue do concurso necessário, elementar nos crimes plurissubjetivos.

(C) a teoria monística ou unitária temperada, já que estabelece certos graus de participação, considerando cada partícipe de forma autônoma como autor, ou seja, aos diversos autores, diversos delitos.

(D) a teoria dualística, havendo dois delitos: um para os autores, que realizam a atividade principal, e outro para os partícipes, que desenvolvem as atividades secundárias.

A: incorreta, pois de acordo com a teoria unitária, quem, de qualquer modo, concorre para o crime, incide nas penas a este cominadas, na medida de sua culpabilidade. Assim, as penas não serão idênticas, a depender do grau de censurabilidade de cada conduta; **B:** correta, pois mesmo quando se trata de autoria incerta, aplica-se a teoria unitária. Não se apura qual a conduta que deu causa ao resultado, mas os agentes responderão pela tentativa do delito almejado; **C** e **D:** incorretas, pois a lei não distingue autor de partícipe, sendo que todos responderão pelo mesmo crime, na medida de sua culpabilidade.

Gabarito "B"

(Delegado/MA – 2006 – FCC) Pedro(funcionário público) convidou Paulo(comerciante) para subtraírem um computador de uma repartição pública. Paulo concordou, ignorando que Pedro é funcionário público. Ambos ingressaram na referida repartição pública e subtraíram o computador. Nesse caso,

(A) Pedro responde por peculato doloso e Paulo por furto.

(B) Pedro responde por furto e Paulo por peculato doloso.

(C) Ambos respondem por peculato doloso.

(D) Ambos respondem por furto.

(E) Pedro responde por peculato doloso e Paulo por peculato culposo.

De fato, no caso não se aplica o art. 30 do CP, pois somente há comunicação ao partícipe ou coautor da elementar de caráter pessoal, quando tinha o conhecimento a respeito (princípio da responsabilidade penal subjetiva).

Gabarito "A"

(Delegado/MG – 2008) Considerando o concurso de pessoas, assinale a afirmativa INCORRETA.

(A) A participação está condicionada à eficácia causal e à consciência de participação em ação comum e, por ser acessória, só é punível se o crime chega a ser ao menos tentado, ressalvadas as disposições expressas em contrário.

(B) Conforme a regra geral, as condições e circunstâncias de caráter pessoal do agente, subjetivas, não se comunicam entre coautores e partícipes, respondendo cada um individualmente, de acordo com elas.

(C) No desvio subjetivo de conduta há verdadeira quebra da teoria monista respondendo os partícipes conforme a intensidade volitiva e atuação no crime praticado pelo autor.

(D) O Código Penal brasileiro prevê expressamente a possibilidade da autoria mediata nos casos de ocorrência de erro determinado por terceiro, coação moral irresistível e obediência hierárquica.

A: correta (art. 31 do CP); **B:** correta (art. 30 do CP); **C:** incorreta, pois não há quebra da teoria monista. No caso da cooperação dolosamente distinta (desvio subjetivo da conduta), aplica-se a teoria unitária, visto que há vínculo subjetivo com relação ao crime menos grave. Inclusive, será aplicada a pena do crime menos grave para aquele que não quis participar do crime mais grave, sendo-lhe, todavia, aplicada a pena aumentada da metade se o resultado era previsível (art. 29, § 2º, do CP); **D:** correta (art. 20, § 3º, do CP e art. 22 do CP).

Gabarito "C"

(Delegado/MG – 2006) Quanto ao concurso de pessoas, todas as alternativas estão corretas, EXCETO:

(A) nos crimes plurisubjetivos o concurso de pessoas é necessário.

(B) No concurso de pessoas o legislador adotou a teoria monista, sendo para autoria adotado conceito restritivo de autor.

(C) As condições de caráter pessoal não se comunicam no concurso de pessoas por previsão legal, mas as elementares do tipo se comunicam sempre que integrarem a esfera de conhecimento dos participantes.

(D) É possível o concurso de pessoas nos crimes omissivos impróprios.

(E) Quem promete recompensa para que outro pratique homicídio é autor colateral do homicídio praticado.

A: correta, visto que são plurissubjetivos os crimes que, para o seu próprio reconhecimento (tipicidade penal), exigem a concorrência de duas ou mais pessoas, tratando-se de crimes de concurso necessário (ex.: associação criminosa – art. 288 do CP); **B:** correta. De acordo com o art. 29, *caput*, do CP, adotou-se, como regra, a teoria monista ou unitária, vale dizer, quem, de qualquer modo, concorrer para o crime, responderá pelo mesmo ilícito, na medida de sua culpabilidade. Ainda, considerar-se-á autor aquele que executar a ação nuclear (verbo do tipo), adotando-se, aqui, a teoria restritiva de autor; **C:** correta (art. 30 do CP); **D:** correta. Muito embora há quem sustente ser inadmissível a coautoria nos crimes omissivos (Nilo Batista, por exemplo); **E:** incorreta, pois quem promete recompensa para o executor material de um homicídio será considerado mandante do crime, sendo, à luz da teoria restritiva de autor, partícipe do crime, não se podendo falar em autoria colateral (que é aquela que se verifica quando duas ou mais pessoas, sem que exista liame subjetivo entre elas, concorrerem para a prática de um mesmo crime).

Gabarito "E".

(Delegado/PA – 2009 – MOVENS) Quanto ao concurso de pessoas, assinale a opção correta.

(A) Se a participação no delito for de menor importância, a pena pode ser diminuída de um sexto a um terço.

(B) Não se comunicam as circunstâncias e as condições de caráter pessoal, mesmo quando elementares do crime.

(C) O ajuste, a determinação ou instigação e o auxílio são puníveis em qualquer situação.

(D) Se restar comprovado que algum dos concorrentes quis participar de crime menos grave, será absolvido.

A: correta, art. 29, § 1º, do CP; **B:** incorreta, art. 30 do CP; **C:** incorreta, art. 31 do CP; **D:** incorreta, art. 29, § 2º, 1ª parte, do CP.

Gabarito "A".

(Delegado/PI – 2009 – UESPI) Com relação ao tema concurso de pessoas analise as seguintes afirmações.

(1) O Código Penal, no art. 29, adotou a Teoria Monista extremada com relação ao concurso de pessoas.

(2) No concurso de pessoas, autores e partícipes respondem pelo mesmo crime e, consequentemente pela mesma pena em abstrato, porém, no momento da fixação da pena, o partícipe recebe uma causa de diminuição de pena por ter sua culpabilidade diminuída.

(3) São requisitos do concurso de pessoas nos crimes dolosos: a pluralidade de condutas e participantes, a relevância causal de cada conduta, o vínculo subjetivo entre os participantes e a identidade de infração penal.

(4) Mesmo que o autor não realize atos de execução, é possível punir o partícipe.

(5) Na autoria colateral, existe concurso de pessoas devendo todos os autores responder conjuntamente pelo resultado delituoso.

Estão corretas apenas:

(A) 1, 2 e 4

(B) 3, 4 e 5

(C) 2 e 3

(D) 2, 3 e 4

(E) 1 e 5

1: incorreta, pois o CP, em seu art. 29, adotou, simplesmente, a Teoria Monista ou Unitária com relação ao concurso de pessoas, segundo a qual, em regra, quem, de qualquer modo, concorrer para um crime, responderá pelo mesmo ilícito, na medida de sua culpabilidade; **2**: correta, uma vez que, de fato, embora coautores e partícipes respondam, em regra, pela mesma infração penal para a qual hajam concorrido (art. 29 do CP), cada qual será punido na medida de sua culpabilidade. Com relação ao partícipe, desde que tenha havido o que o art. 29, § 1º, do CP, denomina de participação de menor importância, a pena será reduzida de um sexto a um terço; **3**: correta, visto que o concurso de pessoas pressupõe a concorrência dos seguintes requisitos: pluralidade de agentes, unidade de fato, relevância causal de cada conduta e vínculo subjetivo ou liame psicológico entre os concorrentes; **4**: incorreta, pois a conduta do partícipe é acessória à do autor ou coautor, razão pela qual se o crime sequer começar a ser executado, não haverá punibilidade (art. 31 do CP); **5**: incorreta, porque a autoria colateral, de acordo com a doutrina, pressupõe que duas ou mais pessoas concorram para a prática de um mesmo crime, porém sem que uma saiba da intenção ou da própria existência da outra. Em simples palavras, na autoria colateral os agentes não estão "ligados" pelo liame subjetivo ou vínculo psicológico, motivo pelo qual inexiste concurso de pessoas.

Gabarito "C".

(Delegado/PR – 2007) Sobre o concurso de pessoas, considere as seguintes afirmativas:

1. Quem, de qualquer modo, concorre para o crime, incide nas penas a este cominadas, na medida de sua culpabilidade. Se a participação for de menor importância, a pena pode ser diminuída.

2. O concurso de pessoas pode dar-se por ajuste, instigação, cumplicidade, auxílio material ou moral em qualquer etapa do *iter criminis*.

3. Ocorre a hipótese de autoria bilateral ou transversa quando o sujeito ativo obtém a realização do crime por meio de outra pessoa, que pratica o fato sem culpabilidade.

4. Nada impede o concurso de pessoas nos crimes e contravenções de mão própria ou de mera conduta por instigação ou auxílio.

Assinale a alternativa correta.

(A) Somente as afirmativas 1, 2 e 3 são verdadeiras.

(B) Somente as afirmativas 3 e 4 são verdadeiras.

(C) Somente as afirmativas 1, 2 e 4 são verdadeiras.

(D) Somente as afirmativas 2 e 3 são verdadeiras.

(E) Somente as afirmativas 2 e 4 são verdadeiras.

1: correta (art. 29, *caput*, e § 1º, do CP); **2**: correta, visto que restará configurado o concurso de pessoas se o agente concorrer decisivamente para o desfecho da empreitada criminosa (relevância causal da conduta), contribuindo previamente ou concomitantemente à execução do crime, ou, mesmo, posteriormente à consumação, mas, desde que, tenha havido um prévio ajuste desta concorrência; **3**: incorreta, dado que quando um agente se vale de pessoa sem culpabilidade para o cometimento de uma infração penal, estaremos diante de autoria mediata (ou indireta); **4**: correta, visto que os crimes de mão própria, ou de atuação personalíssima, a despeito de não admitirem a coautoria, podem ser praticados em concurso de pessoas, desde que na modalidade participação (induzimento, instigação ou auxílio). É o caso do crime de autoaborto (art. 124, primeira parte, do CP), que, embora considerado de mão própria (somente a gestante pode praticá-lo), admite participação (ex.: o namorado compra medicamento abortivo à namorada, que o ingere, provocando, assim, o aborto).

Gabarito "C".

(Delegado/SP – 2008) Não configura requisito para existência do concurso de agentes

(A) a infração única para todos os concorrentes.

(B) a pluralidade de condutas.

(C) a relevância causal de cada conduta.

(D) o vínculo subjetivo.

(E) o acordo prévio entre os agentes.

São requisitos para a existência do *concurso de pessoas*: pluralidade de condutas; relevância causal de cada conduta; vínculo subjetivo (*liame subjetivo*); infração única para todos (identidade de crime). O *acordo prévio* entre os agentes, embora possa existir, é desnecessário.

Gabarito "E".

(Polícia Civil/AP – 2006 – UNIFAP) Quanto ao concurso de pessoas:

(A) o ordenamento jurídico brasileiro adotou, como regra, a teoria dualista.

(B) se a participação for de menor importância, a pena pode ser diminuída de metade.

(C) as condições de caráter pessoal comunicam-se quando elementares do crime.

(D) não é possível a coautoria em crime culposo.

(E) o ordenamento jurídico brasileiro adotou, como regra, a teoria pluralista.

A: incorreta, pois, em matéria de concurso de pessoas, nosso CP adotou a teoria monista como regra, vale dizer, se duas ou mais pessoas concorrerem para a prática de uma infração penal, responderão pela mesma infração para a qual houverem concorrido, na medida, porém, de sua culpabilidade (art. 29, *caput*, CP). Em síntese, se "A" e "B" concorrerem para a prática de um homicídio, ambos devem responder por homicídio. Daí o nome "teoria monista", também denominada de "teoria unitária"; **B:** incorreta, pois se a participação for considerada de menor importância, a pena do partícipe poderá ser diminuída em outra proporção; **C:** correta (art. 30, CP); **D:** incorreta, pois é pacífico na doutrina o entendimento de que nos crimes culposos somente se admite a coautoria como forma de concurso de pessoas (qualquer comportamento que revele a quebra do dever objetivo de cuidado configurará coautoria, não se admitindo a participação, visto que, como dito, qualquer ato configurador de violação ao dever de cuidado objetivo será tido como coautoria); **E:** incorreta, pois, como visto na alternativa A, em matéria de concurso de pessoas, o CP brasileiro adotou a teoria monista ou unitária. Excepcionalmente, será possível, desde que exista expressa previsão legal, que duas ou mais pessoas que concorram para a prática de um mesmo fato respondam por crimes distintos. A esse fenômeno dá-se o nome de exceção pluralista à teoria unitária (é o que ocorre, por exemplo, com o aborto consentido – art. 124, CP e o aborto praticado por terceiro com o consentimento da gestante – art. 126, CP).

Gabarito "C"

11. CULPABILIDADE E CAUSAS EXCLUDENTES

(Delegado/SP – 2014 – VUNESP) A tese supralegal de inexigibilidade de conduta diversa, se acolhida judicialmente, importa em exclusão

(A) da imputabilidade.
(B) da pena.
(C) de punibilidade.
(D) do crime.
(E) de culpabilidade.

A inexigibilidade de conduta diversa, de acordo com a doutrina e jurisprudência, é considerada causa supralegal de exclusão da culpabilidade, não merecendo o agente ser censurado por seu comportamento, ou seja, não lhe podendo ser exigida uma conduta diversa da por ele praticada. Embora não haja previsão legal (daí falar-se em causas supralegais de exclusão da culpabilidade), admite-se a adoção da tese em comento, por exemplo, no *estado de necessidade exculpante* (sacrifício de um bem jurídico de maior valor para a preservação de outro, de menor valor, mas em situação na qual do agente não se possa exigir comportamento diverso do realizado) e no *excesso na legítima defesa* (vítima de agressão injusta que prossegue na reação ao agressor, passando a ser desnecessário o contra-ataque).

Gabarito "E"

(Delegado/PR – 2013 – UEL-COPS) Quanto à embriaguez na Legislação Penal Brasileira, considere as afirmativas a seguir.

I. A embriaguez voluntária ou culposa completa exclui a imputabilidade penal pela conturbação psíquica provocada pelo estado de ebriez.
II. A embriaguez patológica, por exercer um trabalho progressivo de destruição dos poderes psíquicos do agente, poderá isentá-lo de pena ou diminuí-la de um a dois terços.
III. A embriaguez preordenada, além de não excluir a pena do réu, gera o agravamento da mesma.
IV. A embriaguez acidental proveniente de caso fortuito ou força maior, quando completa, isenta o réu de pena e, se incompleta, gera diminuição de pena.

Assinale a alternativa correta.

(A) Somente as afirmativas I e II são corretas.
(B) Somente as afirmativas I e IV são corretas.
(C) Somente as afirmativas III e IV são corretas.
(D) Somente as afirmativas I, II e III são corretas.
(E) Somente as afirmativas II, III e IV são corretas.

I: incorreta, pois a embriaguez voluntária ou culposa, decorrente da ingestão de álcool ou de substâncias de efeitos análogos, nos termos do art. 28, II, do CP, não exclui a imputabilidade, incidindo a teoria da *actio libera in causa*, segundo a qual ainda que o agente, no momento da prática do crime, não tenha perfeita capacidade de compreensão de seu comportamento, responderá pelo crime se houver se colocado na situação de embriaguez, e desde que o resultado fosse, ao menos, previsível; **II**: correta. A denominada "embriaguez patológica", que se constitui em verdadeira doença mental, capaz de retirar, por completo, a capacidade de entendimento ou de autodeterminação da pessoa, poderá caracterizar-se como causa excludente da imputabilidade penal, nos termos do art. 26, *caput*, do CP, gerando a isenção de pena, ou, ainda, se reconhecida a semi-imputabilidade, a redução da pena de um a dois terços (art. 26, parágrafo único, do CP); **III**: correta. A embriaguez preordenada, que se caracteriza pelo fato de o agente se colocar, propositadamente, na situação de embriaguez, a fim de adquirir "coragem" para a prática do crime, configura circunstância agravante genérica (art. 61, II, "l", do CP); **IV**: correta. A embriaguez completa involuntária (acidental, decorrente de caso fortuito ou força maior) isentará o agente de pena, nos termos do art. 28, § 1º, do CP, se retirar-lhe, totalmente, a capacidade de entender o caráter ilícito do fato ou de determinar-se de acordo com esse entendimento. Porém, se não retirada a plena capacidade de entendimento ou de autodeterminação, a pena será reduzida de um a dois terços (art. 28, § 2º, do CP).

Gabarito "E"

(Delegado Federal – 2013 – CESPE) Considerando a distinção doutrinária entre culpabilidade de ato e culpabilidade de autor, julgue o seguinte item.

(1) Tratando-se de culpabilidade pelo fato individual, o juízo de culpabilidade se amplia à total personalidade do autor e a seu desenvolvimento.

1: incorreta. O juízo de culpabilidade recai sobre aquilo que o agente fez (culpabilidade do ato) e não por aquilo que ele é (culpabilidade de autor). Assim, o agente é reprovado pelo fato individual, ou seja, por aquilo que fez, e não pela sua conduta de vida ou por sua personalidade.

Gabarito 1E

(Delegado de Polícia/GO – 2013 – UEG) Em qual sistema penal a culpabilidade é concebida como o vínculo psicológico que une o autor ao fato?

(A) finalista.
(B) neoclássico.
(C) clássico.
(D) funcionalista.

A: incorreta. Para o sistema finalista, aplica-se a teoria normativa pura da culpabilidade, visto que os elementos psicológicos (dolo e culpa) dela migraram para o fato típico (conduta). Assim, a culpabilidade passa a ser um juízo valorativo de reprovabilidade do comportamento típico e ilícito do autor; **B**: incorreta. O sistema neoclássico do Direito Penal adota a teoria psicológico-normativa da culpabilidade, sendo que o dolo compreende a consciência da ilicitude. Destaque-se que, também para o sistema neoclássico, a culpabilidade continua a ser o vínculo psicológico que une o autor ao fato por ele praticado, mas com a inserção de um novo elemento a ela, qual seja, a exigibilidade de conduta diversa; **C:** correta. No sistema penal clássico, de fato, a culpabilidade é definida como o vínculo psicológico entre o sujeito e o fato típico e antijurídico por ele praticado. Referido vínculo, é bom destacar, é representado pelo dolo ou pela culpa, que, portanto, integram a culpabilidade. O conceito ora dado decorre da ação da teoria psicológica da culpabilidade, compatível, frise-se, com o sistema clássico; **D**: incorreta. Para a teoria funcional, encabeçada por Günther Jakobs, "a culpabilidade representa uma falta de fidelidade do sujeito no tocante ao ordenamento jurídico, que deve ser a qualquer custo respeitado. Sua autoridade somente se atinge com a reiterada aplicação da norma penal, necessária para alcançar a finalidade de prevenção geral do Direito Penal" (MASSON, Cleber. *Direito Penal esquematizado – parte geral*. 7. ed. São Paulo: Método, 2013. v. 1, p. 461).

Gabarito "C"

(Delegado Federal – 1998 – CESPE) Acerca dos elementos constitutivos do crime(tipicidade, ilicitude e culpabilidade), julgue os itens a seguir.

(1) O potencial conhecimento da ilicitude do fato, para a teoria normativa, integra a culpabilidade.
(2) O erro de proibição exclui a ilicitude da conduta.

1: correta, visto que, de fato, para a denominada teoria normativa da culpabilidade (ou teoria normativa pura), o potencial conhecimento da ilicitude do fato (ou potencial consciência da ilicitude) é elemento integrante da culpabilidade. De acordo com este elemento, ao agente só será possível impor pena se, no momento de sua conduta, ao menos puder saber que seu comportamento é errado, profano. Trata-se de um conhecimento potencial, e não concreto; **2**: incorreta, pois o erro de proibição (ou erro sobre a ilicitude do fato – art. 21 do CP) tem o condão de excluir a potencial consciência da ilicitude, e, portanto, a culpabilidade.

Gabarito 1C, 2E

(Agente de Polícia Federal – 2004 – CESPE) No item seguinte é apresentada uma situação hipotética, seguida de uma assertiva a ser julgada.

(1) Raul, funcionário público, cumprindo ordem não manifestamente ilegal de seu superior hierárquico, acabou por praticar crime contra a administração pública. Nessa situação, apenas o superior hierárquico de Raul será punível, ficando Raul isento de pena.

1: correta, visto que ao subordinado que pratica crime após receber ordem não manifestamente ilegal de superior hierárquico, não há outra escolha que não agir de acordo com a determinação superior. Assim, por estar diante da obediência hierárquica (art. 22 do CP), o subordinado ficará isento de pena, sendo punível apenas o autor da ordem, vale dizer, o superior hierárquico. Perceba que apenas a ordem não manifestamente ilegal acarretará, para o subordinado, a isenção de pena. Caso se tratasse de ordem manifestamente ilegal, evidentemente que superior hierárquico e subordinado responderiam pelo crime.

Gabarito 1C

(Agente de Polícia Federal – 2004 – CESPE) Julgue os seguintes itens, à luz do direito penal.

(1) O Código Penal, ao dispor que "é isento de pena o agente que, por doença mental ou desenvolvimento mental incompleto ou retardado, era, ao tempo da ação ou da omissão, inteiramente incapaz de entender o caráter ilícito do fato ou de determinar-se de acordo com esse entendimento", adotou o critério biológico de exclusão da imputabilidade.

(2) A coação física e a coação moral irresistíveis afastam a própria ação, não respondendo o agente pelo crime. Em tais casos, responderá pelo crime o coator.

(3) Segundo o Código Penal, a emoção e a paixão não são causas excludentes da imputabilidade penal.

1: incorreta, visto que o CP, em seu art. 26, ao tratar da inimputabilidade por doença mental, adotou o critério biopsicológico, segundo o qual a isenção de pena somente será cabível ao agente que, por doença mental ou desenvolvimento mental incompleto ou retratado (fator biológico), ao tempo do crime, fosse inteiramente incapaz de entender o caráter ilícito do fato ou de determinar-se de acordo com esse entendimento (fator psicológico); **2**: incorreta, pois apenas a coação física irresistível afasta a conduta, que deve ser consciente e voluntária. Já a coação moral irresistível afasta a culpabilidade, visto que o coato (ou coagido), ao sofrer a violência moral (grave ameaça), não tem outra saída que não realizar a conduta que lhe for determinada, sendo-lhe inexigível conduta diversa (art. 22 do CP); **3**: correta (art. 28, I, do CP).

Gabarito 1E, 2E, 3C

(Agente de Polícia Federal – 1998 – CESPE) Um fazendeiro, durante uma cavalgada pelas matas de suas terras, ouviu um ruído atrás de um arbusto e, sem receio de que se tratasse de uma onça, atirou na direção do vulto, vindo a descobrir que se tratava, na realidade, de um empregado da fazenda. O fazendeiro

(1) é inimputável, diante do nervosismo que o assolou no momento do disparo.

1: incorreta, visto que o nervosismo não é causa que afaste a culpabilidade, eis que não pode ser considerado fator determinante de inimputabilidade. Esta somente decorre da doença mental ou desenvolvimento mental incompleto ou retardado (art. 26 do CP), da menoridade relativa (art. 27 do CP) e da embriaguez completa e involuntária (art. 28, § 1º, do CP).

Gabarito 1E

(Agente de Polícia Federal – 1998 – CESPE) Considera-se inimputável

(1) quem se encontra em estado de embriaguez completa, proveniente de caso fortuito.

(2) quem se encontra emocionalmente afetado pela situação.

(3) o maior de oitenta anos.

(4) quem é, por loucura, inteiramente incapaz de entender o caráter ilícito do fato.

(5) a mulher, se estiver influenciada pelo estado puerperal.

1: correta (art. 28, § 1º, do CP). Também a embriaguez completa, proveniente de força maior, exclui a imputabilidade penal e, via de consequência, a culpabilidade; **2**: incorreta, pois a emoção e a paixão não excluem a imputabilidade penal (art. 28, I, do CP); **3**: incorreta, visto que a senilidade (velhice) não é considerada causa de inimputabilidade; **4**: correta, eis que o doente mental ou o portador de desenvolvimento mental incompleto ou retardado, desde que ao tempo do crime seja inteiramente incapaz de entender o caráter ilícito do fato ou de determinar-se de acordo com esse entendimento, será considerado inimputável (art. 26, *caput*, do CP); **5**: incorreta, dado que o estado puerperal não é considerada causa de inimputabilidade. Contudo, sua presença poderá redundar, para a mulher, a condenação por crime mais leve do que o homicídio, por exemplo (art. 123 do CP – infanticídio).

Gabarito 1C, 2E, 3E, 4C, 5E

(Delegado/AM) Na visão de Damásio de Jesus, na teoria finalista da ação, crime é o fato típico e ilícito. Portanto, segundo ele, a culpabilidade não faz parte do conceito de crime, sendo mero pressuposto de aplicação da pena. Assim, são requisitos da culpabilidade:

(A) imputabilidade, exigibilidade de conduta diversa e potencial consciência da ilicitude.

(B) imputabilidade, culpa e possibilidade de conhecimento do ilícito.

(C) imputabilidade, dolo e exigibilidade de conduta diversa .

(D) dolo, culpa e preterdolo.

A: correta, pois, de fato, são esses os elementos normativos que compõem a culpabilidade (teoria normativa pura da culpabilidade) no sistema finalista; **B, C** e **D:** incorretas, porque a culpa e dolo, na teria finalista, saíram da culpabilidade e foram inseridos na conduta, compondo o fato típico.

Gabarito "A"

(Delegado/AM) A coação moral irresistível é causa de

(A) extinção de punibilidade.

(B) exclusão de culpabilidade.

(C) exclusão da antijuridicidade.

(D) diminuição especial da pena.

A culpabilidade é composta de três elementos: imputabilidade, potencial consciência da ilicitude e exigibilidade da conduta diversa. No caso, a questão trata da coação moral irresistível, que é causa dirimente (ou excludente) da culpabilidade quanto ao elemento exigibilidade da conduta diversa, uma vez que não se pode exigir do coagido que tenha uma conduta diferente, diante da intimidação e promessa de mal grave e iminente realizada pelo coator.

Gabarito "B"

(Delegado/BA – 2008 – CEFETBAHIA) Um jovem pretende roubar transeuntes no centro da cidade, mas não tem coragem suficiente para isso, razão pela qual se embriaga dolosamente, com o intuito de praticar os pretendidos atos criminosos.

Diante dessa situação, a doutrina penal reconhece que

(A) ele não responderá pelos crimes cometidos, ante sua semi-imputabilidade.

(B) a ele se aplica a teoria da *actio libera in causa.*

(C) a sua embriaguez voluntária dolosa é causa de diminuição de pena.

(D) a sua consciência se viu abalada pela embriaguez, respondendo ele parcialmente por seus atos.

(E) ele é inimputável.

A: incorreta, pois a semi-imputabilidade só ocorre quando se tratar de embriaguez incompleta e involuntária (art. 28, § 2º, do CP); **B:** correta (art. 28, II, do CP). No caso, aplica-se a teoria da *actio libera in causa* (ação livre na causa), segundo a qual o juiz deve analisar a imputabilidade do agente no momento em que se embriagou, antes da conduta delituosa. Assim, se no momento de se embriagar a conduta foi voluntária, o agente deve responder pelo delito. A única embriaguez que exclui a culpabilidade do agente, diante da inimputabilidade, é a completa (fases da excitação, depressão e litargia. Na segunda fase já é completa) e involuntária ou acidental (caso fortuito ou força maior), em que há a supressão total de uma das capacidades mentais (capacidade de entendimento e de autodeterminação), hipótese em que há a isenção da pena (art. 28, § 1º, do CP). Já na embriaguez incompleta e involuntária, que reduz uma das capacidades mentais, há a diminuição da pena (art. 28, § 2º, do CP). Cumpre ainda salientar que, no caso em questão, configurou-se a embriaguez preordenada (voluntária e dolosa), em que a pessoa quer se embriagar, com o fim de cometer o crime almejado. Nesse caso, além de responder pelo delito, haverá a incidência da circunstância agravante genérica, prevista no art. 61, II, "l", do CP; **C:** incorreta, pois na embriaguez voluntária e dolosa o agente responde pelo crime praticado, sem a redução da pena; **D:** incorreta, pois no caso a embriaguez não foi involuntária, a única que influi na capacidade mental do agente; **E:** incorreta, pois somente há inimputabilidade na embriaguez completa e involuntária.

Gabarito "B"

(Delegado/BA – 2006 – CONSULPLAN) Qual modalidade de embriaguez exclui a imputabilidade? Marque a alternativa correta:

(A) A embriaguez não acidental completa.

(B) A embriaguez não acidental incompleta.

(C) A embriaguez incompleta proveniente de caso fortuito ou força maior.

(D) A embriaguez preordenada.

(E) N. R. A

A e **B:** incorretas. Em regra, no caso de embriaguez, aplica-se a teoria da *actio libera in causa (*ação livre na causa*)*, segundo a qual o juiz deve analisar a imputabilidade do agente no momento em que se embriagou, antes da conduta delituosa. Assim, se no momento de se embriagar a conduta foi voluntária (ou não acidental), o agente deve responder pelo delito, independente de ser completa ou incompleta (art. 28, II, do CP); **C:** incorreta. A única embriaguez que exclui a culpabilidade do agente, diante da inimputabilidade, é a completa (fases da excitação, depressão e litargia. Na segunda fase já é completa) e involuntária ou acidental (caso fortuito ou força maior), em que há a supressão total de uma das capacidades mentais (capacidade de entendimento e de autodeterminação), hipótese em que há a isenção da pena (art. 28, § 1º, do CP). Já na embriaguez incompleta e involuntária, que reduz uma das capacidades mentais, há a diminuição da pena (art. 28, § 2º, do CP); **D:** incorreta. Configura-se a embriaguez preordenada (voluntária e dolosa), quando a pessoa quer se embriagar, com o fim de cometer o crime almejado. Nesse caso, além de responder pelo delito, haverá a incidência da circunstância agravante genérica, prevista no art. 61, II, "l", do CP. **E:** correta, vez nenhuma alternativa anterior é verdadeira.

Gabarito "E"

(Delegado/DF – 2004) A prática de fato definido como crime por obediência à ordem ilegal de superior hierárquico

(A) não exclui a culpabilidade, já que ilegal a ordem.
(B) exclui a culpabilidade, se não manifestamente ilegal a ordem.
(C) exclui a ilicitude, por estrito cumprimento de dever legal.
(D) exclui o dolo, porque não há potencial conhecimento da licitude do fato.
(E) exclui o nexo causal, por irrelevância da condição antecedente.

A culpabilidade é composta por três elementos, quais sejam, a imputabilidade (capacidade psicológica de entender o caráter ilícito do fato e de determinar-se de acordo com esse entendimento), a potencial consciência da ilicitude (possibilidade de entender o caráter ilícito do fato) e a exigibilidade de conduta diversa (possibilidade de agir de acordo com o ordenamento jurídico e exigir conduta diversa). Tais elementos possuem causas excludentes, que, quando verificadas, afastarão a culpabilidade do agente. A questão em análise trata da estrita obediência à ordem **não manifestamente ilegal** de superior hierárquico, que exclui a exigibilidade de conduta diversa do subordinado (art. 22 do CP), somente sendo punível o autor da ordem, incidindo a agravante genérica prevista no art. 62, III, do CP. Nesse caso, não há que se falar em concurso de pessoas, mas de autoria mediata. Todavia, se a ordem era manifestamente ilegal, tanto o superior hierárquico (art. 62, III, do CP) quanto o subordinado (art. 65, III, "c", do CP) serão condenados, o que caracteriza o concurso de pessoas. A conduta esperada do subordinado era que comunicasse os órgãos superiores da ordem ilegal e não que a cumprisse, sendo-lhe exigida conduta diversa.

Gabarito "B"

(Delegado/DF – 2004) A inimputabilidade por doença mental ou desenvolvimento mental incompleto ou retardado, conforme o que prescreve o Código Penal, adapta-se à teoria:

(a) biológica;
(b) psicológica;
(c) biopsicológica;
(d) social;
(e) normativa.

A: incorreta, pois segundo a teoria psicológica bastaria a doença mental ou desenvolvimento mental incompleto ou retardado, presumindo a inimputabilidade de forma absoluta. Cumpre salientar que a teoria biológica foi adotada pelo Código Penal, de forma excepcional, com relação aos menores de dezoito anos; **B:** incorreta, porque bastaria o indivíduo demonstrar a falta de capacidade de entender o caráter ilícito do fato ou de determinar-se de acordo com esse entendimento; **C:** correta. Para a teoria biopsicológica, a inimputabilidade exige a demonstração de existência de doença mental ou desenvolvimento mental incompleto ou retardado, e que em razão dela o agente não tinha a capacidade de entender o caráter ilícito do fato ou de determinar-se de acordo com esse entendimento, no momento da conduta. Exige-se o laudo pericial.; **D** e **E:** incorretas, pois não se fala em teoria social ou normativa no tocante à inimputabilidade penal.

Gabarito "C"

(Delegado/GO – 2003 – UEG) Em relação à menoridade penal (art. 27, CP), considere as seguintes proposições:

I. O sistema penal brasileiro adota como regra, em caráter absoluto, o critério puramente biológico para efeito da imputabilidade penal.
II. Embora o fato seja típico, antijurídico e culpável, se o agente pratica o ato punível no dia em que completa a idade de 18 anos não poderá sofrer sanção penal, uma vez que ainda não tinha imputabilidade penal no dia do seu cometimento.
III. Para efeito de caracterização do crime de quadrilha (art. 288, CP), é irrelevante que, do bando de quatro elementos, três não tenham alcançado maioridade penal.
IV. Incorre em infração penal prevista na Lei n. 8.069/1990 – ECA, com a aplicação da pena pecuniária, a autoridade policial ou judicial que divulga, total ou parcialmente, sem a autorização devida, por qualquer meio de comunicação, nome, ato ou documento de procedimento policial relativo a criança e adolescente.

Marque a alternativa CORRETA:

(A) As proposições I e II são verdadeiras.
(B) As proposições I e III são verdadeiras.
(C) As proposições I e IV são verdadeiras.
(D) As proposições II e IV são verdadeiras.

I: correta, desde que estejamos tratando da imputabilidade penal no que diz respeito exclusivamente à idade do agente. Assim, nos termos do art. 27 do CP, os menores de 18 (dezoito) anos são penalmente inimputáveis, aplicando-se-lhes o ECA. Nesse caso, o CP adotou a teoria biológica, pouco importando o aspecto psicológico de eventual autor de infração penal; **II:** incorreta, uma vez que no 18º aniversário o agente já é considerado culpável, sendo-lhe cabível a responsabilização penal. Quando o agente ainda não completou dezoito anos, ele estará sujeito às normas do ECA, sendo-lhe aplicável medida socioeducativa ou medida protetiva, em razão da prática de ato infracional; **III:** correta. O crime de quadrilha (atualmente denominado de associação criminosa) é modalidade de crime plurissubjetivo ou de concurso necessário, o qual exige a pluralidade de agentes (mais de duas pessoas), que podem ou não ser culpáveis; **IV:** incorreta, uma vez que tal conduta configura a infração administrativa prevista no art. 247 da Lei 8.069/1990 – ECA e não infração penal.

Gabarito "B"

(Delegado/GO – 2003 – UEG) Considere os itens abaixo:

A imputabilidade penal é a plena capacidade de querer, de entender e, por conseguinte, de responder pela infração penal cometida. Assim, no direito positivo brasileiro,

I. a teoria limitada da culpabilidade disciplina várias espécies de erro, com a exclusão do erro de tipo permissivo.
II. a teoria da culpabilidade é integrada pela consciência da ilicitude, fazendo a distinção entre erro de proibição direto e indireto.
III. o erro de tipo exclui o dolo, permitindo, entretanto, a punição por crime culposo.
IV. o erro de tipo acidental é relativo a elementos do tipo objetivo.

Marque a alternativa CORRETA:

(A) Os itens I e II são verdadeiros.
(B) Os itens I e III são verdadeiros.
(C) Os itens II e III são verdadeiros.
(D) Os itens II e IV são verdadeiros.

I: incorreta, uma vez que a teoria limitada não exclui o erro de tipo permissivo. Inclusive, a teoria limitada distingue a descriminante putativa por erro de tipo permissivo (quanto aos pressupostos fáticos da causa excludente da ilicitude) e descriminante putativa por erro de proibição indireto (quanto à existência e limites da causa excludente da ilicitude); **II:** correta. De fato, um dos elementos da culpabilidade é a potencial consciência da ilicitude, cuja causa de exclusão é o erro de proibição. Há três espécies de erro de proibição: 1 – direto (é o desconhecimento do conteúdo de uma lei proibitiva), 2 – indireto (é a descriminante putativa por erro de proibição), 3 – mandamental (quando o desconhecimento recai no dever de agir para impedir o resultado); **III:** correta (art. 20 do CP); **IV:** incorreta, dado que o erro de tipo acidental (sobre fatores irrelevantes, não afastando a responsabilidade penal), recai sobre o objeto material (pessoa ou coisa sobre a qual recai a conduta), as qualificadoras, o nexo causal (*aberratio causae*) e a execução (*aberratio ictus e aberratio criminis*).

Gabarito "C"

(Delegado/MG – 2008) Quanto à imputabilidade penal, assinale a afirmativa *CORRETA*.

(A) A embriaguez preordenada só agravará a pena quando completa, revelando maior censurabilidade da conduta já que o agente coloca o estado de embriaguez como primeiro momento da execução do crime.
(B) A emoção e a paixão, mesmo quando causarem completa privação dos sentidos e da inteligência, não excluem a culpabilidade, exceto se forem estados emocionais patológicos.
(C) Em todos os casos de inimputabilidade, se aplica a medida de segurança de internação, podendo, entretanto, ser apenas reduzida a pena ou aplicada medida de segurança de tratamento ambulatorial aos casos de semi-imputabilidade.
(D) O critério normativo é exceção no sistema brasileiro que, em regra, trabalha com o critério biológico para aferição da imputabilidade penal.

A: incorreta (art. 61, II, "l", do CP), pois a embriaguez preordenada não precisa ser completa para configurar circunstância agravante genérica; **B:** correta (art. 28, I, do CP). De fato, a emoção e a paixão não excluem a imputabilidade penal, salvo se patológicas, caso em que se aplicará o art. 26, *caput*, do CP; **C:** incorreta. É possível que a inimputabilidade resulte de dependência, ou sob o efeito, proveniente de caso fortuito ou força maior, de droga. Nesse caso, o juiz poderá determinar, na sentença, o encaminhamento do réu para tratamento médico adequado (art. 45, 46, 47, da Lei 11.343/2006). Ainda, a medida de segurança pode ser aplicada mediante internação ou tratamento ambulatorial (art. 97 do CP). **D:** incorreta. É certo que o critério adotado é o biopsicológico, exigindo a existência de doença mental, além da incapacidade para entender o caráter ilícito do fato ou de determinar-se de acordo com esse entendimento, no momento da conduta. Excepcionalmente, adota-se o critério biológico, no tocante aos menores de 18 anos, em que se presume a inimputabilidade.

Gabarito "B".

(Delegado/MG – 2007) Considerando as teorias acerca da culpabilidade, todas as alternativas estão corretas, EXCETO:

a) Para a teoria normativa, a culpabilidade é constituída pela imputabilidade, exigibilidade de conduta diversa, dolo e culpa.
b) A teoria social da ação, ao pretender que a ação seja entendida como conduta socialmente relevante, deslocou o dolo e a culpa do tipo para a culpabilidade.
c) São elementos da culpabilidade para a concepção finalista a imputabilidade, a potencial consciência sobre a ilicitude do fato e a exigibilidade de conduta diversa.
d) São elementos da culpabilidade para a teoria normativa pura a imputabilidade, a consciência potencial da ilicitude e a exigibilidade de conduta diversa.

A: correta, visto que de acordo com a teoria normativa ou psicológico-normativa da culpabilidade, esta era constituída pela imputabilidade, exigibilidade de conduta diversa e dolo ou culpa); **B:** incorreta, pois, para a teoria social da ação, criada por Johaness Wessels, a conduta corresponde ao comportamento humano com transcendência social, capaz de interferir na sociedade, produzindo, assim, um resultado socialmente relevante; **C** e **D:** corretas. De fato, para a teoria ou sistema finalista, criado por Hans Welzel, a culpabilidade é formada pela conjugação da imputabilidade, potencial consciência da ilicitude e exigibilidade de conduta diversa, sendo certo que dolo e culpa migraram da culpabilidade para o fato típico (teoria normativa).

Gabarito "B".

(Delegado/MT – 2006 – UFMT) A ordem de superior hierárquico pode ser legal ou ilegal. Se legal, não comete crime o subordinado nem o superior. Se ilegal, pode ser manifestamente ilegal ou não manifestamente ilegal. Se não manifestamente ilegal, a conduta do subordinado

(A) não constitui fato típico e antijurídico, daí não ser crime.
(B) constitui fato típico e antijurídico, embora seja causa de exclusão da culpabilidade.
(C) é espécie de causa extralegal de exclusão da ilicitude.
(D) é considerada atípica.
(E) é punível, por ser típica e antijurídica.

A: incorreta, pois a conduta do subordinado diante de uma ordem não manifestamente ilegal será considerada típica e antijurídica, afastando-se, no entanto, a culpabilidade, ante a inexigibilidade de conduta diversa (art. 22 do CP); **B:** correta, visto que quem age, na condição de subordinado, após receber uma ordem não manifestamente ilegal de superior hierárquico, pratica fato típico e antijurídico, excluindo-se, como dito anteriormente, a culpabilidade; **C:** incorreta, porque a obediência hierárquica a ordem não manifestamente ilegal configura causa excludente da culpabilidade, que não se confunde com as causas excludentes da ilicitude, tais como o estado de necessidade e a legítima defesa (arts. 23 a 25, todos do CP); **D:** incorreta, visto que a conduta do subordinado, diante de ordem não manifestamente ilegal, será típica;. **E:** incorreta, uma vez que a causa excludente da culpabilidade em questão tornará o subordinado isento de pena, respondendo pelo crime apenas o superior hierárquico, verdadeiro autor mediato do ilícito perpetrado pelo subordinado (art. 22 do CP).

Gabarito "B".

(Delegado/PB – 2009 – CESPE) Assinale a opção correta relacionada à imputabilidade penal, considerando um caso em que o laudo de exame médico-legal psiquiátrico não foi capaz de estabelecer o nexo causal entre o distúrbio mental apresentado pelo periciado e o comportamento delituoso.

(A) O diagnóstico de doença mental é suficiente para tornar o agente inimputável.
(B) A doença mental seria atenuante quando considerada a dosimetria da pena, devendo o incriminado cumprir de um sexto a um terço da pena.
(C) Trata-se de caso de aplicação de medidas de segurança.
(D) Deverá ser realizada nova perícia.
(E) O agente deve ser responsabilizado criminalmente.

No que concerne à aferição da imputabilidade do agente, o critério adotado foi o *biopsicológico*, conforme se depreende do art. 26 do CP, que representa uma conjugação dos critérios *biológico* e *psicológico*. Por tal critério, é considerado inimputável aquele que, por força do distúrbio mental de que padece era, no momento da conduta, totalmente incapaz de compreender o caráter ilícito do fato ou de determinar-se de acordo com esse entendimento. À falta de elementos que demonstrem o nexo entre o distúrbio e a conduta criminosa, o agente deverá ser responsabilizado.

Gabarito "E".

(Delegado/PB – 2009 – CESPE) Um jovem religioso, fervoroso e abstêmio, durante uma comemoração de casamento, ingeriu aguardente. Transtornado e embriagado, agrediu sua companheira com golpes de faca, completamente descontrolado. A situação acima descreve um exemplo de embriaguez

(A) por força maior.
(B) dolosa.
(C) preterdolosa.
(D) proveniente de caso fortuito.
(E) acidental.

Art. 28, II, do CP.

Gabarito "D".

(Delegado/PR – 2007) Sobre a imputabilidade penal, considere as seguintes afirmativas:

1. Não excluem a imputabilidade penal a emoção ou a paixão, a embriaguez voluntária ou culposa, pelo álcool ou substância de efeitos análogos.
2. São relativamente inimputáveis os menores com idade compreendida entre 18 e 21 anos, ficando sujeitos às normas estabelecidas na legislação especial.
3. É isento de pena o agente que, por embriaguez completa, proveniente de caso fortuito ou força maior, age amparado na *"actio libera in causa"*.
4. É isento de pena o agente que, por desenvolvimento mental incompleto ou retardado, era, ao tempo da ação ou omissão, inteiramente incapaz de entender o caráter ilícito do fato.

Assinale a alternativa correta.

(A) Somente as afirmativas 1, 2 e 3 são verdadeiras.
(B) Somente as afirmativas 2, 3 e 4 são verdadeiras.
(C) Somente as afirmativas 2 e 3 são verdadeiras.
(D) Somente as afirmativas 2 e 4 são verdadeiras.
(E) Somente as afirmativas 1 e 4 são verdadeiras.

1: correta (art. 28, I e II, do CP); **2**: incorreta, visto que o art. 27 do CP considera inimputáveis, sujeitos à legislação especial (ECA), os menores de dezoito anos; **3**: incorreta, pois a teoria da "actio libera in causa" é aplicada exatamente para responsabilizar criminalmente aquela pessoa que se pôs na situação de embriaguez voluntária (dolosa ou culposa). Inexistirá responsabilidade penal caso a embriaguez seja completa e acidental (decorrente de caso fortuito ou força maior), caso em que o agente ficará isento de pena (art. 28, § 1°, do CP); **4**: correta (art. 26, *caput*, do CP).

Gabarito "E".

(Delegado/SP – 2011) São causas de inexigibilidade de conduta diversa:

(A) A inimputabilidade e o estado de necessidade
(B) A legítima defesa e o erro de proibição.
(C) A coação moral irresistível e a obediência hierárquica.
(D) O erro de tipo e o estrito cumprimento do dever legal.
(E) A coação física e o erro de proibição.

A: incorreta. A inimputabilidade é causa de exclusão da imputabilidade penal (arts. 26 e 27 do CP, por exemplo) e o estado de necessidade é causa excludente da ilicitude (arts. 23, I e 24, ambos do CP); **B:** incorreta. A legítima defesa é causa excludente da ilicitude (arts. 23, II e 25, ambos do CP) e o erro de proibição é causa excludente da culpabilidade por falta de potencial consciência da ilicitude do agente (art. 21 do CP); **C:** correta. De fato, são causas de inexigibilidade de conduta diversa, e, portanto, de exclusão da culpabilidade, a coação moral irresistível e a obediência hierárquica (art. 22 do CP); **D:** incorreta. O erro de tipo poderá ser causa de exclusão da tipicidade, quando invencível, afastando-se o dolo e a culpa (art. 20, *caput*, do CP). Já o estrito cumprimento do dever legal é causa excludente da ilicitude (art. 23, III, do CP); **E:** incorreta. A coação física afasta o próprio fato típico, mais precisamente, a conduta, ao passo que o erro de proibição é causa de exclusão da culpabilidade (falta de potencial consciência da ilicitude do fato pelo agente).

Gabarito "C"

(Delegado/SP – 2008) Determinada construção teórica, ao considerar a existência de pessoas que têm um menor âmbito de autodeterminação – assim tendendo ao crime por carências crônicas de fundo social – prega que a reprovação decorrente da prática de uma infração penal seja dirigida conjuntamente ao Estado e ao agente, se verificada, no caso concreto, tal desigualdade de oportunidade de vida. Trata-se da ideia central da

(A) coculpabilidade.
(B) tipicidade conglobante.
(C) imputação objetiva.
(D) teoria de confiança.
(E) teoria dos elementos negativos do tipo.

São hipóteses nas quais a reprovação é exercida de forma compartilhada sobre o Estado e sobre o autor da infração penal, isso porque, segundo é sustentado, o Estado falhou, deixando de proporcionar a todos igualdade de oportunidades. Por essa razão, alguns tendem ao crime por falta de opção. Há autores que defendem, para esses casos, a aplicação da atenuante contida no art. 66 do Código Penal.

Gabarito "A"

12. PENAS, CONCURSO DE CRIMES E EFEITOS DA CONDENAÇÃO

(Delegado/RO – 2014 – FUNCAB) Em relação ao concurso de crimes, é INCORRETO afirmar:

(A) No concurso formal perfeito, aplica-se ao agente a mais grave das penas cabíveis ou, se iguais, somente uma delas, mas aumentada, em qualquer caso, de um sexto até metade.
(B) No concurso material, aplica-se a regra da cumulação das penas.
(C) No concurso formal heterogêneo, uma só ação dá causa a diversos crimes de natureza diversa como, por exemplo, lesão corporal e homicídio.
(D) Não é admitido, no ordenamento jurídico brasileiro, o reconhecimento do crime continuado entre infrações da mesma espécie, praticadas em condições de tempo e de lugar semelhantes, sob o mesmo modo de agir, contra vítimas diferentes, cometidas com violência ou grave ameaça à pessoa.
(E) No concurso formal imperfeito, aplicam-se ao agente as penas cumulativamente.

A: correta. No concurso formal perfeito ou próprio, que pressupõe que o agente aja sob um único desígnio delituoso, aplicar-se-á a pena do crime mais grave, ou, sendo os crimes iguais, apenas uma delas, aumentada, porém, de um sexto até metade (art. 70, *caput*, primeira parte, do CP); **B:** correta. No concurso material, as penas impostas para cada um dos crimes serão somadas, aplicando-se o critério do cúmulo material (art. 69, CP); **C:** correta. Diz-se concurso formal heterogêneo o fato de o agente, mediante uma só ação ou omissão, praticar dois ou mais crimes diversos, em contraposição ao concurso formal homogêneo, no qual os crimes são idênticos; **D:** incorreta, devendo ser assinalada. Haverá continuidade delitiva, denominada de específica, quando o agente, mediante mais de uma ação ou omissão, praticar dois ou mais crimes da mesma espécie, desde que em circunstâncias de tempo, lugar e modo de execução semelhantes. Caso os crimes sejam praticados sejam dolosos, cometidos mediante grave ameaça ou violência à pessoa, contra vítima diferentes, será possível ao magistrado aplicar uma só pena (a mais grave, se os crimes forem diversos, ou apenas uma, se idênticos), mas aumentada até o triplo; **E:** correta. Verifica-se o concurso formal imperfeito ou impróprio quando o agente, mediante uma só ação ou omissão, pratica dois ou mais crimes, idênticos ou não, com desígnios autônomos (ou pluralidade de desígnios), caso em que as penas serão aplicadas cumulativamente. Aqui, não incidirá o critério da exasperação (cabível apenas, em caso de concurso formal, quando o agente age com unidade de desígnios), mas, sim, o cúmulo material.

Gabarito "D"

(Delegado de Polícia/GO – 2013 – UEG) O sistema penitenciário que prega o trabalho dos presos nas celas e, posteriormente, a realização de tarefas em pequenos grupos, durante o dia e em silêncio, é característica do sistema

(A) inglês.
(B) auburniano.
(C) filadélfico.
(D) reformatório.

A: incorreta. Pelo sistema inglês (ou progressivo), o cumprimento da pena se dividia em três fases, a saber: 1ª) Isolamento celular diurno e noturno; 2ª) Trabalho em comum sob regra de silêncio e; 3ª) Liberdade condicional; **B:** correta. O sistema auburniano, cuja origem remonta à construção de uma penitenciária na cidade de Auburn, no Estado de New York, nos EUA, preconizava o trabalho coletivo dos presos nas celas, durante o dia, sob absoluto silêncio, com recolhimento solitário no período noturno. No sistema inglês, o isolamento celular ocorria em ambos os períodos (diurno e noturno), diferentemente do auburniano, que, como visto, admitia trabalho coletivo dos presos durante o dia (portanto, sem isolamento celular diurno); **C:** incorreta. O sistema filadélfico, também chamado de pensilvânico (também conhecido como sistema belga ou celular), baseava-se na absoluta "solidão" do sentenciado, que permanecia incomunicável, inclusive com relação aos outros presos. Preconizava-se a disseminação de convicções religiosas, incentivando-se, inclusive, a leitura da bíblia sagrada. A recuperação do condenado, evidentemente, não figurava como prioridade desse sistema; **D:** incorreta. O sistema reformatório, baseado no sistema progressivo, destinava-se aos jovens adultos e aos adolescentes infratores, encontrando grande destaque nos EUA. Assentava-se na ideia de vigilância após o cumprimento da pena, com vistas à reeducação e reinserção social do egresso.

Gabarito "B"

(Delegado Federal – 2013 – CESPE) A respeito da pena pecuniária, julgue o item abaixo.

(1) A multa aplicada cumulativamente com a pena de reclusão pode ser executada em face do espólio, quando o réu vem a óbito no curso da execução da pena, respeitando-se o limite das forças da herança.

1: incorreta. Nada obstante a pena de multa seja dívida de valor, nos termos do art. 51 do CP, é certo que se trata de sanção penal e, portanto, intransmissível aos herdeiros. Afinal, a pena não passará da pessoa do condenado (art. 5º, XLV, da CF/1988), conforme enuncia o princípio da pessoalidade. Eventuais efeitos civis poderão ser estendidos aos sucessores, nos limites da herança. Porém, repita-se, a pena de multa não é efeito civil, mas, sim, penal. Afinal, a multa é uma das espécies de pena (art. 32, III, do CP).

Gabarito 1E

(Delegado Federal – 2013 – CESPE) Em relação aos efeitos da condenação, julgue o item que se segue.

(1) Considere que uma mulher, maior e capaz, chegue a casa, logo após ter sido demitida, e, nervosa, agrida, injustificada e intencionalmente, seu filho de dois anos de idade, causando-lhe lesões corporais de natureza leve. Nessa situação hipotética, caso essa mulher seja condenada pela referida agressão após o devido processo legal, não caberá, como efeito da condenação, a decretação de sua incapacidade para o exercício do poder familiar, nos termos do CP.

1: correta. Os efeitos secundários da condenação criminal, previstos no art. 92, II, do CP, somente incidirão para os crimes dolosos punidos com *reclusão*. Confira-se: "São também efeitos da condenação: (...) II – a incapacidade para o exercício do pátrio poder, tutela ou curatela, nos crimes dolosos, sujeitos à pena de reclusão, cometidos contra filho, tutelado ou curatelado". Na assertiva em tela fica claro que a mulher praticou o crime de lesões corporais de natureza leve, previsto no art. 129, *caput*, do CP, punido com *detenção*, de 3 (três) meses a 1 (um) ano. Logo, não haverá a perda do poder familiar da mãe com relação ao filho agredido.

Gabarito 1C

(Delegado/AP – 2010) Relativamente ao concurso de crimes, assinale a afirmativa incorreta:

(A) O concurso material ocorre quando o agente, mediante mais de uma ação ou omissão, pratica dois ou mais crimes, idênticos ou não.
(B) Na presença de um concurso formal, aplica-se ao agente a mais grave das penas cabíveis ou, se iguais, somente uma delas, mas aumentada, em qualquer caso, de um sexto até metade, salvo se a ação ou omissão é dolosa e os crimes concorrentes resultam de desígnios autônomos (hipótese em que as penas aplicam-se cumulativamente).
(C) Quando se tratar de crime continuado, aplica-se ao agente a pena de um só dos crimes, se idênticas, ou a mais grave, se diversas, aumentada, em qualquer caso, de um sexto a dois terços.
(D) Quando se tratar de crime continuado em que os crimes sejam dolosos, contra vítimas diferentes, cometidos com violência ou grave ameaça à pessoa, o juiz poderá, observados os artigos 70, 71 e 74 do Código Penal, aumentar a pena mais grave até o triplo.
(E) No concurso de crimes, as penas de multa são aplicadas de acordo com as regras aplicáveis às penas privativas de liberdade.

A: correta (art. 69, *caput*, do CP). O concurso material pode ser homogêneo (quando idênticos os crimes) ou heterogêneo (quando diversos os crimes); **B:** correta (art. 70, *caput*, do CP). O concurso formal se caracteriza quando o agente, mediante uma única conduta, pratica dois ou mais crimes. Pode ser homogêneo (quando os crimes são idênticos) ou heterogêneo (quando os crimes são diversos); perfeito (ou próprio, quando o agente não tem desígnios autônomos) ou imperfeito (ou impróprio, quando o agente age com desígnios distintos para cada resultado). Nesse caso, por se tratarem de crimes dolosos, aplica-se o sistema do cúmulo material (e não o da exasperação), em que as penas são somadas, como ocorre no concurso material de crimes; **C:** correta (art. 71, *caput*, do CP). O crime continuado pode ser simples ou comum (as penas dos delitos são idênticas) ou qualificado (as penas dos crimes são distintas); **D:** correta (art. 71, parágrafo único, do CP). Trata-se do crime continuado específico, em que os crimes são praticados contra vítimas distintas, mediante violência ou grave ameaça à pessoa. A pena poderá ser aumentada de 1/6 até o triplo, de acordo com o número de crimes praticados; **E:** incorreta, já que o art. 72 do CP diz que no concurso de crimes, as penas de multa são aplicadas distinta e integralmente. Ou seja, adotou-se o sistema do cúmulo material, independente da espécie de concurso de crimes.

Gabarito "E"

(Delegado/AP – 2010) Relativamente ao *concurso de crimes*, analise as afirmativas a seguir.

I. A pena será ainda agravada em relação ao agente que promove, ou organiza a cooperação no crime ou dirige a atividade dos demais agentes.

II. A pena será ainda agravada em relação ao agente que coage ou induz outrem à execução material do crime.

III. A pena será ainda agravada em relação ao agente que instiga a cometer o crime alguém não punível em virtude de condição.

Assinale:

(A) se somente a afirmativa I estiver correta.
(B) se somente a afirmativa II estiver correta.
(C) se somente a afirmativa III estiver correta.
(D) se somente as afirmativas II e III estiverem corretas.
(E) se todas as afirmativas estiverem corretas.

I: correta (art. 62, I, do CP); **II**: correta (art. 62, II, do CP); **III**: correta (art. 62, III, do CP).

Gabarito "E"

(Delegado/ES – 2006 – CESPE) Ainda em relação a normas pertinentes à parte geral do Código Penal, julgue os itens seguintes.

(1) O ordenamento jurídico em vigor veda a conversão da pena de multa em detenção. A multa é considerada dívida, e seu valor deve ser inscrito na dívida ativa se não for paga pelo condenado solvente.

1: correta, pois o § 2º do art. 51 do CP que tratava da conversão da pena de multa foi revogado. A atual redação do art., 51, *caput*, do CP estabelece que a multa, após o trânsito em julgado da sentença, será considerada dívida de valor, aplicando-se-lhe as normas da legislação relativa à dívida ativa da Fazenda Pública.

Gabarito "C"

(Delegado/MG – 2008) Com relação às penas, assinale a afirmativa *CORRETA*.

(A) A perda de cargo, função pública ou mandato eletivo, quando aplicada pena privativa de liberdade por tempo igual ou superior a um ano, é efeito específico da condenação penal destinado exclusivamente aos crimes funcionais.
(B) A prestação pecuniária não pode ser fixada em valor inferior a um salário mínimo somente se destinando à vitima ou seus dependentes nos casos de comprovado dano material e pode ter o valor pago deduzido do montante de eventual condenação em ação de reparação cível.
(C) A suspensão condicional da pena pode ser concedida ao reincidente em crime doloso apenado com pena de multa isolada ou em substituição à pena privativa de liberdade.
(D) Pode ser substituída a pena privativa de liberdade pela pena restritiva de direito ao crime culposo independentemente do *quantum* de pena aplicado, exceto no concurso com outros crimes culposos e em sendo o agente reincidente.

A: incorreta, pois o CP não restringiu esse efeito da condenação somente aos crimes funcionais (art. 92, I, *a*, do CP), mas em qualquer crime, desde que ocorrido no exercício das funções exercidas pelo agente; **B:** incorreta (art. 45, § 1º, do CP); **C:** correta (art. 77, § 1º, do CP); **D:** incorreta, porque a reincidência em crime culposo não impede a substituição da pena privativa de liberdade por restritiva de direitos (art. 44, I e II, do CP).

Gabarito "C"

(Delegado/MG – 2007) Com relação ao concurso de crimes é CORRETO afirmar que

(A) se, da aplicação da regra do concurso formal, a pena tornar-se superior à que resultaria do cúmulo material, deve-se seguir o critério do concurso material.
(B) na hipótese da *aberratio ictus* com unidade complexa aplica-se a regra do concurso material, pois é este sempre mais benéfico.
(C) o Código Penal adota para o crime continuado a teoria da unidade real, pela qual, os vários delitos constituem um único crime.
(D) no concurso material, quando ao agente tiver sido aplicada a pena privativa de liberdade, não suspensa, por um dos crimes, para os demais será cabível a substituição de que trata o art. 44 do Código Penal.

A: correta (art. 70, parágrafo único, do CP). Aqui, aplica-se o denominado cúmulo material benéfico; **B:** incorreta, pois, no caso de *aberratio ictus* com unidade complexa (ou duplo resultado), hipótese em que o agente, por erro na execução, atinge pessoa diversa da pretendida e, também, a própria vítima visada, responderá de acordo com a regra do concurso formal (art. 73 do CP); **C:** incorreta, visto que o CP, a respeito da continuidade delitiva (art. 71 do CP), adotou a teoria da ficção jurídica, segundo a qual cada uma das condutas perpetradas pelo agente são infrações penais autônomas, mas que, por ficção, serão consideradas um só ilícito penal. Já pela teoria da unidade real, embora o agente pratique diversas condutas que, por si mesmas, configurem crimes autônomas, haveria crime único. **D:** incorreta. Para a substituição de pena privativa de liberdade por restritiva de direitos, observar-se-á, em caso de concurso material, a soma das penas (critério do cúmulo material). Caso o total das penas supere quatro anos, não será admitida a substituição (art. 44 do CP).

Gabarito "A"

(Delegado/MT – 2006) A contagem do prazo da reincidência inicia-se

(A) com o trânsito em julgado da sentença condenatória do crime anterior e termina cinco anos depois de cumprida ou extinta a pena do crime anterior.
(B) na data do cometimento do crime anterior e termina cinco anos após o trânsito em julgado da sentença condenatória do crime anterior.
(C) na data do cometimento do crime anterior e termina com o trânsito em julgado da sentença condenatória do crime anterior.
(D) na data do cometimento do crime anterior e termina cinco anos depois de cumprida ou extinta a pena do crime anterior.

De fato, o art. 63 do CP, tratando da reincidência (cuja natureza jurídica, é bom que se lembre, é de circunstância agravante genérica, conforme art. 61, I, do CP), preconiza que esta se caracteriza quando o agente comete novo crime, depois de transitar em julgado a sentença que, no país ou no estrangeiro, o tenha condenado por crime anterior. Dá-se a "prescrição da reincidência", consoante art. 64, I, do CP, se entre a data do cumprimento ou extinção da pena e a infração posterior tiver decorrido período de tempo superior a 5 (cinco) anos.

Gabarito "A"

(Delegado/MT – 2006) João e Maria entraram num ônibus e anunciaram um assalto. João ficou apontando a arma de fogo para os passageiros do coletivo, enquanto Maria subtraía, para ambos, os bens de quatro passageiros e do cobrador.

Encerrada a empreitada, agindo com designo autônomo, João pratica ato libidinoso diverso de conjunção carnal com uma mulher que caminhava pela rua, passando a arma para Maria, que a mantinha apontada para a referida ofendida durante a realização do coito anal.

Nesse caso, é correto afirmar que:

(A) João responde por cinco roubos com duas causas de aumento de pena, na forma do concurso formal, em concurso material com o delito de atentado violento ao pudor, enquanto Maria responde apenas por cinco roubos com duas causas de aumento de pena, na forma de concurso formal.
(B) ambos respondem por um crime de roubo, agravado pelo emprego de arma e concurso de agentes.
(C) João responde por cinco roubos com duas causas de aumento de pena, na forma do concurso formal, em concurso material com o delito de atentado violento ao pudor, enquanto Maria responde apenas por cinco roubos com duas causas de aumento de pena, em continuidade delitiva.

(D) ambos respondem por cinco roubos com duas causas de aumento de pena, na forma do concurso formal, em concurso material com o delito de atentado violento ao pudor.

Considerando-se o enunciado proposto, verifica-se que João e Maria praticaram cinco crimes de roubo duplamente majorado (concurso de agentes e emprego de arma – art. 157, § 2º, I e II, do CP) num mesmo contexto fático, mediante uma só ação, direcionada, contudo, a cinco vítimas (quatro passageiros e o cobrador do ônibus), o que caracteriza o concurso formal de crimes (art. 70, do CP). Ato seguinte, ambos praticaram o crime de estupro (à época em que a questão foi elaborada, havia distinção entre os crimes de estupro e atentado violento ao pudor, o que, atualmente, não mais existe, haja vista a nova redação dada ao art. 213 do CP pela Lei 12.015/2009), que, por ter objetividade jurídica absolutamente diversa dos crimes patrimoniais perpetrados, deve gerar a imposição de pena na forma do art. 69 do CP (concurso material).

Gabarito "D"

(Delegado/MT – 2006 – UFMT) O concurso de crimes pode ser material, formal ou continuidade delitiva. Para o concurso material, em relação à graduação da pena, o Código Penal adotou o sistema

(A) da absorção.
(B) da acumulação jurídica.
(C) da responsabilidade única.
(D) do cúmulo material.
(E) da exasperação da pena.

De fato, quanto ao concurso material de crimes, o CP, em seu art. 69, adotou o sistema do cúmulo material, segundo o qual o agente responderá por cada um dos crimes cometidos, cujas penas serão somadas, diversamente do que ocorre, em regra, no concurso formal (art. 70 do CP) e continuidade delitiva (art. 71 do CP), espécies que adotam o sistema da exasperação (exceto no concurso formal imperfeito – art. 70, *caput*, parte final).

Gabarito "D"

(Delegado/SC – 2008) Detração é

(A) o restabelecimento da vigência de uma lei revogada pela revogação da lei que a tinha revogado. Ex: a lei "A" é revogada pela lei "B"; advém a lei "C", que revoga a lei "B" e diz que a lei "A" volta a viger.
(B) a inclusão no cálculo da pena privativa de liberdade e na medida de segurança, o tempo de prisão provisória, no Brasil ou no estrangeiro, o de prisão administrativa e o de internação em hospital de custódia e tratamento psiquiátrico ou outro estabelecimento adequado.
(C) o resgate pelo condenado, que cumpre pena em regime fechado ou semiaberto, de parte do tempo de execução da pena, pelo trabalho. A contagem do tempo para o fim de detração é feita à razão de um dia de pena por três de trabalho.
(D) a conversão da pena privativa de liberdade não superior a 2 (dois) anos em pena restritiva de direitos, desde que o condenado a esteja cumprindo em regime aberto, tenha sido cumprido pelo menos um quarto da pena e os antecedentes e a personalidade do condenado indiquem ser a medida recomendável.

Art. 42 do CP.

Gabarito "B"

(Delegado/SP – 2011) Com relação às penas restritivas de direitos é correto afirmar:

(A) Substituem somente as penas de reclusão.
(B) Substituem pena privativa de liberdade, em caso de crime praticado com grave ameaça.
(C) Não são aplicáveis ao reincidente específico
(D) Substituem qualquer tipo de pena.
(E) Não têm caráter autônomo

A: incorreta. As penas restritivas de direito substituem as penas privativas de liberdade, sejam elas de reclusão, detenção ou prisão simples. Basta ver que o art. 44, *caput*, do CP, não faz distinção entre as espécies de penas privativas de liberdade; **B:** incorreta. Descabe a substituição de pena privativa de liberdade por restritiva de direitos se o crime for praticado com grave ameaça ou violência à pessoa (art. 44, I, do CP); **C:** correta. Importa destacar que a reincidência em crime doloso, em princípio, afasta a possibilidade de substituição de pena privativa de liberdade por restritiva de direitos (art. 44, II, do CP). No entanto, poderá o juiz promover a substituição em tela ao condenado reincidente, desde que a medida seja socialmente recomendável e a reincidência não se tenha operado em virtude da prática do mesmo crime (leia-se: reincidência específica), nos termos do art. 44, § 3º, do CP; **D:** incorreta. As penas restritivas de direitos substituem as penas privativas de liberdade (art. 44, *caput*, do CP); **E:** incorreta, pois as penas restritivas de direitos são autônomas (art. 44, *caput*, do CP), ou seja, uma vez operada a substituição pela pena privativa de liberdade, não poderá ser com esta cumulada.

Gabarito "C"

(Delegado/SP – 2000) Estudando o nosso Código Penal verifica-se que no "concurso de crimes" as penas a serem aplicadas ao agente envolvido na prática de mais de um delito podem ser somadas no concurso

(A) material e no crime continuado, mas não no formal.
(B) formal, mas não no material.
(C) material, mas não no formal.
(D) material e no formal.

De fato, a soma das penas em matéria de concurso de crimes é admitida em dois casos: a) no caso de concurso material de crimes (art. 69 do CP) e; b) no caso de concurso formal imperfeito ou impróprio (art. 70, *caput*, parte final, do CP). No caso do concurso formal perfeito ou próprio (art. 70, *caput*, primeira parte, do CP) e na continuidade delitiva (art. 71 do CP), aplica-se a regra ou o critério da exasperação, ou seja, a pena final será aumentada em razão do concurso de crimes, não havendo soma delas. Perceba o candidato que o gabarito foi um pouco "genérico", visto que, em princípio, não se aplica a soma das penas no concurso formal, salvo se se tratar de concurso formal imperfeito ou impróprio, como dito anteriormente.

Gabarito "D"

(Delegado/SP – 2000) Estudando o nosso Código Penal verifica-se que a denominada "circunstância inominada" também conceituada como "atenuante inominada" permite a redução de pena face circunstância relevante

(A) anterior ao crime e não posterior ao crime.
(B) anterior ou posterior ao crime.
(C) posterior ao crime e não anterior ao crime.
(D) elencada no rol das atenuantes e das agravantes.

De fato, a chamada atenuante inominada, prevista no art. 66 do CP, permite que a pena possa ser atenuada em razão de circunstância relevante, seja anterior ou posterior ao crime, ainda que não prevista expressamente em lei. É o caso do agente que viveu em um ambiente absolutamente insalubre do ponto de vista psicológico (pai alcoólatra, mãe prostituta, irmão traficante...). Embora não seja motivo para eximir a responsabilidade penal, poderá o juiz considerar tal circunstância para atenuar a pena.

Gabarito "B"

(Delegado/SP – 1999) O tipo de concurso de crimes que está previsto e que eventualmente poderá ocorrer na figura do erro na execução "*aberratio ictus*" e no resultado diverso do pretendido "aberratio criminis" é o denominado

(A) formal no erro na execução e material no resultado diverso do pretendido.
(B) formal nas duas hipóteses.
(C) material nas duas hipóteses.
(D) material no erro na execução e crime continuado no resultado diverso do pretendido.

De fato, se o agente incidir em erro na execução (*aberratio ictus*) e atingir mais de uma pessoa, responderá por ambos os resultados em concurso formal, consoante art. 73 do CP. O mesmo ocorrerá se o agente, por erro ou acidente na execução, produzir resultado diverso do pretendido. Assim, caso produza dois resultados (o inicialmente querido e o diverso do pretendido), responderá por ambos em concurso formal (art. 74 do CP). No primeiro caso, fala-se em *aberratio ictus* com resultado duplo ou unidade complexa. No segundo caso, fala-se em *aberratio criminis* com resultado duplo ou unidade complexa.

Gabarito "B"

(Delegado/SP – 1999) Como sabemos por recente legislação que as penas restritivas de direito sofreram alterações no seu elenco e nas hipóteses de substituição nas penas privativas da liberdade. O condenado por determinado crime, praticado na sua forma culposa, que recebeu a pena de detenção de quatro anos

(A) não mais poderá receber o benefício da substituição, embora pudesse pela legislação alterada.
(B) poderá agora receber o benefício da substituição já que o limite imposto pela nova legislação, na hipótese, passou para quatro anos.
(C) continua a poder receber o benefício da substituição permitida nessa hipótese.

(D) não poderá receber o benefício da substituição já que, pela nova legislação, na hipótese, a pena privativa de liberdade só pode ser de até um ano.

De fato, a nova redação dada ao art. 44 do CP pela Lei 9.714, de 25 de novembro de 1998, alterou substancialmente o regime jurídico das penas restritivas de direitos. Assim, em atenção ao enunciado proposto, o agente que for condenado por crime culposo, qualquer que seja a quantidade de pena imposta (vale dizer, ainda que superior a quatro anos, considerado o teto para que se substitua uma pena privativa de liberdade por restritiva de direitos), poderá ser beneficiado, consoante prescreve o art. 44, I, parte final, do CP.

Gabarito "C"

13. APLICAÇÃO DA PENA

(Delegado de Polícia/GO – 2013 – UEG) Em tema de aplicação e execução da pena, verifica-se que

(A) o aumento na segunda fase de aplicação da pena, no crime de roubo circunstanciado, exige fundamentação concreta, não sendo suficiente para a sua exasperação a mera indicação do número de majorantes.

(B) a falta grave não interrompe o prazo para obtenção do livramento condicional.

(C) é inadmissível a fixação de pena substitutiva como condição especial ao regime aberto.

(D) é admissível aplicar, no furto qualificado, pelo concurso de agentes, a majorante do roubo.

A: incorreta. O examinador quis confundir o candidato, tendo em vista a redação da Súmula 443 do STJ, que dispõe que "O aumento na terceira fase de aplicação da pena no crime de roubo circunstanciado exige fundamentação concreta, não sendo suficiente para a sua exasperação a mera indicação do número de majorantes". Perceba que o roubo circunstanciado (ou majorado) é aquele que se enquadra em qualquer das hipóteses do art. 157, § 2º, do CP, que retrata causas de aumento de pena, incidentes na *terceira fase* (e não na segunda!) da dosimetria da pena. Lembre-se que na segunda etapa do sistema trifásico, incidem as circunstâncias atenuantes e agravantes, e não as causas de diminuição e aumento de pena; **B**: correta, nos exatos termos da Súmula 441 do STJ: "A falta grave não interrompe o prazo para obtenção de livramento condicional"; **C**: incorreta, de acordo com a banca examinadora. Porém, nos termos da recente Súmula 493 do STJ, "É inadmissível a fixação de pena substitutiva (art. 44 do CP) como condição especial ao regime aberto"; **D**: incorreta. Nos termos da Súmula 442 do STJ, "É inadmissível aplicar, no furto qualificado, pelo concurso de agentes, a majorante do roubo".

Gabarito "B"

(Delegado de Polícia/GO – 2013 – UEG) Segundo entendimento consolidado do Superior Tribunal de Justiça, em tema de aplicação e execução da pena

(A) admite-se a comutação da pena aos condenados por crimes hediondos, tendo em vista operar-se no caso a substituição da reprimenda por outra mais branda, o que não encontra vedação legal.

(B) em caso de condenação do apenado no curso de execução por fato anterior ao início do cumprimento da reprimenda, a contagem do prazo para concessão de benefícios é interrompida para a realização de novo cálculo com base no somatório das penas restantes a serem cumpridas, cujo marco inicial da contagem do novo prazo é o trânsito em julgado da primeira sentença condenatória.

(C) admite-se a aplicação do benefício da detração penal em processos distintos, desde que o delito pelo qual o sentenciado cumpre pena tenha sido cometido antes da segregação cautelar.

(D) admite-se a concessão de livramento condicional ao estrangeiro que possui decreto de expulsão em seu desfavor, desde que preenchidos os requisitos do art. 83 do Código Penal.

A: incorreta. Admitir-se-á comutação da pena aos condenados por crimes hediondos seria ignorar o art. 2º, I, da Lei 8.072/1990, que veda a concessão de indulto para o caso. Lembre-se que a comutação da pena é verdadeiro indulto parcial. Nesse sentido, o STJ: "*HABEAS CORPUS*. PENAL E PROCESSUAL PENAL. EXECUÇÃO PENAL. COMUTAÇÃO DE PENAS. INTERPOSIÇÃO DE AGRAVO EM EXECUÇÃO. IMPETRAÇÃO DESTE *MANDAMUS*. VIA INDEVIDAMENTE UTILIZADA EM SUBSTITUIÇÃO A RECURSO ESPECIAL. AUSÊNCIA DE ILEGALIDADE MANIFESTA. NÃO CONHECIMENTO. 1. Mostra-se inadequado e descabido o manejo de *habeas corpus* em substituição ao recurso especial cabível. 2. É imperiosa a necessidade de racionalização do *writ*, a bem de se prestigiar a lógica do sistema recursal, devendo ser observada sua função constitucional, de sanar ilegalidade ou abuso de poder que resulte em coação ou ameaça à liberdade de locomoção. 3. 'O *habeas corpus* é garantia fundamental que não pode ser vulgarizada, sob pena de sua descaracterização como remédio heroico, e seu emprego não pode servir a escamotear o instituto recursal previsto no texto da Constituição' (STF, HC 104.045/RJ). 4. Hipótese em que não há flagrante ilegalidade a ser reconhecida. Não é possível a concessão de indulto e comutação de pena a condenados pela prática de estupro e de atentado violento ao pudor, crime equiparado a hediondo. Inteligência do art. 2º, I, da Lei 8.072/1990 e do Decreto nº 7.420/2010. Enquanto perdurarem as penas relativas aos delitos hediondos ou a eles equiparados, não tem o apenado direito ao benefício de indulto ou comutação de pena. 5. *Habeas corpus* não conhecido." (HC 210065/RS (2011/0138575-8), 6ª Turma, j. 04.12.2012, rel. Min. Maria Thereza de Assis Moura, *DJe* 11.12.2012); **B**: incorreta. O excerto a seguir, extraído de julgamento no STJ, diz respeito à interrupção da data-base para a concessão de benefícios na fase de execução penal, em razão de superveniência de condenação, no curso do cumprimento de pena por outro processo, por fatos praticados antes ou depois do início da execução penal, e não somente por fatos anteriores, como referido na alternativa. Confira-se: "EXECUÇÃO PENAL. *HABEAS CORPUS*. SUPERVENIÊNCIA DE NOVA CONDENAÇÃO. BENEFÍCIOS PRISIONAIS. INTERRUPÇÃO DA DATA-BASE. REGIME PRISIONAL. REGRESSÃO. TERMO *A QUO*. TRÂNSITO EM JULGADO DO DECRETO CONDENATÓRIO. *WRIT* PARCIALMENTE CONCEDIDO. I. Na hipótese, a irresignação volta-se contra a possibilidade de alteração da data-base e regressão de regime prisional, em razão de sentença condenatória superveniente, circunstância regulada expressamente nos arts. 111, parágrafo único, e 118, da Lei de Execução Penal. II. A jurisprudência desta Corte pacificou seu entendimento no sentido de ser possível a alteração do termo a quo para fins de regressão de regime, na hipótese de superveniência de condenação criminal, *seja por fato anterior ou posterior ao início da execução penal*, devendo ser feito novo cálculo, com base no somatório das penas, mas o novo lapso para a contagem do período aquisitivo é o trânsito em julgado do novo decreto condenatório. III. *Writ* parcialmente concedido, nos termos do voto do Relator." (HC 223993/DF (2011/0264136-9), 5. Turma, j. 17.04.2012, rel. Min. Gilson Dipp, *DJe* 24.04.2012); **C**: correta. De fato, o STJ, com esteio na doutrina, sustenta ser admissível a detração penal (art. 42 do CP) em processos distintos, desde que a data do cometimento do crime de que trata a execução em que se pretende a incidência de referido instituto seja anterior ao período pleiteado. Vejamos: "A Turma denegou a ordem de *habeas corpus*, reafirmando a jurisprudência deste Superior Tribunal de ser inviável a aplicação da detração penal em relação aos crimes cometidos posteriormente à custódia cautelar. No writ, a Defensoria sustentava constrangimento ilegal na decisão de não concessão da detração ao paciente que permaneceu preso cautelarmente em outro feito criminal no período de 27.09.2006 a 07.09.2007 e buscava a detração da pena pela prática de crime perpetrado em 27.11.2007". Precedentes citados do STF: HC 93.979-RS, *DJe* 19.06.2008; do STJ: REsp 650.405-RS, *DJ* 29.08.2005; HC 157.913-RS, *DJe* 18.10.2010, e REsp 1.180.018-RS, *DJe* 04.10.2010, HC 197.112-RS, rel. Min. Og Fernandes, julgado em 19.05.2011." (Informativo 473 do STJ); **D**: incorreta. Tanto STJ, quanto STF, entendem que se mostra inviável a concessão do benefício de livramento condicional ao sentenciado estrangeiro que possui decreto de expulsão deferido (STJ, HC 252627/RJ (2012/0180619-5), 5ª Turma, j. 04.12.2012, rel. Min. Laurita Vaz, *DJe* 11.12.2012).

Gabarito "C"

(Delegado de Polícia/GO – 2013 – UEG) Sobre a fixação da pena, tem-se o seguinte:

(A) a existência de circunstância atenuante pode conduzir à redução da pena abaixo do mínimo legal.

(B) pelo critério trifásico, adotado pelo Código Penal, o juiz, na segunda fase, deverá apreciar as causas de aumento e de diminuição da parte geral e especial.

(C) o estabelecimento do valor de dias-multa independe da condição econômica do condenado.

(D) em caso de reincidência, fixada a pena em patamar inferior a 4 (quatro) anos, o condenado poderá iniciar o cumprimento da pena em regime semiaberto, desde que as circunstâncias judiciais o recomendem.

A: incorreta. Nos termos da Súmula 231 do STJ, a existência de circunstância atenuante (incidente na segunda etapa do sistema trifásico de dosimetria da pena) não pode conduzir à fixação da pena abaixo do mínimo legal; **B**: incorreta. Na segunda fase da dosimetria da pena, o juiz considerará as circunstâncias atenuantes e agravantes, sendo que apenas na terceira etapa é que serão analisadas as causas de diminuição e aumento de pena (art. 68 do CP); **C**: incorreta. A condição econômica do condenado é utilizada como critério para o estabelecimento do valor da multa, consoante se extrai do art. 60 do CP; **D**: correta. Esse é o teor da Súmula 269 do STJ. Confira-se: "É admissível a adoção do regime prisional semiaberto aos reincidentes condenados a pena igual ou inferior a quatro anos se favoráveis as circunstâncias judiciais."

Gabarito "D"

(Delegado Federal – 1998 – CESPE) Na aplicação da pena,

(1) será considerada circunstância agravante o fato de ter o agente cometido o crime contra mulher grávida.

(2) somente se verifica a reincidência quando o agente comete nova infração penal, depois de transitar em julgado a sentença que o tenha condenado por crime anterior.

(3) para a fixação da pena-base o juiz levará em consideração as circunstâncias atenuantes e agravantes.

(4) no concurso formal impróprio, as penas dos crimes aplicam-se cumulativamente, se a ação é dolosa e os crimes resultam de desígnios autônomos.

(5) em face do principio da legalidade não será possível considerar-se, mesmo se em beneficio do acusado, circunstância atenuante relevante que não esteja prevista em lei.

1: correta (art. 61, II, "h", do CP); **2**: correta (art. 63 do CP); **3**: incorreta, visto que, para a fixação da pena-base, o juiz levará em conta as circunstâncias judiciais definidas no art. 59 do CP (primeira fase de fixação da pena). A seguir (segunda fase), o juiz considerará as circunstâncias atenuantes e agravantes, seguindo-se, finalmente (terceira fase), à análise das causas de diminuição e aumento de pena (art. 68 do CP); **4**: correta (art. 70, *caput*, parte final, do CP); 5: incorreta (art. 66 do CP).

Gabarito 1C, 2C, 3E, 4C, 5E

(Delegado/AC – 2008 – CESPE) Julgue os itens a seguir, acerca das espécies, da cominação e da aplicação das penas.

(1) Em caso de condenado a pena privativa de liberdade em regime inicialmente fechado, enquanto o condenado estiver cumprindo a pena privativa de liberdade em regime fechado, não lhe será permitido o seu trabalho externo.

(2) Computa-se, na medida de segurança, o tempo de prisão provisória no estrangeiro.

1: incorreta, pois é admissível o trabalho externo, em serviços ou obras públicas, desde que autorizado pela direção do estabelecimento prisional, dependendo de aptidão, disciplina e responsabilidade, além do cumprimento mínimo de 1/6 da pena (art. 34, § 3º, do CP e arts. 36, *caput* e 37, *caput*, ambos da LEP). **2**: correta (art. 42 do CP).

Gabarito 1E, 2C

(Delegado/AP – 2006 – UFAP) Analise as assertivas e assinale a alternativa correta:

I. A gravidade em abstrato do crime não constitui motivação idônea para a imposição de regime mais severo do que o permitido segundo a pena aplicada.

II. A reincidência não influi no prazo da prescrição da pretensão punitiva.

III. Para o STJ é possível a adoção do regime prisional semiaberto aos reincidentes condenados a pena igual ou inferior a quatro anos se favoráveis as circunstâncias judiciais.

(A) Estão corretas todas as alternativas.

(B) Estão erradas todas as alternativas.

(C) Estão corretas apenas as alternativas II e III.

(D) Está correta apenas a alternativa I.

(E) Está correta apenas a alternativa III.

I: correta (Súmula 440 do STJ); **II**: correta (Súmula 220 do STJ e art. 110, *caput*, do CP); **III**: correta (Súmula 269 do STJ).

Gabarito "A"

(Delegado/CE – 2006 – CEV/UECE) Sobre as penas, marque a opção verdadeira.

(A) A substituição de pena privativa de liberdade por pena restritiva de direitos pode acontecer em todos os casos onde a pena aplicada seja inferior a 4 (quatro) anos e o condenado possua bom comportamento carcerário.

(B) A fixação da pena é obtida seguindo o chamado sistema trifásico, ou seja, primeiro é fixada a pena-base, depois as agravantes e atenuantes e depois o regime de pena a cumprir, isto é, fechado, semiaberto ou aberto, sendo estas as três fases características.

(C) Uma vez realizada a substituição da pena privativa de liberdade pela pena restritiva de direitos, esta é irreversível e não havendo o seu cumprimento deverá ser feito a execução do eventual prejuízo cível, excluindo-se a utilização da execução penal, uma vez que tal alteração modifica sensivelmente a natureza da sanção imposta.

(D) A pena privativa de liberdade caracteriza a chamada prisão penal ou definitiva, de natureza sancionatória, devendo ser cumprida em estabelecimento adequado, observando-se o sistema progressivo, devendo ser cumprida em penitenciária, colônia agrícola ou industrial e casa do albergado.

A: incorreta (art. 44 do CP). A substituição da pena privativa de liberdade por restritiva de direitos ocorrerá, desde que preenchidos os seguintes requisitos: a) pena privativa de liberdade aplicada não superior a quatro anos ou qualquer que seja a pena, se o crime for culposo; b) crime cometido sem violência ou grave ameaça à pessoa; c) réu não reincidente em crime doloso; d) circunstâncias judiciais favoráveis; **B**: incorreta. O cálculo da pena deverá observar o sistema trifásico (art. 68 do CP), segundo o qual o juiz deverá fixar a pena-base, de acordo com as circunstâncias judiciais (art. 59 do CP). Após, deverá fixar as circunstâncias agravantes e atenuantes e, por fim, as causas de aumento e de diminuição da pena. A fixação do regime inicial de cumprimento da pena é realizado após a dosimetria da pena; **C**: incorreta, pois o Código Penal admite a conversão da pena restritiva de direitos em pena privativa de liberdade, diante do seu descumprimento injustificado (art. 44, § 4º, do CP) ou se sobrevier condenação a pena privativa de liberdade, por outro crime, quando não for possível o cumprimento da pena substitutiva anterior (art. 44, § 5º, do CP); **D**: correta (art. 33 e seguintes do CP).

Gabarito "D"

(Delegado/MG – 2011) Com relação às penas e sua aplicação, é **correto** afirmar que

(A) conforme a regra geral do Código Penal, o regime inicialmente fechado é cabível sempre que for o réu reincidente em crime doloso.

(B) para fins de detração penal, o tempo de prisão provisória não se computa no do tratamento ambulatorial, por possuir a medida de segurança prazo indeterminável e natureza jurídica diversa da pena.

(C) nos crimes que envolvam violência doméstica, a Lei n. 11.340/2006 veda a substituição da pena privativa de liberdade pela restritiva de direitos de prestação pecuniária ou o pagamento isolado de multa.

(D) apesar de não previsto expressamente pela Lei n. 9.605/1998, a possibilidade de aplicação de pena à pessoa jurídica, condenada por crime ambiental, aplicam-se a elas, subsidiariamente, no que couber, o disposto no art. 44 do Código Penal.

A: incorreta. O regime inicialmente fechado, primeiramente, somente será cabível para os condenados por crimes punidos com reclusão (art. 33, *caput*, do CP). Outrossim, a reincidência, por si só, não gerará a imposição de regime inicialmente fechado, que, como visto, não será admissível, como regra, para os crimes punidos com detenção. Também não faz o CP distinção entre reincidência dolosa ou culposa. Basta ver a redação do art. 33, § 2º, "b" e "c"). Portanto, podemos dizer que, como regra, o CP prevê o regime inicialmente fechado aos condenados – reincidentes ou não – punidos com pena privativa de liberdade superior a oito anos (art. 33, § 2º, "a"); **B**: incorreta. O art. 42 do CP dispõe: "*Computam-se, na pena privativa de liberdade e na medida de segurança, o tempo de prisão provisória, no Brasil ou no estrangeiro, o de prisão administrativa e o de internação em qualquer dos estabelecimentos referidos no artigo anterior*". Assim, a prisão provisória (leia-se: prisão cautelar ou processual) será levada em conta para o abatimento do *prazo mínimo* de duração da medida de segurança, seja ela fixada sob o regime de internação em hospital de custódia e tratamento psiquiátrico, seja sob o regime de tratamento ambulatorial. O fato de a medida de segurança ser por prazo indeterminável não afasta a detração penal. Afinal, como visto, haverá o abatimento do tempo de prisão processual no prazo mínimo de duração da referida espécie de sanção penal; **C**: correta. De fato, a Lei Maria da Penha (Lei 11.340/2006), em seu art. 17, veda a substituição de pena privativa de liberdade por sanções de índole eminentemente pecuniária; **D**: incorreta, pois o art. 22 da Lei 9.605/1998, por exemplo, trata da aplicação das penas restritivas de direitos às pessoas jurídicas.

Gabarito "C"

(Delegado/SP – 2000) Estudando o nosso Código Penal verifica-se que as causas de aumento de pena são encontradas na sua

(A) Parte Geral e na sua Parte Especial.

(B) Parte Geral, mas não existem essas causas na Parte Especial.

(C) Parte Especial nos respectivos tipos penais e não na Parte Geral.

(D) Parte Especial nos respectivos tipos penais e em apenas uma hipótese controvertida na Parte Geral que é a da embriaguez preordenada.

De fato, as causas de aumento de pena, também denominadas de majorantes, encontram-se previstas tanto na Parte Geral, quanto na Parte Especial do Código Penal. Apenas a título de exemplo, citamos a causa de aumento de pena decorrente da continuidade delitiva (art. 71 do CP), impondo-se o aumento de um sexto a dois terços caso os crimes sejam praticados na forma descrita em referido dispositivo legal, estando prevista na Parte Geral do Código Penal. Também a título ilustrativo, citamos o emprego de arma, no crime de roubo, como causa de aumento de pena de um terço à metade (art. 157, § 2º, I, do CP), obviamente prevista na Parte Especial.

Gabarito "A"

(Delegado/SP – 1998) O agente condenado anteriormente, pela prática de ilícito penal, não será considerado reincidente ao cometer novo delito, quando

(A) condenado anteriormente pela prática de contravenção, praticar nova contravenção.
(B) condenado definitivamente pela prática de contravenção, cometer um crime.
(C) for condenado por crime culposo e praticou novo crime, este doloso.
(D) condenado por crime, vier a praticar contravenção penal.

De fato, com a combinação dos arts. 63 do CP e 7º da Lei das Contravenções Penais (LCP), somente será considerado reincidente o agente que: a) tiver sido condenado irrecorrivelmente pela prática de crime e praticar novamente um crime (crime – crime); b) tiver sido condenado irrecorrivelmente por contravenção penal e praticar nova contravenção penal (contravenção – contravenção); c) tiver sido condenado irrecorrivelmente por crime e praticar uma contravenção penal (crime – contravenção). Contudo, não haverá reincidência se o agente houver sido condenado anteriormente pela prática de contravenção penal e, posteriormente, praticar um crime.
Gabarito "B"

14. *SURSIS*, LIVRAMENTO CONDICIONAL, REABILITAÇÃO E MEDIDAS DE SEGURANÇA

(Delegado/SP – 2014 – VUNESP) "X", primário e de bons antecedentes, cumpre, com bom comportamento, pena de vinte anos de reclusão em regime fechado, pela prática do crime de latrocínio. Até o momento, "X" cumpriu quatorze anos do total da pena. Nesse caso, a resposta correta para a pergunta – "X" tem direito à concessão de algum benefício? – é:

(A) "X" tem direito ao livramento condicional.
(B) "X" tem direito à concessão da liberdade provisória.
(C) "X" tem direito à concessão do *sursis*.
(D) "X" tem direito à concessão da suspensão condicional da pena.
(E) "X" não faz jus a nenhum benefício por ter praticado crime hediondo.

A: correta. Considerando que o latrocínio (art. 157, § 3º, parte final, CP) é crime hediondo, a obtenção do livramento condicional será possível após o cumprimento de mais de dois terços da pena (art. 83, V, CP). Considerando que "X" é primário (portanto, não é reincidente específico em crimes hediondos ou equiparados, o que obstaculizaria a concessão do benefício) e de bons antecedentes, e dado que já cumpriu mais de dois terços da pena total, fará jus, repita-se, ao livramento condicional; **B:** incorreta. A liberdade provisória é instituto de índole processual, cabível em sede de prisão cautelar. Dado que "X" está preso em regime fechado em virtude de condenação por latrocínio, não mais se cogita de liberdade provisória, já que, repita-se, estamos diante de uma prisão-pena; **C:** incorreta, sendo incabível o *sursis* (suspensão condicional da execução da pena) para condenação à pena de vinte anos, consoante se depreende do art. 77, CP; **D:** incorreta, pela mesma razão exposta no comentário antecedente. Importa registrar que o sursis nada mais é do que a suspensão condicional da pena (são sinônimos); **E:** incorreta. Nada obstante o latrocínio seja crime hediondo, são admissíveis, sim, benefícios de índole penal, tais como o livramento condicional e a progressão de regime.
Gabarito "A"

(Delegado/MT – 2000) A suspensão condicional da pena

(A) não é possível quando a pena privativa de liberdade aplicada for inferior a 2 (dois) anos.
(B) não é possível se o condenado for reincidente em crime culposo.
(C) só é possível quando o condenado for primário.
(D) é possível mesmo que haja condenação anterior à pena de multa.
(E) é possível quando a pena aplicada for superior a 4 (quatro) anos, desde que o condenado seja maior de setenta anos.

A: incorreta, pois admite-se a concessão da suspensão condicional da pena (*sursis*) quando a pena privativa de liberdade imposta seja não superior a dois anos (art. 77, *caput*, do CP), desde que preenchidos, é claro, os demais requisitos legais; **B:** incorreta, porque não será admitido o *sursis* aos condenados reincidentes em crimes dolosos (art. 77, I, do CP); **C:** incorreta, já que é admissível a concessão do *sursis* mesmo a condenado reincidente, desde que não o seja em crime doloso (art. 77, I, do CP); **D:** correta (art. 77, § 1º, do CP); **E:** incorreta (art. 77, § 2º, do CP – o *sursis* etário somente é admissível quando a pena privativa de liberdade imposta não seja superior a quatro anos).
Gabarito "D"

(Delegado/AM) O sistema vicariante, nas medidas de segurança, diz respeito ao

(A) cumprimento, no caso concreto, de medida de segurança ou de pena privativa de liberdade.
(B) cumprimento de medida de segurança após o cumprimento de pena privativa de liberdade.
(C) cumprimento, ao mesmo tempo, da pena privativa de liberdade e da medida de segurança
(D) cumprimento da pena privativa de liberdade após o cumprimento da medida de segurança

O sistema vicariante determina o cumprimento de medida de segurança (caso haja periculosidade) ou de pena privativa de liberdade (se houver culpabilidade), não sendo permitido que o agente cumpra as duas espécies de sanção penal ao mesmo tempo, pelo mesmo fato, o que ocorria no sistema do duplo binário, vigente até a reforma do CP em 1984.
Gabarito "A"

(Delegado/SP – 2008) A condenação irrecorrível proferida no estrangeiro por prática de crime, para impedir a concessão do *sursis*,

(A) precisa ser homologada pelo Supremo Tribunal Federal ainda que não se trate de execução de julgado.
(B) não precisa ser homologada pelo Supremo Tribunal Federal, a não ser em caso de execução de julgado.
(C) precisa ser homologada pelo Supremo Tribunal Federal em qualquer hipótese, por força da soberania nacional.
(D) precisa ser homologada pelo Supremo Tribunal Federal, desde que haja o *exequatur* do Congresso Nacional.
(E) não precisa ser homologada pelo Supremo Tribunal Federal, em face do silêncio do Código Penal.

A: incorreta, pois a homologação de sentença estrangeira é de competência do Superior Tribunal de Justiça, consoante dispõe o art. 105, I, alínea "i", da CF/1988, incluída pela EC 45/2004 (Reforma do Judiciário), deixando, desde então, de ser competência do Supremo Tribunal Federal (art. 102, I, "h", da CF – revogação da alínea "h" pela EC 45/2004); **B:** correta, porque de fato, a sentença condenatória irrecorrível proferida no estrangeiro não precisa ser homologada pelo STJ ou STF para que gere a reincidência penal e impossibilite a concessão do *sursis* (art. 77, I, do CP, desde que se trate de reincidência em crime doloso), salvo se se quiser utilizá-la como título executivo, hipótese em que deverá ser homologada perante o STJ (art. 9º, I, do CP e art. 475-N, VI, do CPC); **C:** incorreta (art. 9º do CP); **D:** incorreta (art. 9º do CP); **E:** incorreta (art. 9º do CP).
Gabarito "B"

15. AÇÃO PENAL

(Delegado/AP – 2006 – UFAP) Analise as assertivas e assinale a alternativa correta:

I. A ação penal no crime cometido por estrangeiro contra brasileiro fora do Brasil depende de requisição do Ministro da Justiça.
II. A representação será irretratável, depois de oferecida a denúncia.
III. Caberá ação privada nos crimes de ação pública, se esta não for proposta no prazo legal.

(A) Estão corretas todas as alternativas.
(B) Estão erradas todas as alternativas.
(C) Estão corretas apenas as alternativas II e III.
(D) Está correta apenas a alternativa I.
(E) Está correta apenas a alternativa III.

I: correta (art. 7º, § 3º, "b", do CP); **II:** correta (art. 102 do CP); **III:** correta (art. 100, § 3º, do CP).
Gabarito "A"

(Delegado/AP – 2006 – UFAP) Analise as assertivas e assinale a alternativa correta:

I. O perdão concedido a um dos querelantes aproveitará a todos e o perdão concedido por um dos querelados impede que os outros exerçam o direito de queixa.
II. A extinção da punibilidade só pode ser reconhecida até o momento da prolação da sentença.
III. A sentença absolutória no juízo criminal, por não estar provada a existência do fato, impede a propositura da ação civil decorrente do mesmo fato.

(A) Estão corretas todas as alternativas.
(B) Estão erradas todas as alternativas.

(C) Estão corretas apenas as alternativas II e III.
(D) Está correta apenas a alternativa I.
(E) Está correta apenas a alternativa III.

I: incorreta. O perdão do ofendido, nos crimes de ação penal privada, obsta o prosseguimento da ação. O perdão, se concedido a qualquer dos querelados (e não querelantes), a todos aproveita. Ademais, o perdão concedido por um dos querelantes (e não querelados) não impede que os outros exerçam o direito de queixa (art. 106, II e III); **II**: incorreta, uma vez que a extinção da punibilidade pode ser reconhecida antes, durante ou após a ação penal, mesmo depois do trânsito em julgado da sentença penal condenatória, como ocorre, por exemplo, com a prescrição da pretensão executória; **III**: incorreta. A sentença absolutória no juízo criminal somente impedirá a propositura da ação civil decorrente do mesmo fato quando reconhecer a negativa de autoria (não foi o réu quem cometeu o delito) ou a inexistência material do fato (art. 66 do CPP), bem como a sentença que reconhecer que o agente agiu amparado por uma das excludentes da antijuridicidade (legítima defesa, estado de necessidade, estrito cumprimento do dever legal e exercício regular de direito), nos termos do art. 65 do CP.

Gabarito "B"

(Delegado/MT – 2006) Analise as afirmações a seguir referentes às características dos crimes de ação penal privada.

I. *Neles pode ocorrer o perdão do ofendido.*
II. *Neles não ocorre a perempção.*
III. *Dependem de requisição do Ministro da Justiça.*
IV. *Procedem-se mediante queixa.*
V. *Após a denúncia, a vítima pode renunciar ao direito à ação.*

Todas as afirmações corretas estão na alternativa:

(A) I – V
(B) I – IV – V
(C) III – IV
(D) I – IV

I: correta, visto que, de acordo com o art. 105 do CP, admite-se nos crimes de ação penal privada o perdão do ofendido, cuja natureza jurídica, é bom que se diga, é de causa de extinção da punibilidade (art. 107, IV, do CP); **II**: incorreta, uma vez que a perempção é instituto segundo o qual, por inércia ou desídia do querelante, este perderá o direito de prosseguir com a ação penal privada (art. 60 do CPP); **III**: incorreta, eis que a ação penal privada é de iniciativa do ofendido ou de quem tenha qualidade para representá-lo, devendo ser intentada queixa-crime dentro do prazo legal (art. 100, § 2º, do CP e arts. 30 a 33 do CPP); IV: correta, já que, de fato, os crimes de ação penal privada somente se procedem mediante queixa (art. 100, § 2º, do CP e arts. 30 a 33, do CPP); V: incorreta, e por duas razões: i) primeiramente, não há falar-se em denúncia nos crimes de ação penal privada e; ii) a renúncia é instituto que somente é admissível antes da propositura da queixa-crime (art. 104 do CP).

Gabarito "D"

(Delegado/SP – 2002) A ação penal, nos crimes complexos, via de regra será

(A) pública incondicionada.
(B) pública condicionada.
(C) privada.
(D) pública, subsidiária da ação privada.

De fato, nos crimes complexos, quando a lei considerar como elemento ou circunstâncias do tipo legal fatos que, por si mesmos, constituem crimes, caberá ação pública em relação àquele, desde que, em relação a qualquer destes, se deva proceder por iniciativa do Ministério Público (art. 101 do CP). Em verdade, trata-se de dispositivo inútil, visto que, quando a lei for silente, a ação penal será pública incondicionada. Caso contrário, desde que haja expressa previsão legal, a ação poderá ser privada (se somente se proceder mediante queixa) ou pública condicionada à representação ou requisição do Ministro da Justiça.

Gabarito "A"

16. EXTINÇÃO DA PUNIBILIDADE EM GERAL

(Delegado/PR – 2013 – UEL-COPS) Quanto à anistia, à graça e ao indulto, considere as afirmativas a seguir.

I. A anistia e o indulto são atos privativos do Presidente da República, enquanto a graça é concedida pelo Congresso Nacional.
II. A anistia pode ser recusada pelo destinatário, admitindo inclusive revogação, enquanto a graça e o indulto não podem ser recusados, inadmitindo revogação.
III. A anistia tem natureza objetiva, dirigindo-se aos fatos, enquanto a graça em sentido estrito e o indulto destinam-se a determinados indivíduos, particular ou coletivamente considerados.
IV. A graça e o indulto pressupõem o trânsito em julgado da sentença penal condenatória e não extinguem os seus efeitos penais.

Assinale a alternativa correta.

(A) Somente as afirmativas I e II são corretas.
(B) Somente as afirmativas I e IV são corretas.
(C) Somente as afirmativas III e IV são corretas.
(D) Somente as afirmativas I, II e III são corretas.
(E) Somente as afirmativas II, III e IV são corretas.

I: incorreta, pois a anistia é causa extintiva da punibilidade que depende da edição de lei federal (Congresso Nacional), ao passo que a graça e o indulto são concedidas por ato do Presidente da República; **II**: incorreta, pois a anistia, que é verdadeira renúncia estatal ao poder-dever de punir, uma vez concedida (por lei), não poderá ser revogada (vedação à retroatividade prejudicial). No tocante à graça e indulto, concedidos por ato do Presidente da República (decreto), também entendemos que, por gerarem efeitos benéficos ao agente, não poderão ser revogados. Nada obstante, poderá o indulto ser recusado, tal como se extrai do art. 739 do CPP, que assevera que o condenado poderá recusar a comutação de pena (que é modalidade de indulto parcial); **III**: correta. De fato, a anistia, por ser concedida por lei, que é dotada das características da generalidade, abstração e impessoalidade, tem natureza objetiva, relacionando-se a fatos ("esquecimento" de fatos criminosos pelo Estado). Já a graça e o indulto dirigem-se a pessoas (individualmente, no caso da graça, e coletivamente, no caso do indulto); **IV**: correta. Realmente, graça e indulto pressupõem condenação, diferentemente da anistia, que pode ser concedida antes ou depois da condenação. Além disso, geram, apenas, a extinção do efeito executório da condenação, vale dizer, o cumprimento da pena (efeito penal principal), remanescendo, porém, os demais efeitos penais (secundários) da condenação.

Gabarito "C"

(Delegado de Polícia/GO – 2013 – UEG) Sobre as causas extintivas da punibilidade, tem-se que

(A) a sentença concessiva do perdão judicial é declaratória da extinção da punibilidade, não subsistindo qualquer efeito condenatório.
(B) a renúncia e a desistência são causas de extinção da punibilidade, diferenciando-se apenas quanto ao momento de seu exercício, já que a primeira ocorre depois do ajuizamento da ação penal, enquanto a segunda opera-se antes.
(C) a perempção opera-se quando o autor na ação penal privada subsidiária da pública deixa de promover o andamento do feito por mais de 30 (trinta) dias.
(D) a anistia é ato discricionário do presidente da república que tem por objeto crimes cuja sentença tenha transitado em julgado acarretando a extinção da pena imposta.

A: correta. A despeito de existir controvérsia doutrinária acerca da natureza jurídica da sentença concessiva do perdão judicial, o STJ, de há muito, consolidou tratar-se de sentença declaratória da extinção da punibilidade, consoante dispõe sua Súmula 18; **B**: incorreta. A renúncia é, sim, causa extintiva da punibilidade, possível apenas para os crimes de ação penal privada, podendo ser exercida antes do oferecimento da queixa-crime. Já o perdão do ofendido (e não desistência, como consta na alternativa!), também considerado causa extintiva da punibilidade apenas para os crimes de ação penal privada, poderá ser exercido após o início da ação, mas desde que antes do trânsito em julgado (art. 106, § 2º, do CP); **C**: incorreta. A perempção, causa extintiva da punibilidade (art. 107, IV, do CP), cujas hipóteses estão retratadas no art. 60 do CPP, é instituto incabível na ação penal privada subsidiária da pública. Explica-se. É que a inércia do querelante em referida espécie de ação penal, cujo pressuposto é a inércia do Ministério Público em promover a ação penal pública no prazo previsto em lei, fará com que o *Parquet* retome a ação como parte principal (art. 29 do CPP). Portanto, a perempção somente é cabível na ação penal exclusivamente privada e na personalíssima; **D**: incorreta. A anistia corresponde à exclusão, por lei editada pelo Congresso Nacional, de um ou mais fatos considerados criminosos. Não se confunde com a graça e o indulto, estes sim atos discricionários do Presidente da República.

Gabarito "A"

(Delegado/AP – 2010) Relativamente à *extinção da punibilidade*, analise as afirmativas a seguir:

I. Extingue-se a punibilidade, dentre outros motivos, pela morte do agente; pela anistia, graça ou indulto; pela prescrição, decadência ou perempção; e pelo casamento do agente com a vítima, nos crimes contra os costumes, definidos nos capítulos I, II e III, do Título IV do Código Penal.

II. Nos crimes conexos, a extinção da punibilidade de um deles impede, quanto aos outros, a agravação da pena resultante da conexão.

III. A renúncia do direito de queixa, ou o oferecimento de perdão pelo querelante, nos crimes de ação privada, acarreta a extinção da punibilidade.

Assinale:

(A) se somente a afirmativa I estiver correta.
(B) se somente a afirmativa II estiver correta.
(C) se somente a afirmativa III estiver correta.
(D) se somente as afirmativas II e III estiverem corretas.
(E) se nenhuma afirmativa estiver correta.

I: incorreta, uma vez que o casamento do agente com a vítima, nos crimes contra os costumes, não é mais uma causa de extinção da punibilidade, tendo sido revogada pela Lei n. 11.106/2005; **II**: incorreta (art. 108 do CP), uma vez que nos crimes conexos, a extinção da punibilidade de um deles não impede, quanto aos outros, a agravação da pena resultante da conexão; **III**: incorreta (art. 107, V, do CP). A renúncia ao direito de queixa é ato unilateral, ou seja, basta o ato do querelante para que extinga a punibilidade da ação penal privada. Já o perdão do querelante é um ato bilateral, o qual exige o oferecimento e a aceitação por parte do querelado para que gere efeitos jurídicos. Assim, a causa de extinção da punibilidade é o perdão aceito, não sendo suficiente o seu oferecimento.

Gabarito "E"

(Delegado/GO – 2003 – UEG) Em relação às causas de extinção de punibilidade previstas na lei penal e de acordo com a posição assumida pelo STF, é CORRETO afirmar que

(A) a perempção ocorre nos crimes de ação exclusivamente privada e, excepcionalmente, nas ações privadas subsidiárias.
(B) a perempção ocorre na falta de pedido formal e expresso de condenação nas alegações finais por parte do titular da ação penal, não bastando ficar demonstrada a sua mera intenção.
(C) o perdão judicial alcança apenas a pena principal e acessória, não se estendendo à medida de segurança.
(D) a prescrição retroativa permite a retroação do prazo prescricional à data do crime, observada a pena em concreto, tratando-se, porém, de prescrição da pretensão punitiva.

A: incorreta, pois a perempção jamais poderá ocorrer na ação penal privada subsidiária, a qual tem natureza de ação penal pública; **B:** incorreta, pois se das alegações do titular da ação penal se puder extrair a sua nítida intenção em ver condenado o querelado, não se falará em perempção. Assim, o só fato de não haver expresso pedido condenatório pelo querelante não induzirá pensar, automaticamente, em perempção (ex.: se o querelante, embora não solicite especificamente a condenação, requerer a aplicação de pena em seu grau máximo ou a fixação de determinado regime inicial de cumprimento de pena, restará nítida sua intenção de ver o réu condenado); **C:** incorreta, pois o perdão judicial faz desaparecer qualquer efeito penal, inclusive as sanções penais (pena ou medida de segurança); **D:** correta (Súmula 146 do STF e art. 110, § 1º, do CP). A prescrição pode ser da pretensão punitiva (propriamente dita, superveniente ou intercorrente e retroativa) ou da pretensão executória. A prescrição retroativa é calculada com base na pena aplicada na sentença penal condenatória recorrível, sendo que o lapso temporal a ser analisado será anterior a esse marco interruptivo da prescrição (entre o recebimento da denúncia ou queixa e a sentença penal condenatória recorrível, com trânsito em julgado para a acusação).

Gabarito "D"

(Delegado/MT – 2000) Julgue os itens a seguir, sobre a extinção da punibilidade e assinale a alternativa correta:

I. Em nosso sistema legal, a retratação do agente não tem relevância para a extinção da punibilidade.
II. A vontade do agente do crime de atentado violento ao pudor de casar-se com sua vítima é causa de extinção da punibilidade.
III. A lei que não mais considera o fato como criminoso extingue a punibilidade até mesmo dos crimes praticados anteriormente à sua vigência.
IV. Nos crimes conexos, a extinção da punibilidade de um deles não impede, quanto aos outros, o agravamento da pena resultante da conexão.

(A) Todos os itens estão corretos.
(B) Todos os itens estão incorretos.
(C) Somente estão corretos os itens II e IV.
(D) Somente estão corretos os itens I e III.
(E) Somente estão corretos os itens III e IV.

I: incorreta, eis que a retratação do agente, nos casos em que a lei admite (ex.: crime de falso testemunho – art. 342, § 2º, do CP), é causa de extinção da punibilidade (art. 107, VI, do CP); **II**: incorreta (o casamento do agente com a vítima nos crimes sexuais, antes do advento da Lei 11.106/2005, poderia gerar a extinção da punibilidade); **III**: correta, visto que a lei posterior supressiva de incriminação (*abolitio criminis*), por ser benéfica ao agente, irá atingir, evidentemente, os fatos anteriores à sua edição, extinguindo a sua punibilidade (art. 107, III, do CP); IV: correta (art. 108, segunda parte, do CP).

Gabarito "E"

(Delegado/PB – 2009 – CESPE) Não leva à extinção da punibilidade do agente

(A) a retroatividade de lei que não mais considera o fato como criminoso.
(B) a prescrição, a decadência ou a perempção.
(C) a renúncia do direito de queixa ou o perdão aceito, nos crimes de ação privada.
(D) o casamento do agente com a vítima, nos crimes contra os costumes.
(E) a retratação do agente, nos casos em que a lei a admite.

A: correta, art. 107, III, do CP; **B:** correta, art. 107, IV, do CP; **C:** correta, art. 107, V, do CP; **D:** incorreta. Com o advento da Lei 11.106/2005, que revogou o art. 107, VII, do CP, dentre outras mudanças implementadas, não mais existe a possibilidade de extinguir-se a punibilidade do agente pelo casamento deste com a vítima, nos crimes contra os costumes, atualmente denominados crimes contra a dignidade sexual; **E:** correta, art. 107, VI, do CP.

Gabarito "D"

(Delegado/SP – 2011) Com relação ao perdão judicial, aponte a alternativa correta.

(A) Sua aplicabilidade não exige previsão legal, ou seja, pode ser aplicado genericamente
(B) Não extingue o *jus puniendi* estatal
(C) Tem aplicação jurídica antes da prolação da sentença penal condenatória
(D) Tem aplicação jurídica após a prolação da sentença penal condenatória.
(E) Aplica-se exclusivamente nos crimes contra a honra.

A: incorreta, pois o perdão judicial é causa extintiva da punibilidade que exige expressa previsão legal, consoante dispõe o art. 107, IX, do CP; **B:** incorreta, pois o perdão judicial é, sim, causa extintiva da punibilidade (ou seja do *jus puniendi* estatal); **C:** incorreta, pois o perdão judicial será declarado em sentença, daí se operando a extinção da punibilidade; **D:** Esta foi a alternativa apontada como correta pela banca examinadora. No entanto, seu teor discrepa do entendimento jurisprudencial dominante, inclusive materializado na Súmula 18 do STJ, segundo a qual, a sentença concessiva do perdão judicial é declaratória de extinção da punibilidade. Repare que a alternativa enuncia que o instituto em comento tem aplicação após a prolação da sentença penal *condenatória*. Em verdade, a sentença concessiva do perdão judicial tem natureza declaratória, razão pela qual a alternativa peca por destoar do posicionamento majoritário; **E:** incorreta, pois o perdão judicial será cabível em todos os casos expressos em lei (art. 107, IX, do CP).

Gabarito "D"

(Delegado/SP – 2003) Extinta a punibilidade,

(A) não se poderá impor medida de segurança, mas subsistirá a que tenha sido imposta.
(B) poderá ser imposta medida de segurança superveniente.
(C) somente permanecerá a medida de segurança, se o réu for considerado perigoso.
(D) não se imporá medida de segurança, nem subsistirá a que eventualmente tenha sido imposta.

De fato, com a extinção da punibilidade, não se impõe a medida de segurança nem subsiste a que tenha sido imposta (art. 96, parágrafo único, do CP).

Gabarito "D"

(Delegado/SP – 2000) A chamada *abolitio criminis* faz cessar, em virtude dela,

(A) a execução da sentença condenatória mas não os seus demais efeitos penais.
(B) a execução da pena em relação ao autor do crime mas este benefício não se estende aos eventuais coautores ou partícipes.
(C) os efeitos penais da sentença condenatória mas não a sua execução.
(D) a execução e os efeitos penais da sentença condenatória.

De fato, a *abolitio criminis* decorre da edição de uma nova lei que deixa de considerar um fato como criminoso, tratando-se de causa de extinção da punibilidade (art. 107, III, do CP). Terá o condão de alcançar não só a execução de uma sentença penal condenatória, caso esta já tenha sido prolatada, mas, também, todos os efeitos penais dela advindos (geração de reincidência e maus antecedentes, por exemplo). No entanto, é bom destacar, a descriminalização do fato praticado pelo agente não atinge os efeitos civis decorrentes da condenação. Sendo o caso de crime praticado em concurso de agentes (coautoria ou participação), evidentemente que a *abolitio criminis* irá estender-se a todos. Afinal, deixa-se de considerar o fato como criminoso, não se tratando de causa pessoal (ou subjetiva), mas objetiva.

Gabarito "D"

17. PRESCRIÇÃO

(Delegado/SP – 2014 – VUNESP) Em regra geral, a prescrição antes de transitar em julgado a sentença final

(A) é chamada, pela doutrina, de prescrição intercorrente.
(B) é chamada, pela doutrina, de prescrição retroativa.
(C) regula-se pelo mínimo da pena privativa de liberdade cominada ao crime.
(D) regula-se pela pena aplicada na sentença de primeiro grau.
(E) regula-se pelo máximo da pena privativa de liberdade cominada ao crime.

A: incorreta. A prescrição intercorrente (ou superveniente), embora seja espécie de prescrição da pretensão punitiva, anterior ao trânsito em julgado da sentença penal condenatória, não é "sinônimo" da prescrição em geral. Verifica-se a partir da publicação da sentença condenatória, estendendo-se até o trânsito em julgado para as partes; **B:** incorreta. Assim como a prescrição intercorrente, a prescrição retroativa é espécie de prescrição da pretensão punitiva, que se verifica da sentença condenatória recorrível "para trás", não podendo ter por termo inicial data anterior à denúncia ou queixa (art. 110, § 1º, CP); **C:** incorreta. Em regra, a prescrição da pretensão punitiva (anterior ao trânsito em julgado da sentença final) regula-se pelo máximo da pena privativa de liberdade cominada ao crime (art. 109, *caput*, do CP); **D:** incorreta, pois a prescrição da pretensão punitiva, em regra, como dito, regula-se pela pena abstratamente cominada, e não pela pena aplicada; **E:** correta, nos termos do precitado art. 109, *caput*, do CP.

Gabarito "E"

(Delegado Federal – 2013 – CESPE) Julgue os seguintes itens:

(1) Considere que Jorge, Carlos e Antônio sejam condenados, definitivamente, a uma mesma pena, por terem praticado, em coautoria, o crime de roubo. Nessa situação, incidindo a interrupção da prescrição da pretensão executória da referida pena em relação a Jorge, essa interrupção não produzirá efeitos em relação aos demais coautores.
(2) A detração é considerada para efeito da prescrição da pretensão punitiva, não se estendendo aos cálculos relativos à prescrição da pretensão executória.
(3) Ocorre legítima defesa sucessiva, na hipótese de legítima defesa real contra legítima defesa putativa.

1: correta. Com fundamento no art. 117, § 1º, do CP, as causas interruptivas da prescrição, em caso de concurso de agentes, como regra, produzirão efeitos a todos os autores do crime. Porém, no tocante às causas interruptivas da prescrição da pretensão executória, previstas no já citado art. 117, incisos V (início ou continuação do cumprimento da pena) e VI (reincidência), não haverá comunicabilidade aos demais condenados. Em outras palavras, apenas as causas interruptivas da prescrição da pretensão punitiva (art. 117, I a IV, do CP) produzirão efeitos a todos os agentes, sendo que as causas de interrupção da prescrição executória (art. 117, V e VI, do CP) são "personalíssimas", vale dizer, somente operam efeitos ao próprio condenado que a elas se subsumir. É o caso de Jorge, para o qual, de acordo com a assertiva, incidiu a interrupção da prescrição da pretensão executória. Assim, para Carlos e Antonio nada ocorrerá, sendo certo que apenas para Jorge será interrompida a prescrição executória; **2:** incorreta. Consoante entendimento jurisprudencial, a detração (art. 42 do CP) não influencia no cálculo da prescrição (tanto da pretensão punitiva, quanto da executória). Confira-se: STJ – RECURSO ESPECIAL REsp 1095225 SP 2008/0209631-1 (STJ). Data de publicação: 03/08/2009. Ementa: PENAL. RECURSO ESPECIAL. TEMPO DE PRISÃO EM FLAGRANTE. DETRAÇÃO PARA FINS DE CONTAGEM DA PRESCRIÇÃO DA PRETENSÃO EXECUTÓRIA. IMPOSSIBILIDADE. RECURSO CONHECIDO E PROVIDO. 1. Consoante entendimento do Superior Tribunal de Justiça o período em que o réu permanece preso provisoriamente, em razão de flagrante, serve apenas para desconto da reprimenda a ser cumprida, não se empregando a detração para fins prescricionais. 2. Recurso especial conhecido e provido para restabelecer a execução penal."; **3**: incorreta. A legítima defesa sucessiva é verificada quando, na legítima defesa real, o agressor original se vê diante de reação excessiva do ofendido, que se torna agressor, podendo aquele invocar a legítima defesa. Assim, o agressor se vê diante de um excesso perpetrado pelo agredido, o que dá azo à denominada legítima defesa sucessiva. Não se fala em referida situação quando estivermos diante da legítima defesa putativa. Esta decorre de uma fantasia, da imaginação do agente, que acredita estar sendo agredido injustamente quando, em verdade, não está. Assim, se "A" age em legítima defesa putativa, agredindo "B", este poderá reagir à injusta agressão, invocando a legítima defesa real. Aqui, não haverá legítima defesa sucessiva, que, como dito, pressupõe excesso perpetrado pela vítima inicial da agressão.

Gabarito 1C, 2E, 3E

(Delegado/DF – 2004) Depois de pronunciado por homicídio consumado e tentativa de homicídio conexos, Tício é condenado a dois anos de detenção(art. 121, § 3º, do Código Penal), porque foi reconhecido excesso na Legítima Defesa, e a um ano de detenção, já que foi desclassificada a tentativa para o crime de lesões corporais(art. 129 do Código Penal). O corréu Mévio apela da decisão alegando a extinção da punibilidade do crime de lesões corporais, já que, ao contrário do que se verificou com Tício, somente foi pronunciado em grau de recurso imediatamente após o decurso de quatro anos do recebimento da denúncia. Assim, é correto afirmar que:

(A) ocorreu a prescrição do crime de lesões corporais para ambos os agentes, porque o benefício merece interpretação extensiva.
(B) não ocorreu a prescrição, porque a interrupção da prescrição ocorrida com a pronúncia de Tício produz efeito relativamente ao outro participante do crime.
(C) ocorreu a prescrição do crime de lesões corporais apenas para Mévio porque, quando Tício foi pronunciado, interrompeu-se em relação ao mesmo o lapso prescricional.
(D) não ocorreu a prescrição, porque seu prazo se suspendeu quando houve a pronúncia de um dos agentes.
(E) ocorreu a prescrição em ambos os crimes e para ambos os agentes porque, havendo coautoria e conexão de crimes, a prescrição atinge todos os fatos.

A interrupção da prescrição produz efeitos relativamente a todos os autores do crime (art. 117, § 1º, do CP). Logo, no caso, não houve a prescrição, uma vez que houve a interrupção pela pronúncia de Tício, estendendo-se ao outro participante do crime.

Gabarito "B"

(Delegado/MG – 2007) É correto afirmar sobre a prescrição no direito penal, EXCETO:

(A) A publicação da sentença de pronúncia, o tempo em que o agente cumpre pena no estrangeiro e o prazo de suspensão condicional do processo são causas suspensivas ou impeditivas da prescrição.
(B) A prescrição superveniente ou intercorrente ocorre após o trânsito em julgado para a acusação ou após o improvimento de seu recurso, regulando-se pela pena aplicada.
(C) É termo inicial da prescrição da pretensão executória a data do trânsito em julgado da sentença condenatória para a acusação.
(D) Nos crimes conexos, que sejam objetos do mesmo processo, a interrupção relativa a qualquer deles estende-se aos demais.

A: incorreta (art. 116 do CP); **B:** correta (art. 110, § 1º, do CP); **C:** correta (art. 112, I, do CP); **D:** correta (art. 117, § 1º, do CP).

Gabarito "A"

(Delegado/MT – 2006 – UFMT) O termo inicial da prescrição da pretensão punitiva, nos crimes omissivos impróprios, começa a correr a partir da data

(A) da prática do comportamento típico.
(B) da produção do resultado.
(C) em que cessou a atividade criminosa.
(D) em que o agente deixa de realizar a conduta penalmente exigida.
(E) em que o agente não agiu, quando deveria fazê-lo.

De fato, o art. 111, I, do CP, tratando do termo inicial da prescrição, prevê que esta se inicia no dia em que o crime se consumou. Trata-se da regra geral. Como os crimes omissivos impróprios, ou comissivos por omissão, são aqueles em que o agente, tendo o dever jurídico de agir, não evita o resultado, a prescrição somente começará a fluir exatamente a partir da data da produção do resultado.

Gabarito "B"

(Delegado/MT – 2000) A prescrição, antes de transitar em julgado a sentença final, começa a correr

(A) nos crimes de falsificação ou alteração de assentamento do registro civil, do dia em que se consumou o fato delituoso.

(B) nos crimes permanentes, do dia em que se iniciou a atividade criminosa.
(C) como regra geral, do dia em que o fato criminoso se tornou conhecido.
(D) no caso de tentativa, do dia em que cessou a atividade criminosa.
(E) nos crimes permanentes, do dia em que o fato criminoso se tornou conhecido.

A: incorreta (art. 111, IV, do CP); **B** e **E:** incorretas (art. 111, III, do CP); **C:** incorreta (art. 111, I, do CP); **D:** correta (art. 111, II, do CP).
Gabarito "D"

(Delegado/PR – 2007) Sobre a prescrição, considere as seguintes afirmativas

1. No caso de evadir-se o condenado ou de revogar-se o livramento condicional, a prescrição é regulada pelo total da pena aplicada na sentença condenatória.
2. Quando se tratar de crime continuado, a prescrição regula-se pela pena imposta na sentença, não se computando o acréscimo decorrente da continuação.
3. A prescrição da ação penal regula-se pela pena concretizada na sentença, quando não há recurso da acusação.
4. São exemplos de causas interruptivas da prescrição: a decisão confirmatória da pronúncia, o início ou continuação do cumprimento da pena e a reincidência.

Assinale a alternativa correta.

(A) Somente as afirmativas 2, 3 e 4 são verdadeiras.
(B) Somente as afirmativas 1 e 2 são verdadeiras.
(C) Somente as afirmativas 1, 2 e 4 são verdadeiras.
(D) Somente as afirmativas 2 e 3 são verdadeiras.
(E) Somente as afirmativas 3 e 4 são verdadeiras.

1: incorreta (art. 113 do CP); **2**: correta (art. 119 do CP); **3**: correta (art. 110 do CP); **4**: correra (art. 117, III, V e VI, do CP).
Gabarito "A"

(Delegado/SP – 2011) Com relação às causas interruptivas da prescrição da pretensão executória é correto afirmar:

(A) o condenado que foge e depois é capturado tem reiniciada a contagem do prazo prescricional, não se computando o tempo da pena já cumprida.
(B) o condenado que foge e depois é capturado tem reiniciada a contagem do prazo prescricional, o qual será regulado pelo tempo que resta da pena.
(C) início do cumprimento da pena não interrompe o prazo prescricional iniciado no trânsito em julgado da sentença penal condenatória.
(D) Exclusivamente, a continuação do cumprimento da pena é causa interruptiva do prazo prescricional iniciado no trânsito em julgado da sentença penal condenatória.
(E) Não se considera a reincidência.

A: incorreta. A fuga do condenado interrompe o cumprimento de sua pena, motivo pelo qual, uma vez recapturado, será reiniciada a execução penal, tratando-se de causa interruptiva da prescrição da pretensão executória (art. 117, V, do CP). Porém, o § 2º, do precitado dispositivo, dispõe que, interrompida a prescrição, salvo a hipótese do inciso V (início ou continuação do cumprimento da pena), todo o prazo começa a correr, novamente, do dia da interrupção. Em outras palavras, o condenado que foge e depois é recapturado terá reiniciada a contagem do prazo prescricional, mas o tempo de pena cumprido anteriormente será computado nessa nova contagem; **B:** correta, pelas razões trazidas no comentário anterior; **C:** incorreta, pois, como visto, o início do cumprimento da pena, ou sua continuação, é causa interruptiva da prescrição da pretensão executória (art. 117, V, do CP); **D:** incorreta, pois o início ou a continuação do cumprimento da pena interrompem a prescrição da pretensão executória (art. 117, V, do CP); **E:** incorreta, pois a reincidência é causa interruptiva da prescrição da pretensão executória (art. 117, VI, do CP).
Gabarito "B"

(Delegado/SP – 2011) Considera-se causa interruptiva da prescrição da pretensão executória

(A) a reincidência.
(B) o recebimento da denúncia
(C) o recebimento da queixa
(D) a decisão confirmatória da pronuncia
(E) a publicação da sentença.

A: correta (art. 117, VI, do CP); **B**, **C**, **D** e **E:** incorretas, pois são causas interruptivas da prescrição da pretensão punitiva (art. 117, I, III e IV, do CP).
Gabarito "A"

(Delegado/SP – 2008) A prescrição que se baseia na falta de interesse de agir do Estado e cujo escopo é evitar que eventual condenação não tenha função alguma, desprestigiando a Justiça Pública, denomina-se

(A) retroativa.
(B) da pretensão executória.
(C) intercorrente.
(D) antecipada.
(E) da pretensão punitiva.

Prescrição *antecipada* ou *virtual* é aquela baseada na pena que seria, em tese, aplicada ao réu em caso de condenação. Grande parte da jurisprudência rechaça tal modalidade de prescrição, na medida em que implica verdadeiro prejulgamento (o juiz estaria utilizando-se de uma pena ainda não aplicada). Ressalte-se que o STJ, por meio da Súmula 438, não admite a prescrição baseada em pena hipotética.
Gabarito "D"

(Delegado/SP – 1998) Em termos de prescrição, a sentença absolutória, da qual o Ministério Público apela, pleiteando a condenação do réu,

(A) interrompe o prazo da prescrição superveniente.
(B) interrompe o prazo da prescrição retroativa.
(C) não interrompe o prazo da prescrição da pretensão punitiva.
(D) interrompe o prazo da prescrição da pretensão punitiva.

De fato, a prolação de sentença penal absolutória, ainda que haja apelo do Ministério Público, não tem o condão de interromper o prazo prescricional. Afinal, o art. 117, IV, do CP inclui como causa de interrupção da prescrição a sentença penal condenatória recorrível, ou, então, o acórdão confirmatório da condenação em primeiro grau.
Gabarito "C"

18. CRIMES CONTRA A PESSOA

(Delegado/RO – 2014 – FUNCAB) Em relação aos crimes contra a vida, dispostos no Código Penal, é correto afirmar:

(A) No crime de induzimento, instigação ou auxílio a suicídio, disposto no artigo 122 do CP, a pena é duplicada se o crime é praticado por motivo egoístico.
(B) O Código Penal prevê o crime de aborto culposo.
(C) Se do induzimento, instigação ou auxílio ao suicídio resulta lesão corporal de natureza grave na vítima, a conduta daquele que induziu, instigou ou auxiliou a vítima a tentar se suicidar é atípica.
(D) Para a configuração da qualificadora do emprego de veneno no homicídio, disposta no artigo 121, § 2°, inciso III, primeira figura, do CP, não se exige que a vítima desconheça a circunstância de estar sendo envenenada.
(E) O crime de infanticídio, descrito no artigo 123 do CP, prevê também como típica a forma culposa desse delito.

A: correta, nos exatos termos do art. 122, parágrafo único, I, do CP; **B:** incorreta, inexistindo a figura culposa do aborto (arts. 124 a 127, CP). Não é demais ressaltar que se a gestante, ou terceiro, culposamente, causarem abortamento, não responderão pelo crime, à míngua de previsão legal expressa; **C:** incorreta. O crime de induzimento, instigação ou auxílio ao suicídio (art. 122, CP) é considerado um crime condicionado, vale dizer, somente estará configurado se da tentativa do suicídio resultar morte ou lesão corporal de natureza grave, nos termos do preceito secundário do referido tipo penal. Será atípica a conduta do agente se, em razão do induzimento, instigação ou auxílio ao suicídio, a vítima sofrer lesão corporal leve ou não sofrer qualquer lesão; **D:** incorreta. De acordo com a doutrina, o venefício (homicídio qualificado pelo emprego de veneno – art. 121, § 2º, III, CP) somente se configura se a vítima desconhecer a circunstância de estar sendo envenenada. Assim, por exemplo, se um, agente, com arma em punho, determina à vítima que ingira grande quantidade de veneno de rato, em caso de morte desta, responderá por homicídio doloso, mas, sem, a incidência da qualificadora. Se a morte for lenta e causar dor extrema, poderá se caracterizar o meio cruel; **E:** incorreta. O infanticídio (art. 123, CP) não tem previsão de modalidade culposa, que, se ocorrer, será atípica (art. 18, parágrafo único, do CP – excepcionalidade do crime culposo).
Gabarito "A"

(Delegado/RJ – 2013 – FUNCAB) Certo Juiz de Direito encaminha ofício à Delegacia de Polícia visando à instauração de inquérito policial em desfavor de determinado Advogado, porque o causídico, em uma ação penal de iniciativa privada, havia, em sede de razões de apelação, formulado protestos e críticas contra o Magistrado, alegando que este fundamentara sua sentença em argumentos puramente fantasiosos. Resta comprovado na investigação que os termos usados pelo Advogado foram duros e que tinham aptidão para ofender a honra do Magistrado, embora empregados de forma objetiva e impessoal. Assim, o Advogado:

(A) deve responder por crime de injúria.
(B) deve responder por crime de desacato.
(C) deve responder por crime de difamação.
(D) deve responder por crime de calúnia.
(E) não responde por crime algum.

A: incorreta, pois o crime de injúria (art. 140, CP) pressupõe que o agente atue de molde a querer macular a honra subjetiva da vítima, ofendendo-lhe a dignidade ou o decoro. Demais disso, a ofensa irrogada em juízo, na discussão da causa, pela parte ou por seu procurador, é causa de exclusão do crime, nos termos do art. 142, I, do CP; **B:** incorreta, pois o crime de desacato (art. 331, CP) pressupõe, de acordo com a doutrina, que as ofensas dirigidas ao funcionário público, ocorram presencialmente (frente a frente), enquanto este estiver no exercício de sua função, ou em razão dela. Assim, ofensas por escrito, ainda que dirigidas a funcionário público, não caracterizarão desacato, mas, eventualmente, crime contra a honra; **C:** incorreta, pois a difamação (art. 139, CP) pressupõe que o agente delitivo impute à vítima fato ofensivo à sua reputação. As palavras do advogado no sentido de que o magistrado prolatara a sentença e a fundamentara em argumentos fantasiosos não constituem um "fato", que deve ter um mínimo de determinação no tempo e espaço; **D:** incorreta, pois a calúnia (art. 138, CP) pressupõe que o agente impute falsamente a alguém um fato definido como crime, o que não se enxerga nas palavras do advogado; **E:** correta. Realmente, as palavras irrogadas pelo advogado tiveram relação direta com o exercício da defesa de seu cliente, aplicando-se o precitado art. 142, I, do CP. Demais disso, o art. 7º, § 2º, do Estatuto da OAB (Lei 8.906/1994), prevê ter o advogado imunidade profissional, não sendo puníveis os crimes de injúria e difamação, desde que no exercício de suas atividades.

Gabarito "E"

(Delegado/RJ – 2013 – FUNCAB) Silmara, Nicanor convence a gestante a abortar, orientando-a a procurar uma clínica clandestina. Durante o procedimento abortivo, praticado pelo médico Horácio, Silmara sofre grave lesão, decorrente da imperícia do profissional, perdendo, pois, sua capacidade reprodutiva. Nesse contexto, considerando que a intervenção cirúrgica não era justificada pelo risco de morte para a gestante ou em virtude de estupro prévio, Silmara, Nicanor e Horácio responderão, respectivamente, pelos crimes de:

(A) consentimento para o aborto (artigo 124, 2ª parte, CP); consentimento para o aborto (artigo 124, 2ª parte, CP); e aborto praticado por terceiro com consentimento, em concurso de crimes com o delito de lesão corporal qualificada (artigo 126 c/c artigo 129, § 2º, III, ambos do CP).
(B) consentimento para o aborto (artigo 124, 2ª parte, CP); aborto provocado por terceiro com consentimento especialmente agravado (artigo 126 c/c artigo 127, ambos do CP); e aborto provocado por terceiro com consentimento especialmente agravado (artigo 126 c/c artigo 127, ambos do CP).
(C) consentimento para o aborto (artigo 124, 2ª parte, CP); consentimento para o aborto (artigo 124, 2ª parte, CP); e aborto provocado por terceiro com consentimento especialmente agravado (artigo 126 c/c artigo 127, ambos do CP).
(D) autoaborto (artigo 124, 1ª parte, CP); aborto praticado por terceiro com consentimento, em concurso de crimes com o delito de lesão corporal qualificada (artigo 126 c/c artigo 129, § 2º, III, ambos do CP); e aborto praticado por terceiro com consentimento, em concurso de crimes com o delito de lesão corporal qualificada (artigo 126 c/c artigo 129, § 2º, III, ambos do CP).
(E) autoaborto (artigo 124, 1ª parte, CP); aborto provocado por terceiro com consentimento especialmente agravado (artigo 126 c/c artigo 127, ambos do CP); e aborto provocado por terceiro com consentimento especialmente agravado (artigo 126 c/c artigo 127, ambos do CP).

No caso relatado no enunciado, imprescindível que façamos a tipificação da conduta de cada um dos envolvidos. Assim, temos que, no tocante à gestante Silmara, o crime a ser imputado é o de aborto consentido (art. 124, 2ª parte, do CP), visto que consentiu que terceiro (Horácio) nela provocasse o aborto. Não se cogita, aqui, de autoaborto (art. 124, 1ª parte, do CP), visto que este pressupõe que a própria gestante provoque, em si, o aborto, praticando as manobras abortivas (fato que inocorreu, já que o abortamento foi executado pelo médico Horácio). Quanto a Nicanor, por haver convencido Silmara a consentir com o aborto, responderá como partícipe do mesmo crime (art. 124, 2ª parte, do CP). Frise-se que o crime em questão, por ser considerado de mão própria, não admite coautoria, mas, apenas, participação. Por fim, quanto ao médico Horácio, que executou o aborto, responderá pelo crime do art. 126, CP (aborto praticado por terceiro com o consentimento da gestante). Ainda, como a gestante sofreu lesões corporais graves, consistentes na perda da função reprodutiva, incidirá, ainda, a circunstância majorante prevista no art. 127 do CP (se em consequência do aborto ou dos meios empregados resultar lesão corporal grave). Não se pode falar em crime "autônomo" de lesões corporais graves (art. 129, § 2º, III, CP), visto que estas, para o aborto, constituem resultado imputado ao agente a título de culpa, gerando majoração da pena.

Gabarito "C"

(Delegado/PR – 2013 – UEL-COPS) **Leia o texto a seguir.** Paulo, diante de séria discussão com Pedro, dirigiu-se até a sua residência e, visando causar mal injusto contra este, apanhou uma arma de fogo e, de dentro de seu quintal mas em direção à via pública, efetuou vários disparos contra a pessoa de Pedro. Vale ressaltar que Paulo tinha registro de sua arma de fogo e que Pedro foi socorrido por terceiros e não veio a óbito. **Diante do caso exposto, Paulo responderá pelo crime de**

(A) tentativa de homicídio, em concurso material com o crime de disparo de arma de fogo, por força do Art. 69 do Código Penal.
(B) tentativa de homicídio, em concurso formal com o crime de disparo de arma de fogo, por força do Art. 70 do Código Penal.
(C) tentativa de homicídio, não respondendo pelo crime de disparo de arma de fogo, haja vista que este é crime subsidiário.
(D) tentativa de homicídio, em continuidade delitiva com o crime de disparo de arma de fogo, por força do Art. 71 do Código Penal.
(E) disparo de arma de fogo, não respondendo pela tentativa de homicídio, haja vista que o crime definido no Art. 15 da Lei 10.826/2003 tutela a segurança pública.

No caso em questão, fica clara que a intenção de Paulo era a de causar mal injusto contra Pedro, atirando diversas vezes contra a vítima. Logo, evidente o ânimo homicida, gerando, porém, a imputação de homicídio em sua forma tentada, haja vista a não verificação do resultado morte. A dúvida diz respeito aos disparos de arma de fogo, devidamente registrada em nome de Paulo. Nos termos do art. 15 do Estatuto do Desarmamento (Lei 10.826/2003), temos que se considera crime de disparo de arma de fogo a conduta do agente de "disparar arma de fogo ou acionar munição em lugar habitado ou em suas adjacências, em via pública ou em direção a ela, **desde que essa conduta não tenha como finalidade a prática de outro crime**". Assim, estamos diante de subsidiariedade expressa, vale dizer, o crime de disparo de arma somente se caracteriza quando não for praticado com a finalidade de cometimento de outro crime. Logo, Paulo deverá responder apenas por tentativa de homicídio.

Gabarito "C"

(Delegado de Polícia/GO – 2013 – UEG) Lekão do Cerrado atira de longa distância em Buguelo, com a intenção de testar a eficácia do tiro da pistola que recentemente adquirira. No momento do disparo vislumbra que Buguelo, caso atingido, poderá morrer, tendo em conta o grande poder vulnerante da arma, conforme afiançado pelo vendedor; mesmo assim, aciona o gatilho, vindo o projétil atingir Buguelo que tomba morto na mata. Nessa situação, Lekão do Cerrado pratica um crime de

(A) perigo para a vida ou saúde de outrem
(B) homicídio doloso
(C) homicídio culposo
(D) disparo de arma de fogo

A: incorreta, pois o resultado morte demonstra que não houve mera causação de perigo para a vida ou saúde de outrem (art. 132 do CP), mas, sim, um crime de dano ao bem jurídico; **B**: correta. O enunciado retrata, indiscutivelmente, a prática do crime de homicídio doloso. Afinal, Lekão do Cerrado atirou em direção à vítima Buguelo, matando-a. O fato de, ao efetuar o disparo, querer testar a eficácia do tiro da pistola, que, segundo o vendedor, tinha grande poder vulnerante, demonstra ter agido com *dolo eventual*, especialmente ao antever que, caso atingida a vítima, esta poderia morrer. Aqui, ficou claro que assumiu o risco de produzir o resultado (art. 18, I, segunda figura, do CP); **C**: incorreta, pois, da narrativa, não se extrai que o resultado morte adveio de imprudência, negligência ou imperícia do atirador, mas, como visto, de dolo eventual; **D**: incorreta. O disparo de arma de fogo (art. 15 da Lei 10.826/2003) é, sem dúvida, crime-meio, constituindo-se em etapa para o cometimento do crime-fim (homicídio doloso).

Gabarito "B"

(Delegado/BA – 2013 – CESPE) Suponha que em naufrágio de embarcação de grande porte, tenha havido tombamento das cabines e demais dependências, antes da evacuação da embarcação e resgate dos passageiros e, em razão desse fato, os sobreviventes tenham sofrido diversos tipos de lesões corporais e centenas tenham morrido por politraumatismo e afogamento. Com base nessa situação hipotética, julgue o item seguinte.

(1) Caso seja comprovada imperícia, negligência ou imprudência da tripulação, esta poderá responder judicialmente pelo crime de homicídio em relação às mortes ocorridas no naufrágio.

1: correta. Muito embora a questão em comento dê margem a discussões, visto que o enunciado é um tanto amplo, pode-se concluir que, se por imprudência, negligência ou imperícia da tripulação da embarcação, cabines e demais dependências tiverem tombado antes da evacuação, causando a morte de passageiros do navio, poderá ser imputado àquele que tiver tido comportamento causador dos resultados lesivos à vida o crime de homicídio culposo.

Gabarito 1C

(Delegado Federal – 1998 – CESPE) Em relação aos crimes contra a pessoa, julgue os seguintes itens.

(1) Se for doloso o homicídio, a pena será aumentada de um terço, no caso de crime praticado contra pessoa menor de catorze anos.
(2) O perdão judicial pode ser aplicado ao crime de lesões corporais dolosas simples.
(3) Não é crime o aborto realizado pela própria gestante, se for provado que o feto estava contaminado com vírus causador de doença incurável.
(4) O condenado por homicídio doloso qualificado por motivo torpe não pode ser beneficiado por livramento condicional.
(5) O evento morte, ocorrido durante uma rixa, qualifica a conduta de todos os contendores.

1: correta (art. 121, § 4º, parte final, do CP); **2**: incorreta (art. 129, § 8º, do CP), visto que apenas a lesão corporal culposa admite o perdão judicial; **3**: incorreta, eis que as hipóteses em se admite o aborto no Brasil estão restritas àquelas constantes no art. 128, I e II, do CP (aborto necessário ou terapêutico – se não houver outro meio de salvar a vida da gestante; aborto sentimental ou humanitário – se a gravidez resulta de estupro). Frise-se, por oportuno, que o STF, no julgamento da ADPF 54, admitiu a possibilidade de interrupção de gravidez em caso de anencefalia, desde que devidamente comprovada tal situação; **4**: incorreta, pois, mesmo para o crime de homicídio qualificado pelo motivo torpe (art. 121, § 2º, I, do CP), ainda que considerado hediondo, admite-se a concessão de livramento condicional, desde que o condenado tenha cumprido mais de dois terços da pena e não seja reincidente específico (art. 83, V, do CP); **5**: correta (art. 137, parágrafo único, do CP).

Gabarito 1C, 2E, 3E, 4E, 5C

(Agente de Polícia Federal – 2000 – CESPE) Julgue os seguintes itens.

(1) Considere a seguinte situação hipotética. Alfa, aproveitando que Gama encontrava-se dormindo, com o intuito e escopo de poupá-lo de intenso sofrimento e acentuada agonia decorrentes de doença de desate letal, ceifou a sua vida. Nesse caso, Alfa responderia por homicídio privilegiado-qualificado, eis que, impelido por motivo de relevante valor moral, utilizou recurso que dificultou ou impossibilitou a defesa do ofendido.
(2) O homicídio qualificado-privilegiado é crime hediondo.
(3) Considere que, no dia 05.09.1994, JR, mediante promessa de recompensa de AX, tenha praticado homicídio contra BR, e que, no dia 07.09.1994, entrou em vigor a Lei n. 8.930/1994, que deu nova redação ao art. 1º, I, da Lei 8.072/1990, tipificando o homicídio qualificado como crime hediondo. Nesse caso, seriam irretroativas as proibições de graça, indulto e anistia e a obrigatoriedade do cumprimento da pena em regime integralmente fechado.
(4) As qualificadoras de paga e promessa de recompensa do crime de homicídio comunicam-se ao mandante.
(5) Considere a seguinte situação hipotética. Após uma desavença, João Paulo, que não possuía autorização para porte de arma, matou José, mediante o uso de arma de fogo não registrada, da qual há muito detinha a posse em sua residência. Nesse caso, João Paulo responderia pelo homicídio e pela posse ilegal de arma, em concurso.

1: correta, visto que a assertiva em questão consagra o típico exemplo de homicídio privilegiado, qual seja, a eutanásia. O fato de a morte ter ocorrido durante o sono da vítima, de fato, retirou-lhe a possibilidade de resistência, o que conduz à caracterização da qualificadora da surpresa, prevista no art. 121, § 2º, IV, do CP. No entanto, por se tratar de qualificadora relativa ao modo de execução, tem caráter objetivo, o que se compatibiliza com o privilégio, de caráter subjetivo. Estamos, aqui, diante de um homicídio qualificado-privilegiado (ou homicídio híbrido); **2**: incorreta, visto que, doutrinariamente, e mesmo em sede jurisprudencial majoritária, entende-se que o homicídio qualificado-privilegiado não é considerado crime hediondo, e por dois motivos: a) não vem expressamente previsto no rol taxativo do art. 1º da Lei dos Crimes Hediondos (Lei 8.072/1990); b) a existência do privilégio, de caráter subjetivo, deve preponderar sobre a qualificadora, de caráter objetivo, desnaturando, assim, a hediondez do crime; **3**: correta, eis que o homicídio qualificado somente foi inserido no rol dos crimes considerados hediondos com o advento da Lei 8.930/1994. Portanto, tratando-se de lei posterior prejudicial, todas as consequências advindas da hediondez do crime são consideradas irretroativas (art. 5º, XL, da CF e art. 2º do CP); **4**: correta, visto que a qualificadora da paga ou promessa de recompensa, por ter caráter subjetivo (relativo à motivação do crime), e sendo elementar do tipo qualificado, comunica-se ao mandante; 5: correta, pois a posse irregular de arma de fogo é pretérita ao homicídio, não podendo ser por este absorvida, motivo pelo qual o agente responderá por ambos os crimes, em concurso.

Gabarito 1C, 2E, 3C, 4C, 5C

(Agente de Polícia Federal – 1998 – CESPE) Em relação às várias formas de aborto ilícito previstas pelo Código Penal, julgue os itens seguintes.

(1) O profissional que realiza aborto ilícito em uma mulher, com o consentimento desta, responde como coautor do mesmo crime.
(2) É punível o aborto provocado culposamente.
(3) A lei exige autorização judicial para o aborto realizado por médico em mulher que lhe solicita o abortamento do feto por ser ele resultante de estupro.
(4) Age licitamente o médico que, mesmo sem autorização da mulher, provoca aborto como única alternativa para salvar a vida da gestante.
(5) O momento consumativo do aborto provocado pela gestante ocorre com a morte do feto, em consequência da interrupção da gravidez.

1: incorreta, visto que o profissional que realiza aborto, com o consentimento da gestante, responde pelo crime descrito no art. 126 do CP, tratando-se, aqui, de inegável exceção pluralística à teoria unitária. Em outras palavras, embora o fato seja o mesmo (prática de aborto), a gestante responderá pelo crime de aborto consentido (art. 124, *caput*, segunda parte, do CP) e o terceiro responderá pelo crime de aborto com o consentimento da gestante (art. 126, *caput*, do CP); **2**: incorreta, uma vez que inexiste o crime de aborto culposo expresso em lei; **3**: incorreta, pois o aborto sentimental (ou humanitário), previsto no art. 128, II, do CP, não exige autorização judicial; **4**: correta, eis que o médico, ao praticar o aborto como única alternativa para salvar a vida da gestante, desde que o perigo seja atual, age em estado de necessidade de terceiro, o que independe de consentimento; 5: correta, porque de fato, consuma-se o aborto no momento em que o feto morre, em virtude das manobras abortivas praticadas na gestante.

Gabarito 1E, 2E, 3E, 4C, 5C

(Delegado/AP – 2010) Assinale a alternativa que não qualifica o *crime de homicídio*.

(A) Emprego de veneno, fogo, explosivo, asfixia, tortura ou outro meio insidioso ou cruel.
(B) Para assegurar a ocultação de outro crime.
(C) Motivo fútil.
(D) Abuso de poder ou violação de dever inerente a cargo, ofício, ministério ou profissão.
(E) Mediante dissimulação.

A: correta (art. 121, § 2º, III, do CP); **B:** correta (art. 121, § 2º, V, do CP); **C:** correta (art. 121, § 2º, II, do CP); **D:** incorreta, já que, de fato, o abuso de poder ou violação de dever inerente a cargo, ofício, ministério ou profissão não foi previsto como causa que qualifica o homicídio, mas caracteriza uma circunstância agravante genérica (art. 61, II, "g", do CP); **E:** correta (art. 121, § 2º, IV, do CP).

Gabarito "D"

(Delegado/AP – 2006 – UFAP) Analise as assertivas e assinale a alternativa correta:

I. O agente induz a vítima a pular em um lago, com a intenção de que esta morra. A vítima sobrevive milagrosamente e sai ilesa da água. O agente responde por tentativa de induzimento a suicídio.
II. As lesões corporais culposas admitem o perdão judicial.
III. Os crimes de calúnia, difamação e injúria têm as penas aumentadas de um terço quando praticados contra funcionário público, em razão de suas funções.

(A) Estão corretas todas as alternativas.

(B) Estão erradas todas as alternativas.
(C) Estão corretas apenas as alternativas II e III.
(D) Está correta apenas a alternativa I.
(E) Está correta apenas a alternativa III.

I: incorreta (art. 122 do CP). O entendimento clássico é no sentido de que não se admite tentativa no crime de induzimento, instigação ou auxílio a suicídio. Isso porque, ou o crime se consuma quando a vítima morre ou sofre lesão corporal de natureza grave, ou o fato é atípico (quando resultar lesão corporal de natureza leve ou a vítima nem sequer tentar o suicídio); **II**: correta, já que o art. 129, § 8º faz alusão ao art. 121, § 5º, do CP, que trata do perdão judicial, desde que o crime seja culposo; **III**: correta (art. 141, II, do CP).

Gabarito "C"

(Delegado/BA – 2006 – CONSULPLAN) Segundo o artigo 129 do CPB, a incapacidade para as atividades habituais por mais de 30 dias, deformidade permanente e o perigo de vida, caracterizam, respectivamente, lesão corporal de natureza:

(A) Grave, gravíssima, gravíssima.
(B) Grave, grave, leve.
(C) Grave, gravíssima, leve.
(D) Grave, gravíssima, grave.
(E) Leve, levíssima, grave.

A alternativa "D" está correta, pois a incapacidade para as atividades habituais por mais de 30 dias e o perigo de vida configuram hipóteses do crime de lesão corporal de natureza grave (art. 129, § 1º, I e II, do CP). Já a deformidade permanente caracteriza o crime de lesão corporal de natureza gravíssima (art. 129, § 2º, IV, do CP).

Gabarito "D"

(Delegado/BA – 2006 – CONSULPLAN) Pedro encontra João, seu desafeto, que antes lhe aplicara uma surra. Com o intuito de vingança, desfere tiros em João, matando-o. Depois, resolve subtrair o relógio do morto. Marque a alternativa correta:

(A) Pedro responderá por latrocínio.
(B) Pedro responderá por homicídio simples.
(C) Pedro responderá por homicídio, em concurso com roubo.
(D) Pedro responderá por homicídio qualificado.
(E) Pedro responderá por homicídio qualificado, em concurso com furto.

A: incorreta, pois não se trata do delito de latrocínio, que pressupõe que a morte decorra da violência empregada durante e em razão da subtração, o que não ocorreu no caso (art. 157, § 3º, parte final, do CP); **B**: incorreta, pois no caso o homicídio é qualificado pela vingança, que configura o motivo torpe (art. 121, § 2º, I, do CP). Cumpre ressaltar que a vingança não configura a torpeza de forma automática, dependendo da causa que a originou. No caso, Pedro quis se vingar de João, seu desafeto, que antes lhe aplicara uma surra, o que no caso configura o motivo torpe, vil, ignóbil, repugnante; **C**: incorreta, pois a violência ocorreu quando dos disparos para matar a vítima. Após, quando da subtração, não houve violência ou grave ameaça, até mesmo porque a vítima já estava morta. Logo, não há que se falar em concurso de crimes entre homicídio e roubo, mas furto; **D**: incorreta parcialmente, pois além do crime de homicídio qualificado, Pedro também responderá pelo crime de furto; **E**: correta. Não há que se falar em latrocínio, uma vez que tal delito pressupõe que o evento morte decorra da violência empregada durante e em razão da subtração. No caso, a subtração ocorreu após a morte da vítima. Inclusive, o agente praticou o delito de furto após desferir tiros na vítima, o que denota os desígnios autônomos para cada infração penal, não havendo nenhum nexo causal entre a subtração e o evento morte. Assim, o agente responderá por concurso material pelo homicídio qualificado pela vingança (motivo torpe) e pelo furto (art. 121, § 2º, I, e art. 155, *caput*, c/c art. 69 do CP).

Gabarito "E"

(Delegado/BA – 2006 – CONSULPLAN) Paulo instiga Mauro que se encontra em estado de depressão, a suicidar-se, vindo Mauro a morrer. Marque a alternativa correta:

(A) Paulo é coautor do crime previsto no artigo 122 do Código Penal que dispõe: "Induzir ou instigar alguém a suicidar-se ou prestar--lhe auxilio para que o faça".
(B) Paulo ao atuar sobre a vontade de Mauro, responderá como partícipe no crime do artigo 122 do Código Penal.
(C) Paulo responderá como autor no crime do artigo 122 do Código Penal.
(D) A conduta de Paulo é atípica.
(E) N. R. A

A: incorreta, pois Paulo é autor do crime e não coautor. A conduta criminosa é daquele que induz ou instiga alguém a suicidar-se. Pelo princípio da alteridade, o Direito Penal somente pune condutas que atinjam bens jurídicos alheios. Daí não se punir a tentativa de suicídio; **B**: incorreta, na medida em que o tipo penal previsto no art. 122 do CP incrimina, de forma autônoma, a conduta do partícipe, qual seja, aquele que induz ou instiga alguém a suicidar-se. Nada impede, todavia, que haja participação no crime de induzimento, instigação ou auxílio a suicídio, como por exemplo, no caso em que o partícipe instiga o autor a induzir a vítima a se suicidar; **C**: correta (art. 122 do CP); **D**: incorreta, pois a conduta de Paulo configura o crime previsto no art. 122 do CP; **E**: incorreta, pois a letra "C" está correta.

Gabarito "C"

(Delegado/CE – 2006 – CEV/UECE) Considerando os crimes contra a pessoa, previstos no Código Penal Brasileiro, marque a opção verdadeira.

(A) O homicídio híbrido ocorre sempre que reunimos em um mesmo fato uma pluralidade de vítimas e de circunstâncias qualificadoras de natureza subjetiva.
(B) O chamado pacto de morte, ou seja, quando duas ou mais pessoas reúnem-se para praticar o suicídio jamais pode gerar a responsabilidade criminal de alguém, mesmo que haja sobreviventes e um deles tenha praticado os atos executórios.
(C) O aborto praticado em feto que não tinha viabilidade de vida é plenamente permitido pela legislação penal brasileira, configurando uma das hipóteses supralegais de estado de necessidade e é conhecido como aborto eugênico ou eugenésico.
(D) O emprego de veneno nem sempre poderá ser considerado como qualificadora, pois isso dependerá de ele ser utilizado por meio insidioso ou cruel.

A: incorreta, já que o homicídio híbrido é aquele em que, ao mesmo tempo, é privilegiado e qualificado, desde que a qualificadora tenha caráter objetivo; **B**: incorreta. No pacto de morte (ambicídio) duas pessoas combinam a eliminação conjunta de suas próprias vidas. Se houver algum sobrevivente, este responderá por homicídio, se praticou algum ato executório ou por instigação, induzimento ou auxílio a suicídio (art. 122 do CP). Se todos sobreviveram, responderão pelo crime previsto no art. 122 do CP, se sofreram ao menos lesão corporal de natureza grave e aquele que realizou o ato executório responderá por tentativa de homicídio; **C**: incorreta. A legislação penal somente permite a interrupção da gestação nos casos de aborto necessário (quando não houver outro meio para salvar a vida da gestante – art. 128, I, do CP) ou sentimental (aborto em caso de gravidez decorrente de estupro – art. 128, II, do CP). Entretanto, o STF, no julgamento da ADPF 54, passou a admitir a possibilidade de aborto em caso de anencefalia devidamente comprovada do feto; **D**: correta (art. 121, § 2º, III, do CP). O emprego do veneno (veneficio) deve ocorrer de modo insidioso (dissimulado). A vítima deve ignorar o fato de estar sendo envenenada. Caso a vítima seja forçada a ingerir a substância venenosa, aí a qualificadora será outro meio cruel e não o emprego do veneno.

Gabarito "D"

(Delegado/CE – 2006 – CEV/UECE) Considere as seguintes afirmativas:

I. A lesão corporal dolosa sempre apresenta ação penal pública, independente da natureza da mesma, uma vez que o objeto jurídico tutelado é indisponível.
II. Sempre que a lesão corporal é praticada sob influência de violenta emoção, após provocação da vítima, temos uma hipótese de causa de diminuição de pena, existindo o que chamamos de circunstancia privilegiadora.
III. Quanto ao elemento subjetivo a lesão corporal seguida de morte difere essencialmente da tentativa de homicídio, pois, enquanto este é caracterizado pelo animus *necandi*, aquele o é pelo *animus laedendl*.
IV. O perdão judicial é uma das formas de extinção da punibilidade, onde o Estado perdoa o indivíduo voluntariamente, anulando todos os efeitos da condenação criminal.

São corretas, apenas:

(A) II, III e IV
(B) I, III e IV
(C) I, II e IV
(D) I, II e III

I: correta. Em regra, a ação penal do crime de lesão corporal será pública incondicionada (natureza grave ou gravíssima). Excepcionalmente, se for de natureza leve ou culposa será condicionada à representação do ofendido ou de seu representante legal (art. 129, *caput* e § 6º, do CP e art. 88 da Lei 9.099/1995); **II**: incorreta, uma vez que o tipo penal de lesão corporal privilegiada preleciona que o agente deve agir sob o domínio de violenta emoção (e não sob a influência de violenta emoção), logo em seguida a injusta provocação da vítima; **III**: correta. De fato, no crime de lesão corporal seguida de morte (art. 129, § 3º, do CP), o agente atua com a intenção de lesionar, mas o evento morte advém de forma culposa (delito preterdoloso). Já na tentativa de homicídio, o agente tem a intenção de matar e não de lesionar, todavia, por circunstâncias alheias à sua vontade, o crime não se consuma; **IV**: correta. A sentença que concede o perdão judicial tem natureza declaratória de extinção da punibilidade, não subsistindo qualquer efeito condenatório.

Gabarito "B"

(Delegado/DF – 2004) O médico está autorizado a praticar o aborto com conhecimento da gestante ou de seu representante legal(artigo 128, inciso II, do Código Penal) quando a gestante for vítima de estupro

(A) após convencido de que tal circunstância tenha ocorrido.
(B) após o registro do fato na Delegacia de Polícia.
(C) após o oferecimento da Denúncia contra o autor do fato.
(D) após a condenação do autor do fato.
(E) após a condenação transitada em julgado em face do autor do fato.

Trata-se do aborto sentimental, quando a gravidez resultar de estupro. Para que o fato não seja punível, exige-se o preenchimento dos seguintes requisitos: a) que o aborto seja praticado por médico; b) que a gravidez seja resultante de estupro; c) prévio consentimento da gestante ou de seu representante legal. Não se exige a condenação transitada em julgado em face do autor do estupro, nem mesmo condenação recorrível, denúncia ou registro da ocorrência na Delegacia de Polícia. Basta que o médico tenha se convencido de que tal fato tenha ocorrido. Isso porque o médico está submetido tão somente ao Código de Ética Médica, devendo ter a cautela exigida para o seu mister. Se a gestante induzir o médico em erro, restará caracterizado o erro de tipo, excluindo-se o crime, por ausência de dolo.

Gabarito "A"

(Delegado/ES – 2006 – CESPE) Ainda em relação a normas pertinentes à parte geral do Código Penal, julgue os itens seguintes.

(1) A lei não permite o emprego da violência física como meio para repelir injúrias ou palavras caluniosas, visto que não existe legítima defesa da honra. Somente a vida ou a integridade física são abrangidas pelo instituto da legítima defesa.

1: incorreta. Muito embora bastante diminuídas as possibilidades de ser invocada a legítima defesa da honra como fundamento para a prática de fatos típicos, o certo é que o CP, em seu art. 25, não faz qualquer distinção entre os bens jurídicos que se pretendem preservar da agressão injusta e aqueles que serão lesados. Logo, não é verdade que apenas a vida e a integridade física são abrangidas pelo instituto da legítima defesa. A honra, do ponto de vista da liberdade sexual, pode ser perfeitamente invocada como fundamento para a aplicação da excludente da ilicitude em comento.

Gabarito 1E

(Delegado/GO – 2009 – UEG) Sobre o crime de homicídio, é CORRETO afirmar:

(A) a natureza jurídica da sentença concessiva do perdão judicial, no homicídio culposo, segundo orientação sumulada do Superior Tribunal de Justiça, é condenatória, não subsistindo efeitos secundários.
(B) existe a possibilidade da coexistência entre o homicídio praticado por motivo de relevante valor moral e o homicídio praticado com emprego de veneno.
(C) a conexão teleológica que qualifica o homicídio ocorre quando é praticado para ocultar a prática de outro delito ou para assegurar a impunidade dele.
(D) a futilidade para qualificar o homicídio deve ser apreciada subjetivamente, ou seja, pela opinião do sujeito ativo.

A: incorreta. Segundo orientação esposada na Súmula 18 do STJ, a sentença concessiva do perdão judicial tem natureza *declaratória da extinção da punibilidade*, não subsistindo qualquer efeito condenatório; **B:** correta. Há compatibilidade na medida em que o *emprego de veneno* constitui qualificadora de caráter objetivo; **C:** incorreta. *Teleológica* é a conexão em que o homicídio é praticado com o fim de assegurar a execução de outro crime. Se o homicídio é cometido com o fito de ocultar o cometimento de outro delito ou para assegurar a impunidade dele, está-se então diante da chamada *conexão consequencial*; **D:** incorreta. A futilidade, ao contrário, deve ser apreciada em caráter objetivo.

Gabarito "B"

(Delegado/MG – 2008) Quanto aos crimes contra as pessoas, as seguintes alternativas estão corretas, EXCETO

(A) a mãe que, em estado puerperal, logo após o parto, na enfermaria do hospital, mata filho de outra pessoa pensando ser o próprio, responde por infanticídio e não por homicídio.
(B) o agente que provoca várias lesões corporais, de natureza grave e gravíssima, contra a mesma vítima em um mesmo contexto fático responde por crime continuado.
(C) para a ocorrência do crime de induzimento, instigação ou auxílio ao suicídio, será indispensável que a vítima seja determinada e tenha capacidade de discernimento.
(D) todas as pessoas, mulheres ou homens, que se enquadram às situações emanadas do tipo, podem ser vítimas dos crimes de violência doméstica, podendo as penas ser aumentadas de 1/3 se o crime for cometido contra pessoa portadora de deficiência.

A: correta. A mãe, em estado puerperal, logo após o parto, mata o filho de outra pessoa, pensando ser o próprio, em razão do erro sobre a pessoa (art. 20, § 3º, do CP), segundo o qual o agente responderá pelo crime como se tivesse atingido a vítima pretendida. No caso, responderá pelo infanticídio (art. 123 do CP); **B:** incorreta, pois há crime único, em razão da aplicação do princípio da consunção (crime progressivo – crime mais grave absorve crime menos grave); **C:** correta, pois o suicídio pressupõe a supressão da própria vida de forma livre, consciente e voluntária. Se a vítima não tinha capacidade de discernimento, haverá o crime de homicídio (autoria mediata) e não de induzimento, instigação ou auxílio ao suicídio; **D:** correta, pois o art. 129, §§ 9º, 10 e 11, do CP aplicam-se tanto ao homem quanto à mulher. Se a vítima da violência doméstica for mulher, aplica-se ainda outras consequências previstas na Lei Maria da Penha (Lei 11.340/2006).

Gabarito "B"

(Delegado/MT – 2006) Analise as afirmações a seguir.

I. Quem induz um alienado mental, desprovido de discernimento, a se suicidar não comete o crime de induzimento, instigação ou auxílio ao suicídio, mas o crime de homicídio.
II. No crime de homicídio, será torpe o motivo se for daqueles insignificantes, sem importância, totalmente desproporcional em relação ao crime.
III. No crime de perigo para a vida ou para a saúde de outrem, o perigo deverá ser concreto.
IV. Só responderá pelo crime de omissão de socorro o agente que, antes da conduta omissiva, haja assumido o dever legal de impedir o resultado.

Todas as afirmações corretas estão na alternativa:

(A) I – IV
(B) I – III
(C) II – III
(D) III – IV

I: correta, visto que o crime de participação em suicídio (art. 122 do CP) pressupõe que o agente delitivo induza, instigue ou preste auxílio a alguém que tenha discernimento bastante que possa resistir à conduta do indutor, sob pena de restar caracterizado o crime de homicídio; **II**: incorreta, pois o motivo torpe, circunstância qualificadora do homicídio (art. 121, § 2º, I, do CP) é aquele considerado desprezível, abjeto, repugnante, diversamente do motivo fútil (art. 121, § 2º, II, do CP), que se caracteriza pela pequenez, pela insignificância, revelador de desproporção entre a reação do agente (matar a vítima) e o que o levou a perpetrar o crime; **III**: correta, pois o crime de perigo para a vida ou saúde de outrem, previsto no art. 132 do CP, de acordo com a pacífica doutrina, é crime de perigo concreto, vale dizer, somente restará configurado após a comprovação de que a conduta do agente expôs efetivamente a perigo a vida ou a saúde do ofendido; **IV**: incorreta, visto que o crime de omissão de socorro, tipificado no art. 135 do CP, é considerado doutrinariamente como um crime comum, podendo ser praticado por qualquer pessoa que deixe de prestar assistência, quando possível fazê-lo sem risco pessoal, à criança ou pessoa inválida, nas condições descritas no tipo penal referido, que, diga-se de passagem, revela a existência de um crime omissivo próprio ou puro, que não se confunde com os crimes omissivos impróprios, impuros ou comissivos por omissão, que somente se caracterizam pelo dever jurídico de agir que se impõe ao agente para impedir determinado resultado (art. 13, § 2º, do CP).

Gabarito "B"

(Delegado/MT – 2006 – UFMT) Além de outras circunstâncias, no homicídio privilegiado exige-se que o agente tenha cometido o fato

(A) impelido por qualquer motivo social.
(B) impelido por qualquer motivo moral.
(C) sob domínio de violenta emoção.
(D) sob influência de violenta emoção.
(E) amparado por causa excludente da culpabilidade.

De acordo com o art. 121, § 1º, do CP, considera-se privilegiado o homicídio nas seguintes hipóteses: a) se cometido por motivo de relevante valor social; b) se cometido por motivo de relevante valor moral ou; c) se o agente estiver sob o domínio de violenta emoção, logo em seguida a injusta provocação da vítima. Reconhecido o privilégio, o agente terá sua pena reduzida de um sexto a um terço (trata-se de causa obrigatória de diminuição de pena). Saliente-se que a existência de qualquer das hipóteses de homicídio privilegiado não afasta a criminalidade da conduta, razão pela qual ao agente será imposta pena, porém, reduzida.

Gabarito "C"

(Delegado/PA – 2012 – MSCONCURSOS) Num almoço, dois irmãos começam a discutir na frente de familiares e alguns amigos íntimos. A intenção do irmão "B" era simplesmente aconselhar "A", porque sua conduta habitual estava causando preocupações em seus genitores. Os familiares e amigos nem iriam perceber a conversa, mas como "A" estava completamente embriagado, exaltou-se, de modo que os demais perceberam a alteração no tom de voz dos interlocutores. O irmão "A" insultou o irmão "B", mas este não o levou em consideração devido ao estado de embriaguez em que aquele se encontrava. Como paciência tem limite, o irmão "B", extremamente irritado, acabou por falar para "A" que não iria mais conversar com um bêbado irrecuperável. Extremamente ofendido por ter sido chamado de bêbado na frente de outras pessoas, dirigiu-se à delegacia mais próxima para realizar um termo circunstanciado de ocorrência tipificado em injúria. Considerando o previsto na legislação vigente sobre o crime de injúria, analise as afirmativas abaixo:

I. Nos termos do art.140, § 1º, do Código Penal, o juiz poderá deixar de aplicar a pena, uma vez que o ofendido, irmão "A", de forma reprovável, provocou diretamente a injúria e porque ocorreu retorsão imediata, ou seja, consistiu em revide seguido à primeira ofensa.

II. A injúria real é uma forma qualificada, prevista no § 2º do art. 140 do Código Penal que consiste em violência ou vias de fato, que por sua natureza ou pelo meio empregado, se considerem aviltantes, como por exemplo, em caso de agressão da qual decorra lesão corporal, devendo responder pelos dois crimes. A pena, neste caso, é de três meses a um ano e multa, além da correspondente à violência.

III. É espécie de injúria qualificada a prevista no § 3º do artigo 140 do Código Penal, a qual foi introduzida pela Lei 10.741/2003 e consiste na utilização de elementos referentes à raça, a cor, à etnia, religião ou origem, com pena de reclusão de um a três anos e multa. No delito de racismo, o agente tem como objetivo impedir o exercício de um direito líquido e certo em razão de um preconceito (gerando uma discriminação), ofendendo não só a vítima concreta, mas, todas as pessoas de uma determinada raça, cor, etnia etc. Na injúria preconceituosa, a sua intenção é, tão somente, o de atacar a honra subjetiva de uma pessoa determinada, com propósitos de humilhação com elementos racistas ou preconceituosos. Os xingamentos referentes à raça ou cor da vítima constituem o crime de injúria qualificada e não crime de racismo (Lei n. 7.716/1989), pois este pressupõe sempre uma espécie de segregação social e não individual, em função da raça ou da cor como, por exemplo, a proibição de fazer matrícula em escola, de entrar em estabelecimento comercial, de se tornar sócio de um clube desportivo.

IV. Na injúria, qualificada pelo Código Penal, pretende-se ofender a honra subjetiva de uma pessoa. Já o crime de preconceito, previsto na Lei 7.716/1989, revela uma intolerância a toda a uma coletividade, em função da raça ou da cor. A diferença entre os ilícitos penais é somente quanto à prescrição. A injúria preconceituosa, cuja pena prevista é a de reclusão de um a três anos e multa, está sujeita à prescrição, na forma do artigo 109, do Código Penal. Os delitos não devem ser confundidos porque os elementos objetivos e subjetivos exigidos nos respectivos tipos legais se mostram completamente distintos.

De acordo com as afirmativas citadas, assinale a alternativa correta:

(A) Somente I e IV estão corretas.
(B) Somente II e III estão corretas.
(C) Somente a III está correta.
(D) Somente I, II e III estão corretas.
(E) Somente as I, II e IV estão corretas.

I: correta. De fato, o irmão "B", ainda que tenha ofendido a honra de "A" ao chamá-lo de bêbado irrecuperável, poderá beneficiar-se do art. 140, § 1º, I e II, do CP (perdão judicial), tendo extinta sua punibilidade em razão de a injúria ter sido provocada diretamente pela vítima, bem como em razão da retorsão imediata (a ofensa praticada por "B" ocorreu ato seguinte àquela praticada por "A"); **II**: correta. Considera-se injúria real aquela prevista no art. 140, § 2º, do CP, consistindo em forma qualificada do tipo fundamental, cuja pena é de detenção, de 3 (três) meses a 1 (um) ano, e multa, além da pena correspondente à violência. Portanto, se da violência empregada pelo agente resultar lesões corporais à vítima, haverá uma "dupla" imputação: injúria real + lesões corporais; **III**: correta. A assertiva é autoexplicativa e contêm todos os elementos diferenciadores entre os crimes de injúria discriminatória (art. 140, § 3º, do CP) e os crimes de racismo definidos na Lei 7.716/1989; **IV**: incorreta, pelas razões expostas na própria assertiva anterior. A despeito de haver, sim, diferença entre os crimes de racismo e injúria racial no que diz à prescrição (aqueles são imprescritíveis, ao passo que esta não), este não é o único ponto que distingue ambas as infrações penais, tal como se lê na assertiva III.

Gabarito "D"

(Delegado/PA – 2009 – MOVENS) No que se refere aos crimes contra a pessoa e contra o sentimento religioso, assinale a opção correta.

(A) A mulher que abandona seu filho recém-nascido na portaria de um prédio, para ocultar sua própria desonra, comete o delito de abandono de incapaz.
(B) A conduta de violar ou profanar sepultura é criminosa; no entanto, perturbar cerimônia funerária é fato atípico.
(C) A conduta de vilipendiar cadáver ou suas cinzas é considerada de menor potencial ofensivo.
(D) No delito de homicídio, se o agente comete o crime impelido por motivo de relevante valor social ou moral, ou sob o domínio de violenta emoção, logo em seguida à injusta provocação da vítima, o juiz pode reduzir a pena de um sexto a um terço.

A: incorreta, art. 134, *caput*, do CP; **B:** incorreta, arts. 209 e 210 do CP; **C:** incorreta. O crime de *vilipêndio a cadáver*, previsto no art. 212 do CP, não se submete à disciplina da Lei 9.099/1995, visto que a pena máxima cominada é de três anos. Cabe, entretanto, a suspensão condicional do processo – art. 89 da Lei 9.099/1995; **D:** correta, art. 121, § 1º, do CP.

Gabarito "D"

(Delegado/PB – 2009 – CESPE) Assinale a opção correta com relação ao crime de homicídio.

(A) No homicídio qualificado pela paga ou promessa de recompensa, o STJ entende atualmente que a qualificadora não se comunica ao mandante do crime.
(B) Referente ao motivo torpe, a vingança pode ou não configurar a qualificadora, a depender da causa que a originou.
(C) A ausência de motivo configura motivo fútil, apto a qualificar o crime de homicídio.
(D) Para a configuração da qualificadora relativa ao emprego de veneno, é indiferente o fato de a vítima ingerir a substância à força ou sem saber que o está ingerindo.
(E) A qualificadora relativa ao emprego de tortura foi tacitamente revogada pela lei específica que previu o crime de tortura com resultado morte.

A: incorreta, uma vez que a posição consolidada do STJ é no sentido de que a qualificadora da paga ou promessa de recompensa (art. 121, § 2º, I, do CP) comunica-se ao mandante do crime. Confira-se: "Habeas corpus. *Homicídio mediante paga. Exclusão de qualificadoras. Inviabilidade. Paga ou promessa de recompensa. Comunicabilidade. Recurso que impossibilitou a defesa da vítima. Revolvimento do conjunto fático-probatório. Impossibilidade.* 1. No homicídio mercenário, a qualificadora da paga ou promessa de recompensa é elementar do tipo qualificado e se estende ao mandante e ao executor. (...)" (HC 99144 / RJ; *Habeas corpus* 2008/0015031-9, Rel. Min. Og Fernandes, *DJe* 09.12.2008); **B:** correta, visto que a vingança pode, ou não, constituir motivo torpe, sendo necessário que se analise o caso concreto para que se possa aferir se o motivo que a originou foi repugnante ou vil (torpe); **C:** incorreta, uma vez que "(...) não se pode confundir, como se pretende, ausência de motivo com futilidade. Assim, se o sujeito pratica o fato sem razão nenhuma, não incide essa qualificadora, à luz do princípio da reserva legal" (STJ, REsp. 769651/SP, Rel. Min. Laurita Vaz, 5ª T., *DJ* 15.05.2006, p. 281). Há quem sustente, contudo, que a ausência de motivo configura a qualificadora do motivo torpe (e não o motivo fútil); **D:** incorreta, pois o venefício (homicídio praticado com o emprego de veneno), de acordo com a doutrina, pressupõe que seja ministrado insidiosamente, vale dizer, sem que a vítima perceba ou tenha conhecimento prévio; **E:** incorreta, pois a qualificadora da tortura (art. 121, § 2º, III, do CP) não se confunde com o crime de tortura qualificado pela morte (v. Lei 9.455/1997), que pressupõe dolo no antecedente (na tortura) e culpa no consequente (na morte), diversamente do que ocorre com o homicídio qualificado pela tortura (o agente emprega a tortura como meio de execução para alcançar a morte da vítima, impondo-lhe um sofrimento ainda maior).

Gabarito "B"

(Delegado/PI – 2009 – UESPI) De acordo com os crimes contra a pessoa, marque a alternativa correta.

(A) É possível, em algumas hipóteses, que o crime de homicídio seja qualificado e privilegiado ao mesmo tempo, e, nessa situação, o homicídio, para a doutrina e jurisprudência majoritárias, será crime hediondo.

(B) João induz e auxilia Maria a suicidar-se, porém esta, ao tentar tirar a própria vida, sofre apenas lesões leves. Nesse caso, João deverá responder por tentativa do crime de induzimento, instigação ou auxilio ao suicídio estabelecido no art. 122 do Código Penal.

(C) No Código Penal brasileiro, o aborto só é punido na modalidade dolosa, não sendo possível, em nenhuma hipótese, punir penalmente o aborto culposo.

(D) João, intencionalmente, lesionou o seu próprio pai, que ficou por vinte e cinco dias impossibilitado de realizar suas ocupações habituais. Nesta situação, João responderá pelo crime de lesão corporal leve, crime de menor potencial ofensivo, tipificado no art. 129, *caput*, do Código Penal.

(E) O crime de ameaça, segundo a Lei 9.099/1995, é de menor potencial ofensivo, pois a sua pena máxima é de 6 (seis) meses, e a ação penal é pública incondicionada.

A: incorreta, pois, majoritariamente, entende-se que o homicídio qualificado-privilegiado (ou homicídio híbrido) não é considerado crime hediondo (STJ, HC 43043/MG; TJRS, Ag 70029895315; TJMG, AC 1.0621); **B:** incorreta, pois o crime de participação em suicídio, previsto no art. 122 do CP, é daqueles que exigem determinado resultado para a sua configuração. No caso, somente se reputa configurado o crime em questão se o suicídio se consumar ou se da tentativa dele resultar lesão corporal de natureza grave (v. o preceito secundário do art. 122 do CP); **C:** correta, visto que o crime de aborto, em qualquer de suas modalidades (arts. 124 a 127 do CP), sempre será punido a título de dolo (ainda que existam as formas preterdolosas do art. 127 do CP), inexistindo, de fato, aborto culposo; **D:** incorreta (art. 129, § 9º, do CP – violência doméstica); **E:** incorreta, uma vez que o crime de ameaça, descrito no art. 147 do CP, embora seja considerado de menor potencial ofensivo, dada sua pena máxima não superar dois anos, é daqueles que somente se procede mediante representação (ação penal pública condicionada).

Gabarito "C"

(Delegado/PI – 2009 – UESPI) Com relação aos crimes contra a honra, assinale a opção correta.

(A) Segundo o Código Penal, é possível o instituto da exceção da verdade no crime de calúnia e no crime de injúria.

(B) O crime de injúria, segundo o Código Penal, não admite os institutos da retratação e do perdão judicial.

(C) Quando a injúria consiste na utilização de elementos referentes à raça e à cor deve ser afastado o Código Penal e aplicada a lei específica que trata do crime de racismo.

(D) Segundo o Código Penal, quando da injúria real (ou qualificada) resulta lesão corporal, a ação penal passa a ser pública incondicionada.

(E) Não constitui calúnia, difamação ou injúria a ofensa irrogada em juízo, na discussão da causa, pela parte ou por seu procurador.

A: incorreta. O delito de *injúria* (art. 140 do CP) não admite a *exceção da verdade*; a *calúnia* (art. 138 do CP) e a *difamação* (art. 139 do CP), por sua vez, comportam o instituto, previsto, respectivamente, nos arts. 138, § 3º, e 139, parágrafo único, ambos do CP, ressaltando-se que na *difamação* somente é admitida a *exceção da verdade* se o ofendido é funcionário público e a ofensa é relativa ao exercício de suas funções; **B:** incorreta. A *retratação* de fato não é admitida, conforme dispõe o art. 143 do CP; já o *perdão judicial* é admitido (art. 140, § 1º, I e II, do CP); **C:** incorreta. Se a injúria consiste na utilização de elementos relativos à raça, à cor, entre outros, deve incidir o art. 140, § 3º, do CP; **D:** correta, art. 145, *caput*, do CP; **E:** incorreta. A exclusão a que alude o art. 142, I, do CP abrange somente os crimes de injúria e difamação, não alcançando a calúnia.

Gabarito "D"

(Delegado/RJ – 2009 – CEPERJ) Considerando os delitos contra a pessoa, julgue os itens abaixo.

I. No homicídio preterintencional, o agente responderá por culpa com relação ao resultado morte.

II. Mário e Bruno, pretendendo matar Nilo, mediante o uso de arma de fogo, postaram-se de emboscada, ignorando cada um o comportamento do outro. Ambos atiraram na vítima, que veio a falecer em virtude dos ferimentos ocasionados pelos projéteis disparados pela arma de Bruno. Nessa situação, é correto afirmar que Mário e Bruno são coautores do homicídio perpetrado.

III. O agente que, para livrar um doente, sem possibilidade de cura, de graves sofrimentos físicos e morais, pratica a eutanásia com o consentimento da vítima, deve, em tese, responder por homicídio privilegiado, já que agiu por relevante valor moral, que compreende também os interesses individuais do agente, entre eles a piedade e a compaixão.

IV. Caio e Tício, sob juramento, decidiram morrer na mesma ocasião. Para isso, ambos trancaram-se em um quarto hermeticamente fechado e Caio abriu a torneira de um botijão de gás; todavia, apenas Tício morreu. Nessa situação, Caio deverá responder por participação em suicídio.

V. Um indivíduo, a título de correção, amarrou sua esposa ao pé da cama, deixando-a em um quarto escuro e fétido. Nesse caso, o indivíduo responderá pelo crime de maus-tratos. Estão certos apenas os itens

(A) I e III

(B) I, III e V

(C) I, II e V

(D) II e IV

(E) IV e V

I: correta, visto que o homicídio preterintencional é aquele que se caracteriza pela prática de uma lesão corporal seguida de morte (art. 129, § 3º, do CP), considerada crime preterdoloso (dolo na lesão corporal e culpa no resultado morte); **II**: incorreta, uma vez que Mário e Bruno não podem ser considerados coautores do homicídio, na medida em que não existia entre eles um liame subjetivo ou vínculo psicológico, requisito indispensável à configuração do concurso de pessoas. Assim, a assertiva em questão consagra o que doutrinariamente se denomina de autoria colateral (ou coautoria lateral), que, repita-se, não se confunde com qualquer das espécies do concurso de agentes (coautoria e participação) Nesse caso, somente Bruno é considerado autor do homicídio, podendo haver a imputação da forma tentada a Mário, que, frise-se, não é coautor do crime perpetrado pelo outro agente; **III**: correta, uma vez que a eutanásia é o clássico exemplo de homicídio praticado por motivo de relevante valor moral (compaixão, pena, comiseração), circunstância capaz de configurar o homicídio privilegiado (art. 121, § 1º, do CP); **IV**: incorreta, uma vez que no chamado "pacto de morte", aquele que praticar atos executórios capazes de gerar a morte do outro e esta ocorrer, terá praticado homicídio (art. 121 do CP) e não participação em suicídio (art. 122 do CP); **V**: incorreta, pois o crime de maus-tratos, previsto no art. 136 do CP, somente pode ser perpetrado por agente que exerça a guarda, vigilância ou autoridade sobre a vítima, o que, à evidência, não se verifica na relação "marido-mulher". A depender da intensidade do sofrimento da vítima, e da intenção do agente, poderia restar configurado o crime de tortura (Lei 9.455/1997).

Gabarito "A"

(Delegado/RR – 2003 – CESPE) Acerca dos crimes contra a pessoa, julgue os itens seguintes.

(1) Considere a seguinte situação hipotética. Manoel trancafiou seu desafeto em um compartimento completamente isolado e introduziu nesse compartimento gases deletérios (óxido de carbono e gás de iluminação), os quais causaram a morte por asfixia tóxica da vítima. Nessa situação, Manoel responderá pelo crime de homicídio qualificado.

(2) Considere a seguinte situação hipotética. João e Maria, por enfrentarem grave crise conjugal, resolveram matar-se, instigando-se mutuamente. Conforme o combinado, João desfechou um tiro de revólver contra Maria e, em seguida, outro contra si próprio. Maria veio a falecer; João, apesar do tiro, sobreviveu. Nessa situação, João responderá pelo crime de induzimento, instigação ou auxílio a suicídio.

(3) Na gravidez molar, configura-se crime de aborto o emprego, pela gestante, de meios abortivos que resultem na expulsão da mola.

(4) Considere a seguinte situação hipotética. Durante um entrevero, Carlos desferiu um golpe de facão contra a mão de seu contentor, que veio a perder dois dedos. Nessa situação, Carlos praticou o crime de lesão corporal de natureza grave, por resultar debilidade permanente de membro.

(5) Considere a seguinte situação hipotética. Jorge constrangeu um cego deficiente físico de se deslocar até uma agência bancária para receber um benefício, privando-o de seu guia e destruindo as suas muletas. Nessa situação, Jorge praticou o crime de constrangimento ilegal.

1: correta, visto que o homicídio praticado mediante asfixia é considerado qualificado, consoante art. 121, § 2º, III, do CP; **2**: incorreta, pois João, ao desferir um rito de revólver e matar Maria, incorreu no crime de homicídio (art. 121 do CP), e não, de participação em suicídio (art. 122 do CP), visto ter praticado ato executório voltado à morte de terceira pessoa; **3**: incorreta, pois a gravidez molar é aquela que resulta de um óvulo fertilizado anormalmente, capaz de produzir um **crescimento disforme da placenta**, convertendo-se numa massa de quistos. Esta **gravidez nunca poderá chegar até o final**, já que o óvulo ou não existe, ou se desenvolve de maneira inadequada. Assim, por inexistir objeto material viável (o produto da concepção não gerará um ser vivo, ainda que intrauterinamente), a expulsão da mola por manobras da gestante é fato atípico; **4**: correta, visto que a extirpação de dois dedos da vítima configura hipótese de delibilidade permanente de membro (mão, no caso), fato que se subsume ao art. 129, § 2º, III, do CP; **5**: correta, visto que, pelo fato de a assertiva não informar se o benefício recebido pela vítima foi apropriado por Jorge, a conduta deste se amolda ao art. 146 do CP, visto ter constrangido o cego a fazer algo não previsto em lei, privando-o de sua plena liberdade.

Gabarito 1C, 2E, 3E, 4C, 5C

(Delegado/SC – 2008) Analise as alternativas a seguir. Todas estão corretas, exceto:

(A) Na tentativa perfeita ou acabada de homicídio o agente esgota o processo de execução desse crime, fazendo tudo o que podia para matar, exaurindo sua capacidade de vulneração da vítima.
(B) O homicídio é delito formal.
(C) O homicídio privilegiado não é considerado crime hediondo.
(D) No homicídio, a vingança por si só não leva necessariamente ao reconhecimento da qualificadora da torpeza.

A: correta. É o chamado *crime falho*; **B**: incorreta. O homicídio é delito material, já que a lei descreve um resultado (morte) e exige que este ocorra para que o crime atinja sua consumação; **C**: correta. São hediondos, nos termos do art. 1º, I, da Lei 8.072/1990, o homicídio simples, quando praticado em atividade típica de grupos de extermínio, ainda que por um só agente, e o homicídio qualificado; **D**: incorreta. A doutrina entende que tudo depende do motivo que deu origem à vingança. Se a vingança foi originada por um *motivo torpe*, caracterizada estará a qualificadora.

Gabarito "B"

(Delegado/SC – 2008) Analise as alternativas e assinale a correta.

(A) Tentativa cruenta de homicídio é aquela que causa sofrimento desnecessário à vítima ou revela uma brutalidade incomum, em contraste com o mais elementar sentimento de piedade humana.
(B) O latrocínio (roubo qualificado com resultado morte) é uma modalidade especial de homicídio.
(C) O crime de homicídio não pode ser causado por omissão.
(D) As circunstâncias legais contidas na figura típica do homicídio privilegiado são de natureza subjetiva.

A: incorreta. *Cruenta* é a tentativa em que a vítima é atingida; **B**: incorreta. O latrocínio está capitulado no art. 157, § 3º, segunda parte, do CP (roubo qualificado pelo resultado morte), que tem como característica a presença de *dolo* na conduta antecedente (subtração) e *dolo* ou *culpa* na subsequente (morte). É crime contra o patrimônio a ser julgado pelo juízo comum; **C**: incorreta. O homicídio comporta as formas comissiva e omissiva. A relevância penal da omissão, em se tratando de crime omissivo impróprio, como é o caso do homicídio, está no art. 13, § 2º, do CP; **D**: correta, art. 121, § 1º, do CP (caso de diminuição de pena).

Gabarito "D"

(Delegado/SP – 2011) Admite exceção da verdade o crime de

(A) calúnia, se o fato é imputado à presidente da república;
(B) injúria, independentemente de qualquer requisito
(C) difamação, se o ofendido é funcionário público e a ofensa é relativa ao exercício de suas funções;
(D) difamação, independentemente de qualquer requisito.
(E) calúnia, independentemente de qualquer requisito.

A: incorreta (art. 138, § 3º, II, do CP), pois não se admite a exceção da verdade se o agente for Presidente da República; **B**: incorreta, pois é inadmissível a exceção da verdade no crime de injúria, que se caracteriza pela ofensa à honra subjetiva da vítima; **C**: correta (art. 139, parágrafo único, do CP), tratando-se da única hipótese em que se admite a exceção da verdade no crime de difamação; **D**: incorreta, pelas razões trazidas na alternativa anterior; **E**: incorreta, pois embora a regra seja a da admissibilidade da exceção da verdade no crime de calúnia, ela não será admitida nas hipóteses do § 3º do precitado art. 138 do CP.

Gabarito "C"

(Delegado/SP – 2011) Tratando-se do crime de lesão corporal previsto no artigo 129, § 1º, inciso II, do CPB (perigo de vida), assinale a alternativa correta

(A) É uma figura típica exclusivamente culposa;
(B) É uma figura típica exclusivamente preterdolosa;
(C) O perigo de vida não deve necessariamente ser "concreto" para incidência da qualificadora;
(D) O exame de corpo de delito (pericial) na vítima é dispensável para a caracterização da qualificadora em questão;
(E) É hipótese que caracteriza a culpa consciente.

A: incorreta, pois a lesão corporal grave da qual resulta perigo de vida (art. 129, § 1º, II, do CP) é figura preterdolosa (há dolo nas lesões corporais e culpa na qualificadora). Portanto, a lesão corporal em comento não é figura típica culposa, mas, em verdade, preterdolosa; **B**: correta, pelas razões trazidas na alternativa anterior. Frise-se que se a intenção do agente fosse, com sua conduta, matar a vítima, estaríamos diante de homicídio (art. 121 do CP), ainda que em sua forma tentada; **C**: incorreta. De acordo com Rogério Sanches, "... *o perigo de vida deve ser presente, real, e não somente opinado, resultado de simples conjecturas*" (*Curso de Direito Penal – Parte Geral*. 4. ed. Ed. JusPODIVM, p. 110). Trata-se, de fato, de crime que exige prova pericial que comprove que as lesões perpetradas pelo agente colocaram a vida da vítima em efetivo risco; **D**: incorreta. Como visto anteriormente, o perigo de vida deve ser concreto e comprovado pericialmente. Tal se extrai da própria leitura do art. 168 do CPP. Além disso, o crime em comento é daqueles que deixa vestígios, motivo pelo qual o exame de corpo de delito é indispensável (art. 158 do CPP); **E**: incorreta. Como já discutido, o crime de lesão corporal grave tipificado no art. 129, § 1º, II, do CP, é preterdoloso, e não culposo.

Gabarito "B"

(Delegado/SP – 2008) No crime de rixa em que os agentes cometem condutas contra pessoa, que, por sua vez, comporta-se da mesma maneira e é também sujeito ativo do delito, fala-se doutrinariamente em

(A) crime de condutas paralelas.
(B) crime de condutas convergentes.
(C) crime de condutas contrapostas.
(D) crime de condutas dependentes.
(E) crime de condutas monossubjetivas.

O crime de rixa, capitulado no art. 137 do CP, consiste numa briga tumultuada entre três ou mais pessoas, em que os participantes trocam agressões de forma recíproca e indistinta. Não é possível, por essa razão, definir grupos de agressores. Daí por que a doutrina classifica como crime de condutas contrapostas.

Gabarito "C"

(Delegado/SP – 2008) Sobre os crimes contra a vida previstos no Código Penal brasileiro, está incorreto afirmar que

(A) não pratica conduta típica a gestante que, por imprudência, dá causa à interrupção da gravidez.
(B) não se admite a figura tentada no crime de participação em suicídio.
(C) respondem por infanticídio, não por homicídio, tanto a mãe que, em estado puerperal, presta auxílio, quanto o terceiro que, auxiliado por aquela, pratica atos executórios de homicídio sobre o recém-nascido.
(D) no crime de homicídio doloso, existe perfeita compatibilidade entre as circunstâncias legais do privilégio e as qualificadoras de ordem subjetiva.

A: correta. Não há, no ordenamento jurídico, previsão de aborto culposo; **B**: correta. Não há tentativa do crime de *participação em suicídio* porque só há punição com a ocorrência de morte ou lesões graves, hipóteses em que o crime já é considerado consumado. Se a vítima sofre, em decorrência da tentativa de suicídio, lesões leves, o fato é atípico; **C**: correta. É consenso na doutrina que, no infanticídio, as condições de *ser mãe* e de *estar sob a influência do estado puerperal*, por força do art. 30 do CP, comunicam-se aos coautores e partícipes, fazendo com que todos respondam pelo crime capitulado no art. 123 do CP; **D**: incorreta. Somente é possível compatibilizar as circunstâncias legais do privilégio, que são de *caráter subjetivo*, com as qualificadoras de *ordem objetiva*. É o chamado *homicídio qualificado-privilegiado*.

Gabarito "D"

(Delegado/SP - 2008) Agente que, perante uma autoridade policial, declara, mentirosamente, que sua colega de trabalho, casada, honesta, cometeu adultério consigo, durante recente viagem conjunta de serviço, pratica o crime de

(A) calúnia
(B) difamação.
(C) autoacusação falsa.
(D) falsa comunicação de crime.
(E) denunciação caluniosa.

Art. 139 do CP. O art. 240, que previa o crime de adultério, foi revogado pela Lei 11.106/2005.
Gabarito "B"

(Delegado/SP - 2003) Prevê nossa legislação substantiva que

(A) a ocorrência de lesão corporal de natureza grave, na gestante, não é circunstância autorizadora de aumento de pena, no caso de aborto provocado por terceiro.
(B) a ocorrência de lesão corporal de natureza leve, na gestante, é circunstância autorizadora de aumento de pena, no caso de aborto provocado por terceiro.
(C) a ocorrência de lesão corporal de natureza grave, na gestante, é circunstância autorizadora de aumento de pena, no caso de aborto provocado por terceiro.
(D) a ocorrência de lesões leves ou graves na gestante será sempre circunstância irrelevante, para fins de aumento de pena, no caso de aborto praticado por terceiro.

De fato, se em razão dos meios empregados para provocar o aborto, ou se, em consequência deste, a gestante sofrer lesão corporal de natureza grave, a pena do agente será aumentada em um terço, consoante determina o art. 127, primeira parte, do CP.
Gabarito "C"

(Delegado/SP - 2003) De acordo com nossa legislação,

(A) nos casos de suicídio, havendo coação irresistível, deverá o fato ser tipificado como homicídio.
(B) para se caracterizar um infanticídio, não se faz mister a prova de que o feto tenha nascido com vida.
(C) em tese, o infanticídio pode ser culposo ou doloso, dependendo da conduta da mãe do nascente.
(D) poderão figurar como sujeito passivo do infanticídio o recém--nascido ou o feto abortado.

A: correta, visto que o crime de participação em suicídio (art. 122 do CP) pressupõe que o agente induza, instigue ou auxilie a alguém a suicidar-se. Caso haja coação física irresistível, ou mesmo moral, para que a vítima cometa o suicídio, restará configurado, evidentemente, o delito de homicídio (art. 121 do CP); **B:** incorreta, pois o nascimento do feto com vida é essencial para a caracterização do infanticídio, sob pena de a mãe ter praticado fato atípico (crime impossível pela impropriedade absoluta do objeto – art. 17 do CP); **C:** incorreta, já que o infanticídio somente é punido a título de dolo, inexistindo a forma culposa; **D:** incorreta, dado que o sujeito passivo do infanticídio é o nascente ou o recém-nascido (ou neonato), jamais o feto. Afinal, no crime de infanticídio, tutela-se a vida humana extrauterina, ao passo que no aborto o que se protege é a vida humana intrauterina.
Gabarito "A"

(Delegado/SP - 2003) Quanto aos crimes contra a honra, podemos afirmar que

(A) não se pune a calúnia contra os mortos.
(B) se, antes da sentença, o querelado se retratar cabalmente da injuria proferida, ficará isento de pena.
(C) admite-se a exceção da verdade na difamação, se o ofendido for funcionário público e a ofensa for relativa a suas funções.
(D) as penas cominadas serão aumentadas de um terço, se o crime for praticado contra o Presidente da República ou contra o Governador de algum dos Estados brasileiros.

A: incorreta (art. 138, § 2º, do CP); **B:** incorreta, pois somente admitem retratação, como causa extintiva da punibilidade, os crimes de calúnia e difamação (art. 143 do CP); **C:** correta (art. 139, parágrafo único, do CP); **D:** incorreta, pois haverá aumento de pena em um terço se qualquer dos crimes contra a honra for praticado contra o Presidente da República ou contra chefe de governo estrangeiro (art. 141, I, do CP).
Gabarito "C"

(Delegado/SP - 2002) A retratação não é cabível, nos crimes de

(A) calúnia.
(B) injúria.
(C) difamação.
(D) calúnia e injúria.

De fato, de acordo com o art. 143 do CP, admite-se a retratação (causa de extinção da punibilidade) apenas no tocante aos delitos de calúnia (art. 138 do CP) e difamação (art. 139 do CP), sendo inadmissível com relação à injúria (art. 140 do CP).
Gabarito "B"

(Delegado/SP - 2000) Estudando o crime de lesão corporal previsto em nosso Código Penal em suas diversas espécies verifica-se que a classificação em "gravíssima"

(A) não se encontra nele expressa, sendo uma criação doutrinária.
(B) está, juntamente com a de natureza leve e a grave, expressa nesse delito.
(C) está normalmente expressa nesse delito, mas limitada ao resultado aborto e ao da deformidade permanente.
(D) está normalmente expressa nesse delito prevendo outros resultados além o do aborto e o da deformidade permanente.

A: correta, visto que, de fato, a classificação da lesão corporal em "gravíssima" não se apresenta na lei, mas, sim, pela doutrina, que cuidou de diferenciar a lesão corporal grave, prevista no art. 129, § 1º, do CP, das hipóteses previstas no § 2º do mesmo dispositivo legal (lesões corporais gravíssimas); **B:** incorreta, pois, como visto na alternativa anterior, a denominação "gravíssima" não consta expressamente no art. 129 do CP; **C** e **D:** incorretas, eis que, embora não haja expressa previsão da expressão "gravíssima", as hipóteses desta espécie de lesão corporal não se resumem à deformidade permanente (art. 129, § 2º, IV, do CP) e aborto (art. 129, § 2º, V, do CP), existindo, ainda, a incapacidade permanente para o trabalho, a enfermidade incurável e a perda ou inutilização de membro, sentido ou função (art. 129, § 2º, I, II e III, do CP).
Gabarito "A"

(Delegado/SP - 2000) A circunstância de ter o agente praticado o crime "mediante paga ou promessa de recompensa" é prevista em nosso Código Penal para o crime de homicídio

(A) como uma de suas qualificadoras inexistindo sua previsão para outros tipos penais.
(B) como uma de suas qualificadoras e, por exemplo, para os crimes contra a honra.
(C) como uma de suas formas privilegiadas.
(D) na sua forma simples desde que praticado através de grupo de extermínio inexistindo sua previsão para outros tipos penais.

De fato, a paga ou promessa de recompensa configura qualificadora do homicídio (art. 121, § 2º, I, do CP), bem como dos crimes contra a honra (art. 141, parágrafo único, do CP).
Gabarito "B"

(Polícia Civil/GO - 2008 - UEG) Sobre o crime de homicídio, é CORRETO afirmar:

(A) não é obrigatória a redução da pena pelo juiz quando do reconhecimento pelo conselho de sentença da prática de um homicídio privilegiado, tendo em vista tratar-se de uma causa especial de redução de pena, portanto, facultativa sua aplicação.
(B) a premeditação é expressamente considerada como qualificadora do crime de homicídio, elevando, portanto, os marcos sancionatórios.
(C) embora haja a possibilidade de coexistência entre um homicídio qualificado-privilegiado, ele não poderá ser considerado hediondo.
(D) o motivo fútil, que qualifica o homicídio, é aquele motivo abjeto, indigno, desprezível, que provoca acentuada repulsa.

A: incorreta. O privilégio, previsto no art. 121, §1º, CP, considerado causa especial de redução de pena, uma vez reconhecida pelo Conselho de Sentença, deverá, obrigatoriamente, ser considerada pelo juiz togado (Juiz-Presidente do Tribunal do Júri) no momento da fixação da pena, sendo de rigor sua redução de um sexto a um terço; **B:** incorreta, pois a premeditação, vale dizer, a prévia representação e planejamento do crime pelo agente, não consta no rol das qualificadoras do homicídio (art. 121, § 2º, CP); **C:** correta, pois, de acordo com a doutrina e jurisprudência majoritárias, ainda que um homicídio privilegiado seja qualificado (ex.: homicídio praticado por meio cruel, tendo o agente agido por relevante valor moral), este não será considerado hediondo, e por duas razões: a) não há previsão legal (art. 1º da Lei 8.072/90), ou seja, não consta no rol dos crimes hediondos; b) o privilégio afasta a hediondez do crime; **D:** incorreta, pois quando o motivo é abjeto, desprezível, indigno, estaremos diante do motivo torpe (art. 121, § 2º, I, CP). Já o motivo fútil será assim considerado quando a conduta praticada pelo agente afigurar-se desproporcional, desarrazoada, insignificante frente à conduta da vítima.

Gabarito "C"

(Polícia Civil/PR – 2007 – UFPR) Sobre os crimes contra a vida, considere as seguintes afirmativas:

(1) Pode o juiz reduzir a pena do homicídio se o crime é cometido sob o domínio de violenta emoção logo em seguida a injusta provocação da vítima.
(2) Comete infanticídio a mãe que, sob influência do estado puerperal, mata o próprio filho durante ou logo após o parto.
(3) Não são puníveis o aborto necessário e o aborto eugenésico.
(4) A eutanásia praticada para aliviar o sofrimento de ente querido é punida como homicídio privilegiado.

Assinale a alternativa correta.

(A) Somente as afirmativas 1 e 2 são verdadeiras.
(B) Somente as afirmativas 1, 2 e 3 são verdadeiras.
(C) Somente as afirmativas 1, 2 e 4 são verdadeiras.
(D) Somente as afirmativas 3 e 4 são verdadeiras.
(E) Somente as afirmativas 2 e 3 são verdadeiras.

1: correta (art. 121, parágrafo 1º, do CP); **2**: correta (art. 123, do CP); **3**: incorreta, pois de acordo com o Código Penal, somente não é punível o aborto necessário, que é aquele praticado por médico, se não há outro meio para salvar a vida da gestante (art. 128, I, do CP). Por sua vez, o aborto eugenésico ou eugênico é aquele realizado quando os exames pré-natais demonstram que o filho nascerá com alguma anomalia. Assim, tal aborto não é permitido por nosso Ordenamento Jurídico. Todavia, há uma exceção, que diz respeito ao aborto do anencéfalo (ausência congênita do cérebro), que é aquele cujos exames pré-natais demonstram que a anomalia do feto é tão grave, que certamente ele nascerá sem vida ou morrerá logo após o parto. *"Atualmente, contudo, quando a anomalia é verificada, concede-se o alvará com o fundamento de que o feto não tem vida própria (atipicidade) ou por inexigibilidade de conduta diversa (excludente de culpabilidade), pois não se pode exigir que a gestante enfrente o restante da gravidez, com os riscos a ela inerentes, quando já sabe que o filho não irá sobreviver"* (GONÇALVES, Vitor Eduardo Rios. Direito Penal Esquematizado, pag. 165). Inclusive, há que ressaltar que pelo art. 3º, da Lei n. 9.434/97, que trata do transplante de órgãos, considera-se juridicamente que a pessoa morreu quando de sua morte encefálica, ou seja, quando houver a cessação da atividade encefálica. Logo, se o feto é anencéfalo, o aborto será atípico, por ausência de lesão ao bem jurídico tutelado, qual seja, a vida intrauterina. Outrossim, cumpre ressaltar que o tema foi discutido no STF, na ADPF 54, restando possibilitada a interrupção da gravidez em caso de anencefalia do feto; **4**: correta, pois a própria exposição de motivos do Código Penal cita a eutanásia como sendo um exemplo de homicídio privilegiado, em razão de ter sido cometido por motivo de relevante valor moral (como piedade, compaixão etc). Verifica-se a eutanásia *"quando o agente tira a vida da vítima para acabar com o grave sofrimento decorrente de alguma enfermidade"* (GONÇALVES, Vitor Eduardo Rios. **Direito Penal Esquematizado**, pag. 86).

Gabarito "C"

(Polícia Civil/DF – 2009 – UNIVERSA) Relativamente aos crimes contra a pessoa, o Código Penal dispõe de um capítulo específico sobre os crimes contra a honra, cujos tipos penais previstos são a calúnia, a difamação e a injúria. A respeito desse tema, assinale a alternativa correta.

(A) No crime de difamação, exige-se que o agente tenha consciência da falsidade da imputação.
(B) A exceção da verdade, na injúria, somente se admite se o ofendido é funcionário público e a ofensa é relativa ao exercício de suas funções.
(C) A calúnia protege a honra subjetiva, enquanto a difamação e a injúria protegem a honra objetiva.
(D) Não constituem calúnia, difamação ou injúria a ofensa irrogada em juízo, na discussão da causa, pela parte ou por seu procurador.
(E) Na calúnia, não se admite a exceção da verdade se, do crime imputado, embora de ação pública, o ofendido foi absolvido por sentença irrecorrível.

A: incorreta, pois, diversamente do que ocorre com o crime de calúnia, que pressupõe que a imputação do fato pelo agente seja falsa (art. 140, CP), na difamação (art. 139, CP), basta que o agente impute fato desonroso à vítima, pouco importando se se tratar de situação verdadeira ou falsa; **B:** incorreta, uma vez que é inadmissível a exceção da verdade no crime de injúria (art. 140, CP), sendo, porém, admissível, nos crimes de calúnia e difamação, sendo que neste último caso, somente é possível se se tratar de crime cometido contra funcionário público, e desde que a ofensa seja relativa ao exercício de suas funções (art. 139, parágrafo único, CP); **C:** incorreta. Enquanto que a difamação e a calúnia dizem respeito à honra objetiva do agente (aquilo que terceiros pensam a respeito da vítima), a injúria diz respeito à honra subjetiva (aquilo que a vítima pensa de si mesma). Daí a razão de somente ser possível a exceção da verdade nos crimes de calúnia e difamação, visto que o bem jurídico tutelado é a honra objetiva; **D:** incorreta (art. 142, I, CP – excluem o crime de injúria ou difamação – mas não o de calúnia – a ofensa irrogada em juízo, na discussão da causa, pela parte ou procurador); **E:** correta (art. 138, § 3º, III, CP).

Gabarito "E"

19. CRIMES CONTRA O PATRIMÔNIO

(Delegado/SP – 2014 – VUNESP) Para subtrair um automóvel, "X", de forma violenta, danificou a sua porta. Nesse caso, "X" deverá responder

(A) pelo crime de roubo, visto que se utilizou de violência para danificar a porta.
(B) apenas pelo crime de furto, em razão do princípio da subsidiariedade.
(C) apenas pelo crime de furto, em razão do princípio da consunção.
(D) pelos crimes de furto e de dano.
(E) apenas pelo crime de furto, em razão do princípio da especialidade.

A: incorreta, pois o roubo pressupõe que a violência ou grave ameaça sejam dirigida à pessoa, e não à coisa subtraída (art. 157, CP); **B:** incorreta. Nada obstante "X" deva responder apenas pelo furto, como se verá mais à frente, não se cogita, no caso narrado no enunciado, de aplicação do princípio da subsidiariedade. O dano causado à porta do bem subtraído não será imputado ao agente como crime "autônomo" (art. 163, CP) não em razão do princípio da subsidiariedade, mas, sim, em razão da consunção; **C:** correta. "X" responderá apenas por furto, não se cogitando da imputação do crime de dano (art. 163, CP) em virtude da aplicação do princípio da consunção. Ainda que dano tenha havido, o fato é que este foi meio de execução do furto. Logo, tratando-se de comportamento destinado, desde o início, ao crime-fim (furto), absorvido estará o crime-meio (dano); **D:** incorreta, haja vista que o dano, como visto no comentário antecedente, foi meio para a subtração do automóvel, ficando, portanto, absorvido (relação *crime-meio* e *crime-fim*); **E:** incorreta. Descabe a aplicação, na espécie, do princípio da especialidade, que somente entra em cena quando se instaurar um conflito aparente de normas que exija a comparação abstrata entre elas. Inexiste relação de especialidade entre os crimes de furto e dano.

Gabarito "C"

(Delegado/RO – 2014 – FUNCAB) De acordo com o Código Penal, a conduta conhecida como "sequestro relâmpago" (em que os agentes abordam a vítima, restringem sua liberdade, e com ela deslocam-se a caixas eletrônicos, com o intuito de fazer saques em dinheiro) enquadra-se no crime de:

(A) roubo.
(B) extorsão mediante sequestro.
(C) constrangimento ilegal.
(D) extorsão.
(E) sequestro.

O "sequestro-relâmpago" consiste em forma qualificada do delito de extorsão (art. 158, § 3º, CP, incluído pela Lei 11.923/2009). Até então, controvertiam doutrina e jurisprudência sobre a adequada tipificação da conduta do agente que restringia a liberdade da vítima como condição necessária para a obtenção da vantagem econômica (no caso, para os saques de quantias em caixas eletrônicos), alguns entendendo que se tratava de roubo majorado pela restrição da liberdade (art. 157, § 2º, V, CP), outros como extorsão mediante sequestro (art. 159, CP), outros, ainda, como roubo em concurso com sequestro (arts. 157 e 148, CP), ou, ainda, somente extorsão (ar. 158, CP).

Gabarito "D"

(Delegado/RJ – 2013 – FUNCAB) Portando ilegalmente, exclusivamente para aquela ação, uma arma de fogo de calibre permitido, Norberto constrange um transeunte e, mediante grave ameaça, subtrai para si os seus pertences. Nesse contexto, afirma-se que:

(A) o autor responde somente pelo crime de roubo, não pelo de porte de arma de fogo, pois a pena do crime patrimonial já engloba a reprovabilidade do delito previsto na lei especial, consequência da unidade fática entre ambos, aplicando-se o princípio da consunção.
(B) há apenas crime de roubo, solucionando-se o caso pelo princípio da especialidade, pois o delito patrimonial, ao estabelecer a grave ameaça como meio executório, insere o porte de arma em sua estrutura típica, acrescido de elementos especializantes.

(C) será o porte de arma absorvido pelo crime de roubo em virtude da substituição do dolo, característica da progressão criminosa, que determina o reconhecimento do conflito aparente de normas.
(D) aplica-se ao caso o princípio da subsidiariedade, pois nas condutas há diferentes graus de lesão à mesma objetividade jurídica, em uma relação de continente e conteúdo.
(E) tutelando bens jurídicos distintos, as normas penais referentes aos crimes de porte de arma de fogo e roubo figurarão em concurso material de delitos, aplicando-se ao caso o sistema do cúmulo material das penas.

A: correta. Considerando que no enunciado ficou claro que o porte ilegal de arma de fogo de uso permitido ocorreu, exclusiva e unicamente, para a ação visada pelo agente, consistente na subtração dos pertences da vítima, o crime a ser imputado é o de roubo majorado pelo emprego de arma (art. 157, § 2º, I, do CP). Aplica-se, aqui, o princípio da consunção, não devendo Norberto responder por roubo e porte ilegal de arma em concurso de crimes; **B:** incorreta, pois o crime de roubo não tem como elementar típica o porte ilegal de arma. Este, se tanto, caracteriza causa especial de aumento de pena, que é circunstância modificadora da reprimenda, mas, não, elemento integrante da estrutura típica do crime patrimonial; **C:** incorreta. Inaplicável, no caso relatado no enunciado, a progressão criminosa, que consiste em faceta do princípio da consunção, capaz de resolver o conflito aparente de normas. Na progressão criminosa, o agente "substitui o seu dolo", praticando, inicialmente, um crime menos grave e, ato seguinte, delibera por executar um outro crime, agora mais grave, atentando contra o mesmo bem jurídico. No caso do enunciado, vê-se que Norberto, desde o início, intentava subtrair os pertences da vítima, não se cogitando, portanto, de conflito aparente de normas. Ao contrário, inexiste, aqui, conflito, incidindo, unicamente, a figura do crime de roubo majorado pelo emprego de arma; **D:** incorreta. Não se cogita de aplicação do princípio da subsidiariedade, que é uma das formas de solução do conflito aparente de normas, ao caso descrito no enunciado. Na subsidiariedade, existe uma relação de maior e menor gravidade entre duas leis, uma dita principal (retratando crime de maior gravidade) e outra, subsidiária (incidindo em caso de inaplicabilidade da lei principal, caracterizando crime de menor gravidade). Num roubo com emprego de arma, não se cogita de aplicação do princípio da subsidiariedade, tratando-se de uma única infração penal; **E:** incorreta. Não se pode falar em concurso de crimes, visto que o porte ilegal de arma de fogo, por estar contemplado na majorante do roubo (quando perpetrado com emprego de arma), não poderá gerar imputação "autônoma", sob pena, é claro, de *bis in idem*.

Gabarito "A"

(Delegado/PR – 2013 – UEL-COPS) Sobre o crime de furto descrito no Art. 155 do Código Penal, atribua V (verdadeiro) ou F (falso) às afirmativas a seguir.

( ) Tem por objeto material a coisa alheia móvel, entendendo-se por coisa qualquer substância corpórea, material, ainda que não tangível, suscetível de apreensão e transporte, incluindo os corpos gasosos, os instrumentos e os títulos, quando não forem documentos, as árvores, os navios, as aeronaves, englobando tudo aquilo que pode ser destacado e subtraído.
( ) Tem como sujeito ativo qualquer pessoa, sendo considerado como qualquer pessoa até mesmo o proprietário, desde que o bem esteja na posse de terceiro. Tem como sujeito passivo a pessoa física ou jurídica, titular da posse, incluída a detenção ou a propriedade.
( ) O elemento subjetivo do tipo é o dolo, consistente na vontade de subtrair coisa móvel. No entanto, não é necessário que a vontade abranja o elemento normativo "alheia".
( ) Para tipificação do furto privilegiado, é necessária a presença de dois requisitos cumulados, ou seja, que o criminoso seja primário e que a coisa seja de pequeno valor. Sendo o réu reincidente, mesmo que a coisa seja de pequeno valor, não há a tipificação do furto privilegiado.
( ) Para tipificar a qualificadora "com destruição ou rompimento de obstáculo à coisa", é necessário que a violência empregada seja não só contra o obstáculo, mas contra a coisa também.

Assinale a alternativa que contém, de cima para baixo, a sequência correta.

(A) V, V, F, F, F.
(B) V, F, V, F, F.
(C) V, F, F, V, F.
(D) F, V, V, F, V.
(E) F, V, F, V, V.

Afirmativa I: verdadeira. De fato, o objeto material (pessoa ou coisa sobre a qual recai a conduta criminosa) do crime de furto é "coisa alheia móvel", entendida, pela doutrina, como toda substância corpórea passível de apreensão e de ser transportada de um lugar para outro, inclusive aquelas que a lei civil considera imóveis por equiparação (ex.: navios e aeronaves); **Afirmativa II**: falsa. O sujeito ativo do furto, de fato, pode ser qualquer pessoa, tratando-se de crime comum. No entanto, não responderá pelo crime em questão o proprietário da coisa se esta estiver na posse de terceiro. Por exemplo, não responde por furto a pessoa que, após emprestar seu veículo ao vizinho, "subtrai" seu próprio veículo. Ainda que a coisa estivesse na posse de terceiro, não se pode cogitar de furto cometido pelo próprio dono! Ainda, discute-se na doutrina se o furto tutela apenas a propriedade e a posse, ou, também, a detenção (esta considerada apenas o "contato físico" da coisa com terceiro, que a detém em nome alheio). Corrente minoritária sustenta que a detenção também é protegida pelo furto. Porém, ficamos com a lição de Rogério Greco: "não há como enxergar tal perda para o mero detentor, não havendo a possibilidade de a detenção da coisa se valer da proteção jurídica" (GRECO, Rogério. **Curso de direito penal**, vol.3-parte especial. Rio de Janeiro: Impetus, 7. ed. 2010, p.11); **Afirmativa III**: falsa. O elemento subjetivo do crime de furto é o dolo, consistente na vontade livre e consciente do agente de subtrair coisa alheia móvel, com ânimo de assenhoreamento definitivo (*animus furandi* ou *animus rem sibi habendi*). Assim, a vontade do agente deve contemplar, por óbvio, as elementares típicas, inclusive o fato de a coisa móvel ser "alheia", ou seja, de terceiro. Prova disso é que a subtração de coisa própria, ainda que se acredite alheia, é fato atípico; **Afirmativa IV**: verdadeira. São condições para o reconhecimento do furto privilegiado (art. 155, § 2º, do CP), que o réu seja primário (ou seja, não reincidente) e que a coisa furtada seja de pequeno valor. Logo, para o réu reincidente, ainda que a coisa seja de pequeno valor, não se cogitará da imputação do crime de furto privilegiado; **Afirmativa V**: falsa. O reconhecimento da qualificadora prevista no art. 155, § 4º, I, do CP exige que o agente dirija sua conduta "destrutiva" (leia-se: rompimento ou destruição) ao obstáculo ao alcance da coisa, e não à própria coisa. Clássico exemplo é o de o agente que arromba a fechadura do veículo para conseguiu subtraí-lo. Não pode a fechadura, que integra a própria coisa (veículo) ser considerada obstáculo. Assim, a violência contra a própria coisa não caracteriza a qualificadora em comento.

Gabarito "C"

(Delegado/PA – 2013 – UEPA) Usando um crachá que o identificava como oficial de justiça, um homem entrou no escritório de uma empresa, supostamente para entregar uma intimação ao proprietário. Enquanto a secretária foi chamar o chefe, o visitante se aproveitou de que ficara só na sala para guardar em sua pasta um notebook e um *tablet*, retirando-se em seguida. Constatando-se posteriormente que o suposto oficial de justiça havia falsificado o crachá, deveria ser indiciado:

(A) apenas por estelionato, ficando a falsificação de documento público absorvida por ser o meio executivo da fraude cometida.
(B) apenas por furto qualificado, porque a despeito de haver fraude na conduta do agente, ele na verdade subtraiu bens da vítima.
(C) apenas por furto qualificado pelo abuso de confiança, porque o cidadão comum tem natural confiança na autoridade pública.
(D) por falsificação de documento público, uso de documento falso e estelionato, em concurso material.
(E) por falsificação de documento público e estelionato, em concurso material.

A: incorreta, pois no estelionato (art. 171, CP), o agente delitivo emprega a fraude como mecanismo para induzir ou manter a vítima em erro, que, nessa condição, entrega-lhe a coisa; **B:** correta. De fato, no enunciado proposto pela questão, o agente, mediante emprego de fraude, consistente em se passar por oficial de justiça, conseguiu, em virtude disso, fazer com que houvesse diminuição da vigilância, pela secretária, dos equipamentos eletrônicos no escritório, aproveitando, então, para subtrair o notebook e o *tablet*. Trata-se de caso típico de furto qualificado mediante fraude (art. 155, § 4º, II, do CP). A falsificação do crachá foi meio indispensável para a prática do furto, ficando, pois, por este absorvido (princípio da consunção); **C:** incorreta, pois, no caso apresentado, não se vislumbra a existência de relação de confiança entre agente delitivo e vítima; **D:** incorreta, pois um "crachá" não é considerado um documento público, vale dizer, emanado de um agente público. Logo, não se cogita da prática de falsificação de documento público. Ainda que se entenda que o "crachá" é um "documento" de identificação, o enunciado não aponta que houve a "falsificação de um crachá verdadeiro", não se conseguindo, pois, afirmar, se a conduta do agente caracteriza uso de documento falso. Por fim, no tocante ao estelionato, explicou-se no comentário à alternativa "A" a razão pela qual este crime não está caracterizado no caso sob exame; **E:** incorreta, invocando-se, para tanto, as razões trazidas no comentário à alternativa "D".

Gabarito "B"

(Delegado Federal – 2004 – CESPE) Julgue o item seguinte.

(1) Com a utilização de uma arma de brinquedo, João subtraiu de uma pessoa o relógio e a carteira contendo documentos pessoais, cartões de crédito e R$ 300,00 em espécie. Nessa situação, de acordo com o entendimento do Superior Tribunal de Justiça (STJ), João responderá por crime de roubo qualificado pelo emprego de arma.

O emprego de arma de brinquedo não constitui a causa de aumento de pena do art. 157, § 2º, I, do CP. A propósito, a Súmula 174 do STJ foi cancelada.

Gabarito 1E

(Delegado Federal – 2002 – CESPE) Julgue o seguinte item.

(1) Considere a seguinte situação hipotética. Sílvio interceptou o veículo de Mariana e, mediante grave ameaça exercida com o emprego de um revólver, privou-a de sua liberdade de locomoção. O fato ocorreu em Brasília – DF. Oito horas após a abordagem, Sílvio entrou em contato com a família de Mariana e exigiu como condição para libertá-la a importância de R$ 150.000,00 em dinheiro, a ser entregue na cidade de Goiânia – GO. No dia seguinte, enquanto Mariana permaneceu no cativeiro em Brasília, Sílvio deslocou-se até a cidade de Goiânia, onde foi preso em flagrante no momento em que iria receber o dinheiro do resgate. Nessa situação, Sílvio responderá pelo crime de extorsão mediante sequestro, na forma consumada.

1: correta, visto que, de fato, o crime de extorsão mediante sequestro, tipificado no art. 159 do CP, consuma-se no exato momento em que a vítima é arrebatada do seu meio normal de circulação, tendo sua liberdade privada. O fato de ter havido a solicitação de resgate, como condição para a libertação da vítima, demonstra a real intenção do agente, qual seja, a de auferir ganho patrimonial. Ressalte-se que o fato de haver o recebimento de resgate, pelo sequestrador, é considerado mero exaurimento do crime, consumado, repita-se, com a privação da liberdade da vítima. O crime em questão é considerado formal.

Gabarito 1C

(Delegado Federal – 2002 – CESPE) Julgue o seguinte item.

(1) Dorival alienou a Joaquim uma quitinete de que era proprietário, recebendo, no ato da lavratura da escritura de compra e venda, a importância de R$ 50.000,00 em dinheiro. Por estar passando por sérias dificuldades financeiras, Dorival, no mesmo dia, vendeu a mesma quitinete a Magda, recebendo, pela transação, a importância de R$ 40.000,00. Magda dirigiu-se ao cartório de registro de imóveis e providenciou a transcrição da escritura de compra e venda. Joaquim, quando tentou registrar a sua escritura, verificou que tinha sido vítima de uma fraude e dirigiu-se à autoridade policial, apresentando uma *delatio criminis*. A autoridade policial instaurou inquérito policial e indiciou Dorival pela prática do crime de estelionato, na modalidade de disposição de coisa alheia como própria. Sabendo que, para ocorrer a aquisição da propriedade imóvel, é necessária a transcrição do título de transferência no registro de imóveis, então, nessa situação, Dorival não praticou a infração penal pela qual a autoridade policial o indiciou.

1: correta, visto que a alienação de coisa imóvel somente se materializa com a transcrição do título aquisitivo no Cartório de Registro de Imóveis competente. Ora, se Dorival fez lavrar duas escrituras de compra e venda de sua quitinete, tendo como compradores Joaquim e Magda, mas sem que tenha havido a transcrição dos títulos aquisitivos no registro imobiliário, Dorival continuou como "dono" do bem, motivo pelo qual não restou tipificado o crime de disposição de coisa alheia como própria (art. 171, § 2º, I, do CP).

Gabarito 1C

(Delegado Federal – 2002 – CESPE) Julgue o seguinte item.

(1) No caso de prática de crime de estelionato contra autarquia da previdência social, aplica-se a circunstância especial de aumento prevista no CP, ou seja, a pena aumenta-se de um terço.

1: correta (art. 171, § 3º, do CP).

Gabarito 1C

(Delegado Federal – 1998 – CESPE – adaptada) Nos crimes contra o patrimônio,

(1) a expressão coisa alheia, incluída, por exemplo, na definição dos crimes de furto e roubo, indica o elemento normativo do tipo.

(2) segundo entendimento predominante no STJ, o emprego de arma de brinquedo qualifica o crime.

1: correta, visto que, de fato, considera-se elemento normativo do tipo, sobre o qual deve recair um juízo de valor, a expressão "coisa alheia", prevista nos arts. 155 e 157, ambos do CP; **2**: incorreta, eis que, embora por muito tempo tenha o STJ se manifestado no sentido de que o empregado de arma de brinquedo majorava o roubo, é certo que, após o cancelamento da Súmula 174 daquela Corte, foi revisto o posicionamento. Em outras palavras, pode-se afirmar que o emprego de arma de brinquedo não é circunstância que agrave a pena do roubo.

Gabarito 1C, 2E

(Delegado Federal – 1998 – CESPE) Nos crimes contra o patrimônio,

(1) se o marido subtrai as joias de sua esposa, na constância da sociedade conjugal, com o auxílio de um terceiro, este responderá por furto qualificado pelo concurso de agentes, ao passo que o marido da vítima estará isento de pena.

1: correta, visto que o marido que subtrai as joias da esposa, na constância da sociedade conjugal, será beneficiado por uma imunidade penal absoluta (escusa absolutória), prevista no art. 181, I, do CP. Com relação ao terceiro que age em conluio com o marido da vítima, não se beneficiará com a imunidade penal, a teor do que dispõe o art. 183, II, do CP.

Gabarito 1C

(Agente de Polícia Federal – 2009 – CESPE) Julgue o seguinte item.

(1) Diferenciam-se os crimes de extorsão e estelionato, entre outros aspectos, porque no estelionato a vítima quer entregar o objeto, pois foi induzida ou mantida em erro pelo agente mediante o emprego de fraude; enquanto na extorsão a vítima despoja-se de seu patrimônio contra a sua vontade, fazendo-o por ter sofrido violência ou grave ameaça.

1: correta, já que, de fato, no crime de estelionato (art. 171 do CP), a vítima entrega o objeto ao agente por ter sido induzida ou mantida em erro (vale dizer, em razão da aplicação de um expediente fraudulento pelo estelionatário). Já na extorsão (art. 158 do CP), a vítima é constrangida, mediante violência ou grave ameaça, a fazer, tolerar que se faça ou deixar fazer alguma coisa, sendo seu patrimônio lesado em razão da conduta do extorsionário.

Gabarito 1C

(Agente de Polícia Federal – 1998 – CESPE) Uma das modalidades de estelionato consiste em emitir cheque sem suficiente provisão de fundos em poder do sacado, ou frustrar o pagamento da cártula. Julgue os itens a seguir, relativos a esse tema.

(1) Responde por essa modalidade de estelionato quem, por imprudência no controle de sua contabilidade pessoal, emite cheque sem fundos.

(2) Responde por essa modalidade de estelionato o agente que se nega a indenizar o beneficiário do cheque devolvido por falta de fundos, mesmo sem ter agido com dolo no momento da emissão da cártula.

(3) Não há crime se a vítima, ao receber o cheque, já sabe que ele não tem fundos em poder do sacado.

(4) Não configura estelionato a devolução do cheque emitido como garantia de dívida.

(5) Consuma-se o crime no momento em que o emitente assina o cheque.

1: incorreta, visto que a imprudência é uma das modalidades de culpa, inexistindo previsão legal de estelionato culposo; **2**: incorreta, uma vez que a reparação do dano não desnatura o crime, mas, apenas, pode gerar a redução da pena (art. 16 do CP). Outrossim, a fraude no pagamento por meio de cheque, para que se configure, exige que o agente, no momento da emissão do título de crédito (cártula), atue com dolo, vale dizer, desde o início saiba que inexiste lastro suficiente para a compensação do cheque; **3**: correta, pois o crime de fraude no pagamento por meio de cheque é modalidade de estelionato, crime que pressupõe que a vítima seja enganada pelo estelionatário. Caso já saiba que o cheque não tem fundos, não está sendo vítima de um engodo, razão pela qual não se caracteriza o crime. Outrossim, de acordo com a Súmula 246 do STF, se não tiver havido fraude, não se configura o crime de emissão de cheque sem fundos; **4:** correta, já que a emissão de cheque como garantia de dívida não configura o crime do art. 171, § 2º, VI, do CP (STJ, RHC 20600/GO, Rel. Min. Nilson Naves, 6ª T.). Contudo, existe posicionamento no sentido de que, se o cheque é dado como garantia de dívida, ainda que se desnature a fraude no pagamento por meio de cheque (art. 171, § 2º, VI, do CP), remanescerá a figura do estelionato simples (art. 171, *caput*, do CP), visto que o uso do cheque poderá constituir em um instrumento para ludibriar a vítima (STJ, REsp. 693804/RS, Rel. Min. Gilson Dipp, 5ª T.); **5:** incorreta, visto que, de acordo com a posição majoritária, o crime de fraude no pagamento por meio de cheque consuma-se no momento em que ocorre a recusa do banco sacado em efetuar o pagamento pelo cheque. Utiliza-se, aqui, a linha da Súmula 521 do STF ("*O foro competente para o processo e julgamento dos crimes de estelionato, sob a modalidade da emissão dolosa de cheque sem provisão de fundos, é o do local onde se deu a recusa do pagamento pelo sacado*").

Gabarito 1E, 2E, 3C, 4C, 5E

(Delegado/AP – 2010) Relativamente aos *crimes contra o patrimônio*, analise as afirmativas a seguir:

I. No crime de furto, se o criminoso é primário, e a coisa furtada é de pequeno valor, o juiz pode substituir a pena de reclusão pela de detenção.

II. Considera-se qualificado o dano praticado com violência à pessoa ou grave ameaça, com emprego de substância inflamável ou explosiva (se o fato não constitui crime mais grave), contra o patrimônio da União, Estado, Município, empresa concessionária de serviços públicos ou sociedade de economia mista ou ainda por motivo egoístico ou com prejuízo considerável para a vítima.

III. É isento de pena quem comete qualquer dos crimes contra o patrimônio em prejuízo do cônjuge, na constância da sociedade conjugal, desde que não haja emprego de grave ameaça ou violência à pessoa ou que a vítima não seja idosa nos termos da Lei 10.741/2003.

Assinale:

(A) se somente a afirmativa I estiver correta.
(B) se somente a afirmativa II estiver correta.
(C) se somente a afirmativa III estiver correta.
(D) se somente as afirmativas II e III estiverem corretas.
(E) se todas as afirmativas estiverem corretas.

I: correta (art. 155, § 2º, do CP). Trata-se do crime de furto privilegiado, cujos requisitos são: primariedade do agente e o pequeno valor do prejuízo, que é aquele que não ultrapasse, de acordo com a jurisprudência, a importância de um salário mínimo (que não se confunde com o valor insignificante); **II**: correta (art. 163, parágrafo único, incisos I, II, III e IV, do CP); **III**: correta (art. 181, inciso I e art. 183, I e III, do CP). A alternativa trata das hipóteses de escusa absolutória, em que o agente, muito embora pratique um fato típico e antijurídico, é isento de pena (imunidade absoluta). Ainda, há casos previstos no art. 183 do CP, em que não incidirão as escusas.

Gabarito "E"

(Delegado/AP – 2010) João e Marcos decidem furtar uma residência. Vigiam o local até que os proprietários deixem a casa. Tentam forçar as janelas e verificam que todas estão bem fechadas, com exceção de uma janela no terceiro andar da casa. Usando sua habilidade, João escala a parede e entra na casa, pedindo a Marcos que fique vigiando e avise se alguém aparecer. Enquanto está pegando os objetos de valor, João escuta um barulho e percebe que a empregada tinha ficado na casa e estava na cozinha bebendo água. João vai até a empregada(uma moça de 35 anos) e decide constrangê-la, mediante grave ameaça, a ter conjunção carnal com ele.

Logo após consumar a conjunção carnal, com a empregada e deixá-la amarrada e amordaçada(mas sem sofrer qualquer outro tipo de lesão corporal), João termina de pegar os objetos de valor e vai ao encontro de Marcos.

Ao contar o que fez a Marcos, este o chama de tarado e diz que nunca teria concordado com o que João fizera, mas que agora uma outra realidade se impunha e era preciso silenciar a testemunha. Marcos retorna à casa e mesmo diante dos apelos de João que tenta segurá-lo, utiliza uma pedra de mármore para quebrar o crânio da empregada. Ambos decidem ali mesmo repartir os bens que pegaram na casa e seguir em direções opostas. Horas depois, ambos são presos com os objetos.

Assinale a alternativa que identifica os crimes que cada um deles praticou.

(A) João: furto qualificado e estupro. Marcos: furto qualificado e homicídio qualificado.
(B) João: furto qualificado, estupro e homicídio simples. Marcos: furto qualificado, estupro e homicídio qualificado.
(C) João: furto simples e estupro. Marcos: furto simples e homicídio qualificado.
(D) João: furto simples, estupro e homicídio qualificado. Marcos: furto qualificado, estupro e homicídio simples.
(E) João: furto qualificado e estupro. Marcos: furto simples e homicídio qualificado.

No caso em questão, João e Marcos, em concurso de pessoas, devem responder por furto qualificado, mediante escalada (art. 155, § 4º, II e IV, do CP), uma vez que para adentrar na residência, João escalou a parede da casa e entrou por uma das janelas, no terceiro andar, que estava aberta, enquanto Marcos ficava vigiando do lado de fora. Assim, João ingressou no local do furto por uma via de acesso anormal, mediante um esforço também anormal, em que pese sua habilidade. No tocante aos crimes de estupro e homicídio qualificado, deve-se analisar a questão da cooperação dolosamente distinta (art. 29, § 2º, do CP), haja vista que ausente o vínculo subjetivo de João com relação ao homicídio qualificado da empregada, tendo pedido a João que não a matasse. De igual modo, não houve a atuação consciente de Marcos no sentido de contribuir para a conduta de João quanto ao delito de estupro, até mesmo porque não sabia que havia alguém no interior da residência.

Gabarito "A"

(Delegado/AP – 2006 – UFAP) Analise as assertivas e assinale a alternativa correta:

I. De acordo com o STF e o STJ, para o reconhecimento da causa de aumento do repouso noturno, não tem qualquer importância o fato de a casa, onde ocorreu o furto, estar habitada e seu morador dormindo.

II. Para o STF, há crime de latrocínio consumado quando o homicídio se consuma, ainda que não realize o agente a subtração de bens da vítima.

III. O pagamento de cheque emitido sem provisão de fundos, após o recebimento da denúncia, não obsta ao prosseguimento da ação penal, consoante o STF.

(A) Estão corretas todas as alternativas.
(B) Estão erradas todas as alternativas.
(C) Estão corretas apenas as alternativas II e III.
(D) Está correta apenas a alternativa I.
(E) Está correta apenas a alternativa III.

I: correta (art. 155, § 1º, do CP). De fato, segundo entendimento dos Tribunais Superiores, o crime de furto será majorado pelo repouso noturno quando ocorrer no período em que, de acordo com o costume do local, as pessoas estejam repousando, pouco importando se a residência é ou não habitada ou se há ou não moradores dormindo em seu interior; **II**: correta (Súmula 610 do STF). O crime de latrocínio somente se consuma com a morte, havendo ou não subtração consumada; **III**: correta (art. 171, § 2º, VI, do CP e Súmula 554 do STF). Quando houver o arrependimento pelo agente, o qual realiza o pagamento de cheque emitido sem provisão de fundos, até o recebimento da denúncia, haverá a extinção da punibilidade. Se após o recebimento da denúncia, a ação penal terá prosseguimento, podendo caracterizar tão somente circunstância atenuante genérica, acarretando a diminuição da pena (art. 65, III, "b", do CP). Tal causa extintiva da punibilidade se aplica ao tipo penal previsto no art. 171, § 2º, VI, do CP e não no tipo fundamental de estelionato.

Gabarito "A"

(Delegado/BA – 2008 – CEFETBAHIA) Empregada doméstica, na ausência de seus patrões, recebe seu namorado que se aproveitando do "vacilo" dela, furta uma cópia da chave do apartamento onde ela trabalha. Dias depois, ele, se aproveitando da ausência de pessoas no apartamento, nele adentra usando a cópia da chave e furta várias joias dos patrões da namorada.

Com base nesse caso, a empregada doméstica

(A) deve ser responsável pelo furto como partícipe.
(B) é coautora no furto.
(C) é a única pessoa responsável pelo furto.
(D) é autora intelectual do furto.
(E) não será responsável pelo furto.

A empregada não será responsável pelo furto. Isso porque não estão presentes os requisitos do concurso de pessoas, que são: pluralidade de agentes, relevância causal das condutas, vínculo subjetivo e unidade de infração penal. No caso, em que pese haver, aparentemente, unidade de infração penal e pluralidade de pessoas, não há vínculo subjetivo, nem relevância causal das condutas. A empregada não sabia que o namorado havia feito uma cópia da chave do apartamento de onde ela trabalha, nem tampouco sabia que iria realizar o furto, ou seja, não houve prévio ajuste quanto ao resultado e também não houve anuência ou adesão à vontade do outro. Não houve nenhuma colaboração da empregada para a conduta do namorado, não podendo ser responsabilizada como partícipe, nem como coautora do furto. De igual modo, a empregada não é autora intelectual do furto, na medida em que não planejou mentalmente o delito. Assim, diante da ausência dos requisitos do concurso de pessoas, conclui-se que a empregada não será responsável pelo furto perpetrado por seu namorado.

Gabarito "E"

(Delegado/BA – 2006 – CONSULPLAN) Pedro sequestra Maria. Depois de tê-la no cativeiro por mais de 24 horas, passa a negociar o preço do resgate.

Ocorre que durante a negociação, Pedro é preso. Marque a alternativa correta:

(A) Pedro responderá por tentativa de Extorsão Mediante Sequestro.

(B) Pedro responderá por Extorsão Mediante Sequestro Simples.
(C) Pedro responderá pelo crime de Extorsão Mediante Sequestro Qualificado.
(D) Pedro responderá pelo crime de Extorsão Qualificada.
(E) N. R. A

No caso trata-se do crime de extorsão mediante sequestro qualificado, previsto no art. 159, *caput* e § 1º, do CP, uma vez que Pedro sequestrou Maria, com o fim de obter, para si ou para outrem, qualquer vantagem, como condição ou preço do resgate, sendo que o sequestro durou mais de 24 horas.

Gabarito "C"

(Delegado/BA – 2006 – CONSULPLAN) Carlos, portando uma arma de fogo, às 2 horas da manhã, entra em uma casa sem nenhum obstáculo, onde os moradores estão dormindo, e ali furta vários objetos de valor econômico. Marque a alternativa correta:

(A) Carlos responderá por furto qualificado pelo emprego de arma.
(B) Carlos responderá por furto simples.
(C) Carlos responderá por furto qualificado pela escalada.
(D) Carlos responderá por furto privilegiado.
(E) N. R. A.

Trata-se, no caso, do crime de furto praticado durante o repouso noturno (art. 155, § 1º, do CP), uma vez que Carlos, portando uma arma de fogo, ingressou na residência das vítimas às 2 horas da manhã, quando estavam repousando. Importante salientar que o repouso noturno somente se aplica ao crime de furto simples, não se aplicando nas modalidades de furto qualificado (art. 155, § 4º e § 5º, do CP), por interpretação lógica (se o legislador disciplinou a modalidade qualificada após o repouso noturno é porque quis que somente fosse aplicado ao *caput* do art. 155). Assim, o emprego de arma ou a escalada podem ser considerados nas circunstâncias judiciais previstas no art. 59 do CP.

Gabarito "E"

(Delegado/BA – 2006 – CONSULPLAN) Maria, empregada doméstica, inadvertidamente, deixa a porta aberta da casa onde trabalha. Seu namorado, aproveitando-se do "vacilo" de Maria, entre na casa e furta várias joias. Marque a alternativa correta:

(A) Maria, ao deixar a porta aberta, deve ser responsável pelo furto como partícipe.
(B) Maria é coautora no furto.
(C) Maria é a única pessoa responsável pelo furto.
(D) Maria é autora intelectual do furto.
(E) N R .A

A empregada não será responsável pelo furto. Isso porque não estão presentes os requisitos do concurso de pessoas, quais sejam: pluralidade de agentes, relevância causal das condutas, vínculo subjetivo e unidade de infração penal. No caso, em que pese haver, aparentemente, unidade de infração penal e pluralidade de pessoas, não há vínculo subjetivo, nem relevância causal das condutas. A empregada não sabia que seu namorado pretendia realizar o crime de furto, ou seja, não houve prévio ajuste quanto ao resultado e também não houve anuência ou adesão à vontade do outro. Não houve nenhuma colaboração da empregada para a conduta do namorado, não podendo ser responsabilizada como partícipe, nem como coautora do furto. De igual modo, a empregada não é autora intelectual do furto, na medida em que não planejou mentalmente o delito. Assim, diante da ausência dos requisitos do concurso de pessoas, conclui-se que a empregada não será responsável pelo furto perpetrado por seu namorado.

Gabarito "E"

(Delegado/CE – 2006 – CEV/UECE) Marque a opção verdadeira.

(A) Segundo a jurisprudência do STJ, o uso de arma de brinquedo é equiparado ao uso de arma de fogo, qualificando o crime de roubo.
(B) A extorsão mediante sequestro é crime de natureza permanente e sendo crime contra o patrimônio tem sua consumação quando o valor do resgate é efetivamente pago, pois é nesse momento que ocorre o concreto dano ao patrimônio.
(C) A ação penal nos crimes contra o patrimônio é sempre pública, já que o objeto jurídico tutelado é o valor coletivo e não os bens particulares. A ação penal neste caso poderá ser incondicionada ou condicionada à representação.
(D) De acordo com a doutrina pátria, para a caracterização do crime de apropriação indébita o agente deve agir inicialmente com boa-fé sobre a coisa, passando a deter o *animus* de inverter a condição de propriedade sobre a coisa após detê-la em seu poder, passando a praticar atos típicos de proprietário.

A: incorreta. Segundo o entendimento já superado do STJ (súmula 174 foi cancelada), a arma de brinquedo, por possuir poder intimidatório com relação à vítima, a qual não conseguia resistir, caracterizava a majorante do crime de roubo. Todavia, o atual entendimento é o de que a arma de brinquedo, por não possuir potencialidade lesiva, não sendo idônea a lesionar a integridade física da vítima, somente caracteriza a grave ameaça do crime de roubo e não a sua majorante, pelo princípio da lesividade; **B:** incorreta, pois o crime de extorsão mediante sequestro se consuma com o arrebatamento (privação da liberdade) da vítima, condicionada à satisfação da exigência do resgate, por se tratar de crime formal. O fato de ser um crime permanente permite que a sua consumação se protraia no tempo, por vontade do agente. O recebimento do valor do resgate caracteriza tão somente o exaurimento do crime; **C:** incorreta, uma vez que o crime de dano simples (art. 163 do CP) e dano qualificado por motivo egoístico ou com prejuízo considerável para a vítima (art. 163, parágrafo único, IV, do CP), que são espécies de crime contra o patrimônio, somente se procedem mediante queixa (art. 167 do CP). As demais espécies de dano se procedem mediante ação penal pública incondicionada. Cumpre ressaltar que, quando cabível, é possível a aplicação da escusa absolutória relativa (art. 182 e 183 do CP), que também trata da ação penal nos crimes contra o patrimônio, de forma genérica; **D:** correta. De fato, a apropriação indébita pressupõe a entrega do bem com posse desvigiada, fazendo-o de forma livre, espontânea e voluntária. Ou seja, o agente recebe o bem com uma posse lícita. Ainda, o recebimento da posse lícita deve ser de boa-fé, sendo que o dolo de inverter a posse é posterior ao recebimento do bem (se o dolo é anterior e o agente se utiliza de fraude para a entrega do bem, há o crime de estelionato e não apropriação indébita).

Gabarito "D"

(Delegado/DF – 2004) Quem influi para que terceiro de má-fé adquira produto de crime, pratica

(A) receptação própria;
(B) receptação imprópria;
(C) receptação privilegiada;
(D) receptação culposa;
(E) participação em receptação.

A: incorreta (art. 180, 1ª parte, do CP); **B:** incorreta (art. 180, 2ª parte, do CP); **C:** incorreta (art. 180, § 5º, 2ª parte, do CP); **D:** incorreta (art. 180, § 3º, do CP); **E:** correta. O tipo penal previsto no art. 180, 2ª parte, do CP determina que, o agente que influir para que terceiro, de boa-fé, adquira, receba ou oculte, o produto do crime, responderá por receptação imprópria. Assim, somente caracteriza a receptação imprópria quando houver boa-fé. Se houver má-fé, configurará a receptação própria, pois o terceiro agirá como receptador próprio e aquele que influir na sua conduta responderá por participação no delito.

Gabarito "E"

(Delegado/DF – 2004) Em uma loja de roupas femininas, Fulana pede para experimentar uma blusa e, enquanto distrai a vendedora, desviando a sua atenção para outra cliente, guarda a peça em sua bolsa, fugindo em seguida. Trata-se da hipótese de

(A) furto qualificado mediante destreza.
(B) furto qualificado mediante fraude.
(C) apropriação indébita.
(D) estelionato.
(E) fraude ao comércio.

A: incorreta (art. 155, § 4º, II, do CP). A destreza é a habilidade que o agente possui de subtrair o bem sem que a vítima perceba, sem se utilizar da fraude, como ocorre, por exemplo, no caso em que o agente furta a carteira da vítima no interior de um ônibus, sem que ela perceba; **B:** correta (art. 155, § 4º, II, do CP). A fraude é qualquer artimanha utilizada para viabilizar o furto, retirando a vigilância sobre a coisa. No caso em questão, o agente pediu para experimentar uma blusa e, enquanto distraiu a vendedora, desviando a sua atenção para outra cliente, guardou a peça em sua bolsa. Ou seja, utilizou-se da fraude para distrair a vendedora e retirar a vigilância sobre a coisa, oportunidade em que realizou a subtração e fugiu; **C:** incorreta (art. 168 do CP). Na apropriação indébita, o agente recebe a posse desvigiada do bem estando de boa--fé, sendo que o dolo de inversão da posse somente ocorre em momento posterior, quando se recusa em restituir o bem ou pratica atos de disposição; **D:** incorreta (art. 171 do CP). No caso do estelionato, o agente emprega a fraude e em razão disso é que a vítima lhe entrega a posse desvigiada do bem, ou seja, permite que seja retirado o bem do local. O agente enganou a vítima para obter a posse desvigiada do bem e não para realizar a subtração. Se a posse é utilizada para retirar o bem da esfera de vigilância da vítima, há furto mediante fraude, pois a posse é vigiada, e não estelionato; **E:** incorreta (art. 175 do CP), uma vez que a fraude é utilizada para enganar o adquirente ou o consumidor, e não o vendedor.

Gabarito "B"

(Delegado/DF – 2004) Fulano pede a Beltrano, seu amigo de longa data, que guarde em sua casa um computador de sua propriedade, até que volte de uma viagem que fará para a Europa. Dias após ter recebido o aparelho de boa-fé, quando Fulano já se encontrava no passeio, como se fosse seu, Beltrano vende o computador para terceira pessoa. A conduta de Beltrano se amolda à prática de:

(A) receptação;
(B) receptação qualificada;
(C) furto;
(D) apropriação indébita;
(E) estelionato.

A e **B:** incorretas, pois não se trata de produto de crime (art. 180 do CP); **C:** incorreta, pois houve a entrega desvigiada do bem, de boa-fé, por Fulano a Beltrano, o que descaracteriza o crime de furto, que pressupõe a posse vigiada do bem (art. 155 do CP); **D:** correta (art. 168 do CP). A apropriação indébita ocorre quando a própria vítima entrega a posse desvigiada do bem, de forma livre, consciente e espontânea, autorizando a retirada do bem do local. A entrega não pode decorrer de coação (crime de extorsão), nem de fraude (crime de estelionato). Assim, a posse é lícita, sendo que o crime somente ocorre em momento posterior, quando o agente inverte o ânimo em relação ao bem, recusando-se a restituição ou praticando atos de disposição do bem, sem autorização, como ocorreu no caso em questão (Beltrano vendeu o computador de Fulano para terceira pessoa sem estar autorizado); **E:** incorreta (art. 171 do CP). Em que pese no estelionato a posse também ser desvigiada, é indispensável que a entrega do bem tenha ocorrido em razão da vítima ter sido enganada pela fraude. Ou seja, o dolo de assenhoreamento do bem é anterior à conduta, o que não ocorre com a apropriação indébita, cujo dolo de inversão da posse é posterior à entrega do bem de boa-fé.

Gabarito "D"

(Delegado/GO – 2009 – UEG) [A] vai ao encontro de [B], seu amigo de infância, e expõe a ele sua intenção de praticar um delito de furto de vários aparelhos eletrodomésticos em conhecida loja da capital. Durante a conversa, [A] confessa a [B] que somente não levará adiante sua intenção criminosa em razão de não possuir um local adequado para deixar os bens objeto da subtração. Nesse momento, [B], com a finalidade de ajudar o amigo de infância, oferece-lhe um barracão, cujo espaço físico seria ideal para a guarda dos bens furtados. Após essa promessa, [A] sente-se seguro e confiante para seguir com seu intento e, efetivamente, subtrai os aparelhos eletrodomésticos e os acomoda, até serem vendidos a terceiros, no barracão oferecido por [B]. Qual o crime praticado por [B]?

(A) Furto.
(B) Receptação.
(C) Favorecimento real.
(D) Favorecimento pessoal.

A: correta. O auxílio material do partícipe deve ser efetuado durante os atos preparatórios ou executórios ou, se após a consumação do crime, desde que previamente ajustado. No caso em questão, B responderá pelo crime de furto. Isso porque o auxílio material, consistente em assegurar o proveito do crime, foi ajustado previamente, antes do início da execução do delito, o que configura o concurso de pessoas. Se não tivesse sido ajustado previamente, o auxílio material após a consumação do crime caracterizaria o crime de favorecimento real; **B** e **C:** incorretas. O crime de favorecimento real (art. 349 do CP) pune aquele que presta auxílio ao criminoso, destinado a tornar seguro o proveito do crime, após a sua consumação. A pessoa que assegura o proveito do crime para o criminoso que praticou o furto responderá por favorecimento real e não por receptação. Já na receptação (art. 180 do CP), o receptador recebe o proveito do crime para si ou para terceiro, e não para o furtador. Todavia, o próprio tipo penal do art. 349 esclarece que somente haverá o crime de favorecimento real, se não configurar os casos de coautoria ou participação, bem como se não configurar a receptação. No caso, configurou-se o crime de furto, excluindo-se os demais tipos penais, uma vez que o auxílio material foi previamente ajustado, antes do início dos atos executórios; **D:** incorreta. No favorecimento pessoal (art. 348 do CP), o auxílio é voltado para a pessoa, já no favorecimento real é voltado para a coisa.

Gabarito "A"

(Delegado/GO – 2009 – UEG) Sobre os crimes contra o patrimônio, é CORRETO afirmar:

(A) as escusas absolutórias previstas nos delitos contra o patrimônio constituem causas de isenção de pena e se comunicam no concurso de agentes.
(B) não se admite a figura da delação premiada nos crimes contra o patrimônio.
(C) o furto de uso, que se caracteriza pela subtração da coisa fungível apenas para usufruí-la momentaneamente, é fato atípico, havendo a necessidade que o agente efetue a devolução da coisa.
(D) o possuidor da coisa não pode ser sujeito ativo do crime de furto, uma vez que se encontra na posse da coisa ou exerce algum direito inerente à propriedade.

A: incorreta. De fato, as escusas absolutórias absolutas constituem causas de isenção de pena, que excluem a punibilidade (art. 181 do CP). Todavia, em caso de concurso de agentes, tais causas não se comunicam (art. 183, II, do CP); **B:** incorreta, pois não há vedação legal nesse sentido; **C:** incorreta. O furto de uso tem como requisitos: a) a intenção de usar momentaneamente a coisa, b) que a coisa seja infungível (não consumível) e c) a restituição imediata e integral da coisa. Assim, se a coisa é fungível, não é possível a sua devolução. Logo, o fato é típico, pois houve desfalque patrimonial da vítima; **D:** correta, pois o art. 155, *caput*, do CP diz que o crime de furto se caracteriza pela subtração de coisa alheia, pertencente a pessoa diversa. Assim, pode ser sujeito ativo do crime de furto qualquer pessoa, exceto o dono do bem móvel. Caso o próprio dono subtraia a coisa pensando se tratar de bem alheio, há delito putativo por erro de tipo.

Gabarito "D"

(Delegado/GO – 2009 – UEG) [A], funcionário público, e [B], pessoa dele conhecida, caixa em um famoso banco privado, resolveram subtrair um *notebook* e uma impressora da companhia de abastecimento de água na qual [A] exerce suas funções. [B] sabe que [A] assumiu as funções recentemente na empresa pública. [A], em um feriado, valendo-se da facilidade que o seu cargo lhe proporciona, identifica-se na recepção e diz ao porteiro que havia esquecido sua carteira de motorista, e que ali voltara para buscá-la, pois iria viajar para o interior do estado para aproveitar a folga do feriado, tendo, assim, o seu acesso liberado naquele prédio público. Rapidamente, dirige-se para o local onde o computador portátil e a impressora se encontravam guardados e, abrindo uma janela que dava acesso para a rua, o entrega a [B], que ansiosamente aguardava do lado de fora do mencionado prédio. [A] despede-se do porteiro e vai ao encontro de [B], para que, juntos, transportassem os bens subtraídos. Qual o crime praticado por [A] e por [B]?

(A) [A] e [B] respondem por peculato-furto.
(B) [A] e [B] respondem por furto mediante fraude.
(C) [A] e [B] respondem por furto qualificado por abuso de confiança.
(D) [A] responde por apropriação indébita e [B], por furto qualificado por abuso de confiança.

No caso, os agentes respondem por peculato-furto (art. 312, § 1º, do CP). O funcionário público [A], embora não tendo a posse funcional do bem (peculato impróprio), o subtraiu, em proveito comum, juntamente com pessoa dele conhecida [B], valendo-se da facilidade que lhe proporciona a qualidade de funcionário, identificando-se na recepção e dizendo ao porteiro que havia esquecido a sua carteira de motorista. Após ter o acesso liberado, ingressou no local e subtraiu o computador e a impressora que se encontravam guardados. [B] estava do lado de fora do prédio, que recebeu os bens que lhe foram entregues por uma janela. Desse modo, todas as demais hipóteses foram excluídas, na medida em que se trata de um crime praticado por funcionário público contra a administração em geral. E no caso, ambos responderão pelo crime funcional, uma vez que a qualidade de funcionário público é elementar do crime de peculato-furto, estendendo-se ao particular (art. 30 do CP).

Gabarito "A"

(Delegado/GO – 2003 – UEG) Tício, jovem estudante de 19 anos, com o auxílio de dois amigos, planeja forçar Mélvio, seu genitor, a lhe entregar a quantia de 230 mil reais em dinheiro, mediante a ameaça de sequestrar um de seus filhos. Ao colocarem o plano em ação, após dois dias de ameaças, um dos amigos de Tício foi identificado. Preso, ele revela os nomes dos demais participantes.

Analise o caso à luz do direito penal e marque a alternativa CORRETA:

(A) A autoridade policial não irá instaurar inquérito policial em desfavor de Tício, pois incorrerá em ausência de justa causa, em face da imunidade absoluta de que gozam os ascendentes e descendentes no cometimento de crimes contra o patrimônio (art. 181, inc. II, do CP).
(B) Tício e seus amigos responderão, em coautoria, pelo crime de extorsão, qualificada pela presença de duas ou mais pessoas, conforme previsto no art. 158, § 1º, CP.
(C) A autoridade policial só poderá instaurar o inquérito mediante a representação de Mélvio, pai de Tício, pois a ação penal é pública condicionada.
(D) Trata-se, no caso, de imunidade absoluta, denominada escusas absolutórias, que beneficia somente o agente descendente da vítima (Tício), respondendo os demais pela prática do crime cometido.

A e **D:** incorretas, pois não se aplica a escusa absolutória absoluta (isenção da pena) quando o crime for de roubo ou de extorsão, ou em geral, quando houver violência ou grave ameaça à pessoa (art. 183, I, do CP); **B:** correta. A conduta descrita na questão configura o crime de extorsão, qualificado pelo concurso de pessoas; **C:** incorreta, pois também não se aplica a escusa absolutória relativa (ação penal pública condicionada à representação) quando o crime for de roubo ou de extorsão, ou em geral, quando houver violência ou grave ameaça à pessoa (art. 183, I, do CP).

Gabarito "B"

(Delegado/MG – 2012) Com relação aos crimes patrimoniais, é **incorreto** afirmar que

(A) segundo entendimento consolidado pelo STF, o crime de estelionato, quando na modalidade de fraude no pagamento, por meio de cheque, consuma-se no momento e local em que o banco sacado recusa o seu pagamento.

(B) o agente que rouba o veículo da vítima e, sem motivação alguma, a coloca no porta malas, abandonando-a em estrada de município vizinho, responde pelos crimes de roubo e sequestro, em concurso material.

(C) o agente que invade estabelecimento comercial anunciando assalto e acaba por matar o proprietário e um cliente, fugindo em seguida com o dinheiro do caixa e a carteira do cliente, responde por um só crime de latrocínio, crime complexo em que a pluralidade de vítimas serve apenas para fixação da pena.

(D) agente que, após furtar, em concurso de pessoas, preciosa joia em shopping Center, adquire a quota parte, dos demais meliantes, não responde por crime de receptação, tratando-se de *post factum* impunível.

A: correta. De fato, é posição do STF, inclusive com supedâneo na Súmula 521, que o momento consumativo do crime de fraude no pagamento por meio de cheque (art. 171, § 2º, VI, do CP) é o da recusa do sacado em efetuar o pagamento do montante contido na cártula, seja em virtude da insuficiência de fundos, seja em razão de sustação da ordem de pagamento; **B:** correta. A majorante prevista no art. 157, § 2º, V, do CP, somente incidirá quando a restrição da liberdade da vítima for necessária para a subtração de seus bens. Vale frisar que a causa de aumento em tela restará caracterizada ainda que a restrição da liberdade da vítima seja por curto espaço de tempo (TJMG, Ap. 1.0433.06 192391-1/001, 3ª Câmara Criminal, Rel. Des. Antônio Armando dos Anjos, publ. 09.01.2008). Caso seja ela mantida em cárcere privado desnecessariamente, vale dizer, sem que haja qualquer relação direta entre o roubo e a privação de sua liberdade, deverá ser reconhecido o concurso material de crimes (roubo e sequestro); **C:** incorreta. A pluralidade de vítimas mortas no latrocínio e cujos bens tenham sido subtraídos exige o reconhecimento do concurso de crimes (essa é a posição, por exemplo, de Rogério Greco, em seu *Código Penal Comentado*. 2. ed. Ed. Impetus, p. 393); **D:** correta. Não responderá por receptação o agente que houver praticado ou concorrido para a prática do crime antecedente, tratando-se, realmente, de pós-fato impunível, tal como asseverado na alternativa em comento. Ainda, interessante a análise de Rogério Greco sobre a receptação e concurso de pessoas no delito anterior: "*Para que o agente responda criminalmente pela receptação, jamais poderá ter, de alguma forma, concorrido na prática do delito anterior, pois, caso contrário, deverá ser por ele responsabilizado*" (obra citada, p. 512).

Gabarito "C"

(Delegado/MG – 2008) Com relação aos crimes contra o patrimônio, assinale a alternativa *INCORRETA*.

(A) No estelionato mediante emissão de cheque sem fundo, o pagamento do título antes do recebimento da denúncia, segundo orientação do Supremo Tribunal Federal, extingue a punibilidade.

(B) Para que se consume o crime de abuso de incapazes, é necessário apenas que o sujeito passivo pratique ato suscetível de produzir efeito jurídico, em prejuízo próprio ou de terceiro, sendo irrelevante a consumação da lesão efetiva.

(C) Responde o agente por um único latrocínio ainda que de seu roubo resulte a morte de mais de uma vítima, sendo a pluralidade de vítimas circunstância avaliada apenas na dosimetria da pena.

(D) Responde por receptação dolosa o agente que encomenda o furto de determinada obra de arte, pois adquire em proveito próprio coisa que sabe ser produto de crime.

A: correta (Súmula 554 do STF); **B:** correta (art. 173 do CP). Trata-se de crime formal, cujo momento consumativo é o instante em que a vítima pratica o ato, suscetível de produzir efeito jurídico, a que foi induzida, independente da ocorrência do efetivo prejuízo patrimonial próprio ou de terceiro. Basta que a vítima pratique o ato apto a produzir efeitos jurídicos; **C:** correta, pois o latrocínio é crime complexo. Assim, só haverá pluralidade de crimes quando houver pluralidade de patrimônios lesados, independente do número de vítimas, o que será considerado quando da dosimetria da pena; **D:** incorreta, pois no caso narrado, há concurso de pessoas no crime de furto. Somente haverá o crime de receptação por aquele que adquire a coisa, sabendo ser produto de crime, desde que não tenha realizado o crime anterior. Aquele que planeja o furto e, após a subtração, adquire a coisa furtada, responderá por furto, sendo a receptação fato posterior impunível (princípio da consunção).

Gabarito "D"

(Delegado/MG – 2007) Com relação aos crimes contra o patrimônio, indique a alternativa CORRETA:

(A) O crime de extorsão não admite tentativa já que, além de ser crime formal, não exige para sua consumação a obtenção do resultado pretendido pelo agente.

(B) O emitente de um cheque que para não cumprir com seu pagamento subtrai o título do credor e o destrói pratica o crime de supressão de documento.

(C) Agente que falsifica assinatura em cheque alheio, descontado por descuido do banco, comete o delito de estelionato, restando absorvida por este a falsidade.

(D) É crime de estelionato, na modalidade de fraude no pagamento, a conduta do agente de dar cheque em pagamento a dívida de jogo ou a atividade de prostituição.

A: incorreta, visto que, a despeito de o crime de extorsão ser formal, vale dizer, consuma-se independentemente da obtenção da vantagem indevida pelo agente (Súmula 96 do STJ), trata-se de crime plurissubsistente, razão pela qual é admissível a tentativa. Caso a vítima não se submeta ao constrangimento perpetrado pelo extorsionário, estaremos diante de tentativa; **B:** incorreta, pois a conduta não se amolda a qualquer dos verbos descritos no art. 305 do CP; **C:** correta, já que de fato, quando o crime de falso se exaure no estelionato, fica por este absorvido (Súmula 17 do STJ); **D:** incorreta, pois, segundo a jurisprudência do STJ, a emissão de cheque como garantia de dívida não configura o crime previsto no art. 171, § 2º, VI, do CP (STJ, RHC 20600/GO, 6ª T.).

Gabarito "C"

(Delegado/MG – 2007) Considerando as alternativas abaixo, é ERRADO afirmar que:

(A) É admissível a receptação de receptação, exceto se adquirida de terceiro de boa-fé.

(B) O crime de extorsão mediante sequestro consuma-se no momento em que a privação da liberdade da vítima se completa.

(C) O agente que, para roubar o caixa, invade mercearia matando seu proprietário e mais dois empregados, fugindo em seguida com *res* furtiva, responde por um único latrocínio, sendo a pluralidade de vítimas circunstância avaliada na dosimetria da pena.

(D) A apropriação indébita de coisa furtada não é possível ainda que desconheça o agente sua origem.

A: correta, visto que, de fato, é perfeitamente admissível a denominada "receptação de receptação", também conhecida como receptação em cadeia, desde que o agente tenha ciência de que a coisa recebida, adquirida, conduzida, transportada ou ocultada tenha origem em anterior receptação; **B:** correta, pois, conforme amplamente difundido na doutrina e jurisprudência, o delito de extorsão mediante sequestro (art. 159 do CP) consuma-se no exato instante em que a vítima é privada de sua liberdade, independentemente de eventual recebimento de resgate pelo(s) agente(s). Trata-se, é bom que se diga, de crime formal (ou de consumação antecipada); **C:** correta, eis que, se num mesmo contexto fático, o agente, para praticar o roubo, mata duas ou mais pessoas, responderá por um só latrocínio (REsp 15701/SP, Rel. Min. Costa Leite, 6ª T., *DJ* 27.04.1992, p. 5507); **D:** incorreta. Se houver a apropriação, pelo agente, de coisa furtada, tendo ciência da origem, estaremos diante de receptação (art. 180 do CP). Contudo, caso desconheça por completo a origem espúria da coisa, e desde que estivesse na posse (desvigiada, é bom que se ressalte), cabível seria o reconhecimento de apropriação indébita (art. 168 do CP).

Gabarito "D"

(Delegado/MT – 2006) João pede a Raul, seu amigo de longa data, que guarde em sua casa um aparelho de som de sua propriedade até que volte de viagem. Dias após ter recebido o aparelho de boa-fé, quando João já estava viajando, como se fosse seu, Raul vende o aparelho de som para terceira pessoa.

A conduta de Raul se adequa à prática do crime de:

(A) furto.

(B) receptação.

(C) apropriação indébita.

(D) estelionato.

De fato, comete o crime de apropriação indébita o agente que, como o próprio *nomen juris* sugere, se apropria de coisa alheia móvel de que tem a posse ou detenção (art. 168 do CP). O crime em questão tem como ponto fundamental o fato de o agente receber licitamente uma coisa alheia móvel e, em momento posterior, dela se assenhorear com *animus domini*, recusando-se a restituí-la ao seu legítimo proprietário ou possuidor (negativa de restituição), ou, ainda, praticando atos de disposição da *res* (ex.: vender coisa alheia, ou alugá-la, ou doá-la). É bom que se diga que, de início, o agente recebe a coisa de boa-fé, surgindo a intenção de tomar a coisa para si, como se dono fosse (*animus rem sibi habendi*), apenas em momento posterior, diversamente do que ocorre, por exemplo, com o crime de estelionato (art. 171 do CP), furto (art. 155 do CP) ou receptação (art. 180 do CP).

Gabarito "C"

(Delegado/MT – 2006 – UFMT) No crime de furto, qualificado pela fraude, o agente

(A) induz, através da fraude, a vítima ao erro, fazendo-a dispor de seus bens, voluntariamente, com a consciência de que estes saem da esfera de seu patrimônio e ingressam na disponibilidade do sujeito ativo.
(B) é capaz, atuando com destreza, de fazer com que a vítima não perceba a subtração.
(C) subtrai a coisa, abusando da confiança nele depositada pela vítima.
(D) subtrai a coisa, quando esta já estava na esfera de sua disponibilidade, aproveitando-se da confiança nele depositada pela vítima.
(E) burla a vigilância do ofendido, que desconhece estar a coisa saindo da esfera de seu patrimônio e ingressando na disponibilidade do sujeito ativo.

A: incorreta, pois induzir uma pessoa, por meio de fraude, a dispor de seus bens, entregues voluntariamente ao agente, configura o crime de estelionato (art. 171 do CP); **B:** incorreta, pois a subtração que ocorre com destreza é aquela que se caracteriza por uma especial habilidade do agente, que consegue subtrair a coisa como um "passe de mágica", sem que a vítima perceba; **C** e **D:** incorretas, uma vez que o abuso de confiança, que qualifica o furto, pressupõe uma relação de estreita lealdade ou credibilidade entre o furtador e a vítima, o que não se confunde com a fraude, que prescinde de qualquer relação entre vítima e agente; **E:** correta, visto que, de acordo com o STJ, qualifica-se o crime de furto, pela fraude, como se recolhe na boa doutrina, quando o agente se serve de artifício ou embuste para fazer a subtração (HC 24645/SP, Rel. Min. Hamilton Carvalhido, 6ª T., *DJ* 11.04.2005, p. 383). Assim, o agente, valendo-se de algum meio ardiloso ou insidioso, distrai a atenção da vítima para que esta reduza a vigilância sobre a coisa, que lhe é subtraída sem seu conhecimento.

Gabarito "E"

(Delegado/MT – 2006 – UFMT) Se logo depois de subtraída a coisa, o agente emprega violência contra a pessoa ou grave ameaça, a fim de assegurar a impunidade do crime ou a detenção da coisa para ele ou para terceiro, responde por

(A) roubo impróprio.
(B) roubo circunstanciado.
(C) furto simples em concurso com roubo próprio.
(D) furto qualificado.
(E) tentativa de furto simples em concurso com roubo impróprio.

A: correta, visto que o roubo impróprio, previsto no art. 157, § 1º, do CP, fica configurado com a subtração procedida sem grave ameaça ou violência, vindo-se a empregá-las posteriormente contra a pessoa (STF, RHC 92430/DF, Rel. Min. Marco Aurélio, 1ª T., *DJe* 21.11.2008, p. 384), a fim de garantir a impunidade do crime ou a detenção da coisa para si ou para terceiro; **B:** incorreta, pois o roubo circunstanciado (ou majorado) somente resta caracterizado se presente uma das hipóteses do § 2º do art. 157 do CP (emprego de arma, concurso de pessoas, restrição de liberdade da vítima etc.); **C, D** e **E:** incorretas, pois o crime de roubo impróprio vem autonomamente tipificado no CP, não decorrendo de concurso entre os crimes de furto simples e roubo próprio, ou mesmo se confundindo com o furto qualificado ou a tentativa de furto simples em concurso com roubo impróprio.

Gabarito "A"

(Delegado/MT – 2006 – UFMT) Um filho com dezenove anos de idade comete crime de furto simples contra patrimônio de seu pai, com idade de sessenta e um anos. Nessas condições, assinale a afirmativa correta.

(A) O fato é típico e antijurídico, mas o agente é isento de pena.
(B) A ação penal necessita de representação do ofendido.
(C) O agente não está isento de pena em razão da violência empregada.
(D) Deixa de ser aplicada a escusa absolutória, em razão da idade da vítima.
(E) Deixa de ser aplicada a pena, por força do parentesco.

De fato, um filho que subtrai patrimônio de seu pai, em princípio, fica isento de pena, consoante dispõe o art. 181, II, do CP (escusa absolutória ou imunidade penal absoluta). Todavia, em algumas situações, a imunidade penal não será aplicada, como no caso de a vítima ser idosa (idade igual ou superior a sessenta anos), por força do art. 183, III, do CP. Ressalte-se que a escusa absolutória foi instituída em nossa legislação por questões de política criminal (o Direito Penal não deve intervir em questão estritamente familiares, sob pena de o Estado intervir diretamente na família, o que, como regra, não deve ser admitido). Porém, em alguns casos, não será aplicada (crimes cometidos com violência ou grave ameaça à pessoa, ou, ainda, em caso de a vítima ser idosa).

Gabarito "D"

(Delegado/MT – 2000) Julgue os itens a seguir e assinale a alternativa correta:

I. É isento de pena quem comete o crime de estelionato, em prejuízo do seu cônjuge, na constância do casamento.
II. É isento de pena quem comete o crime de roubo em prejuízo de seu ascendente ou descendente.
III. É isento de pena quem comete o crime de furto em prejuízo de irmão, tio ou sobrinho.
IV. Somente se procede mediante representação, se o crime de furto é cometido em prejuízo do cônjuge judicialmente separado.

(A) Todos os itens estão corretos.
(B) Todos os itens estão incorretos.
(C) Somente estão corretos os itens II e IV.
(D) Somente estão corretos os itens I e III.
(E) Somente estão corretos os itens I e IV.

I: correta (art. 181, I, do CP – escusa absolutória ou imunidade penal absoluta); **II**: incorreta (art. 183, I, do CP); **III**: incorreta (art. 182 do CP – imunidade penal relativa); **IV**: correta (art. 182, I, do CP – imunidade penal relativa).

Gabarito "E"

(Delegado/PB – 2009 – CESPE) Considera-se famulato o furto

(A) praticado em estado de extrema miserabilidade, para evitar perigo maior decorrente da ausência de alimentação, situação em que há estado de necessidade, não se incluindo no conceito, entretanto, o furto de bens supérfluos.
(B) de gados pertencentes a terceira pessoa, espalhados por currais, com ânimo de assenhoreamento definitivo pelo autor do crime.
(C) praticado pelo empregado, aproveitando-se de tal situação, de bens pertencentes ao empregador.
(D) de energia elétrica.
(E) de bens de uso comum do povo, que possam ter algum valor econômico.

De fato, considera-se famulato o furto perpetrado pelo empregado em detrimento do empregador, o que poderá configurar a qualificadora do abuso de confiança (art. 155, § 4º, II, do CP). Segundo Fragoso, "*há abuso de confiança quando o agente se prevalece de qualidade ou condição pessoal que lhe facilite a prática do furto. De certa forma, já o CP prevê entre as agravantes genéricas esta situação (art. 61, II, letras f e g). É o caso do famulato (furto praticado por empregado), ou de alguém que se valha de relações de amizade ou de uma situação de confiança, para mais facilmente subtrair coisa alheia.*"(FRAGOSO, Heleno Cláudio. *Lições de Direito Penal – Parte Especial*. 8. ed. rev. e atual. por Fernando Fragoso. Rio de Janeiro: Forense, 1986. p. 274).

Gabarito "C"

(Delegado/PB – 2009 – CESPE) Assinale a opção correta com referência aos crimes contra o patrimônio.

(A) No crime de roubo, se a arma não é apreendida e, consequentemente, não pode ser submetida a perícia, o autor do crime responde por roubo simples, pois, tratando-se de crime não transeunte, a prova testemunhal não supre a ausência da perícia, mesmo que tenha havido disparo da arma de fogo.
(B) A jurisprudência tem aplicado analogicamente o entendimento já consolidado quanto ao crime de furto, para fins de afastar a tipicidade do roubo de uso.
(C) Inexiste concurso material entre os delitos de quadrilha armada e o roubo qualificado pelo emprego de arma, devendo o porte ou a posse da arma de fogo ser considerado uma única vez, sob pena de *bis in idem*.

(D) Ocorre crime de latrocínio se, logo após a subtração da coisa pretendida, por *aberractio ictus*, o agente atinge seu comparsa, querendo matar a vítima.

(E) Se o agente, após subtrair os pertences da vítima com grave ameaça, obriga-a a entregar o cartão do banco e a fornecer a respectiva senha, há concurso formal entre os crimes de extorsão e roubo, pois são crimes da mesma espécie, isto é, contra o patrimônio.

A: incorreta, pois a demonstração de que o roubo foi perpetrado com emprego de arma admite outros meios de prova que não apenas a pericial (STJ, HC 127.661/SP; HC 91.294-SP); **B:** incorreta, uma vez que o crime de roubo é considerado complexo, visto que atinge, a um só tempo, o patrimônio e a integridade corporal ou a liberdade pessoal da vítima (violência ou grave ameaça), razão pela qual não se pode admitir a mesma *ratio* do furto de uso (subtração da *res* e posterior restituição íntegra à vítima); **C:** incorreta, visto que o "antigo" crime de quadrilha ou bando armado (art. 288, parágrafo único, do CP), atualmente denominado de associação armada, é autônomo com relação aos crimes perpetrados pela associação. Assim, se esta praticar diversos crimes de roubo circunstanciado ou majorado pelo emprego de arma, haverá a incidência do concurso material entre a referida associação armada e os roubos majorados pelo emprego de arma (TJSP – Ap. Crim. 197.775-3, 1ª Câm. Crim.); **D:** correta, pois se o agente, durante a execução do crime, por *aberratio ictus* (erro na execução – art. 73 do CP), atinge seu comparsa, responderá como se houvesse atingido a própria vítima, respondendo, portanto, pelo crime de latrocínio; **E:** incorreta, visto que, na linha adotada pelo STJ, configuram-se os crimes de roubo e extorsão, em concurso material, se o agente, após subtrair alguns pertences da vítima, obriga-a a entregar o cartão do banco e fornecer a respectiva senha (HC 102613/SP, Rel. Min. Felix Fischer, 5ª T., *DJe* 06.10.2008). Há entendimento, também do STJ, no sentido de que seria admissível a continuidade delitiva entre ambos os crimes (REsp 1.031.683-SP, Rel. Min. Jane Silva, Desembargadora convocada do TJMG – 06.11.2008).

Gabarito "D"

(Delegado/PI – 2009 – UESPI) Com relação aos crimes contra o patrimônio, indique a alternativa correta.

(A) Para doutrina majoritária, no crime de furto, a causa de aumento de pena do repouso noturno (art. 155, § 1º) não pode ser aplicada nas hipóteses de furto qualificado (art. 155, § 4º).

(B) Na hipótese do empregado subtrair um objeto do seu empregador, restará sempre configurado o furto qualificado pelo abuso de confiança.

(C) No crime de roubo impróprio, o sujeito ativo primeiro ameaça a vítima para depois efetuar a subtração.

(D) Para o Supremo Tribunal Federal, é possível falar em tentativa de latrocínio quando a vítima morre, e o sujeito ativo não consegue subtrair os seus bens.

(E) O crime de roubo e o crime de extorsão são crimes materiais; portanto a consumação só ocorre com a produção do resultado.

A: correta, uma vez que, pela própria disposição topográfica da causa de aumento do repouso noturno (art. 155, § 1º, do CP), esta somente é aplicável ao furto simples (art. 155, *caput*, do CP), não podendo incidir sobre as demais espécies de furto, dispostas abaixo do § 1º; **B:** incorreta, pois o furto qualificado pelo abuso de confiança (art. 155, § 4º, II, do CP) pressupõe a existência de uma relação prévia de lealdade, credibilidade, que, não necessariamente, se verifica na relação empregatícia. Indispensável para o reconhecimento da qualificadora que o empregado dispusesse, em caráter prévio, de uma confiança para a execução de determinada tarefa, para a qual, abusando da confiança, aproveitou-se para subtrair pertences do empregador; **C:** incorreta, visto que o roubo impróprio se caracteriza exatamente pela grave ameaça ou violência serem exercidas após a subtração da *res*, como forma de garantir a impunidade ou a detenção da coisa furtada (art. 157, § 1º, do CP); **D:** incorreta, uma vez que, de acordo com a Súmula 610 do STF, tendo havido morte consumada, ainda que o roubo fique na esfera da tentativa, haverá latrocínio consumado; **E:** incorreta, pois, de fato, o crime de roubo é considerado material (exige-se um resultado naturalístico para que atinja a consumação), o que não se verifica na extorsão, que é considerado crime formal, consoante a Súmula 96 do STJ (o crime de extorsão consuma-se independentemente da obtenção da vantagem indevida).

Gabarito "A"

(Delegado/PR – 2007) Sobre os crimes contra o patrimônio, considere as seguintes afirmativas:

1. Para a configuração do crime de furto é imprescindível a presença do elemento subjetivo diverso do dolo "para si ou para outrem". Nossa lei penal comum não tipifica o furto de uso.
2. O crime de extorsão é crime material, que se consuma com a obtenção da vantagem indevida.
3. Há crime de latrocínio tentado quando o homicídio se consuma, ainda que não realize o agente a subtração de bens da vítima.
4. É isento de pena quem comete apropriação indébita em prejuízo do cônjuge na constância da sociedade conjugal.

Assinale a alternativa correta.

(A) Somente as afirmativas 1, 2 e 3 são verdadeiras.

(B) Somente as afirmativas 1, 3 e 4 são verdadeiras.

(C) Somente as afirmativas 2, 3 e 4 são verdadeiras.

(D) Somente as afirmativas 1 e 4 são verdadeiras.

(E) Somente as afirmativas 2 e 3 são verdadeiras.

1: correta, pois o crime de furto, definido no art. 155 do CP, exige, além do dolo (vontade livre e consciente de subtrair coisa alheia móvel), um especial fim de agir do agente, consistente em assenhorear-se definitivamente da coisa ou subtraí-la para outrem (... *para si ou para outrem...*), sob pena de o fato ser atípico, tal como ocorre no furto de uso, assim considerada a situação em que alguém subtrai coisa alheia móvel com o fim exclusivo de usá-la momentaneamente, restituindo-a íntegra, posteriormente, ao dono; **2**: incorreta, uma vez que o crime de extorsão é considerado formal, inclusive pela jurisprudência (Súmula 96 do STJ – a extorsão consuma-se independentemente da obtenção da vantagem econômica indevida); **3**: incorreta, visto que o crime de latrocínio, consoante Súmula 610 do STF, consuma-se com a morte da vítima, independentemente da efetiva subtração dos bens da vítima; **4**: correta (art. 181, I, do CP – escusa absolutória).

Gabarito "D"

(Delegado/RR – 2003 – CESPE) A respeito dos crimes contra o patrimônio, julgue os itens que se seguem.

(1) A *res nullius* e a *res derelicta* não podem ser objeto material do crime de furto.

(2) No crime de extorsão mediante sequestro, o momento consumativo não é o da obtenção da vantagem, mas o da privação da liberdade de locomoção da vítima, em tempo juridicamente relevante.

1: correta, pois a *res nullius* (coisa de ninguém) e a *res derelicta* (coisa abandonada) não têm dono, motivo pelo qual não podem ser consideradas "coisa alheia". Logo, não podem ser objeto material do crime de furto; **2**: correta, pois é pacífico o entendimento de que o crime de extorsão mediante sequestro (art. 159 do CP) consuma-se no momento em que a vítima é arrebatada do seu meio normal de circulação, tendo sua liberdade locomotora privada por ação humana por tempo juridicamente relevante (vale dizer, tempo suficiente para que se repute ter havido efetiva privação da liberdade de locomoção). Trata-se de crime formal, visto que a consumação do crime em tela independe do fato de o(s) sequestrador(es) ter(em) exigido o resgate ou mesmo recebido qualquer vantagem como moeda de troca para a libertação da vítima.

Gabarito 1C, 2C

(Delegado/SC – 2008) Analise as alternativas e assinale a correta.

(A) No crime de estelionato dois podem ser os sujeitos passivos: a pessoa induzida ou mantida em erro e terceira pessoa que sofre a lesão patrimonial.

(B) Quem mata o dono da coisa, sem poder consumar a subtração patrimonial que almejava, responde, segundo orientação predominante da jurisprudência, por homicídio simples consumado, em concurso com tentativa de roubo.

(C) Sendo o agente primário e de pequeno valor a coisa roubada, poderá o juiz substituir a pena de reclusão aplicável por detenção, diminuí-la de um a dois terços, ou sujeitar o condenado somente à pena pecuniária.

(D) O crime de furto de coisa comum é de ação penal pública incondicionada.

A: correta. É possível nas hipóteses em que a pessoa enganada é diversa da que experimenta o prejuízo; **B:** incorreta. Segundo entendimento esposado na Súmula 610 do STF, há latrocínio consumado, ainda que a subtração tenha permanecido na esfera da tentativa, visto que a vida humana está acima dos interesses patrimoniais; **C:** incorreta. Tal benesse somente tem incidência aos autores dos crimes de furto, apropriação indébita e estelionato, conforme rezam os arts. 155, § 2º, 170 e 171, § 1º, do CP; **D:** incorreta, art. 156, § 1º, do CP (ação penal pública condicionada a representação).

Gabarito "A"

(Delegado/SC – 2008) "Ariel", com 21 anos de idade, arromba a joalheria de seu pai, "Benoir", com 60 anos de idade, de madrugada, levando bens avaliados em R$ 5.000,00(cinco mil reais). Preso, após o fato, "Ariel" responderá por:

(A) crime de furto de coisa comum.

(B) crime de furto qualificado pelo rompimento de obstáculo à subtração da coisa.
(C) crime de apropriação indébita.
(D) nenhum crime, pois é isento de pena (imunidade penal absoluta).

Art. 155, § 4º, I, do CP. Não incide a imunidade a que alude o art. 181, II, do CP porquanto o ofendido conta com 60 anos de idade, nos termos do art. 183, III, do CP.

Gabarito "B"

(Delegado/SP – 2011) Com relação ao objeto material do crime de estelionato, é correto afirmar que se configura

(A) somente com o emprego de meio fraudulento
(B) somente com a obtenção da vantagem ilícita, sendo irrelevante a caracterização do prejuízo alheio
(C) somente com a caracterização do prejuízo alheio, sendo irrelevante que a vantagem obtida pelo agente seja ilícita.
(D) exclusivamente com o emprego de artifício, ardil ou qualquer outro meio fraudulento.
(E) obrigatoriamente com a obtenção da vantagem ilícita e o prejuízo alheio.

A pergunta, segundo nos parece, está mal formulada, pois, pelo que se vê da leitura das assertivas, a intenção da banca examinadora foi a de testar os conhecimentos do candidato no que toca ao momento consumativo do estelionato. De qualquer forma, vamos aos comentários! **A:** incorreta, pois o estelionato é crime que pode ser praticado mediante o emprego de artifício, ardil ou qualquer outro meio fraudulento (art. 171, *caput*, do CP); **B:** incorreta, pois o estelionato exige, para sua configuração – e consumação! – que o agente obtenha a vantagem ilícita, daí causando prejuízo alheio. Trata-se de crime material; **C:** incorreta, pois o estelionato pressupõe que o agente, com o emprego de expediente fraudulento, obtenha uma vantagem ilícita, causando prejuízo alheio. Se a vantagem alcançada for lícita, poderemos estar diante de exercício arbitrário das próprias razões (art. 345 do CP); **E:** correta. O estelionato consuma-se com a obtenção da vantagem ilícita e o – consequente – prejuízo alheio. Como dito, é crime material.

Gabarito "E"

(Delegado/SP – 2008) O estelionato é qualificado, com aumento de pena de um terço(art. 171, § 3º, do CP), se cometido em detrimento de

(A) entidade de direito público.
(B) pessoa maior de 60(sessenta) anos.
(C) pessoa incapaz.
(D) ascendente ou descendente.
(E) companhia de seguros.

A pena também é aumentada de um terço se o crime é cometido em detrimento de instituto de economia popular, assistência social ou beneficência. A esse respeito, Súmula 24 do STJ.

Gabarito "A"

(Delegado/SP – 2003) Quem exige, como garantia de dívida, abusando da situação de alguém, documento que possa dar causa a procedimento criminal contra a vítima ou terceiro, pratica

(A) constrangimento ilegal.
(B) extorsão.
(C) abuso de incapaz.
(D) extorsão indireta.

De fato, quem exige ou recebe, como garantia de dívida, abusando da situação de alguém, um, documento que possa dar causa a procedimento criminal contra a vítima ou terceiro comete o crime de extorsão indireta (art. 160 do CP).

Gabarito "D"

(Delegado/SP – 2003) De acordo com a legislação pátria,

(A) sempre que o autor de furto for primário, deverá sua conduta ser analisada como "furto privilegiado".
(B) nos casos de furto de veículo automotor, o transporte deste para outro Estado é circunstância impositiva de pena mais grave.
(C) a extração de mineral em propriedade alheia, sem a competente autorização, não caracteriza o crime de furto.
(D) responderá por furto, quem subtrair coisa alheia para pagar-se ou ressarcir-se de prejuízos.

A: incorreta, pois o furto privilegiado exige, para seu reconhecimento, que o agente seja primário e que a coisa furtada seja de pequeno valor (assim considerada, de acordo com doutrina e jurisprudência, quando não superar um salário mínimo), nos termos do art. 155, § 2º, do CP; **B:** correta (art. 155, § 5º, do CP), tratando-se de furto qualificado; **C:** incorreta, visto que a extração de mineral em propriedade alheia, sem a autorização do proprietário, configura crime de furto, considerando-se, aqui, o mineral, como coisa alheia; **D:** incorreta, pois restará configurado, no caso, o crime de exercício arbitrário das próprias razões (art. 345 do CP), considerado um crime contra a administração da justiça.

Gabarito "B"

(Delegado/SP – 2002) O dolo é subsequente à posse da coisa móvel, nos crimes de

(A) apropriação indébita.
(B) furto.
(C) roubo.
(D) estelionato.

A: correta, visto que o dolo, no crime de apropriação indébita, é dito subsequente pelo fato de o agente, ao receber a coisa da vítima, não ter má-fé inicial, mas, após o recebimento, passar a se comportar como se fosse dono da *res*, invertendo seu *animus* sobre ela; **B, C** e **D:** incorretas, pois o agente, tanto no furto, quanto no roubo e estelionato, age com dolo antecedente, ou seja, desde o início tem a intenção de subtrair a coisa para si ou para outrem (furto e roubo), ou, ainda, de, mediante fraude, obtê-la da vítima (estelionato).

Gabarito "A"

(Polícia Civil/AP – 2006 – UNIFAP) Nos crimes contra o patrimônio:

(A) o emprego de chave falsa qualifica o furto.
(B) a violência ou grave ameaça após a subtração caracteriza o roubo próprio.
(C) pacífico o entendimento de que a extorsão mediante sequestro é crime instantâneo e material.
(D) a reparação do dano, na apropriação indébita, isenta o agente de pena.
(E) a torpeza bilateral afasta o estelionato.

A: correta (art. 155, § 4º, III, CP); **B:** incorreta, pois se a violência ou grave ameaça for praticada após a subtração, com o objetivo de garantir a impunidade ou a detenção da coisa, estaremos diante do chamado roubo impróprio (art. 157, §1º, CP); **C:** incorreta, pois, ao contrário, é pacífico o entendimento de que a extorsão mediante sequestro (art. 159, CP) é crime permanente, visto que a consumação se prolonga no tempo enquanto a vítima estiver com sua liberdade privada, bem como formal, ou seja, consuma-se no momento em que o ofendido tem sua liberdade privada, independentemente de o agente conseguir obter a vantagem indevida; **D:** incorreta, pois a reparação do dano na apropriação indébita (art. 168, CP), se tanto, poderá configurar causa de diminuição de pena, desde que ocorra antes do recebimento da denúncia (art. 16, CP); **E:** incorreta, uma vez que resta configurado o crime de estelionato se presentes três elementos, quais sejam, a fraude (emprego de meios maliciosos para que se engane a vítima), a vantagem ilícita e o prejuízo alheio (o estelionatário deve conseguir galgar, com a vantagem indevida, algum ganho patrimonial em prejuízo da vítima). A torpeza bilateral (ou fraude bilateral) é aquela que se caracteriza por dupla má-fé: da vítima e do estelionatário. Ainda que a vítima aja de má-fé (ex.: a vítima adquire uma máquina para fabricar dinheiro "verdadeiro"), tal não descaracterizará a fraude empregada pelo estelionatário. Essa é a posição do STF.

Gabarito "A"

20. CRIMES CONTRA A DIGNIDADE SEXUAL

(Delegado/RJ – 2013 – FUNCAB) Uma jovem, ao sair da faculdade à noite, é rendida por um homem que a estupra brutalmente, proferindo-lhe várias ameaças. Aproveitando-se de uma distração do bandido e temendo por sua vida, a vítima empreende fuga correndo desesperadamente e, ao atravessar a rua, é atropelada por um veículo que passava pelo local, morrendo imediatamente. Na qualidade de Delegado de Polícia, assinale a alternativa que contempla a correta tipificação da conduta daquele que atacou a jovem.

(A) Estupro.
(B) Estupro qualificado pelo resultado morte.
(C) Homicídio e estupro em concurso formal.
(D) Homicídio e estupro em concurso material.
(E) Homicídio.

A: correta. Deverá o Delegado de Polícia tipificar a conduta do agente, quando da instauração de inquérito, como estupro; **B:** incorreta. O estupro qualificado pelo resultado morte (art. 213, § 2º, CP) somente tem cabimento quando esta advém de culpa. Em outras palavras, a figura em comento é preterdolosa, pressupondo, assim, dolo no tocante ao estupro e culpa no resultado agravador. No caso relatado no enunciado, a morte decorreu de atropelamento, em virtude da fuga da vítima, e não do próprio estupro; **C** e **D:** incorretas, pois não se deverá imputar ao agente o homicídio. A morte da vítima não pode ser imputada ao estuprador, haja vista que a fuga da vítima, morta por atropelamento ao atravessar a rua, não se encontra na linha de desdobramento causal do fato perpetrado pelo agente. Ainda que se considere, em virtude da teoria da *conditio sine qua non*, que o resultado morte somente ocorreu em razão da conduta inicial do agente, o fato é que a causa da morte – atropelamento – foi superveniente à conduta do agente, aplicando-se o art. 13, § 1°, CP. Assim, incidirá, em verdade, a teoria da causalidade adequada, e não a da *conditio sine qua non*. Logo, no tocante às causas supervenientes relativamente independentes que por si sós produzem o resultado, a imputação do resultado somente será possível se este se encontrar na linha de desdobramento normal e previsível do comportamento do agente. Na espécie, não se pode considerar que um atropelamento esteja na linha normal de desdobramento de um estupro; **E:** incorreta. O fato perpetrado pelo agente foi um estupro, devendo responder por este crime. No tocante ao homicídio, reiteramos os esclarecimentos prestados no comentário às alternativas antecedentes.

Gabarito "A"

(Delegado/GO – 2003 – UEG) Xisto, jovem diretor de uma conhecida empresa na capital, convida reiteradamente Melissa, sua secretária, para jantarem juntos e se conhecerem intimamente em seu apartamento. Apesar de o diretor ser solteiro, tais convites vêm causando constrangimento à moça, a ponto de tolher sua liberdade de movimentação na sala em que trabalha.

Analise a conduta de Xisto, à luz do Código Penal e marque a alternativa CORRETA:

(A) Configura crime de assédio sexual, sendo um crime bipróprio, permitindo inclusive a forma tentada, embora rara.
(B) É atípica, pois o crime de assédio sexual ainda não se encontra previsto no ordenamento jurídico brasileiro.
(C) Não configura qualquer espécie de crime, pois quer apenas ser gentil com a sua secretária.
(D) Configura crime de assédio sexual, sendo crime bipróprio, tendo como objeto jurídico a liberdade individual, permitindo a forma tentada, embora rara.

A: correta (art. 216-A do CP), pois Xisto constrangeu a sua secretária, após reiterados convites para jantarem juntos e se conhecerem intimamente em seu apartamento, com o intuito de obter vantagem ou favorecimento sexual, prevalecendo-se o agente de sua condição de superior hierárquico. O crime em questão é bipróprio, pois exige uma qualidade especial tanto do sujeito ativo (superior hierárquico ou ascendente em relação de emprego, cargo ou função) como do sujeito passivo (subalterno). A forma tentada é admissível, quando o constrangimento ocorre, por exemplo, na forma escrita; **B:** incorreta, pois o crime de assédio sexual se encontra previsto no art. 216-A do CP; **C:** incorreta, pois configura o crime de assédio sexual; **D:** incorreta, já que o objeto jurídico do crime de assédio sexual é a liberdade sexual e não individual.

Gabarito "A"

(Delegado/MS – 2006 – adaptada) Diodata, solteira, nascida aos 15.12.1969, mediante grave ameaça, materializada pelo uso de arma de fogo, constrange José à conjunção carnal, obrigando-o a ingerir um comprimido de estimulante sexual. A conduta de Diodata é:

(A) Prevista no art. 213 do CP – Estupro.
(B) Prevista no art. 146 do CP – Constrangimento ilegal.
(C) Prevista no art. 216-A do CP – Assédio Sexual.
(D) Atípica.
(E) Prevista no art. 215 do CP – Violação sexual mediante fraude.

À luz da atual redação dada ao art. 213, *caput*, do CP, em decorrência da edição da Lei 12.015/2009, Diodata responderá pelo crime de estupro. Afinal, referido crime pode ter como vítima qualquer pessoa (leia-se: homem ou mulher).

Gabarito "A"

(Delegado/PI – 2009 – UESPI) João, 19 anos de idade, manteve conjunção carnal com Maria, 13 anos de idade. Em nenhum momento, João empregou violência ou grave ameaça contra Maria, porém fez uso de fraude para persuadi-la a praticar conjunção carnal. Diante desse fato e de acordo com o Código Penal, marque a alternativa correta.

(A) João praticou o crime de estupro presumido, pois praticou relação sexual com menor de 14 anos, não sendo este crime considerado hediondo.
(B) João praticou o crime de estupro presumido, pois praticou relação sexual com menor de 14 anos, sendo este crime considerado hediondo.
(C) João praticou o crime de violação sexual mediante fraude, pois o crime foi praticado sem violência ou grave ameaça à pessoa.
(D) João praticou o crime de estupro de vulnerável, que apresenta pena mais grave do que o crime de estupro na sua forma tradicional, e é considerado crime hediondo.
(E) João praticou o crime de estupro de vulnerável, que apresenta a mesma pena do crime estupro na sua forma tradicional, e é considerado crime hediondo.

Art. 217-A do CP. O estupro de vulnerável é crime hediondo, nos termos do art. 1°, VI, da Lei 8.072/1990, que foi alterada pela Lei 12.015/2009, tanto na sua forma simples quanto na qualificada.

Gabarito "D"

(Delegado/RJ – 2009 – CEPERJ) 1° caso: Abreu, atualmente com 20 anos, conheceu Aline na festa do dia de seu aniversário de 12 anos e, desde então, é seu namorado. Hoje, Aline tem 13 anos, mas se prostitui desde os seus 10 anos de idade sem o conhecimento do seu namorado. Após muita persuasão, no último final de semana, Aline resolveu "ceder" aos encantos de Abreu e fez sexo com ele. 2° caso: Leomar resolve ir a uma boate gay, onde conhece Priscila, um transformista, com quem pretende fazer sexo. Para tanto, Leomar decide colocar uma substância na bebida de Priscila, que desmaia e é levada por ele para o quarto de um cortiço a 200 metros do local. Lá Leomar realiza seu intento e fez sexo anal com Priscila, que, no dia seguinte, ao acordar, decide ir à Delegacia e registrar o fato. Pergunta-se: em cada caso, considerando a descrição típica, algum crime foi cometido? Sendo a resposta positiva, qual delito foi praticado e qual o tipo de ação penal prevista para cada um deles?

(A) 1° caso: Sim, Estupro. Ação Penal Pública Incondicionada; 2° caso: Sim, Posse Sexual Mediante Fraude. Ação Penal Pública Incondicionada.
(B) 1° caso: Não, trata-se de fato atípico; 2° caso: Sim, Estupro. Ação Penal Privada.
(C) 1° caso: Sim, Estupro de Vulnerável. Ação Penal Pública Incondicionada; 2° caso: Sim, Violação Sexual Mediante Fraude. Ação Penal Pública Incondicionada.
(D) 1° caso: Não, trata-se de fato atípico; 2° caso: Sim, Violação Sexual Mediante Fraude. Ação Penal Pública Condicionada à Representação.
(E) 1° caso: Sim, Estupro de Vulnerável. Ação Penal Pública Incondicionada; 2° caso: Sim, Estupro de Vulnerável. Ação Penal Pública Incondicionada.

A, B, C e D: incorretas, visto que o fato de Abreu ter mantido conjunção carnal com Aline, com 13 anos de idade, a despeito de ela haver consentido, configura o crime de estupro de vulnerável (art. 217-A do CP), configurado na espécie pelo só fato de a vítima ser menor de 14 (quatorze) anos. Quanto à conduta de Leomar, igualmente responderá por estupro de vulnerável (art. 217-A), uma vez que se considera vulnerável a pessoa que, dentre outras hipóteses, por qualquer causa não puder oferecer resistência (art. 217-A, § 1°, parte final, do CP). Para ambos os casos, a ação penal será pública incondicionada (art. 225, parágrafo único, do CP), não mais havendo a possibilidade de a vítima intentar queixa-crime, o que era considerado a regra antes do advento da Lei 12.015/2009, que deu nova roupagem aos crimes contra a dignidade sexual (anteriormente denominados de crimes contra os costumes).

Gabarito "E"

(Delegado/RR – 2003 – CESPE – adaptada) Um funcionário público solicitou à sua filha, maior de dezoito anos de idade e interditada, por ser portadora de doença mental, que praticasse com ele sexo anal. Ao adentrar na residência e presenciar a cópula anal, o tio da ofendida deu voz de prisão ao funcionário público, encaminhando-o à delegacia de polícia do município. A respeito dessa situação hipotética, julgue o item subsequente.

(1) O funcionário público praticou o crime de estupro de vulnerável, considerado hediondo.

1: correta (art. 217-A, § 1°, do CP).

Gabarito 1C

(Delegado/SP – 2002) Autor de estupro, em que a vítima venha a falecer, em decorrência da violência praticada, responde por

(A) estupro qualificado pelo resultado.
(B) estupro, em concurso formal com homicídio.
(C) estupro, em concurso material com homicídio.

(D) homicídio, este absorvendo o crime de estupro.

De fato, se em decorrência da conduta praticada, a vítima de estupro morrer, o agente responderá por estupro qualificado, a teor do que dispõe o art. 213, § 2º, do CP. Trata-se, é bom que se diga, de forma preterdolosa de crime. Em outras palavras, o resultado agravador (morte) deve advir de culpa do agente. Caso contrário, ou seja, se o sujeito ativo houver agido com dolo na morte, a fim, por exemplo, de garantir sua impunidade, responderá por estupro em concurso material com homicídio. No entanto, no enunciado proposto, fica bastante claro que a vítima faleceu em decorrência da violência praticada, vale dizer, em razão da conduta perpetrada pelo agente, motivo pelo qual resta configurada a qualificadora do estupro e não o crime autônomo de homicídio.

Gabarito "A"

21. CRIMES CONTRA A FÉ PÚBLICA

(Delegado/SP – 2014 – VUNESP) "X", valendo-se de um documento de identidade falsificado, consegue abrir uma conta corrente no Banco do Brasil com a finalidade de lavar dinheiro. O bem jurídico tutelado no crime praticado por "X" é(são)

(A) o patrimônio.
(B) a administração da justiça.
(C) a administração pública.
(D) a fé pública.
(E) as finanças públicas.

Ainda que a intenção de "X" seja a futura lavagem de dinheiro, o fato por ele praticado (abertura de conta bancária valendo-se de documento de identidade falso) constitui crime de uso de documento falso (art. 304, CP), que tutela a fé pública.

Gabarito "D"

(Delegado/RJ – 2013 – FUNCAB) Entre as hipóteses a seguir consignadas, assinale aquela que corresponde a crime de falsidade ideológica (art. 299 do CP).

(A) Rildo, desempregado, tencionando trabalhar como motorista, após obter um espelho de Carteira Nacional de Habilitação não preenchido, embora verdadeiro, nele consigna seus dados pessoais e imprime sua foto, passando-se por pessoa habilitada para conduzir veículo automotor, sem de fato o ser.
(B) Aderbal, de forma fraudulenta, consigna, na Carteira de Trabalho e Previdência Social de um empregado de sua empresa, salário inferior ao efetivamente recebido por ele, visando a reduzir seus gastos para com o INSS.
(C) Magnólia, com intenção de integrar à sua família o filho de outrem, registra a criança em seu nome, como se sua mãe fosse, valendo-se, para tanto, da desatenção do funcionário do Cartório de Registro Civil das Pessoas Naturais, que deixa de exigir a documentação pertinente ao ato.
(D) Tibúrcio, funcionário público do instituto responsável por manter atualizados os registros de antecedentes criminais em determinado Estado-Membro, aproveitando-se de sua atribuição funcional, entra com sua senha no sistema informatizado do órgão e inclui, fraudulentamente, na folha de antecedentes de seu vizinho, crime por ele não praticado, em vingança por conta de uma rixa antiga.
(E) A fim de auxiliar uma amiga a contratar financiamento para a aquisição de eletrodomésticos, Alberico, sócio-gerente em uma empresa têxtil, valendo-se de sua posição, assina declaração afirmando que tal pessoa trabalha de forma remunerada naquele estabelecimento empresarial, o que não condiz com a realidade.

A: incorreta. A conduta perpetrada por Rildo caracteriza o crime de falsificação de documento público (art. 297, CP), haja vista que a inserção de seus dados pessoais e fotografia em um espelho de CNH não preenchido constitui, por óbvio, nítida falsidade documental, haja vista que referido documento tem como suas partes integrantes a fotografia e identificação do condutor; **B:** incorreta, amoldando-se a conduta de Aderbal ao art. 297, § 3º, II, do CP, que é um subtipo de falsificação de documento público ("nas mesmas penas incorre quem insere ou faz inserir... II – na Carteira de Trabalho e Previdência Social do empregado ou em documento que deva produzir efeito perante a previdência social, declaração falsa ou diversa da que deveria ter sido escrita"); **C:** incorreta, pois Magnólia, em razão do princípio da especialidade, incorrerá no crime previsto no art. 242 do CP, haja vista ter registrado como seu, filho de outrem; **D:** incorreta. Tibúrcio deverá ser responsabilizado pelo crime de inserção de dados falsos em sistema de informações (art. 313-A, CP); **E:** correta. De fato, Alberico, ao inserir declaração falsa em um documento particular (declaração de emprego), afirmando que sua amiga trabalha, mediante remuneração, na empresa têxtil em que é sócio-gerente, a fim de que ela consiga obter financiamento para aquisição de eletrodomésticos, cometeu o crime de falsidade ideológica (art. 299, CP).

Gabarito "E"

(Delegado/PR – 2013 – UEL-COPS) Assinale a alternativa que apresenta, corretamente, afirmações quanto ao crime de falsidade ideológica tipificado no art. 299 do Código Penal.

(A) Na conduta de fazer inserir, mesmo que o funcionário público tenha conhecimento da inverdade declarada, este não responde pelo crime.
(B) Trata-se de um crime material, estando o crime consumado no momento em que a falsidade produz prejuízo a terceiro.
(C) Promover a inscrição de nascimento inexistente aumenta a pena da sexta parte nos moldes do Parágrafo Único do Art. 299 do Código Penal, por se tratar de assento de registro civil.
(D) No crime de falsidade ideológica de documento público, as condutas de omitir ou inserir demandam a participação de funcionário público na condição de sujeito ativo.
(E) Se o sujeito ativo for funcionário público, a pena é aumentada da sexta parte, mesmo que este não se tenha prevalecido de seu cargo.

A: incorreta. Se o funcionário público responsável pela confecção do documento (ex.: escritura pública) tiver conhecimento da inverdade declarada pelo agente, terá concorrido, diretamente, para a elaboração do documento ideologicamente falso (art. 299, CP), respondendo, portanto, pelo crime; **B:** incorreta. A falsidade ideológica é crime formal (ou de consumação antecipada), consumando-se quando da prática de qualquer das condutas previstas no tipo penal (art. 299, CP), independentemente de qualquer resultado naturalístico (ex.: prejuízo ao Estado ou ao particular); **C:** incorreta. Promover a inscrição de nascimento inexistente, em razão do princípio da especialidade, não caracteriza falsidade ideológica (art. 299, CP), mas, sim, a figura prevista no art. 241 do CP (registro de nascimento inexistente); **D:** correta. Em se tratando de documento público, que é aquele emanado de um agente público, a omissão ou a inserção de declaração falsa ou diversa da que devia constar decorrerão de comportamento do próprio funcionário responsável pela confecção do documento; **E:** incorreta, pois o aumento da pena (art. 299, parágrafo único, CP) dependerá de o agente ser funcionário público e cometer o crime prevalecendo-se do cargo.

Gabarito "D"

(Delegado/AM) Comparando a falsidade ideológica com a material podemos concluir que:

(A) não podem ser provadas com perícia no documento
(B) ambas podem ser provadas com perícia no documento
(C) somente a falsidade ideológica pode ser provada com perícia no documento
(D) somente a falsidade material pode ser provada com perícia no documento.

De fato, somente a falsidade material pode ser objeto de prova pericial. Isso porque no crime de falsificação material o próprio documento físico é falsificado (criação ou modificação), como ocorre, por exemplo, no caso de um documento com assinatura falsa. Já na falsidade ideológica a declaração contida no documento é falsa. E por se tratar de falso quanto ao conteúdo e não quanto ao documento em si, torna-se impossível a realização de perícia.

Gabarito "D"

(Delegado/AM) Para efeitos penais, não se equiparam a documento público:

(A) os livros mercantis
(B) as ações de sociedade civil
(C) os testamentos particulares
(D) os emanados de entidades paraestatal

De acordo com o art. 297, § 2º, do CP, todos os documentos acima descritos nas alternativas A, C e D se equiparam a documento público, exceto as ações de sociedade civil (o correto seria ações de sociedade comercial).

Gabarito "B"

(Delegado/DF – 2004) Durante revista pessoal em Beltrano, policiais encontram, em sua carteira, uma via de sua Certidão de Nascimento que, quando levada à perícia, foi constatado tratar-se de documento falso. Nesse caso, tal conduta se amolda à figura típica de:

(A) uso de documento falso;

(B) falsificação de documento particular;
(C) falsificação de documento público;
(D) falsa identidade;
(E) a conduta é atípica.

A: incorreta, pois para caracterizar o crime de uso de documento falso o agente deve empregar ou utilizar, de forma espontânea, apresentando o documento a alguém, para provar fato relevante. No caso, não houve apresentação, mas revista pessoal; **B** e **C:** incorretas. Mesmo que o agente também tivesse falsificado o documento, o crime de uso de documento falso absorveria o crime de falsificação (princípio da consunção); **D:** incorreta (art. 307 do CP); **E:** correta (art. 304 do CP), pois em caso de revista pessoal não há apresentação do documento, o que não ocorre com os documentos de porte obrigatório, como a CNH.

Gabarito "E"

(Delegado/SP – 2002) A inserção de declaração falsa, em documento público ou particular, colimando a criação de obrigação, é tipificada como

(A) falsificação de papéis públicos.
(B) falsificação de documento público.
(C) falsidade ideológica.
(D) falsificação de documento particular.

De fato, comete o crime de falsidade ideológica o agente que insere declaração falsa em documento público ou particular, objetivando, com isso, criar uma obrigação, consoante prescreve o art. 299 do CP. Trata-se, é bom frisar, de crime formal, consumando-se no momento em que o agente insere a declaração inverídica, sendo desnecessária a ocorrência de efetivo prejuízo.

Gabarito "C"

22. CRIMES CONTRA A ADMINISTRAÇÃO PÚBLICA

(Delegado/SP – 2014 – VUNESP) O crime de peculato

(A) consiste em solicitar ou receber, para si ou para outrem, direta ou indiretamente, vantagem indevida.
(B) é crime contra a administração da justiça.
(C) consiste em dar às verbas ou rendas públicas aplicação diversa da estabelecida em lei.
(D) embora seja crime próprio, admite a participação de agentes que não sejam funcionários públicos.
(E) mediante erro de outrem tem a mesma pena do crime de peculato.

A: incorreta, pois a redação contida na assertiva em comento alude, ainda que incompleta e faltantes alguns elementos típicos, ao crime de corrupção passiva (art. 317, CP); **B:** incorreta, pois o peculato (art. 312, CP) é crime contra a administração pública; **C:** incorreta, pois dar às verbas ou rendas públicas aplicação diversa da estabelecida em lei caracteriza o crime de emprego irregular de verbas ou rendas públicas (art. 315, CP); **D:** correta. Nada obstante o peculato seja crime próprio, exigindo-se, pois, a condição de funcionário público do agente delitivo, admite concurso de pessoas (coautoria ou participação), desde que o terceiro (denominado de *extraneus*) tenha ciência da condição de funcionário do agente, incidindo a regra do art. 30 do CP (condições ou circunstâncias de caráter pessoal somente se comunicam a coautores ou partícipes se elementares do crime); **E:** incorreta. O peculato mediante erro de outrem (art. 313, CP) é punido com reclusão, de 1 a 4 anos, e multa, ao passo que o peculato (art. 312, CP) é punido com reclusão, de 2 a 12 anos, e multa.

Gabarito "D"

(Delegado/SP – 2014 – VUNESP) Levar ao conhecimento da autoridade policial a ocorrência de um crime, por vingança, sabedor de que o suposto fato criminoso jamais ocorreu, supostamente, tipifica o delito de

(A) fraude processual.
(B) exercício arbitrário das próprias razões.
(C) comunicação falsa de crime ou de contravenção.
(D) denunciação caluniosa.
(E) falso testemunho.

A: incorreta, pois a fraude processual (art. 347, CP) pressupõe que o agente inove artificiosamente, na pendência de processo civil ou administrativo, o estado de lugar, de coisa ou de pessoa, com o fim de induzir a erro o juiz ou o perito; **B:** incorreta, haja vista que o exercício arbitrário das próprias razões, previsto no art. 345 do CP, se caracteriza quando o agente faz justiça pelas próprias mãos, para satisfazer pretensão, embora legítima, salvo quando a lei o permite; **C:** correta. Comete o crime do art. 340 do CP aquele que provoca a ação de autoridade, comunicando-lhe a ocorrência de crime ou de contravenção que sabe não se ter verificado; **D:** incorreta. A denunciação caluniosa (art. 339 do CP), diversamente da falsa comunicação de crime ou de contravenção, exige que o agente dê causa à instauração de investigação policial, de processo judicial, instauração de investigação administrativa, inquérito civil ou ação de improbidade administrativa contra alguém, imputando-lhe crime de que o sabe inocente. Assim, para a configuração da denunciação caluniosa, indispensável que o agente já atribua o fato criminoso a pessoa determinada, o que não acontece na comunicação falsa de crime ou contravenção (art. 340, CP); **E:** incorreta, pois quando alguém leva ao conhecimento da autoridade policial a ocorrência de um crime, não está fazendo uma afirmação falsa, negando ou calando a verdade na condição de testemunha (art. 342, CP).

Gabarito "C"

(Delegado/SP – 2014 – VUNESP) "X", uma senhora idosa, foi presa em flagrante pela prática do crime de falsificação de documento público. Não ofereceu qualquer resistência à prisão, mas ainda assim foi algemada. Por hipótese, a conduta dos policiais que efetuaram a prisão de "X"

(A) tipifica o crime de exploração de prestígio.
(B) é prevista em lei, portanto, não configura crime.
(C) tipifica o crime de exercício arbitrário ou abuso de poder.
(D) tipifica o crime de violência arbitrária.
(E) é polêmica, mas em razão da prisão em flagrante é considerada lícita.

A: incorreta, pois a exploração de prestígio se caracteriza pelo fato de o agente solicitar ou receber dinheiro ou qualquer outra utilidade, a pretexto de influir em juiz, jurado, órgão do Ministério Público, funcionário de justiça, perito, tradutor, intérprete ou testemunha (art. 357, CP), não tendo qualquer relação com o caso concreto relatado no enunciado; **B:** incorreta. Não há previsão legal que admita que se algeme pessoa presa em flagrante que não ofereça qualquer resistência à prisão; **C:** correta. Nos termos do art. 350 do CP, comete crime contra a administração da justiça aquele que ordenar ou executar medida privativa de liberdade sem as formalidades legais ou com abuso de poder. Importante registrar que a Súmula vinculante nº 11 prescreve que "Só é lícito o uso de algemas em casos de resistência e de fundado receio de fuga ou de perigo à integridade física própria ou alheia, por parte do preso ou de terceiros, justificada a excepcionalidade por escrito, sob pena de **responsabilidade** disciplinar, **civil** e penal do agente ou da autoridade e de nulidade da prisão ou do ato processual a que se refere, sem prejuízo da responsabilidade civil do Estado". Importante registrar que há doutrinadores de nomeada que sustentam que a Lei de Abuso de Autoridade (Lei 4.898/1965) revogou o art. 350 do CP, tais como Celso Delmanto e Guilherme Nucci (*vide* **Manual de Direito Penal**, 10ª edição, Forense, p. 1128); **D:** incorreta, pois o fato de se algemar pessoa presa em flagrante não constitui violência, que é elementar típica do art. 322 do CP; **E:** incorreta, pois o uso de algemas, na esteira do entendimento do STF (Súmula vinculante 11), é medida excepcional, como visto no comentário à alternativa "C".

Gabarito "C"

(Delegado/RJ – 2013 – FUNCAB) Mirtes, a fim de se vingar de Anacleto, seu companheiro, que rompera o relacionamento amoroso entre ambos, vai até a Delegacia Especial de Atendimento à Mulher (DEAM) e noticia falsamente crime de violência doméstica, imputando a ele a conduta. Dias depois do início da investigação, arrependida, Mirtes retorna à DEAM, desta feita se desdizendo e confessando a falsidade da imputação.

Nesse contexto, Mirtes:

(A) poderá ser criminalmente responsabilizada por crime de denunciação caluniosa, não sendo extinta sua punibilidade pela retratação, por ausência de previsão legal específica.
(B) poderá ser criminalmente responsabilizada por crime de denunciação caluniosa, não sendo extinta sua punibilidade pela retratação, por se tratar de crime de ação penal pública incondicionada.
(C) por ter se retratado, não poderá ser punida por denunciação caluniosa, mas subsistirá a responsabilidade criminal por calúnia.
(D) por ter se retratado, não poderá ser punida por denunciação caluniosa, mas subsistirá a responsabilidade criminal por falsa comunicação de crime ou contravenção.
(E) não poderá ser punida por crime algum, pois ocorre a extinção de sua punibilidade.

A: correta. Caracteriza denunciação caluniosa (art. 339, CP) o fato de alguém dar causa à instauração de investigação policial, de processo judicial, instauração de investigação administrativa, inquérito civil ou ação de improbidade administrativa contra alguém, imputando-lhe crime de que o sabe inocente. Assim, se Mirtes noticiou falsamente violência doméstica perpetrada por Anacleto, tendo, em razão disso, sido instaurada investigação, deverá responder pela referida denunciação caluniosa, inexistindo, para o caso, a extinção de punibilidade pela retratação, à míngua de previsão legal nesse sentido; **B:** incorreta, visto que a retratação do agente, causa extintiva da punibilidade, independentemente da espécie de ação penal (pública ou privada), bastando que a lei expressamente a preveja, nos moldes do que dispõe o art. 107, VI, do CP; **C:** incorreta.

Primeiramente, como visto, a retratação do agente, em razão da falta de previsão legal, não extingue a punibilidade do agente que tenha praticado denunciação caluniosa. Demais disso, não se confunde o crime em questão, que tem por objeto jurídico a administração da justiça, com a calúnia, que é crime contra a honra; **D:** incorreta, seja pelo fato de a retratação do agente não operar a extinção da punibilidade com relação ao crime de denunciação caluniosa, em razão da falta de previsão legal expressa, seja em virtude de não se confundir o crime em tela com o de falsa comunicação de crime ou contravenção (art. 340, CP), visto que este pressupõe, pura e simplesmente, que o agente comunique, falsamente, a ocorrência de um crime ou contravenção, sem, contudo, imputá-lo a pessoa determinada; **E:** incorreta, haja vista que, tal como afirmado nos comentários às alternativas antecedentes, o fato de Mirtes ter se retratado da falsa imputação de violência doméstica a Anacleto não tem o condão de extinguir sua punibilidade. Afinal, como sabido, a retratação somente extingue a punibilidade nos casos em que a lei expressamente autorize (art. 107, VI, CP).

Gabarito "A"

(Delegado de Polícia/GO – 2013 – UEG) João, após cometer um crime de homicídio contra sua esposa, foge da ação policial que busca prendê-lo em flagrante delito. Em meio à fuga, vai até o escritório de seu tio Cícero, que também é advogado, ocasião em que este, ao ser procurado pela polícia indagando sobre o paradeiro do perseguido, diz dele não ter notícias, mas, logo em seguida, empresta um carro e o sítio de recreio que possui no interior para João se esconder. Nesse contexto, a conduta de Cícero é

(A) não é punível em razão do grau de parentesco entre eles.
(B) tipicamente irrelevante, tendo em vista que foi o autor do homicídio quem o procurou.
(C) típica, configurando crime de favorecimento pessoal, previsto no art. 348 do Código Penal.
(D) típica, configurando crime de favorecimento real, previsto no art. 349 do Código Penal.

A situação retratada no enunciado, de início, caracteriza o crime de favorecimento pessoal, previsto no art. 348 do CP. De fato, aquele que auxiliar a subtrair-se à ação de autoridade pública autor de crime, incorre nas penas do referido tipo penal. Ocorre que, a depender do grau de parentesco entre referido autor de crime e aquele que lhe dá guarida, incidirá escusa absolutória. É o que se extrai do art. 348, § 2º, do CP: "Se quem presta o auxílio é ascendente, descendente, cônjuge ou irmão do criminoso, fica isento de pena". No caso relatado no enunciado, Cícero é tio de João (portanto, colateral em terceiro grau). Dado que a isenção de pena somente se admite ao *ascendente, descente, cônjuge* ou *irmão* do criminoso, o tio responderá por favorecimento pessoal de seu sobrinho, autor de homicídio.

Gabarito "C"

(Delegado de Polícia/GO – 2013 – UEG) O advogado Cícero solicita dinheiro de seu cliente, João, com argumento de que repassará a soma em dinheiro ao juiz de direito da comarca, para que este o absolva da imputação de corrupção ativa praticada anteriormente. Após receber o dinheiro do cliente, o advogado o entrega ao magistrado, que prolata sentença absolutória logo em seguida, reconhecendo a atipicidade da conduta de João. Nesse contexto, verifica-se que

(A) Cícero e João responderão por corrupção ativa, enquanto o juiz responderá por corrupção passiva.
(B) Cícero e João responderão por tráfico de influência, enquanto o juiz responderá por corrupção passiva.
(C) Cícero e João responderão por exploração de prestígio, enquanto o juiz responderá por corrupção ativa.
(D) Cícero responderá por exploração de prestígio, enquanto João responderá por corrupção ativa e o juiz por corrupção passiva.

A: correta. De fato, o advogado Cícero, ao entregar ao magistrado dinheiro, obtido de João, para que prolatasse sentença absolutória em favor deste último, praticou o crime de corrupção ativa (art. 333 do CP). João, por ter ciência de que seu advogado levaria o numerário ao juiz, igualmente incorreu no crime citado; **B**: incorreta. O tráfico de influência (art. 332 do CP) é crime que se configura quando o agente solicitar, exigir, cobrar ou obtiver, para si ou para outrem, vantagem ou promessa de vantagem, *a pretexto de influir em ato praticado por funcionário público no exercício da função.* Veja que nesse crime, o agente, simplesmente, solicita, exige, cobra ou obtém vantagem ou promessa de vantagem, *a pretexto de influir em ato de funcionário público,* o que não se verificou no enunciado. Houve, de fato, entrega da vantagem ao magistrado, razão pela qual se caracterizou o crime de corrupção ativa; **C**: incorreta. A exploração de prestígio (art. 357 do CP), semelhante ao tráfico de influência (art. 332 do CP), caracteriza-se quando o agente *solicitar ou receber dinheiro ou qualquer outra utilidade,* a pretexto de influir em juiz, *jurado, órgão do Ministério Público, funcionário de justiça, perito, tradutor, intérprete ou testemunha.* No enunciado, viu-se que o juiz foi, efetivamente, corrompido, tendo o advogado Cícero lhe entregado dinheiro para prolatar sentença absolutória em favor de João. Daí terem advogado e cliente praticado corrupção ativa (art. 333 do CP), ao passo que o magistrado cometeu corrupção passiva (art. 317 do CP), visto haver recebido vantagem indevida; **D**: incorreta. Cícero e João, como visto anteriormente, praticaram o crime de corrupção ativa (art. 333 do CP), visto que o causídico, após haver solicitado numerário de seu cliente, ofereceu ao magistrado vantagem indevida para que praticasse ato de ofício (prolação de sentença), razão pela qual ambos (advogado e cliente) incidiram no mesmo tipo penal. Quanto ao juiz, de fato, praticou corrupção passiva (art. 317 do CP), tendo em vista ter recebido vantagem indevida.

Gabarito "A"

(Delegado/BA – 2013 – CESPE) Em relação aos crimes contra a administração pública e aos delitos praticados em detrimento da ordem econômica e tributária e em licitações e contratos públicos, julgue os itens abaixo:

(1) Constitui pressuposto material dos crimes de peculato-apropriação e peculato-desvio, em suas formas dolosas, a anterior posse do dinheiro, do valor ou de qualquer outro bem móvel, público ou particular, em razão do cargo ou função.
(2) Considere a seguinte situação hipotética. Pedro e Paulo simularam contrato de gestão com o objetivo de dispensar licitação em situação que não configurava hipótese de dispensa autorizada por lei. Em processo criminal, Pedro foi condenado à pena de dois anos e um mês de detenção e Paulo, à pena de três anos e dois meses de detenção e, apesar de não ter sido comprovada a obtenção de vantagem econômica, ambos foram condenados, ainda, ao pagamento de multa. Nessa situação hipotética, o juiz agiu corretamente ao aplicar a pena pecuniária.
(3) Servidor público alfandegário que, em serviço de fiscalização fronteiriça, permitir a determinado indivíduo penalmente imputável adentrar o território nacional trazendo consigo, sem autorização do órgão competente e sem o devido desembaraço, pistola de calibre 380 de fabricação estrangeira deverá responder pela prática do crime de facilitação de contrabando, com infração do dever funcional excluída a hipótese de aplicação do Estatuto do Desarmamento.
(4) Servidor público que, na qualidade de agente fiscal, exigir vantagem indevida para deixar de emitir auto de infração por débito tributário e de cobrar a consequente multa responderá, independentemente do recebimento da vantagem, pela prática do crime de concussão, previsto na parte especial do Código Penal (CP).
(5) Considere a seguinte situação hipotética. Alfredo, alegando, de forma fraudulenta, a terceiros interessados que, por ter influência sobre determinado funcionário público, poderia acelerar a conclusão de processo administrativo de interesse do grupo, cobrou desse grupo vultosa quantia em dinheiro, da qual metade lhe foi paga adiantadamente. Antes da conclusão do processo, entretanto, descobriu-se que Alfredo não tinha qualquer acesso ou influência sobre o referido funcionário. Nessa situação hipotética, a conduta de Alfredo constitui crime de estelionato, já que ele alegou ter prestígio que, na realidade, não possuía.

1: correta. Tanto o peculato-apropriação quanto o peculato-desvio, espécies de peculato próprio (art. 312, *caput,* do CP), têm como pressuposto que o dinheiro, valor ou qualquer outro bem móvel, público ou particular, estejam na posse do agente em razão do cargo. Basta analisar a redação do tipo penal: "Apropriar-se o funcionário público de dinheiro, valor ou qualquer outro bem móvel, público ou particular, de que tem a posse em razão do cargo, ou desviá-lo, em proveito próprio ou alheio"; **2:** incorreta. Nos termos do art. 99 da Lei das Licitações (Lei 8.666/1993), a pena de multa cominada nos arts. 89 a 98, da referida lei, consiste no pagamento de quantia fixada na sentença e calculada em índices percentuais, *cuja base corresponderá ao valor da vantagem efetivamente obtida ou potencialmente auferível pelo agente.* Assim, agiu incorretamente o juiz que aplicou a pena pecuniária a Pedro e Paulo, visto que não se logrou comprovar tenham obtido vantagem econômica com a fraude que perpetraram para a dispensa ilegal de licitação; **3:** incorreta. Pelo princípio da especialidade, a conduta do agente alfandegário caracteriza tráfico internacional de arma de fogo, subsumindo-se ao art. 18 da Lei 10.826/2003 – Estatuto do Desarmamento ("Importar, exportar, *favorecer a entrada* ou saída do território nacional, a qualquer título, de *arma de fogo*, acessório ou munição, sem autorização da autoridade competente") e não ao art. 318 do CP ("Facilitar, com infração de dever funcional, a prática de contrabando ou descaminho"); **4:** incorreta. Pelo princípio da especialidade, a conduta do agente fiscal caracteriza crime funcional contra a ordem tributária, previsto no art. 3º, II, da Lei 8.137/1990 ("exigir, solicitar ou receber, para si ou para outrem, direta ou indiretamente, ainda que fora da função ou antes de iniciar seu exercício, mas em razão dela, vantagem indevida; ou aceitar promessa de tal vantagem, para deixar de lançar ou cobrar tributo ou contribuição social, ou cobrá-los parcialmente"), não incidindo a figura típica geral constante do art. 316, § 1º, do CP (excesso de exação); **5:** incorreta. Nos termos do art. 332 do CP, configura o crime de tráfico de influência o fato de o agente solicitar, exigir, cobrar ou obter, para si ou para outrem, vantagem ou promessa de vantagem, *a pretexto de influir em ato praticado por funcionário público no exercício da função.* Para a caracterização do crime em tela, o agente obtém vantagem ou promessa de vantagem sob a falsa alegação de gozar de influência perante determinado funcionário, quando, em verdade, não exerce prestígio algum. Nas palavras de Rogério Sanches Cunha, "frise-se que, para a configuração do delito, é preciso que a aludida influência seja fraudulenta (simulada), pois se presente e real, outro poderá ser o crime" (*Manual de Direito Penal – Parte Especial.* 6. ed. Salvador: Juspodivm, p. 812).

Gabarito 1C, 2E, 3E, 4E, 5E

(Delegado Federal – 2004 – CESPE) Julgue o item seguinte.

(1) Mário, delegado de polícia, com o intuito de proteger um amigo, recusa-se a instaurar inquérito policial requisitado por promotor de justiça contra o referido amigo. Nessa hipótese, Mário praticou crime de desobediência.

Art. 319 do CP – prevaricação.

Gabarito 1E

(Delegado Federal – 2004 – CESPE) Célio, arrolado como testemunha em processo criminal em que se imputava ao réu crime de homicídio culposo, é instigado pelo advogado de defesa a fazer afirmações falsas acerca dos fatos, a fim de inocentar o réu, o que efetivamente vem a fazer. Com base na situação hipotética acima apresentada, julgue os itens que se seguem.

(1) Célio praticou crime de falso testemunho qualificado, pois foi cometido com o fim de obter prova destinada a produzir efeito em processo penal.

(2) De acordo com o entendimento dominante do Supremo Tribunal Federal (STF), como o delito praticado é de mão própria, não se admite coautoria ou participação, sendo atípica a conduta do advogado de defesa.

1: correta, art. 342, § 1º, do CP (causa de aumento de pena); **2**: incorreta, embora se trate de crime de mão própria, é perfeitamente possível o concurso de pessoas na modalidade *participação*, uma vez que nada obsta que o advogado induza ou instigue a testemunha a mentir em juízo ou na polícia. A esse respeito: STF, RHC 81.327-SP, 1ª T., Rel. Min. Ellen Gracie, *DJ* 05.04.2002.

Gabarito 1C, 2E

(Delegado Federal – 2002 – CESPE) Julgue o seguinte item.

(1) A prevaricação é crime próprio de funcionário público com vínculo efetivo. Assim, caso seja praticada por ocupante de emprego público, a mesma conduta incidirá em tipo penal diverso.

1: incorreta, pois o crime de prevaricação (art. 319 do CP), considerado crime próprio de funcionário público (crime funcional), poderá ser praticado, como a própria classificação doutrinária sugere, por funcionário público, seja este detentor de um cargo público, ou, ainda, emprego público ou função pública (art. 327 do CP).

Gabarito 1E

(Delegado Federal – 2002 – CESPE) Julgue o seguinte item.

(1) Considere a seguinte situação hipotética. Nardel, assistente de transporte do Ministério da Saúde, previamente ajustado com Leandro, seu primo, que estava desempregado, parou em um estacionamento público um veículo oficial que transportava R$ 20.000,00 em medicamentos, deixando-o aberto e com a chave na ignição. Leandro, valendo-se da facilidade, estacionou uma caminhonete ao lado do veículo oficial e subtraiu todo o medicamento. Nessa situação, Leandro responderá pelo crime de furto.

1: incorreta, visto que, na assertiva ora analisada, verifica-se que o crime perpetrado por Nardel, funcionário público (assistente de transporte do Ministério da Saúde), foi o peculato-furto (art. 312, § 1º, do CP). Se o seu primo, de forma consciente e voluntária, concorreu para a prática do mesmo crime, igualmente responderá por peculato-furto, e, não, por furto. O fato de Nardel ser funcionário público, que é uma condição pessoal, comunica-se ao coautor ou partícipe, desde que referida condição seja por este conhecida, nos termos do art. 30 do CP.

Gabarito 1E

(Delegado Federal – 2002 – CESPE) Julgue o seguinte item.

(1) O advogado que é designado pelo juiz, em audiência, para exercer a defesa de alguém (*ad hoc*) e, nessa condição, solicita vantagem indevida da parte adversa para deixar de praticar algum ato no processo não perpetra, de acordo com o STJ, o crime de corrupção passiva.

1: correta, pois o advogado nomeado para a prática de determinado ato processual (advogado *ad hoc*) não pode ser considerado funcionário público, nos termos do art. 327 do CP, ainda que exerça um múnus público (defesa dativa), motivo pelo qual não pode responder pelo crime de corrupção passiva.

Gabarito 1C

(Delegado Federal – 2002 – CESPE) Julgue o seguinte item.

(1) Considere a seguinte situação hipotética. Luiz, empregado da ECT, empresa pública federal, apropriou-se da importância de R$ 2.000,00 referente à venda de selos, numerário de que tinha a posse em razão da função. Nessa situação, Luiz praticou o crime de apropriação indébita.

1: incorreta, visto que Luiz, empregado da ECT (Correios), por ser detentor de emprego público, é considerado funcionário público para efeitos penais (art. 327 do CP), motivo pelo qual, ao apropriar-se de dinheiro que tinha a posse em razão da função, cometeu o crime de peculato (art. 312 do CP).

Gabarito 1E

(Delegado Federal – 2002 – CESPE) Julgue o seguinte item.

(1) Jofre, empregado do Banco do Brasil S.A. (BB), apropriou-se da importância de R$ 20.000,00 de que tinha a posse em razão da função. Nessa situação, e de acordo com o STF, Jofre praticou o crime de apropriação indébita.

1: incorreta, pois, de acordo com o art. 327, § 1º, do CP, equipara-se a funcionário público quem exerce cargo, emprego ou função em entidade paraestatal, vale dizer, pessoas jurídicas de direito privados, tais como as empresas públicas, sociedades de economia mista, as fundações instituídas pelo poder público e os serviços sociais autônomos. Destarte, sendo o Banco do Brasil uma sociedade de economia mista federal, Jofre, sendo seu empregado, ao apropriar-se de dinheiro que tinha a posse em razão da função, cometeu o crime de peculato (art. 312 do CP).

Gabarito 1E

(Delegado Federal – 2002 – CESPE) Julgue o seguinte item.

(1) Marilúcia ingressou com uma ação de perdas e danos em face de Letícia, que foi distribuída para tramitar perante a 2.ª Vara Cível. A juíza titular do juízo era inimiga capital de Marilúcia e, por animosidade e desejo de vingança contra a desafeta, retardou o andamento regular do processo, não despachando e retendo indevidamente os autos em uma gaveta de seu gabinete. Nessa situação, a magistrada praticou o crime de prevaricação.

1: correta, pois configura o crime de prevaricação a conduta de retardar, deixar de praticar ou praticar ato de ofício com infração a dever funcional, para a satisfação de sentimento ou interesse pessoal (art. 319 do CP). Assim, a juíza cometeu o crime de prevaricação, visto que, por animosidade e desejo de vingança (sentimentos pessoais), retardou a prática de atos de ofício no processo movido por Marilúcia.

Gabarito 1C

(Delegado Federal – 2002 – CESPE) Julgue o seguinte item.

(1) Em uma ação reivindicatória, Rui foi arrolado como testemunha da parte autora. Saneado o processo e fracassada a tentativa de conciliação, o magistrado designou a audiência de instrução e julgamento, sendo expedidos os mandados de intimação das testemunhas. Devidamente intimado do dia, hora e local da audiência, Rui deixou de comparecer, injustificadamente. Nessa situação, Rui responderá pelo crime de desobediência.

1: incorreta, porque é pacífico o entendimento segundo o qual não se configura o crime de desobediência se para o descumprimento a uma ordem legal houver cominação de alguma sanção de natureza civil ou administrativa. No caso do processo civil, o não comparecimento de testemunha devidamente intimada para audiência acarreta, consoante o art. 412 do CPC, a sua condução coercitiva, sem prejuízo do pagamento das custas pelo adiamento. Inexistindo previsão legal expressa de que a testemunha responderá pelo crime de desobediência, tal como ocorre no Código de Processo Penal (art. 219 do CPP), não restará configurado o delito.

Gabarito 1E

(Delegado Federal – 2002 – CESPE) Julgue o seguinte item.

(1) Proposta uma ação de prestação de contas, o juiz deferiu a prova pericial pugnada pelas partes e nomeou Antônio como perito, fixando o prazo para a entrega do laudo. Expirado o prazo assinalado, Antônio, que não se escusou do encargo, deixou de apresentar o laudo sem motivo legítimo. Nessa situação, Antônio responderá pelo crime de desobediência.

1: incorreta, visto que, de acordo com a doutrina e jurisprudência, se existir alguma sanção de índole civil ou administrativa para o descumprimento da ordem legal, não se configura o crime de desobediência, salvo se a lei, expressamente, prescrever a incidência da lei penal (crime de desobediência). É o caso do CPC, que em seu art. 424, II, determina a substituição do perito que descumprir o encargo que lhe tenha sido cometido pelo juízo. Outrossim, o parágrafo único do mesmo dispositivo legal prevê que o descumprimento do encargo pelo perito irá acarretar a comunicação do fato à corporação profissional a que pertencer (medida administrativa), sem prejuízo de pagar multa em virtude do atraso por ele provocado no processo (sanção civil). Não havendo previsão de que o perito faltoso responderá criminalmente pelo descumprimento da ordem, não se configura o crime de desobediência.

Gabarito 1E

(Delegado Federal – 2002 – CESPE) Julgue o seguinte item.

(1) Libânio constituiu um advogado para propor uma ação negatória de paternidade, alegando sua impotência *generandi* ou *concipiendi*. Antes de ingressar com a petição inicial, a fim de induzir em erro o juiz e o perito, Libânio submeteu-se a uma operação destinada à esterilização. Nessa situação, Libânio responderá pelo crime de fraude processual.

1: incorreta, pois o crime de fraude processual, previsto no art. 347 do CP, dispõe que a conduta típica, consistente em o agente inovar artificiosamente o estado de lugar, pessoa ou coisa, deve ser praticada na pendência de processo civil ou administrativo. Em outras palavras, se a fraude é empregada em momento anterior ao processo civil, não se caracteriza o crime em questão. Repita-se: a inovação artificiosa deve ocorrer durante o trâmite do processo civil ou administrativo, consoante determina a lei, e não antes deles. Já se se tratasse de processo penal, mesmo antes de iniciado, haveria tipicidade penal, por força do parágrafo único do art. 347 do CP.

Gabarito 1E

(Delegado Federal – 2002 – CESPE) Julgue o seguinte item.

(1) O advogado da parte ré em uma ação de indenização em tramitação em Brasília – DF retirou os autos do cartório mediante termo de vista, pelo prazo de cinco dias. Ultrapassados trinta dias da retirada, o diretor da secretaria do juízo entrou em contato telefônico com o procurador e solicitou a devolução dos autos, no prazo de 24 horas. Com a expiração do prazo, a retenção dos autos foi comunicada ao juiz. Nessa situação, para a configuração do crime de sonegação de papel ou objeto de valor probatório, será necessário que o advogado seja intimado no Diário de Justiça para devolver os autos no prazo fixado e deixe de fazê-lo.

1: correta, visto que o crime previsto no art. 356 do CP, no tocante à sonegação de autos de processo, consuma-se somente no momento em que o advogado, regularmente intimado, nos moldes prescritos pela legislação processual, não o restitui ao cartório. Na assertiva ora analisada, houve apenas um telefonema do diretor da secretaria do juízo ao procurador, meio que não pode ser considerado válido para iniciar a "mora" da devolução dos autos.

Gabarito 1C

(Delegado Federal – 2002 – CESPE) Julgue o seguinte item.

(1) Considere a seguinte situação hipotética. Flávio deixou de recolher contribuições por ele devidas à seguridade social, que integraram custos relativos à venda de produtos. Antes do início de qualquer ação fiscal e do oferecimento de denúncia, Flávio, espontaneamente, declarou e confessou, perante a autarquia previdenciária, os valores não repassados, efetuando o integral pagamento das contribuições apropriadas e prestando as informações devidas. Nessa situação, o juiz deverá declarar a extinção da punibilidade.

1: correta (art. 168-A, § 2º, do CP).

Gabarito 1C

(Agente de Polícia Federal – 2009 – CESPE) A respeito dos crimes contra a administração pública, julgue os seguintes itens.

(1) Considere a seguinte situação hipotética. Tancredo recebeu, para si, R$ 2.000,00 entregues por Fernando, em razão da sua função pública de agente da Polícia Federal, para praticar ato legal, que lhe competia, como forma de agrado. Nessa situação, Tancredo não responderá pelo crime de corrupção passiva, o qual, para se consumar, tem como elementar do tipo a ilegalidade do ato praticado pelo funcionário público.

(2) Caso um policial federal preste ajuda a um contrabandista para que este ingresse no país e concretize um contrabando, consumar-se-á o crime de facilitação de contrabando, ainda que o contrabandista não consiga ingressar no país com a mercadoria.

1: incorreta, pois o crime de corrupção passiva (art. 317 do CP) pode ter por pano de fundo a prática de um ato legal ou ilegal pelo funcionário público. Assim, pouco importa, para a caracterização do crime em questão, tenha o sujeito ativo sido corrompido para fazer ou deixar de fazer uma ilegalidade (corrupção própria) ou, mesmo, um ato legal (corrupção imprópria); **2**: correta, visto que o crime de facilitação de contrabando ou descaminho, tipificado no art. 318 do CP, pressupõe que o funcionário público competente para fiscalizar ou reprimir a prática de aludidas condutas, de alguma forma, facilite o contrabando ou o descaminho, consumando-se o crime independentemente de o contrabandista obter sucesso em seu intento criminoso.

Gabarito 1E, 2C

(Agente de Polícia Federal – 2000 – CESPE) X, funcionário público, mediante prévio concerto de vontades e unidade de desígnios com Y, advogado, apropriou-se da importância de R$ 100.000,00, que havia recebido e da qual tinha a posse em razão do ofício e de mandamento legal. Em face disso, a autoridade policial instaurou inquérito policial, com base no qual o Ministério Público apresentou denúncia, que foi recebida de pronto pelo magistrado competente.

Julgue os itens a seguir, relativos à situação hipotética apresentada.

(1) X e Y deveriam responder pelo crime de peculato, pois a qualidade de funcionário público comunica-se ao particular que seja partícipe.

(2) A restituição dos valores apropriados por X, antes do recebimento da denúncia, excluiria o tipo subjetivo do delito, sendo causa de extinção da punibilidade.

(3) Para a configuração do peculato, é irrelevante ser particular o dinheiro apropriado, bastando que X tenha tido a posse em razão de lei e cargo.

1: correta, pois, de fato, a qualidade de funcionário público, ainda que tenha caráter subjetivo, comunica-se ao coautor ou partícipe, desde que este saiba da condição de seu comparsa, nos termos do art. 30 do CP; **2**: incorreta, visto que a extinção da punibilidade somente é admitida no crime de peculato em se tratando da forma culposa (art. 312, § 1º, do CP). No entanto, no peculato doloso, caso o agente repare o dano até o recebimento da denúncia, será cabível a incidência do arrependimento posterior (art. 16 do CP), admitindo-se, somente, a redução da pena entre um e dois terços; **3**: correta, eis que os objetos materiais do peculato podem ser dinheiro, valor ou bem móvel público ou particular de que o agente tenha a posse em razão da função (art. 312, *caput*, do CP).

Gabarito 1C, 2E, 3C

(Agente de Polícia Federal – 1998 – CESPE) O crime previsto no art. 331 do Código Penal Brasileiro é definido como "Desacatar funcionário público no exercício da função ou em razão dela". Acerca do crime de desacato, julgue os seguintes itens.

(1) É indispensável que a ofensa seja cometida na presença da vítima.

(2) A conduta de rasgar o mandado de citação na frente do oficial de justiça e jogar o que sobrou no rosto deste servidor não basta para configurar o crime de desacato.

(3) Comete desacato quem lança ofensas contra um funcionário público aposentado.

(4) Não incide no crime de desacato quem lança ofensas genéricas a uma instituição.

(5) Não comete desacato quem, discutindo com um delegado de polícia acerca de questões políticas do país, o chama de analfabeto.

1: correta, pois, de acordo com a doutrina, se a ofensa irrogada ao funcionário público não for perpetrada em sua presença, poderá restar caracterizado, por exemplo, crime contra a honra; **2**: incorreta, visto que o crime de desacato (art. 331 do CP) é caracterizado como de ação livre. Em outras palavras, o agente poderá desacatar o funcionário público por meio de palavra ou prática de atos capazes de humilhá-lo, causar-lhe vexame ou desprestígio, tal como ocorre no caso de um mandado de citação ser rasgado e atirado no rosto de um Oficial de Justiça; **3**: incorreta, visto que o crime de desacato pressupõe que o agente ofenda o funcionário no exercício da função ou em razão dela, o que é incompatível com os servidores aposentados; **4**: correta, eis que, para a caracterização do desacato, é mister que o sujeito ativo lance as ofensas a funcionário público no exercício da função ou em razão dela, não se admitindo que a conduta seja direcionada a uma instituição (ex.: Polícia Federal, Ministério Público, Magistratura do Trabalho etc.); **5**: correta. O desacato pressupõe que o agente trate o funcionário público com desprezo, menoscabo, devendo haver relação direta entre a agressão verbal e a função exercida pela vítima imediata. Portanto, chamar de analfabeto um delegado de polícia no transcurso de uma discussão acerca de questões políticas do país não caracteriza o crime contra a administração pública citado.

Gabarito 1C, 2E, 3E, 4C, 5C

(Delegado/AM) José, admitido como estagiário, sem remuneração, foi lotado na Secretaria de Justiça do Estado do Amazonas, onde iniciou atividade laboral, Dois meses após, recebeu, da CIA. Histriônica de Alimentos Gerais, trezentos mil reais para facilitar o ingresso da companhia nas compras da secretaria. José cometeu:

(A) peculato
(B) estelionato
(C) corrupção passiva
(D) apropriação indébita

No caso, José cometeu o crime de corrupção passiva (art. 317 do CP). Importante ressaltar que o art. 327 do CP traz o conceito legal de funcionário público, que se estende, para efeitos penais, ao estagiário, o qual exerce, embora transitoriamente e sem remuneração, cargo, emprego ou função pública. Outrossim, a conduta do estagiário (funcionário público), qual seja, a de receber dinheiro para facilitar o ingresso da companhia nas compras da secretaria, que ocorreu em razão de sua função, configura o tipo penal previsto no art. 317 do CP, afastando as demais hipóteses.

Gabarito "C"

(Delegado/AM) A propósito dos crimes de contrabando ou descaminho pode-se dizer que:

(A) admitem a modalidade culposa, com punições atenuadas
(B) não se configuram quando a mercadoria, de origem brasileira, regularmente exportada, é mais tarde reintroduzida clandestinamente no Brasil.
(C) são crimes para cuja configuração se exige que o agente atue com finalidade comercial, isto é, com habitualidade, não bastando uma única ação isolada
(D) distinguem-se, sendo o primeiro a importação ou exportação de mercadoria proibida e o segundo a importação ou exportação de mercadoria com sonegação de tributos

A: incorreta, já que não há previsão legal da modalidade culposa para o crime de contrabando ou descaminho; **B:** incorreta, de acordo com o art. 334, § 1º, III do CP; **C:** incorreta, pois não se trata de crime habitual, bastando uma única conduta para configurar o crime em questão. Ademais, o tipo penal não exige nenhuma finalidade específica; **D:** correta (arts. 334 e 334-A do CP).

Gabarito "D"

(Delegado/AM) É exemplo de crime contra a Administração Pública, previsto no CP:

(A) moeda falsa (art. 289)
(B) motim de presos (art. 354)
(C) supressão de documento (art. 305)
(D) falsificação de documento público (art. 297)

A, **C** e **D:** incorretas, pois tratam de crimes contra a fé pública; **B:** correta (Título XI – Dos crimes contra a Administração Pública, Capítulo III – Dos crimes contra a Administração da Justiça).

Gabarito "B"

(Delegado/AM) Nos crimes praticados contra a Administração Pública, o sujeito passivo é sempre o:

(A) Estado e, eventualmente, o particular indiretamente ofendido
(B) Estado; o particular nunca será sujeito passivo
(C) particular e, eventualmente, o Estado
(D) particular indiretamente ofendido

Nos crimes contra a Administração Pública, a vítima primária e direta é ela própria (Administração Pública direta, indireta e os particulares em colaboração), sendo que secundariamente pode ser sujeito passivo o administrado prejudicado (particular ofendido).

Gabarito "A"

(Delegado/AP – 2010) Relativamente ao tema dos *crimes contra a administração pública*, analise as afirmativas a seguir.

I. Considera-se funcionário público, para os efeitos penais, quem, embora transitoriamente exerce cargo, emprego ou função pública, excetuados aqueles que não percebam qualquer tipo de remuneração.
II. Equipara-se a funcionário público quem exerce cargo, emprego ou função em entidade paraestatal, mas não quem trabalha para empresa prestadora de serviço contratada para a execução de atividade típica da Administração Pública.
III. A pena é aumentada da terça parte quando o autor do crime praticado por funcionário público contra a administração em geral for ocupante de cargo em comissão de órgão da administração direta.

Assinale:

(A) se somente a afirmativa I estiver correta.
(B) se somente a afirmativa II estiver correta.
(C) se somente a afirmativa III estiver correta.
(D) se somente as afirmativas II e III estiverem corretas.
(E) se todas as afirmativas estiverem corretas.

I: incorreta (art. 327, *caput*, do CP). O conceito legal de funcionário público inclui tanto aquele que exerce transitoriamente e sem remuneração, cargo, emprego ou função, como aquele que não exerce transitoriamente e recebe remuneração; **II**: incorreta (art. 327, § 1º, do CP). O funcionário público por equiparação é aquele que exerce cargo, empregou ou função em entidade paraestatal, bem como aquele que trabalha para empresa prestadora de serviço contratada ou conveniada para a execução de atividade típica da Administração Pública; **III**: correta (art. 327, § 2º, do CP), muito embora a alternativa esteja incompleta. A pena é aumentada da terça parque quando autor do crime praticado por funcionário público contra a Administração em geral for ocupante de cargo em comissão ou de função de direção ou assessoramento de órgão da Administração Direta e Indireta.

Gabarito "C"

(Delegado/AP – 2006 – UFAP) Analise as assertivas e assinale a alternativa correta:

I. Comete prevaricação o policial que se apropria de valores de preso, cuja guarda lhe foi confiada.
II. Pratica concussão o funcionário público que solicita para si, diretamente, em razão da função, vantagem indevida.
III. A consumação do crime de abandono de função exige que o tempo de abandono seja relevante, mas dispensa a probabilidade de dano para a administração pública.

(A) Estão corretas todas as alternativas.
(B) Estão erradas todas as alternativas.
(C) Estão corretas apenas as alternativas II e III.
(D) Está correta apenas a alternativa I.
(E) Está correta apenas a alternativa III.

I: incorreta, uma vez que não se trata do crime de prevaricação, mas de peculato-apropriação (art. 312, *caput*, do CP), segundo o qual o agente (funcionário público) se apropria de dinheiro, valor ou qualquer outro bem móvel, público ou particular, de que tem a posse em razão do cargo, em proveito próprio ou alheio. É o que ocorreu no caso, em que o policial se apropriou de valores do preso, cuja guarda lhe foi confiada; **II**: incorreta, pois não se trata de concussão, mas de corrupção passiva (art. 317 do CP), em que o funcionário público solicita, recebe ou aceita promessa de vantagem indevida, para si ou para outrem, direta ou indiretamente, ainda que fora da função ou antes de assumi-la, mas em razão dela; **III**: incorreta, já que o crime previsto no art. 323, *caput*, do CP, embora exija que o abandono se perdure por tempo suficiente, não dispensa a probabilidade de dano para a administração pública. Não basta a conduta de abandonar cargo público, sendo necessária a criação da possibilidade concreta de dano. Assim, trata-se de **crime de perigo** (de dano concreto, frise-se), diferente do que ocorre com o crime previsto no art. 323, § 1º, do CP, em que se exige um dano concreto, cuidando-se, portanto, de **crime de dano** ("*se do fato resulta prejuízo público*").

Gabarito "B"

(Delegado/BA – 2008 – CEFETBAHIA) Constitui crime de advocacia administrativa o fato de um

(A) agente público empregar de violência ou grave ameaça para obter vantagem para si ou para outro.
(B) agente público solicitar ou receber vantagem para praticar ato irregular.
(C) funcionário público patrocinar interesse privado, advogando, defendendo, apadrinhando ou pleiteando favorecer um interesse

particular alheio perante a administração pública e valendo-se de sua condição de funcionário.

(D) indivíduo retardar ou deixar de praticar ato de ofício para satisfazer interesse ou sentimento pessoal.

(E) agente público exigir vantagem para praticar ato irregular.

A: incorreta, uma vez que não é elementar do crime de advocacia administrativa o emprego da violência ou grave ameaça; **B:** incorreta, pois tais condutas configuram o crime de corrupção passiva (art. 317 do CP); **C:** correta (art. 321 do CP), pois de acordo com o tipo penal, aquele que patrocinar, direta ou indiretamente, interesse privado perante a administração pública, valendo-se da qualidade de funcionário, pratica o crime de advocacia administrativa (crime praticado por funcionário público contra a administração em geral); **D:** incorreta, porque tal conduta configura o crime de prevaricação (art. 319 do CP); **E:** incorreta, já que tal conduta caracteriza, em tese, o delito de concussão (art. 316 do CP).

Gabarito "C"

(Delegado/BA – 2008 – CEFETBAHIA) O crime de peculato é praticado quando o

(A) funcionário público exige, para si ou para outrem, direta ou indiretamente, ainda em que fora da função, vantagem indevida.

(B) funcionário público se apropria de dinheiro, valor ou qualquer outro bem móvel, público ou particular, de que tem a posse em razão do cargo, ou desviá-lo, em proveito próprio.

(C) funcionário público se apropria de dinheiro ou de qualquer outro bem móvel do particular de que tinha a posse, sem razão do cargo.

(D) indivíduo oferece ou promete vantagem indevida a funcionário público, para determiná-lo a praticar, omitir ou retardar ato de ofício.

(E) funcionário público dá às verbas ou rendas públicas aplicação diversa da estabelecida em lei.

A: incorreta, pois tal conduta configura o crime de concussão (art. 316 do CP); **B:** correta, dado que o funcionário público que se apropriar (peculato – apropriação) de dinheiro, valor ou qualquer outro bem móvel, público ou particular, de que tem posse em razão do cargo, ou desviá-lo (peculato – desvio), em proveito próprio ou alheio, pratica o crime previsto no art. 312 do CP; **C:** incorreta, já que no caso, se o funcionário público se apropriar de dinheiro ou qualquer outro bem móvel do particular de que tinha posse, mas não o fizer em razão do cargo, restará configurado o crime de apropriação indébita (crime contra o patrimônio) e não peculato, cuja elementar "em razão do cargo" torna-se indispensável. O funcionário público deve se utilizar da facilidade decorrente do seu cargo, sendo que se não o fizer o crime não será contra a administração em geral, podendo caracterizar outro delito, como no caso a apropriação indébita, quando se tratar de crime funcional impróprio; **D:** incorreta, porque tal conduta configura o delito de corrupção ativa, previsto no art. 333 do CP; **E:** incorreta, visto que se trata do crime de emprego irregular de verbas ou rendas públicas, previsto no art. 315 do CP.

Gabarito "B"

(Delegado/BA – 2008 – CEFETBAHIA) No crime de resistência, é necessário que haja, na oposição do ato legal,

(A) violência e grave ameaça.

(B) violência ou ameaça.

(C) grave ameaça.

(D) constrangimento ilegal.

(E) violência e ameaça.

O art. 329 do CP prevê que o agente que se opuser à execução de ato legal, mediante violência ou ameaça contra o funcionário competente para executá-lo ou a quem lhe esteja prestando auxílio, pratica o crime de resistência. Assim, uma das elementares do crime em questão é a violência (força física) *ou* ameaça (constrangimento moral). Não se exige que o agente pratique ambas as elementares concomitantemente (violência e ameaça). Ademais, não se exige que a ameaça seja grave.

Gabarito "B"

(Delegado/BA – 2008 – CEFETBAHIA) Em relação ao crime de prevaricação, pode-se afirmar:

(A) Não há, para configuração do delito, a necessidade de satisfazer interesse ou sentimento pessoal.

(B) Exige a lei, para configuração do delito, o dolo específico em satisfazer interesse ou sentimento pessoal.

(C) Basta que o funcionário público retarde ou deixe de praticar indevidamente ato de ofício, ou praticá-lo contra disposição expressa de lei.

(D) Basta que o funcionário público satisfaça interesse alheio.

(E) Basta que o funcionário público exija para si ou para outrem vantagem indevida.

A: incorreta, uma vez que para configurar o delito se exige o elemento subjetivo, consistente em satisfazer interesse ou sentimento pessoal; **B:** correta, pois o delito de prevaricação exige o dolo específico, qual seja, a intenção de satisfazer interesse ou sentimento pessoal, em detrimento do interesse público (art. 319 do CP); **C:** incorreta, já que não basta a configuração das elementares objetivas (retardar ou deixar de praticar indevidamente ato de ofício, ou praticá-lo contra disposição expressa de lei), sendo imprescindível o elemento subjetivo do tipo, qual seja, a finalidade de satisfazer interesse ou sentimento pessoal; **D:** incorreta, visto que deve satisfazer interesse ou sentimento pessoal. No caso de o funcionário público realizar a conduta (deixar de praticar ou retardar ato de ofício) cedendo a pedido ou influência de outrem, configura-se o crime de corrupção passiva privilegiada, previsto no art. 317, § 2º, do CP e não prevaricação; **E:** incorreta, dado que configura, em tese, o crime de concussão (art. 316 do CP).

Gabarito "B"

(Delegado/BA – 2008 – CEFETBAHIA) A alternativa em que são apontados crimes contra a Administração Pública, praticados por funcionário público, é a

(A) Corrupção ativa, contrabando ou descaminho e tráfico de influência.

(B) Concussão, peculato e prevaricação.

(C) Facilitação de contrabando e descaminho, violência arbitrária e usurpação de função pública.

(D) Corrupção passiva, violação de sigilo funcional e desacato.

(E) Estelionato, roubo e peculato.

A: incorreta, pois os crimes de corrupção ativa (art. 333 do CP), contrabando ou descaminho (arts. 334 e 334-A do CP) e tráfico de influência (art. 332 do CP) são praticados por particular contra a administração em geral; **B:** correta. Os crimes de concussão (art. 316 do CP), peculato (art. 312 do CP) e prevaricação (art. 319 do CP) são praticados por funcionário público contra a administração em geral; **C:** incorreta. Em que pese os crimes de violência arbitrária (art. 322 do CP) e de facilitação de contrabando e descaminho (art. 318 do CP) serem praticados por funcionário público, o crime de usurpação de função pública (art. 328 do CP) é praticado por particular contra a administração em geral; **D:** incorreta, uma vez que os crimes de corrupção passiva (art. 317 do CP) e violação de sigilo funcional (art. 325 do CP) são praticados por funcionário público contra a administração em geral. Todavia, o crime de desacato (art. 331) é praticado por particular; **E:** incorreta. Muito embora o crime de peculato seja praticado por funcionário público contra a administração em geral (art. 312 do CP), os crimes de estelionato e roubo são praticados por qualquer pessoa contra o patrimônio.

Gabarito "B"

(Delegado/BA – 2008 – CEFETBAHIA) Um funcionário público concorre culposamente para a apropriação de dinheiro proveniente dos cofres públicos, mas o restitui antes da sentença penal irrecorrível.

Diante de tal fato, esse funcionário terá

(A) extinta a punibilidade.

(B) praticado crime de corrupção, sem diminuição de pena.

(C) reduzida a pena de um a dois terços.

(D) reduzida a pena de metade.

(E) mantida a pena prevista para atos dessa natureza.

Trata-se, no caso, do crime de peculato culposo, em que o funcionário público concorre culposamente para a prática do crime de outrem (art. 312, § 2º, do CP). Os requisitos para o crime de peculato culposo são: conduta culposa do funcionário público; crime de outrem doloso, consumado (se for tentado não há peculato culposo, mas figura atípica), contra o patrimônio e, por fim, nexo causal entre a conduta culposa e o crime de terceiro (funcionário público ou particular), que se aproveitou da facilidade provocada culposamente pelo funcionário público. Não se trata de concurso de agentes, uma vez que não há participação culposa em crime doloso. Portanto, são crimes autônomos, até mesmo porque o funcionário público não tem a consciência de que colaborou para a conduta do terceiro, pois se tivesse tal consciência estaria agindo de forma dolosa e não culposa. Se o agente que praticou o peculato culposo reparar o dano antes da sentença penal irrecorrível, estará extinta a punibilidade. Por sua vez, se for após o trânsito em julgado, a pena será reduzida pela metade (art. 312, § 3º, do CP). Em caso de peculato doloso, o ressarcimento do dano antes do recebimento da denúncia pode caracterizar o arrependimento posterior, reduzindo a pena de um a dois terços (art. 16 do CP). Se após o recebimento da denúncia, mas antes da sentença penal condenatória, caracteriza circunstância atenuante genérica (art. 65, III, "b", do CP) ou a atenuante inominada, se ocorrer em grau de recurso (art. 66 do CP).

Gabarito "A"

(Delegado/CE – 2006 – CEV/UECE) Marque a opção FALSA.

(A) Para a caracterização de crime militar não é necessário que o agente criminoso seja militar, admitindo-se, portanto a prática de tal ato ilícito por civil.

(B) Em tese, o agente, que atende a pedido realizado por funcionário público e lhe entrega vantagem indevida para que este não cumpra com suas obrigações funcionais, pratica conduta atípica.

(C) O descaminho é caracterizado pela importação de mercadoria sem o devido recolhimento de tributos e o contrabando é indicado sempre e quando exista a importação de bens ou produtos cujo ingresso no território nacional é vedado em tese.

(D) O crime de excesso de exação é caracterizado sempre e quando o funcionário público exige para si vantagem financeira indevida para realizar cobrança de tributo devido, mas cujo pagamento não foi efetivamente realizado.

A: correta (art. 9º, III, Decreto-lei 1.001/1969 – CPM); **B:** correta, já que a corrupção ativa tem como condutas o oferecimento ou a promessa de vantagem indevida. Logo, a conduta de entregar vantagem indevida, atendendo a solicitação do funcionário público é atípica (art. 333 do CP); **C:** correta (art. 334 do CP); **D:** incorreta, devendo ser assinalada (art. 316, § 1º, do CP). Caracteriza excesso de exação a conduta do funcionário público que exige tributo ou contribuição social que sabe ou deveria saber indevida (e não devida) ou, quando devida, emprega na cobrança meio vexatório ou gravoso, que a lei não autoriza.

Gabarito "D"

(Delegado/DF – 2004) No crime de resistência (artigo 329 do Código Penal – Opor-se a execução de ato legal), a elementar "ato legal", significa que a prisão deve ser:

(A) formalmente legal, ainda que injusta;

(B) justa e formalmente legal;

(C) justa, formal e materialmente legal;

(D) materialmente legal;

(E) materialmente legal, ainda que injusta.

O ato deve ser material (fundado em lei ou atos judiciais) e formalmente legal (preenchidos os requisitos de forma), ainda que injusto, pois não cabe discutir a injustiça do ato, a qual não se confunde com ilegalidade.

Gabarito "A"

(Delegado/MG – 2008) Com relação aos crimes contra a administração Pública, assinale a afirmativa *INCORRETA*.

(A) Configura a concussão a exigência feita por funcionário público para si, de vantagem indevida, não importando que esteja ele afastado da função pública que exerça, desde que dela se valha.

(B) Funcionário público que, mantendo vítima em erro, apropria-se de quantia de dinheiro que lhe foi entregue no exercício de sua função, comete o crime de peculato mediante erro de outrem, inserido no art. 313 do Código Penal.

(C) No crime de peculato culposo, a reparação do dano precedente à sentença irrecorrível é causa de extinção da punibilidade.

(D) Para a configuração do crime de corrupção passiva, não é imprescindível a concomitante ocorrência do delito de corrupção ativa, não sendo o crime necessariamente bilateral.

A: correta (art. 316 do CP); **B:** incorreta, devendo ser assinalada. De acordo com o art. 313 do CP, há peculato mediante erro de outrem quando o funcionário público se apropria de dinheiro ou de qualquer utilidade que, no exercício do cargo, recebeu da vítima por engano. O dolo do agente é o de se apropriar da coisa que recebeu, por engano, da vítima. No caso, o funcionário não recebeu por erro, mas manteve a vítima em erro. Assim, quando o dolo é o de enganar a vítima, mantendo-a em erro, configura-se o delito de estelionato (art. 171 do CP); **C:** correta (art. 312, § 3º, do CP); **D:** correta, pois no caso de o funcionário público solicitar, para si ou para outrem, direta ou indiretamente, ainda que fora da função, ou antes de assumi-la, mas em razão dela, vantagem indevida, não configura corrupção ativa mas somente passiva, sendo atípica a conduta do terceiro que atende à solicitação (art. 317 do CP).

Gabarito "B"

(Delegado/MG – 2006) Quanto aos crimes de corrupção ativa e passiva é CORRETO afirmar que:

(A) Na configuração dos crimes de corrupção é indispensável a ocorrência do concurso de pessoas.

(B) A corrupção é crime material que se consuma com a produção do resultado pretendido pelo agente.

(C) É corrupção ativa o oferecimento de vantagem a funcionário publico após sua omissão em ato de ofício.

(D) Existe previsão da modalidade culposa para os crimes em análise.

(E) O sujeito ativo da corrupção passiva é o funcionário publico, sendo este um crime próprio.

A: incorreta, dado que é perfeitamente possível que se verifique a corrupção passiva (art. 317 do CP) sem que se caracterize a corrupção ativa (art. 333 do CP), e vice-versa. Basta, por exemplo, que um funcionário público solicite a um particular uma vantagem indevida para que se configure (e consuma) a corrupção passiva, ainda que o terceiro recuse o quanto pedido; **B:** incorreta, visto ser pacífico o entendimento de que a corrupção passiva é crime formal, independendo, para sua consumação, da produção de qualquer resultado pretendido pelo agente; **C:** incorreta. A corrupção ativa pressupõe que o particular ofereça ou prometa a funcionário público uma vantagem indevida para que este pratique, retarde ou deixe de praticar ato de ofício. Portanto, a vantagem deve ser ofertada antes do ato de ofício; **D:** incorreta. Inexiste a forma culposa de corrupção passiva e ativa; **E:** correta, pois, de fato, o crime de corrupção passiva (art. 317 do CP) é o típico crime próprio, visto exigir a condição de funcionário público do sujeito ativo.

Gabarito "E"

(Delegado/MT – 2006) O funcionário público que, como perito oficial, mediante suborno, elabora laudo ideologicamente falso, pratica

(A) corrupção passiva.

(B) prevaricação.

(C) falsidade ideológica.

(D) falsa perícia.

Comete falsa perícia aquele agente que faz afirmação falsa, nega ou cala a verdade na qualidade de perito, consoante prescreve o art. 342 do CP (crime de falso testemunho ou falsa perícia), aumentando-se a pena de um sexto a um terço se o crime for praticado mediante suborno (§ 1º, primeira parte, do mesmo dispositivo legal).

Gabarito "D"

(Delegado/PA – 2012 – MSCONCURSOS) Determinado advogado atuou profissionalmente em favor do cliente Sr. ABC, mediante poderes outorgados em procuração *ad judicia,* numa ação trabalhista pleiteando danos morais por acidente de trabalho. A ação era em face de uma empresa transportadora denominada XXX, na qual trabalhou como motorista e realizava carregamento e descarregamento de mercadorias com mais de 20Kg. Por causa do sinistro, o Sr. ABC teve sequelas irreversíveis na coluna, o que o impossibilitou de exercer quaisquer atividades laborativas como motorista. Após cessar o direito ao recebimento de auxílio previdenciário, foi admitido como atendente de telemarketing numa empresa de telefonia YYY. O trabalhador, ao ser demitido por justa causa, ajuizou outra reclamatória trabalhista, mediante o rito ordinário, em face da empresa de telefonia. Na audiência de conciliação, utilizando o *ius postulandi*, o empregado informou ao juiz que o procurador da empresa reclamada havia sido seu advogado em outra ação trabalhista. A empresa foi representada por preposta. O juiz recebeu a contestação para evitar a pena de revelia e confissão, uma vez que a preposta se encontrava presente, mas determinou que fossem expedidos ofícios à OAB, à Polícia Federal e ao Ministério Público Federal para que fossem tomadas as medidas administrativas e criminais cabíveis. O procedimento jurídico foi correto?

(A) Sim. O advogado não poderia ter atuado nas duas ações judiciais, patrocinando o Sr. ABC como partes contrárias, em uma atuando em favor do autor e na outra em desfavor dele, conforme prevê o art. 355, *caput*, do Código Penal. Desta forma, traiu o dever profissional, prejudicando interesse cujo patrocínio, em juízo, lhe é confiado.

(B) Não. Nos termos da lei, o advogado não poderia ter atuado nas duas ações judiciais patrocinando o Sr. ABC, em uma atuando em favor do autor e na outra em desfavor dele, conforme prevê o art. 355, *caput*, do Código Penal porque traiu o dever profissional, prejudicando interesse, cujo patrocínio, em juízo, lhe foi confiado anteriormente. Entretanto, o juiz não poderia ter recebido a contestação através da preposta para evitar a tipicidade em exercício ilegal da profissão. Também não poderia tê-la aceito porque estava assinada pelo advogado que seria indiciado, sendo considerados nulos todos os atos praticados, e esta prova seria anexada ao inquérito policial. A empresa poderá ajuizar uma ação civil de perdas e danos pelos prejuízos causados pelo advogado.

(C) Sim. O advogado, ao receber a empresa de telefonia YYY em seu escritório, deveria imediatamente ter recusado a apresentação de peça processual, uma vez que havia patrocinado reclamatória trabalhista em que o Sr. ABC era o empregado, conforme prevê o art. 355, *caput*, do Código Penal. É o meio mais legítimo que evitaria trair o dever profissional para não prejudicar interesse, cujo patrocínio, em juízo, lhe foi confiado em ação trabalhista anterior, devendo inclusive, para não ferir a ética, avisar imediatamente o Sr. ABC sobre quais serão as possíveis provas que a empresa possui e que iria utilizar para se defende r judicialmente.

(D) Sim. Nos termos da Lei, se fosse uma ação cível, o advogado poderia atuar em favor da empresa de telefonia, mesmo tendo como parte contrária o Sr. ABC. O juiz acertou ao receber a contestação através da preposta da empresa reclamada porque a audiência era de conciliação e pela faculdade do *ius postulandi* nos termos da legislação vigente.

(E) Não. Nos termos do art. 355 do Código Penal, somente há o crime de tergiversação quando o advogado defende na mesma causa, simultânea ou sucessivamente, partes contrárias.

A: incorreta. A figura prevista no art. 355, parágrafo único, do CP, que prevê o patrocínio simultâneo ou tergiversação. Nesse caso, somente restará caracterizado o crime se o agente (advogado ou procurador judicial) defender, na mesma causa, simultânea ou sucessivamente, partes contrárias. No caso relatado no enunciado, o advogado da empresa de telefonia YYY não patrocinava, ao mesmo tempo, a causa da empresa e a do Sr. ABC. Afinal, não há defesa simultânea ou sucessiva de interesses contrários na mesma causa; **B:** incorreta. Como visto, o advogado não incorreu em patrocínio simultâneo ou tergiversação (art. 355, parágrafo único, do CP), bem como não cometeu patrocínio infiel (art. 355, *caput*, do CP), pois o só fato de ter sido patrono do Sr. ABC em reclamação trabalhista anterior, e com partes distintas da nova reclamatória, não induz pensar ter traído o dever profissional, prejudicando interesse cujo patrocínio lhe tenha sido confiado. Perceba que na ação contra a empresa de telefonia YYY, o Sr. ABC sequer estava representado por advogado, não se cogitando, pois, de qualquer "traição" por parte do advogado de referida empresa. No tocante ao recebimento de contestação trazida pela preposta da empresa, aqui não se cogita de exercício ilegal da profissão (art. 47 da Lei das Contravenções Penais), pois o art. 791 da CLT admite que as pretensões deduzidas em reclamatória trabalhista sejam feitas diretamente pelas partes, não constituindo atividade privativa de advocacia, nos termos do art. 1º da Lei 8.906/1994 (Estatuto da OAB); **C:** incorreta. Ainda que possivelmente antiética a conduta do advogado, tal não desborda para a prática do crime descrito no art. 355 do CP, pelas razões já aduzidas nas alternativas anteriores; **D:** incorreta, pois, como já debatido, não houve crime algum praticado pelo advogado; **E:** correta, pelas razões já trazidas anteriormente.

Gabarito "E"

(Delegado/PA – 2009 – MOVENS) A respeito dos crimes contra a administração pública, assinale a opção correta.

(A) Aquele que exige vantagem indevida para si ou para outrem, direta ou indiretamente, ainda que fora da função ou antes de assumi-la, mas em razão dela, comete o delito de corrupção ativa.

(B) No delito de peculato culposo, a reparação do dano, se precede à sentença irrecorrível, extingue a punibilidade; se lhe é posterior, reduz de metade a pena imposta.

(C) Quem solicitar ou receber vantagem indevida para si ou para outrem, direta ou indiretamente, ainda que fora da função ou antes de assumi-la, mas em razão dela, ou aceitar promessa de tal vantagem comete o delito de concussão.

(D) Aquele que retarda ou deixa de praticar, indevidamente, ato de ofício, ou pratica-o contra disposição expressa de lei, para satisfazer interesse ou sentimento pessoal, comete o delito de condescendência criminosa.

A: incorreta, pois a conduta descrita caracteriza a concussão (art. 316 do CP); **B:** correta, art. 312, § 3º, do CP; **C:** incorreta, a alternativa descreveu a corrupção passiva (art. 317 do CP); **D:** incorreta, refere-se ao crime de prevaricação (art. 319 do CP).

Gabarito "B"

(Delegado/PB – 2009 – CESPE) Considerando os crimes contra a administração pública, assinale a opção correta.

(A) São incompossíveis os crimes de corrupção ativa praticados pelo particular e de concussão cometido pela autoridade pública.

(B) Pratica concussão o funcionário que exige, mediante violência, direta ou indiretamente, para si ou para outrem, em razão da função pública, vantagem indevida.

(C) A corrupção é crime de concurso necessário, sendo necessária, para a consumação, a presença do corruptor ativo e do corruptor passivo.

(D) Como a qualidade de funcionário público é circunstância pessoal, não se comunica ao particular que eventualmente participe da prática de crime contra a administração pública. Em tais situações, responde o particular por crime diverso.

(E) Em denúncia de crime de prevaricação, é suficiente que o Ministério Público (MP) afirme que o acusado agiu para a satisfação de interesse pessoal, pois, durante a instrução, pode-se perquirir no que consistiu o mencionado interesse.

A: correta, uma vez que o crime de concussão (art. 316 do CP) se caracteriza pela conduta do agente (funcionário público) de exigir da vítima que lhe entregue uma vantagem indevida, impondo-se a ela um temor decorrente da própria função pública exercida pelo sujeito ativo. Assim, a vítima cede à exigência e entrega a vantagem requisitada, o que, por evidente, não poderá caracterizar o crime de corrupção ativa (art. 333 do CP), visto que este pressupõe uma oferta ou promessa de vantagem indevida a funcionário público, o que resta descaracterizado caso haja a exigência; **B:** incorreta, visto que o crime de concussão (art. 316 do CP), embora tenha como conduta nuclear (verbo do tipo) a exigência, não tem como meios executórios a violência ou a grave ameaça. No crime em questão, o funcionário público, valendo-se de seu cargo, emprego ou função, impõe à vítima um temor fundado na própria atividade, mas sem utilizar violência ou grave ameaça. Caso haja emprego, por exemplo, de violência, o agente irá responder por crime contra o patrimônio (ex.: roubo – art. 157 do CP; extorsão – art. 158 do CP); **C:** incorreta, já que o crime de corrupção, seja ativa, seja passiva, não pressupõe, necessariamente, a existência de um crime bilateral (corrupção passiva de um lado e corrupção ativa de outro). Afinal, se um funcionário público simplesmente solicitar uma vantagem indevida de um particular, já terá cometido corrupção passiva, que é crime formal, ainda que tenha havido a negativa de entrega do quanto solicitado, o que, por evidente, não caracteriza corrupção ativa; **D:** incorreta, pois o fato de um dos agentes ser funcionário público é considerado condição pessoal, que, como elementar dos crimes contra a administração pública, comunicar-se-á aos coautores ou partícipes, consoante prescreve o art. 30 do CP; **E:** incorreta, uma vez que cabe ao titular da ação penal, ao oferecer a petição inicial acusatória, descrever adequadamente todos os elementos do tipo legal do crime, sob pena de inépcia e consequente rejeição da denúncia ou queixa.

Gabarito "A"

(Delegado/PI – 2009 – UESPI) Sobre os crimes contra a administração da Justiça, assinale a opção correta.

(A) O crime de denunciação caluniosa consiste em imputar a alguém, que se sabe inocente, a prática de crime, pois se a imputação for de prática de contravenção penal restará configurado apenas um crime contra a honra.

(B) O crime de autoacusação falsa constitui-se na conduta de acusar-se perante a autoridade de crime ou contravenção inexistente ou praticado por outrem.

(C) A pessoa que ameaça testemunha, para que esta omita informação no curso de inquérito policial, não pode responder por coação no curso do processo, mas deverá responder por crime de ameaça.

(D) O crime de favorecimento real constitui prestar a criminoso auxílio destinado a tornar seguro o proveito do crime. Este crime é comum, pois, em tese, pode ser praticado por qualquer pessoa, independentemente do grau de parentesco.

(E) Exigir dinheiro a pretexto de influir em ato praticado por funcionário público, no exercício da função, constitui o crime de exploração de prestígio.

A: incorreta, pois se a imputação for de prática de contravenção, a pena é diminuída de metade (art. 339, § 2º, do CP); **B:** incorreta (art. 341 do CP – o tipo penal fala apenas em crime, não se estendendo, pois, à contravenção penal); **C:** incorreta, pois responderá pelo crime de coação no curso do processo (art. 344 do CP); **D:** correta, já que o crime de favorecimento pessoal, descrito no art. 349 do CP, pressupõe que o agente preste auxílio ao criminoso para tornar seguro o proveito do crime, fora dos casos de coautoria ou de receptação; **E:** incorreta. A conduta descrita caracteriza tráfico de influência (arts. 357 e 332 do CP).

Gabarito "D"

(Delegado/PR – 2007) Sobre os crimes praticados por funcionário público contra a administração em geral, considere as seguintes afirmativas:

1. Por se tratar de delito de mera atividade, a concussão se consuma com a simples exigência da vantagem indevida. A obtenção dessa vantagem constitui exaurimento do crime.
2. O peculato é crime próprio no tocante ao sujeito ativo; indispensável a qualificação de funcionário público. É inadmissível o concurso de pessoas estranhas ao serviço público.

3. O tipo descrito no artigo 318 do Código Penal (facilitação de contrabando ou descaminho) admite tentativa quando se tratar de conduta comissiva.
4. Incide no crime previsto no artigo 321 do Código Penal (Advocacia administrativa) o agente que patrocina, direta ou indiretamente, interesse privado perante a administração púbica, valendo-se da qualidade de funcionário.

Assinale a alternativa correta.

(A) Somente as afirmativas 1, 2 e 3 são verdadeiras.
(B) Somente as afirmativas 1 e 3 são verdadeiras.
(C) Somente as afirmativas 2 e 3 são verdadeiras.
(D) Somente as afirmativas 1, 3 e 4 são verdadeiras.
(E) Somente as afirmativas 2 e 4 são verdadeiras .

1: correta, visto que o crime de concussão (art. 316 do CP) consuma-se no momento em que o funcionário público exige a vantagem indevida, independentemente de conseguir obtê-la, fato este que se constituirá em exaurimento. Doutrinariamente, a despeito de a assertiva afirmar que a concussão é delito de mera atividade, considera-se-o um crime formal; **2**: incorreta, pois, a despeito de o peculato (art. 312 do CP) ser considerado crime próprio, visto exigir a qualidade de funcionário público do sujeito ativo, admite, sim, concurso de pessoas (coautoria ou participação), sendo certo que o particular (*extraneus*) poderá normalmente responder pelo crime funcional, desde que, é certo, conheça a qualidade de funcionário público do outro concorrente (art. 30 do CP); **3**: correta, visto que o crime de facilitação de contrabando ou descaminho (art. 318 do CP) pode ser praticado mediante conduta positiva do funcionário público (ação), ou negativa (omissão), admitindo-se a forma tentada apenas se o crime for perpetrado na forma comissiva; **4**: correta (art. 321 do CP).

Gabarito "D"

(Delegado/RR – 2003 – CESPE) A respeito dos crimes contra a administração pública, julgue os itens que se seguem.

(1) Considere a seguinte situação hipotética. Ao participar de um concurso público, um candidato foi flagrado utilizando um aparelho eletrônico transmissor e receptor de mensagens, com o objetivo de fraudar o certame. Nessa situação, o candidato praticou o crime de estelionato.
(2) Considere a seguinte situação hipotética. Benedito, antes de assumir a função de delegado de polícia, mas em razão dela, exigiu de um traficante a importância de R$ 10 mil para não indiciá-lo em um inquérito policial instaurado para apurar crime de tráfico ilícito de entorpecentes no interior de uma escola pública. Nessa situação, Benedito cometeu o crime de concussão.
(3) O crime de falso testemunho é formal, consumando-se com a simples prestação do depoimento falso.
(4) Considere a seguinte situação hipotética. Vários internados por medida de segurança em um hospital de custódia e tratamento psiquiátrico, revoltados com a falta de assistência médica e hospitalar, passaram a rasgar e queimar os colchões da instituição, praticando atos de violência contra os agentes e danificando as instalações. Nessa situação, os internados praticaram o crime de motim de presos.

1: incorreta, ao menos à época em que a pergunta fora formulada, pois de acordo com precedentes do STF (HC 88967/AC e Inq 1145/PB), o uso da "cola eletrônica" não configurava os crimes de estelionato e falsidade ideológica, conforme entendimento majoritário do Pleno daquela Corte, tratando-se de conduta, embora reprovável, atípica, exigindo-se a edição de tipo penal específico mediante lei (princípio da legalidade). Contudo, com o advento do art. 311-A do CP, a fraude em certames públicas passou a ser expressamente criminalizada; **2**: correta, visto que o crime de concussão, descrito no art. 316 do CP, pode ser praticado pelo agente mesmo antes de assumir a função pública, desde que a exigência da vantagem indevida decorra da futura função que irá exercer; **3**: correta, já que o falso testemunho (art. 342 do CP), de acordo com a doutrina, é, de fato, um crime formal, consumando-se no momento em que a testemunha presta o depoimento falso, independentemente de tal conduta causar efetivo prejuízo à administração da justiça; **4**: incorreta, porque o crime de motim de presos, definido no art. 354 do CP, somente pode ser praticado por presos (sujeito ativo), sejam provisórios ou definitivos, não se estendendo o tipo penal em comento àquelas pessoas sujeitas à medida de segurança detentiva.

Gabarito 1E, 2C, 3C, 4E

(Delegado/SC – 2008) Considere a descrição típica contida no artigo 316, "*caput*", do Código Penal: "Exigir, para si ou para outrem, direta ou indiretamente, ainda que fora da função ou antes de assumi-la, mas em razão dela, vantagem indevida." Sobre o exposto, todas as alternativas estão corretas, exceto:

(A) É pacífico na doutrina que o objeto material do crime de concussão é a vantagem (presente ou futura), não necessariamente de caráter patrimonial.
(B) No crime de concussão o Estado é o sujeito passivo principal e o particular é o sujeito passivo secundário.
(C) Reputa-se consumado o crime de concussão com a mera exigência da vantagem indevida, independentemente da sua obtenção.
(D) No delito de concussão o particular é constrangido a entregar a vantagem indevida, diferente do que ocorre no delito de corrupção ativa, no qual se pressupõe que o particular livremente ofereça ou prometa a vantagem.

A: Incorreta, pois há séria divergência doutrinária acerca da espécie de vantagem indevida passível de configurar o crime de concussão. Para parcela da doutrina, a vantagem exigida pelo agente deve ter natureza patrimonial (Damásio de Jesus, Magalhães Noronha, Nelson Hungria). Para outros, visto que a lei não faz qualquer distinção, a vantagem poderia ser de qualquer natureza (Mirabete, Fernando Capez e Rogério Greco); **B**: correta, visto que o sujeito passivo direto ou imediato da concussão é o Estado, diretamente lesado pela conduta imoral do funcionário público, ao passo que o particular (pessoa física ou jurídica diretamente lesada) é o sujeito passivo indireto ou mediato; **C**: correta, já que, de fato, o crime de concussão consuma-se no exato momento em que o funcionário público exige a vantagem indevida, tratando-se de delito formal (STF, HC 74009/MS, 2ª T.). Caso a vantagem seja entregue ao funcionário público, estaremos diante de mero exaurimento do crime; **D**: correta, pois no crime de concussão o sujeito passivo secundário (pessoa física ou jurídica diretamente prejudicada) é compelido a entregar a vantagem ao agente, temendo a própria autoridade emanada do agente (*metus publicae potestatis*), ao passo que na corrupção ativa (art. 333 do CP), o particular, livremente, oferece ou promete ao funcionário público uma vantagem indevida.

Gabarito "A"

(Delegado/SC – 2008) O objeto material do crime de peculato-apropriação pode ser:

(A) dinheiro, valor ou qualquer outro bem móvel, de natureza pública ou privada, de que tem o funcionário público a posse em razão do cargo.
(B) dinheiro, valor ou qualquer outro bem imóvel ou móvel, de natureza pública ou privada, de que tem o funcionário público a posse em razão do cargo.
(C) dinheiro, valor ou qualquer outro bem móvel, sempre de natureza pública, de que tem o funcionário público a posse em razão do cargo.
(D) dinheiro, valor ou qualquer outro bem imóvel ou móvel, sempre de natureza pública, de que tem o funcionário público a posse em razão do cargo.

No peculato apropriação (art. 312, *caput*, do CP), o agente ingressa na posse do bem de forma legítima, como ocorre no crime de apropriação indébita. Num dado momento, opera-se o *assenhoramento*, é dizer, o agente passa a agir como se dono fosse da coisa móvel pública ou particular, invertendo, assim, a natureza da posse.

Gabarito "A"

(Delegado/SP – 2011) Servidor Público concorre culposamente para a apropriação de dinheiro proveniente dos cofres públicos, mas restitui o valor antes da sentença penal irrecorrível na respectiva ação penal desencadeada. Diante de tal fato ocorrerá a

(A) extinção da punibilidade
(B) redução da pena de um terço
(C) redução da pena de um a dois terços.
(D) redução da pena de metade
(E) exclusão da ilicitude

De fato, de acordo com o art. 312, § 3º, do CP, se o funcionário público que concorrer culposamente para o crime de outrem (peculato culposo) reparar o dano antes da sentença irrecorrível, verá extinta sua punibilidade. Caso a reparação fosse posterior ao trânsito em julgado, haveria a redução da pena pela metade. Portanto, vê-se que a reparação do dano no peculato culposo poderá ter dois efeitos distintos: i) extinção da punibilidade (se anterior ao trânsito em julgado); ou ii) causa de diminuição da pena pela metade (se posterior ao trânsito em julgado).

Gabarito "A"

(Delegado/SP – 2008) A conduta de agente que, após ter sido abordado por policiais, abaixa cinicamente as calças em público, chamando-os para revistá-lo em tom jocoso, demonstrando efetivo intuito de menosprezo, pretendendo constrangê-los e ridicularizá-los diante de populares que presenciam o ato, caracteriza o crime de

(A) injúria.
(B) ato obsceno.
(C) resistência.
(D) desobediência.
(E) desacato.

Art. 331 do CP. *Desacatar* significa manifestar desprezo, pouco-caso, desdém pela figura do funcionário público que está no exercício da função ou em razão dela.
Gabarito "E"

(Delegado/SP – 2008) Quem solicita para si vantagem econômica de outrem, a pretexto de influir em ato praticado por funcionário público no exercício da função, pratica o crime de

(A) exploração de prestígio
(B) corrupção ativa.
(C) corrupção passiva.
(D) tráfico de influência.
(E) concussão.

Art. 332 do CP – tráfico de influência.
Gabarito "D"

(Delegado/SP – 2003) Funcionário público, sendo competente para responsabilizar subordinado que cometeu infração no exercício do cargo, não o fazendo, por indulgência, pratica

(A) condescendência criminosa.
(B) prevaricação.
(C) exploração de prestígio.
(D) corrupção passiva.

De fato, comete o crime de condescendência criminosa, descrito no art. 320 do CP, o funcionário público que deixar, por indulgência, de responsabilizar funcionário subordinado que tenha praticado infração no exercício do cargo.
Gabarito "A"

(Delegado/SP – 2003) A solicitação de determinada importância em dinheiro, a pretexto de influir em testemunha, constitui

(A) patrocínio infiel.
(B) exploração de prestígio.
(C) advocacia administrativa.
(D) corrupção passiva.

De fato, a solicitação ou recebimento de dinheiro ou qualquer outra utilidade, a pretexto de influir, dentre outras hipóteses, em testemunha, caracteriza o crime de exploração de prestígio, definido no art. 357 do CP.
Gabarito "B"

(Delegado/SP – 2002) O superior hierárquico que, por indulgência, deixa de responsabilizar subordinado, que cometeu infração, no exercício do cargo, pratica o crime de

(A) prevaricação.
(B) condescendência criminosa.
(C) corrupção passiva.
(D) desobediência.

De fato, comete o crime de condescendência criminosa, descrito no art. 320 do CP, o funcionário público que deixar, por indulgência, de responsabilizar funcionário subordinado que tenha praticado infração no exercício do cargo.
Gabarito "B"

(Polícia Civil/AP – 2006 – UNIFAP) Exigir vantagem indevida, para si ou para outrem, direta ou indiretamente, ainda que fora da função, ou antes de assumi-la, mas em razão dela, constitui o crime de:

(A) excesso de exação.
(B) concussão.
(C) prevaricação.
(D) corrupção passiva.
(E) condescendência criminosa.

A: incorreta, pois o crime de excesso de exação (art. 316, §1°, CP) pressupõe que o agente exija tributo ou contribuição social que sabe ou deveria saber indevida; **B:** correta (art. 316, *caput*, CP); **C:** incorreta, visto que o crime de prevaricação traduz-se pela conduta do agente que retardar ou deixar de praticar ato de ofício, ou praticá-lo com infração a dever funcional, para satisfazer interesse ou sentimento pessoal (art. 319, CP); **D:** incorreta, pois a conduta de exigir vantagem indevida, como visto, constitui o crime de concussão, diversamente da corrupção passiva, na qual o agente solicita, recebe ou aceita vantagem indevida; **E:** incorreta, pois a condescendência criminosa pressupõe que o agente deixe de responsabilizar, por indulgência, subordinado que praticou infração no exercício da função (art. 320, CP).
Gabarito "B"

23. OUTROS CRIMES DO CÓDIGO PENAL

(Delegado/SP – 2014 – VUNESP) "X", em um cinema, durante a exibição de um filme que continha cenas de sexo, é flagrado por policiais expondo e manipulando sua genitália. Tal conduta, em tese,

(A) tipifica o crime de mediação para satisfazer a lascívia de outrem.
(B) tipifica o crime de ato obsceno.
(C) tipifica o crime de favorecimento da prostituição.
(D) não tipifica crime algum, em razão da existência de excludente de ilicitude.
(E) não tipifica crime algum, uma vez que "X" estava em local apropriado para a prática desse tipo de conduta.

A: incorreta, pois a mediação para satisfazer a lascívia de outrem (art. 227, CP) pressupõe que o agente induza alguém a satisfazer a lascívia alheia. No caso em tela, a manipulação da própria genitália, por óbvio, destinava-se a satisfazer a própria lascívia; **B:** correta. O ato obsceno (art. 233, CP) se caracteriza pelo fato de o agente praticar um ato obsceno (ex.: exposição e manipulação da genitália) em lugar público, ou aberto ou exposto ao público. Uma sala de cinema, embora não seja "lugar público" (tais como as ruas, praias, praças etc.), é lugar aberto ou exposto ao público (acessível, ainda que haja controle, a variada gama de pessoas, como teatros, cinemas, parques de diversão etc.); **C:** incorreta, pois o crime previsto no art. 228, CP, pressupõe que o agente induza ou atraia alguém à prostituição, o que se não se vê na conduta perpetrada por "X"; **D:** incorreta, inexistindo qualquer causa excludente da ilicitude na conduta praticada pelo agente. Outrossim, apenas por "amor à técnica", a existência de excludente de ilicitude não afeta a tipicidade, como sugere a redação da alternativa; **E:** incorreta, uma vez que, por óbvio, uma sala de cinema não é o lugar adequado para a exposição e manipulação do órgão genital.
Gabarito "B"

(Delegado/RO – 2014 – FUNCAB) De acordo com a atual redação do artigo 288 do Código Penal, o crime de "associação criminosa" estará configurado quando se associarem:

(A) 2 (duas) ou mais pessoas, para o fim específico de cometer crimes.
(B) 2 (duas) pessoas, para o fim específico de cometer crimes.
(C) de 2 (duas) a 3 (três) pessoas para o fim específico de cometer crimes, somente se disso resulte consumação do crime.
(D) 3 (três) ou mais pessoas, para o fim específico de cometer crimes.
(E) 2 (duas) pessoas, para o fim específico de cometer crimes, ainda que disso não resulte consumação do crime.

De acordo com a atual redação do art. 288 do CP, dada pela Lei 12.850/2013), que, inclusive, deu nome *nomen juris* ao crime (de *quadrilha ou bando* passou a ser denominado de *associação* criminosa), este somente estará configurado quando se associarem 3 (três) ou mais pessoas, para o fim específico de cometer crimes. Trata-se de crime plurissubjetivo (ou de concurso necessário).
Gabarito "D"

(Delegado Federal – 2013 – CESPE) Com relação aos crimes previstos no CP, julgue os itens que se seguem.

(1) A falsa atribuição de identidade só é caracterizada como delito de falsa identidade se feita oralmente, com o poder de ludibriar; quando formulada por escrito, constitui crime de falsificação de documento público.
(2) Os delitos de inserção de dados falsos e de modificação ou alteração de dados não autorizada em sistema de informações só se configuram se praticados por funcionário público autorizado, com o fim específico de obter vantagem indevida para si ou para outrem, ou para causar dano, sendo as penas aumentadas de um terço até a metade se da modificação ou alteração resultar dano para a administração pública ou para o administrado.
(3) O delito de sequestro e cárcere privado, inserido entre os crimes contra a pessoa, constitui infração penal de ação múltipla, e a circunstância de ter sido praticado contra menor de dezoito anos de idade qualifica o crime.

1: incorreta. O crime de falsa identidade, previsto no art. 307 do CP, pode ser praticado verbalmente ou por escrito, bastando que o agente se atribua ou atribua a terceiro falsa identidade, a fim de obter vantagem, em proveito próprio ou alheio, ou para causar dano a outrem. Como se vê do tipo penal em comento, não bastará que o agente impute a si ou a terceiro falsa identidade, com o poder de ludibriar, exigindo-se um especial fim de agir (elemento subjetivo do injusto), qual seja, o de obter vantagem, em proveito próprio ou alheio, ou de causar dano a outrem. A falsificação de documento público (art. 297 do CP) nada tem que ver com a atribuição de falsa identidade. Evidente, porém, que se o agente altera, por exemplo, uma carteira de identidade, nela inserindo nome diverso, mas com sua fotografia, terá incidido em referido crime; **2:** incorreta. O denominado peculato eletrônico (art. 313-A do CP), de fato, pressupõe que o *funcionário autorizado* insira ou facilite a inserção de dados falsos, ou altere ou exclua, indevidamente, dados corretos nos sistemas informatizados ou bancos de dados da Administração Pública, com o fim de obter vantagem indevida para si ou para outrem ou para causar dano. Já a modificação ou alteração não autorizada de sistema de informações (art. 313-B do CP) não exige que o sujeito ativo seja funcionário autorizado a atuar nos sistemas. O tipo penal não faz qualquer menção a "funcionário autorizado", tal como previsto no art. 313-A; **3:** incorreta. Considera-se crime de ação múltipla (ou tipo misto alternativo ou de conteúdo variado) aquele cujo tipo penal contém duas ou mais ações nucleares (verbos). No caso do art. 148 do CP, há, apenas, a conduta do agente de *privar* alguém de sua liberdade. Portanto, não se vislumbra ser o sequestro um crime de ação múltipla.

Gabarito 1E, 2E, 3E

(Delegado/AP – 2006 – UFAP) Analise as assertivas e assinale a alternativa correta:

I. Os crimes contra a propriedade imaterial admitem ação penal de iniciativa privada, pública condicionada e pública incondicionada.
II. Os crimes contra a organização do trabalho que ofendem tanto os interesses coletivos quanto os interesses individuais são da competência da Justiça Federal.
III. O crime de bigamia ocorre quando o agente, sendo casado, contrai novo casamento ou estabelece união estável, já que a Constituição Federal reconhece a união estável como entidade familiar, para efeito de proteção do Estado.

(A) Estão corretas todas as alternativas.
(B) Estão erradas todas as alternativas.
(C) Estão corretas apenas as alternativas II e III.
(D) Está correta apenas a alternativa I.
(E) Está correta apenas a alternativa III.

I: correta (art. 186, I a IV, do CP); **II:** incorreta. Segundo posicionamento do STJ (RT 730/488) e do STF (RT 540/416), quando o crime contra a organização do trabalho ofender interesses coletivos, a competência será da Justiça Federal. Todavia, se a ofensa for a interesse individual do trabalhador, a competência será da Justiça Estadual; **III:** incorreta, pois o crime de bigamia somente ocorre quando o agente, já casado, contrai um novo casamento. Logo, por não ser possível a analogia *in malam partem*, não abrange o tipo penal previsto no art. 235 do CP a conduta daquele que, já sendo casado, estabelece união estável.

Gabarito "D"

(Delegado/MT – 2006 – UFMT) Suponha que seis pessoas, em comunhão de vontades, reuniram-se para a prática de um roubo em janeiro de 2003, desfazendo tal associação, depois de consumado o fato delitivo. Em setembro de 2005, as mesmas pessoas voltaram a se reunir para o cometimento de um homicídio que, consumado, determinou nova dissolução da aludida associação. Esta união de pessoas, para a prática dos crimes mencionados, define-se como

(A) crime de quadrilha ou bando.
(B) quadrilha organizada para fins criminosos não específicos.
(C) crime de quadrilha ou bando em concurso material.
(D) circunstância qualificadora para o delito de roubo e homicídio.
(E) concurso de pessoas ou de agentes.

O crime de quadrilha ou bando (atualmente denominado Associação Criminosa, conforme dispõe a Lei 12.850/2013), tipificado no art. 288 do CP, considerado crime contra a paz pública, pressupõe a reunião consciente e voluntária de, pelo menos, três pessoas, de forma estável e permanente, visando à prática de indeterminado número de crimes. Não se confunde o crime em questão com o mero concurso de pessoas ou de agentes, previsto nos arts. 29 a 31 do CP. Neste caso, bastará que pelo menos duas pessoas (pluralidade de agentes) se reúnam para a prática de um mesmo crime (unidade de fato) sob um mesmo intento criminoso (liame subjetivo ou vínculo psicológico), contribuindo, cada uma delas, decisivamente para o resultado (relevância causal). No concurso de agentes a reunião pode ser casual, vale dizer, eventual, para o cometimento esporádico de crimes, o que não se confunde com o crime de associação criminosa que, como dito, pressupõe uma reunião estável, duradoura, permanente, voltada para a prática de crimes indeterminados.

Gabarito "E"

(Delegado/MT – 2000) Mévio, um particular, se opõe à execução de ordem de despejo do imóvel que ocupa na condição de inquilino, agredindo fisicamente o oficial de justiça competente para realizar o ato. Mévio, assim agindo:

(A) pratica o crime de lesão corporal grave, porque praticado contra funcionário público no exercício das funções.
(B) pratica o crime de resistência.
(C) pratica o crime de desacato em concurso com o de lesões corporais.
(D) pratica o crime de desobediência em concurso formal com o de violência arbitrária.
(E) pratica o crime de exercício arbitrário das próprias razões.

De fato, o particular que, mediante grave ameaça ou violência, opõe-se à execução de ato legal decorrente de atividade de funcionário público competente ou a quem lhe esteja prestando auxílio, comete o crime de resistência (art. 329 do CP).

Gabarito "B"

(Delegado/SP – 2002) Pessoa que anuncia cura de doença, por meio secreto ou infalível, pratica

(A) curandeirismo.
(B) exercício ilegal da medicina.
(C) charlatanismo.
(D) exploração da credulidade pública.

De fato, comete o crime de charlatanismo o agente que inculcar ou anunciar cura por meio secreto ou infalível, consoante prescreve o art. 283 do CP. Não se confunde referida conduta com aquela configuradora do crime de curandeirismo (art. 284 do CP), que pressupõe que o agente prescreva, ministre ou aplique, habitualmente, qualquer substância a terceiros, ou, ainda, que faça diagnósticos ou utilize gestos, palavras ou qualquer outro meio que faça com que as pessoas acreditem que poderão ser curadas. Também não se confunde o charlatanismo com o exercício ilegal da medicina, tipificado no art. 282 do CP.

Gabarito "C"

(Polícia Civil/DF – 2009 – UNIVERSA) Francisco inscreveu-se no cadastro fiscal como comerciante de DVDs musicais e, como não obtinha lucro, passou a reproduzi-los, vendê-los e alugá-los por preço bem abaixo do de mercado, conseguindo autorização expressa para tal dos herdeiros dos compositores e dos cantores José e Luís, sem que aumentasse o faturamento, apesar de tal conduta perdurar por mais de dois anos.

A cantora Ana tomou conhecimento de que Francisco alugava os DVDs de autoria dela, reproduzia-os e vendia as cópias. Em face dessa situação hipotética, assinale a alternativa correta.

(A) Não há crime na conduta de Francisco uma vez que não conseguiu lucrar com o comércio dos DVDs reproduzidos.
(B) Tratando-se de cópias a olhos vistos falsificadas, não haverá crime na conduta de Francisco, principalmente por não induzir em erro o consumidor.
(C) Haverá crime agravado pela situação de se tratar de reprodução de fonograma sem autorização expressa do autor, com exceção das reproduções referentes aos DVDs de José e Luís, face a autorização.
(D) Ana poderá procurar a autoridade policial noticiando o fato, que deverá instaurar inquérito policial de ofício.
(E) A representação da cantora Ana é indispensável para a apresentação da denúncia pelo Ministério Público.

A: incorreta, pois o crime de violação de direito autoral, previsto no art. 184, CP, para consumar-se, não exige o efetivo lucro do agente, conforme se constata do § 1º, do mesmo dispositivo. Afinal, estaremos diante de crime qualificado se o agente praticar o fato com intuito de lucro. Bastará a intenção de lucrar para a configuração da forma qualificada (art. 184, § 1º, CP), ainda que não seja efetivamente alcançada; **B:** incorreta, pois não se exige que a conduta tenha aptidão a enganar o consumidor, como se o produto fosse original. Bastará a violação do direito autoral para que o crime se configure; **C:** incorreta, pois, em verdade, haverá crime qualificado (art. 184, §§ 1º e 2º, CP), e não simplesmente agravado; **D:** correta, tratando-se, de fato, de crime de ação penal pública incondicionada (art. 186, II, CP); **E:** incorreta, pois, como visto, o crime de violação de direito autoral qualificado (art. 184, §§ 1º e 2º, CP) é de ação penal pública incondicionada, sendo absolutamente desnecessária a representação do ofendido para que o Delegado de Polícia instaure inquérito policial e o Ministério Público, posteriormente, ofereça denúncia.

Gabarito "D"

24. OUTROS TEMAS E TEMAS COMBINADOS DE DIREITO PENAL

(Delegado/SP – 2014 – VUNESP) Dentre os crimes listados a seguir, aquele que foi revogado do Código Penal é:

(A) curandeirismo.
(B) charlatanismo.
(C) bigamia.
(D) sedução.
(E) simulação de casamento.

A: incorreta (art. 284, CP); **B:** incorreta (art. 283, CP); **C:** incorreta (art. 235, CP); **D:** correta (art. 217, CP, revogado pela Lei 11.106/2005), tendo havido *abolitio criminis*; **E:** incorreta (art. 239, CP).

Gabarito "D"

(Delegado/SP – 2014 – VUNESP) Quantos foram os Códigos Penais vigentes no Brasil?

(A) Três.
(B) Seis.
(C) Dois.
(D) Cinco.
(E) Um.

O Brasil já teve 3 (três) Código Penais, a saber: i) Código Criminal do Império (Lei de 16 de dezembro de 1830); ii) Código Penal dos Estados Unidos do Brasil (Decreto 847, de 11 de outubro de 1890) e; iii) Código Penal de 1940 (Decreto-lei 2.848, de 7 de dezembro de 1940).

Gabarito "A"

(Delegado/RJ – 2013 – FUNCAB) Manoel pediu ao pai, recém-chegado aos 50 anos, que adiantasse a sua legítima, no que não foi atendido, pois este sabia que Manoel se tornara dependente de drogas, logo dilapidaria seu patrimônio com o vício. Insatisfeito e aproveitando-se de uma viagem de seu pai, Manoel convidou Antônio e Joaquim, parceiros na utilização de "maconha", a sacarem do poder de seu pai as joias que herdaria, pois com a venda destas lucraria mais de R$ 1.000.000,00. Madalena, amiga de Joaquim, a seu pedido e sabendo dos propósitos dele, ensinou-o a abrir o cofre onde as joias se encontravam. Manoel, para não ser descoberto, no dia da empreitada foi para o clube, possibilitando ser visto por várias pessoas, o que lhe daria um álibi. Antônio e Joaquim dirigiram-se para a residência do pai de Manoel, local em que o primeiro abriu a porta da casa com uma gazua, o que possibilitou a Joaquim entrar e retirar as joias do cofre. Com medo de ser descoberto, posteriormente, Manoel solicitou ao seu amigo Paulo que guardasse temporariamente as joias. Após duas semanas do ocultamento das joias por Paulo, estas foram transportadas para outro Estado por Pedro, a pedido de José, primo de Manoel, sendo certo que nem Pedro, tampouco José, sabiam que as joias eram produto de crime. Já em outro Estado, as joias foram vendidas para Cláudia, que trabalhava como joalheira em sua residência, por preço vil, tendo esta percebido desde logo a origem ilícita da mercadoria.

Ao tomar conhecimento do desaparecimento das joias, o pai de Manoel dirigiu-se à Delegacia de Polícia e ofereceu notitia criminis. Após investigação, restou provada toda empreitada delitiva. Assim:

(A) Manoel, Antônio, Joaquim e Madalena são coautores do crime de furto qualificado por rompimento de obstáculo, abuso de confiança e emprego de chave falsa, enquanto que Paulo, José, Pedro e Cláudia são coautores do crime de receptação.
(B) Antônio e Joaquim, na qualidade de autores, e Madalena, figurando como cúmplice por auxílio, devem ser responsabilizados por crime de furto qualificado. Não se poderá responsabilizar Manoel, José e Pedro. Paulo pode ser condenado por favorecimento real e Cláudia por receptação qualificada.
(C) Paulo poderá ser condenado pelo crime de receptação própria, enquanto Manoel é o autor intelectual do crime de furto, portanto ainda terá sua pena agravada. Antônio e Joaquim são autores diretos do crime de furto, restando unicamente a Madalena a cumplicidade material. José pode ser condenado pelo crime de receptação imprópria, Pedro por receptação própria e Cláudia por receptação simples.
(D) Madalena é cúmplice por auxílio intelectual no crime de furto, enquanto Manoel poderá ser condenado por furto com abuso de confiança, com pena agravada pelo fato do ofendido ser seu genitor. Antônio poderá ser condenado pelo crime de furto com emprego de chave falsa e Joaquim pelo crime de furto com rompimento de obstáculo. Paulo responde pelo crime de favorecimento pessoal. As condutas de José e Pedro são atípicas. Cláudia pode ser condenada pelo crime de receptação culposa.
(E) Cláudia comete crime de receptação qualificada. Pedro praticou conduta atípica e José pode ser condenado por receptação dolosa imprópria. Paulo pode ser condenado por receptação dolosa própria, já Madalena, Antônio e Joaquim são autores do crime de furto qualificado e a conduta de Manoel é atípica.

Por ser Manoel filho da vítima, irá se beneficiar do art. 181, II, do CP (escusa absolutória), não podendo, portanto, ser responsabilizado pela subtração dos pertences de seu pai. No tocante a Antonio e Joaquim, ambos foram autores do crime de furto qualificado pelo rompimento de obstáculo (utilizaram-se de uma gazua para abrirem a porta da casa do ofendido), a eles não se estendendo a escusa absolutória, nos termos do art. 183, II, do CP. Madalena, em virtude de haver ensinado Joaquim a abrir o cofre onde se encontravam as joias furtadas, deverá ser responsabilizada como partícipe (art. 29, CP) pelo furto qualificado, frisando-se que aquele que auxilia a prática do crime é denominado de cúmplice. Paulo, amigo de Manoel, em virtude de haver prestado auxílio a Manoel, guardando as joias produto do crime, deverá responder por favorecimento real (art. 349, CP). Pedro e José, por desconhecerem a origem ilícita das joias, a eles entregues por Paulo, não poderão ser responsabilizados por receptação (art. 180, CP). Por fim, Claudia, em razão de haver adquirido as joias por preço vil, na condição de joalheira, responderá por receptação qualificada (art. 180, § 1º, CP), eis que adquiriu os produtos do crime no exercício de atividade comercial (joalheira).

Gabarito "B"

(Delegado/RJ – 2013 – FUNCAB) Walter, motoboy de uma farmácia, após receber de um cliente um cheque de R$ 20,00, entrega ao estabelecimento a quantia em espécie, mantendo-se na posse do título. Em seguida, o adultera, modificando o valor original para R$ 2.000,00. De posse do documento adulterado, vai até o banco para descontá-lo, mas o gerente, percebendo a fraude, liga para a Delegacia da área, alertando sobre o fato.

Ao perceber a chegada da viatura, Walter deixa apressadamente a instituição financeira, abandonando, no local, o título falsificado. Nesse contexto, é correto afirmar que a conduta de Walter:

(A) configura crime de estelionato, na forma tentada, pois o delito foi interrompido por circunstâncias alheias à sua vontade.
(B) se amolda ao tipo penal da apropriação indébita, na forma tentada, pois o delito foi interrompido por circunstâncias alheias à sua vontade.
(C) é tipificada como crime de furto mediante fraude, na forma tentada, pois o delito foi interrompido por circunstâncias alheias à sua vontade.
(D) caracteriza crime de falsificação de documento público, pois, havendo desistência voluntária, o autor só responde pelos atos até então praticados.
(E) é atípica, pois ocorreu a desistência voluntária e a falsidade existente resta absorvida pela finalidade patrimonial.

A: correta. Considerando que a conduta inicial de Walter (adulteração de documento público por equiparação – cheque) visava a obtenção de vantagem indevida (saque de valor superior àquele originalmente aposto na cártula), temos que a falsidade foi crime-meio, exaurindo-se no crime-fim (estelionato), que, de fato, não passou da esfera da tentativa, haja vista que o agente não conseguiu consumar seu intento por circunstâncias alheias à sua vontade; **B:** incorreta, pois a conduta de Walter, nitidamente, consistiu no emprego de expediente fraudulento (alteração do valor original do cheque emitido por cliente da farmácia para a qual prestava serviços como motoboy), que é elementar típica do crime de estelionato (art. 171, CP), não se confundindo com a apropriação indébita (art. 168, CP), que pressupõe que o agente, após receber a coisa (dinheiro, por exemplo) de boa-fé, altera seu animus, dela se apropriando e passando a se comportar como *dominus*; **C:** incorreta. O furto mediante fraude (art. 155, § 4º, II, do CP) pressupõe que o agente, em razão da fraude empregada, faça com que a vítima reduza sua vigilância sobre a coisa, aproveitando-se, então, disso, para subtraí-la. No caso relatado no enunciado, nada disso aconteceu. Ao contrário, Walter, após estar na posse de um cheque que lhe foi entregue por cliente da farmácia, alterou o seu valor (expediente fraudulento) e tentou descontá-lo no banco. Trata-se, aqui, de nítida conduta caracterizadora de estelionato, que, na espécie, não se consumou por circunstâncias alheias à vontade do agente (art. 14, II, CP); **D:** incorreta. No enunciado, não se enxerga, em momento algum, a ocorrência de desistência voluntária (art. 15, CP). Tal instituto somente tem aplicação quando o agente, após iniciada a execução do crime, por ato voluntário, dele desiste de prosseguir, respondendo somente pelos atos anteriores. No caso citado no enunciado, Walter somente não consumou o crime inicialmente executado (estelionato) em virtude da chegada da viatura policial. Clara, portanto, a tentativa, haja vista que o crime somente não se consumou por circunstâncias alheias à vontade do agente (desconfiança da falsificação pelo gerente da instituição financeira e chegada da viatura policial); **E:** incorreta. A desistência voluntária não se verificou no caso em testilha pelas razões aduzidas no comentário à alternativa anterior. Ademais disso, ainda que se cogitasse de desistência voluntária, a falsidade anterior não poderia ficar absorvida por um fato atípico, motivo pelo qual Walter, no mínimo, responderia por falsificação de documento público por equiparação (art. 297, *caput* e § 2º, CP).

Gabarito "A"

(Delegado Federal – 2013 – CESPE) No que se refere às causas de exclusão de ilicitude e à prescrição, julgue os seguintes itens.

(1) Considere que João, maior e capaz, após ser agredido fisicamente por um desconhecido, também maior e capaz, comece a bater, moderadamente, na cabeça do agressor com um guarda-chuva e continue desferindo nele vários golpes, mesmo estando o desconhecido desacordado. Nessa situação hipotética, João incorre em excesso intensivo.

(2) Suponha que determinada sentença condenatória, com pena de dez anos de reclusão, imposta ao réu, tenha sido recebida em termo próprio, em cartório, pelo escrivão, em 13.08.2011 e publicada no órgão oficial em 17.08.2011, e que tenha sido o réu intimado, pessoalmente, em 20.08.2011, e a defensoria pública e o MP intimados, pessoalmente, em 19.08.2011. Nessa situação hipotética, a interrupção do curso da prescrição ocorreu em 17.08.2011.

1: incorreta. Nos termos do art. 23, parágrafo único, do CP, dispõe que o agente responderá pelo excesso doloso ou culposo. Cuidou a doutrina de classificar o excesso em *extensivo* e *intensivo*. O primeiro – excesso extensivo – pressupõe que o agente, mesmo após cessado o motivo ensejador, prossiga em seu comportamento reativo, ou seja, continue a agir como se estivesse amparado pela causa de justificação. É, ao que tudo indica, a situação exposta no enunciado. Já no excesso intensivo, que, nas palavras de Zaffaroni e Pierangeli, citados por Rogério Sanches Cunha, sequer é excesso, não se verificam presentes os requisitos da eximente (*Manual de direito penal – Parte Geral*. 2. ed. rev. amp. e atual. Salvador: Juspodivm, 2014. p. 252). Ou seja, o agente age sem que sequer a eximente (ou causa de justificação) esteja presente. Não é o caso narrado na assertiva, pois João foi agredido fisicamente por um desconhecido, daí iniciando seu comportamento lesivo ao agressor. Estava, portanto, em legítima defesa (art. 25 do CP), mas, mesmo após cessada a agressão, estando o agente desacordado, prosseguiu a golpeá-lo, daí resultando o excesso extensivo; **2:** incorreta. Nos termos do art. 117, IV, do CP, é causa interruptiva da prescrição a publicação da sentença ou acórdão condenatório recorríveis. Assim, no caso sob análise, o que interrompeu a prescrição foi a *publicação* da sentença condenatória recorrível, que não se confunde com a pura e simples disponibilização dela na imprensa oficial. Conforme prescreve o art. 389 do CPP, a sentença será publicada em mão do escrivão, que irá juntá-la aos autos. Aqui estará interrompida a prescrição. Na questão, verifica-se que o escrivão a recebeu, em cartório, no dia 13.08.2011, lavrando o termo respectivo. Portanto, aqui ocorreu a publicação do ato decisório e, repita-se, a interrupção da prescrição da pretensão punitiva.

Gabarito 1E, 2E

(Delegado/AM) O CP dita determinadas regras gerais sobre assuntos que, muitas vezes, são tratados por outras leis. Exemplos de tais assuntos são a ordem tributária, o tóxico, a imprensa, o sistema financeiro e outros. Tal hipotética contradição se traduz no conflito aparente de normas, que, no nosso caso, será solucionado pela preponderância do princípio da:

(A) absorção
(B) especialidade
(C) alternatividade
(D) subsidiariedade

O conflito aparente de normas pressupõe a existência de um fato único, mas com a aparente incidência de duas ou mais normas jurídicas vigentes à época. Como não é possível a punição por mais de uma vez por um único fato, deve-se buscar a solução pela aplicação dos seguintes princípios: especialidade, subsidiariedade, consunção e alternatividade. No caso em questão, trata-se da aplicação do princípio da especialidade, pelo qual prevalecerá a norma especial em detrimento da genérica, porque naquela estão contidos os chamados elementos especializantes, inexistentes na primeira.

Gabarito "B"

(Delegado/AM) Analise os itens que seguem:

I. Quem induz um alienado mental, desprovido de discernimento, a se suicidar não comete o crime de induzimento, instigação ou auxílio ao suicídio, mas o crime de homicídio.

II. No crime de homicídio, será torpe o motivo se for daqueles insignificantes, sem importância, totalmente desproporcionado em relação ao crime, em vista de banalidade.

III. No crime de perigo para a vida ou a saúde de outrem, o perigo deverá ser concreto.

IV. Só responderá pelo crime de omissão de socorro o agente que precedentemente à conduta omissiva haja assumido o dever legal de impedir o resultado.

Os itens corretos são os da seguinte alternativa:

(A) I e III
(B) I, II e IV
(C) I, II e IV
(D) II, III e IV

I: correta, uma vez que se o agente se aproveita da falta de capacidade de entendimento de um doente mental para convencê-lo a se suicidar, o crime é de homicídio, já que não há supressão voluntária e consciente da própria vida. De igual modo, se o agente empregar violência, grave ameaça ou fraude, não há que se falar em crime de induzimento, instigação ou auxílio ao suicídio, mas o crime de homicídio; **II:** incorreta, pois o motivo torpe é aquele repugnante, vil, imoral, já o motivo fútil é o motivo pequeno, desproporcional. Cumpre ressaltar que o motivo de um homicídio não pode ser ao mesmo tempo fútil e torpe, de modo que o intérprete deve analisar inicialmente se a sua motivação é a pequenez (futilidade); **III:** correta (art. 132 do CP). O tipo penal exige uma conduta que cause um perigo de dano direto, efetivo e iminente, expondo a vida ou a saúde de outrem a risco real e concreto; **IV:** incorreta, pois no crime omissivo próprio ou puro a omissão está prevista no tipo penal, não se exigindo do sujeito ativo o dever jurídico de agir, como ocorre no crime omissivo impróprio, espécie de crime próprio (exige-se a qualidade do sujeito ativo, que deve ter o dever jurídico de agir).

Gabarito "A"

(Delegado/AP – 2010) Maurício e Sandoval, sócios da empresa 007 Construções Ltda., decidem participar de uma concorrência pública realizada pela Secretaria de Obras do Estado do Amapá para seleção da empresa encarregada de construir um estádio de futebol com vistas à Copa do Mundo que se realizará no Brasil.

Como a empresa não dispõe dos documentos exigidos pelo edital – especificamente a comprovação de realização de obra semelhante em contratação com o setor público – Maurício e Sandoval falsificam ART's (anotação de responsabilidade técnica) a fim de simular que já realizaram tais obras. A fraude surte efeito e a 007 construções é efetivamente selecionada dentre as concorrentes. Todavia, a falsificação é descoberta pouco tempo depois.

Assinale a alternativa que indique o crime praticado por Maurício e Sandoval.

(A) Fraude à licitação (art. 93, Lei 8.666/1993).
(B) Falsificação de documento público (art. 297, Código Penal).
(C) Falsidade ideológica (art. 299, Código Penal).
(D) Falsificação de documento particular (art. 298, Código Penal).
(E) Estelionato (art. 171, Código Penal).

A: correta, uma vez que se aplica o princípio da especialidade. No caso, o fato se enquadraria, em tese, também nos delitos de falsificação de documento particular (falsificação de ART's), bem como no crime de estelionato, uma vez que o crime de falso foi o meio utilizado para empregar a fraude e induzir em erro a fiscalização da concorrência pública. Todavia, diante do conflito aparente de normas, a solução será dada pelo critério da especialidade, sendo que a lei especial (lei de licitação) afasta a geral (CP); **B:** incorreta, já que há o tipo penal especial previsto na lei de licitação; **C:** incorreta, até mesmo porque não seria falsidade ideológica, mas material; **D:** incorreta. Acaso não existisse lei especial, seria possível, em tese, configurar o delito de falsificação de documento particular. Cumpre ressaltar que há discussão acerca da absorção ou não pelo delito de estelionato (princípio da consunção); **E:** incorreta. Acaso não existisse lei especial, seria possível, em tese, configurar o delito de estelionato.

Gabarito "A"

(Delegado/AP – 2006 – UFAP) Analise as assertivas e assinale a alternativa correta:

I. O crime de quadrilha ou bando, previsto no art. 288 do CP, exige o número mínimo de três pessoas.
II. A utilização de papel-moeda grosseiramente falsificado configura, em tese, o crime de estelionato e não de falsificação de moeda.
III. A diferença básica entre a falsidade ideológica e a falsidade material é que naquela altera-se a forma do documento, construindo um novo ou alterando o que era verdadeiro e nesta altera-se o conteúdo, que pode ser total ou parcial.

(A) Estão corretas todas as alternativas.
(B) Estão erradas todas as alternativas.
(C) Estão corretas apenas as alternativas II e III.
(D) Está correta apenas a alternativa I.
(E) Está correta apenas a alternativa II.

I: incorreta, à época em que a questão foi elaborada. Atualmente estaria correta (art. 288 do CP). Com o advento da Lei 12.850/2013, o crime de associação criminosa exige a reunião de mais de duas pessoas, ou seja, pelo menos três agentes; **II**: correta, já que o crime de moeda falsa exige que a falsificação seja capaz de iludir os destinatários da moeda. Caso se trate de falsificação grosseira, configura, em tese, o crime de estelionato (Súmula 73 do STJ); **III**: incorreta, uma vez que os conceitos estão trocados. Na falsidade ideológica há uma alteração quanto ao conteúdo, já na falsidade material há uma falsificação quanto à forma do documento, construindo um novo ou alterando um já existente.

Gabarito "E"

(Delegado/AP – 2006 – UFAP) Analise as assertivas e assinale a alternativa correta:

I. É inimputável o agente que, por perturbação de saúde mental, era, ao tempo da ação ou da omissão, inteiramente incapaz de entender o caráter ilícito do fato ou de determinar-se de acordo com esse entendimento.
II. As condições de caráter pessoal não se comunicam quando elementares do crime.
III. A pena de detenção pode ser cumprida em regime inicial fechado se o condenado é reincidente em crime doloso.

(A) Estão corretas todas as alternativas.
(B) Estão erradas todas as alternativas.
(C) Estão corretas apenas as alternativas II e III.
(D) Está correta apenas a alternativa I.
(E) Está correta apenas a alternativa III.

I: incorreta. De acordo com o que dispõe o art. 26, *caput*, do CP, é inimputável o agente que, por doença mental ou desenvolvimento mental incompleto ou retardado (e não por perturbação de saúde mental), era, ao tempo da ação ou da omissão, inteiramente incapaz de entender o caráter ilícito do fato ou de determinar-se de acordo com esse entendimento; **II**: incorreta (art. 30 do CP). Em regra, as circunstâncias, condições e elementares de caráter real ou objetivas se comunicam, desde que conhecida pelos agentes. Já as circunstâncias e condições de caráter pessoal ou subjetivas não se comunicam, salvo quando elementares do crime; **III**: incorreta (art. 33, *caput*, do CP), uma vez que quando se tratar de pena de detenção, o início do cumprimento será em regime semiaberto ou aberto, mesmo quando o condenado for reincidente em crime doloso, podendo haver regressão para o regime fechado, em caso de necessidade de transferência.

Gabarito "B"

(Delegado/AP – 2006 – UFAP) Analise as assertivas e assinale a alternativa correta:

I. Os crimes omissivos próprios não admitem concurso formal.
II. No caso de concurso de crimes, a extinção da punibilidade incidirá sobre a pena de cada um, isoladamente.
III. O cumprimento de pena no estrangeiro pelo agente é causa suspensiva da prescrição.

(A) Estão corretas todas as alternativas.
(B) Estão erradas todas as alternativas.
(C) Estão corretas apenas as alternativas II e III.
(D) Está correta apenas a alternativa I.
(E) Está correta apenas a alternativa III.

I: incorreta, uma vez que é admissível o concurso de crimes em crimes omissivos próprios. Imagine, por exemplo, o agente que, mediante uma só omissão, pratica vários crimes de omissão de socorro, deixando de socorrer várias vítimas de um acidente, o que caracteriza o concurso formal de crimes omissivos próprios; **II**: correta (art. 119 do CP); **III**: correta (art. 116, II, do CP).

Gabarito "C"

(Delegado/CE – 2006 – CEV/UECE) Sobre a aplicação da lei penal no tempo e no espaço marque a opção verdadeira.

(A) Ninguém pode ser responsabilizado por crimes previstos em leis excepcionais ou temporárias após o decurso do lapso temporal destas, pois ocorre o que chamamos de *abolitio criminis* indireto.
(B) Em relação ao tempo do crime o direito penal brasileiro adotou a teoria do resultado, onde se considera consumado o crime no momento em que este é consumado.
(C) A lei brasileira pode ser aplicada em todos os crimes praticados contra o Presidente da República em qualquer lugar do mundo. Tal possibilidade é baseada na aplicação do princípio da Soberania do Estado.
(D) Um fato criminoso que ocorra em uma aeronave comercial brasileira que esteja sobrevoando o espaço aéreo correspondente ao alto-mar é alcançado pela legislação penal brasileira, caracterizando um dos casos de territorialidade.

A: incorreta (art. 3º do CP). A lei excepcional (até cessar a situação de anormalidade) ou temporária (com vigência predeterminada no tempo), mesmo após a sua autorrevogação, aplicam-se ao fato praticado durante a sua vigência, diante da ultra-atividade; **B**: incorreta (art. 4º do CP), uma vez que o CP adotou a teoria da atividade com relação ao tempo do crime, segundo a qual considera-se praticado o crime no momento da ação ou da omissão, ainda que outro seja o momento do resultado; **C**: incorreta (art. 7º, I, "a", do CP). A extraterritorialidade incondicionada se aplica aos crimes contra a vida ou a liberdade do Presidente da República e demais hipóteses do inciso I do art. 7º do CP, de acordo com o princípio da defesa, da proteção ou real; **D**: correta (art. 5º, § 1º, do CP).

Gabarito "D"

(Delegado/CE – 2006 – CEV/UECE) Marque a opção verdadeira.

(A) O resultado que torna mais grave a pena só pode ser imputado a quem praticou a conduta dolosamente, já que o direito penal brasileiro fez a opção pela teoria do resultado.
(B) Pelo entendimento doutrinário dominante, ao tratar a inimputabilidade penal, o direito penal brasileiro adotou o critério biopsicológico.
(C) Ocorre uma descriminante putativa sempre e quando o indivíduo imagina estar praticando um crime menos grave e na verdade pratica um mais grave, sendo imputado o crime com menor pena.
(D) O erro de proibição não é admitido no direito penal brasileiro, uma vez que a ninguém é dado o direito de arguir o desconhecimento de lei, sob nenhuma condição e em nenhum caso.

A: incorreta, pois os crimes qualificados pelo resultado podem ser preterdolosos (conduta antecedente dolosa e resultado agravador culposo), conforme, inclusive, o art. 19 do CP); **B**: correta. De fato, o critério adotado é o biopsicológico, exigindo a existência de doença mental, além da incapacidade para entender o caráter ilícito do fato ou de determinar-se de acordo com esse entendimento, no momento da conduta. Excepcionalmente, adota-se o critério biológico, no tocante aos menores de 18 anos, em que se presume a inimputabilidade; **C**: incorreta (art. 20, § 1º, do CP), uma vez que é isento de pena quem, por erro plenamente justificado pelas circunstâncias, supõe situação de fato que, se existisse, tornaria a ação legítima (descriminante putativa por erro de tipo inevitável ou escusável). Todavia, não há isenção de pena, quando o erro deriva de culpa e o fato é punível como crime culposo (descriminante putativa por erro de tipo evitável ou inescusável); **D**: incorreta, já que o Direito Penal admite o erro de proibição como causa excludente da culpabilidade, diante da falta de potencial consciência da ilicitude. De fato, o desconhecimento da lei é inaceitável, o qual não se confunde com o desconhecimento do caráter ilícito do fato, que afasta a culpabilidade do agente, isentando-o da pena.

Gabarito "B"

(Delegado/CE – 2006 – CEV/UECE) Marque a opção verdadeira.

(A) Em nenhum caso o estado de embriaguez pode isentar de pena o agente, uma vez que o direito penal brasileiro pugna necessariamente pela imposição integral de responsabilidade criminal ao indivíduo.
(B) Em relação ao concurso de pessoas o Código Penal Brasileiro fez opção clara pela teoria monista, quer no que diz respeito aos coautores, quer aos partícipes. Admite-se, no entanto, exceções nas quais podemos visualizar a utilização da teoria dualista.
(C) O crime passional torna lícita a conduta do agente uma vez que a ocorrência da violenta emoção caracteriza o estado de necessidade, especialmente considerando o sacrifício de um valor para resguardar outro.

(D) Considerando o inegável aspecto subjetivo e individual presente no direito penal não se pode admitir a comunicabilidade de características pessoais entre os agentes reunidos em concurso de pessoas.

A: incorreta (art. 28, II, § 1º, do CP), pois a embriaguez completa e involuntária (proveniente de caso fortuito ou força maior) exclui a imputabilidade do agente, isentando-o da pena; **B:** correta (art. 29 do CP). Em regra, o Código Penal adotou a teoria monista ou unitária, segundo a qual aquele que concorre para o crime responderá por ele, na medida de sua culpabilidade. Excepcionalmente, adotou a teoria pluralista, cujas condutas dos agentes estão previstas em tipos penais diversos, ainda que busquem o mesmo resultado (art. 29, § 2º do CP); **C:** incorreta, já que a violenta emoção pode caracterizar uma circunstância atenuante genérica (se o agente comete o crime sob a influência de violenta emoção, provocado por ato injusto da vítima – art. 65, III, "c", do CP) ou até mesmo uma causa de diminuição de pena, em caso de homicídio (se o agente comete o crime sob o domínio de violenta emoção, logo em seguida a injusta provocação da vítima – art. 121, § 1º, do CP), não caracterizando o estado de necessidade; **D:** incorreta, uma vez que as circunstâncias ou condições de caráter pessoal, quando elementares do crime, comunicam-se entre os agentes em concurso de pessoas (art. 30 do CP).

Gabarito "B".

(Delegado/CE – 2006 – CEV/UECE) Considere as seguintes afirmativas:

I. O concurso formal difere do concurso material uma vez que naquele temos uma unidade na prática da conduta, enquanto neste existe pluralidade de ação ou omissão, aplicando-se sempre a mesma lógica na aplicação da pena, ou seja, a soma das sanções, independente da natureza dos desígnios ou vontades.

II. O agente que pretende atingir o indivíduo A e acaba por acertar o indivíduo B não pode ser responsabilizado criminalmente, considerando o dolo específico, bem como a absoluta ausência de tipicidade da conduta.

III. A prescrição é sempre considerada de forma abstrata, já que após a declaração definitiva de responsabilidade criminal do indivíduo o Estado já exerceu seu direito de punir, não podendo mais ser declarada a extinção de punibilidade.

IV. A extinção de punibilidade pela decadência, perempção, pela renúncia do direito de queixa e pela anistia só ocorrem nos crimes de ação penal privada, considerando a natureza própria deste e a previsão expressa da lei penal.

São incorretas:

(A) I, II, III e IV
(C) apenas II e III
(B) apenas I e II
(D) apenas I, II e IV

I: incorreta, pois no concurso formal (mediante uma ação ou omissão, o agente pratica dois ou mais crimes) aplica-se o sistema da exasperação penal (art. 70 do CP). Já no concurso material (mediante mais de uma ação ou omissão, o agente pratica dois ou mais crimes), o sistema é o do cúmulo material, somando-se as penas (art. 69 do CP); **II**: incorreta (art. 20, § 3º, do CP). O agente que pretende atingir o indivíduo A e acaba por acertar o indivíduo B será responsabilizado criminalmente, considerando-se as qualidades da pessoa contra quem o agente queria praticar o crime; **III**: incorreta, uma vez que a prescrição da pretensão punitiva estatal pode ocorrer em abstrato (antes da sentença penal condenatória – art. 109 do CP) ou em concreto (com base na pena aplicada, após o trânsito em julgado para a acusação – art. 110 do CP). E, ainda, a prescrição poderá ser da pretensão executória (durante a execução penal – art. 112 do CP); **IV**: incorreta. A perempção somente ocorre na ação penal privada (art. 60 do CPP), mas a decadência do direito de queixa ou de representação e a renúncia podem ocorrer na ação penal privada ou pública condicionada à representação (arts. 103 e 104, parágrafo único, do CP).

Gabarito "A".

(Delegado/CE – 2006 – CEV/UECE) Marque a opção verdadeira.

(A) A exceção da verdade, meio de defesa próprio dos crimes contra a honra, só é possível de ser utilizada no crime de calúnia, não havendo possibilidade alguma de utilização nos demais crimes contra a honra. Tal fato é caracterizado por ser o crime de calúnia o único que apresenta como elemento constitutivo a falsidade.

(B) A mulher que constrange homem, mediante violência ou grave ameaça, a manter com ela conjunção carnal pratica conduta atípica já que o crime de estupro exige que figure como sujeito passivo pessoa do sexo feminino e o delito de atentado violento ao pudor exige conduta diversa da conjunção carnal.

(C) A diferença fundamental, apontada pela maior parte da doutrina penal brasileira, entre os crimes de extorsão e roubo é que naquele a vítima tem o bem retirado de sua esfera de propriedade pelo agente criminoso, enquanto que neste ela o entrega voluntariamente.

(D) Segundo o entendimento dominante na doutrina e na jurisprudência nacional, havendo morte como decorrência da violência empregada no roubo, mesmo que a subtração não se consuma, haverá latrocínio consumado.

A: incorreta, uma vez que a exceção da verdade é admitida, em regra, no crime de calúnia (art. 138, § 3º, do CP) e, excepcionalmente, no crime de difamação quando o ofendido for funcionário público (art. 139, parágrafo único), somente não sendo admitida, em hipótese alguma, no crime de injúria; **B:** incorreta, pois a conduta não é atípica. Antes da Lei 12.015/2009 configurava o crime de constrangimento ilegal (art. 146 do CP), diante da falta de previsão específica. Atualmente, tal conduta configura o crime de estupro (art. 213), uma vez que não tem como sujeito passivo tão somente a mulher, mas qualquer pessoa (homem ou mulher); **C:** incorreta, dado que a diferença apontada pela doutrina está invertida; **D:** correta (Súmula 610 do STF).

Gabarito "D".

(Delegado/CE – 2006 – CEV/UECE) Considere os seguintes itens:

I. Nos crimes contra os costumes, a pena é sempre aumentada se o crime é cometido em concurso de pessoas, ou se é praticado por ascendente da vítima ou ainda se o agente criminoso é casado.

II. Segundo o entendimento jurisprudencial dominante no STJ, quando a falsidade se exaure no estelionato, sem mais potencialidade lesiva, o estelionato absorve a falsidade.

III. O conceito de funcionário público no Código Penal Brasileiro exige que o agente tenha vínculo financeiro e definitivo com o Estado, entendendo não haver possibilidade de imposição de responsabilidade criminal se o agente tem relação eventual com o Ente Estatal ou ainda em caráter voluntário, pois se não recebe nenhuma vantagem ou contrapartida financeira não poderia arcar com o ônus de receber uma responsabilização criminal mais grave.

IV. Para a caracterização dos crimes contra a administração pública exige-se que o funcionário público efetivamente receba para si mesmo algum tipo de vantagem pecuniária indevida, ofendendo com isso o dever funcional de agir em nome do bem coletivo.

São incorretos, apenas:

(A) II, III, IV
(B) I, III e IV
(C) I, II e IV
(D) I, II e III

I: Antes de iniciarmos o comentário à assertiva em tela, cumpre-nos ressaltar que a questão em análise foi formulada antes do advento da Lei 12.015/2009, que alterou sobremaneira o Título VI da Parte Especial do Código Penal, que antes tratava dos "crimes contra os costumes", atualmente denominados de "crimes contra a dignidade sexual". Trata-se de assertiva incorreta, dado que o fato do agente criminoso ser casado não configura causa de aumento de pena, a qual pressupõe ser cônjuge da vítima (art. 226, I e II, do CP); **II**: correta (Súmula 17 do STJ); **III**: incorreta, pois, de acordo com o art. 327 do CP, considera-se funcionário público quem, embora transitoriamente ou sem remuneração, exerce cargo, emprego ou função pública; IV: incorreta, já que, em regra, os crimes contra a administração pública são formais, sendo que o recebimento da vantagem indevida é mero exaurimento do crime.

Gabarito "B".

(Delegado/MA – 2006 – FCC) Carlos foi recolhido ao cárcere para cumprir pena de 4 meses de reclusão, às 22:00 horas do dia 20 de julho de 2006. Considerando que julho tem 31 dias, agosto tem 31 dias, setembro tem 30 dias e outubro tem 31 dias, a referida pena privativa de liberdade findará no dia

(A) 16 de novembro de 2006.
(B) 17 de novembro de 2006.
(C) 18 de novembro de 2006.
(D) 19 de novembro de 2006.
(E) 20 de novembro de 2006.

No caso, a contagem do tempo é em meses (julho, agosto, setembro e outubro). Como se trata de prazo penal, o dia do começo inclui-se e o dia do final exclui-se do cômputo do prazo (art. 10 do CP), no que resulta em 19 de novembro de 2006.

Gabarito "D".

(Delegado/MG – 2012) Em relação às Teorias do Delito, assinale a alternativa **incorreta:**

(A) A antinormatividade, de acordo com Zaffaroni, consiste em se averiguar a proibição através da indagação do alcance proibitivo da norma, não considerada de forma isolada, e sim conglobada na ordem normativa.

(B) A culpa imprópria está presente na discriminante putativa, nela, o agente dá causa dolosa ao resultado, mas responde como se tivesse praticado crime culposo, em razão de erro evitável pelas circunstâncias.

(C) No dolo direto, o agente quer efetivamente produzir o resultado, ao praticar a conduta típica, e no dolo indireto, o agente não busca com sua conduta resultado certo e determinado, subdividindo-se em dolo alternativo e eventual.

(D) De acordo com a teoria objetiva-formal, há tentativa, quando o agente, de modo inequívoco, exterioriza sua conduta no sentido de praticar a infração penal.

A: correta. De acordo com a teoria da tipicidade conglobante, criada pelo jurista argentino Eugenio Raúl Zaffaroni, "*todo fato típico se reveste de antinormatividade, pois, muito embora o agente atue em consonância com o que está descrito no tipo incriminador, na verdade contraria a norma, entendida como o conteúdo do tipo legal*" (Cleber Masson *in* Direito Penal Esquematizado – Parte Geral, Ed. Método, 2ª edição, p. 232) Ainda, para que se afirme que a conduta praticada pelo agente é ilícita, não bastará a mera violação da lei penal, mas, também, a ofensa a todo o ordenamento jurídico, que deverá ser analisado de forma "global" (daí o nome *conglobante*); **B:** correta. De fato, nas descriminantes putativas, o agente, por erro plenamente justificado pelas circunstâncias, supõe situação de fato que, se existisse, tornaria sua ação legítima (art. 20, § 1º, do CP). Assim, quando se está, por exemplo, diante de uma legítima defesa putativa, o agente, caso incida em erro inevitável (ou invencível, ou escusável), ficará isento de pena. Porém, caso o erro pudesse ter sido superado por maior diligência do agente, ainda que tenha praticado uma conduta dolosa, responderá na forma culposa (art. 20, § 1º, parte final, do CP). Daí a denominação "culpa imprópria": o agente age dolosamente, mas por se tratar de descriminante putativa por erro vencível (ou inescusável), responderá pelo fato como crime culposo, se previsto em lei; **C:** correta. De fato, diz-se dolo direto, também chamado de determinado, aquele em que o agente dirige sua vontade para a realização de um resultado pretendido. Já o dolo indireto, ou indeterminado, é aquele que se caracteriza pelo fato de a vontade do agente não ser dirigida a um determinado resultado. Divide-se o dolo indireto em *dolo alternativo* (aqui, o agente deseja, indistintamente, a produção de um ou outro resultado) e *dolo eventual* (aqui, o agente, embora não queira diretamente o resultado, assume o risco de produzi-lo); **D:** incorreta. Preconiza a teoria objetivo-formal, ou lógica-formal, que somente haverá ato executório quando o agente iniciar a realização do verbo-núcleo do tipo (ação nuclear). Não bastará, portanto, que o agente exteriorize sua conduta no sentido de pretender praticar a infração ao penal, sendo de rigor, como dito, que dê início à execução do verbo do tipo penal incriminador.

Gabarito "D"

(Delegado/MG – 2012) Considerando o Código Penal e as Teorias do Delito é **incorreto** afirmar que:

(A) Com relação ao tipo doloso, o Código Penal Brasileiro adotou as teorias da vontade e do assentimento e não a da atividade.

(B) A perda de cargo, função pública ou mandato eletivo é efeito genérico da condenação, não necessitando, dessa forma, ser determinada de forma explícita e fundamentada na sentença penal condenatória.

(C) A previsibilidade objetiva é elemento integrante do tipo culposo, podendo a previsibilidade subjetiva ser analisada por ocasião da culpabilidade.

(D) De acordo com a teoria finalista, a ação é o comportamento humano voluntário, dirigido à atividade final lícita ou ilícita.

A: correta. De fato, no art. 18, I, do CP, houve a adoção da teoria da vontade com relação ao dolo direito, e da teoria do assentimento (ou do consentimento) com relação ao dolo eventual; **B:** incorreta. A perda de cargo, função pública ou mandato eletivo é efeito específico da condenação, ou seja, não automático, dependendo de expressa motivação na sentença (art. 92, I e parágrafo único, do CP); **C:** correta. De fato, os tipos culposos exigem os seguintes elementos: i) conduta inicial voluntária; ii) resultado ilícito involuntário; iii) nexo de causalidade; iv) tipicidade; v) previsibilidade objetiva do resultado; e vi) ausência de previsão (apenas na culpa inconsciente). A previsibilidade subjetiva não integra o fato típico culposo, mas será avaliada por ocasião da culpabilidade, mais precisamente por ocasião da análise da potencial consciência da ilicitude; **D:** correta. Para os adeptos da teoria finalista, a conduta é todo comportamento humano, positivo (ação) ou negativo (omissão), consciente e voluntário, dirigido a uma finalidade, seja esta lícita, seja ilícita. Esclarece-se que mesmo nos crimes culposos o comportamento é dirigido a uma finalidade, mas geralmente lícita (ex.: para chegar mais cedo em casa – finalidade lícita –, o condutor do veículo dirigiu muito acima da velocidade, atropelando e matando um pedestre – resultado ilícito involuntário).

Gabarito "B"

(Delegado/MG – 2012) Com relação aos crimes abaixo destacados, é **correto** afirmar que:

(A) é possível a participação de particular no delito de corrupção passiva, já que as circunstâncias de caráter pessoal elementares ao crime se comunicam.

(B) o homicídio praticado com dolo eventual afasta a incidência das circunstâncias qualificadoras, uma vez que o agente não quer diretamente o resultado, apenas assume o risco de produzi-lo.

(C) para a configuração do crime de maus tratos, é necessário submeter a vítima a intenso sofrimento físico ou psíquico, expondo-a a perigo de vida ou de saúde.

(D) caracteriza-se o crime de injúria, ainda que as imputações ofensivas à honra subjetiva da vítima sejam verdadeiras, cabendo exceção da verdade somente se o ofendido for funcionário público e a ofensa relativa ao exercício de suas funções.

A: correta. De fato, a despeito de a corrupção passiva ser crime funcional, vale dizer, que exige a condição de funcionário público (*intraneus*) do sujeito ativo. Será perfeitamente possível que um particular (*extraneus*) concorra para a sua prática e por ele responda, nos termos do art. 30 do CP. Lembre-se que a condição de funcionário público, por ser elementar típica, comunica-se aos coautores ou partícipes (desde que conhecida deles); **B:** incorreta. De acordo com o STJ, no julgamento do HC 58423/DF, são compatíveis, em princípio, o dolo eventual e as qualificadoras do homicídio. Exemplificando, não há problemas de o agente, por motivo fútil, assumir o risco de produzir o resultado morte; **C:** incorreta. Para a caracterização do crime de maus-tratos (art. 136 do CP), bastará que o agente exponha a vida ou a saúde da vítima a perigo. Já se a conduta do sujeito ativo traduzir-se em causação de intenso sofrimento físico ou mental à vítima, poderemos estar diante de modalidade de tortura (art. 1º, II, da Lei 9.455/1997); **D:** incorreta, por ser inadmissível a exceção da verdade no crime de injúria, mas, apenas, nos crimes de calúnia (art. 138, § 3º, do CP) e difamação dirigida a funcionário público, desde que as ofensas sejam relativas ao exercício funcional (art. 139, parágrafo único, do CP).

Gabarito "A"

(Delegado/MG – 2006) Quanto à evolução dogmática do conceito de crime é CORRETO afirmar que:

(A) São elementos da culpabilidade normativa para a imputabilidade, a consciência potencial da ilicitude e a exigibilidade de conduta diversa.

(B) Atualmente, o Código Penal apresenta conceito claro do que é ação e omissão.

(C) Sendo a tipicidade indício de ilicitude, pode-se falar apenas em causa legal de exclusão da ilicitude e não em causa supralegal, uma vez que esta fere o princípio da legalidade.

(D) O tipo penal não tem mais como função fundamental a função de garantia.

(E) A teoria finalista da ação deslocou o dolo e a culpa do tipo para a culpabilidade.

A: correta, visto que, de fato, à luz da teoria normativa da culpabilidade, esta é integrada pela imputabilidade, potencial consciência da ilicitude e exigibilidade de conduta diversa; **B:** incorreta, eis que inexiste, ao menos positivados, os conceitos de ação ou omissão, sendo estes definidos pela doutrina, respectivamente, como o comportamento humano positivo ou negativo; **C:** incorreta, porque a despeito de a legislação prever expressamente causas excludentes da ilicitude, é certo que a doutrina admite a existência de causas supralegais, tal como o consentimento do ofendido; **D:** incorreta. O tipo penal ostenta, de acordo com a doutrina, dentre outras, a função de garantia, vale dizer, traduz às pessoas quais as condutas que não podem ser praticadas, limitando, pois, o poder punitivo estatal; **E:** incorreta. Contrariamente, com a criação da teoria finalista da ação, o dolo e a culpa, até então sediados na culpabilidade, foram deslocados para o fato típico.

Gabarito "A"

(Delegado/MG – 2006) Quanto ao concurso aparente de normas é correto afirmar que:

(A) pelo princípio da subsidiariedade comparam-se os fatos e não as normas funcionando estas como fase normal de preparação ou mero exaurimento de crime mais grave.

(B) O princípio da especialidade tem como finalidade excluir a aplicação da lei geral evitando o *bis in idem* ao acrescentar a ela elementos próprios.

(C) Apenas com a análise do caso concreto é possível definir qual princípio solucionador será aplicado no aparente conflito de normas.

(D) A consunção é aplicada quando diferentes normas protegem o mesmo bem jurídico em diferentes graus de agressão, aplicando-se a norma que abrange todas as etapas da execução em detrimento daquela que descreve apenas fase prévia da conduta tipificada.

(E) Todas as alternativas estão corretas.

Quanto ao conflito aparente de normas (ou conflito aparente de leis penais), que se verifica quando aparentemente duas ou mais leis puderem ser aplicadas a um mesmo fato, a doutrina nos traz três princípios capazes de solucionar o sobredito conflito, quais sejam, os da especialidade, subsidiariedade e consunção. Aplicar-se-á o princípio da especialidade quando, pela mera comparação entre as leis, for possível constatar que uma delas (a especial), contém todos os elementos da outra (a geral), e mais alguns, denominados especializantes. Nesse caso, a lei especial afastará a incidência da lei geral. Já o princípio da subsidiariedade será aplicado quando uma determinada lei definir como crime um fato mais amplo e grave (lei primária) do que outra, menos ampla e de menor gravidade (lei subsidiária). Assim, a lei primária prevalecerá sobre a subsidiária, sendo de rigor a apreciação do fato em concreto. Por fim, pelo princípio da consunção (ou absorção), que igualmente exige a comparação de fatos concretos, o fato mais amplo e grave absorverá o menos amplo e menos grave, quanto este for uma fase normal ou etapa do crime mais gravoso.

Gabarito "B"

(Delegado/MT – 2000) Julgue os itens abaixo sobre a aplicação da lei penal no tempo e no espaço e assinale a alternativa correta:

I. A lei posterior, que de qualquer modo favorecer o agente, aplica-se aos fatos anteriores, desde que não decididos por sentença condenatória transitada em julgado.

II. Para os efeitos penais, consideram-se como extensão do território brasileiro as aeronaves brasileiras, de natureza pública ou a serviço do governo brasileiro, mesmo quando se encontrem em pouso em território estrangeiro.

III. É aplicável a lei brasileira aos crimes praticados a bordo de qualquer embarcação estrangeira que se encontre em porto ou mar territorial do Brasil.

IV. Considera-se praticado o crime no momento da ação ou omissão, ainda que outro seja o momento do resultado.

(A) Todos os itens estão corretos.

(B) Todos os itens estão incorretos.

(C) Somente estão corretos os itens II e IV.

(D) Somente estão corretos os itens I e III.

(E) Somente estão corretos os itens I e IV.

I: incorreta, visto que a lei posterior benéfica (*novatio legis in mellius*), consoante prescreve o art. 2º, parágrafo único, do CP, aplica-se aos fatos anteriores, ainda que decididos por sentença condenatória transitada em julgado (princípio da retroatividade da lei penal mais favorável); **II**: correta (art. 5º, § 1º, do CP – território ficto ou por extensão); **III**: incorreta, pois, de acordo com o art. 5º do CP, que trata da territorialidade, salvo as convenções, tratados e regras de direito internacional, aos crimes cometidos em território nacional, aplicar-se-á a lei brasileira. Ademais, no tocante às aeronaves e embarcações estrangeiras, se estas forem de propriedade privada, achando-se em pouso ou voo em nosso território, ou, ainda, em porto ou mar territorial brasileiro, aplicar-se-á a lei brasileira (art. 5º, § 2º, do CP). Portanto, não será aplicável nossa legislação a qualquer embarcação ou aeronave estrangeira, mas apenas àquelas que forem de propriedade privada; **IV**: correta (art. 4º do CP – teoria da atividade).

Gabarito "C"

(Delegado/PA – 2012 – MSCONCURSOS) Assinale a alternativa correta, de acordo com os nos termos previstos na Lei n. 7.209, de 11 de julho de 1984 que alterou dispositivos do Decreto-Lei no 2.848, de 07 de dezembro de 1940 e suas alterações posteriores:

(A) De acordo com o art. 26 do Código Penal, é isento de pena o agente que, por doença mental ou desenvolvimento mental incompleto ou retardado, era, ao tempo da ação ou da omissão, inteiramente capaz de entender o caráter ilícito do fato ou de determinar-se de acordo com esse entendimento.

(B) O art. 119 do Código Penal determina que no caso de concurso de crimes, a extinção da punibilidade incidirá sobre a pena de cada um, isoladamente. O artigo 72 do mesmo diploma legal determina que, neste caso, as penas de multa são aplicadas distinta e parcialmente.

(C) Nos termos do art. 23 do Código Penal, há crime quando o agente pratica o fato em estado de necessidade, em legítima defesa e em estrito cumprimento de dever legal ou no exercício regular de direito.

(D) O art. 29 do Código Penal determina que quem, de qualquer modo, concorre para o crime incide nas penas a este cominadas, na medida de sua culpabilidade. Se a participação for de menor importância, a pena pode ser diminuída de um sexto a um terço. Se algum dos concorrentes quis participar de crime menos grave, ser-lhe-á aplicada a pena deste; essa pena será aumentada até metade, na hipótese de ter sido previsível o resultado mais grave.

(E) O crime impossível está previsto no art. 17 do Código Penal. A lei determina que não se pune a tentativa quando, por ineficácia absoluta do meio ou por absoluta impropriedade do objeto. Assim, é impossível consumar-se o crime, como por exemplo, ministrar remédio abortivo numa mulher que não esteja grávida.

A: incorreta. De acordo com o art. 26, *caput*, do CP, será considerado inimputável o agente que, por doença mental ou desenvolvimento mental incompleto ou retardado era, ao tempo da ação ou omissão, inteiramente *incapaz* de entender o caráter ilícito do fato ou de determinar-se de acordo com esse entendimento; **B:** incorreta no tocante ao art. 72 do CP, que afirma que, no caso de concurso de crimes, as penas de multa serão aplicadas distinta e *integralmente*; **C:** incorreta, pois o art. 23 do CP enuncia que não há crime quando o agente pratica o fato em estado de necessidade (inciso I), legítima defesa (inciso II), estrito cumprimento de dever legal e exercício regular de direito (inciso III); **D:** correta, pois a assertiva contém a exata redação do art. 29, *caput*, do CP, e seus §§ 1º (participação de menor importância) e 2º (cooperação dolosamente distinta); **E:** a assertiva foi considerada incorreta pela banca examinadora. Primeiramente, a redação peca pela qualidade. De outro lado, não se vê erro na afirmação de que ministrar medicamento abortivo numa mulher que não esteja grávida constitua crime impossível (no caso, para o alcance do aborto).

Gabarito "D"

(Delegado/PB – 2009 – CESPE) A respeito de tipicidade, ilicitude e culpabilidade, assinale a opção correta.

(A) A participação, no concurso de pessoas, é considerada hipótese de tipicidade mediata ou indireta.

(B) Elemento subjetivo especial é aquele que depende de uma interpretação jurídica, como ocorria em relação ao conceito de mulher honesta, atualmente não mais previsto na legislação penal.

(C) No caso de legítima defesa de direito de terceiro, é necessária a prévia autorização deste para que a conduta do agente não seja ilícita.

(D) O Código Penal (CP) adota a teoria psicológico-normativa da culpabilidade, para a qual a culpabilidade não é requisito do crime, mas, sim, pressuposto de aplicação da pena.

(E) Se o bem jurídico tutelado pela norma penal for disponível, independentemente da capacidade da vítima, o consentimento do ofendido constitui causa supralegal de exclusão da ilicitude.

A: correta, uma vez que a participação, espécie de concurso de pessoas, caracterizada por uma conduta acessória do agente (partícipe), se enquadra naquilo que a doutrina denomina de tipicidade por subordinação indireta ou mediata, vale dizer, a conduta do agente não se amolda perfeitamente a um tipo penal, sendo necessário que se utilize o art. 29 do CP como norma de extensão típica. Afinal, não existe um tipo penal que prescreva, por exemplo, a participação em um homicídio ("induzir, instigar ou auxiliar terceiro a matar alguém"). Daí a necessidade de o intérprete-aplicador do direito se valer do precitado art. 29 do CP; **B:** incorreta, pois o elemento subjetivo do tipo é aquele que revela um especial fim de agir do agente, ou, como se diz impropriamente, o "dolo específico", não se confundindo com o elemento normativo do tipo, que é aquele que depende, como narra a própria assertiva, de uma interpretação, de um juízo de valor prévio para que se conclua pela tipicidade penal (ex.: a antiga expressão "mulher honesta", ou, ainda, a expressão "indevidamente", prevista em alguns tipos penais, ou, então, "obsceno", no crime de ato obsceno); **C:** a legítima defesa de terceiro, que se caracteriza pelo fato de alguém defender bem jurídico alheio que está sendo agredido injustamente ou na iminência de sê-lo (art. 25 do CP), dispensa-se o consentimento do terceiro no sentido de autorizar que se atue em sua defesa, especialmente se o bem jurídico injustamente agredido for indisponível (vida, por exemplo); **D:** incorreta, uma vez que o Código Penal, ao adotar o sistema finalista (ou teoria finalista), voltou-se à denominada teoria normativa pura da culpabilidade, da qual foram retirados o dolo e a culpa, que migraram para o fato típico. Assim, a culpabilidade transforma-se em verdadeiro juízo de reprovabilidade incidente sobre o agente que tenha praticado fato típico e ilícito, tratando-se de um pressuposto de aplicação da pena; **E:** incorreta, já que o consentimento do ofendido poderá configurar uma causa supralegal de exclusão da ilicitude apenas se o bem jurídico tutelado pela norma penal for disponível e se o ofendido for plenamente capaz para consentir (tal não ocorre, por exemplo, no crime de estupro de vulnerável – art. 217-A do CP –, ainda que a vítima, menor de quatorze anos, consinta com a prática do ato libidinoso; haverá estupro mesmo assim).

Gabarito "A"

(Delegado/PB – 2009 – CESPE) Acerca das excludentes de culpabilidade, da imputabilidade e do concurso de pessoas, assinale a opção correta.

(A) Exclui a culpabilidade do crime, por inexigibilidade de conduta diversa, a coação física irresistível ou vis absoluta.
(B) Na prática de crime em obediência hierárquica, se a ordem não for manifestamente ilegal, o subordinado e o superior hierárquico não respondem por crime algum.
(C) Dividem-se os crimes em monossubjetivo e plurissubjetivo, sendo que somente neste último pode ocorrer concurso de pessoas.
(D) A participação de menor importância configura exceção à teoria monista, adotada pelo CP quanto ao concurso de pessoas.
(E) Ocorrendo coação moral resistível, não se afasta a culpabilidade, havendo simplesmente reconhecimento de atenuante genérica.

A: incorreta, uma vez que a coação física irresistível, ou *vis absoluta*, exclui a conduta (que é o comportamento humano, positivo ou negativo, consciente e voluntário, doloso ou culposo, dirigido a uma finalidade), não se confundindo com a coação moral irresistível, ou *vis compulsiva,* que, por afastar a exigibilidade de conduta diversa, é considerada causa excludente da culpabilidade (art. 22 do CP); **B:** incorreta, pois a obediência hierárquica, tal como definida no art. 22 do CP, somente afastará a culpabilidade do agente, isentando-o de pena, se a ordem emanada do superior hierárquico for não manifestamente ilegal, hipótese em que este último responderá pelo crime; **C:** incorreta, já que se consideram crimes monossubjetivos (ou unissubjetivos, ou de concurso eventual) aqueles que podem ser praticados por uma só pessoa, admitindo-se, aqui, o concurso de pessoas, enquanto que os plurissubjetivos (ou de concurso necessário) são aqueles que, para a própria tipicidade penal, exigem a concorrência de duas ou mais pessoas (ex.: associação criminosa – art. 288 do CP), não se falando, aqui, em concurso de agentes, que, repita-se, somente em cabimento nos crimes de concurso eventual (ou monossubjetivos); **D:** incorreta, dado que a participação de menor importância, cabível apenas, à evidência, aos partícipes (art. 29, § 1°, do CP), não configura uma exceção à teoria monista, segundo a qual todos os concorrentes (autores, coautores e partícipes) de um crime responderão por ele. O instituto em questão (participação de menor importância) somente demonstra que, a despeito de todos os concorrentes de um crime responderem pelo mesmo fato, observar-se-á a culpabilidade de cada um deles. Daí a participação de menor importância simplesmente gerar a redução da pena do partícipe que houver concorrido de maneira menos relevante para o sucesso da empreitada criminosa; **E:** correta, pois apenas a coação moral irresistível é capaz de excluir a culpabilidade, consoante prevê o art. 22 do CP. Se a coação moral for resistível, aplicar-se-á a circunstância atenuante genérica prevista no art. 65, III, "c", do CP).

Gabarito "E"

(Delegado/PB – 2009 – CESPE) Quanto aos crimes contra a paz pública e a fé pública, assinale a opção correta.

(A) Com relação ao delito de apologia de crime ou criminoso, previsto no CP, há crime único se o agente, em um mesmo contexto fático, faz apologia de vários crimes ou de vários autores de crimes.
(B) No crime de quadrilha, é necessário que ocorra estabilidade da associação e que haja organização estruturada, com hierarquia entre os membros ou com papéis previamente definidos para cada um.
(C) No crime de quadrilha, se somente um quadrilheiro for identificado, mas houver prova robusta da existência dos demais associados, o crime se perfaz.
(D) Com relação ao crime de moeda falsa, se o falsificador exportar, vender ou introduzir na circulação a moeda, responderá pelos diversos crimes em concurso formal homogêneo.
(E) É atípica a conduta do agente que restitui à circulação, mesmo tendo recebido de boa-fé, papel falsificado pela supressão de sinal indicativo de sua inutilização, da qual tomou posterior conhecimento.

A: incorreta, porque, de acordo com Magalhães Noronha, "*apologia de fato criminoso não é apologia de um ou mais delitos. Pensamos, por conseguinte, que haverá concurso formal ou ideal de crimes se, com a mesma ação, o sujeito ativo faz apologia, isto é, exalta ou elogia mais de um crime cometido*" (*Direito Penal*, vol. 4, p. 88). Há que se ressaltar, a despeito do entendimento da banca examinadora, que há posicionamento doutrinário em sentido contrário (confira-se, por exemplo, Rogério Greco. *Código Penal Comentado*. 4. ed. Ed. Impetus, p. 759); **B:** incorreta, uma vez que, para a configuração do crime de quadrilha ou bando (atualmente denominado Associação criminosa; art. 288 do CP), basta que pelo menos três pessoas se reúnam de forma estável e permanente, com o fim de perpetrarem um número indeterminado de crimes. Não se exige que a associação criminosa tenha um "chefe" ou "líder", ou que seja previamente definida a função de cada um dos seus membros; **C:** correta, eis que "para a configuração do delito de quadrilha não é necessário que todos os integrantes tenham sido identificados. Basta a comprovação de que o bando era integrado por quatro ou mais pessoas" (STJ, HC 52989/AC, Rel. Min. Félix Fischer, 5ª T., *DJ* 01.08.2006, p. 484). Frise-se que à época em que formulada a questão, o crime exigia a presença de, pelo menos, quatro pessoas. Com o advento da Lei 12.850/2013, que deu novo *nomen juris* ao delito (associação criminosa), o tipo penal passou a exigir a presença de três ou mais pessoas; **D:** incorreta, já que o crime de moeda falsa, previsto no art. 289 do CP, em seu § 1°, traz diversas condutas que podem ser perpetradas pelo agente, dentre elas as de exportar, introduzir ou vender moeda falsa, tratando-se, pois, de tipo misto alternativo ou crime de ação múltipla, no qual a prática de mais de um "verbo" pelo sujeito ativo configurará crime único; **E:** incorreta (art. 289, § 2°, do CP).

Gabarito "C"

(Delegado/PI – 2009 – UESPI) Com relação às excludentes da tipicidade, da ilicitude e da culpabilidade, marque, à luz da legislação penal, a opção correta.

(A) O estrito cumprimento do dever legal e a obediência hierárquica são excludentes da ilicitude.
(B) A coação moral irresistível e a legítima defesa são excludentes da culpabilidade.
(C) A embriaguez voluntária e a menoridade penal são excludentes da imputabilidade.
(D) A coação moral irresistível e o erro de proibição são excludentes da culpabilidade.
(E) O princípio da insignificância exclui a ilicitude.

A: incorreta. O estrito cumprimento do dever legal constitui causa excludente da ilicitude (art. 23, III, do CP); a obediência hierárquica, por sua vez, exclui a culpabilidade (art. 22, 2ª parte, do CP); **B:** incorreta. A coação moral irresistível (art. 22, 1ª parte, do CP) exclui a culpabilidade; já a legítima defesa é causa de exclusão da ilicitude (art. 23, II, do CP); **C:** incorreta. A embriaguez voluntária, nos termos do art. 28, II, do CP, não exclui a imputabilidade; os menores de 18 anos são inimputáveis, conforme reza o art. 27 do CP; **D:** correta. O erro de proibição (art. 21, 2ª parte, do CP) e a coação moral irresistível (art. 22, 1ª parte, do CP) constituem de fato excludentes de culpabilidade; **E:** incorreta. O princípio da insignificância constitui causa supralegal de exclusão da tipicidade.

Gabarito "D"

(Delegado/PI – 2009 – UESPI) Analise as afirmações seguintes relativas à parte geral do Direito Penal.

1) A tipicidade formal é a adequação da conduta ao fato descrito na lei como infração penal.
2) O direito brasileiro admite dois tipos de infração: o crime, que é a infração penal que a lei comina pena de reclusão ou de detenção, quer isoladamente, quer alternativa ou cumulativamente com a pena de multa; e a contravenção, que é a infração penal a que a lei comina, isoladamente, pena de detenção ou de multa, ou ambas alternativa ou cumulativamente.
3) Com relação à imputabilidade penal, o Código Penal brasileiro adotou o sistema biopsicológico ou misto para justificar a inimputabilidade penal nos casos de doença mental e de embriaguez involuntária e o sistema psicológico no caso dos menores de 18 anos.
4) Quando uma pessoa reage a um ataque espontâneo de uma cão pit bull, para não ser gravemente lesionada, está reagindo em estado de necessidade.
5) O estado de necessidade putativo é uma excludente da ilicitude.

Estão corretas apenas:

(A) 1 e 3
(B) 1 e 4
(C) 1, 2 e 4
(D) 3, 4 e 5
(E) 1, 2 e 5.

1: correta, visto que se considera tipicidade formal a mera relação de adequação entre o fato praticado pelo agente e a norma penal incriminadora, não se perquirindo se a conduta foi capaz, ou não, de lesionar o bem jurídico tutelado (tipicidade material); **2:** incorreta (art. 1° da Lei de Introdução ao Código Penal – LICP); **3:** incorreta, pois, como regra, o CP adotou o sistema ou critério biopsicológico, segundo o qual, para que se afira a inimputabilidade, necessário que se verifique se o agente, por algum fator biológico, teve retirada, por completo, sua capacidade de entendimento e de autodeterminação. No caso dos menores de dezoito anos, o CP, no art. 27, adotou o sistema ou critério biológico, ou seja, basta ter menos de dezoito anos para ser considerado inimputável; **4:** correta, pois agirá em estado de necessidade (art. 24 do CP) aquela pessoa que reagir a uma situação de perigo, seja esta provocada por uma conduta humana, ou, ainda, por um ato de um irracional (ex.: ataque de animais) ou diante de eventos da natureza (ex.: ciclones, furacões etc.); 5: incorreta, porque o estado de necessidade putativo pode ser considerado uma causa de exclusão do dolo e da culpa, afastando-se, portanto, a própria tipicidade (se o erro for invencível ou escusável e recair sobre os pressupostos fáticos de uma causa de justificação – art. 20, § 1º, do CP) ou, ainda, poderá excluir a culpabilidade (se o erro for invencível ou escusável e recair sobre os limites ou sobre a existência de uma causa de justificação, estaremos diante de um erro de proibição – art. 21 do CP).

Gabarito "B"

(Delegado/PI – 2009 – UESPI) Analise as afirmativas abaixo, relativas aos crimes contra a paz pública, a fé pública e a administração pública.

1) O crime de formação de quadrilha para prática de crimes hediondos e equiparados não é crime hediondo, segundo a Lei 8.072/1990 (Lei dos crimes hediondos).
2) Falsificar, em parte, testamento particular constitui a prática de crime de falsidade de documento particular, que é uma espécie de falsidade material.
3) A pessoa que altera fotocópia de carteira de identidade, não autenticada, pratica o crime de falsidade de documento particular.
4) O agente público que deixa de cumprir o seu dever legal de vedar ao preso o acesso ao aparelho celular comete um crime funcional.
5) O particular que solicita, sem prometer ou oferecer qualquer vantagem, ao funcionário, que deixe de realizar o seu dever de ofício, não pratica nenhuma conduta típica.

Estão corretas apenas:

(A) 1, 2 e 3
(B) 1, 2 e 4
(C) 1, 4 e 5
(D) 3, 4 e 5
(E) 2, 4 e 5

1: correta, uma vez que o crime de quadrilha ou bando (atualmente denominada Associação Criminosa, conforme Lei 12.850/2013) para a prática de crimes hediondos, definido no art. 8º da Lei 8.072/1990, não se encontra no rol taxativo do art. 1º do mesmo diploma legal; **2**: incorreta (art. 297, § 2º, do CP); **3**: incorreta, pois uma fotocópia de carteira de identidade não autenticada sequer pode ser considerada documento, impassível de credibilidade; **4**: correta (art. 319-A do CP); **5**: correta, já que o particular somente poderia praticar crime contra a administração pública, como, por exemplo, corrupção ativa (art. 333 do CP), caso oferecesse ou prometesse alguma vantagem a funcionário público para que este fizesse ou deixasse de fazer um ato de ofício.

Gabarito "C"

(Delegado/RJ – 2009 – CEPERJ) Em cada um dos itens a seguir, é apresentada uma situação hipotética, seguida de uma assertiva a ser julgada. Assinale a opção cuja assertiva esteja incorreta.

(A) Gilson, com *animus necandi*, efetuou quatro tiros em direção a Genilson. No entanto, acertou apenas um deles. Logo em seguida, um policial que passava pelo local levou Genilson ao hospital, salvando-o da morte. Nessa situação, o crime praticado por Gilson foi tentado, sendo correto afirmar que houve adequação típica mediata.
(B) David, com *animus laedendi*, desferiu duas facadas na mão de Gerson, que, em consequência, passou a ter debilidade permanente do membro. Nessa situação, David praticou crime de lesão corporal de natureza grave, classificado como crime instantâneo.
(C) Morgado, funcionário público, cumprindo ordem não manifestamente ilegal de seu superior hierárquico, acabou por praticar crime contra a administração pública. Nessa situação, apenas o superior hierárquico de Morgado será punível.
(D) Quatro indivíduos compunham um grupo de extermínio procurado havia tempo pela polícia. Em certo momento, um dos integrantes do grupo dirigiu-se à polícia e, voluntariamente, forneceu informações e provas que possibilitaram a prisão do grupo. Nessa situação, de acordo com a Lei dos Crimes Hediondos, o associado que denunciar à autoridade o bando ou quadrilha deverá ser denunciado e processado, mas deverá ficar isento de pena, ao ser sentenciado.
(E) Wagner, funcionário público, no período de agosto de 1999 a novembro de 1999, para dissimular a origem, a movimentação, a propriedade e a utilização de valores recebidos em cheques provenientes de concussão, converteu-os em ativos lícitos por meio de depósito em conta-corrente da empresa Acessórios Veiculares Ltda., da qual era sócio-cotista, dando a aparência de que os numerários depositados eram oriundos de atividade normal da empresa, a fim de aplicá-los no mercado financeiro. Nessa situação, Wagner responderá pelo crime de lavagem de dinheiro.

A: correta, pois, se iniciada a execução de um crime de homicídio, a vítima não morrer por circunstâncias alheias à vontade do agente, restará configurada a forma tentada. Ressalte-se que a tipicidade, em caso de tentativa, dá-se de forma mediata (ou indireta), visto que inexiste um tipo penal que se enquadre perfeitamente na conduta de tentar matar alguém, sendo necessária a combinação do tipo penal do crime com o que descreve a tentativa (art. 14, II, do CP); **B:** correta, visto que causar na vítima, em razão de facadas, debilidade permanente de membro, configura o crime de lesão corporal grave (art. 129, § 1º, III, do CP), classificado, doutrinariamente, como um delito instantâneo (consuma-se no exato momento em que o membro tem sua funcionalidade prejudicada *ad aeternum*); **C:** correta, dado que o atendimento, pelo subordinado, de ordem não manifestamente ilegal dada por superior hierárquico da qual resulte a prática de um crime, gerará, para aquele, isenção de pena, respondendo pelo delito o autor da ordem (art. 22, segunda parte, do CP); **D:** incorreta, já que a delação premiada no crime de quadrilha ou bando (atualmente denominado Associação Criminosa, conforme Lei 12.850/2013) previsto no art. 8º da Lei 8.072/1990 não gerará a isenção de pena do delator, mas, sim, a sua redução em até dois terços (parágrafo único, do referido dispositivo legal); **E:** correta, (art. 1º da Lei 9.613/1998).

Gabarito "D"

(Delegado/RN – 2009 – CESPE) Assinale a opção correta com relação à lei penal no tempo e no espaço, à interpretação da lei penal e à imputabilidade penal.

(A) Caso uma empresa do ramo de madeireiras, após cometer toda ordem de crimes ambientais, tenha IP aberto contra si, a perquirição estatal deverá voltar-se contra crimes ambientais em tese praticados por pessoa jurídica, não podendo alcançar qualquer sócio ou diretor, pois não há, na legislação pátria, suporte jurídico para a chamada teoria da dupla imputação.
(B) Considere a seguinte situação hipotética. Gilberto, atualmente processado por crime não violento contra a liberdade sexual praticado, em tese, antes da Lei n. 11.106/2005, que revogou o inciso VII do art. 107 do CP (rol das causas extintivas da punibilidade), requereu que fosse reconhecida a causa extintiva, haja vista que casara com a dita vítima. Nessa situação, conforme o entendimento mais recente do STF, o juiz deverá indeferir o pedido de Gilberto, já que o aludido inciso só poderia ser aplicado se já não estivesse, atualmente, revogado pela Lei n. 11.106/2005.
(C) Considere a seguinte situação hipotética. Bira, auxiliado por Giovane, sequestrou sua própria vizinha. Ocorreu que, em virtude de a família da vítima se negar a pagar o resgate, passaram-se mais de 15 dias desde o início do cativeiro. Nesse termo, ou seja, durante o período em que a vítima esteve sob a custódia dos réus, foi publicada lei nova (com vigência e eficácia imediata), aumentando a pena do crime em. Nessa situação, de acordo com a posição sumulada do STF, não será aplicada a lei nova em virtude da obrigatória aplicação da lei mais benéfica.
(D) Caso um cidadão alemão, dentro de uma embarcação da Marinha Mercante Brasileira, ancorada em porto holandês (local onde, em tese, não se pune o aborto), contribua para que sua esposa, francesa, pratique o abortamento, o território brasileiro não será considerado local de ocorrência da conduta, pois o navio estava ancorado em águas estrangeiras.
(E) No sistema jurídico brasileiro, a lei é a expressão máxima do positivismo, não sendo possível outras formas de expressão do direito.

A: incorreta, pois, em matéria de crimes ambientais, admite-se a teoria da dupla imputação, vale dizer, para que se responsabilize penalmente a pessoa jurídica, indispensável que se reconheça que a infração foi perpetrada por decisão de seu representante legal ou contratual, ou de seu órgão colegiado, no interesse ou benefício da sua entidade (art. 3º, Lei 9.605/1998); **B:** incorreta, porque se o agente praticou o crime sexual em data anterior à revogação do inciso VII, do art. 107 do CP, pela Lei 11.106/2005, é certo que, por força do princípio constitucional da irretroatividade *in pejus* (art. 5º, XL, da CF), não poderá a causa extintiva da punibilidade deixar de ser aceita em caso de haver casamento da vítima com o agente delitivo; **C:** incorreta, visto que, de acordo com a Súmula 711 do STF, sobrevindo lei mais gravosa incidente sobre crimes permanentes ou continuidade delitiva, esta será aplicada, não havendo falar-se em irretroatividade prejudicial. Afinal, os crimes permanentes são aqueles em que a consumação se prolonga no tempo por vontade do próprio agente, tal como ocorre no crime de sequestro; **D:** correta, dado que um navio da marinha mercante brasileira somente pode ser considerado extensão do território nacional caso esteja em alto-mar ou em mar territorial brasileiro. Na assertiva proposta, o navio encontrava-se ancorado na Holanda, motivo pelo qual não pode ser considerado uma extensão do território nacional (art. 5º, § 1º, do CP); **E:** incorreta, uma vez que as espécies normativas no sistema jurídico brasileiro não se encerram na lei, que é, para efeitos penais, fonte formal direta ou imediata, existindo, também, os costumes, os princípios gerais de direito e os atos administrativos, considerados fontes formais indiretas ou mediatas do Direito Penal.

Gabarito "D"

(Delegado/RN – 2009 – CESPE) Em relação ao concurso de crimes e à extinção de punibilidade, julgue os itens subsequentes.

I. Ocorre o concurso material quando o agente, mediante mais de uma conduta, pratica dois ou mais crimes, idênticos ou não, situação em que as penas são cumuladas.

II. A pena unificada para atender ao limite de trinta anos de cumprimento, determinada pelo CP, não é considerada para a concessão de outros benefícios, como o livramento condicional ou regime mais favorável de execução.

III. Havendo um concurso formal de crimes, quanto à pena de multa, aplica-se o sistema de cumulação material, ou seja, são elas impostas distinta e integralmente, sem que se fale no sistema da exasperação, que é voltado apenas para as penas privativas de liberdade.

IV. Quando se tratar de crime continuado, a prescrição regula-se pela pena imposta na sentença, não se computando o acréscimo decorrente da continuação.

V. No caso de concurso de crimes, a extinção da punibilidade incidirá sobre a pena de cada um, isoladamente.

VI. No concurso de infrações, executar-se-á primeiramente a pena mais grave. Porém, no que se refere à prescrição, as penas mais leves prescrevem com as mais graves.

A quantidade de itens certos é igual a

(A) 2.
(B) 3.
(C) 4.
(D) 5.
(E) 6.

I: correta (art. 69 do CP); **II**: correta (Súmula 715 do STF); **III**: correta (art. 72 do CP); **IV**: correta (art. 119 do CP e Súmula 497 do STF); **V**: correta (art. 119 do CP); **VI**: correta (arts. 69, *caput*, parte final e 118 do CP).

Gabarito "E"

(Delegado/RN – 2009 – CESPE) Assinale a opção correta com relação à interpretação da lei penal, dos crimes contra a pessoa e a paz pública.

(A) Na legislação brasileira, não se mostra possível a existência de um homicídio qualificado-privilegiado, uma vez que as causas qualificadoras, por serem de caráter subjetivo, tornam-se incompatíveis com o privilégio. Além disso, a própria posição topográfica da circunstância privilegiadora parece indicar que ela não se aplicaria aos homicídios qualificados.

(B) Considere a seguinte situação hipotética. Diego e Márcio, adultos, resolveram testar suas respectivas sortes, instigando, um ao outro, a participar de roleta russa. Em hora e local combinados, diante de um revólver municiado com apenas um projétil, cada qual começou a puxar o gatilho contra sua própria cabeça, até que Márcio findou por se suicidar. Nessa situação, Diego não responderá por nada, pois não se pune a autoeliminação da vida.

(C) A reincidência penal não pode ser considerada como circunstância agravante e, simultaneamente, como circunstância judicial.

(D) A reincidência, prevista no CP como agravante genérica, influi no prazo da prescrição da pretensão punitiva.

(E) O crime de quadrilha ou bando é formal e autônomo, mas sua consumação depende da realização dos crimes ulteriores visados.

A: incorreta, pois é perfeitamente possível, de acordo com a doutrina e jurisprudência, a coexistência das qualificadoras de caráter objetivo com as circunstâncias privilegiadoras (todas de caráter subjetivo, vale ressaltar) previstas no § 1º, do art. 121, do CP; **B:** incorreta, uma vez que a conduta de Diego se amolda àquela prevista no art. 122 do CP, qual seja, a de instigar Márcio a suicidar-se; **C:** correta (Súmula 241 do STJ); **D:** incorreta, já que é pacífico o entendimento segundo o qual a reincidência somente influi na prescrição da pretensão executória (Súmula 220 do STJ); **E:** incorreta, dado que o crime de quadrilha ou bando (atualmente denominado Associação Criminosa, conforme Lei 12.850/2013), por ser formal, independe da efetiva prática dos crimes pelos membros do grupo, bastando o reconhecimento de que os agentes se reuniram, de forma estável e permanente, com o fim de cometerem indeterminados crimes.

Gabarito "C"

(Delegado/RN – 2009 – CESPE) Acerca da sujeição ativa e passiva da infração penal, assinale a opção correta.

(A) Doentes mentais, desde que maiores de dezoito anos de idade, têm capacidade penal ativa.

(B) É possível que os mortos figurem como sujeito passivo em determinados crimes, como, por exemplo, no delito de vilipêndio a cadáver.

(C) No estelionato com fraude para recebimento de seguro, em que o agente se autolesiona no afã de receber prêmio, é possível se concluir que se reúnem, na mesma pessoa, as sujeições ativa e passiva da infração.

(D) No crime de autoaborto, a gestante é, ao mesmo tempo e em razão da mesma conduta, autora do crime e sujeito passivo.

(E) O Estado costuma figurar, constantemente, na sujeição passiva dos crimes, salvo, porém, quando se tratar de delito perquirido por iniciativa exclusiva da vítima, em que não há nenhum interesse estatal, apenas do ofendido.

A: correta, pois o doente mental, desde que maior de dezoito anos, tem a possibilidade de figurar como sujeito ativo de infrações penais. Importante lembrar que se a doença mental retirar completamente a capacidade de entendimento e autodeterminação do agente, ficará isento de pena (art. 26, *caput*, do CP), o que não induz pensar não ter ele capacidade penal ativa; **B:** incorreta, eis que os mortos não têm sequer personalidade jurídica, motivo pelo qual não podem ser vítimas de crimes (ausência de capacidade penal passiva). No entanto, alguns crimes previstos no CP que tratam dos mortos (ex.: calúnia contra os mortos; vilipêndio de cadáver) tutelam, em verdade, a família deles e a necessidade que se deve ter de respeitá-los; **C:** incorreta, visto que, de acordo com a conhecida frase "a autolesão não se pune", decorrente do princípio da alteridade (o Direito Penal somente pode intervir diante de lesões a bens jurídicos de terceiros), é impossível, no crime de fraude para recebimento de seguro (art. 171, § 2º, V, do CP), que o agente delitivo seja a própria vítima. Em verdade, o sujeito passivo do crime em questão é a seguradora, que será lesada caso pague o prêmio ao segurado (estelionatário); **D:** incorreta, porque o crime de autoaborto, definido no art. 124, *caput*, primeira parte, do CP, a vítima é o feto ou o produto da concepção e não a própria gestante. Afinal, trata-se de crime de mão própria, perpetrado pela gestante, razão pela qual não pode ser vítima de sua própria conduta (princípio da alteridade); **E:** incorreta, visto que o Estado figura como sujeito passivo em todo e qualquer ilícito penal, seja de forma direta (ex.: crimes contra a administração pública), seja de forma indireta (todos os demais crimes em que não figure como diretamente lesado). Diz-ser ser o Estado um sujeito passivo constante (ou formal) de toda infração penal.

Gabarito "A"

(Delegado/RN – 2009 – CESPE) Levando em conta as disposições do CP e a interpretação do STF, assinale a opção correta.

(A) Mostra-se pacífico nos tribunais, sobretudo no STF, que é possível, no roubo, a aplicação da causa de aumento de pena do emprego de arma, quando esta não for apreendida nem periciada.

(B) É possível a substituição de pena de réu reincidente (reincidência genérica) que for condenado por crime não violento com pena igual ou inferior a quatro anos, desde que a aludida reincidência não seja oriunda da prática do mesmo crime e a medida seja socialmente recomendável.

(C) Na hipótese chamada de roubo frustrado em que o agente subtraia coisa da vítima, mas seja, logo após, perseguido e preso em flagrante por terceira pessoa, com integral recuperação da res, ocorre crime na modalidade tentada.

(D) Nos crimes contra a administração pública, o CP não prevê nenhum requisito para a progressão de regime vinculado à reparação do dano ou à devolução do produto do ilícito praticado.

(E) Apenas bens públicos são objeto material do crime de peculato, não sendo possível, jamais, que esse crime atinja bens particulares.

A: incorreta, visto que a questão envolvendo a majoração do roubo pelo emprego de arma quando esta não é apreendida ou periciada por muito tempo foi controvertida no STF, havendo posicionamentos absolutamente contrários nas 1ª e 2ª Turmas daquela C. Corte. No entanto, a fim de assegurar-se o princípio da segurança jurídica, o STF, no julgamento do HC 100854/DF, rel. Min. Gilmar Mendes, acabou por pacificar o entendimento segundo o qual é desnecessária a apreensão e perícia da arma de fogo para que se majore a pena do delito de roubo, desde que existam outros meios comprobatórios de que se empregou a arma para a subtração (Informativo STF 605); **B:** correta (art. 44, § 3º, do CP); **C:** incorreta, eis que já se assentou na jurisprudência o entendimento de que o crime de roubo se consuma no momento em que a *res* é retirada violentamente da vítima, sendo desnecessária a posse tranquila da coisa subtraída ou mesmo que saia da esfera de vigilância da vítima (STJ, REsp 1035115/RS; STJ, HC 88284/ES; STJ, REsp 536082/SP); **D:** incorreta, uma vez que o art. 33, § 4º, do CP, exige, para o caso de crimes perpetrados contra a administração pública, que o condenado repare o dano causado ou devolva o produto do ilícito praticado, com os devidos acréscimos legais, sob pena de não obter a progressão de regime penitenciário; **E:** incorreta, dado que a própria descrição típica do peculato dá conta de que os objetos materiais do crime podem ser dinheiro, valor ou bem móvel público ou particular de que o agente tenha a posse em razão do cargo (art. 312, *caput*, do CP).

Gabarito "B"

(Delegado/SC – 2008) Ocorre conflito aparente de normas penais quando ao mesmo fato parecem ser aplicáveis duas ou mais normas(ou tipos). A solução do conflito aparente de normas dá-se pelo emprego de alguns princípios(ou critérios), os quais, ao tempo em que afastam a incidência de certas normas, indicam aquela que deverá regulamentar o caso concreto. Os princípios que solucionam o conflito aparente de normas, segundo a doutrina penal são: o da especialidade, o da subsidiariedade, o da consunção e o da alternatividade. Acerca do princípio da especialidade, todas as alternativas estão corretas, exceto a:

(A) O princípio da especialidade determina que o tipo penal especial prevalece sobre o tipo penal de caráter geral afastando, desta forma, o bis in idem, pois a conduta do agente só é enquadrada na norma incriminadora especial, embora também estivesse descrita na geral.
(B) Para se saber qual norma é geral e qual é especial é preciso analisar o fato concreto praticado, não bastando que se comparem abstratamente as descrições contidas nos tipos penais.
(C) A comparação entre as leis não se faz da mais grave para a menos grave, nem da mais completa para a menos completa. A norma especial pode descrever tanto um crime mais leve quanto um mais grave.
(D) O princípio da especialidade é o único previsto expressamente no Código Penal.

A: correta, vigora o brocardo *lex specialis derrogat generali*, ou seja, a norma especial deve ser aplicada em detrimento da geral; **B:** incorreta, as normas devem ser comparadas abstratamente, isto é, deve-se proceder a um exame dos tipos penais; **C:** correta, aplicar-se o princípio da especialidade de fato não implica perquirir qual das leis é mais ou menos grave. Deve-se buscar a norma que contém todos os elementos da outra (geral) mais alguns (especializantes), seja ela mais ou menos grave; **D:** correta, o princípio da especialidade está consagrado no art. 12 do CP.

Gabarito "B"

(Delegado/SC – 2008) Analise as alternativas a seguir. Todas estão corretas, EXCETO :

(A) O ordenamento penal brasileiro é aplicável, em regra, ao crime cometido no território nacional. O Brasil adotou o princípio da territorialidade temperada: aplica-se a lei brasileira ao crime cometido no Brasil, mas não de modo absoluto, pois ficaram ressalvadas as exceções constantes de convenções, tratados e regras de direito internacional.
(B) Quanto ao tempo do crime, o Código Penal brasileiro adotou a teoria da atividade, isto é, considera-se praticado o crime no momento da ação ou omissão, ainda que seja outro o momento do resultado.
(C) A prescrição, antes de transitar em julgado a sentença final, começa a correr do dia em que o crime se consumou.
(D) A lei excepcional ou temporária, embora decorrido o período de sua duração ou cessadas as circunstâncias que a determinaram, aplica-se ao fato praticado após a sua vigência.

A: correta (art. 5º, *caput*, do CP); **B:** correta (art. 4º do CP); **C:** correta (art. 111, I, do CP); **D:** incorreta (art. 3º do CP), visto que a lei excepcional ou temporária irá aplicar-se aos fatos praticados durante sua vigência, ainda que decorrido o período de sua duração ou cessadas as circunstâncias que a determinaram.

Gabarito "D"

(Delegado/SC – 2008) Analise as alternativas e assinale a correta.

(A) Os prazos de natureza penal são improrrogáveis e insuscetíveis de interrupção ou suspensão.
(B) Os prazos do Código Penal são computados incluindo-se o dia do começo. Esta regra, entretanto, não se aplica aos prazos prescricionais ou decadenciais. Estes, por terem natureza processual, são contados conforme o Código de Processo Penal, isto é, excluindo-se o dia do começo.
(C) Na contagem dos prazos de natureza penal deve ser utilizado o calendário comum. O mês é contado de determinado dia à véspera do mesmo dia do mês seguinte. O ano é contado de certo dia até a véspera de dia de idêntico número do mesmo mês do ano seguinte, não importando seja bissexto qualquer deles.
(D) Não são desprezadas, nas penas privativas de liberdade, nem nas restritivas de direito, as frações de dia.

A: incorreta, os prazos penais são improrrogáveis; **B:** incorreta, conforme art. 10 do CP, o dia do começo inclui-se no cômputo do prazo. Os prazos prescricionais e decadenciais são de natureza penal; **C:** correta, art. 10 do CP; **D:** incorreta, art. 11 do CP.

Gabarito "C"

(Delegado/SP – 2011) Assinale a alternativa que contenha o nome de uma elogiada legislação brasileira que, após debates acalorados, manteve a pena de morte dentre as sanções penais e que foi responsável pela criação do sistema de dias-multa.

(A) Código Penal da República (1890).
(B) Código Criminal do Império (1830).
(C) Consolidação das Leis Penais (1932)
(D) Ordenações Filipinas (1603)
(E) Código Penal (1940). V

A, C, D e **E:** incorretas. O Código Penal da República, elaborado por João Baptista Pereira, foi aprovado e publicado em 1890, tendo sido criado açodadamente, sendo alvo de inúmeras críticas, especialmente por ignorar os avanços trazidos pelo positivismo jurídico. Em razão disso, e diante do enorme número de leis penais extravagantes, em 1932 foi promulgada no Brasil a Consolidação das Leis Penais. O Código Penal de 1940, editado durante o Estado Novo, não manteve a pena de morte dentre as sanções penais existentes. As Ordenações Filipinas, datadas de 1603, editadas sob o reinado de Filipe II, não são de origem brasileira. Outrossim, marcada pelo predomínio da pena de morte, referida legislação teve a marca de ser lembrada pela crueldade das sanções, remontando a fase da vingança pública em matéria penal; **B:** correta. De fato, o Código Criminal do Império, datado de 1830, foi alvo de elogios na parte em que foi erigido sob os fundamentos da justiça e equidade, consagrando, ainda que embrionariamente, o princípio da personalidade ou intranscendência das penas. Porém, e contraditoriamente, permitia as penas de morte, de galés, trabalhos forçados, banimento, degredo e desterro. Referido Código, em seu art. 55, inaugurou o sistema do dia-multa, ficando marcado por essa grande inovação.

Gabarito "B"

(Delegado/SP – 1998) Em caso de conflito aparente de normas, será pertinente a aplicação do princípio da consunção

(A) ao crime progressivo, à progressão criminosa, ao crime complexo.
(B) se a comparação for entre normas e não entre fatos.
(C) apenas se o fato for resultante da fusão de dois ou mais crimes autônomos.
(D) somente ao crime progressivo.

A: correta, pois, de fato, o princípio da consunção (ou da absorção) será aplicável, em caso de conflito aparente de normas, com relação ao crime progressivo, progressão criminosa e crime complexo. Considera-se crime progressivo aquele em que o agente, desde o início, pratica uma série de atos, em crescente violação ao bem jurídico, até atingir seu intento criminoso. Assim, as diversas lesões corporais provadas na vítima, até o alcance do resultado morte, ficarão absorvidas pelo homicídio. A progressão criminosa verifica-se quando o agente, inicialmente, tenciona praticar crime menos grave. Contudo, após praticá-lo, atua novamente, alterando seu dolo inicial, vindo a produzir um evento mais grave. É o que ocorre se um agente, com *animus laedendi* (intenção de lesionar), ofende a integridade física da vítima e, a seguir, alterando sua intenção original, agride a vítima com *animus necandi* (intenção de matar), provocando sua morte. Responderá o agente apenas pelo homicídio, ficando absorvidas as lesões corporais anteriores. Por fim, no crime complexo, também denominado de crime composto, o próprio tipo penal é constituído de duas ou mais figuras penais que, somadas, redundam em um só crime. É o caso do roubo, considerado complexo pelo fato de resultar da fusão do furto (subtração de coisa alheia móvel) e da lesão corporal ou ameaça; **B**: incorreta, porque o princípio da consunção não leva em conta a comparação entre normas ou fatos, mas, sim, a noção de que o fato mais amplo e grave absorve os menos amplos e mais leves; **C** e **D**: incorretas, já que o princípio da consunção aplica-se não apenas para o caso de crime complexo (fusão de dois ou mais crimes autônomos), mas, também, diante de um crime progressivo ou de uma progressão criminosa.

Gabarito "A".

(Delegado/TO – 2008 – CESPE) No que se refere aos temas de direito processual penal e direito penal, julgue os itens seguintes.

(1) Perante o Código Penal vigente, são três as espécies de penas: privativas da liberdade, restritivas de direitos e multa.

(2) Um cidadão condenado a pena de reclusão de 15 anos pela prática de um homicídio deve, obrigatoriamente, iniciar o cumprimento da pena em regime fechado, podendo, no entanto, trabalhar fora do estabelecimento prisional, em serviços de natureza privada, durante o período diurno, desde que mediante prévia autorização judicial.

(3) Considere que um indivíduo penalmente responsável pratique três homicídios dolosos em concurso material. Nesse caso, a materialização de mais de um resultado típico implicará punição por todos os delitos, somando-se as penas previamente individualizadas.

(4) Considere a seguinte situação hipotética. Francisco, imputável, realizou uma compra de produtos alimentícios em um supermercado e, desprovido de fundos suficientes no momento da compra, efetuou o pagamento com um cheque de sua titularidade para apresentação futura, quando imaginou poder cobrir o déficit. Apresentado o título ao banco na data acordada, não houve compensação por insuficiente provisão de fundos.
Nessa situação, o entendimento doutrinário e a jurisprudência dominantes é no sentido de que, não tendo havido fraude do emitente, não se configura o crime de emissão de cheques sem fundos (estelionato).

(5) Considere a seguinte situação hipotética. Fernando, Cláudio e Maria, penalmente imputáveis, associaram-se com Geraldo, de 17 anos de idade, com o fim de cometer estelionato. Alugaram um apartamento e adquiriram os equipamentos necessários à prática delituosa, chegando, em conluio, à concretização de um único crime. Nessa situação, o grupo, com exceção do adolescente, responderá apenas pelo crime de estelionato, não se caracterizando o delito de quadrilha ou bando, em face da necessidade de associação de, no mínimo, quatro pessoas para a tipificação desse delito, todas penalmente imputáveis.

(6) Considere a seguinte situação hipotética. Manoel, penalmente responsável, instigou Joaquim à prática de suicídio, emprestando-lhe, ainda, um revólver municiado, com o qual Joaquim disparou contra o próprio peito. Por circunstâncias alheias à vontade de ambos, o armamento apresentou falhas e a munição não foi deflagrada, não tendo resultado qualquer dano à integridade física de Joaquim. Nessa situação, a conduta de Joaquim, por si só, não constitui ilícito penal, mas Manoel responderá por tentativa de participação em suicídio .

1: correta (art. 32, I, II e III, do CP); **2**: incorreta (art. 34, § 3º, do CP); **3**: correta (art. 69 do CP); **4**: correta, visto que, de acordo com doutrina e jurisprudência majoritárias, o crime de fraude no pagamento por meio de cheque (art. 171, § 2º, VI, do CP) exige, para sua configuração, que o agente, no momento da emissão do cheque (título de crédito), saiba que já não existe suficiente provisão de fundos. No entanto, se o cheque é dado como garantia de dívida (ex.: cheque pós-datado), mas o agente, no momento do desconto da cártula, não mantém numerário suficiente em sua conta-corrente, caracteriza-se o crime de estelionato em sua forma fundamental (art. 171, *caput*, do CP); **5**: incorreta, já que o crime de quadrilha ou bando (atualmente denominado Associação Criminosa, conforme Lei 12.850/2013; art. 288 do CP) exige a reunião, de forma estável e permanente, de pelo menos três pessoas, para o fim de cometimento de um número indeterminado de crimes. A lei não exige que as pessoas sejam imputáveis, bastando a reunião de mais de duas. O fato de um dos integrantes ser adolescente (inimputável, portanto), não descaracteriza o crime em questão. Aliás, esse é o entendimento do STJ (RHC 2910/SP); **6**: incorreta, pois o crime de participação em suicídio (art. 122 do CP) é daqueles que somente resta configurado se houver um resultado determinado, *in casu*, a morte da vítima ou lesões corporais de natureza grave. Caso contrário, ou seja, caso a vítima não sofra lesão alguma, ou, ainda, sofra apenas lesão corporal leve, não restará caracterizado o crime em comento.

Gabarito 1C, 2E, 3C, 4C, 5E, 6E

(Delegado/TO – 2008 – CESPE) Acerca dos princípios constitucionais que norteiam o direito penal, da aplicação da lei penal e do concurso de pessoas, julgue os itens seguintes.

(1) Prevê a Constituição Federal que nenhuma pena passará da pessoa do condenado, podendo a obrigação de reparar o dano e a decretação de perdimento de bens ser, nos termos da lei, estendidas aos sucessores e contra eles executadas, até o limite do valor do patrimônio transferido. Referido dispositivo constitucional traduz o princípio da intranscendência.

(2) Considere que um indivíduo seja preso pela prática de determinado crime e, já na fase da execução penal, uma nova lei torne mais branda a pena para aquele delito. Nessa situação, o indivíduo cumprirá a pena imposta na legislação anterior, em face do princípio da irretroatividade da lei penal.

(3) Na hipótese de o agente iniciar a prática de um crime permanente sob a vigência de uma lei, vindo o delito a se prolongar no tempo até a entrada em vigor de nova legislação, aplica-se a última lei, mesmo que seja a mais severa.

(4) Quem, de forma consciente e deliberada, se serve de pessoa inimputável para a prática de uma conduta ilícita é responsável pelo resultado na condição de autor mediato.

(5) Considere a seguinte situação hipotética. Luiz, imputável, aderiu deliberadamente à conduta de Pedro, auxiliando-o no arrombamento de uma porta para a prática de um furto, vindo a adentrar na residência, onde se limitou, apenas, a observar Pedro, durante a subtração dos objetos, mais tarde repartidos entre ambos.
Nessa situação, Luiz responderá apenas como partícipe do delito pois atuou em atos diversos dos executórios praticados por Pedro, autor direto.

1: correta, pois o art. 5º, XLV, da CF, que consagra o princípio da intranscendência (ou personalidade das penas), prescreve a regra segundo a qual a pena jamais passará da pessoa do condenado. Contudo, os efeitos civis decorrentes da prática do crime transferem-se aos herdeiros, nos limites da herança; **2**: incorreta, pois, de acordo com o art. 5º, XL, da CF e art. 2º, *caput* e parágrafo único, do CP, a lei penal não retroagirá, salvo para beneficiar o réu. O fato de a sentença penal condenatória ter transitado em julgado não configura óbice à retroatividade da lei penal mais favorável, cabendo ao juízo da execução penal aplicá-la ao condenado; **3**: correta (Súmula 711 do STF); **4**: correta, visto que é considerado autor mediato (ou indireto) de um crime o agente que se vale de pessoa sem responsabilidade penal para o cometimento de um ilícito penal, tal como ocorre no caso de "A" se valer de "B", inimputável por doença mental, a matar "C". "A" responderá por homicídio, sendo autor mediato do crime. "B", por ser inimputável, ficará isento de pena (art. 26, *caput*, do CP); **5**: incorreta, pois no crime de furto qualificado pela destruição ou rompimento de obstáculo (art. 155, § 4º, I, do CP), a prática do arrombamento já configura início de execução, motivo pelo qual Luiz será considerado coautor do delito.

Gabarito 1C, 2E, 3C, 4C, 5E

(Delegado/TO – 2008 – CESPE) No que tange à parte especial do Código Penal, julgue os itens a seguir.

(1) Considere a seguinte situação hipotética. João entregou a Manoel certa quantia em dinheiro para que, em prazo determinado, a entregasse a uma terceira pessoa. Ao fim do prazo, Manoel se apossou do montante, tendo se utilizado do dinheiro para gastos pessoais. Nessa situação, a conduta de Manoel caracteriza o crime de apropriação indébita.

(2) O roubo nada mais é do que um furto associado a outras figuras típicas, como as originárias do emprego de violência ou grave ameaça.

(3) Considere a seguinte situação hipotética. Márcio, funcionário público, concorreu culposamente para o crime de peculato praticado por outrem. Processado criminalmente, foi condenado a cumprir pena de seis meses de detenção. Todavia, após a sentença condenatória de primeiro grau, no curso da apelação, reparou o dano causado. Nessa situação, não se opera a extinção da punibilidade, pois a reparação do dano por Márcio ocorreu após a sentença condenatória.

(4) Considere a seguinte situação hipotética. Francisco, imputável, acercou-se de uma mulher e a constrangeu, mediante violência, à prática de conjunção carnal, deflorando-a. Em razão do emprego da violência, a mulher experimentou, ainda, lesões leves, devidamente constatadas em laudo pericial. Nessa situação, Francisco irá responder pelo crime de estupro em concurso formal com o delito de lesões corporais.

(5) O Código Penal brasileiro permite três formas de abortamento legal: o denominado aborto terapêutico, empregado para salvar a vida da gestante; o aborto eugênico, permitido para impedir a continuação da gravidez de fetos ou embriões com graves anomalias; e o aborto humanitário, empregado no caso de estupro.

1: correta, visto que comete apropriação indébita (art. 168 do CP) o agente que, embora tendo recebido a coisa inicialmente de boa-fé, altera seu ânimo sobre ela e dela se apropria, passando a comportar-se como se dela fosse dono; **2**: correta, pois, de fato, o crime de roubo (art. 157 do CP), considerado complexo, nada mais é do que a junção de um furto (art. 155 do CP) com lesões corporais (art. 129 do CP) ou grave ameaça (art. 147 do CP); **3**: incorreta, eis que a reparação do dano no peculato culposo, se anterior à sentença irrecorrível, acarreta a extinção da punibilidade do agente (art. 312, § 3º, do CP); **4**: incorreta, porque o crime de estupro (art. 213 do CP) prevê, como meios executórios, a grave ameaça ou a violência. Neste último caso, se a vítima experimentar lesões corporais leves, estas restarão absorvidas pelo crime de estupro, visto que a violência é um dos meios de execução necessários para o cometimento do delito contra a dignidade sexual ora analisado; **5**: incorreta, já que o art. 128 do CP, em seu inciso I, consagra a hipótese de aborto necessário ou terapêutico, ao passo que no inciso II encontramos a hipótese de aborto sentimental ou humanitário, inexistindo permissão expressa no CP para a interrupção de gestação em caso de caso de anomalia fetal ou embrionária (aborto eugênico). No entanto, é bom destacar, o STF, no julgamento da ADPF 54, permitiu a interrupção da gestação em caso de anencefalia do feto, desde que tal situação seja efetivamente constatada.

Gabarito 1C, 2C, 3E, 4E, 5E

(Polícia Civil/DF – 2009 – UNIVERSA) Cada uma das alternativas abaixo apresenta uma situação hipotética seguida de uma afirmativa a ser julgada. Assinale a alternativa em que a afirmativa está correta.

(A) João, irresignado com a despedida que lhe foi imposta, resolveu atear fogo à sede da empresa, quando, antes mesmo de iniciar a execução, foi flagrado pelo vigia, que tentou segurá-lo para impedir a ação criminosa, oportunidade em que João desferiu-lhe golpes de faca, tirando-lhe a vida. Nessa situação, João cometeu um homicídio qualificado pela conexão consequencial.

(B) João ateou fogo a um estabelecimento comercial, mas, por falha na execução, o incêndio atingiu somente sua casa, vizinha, destruindo-a totalmente, não chegando a lesionar nenhuma pessoa pelo fato de ela estar vazia; o fogo foi apagado face à forte chuva que caía naquele momento. Essa situação hipotética não caracteriza crime.

(C) João foi convencido pela esposa Maria à prática do suicídio para receber o seguro e pagar o tratamento médico do filho, já que estava desempregado. Para tanto, desferiu-se um tiro na região temporal esquerda, sendo socorrido por vizinhos. No nosocômio, verificaram que o projétil desviou-se no osso denominado rochedo e sequer penetrou no couro cabeludo. João foi imediatamente liberado e, após dez dias, retornou ao trabalho que lhe foi devolvido pelo patrão. Nessa situação, Maria deverá responder pelo crime de induzimento, instigação ou auxílio a suicídio, na forma tentada.

(D) Maria descobriu que estava grávida e comunicou tal fato a João, seu marido, e, de comum acordo, resolveram pela prática abortiva. Para tanto, João realizou manobras que resultaram na expulsão e morte do feto. Nessa situação, João responde pelo crime de provocar aborto com o consentimento da gestante, e Maria responde como coautora de tal delito.

(E) Maria, três dias após a realização, por João, seu marido, de um aborto por ela consentido, passou mal e foi levada ao hospital por seu marido, onde se constatou que a expulsão do feto foi parcial, provocando infecção generalizada na gestante, que veio ao óbito. Nessa situação, João responderá por homicídio culposo mediante a imperícia nos meios abortivos empregados.

A: incorreta, pois quando um agente pratica um crime antecedente para garantir a execução de um crime posterior, denomina-se o liame entre ambos os crimes de conexão teleológica, ao passo que se um crime for cometido para garantir a vantagem, a impunidade ou a ocultação de um crime antecedente, estaremos diante da denominada conexão consequencial; **B:** correta, pois o crime de incêndio, previsto no art. 250, CP, é considerado um crime de perigo comum, vale dizer, deve expor a perigo a vida, a integridade física ou o patrimônio alheio; **C:** incorreta, pois o crime de induzimento, instigação ou auxílio ao suicídio é considerado pela doutrina como um crime condicionado, vale dizer, somente se configura se houver um dos resultados previstos em lei: a morte da vítima ou, em caso de tentativa, lesão corporal de natureza grave (art. 122, CP). Portanto, inadmissível que se responda por tentativa de induzimento, instigação ou auxílio ao suicídio. Afinal, como visto, o crime já restará consumado se a vítima morrer ou sofrer lesão corporal de natureza grave. Considerando que João não sofreu lesão corporal grave, sequer tentativa se pode cogitar; **D:** incorreta, pois Maria, em razão de consentir que João nela provoque o aborto, responderá pelo art. 124, CP, ao passo que João responderá pelo crime do art. 126, CP (aborto com o consentimento da gestante); **E:** incorreta, pois, nesse caso, João responderá por aborto qualificado pela morte da gestante (art. 127, parte final, CP).

Gabarito "B"

2. Legislação Penal Especial

Arthur Trigueiros e Eduardo Dompieri

1. CRIMES DA LEI DE DROGAS

(Delegado/PA – 2013 – UEPA) A atual Lei de Drogas brasileira (Lei n. 11.343, de 2006) permite que se faça a seguinte afirmação:

(A) policial militar que surpreende jovem fumando um cigarro de maconha pode prendê-lo em flagrante e conduzi-lo a uma delegacia para instauração de inquérito.

(B) indivíduo que fornece gratuitamente cocaína a amigos, com o único objetivo de comemorar seu aniversário, enquadra-se na condição de traficante, respondendo todavia por uma forma mais branda do delito.

(C) na situação de flagrante preparado, em que o policial se faz passar por comprador, a prisão em flagrante é ilegal, porque nenhuma ação ilícita teria sido praticada pelo traficante no contexto.

(D) a associação estável de pessoas, com vistas ao tráfico de drogas, constitui crime à parte, porém não pode ser imputada simultaneamente com o tráfico, para evitar o bis in idem (dupla punição pelo mesmo fato).

(E) indivíduo que empresta dinheiro ao irmão traficante, uma única vez, com o objetivo de completar a quantia necessária para comprar certa quantidade de drogas, para revenda, deve responder pelo crime de financiamento do tráfico.

A: incorreta. Segundo estabelece o art. 48, § 2º, da Lei 11.343/2006, não se imporá prisão em flagrante ao autor do crime previsto no art. 28 da mesma lei; conduzido à presença da autoridade policial, será lavrado, contra o agente, termo circunstanciado de ocorrência policial; **B:** correta. A conduta descrita na alternativa se enquadra no tipo penal do art. 33, § 3º, da Lei de Drogas. É a chamada *cessão gratuita e eventual*, que, a teor do art. 33, § 3º, da Lei de Drogas, traz os seguintes requisitos: eventualidade no oferecimento da droga; ausência de objetivo de lucro; intenção de consumir a droga em conjunto; e oferecimento da droga a pessoa de relacionamento do agente; **C:** incorreta. Apesar de a "venda" da substância entorpecente constituir, neste caso, crime impossível (art. 17 do CP e Súmula nº 145, STF), dada a impossibilidade de o crime consumar-se, a conduta consubstanciada em "trazer consigo" já se consumara, sendo lícita, portanto, a prisão em flagrante do agente. Note bem: a prisão em flagrante do suspeito deve se dar pela prática da conduta "trazer consigo", que se consumou independentemente da atuação do policial. Conferir: "HC. TRÁFICO DE ENTORPECENTES. NULIDADE DO FLAGRANTE. AUSÊNCIA DE NOMEAÇÃO DE CURADOR A RÉU MENOR. AUSÊNCIA DE PREJUÍZO. FLAGRANTE PREPARADO. SÚM. Nº 145/STF. INAPLICABILIDADE. INSUFICIÊNCIA DE PROVAS PARA A CONDENAÇÃO. ORDEM DENEGADA. I. Não se reconhece nulidade do auto de prisão em flagrante, decorrente da falta de nomeação de curador a réu menor, se, inobstante não ter havido prejuízo para a defesa – pois o paciente reservou-se ao direito de falar só em juízo – ainda houve a determinação de que a genitora dele assinasse o auto como sua curadora. II. Mesmo configurado o flagrante preparado em relação à venda de entorpecentes a policiais, o mesmo não afetaria a anterior aquisição para entregar a consumo a substância entorpecente ("trazer consigo para comércio"), razão pela qual se tem como descabida a aplicação da Súmula nº 145 do STF, a fim de ver reconhecido o crime impossível. III. O writ se constitui em meio impróprio para a análise de alegações que exijam o reexame do conjunto fático-probatório – como a aduzida insuficiência de provas para a condenação – tendo em vista a incabível dilação que se faria necessária. IV. Ordem denegada" (STJ, HC 9.689-SP, rel. Min. Gilson Dipp, *DJ* 8.11.1999); **D:** incorreta, na medida em que, sendo o crime do art. 35 da Lei de Drogas (associação para o tráfico) considerado autônomo, nada obsta o reconhecimento de concurso material entre ele e o crime do art. 33 da mesma lei (tráfico de drogas); **E:** incorreta, uma vez que, para a configuração do crime do art. 36 da Lei 11.343/2006, é necessário que o financiamento ou custeio tenha relevância econômica, não podendo ser considerado como tal o eventual empréstimo concedido por um irmão ao outro para a aquisição de substância entorpecente para posterior revenda.

Gabarito "B"

(Delegado/PR – 2013 – UEL-COPS) Com relação à Lei de Drogas, Lei nº 11.343/2006, considere as afirmativas a seguir.

I. No crime de tráfico, o laudo definitivo da substância deve ser anexado antes de se efetuar a remessa do inquérito policial ao juiz competente.

II. No crime de tráfico, a prisão em flagrante deve ser imediatamente informada ao magistrado.

III. No crime de uso de droga, é possível a transação penal.

IV. Nos crimes de drogas, o prazo para conclusão de inquérito policial poderá ser duplicado, desde que haja requerimento do delegado, seja ouvido o Ministério Público e deferido pelo magistrado.

Assinale a alternativa correta.

(A) Somente as afirmativas I e II são corretas.

(B) Somente as afirmativas I e IV são corretas.

(C) Somente as afirmativas III e IV são corretas.

(D) Somente as afirmativas I, II e III são corretas.

(E) Somente as afirmativas II, III e IV são corretas.

I: incorreta. Considerando que a denúncia pode ser oferecida com base tão somente no *laudo de constatação*, com muito mais razão o inquérito policial pode ser concluído e remetido a juízo com o laudo de constatação. O laudo definitivo é necessário na fase de sentença; **II:** correta. Providência prevista no art. 50, *caput*, da Lei de Drogas; **III:** à parte a discussão sobre a tipicidade da conduta de *usar* drogas, uma vez que não estaria contemplada no tipo penal do art. 28 da Lei 11.343/2006, o instituto da *transação penal*, da Lei 9.099/1995 (art. 76), tem incidência, de fato, no procedimento relativo ao crime do art. 28 da Lei de Drogas; **IV:** correta (art. 51, Lei 11.343/2006).

Gabarito "E"

(Delegado/RJ – 2013 – FUNCAB) Em busca domiciliar judicialmente autorizada, policiais civis encontram, em certo apartamento, escondidos em um fundo falso de armário, dezenas de invólucros contendo cocaína, já embalada para revenda, bem como um grande pacote contendo cocaína compactada, destinada à embalagem em porções menores, material este que pertencia ao ocupante do imóvel, preso em flagrante delito. No mesmo esconderijo estava uma lata de solvente orgânico, popularmente conhecido por *thinner*, destinada exclusivamente à inalação pelo detido (ocupante do imóvel). Com o aprofundamento da investigação, constata-se que o proprietário do imóvel, mesmo ciente de que drogas seriam armazenadas naquele local, alugara o imóvel ao detido, razão pela qual resta também indiciado.

Verifica-se, por fim, que o contato estabelecido entre o ocupante e o proprietário do imóvel decorrera de uma eventualidade, sendo o aluguel firmado por apenas poucas semanas, embora com remuneração acima do valor de mercado. Analisando o caso concreto, assinale a resposta que corretamente tipifica as condutas narradas.

(A) artigos 28 e 33, *caput*, da Lei n° 11.343/2006, no caso do ocupante; e 33, *caput*, da Lei nº 11.343/2006, no caso do proprietário do imóvel.

(B) artigo 33, *caput*, da Lei n° 11.343/2006 para o ocupante do imóvel; e artigo 33, § 1º, III, da mesma lei, para o proprietário.

(C) artigos 28, 33, *caput*, e 35 da Lei n° 11.343/2006, tanto no caso do ocupante, quanto no caso do proprietário do imóvel.

(D) artigos 28, 33, *caput*, e 35, da Lei n° 11.343/2006 para o ocupante do imóvel; e 33, § 1º, III, e 35, da mesma lei, para o proprietário.

(E) artigo 33, *caput*, da Lei n° 11.343/2006, tanto no caso do ocupante, quanto no caso do proprietário do imóvel.

Questão, segundo pensamos, mal elaborada. Primeiro porque o examinador cobra do candidato que conheça o número do artigo que corresponde a cada tipo penal; segundo porque exige que o candidato conheça com profundidade a relação das substâncias elencadas na Portaria 344/1998 da ANVISA (art. 66, Lei 11.343/2006). É isso mesmo. Por mais absurdo que possa parecer, não se deve imputar ao ocupante do imóvel, que ali praticava traficância, o crime do art. 28 da Lei 11.343/2006 porquanto a substância de que fazia uso, por meio de inalação, não tem previsão na Portaria 344/1998 da ANVISA. No mais, não deve restar dúvida de que o crime em que incorreu o locatário de fato é o do art. 33, *caput*, da Lei de Drogas (tráfico de drogas); também fica claro que o locador, porque tinha conhecimento do fim que seria dado ao seu imóvel, deverá ser responsabilizado pelo crime do art. 33, § 1º, III, da Lei 11.343/2006. Deve ser afastada a ocorrência do crime de associação para o tráfico (art. 35) na medida em que tem como pressuposto a existência de um vínculo permanente e estável entre os associados, o que não havia entre locador e locatário (o contato entre eles decorreu de uma eventualidade de a locação teria duração de poucas semanas).

Gabarito "B"

(Delegado/RO – 2014 – FUNCAB) Em relação à Lei nº 11.343/2006 (Lei Antidrogas), no crime de tráfico de drogas, são causas que aumentam a pena do referido delito de um sexto a dois terços, EXCETO:

(A) o agente praticar o crime prevalecendo-se de função pública ou no desempenho de missão de educação, poder familiar, guarda ou vigilância.

(B) quando caracterizado o tráfico entre Estados da Federação ou entre estes e o Distrito Federal.

(C) o agente oferecer droga, eventualmente e sem objetivo de lucro, à pessoa de seu relacionamento, para juntos a consumirem.

(D) o crime tiver sido praticado com violência, grave ameaça, emprego de arma de fogo, ou qualquer processo de intimidação difusa ou coletiva.

(E) a natureza, a procedência da substância ou do produto apreendido e as circunstâncias do fato evidenciarem a transnacionalidade do delito.

A: correta (causa de aumento prevista no art. 40, II, da Lei 11.343/2006); **B:** correta (causa de aumento prevista no art. 40, V, da Lei 11.343/2006); **C:** incorreta. A assertiva descreve a conduta prevista no art. 33, § 3º, da Lei de Drogas, que corresponde a ***uma modalidade privilegiada de tráfico. É a chamada*** *cessão gratuita e eventual* ***de drogas. Constitui, portanto, figura típica autônoma, e não causa de aumento de pena;*** **D:** correta (causa de aumento prevista no art. 40, IV, da Lei 11.343/2006); **E:** correta (causa de aumento prevista no art. 40, I, da Lei 11.343/2006).

Gabarito "C"

(Delegado de Polícia/GO – 2013 – UEG) Sobre a Lei de Drogas (Lei nº 11.343/2006), tem-se que

(A) o crime de tráfico de drogas consuma-se quando ocorre a efetiva colocação da substância proibida em circulação, dado tratar-se de crime de perigo concreto.

(B) é possível a fixação de regime prisional diferente do fechado para o início do cumprimento de pena imposta ao condenado por crime hediondo, não alcançando essa possibilidade aos condenados pelos denominados crimes hediondos por equiparação, como tráfico de drogas, diante de expressa vedação legal.

(C) na fixação da pena, a lei de drogas não impõe ao juiz qualquer consideração sobre a natureza e a quantidade da droga, em preponderância sobre a regra do artigo 59 do Código Penal.

(D) para configuração da interestadualidade do tráfico (art. 40, V) é prescindível a efetiva transposição das fronteiras do Estado, bastando, a existência de elementos que sinalizem a destinação da droga para além dos limites estaduais.

A: incorreta. Primeiramente, o tráfico de drogas é, de acordo com a doutrina e jurisprudência, considerado crime de perigo abstrato. No mais, o momento consumativo, embora varie de acordo com a conduta praticada (lembre-se que o art. 33, *caput*, da Lei 11.343/2006, tem dezoito verbos!), não exigirá a efetiva colocação da substância proibida em circulação. Exemplificamos com o tráfico de drogas na modalidade "expor à venda", na qual a substância estupefaciente não será colocada em efetiva circulação, bastando que o agente tencione entregá-la ao consumo de terceiros; **B:** incorreta. A despeito de o regime inicial fechado decorrer de imposição legal (art. 2º, § 1º, da Lei 8.072/1990), o STF, no julgamento do HC 111.840, decidiu pela inconstitucionalidade incidental do referido dispositivo legal, afastando-se a obrigatoriedade do regime extremo aos condenados por crimes hediondos e equiparados (aqui considerados o tráfico de drogas, a tortura e o terrorismo); **C:** incorreta. De acordo com o art. 42 da Lei 11.343/2006, o juiz, na fixação das penas, considerará, com preponderância sobre o previsto no art. 59 do Código Penal, *a natureza e a quantidade da substância ou do produto, a personalidade e a conduta social do agente*; **D:** correta. De fato, a configuração da majorante contida no art. 40, V, da Lei 11.343/2006 (interestadualidade do tráfico), dispensa a efetiva transposição da droga entre Estados. Confira-se o entendimento do STJ: "*HABEAS CORPUS*. CRIME DE TRÁFICO ILÍCITO DE ENTORPECENTES. INCIDÊNCIA DA CAUSA DE AUMENTO PREVISTA NO ART. 40, INCISO V, DA LEI Nº 11.343/2006. PRESCINDÍVEL A EFETIVA TRANSPOSIÇÃO DE FRONTEIRAS. *HABEAS CORPUS* DENEGADO. 1. Segundo reiterados julgados da Quinta Turma desta Corte Superior e do Supremo Tribunal Federal, para a incidência da causa de aumento de pena prevista no art. 40, inciso V, da Lei nº 11.343/2006 é prescindível a efetiva transposição das fronteiras do Estado, sendo suficiente a existência de elementos que evidenciem a destinação final da droga para fora dos limites estaduais. 2. No caso em comento, houve a devida comprovação de que o Acusado pretendia transportar os 764 quilogramas de maconha da cidade de Aral Moreira para Dourados, e, após, seria entregue no Estado do Rio de Janeiro, caracterizando-se a interestadualidade do tráfico ilícito de entorpecentes. 3. *Habeas corpus* denegado." (HC 251223/MS (2012/0168234-0), 5ª Turma, j. 05.03.2013, rel. Min. Laurita Vaz, *DJe* 12.03.2013).

Gabarito "D"

(Delegado/AP – 2010) O oferecimento da substância entorpecente *canabis sativa L.* (popularmente conhecida como maconha a outrem sem objetivo de lucro e para consumo conjunto constitui o seguinte crime:

(A) posse de drogas sem autorização ou em desacordo com determinação legal ou regulamentar para consumo pessoal (art. 28, da Lei 11.343/2006), punido com penas de advertência, prestação de serviços à comunidade e medida educativa de comparecimento a programa ou curso educativo.

(B) conduta equiparada ao crime de tráfico de drogas (art. 33, § 3º, da Lei 11.343/2006) punido com pena de detenção de seis meses a um ano, pagamento de 700 (setecentos) a 1.500 (mil e quinhentos) dias-multa, sem prejuízo das penas de advertência, prestação de serviços à comunidade e medida educativa de comparecimento a programa ou curso educativo.

(C) cultivo de plantas destinadas à preparação de pequena quantidade de substância ou produto capaz de causar dependência física ou psíquica para uso pessoal (art. 28, § 1º, da Lei 11.343/2006) punido com penas de advertência, prestação de serviços à comunidade e medida educativa de comparecimento a programa ou curso educativo.

(D) tráfico de drogas (art. 33, da Lei 11.343/2006), punido com pena de reclusão de cinco a quinze anos e pagamento de 500 (quinhentos) a 1.500 (mil e quinhentos) dias-multa.

(E) posse de drogas sem autorização ou em desacordo com determinação legal ou regulamentar para consumo pessoal (art. 28, da Lei 11.343/2006), punido com penas de detenção de seis meses a dois anos e pagamento de 500 (quinhentos) a 1.500 (mil e quinhentos) dias-multa.

Cuida-se de inovação introduzida pela Lei 11.343/2006. É a chamada *cessão gratuita e eventual*, que, a teor do art. 33, § 3º, da Lei de Drogas, traz os seguintes requisitos: eventualidade no oferecimento da droga; ausência de objetivo de lucro; intenção de consumir a droga em conjunto; e oferecimento da droga a pessoa de relacionamento do agente. Dado que a pena máxima cominada é de 1 ano, a competência é do Juizado Especial Criminal.

Gabarito "B"

(Delegado/AP – 2010) Relativamente à Lei de Drogas (Lei 11.343/2006), analise as afirmativas a seguir:

I. Em qualquer fase da persecução criminal relativa aos crimes previstos na Lei de Drogas, é permitida a infiltração por agentes de polícia, em tarefas de investigação, mediante autorização do Ministério Público.

II. O crime de tráfico de drogas (art. 33, da Lei 11.343/2006) é inafiançável, insuscetível de graça, indulto, anistia, liberdade provisória e livramento condicional.

III. Uma vez encerrado o prazo do inquérito, e não havendo diligências necessárias pendentes de realização, a autoridade de polícia judiciária relatará sumariamente as circunstâncias do fato, justificando as razões que a levaram à classificação do delito, indicando a quantidade e natureza da substância ou do produto apreendido, o local e as condições em que se desenvolveu a ação criminosa, as circunstâncias da prisão, a conduta, a qualificação e os antecedentes do agente.

Assinale:

(A) se somente a afirmativa I estiver correta.

(B) se somente a afirmativa II estiver correta.

(C) se somente a afirmativa III estiver correta.

(D) se todas as afirmativas estiverem corretas.

(E) se todas as afirmativas estiverem corretas.

I: incorreta, visto que a infiltração de agentes de polícia em tarefas de investigação, nos crimes previstos na Lei de Drogas, não prescinde, conforme é possível se inferir do art. 33, *caput*, da Lei 11.343/2006, de autorização judicial, ouvido, antes, o Ministério Público; **II:** incorreta, visto que o art. 44, parágrafo único, da Lei de Drogas prevê a possibilidade de concessão de livramento condicional ao condenado por crime de tráfico. No mais, o Pleno do STF, em controle difuso, reconheceu a inconstitucionalidade de parte do art. 44 da Lei de Drogas, que proibia a concessão de liberdade provisória nos crimes de tráfico (HC 104.339/SP, Pleno, j. 10.05.2012, rel. Min. Gilmar Mendes, *DJe* 06.12.2012); **III:** correta, pois reflete o disposto no art. 52, I, na Lei 11.343/2006.

Gabarito "C"

(Delegado/GO – 2009 – UEG) A Lei nº 11.343/2006, nova Lei de Drogas, inovou, em alguns aspectos, no tratamento penal do traficante e no do usuário, sendo CORRETO afirmar:

(A) é vedada expressamente a todos os delitos tipificados na Lei nº 11.343 a substituição da pena privativa de liberdade por restritiva de direitos.

(B) a recusa injustificada do agente em submeter-se ao cumprimento das medidas educativas previstas no art. 28 da Lei nº 11.343, ensejará, de pronto, a aplicação da pena de multa.

(C) a previsão na Lei nº 11.343 da causa de diminuição da pena para o traficante primário, de bons antecedentes e sem ligações criminosas, não exclui a aplicação das restrições contidas na Lei de Crimes Hediondos.

(D) segundo decisão do Supremo Tribunal Federal, as sanções do art. 28 da Lei nº 11.343 (posse para consumo pessoal) não são consideradas de natureza penal propriamente dita, inserindo-se no chamado direito penal sancionador.

A: incorreta. A substituição da pena privativa de liberdade por restritiva de direitos era vedada, a teor do art. 33, § 4º, da Lei de Drogas, para o crime de tráfico. Sucede que o STF, no julgamento do HC 97.256/RS, declarou, incidentalmente, a inconstitucionalidade dessa vedação. Posteriormente, o Senado Federal, por meio da Resolução nº 5/2012, suspendeu a execução da expressão "vedada a conversão em penas restritivas de direito", presente no art. 33, § 4º, da Lei 11.343/2006. Portanto, nada impede, atualmente, que o juiz autorize a substituição da pena privativa de liberdade por restritiva de direitos no crime de tráfico; **B:** incorreta. Antes disso, o juiz poderá submeter o agente à admoestação verbal; **C:** correta, pois corresponde ao que estabelece o art. 33, § 4º; **D:** incorreta. A natureza jurídica do art. 28 da Lei de Drogas tem gerado polêmica na doutrina. No julgamento do RE 430.105-9-RJ, da relatoria do Min. Sepúlveda Pertence, a 1ª Turma do STF decidiu que o dispositivo tem natureza de crime, e o usuário é um "tóxico-delinquente".

Gabarito "C"

(Delegado/MG – 2008) Em relação ao procedimento dos delitos previstos na Lei nº 11.343/2006, assinale a afirmativa INCORRETA.

(A) Para efeito de lavratura do auto de prisão em flagrante delito e demonstração da materialidade delitiva, é suficiente o laudo de constatação da natureza e quantidade da droga firmado por perito oficial ou, na falta deste, por pessoa idônea.

(B) Na hipótese de indiciado preso, o inquérito policial deverá terminar no prazo de 10 dias.

(C) Os prazos para o término do inquérito policial podem ser duplicados pelo juiz, ouvido o Ministério Público, mediante pedido justificado da autoridade de polícia judiciária.

(D) Na hipótese de indiciado solto, o inquérito policial deverá terminar no prazo de 90 dias.

A: correta, conforme o art. 50, § 1º, da Lei de Drogas; **B:** incorreta, pois o prazo estabelecido no art. 51 da Lei de Drogas é de 30 dias em caso de réu preso; **C:** correta. conforme reza o art. 51, parágrafo único, da Lei de Drogas que o prazo para conclusão do inquérito – relativo a réu preso, que é de 30 dias e, a réu solto que é de 90 dias –, pode ser duplicado pelo juiz, desde que ouvido o MP e mediante pedido justificado da autoridade policial; **D:** correta, de acordo com a redação do art. 51, *caput, in fine*.

Gabarito "B"

(Delegado/MG – 2007) Assinale a opção INCORRETA:

(A) Em qualquer fase da persecução criminal, relativa aos crimes previstos na Lei 11.343/2006, é permitida a não atuação policial sobre os portadores de droga, seus precursores químicos ou outros produtos utilizados em sua produção, que se encontrem no território brasileiro e estrangeiro, com a finalidade de identificar e responsabilizar maior número de integrantes de operações de tráfico e distribuição, dependendo de autorização judicial, ouvido o Ministério Público, e desde que sejam conhecidos o itinerário e a identificação dos agentes ou de colaboradores.

(B) A Lei 9.034/1995, chamada de "Lei do Crime Organizado", em qualquer fase de persecução criminal, permite a ação controlada, que consiste em retardar a interdição policial do que se supõe ação praticada por organizações criminosas ou a ela vinculada, desde que mantida diante de observação e acompanhamento para que a medida legal se concretize no momento mais eficaz do ponto de vista da formação de provas e fornecimento de informações.

(C) Em qualquer fase da persecução criminal, relativa aos crimes previstos na Lei 11.343/2006, é permitida, mediante autorização judicial e ouvido o Ministério Público, a infiltração por agentes de polícia, em tarefas de investigação, constituída pelos órgãos especializados pertinentes.

(D) A Lei 9.034/1995, chamada de "Lei do crime organizado", em qualquer fase de persecução criminal, permite a infiltração, por agentes de polícia ou de inteligência, em tarefas de investigação, constituída pelos órgãos especializados, pertinentes, mediante circunstanciada autorização judicial.

A: incorreta, já que a permissão para a não atuação policial abrange somente o território brasileiro (art. 53, II, da Lei de Drogas); **B:** correta – art. 2º, II, da Lei 9.034/1995,; **C:** correta – art. 53, I, da Lei de Drogas; **D:** correta – art. 2º, V, da revogada Lei 9.034/1995, com as alterações trazidas pela Lei 10.217/2001 (vide arts. 3º, VII e 10 da Lei 12.850/2013).

Gabarito "A"

(Delegado/PA – 2006 – CESPE) Com relação à Lei nº 6.368/1976 (Lei de Tóxicos) e à Lei nº 7.210/1984 (Lei de Execução Penal), assinale a opção correta.

(A) Se um farmacêutico injeta drogas em uma pessoa sem que haja prescrição médica para tanto, pratica tráfico ilícito de entorpecentes, consubstanciado na conduta típica ministrar.

(B) Não constitui tráfico ilícito de entorpecente a cessão gratuita e eventual de pequena quantidade de substância entorpecente.

(C) Nos termos da Lei de Execução Penal, o condenado que cometer falta grave não perde o direito ao tempo remido.

(D) Aquele que, no mesmo contexto fático e sucessivamente, importa, transporta, mantém em depósito, expõe e, finalmente, vende a mesma substância entorpecente, responderá por concurso material de delitos.

A: correta. O art. 33, *caput*, da Lei 11.343/2006, atualmente em vigor, prevê como uma das condutas que tipifica o tráfico a de *ministrar* droga; **B:** incorreta. O art. 33, § 3º, estabelece que oferecer droga, eventualmente e sem objetivo de lucro, a pessoa de seu relacionamento, para juntos a consumirem, constitui crime. É o chamado tráfico eventual de droga. Contudo, se o fornecimento da droga, ainda que gratuito, fora das condições mencionadas, atingir pessoa que não seja do relacionamento do agente, configurado estará o crime de tráfico (art. 33, *caput*); **C:** incorreta. O art. 127 da LEP, com a recente inovação trazida pela Lei 12.433, de 30 de junho de 2011, estabelece que, em caso de cometimento de falta grave, o sentenciado perderá, no máximo, um terço dos dias remidos; **D:** incorreta. O tráfico de drogas é um crime de ação múltipla e, por assim ser, ainda que o agente cometa mais de uma conduta, desde que no mesmo contexto fático, estará caracterizado um único crime, sendo possível que o julgador, no momento da dosimetria da pena, considere o número de ações para fixar a reprimenda proporcional às condutas perpetradas pelo agente. Incide, neste caso, o princípio da alternatividade.

Gabarito "A"

(Delegado/RR – 2003 – CESPE) Relativamente ao tráfico ilícito e uso indevido de substâncias entorpecentes e aos crimes hediondos, julgue o item a seguir.

(1) O crime de associação para o tráfico ilícito de entorpecentes foi revogado pela Lei dos Crimes Hediondos.

1: incorreta. O crime de associação para o tráfico ilícito de entorpecentes continua tipificado na Lei de Drogas (art. 35). Todavia, não está inserido no rol dos crimes hediondos ou equiparados.

Gabarito 1E

(Delegado/SC – 2008) "A", depois de consumir cocaína e sob o efeito dessa substância, conduziu uma pequena embarcação a motor de sua propriedade, na praia, expondo a risco a incolumidade de outrem, com as manobras perigosas que fazia. Pode-se afirmar que, assim agindo, "A" praticou:

(A) crime de "direção perigosa", previsto na Lei nº 9.503/1997 (Código de Trânsito Brasileiro).

(B) contravenção penal de "direção perigosa".
(C) crime previsto na Lei nº 11.343/2006 (Lei sobre Drogas).
(D) mera infração administrativa.

A alternativa "C" corresponde ao disposto no art. 39 da Lei 11.343/2006.
Gabarito "C"

(Delegado/SC – 2008) "Juanito Camiñero", paraguaio, trouxe para o Brasil, no interior da porta de seu automóvel, 4 kg de maconha e 1 kg de cocaína. Ele deve ser responsabilizado por crime de ______ e deve ser processado e julgado na Justiça _____. A alternativa correta que completa as lacunas da frase acima é:

(A) tráfico de drogas e contrabando – Estadual
(B) tráfico de drogas e contrabando – Federal
(C) tráfico de drogas – Federal
(D) tráfico de drogas – Estadual

A conduta praticada por "Juanito Camiñero" configura o crime de tráfico de drogas, tipificado no art. 33 da Lei de Drogas, e pelo fato de a droga ter sido levada de um país para o outro, está caracterizada a transnacionalidade, que implica a incidência da causa de aumento prevista no art. 40, I, e a competência é da Justiça Federal.
Gabarito "C"

(Delegado/SC – 2008) O policial civil "Tício", visando à prisão de "Mévio", conhecido traficante da Capital, se passou por consumidor e dele comprou 10 papelotes de cocaína, provocando a negociação (venda da droga). Quando o traficante retirou a droga e a entregou para o policial, outros dois policiais civis, "Caio" e "Linus", efetuaram a prisão de "Mévio" em flagrante delito. Nesse caso, é correto afirmar que:

(A) a prisão em flagrante do traficante é ilegal, pois a negociação (venda da droga) configura delito putativo por obra do agente provocador, configurando, portanto, crime impossível.
(B) a prisão em flagrante do traficante é lícita e não se dá pela compra e venda simulada, mas sim pelo fato de o traficante, espontaneamente, trazer consigo droga, que é uma modalidade permanente do crime em questão.
(C) a prisão em flagrante do traficante é lícita, mas o policial civil "Tício" deverá também responder por crime de tóxico, pois adquiriu ilicitamente substância entorpecente.
(D) a prisão em flagrante do traficante é ilícita, pois os agentes induziram a prática criminosa, devendo os policiais civis "Tício", "Caio" e "Linus" responderem por crime de abuso de autoridade.

A alternativa correta é a "B", conforme determina o art. 53 da Lei 11.343/2006.
Gabarito "B"

(Delegado/SP – 1999) Como sabemos na Lei dos Crimes Hediondos – Lei nº 8.072/1990 – consta norma reguladora dos crimes nela inseridos quando praticados por meio de quadrilha ou bando estabelecendo, para este delito autônomo a pena de reclusão é de três a seis anos. Essa determinação legal

(A) conflita com dispositivo da Lei da Tortura – Lei nº 9.455/1997 – que trata do assunto.
(B) está em pleno vigor, sem qualquer colidência com outra legislação especial.
(C) conflita com o dispositivo da Lei de Entorpecente – Lei nº 6.368/1976 – que prevê o crime de formação de quadrilha ou bando, para o tráfico, com pena superior à citada no enunciado da questão.
(D) conflita com o dispositivo da Lei de Entorpecente – Lei nº 6.368/1976 – que prevê o crime de formação de quadrilha ou bando para o tráfico, estabelecendo para este delito autônomo, pena idêntica à citada no enunciado da questão, dificultando saber qual legislação a ser aplicada.

Art. 35 da Lei 11.343/2006, atualmente em vigor, onde está previsto o crime de associação para o tráfico.
Gabarito "C"

(Delegado/SP – 1998) À luz da Lei nº 6.368/1976, a conduta de quem induz alguém a usar entorpecente:

(A) está expressamente prevista, dentre os subtipos do artigo 16, equiparando a conduta daquele que assim age, com a do usuário da droga.
(B) está implícita no texto do artigo 16, que trata do usuário da droga.
(C) não está prevista como figura penal autônoma podendo, porém, ser entendida como uma das formas de "expor à venda ou oferecer" prevista como tráfico (art. 12 e seus §§).
(D) está nela expressamente prevista e equiparada em termos de pena, como uma das formas de tráfico (artigo 12 e seus §§).

Art. 33, § 2º, da Lei 11.343/2006, atualmente em vigor.
Gabarito "D"

(Delegado/SP – 2011) Relativamente aos bens móveis e imóveis ou valores consistentes em produtos decorrentes da prática dos crimes previstos na Lei sobre Drogas (Lei nº 11.343/2006) é correto afirmar que

(A) o pedido de restituição será conhecido pelo juiz independentemente do comparecimento pessoal do acusado a juízo.
(B) o acusado poderá apresentar ou requerer a produção de provas acerca da origem lícita do bem, a qualquer tempo, independente de concessão judicial.
(C) a ordem de sequestro de bens ou valores poderá ser suspensa pelo juiz quando sua execução comprometer as investigações
(D) os veículos e aeronaves apreendidos ficarão sob a custódia da autoridade judicial.
(E) a utilização de veículos e aeronaves apreendidos é expressamente proibida.

A: incorreta. É do art. 60, § 1º, da Lei 11.343/2006 que o conhecimento, pelo juiz, do *pedido de restituição* está condicionado ao comparecimento pessoal do acusado; **B:** incorreta. Pelo que estabelece o art. 60, § 1º, da Lei 11.343/2006, o acusado disporá do prazo de cinco dias, concedido pelo juiz, para apresentar ou requerer a produção de provas acerca da origem lícita do produto, bem ou valor objeto da decisão; **C:** correta, pois em conformidade com o que estabelece o art. 60, § 4º, da Lei 11.343/2006; **D:** incorreta. Estabelece o art. o art. 62, *caput*, da Lei 11.343/2006 que os bens apreendidos ficarão sob os cuidados da autoridade de polícia judiciária; **E:** incorreta, pois não reflete o que dispõe o art. 61, *caput*, da Lei 11.343/2006.
Gabarito "C"

2. CRIMES DE TRÂNSITO

(Delegado/RJ – 2013 – FUNCAB) Condutor do veículo A, dirigindo imprudentemente, colide na traseira do veículo B, o qual atinge pedestre na calçada, causando-lhe lesões corporais leves, não sendo possível ao condutor do veículo B evitar o resultado. O condutor do veículo A foge, e, em seguida, o condutor do veículo B também empreende fuga do local, ambos deixando de prestar socorro à vítima. Somente o condutor do veículo B é perseguido e preso por policiais militares. Na qualidade de Delegado de Polícia a quem o fato foi apresentado, assinale a alternativa que corretamente tipifica o comportamento do condutor do veículo B.

(A) Lesão corporal culposa sem causa de aumento de pena, do Código de Trânsito Brasileiro.
(B) Lesão corporal culposa com causa de aumento de pena, do Código de Trânsito Brasileiro.
(C) Omissão de socorro do Código de Trânsito Brasileiro.
(D) Lesão corporal culposa sem causa de aumento de pena e omissão de socorro, ambos do Código de Trânsito Brasileiro, em concurso material.
(E) Lesão corporal culposa com causa de aumento de pena e omissão de socorro, ambos do Código de Trânsito Brasileiro, em concurso material.

Pelo enunciado, temos que o condutor do veículo "A", agindo com culpa (na modalidade *imprudência*), atingiu a traseira do veículo "B", que, em razão disso, acabou por colher pedestre que se encontrava na calçada, provocando-lhe lesões corporais de natureza leve. Fica claro que o condutor do veículo "B", embora envolvido na colisão e no atropelamento, não agiu com culpa (não tinha como evitar o resultado). Sucede que, depois do ocorrido, tanto o condutor do veículo "A", que deu causa ao acidente, quanto o do veículo "B", que não agira com culpa na produção do resultado, fugiram do local, deixando de prestar socorro à vítima. Consta também que a polícia somente logrou prender o condutor do veículo "B", em relação ao qual deve-se apontar a responsabilidade penal. Pois bem. Como é sabido, a omissão de socorro, no contexto dos acidentes de trânsito, pode dar azo ao reconhecimento de três crimes diversos, a depender da participação de cada envolvido. Analisemos, em primeiro lugar, a situação do condutor que, tendo dado causa ao acidente, deixa de prestar socorro à vítima, que sofre lesão corporal ou morte. Nesse caso, o condutor deverá ser responsabilizado pelo crime de trânsito (art. 302 do CTB, se do acidente que causou resultar morte; ou 303 do CTB, se do acidente resultar lesão corporal), com incidência, pela omissão, em qualquer caso, da causa de aumento presente no art. 302, parágrafo único, III, do CTB. É este crime que deve ser imputado ao condutor do veículo "A", que, tendo dado causa ao acidente (agiu com culpa na modalidade imprudência), omitiu socorro. Outra situação possível é aquela em que o condutor, embora envolvido no acidente ao qual não deu causa, foge do local sem prestar socorro. É exatamente este o caso do condutor "B", que, envolvido em acidente que não provocou (não agiu com culpa), deixa de prestar socorro à vítima. Incorrerá, neste caso, no crime do art. 304 do CTB. Outra hipótese possível é aquela em que terceira pessoa, não envolvida no acidente, deixa de prestar socorro ou providencie para que outrem o faça. Deverá responder pelo crime de omissão de socorro do art. 135 do CP.

Gabarito "C"

(Delegado/RO – 2014 – FUNCAB) Fabiano entregou a direção de seu veículo a Maria, penalmente imputável, mesmo sabendo que ela não possui Carteira Nacional de Habilitação. Já Maria, ao conduzir o veículo em via pública, gerou perigo de dano. Nessa situação hipotética, os dois cometeram crime de trânsito com detenção de:

(A) 1 ano a 2 anos e multa.
(B) 6 meses a 1 ano e multa.
(C) 6 meses a 1 ano ou multa.
(D) 6 meses a 2 anos e multa.
(E) 6 meses a 2 anos ou multa.

Fabiano, que entregou a direção de seu veículo a pessoa sabidamente não habilitada, deverá ser responsabilizado pelo crime do art. 310 da Lei 9.503/1997 (Código de Trânsito Brasileiro); já Maria, que não tem habilitação e, mesmo assim, dirigiu o veículo de Fabiano, gerando perigo de dano, será, sendo pessoa imputável, responsabilizada pelo delito do art. 309 da Lei 9.503/1997 (Código de Trânsito Brasileiro). Para os dois crimes a pena prevista é de detenção de 6 meses a 1 ano ou multa. Vale consignar que o crime praticado por Maria, conforme se deduz do tipo penal, pressupõe a geração de perigo de dano, sem o que a conduta configura mera infração administrativa de trânsito. Nesse sentido, a Súmula n. 720 do STF: "O art. 309 do Código de Trânsito Brasileiro, que reclama decorra do fato perigo de dano, derrogou o art. 32 da Lei das Contravenções Penais no tocante à direção sem habilitação em vias terrestres".

Gabarito "C"

(Delegado/RO – 2014 – FUNCAB) No homicídio culposo cometido na direção de veículo automotor, a pena é aumentada de um terço à metade, se o agente estiver:

(A) na direção de veículo de transporte coletivo de passageiros, quando em serviço.
(B) com a Carteira Nacional de Habilitação incompatível com a da categoria do veículo.
(C) conduzindo veículo com placas falsas.
(D) com a Carteira Nacional de Habilitação suspensa.
(E) utilizando veículo em que tenha sido adulterado equipamento que afete a sua segurança.

A: correta, nos termos do art. 302, § 1º, IV, do CTB; **B:** incorreta, uma vez que não configura causa de aumento de pena prevista no art. 302, § 1º, do CTB; **C:** incorreta, uma vez que não configura causa de aumento de pena prevista no art. 302, § 1º, do CTB; **D:** incorreta, uma vez que não configura causa de aumento de pena prevista no art. 302, § 1º, do CTB; **E:** incorreta, uma vez que não configura causa de aumento prevista no art. 302, § 1º, do CTB.

Gabarito "A"

(Delegado/RO – 2014 – FUNCAB) No dia 02 de abril de 2013, Carlos foi flagrado dirigindo sob a influência de álcool. Em 04 de abril de 2014, ele foi flagrado novamente nessa situação. Nesse caso, será aplicada uma multa agravada em:

(A) 3 vezes o valor previsto
(B) 5 vezes o valor previsto.
(C) 10 vezes o valor previsto.
(D) 20 vezes o valor previsto.
(E) 8 vezes o valor previsto.

Cuida-se da infração administrativa prevista no art. 165, *caput*, do CTB, que manda aplicar a pena de multa correspondente a 10 vezes o valor previsto; o parágrafo único do dispositivo estabelece que, em caso de reincidência no período de 12 meses (não é esse o caso narrado no enunciado), a multa prevista no *caput* será aplicada em dobro (20 vezes).

Gabarito "C"

(Delegado de Polícia/GO – 2013 – UEG) Sobre os crimes de trânsito, previstos no Código de Trânsito Brasileiro, verifica-se o seguinte

(A) a penalidade de multa reparatória não poderá ser superior ao valor do prejuízo demonstrado no processo, e seu eventual pagamento não repercute na esfera cível.
(B) admite-se indistintamente ao crime de lesão corporal culposa praticado na condução de veículo automotor (art. 303) o benefício da transação penal, tendo em vista a pena máxima cominada ser de 2 (dois) anos de detenção.
(C) a suspensão ou a proibição de se obter a permissão ou habilitação para dirigir veículo automotor somente será imposta como penalidade acessória.
(D) para a configuração do delito previsto no art. 310 (permissão ou entrega de veículo automotor a pessoa não habilitada), é exigida a demonstração do perigo concreto de dano.

A: incorreta. A multa reparatória, prevista no art. 297 da Lei 9.503/1997 (CTB), consiste no pagamento, mediante depósito judicial em favor da vítima, ou seus sucessores, de quantia calculada com base no disposto no § 1º do art. 49 do CP, sempre que houver prejuízo material resultante do crime, *não podendo ser superior ao valor do prejuízo demonstrado no processo* (art. 297, § 1º), *descontando-se o valor na indenização civil do dano* (art. 297, § 3º); **B:** incorreta. Ao crime de lesão corporal culposa de trânsito (art. 303 do CTB), será, de fato, cabível a transação penal (art. 76 da Lei 9.099/1995), excerto se o agente estiver em uma das condições definidas no art. 291, § 1º, do CTB: i) sob a influência de álcool ou outra substância psicoativa que cause dependência; ii) participando de "racha"; e iii) transitando em velocidade superior à máxima permitida para o local em 50 km/h; **C:** incorreta. Nos exatos termos do art. 292 do CTB, a suspensão ou a proibição de se obter a permissão ou a habilitação para dirigir veículo automotor pode ser imposta como *penalidade principal, isolada* ou *cumulativamente* com outras penalidades; **D:** correta. Pela só análise da redação típica, já se extrai que o crime do art. 310 do CTB é daqueles em que se exige a demonstração do perigo concreto de dano. Confira-se o entendimento do STJ e STF, muito embora exista divergência doutrinária sobre o tema, alguns acreditando que se trate de crime de perigo abstrato: "*Para a configuração do crime previsto no art. 310 do CTB, é exigida a demonstração de perigo concreto de dano.* Segundo a jurisprudência do STJ, o delito descrito no art. 309 do Código de Trânsito Brasileiro (CTB) – conduzir veículo automotor sem habilitação – necessita da existência de perigo concreto para sua configuração. No mesmo sentido segue a posição do STF, que, inclusive, editou a Súmula nº 720 sobre o tema. O mesmo entendimento deve ser aplicado ao delito previsto no art. 310 do CTB – permitir, confiar ou entregar a direção de veículo automotor a pessoa não habilitada. Assim, não basta a simples entrega do veículo a pessoa não habilitada para a caracterização do crime, fazendo-se necessária a demonstração de perigo concreto de dano decorrente de tal conduta. Precedentes citados do STF: HC 84.377-SP, *DJ* 27.08.2004; do STJ: Ag 1.141.187-MG, *DJe* 18.08.2009; REsp 331.104-SP, *DJ* 17.05.2004; HC 28.500-SP, *DJ* 04.09.2006, e HC 150.397-SP, *DJe* 31.05.2010. HC 118.310-RS, rel. Min. Og Fernandes, j. 18.10.2012." Informativo 507 do STJ.

Gabarito "D"

(Delegado/AP – 2010) José da Silva dirigia seu automóvel em velocidade acima da permitida e de forma imprudente. Ao passar por um cruzamento, José não percebe que o sinal estava vermelho e atropela Maria de Souza, que vem a sofrer uma fratura exposta na perna direita e fica mais de 30 dias impossibilitada de desenvolver suas ocupações habituais. A fim de socorrer a vítima, José da Silva para o carro, sai do veículo e retira Maria do meio da via. Contudo, ao ver um grupo de pessoas vociferando e gritando "assassino!", "pega!" e "lincha!", José retorna para seu veículo e se evade do local, sendo parado há alguns metros adiante por uma patrulha de policiais militares que o levam preso em flagrante à Delegacia de Polícia.

Com base no relato acima, analise as afirmativas a seguir:

I. Segundo a Lei 9.503/1997 (Código Nacional de Trânsito), José não poderia ser preso em flagrante porque prestou socorro à vítima e só não permaneceu no local porque corria risco pessoal.
II. José praticou o crime de lesão corporal culposa grave na direção de veículo automotor.
III. José praticou o crime do art. 305, da Lei 9.503/1997 (Afastar-se o condutor do veículo do local do acidente, para fugir à responsabilidade penal ou civil que lhe possa ser atribuída).

Assinale:

(A) se somente a afirmativa I estiver correta.
(B) se somente a afirmativa II estiver correta.
(C) se somente a afirmativa III estiver correta.

(D) se somente as afirmativas I e II estiverem corretas.
(E) se todas as afirmativas estiverem corretas.

I: correta. Embora tenha dado causa ao acidente do qual resultou a lesão corporal culposa na vítima (art. 303 da Lei 9.503/1997 – CTB), a José não poderia ser atribuída a causa de aumento de pena contemplada no art. 302, § 1º, III, do CTB, haja vista que não seria possível, nas circunstâncias, prestar integral socorro sem se colocar em situação de risco pessoal. Assim, não é o caso de se impor ao condutor a prisão em flagrante, nos termos do art. 301 do CTB; **II:** incorreta. A classificação da lesão corporal, no Código Penal, em *leve* (art. 129, *caput*), *grave* (art. 129, § 1º) e *gravíssima* (art. 129, § 2º), corresponde à lesão dolosa; a lesão culposa não comporta essa classificação; **III:** incorreta. O tipo penal do art. 305 do CTB, cuja constitucionalidade é atualmente bastante discutida na doutrina e jurisprudência, não pode ser aplicado no caso em questão, já que não havia, por parte do condutor, o propósito de fugir à responsabilidade penal ou civil.

Gabarito "A"

(Delegado/AP – 2006 – UFAP) Analise as assertivas e assinale a alternativa correta:

I. A penalidade de suspensão ou de proibição de se obter a permissão ou a habilitação, para dirigir veículo automotor, tem a duração de seis meses a cinco anos.
II. A lesão corporal culposa praticada na direção de veículo automotor tem a pena aumentada de até dois terços, se o agente não possuir carteira de habilitação.
III. Como o Código de Trânsito impôs pena distinta ao homicídio culposo em relação ao homicídio culposo do Código Penal, sendo o primeiro, lei posterior, a pena aplicável a todos os homicídios culposos passa a ser a dele.

(A) Estão corretas todas as alternativas.
(B) Estão erradas todas as alternativas.
(C) Estão corretas apenas as alternativas II e III.
(D) Está correta apenas a alternativa I.
(E) Está correta apenas a alternativa III.

I: incorreta, tendo em conta que, em conformidade com o disposto no art. 293, *caput*, do CTB, esta modalidade de penalidade durará pelo período de 2 meses a 5 anos; **II:** incorreta. Nesta hipótese, por incidência do art. 302, § 1º, I, a pena será majorada de 1/3 a 1/2 (art. 303, parágrafo único, CTB); **III:** incorreta. O Código de Trânsito Brasileiro foi editado com o propósito de disciplinar situações especiais, peculiares. No caso do art. 302 do CTB, pune-se a conduta daquele que comete homicídio culposo *na direção de veículo automotor*. Cuida-se, pois, de uma legislação posterior especial, que, por isso, deve conviver harmonicamente com o homicídio culposo do Código Penal.

Gabarito "B"

(Delegado/DF – 2004) Quando conduzia veículo automotor, sem culpa, Fulano atropela um pedestre, deixando de prestar-lhe socorro, constituindo tal conduta, em tese, a prática de:

(A) omissão de socorro, prevista no art. 135 do Código Penal;
(B) lesão corporal culposa, com o aumento de pena previsto no artigo 129, § 7º, do Código Penal;
(C) expor a vida de outrem a perigo, previsto no artigo 132, do Código Penal;
(D) omissão de socorro, prevista no artigo 304, da Lei nº 9.503/1997;
(E) lesão corporal culposa na condução de veículo automotor, com o aumento de pena previsto no artigo 303, parágrafo único, da Lei nº 9.503/1997.

Se não agiu com culpa no momento do atropelamento, Fulano não poderá responder pelo crime de lesão corporal culposa (art. 303, CTB), já que ausente o elemento subjetivo do tipo. Quanto ao mais, não seria o caso de imputar-lhe o crime de *omissão de socorro*, previsto no art. 135 do CP, visto que Fulano, mesmo não tendo culpa, envolvera-se no acidente; da mesma forma, a ele não poderia ser atribuída a causa de aumento de pena decorrente da omissão de socorro, prevista no art. 303, parágrafo único, do CTB, porquanto não agiu com culpa. Dessa forma, a Fulano deverá ser imputado o crime do art. 304 do CTB – omissão de socorro, na medida em que ele não agiu com culpa, mas envolveu-se em acidente com vítima e omitiu socorro. Esta é a posição consagrada na doutrina e na jurisprudência. Incorre nas penas do art. 135 do CP – crime de omissão de socorro – o condutor que, não tendo se envolvido no fato, omite socorro.

Gabarito "D"

(Delegado/PI – 2009 – UESPI) No homicídio culposo cometido na direção de veículo automotor, a pena é aumentada de um terço à metade se o agente:

(A) afastar-se o condutor do veículo do local do acidente, para fugir à responsabilidade penal ou civil que lhe possa ser atribuída.
(B) praticá-lo enquanto estiver fazendo uso de aparelho telefônico celular.
(C) deixar de prestar socorro, quando possível fazê-lo, sem risco pessoal, à vítima do acidente.
(D) estiver sob a influência de álcool ou substância tóxica ou entorpecente de efeitos análogos.

A: incorreta, pois a hipótese não foi contemplada no rol do art. 302, §§ 1º e 2º, do CTB. A redação da alternativa corresponde ao tipo penal do art. 305 do CTB; **B:** incorreta, pois a hipótese não foi contemplada no rol do art. 302, §§ 1º e 2º, do CTB. O uso do aparelho de telefone celular, estando na direção de veículo automotor, constitui infração no âmbito administrativo; **C:** correta, nos termos do art. art. 302, § 1º, III, do CTB; **D:** incorreta, pois a hipótese não foi contemplada no rol do art. 302, §§ 1º e 2º, do CTB.

Gabarito "C"

(Delegado/SP – 2011) A penalidade de proibição de se obter a permissão ou a habilitação, para dirigir veículo automotor, prevista no Código de Trânsito Brasileiro, será aplicada nos casos abaixo relacionados, com exceção da seguinte situação:

(A) embriaguez na condução de veículo automotor, em via pública.
(B) participação, na direção de veículo automotor, de corrida, em via pública, que resulte dano potencial à incolumidade pública.
(C) homicídio culposo na direção de veículo automotor.
(D) lesão corporal culposa na direção de veiculo automotor.
(E) omissão do condutor do veículo, na ocasião do acidente, de prestar imediato socorro à vitima.

A: correta – penalidade prevista no preceito secundário do tipo penal do art. 306 do CTB; **B:** correta – penalidade prevista no preceito secundário do crime do art. 308 do CTB; **C:** correta – penalidade prevista no preceito secundário do crime do art. 302 do CTB; **D:** correta – penalidade prevista no preceito secundário do crime do art. 303 do CTB; **E:** incorreta – o preceito secundário do crime do art. 304 do CTB contempla tão somente as penas privativa de liberdade e pecuniária, alternativamente.

Gabarito "E"

(Delegado/SP – 2008) O Código de Trânsito Brasileiro (Lei nº 9.503/1997) incrimina a conduta de "trafegar em velocidade incompatível nas proximidades de escolas". Neste caso, a objetividade jurídica protege

(A) a segurança viária na face da concentração de pessoas.
(B) apenas a integridade corporal das pessoas.
(C) a administração da justiça.
(D) a vida e saúda das pessoas.
(E) a incolumidade pública e privada.

Este crime está previsto no art. 311 do CTB e tem como objeto jurídico, de fato, a segurança viária.

Gabarito "E"

(Delegado/SP – 2000) Estudando o crime de dirigir veículo automotor na via pública sem a devida habilitação, previsto no Código de Trânsito Brasileiro (Lei nº 9.503/1997), verifica-se que a circunstância de essa conduta estar "gerando perigo de dano"

(A) passou a ser uma exigência doutrinária e até jurisprudencial, embora ausente nesse dispositivo legal.
(B) não é uma exigência expressa do tipo legal e nem de cunho doutrinário ou jurisprudencial, bastando a mera conduta do agente.
(C) é uma exigência expressa nesse tipo penal.
(D) por não estar prevista no tipo penal tem gerado diversos posicionamentos doutrinários até conflitantes.

De fato, ao final da redação do tipo penal consta a expressão "gerando perigo de dano", que nenhuma dúvida deixa quanto à necessidade de restar comprovada a existência de perigo concreto para a segurança viária, objeto jurídico do delito. Nesse sentido, a Súmula 720 do STF: "O art. 309 do Código de Trânsito Brasileiro, que reclama decorra do fato perigo de dano, derrogou o art. 32 da Lei das Contravenções Penais no tocante à direção sem habilitação em vias terrestres."

Gabarito "C"

(Delegado/SP – 1999) A figura do perdão judicial àquele que, na direção de veículo automotor, pratica o crime de homicídio culposo,

(A) está expressamente prevista no Código de Trânsito Brasileiro num dos parágrafos correspondentes a esse tipo penal.
(B) não está assim expressa no Código de Trânsito Brasileiro embora nesse tipo penal conste a expressão "o juiz pode deixar de aplicar a pena", provocando, portanto, o mesmo efeito.

(C) não está assim expressa no Código de Trânsito Brasileiro embora nesse tipo penal conste a expressão "fica isento de pena" provocando, portanto, o mesmo efeito.
(D) não está expressa no Código de Trânsito Brasileiro no tipo penal que pune essa conduta criminosa.

O perdão judicial constava do vetado art. 300 do CTB. Não há, de fato, previsão do instituto no Código de Trânsito Brasileiro. A despeito disso, pode ser aplicado aos crimes de homicídio culposo e lesão corporal culposa de trânsito (arts. 302 e 303 do CTB), nos moldes estabelecidos no art. 121, § 5º, do CP.
Gabarito "D"

3. CRIMES DO ESTATUTO DA CRIANÇA E DO ADOLESCENTE

(Delegado/DF – 2004) De acordo com a Lei 8.069/1990 é INCORRETO afirmar que:

(A) nenhum adolescente será privado de sua liberdade senão em flagrante de ato infracional ou por ordem escrita e fundamentada da autoridade judiciária competente;
(B) o adolescente tem direito à identificação dos responsáveis pela sua apreensão, devendo ser informado acerca de seus direitos;
(C) a apreensão de qualquer adolescente e o local onde se encontra recolhido serão incontinenti comunicados à autoridade judiciária competente e à família do apreendido ou à pessoa por ele indicada;
(D) examinar-se-á, desde logo e sob pena de responsabilidade, a possibilidade de internação imediata, em respeito à condição peculiar da pessoa em desenvolvimento;
(E) a internação, antes da sentença, pode ser determinada pelo prazo de 45 (quarenta e cinco) dias, devendo a decisão ser fundamentada e basear-se em indícios suficientes de autoria e materialidade, demonstrada a necessidade imperiosa da medida.

A: correta (art. 106, *caput*, da Lei 8.069/1990 – Estatuto da Criança e do Adolescente); **B:** correta (art. 106, parágrafo único, da Lei 8.069/1990); **C:** correta (art. 107, *caput*, da Lei 8.069/1990); **D:** incorreta, pois, em vista do que dispõe o art. 107, parágrafo único, do ECA, o juiz examinará, desde logo, a possibilidade de imediata liberação do adolescente; E: correta (art. 108 da Lei 8.069/1990).
Gabarito "D"

(Delegado/MS – 2006) O Delegado de Polícia Carlos lavra durante o plantão do 1º. Distrito Policial da Capital de 15.01.2005 um boletim de ocorrência referente a uma agressão a faca praticada por Cláudio contra Josias. O fato ocorre na festa de aniversário de Cláudio, cerca de vinte minutos antes de completar a maioridade penal, em virtude de uma briga havida entre ambos, sendo verdade que Cláudio desfere oito facadas no tórax e abdômen de Josias. Cláudio foge do local e Josias é socorrido à Santa Casa local, aonde vem a óbito 5 horas após a internação. O Delegado de Polícia João da Silva deverá: (A Delegacia de Homicídios investiga crimes contra a vida e a Delegacia Especializada de atendimento à Infância e Juventude a conduta de menores)

(A) Registrar o fato como crime de lesão corporal seguida de morte e enviar o boletim de ocorrência para a Delegacia Especializada de atendimento à Infância e Juventude.
(B) Registrar o fato como ato infracional de homicídio e enviar o boletim de ocorrência para a Delegacia Especializada de atendimento à Infância e Juventude.
(C) Registrar o fato como ato infracional de homicídio e enviar o boletim de ocorrência para a Delegacia de Homicídios.
(D) Registrar o fato como crime de homicídio e enviar o boletim de ocorrência para a Delegacia Especializada de atendimento à Infância e Juventude.
(E) Registrar o fato como crime de homicídio e enviar o boletim de ocorrência para a Delegacia Especializada de Homicídios.

Para os efeitos do ECA, deve ser considerada a idade do adolescente à data do fato (art. 104, parágrafo único, ECA). Assim, cometido o ato poucos minutos antes de o adolescente completar 18 anos (o disparo de uma arma de fogo em alguém, por exemplo) e produzido o resultado já quando o agente completou 18 anos (morte da vítima), valerá a data do fato e não a do resultado, de forma que o agente ficará sujeito a uma medida socioeducativa, é dizer, não responderá criminalmente. Incorporou-se, portanto, a teoria da atividade, consagrada no art. 4º do CP, segundo a qual se considera praticado o crime no momento da ação ou omissão (conduta), ainda que outro seja o do resultado.
Gabarito "B"

(Delegado/MT – 2006). Com relação ao Estatuto da Criança e do Adolescente, a alternativa correta é:

(A) São penalmente imputáveis os menores de 18 (dezoito) anos, sujeitos às medidas do Estatuto da Criança e do Adolescente.
(B) A internação antes da sentença pode ser determinada pelo prazo máximo de 81 (oitenta e um) dias.
(C) Em cada comarca haverá no mínimo um Conselho Tutelar composto de 3 (três) membros escolhidos pela comunidade local, para mandato de 2 (dois) anos, permitida uma recondução.
(D) Nenhum adolescente será privado de sua liberdade senão em flagrante de ato infracional ou por ordem escrita e fundamentada da autoridade judiciária competente.

A: incorreta, visto que os menores de 18 anos são penalmente inimputáveis – art. 27 do CP; art. 104 do ECA; e art. 228 da CF; **B:** incorreta, em vista do que dispõe o art. 108 da Lei 8.069/1990, a internação provisória não poderá durar mais de *quarenta e cinco dias*, prazo em que o processo deverá ser ultimado (art. 183, do ECA). Findo esse interregno, o adolescente deverá ser imediatamente liberado. Há decisões, contudo, que entendem que, a depender da particularidade do caso concreto, é possível estendê-lo, notadamente quando é a defesa que dá causa à dilação. O descumprimento injustificado deste prazo configura o crime do art. 235, do ECA; **C:** incorreta. Com a modificação implementada no art. 132 do ECA pela Lei 12.696/2012, o mandato do membro do Conselho Tutelar, que antes era de três anos, passou para quatro anos, permitida uma recondução; **D:** correta (art. 106, *caput*, da Lei 8.069/1990).
Gabarito "D"

(Delegado/RR – 2003 – CESPE) Com referência aos crimes contra crianças e adolescentes, tortura e abuso de autoridade, julgue o item:

(1) Considere a seguinte situação hipotética. A autoridade policial, suspeitando que um menor de treze anos de idade havia participado da subtração de toca-fitas de veículos estacionados nas adjacências de uma delegacia, efetuou a sua prisão, sem existência do flagrante de ato infracional ou de ordem escrita da autoridade judiciária competente. Nessa situação, a autoridade policial praticou crime tipificado no Estatuto da Criança e do Adolescente.

1: correta. Em princípio, a autoridade policial cometeu o crime previsto no art. 230 do ECA, cujo verbo nuclear é *privar*, que quer dizer *tolher*, *impedir*. Esse crime não deve ser confundido com o do art. 148 do CP (sequestro e cárcere privado), visto que a prática do delito em questão implica somente a *apreensão* do menor, sem inseri-lo no cárcere. Se o fizer, caracterizado estará o crime do Código Penal, cuja pena é bem superior.
Gabarito 1C

(Delegado/SC – 2008) Um Delegado de Polícia, depois de lavrado o termo de apreensão de um adolescente apreendido em situação de flagrante ato infracional (crime de homicídio), de propósito, deixou de fazer imediata comunicação à autoridade judiciária competente e à família do apreendido, como ele lhe pedira. O Delegado praticou:

(A) nenhum crime, pois não tinha obrigação de fazer tais comunicações.
(B) crime comissivo por omissão, previsto no Estatuto da Criança e do Adolescente.
(C) crime omissivo, previsto no Estatuto da Criança e do Adolescente (Lei nº 8.069/1990).
(D) crime de abuso de autoridade, previsto na Lei nº 4.898/1965.

O delegado deverá ser responsabilizado pelo crime capitulado no art. 231 do ECA.
Gabarito "C"

(Delegado/SP – 2011) Assinale a alternativa correta.

(A) ato infracional praticado por criança poderá sujeitá-la a acolhimento institucional.
(B) Os menores de dezoito anos são penalmente imputáveis.
(C) Considera-se ato infracional as condutas descritas pelo Conselho Tutelar.
(D) A criança somente será privada de sua liberdade no caso de flagrante por prática de ato infracional.
(E) A internação do adolescente infrator, antes da sentença, pode ser aplicada por prazo indeterminado.

A: correta, pois é do art. 105 do ECA que as crianças que cometerem ato infracional estarão sujeitas tão somente a *medidas* protetivas, entre as quais o *acolhimento institucional*. Em hipótese alguma, pois, será a elas impingida *medida socioeducativa*, reservada aos adolescentes. Pode-se dizer, portanto, que, em relação às crianças, vige o *sistema da irresponsabilidade*, já que as medidas de proteção não têm caráter punitivo. Têm natureza administrativa e podem ser aplicadas pelo Conselho Tutelar. Pode-se afirmar, ainda, que, em relação aos adolescentes, dada a natureza de sanção que têm as medidas socioeducativas, sua responsabilidade pela prática de ato infracional é *especial*, porque disciplinada em *legislação especial*. O *acolhimento institucional* e a *colocação em família substituta*, disciplinados no art. 19, §§ 1º e 2º, do ECA, constituem, a teor do art. 101, VII e VIII, também do ECA, *medida de proteção* cujo propósito reside na retirada da criança ou adolescente de sua família e o seu encaminhamento para uma família acolhedora ou para uma entidade de atendimento (presente situação de risco à criança ou ao adolescente). Não podem, portanto, ser aplicadas como medida socioeducativa, cujas modalidades estão listadas no art. 112 do ECA. Cuidado: à exceção do *acolhimento institucional*, da *inclusão em programa de acolhimento familiar* e *da colocação em família substituta*, as demais medidas de proteção previstas no art. 101 podem ser aplicadas ao adolescente infrator em conjunto ou não com as medidas socioeducativas previstas no art. 112 do ECA. É o que estabelece o art. 112, VII, do ECA; **B:** incorreta, conforme estabelece os arts. 228 da CF e 27 do CP, os menores de 18 anos são *inimputáveis*, sujeitos, por conta disso, às normas da legislação especial (ECA); **C:** incorreta. Considera-se ato infracional *a conduta descrita como crime ou contravenção penal* (art. 103, ECA). Assim, o menor de 18 anos – inimputável – não pratica infração penal, mas, sim, *ato infracional*. Vale dizer, caso uma criança ou um adolescente cometa um fato descrito na lei como crime, estará cometendo um ato infracional. Por serem inimputáveis, não estão sujeitos à responsabilidade penal (não receberão pena como sanção); nada obstante, deverão ser submetidos ou a *medidas de proteção*, se crianças, ou a *medidas socioeducativas*, se adolescentes, podendo, ainda, ser submetidos às duas, no caso dos adolescentes; **D:** incorreta. Somente os adolescentes poderão ser privados de sua liberdade (art. 106, ECA), o que acontecerá nas seguintes hipóteses: flagrante de ato infracional; e por ordem escrita e fundamentada da autoridade judiciária competente (juiz da Infância e da Juventude – art. 146, ECA). Crianças, quando surpreendidas diante da prática de ato infracional, serão encaminhadas ao Conselho Tutelar; **E:** incorreta, em vista do que dispõe o art. 108 da Lei 8.069/1990, a internação provisória não poderá durar mais de *quarenta e cinco dias*, prazo em que o processo deverá ser ultimado (art. 183, ECA). Findo esse interregno, o adolescente deverá ser imediatamente liberado. Há decisões, contudo, que entendem que, a depender da particularidade do caso concreto, é possível estendê-lo, notadamente quando é a defesa que dá causa à dilação. O descumprimento injustificado deste prazo configura o crime do art. 235, ECA.

Gabarito "A"

(Delegado/SP – 2003) Nos termos da Lei nº 8.069/90 (Estatuto da Criança e do Adolescente):

(A) Consideram-se atos infracionais, apenas as condutas descritas como crime.

(B) A medida de internação poderá ser aplicada nos casos de descumprimento reiterado e injustificado de medida anteriormente imposta.

(C) Não caberá internação por reiteração no cometimento de outras infrações graves.

(D) O Ministério Público não poderá conceder a remissão, antes de iniciado o procedimento judicial, como forma de exclusão do processo.

A: incorreta, pois é considerado *ato infracional* não só a conduta descrita como *crime*, mas também aquela prevista como *contravenção penal* (art. 103 da Lei 8.069/1990); **B:** correta (art. 122, III, da Lei 8.069/1990); **C:** incorreta (art. 122, II, da Lei 8.069/1990); **D:** incorreta, pois a *remissão*, quando concedida pelo membro do Ministério Público (remissão ministerial), antes de iniciado o processo para apuração de ato infracional, acarretará a extinção do processo.

Gabarito "B"

(Delegado/TO – 2008 – CESPE) De acordo com a legislação especial pertinente, julgue o item seguinte.

(1) Considere que uma autoridade policial de determinado Município, ao transitar em via pública, observou a presença de menores perambulando pela rua, tendo, de pronto, determinado aos seus agentes a apreensão de dois deles para fins de averiguação. Nessa situação, a atitude da autoridade policial está correta por se tratar de adolescentes em situação de risco.

1: incorreta, na medida em que o adolescente somente poderá ser privado de sua liberdade em decorrência de flagrante de ato infracional ou por força de ordem escrita de autoridade judiciária competente (art. 106 da Lei 8.069/1990).

Gabarito "E"

4. CRIMES DE ABUSO DE AUTORIDADE

(Delegado/PR – 2013 – UEL-COPS) Assinale a alternativa que apresenta, corretamente, afirmações quanto aos crimes de abuso de autoridade tipificados na Lei nº 4.898/1965.

(A) São crimes de ação penal pública condicionada, uma vez que o Art. 1º da Lei trata do direito de representação, sendo esta a condição de procedibilidade para a propositura da ação penal.

(B) A competência para processar e julgar crimes de abuso de autoridade praticados por militares no exercício de suas funções será da Justiça Militar, uma vez que possuem prerrogativa de função.

(C) Para efeitos de aplicabilidade da Lei, os militares estão excluídos, uma vez que a eles será aplicado o Código Penal Militar.

(D) São crimes de ação penal pública incondicionada, uma vez que o Art. 1º da Lei trata do direito de representação, sendo esta nada mais do que o direito de petição estampado no Art. 5º, inciso XXXIV da Constituição Federal.

(E) Considera-se autoridade qualquer pessoa que exerça cargo, emprego ou função pública, excluindo-se aqueles que exercem cargo, emprego ou função pública de forma transitória e sem remuneração.

A: incorreta, pois a *representação* a que faz referência o art. 2º da Lei 4.898/1965 ("O direito de representação será exercido...") nada tem a ver com a condição de procedibilidade que conhecemos por *representação*, que se presta a materializar o desejo do ofendido, na ação penal pública condicionada, de processar o seu ofensor; trata-se, na verdade, de instrumento para o exercício do direito de petição. Conclui-se, portanto, que os crimes de abuso de autoridade são de ação penal pública incondicionada; **B:** incorreta, uma vez que não corresponde ao entendimento firmado na Súmula n. 172 do STJ: "Compete à Justiça comum processar e julgar militar por crime de abuso de autoridade, ainda que praticado em serviço"; **C:** incorreta, tendo em vista que o militar foi incluído no rol do art. 5º da Lei 4.898/1965, que define os que devem ser considerados, para o fim desta lei, *autoridade*; **D:** correta, conforme comentário à alternativa "A"; **E:** incorreta, pois contraria o disposto no art. 5º da Lei 4.898/1965.

Gabarito "D"

(Delegado/RJ – 2013 – FUNCAB) O Diretor de determinado presídio é informado, por bilhete anônimo, de que um preso estaria trocando informações por correspondência com membros do seu bando, a fim de viabilizar a entrada de substância entorpecente no estabelecimento prisional, visando ao tráfico de drogas. Diante disso, o Diretor intercepta uma carta fechada e destinada ao detento, e, após abri-la, lê o seu conteúdo, descobrindo quando e como se daria o ingresso da droga. No caso em tela, pode-se afirmar que o Diretor:

(A) aparentemente praticou crimes previstos tanto no Código Penal, quanto na Lei nº 4.898/1965, devendo responder por esta última de acordo com o princípio da especialidade.

(B) praticou crime previsto na Lei nº 4.898/1965.

(C) praticou crimes previstos tanto no Código Penal, quanto na Lei nº 4.898/1965, devendo responder por ambos,em concurso formal.

(D) praticou crime previsto no Código Penal.

(E) não praticou crime.

Conferir: "*HABEAS CORPUS* – ESTRUTURA FORMAL DA SENTENÇA E DO ACÓRDÃO – OBSERVÂNCIA – ALEGAÇÃO DE INTERCEPTAÇÃO CRIMINOSA DE CARTA MISSIVA REMETIDA POR SENTENCIADO – UTILIZAÇÃO DE COPIAS XEROGRÁFICAS NÃO AUTENTICADAS – PRETENDIDA ANALISE DA PROVA – PEDIDO INDEFERIDO. – A estrutura formal da sentença deriva da fiel observância das regras inscritas no art. 381 do Código de Processo Penal. O ato sentencial que contem a exposição sucinta da acusação e da defesa e que indica os motivos em que se funda a decisão satisfaz, plenamente, as exigências impostas pela lei. A eficácia probante das copias xerográficas resulta, em princípio, de sua formal autenticação por agente público competente (CPP, art. 232, parágrafo único). Peças reprográficas não autenticadas, desde que possível a aferição de sua legitimidade por outro meio idôneo, podem ser validamente utilizadas em juízo penal. A administração penitenciaria, com fundamento em razoes de segurança pública, de disciplina prisional ou de preservação da ordem jurídica, pode, sempre excepcionalmente, e desde que respeitada a norma inscrita no art. 41, parágrafo único, da Lei n. 7.210/84, proceder a interceptação da correspondência remetida pelos sentenciados, eis que a cláusula tutelar da inviolabilidade do sigilo epistolar não pode constituir instrumento de salvaguarda de práticas ilícitas. – O reexame da prova produzida no processo penal condenatório não tem lugar na ação sumaríssima de *habeas corpus*" (STF, 1ª T., HC 70814, rel. Min. Celso de Mello, j. 01.03.1994).

Gabarito "E"

(Delegado/AP – 2006 – UFAP) Analise as assertivas e assinale a alternativa correta:

I. Caracteriza abuso de autoridade levar à prisão ou nela deter quem se proponha a prestar fiança, permitida em lei.

II. As penas de multa, de detenção e de perda do cargo podem ser aplicadas cumulativamente, de acordo com a Lei nº 4.898/1965.

III. Para os efeitos da Lei nº 4.898/1965, considera-se autoridade quem exerce cargo, emprego ou função pública, de natureza civil, ou militar, ainda que transitoriamente e sem remuneração.

(A) Estão corretas todas as alternativas.
(B) Estão erradas todas as alternativas.
(C) Estão corretas apenas as alternativas II e III.
(D) Está correta apenas a alternativa I.
(E) Está correta apenas a alternativa III.

I: correta (art. 4º, *e*, da Lei 4.898/1965); **II:** correta (art. 6º, § 4º, da Lei 4.898/1965); **III:** correta (art. 5º da Lei 4.898/1965).

Gabarito "A"

(Delegado/PA – 2006 – CESPE) Julgue os itens subsequentes, relativos à Lei nº 4.898/1965, que regula o direito de representação, bem como processos de responsabilidade administrativa, civil e penal nos casos de abuso de autoridade.

I. Constitui abuso de autoridade qualquer atentado à incolumidade física do indivíduo.
II. Constitui abuso de autoridade deixar de comunicar, imediatamente, ao juiz competente a prisão ou detenção de qualquer pessoa.
III. A ação penal pelo crime de abuso de autoridade é pública condicionada à representação.
IV. Poderá ser promovida pela vítima do abuso de autoridade a responsabilidade civil ou penais, ou ambas, da autoridade culpada.

A quantidade de itens certos é igual a:

(A) 1.
(B) 2.
(C) 3.
(D) 4.

I: correta (art. 3º, *i*, da Lei 4.898/1965); **II:** correta (art. 4º, *c*, da Lei 4.898/1965); **III:** incorreta, pois a ação penal é pública incondicionada, já que o MP não depende da manifestação de vontade do ofendido para ajuizar a ação penal (art. 12 da Lei 4.898/1965); **IV:** correta (art. 9º da Lei 4.898/1965).

Gabarito "C"

(Delegado/PI – 2009 – UESPI) Constitui abuso de autoridade (Lei 4.898/1965):

(A) ordenar ou executar medida privativa da liberdade individual, com as formalidades legais.
(B) submeter pessoa sob sua guarda ou custódia a qualquer tipo de vexame ou constrangimento.
(C) deixar de comunicar, imediatamente, ao juiz competente a prisão ou detenção de qualquer pessoa.
(D) deixar o Juiz de ordenar o relaxamento de prisão ou detenção legal que lhe seja comunicada.
(E) levar à prisão e nela deter quem quer que se proponha a prestar fiança, não permitida em lei.

A: incorreta, pois somente estará caracterizado o abuso de autoridade se a medida privativa de liberdade for ordenada ou executada sem as formalidades legais ou com abuso de poder (art. 4º, *a*, da Lei 4.898/1965); **B:** incorreta, visto que somente estará caracterizado o abuso de autoridade se o agente submeter a pessoa sob sua guarda ou custódia a vexame ou a constrangimento *não* autorizado por lei (art. 4º, *b*, da Lei 4.898/1965); **C:** correta, pois em consonância com o disposto no art. 4º, *c*, da Lei 4.898/1965; **D:** incorreta, pois a prisão ao juiz comunicada e por ele não relaxada pressupõe-se *ilegal* (art. 4º, *d*, da Lei 4.898/1965); **E:** incorreta, pois a fiança, neste caso, há de ser permitida por lei (art. 4º, *e*, da Lei 4.898/1965).

Gabarito "C"

(Delegado/SP – 2003) A Lei nº 4.898/1965 (Abuso de Autoridade):

(A) autoriza a comprovação pelo acusado ou pelo ofendido da existência de vestígios decorrentes da ação criminosa, por meio de duas testemunhas qualificadas.
(B) explicita que a citação do réu deverá ser feita por mandado sucinto, que não necessitará ser acompanhado da segunda via da representação ou da denúncia.
(C) não considera autoridade, quem exercer o cargo, emprego ou função pública, transitoriamente e sem remuneração.
(D) prevê ao infrator apenas sanção administrativa civil.

A: correta (art. 14, *a*, da Lei 4.898/1965); **B:** incorreta (art. 17, § 2º, da Lei 4.898/1965); **C:** incorreta (art. 5º da Lei 4.898/1965); **D:** incorreta (art. 6º da Lei 4.898/1965).

Gabarito "A"

5. CRIMES HEDIONDOS

(Delegado/AC – 2008 – CESPE) Acerca das leis penais especiais, julgue o item abaixo:

(1) Em caso de crime hediondo, a prisão temporária será cabível, mediante representação da autoridade policial, pelo prazo de 30 dias, prorrogável por igual período em caso de extrema e comprovada necessidade.

1: correta. em vista do que dispõe o art. 2º, § 4º, da Lei 8.072/1990 (Crimes Hediondos), nos chamados crimes hediondos e também nos delitos a eles equiparados (tráfico de drogas, tortura e terrorismo) a prisão temporária, disciplinada na Lei 7.960/1989, será decretada pelo juiz (sempre), mediante representação da autoridade policial ou a requerimento do MP, pelo prazo de 30 dias, prorrogável por igual período em caso de extrema e comprovada necessidade. O prazo estabelecido pelo legislador de 30 dias corresponde somente a um limite. Nada impede – e isso tem sido comum no dia a dia forense – que o juiz, em face das peculiaridades do caso concreto, decrete 10, 15 ou 20 dias. Enfim, o prazo que julgar mais adequado.

Gabarito 1C

(Delegado/AP – 2010) De acordo com a Lei 8.072/1990, assinale a alternativa que não apresenta um crime considerado hediondo.

(A) latrocínio (art. 157, § 3º, *in fine*); extorsão qualificada pela morte (art. 158, § 2º) e envenenamento de água potável ou de substância alimentícia ou medicinal (art. 270).
(B) epidemia com resultado morte (art. 267, § 1º); homicídio qualificado (art. 121, § 2º, I, II, III, IV e V) e extorsão qualificada pela morte (art. 158, § 2º).
(C) latrocínio (art. 157, § 3º, *in fine*); epidemia com resultado morte (art. 267, § 1º); e homicídio qualificado (art. 121, § 2º, I, II, III, IV e V).
(D) latrocínio (art. 157, § 3º, *in fine*); falsificação, corrupção, adulteração ou alteração de produto destinado a fins terapêuticos ou medicinais (art. 273, *caput* e § 1º, § 1º-A e § 1º-B; e homicídio qualificado (art. 121, § 2º, I, II, III, IV e V).
(E) latrocínio (art. 157, § 3º, *in fine*); epidemia com resultado morte (art. 267, § 1º); falsificação, corrupção, adulteração ou alteração de produto destinado a fins terapêuticos ou medicinais (art. 273, *caput* e § 1º, § 1º-A e § 1º-B e homicídio qualificado (art. 121, § 2º, I, II, III, IV e V).

O crime de *envenenamento de água potável ou de substância alimentícia ou medicinal*, previsto no art. 270 do CP, embora já tenha integrado o rol do art. 1º da Lei 8.072/1090, deixou de fazer parte dessa lista com o advento da Lei 8.930/1994. Portanto, não se trata mais de delito hediondo. Já os delitos contidos nas outras alternativas, inclusive os que estão inseridos na própria alternativa "A", exceção feita a este do art. 270 do CP, são hediondos.

Gabarito "A"

(Delegado/MS – 2006) São crimes hediondos, previstos na Lei 8.072/1990:

(A) Epidemia com resultado morte (art. 267, § 1º). (Inciso incluído pela Lei nº 8.930, de 06.09.1994).
(B) Falsificação, corrupção, adulteração ou alteração de produto destinado a fins terapêuticos ou medicinais (art. 273, *caput* e § 1º, § 1º-A e § 1º-B, com a redação dada pela Lei nº 9.677, de 2 de julho de 1998). (Inciso incluído pela Lei nº 9.695, de 20.08.1998), Tráfico de Entorpecentes (Lei 6.368/1976).
(C) Homicídio (art. 121), quando praticado em atividade típica de grupo de extermínio, ainda que cometido por um só agente, e homicídio qualificado (art. 121, § 2º, I, II, III, IV e V); (Inciso incluído pela Lei nº 8.930, de 06.09.1994), Latrocínio (art. 157, § 3º, *in fine*); (Inciso incluído pela Lei nº 8.930, de 06.09.1994), Extorsão qualificada pela morte (art. 158, § 2º); (Inciso incluído pela Lei nº 8.930, de 06.09.1994), Tortura (Lei 9.455/1997).
(D) Extorsão mediante sequestro e na forma qualificada (art. 159, *caput*, e §§ 1º, 2º e 3º); (Inciso incluído pela Lei nº 8.930, de 06.09.1994), Estupro (art. 213 e sua combinação com o art. 223, *caput* e parágrafo único); (Inciso incluído pela Lei nº 8.930, de 06.09.1994), Atentado violento ao pudor (art. 214 e sua combinação com o art. 223, *caput* e parágrafo único); (Inciso incluído pela Lei nº 8.930, de 06.09.1994), Terrorismo.
(E) Todas acima estão corretas.

A: correta, nos termos do art. 1º, VII, da Lei 8.072/1990 (Crimes Hediondos); **B:** incorreta, já que o crime de tráfico de drogas, hoje previsto nos arts. 33 a 37 da Lei 11.343/2006, não constitui propriamente delito hediondo, mas, sim, crime equiparado ou assemelhado a hediondo; **C:** incorreta, pois também a tortura (Lei 9.455/1997) não constitui propriamente delito hediondo, mas, sim, crime equiparado ou assemelhado a hediondo; **D:** incorreta, pois o terrorismo (art. 20 da Lei 7.170/1983 – Lei de Segurança Nacional) também não é hediondo, mas equiparado a tal; **E:** incorreta, pois somente a alternativa "A" é correta.

Gabarito "A"

(Delegado/SP – 2011) Não são considerados crimes hediondos

(A) o genocídio consumado; o homicídio qualificado e o estupro de vulnerável.

(B) a extorsão mediante sequestro; o estupro e o genocídio tentado.

(C) o latrocínio (art.157, § 3º, *in fine*); estupro de vulnerável e a omissão de notificação de doença.

(D) a extorsão qualificada por morte; a alteração de produtos destinados a fins medicinais e o estupro

(E) a epidemia com resultado morte; o estupro e a extorsão mediante sequestro

Somente não é considerado hediondo, dos crimes acima mencionados, o delito de *omissão de notificação de doença* (art. 269 do CP), dado que não contemplado no rol do art. 1º da Lei 8.072/1990.

Gabarito "C"

(Delegado/TO – 2008 – CESPE) De acordo com a legislação especial pertinente, julgue o item seguinte.

(1) Considere a seguinte situação hipotética. Em 28.07.2007, Maria foi presa e autuada em flagrante delito pela prática de um crime hediondo. Concluído o inquérito policial e remetidos os autos ao Poder Judiciário, foi deferido pelo Juízo pedido de liberdade provisória requerido pela defesa da ré. Nessa situação, procedeu em erro a autoridade judiciária, pois os crimes hediondos são insuscetíveis de liberdade provisória.

1: correta. em se tratando de crime hediondo ou delito a ele equiparado, é vedada, por força do disposto no art. 2º, II, da Lei de Crimes Hediondos, a concessão de fiança. Com a edição da Lei 11.464/2007, que alterou este dispositivo e passou a admitir a liberdade provisória sem fiança (CF, art. 5º, XLIII), o juiz está autorizado a conceder liberdade provisória – sem fiança – nos crimes hediondos, desde que não presentes os requisitos da prisão preventiva – art. 312, CPP.

Gabarito 1C

6. CRIMES CONTRA O SISTEMA FINANCEIRO

(Delegado/AC – 2008 – CESPE) Julgue a seguinte afirmativa:

(1) "A quebra de sigilo bancário poderá ser decretada, quando necessária para apuração de ocorrência unicamente de crime punido com reclusão, em qualquer fase do inquérito ou do processo judicial".

1: incorreta, pois em desconformidade com a redação do art. 1º, § 4º, da Lei Complementar 105/2001.

Gabarito 1E

(Delegado/MA – 2006 – FCC) Dentre outras situações e de acordo com a Lei Complementar nº 105/2001, a troca de informações entre instituições financeiras, para fins cadastrais, inclusive por intermédio de centrais de risco, observadas as normas baixadas pelo Conselho Monetário Nacional e pelo Banco Central do Brasil,

(A) constitui contravenção penal e ilícito administrativo.

(B) constitui crime e sujeita os responsáveis à pena de reclusão e multa.

(C) constitui crime e sujeita os responsáveis à pena de prisão simples.

(D) constitui crime e sujeita os responsáveis à pena de detenção e multa.

(E) não constitui violação do dever de sigilo.

Art. 1º, § 3º, I, da Lei Complementar 105/2001.

Gabarito "E"

(Delegado/PB – 2009 – CESPE) Considerando a legislação acerca dos crimes contra o Sistema Financeiro Nacional (SFN), julgue a assertiva:

(1) Os crimes contra o SFN são de competência da Justiça Estadual, desde que não haja comprovação de prejuízo a bens da União.

1: incorreta. Em vista do que dispõe o art. 26 da Lei 7.492/1986, a ação penal, nos crimes tratados nesta lei, será promovida pelo Ministério Público Federal perante a Justiça Federal.

Gabarito 1E

(Delegado/RN – 2009 – CESPE) Paulo e Pedro, ambos funcionários públicos, em coautoria, retardaram, contra disposição expressa de lei, ato de ofício necessário ao regular funcionamento do Sistema Financeiro Nacional. Com base nessa situação hipotética, assinale a opção correta.

(A) Paulo e Pedro praticaram o delito de prevaricação.

(B) Os objetos jurídicos do delito praticado são a credibilidade do sistema financeiro e a proteção ao investidor.

(C) O delito em espécie pode ser punido tanto na forma culposa como na dolosa.

(D) A ação penal, no crime em comento, será promovida pelo MP estadual, perante a Justiça Estadual.

A: incorreta, dado que deve prevalecer, neste caso, o princípio da especialidade, afastando a infração prevista no art. 319 do CP, que exige, ainda, o elemento subjetivo específico que consiste em "satisfazer interesse ou sentimento pessoal". Responderão Paulo e Pedro pelo crime do art. 23 da Lei 7.492/1986; **B:** correta, pois a intenção da Lei 7.492/1986 é assegurar às instituições financeiras, seja pessoa jurídica de direito público ou de direito privado, o sigilo em suas operações e serviços prestados, além da credibilidade; **C:** incorreta, já que a conduta prevista no art. 23 da Lei 7.492/1986 não é punida a título de culpa; **D:** incorreta (art. 26 da Lei 7.492/1986).

Gabarito "B"

7. CRIMES CONTRA A ORDEM TRIBUTÁRIA

(Delegado/AP – 2006 – UFAP) Analise as assertivas e assinale a alternativa correta:

I. Constitui crime contra a ordem tributária suprimir ou reduzir tributo, ou contribuição social e qualquer acessório, mediante a venda de mercadoria por preço inferior ao oficialmente tabelado.

II. É circunstância agravante específica dos crimes tipificados no Código do Consumidor, ter o agente cometido a infração para facilitar a execução de outro crime.

III. O Código de Defesa do Consumidor permite a cumulação das penas privativas de liberdade e de multa com a publicação em órgãos de comunicação de grande circulação ou audiência, a expensas do condenado, de notícia sobre os fatos e a condenação.

(A) Estão corretas todas as alternativas.

(B) Estão erradas todas as alternativas.

(C) Estão corretas apenas as alternativas II e III.

(D) Está correta apenas a alternativa I.

(E) Está correta apenas a alternativa III.

I: incorreta (art. 1º da Lei 8.137/1990); **II:** incorreta, pois não constitui circunstância agravante específica do art. 76 da Lei 8.078/1990 – CDC; **III:** correta, nos termos do art. 78 do CDC.

Gabarito "E"

(Delegado/GO – 2009 – UEG) Agente fiscal que solicita de contribuinte vantagem para deixar de lançar contribuição social devida comete

(A) crime de corrupção passiva.

(B) crime contra a ordem tributária.

(C) crime de excesso de exação.

(D) crime de prevaricação.

A alternativa correta é a "B", conforme dispõe o art. 3º, II, da Lei 8.137/1990.

Gabarito "B"

(Delegado/MS – 2006) João da Silva, proprietário de uma rede de postos de gasolina, pretende suprimir o pagamento de tributos e, para tanto, deixa de lançar operações comerciais de venda de derivados de petróleo que realizou em livro fiscal obrigatório. O Delegado Cláudio recebe a *notitia criminis* dessa conduta de João e instaura o competente inquérito policial para cabal apuração dos fatos. A conduta de João resta provada, inclusive com perícias fiscais e contábeis, não restando dúvida da atividade criminosa de João. O Delegado Cláudio deverá indiciar João pela prática de crime:

(A) Previsto no art. 1º da Lei 8.137/1990, que constitui crime contra a ordem tributária.

(B) Previsto no art. 2º da Lei 8.176/1991, que define crime contra o patrimônio, na modalidade de usurpação, produzir bens ou explorar matérias primas pertencentes à União.

(C) Previsto no art. 1º da Lei 8.176/1991, que define crime contra a ordem econômica e cria o Sistema de Estoque de Combustíveis.
(D) Previsto no art. 7º da Lei 8.137/1990, que constitui crime contra as relações de consumo.
(E) Previsto no art. 4º da Lei 8.137/1990, que constitui crime contra a ordem econômica.

A conduta de João da Silva está prevista no art. 1º, II, da Lei 8.137/1990, visto que suprimiu o pagamento de imposto mediante a omissão no lançamento de operações comerciais de venda de derivados de petróleo que realizou em livro fiscal obrigatório.
Gabarito "A"

(Delegado/PB – 2009 – CESPE) Considerando a legislação acerca dos crimes contra a ordem tributária, julgue a assertiva:

(1) Nos crimes contra a ordem tributária, a delação premiada não é prevista como causa de redução da pena.

1: incorreta – art. 16, parágrafo único, da Lei 8.137/1990.
Gabarito 1E

8. CRIMES DE DISCRIMINAÇÃO RACIAL

(Delegado/AP – 2006 – UFAP) Analise as assertivas e assinale a alternativa correta:

I. Caracteriza crime resultante de preconceito, estabelecido pela Lei nº 7.716/1989, impedir ou obstar, por qualquer meio ou forma, o casamento ou convivência familiar e social.
II. Constitui efeito da condenação da Lei nº 7.716/1989, para o servidor público, a inabilitação para o exercício do cargo pelo prazo de três anos.
III. A promessa ou efetiva entrega de filho ou pupilo a terceiro, mediante paga ou recompensa, é crime previsto no Estatuto da Criança de do Adolescente e está sujeito a ação penal pública condicionada.

(A) Estão corretas todas as alternativas.
(B) Estão erradas todas as alternativas.
(C) Estão corretas apenas as alternativas II e III.
(D) Está correta apenas a alternativa I.
(E) Está correta apenas a alternativa III.

I: correta (art. 14 da Lei 7.716/1989); **II:** incorreta (art. 16 Lei 7.716/1989); **III:** incorreta. O crime está capitulado no art. 238 do ECA – Lei 8.069/1990, mas este, bem assim como todos os delitos nesta lei previstos são de ação penal pública incondicionada.
Gabarito "D"

(Delegado/SC – 2008) Analise as alternativas a seguir e assinale a correta.

(A) O crime de injúria qualificada pelo preconceito de raça, cor, etnia, religião, origem ou condição de pessoa idosa ou portadora de deficiência, por se assemelhar aos crimes resultantes de preconceito de raça ou de cor, é de ação penal pública incondicionada e imprescritível.
(B) Constitui crime de racismo a conduta de constranger alguém com emprego de violência ou grave ameaça, causando-lhe sofrimento físico ou mental em razão de discriminação racial.
(C) A Lei nº 7.716/1989, que define os crimes resultantes de preconceito de raça ou de cor, não prevê figuras típicas que incriminem o preconceito em razão de sexo, estado civil e opção sexual.
(D) Se o indivíduo é impedido ou obstado de exercer algum direito seu em função de sua religião, o crime será de constrangimento ilegal e não de racismo, pois não há preceito na Lei nº 7.716/1989 incriminando este tipo de discriminação.

A: incorreta. A ação penal no crime de injúria qualificada pelo preconceito de raça, cor, etnia, religião, origem ou condição de pessoa idosa ou portadora de deficiência, previsto no art. 140, § 3º, do CP, cuja pena cominada é bem superior à do *caput*, é pública condicionada à representação. Antes, a ação penal, neste crime, era de iniciativa privativa do ofendido. Esta mudança se deu por força da Lei 12.033/2009, que modificou a redação do parágrafo único do art. 145 do CP. Este crime não é imprescritível, somente são imprescritíveis o crime de racismo (Lei 7.716/1989) e a ação de grupos armados, civis e militares, contra a ordem constitucional e o Estado Democrático; **B:** incorreta. Cuida-se da conduta descrita no art. 1º, I, *c*, da Lei 9.455/1997 (Lei de Tortura); **C:** correta, nos termos do art. 1º da Lei 7.716/1989; **D:** incorreta, nos termos do art. 1º da Lei 7.716/1989.
Gabarito "C"

9. CONTRAVENÇÕES PENAIS

(Delegado/SP – 2003) A Lei das Contravenções Penais:

(A) não contempla como perigoso o indivíduo condenado por mendicância.
(B) veda a conversão da pena de multa em prisão simples.
(C) declara taxativamente não ser punida a tentativa de contravenção.
(D) aplica-se às contravenções praticadas por brasileiro, em outros países.

A: incorreta. O art. 60 da Lei de Contravenções Penais – Decreto-Lei 3.688/1941, que definia a contravenção de mendicância, foi revogado pela Lei 11.983/2009; **B:** incorreta (art. 9º da LCP); **C:** correta (art. 4º da LCP); **D:** incorreta (art. 2º da LCP).
Gabarito "C"

(Delegado/SP – 1998) Estudando a Lei das Contravenções Penais, verificamos que nela:

(A) é cabível a figura do "sursis", mas não a do livramento condicional, face à natureza de suas penas.
(B) são cabíveis as figuras do "sursis" e do livramento condicional.
(C) é cabível a figura do livramento condicional, mas não a do "sursis", face à natureza de suas penas.
(D) não são cabíveis as figuras do livramento condicional e do "sursis", face à natureza de suas penas.

Dada a redação do art. 11 da LCP, são cabíveis as figuras do *sursis* e do livramento condicional.
Gabarito "B"

10. CRIMES DE TORTURA

(Delegado/PB – 2009 – CESPE) Quanto à legislação a respeito do crime de tortura, assinale a opção correta.

(A) A condenação por crime de tortura acarreta a perda do cargo, função ou emprego público, mas não a interdição para seu exercício.
(B) Não se aplica a lei de tortura se do fato definido como crime de tortura resultar a morte da vítima.
(C) O condenado por crime previsto na lei de tortura inicia o cumprimento da pena em regime semiaberto ou fechado, vedado o cumprimento da pena no regime inicial aberto.
(D) Aquele que se omite em face de conduta tipificada como crime de tortura, tendo o dever de evitá-la ou apurá-la, é punido com as mesmas penas do autor do crime de tortura.
(E) Pratica crime de tortura a autoridade policial que constrange alguém, mediante emprego de grave ameaça e causando-lhe sofrimento mental, com o fim de obter informação, declaração ou confissão da vítima ou de terceira pessoa.

A: incorreta – art. 1º, § 5º, da Lei 9.455/1997 (Tortura); **B:** incorreta – art. 1º, § 3º, da Lei 9.455/1997 (Tortura); **C:** incorreta. Sendo este crime equiparado a hediondo, o cumprimento da pena deve, necessariamente, iniciar-se no regime fechado, conforme preleciona o art. 2º, § 1º, da Lei 8.072/1990 (Crimes Hediondos); **D:** incorreta – art. 1º, § 2º, da Lei 9.455/1997 (Tortura); **E:** correta. Conduta tipificada no art. 1º, I, *a*, da Lei 9.455/1997 (Tortura).
Gabarito "E"

(Delegado/SP – 2003) Nas ações tipificadas pela Lei nº 9.455/1997 (Tortura), a pena será sempre agravada, de um sexto até um terço, dentre outros casos, se o crime for cometido contra

(A) criança, gestante, deficiente e idoso.
(B) criança, gestante, adolescente e idoso.
(C) criança, gestante, deficiente e adolescente.
(D) gestante, adolescente, deficiente e idoso.

Com a entrada em vigor da Lei 10.741/2003, que modificou a redação do art. 1º, § 4º, II, da Lei de Tortura, a pena será majorada na hipótese de o crime ser cometido contra criança, gestante, deficiente, adolescente e maior de 60 anos.
Gabarito "C"

11. ESTATUTO DO IDOSO

(Delegado/SP – 2014 – VUNESP) Aos crimes previstos na Lei n.º 10.741, de 2003 – Estatuto do Idoso –, aplica-se o procedimento previsto na Lei n.º 9.099, de 26 de setembro de 1995, desde que a pena máxima privativa de liberdade não ultrapasse

(A) 6 (seis) anos.
(B) 8 (oito) anos.
(C) 4 (quatro) anos.
(D) 1 (um) ano.
(E) 2 (dois) anos.

Impõe o art. 94 da Lei 10.741/2003 (Estatuto do Idoso) que, aos crimes ali previstos, adotar-se-á o procedimento da Lei 9.099/1995 (sumaríssimo). Digno de registro é o fato de que o STF, no julgamento da ADIn 3.096-5, de 25.06.2010, fixou entendimento no sentido de que, aos crimes previstos no Estatuto, deve se aplicar tão somente o procedimento sumaríssimo previsto na Lei 9.099/1995, e não os benefícios ali contemplados.

Gabarito "C"

(Delegado/AP – 2010) Relativamente ao Estatuto do Idoso (Lei nº 10.741/2003), analise as afirmativas a seguir:

I. O Estatuto do Idoso é destinado a regular os direitos assegurados às pessoas com idade igual ou superior a 65 (sessenta e cinco) anos.
II. Os crimes definidos no Estatuto do Idoso são de ação penal pública incondicionada, não se lhes aplicando os arts. 181 e 182 do Código Penal.
III. Aos crimes previstos no Estatuto do Idoso, cuja pena máxima privativa de liberdade não ultrapasse 2 (dois) anos, aplica-se o procedimento previsto na Lei nº 9.099, de 26 de setembro de 1995, e, subsidiariamente, no que couber, as disposições do Código Penal e do Código de Processo Penal.

Assinale:

(A) se somente a afirmativa I estiver correta.
(B) se somente a afirmativa II estiver correta.
(C) se somente a afirmativa III estiver correta.
(D) se somente as afirmativas II e III estiverem corretas.
(E) se todas as afirmativas estiverem corretas.

I: incorreta (art. 1º da Lei 10.741/2003); **II:** correta (art. 95 da Lei 10.741/2003); **III:** incorreta (art. 94 da Lei 10.741/2003).

Gabarito "B"

(Delegado/MS – 2006) José, brasileiro, aposentado, nascido aos 15.12.1936, caminha pela Av. Afonso Pena, quando tropeça e cai. Na queda, bate a cabeça no solo, ferindo-se gravemente. Pedro, que caminhava logo atrás, vislumbra toda a cena, mas deixa de prestar assistência a José. Não havia qualquer risco pessoal para Pedro, bem como não havia qualquer iminência de perigo, mas ainda assim Pedro não prestou socorro nem acionou a autoridade pública. O Delegado de Polícia, ao tomar conhecimento da conduta de Pedro, deverá:

(A) Instaurar inquérito policial e indiciar Pedro pela prática de omissão de socorro prevista no art. 97 da Lei 10.741/2003 – Estatuto do Idoso.
(B) Lavrar termo circunstanciado de ocorrência, inserindo Pedro como autor do fato e tipificando a conduta como omissão de socorro prevista no art. 97 da Lei 10.741/2003 – Estatuto do Idoso, liberando-o após a assinatura do termo de compromisso de comparecimento em juízo.
(C) Instaurar inquérito policial e indiciar Pedro pela prática de omissão de socorro prevista no art. 135 do CP.
(D) Lavrar termo circunstanciado de ocorrência, inserindo Pedro como autor do fato e tipificando a conduta como omissão de socorro prevista no art. 135 do CP, liberando-o após a assinatura do termo de compromisso de comparecimento em juízo.
(E) Instaurar inquérito policial e indiciar Pedro por lesão corporal grave – art. 129, § 1º, do CP, em virtude da relevância da omissão prevista no art. 13, § 2º, do CP.

A conduta descrita está tipificada no art. 97 da Lei 10.741/2003 (Estatuto do Idoso), e, tratando-se de crime com pena de detenção de seis meses a um ano e multa, aplica-se o disposto na Lei dos Juizados Especiais Criminais (Lei 9.099/1995).

Gabarito "B"

(Delegado/SC – 2008) "Crácio" encontrou o ancião "Mévio", 80 anos de idade e inválido, ferido em consequência de um desabamento, sem condições de socorrer-se por suas próprias forças. Dolosamente, deixou de prestar-lhe assistência, embora fosse possível fazê-lo sem risco pessoal, na expectativa de que outrem o socorresse. Da omissão resultou a morte de "Mévio". "Crácio" responderá por:

(A) responderá pela modalidade prevista no delito especial tipificado no Estatuto do Idoso (Lei nº 10.741/2003), qualificada pelo resultado morte (preterdolo).
(B) crime de omissão de socorro, qualificado pelo resultado morte (preterdolo), previsto no Código Penal.
(C) crime de abandono de incapaz, qualificado pelo resultado morte (preterdolo), previsto no Código Penal.
(D) crime de homicídio culposo, com aumento de pena, pois a vítima era maior de 60 (sessenta) anos.

Se há tipo penal específico que descreve a conduta, com base no princípio da especialidade, aplica-se o art. 97, parágrafo único, da Lei 10.741/2003.

Gabarito "A"

(Delegado/SP – 2008) Filho de um idoso que completou oitenta anos, e, sem qualquer formalidade, apropria-se mensalmente dos proventos da sua aposentadoria, aplicando o dinheiro em uma caderneta de poupança pessoal,

(A) Comete crime de furto de coisa comum.
(B) Comete crime de apropriação indébita, tipificado no Código Penal.
(C) Comete crime de apropriação indébita continuada, tipificada no Estatuto do idoso (Lei nº 10.741/2003).
(D) Comete crime de furto continuado, tipificada no Estatuto do idoso (Lei nº 10.741/2003).
(E) Não comete crime nenhum, pois investiu os valores.

A: art. 156 do CP; **B:** art. 168 do CP; C e **E:** art. 102 da Lei 10.741/2003.

Gabarito "C"

12. ESTATUTO DO DESARMAMENTO

(Delegado/RO – 2014 – FUNCAB) De acordo com a Lei nº 10.826/2003, Estatuto do Desarmamento, aquele que, em via pública, porta arma de fogo de uso permitido com numeração suprida responde:

(A) como incurso nas penas do crime de porte ilegal de arma de fogo de uso permitido, disposto no artigo 14 do referido Estatuto.
(B) como incurso nas penas do crime de posse ou porte ilegal de arma de fogo de uso restrito, disposto no artigo 16 do referido estatuto.
(C) como incurso nas penas do crime de posse irregular de arma de fogo de uso permitido, disposto no artigo 12 do referido Estatuto.
(D) como incurso nas penas do crime de disparo de arma de fogo, disposto no artigo 15 do referido Estatuto.
(E) como incurso nas penas do crime de omissão de cautela, disposto no artigo 13 do referido Estatuto.

O art. 16, parágrafo único, IV, da Lei 10.826/2003 (Estatuto do Desarmamento), que torna típica a conduta de portar arma de fogo com numeração suprida, abrange, segundo vêm entendendo a doutrina e a jurisprudência, tanto a arma de fogo de uso *permitido* quanto aquela cujo uso seja *proibido* ou *restrito*.

Gabarito "B"

13. LEI MARIA DA PENHA

(Delegado/PR – 2013 – UEL-COPS) Segundo a Lei nº 11.340/2006, assinale a alternativa correta.

(A) A prisão preventiva do agressor é medida cabível em qualquer fase do inquérito policial ou da instrução processual, desde que requerida pela ofendida ou pelo Ministério Público.
(B) As medidas protetivas de urgência poderão ser requeridas pela autoridade policial, em qualquer momento da investigação.
(C) Após fixadas as medidas protetivas, ainda que sofram alterações, deverão ser mantidas até o julgamento final do processo.
(D) É facultada ao juiz a aplicação de pena pecuniária nos casos de violência doméstica e familiar contra a mulher, quando comprovado prejuízo.
(E) O juiz poderá aplicar de imediato ao agressor a medida protetiva de afastamento do lar e prestação de alimentos provisionais, em conjunto ou separadamente.

A: incorreta, pois não corresponde ao que estabelece o art. 20 da Lei 11.340/2006 (Maria da Penha); **B:** incorreta, pois em desacordo com o que dispõe o art. 19, *caput*, da Lei 11.340/2006 (Maria da Penha); **C:** incorreta (art. 19, § 3º, Lei 11.340/2006); **D:** incorreta. Providência não prevista em lei; **E:** correta (art. 22, II e V, da Lei 11.340/2006).

Gabarito "E"

(Delegado/BA – 2013 – CESPE) Após a Segunda Guerra Mundial, com o reconhecimento e a ampliação dos direitos humanos, ocorreram mudanças na sociedade em relação a vários temas, que repercutiram na pós-modernidade, entre os quais se destaca o combate a qualquer forma de discriminação. Considerando esse assunto, julgue o item abaixo.

(1) De acordo com a Lei Maria da Penha, nas ações penais públicas condicionadas à representação da vítima de violência doméstica, admite-se a possibilidade de renúncia da ação pela parte ofendida, em qualquer fase processual, sendo exigida, no entanto, a manifestação do Ministério Público (MP).

1: incorreta. Nos exatos termos do art. 16 da Lei 11.340/2006 (Lei Maria da Penha), "nas ações penais públicas condicionadas à representação da ofendida de que trata esta Lei, só será admitida a renúncia à representação perante o juiz, em audiência especialmente designada com tal finalidade, antes do recebimento da denúncia e ouvido o Ministério Público". Assim, a assertiva em comento contém, de plano, o seguinte erro: não se trata de renúncia da ação pela parte ofendida (mulher vítima de violência doméstica), mas, sim, da representação, que é condição de procedibilidade daquela. Em verdade, do ponto de vista técnico-jurídico, não se deveria falar em "renúncia à representação", mas, sim, "retratação da representação". Nas palavras de Renato Brasileiro de Lima, com as quais concordamos, "houve, pois, uma impropriedade técnica do legislador ao usar a expressão *renúncia* no art. 16 da Lei Maria da Penha, já que se trata, na verdade, de verdadeira representação" (*Legislação criminal especial comentada*. 2. ed. Salvador: Juspodivm, 2014. p. 910). Se se tratasse, de fato, de renúncia, a vítima sequer teria ofertado a representação. Ora, se o art. 16 da lei sob análise fala em designação de audiência para que a ofendida exerça o tal direito de "renúncia", é porque, em verdade, a representação já foi oferecida por ocasião da *notitia criminis*. O segundo equívoco da assertiva se verifica no tocante ao limite temporal-processual máximo para a retratação da representação. O adrede mencionado art. 16 da Lei Maria da Penha é claro ao prescrever que referida manifestação de vontade da vítima deverá acontecer em audiência especialmente designada com tal finalidade, *antes do recebimento da denúncia*, com a oitiva do Ministério Público, e não em "qualquer fase processual", como afirmado na questão.

Gabarito 1E

14. CRIMES CONTRA O MEIO AMBIENTE

(Delegado/RO – 2014 – FUNCAB) Nos termos da Lei n. 9.605/1998, a pena de multa será calculada com base:

(A) na situação econômica do infrator e no montante do prejuízo causado, podendo ser aumentada em até três vezes de acordo com o valor da vantagem econômica auferida e a eficácia da medida punitiva.

(B) na vantagem econômica auferida, podendo ser aumentada em até duas vezes de acordo com o montante do prejuízo causado e a situação econômica do infrator.

(C) na situação econômica do infrator, podendo ser aumentada em até três vezes de acordo com o montante do prejuízo causado e a eficácia da medida punitiva.

(D) no montante do prejuízo causado e na vantagem econômica auferida, podendo ser aumentada em até duas vezes de acordo com a situação econômica do infrator e a eficácia da medida punitiva.

(E) no montante do prejuízo causado, podendo ser aumentada em até duas vezes de acordo com o valor da vantagem econômica auferida e a situação econômica do infrator.

Segundo estabelece o art. 6º, III, da Lei 9.605/1998, levar-se-á em conta, na aplicação da pena de multa, a situação econômica do infrator. O art. 18 do mesmo diploma legal, por sua vez, reza que a multa será calculada na forme prevista no Código Penal; revelando-se ineficaz, poderá, mesmo que aplicada no valor máximo, ser aumentada em três vezes, levando-se em conta, para tanto, o valor da vantagem auferida pelo agente.

Gabarito "A"

(Delegado/RO – 2014 – FUNCAB) NÃO incorrerá na mesma pena prescrita para a pesca em período no qual seja proibida ou em lugares interditados por órgão competente quem:

(A) pesca mediante a utilização de explosivos.

(B) pesca quantidades superiores às permitidas.

(C) pesca mediante a utilização de aparelhos e petrechos não permitidos.

(D) pesca espécimes com tamanhos inferiores aos permitidos.

(E) beneficia ou industrializa espécimes provenientes da coleta, apanha e pesca proibidas.

A: correta, uma vez que corresponde à conduta prevista no art. 35, I, da Lei 9.605/1998, cuja pena cominada é de 1 a 5 anos de reclusão, superior à reprimenda estabelecida para as condutas equiparadas à pesca em período proibido ou realizada em lugares interditados por órgão competente (art. 34, parágrafo único, da Lei 9.605/1998), que é de 1 a 3 anos de detenção; **B:** incorreta, pois se trata da conduta prevista no art. 34, parágrafo único, II, 1ª parte, da Lei 9.605/1998, à qual se aplica a mesma pena do crime descrito no caput: "pescar em período no qual (...)"; **C:** incorreta, pois se trata da conduta prevista no art. 34, parágrafo único, II, 2ª parte, da Lei 9.605/1998, à qual se aplica a mesma pena do crime descrito no caput: "pescar em período no qual (...)"; **D:** incorreta, pois se trata da conduta prevista no art. 34, parágrafo único, I, da Lei 9.605/1998, à qual se aplica a mesma pena do crime descrito no caput: "pescar em período no qual (...)"; **E:** incorreta, pois se trata da conduta prevista no art. 34, parágrafo único, III, da Lei 9.605/1998, à qual se aplica a mesma pena do crime descrito no *caput*: "pescar em período no qual (...)".

Gabarito "A"

15. TEMAS COMBINADOS E OUTROS TEMAS DA LEGISLAÇÃO EXTRAVAGANTE

(Delegado/PR – 2013 – UEL-COPS) Quantos aos crimes de racismo definidos na Lei nº 7.716/1989, assinale a alternativa correta.

(A) A incitação pública ao racismo constitui delito de incitação ao crime definido no Art. 286 do Código Penal, não havendo na referida Lei disposição sobre tal conduta.

(B) No caso de incitação ou induzimento ao preconceito racial praticado através da rede mundial de computadores, poderá o juiz determinar a interdição da mensagem ou página de informação.

(C) São crimes de ação penal pública condicionada, dependendo de representação da vítima para propositura da ação penal.

(D) A injúria qualificada pelo preconceito racial é crime definido na referida Lei, não se aplicando o crime de injúria definido no Art. 140 do Código Penal.

(E) Não constitui crime definido na referida Lei o empregador que, motivado pelo preconceito racial, não conceder os equipamentos necessários ao empregado em igualdade de condições com os demais trabalhadores.

A: incorreta, uma vez que a conduta descrita na assertiva está contemplada no art. 20, *caput*, da Lei 7.716/1989; **B:** correta. Providência prevista no art. 20, § 3º, III, da Lei 7.716/1989; **C:** incorreta. A ação penal, nos crimes previstos na Lei **7.716/1989, é pública incondicionada; D: incorreta, uma vez que o crime de** injúria qualificada pelo preconceito racial (injúria racial) está previsto no art. 140, § 3º, do CP, e não na Lei 7.716/1989; **E:** incorreta. Crime previsto no art. 4º, § 1º, I, da Lei 7.716/1989.

Gabarito "B"

(Delegado/RJ – 2013 – FUNCAB) Oto, a fim de dificultar eventual investigação, depositou vários cheques de terceiros, recebidos como produto de concussão da qual participou, em contas-correntes de três empresas de sua propriedade, às quais esperava ter acesso.

Observando o caso concreto, analise as assertivas abaixo:

I. Oto deve responder por favorecimento real e lavagem de capitais.

II. A figura de lavagem de capitais é caracterizada pela ocultação ou dissimulação da origem, da localização, da disposição, da movimentação ou da propriedade dos valores respectivos, provenientes, direta ou indiretamente, de qualquer infração penal.

III. Se reconhecido que Oto praticou o crime de lavagem de capitais, resta excluída sua participação no crime de concussão.

IV. O tipo de lavagem de dinheiro não reclama nem o êxito definitivo da ocultação ou dissimulação, visado pelo agente, nem o vulto e a complexidade dos exemplos de requintada "engenharia financeira" transnacional.

Agora, indique a opção que contempla apenas as assertivas verdadeiras.

(A) I e II.

(B) II e III.

(C) III e IV.

(D) I e III.

(E) II e IV.

I: incorreta. Não pode ser considerado como sujeito ativo do crime de favorecimento real o coautor ou partícipe do crime anterior. É a interpretação que se extrai da leitura do tipo penal do art. 349 do CP; **II:** correta, porque em consonância com o art. 1º da Lei 9.613/1998, cuja redação foi alterada por força da Lei 12.683/2012. Antes disso, exigia-se, para a configuração do delito de lavagem de dinheiro, que o crime antecedente estivesse contemplado nos incisos I a VIII. Atualmente, a lavagem de dinheiro restará caracterizada sempre que o agente ocultar ou dissimular a natureza, origem, localização, disposição, movimentação ou propriedade de bens, direitos ou valores provenientes, direta ou indiretamente, de qualquer *infração penal* (crimes e contravenções); **III**: incorreta, uma vez que o crime de lavagem de dinheiro e aquele que o antecede são autônomos; **IV**: correta. Conferir: "Lavagem de dinheiro: L. 9.613/98: caracterização. O depósito de cheques de terceiro recebidos pelo agente, como produto de concussão, em contas-correntes de pessoas jurídicas, às quais contava ele ter acesso, basta a caracterizar a figura de "lavagem de capitais" mediante ocultação da origem, da localização e da propriedade dos valores respectivos (Lei 9.613/1998, art. 1º, *caput*): o tipo não reclama nem êxito definitivo da ocultação, visado pelo agente, nem o vulto e a complexidade dos exemplos de requintada "engenharia financeira" transnacional" (STF, RHC 80.816, rel. Min. Sepúlveda Pertence, *DJ* 18.06.2011).

Gabarito "E"

(Delegado/RJ – 2013 – FUNCAB) Constitui crime contra as relações de consumo, EXCETO:

(A) fraudar preços por meio de divisão em partes de bem ou serviço, habitualmente oferecido à venda em conjunto.

(B) formar acordo, convênio, ajuste ou aliança entre ofertantes, visando à fixação artificial de preços ou quantidades vendidas ou produzidas.

(C) deixar de organizar dados fáticos, técnicos e científicos que dão base à publicidade.

(D) favorecer ou preferir, sem justa causa, comprador ou freguês, ressalvados os sistemas de entrega ao consumo por intermédio de distribuidores ou revendedores.

(E) fraudar preços por meio de junção de bens ou serviços, comumente oferecidos à venda em separado.

A: correta, pois corresponde ao crime contra as relações de consumo previsto no art. 7º, IV, *b*, da Lei 8.137/1990; **B:** incorreta, devendo ser assinalada, uma vez que corresponde ao crime contra a ordem econômica (e não contra as relações de consumo) previsto no art. 4º, II, *a*, da Lei 8.137/1990; **C:** correta, pois corresponde ao crime contra as relações de consumo previsto no art. 69 da Lei 8.078/1990 (CDC); **D:** correta, pois corresponde ao crime contra as relações de consumo previsto no art. 7º, I, da Lei 8.137/1990; **E:** correta, pois corresponde ao crime contra as relações de consumo previsto no art. 7º, IV, *c*, da Lei 8.137/1990.

Gabarito "B"

(Delegado/SP – 2014 – VUNESP) Dispõe a Lei n.º 8.249, de 1992 – Lei de Improbidade Administrativa – que, independentemente das sanções penais, civis e administrativas previstas na legislação específica, na hipótese dos atos que importam enriquecimento ilícito, a suspensão dos direitos políticos será de

(A) 1 (um) a 4 (quatro) anos.

(B) 1 (um) a 3 (três) anos.

(C) 2 (dois) a 4 (quatro) anos.

(D) 2 (dois) anos.

(E) 8 (oito) a 10 (dez) anos.

O responsável pelo ato de improbidade que importe enriquecimento ilícito (art. 9º), sem prejuízo das sanções penais, civis e administrativas, estará sujeito, na forma determinada no art. 12, I, da Lei 8.249/1992, entre outras sanções, à suspensão dos direitos políticos pelo período de 8 a 10 anos.

Gabarito "E"

(Delegado/SP – 2014 – VUNESP) Pertinente à Lei de combate às organizações criminosas, consiste a intervenção administrativa na

(A) forma de ação controlada existente.

(B) escolha do momento mais oportuno à formação de provas.

(C) ação realizada por agentes de polícia, exclusivamente.

(D) observação e acompanhamento da infiltração policial.

(E) infiltração feita por agentes não policiais.

Art. 8º, *caput*, da Lei 12.850/2013: "Consiste a ação controlada em retardar a intervenção policial ou administrativa relativa à ação praticada por organização criminosa ou a ela vinculada (...)".

Gabarito "A"

(Delegado/BA – 2013 – CESPE) Considerando o que dispõe a legislação atual acerca de discriminação, julgue o item que se segue.

(1) A violência psicológica, uma das espécies de violência contra a mulher previstas na Lei Maria da Penha, resulta de conduta que cause, entre outros problemas, dano emocional e diminuição da autoestima da vítima.

(2) Pratica crime o empregador que, por motivo de discriminação de raça ou cor, deixar de conceder equipamentos necessários ao empregado, em igualdade de condições com os demais trabalhadores.

1: correta. Nos termos do art. 7º da Lei Maria da Penha (Lei 11.340/2006), que define as cinco espécies de violência doméstica e familiar contra a mulher, encontramos, em seu inciso II, a previsão da violência psicológica, assim entendida como "qualquer conduta que lhe cause *dano emocional e diminuição da autoestima* ou que lhe prejudique e perturbe o pleno desenvolvimento ou que vise degradar ou controlar suas ações, comportamentos, crenças e decisões, mediante ameaça, constrangimento, humilhação, manipulação, isolamento, vigilância constante, perseguição contumaz, insulto, chantagem, ridicularização, exploração e limitação do direito de ir e vir ou qualquer outro meio que lhe cause prejuízo à saúde psicológica e à autodeterminação"; **2:** correta. Constitui crime definido na Lei de Racismo (Lei 7.716/1989) o fato de o agente (empregador), por motivo de discriminação de raça ou de cor ou práticas resultantes do preconceito de descendência ou origem nacional ou étnica, *deixar de conceder os equipamentos necessários ao empregado em igualdade de condições com os demais trabalhadores* (art. 4º, § 1º, I).

Gabarito 1C, 2C

(Delegado/BA – 2013 – CESPE) No que se refere às contravenções penais, aos crimes em espécie e às leis penais extravagantes, julgue os itens a seguir com base na jurisprudência dos tribunais superiores.

(1) O indivíduo penalmente imputável condenado à pena privativa de liberdade de vinte e três anos de reclusão pela prática do crime de extorsão seguido de morte poderá ser beneficiado, no decorrer da execução da pena, pela progressão de regime após o cumprimento de dois quintos da pena, se for réu primário, ou de três quintos, se reincidente.

(2) O dolo direto ou eventual é elemento subjetivo do delito de violação de direito autoral, não havendo previsão para a modalidade culposa desse crime.

(3) Considere que João, por vários meses, tenha captado sinal de televisão a cabo por meio de ligação clandestina e que, em razão dessa ligação, considerável valor econômico tenha deixado de ser transferido à prestadora do serviço. Nessa situação hipotética, considerando-se o entendimento do Superior Tribunal de Justiça a respeito da matéria, João praticou o crime de furto de energia.

(4) A tentativa de contravenção, mesmo que factível, não é punida.

1: correta. Considerando que o crime de extorsão qualificada pela morte, definido no art. 158, § 2º, do CP, é considerado hediondo (art. 1º, III, da lei 8.072/1990), a progressão de regime somente será autorizada após o agente cumprir dois quintos da pena, se primário, ou três quintos, se reincidente (art. 2º, § 2º, da Lei 8.072/1990, com a redação que lhe foi dada pela Lei 11.464/2007); **2:** correta. O crime de violação de direito autoral, tipificado pelo art. 184 do CP, é doloso, admitindo-se tanto o dolo direto quanto o eventual. De fato, da leitura de referido tipo penal, não há previsão da modalidade culposa desse crime. Assim, caso um agente pratique violação de direito autoral crendo, por exemplo, que a obra caiu em domínio público (art. 45 da lei 9.610/1998), terá incidido em erro de tipo, que, como sabido, exclui o dolo (art. 20, *caput*, do CP); **3:** correta. De fato, há precedentes do STJ reconhecendo a tipificação do crime de furto de energia elétrica (art. 155, § 3º, do CP) quando o agente capta, clandestinamente, sinal de TV a cabo por ligação não autorizada. Confira-se a ementa do RHC 30847/RJ, 5ª turma, j. 20.08.2013, rel. Min. Jorge Mussi, *DJE* 04.09.2013: "recurso ordinário em *habeas corpus*. Captação irregular de sinal de televisão a cabo. Alegada atipicidade da conduta. Ausência de documentação comprobatória. Necessidade de prova pré-constituída. Equiparação à energia elétrica. Possibilidade. Recurso improvido. 1. Não há na impetração a cópia da denúncia ofertada contra os recorrentes, documentação indispensável para análise da alegada atipicidade da conduta que lhes foi atribuída. 2. O rito do *habeas corpus* pressupõe prova pré-constituída do direito alegado, devendo a parte demonstrar, de maneira inequívoca, por meio de documentos que evidenciem a pretensão aduzida, a existência do aventado constrangimento ilegal suportado pelo paciente. 3. Assim não fosse, tomando-se por base apenas os fatos relatados na inicial do *mandamus* impetrado na origem e no aresto objurgado, não se constata qualquer ilegalidade passível de ser remediada por este sodalício, pois o sinal de TV a cabo pode ser equiparado à energia elétrica para fins de incidência do art. 155, § 3º, do CP. Doutrina. Precedentes. 4. Recurso improvido."; **4:** correta, nos exatos termos do art. 4º da Lei de Contravenções Penais (Decreto-lei 3.688/1941): "não é punível a tentativa de contravenção".

Gabarito 1C, 2C, 3C, 4C

(Delegado Federal – 2013 – CESPE) No que diz respeito aos crimes previstos na legislação penal extravagante, julgue os itens subsequentes.

(1) O crime de lavagem de capitais, delito autônomo em relação aos delitos que o antecedam, não está inserido no rol dos crimes hediondos.

(2) O crime de lavagem de capitais, consoante entendimento consolidado na doutrina e na jurisprudência, divide-se em três etapas independentes: colocação (*placement*), dissimulação (*layering*) e integração (*integration*), não se exigindo, para a consumação do delito, a ocorrência dessas três fases.

(3) Se os crimes funcionais, previstos no art. 3º da Lei nº 8.137/1990, forem praticados por servidor contra a administração tributária, a pena imposta aumentará de um terço até a metade.

(4) Na Lei de Drogas, é prevista como crime a conduta do agente que oferte drogas, eventualmente e sem objetivo de lucro, a pessoa do seu relacionamento, para juntos a consumirem, não sendo estabelecida distinção entre a oferta dirigida a pessoa imputável ou inimputável.

1: correta. De fato, a lavagem de dinheiro não é crime que conste no rol daqueles considerados hediondos (art. 1º da Lei 8.072/1990); **2:** correta. Realmente, cuidou a doutrina e cindir a lavagem de dinheiro em três fases ou etapas. A primeira é denominada de colocação, conversão ou *placement*. Verifica-se, por exemplo, quando o agente efetua depósitos bancários, compra de títulos negociáveis e bens. A segunda é denominada de ocultação, dissimulação ou *layering*, tendo por objetivo "quebrar" a cadeia de evidências dos crimes antecedentes. São exemplos de ocultação a movimentação eletrônica de dinheiro, utilização de contas em paraísos fiscais, depósitos em contas fantasmas etc. Por fim, fala-se em integração ou *integration*, etapa em que os ativos (dinheiro e bens) são incorporados ao sistema econômico nacional, dando-se a aparência de licitude a eles; **3:** incorreta. Nos termos do art. 12, II, da Lei 8.137/1990, a pena será aumentada de 1/3 até a 1/2 se os crimes dos arts. 1º, 2º, 4º a 7º forem cometidos por servidor público no exercício de suas funções. À evidência, os crimes do art. 3º, da referida lei, não poderão ter as penas majoradas pelo fato de o agente (sujeito ativo) ser servidor público, haja vista que são exatamente os denominados "crimes funcionais contra a ordem tributária", que pressupõem a condição de funcionário público. Se a pena fosse majorada por essa circunstância (condição especial do sujeito ativo), estaríamos diante de inegável *bis in idem*; **4:** correta (art. 33, § 3º, da Lei 11.343/2006). A situação descrita na assertiva configura o chamado tráfico privilegiado. Não fez o legislador, em referido subtipo penal, qualquer distinção entre a oferta de droga ser direcionada à pessoa imputável ou inimputável.

Gabarito 1C, 2C, 3E, 4C

(Delegado/AP – 2006 – UFAP) Analise as assertivas e assinale a alternativa correta:

I. É crime de "lavagem" (Lei nº 9.613/1998) ocultar a propriedade de bens provenientes diretamente de crime de roubo.

II. A Lei nº 9.613/1998 prevê a delação premiada, permitindo que o juiz reduza a pena, estabeleça o regime aberto, conceda o perdão judicial ou substitua a sanção privativa de liberdade por restritiva de direitos para o autor que colabore espontaneamente com as autoridades.

III. É crime punido com reclusão, de acordo com o Estatuto do Idoso (Lei nº 10.741/2003), negar a alguém, por motivo de idade, emprego ou trabalho.

(A) Estão corretas todas as alternativas.
(B) Estão erradas todas as alternativas.
(C) Estão corretas apenas as alternativas II e III.
(D) Está correta apenas a alternativa I.
(E) Está correta apenas a alternativa III.

I: incorreta, à época em que a questão foi elaborada. Antes da Lei 12.683/2012, o art. 1º da Lei 9.613/1998 trazia um rol de crimes antecedentes. Atualmente, os bens, direitos ou valores deverão ser provenientes, direta ou indiretamente de infração penal; **II:** correta – art. 1º, § 5º, da Lei 9.613/1998. Valendo destacar que com o advento da Lei 12.683/2012, a pena pode começar a ser cumprida em regime aberto ou semiaberto; **III:** art. 100, II, da Lei 10.741/2003.

Gabarito "C"

(Delegado/PA – 2012 – MSCONCURSOS) A interceptação de comunicações telefônicas, de qualquer natureza, para prova em investigação criminal e em instrução processual penal, observará o disposto na Lei nº 9.296, de 24 de julho de 1996 e dependerá de ordem do juiz competente da ação principal, sob segredo de justiça. Com base nessas informações e pautando-se na referida lei, assinale a alternativa correta:

(A) Realizar interceptação de comunicações telefônicas, de informática ou telemática, ou quebrar segredo da Justiça, sem autorização judicial ou com objetivos não autorizados em lei não é crime.
(B) A interceptação de comunicação telefônica, de qualquer natureza, ocorrerá nos autos principais do inquérito policial ou do processo criminal, preservando-se o sigilo das diligências, gravações e transcrições respectivas.
(C) É admitida a interceptação de comunicações telefônicas quando o fato investigado constituir infração penal punida, no máximo, com pena de detenção.
(D) Excepcionalmente, o juiz poderá admitir que o pedido seja formulado verbalmente, desde que estejam presentes os pressupostos que autorizem a interceptação, caso em que a concessão será condicionada à sua redução a termo.
(E) O juiz, no prazo máximo de quarenta e oito horas, decidirá sobre o pedido de interceptação de comunicação telefônica.

A: incorreta, dado o que estabelece o art. 1º da Lei 9.296/1996; **B:** incorreta, pois não reflete o disposto no art. 8º, *caput*, da Lei 9.296/1996; **C:** incorreta. A teor do art. 2º, III, da Lei 9.296/1996, somente será autorizada a interceptação de comunicações telefônicas na hipótese de o fato objetivo da investigação constituir infração penal punida com reclusão; **D:** correta, pois reflete o disposto no art. 4º, § 1º, da Lei 9.296/1996; **E:** incorreta, pois o art. 4º, § 2º, da Lei 9.296/1996 estabeleceu o prazo de 24 horas.

Gabarito "D"

(Delegado/PA – 2012 – MSCONCURSOS) Toda mulher, independentemente de classe, raça, etnia, orientação sexual, renda, cultura, nível educacional, idade e religião, goza dos direitos fundamentais inerentes à pessoa humana, sendo-lhe asseguradas as oportunidades e facilidades para viver sem violência, preservar sua saúde física e mental e seu aperfeiçoamento moral, intelectual e social. Segundo a Lei Maria da Penha (Lei nº 11.340, de 7 de agosto de 2006), são formas de violência doméstica e familiar contra a mulher, entre outras, a violência moral, que é entendida como qualquer conduta que

(A) ofenda sua integridade ou saúde corporal.
(B) lhe cause dano emocional e diminuição da autoestima ou que lhe prejudique e perturbe o pleno desenvolvimento ou que vise degradar ou controlar suas ações, comportamentos, crenças e decisões, mediante ameaça, constrangimento, humilhação, manipulação, isolamento, vigilância constante, perseguição contumaz, insulto, chantagem, ridicularização, exploração e limitação do direito de ir e vir ou qualquer outro meio que lhe cause prejuízo à saúde psicológica e à autodeterminação.
(C) a constranja a presenciar, a manter ou a participar de relação sexual não desejada, mediante intimidação, ameaça, coação ou uso da força; que a induza a comercializar ou a utilizar, de qualquer modo, a sua sexualidade, que a impeça de usar qualquer método contraceptivo ou que a force ao matrimônio, à gravidez, ao aborto ou à prostituição, mediante coação, chantagem, suborno ou manipulação; ou que limite ou anule o exercício de seus direitos sexuais e reprodutivos.
(D) configure retenção, subtração, destruição parcial ou total de seus objetos, instrumentos de trabalho, documentos pessoais, bens, valores e direitos ou recursos econômicos, incluindo os destinados a satisfazer suas necessidades.
(E) configure calúnia, difamação ou injúria.

Art. 7º, V da Lei 11.340/2006.

Gabarito "E"

(Delegado/PA – 2012 – MSCONCURSOS) Pautando-se na Lei nº 12.037, de 1º de outubro de 2009, que dispõe sobre a identificação criminal do civilmente identificado, assinale a alternativa incorreta:

(A) É permitido mencionar a identificação criminal do indiciado em atestados de antecedentes ou em informações não destinadas ao juízo criminal, antes do trânsito em julgado da sentença condenatória.
(B) A identificação civil é atestada, dentre outros documentos, pela carteira de identificação funcional.
(C) Embora apresentado documento de identificação, poderá ocorrer identificação criminal quando o indiciado portar documentos de identidade distintos, com informações conflitantes entre si.
(D) No caso de não oferecimento da denúncia, ou sua rejeição, ou absolvição, é facultado ao indiciado ou ao réu, após o arquivamento definitivo do inquérito, ou trânsito em julgado da sentença, requerer a retirada da identificação fotográfica do inquérito ou processo, desde que apresente provas de sua identificação civil.
(E) Quando houver necessidade de identificação criminal, a autoridade encarregada tomará as providências necessárias para evitar o constrangimento do identificado.

A: incorreta, pois contraria o disposto no art. 6º da Lei 12.037/2009; **B:** correta, visto que reflete o disposto no art. 2º, V, da Lei 12.037/2009; **C:** correta, pois reflete o que estabelece o art. 3º, III, da Lei 12.037/2009; **D:** correta (art. 7º da Lei 12.037/2009); **E:** correta, pois em consonância com o que dispõe o art. 4º da Lei 12.037/2009.

Gabarito "A"

(Delegado/PA – 2012 – MSCONCURSOS) A Lei nº 9.605/1998 estabelece sanções para condutas e atividades lesivas ao meio ambiente. De acordo com a referida lei, não é circunstância que atenua a pena:

(A) arrependimento do infrator, manifestado pela espontânea reparação do dano, ou limitação significativa da degradação ambiental causada.
(B) baixo grau de instrução ou escolaridade do agente.
(C) comunicação prévia pelo agente do perigo iminente de degradação ambiental.
(D) erro de pessoa ou circunstância fática não previsível.
(E) colaboração com os agentes encarregados da vigilância e do controle ambiental.

Art. 14 da Lei 9.605/1998.

Gabarito "D"

(Delegado/PI – 2009 – UESPI) Marque a afirmação correta que se aplica seja aos crimes hediondos (Lei 8.072/1990), seja ao tráfico ilícito e ao uso indevido de substâncias entorpecentes (Lei 11.343/2006), seja aos crimes de tortura (Lei 9.455/1997).

(A) As penas aplicadas ao usuário de substâncias entorpecentes são: a advertência sobre os efeitos das drogas, a prestação de serviços à comunidade e a medida educativa de comparecimento a programa ou curso educativo. Estas, nos casos de descumprimento injustificado, podem ser convertidas em pena privativa de liberdade.
(B) O crime de associação para o tráfico ilícito de entorpecente é um crime de concurso necessário, devendo ter no mínimo 2 (dois) sujeitos ativos.
(C) Os crimes de tortura, assim como os crimes hediondos, não admitem a anistia, a graça e o indulto.
(D) O roubo qualificado pelo resultado (lesão corporal grave e morte), estabelecido no art. 157, § 3°, é crime hediondo.
(E) Quem, sendo usuário de substância entorpecente, oferece droga, eventualmente e sem objetivo de lucro, a pessoa de seu relacionamento, para juntos a consumirem, pratica o crime de uso de substância entorpecente, com uma causa especial de aumento de pena pelo oferecimento da droga a terceira pessoa.

A: incorreta. Ainda que em caso de descumprimento, as penas impostas ao condenado pelo crime tipificado no art. 28 da Lei nº 11.343/2006 não poderão ser convertidas em penas privativas de liberdade; **B:** correta. O crime de associação para o tráfico, previsto no art. 35 da Lei 11.343/2006, é um crime autônomo que deve ser praticado por, no mínimo, dois agentes; **C:** incorreta. Não há vedação à concessão de indulto para o crime de tortura (art. 5º, XLIII, da CF e art. 1º, § 6º, da Lei 9.455/1997); **D:** incorreta. O crime de latrocínio, previsto no art. 157, § 3º, *in fine*, do CP, é que está inserido no rol dos crimes hediondos. Nas hipóteses em que da violência resultar lesão corporal grave, não estará caracterizado crime hediondo; **E:** incorreta. A conduta descrita configura o crime de tráfico eventual de droga, previsto no art. 33, § 3º, da Lei nº 11.343/2006, cuja pena cominada será de detenção de seis meses a um ano, e pagamento de 700 a 1500 dias-multa, sem prejuízo das penas previstas no art. 28 da mesma Lei.

Gabarito "B"

(Delegado/RJ – 2009 – CEPERJ) Relativamente à legislação penal extravagante, assinale a afirmativa incorreta.

(A) Considera-se autoridade, para os efeitos da Lei nº 4.898/1965, o serventuário da justiça.
(B) Constitui crime de tortura constranger alguém com emprego de grave ameaça, causando-lhe sofrimento mental, em razão de discriminação religiosa.
(C) Constitui crime previsto no Estatuto da Criança e do Adolescente submeter à tortura criança ou adolescente sob sua autoridade, guarda ou vigilância.
(D) De acordo com a doutrina, os sistemas de definição dos crimes hediondos são o legal, o misto e o judicial, sendo certo que o ordenamento jurídico brasileiro adotou o sistema legal.
(E) A pena do crime de tortura é aumentada se o crime é cometido mediante sequestro.

A: correta. O art. 5º da Lei 4.898/1965 prevê que "considera-se autoridade para efeitos desta lei, quem exerce cargo, emprego ou função pública, de natureza civil, ou militar, ainda que transitoriamente e sem remuneração", hipótese na qual se insere o serventuário da justiça; **B:** correta – art. 1º, I, *c*, da Lei 9.455/1997; **C:** incorreta. O crime está tipificado no art. 1º, com a incidência da causa de aumento prevista no § 4º, II, da Lei de Tortura; **D:** correta. Somente a lei pode indicar, em rol taxativo, quais são os crimes considerados hediondos. Não adotamos, pois, o chamado sistema judicial, e sim o sistema legal, em que cabe à lei, e somente a ela, definir quais crimes são hediondos; **E:** correta – art. 1º, § 4º, III, da Lei 9.455/1997.

Gabarito "C"

(Delegado/SP – 2011) Em relação aos crimes de "lavagem" ou ocultação de bens, direitos e valores – Lei nº 9.613/98 é correto afirmar que

(A) se aplicam, como efeitos da condenação, somente os previstos no Código Penal.
(B) não há causas de aumento ou redução de pena.
(C) o COAF poderá requerer aos órgãos da Administração Pública as informações cadastrais bancárias e financeiras de pessoas envolvidas em atividades suspeitas.
(D) não admitem tentativa.
(E) cabe apenas ao COAF determinar a liberação dos bens apreendidos ou sequestrados quando comprovada a licitude de sua origem.

A: incorreta. São aplicáveis, no âmbito dos crimes de lavagem de capitais, tanto os efeitos da condenação previstos no Código Penal quanto aqueles contemplados no art. 7º da Lei 9.613/1998; **B:** incorreta. O art. 1º, §§ 4º e 5º, da Lei 9.613/1998, cuja redação foi alterada pela Lei 12.683/2012, estabelece causas de aumento e diminuição de pena aplicáveis aos crimes definidos nesta Lei; **C:** correta, nos termos do art. 14, § 3º, da Lei 9.613/1998; **D:** incorreta, visto que não reflete o disposto no art. 1º, § 3º, da Lei 9.613/1998; **E:** incorreta – art. 4º, § 2º, da Lei 9.613/1998 (com a redação alterada pela Lei 12.683/2012).

Gabarito "C"

(Delegado/SP – 2011) Em relação à Lei sobre Programas Especiais de Proteção a Vítimas e Testemunhas Ameaçadas (Lei n° 9.807/1999), assinale a alternativa incorreta

(A) A solicitação objetivando o ingresso no programa poderá ser encaminhada ao órgão executor pelo próprio interessado.
(B) A medida de proteção poderá ser estendida ao cônjuge ou companheiro, ascendentes, descendentes e dependentes que tenham convivência habitual com a vítima ou testemunha.
(C) O ingresso e as restrições de segurança e demais medidas protetivas adotadas pelo programa dispensam a anuência da pessoa protegida ou de seu representante legal.
(D) Toda admissão ou exclusão do programa será precedida de consulta ao Ministério Público e posteriormente comunicada à autoridade policial ou ao juiz competente.
(E) A solicitação objetivando o ingresso no programa poderá ser encaminhada ao órgão executor por entidades com atribuições de defesa dos direitos humanos.

A: correta, pois reflete o que estabelece o art. 5º, I, da Lei 9.807/1999; **B:** correta, visto que em conformidade com o prescrito no art. 2º, § 1º, da Lei 9.807/1999; **C:** incorreta, visto que não corresponde ao teor do art. 2º, § 3º, da Lei 9.087/1999; **D:** correta, pois reflete o que estabelece o art. 3º da Lei 9.807/1999; **E:** correta, pois reflete o que estabelece o art. 5º, V, da Lei 9.807/1999.

Gabarito "C"

(Delegado/SP – 2011) O Estatuto de Defesa do Torcedor (Lei 10.671/2003) define como crimes as condutas abaixo, exceto

(A) invadir local restrito aos competidores em eventos esportivos.
(B) fraudar, por qualquer meio, o resultado de competição esportiva.
(C) prometer vantagem não patrimonial com o fim de alterar o resultado de competição desportiva
(D) aceitar para si vantagem patrimonial com o fim de falsear o resultado de competição esportiva.
(E) constranger, mediante violência ou grave ameaça, dirigente de entidade responsável pela organização da competição com o fim de falsear o resultado de evento esportivo.

A: correta – crime previsto no art. 41-B da Lei 10.671/2003 – Estatuto do Torcedor; **B:** correta – crime previsto no art. 41-E da Lei 10.671/2003 – Estatuto do Torcedor; **C:** correta – crime previsto no art. 41-D da Lei 10.671/2003 – Estatuto do Torcedor; **D:** correta – crime previsto no art. 41-C da Lei 10.671/2003 – Estatuto do Torcedor; **E:** incorreta – delito não previsto no Estatuto do Torcedor.

Gabarito "E"

3. Direito Processual Penal

Arthur Trigueiros e Eduardo Dompieri

1. FONTES, PRINCÍPIOS GERAIS, EFICÁCIA DA LEI PROCESSUAL PENAL NO TEMPO E NO ESPAÇO

(Delegado/PA – 2013 – UEPA) Sobre a Convenção Americana dos Direitos Humanos (Pacto de São José da Costa Rica), é correto afirmar que:

I. Determina que a pena de morte somente poderá ser aplicada aos crimes mais graves, que não tenham qualquer conotação política, ficando vedada a elaboração de leis ampliando o rol de crimes sujeitos a ela, bem como a sua aplicação sobre menores de 18 ou maiores de 70 anos, além de mulheres grávidas.

II. Veda a prática da tortura, exceto nos países que já a aplicam como forma legal de interrogatório ou produção de provas, devendo esses países, no entanto, comprometer-se a eliminá-la progressivamente, respeitado o princípio de autodeterminação.

III. Reforça medidas já contempladas na legislação brasileira, tais como a obrigatória separação entre presos condenados e presos provisórios; a responsabilização de menores infratores através de órgão jurisdicional especializado e com processo mais célere; e a ênfase dada à função ressocializadora da pena.

IV. Reconhece, como garantias judiciais do acusado em processo criminal, o direito à defesa técnica, inclusive por advogado oferecido pelo Estado; o direito de não incriminação e o direito de, em caso de absolvição, não ser novamente processado pelos mesmos fatos.

V. Proíbe expressamente os trabalhos forçados, com rigor maior do que a legislação brasileira, porque impede até mesmo o trabalho obrigatório do preso, parte da disciplina do sistema penitenciário, que violaria a dignidade humana na medida em que sujeita o apenado à perda de benefícios.

A alternativa que contém todas as afirmativas corretas é:

(A) I, II e III
(B) I, III e IV
(C) I, III e V
(D) III e IV
(E) III, IV e V

I: correta (art. 4º, itens "4" e "5", da Convenção Americana dos Direitos Humanos – Pacto de São José da Costa Rica); **II**: incorreta. Nos termos do art. 5º, item "2", da Convenção Americana dos Direitos Humanos, é vedada, sem ressalvas, a prática da tortura; **III**: correta (art. 5º, itens "4", "5" e "6", da Convenção Americana dos Direitos Humanos); **IV**: art. 8º, itens "2", *e* e *g*, e "4", da Convenção Americana dos Direitos Humanos; **V**: incorreta (art. 6º, item "2", da Convenção Americana dos Direitos Humanos).

Gabarito "B"

(Delegado/RJ – 2013 – FUNCAB) Marque a resposta correta.

(A) O princípio da identidade física do juiz consiste na dimensão formal do princípio do juiz natural, enquanto a vedação de tribunais de exceção e escolha de juiz traduzem a dimensão substancial do juiz natural.

(B) São incontestáveis, na doutrina e na jurisprudência, o poder de investigação direta do Ministério Público e a prerrogativa legal de tomar assento imediatamente à direita e no mesmo plano do Magistrado, sem que haja, com isso, ofensa ao sistema acusatório ou à paridade de armas.

(C) O STF admite como prova a gravação ambiental de conversas entre particulares, mas não admite a gravação clandestina de conversa informal entre agentes policiais e o indiciado, este último, em razão do direito constitucional ao silêncio.

(D) A Constituição de 1988 consagrou expressamente, no processo penal brasileiro, o princípio da verdade real. Por isso o Juiz poderá, de ofício, produzir prova no curso do processo.

(E) O Delegado de Polícia não pode ordenar buscas domiciliares. Este poder, contudo, foi atribuído, excepcionalmente, às CPIs, que possuem poderes de investigação típicos da autoridade judiciária.

A: incorreta. O princípio da identidade física do juiz, introduzido no Código de Processo Penal pela Lei 11.719/2008, o art. 399, § 2º, estabelece que o juiz que presidiu a instrução deverá proferir a sentença; tem como propósito aproximar o juiz do conjunto probatório e facilitar-lhe a formação de seu convencimento. Tal regra não tem relação como princípio do juiz natural, que impõe que ninguém será processado nem sentenciado senão pela autoridade competente (art. 5º, LIII, da CF); **B**: incorreta, dado que a doutrina está longe de ser unânime quando se fala em investigação criminal feita, de forma direta, pelo MP; aqueles que são contra tal possibilidade, sustentam que há ofensa ao sistema acusatório e à paridade de armas, em que as funções de investigar, acusar e julgar devem ser atribuídas a órgãos diversos. A jurisprudência, por sua vez, inclina-se no sentido de que o MP, porque os órgãos policiais não detêm, no sistema jurídico brasileiro, o monopólio da atividade investigativa criminal, pode, de forma direta, investigar. Vide: STF: HC 94.173-BA, 2ª T., rel. Min. Celso de Mello, j. 27.10.09. De toda sorte, curial que se diga que o Plenário do STF está prestes a definir se o MP tem atribuição para investigação no âmbito criminal e em que medida isso se daria. Da mesma forma, também é objeto de divergência doutrinária a prerrogativa conferida ao membro do MP de tomar assento imediatamente à direita e no mesmo plano do magistrado; **C**: correta. É tranquilo o entendimento dos tribunais superiores no sentido de que a gravação ambiental realizada por um dos interlocutores sem o conhecimento do outro pode ser utilizada como prova no processo penal. Agora, quando a gravação clandestina (sem o conhecimento do investigado) se der entre este e policiais, tal prova será considerada ilícita. Conferir: "*Habeas corpus*: cabimento: prova ilícita. 1. Admissibilidade, em tese, do *habeas corpus* para impugnar a inserção de provas ilícitas em procedimento penal e postular o seu desentranhamento: sempre que, da imputação, possa advir condenação a pena privativa de liberdade: precedentes do Supremo Tribunal. II. Provas ilícitas: sua inadmissibilidade no processo (CF, art. 5º, LVI): considerações gerais. 2. Da explícita proscrição da prova ilícita, sem distinções quanto ao crime objeto do processo (CF, art. 5º, LVI), resulta a prevalência da garantia nela estabelecida sobre o interesse na busca, a qualquer custo, da verdade real no processo: consequente impertinência de apelar-se ao princípio da proporcionalidade – à luz de teorias estrangeiras inadequadas à ordem constitucional brasileira – para sobrepor, à vedação constitucional da admissão da prova ilícita, considerações sobre a gravidade da infração penal objeto da investigação ou da imputação. III. Gravação clandestina de "conversa informal" do indiciado com policiais. 3. Ilicitude decorrente – quando não da evidência de estar o suspeito, na ocasião, ilegalmente preso ou da falta de prova idônea do seu assentimento à gravação ambiental – de constituir, dita "conversa informal", modalidade de "interrogatório" sub-reptício, o qual – além de realizar-se sem as formalidades legais do interrogatório no inquérito policial (CPP, art. 6º, V) –, se faz sem que o indiciado seja advertido do seu direito ao silêncio. 4. O privilégio contra a autoincriminação – *nemo tenetur se detegere* –, erigido em garantia fundamental pela Constituição – além da inconstitucionalidade superveniente da parte final do art. 186 CPP – importou compelir o inquiridor, na polícia ou em juízo, ao dever de advertir o interrogado do seu direito ao silêncio: a falta da advertência – e da sua documentação formal – faz ilícita a prova que, contra si mesmo, forneça o indiciado ou acusado no interrogatório formal e, com mais razão, em "conversa informal" gravada, clandestinamente ou não. IV. Escuta gravada da comunicação telefônica com terceiro, que conteria evidência de quadrilha que integrariam: ilicitude, nas circunstâncias, com relação a ambos os interlocutores. 5. A hipótese não configura a gravação da conversa telefônica própria por um dos interlocutores – cujo uso como prova o STF, em dadas circunstâncias, tem julgado lícito – mas, sim, escuta e gravação por terceiro de comunicação telefônica alheia, ainda que com a ciência ou mesmo a cooperação de um dos interlocutores: essa última, dada a intervenção de terceiro, se compreende no âmbito da garantia constitucional do sigilo das comunicações telefônicas e o seu registro só se admitirá como prova, se realizada mediante prévia e regular autorização judicial. 6. A prova obtida mediante a escuta gravada por terceiro de conversa telefônica alheia é patentemente ilícita em relação ao interlocutor insciente da intromissão indevida, não importando o conteúdo do diálogo assim captado. 7. A ilicitude da escuta e gravação não autorizadas de conversa alheia não aproveita, em princípio, ao interlocutor que, ciente, haja aquiescido na operação; aproveita-lhe, no entanto, se, ilegalmente preso na ocasião, o seu aparente assentimento na empreitada policial, ainda que existente, não seria válido. 8. A extensão ao interlocutor ciente da exclusão processual do registro da escuta telefônica clandestina – ainda quando livre o seu assentimento nela – em princípio, parece inevitável, se a participação de ambos os interlocutores no fato probando for incindível ou mesmo necessária à composição do tipo criminal cogitado, qual, na espécie, o de quadrilha. V. Prova ilícita e contaminação de provas derivadas (*fruits of the poisonous tree*). 9. A imprecisão do pedido genérico de exclusão de provas derivadas daquelas cuja ilicitude se declara e o estágio do procedimento (ainda em curso o inquérito policial) levam, no ponto, ao indeferimento do pedido" (STF, HC 80949, rel. Min. Sepúlveda Pertence); **D:** incorreta, uma vez que o princípio da busca da verdade real não está contemplado, de forma expressa, na CF/88; **E:** incorreta. Embora seja fato que a autoridade policial não pode determinar busca e apreensão domiciliar, de igual modo tal poder não foi atribuído às comissões parlamentares de inquérito, somente podendo ser determinada pelo Poder Judiciário.

Gabarito "C"

(Delegado/SP – 2014 – VUNESP) A respeito do direito ao silêncio do acusado no inquérito policial, é correto afirmar que

(A) não importará em confissão, mas em presunção de culpabilidade.
(B) importará em confissão.
(C) importará em confissão, exceto se o acusado manifestar o direito constitucional de somente falar em juízo.
(D) não importará em confissão, entretanto, poderá constituir elemento para formação do convencimento do juiz em eventual processo penal.
(E) não importará em confissão.

Deve-se aplicar, neste caso, o art. 186, parágrafo único, do CPP, que incide tanto no âmbito do inquérito policial quanto no da instrução processual, que estabelece que "o silencio, que não importará em confissão, não poderá ser interpretado em prejuízo da defesa".

Gabarito "E"

(Delegado/SP – 2014 – VUNESP) A lei processual penal

(A) tem aplicação imediata, sem prejuízo dos atos realizados sob a vigência de lei anterior.
(B) somente pode ser aplicada a processos iniciados sob sua vigência.
(C) tem aplicação imediata, devendo ser declarados inválidos os atos praticados sob a vigência de lei anterior.
(D) tem aplicação imediata, devendo ser renovados os atos praticados sob a vigência da lei anterior.
(E) é retroativa aos atos praticados sob a vigência de lei anterior.

A lei processual penal será aplicada desde logo (*princípio da aplicação imediata* ou *da imediatidade*), sem prejuízo dos atos realizados sob o império da lei anterior. É o que estabelece o art. 2º do CPP. A exceção a essa regra fica por conta da lei processual penal dotada de carga material, em que deverá ser aplicado o que estabelece o art. 2º, parágrafo único, do CP. Nesse caso, a exemplo do que se dá com as leis penais, a norma processual nova, se favorável ao réu, deverá retroagir; se prejudicial, aplica-se a lei já revogada (*lex mitior*).

Gabarito "A"

(Delegado/SP – 2014 – VUNESP) No Direito pátrio, o sistema que vige no processo penal é o

(A) inquisitivo formal.
(B) acusatório formal.
(C) inquisitivo.
(D) inquisitivo unificador.
(E) acusatório.

São características imanentes ao *sistema acusatório*: além de uma nítida separação nas funções de acusar, julgar e defender, o processo é público (ao menos na sua maior parte) e contraditório; ademais, há imparcialidade do órgão julgador, a ampla defesa é assegurada e o processo é predominantemente oral. No *sistema inquisitivo*, diferentemente, as funções de acusar, defender e julgar reúnem-se em uma única pessoa. Além disso, o processo é sigiloso e nele não vige o contraditório. Temos ainda o *sistema misto*, em que há uma fase inicial inquisitiva, ao final da qual tem início uma etapa em que são asseguradas todas as garantias inerentes ao acusatório. Para a maior parte da doutrina, adotamos o sistema acusatório; há, no entanto, doutrinadores que sustentam que o sistema por nós adotado é o misto.

Gabarito "E"

(Delegado/SP – 2014 – VUNESP) São princípios constitucionais explícitos do processo penal:

(A) ampla defesa e intervenção mínima.
(B) presunção de inocência e lesividade.
(C) intervenção mínima e duplo grau de jurisdição.
(D) presunção de inocência e ampla defesa.
(E) lesividade e intervenção mínima.

Os princípios da *ampla defesa* e *presunção de inocência* estão contemplados, respectivamente, no art. 5º, LV e LVII, da CF/88.

Gabarito "D"

(Delegado/SP – 2014 – VUNESP) Em se tratando de processo penal, assinale a alternativa que apresenta, correta e respectivamente, uma fonte direta e uma fonte indireta.

(A) Costume e lei.
(B) Costume e jurisprudência.
(C) Doutrina e jurisprudência.
(D) Princípios gerais do direito e doutrina.
(E) Lei e costume.

Considera-se fonte direta do direito processual penal as diversas espécies normativas, como a lei ordinária, a emenda à Constituição e a lei complementar. Já o costume, assim como os princípios gerais de direito, é classificado como fonte indireta (mediata).

Gabarito "E"

(Delegado Federal – 2002 – CESPE) Julgue o seguinte item:

(1) Por ter força de lei, não viola o princípio da legalidade a medida provisória que define crimes e comina sanções penais.

1: incorreta, pois o *princípio da legalidade* ou da *reserva legal*, consagrado nos arts. 1º do CP e 5º, XXXIX, da CF, prescreve que somente a lei, em seu sentido formal, pode descrever condutas criminosas e cominar penas. Dessa forma, ficam excluídas outras formas legislativas, entre as quais a *medida provisória, ex vi* do art. 62, § 1º, I, *b*, da CF.

Gabarito 1E

(Delegado/AM) A alternativa incorreta, quanto à eficácia temporal da lei processual penal é

(A) com fundamento no CPP, a lei processual penal propriamente dita terá, salvo disposição em contrário, aplicação imediata, independentemente de ser ou mais severa ou mais benéfica para o indiciado ou acusado
(B) em regra, a lei processual penal propriamente dita não retroage, preservando-se, portanto, os atos já praticados na vigência da lei anterior
(C) em regra, a lei processual penal propriamente dita retroage para beneficiar o acusado, acarretando a modificação dos atos já praticados
(D) a nova lei processual penal propriamente dita aplica-se aos atos futuros

Em regra, a lei processual penal, em vista do disposto no art. 2º do CPP, terá aplicação imediata. Há, entretanto, normas jurídicas que possuem natureza mista, isto é, são dotadas de natureza processual e material. Dessa forma, se se tratar de uma norma de caráter material penal, deverá prevalecer, em detrimento do regramento estabelecido no art. 2º do CPP, a norma contida no art. 2º, *caput* e parágrafo único, do CP. Em se tratando de uma norma mais favorável ao réu, deverá retroagir em seu benefício; se prejudicial a nova lei, aplica-se a lei revogada (*lex mitior*).

Gabarito "C"

(Delegado/BA – 2008 – CEFETBAHIA) Sobre Sistemas Processuais, pode-se afirmar que o

(A) acusatório prega o respeito incondicional ao contraditório, à publicidade, à imparcialidade, à ampla defesa, bem como distribui a órgãos distintos as funções de acusar, defender e julgar.
(B) inquisitivo fixa que o Contraditório deve sempre ser observado, havendo separação de poderes entre a autoridade policial, o juiz e o promotor.
(C) inquisitivo, adotado pelo Brasil, determina que basta o Inquérito Policial para julgar alguns crimes ou contravenções, dispensando-se, nesses casos, o processo penal.
(D) misto, apesar de ser uma fusão dos dois outros, prescreve que, em nenhum momento, as garantias constitucionais sejam observadas, daí porque a doutrina tece severas críticas.
(E) acusatório confere mais poderes e prerrogativas ao Ministério Público do que ao réu, visto como objeto da relação processual.

São características imanentes ao *sistema acusatório*: além de uma nítida separação nas funções de acusar, julgar e defender, o processo é público e contraditório; ademais, há imparcialidade do órgão julgador e a ampla defesa é assegurada. No *sistema inquisitivo*, por seu turno, as funções de acusar, defender e julgar reúnem-se em uma única pessoa. Além disso, o processo é sigiloso e nele não vige o contraditório. No *sistema misto*, por fim, há uma fase inicial inquisitiva, ao final da qual tem início uma etapa em que são asseguradas todas as garantias inerentes ao acusatório.

Gabarito "A"

(Delegado/SC – 2008) Quanto à eficácia da lei processual no tempo, assinale a alternativa correta.

(A) A lei processual penal nova aplica-se retroativamente ao processo iniciado sob a égide de lei processual anterior, devendo ser retificados todos os atos com ela incompatíveis, realizados sob a vigência daquela.
(B) A lei processual penal nova aplica-se ao processo em andamento, ainda que o fato que motivou a ação penal (crime ou contravenção) tenha sido cometido antes de sua entrada em vigor e mesmo que sua aplicação se dê em prejuízo do agente.
(C) A lei processual penal revogada mais benéfica ao agente tem extra-atividade e é aplicável aos processos iniciados sob a sua égide.
(D) A lei processual revogada mais benéfica ao agente tem extra-atividade quando o fato que originou a ação penal tenha sido praticado sob a sua égide.

A lei processual penal, a teor do que dispõe o art. 2º do CPP, é aplicada desde logo e os atos realizados sob a égide da lei anterior devem ser preservados, pouco importando a data em que a infração foi praticada. Vale, todavia, fazer uma ressalva. Quando se tratar de norma processual dotada de caráter material (normas mistas), a sua eficácia no tempo deverá seguir o regramento do art. 2º, p. único, do Código Penal. Assim, se a lei processual dotada de carga penal for mais benéfica ao réu, deverá retroagir.

Gabarito "B"

(Delegado/SP – 2011) Historicamente, o processo penal acusatório distinguia-se do inquisitório porque enquanto o primeiro era

(A) escrito e público, o segundo era oral e sigiloso.
(B) escrito e sigiloso, o segundo era oral e público.
(C) misto (oral e escrito), o segundo era exclusivamente oral.
(D) oral e público, o segundo era escrito e sigiloso.
(E) oral e sigiloso, o segundo era escrito e público.

São características imanentes ao *sistema acusatório*, além do fato de ser oral e público: nítida separação nas funções de acusar, julgar e defender; ademais, há imparcialidade do órgão julgador e a ampla defesa e o contraditório são assegurados. No *sistema inquisitivo*, por seu turno, as funções de acusar, defender e julgar, diferentemente do acusatório, reúnem-se em uma única pessoa. Além disso, o processo é escrito, sigiloso e nele não vige o contraditório. No *sistema misto*, por fim, há uma fase inicial inquisitiva, ao final da qual tem início uma etapa em que são asseguradas todas as garantias inerentes ao acusatório.

Gabarito "D"

(Delegado/SP – 2011) De acordo com o Código de Processo Penal, é correto afirmar que a nova norma processual

(A) valerá após sua publicação, independentemente de prazo de vacância.
(B) valerá após sua entrada em vigor, ainda que o processo não tenha sido concluído.
(C) poderá ser aplicada a processos já encerrados, pois não existe direito processual adquirido
(D) vigerá no processo, desde que não crie obrigação ou ônus para a defesa.
(E) valerá para o processo que já tenha sentença transitada em julgado e expedição de carta de guia (ou guia de execução).

Com a sua entrada em vigor, a lei genuinamente processual passa a reger todos os processos em curso (princípio da aplicação imediata), preservando-se os atos praticados sob a égide da lei anterior – art. 2º, CPP. Em outras palavras, será aplicada a lei vigente ao tempo da prática do ato. Em conclusão, a lei processual, cuja eficácia começa com a sua vigência, não retroage. A exceção, como já dissemos em comentários anteriores, fica por conta das chamadas *leis processuais mistas*, as quais, por possuírem conteúdo de direito material, devem obedecer às regras do art. 2º, parágrafo único, do CP. Significa, portanto, que a norma dotada de carga de direito material que se revelar prejudicial ao réu não poderá retroagir.

Gabarito "B"

(Delegado/SP – 2011) São sistemas que buscam resolver a questão da sucessão de leis processuais no tempo:

(A) o da supremacia do direito de defesa; o das fases do processo; o da sistematização processual
(B) o da complexidade do processo; o do isolamento dos atos processuais; o da garantia dá defesa.
(C) o da unidade processual; o das fases processuais; o do isolamento dos atos processuais.
(D) o da sistematização processual; o do isolamento dos atos processuais; o da economia processual.
(E) o das fases do processo; o da intangibilidade do direito e defesa; o da supremacia dos atos praticados.

Para o *sistema da unidade processual*, o processo deve ser regulado, desde o começo até o julgamento final, pela mesma lei. Com isso, a lei processual nova não poderá incidir nos processos em curso; pelo *sistema das fases processuais*, que considera que o processo é constituído por etapas distintas, deve ser aplicada a lei em vigor quando do início de cada etapa. Se, no curso de determinada fase, sobrevier lei nova, esta somente terá incidência com a inauguração da próxima etapa; já para o *sistema do isolamento dos atos processuais*, que parte do princípio de que a lei nova é sempre melhor do que a anterior, o ato processual ainda em prática será disciplinado pela lei então em vigor; com a edição da lei nova, os atos subsequentes serão por ela regidos (aplicação imediata).

Gabarito "C"

(Delegado/SP – 2008) O Código de Processo Penal pátrio, no campo de eficácia da lei penal no espaço, adotou como regra o princípio da

(A) legalidade.
(B) territorialidade relativa.
(C) extraterritorialidade.
(D) territorialidade.
(E) territorialidade condicionada.

Acolhemos, de fato, no que toca à eficácia da lei processual no espaço, o *princípio da territorialidade*, consagrado no art. 1º do CPP. Isso significa que ao crime ocorrido em território nacional será aplicada a lei processual penal brasileira.

Gabarito "D"

2. INQUÉRITO POLICIAL

(Delegado/PA – 2013 – UEPA) Sobre inquérito policial, é correto afirmar que:

(A) a prerrogativa do Ministério Público de oferecer denúncia sem prévia instauração de inquérito implica, logicamente, que ao promotor de justiça é dado presidir o inquérito instaurado a partir de sua própria requisição.
(B) a recusa não fundamentada, por parte do delegado presidente, a diligências requeridas pelo defensor do indiciado implica em nulidade do inquérito, passível de correção por *habeas corpus*.
(C) delegado que tomou conhecimento através de um programa de rádio da existência de um cadáver em via pública pode determinar, por portaria, a instauração de inquérito, independentemente de provocação dos interessados ou de requisição do judiciário ou do Ministério Público.
(D) delegado pode recusar-se a instaurar inquérito requisitado por promotor de justiça, para apuração de crime de ação privada, caso a requisição não se faça acompanhar de requerimento do ofendido.
(E) na cena do crime, o delegado deve apreender todos os objetos úteis à elucidação dos fatos, exceto aqueles que, sendo coisas lícitas, sejam reivindicadas pelos proprietários ou possuidores de boa-fé.

A: cuidando-se de procedimento inquisitivo dispensável ao exercício da ação penal (art. 12, CPP), é lícito ao MP oferecer denúncia sem a prévia instauração de inquérito. Agora, sendo o inquérito policial instaurado a partir de requisição do MP, a sua presidência caberá à autoridade policial (art. 2º, § 1º, Lei 12.830/2013); pode o MP, neste caso, como titular da ação penal pública, acompanhar as investigações realizadas pela Polícia Judiciária; **B:** incorreta. Não há que se falar, aqui, em nulidade do inquérito policial. É que o pleito formulado pelo ofendido no sentido de ver realizada alguma diligência no curso do inquérito policial pode, a critério da autoridade que o preside, ser indeferido, sem necessidade de qualquer fundamentação (art. 14, CPP); **C: correta. É a chamada *notitia criminis* espontânea ou imediata, em que é a informação chega ao conhecimento da autoridade policial por meio de suas atividades de rotina (jornais e revistas, encontro de cadáver, comunicação da PM, etc.). Inicia-se o inquérito, neste caso, em sendo a ação penal pública incondicionada, por meio de portaria,** independentemente de provocação dos interessados ou de requisição do judiciário ou do Ministério Público; **D: correta, a nosso ver. Nesta hipótese, a autoridade policial pode recusar-se, dado que o requerimento do ofendido constitui, na ação penal privada, peça indispensável à instauração de inquérito policial (art. 5º, § 5º, do CPP); E: incorreta. Devem ser apreendidos todos os objetos que de alguma forma contribuam para a elucidação dos fatos, inclusive os lícitos, que, no transcorrer do inquérito, serão, conforme o caso, restituídos aos proprietários ou possuidores (arts. 6º, II, e 120, *caput*, do CPP).**

Anulada

(Delegado/PR – 2013 – UEL-COPS) Com relação ao inquérito policial, segundo o Código de Processo Penal, assinale a alternativa correta.

(A) A polícia judiciária será exercida pelas autoridades policiais em todo o território nacional, independente de circunscrição, com o fim de apurar as infrações penais e sua autoria.

(B) Na legislação processual penal, é inaplicável a interpretação extensiva e analógica, bem como o suplemento dos princípios gerais do direito.

(C) O inquérito deverá terminar no prazo de trinta dias, se o indiciado tiver sido preso em flagrante, ou estiver preso preventivamente, contado o prazo a partir do dia da prisão.

(D) O Ministério Público não poderá requerer a devolução do inquérito à autoridade policial, senão para novas diligências, imprescindíveis ao oferecimento da denúncia.

(E) O ofendido, ou seu representante legal, poderá requerer qualquer diligência, a qual será realizada obrigatoriamente, considerados os princípios do contraditório e da ampla defesa.

A: incorreta, pois contraria a regra disposta no art. 4º do CPP, segundo a qual a Polícia Judiciária será exercida no território correspondente à sua respectiva circunscrição; **B:** incorreta, uma vez que não reflete o que estabelece o art. 3º do CPP; **C:** incorreta. O art. 10, *caput*, do CPP estabelece o prazo *geral* de 30 dias para conclusão do inquérito, quando o indiciado não estiver preso; se preso estiver (preventivamente ou em flagrante), o inquérito deve terminar em 10 dias. Cuidado: com a reforma operada pela Lei 12.403/2011 na *prisão processual*, não mais se admite que o autuado permanece preso em flagrante durante toda a instrução, como antes ocorria. Assim que comunicado da prisão em flagrante, o juiz deverá, se entender presentes os requisitos do art. 312 do CPP, convertê-la em preventiva. A prisão em flagrante poderá durar, com essa nova conformação jurídica, no máximo 72 horas (24h para o juiz ser comunicado da prisão + 48 para decidir pela conversão em preventiva, se for o caso). Na Justiça Federal, se o indicado estiver preso, o prazo para conclusão do inquérito é de quinze dias, podendo haver uma prorrogação por igual período, conforme dispõe o art. 66 da Lei 5.010/1966; se solto, o inquérito deve ser concluído em 30 dias, em consonância com o disposto no art. 10, *caput*, do CPP. Há outras leis especiais, além desta, que estabelecem prazos diferenciados para a ultimação das investigações; **D:** correta. Nos termos do art. 16 do CPP, somente terá lugar a devolução dos autos de inquérito à autoridade policial para diligências imprescindíveis à formação da chamada *opinio delicti*; **E:** *incorreta, uma vez que as diligências requeridas pelo ofendido, no curso do inquérito, podem ser indeferidas pela autoridade policial (art. 14, CPP).*

Gabarito "D"

(Delegado/RJ – 2013 – FUNCAB) Em relação à investigação criminal, é INCORRETO afirmar:

(A) Quando o juiz verificar, nos autos, a existência de crime de ação penal pública, remeterá cópias ao Ministério Público.

(B) O requerimento do ofendido nos delitos de ação de iniciativa privada é classificado como notícia crime qualificada.

(C) Formalmente, o inquérito policial inicia-se com um ato administrativo da autoridade policial, que determina a sua instauração por meio de uma portaria ou de um auto de prisão em flagrante.

(D) Todos os elementos de convicção (meios de prova) produzidos ou obtidos em sede policial através de inquérito policial são valoráveis na sentença, sem a necessidade de serem reproduzidos na fase de instrução criminal.

(E) Apesar de meramente informativos, os atos do inquérito policial servem de base para restringir a liberdade pessoal através das prisões cautelares, e interferir na disponibilidade de bens, com base nas medidas cautelares reais, como por exemplo, o arresto e o sequestro.

A: correta (art. 40, CPP). Ainda que não seja provocado, o juiz ou tribunal que constatar, nos autos que preside, a prática de infração penal de ação penal pública deverá providenciar a extração de cópias e determinar a sua remessa ao MP, que, a partir daí, tomará as providências que julgar cabíveis, podendo oferecer denúncia de pronto ou ainda requisitar, à autoridade policial, instauração de inquérito, o que é mais comum; **B:** correta. *Notícia criminis* **qualificada é o mesmo que provocada; C: incorreta, além da portaria (atuação de ofício da autoridade policial) e do auto de prisão em flagrante, o inquérito pode ser deflagrado por meio de requisição do MP ou do juiz (art. 5º, II, 1ª parte, CPP), em razão de requerimento do ofendido (art. 5º, II, 2ª parte, CPP) e também, nos crimes de ação penal pública condicionada, por meio de representação; D: incorreta. As provas produzidas no curso do inquérito policial devem ser renovadas, sob o crivo do contraditório, em juízo, sendo vedado ao magistrado formar sua convicção com base exclusiva nos elementos informativos colhidos no curso das investigações (art. 155 do CPP); E: correta. Ainda no curso das investigações do inquérito policial, o ordenamento jurídico assegura a possibilidade de o juiz determinar medidas restritivas de liberdade (prisão preventiva e temporária) e também interferir na disponibilidade de bens (arresto e sequestro).**

Gabarito "D"

(Delegado/RJ – 2013 – FUNCAB) A autoridade policial, ao chegar no local de trabalho como de costume, lê o noticiário dos principais jornais em circulação naquela circunscrição. Dessa forma, tomou conhecimento, através de uma das reportagens, que o indivíduo conhecido como "José da Carroça", mais tarde identificado como José de Oliveira, teria praticado um delito de latrocínio. Diante da notícia da ocorrência de tão grave crime, instaurou o regular inquérito policial, passando a investigar o fato. Após reunir inúmeras provas, concluiu que não houve crime. Nesse caso, deverá a autoridade policial:

(A) relatar o inquérito policial, requerendo o seu arquivamento e encaminhando-o ao juízo competente.

(B) determinar o arquivamento dos autos por falta de justa causa para a propositura da ação.

(C) encaminhar os autos ao Ministério Público para que este determine o seu arquivamento.

(D) relatar o inquérito policial, sugerindo ao Ministério Público seu arquivamento, o que será apreciado pelo juiz.

(E) relatar o fato a Chefe de Polícia, solicitando autorização para arquivar os autos por ausência de justa causa para a ação penal.

Encerradas as investigações consideradas suficientes à elucidação dos fatos, a autoridade policial confeccionará minucioso relatório que contemple a descrição de todas as providências adotadas no curso das investigações, remetendo-se a juízo os autos do inquérito, em obediência ao comando do art. 10, § 1º, do CPP. Não cabe ao delgado de polícia, quando da elaboração do relatório, externar sua opinião quanto ao mérito da prova ali reunida; não poderá, pois, segundo pensamos, manifestar-se sobre o encaminhamento que deve ser dado ao inquérito: se deve ser arquivado ou não; se deve o promotor oferecer denúncia ou não; se deve ser reconhecida a excludente de legítima defesa, etc. Tal apreciação deve ser feita tão somente pelo promotor, titular que é da ação penal. Com isso, reputamos incorreto o que se afirma na assertiva "D", considerada pela banca como correta. De toda forma, deve ficar claro que a autoridade policial não pode requerer ou mesmo determinar o arquivamento dos autos de inquérito (art. 17, CPP); o IP será arquivado por determinação do juiz e sempre a requerimento do MP (art. 18, CPP).

Gabarito "D"

(Delegado/RJ – 2013 – FUNCAB) Marque a alternativa correta.

(A) Duas teorias disputam a regência do princípio da duração razoável do processo: a "teoria do prazo fixo" e a "teoria do não prazo". Todavia, tal princípio não tem aplicação no inquérito policial.

(B) No inquérito policial, aplica-se o princípio da ampla defesa, do contraditório, da plenitude de defesa e da publicidade, como formas irrenunciáveis de promover um efetivo garantismo penal.

(C) A interceptação telefônica pode ser requerida pela autoridade policial no curso da investigação, regendo-se a matéria pelo princípio da reserva de jurisdição.

(D) À luz da jurisprudência do STF, é possível submeter, coercitivamente, o indicado a exame grafotécnico e perícia para confronto vocal com base no princípio da proporcionalidade e razoabilidade, desde que se esteja apurando crimes hediondos ou de elevada gravidade ou, ainda, praticado com violência.

(E) O princípio da vedação do retrocesso não é reconhecido no ordenamento pátrio, portanto, apesar de anteriormente ter sido possível a concessão de fiança a crimes com pena superior a 04 anos, desde que fosse pena de detenção, com o advento da Lei nº 12.403/11, essa possibilidade inexiste.

A: incorreta, já que o princípio da *duração razoável do processo*, contemplado no art. 5º, LXXVIII, da CF, tem incidência, sim, no âmbito do inquérito policial (procedimento administrativo); **B:** incorreta. O inquérito policial tem caráter *inquisitivo*, o que significa dizer que nele não vigoram *contraditório* e *ampla defesa*, aplicáveis, como garantia de índole constitucional, a partir do início da ação penal. De igual modo, não se aplica, ao inquérito policial, a *publicidade*, imanente ao processo. Cuida-se, isto sim, de procedimento *sigiloso* (art. 20, CPP). De outra forma não poderia ser. É que a publicidade por certo acarretaria prejuízo ao bom andamento do inquérito, cujo propósito é reunir provas acerca da infração penal. É bom lembrar que o sigilo do inquérito não pode ser considerado absoluto, uma vez que não será oponível ao advogado, constituído ou não, do investigado, que terá amplo acesso ao acervo investigatório (art. 7º, XIV, da Lei 8.906/1994 – Estatuto da Advocacia); **C:** correta. A interceptação telefônica será determinada pelo juiz de direito a requerimento da autoridade policial ou do MP (art. 3º da Lei 9.296/1996); **D:** incorreta. Independente da gravidade do crime a ser apurado, não se pode submeter pessoa investigada a exame grafotécnico contra a sua vontade. Afinal, ninguém pode ser compelido a produzir prova contra si mesmo (*nemo tenetur se detegere*). Conferir: STJ, HC 200801147691, Laurita Vaz, Quinta Turma, DJE 07.02.2011; **E:** incorreta. Com o advento da Lei de Reforma 12.403/2011, somente são considerados inafiançáveis aqueles delitos assim declarados de forma expressa. É dizer, alterou-se o critério de inafiançabilidade. Hoje, são **inafiançáveis** os crimes hediondos, o tráfico de drogas, o terrorismo, a tortura, o racismo, a ação de grupos armados contra o Estado democrático de direito. Os demais são afiançáveis, independentemente da pena cominada e do fato de serem praticados mediante violência ou grave ameaça. É o que estabelece o art. 323 do CPP, que reproduz o teor do art. 5º, XLII, XLIII e XLIV, da CF.

Gabarito "C"

(Delegado/RJ – 2013 – FUNCAB) Nos termos do art. 13 e seus incisos, do Código de

Processo Penal, à autoridade policial incumbirá ainda outras atividades de Polícia Judiciária, que não a de investigação das infrações penais. Assim, dentre as alternativas abaixo, assinale a única que reproduz essas outras atividades elencadas no dispositivo citado.

(A) (I) fornecer, exclusivamente, aos membros do Ministério Público as informações necessárias à instrução e ao julgamento dos processos; (II) realizar as diligências requisitadas pelo juiz ou pelo Ministério Público; (III) cumprir os mandados de prisão expedidos pelas autoridades judiciárias; e, (IV) representar acerca da prisão preventiva.

(B) (I) fornecer às autoridades judiciárias as informações necessárias à instrução e ao julgamento dos processos; (II) realizar as diligências requisitadas unicamente pelo Ministério Público; (III) cumprir os mandados de prisão expedidos pelas autoridades judiciárias; e, (IV) representar acerca da prisão preventiva.

(C) (I) fornecer às autoridades judiciárias as informações necessárias à instrução e ao julgamento dos processos; (II) realizar as diligências requisitadas pelo juiz ou pelo Ministério Público; (III) cumprir os mandados de prisão expedidos somente nos autos de inquérito policial sob sua presidência; e, (IV) representar acerca da prisão preventiva.

(D) (I) fornecer às autoridades judiciárias as informações necessárias à instrução e ao julgamento dos processos; (II) realizar as diligências requisitadas pelo juiz ou pelo Ministério Público; (III) cumprir os mandados de prisão expedidos pelas autoridades judiciárias; e, (IV) representar acerca da prisão preventiva.

(E) (I) fornecer às autoridades judiciárias as informações necessárias à instrução e ao julgamento dos processos; (II) realizar as diligências requisitadas pelo juiz ou pelo Ministério Público; (III) cumprir os mandados de prisão expedidos pelas autoridades judiciárias; e, (IV) representar ao Ministério Público acerca de requerimento de prisão preventiva.

A: incorreta. O erro reside no item I, em que se afirma que incumbe *à autoridade policial fornecer, exclusivamente, aos membros do Ministério Público* (...). É que tais informações devem ser dirigidas às *autoridades judiciárias* (art. 13, I, do CPP); **B:** incorreta. O erro reside no item II, segundo o qual incumbe à autoridade policial *realizar as diligências requisitadas unicamente pelo Ministério Público* (...). É que, a teor do art. 13, II, do CPP, a autoridade deverá realizar não somente as diligências requisitadas pelo MP, mas também aquelas determinadas pelo juiz; **C:** incorreta. O erro reside no item III, que estabelece que incumbe à autoridade policial *cumprir os mandados de prisão expedidos somente nos autos de inquérito policial sob sua presidência* (...). A autoridade policial dever cumprir os mandados de prisão expedidos pelas autoridades judiciárias, e não só os determinados no bojo do inquérito sob sua presidência (art. 13, III, do CPP); **D:** correta, uma vez que todas as atividades ali descritas estão contempladas no art. 13 do CPP; **E:** incorreta (item IV). A representação formulada pela autoridade policial, no sentido de ser decretada a custódia preventiva, será dirigida à autoridade judiciária, e não ao MP.

Gabarito "D"

(Delegado/RO – 2014 – FUNCAB) Na condução do inquérito policial, o Delegado de Polícia, sempre pautando suas ações pela legalidade, também se sujeita ao Princípio da Discricionariedade, que possui como característica possibilitar ao Delegado de Polícia:

(A) a instauração do inquérito mediante critério de conveniência e oportunidade.

(B) a definição do rumo das investigações.

(C) a substituição do inquérito pela possibilidade de lavratura de termo circunstanciado.

(D) a cautela e prudência na condução das diligências de investigação.

(E) o arquivamento do inquérito policial.

A: incorreta. O delegado, por força do *princípio da obrigatoriedade* (legalidade), não dispõe de discricionariedade para decidir quanto à instauração de inquérito policial, a ele cabendo, sempre que tiver conhecimento da ocorrência de crime, assim proceder, determinado a instauração de inquérito; **B:** correta. A discricionariedade do delegado de polícia diz respeito ao rumo das investigações, uma vez que a lei não estabeleceu uma sequência a que deve obedecer a condução do inquérito; tomará as providências que melhor lhe aprouver; **C:** incorreta. O delegado não tem discricionariedade para decidir se é o caso de substituir o inquérito pelo termo circunstanciado. Tal deverá se dar nos casos previstos em lei; **D:** não é caso de discricionariedade; **E:** é vedado ao delegado, sob qualquer pretexto, mandar arquivar autos de inquérito (art. 17, CPP).

Gabarito "B"

(Delegado/SP – 2014 – VUNESP) O minucioso relatório policial que encerra determinado inquérito conclui pela ocorrência do crime de estelionato praticado por "X". O promotor de justiça, entretanto, com base nas descrições contidas no referido documento, denuncia "X" pela prática do crime de furto mediante fraude.

Ao receber a peça acusatória, o magistrado

(A) deverá, em juízo preliminar, modificar a classificação jurídica do crime feita na denúncia, a fim de que fique em consonância com o relatório policial, sob pena de inépcia da denúncia.

(B) poderá, em juízo preliminar, modificar a classificação jurídica do crime feita no relatório policial, a fim de que fique em consonância com a denúncia, sob pena de nulidade da sentença.

(C) poderá devolver os autos ao delegado de polícia responsável, caso entenda que a classificação do crime deva ser retificada.

(D) se não a rejeitar preliminarmente, deverá recebê-la e ordenar a citação do réu "X" para responder à acusação por crime de furto mediante fraude.

(E) deverá devolver os autos ao delegado de polícia responsável pelo relatório, a fim de que seja feita a retificação da classificação do crime, sob pena de inépcia da denúncia.

A classificação jurídica operada pelo delegado no indiciamento do inquérito policial não tem o condão de vincular a *opinio delicti* do titular da ação penal tampouco a classificação jurídica, feita pelo juiz, na sentença (que pode ser diversa daquela feita pelo acusador quando do oferecimento da inicial – art. 383 do CPP). Tanto é assim que, se a autoridade policial, ao cabo das investigações do inquérito, concluir, no seu relatório, que o investigado não praticou crime algum, nada impede que o promotor, ao receber os autos de inquérito, ofereça denúncia. Cuidado: a *emendatio libelli* (art. 383, CPP) somente tem aplicação no âmbito da sentença, em que o juiz, discordando da classificação jurídica feita pelo titular da ação penal na inicial acusatória, altera a imputação e confere aos fatos classificação diversa, desde que esses fatos narrados na inicial não sofram, ao longo da instrução, alteração. Se houver mudança nesse sentido, cuidará o juiz para que os autos sejam encaminhados ao acusador para aditamento da inicial, na forma estatuída no art. 384 do CPP (*mutatio libelli*).

Gabarito "D"

(Delegado/SP – 2014 – VUNESP) Nos termos do parágrafo terceiro do art. 5.º do CPP: "Qualquer pessoa do povo que tiver conhecimento da existência de infração penal em que caiba ação pública poderá, verbalmente ou por escrito, comunicá-la à autoridade policial, e esta, verificada a procedência das informações, mandará instaurar inquérito policial". Assim, é correto afirmar que

(A) sempre que tomar conhecimento da ocorrência de um crime, a autoridade policial deverá, por portaria, instaurar inquérito policial.

(B) por *delatio criminis* entende-se a autorização formal da vítima para que seja instaurado inquérito policial.

(C) o inquérito policial será instaurado pela autoridade policial apenas nas hipóteses de ação penal pública.

(D) a notícia de um crime, ainda que anônima, pode, por si só, suscitar a instauração de inquérito policial.

(E) é inadmissível o anonimato como causa suficiente para a instauração de inquérito policial na modalidade da *delatio criminis*, entretanto, a autoridade policial poderá investigar os fatos de ofício.

A: nem sempre. A autoridade policial somente procederá a inquérito, de ofício, nos crimes de ação penal pública incondicionada (art. 5º, I, do CPP); **B:** incorreta. *Delatio criminis* é a denúncia, formulada por qualquer pessoa do povo e dirigida à autoridade policial, que dá conta da prática de infração penal. Está prevista no art. 5º, § 3º, do CPP e comporta a forma verbal e a escrita; **C:** incorreta, uma vez que o inquérito policial também será instaurado para apurar a prática de crime de ação penal privada, mas, neste caso, tal providência está condicionada à formulação de requerimento daquele que tem legitimidade para o ajuizamento da ação penal respectiva (art. 5º, § 5º, do CPP); **D:** incorreta. A denúncia anônima, segundo tem entendido a jurisprudência, não é apta, por si só, a autorizar a instauração de inquérito policial. Antes disso, a autoridade policial deverá fazer uma averiguação prévia a fim de verificar a procedência da denúncia apócrifa, para, depois disso, determinar, se for o caso, a instauração de inquérito. Nesse sentido: Conferir: "(...) *a autoridade policial, ao receber uma denúncia anônima, deve antes realizar diligências preliminares para averiguar se os fatos narrados nessa 'denúncia' são materialmente verdadeiros, para, só então, iniciar as investigações"* (STF, HC 95.244, 1ª T., rel. Min. Dias Toffoli, DJE de 29.04.2010); **E:** correta. *Vide* comentário anterior.

Gabarito "E"

(Delegado/BA – 2013 – CESPE) Com relação à sexologia forense, julgue o item abaixo.

(1) Considere que uma autoridade policial tenha sido informada da ocorrência de suposto estupro de uma mulher gravemente enferma internada em instituição hospitalar. Nessa situação hipotética, a autoridade policial deve solicitar perícia imediata, com deslocamento de médico-legista para o local de internação.

A questão deixa dúvidas quanto ao local em que foi praticado o crime contra a liberdade sexual: se no hospital ou em outro local. De qualquer forma, a solução deve ser dada pelos arts. 6º, I, e 169 do CPP, dispositivos que estão em perfeita sintonia. Estabelecem que a autoridade policial, assim que tomar conhecimento da prática de infração penal, deverá dirigir-se ao local e cuidar para que o estado das coisas seja conservado até a chegada dos peritos.

Gabarito 1C

(Delegado/BA – 2013 – CESPE) Em relação ao inquérito policial, julgue os itens subsequentes, com base no disposto no Código de Processo Penal (CPP) e na doutrina.

(1) Tratando-se de inquéritos policiais instaurados para a apuração de crimes perpetrados por organizações criminosas, é obrigatória a identificação datiloscópica das pessoas investigadas, ainda que tenham apresentado identificação civil.

(2) De acordo com o CPP, entre os procedimentos a serem adotados pela autoridade policial incluem-se a oitiva do ofendido e a comunicação a ele dos atos da investigação policial, em especial, os relativos ao ingresso ou à saída do acusado da prisão, à designação de data para interrogatório e, no caso de indiciamento do acusado, à remessa dos autos à justiça.

(3) A instauração de inquérito policial para apuração de infrações penais, de competência da justiça estadual, imputadas a prefeito municipal condiciona-se à autorização do Tribunal de Justiça, órgão responsável pelo controle dos atos de investigação depois de instaurado o procedimento apuratório.

(4) Os delegados de polícia não podem recusar-se a cumprir requisição de autoridade judiciária ou de membro do MP para instauração de inquérito policial.

1: a assertiva, se levarmos em conta o que estabelece a atual lei de regência (Lei 12.850/2013), está incorreta. Explico. A Lei 9.034/1990, revogada, na íntegra, pela Lei 12.850/2013, hoje em vigor, estabelecia, em seu art. 5º, que a autoridade policial devia proceder à identificação criminal de pessoas envolvidas com ação praticada por organizações criminosas, mesmo que civilmente identificadas. Com a revogação dessa legislação pela Lei 12.850/2013, que, entre outras coisas, contemplou o conceito de organização criminosa (introduzido um pouco antes pela Lei 12.694/2012), deixou-se de impor a obrigatoriedade de identificação criminal do civilmente identificado. É bom que se diga que, atualmente, as hipóteses em que tem lugar a identificação criminal estão contempladas na Lei 12.037/2009. De qualquer forma, a proposição, porque concebida sob a égide da Lei 9.034/1990 (revogada), está correta; **2**: incorreta, pois inexiste a obrigação, imposta à autoridade policial, de fazer chegar ao ofendido a informação dos atos da investigação, inclusive da entrada e saída do investigado da prisão. Tal incumbência cabe, isto sim, ao juiz de direito, conforme disposto no art. 201, § 2º, do CPP. Não devemos nos esquecer de que o inquérito policial, por ser, ao menos em regra, sigiloso, não se submete à publicidade inerente ao processo. Está correta, no entanto, a parte da assertiva em que se afirma que incumbe à autoridade policial, entre outras providências, ouvir o ofendido (art. 6º, IV, do CPP); **3**: correta. Segundo tem entendido o STF, é necessária, à instauração de inquérito para apurar infração penal praticada por detentor de foro por prerrogativa de função, autorização do tribunal ao qual caberá o julgamento da respectiva ação penal. Conferir: STJ, RHC 8.502, 6ª T., rel. Min. Fernando Gonçalves, 18.05.1999; **4**: incorreta. Em regra, não é dado ao delegado de polícia recusar a instauração de inquérito requisitada pelo promotor ou juiz. É o que se infere da regra presente no art. 5º, II, do CPP, em que *requisição* deve ser entendida como *exigência*. A exceção a tal regra (em dar cumprimento à requisição) comporta exceção: quando se tratar de exigência manifestamente ilegal. É o caso, por exemplo, de requisição para instaurar inquérito para apurar fato manifestamente atípico. Neste caso, deve a autoridade policial recusar-se a instaurar o inquérito e levar tal fato e os fundamentos da recusa ao conhecimento do membro do MP.

Gabarito 1C, 2E, 3C, 4E

(Delegado/BA – 2013 – CESPE) João, preso em flagrante pela prática do crime de roubo, foi encaminhado à delegacia de polícia, onde apresentou a carteira nacional de habilitação para identificar-se, visto que não portava sua carteira de identidade. Ainda assim, o delegado determinou que João fosse submetido à perícia dactiloscópica.

Com base nessa situação hipotética, julgue os itens que se seguem à luz do disposto na Lei n.º 12.037/2009.

(1) Nos termos da Lei n.º 12.037/2009, a identificação criminal de João se justifica pelo fato de ele estar sendo indiciado pela prática de crime de roubo.

(2) Ao determinar a identificação criminal de João, o delegado praticou o delito de constrangimento ilegal.

1: incorreta, na medida em que a Lei 12.037/2009, que atualmente rege a matéria, não exige que se proceda à identificação criminal do acusado pela prática do crime de roubo. Aliás, as hipóteses em que a identificação criminal se impõe dizem respeito ao estado do documento de identificação civil e também à existência de informações conflitantes nesses documentos, e não à natureza do crime, como antes se fazia sob a égide da revogada Lei 10.054/2000, que estabelecia como hipótese para a realização da identificação criminal o fato de ao agente ser atribuída a prática de crime contra o patrimônio mediante violência ou grave ameaça (art. 3º, I). Além do mais, por força do que dispõe o art. 2º, VI, da Lei 12.037/2009, a carteira nacional de habilitação constitui documento hábil a comprovar a identidade; **2**: incorreta, na medida em que o cometimento do crime de constrangimento ilegal (art. 146 do CP) pressupõe o emprego de violência ou grave ameaça, o que não ocorreu no caso narrado no enunciado.

Gabarito 1E, 2E

(Delegado Federal – 2013 – CESPE) Em cada um dos itens abaixo, é apresentada uma situação hipotética, seguida de uma assertiva a ser julgada em relação ao inquérito policial e suas peculiaridades, às atribuições da Polícia Federal e ao sistema probatório no processo penal brasileiro.

(1) No curso de inquérito policial presidido por delegado federal, foi deferida a interceptação telefônica dos indiciados, tendo sido a transcrição dos dados em laudo pericial juntada em apenso aos autos do inquérito, sob segredo de justiça. Encaminhado o procedimento policial ao Poder Judiciário, o juiz permitiu o acesso da imprensa ao conteúdo dos dados da interceptação e a sua divulgação, sob o fundamento de interesse público à informação. Nessa situação hipotética, independentemente da autorização judicial de acesso da imprensa aos dados da interceptação telefônica, a divulgação desse conteúdo é ilegal e invalida a prova colhida, uma vez que o procedimento em questão, tanto na fase inquisitorial quanto na judicial, é sigiloso, por expressa regra constitucional.

(2) Um homem penalmente capaz foi preso e autuado em flagrante pela prática de tráfico ilícito de entorpecentes. Ao final do processo-crime, o juiz da causa determinou a juntada do laudo toxicológico definitivo, o que não ocorreu. Nessa situação, de acordo com a jurisprudência do STJ, não poderá o juiz proferir sentença condenatória valendo-se apenas do laudo preliminar da substância entorpecente.

(3) Uma quadrilha efetuou ilegalmente diversas transações bancárias na modalidade de saques e transferências eletrônicas em contas de inúmeros clientes de determinada agência do Banco do Brasil. A instituição financeira ressarciu todos os clientes lesados e arcou integralmente com os prejuízos resultantes das fraudes perpetradas pelo grupo. Nessa situação hipotética, cabe à Polícia Federal a instauração do inquérito policial, porquanto a ela compete, com exclusividade, a apuração de crimes praticados contra bens e serviços da União.

(4) José foi indiciado em inquérito policial por crime de contrabando e, devidamente intimado, compareceu perante a autoridade policial para interrogatório. Ao ser indagado a respeito de seus dados qualificativos para o preenchimento da primeira parte do interrogatório, José arguiu o direito ao silêncio, nada respondendo. Nessa situação hipotética, cabe à autoridade policial alertar José de que a sua recusa em prestar as informações solicitadas acarreta responsabilidade penal, porque a lei é taxativa quanto à obrigatoriedade da qualificação do acusado.

(5) Uma quadrilha, em determinado lapso temporal, realizou, em larga escala, diversos roubos de cargas e valores transportados por empresas privadas em inúmeras operações interestaduais, o que ensejou a atuação da Polícia Federal na coordenação das investigações e a instauração do competente inquérito policial. Nessa situação hipotética, findo o procedimento policial, os autos deverão ser remetidos à justiça estadual, pois a atuação da Polícia Federal não transfere à justiça federal a competência para processar e julgar o crime.

1: incorreta. Conferir a lição de Guilherme de Souza Nucci: "(...) Em outras palavras, o sigilo previsto de maneira genérica para todos os casos de interceptação telefônica no art. 8º da Lei 9.296/1996 não é mais suficiente para contrapor, ao menos diante dos órgãos de imprensa, o segredo acerca da prova colhida (gravação ou transcrição), pois há expressa norma constitucional excetuando o sigilo quando envolver o direito à informação. Porém, fazendo-se uma interpretação sistemática, é viável deduzir que o juiz é o responsável pela ponderação e harmonização dos princípios constitucionais, confrontando o direito à informação ao interesse público e, também, ao direito à intimidade. Não se pode concluir que toda e qualquer interceptação realizada, necessariamente, produza o resguardo absoluto do segredo, em especial quando o próprio texto constitucional afirma que se deve respeitar a intimidade do interessado no referido sigilo, desde que não prejudique o interesse público à informação. Enfim, parece-nos essencial a coordenação judicial na interpretação desses valores em conflito (...)" (**Leis Penais e Processuais Penais Comentadas**, 6. ed., V. 1, p. 570); **2**: correta. Nesse sentido: "Conquanto para a admissibilidade da acusação seja suficiente o laudo de constatação provisória, exige-se a presença do laudo definitivo para que seja prolatado um édito repressivo contra o denunciado pelo crime de tráfico de entorpecentes" (STJ, HC 196.625/RJ, rel. Ministro Jorge Mussi, Quinta Turma, julgado em 12/03/2013, DJe 26/03/2013); **3**: incorreta, pois contraria o entendimento firmado na Súmula n. 42 do STJ: "Compete à Justiça Comum Estadual processar e julgar as causas cíveis em que é parte sociedade de economia mista e os crimes praticados em seu detrimento"; **4**: correta. Embora se trate de tema polêmico, prevalece hoje o entendimento no sentido de que o direito ao silêncio, consagrado nos arts. 5º, LXIII, da CF e 186 do CPP, não contempla o interrogatório de qualificação, em que o indiciado/acusado fornecerá à autoridade seus dados pessoas identificadores, tal qual o nome, profissão, estado civil etc.; **5**: correta, pois, dado o que estabelece o art. 1º, IV, da Lei 10.446/2002, a investigação, em casos assim, poderá ser realizada pela Polícia Federal; a competência, no entanto, é da Justiça Comum estadual.

Gabarito 1E, 2C, 3E, 4C, 5C

(Delegado Federal – 2004 – CESPE) Julgue o item a seguir.

(1) Considere que o delegado de polícia de determinada circunscrição tenha ordenado diligências em outra, sem ter expedido carta precatória, requisições ou solicitações. Nessa situação, não houve nulidade no inquérito policial respectivo.

1: correta. Com efeito, o art. 22 do CPP autoriza a autoridade policial e seus agentes a ingressar na circunscrição de outra com o propósito de realizar diligências, independentemente da expedição de carta precatória ou requisições.

Gabarito 1C

(Delegado Federal – 2002 – CESPE) Julgue o seguinte item.

(1) A incomunicabilidade do indiciado no inquérito policial, decretada por despacho fundamentado do juiz, encontra-se revogada pela atual Constituição da República.

1: correta. Embora a maioria da doutrina entenda que a incomunicabilidade do indiciado no inquérito policial, prevista no art. 21 do CPP, esteja revogada, porquanto incompatível com a atual ordem constitucional, há quem sustente que este dispositivo permanece em vigor. Fato é que, para aqueles que sustentam a sua incompatibilidade à CF/1988 (Guilherme de Souza Nucci, Damásio E. de Jesus, Vicente Greco Filho, entre outros), se a incomunicabilidade do preso não pode ser decretada durante o Estado de Defesa – art. 136, § 3º, IV, da CF –, que constitui um período de *anormalidade*, com muito mais razão não deve ser decretada em pleno período de *normalidade*.

Gabarito 1C

(Delegado Federal – 2002 – CESPE) Julgue o seguinte item.

(1) O delegado de polícia pode determinar o arquivamento de inquérito policial iniciado de ofício, desde que não reste comprovada a materialidade do delito ou a autoria imputada ao indiciado.

1: incorreta. Por força do que dispõe o art. 17 do CPP, em hipótese alguma a autoridade policial poderá determinar o arquivamento dos autos de inquérito policial; somente poderá fazê-lo, desde que a pedido do Ministério Público, o juiz de direito (arts. 18 e 28 do CPP).

Gabarito 1E

(Agente de Polícia Federal – 2009 – CESPE) Julgue os itens subsequentes quanto ao inquérito policial.

(1) O término do inquérito policial é caracterizado pela elaboração de um relatório e por sua juntada pela autoridade policial responsável, que não pode, nesse relatório, indicar testemunhas que não tiverem sido inquiridas.

(2) No inquérito policial, o ofendido, ou seu representante legal, e o indiciado poderão requerer qualquer diligência, que será realizada, ou não, a juízo da autoridade.

1: errada, pois finda a investigação, deve a autoridade policial confeccionar um relatório, o qual deverá contemplar, de forma pormenorizada, tudo quanto foi apurado no curso do inquérito. Neste relatório, que constitui a derradeira providência do delegado, é-lhe vedado fazer qualquer menção ao mérito da prova coligida, isto é, externar juízo de valor, sob pena de usurpar a área de atuação do titular da ação penal, a quem cabe formar a *opinio delicti*. O relatório a ser elaborado pela autoridade policial está previsto no art. 10, §§ 1º e 2º, do CPP, que estabelece que, na hipótese de haver testemunhas não ouvidas no inquérito, a autoridade indicará o nome e o lugar onde as mesmas poderão ser encontradas; **2**: correta, visto que em consonância com o que prescreve o art. 14 do CPP.

Gabarito 1E, 2C

(Agente de Polícia Federal – 2009 – CESPE) Acerca do inquérito policial, julgue os itens que se seguem.

(1) O inquérito policial tem natureza judicial, visto que é um procedimento inquisitório conduzido pela polícia judiciária, com a finalidade de reunir elementos e informações necessárias à elucidação do crime.

(2) Depois de ordenado o arquivamento do inquérito pela autoridade judiciária, por falta de base para a denúncia, a autoridade policial não poderá proceder a novas pesquisas se de outras provas tiver notícia, salvo com expressa autorização judicial.

1: incorreta, pois o inquérito policial é *inquisitivo*, isto é, a ele não se aplicam os *princípios do contraditório* e da *ampla defesa* (art. 107, CPP); além disso, tem natureza *administrativa*, já que é presidido pela autoridade policial; **2**: incorreta, tendo em conta que, uma vez ordenado o arquivamento do inquérito policial pelo juiz de direito, por falta de base para a denúncia, nada obsta que a autoridade policial proceda a novas pesquisas, desde que de outras provas tenha conhecimento, independente de autorização judicial – art. 18 do CPP. Isso porque a decisão que determina o arquivamento do inquérito policial não gera, em regra, coisa julgada material. Registre-se que as "outras provas" a que faz alusão o art. 18 devem ser entendidas como *provas substancialmente novas*, ou seja, aquelas que até então não eram de conhecimento das autoridades. Conferir, nesse sentido, a Súmula 524 do STF: "Arquivado o inquérito policial, por despacho do juiz, a requerimento do Promotor de Justiça, não pode a ação penal ser iniciada, sem novas provas". Agora, se o arquivamento do inquérito se der por ausência de tipicidade, a decisão, neste caso, tem efeito preclusivo, é dizer, produz coisa julgada material, impedindo, dessa forma, o desarquivamento do inquérito. A esse respeito, *Informativo STF* 375.

Gabarito 1E, 2E

(Agente de Polícia Federal – 2004 – CESPE) Com relação ao inquérito policial, julgue os seguintes itens.

(1) Verificando que o fato evidentemente não constitui crime, o delegado poderá mandar arquivar o inquérito policial desde que o faça motivadamente.

(2) A reprodução simulada dos fatos ou reconstituição do crime pode ser determinada durante o inquérito policial, caso em que o indiciado é obrigado a comparecer e participar da reconstituição, em prol do princípio da verdade real.

1: incorreta, pois em nenhuma hipótese o delegado poderá mandar arquivar autos de inquérito policial – art. 17 do CPP. Somente o juiz de direito está credenciado a fazê-lo, sempre a pedido do MP, em conformidade com o que dispõem os arts. 18 e 28 do CPP; **2**: incorreta, pois é verdade que a *reprodução simulada dos fatos* ou *reconstituição do crime* pode ser determinada no curso do inquérito policial (art. 7º do CPP), não podendo, entretanto, o indiciado ser obrigado a dela participar, pois ninguém é obrigado a produzir prova contra si mesmo (*nemo tenetur se detegere*).

Gabarito 1E, 2E

(Agente de Polícia Federal – 1998 – CESPE) Por entender inexistente o crime apurado em inquérito policial, o representante do Ministério Público requereu ao juiz compete o arquivamento dos autos. Em tal caso,

(1) o juiz, caso discorde da posição do Ministério Público, determinará a remessa dos autos ao Chefe do Ministério Público.

(2) de acordo com entendimento majoritário dos tribunais superiores, a vítima poderá, arquivado o inquérito policial, ajuizar ação penal privada subsidiária da pública.

(3) o juiz, aceitando o pedido do Ministério Público e arquivando o inquérito policial, não poderá desarquivá-lo diante de novas provas.

(4) a vítima poderá impetrar ordem de *habeas corpus*, a fim de que o Ministério Público seja obrigado a oferecer denúncia.

1: correta, pois em vista do que dispõe o art. 28 do CPP, o juiz, se discordar do pleito de arquivamento dos autos de inquérito policial formulado pelo Ministério Público, fará a remessa destes ao chefe do Ministério Público, o procurador-geral, que é quem tem atribuição para proceder a nova análise do pedido de arquivamento feito pelo promotor de justiça. A partir daí, pode o procurador-geral, em face da provocação do magistrado, insistir no pedido de *arquivamento do inquérito*, ratificando posicionamento firmado pelo promotor, caso em que o juiz ficará obrigado, por imposição do art. 28 do CPP, a determiná-lo. Se, de outro lado, o chefe do *parquet* entender que é caso de *oferecimento de denúncia*, poderá ele mesmo, o procurador-geral, fazê-lo ou designar outro membro do MP para ofertá-la. Tal incumbência, frise-se, não poderá recair sobre o mesmo promotor, o que implicaria violação à sua livre convicção; **2:** incorreta, visto que a *ação penal privada subsidiária* somente será admitida na hipótese de o membro do Ministério Público agir com desídia, desleixo – art. 29 do CPP. O pedido de arquivamento de inquérito policial não pode ser assim entendido; **3:** incorreta. Regra geral, se a autoridade policial tiver notícia de provas novas (substancialmente novas), poderá proceder a novas investigações, nos termos do art. 18 do CPP e da Súmula 524 do STF; **4:** incorreta, visto que a ordem de *habeas corpus* não se presta a esse fim.

Gabarito 1C, 2E, 3E, 4E

(Escrivão de Polícia Federal – 2004 – CESPE) Acerca do inquérito policial, julgue os itens subsequentes.

(1) O prazo para a conclusão do inquérito policial referente a crimes de competência da justiça federal é de 10 dias, se o réu estiver preso, e de 30 dias, se estiver em liberdade.

(2) Considere a seguinte situação hipotética. João, promotor de justiça, tendo recebido inquérito policial instaurado para apurar o crime de extorsão mediante sequestro, promoveu o seu arquivamento, que foi homologado, judicialmente.
Nessa situação, não concordando com o pedido formulado, o ofendido, entendendo que a infração penal encontra-se devidamente caracterizada no que diz respeito à materialidade e autoria, poderá ajuizar ação penal privada subsidiária da pública, desde que o faça dentro do prazo de 6 meses contados da data em que veio a saber quem é o autor do fato.

1: errada, pois o art. 10, *caput*, do CPP estabelece o prazo geral de 30 dias para a conclusão do inquérito, quando o indiciado não estiver preso; se preso estiver, o inquérito deve terminar em dez dias. Na Justiça Federal, estando o indiciado preso, o prazo para conclusão do inquérito é de quinze dias, podendo haver uma prorrogação por igual período, conforme dispõe o art. 66 da Lei 5.010/1966; **2:** errada. Não cabe, nesta hipótese, *ação penal privada subsidiária da pública*, que somente terá lugar quando o membro do Ministério Público, na ação penal pública, deixa de se manifestar, dentro do prazo legal, depois do recebimento do inquérito policial. Se o promotor, depois de receber os autos de inquérito, requerer seu arquivamento, por entender que não existe fundamento para a ação penal, não estará com isso credenciando o ofendido a ajuizar a ação penal privada, já que não restou caracterizada a desídia do MP, que agiu no momento em que pleiteou o arquivamento do inquérito.

Gabarito 1E, 2E

(Escrivão de Polícia/AC – 2008 – CESPE) A respeito de inquérito policial, julgue os itens subsequentes.

(1) O inquérito policial é procedimento administrativo público, não podendo a autoridade policial a ele conferir sigilo sem que haja prévia determinação judicial de segredo de justiça.

(2) A autoridade policial poderá mandar arquivar os autos de inquérito policial, se verificar que há causa de exclusão de ilicitude que acoberte a ação do indiciado.

1: incorreta, já que o inquérito policial constitui, a teor do art. 20, *caput*, do CPP, procedimento administrativo *sigiloso*, o que significa dizer que ele não se submete à publicidade inerente ao processo. É desnecessário, portanto, que a autoridade policial, com o propósito de conferir sigilo ao inquérito, recorra ao Poder Judiciário, a fim de que este decrete segredo de Justiça. Sucede que, em consonância com o disposto no art. 7º, XIV, da Lei 8.906/1994 (Estatuto da Advocacia), constitui direito do advogado, entre outros: "examinar em qualquer repartição policial, mesmo sem procuração, autos de flagrante e de inquérito, findos ou em andamento, ainda que conclusos à autoridade, podendo copiar peças e tomar apontamentos". Trata-se de sigilo relativo, portanto. Da mesma forma, este sigilo, imanente ao inquérito, não se estende, por óbvio, ao membro do Ministério Público tampouco ao magistrado. Sobre este tema, *vide* Súmula Vinculante nº 14; **2:** incorreta, pois o inquérito policial só pode ser arquivado por ordem do magistrado, a requerimento do Ministério Público, conforme rezam os arts. 18 e 28 do CPP.

Gabarito 1E, 2E

(Delegado/AC – 2008 – CESPE) Com relação ao inquérito policial, julgue os itens subsequentes.

(1) Para verificar a possibilidade de a infração ter sido praticada de determinado modo, a autoridade policial poderá proceder à reprodução simulada dos fatos, da qual o indiciado ou suspeito não poderá se negar a participar.

(2) Uma vez ordenado o arquivamento do inquérito policial pela autoridade judiciária, por falta de base para a denúncia, a autoridade policial não poderá proceder a novas pesquisas sem autorização judicial para tanto.

(3) As partes poderão, no curso do inquérito policial, opor exceção de suspeição da autoridade policial, nas mesmas situações previstas no Código de Processo Penal em relação ao juiz.

1: incorreta, pois de fato, poderá a autoridade policial proceder à *reprodução simulada dos fatos* ou *reconstituição do crime* para verificar a possibilidade de a infração ter sido cometida de determinado modo, da qual o indiciado ou suspeito, todavia, não poderá ser obrigado a participar, na medida em que ninguém é obrigado a produzir prova contra si mesmo (*nemo tenetur se detegere*); **2:** incorreta, visto que, uma vez ordenado o arquivamento do inquérito policial pelo juiz de direito, por falta de base para a denúncia, nada obsta que a autoridade policial proceda a novas pesquisas, desde que de outras provas tenha conhecimento, independente de autorização judicial – art. 18 do CPP; **3:** incorreta, nos termos do art. 107 do CPP.

Gabarito 1E, 2E, 3E

(Delegado/AM) Quanto ao Inquérito Policial, a alternativa correta é:

(A) ciente de que um promotor de justiça praticou uma infração penal, o delegado de polícia poderá investigá-lo normalmente, em inquérito policial, tendo em vista o princípio da igualdade.

(B) compete ao delegado de polícia apurar, em inquérito policial, crimes praticados contra empresas públicas da União.

(C) em geral, os vícios do inquérito policial não anulam o processo penal.

(D) o principio do contraditório é aplicável ao inquérito policial.

A: incorreta, pois quando, no curso de uma investigação, surgirem indícios de que um membro do Ministério Público praticou uma infração penal, o delegado de polícia deverá encaminhar imediatamente os autos ao procurador-geral de Justiça, a quem cabe continuar nas investigações. É que os promotores de justiça gozam de foro por prerrogativa de função, sendo processados e julgados pelo Tribunal de Justiça respectivo; **B:** incorreta, segundo o art. 144, § 1º, I, da CF; **C:** correta, pois vícios porventura existentes no inquérito não têm o condão de acarretar nulidades processuais; **D:** incorreta. O *princípio do contraditório* não se aplica no inquérito policial, que tem caráter inquisitivo, o que fica evidenciado nos arts. 14 e 107 do CPP.

Gabarito "C"

(Delegado/AP – 2010) Maria tem seu veículo furtado e comparece à Delegacia de Polícia mais próxima para registrar a ocorrência. O Delegado de Polícia instaura inquérito policial para apuração do fato.

Esgotadas todas as diligências que estavam ao seu alcance, a Autoridade Policial não consegue identificar o autor do fato ou recuperar a res furtiva.

Assinale a alternativa que indique a providência que o Delegado deverá tomar.

(A) Relatar o inquérito policial e encaminhar os autos ao Ministério Público para que este promova o arquivamento.

(B) Promover o arquivamento do inquérito policial, podendo a vítima recorrer ao Secretário de Segurança Pública.

(C) Relatar o inquérito policial e encaminhar os autos ao Secretário de Segurança Pública para que este promova o arquivamento.

(D) Manter os autos do inquérito policial com a rotina suspenso, até que surja uma nova prova.

(E) Prosseguir na investigação, pois o arquivamento só é possível quando transcorrer o prazo prescricional.

Esgotadas todas as diligências empreendidas no curso do inquérito, somente restava à autoridade policial elaborar o relatório final e encaminhar os autos ao Ministério Público para que este promova o seu arquivamento. Não cabe ao delegado de polícia promover, ele próprio, o arquivamento dos autos de inquérito, conforme reza o art. 17 do CP. A atribuição para essa providência é do juiz de direito, que somente poderá determiná-la a requerimento do MP, decisão contra a qual, a propósito, não cabe recurso.

Gabarito "A"

(Delegado/AP – 2010) A respeito do *inquérito policial*, analise as afirmativas a seguir:

I. se o investigado estiver sob prisão cautelar, o prazo para encerramento do inquérito policial é de 10 (dez dias), contado o prazo do dia em que se executar a ordem de prisão. Concluído tal prazo, nada obsta que a autoridade policial requeira sua prorrogação para realização de diligências imprescindíveis. Contudo, acolhido tal requerimento pelo Ministério Público, o juiz deverá relaxar a prisão cautelar, por excesso de prazo.

II. a instauração de inquérito policial para apuração de fatos delituosos decorre da garantia de que ninguém será processado criminalmente sem que tenham sido reunidos previamente elementos probatórios que apontem seu envolvimento na prática criminosa. Assim, não há possibilidade no sistema brasileiro de que seja ajuizada ação penal contra alguém, sem que a denúncia esteja arrimada em inquérito policial.

III. Nos crimes de ação penal pública, quando o ministério público recebe da autoridade policial os autos do inquérito policial já relatado, deve tomar uma das seguintes providências: 1. Oferecer denúncia; 2. Baixar os autos, requisitando à autoridade policial, novas diligências que considerar imprescindíveis à elaboração da denúncia; 3. Promover o arquivamento do inquérito policial, na forma do art. 28 do CPP.

Assinale:

(A) se somente as alternativas I e III estiverem corretas.
(B) se somente as alternativas I e II estiverem corretas.
(C) se somente as alternativas II e III estiverem corretas.
(D) se somente a alternativa III estiver correta.
(E) se todas as alternativas estiverem corretas.

I: correta, o decêndio contido no art. 10 não comporta qualquer espécie de dilação, pois envolve restrição ao direito de liberdade. Este prazo, de fato, deve ser contato da data da efetivação da prisão, e não da data de sua decretação, na hipótese da custódia preventiva (art. 312. CPP). Ademais, tratando-se de prazo improrrogável, havendo necessidade de diligências suplementares a serem realizadas fora do prazo de dez dias, é possível a impetração de *habeas corpus*, pois caracterizado estará o constrangimento ilegal; **II:** incorreta, de fato o inquérito policial não constitui fase imprescindível da persecução criminal, podendo o titular da ação penal, por isso, se dispuser de elementos suficientes a embasar a peça exordial, dele abrir mão (arts. 12, 39, § 5º, e 46, § 1º, do CPP); **III:** correta, assertiva em conformidade com os arts. 16 e 28 do CPP.

Gabarito "A"

(Delegado/BA – 2008 – CEFETBAHIA) Quanto à instauração do Inquérito Policial, a

(A) autoridade policial, nos crimes de ação penal pública incondicionada, poderá instaurar o Inquérito Policial de ofício.
(B) autoridade policial, nos crime de ação penal pública condicionada, necessita de requisição ministerial ou do juiz para instaurar o Inquérito Policial.
(C) autoridade policial, nos crimes de ação penal privada, tem a atribuição de instaurar o Inquérito Policial, mesmo sem requerimento da vítima ou de seu representante legal, tendo em vista que a ocorrência de um crime não pode ficar sem investigação.
(D) *delatio criminis* é o meio pelo qual o membro do Ministério Público noticia um crime à autoridade policial.

A: correta, nos termos do art. 5º, I, do CPP; **B:** incorreta, já que a requisição do MP ou do juiz não constitui condição à instauração de inquérito para apurar crime de ação penal pública condicionada; **C:** incorreta. A instauração de inquérito, nos crimes de ação penal privada, depende sempre de requerimento a ser formulado por quem tenha qualidade para ajuizar a ação penal respectiva – art. 5º, § 5º, do CPP; **D:** incorreta *delatio criminis* é a denúncia, formulada por qualquer pessoa do povo e dirigida à autoridade policial, que dá conta da prática de infração penal. Está prevista no art. 5º, § 3º, do CPP e comporta a forma verbal e a escrita.

Gabarito "A"

(Delegado/BA – 2008 – CEFETBAHIA) Identifique com V as afirmativas verdadeiras e com F as falsas.

(1) O Inquérito Policial é presidido, necessariamente, por uma autoridade policial que exercerá a sua competência nos limites da sua jurisdição territorial, previamente estabelecidos.
(2) O Inquérito Policial é sigiloso e, como tal, é defeso ao delegado de polícia permitir o acesso de advogados, seja da vítima ou do investigado, aos autos do Inquérito.
(3) O Inquérito Policial é um procedimento administrativo investigatório que visa à obtenção de indícios e provas para definição de autoria e materialidade do crime, a fim de munir o titular da ação penal pública ou privada para que este possa propô-la contra o provável autor da infração investigada.
(4) A natureza jurídica do Inquérito Policial é de procedimento administrativo e inquisitorial, presidido pela autoridade policial na fase pré-processual.

A alternativa que apresenta a sequência correta, de cima para baixo, é a

(A) V V F V
(B) V F V F
(C) F F V V
(D) F V V F
(E) F F V F

1: incorreta, pois: reza o art. 4º, *caput*, do CPP que a polícia judiciária (Polícia Federal e Polícia Civil dos Estados e do Distrito Federal) será exercida pelas autoridades policiais no território de suas respectivas *circunscrições* e terá por fim a apuração das infrações penais e da sua autoria. Acertadamente, o termo *jurisdições* deu lugar ao termo *circunscrições*. Esta modificação legislativa foi implementada pela Lei 9.043/1995; **2:** incorreta É verdade que o inquérito policial constitui, a teor do art. 20, *caput*, do CPP, procedimento administrativo *sigiloso*. Ocorre que, em consonância com o disposto no art. 7º, XIV, da Lei 8.906/1994 (Estatuto da Advocacia), constitui direito do advogado, entre outros: "examinar em qualquer repartição policial, mesmo sem procuração, autos de flagrante e de inquérito, findos ou em andamento, ainda que conclusos à autoridade, podendo copiar peças e tomar apontamentos". Trata-se de sigilo, como se pode ver, relativo. Da mesma forma, este sigilo, imanente ao inquérito, não se estende, por óbvio, ao membro do Ministério Público tampouco ao magistrado. Sobre este tema, *vide* Súmula Vinculante 14; **3:** correta, pois o Inquérito policial é o procedimento investigatório prévio cuja finalidade é reunir provas de autoria e materialidade acerca de uma infração penal para que o titular da ação penal possa ajuizá-la em face do provável autor do crime; **4:** correta, pois é administrativo porquanto presidido pela autoridade policial; é inquisitorial porque no inquérito não vigora o princípio do contraditório.

Gabarito "C"

(Delegado/BA – 2008 – CEFETBAHIA) Identifique com V as afirmativas verdadeiras e com F as falsas.

(1) O delegado de polícia, em virtude da característica da oficiosidade, possui discricionariedade para instaurar Inquérito Policial em caso de crimes de Ação Penal Pública Incondicionada, caso entenda necessário.
(2) Os inquéritos policiais que envolvam investigação relativa a organizações criminosas são os únicos que têm sigilo absoluto, inclusive com relação a advogados.
(3) São peças iniciais para a instauração de Inquérito Policial a Portaria e o Auto de Prisão em Flagrante.
(4) A investigação preliminar não é exclusiva, embora o Inquérito Policial seja atribuição específica das polícias judiciárias, sendo que tais investigações são chamadas de extra-policiais.

A alternativa que contém a sequência correta, de cima para baixo, é a

(A) V V V F
(B) V F F V
(C) F V V F
(D) F F V V
(E) F F V F

1: incorreta, pois o princípio da *oficiosidade*, que constitui um desdobramento do da *obrigatoriedade*, estabelece que os procedimentos do inquérito devem ser realizados de ofício pela autoridade que o preside, independente de provocação do ofendido ou de quem quer que seja. O delegado, por força do *princípio da obrigatoriedade* (legalidade), não dispõe de discricionariedade, a ele cabendo, sempre que tiver conhecimento da ocorrência de crime, proceder à instauração de inquérito. No mais, a *oficiosidade* não deve ser confundida com a *oficialidade*. Atribuir ao inquérito esta característica implica dizer que os órgãos encarregados de realizá-lo, elaborá-lo são oficiais, ou seja, é defeso a um particular a elaboração de um inquérito policial, ainda que se trate de ação penal de iniciativa privada; **2:** incorreta, pois inexiste investigação cujo sigilo seja absoluto. *Vide* art. 7º, XIV, da Lei 8.906/1994 (Estatuto da Advocacia) e Súmula Vinculante 14; **3:** correta. Uma das formas de instauração de inquérito policial é de *ofício* (art. 5º, I, do CPP). Assim, sempre que a autoridade policial tiver conhecimento da prática de uma infração penal, deve baixar a chamada *portaria*, que constitui a peça inaugural do inquérito policial. Outra forma de instauração de inquérito é o *auto de prisão em flagrante*. Neste caso, após a lavratura do auto, o inquérito é instaurado; **4:** correta. A presidência do inquérito policial constitui atribuição exclusiva da autoridade policial; outras autoridades, entretanto, entre elas o representante do Ministério Público, podem conduzir investigação criminal (extrapoliciais).

Gabarito "D"

(Delegado/BA – 2008 – CEFETBAHIA) Chegou ao conhecimento da autoridade policial, através de um telefonema anônimo, a notícia de que havia um corpo, sem vida, à beira de uma estrada vicinal, próxima à sede do município.

As providências iniciais a serem tomadas pela autoridade policial, na devida ordem cronológica, são as seguintes:

(A) Instaurar Inquérito Policial através de Portaria; registrar a devida Ocorrência Policial; expedir Ordem de Missão Policial para a equipe de agentes realizar diligências a fim de identificar o autor do delito.
(B) Instaurar Inquérito Policial através de Portaria; expedir Guia Pericial de local; realizar o levantamento cadavérico.
(C) Realizar o levantamento cadavérico; registrar a devida Ocorrência Policial; instaurar o Inquérito Policial através de Portaria.
(D) Realizar o levantamento cadavérico; expedir Ordem de Missão Policial; proceder a oitiva da vítima.
(E) Instaurar Inquérito Policial através da Ocorrência Policial lavrada após o fato, como peça inicial e juntando, logo após despacho, a Portaria.

É majoritário o posicionamento segundo o qual a *denúncia apócrifa*, por si só, não autoriza a instauração de inquérito policial. Ao delegado de polícia, em casos assim, deverá, antes de proceder a inquérito, promover diligências com o propósito de verificar se os fatos denunciados anonimamente são verossímeis. Apurada a existência do fato, aí sim, instaura-se o inquérito para estabelecer a autoria do crime. *Vide*, a esse respeito, Informativo STF 387.

Gabarito "C"

(Delegado/BA – 2008 – CEFETBAHIA) Identifique com V as afirmativas verdadeiras e com F as falsas.

O delegado de uma delegacia municipal tomou conhecimento da existência de um cadáver do sexo masculino, com vestígios de perfuração provocada por projéteis de arma de fogo sobre uma mesa de sinuca, num bairro de Salvador.

São providências adotadas pelo delegado de polícia:

(1) Dirigir-se imediatamente ao local, providenciando para que não se altere o estado de conservação das coisas, até a chegada dos peritos criminais.
(2) Apreender os objetos que tiverem relação com o fato, após liberados pelos peritos criminais.
(3) Colher todas as provas que servirem para o esclarecimento do fato e suas circunstâncias.
(4) Permanecer na delegacia e encaminhar as guias de solicitação dos exames periciais por intermédio dos agentes aos peritos, sem ter-se dirigido ao local do crime.

A alternativa que contém a sequência correta, de cima para baixo, é a

(A) F F V V
(B) V V F F
(C) F F F F
(D) V V V V
(E) V V V F

1: correta art. 6º, I, do CPP; **2:** correta, art. 6º, II, do CPP; **3:** correta: art. 6º, III, do CPP; **4:** incorreta, providência não contemplada no art. 6º do CPP.

Gabarito "E"

(Delegado/BA – 2006 – CONSULPLAN) Marque a única alternativa correta. A autoridade policial, tomando conhecimento da ocorrência de um crime de homicídio, deve adotar as seguintes providências:

(A) Instaurar inquérito policial regular, visando a apuração da autoria e materialidade do fato, por intermédio de portaria.
(B) Exigir que a vítima ou seu representante legal apresente, no prazo, a representação.
(C) Lavrar, obrigatoriamente, o Termo Circunstanciado da ocorrência, encaminhando-o ao Juizado Especial Criminal.
(D) Determinar o arquivamento da notícia chegada ao seu conhecimento.
(E) Exigir o comparecimento da vítima, acompanhada de advogado ou de defensor público.

Assim que toma conhecimento da prática de crime de ação penal pública incondicionada, a autoridade policial deve promover a instauração de inquérito policial com vistas a apurar a autoria e materialidade do fato (art. 5º, I, CPP). Por razões óbvias, não haveria, neste caso, como exigir o comparecimento da vítima. Já o *termo circunstanciado*, a que alude o art. 69, *caput*, da Lei 9.099/1995, somente terá lugar no âmbito das infrações penais de menor potencial ofensivo, assim entendidas aquelas cuja pena máxima cominada não seja superior a dois anos, conforme estatui o art. 61 da Lei dos Juizados Especiais.

Gabarito "A"

(Delegado/BA – 2006 – CONSULPLAN) "A" e "B", percebendo que seu filho "C", de apenas quatro anos, mudou de comportamento depois da chegada da babá "D", que permanecia sozinha na casa com a criança, instalaram uma câmera no interior da residência, visando comprovar fatos de que suspeitavam. Retornando à noite, constataram a prática de atos libidinosos, praticados pela babá "D" contra a criança "C". No dia seguinte, "A" e "B" foram à delegacia de polícia requerer que a autoridade policial adotasse as providências pertinentes, visando o processo e julgamento de "D". Marque a única alternativa correta:

(A) A autoridade policial deve prender "D" em flagrante, com a simples notícia contida na fita.
(B) A autoridade policial instaura o inquérito policial regular, colhe provas e considera a fita um dado relevante como fundamentação para a prisão preventiva de "D", representando por sua decretação.
(C) A autoridade policial indefere, fundamentadamente, o pedido de "A" e "B".
(D) A autoridade policial determina que seus agentes de serviço naquele dia prendam "D" para averiguações.
(E) A autoridade policial solicita informações ao Juiz Criminal e ao Promotor de Justiça da comarca como deveria proceder.

Em princípio, a babá praticou contra a criança de quatro anos o crime do art. 217-A, *caput*, do CP – *estupro de vulnerável*. A ação penal, neste caso, a teor do art. 225, parágrafo único, do CP, é pública incondicionada. Assim sendo, correta é a proposição "B", já que cabe à autoridade, diante da notícia da prática de crime de ação penal pública incondicionada, instruída com provas materiais, determinar a instauração de inquérito com vistas a colher outras provas que repute necessárias e, se entender que seja o caso, representar à autoridade judiciária pela decretação da prisão preventiva, nos moldes do art. 312 do CPP, lembrando que a recente Lei 12.403/2011 introduziu no CPP uma série de medidas cautelares como alternativa à prisão preventiva e em flagrante, que, frise-se, não deixam, por isso, de existir. Por fim, não é admitida em nosso ordenamento jurídico a chamada *prisão para averiguação*.

Gabarito "B"

(Delegado/BA – 2006 – CONSULPLAN) "Z" praticou o crime de latrocínio. Houve instauração de inquérito policial regular, ficando demonstrada a autoria e a materialidade do referido delito. Durante o curso do inquérito policial, "Z", participando de um assalto, trocou tiros com uma quadrilha oponente, vindo a falecer em razão disto. Fato comprovado mediante a certidão de óbito e laudo cadavérico, incontestavelmente evidenciado, juntados aos autos. Diante desta situação, assinale a única alternativa correta:

(A) A autoridade policial, em face da extinção da punibilidade pela morte do agente, encerrou a apuração e determinou o arquivamento do inquérito.
(B) Com a comprovação do óbito, deu continuidade às investigações.
(C) Concluiu o inquérito, elaborou o relatório, remetendo-o para o Juiz Criminal.
(D) Notificou os parentes da vítima para, querendo, manifestarem interesse na continuidade das investigações.
(E) Requisitou diligências ao DPT, visando melhor esclarecimento do laudo cadavérico.

Em hipótese alguma poderá a autoridade policial promover o arquivamento dos autos de inquérito – art. 17 do CPP. Diante da notícia – comprovada por certidão de óbito – de que o indiciado/investigado faleceu, deve a autoridade policial concluir o inquérito, relatando-o, e encaminhá-lo ao juiz criminal – art. 10, § 2º, do CPP.

Gabarito "C"

(Delegado/BA – 2006 – CONSULPLAN) Assinale a única alternativa correta:

(A) Arquivado o inquérito policial pelo Juiz, é possível a interposição de recurso em sentido estrito.

(B) Em hipótese alguma, o inquérito policial, uma vez arquivado, poderá ser desarquivado.

(C) Se o Promotor de Justiça requerer o arquivamento do inquérito policial, ao Juiz não resta outra alternativa senão atendê-lo.

(D) Sendo indeferido o pedido de arquivamento formulado pelo Promotor, o Juiz remete os autos para o Procurador-Geral de Justiça, que não poderá oferecer diretamente a denúncia, bem como não poderá designar outro Promotor para oferecê-la e nem insistir no arquivamento.

(E) Mesmo arquivado o inquérito policial, surgindo fatos novos indicando outras provas, a autoridade policial poderá proceder a novas investigações.

A: incorreta, pois a decisão judicial que determina o arquivamento dos autos de inquérito não comporta recurso. **B:** incorreta, em vista do comando contido no art. 18 do CPP, pode, sim, ser desarquivado o inquérito policial, desde que cheguem ao conhecimento da autoridade policial provas *substancialmente novas*. Nesse sentido, Súmula 524 do STF; **C** e **D:** incorretas, já que o juiz não está obrigado a atender ao pleito do MP. Se discordar, e isso é perfeitamente possível, remeterá os autos, na forma estatuída no art. 28 do CPP, ao procurador-geral de Justiça, a quem incumbirá apreciar se a razão está com o promotor ou com o magistrado. Se entender o chefe do Ministério Público que razão assiste ao promotor, o juiz então estará obrigado a determinar o arquivamento dos autos de inquérito. Neste caso, outra opção não lhe resta. Se, de outro lado, o procurador-geral entender que é caso de denúncia, poderá ele mesmo oferecê-la, ou ainda designar outro membro da instituição para fazê-lo, o que é mais comum. **E:** correta, nos termos do art. 18 do CPP. Com efeito, mesmo depois de arquivado o inquérito policial, se surgirem fatos novos indicando outras provas, estas substancialmente novas, isto é, aptas a alterar o panorama probatório, a autoridade policial poderá proceder a novas investigações.

Gabarito "E"

(Delegado/BA – 2006 – CONSULPLAN) A Constituição Federal, expressamente:

(A) nada prevê a respeito do órgão ao qual incumbe a apuração de infrações penais e a atividade de investigação.

(B) prevê que o Ministério Público realize diretamente investigação em crimes organizados e crimes hediondos.

(C) prevê que às polícias civis, dirigidas por delegados de polícia de carreira, incumbem as funções de polícia judiciária e a apuração de infrações penais.

(D) prevê que, como regra, às polícias civis, dirigidas por delgados de polícia de carreira, incumbem as funções de polícia judiciária e a apuração de infrações penais, mas admite que possa o Ministério Público realizar investigações diretamente em caso de crimes organizados e crimes hediondos.

(E) dispõe que o Ministério Público possa instaurar inquérito policial, requisitando agentes policiais para a realização de quaisquer diligências.

A: incorreta nos termos do art. 144 da CF; **B:** incorreta, não há essa previsão no texto constitucional; **C:** correta, proposição em consonância com o que dispõe o art. 144, § 4º, da CF; **D:** incorreta, pois não há essa previsão no texto constitucional; **E:** incorreta, pois a Constituição Federal não contém este dispositivo. O inquérito *policial* é de atribuição exclusiva da autoridade policial. O membro do Ministério Público pode requisitar à autoridade policial, na ação penal pública, a instauração de inquérito policial – art. 5º, II, CPP, bem assim conduzir inquérito criminal (não policial).

Gabarito "C"

(Delegado/CE – 2006 – CEV/UECE) Marque a opção verdadeira.

(A) O inquérito policial sempre poderá ser iniciado de ofício pela autoridade policial já que o direito penal é essencialmente público e deverá sempre buscar a verdade real, independente da vontade da vitima.

(B) Negado o pedido de instauração de inquérito policial feito pela parte, caberá recurso de natureza administrativa dirigido ao Juiz criminal que teria competência para processar o crime em tese cometido.

(C) O prazo para a conclusão do inquérito é em regra de 10 (dez) dias estando o réu preso e 30 (trinta) dias, se solto. Estando o réu solto tal prazo poderá ser renovado pelo Juiz caso exista a necessidade de novas investigações.

(D) Dentre as características fundamentais do inquérito policial podemos apontar, corretamente ser ele escrito, presidido por autoridade policial, inquisitorial e contraditório.

A: incorreta, pois o inquérito policial somente será iniciado de ofício pela autoridade policial quando se tratar de ação penal pública incondicionada, a teor do art. 5º, I, do CPP. Se se tratar de ação penal pública *condicionada* à representação, o inquérito não poderá sem ela ser iniciado, conforme prevê o art. 5º, § 4º, do CPP. Da mesma forma, o inquérito não poderá ser instaurado de ofício pela autoridade, nos moldes do art. 5º, § 5º, na ação penal privada. Aqui é imprescindível o *requerimento* de quem tenha qualidade para ajuizá-la; **B:** incorreta, pois se for negado o pedido de instauração de inquérito policial, caberá recurso para o chefe de polícia, em conformidade com o art. 5º, § 2º, do CPP; **C:** correta, nos termos do art. 10, *caput* e § 3º, do CPP; **D:** incorreta, pois as características contidas na proposição estão corretas, exceção feita aquela que qualifica o inquérito como *contraditório*, já que, por ser inquisitivo, nele não vigoram o *contraditório* tampouco a *ampla defesa*, inerentes à fase processual.

Gabarito "C"

(Delegado/CE – 2006 – CEV/UECE) Marque a opção verdadeira.

(A) A autoridade policial poderá determinar a incomunicabilidade do preso que estiver sob sua custódia se tal medida for indispensável para a efetiva apuração dos fatos, desenvolvimento do inquérito policial ou ainda se houver comprometimento da ordem pública.

(B) Ao concluir o inquérito a autoridade policial deverá elaborar relatório, no qual indicará se entender ser caso de indiciamento; não sendo, determinará o arquivamento imediato dos autos, dando, em seguida, ciência ao titular da ação penal.

(C) O atual entendimento do Supremo Tribunal Federal é o de que o inquérito policial é obrigatoriamente sigiloso, sendo permitido seu acesso apenas ao Juiz processante, uma vez que é peça fundamental para a persecução penal do Estado.

(D) O Delegado de Polícia que preside o inquérito policial poderá produzir livremente as provas que desejar, inclusive não realizando aquelas que sejam solicitadas pelo indiciado se entender que não são relevantes.

A: incorreta, pois a incomunicabilidade não pode ser determinada pela autoridade policial. Em princípio, poderia o juiz, a teor do art. 21 do CPP, decretar a incomunicabilidade do indiciado preso, sempre que o interesse da sociedade ou a conveniência da investigação o exigir. De se ver, entretanto, que inúmeros autores consagrados sustentam que este dispositivo não foi recepcionado pela CF/88; **B:** incorreta, pois pela disciplina estabelecida no art. 17 do CPP, é defeso ao delegado de polícia arquivar autos de inquérito policial, somente podendo fazê-lo o juiz a requerimento do MP, em consonância com o que dispõem os arts. 18 e 28 do CPP; **C:** incorreta, pois é fato que o inquérito policial é sigiloso (art. 20, CPP), mas este sigilo não pode ser estendido ao advogado, nos termos do art. 7º, XIV, da Lei 8.906/1994 (Estatuto da Advocacia) e da Súmula Vinculante 14; **D:** correta, o Código de Processo Penal não estabeleceu para o inquérito policial um rito, sendo lícito à autoridade policial que o presidir tomar as providências que julgar necessárias ao bom andamento das investigações, podendo, inclusive, nos termos do art. 14 do CPP, indeferir, a seu juízo, diligências requeridas pelo ofendido, seu representante legal, ou mesmo pelo indiciado.

Gabarito "D"

(Delegado/DF – 2004) Pode-se afirmar, sobre o início do Inquérito Policial, que:

(A) para os crimes de ação penal pública, vigorará o princípio da discricionariedade para a Autoridade Policial;

(B) não poderá a Autoridade Policial indeferir requerimento do ofendido para o início do Inquérito Policial;

(C) ainda que haja prisão em flagrante, haverá necessidade de instauração do Inquérito Policial mediante portaria;

(D) a *delatio criminis* somente autorizará a instauração do Inquérito Policial nos crimes de ação penal pública incondicionada;

(E) a instauração do Inquérito Policial nos crimes de ação penal privada interrompe o prazo decadencial para oferecimento da queixa crime.

A: incorreta, pois diante da notícia de uma infração penal de ação penal pública, a instauração de inquérito policial por parte da autoridade policial é obrigatória (princípio da *obrigatoriedade* ou *legalidade*) – art. 5º, I, CPP. Não há que se falar, portanto, em discricionariedade na atuação da autoridade policial; **B:** incorreta, a autoridade policial, em vista do que dispõe o art. 5º, § 2º, do CPP, poderá indeferir o requerimento formulado pelo ofendido para instauração de inquérito, despacho contra o qual cabe recurso ao chefe de polícia; **C:** incorreta, pois o *auto de prisão em flagrante*, lavrado por ocasião da prisão em flagrante, servirá como peça inicial do inquérito inicial, em substituição à *portaria*, confeccionada na hipótese de o inquérito iniciar-se de ofício pela autoridade; **D:** correta, já que, nos crimes de ação penal pública condicionada, a instauração do inquérito fica subordinada ao oferecimento da *representação* – art. 5º, § 4º, CPP. Da mesma forma, nos crimes em que a ação penal é de iniciativa privada, o inquérito não será iniciado se o ofendido não requerer sua instauração – art. 5º, § 5º; **E:** incorreta, pois a instauração do inquérito não interrompe o prazo decadencial. Ao contrário, ele continua a correr.

Gabarito "D"

(Delegado/DF – 2004) De acordo com a recente orientação jurisprudencial do Supremo Tribunal Federal sobre a possibilidade de decretação do sigilo do inquérito policial, assinale a alternativa correta:

(A) é possível a decretação alcançando o investigado e seu defensor, tendo em conta a supremacia do interesse público.

(B) é possível a decretação alcançando o investigado, tendo em conta a supremacia do interesse público.

(C) não é possível a decretação, sendo toda forma de sigilo abolida pela Constituição da República.

(D) é possível a decretação alcançando o investigado e seu defensor, por força do art. 20 do Código de Processo Penal.

(E) não é possível a decretação alcançando o defensor, por força dos arts. 5º, LXIII, CRFB, e 7º, XIV da Lei 8.906/1994.

Uma de suas características do inquérito policial é o fato de ser *sigiloso*, o que está contemplado no art. 20, *caput*, do CPP. Sucede que este sigilo, que é relativo, não alcança o defensor, em vista do que dispõe o art. 7º, XIV, da Lei 8.906/1994. Mais recentemente, a Súmula Vinculante 14 reforçou este entendimento.

Gabarito "E"

(Delegado/GO – 2009 – UEG) Sobre o inquérito policial, é CORRETO afirmar que:

(A) a decisão que concorda com o pedido de arquivamento do inquérito policial formulado pelo Ministério Público por atipicidade do fato possui eficácia preclusiva típica de coisa julgada formal; nesse caso, somente podem ser reabertas as investigações a partir do surgimento de elementos probatórios não integrantes do acervo colhido durante o inquérito.

(B) se o juiz se dá por competente e o membro do Ministério Público se manifesta no sentido de que não quer oferecer denúncia por considerá-lo incompetente, ocorre, por parte do Ministério Público, um pedido de arquivamento indireto.

(C) segundo o Código de Processo Penal, se o juiz discordar do pedido de arquivamento do inquérito policial formulado pelo Ministério Público deve enviar os autos ao procurador-geral do respectivo Ministério Público que, entendendo tratar de hipótese de denúncia, deverá designar outro membro para apresentá-la, mas não poderá, sob pena de supressão de instância, oferecê-la diretamente.

(D) segundo a tese do arquivamento implícito, acolhida pelo Supremo Tribunal Federal e pelo Superior Tribunal de Justiça, este ocorre quando o titular da ação penal deixa de pedir o arquivamento do inquérito policial em relação a determinado indiciado, mas justifica em sua peça acusatória os motivos do não oferecimento da denúncia contra o imputado e, com base nas justificativas ministeriais, o juiz determina o arquivamento do inquérito policial.

A: incorreta, pois esta decisão possui eficácia preclusiva e produz, por isso, coisa julgada *material*, impedindo o desarquivamento do inquérito. Conferir, a esse respeito, *Informativo STF* 375; **B:** correta. É a hipótese em que o procurador da República, no lugar de oferecer denúncia ou requerer o arquivamento do inquérito, requer ao Juízo Federal que decline sua competência para a Justiça Estadual, já que o membro do MP entende que lhe falta atribuição para o processamento do crime em questão, que é de competência, no seu entender, da Justiça do Estado; **C:** incorreta, pois nesta hipótese, poderá o chefe do *parquet*, nos termos do art. 28 do CPP, oferecer a denúncia, designar outro membro do MP para fazê-lo ou insistir no pedido de arquivamento; **D:** incorreta, pois a decisão de arquivamento do inquérito há de ser sempre explícita.

Gabarito "B"

(Delegado/GO – 2009 – UEG) Tripa Seca é investigado por prática de furto. Após o término das investigações, o delegado, presidente do inquérito policial, o relata, mas não indicia Tripa Seca, apesar de todas as evidências o apontarem como autor do delito. Chegando os autos ao Ministério Público, o promotor de justiça requer ao juiz de direito o retorno do inquérito policial à autoridade policial para que indicie o investigado. Assim:

(A) não agiu corretamente o promotor de justiça, uma vez que o próprio membro do Ministério Público poderá indiciar o investigado e, posteriormente, providenciar o lançamento de seu nome como autor da infração no instituto de identificação pertinente.

(B) não agiu corretamente o promotor de justiça, uma vez que o Ministério Público não poderá requerer a devolução do inquérito policial à autoridade policial, senão para novas diligências indispensáveis ao oferecimento da denúncia.

(C) agiu corretamente o promotor de justiça, uma vez que, somente com o indiciamento, Tripa Seca teria seu nome lançado como autor da infração penal no instituto de identificação pertinente.

(D) agiu corretamente o promotor de justiça, uma vez que o indiciamento é imprescindível ao oferecimento da denúncia.

Nos termos do art. 16 do CPP, somente terá lugar a devolução dos autos de inquérito à autoridade policial para diligências imprescindíveis à formação da chamada *opinio delicti*. Assim, não parece razoável que o titular da ação penal requeira o retorno dos autos de inquérito à unidade de Polícia Judiciária tão somente para que se proceda ao indiciamento do acusado, medida que em nada irá contribuir para a formação da *opinio delicti*.

Gabarito "B"

(Delegado/GO – 2009 – UEG) Tripa Seca é investigado por suposta prática de crime de roubo. Com a conclusão do inquérito, o delegado de polícia elabora minucioso relatório, emitindo seu juízo de valor e tecendo considerações acerca da culpabilidade do investigado e ilicitude da conduta, bem como realizando um estudo jurídico sobre o delito investigado, trazendo, inclusive, teses para auxiliar a defesa. Assim:

(A) agiu corretamente a autoridade policial, uma vez que o Ministério Público se vinculará, para o oferecimento da denúncia, às teses desenvolvidas pelo delegado de polícia, porquanto o relatório é inevitavelmente utilizado como alicerce para a elaboração da denúncia.

(B) agiu corretamente a autoridade policial, uma vez que, além de subsidiar o Ministério Público, a polícia deve subsidiar o investigado, indicando elementos probatórios e teses jurídicas que poderão ser utilizados em sua defesa.

(C) não agiu corretamente a autoridade policial, uma vez que o relatório policial deve conter elementos probatórios e teses jurídicas que sirvam de subsídios apenas ao Ministério Público.

(D) não agiu corretamente a autoridade policial, uma vez que o relatório policial precisa conter apenas a narrativa isenta dos fatos apurados, indicando seus pontos cruciais.

Finda a investigação, deve a autoridade policial confeccionar um relatório descrevendo de forma pormenorizada tudo quanto foi apurado no curso do inquérito. Trata-se da derradeira providência a ser tomada pelo delegado de polícia, sendo-lhe vedado fazer qualquer menção ao *mérito* da prova coligida. O relatório a ser elaborado pela autoridade policial está previsto no art. 10, §§ 1º e 2º, do CPP.

Gabarito "D"

Para responder às questões de nº 1 a 4, considere a Portaria abaixo.

DELEGACIA DE POLÍCIA DE GOIÂNIA-GO

PORTARIA

Neste dia 5 de junho de 2003 (quinta-feira), assistindo a um programa de televisão, precisamente o programa "Nem Tudo É Felicidade", da TV Sangrenta, que foi ao ar entre 8 e 10 horas, pude verificar, pela exibição de uma reportagem, que no dia 2 de maio do corrente ano, por volta de 22 horas, na Avenida Rugosa, cidade de Goiânia–GO, o empresário Tenório foi vítima de extorsão mediante sequestro praticado por Extorcionildo Galho Filho e Partícipe Concorde Júnior, sem outros dados de qualificação, permanecendo em cativeiro durante doze dias, somente sendo libertado depois de demorada negociação e do pagamento da importância de R$ 380.000,00.

Diante do fato e da infringência, em tese, do art. 159 do Código Penal brasileiro, determino:

(A) a imediata instauração de inquérito policial para a regular apuração do fato, providenciando o Senhor Escrivão o que de direito, inclusive a autuação desta;
(B) juntada aos autos do ofício a ser expedido à rede de televisão requisitando cópia em videoteipe do programa exibido no horário das 8 às 10 horas, do dia 5 de junho de 2003;
(C) notificação de Tenório, Extorcionildo Galho Filho e Partícipe Concorde Júnior, para serem ouvidos nesta delegacia de polícia.
Autuada esta, com regular instauração e registro do inquérito policial, voltem-me os autos conclusos para ulteriores deliberações.
CUMPRA-SE.
Goiânia–GO, 5 de junho de 2003.
Delegado (a) de Polícia

(Delegado/GO – 2003 – UEG) Doutrinariamente, pode-se afirmar que a Portaria acima, baixada diante de *notitia criminis*, pela autoridade policial, decorreu da chamada

(A) cognição imediata.
(B) cognição mediata.
(C) cognição coercitiva.
(D) cognição indireta.

A: correta, pois a *notitia criminis* de cognição imediata dá-se quando a autoridade toma conhecimento do fato por meio de suas atividades de rotina, tais como jornais, comunicação feita pela Polícia Militar, dentre outras; **B** e **D:** incorretas, pois a *notitia criminis* de cognição mediata ou indireta: dá-se quando a autoridade toma conhecimento da infração por meio de terceiros (*delatio criminis*; requisição do juiz; requisição do promotor); **C:** incorreta, pois a *notitia criminis* de cognição coercitiva: é a que decorre de prisão em flagrante, com a apresentação do conduzido à autoridade policial.
Gabarito "A"

(Delegado/GO – 2003 – UEG) Caso Tenório recuse-se a comparecer em dia e hora marcados para sua oitiva na delegacia de polícia, a autoridade policial

(A) poderá dispensá-lo de prestar declarações, não devendo determinar sua condução coercitiva, uma vez que ele é considerado vítima do suposto crime.
(B) poderá determinar sua condução coercitiva.
(C) deverá limitar-se a efetuar diversas notificações a Tenório, até que este compareça.
(D) deverá limitar-se a certificar o fato no inquérito policial, representando ao juízo.

Art. 201, § 1º, do CPP.
Gabarito "B"

(Delegado/GO – 2003 – UEG) De acordo com o Código de Processo Penal, sendo o fato de difícil elucidação, estando Extorcionildo e Partícipe soltos, a autoridade policial poderá requerer ao juiz a devolução dos autos para ulteriores diligências, que serão realizadas no prazo

(A) de trinta dias, conforme previsão expressa na lei.
(B) de dez dias, conforme previsão legal.
(C) a ser marcado pelo juiz.
(D) de quinze dias, conforme previsão legal.

Estando os indiciados *soltos*, o inquérito deverá terminar no prazo de trinta dias, nos termos do art. 10, *caput*, do CPP. Tratando-se de fato de difícil elucidação, a autoridade policial poderá requerer ao juiz dilação de prazo para realização de diligências suplementares, a serem realizadas no prazo que o juiz fixar – art. 10, § 3º. Se se tratar de indiciado preso, o prazo para conclusão do inquérito, que é de dez dias, é improrrogável. Sempre é bom lembrar que, na Justiça Federal, se o indicado estiver preso, o prazo para conclusão do inquérito é de quinze dias, podendo haver uma prorrogação por igual período, conforme dispõe o art. 66 da Lei 5.010/66; se solto, o inquérito deve ser concluído em 30 dias, em consonância com o disposto no art. 10, *caput*, do CPP. Há outras leis especiais, além desta, que estabelecem prazos diferenciados para a ultimação das investigações
Gabarito "C"

(Delegado/GO – 2003 – UEG) Caso a autoridade policial verifique, depois de instaurado o inquérito policial, que não houve crime deverá

(A) mandar arquivar os autos de inquérito.
(B) encaminhar o inquérito ao superior hierárquico, propondo seu arquivamento.
(C) encaminhar os autos ao Ministério Público para arquivamento.
(D) relatar o fato, sugerindo o arquivamento do inquérito, e encaminhá-lo ao juízo.

Não poderá a autoridade policial mandar arquivar autos de inquérito – art. 17 do CPP. Neste caso, deverá concluir as investigações, relatar o inquérito e remeter os autos a juízo. Somente o juiz está credenciado a determinar o arquivamento do inquérito, sempre a pedido do MP – arts. 18 e 28 CPP.
Gabarito "D"

(Delegado/MA – 2006 – FCC) Em conformidade com o Código de Processo Penal brasileiro, no que tange ao inquérito policial é correto afirmar que

(A) a incomunicabilidade do indiciado dependerá sempre de despacho nos autos e somente será permitida quando o interesse da sociedade ou a conveniência da investigação o exigir.
(B) o inquérito policial deverá terminar no prazo de 20 dias, se o indiciado tiver sido preso em flagrante ou estiver preso preventivamente.
(C) a autoridade policial, atualmente, poderá mandar arquivar autos de inquérito, havendo dispositivo legal expresso autorizando.
(D) o inquérito policial deverá terminar no prazo de 45 dias quando o indiciado estiver solto, mediante fiança ou sem ela.

A: correta, pois reproduz a redação do art. 21, *caput*, do CPP, que trata da *incomunicabilidade do indiciado*. Entretanto, este dispositivo, segundo a doutrina majoritária, não foi recepcionado pela CF/1988; **B:** incorreta, pois o inquérito, nesta hipótese, deverá ser concluído dentro do prazo improrrogável de 10 dias, a teor do art. 10, *caput*, do CPP; **C:** incorreta, pois inexiste dispositivo legal que autorize a autoridade policial a determinar o arquivamento de autos de inquérito policial, o que somente poderá ser determinado pelo magistrado a requerimento do Ministério Público – arts. 17 18 e 28 do CPP; **D:** incorreta, pois se solto estiver o indiciado, o inquérito deverá ser concluído no prazo de 30 dias, conforme estabelece o art. 10, *caput*, do CPP.
Gabarito "A"

(Delegado/MG – 2012) Sobre o inquérito policial é **INCORRETO** afirmar:

(A) Tem valor probante relativo.
(B) Todas as provas produzidas devem ser repetidas sob contraditório.
(C) Vícios do inquérito não nulificam subsequente ação penal.
(D) O investigado pode requerer diligências.

A: assertiva correta, pois se diz que o inquérito policial tem valor probante relativo porque os elementos de informação nele reunidos não são submetidos ao crivo do contraditório e da ampla defesa; **B:** assertiva incorreta, devemdo ser assinalada, afirmar-se que *todas* as provas produzidas no inquérito devem ser repetidas sob o crivo do contraditório, visto que o CPP, em seu art. 155, *caput*, estabelece exceções, a saber: provas cautelares, não repetíveis e antecipadas; **C:** correta, pois de fato, vícios porventura existentes no inquérito não têm o condão de acarretar nulidades processuais; **D:** correta, pois é que estabelece o art. 14 do CPP que o indiciado poderá requerer à autoridade policial, no curso do inquérito, a realização de qualquer diligência que repute útil ao esclarecimento da verdade. A autoridade, por sua vez, poderá deferir ou não o pedido, sem necessidade de fundamentar sua resposta ao pleito.
Gabarito "B"

(Delegado/MS – 2006) Assinale a alternativa que preenche corretamente a lacuna do texto abaixo:

A incomunicabilidade do indiciado dependerá sempre de despacho nos autos e somente será permitida quando o interesse da sociedade ou a conveniência da investigação o exigir. A incomunicabilidade, que não excederá de _____, será decretada por despacho fundamentado do juiz, a requerimento da autoridade policial, ou do órgão do Ministério Público, respeitado, em qualquer hipótese, o disposto no art. 89, III, do Estatuto da Ordem dos Advogados do Brasil (Lei nº 4.215, de 27 de abril de 1963).

(A) 12 (doze) dias.
(B) 10 (dez) dias.
(C) 5 (cinco) dias.
(D) 3 (três) dias.
(E) 2 (dois) dias

A questão trata da *incomunicabilidade do indiciado*, prevista no art. 21, *caput*, do CPP, dispositivo que, segundo a doutrina majoritária, é incompatível com a atual ordem constitucional.
Gabarito "D"

(Delegado/MS – 2006) São características do Inquérito Policial, EXCETO:

(A) Vige o princípio da oficiosidade e oficialidade.
(B) Procedimento inquisitivo.
(C) É presidido por autoridade pública em conformidade com a constituição federal no artigo 144, §4º.
(D) Uma vez instaurado pode ser arquivado pela autoridade policial.
(E) Procedimento escrito e sigiloso.

A: assertiva correta, pois o princípio da *oficiosidade*, que constitui um desdobramento do da *obrigatoriedade*, estabelece que os procedimentos do inquérito devem ser realizados de ofício pela autoridade que o preside, independente de provocação do ofendido ou de quem quer que seja. O delegado, por força do *princípio da obrigatoriedade* (legalidade), não dispõe de discricionariedade, a ele cabendo, sempre que tiver conhecimento da ocorrência de crime, proceder à instauração de inquérito. No mais, a *oficiosidade* não deve ser confundida com a *oficialidade*. Atribuir ao inquérito esta característica implica dizer que os órgãos encarregados de realizá-lo, elaborá-lo são oficiais, ou seja, é defeso a um particular a elaboração de um inquérito policial, ainda que se trate de ação penal de iniciativa privada; **B:** assertiva correta. É inquisitivo na medida em que ao inquérito não se aplicam os princípios do *contraditório* e *ampla defesa*; **C:** assertiva correta, pois o inquérito policial é presidido por delegado de polícia de carreira; **D:** assertiva incorreta, devendo ser assinalada, pois, nos moldes do art. 17 do CPP, não está a autoridade policial credenciada a arquivar autos de inquérito policial; **E:** correta, cuida-se de fato de procedimento escrito e sigiloso.

Gabarito "D"

(Delegado/MS – 2006) De acordo com as afirmações abaixo, assinale a alternativa correta.

I. O Delegado de Polícia, logo que tomar conhecimento da prática da infração penal poderá deslocar-se ao local, providenciando para que não se alterem o estado e conservação das coisas, até a chegada dos peritos criminais, podendo ainda apreender objetos que tiverem relação com os fatos a qualquer momento.
II. O Delegado de Polícia, logo que tomar conhecimento da prática da infração penal deverá ordenar a identificação do indiciado pelo processo datiloscópico em todas as circunstâncias que achar conveniente à instrução do inquérito policial.
III. Poderá a Autoridade Policial proceder ao reconhecimento de pessoas, coisas e ainda à acareação, mesmo sem prévia autorização judicial.

(A) Apenas as alternativas II e III estão corretas.
(B) Apenas as alternativas I e II estão corretas.
(C) Apenas a alternativa III está correta.
(D) Todas as alternativas estão corretas.
(E) Todas as alternativas estão incorretas.

I: incorreta, pois não está em consonância com o art. 6º, I e II, do CPP; **II:** incorreta, pois a identificação dactiloscópica deve obedecer aos ditames do art. 5º, LVIII, da CF e também ao que dispõe a Lei 12.037/09; **III:** correta, nos termos do art. 6º, VI, do CPP.

Gabarito "C"

(Delegado/MS – 2006) Assinale a alternativa incorreta.

(A) A vítima ou seu representante legal, e o indiciado poderão requerer qualquer diligência, que será realizada ou não, pela Autoridade Policial.
(B) Quando a Autoridade Policial suspeitar da forma em que ocorreu determinado crime, poderá proceder à reprodução simulada dos fatos, desde que esta não contrarie a moralidade ou a ordem pública.
(C) O Ministério Público poderá requerer a devolução do inquérito à Autoridade Policial, desde que destinada à realização de novas diligências imprescindíveis ao oferecimento da denúncia.
(D) Mesmo após ordenado o arquivamento do inquérito pela autoridade judiciária, por falta de justa causa para a denúncia, poderá o Delegado de Polícia proceder a novas investigações objetivando identificar novas provas.
(E) A autoridade policial em nenhuma hipótese poderá mandar arquivar os autos de inquérito ou boletins de ocorrência. Muito embora o artigo 17 do CPP proíba o arquivamento do inquérito policial, o mesmo não ocorre com os boletins de ocorrência que poderão ser arquivados por vários motivos, tais como atipicidade do fato, prescrição, princípios da insignificância etc.

A: assertiva correta, nos termos do art. 14 do CPP; **B:** assertiva correta, nos termos do art. 7º do CPP; **C:** assertiva correta, nos termos do art. 16 do CPP; **D:** assertiva correta, nos termos do art. 18 do CPP; **E:** assertiva incorreta, devendo ser assinalada, pois todos os boletins de ocorrência que envolvem a comunicação de fato criminoso devem ensejar a instauração de inquérito policial, sendo vedado à autoridade policial determinar, em casos assim, o arquivamento de boletins de ocorrência.

Gabarito "E"

(Delegado/MT – 2006 – UFMT) O inquérito policial é considerado um procedimento

(A) informal, efetuado por órgãos oficiais.
(B) sigiloso, vigorando a indisponibilidade e a oportunidade ou conveniência.
(C) inquisitivo, com as características da autoritariedade e intranscendência.
(D) escrito, com a característica da indivisibilidade.
(E) inquisitivo, possuindo ainda a característica da indisponibilidade e oficialidade.

A: incorreta, pois é procedimento *formal* efetuado por órgãos oficiais (princípio da oficialidade); **B:** incorreta, pois é *sigiloso* (art. 20, CPP), *indisponível* (não pode ser arquivado pela autoridade policial – art. 17, CPP), não vigorando em relação a ele o princípio da *oportunidade* ou *conveniência*, já que a autoridade policial tem o dever de instaurar inquérito sempre que tiver notícia de uma infração penal (princípio da obrigatoriedade ou legalidade); **C:** incorreta, pois é *inquisitivo*, visto que no inquérito não se aplicam o *contraditório* e a *ampla defesa*. A *autoritariedade* reside no fato de o inquérito ser presidido por autoridade pública, na forma estatuída no art. 144, § 4º, do CPP. O *princípio da intranscendência* é aplicável à ação penal; **D:** incorreta, é *escrito*. A *indivisibilidade* é aplicada à ação penal; **E:** correta, pois é, de fato, *inquisitivo*, sendo, ainda, indisponível, dado que o delegado não pode mandar arquivar autos de inquérito (art. 17, CPP), e, ademais, tem como uma de suas características a *oficialidade*, visto que os órgãos encarregados de confeccioná-lo devem ser oficiais.

Gabarito "E"

(Delegado/MT – 2006 – UFMT) Uma das medidas indicadas pelo Código de Processo Penal a serem tomadas pela autoridade policial, logo que tiver conhecimento da prática da infração penal, consiste em

(A) apreender imediatamente todos os objetos relacionados com o local do fato, para posterior remessa à perícia.
(B) ouvir o ofendido, com observância, no que for aplicável, às regras sobre o interrogatório em juízo.
(C) determinar a imediata realização do exame de corpo de delito, nos delitos transeuntes.
(D) proceder a reconhecimento de pessoas e coisas e a acareações.
(E) colher somente as principais provas que servirem para o esclarecimento do fato e de suas circunstâncias.

A: incorreta, pois a apreensão, pela autoridade policial, deve se dar após a liberação pelos peritos criminais – art. 6º, II; **B:** incorreta, pois o ofendido será ouvido na forma estatuída no art. 201 do CPP; **C:** incorreta, pois, nos delitos *transeuntes*, que são aqueles que não deixam vestígios, o exame de corpo de delito é inviável; **D:** correta, já que esta providência está contemplada no art. 6º, VI, do CPP; **E:** incorreta, pois a autoridade policial deve colher *todas* as provas que servirem para o esclarecimento do fato e de suas circunstâncias – art. 6º, III, CPP.

Gabarito "D"

(Delegado/MT – 2000) Julgue os itens abaixo e assinale a alternativa correta:

I. A comunicação às autoridades policiais da existência de crimes de ação penal pública incumbe privativamente ao Ministério Público, eis que é o órgão encarregado da defesa da sociedade.
II. Vige, no inquérito policial, o princípio do contraditório, onde se assegura ao indiciado o exercício do direito amplo de defesa e ao devido processo legal.
III. Incumbe à autoridade policial que presidir os autos de inquérito policial fazer relatório minucioso ao término das investigações, vinculando a autoridade judiciária no que diz respeito à tipificação do fato praticado pelo indiciado.

(A) Apenas o item I está correto.
(B) Apenas o item II está correto.
(C) Apenas o item III está correto.
(D) Todos os itens estão corretos.
(E) Todos os itens estão incorretos.

I: incorreta, nos crimes em que a ação penal é pública, o fato pode ser levado ao conhecimento da autoridade policial por *vários meios*, e o inquérito, em todos os casos, deverá ser instaurado. Se a autoridade toma conhecimento do fato por meio de suas atividades de rotina, tais como jornais, comunicação feita pela Polícia Militar, dentre outras, fala-se em *notitia criminis* de cognição imediata; se o fato chega do conhecimento da autoridade por meio de terceiros (*delatio criminis*; requisição do juiz; requisição do promotor), fala-se em *notitia criminis* de cognição mediata ou indireta; se, por fim, a autoridade tem ciência do fato por força de prisão em flagrante, com a apresentação do conduzido, estaremos diante da chamada *notitia criminis* de cognição coercitiva. Dessa forma, a comunicação às autoridades policiais da existência de crimes de ação penal pública não constitui incumbência exclusiva do Ministério Público; **II:** incorreta, sendo o inquérito *inquisitivo*, nele não vigoram o contraditório e a ampla defesa; **III:** incorreta, a autoridade judiciária não está vinculada, na fase de sentença, à tipificação feita pela acusação na peça inicial tampouco àquela realizada pela autoridade policial no relatório elaborado ao final das investigações.

Gabarito "E"

(Delegado/PA – 2012 – MSCONCURSOS) A respeito do inquérito policial, assinale a alternativa **incorreta**:

(A) O ofendido, ou seu representante legal, e o indiciado não poderão requerer qualquer diligência.

(B) O Ministério Público não poderá requerer a devolução do inquérito à autoridade policial, senão para novas diligências, imprescindíveis ao oferecimento da denúncia.

(C) O inquérito deverá terminar no prazo de 10 dias, se o indiciado tiver sido preso em flagrante, ou estiver preso preventivamente, contado o prazo, nesta hipótese, a partir do dia em que se executar a ordem de prisão, ou no prazo de 30 dias, quando estiver solto, mediante fiança ou sem ela.

(D) Todas as peças do inquérito policial serão, num só processado, reduzidas a escrito ou datilografadas e, neste caso, rubricadas pela autoridade.

(E) Para verificar a possibilidade de haver a infração sido praticada de determinado modo, a autoridade policial poderá proceder à reprodução simulada dos fatos, desde que esta não contrarie a moralidade ou a ordem pública.

A: assertiva incorreta, devendo ser assinalada, pois não reflete o disposto no art. 14 do CPP; **B:** assertiva correta, visto que em conformidade com o estatuído no art. 16 do CPP; **C:** assertiva correta, nos termos do art. 10, *caput*, do CPP; **D:** assertiva correta, pois corresponde ao que estabelece o art. 9º do CPP; **E:** assertiva correta, pois em conformidade com o disposto no art. 7º do CPP.

Gabarito "A"

(Delegado/PB – 2009 – CESPE) Assinale a opção correta com referência ao inquérito policial (IP).

(A) Sendo o crime de ação penal pública incondicionada, se o promotor de justiça com atribuições para tanto requisitar a instauração do IP, a autoridade policial pode deixar de instaurá-lo, se entender descabida a investigação, ante a presença de causa excludente de antijuridicidade.

(B) O IP possui a característica da indisponibilidade, que significa que, uma vez instaurado, não pode a autoridade policial, por sua própria iniciativa, promover seu arquivamento, exceto nos crimes de ação penal privada.

(C) No IP instaurado por requisição do ministro da Justiça, objetivando a expulsão de estrangeiro, o contraditório é obrigatório.

(D) O IP possui a característica da oficialidade, que significa que, ressalvadas as hipóteses de crimes de ação penal pública condicionada à representação ou de ação penal privada, o IP deve ser instaurado de ofício pela autoridade policial sempre que tiver conhecimento da prática de um delito.

(E) Ocorrendo nulidade no IP, por inobservância das normas procedimentais estabelecidas para realização de determinado ato, a autoridade policial deve declarar a nulidade por escrito, repetindo-se o ato.

A: incorreta, pois não pode a autoridade policial recusar-se a atender a requisição do MP para instauração de inquérito policial – art. 5º, II, do CPP; **B:** incorreta, pois, uma vez instaurado o inquérito, é vedado à autoridade policial, ainda que se trate de crime de ação penal de iniciativa privada, promover o arquivamento dos autos, na forma do art. 17 do CPP; **C:** correta, visto que, no inquérito que visa à expulsão de estrangeiro, o contraditório é obrigatório (Lei 6.815/1980); **D:** incorreta, pois atribuir ao inquérito a característica da *oficialidade* implica dizer que os órgãos encarregados de confeccioná-lo hão de ser oficiais, ou seja, é defeso a um particular a elaboração do inquérito policial, ainda que se trate de ação penal de iniciativa privada ou mesmo condicionada a representação; **E:** incorreta, pois não há esta imposição legal.

Gabarito "C"

(Delegado/PR – 2007) Sobre o Inquérito Policial, consideres as seguintes afirmativas:

(1) O ofendido, ou seu representante legal, e o indiciado poderão requerer qualquer diligência, que será realizada, ou não, a juízo da autoridade.

(2) Depois de ordenado o arquivamento do inquérito pela autoridade judiciária, por falta de base para a denúncia, a autoridade policial poderá proceder a novas pesquisas, se de outras provas tiver notícia.

(3) A instauração de inquérito nas ações penais públicas é essencial ao oferecimento da denúncia.

(4) Qualquer pessoa do povo que tiver conhecimento da existência de infração penal em que caiba ação pública poderá, verbalmente ou por escrito, comunicá-la à autoridade policial para que seja instaurado inquérito.

Assinale a alternativa correta.

(A) As afirmativas 1, 2, 3 e 4 são verdadeiras.

(B) Somente as afirmativas 1, 2 e 4 são verdadeiras.

(C) Somente as afirmativas 2 e 3 são verdadeiras.

(D) Somente as afirmativas 3 e 4 são verdadeiras.

(E) Somente as afirmativas 1 e 2 são verdadeiras.

1: correta, nos termos do art. 14 do CPP; **2:** correta, nos termos do art. 18 do CPP; **3:** incorreta, pois o inquérito policial não é imprescindível ao oferecimento da denúncia ou queixa (art. 12, CPP); **4:** correta, nos termos do art. 5º, § 3º, do CPP.

Gabarito "B"

(Delegado/RR – 2003 – CESPE) A respeito do inquérito policial e da ação penal, julgue os seguintes itens.

(1) Considere a seguinte situação hipotética. Um empresário, movido por vingança, endereçou uma missiva ao superior hierárquico de um funcionário público, imputando-lhe falsamente a prática do crime de concussão, sob a alegação de que tal funcionário teria exigido dele a importância de R$ 2 mil para emissão de uma certidão que tinha a obrigação de emitir em razão da função que exercia. A autoridade policial tomou conhecimento dos fatos por meio de uma entrevista dada pelo superior hierárquico do funcionário público, que afirmava ter comprovado a falsidade da imputação. Nessa situação, para apurar o crime praticado pelo empresário caberá à autoridade policial instaurar inquérito policial de ofício.

(2) Considere a seguinte situação hipotética. Roberto, mediante dissimulação, desfechou vários tiros de revólver contra a sua esposa, ceifando-lhe a vida. Instaurado inquérito policial, Roberto foi indiciado e intimado para o interrogatório, oportunidade em que apresentou à autoridade policial a sua cédula de identidade. Nessa situação, em face da identificação civil, a autoridade policial não poderá identificar criminalmente Roberto, sob pena de configurar constrangimento ilegal.

(3) Considere a seguinte situação hipotética. Um indivíduo foi indiciado pela prática de latrocínio. A autoridade policial, com o fim de realizar a reconstituição simulada dos fatos, determinou a intimação do indivíduo, que se negou a comparecer à delegacia e a participar da reconstituição. Nessa situação, a autoridade policial poderá compelir, sob pena de prisão, o indivíduo a participar da reprodução simulada do fato delituoso.

(4) O inquérito policial não é imprescindível para o oferecimento da denúncia ou queixa-crime.

(5) Nos crimes de ação penal pública condicionada à representação, tendo a vítima ou seu representante legal oferecido a representação dentro do prazo decadencial, é irrelevante que a denúncia do órgão do Ministério Público tenha sido apresentada após os seis meses fatais.

1: incorreta, pois o empresário, com a sua conduta, incorreu no crime previsto no art. 138 do CP – calúnia, já que atribuiu falsamente ao funcionário público fato definido como crime (concussão – art. 316, *caput*, do CP). A autoridade policial, neste caso, não poderá proceder a inquérito de ofício, tendo em conta que, por se tratar de ação penal de iniciativa privada (art. 145, *caput*, do CP), é imprescindível, para dar início ao inquérito, requerimento formulado pelo ofendido, na forma estatuída no art. 5º, § 5º, do CPP; **2:** incorreta, pois a Lei 10.054/2000 foi revogada de forma expressa pela Lei 12.037/09. A legislação revogada determinava que o indiciado por crime de homicídio doloso, ainda que civilmente identificado, deveria se submeter à identificação criminal. A legislação em vigor trouxe várias hipóteses em que é possível proceder-se à identificação criminal, mas nenhuma menção fez quanto à prática do homicídio doloso; **3:** incorreta, pois não é lícito à autoridade policial compelir o investigado a participar da reconstituição simulada dos fatos, pois não pode ser obrigado a produzir prova contra si mesmo; **4:** correta, pois, de fato, o inquérito policial não constitui fase imprescindível da persecução criminal, podendo, portanto, o titular da ação penal dele abrir mão se dispuser de elementos suficientes para embasar a peça inicial (arts. 12, 39, § 5°, e 46, § 1°, do CPP); **5:** correta, pois dentro do prazo decadencial de seis meses a que alude o art. 38 do CPP, deve o ofendido ou seu representante, no caso de a ação penal ser pública condicionada, oferecer *representação*. O não exercício desse direito dentro desse prazo acarreta e extinção da punibilidade do agente pela decadência (art. 107, IV, CP).

Gabarito 1E, 2E, 3E, 4C, 5C

(Delegado/SC – 2008) Analise as alternativas e assinale a correta.

(A) Nos crime de ação penal privada, encerrado o inquérito policial, a autoridade policial determinará que sejam mantidos os autos no cartório da Delegacia de Polícia, onde aguardarão a iniciativa do ofendido ou de seu representante legal, ou serão entregues, ao requerente, se o pedir, mediante traslado.

(B) O inquérito policial pode ser arquivado diretamente pelo juiz, mediante decisão fundamentada, sem provocação do Ministério Público, desde que seja evidente a inocência do investigado.

(C) O inquérito policial é indispensável à propositura da ação penal pública.

(D) Após a sua instauração, o inquérito policial não pode ser arquivado pela autoridade policial.

A: incorreta, art. 19 do CPP; **B:** incorreta, art. 28 do CPP; **C:** incorreta, art. 12 do CPP; **D:** correta, art. 17 do CPP.

Gabarito "D"

(Delegado/SP – 2011) Assinale a alternativa correta.

(A) Trancamento é o encerramento anômalo do inquérito policial, que ocorre diante da falta de justa causa.

(B) Do despacho que indeferir o requerimento de abertura de inquérito, caberá a interposição de recurso judicial.

(C) Caso exista algum vício formal no decorrer do inquérito policial, é possível a declaração de sua nulidade pelo juiz.

(D) O inquérito policial e o termo circunstanciado são espécies de investigação criminal, disciplinadas no Código de Processo Penal, sendo que a única distinção existente entre elas recai sobre o objeto da apuração.

A: correta, o trancamento do inquérito policial, que constitui medida excepcional, é possível em situações em que se verifica a falta de elementos mínimos a configurar o crime atribuído ao investigado; **B:** incorreta, negado o pedido de instauração de inquérito policial, caberá recurso para o chefe de polícia, em conformidade com o art. 5°, § 2°, do CPP; **C:** incorreta, sendo o inquérito policial procedimento informativo que se presta à formação da *opinio delicti* do titular da ação penal, os vícios porventura existentes nesta fase da persecução não geram nulidades na ação penal correspondente; **D:** incorreta, o termo circunstanciado se presta ao registro de fato que configure infração penal de menor potencial ofensivo, assim entendidas as contravenções penais e os crimes a que a lei comine pena máxima não superior a 2 (dois) anos, cumulada ou não com multa – art. 61 da Lei 9.099/1995.

Gabarito "A"

(Delegado/SP – 2011) A autoridade policial pode requerer a devolução dos autos ao juiz, para a realização de "ulteriores diligências", de acordo com o Código de Processo Penal, quando

(A) o indiciado estiver preso e o fato for de difícil elucidação.

(B) o fato for relevante e o indiciado estiver foragido.

(C) o indiciado estiver solto e o fato não demandar urgência na decisão.

(D) o indiciado estiver preso e a diligência for célere

(E) o fato investigado for de difícil elucidação e o indiciado estiver solto.

Com efeito, se solto estiver o réu e o fato investigado for de difícil elucidação, o prazo fixado no art. 10, "*caput*", do CPP poderá ser prorrogado. Tal medida não terá lugar na hipótese de o investigado encontrar-se preso – art. 10, § 3°, do CPP. Cuidado: na Justiça Federal, ainda que preso o indicado, o prazo para conclusão do inquérito, que é de quinze dias, poderá ser prorrogado por igual período, conforme dispõe o art. 66 da Lei 5.010/1966.

Gabarito "E"

(Delegado/SP – 2011) Quando, no curso da investigação, houver motivo para duvidar da integridade mental do investigado, a autoridade policial deverá

(A) concluir a investigação e, no relatório, informar tal circunstância, que será apreciada pelo Ministério Público e pelo Magistrado.

(B) Requisitar de ofício, exame de sanidade mental junto ao Instituto Médico Legal.

(C) representar á autoridade judiciária para que o investigado seja submetido a exame médico-legal.

(D) oficiar ao Ministério Público, noticiando o fato e representando pela realização de exame para verificar a sanidade do investigado.

(E) poderá nomear mais de um perito para a realização do exame mental, em virtude de sua complexidade

Se, no curso do inquérito, surgir dúvida quanto à higidez mental do investigado, deverá a autoridade policial representar ao juiz competente para que este determine seja o investigado submetido a perícia médica – art. 149, CPP.

Gabarito "C"

(Delegado/SP – 2008) A comunicação que qualquer pessoa do povo faz à Autoridade Policial acerca da ocorrência de infração penal em que caiba ação penal pública incondicionada recebe o nome de

(A) requerimento.

(B) requisição.

(C) representação.

(D) *delatio criminis*.

(E) *notitia criminis* coercitiva.

De acordo com o disposto no art. 5°, § 3°, do CPP.

Gabarito "D"

(Delegado/SP – 2002) Caso o inquérito policial seja eivado de vício de forma,

(A) acarretará a anulação da ação penal, pois o inquérito policial é pressuposto daquela.

(B) será mera irregularidade, que deverá ser sanada a qualquer tempo.

(C) por tratar-se de peça meramente de informação, nenhuma consequência acarretará à ação penal.

(D) estará o Ministério Público impedido de oferecer a denúncia.

Sendo o inquérito policial procedimento informativo que se presta à formação da *opinio delicti* do titular da ação penal, os vícios porventura existentes nesta fase da persecução não geram nulidades na ação penal correspondente.

Gabarito "C"

(Delegado/SP – 1999) Nos crimes de ação penal de iniciativa privada, o inquérito policial será iniciado

(A) de ofício, pela autoridade policial.

(B) mediante representação do ofendido ou de seu representante legal.

(C) mediante requisição da autoridade judiciária ou do Ministério Público.

(D) mediante requerimento do ofendido ou de quem tenha capacidade para representá-lo.

Neste caso, em vista do disposto no art. 5°, § 5°, do CPP, o inquérito policial não poderá ser iniciado sem que o ofendido ou seu representante legal requeira sua instauração à autoridade policial.

Gabarito "D"

(Delegado/SP – 1998) Nos casos de prisão em flagrante, pela prática de crimes previstos na Lei 1.521, de 26.12.1951 (Crimes contra a Economia Popular), os autos de inquérito policial deverão ser encaminhados a Juízo

(A) imediatamente.

(B) em 5 (cinco) dias.

(C) em 10 (dez) dias.

(D) em 30 (trinta) dias.

De acordo com o disposto no art. 10, § 1°, da Lei 1.521/1951.

Gabarito "C"

3. AÇÃO PENAL

(Delegado/RJ – 2013 – FUNCAB) O senhor Rui dos Santos, após ser vítima do delito de roubo perpetrado por Nei da Silva, preso em flagrante delito, ao tomar conhecimento de que o Promotor de Justiça havia perdido o prazo de cinco dias (art. 46, do CPP) para oferecer denúncia, resolve intentar ação privada subsidiária da pública, por meio de queixa-crime. Decorridos alguns dias, incomodado pelo trabalho e pelo desgaste emocional, o querelante resolve desistir da ação. Esta medida acarretará:

(A) a decadência do direito de ação.
(B) a perempção da ação.
(C) a extinção da punibilidade.
(D) a renúncia tácita do querelante.
(E) a retomada da titularidade da ação pelo Ministério Público, que já atuava como assistente litisconsorcial.

Diante da negligência do querelante, poderá o MP, no curso da ação penal privada subsidiária da pública, recobrar, a qualquer momento, a sua titularidade. Não há que se falar, assim, em perempção no âmbito dessa modalidade de ação privada, que, na sua essência, é pública.

Gabarito "E"

(Delegado/RJ – 2013 – FUNCAB) No que se refere à ação penal, é correto afirmar:

(A) A denúncia ou queixa não será rejeitada quando faltar pressuposto processual.
(B) A ação penal pública condicionada, para ser exercida, depende de requerimento do ofendido.
(C) A ação penal privada rege-se, entre outros, pelo princípio da indisponibilidade.
(D) O princípio da indivisibilidade não se aplica à ação penal pública; aplica-se somente à ação penal privada e à ação penal privada subsidiária da pública.
(E) A justa causa para o exercício da ação penal significa a exigência de um lastro mínimo de prova.

A: incorreta. A falta de pressuposto processual leva, sim, à rejeição da denúncia ou queixa (art. 395, II, do CPP); **B:** incorreta. A ação penal pública condicionada, para ser exercida, depende de *representação* do ofendido ou, conforme o caso, de *requisição* do ministro da Justiça. São as chamadas condições de procedibilidade; o *requerimento* é peça indispensável a autorizar a instauração de inquérito na ação penal privada (art. 5º, § 5º, do CPP); **C:** incorreta, já que o princípio da *indisponibilidade* (art. 42, CPP) é exclusivo da ação penal pública; a *ação penal privada*, ao contrário, é regida pelo *princípio da disponibilidade*, na medida em que pode o seu titular desistir de prosseguir na demanda por ele ajuizada; **D:** o princípio da indivisibilidade está consagrado no art. 48 do CPP. Embora não haja disposição expressa de lei, o *postulado da indivisibilidade* é também aplicável à ação penal pública. No que se refere a esta modalidade de ação, seria inconcebível imaginar que o MP pudesse escolher contra quem iria propor a ação penal. É nesse sentido que incorporamos o postulado da indivisibilidade no âmbito da ação penal pública. Mas o STF não compartilha dessa lógica. Para a nossa Corte Suprema, a indivisibilidade não se aplica à ação penal pública (somente à ação privada). Sustenta o STF que a divisibilidade da ação penal pública reside no fato de o MP ter a liberdade de não ofertar a denúncia contra alguns autores de crime contra os quais ainda não há elementos suficientes e, assim que esses elementos forem reunidos, aditar a denúncia. Assim, a ação deixa de ser indivisível pelo simples fato de a denúncia comportar aditamento posterior (HC 96.700, Rel. Min. Eros Grau, julgamento em 17-3-2009, Segunda Turma, *DJE* de 14-8-2009; no mesmo sentido: HC 93.524, Rel. Min. Cármen Lúcia, julgamento em 19-8-2008, Primeira Turma, *DJE* de 31-10-2008). Com a devida vênia, a indivisibilidade, a nosso ver, consiste na impossibilidade de o membro do MP escolher contra quem a denúncia será oferecida. Se houver elementos, a ação deverá ser promovida contra todos; **E:** correta. A justa causa se refere, entre outras coisas, à ausência de indícios de autoria ou materialidade para calcar a denúncia ou queixa (art. 395, III, do CPP).

Gabarito "E"

(Agente de Polícia Federal – 2004 – CESPE) Com referência à ação penal, julgue os itens que se seguem.

(1) Oferecida a representação pelo ofendido, o Ministério Público não é obrigado a intentar a ação penal pública condicionada à representação.
(2) Na ação penal privada personalíssima, a titularidade é exclusiva do ofendido, não se transmitindo, em caso de morte, aos seus herdeiros ou sucessores.

1: correta, pois o Ministério Público não está vinculado à representação oferecida pelo ofendido, isto é, o fato de a vítima ofertar representação, manifestando seu desejo em ver processado o ofensor, não obriga o promotor a oferecer denúncia. Cabe ao titular da ação penal verificar se é o caso de ajuizar a ação penal. Poderá, se assim entender, requerer o arquivamento dos autos de inquérito ou mesmo solicitar diligências complementares imprescindíveis ao oferecimento da denúncia; **2:** correta. Com a revogação do art. 240 do CP, que previa o crime de adultério, restou no Código Penal um único crime cuja ação penal é privada personalíssima: crime de *induzimento a erro essencial e ocultação de impedimento*, previsto no art. 236 do CP.

Gabarito 1C, 2C

(Agente de Polícia Federal – 1998 – CESPE) Amador e Profissional foram indiciados em inquérito policial, em razão de representação formulada por Ciumenta, por crime de estupro. Segundo Ciumenta, os indiciados a constrangeram mediante grave ameaça com uma faca, a com eles manter relação sexual. Os autos do inquérito policial foram remetidos ao Ministério Público. Em face da situação apresentada, julgue os itens a seguir.

(1) Admitindo-se a hipótese como de crime de ação penal privada, o Ministério Público poderá oferecer denúncia contra os indiciados desde que a ofendida formule queixa-crime ao Promotor de Justiça no prazo legal.
(2) representação da vitima exige algumas formalidades essenciais, como, por exemplo, reconhecimento de firma e atestado de pobreza da representante.
(3) Admitindo-se a hipótese como de crime de ação penal pública condicionada à representação, esta deverá ser oferecida no prazo de seis meses, contados a partir da data em que a ofendida ou o seu representante legal tomou conhecimento da autoria do crime.
(4) O Ministério Público poderá, entendendo pública a ação penal, mas discordando das conclusões da autoridade policial no relatório que encerrou o inquérito policial, requerer ao juiz competente o arquivamento dos autos, por falta de provas da materialidade do crime.

1: incorreta, pois, com o advento da Lei 12.015/2009, que promoveu uma série de alterações nos crimes sexuais, a ação penal, nesses crimes, que antes era, em regra, privativa do ofendido, passou a ser, a partir de então, pública condicionada a representação, nos termos do art. 225, *caput*, do CP. A *novel* redação do parágrafo único do mesmo dispositivo estabelece que, sendo a vítima menor de 18 anos ou pessoa vulnerável, a ação penal será pública incondicionada. Em face da nova realidade instaurada pela Lei 12.015/2009, a ação, no caso do enunciado, seria pública condicionada à representação da vítima, o que, atualmente, constitui a regra nos crimes sexuais. De toda sorte, o erro da alternativa está no fato de que, sendo privativa da ofendida a ação penal, não seria o caso de oferecer a queixa-crime ao promotor de justiça; **2:** incorreta, pois a *representação* não exige qualquer formalidade, sendo somente necessário que o ofendido manifeste de forma inequívoca sua vontade em ver processado seu ofensor, podendo ser ofertada por meio de declaração *escrita* ou *oral*. Neste caso, será reduzida a termo (art. 39, § 1º, do CPP); **3:** correta, nos termos do art. 38 do CPP; **4:** correta, conforme o art. 28 do CPP.

Gabarito 1E, 2E, 3C, 4C

(Escrivão de Polícia Federal – 2002 – CESPE) No que se refere ao direito processual penal, julgue os itens que se seguem.

(1) Considere a seguinte situação hipotética. Danilo, pessoa violenta, tentou assassinar sua esposa, Julieta, durante briga do casal. Julieta registrou a ocorrência, e instaurou-se inquérito policial, que foi oportunamente remetido ao MP. O promotor de justiça ofereceu denúncia em face de Danilo por tentativa de homicídio. Iniciado o processo, Julieta procurou o promotor de justiça, dizendo-lhe que se reconciliara com o marido, que desejava "retirar a queixa" e que gostaria de encerrar o processo. Nessa situação, considerando a natureza da ação penal, o pedido de Julieta não poderia ser atendido.
(2) Considere a seguinte situação hipotética. Eros foi vítima de injúria praticada por Isabel no dia 1.º de janeiro de 2001, em sua presença. Eros requereu a instauração de inquérito policial e, com base nele, seu advogado ofereceu queixa contra Isabel no dia 1.º de outubro de 2001. Nessa situação, considerando a natureza da ação penal, a queixa oferecida por Eros, se houvesse cumprido os requisitos processuais, deveriam ser recebidos pelo juiz competente.

1: correta, pois, dada a indisponibilidade do bem jurídico tutelado (vida) no crime de homicídio, é defeso ao membro do Ministério Público, em vista dos *princípios da obrigatoriedade* (legalidade) e *indisponibilidade*, recusar-se a dar início à ação penal, quando preenchidos o requisitos legais, e desistir da ação penal já proposta (art. 42 do CPP); **2:** incorreta. Por se tratar de ação penal de iniciativa privada (art. 145, *caput*, do CP), a queixa-crime deveria ter sido ajuizada dentro do prazo decadencial de seis meses, conforme estabelece o art. 38 do CPP. Como não foi, operou-se, pela decadência, a extinção da punibilidade, nos termos do art. 107, IV, do CP.

Gabarito 1C, 2E

(Escrivão de Polícia/AC – 2008 – CESPE) Acerca da ação penal e suas espécies, julgue os itens a seguir.

(1) Se o órgão do Ministério Público, ao invés de apresentar a denúncia, requerer o arquivamento do inquérito policial, o juiz, mesmo no caso de considerar improcedentes as razões invocadas, deverá arquivar os autos e expor fundamentadamente as razões de sua convicção.

(2) Se o Ministério Público não intentar a ação penal pública no prazo legal, será admitida ação penal privada subsidiária da pública, que poderá ser intentada pelo ofendido ou seu representante legal.

(3) A denúncia ou queixa será rejeitada quando for manifesta a ilegitimidade da parte, mas a rejeição não obstará o exercício da ação penal, desde que promovida por parte legítima.

1: incorreta, já que, nesta hipótese, em vista do disposto no art. 28 do CPP, deverá o magistrado remeter os autos de inquérito ao procurador-geral, a quem incumbirá decidir se é o caso de *oferecer* denúncia ou *insistir* no pedido de arquivamento formulado pelo promotor. Frise-se que, no primeiro caso, o procurador-geral poderá ele próprio oferecer a denúncia ou designar outro membro da instituição para fazê-lo. Neste caso, o promotor designado não poderá recusar-se a ofertar a denúncia, pois está a atuar em nome do chefe do *parquet*; **2:** correta, a ação penal privada subsidiária da pública ou substitutiva, que somente terá lugar na hipótese de inércia do membro do Ministério Público, encontra previsão nos arts. 5º, LIX, da CF, 100, § 3º, do CP e 29 do CPP; **3:** correta, conforme art. 395, II, do CPP.

Gabarito 1E, 2C, 3C

(Delegado/AM) José, um comerciante local, procura a autoridade policial, para comunicar uma calúnia que sofreu. Trata-se de crime de:

(A) ação penal pública condicionada à representação, motivo pelo qual a autoridade policial receberá a comunicação verbal de José como representação e determinará que ela seja reduzida a termo, instaurando o inquérito policial.

(B) ação penal pública incondicionada, que independe de representação, motivo pelo qual a autoridade policial instaurará o devido inquérito policial, independente da vontade do ofendido.

(C) ação penal privada personalíssima, motivo pelo qual a autoridade policial instaurará o inquérito policial se José o Requerer, orientando-o, ainda, a oferecer a queixa-crime ao juízo competente

(D) ação penal privada exclusiva, motivo pelo qual a autoridade policial instaurará o inquérito policial se José o Requerer, orientando-o, ainda, a oferecer a queixa-crime ao juízo competente

A calúnia – art. 138, CP – é crime de ação penal de iniciativa privada, a teor do art. 145, *caput*, do CP. Sendo assim, a autoridade policial somente poderá proceder a inquérito policial se o ofendido requerer a sua instauração. Quanto à queixa-crime, esta deve ser ajuizada dentro do prazo decadencial de seis meses, cujo termo inicial é representado pela data em que o ofendido vem a saber quem é o autor do crime. Se não o fizer, estará extinta a punibilidade do agente pela decadência, na forma do art. 107, IV, do CP. O prazo decadencial deve ser contado nos moldes do art. 10 do CP.

Gabarito "D"

(Delegado/AM) É aplicável à ação penal privada exclusiva o princípio da:

(A) disponibilidade

(B) obrigatoriedade

(C) transcendência

(D) divisibilidade

Prescreve o *princípio da disponibilidade*, informador da ação penal privada, que o querelante tem a faculdade de desistir da ação penal por ele proposta; o *princípio da obrigatoriedade*, que tem incidência na ação penal pública, estabelece que, uma vez preenchidos os requisitos legais, o Ministério Público está obrigado a propor a ação penal; o *princípio da intranscendência* – e não transcendência, que tem aplicação tanto na ação penal pública quanto na privada, é aquele segundo o qual a ação penal deve ser proposta exclusivamente em face do autor do delito; por fim, a ação penal é *indivisível* porque o seu titular não pode escolher contra quem ela será proposta.

Gabarito "A"

(Delegado/AM) Mévio procurou a Delegacia para reclamar que seu rádio foi furtado por seu irmão Tício, maior de idade. Trata-se de crime de:

(A) ação penal pública condicionada à representação, motivo pelo qual a autoridade policial receberá a "reclamação" do Mévio como representação e determinará que ela seja reduzida a termo, instaurando o inquérito policial.

(B) ação penal privada personalíssima, motivo pelo qual a autoridade policial instaurará o inquérito policial se Mévio o requerer, orientando-o, ainda, a oferecer a queixa-crime ao juízo competente.

(C) ação penal privada exclusiva, motivo pelo qual a autoridade policial, instaurará o inquérito policial se Mévio o requerer, orientando-o, ainda, a oferecer a queixa-crime ao juízo competente.

(D) ação penal pública incondicionada, que independe de representação, motivo pelo qual a autoridade policial instaurará o devido inquérito policial, independente da vontade do lesado.

Em conformidade com o que dispõe o art. 182, II, do CP, o irmão que pratica contra o outro crime contra o patrimônio (Título II da Parte Especial do CP) somente será processado se o ofendido manifestar desejo nesse sentido, já que a ação é pública condicionada a representação. Cuidado: estão excluídos os crimes de roubo, extorsão e qualquer outro que envolva na sua prática o emprego de violência ou grave ameaça contra a pessoa, hipótese em que a ação será pública incondicionada, conforme art. 183, I, do CP.

Gabarito "A"

(Delegado/AM) Maria compareceu à Delegacia, perante a autoridade policial, para comunicar que seu marido praticou conjunção carnal com a filha de ambos, de nove anos de idade. Os três constituem uma família muito pobre. Do ponto de vista jurídico, a autoridade policial poderá:

(A) colher a comunicação de Maria como representação, reduzindo-a a termo e instaurando o devido inquérito policial, por ser tratar de crime de ação penal pública condicionada à representação.

(B) não instaurar inquérito policial, por ser tratar de um problema de família, e apenas encaminhar as partes à vara de família ou da infância e da juventude, conforme o caso concreto.

(C) orientar Maria a fazer o requerimento para instauração de inquérito policial e, oportunamente, a oferecer queixa--crime perante o juiz, por se tratar de ação penal privada.

(D) instaurar o inquérito policial independente de representação ou requerimento de Maria, por ser tratar de crime de ação penal pública incondicionada.

Em vista do novo regramento trazido pela Lei 12.015/2009, o pai praticou contra a filha o crime de *estupro de vulnerável*, capitulado no art. 217-A, *caput*, do CP, cuja ação penal, na forma do art. 225, parágrafo único, do CP, é *pública incondicionada*.

Gabarito "D"

(Delegado/AP – 2010) Rosa Margarida é uma conhecida escritora de livros de autoajuda, consolidada no mercado já há mais de 20 anos, com vendas que alcançam vários milhares de reais. Há cerca de dois meses, Rosa Margarida descobriu a existência de um sistema que oferece ao público, mediante fibra ótica, a possibilidade de o usuário realizar a seleção de uma obra sobre a qual recaem seus (de Rosa Margarida) direitos de autor, para recebê-la em um tempo e lugar previamente determinados por quem formula a demanda. O sistema também indica um telefone de contato caso o usuário tenha problemas na execução do sistema.

O marido de Rosa Margarida, Lírio Cravo instala no telefone um identificador de chamadas e descobre o número do autor do sistema que permitia a violação dos direitos autorais de Rosa Maria. De posse dessa informação, Lírio Cravo vai à Delegacia de Polícia registrar a ocorrência de suposta prática do crime previsto no art. 184, § 3º, do Código Penal (violação de direitos autorais). O Delegado instaura inquérito e de fato consegue identificar o autor do crime.

Considerando a narrativa acima, assinale a alternativa correta.

(A) O Delegado agiu corretamente. Encerrado o inquérito policial, deve encaminhá-lo ao Ministério Público para que adote as providências cabíveis.

(B) O Delegado agiu incorretamente. O marido da ofendida não poderia ter obtido o número do telefone do autor das ameaças sem prévia autorização judicial, pois tal informação é sigilosa.

(C) O Delegado agiu incorretamente. A instauração do inquérito nesse caso depende de representação da ofendida, não podendo ser suprida por requerimento de seu marido.
(D) O Delegado agiu incorretamente. A instauração do inquérito policial nesse caso depende de requisição do Ministério Público, pois a interceptação telefônica é imprescindível à apuração dos fatos.
(E) O Delegado agiu corretamente. Encerrado o inquérito policial, deve entregar os autos à vítima, mediante recibo, para que a mesma possa oferecer queixa crime.

Nos termos do art. 186, IV, do CP, a ação penal é pública condicionada a representação.
Gabarito "C"

(Delegado/MG – 2012) Não é condição geral ou especial da ação penal:

(A) O pedido.
(B) A legitimidade das partes.
(C) A entrada do agente no território nacional em caso de extraterritorialidade da lei penal.
(D) A requisição do Ministro da Justiça.

São condições *genéricas* da ação: *possibilidade jurídica do pedido*, *interesse de agir* e *legitimidade das partes para a causa*. Esses requisitos devem sempre estar presentes para o exercício do direito de ação. Há outros requisitos, no entanto, que deverão ser observados em situações específicas. São as chamadas condições específicas de procedibilidade. Alguns exemplos: representação do ofendido; requisição do Ministro da Justiça; e a entrada do agente no território nacional no caso de extraterritorialidade da lei penal.
Gabarito "A"

(Delegado/MG – 2007) Com relação à ação penal, em caso de crime de Induzimento a erro essencial e ocultação de impedimento, previsto no artigo 236 do Código Penal, é CORRETO afirmar:

(A) A ação penal poderá ser intentada pelo cônjuge, descendente, ascendente ou irmão.
(B) Somente no caso de ofendido menor de 18 (dezoito anos), a ação penal poderá ser intentada por curador especial nomeado pelo Juiz.
(C) A ação penal poderá ser intentada, se comparecer mais de uma pessoa com direito de queixa, na seguinte ordem de preferência: cônjuge, ascendente, descendente ou irmão.
(D) A ação penal não poderá ser intentada diante do falecimento do ofendido.

Trata-se da única hipótese em que a ação penal é *privada personalíssima*, já que o art. 240 do CP, que previa o crime de adultério, foi revogado. A titularidade, nesta modalidade de ação, é atribuída exclusivamente ao ofendido. No caso de ele morrer, o exercício da ação não poderá ser conferido a mais ninguém. A ação penal, portanto, não poderá ser intentada pelo cônjuge, descendente, ascendente ou irmão, tampouco pelo representante legal do ofendido.
Gabarito "D"

(Delegado/MT – 2000) Julgue os itens abaixo e assinale a alternativa correta:

I. A representação será irretratável, depois de oferecida a denúncia.
II. A ação penal privada poderá ser proposta tanto pelo ofendido quanto por seu representante legal.
III. Nosso sistema processual penal admite a ação privada nos crimes de ação pública se esta não for intentada no prazo legal.

(A) Apenas o item I está correto.
(B) Apenas o item II está correto.
(C) Apenas o item III está correto.
(D) Todos os itens estão corretos.
(E) Todos os itens estão incorretos.

I: correta, pois a *representação* é retratável até o oferecimento da denúncia. É o teor do art. 25 do CPP; **II:** correta, visto que em consonância com o que dispõe o art. 30 do CPP; **III:** correta. A chamada ação penal privada subsidiária da pública, que tem assento constitucional (5º, LIX, da CF), somente terá lugar na hipótese de desídia do membro do Ministério Público – art. 29 do CPP.
Gabarito "D"

(Delegado/PA – 2012 – MSCONCURSOS) Nos crimes de ação pública, esta será promovida por denúncia do Ministério Público, mas dependerá, quando a lei o exigir, de requisição do Ministro da Justiça, ou de representação do ofendido ou de quem tiver qualidade para representá-lo. No que concerne à ação pública, assinale a alternativa correta:

(A) A representação será retratável, depois de oferecida a denúncia.
(B) Se o órgão do Ministério Público, ao invés de apresentar a denúncia, requerer o arquivamento do inquérito policial ou de quaisquer peças de informação, o juiz deverá atender.
(C) Será admitida ação privada nos crimes de ação pública, se esta não for intentada no prazo legal, cabendo ao Ministério Público aditar a queixa, repudiá-la e oferecer denúncia substitutiva, intervir em todos os termos do processo, fornecer elementos de prova, interpor recurso e, a todo tempo, no caso de negligência do querelante, retomar a ação como parte principal.
(D) As fundações, associações ou sociedades legalmente constituídas não poderão exercer a ação penal.
(E) O prazo para oferecimento da denúncia, estando o réu preso, será de 15 dias, contado da data em que o órgão do Ministério Público receber os autos do inquérito policial.

A: incorreta, visto que a *representação* é retratável até o oferecimento da denúncia – arts. 25 do CPP e 102 do CP; **B:** incorreta, se o juiz não concordar com o pleito do MP, e isso é perfeitamente possível, remeterá os autos, na forma estatuída no art. 28 do CPP, ao procurador-geral de Justiça, a quem incumbirá apreciar se a razão está com o promotor ou com o magistrado. Se o chefe do Ministério Público encampar o entendimento do promotor, o juiz então estará obrigado a determinar o arquivamento dos autos de inquérito. Outra opção, neste caso, não lhe resta. Se, de outro lado, o procurador-geral entender que é caso de denúncia, poderá ele mesmo oferecê-la, ou ainda designar outro membro da instituição para fazê-lo, o que é mais comum; **C:** correta, visto que corresponde ao que estabelece o art. 29 do CPP; **D:** incorreta, nos termos do art. 37 do CPP; **E:** incorreta, pois não corresponde ao que estabelece o art. 46 do CPP.
Gabarito "C"

(Delegado/PI – 2009 – UESPI) Considerando os princípios do processo penal, pode-se dizer que não se aplica às ações penais de iniciativa privada:

(A) o princípio da legalidade.
(B) o princípio da indisponibilidade.
(C) o princípio da demanda.
(D) o princípio da paridade de armas.
(E) o princípio da oportunidade.

O *princípio da indisponibilidade* (art. 42, CPP) é exclusivo da ação penal pública. Por este princípio, é defeso ao Ministério Público desistir da ação que haja proposto. Na ação penal privada, diferentemente, vige o *princípio da disponibilidade*, segundo o qual pode o querelante desistir de prosseguir na ação por ele ajuizada.
Gabarito "B"

(Delegado/PI – 2009 – UESPI) David, com apenas 15 anos de idade, foi vítima de crime de ação penal pública condicionada à representação. Nesse caso, pode-se dizer que

(A) a representação deve ser oferecida por seu representante legal, mas apenas na forma escrita, a teor do que prescreve o art. 39 do Código de Processo Penal.
(B) a jurisprudência dominante entende que basta a demonstração inequívoca do interesse na persecução criminal para que se entenda por exercido o direito de representação.
(C) sendo a vítima menor de idade, deverá seu representante legal oferecer queixa, em razão do *strepitus iudicii*, isto é, do escândalo provocado pelo ajuizamento da ação penal.
(D) a representação é retratável até a citação do réu, porque este, a partir de então, passa a ter o direito de obter um pronunciamento judicial sobre a acusação.
(E) o oferecimento de representação é condição necessária ao ajuizamento da ação penal pelo Ministério Público, em nada condicionando a instauração de inquérito policial pelo Delegado de Polícia.

A e **B:** a assertiva "A" está incorreta e a assertiva "B" está correta, pois a representação não exige qualquer formalidade, sendo somente necessário que o ofendido manifeste de forma inequívoca sua vontade em ver processado seu ofensor, podendo ser ofertada por meio de declaração escrita ou oral. Neste caso, será reduzida a termo (art. 39, § 1º, CPP); **C:** incorreta, pois, por se tratar de vítima menor de 18 anos, o direito de representação será exercido por seu representante legal. Queixa é a peça inicial da ação penal privada; na ação penal pública, ainda que condicionada a representação, a peça inicial é a denúncia, a ser ofertada pelo Ministério Público, seu titular; **D:** incorreta, pois a representação é retratável até o momento de o promotor oferecer

a denúncia; depois disso, ela se torna irretratável. É o teor do art. 25 do CPP; **E:** incorreta, segundo teor do art. 5º, § 4º, do CPP.
Gabarito "B"

(Delegado/SC – 2008) Complete a lacuna da frase a seguir e assinale a alternativa correta. A _________ é causa extintiva da punibilidade na ação penal privada, que ocorre pela desídia do querelante, como quando, por exemplo, iniciada a ação, ele deixa de promover o andamento do processo durante 30 (trinta) dias seguidos.

(A) prescrição
(B) renúncia
(C) perempção
(D) decadência

A perempção (art. 107, IV, do CP), instituto exclusivo da ação penal privada, constitui uma sanção aplicada ao querelante que deixa de promover o bom andamento processual, revelando-se negligente e desidioso. Suas hipóteses estão contidas no art. 60 do CPP. O exemplo dado no enunciado está contemplado no art. 60, I, do CPP.
Gabarito "C"

(Delegado/SP – 2011) – Em qual das hipóteses abaixo ocorre a perempção.

(A) Perdão oferecido pelo ofendido e aceito pelo autor.
(B) Morte do autor do ilícito
(C) Extinção de pessoa jurídica querelante, desde que não deixe sucessor.
(D) Renúncia ao exercício do direito de queixa que não foi aceita pelo autor.
(E) Perdão oferecido pelo ofendido e recusado pelo autor.

A perempção (art. 107, IV, do CP), instituto exclusivo da ação penal privada, constitui uma sanção aplicada ao querelante que deixa de promover o bom andamento processual, mostrando-se negligente e desidioso. Suas hipóteses estão contidas no art. 60 do CPP.
Gabarito "C"

(Delegado/SP – 2008) Quando por omissão do Ministério Público, a ação penal pública não é intentada no prazo legal, nem requer o arquivamento do inquérito policial consentâneo ou sua devolução à polícia para diligências complementares, é cabível ação penal

(A) pública subsidiária.
(B) privada exclusiva.
(C) privada dependente.
(D) privada supletiva.
(E) pública condicionada.

Também denominada subsidiária da pública ou substitutiva – art. 29, CPP; art. 100, § 3º, do CP; e art. 5º, LIX, da CF.
Gabarito "D"

(Delegado/SP – 2008) Os princípios da ação penal pública são

(A) obrigatoriedade, indisponibilidade, oficialidade, indivisibilidade e intranscendência.
(B) obrigatoriedade, disponibilidade, oficialidade, indivisibilidade e intranscendência.
(C) oportunidade, disponibilidade, oficialidade, indivisibilidade, e intranscendência.
(D) oportunidade, disponibilidade, iniciativa da parte, indivisibilidade e transcendência.
(E) oportunidade, indisponibilidade, iniciativa a parte, individualidade e intranscendência.

O *princípio da obrigatoriedade* ou *legalidade* prescreve que, uma vez preenchidos os requisitos legais, o MP está obrigado a ajuizar a ação penal pública. Já o *princípio da indisponibilidade*, abrigado no art. 42 do CPP e informador da ação penal pública, significa que o MP não poderá desistir da ação que haja proposto. A *oficialidade* refere-se aos órgãos incumbidos da persecução penal, que devem ser oficiais. O Ministério Público, por força do *princípio da indivisibilidade*, está obrigado a propor a ação contra todos os autores do crime, não podendo escolher contra quem a demanda irá ser proposta. Por fim, a ação penal será promovida tão somente contra quem praticou o crime (*intranscendência*).
Gabarito "A"

(Delegado/SP – 2003) Se o querelante subsidiário desistir da ação penal,

(A) o juiz declarará a extinção de punibilidade.
(B) caberá ao Ministério Público o dever de retomar a titularidade.
(C) considerar-se-á perempta a ação penal.
(D) ocorrerá a hipótese da decadência.

Se o querelante subsidiário desistir da ação penal ou mostrar-se negligente, o Ministério Público retomará a titularidade da ação. Depreende-se, portanto, que, na ação penal privada subsidiária, não se aplica a *perempção*.
Gabarito "B"

(Delegado/SP – 1999) A decadência, causa extintiva da punibilidade, somente se aplica a ação penal

(A) de iniciativa privada.
(B) pública condicionada e incondicionada.
(C) de iniciativa privada e pública condicionada.
(D) pública condicionada.

É do art. 38 do CPP que o ofendido ou seu representante legal decairá do direito de *queixa* (ação penal privada) ou de *representação* (ação penal pública condicionada) se não o exercer dentro do prazo de seis meses. Neste caso, extingue-se a punibilidade pela *decadência* – art. 107, IV, do CP.
Gabarito "C"

4. SUSPENSÃO CONDICIONAL DO PROCESSO

(Delegado/ES – 2006 – CESPE) Acerca do procedimento dos Juizados Especiais Criminais, julgue o seguinte item.

(1) Ao furto simples, cuja pena mínima é um ano, é aplicável a suspensão condicional do processo desde que preenchidos os requisitos legais para a concessão do benefício.

1: correta. Preleciona o art. 89, *caput*, da Lei 9.099/1995 (Juizados Especiais) que a suspensão condicional do processo (*sursis* processual) terá cabimento nos crimes cuja pena *mínima* cominada for igual ou inferir a um ano.
Gabarito 1C

(Delegado/MG – 2006) Conforme o entendimento do STF, quando o Ministério Público se recusa a oferecer proposta de suspensão condicional do processo cabível, o Juiz, discordando de tal situação:

(A) deverá fazer a proposta, de oficio, por se tratar de direito público subjetivo do acusado.
(B) Deverá dar continuidade à instrução do processo.
(C) Deverá remeter a questão ao Procurador-Geral de Justiça, por analogia com a hipótese em que o juiz discorda do pedido de arquivamento de inquérito policial.
(D) Deverá recorrer *ex officio* para que o órgão colegiado de 2ª instancia aprecie a matéria.
(E) Deverá abrir vista à defesa para, querendo, interpor o recurso cabível.

Neste caso, deverá o juiz, invocar, por analogia, o art. 28 do CPP, e remeter a questão para apreciação do procurador-geral, a quem caberá decidir se é ou não o caso de formular proposta de suspensão condicional do processo. Nesse sentido, a Súmula 696 do STF.
Gabarito "C"

(Delegado/SP – 1998) Assinale a frase juridicamente correta.

(A) Não se admitirá a proposta de transação penal, no âmbito dos Juizados Especiais Criminais, se ficar comprovado ter sido o autor da infração condenado, pela prática de crime ou contravenção, a pena privativa de liberdade, por sentença definitiva.
(B) A suspensão condicional do processo, concedida no âmbito dos Juizados Especiais Criminais, será revogada quando, no curso do período de prova, o beneficiário vier a ser processado por outro crime ou contravenção.
(C) A suspensão condicional do processo, concedida no âmbito dos Juizados Especiais Criminais, poderá ser revogada se, no curso do período de prova, o acusado deixar de efetuar, sem motivo justificado a reparação do dano.
(D) A composição dos danos civis, no âmbito dos Juizados Especiais Criminais, será reduzida a escrito e, homologada pelo juiz mediante sentença irrecorrível, terá eficácia de título a ser executado no Juízo Cível competente.

A: incorreta, assertiva em desacordo com o art. 89, *caput*, da Lei 9.099/95: **B:**: incorreta, o fato de o beneficiário vir a ser processado pela prática de *crime* constitui, é verdade, revogação obrigatória do *sursis* processual, nos termos do art. 89, § 3º; mas se, no curso do período de prova, vier o beneficiário a ser processado por *contravenção, poderá* o juiz revogar o benefício, conforme dispõe, o art. 89, § 4º, da Lei 9.099/1995 (revogação facultativa). **C**:: incorreta, neste caso, a suspensão, a teor do art. 89, § 3º, *será* revogada (revogação obrigatória). **D**:: correta, assertiva em consonância com o art. 74, *caput*, da Lei 9.099/95.

Gabarito "D"

5. AÇÃO CIVIL

(Delegado/SP – 2003) No tocante à ação civil prevista na legislação adjetiva penal, assinale a assertiva incorreta:

(A) o despacho de arquivamento do inquérito policial impede a propositura da ação civil.
(B) a decisão penal, que reconhece ter sido ato praticado em legítima defesa, faz coisa julgada no cível.
(C) a sentença absolutória, que reconhece a inexistência material do fato, impede a propositura da ação civil.
(D) o juiz da ação civil pode suspender o curso desta, até o julgamento definitivo da ação penal.

A: assertiva incorreta, devendo ser assinalada, já que, a teor do art. 67, I, do CPP, o despacho de arquivamento do inquérito policial não tem o condão de impedir a propositura da ação civil. **B**: proposição correta, nos termos do art. 65 do CPP. **C**: assertiva correta, nos termos do art. 66 do CPP. **D**: assertiva correta, nos termos do art. 64, parágrafo único, do CPP.

Gabarito "A"

6. JURISDIÇÃO E COMPETÊNCIA; CONEXÃO E CONTINÊNCIA

(Delegado/PA – 2013 – UEPA) A jurisdição – função de Estado – se materializa, condiciona e limita pela competência, que define previamente a atuação do órgão jurisdicional a partir de critérios de especialização da justiça, distribuição territorial e divisão de serviço, fundados em normas constitucionais e legais. De acordo com essas normas:

I. A nulidade decorrente de incompetência absoluta pode ser suscitada mesmo após o trânsito em julgado da sentença, condenatória ou absolutória, porque não se pode emprestar legalidade a um ato que violou frontalmente as regras aplicáveis à matéria.
II. A definição de competência segue uma sequência lógica, que começa fixando a competência de justiça para, em seguida, estabelecer o âmbito territorial. Quanto a este, também há uma preferência: o lugar da infração prepondera sobre o domicílio ou residência do réu.
III. A conexão processual conduz à prevalência do juízo mais especializado. Por conseguinte, compete à Justiça Militar julgar os crimes comuns praticados em conexão com crimes militares.
IV. A competência absoluta se origina em norma constitucional, de ordem pública e por isso indisponível pelas partes, cuja violação acarreta em nulidade absoluta. Todavia, decisão proferida por juiz absolutamente incompetente reclama novo pronunciamento judicial para sua desconstituição.
V. Órgão jurisdicional de primeiro grau que conheceu de *habeas corpus* contra ato ilegal atribuído a delegado de polícia não se torna prevento para conhecer de ação penal futura, pelos mesmos fatos.

A alternativa que contém todas as afirmativas corretas é:

(A) I, II e IV
(B) I, IV e V
(C) II, III e IV
(D) II, IV e V
(E) III, IV e V

I: incorreta. Conferir: "*HABEAS CORPUS*. SENTENÇA ABSOLUTÓRIA PROFERIDA POR JUIZ ABSOLUTAMENTE INCOMPETENTE. OCORRÊNCIA DE TRÂNSITO EM JULGADO. *NE REFORMATIO IN PEJUS*. ORDEM CONCEDIDA. 1. De acordo com a jurisprudência deste Superior Tribunal de Justiça, a declaração de incompetência absoluta do Juízo se enquadra nas hipóteses de nulidade absoluta do processo. Todavia, a sentença prolatada por juiz absolutamente incompetente, embora nula, após transitar em julgado, pode acarretar o efeito de tornar definitiva a absolvição do acusado, uma vez que, apesar de eivada de nulidade, tem como consequência a proibição da *reformatio in pejus*. 2. O princípio *ne reformatio in pejus*, apesar de não possuir caráter constitucional, faz parte do ordenamento jurídico complementando o rol dos direitos e garantias individuais já previstos na Constituição Federal, cuja interpretação sistemática permite a conclusão de que a Magna Carta impõe a preponderância do direito a liberdade sobre o Juiz natural. Assim, somente se admite que este último – princípio do juiz natural – seja invocado em favor do réu, nunca em seu prejuízo. 3. Sob essa ótica, portanto, ainda que a nulidade seja de ordem absoluta, eventual reapreciação da matéria, não poderá de modo algum ser prejudicial ao paciente, isto é, a sua liberdade. Não se trata de vinculação de uma esfera a outra, mas apenas de limitação principiológica. 4. Ordem concedida para tornar sem efeito a decisão proferida nos autos da ação penal que tramita perante a 1ª Vara Federal da Seção Judiciária da Paraíba" (STJ, HC 146.208-PB, 6ª T., rel. Min. Haroldo Rodrigues (Desembargador Convocado do TJ/CE), j. 04/11/2010); **II**: correta. Para se estabelecer o juízo competente para julgar determinada causa, deve-se, em primeiro lugar, estabelecer a justiça competente: justiça comum ou especial; justiça federal ou estadual; feito isso, deve-se perquirir se o acusado é detentor de foro por prerrogativa de função; não sendo esse o caso, passa-se à chamada competência territorial, em que o lugar da infração prevalece sobre o domicílio do réu. Em outras palavras, o lugar da infração (art. 70, CPP) corresponde, em regra, ao local em que se deu a consumação do crime (teoria do resultado); o critério do domicílio ou residência do réu (art. 72, CPP) será empregado em caráter supletivo, ou seja, somente poderá recorrer-se a tal critério quando não conhecido o local da infração penal; **III**: incorreta, pois contraria a regra disposta no art. 79, I, do CPP. A esse respeito, *vide* a Súmula n. 90 do STJ; IV: correta. Nesse sentido: "*Habeas corpus*. Penal e processual penal. Crimes de estelionato e aliciamento de trabalhadores de um local para outro do território nacional (arts. 171 E 207, § 1.º, na forma do art. 29, § 1.º, todos do Código Penal. Sentença condenatória proferida pela justiça federal. Declaração de incompetência absoluta do juízo, nos autos de apelação criminal exclusiva da defesa. Repercussão da decisão anulada no juízo competente. *Reformatio in pejus* indireta. Prescrição da pretensão punitiva. Ocorrência. 1. O Juiz absolutamente incompetente para decidir determinada causa, até que sua incompetência seja declarada, não profere sentença inexistente, mas nula, que depende de pronunciamento judicial para ser desconstituída. E se essa declaração de nulidade foi alcançada por meio de recurso exclusivo da defesa, como no caso dos autos, ou por impetração de *habeas corpus*, não há como o Juiz competente impor ao Réu uma nova sentença mais gravosa do que a anteriormente anulada, sob pena de *reformatio in pejus* indireta. 2. Hipótese em que a Paciente foi condenada, perante a Justiça Federal, com posterior anulação do processo pelo Tribunal Regional Federal da 2.ª Região, em razão da incompetência absoluta do Juízo, sendo novamente denunciada pelos mesmos crimes perante a Justiça Estadual. 3. A prevalecer a sanção imposta na sentença originária, qual seja, de 8 (oito) meses de reclusão e 8 (oito) dias-multa, pelo estelionato, e 8 (oito) meses de detenção e 08 (oito) dias-multa, pelo crime contra a organização do trabalho, o prazo prescricional é de dois anos, a teor do art. 109, inciso VI, do Código Penal, com a redação anterior à Lei n.º 12.234/2010. Nesse cenário, vê-se que entre a data dos fatos (16 de janeiro de 2006; fl. 23) e o recebimento da nova denúncia perante o Juízo de primeiro grau (28 de julho de 2008; fl. 46), transcorreu o lapso temporal prescricional. 4. Ordem concedida, para declarar a prescrição da pretensão punitiva estatal nos autos em tela, restando extinta a punibilidade da Paciente" (HC 200802793070, Laurita Vaz, STJ – Quinta Turma, DJE DATA:06/12/2010); **V**: correta (não gerará prevenção).

Gabarito "D"

(Delegado/PR – 2013 – UEL-COPS) Quanto à jurisdição, considere as afirmativas a seguir.

I. A inércia, a substitutividade, a inevitabilidade e a inafastabilidade são princípios ou características fundamentais.
II. É o poder-função de aplicar o Direito a um fato concreto, exercido pelos órgãos públicos com essa atribuição.
III. É exercida por meio dos juízes de direito e tribunais regularmente investidos.
IV. Tendo sua origem na autocomposição, a transação penal escapa ao âmbito da jurisdição.

Assinale a alternativa correta.

(A) Somente as afirmativas I e II são corretas.
(B) Somente as afirmativas I e IV são corretas.
(C) Somente as afirmativas III e IV são corretas.
(D) Somente as afirmativas I, II e III são corretas.
(E) Somente as afirmativas II, III e IV são corretas.

I: correta, na medida em que contempla os princípios que norteiam a atividade jurisdicional; **II**: correta, pois contempla o conceito de jurisdição, que nada mais é do que o poder-dever do Estado de aplicar o direito objetivo ao caso concreto submetido à sua apreciação. Do latim, significa *dizer o direito*; **III**: correta. A jurisdição, como dito, é o poder-dever do Estado, exercido pelo *Poder Judiciário* (juízes de direito e tribunais), de aplicar a lei ao caso concreto; **IV**: incorreta, pois é incorreto dizer que a transação penal (art. 76 da Lei 9.099/1995) foge do âmbito da jurisdição.

Gabarito "D"

(Delegado/RJ – 2013 – FUNCAB) Na hipótese da ocorrência de crime de exclusiva ação privada, assinale a alternativa correta.

(A) O querelante poderá escolher entre o foro do lugar da infração ou do domicílio do querelado.
(B) A competência regular-se-á, obrigatoriamente, pela prevenção.
(C) Será competente o juiz que primeiro tomar conhecimento do fato.
(D) Caso o querelante não tenha residência certa ou for ignorado seu paradeiro, a competência firmar-se-á pela prevenção.
(E) A competência firmar-se-á, obrigatoriamente, pelo lugar da infração.

De fato, ainda que conhecido o lugar da infração, o querelante, na ação penal privada exclusiva, poderá preferir o foro do domicílio ou da residência do réu – art. 73 do CPP.

Gabarito "A"

(Delegado/RJ – 2013 – FUNCAB) Arimateia, prefeito municipal, juntamente com Sérgio, seu motorista, este na qualidade de partícipe, mataram Gisela, esposa do prefeito. Vanessa, a empregada da casa, se depara com ambos ainda nervosos diante do cadáver e resolveu propor que ocultassem o corpo, enterrando-o no jardim da casa, o que foi feito pelos três. Pode-se dizer sobre a competência que:

I. Todos serão julgados pelo Tribunal de Justiça.
II. Pelo crime de homicídio, apesar da continência, Arimateia será julgado no Tribunal de Justiça e Sérgio será julgado no Tribunal do Júri.
III. Com relação à ocultação de cadáver, Arimateia e Vanessa serão julgados pelo Tribunal de Justiça e Sérgio, pelo homicídio e pela ocultação de cadáver, em razão da conexão teleológica, será julgado no Tribunal do Júri.
IV. Arimateia será julgado por ambos os crimes no Tribunal de Justiça, enquanto Sérgio e Vanessa serão julgados no Tribunal do Júri.

Assinale a alternativa correta.

(A) Apenas a I está correta.
(B) Apenas a II está correta.
(C) Apenas II e III estão corretas.
(D) Apenas II e IV estão corretas.
(E) Apenas a IV está correta.

Por força do que dispõe o art. 78, III, do CPP e também em razão do entendimento firmado por meio da Súmula n. 704 do STF, se o réu detentor de foro por prerrogativa de função comete o crime em concurso com pessoa não detentora de tal prerrogativa, o julgamento de ambos será, por conta da continência, perante o tribunal competente para o julgamento do coautor/partícipe com foro especial. Sucede que parte significativa da doutrina tem entendimento diferente. Sustenta que o julgamento, em casos assim, deve ser cindido, com o coator não detentor do foro especial sendo julgado em primeiro grau de jurisdição, no seu juízo natural. A exceção a tal regra fica por conta da hipótese em que as competências para o julgamento do crime estejam ambas contempladas na Constituição Federal. É o que se dá quando o crime praticado em coautoria é doloso contra a vida. O coautor que tem foro especial será julgado pelo tribunal competente; já o agente que não dispõe dessa prerrogativa será julgado pelo seu juiz natural, o Tribunal do Júri. Repita-se: as duas competências estão previstas na CF/88. Em outras palavras, se o crime praticado for de homicídio, por exemplo, não se aplicam o art. 78, III, do CPP tampouco a Súmula n. 704 do STF. Assim se pronunciou o Pleno do STF: "Competência – Crime doloso contra a vida – Coautoria – Prerrogativa de foro de um dos acusados – Inexistência de atração – Prevalência do juiz natural – Tribunal do Júri – Separação dos processos. 1. A competência do Tribunal do Júri não é absoluta. Afasta-se a própria Constituição Federal, no que prevê, em face da dignidade de certos cargos e da relevância destes para o Estado, a competência de Tribunais – arts. 29, inciso VIII (atual X); 96, inciso III; inciso I, alínea *a*; 105, inciso I, alínea *a* e 102, inciso I, alínea *b* e *c*. 2. A conexão e a continência – arts. 76 e 77 do Código de Processo Penal – não consubstanciam formas de fixação da competência, mas de alteração, sendo que nem sempre resultam na unidade de julgamentos – arts. 79, incisos I, II e parágrafos 1º, 2º e 80 do Código de Processo Penal. 3. O envolvimento de corréus em crime doloso contra a vida, havendo em relação a um deles a prerrogativa de foro como tal definida constitucionalmente, não afasta, quanto ao outro, o juiz natural revelado pela alínea *d* do inciso XXXVIII do art. 5º da Carta Federal. A continência, porque disciplinada mediante normas de índole instrumental comum, não é conducente, no caso, à reunião dos processos. A atuação de órgãos diversos integrantes do Judiciário, com duplicidade de julgamento, decorre do próprio texto constitucional, isto por não ser lhe poder sobrepor preceitos de natureza estritamente legal. 4. Envolvidos em crime doloso contra a vida Conselheiro de Tribunal de Constas de Município e cidadão comum, biparte-se a competência, processando e julgando o primeiro o Superior Tribunal de Justiça e o segundo o Tribunal do Júri. Conflito aparente entre as normas dos arts. 5º, inciso XXXVIII, alínea *d*, 105, inciso I, alínea *a* da lei básica federal e 76, 77 e 78 do Código de Processo Penal (...)" (STF, HC 69325/GO, Tribunal Pleno, rel. Min. Néri da Silveira, DJ 4.12.92). É bem esse o caso narrado no enunciado. Arimateia, detentor de foro especial (art. 29, XI, CF), será julgado, pelo homicídio e pela ocultação de cadáver, pelo Tribunal de Justiça; Jorge, pelo crime de homicídio, será julgado pelo Tribunal do Júri, competência prevista no texto da Constituição Federal (art. 5º, XXXVIII), o mesmo ocorrendo em relação à ocultação de cadáver. Já Vanessa, pela ocultação de cadáver, que não é crime doloso contra a vida, será julgada, juntamente com Arimateia, pelo Tribunal de Justiça. De ver-se, por fim, que, mais recentemente, a 2ª Turma do STF adotou entendimento contrário. Nesse sentido: HC 83.583/PE, rel. Min. Ellen Gracie, DJ 07.05.04.

Gabarito "C"

(Delegado/RJ – 2013 – FUNCAB) É INCORRETO afirmar que a competência será determinada pela conexão:

(A) Se, ocorrendo duas ou mais infrações, houverem sido praticadas, ao mesmo tempo, por várias pessoas reunidas (conexão intersubjetiva por simultaneidade).
(B) Quando a prova de uma infração ou de qualquer de suas circunstâncias elementares influir na prova de outra infração (conexão instrumental ou probatória).
(C) Se, ocorrendo duas ou mais infrações, houverem sido umas praticadas para facilitar ou ocultar as outras, ou para conseguir impunidade ou vantagem em relação a qualquer delas (conexão lógica ou teleológica).
(D) Quando duas ou mais pessoas forem acusadas pela mesma infração (conexão por intersubjetividade formal).
(E) Se, por várias pessoas em concurso, embora diverso o tempo e o lugar, ou por várias pessoas, umas contra as outras, forem praticadas duas ou mais infrações (conexão intersubjetiva por concurso).

A: correta (art. 76, I, primeira parte, do CPP). É a chamada conexão intersubjetiva por simultaneidade; **B:** correta (art. 76, III, do CPP). É a chamada conexão instrumental ou probatória; **C:** correta (art. 76, II, do CPP). É a chamada conexão consequencial, lógica ou teleológica; **D:** incorreta, devendo ser assinalada, uma vez que se trata de hipótese de continência (art. 77, I, do CPP), e não de conexão; **E:** correta (art. 76, I, segunda parte, do CPP). É a chamada conexão intersubjetiva por concurso.

Gabarito "D"

(Delegado Federal – 2004 – CESPE) Com relação ao direito processual penal, julgue o item subsequente:

(1) Considere que a Constituição de um estado brasileiro determina que o secretário de Estado de Educação será julgado pelo tribunal de justiça. Nessa situação, prevalecerá a competência do tribunal do júri em caso de crime de homicídio cometido pelo referido secretário em concurso de agentes com pessoa sem foro por prerrogativa de função.

1: correta. Quando o foro por prerrogativa de função for estabelecido por Constituição Estadual, o autor do crime doloso contra a vida deverá ser julgado pelo Tribunal Popular, cuja competência é fixada pela Constituição Federal. Agora, prevalecerá o foro por prerrogativa de função se acaso este estiver previsto no texto constitucional. É o caso, por exemplo, dos promotores de justiça, que, diante da prática de homicídio doloso, deverão ser julgados pelo Tribunal de Justiça respectivo (art. 96, III, da CF). *Vide*, a esse respeito, o teor da Súmula 721 do STF.

Gabarito 1C

(Delegado Federal – 2002 – CESPE) Julgue o seguinte item.

(1) Ítalo, mediante grave ameaça exercida com o emprego de uma arma de fogo, subtraiu do cofre de uma agência da Caixa Econômica Federal (CAIXA) a importância de R$ 60.000,00 em dinheiro. Nessa situação, será da justiça federal a competência para processar e julgar Ítalo pela prática do crime de roubo.

1: correta. Tratando-se de crime praticado contra o patrimônio de empresa pública federal, competente para o processamento e julgamento da causa é a Justiça Federal, nos termos do art. 109, IV, da CF.

Gabarito 1C

(Delegado Federal – 2002 – CESPE) Julgue o seguinte item:

(1) Renato, após arrombar a porta e adentrar em uma agência franqueada da Empresa Brasileira de Correios e Telégrafos (ECT), de propriedade privada, subtraiu em proveito próprio a importância de R$ 5.000,00. Nessa situação, caberá à justiça federal processar e julgar Renato pelo crime de furto qualificado.

1: incorreta. Conforme entendimento firmado na jurisprudência, compete à Justiça Estadual o processamento e julgamento de delitos praticados contra agências *franqueadas* dos Correios, isso porque, ocorrendo prejuízo para o patrimônio destas, não há que se falar em prejuízo patrimonial para a empresa pública, afastando, portanto, a competência da Justiça Federal. Conferir, nessa esteira: STJ, 6ª T., HC 39.200-SP, rel. Min. Helio Quaglia Barbosa, j. 29.11.05.

Gabarito 1E

(Delegado Federal – 2002 – CESPE) Julgue o seguinte item.

(1) Considere a seguinte situação hipotética. O MP ofereceu denúncia contra um deputado federal pela prática de infração penal durante o exercício funcional, tendo o STF, antes do recebimento, solicitado da respectiva Casa Legislativa licença para que fosse processado. A Câmara dos Deputados não se pronunciou a respeito do pedido de licença, tendo o mandato do parlamentar expirado. Nessa situação, como o crime foi perpetrado durante o exercício funcional, mesmo com a sua cessação prevalece a competência especial por prerrogativa de função.

A Súmula 394 do STF, que assegurava à autoridade a prerrogativa de foro mesmo depois de cessado o exercício de cargo ou mandato, foi cancelada pelo Pleno do próprio tribunal. O legislador, com o propósito de restabelecer o foro por prerrogativa de função nos moldes anteriores, editou a Lei 10.628/2002, a qual foi declarada inconstitucional pelo STF. Assim, praticado o crime durante o exercício funcional, uma vez cessado este, cessa a competência por prerrogativa de função. *Vide* Súmula 451 do STF.

Gabarito 1E

(Delegado Federal – 2002 – CESPE) Julgue o seguinte item.

(1) Considere a seguinte situação hipotética. A promotoria de justiça do patrimônio público instaurou, por portaria, inquérito civil para apurar atos de improbidade administrativa atribuídos a deputado federal, que teriam causado danos ao erário. Nessa situação, uma vez que compete originariamente ao STF processar e julgar parlamentar federal por crime, em virtude da prerrogativa de foro, qualquer medida investigatória de caráter pré-processual deve ser adotada perante o órgão judiciário competente, o STF, sob pena de configurar constrangimento ilegal passível de *habeas corpus* a ser impetrado perante a referida corte.

A já declarada inconstitucional Lei 10.628/02 estendia o foro privilegiado às ações de improbidade administrativa, que são ações de natureza civil. A razão do pronunciamento de inconstitucionalidade do STF reside no fato de que a instituição de foro privilegiado somente poderia se dar por meio de alteração no texto constitucional, e não através de lei ordinária. Assim, permanece o foro por prerrogativa de função somente para as ações de natureza criminal.

Gabarito 1E

(Delegado Federal – 2002 – CESPE) Julgue o seguinte item.

(1) No crime de contrabando ou descaminho, a competência para processar e julgar a ação penal é do juízo federal do local onde foram apreendidos os objetos introduzidos ilegalmente no país.

1: correta. Súmula 151 do STJ: "A competência para o processo e julgamento por crimes de contrabando ou descaminho define-se pela prevenção do Juízo Federal do lugar da apreensão dos bens". A Lei 13.008/2014 separou do art. 334 do CP o crime de descaminho do crime de contrabando. O contrabando agora está previsto no art. 334-A, e a pena foi aumentada para 2 a 5 anos.

Gabarito 1C

(Agente de Polícia Federal – 1998 – CESPE) De acordo com o entendimento predominante na jurisdição federal superior, compete à

(1) justiça federal julgar crime de falso testemunho prestado na justiça do trabalho.
(2) justiça federal processar e julgar os crimes praticados contra servidor público federal, no exercício de suas funções.
(3) justiça estadual comum o processo por contravenção penal, ainda que praticada contra interesse da União.
(4) justiça estadual processar e julgar os crimes praticados contra a fauna.
(5) justiça comum julgar o crime de abuso de autoridade praticado por militar, ainda que em serviço.

1: correta. Súmula 165 do STJ; 2: correta. Súmula 147 do STJ; 3: correta. Súmula 38 do STJ; 4: incorreta.a Súmula 91, que atribuía à Justiça Federal a competência para o julgamento dos crimes praticados contra a fauna, foi cancelada em 8.11.2000; 5: correta. Súmula 172 do STJ.

Gabarito 1C, 2C, 3C, 4E, 5C

(Escrivão de Polícia Federal – 2004 – CESPE) No que se refere à competência, julgue o item que se segue.

(1) Compete à justiça federal o julgamento dos crimes e contravenções praticados contra interesse da União ou de suas entidades autárquicas ou empresas públicas.

1: incorreta, de fato, em vista do que dispõe o art. 109, IV, da CF, compete à Justiça Federal o julgamento e processamento dos crimes praticados contra interesse da União ou de suas entidades autárquicas ou empresas públicas; compete, todavia, à Justiça Estadual comum o julgamento das contravenções penais, nos termos do mesmo dispositivo e também da Súmula 38 do STJ.

Gabarito 1E

(Escrivão de Polícia Federal – 2002 – CESPE) No que se refere ao direito processual penal julgue o item que se segue.

(1) Considere a seguinte situação hipotética. A polícia descobriu um cadáver na comarca de Belo Horizonte – MG, e a perícia constatou que a morte não ocorrera naquela localidade. Posteriormente, as investigações identificaram Juvenal, residente e domiciliado na comarca de Diadema – MG, como autor do crime. Jamais se descobriu, porém, onde realmente o homicídio ocorrera. Nessa situação, o juízo competente para o julgamento da ação penal seria, necessariamente, o da comarca onde o corpo foi localizado.

1: incorreta, desconhecido o *local da infração*, que corresponde àquele em que esta se consumou, deve-se utilizar, para o fim de estabelecer a competência, o chamado *foro supletivo*, que, nos moldes do art. 72 do CPP, é o do domicílio ou residência do réu. Dessa forma, competente será o foro do local da residência do réu, isto é, a comarca de Diadema-SP.

Gabarito 1E

(Escrivão de Polícia/AC – 2008 – CESPE) Acerca de jurisdição e competência, julgue os itens seguintes.

(1) Nos casos de exclusiva ação privada, o querelante poderá preferir o foro de domicílio ou da residência do réu, ainda que seja conhecido o lugar da infração.
(2) A competência será determinada pela conexão quando duas ou mais pessoas forem acusadas pela mesma infração.
(3) A conexão e a continência importarão unidade de processo e julgamento, inclusive no concurso entre a jurisdição comum e a militar.

1: correta, a proposição corresponde ao que estabelece o art. 73 do CPP. Sabemos que, em regra, a competência será estabelecida em razão do lugar em que a infração se consumou – art. 70, *caput*, do CPP. Na hipótese de ação penal privada exclusiva, entretanto, o querelante poderá, mesmo que conhecido o lugar da infração, optar pelo foro de domicílio ou residência do querelado; **2:** incorreta,.em vista do que dispõe o art. 77, I, do CPP, cuida-se de hipótese de continência em razão do concurso de pessoas, e não de conexão, cuja disciplina está no art. 76 do CPP. A *conexão* pressupõe a existência de duas ou mais infrações penais ligadas de alguma maneira entre si. Na *continência*, diferentemente, uma causa está contida na outra; **3:** assertiva em desacordo com o art. 79, I, do CPP.

Gabarito 1C, 2E, 3E

(Delegado/AM) Mévio praticou um roubo simples na Comarca A. Quinze dias depois, para garantir a impunidade do anterior crime de roubo, matou uma das testemunhas na Comarca B. Segundo interpretação literal do CPP, trata-se de:

(A) latrocínio, para o qual é competente o juízo singular da Comarca A.
(B) latrocínio, para o qual é competente o juízo singular da Comarca B.
(C) conexão entre roubo e homicídio, para o que é competente o tribunal do júri da Comarca A.
(D) conexão entre roubo e homicídio, para o que é competente o tribunal do júri da Comarca B.

Trata-se, aqui, da chamada *conexão consequencial, teleológica* ou *objetiva*, prevista no art. 76, II, do CPP, em que o agente pratica uma infração penal com o propósito de facilitar ou ocultar outra ou ainda para assegurar a sua impunidade. Igualmente, a competência do júri sempre prevalecerá sobre a de outro órgão da jurisdição comum, nos termos do art. 78, I, do CPP.

Gabarito "D"

(Delegado/AP – 2010) Após surpreender Manoel Cunha mantendo relações sexuais com sua esposa, o deputado federal Paulo Soares persegue Manoel até uma cidade vizinha. Nessa cidade, dá três tiros em Manoel, que vem a falecer em decorrência das lesões provocadas pela ação de Paulo. No curso do inquérito policial instaurado para apurar os fatos, o mandato de Paulo chega ao fim e o mesmo não consegue se reeleger.

Considerada tal narrativa, assinale a alternativa que indique quem tem competência para processar e julgar Paulo por homicídio.

(A) o Supremo Tribunal Federal, já que na época dos fatos o mesmo era deputado federal.
(B) o tribunal de júri da comarca em que a vítima faleceu.
(C) o tribunal de júri federal com jurisdição na comarca em que a vítima faleceu.
(D) o Superior Tribunal de Justiça, já que na época dos fatos o mesmo era deputado federal.
(E) o tribunal de júri da comarca em que a vítima residia.

A Súmula 394 do STF, que assegurava à autoridade a prerrogativa de foro mesmo depois de cessado o exercício de cargo ou mandato, foi cancelada pelo Pleno do próprio tribunal. O legislador, com o propósito de restabelecer o foro por prerrogativa de função nos moldes anteriores, editou a Lei 10.628/2002, a qual foi declarada inconstitucional pelo STF. Assim, cessado o exercício funcional ou o mandato, cessa também a competência por prerrogativa de função. *Vide* Súmula 451 do STF.

Gabarito "B"

(Delegado/AP – 2010) Relativamente ao tema *Jurisdição e Competência*, analise as afirmativas a seguir:

I. A competência será, de regra, determinada pelo lugar em que se consumar a infração, ou, no caso de tentativa, pelo lugar em que for praticado o último ato de execução. Se, iniciada a execução no território nacional, a infração se consumar fora dele, a competência será determinada pelo lugar em que tiver sido praticado, no Brasil, o último ato de execução.
II. Quando o último ato de execução for praticado fora do território nacional, será competente o juiz do lugar em que o crime, embora parcialmente, tenha produzido ou devia produzir seu resultado.
III. Quando incerto o limite territorial entre duas ou mais jurisdições, ou quando incerta a jurisdição por infração consumada ou tentada nas divisas de duas ou mais jurisdições, ou tratando-se de infração continuada ou permanente, praticada em território de duas ou mais jurisdições, a competência firmar-se-á pela prevenção.

Assinale:

(A) se somente a afirmativa I estiver correta.
(B) se somente a afirmativa II estiver correta.
(C) se somente a afirmativa III estiver correta.
(D) se somente as afirmativas II e III estiverem corretas.
(E) se todas as afirmativas estiverem corretas.

I: correta, a proposição está em perfeita consonância com o que dispõe o art. 70, *caput* e § 1º, do CPP; **II:** assertiva em consonância com o que dispõe o art. 70, § 2º, do CPP; **III:** correta, por estar de acordo com os arts. 70, § 3º, e 71, do CPP.

Gabarito "E"

(Delegado/DF – 2004) O órgão competente para dirimir conflito de competência entre Tribunal Regional Federal e Tribunal de Justiça é:

(A) Supremo Tribunal Federal.
(B) Superior Tribunal de Justiça.
(C) Tribunal Regional Federal.
(D) Tribunal de Justiça.
(E) Tribunal de Alçada.

Art. 105, I, *d*, da CF.

Gabarito "B"

(Delegado/GO – 2003 – UEG) Estelionildo de Sousa, residente na cidade de Anápolis–GO, adquiriu folhas de cheque em branco, na Feira do Furtado, situada em Caldas Novas-GO, pagando a quantia de R$ 50,00 por folha. As referidas cártulas pertenciam a Pedro, correntista do Banco do Brasil S.A., agência de Caldas Novas. De posse das folhas de cheque, Estelionildo comprou de Sílvio, na cidade de Bela Vista de Goiás-GO, uma motocicleta, marca Yamaha DT 180. Como forma de pagamento, emitiu em favor de Sílvio um cheque no valor de R$ 1.000,00, pertencente ao correntista Pedro. No dia seguinte, ainda na cidade de Bela Vista de Goiás, Estelionildo comprou de Acácio uma moto CG 125, pagando por ela a quantia de R$ 2.000,00. Para tanto, também emitiu um cheque personalizado em nome de Pedro. Ambos os títulos foram apresentados ao Banco do Brasil S.A, agência de Goiânia-GO, no dia 2 de março de 2003, não podendo, porém, ser compensados, uma vez que foram sustados pelo correntista, face o furto.

Diante do fato narrado, e de acordo com entendimento majoritário da doutrina e jurisprudência, marque a alternativa que contém o juízo competente para conhecer e julgar a(s) conduta(s) de Estelionildo:

(A) Anápolis
(B) Bela Vista de Goiás
(C) Caldas Novas
(D) Goiânia

As Súmulas 244, do STJ, e 521, do STF, não têm incidência na hipótese tratada no enunciado. Seria, sim, o caso de aplicá-las se se tratasse de *estelionato mediante cheque sem provisão de fundos*, modalidade prevista no art. 171, § 2º, VI, do CP. Neste crime (estelionato por meio de emissão de cheque sem provisão de fundos), o foro competente é o do local onde se deu a recusa do pagamento pelo sacado, ainda que a vantagem tenha sido auferida em outro local. No caso em apreço, determina a Súmula 48 do STJ que "Compete ao juízo do local da obtenção da vantagem ilícita processar e julgar crime de estelionato cometido mediante falsificação de cheque". Dessa forma, competente é o foro de Bela Vista de Goiás, local onde a vantagem foi obtida.

Gabarito "B"

(Delegado/MT – 2006 – UFMT) Nos termos do Código de Processo Penal, a regra geral de competência para a ação penal é determinada pelo(a)

(A) conexão, nas modalidades intersubjetiva, objetiva e instrumental.
(B) prevenção, quando importar em unidade de processo.
(C) continência, quando duas ou mais infrações houverem sido praticadas, ao mesmo tempo, por várias pessoas em concurso.
(D) prevenção, na hipótese de o réu possuir mais de uma residência.
(E) lugar em que foi praticado o último ato de execução, no caso de tentativa.

Nos termos do art. 70, *caput*, do CPP, "a competência, de regra, será determinada pelo lugar em que se consumar a infração, ou, no caso de tentativa, pelo lugar em que for praticado o último ato de execução".

Gabarito "E"

(Delegado/MT – 2000) Julgue os itens abaixo e assinale a alternativa correta:

I. A competência pela natureza da infração será regulada pelas leis de organização judiciária, salvo a competência privativa dos Tribunais Superiores.
II. Sendo conhecido o lugar da infração, a competência será determinada pelo domicílio do réu.
III. A regra no estabelecimento da competência em matéria penal é a natureza da infração, ou seja, se o crime é ou não doloso, comum ou político etc..

(A) Apenas o item I está correto.
(B) Apenas o item II está correto.
(C) Apenas o item III está correto.
(D) Todos os itens estão corretos.
(E) Todos os itens estão incorretos.

I: incorreta, assertiva em desacordo com o que preleciona o art. 74, *caput*, do CPP; **II:** incorreta, a competência somente será determinada pelo *domicílio do réu* na hipótese de não ser conhecido o lugar da infração, na forma estatuída no art. 72, *caput*, do CPP; exceção a essa regra é representada pela ação penal exclusiva, em que o querelante poderá optar, mesmo sendo conhecido o local da infração, pelo foro do domicílio ou da residência do querelado – art. 73, CPP; **III:** incorreta, a competência é, em regra, estabelecida em razão do lugar em que se consumar a infração ou, no caso de tentativa, do lugar em que for praticado o último ato de execução – art. 70, *caput*, do CPP.

Gabarito "E"

(Delegado/MT – 2000) São fatores determinantes da competência jurisdicional no processo penal, EXCETO:

(A) o domicílio ou residência do réu.
(B) a prerrogativa de função.
(C) a prevenção.
(D) a idade do réu.
(E) a distribuição.

O art. 69 do CPP contempla os chamados critérios de fixação de competência, entre os quais não está *a idade do réu*.

Gabarito "D"

(Delegado/PR – 2007) Sobre a competência jurisdicional, considere as seguintes afirmativas:

(1) A competência será, de regra, determinada pelo lugar em que se praticou a ação ou omissão, embora possa ser outro o local da produção do resultado.

(2) Não sendo conhecido o lugar da infração, a competência regular-se-á pelo domicílio ou residência do réu.

(3) A conexão e a continência importarão unidade de processo e julgamento, salvo no concurso entre a jurisdição comum e a militar.

(4) No processo por crimes praticados fora do território brasileiro, será competente o juízo da Capital do Estado onde houver por último residido o acusado.

Assinale a alternativa correta.

(A) Somente as afirmativas 2 e 4 são verdadeiras.
(B) Somente as afirmativas 2 e 3 são verdadeiras.
(C) As afirmativas 1, 2, 3 e 4 são verdadeiras.
(D) Somente as afirmativas 1, 3 e 4 são verdadeiras.
(E) Somente as afirmativas 2, 3 e 4 são verdadeiras.

1: incorreta, o CPP adotou, em seu art. 70, *caput*, a *teoria do resultado*, segundo a qual se considera competente para o julgamento da infração penal o foro do local onde se deu a sua consumação; **2:** assertiva em conformidade com o que prescreve o art. 72, *caput*, do CPP; **3:** correta, art. 79, I, do CPP; **4:** correta, art. 88 do CPP.

Gabarito "E"

(Delegado/SC – 2008) Em caso de infração permanente, cometida em território de duas ou mais jurisdições, a competência se firmará:

(A) pela prevenção.
(B) pela continência.
(C) pela distribuição.
(D) pelo domicílio do réu.

Art. 71 do CPP.

Gabarito "A"

(Delegado/SC – 2008) O promotor de Justiça, autor de crime de homicídio doloso, em unidade da Federação onde não exerce a sua função, será processado e julgado originariamente pelo:

(A) Tribunal do Júri da Comarca onde ocorreu o homicídio.
(B) Tribunal do Júri da Capital do Estado onde ele exerce a sua função.
(C) Tribunal de Justiça do Estado onde ele exerce a sua função.
(D) Tribunal de Justiça do Estado onde ocorreu o homicídio.

De acordo com o disposto no art. 96, III, da CF.

Gabarito "C"

(Delegado/SC – 2008) Analise as alternativas a seguir e assinale a correta.

(A) Compete à justiça militar processar e julgar o crime de abuso de autoridade praticado por policial militar em serviço.
(B) Compete à justiça comum federal processar e julgar o crime de falsificação e uso de documento relativo a estabelecimento particular de ensino.
(C) Compete ao juízo do local da obtenção da vantagem ilícita processar e julgar crime de estelionato cometido mediante falsificação de cheque.
(D) Compete à justiça federal processar e julgar o crime de falsa anotação de carteira de trabalho e Previdência Social, atribuído à entidade privada.

A: incorreta, Súmula 172 do STJ; **B:** incorreta, Súmula 104 do STJ; **C:** correta, Súmula 48 do STJ; **D:** incorreta, Súmula 62 do STJ.

Gabarito "C"

(Delegado/SC – 2008) A conexão instrumental se verifica quando:

(A) ocorrendo duas ou mais infrações houverem sido praticadas, ao mesmo tempo, por várias pessoas reunidas.
(B) a prova de uma infração ou de qualquer de suas circunstâncias elementares influir na prova de outra infração.
(C) duas ou mais infrações tenham sido praticadas por várias pessoas em concurso ou por várias pessoas, umas contra as outras.
(D) duas ou mais infrações tenham sido praticadas umas para facilitar ou ocultar as outras, ou para conseguir impunidade ou vantagem em relação a qualquer delas.

É a modalidade de conexão prevista no art. 76, III, do CPP.

Gabarito "B"

(Delegado/MT – 2006) Determinará a competência jurisdicional o(a):

(A) lugar do resultado final.
(B) lugar da infração.
(C) domicilio ou residência da vítima.
(D) litispendência.

Art. 69, I, do CPP.

Gabarito "B"

(Delegado/SP – 2003) Em hipótese de extorsão mediante sequestro, em que a vítima foi subtraída em Campinas, o resgate pago em Rio Claro e a prisão dos autores ocorrida em Itu, a competência será

(A) do juiz da comarca de Rio Claro.
(B) do juiz da comarca de Campinas.
(C) firmada pela prevenção.
(D) do juiz da comarca de Itu.

O crime de *extorsão mediante sequestro* (art. 159, CP) atinge a sua consumação no exato instante em que a vítima tem privada a sua liberdade, independente do recebimento do resgate pretendido pelos agentes, que constitui, por isso mesmo, mero exaurimento. Ademais, por se tratar de crime *permanente*, em que a consumação se protrai no tempo por vontade do agente, quando praticado no território de várias comarcas, a competência será firmada pela *prevenção*, a teor do que dispõe o art. 71 do CPP.

Gabarito "C"

(Delegado/SP – 1998) Não sendo conhecido o lugar da infração, regular-se-á a competência pelo domicílio ou residência do réu. Se o réu tiver mais de uma residência, a competência.

(A) será determinada pela prevenção.
(B) será firmada pela distribuição.
(C) será regulada pelas leis de organização judiciária.
(D) será determinada pela continência.

Art. 72, § 1º, do CPP.

Gabarito "A"

(Delegado/SP – 1998) Nos crimes dolosos contra a vida, imputados a Juiz de Direito ou a membro do Ministério Público, a competência para julgamento será.

(A) sempre do Tribunal do Júri, por força constitucional.
(B) do órgão especial do Tribunal de Justiça, em razão de foro especial.
(C) do Tribunal de Justiça, em razão do foro privilegiado.
(D) do Tribunal do Júri, após a autorização da cúpula da instituição a que pertença o autor.

Ainda que se trate de crime doloso contra a vida, deverá prevalecer o foro por prerrogativa de função, que tem assento no texto constitucional. No entanto, se acaso a competência por prerrogativa de função não estiver contida na Carta Magna, o julgamento deverá ocorrer perante o Tribunal Popular.

Gabarito "B"

7. QUESTÕES E PROCESSOS INCIDENTES

(Delegado/PR – 2013 – UEL-COPS) Acerca do incidente de insanidade no Código de Processo Penal, considere as afirmativas a seguir.

I. É inadmissível o exame de sanidade mental antes de iniciar a ação penal, conforme o § 1º do Art. 149 do Código de Processo Penal.

II. Mesmo que o resultado do exame de insanidade comprove a inimputabilidade do denunciado, o representante do Ministério Público, autor da denúncia, estará impedido de requerer a sua absolvição ou a aplicação de medida de segurança.

III. O juiz nomeará curador ao acusado, quando determinar o exame, ficando suspensa a ação penal já iniciada, salvo quanto às diligências que possam ser prejudicadas pelo adiamento.

IV. Quando houver dúvida sobre a integridade mental do acusado, o juiz ordenará de ofício ou a requerimento do Ministério Público, do defensor, do curador, do ascendente, do descendente, do irmão ou do cônjuge que o acusado seja submetido a exame médico-legal.

Assinale a alternativa correta.

(A) Somente as afirmativas I e II são corretas.
(B) Somente as afirmativas I e IV são corretas.
(C) Somente as afirmativas III e IV são corretas.
(D) Somente as afirmativas I, II e III são corretas.
(E) Somente as afirmativas II, III e IV são corretas.

I: incorreta, pois o exame de insanidade mental poderá ser levado a efeito ainda na fase de inquérito policial, mediante representação formulada pela autoridade policial ao juiz de direito competente – art. 149, § 1º, do CPP; **II**: incorreta, uma vez que, neste caso, o promotor de justiça, que tem independência funcional, poderá, se entender que é o caso, requerer a absolvição ou a aplicação de medida de segurança. Oportuna, quanto a isso, a lição de Guilherme de Souza Nucci: "Denúncia com pedido de absolvição: pode ocorrer. Se o exame de insanidade mental for realizado durante o inquérito policial, comprovando a inimputabilidade do indiciado, quando o representante do Ministério Público oferecer denúncia, já ciente do resultado do referido exame, pode requerer, desde logo, a aplicação de medida de segurança ao denunciado, implicando, pois, em absolvição. Tal situação se dá, porque o insano tem direito ao devido processo legal, justamente pelo fato de a medida de segurança constituir uma espécie de sanção penal, que restringe direitos (...)" (**Código de Processo Penal Comentado**. 12. ed. p. 354); **III**: correta, pois reflete o disposto no art. 149, § 2º, do CPP; **IV:** correta (art. 149, *caput*, do CPP).

Gabarito "C"

(Delegado/BA – 2013 – CESPE) No que se refere a questões e processos incidentes, julgue os próximos itens.

(1) A autoridade policial que, na fase de investigação criminal, desconfiar da integridade mental do acusado, poderá, sem suspender o andamento do inquérito policial, determinar, de ofício, que o acusado se submeta a exame de sanidade mental, a ser realizado por peritos oficiais.
(2) A restituição de coisas apreendidas em poder do investigado, no âmbito do inquérito policial, pode ser ordenada pela autoridade policial, desde que não haja vedação legal à restituição das coisas e inexista importância à prova da infração ou desde que a restituição não sirva à reparação do dano causado pelo crime e seja induvidoso o direito do reclamante, após oitiva obrigatória do MP.
(3) Se, no curso de uma investigação criminal, a autoridade policial tomar conhecimento de questão prejudicial controversa da qual dependa a existência do crime investigado, a autoridade deverá ordenar a suspensão do procedimento e comunicar o fato ao MP, para que este tome as medidas cabíveis para a solução de controvérsia prejudicial obrigatória.

1: incorreta. A despeito de o exame de sanidade mental pode ser realizado ainda na fase investigatória, tal providência somente poderá ser determinada pelo juiz de direito, mediante representação da autoridade policial, conforme estabelece o art. 149, § 1º, do CPP; **2**: correta (art. 120, *caput*, do CPP), embora haja divergência quanto à necessidade de o MP, neste caso, manifestar-se, uma vez que a restituição se deu no âmbito do inquérito policial (art. 120, § 3º, do CPP). Vale observar que, na prática, é no mínimo incomum a autoridade policial submeter tal questão à apreciação do MP. Pela incidência do art. 120, § 3º, do CPP à restituição pela autoridade policial, conferir a lição de Guilherme de Souza Nucci: "Ouvida obrigatória do Ministério Público: sempre que alguém ingressar com pedido de restituição de coisa apreendida, seja duvidosa ou não a propriedade, deve-se colher o parecer do Ministério Público, até porque é importante saber se o objeto é importante ao processo. O titular da ação penal é a parte mais indicada a pronunciar-se a esse respeito. Portanto, havendo inquérito, remete o delegado os autos a juízo, para que seja ouvido o promotor (...)" (**Código de Processo Penal Comentado**. 12. ed. p. 332); **3**: incorreta. A suspensão a que alude o art. 93 do CPP somente tem incidência no âmbito do processo; não se aplica, pois, na fase de investigação policial, sendo vedado ao delegado de polícia, diante da existência de questão prejudicial da qual dependa a existência do crime sob investigação, suspender o inquérito; deve, isto sim, depois de concluí-lo, remetê-lo a juízo.

Gabarito 1E, 2C, 3E

(Delegado Federal – 2004 – CESPE) Julgue o seguinte item.

(1) No inquérito policial em que figure como indiciado um inimigo do delegado de polícia responsável pelas investigações, o Ministério Público oporá exceção de suspeição em relação a esse delegado.

Art. 107 do CPP.

Gabarito 1E

(Delegado/AM) A alternativa incorreta, relativamente às coisas apreendidas pela autoridade policial, é:

(A) se duvidoso o direito do reclamante sobre a coisa apreendida, o pedido de restituição autuar-se-á em apartado, perante a autoridade policial, que decidirá o incidente, sem prejuízo de o reclamante optar por fazê-lo perante o juiz.
(B) a restituição, quando cabível, poderá ser ordenada pela autoridade policial ou juiz, mediante termo nos autos, desde que não exista dúvida quanto ao direito do reclamante.
(C) o produto do crime não poderá ser restituído, mesmo depois de transitar em julgado a sentença final, salvo se pertencerem ao lesado ou a terceiro de boa-fé.
(D) antes de transitar em julgado a sentença final, as coisas apreendidas não poderão ser restituídas enquanto interessarem ao processo.

A: assertiva incorreta, devendo ser assinalada, em desconformidade com o que dispõe o art. 120, § 1º, do CPP; **B:** assertiva correta, proposição em conformidade com o que preconiza o art. 120, *caput*, do CPP; **C:** assertiva correta, art. 119 do CPP; **D:** assertiva correta, art. 118 do CPP.

Gabarito "A"

(Delegado/AP – 2010) Relativamente ao tema medidas assecuratórias, analise as afirmativas a seguir:

I. Caberá o sequestro dos bens imóveis, adquiridos pelo indiciado com os proventos da infração, ainda que já tenham sido transferidos a terceiro.
II. O sequestro será levantado se a ação penal não for intentada no prazo de sessenta dias, contado da data em que ficar concluída a diligência.
III. O juiz poderá ordenar o sequestro ainda antes de oferecida a denúncia ou queixa mediante representação da autoridade policial.

Assinale:

(A) se somente a afirmativa I estiver correta.
(B) se somente a afirmativa II estiver correta.
(C) se somente a afirmativa III estiver correta.
(D) se somente as afirmativas II e III estiverem corretas.
(E) se todas as afirmativas estiverem corretas.

I: proposição correta, nos termos do art. 125 do CPP; **II:** correta, nos termos do art. 131, I, do CPP; **III:** assertiva em conformidade com o art. 127 do CPP.

Gabarito "E"

(Delegado/AP – 2010) Relativamente ao tema medidas assecuratórias, analise as afirmativas a seguir:

I. O depósito e a administração dos bens arrestados ficam sujeitos ao regime do processo civil.
II. Quando os bens arrestados forem coisas fungíveis e facilmente deterioráveis, serão avaliados e levados a leilão público, depositando-se o dinheiro apurado, ou entregues as coisas ao terceiro que as detinha, se este for pessoa idônea e assinar termo de responsabilidade.
III. Das rendas dos bens móveis arrestados poderão ser fornecidos recursos arbitrados pelo juiz para a manutenção do indiciado e de sua família.

Assinale:

(A) se somente a afirmativa I estiver correta.
(B) se somente a afirmativa II estiver correta.
(C) se somente a afirmativa III estiver correta.
(D) se somente as afirmativas II e III estiverem corretas.
(E) se todas as afirmativas estiverem corretas.

I: correta, art. 139 do CPP; **II:** correta, art. 137, § 1º, do CPP; **III:** correta, art. 137, § 2º, do CPP.

Gabarito "E"

(Delegado/AP – 2010) Relativamente ao tema *incidente de insanidade*, analise as afirmativas a seguir:

I. O exame de sanidade mental somente poderá ser ordenado após iniciada a ação penal.
II. O juiz nomeará curador ao acusado, quando determinar o exame, ficando suspensa a ação penal já iniciada, salvo quanto às diligências que possam ser prejudicadas pelo adiamento.

III. Quando houver dúvida sobre a integridade mental do acusado, o juiz ordenará de ofício ou a requerimento do Ministério Público, do defensor, do curador, do ascendente, descendente, irmão ou cônjuge do acusado, seja este submetido a exame médico-legal.

Assinale:

(A) se somente a afirmativa I estiver correta.
(B) se somente a afirmativa II estiver correta.
(C) se somente a afirmativa III estiver correta.
(D) se somente as afirmativas II e III estiverem corretas.
(E) se todas as afirmativas estiverem corretas.

I: incorreta, pois o exame de insanidade mental poderá ser levado a efeito ainda na fase de inquérito policial, mediante representação formulada pela autoridade policial ao juiz de direito competente – art. 149, § 1º, do CPP; **II:** correta, nos termos do art. 149, § 2º, do CPP; **III:** correta, pois está em consonância com o que dispõe o art. 149, *caput*, do CPP.

Gabarito "D"

(Delegado/CE – 2006 – CEV/UECE) Considere as afirmativas:

I. Até o trânsito em julgado da decisão penal não pode haver qualquer espécie de restituição de coisas apreendidas, mesmo que as mesmas não sejam mais relevantes ao processo.
II. O incidente de insanidade mental do acusado só poderá ser iniciado a requerimento do próprio réu já que é essencialmente uma tese de defesa do mesmo e beneficia somente a este.
III. O exame de corpo de delito não é indispensável no processo penal já que o Juiz deverá valorar o conjunto das provas, mesmo que o fato criminoso deixe vestígios.
IV. Atualmente, o interrogatório do réu é feito perante o Juiz, porém é possível que a acusação e a defesa, após as perguntas do Juiz, realizem as perguntas que desejarem, mas sempre através do presidente do ato.

São INCORRETAS, apenas:

(A) II e IV
(B) I, II e III
(C) I e II
(D) III e IV

I: incorreta, se não mais interessarem ao processo, porque nenhuma utilidade mais podem ter, ainda que não tenha ocorrido o trânsito em julgado da sentença, as *coisas apreendidas* podem, sim, ser restituídas depois de submetidas a perícia. Esta é a inferência que se faz da leitura do art. 118 CPP; **II:** assertiva incorreta. O *incidente de insanidade mental* poderá ser deflagrado a requerimento do MP, do defensor, do curador, do ascendente, descendente, irmão ou cônjuge do acusado, bem assim, na fase de inquérito, mediante representação da autoridade policial. Sempre por ordem do juiz competente, que poderá determiná-lo até de ofício – art. 149, *caput* e § 1º, do CPP; **III:** incorreta, o exame de corpo de delito – direto ou indireto, nas infrações que deixam vestígios, é indispensável – art. 158 do CPP. Na hipótese de desaparecimento desses vestígios, nosso ordenamento jurídico admite que a prova testemunhal supra essa falta – art. 167, CPP; o que não se admite é que a confissão supra a falta do exame; **IV:** assertiva correta. Modificação introduzida pela Lei 10.792/2003.

Gabarito "B"

(Delegado/GO – 2009 – UEG) Sobre os processos incidentes é CORRETO afirmar:

(A) a mera gravidade do delito já induz à necessidade de instauração de incidente de insanidade mental.
(B) a arguição de falsidade de documento constante nos autos da ação penal poderá ser feita por advogado constituído pelo acusado, independentemente de poderes especiais para tanto.
(C) configura cerceamento de defesa o indeferimento do requerimento de instauração de incidente de insanidade mental do investigado, uma vez que, assim como o exame de corpo de delito, o exame de sanidade mental é de realização obrigatória.
(D) a finalidade do incidente de falsidade documental é unicamente a de constatar a idoneidade do documento como elemento probatório; não é seu objeto a apuração de possível delito de falsidade.

A: incorreta, pois o incidente de insanidade mental destina-se a verificar se se trata de acusado *inimputável* ou *semi-imputável*. Assim, o incidente terá lugar sempre que houver fundadas suspeitas em relação à higidez mental do réu, isto é, se este, ao tempo da conduta, tinha capacidade de compreensão do ilícito ou de determinar-se de acordo com esse entendimento. Tal realidade nenhuma relação tem com a gravidade do delito perpetrado, ou seja, a instauração do incidente não está condicionada à natureza tampouco à gravidade da infração, e sim à existência de elementos de convicção que justifiquem a realização do exame médico-legal; **B:** incorreta, em vista do que dispõe o art. 146 do CPP, a arguição de falsidade de documento constante nos autos da ação penal somente poderá ser feita por procurador com *poderes especiais* para tanto; **C:** incorreta, pois o incidente de insanidade mental, que não é obrigatório, somente será instaurado quando houver dúvida acerca da integridade mental do acusado – art. 149, *caput*, do CPP; **D:** alternativa correta. Visa-se, com o incidente de falsidade, preservar a formação da prova no processo principal, buscando-se atingir a verdade real. O objetivo, aqui, não é apurar o crime de falso praticado. Apesar disso, em vista do disposto no art. 145, IV, do CPP, uma vez reconhecida a falsidade documental, os autos do incidente devem ser remetidos, juntamente com o documento falsificado, para o Ministério Público. A este caberá oferecer denúncia, se dispuser de elementos suficientes para tanto; ou, se não, requisitar instauração de inquérito com o propósito de reunir elementos para futuro ajuizamento de ação penal.

Gabarito "D"

(Delegado/MG – 2007) Assinale a opção CORRETA:

(A) O exame de insanidade mental, estando o acusado preso, não durará mais de 45 (quarenta e cinco) dias, salvo se os peritos demonstrarem a necessidade de maior prazo.
(B) A falta do exame complementar não poderá ser suprida pela prova testemunhal, caso tenha por fim precisar a classificação do delito no artigo 129, § 1º, I, do Código Penal.
(C) A Autoridade Policial negará a perícia requerida pela parte, quando não for necessária ao esclarecimento da verdade, ainda que seja o exame de corpo de delito.
(D) O exame de insanidade mental poderá ser ordenado pela Autoridade Policial somente durante a fase do inquérito policial.

A: correta, art. 150, § 1º, do CPP; **B:** incorreta, nos termos do art. 168, § 3º, do CPP; **C:** incorreta, nos termos do art. 158 do CPP; **D:** incorreta, a autoridade policial não está credenciada a determinar a realização do exame de insanidade mental; poderá, todavia, representar à autoridade judiciária com vistas à sua realização – art. 149, § 1º, do CPP.

Gabarito "A"

(Delegado/PA – 2012 – MSCONCURSOS) A respeito da insanidade mental do acusado, assinale a alternativa incorreta:

(A) O juiz nomeará curador ao acusado, quando determinar o exame, ficando suspenso o processo, se já iniciada a ação penal, salvo quanto às diligências que possam ser prejudicadas pelo adiamento.
(B) O exame não poderá ser ordenado na fase do inquérito.
(C) O incidente da insanidade mental processar-se-á em auto apartado, que só depois da apresentação do laudo, será apenso ao processo principal.
(D) Para o efeito do exame, o acusado, se estiver preso, será internado em manicômio judiciário, onde houver, ou, se estiver solto, e o requererem os peritos, em estabelecimento adequado que o juiz designar.
(E) Quando houver dúvida sobre a integridade mental do acusado, o juiz ordenará, de ofício ou a requerimento do Ministério Público, do defensor, do curador, do ascendente, descendente, irmão ou cônjuge do acusado, seja este submetido a exame médico-legal.

A: proposição correta, pois em conformidade com o disposto no art. 149, § 2º, do CPP; **B:** assertiva incorreta, devendo ser assinalada, já que não reflete o disposto no art. 149, § 1º, do CPP, que estabelece que o juiz, diante da representação formulada pela autoridade policial, poderá determinar a realização do exame médico-legal na fase de inquérito; **C:** assertiva correta, visto que reflete o que estabelece o art. 153 do CPP; **D:** assertiva correta, nos termos do art. 150, *caput*, do CPP; **E:** assertiva correta, pois corresponde ao que prescreve o art. 149, *caput*, do CPP.

Gabarito "B"

(Delegado/PI – 2009 – UESPI) De acordo com o que dispõe o Código de Processo Penal, a medida assecuratória de sequestro:

(A) pode ser determinada provando-se simplesmente a existência de indícios veementes da proveniência ilícita dos bens.
(B) atinge os bens adquiridos pelo indiciado com os proventos da infração, mas não pode ser decretada se esses bens já tiverem sido transferidos para terceiros.
(C) não pode ser determinada antes do oferecimento da denúncia ou da queixa.
(D) será levantada se a ação penal não for intentada no prazo de trinta dias.

(E) pode ser embargada pelo terceiro de boa-fé, a quem houverem os bens sido transferidos a título oneroso, caso em que a decisão poderá ser pronunciada antes mesmo da sentença penal condenatória.

A: correta, com efeito, é suficiente, para a decretação da medida assecuratória de sequestro, a existência de indícios veementes da proveniência ilícita dos bens, conforme impõe o art. 126 do CPP; **B:** incorreta, art. 125 do CPP; **C:** incorreta, terá lugar o sequestro, determinado pelo juiz, no curso do processo ou mesmo *antes* de oferecida a denúncia ou queixa – art. 127 do CPP; **D:** incorreta, o prazo estabelecido no art. 131, I, do CPP é de *60 dias*; **E:** incorreta, art. 130, parágrafo único, do CPP.

Gabarito "A"

(Delegado/MT – 2006) A respeito das medidas assecuratórias, a alternativa **correta** é:

(A) O sequestro será autuado nos próprios autos e não serão admitidos embargos de terceiros.
(B) Caberá o sequestro dos bens móveis adquiridos pelo indiciado com os proventos da infração, ainda que já tenham sido transferidos a terceiros.
(C) Para a decretação do sequestro, exigir-se-á prova robusta da proveniência ilícita dos bens.
(D) A hipoteca legal sobre os imóveis do indiciado poderá ser requerida pelo ofendido, em qualquer fase do processo, desde que haja certeza da infração e indícios suficientes da autoria.

A: assertiva em desconformidade com o art. 129 do CPP; **B:** assertiva em desconformidade com o art. 125 do CPP; **C:** assertiva em desconformidade com o art. 126 do CPP; **D:** correta, nos termos do art. 134 do CPP.

Gabarito "D"

(Delegado/SP – 2008) Imagine-se a hipótese de o agente subtrair significativa quantidade de dinheiro da vítima e usar parte dele para a compra de um carro. Neste caso, após o regular inquérito policial e a instauração na instancia penal, o veículo devera ser

(A) objeto de apreensão.
(B) objeto de arresto.
(C) objeto de sequestro.
(D) objeto de gravame.
(E) restituído a vitima da subtração do dinheiro.

Art. 132 do CPP. Só se procederá ao sequestro quando os bens não forem passíveis de busca e apreensão (art. 240 do CPP). Ou seja, o sequestro somente terá incidência quando se tratar de coisas adquiridas com o rendimento gerado pela prática da infração penal.

Gabarito "C"

(Delegado/SP – 2008) Não se pode opor exceção de suspeição ao

(A) ministério público.
(B) jurado.
(C) perito criminal.
(D) delegado de polícia.
(E) intérprete.

Art. 107 do CPP. Nos termos desse dispositivo, embora não se possa invocar suspeição em relação às autoridades policiais, no curso do inquérito policial, estas devem declarar-se suspeitas sempre que houver motivo legal para tanto.

Gabarito "D"

(Delegado/SP – 2003) Bens ou valores que constituam proveito auferido pelo réu, com a prática do fato criminoso,

(A) poderão ser restituídos se pertencerem ao lesado ou terceiro de boa fé.
(B) em hipótese alguma serão restituídos.
(C) poderão ser restituídos ao réu, após o cumprimento da pena.
(D) poderão ser restituídos aos familiares do réu, se houver concordância do Ministério Público.

Art. 119 do CPP.

Gabarito "A"

(Delegado/SP – 2000) No pertinente aos efeitos, constituem exceções dilatórias.

(A) a incompetência do juízo e a suspeição.
(B) a coisa julgada e a ilegitimidade de parte.
(C) a litispendência e a incompetência do juízo.
(D) a coisa julgada e a litispendência.

Dilatórias são as exceções que protelam a decisão de mérito da causa, até que se resolva uma questão processual pendente; *peremptórias*, por seu turno, são as exceções que têm o condão de pôr fim ao processo.

Gabarito "A"

(Delegado/SP – 2000) No curso do inquérito policial, quando a autoridade policial tiver dúvida quanto à integridade mental do indiciado, deverá

(A) representar ao juiz sobre a necessidade de submeter o indiciado a exame médico-legal.
(B) encaminhar o indiciado, com requisição, para o Instituto Médico-Legal.
(C) ouvir os familiares do indiciado, juntar atestados médicos e encaminhar os autos ao juízo criminal.
(D) comunicar ao juiz e encaminhar o indiciado ao Instituto Médico-Legal.

Reza o art. 149, § 1º, do CPP que o incidente de insanidade mental poderá ser suscitado pela autoridade policial no curso do inquérito policial, que, para tanto, representará à autoridade judiciária, a quem caberá determinar a realização do exame médico-legal no indiciado.

Gabarito "A"

8. PRERROGATIVAS DO ACUSADO

(Delegado/AP – 2010) João Batista foi preso em flagrante acusado de tráfico de drogas. Na delegacia, a autoridade policial inicia uma conversa informal com João, que confessa a prática do crime. Todavia, quando o delegado informa que iniciará o seu interrogatório policial, João exige a presença de um advogado dativo ou defensor público (já que não tem recursos para contratar um advogado particular), o que lhe é negado pelo Delegado ao argumento de que não há previsão legal para essa assistência gratuita. João decide permanecer em silêncio. Contudo, o delegado gravara a confissão de João durante a conversa informal. Oferecida e recebida a denúncia, não havendo testemunhas a serem inquiridas, é designado interrogatório judicial. Minutos antes de iniciar o interrogatório, João pede ao juiz que indique um advogado ou defensor, o que lhe é negado ao argumento de que o interrogatório é ato de autodefesa e não de defesa técnica.
Considerando a narrativa acima, analise as afirmativas a seguir:

I. É válida a gravação da conversa informal mantida pelo delegado com João.
II. João tem direito de exigir a assistência de um advogado dativo ou um defensor público no momento de seu interrogatório judicial, tendo o delegado dado causa à nulidade do interrogatório.
III. Caso o juiz permitisse que João fosse assistido por um defensor público antes de seu interrogatório judicial, João e o defensor público poderiam conversar de forma reservada antes do interrogatório.

Assinale:

(A) se somente a afirmativa II estiver correta.
(B) se somente as afirmativas I e III estiverem corretas.
(C) se somente as afirmativas II e III estiverem corretas.
(D) se somente as afirmativas I e II estiverem corretas.
(E) se todas as afirmativas estiverem corretas.

I: incorreta, a gravação da conversa mantida pela autoridade policial com João Batista, sem as formalidades legais e sem que o conduzido tenha sido advertido quanto ao seu direito constitucional de permanecer silente, configura prova ilícita, visto que obtida de forma sub-reptícia; **II:** correta, arts. 185, *caput*, e 261, *caput*, do CPP; **III:** correta, art. 185, § 5º, do CPP.

Gabarito "C"

(Delegado/SP – 2000) Conforme dispõe o Código de Processo Penal, a autoridade policial, nos atestados de antecedentes, quanto às anotações referentes à instauração de inquérito contra os requerentes,

(A) mencioná-las-á, desde que autorizadas pelos requerentes.
(B) não as mencionará, salvo na hipótese de prisão em flagrante.
(C) mencioná-las-á, pelo princípio da moralidade da Administração Pública.
(D) não as mencionará, salvo no caso de condenação anterior.

Art. 20, parágrafo único, do CPP.

Gabarito "D"

(Delegado/SP – 1999) A entrevista pessoal e reservada do preso com seu advogado

(A) depende de prévia autorização judicial.
(B) constitui direito previsto na lei de execução penal.
(C) é mera liberalidade do dirigente do estabelecimento prisional.
(D) é vedada, na hipótese de incomunicabilidade prevista no Código de Processo Penal.

Direito previsto no art. 41, IX, da Lei 7.210/1984 – Lei de Execução Penal.
Gabarito "B"

9. PROVAS

(Delegado/PR – 2013 – UEL-COPS) Sobre o tema prova, atribua V (verdadeiro) ou F (falso) às afirmativas a seguir.

( ) O juiz formará sua convicção pela apreciação da prova judicial, estando impedido de fundamentar sua decisão nos elementos informativos colhidos na investigação.
( ) A prova da alegação incumbirá a quem a fizer, sendo vedado ao juiz determiná-la de ofício e antes de iniciada a ação penal.
( ) O laudo pericial será elaborado no prazo máximo de dez dias, podendo ser prorrogado, em casos excepcionais, a requerimento dos peritos.
( ) Quando a infração deixar vestígios, será dispensável o exame de corpo de delito, mediante a confissão do acusado.
( ) O exame de corpo de delito poderá ser feito em qualquer dia e qualquer hora.

Assinale a alternativa que contém, de cima para baixo, a sequência correta.

(A) V, V, F, V, F.
(B) V, F, V, F, V.
(C) F, V, F, V, F.
(D) F, V, F, F, V.
(E) F, F, V, F, V.

1ª assertiva: incorreta. Segundo estabelece o art. 155, *caput*, do CPP, é vedado ao juiz fundamentar sua decisão *exclusivamente* nos elementos colhidos na investigação; pode, pois, fundamentá-la nas provas produzidas na fase instrutória, sob o crime do contraditória, e também em elementos colhidos na fase inquisitiva; 2ª assertiva: incorreta, visto que o art. 156, I, do CPP confere ao juiz a prerrogativa de ordenar, de ofício, mesmo antes de iniciada a ação penal, a produção antecipada de provas consideradas urgentes e relevantes, sempre observando a necessidade, adequação e proporcionalidade da medida; 3ª assertiva: correta (art. 160, parágrafo único, CPP); 4ª assertiva: incorreta. O exame de corpo de delito, direto ou indireto, nas infrações que deixam vestígios, é indispensável – art. 158 do CPP. Agora, se estes vestígios, por qualquer razão, se perderem, nosso ordenamento jurídico admite que a prova testemunhal supra essa ausência – art. 167, CPP. A confissão, no entanto, por expressa disposição do art. 158 do CPP, não poderá ser utilizada para esse fim; 5ª assertiva: correta (art. 161, CPP).
Gabarito "E"

(Delegado/RJ – 2013 – FUNCAB) Sobre o instituto da prova, leia as assertivas a seguir e marque a alternativa correta.

I. A partir das construções teóricas de Robert Alexy e Ronald Dworkin, eventuais colisões entre direitos fundamentais se resolvem pelo método de ponderação, sendo a dignidade humana o princípio que dá unidade de sentido ao sistema de direitos fundamentais. Por essa razão, apesar do princípio da vedação da prova ilícita, é admissível, excepcionalmente, a prova ilícita *pro reo*, vez que o direito de liberdade prevalece nesta ponderação, pois do contrário, afetar-se-ia a dignidade do acusado.
II. *Nevitable Discovery*, teoria conhecida no Brasil por descoberta inevitável, ou curso hipotético de investigação, foi contemplada no pensamento da Corte Norte-Americana (Nix v. Williams, 1984). Segundo essa diretriz, a prova concretamente obtida por meio ilícito pode ser valorada desde que se conclua, hipoteticamente, que tal prova inevitavelmente seria descoberta por meio lícito. Lança-se mão de um "curso de investigação hipotético".
III. A teoria da descoberta inevitável é aceita pacificamente na doutrina brasileira e estrangeira, não havendo mais quem conteste a sua eficiência em temperar os exageros da teoria dos frutos da árvore envenenada.
IV. A teoria das fontes independentes (*independent Source)* não está positivada no ordenamento jurídico brasileiro, apesar de ser agasalhada na jurisprudência do STF.

Está(ão) correta(s) apenas a(s) assertiva(s):

(A) I.
(B) II.
(C) I e II.
(D) II e III.
(E) IV.

I: correta. De fato, tendo em conta que nenhum direito é absoluto, é perfeitamente defensável que o investigado/acusado, como o propósito de provar a sua inocência, o faça por meio da produção de prova ilícita. Afinal, na ponderação entre o direito à intimidade ou privacidade, por exemplo, e o direito de liberdade, prevaleça este último. Conferir o magistério de **Aury Lopes Jr., quando se refere à admissibilidade da prova ilícita a partir da proporcionalidade** *pro reo*: **"Nesse caso, a prova ilícita poderia ser admitida e valorada apenas quando se revelasse a favor do réu. Trata-se da proporcionalidade** *pro reo*, **em que a ponderação entre o direito de liberdade de um inocente prevalece sobre um eventual direito sacrificado na obtenção da prova (dessa inocência). Situação típica é aquela em que o réu, injustamente acusado de um delito que não cometeu, viola o direito à intimidade, imagem, inviolabilidade de domicílio, das comunicações etc. de alguém para obter uma prova de sua inocência"** (*Direito Processual Penal*, **9. ed. São Paulo: Saraiva, 2012. p. 597); II: correta. Nesse sentido:** "*HABEAS CORPUS*. NULIDADES: (1) INÉPCIA DA DENÚNCIA; (2) ILICITUDE DA PROVA PRODUZIDA DURANTE O INQUÉRITO POLICIAL; VIOLAÇÃO DE REGISTROS TELEFÔNICOS DO COR RÉU, EXECUTOR DO CRIME, SEM AUTORIZAÇÃO JUDICIAL; (3) ILICITUDE DA PROVA DAS INTERCEPTAÇÕES TELEFÔNICAS DE CONVERSAS DOS ACUSADOS COM ADVOGADOS, PORQUANTO ESSAS GRAVAÇÕES OFENDERIAM O DISPOSTO NO ART. 7º, II, DA LEI 8.906/96, QUE GARANTE O SIGILO DESSAS CONVERSAS. VÍCIOS NÃO CARACTERIZADOS. ORDEM DENEGADA. 1. Inépcia da denúncia. Improcedência. Preenchimento dos requisitos do art. 41 do CPP. A denúncia narra, de forma pormenorizada, os fatos e as circunstâncias. Pretensas omissões – nomes completos de outras vítimas, relacionadas a fatos que não constituem objeto da imputação –- não importam em prejuízo à defesa. 2. Ilicitude da prova produzida durante o inquérito policial – violação de registros telefônicos de corréu, executor do crime, sem autorização judicial. 2 .1 Suposta ilegalidade decorrente do fato de os policiais, após a prisão em flagrante do corréu, terem realizado a análise dos últimos registros telefônicos dos dois aparelhos celulares apreendidos. Não ocorrência. 2.2 Não se confundem comunicação telefônica e registros telefônicos, que recebem, inclusive, proteção jurídica distinta. Não se pode interpretar a cláusula do artigo 5º, XII, da CF, no sentido de proteção aos dados enquanto registro, depósito registral. A proteção constitucional é da comunicação de dados e não dos dados. 2.3 Art. 6º do CPP: dever da autoridade policial de proceder à coleta do material comprobatório da prática da infração penal. Ao proceder à pesquisa na agenda eletrônica dos aparelhos devidamente apreendidos, m eio material indireto de prova, a autoridade policial, cumprindo o seu mister, buscou, unicamente, colher elementos de informação hábeis a esclarecer a autoria e a materialidade do delito (dessa análise logrou encontrar ligações entre o executor do homicídio e o ora paciente). Verificação que permitiu a orientação inicial da linha investigatória a ser adotada, bem como possibilitou concluir que os aparelhos seriam relevantes para a investigação. 2.4 À guisa de mera argumentação, mesmo que se pudesse reputar a prova produzida como ilícita e as demais, ilícitas por derivação, nos termos da teoria dos frutos da árvore venenosa (*fruit of the poisonous tree*), é certo que, ainda assim, melhor sorte não assistiria à defesa. É que, na hipótese, não há que se falar em prova ilícita por derivação. Nos termos da teoria da descoberta inevitável, construída pela Suprema Corte norte-americana no caso Nix x William s (1984), o curso normal das investigações conduziria a elementos informativos que vinculariam os pacientes ao fato investigado. Bases desse entendimento que parecem ter encontrado guarida no ordenamento jurídico pátrio com o advento da Lei 11.690/2 008, que deu nova redação ao art. 157 do CPP, em especial o seu § 2º. 3. Ilicitude da prova das interceptações telefônicas de conversas dos acusa dos com advogados, ao argumento de que essas gravações ofenderiam o disposto no art. 7º, II, da Lei n. 8.906/96, que garante o sigilo dessas conversas. 3.1 No s termos do art. 7º, II, da Lei 8.906/94, o Estatuto da Advocacia garante ao advogado a inviolabilidade de seu escritório ou local de trabalho, bem como de seus instrumentos d e trabalho, de sua correspondência escrita, eletrônica, telefônica e telemática, desde que relativas ao exercício da advocacia. 3.2 Na hipótese, o magistrado de primeiro grau, por reputar necessária a realização da prova, determinou, de forma fundamentada, a interceptação telefônica direcionada às pessoas investigadas, não tendo, em momento algum, ordenado a devassa das linhas telefônicas dos advogados dos pacientes. Mitigação que pode, eventualmente, burlar a proteção jurídica. 3.3 Sucede que, n o curso da execução da medida, os diálogos travados entre o paciente e o advogado do corréu acabaram, de maneira automática, interceptados, aliás, como qualquer outra conversa direcionada ao ramal do paciente. Inexistência, no caso, de relação jurídica cliente-advogado. 3.4 Não cabe aos policiais executores da medida proceder a uma espécie de filtragem das escutas interceptadas. A impossibilidade desse filtro atua, inclusive, como verdadeira garantia ao cidadão, porquanto retira da esfera de arbítrio da polícia escolher o que é ou não conveniente ser interceptado e gravado.

Valoração, e eventual exclusão, que cabe ao magistrado a quem a prova é dirigida. 4. Ordem denegada" (STF, HC 91867, GILMAR MENDES); **III**: é incorreto dizer que teoria da descoberta inevitável é aceita pacificamente na doutrina brasileira e estrangeira, não havendo mais quem conteste a sua eficiência em temperar os exageros da teoria dos frutos da árvore envenenada. Conferir a lição do consagrado jurista Aury Lopes Jr.: "O art. 157 traz para o CPP alguma disciplina sobre as provas ilícitas. A inovação, que dará muita dor de cabeça para todos, é a pouco clara disposição acerca do nexo causal que define a contaminação e, ainda, a chamada teoria da fonte independente. Como regra, são disposições vagas e imprecisas que recorrem a aberturas perigosas, como "trâmites típicos e de praxe, próprios da investigação ou instrução criminal". O que é isso? Uma porta aberta para legitimar qualquer coisa que sirva à clara intenção de limitar ao máximo a eficácia do princípio da contaminação" **(Direito Processual Penal, 9. ed. São Paulo: Saraiva, 2012. p. 604); IV: incorreta. A teoria das fontes independentes** está positivada no art. 157, § 2º, do CPP, que estabelece que não há contaminação quando a prova puder ser obtida por uma fonte independente da ilícita.

Gabarito "C"

(Delegado/RJ – 2013 – FUNCAB) A Constituição adotou um processo penal com cariz acusatório. Nesse contexto, a entrega da função de polícia judiciária a órgãos policiais é fundamental para a efetivação de tal sistema, como fez o art. 144 da CRF/1988. Ao lado disso, a presunção de inocência se irradia para o campo probatório. Já o artigo 156 do CPP, dispõe:

A prova da alegação incumbirá a quem a fizer, sendo, porém, facultado ao juiz de ofício I – ordenar, mesmo antes de iniciada a ação penal, a produção antecipada de provas consideradas urgentes e relevantes, observando a necessidade, adequação e proporcionalidade da medida; II – determinar, no curso da instrução, ou antes de proferir sentença, a realização de diligências para dirimir dúvida sobre ponto relevante. Com efeito, marque a resposta INCORRETA.

(A) Para parte da doutrina, o inciso I do art. 156 do CPP é inconstitucional por transferir para o juiz as funções típicas do Delegado de Polícia.

(B) Parte da doutrina sustenta que a natureza jurídica da prova é de um direito correlato ao direito de ação e de defesa, sendo atividade própria das partes e não do órgão jurisdicional, portanto, o inciso II do art. 156 do CPP seria inconstitucional.

(C) Em razão da presunção de inocência, o ônus da prova no processo penal é da acusação.

(D) É pacífico que no processo penal brasileiro existe o princípio da verdade real, que está consagrado no art. 156 do CPP, justificando a atividade investigatória e probatória do juiz.

A: correta. É fato que, para parte da doutrina, a prerrogativa atribuída ao juiz pelo art. 156, I, do CPP fere o sistema acusatório. O ideal, segundo alguns sustentam, seria que o magistrado tão somente agisse, na fase inquisitiva, quando provocado pelo MP ou autoridade policial, tal como se dá na decretação da prisão preventiva e temporária, em que é vedado ao juiz decretá-las, na etapa inquisitiva, de ofício; **B:** correta. Tal qual ocorre com o art. 156, I, do CPP, há divergência na doutrina quanto ao poder conferido ao juiz de, no curso da ação penal, determinar a produção de prova com o fito de dirimir dúvida sobre ponto relevante (art. 156, II, CPP). Há quem entenda que tal iniciativa é inconstitucional na medida em que ao juiz não é dado agir sem provocação das partes (*ne procedat judex ex officio*). Para a maioria da comunidade jurídica, no entanto, tal prerrogativa constitui decorrência natural do princípio da busca da verdade real. O propósito do magistrado, assim, não é beneficiar quem quer que seja, mas, sim, atingir a verdade que mais se aproxime da realidade. Dito de outro modo, não deve o juiz conformar-se com a verdade trazida pelas partes; se restar ponto não esclarecido, é imperioso, em homenagem ao postulado da busca da verdade real, que o juiz atue nessa busca incessante; afinal, ao contrário do que se dá no âmbito do processo civil, está aqui em jogo a liberdade do acusado. De toda sorte, tal atividade do juiz deve ser supletiva em relação à das partes; **C:** correta. **É fato que o *ônus da prova* deve, conforme estabelece o art. 156 do CPP, ser atribuído às partes, que compartilham, portanto, a incumbência de demonstrar o quanto alegado. Sucede que esta regra deve ser compatibilizada com o princípio da presunção de inocência (art. 5º, LVII, da CF). Em assim sendo, pode-se dizer que o ônus da prova, no que toca à apresentação da imputação em juízo, cabe à acusação. De outro lado, cabe à defesa do acusado demonstrar qualquer circunstância que tenha o condão de refutar a acusação, visto que não pode ser imposta ao autor da ação penal a obrigação de provar fato negativo; D: pelo que até aqui expusemos, a assertiva é incorreta.**

Gabarito "D"

(Delegado/RJ – 2013 – FUNCAB) Em matéria de prova, disciplinada pelo Código de Processo Penal, é correto afirmar:

(A) Quando a infração deixar vestígios, o exame de corpo de delito poderá ser dispensado a pedido da parte interessada.

(B) O juiz julga conforme seu livre convencimento e sem obrigação de fundamentar a sua convicção, porém com base na prova existente nos autos.

(C) O silêncio do acusado não importará confissão, e tampouco poderá constituir elemento para a formação do convencimento do juiz.

(D) O maior de quatorze anos e menor de dezoito anos não prestará compromisso como testemunha, quando desacompanhado do responsável legal.

(E) Consideram-se documentos somente os escritos ou papéis, públicos ou particulares.

A: incorreta, uma vez que, se a infração deixar vestígios, é de rigor a realização do exame de corpo de delito (direto ou indireto), nos termos do art. 158 do CPP; é defeso à parte, portanto, pugnar pela não realização do exame; **B:** incorreta, já que adotamos, como regra, o *sistema da persuasão racional* ou *livre convencimento motivado*, em que o magistrado decidirá com base no seu livre convencimento, devendo, todavia, *fundamentar* sua decisão (art. 93, IX, da CF); **C:** correta, pois corresponde à regra presente no art. 186, parágrafo único, do CPP. A propósito, o art. 198 do CPP, na parte em que estabelece que o silêncio do acusado pode constituir elemento para a formação do convencimento do juiz, não foi recepcionado pela Constituição Federal; **D:** incorreta, pois não reflete o que estabelece o art. 208 do CPP; **E:** incorreta, pois não reflete a regra presente no art. 232 do CPP.

Gabarito "C"

(Delegado/RO – 2014 – FUNCAB) Assinale a alternativa em que se encontra uma característica do sistema acusatório.

(A) O julgador é protagonista na busca pela prova.

(B) As decisões não precisam ser fundamentadas.

(C) A atividade probatória é atribuição natural das partes.

(D) As funções de acusar e de julgar são concentradas em uma pessoa.

(E) As decisões são sempre sigilosas.

São características do *sistema acusatório*: nítida separação nas funções de acusar, julgar e defender, o que torna imprescindível que essas funções sejam desempenhadas por pessoas distintas; o processo é público e contraditório; há imparcialidade do órgão julgador, que detém a gestão da prova (na qualidade de juiz-espectador), e a ampla defesa é assegurada. No *sistema inquisitivo*, que deve ser entendido como a antítese do acusatório, as funções de acusar, defender e julgar reúnem-se em uma única pessoa. É possível, nesse sistema, portanto, que o juiz investigue, acuse e julgue. Além disso, o processo é sigiloso e nele não vige o contraditório. No *sistema misto*, por fim, há uma fase inicial inquisitiva, ao final da qual tem início uma etapa em que são asseguradas todas as garantias inerentes ao acusatório. Embora não haja previsão expressa nesse sentido, acolhemos, segundo doutrina e jurisprudências majoritárias, o sistema acusatório. Alguns doutrinadores, no entanto, sustentam que o sistema adotado é o misto.

Gabarito "C"

(Delegado/RO – 2014 – FUNCAB) No que se refere ao estudo das provas no processo penal, sabe-se que a autoridade judiciária se sujeita ao Princípio da Persuasão Racional (ou do Livre Convencimento Motivado), que tem por característica:

(A) a impossibilidade de vincular o convencimento judicial à atuação das partes, por existir autonomia da autoridade judiciária para buscar as provas.

(B) a possibilidade de a autoridade judiciária se valer de provas ilícitas para a formação do convencimento judicial.

(C) a necessidade de a autoridade judiciária explicitar os motivos de fato e de direito que foram relevantes para a formação do seu convencimento.

(D) a preponderância da prova pericial sobre a prova testemunhai.

(E) a maior valoração que a lei confere à confissão.

A: incorreta, na medida em que o ônus da prova recai sobre as partes; a atuação da autoridade judiciária será sempre supletiva, podendo, portanto, vincular seu convencimento à atuação das partes; **B:** incorreta, já que a prova ilícita não é admitida no âmbito do processo penal acusatório (art. 157, *caput*, do CPP; art. 5º, LVI, da CF); **C:** correta, já que, tendo sido adotado, como regra, o *sistema da persuasão racional* ou *livre convencimento motivado*, o magistrado deverá *fundamentar* sua decisão (art. 93, IX, da CF); **D:** incorreta. Inexiste hierarquia entre provas; **E:** incorreta. Atualmente, não mais se confere à confissão o *status* de rainha das provas, como outrora já foi considerada. Hoje, temos que a confissão, sendo meio de prova com valor equivalente às demais, deve ser valorada em conjunto com os outros elementos probatórios produzidos no processo (art. 197, CPP).

Gabarito "C"

(Delegado/SP – 2014 – VUNESP) No processo penal, a prova produzida durante o inquérito policial

(A) pode ser utilizada por qualquer das partes, bem como pelo juiz.
(B) tem o mesmo valor que a prova produzida judicialmente.
(C) pode ser utilizada somente pelo juiz.
(D) não tem valor legal.
(E) deverá ser sempre ratificada judicialmente para ter valor legal.

A: correta. As partes e o juiz de fato podem valer-se dos elementos informativos colhidos ao longo das investigações; o que não se admite, por imposição do art. 155, *caput*, do CPP, é que o juiz forme seu convencimento com base exclusiva nos elementos produzidos na investigação; dito de outra forma, o inquérito não pode servir de suporte único para uma condenação; **B:** é incorreto afirmar-se que os elementos informativos colhidos por meio do inquérito policial têm valor idêntico às provas produzidas no curso da instrução, uma vez que estas foram submetidas ao crivo do contraditório; diz-se, bem por isso, que o inquérito tem valor *relativo*; de ver-se, no entanto, que às chamadas provas cautelares, não repetíveis e antecipadas (art. 155, *caput*, parte final, do CPP) pode ser atribuído o mesmo valor das produzidas em juízo; **C:** incorreta, dado que o prova pode ser utilizada também pelas partes (comunhão da prova); **D:** como já dissemos, a prova produzida no inquérito tem valor *relativo*; **E:** incorreta, na medida em que há determinadas provas que prescindem de ratificação: provas cautelares, não repetíveis e antecipadas (art. 155, *caput*, parte final, do CPP). Cuidado: embora não precisem ser renovadas, devem ser submetidas ao contraditório posterior (ou diferido).

Gabarito "A"

(Delegado/SP – 2014 – VUNESP) No delito de homicídio, o exame de corpo de delito

(A) é prova pericial fundamental, sem a qual não pode haver o oferecimento da denúncia.
(B) deve, em regra, ser realizado por perito oficial, portador de diploma de curso superior.
(C) é dispensável, no caso de confissão do crime.
(D) é dispensável, caso existam outras provas da prática delituosa.
(E) deve ser realizado por dois peritos médicos pertencentes ao Instituto Médico Legal.

A: incorreta. Quanto a isso, vale conferir o magistério de Guilherme de Souza Nucci: "Recebimento de denúncia sem o exame de corpo de delito: possibilidade. A indispensabilidade do exame diz respeito ao julgamento da ação penal e não ao mero recebimento da denúncia, que pode ocorrer antes da remessa do laudo a juízo. No caso do início da ação penal, devem existir no inquérito provas suficientes para demonstrar a materialidade, ainda que não sejam definitivas, o que somente será alcançado pela apresentação do exame de corpo de delito ou, na sua falta, pela produção das provas em direito admitidas (...)" (**Código de Processo Penal Comentado.** 12. ed. p. 391); **B:** correta. A redação anterior do art. 159 do CPP estabelecia que a perícia fosse realizada por *duas pessoas idôneas, escolhidas de preferência as que tivessem habilitação técnica*. Atualmente, com a modificação implementada na redação do dispositivo pela Lei 11.690/08, a perícia será levada a efeito por *um* perito oficial portador de diploma de curso superior. À falta deste, determina o § 1º do art. 159 que o exame seja feito por duas pessoas idôneas, detentoras de diploma de curso superior preferencialmente na área específica, dentre aquelas que tiverem habilitação técnica relacionada com a natureza do exame; **C:** a confissão, por expressa disposição do art. 158 do CPP, não pode suprir o exame de corpo de delito; **D:** incorreta, dado que o exame de corpo de delito, nas infrações que deixam vestígios, é de rigor, independente de existirem outras provas que demonstrem a ocorrência do crime; **E:** incorreta, tendo em conta o comentário à assertiva "B".

Gabarito "B"

(Delegado/BA – 2013 – CESPE) A autoridade policial deve promover as diligências para o devido esclarecimento dos fatos lesivos a algum direito. Essa averiguação deve ser baseada em procedimentos de demonstração, os quais dependem da natureza dos fatos. Com relação a esse assunto, julgue os itens a seguir.

(1) No foro penal, o relatório do médico perito, denominado laudo pericial médico-legal, somente poderá ser solicitado pela autoridade competente até o momento da sentença.
(2) Caso haja contradição entre os depoimentos das testemunhas, as confissões dos acusados e as conclusões técnicas dos peritos, o testemunho das pessoas envolvidas, quando estas estiverem sob juramento, deve prevalecer sobre as conclusões técnicas dos peritos.
(3) Os técnicos especializados encarregados de realizar o exame dos vestígios materiais relacionados ao fato jurídico são denominados peritos; caso sejam remunerados pelo Estado, serão denominados peritos oficiais.

1: incorreta. A realização de exame pericial, cujo resultado é materializado por meio do laudo pericial, pode ser solicitada pela autoridade competente (policial ou judiciária) durante as investigações do inquérito, no curso da ação penal a até depois de prolatada a sentença, já em segundo grau de jurisdição. Imaginemos a hipótese em que, em grau de apelação, surja, por qualquer razão, dúvida quanto à capacidade penal do recorrente, que, no primeiro grau de jurisdição, não restou clara. Neste caso, nada obsta que o relator ou revisor, em obediência ao postulado da busca da verdade real, converta o julgamento em perícia, a fim de se aferir, com exatidão, a capacidade penal do apelante. Tal possibilidade vem consagrada no art. 616 do CPP; 2: incorreta. O sistema de valoração de provas que adotamos, o da *livre convicção* ou *persuasão racional* (art. 155, CPP), estabelece que o convencimento do juiz não deve subordinar-se a critérios predeterminados de valoração da prova (não há, no processo penal, hierarquia entre provas), nada impedindo, bem por isso, que uma prova oral prevaleça sobre uma prova pericial e vice-versa; 3: incorreta. A remuneração não serve de critério para diferenciar peritos oficiais de não oficiais. Isso porque não é suficiente, para poder se afirmar que se trata de perito oficial, o recebimento de remuneração, sendo certo que tais profissionais, além disso, devem ser aprovados em concurso público que e, ao serem nomeados para o cargo, devem prestar compromisso de bem portar-se no exercício de seu mister.

Gabarito 1E, 2E, 3E

(Delegado/BA – 2013 – CESPE) Com relação às provas criminais, julgue os itens que se seguem.

(1) É indispensável o exame pericial, direto ou indireto, nos casos em que a infração penal deixe vestígios, não podendo supri-lo a confissão do acusado, facultada ao MP, ao assistente de acusação, ao ofendido, ao querelante e ao acusado a indicação de assistente técnico para atuar na etapa processual após sua admissão pelo juiz e a conclusão dos exames e elaboração do laudo pelos peritos oficiais.
(2) Consoante a interpretação doutrinária da legislação penal, as buscas e apreensões são consideradas não só meios de prova, mas também providências acautelatórias da atividade probante (medida cautelar), podendo ser executadas em qualquer fase da persecução penal.
(3) De acordo com o CPP, o interrogatório do investigado, em regra, pode ser realizado em qualquer etapa do inquérito policial, e por intermédio do sistema de videoconferência ou de outro recurso tecnológico de transmissão de sons e imagens em tempo real, desde que o investigado esteja recolhido em unidade da federação distinta daquela em que se realize o procedimento e tal medida seja necessária para prevenir risco à segurança pública, em razão de fundada suspeita de que o preso integre organização criminosa ou possa fugir durante o deslocamento.

1: correta, pois em conformidade com o que estabelecem os arts. 158 e 159, §§ 3º e 4º, do CPP; 2: correta. Oportuno, aqui, o ensinamento de Guilherme de Souza Nucci, que trata, em separado, dos termos *busca* e *apreensão*: "Natureza jurídica: são medidas de natureza mista. Conforme o caso, a busca pode significar um ato preliminar à apreensão de produto de crime, razão pela qual se destina à devolução à vítima. Pode significar, ainda, um meio de prova, quando a autorização é dada pelo juiz para se proceder a uma perícia em determinado domicílio. A apreensão tem os mesmos ângulos. Pode representar a tomada de um bem para acautelar o direito de indenização da parte ofendida, como pode representar a apreensão da arma do delito para fazer prova. Assim, tanto a busca, quanto a apreensão, podem ser vistos, individualmente, como meios assecuratórios ou como meios de prova, ou ambos" (**Código de Processo Penal Comentado.** 12. ed., p. 555). No mais, a medida de busca e apreensão pode ocorrer em fase anterior à investigação policial (busca pessoal do art. 240, § 2º, do CPP), no curso do inquérito e no decorrer da instrução processual, e também ao logo da execução penal; 3: incorreta. Primeiro porque o sistema de videoconferência somente será utilizado no interrogatório *judicial* (art. 185, § 2º, do CPP); não será admitido, portanto, no âmbito do interrogatório prestado em inquérito policial. Segundo porque não é condição para a realização do interrogatório (judicial) por meio de videoconferência o fato de o acusado (e não investigado) encontrar-se recolhido em unidade da federação distinta daquela na qual tramita o processo. O art. 185 do CPP não contemplou tal exigência. Está correta, é bom que se diga, a última parte da assertiva, que descreve uma das hipóteses em que é admitido o interrogatório (judicial) por videoconferência (art. 185, § 2º, I, do CPP). Também é correto dizer-se que o interrogatório do investigado pode realizar-se em qualquer fase do inquérito policial (procedimento inquisitivo).

Gabarito 1C, 2C, 3E

(Delegado Federal – 2002 – CESPE) A respeito da prova no processo penal, julgue os itens a seguir.

(1) Deixando o crime vestígios materiais, é indispensável o exame de corpo de delito direto elaborado por peritos para se comprovar a materialidade do crime, sob pena de nulidade. A falta desse exame, entretanto, não impede a propositura da ação penal.

(2) Considere a seguinte situação hipotética. Um indivíduo adentrou em uma agência da CAIXA e, mediante ameaça exercida com o emprego de uma metralhadora, subtraiu do caixa a importância de R$ 10.000,00 em espécie. Ao sair da agência, ele foi preso em flagrante, tendo a arma de fogo sido extraviada no caminho para a delegacia. Nessa situação, em face da não apreensão da arma e da não realização de perícia nela, não será cabível o reconhecimento da causa de aumento do crime de roubo (roubo qualificado com o emprego de arma).

(3) O laudo pericial assinado por dois peritos oficiais no qual somente uma das assinaturas está legível é nulo de pleno direito.

(4) Considere a seguinte situação hipotética. Marta foi indiciada em inquérito policial instaurado para apurar o crime de estelionato, na modalidade de fraude no pagamento por meio de cheque. A autoridade policial, visando submeter a cártula a exame grafotécnico, notificou Marta para comparecer à delegacia a fim de fornecer padrões gráficos do próprio punho. Nessa situação, como o objetivo do exame pericial é proporcionar a comparação entre o escrito comprovadamente feito pelo punho da indiciada e aquele cuja autoria está sendo pesquisada e que constitui o corpo de delito, a autoridade policial não poderá compelir Marta a comparecer à delegacia e a lançar as assinaturas.

(5) Considere a seguinte situação hipotética. Ana foi agredida fisicamente por Marcos com socos e pontapés, sofrendo lesões corporais de natureza leve. Passados dois meses do evento, Ana compareceu perante a autoridade policial e apresentou representação contra o agressor. Na ocasião, entretanto, os vestígios das lesões tinham desaparecido. Nessa situação, será possível o exame de corpo de delito de forma indireta por meio da prova testemunhal.

1: correta, dada a modificação implementada pela Lei 11.690/08, que alterou a redação do art. 159 do CPP, o exame de corpo de delito será realizado, doravante, por um *perito oficial*, não sendo mais necessária a sua realização por *dois* profissionais. No mais, é perfeitamente possível o oferecimento e o recebimento da denúncia sem o exame de corpo de delito, o que somente se fará necessário ao tempo do *julgamento* da ação penal; **2:** incorreta, há julgados nos dois sentidos. Conferir: STF, HC 100.854-DF, rel. Min. Gilmar Mendes, j. 19.10.2010; STF, HC 96.099-RS, Pleno, rel. Min. Ricardo Lewandowski, j. 10.2.2009 (estes pela desnecessidade de apreensão e perícia da arma de fogo para caracterizar a majorante prevista no art. 157, § 2º, I, do CP); STF, HC 94.827-RS, rel. Min. Eros Grau, j. 2.6.09; STF, HC 93.105-RS, rel. Min. Cezar Peluso, j. 14.4.09 (estes, ao contrário, pela necessidade de apreensão e perícia da arma de fogo para justificar a incidência da majorante prevista no art. 157, § 2º, I, do CP); **3:** incorreta, com o advento da Lei 11.690/2008, que promoveu uma série de modificações no âmbito do processo penal, passou-se a permitir que a perícia seja efetivada por somente um perito oficial; **4:** assertiva correta, já que ninguém pode compelir o indiciado ou suspeito a fornecer material grafotécnico à sua revelia, contra a sua vontade, pois ninguém é obrigado a produzir prova contra si mesmo; **5:** correta, art. 167 do CPP.

Gabarito 1C, 2E, 3E, 4C, 5C

(Delegado Federal – 2002 – CESPE) Julgue o seguinte item.

(1) São inadmissíveis no processo as provas obtidas por meios ilícitos. Adicionalmente, segundo entendimento majoritário do STF, decreta-se a nulidade das provas subsequentes obtidas com fundamento na ilícita (prova ilícita por derivação).

A Lei 11.690/2008, que promoveu várias alterações no Código de Processo Penal, introduziu no art. 157 o *princípio proibitivo das provas ilícitas*, fazendo alusão, no seu § 1º, às chamadas *provas derivadas das ilícitas*, considerando-as inadmissíveis, salvo quando não evidenciado o nexo de causalidade, o que vem ao encontro de entendimento consagrado na jurisprudência.

Gabarito 1C

(Agente de Polícia Federal – 2009 – CESPE) Julgue o item subsequente quanto à prova.

(1) Não se admite a acareação entre o acusado e a pessoa ofendida, considerando-se que o acusado tem o direito constitucional ao silêncio, e o ofendido não será compromissado.

A acareação pode ser promovida, segundo se infere da redação do art. 229 do CPP, entre todos os sujeitos que fazem parte do processo. Quando um deles for o acusado, este, à evidência, porque não é obrigado a produzir contra si mesmo prova alguma, pode permanecer em silêncio. O ofendido, por sua vez, dada a sua posição peculiar no processo, não presta compromisso de dizer a verdade – art. 201, *caput*, do CPP. Assim, a ele não pode ser atribuído o crime de falso testemunho.

Gabarito 1E

(Agente de Polícia Federal – 2009 – CESPE) Considerando o estabelecido no Código de Processo Penal, julgue o item abaixo, a respeito da prova.

(1) Excepcionalmente, o juiz, por decisão fundamentada, de ofício ou a requerimento das partes, poderá realizar o interrogatório do réu preso por meio de sistema de videoconferência.

O interrogatório por videoconferência, que constitui medida excepcional, foi introduzido pela Lei 11.900/2009, que alterou a redação do art. 185 do CPP. Impende consignar que, antes disso, foi editada, em São Paulo, a Lei Estadual 11.819/2005, autorizando o interrogatório por meio de videoconferência, considerada pelo STF inconstitucional, já que não competia ao Estado-membro legislar sobre matéria processual. A assertiva está em conformidade com o disposto no art. 185, § 2º, do CPP.

Gabarito 1C

(Escrivão de Polícia Federal – 2004 – CESPE) No que se refere à produção de provas, julgue o item abaixo.

(1) Quando a infração penal deixa vestígios, é indispensável a realização do exame de corpo de delito. O exame, contudo, poderá ser suprido pela prova testemunhal na hipótese de desaparecimento dos vestígios.

De fato, será indispensável, sempre que a infração deixar vestígios, a realização do exame de corpo de delito; não sendo isso possível, em vista do desaparecimento dos vestígios do delito, a prova testemunhal poderá suprir-lhe a falta; a confissão, nunca. É o teor dos arts. 158 e 167 do CPP.

Gabarito 1C

(Escrivão de Polícia Federal – 2002 – CESPE) No que se refere ao direito processual penal, julgue o item que se segue.

(1) Devido ao princípio constitucional da presunção de inocência, compete ao MP produzir a prova da materialidade e da autoria do delito, de modo que o réu não precisa provar que é inocente; pela mesma razão – e também para não afetar a exigência de imparcialidade do órgão julgador –, não cabe ao juiz, segundo o Código de Processo Penal (CPP), determinar a produção de provas que possam vir a justificar a condenação do acusado.

Pelo contrário. Pela sistemática adotada pelo CPP, nada obsta que o magistrado, fazendo uso da prerrogativa que lhe confere o art. 156, II, do CPP, com o propósito de esclarecer dúvida acerca de ponto relevante, determine, no curso da instrução ou antes de proferir sentença, de ofício e em caráter supletivo, diligências com o fito de se atingir a verdade.

Gabarito 1E

(Escrivão de Polícia/AC – 2008 – CESPE) Acerca das provas no processo penal, julgue os seguintes itens.

(1) Em caso de morte violenta, não se admite o simples exame externo do cadáver.

(2) Não sendo possível o exame de corpo de delito, por haverem desaparecido os vestígios, a prova testemunhal poderá suprir essa falta.

1: incorreta, nos termos do que dispõe o art. 162, parágrafo único, do CPP, o exame necroscópico poderá ser dispensado quando, sendo violenta a morte, não houver nenhuma dúvida quanto à sua causa. Basta, neste caso, o exame externo. Da mesma forma, será desnecessário o exame interno diante da inexistência de infração penal a ser apurada; **2:** correta, nos termos dos arts. 158 e 167 do CPP.

Gabarito 1E, 2C

(Delegado/AM) O reconhecimento de pessoas é um dos meios de prova que, quando bem feito na fase inquisitorial, pode ser de grande valor também na fase processual. Segundo o CPP, em relação a esta afirmação a alternativa incorreta é:

(A) no reconhecimento de objetos, proceder-se-á com as cautelas estabelecidas para o reconhecimento de pessoas, no que for aplicável.

(B) a pessoa que tiver de fazer o reconhecimento não será convidada a descrever a pessoa que deva ser reconhecida, tendo em vista a agilidade da investigação policial .

(C) a pessoa, cujo reconhecimento se pretender, será colocada, se possível, ao lado de outras que com ela tiverem qualquer semelhança, convidando-se quem tiver de fazer o reconhecimento a apontá-la.

(D) se houver razão para recear que a pessoa chamada para o reconhecimento, por efeito de intimação ou outra influência, não diga a verdade em face da pessoa de deve ser reconhecida, a autoridade providenciará para que esta não veja aquela. Isto não terá aplicação na fase da instrução criminal ou em plenário do julgamento.

A: proposição em consonância com o estabelecido no art. 227 do CPP; **B:** assertiva incorreta, devendo ser assinalada, prescreve o art. 226, I, do CPP que aquele que tiver de fazer o reconhecimento procederá, antes, à descrição da pessoa a ser reconhecida; **C:** assertiva correta, nos termos do art. 226, II, do CPP; **D:** assertiva correta, art. 226, III e parágrafo único, do CPP.

Gabarito "B"

(Delegado/AM) O princípio diretamente relacionado às provas é o da

(A) livre convicção condicionada.

(B) intranscendência .

(C) necessidade.

(D) correlação.

Adotamos, como regra, o *sistema da persuasão racional* ou *livre convencimento motivado* ou *livre convicção condicionada*, em que o magistrado decidirá com base no seu livre convencimento, devendo, todavia, fundamentar sua decisão (art. 93, IX, da CF). O *sistema da íntima convicção* é o que vige no Tribunal do Júri, onde o jurado não precisa justificar o seu voto. Existe ainda o *sistema da prova legal*: o juiz, aqui, fica adstrito ao valor atribuído à prova pelo legislador.

Gabarito "A"

(Delegado/AP – 2010) Relativamente ao tema prova, analise as afirmativas a seguir:

I. O juiz que conhecer do conteúdo da prova declarada inadmissível não poderá proferir a sentença ou acórdão.

II. O juiz formará sua convicção pela livre apreciação da prova produzida em contraditório judicial, não podendo fundamentar sua decisão exclusivamente nos elementos informativos colhidos na investigação, ressalvadas as provas cautelares, não repetíveis e antecipadas.

III. A lei autoriza a produção antecipada de provas consideradas urgentes e relevantes, mesmo antes de iniciada a ação penal, observando a necessidade, adequação e proporcionalidade da medida.

Assinale:

(A) se somente a afirmativa I estiver correta.

(B) se somente a afirmativa II estiver correta.

(C) se somente a afirmativa III estiver correta.

(D) se somente as afirmativas II e III estiverem corretas.

(E) se todas as afirmativas estiverem corretas.

I: incorreta, a lei processual penal não impõe essa vedação. Assertiva, portanto, incorreta; **II:** correta, art. 155, *caput*, do CPP; **III:** correta, art. 156, I, do CPP.

Gabarito "D"

(Delegado/AP – 2010) Relativamente ao tema prova, analise as afirmativas a seguir:

I. Quando a infração deixar vestígios será indispensável o exame de corpo de delito, direto ou indireto, realizado por perito oficial, portador de diploma de curso superior. Na falta de perito oficial, o exame será realizado por duas pessoas idôneas, portadoras de diploma de curso superior preferencialmente na área específica, dentre as que tiverem habilitação técnica relacionada com a natureza do exame. Na falta do exame, poderá supri-lo a confissão do acusado.

II. Serão facultadas ao Ministério Público, ao assistente de acusação, ao ofendido, ao querelante e ao acusado a formulação de quesitos e indicação de assistente técnico, que atuará durante a perícia e antes da conclusão dos exames e elaboração do laudo pelos peritos oficiais.

III. Durante o curso do processo judicial, é permitido às partes, quanto à perícia, requerer a oitiva dos peritos para esclarecerem a prova ou para responderem a quesitos, desde que o mandado de intimação e os quesitos ou questões a serem esclarecidas sejam encaminhados com antecedência mínima de 10 (dez) dias, podendo apresentar as respostas em laudo complementar.

Assinale:

(A) se somente a afirmativa I estiver correta.

(B) se somente a afirmativa II estiver correta.

(C) se somente a afirmativa III estiver correta.

(D) se somente as afirmativas II e III estiverem corretas.

(E) se todas as afirmativas estiverem incorretas.

I: incorreta, sempre que a infração deixar *vestígios*, é de rigor a realização do exame de corpo de delito – direito ou indireto. Em hipótese alguma a *confissão* poderá suprir esse exame, que deixou de ser feito em razão de haverem desaparecido os vestígios do crime – art. 158, CPP. A ausência do exame direto poderá, entretanto, ser suprida, a teor do art. 167 do CPP, pela *prova testemunhal*; **II:** incorreta, nos termos do art. 159, § 4º, do CPP, a atuação do assistente técnico terá lugar depois de findo o trabalho do perito oficial. Assim, o trabalho levado a efeito pelo perito oficial não será acompanhado pelo assistente técnico, que, repita-se, somente atuará após o término do trabalho daquele; **III:** assertiva correta, conforme o que dispõe o art. 159, § 5º, I, do CPP.

Gabarito "C"

(Delegado/AP – 2010) Relativamente ao tema prova, analise as afirmativas a seguir:

I. Em caso de lesões corporais, se o primeiro exame pericial tiver sido incompleto, proceder-se-á a exame complementar por determinação da autoridade policial ou judiciária, de ofício, ou a requerimento do Ministério Público, do ofendido ou do acusado, ou de seu defensor.

II. No exame para o reconhecimento de escritos, por comparação de letra, quando não houver escritos para a comparação ou forem insuficientes os exibidos, a autoridade mandará que a pessoa escreva o que lhe for ditado, não podendo o indiciado recusar-se sob pena de crime de desobediência.

III. O juiz ficará adstrito ao laudo, não podendo aceitá-lo ou rejeitá-lo apenas em parte.

Assinale:

(A) se somente a afirmativa I estiver correta.

(B) se somente a afirmativa II estiver correta.

(C) se somente a afirmativa III estiver correta.

(D) se somente as afirmativas II e III estiverem corretas.

(E) se todas as afirmativas estiverem corretas.

I: correta, nos moldes do art. 168, *caput*, do CPP; **II:** incorreta, neste caso, o indiciado não incorrerá nas penas do crime de desobediência (art. 330, CP), na medida em que não é lícito exigir-lhe que produza prova contra si mesmo (incidência do postulado *nemo tenetur se detegere*). Assim, poderia, na condição de suspeito ou indiciado, recusar-se a fornecer material caligráfico para confrontação; **III:** incorreta, nos termos do art. 182 do CPP.

Gabarito "A"

(Delegado/BA – 2008 – CEFETBAHIA) O delegado de uma cidade, tomando conhecimento de que uma quadrilha de estelionatários se reunia numa determinada pensão, esperou todos saírem e promoveu a busca e a apreensão de documentos e máquinas utilizados nos golpes, acompanhado de dois agentes.

Diante dessa situação, pode-se afirmar que

(A) essa prova é válida tendo em vista que o meio pela qual foi obtida é admitido pelo ordenamento jurídico.

(B) o delegado pode, pessoalmente, realizar a busca e a apreensão dos mediantes.

(C) uma ordem judicial é o único instrumento que pode autorizar a entrada de representantes da Lei no domicílio alheio, mesmo que para realizar busca e apreensão.

(D) o delegado pode realizar a busca e a apreensão pessoal dos membros da quadrilha, adentrando na pensão, porém desacompanhado dos agentes.

(E) a prova deve ser validada pelo juiz em 30 dias, após a oitiva do Ministério Público.

Ressalvadas as hipóteses excepcionais contidas no art. 5º, XI, da CF, a busca e apreensão domiciliar somente pode ser levada a efeito por ordem judicial (art. 245, CPP). Além disso, o termo *domicílio* deve ser entendido de maneira ampla, incluídos o local de habitação (residência), o quarto de hotel e também o de pensão, entre outros.

Gabarito "C"

(Delegado/BA – 2006 – CONSULPLAN) Marque a única alternativa correta:

(A) A confissão obtida mediante tortura será considerada prova válida desde que corroborada por outras provas.
(B) O exame de corpo de delito indireto poderá ser realizado quando não for possível o direto, em razão do desaparecimento dos vestígios.
(C) A prova testemunhal tem valor superior às demais provas.
(D) O juiz só poderá apreciar as provas trazidas pelas partes.
(E) A confissão ainda é considerada a "rainha das provas".

A: incorreta, em vista do que estabelece o art. 157, *caput*, do CPP, as provas ilícitas são inadmissíveis, devendo, por essa razão, ser desentranhadas do processo. Bem por isso, ainda que corroborada por outras provas, a confissão obtida mediante tortura, por constituir prova inadmissível, deverá ser desentranhada e, após, inutilizada, na forma do art. 157, § 3º; **B:** correta, nos termos dos arts. 158 e 167 do CPP; **C:** incorreta, adotamos, como regra, o *sistema da persuasão racional* ou *livre convencimento motivado* ou *livre convicção condicionada*, em que o magistrado decidirá com base no seu livre convencimento, devendo, todavia, fundamentar sua decisão (arts. 93, IX, da CF e 155, *caput*, do CPP). Em outras palavras, embora o juiz, neste sistema, esteja livre para formar a sua convicção, porque não está vinculado a qualquer critério de avaliação pré-estabelecido pelo legislador, deverá sempre justificar a sua decisão; **D:** incorreta, art. 156, I e II, do CPP; **E:** incorreta, a confissão, no passado, era considerada a *rainha das provas*, o que lhe conferia, no processo, grande importância. Assim, diante de uma confissão, pouco ou quase nada restava a ser feito. Hoje, a situação é bem outra. Quando em consonância com as demais provas que compõem o acervo probatório, reforçará o decreto condenatório; quando isolada das demais provas, é de rigor a absolvição.

Gabarito "B"

(Delegado/BA – 2006 – CONSULPLAN) A autoridade policial "V" requereu ao Juiz da Vara Crime da Comarca "T" autorização para realizar a busca domiciliar em 1.000 barracos da favela "F", sem apontar maiores especificações, a fim de apreender documentos relativos à prática de tráfico ilícito de entorpecentes. O Magistrado negou o requerimento feito pelo delegado "V". Agiu acertadamente a autoridade judicial? Assinale a única alternativa correta:

(A) A decisão do Juiz foi incorreta porque o crime de tráfico ilícito de entorpecentes, por ser assemelhado a hediondo, merece tratamento diferenciado.
(B) A decisão do Juiz foi incorreta porque a autoridade policial indicou onde ficam os barracos.
(C) O requerimento da autoridade policial foi correto porque o mandado de busca domiciliar não necessita de especificações.
(D) Agiu com acerto o Juiz porque a busca e apreensão deve indicar, o mais precisamente possível, a casa onde será realizada, assim como o nome do morador ou proprietário, sendo, portanto, vedado pelo ordenamento jurídico o mandado genérico.
(E) Os barracos não se incluem no conceito de domicílio, dispensando-se, assim, o mandado de busca e apreensão.

O art. 243 do CPP estabelece as formalidades que devem revestir o mandado de busca e apreensão, entre as quais está a necessidade de indicar, de forma precisa e determinada, a casa em que será realizada a diligência e o nome do respectivo proprietário ou morador. Inadmissível, por essa razão, o chamado *mandado genérico*.

Gabarito "D"

(Delegado/BA – 2006 – CONSULPLAN) Complemente a seguinte assertiva: O exame de corpo de delito, conforme previsões expressas do Código de Processo Penal, é indispensável quando a infração deixar vestígios:

(A) podendo supri-lo a confissão do acusado, se feita na presença de advogado, admitindo-se o exame indireto.
(B) não podendo supri-lo a confissão do acusado, nem sendo admitido o exame indireto.
(C) podendo supri-lo a confissão do acusado e se admitindo o exame direto ou indireto.
(D) podendo supri-lo a confissão do acusado, não se admitindo o exame indireto.
(E) não podendo supri-lo a confissão do acusado, sendo admitido o exame direto ou indireto.

À falta do exame de corpo de delito direto, procede-se ao exame indireto, não podendo supri-lo, em qualquer caso, a confissão do acusado – arts. 158 e 167 do CPP.

Gabarito "E"

(Delegado/GO – 2009 – UEG) Segundo o Código de Processo Penal,

(A) os exames de corpo de delito e outras perícias serão feitos por dois peritos oficiais; não havendo peritos oficiais, o exame será realizado por duas pessoas idôneas, portadoras de diploma de curso superior, que deverão prestar compromisso de bem e fielmente desempenharem o encargo.
(B) se qualquer testemunha houver de ausentar-se, ou, por enfermidade, inspirar receio de que ao tempo da instrução criminal, já não exista, o juiz poderá, de ofício ou a requerimento de qualquer das partes, tomar-lhe antecipadamente o depoimento.
(C) são inadmissíveis no processo as provas ilícitas, assim entendidas as obtidas em violação a normas constitucionais, mas serão admissíveis as provas ilegítimas, estas entendidas como as provas obtidas em violação a normas legais.
(D) se for verificado que o réu se oculta para não ser citado, proceder-se-á a citação por edital.

A: incorreta, embora a assertiva esteja em consonância com o disposto no art. 159, §§ 1º e 2º, do CPP, está em desconformidade com o que prescreve o *caput* do dispositivo, visto que as perícias atualmente são feitas por um só perito oficial; **B:** correta, art. 225 do CPP; **C:** incorreta, art. 157, *caput*, do CPP; **D:** incorreta, em face da ocultação do réu, determina o art. 362 do CPP que o oficial de Justiça proceda à citação com hora certa. Esta modalidade de citação, antes exclusiva do processo civil, agora também é admitida no âmbito do processo penal, dada a mudança introduzida na redação do dispositivo legal pela Lei 11.719/2008.

Gabarito "B"

(Delegado/GO – 2009 – UEG) Merendão, sabendo da prática habitual de crimes contra o patrimônio perpetrados por Tripa Seca, bem como de seu costume exibicionista de filmar e fotografar suas peripécias criminosas,adentrou no local de trabalho de Tripa Seca, dali subtraindo diversas fotografias de furtos e roubos. De posse do material incriminador, Merendão passou a exigir de Tripa Seca dinheiro, sob a ameaça de entregar os materiais ao Ministério Público. Recusada a exigência, as fotos foram entregues ao promotor de justiça que, de imediato, requisitou a instauração de inquérito policial. Tripa Seca impetrou, então, *habeas corpus* requerendo o trancamento do inquérito policial. Nesse caso:

(A) a autoridade coatora é o delegado de polícia que instaurou o inquérito policial e, portanto, o magistrado competente para apreciar o pedido de *habeas corpus* é o juiz monocrático.
(B) a autoridade coatora é o promotor de justiça que requisitou o inquérito policial, devendo o *habeas corpus* ser impetrado perante o procurador-geral do respectivo Ministério Público que decidirá se a requisição é ilegal, decisão esta que vinculará os órgãos de persecução.
(C) as fotografias e filmagens são elementos probatórios ilícitos e, consequentemente, inadmissíveis no processo penal.
(D) é facultada à autoridade policial o atendimento da requisição do Ministério Público, podendo, caso entender não cabível a instauração de inquérito policial, simplesmente arquivá-la, cabendo recurso, por parte do promotor de justiça, ao secretário de segurança.

O art. 5º, LVI, da CF veda, de forma expressa, a utilização, no processo, de provas obtidas por meios ilícitos. No âmbito do processo penal, a Lei 11.690/1998 previu, também de forma expressa, a ilicitude da prova obtida em violação a normas constitucionais ou legais (art. 157, *caput*, do CPP), reputando inadmissíveis (art. 157, § 1º) aquelas derivadas das ilícitas, salvo quando não evidenciado o nexo de causalidade entre umas e outras, ou quando as derivadas puderem ser obtidas por uma fonte independente das primeiras. As provas entregues por Merendão ao promotor de justiça são ilícitas, porquanto obtidas por intermédio do cometimento do crime de furto, com violação, pois, de direitos fundamentais. Não podem, portanto, ser utilizadas no inquérito tampouco no processo a ser instaurado. A denúncia a ser oferecida pelo Ministério Público, se calcada nessas provas, não tem validade. Pela mesma razão, Tripa Seca não poderá ser condenado com base nas provas entregues por Merendão ao representante do MP.

Gabarito "C"

(Delegado/MG – 2012) Sobre a prova pericial é **INCORRETO** afirmar:

(A) O exame de corpo de delito deverá ser assinado por 2 (dois) peritos oficiais, portadores de diploma de curso superior.
(B) O exame de corpo de delito poderá ser realizado qualquer dia e horário, inclusive aos domingos.

(C) A autópsia será realizada, em regra, 6 (seis) horas após o óbito.
(D) Nas perícias de laboratório, os peritos guardarão material suficiente para a eventualidade de nova perícia.

A: assertiva incorreta, devendo ser assinalada, a redação anterior do art. 159 do CPP estabelecia que a perícia fosse realizada por *dois* profissionais. Atualmente, com a modificação operada na redação do dispositivo pela Lei 11.690/2008, a perícia será levada a efeito por *um* perito oficial portador de diploma de curso superior. À falta deste, determina o § 1º do art. 159 que o exame seja feito por duas pessoas idôneas, detentoras de diploma de curso superior preferencialmente na área específica, dentre aquelas que tiverem habilitação técnica relacionada com a natureza do exame. A assertiva, portanto, está incorreta; **B:** a proposição está correta, pois em conformidade com o disposto no art. 161 do CPP; **C:** assertiva correta, pois reflete o que estabelece o art. 162 do CPP; **D:** assertiva correta, visto que corresponde ao que estabelece o art. 170 do CPP.
Gabarito "A"

(Delegado/MG – 2012) Sobre a prova no processo penal brasileiro é **INCORRETO** afirmar:

(A) A prova sobre o "estado das pessoas" deve observar restrições estabelecidas na lei civil.
(B) A confissão deve ser cotejada com outros elementos de convicção.
(C) A narcoanálise constitui método para obtenção de informações úteis à moderna investigação policial.
(D) O juiz pode determinar a realização de prova mesmo antes de iniciada a ação penal.

A: proposição correta, eis que reflete o disposto no art. 155, parágrafo único, do CPP; **B:** assertiva correta, com efeito, a confissão, que já foi considerada a *rainha das provas*, somente levará à condenação do réu se estiver em perfeita harmonia com as demais provas reunidas no processo – art. 197 do CPP; **C:** assertiva incorreta, devendo ser assinalada, a exemplo do *detector de mentiras*, a *narcoanálise* constitui prova ilícita; **D:** assertiva correta, nada obsta que o magistrado, fazendo uso da prerrogativa que lhe confere o art. 156, II, do CPP, com o propósito de esclarecer dúvida acerca de ponto relevante, determine, no curso da instrução ou antes de proferir sentença, de ofício e em caráter supletivo, diligências com o fito de esclarecer a verdade. Tal prerrogativa pode, inclusive, ser exercida antes de iniciada ação penal – art. 156, I, do CPP.
Gabarito "C"

(Delegado/MG – 2006) Sobre a prova no processo penal brasileiro, todas as afirmativas estão corretas, exceto:

(A) prova ilícita é aquela violadora do direito material.
(B) O juiz penal tem franca iniciativa na produção de prova.
(C) Admite-se a prova emprestada, desde que submetida ao crivo contraditório.
(D) Prova ilegítima é aquela obtida com a violação ao direito processual.
(E) A busca da verdade real prevalece sobre qualquer limite que se pretenda opor aos meios de prova.

A e **D:** atualmente, podemos classificar as *provas ilícitas* em *ilegais* e *ilegítimas*. Estas decorrem da violação da norma de direito processual; aquelas, da violação da norma de direito material. Ambas devem ser consideradas, portanto, como *prova ilícita*, nos termos do art. 157, *caput*, do CPP; **B:** hodiernamente, pode o juiz, fazendo uso da prerrogativa que lhe confere o art. 156, II, do CPP, a fim de esclarecer dúvida acerca de ponto relevante, determinar, em *caráter supletivo*, diligências com o fim de se atingir a verdade real. Trata-se, pois, de uma atuação *subsidiária* à das partes; **C:** cuida-se daquela prova gerada em um processo e transladada para outro pendente de decisão, onde será utilizada. Sua eficácia, à luz do princípio do contraditório e da ampla defesa, está a depender de sua passagem pelo crivo do contraditório; **E:** não são admitidas, em processo penal, as provas obtidas por meios ilícitos. Eis, pois, o limite imposto em busca da verdade real.
Gabarito "E"

(Delegado/MG – 2006) O suspeito não poderá recusar-se a

(A) fazer o teste de DNA em crimes contra os costumes para comparação com material genético encontrado no corpo da vitima.
(B) fazer o teste do bafômetro em caso de acidente fatal de trânsito.
(C) fazer reconstituição simulada dos fatos.
(D) dizer a verdade sobre o que souber e for perguntado.
(E) comparecer à Delegacia de Polícia quando intimado para ser interrogado.

De fato, o suspeito, a despeito de fazer jus ao silêncio, não poderá recusar-se a comparecer ao interrogatório, podendo, em caso de ausência, ser coercitivamente conduzido à presente da autoridade. Nas demais hipóteses, dado o direito ao silêncio que lhe assiste, não poderá ser o suspeito compelido a submeter-se ao teste de DNA; ao teste do bafômetro; a participar de reconstituição simulada dos fato; e a dizer a verdade sobre o que souber e lhe for perguntado.
Gabarito "E"

(Delegado/MS – 2006) Segundo o Art. 161 do Código de Processo Penal, o exame de corpo de delito poderá ser feito.

(A) somente se o local for iluminado.
(B) somente durante a noite.
(C) somente durante o dia.
(D) em qualquer dia e a qualquer hora.
(E) somente das 6 horas às 18 horas.

É de fato o que consta do art. 161 do CPP. Visa-se assim conferir mais agilidade ao serviço de perícia, notadamente nos grandes centros urbanos, em que a demanda é bem maior. Observação: o art. 162 do CPP preleciona que, no caso da necropsia, o exame deverá ser levado a efeito pelos menos seis horas após a morte, salvo se os peritos, pela evidência dos sinais de morte, julgarem desnecessário aguardar este interregno.
Gabarito "D"

(Delegado/MS – 2006) Salvo o caso de exame de corpo de delito, o juiz ou a autoridade policial negará a perícia requerida pelas partes, quando

(A) não houver indícios a serem periciados.
(B) não produzir efeitos práticos.
(C) for meramente medida procrastinatória.
(D) já tiver sido feita.
(E) não for necessária ao esclarecimento da verdade.

Art. 184 do CPP.
Gabarito "E"

(Delegado/MT – 2000) Julgue os itens abaixo e assinale a alternativa correta:

I. O exame de corpo de delito poderá ser feito em qualquer dia e a qualquer hora.
II. No juízo penal, observam-se as restrições estabelecidas na lei civil quanto à prova de quaisquer fatos.
III. Considera-se indício a circunstância conhecida e provada, que, tendo relação com o fato, autorize, por indução, concluir-se a existência de outra ou outras circunstâncias.

(A) Apenas o item II está correto.
(B) Apenas os itens II e III estão corretos.
(C) Apenas os itens I e III estão corretos.
(D) Todos os itens estão corretos.
(E) Todos os itens estão incorretos.

I: correta, art. 161 do CPP; **II:** assertiva em desacordo com o art. 155, parágrafo único, do CPP; **III:** correta, art. 239 do CPP.
Gabarito "C"

(Delegado/PR – 2007) É assegurado ao réu o direito de ser interrogado pelo juiz. A respeito da matéria, considere as seguintes afirmativas:

(1) O réu tem o direito de permanecer calado, mas caso o réu abra mão de sua prerrogativa constitucional do silêncio e responda às questões, deve dizer a verdade naquilo que lhe for perguntado.
(2) O réu, até então revel, que comparecer no decorrer da instrução, espontaneamente ou preso, será interrogado.
(3) A todo tempo o juiz poderá proceder a novo interrogatório, de ofício ou a pedido fundamentado de qualquer das partes.
(4) O interrogatório do acusado preso será feito no estabelecimento prisional em que se encontrar, desde que estejam garantidas a segurança do juiz e auxiliares, a presença do defensor e a publicidade do ato.

Assinale a alternativa correta.

(A) Somente as afirmativas 1 e 4 são verdadeiras.
(B) Somente as afirmativas 2, 3 e 4 são verdadeiras.
(C) Somente as afirmativas 3 e 4 são verdadeiras.
(D) As afirmativas 1, 2, 3 e 4 são verdadeiras.
(E) Somente as afirmativas 2 e 3 são verdadeiras.

1: incorreta, se o réu, a quem assiste o direito de permanecer calado, decide responder às perguntas formuladas pelo magistrado, nenhuma obrigação tem de dizer a verdade sobre o ocorrido, isto é, pode, em sua defesa, *mentir* bem como *omitir*; **2:** assertiva em consonância com o disposto no art. 185, *caput*, do CPP; **3:** assertiva em consonância com o disposto no art. 196 do CPP; **4:** assertiva em consonância com o disposto no art. 185, § 1º, do CPP.

Gabarito "B"

(Delegado/SC – 2008) Havendo dúvida sobre a identidade do cadáver exumado, o reconhecimento se procederá:

(A) pelo promotor de Justiça.
(B) por pessoa idônea nomeada pelo delegado de polícia.
(C) pelo Instituto de Identificação ou repartição congênere ou pela inquirição de testemunhas.
(D) por dois médicos residentes na comarca.

Consoante o disposto no art. 166 do CPP.

Gabarito "C"

(Delegado/SC – 2008) Na instrução criminal o juiz não permitirá que a testemunha manifeste suas apreciações pessoais, exceto quando:

(A) tais apreciações forem inseparáveis da narrativa dos fatos.
(B) a testemunha for amiga íntima da vítima.
(C) a testemunha for inimiga do réu.
(D) a testemunha for menor e 18 anos.

Art. 213 do CPP.

Gabarito "A"

(Delegado/SP – 2011) Para formar seu juízo de convicção a respeito de fato submetido a julgamento, o juiz.

(A) poderá considerar elementos colhidos na investigação policial, desde que não contrariados pelas partes.
(B) poderá considerar elementos colhidos na investigação policial, desde que em consonância com provas produzidas sob o contraditório.
(C) poderá considerar elementos colhidos na investigação policial desde que não contrariados por provas judiciais
(D) não poderá considerar elementos colhidos na investigação policial, porque não produzidos sob o contraditório.
(E) não poderá considerar exclusivamente elementos constantes da investigação policial, exceto se colhidos em presença de defensor do investigado.

O que não se admite é a condenação calcada unicamente em elementos colhidos na fase investigatória. Assim, nada impede que o juiz leve conta, na formação de sua convicção, provas produzidas na fase investigatória, desde que em conjunto com aquelas coletadas sob o crivo do contraditório.

Gabarito "B"

(Delegado/SP – 2011) Quanto aos sistemas de avaliação da prova, o Brasil adota

(A) a livre convicção.
(B) somente a persuasão racional.
(C) a persuasão racional, em regra; e a prova legal, excepcionalmente.
(D) a persuasão racional, a íntima convicção e a prova legal.
(E) a persuasão racional, em regra; e a íntima convicção, excepcionalmente.

Adotamos, como regra, o *sistema da persuasão racional* ou *livre convencimento motivado* ou *livre convicção condicionada*, em que o magistrado decidirá com base no seu livre convencimento, devendo, todavia, fundamentar sua decisão (art. 93, IX, da CF). O *sistema da íntima convicção*, que acolhemos como exceção, é o que vige no Tribunal do Júri, onde o jurado não precisa justificar o seu voto. Embora não tenhamos adotado, mesmo que como exceção, existem no nosso sistema resquícios do chamado *sistema da prova legal*: o juiz, aqui, fica adstrito ao valor atribuído à prova pelo legislador.

Gabarito "E"

(Delegado/SP – 2008) Denomina-se testemunha fedatária

(A) aquela que prestou informes fidedignos no processo.
(B) aquela que foi referida por outra testemunha.
(C) aquela que acompanhou a leitura do auto de prisão em flagrante na presença do acusado.
(D) aquela que funcionou como informante sem prestar compromisso de dizer a verdade.
(E) aquela que se encontra protegida por lei.

Testemunha fedatária ou instrumentária é a que atesta a regularidade, a legalidade de um ato (art. 304, §§ 2º e 3º, do CPP).

Gabarito "C"

(Delegado/SP – 2008) A diligência de busca efetuada em trailer rebocado por automóvel, que se destina à habitação do motorista,

(A) prescinde de mandado judicial por se equiparar à busca pessoal.
(B) prescinde de mandado judicial, porém necessita de ordem escrita de autoridade policial.
(C) não prescinde de mandado judicial e simultaneamente de auto de busca policial.
(D) não prescinde de auto policial de apossamento e constrição.

Trata-se de local destinado a habitação (art. 241 do CPP).

Gabarito "C"

(Delegado/SP – 2008) Na chamada "reprodução simulada dos fatos", o indiciado

(A) está obrigado a comparecer e participar, sob pena de lhe ser decretada a revelia.
(B) não será mais intimado para nenhum ato do processo ou do inquérito policial, se não participar.
(C) só está obrigado a comparecer pessoalmente quando se trate de reprodução simulada de crime contra os costumes.
(D) não está obrigado a comparecer e a sua ausência não lhe trará qualquer consequência desfavorável no inquérito ou no processo penal.
(E) terá sua ausência considerada em seu desfavor e interpretada em desprestigio à justiça.

O réu tem direito ao silêncio (art. 5º, LXIII, da CF), não sendo, ademais, obrigado a produzir prova contra si mesmo (*nemo tenetur se detegere*).

Gabarito "D"

(Delegado/SP – 2000) O princípio que autoriza o juiz no processo penal a ordenar de ofício provas necessárias à instrução criminal, denomina-se

(A) do contraditório.
(B) da verdade real.
(C) da oficialidade.
(D) do juiz natural.

Art. 156, I e II, do CPP.

Gabarito "B"

(Delegado/SP – 1998) Não havendo peritos oficiais, o exame de corpo de delito e as outras perícias serão realizados

(A) por duas pessoas idôneas, portadoras de diploma de curso superior, escolhidas, necessariamente, entre as que tiverem comprovada habilitação técnica relacionada a natureza do exame.
(B) por pessoa idônea, portadora de diploma de curso superior.
(C) por pessoas idôneas, escolhidas preferencialmente, entre as portadoras de curso superior.
(D) por duas pessoas idôneas, portadoras de diploma de curso superior, escolhidas, preferencialmente, entre as que tiverem habilitação técnica relacionada a natureza do exame.

Em vista do que dispõe a nova redação do art. 159, *caput* e § 1º, do CPP (Lei 11.690/2008), a perícia será levada a efeito por um perito oficial portador de diploma de curso superior, ou, na falta deste, por duas pessoas idôneas, portadores de diploma de curso superior, preferencialmente na área específica, dentre as que tiverem habilitação técnica relacionada com a natureza do exame.

Gabarito "D"

(Delegado/SP – 1998) Nas buscas domiciliares, quando ausentes os moradores, os executores

(A) não poderão realizar a diligência, devendo retornar em oportunidade em que os moradores se achem presentes.
(B) farão guardar todas as entradas, tornando a casa incomunicável até a chegada dos moradores quando então realizarão a diligência.
(C) arrombarão a porta e forçarão a entrada da casa, intimando a assistir a diligência qualquer vizinho se houver e estiver presente.

(D) lavrarão auto circunstanciado a respeito, assinando-o com duas testemunhas presenciais, procedendo, na sequência, ao arrombamento da porta da casa e a realização da diligência.

Art. 245, § 4º, do CPP.

Gabarito "C"

(Delegado/TO – 2008 – CESPE) Acerca da prova no processo penal, julgue os próximos itens.

(1) Considere que em determinada ação penal foi realizada perícia de natureza contábil, nos moldes determinados pela legislação pertinente, o que resultou na elaboração do competente laudo de exame pericial. Na fase decisória, o juiz discordou das conclusões dos peritos e, de forma fundamentada, descartou o laudo pericial ao exarar a sentença. Nessa situação, a sentença é nula, pois o exame pericial vincula o juiz da causa.

(2) Considere a seguinte situação hipotética. João, imputável, agrediu fisicamente Francisco, produzindo-lhe lesões corporais leves. Transcorridos alguns dias após a agressão, Francisco compareceu à repartição policial, onde noticiou o crime. Encaminhado para exame pericial, ficou constatado que não mais existiam lesões. Nessa situação, por terem desaparecido os vestígios, a materialidade do delito poderá ser demonstrada por meio de prova testemunhal.

(3) Não se faz distinção entre corpo de delito e exame de corpo de delito, pois ambos representam o próprio crime em sua materialidade.

(4) Por determinação legal, o exame necroscópico ou cadavérico deve ser realizado pelo menos seis horas após o óbito. Todavia, tal obrigatoriedade é dispensada se houver evidência da morte, como ausência de movimentos respiratórios, desaparecimento do pulso ou enregelamento do corpo.

(5) Dispõe a lei processual penal que os exames de corpo de delito e as outras perícias serão feitos por dois peritos oficiais, o que significa que esses técnicos podem desempenhar suas funções independentemente de nomeação da autoridade policial ou do juiz, uma vez que a investidura em tais cargos advém da lei.

1: incorreta, na forma estabelecida no art. 182 do CPP, o magistrado não está vinculado às conclusões do perito, podendo, assim, acolhê-las ou rejeitá-las, no todo ou em parte, desde que fundamentadamente; **2:** a assertiva está correta, pois, uma vez inviabilizada a realização do exame pericial (direto ou indireto) nas infrações que deixam vestígios (chamados *delitos não transeuntes*), em razão do desaparecimento destes, a prova testemunhal poderá suprir-lhe a falta, na forma estatuída no art. 167 do CPP. Mas atenção: em hipótese alguma a confissão do réu poderá suprir a falta do exame de corpo de delito – art. 158, CPP; **3:** proposição incorreta. *Corpo de delito* corresponde aos vestígios deixados pelo crime, ou seja, é tudo aquilo que comprova a existência material do delito, seus elementos sensíveis; já o *exame de corpo de delito* corresponde à prova pericial levada a cabo nesses vestígios materiais gerados pela prática da infração penal; **4:** assertiva em consonância com o que dispõe o art. 162, *caput*, do CPP; **5:** correta, em vista do que dispõe a nova redação do art. 159, *caput* e § 1º, do CPP, a perícia será levada a efeito por um perito oficial portador de diploma de curso superior, ou, na falta deste, por duas pessoas idôneas, portadores de diploma de curso superior, preferencialmente na área específica.

Gabarito 1E, 2C, 3E, 4C, 5C

10. SUJEITOS PROCESSUAIS

(Delegado/AC – 2008 – CESPE) Julgue o item abaixo, acerca dos sujeitos processuais.

(1) O juiz poderá ser recusado por qualquer das partes, se for amigo íntimo do advogado do réu.

1: incorreta (art. 254, CPP).

Gabarito 1E

(Delegado/GO – 2003 – UEG) O religioso Cacciola, formado em direito, foi indiciado e posteriormente denunciado pelo Ministério Público por homicídio doloso (art. 121, CP). Ao ser interrogado pela autoridade judiciária, confessa em detalhes o crime e diz-se arrependido, querendo prestar contas a Deus. Em decorrência da confissão, e por considerar--se conhecedor das leis, Cacciola decide não constituir defensor, renunciando ao direito de ser defendido por advogado(a). Nesse caso, não sendo Cacciola devidamente habilitado para o exercício da advocacia, deverá o juiz

(A) respeitar a vontade do acusado.
(B) nomear um assistente.
(C) anular o processo.
(D) designar defensor dativo.

Nenhum acusado, ainda que ausente ou foragido, será processado ou julgado sem defensor (art. 261, CPP). Igualmente, não tendo o acusado procurador constituído, ser-lhe-á nomeado defensor pelo juiz, ressalvado o seu direito de, a todo tempo, nomear outro de sua confiança, ou a si mesmo defender-se, caso tenha habilitação, ou seja, neste último caso, desde que seja advogado (art. 263, CPP).

Gabarito "D"

(Delegado/MA – 2006 – FCC) Considere as situações abaixo.

I. No processo Y funcionou parente consanguíneo do Juiz em linha colateral de 3º grau como órgão do Ministério Público.
II. No processo Z o juiz é amigo íntimo da vítima, sendo que frequenta sua residência.
III. No processo W parente afim do Juiz em linha colateral de 2º grau é diretamente interessado no feito.
IV. O fato objeto do processo X é análogo ao do processo em que descendente do juiz está respondendo e cujo caráter criminoso haja controvérsia.

De acordo com o Código de Processo Penal brasileiro, o juiz estará impedido de exercer jurisdição nos processos:

(A) W e X.
(B) Y e Z.
(C) Z e X.
(D) Y e W.
(E) Z e W.

I: no processo Y, o juiz, de fato, não poderá exercer jurisdição, sendo impedido (art. 252, I, CPP); **II:** no processo Z, o juiz, embora não esteja impedido, deve ser considerado suspeito (art. 254, I, CPP); **III:** no processo W, o juiz será impedido de exercer jurisdição (art. 252, IV, CPP); **IV:** no processo X, o juiz não estará impedido, mas haverá sua suspeição (art. 254, II, CPP).

Gabarito "D"

(Delegado/MG – 2008) Sobre as exceções processuais, é CORRETO afirmar que

(A) a exceção de suspeição é classificada pela doutrina como peremptória.
(B) as exceções de coisa julgada e litispendência são consideradas dilatórias.
(C) as exceções de ilegitimidade de parte e incompetência são consideradas dilatórias.
(D) a exceção de ilegitimidade de parte é considerada peremptória.

Consideram-se peremptórias as exceções que, uma vez acolhidas, acarretam a extinção do processo, quais sejam, a de litispendência, ilegitimidade de parte e coisa julgada. Já as exceções de incompetência territorial do juízo e de suspeição são meramente dilatórias, estendendo a marcha processual até que os autos sejam remetidos ao juízo competente ou insuspeito.

Gabarito "C"

(Delegado/MT – 2006 – UFMT) Em matéria de exceção de suspeição, prevista no Código de Processo Penal, assinale a afirmativa correta.

(A) A exceção de suspeição, na hipótese de o Delegado de Polícia ser parente em até segundo grau do indiciado, é admissível no inquérito policial.
(B) A exceção de suspeição poderá ser interposta por defensor dativo.
(C) A participação do Ministério Público na fase investigatória criminal acarreta sua suspeição para o oferecimento da denúncia.
(D) A arguição de suspeição precederá a qualquer outra, salvo quando fundada em motivo superveniente.
(E) A petição de exceção de suspeição deve, obrigatoriamente, indicar o Juízo ou a Vara Criminal considerado excepto.

A: incorreta, visto ser inadmissível a arguição de suspeição de autoridade policial (art. 107, CPP); **B:** incorreta, eis que a oposição de exceção de suspeição exige que o procurador detenha poderes especiais para tanto (art. 98, CPP), o que, à evidência, não ocorre com a defesa dativa; **C:** incorreta (Súmula 234, STJ); **D:** correta (art. 96, CPP); **E:** incorreta. A exceção de suspeição, caso acolhida, gerará a remessa dos autos ao seu substituto (art. 99, CPP), o que não incumbirá ser indicado pelo excipiente.

Gabarito "D"

(Delegado/MT – 2000) Julgue os itens abaixo e assinale a alternativa correta:

I. A arguição de suspeição precederá a qualquer outra, exceto quando fundada em motivo superveniente.
II. Se a arguição de suspeição for de manifesta improcedência, o juiz ou relator poderá rejeitá-la liminarmente.
III. As exceções no processo penal processam-se nos mesmos autos do processo principal e não suspenderão, em regra, o andamento da ação penal

(A) Apenas o item I está correto.
(B) Apenas os itens I e II estão corretos.
(C) Apenas os itens II e III estão corretos.
(D) Todos os itens estão corretos.
(E) Todos os itens estão incorretos.

I: correta (art. 96, CPP); **II:** correta (art. 100, § 2º, CPP); **III:** incorreta (art. 111, CPP).
Gabarito "B"

11. CITAÇÃO, INTIMAÇÃO E PRAZOS

Delegado/SP – 2014 – VUNESP) No processo penal, as intimações

(A) serão sempre pessoais.
(B) do defensor constituído serão feitas pelo órgão incumbido da publicidade.
(C) não são obrigatórias quando se trata do Ministério Público.
(D) são atos que, se desrespeitados, causam nulidade absoluta do processo.
(E) serão pessoais, salvo se o réu estiver preso.

A: incorreta, já que a intimação poderá ser feita pela publicação no órgão incumbido da publicidade dos atos judiciais, (art. 370, § 1º, CPP), bem assim por via postal (art. 370, § 2º, CPP); **B:** correta, porque em conformidade com a regra presente no art. 370, § 1º, CPP; **C:** incorreta, dado que a intimação do MP é obrigatória e far-se-á pessoalmente (art. 370, § 4º, CPP); **D:** incorreta. Trata-se, isto sim, de nulidade relativa (art. 570, CPP); **E:** incorreta. A intimação será feita pessoalmente ao representante do MP, ao defensor público e ao dativo.
Gabarito "B"

(Delegado/SP – 2014 – VUNESP) Quando o réu estiver fora do território da jurisdição processante,

(A) será citado mediante carta precatória.
(B) será citado por hora certa.
(C) será julgado à revelia.
(D) deverá ser dispensado de comparecer nas audiências, devendo ser interrogado por videoconferência.
(E) deverá solicitar que o processo seja remetido para a comarca de sua residência, a fim de que possa se defender melhor dos fatos que lhe são imputados na denúncia.

Estabelece o art. 353 do CPP que "quando o réu estiver fora do território da jurisdição do juiz processante, será citado mediante carta precatória".
Gabarito "B"

(Delegado/AP – 2010) Com relação ao tema *citações*, assinale a afirmativa incorreta.

(A) No processo penal o réu que se oculta para não ser citado poderá ser citado por hora certa na forma estabelecida no Código de Processo Civil.
(B) Estando o acusado no estrangeiro, em lugar sabido, a citação far-se-á por carta ou qualquer meio hábil de comunicação.
(C) Se o acusado, citado por edital, não comparecer, nem constituir advogado, ficarão suspensos o processo e o curso do prazo prescricional.
(D) O processo seguirá sem a presença do acusado que, citado ou intimado pessoalmente para qualquer ato, deixar de comparecer sem motivo justificado.
(E) Se o réu estiver preso, será pessoalmente citado.

A: assertiva correta (art. 362, CPP); **B:** assertiva incorreta, devendo ser assinalada (art. 368, CPP); **C:** assertiva correta (art. 366, CPP); **D:** assertiva correta (art. 367, CPP); **E:** assertiva correta (art. 360, CPP).
Gabarito "B"

(Delegado/AP – 2010) Com relação ao tema *intimação*, assinale a afirmativa incorreta.

(A) A intimação do defensor constituído feita por publicação no órgão incumbido da publicidade dos atos judiciais da comarca deve, necessariamente, conter o nome do acusado, sob pena de nulidade.
(B) A intimação do Ministério Público e do defensor nomeado será pessoal.
(C) No processo penal, contam-se os prazos da juntada aos autos do mandado ou da carta precatória ou de ordem, e não da data da intimação.
(D) Quando não houver órgão de publicação dos atos judiciais na comarca, a intimação far-se-á diretamente pelo escrivão, por mandado, ou via postal com comprovante de recebimento, ou por qualquer outro meio idôneo.
(E) Adiada, por qualquer motivo, a instrução criminal, o juiz marcará desde logo, na presença das partes e testemunhas, dia e hora para seu prosseguimento, do que se lavrará termo nos autos.

A: assertiva correta (art. 370, § 1º, CPP); **B:** assertiva correta (art. 370, § 4º, CPP); **C:** assertiva incorreta (Súmula 710, STF); **D:** assertiva correta (art. 370, § 2º, CPP); **E:** assertiva correta (art. 372, CPP).
Gabarito "C"

(Delegado/PR – 2007) Sobre a citação no processo penal, considere as seguintes afirmativas:

1. Estando o acusado no estrangeiro, em lugar sabido, será citado mediante carta rogatória, suspendendo-se o curso do prazo de prescrição até o seu cumprimento.
2. Se o acusado citado por edital não comparecer nem constituir defensor, o juiz determinará a produção antecipada das provas consideradas urgentes e decretará a prisão preventiva.
3. O processo seguirá sem a presença do acusado que, citado ou intimado pessoalmente para qualquer ato, deixar de comparecer sem motivo justificado, ou, no caso de mudança de residência, não comunicar o novo endereço ao juízo.
4. A citação será feita por edital quando o local onde se encontra o réu for inacessível, em virtude de epidemia, de guerra ou por outro motivo de força maior.

Assinale a alternativa correta.

(A) Somente as afirmativas 1, 2 e 3 são verdadeiras.
(B) Somente as afirmativas 2 e 3 são verdadeiras.
(C) Somente as afirmativas 1 e 2 são verdadeiras.
(D) Somente as afirmativas 1, 3 e 4 são verdadeiras.
(E) Somente as afirmativas 2, 3 e 4 são verdadeiras.

1: correta (art. 368, CPP); **2:** incorreta (art. 366, CPP e Súmula 455, STJ); **3:** correta (art. 367, CPP); **4:** correta. Antes do advento da Lei 11.719/2008, o art. 363, I, CPP, então em vigor, estabelecia que o réu que se encontrasse em local inacessível seria citado por edital. Contudo, a despeito da revogação desse dispositivo legal, podemos afirmar que o réu que se encontra em lugar inacessível deverá ser citado por edital, até mesmo por analogia ao disposto no art. 231, II, do CPC.
Gabarito "D"

(Delegado/SP – 1999) No processo penal, se o acusado, citado pessoalmente, não atender ao chamamento judicial, sem motivo justificado

(A) ficarão suspensos o processo e o curso do prazo prescricional.
(B) o juiz determinará a produção antecipada das provas consideradas urgentes.
(C) será decretada sua revelia e o processo seguirá sem a sua presença.
(D) o juiz decretará a extinção da punibilidade.

Se o réu, pessoalmente citado, deixar de atender ao chamamento judicial, será considerado revel, nos termos do art. 367, CPP. Neste caso, se não tiver advogado constituído nos autos, caberá ao juiz nomear defensor dativo (arts. 261 e 263 CPP).
Gabarito "C"

12. PRISÃO, MEDIDAS CAUTELARES E LIBERDADE PROVISÓRIA

(Delegado/PA – 2013 – UEPA) Dentre as reformas recentes do Código de Processo Penal, uma das mais importantes, se deu através da Lei nº. 12.403, de 2011, que representa um esforço por diminuir o uso excessivo da prisão não decorrente de condenação penal transitada em julgado. De acordo com as novas normas:

I. O Código de Processo Penal deixa claro que a aplicação de medidas cautelares deve ser considerada antes da decretação da prisão, dando especial ênfase à necessidade e à adequação da medida adotada ao caso concreto e às características pessoais do acusado.

II. Em caso de prisão em flagrante, se o juiz verificar a regularidade formal do auto respectivo (oitiva do condutor e das testemunhas e interrogatório do réu, nesta ordem), havendo prova da materialidade delitiva e indícios de autoria, deverá homologar o auto e manter o acusado preso.

III. A prisão preventiva continua possível em qualquer fase da investigação ou da ação penal, sob os mesmos fundamentos (garantia a ordem pública ou econômica, conveniência da instrução criminal ou para assegurar a aplicação da lei penal), ficando vedada, todavia, a sua imposição de ofício pelo juiz, que sempre a decretará atendendo a requerimento do Ministério Público, querelante ou assistente de acusação.

IV. O papel do delegado de polícia foi valorizado, porque agora ele pode conceder fiança, sem deliberação judicial, mesmo para crimes punidos com reclusão, desde que a pena seja limitada a quatro anos.

V. A possibilidade de fiança foi ampliada pela eliminação de previsões discriminatórias (que negavam esse direito aos mendigos e vadios) ou excessivamente subjetivas (porque baseadas em "clamor público"), de modo que o critério para a inafiançabilidade passou a ser a natureza dos delitos, independentemente de quem os tenha praticado ou das reações sociais que despertem.

Após análise das afirmativas acima, assinale a alternativa correta.

(A) Há três assertivas corretas e a II é uma das erradas, porque mesmo se o auto de prisão em flagrante estiver regular, deve o juiz relaxar a prisão, aplicar outra medida cautelar ou conceder liberdade provisória, se não houver motivos concretos para decretar a custódia preventiva.

(B) Há duas assertivas corretas e a III é uma das erradas, porque as mudanças operadas na lei não retiraram do juiz a faculdade de decretar a custódia preventiva de ofício, desde que declarando motivos concretos e que extrapolem a mera prova da materialidade e indícios de autoria delitiva.

(C) Há duas assertivas corretas e a V é uma das erradas, porque continuam inafiançáveis os crimes na hipótese de cabimento da prisão preventiva, o que se faz por critérios relacionados, ao menos alguns deles, à pessoa do acusado.

(D) Há uma única assertiva incorreta, a I, porque as novas medidas cautelares são analisadas mediante critérios diferentes dos pressupostos da prisão e, inclusive, a "ênfase à necessidade e à adequação da medida adotada ao caso concreto e às características pessoais do acusado" diz respeito à prisão e não às cautelares.

(E) Há três assertivas corretas e a IV é uma das erradas, porque a concessão de fiança para crimes punidos com penas de até quatro anos de reclusão continua sendo uma atribuição do juiz.

I: correta. Tendo em conta as mudanças implementadas pela Lei 12.403/2011, que instituiu as *medidas cautelares alternativas à prisão provisória*, esta somente terá lugar diante da impossibilidade de se recorrer às medidas cautelares. Dessa forma, a prisão, como medida excepcional que é, deve também ser vista como instrumento subsidiário, supletivo; **II**: incorreta. O art. 310 do CPP, cuja redação foi alterada pela Lei 12.403/11, impõe ao magistrado, quando do recebimento do auto de prisão em flagrante, o dever de manifestar-se *fundamentadamente* acerca da prisão que lhe é comunicada. Pela *novel* redação do dispositivo, abrem-se para o juiz as seguintes opções: se se tratar de prisão ilegal, deverá o magistrado relaxá-la e determinar a soltura imediata do preso; se a prisão estiver em ordem, deverá o juiz, desde que entenda necessário ao processo, converter a prisão em flagrante em preventiva, sempre levando em conta os requisitos do art. 312 do CPP, não sendo suficiente a prova da existência do crime e indícios de autoria Ressalte-se que, tendo em vista o *postulado da proporcionalidade*, a custódia preventiva somente terá lugar se as medidas cautelares diversas da prisão revelarem-se inadequadas. Disso inferimos que a prisão em flagrante não mais poderá perdurar até o final do processo como modalidade de prisão cautelar. Vedada, pois, a homologação da prisão em flagrante. Se achar que é o caso de manter o investigado preso, deverá, isto sim, converter a prisão em flagrante em preventiva; poderá o juiz, por fim, conceder a liberdade provisória, com ou sem fiança, substituindo, assim, a prisão em flagrante; **III**: a incorreção da proposição está em afirmar que é vedado ao juiz decretar de ofício a prisão preventiva. Pela nova conformação jurídica conferida à prisão pela Lei de Reforma 12.403/2011, o que não mais é admitido é o decreto de ofício no curso do inquérito policial; a partir da instauração da ação penal, poderá o juiz determinar a custódia preventiva de ofício ou a requerimento do MP, do querelante ou do assistente; se no curso do inquérito, somente por representação da autoridade policial ou mediante requerimento do MP (art. 311, CPP); **IV**: correta. A Lei 12.403/2011 mudou sobremaneira o panorama da fiança. Antes da reforma por ela implementada, a autoridade policial, em vista da revogada redação do art. 322 do CPP, somente estava credenciada a concedê-la nas hipóteses de infração punida com *detenção* ou *prisão simples*. Bem por isso, não podia o delegado de polícia arbitrar fiança nos crimes punidos com *reclusão*, tarefa exclusiva do magistrado. Pela nova redação dada ao art. 322 do CPP, a autoridade policial passou a conceder fiança nos casos de infração cuja pena privativa de liberdade máxima não seja superior a quatro anos, independentemente de ser o crime apenado com reclusão ou detenção (qualidade da pena). Naqueles casos em que a pena máxima superar os quatro anos, somente o magistrado poderá estabelecer a fiança; V: correta. Com a modificação a que foi submetido o art. 323 do CPP, operada pela Lei 12.403/2011, somente são inafiançáveis os crimes ali listados e também aqueles contidos em leis especiais, como o art. 31 da Lei 7.492/1986 (Sistema Financeiro).

Gabarito "A"

(Delegado/PR – 2013 – UEL-COPS) Sobre o tema prisão, assinale a alternativa correta.

(A) A prisão em virtude de mandado entender-se-á feita desde que o executor fazendo-se conhecer do réu lhe apresente o mandado e o intime a acompanhá-lo.

(B) A prisão poderá ser efetuada em qualquer dia e qualquer hora, impondo-se prioritariamente sobre qualquer restrição relativa à inviolabilidade do domicílio.

(C) A falta de testemunhas da infração impedirá o auto de prisão em flagrante, sendo o preso solto sob fiança.

(D) Se a infração for inafiançável, a falta de exibição do mandado impedirá a prisão e a consequente condução do suspeito ao juízo.

(E) Será admissível a prisão mediante ordem escrita da autoridade competente, com devida fundamentação, sem exceção.

A: correta, pois corresponde ao que estabelece o art. 291 do CPP; **B**: incorreta, na medida em que não reflete a regra disposta no art. 283, § 2º, do CPP; **C**: incorreta, pois não reflete a regra do art. 304, § 2º, do CPP; **D**: incorreta, pois em desconformidade com o que estabelece o art. 287 do CPP; **E**: incorreta (art. 5º, LXI, da CF).

Gabarito "A"

(Delegado/PR – 2013 – UEL-COPS) Em relação à prisão temporária, considere as afirmativas a seguir.

I. O prazo da prisão temporária é de cinco dias, sem prorrogação.

II. O despacho que decretar a prisão temporária deverá ser fundamentado.

III. Decorrido o prazo de cinco dias de detenção, o preso deverá ser posto imediatamente em liberdade, salvo se já tiver sido decretada sua prisão preventiva.

IV. A prisão temporária pode ser decretada se for imprescindível para as investigações do inquérito policial.

Assinale a alternativa correta.

(A) Somente as afirmativas I e II são corretas.

(B) Somente as afirmativas I e IV são corretas.

(C) Somente as afirmativas III e IV são corretas.

(D) Somente as afirmativas I, II e III são corretas.

(E) Somente as afirmativas II, III e IV são corretas.

I: incorreta, uma vez que o prazo de cinco dias, estabelecido no art. 2º, *caput*, da Lei 7.960/1989, poderá, sim, ser prorrogado uma única vez e por igual período, desde que comprovada a sua necessidade. Cuidado: se se tratar de crime hediondo ou delito a ele equiparado, o prazo de prisão temporária será de *trinta* dias, prorrogável por mais trinta, também em caso de comprovada e extrema necessidade. É o teor do art. 2º, § 4º, da Lei 8.072/1990 (Crimes Hediondos); **II**: correta (art. 2º, § 2º, da Lei 7.960/1989); **III**: correta (art. 2º, § 7º, da Lei 7.960/1989); **IV**: correta (art. 1º, I, da Lei 7.960/1989).

Gabarito "E"

(Delegado/RJ – 2013 – FUNCAB) João Alberto, nascido em 02 de fevereiro de 1994, juntamente com seu irmão José Silva, nascido em 15 de janeiro do ano de 1996, aproveitando-se da ausência de seus pais e demais parentes, abordaram, no dia 27 de setembro do ano em curso, no interior da residência destes, sua sobrinha Vera, nascida no dia 13 de maio do ano de 1997, usando de violência e grave ameaça, obrigando-a a praticar com eles atos libidinosos e conjunção carnal. Em razão do estranho barulho e da gritaria da jovem, vizinhos chamaram os policiais militares, que lograram deter João e José em flagrante. A vítima ficou gravemente ferida, o que despertou a revolta dos familiares e populares, que tentaram agredir João e José. Estes, por sua vez, ameaçaram os vizinhos que testemunharam o fato, dizendo que seriam "apagados". Em seguida, ambos foram conduzidos pelos policiais à Unidade Policial e apresentados ao Delegado, que deverá:

(A) autuar João e José pelo delito de Estupro – art. 217-A, do CP –, e apresentá-los imediatamente ao Juízo da Infância e da Juventude, que poderá determinar a internação provisória por até quarenta e cinco dias.

(B) lavrar, contra João e José, o auto de apreensão de adolescente por ato infracional semelhante ao delito de Estupro, previsto no art. 217-A, do CP e apresentá-los, no prazo máximo de 24 horas, ao juiz da Infância e da Juventude, o qual tomará as medidas legais.

(C) lavrar, contra João e José, o auto de prisão de adolescente por ato infracional semelhante ao delito de Estupro, previsto no art. 217-A, do CP, e apresentá-los imediatamente ao Ministério Público em exercício na Vara da Infância e da Juventude, o qual tomará as medidas legais.

(D) lavrar o auto de prisão em flagrante contra João e, em relação a José, lavrar o termo de entrega aos pais, com a recomendação de apresentá-lo ao juiz da Infância e da Juventude no dia seguinte ao fato.

(E) lavrar o auto de prisão em flagrante em relação a João e apreender o adolescente José, lavrando o auto de apreensão de adolescente por ato infracional análogo ao delito de Estupro, previsto no art. 217-A, do CP e, em seguida, apresentá-lo imediatamente ao representante do Ministério Público em exercício na Vara da Infância e da Juventude, para as medidas legais.

Segundo consta, João Alberto, então com 18 anos, e José Silva, seu irmão, menor com 16 anos, subjugaram, mediante violência e grave ameaça, sua sobrinha Vera, que, à época, contava com 15 anos, obrigando-a a com eles praticar atos libidinosos e conjunção carnal. Alertados pelos gritos de Vera, vizinhos acionaram policiais militares, que, ao chegarem, prenderam os irmãos em flagrante. Revoltados, familiares e populares tentaram, sem êxito, agredir João e José, que, não contentes com o que acabaram de fazer, ameaçaram de morte os vizinhos que testemunharam o fato. Foram conduzidos à delegacia de polícia e ali apresentados ao delegado. Pelo que é possível concluir pela narrativa, o crime em que incorreram os irmãos não é o do art. 217-A do CP (estupro de vulnerável), mas, sim, considerando que Vera sofreu, em razão da violência sexual a que foi submetida, lesão de natureza grave, o do art. 213, § 1º, do CP (estupro qualificado pela lesão grave). Isso porque Vera, conforme se infere do enunciado, contava, quando dos fatos, com quinze anos, idade, portanto, superior ao limite estabelecido no art. 217-A do CP para configurar o estupro de vulnerável (menor de 14 anos); veja, ainda, que não é possível concluir, pelos dados fornecidos, que Vera fosse acometida por enfermidade ou deficiência mental ou, ainda, se encontrasse em situação que a impedisse de resistir à investida de João e José (art. 217-A, § 1º, do CP). É de se afastar, pois, a ocorrência do crime de estupro de vulnerável, quer em razão da idade da vítima, quer em razão de seu discernimento e capacidade para resistir ao ato. Bem por isso, nenhuma das alternativas pode ser considerada como correta. De todo modo, ao delegado de polícia cabia, ao de tudo tomar conhecimento, lavrar o auto de prisão em flagrante em relação João, dada a sua condição de imputável (18 anos), e apreender José (inimputável em razão da idade), lavrando em relação a este auto de apreensão de adolescente por ato infracional análogo ao delito de estupro qualificado pela lesão grave (213, § 1º, do CP). Por conta do que estabelece o art. 174 do ECA, a autoridade policial, dada a gravidade do ato infracional e a repercussão que dele resultou, não poderá liberar José a seus pais ou representante legal. Neste caso, deverá a autoridade encaminhar o adolescente ao representante do MP, juntamente com a cópia do auto de apreensão (art. 175, *caput*, do ECA); não sendo isso possível (é o que na prática ocorre), o delegado encaminhará José a entidade de atendimento, que fará a apresentação do adolescente ao MP no prazo de 24 horas (art. 175, § 1º, ECA). Dessa forma e em conclusão, a alternativa "E" é a que mais se aproxima da providência a ser tomada pelo delegado. Poder-se-ia considerá-la correta não fosse a equivocada capitulação das condutas de José e João.

Questão Anulada

(Delegado/RJ – 2013 – FUNCAB) A Lei nº 12.403/2011 introduziu, no processo penal, a possibilidade de prisão cautelar domiciliar. Sobre o tema, leia as assertivas abaixo e marque a alternativa correta.

I. O Delegado de Polícia não poderá representar pela prisão preventiva na modalidade domiciliar vez que o exame quanto à adequação desta é exclusiva do juiz. A representação deverá ser pela prisão tradicional e o juiz decidirá sobre a substituição desta pela prisão domiciliar.

II. A prisão preventiva, nos termos do art. 318 do CPP, poderá ser substituída por prisão cautelar domiciliar quando o acusado for maior de 80 anos, ou estiver extremamente debilitado por motivo de doença grave, ou for imprescindível aos cuidados especiais de pessoa menor de (06) seis anos de idade ou com deficiência, ou ainda, a gestante a partir do 7º mês ou com gravidez de alto risco.

III. Para parte da doutrina, o artigo 318 do CPP funciona como barreira, criando hipóteses nas quais o juiz não poderá decretar a prisão preventiva senão na forma domiciliar, pois, do contrário, seria a mesma inconstitucional, notadamente quando comparada aos requisitos da prisão domiciliar na Lei de Execução Penal, que são menos rígidos.

IV. A prisão cautelar domiciliar poderá ser aplicada, nos termos do art. 318 do CPP, ao maior de 70 anos; ou ao acusado acometido de doença grave; ou com filho menor ou deficiente físico ou mental, ou à gestante.

Está(ão) correta(s) apenas a(s) assertiva(s):

(A) I e II.
(B) II e III.
(C) III e IV.
(D) I e IV.
(E) III.

I: correta. O delegado deve cingir-se a representar pela decretação da prisão preventiva (art. 311, CPP) e o juiz, se entender presente alguma das hipóteses do art. 318 do CPP, poderá determinar que o indiciado cumpra a custódia preventiva no seu domicílio; **II**: correta. A substituição poderá se dar, conforme estabelece o art. 318 do CPP, nas seguintes hipóteses: i) agente maior de 80 anos; ii) agente extremamente debilitado em virtude de doença considerada grave; iii) quando o agente for imprescindível aos cuidados especiais de pessoa menor de seis anos de idade ou portadora de deficiência; iv) por fim, quando se tratar de gestante a partir do sétimo mês de gestação ou sendo esta de alto risco; **III**: incorreta. Segundo Guilherme de Souza Nucci, "a prisão domiciliar constitui faculdade do juiz, e não direito subjetivo do acusado. Por óbvio, não significa dizer que a sua concessão se submete ao capricho do magistrado, algo afrontoso à legalidade. Se o sujeito, cuja preventiva é decretada, preenche alguma das hipóteses do art. 318 do CPP, havendo oportunidade, merecimento ou conveniência, o juiz pode inseri-lo em prisão domiciliar. Não haveria sentido, por exemplo, em ser o magistrado obrigado a colocar em domicílio o perigoso chefe de uma organização criminosa somente porque completou 80 anos." (**Código de Processo Penal Comentado.** 12. ed. p. 688); **IV**: incorreta, pois contraria o disposto no art. 318 do CPP, cujas hipóteses de incidência estão no comentário à proposição II.

Gabarito "A"

(Delegado/RJ – 2013 – FUNCAB) O Delegado de Polícia não lavrará o Auto de Prisão Em Flagrante, mas apenas registrará a ocorrência:

(A) nos casos de ação penal pública condicionada à representação, quando, após a prisão captura, a vítima não oferecer a representação.

(B) diante de condutas insignificantes que façam desaparecer a tipicidade material, bem como, após a prisão captura, nos crimes de ação penal privada subsidiária da pública.

(C) nos crimes de ação penal privada quando o requerimento de instauração do inquérito for formulado pelo representante legal do ofendido.

(D) nos crimes de lesão corporal culposa e homicídio culposo no trânsito.

A: correta. Como bem sabemos, a instauração de inquérito policial, nos crimes cuja ação penal seja pública condicionada ou privativa do ofendido, está a depender da manifestação de vontade do ofendido, materializada por meio da representação, no caso da ação pública condicionada, ou por meio de requerimento, sendo a ação de iniciativa privativa da vítima. Assim, forçoso concluir que a lavratura do auto de prisão em flagrante, nesses crimes, porque constitui a peça inaugural do respectivo inquérito policial, não poderá dar-se sem que o ofendido exteriorize sua vontade nesse sentido. Como a alternativa se refere à ação penal pública condicionada, o auto não poderá ser lavrado sem que a vontade do ofendido seja manifestada por meio da representação. Ausente esta, o delegado de polícia se limitará a formalizar o registro dos fatos, o que pode ser feito por meio do boletim de ocorrência. Importante registrar que, embora a falta de representação (ou requerimento, se na ação penal privada) impeça a formalização da prisão por meio do auto, a prisão-captura pode (deve) realizar-se nesses casos (obrigatória, aliás, para autoridade policial e seus agentes). Mesmo porque a lesão ao bem jurídico deve cessar; **B:** incorreta. A análise quanto à tipicidade material da conduta deve ser feita pelo promotor e pelo juiz. A autoridade policial deverá limitar-se a fazer um juízo de tipicidade (formal); no mais, a ação penal subsidiária da pública somente terá lugar ante a desídia do MP, o que somente restará ou não configurado depois de concluídas as investigações e transcorrido o prazo para oferecimento da denúncia. Além do mais, a ação penal subsidiária é, na sua essência, pública; **C:** incorreta, pois, neste caso, estará o delegado de polícia, como salientamos no comentário à proposição "A", autorizado a lavrar o auto de prisão em flagrante; **D:** correta. A autoridade policial, neste caso, somente deixará de lavrar o auto de prisão em flagrante na hipótese de o condutor prestar pronto e integral socorro à vítima (art. 301 do CTB).

Gabarito "A"

(Delegado/RO – 2014 – FUNCAB) A ordem ou o "comando implícito de soltura" é característica peculiar de uma prisão cautelar, no caso, a prisão:

(A) preventiva decorrente de conversão.
(B) em flagrante.
(C) temporária.
(D) preventiva decretada no curso do processo.
(E) domiciliar decretada no curso do processo.

Diz-se que a ordem de prisão temporária contém o chamado "comando implícito de soltura" porquanto, passados os 5 dias de custódia, o investigado deverá ser imediatamente posto em liberdade pela autoridade policial, sem a necessidade de alvará de soltura a ser expedido pelo juiz que decretou a prisão. Evidente que permanecerá custodiado o investigado que contra si for prorrogada a prisão temporária ou mesmo expedido mandado de prisão preventiva. É o que estabelece o art. 2º, § 7º, da Lei 7.960/1989.

Gabarito "C"

(Delegado/RO – 2014 – FUNCAB) Sabe-se que a prisão em flagrante se desdobra em dois momentos sucessivos: em um primeiro momento, ocorre a apreensão física do infrator e; em um momento posterior, a lavratura ou a documentação da prisão no respectivo auto. Dito isso, analise as proposições e assinale a alternativa correta.

(A) Após a lavratura ou a documentação da prisão, o auto de prisão em flagrante deverá ser encaminhado ao juiz competente.
(B) Não cabe apreensão física de Juiz de Direito que pratica infração afiançável.
(C) Não há discussão doutrinária acerca da possibilidade de a autoridade judiciária lavrar o auto de prisão em flagrante, essa possibilidade decorre da lei.
(D) O denominado flagrante facultativo viabiliza que a autoridade policial não lavre ou documente a prisão.
(E) Não cabe apreensão física de pessoa que pratica infração de menor potencial ofensivo.

A: correta. A autoridade policial a quem foi apresentado o conduzido deverá providenciar para que contra ele seja lavrado o auto de prisão em flagrante, com a imediata comunicação de sua prisão ao juiz competente, ao Ministério Público e à família do preso ou a pessoa por ele indicada (a obrigatoriedade de comunicar o MP foi inserida pela Lei 12.403/2011, que alterou a redação do art. 306, *caput*, do CPP). Além disso, por imposição do art. 306, § 1º, do CPP, cuja redação também foi alterada por força da mesma lei, "em até vinte e quatro horas após a realização da prisão, será encaminhado ao juiz competente o auto de prisão em flagrante e, caso o autuado não informe o nome de seu advogado, cópia integral para a Defensoria Pública". Ao final, será entregue ao autuado a *nota de culpa*, da qual constarão o motivo da prisão, o nome do condutor e também o das testemunhas (art. 306, § 2º, CPP); **B:** incorreta. A apreensão física, também chamada de prisão-captura, pode ser feita, sim, contra juiz de direito, ainda que se trate de infração penal inafiançável. Neste último caso, em seguida à lavratura do auto de prisão em flagrante, incumbe à autoridade policial que o presidiu providenciar para que o magistrado seja, de imediato, apresentado ao presidente do Tribunal a que esteja vinculado. É o que determina o art. 33, II, da Lei Complementar n. 35/79; **C:** incorreta. Embora a possibilidade de o juiz de direito presidir auto de prisão em flagrante esteja contemplada no art. 307, CPP ("quando o fato for praticado em presença da autoridade, ou contra esta, no exercício de suas funções"), tal providência, para alguns doutrinadores, não é recomendável; **D:** incorreta, dado que a faculdade de prender em flagrante somente é deferida ao particular (art. 301, CPP); a autoridade policial e seus agentes, a teor do que dispõe o art. 301 do CPP, *devem* prender quem quer que se encontre em situação de flagrante. Este é o chamado *flagrante obrigatório*; **E:** incorreta. Aquele que for surpreendido em situação de flagrante pela prática de infração de menor potencial ofensivo pode, sim, ser preso (prisão-captura) em flagrante. No entanto, ao ser conduzido ao distrito policial e apresentado ao delegado, contra o autor dos fatos não será lavrado auto de prisão em flagrante, salvo se se recusar a ser encaminhado de imediato ao juizado especial ou, não sendo isso possível, assumir o compromisso de ali comparecer assim que convocado.

Gabarito "A"

(Delegado/SP – 2014 – VUNESP) Em relação ao tema prisão, é correto afirmar que

(A) o emprego de força para a realização da prisão será permitido sempre que a autoridade policial julgar necessário, não existindo restrição legal.
(B) a prisão poderá ser efetuada em qualquer dia e a qualquer hora, respeitadas as restrições relativas à inviolabilidade de domicílio.
(C) a prisão cautelar somente ocorre durante o inquérito policial.
(D) em todas as suas hipóteses, é imprescindível a existência de mandado judicial prévio.
(E) a prisão preventiva somente ocorre durante o processo judicial.

A: incorreta, uma vez que o art. 284 do CPP estabelece que somente se empregará força, na realização da prisão, quando indispensável em razão de resistência ou de tentativa de fuga; **B:** correta, pois reflete a regra disposta no art. 283, § 2º, do CPP; **C:** incorreta. Prisão cautelar (provisória ou processual) é gênero da qual são espécies a custódia *preventiva*, a *temporária* e a *prisão em flagrante*. Como bem sabemos, a prisão temporária somente poderá ocorrer no curso das investigações do inquérito policial (art. 1º, I, da Lei 7.960/1989); a prisão em flagrante, por sua vez, é efetuada em momento anterior à instauração do inquérito e, por óbvio, antes da instauração da ação penal; agora, a prisão preventiva, por força do que dispõe o art. 311 do CPP, poderá ser decretada em qualquer fase da persecução criminal (inquérito e processo); **D:** incorreta. O mandado somente se fará necessário ao cumprimento da prisão temporária e preventiva. A prisão em flagrante, por razões óbvias, não exige, para o seu cumprimento, a expedição de mandado. De outra forma não poderia ser; **E:** incorreta. A prisão preventiva, como já afirmamos, terá lugar tanto na fase inquisitiva quanto na instrução processual.

Gabarito "B"

(Delegado/SP – 2014 – VUNESP) A fiança

(A) poderá ser prestada em todas as hipóteses de prisão, salvo no caso de prisão em decorrência de pronúncia.
(B) poderá ser prestada em qualquer termo do processo, inclusive após o trânsito em julgado da sentença.
(C) poderá ser prestada em qualquer termo do processo, enquanto não transitar em julgado a sentença condenatória.
(D) somente poderá ser prestada durante o inquérito policial.
(E) poderá ser prestada nas hipóteses de prisão temporária.

A: incorreta, uma vez que as hipóteses de inafiançabilidade estão elencadas no art. 323 do CPP, cuja redação foi determinada pela Lei 12.403/11, a saber: racismo, tortura, tráfico, terrorismo, crimes hediondos e os delitos praticados por grupos armados, civis ou militares, contra a ordem constitucional e o Estado Democrático e também aqueles contidos em leis especiais, tal como o art. 31 da Lei 7.492/1986 (Sistema Financeiro). Assim sendo, a prisão decorrente de pronúncia, que deve obediência aos requisitos do art. 312 do CPP, não constitui critério de inafiançabilidade; **B** e **C:** a fiança será prestada, a teor do art. 334 do CPP, enquanto não passar em julgado a sentença condenatória; **D:** incorreta. Será prestada tanto na fase de inquérito quanto na instrução processual (enquanto não transitar em julgado); **E:** incorreta. A fiança é incompatível com a prisão temporária.

Gabarito "C"

(Delegado/BA – 2013 – CESPE) Determinado cidadão, maior, capaz, réu em processo penal sob a acusação de crime de latrocínio na comarca de Catu – BA, tendo sido contra ele expedido mandado de prisão preventiva, devidamente registrado no banco de dados do Conselho Nacional de Justiça, foi abordado por agentes da delegacia de homicídios de Salvador – BA, no curso de investigação policial por outros delitos perpetrados na capital baiana. Após consulta ao sistema informatizado de capturas, e tendo sido o seu nome localizado, foi-lhe dada voz de prisão. Nesse momento, o cidadão empreendeu fuga em um veículo na direção ao interior do estado e, imediatamente perseguido pelos agentes policiais, foi interceptado e preso na Comarca de Feira de Santana – BA.

Com base na situação hipotética apresentada acima, julgue os itens subsequentes.

(1) A decretação da prisão preventiva submete-se aos requisitos fáticos e normativos estabelecidos no CPP, sendo admitida em

qualquer fase da persecução criminal, seja de ofício, seja por representação da autoridade policial, a requerimento do MP, do querelante ou do assistente de acusação.

(2) Nessa situação, por força do disposto contido no CPP, deverão os agentes apresentar o cidadão à autoridade policial de Feira de Santana – BA e, nessa ocasião, ele será informado de seus direitos constitucionais. Caso não apresente o nome de seu advogado, a defensoria pública será cientificada da prisão. A autoridade policial, após execução das formalidades legais, comunicará da prisão ao juízo do local de cumprimento da medida, o qual informará ao juízo que a decretou.

1: incorreta. O erro da assertiva reside na parte em que se afirma que a custódia preventiva pode ser decretada de ofício em qualquer fase da persecução penal. Podia, mas não pode mais. É que, com a alteração promovida pela Lei de Reforma 12.403/2011 na redação do art. 311 do CPP, o juiz, que antes podia, de ofício, determinar a prisão preventiva no curso do inquérito, agora somente poderá fazê-lo, nesta fase da persecução, quando provocado pela autoridade policial, mediante representação, ou pelo Ministério Público, por meio de requerimento; portanto, de ofício, a partir da entrada em vigor da lei acima mencionada, somente no decorrer da ação penal; **2**: correta. Estabelece o art. 290, *caput*, do CPP que, tendo o agente (investigado, indiciado ou acusado), em fuga, passado para o território de outra comarca, aquele que o persegue poderá prendê-lo no local em que o alcançar, apresentando-o, neste caso, à autoridade local, que cuidará da formalização da prisão e a sua comunicação ao juízo do local em que a medida foi cumprida (art. 289-A, § 3º, do CPP), que, por sua vez, informará o juízo que a decretou, a quem caberá providenciar a remoção do preso (art. 289, § 3º, do CPP). No mais, o preso deverá, no ato da prisão, por imposição do art. 289-A, § 4º, do CPP, ser informado de seus direitos, sendo-lhe assegurado, caso não informe o nome de seu advogado, que sua detenção seja comunicada à Defensoria Pública.

Gabarito 1E, 2C

(Delegado Federal – 2013 – CESPE) Acerca da custódia cautelar e suas modalidades, dos atos processuais e seus sujeitos, bem como da ação penal, julgue os itens que se seguem.

(1) Em se tratando de ações penais privadas, prevalece, no processo penal, a competência de foro, com preponderância do interesse do queixoso no que diz respeito à distribuição territorial da competência.

(2) Considere que, no curso de inquérito policial em que se apure crime de ação pública incondicionada, quando da primeira remessa dos autos ao Poder Judiciário com solicitação de retorno para novas diligências, a vítima do delito requeira a sua habilitação nos autos como assistente de acusação. Nessa situação, o pedido deve ser negado, visto que a figura do assistente é admitida no processo somente após o recebimento da denúncia e antes do trânsito em julgado da sentença.

(3) Suponha que um agente penalmente capaz pratique um roubo e, perseguido ininterruptamente pela polícia, seja preso em circunscrição diversa da do cometimento do delito. Nessa situação, a autoridade policial competente para a lavratura do auto de prisão em flagrante é a do local de execução do delito, sob pena de nulidade do ato administrativo.

1: incorreta. Ainda que se trate de ação penal privada exclusiva, em que o querelante pode, mesmo sendo conhecido o local da infração, optar por ajuizá-la no foro do domicílio ou residência do réu, não há que se falar em preponderância do interesse do queixoso, já que a regra, no âmbito do processo penal, é que a ação seja ajuizada no foro em que a infração se consumou (art. 70, CPP), o que se mostra mais adequado a uma eficiente produção probatória. Prevalece, pois, o interesse público na busca pela verdade real; **2**: correta. O ingresso do assistente de acusação somente poderá se dar a partir do recebimento da denúncia (arts. 268 e 269, CPP). Antes disso, não há sequer acusação; **3**: incorreta, uma vez que a atribuição para a lavratura do auto de prisão em flagrante, neste caso, recai sobre a autoridade do local em que foi efetivada a prisão, após o que o auto respectivo será remetido, com as demais peças que o acompanham, à autoridade policial do local em que a infração foi praticada (art. 304, § 1º, parte final, do CPP). Ainda que assim não fosse, o fato de o flagrante ter sido lavrado por outra autoridade que não a do local da prisão tampouco do lugar onde o crime foi cometido não torna nulo o ato administrativo, segundo entendimento pacífico da jurisprudência.

Gabarito 1E, 2C, 3E

(Delegado Federal – 2004 – CESPE) Considere a seguinte situação hipotética.

(1) Evandro é acusado de prática de homicídio doloso simples contra a própria esposa. Nessa situação, recebida a denúncia pelo juiz competente, é cabível a decretação da prisão temporária de Evandro, com prazo de 30 dias, prorrogável por igual período, haja vista tratar-se de crime hediondo.

1: incorreta. Conforme preleciona o art. 1º, I, da Lei 7.960/89, a *prisão temporária*, que constitui modalidade de prisão provisória (ou cautelar), somente poderá ser decretada no curso das investigações. Ademais disso, o prazo de trinta dias de prisão temporária a que alude o art. 2º, § 4º, da Lei 8.072/1990 só incidirá nos crimes previstos nessa legislação. O homicídio simples (art. 121, *caput*, CP) só será considerado hediondo quando praticado em atividade típica de grupo de extermínio, ainda que por um só agente (art. 1º, I, Lei 8.072/1990).

Gabarito 1E

(Delegado Federal – 2004 – CESPE) Julgue o item a seguir.

(1) É pacífico o entendimento jurisprudencial no sentido de que é inconstitucional a prisão decorrente de sentença de pronúncia, nos procedimentos do júri popular.

1: incorreta. A decretação ou manutenção da prisão cautelar (provisória ou processual), assim entendida aquela que antecede a condenação definitiva, deve sempre estar condicionada à demonstração de sua imperiosa necessidade. Bem por isso, deve o magistrado apontar as razões, no seu entender, que a tornam indispensável (art. 312 do CPP). Colocado de outra forma, a prisão provisória ou cautelar somente se justifica dentro do ordenamento jurídico quando necessária ao processo. Deve ser vista, portanto, como um *instrumento* do processo a ser utilizado em situações *excepcionais*. É por essa razão que a prisão decorrente de pronúncia e a prisão decorrente de sentença penal condenatória recorrível deixaram de constituir modalidade de prisão cautelar. Era uma prisão automática, já que, com a prolação da sentença condenatória, o réu era recolhido ao cárcere (independente de a prisão ser necessária). Nesse contexto, o acusado era considerado presumidamente culpado. Com as modificações introduzidas pela Lei 11.719/2008 e também em razão da atuação dos tribunais, esta modalidade de prisão cautelar deixou de existir, consagrando, assim, o *postulado da presunção de inocência*. Em vista dessa nova realidade, se o acusado permanecer preso durante toda a instrução, a manutenção dessa prisão somente terá lugar se indispensável for ao processo, pouco importando se, uma vez condenado em definitivo, permanecerá ou não preso. A prisão desnecessária decretada ou mantida antes de a sentença passar em julgado constitui antecipação da pena que porventura seria aplicada em caso de condenação, o que representa patente violação ao princípio da presunção de inocência, postulado esse de índole constitucional – art. 5º, LVII. De se ver ainda que, tendo em conta as mudanças implementadas pela Lei 12.403/2011, que instituiu as *medidas cautelares alternativas à prisão provisória*, esta somente terá lugar diante da impossibilidade de se recorrer às medidas cautelares. Dessa forma, a prisão, como medida excepcional que é, deve também ser vista como instrumento subsidiário, supletivo.

Gabarito 1E

(Delegado Federal – 2004 – CESPE) Julgue o item seguinte.

(1) Em face de crime de ação penal privada, é cabível a decretação de prisão preventiva.

1: correta. Art. 311 do CPP. A decretação da prisão preventiva pode ocorrer tanto na ação penal pública quanto na ação penal privada.

Gabarito 1C

(Delegado Federal – 2002 – CESPE) No que concerne ao auto de prisão em flagrante, julgue os seguintes itens.

(1) Havendo autoridade policial na circunscrição, a lavratura de auto de prisão em flagrante em local diverso da prisão ocasiona a sua nulidade, em face da incompetência *ratione loci*.

(2) Na lavratura do auto de prisão em flagrante, para integrar o mínimo legal, a autoridade policial poderá ouvir o condutor do preso como testemunha, considerando-o como testemunha numerária.

(3) Não invalida a prisão em flagrante a audiência do conduzido no leito de hospital, subsequentemente à lavratura do auto na delegacia, quando impossibilitado de ser interrogado por ter sido baleado durante perseguição policial.

(4) A ausência de comunicação da prisão em flagrante imediatamente à autoridade judiciária competente ocasiona a nulidade do auto.

(5) O juiz, após receber a comunicação do flagrante, está obrigado a fundamentar o despacho homologatório.

1: incorreta, a Polícia Judiciária não exerce ato de jurisdição (o ato por ela praticado tem natureza administrativa); assim, nenhuma ilegalidade há no fato de o auto de prisão em flagrante ser lavrado por autoridade policial responsável por circunscrição diversa da do local em que se deu a captura – art. 290 do CPP. Conferir, nesse sentido: STJ, HC 30.236-RJ, 5ª T., rel. Min. Felix Fisher, j. 17.2.2004; **2**: correta, de fato, é pacífico o entendimento segundo o qual é admitido que o condutor, na prisão em flagrante, figure como testemunha; **3:** correta, se, por qualquer razão, não for possível, no ato da lavratura do auto de prisão em flagrante, proceder-se ao interrogatório do indiciado, tal circunstância deverá dele constar. Neste caso, o interrogatório poderá ser feito depois, tão logo o conduzido se restabeleça; **4:** incorreta, a ausência da formalidade contemplada no art. 5º, LXII, da CF – e reproduzida no art. 306, *caput*, do CPP – implica o relaxamento da prisão em flagrante e a imediata soltura do preso, em conformidade com o que dispõe o art. 5º, LXV, da CF. Atenção: com a edição da Lei 12.403/2011, que modificou a redação do art. 306, "*caput*", do CPP, a prisão em flagrante, a partir de agora, também deverá ser comunicada ao Ministério Público, sem prejuízo, é claro, da comunicação ao juiz e à família do preso ou à pessoa por ele indicada. De se ver, ainda, que o art. 306, §§ 1º e 2º, do CPP fixa o prazo de 24 (vinte e quatro) horas, a contar da prisão, para que a autoridade que presidiu o flagrante providencie o encaminhamento do auto de prisão em flagrante ao juiz competente juntamente com todas as peças. Caso o conduzido não informe o nome de seu advogado, deverá a autoridade, dentro do mesmo prazo, encaminhar as peças à Defensoria Pública. Deverá ainda, no prazo de 24 (vinte e quatro) horas da prisão, entregar ao autuado a nota de culpa, cientificando-lhe do motivo de sua prisão, o nome do condutor e o das testemunhas; **5:** incorreta, o art. 310 do CPP, modificado pela Lei 12.403/2011, impõe ao magistrado, quando do recebimento do auto de prisão em flagrante, o dever de manifestar-se *fundamentadamente* acerca da prisão que lhe é comunicada. Pela *novel* redação do dispositivo, abrem-se para o juiz as seguintes opções: se se tratar de prisão ilegal, deverá o juiz relaxá-la e determinar a soltura imediata do preso; se a prisão estiver em ordem, deverá o juiz, sempre de forma fundamentada, converter a prisão em flagrante em preventiva, desde que entenda necessário ao processo, levando-se em conta, para tanto, os requisitos do art. 312 do CPP. Ressalte-se que, tendo em vista o *postulado da proporcionalidade*, a custódia preventiva somente terá lugar se as medidas cautelares diversas da prisão revelarem-se inadequadas; poderá, por fim, o juiz conceder a liberdade provisória, com ou sem fiança.

Gabarito 1E, 2C, 3C, 4E, 5E

(Delegado Federal – 2002 – CESPE) Julgue o seguinte item.

(1) Justifica-se a decretação da prisão temporária de pessoa envolvida em crimes de roubo e homicídio qualificado que, por se encontrar foragida, impede a autoridade policial de concluir o inquérito policial.

Conforme preleciona o art. 1º, I, da Lei 7.960/1989, a *prisão temporária* constitui modalidade de prisão provisória, sempre decretada com prazo determinado, e destinada a viabilizar as investigações de determinados crimes durante a fase de inquérito policial. Esta modalidade de custódia pode ser decretada no curso do inquérito policial em que são apurados, dentre outros, crime de roubo (art. 1º, III, *c*, da Lei 7.960/1989) e crime de homicídio doloso (art. 1º, III, *a*, da Lei 7.960/1989).

Gabarito 1C

(Delegado Federal – 2002 – CESPE) Acerca da prisão em flagrante e seus desdobramentos, julgue os itens que se seguem.

(1) Considere a seguinte situação hipotética. Roberto, funcionário público, desviou, em proveito próprio, a importância de R$ 50.000,00 de que tinha a posse em razão do cargo que exercia. No mesmo dia, arrependido, Roberto compareceu espontaneamente perante a autoridade policial e comunicou a ocorrência e a autoria da infração penal. Nessa situação, em face da quase-flagrância, caberá à autoridade policial efetuar a prisão em flagrante de Roberto.

(2) Considere a seguinte situação hipotética. Tomando conhecimento de que uma grande quantidade de cocaína estava em depósito em determinada residência para difusão ilícita, agentes de polícia passaram-se por eventuais compradores de droga e, ao terem acesso ao interior da casa visada, efetuaram a prisão em flagrante de vários traficantes, apreendendo vinte quilos da substância entorpecente. Nessa situação, pelo fato de a ação delituosa ter sido provocada e induzida pelos agentes disfarçados, ocorreu flagrante preparado.

(3) É cabível a prisão em flagrante em crime de ação penal privada.

(4) Considere a seguinte situação hipotética. Intimado para prestar declarações em um inquérito policial, um cidadão desacatou a autoridade policial que o presidia, rasgando peças dos autos e atirando-as ao chão, além de proferir palavras de baixo calão à sua pessoa. Nessa situação, a autoridade policial poderá presidir a lavratura do auto de prisão em flagrante.

1: incorreta, o crime do art. 312, *caput*, segunda parte, do CP, denominado pela doutrina de *peculato-desvio*, atinge seu momento consumativo no instante em que se verifica o efetivo desvio do bem, em proveito próprio ou de terceiro. A *apresentação espontânea* do autor de crime à autoridade policial, ainda que em seguida à prática do delito, afasta a possibilidade de prisão em flagrante. No mais, *quase-flagrante* ou *flagrante impróprio* é aquele em que o sujeito é perseguido, logo após a prática delituosa, em situação que faça presumir ser o autor da infração (art. 302, III, CPP); **2:** incorreta, a jurisprudência firmou entendimento no sentido de que, nos crimes constituídos por vários núcleos (tipo misto alternativo ou plurinuclear), como é o caso do delito de tráfico de drogas, a despeito de o ato de vender entorpecente constituir modalidade de *crime impossível* (crime de ensaio), nos moldes da Súmula 145 do STF, as condutas (núcleos) anteriores, preexistentes, como *manter em depósito*, porque já vinham sendo consumadas (trata-se de modalidade permanente), configuram crimes viáveis, já que, neste caso, inexiste induzimento ou instigação; **3:** correta, com efeito, é perfeitamente cabível a prisão em flagrante em crime de ação penal de iniciativa privativa do ofendido, sendo tão somente necessário, por ocasião da lavratura do auto respectivo, a manifestação de vontade por parte da vítima ou de seu representante legal, em forma de *requerimento*; **4:** correta, art. 307 do CPP.

Gabarito 1E, 2E, 3C, 4C

(Delegado Federal – 1998 – CESPE) A prisão temporária

(1) pode ser decretada para assegurar a aplicação da lei penal.
(2) não pode ser decretada antes do interrogatório do indiciado.
(3) não pode ser decretada de ofício pelo juiz, mesmo se tratando de crime hediondo.
(4) pode ser decretada por juiz plantonista.
(5) tem duração máxima de dois dias.

1: incorreta, a *prisão temporária*, conforme preconiza o art. 1º, I, da Lei 7.960/1989, constitui modalidade de prisão provisória, decretada por prazo determinado, e destinada a viabilizar, no curso do inquérito policial, as investigações acerca de determinados crimes. Para assegurar a aplicação da lei penal poderá ser decretada a *prisão preventiva*, nos moldes do art. 312 do CPP, desde que preenchidos os demais requisitos legais e também quando inadequadas ou insuficientes as medidas cautelares diversas da prisão; **2:** incorreta, nos termos do art. 1º, I, da Lei 7.960/1989; **3:** correta, a *prisão temporária* não pode ser decretada de ofício pelo juiz de direito, que depende, para ordená-la, de *requerimento* do Ministério Público ou de *representação* do delegado de polícia. A propósito, no que concerne à outra modalidade de prisão cautelar, a *custódia preventiva*, por força das alterações implementadas pela Lei 12.403/2011, não mais subsiste a decretação de ofício da prisão preventiva durante a fase inquisitorial, o que somente será possível, doravante, no curso da ação penal; **4:** correta, nada obsta que o juiz de direito que se encontre de plantão, desde que respeitado o princípio do juiz natural, decrete a prisão temporária; **5:** incorreta, a duração da prisão temporária está condicionada à natureza do crime a ser apurado. Será decretada pelo prazo de *cinco* dias, podendo esse prazo ser prorrogado uma vez em caso de comprovada e extrema necessidade, consoante determina o art. 2º, *caput*, da Lei 7.960/1989; se se tratar, no entanto, de crime hediondo ou de delito a ele equiparado, o prazo de prisão temporária será de *trinta* dias, prorrogável por mais trinta, também em caso de comprovada e extrema necessidade. É o teor do art. 2º, § 4º, da Lei 8.072/1990 (Crimes Hediondos).

Gabarito 1E, 2E, 3C, 4C, 5E

(Agente de Polícia Federal – 2009 – CESPE) Julgue o item subsequente quanto a prisão em flagrante

(1) Não há crime quando a preparação do flagrante pela polícia torna impossível a sua consumação.

1: Assertiva correta, nos termos da Súmula 145 do STF. Trata-se do chamado *flagrante provocado* ou *preparado* ou ainda *crime de ensaio*, em que um terceiro, em geral um policial, leva o agente ao cometimento do crime para, depois disso, prendê-lo. Não deve ser confundido com o chamado *flagrante esperado*, em que há, por parte da polícia, diante da notícia de um crime, mero acompanhamento, espera. A consumação, no *crime de ensaio*, é inviável, porquanto o resultado será impedido, frustrado.

Gabarito 1C

(Agente de Polícia Federal – 2009 – CESPE) Julgue os itens a seguir, acerca das prisões cautelares.

(1) Assemelham-se as prisões preventiva e temporária porque ambas podem ser decretadas em qualquer fase da investigação policial ou da ação penal. No entanto, a prisão preventiva pressupõe requerimento das partes, ao passo que a prisão temporária pode ser decretada de ofício pelo juiz.

(2) Por completa falta de amparo legal, não se admite o flagrante forjado, que constitui, em tese, crime de abuso de poder, podendo ser penalmente responsabilizado o agente que forjou o flagrante.

1: incorreta, hodiernamente, temos a seguinte situação: a *prisão temporária* somente será decretada no curso do inquérito policial, dado que é a modalidade de custódia que se presta a conferir eficiência, efetividade às investigações. Não pode, pois, ser decretada no curso da ação penal. Ademais, a custódia temporária não pode ser decretada de ofício pelo juiz, que deverá determiná-la diante de *representação* formulada pela autoridade policial ou de *requerimento* do MP – art. 2º, *caput*, da Lei 7.960/1989. Já a *prisão preventiva* terá lugar em qualquer momento da persecução penal (inquérito e ação penal). Até aqui, nada de novo. A novidade veio por meio da Lei de Reforma 12.403/2011, que alterou o art. 311 do CPP. Antes, podia o juiz, no curso do inquérito, determinar a prisão preventiva independente de provocação. Agora, não mais. Somente poderá fazê-lo quando provocado pela autoridade policial, mediante representação, ou pelo Ministério Público, por meio de requerimento. O juiz continua a decretar a preventiva de ofício no curso da ação penal. Outra novidade é a possibilidade de o assistente requerer ao juiz a decretação da prisão preventiva – art. 311, CPP; **2:** correta, é aquela situação em que um policial (ou mesmo um terceiro) cria provas com o propósito de incriminar um inocente, que jamais imaginou em cometer o crime a ele atribuído.

Gabarito 1E, 2C

(Agente de Polícia Federal – 2004 – CESPE) Acerca da prisão, julgue os itens a seguir.

(1) Na prisão temporária, decorrido o prazo de 5 dias de detenção, o preso deverá ser posto imediatamente em liberdade, salvo se já tiver sido decretada sua prisão preventiva.

(2) A prisão preventiva poderá ser decretada como garantia da ordem pública, da ordem econômica, por conveniência da instrução criminal, ou para assegurar a aplicação da lei penal, quando houver prova da existência do crime e indício suficiente de autoria, em caso de crime doloso ou culposo, punidos com detenção, quando se apurar que o indiciado é vadio ou, havendo dúvida sobre a sua identidade, não fornecer ou não indicar elementos para esclarecê-la.

1: correta, com efeito, uma vez vencido o prazo de prisão temporária e não tendo sido este prorrogado tampouco decretada a prisão preventiva, o preso deverá ser posto imediatamente em liberdade; **2:** incorreta, a Lei 12.403/2011 alterou o regramento da prisão preventiva, em especial no que toca aos seus requisitos. A nova redação do art. 313 do CPP estabelece as condições de admissibilidade da prisão preventiva, a saber: nos crimes dolosos punidos com pena privativa de liberdade máxima superior a quatro anos (não importa se o crime é apenado com reclusão ou detenção); se tiver sido condenado por outro crime doloso, em sentença com trânsito em julgado; se o crime envolver violência doméstica e familiar contra a mulher, criança, adolescente, idoso, enfermo ou pessoa com deficiência, para garantir a execução das medidas preventivas de urgência; e também quando houver dúvida sobre a identidade civil da pessoa ou quando esta não fornecer elementos suficientes para esclarecê-la. Não terá lugar a prisão preventiva nos crimes culposos tampouco nas contravenções penais.

Gabarito 1C, 2E

(Agente de Polícia Federal – 2000 – CESPE) Zeca e Juca, previamente ajustados, adentraram em uma agência da Caixa Econômica Federal e, mediante ameaça, com o emprego de armas de fogo (revólveres), subtraíram a importância de R$ 20.000,00, que se encontrava no interior do cofre da instituição financeira. Logo depois da ocorrência, os autores da subtração foram encontrados por policiais militares, alguns quarteirões distantes da agência, em atitude suspeita (carregando sacolas e com armas na cintura), momento em que foram abordados e posteriormente presos. As armas do crime foram apreendidas e parte da *res furtiva* recuperada. Juca alegou ter menos de dezoito anos de idade. Diante dessa situação hipotética, julgue o item a seguir.

(1) Zeca e Juca foram presos em flagrante impróprio ou quase-flagrante.

1: incorreta, o *flagrante impróprio* ou *quase-flagrante* pressupõe perseguição, isto é, nesta modalidade de flagrante, o agente, logo após a prática da infração, é perseguido, de forma ininterrupta, e preso pela polícia ou por terceiro (art. 302, III). Zeca e Juca, por não terem sido perseguidos, mas, sim, porque foram encontrados, logo depois do crime, com armas e parte do produto da infração, em situação que permite concluir serem eles os autores do crime, devem ser, por essa razão, presos em flagrante, já que a situação de ambos se amolda ao denominado *flagrante presumido* ou *ficto* (art. 302, IV).

Gabarito 1E

(Agente de Polícia Federal – 1998 – CESPE) Instaurou-se inquérito policial para a apuração de dois crimes de estelionato. A autoridade policial entendeu que Vigarista e Conversa mole foram os autores dos crimes, pois já haviam sido processados por crimes praticados em semelhantes condições. A única testemunha dos crimes recusou-se a depor, nas duas vezes em que fora intimada para o ato. Necessitando concluir as investigações e diante da notícia de que os indiciados estavam praticando outros crimes na praça, o delegado de polícia.

(1) deverá prender cautelarmente os indiciados, providenciando a imediata convalidação judicial da prisão.

(2) poderá representar pela decretação da prisão temporária dos indiciados, alegando garantia da ordem pública.

(3) poderá representar pela decretação da prisão temporária da testemunha faltosa, já que o seu depoimento é imprescindível para o bom êxito das investigações.

(4) poderá representar pela prisão preventiva dos indiciados, por estarem eles cometendo outros crimes, fundamentando seu pedido na necessidade de garantia da ordem pública.

(5) deverá, na hipótese de serem os indiciados presos provisoriamente, concluir o inquérito policial, no máximo em tinta dias.

1: incorreta, prescreve o art. 5º, LXI, da CF que "ninguém será preso senão em flagrante delito ou por ordem escrita e fundamentada de autoridade judiciária competente, salvo nos casos de transgressão militar e crime propriamente militar, definidos em lei". Assim, constitui regra, no nosso sistema, a necessidade de a prisão ser decretada por juiz de direito competente. Dessa forma, não poderia o delegado de polícia prender cautelarmente os indiciados, submetendo esta sua decisão à convalidação judicial; **2:** incorreta, a *garantia da ordem pública* não constitui fundamento da *prisão temporária*, mas, sim, da *prisão preventiva*, *ex vi* do art. 312 do CPP; **3:** incorreta, a prisão temporária somente poderá ser decretada, no curso do inquérito policial, em desfavor do investigado/indiciado. A testemunha faltosa será conduzida coercitivamente à presença da autoridade; **4:** proposição correta, já que a garantia da ordem pública constitui, de fato, um dos fundamentos da prisão preventiva, conforme preconiza o art. 312 do CPP; **5:** incorreta, o art. 10, *caput*, do CPP estabelece, neste caso, o prazo de dez dias para que o inquérito seja concluído.

Gabarito 1E, 2E, 3E, 4C, 5E

(Agente de Polícia Federal – 1998 – CESPE) Uma patrulha da Polícia Militar deu voz de prisão a Traíra, que acabara de furtar um aparelho de som de seu irmão, Riquinho, aproveitando-se do fato de que este não estava em casa. Conduzido à Delegacia de Polícia, o preso foi apresentado à autoridade policial, que, constatando a prática de crime de ação penal pública condicionada à representação, decidiu lavrar o auto de prisão em flagrante. Nesse caso, o delegado de polícia.

(1) deverá providenciar, como condição para iniciar o inquérito policial, a representação da vítima.

(2) deverá entregar ao autuado a nota de culpa, após as demais providências exigidas em lei e lavrado o auto de prisão em flagrante.

(3) poderá decretar a incomunicabilidade do indiciado.

(4) providenciará um curador ao autuado, se este, embora maior de vinte e um anos, recusar-se a assinar o auto de prisão em flagrante.

1: correta, se o crime contra o patrimônio é praticado sem violência ou grave ameaça contra a pessoa e a vítima é o próprio irmão, a ação penal, que em regra é pública incondicionada, passa a depender de *representação* (pública condicionada), nos termos dos arts. 182 II, e 183 do CP. Assim, a autoridade policial responsável pela lavratura do auto de prisão em flagrante não poderá dar início ao inquérito policial sem que a vítima tenha, de forma clara e inequívoca, manifestado seu desejo em ver processado o seu ofensor, contra ele oferecendo a representação. É a regra estampada no art. 5º, § 4º, CPP; **2:** correta, a formalidade de entrega da nota de culpa está contemplada no art. 306, § 2º, do CPP. Cuida-se do documento que formaliza a comunicação que é feita ao indiciado a respeito do motivo de sua prisão, o nome da autoridade responsável pela lavratura do auto, o nome daquele que efetuou sua prisão (condutor), bem como o das testemunhas. Estamos aqui a falar de um direito de índole constitucional – art. 5º, LXIV, da CF; **3:** incorreta, a incomunicabilidade do indiciado, prevista no art. 21 do CPP, não foi, para a maior parte da doutrina, recepcionada pela CF/88; **4:** incorreta, neste caso, o auto deverá ser assinado por duas testemunhas, que tenham ouvido sua leitura na presença do indiciado, na forma do art. 304, § 3º, do CPP. A doutrina convencionou chamar essas testemunhas de *fedatárias* ou *instrumentárias*, pois elas se limitam a atestar a existência ou autenticidade de um ato.

Gabarito 1C, 2C, 3E, 4E

(Escrivão de Polícia Federal – 2004 – CESPE) No que se refere à competência e à prisão processual, julgue os itens que se seguem.

(1) Considere a seguinte situação hipotética. Enzo subtraiu da residência de Lúcia, mediante violência, uma caixa contendo joias e dinheiro. Assim que ele deixou a residência, Lúcia acionou a polícia, que, em busca realizada nas proximidades do local, encontrou-o portando os bens subtraídos.
Nessa situação, é correto afirmar que houve a consumação do roubo, e que o agente foi preso em flagrante delito.

(2) Considere a seguinte situação hipotética. Miguel teve sua prisão temporária decretada em razão de existirem fundadas razões de que praticara o crime de formação de quadrilha ou bando. Nessa situação, decorrido o prazo de 5 dias, Miguel deverá ser imediatamente posto em liberdade, somente sendo possível manter a restrição de liberdade se tiver havido a decretação de sua prisão preventiva.

1: correta, hodiernamente, há uma tendência da jurisprudência, notadamente do STF e do STJ, em considerar o momento consumativo do crime de roubo o do apossamento do bem, independentemente de o agente ter permanecido na posse tranquila da *res*. Nesse sentido: STF, 1ª T., HC 92.450-DF, Rel. Min. Ricardo Lewandowiski, j. 16.9.2008. De uma maneira ou de outra, o crime de que trata o enunciado já teria se consumado, pois, ao que parece, o agente adquiriu, ainda que por período breve, a posse mansa e pacífica. A prisão em flagrante se deu na modalidade prevista no art. 302, IV, do CPP – *flagrante presumido* ou *ficto*; **2:** incorreta, de fato cabe a decretação da custódia temporária no crime de *associação criminosa* (art. 288, CP), a teor do art. 1º, III, I, da Lei 7.960/1989, pelo prazo de cinco dias. Transcorrido esse interregno, poderá ser decretada a prisão preventiva, se presentes os requisitos exigidos pelo art. 312 do CPP, como também poderá ser prorrogada a custódia temporária, nos moldes do art. 2º, *caput, in fine*, da Lei 7.960/1989, o que somente poderá ocorrer em caso de extrema e comprovada necessidade. Assim, não sendo este o caso ou, ainda, não sendo necessária a decretação da preventiva, vencido o prazo de cinco dias, o investigado deve ser colocado imediatamente em liberdade.

Gabarito 1C, 2E

(Escrivão de Polícia/AC – 2008 – CESPE) Julgue os itens subsequentes, relativos a prisão.

(1) Considera-se em flagrante delito o indivíduo que é perseguido, logo após a prática da infração penal, pela autoridade, pelo ofendido ou por qualquer pessoa, em situação que faça presumir ser aquele indivíduo o autor da infração.

(2) Será admitida a decretação da prisão preventiva, se presentes os requisitos legais, nos crimes dolosos que envolverem violência doméstica e familiar contra a mulher, nos termos da lei específica, para garantir a execução das medidas preventivas de urgência.

(3) A apresentação espontânea do acusado à autoridade policial impede a prisão em flagrante e a decretação da prisão preventiva.

(4) Cabe prisão temporária quando houver fundadas razões, de acordo com qualquer prova admitida na legislação penal, acerca da autoria do indiciado no crime de roubo qualificado, não cabendo, todavia, em relação ao crime de roubo simples.

1: correta, é o chamado *flagrante impróprio, imperfeito* ou *quase-flagrante* – art. 302, III, do CPP. Aqui, a perseguição tem início *logo após* a prática do crime, em seguida a ele. Uma vez iniciada, é imprescindível que ela – perseguição – seja ininterrupta, isto é, não sofra solução de continuidade; **2:** correta, art. 313, III, do CPP. Embora o dispositivo tenha sido alterado por força da Lei 12.403/2011, a assertiva permanece correta; **3:** incorreta, o art. 317 do CPP, que previa a apresentação espontânea do acusado, foi revogado pela Lei 12.403/2011. A despeito disso, a apresentação espontânea do acusado não elide a possibilidade de o juiz decretar-lhe a prisão preventiva, mas afasta a possibilidade de o indiciado ser preso em flagrante; **4:** incorreta, conforme preconizado no art. 1º, III, *c*, da Lei 7.960/1989, é admitida a prisão temporária em qualquer modalidade de roubo, inclusive na sua modalidade simples – art. 157, *caput*, do CP.

Gabarito 1C, 2C, 3E, 4E

(Delegado/AC – 2008 – CESPE) No que se refere a prisão e liberdade provisória, julgue os próximos itens.

(1) A própria autoridade policial poderá conceder fiança, nos casos de infração punida com detenção ou prisão simples.

(2) Mesmo sem o consentimento do morador, poder-se-á efetuar a prisão dentro da sua residência em caso de situação de flagrante delito em curso, naquele momento, no interior da residência.

1: correta, a Lei 12.403/2011 mudou sobremaneira o panorama da fiança. Antes da reforma por ela implementada, a autoridade policial, em vista da revogada redação do art. 322 do CPP, somente estava credenciada a concedê-la nas hipóteses de infração punida com *detenção* ou *prisão simples*. Dito de outro modo, não podia o delegado de polícia arbitrar fiança nos crimes punidos com *reclusão*, tarefa exclusiva do magistrado. Pela nova redação dada ao art. 322 do CPP, a autoridade policial passa a conceder fiança nos casos de infração cuja pena privativa de liberdade máxima não seja superior a quatro anos, independentemente de ser o crime apenado com reclusão ou detenção (qualidade da pena). Naqueles casos em que a pena máxima superar os quatro anos, somente o magistrado poderá estabelecer a fiança; **2:** correta, a prisão de uma pessoa que se encontra em situação flagrancial e dentro de uma residência prescinde do consentimento do morador e pode ser levada a cabo a qualquer hora do dia. O dispositivo constitucional que trata da inviolabilidade do domicílio (art. 5º, XI) excepciona, dentre outras, a situação de flagrante.

Gabarito 1C, 2C

(Delegado/AM) A alternativa correta é

(A) a autoridade policial poderá mandar arquivar inquérito policial.

(B) o pai do indiciado não presta compromisso legal e também pode recusar a depor, salvo quando não for possível, por outro modo, obter-se ou integrar-se a prova do fato e de suas circunstâncias.

(C) quando o acusado se recusar a assinar, não souber ou não puder fazê-lo, o auto de prisão em flagrante será assinado por uma testemunha, que lhe tenha ouvido a leitura na presença do acusado, do condutor e da testemunha.

(D) a falta de testemunhas da infração impedirá o auto de prisão em flagrante, devendo a autoridade policial baixar portaria, para instaurar o inquérito e investigar posteriormente, inclusive para localizar testemunhas do fato delituoso.

A: incorreta, por força do que dispõe o art. 17 do CPP, a autoridade policial não está credenciada a determinar o arquivamento de autos de inquérito, somente podendo fazê-lo o juiz de direito a requerimento do MP (arts. 18 e 28 do CPP); **B:** correta, art. 206 do CPP; **C:** incorreta, na hipótese de o conduzido se recusar a assinar, não souber ou não puder fazê-lo, o auto de prisão em flagrante será assinado por *duas* testemunhas que tenham ouvido a sua leitura na presença do autuado – art. 304, § 3º, do CPP; **D:** incorreta, a falta de testemunhas do fato delituoso não representa óbice à lavratura do auto de prisão em flagrante, mas, neste caso, o art. 304, § 2º, do CPP exige que, além do condutor, o auto seja assinado por pelo menos duas testemunhas que hajam presenciado a apresentação do preso à autoridade policial.

Gabarito "B"

(Delegado/AM) Quanto ao crime de homicídio qualificado (art. 121, § 2º, I, do CP), é incorreto, em tese, afirmar-se que:

(A) é cabível a prisão temporária, se satisfeitos os "requisitos" legais.

(B) é cabível a prisão preventiva, se satisfeitos os "requisitos" legais.

(C) é cabível a liberdade provisória, concedida apenas pelo juiz.

(D) é crime hediondo.

A: assertiva correta, cuida-se, nos termos do art. 1º, I, da Lei 8.072/1990, de crime hediondo, em que a prisão temporária é admitida por prazo mais dilatado, isto é, por até trinta dias, além de uma prorrogação, também por até trinta dias, em caso de extrema e comprovada necessidade – art. 2º, § 4º, da Lei de Crimes Hediondos; **B:** assertiva correta, é cabível desde que preenchidos os requisitos dos arts. 312 e 313 do CPP; **C:** assertiva incorreta, devendo ser assinalada, prescreve a nova redação do art. 323 do CPP que os crimes definidos como hediondos e os delitos a eles equiparados são *inafiançáveis*. Tal prescrição é inquestionável, já que em perfeita harmonia com o texto da CF/1988 (art. 5º, XLIII). A questão que se coloca, todavia, é saber se a liberdade provisória *sem fiança* pode ser concedida nos crimes hediondos e assemelhados. A despeito de haver divergências, entendemos, s.m.j., que a CF/1988 proibiu tão somente a liberdade provisória com fiança. Se quisesse de fato proibir a liberdade provisória sem fiança, teria por certo feito menção a ela. Não o fez. Logo, a liberdade provisória vedada pelo constituinte nos crimes hediondos e equiparados é somente a *com fiança*. Assim entende a 2ª Turma do STF: HC 100.185-PA, rel. Min. Gilmar Mendes, DJ 6.8.2010; **D:** assertiva correta, é crime hediondo, nos termos do art. 1º, I, da Lei 8.072/1990.

Gabarito "C"

(Delegado/AM) A alternativa correta é

(A) em crime de latrocínio, a autoridade policial poderá representar ao juiz pela prisão temporária e pela prisão preventiva, e a prisão temporária terá prazo de 30 (trinta) dias, prorrogável por igual período em caso de extrema e comprovada necessidade.

(B) em crime de furto simples, a autoridade policial poderá representar ao juiz pela prisão temporária, mas não pela prisão preventiva, e a prisão temporária terá prazo de 5 (cinco) dias, prorrogável por igual período em caso de extrema e comprovada necessidade.

(C) em crime de furto qualificado, a autoridade policial poderá representar ao juiz pela prisão preventiva, e pela prisão temporária, e a prisão temporária terá prazo de 10 (dez) dias, prorrogável por igual período em caso de extrema e comprovada necessidade.

(D) em crime de estupro, a prisão temporária terá prazo de 5 (cinco) dias, prorrogável por igual período em caso de extrema e comprovada necessidade, e a autoridade policial poderá representar ao juiz pela prisão temporária e pela prisão preventiva.

A: assertiva correta. A prisão preventiva somente será decretada se estiverem presentes os requisitos dos arts. 312 e 313 do CPP. A pena privativa de liberdade máxima fixada para o crime de latrocínio (art. 157, § 3º, *in fine*, CP) é bem superior ao patamar estabelecido no art. 313, I, CPP – mais de quatro anos (modificação implementada pela Lei 12.403/2011). Não devemos perder de vista que a prisão preventiva, em vista da reforma a que foi submetida a *prisão*, somente terá lugar, dado o seu caráter subsidiário, se outras medidas cautelares diversas da prisão não forem cabíveis (art. 282, § 6º, CPP). Por se tratar de crime hediondo (art. 1º, II, da Lei 8.072/1990), a prisão temporária, nos termos do art. 2º, § 4º, da Lei 8.072/1990 (Crimes Hediondos), terá o prazo máximo de duração de 30 dias, prorrogável por igual período em caso de extrema e comprovada necessidade; **B:** incorreta, não poderá a autoridade representar pela decretação da custódia temporária, pois o crime de furto simples (art. 155, *caput*, do CP) não integra o rol do art. 1º, III, da Lei 7.960/1989. Antes do advento da Lei 12.403/2011, a autoridade policial podia representar e o juiz decretar a prisão preventiva no caso de furto simples, cuja pena cominada é reclusão de 1 a 4 anos e multa (art. 155, *caput*, do CP). Agora, não mais. Sucede que a prisão preventiva somente será admitida, conforme impõe o art. 313, I, do CPP, nos crimes dolosos punidos com pena privativa de liberdade *máxima* superior a *quatro* anos, salvo se o indiciado/réu tiver sido condenado por outro crime doloso, em sentença transitada em julgado, ressalvado o disposto no inciso I do *caput* do art. 64 do CP, isto é, se o réu for reincidente em crime doloso, ou ainda se o crime envolver violência doméstica e familiar contra a mulher, criança, adolescente, idoso, enfermo ou pessoa com deficiência, para garantir a execução das medidas protetivas de urgência (art. 313, III); **C:** incorreta, o crime de furto qualificado, dada a pena privativa de liberdade máxima cominada (oito anos), comporta, desde que preenchidos os demais requisitos, a prisão preventiva. Já no que toca à custódia temporária, esta não terá lugar, já que o crime de furto qualificado – art. 155, § 4º, do CP – não está contemplado no rol do art. 1º, III, da Lei 7.960/1989; **D:** incorreta, em se tratando de crime de estupro (art. 213, CP), poderá, neste caso, ser decretada tanto a prisão preventiva quanto a temporária, sendo ainda certo que quanto a esta, por se tratar de delito hediondo, na forma estatuída no art. 1º, V, da Lei 8.072/1990, o prazo de prisão poderá, por isso, ser de até 30 dias, prorrogável por igual período em caso de extrema e comprovada necessidade.

Gabarito "A"

(Delegado/AM) A prisão preventiva não é admissível

(A) nos crimes culposos .
(B) nos crimes de ação penal privada.
(C) quando o indiciado se apresenta espontaneamente.
(D) quando o acusado é primário e de bons antecedentes.

Descabe a prisão preventiva em crime culposo – art. 313 do CPP.

Gabarito "A"

(Delegado/AM) Quanto ao crime comum de ameaça, é incorreto afirmar-se que

(A) em regra, é sujeito à prisão temporária; entretanto não é sujeito à prisão preventiva.
(B) em regra, é de ação penal pública condicionada à representação; entretanto, também poderá ser de ação penal privada subsidiária da pública.
(C) em regra é infração penal de menor potencial ofensivo; entretanto, poderá não ser, como, por exemplo, no caso de o autor do fato ter prerrogativa de função.
(D) em regra, é sujeito a "composição do dano civil", à aplicação imediata da pena não privativa de liberdade e à suspensão condicional do processo; entretanto, do ponto de vista constitucional, ainda há divergência se os dois primeiros seriam aplicáveis em qualquer juízo ou tribunal.

A: assertiva incorreta, devendo ser assinalada, o crime de ameaça, capitulado no art. 147 do CP, estabelece como pena, em seu preceito secundário, detenção de um a seis meses ou multa. Embora se trate de crime doloso, contra o autor deste delito não poderá ser decretada a custódia preventiva, visto que a pena privativa de liberdade máxima prevista não é superior a quatro anos (art. 313, I). Ademais, não seria razoável decretar a prisão cautelar de autor de infração de menor potencial ofensivo. Quanto à prisão temporária, o art. 1º, III, da Lei 7.960/1989 não contemplou em seu rol o crime de ameaça; **B:** assertiva correta, nos termos dos arts. 147, parágrafo único, do CP 29 do CPP e 100, § 3º, do CP; **C:** assertiva correta, art. 61 da Lei 9.099/1995; **D:** assertiva correta, arts. 74 76 e 89 da Lei 9.099/1995.

Gabarito "A"

(Delegado/AP – 2010) Roberto entra em uma agência bancária e efetua o saque de quinhentos reais da conta corrente de terceiro, utilizando um cheque falsificado. De posse do dinheiro, Roberto se retira da agência. Quinze minutos depois, o caixa do banco observa o cheque com mais cuidado e percebe a falsidade. O segurança da agência é acionado e consegue deter Roberto no ponto de ônibus próximo à agência. O segurança revista Roberto e encontra os quinhentos reais em seu bolso. Roberto é conduzido pelo segurança à Delegacia de Polícia mais próxima.

Considerando a narrativa acima, assinale a alternativa correta.

(A) O Delegado de Polícia deve baixar a portaria de instauração do inquérito policial, tomar o depoimento de Roberto, lavrar termo de apreensão do dinheiro que havia sido sacado por ele na agência bancária, e liberá-lo, já que a situação narrada não caracterizou flagrante delito. Encerradas as investigações, deve remeter os autos do inquérito policial ao Ministério Público para que ofereça denúncia.
(B) O Delegado de Polícia a quem Roberto é apresentado deve lavrar o auto de prisão em flagrante, sendo-lhe vedado tomar o depoimento do preso sem que esteja assistido por advogado. Se o autuado não informar o nome de seu advogado, o Delegado deverá solicitar a presença de um defensor público ou nomear um advogado dativo para proceder à oitiva. Após a lavratura do auto, deve comunicar a prisão ao juiz competente e entregar nota de culpa ao preso.
(C) O Delegado de Polícia a quem Roberto é apresentado deve lavrar o auto de prisão em flagrante, comunicar a prisão imediatamente ao juiz competente e à família do preso ou à pessoa por ele indicada, bem como entregar a nota de culpa ao preso. Se o juiz constatar a desnecessidade da decretação de prisão cautelar, deverá conceder liberdade provisória ao preso, com ou sem fiança, independentemente de manifestação do Ministério Público ou da defensoria pública.
(D) O Delegado de Polícia a quem Roberto é apresentado deve lavrar o auto de prisão em flagrante, comunicar a prisão imediatamente ao juiz competente e à família do preso ou à pessoa por ele indicada, devendo ainda remeter, em vinte e quatro horas, o auto de prisão em flagrante acompanhado de todas as oitivas colhidas ao juiz competente e, caso o autuado não informe o nome de seu advogado, cópia integral do auto à Defensoria Pública, e entregar nota de culpa ao preso.
(E) O Delegado de Polícia a quem Roberto é apresentado deve lavrar o auto de prisão em flagrante, comunicar a prisão imediatamente ao juiz competente e à família do preso ou à pessoa por ele indicada, devendo ainda remeter, em vinte e quatro horas, o auto de prisão em flagrante acompanhado de todas as oitivas colhidas ao juiz competente e entregar nota de culpa ao preso. Caberá ao juiz abrir vista dos autos de comunicação de prisão ao Ministério Público e, caso o preso tenha declarado não possuir advogado, à defensoria pública.

Roberto foi preso, logo em seguida à pratica delituosa, ainda na posse do numerário auferido. Estamos aqui diante, portanto, do que a doutrina denomina *flagrante ficto* ou *presumido* (art. 302, IV, do CPP). Deverá, pois, a autoridade policial a quem foi apresentado o conduzido providenciar para que contra ele seja lavrado o auto de prisão em flagrante, com a imediata comunicação de sua prisão ao juiz competente, ao Ministério Público e à família do preso ou a pessoa por ele indicada (a obrigatoriedade de comunicar o MP foi inserida pela Lei 12.403/2011, que alterou a redação do art. 306, *caput*, do CPP). Além disso, por imposição do art. 306, § 1º, do CPP, cuja redação também foi alterada por força da mesma lei, "em até vinte e quatro horas após a realização da prisão, será encaminhado ao juiz competente o auto de prisão em flagrante e, caso o autuado não informe o nome de seu advogado, cópia integral para a Defensoria Pública". Ao final, será entregue ao autuado a *nota de culpa*, da qual constarão o motivo da prisão, o nome do condutor e também o das testemunhas (art. 306, § 2º, CPP). Impende consignar que o magistrado, ao tomar conhecimento da prisão em flagrante, se entender que não é o caso de concessão de liberdade provisória, nem de relaxamento da prisão, deverá, necessariamente e de forma fundamentada, converter a prisão em flagrante em prisão preventiva, à luz dos requisitos estampados nos arts. 312 e 313 do CPP. A prisão em flagrante, destarte, não mais perdurará ao longo do processo. Se necessária ao processo, o juiz deverá justificá-la e convertê-la em preventiva, esta sim modalidade de prisão cautelar, processual.

Gabarito "D"

(Delegado/AP – 2010) Relativamente ao tema prisão temporária, analise as afirmativas a seguir:

I. A prisão temporária será decretada pelo Juiz, em face da representação da autoridade policial ou de requerimento do Ministério Público, e terá o prazo de 5 (cinco) dias. A prorrogação dispensará nova decisão judicial, devendo, entretanto a autoridade policial colocar o preso imediatamente em liberdade findo o prazo da prorrogação.

II. Ao decretar a prisão temporária, o Juiz poderá, de ofício, determinar que o preso lhe seja apresentado, solicitar esclarecimentos da autoridade policial e submeter o preso a exame de corpo de delito.

III. Os presos temporários deverão permanecer, obrigatoriamente, separados dos demais detentos.

Assinale:

(A) se somente a afirmativa I estiver correta.
(B) se somente a afirmativa II estiver correta.
(C) se somente a afirmativa III estiver correta.
(D) se somente as afirmativas II e III estiverem corretas.
(E) se todas as afirmativas estiverem corretas.

I: assertiva incorreta, haja vista que a prorrogação da prisão temporária pressupõe nova ordem judicial – art. 2º, *caput*, da Lei 7.960/1989; **II:** correta, nos termos do art. 2º, § 3º, da Lei 7.960/1989; **III:** correta, nos termos do art. 3º da Lei 7.960/1989.

Gabarito "D"

(Delegado/BA – 2008 – CEFETBAHIA) No que concerne à prisão preventiva, pode-se afirmar que

(A) um dos requisitos da prisão preventiva é facilitar a investigação da polícia.
(B) a prisão preventiva somente pode ser decretada mediante requerimento do Ministério Público.
(C) a garantia da ordem pública, a conveniência da instrução criminal, assegurar a aplicação da lei e garantia da ordem econômica são hipóteses que autorizam a decretação da prisão preventiva.
(D) a prisão preventiva é cabível para os crimes culposos.
(E) a prisão preventiva, uma vez decretada, não é possível ser revogada.

A: incorreta, não constitui requisito da prisão preventiva, mas da prisão temporária, que se presta a facilitar, viabilizar investigações acerca de crimes considerados graves (art. 1º, III, da Lei 7.960/1989); **B:** incorreta, pela disciplina estabelecida no art. 311 do CPP, cuja redação foi modificada por força da Lei 12.403/2011, a prisão preventiva poderá ser decretada nas duas fases que compõem a persecução penal (inquérito e ação penal); todavia, somente poderá ser decretada de ofício pelo juiz no curso da ação penal; durante as investigações, somente a requerimento do MP, do querelante ou do assistente, ou por representação da autoridade policial; **C:** correta, proposição correta, nos termos do art. 312 do CPP; **D:** incorreta, não cabe a prisão preventiva para os crimes culposos – art. 313, CPP; **E:** incorreta, art. 316 do CPP.

Gabarito "C"

(Delegado/BA – 2008 – CEFETBAHIA) Sobre prisões, é incorreto o que se afirma em:

(A) A prisão temporária só pode ser decretada por autoridade judiciária, em face da representação da autoridade policial ou de requerimento do Ministério Público.
(B) A prisão temporária pode ser decretada por ser imprescindível para as investigações durante a fase inquisitorial.
(C) A soltura do investigado, findo o prazo da prisão temporária, será imediata, independentemente de ordem judicial.
(D) O prazo da prisão temporária é de cinco dias não prorrogáveis.
(E) O despacho que decretar ou denegar a prisão preventiva será sempre fundamentado.

A: proposição em consonância com o disposto no art. 2º, *caput*, da Lei 7.960/89; **B:** assertiva correta, nos termos do art. 1º, I, da Lei 7.960/1989; **C:** proposição correta, conforme dispõe o art. 2º, § 7º, da Lei 7.960/1989; **D:** assertiva incorreta, devendo ser assinalada, pois o prazo de prisão temporária poderá, sim, ser prorrogado, por decisão judicial, em caso de extrema e comprovada necessidade – art. 2º, *caput*, da Lei 7.960/1989; **E:** assertiva correta, art. 2º, § 2º, da Lei 7.960/1989.

Gabarito "D"

(Delegado/BA – 2008 – CEFETBAHIA) Homem, pedreiro, casado, pai de dois filhos, com carteira assinada, morando no mesmo endereço há mais de 20 anos, foi preso em flagrante delito pelo crime previsto no Art. 155, *caput* do Código Penal (furto). Levado à presença da autoridade policial, o delegado presidiu a lavratura do auto de prisão em flagrante, entregando-lhe a respectiva nota de culpa e comunicando o fato, imediatamente ao juiz da comarca. Esse homem nunca havia sido preso ou processado antes.

Com base nesse relato, pode-se afirmar que

(A) a lavratura do flagrante, tendo em vista que o infrator é pai de família, primário, e possui emprego definido, poderia deixar de ser presidida pelo delegado.
(B) a nota de culpa poderia deixar de ser entregue, considerando que, para o crime, tal medida é dispensável.
(C) o juiz é o único que poderia conceder a liberdade provisória a esse homem, sob o argumento de que se trata de réu primário, com bons antecedentes, família constituída, emprego determinado e residência fixa.
(D) o promotor de Justiça também poderia conceder a liberdade provisória, uma vez que se trata de réu primário, com bons antecedentes, família constituída, emprego determinado e residência fixa.
(E) o réu deverá aguardar preso até o julgamento da ação penal, por se tratar de crime grave contra o patrimônio.

A: incorreta, a lavratura do auto de prisão em flagrante não constitui ato discricionário da autoridade policial, à qual incumbe fazer um juízo de tipicidade, verificar os requisitos legais e proceder à lavratura do auto; **B:** incorreta, após a lavratura do auto de prisão em flagrante, é de rigor a entrega, dentro do prazo de 24 horas, da nota de culpa – art. 306, § 2º, do CPP, independente da natureza da infração penal em que incorreu o autuado; **C:** ao tempo em que foi elaborada a questão, esta era a assertiva correta. No entanto, de acordo com a nova redação dada ao art. 322, *caput*, do CPP pela Lei 12.403/2011, a autoridade policial está credenciada a conceder fiança nos crimes em que a pena máxima cominada não for superior a quatro anos. É o caso do furto simples (art. 155, *caput*, CP), cuja pena máxima cominada corresponde a quatro anos; **D:** incorreta, o promotor de justiça não está credenciado a conceder liberdade provisória; **E:** incorreta, o furto simples não é considerado crime grave contra o patrimônio, já que, na sua prática, não é empregada violência contra a pessoa tampouco grave ameaça.

Gabarito "C"

(Delegado/BA – 2008 – CEFETBAHIA) Dois agentes policiais extremamente competentes, tomando conhecimento de que um homem vendia drogas em determinado local, fizeram-se passar por usuários e encomendaram ao traficante um quilo de maconha. No local e no dia aprazados, quando o homem entregou a droga aos agentes disfarçados, estes deram-lhe voz de prisão, conduzindo-o à autoridade policial para que fosse lavrado o auto de prisão em flagrante.

Com base nessa narrativa, é correto afirmar que

(A) o delegado deve determinar a lavratura do auto de prisão em flagrante, por se tratar de tráfico ilícito de drogas, caracterizando a figura do flagrante esperado.
(B) a prisão é ilegal, pois se trata de flagrante forjado.
(C) a prisão é ilegal, pois se trata de flagrante preparado.
(D) o delegado, por ser hipótese em que o preso se livra solto, deve lavrar o Termo Circunstanciado e liberá-los em seguida.
(E) o flagrante é válido, porquanto estão presentes os requisitos para a decretação da prisão preventiva.

Cuida-se do chamado flagrante preparado ou provocado (crime de ensaio), em que a polícia ou mesmo terceiro induz, instiga o agente à prática de determinado crime. Por força do disposto na Súmula 145 do STF, a atuação da polícia ou de terceiro, levando o agente à prática delituosa, por inviabilizar a consumação do delito, faz com que este configure hipótese de crime impossível – art. 17, CP.

Gabarito "C"

(Delegado/BA – 2006 – CONSULPLAN) Sobre o tema prisão em flagrante, assinale a única alternativa correta:

(A) Considera-se flagrante presumido aquele em que o agente é perseguido logo após a prática de um ilícito penal.
(B) Considera-se flagrante impróprio quando o agente é preso logo depois da ocorrência de uma infração penal, com instrumentos, armas ou papéis que o apontem como autor do ilícito.
(C) Em nenhuma hipótese, a perseguição poderá ultrapassar o prazo legal de 24 horas.
(D) Considera-se flagrante preparado ou provocado aquele em que o agente é induzido à prática da infração penal, caracterizando a hipótese de crime impossível, ante a impossibilidade de sua consumação.
(E) Somente a autoridade policial poderá prender alguém em flagrante delito.

A: incorreta, no *flagrante presumido* ou *ficto* (art. 302, IV, CPP) inexiste *perseguição*; nesta modalidade de flagrante, o agente, logo depois do crime, é encontrado com instrumentos, armas, objetos ou papéis que façam presumir ser ele o autor da infração. A *perseguição* é inerente ao *flagrante impróprio* (art. 302, III). **B:** incorreta, a alternativa descreve hipótese de *flagrante presumido* ou *ficto* (art. 302, IV, CPP); **C:** incorreta, a perseguição, no flagrante impróprio, não está limitada ao prazo de 24 horas, podendo durar, desde que seja ininterrupta, horas ou mesmo dias; **D:** correta, Súmula 145 do STF; **E:** incorreta, art. 301 do CPP (o flagrante pode ser compulsório ou facultativo, este levado a efeito por qualquer do povo).

Gabarito "D"

(Delegado/DF – 2004) Confrontadas as Leis nº 7.960/1989 e 8.072/1990, o prazo máximo de duração da prisão temporária em crime de extorsão é de

(A) cinco dias, prorrogável por igual período em caso de extrema e comprovada necessidade.
(B) dez dias, prorrogável por igual período em caso de extrema e comprovada necessidade.
(C) quinze dias, prorrogável por igual período em caso de extrema e comprovada necessidade.
(D) trinta dias, prorrogável por igual período em caso de extrema e comprovada necessidade.
(E) sessenta dias, prorrogável por igual período em caso de extrema e comprovada necessidade.

O crime de *extorsão*, previsto no art. 158 do CP, não constitui crime hediondo nem delito a ele equiparado (art. 1º da Lei 8.072/1990), razão pela qual a prisão temporária decretada em inquérito instaurado para apurá-lo terá o prazo de cinco dias, prorrogável uma vez por igual período em caso de extrema e comprovada necessidade (art. 2º, *caput*, da Lei 7.960/1989). Este crime é amiúde confundido com o do art. 159 do CP, *extorsão mediante sequestro*, este sim hediondo, visto que contemplado no art. 1º, IV, da Lei 8.072/1990. Neste caso, o prazo de prisão temporária será, em vez de 5 (cinco), 30 (trinta dias).

Gabarito "A"

(Delegado/GO – 2009 – UEG) Sobre as prisões é CORRETO afirmar que:

(A) a autoridade policial deve comunicar a prisão em flagrante ao juiz que, caso seja ilegal ou nula, deve, de ofício, conceder a liberdade provisória sob compromisso; caso não cumprido o compromisso, a prisão em flagrante será restabelecida.
(B) a custódia cautelar preventiva não pode ser imposta a autor de prática de infração contravencional.
(C) o clamor público é, por si só, fundamento válido, conforme entende o Supremo Tribunal Federal, para a decretação da prisão preventiva sob a alegação de violação à ordem pública.
(D) por ser medida cautelar própria da fase investigativa, a prisão temporária poderá ser decretada pelo juiz somente mediante representação da autoridade policial, mas, antes de decidir, o magistrado deve, necessariamente, ouvir o Ministério Público.

A: incorreta, diante de uma prisão em flagrante *ilegal*, deve o magistrado, em vista do que dispõem os arts. 5º, LXV, da CF e 310, I, do CPP, relaxá-la incontinenti, independente de compromisso a ser prestado pelo agente; **B:** correta, de fato, não há a menor possibilidade de ser decretada nas contravenções penais – art. 313 do CPP; **C:** incorreta, o *clamor público*, por si só, além de não estar inserto no art. 312 do CPP, não é apto a justificar a prisão preventiva; **D:** incorreta, a *custódia temporária* pode, também, ser decretada a requerimento do Ministério Público, conforme prescreve o art. 2º, *caput*, da Lei 7.960/1989.

Gabarito "B"

(Delegado/GO – 2003 – UEG) Na noite de 17 de dezembro do ano passado, Inácio, juntamente com Letício, armados com um revólver, renderam o proprietário de um veículo Ford Ranger na cidade de Itumbiara-GO. Logo após a subtração do automóvel, os agentes foram perseguidos por policiais militares comunicados do roubo. Depois de uma troca de tiros, os dois assaltantes abandonaram a caminhonete na estrada e continuaram a fuga num Fiat modelo Tipo.

Enquanto os perseguidores verificavam a caminhonete abandonada, foram comunicados que policiais rodoviários, em Caldas Novas-GO, abordaram o Fiat Tipo e deram voz de prisão aos ocupantes do carro, depois de encontrar dentro do veículo um capuz, um rolo de fita, uma embalagem vazia de dez cartuchos de balas calibre 38, além de munição intacta. Em seguida, Inácio e Letício foram conduzidos à Delegacia de Furtos e Roubos do município de Goiânia-GO, local onde a autoridade policial autuou-os em flagrante por roubo qualificado.

Diante do caso narrado, considerando o entendimento doutrinário e jurisprudencial majoritário é CORRETO afirmar que

(A) além da ocorrência do flagrante delito, o auto lavrado por autoridade diversa da do local das prisões dos assaltantes é considerado válido.
(B) o auto de prisão em flagrante é nulo, uma vez que deveria ter sido lavrado em Caldas Novas.
(C) o auto de prisão em flagrante é nulo, uma vez que deveria ter sido lavrado em Itumbiara.
(D) além do auto de prisão em flagrante ter sido lavrado por autoridade policial incompetente, sendo, portanto, nulo, as prisões efetuadas pelos policiais rodoviários não ensejavam o flagrante, uma vez que não houve, por parte destes, perseguição imediata.

A Polícia Judiciária não exerce ato de jurisdição (o ato por ela praticado tem natureza administrativa); assim, nenhuma ilegalidade há no fato de o auto de prisão em flagrante ser lavrado por autoridade policial responsável por circunscrição diversa da do local em que ocorreram as prisões dos assaltantes – art. 290 do CPP. Conferir, nesse sentido: STJ, HC 30.236-RJ, 5ª T., rel. Min. Felix Fisher, j. 17.2.2004.

Gabarito "A"

(Delegado/GO – 2003 – UEG) Dorvalino, primário e de bons antecedentes, é preso em flagrante pela prática de crime de furto (art. 155, CP), para o qual está prevista pena de um a quatro anos, e multa. Encerrada a lavratura do auto, a autoridade policial mandou recolher Dorvalino à prisão.

Havendo ilegalidade na elaboração do auto de prisão em flagrante, é cabível ao preso pleitear

(A) à autoridade policial o relaxamento da prisão em flagrante.
(B) à autoridade policial a concessão da liberdade provisória com fiança.
(C) ao juiz o relaxamento da prisão em flagrante.
(D) ao juiz a concessão da liberdade provisória.

Art. 5º, LXV, da CF; art. 310, I, do CPP.

Gabarito "C"

(Delegado/MG – 2012) **Não** haverá o quebramento da fiança quando:

(A) Deliberadamente o afiançado praticar ato de obstrução ao andamento do inquérito/processo.
(B) Descumprir medida cautelar imposta cumulativamente com a fiança.
(C) Resistir injustificadamente a ordem judicial.
(D) Deixar de comparecer, por justo motivo, quando regularmente intimado para ato processual.

A: assertiva incorreta, devendo ser assinalada, o art. 341, I, do CPP não contemplou o ato de obstrução ao andamento do *inquérito policial*; assim, somente o ato de obstrução ao andamento do *processo* acarretará a quebra da fiança; **B:** assertiva correta, art. 341, III, do CPP; **C:** assertiva correta, art. 341, IV, do CPP; **D:** assertiva correta, art. 341, I, do CPP.

Gabarito "A"

(Delegado/MG – 2012) Sobre a prisão preventiva é **CORRETO** afirmar:

(A) poderá ser decretada de ofício pelo juiz na fase do inquérito policial.
(B) poderá ser decretada em crime doloso, quando se tratar de reincidente, independente da pena cominada ao delito.
(C) nos casos de violência doméstica poderá ser decretada independentemente da imposição anterior de medida protetiva.
(D) quando houver dúvida sobre a identidade civil da pessoa poderá se decretada e mantida mesmo após superada a dúvida.

A: antes de a Lei 12.403/2011 modificar a redação do art. 311 do CPP, era possível que o juiz, de ofício, decretasse a prisão preventiva no curso do inquérito. Atualmente, por força da nova redação conferida a este dispositivo, não mais se admite a decretação de ofício durante a fase de investigação, o que somente será possível (decretação de ofício) no curso da ação penal; **B:** correta, pois corresponde à nova redação do art. 313, II, do CPP; **C:** incorreta, pois não reflete o disposto no art. 313, III, do CPP; **D:** incorreta, visto que o art. 313, parágrafo único, do CPP estabelece que a prisão preventiva, neste caso, deverá ser imediatamente revogada após a identificação do investigado.

Gabarito "B"

(Delegado/MG – 2012) **Não** poderá ser cumulada com outra medida cautelar

(A) a monitoração eletrônica.
(B) a proibição de ausentar-se do País, inclusive mediante entrega do passaporte.
(C) a fiança.
(D) a prisão domiciliar.

A prisão domiciliar não está inserida no âmbito das medidas cautelares diversas da prisão (art. 319, CPP). Cuida-se, isto sim, de prisão preventiva que deverá ser cumprida no domicílio do investigado/acusado, desde que, é claro, este esteja em uma das situações previstas no art. 318 do CPP.

Gabarito "D"

(Delegado/MS – 2006) Considera-se em flagrante delito quem

I. está cometendo a infração penal.
II. acaba de cometê-la.
III. é perseguido, logo após, pela autoridade, pelo ofendido ou por qualquer pessoa, em situação que faça presumir ser vítima da infração.
IV. é encontrado, logo depois, com instrumentos, armas, objetos ou papéis que façam presumir ser ele vítima da infração.

Assinale a alternativa correta:

(A) somente o item IV é falso.
(B) somente os itens I e II são verdadeiros.
(C) somente o item III é falso.
(D) somente os itens II e IV são falsos.
(E) somente os itens I e II são falsos.

I e **II**: corretas, tanto o inciso I quanto o II do art. 302 do CPP contemplam o chamado *flagrante próprio* ou *perfeito*; **III**: incorreta, o inciso III do art. 302 contempla o chamado *flagrante impróprio*, *imperfeito* ou *quase-flagrante*, em que o agente, logo após a conclusão da infração penal, é perseguido e preso em situação que faça presumir ser ele o autor do crime. A assertiva faz referência, em lugar de *autor*, à *vítima*; **IV**: incorreta, no *flagrante ficto* ou *presumido*, presente no inciso IV do art. 302, não há perseguição, mas o agente é preso, logo depois da infração, com instrumentos, armas etc. que façam presumir ser ele autor do delito. Aqui também a alternativa faz referência, em lugar de *autor*, à *vítima*.

Gabarito "B"

(Delegado/MT – 2006 – UFMT) João dos Anzóis, poucos minutos após a prática de um crime de homicídio, é perseguido pela Polícia Militar, de maneira incessante, por várias horas, passando por mais de quatro Comarcas, sendo que a prisão somente ocorreu em localidade onde não existe autoridade policial. Nesse caso,

(A) João dos Anzóis será apresentado à autoridade policial do local mais próximo, que presidirá a lavratura do auto de prisão em flagrante.
(B) não poderá ser lavrado o flagrante em face da ausência de autoridade policial competente no local, devendo João dos Anzóis assinar um termo de compromisso de comparecimento perante a autoridade do local onde cometeu o delito.
(C) João dos Anzóis será conduzido à autoridade policial onde foi cometido o fato, para lavratura do auto de prisão em flagrante, onde tramitará o inquérito policial.
(D) lavrar-se-á o flagrante na presença de duas pessoas idôneas, que deverão ao final assinar o auto de prisão em flagrante delito, sob pena de nulidade do mesmo.
(E) será solicitado à autoridade policial onde foi cometida a infração penal para que se desloque até o local mais próximo da prisão, que contenha sede de autoridade policial, para presidir a lavratura do auto de prisão.

Art. 308 do CPP.

Gabarito "A"

(Delegado/MT – 2006 – UFMT) O crime de abuso de incapazes, previsto no art. 173 do Código Penal, prevê uma pena privativa de liberdade, de reclusão de dois a seis anos, e multa. Esse crime deve ser entendido como

(A) afiançável, mesmo quando o autor é reincidente.
(B) inafiançável, em razão da pena máxima ser superior a dois anos.
(C) afiançável, mas somente a autoridade judicial poderá conceder a fiança.
(D) afiançável, podendo ser a fiança fixada pela autoridade policial.
(E) inafiançável, por ser considerado crime hediondo.

Art. 322 do CPP.

Gabarito "C"

(Delegado/PA – 2012 – MSCONCURSOS) A prisão preventiva poderá ser decretada quando houver prova da existência do crime e indicio suficiente de autoria nas seguintes ocasiões:

I. como garantia da ordem pública.
II. como garantia da ordem econômica.
III. por conveniência da instrução criminal
IV. para assegurar a aplicação da lei penal.

Diante dessas informações, assinale a alternativa correta:

(A) Somente as assertivas I e II estão corretas.
(B) Somente as assertivas II e IV estão corretas.
(C) Somente as assertivas I e III estão corretas.
(D) Somente as assertivas III e IV estão corretas.
(E) Todas as assertivas estão corretas.

As assertivas contemplam os chamados *fundamentos* da prisão preventiva – art. 312 do CPP –

Gabarito "E"

(Delegado/PA – 2009 – MOVENS) A respeito das prisões em flagrante, preventiva e temporária, assinale a opção correta.

(A) A prisão temporária será decretada de ofício pelo juiz, ou em face da representação da autoridade policial ou de requerimento do Ministério Público, e terá o prazo de cinco dias, prorrogável por igual período em caso de extrema e comprovada necessidade.
(B) Em até 24 horas após a prisão em flagrante, será encaminhado ao juiz competente o auto de prisão acompanhado de todas as oitivas colhidas e, caso o autuado não informe o nome de seu advogado, cópia integral para a Defensoria Pública.
(C) É inadmissível a decretação de prisão preventiva em crimes culposos e em infrações punidas, no máximo, com pena de detenção.
(D) Uma vez revogada a prisão preventiva no curso do processo, é vedado ao juiz decretá-la novamente antes do trânsito em julgado da sentença penal condenatória, exceto nas hipóteses de delitos hediondos, quando a decretação será admitida mais de uma vez.

A: incorreta, a *prisão temporária* não pode ser decretada de ofício pelo juiz, que depende, para ordená-la, de *requerimento* do Ministério Público ou de *representação* do delegado de polícia; **B**: correta, a Lei 12.403/2011 deu ao art. 306, § 1º, do CPP a seguinte redação: "Em até 24 (vinte e quatro) horas após a realização da prisão, será encaminhado ao juiz competente o auto de prisão em flagrante e, caso o autuado não informe o nome de seu advogado, cópia integral para Defensoria Pública"; **C**: incorreta, é de fato inadmissível sua decretação nos crimes culposos. Com a nova redação dada ao art. 313 do CPP, a prisão preventiva é admitida em todos os crimes dolosos punidos com pena máxima superior quatro anos, independente de a pena ser de reclusão ou de detenção. **D**: incorreta, art. 316 do CPP.

Gabarito "B"

(Delegado/PB – 2009 – CESPE) Considerando a lei que regulamenta a prisão temporária, assinale a opção correta.

(A) Pode ser decretada a prisão temporária em qualquer fase do IP ou da ação penal.
(B) A prisão temporária pode ser decretada por intermédio de representação da autoridade policial ou do membro do MP, assim como ser decretada de ofício pelo juiz competente.
(C) O prazo da prisão temporária, que em regra é de 5 dias, prorrogáveis por igual período, é fatal e peremptório, de modo que, esgotado, o preso deve ser imediatamente posto em liberdade, não podendo ser a prisão convertida em preventiva.
(D) Quando a prisão temporária for requerida pela autoridade policial, por intermédio de representação, não haverá necessidade de prévia oitiva do MP, devendo o juiz decidir o pedido formulado no prazo máximo de 24 horas.
(E) Não cabe prisão temporária nas contravenções nem em crimes culposos.

A: incorreta, sendo uma modalidade de prisão cautelar destinada a viabilizar a investigação no inquérito policial, somente no curso deste a prisão temporária poderá ser decretada, sendo, pois, vedado o seu uso na ação penal – art. 1º, I, da Lei 7.960/1989;

B: incorreta, é defeso ao juiz decretar de ofício a prisão temporária, somente podendo fazê-lo a requerimento do MP ou mediante representação formulada pela autoridade policial – art. 2º, *caput*, da Lei 7.960/1989; **C:** incorreta, é verdade que, uma vez esgotado o prazo da prisão temporária, o investigado deve ser imediatamente colocado em liberdade – art. 2º, § 7º, da Lei 7.960/1989, mas nada obsta que ele permaneça preso porque em seu desfavor foi decretada a prisão preventiva (conversão da temporária em preventiva) ou ainda porque foi prorrogada a sua prisão temporária; **D:** assertiva em desconformidade com o art. 2º, § 1º, da Lei 7.960/1989; **E:** correta, as contravenções penais e os crimes culposos não integram o rol do art. 1º, III, da Lei 7.960/1989.

Gabarito "E"

(Delegado/PR – 2007) A Lei 7.960/1989 dispõe sobre a prisão temporária. Sobre esse instituto, considere as seguintes afirmativas:

1. A prisão temporária será decretada pelo juiz, em face da representação da autoridade policial ou de requerimento do Ministério Público ou do ofendido e seu representante legal.
2. O juiz poderá, de ofício, ou a requerimento do Ministério Público e do advogado, determinar que o preso lhe seja apresentado, solicitar informações e esclarecimentos da autoridade policial e submetê-lo a exame de corpo de delito.
3. A prisão temporária terá o prazo de 15 dias, prorrogável por igual período em caso de extrema e comprovada necessidade.
4. A prisão temporária para os crimes hediondos terá o prazo de 30 dias, prorrogável por igual período em caso de extrema e comprovada necessidade.

Assinale a alternativa correta.

(A) As afirmativas 1, 2, 3 e 4 são verdadeiras.
(B) Somente as afirmativas 2, 3 e 4 são verdadeiras.
(C) Somente as afirmativas 1 e 3 são verdadeiras.
(D) Somente as afirmativas 3 e 4 são verdadeiras.
(E) Somente as afirmativas 2 e 4 são verdadeiras.

1: incorreta, a prisão temporária, em vista do que dispõe o art. 2º, *caput*, da Lei 7.960/1989, somente será decretada pelo juiz em face de representação da autoridade policial ou de requerimento do MP. O ofendido não tem legitimidade para requerer a sua decretação; **2:** correta, em vista do disposto no art. 2º, § 3º, da Lei 7.960/1989; **3:** incorreta, não se tratando de delito hediondo ou de crime a ele equiparado, o prazo de prisão temporária é de *5 dias*, prorrogável por igual período em caso de extrema e comprovada necessidade – art. 2º, *caput*, da Lei 7.960/1989; **4:** assertiva correta. Reza o art. 2º, § 4º, da Lei 8.072/1990 (Lei de Crimes Hediondos) que, se se tratar dessa modalidade de delito ou assemelhado, o prazo de prisão temporária será de até 30 dias, prorrogável por igual período em caso de extrema e comprovada necessidade.

Gabarito "E"

(Delegado/RR – 2003 – CESPE) No que concerne às prisões em flagrante e preventiva, julgue os itens que se seguem.

(1) Não será nulo o auto de prisão em flagrante lavrado por autoridade policial de circunscrição diversa daquela na qual se der a prisão do autor da infração penal.
(2) Não é cabível a decretação de prisão preventiva em desfavor de autor de contravenção penal, mesmo presentes os fundamentos da custódia cautelar.

1: correta,a Polícia Judiciária não exerce ato de jurisdição (o ato por ela praticado tem natureza administrativa); assim, nenhuma ilegalidade há no fato de o auto de prisão em flagrante ser lavrado por autoridade policial responsável por circunscrição diversa daquela na qual se deu a prisão do autor da infração penal – art. 290 do CPP. Nesse sentido: STJ, HC 30.236-RJ, 5ª T., rel. Min. Felix Fisher, j. 17.2.2004; **2:** correta,se a conduta atribuída ao acusado consistir na prática de contravenção penal, não cabe, de fato, a prisão preventiva, conforme se infere da nova redação dada ao art. 313 do CPP.

Gabarito 1C, 2C

(Delegado/SC – 2008) Acerca do "princípio do estado de inocência", é correto afirmar que

(A) a exigência da prisão provisória, para apelar, ofende o "princípio do estado de inocência".
(B) o "princípio do estado de inocência" impede a prisão cautelar do réu.
(C) o "princípio do estado de inocência" obsta que se recolha o réu à prisão antes do trânsito em julgado da sentença condenatória.
(D) o "princípio do estado de inocência" obsta que, na sentença de pronúncia, o juiz determine o lançamento do réu no rol dos culpados.

A: incorreta, pois o art. 594 do CPP foi revogado pela Lei 11.719/2008; **B** e **C:** incorretas, pois a Súmula 9 do STJ estabelece que a prisão provisória não ofende o princípio constitucional do estado de inocência, consagrado no art. 5º, LVII, da CF; **D:** correta, pois o lançamento do nome do réu no rol dos culpados antes do trânsito em julgado da sentença penal condenatória constitui flagrante violação ao princípio do estado de inocência, contido no art. 5º, LVII, da CF.

Gabarito "D"

(Delegado/SC – 2008) Ocorre o chamado "flagrante facultativo" quando (...). Assinale a alternativa correta que completa a frase acima.

(A) A prisão em flagrante se dá no momento em que alguém está no cometimento da infração penal.
(B) A prisão em flagrante é efetuada por qualquer do povo.
(C) A prisão em flagrante é efetuada pela autoridade policial ou por seus agentes.
(D) A prisão em flagrante se dá por crime a que a lei comina pena de detenção.

De acordo com o art. 301, 1ª parte, do CPP.

Gabarito "B"

(Delegado/SC – 2008) Nos crimes permanentes o agente poderá ser preso em flagrante delito

(A) já nas fases de cogitação e preparação do crime.
(B) depois de cessada a permanência.
(C) no instante do cometimento da primeira infração.
(D) enquanto não cessar a permanência.

De acordo com o art. 303 do CPP.

Gabarito "D"

(Delegado/SC – 2008) Analise as alternativas e assinale a correta.

(A) o Presidente da República, durante o seu mandato, nas infrações penais comuns, não está sujeito a nenhuma modalidade de prisão provisória.
(B) Dentro de vinte e quatro horas depois da lavratura do auto de prisão em flagrante será dada ao preso nota de culpa assinada pela autoridade policial competente, constando o motivo da prisão, o nome do condutor e os das testemunhas.
(C) Em qualquer fase da persecução criminal relativa ao crime de tráfico de drogas será permitido, mediante autorização judicial, o "flagrante protelado".
(D) A "prisão para averiguação" consiste na privação momentânea à liberdade de alguém, fora das hipóteses de flagrante e sem ordem escrita do juiz competente, com a finalidade de investigação. Segundo a lei processual penal brasileira, a autoridade policial pode determiná-la diretamente, pelo prazo de 24 horas, desde que estejam preenchidos os mesmos requisitos para a decretação da prisão preventiva.

A: correta, art. 86, § 3º, da CF; **B:** incorreta, art. 306, § 2º, do CPP. O termo inicial do prazo é a prisão do conduzido; **C:** incorreta, art. 53, II, da Lei 11.343/2006; **D:** incorreta, art. 5º, LXI, da CF; e art. 282 do CPP.

Gabarito "A"

(Delegado/SC – 2008) Correlacione a segunda coluna de acordo com a primeira, considerando as modalidades de flagrante com os seus respectivos conceitos.

(1) Flagrante próprio .
(2) Flagrante impróprio.
(3) Flagrante ficto ou assimilado.
(4) Flagrante esperado.
(5) Flagrante preparado .

( ) Ocorre quando o agente é preso, logo depois de cometer a infração, com instrumentos, armas, objetos ou papéis que façam presumir ser ele o autor da infração.
( ) Ocorre quando a ação policial aguarda o momento da prática delituosa, valendo-se de investigação anterior, para efetivar a prisão, sem utilização de agente provocador.
( ) Ocorre quando o agente é perseguido, logo após cometer o delito, pelo ofendido ou por qualquer pessoa, em situação que faça presumir ser autor da infração.

( ) Ocorre quando alguém provoca o agente à prática de um crime, ao mesmo tempo em que toma providências para que o mesmo não se consume.
( ) Ocorre quando o agente é surpreendido cometendo uma infração penal ou quando acaba de cometê-la.

A sequência correta, de cima para baixo, é

(A) 4 – 3 – 2 – 1 – 5
(B) 2 – 4 – 1 – 5 – 3
(C) 5 – 1 – 3 – 2 – 4
(D) 3 – 4 – 2 – 5 – 1

(1) flagrante próprio ou perfeito: art. 302, I e II, do CPP; (2) flagrante impróprio ou imperfeito: art. 302, III, do CPP; (3) flagrante ficto, presumido ou assimilado: art. 302, IV, do CPP; (4) flagrante esperado: a polícia aguarda o momento de agir. Constitui hipótese viável de flagrante, na medida em que não há induzimento ou instigação; (5) flagrante preparado ou provocado: é hipótese de crime impossível (art. 17 do CP), conforme Súmula 145 do STF.

Gabarito "D"

(Delegado/SC – 2008) O policial civil "Tício", visando à prisão de "Mévio", conhecido traficante da Capital, se passou por consumidor e dele comprou 10 papelotes de cocaína, provocando a negociação (venda da droga). Quando o traficante retirou a droga e a entregou para o policial, outros dois policiais civis, "Caio" e "Linus", efetuaram a prisão de "Mévio" em flagrante delito. Nesse caso, é correto afirmar que:

(A) a prisão em flagrante do traficante é ilegal, pois a negociação (venda) configura delito putativo por obra do agente provocador, configurando, portanto, crime impossível.
(B) a prisão em flagrante do traficante é lícita e não se dá pela compra e venda simulada, mas sim pelo fato de o traficante, espontaneamente, trazer consigo droga, que é uma modalidade permanente do crime em questão.
(C) a prisão em flagrante do traficante é lícita, mas o policial civil "Tício" deverá também responder por crime de tóxico, pois adquiriu ilicitamente substância entorpecente.
(D) a prisão em flagrante do traficante é ilícita, pois os agentes induziram a prática criminosa, devendo os policiais civis "Tício", "Caio" e "Linus" responder por crime de abuso de autoridade.

A jurisprudência tem entendido inaplicável, nesses casos, a Súmula 145 do STF. A esse respeito: STJ, HC 9.689-SP, 5ª T., Rel. Min. Gilson Dipp, de 7.10.1999.

Gabarito "B"

(Delegado/SP – 2011) Assinale a alternativa correta relacionada às medidas cautelares diversas da prisão.

(A) As medidas cautelares somente podem ser impostas pelo juiz, que não poderá aplicá-las de ofício, sob pena de quebrar a sua imparcialidade
(B) A monitoração eletrônica não é prevista como medida cautelar.
(C) A fiança é uma medida cautelar que pode ser imposta pela autoridade policial, se o limite máximo da pena privativa de liberdade não ultrapassar 4 anos.
(D) Admite-se fiança em caso de prisão militar.
(E) As circunstâncias indicativas da periculosidade do acusado não constituem parâmetro legal para a determinação do valor da fiança.

A: incorreta, tem legitimidade para decretar as medidas cautelares diversas da prisão o juiz criminal, que somente poderá agir de ofício no curso da ação penal – art. 282, § 2º, do CPP; durante o inquérito, somente será decretada diante da representação da autoridade policial ou mediante requerimento do MP; **B:** incorreta, visto que a monitoração eletrônica foi incluída no rol das medidas cautelares diversas da prisão – art. 319, IX, do CPP; **C:** correta, uma vez que reflete o disposto no art. 322 do CPP, que teve a sua redação alterada pela Lei 12.403/11; **D:** incorreta, não cabe, nos termos do art. 324, II, do CPP; **E:** incorreta, já que esta circunstância está prevista, como parâmetro para a fixação do valor da fiança, no art. 326 do CPP.

Gabarito "C"

(Delegado/SP – 2011) A respeito da entrevista do preso em flagrante com seu advogado, é correto afirmar.

(A) É assegurada, de forma reservada, até mesmo antes do seu interrogatório.
(B) Poderá ocorrer, antes do interrogatório, em presença da autoridade policial.
(C) Poderá ocorrer, reservadamente, após a emissão da nota de culpa.
(D) Antes do interrogatório, somente poderá ocorrer em presença do condutor do preso.
(E) Trata-se de direito processual, não aplicável na fase inquisitiva.

Art. 185, § 5º, do CPP.

Gabarito "A"

(Delegado/SP – 2011) São circunstâncias que autorizam o juiz a substituir a prisão preventiva pela prisão domiciliar:

(A) agente imprescindível aos cuidados de menor de 6 anos de idade ou agente gestante em qualquer fase da gravidez.
(B) agente idoso (idade igual ou superior a 60 anos).
(C) agente grávida, em qualquer fase da gestação, ou agente imprescindível aos cuidados especiais de pessoa com deficiência.
(D) agente gestante a partir do 4o mês ou agente imprescindível aos cuidados especiais de pessoa com deficiência menor de 6 anos de idade
(E) agente maior de 80 anos de idade ou agente imprescindível aos cuidados especiais de pessoa com deficiência, de qualquer idade

A: incorreta, pois a prisão domiciliar será admitida na hipótese de a gestante encontrar-se, no mínimo, no sétimo mês de gestação ou sendo esta de alto risco – art. 318, IV, do CPP; **B:** incorreta, pois somente fará jus à prisão domiciliar o agente maior de 80 anos – art. 318, I, do CPP; **C:** incorreta, para fazer jus à prisão domiciliar, a gestante deve estar no sétimo mês de gestação, no mínimo; **D:** incorreta, poderá cumprir a prisão em domicílio o agente imprescindível aos cuidados especiais de pessoa menor de seis anos ou com deficiência – art. 318, III, do CPP; **E:** correta, pois reflete o disposto no art. 318, I e III, do CPP.

Gabarito "E"

(Delegado/SP – 2011) São circunstâncias legais que deverão ser consideradas pela autoridade policial ou judiciária para fixar o valor da fiança:

(A) repercussão social do crime, vida pregressa do agente e importância provável das custas do processo.
(B) condições pessoais de fortuna do agente, sua vida pregressa e a natureza da infração.
(C) natureza da infração, prejuízo causado à vítima e condições pessoais de fortuna do agente
(D) prejuízo causado à vítima, natureza da infração e periculosidade do agente
(E) importância provável das custas do processo, natureza da infração e condições de fortuna da vítima.

Art. 326 do CPP.

Gabarito "B"

(Delegado/SP – 2008) Dentre os requisitos legais para decretação da prisão preventiva do indiciado não se encontram

(A) a materialidade delitiva e o indicio de autoria.
(B) a garantia de ordem pública e a conveniência da instrução penal.
(C) a conveniência da instrução penal e a garantia de ordem econômica.
(D) a garantia de aplicação da lei penal e a conveniência da instrução penal.
(E) a perpetração de crime hediondo e a proteção estatal do réu.

Art. 312 do CPP. O cometimento de crime hediondo ou assemelhado, por si só, não pode constituir motivo bastante para decretação da prisão preventiva. A proteção ao réu, da mesma forma, não autoriza seu encarceramento, visto que compete a ele se cercar dos cuidados necessários para se proteger.

Gabarito "E"

(Delegado/SP – 2008) Quando o beneficiário não cumpre as condições que lhe foram impostas para gozar da liberdade provisória mediante fiança, fala-se em

(A) quebramento da fiança.
(B) cassação da fiança.
(C) reforço da fiança.
(D) inidoneidade da fiança.
(E) perdimento da fiança.

Em face da nova redação conferida ao art. 341 do CPP pela Lei 12.403/2011, fala-se em *quebramento* sempre que o réu, devidamente intimado, deixa de comparecer para ato do processo sem motivo justo; quando deliberadamente pratica ato de obstrução ao andamento do processo; quando descumpre medida cautelar imposta cumulativamente com fiança; quando resiste injustificadamente a ordem judicial; e quando pratica nova infração penal dolosa.

Gabarito "A".

(Delegado/SP – 2003) A comunicação, ao magistrado, da prisão em flagrante e a expedição da nota de culpa ao preso referem-se,

(A) ambas, a dispositivos do Código de Processo Penal.
(B) ambas, a dispositivos constitucionais.
(C) respectivamente, a determinações processual e constitucional.
(D) respectivamente, a determinações constitucional e processual.

A comunicação ao magistrado da prisão em flagrante está contemplada nos arts. 5º, LXII, da CF e 306, *caput*, do CPP; a expedição da nota de culpa, por sua vez, está nos arts. 5º, LXIV, da CF e art. 306, § 2º, do CPP.

Gabarito "D".

(Delegado/SP – 2003) Em matéria de prisão especial, a legislação prevê alojamento

(A) coletivo, abrangendo, entre outros, os guardas-civis.
(B) individual, abrangendo, entre outros, os militares dos Estados.
(C) individual, abrangendo, entre outros, os ministros de confissão religiosa.
(D) coletivo, abrangendo, entre outros, os funcionários municipais.

Art. 295, XI e § 3º, do CPP.

Gabarito "A".

(Delegado/SP – 2000) A decretação da prisão preventiva

(A) não cabe nos crimes de ação penal de iniciativa privada, somente nos de ação penal pública.
(B) não cabe nos crimes de ação penal de iniciativa privada, a não ser que o réu seja reincidente.
(C) cabe nos crimes de ação penal de iniciativa privada, podendo ser requerida pelo querelante.
(D) cabe nos crimes de ação penal de iniciativa privada, mas somente a autoridade policial poderá solicitá-la.

A prisão preventiva tem lugar tanto nos crimes de ação penal pública quanto nos de ação penal de iniciativa do ofendido.

Gabarito "C".

(Delegado/SP – 2000) A base de cálculo para o valor da fiança é fixado de acordo com a

(A) pena "*in concreto*" a ser aplicada pelo juiz criminal.
(B) modalidade de pena, se detenção ou reclusão.
(C) pena mínima cominada abstratamente à infração penal.
(D) pena máxima cominada abstratamente à infração penal.

A base de cálculo, que era representada, na legislação anterior, pela pena máxima de prisão prevista para a infração, não mudou com o advento da nova legislação. Frise-se, todavia, que os valores atribuídos à fiança sofreram significativa mudança, isto é, foram aumentados – art. 325 do CPP.

Gabarito "D".

(Delegado/SP – 1999) A partir do recebimento da representação da autoridade policial pela decretação da prisão temporária, o juiz deverá decidir no prazo de

(A) 24 horas.
(B) 12 horas.
(C) 3 dias.
(D) 5 dias.

Este prazo está contemplado no art. 2º, § 2º, da Lei 7.960/1989.

Gabarito "A".

(Delegado/SP – 1998) Se o autor de crime, surpreendido em flagrante delito, vier a empreender fuga e, sendo perseguido, passar ao território de outro município ou comarca, o agente policial poderá efetuar-lhe a prisão. Caberá então ao executor da prisão proceder à imediata apresentação do capturado

(A) à autoridade local que, verificando a legalidade da prisão, promoverá a remoção do preso para as providências da autoridade do lugar da infração.
(B) à autoridade do lugar da infração, que se encarregará de comunicar o fato à autoridade do lugar onde se deu a captura.
(C) à autoridade judiciária local que, verificando a legalidade da prisão, providenciará a condução do preso para as providencias da autoridade policial do lugar da infração.
(D) à autoridade policial local que, depois de lavrado, se realmente for o caso, o auto de prisão em flagrante, providenciará a remoção do preso.

Art. 290, *caput*, do CPP.

Gabarito "D".

13. PROCESSOS E PROCEDIMENTOS

(Delegado/PR – 2013 – UEL-COPS) A respeito do procedimento comum, atribua V (verdadeira) ou F (falso) às afirmativas a seguir.

( ) Será ordinário quando tiver por objeto crime cuja sansão máxima cominada for inferior a quatro anos de pena privativa de liberdade.
( ) Será sumário quando tiver por objeto crime cuja sansão máxima cominada seja igual ou superior a quatro anos.
( ) Aplica-se a todos os processos, salvo disposições em contrário do Código de Processo Penal ou de lei especial.
( ) Aplicam-se as disposições do procedimento ordinário subsidiariamente aos procedimentos especial, sumário e sumaríssimo.

Assinale a alternativa que contém, de cima para baixo, a sequência correta.

(A) V, F, V, F, F.
(B) V, F, F, V, V.
(C) F, V, V, F, V.
(D) F, V, F, V, F.
(E) F, F, V, F, V.

1ª assertiva: verdadeira. De fato, o rito sumaríssimo terá incidência nas infrações penais de menor potencial ofensivo, assim considerados os crimes cuja pena máxima não seja superior a dois anos bem como as contravenções penais, na forma estatuída no art. 394, § 1º, III, CPP; 2ª assertiva: falsa. O rito ordinário será eleito sempre que se tratar de crime cuja sanção máxima cominada for igual ou superior a quatro anos de pena privativa de liberdade (art. 394, § 1º, I, CPP); 3ª assertiva: falsa. O rito sumário será adotado quando se tratar de crime cuja sanção máxima seja inferior a quatro anos e superior a dois (art. 394, § 1º, II, CPP); 4ª assertiva: verdadeira (art. 394, § 2º, do CPP); 5ª assertiva: verdadeira (art. 394, § 5º, do CPP).

Gabarito "B".

(Delegado/RJ – 2013 – FUNCAB) Marque a opção correta.

(A) Compete ao Juizado Especial Criminal julgar as infrações penais cuja pena máxima, privativa de liberdade, não seja superior a 02 anos. Assim, o crime de ameaça do marido contra a esposa, cuja pena é de 01 a 06 meses de detenção ou multa, é de sua competência, não podendo, contudo, ser fixada pena de cesta básica.
(B) O crime de tráfico transnacional é o que se submete ao princípio da dupla incriminação, e a competência para seu julgamento é da Justiça Federal, conforme regência válida da Lei de Drogas.
(C) No rito ordinário, poderão ser inquiridas 08 (oito) testemunhas da acusação e 08 (oito) da defesa. Já no rito sumário, poderão ser inquiridas 03 (três) testemunhas pela acusação e igual número pela defesa.
(D) O registro dos depoimentos dos indiciados, investigados, ofendidos e das testemunhas não pode ser feito por meio audiovisual.
(E) Relativamente ao rito para apuração do crime de tráfico de entorpecente, a remessa do inquérito policial far-se-á sem prejuízo das diligências complementares. Porém, o resultado destas deverá ser encaminhado ao juízo competente até 03 (três) dias antes da audiência de instrução e julgamento.

A: incorreta. A primeira parte da proposição está correta, uma vez que reflete a regra disposta no art. 61 da Lei 9.099/1995, que estabelece que estão sob a égide do Juizado Especial Criminal as contravenções penais e os crimes cuja pena *máxima* cominada não seja superior a dois anos, cumulada ou não com multa. Incorreta, no entanto, está a segunda parte da assertiva, em que se afirma que ao crime de ameaça praticado pelo marido contra a esposa se aplica a Lei 9.099/1995. Não se aplica, segundo o art. 41 da Lei 11.340/2006 (Maria da Penha); **B:** é certo que o crime de tráfico transnacional (internacional) será julgado pela Justiça Federal, conforme estabelece o art. 70 da Lei 11.343/2006; mas não é verdade que tal infração penal se submete ao princípio da dupla incriminação (necessidade de o fato ser considerado crime no Estado ao qual é formulado pedido de extradição); **C:** é correto dizer-se que, no rito comum ordinário, poderão ser inquiridas até 8 testemunhas de acusação e 8 de defesa (art. 401, *caput*, do CPP); está incorreto, no entanto, se afirmar que, no procedimento comum sumário, poderão ser inquiridas 3 testemunhas de acusação e 3 de defesa. Segundo estabelece o art. 532 do CPP, nesta modalidade de procedimento comum, poderão ser arroladas até 5 testemunhas pela acusação e 5 pela defesa; **D:** incorreta, pois contraria o disposto no art. 405, § 1º, do CPP; **E:** correta (art. 52, parágrafo único, da Lei 11.343/2006).

Gabarito "E"

(Delegado/RO – 2014 – FUNCAB) O procedimento ordinário expressamente previsto no Código de Processo Penal possui características que o diferenciam do procedimento especial previsto para os crimes dolosos contra a vida. Dito isso, analise as proposições e assinale a alternativa que se adéqua ao procedimento ordinário.

(A) Não há previsão legal para o recebimento da denúncia após a citação e apresentação da resposta escrita.

(B) É cabível o julgamento antecipado da lide.

(C) Podem ser arroladas até cinco testemunhas pelo autor da ação para cada imputação formulada.

(D) Não é aplicável o Princípio da Identidade Física do juiz.

(E) O Ministério Público deve ser intimado após a apresentação da resposta escrita.

A: correta, a nosso ver. No procedimento *ordinário*, o juiz, depois de oferecida a denúncia ou queixa, receberá a peça acusatória e, ato contínuo, mandará citar o réu, que, assim que tomar conhecimento da ação contra ele ajuizada, disporá do prazo de dez dias para apresentar resposta escrita (art. 396, CPP). O recebimento da denúncia ou queixa, como se pode ver, antecede a citação e o oferecimento da resposta escrita. Discutia-se se o art. 399 do CPP, com a redação que lhe deu a Lei 11.719/2008, estabelecia um segundo recebimento da denúncia. Hoje é pacífico o entendimento segundo o qual a denúncia é recebida uma única vez (art. 396, CPP); **B:** correta. A Lei 11.719/2008, que alterou a redação do art. 397 do CPP, introduziu a chamada *absolvição sumária*, que corresponde, em princípio, a um julgamento antecipado da lide; **C:** incorreta. Reza o art. 401 do CPP que as partes, no procedimento ordinário, podem arrolar até *oito* (e não *cinco*) testemunhas cada uma; **D:** incorreta. Aplica-se, sim, no âmbito do procedimento ordinário, o princípio da *identidade física do juiz*, conforme estabelece o art. 399, § 2º, do CPP, introduzido pela Lei 11.719/2008; até então, este princípio era exclusivo do processo civil; **E:** incorreta. O MP deverá ser intimado, isto sim, da audiência de instrução e julgamento (art. 399, *caput*, do CPP).

Gabarito "B"

(Delegado Federal – 2013 – CESPE) A respeito dos processos em espécie, julgue o seguinte item.

(1) Nos casos de crimes afiançáveis de responsabilidade do funcionário público, a legislação processual antecipa o contraditório antes de inaugurada a ação penal, com a apresentação da defesa preliminar.

1: correta. Cuida-se do contraditório instaurado por meio da impugnação ofertada pelo funcionário antes do recebimento da denúncia. É a chamada *defesa preliminar*, prevista no art. 514 do CPP, que somente terá incidência nos crimes funcionais afiançáveis (não se estende ao particular que, na qualidade de coautor ou partícipe, toma parte no crime). Importante que se diga que, com a edição da Súmula n.º 330 do STJ, esta defesa que antecede o recebimento da denúncia deixou de ser necessária na ação penal alicerçada em inquérito policial. Dessa forma, a formalidade imposta pelo art. 514 do CPP somente se fará necessária, segundo o STJ, quando a denúncia se basear em outras peças de informação que não o inquérito policial. De se notar, todavia, que o STF, de forma diversa, proferiu vários julgados no sentido de que a defesa preliminar, ainda que a ação penal seja calcada em inquérito policial, se faz necessária

Gabarito 1C

(Agente de Polícia Federal – 1998 – CESPE) Vigilante, auditor fiscal da Receita Federal lotado em Brasília, foi flagrado recebendo importância para que não efetuasse autuação na empresa de Esperto. Antes mesmo da apuração administrativa do fato, que ocorreu na cidade de São Paulo, foi dada noticia criminais ao Ministério Público, que decidiu, então, iniciar a ação penal. Nesse caso,

(1) será competente a Justiça Federal de Brasília, local em que vigilantes é lotado e reside.

(2) poderá ser decretada, tão logo instaurada a ação penal, a prisão temporária de Vigilante.

(3) sendo afiançável a infração penal, o juiz, tão logo autue a denúncia, deverá mandar notificar o acusado, para responder por escrito, no prazo de quinze dias.

(4) o juiz poderá rejeitar a denúncia do Ministério Público, se entender que não houve crime na conduta de Vigilante.

(5) será permitida a juntada de documentos antes da citação do réu.

1: incorreta, pois, muito embora a competência seja da Justiça Federal, o foro competente é o do lugar do fato, São Paulo e não Brasília (art. 70, CPP); **2:** incorreta, pois a Lei n. 7.960/1989 estabelece que a prisão temporária será cabível quando imprescindível para as investigações ou quando o indiciado não tiver residência fixa ou não fornecer elementos necessários ao esclarecimento de sua identidade, além de haver fundadas razões, de acordo com qualquer prova admitida na legislação penal, de autoria ou participação do indiciado nos crimes elencados nas alíneas do inciso III do art. 1º, da mencionada lei; **3:** correta (art. 514, CPP); **4:** correta, pois o juiz está autorizado a rejeitar a denúncia quando faltar justa causa para o exercício da ação penal, ou seja, exigem-se indícios suficientes de autoria e prova da materialidade delitiva (art. 395, III, CPP); **5:** correta, pois juntamente com a defesa preliminar é possível a juntada de documentos (art. 515, parágrafo único, CPP).

Gabarito 1E, 2E, 3C, 4C, 5C

(Escrivão de Polícia Federal – 2004 – CESPE) Acerca do procedimento nos crimes de responsabilidade dos servidores públicos, julgue o item seguinte.

(1) Nos processos referentes a crimes afiançáveis de responsabilidade dos servidores públicos, o juiz, antes de receber a denúncia ou queixa, deverá notificar o acusado para apresentação de defesa preliminar.

1: correta (art. 514, CPP).

Gabarito 1C

(Escrivão de Polícia/AC – 2008 – CESPE) No que concerne a procedimentos dos crimes de responsabilidade dos funcionários públicos, julgue o próximo item.

(1) Somente nos crimes afiançáveis, é exigida a notificação prévia do acusado, para responder à denúncia ou à queixa por escrito, dentro do prazo de quinze dias.

1: correta (art. 514, CPP).

Gabarito 1C

(Delegado/AM) Quanto aos procedimentos dos crimes de responsabilidade dos funcionários públicos, a alternativa incorreta é

(A) antes do juiz receber a denúncia ou queixa, ordenará a notificação do acusado, para responder por escrito dentro do prazo de quinze dias

(B) aplica-se ao crime de lesão corporal de natureza grave, cuja pena é de reclusão de um a cinco anos, se praticado por funcionário público.

(C) recebida a denúncia ou a queixa, será o acusado citado, prosseguindo-se no procedimento comum ordinário

(D) aplica-se ao crime de peculato, cuja pena é de reclusão de dois a doze anos, e multa

A: assertiva correta (art. 514, CPP); **B:** assertiva incorreta, devendo ser assinalada, pois o procedimento previsto nos arts. 513 a 518 do CPP somente é aplicável aos crimes praticados por funcionário público contra a administração em geral, que são os crimes funcionais típicos, previstos nos artigos 312 a 326, CP, denominados "crimes de responsabilidade"; **C:** assertiva correta (art. 517, CPP); **D:** assertiva correta, pois o crime de peculato (art. 312, CP) é crime funcional típico, aplicando-se o procedimento especial em questão.

Gabarito "B"

(Delegado/BA – 2008 – CEFETBAHIA) Com relação à nova Lei de Drogas, é incorreto o que se afirma em

(A) O auto de prisão em flagrante não poderá ser lavrado, nos termos da nova Lei de Drogas, ainda que o usuário de drogas não se comprometa a comparecer em juízo.

(B) A realização de transação penal é possível no crime previsto no Art. 28, da Lei de Drogas (usuário de drogas).

(C) A prisão em flagrante, nos crimes de tráfico, deve ser imediatamente informada ao magistrado.

(D) O laudo definitivo da substância, no crime de tráfico, antes de efetuar a remessa do IP ao juiz competente, deve ser anexado.

(E) A prorrogação de prazo para conclusão de Inquérito Policial, nos crimes da nova Lei de Drogas, é cabível, desde que haja requerimento do delegado, seja ouvido o Ministério Público e deferido pelo magistrado.

A: assertiva correta (art. 48, § 2º, da Lei n. 11.343/2006); **B:** assertiva correta (art. 48, §§ 1º e 5º, da Lei n. 11.343/2006); **C:** assertiva correta (art. 50, da Lei n. 11.343/2006); **D:** assertiva incorreta, devendo ser assinalada, pois, segundo o art. 50, § 1º, da Lei n. 11.343/2006, basta para a lavratura do auto de prisão em flagrante o laudo de constatação da natureza e quantidade da droga, exigindo-se o laudo definitivo tão somente para a sentença penal condenatória; **E:** assertiva correta (art. 51, parágrafo único, da Lei n. 11.343/2006).

Gabarito "D"

(Delegado/GO – 2003 – UEG) Lupércio foi preso em flagrante por ter, mediante ameaça exercida com arma de fogo, subtraído da vítima Juracina, a quantia de R$ 1.500,00. No ato da prisão, Lupércio declinou nome que não era o seu, mas de seu irmão Miguelito, que acabou sendo indiciado sem ter qualquer participação no fato objeto da prisão. Com base no inquérito policial, o Ministério Público denunciou Miguelito ao juízo criminal. A peça acusatória conteve exposição clara e objetiva dos fatos alegadamente delituosos e a qualificação de Miguelito, tendo sido o crime classificado como furto qualificado (art. 155, § 4º, CP).

Diante do fato narrado, e considerando a doutrina e a jurisprudência majoritária, no que tange às condições da ação penal, é CORRETO afirmar que

(A) a denúncia será recebida pelo juiz, uma vez que estão presentes a exposição do fato criminoso, com todas as suas circunstâncias, a qualificação do acusado e a classificação do crime.
(B) a denúncia será rejeitada pelo juiz, uma vez que manifesta a ilegitimidade da parte.
(C) a denúncia será rejeitada pelo juiz, uma vez que o fato narrado, evidentemente, não constitui crime de furto qualificado.
(D) a denúncia será rejeitada pelo juiz, por faltar condição exigida pela lei para o exercício da ação penal.

De acordo com o artigo 395, incisos I, II e III, CPP, a denúncia será rejeitada pelo juiz, quando for manifestamente inepta, faltar pressuposto processual ou condição para o exercício da ação penal (por exemplo, quando for manifesta a ilegitimidade da parte).

Gabarito "B"

(Delegado/MT – 2006) Com relação ao processo e julgamento dos crimes de responsabilidade dos funcionários públicos: *"nos crimes afiançáveis, estando a denúncia ou queixa em devida forma, o juiz mandará autuá-la e ordenará a notificação do acusado, para responder por escrito, dentro do prazo de ... :"*

(A) 10 (dez) dias.
(B) 03 (três) dias.
(C) 05 (cinco) dias.
(D) 15 (quinze) dias.

Art. 514, parágrafo único, do CPP.

Gabarito "D"

(Delegado/MT – 2006 – UFMT) Sobre rejeição da denúncia, assinale a afirmativa INCORRETA.

(A) Não será objeto de rejeição a denúncia oferecida sem a presença de inquérito policial, na ação pública condicionada, que contenha elementos suficientes para a propositura da ação.
(B) Uma vez recebida a denúncia, e, posteriormente, constatando o Juiz a ausência de requisito legal de validade, pode rejeitá-la, mediante decisão fundamentada.
(C) Nos crimes multitudinário, a denúncia pode narrar genericamente a participação de cada agente, cuja conduta específica será apurada no curso do processo-crime.
(D) Admite-se a rejeição da denúncia, no caso da ausência de elementos indiciários que amparem a acusação.
(E) Ausência das condições da ação, gerais ou especiais, determina a rejeição da denúncia.

A: assertiva correta (art. 11, CPP). O inquérito policial instruirá a denúncia sempre que necessário. Daí se concluir ser ele dispensável; **B:** assertiva incorreta, devendo ser assinalada. Se a denúncia foi recebida, não cabe mais ao juiz se retratar de sua decisão, restando tão somente declarar eventual nulidade do processo; **C:** assertiva correta. O STF já se manifestou no sentido de admitir a denúncia genérica em caso de crimes societários, de autoria coletiva ou multitudinário, sem especificar a conduta de cada um. Todavia, durante a instrução processual as condutas devem ser individualizadas, sob pena de não ser possível a condenação dos réus (2ª Turma – HC 73208/RJ – Rel. Ministro Maurício Corrêa – DJ 7/2/1997). Ressalte-se, ainda, que há posições em sentido contrário, inclusive dentro do STF (1ª Turma – HC 82246/RJ – Rel. Min. Ellen Gracie – DJ 14/11/2002) e do STJ (5ª Turma, REsp. 135264/GO – Rel. Min. Edson Vidigal – DJ 17/8/1998), não admitindo a denúncia genérica, uma vez que afronta o princípio constitucional da ampla defesa; **D:** assertiva correta (art. 395, III, CPP); **E:** assertiva correta (art. 395, II, CPP).

Gabarito "B"

(Delegado/PA – 2012 – MSCONCURSOS) Nos procedimentos ordinário e sumário, oferecida a denúncia ou queixa, o juiz, se não a rejeitar liminarmente, recebê-la-á e ordenará a citação do acusado para responder à acusação, por escrito, no prazo de 10 (dez) dias. Após recebida a resposta, o juiz deverá absolver sumariamente o acusado quando verificar:

I. extinta a punibilidade do agente.
II. a existência manifesta de causa excludente da ilicitude do fato.
III. que o fato narrado evidentemente não constitui crime.
IV. a existência manifesta de causa excludente da culpabilidade do agente.

Diante dessas informações, assinale a alternativa correta:

(A) Somente as assertivas I e III estão incorretas.
(B) Somente as assertivas II e III estão incorretas.
(C) Somente a assertiva IV está incorreta.
(D) Somente a assertiva I está incorreta.
(E) Todas as assertivas estão incorretas.

I: correta, art. 397, IV, do CPP; **II:** correta, art. 397, V, do CPP; **III:** correta, art. 397, III, do CPP; **IV:** incorreta, pois o art. 397, II, do CPP excluiu a *inimputabilidade* – art. 397, II, do CPP.

Gabarito "C"

(Delegado/PB – 2009 – CESPE) No que concerne ao processo comum, assinale a opção correta.

(A) A falta de justa causa para o exercício da ação penal, considerada por muitos doutrinadores como a quarta condição da ação, não é hábil a ensejar a rejeição da denúncia por parte do juiz. Isso porque, sendo o MP o titular da ação penal pública, não é dado ao magistrado analisar a viabilidade da denúncia sob o aspecto da justa causa, nesse momento processual.
(B) Nos crimes de ação penal pública incondicionada, após o oferecimento da denúncia, o juiz a recebe e ordena a citação do acusado para ser interrogado, no prazo máximo de dez dias, em se tratando de réu preso.
(C) A absolvição sumária é instituto exclusivo do procedimento do júri, cabendo nas hipóteses de existência manifesta de causa excludente da ilicitude do fato ou da culpabilidade ou punibilidade do agente.
(D) Finda a instrução, as partes têm o prazo de 24 horas para requererem diligências que reputem imprescindíveis ao deslinde da causa.
(E) Vigora no processo penal o princípio da identidade física do juiz, segundo o qual o juiz que presidiu a instrução deve proferir a sentença.

A: incorreta, a teor do art. 395, III, do CPP, a falta de justa causa constitui motivo bastante a ensejar a rejeição da inicial; **B** e **C:** incorretas, prescreve o art. 396 do CPP que o juiz, ao receber a inicial, determinará a citação do acusado para que responda dentro no prazo de 10 dias. Logo após esta fase da *resposta escrita*, dada a modificação introduzida pela Lei 11.719/2008, passou a ser possível a *absolvição sumária*, desde que presente alguma das hipóteses do art. 397 do CPP. Não sendo este o caso, designará o juiz audiência, e determinará a intimação do MP, do acusado, de seu defensor e, sendo o caso, do querelante e do assistente de acusação, nos termos do art. 399. Nesta audiência, em face do novo panorama estabelecido, realizar-se-á toda a instrução, e, ao final, depois da ouvida do ofendido e da tomada do depoimento das testemunhas, será interrogado o acusado; **D:** incorreta, o art. 402 do CPP não faz alusão a prazo; **E:** correta, a Lei 11.719/2008 introduziu no art. 399 do CPP o § 2º, conferindo-lhe a seguinte redação: "O juiz que presidiu a instrução deverá proferir a sentença". O princípio da identidade física do juiz, antes exclusivo do processo civil, doravante será também aplicável ao processo penal. Como as restrições não foram disciplinadas no Código de Processo Penal, deve-se aplicar, quanto a estas, o que dispõe o art. 132 do Código de Processo Civil.

Gabarito "E"

(Delegado/PI – 2009 – UESPI) De acordo com Código de Processo Penal, aplicar-se-á o procedimento sumário quando tiver por objeto crime cuja sanção máxima:

(A) seja a pena de detenção.
(B) seja pena superior a dois anos e inferior a quatro anos de detenção.
(C) seja pena inferior a dois anos de reclusão.
(D) seja inferior a quatro anos de pena privativa de liberdade.
(E) seja aquela correspondente às infrações de menor potencial ofensivo.

O critério utilizado para se identificar o rito processual a ser adotado é a *pena máxima* cominada ao crime, conforme estabelece o art. 394 do CPP. O *rito ordinário* terá lugar sempre que se tratar de crime cuja sanção máxima cominada for igual ou superior a quatro anos de pena privativa de liberdade (art. 394, § 1º, I, CPP). O *rito sumário*, por sua vez, será adotado quando se tratar de crime cuja sanção máxima seja inferior a quatro anos e superior a dois (art. 394, § 1º, II, CPP). Já o *rito sumaríssimo* terá incidência nas infrações penais de menor potencial ofensivo (crimes cuja pena máxima não seja superior a dois anos bem como as contravenções penais), na forma estatuída no art. 394, § 1º, III, CPP.

Gabarito "D"

(Delegado/PR – 2007) Sobre a instrução criminal do processo comum, considere as seguintes afirmativas:

1. O juiz, ao receber a queixa ou denúncia, designará dia e hora para o interrogatório, ordenando a citação do réu e a notificação do Ministério Público, e, se for o caso, do querelante ou do assistente.
2. As partes poderão oferecer documentos em qualquer fase do processo.
3. Caso as testemunhas de defesa não sejam encontradas e o acusado, devidamente intimado, não indicar outras em substituição, prosseguir-se-á nos demais termos do processo.
4. Em todos os termos da ação penal pública ou privada poderá intervir, como assistente do Ministério Público, o ofendido ou seu representante legal.

Assinale a alternativa correta.

(A) As afirmativas 1, 2, 3 e 4 são verdadeiras.
(B) Somente as afirmativas 1 e 2 são verdadeiras.
(C) Somente as afirmativas 1, 2 e 3 são verdadeiras.
(D) Somente as afirmativas 2, 3 e 4 são verdadeiras.
(E) Somente a afirmativa 1 é verdadeira.

1: correta, ao tempo em que a questão foi elaborada. No entanto, com o advento da Lei n. 11.719/2008, o juiz receberá a queixa ou denúncia e ordenará a citação do acusado para responder à acusação, por escrito, no prazo de 10 dias (art. 396, CPP); **2:** correta, pois em regra a produção da prova documental pode ocorrer em qualquer fase do processo. Todavia, há restrição no procedimento do Júri, já que a parte que queira deverá providenciar a juntada de documentos novos aos autos com antecedência de três dias antes do Plenário de julgamento, dando-se ciência à parte contrária (art. 479, CPP); **3:** correta. Quando da elaboração da questão, o art. 405, CPP, em sua redação original, previa a possibilidade de substituição da testemunha que não fosse encontrada. Todavia, com o advento da Lei n. 11.719/2008, tal previsão não mais subsiste. Em razão dessa revogação, questiona-se se ainda é possível ou não a substituição. A solução encontrada, por parte da doutrina, é a aplicação, por analogia, do art. 461, § 2º, CPP, que estabelece no procedimento do Júri que mesmo não sendo encontrada a testemunha, a audiência será realizada. Daí se concluir pela não possibilidade de substituição da testemunha não encontrada; **4:** incorreta, pois o art. 268, CPP admite a habilitação do assistente somente nas ações penais públicas e não nas privadas.

Gabarito "C"

(Delegado/SP – 2011) A oitiva do perito em audiência criminal é

(A) vedada, uma vez que não há norma que expressamente disponha a respeito do tema.
(B) vedada, não se aplicando por apologia a norma permissiva constante do Código de Processo Civi1.
(C) permitida por emprego analógico de regra inserta no Código de Processo Civil.
(D) permitida, porém as indagações devem ser previamente enviadas ao perito que sempre as responderá em audiência, sob o contraditório
(E) Permitida, porém, ele poderá responder em laudo complementar as questões que lhe devem ser previamente formuladas.

Art. 159, § 5º, I, do CPP.

Gabarito "E"

(Delegado/SP – 2003) No processo por crime de responsabilidade de funcionário público, sendo o crime afiançável, se o acusado se achar fora da jurisdição do juiz, para apresentação da resposta preliminar, o juiz criminal

(A) expedirá carta precatória, para a notificação.
(B) receberá a denúncia, independentemente da resposta.
(C) determinará expedição de edital, para notificação do acusado.
(D) nomeará defensor dativo, para apresentar resposta preliminar.

Art. 514, parágrafo único, do CPP.

Gabarito "D"

14. PROCESSO DE COMPETÊNCIA DO JÚRI

(Delegado Federal – 1998 – CESPE) No julgamento dos crimes dolosos contra a vida,

(1) prevalece o princípio da íntima convicção, em relação à avaliação das provas produzidas.
(2) os jurados podem inquirir as testemunhas.
(3) é proibida à defesa e à acusação a leitura de documento que não tiver sido comunicado à parte contrária com antecedência de, pelo menos, três dias.
(4) cabe aos jurados a fixação da pena devida ao réu, em relação à infração penal conexa ao crime doloso contra a vida.
(5) o assistente de acusação falará depois do Promotor de Justiça.

1: correta, pois adotou-se, no procedimento do júri, o sistema da íntima convicção (e não o sistema do livre convencimento motivado ou persuasão racional). Inclusive, o juiz presidente deve cuidar para que seja mantido o sigilo das votações dos jurados (arts. 487 a 489, CPP); **2:** incorreta, pois os jurados somente poderão formular perguntas ao ofendido, às testemunhas e ao acusado por intermédio do juiz presidente (arts. 473, § 2º, e 474, § 2º, ambos do CPP), persistindo o sistema presidencialista. Com o advento da Lei n. 11.689/2008, passou-se a adotar o sistema direto de inquirição do ofendido, das testemunhas e do acusado, com relação ao Ministério Público, o assistente, o querelante e o defensor (arts. 473, *caput* e 474, § 1º, CPP). Ressalte-se que, no procedimento comum, o interrogatório continua sendo ato privativo do juiz, não cabendo às partes realizar as perguntas diretamente; **3:** correta (art. 479, CPP); **4:** incorreta, já que cabe ao juiz presidente a fixação da pena devida ao réu referente ao crime doloso contra a vida e ao crime conexo a ele (art. 492, I, "a", CPP); **5:** correta (art. 476, § 1º, CPP).

Gabarito 1C, 2E, 3C, 4E, 5C

(Delegado/CE – 2006 – CEV/UECE) Considere as seguintes afirmativas:

I. O procedimento referente aos crimes praticados por funcionários públicos segue em regra o procedimento comum ordinário, possuindo como uma das diferenças básicas a necessidade de intimação prévia do réu para oferecer defesa preliminar, antes mesmo de o Juiz decidir sobre o recebimento ou não da denúncia ou queixa.
II. A sentença de absolvição sumária só ocorre no procedimento do júri e impede o julgamento do feito pelos jurados, já que, monocraticamente, o Juiz processante absolve o réu por estar convicto da existência de excludente de ilicitude ou de culpabilidade.
III. O desaforamento consiste em retirar do Juiz natural o processamento do crime contra a vida, deslocando o processo para outro Juízo determinado pelo órgão de acusação, que passa a conduzir a instrução do feito.
IV. A sentença de impronúncia faz coisa julgada somente formal, não fazendo coisa julgada material uma vez que surgindo novos elementos de prova o fato poderá ser processado novamente através de novo feito.

São corretas, apenas:

(A) I, III e IV
(C) I e II
(B) I, II e IV
(D) II e III

I: correta (art. 514, CPP); **II:** correta, quando da elaboração da questão. Todavia, com o advento da Lei n. 11.719/2008, é possível a absolvição sumária no procedimento comum, nos termos do art. 397, CPP; **III:** incorreta, pois o desaforamento acarreta o deslocamento do julgamento para outra comarca da mesma região, onde não existam os mesmos motivos, preferindo-se as mais próximas, não sendo o juízo determinado pela acusação (art. 427, CPP); **IV:** correta (art. 414, parágrafo único, CPP).

Gabarito "B"

(Delegado/DF – 2004) Membro do Ministério Público imputa ao acusado a prática de crime doloso contra a vida na sua forma tentada em concurso material com o crime de sequestro. Pode-se afirmar que:

(A) na hipótese de decisão de pronúncia, deve a defesa técnica, bem como o acusado, ser intimados da decisão. Não sendo o acusado encontrado, será expedido edital para intimação;
(B) desclassificada a imputação de tentativa de homicídio para lesão corporal pelo Conselho de Sentença, deverão os jurados prosseguir no julgamento do crime de sequestro, votando a segunda série de quesitos;
(C) a decisão de absolvição sumária somente fará coisa julgada com a reapreciação obrigatória pelo Tribunal. Muito embora possua natureza jurídica de sentença definitiva com apreciação do mérito, poderá ser impugnada, voluntariamente, pelo Recurso em Sentido estrito;
(D) identificada a completa ausência de provas quanto a autoria, deverá o acusado ser desde já absolvido sumariamente, como estabelece o sistema processual pátrio;
(E) na formulação dos quesitos, deve-se seguir a imposição legal prevista no artigo 484 do Código de Processo Penal, iniciando pela imputação principal, as causas especiais de aumento da pena, os quesitos referentes às alegações defensivas e por último, como quesito obrigatório, as atenuantes genéricas.

A: incorreta, quando da elaboração da questão, sendo que, no caso, deveria haver a suspensão do processo e do prazo prescricional, gerando a denominada "crise de instância". Todavia, com o advento da Lei n. 11.689/2008, é possível a intimação por edital do acusado solto que não for encontrado, nos termos do art. 420, parágrafo único, CPP; **B:** incorreta, pois, no caso de desclassificação do crime doloso contra a vida para outra infração de competência do juiz singular, caberá ao juiz presidente do Tribunal do Júri proferir a sentença (art. 492, § 1º, CPP); **C:** correta, quando da elaboração da questão. Todavia, com o advento da Lei n. 11.689/2008, o recurso contra a decisão de absolvição sumária no rito do Júri é a apelação, justamente em razão da sua natureza jurídica (art. 416, CPP). Com relação ao reexame necessário, cumpre salientar que a redação anterior do art. 411, CPP ("este recurso terá efeito suspensivo e será sempre para o Tribunal de Apelação") foi revogada pela Lei n. 11.689/2008. Entretanto, a redação do art. 575, II, do CPP foi mantida, segundo a qual é possível o recurso "de ofício" contra a decisão que absolver sumariamente o réu, o que gera controvérsia tanto na doutrina quanto na jurisprudência; **D:** incorreta, pois se trata de hipótese de impronúncia (art. 414, CPP); **E:** incorreta, pois os quesitos seguirão a ordem prevista no art. 483, *caput*, CPP. Ademais, cabe ao juiz presidente analisar as circunstâncias agravantes genéricas quando da fixação da pena imposta ao réu (art. 492, I, "b", CPP).

Gabarito "C"

(Delegado/MG – 2012) Sobre o tribunal do júri é **INCORRETO** afirmar:

(A) Nas comarcas de mais de 100.000 (cem mil) habitantes serão alistados de 300 (trezentos) a 700 (setecentos) jurados.
(B) Se o interesse da ordem pública reclamar o juiz poderá, logo após o interrogatório do acusado, determinar o desaforamento do julgamento.
(C) O serviço de jurado é obrigatório e somente compreenderá maiores de 18 anos.
(D) Os jurados poderão formular perguntas às testemunhas por intermédio do juiz-presidente.

A: assertiva correta, nos termos do art. 425 do CPP; **B:** assertiva incorreta, devendo ser assinalada, a competência para determinar o desaforamento é sempre do Tribunal, que o fará mediante representação do juiz presidente, ou atendendo a requerimento formulado pelo MP, pelo assistente, pelo querelante ou mesmo pelo acusado – art. 427, *caput*, do CPP; **C:** assertiva correta, art. 436, *caput*, do CPP; **D:** assertiva correta. As perguntas dos jurados ao ofendido, às testemunhas e ao acusado somente poderão ser feitas por intermédio do juiz presidente (art. 473, § 2º, e art. 474, § 2º, ambos do CPP). Como se pode notar, o legislador manteve, neste caso, o sistema presidencialista.

Gabarito "B"

(Delegado/MT – 2006) Com relação ao rito do júri, **todas** as alternativas estão corretas, **EXCETO** a:

(A) Se não se convencer da existência do crime ou de indício suficiente de que o réu seja o autor, o juiz julgará improcedente a denúncia ou a queixa.
(B) O juiz poderá absolver o acusado na primeira fase do rito do júri, sendo passível de apelação pelo Ministério Público.
(C) Se o juiz se convencer da existência do crime e de indícios de que o réu seja o autor, pronunciá-lo-á, dando os motivos do seu convencimento.
(D) Quando o juiz se convencer, em discordância com a denúncia ou queixa, da existência de crime diverso da competência do rito do júri, e não for competente para julgá-lo, remeterá o processo a quem o seja.

A: assertiva correta (art. 414, CPP); **B:** assertiva incorreta, devendo ser assinalada, quando da elaboração da questão. Todavia, com o advento da Lei n. 11.689/2008, da decisão de absolvição sumária é cabível o recurso de apelação (e não mais o recurso em sentido estrito); **C:** assertiva correta (art. 413, CPP); **D:** assertiva correta (art. 419, CPP).

Gabarito "B"

(Delegado/PA – 2012 – MSCONCURSOS) Concluídos os debates, o Conselho de Sentença será questionado sobre matéria de fato e se o acusado deve ser absolvido. Os quesitos serão redigidos em proposições afirmativas, simples e distintas, de modo que cada um deles possa ser respondido com suficiente clareza e necessária precisão. Na sua elaboração, o presidente levará em conta os termos da pronúncia ou das decisões posteriores que julgaram admissível a acusação, do interrogatório e das alegações das partes. O Conselho de Sentença será indagado sobre:

I. a materialidade do fato.
II. a autoria ou participação.
III. se existe causa de diminuição de pena alegada pela defesa.
IV. se existe circunstância qualificadora ou causa de aumento de pena reconhecidas na pronúncia ou em decisões posteriores que julgaram admissível a acusação.

Diante dessas informações, assinale a alternativa correta:

(A) Somente as assertivas I e II estão corretas.
(B) Somente as assertivas III e IV estão corretas.
(C) Somente as assertivas I, II e V estão corretas.
(D) Somente as assertivas II, IV e V estão corretas.
(E) Todas as assertivas estão corretas.

I: correta, pois em consonância com o disposto no art. 483, I, do CPP; **II:** correta, visto que reflete o que estabelece o art. 483, II, do CPP; **III:** correta, pois em conformidade com o disposto no art. 483, IV, do CPP; **IV:** correta, eis que corresponde ao que prescreve o art. 483, V, do CPP.

Gabarito "E"

(Delegado/PB – 2009 – CESPE) Acerca do procedimento relativo aos processos da competência do tribunal do júri, assinale a opção correta.

(A) Após o trânsito em julgado da sentença de pronúncia, é dada vista dos autos ao órgão do MP, pelo prazo de cinco dias, para oferecimento do libelo crime acusatório.
(B) A intimação da sentença de pronúncia, em caso de crime inafiançável, é necessariamente pessoal, não prosseguindo o processo até que o réu seja intimado da sentença de pronúncia, caso em que ocorre a chamada crise de instância.
(C) Ainda que preclusa a decisão de pronúncia, havendo circunstância superveniente que altere a classificação do crime, o juiz deve ordenar a remessa dos autos ao MP.
(D) O desaforamento ocorre necessariamente para a comarca mais próxima, onde inexistem os motivos ensejadores do pedido.
(E) O julgamento é adiado pelo não comparecimento de acusado solto, ainda que regularmente intimado e sem que tenha dado justificativa.

A: incorreta, pois, com a Lei n. 11.689/2008, preclusa a decisão de pronúncia, os autos serão encaminhados ao juiz presidente do Tribunal do Júri, o qual determinará a intimação do órgão do Ministério Público (ou do querelante) e do defensor, para, no prazo de cinco dias, apresentação do rol de testemunhas, juntada de documentos e/ou requerimento de diligências (art. 422, CPP); **B:** incorreta, pois, com o advento da Lei n. 11.689/2008, é possível a intimação por edital do acusado solto que não for encontrado, nos termos do art. 420, parágrafo único, CPP; **C:** correta (art. 421, § 1º, CPP); **D:** incorreta, pois o desaforamento ocorre preferencialmente (e não necessariamente) para a comarca mais próxima (art. 427, CPP); **E:** incorreta, pois o julgamento não será adiado (art. 457, CPP).

Gabarito "C"

(Delegado/RN – 2009 – CESPE) Com base nas recentes alterações legislativas levadas a efeito no rito do tribunal do júri, julgue os itens subsequentes.

I. Deve o juiz, ao citar o denunciado, determinar que este apresente resposta escrita à acusação. Se o réu, citado, não apresentá-la, deverá o magistrado nomear defensor para que o faça, concedendo-lhe vista dos autos.
II. Atualmente, a audiência deve ser una, como regra, sendo o interrogatório o último ato da instrução.
III. Da decisão de pronúncia será cabível o recurso em sentido estrito, já para a impronúncia e para a absolvição sumária recorre-se mediante apelação.
IV. Com a nova sistemática do rito do júri, após preclusa a decisão de pronúncia, não é mais necessária a apresentação da acusação de forma articulada (libelo).
V. Atualmente, os apartes já fazem parte da legislação codificada, cabendo ao juiz presidente regulamentá-los durante os debates.

A quantidade de itens certos é igual a

(A) 1.
(B) 2.
(C) 3.
(D) 4.
(E) 5.

I: correta (art. 408, CPP); **II:** correta (art. 411, CPP); **III:** correta (art. 416, CPP); **IV:** correta (art. 422, CPP); **V:** correta (art. 497, XII, CPP).
Gabarito "E"

(Delegado/SC – 2008) O veredicto do Tribunal do Júri enquadrou o réu "Antares" como incurso no art. 121, § 2º, inciso II, do Código Penal (homicídio qualificado pelo motivo fútil). Para chegar a esta conclusão, os jurados fizeram a avaliação da prova pelo sistema:

(A) do livre arbítrio do juiz.
(B) do livre convencimento ou da persuasão racional do juiz.
(C) da identidade física do juiz com o réu.
(D) da íntima convicção ou da certeza moral do juiz.

Nas decisões proferidas pelo Júri, não há obrigatoriedade de fundamentação. Não há critérios norteadores para formar a convicção do jurado. Ele vota de acordo com a sua consciência e não declara a sua decisão. Esse sistema constitui exceção entre nós, visto que adotamos, como regra, o sistema da *persuasão racional*, em que o juiz dispõe de liberdade para formar a sua convicção, mas deve sempre fundamentar sua decisão.
Gabarito "D"

(Delegado/SP – 2011) Quanto ao procedimento do júri, é correto afirmar que

(A) a competência material prevista na Constituição Federal de 1988 não pode ser ampliada pelo legislador ordinário.
(B) o libelo-crime acusatório e o desaforamento foram excluídos em recente reforma realizada no procedimento
(C) a pronúncia é uma decisão interlocutória mista não terminativa e pode ser impugnada mediante interposição de recurso em sentido estrito, no prazo de 5 dias.
(D) caso haja prova da inexistência do fato, o juiz deverá impronunciar o acusado, cabendo nesta hipótese a interposição de recurso de apelação, no prazo de 5 dias.
(E) não há prazo expressamente previsto em lei para o encerramento da primeira fase do procedimento do júri.

A: incorreta, a competência traçada no art. 5º, XXXVIII, da CF é *mínima*, porquanto pode, por meio de lei ordinária, ser ampliada. Cuidado: por se tratar de garantia fundamental, não pode ser afastada a competência do Tribunal Popular para o julgamento dos crimes contemplados no dispositivo constitucional. Nem por emenda à Constituição, pois se trata de cláusula pétrea. Assertiva, portanto, incorreta; **B:** incorreta, o *libelo-crime acusatório*, com a reforma implementada pela Lei 11.689/2008, foi extinto, o que não ocorreu com o *desaforamento*, atualmente previsto nos arts. 427 e 428 do CPP; **C:** assertiva correta. De faro, a pronúncia tem como natureza jurídica *decisão interlocutória mista não terminativa*, contra a qual cabe *recurso em sentido estrito* – art. 581, IV, do CPP. Cuidado: a decisão de *impronúncia*, com a reforma operada pela Lei 11.689/2008, passou a desafiar *recurso de apelação* (antes comportava recurso em sentido estrito) – art. 416 do CPP; **D:** incorreta, se houver prova da inexistência do fato, deverá o juiz absolver sumariamente o acusado – art. 415, I, do CPP. Contra essa decisão caberá recurso de apelação (art. 416 do CPP); **E:** incorreta, o art. 412 do CPP que estabelece o prazo de 90 dias para o encerramento da primeira fase do procedimento do júri (formação da culpa).
Gabarito "C"

(Delegado/SP – 2008) No processo de competência do júri, inexistindo prova da materialidade do crime ou não havendo indícios suficientes de autoria, deve o magistrado

(A) impronunciar o réu.
(B) despronunciar o réu.
(C) absolver sumariamente o réu.
(D) desclassificar a infração penal, se for o caso.
(E) pronunciar o réu, em face do in *dubio pro societate*.

Art. 414 do CPP.
Gabarito "A"

(Delegado/SP – 2003) Tício provocou aborto consentido em Júnia. Na sessão de julgamento do Júri, Tício não compareceu, com justa causa. Desse modo

(A) o julgamento será feito a sua revelia.
(B) obrigatoriamente, será decretada sua prisão preventiva.
(C) o julgamento será adiado para a sessão periódica seguinte.
(D) Tício será conduzido coercitivamente ao Tribunal do Júri, para ser julgado no mesmo dia.

É possível o adiamento da sessão de julgamento, desde que o pedido e as justificações do não comparecimento sejam previamente submetidos à apreciação do juiz presidente do Tribunal do Júri (art. 457, § 1º, CPP).
Gabarito "C"

15. JUIZADOS ESPECIAIS

(Delegado/PR – 2013 – UEL-COPS) No que diz respeito aos Juizados Especiais Criminais, conforme a Lei nº 9.099/1995, assinale a alternativa correta.

(A) A proposta de transação penal é admissível, mesmo que o agente tenha sido beneficiado com outra proposta em menos de cinco anos.
(B) A proposta de transação penal é admissível, mesmo que o indivíduo tenha sido beneficiado anteriormente, no prazo de cinco anos, pela aplicação de pena restritiva ou multa.
(C) A suspensão condicional da pena é instituto previsto na Lei nº 9.099/1995 e é proposta sem proibições, reparações ou obrigações perante o juízo.
(D) Caso uma pessoa seja surpreendida praticando uma infração penal de menor potencial ofensivo, será presa em flagrante e recolhida à prisão.
(E) Não encontrado o acusado para ser citado, o juiz encaminhará as peças existentes ao juízo comum.

A e **B:** incorretas (art. 76, § 2º, II, e § 4º, da Lei 9.099/1995); **C:** incorreta, dado que a suspensão condicional da *pena* (*sursis*) tem sua previsão no art. 77 e seguintes do CP, que estabelecem os requisitos para a sua concessão e as obrigações a que fica sujeito o beneficiário. A Lei 9.099/1995 traz, isto sim, a previsão da suspensão condicional do *processo* (*sursis* processual), e não da *pena* (art. 89), cuja incidência, é bom que se diga, não é restrita às infrações penais de menor potencial ofensivo. Aplica-se às infrações penais em que a pena mínima cominada for igual ou inferior a um ano; **D:** incorreta. Uma vez surpreendido pela prática de infração penal de menor potencial ofensivo, o autor dos fatos será conduzido à presença da autoridade policial e, após a confecção do termo circunstanciado, será liberado, desde que não se recuse a encaminhar-se ao juizado ou, não sendo isso possível, assuma o compromisso de fazê-lo quando convocado (art. 69, parágrafo único, da Lei 9.099/1995); se assim não fizer, será contra ele lavrado auto de prisão em flagrante; **E:** correta (art. 66, parágrafo único, da Lei 9.099/1995).
Gabarito "E"

(Delegado/PR – 2013 – UEL-COPS) Em relação ao procedimento previsto na Lei dos Juizados Especiais Criminais, assinale a alternativa correta.

(A) A composição dos danos civis, nos casos de ação penal pública condicionada ou privada, acarreta renúncia ao direito de representação ou queixa.
(B) No caso de aceitação da proposta de transação penal, o juiz aplicará a multa, importando em reincidência caso o infrator venha a delinquir novamente.

(C) O não oferecimento da representação durante a realização da audiência preliminar implica em decadência imediata do direito de representação.

(D) O número máximo de testemunhas a serem ouvidas em audiência, tanto para a acusação quanto para a defesa, será de cinco para cada crime imputado ao réu.

(E) Uma vez oferecida a denúncia ou queixa, o juiz a receberá, determinando, no mesmo despacho, a citação do réu e a sua intimação a comparecer na audiência de instrução e julgamento.

A: correta (art. 74, parágrafo único, da Lei 9.099/1995); **B:** incorreta (art. 76, § 4º, Lei 9.099/1995); **C:** incorreta (art. 75, parágrafo único, da Lei 9.099/1995); **D:** incorreta (art. 34, *caput*, da Lei 9.099/1995); **E:** incorreta (art. 78 da Lei 9.099/1995).

Gabarito "A"

(Delegado/RJ – 2013 – FUNCAB) Em matéria de procedimento dos Juizados Especiais Criminais, é correto afirmar:

(A) Se a complexidade ou as circunstâncias do caso não permitirem a formulação da denúncia, o Ministério Público poderá diretamente suprir a investigação e oferecer a denúncia.

(B) Poderá ser dispensado o exame de corpo de delito quando a materialidade do crime estiver aferida por boletim médico ou prova equivalente.

(C) O inquérito policial deverá estar concluído, em caso de indiciado solto, em30 dias.

(D) O inquérito policial será iniciado pelo termo circunstanciado.

(E) O auto de prisão em flagrante será encaminhado ao Juizado juntamente com a comunicação da prisão.

A: incorreta (art. 77, § 2º, da Lei 9.099/1995); **B:** correta (art. 77, § 1º, da Lei 9.099/1995); **C:** incorreta, na medida em que, no âmbito do juizado especial criminal, a formalização da ocorrência será feita por meio de *termo circunstanciado*, que será, de imediato, encaminhado ao juizado, dispensado o inquérito policial (art. 69, *caput*, e 77, § 1º, da Lei 9.099/1995); **D:** incorreta. O *termo circunstanciado* vale por si só; depois de lavrado, será encaminhado ao juizado, sem a necessidade de instaurar-se inquérito policial; **E:** incorreta. Regra geral, não se lavra auto de prisão em flagrante pela prática de infração penal de menor potencial ofensivo; tal providência somente terá lugar na hipótese de o autor dos fatos recusar-se a comparecer ao juizado ou, não sendo isso possível, firmar compromisso de fazê-lo assim que convocado (art. 69, parágrafo único, da Lei 9.099/1995).

Gabarito "B"

(Delegado/AM) Mévio foi preso em flagrante pela prática de crime comum de lesões corporais, de natureza leve, e apresentando à autoridade policial, juntamente com a vítima machucada e testemunhas. Em relação ao caso, é correto afirmar-se que

(A) a autoridade policial que tomar conhecimento da ocorrência lavrará termo circunstanciado e o encaminhará imediatamente ao Juizado, com o autor do fato e a vítima, sem necessidade de requisição de exame de corpo de delito, de lavratura do auto de prisão em flagrante e de expedição de nota de culpa.

(B) após a lavratura do termo, se o Mévio for imediatamente encaminhado ao Juizado ou assumir o compromisso de ele comparecer, não se "imporá" (manterá) a prisão em flagrante, nem a fiança na Delegacia, bastando o pagamento de fiança a ser feito no Juizado Especial Criminal, na audiência preliminar.

(C) tratando-se de prisão em flagrante e, portanto, em regra, no caso, a autoridade policial deverá lavrar o auto de prisão em flagrante, ouvindo o condutor, agente do fato, vítima e testemunhas, expedir nota de culpa, apreender o instrumento do crime, requisitar a realização de exame de corpo de delito e, enfim, tomar todas as demais providências cabíveis para as prisões em flagrante em geral.

(D) no Juizado Especial Criminal, poderá haver "composição dos danos civis", que, se for homologada, acarretará a renúncia ao direito de representação. Não havendo conciliação, a vítima ainda poderá fazer representação verbal, devidamente reduzida a termo, e, após oferecida a representação, poderá ocorrer a proposta de aplicação imediata de pena não privativa de liberdade, que ocorre antes do oferecimento da denúncia, podendo, portanto, haver cumprimento de pena sem denúncia o MP e sem sentença condenatória propriamente dita.

A: incorreta, pois a autoridade policial deverá providenciar as requisições dos exames periciais necessários (art. 69, da Lei 9.099/1995); **B:** incorreta, já que, na audiência preliminar, o autor do fato terá a possibilidade de aceitação de proposta de aplicação imediata de pena não privativa de liberdade (art. 72, da Lei. 9.099/1995), o que não se relaciona com o instituto da fiança; **C:** incorreta, pois a autoridade policial não elaborará o auto de prisão em flagrante, mas termo circunstanciado de ocorrência (art. 69, da Lei.9.099/1995). No caso, há que se distinguir a prisão-captura da prisão-lavratura. O autor dos fatos será conduzido coercitivamente à Delegacia de Polícia, caso esteja em flagrante delito, fazendo-se cessar a atividade delituosa. Todavia, não será lavrado o auto de prisão em flagrante; **D:** correta (arts. 72 e 74, parágrafo único, da Lei 9.099/1995).

Gabarito "D"

(Delegado/BA – 2008 – CEFETBAHIA) Sobre a Lei nº. 9.099/1995, pode-se afirmar:

(A) Caso um indivíduo seja surpreendido praticando uma infração penal de menor potencial ofensivo, será preso em flagrante e recolhido à prisão.

(B) Um indivíduo conduzido à delegacia por infração de menor potencial ofensivo, praticado contra a sua esposa, dentro de sua residência, poderá, como medida acautelatória, ter decretado o seu afastamento do lar.

(C) A suspensão condicional da pena é instituto despenalizante previsto na Lei nº. 9.099/95.

(D) A proposta de transação penal é admissível, mesmo que o agente tenha sido beneficiado anteriormente, no prazo de cinco anos, pela aplicação de pena restritiva ou multa.

(E) A proposta de transação penal é admissível, mesmo que o agente tenha sido beneficiado com outra proposta em menos de cinco anos.

A: incorreta, pois o art. 69, parágrafo único, da Lei 9099/1995 veda a prisão em flagrante do autor do fato; **B:** correta (art. 69, parágrafo único, da Lei 9.099/1995); **C:** incorreta, pois a Lei 9.099/1995 prevê a suspensão condicional do processo e não da pena, que é instituto previsto no Código Penal, segundo o qual a pena imposta ao acusado será suspensa, mediante o cumprimento de certas condições; **D** e **E:** incorretas, já que se trata de uma das hipóteses em que não se admitirá a proposta de transação penal, prevista no art. 76, § 2º, II, da Lei 9.099/1995.

Gabarito "B"

(Delegado/ES – 2006 – CESPE) Acerca do procedimento dos Juizados Especiais Criminais, julgue o item que se segue.

(1) O rito sumaríssimo, previsto na lei dos juizados especiais criminais, só deve ser aplicado caso a transação penal não tenha sido realizada em audiência preliminar devido à ausência do autor da infração, dos requisitos para a propositura ou, ainda, por não ter o autor da infração aceitado a proposta de transação.

1: correta (art. 77, da Lei n. 9.099/1995).

Gabarito 1C

(Delegado/GO – 2003 – UEG) Iramar da Silva, com vontade livre, consciente e nítido intento de ultrajar e desprestigiar, desacatou, quando cumpriam mandado de penhora e avaliação extraído da execução promovida em desfavor da companheira deste, portanto, no pleno exercício das atribuições dos cargos públicos que exercem, as oficialas de Justiça Cacilda e Irinéia, chamando-as de ladras e afirmando que nada seria penhorado em sua residência. Preso em flagrante pelo crime de desacato (art. 331, CP), que prevê uma pena de detenção de seis meses a dois anos, ou multa, Iramar foi encaminhado à delegacia de polícia.

Considerando o entendimento predominante na doutrina e na jurisprudência, o delegado (a) de polícia encarregado desse caso deverá:

(A) lavrar um termo circunstanciado de ocorrência e encaminhá-lo imediatamente ao Juizado Especial Criminal com o autor do fato e as vítimas.

(B) lavrar o competente auto de prisão em flagrante.

(C) optar por instaurar o inquérito policial ou lavrar o termo circunstanciado.

(D) ordenar a instauração de inquérito policial para as investigações devidas.

No caso, por se tratar de infração de menor potencial ofensivo (art. 61, Lei n. 9.099/1995), a autoridade policial deverá lavrar o termo circunstanciado de ocorrência, uma vez que não é possível a lavratura do auto de prisão em flagrante, nem a instauração de inquérito policial (art. 69, parágrafo único, da Lei n. 9.099/1995).

Gabarito "A"

(Delegado/GO – 2003 – UEG) Cornélio, marido de Pedrita, agride-a com frequência, causando-lhe lesões corporais leves. Não aguentando mais a violência doméstica, Pedrita noticia essas infrações na delegacia de polícia.

Nesse caso, de acordo com a Lei dos Juizados Especiais Criminais, recentemente alterada pela Lei 10.455, de 13 de maio de 2002, e com a doutrina majoritária,

(A) somente o juiz poderá determinar, como medida de cautela, em decisão fundamentada, o afastamento de Cornélio do lar, do domicílio ou local de convivência com Pedrita.
(B) ocorrendo as situações de flagrância ou quase-flagrância previstas na legislação processual comum, Cornélio será preso em flagrante delito e imediatamente lavrado pela autoridade policial o auto respectivo.
(C) a autoridade policial poderá conceder medida para que Cornélio afaste-se do lar, domicílio ou local de convivência com a vítima.
(D) ao receber o termo circunstanciado, o Ministério Público poderá conceder medida para que Cornélio afaste-se do lar, domicílio ou local de convivência com a vítima.

A: correta, pois cabe ao juiz determinar o afastamento do autor do fato do lar, domicílio ou local de convivência com a vítima (art. 69, parágrafo único, da Lei 9.099/1995); **B:** incorreta, pois incumbe à autoridade policial lavrar o termo circunstanciado de ocorrência e não o auto de prisão em flagrante (art. 69, parágrafo único, da Lei 9.099/1995); **C** e **D:** incorretas, pois tal providência cabe ao juiz, conforme explicitado na alternativa "A".

Gabarito "A"

(Delegado/MG – 2012) Para determinação da competência, no âmbito do juizado especial criminal, adota-se:

(A) a teoria do resultado.
(B) a teoria da ubiquidade.
(C) a teoria da atividade.
(D) a teoria da informalidade

Em conformidade com o disposto no art. 63 da Lei 9.099/1995, *a competência do Juizado será determinada pelo lugar em que foi praticada a infração penal*. Cuidado: não há consenso na doutrina a respeito da teoria (atividade, resultado ou mista) que teria sido acolhida em relação à fixação da competência no âmbito do Juizado Especial. Tudo porque o legislador se valeu, para estabelecer a competência, do termo *praticada*, cujo significado não se sabe se faz referência à *ação* ou *omissão* (teoria da atividade) ou ao *resultado* (teoria do resultado), ou ainda aos dois (teoria mista ou da ubiquidade).

Gabarito "C"

(Delegado/MG – 2006) Sobre os juizados especiais criminais é CORRETO afirmar que

(A) o conceito de infração de menor potencial ofensivo nos juizados estaduais é diverso do conceito estabelecido para os juizados federais.
(B) o juizado especial criminal é incompetente para processar e julgar infrações penais cujo rito processual esteja previsto em lei especial.
(C) a conciliação deve ser conduzida exclusivamente por juiz.
(D) o Ministério Público tem plena discricionariedade sobre a realização da proposta de transação penal.
(E) a composição civil é causa extintiva da punibilidade do autor de fato.

A: incorreta. A partir da entrada em vigor da Lei 10.259/2001, que instituiu o Juizado Especial Federal, ampliou-se o conceito de infração de menor potencial ofensivo (todas as contravenções penais, os crimes a que a lei comine pena máxima igual ou inferior a dois anos, bem como os crimes a que a lei comine exclusivamente pena de multa, qualquer que seja o procedimento previsto para eles), aplicável tanto para a Justiça Federal como para a Justiça Estadual. Ainda, com o advento da Lei 11.313/2006, afastou-se qualquer dúvida a respeito da unificação do conceito de infração de menor potencial ofensivo, alterando-se a redação do art. 61, da Lei 9.099/1995; **B:** incorreta, pois o Juizado Especial Criminal é competente para processar e julgar todas as infrações penais de menor potencial ofensivo, independente de ter ou não rito especial. Com a Lei 11.313/2006, afastou-se qualquer dúvida a respeito, dado que a nova lei excluiu a vedação existente anteriormente; **C:** incorreta, pois a conciliação poderá ser conduzida pelo juiz ou por conciliador sob sua orientação (art. 73, *caput*, da Lei. 9.099/1995); **D:** incorreta. Ao Ministério Público aplica-se o princípio da discricionariedade regrada, segundo o qual há uma liberdade, embora não seja absoluta, limitada às hipóteses legais; **E:** correta, pois a composição civil, quando se tratar de ação penal privada ou pública condicionada à representação do ofendido, acarreta a renúncia ao direito de queixa ou de representação e, por conseguinte, extingue a punibilidade do autor do fato (art. 74, parágrafo único, da Lei 9.099/1995).

Gabarito "E"

(Delegado/PB – 2009 – CESPE) Julgue os itens a seguir, relativos aos juizados especiais criminais.

I. Preenchidos os requisitos legais, o MP pode propor a aplicação imediata de penas restritivas de direitos ou multas, sendo vedado ao juiz, em qualquer caso, alterar a proposta formulada.
II. Acolhendo a proposta do MP aceita pelo autor da infração, o juiz deve aplicar a pena restritiva de direitos ou multa, por sentença irrecorrível.
III. Ao autor do fato que, após a lavratura do termo circunstanciado, for imediatamente encaminhado ao juizado ou assumir o compromisso de a ele comparecer, não se impõe prisão em flagrante, devendo a autoridade policial, desde já, fixar o valor da fiança.
IV. A suspensão condicional do processo, cabível nos crimes em que a pena mínima cominada for igual ou inferior a um ano, será revogada se, no curso do prazo, o beneficiário for definitivamente condenado por outro crime.
V. Conforme expressa previsão legal, não efetuado o pagamento de multa, deve ser feita a conversão em pena privativa da liberdade, ou restritiva de direitos.

A quantidade de itens certos é igual a

(A) 1.
(B) 2.
(C) 3.
(D) 4.
(E) 5.

I: incorreta, pois, na hipótese de a pena de multa ser a única aplicável, o juiz poderá reduzi-la até a metade (art. 76, § 1º, da Lei 9.099/1995); **II:** incorreta, já que da sentença que acolhe a proposta do MP aceita pelo autor da infração caberá o recurso de apelação (art. 76, §§ 4º e 5º, da Lei 9.099/1995); **III:** incorreta, porque a autoridade policial não lavrará auto de prisão em flagrante, nem exigirá fiança (art. 69, parágrafo único, da Lei 9.099/1995); **IV:** incorreta, pois a revogação do benefício ocorrerá se o beneficiário vier a ser processado por outro crime (e não definitivamente condenado) ou não efetuar, sem motivo justificado, a reparação do dano (art. 89, § 3º, da Lei 9.099/1995); **V:** correta (art. 85, da Lei 9.099/1995). Entretanto, há posição jurisprudencial em sentido contrário, que entende que a conversão da pena de multa em privativa da liberdade ou restritiva de direitos ofende o princípio do devido processo legal, por não se tratar de sentença condenatória, mas homologatória. No caso, se descumprido o acordo, caberá ao Ministério Público requerer a instauração de inquérito policial ou oferecer denúncia (2ª Turma do STF, HC 79.572/GO, em 29/02/2000 – Inf. n. 180).

Gabarito "A"

(Delegado/PI – 2009 – UESPI) Considerando a temática dos Juizados Especiais Criminais, assinale a alternativa correta.

(A) A competência do Juizado será determinada pelo lugar em que foi praticada a infração penal.
(B) Consideram-se infrações penais de menor potencial ofensivo as contravenções penais e os crimes a que a lei comine pena mínima não superior a 2 (dois) anos, cumulada ou não com multa.
(C) Nos crimes em que a pena mínima cominada for igual ou inferior a um ano, o Ministério Público, ao oferecer a denúncia, poderá propor a suspensão do processo, por um a quatro anos, desde que o acusado não esteja sendo processado ou não tenha sido condenado por outro crime, presentes os demais requisitos que autorizariam a suspensão condicional da pena (art. 77 do Código Penal).
(D) A composição civil, estabelecida nos arts. 74 e 75 da Lei,é uma causa de extinção da punibilidade nos crimes de menor potencial ofensivo, quando a ação for pública incondicionada.
(E) A proposta de Transação Penal (art. 76) deve ser feita pelo Juiz na presença do Ministério Público.

A: correta, art. 63 da Lei 9.099/95; **B:** incorreta, estão sob a égide do Juizado Especial Criminal as contravenções penais e os crimes cuja pena *máxima* cominada não seja superior a dois anos, cumulada ou não com multa, conforme dispõe o art. 61 da Lei 9.099/1995; **C:** incorreta, o período de suspensão do *sursis* processual, por força do que dispõe o art. 89, *caput*, da Lei 9.099/1995, variará entre dois e quatro anos, e não entre um e quatro; **D:** incorreta, a composição civil em crime de ação penal pública incondicionada não obsta, no âmbito penal, a sequência do procedimento; **E:** incorreta, a proposta de transação penal é de iniciativa exclusiva do membro do Ministério Público – art. 76, *caput*, da Lei 9.099/1995.

Gabarito "A"

(Delegado/PR – 2007) Sobre o Juizado Especial Criminal (Lei 9.099/1995) e seus institutos, considere as seguintes afirmativas:

(1) O benefício da suspensão condicional do processo não é aplicável em relação às infrações penais cometidas em concurso material ou formal, quando a pena mínima cominada, seja pela somatória, seja pela incidência da majorante, ultrapassar o limite de um ano.
(2) O Juizado Especial Criminal tem competência para conciliação, julgamento e execução das infrações penais de menor potencial ofensivo, consideradas como tais aquelas cuja pena máxima não exceda a 2 anos.
(3) A competência do juizado será determinada pelo lugar do domicílio do autor ou do réu.
(4) Os atos processuais serão públicos e poderão se realizar em horário noturno e em qualquer dia da semana.

Assinale a alternativa correta.

(A) Somente as afirmativas 1, 2 e 4 são verdadeiras.
(B) Somente as afirmativas 2, 3 e 4 são verdadeiras.
(C) Somente as afirmativas 1, 3 e 4 são verdadeiras.
(D) Somente as afirmativas 1 e 3 são verdadeiras.
(E) Somente as afirmativas 1, 2 e 3 são verdadeiras.

1: correta. De fato, para a análise do cabimento da transação penal, bem como da suspensão condicional do processo, deve-se levar em conta o cúmulo material, no caso do concurso material de crimes, ou a exasperação da pena, no caso do concurso formal (Súmula n. 243, STJ); **2:** correta (arts. 73, 77 e 84, da Lei 9.099/1995); **3:** incorreta, pois a competência do juizado será determinada pelo lugar em que foi praticada a infração penal (art. 63 da Lei 9.099/1995). Cuidado: não há consenso na doutrina a respeito da teoria (atividade, resultado ou mista) que teria sido acolhida em relação à fixação da competência no âmbito do Juizado Especial. Tudo porque o legislador se valeu, para estabelecer a competência, do termo *praticada*, cujo significado não se sabe se faz referência à *ação* ou *omissão* (teoria da atividade) ou ao *resultado* (teoria do resultado), ou ainda aos dois (teoria mista ou da ubiquidade); **4:** correta (art. 12 da Lei 9.099/1995).

Gabarito "A"

(Delegado/SC – 2008) Analise as alternativas e assinale a correta.

(A) A autoridade policial que tomar conhecimento da ocorrência de infração penal de menor potencial ofensivo determinará, mediante portaria, a abertura de inquérito policial, que deverá ser concluído em, no máximo, trinta dias.
(B) Nos crimes de menor potencial ofensivo, sujeitos ao procedimento da Lei n. 9.099/95, a competência do Juizado Especial Criminal será determinada pelo lugar em que a infração se consumou (lugar do resultado) e não pelo lugar da ação ou omissão.
(C) Nos crimes em que a pena mínima cominada for igual ou inferior a 2 (dois) anos, abrangidos ou não pela Lei dos Juizados Especiais Criminais, o Ministério Público, ao oferecer denúncia, poderá propor a suspensão do processo por 2 a 4 anos, desde que o acusado não esteja sendo processado ou não tenha sido condenado por outro crime, presentes os demais requisitos que autorizariam a suspensão condicional da pena.
(D) Quando houver conexão ou continência entre uma infração de menor potencial ofensivo e outra do juízo comum ou do júri, a força atrativa, para a reunião dos processos, será do juízo comum (estadual ou federal) ou do tribunal do júri (estadual ou federal).

A: incorreta, art. 69, *caput*, da Lei 9.099/95; **B:** incorreta, art. 63 da Lei 9.099/1995; **C:** incorreta, art. 89, *caput*, da Lei 9.099/1995; **D:** correta, art. 60 da Lei 9.099/1995.

Gabarito "D"

(Delegado/SP – 2008) De acordo com a Lei do Juizado Especial Criminal (Lei nº. 9.099/1995), quando o réu encontrar--se em local incerto e não sabido.

(A) far-se-á a sua citação por edital.
(B) fica cessada a competência do Juizado Especial Criminal, e o processo segue para o juízo comum.
(C) extingue-se o processo, não podendo ter prosseguimento no Juízo comum.
(D) suspende-se processo até a localização do réu, suspendendo-se, assim, o prazo de prescrição.
(E) prossegue-se o processo, desde que decretada a revelia do réu.

Art. 66, parágrafo único, da Lei 9.099/1995.

Gabarito "B"

(Delegado/SP – 2000) Assinale a alternativa incorreta. Em se tratando da lei que dispõe sobre os Juizados Especiais Cíveis e Criminais (Lei 9.099/1995),

(A) a renúncia está prevista na ação penal de iniciativa privada e na ação pública condicionada.
(B) contém, esse diploma legal, normas de caráter penal e processual penal.
(C) verifica-se que a mesma, para a doutrina majoritária, adotou o princípio da discricionariedade regrada.
(D) verifica-se que nos crimes de lesões corporais leves, lesões culposas e rixa, a ação penal dependerá de representação.

A: assertiva correta (art. 74, parágrafo único, da Lei 9.099/1995); **B:** assertiva correta. De fato, a Lei 9.099/1995 contém normas de caráter penal (como, por exemplo, quando trata da renúncia ao direito de queixa ou de representação) e de caráter processual penal (quando trata do procedimento sumaríssimo propriamente dito); **C:** correta, pois o Ministério Público tem liberdade, embora não plena, pois há limites previstos em lei; **D:** assertiva incorreta, devendo ser assinalada.. Nos crimes de lesão corporal leve e culposa a ação é penal pública condicionada à representação do ofendido (art. 88, Lei 9.099/1995). Todavia, no crime de rixa a ação penal é pública incondicionada.

Gabarito "D"

(Delegado/SP – 1999) No Juizado Especial Criminal, da decisão de rejeição de denúncia ou queixa, caberá

(A) recurso em sentido estrito a ser interposto no prazo de 5 dias.
(B) apelação, a ser interposta no prazo de 5 dias.
(C) recurso em sentido estrito, a ser interposto no prazo de 10 dias.
(D) apelação, a ser interposta no prazo de 10 dias.

Art. 82 da Lei 9.099/1995.

Gabarito "D"

16. SENTENÇA, PRECLUSÃO E COISA JULGADA

(Delegado Federal – 1998 – CESPE) O Ministério Público denunciou Mandrake e Coperfield por crime de furto qualificado pelo concurso de agentes e pela escalada. Encerrada a instrução criminal, o juiz recebeu os autos para sentenciar. Com base nessas informações, julgue os itens a seguir.

(1) O juiz não poderá condenar os réus, se o Ministério Público, em suas alegações finais, tiver requerido a absolvição de ambos os acusados.
(2) O juiz proferirá decisão terminativa, sem enfrentar o mérito da causa, se lhe restarem dúvidas quanto à autoria do crime.
(3) O juiz poderá desclassificar a conduta para furto simples sem previamente ouvir; a esse respeito, o Ministério Público.
(4) A sentença não será nula, se o juiz aplicar pena mais grave, sem prévia manifestação da defesa, na hipótese de *emendatio libelli*.
(5) Tanto o Ministério Público quanto o Defensor Público do Estado que patrocinou a defesa do acusado serão intimados pessoalmente da sentença.

1: incorreta, porque o pedido absolutório formulado pelo Ministério Público não vincula o magistrado, que poderá condenar o réu, bem como reconhecer agravantes, ainda que nenhuma tenha sido alegada (art. 385, CPP); **2:** incorreta, eis que, havendo dúvidas quanto à autoria definitiva, o juiz proferirá sentença definitiva, enfrentando o mérito e, via de consequência, decretando a absolvição (art. 386, CPP). A sentença terminativa é aquela em que o juiz põe fim ao processo sem enfrentar o mérito (ex.: sentença declaratória da prescrição); **3:** correta. Se o magistrado entender que a imputação (furto qualificado pelo concurso de pessoas e escalada) não restou demonstrada, poderá, sem qualquer problema, desclassificar o crime (furto qualificado) para sua forma básica (furto simples); **4:** correta, visto que, em caso de *emendatio libelli* (art. 383, CPP), haverá mera correção da acusação (tipificação incorreta da infração penal na denúncia ou queixa) pelo juiz, inexistindo qualquer nulidade caso aplique pena mais grave do que a cominada à conduta incorretamente tipificada na petição inicial acusatória; **5:** correta (art. 370, § 4º, CPP).

Gabarito 1E, 2E, 3C, 4C, 5C

(Delegado/PB – 2009 – CESPE) Com base no CPP, assinale a opção correta acerca da sentença penal.

(A) Da sentença obscura, ambígua, contraditória ou omissa caberão embargos de declaração, no prazo de cinco dias, a serem interpostos perante o tribunal competente.
(B) O juiz, sem modificar a descrição do fato contida na denúncia ou queixa, pode atribuir-lhe definição jurídica diversa, ainda que, em consequência, tenha de aplicar pena mais grave.
(C) Encerrada a instrução probatória, se entender cabível nova definição jurídica do fato, em consequência de prova existente nos autos de elemento ou circunstância da infração penal não contida na acusação, o juiz deve baixar os autos, para que o MP a adite no prazo de três dias.
(D) Caso o MP promova o aditamento da denúncia ou queixa, por força de *mutatio libelli*, o juiz é obrigado a receber o aditamento, pois o MP é o titular da ação penal pública.
(E) Nos crimes de ação pública, o juiz pode proferir sentença condenatória, ainda que o MP tenha pedido a absolvição, mas não pode reconhecer agravantes que não tenham sido alegadas na denúncia, em face do princípio da congruência.

A: incorreta, visto que, em caso de sentença que apresente omissão, contradição, obscuridade ou ambiguidade, poderão ser opostos embargos de declaração, no prazo de 2 (dois) dias, cabendo ao juiz prolator da decisão apreciá-los, e não o Tribunal (art. 382, CPP); **B:** correta. Trata-se da aplicação do instituto da *emendatio libelli*, cabendo ao juiz, ao verificar que a capitulação jurídica do fato descrito na denúncia ou queixa está equivocada (tipificação incorreta), atribuir definição jurídica diversa (tipificação correta), ainda que tenha de aplicar pena mais severa (art. 383, CPP); **C:** incorreta, eis que, no presente caso, será necessária a aplicação do instituto da *mutatio libelli*, cabendo ao Ministério Público aditar a denúncia no prazo de 5 (cinco) dias (art. 384, *caput*, CPP); **D:** incorreta (art. 384, § 5º, CPP); **E:** incorreta (art. 385, CPP).

Gabarito "B"

(Delegado/RN – 2009 – CESPE) Assinale a opção correta com relação à sentença.

(A) O crime de abuso de autoridade é de competência da justiça militar, federal ou estadual, conforme o agente seja, respectivamente, integrante das Forças Armadas, ou da polícia militar ou do corpo de bombeiros militares dos estados.
(B) Sentença absolutória imprópria é aquela que condena o réu, impondo-lhe uma sanção a mais, qual seja, a medida de segurança.
(C) No rito do júri, o *judicium causae* fica limitado, fática e juridicamente, à denúncia ou queixa.
(D) A justiça militar estadual só julga réus militares. Por isso, o civil que praticar um crime contra as instituições militares estaduais será processado na justiça comum estadual, não na justiça militar.
(E) No caso de *mutatio libelli*, o MP só aditará a denúncia se a mutação implicar tipificação mais grave.

A: incorreta (Súmula 172, STJ); **B:** incorreta, eis que a sentença absolutória imprópria é, de fato, absolutória (e não condenatória, como afirmado na alternativa). Contudo, é denominada de "imprópria" pelo fato de o juiz impor ao réu uma medida de segurança, haja vista o reconhecimento da inimputabilidade; **C:** incorreta, pois é a decisão de pronúncia (e não a denúncia ou queixa) que limita o *judicium causae* (ou juízo da causa), que corresponde à segunda fase do rito escalonado do júri. Assim, caberá ao Ministério Público fazer sua sustentação oral (debates orais) nos limites da pronúncia (art. 476, *caput*, CPP), não podendo ir além dela, sob pena de nulidade; **D:** correta (Súmula 53, STJ); E: incorreta. O aditamento da denúncia, em caso de *mutatio libelli*, sempre ocorrerá independentemente de a modificação implicar tipificação mais ou menos grave (art. 384, CPP).

Gabarito "D"

(Delegado/SC – 2008) O réu foi denunciado por ter subtraído um aparelho de TV de uma residência, depois de ter rompido obstáculo à subtração da coisa, consistente no arrombamento de uma janela. O Promotor de Justiça capitulou o fato como furto simples, embora tenha descrito na denúncia todas as circunstâncias já mencionadas. Após a instrução criminal e alegações escritas das partes o juiz recebeu os autos conclusos para sentença. Estando inteiramente provados os fatos narrados, o juiz deve

(A) anular o processo a partir da denúncia, inclusive, por ser esta inepta.
(B) absolver o réu, por inexistir correlação entre a narrativa oferecida pelo promotor e a capitulação do crime.
(C) determinar a abertura de vistas dos autos ao Ministério Público, para que adite a denúncia.
(D) condenar o réu por furto qualificado, dando definição jurídica diversa daquela que constou da denúncia.

Art. 383 do CPP (*emendatio libelli*).

Gabarito "D"

(Delegado/SP – 2008) Se a denúncia é oferecida por dano qualificado e o juiz, na sentença, entende que o fato praticado constitui dano simples, deverá

(A) condenar desde logo o réu pelo delito menos grave.
(B) absolver o acusado em razão do constrangimento ilegal.
(C) declarar a nulidade *ab initio* do procedimento por ilegitimidade ativa e decretar a extinção da punibilidade do fato, se já operada a decadência.
(D) condenar o réu nos termos de denúncia, pois o juiz fica adstrito à qualificação jurídica do fato nela contida.
(E) mandar renovar a citação do réu, independentemente de qualquer outra formalidade, para responder pelo delito de menor gravidade, aproveitados os atos processuais já praticados.

De fato, a ação penal no dano simples (art. 163, *caput*, CP) é privada, consoante determina o art. 167 do CP. Assim, tendo havido oferecimento de denúncia pelo Ministério Público, em razão de se ter considerado o dano em sua forma qualificada (exceto o inciso IV, do parágrafo único, do art. 163 do CP, que é considerado de ação penal privada – art. 167, CP) e, ao final, considerando o juiz ter havido o cometimento de dano simples, cuja ação penal, repita-se, é de iniciativa privada, não poderá condenar ou mesmo absolver o réu, visto haver inegável ilegitimidade ativa *ad causam*. Em simples palavras, não cabe ao Ministério Público promover a ação no caso em tela, razão pela qual seria de rigor a declaração de nulidade *ab initio* (desde o início). Caso o magistrado verificasse ter havido a decadência, caberia decretá-la de ofício, consoante art. 61, CPP.

Gabarito "C"

(Delegado/SP – 2003) O juiz, ao prolatar a sentença, constata que na inicial o fato delituoso foi corretamente descrito porém, divergindo da capitulação legal, sentencia com base em outro tipo penal. Em face dessa situação, ocorreu

(A) a hipótese de "*mutatio libelli*".
(B) a nulidade absoluta da sentença.
(C) uma sentença "suicida".
(D) a hipótese de "*emendatio libelli*".

De fato, se o juiz constatar, no momento da sentença, que a descrição do fato delituoso foi correta, porém com equívoco do titular da ação penal na respectiva capitulação legal (tipificação incorreta), deverá, por força da *emendatio libelli*, atribuir-lhe a adequada definição (leia-se: capitulação legal), ainda que isso implique a imposição de pena mais grave (art. 383, CPP). Não se pode, aqui, cogitar de "*mutatio libelli*", que pressupõe, após o encerramento da instrução probatória, a constatação de que algum elemento ou circunstância da infração penal não restou contida na acusação, caso em que deverá haver o aditamento da denúncia pelo Ministério Público (art. 384, CPP). Reforça-se a clássica lição de que o réu se defende dos fatos e não da capitulação legal (tipificação), razão pela qual, em caso de aplicação do instituto da *emendatio libelli*, a sentença não contém qualquer vício (nulidade).

Gabarito "D"

(Delegado/SP – 2002) Na sentença condenatória, o juiz deverá, obrigatoriamente,

(A) fixar, exclusivamente, a pena definitiva, deixando para o magistrado da execução penal decidir sobre o regime de cumprimento da pena.
(B) fixar a pena definitiva e também o regime de cumprimento dessa pena.
(C) fixar a pena-base, bem como a definitiva e o regime de cumprimento da pena.
(D) fixar tão somente a pena-base e o regime de cumprimento dessa pena, pois no juízo da execução é que será fixada a pena definitiva.

Ao prolatar a sentença, deverá o juiz fixar as penas aplicáveis dentre as cominadas, a quantidade de pena aplicável, o regime inicial de cumprimento de pena e, se cabível, proceder à substituição da pena privativa de liberdade por restritiva de direitos (art. 59, I a IV, CP). Caso o magistrado deixe de fixar o regime de cumprimento de pena, caberá a oposição de embargos declaratórios pelo titular da ação penal, tendo em vista a omissão da sentença. Igualmente, caso o juiz não proceda à adequada fixação da pena, consoante o sistema trifásico (art. 68, CP), a sentença será nula. Além disso, conforme estabelece a nova redação do § 2º do art. 387 do CPP, a detração será levada em consideração na fixação do regime inicial de cumprimento de pena

Gabarito "C"

(Delegado/SP – 1999) Entende-se por "absolvição imprópria"

(A) a aplicação da medida de segurança em caso de absolvição.
(B) a sentença absolutória que reconheça não existir prova suficiente para a condenação.
(C) a sentença absolutória destituída de fundamentação.
(D) a decisão judicial de arquivamento do inquérito policial.

A: correta. De fato, a sentença que aplica ao réu medida de segurança é absolutória, visto que se trata de agente inimputável, sendo, pois, o caso de incidência do art. 386, VI, CPP. Todavia, por impor uma sanção penal (medida de segurança), é denominada de absolutória "imprópria"; **B:** incorreta. A sentença que reconhecer inexistir prova suficiente para a condenação (art. 386, VII, CPP) é considerada absolutória própria, visto que nenhuma sanção será imposta ao réu; **C:** incorreta, pois a sentença absolutória destituída de qualquer fundamentação é considerada nula, consoante art. 93, IX, CF; **D:** incorreta, eis que a decisão que decreta o arquivamento do inquérito policial não tem natureza absolutória. Afinal, só se absolve aquele que foi julgado.

Gabarito "A"

17. NULIDADES

(Delegado/RO – 2014 – FUNCAB) No estudo das nulidades, a doutrina converge no sentido de reconhecer a aplicabilidade do princípio da instrumentalidade das formas, a viabilizar o não reconhecimento da nulidade pelo juízo quando, em uma análise prévia, verifica a incidência de medidas sanatórias (ou de convalidação), possibilitando a preservação do ato viciado (praticado em desconformidade com o modelo legal) como válido.

Qual é a medida sanatória que supre a irregularidade da citação?

(A) O suprimento
(B) O comparecimento
(C) A ratificação
(D) A preclusão
(E) A retificação

Art. 570 do CPP: "A falta ou a nulidade da citação, da intimação ou notificação estará sanada, desde que o interessado compareça, antes de o ato consumar-se, embora declare que o faz (...)".

Gabarito "B"

(Delegado/SP – 2014 – VUNESP) Segundo o princípio da *pas de nullité sans grief*,

(A) não há diferença entre nulidades absolutas e relativas.
(B) no processo penal há prevalência do interesse do réu.
(C) nenhum ato será declarado nulo, se da nulidade não resultar prejuízo.
(D) o réu tem direito de ser julgado por um juiz previamente determinado por lei.
(E) é garantida publicidade aos atos processuais, sob pena de nulidade.

O art. 563 do CPP enuncia o *princípio do prejuízo (pas de nullité sans grief), segundo o qual*, em se tratando de *nulidade relativa*, em que o prejuízo não é presumido, é necessário, para se decretar a nulidade do ato, verificar se o mesmo gerou efeitos prejudiciais.

Gabarito "C"

(Delegado Federal – 2004 – CESPE) Julgue o item a seguir. De acordo com o entendimento do STF, julgue o item a seguir.

(1) A inobservância da competência penal por prevenção gera nulidade absoluta do processo.

1: incorreta (Súmula 706, STF).

Gabarito 1E

(Delegado Federal – 1998 – CESPE) Constitui nulidade absoluta

(1) a falta de intimação do advogado do réu quanto à data da audiência de inquirição de testemunhas de acusação, designada no juízo deprecado.
(2) a denúncia que não contém a qualificação completa do imputado.
(3) a ausência de alegações finais escritas, nos crimes da competência do Tribunal do Júri.

1: incorreta. Prevalece o entendimento de que a falta de intimação do advogado do réu quanto à data da audiência de inquirição de testemunhas de acusação designada pelo juízo deprecado acarreta nulidade relativa. O que é indispensável é que o advogado tenha sido intimado da expedição da carta precatória, a ele competindo acompanhar seu trâmite no juízo deprecado; **2:** incorreta. A falta de qualificação do réu sequer inviabiliza o oferecimento de denúncia. Contudo, indispensável que a denúncia descreva um mínimo de características do réu, a fim de que possa ser identificado (art. 41, CPP); **3:** incorreta, visto que a ausência de alegações finais (atualmente debates orais, os quais eventualmente podem ser convertidos em memoriais) não configura nulidade absoluta, desde que, é claro, tenha havido a intimação da defesa para a apresentação da peça processual.

Gabarito 1E, 2E, 3E

(Delegado/MA – 2006 – FCC) De acordo com o Código de Processo Penal, com relação às nulidades é correto afirmar que

(A) a incompetência *ratione loci* anulará todo o processo e, quando declarada a nulidade, deverá ser o processo remetido ao juiz competente.
(B) a nulidade por ilegitimidade do representante da parte, em regra, poderá ser a todo tempo sanada, mediante ratificação dos atos processuais.
(C) as omissões da denúncia referentes aos elementos integrativos não essenciais do fato poderão ser supridas até o seu recebimento.
(D) nenhuma das partes poderá arguir nulidade a que haja dado causa, mas poderá arguir a nulidade referente a formalidade cuja observância só à parte contrária interesse.
(E) a falta da citação é causa de nulidade absoluta do processo, não sendo sanada pelo comparecimento espontâneo do interessado antes do ato se consumar.

A: incorreta, visto que a incompetência *ratione loci* (em razão do lugar) é considerada relativa, gerando tão somente a anulação dos atos decisórios, devendo ser remetido o processo ao juiz competente (art. 567, CPP); **B:** correta (art. 568, CPP); **C:** incorreta, visto que as omissões poderão ser supridas a todo o tempo, desde que antes da sentença final (art. 569, CPP); **D:** incorreta (art. 565, CPP); **E:** incorreta (art. 570, CPP).

Gabarito "B"

(Delegado/SP – 2011) princípio segundo o qual somente será declarada a nulidade se houver influenciado na apuração da verdade ou na decisão da causa é chamado de

(A) consequencialidade
(B) instrumentalidade das formas.
(C) interesse
(D) prejuízo.
(E) suprimento.

Se a prática do ato processual em desconformidade com as formalidades legais não acarretar prejuízo, não será declarada a sua nulidade – art. 566 do CPP.

Gabarito "B"

(Delegado/SP – 2000) No processo penal, a deficiência da defesa

(A) não anulará o processo, mesmo havendo prejuízo para o réu.
(B) só anulará o processo se houver prejuízo para o réu.
(C) não anulará o processo, pois o juiz não pode interferir na relação réu/defensor.
(D) anulará sempre o processo, tendo em vista o princípio da ampla defesa.

A: incorreta. De fato, de acordo com a Súmula 523 do STF, apenas a falta de defesa anulará o processo. No entanto, a deficiência desta somente gerará nulidade se houver demonstração do prejuízo; **B:** correta (Súmula 523, STF); **C:** incorreta. A deficiência de defesa pode até mesmo ensejar a declaração do réu como indefeso, devendo o juiz nomear defensor dativo ao réu assim considerado (analogia ao art. 497, V, CPP); **D:** incorreta (Súmula 523, STF).

Gabarito "B"

18. RECURSOS

(Delegado/RO – 2014 – FUNCAB) Com base nas ponderações doutrinárias acerca da teoria geral dos recursos, aponte a alternativa que prevê as características fundamentais dos recursos

(A) Alguns recursos criam uma nova relação processual, outros não, mas sempre têm por objeto a impugnação de um ato judicial.
(B) Todo recurso é voluntário, prolonga a mesma relação processual e impugna decisão judicial.

(C) O recurso pode ser voluntário ou obrigatório, prolonga a mesma relação processual e impugna decisão judicial.
(D) O recurso pode ser voluntário ou obrigatório, cria uma nova relação processual e impugna decisão judicial.
(E) Todo recurso é obrigatório, cria uma nova relação processual e impugna decisão judicial.

A *voluntariedade* é a característica fundamental dos recursos. Significa que as partes somente recorrerão se quiserem, se assim desejarem. Não estão, enfim, obrigadas a recorrer, ainda que a defesa seja patrocinada por defensor público. Casos há em que a lei impõe ao juiz a obrigação de "recorrer" de sua própria decisão (recurso de ofício, necessário ou anômalo), providência que, na sua essência, muito pouco tem de "recurso", pois se trata, na verdade, como dito, de obrigação imposta ao juiz, e não às partes. Tal providência a ser tomada pelo juiz não retira esta característica fundamental dos recursos, que é a *voluntariedade* (art. 574 do CPP). Pode-se dizer, portanto, que todo recurso é voluntário; se não é voluntário, recurso não é.

Gabarito "B"

(Delegado/SP – 2014 – VUNESP) Cabe recurso de ofício da sentença

(A) que conceder *habeas corpus*.
(B) que absolver o réu por inexistência do crime.
(C) de pronúncia.
(D) de absolvição sumária.
(E) que denegar *habeas corpus*.

Pela disciplina estabelecida no art. 574, I, do CPP, o assim chamado, de forma inapropriada, *recurso* de ofício, que nada mais é do que a obrigação imposta ao magistrado de submeter sua decisão a novo exame por instância superior, deverá ser interposto da sentença que conceder *habeas corpus*.

Gabarito "A"

(Delegado/SP – 2014 – VUNESP) Dentre os recursos a seguir, aquele em que não é possível a desistência é:

(A) apelação.
(B) em qualquer recurso interposto pelo Defensor Público.
(C) protesto por novo júri.
(D) em qualquer recurso interposto pelo Ministério Público.
(E) recurso em sentido estrito.

À luz do *princípio da indisponibilidade*, é defeso ao Ministério Público desistir da ação penal proposta (CPP, art. 42) e do recurso interposto (CPP, art. 576). Cuidado: não se quer com isso dizer que o membro do MP é obrigado a recorrer, mas, uma vez interposto o recurso, é-lhe vedado dele desistir.

Gabarito "D"

(Delegado Federal – 2002 – CESPE) Célia foi vítima de erro decorrente de imperícia do médico em cirurgia plástica a que se submetera para a correção do abdome, o que lhe deixou grave sequela estética e funcional. Com a condenação do médico por crime de lesões corporais culposas, o MP pleiteou, no juízo cível, o ressarcimento do dano em favor de Célia, juridicamente pobre, pleiteando a condenação do médico ao pagamento de R$ 35.000,00, a título de danos materiais, e de R$ 60.000,00, por danos morais. O médico contestou a ação, alegando a ilegitimidade ativa do MP, arguindo para tanto a inconstitucionalidade do art. 68 do Código de Processo Penal (CPP) –que confere ao MP a legitimidade para promover a ação civil *ex delicto* – diante da nova ordem constitucional vigente, já que a promoção de ação civil, nesses moldes, não está entre as atribuições previstas no art. 129 da Constituição da República. No mérito, o cirurgião contestou os valores pleiteados. O juiz cível acatou a arguição de inconstitucionalidade e decretou a extinção do feito por ilegitimidade ativa do MP para a causa. Irresignado com a decisão, o MP interpôs apelação da sentença, sustentando sua legitimidade para promover a ação. Diante dessa situação hipotética, julgue os itens subsequentes.

(1) Se o tribunal entender ser o MP parte legítima para propor a ação, ao dar provimento ao apelo, deverá cassar a sentença recorrida e determinar o retorno dos autos à instância inferior, para prosseguimento do feito, não podendo julgar o mérito da causa, ainda que entenda que o dano está devidamente comprovado pela prova produzida no processo penal.
(2) O entendimento do STF é no sentido de que ainda vigora o art. 68 do CPP, detendo o MP legitimidade para a propositura da ação civil *ex delito*, desde que, na localidade, não haja defensoria pública organizada, de direito e de fato, nos moldes previstos na Constituição da República.
(3) Se o tribunal, por maioria, der provimento ao recurso, não poderá o apelado interpor contra o acórdão recurso extraordinário ou especial, sem que antes interponha embargos infringentes, atendendo ao requisito do exaurimento de instância.

1: correta. Sendo o caso de provimento da apelação interposta pelo Ministério Público, o Tribunal, ao reconhecer sua legitimidade para propor ação civil *ex delicto*, nos termos do art. 68 do CPP, deverá cassar a sentença e devolver os autos à primeira instância, haja vista que o indeferimento da inicial, após a resposta do réu, não permitiu que se colhessem todas as provas necessárias à comprovação dos danos sofridos pelo autor; **2:** correta. De fato, vigora a tese da inconstitucionalidade progressiva do art. 68 do CPP. Em outras palavras, com o passar do tempo, referido dispositivo legal não mais poderá ser utilizado pelo Ministério Público para fundamentar sua legitimidade à promoção de ação civil *ex delicto*. À medida que as comarcas passarem a contar com Defensoria Pública, e sendo a pessoa considerada hipossuficiente, caberá àquela instituição representá-la em juízo. Afinal, não é missão constitucional do Ministério Público, mas sim da Defensoria Pública, zelar e representar judicialmente os interesses das pessoas consideradas pobres; **3:** correta. De fato, descabe a apresentação de recursos excepcionais (recurso especial ou extraordinário) antes de esgotadas todas as possibilidades recursais. Assim, tendo havido julgamento não unânime, caberá a oposição de embargos infringentes, visto que a admissibilidade de recurso especial ou extraordinário depende do esgotamento das instâncias inferiores.

Gabarito 1C, 2C, 3C

(Delegado Federal – 1998 – CESPE) A respeito dos recursos em processo penal, julgue os itens abaixo.

(1) Em razão da disponibilidade dos recursos, é vedado estenderem-se, ao corréu que não apelou, os efeitos da decisão prolatada no julgamento de apelação na qual se reconheceu a atipicidade da conduta narrada na denúncia, absolvendo-se o acusado que efetivamente recorreu da sentença condenatória.
(2) Não comporta recurso em sentido estrito a decisão do juiz que se dá por competente para conhecer e julgar a causa penal a ele distribuída.
(3) Em face do princípio do interesse, o Ministério Público não pode recorrer para postular a decretação de nulidade de ato processual que prejudicou exclusivamente a defesa do réu.
(4) Da decisão majoritária prolatada na segunda instância, desfavorável ao réu, admitem-se embargos infringentes e de nulidade.
(5) No julgamento de apelação interposta ao fundamento de que a decisão dos jurados foi manifestamente contrária à prova dos autos, o Tribunal de Justiça, reconhecendo o equívoco do Conselho de Sentença, fará a devida retificação da decisão, se a sentença tiver sido condenatória.

1: incorreta. Se houver concurso de agentes e, da sentença condenatória, apenas um apelar, a depender do fundamento da apelação, deverá a decisão da instância superior estender-se aos demais agentes, tendo em vista o denominado efeito extensivo dos recursos (art. 580, CPP); **2:** correta, eis que, de acordo com o art. 581 do CPP, caberá recurso em sentido estrito da decisão que concluir pela incompetência do juízo (inciso II), e não por sua competência; **3:** incorreta. O Ministério Público tem legitimidade para recorrer em benefício do réu, visto que, neste caso, agirá como fiscal da lei, pretendendo a correta aplicação dela. Tendo havido nulidade processual, é função do Ministério Público zelar pela retificação dos atos processuais inválidos, podendo, para tanto, valer-se de recurso; **4:** correta (art. 609, parágrafo único, CPP); **5:** incorreta (art. 593, § 3º, CPP).

Gabarito 1E, 2C, 3E, 4C, 5E

(Delegado/AM) Não caberá recurso em sentido estrito da decisão que

(A) indeferir requerimento de prisão preventiva .
(B) relaxar a prisão em flagrante .
(C) decretar a prisão preventiva .
(D) revogar prisão preventiva.

A: incorreta (art. 581, V, CPP); **B:** incorreta (art. 581, V, CPP); **C:** correta, visto que somente caberá recurso em sentido estrito da decisão que indeferir ou revogar a prisão preventiva. Caso esta seja decretada, caberá a impetração de *habeas corpus*; **D:** incorreta (art. 581, V, CPP).

Gabarito "C"

(Delegado/CE – 2006 – CEV/UECE) Considerando os recursos e ações de impugnação genéricas do processo penal, marque a opção verdadeira.

(A) O recurso em sentido estrito serve para impugnar decisões de natureza interlocutória, sempre que o réu estiver prejudicado em seus direitos, como por exemplo, da decisão que recebe ou não a denúncia.
(B) Segundo o entendimento dominante da doutrina a decisão de desclassificação própria do procedimento do júri não pode ser recorrida através de recurso em sentido estrito já que tal decisão não está prevista no rol de hipóteses de cabimento do citado recurso.
(C) A apelação poderá ser utilizada contra decisões do júri, incluindo o veredicto dos jurados. Neste caso, ao dar provimento ao recurso o juízo ad quem não poderá reformar a decisão em respeito ao princípio constitucional da soberania dos veredictos.
(D) O Protesto por novo júri será utilizado contra condenações superiores a 20 (vinte) anos tomando-se como referência o somatório das penas aplicadas decorrentes do julgamento do Tribunal do Júri, incluindo crimes contra a vida e outros a estes conexos.

A: incorreta. De fato, o recurso em sentido estrito é cabível, em regra, para a impugnação de decisões interlocutórias, à semelhança do recurso de agravo do processo civil. No entanto, a decisão que recebe a denúncia é irrecorrível, visto que, de acordo com o art. 581, I, CPP, somente caberá recurso da decisão que rejeitar a denúncia ou queixa. Para o eventual recebimento indevido de uma denúncia, será cabível a impetração de *habeas corpus*, visando, por exemplo, o trancamento da ação penal por falta de justa causa; **B:** incorreta. A decisão de desclassificação de crime que observe o procedimento do júri desafia recurso em sentido estrito, consoante art. 581, II, CPP; **C:** correta. De fato, em respeito ao princípio constitucional da soberania do veredicto (art. 5º, XXXVIII, "c", da CF), a apelação que impugne a decisão dos jurados (ex.: decisão manifestamente contrária à prova dos autos) gerará a submissão do condenado a novo julgamento (art. 593, § 3º, CPP); **D:** incorreta. Antes do advento da Lei 11.689, de 9 de junho de 2008, cabia a interposição de protesto por novo júri contra a condenação superior a 20 (vinte) anos, decorrente da prática de um só crime. A partir da referida lei, deixou de existir referido recurso.

Gabarito "C"

(Delegado/DF – 2004) O Ministério Público Estadual denunciou Serafim pela prática do fato descrito no art. 157 do Código Penal. O Juiz, observando a ausência de justa causa, rejeitou a denúncia. Pode-se afirmar que:

(A) como não houve ainda a citação, não se formou a relação processual, não havendo necessidade de intimação de Serafim para apresentação de contrarrazões do recurso interposto.
(B) como o ato de recebimento ou rejeição da denúncia não possui força decisória, não haverá necessidade de fundamentação pelo juiz.
(C) dando provimento ao recurso ministerial, haverá a produção dos efeitos do recebimento da denúncia, inclusive para interromper o curso prescricional.
(D) interposto recurso contra ato de rejeição da denúncia, não haverá a produção do efeito regressivo.
(E) como o juiz não está adstrito à classificação jurídica do fato, sua ausência na denúncia causará mera irregularidade, podendo ser corrigida até a decisão final.

A: incorreta (Súmula 707, STF); **B:** incorreta. Especialmente o ato de rejeição da denúncia tem força decisória. Tanto é que desafia recurso em sentido estrito (art. 581, I, CPP). A falta de fundamentação constitui nulidade, inclusive por força do art. 93, IX, CF; **C:** correta. De fato, se provido o recurso em sentido estrito interposto contra a decisão que rejeitou a denúncia, a decisão do Tribunal irá substituir a de primeiro grau, recebendo a denúncia, o que constitui marco interruptivo da prescrição (art. 117, I, CP); **D:** incorreta. A interposição de recurso em sentido estrito gera, para o juiz, o denominado efeito regressivo. Em outras palavras, no prazo de dois dias, contados da interposição de aludido recurso, poderá o juiz retratar-se de sua decisão (art. 589, CPP); **E:** incorreta. A ausência da classificação jurídica do fato enseja a rejeição da denúncia (art. 41, CPP), visto ser requisito para seu oferecimento.

Gabarito "C"

(Delegado/MG – 2012) Sobre recursos no processo penal é **INCORRETO** afirmar:

(A) O recurso de agravo, previsto no art. 197 da LEP, tem efeito regressivo.
(B) A apelação no juizado especial tem prazo de 10 dias.
(C) No juizado especial a parte recorrente pode protestar por apresentar as razões de apelação perante a turma recursal.
(D) O prazo dos embargos de declaração no juizado especial é de 5 (cinco) dias.

A: assertiva correta, é cabível, no âmbito do agravo em execução, recurso previsto no art. 197 da LEP, o juízo de retratação (efeito regressivo), visto que a este recurso são aplicadas as regras que disciplinam o recurso em sentido estrito, em relação ao qual é admitido, por expressa previsão do art. 589 do CPP, o efeito regressivo; **B:** assertiva correta, nos termos do art. 82, § 1º, da Lei 9.099/1995; **C:** assertiva incorreta, devendo ser assinalada, pois não reflete o disposto no art. 82, § 1º, da Lei 9.099/1995; **D:** assertiva correta, pois em consonância com o que estabelece o art. 83, § 1º, da Lei 9.099/1995.

Gabarito "C"

(Delegado/MG – 2008) Sobre recursos no processo penal, assinale a afirmativa *CORRETA*.

(A) Da decisão do juiz que decide sobre unificação de penas caberá recurso em sentido estrito.
(B) Da decisão do juiz do juizado especial criminal que não recebe a denúncia oferecida pelo Ministério Público caberá recurso em sentido estrito.
(C) Ao não conceder ordem de *habeas corpus* impetrado em favor de acusado preso, por maioria de votos, caberá embargos infringentes.
(D) O prazo de interposição do recurso de apelação pelo assistente do ministério público, ainda não habilitado no processo até a sentença absolutória, é de 15 dias após esgotado o prazo recursal do titular da ação penal.

A: incorreta. A decisão que decide sobre unificação de penas é tomada pelo juiz das execuções criminais (art. 66, III, "a", da LEP – Lei 7.210/1984), motivo pelo qual caberá a interposição de agravo em execução (art. 197, LEP). O art. 581, XVII, do CPP, que diz caber recurso em sentido estrito da decisão que decidir sobre a unificação de penas, foi tacitamente revogado pela LEP; **B:** incorreta. Da decisão, no juizado especial criminal, que rejeite a denúncia ou queixa, caberá a interposição de recurso de apelação (art. 82, Lei 9.099/1995); **C:** incorreta. A decisão do Tribunal que denega ordem de *habeas corpus* desafia, conforme arts. 102, II, "a" e 105, II, "a", ambos da CF, recurso ordinário, respectivamente, ao STF ou STJ. Os embargos infringentes (art. 609, parágrafo único, CPP) somente são admissíveis das decisões não unânimes proferidas em grau de julgamento de apelação, recurso em sentido estrito e agravo em execução; **D:** correta (art. 598, CPP).

Gabarito "D"

(Delegado/MT – 2006) Sobre os recursos, todas as alternativas estão corretas, **EXCETO**:

(A) O Ministério Público não poderá desistir de recurso que haja imposto.
(B) Caberá apelação no prazo de 5 (cinco) dias da sentença de pronúncia.
(C) No caso de concurso de agentes, a decisão do recurso interposto por um dos réus, se fundado em motivos que não sejam de caráter exclusivamente pessoal, aproveitará aos outros.
(D) Caberá recurso, no sentido estrito, da decisão, despacho ou sentença que não receber a denúncia ou a queixa.

A: assertiva correta (art. 576, CPP); **B:** assertiva incorreta, devendo ser assinalada. Caberá recurso sem sentido estrito da decisão que pronunciar o réu (art. 581, IV, CPP); **C:** assertiva correta (art. 580, CPP). É o denominado efeito extensivo dos recursos; **D:** assertiva correta (art. 581, I, CPP).

Gabarito "B"

(Delegado/SP – 2008) Contra a decisão judicial que defere ou indefere o incidente de falsidade cabe

(A) recurso em sentido estrito.
(B) agravo de instrumento.
(C) *habeas corpus*.
(D) mandado de segurança.
(E) reclamação.

Art. 581, XVIII, do CPP.

Gabarito "A"

(Delegado/SP – 2008) Decisão Judicial que contrariar tratado ou lei federal, ou que lhes negar vigência pode ser objeto de recurso

(A) extraordinário.
(B) em sentido estrito.
(C) ordinário constitucional.
(D) de agravo regimental.
(E) especial.

De fato, de acordo com o art. 105, III, "a", CF, caberá recurso especial da decisão que contrariar tratado ou lei federal, ou que lhes negar vigência.

Gabarito "E"

(Delegado/SP – 2008) Da sentença que denegar a apelação ou a julgar deserta, caberá

(A) agravo.
(B) recurso em sentido estrito.
(C) carta testemunhável.
(D) representação.
(E) mandado de segurança.

Art. 581, XV, do CPP.

Gabarito "B"

19. *HABEAS CORPUS*, MANDADO DE SEGURANÇA E REVISÃO CRIMINAL

(Agente de Polícia Federal – 2004 – CESPE) Acerca do *habeas corpus*, julgue os itens a seguir.

(1) Considera-se coação ilegal, passível de *habeas corpus*, a manutenção do acusado em cárcere quando houver cessado o motivo que autorizou a coação.
(2) Se o *habeas corpus* for concedido em virtude de nulidade do processo, este será renovado.

1: correta (art. 648, IV, CPP); **2:** correta (art. 648 VI CPP). De fato, se for concedida ordem de *habeas corpus* em virtude de nulidade processual, a decorrência lógica será a renovação do processo, vale dizer, o refazimento dos atos processuais inválidos.

Gabarito 1C, 2C

(Agente de Polícia Federal – 1998 – CESPE) Em relação ao *habeas corpus*, julgue os itens que se seguem.

(1) Poderá ser concedido para obrigar um delegado de polícia a ouvir testemunha indicada pelo advogado do indiciado.
(2) Concedida a ordem para anular a irregular citação do réu, todo o processo, a partir daquele ato, será renovado.
(3) Se a coação foi imputada a delegado da Polícia Federal, será competente para apreciar o *habeas corpus* o Superior Tribunal de Justiça.
(4) Poderá o juiz ou o tribunal, de oficio, conceder a ordem de *habeas corpus*.
(5) Poderá o tribunal conceder liminar, se verificar a plausibilidade do direito do paciente e a urgência em atender ao pedido.

1: incorreta. Não se presta o *habeas corpus* a compelir autoridade policial a ouvir testemunha. Afinal, não existe contraditório e ampla defesa na fase inquisitiva; **2:** correta. Pelo princípio da causalidade ou consequencialidade, a decretação de nulidade de um ato processual atingirá os demais que tiverem relação direta com aquele. No caso de citação nula, os atos subsequentes serão igualmente considerados inválidos, tratando-se de anulação "*ab initio*"; **3:** incorreta. Se houver coação ilegal imputada ao Delegado Federal, competente será o juízo de 1º grau (Vara Federal); **4:** correta. De fato, se o juiz ou tribunal verificar a existência de coação ilegal, poderá, de ofício, conceder *habeas corpus*; **5:** correta. Embora sem previsão legal expressa, admitir-se-á a concessão de liminar em *habeas corpus* quando a ilegalidade for patente e a demora do julgamento do writ puder ser prejudicial ao paciente.

Gabarito 1E, 2C, 3E, 4C, 5C

(Escrivão de Polícia Federal – 2004 – CESPE) Acerca do *habeas corpus*, julgue o item seguinte.

(1) Considere a seguinte situação hipotética. Osório, primário, foi preso em flagrante quando do cometimento do crime de estelionato, cuja pena mínima é inferior a 2 anos de reclusão. Nessa situação, não tendo sido admitida a prestação de fiança, caberá a impetração de *habeas corpus* para cessar a restrição à liberdade de locomoção.

1: correta. De fato, caberá a impetração de *habeas corpus* quando o paciente não for admitido a prestar fiança, a despeito de a lei autorizar (art. 648, V, CPP).

Gabarito 1C

(Escrivão de Polícia/AC – 2008 – CESPE) Julgue os itens a seguir, acerca do *habeas corpus*.

(1) Caberá *habeas corpus* sempre que alguém sofrer ou se achar na iminência de sofrer violência ou coação ilegal na sua liberdade de ir e vir, sendo considerada ilegal a coação quando o processo for manifestamente nulo.
(2) Ordenada a soltura do paciente em virtude de *habeas corpus*, a autoridade que tiver determinado a coação não poderá ser condenada nas custas processuais.
(3) O *habeas corpus*, que visa tutelar o direito de ir e vir do réu, é recurso exclusivo da defesa e não pode ser impetrado pelo Ministério Público.

1: correta (art. 5º, LXVIII, CF e arts. 647 e 648 VI, CPP); **2:** incorreta (art. 653, CPP); **3:** incorreta. O *habeas corpus* pode ser impetrado até mesmo pelo Ministério Público (art. 654, CPP), desde que, é claro, tal providência esteja dentro do âmbito de atribuições do membro do Parquet e que a coação não tenha advindo de prática de ato próprio (ex.: requisição de instauração de inquérito policial).

Gabarito 1C, 2E, 3E

(Delegado/CE – 2006 – CEV/UECE) Tomando o posicionamento atual e dominante do STF e do STJ marque a opção FALSA.

(A) Não cabe *habeas corpus* contra a decisão condenatória a pena de multa, ou em relação a processo em curso por infração penal a que a pena pecuniária seja a única.
(B) Não cabe *habeas corpus* quando já extinta a pena privativa de liberdade.
(C) É concorrente a legitimidade do ofendido, mediante queixa, e do Ministério Público, condicionada à representação do ofendido, para a ação penal por crime contra a honra de Servidor Público em razão do exercício de suas funções.
(D) Mesmo pronunciado o réu, não fica superada a alegação do constrangimento ilegal da prisão por excesso de prazo na instrução.

A: assertiva correta (Súmula 693, STF); **B:** assertiva correta (Súmula 695, STF); **C:** assertiva correta (Súmula 714, STF); **D:** assertiva incorreta, devendo ser assinalada (Súmula 21, STJ).

Gabarito "D"

(Delegado/ES – 2006 – CESPE) Acerca do *habeas corpus*, julgue o item que se segue.

(1) Na apreciação de pedido de *habeas corpus*, o órgão jurisdicional não está vinculado nem à causa de pedir nem ao pedido, podendo ser concedida a ordem em sentido mais amplo do que aquele que foi pleiteado, desde que as peças dos autos evidenciem coação ilegal com repercussão na liberdade do indivíduo, ainda que esta não tenha sido mencionada pelo impetrante.

1: correta. Verificando o juiz ou tribunal, pelos elementos coligidos aos autos, que a ordem pode ser concedida em maior extensão, poderá fazê-lo de ofício.

Gabarito 1C

(Delegado/ES – 2006 – CESPE) Acerca da revisão criminal, julgue o item que se segue.

(1) Considere a seguinte situação hipotética. Juvenal, processado por crime de roubo, foi julgado e absolvido por falta de provas. Após o trânsito em julgado da sentença, o representante do Ministério Público que oficiou no processo constatou que a defesa do réu fora feita exclusivamente por estagiário, ou seja, por profissional sem a devida habilitação técnica. Nessa situação, o promotor de justiça poderá impugnar a decisão absolutória, ingressando com ação de revisão criminal para anular o processo.

1: incorreta. A revisão criminal, ação autônoma de impugnação de decisões judiciais transitadas em julgado, somente é admissível diante de sentença condenatória (art. 621, CPP). Igualmente, não tem o Ministério Público legitimidade para propor revisão criminal (art. 623, CPP). Trata-se de medida privativa da defesa.

Gabarito 1E

(Delegado/PA – 2009 – MOVENS) Em relação ao *habeas corpus*, assinale a opção correta.

(A) Será concedido sempre que alguém sofrer ou se achar ameaçado de sofrer violência ou coação em sua liberdade de locomoção, por ilegalidade ou abuso de poder.
(B) Não será concedido em favor de quem já se encontra preso.
(C) Não será concedido em favor de quem já foi condenado por sentença transitada em julgado.

(D) Não será concedido a pessoa estrangeira em passagem pelo Brasil.

A: correta, arts. 5º, LXVIII, da CF e art. 647 do CPP; **B:** incorreta, os art. 5º, LXVIII, da CF e art. 647 do CPP contemplam duas espécies de *habeas corpus*: *repressivo*, destinado a afastar o constrangimento já efetivado, isto é, devolver a liberdade a alguém que já teve esse direito suprimido; e o *preventivo*, que visa a afastar uma ameaça de violência ou coação à liberdade de locomoção; **C:** incorreta, a lei não faz essa exigência; **D:** incorreta, o *habeas corpus* pode, sim, ser concedido a paciente estrangeiro em passagem pelo Brasil.

Gabarito "A"

(Delegado/PI – 2009 – UESPI) Considerando a jurisprudência e as disposições legais sobre o *habeas corpus*, assinale a alternativa correta.

(A) Não cabe *habeas corpus* em face de crime cuja única pena prevista seja a prestação pecuniária, porque tal hipótese não consubstancia violação ou ameaça ao direito de locomoção.
(B) É inadmissível seu uso como sucedâneo recursal.
(C) O Ministério Público não detém legitimidade para impetrar *habeas corpus* em favor de acusado.
(D) O *habeas corpus* é instrumento idôneo contra punições disciplinares de qualquer natureza.
(E) Considera-se coação ilegal, a ensejar o *habeas corpus*, a negativa de fiança nos casos em que a lei a autoriza.

A: incorreta. A assertiva contida nesta alternativa é bastante capciosa e induz o candidato a erro. De fato, de acordo com a Súmula 693 do STF, descabe *habeas corpus* quando a única pena cominada à infração penal for pecuniária. No entanto, a alternativa fala em pena de "prestação pecuniária", que é considerada espécie de pena restritiva de direitos. Inexiste crime cuja pena cominada seja a referida prestação pecuniária, o que não se confunde com pena eminentemente pecuniária, que seria a pena de multa; **B:** incorreta. É largamente difundida a possibilidade de impetração de *habeas corpus* como remédio substitutivo; **C:** incorreta (art. 654, CPP); **D:** incorreta (art. 647, CPP); **E:** correta (art. 648, V, CPP).

Gabarito "E"

(Delegado/RJ – 2009 – CEPERJ) Salazar é indiciado em inquérito policial instaurado na Delegacia Fazendária da Polícia Civil Fluminense para apuração de crimes que já são objeto de processo penal instaurado perante a Justiça Federal, no qual Salazar figura como um dos réus, havendo, inclusive, sentença condenatória aguardando o trânsito em julgado. Em tais condições, tecnicamente é cabível:

(A) Mandado de Segurança perante a Justiça Estadual, pugnando pelo reconhecimento da litispendência;
(B) *Habeas Corpus* perante a Justiça Estadual, pugnando pelo reconhecimento da litispendência;
(C) Mandado de Segurança perante a Justiça Federal, pugnando pelo reconhecimento da litispendência;
(D) *Habeas Corpus* perante a Justiça Estadual, pugnando pelo reconhecimento da ausência de justa causa;
(E) *Habeas Corpus* perante a Justiça Federal, pugnando pelo reconhecimento da litispendência.

Art. 648, I, do CPP.

Gabarito "D"

(Delegado/SP – 2011) De acordo com o prescrito no Código de Processo Penal, aponte, dentre as alternativas abaixo, a que determina ser dever da autoridade judiciária dirigir-se até o local onde se encontra paciente de *habeas corpus*

(A) quando o funcionário responsável pela prisão ilegal recusar-se a atender a ordem de apresentação do paciente ao juiz.
(B) quando a pessoa não puder ser levada à presença do juiz por motivo de doença.
(C) quando as informações prestadas pela autoridade coatora foram inconvincentes.
(D) quando não houver meios para a apresentação do paciente sem risco à sua segurança pessoal em virtude de clamor público.
(E) quando o detentor afirmar que a prisão é legal e a impetração do *habeas corpus* é infundada.

Art. 657, parágrafo único, do CPP.

Gabarito "B"

(Delegado/SP – 2008) Se o *habeas Corpus* for concedido em virtude de nulidade do processo, este será

(A) arquivado.
(B) julgado extinto.
(C) encerrado.
(D) renovado.
(E) suspenso.

De fato, concedido *habeas corpus* impetrado em face de processo manifestamente nulo (art. 648, VI, CPP), a consequência natural será a renovação (leia-se: refazimento) dos atos processuais inválidos.

Gabarito "D"

20. EXECUÇÃO PENAL

(Delegado/PA – 2013 – UEPA) De acordo com a Lei de Execução Penal é correto afirmar que:

(A) indivíduo que tenha sido condenado, em processos distintos, a duas penas privativas de liberdade em regime inicial semiaberto, pode iniciar a execução em regime fechado, se o somatório das penas importar em valor incompatível com esse regime.
(B) a inclusão do apenado no regime aberto depende da comprovação de que o mesmo já está trabalhando, porque deve comprovar a capacidade prévia de sustentar-se por meios lícitos.
(C) a regressão de regime pode ser imposta ao apenado que, no curso da execução, seja condenado, por sentença transitada em julgado, pela prática de crime doloso ou, nos termos do regulamento da casa penal, da prática de falta grave.
(D) o regime disciplinar diferenciado pode ser imposto tanto ao condenado quanto ao preso provisório, tendo como fundamento a prática de qualquer crime doloso, porque todos os crimes dolosos constituem faltas graves.
(E) razões de segurança ou disciplinares autorizam o diretor do estabelecimento penal a suspender ou restringir certos direitos do preso, dentre eles o de receber visitas íntimas, mas não pode ser suspenso o direito às visitas normais dos familiares, porque essa é uma condição básica de ressocialização.

A: incorreta (art. 111, *caput*, da LEP); **B:** incorreta (art. 114, I, da LEP); **C:** correta (art. 118, I, da LEP); **D:** incorreta (art. 52, *caput*, da LEP); **E:** incorreta (art. 41, X e parágrafo único, LEP).

Gabarito "C"

(Escrivão de Polícia Federal – 2004 – CESPE) Julgue o item a seguir, acerca dos direitos penal e processual penal, bem como da execução penal.

(1) As penitenciárias destinam-se a condenados a penas de reclusão ou de detenção, em regime fechado ou semiaberto.

1: incorreta. As penitenciárias destinam-se ao condenado à pena de reclusão, em regime fechado (art. 87 da LEP).

Gabarito 1E

(Escrivão de Polícia Federal – 2002 – CESPE) Em relação ao direito penal e à execução penal, julgue os itens abaixo.

(1) A fuga constitui falta disciplinar para o preso, nos termos da Lei de Execuções Penais; se, porém, uma fuga for descoberta antes de consumar-se, os presos nela envolvidos não poderão sofrer sanção, pois as faltas disciplinares não se punem na forma tentada.
(2) Se um preso trabalhar 120 dias durante a execução da pena, terá direito a remir 60 dias dela, por decisão judicial, salvo se vier a ser condenado por falta grave.
(3) Se um indivíduo for condenado por homicídio cometido mediante emboscada, esta qualificadora, na forma da lei, se for reconhecida pelo órgão julgador, caracterizará o crime como hediondo.

1: incorreta, ainda que na forma tentada, estará configurada a falta grave (art. 49, parágrafo único, da LEP); **2:** incorreta, nos termos do que dispõe o art. 126 da LEP, para cada três dias de trabalho, o condenado terá direito a remir um dia de sua pena. Dessa forma, trabalhados 120 dias, serão remidos 40 dias de pena e, em caso de cometimento de falta grave, em face das alterações trazidas pela Lei nº 12.433/2011, o sentenciado somente poderá perder 1/3 dos dias remidos; **3:** correta, art. 1º, I, da Lei 8.072/1990.

Gabarito 1E, 2E, 3C

(Delegado/AC – 2008 – CESPE) A respeito de suspensão condicional da pena e livramento condicional, julgue o item seguinte.

(1) Haverá revogação obrigatória do livramento condicional se o liberado for irrecorrivelmente condenado, por crime ou contravenção, qualquer que seja a pena cominada.

A revogação obrigatória do livramento condicional se dá nos casos em que o sentenciado for condenado a pena privativa de liberdade, em sentença irrecorrível pela prática de crime, e não de contravenção (art. 86 do CP).
Gabarito 1E

(Delegado/DF – 2004) De acordo com a Lei de Execução Penal vigente, é INCORRETO afirmar que

(A) o isolamento, a suspensão e a restrição de direitos não poderão exceder a dez dias, ressalvada a hipótese do regime disciplinar diferenciado
(B) se a revogação for motivada por infração penal anterior à vigência do livramento, computar-se-á como tempo de cumprimento da pena o período de prova, sendo permitida, para a concessão de novo livramento, a soma do tempo das duas penas.
(C) na aplicação das sanções disciplinares, levar-se-ão em conta a natureza, os motivos, as circunstâncias e as consequências do fato, bem como a pessoa do faltoso e seu tempo de prisão.
(D) transitada em julgado a sentença que aplicou a pena restritiva de direitos, o juiz de execução, de ofício ou a requerimento do Ministério Público, promoverá a execução, podendo, para tanto, requisitar, quando necessário, a colaboração de entidades públicas ou solicitá-las a particulares.
(E) a autoridade administrativa poderá decretar o isolamento preventivo do faltoso pelo prazo de até dez dias; a inclusão do preso no regime disciplinar diferenciado, no interesse da disciplina e da averiguação do fato, dependerá de despacho do juiz competente.

A: assertiva incorreta, devendo ser assinalada, as sanções disciplinares mencionadas não poderão exceder a 30 dias (art. 58 da LEP); **B:** assertiva correta, art. 141 da LEP; **C:** assertiva correta, art. 57 da LEP; **D:** assertiva correta, art. 147 da LEP; **E:** assertiva correta, art. 60 da LEP.
Gabarito "A"

(Delegado/MG – 2008) Quanto à competência do Conselho Penitenciário, é CORRETO afirmar que

(A) o Conselho Penitenciário tem que emitir parecer em pedidos de progressão de regime do semiaberto para o aberto e indulto.
(B) o Conselho Penitenciário tem que emitir parecer em pedidos de progressão de regime do fechado para o semiaberto e comutação de pena.
(C) o Conselho Penitenciário tem que emitir parecer em pedidos de indulto e comutação de pena.
(D) o Conselho Penitenciário tem que emitir parecer em pedidos de livramento condicional e progressão de regime do fechado para o semiaberto.

As incumbências do Conselho Penitenciário estão descritas no art. 70 da LEP.
Gabarito "C"

(Delegado/MS – 2006) Referente à Cadeia Pública, é correto afirmar: que

(A) será instalada longe de centro urbano, observando-se na construção as exigências mínimas referidas no art. 88 e seu parágrafo único da Lei de Execuções Penais.
(B) cada comarca terá, no máximo, uma Cadeia Pública a fim de resguardar o interesse da administração da justiça criminal e a permanência do preso em local próximo ao se meio social e familiar.
(C) destina-se ao recolhimento de presos provisórios.
(D) só os membros do Ministério Público podem administrar uma Cadeia Pública.

A: incorreta, a cadeia pública será instalada próximo ao centro urbano (art. 104, LEP); **B:** incorreta, cada comarca terá pelo menos uma cadeia pública (art. 103, LEP); **C:** correta, art. 102 da LEP; **D:** incorreta, os requisitos necessários para ocupar o cargo de diretor de estabelecimento penal estão previstos no art. 75 da LEP.
Gabarito "C"

(Delegado/RN – 2009 – CESPE) De acordo com a Lei de Execução Penal, assinale a opção correta.

(A) O trabalho externo é inadmissível para os presos em regime fechado, tendo em vista o alto grau de periculosidade dos condenados.
(B) A prestação de trabalho externo, a ser autorizada pela direção do estabelecimento penal, dependerá de aptidão, disciplina e responsabilidade, além do cumprimento mínimo de dois terços da pena.
(C) Se o preso for punido por falta média, será revogada a autorização de trabalho externo.
(D) Se o preso praticar fato definido como crime, revogar-se á a autorização de trabalho externo.
(E) Para o preso provisório, o trabalho é obrigatório e só poderá ser executado no interior do estabelecimento.

A: incorreta, é admissível que o recolhido em regime fechado desempenhe trabalhos externos em serviço ou obras públicas, desde que tomadas cautelas para evitar a fuga (art. 36, LEP); **B:** incorreta, para que seja autorizada a realização de trabalhos externos é exigível que o sentenciado tenha cumprido no mínimo 1/6 de sua pena; **C** e **D:** a alternativa C está incorreta e a D está correta, a autorização para realização de trabalho externo será revogada nos casos em que o sentenciado praticar fato definido como crime, for punido por falta grave, ou tiver comportamento contrário aos requisitos estabelecidos neste artigo (art. 37, parágrafo único, LEP); **E:** incorreta, ao preso provisório o trabalho não é obrigatório (art. 31, parágrafo único).
Gabarito "D"

(Delegado/SC – 2008) Acerca das execuções penais, assinale a alternativa correta.

(A) Excesso ou desvio de execução ocorre quando, durante a execução da pena, algum ato for praticado além dos limites fixados na sentença, em normas legais ou regulamentes.
(B) Compete à Justiça Federal a execução das penas impostas a sentenciados pela própria Justiça Federal, quando recolhidos a estabelecimentos sujeitos à administração estadual.
(C) A pena unificada para atender ao limite de trinta anos de cumprimento, determinado pelo art. 75 do Código Penal, é considerada para a concessão de outros benefícios ao preso, como livramento condicional ou regime mais favorável de execução.
(D) Não se admite a progressão de regime de cumprimento de pena ou a aplicação imediata de regime menos severo nela determinada antes do trânsito em julgado da sentença condenatória.

A: correta, art. 185 da LEP; **B:** incorreta, em tais situações a competência é da justiça estadual (Súmula 192 do STJ); **C:** incorreta, Súmula 715 do STF; **D:** incorreta, art. 2º, parágrafo único, da LEP e Súmula 716 do STF.
Gabarito "A"

(Delegado/SP – 2008) Dentre as sanções disciplinares da Lei de Execução Penal, o preso não se sujeita à (ao)

(A) advertência.
(B) repreensão.
(C) suspensão de direitos.
(D) proibição de remição da pena.
(E) isolamento celular.

As sanções disciplinares estão elencadas no art. 53 da LEP.
Gabarito "D"

(Delegado/SP – 2008) Nos termos da lei de Execução Penal, não constitui órgão da execução penal

(A) o Ministério Público.
(B) o Juízo da Execução.
(C) o Patronato.
(D) o Conselho da Comunidade.
(E) Delegacia de Policia.

Os órgãos da execução penal estão relacionados no art. 61 da LEP.
Gabarito "E"

(Delegado/SP – 2000) Segundo a Lei de Execução Penal o preso que foge

(A) não comete qualquer falta, pois possui o direito subjetivo de fugir.
(B) comete falta disciplinar grave.
(C) não comete nenhuma falta, se não danificar o patrimônio público.
(D) comete falta grave, somente se houver violência contra a pessoa.

Art. 50, II, da LEP.
Gabarito "B"

21. LEGISLAÇÃO EXTRAVAGANTE

(Delegado/BA – 2013 – CESPE) Um delegado de polícia, tendo recebido denúncia anônima de que Mílton estaria abusando sexualmente de sua própria filha, requereu, antes mesmo de colher provas acerca da informação recebida, a juiz da vara criminal competente a interceptação das comunicações telefônicas de Mílton pelo prazo de quinze dias, sucessivamente prorrogado durante os quarenta e cinco dias de investigação.

Kátia, ex-mulher de Mílton, contratou o advogado Caio para acompanhar o inquérito policial instaurado. Mílton, então, ainda no curso da investigação, resolveu interceptar, diretamente e sem o conhecimento de Caio e Kátia, as ligações telefônicas entre eles, tendo tomado conhecimento, devido às interceptações, de que o advogado cometera o crime de tráfico de influência. Em razão disso, Mílton procurou Kátia e solicitou que ela concordasse com a divulgação do conteúdo das gravações telefônicas, ao que Kátia anuiu expressamente. Mílton, então, apresentou ao delegado o conteúdo das gravações, que foram utilizadas para subsidiar ação penal iniciada pelo MP contra Caio, pela prática do crime de tráfico de influência.

Com base nessa situação hipotética, julgue os itens seguintes, a respeito das interceptações telefônicas.

(1) O fato de Kátia — que era interlocutora dos diálogos gravados — ter consentido posteriormente com a divulgação do conteúdo das gravações não legitima o ato nem justifica sua utilização como prova.

(2) O delegado de polícia não poderia ter determinado a instauração de inquérito policial exclusivamente com base na denúncia anônima recebida.

(3) A interceptação telefônica solicitada pelo delegado de polícia e autorizada judicialmente é nula, haja vista ter sido sucessivamente prorrogada pelo magistrado por prazo superior a trinta dias, o que contraria a previsão legal de que o prazo da interceptação telefônica não pode exceder quinze dias, renovável uma vez por igual período.

(4) A interceptação telefônica realizada por Mílton é ilegal, porquanto desprovida da necessária autorização judicial.

1: correta. Com efeito, o fato de Kátia, interlocutora da conversa interceptada por Milton, aquiescer na divulgação dos diálogos gravados é irrelevante. De uma forma ou de outra, a interceptação promovida por Milton não poderá ser utilizada como prova no processo em que Caio, também interlocutor, é acusado pela prática do crime de tráfico de influência. De ser ver, ainda, que, com a sua conduta, Milton incorreu nas penas do crime previsto no art. 10 da Lei 9.296/1996. Conferir a seguinte ementa, na qual o examinar, ao que parece, se baseou para a elaboração desta assertiva: "(...) TRÁFICO DE INFLUÊNCIA (ARTIGO 332 DO CÓDIGO PENAL). GRAVAÇÃO DE CONVERSA TELEFÔNICA ENTRE O PACIENTE, ADVOGADO, E SUA CLIENTE EFETUADA POR TERCEIRO. AUSÊNCIA DE PRÉVIA AUTORIZAÇÃO JUDICIAL. SIGILO VIOLADO. ILICITUDE DA PROVA. CONSTRANGIMENTO ILEGAL CARACTERIZADO. 1. A interceptação telefônica é a captação de conversa feita por um terceiro, sem o conhecimento dos interlocutores, que depende de ordem judicial, nos termos do inciso XII do artigo 5º da Constituição Federal. 2. A escuta é a captação de conversa telefônica feita por um terceiro, com o conhecimento de apenas um dos interlocutores, ao passo que a gravação telefônica é feita por um dos interlocutores do diálogo, sem o consentimento ou a ciência do outro. 3. Na hipótese, embora as gravações tenham sido implementadas pelo esposo da cliente do paciente com a intenção de provar a sua inocência, é certo que não obteve a indispensável prévia autorização judicial, razão pela qual se tem como configurada a interceptação de comunicação telefônica ilegal. 4. O fato da esposa do autor das interceptações – que era uma interlocutora dos diálogos gravados de forma clandestina – ter consentido posteriormente com a divulgação dos seus conteúdos não tem o condão de legitimar o ato, pois no momento da gravação não tinha ciência do artifício que foi implementado pelo seu marido, não se podendo afirmar, portanto, que, caso soubesse, manteria tais conversas com o seu advogado pelo telefone interceptado." (HC 161053/SP, Quinta Turma, rel. Min. Jorge Mussi, j. 27/11/2012, DJe 03/12/2012); **2:** correta. A jurisprudência dos tribunais superiores firmou entendimento no sentido de que somente é possível a instauração de procedimento investigativo com base em denúncia anônima se esta vier acompanhada de outros elementos. É correto afirmar-se, portanto, que é vedado à autoridade policial proceder a inquérito com base somente em denúncia anônima. Deverá o delegado, em casos assim, antes de instaurar inquérito, fazer um levantamento da informação que a ele chegou, a fim de verificar a sua procedência. Nesse sentido: "*A autoridade policial, ao receber uma denúncia anônima, deve antes realizar diligências preliminares para averiguar se os fatos narrados nessa 'denúncia' são materialmente verdadeiros, para, só então, iniciar as investigações*" (HC 95.244, 1ª T., rel. Min. Dias Toffoli, DJE 29.04.2010); 3: incorreta. Não poderá a interceptação ser considerada nula somente pelo fato de ter sido prorrogada por mais de uma oportunidade. É que a jurisprudência sedimentou entendimento no sentido de que o prazo de quinze dias poderá ser prorrogado quantas vezes for necessário para a apuração do fato sob investigação. Conferir: "INTERCEPTAÇÃO TELEFÔNICA. DURAÇÃO. Nos autos, devido à complexidade da organização criminosa, com muitos agentes envolvidos, demonstra-se, em princípio, a necessidade dos diversos pedidos para prorrogação das interceptações telefônicas. Tal fato, segundo o Min. Relator, não caracteriza nulidade, uma vez que não consta da Lei n. 9.296/1996 que a autorização para interceptação telefônica possa ser prorrogada uma única vez; o que exige a lei é a demonstração da sua necessidade. De igual modo, assevera que a duração da interceptação telefônica deve ser proporcional à investigação efetuada. No caso dos autos, o prolongamento das escutas ficou inteiramente justificado porquanto necessário à investigação. Com esse entendimento, a Turma ao prosseguir o julgamento, denegou a ordem, pois não há o alegado constrangimento ilegal descrito na inicial. Precedentes citados: HC 13.274-RS, DJ 4/9/2000, e HC 110.644-RJ, DJe 18/5/2009. HC 133.037-GO, Rel. Min. Celso Limongi (Desembargador convocado do TJ-SP), julgado em 2/3/2010. (Inform. STJ 425)"; **4:** correta, pois em conformidade com a disciplina estabelecida no art. 3º da Lei 9.296/1996, que confere ao magistrado – e somente a ele – a atribuição para determinar a interceptação de comunicação telefônica, o que poderá ser dar de ofício ou ainda a requerimento do MP ou mediante representação da autoridade policial.

Gabarito 1C, 2C, 3E, 4C

(Delegado/BA – 2013 – CESPE) Determinado policial militar efetuou a prisão em flagrante de Luciano e o conduziu à delegacia de polícia. Lá, com o objetivo de fazer Luciano confessar a prática dos atos que ensejaram sua prisão, o policial responsável por seu interrogatório cobriu sua cabeça com um saco plástico e amarrou-o no seu pescoço, asfixiando-o. Como Luciano não confessou, o policial deixou-o trancado na sala de interrogatório durante várias horas, pendurado de cabeça para baixo, no escuro, período em que lhe dizia que, se ele não confessasse, seria morto. O delegado de polícia, ciente do que ocorria na sala de interrogatório, manteve-se inerte. Em depoimento posterior, Luciano afirmou que a conduta do policial lhe provocara intenso sofrimento físico e mental.

Considerando a situação hipotética acima e o disposto na Lei Federal n.º 9.455/1997, julgue os itens subsequentes.

(1) O delegado não pode ser considerado coautor ou partícipe da conduta do policial, pois o crime de tortura somente pode ser praticado de forma comissiva.

(2) Para a comprovação da materialidade da conduta do policial, é imprescindível a realização de exame de corpo de delito que confirme as agressões sofridas por Luciano.

1: incorreta. É inconteste que a conduta do policial responsável pelo interrogatório de Luciano se enquadra no art. 1º, I, a, da Lei 9.455/1997 (Lei de Tortura), uma vez que constrangeu a vítima, fazendo uso de violência e grave ameaça que lhe causaram sofrimento físico e mental, com o propósito de obter confissão do crime a ele imputado e pelo qual foi preso em flagrante. Dito isso, resta analisar a conduta do delegado de polícia, que, ciente de tudo que se passava com Luciano, nada fez. Pela sua conduta omissiva, deverá ser responsabilizado como incurso nas penas do art. 1º, § 2º, da Lei 9.455/1997, que pune (de forma mais branda, é verdade) o agente que, tendo o dever de intervir, nada faz para evitar a prática de tortura; **2**: incorreta. É fato que, sendo a tortura física e havendo vestígios da sua ocorrência, é de rigor o exame de corpo de delito, nos termos do art. 158 do CPP. Agora, se se tratar de tortura psicológica, que, em regra, não produz vestígios, não há por que proceder-se a exame de corpo de delito, sendo a prova da materialidade produzida por outros meios (testemunha, por exemplo). No caso narrado no enunciado, a comprovação da existência do crime não está condicionada à realização de exame de corpo de delito, tendo em vista que a Luciano foi impingido, além de sofrimento físico, também sofrimento psicológico, o que, por si só, já configura o crime em questão. De mais a mais, nem sempre o sofrimento físico deixa vestígios.

Gabarito 1E, 2E

(Delegado Federal – 2013 – CESPE) Julgue os itens seguintes com base na Lei n.º 11.343/2006.

(1) A autoridade de polícia judiciária deve comunicar ao juiz competente a prisão em flagrante no prazo improrrogável de cinco dias, remetendo-lhe cópia do auto lavrado, do qual será dada vista ao MP em até vinte e quatro horas.

(2) Conforme entendimento pacificado do STJ, a eventual ilegalidade da prisão cautelar por excesso de prazo para conclusão da instrução criminal deve ser analisada à luz do princípio da razoabilidade, sendo permitida ao juízo, em hipóteses excepcionais, a extrapolação dos prazos previstos na lei processual penal.

(3) O crime de tráfico de drogas é inafiançável e o acusado desse crime, insuscetível de *sursis*, graça, indulto ou anistia, não podendo as penas a que eventualmente seja condenado ser convertidas em penas restritivas de direitos.

(4) É legal a manutenção da custódia cautelar sob o único fundamento da vedação da liberdade provisória a acusados de delito de tráfico de drogas, consoante a jurisprudência STF.

1: incorreta. Isso porque o art. 50, *caput*, da Lei 11.343/2006, de forme idêntica ao art. 306 do CPP, estabelece que a prisão em flagrante será comunicada de imediato ao juiz competente, com o encaminhamento do respectivo auto; **2**: correta. Nessa esteira, conferir: "RECURSO ORDINÁRIO EM *HABEAS CORPUS*. PROCESSUAL PENAL. CRIMES DE FORMAÇÃO DA QUADRILHA ARMADA E COMÉRCIO ILEGAL DE ARMA DE FOGO. PRISÃO PREVENTIVA. GARANTIA DA ORDEM PÚBLICA. NECESSIDADE DE INTERRUPÇÃO DA ATIVIDADE CRIMINOSA. FUNDAMENTAÇÃO SUFICIENTE. EXCESSO DE PRAZO PARA A FORMAÇÃO DA CULPA. INOCORRÊNCIA. FEITO COMPLEXO (23 ACUSADOS). CONDIÇÕES PESSOAIS FAVORÁVEIS. IRRELEVÂNCIA. RECURSO DESPROVIDO. 1. Interceptações telefônicas, judicialmente autorizadas, indicaram a existência de uma organização criminosa responsável pela prática de diversos crimes, dentre eles, tráfico ilícito de drogas, homicídios, crimes contra o patrimônio, tráfico de armas de fogo e munições e formação de quadrilha. Em tese, o Recorrente faria parte desse grupo e comercializava ilegalmente armas e munições com a quadrilha. Tais circunstâncias evidenciam a pertinência da manutenção da constrição cautelar em foco, como forma de garantir a ordem pública, dado que necessária a interrupção das atividades criminosas, em parte, fomentadas pelos armamentos fornecidos pelo Custodiado. 2. Perfeitamente aplicável, na espécie, o entendimento de que "[a] necessidade de se interromper ou diminuir a atuação de integrantes de organização criminosa enquadra-se no conceito de garantia da ordem pública, constituindo fundamentação cautelar idônea e suficiente para a prisão preventiva" (STF – HC 95.024/SP, 1.ª Turma, Rel. Min. CÁRMEN LÚCIA, DJe de 20/02/2009). 3. Os prazos indicados para a conclusão da instrução criminal servem apenas como parâmetro geral, pois variam conforme as peculiaridades de cada processo, razão pela qual a jurisprudência os tem mitigado, à luz do Princípio da Razoabilidade. A complexidade da causa em apreço (com 23 denunciados) e a necessidade de investigações de fatos ocorridos em duas Comarcas (Vitória de Santo Antão e Olinda) autorizam um certo prolongamento da instrução criminal. 4. As condições pessoais favoráveis, tais como primariedade, bons antecedentes, ocupação lícita e residência fixa, não têm o condão de, por si sós, desconstituir a custódia antecipada, caso estejam presentes outros requisitos de ordem objetiva e subjetiva que autorizem a decretação da medida extrema" (RHC 201301681245, Laurita Vaz, Quinta Turma, DJE DE 23.08.2013); 3: incorreta. A substituição da pena privativa de liberdade por restritiva de direitos era vedada, a teor do art. 33, § 4º, da Lei de Drogas, para o crime de tráfico. Sucede que o STF, no julgamento do HC 97.256/RS, declarou, incidentalmente, a inconstitucionalidade dessa vedação. Posteriormente, o Senado Federal, por meio da Resolução nº 5/2012, suspendeu a execução da expressão "vedada a conversão em penas restritivas de direito", presente no art. 33, § 4º, da Lei 11.343/2006. Portanto, nada impede, atualmente, que o juiz autorize a substituição da pena privativa de liberdade por restritiva de direitos no crime de tráfico. De resto, a alternativa está correta, pois corresponde ao que estabelece o art. 44, *caput*, da Lei 11.343/2006; 4: incorreta. O Pleno do STF, em controle difuso, reconheceu a inconstitucionalidade da parte do art. 44 da Lei de Drogas que proibia a concessão de liberdade provisória nos crimes de tráfico (HC 104.339/SP, Pleno, rel. Min. Gilmar Mendes, 10.05.2012).

Gabarito 1E, 2C, 3E, 4E

(Delegado Federal – 2013 – CESPE) No que se refere aos crimes de lavagem de dinheiro, julgue os itens subsecutivos com base no direito processual penal.

(1) Compete à justiça federal processar e julgar os acusados da prática de crimes de lavagem de dinheiro, uma vez que a repressão a esses crimes é imposta por tratado internacional.

(2) A simples existência de indícios da prática de um dos crimes que antecedem o delito de lavagem de dinheiro, conforme previsão legal, autoriza a instauração de inquérito policial para apurar a ocorrência do referido delito, não sendo necessária a prévia punição dos acusados do ilícito antecedente.

(3) Conforme a jurisprudência do STJ, não impede o prosseguimento da apuração de cometimento do crime de lavagem de dinheiro a extinção da punibilidade dos delitos antecedentes.

1: incorreta. A competência para o processamento e julgamento dos crimes de lavagem de dinheiro será da Justiça Federal nas hipóteses estabelecidas no art. 2º, III, da Lei de Lavagem de Capitais; nos demais casos, a competência será da Justiça Estadual; **2** e **3**: corretas, pois refletem o disposto no art. 2º, § 1º, da Lei 9.613/1998, cuja redação foi modificada pela Lei n. 12.683/2012.

Gabarito 1E, 2C, 3C

Fábio, delegado, tendo recebido denúncia anônima na qual seus subordinados eram acusados de participar de esquema criminoso relacionado ao tráfico ilícito de substâncias entorpecentes, instaurou, de imediato, inquérito policial e requereu a interceptação das comunicações telefônicas dos envolvidos, que, devidamente autorizada pela justiça estadual, foi executada pela polícia militar.

No decorrer das investigações, conduzidas a partir da interceptação das comunicações telefônicas, verificou-se que os indiciados contavam com a ajuda de integrantes das Forças Armadas para praticar os delitos, utilizando aviões da Aeronáutica para o envio da substância entorpecente para o exterior.

O inquérito passou a tramitar na justiça federal, que prorrogou, por diversas vezes, o período de interceptação. Com a denúncia na justiça federal, as informações colhidas na intercepção foram reproduzidas em CD-ROM, tendo sido apenas as conversas diretamente relacionadas aos fatos investigados transcritas nos autos.

(Delegado Federal – 2013 – CESPE) Acerca dessa situação hipotética e do procedimento relativo às interceptações telefônicas, julgue os itens de 1 a 4.

(1) Ao instaurar imediatamente inquérito policial e requerer as interceptações telefônicas para averiguar as acusações contra seus comandados, o delegado em questão agiu corretamente, em obediência ao princípio da moralidade administrativa.

(2) Apesar de a lei prever o prazo máximo de quinze dias para a interceptação telefônica, renovável por mais quinze, não há qualquer restrição ao número de prorrogações, desde que haja decisão fundamentando a dilatação do período.

(3) Segundo o entendimento do STF, é permitido, em caráter excepcional, à polícia militar, mediante autorização judicial e sob supervisão do MP, executar interceptações telefônicas, sobretudo quando houver suspeita de envolvimento de autoridades policiais civis nos delitos investigados, não sendo a execução dessa medida exclusiva da autoridade policial, visto que são autorizados, por lei, o emprego de serviços e a atuação de técnicos das concessionárias de serviços públicos de telefonia nas interceptações.

(4) Autorizadas por juízo absolutamente incompetente, as interceptações telefônicas conduzidas pela autoridade policial são ilegais, por violação ao princípio constitucional do devido processo legal.

1: incorreta, visto que o art. 2º, II, da Lei 9.296/1996 estabelece que somente se recorrerá à quebra de sigilo telefônico quando a prova não puder ser obtida por outros meios disponíveis. Em outras palavras, deveria o delegado, antes de formular pedido para a decretação da quebra de sigilo telefônico, promover investigações a fim de estabelecer materialidade e autoria do crime em questão, para, somente depois, se se concluísse que a prova não poderia ser produzida de outra forma, realizar a interceptação telefônica; **2**: correta. De fato, a jurisprudência sedimentou entendimento no sentido de que o prazo de quinze dias poderá ser prorrogado quantas vezes for necessário para a apuração do fato sob investigação. Conferir: STF, HC 83.515-RS, Pleno, rel. Min. Nelson Jobim, *DJ* 04.03.2005; **3**: correta (STF, HC 96.986-MG, 2ª T., rel. Min. Gilmar Mendes, 10.05.2012); **4**: incorreta. Segundo o STJ, "A declinação da competência não tem o condão de invalidar a interceptação telefônica autorizada por Juízo que inicialmente se acreditava ser competente" (HC 128.006, 5ª T., rel. Min. Napoleão Nunes Maia Filho, *DJe* de 12.04.2010).

Gabarito 1E, 2C, 3C, 4E

(Delegado Federal – 2002 – CESPE) Julgue o seguinte item.

(1) Considere a seguinte situação hipotética. Um indivíduo foi denunciado pela prática de crimes contra a ordem tributária, em continuidade delitiva. Algumas das condutas delituosas foram perpetradas na vigência da Lei n.º 4.729/1965 (*lex mitior*) e, outras, sob a égide da Lei n.º 8.197/1990 (*lex gravior*). Nessa situação, pelo fato de a lei penal não retroagir, salvo para beneficiar o réu, será reconhecida a ultratividade da Lei n.º 4.729/1965.

Súmula 711 do STF: "A lei penal mais grave aplica-se ao crime continuado ou ao crime permanente, se a sua vigência é anterior à cessação da continuidade ou da permanência".

Gabarito "E"

(Escrivão de Polícia Federal – 2002 – CESPE) Em relação ao direito penal, julgue o item abaixo.

(1) Considere a seguinte situação hipotética. Um indivíduo pouco esclarecido resolveu escrever pequeno livro, exaltando o que considerava serem virtudes do regime nazista alemão. A publicação

chegou ao conhecimento do MP, que requisitou à polícia judiciária a instauração de inquérito policial e requereu judicialmente a apreensão do material. Posteriormente, encerradas as investigações, o MP ofereceu denúncia, e o indivíduo foi condenado por ofensa à lei que pune os crimes resultantes de preconceito de raça e de cor (Lei 7.716/1989). Nessa situação, estritamente de acordo com a citada lei, era cabível a apreensão do material, conforme requerera o MP, mesmo não se tendo ainda instaurado o inquérito; além disso, transitada em julgado a sentença condenatória, deveria o juiz determinar a destruição da publicação.

Art. 20, §§ 3º, I, e 4º, da Lei 7.716/1989.

Gabarito 1C

(Delegado/AC – 2008 – CESPE) Acerca das leis penais especiais, julgue os itens a seguir.

(1) No caso de ação praticada por organização criminosa, a lei respectiva prevê meios operacionais de investigação específicos, entre eles a infiltração por agentes de polícia, em tarefas de investigação, constituída pelos órgãos especializados pertinentes, a qual independe de autorização judicial.

(2) Em crimes ambientais, em se tratando de condutas e atividades lesivas ao meio ambiente, poderá haver a responsabilização penal da pessoa jurídica, desde que a infração seja cometida por decisão de seu representante legal, no interesse da sua entidade.

(3) Em casos de violência doméstica e familiar contra a mulher, o juiz poderá aplicar penas de cesta básica ou outras de prestação pecuniária, bem como substituir a pena privativa de liberdade por pena de multa.

(4) Em caso de crime hediondo, a prisão temporária será cabível, mediante representação da autoridade policial, pelo prazo de 30 dias, prorrogável por igual período em caso de extrema e comprovada necessidade.

1: incorreta, este procedimento não prescinde de autorização judicial circunstanciada, conforme preconiza o art. 10 da Lei 12.850/2013 (art. 2º, V, da revogada Lei 9.034/1995); **2:** correta, art. 225, § 3º, da CF e art. 3º, parágrafo único, da Lei 9.605/1998 (Lei de Crimes Ambientais). A responsabilidade penal da pessoa jurídica em crimes ambientais, a despeito de ser rechaçada por parte da doutrina, é de fato admitida, desde que haja a imputação simultânea do ente moral e da pessoa física que atua em seu nome ou em seu benefício; **3:** incorreta, art. 17 da Lei 11.340/2006 (Lei Maria da Penha); **4:** assertiva em consonância com o disposto no art. 2º, § 4º, da Lei 8.072/1990 (Crimes Hediondos), ressaltando-se que a prisão temporária também será decretada a requerimento do MP.

Gabarito 1E, 2C, 3E, 4C

(Delegado/AC – 2008 – CESPE) Considerando o programa especial de proteção a vítimas e testemunhas ameaçadas e a legislação correlata e julgue os itens que se seguem.

(1) A solicitação para ingresso no programa mencionado não pode ser feita diretamente pela autoridade policial que conduz a investigação criminal, a qual deverá formular representação ao Ministério Público, que tem legitimidade para tanto.

(2) Em caso de urgência e considerando a procedência, a gravidade e a iminência da coação ou ameaça, a vítima ou testemunha poderá ser colocada provisoriamente sob a custódia de órgão policial, pelo órgão executor, no aguardo de decisão do conselho deliberativo, comunicando-se imediatamente o fato aos membros deste e ao Ministério Público.

1: incorreta, prescreve o art. 5º da Lei 9.807/1999 que a solicitação que visa ao ingresso em programa de proteção a vítima e testemunha poderá ser encaminhado ao órgão executor pelo interessado, pelo representante do MP, pela *autoridade policial* que conduz a investigação, pelo juiz competente e também por órgãos públicos e entidades com atribuições de defesa dos direitos humanos; **2:** alternativa em consonância com o que dispõe o art. 5º, § 3º, da Lei 9.807/1999.

Gabarito 1E, 2C

(Delegado/AC – 2008 – CESPE) A respeito de interceptação telefônica, julgue o item a seguir.

(1) A interceptação poderá ser requerida verbalmente ao juiz pela autoridade policial, desde que estejam presentes os pressupostos que a autorizem, caso em que a concessão será condicionada à sua redução a termo.

1: correta, nos termos do art. 4º, § 1º, da Lei 9.296/1996.

Gabarito 1C

(Delegado/AM) Mévio tem ameaçado Tício por telefone. Tício procura a autoridade policial para fazer sua representação, sugerindo, inclusive, que seja feita a interceptação telefônica no telefone de Tício. Em relação ao caso mencionado, é correto afirmar-se que

(A) a autoridade policial poderá representar ao juiz para que se faça a interceptação da comunicação telefônica, nesta espécie de crime, se satisfeitos os demais requisitos legais .

(B) nas interceptação das comunicações telefônicas em geral, deferido o pedido, a autoridade policial conduzirá os procedimentos de interceptação, sem necessidade de dar ciência ao MP .

(C) o sigilo das diligências, gravações e transcrições respectivas deve ser preservado, constituindo crime a violação do segredo de justiça, sem autorização do delegado ou do juiz, ou com objetivos não autorizados em lei.

(D) as interceptação das comunicações telefônicas só podem ser feitas para prova em investigação criminal e em instrução processual penal, não sendo cabíveis, assim por exemplo, no campo exclusivo do direito de família.

Art. 1º da Lei 9.296/1996.

Gabarito "D"

(Delegado/BA – 2008 – CEFETBAHIA) Um rapaz foi descoberto fumando um cigarro de maconha. Ao ser revistado por agentes policiais, encontraram em seu bolso um isqueiro, papel para confeccionar cigarro e mais dois gramas da droga. Conduzido à presença da autoridade competente, o delegado não lavrou o auto de prisão em flagrante.

Com base nesse caso, a autoridade policial deveria

(A) lavrar efetivamente o auto de prisão em flagrante e comunicar à autoridade judicial, após entregar a nota de culpa.

(B) lavrar o auto de prisão em flagrante, por se tratar de crime hediondo, não necessitando comunicá-lo ao juiz, mas somente à Defensoria Pública.

(C) lavrar o Termo Circunstanciado e, se o rapaz se comprometesse a comparecer ao Juizado Especial Criminal, liberá-lo de imediato.

(D) lavrar o Termo Circunstanciado e liberá-lo logo em seguida, ainda que ele não se comprometesse a comparecer ao Juizado Especial Criminal.

(E) liberar o rapaz de imediato, porém representar pela decretação da prisão preventiva.

Em vista da disciplina estabelecida no art. 48, § 2º, da Lei de Drogas – 11.343/2006, não se imporá prisão em flagrante ao agente que praticar as condutas previstas no art. 28 da desta lei.

Gabarito "D"

(Delegado/DF – 2004) De acordo com a Lei 8.069/90, é INCORRETO afirmar que

(A) nenhum adolescente será privado de sua liberdade senão em flagrante de ato infracional ou por ordem escrita e fundamentada da autoridade judiciária competente.

(B) o adolescente tem direito à identificação dos responsáveis pela sua apreensão, devendo ser informado acerca de seus direitos.

(C) a apreensão de qualquer adolescente e o local onde se encontra recolhido serão incontinenti comunicados à autoridade judiciária competente e à família do apreendido ou à pessoa por ele indicada.

(D) examinar-se-á, desde logo e sob pena de responsabilidade, a possibilidade de internação imediata, em respeito à condição peculiar da pessoa em desenvolvimento.

(E) a internação, antes da sentença, pode ser determinada pelo prazo de 45 (quarenta e cinco) dias, devendo a decisão ser fundamentada e basear-se em indícios suficientes de autoria e materialidade, demonstrada a necessidade imperiosa da medida.

A: assertiva correta, art. 106, *caput*, do ECA – Lei 8.069/1990; **B:** assertiva correta, art. 106, parágrafo único, da Lei 8.069/1990; **C:** assertiva correta, art. 107, *caput*, da Lei 8.069/1990; **D:** assertiva incorreta, devendo ser assinalada, a assertiva não está em consonância com o disposto no art. 107, parágrafo único, do ECA, que impõe ao juiz o dever de examinar, desde logo e sob pena de responsabilidade, a possibilidade de *liberação* imediata do adolescente; **E:** assertiva correta, art. 108 do ECA.

Gabarito "D"

(Delegado/MG – 2008) Sobre a Lei 9.296/1996, que dispõe sobre a interceptação de comunicações telefônicas, é CORRETO afirmar

(A) que poderá ser decretada a quebra do sigilo telefônico quando a prova da autoria ou materialidade do delito puder ser feita por outro meio de prova.
(B) que o delito investigado deve ser punido com pena de detenção.
(C) que, decretada a interceptação telefônica, a autoridade policial não necessita dar ciência dos procedimentos realizados ao Ministério Público.
(D) que a interceptação telefônica não poderá ser decretada por período superior a 15 dias, admitida a prorrogação do prazo.

A: incorreta, constitui pressuposto para a quebra do sigilo telefônico autorizada pelo juiz o fato de a prova não puder ser feita por outros meios disponíveis; quer-se com isso dizer que somente se deve recorrer a ela como exceção, de forma supletiva, na forma estatuída no art. 2º, II, da Lei 9.296/1996; **B:** incorreta, outro pressuposto contido no art. 2º da Lei 9.296/1996 é que o fato investigado constitua infração apenada com reclusão; **C:** incorreta, art. 6º, *caput*, da Lei 9.296/1996; **D:** correta, nos termos do art. 5º da Lei 9.296/1996.

Gabarito "D"

(Delegado/MT – 2006) Com relação ao Estatuto da Criança e do Adolescente, a alternativa **correta** é:

(A) São penalmente imputáveis os menores de 18 (dezoito) anos, sujeitos às medidas do Estatuto da Criança e do Adolescente.
(B) A internação antes da sentença pode ser determinada pelo prazo máximo de 81 (oitenta e um) dias.
(C) Em cada comarca haverá no mínimo um Conselho Tutelar composto de 3 (três) membros escolhidos pela comunidade local, para mandato de 2 (dois) anos, permitida uma recondução.
(D) Nenhum adolescente será privado de sua liberdade senão em flagrante de ato infracional ou por ordem escrita e fundamentada da autoridade judiciária competente.

A: incorreta, os menores de 18 anos são penalmente *inimputáveis* e, por isso, submetem-se às medidas do ECA, conforme prescrevem os arts. 228 da CF e 27 do CP; **B:** incorreta, art. 108, *caput*, do ECA. Constitui medida excepcional (antes da sentença) que somente poderá ser decretada diante da demonstração imperiosa de sua *necessidade*, além de se basear em indícios suficientes de *autoria* e *materialidade*. Não poderá durar mais de quarenta e cinco dias, prazo em que o processo deverá ser ultimado (art. 183, ECA). Findo este prazo, o adolescente deverá ser imediatamente liberado. Há decisões, contudo, que entendem que, a depender da particularidade do caso concreto, é possível estendê-lo, notadamente quando é a defesa que dá causa à dilação. O descumprimento injustificado deste prazo configura o crime do art. 235, ECA. O magistrado somente poderá decretar a internação provisória de adolescente desde que já tenha sido oferecida representação pelo Ministério Público, isto é, não cabe esta medida privativa de liberdade em procedimento apuratório, pois, se o representante do MP já dispõe de indícios suficientes de autoria e materialidade, deverá oferecer representação; **C:** incorreta, com a modificação implementada no art. 132 do ECA pela Lei 12.696/2012, o mandato do membro do Conselho Tutelar, que antes era de três anos, passou para quatro anos, permitida uma recondução; **D:** correta, art. 106, *caput*, da Lei 8.069/1990 – ECA.

Gabarito "D"

(Delegado/PB – 2009 – CESPE) Acerca do tráfico ilícito e do uso indevido de substâncias entorpecentes, com base na legislação respectiva, assinale a opção correta.

(A) No caso de porte de substância entorpecente para uso próprio, não se impõe prisão em flagrante, devendo o autor de fato ser imediatamente encaminhado ao juízo competente ou, na falta deste, assumir o compromisso de a ele comparecer.
(B) Para a lavratura do auto de prisão em flagrante, é suficiente o laudo de constatação da natureza e quantidade da droga, o qual será necessariamente firmado por perito oficial.
(C) O IP relativo a indiciado preso deve ser concluído no prazo de 30 dias, não havendo possibilidade de prorrogação do prazo. A autoridade policial pode, todavia, realizar diligências complementares e remetê-las posteriormente ao juízo competente.
(D) Findo o prazo para conclusão do inquérito, a autoridade policial remete os autos ao juízo competente, relatando sumariamente as circunstâncias do fato, sendo-lhe vedado justificar as razões que a levaram à classificação do delito.

A: correta, art. 48, § 2º, da Lei 11.343/2006; **B:** incorreta, nos termos do art. 50, § 1º, da Lei 11.343/2006, na falta de perito oficial, o laudo de constatação poderá ser firmado por pessoa idônea. Nesse ponto reside o erro da assertiva; **C:** incorreta, reza o art. 51, parágrafo único, da Lei de Drogas que o prazo para conclusão do inquérito relativo a réu preso, que é de 30 dias, pode ser duplicado pelo juiz, desde que ouvido o MP e mediante pedido justificado da autoridade policial; **D:** incorreta, a autoridade policial, ao remeter os autos de inquérito policial ao juízo, já findos, deverá relatar de forma sumária as circunstâncias em que os fatos se deram, bem assim justificar as razões que a levaram à classificação do delito, entre outras providências listadas no art. 52 da Lei 11.343/2006.

Gabarito "A"

(Delegado/PB – 2009 – CESPE) Assinale a opção correta com base na legislação sobre interceptação telefônica.

(A) A interceptação das comunicações telefônicas pode ser determinada pelo juiz, a requerimento da autoridade policial, na investigação criminal ou na instrução processual penal.
(B) O pedido de interceptação das comunicações telefônicas deve ser feito necessariamente por escrito.
(C) Não se admite interceptação das comunicações telefônicas quando o fato investigado constituir infração penal punida, no máximo, com pena de detenção.
(D) Somente após o trânsito em julgado da sentença penal pode a gravação ser inutilizada, mediante decisão judicial, ainda que não interesse à prova.
(E) Ainda que a diligência possibilite a gravação da comunicação interceptada, é dispensada a transcrição da gravação.

A: incorreta, art. 3º, I, da Lei 9.296/96; **B:** incorreta, art. 4º, § 1º, da Lei 9.296/1996; **C:** correta, art. 2º, III, da Lei 9.296/1996; **D:** incorreta, art. 9º da Lei 9.296/1996; **E:** incorreta, art. 6º, § 1º, da Lei 9.296/1996.

Gabarito "C"

(Delegado/RN – 2009 – CESPE) A prática do crime de lavagem de dinheiro é atribuída ao agente que dissimula a natureza e a origem de bens, direitos ou valores provenientes, direta ou indiretamente, de determinados crimes. Esses crimes não abrangem

(A) o terrorismo.
(B) a extorsão mediante sequestro.
(C) o crime contra a administração pública, incluindo a exigência direta ou indireta, para si ou para outrem, de qualquer vantagem, como condição ou preço para a prática ou a omissão de atos administrativos.
(D) os crimes contra a ordem tributária.
(E) o tráfico ilícito de substâncias entorpecentes ou drogas afins.

Ao tempo em que esta questão foi elaborada, a proposição correta de fato era a "D", visto que os crimes a que ela faz referência não estavam contemplados no rol do art. 1º da Lei 9.613/1998. Sucede que esse dispositivo teve sua redação alterada por força da Lei 12.683/2012. Com isso, não mais se exige, à configuração do crime de lavagem de dinheiro, que a operação financeira esteja vinculada a determinados crimes, listados em rol taxativo, como até então ocorria.

Gabarito "D"

(Delegado/SP – 2008) Com respeito à Lei de interceptação Telefônica (Lei 9.296/1996), assinale a alternativa incorreta.

(A) No caso de a diligência possibilitar a gravação comunicação interceptada, será determinada a sua transcrição.
(B) Para proceder à escuta, a autoridade policial poderá requisitar serviços técnicos especializados de concessionária de serviço público.
(C) A gravação que não interessa à prova deverá ser guardada por noventa dias e depois inutilizada por ordem judicial.
(D) O juiz de direito poderá determinar interceptação telefônica *ex officio*.
(E) O juiz de direito pode, excepcionalmente, admitir que o pedido de interceptação telefônica seja feito verbalmente.

A: assertiva correta, art. 6º, § 1º, da Lei 9.296/96; **B:** assertiva correta, art. 7º da Lei 9.296/1996; **C:** assertiva incorreta, devendo ser assinalada, art. 9º da Lei 9.296/1996; **D:** assertiva correta, art. 3º, *caput*, da Lei 9.296/1996; **E:** assertiva correta, art. 4º, § 1º, da Lei 9.296/1996.

Gabarito "C"

(Delegado/SP – 2003) O prazo para encerramento da instrução criminal, quando o réu estiver preso, na lei de repressão ao crime organizado,

(A) é fixado em oitenta e nove dias.
(B) é fixado em oitenta e um dias.
(C) é fixado em cento e vinte dias.
(D) não está fixado, ficando a critério do juiz.

À época em que a questão foi elaborada, o prazo era o previsto no art. 8º da Lei 9.034/1995, que correspondia a 81 dias. Atualmente, com o advento da Lei 12.850/2013, o parágrafo único do art. 22 determina o prazo de 120 dias.

Gabarito "B"

(Delegado/SP – 2002) O ingresso do protegido no programa previsto na Lei 9.807/1999 é decisão

(A) da autoridade judiciária competente.
(B) do conselho deliberativo.
(C) da autoridade policial.
(D) do representante do Ministério Público.

De acordo com o art. 6º, I, da Lei 9.807/1999.

Gabarito "B"

(Delegado/SP – 2002) No que concerne ao prazo de duração, a interceptação telefônica

(A) terá um prazo fixado livremente pelo juiz, dependendo das circunstâncias do fato investigado.
(B) não poderá exceder o prazo de 10 dias, renovável por igual tempo.
(C) não poderá exceder o prazo de 15 dias renovável por igual tempo.
(D) terá a duração necessária para atingir os objetivos propostos.

Art. 5º da Lei 9.296/1996.

Gabarito "C"

(Delegado/SP – 2000) De acordo com a Lei da Interceptação Telefônica (Lei 9.296/1997), a gravação que não interessar à prova será, por decisão judicial,

(A) restituída ao acusado a qualquer momento, mediante recibo.
(B) inutilizada somente após o término do processo.
(C) inutilizada durante o inquérito, a instrução processual ou após esta.
(D) restituída ao acusado após o trânsito em julgado da decisão.

De acordo com o disposto no art. 9º da Lei 9.296/1996.

Gabarito "C"

(Delegado/SP – 1998) O prazo máximo para encerramento da instrução criminal, nos processos por crime previsto na Lei 9.034, de 03.05.1995 (que dispõe sobre a utilização dos meios operacionais para a prevenção e repressão de ações praticadas por organizações criminosas) será de

(A) 120 (cento e vinte) dias, quando o réu estiver preso e 180 (cento e oitenta) quando solto.
(B) 81 (oitenta e um) dias, quando o réu estiver preso e 120 (cento e vinte) quando solto.
(C) 180 (cento e oitenta) dias, independentemente de estar preso ou solto o réu.
(D) 81 (oitenta e um) dias, quando o réu estiver preso e 180 (cento e oitenta) quando solto.

À época em que a questão foi elaborada, o prazo era o previsto no art. 8º da Lei 9.034/1995, que correspondia a 81 dias se o réu estivesse prezo e 120 quando solto. Atualmente, com o advento da Lei 12.850/2013, o parágrafo único do art. 22 determina o prazo de 120 dias se o réu estiver preso, mas não determina o prazo no caso de o réu se encontrar solto.

Gabarito "B"

22. TEMAS COMBINADOS E OUTROS TEMAS

(Delegado/PA – 2009 – MOVENS) Em relação às prisões e à prova, assinale a opção correta.

(A) A autoridade judicial, por estar submetida ao princípio da inércia, não terá iniciativa probatória. No processo penal, as perícias deverão ser realizadas por dois peritos oficiais.
(B) Na hipótese de crime de ação penal privada, o ofendido, ou seu representante legal, decairá do direito de queixa ou de representação, se não o exercer dentro do prazo de seis meses, contado do dia da ocorrência do delito.
(C) Em nenhum caso a prisão preventiva será decretada se o juiz verificar, pelas provas constantes dos autos, que o agente praticou o fato em estado de necessidade, em legítima defesa, em estrito cumprimento do dever legal ou no exercício regular de direito.
(D) Após assaltarem uma farmácia no centro de Belém-PA, dois homens fugiram em direção a Cuiabá-MT. Policiais civis do Estado do Pará que passavam próximo ao local saíram em perseguição, mas só efetuaram a prisão dos assaltantes na capital de Mato Grosso. Nessa situação, a prisão é ilegal, uma vez que os referidos policiais deveriam ter acionado as autoridades policiais locais, pois não têm autorização legal para atuar em outra unidade da Federação.

A: incorreta, nada impede que o juiz, com fulcro no art. 156, II, do CPP, com o propósito de esclarecer dúvida acerca de ponto relevante, determine, em caráter supletivo, diligências com o objetivo de se atingir a verdade real. De outro lado, as perícias, no processo penal, deverão ser realizadas "por perito oficial"; na falta deste, será feita por duas pessoas idôneas – art. 159, *caput* e § 1º, do CPP; **B:** incorreta, art. 38 do CPP; **C:** correta, art. 314 do CPP; **D:** incorreta, art. 290 do CPP.

Gabarito "C"

(Delegado/PA – 2009 – MOVENS) Quanto ao processo comum, às testemunhas e ao arquivamento de inquérito policial, assinale a opção correta.

(A) Apenas o delegado de polícia poderá mandar arquivar os autos de inquérito policial, sendo vedado tal ato ao juiz.
(B) O depoimento da testemunha será prestado oralmente, sendo permitido trazê-lo por escrito.
(C) O procedimento comum sumário será adotado quando tiver por objeto crime cuja sanção máxima cominada for inferior a 6 anos de pena privativa de liberdade.
(D) Será observado o procedimento comum ordinário quando tiver por objeto crime cuja sanção máxima cominada for igual ou superior a quatro anos de pena privativa de liberdade.

A: incorreta, ao contrário, é vedado ao delegado de polícia determinar o arquivamento dos autos de inquérito policial, somente podendo fazê-lo o juiz de direito a pedido do Ministério Público – arts. 17, 18 e 28 do CPP; **B:** incorreta, art. 204 do CPP; **C:** incorreta, art. 394, § 1º, II, do CPP; **D:** correta, art. 394, § 1º, I, do CPP.

Gabarito "D"

(Delegado/SP – 2003) O juiz, de ofício, poderá determinar

(A) a interceptação das comunicações telefônicas.
(B) a revogação do livramento condicional, ouvido o liberado.
(C) a decretação da prisão temporária.
(D) a decretação da prisão preventiva.

A: incorreta, o juiz poderá de ofício (independente de provocação), a teor do art. 3º, *caput*, da Lei 9.296/1996, determinar a interceptação das comunicações telefônicas; **B:** incorreta, também a revogação do livramento condicional poderá ser decretada de ofício pelo juiz, conforme preceitua o art. 143 da LEP; **C:** correta, já a prisão temporária não poderá ser decretada de ofício, dependendo, para ser determinada, de representação da autoridade policial ou de requerimento do MP; **D:** incorreta, o juiz somente poderá decretar de ofício a prisão preventiva no curso da ação penal – art. 311 do CPP. A questão está incorreta, pois a alternativa dada como certa está, na verdade, errada. As demais estão corretas.

Gabarito "C"

4. Direito Constitucional

Bruna Vieira

1. PODER CONSTITUINTE

(Delegado Federal – 2013 – CESPE) No que se refere à CF e ao poder constituinte originário, julgue os itens subsequentes.

(1) A CF contempla hipótese configuradora do denominado fenômeno da recepção material das normas constitucionais, que consiste na possibilidade de a norma de uma constituição anterior ser recepcionada pela nova constituição, com *status* de norma constitucional.

(2) No sentido sociológico, a CF reflete a somatória dos fatores reais do poder em uma sociedade.

1: correto. A doutrina aponta como exemplo de recepção material das normas constitucionais o art. 34, *caput* e § 1º, do ADCT (Ato das Disposições Constitucionais Transitórias). Tal dispositivo assegura que regras previstas na Constituição anterior continuem vigendo, com *status* de norma constitucional, durante determinado período específico. Vale lembrar, conforme ensina Pedro Lenza, em **Direito Constitucional Esquematizado.** 17. ed. Saraiva, p. 218 e 219, "que referidas normas são recebidas por prazo certo, em razão de seu caráter precário, características marcantes no fenômeno da recepção material das normas constitucionais. Além disso, o mesmo autor afirma que "há de se observar que pela própria teoria do poder constituinte originário, que rompe por completo com a antiga ordem jurídica, instaurando uma nova, um novo Estado, o fenômeno da recepção material só será admitido se houver expressa manifestação da nova Constituição; caso contrário, as normas da Constituição anterior serão revogadas"; 2: correto. A concepção sociológica, defendida por Ferdinand Lassalle, determina que a Constituição somente terá valia se efetivamente expressar a realidade social e o poder que a comanda. Os fatores reais de poder são identificados, no nosso país, por exemplo, nos movimentos dos sem-terra, nas corporações militares e outras forças que delimitam o conteúdo da Constituição.

Gabarito 1C, 2C

(Delegado/SP – 2014 – VUNESP) A Constituição poderá ser emendada mediante proposta

(A) de governador da Unidade da Federação.

(B) de mais da metade das Câmaras Municipais, manifestando- se, cada uma delas, pela maioria relativa de seus membros.

(C) do Presidente da República, mediante representação popular, manifestada por apoio de partido político sem representação no Congresso Nacional.

(D) de dois terços, no mínimo, dos membros da Câmara dos Deputados ou do Senado Federal.

(E) de mais da metade das Assembleias Legislativas das unidades da Federação, manifestando-se, cada uma delas, pela maioria relativa de seus membros.

A: incorreta. Os legitimados à propositura de projeto de emenda constitucional vêm previstos no art. 60, I, II e II, da CF o qual determina que a Constituição possa ser emendada mediante proposta: I – de um terço, no mínimo, dos membros da Câmara dos Deputados ou do Senado Federal; II – do Presidente da República e III – de mais da metade das Assembleias Legislativas das unidades da Federação, manifestando-se, cada uma delas, pela maioria relativa de seus membros; **B:** incorreta. As Câmaras Municipais não constam do rol do art. 60, I a III, da CF, de modo que não podem propor projeto de emenda constitucional; **C:** incorreta. O Presidente da República não precisa de representação popular para dar início a um projeto de emenda constitucional; **D:** incorreta. A Constituição menciona um terço e não dois, como mencionado na alternativa; **E:** correta. É o que determina o art. 60, III, da CF.

Gabarito "E"

(Delegado/RO – 2014 – FUNCAB) Acerca do tema "poder constituinte e reforma constitucional", marque a alternativa correta.

(A) Poder constituinte é o poder que o governo tem de vetar as leis inconstitucionais.

(B) O poder constituinte reformador manifestado por meio de emendas tem por características ser inicial, autônomo e ilimitado.

(C) O poder constituinte reformador manifestado por meio de emendas pode ser iniciado por meio das mesas das assembleias legislativas.

(D) A Constituição não poderá ser emendada na vigência de intervenção federal, de estado de defesa ou de estado de sítio.

(E) Compete ao Presidente da República vetar emendas constitucionais que contrariem o interesse público.

A: incorreta. O poder constituinte pode ser conceituado como o **poder de estabelecer um novo ordenamento jurídico**, por meio da criação de uma nova constituição ou pela modificação das regras existentes; **B:** incorreta. As características trazidas pela alternativa dizem respeito ao poder constituinte originário. O **reformador**, ao contrário do mencionado, é **secundário, condicionado, limitado e não detém autonomia**; **C:** incorreta. Os legitimados à propositura de projeto de emenda constitucional vêm previstos no art. 60, I, II e II, da CF o qual determina que a Constituição possa ser emendada mediante proposta: I – de um terço, no mínimo, dos membros da Câmara dos Deputados ou do Senado Federal; II – do Presidente da República e III – de **mais da metade das Assembleias Legislativas das unidades da Federação**, manifestando-se, cada uma delas, pela maioria relativa de seus membros; **D:** correta. São os chamados **limites circunstanciais**, previstos no art. 60, § 1º, da CF; **E:** incorreta. Não há sanção ou veto de projeto de emenda constitucional. Isso só existe no âmbito das leis.

Gabarito "D"

(Delegado/PR – 2013 – UEL-COPS) Considerando os limites de reforma da Constituição Brasileira (CF) de 1988, assinale a alternativa correta.

(A) É inaceitável alterar a CF para readequar a forma federativa do Estado brasileiro.

(B) É inaceitável alterar a CF para readequar a separação dos Poderes do Estado brasileiro.

(C) Quanto ao procedimento de reforma, existe limitação formal, inexistindo limitação material.

(D) A CF não pôde sofrer emenda constitucional por cinco anos, contados de sua promulgação, em razão de limitação temporal.

(E) É inaceitável alterar a CF para restringir direitos fundamentais individuais.

A e **B:** incorretas. O que o art. 60, § 4º, I e III, da CF proíbe é a deliberação de proposta de emenda **tendente a abolir** a forma federativa de Estado e a separação dos Poderes, além de outros. Sendo assim, a readequação, que não leve à supressão, é possível; **C:** incorreta. Há limites materiais, são as chamadas cláusulas pétreas e vêm previstas no art. 60, § 4º, I a IV, da CF; **D:** incorreta. A limitação temporal corresponde a determinação de um período específico em que a Constituição não poderia ser alterada. Sendo assim, não há exemplo de limitação temporal prevista na CF/88. Vale lembrar que o art. 3º do ADCT trouxe a possibilidade da feitura de uma revisão constitucional, que teve de ser realizada após cinco anos da data da promulgação da Constituição, em sessão unicameral e pelo voto da maioria absoluta dos membros do Congresso Nacional. Essa revisão não é tida como exemplo de limitação temporal, pois durante esse período a Constituição poderia ter sido alterada por meio do processo legislativo das emendas constitucionais. **E:** correta. O art. 60, § 4º, IV, da CF determina que não possa ser sequer objeto de deliberação a proposta de emenda que tenda a abolir direitos e garantias individuais.

Gabarito "E"

(Delegado Federal – 2004 – CESPE) Devido a graves problemas na área de segurança pública, como a existência, no ciclo da persecução criminal, de dois órgãos com tarefas complementares e, algumas vezes, conflitantes; a necessidade de inclusão do município no sistema de segurança pública; a incidência cada vez maior de crimes cometidos por menores de 18 anos de idade etc. foi proposta, com o apoio de 215 deputados, uma emenda à Constituição Federal. Nos trabalhos de revisão constitucional, segundo o texto da emenda, o Congresso Nacional deliberaria em sessão unicameral, aprovando-se as alterações constitucionais pelo voto da maioria absoluta dos seus membros. A realização da revisão constitucional ocorreria após a ratificação popular do texto da emenda, por meio de referendo, a ser realizado seis meses após a sua aprovação e promulgação. Proposta de igual teor havia sido apresentada no início da sessão legislativa, mas fora rejeitada na primeira votação em plenário, na Câmara dos Deputados. Porém, com o agravamento da situação na área de segurança pública, os autores entenderam que seria pertinente a sua reapresentação. Considerando a situação hipotética acima, julgue os itens a seguir.

(1) No caso brasileiro, o poder constituinte derivado possui limitações temporais, materiais e circunstanciais, expressas no texto constitucional, e limitações implícitas, relativas à titularidade dos poderes constituintes originário e derivado.

(2) Nos trabalhos de revisão constitucional, como o mencionado no texto acima, é possível alterar-se o dispositivo que prevê a inimputabilidade penal do menor de 18 anos de idade, uma vez que se trata de matéria relativa à política de execução penal.

1: incorreta. O poder constituinte derivado possui limitações formais, materiais, circunstanciais e implícitas. Os formais referem-se ao processo legislativo das emendas constitucionais; os materiais às cláusulas pétreas, assuntos que não podem ser objeto de emenda tendente a aboli-los; os circunstanciais dizem respeito a não possibilidade de edição de emenda constitucional durante a vigência de estado de sítio, defesa e intervenção federal, e os implícitos, por exemplo, o procedimento adotado para a reforma do próprio texto da constituição. Não há limitações temporais na CF/1988; **2:** incorreta (art. 60, § 4º, IV, e art. 228, ambos da CF/1988).

Gabarito 1E, 2E

(Delegado/AP – 2006 – UFAP) É correto afirmar em relação ao Poder Constituinte que

(A) o Poder Constituinte, ao criar uma nova Constituição, deve respeitar algumas normas de Direito Internacional e os direitos naturais da pessoa humana.

(B) as limitações circunstanciais ao poder de emenda à Constituição Federal são de caráter absoluto, e impedem a votação e a promulgação de toda e qualquer emenda à Carta Magna.

(C) o Poder Constituinte Originário condiciona a aprovação de emendas constitucionais a um determinado *quorum* especial e à sanção do Presidente da República.

(D) a elaboração de Constituição Estadual é resultado da atuação do Poder Constituinte Originário.

(E) tecnicamente, Reforma, Emenda e Revisão Constitucional são expressões equivalentes.

A: incorreto. O poder constituinte originário, aquele que cria uma nova ordem jurídica, é inicial, ilimitado, autônomo e incondicionado. Sendo assim, não está adstrito a normas produzidas antes de sua vigência; **B:** correto. De fato, durante a vigência de estado de sítio, defesa e intervenção federal, a Constituição não poderá ser emendada (art. 60, § 1º, da CF/1988 – limitações circunstanciais); **C:** incorreto. Não há sanção ou veto em projeto de emenda constitucional. De acordo com o art. 60,§3º, da CF/1988, são as Mesas da Câmara dos Deputados e do Senado Federal, com o respectivo número de ordem, que promulgam as emendas constitucionais; **D:** incorreto. A elaboração de Constituição Estadual é fruto da manifestação do poder constituinte derivado decorrente e não do poder constituinte originário; **E:** incorreto. As expressões possuem significados diferentes. A revisão constitucional se deu uma única vez, pelo voto da maioria absoluta dos membros do Congresso Nacional, em sessão unicameral, conforme mencionado no art. 3º do Ato das Disposições Constitucionais Transitórias – ADCT. Já as emendas constitucionais, fruto do poder de reforma, podem ser elaboradas, respeitas as regras previstas no art. 60 da CF/1988.

Gabarito "B"

(Delegado/DF – 2004) É lícito afirmar, em tema de Poder Constituinte, de Constituição, do reflexo dessa sobre a legislação ordinária anterior, bem como de sua alteração, que

(A) o Poder Constituinte originário, segundo a doutrina, é responsável pela produção primitiva da ordem jurídica fundamental do Estado, assim como pela alteração do Texto dela resultante, com limitação, apenas, de ordem material;

(B) consoante o modo de elaboração, são classificadas como históricas as Constituições que possuem uma parte rígida e outra flexível, sendo facultada a alteração da parte rígida através de processo legislativo ordinário ou não dificultoso;

(C) a norma contida no art. 1º, *caput*, da *Lex Fundamentalis*, dispondo que "A República Federativa Brasil, formada pela união indissolúvel dos Estados e Municípios e do Distrito Federal, constitui-se em Estado Democrático de Direito", revela exemplo, aceite pela doutrina, de norma constitucional de eficácia limitada de princípio institutivo;

(D) o fenômeno da recepção consiste no acolhimento de norma legal, editada ao tempo de Constituição anterior, que não confronte, materialmente, com a nova ordem fundamental;

(E) a proposta de emenda à Constituição Federal, depois de aprovada pelas Casas do Congresso Nacional, será sancionada e promulgada pelo Presidente da República, com o respectivo número de ordem.

A: incorreta, pois a segunda parte da alternativa trata do poder constituinte derivado reformador e não do poder constituinte originário. Além disso, o poder de reforma possui outras limitações que não só as de ordem material, por exemplo, limitações formais, circunstanciais e implícitas; **B:** incorreta. As constituições que possuem uma parte rígida e outra flexível são conhecidas como semirrígidas. Tal classificação leva em conta o processo de modificação da CF/1988; **C:** incorreta. A norma constitucional prevista no *caput* do art.1º da CF/1988 é considerada de eficácia plena, pois, por si só, produz todos os seus efeitos no mundo jurídico e de forma imediata. Não depende da interposição do legislador para que possa efetivamente produzir efeitos. Além disso, a norma de eficácia plena não admite que uma norma infraconstitucional limite ou reduza o seu conteúdo; **D:** correta. De fato, a recepção é o fenômeno jurídico pelo qual se resguarda a continuidade do ordenamento jurídico anterior e inferior à nova Constituição, desde que se mostre compatível materialmente com seu novo fundamento de validade (justamente a nova Constituição). Os aspectos formais da norma não são levados em conta pela recepção, o conteúdo do dispositivo é que é analisado à luz de seu novo fundamento de validade, ou seja, da nova constituição; **E:** incorreta, já que não existe sanção ou veto em projeto de emenda constitucional. Quem promulga a emenda constitucional são as mesas da Câmara de Deputados e do Senado Federal, com o respectivo número de ordem (art. 60, § 3º, da CF/1988).

Gabarito "D"

(Delegado/GO – 2003 – UEG) Em relação ao Poder Constituinte Derivado, considere as seguintes proposições:

I. A proposta de emenda constitucional tendente à abolição da forma republicana de governo, após sua promulgação, integra o texto constitucional, o que a torna imune ao controle de constitucionalidade.

II. A Constituição Federal estabelece, como mecanismo da democracia participativa, em condições que especifica a apresentação de propostas de emendas à Constituição por iniciativa popular.

III. As emendas à Constituição são promulgadas pelas mesas da Câmara dos Deputados e do Senado Federal, com o respectivo número de ordem, mas a matéria constante de proposta de emenda rejeitada ou tida por prejudicada não pode ser objeto de nova proposta na mesma sessão legislativa.

IV. A decretação da intervenção federal pelo presidente da República impede a aprovação de emenda constitucional.

V. A proposta de emenda constitucional será discutida e aprovada em cada casa do Congresso Nacional, em dois turnos, considerando-se aprovada se obtiver, em ambos, três quintos dos votos dos respectivos membros.

Marque a alternativa CORRETA:

(A) Apenas as proposições I, III e V são verdadeiras.

(B) Apenas as proposições II, III, IV e V são verdadeiras.

(C) Apenas as proposições III, IV e V são verdadeiras.

(D) Todas as proposições são verdadeiras.

I: Falso (art. 60, § 4º, I, da CF/1988); **II:** Falso, pois o art. 60, I, II e II, da CF/1988 enumera quem pode iniciar um PEC – projeto de emenda constitucional (um terço, no mínimo, dos membros da Câmara dos Deputados ou do Senado Federal, Presidente da República ou mais da metade das Assembleias Legislativas das unidades da Federação, manifestando-se, cada uma delas, pela maioria relativa de seus membros) e não faz menção à iniciativa popular de emenda; **III:** Verdadeiro (art. 60, §§ 3º e 5º, da CF/1988); **IV:** Verdadeiro, pois o art. 60, § 1º, da CF/1988 trata das limitações circunstanciais, dentre as quais se encontra a intervenção federal; V: Verdadeiro (art. 60, § 2º, da CF/1988).

Gabarito "C"

(Delegado/MG – 2006) Todas as assertivas abaixo são válidas acerca da Teoria do Poder Constituinte, exceto:

(A) O seu surgimento é largamente tributário do pensamento de Emmmanuel Sieyés.

(B) Distingue a titularidade do agente do Poder Constituinte.
(C) Possibilitou que se entendessem os Poderes Executivo, Legislativo e Judiciário como "Poderes Constituídos".
(D) Possibilita a identificação do Poder Constituinte Derivado com o Poder Constituinte Decorrente.
(E) Tem como titular o povo.

As definições trazidas pelas alternativas **A**, **B**, **C** e **E**, dizem respeito à teoria do poder constituinte. A alternativa D não está de acordo com essa teoria, pois o poder derivado é gênero do qual são espécies o derivado decorrente e o derivado reformador. O primeiro está relacionado com poder que cada estado tem de elaborar a sua própria Constituição e suas próprias normas (art. 25 da CF/1988). O segundo diz respeito à possibilidade de mudança da CF que é exercido por meio da elaboração de emendas à Constituição (art. 60 da CF/1988).

Gabarito "D"

(Delegado/MT – 2006 – UFMT) Em matéria de manifestação soberana da suprema vontade política de um povo, diz-se que a Assembleia Nacional Constituinte detém o poder constituinte

(A) originário.
(B) derivado.
(C) soberano.
(D) decorrente.
(E) condicional.

O poder constituinte **originário** é exercido pela Assembleia Nacional Constituinte (art. 1º, parágrafo único, da CF/1988). Por meio dele é criado um novo ordenamento jurídico. A última manifestação desse poder no Brasil se deu no dia 5 de outubro de 1988, quando foi promulgada a Constituição Federal.

Gabarito "A"

(Delegado/RR – 2003 – CESPE) Julgue os itens subsequentes, relativos ao poder constituinte.

(1) Poder constituinte decorrente é o poder que têm os estados-membros de uma Federação para elaborar suas próprias Constituições.
(2) A mudança na Constituição exterioriza-se sob duas formas de atuação: a reforma constitucional – que, em seu sentido amplo, englobaria a revisão e a emenda – e a mutação constitucional. Esta última pode ser definida como a separação entre o preceito constitucional e a realidade. A realidade constitucional torna-se mais ampla que a normatividade constitucional.
(3) Segundo dispõe a Constituição da República, as polícias civis serão dirigidas por delegado de polícia de carreira. Contudo, a Constituição de um estado da Federação pode determinar que a escolha seja feita entre os ocupantes da última classe da carreira que figurem em lista tríplice formada pela respectiva entidade de classe.

1: correto. Essa é a própria definição de poder constituinte decorrente. O fundamento é encontrado no art. 25 da CF/1988; **2:** correto. De fato, a mutação constitucional é uma forma de mudança informal da CF. A alteração se dá apenas na interpretação a ser dada à Constituição, que deve se mostrar de acordo com a realidade social; **3:** incorreto, pois a CF determina em seu art. 144, § 4º, que as polícias civis serão dirigidas por delegado de polícia de carreira, não podendo a Constituição estadual excepcionar tal regra.

Gabarito 1C, 2C, 3E

(Delegado/SP – 1999) As características fundamentais do Poder Constituinte Originário, segundo a doutrina, são:

(A) inicialidade, ilimitação, incondicionalidade.
(B) inicialidade, derivação, condicionalidade.
(C) inicialidade, ilimitação, subordinação.
(D) derivação, subordinação, condicionalidade.

A: de fato, essas são as principais características atribuídas ao poder constituinte originário. Vale lembrar que há quem sustente a vedação ao retrocesso – o que significa que a nova Constituição não pode suprimir direitos previstos em tratados internacionais; **B:** incorreta, pois o poder constituinte originário não deriva de ninguém e nem possui condições formais quando da sua elaboração; **C:** incorreta, pois o poder constituinte originário não é subordinado; **D:** incorreta, pois as características mencionadas dizem respeito ao poder constituinte derivado e não ao originário.

Gabarito "A"

2. TEORIA GERAL DA CONSTITUIÇÃO E PRINCÍPIOS FUNDAMENTAIS

(Delegado/PR – 2013 – UEL-COPS) Sobre a classificação das constituições, relacione a coluna da esquerda com a da direita.

(I) Em sentido político.	**(A)** A constituição de um país é, em essência, a soma dos fatores reais do poder que regem esse país, sendo esta a constituição real e efetiva, não passando a constituição escrita de uma "folha de papel".
(II). Em sentido jurídico.	**(B)** A constituição é considerada norma pura, puro dever-ser, é o conjunto de normas que regula a criação de outras normas.
(III). Em sentido sociológico.	**(C)** A constituição é considerada como decisão política fundamental, decisão concreta de conjunto sobre o modo e forma de existência da unidade política.

Assinale a alternativa que contém a associação correta.

(A) I-A, II-C, III-B.
(B) I-B, II-A, III-C.
(C) I-B, II-C, III-A.
(D) I-C, II-A, III-B.
(E) I-C, II-B, III-A.

I: em **sentido político**, a constituição é considerada como decisão política fundamental, decisão concreta de conjunto sobre o modo e forma de existência da unidade política. De fato Carl Schmitt defendeu o conceito de que a Constituição é a decisão política fundamental de um povo, visando sempre dois focos estruturais básicos – organização do Estado e efetiva proteção dos direitos fundamentais.Para esse autor há divisão clara entre Constituição e lei constitucional. Na primeira, encontraríamos as matérias constitucionais, ou seja, organização do Estado e garantia dos direitos fundamentais, sempre com o objetivo de limitar a atuação do poder. Já as leis constitucionais seriam aqueles assuntos tratados na Constituição, mas que materialmente não teriam natureza de norma constitucional. Na verdade, esses assuntos nem deveriam constar da Constituição. A Constituição Federal de 1988, em seu artigo 1º, trata da organização do Estado, enquanto o artigo 5º dispõe sobre os direitos fundamentais. Se terminasse aqui, já seria suficiente para Schmitt denominá-la como uma verdadeira Constituição; **II**: em **sentido jurídico**, a constituição é considerada norma pura, puro dever-ser, é o conjunto de normas que regula a criação de outras normas. Hans Kelsen representava o ordenamento jurídico por meio de uma pirâmide, na qual a Constituição se encontrava no ápice e abaixo estavam todos os demais atos normativos. As leis ordinárias, complementares, delegadas e também as medidas provisórias, por terem como fundamento imediato de validade a Constituição, ficavam no segundo degrau da pirâmide. Já os regulamentos, portarias, decretos, entre outros, por se fundamentarem primeiro na lei e depois na Constituição, localizavam-se no terceiro degrau da pirâmide. Portanto, juridicamente, a Constituição localiza-se no mais elevado degrau da pirâmide e é exatamente em decorrência disso que é fundamentada sua normatividade.Tal autor obteve reconhecimento mundial com a elaboração da obra "Teoria Pura do Direito", doutrina que propugna o conteúdo puro do direito, sem interferências de cunhos sociológico, político, valorativo ou econômico. A Constituição, conforme Kelsen, apresenta o aspecto lógico-jurídico, segundo o qual é a 'norma fundamental hipotética', ou seja, traz um comando que impõe obediência obrigatória e é tida como o verdadeiro sentido de justiça, e o aspecto jurídico-positivo, em que a Constituição é a norma positiva superior em que as demais regras jurídicas encontram os seus fundamentos de validade. Sua modificação deve observar um procedimento específico e solene; **III**: em **sentido sociológico**, a constituição de um país é, em essência, a soma dos fatores reais do poder que regem esse país, sendo esta a constituição real e efetiva, não passando a constituição escrita de uma "folha de papel". Essa concepção sociológica, defendida por Ferdinand Lassalle, sustentava que "os problemas constitucionais não eram problemas de Direito, mas do poder; a verdadeira Constituição de um país somente poderia ter por base os fatores reais e efetivos do poder que naquele país vigessem e as constituições escritas não teriam valor nem seriam duráveis a não ser que exprimissem fielmente os fatores do poder que imperam na realidade social" (A essência da Constituição, p. 40).

Gabarito "E"

(Delegado/RJ – 2013 – FUNCAB) Quanto aos Princípios Fundamentais da República Federativa do Brasil, elencados na Constituição Federal, é correto afirmar como fundamento e objetivo, respectivamente:

(A) pluralismo político e promoção do bem de todos.

(B) independência nacional e construção de uma sociedade livre, justa e solidária.
(C) defesa da paz e igualdade entre os Estados.
(D) soberania da União e garantia do desenvolvimento nacional.
(E) livre-iniciativa e eliminação das desigualdades sociais e econômicas.

A: correta. O art. 1º da CF, após definir o Pacto Federativo, traz os **fundamentos** da República Federativa do Brasil, quais sejam: I – a soberania; II – a cidadania; III – a dignidade da pessoa humana; IV – os valores sociais do trabalho e da livre-iniciativa; V – **o pluralismo político**. Já o art. 3º contempla os objetivos fundamentais da República Federativa do Brasil e são os seguintes: I – construir uma sociedade livre, justa e solidária; II – garantir o desenvolvimento nacional; III – erradicar a pobreza e a marginalização e reduzir as desigualdades sociais e regionais; IV – **promover o bem de todos**, sem preconceitos de origem, raça, sexo, cor, idade e quaisquer outras formas de discriminação; **B:** incorreta. A independência nacional é considerada um dos princípios que rege o Brasil nas suas relações internacionais. Está prevista no art. 4º, I, da CF. A construção de uma sociedade livre, justa e solidária é um dos objetivos fundamentais, conforme previsto no art. 3º, I, da CF; **C:** incorreta. A defesa da paz e a igualdade entre os Estados, trazidos pelo art. 4º, V e VI, da CF, são considerados princípios que regem o Brasil nas suas relações internacionais; **D:** incorreta. A soberania é fundamento da República Federativa do Brasil, conforme determina o art. 1º, I, da CF. Os entes federados, União, Estados-Membros, Distrito Federal e Municípios, detêm autonomia e estão no mesmo patamar hierárquico. Já a garantia do desenvolvimento nacional, de acordo com o art. 3º, II, da CF, é tida como objetivo fundamental da República Federativa do Brasil; **E:** incorreta. A livre-iniciativa vem prevista no art. 1º, IV, da CF e é considerada fundamento da República Federativa do Brasil. Além disso, a redução (e não eliminação) das desigualdades sociais e regionais constitui objetivo fundamental da República Federativa do Brasil.

Gabarito "A".

(Delegado/MG – 2012) São fundamentos essenciais da República Federativa do Brasil:

(A) independência nacional, prevalência dos direitos humanos, autodeterminação dos povos, integração econômica e cultural.
(B) concessão de asilo político, repúdio ao terrorismo e ao racismo, eleições diretas, não intervenção do Estado.
(C) soberania nacional, cidadania, dignidade da pessoa humana, valores sociais do trabalho, livre-iniciativa, pluralismo político.
(D) liberdade de exercício de qualquer ofício ou profissão, inviolabilidade do sigilo de correspondência e das comunicações telegráficas e telefônicas, liberdade de associação para fins lícitos, direito de propriedade, desde que atendidas suas funções sociais.

A: incorreta. De acordo com o art. 4º da CF/1988, a independência nacional (inciso I), a prevalência dos direitos humanos (inciso II), a autodeterminação dos povos (inciso III) e a integração política econômica, política, social e cultural dos povos da América Latina (parágrafo único) são **princípios** que **regem o Brasil nas suas relações internacionais**; **B:** incorreta. A concessão de asilo político, o repúdio ao terrorismo e ao racismo e a não intervenção do Estado **também são princípios que norteiam a República Federativa do Brasil nas relações internacionais** (art. 4º, IV, VIII e X, da CF/1988). A eleição direta é um instrumento da democracia garantido constitucionalmente ao cidadão. Só há uma exceção: na hipótese de dupla vacância nos cargos da Presidência e Vice-Presidência da República, nos dois últimos anos do período presidencial (art. 81, § 1º, da CF/1988). Neste caso, a nova eleição será indireta, ou seja, feita pelo próprio Congresso Nacional; **C:** correta. De fato, a soberania nacional, a cidadania, a dignidade da pessoa humana, os valores sociais do trabalho, a livre-iniciativa e o pluralismo político, são considerados **fundamentos** da República Federativa do Brasil (art. 1º, I a IV, da CF/1988); **D:** incorreta. A alternativa traz **direitos e deveres** individuais previstos no art. 5º da CF/1988: liberdade de exercício de qualquer ofício ou profissão (inciso XIII), inviolabilidade do sigilo de correspondência e das comunicações telegráficas e telefônicas (inciso XII), liberdade de associação para fins lícitos (inciso XVII), direito de propriedade, desde que atendidas suas funções sociais (incisos XXII e XXIII).

Gabarito "C".

(Delegado/MG – 2012) A Constituição é um conjunto sistemático e orgânico de normas que visam concretizar os valores que correspondem a cada tipo de estrutura social. Assim sendo, em sentido material, pode-se conceituar um texto constitucional como

(A) um ato unilateral do Estado, cuja fonte tem origem na sua estrutura organizacional, no seu sistema e na sua forma de governo.
(B) um conjunto normativo, que visa regular os poderes do Estado, incluindo sua formação, sua titularidade, seus meios de aquisição e seu exercício.
(C) um texto produzido exclusivamente por determinadas fontes constitucionais, tendo por base preceitos legais, que lhe são anteriores.
(D) um conjunto de princípios que expressam concepções decorrentes de valores morais, sociais, culturais e históricos, que asseguram os direitos dos cidadãos e condicionam o exercício do poder.

A: incorreta. O sentido material tem a ver com o conteúdo e, portanto, não pode a Constituição ser conceituada como ato unilateral do Estado; **B:** incorreta. Mais uma vez que a alternativa apresenta informações relativas ao aspecto formal da CF e não ao material; **C:** incorreta. O texto não precisa ser elaborado exclusivamente por fontes específicas e, além disso, o poder constituinte originário, que é aquele que elabora o novo texto constitucional, não está vinculado a preceitos legais anteriores. Por fim, a alternativa "C", ao focar no texto e em sua produção, novamente prioriza a Constituição em seu sentido formal; **D:** correta. De acordo com José Afonso da Silva, "A Constituição é algo que tem, como forma, um complexo de normas (escritas ou costumeiras), como **conteúdo**, a conduta humana **motivada pelas relações sociais (econômicas, políticas, religiosas etc.)**, como **fim**, **a realização dos valores que apontam para o existir da comunidade**, e, finalmente, como causa criadora e recriadora, o poder que emana do povo" (*Curso de Direito Constitucional Positivo*, 35ª ed., p. 39). Assim, a alternativa "D" é que mais se aproxima do sentido material do Constituição, pois dispõe sobre valores e direitos dos cidadãos, além de mencionar que o Poder Público deve agir de modo a não violar tais preceitos.

Gabarito "D".

(Delegado/PA – 2012 – MSCONCURSOS) Analise as proposições abaixo:

I. Constituição, em sentido sociológico, conforme concepção de Ferdinand Lassale, é a soma dos fatores reais de poder que regem um determinado Estado.
II. Em sentido político, Constituição é a decisão política fundamental, considerando-se a teoria de Hans Kelsen.
III. Segundo a concepção de Hans Kelsen, a Constituição, no sentido jurídico-positivo, significa a norma hipotética fundamental.
IV. Os elementos orgânicos da Constituição dispõem sobre a estruturação e organização do Estado e do Poder.

É correto o que se afirma somente em:

(A) I, II e III.
(B) I, III e IV.
(C) II e III.
(D) I e IV.
(E) IV.

I: correta. De fato, **Ferdinand Lassalle** sustentava que "os problemas constitucionais não eram problemas de Direito, mas do poder. A verdadeira Constituição de um país somente tem por base os **fatores reais e efetivos do poder** que naquele país vigem e as constituições escritas não têm valor nem são duráveis a não ser que exprimam fielmente os fatores do poder que imperam na realidade social" (*A essência da Constituição*, p. 40); **II:** incorreta. Ao contrário do mencionado, a concepção política foi trazida por **Carl Schmitt**, segundo a qual, a Constituição é a **decisão política fundamental** de um povo, visando sempre dois focos estruturais básicos – organização do Estado e efetiva proteção dos direitos fundamentais; **III:** incorreta. **Hans Kelsen** representava o ordenamento jurídico por meio de uma pirâmide, na qual a Constituição se encontrava no mais elevado degrau e, em decorrência disso, fundamentava-se a sua normatividade. Tal autor obteve reconhecimento mundial com a elaboração da obra "Teoria Pura do Direito", doutrina que propugna o conteúdo puro do direito, sem interferências de cunhos sociológico, político, valorativo ou econômico. A Constituição, conforme Kelsen, apresenta o aspecto **lógico-jurídico**, segundo o qual é a **'norma fundamental hipotética'**, ou seja, traz um comando que impõe obediência obrigatória e é tida como o verdadeiro sentido de justiça, e o aspecto **jurídico-positivo**, em que a Constituição é a **norma positiva superior em que as demais regras jurídicas encontram os seus fundamentos de validade**. Sua modificação deve observar um procedimento específico e solene; **IV:** correta. De fato, os elementos orgânicos contemplam as normas estruturais da Constituição. Englobam as normas de organização do Estado, organização do poder, o orçamento público e a tributação, as forças armadas e a segurança pública.

Gabarito "D".

(Delegado/MG – 2012) O asilo político consiste no acolhimento de estrangeiro por parte de um Estado que não o seu, em virtude de perseguição política por ele sofrida e praticada por seu próprio país ou por terceiro. Assim sendo, é **INCORRETO** afirmar que

(A) as causas motivadoras da perseguição, em regra, são por dissidência política, livre manifestação de pensamento ou crimes relacionados com a segurança do Estado.
(B) o indivíduo não esteja envolvido em casos que configurem delitos praticados no âmbito do direito penal comum.
(C) o asilo político se constitui como ato de soberania estatal, de competência exclusiva do Congresso Nacional, passível de controle de legalidade pelo Supremo Tribunal Federal.

(D) a concessão de asilo político não é obrigatória para qualquer Estado, devendo as contingências políticas determinarem, caso a caso, as decisões do governo.

A e **B:** corretas (não devendo ser assinaladas, pois a questão busca a incorreta). "O asilo consiste no acolhimento de estrangeiro por parte de um Estado que não o seu, em virtude de perseguição praticada por seu próprio país ou por terceiro. É instrumento de proteção internacional individual. As causas motivadoras da perseguição, ensejadoras da concessão do asilo, em regra são: **dissidência política, livre manifestação de pensamento ou, ainda, crimes relacionados com a segurança do Estado, que não configurem crimes no direito penal comum**" (fonte: site do Ministério da Justiça); **C:** incorreta, devendo ser assinalada. A concessão do asilo "é ato de soberania estatal, de **competência do Presidente da República**, e, uma vez concedido, o Ministério da Justiça lavrará termo no qual serão fixados o prazo de estada do asilado no Brasil e os deveres que lhe imponham o direito internacional e a legislação interna vigente" (fonte: site do Ministério da Justiça); **D:** correta. De fato, a concessão do asilo não é obrigatória para qualquer Estado, pois configura ato de soberania estatal.

Gabarito "C"

(Delegado/SP – 2011) A Assembleia Nacional constituinte instituiu, de acordo com o "Preâmbulo" da Constituição Federal, um Estado Democrático destinado a assegurar

(A) a promoção da integração ao mercado de trabalho
(B) a assistência social e a descentralização político-administrativa
(C) a liberdade, o bem-estar, o desenvolvimento e a segurança.
(D) que a fauna e a flora tenham sua função ecológica ampliada.
(E) que o casamento religioso tenha efeito civil, independentemente de lei.

A: incorreta. A promoção da integração ao mercado de trabalho está prevista no capítulo que trata da assistência social (art. 203, III, da CF/1988) e não no preâmbulo; **B:** incorreta. A assistência social e a descentralização político-administrativa também são tratadas em dispositivo diverso do preâmbulo (art. 204, I, da CF/1988); **C:** correta. De fato, o preâmbulo traz, dentre os seus comandos principiológicos, a premissa de assegurar o exercício dos direitos sociais e individuais, **a liberdade, a segurança, o bem-estar, o desenvolvimento,** a igualdade e a justiça como valores supremos de uma sociedade fraterna, pluralista e sem preconceitos; **D:** incorreta. A proteção à função ecológica da fauna e da flora é tratada no capítulo destinado ao meio ambiente (art. 225, § 1º, VII, da CF/1988); **E:** incorreta. A Constituição determina que o casamento religioso tenha efeito civil, **nos termos da lei** (art. 226, § 2º, da CF/1988).

Gabarito "C"

(Delegado/GO – 2009 – UEG) Na literalidade do texto constitucional, constitui fundamento da República Federativa do Brasil

(A) o pluralismo político.
(B) a independência nacional.
(C) a construção do desenvolvimento nacional.
(D) a independência e harmonia entre os poderes da União.

A: correta. De fato, o **pluralismo político** é **fundamento** da República Federativa do Brasil, conforme dispõe o art. 1º, V, da CF/1988; **B:** incorreta. A **independência nacional** está prevista no art. 4º da CF/1988 e é considerada **princípio** que rege o Brasil nas suas relações internacionais; **C:** incorreta. A **construção do desenvolvimento nacional** não é um fundamento e sim um **objetivo** da República Federativa do Brasil (art. 3º, I, da CF/1988); **D:** incorreta. A independência e harmonia entre os poderes da União consagra o princípio da **separação dos poderes**, e está prevista no art. 2º da CF/1988, não no art. 1º que é o que trata dos fundamentos.

Gabarito "A"

(Delegado/GO – 2003 – UEG) A possibilidade de recepção pela nova ordem constitucional, como leis ordinárias, de disposições da Constituição anterior, é denominada doutrinariamente

(A) recepção.
(B) desconstitucionalização.
(C) repristinação.
(D) complementação ou ultratividade constitucional.

A: incorreto, pois a recepção é o fenômeno jurídico pelo qual se resguarda a continuidade do ordenamento jurídico anterior e inferior à nova Constituição, desde que se mostre compatível materialmente com seu novo fundamento de validade, a nova Constituição; **B:** correta. De fato, essa possibilidade, embora não exista no Brasil, é chamada de desconstitucionalização; **C:** incorreto, pois a repristinação é o fenômeno jurídico pelo qual se restabelece a vigência de uma lei que foi revogada pelo fato de a lei revogadora ter sido posteriormente revogada. Em regra, não existe repristinação automática no Brasil (art. 2º, § 3º, da Lei de Introdução às normas de Direito Brasileiro – Decreto-Lei n. 4.657/1942, com nova redação dada pela Lei n. 12.376/2010); **D:** a situação mencionada na questão não configura hipótese em que a norma constitucional é aplicada de forma ultrativa.

Gabarito "B"

(Delegado/MG – 2007) No Brasil, a Constituição estabelece como princípios fundamentais do Estado Democrático de Direito:

(A) A soberania, a cidadania, a dignidade da pessoa humana, os valores sociais do trabalho e da livre-iniciativa e o pluralismo político.
(B) A independência nacional, a prevalência dos direitos humanos, a autodeterminação dos povos e a igualdade entre os Estados.
(C) A construção de uma sociedade livre, justa e solidária, a erradicação da pobreza, o desenvolvimento nacional e a redução das desigualdades sociais e regionais.
(D) A defesa da paz, a cooperação entre os povos para o progresso da humanidade, a solução pacífica dos conflitos e o repúdio ao terrorismo e ao racismo.

A questão encontra respaldo no art. 1º da CF/1988 que enumera os fundamentos da República Federativa do Brasil, quais sejam: a soberania, a cidadania, a dignidade da pessoa humana, os valores sociais do trabalho e da livre-iniciativa e o pluralismo político.

Gabarito "A"

(Delegado/MG – 2006) Assim podem ser classificadas as Constituições, exceto quanto à (ao):

(A) Validade
(B) Forma
(C) Extensão
(D) Rigidez
(E) Conteúdo

As Constituições podem ser classificadas de diversas maneiras pela doutrina. As classificações mais comuns são: quanto à forma (escritas ou não escritas); quanto à extensão (concisas ou prolixas); quanto à rigidez ou estabilidade ou mutabilidade (rígidas, semirrígidas, flexíveis ou ainda, para parte da doutrina, super-rígidas); quanto ao conteúdo (materiais ou formais).

Gabarito "A"

(Delegado/MT – 2000) Considerando quais os itens abaixo podem ser tidos por conceitos corretos de constituição, assinale a alternativa correta:

I. A constituição de um país é a soma dos fatores reais do poder que regem esse país.
II. A constituição de um país é a decisão política fundamental, decisão concreta de conjunto sobre o modo e forma de existência da unidade política.
III. A constituição de um país é a norma jurídica suprema, a que todas as outras se subordinam.

(A) Todas estão corretas.
(B) Apenas I e II estão corretas.
(C) Apenas I e III estão corretas.
(D) Apenas II e III estão corretas.
(E) Todas estão incorretas.

I: correta. De fato, todas as alternativas estão corretas e podem ser tidas como conceitos de Constituição. O primeiro item traz o conceito dado por **Ferdinand Lassalle** que sustentava que "os problemas constitucionais não eram problemas de Direito, mas do poder. A verdadeira Constituição de um país somente tem por base os **fatores reais e efetivos do poder** que naquele país vigem e as constituições escritas não têm valor nem são duráveis a não ser que exprimam fielmente os fatores do poder que imperam na realidade social" (*A essência da Constituição*, p. 40); **II:** correta. A concepção política, trazida por **Carl Schmitt,** determina que a Constituição é a **decisão política fundamental** de um povo, visando sempre dois focos estruturais básicos – organização do Estado e efetiva proteção dos direitos fundamentais; **III:** correta. **Hans Kelsen** representava o ordenamento jurídico por meio de uma pirâmide, na qual a Constituição se encontrava no mais elevado degrau e, em decorrência disso, fundamentava-se a sua normatividade. No aspecto **jurídico-positivo**, Kelsen considerava a Constituição como a **norma positiva superior ou suprema, de modo que as demais regras jurídicas encontram os seus fundamentos de validade.** Esse conceito é de fundamental importância para os países que adotam constituição do tipo rígida, ou seja, a que possui um processo de alteração mais complexo e rigoroso que o de modificação das leis, pois, nesses Estados, consagra-se o princípio da supremacia da Constituição. Em decorrência da supremacia, as normas infraconstitucionais encontram seu fundamento de validade na CF/1988 e devem ser com ela compatíveis, sob pena de serem declaradas inconstitucionais, por meio do denominado controle de constitucionalidade.

Gabarito "A"

(Delegado/PI – 2009 – UESPI) Analisadas, em caráter simultâneo, as Constituições da República Federativa do Brasil, de 1988, e a dos Estados Unidos da América, de 1787, é possível enquadrar as referidas normas fundamentais, respectivamente e nesta ordem, nas seguintes classificações:

(A) escrita e não escrita.
(B) sintética e analítica.
(C) outorgada e promulgada.
(D) rígida e sintética.
(E) histórica e dogmática.

As Constituições podem ser classificadas de diversas maneiras pela doutrina. As classificações mencionadas nas alternativas são as seguintes: quanto à forma (escritas ou não escritas); quanto à extensão (sintético-concisas ou prolixo-analíticas); quanto à estabilidade ou mutabilidade (rígidas, semirrígidas, flexíveis ou ainda, para parte da doutrina, super-rígidas); quanto ao modo de elaboração (dogmáticas ou históricas). A Constituição Federal de 1988 é classificada quanto à estabilidade como rígida. A Constituição dos Estados Unidos da América, quanto à extensão é considerada sintética ou concisa, pois possui apenas sete artigos.

Gabarito "D".

(Delegado/RJ – 2009 – CEPERJ) Diz-se que a Constituição Brasileira de 1988 é rígida, por quê?

(A) **Porque** não admite a ocorrência do fenômeno da mutação constitucional.
(B) **Porque** classifica como inafiançáveis os crimes de racismo e tortura, entre outros.
(C) Porque prevê, para sua reforma, a adoção de procedimento mais complexo, em tese, do que o adotado para a modificação das leis.
(D) Porque estabelece penalidades severas para os crimes de responsabilidade.
(E) Porque foi promulgada por Assembleia Nacional Constituinte convocada na forma de Emenda à Constituição anterior.

A: incorreta. O fenômeno da mutação constitucional tem relação com mudanças informais que podem ocorrer numa constituição. É uma modificação não no texto formal, mas apenas na interpretação. Tal instituto jurídico nada tem a ver com o fato da constituição brasileira ser considerada como rígida; **B:** incorreta, pois o fato da constituição classificar, em seu art. 5º, XLII e XLIII, tais crimes como inafiançáveis, não tem relação com a rigidez constitucional; **C:** correta. De fato, é o processo solene, dificultoso e mais complexo que o adotado para a modificação das leis que faz com que uma constituição seja classificada, quanto ao seu processo de alteração, como rígida; **D:** incorreta. A rigidez constitucional não tem relação com penalidades aplicáveis àqueles que praticam crimes de responsabilidade; **E:** incorreta; o fato de a constituição ter sido fruto de uma Assembleia Nacional Constituinte faz com que ela seja classificada, quanto à origem, como promulgada, popular ou democrática, ou seja, isso também não tem relação com a rigidez constitucional.

Gabarito "C".

(Delegado/RN – 2009 – CESPE) Acerca dos sentidos, dos elementos e das classificações atribuídos pela doutrina às constituições, assinale a opção correta.

(A) O elemento de estabilização constitucional é consagrado nas normas destinadas a assegurar a solução de conflitos constitucionais, a defesa da Constituição, do Estado e das instituições democráticas.
(B) O elemento socioideológico é assim denominado porque limita a ação dos poderes estatais e dá a tônica do estado de direito, consubstanciando o elenco dos direitos e garantais fundamentais.
(C) Quanto à forma, diz-se formal a constituição cujo texto é composto por normas materialmente constitucionais e disposições diversas que não tenham relação direta com a organização do Estado.
(D) Segundo o sentido sociológico da constituição, na concepção de Ferdinand Lassalle, o texto constitucional equivale à norma positiva suprema, que regula a criação de outras normas.
(E) Segundo o sentido político da constituição, na concepção de Carl Schmitt, o texto constitucional equivale à soma dos fatores reais de poder, não passando de uma folha de papel.

A: correta. De fato, os elementos de estabilização constitucional visam à superação dos conflitos constitucionais, ao resguardo da estabilidade constitucional, à preservação da supremacia da Constituição, à proteção do Estado e das instituições democráticas e à defesa da Constituição. Citamos como exemplo as normas que tratam da intervenção federal, estadual (artigos 34 a 36 da CF/1988), as normas que tratam dos estados de sítio e de defesa e as demais integrantes do título V da CF/1988, com exceção dos capítulos II e III (porque eles integram os elementos orgânicos), as normas que tratam do controle de constitucionalidade e, ainda, as que cuidam do processo de emendas à Constituição; **B:** incorreta. Os elementos socioideológicos são aqueles que definem ou demonstram a ideologia adotada pelo texto constitucional. As normas que os integram são as que tratam dos direitos sociais, as que compõem a ordem econômica e financeira e a ordem social, e podem ser são encontradas no capítulo II do título II e nos títulos VII e VIII da CF/1988; **C:** incorreta. A Constituição formal leva em conta não o conteúdo da norma, mas a forma como a regra foi introduzida no sistema jurídico constitucional. Se a norma passou por um processo de incorporação mais complexo e solene que o procedimento de incorporação das leis, mesmo que não tenha conteúdo de direito constitucional, será tida como norma constitucional. O Brasil adota o que chamamos de constituição formal, por exemplo, no art. 242, § 2º, da CF/1988 que estabelece que o Colégio Pedro II, localizado na cidade do Rio de Janeiro, será mantido na órbita federal. Esse dispositivo, muito embora não trate de matéria constitucional, é uma norma que está dentro da CF/1988, ou seja, é formalmente constitucional. O fato de estar alocada na constituição escrita dá a ela a força de norma constitucional. Dessa maneira, é regida pelo princípio da supremacia e só pode ser alterada pelo processo legislativo das emendas constitucionais (art. 60 da CF/1988). Além disso, a Constituição Federal determina que o grau máximo de eficácia das normas decorre da forma e não da matéria da norma que pertence à Constituição. Isso significa dizer que o que importa, realmente, é se a norma está ou não inserida no texto da Constituição, porque, se tiver conteúdo constitucional, mas não estiver contemplada no texto, certamente terá menos eficácia que as normas que estão lá inseridas; **D:** incorreta. O sentido sociológico da constituição, na concepção de Ferdinand Lassalle, tem a ver com elementos relacionados ao poder. Desse modo, somente terá valia a Constituição se efetivamente expressar a realidade social e o poder que a comanda. De nada adianta a existência de uma norma positiva suprema, que regula a criação de outras normas, se esse conteúdo não puder ser relacionado e adaptado aos elementos efetivos do poder; **E:** incorreta. O conceito trazido na alternativa diz respeito ao sentido dado por Ferdinand Lassalle e não por Carl Schmitt. Em oposição a Lassale, Carl Schmitt sempre defendeu o conceito de que a Constituição é a decisão política fundamental de um povo, visando sempre dois focos estruturais básicos – organização do Estado e efetiva proteção dos Direitos fundamentais. Para esse autor há divisão clara entre Constituição e lei constitucional. Na primeira, encontraríamos as matérias constitucionais, ou seja, organização do Estado e garantia dos Direitos fundamentais, sempre com o objetivo de limitar a atuação do poder. Já as leis constitucionais seriam aqueles assuntos tratados na Constituição, mas que materialmente não tinham natureza de norma constitucional. A Constituição Federal de 1988, em seu artigo 1º, trata da organização do Estado, enquanto o artigo 5º dispõe sobre os Direitos fundamentais. Se terminasse aqui, já seria suficiente para Schmitt denominá-la como uma verdadeira Constituição.

Gabarito "A".

(Delegado/SP – 2008) A discussão atual sobre a utilização de células-tronco embrionárias para fins de pesquisa e terapia passa necessariamente pela ideia de início da vida, dividindo a opinião de juristas, cientistas e religiosos. Todavia, a questão nuclear, que afasta paradigmas e preconceitos, envolve a caracterização do Brasil como estado

(A) laico, pois não professa nenhuma religião oficial.
(B) confessional, pois invoca proteção divina no preâmbulo da CF.
(C) pseudoconfessional, pois assegura liberdade religiosa.
(D) agnóstico.
(E) pseudoleigo, pois invoca a proteção divina no preâmbulo da CF.

A discussão sobre a utilização ou não de células-tronco embrionárias tinha aspectos relacionados ao fato de o Brasil ser um Estado que não professa religião oficial. Vale lembrar que na época da primeira Constituição, o Brasil era um Estado Confessional, no qual a religião obrigatória e oficial era a Católica Apostólica Romana. Após, transformou-se em estado leigo ou laico. A palavra que melhor se adéqua ao estado leigo é a neutralidade, as pessoas podem livremente escolher suas religiões e cultuá-las da forma que querem. A decisão do Supremo sobre a sobre a possibilidade de utilização de células-tronco embrionárias para fins de pesquisa e terapia encontra-se na ADI 3.510.

Gabarito "A".

(Delegado/SP – 2003) Segundo a doutrina, a ideia de desconstitucionalização consiste

(A) na possibilidade de recepção de dispositivo da Constituição anterior, pela nova ordem constitucional, como legislação ordinária.
(B) na restauração da eficácia de normas já revogadas por Constituição anterior.
(C) no acolhimento, pela nova Constituição, de leis e atos normativos preexistentes, desde que com ela compatíveis.

(D) em processos legislativos especiais, estabelecidos para a elaboração de emendas à Constituição.

De fato, a possibilidade de recepção pela nova ordem constitucional, como leis ordinárias, de disposições da Constituição anterior, é conhecida pela doutrina como teoria da desconstitucionalização. Vale lembrar que não existe esse fenômeno no Brasil, pois com a entrada em vigor de uma nova constituição a antiga é totalmente revogada (ab-rogação).

Gabarito "A".

(Delegado/SP – 2003) Foram promulgadas por Assembleia Nacional Constituinte as Constituições de:

(A) 1824, 1934, 1967 e 1988.
(B) 1824, 1891, 1934 e 1988.
(C) 1891, 1934, 1946 e 1988.
(D) 1891, 1946, 1967 e 1988.

As constituições de 1981, 1934, 1946 e 1988 foram **promulgadas** por Assembleia Nacional Constituinte. As demais, constituições de 1824, 1937, 1967 e a EC 01/1969, foram positivadas por **outorga**, ou seja, sem participação popular e impostas de forma unilateral pelos detentores do poder.

Gabarito "C".

(Delegado/SP – 2003) Constitui um dos fundamentos da República Federativa do Brasil

(A) o pluralismo político.
(B) a defesa da paz.
(C) a igualdade entre os Estados.
(D) a prevalência dos direitos humanos.

A: correta. O art. 1º da CF/1988 enumera os fundamentos da República Federativa do Brasil, e dentre eles encontra-se o pluralismo político. B, C e **D:** incorretas, pois a defesa da paz, a igualdade entre os Estados e a prevalência dos direitos humanos são exemplos de princípios que regem o Brasil nas suas relações internacionais (art. 4º, II, V e VI, da CF/1988).

Gabarito "A".

(Delegado/SP – 2000) A República Federativa do Brasil constitui-se em Estado Democrático de Direito e tem como um de seus fundamentos

(A) o pluralismo político.
(B) a especialização da Justiça.
(C) a obrigatoriedade do voto.
(D) a bicameralidade.

A questão encontra respaldo no art. 1º da CF/1988 que enumera os fundamentos da República Federativa do Brasil, quais sejam: a soberania, a cidadania, a dignidade da pessoa humana, os valores sociais do trabalho e da livre-iniciativa e o pluralismo político.

Gabarito "A".

(Delegado/SP – 2008) A República Federativa do Brasil rege-se nas suas relações internacionais pelos seguintes princípios:

(A) prevalência dos direitos humanos, defesa da paz e independência nacional.
(B) prevalência dos direitos humanos e garantia do desenvolvimento nacional.
(C) prevalência dos direitos humanos e redução das desigualdades sociais.
(D) prevalência dos direitos humanos, soberania, independência e harmonia.
(E) prevalência dos direitos humanos, cidadania e pluralismo político.

Todas as alternativas encontram fundamento no art. 4º da CF/1988. De acordo com esse dispositivo, o Brasil nas suas relações internacionais é regido pelos seguintes princípios: I – **independência nacional**; II – **prevalência dos direitos humanos**; III – autodeterminação dos povos; IV – não intervenção; V – igualdade entre os Estados; VI – **defesa da paz**; VII – solução pacífica dos conflitos; VIII – repúdio ao terrorismo e ao racismo; IX – cooperação entre os povos para o progresso da humanidade; X – concessão de asilo político.

Gabarito "A".

(Delegado/SP – 1998) A Constituição brasileira quanto ao modo de elaboração pode ser qualificada como

(A) dogmática.
(B) democrática ou popular.
(C) histórica.
(D) escrita.

A: correta. A CF é classificada quanto ao modo de elaboração como dogmática, ou seja, parte da aceitação de dogmas, considerados o núcleo de uma doutrina. A constituição dogmática necessariamente é escrita e pressupõe a aceitação de opiniões sobre a política do momento; **B:** incorreta. A classificação em democrática ou popular leva em conta a origem. Se for fruto de uma Assembleia Nacional Constituinte será tida como democrática ou popular, se decorrente de imposição pelo detentor do poder, sem participação popular, é chamada de outorgada; **C:** incorreta. Quanto ao modo de elaboração as constituições podem ser dogmáticas ou históricas. Essas, diferente das dogmáticas, resultam da formação histórica, dos fatos sociais e da evolução das tradições, por exemplo, a constituição inglesa; **D:** incorreta. A classificação em Constituição escrita e não escrita toma por base o critério **forma** e não o modo de elaboração.

Gabarito "A".

3. HERMENÊUTICA E EFICÁCIA DAS NORMAS CONSTITUCIONAIS

(Delegado/RJ – 2013 – FUNCAB) Com base nas lições de Canotilho, os princípios de interpretação constitucional foram desenvolvidos a partir do método hermenêutico-concretizador e se tornaram referência obrigatória da teoria da interpretação constitucional. Segundo a Doutrina, há um princípio que tem por finalidade impedir que o intérprete-concretizador da Constituição modifique aquele sistema de repartição e divisão das funções constitucionais, para evitar que a interpretação constitucional chegue a resultados que perturbem o esquema organizatório-funcional nela estabelecido, como é o caso da separação dos poderes.A definição exposta corresponde ao Princípio:

(A) da Justeza ou da Conformidade Funcional.
(B) da Máxima Efetividade.
(C) da Harmonização.
(D) da Força Normativa da Constituição.
(E) do Efeito Integrador.

A: correta. O **princípio da justeza**, conformidade funcional ou da correção funcional, de fato está relacionado com o sistema organizacional da Constituição. Desse modo, aqueles que interpretam a Constituição devem se atentar fielmente às regras sobre separação dos poderes e repartição constitucional de competências; **B:** incorreta. O **princípio da máxima efetividade**, técnica de interpretação constitucional também conhecida como eficiência ou interpretação efetiva, dispõe que as normas constitucionais devem ser interpretadas privilegiando sua maior eficiência. Por exemplo, quando se estiver diante de duas ou mais interpretações possíveis em relação a algum direito fundamental, deve-se optar por aquela que reflete a maior eficácia do dispositivo; **C:** incorreta. O **princípio da harmonização** ou concordância prática determina que as normas constitucionais devam ser conciliadas para que possam coexistir sem que uma tenha de ser privilegiada em detrimento de outra. Tal princípio tem relação com o da unidade da constituição e com o princípio da igualdade, pois o todo é que deve ser analisado e de forma harmônica, evitando-se, ao máximo, a anulação de um direito por conta de outro. Vejam que a análise interpretativa deve ser feita a priori para que seja evitado esse sacrifício de um em detrimento de outro. A concordância prática reforça a ideia de inexistência de hierarquia entre os princípios constitucionais; **D:** incorreta. O **princípio da força normativa da constituição** reforça o entendimento de que a interpretação constitucional deve priorizar a atualidade normativa do texto, fortalecendo tanto sua eficácia como sua permanência; **E:** incorreta. O **princípio do efeito integrador** ou eficácia integradora nos ensina que a análise dos conflitos jurídico-constitucionais deve se dar à luz dos critérios que beneficiam a integração política e social. A eficácia integradora reforça o princípio da unidade da Constituição.

Gabarito "A".

(Delegado/AM) O voto direto e secreto é um exemplo de norma constitucional classificada, quanto à eficácia, como

(A) restrita
(B) intangível
(C) programática
(D) discricionária

O voto direto é considerado cláusula pétrea (art. 60, § 4º, II, da CF/1988). Desse modo, não pode ser abolido nem por meio de emenda constitucional. Algo intangível é exatamente aquilo que não pode ser tocado, algo não modificável.

Gabarito "B".

(Delegado/MG – 2007) O artigo 7º, XXVII, da Constituição Federal, que assegura aos trabalhadores urbanos e rurais, textualmente, "a proteção em face da automação, na forma da lei", é norma de eficácia:

(A) Contida, cujo saneamento da omissão pode ser tentado por meio de mandado de injunção e de ação direta de inconstitucionalidade por omissão.

(B) Contida, cujo saneamento da omissão pode ser tentado somente pelo trabalhador, por meio de mandado de injunção, por ser direito a ele conferido.
(C) Limitada, cujo saneamento da omissão pode ser tentado somente pelo trabalhador, por meio de mandado de injunção, por ser direito a ele conferido.
(D) Limitada, cujo saneamento da omissão pode ser tentado por meio de mandado de injunção e de ação direta de inconstitucionalidade por omissão.

A e **B**: incorretas. As normas de eficácia contida são aquelas que produzem a integralidade de seus efeitos, mas que dão a possibilidade de outra norma restringir esses efeitos. Desse modo, até que outra norma sobrevenha e limite a produção de efeitos, a norma de eficácia contida é semelhante à norma de eficácia plena. Não há omissão que tenha de ser sanada, pois ela não depende de lei para produzir efeitos, apenas admite que lei reduza o seu conteúdo; **C**: incorreta. A norma é considerada limitada, mas não é somente por mandado de injunção que a omissão pode ser sanada; **D**: correta. De fato, a norma constitucional trazida pela questão é classificada como de eficácia limitada, ou seja, aquela que, para produzir seus efeitos, depende da atuação do legislador infraconstitucional, necessita de regulamentação. Tal norma possui aplicabilidade postergada, diferida ou mediata. Somente após a edição da norma regulamentadora é que efetivamente produzirá efeitos no mundo jurídico.
Gabarito "D"

(Delegado/MG – 2007) Podemos entender por mutação constitucional:

(A) Que ela consiste na interpretação constitucional evolutiva.
(B) Que ela pressupõe alguma modificação significativa no texto formal da Constituição.
(C) Que pode ser mais limitada (emenda) ou mais extensa (revisão).
(D) Que ela depende, necessariamente, da identificação de um caso de repristinação constitucional.

A: correta. A mutação constitucional consiste na alteração **informal** da Constituição, tem relação com a modificação da interpretação dada à constituição. Tal fenômeno ocorre de forma evolutiva e também é conhecido por interpretação constitucional evolutiva; B e **C**: incorretas. Não há modificação formal alguma no texto constitucional e sim na sua interpretação; **D**: incorreta. A evolução da sociedade é que faz com que o fenômeno da mutação ocorra, pois ao texto constitucional deve ser interpretado à luz do momento atual. Portanto, não há necessidade da identificação de determinado caso concreto.
Gabarito "A"

4. CONTROLE DE CONSTITUCIONALIDADE

4.1. Controle de constitucionalidade em geral

(Delegado/BA – 2013 – CESPE) A respeito do controle de constitucionalidade, julgue os itens que se seguem.

(1) Ao governador de estado é permitido questionar, por via principal e concentrada, a validade de determinada lei, ainda que não tenha vetado, na ocasião própria, o projeto dessa lei.
(2) Prefeito municipal é parte legítima para ingressar com arguição de descumprimento de preceito fundamental perante o Supremo Tribunal Federal (STF).
(3) O mandado de injunção é remédio jurídico apto a enfrentar a inconstitucionalidade por omissão.

1: correto. O governador pode questionar a lei por meio de ação direita de inconstitucionalidade, pois consta do rol de legitimados à propositura das ações do controle concentrado, conforme determina o art. 103, V, da CF. Para tanto, precisa demonstrar pertinência temática, ou seja, o conteúdo do ato deve ser pertinente aos interesses que o legitimado protege, sob pena de carência da ação (falta de interesse de agir). O fato de o governador ter sancionado, ainda que tacitamente, o projeto de lei que deu origem a norma impugnada, não impede a propositura da ação; **2**: errado. O prefeito municipal não é parte legítima para propor essa ação. De acordo com o art. 2º, I, da Lei 9.868/1999, podem propor arguição de descumprimento de preceito fundamental os legitimados para a ação direta de inconstitucionalidade, ou seja, os previstos no art. 103 da CF. Sendo assim, de acordo com o mencionado dispositivo, podem propor as ações do controle concentrado, dentre as quais se encontra a ADPF, o Presidente da República, a Mesa do Senado Federal, a Mesa da Câmara dos Deputados, a Mesa de Assembleia Legislativa ou da Câmara Legislativa do Distrito Federal, o Governador de Estado ou do Distrito Federal, o Procurador-Geral da República, o Conselho Federal da Ordem dos Advogados do Brasil, o partido político com representação no Congresso Nacional,a confederação sindical ou entidade de classe de âmbito nacional; **3**: correto. O inciso LXXI do art. 5º da CF determina a concessão de mandado de injunção sempre que a falta de norma regulamentadora torne inviável o exercício dos direitos e liberdades constitucionais e das prerrogativas inerentes à nacionalidade, à soberania e à cidadania. Desse modo, o remédio tem como objetivo atuar na inércia do legislador. Alguns dos direitos previstos pela Constituição podem ser exercidos somente após regulamentação em lei. Tratam-se das normas de eficácia limitada. O legislador tem obrigação imposta pela Constituição de regulamentar, entretanto, por inércia, não o faz. Com isso, o interessado fica impedido de exercer um direito garantido constitucionalmente. Essa conduta de "não legislar", quando deveria, é tida como inconstitucional. O enfrentamento da inconstitucionalidade por omissão pode ser feita pelo mandado de injunção ou por meio da ação direta de inconstitucionalidade por omissão.
Gabarito: 1C, 2E, 3C

(Delegado Federal – 2013 – CESPE) Considerando o controle de constitucionalidade no ordenamento jurídico pátrio, julgue os itens subsecutivos.

(1) Na ação direta de inconstitucionalidade ajuizada perante o STF, apesar de lhe ser aplicável o princípio da congruência ou da adstrição ao pedido, admite-se a declaração de inconstitucionalidade de uma norma que não tenha sido objeto do pedido, na hipótese configuradora da denominada inconstitucionalidade por arrastamento.
(2) De acordo com entendimento do STF, no controle difuso de constitucionalidade, os tribunais não podem aplicar a denominada interpretação conforme a CF sem a observância da cláusula de reserva de plenário.

1: correto. De acordo com o STF (ADI 1923), é possível que seja declarada a inconstitucionalidade de dispositivos que, muito embora não tenham sido objeto de impugnação, estão relacionados com as normas declaradas inconstitucionais. Os preceitos não impugnados e que encontrem fundamento de validade na norma tida como inconstitucional serão, "por arrastamento", "por reverberação normativa", "por atração" ou "por inconstitucionalidade consequente de preceitos não impugnados", declarados inconstitucionais. É o que ocorre, por exemplo, com um regulamento de uma lei que teve sua aplicação afastada do ordenamento jurídico, após ser declarada inconstitucional pelo STF; **2**: errado. O STF entende de forma diversa: "Controle incidente de inconstitucionalidade: reserva de plenário (CF, art. 97). 'Interpretação que restringe a aplicação de uma norma a alguns casos, mantendo-a com relação a outros, não se identifica com a declaração de inconstitucionalidade da norma que é a que se refere o art. 97 da Constituição.' (cf. RE 184.093, Moreira Alves, DJ 5-9-1997)" (RE 460.971, Rel. Min. Sepúlveda Pertence, julgamento em 13-2-2007, Primeira Turma, DJ de 30-3-2007.) Vale lembrar que a interpretação conforme a Constituição é um mecanismo de interpretação utilizado pelo Supremo que tem por finalidade "salvar" a norma, não a declarando inconstitucional e consequentemente banindo-a do ordenamento jurídico brasileiro. Tem por fundamento o princípio da conservação ou da preservação das normas. Nesse caso, o Supremo fixa uma interpretação que deve ser seguida. Em vez de declarar a norma inconstitucional, determina que a lei é constitucional desde que interpretada de tal maneira. Há apenas uma interpretação possível para aquela norma, que é a fixada por ele quando da análise de sua constitucionalidade.
Gabarito 1C, 2E

(Delegado/SP – 2014 – VUNESP) Pode(m) propor a ação direta de inconstitucionalidade e a ação declaratória de constitucionalidade perante o Supremo Tribunal Federal:

(A) partido político sem representação no Congresso Nacional.
(B) os Conselhos Federais de órgãos de classe profissional.
(C) confederação sindical ou entidade de classe de âmbito regional.
(D) a Mesa da Câmara dos Deputados.
(E) o Procurador-Geral de Justiça.

A: incorreta. Para que o partido político proponha as ações do controle concentrado (ADI – Ação Direta de Inconstitucionalidade, ADC – Ação Declaratória de Constitucionalidade e a ADPF – Arguição de Descumprimento de Preceito Fundamental) ele deve **ter representação no Congresso Nacional**. É o que determina o art. 103, VIII, da CF; **B**: incorreta. Apenas o **Conselho Federal da OAB** é que é legitimado. O fundamento está no art. 103, VII, da CF; **C**: incorreta. **A entidade de classe precisa ter âmbito nacional**, conforme determina o art. 103, IX, da CF; **D**: correta. É o que dispõe o art. 103, III, da CF; **E**: incorreta. O art. 103, VI, da CF dá legitimidade ao **Procurador-Geral da República**.
Gabarito "D"

(Delegado/PA – 2012 – MSCONCURSOS) Assinale a alternativa correta, considerando-se os sistemas de controle de constitucionalidade:

(A) No Brasil, o controle de constitucionalidade se realiza na forma do sistema político, sendo este exercido pelo Supremo Tribunal Federal.
(B) Segundo o sistema norte-americano de controle de constitucionalidade, a lei declarada inconstitucional é anulável, uma vez que a Suprema Corte se mostra adepta da Teoria da Anulabilidade.

(C) Inadmite-se no ordenamento jurídico brasileiro a modulação dos efeitos da declaração de inconstitucionalidade, uma vez que o controle de constitucionalidade pátrio observa a Teoria da Nulidade.
(D) Somente por unanimidade de seus membros ou dos membros do respectivo órgão especial poderão os tribunais declarar a inconstitucionalidade de lei ou ato normativo do Poder Público.
(E) As decisões definitivas de mérito, proferidas pelo Supremo Tribunal Federal, nas ações diretas de inconstitucionalidade e nas ações declaratórias de constitucionalidade produzirão eficácia contra todos e efeito vinculante, relativamente aos demais órgãos do Poder Judiciário e à administração pública direta e indireta, nas esferas federal, estadual e municipal.

A: incorreta. O sistema político de controle de constitucionalidade não é realizado pelo Judiciário, mas por órgãos de natureza política que possuem a função específica de assegurar o texto constitucional. No ordenamento jurídico brasileiro tanto o Poder Legislativo (por meio da Comissão de Constituição de Justiça) quanto o Executivo (por meio do veto jurídico) desempenham esse tipo de controle. Normalmente o fazem de forma preventiva, ou seja, verificam a constitucionalidade do projeto de lei, durante o seu processo legislativo; **B:** incorreta. Ao contrário do mencionado, o sistema norte-americano de controle de constitucionalidade adota a teoria da nulidade, segundo a qual o vício de inconstitucionalidade atinge o ato normativo desde a sua origem. Desse modo, a natureza da decisão pela inconstitucionalidade é declaratória. A teoria da anulabilidade tem a ver com o sistema austríaco. Por meio dela, o órgão responsável pelo controle de constitucionalidade funciona como legislador negativo, de modo que a sua decisão possui o mesmo grau de abstração e de generalidade das leis produzidas pelo Poder Legislativo. Sendo assim, a lei incompatível é considerada válida até a manifestação da Corte Constitucional; **C:** incorreta. Embora o sistema observe a teoria da nulidade, é possível a modulação dos efeitos da decisão, conforme o art. 27 da Lei 9.868/99; **D:** incorreta. De acordo com o art. 97 da CF/1988 não há necessidade de unanimidade e sim do voto da maioria absoluta de seus membros ou dos membros do respectivo órgão especial para que os tribunais declarem a inconstitucionalidade de lei ou ato normativo do Poder Público; **E:** correta (art. 102, § 2º, da CF/1988).

Gabarito "E"

(Delegado/MG – 2012) O "bloco de constitucionalidade" se constitui a partir de

(A) princípios, normas escritas e não escritas, fundamentos relativos à organização do Estado, direitos sociais e econômicos, direitos humanos reconhecidos em tratados e convenções internacionais dos quais o país seja signatário.
(B) normas escritas, emendas constitucionais de lastro formal, direitos fundamentais consagrados pela Constituição, de reconhecimento e aplicação internos.
(C) princípios não escritos, unidade, solidez, valoração de normas constitucionais que podem ser desmembradas para melhor efetivação dos direitos consagrados.
(D) conteúdo específico das normas constitucionais e infraconstitucionais, estabilidade, dinamicidade, dirigismo, garantismo, além de todas as normas constitucionais de caráter programático.

O bloco de constitucionalidade é um instituto que tem por finalidade ampliar o padrão de controle de constitucionalidade. Tudo que é tido como conteúdo constitucional, até mesmo princípios e regras implícitas, integram o denominado bloco de constitucionalidade. Tal assunto possibilita a expansão dos preceitos constitucionais como liberdades públicas, direitos e garantias Em sentido amplo, o bloco abrange princípios, normas, além de direitos humanos reconhecidos em tratados e convenções internacionais incorporados no ordenamento jurídico. De acordo com o Supremo, "A definição do significado de bloco de constitucionalidade – independentemente da abrangência material que se lhe reconheça – reveste-se de fundamental importância no processo de fiscalização normativa abstrata, pois a exata qualificação conceitual dessa categoria jurídica projeta-se como fator determinante do caráter constitucional, ou não, dos atos estatais contestados em face da Carta Política. A superveniente alteração/supressão das normas, valores e princípios que se subsumem à noção conceitual de bloco de constitucionalidade, por importar em descaracterização do parâmetro constitucional de confronto, faz instaurar, em sede de controle abstrato, situação configuradora de prejudicialidade da ação direta, legitimando, desse modo – ainda que mediante decisão monocrática do Relator da causa (RTJ 139/67) – a extinção anômala do processo de fiscalização concentrada de constitucionalidade" (Informativo 295).

Gabarito "A"

(Delegado/AM) Dentre os entes abaixo mencionados, os que têm legitimação ativa universal para promover a ação de constitucionalidade são:

(A) Mesa do Senado Federal e Governador de Estado.
(B) Procurador-Geral da República e Mesa da Câmara Legislativa do Distrito Federal.
(C) Presidente da República e Conselho Federal da Ordem dos Advogados do Brasil.
(D) Partido Político com representação no Congresso Nacional e Confederação Sindical

Os legitimados à propositura de ação direta de inconstitucionalidade estão previstos no art. 103, I a IX, da CF/1988 e no art. 2º da Lei 9.868/1999 e são os seguintes: o Presidente da República, a Mesa do Senado Federal, a Mesa da Câmara dos Deputados, a Mesa de Assembleia Legislativa ou da Câmara Legislativa do Distrito Federal, o Governador de Estado ou do Distrito Federal, o Procurador-Geral da República, o Conselho Federal da Ordem dos Advogados do Brasil, o partido político com representação no Congresso Nacional, a confederação sindical ou entidade de classe de âmbito nacional. Dentre as pessoas e órgãos mencionados, há os que possuem legitimidade universal ou neutra (podem propor ações de controle concentrado sobre qualquer tema), e os legitimados especiais, temáticos ou interessados, que são aqueles que precisam demonstrar pertinência temática ao ingressar com essas ações, ou seja, o conteúdo do ato normativo impugnado deve ser pertinente aos interesses do legitimado, sob pena de carência da ação (falta de interesse de agir). As ações propostas pela Mesa de Assembleia Legislativa ou da Câmara Legislativa do Distrito Federal (art. 103, IV, da CF/1988); o Governador de Estado ou do Distrito Federal (art. 103, V, da CF/1988); e confederação sindical ou entidade de classe de âmbito nacional (art. 103, IX, da CF/1988) devem vir acompanhadas da demonstração da pertinência temática. O Supremo já definiu que pertinência temática significa que a ação proposta pelo ente tem de estar de acordo com sua finalidade institucional.

Gabarito "C"

(Delegado/AP – 2010) Relativamente ao controle de constitucionalidade, assinale a afirmativa correta.

(A) As decisões definitivas de mérito, proferidas pelo Supremo Tribunal Federal, nas ações diretas de inconstitucionalidade e nas ações declaratórias de constitucionalidade produzirão eficácia contra todos e efeito vinculante, relativamente aos demais órgãos do Poder Judiciário, mas não à administração pública direta e indireta, nas esferas federal, estadual e municipal.
(B) Podem propor a ação direta de inconstitucionalidade e a ação declaratória de constitucionalidade, dentre outros, Governador de Estado, o Procurador-Geral da República, o Conselho Federal da Ordem dos Advogados do Brasil, dois terços dos membros do Senado Federal ou da Câmara dos Deputados.
(C) A súmula vinculante terá por objetivo a validade, a interpretação e a eficácia de normas determinadas, acerca das quais haja controvérsia atual entre órgãos judiciários ou entre esses e a administração pública que acarrete grave insegurança jurídica e relevante multiplicação de processos sobre questão idêntica.
(D) A matéria constante de proposta de súmula vinculante rejeitada ou havida por prejudicada não pode ser objeto de nova proposta enquanto não for modificada a composição do Supremo Tribunal Federal.
(E) Compete ao Supremo Tribunal Federal processar e julgar, originariamente, a ação direta de inconstitucionalidade e a ação declaratória de constitucionalidade de lei ou ato normativo federal, estadual ou municipal em face da Constituição Federal ou das Constituições Estaduais.

A: incorreta. A Administração Pública também é atingida por tais decisões (art. 28, parágrafo único, da Lei nº 9.868/99); **B:** incorreta. Não são dois terços dos membros do Senado Federal ou da Câmara dos Deputados que podem propor ação direta de inconstitucionalidade e ação declaratória de constitucionalidade, mas sim a Mesa do Senado Federal ou da Câmara de Deputados (art. 103, I e II, da CF/1988); **C:** correta. De fato, é exatamente o que dispõe o § 1º do art. 103-A da CF/1988; **D:** incorreta, pois não há essa proibição; **E:** incorreta. Pode ser objeto de ação direta de inconstitucionalidade lei ou ato normativo federal ou estadual. Lei municipal que viole a CF não é objeto possível de ação direta de inconstitucionalidade no STF. Em relação à ação declaratória de constitucionalidade o objeto é ainda mais restrito, ou seja, só lei ou ato normativo federal (art. 102, I, "a", da CF/1988).

Gabarito "C"

(Delegado/GO – 2009 – UEG) No controle de constitucionalidade,

(A) a decisão exarada pelo Supremo Tribunal Federal nas decisões definitivas de mérito que possui eficácia contra todos e efeito vinculante, relativamente aos demais órgãos judiciários e à administração pública, é a adotada nos recursos extraordinários.
(B) quando o Supremo Tribunal Federal apreciar, em tese, a inconstitucionalidade de lei ou de ato normativo, citará, previamente, o

Advogado-Geral da União, que defenderá o ato ou texto normativo.
(C) a decisão exarada pelo Supremo Tribunal Federal nas decisões definitivas de mérito possui eficácia contra todos e efeito vinculante em todos os processos de sua competência.
(D) o Procurador-Geral da República poderá ser ouvido nas ações de inconstitucionalidade e em todos os processos de competência do Supremo Tribunal Federal.

A e **C:** incorretas. As decisões definitivas de mérito que possuem eficácia contra todos e efeito vinculante, relativamente aos demais órgãos judiciários e à administração pública são as dadas em sede de controle abstrato (ou concentrado) de constitucionalidade, por exemplo, numa ação direta de inconstitucionalidade (art. 102, § 2º, da CF/1988). A decisão final no recurso extraordinário, mecanismo de controle difuso de constitucionalidade, não é dotada de efeito vinculante e *erga omnes*. Como a decisão se dá num caso concreto, os efeitos são, em regra, *inter partes*. Há possibilidade de modulação desses efeitos, pelo Senado Federal, por meio da suspensão da execução da lei (art. 52, X, da CF/1988); **B:** correta. De fato, o art. 103, § 3º, da CF/1988 determina a citação do AGU para a defesa do ato; **D:** incorreta. O art. 103, § 1º, da CF/1988 dispõe que o PGR deverá e não "poderá" ser ouvido.
Gabarito "B"

(Delegado/MA – 2006 – FCC) NÃO tem legitimidade para propor a ação direta de inconstitucionalidade e a ação declaratória de constitucionalidade o

(A) Advogado-Geral da União.
(B) Conselho Federal da Ordem dos Advogados do Brasil.
(C) Governador de Estado ou do Distrito Federal.
(D) Partido Político com representação no Congresso Nacional.
(E) Presidente da República.

Os legitimados à propositura de ação direta de inconstitucionalidade e ação declaratória de constitucionalidade estão previstos no art. 103, I a IX, da CF/1988 e são os seguintes: I – o Presidente da República; II – a Mesa do Senado Federal; III – a Mesa da Câmara dos Deputados; IV a Mesa de Assembleia Legislativa ou da Câmara Legislativa do Distrito Federal; V o Governador de Estado ou do Distrito Federal; VI – o Procurador-Geral da República; VII – o Conselho Federal da Ordem dos Advogados do Brasil; VIII – partido político com representação no Congresso Nacional; IX – confederação sindical ou entidade de classe de âmbito nacional. Nesse rol taxativo, **não há menção ao Advogado-Geral da União**.
Gabarito "A"

(Delegado/MS – 2006) Podem propor a ação direta de inconstitucionalidade e a ação declaratória de constitucionalidade:

I. o Presidente da República.
II. a Mesa do Senado Federal, a Mesa da Câmara dos Deputados e a Mesa de Assembleia Legislativa ou da Câmara Legislativa do Distrito Federal.
III. o Governador de Estado ou do Distrito Federal.
IV. o Procurador-Geral da República, o Conselho Federal da Ordem dos Advogados do Brasil e a confederação sindical ou entidade de classe de âmbito nacional.
V. partido político com representação em Brasília.

(A) somente o item III é falso.
(B) somente o item II é falso.
(C) somente o item I é falso.
(D) somente o item V é falso.
(E) somente o item IV é falso.

I: verdadeiro (art. 103, I, da CF/1988); **II:** verdadeiro (art. 103, II, III e IV, da CF/1988); **III:** verdadeiro (art. 103, V, da CF/1988); **IV:** verdadeiro (art. 103, VI, VII e IX, da CF/1988); V: falso. O partido político **com representação no Congresso Nacional** é que pode propor ação direta de inconstitucionalidade no STF (art. 103, VIII, da CF/1988).
Gabarito "D"

(Delegado/MS – 2006) É parte ilegítima para propor a ação direta de inconstitucionalidade e a ação declaratória de constitucionalidade, nos termos do artigo 103 da CF/88:

(A) Confederação sindical ou entidade de classe de âmbito nacional.
(B) Mesa de Assembleia Legislativa ou da Câmara Legislativa do Distrito Federal.
(C) Conselho Federal da Ordem dos Advogados do Brasil.
(D) Governador de Estado ou do Distrito Federal.
(E) Ministro do Supremo Tribunal Federal, indicado pelo respectivo tribunal.

Os legitimados à propositura de ação direta de inconstitucionalidade e ação declaratória de constitucionalidade estão previstos no art. 103, I a IX da CF/1988. Nesse rol taxativo, **não há menção a Ministro do Supremo Tribunal Federal**.
Gabarito "E"

(Delegado/MT – 2000) Sobre o controle de constitucionalidade é correto afirmar:

(A) É impossível o controle da constitucionalidade formal de uma lei.
(B) Na ação direta de inconstitucionalidade são partes a pessoa legítima que a propôs e a União.
(C) Na justiça estadual não há controle concentrado de constitucionalidade, já que sempre caberá recurso extraordinário para o Supremo Tribunal Federal.
(D) Ato normativo estadual contrário à autonomia municipal pode ser objeto de ação interventiva.
(E) Não há previsão constitucional para conferir efeito vinculante a alguma decisão do Supremo Tribunal Federal.

A: incorreta. A inconstitucionalidade de uma lei ou ato normativo pode ser formal ou material. A primeira ocorre quando é descumprido algum dos requisitos exigidos quando da elaboração de um ato normativo. As leis, ao serem produzidas, devem seguir um procedimento específico, denominado processo legislativo. Se um o projeto de lei de iniciativa privativa do Presidente da República (art. 61, § 1º, da CF/1988), por exemplo, é proposto um deputado, ou seja, alguém que não tem competência para tanto, o projeto deve ser considerado formalmente inconstitucional. A competência dos órgãos legiferantes é um pressuposto formal para a elaboração das leis. Já a inconstitucionalidade material ocorre quando o conteúdo da norma fere as disposições e os princípios trazidos pela Constituição. A matéria disciplinada pelo ato normativo está em desacordo com o ordenamento jurídico maior. Nas duas modalidades de inconstitucionalidade é possível fazer controle de constitucionalidade do ato normativo; **B:** incorreta. Na ação direta de inconstitucionalidade, como nas demais ações do controle concentrado, não há partes, mas apenas interessados, pois o processo tem natureza objetiva e analisa a norma de forma abstrata; **C:** incorreta. Cabe controle de constitucionalidade na esfera estadual (art. 125, § 2º, da CF/1988); **D:** correta (art. 34, VII, "c", da CF/1988); **E:** incorreta (art. 102, § 2º, da CF/1988).
Gabarito "D"

(Delegado/PR – 2007) Podem propor a ação direta de inconstitucionalidade e a ação declaratória de constitucionalidade as pessoas e órgãos adiante nominados, EXCETO:

(A) o Vice-Presidente da República.
(B) o Conselho Federal da Ordem dos Advogados do Brasil.
(C) partido político com representação no Congresso Nacional.
(D) a Mesa da Assembleia Legislativa ou da Câmara Legislativa do Distrito Federal.
(E) o Governador de Estado ou do Distrito Federal.

Os legitimados à propositura de ação direta de inconstitucionalidade e ação declaratória de constitucionalidade estão previstos no art. 103, I a IX, da CF/1988. Nesse rol taxativo, não há menção ao Vice-Presidente da República.
Gabarito "A"

(Delegado/RJ – 2009 – CEPERJ) De acordo com a jurisprudência recente do Supremo Tribunal Federal:

(A) o julgamento da ação direta de inconstitucionalidade é precedido de exame da repercussão geral da questão constitucional de fundo.
(B) admite-se a reclamação para o controle concentrado de constitucionalidade de lei idêntica a outra já declarada inconstitucional pelo STF em ação direta de inconstitucionalidade.
(C) o Governador do Estado está dispensado da demonstração de pertinência temática para o ajuizamento de ação direta de inconstitucionalidade.
(D) a decisão no mandado de injunção possui efeitos idênticos aos da decisão proferida em sede de ação direta de inconstitucionalidade por omissão.
(E) é cabível a ação declaratória de constitucionalidade de leis estaduais, em razão do caráter dúplice da decisão em controle abstrato de constitucionalidade das leis.

A: incorreta. O instituto da repercussão geral não é pressuposto da ação direta inconstitucionalidade, mas sim requisito de admissibilidade para a interposição de recurso extraordinário. É o que se extrai do art. 102, § 3º, da CF/1988; **B:** correta. O STF, ao analisar a Reclamação 4.219, "entendeu que o que produz eficácia contra todos e efeito vinculante, nos termos do disposto no § 2º do art. 102 da CF/1988, é a interpretação conferida pelo Supremo à Constituição, além do seu juízo de constitucionalidade sobre determinado texto normativo infraconstitucional, estando, portanto, todos, sem distinção, compulsoriamente afetados pelas consequências normativas das decisões definitivas de mérito proferidas pelo STF nas ações diretas de inconstitucionalidade e nas ações declaratórias de constitucionalidade. Ressaltou que a decisão dotada de eficácia contra todos e efeito vinculante não se confunde com a súmula vinculante, haja vista operarem em situações diferentes: esta, que é texto normativo, no controle difuso; aquela, que constitui norma de decisão, no concentrado. Dessa forma, concluiu que a decisão de mérito na ADI ou na ADC não pode ser concebida como mero precedente vinculante da interpretação de texto infraconstitucional, asseverando que as decisões do Supremo afirmam o que efetivamente diz a própria Constituição e que essa afirmação, em cada ADI ou ADC, é que produz eficácia contra todos e efeito vinculante"; **C:** incorreta. O governador de Estado deve demonstrar pertinência temática, quando do ajuizamento das ações do controle concentrado, pois é considerado legitimado especial ou interessado. Desse modo, o objeto da ação direta, por ele proposta, tem de ter relação com os interesses de seu Estado; **D:** incorreta. Embora haja divergência sobre a matéria, o entendimento atual do STF é o de que a decisão proferida nos autos do mandado de injunção poderá, desde logo, estabelecer a regra do caso concreto, afastando as consequências da inércia do legislador (MI 670/ES, MI 708/DF e MI 712/PA). V. Informativo STF 485/2007; **E:** incorreta. Apenas de lei federal pode ser objeto de ação declaratória de constitucionalidade (art. 102, I, "a", da CF/1988).

Gabarito "B"

(Delegado/SC – 2008) Sobre o Controle de Constitucionalidade, todas as alternativas estão corretas, exceto a:

(A) O Procurador-Geral da República deverá ser previamente ouvido nas ações de inconstitucionalidade e em todos os processos de competência do Supremo Tribunal Federal.

(B) No recurso extraordinário o recorrente deverá demonstrar a repercussão geral das questões constitucionais discutidas no caso, a fim de que o Tribunal examine a admissão do recurso, somente podendo recusá-lo pela manifestação de dois terços de seus membros.

(C) Podem propor ação direta de inconstitucionalidade e ação declaratória de constitucionalidade associação sindical ou entidade de classe de âmbito nacional.

(D) Quando o Supremo Tribunal Federal apreciar a inconstitucionalidade, em tese, de norma legal ou ato normativo, citará, previamente, o Advogado-Geral da União, que defenderá o ato ou texto impugnado.

A: correta (art. 103, § 1º, da CF/1988); **B:** correta. A repercussão geral é um requisito de admissibilidade do recurso extraordinário que foi trazido pela EC 45/04 (art. 102, § 3º, da CF/1988); **C:** incorreta. O art.103, IX, da CF/1988 fala em **confederação** sindical ou entidade de classe de âmbito nacional; **D:** correta (art. 103, § 3º, da CF/1988).

Gabarito "C"

(Delegado/SP – 2003) Sobre o controle de constitucionalidade no Brasil, é correto afirmar:

(A) o Conselho Federal da Ordem dos Advogados do Brasil não pode propor ação direta de inconstitucionalidade.

(B) por ocasião da apreciação pelo STF, em tese, de lei ou ato normativo federal, será previamente citado o Advogado-Geral da União, para defender o texto ou o ato impugnado.

(C) a ação declaratória de constitucionalidade poderá ser proposta apenas pelo Presidente da República, pela Mesa do Senado Federal, pela Mesa da Câmara dos Deputados ou pela Mesa da Assembleia Legislativa.

(D) o controle repressivo de constitucionalidade é feito por órgãos políticos para eliminar norma inconstitucional do sistema jurídico.

A: incorreta. O Conselho Federal da OAB é legitimado para a propositura de ação direta de inconstitucionalidade (art. 103, VII, da CF/1988.); **B:** correta (art. 103, § 3º, da CF/1988); **C:** incorreta. A ação declaratória de constitucionalidade pode ser proposta pelos mesmos legitimados à propositura de ação direta de inconstitucionalidade (art. 103 da CF/1988); **D:** incorreta. O controle repressivo ou posterior é feito, em regra, pelo poder judiciário e por meio de duas vias: a difusa e a concentrada.

Gabarito "B"

4.2. Controle difuso de constitucionalidade

(Delegado Federal – 1998 – CESPE) Acerca do controle de constitucionalidade, julgue os itens que se seguem.

(1) O controle de constitucionalidade é instrumento de autopreservação das constituições, estando integralmente presente tanto nas de tipo rígido quanto nas flexíveis.

(2) No Brasil, convivem o controle judicial difuso e o controle judicial concentrado de constitucionalidade, havendo entre eles diferenças relativas aos efeitos da decisão judicial, aos legitimados para promover o controle, ao processo e aos órgãos competentes para realizá-lo.

(3) Em razão de a Constituição brasileira haver adotado mecanismos de controle judicial difuso de constitucionalidade, qualquer órgão judicial, monocrático ou colegiado, inclusive os órgãos fracionários dos tribunais, pode declarar, em qualquer julgamento, a incompatibilidade de determinada norma jurídica com a Constituição.

(4) Mesmo a decisão proferida no controle judicial difuso de constitucionalidade pode vir a produzir efeitos *erga omnes*.

(5) A intervenção federal também pode funcionar como mecanismo de controle de constitucionalidade.

1: incorreta. O fundamento do controle de constitucionalidade é o princípio da supremacia da constituição. Tal supremacia só existe em países que adotam constituição do tipo rígida, considerada como aquela que possui um processo de alteração mais solene e dificultoso que o processo de modificação das leis. As constituições flexíveis são aquelas alteráveis de forma livre pelo legislador, pelo mesmo procedimento aplicável às leis. Assim, se uma lei pode alterar o texto da Constituição, não há supremacia desta última, não existindo, portanto, controle de constitucionalidade; **2:** correta. Em relação aos efeitos da decisão, no controle difuso eles são *inter partes* e *ex tunc*, ou seja, atingem as partes e, em regra, de forma retroativa. Qualquer pessoa pode pedir, incidentalmente, que se faça controle difuso. Além disso, qualquer juiz ou tribunal pode realizá-lo. Se for um órgão colegiado, é necessária a observância da denominada cláusula de reserva de plenário (art. 97 da CF/1988 e Súmula vinculante n. 10 do STF). No controle concentrado, os efeitos são, em regra, *erga omnes* (atinge todas as pessoas), *ex tunc* (retroativos) e vinculante em relação aos demais órgãos do poder judiciário e à administração pública direta e indireta, nas esferas federal, estadual e municipal. Nesse caso, o controle se realiza de forma abstrata, ou seja, a lei em tese é que é objeto de discussão. Só podem entrar com as ações de controle concentrado os legitimados previstos no art. 103 da CF/1988. No âmbito federal, o órgão competente para realizá-lo é o STF; **3:** incorreta. O controle difuso é exercido em casos concretos e possui natureza subjetiva, já que envolve os interesses entre autor e réu. Todos os órgãos do Poder Judiciário podem fazê-lo, mas, se for um órgão colegiado, conforme o art. 97 da CF/1988 e a Súmula vinculante n. 10 do STF, a declaração de inconstitucionalidade somente pode ser dada pelo voto da maioria absoluta dos membros do tribunal ou dos integrantes do respectivo órgão especial (art. 97 da CF/1988). É o que se denomina cláusula de reserva de plenário; **4:** correta. De fato, pois o Senado Federal pode suspender, no todo ou em parte, a execução de lei declarada inconstitucional por decisão definitiva do Supremo Tribunal Federal. Tal atribuição está prevista no art. 52, X, da CF/1988 e permite a ampliação dos efeitos da declaração de inconstitucionalidade, originária de casos concretos (via difusa). Essa suspensão é feita por meio de resolução do Senado Federal, após comunicação do STF. Os efeitos da suspensão valerão a partir da publicação da resolução (*ex nunc*) e vincularão a todos (*erga omnes*); **5:** correta. De fato, uma das formas de intervenção da União nos Estados e Distrito Federal (art. 34, VII, da CF/1988 – violação de princípios constitucionais sensíveis) deve ser antecedida pela ação direita de inconstitucionalidade interventiva (ADI interventiva ou Representação Interventiva, regulamentada pela Lei 12.562/2012).

Gabarito 1E, 2C, 3E, 4C, 5C

4.3. Ação direta de inconstitucionalidade

(Delegado/RO – 2014 – FUNCAB) Considerando os temas "jurisdição constitucional" e "ação direta de inconstitucionalidade", é correto afirmar que:

(A) o STF tem entendido que, na ação direta de inconstitucionalidade, não é admitida a figura do *amicus curiae*.

(B) os municípios figuram no rol de entidades legitimadas para a propositura de ação direta de inconstitucionalidade perante o STF.

(C) em se tratando de ação direta de inconstitucionalidade, já se firmou, no STF, o entendimento de que ação dessa natureza está sujeita à desistência.

(D) a súmula, porque não apresenta as características de ato normativo, não está sujeita à jurisdição constitucional concentrada.

(E) o ajuizamento da ação direta de inconstitucionalidade está sujeito à observância de prazo prescricional.

A: incorreta. A **figura do *amicus curiae*** (amigo da corte) **é admitida** na ação direta de inconstitucionalidade, conforme determina o art. 7º, § 2º, da Lei 9.868/1999. Segundo o mencionado dispositivo, o relator, considerando a relevância da matéria e a representatividade dos postulantes, poderá, por despacho irrecorrível, admitir, observado o prazo fixado no parágrafo anterior, a manifestação de outros órgãos ou entidades; **B:** incorreta. Os **municípios não figuram no rol de entidades legitimadas** para a propositura de ação direta de inconstitucionalidade. De acordo com o art. 103 da CF, podem propor a ação direta de inconstitucionalidade e a ação declaratória de constitucionalidade: I – o Presidente da República; II – a Mesa do Senado Federal; III – a Mesa da Câmara dos Deputados; IV a Mesa de Assembleia Legislativa ou da Câmara Legislativa do Distrito Federal; V o Governador de Estado ou do Distrito Federal; VI – o Procurador-Geral da República; VII – o Conselho Federal da Ordem dos Advogados do Brasil; VIII – partido político com representação no Congresso Nacional e IX – confederação sindical ou entidade de classe de âmbito nacional; **C:** incorreta. Conforme determina o art. 5º da Lei 9.868/1999, proposta a ação direta, **não se admitirá desistência; D:** correta. No julgamento da ADI 594-DF, o STF definiu que "a **súmula**, porque não apresenta as características do ato normativo, **não está sujeita à jurisdição constitucional concentrada**"; **E:** incorreta. **Não há prazo** para o ajuizamento da ação direta de inconstitucionalidade.

Gabarito "D"

(Delegado/PR – 2013 – UEL-COPS) Leia o texto a seguir.

Medida judicial cabível para declarar a inconstitucionalidade de lei ou ato normativo federal ou estadual, editados posteriormente à promulgação da Constituição Federal e que ainda estejam em vigor. É espécie de fiscalização objetiva, tratando-se de controle abstrato de constitucionalidade.

Esse texto faz referência a uma medida judicial utilizada para realização de controle de constitucionalidade, pois se trata de

(A) ação declaratória de constitucionalidade.
(B) ação declaratória de inconstitucionalidade por omissão.
(C) ação direta de inconstitucionalidade.
(D) arguição de descumprimento de preceito fundamental.
(E) controle difuso.

A: incorreta. A ação declaratória de constitucionalidade visa declarar a constitucionalidade de lei ou ato normativo de **natureza federal**; **B:** incorreta. Não há previsão no ordenamento jurídico brasileiro de ação declaratória de inconstitucionalidade por omissão, apenas de ação **direta** de inconstitucionalidade por omissão; **C:** correta. De fato a ação direta de inconstitucionalidade é a medida judicial cabível para declarar a inconstitucionalidade de lei ou ato normativo federal ou estadual, editados posteriormente à promulgação da Constituição Federal e que ainda estejam em vigor. É espécie de fiscalização objetiva, tratando-se de controle abstrato de constitucionalidade; **D:** incorreta. A arguição de descumprimento de preceito fundamental, de acordo com o art. 1º, *caput* e parágrafo único, I, da Lei 9.882/1999, tem por objeto evitar ou reparar lesão a preceito fundamental, resultante de ato do Poder Público, além de ter cabimento quando for relevante o fundamento da controvérsia constitucional sobre lei ou ato normativo federal, estadual ou municipal, incluídos os anteriores à Constituição; **E:** incorreta. O controle difuso é aquele realizado por qualquer juiz ou tribunal num caso concreto. Os magistrados, quando do julgamento de processos, podem fazer esse controle. É também denominado de controle incidental, pois a declaração de inconstitucionalidade se dá não de forma principal, mas incidentalmente, no processo. O pedido principal não é a declaração de inconstitucionalidade, mas um provimento jurisdicional num caso concreto, que depende da apreciação da constitucionalidade do ato normativo.

Gabarito "C"

(Delegado/AC – 2008 – CESPE) Uma emenda à Constituição do Acre determinou que o ensino médio seria gratuito apenas para integrantes de famílias com renda familiar inferior a cinco salários mínimos. Por entender que essa emenda violava a Constituição da República, um partido político ingressou perante o STF com Ação Direta de Inconstitucionalidade (ADI), postulando a declaração de inconstitucionalidade do referido diploma legislativo. Considerando essa situação hipotética, julgue os itens a seguir.

(1) A referida emenda é incompatível com a Constituição da República.
(2) A referida ADI deve ser indeferida pelo STF porque a ADI é um instrumento de controle de constitucionalidade de atos normativos federais, sendo descabido postular por esta via a declaração de inconstitucionalidade de emendas a constituições estaduais.

1: correta. A mencionada emenda fere a CF, pois o art. 208, I, da CF/1988 determina que o acesso ao ensino obrigatório e gratuito é direito público subjetivo; **2:** incorreta. A ação direta de inconstitucionalidade também é via para declaração de inconstitucionalidade de emendas à constituição estadual.

Gabarito 1C, 2E

(Delegado/CE – 2006 – CEV/UECE) Sobre a Ação Direta de Inconstitucionalidade, analise os itens a seguir:

I. Decreto executivo que venha a divergir do sentido e conteúdo da lei que regulamenta, não poderá ser objeto de Ação Direta de Inconstitucionalidade, mesmo que essa violação atinja indiretamente o texto constitucional.
II. Têm legitimação ativa universal para propor Ação Direta de Inconstitucionalidade o Presidente da República, o Procurador-Geral da República, o partido político com representação no Congresso Nacional e a Confederação sindical ou entidade de classe de âmbito nacional.
III. Compete ao Advogado-Geral da União, em Ação Direta de Inconstitucionalidade, a defesa da norma legal ou ato normativo impugnado, independentemente de sua natureza federal ou estadual.
IV. Todos aqueles que forem atingidos por decisões contrárias ao entendimento firmado pelo Supremo Tribunal Federal no julgamento de mérito proferido em Ação Direta de Inconstitucionalidade têm legitimidade ativa para propositura de Reclamação.

São corretos:

(A) Somente I, III e IV
(C) Somente I e II
(B) I, II, III e IV
(D) Somente III e IV

I: correta. Os decretos regulamentares expedidos pelo Chefe do Executivo Federal (art. 84, IV, da CF/1988), por serem atos secundários e não dotados de autonomia, em regra, não podem ser objeto de ação direta de inconstitucionalidade controle de constitucionalidade. Segundo o STF o que há nessa hipótese é crise de legalidade e não de inconstitucionalidade o que inviabiliza a utilização de mecanismo processual de fiscalização normativa abstrata (ADI 996-MC); **II:** incorreta. Dentre os legitimados mencionados, a confederação sindical e a entidade de classe de âmbito nacional não são tidas como universais, pois para ingressarem com ação direta de inconstitucionalidade no STF devem demonstrar pertinência temática; **III:** correta. Esse é o papel do Advogado-Geral da União na ação direta de inconstitucionalidade: a defesa do ato impugnado; **IV:** correta. O instituto da reclamação é o mecanismo hábil para a preservação e garantia das decisões proferidas pelo Supremo Tribunal Federal (art. 102, I, "l", da CF/1988).

Gabarito "A"

(Delegado/MG – 2007) A ação direta de inconstitucionalidade interventiva, processada no Supremo Tribunal Federal tem por objetivo tutelar:

(A) A Constituição Federal e declarar a inconstitucionalidade do ato impugnado.
(B) Os princípios fundamentais, previstos no Título I da Constituição da República, e declarar a inconstitucionalidade do ato impugnado.
(C) Os princípios da ordem econômica e social, previstos nos artigos 170 e 193 da Constituição, e declarar a inconstitucionalidade do ato estatal que intervenha indevidamente na entidade federativa em questão.
(D) Os princípios sensíveis, previstos no artigo 34, VII da Constituição Federal, e dispor sobre a intervenção da União nos Estados-membros ou no Distrito Federal.

Conforme dispõe o art. 18, *caput*, da CF/1988 a União, os Estados, o Distrito Federal e os Municípios são autônomos e independentes, mas há hipóteses excepcionais em que poderá haver intervenção (federal ou estadual). Dentre tais hipóteses, existe a violação a princípios constitucionais sensíveis. Nesse caso, a ação direta de inconstitucionalidade interventiva é um pressuposto constitucional para a decretação, pelo Chefe do Executivo, da intervenção federal (art. 34, VII, da CF/1988).

Gabarito "D"

(Delegado/PA – 2006 – CESPE) Assinale a opção correta no que se refere ao controle de constitucionalidade no Brasil.

(A) Compete ao Supremo Tribunal Federal (STF) processar e julgar, originariamente, ação direta de inconstitucionalidade contra lei ou ato normativo municipal que ofenda a Constituição da República.
(B) É de 10 anos, contados da data da promulgação da Constituição da República, o prazo decadencial para o oferecimento de representação de inconstitucionalidade contra lei ou ato normativo.
(C) A ação direta de inconstitucionalidade não é suscetível ao pedido de desistência da parte que a ajuizou.
(D) As súmulas estão sujeitas ao controle constitucional concentrado.

A: incorreta. Não cabe ação direta de inconstitucionalidade contra lei ou ato normativo municipal que viole a CF (art. 102, I, "a", da CF/1988). Lei municipal que viole a CF só pode ser objeto de controle abstrato de constitucionalidade, por meio da arguição de descumprimento de preceito fundamental; **B:** incorreta. Não há esse prazo na lei, pois o vício de inconstitucionalidade não se convalida pelo decurso de tempo; **C:** correta. O art. 5º da Lei 9.868/1999 determina que proposta a ação direta de inconstitucionalidade, não se admitirá desistência; **D:** incorreta. De acordo com o Supremo (ADI 594-DF) as súmulas não são passíveis de controle concentrado de constitucionalidade.

Gabarito "C"

(Delegado/PI – 2009 – UESPI) Admite-se, excepcionalmente, a modulação dos efeitos da declaração de constitucionalidade ou de inconstitucionalidade de lei ou de ato normativo, nos termos do artigo 27 da Lei nº 9.868/99:

(A) para, mediante maioria simples dos membros do Supremo Tribunal Federal, atribuir eficácia *ex nunc* à decisão colegiada, em vista de razões de segurança jurídica.
(B) para, mediante maioria absoluta de três quintos dos membros do Supremo Tribunal Federal, atribuir eficácia *ex nunc* à decisão colegiada, em vista de excepcional interesse social.
(C) para, mediante maioria absoluta de três quintos dos membros do Supremo Tribunal Federal, atribuir eficácia *ex tunc* à decisão colegiada, em vista de excepcional interesse social.
(D) para, mediante maioria de dois terços dos membros do Supremo Tribunal Federal, atribuir eficácia *ex nunc* à decisão colegiada, em vista de excepcional interesse social.
(E) para, mediante maioria de dois terços dos membros do Supremo Tribunal Federal, atribuir eficácia *ex nunc* à decisão colegiada, em vista da viabilização de políticas públicas.

Conforme determinação prevista no art. 27 da Lei 9.868/1999, o STF, ao declarar a inconstitucionalidade de lei ou ato normativo, e tendo em vista razões de segurança jurídica ou de excepcional interesse social, pode, **por maioria de dois terços de seus membros**, restringir os efeitos daquela declaração ou decidir que ela só tenha eficácia a partir de seu trânsito em julgado (*ex nunc*) ou de outro momento que venha a ser fixado. É o que a doutrina denomina de modulação dos efeitos da decisão. Vale lembrar que o STF aplica também esse instituto, analogicamente, ao controle difuso de constitucionalidade.

Gabarito "D"

4.4. Ação declaratória de constitucionalidade

(Delegado/MG – 2007) Sobre a ação declaratória de constitucionalidade é correto afirmar que:

(A) Não é legitimada a propô-la, no Supremo Tribunal Federal, a Assembleia Legislativa.
(B) Pode ser proposta imediatamente após a promulgação da lei.
(C) Produz, em suas decisões definitivas de mérito, eficácia contra todos e efeito vinculante tal qual a ação direta de inconstitucionalidade.
(D) Só pode ser julgada no mérito após oitiva do Advogado-Geral da União.

A: incorreta. A ação declaratória de constitucionalidade pode ser proposta pelos legitimados previstos no art. 103 da CF/1988. Tal atribuição, de acordo com o inciso IV do dispositivo mencionado, é deferida à Mesa da **Assembleia Legislativa** do Distrito Federal; **B:** incorreta. As leis são dotadas de presunção de constitucionalidade, portanto, para que essa presunção seja questionada por meio de ação declaratória de constitucionalidade, o art. 14, III, da Lei 9.868/1999, determina que exista uma **controvérsia judicial relevante** sobre a aplicação da disposição objeto da ação declaratória. Assim, não há possibilidade de se propor a ação imediatamente após a promulgação da lei; **C:** correta. De fato, as decisões definitivas de mérito, em sede de ação declaratória de constitucionalidade, produzem eficácia contra todos e efeito vinculante em relação aos demais órgãos do judiciário e a administração pública direta e indireta, nas esferas federal, estadual e municipal (art. 28, parágrafo único, da Lei 9.868/99); **D:** incorreta. Como não há ato impugnado, pois como o que se busca nessa ação é a confirmação da constitucionalidade da norma, **não** há sentido em determinar a **oitiva do Advogado--Geral da União**.

Gabarito "C"

(Delegado/RJ – 2009 – CEPERJ) Assinale a alternativa correta.

(A) A legitimidade do Presidente da República para propositura de Ação Direta de Inconstitucionalidade deve obedecer à pertinência temática.
(B) Os partidos políticos têm legitimidade para propor Ação Direta de Inconstitucionalidade em relação a quaisquer matérias, devendo, entretanto, obedecer ao requisito da pertinência temática.
(C) A Confederação sindical ou entidade de classe de âmbito nacional somente possui legitimidade para propor Ação Declaratória de Constitucionalidade.
(D) A legitimidade do Procurador-Geral da República para a propositura de Ação Declaratória de Constitucionalidade é universal.
(E) A Mesa da Assembleia legislativa ou da Câmara Legislativa do Distrito Federal não possui legitimidade para propor Ação Direta de Inconstitucionalidade e Ação Declaratória de Constitucionalidade.

A: incorreta. O Presidente da República é um legitimado universal ou neutro, ou seja, não precisa demonstrar pertinência temática quando do ajuizamento de ação direta de inconstitucionalidade (art. 103, I, da CF/1988); **B:** incorreta. O partido políticos com representação no Congresso Nacional, como o Presidente, é um legitimado universal, ou seja, não precisa demonstrar pertinência temática quando do ajuizamento de ação direta de inconstitucionalidade (art. 103, VIII, da CF/1988); **C:** incorreta. A Confederação sindical ou entidade de classe de âmbito nacional, desde que demonstrem pertinência temática, pois são consideradas legitimadas interessadas ou especiais, podem entrar com ação direta de inconstitucionalidade, ação declaratória de constitucionalidade e com arguição de descumprimento de preceito fundamental (art. 103, IX, da CF/1988 e art. 2º, I, da Lei 9.882/1999); **D:** correta. De fato, o Procurador-Geral da República é tido como legitimado universal (art. 103, VI, da CF/1988). **E:** incorreta, a Mesa da Assembleia legislativa ou da Câmara Legislativa do Distrito Federal possuem legitimidade para propor as ações do controle concentrado, desde que demonstrem pertinência temática (art. 103, IV, da CF/1988).

Gabarito "D"

4.5. Arguição de Descumprimento de Preceito Fundamental

(Delegado/RJ – 2013 – FUNCAB) Acerca do instrumento hábil para realizar o controle de constitucionalidade de lei ou ato normativo municipal em face do texto federal, assinale a alternativa correta.

(A) Arguição de descumprimento de preceito fundamental, incluindo nesse raciocínio, a hipótese do veto imotivado.
(B) Arguição de descumprimento de preceito fundamental, incluindo nesse raciocínio, os atos legislativos em fase de formação.
(C) Fiscalização difusa, exercida, no caso concreto, por qualquer juiz ou tribunal.
(D) Fiscalização difusa exercida no caso concreto, pelo Tribunal de Justiça ou pelo Tribunal de Justiça Militar dos Estados, nesta última hipótese, nos casos em que houver.
(E) Arguição de descumprimento de preceito fundamental, pela fiscalização difusa exercida no caso concreto, pelo Tribunal de Justiça e pela ação direta de controle de constitucionalidade, nos casos em que a lei ou ato normativo municipal se referirem a ato que tenha repercussão geral.

A: incorreta. O veto necessariamente deve ser motivado. De acordo com o art. 66, § 1º, da CF, se o Presidente da República considerar o **projeto**, no todo ou em parte, **inconstitucional (veto jurídico) ou contrário ao interesse público (veto político)**, vetá-lo-á total ou parcialmente, no prazo de quinze dias úteis, contados da data do recebimento, e comunicará, dentro de quarenta e oito horas, ao Presidente do Senado Federal os **motivos do veto**; **B:** incorreta. A arguição de descumprimento de preceito fundamental é exemplo de **controle posterior**, ou seja, controle realizado depois do processo legislativo ter sido concluído. Desse modo, a verificação não é feita sobre o projeto de lei (controle prévio ou preventivo), mas sobre a própria lei ou ato normativo; **C:** correta. Na análise de um caso concreto (via difusa) é possível o controle de constitucionalidade de lei ou ato normativo municipal em face do texto federal; **D:** incorreta. A o controle de constitucionalidade pela via difusa poder ser realizado por qualquer juiz ou tribunal; **E:** incorreta.A ação direta de inconstitucionalidade, quando o padrão utilizado é a CF, só pode ter por objeto lei ou ato normativo de natureza federal, estadual ou distrital, desde que sido criado no exercício da competência estadual.

Gabarito "C"

5. DIREITOS E DEVERES INDIVIDUAIS E COLETIVOS

5.1. Direitos e deveres em espécie

(Delegado/BA – 2013 – CESPE) Em relação aos direitos e deveres fundamentais expressos na Constituição Federal de 1988 (CF), julgue os itens subsecutivos.

(1) A conversa telefônica gravada por um dos interlocutores não é considerada interceptação telefônica.
(2) O brasileiro nato que cometer crime no exterior, quaisquer que sejam as circunstâncias e a natureza do delito, não pode ser extraditado pelo Brasil a pedido de governo estrangeiro.

(3) Caso determinado deputado estadual perca seu mandato eletivo por infidelidade partidária, o deputado que assumir o mandato em seu lugar deve, necessariamente, ser do partido político pelo qual o primeiro tenha sido eleito.

(4) A proteção do direito à vida tem como consequência a proibição da pena de morte em qualquer situação, da prática de tortura e da eutanásia.

1: correta. É o posicionamento acolhido pelo STF, vejamos: "**A gravação de conversa telefônica feita por um dos interlocutores, sem conhecimento do outro**, quando ausente causa legal de sigilo ou de reserva da conversação **não é considerada prova ilícita**" (AI 578.858-AgR, Rel. Min. Ellen Gracie, julgamento em 4-8-2009, Segunda Turma, DJE de 28-8-2009.) No mesmo sentido: RE 630.944-AgR, Rel. Min. Ayres Britto, julgamento em 25-10-2011, Segunda Turma, DJE de 19-12-2011. **2**: correto. De acordo com o art. 5º, LI, da CF, nenhum brasileiro será extraditado, salvo o naturalizado, em caso de crime comum, praticado antes da naturalização, ou de comprovado envolvimento em tráfico ilícito de entorpecentes e drogas afins, na forma da lei. Sendo assim, o brasileiro nato não pode ser extraditado em hipótese alguma e o naturalizado apenas nas situações mencionadas; **3**: errado. Por conta da existência de coligações partidárias, é possível que o deputado que assumir o cargo, no lugar daquele que perdeu o mandato eletivo por infidelidade partidária, seja de outro partido político. Portanto, o novo deputado não será, necessariamente, do partido político do antigo; **4**: errado. Há uma hipótese de pena de morte prevista na CF que se dá no caso de guerra declarada, conforme determina o art. 5º, XLVII, "a", da CF;

Gabarito 1C, 2C, 3E, 4E

(Delegado Federal – 2013 – CESPE) No que diz respeito aos direitos fundamentais, julgue os itens que se seguem.

(1) Segundo o STF, caso o interessado alegue que a sentença condenatória tenha sido prolatada exclusivamente com fundamento em prova emprestada, é possível a arguição de nulidade dessa decisão em sede de *habeas corpus*.

(2) O exercício do direito de associação e a incidência da tutela constitucional relativa à liberdade de associação estão condicionados à prévia existência de associação dotada de personalidade jurídica.

1: errado. A Corte Maior entende de modo diverso, vejamos: "PROCESSUAL PENAL. *HABEAS CORPUS*. LATROCÍNIO. SENTENÇA CONDENATÓRIA. NULIDADE. AUSÊNCIA. PROVA EMPRESTADA. VIOLAÇÃO AO CONTRADITÓRIO E À AMPLA DEFESA. INOCORRÊNCIA. REEXAME DE FATOS E PROVAS. *HABEAS CORPUS* UTILIZADO COMO SUCEDÂNEO DE REVISÃO CRIMINAL. IMPOSSIBILIDADE. ORDEM DENEGADA. I – **O exame da alegação de nulidade da sentença condenatória – ao argumento de que seria baseada somente em prova emprestada – é inviável na estreita via do *habeas corpus***, que não admite revolvimento do contexto fático-probatório. II – Ainda que assim não fosse, o acórdão atacado assentou estar o édito condenatório fundado em declarações de corréus, colhidos em juízo, e não apenas em prova emprestada, o que afasta a alegada nulidade. III – O habeas corpus, em que pese configurar remédio constitucional de largo espectro, não pode ser empregado como sucedâneo de revisão criminal. Precedentes. IV – Ordem denegada (STF – HC: 95019 SP, Relator: Min. RICARDO LEWANDOWSKI, Primeira Turma, Data de Publicação: DJe-191 DIVULG 08-10-2009 PUBLIC 09-10-2009 EMENT VOL-02377-02 PP-00320); **2**: errado. De acordo com o art. 5º, XVII, da CF é **plena a liberdade de associação** para fins lícitos, vedada a de caráter paramilitar. Além disso, o inciso XVIII do mesmo dispositivo determina que a **criação de associações** e, na forma da lei, a de cooperativas **independem de autorização**, sendo vedada a interferência estatal em seu funcionamento. Desse modo, não há exigência constitucional no sentido de que a associação dependeria de personalidade jurídica para o seu exercício e para a incidência da tutela constitucional.

Gabarito 1E, 2E

(Delegado/SP – 2014 – VUNESP) Quanto às garantias constitucionais e à privação da liberdade, assinale a alternativa correta.

(A) Conceder-se-á *habeas corpus* sempre que a lei admitir a liberdade provisória.

(B) O preso será informado de seus direitos, dentre os quais o de permanecer calado, sendo-lhe assegurada a remoção para estabelecimento perto de sua família.

(C) O preso tem direito à identificação dos responsáveis por sua prisão ou por seu interrogatório policial, exceto nos crimes inafiançáveis.

(D) A prisão de qualquer pessoa e o local onde se encontre serão comunicados no primeiro dia útil ao juiz competente e à família do preso ou à pessoa por ele indicada.

(E) Ninguém será levado à prisão ou nela mantido quando a lei admitir a liberdade provisória, com ou sem fiança.

A: incorreta. De acordo com o art. 5º, LXVIII, da CF, o *habeas corpus* deve ser concedido sempre que alguém sofrer ou se achar ameaçado de sofrer violência ou coação em sua liberdade de locomoção, por ilegalidade ou abuso de poder; **B**: incorreta. Conforme determina o art. 5º, LXIII, da CF, o preso será informado de seus direitos, entre os quais o de permanecer calado, sendo-lhe assegurada a assistência da família e de advogado; **C**: incorreta. O art. 5º, LXIV, da CF determina que o preso tem direito à identificação dos responsáveis por sua prisão ou por seu interrogatório policial. Tal regra não condiciona a identificação dos responsáveis ao fato do crime ser considerado inafiançável; **E**: correta. É o que determina o art. 5º, LXVI, da CF.

Gabarito "E"

(Delegado/RO – 2014 – FUNCAB) Com relação ao tema "direitos individuais e coletivos" na Constituição Federal de 1988, assinale a alternativa correta:

(A) É ilícita a prisão civil de depositário infiel, qualquer que seja a modalidade do depósito.

(B) A Constituição prevê que a votação no júri se dê por votação pública.

(C) Ao júri é assegurado a competência para julgamento de todos os crimes contra a vida.

(D) Não haverá juízo ou tribunal de exceção, salvo em tempo de guerra.

(E) O exercício de qualquer trabalho depende de autorização da repartição competente.

A: correta. De acordo com o enunciado da Súmula Vinculante nº 25 (STF), é ilícita a prisão civil de depositário infiel, qualquer que seja a modalidade do depósito; **B**: incorreta. Conforme determina o art. 5º, XXXVIII, da CF, é reconhecida a instituição do júri, com a organização que lhe der a lei, assegurados: a) a plenitude de defesa; b) **o sigilo das votações**; c) a soberania dos veredictos e d) a competência para o julgamento dos crimes dolosos contra a vida; **C**: incorreta. Conforme mencionado, ao júri é assegurado a competência para julgamento dos crimes dolosos contra a vida; **D**: incorreta. O art. 5º, XXXVII, da CF determina que não haja juízo ou tribunal de exceção. Não há ressalvas que admitam a criação de tais juízos ou tribunais; **E**: incorreta. Ao contrário, de acordo com o art. 5º, XIII, da CF, é livre o exercício de qualquer trabalho, ofício ou profissão, atendidas as qualificações profissionais que a lei estabelecer.

Gabarito "A"

(Delegado/PA – 2013 – UEPA) Dos Direitos e Garantias Fundamentais na Constituição de 1988, assinale a alternativa correta.

(A) Ninguém será obrigado a fazer alguma coisa, mesmo que tal conduta esteja prevista em lei.

(B) A expressão da atividade intelectual, artística e científica será livre, após o licenciamento e a aprovação da censura ética, na forma da lei.

(C) A tortura será admitida, desde que para a promoção da segurança da sociedade e do Estado.

(D) É livre o exercício de qualquer trabalho, ofício ou profissão, desde que atendidas as qualificações estabelecidas na forma da lei.

(E) É livre a manifestação do pensamento, ainda que sob anonimato.

A: incorreta. De acordo com o art. 5º, II, da CF, ninguém será obrigado a fazer ou deixar de fazer alguma coisa **senão em virtude de lei**; **B**: incorreta. Ao contrário, conforme determina o art. 5º, IX, da CF, é **livre a expressão da atividade intelectual**, artística, científica e de comunicação, **independentemente de censura** ou licença; **C**: incorreta. Conforme determina o art. 5º, III, da CF, **ninguém será submetido a tortura** nem a tratamento desumano ou degradante; **D**: correta. É o que determina o art. 5º, XIII, da CF; **E**: incorreta. De acordo com o art. 5º, IV, da CF, é livre a manifestação do pensamento, sendo **vedado o anonimato**.

Gabarito "D"

(Delegado/PA – 2013 – UEPA) A respeito do direito de propriedade na Constituição de 1988, é correto afirmar que:

(A) não consta do rol dos direitos e garantias fundamentais.

(B) o procedimento para desapropriação por necessidade ou utilidade pública, ou por interesse social, mediante justa e prévia indenização em dinheiro, ressalvados os casos previstos no texto constitucional, será estabelecido por lei.

(C) a pequena propriedade rural, ainda que trabalhada pela família, poderá ser objeto de penhora somente para o pagamento de débitos decorrentes de sua atividade produtiva.

(D) em que pese o seu reconhecimento pela legislação infraconstitucional, o direito de herança não consta do rol dos direitos e garantias fundamentais.

(E) aos autores pertence o direito exclusivo de utilização, publicação ou reprodução de suas obras, o qual não poderá ser transmitido aos herdeiros, em virtude de sua função social.

A: incorreta. De acordo com o art. 5º, XXII, da CF, é **garantido o direito de propriedade**; **B:** correta. Conforme determina o art. 5º, XXIV, da CF, a **lei estabelecerá** o procedimento para desapropriação por necessidade ou utilidade pública, ou por interesse social, mediante justa e prévia indenização em dinheiro, ressalvados os casos previstos nesta Constituição; **C:** incorreta. De acordo com o art. 5º, XXVI, da CF, a pequena propriedade rural, assim definida em lei, desde que trabalhada pela família, **não será objeto de penhora** para pagamento de débitos decorrentes de sua atividade produtiva, dispondo a lei sobre os meios de financiar o seu desenvolvimento; **D:** incorreta. O art. 5º, XXX, da CF **garante o direito de herança**; **E:** incorreta. Conforme determina o art. 5º, XXVII, da CF, aos autores pertence o direito exclusivo de utilização, publicação ou reprodução de suas obras, **transmissível aos herdeiros** pelo tempo que a lei fixar.

Gabarito "B"

(Delegado/PR – 2013 – UEL-COPS) Sobre as diferenças entre os direitos e as garantias de direitos fundamentais, considere as afirmativas a seguir.

I. A vedação de tratamento desumano ou degradante é garantia do direito à vida e também do direito à integridade física.

II. A casa protegida como asilo inviolável, nos termos do Art. 5º da Constituição Federal, é garantia do direito à intimidade.

III. A liberdade de manifestação de pensamento é garantia do direito de resposta proporcional ao agravo, além da indenização por dano material, moral ou à imagem.

IV. A inviolabilidade da honra do indivíduo é garantia do direito à indenização por dano material ou moral decorrente de sua violação.

Assinale a alternativa correta.

(A) Somente as afirmativas I e II são corretas.
(B) Somente as afirmativas I e IV são corretas.
(C) Somente as afirmativas III e IV são corretas.
(D) Somente as afirmativas I, II e III são corretas.
(E) Somente as afirmativas II, III e IV são corretas.

I: correta. De acordo com o art. 5º, III, da CF, ninguém será submetido a tortura nem a tratamento desumano ou degradante. Tais proteções, de fato, são garantias do direito à vida e à integridade física; **II**: correta. A proteção da casa como asilo inviolável do indivíduo, ninguém nela podendo penetrar sem consentimento do morador, salvo em caso de flagrante delito ou desastre, ou para prestar socorro, ou, durante o dia, por determinação judicial, é tida como garantia do direito à intimidade, a qual também é inviolável, conforme determina o art. 5º, X, da CF; **III**: incorreta. Ao contrário, o direito de resposta, proporcional ao agravo, além da indenização por dano material, moral ou à imagem, conforme determina o art. 5º, V, da CF é que garante a livre manifestação de pensamento, prevista no art. 5º, IV, da CF; **IV**: incorreta. Do mesmo modo que o item anterior, a resposta correta é contrária ao mencionado. O direito à indenização por dano material ou moral decorrente de sua violação, previsto no art. 5º, X, da CF, é que garante e protege a inviolabilidade da intimidade, da vida privada, da honra e da imagem das pessoas.

Gabarito "A"

(Delegado/RJ – 2013 – FUNCAB) O art. 5º da Constituição Federal de 1988 enuncia a maior parte dos direitos fundamentais de primeira geração albergados em nosso ordenamento constitucional. Tomando por base as decisões recentes do Supremo Tribunal Federal, é INCORRETO afirmar:

(A) Só é lícito o uso de algemas em caso de resistência e de fundado receio de fuga ou de perigo à integridade física própria ou alheia, por parte do preso ou de terceiros, justificada a excepcionalidade por escrito, sob pena de responsabilidade disciplinar, civil e penal do agente ou da autoridade e de nulidade da prisão ou do ato processual a que se refere, sem prejuízo da responsabilidade civil do Estado.
(B) É ilícita a prisão civil do depositário infiel, qualquer que seja a modalidade de depósito.
(C) É direito do defensor, no interesse do representado, ter acesso amplo aos elementos de prova que, já documentados em procedimento investigatório realizado por órgão com competência de polícia judiciária, digam respeito ao exercício do direito de defesa.
(D) Não cabe *habeas corpus* quando já extinta a pena privativa de liberdade.
(E) A prisão do depositário judicial pode ser decretada no próprio processo em que se constitui o encargo, independentemente da propositura de ação de depósito.

A: correta, conforme determina a Súmula Vinculante nº 11 do STF; **B:** correta, de acordo com a Súmula Vinculante nº 25 do STF; **C:** correta, conforme determina a Súmula Vinculante nº 14 do STF; **D:** correta, de acordo com o enunciado da Súmula 695 do STF; **E:** incorreta, devendo ser assinalada. Esse entendimento, previsto na Súmula 619 do STF, já foi superado. A súmula encontra-se revogada.

Gabarito "E"

(Delegado/RJ – 2013 – FUNCAB) Acerca dos direitos individuais e coletivos, é correto afirmar o seguinte:

(A) A propriedade particular não poderá ser usada por autoridade competente, mesmo no caso de iminente perigo público.
(B) A prática do racismo constitui crime inafiançável, imprescritível, sujeito à pena de detenção, nos termos da lei.
(C) O brasileiro naturalizado não poderá ser extraditado pela prática de crime comum antes da naturalização, ou de comprovado envolvimento em tráfico ilícito de entorpecentes e drogas afins, na forma da lei.
(D) O sigilo da fonte será resguardado, quando necessário ao exercício profissional e assegurado a todos o acesso à informação.
(E) O sigilo das informações imprescindíveis à segurança da sociedade e do Estado não excepciona o direito do indivíduo de receber dos órgãos públicos informações de interesse particular, ou de interesse coletivo ou geral, devendo ser prestadas no prazo da lei, sob pena de responsabilidade.

A: incorreta. De acordo com o art. 5º, XXV, da CF, no caso de iminente perigo público, a autoridade competente **poderá usar de propriedade particular**, assegurada ao proprietário indenização ulterior, se houver dano; **B:** incorreta. O art. 5º, XLII, da CF determina que a prática do racismo constitui crime inafiançável e imprescritível, **sujeito à pena de reclusão**, nos termos da lei; **C:** incorreta. Conforme determina o art. 5º, LI, da CF, nenhum brasileiro será extraditado, salvo o **naturalizado, em caso de crime comum**, praticado **antes da naturalização**, ou de **comprovado envolvimento em tráfico ilícito de entorpecentes** e drogas afins, na forma da lei; **D:** correta. Conforme determina o art. 5º, XIV, da CF, é assegurado a todos o acesso à informação e resguardado o sigilo da fonte, quando necessário ao exercício profissional; **E:** incorreta. De acordo com o art. 5º, XXXIII, da CF, todos têm direito a receber dos órgãos públicos informações de seu interesse particular, ou de interesse coletivo ou geral, que serão prestadas no prazo da lei, sob pena de responsabilidade, **ressalvadas aquelas cujo sigilo seja imprescindível à segurança da sociedade e do Estado**.

Gabarito "D"

(Delegado/MG – 2012) Com base no "caput" do art. 5º da Constituição Federal, pode-se indicar como desdobramentos do direito à vida, **respectivamente**:

(A) a liberdade de associação, de reunião, de crença religiosa, de expressão, de pensamento.
(B) o direito de herança, de propriedade, de sucessão de bens de estrangeiros situados no País.
(C) o direito do contraditório, da ampla defesa, de petição, do juiz natural.
(D) o direito à integridade física e moral, a proibição da pena de morte e das penas cruéis, a proibição da venda de órgãos.

A: incorreta. A CF garante a plena liberdade de associação para fins lícitos (art. 5º, XVII, da CF/1988) e o direito de reunião (art. 5º, XVI, da CF/1988), mas tais direito não têm relação direta com a proteção à vida. A crença religiosa livre é decorrência do Estado leigo ou laico, aquele que não professa religião oficial. Também são garantidas constitucionalmente, embora não como desdobramentos do direito à vida, as liberdades de expressão (art. 5º, IX, da CF/1988) e de manifestação de pensamento (art. 5º, IV, da CF/1988), de modo que são vedadas censuras ideológicas, políticas ou artísticas; **B:** incorreta. Os direitos mencionados estão relacionados ao patrimônio e não ao direito à vida; **C:** incorreta. Os princípios trazidos, em especial, contraditório, ampla defesa e juiz natural, têm natureza processual e são desmembramentos do devido processo legal; **D:** correta. O direito à integridade física e moral (art. 5º, XLIX, da CF/1988), a vedação da pena de morte como regra (art. 5º, XLVII, "a", da CF/1988), a proibição da aplicação de penas cruéis (art. 5º, XLVII, "e", da CF/1988) e a não possibilidade de venda de órgãos, decorre diretamente do direito à vida, previsto no *caput* do art. 5º da CF/1988.

Gabarito "D"

(Delegado/SP – 2011) A idade e o sexo do apenado serão considerados

(A) no momento da extradição do naturalizado.
(B) impedimentos para a execução de trabalhos.
(C) impedimentos para a pena de morte, nos caso de guerra declarada.

(D) por ocasião do cumprimento da pena.
(E) determinantes na celeridade processual.

A: incorreta. Não há exigência da verificação da idade e sexo do apenado no momento de sua extradição; **B:** incorreta; **C:** incorreta. A pena de morte é, em regra, vedada. Em caso de guerra declarada a Constituição a admite (art. 5º, XLVII, "a", da CF/1988) e, nesta hipótese, a idade e o sexo não são considerados; **D:** correta. De acordo com o art. 5º, XLVIII, da CF/1988, a pena deve ser **cumprida** em estabelecimentos distintos, **de acordo** com a natureza do delito, **a idade e o sexo do apenado**; **E:** incorreta. Não há relação entre a celeridade processual e a idade e o sexo do apenado.

Gabarito "D"

(Delegado/AP – 2010) Com relação ao tema – "Direitos e Garantias Fundamentais" – analise as afirmativas a seguir:

I. Ninguém será privado de direitos por motivo de crença religiosa ou de convicção filosófica ou política, salvo se as invocar para eximir-se de obrigação legal a todos imposta e recusar-se a cumprir prestação alternativa, fixada em lei.
II. No caso de iminente perigo público, a autoridade competente poderá usar de propriedade particular, assegurada ao proprietário indenização ulterior, se houver dano.
III. Nenhum brasileiro será extraditado, salvo o naturalizado, em caso de crime comum, praticado antes da naturalização, ou de comprovado envolvimento em tráfico ilícito de entorpecentes e drogas afins, na forma da lei.

Assinale:

(A) se somente a afirmativa I estiver correta.
(B) se somente a afirmativa II estiver correta.
(C) se somente a afirmativa III estiver correta.
(D) se somente as afirmativas I e II estiverem corretas.
(E) se todas as afirmativas estiverem corretas.

I: correta (art. 5º, VIII, da CF/1988); **II:** correta (art. 5º, XXV, da CF/1988); **III:** correta (art. 5º, LI, da CF/1988).

Gabarito "E"

(Delegado/AP – 2010) Relativamente aos "Direitos e Garantias Fundamentais" assinale a afirmativa incorreta.

(A) É livre a locomoção no território nacional em tempo de paz, podendo qualquer pessoa, nos termos da lei, nele entrar, permanecer ou dele sair com seus bens.
(B) É assegurado a todos o acesso à informação e resguardado o sigilo da fonte, quando necessário ao exercício profissional.
(C) é livre a expressão da atividade intelectual, artística, científica e de comunicação, independentemente de censura ou licença.
(D) É livre a criação de associações e a de cooperativas, na forma da lei, sujeitas à prévia autorização estatal, sendo porém vedada a interferência estatal em seu funcionamento.
(E) as associações só poderão ser compulsoriamente dissolvidas ou ter suas atividades suspensas por decisão judicial, exigindo-se, no primeiro caso, o trânsito em julgado.

A: correta (art. 5º, XV, da CF/1988). **B:** correta (art. 5º, XIV, da CF/1988); **C:** correta (art. 5º, IX, da CF/1988); D incorreta (devendo esta ser assinalada), pois a criação de associações não depende de autorização (art. 5º, XVIII, da CF/1988); **E:** correta (art. 5º, XIX, da CF/1988).

Gabarito "D"

(Delegado/MG – 2006) A Constituição Federal intitula como fundamentais os seguintes direitos e garantias:

(A) A não intervenção do Estado na economia, a impenhorabilidade do bem de família e a inimputabilidade penal dos menores de 18 anos.
(B) A gratuidade dos registros públicos aos reconhecidamente pobres, o direito a todo indivíduo de constituir empresa e o mandado de segurança.
(C) A ação civil pública, a impenhorabilidade do bem de família e taxas de juros compatíveis com o poder aquisitivo da população.
(D) O direito de herança, a indenização do condenado por erro judiciário e o mandado de segurança individual e coletivo.

Dentre os direitos e garantias listados, a alternativa que possui somente aqueles tidos como fundamentais é a última (art. 5º, incisos XXX, LXIX, LXX e LXXV, da CF/1988).

Gabarito "D"

(Delegado/AM) A Constituição Federal assegura ao júri o seguinte direito:

(A) votação pública
(B) procedimento sumário
(C) soberania do veredicto
(D) prestação social alternativa

Ao júri são assegurados: a plenitude de defesa, o sigilo das votações, a **soberania dos veredictos** e a competência para o julgamento dos crimes dolosos contra a vida (art. 5º, XXXVIII, "c", da CF/1988).

Gabarito "C"

(Delegado/AM) Os elementos que determinam o cumprimento de pena em estabelecimentos distintos são:

(A) natureza do delito, idade e sexo do apenado
(B) idade, agravantes pessoais e periculosidade
(C) sexo do apenado, periculosidade e primariedade do condenado
(D) primariedade do condenado, natureza do delito e agravantes pessoais

A **natureza do delito, a idade e o sexo** do apenado são elementos que determinam o cumprimento de pena em estabelecimentos distintos. É o que dispõe o art. 5º, XLVIII, da CF/1988.

Gabarito "A"

(Delegado/CE – 2006 – CEV/UECE) Em relação à "instituição do júri" marque a opção FALSA.

(A) É assegurada a plenitude de defesa.
(B) É assegurado o sigilo das votações.
(C) É assegurada a competência para o julgamento de crimes culposos contra a vida.
(D) É assegurada a soberania dos veredictos.

A: correta (art. 5º, XXXVIII, "a", da CF/1988); **B:** correta (art. 5º, XXXVIII, "b", da CF/1988); **C:** incorreta (devendo esta ser assinalada), pois a competência do tribunal do júri é para o julgamento de crimes dolosos contra a vida e não crimes culposos (art. 5º, XXXVIII, "d", da CF/1988); **D:** correta (art. 5º, XXXVIII, "c", da CF/1988).

Gabarito "C"

(Delegado/DF – 2004) Assinale força no Texto Fundamental em curso a assertiva correta:

(A) a casa é asilo inviolável do indivíduo, ninguém nela podendo penetrar sem consentimento do morador, salvo em caso de flagrante delito ou desastre, ou para prestar socorro, ou, durante o dia, por determinação da autoridade policial a que couber a atribuição;
(B) incluído o direito à vida dentre as tutelas fundamentais, é vedada, em qualquer hipótese, a instituição de pena de morte;
(C) nenhum brasileiro será extraditado, nem sequer o naturalizado, em caso de crime comum, praticado antes da naturalização;
(D) é livre o exercício de qualquer trabalho, ofício ou profissão, resultando defeso ao legislador ordinário determinar, em qualquer circunstância, o atendimento de qualificações profissionais;
(E) aos litigantes, em processo judicial ou administrativo, e aos acusados em geral são assegurados o contraditório e ampla defesa, com os meios e recursos a ela inerentes.

A: incorreto, pois o art. 5º, XI, da CF/1988 fala em determinação judicial e não em determinação da autoridade policial; **B:** incorreto, porque o art. 5º, XLVII, da CF/1988 excepciona a regra, mencionando que é possível a pena de morte em caso de guerra declarada, nos termos do art. 84, XIX, da CF/1988; **C:** incorreto. O brasileiro nato não pode ser extraditado, mas o naturalizado pode em caso de crime comum praticado antes da naturalização ou em caso de comprovado envolvimento com tráfico ilícito de entorpecentes. É o que dispõe o art. 5º, LI, da CF/1988; **D:** incorreto. A liberdade de profissão é trazida na CF em uma norma de eficácia contida, ou seja, aquela em que há possibilidade do legislador infraconstitucional restringi-la, por exemplo, estabelecendo o atendimento de qualificações profissionais (art. 5º, XIII, da CF/1988); **E:** correto (art. 5º, LV, da CF/1988).

Gabarito "E"

(Delegado/GO – 2003 – UEG) Como regra, a Constituição Federal estabelece que a casa seja asilo inviolável do indivíduo. Nesse caso, ninguém pode penetrá-la sem consentimento do morador, salvo

(A) durante a noite, por determinação judicial.
(B) em caso de flagrante delito ou desastre, ou para prestar socorro, ainda que de noite.
(C) para cumprir mandado de prisão, expedido mediante ordem policial, desde que durante o dia.

(D) para proceder à condução forçada de testemunha em inquérito policial, por ordem policial, desde que durante o dia.

A: incorreta. Por determinação judicial só é possível adentrar a casa durante o dia (art. 5º, XI, da CF/1988); **B:** correta. Nessas hipóteses excepcionais é possível adentrar a casa do indivíduo, ainda que durante a noite (art. 5º, XI, da CF/1988); C e **D:** incorretas. A ordem tem de ser **judicial** e não policial, pois a casa é asilo inviolável (art. 5º, XI, da CF/1988).

Gabarito "B"

(Delegado/MG – 2006) Trata-se de uma afirmativa correta sobre o "Título II" ("Dos Direitos e Garantias Fundamentais") da Constituição Brasileira de 1988:

(A) No caso de iminente perigo público, a autoridade competente poderá usar de propriedade particular, assegurada ao proprietário indenização prévia.

(B) Assegura-se a todos, mediante o pagamento de taxas, a obtenção de certidões em repartições públicas, para a defesa de direitos e esclarecimento de situações de interesse pessoal.

(C) Os tratados e convenções internacionais sobre direitos humanos aprovados, em cada Casa do Congresso Nacional, em dois turnos, por três quintos dos votos dos respectivos membros, serão equivalentes às emendas constitucionais.

(D) O mandato de segurança coletivo pode ser impetrado por partido político com representação na Câmara dos Deputados.

(E) A liberdade de manifestação de pensamento inclui o anonimato.

A: incorreta. Na requisição administrativa a indenização é posterior e só existirá se houver dano (art. 5º, XXV, da CF/1988); **B:** incorreta. Os remédios administrativos (direito de petição e direito de certidão), previstos no art. 5º, XXXIV, "a" e "b", da CF/1988, são garantidos a todos independentemente do pagamento de taxas; **C:** correta. De fato, há essa possibilidade, trazida pela EC 45/2004, que acrescentou o § 3º ao art. 5º da CF/1988; **D:** incorreta. O mandado de segurança coletivo pode ser impetrado por partido político com representação no Congresso Nacional (art. 5º, LXX, "a", da CF/1988); **E:** incorreta. De acordo com o art. 5º, IV, da CF/1988 a liberdade de pensamento é garantida, mas o anonimato é vedado.

Gabarito "C"

(Delegado/MS – 2006) São princípios processuais penais estabelecidos no artigo 5º da Constituição Federal, exceto:

(A) Princípio da irretroatividade.

(B) Princípio da publicidade.

(C) Princípio da estrita legalidade penal.

(D) Princípio da presunção de inocência.

(E) Princípio da ampla defesa e do contraditório.

A: incorreta. O princípio da irretroatividade da lei penal ou princípio da retroatividade da lei penal benéfica tem natureza processual penal (art. 5º, XL, da CF/1988); **B:** incorreta. A regra é a publicidade dos atos processuais, mas a lei poderá restringir essa publicidade quando a defesa da intimidade ou o interesse social o exigirem (art. 5º, LX, da CF/1988); **C:** correta. **Não há esse princípio expresso na CF**; **D:** incorreta. A presunção de inocência é garantida na CF/1988 (art. 5, LVII, da CF/1988); **E:** incorreta. Ampla defesa e contraditório são garantidos tanto em processo judicial, como em processo administrativo (art. 5º, LV, da CF/1988).

Gabarito "C"

(Delegado/MT – 2006 – UFMT) A Constituição Federal de 1988 NÃO permite

(A) a prescrição, em crimes de racismo.

(B) a pena de morte.

(C) o respeito à integridade moral do preso.

(D) a perda de bens, como modalidade de pena.

(E) a extradição, no caso de envolvimento de brasileiro em tráfico ilícito de entorpecentes.

A: correta. De fato, os crimes de racismo são imprescritíveis (art. 5º, XLII, da CF/1988); **B:** incorreta, pois em caso de guerra declarada pode haver pena de morte (art. 5º, XLVII, "a", da CF/1988); C e **D:** incorretas. A perda de bens é modalidade de pena (art. 5º, XLVI, "b", da CF/1988); **E:** incorreta. A CF permite a extradição do naturalizado em caso de crime comum, praticado antes da naturalização ou na hipótese de tráfico ilícito de entorpecentes (art. 5º, LI, da CF/1988).

Gabarito "A"

5.2. Remédios constitucionais

(Delegado/PR – 2013 – UEL-COPS) Sobre mandado de segurança, considere as afirmativas a seguir.

I. A Mesa da Casa Legislativa tem legitimidade para ajuizar mandado de segurança relacionado à sua área de atuação funcional e em defesa de suas atribuições institucionais.

II. O mandado de segurança pode ser proposto por pessoa física ou jurídica, nacional ou estrangeira.

III. O mandado de segurança deve ser impetrado em até cento e vinte dias, contados do ato que caracteriza justo receio de que o direito líquido e certo seja violado.

IV. Cabe mandado de segurança contra atos de gestão comercial praticados pelos administradores de empresa pública e de sociedade de economia mista.

Assinale a alternativa correta.

(A) Somente as afirmativas I e II são corretas.

(B) Somente as afirmativas I e IV são corretas.

(C) Somente as afirmativas III e IV são corretas.

(D) Somente as afirmativas I, II e III são corretas.

(E) Somente as afirmativas II, III e IV são corretas.

I: correta. De fato, a Mesa da Casa Legislativa tem legitimidade para ajuizar mandado de segurança relacionado à sua área de atuação funcional e em defesa de suas atribuições institucionais. "Mesa do Congresso Nacional. Substituição do Presidente. Mandado de segurança. Legitimidade ativa de membro da Câmara dos Deputados em face da garantia do devido processo legislativo" (MS 24.041, Rel. Min. Nelson Jobim, julgamento em 29-8-2001, Plenário, DJ de 11-4-2003.) **II**: correta. De acordo com o art. 1º da Lei 12.016/2009 (Mandado de Segurança), conceder-se-á mandado de segurança para proteger direito líquido e certo, não amparado por *habeas corpus* ou *habeas data*, sempre que, ilegalmente ou com abuso de poder, **qualquer pessoa física ou jurídica sofrer violação ou houver justo receio de sofrê-la por parte de autoridade,** seja de que categoria for e sejam quais forem as funções que exerça. Além disso, a Corte Maior entende ser cabível a impetração de mandado de segurança por estrangeiro. Vejamos: "Ao estrangeiro, residente no exterior, também é assegurado o direito de impetrar mandado de segurança, como decorre da interpretação sistemática dos arts. 153, *caput*, da Emenda Constitucional de 1969 e do 5º, LXIX, da Constituição atual. Recurso extraordinário não conhecido" (RE 215.267, Rel. Min. Ellen Gracie, julgamento em 24-4-2001, Primeira Turma, DJ de 25-5-2001.); **III**: incorreta. Conforme determina o art. 23 da Lei 12.016/2009 (Mandado de Segurança), o direito de requerer mandado de segurança extinguir-se-á decorridos 120 (cento e vinte) dias, **contados da ciência, pelo interessado, do ato impugnado**. **IV**: incorreta. De acordo com o art. 1º, § 2º, da Lei 12.016/09 (Mandado de Segurança), **não cabe mandado de segurança contra os atos de gestão comercial praticados pelos administradores de empresas públicas, de sociedade de economia mista** e de concessionárias de serviço público.

Gabarito "A"

(Delegado/RJ – 2013 – FUNCAB) Com base nas orientações do Supremo Tribunal Federal, no que se refere às ações constitucionais, é correto afirmar:

(A) É cabível a impetração do mandado de injunção mesmo que já exista norma regulamentadora de direito previsto na Constituição Federal, desde que essa norma seja flagrantemente inconstitucional.

(B) A entidade de classe tem legitimação para o mandado de segurança ainda quando a pretensão veiculada interesse apenas a uma parte da respectiva categoria.

(C) É incabível o mandado de injunção coletivo, por ausência de previsão constitucional.

(D) Os tribunais do Poder Judiciário não têm competência originária para julgamento de ação popular, mesmo que proposta contra atos de autoridades que dispõem de foro por prerrogativa de função, exceto no caso do Presidente da República em que a competência originária é do Supremo Tribunal Federal.

(E) É cabível o mandado de injunção se a Constituição Federal outorga mera faculdade ao legislador para regulamentar direito previsto em algum de seus dispositivos.

A: incorreta. De acordo com o STF: "Uma vez editada a lei em relação à qual restou apontada omissão, tem-se a perda de objeto do mandado de injunção. (...) **O mandado de injunção não é o meio próprio a lograr-se o controle concentrado de constitucionalidade** de certa norma" (MI 575-AgR, Rel. Min. Marco Aurélio, julgamento em 29-10-1998, Plenário, DJ de 26-2-1999.) No mesmo sentido: MI 4.831-AgR, rel. min. Teori Zavascki, julgamento em 29-5-2013, Plenário, DJE de 28-8-2013; MI 1.022-AgR, Rel. Min. Ricardo Lewandowski, julgamento em 10-5-2012, Plenário, DJE de 22-6-2012; MI 742-ED, Rel. Min. Gilmar Mendes, julgamento em 10-3-2008, Plenário, DJE de 30-5-2008. Além disso, "(...) o mandado de injunção **não é o meio processual adequado para questionar a efetividade da lei regulamentadora**" (MI 4.831-AgR, rel. min. Teori Zavascki, julgamento em 29-5-2013, Plenário, DJE de 28-8-2013.); **B:** correta. De acordo com a súmula 630 do STF, a entidade de classe tem legitimação para o mandado de segurança ainda quando a pretensão veiculada interesse apenas a uma parte da respectiva categoria; **C:** incorreta. A Corte Maior admite a impetração de mandado de injunção coletivo, vejamos: "A jurisprudência desta Corte sedimentou a possibilidade **de as entidades de classe, desde que legalmente constituídas e em funcionamento há pelo menos um ano, utilizarem o mandado de injunção coletivo**" (MI 4.503-AgR, rel. min. Ricardo Lewandowski, julgamento em 7-11-2013, Plenário, DJE de 3-12-2013.) Vide: MI 472, rel. min. Celso de Mello, julgamento em 6-9-2005, Plenário, DJ de 2-3-2001. Outro julgado: "Nos mandados de injunção coletivos, a emissão de juízo de mérito pressupõe a especificação dos substituídos e a demonstração de que efetivamente inviabilizado o exercício do direito com base na lacuna normativa apontada" (MI 2.859-ED, rel. min. Rosa Weber, julgamento em 19-6-2013, Plenário, DJE de 13-8-2013.); **D:** incorreta. Os tribunais do Poder Judiciário não têm competência originária para julgamento de ação popular, mesmo que proposta contra atos de autoridades que dispõem de foro por prerrogativa de função; **E:** incorreta. Conforme determina o STF: "O direito à legislação só pode ser invocado pelo interessado, quando também existir – simultaneamente imposta pelo próprio texto constitucional – a previsão do dever estatal de emanar normas legais. Isso significa que o direito individual **à atividade legislativa do Estado apenas se evidenciará naquelas estritas hipóteses em que o desempenho da função de legislar refletir, por efeito de exclusiva determinação constitucional, uma obrigação jurídica indeclinável imposta ao poder público"** (MI 5.926-AgR, rel. min. Celso de Mello, julgamento em 10-4-2014, Plenário, DJE de 2-6-2014.)

Gabarito "B"

(Delegado/RJ – 2013 – FUNCAB) A jurisprudência do Supremo Tribunal Federal fixou entendimentos sobre o mandado de segurança. Com base nessas orientações, é correto afirmar:

(A) É constitucional a lei que fixa prazo prescricional para impetração de mandado de segurança.

(B) Controvérsia sobre matéria de direito impede concessão de mandado de segurança.

(C) A concessão de mandado de segurança produz efeitos patrimoniais em relação a período pretérito, os quais somente devem ser reclamados pela via judicial própria.

(D) Praticado o ato por autoridade, no exercício de competência delegada, contra ela cabe o mandado de segurança ou a medida judicial.

(E) É cabível mandado de segurança contra decisão judicial com trânsito em julgado.

A: incorreta. Conforme dispõe a súmula 632 do STF, é constitucional a lei que fixa o prazo de **decadência** para a impetração do mandado de segurança; **B:** incorreta. De acordo com a súmula 625 do STF, a controvérsia sobre matéria de direito **não impede** concessão de mandado de segurança; **C:** incorreta. Determina a súmula 271 do STF que a concessão de mandado de segurança **não produz** efeitos patrimoniais, em relação a período pretérito, os quais devem ser reclamados administrativamente ou pela via judicial própria; **D:** correta. É o que determina o enunciado da súmula 510 do STF; **E:** incorreta. Conforme dispõe o art. 5º, III, da Lei 12.016/2009 (Lei do Mandado do Segurança), **não se concederá** mandado de segurança quando se tratar de decisão judicial transitada em julgado.

Gabarito "D"

(Delegado/AP – 2006 – UFAP) Nos termos do art. 5º, LXVIII, da Constituição Federal, conceder-se-á *habeas corpus* sempre que alguém sofrer ou se achar ameaçado de sofrer violência ou coação em sua liberdade de locomoção, por ilegalidade ou abuso de poder. Baseando em tal garantia constitucional, marque a alternativa correta.

(A) A detenção em edifício não destinado a acusados ou condenados por crimes comuns, na vigência de estado de sítio, não autoriza a impetração de *habeas corpus*.

(B) Para impetração de *habeas corpus*, é necessário obedecer aos chamados pressupostos processuais ou condições da ação, inclusive da capacidade postulatória.

(C) O *habeas corpus* trata-se de ação de natureza criminal, que consiste em proporcionar acesso célere ao Poder Judiciário contra atos que violem a liberdade de locomoção.

(D) O *habeas corpus* pode ser utilizado em relação às punições disciplinares de caráter militar.

(E) Não é cabível *habeas corpus* para aferir os pressupostos formais da aplicação de punição disciplinar na ordem militar, tais como a hierarquia da autoridade sancionadora e da sancionada.

A: correta. (arts. 139, II, e 5º, LXVIII, ambos da CF/1988); **B:** incorreta, tendo em vista o contido no art. 654, *caput*, do CPP. Na doutrina, cabe destacar a lição de Nestor Távora e Rosmar Rodrigues Alencar no *Curso de Direito Processual Penal* (Juspodivm, 2011, 5ª Edição, pág. 1054: "Pode o impetrante ser bacharel em direito, com inscrição na OAB, pessoa jurídica representada ou não por advogado, ou, simplesmente, ser pessoa leiga, sem capacidade postulatória e sem se fazer representada por advogado". O *habeas corpus* é regido pelo princípio da informalidade, desse modo, o impetrante ao fazer a petição não precisa se ater rigorosamente aos requisitos do art. 282 do CPC; **C:** incorreta, tendo em vista que a função primordial desse remédio é proteger o direito de locomoção (direito de ir, vir e permanecer); D e **E:** incorretas, em razão do art. 142, § 2º, da CF/1988, por força do qual não cabe *habeas corpus* contra punições disciplinares militares. É importante ressaltar, entretanto, que a vedação à impetração do *habeas corpus* se restringe à hipótese em que se pretende discutir o mérito da punição, não se estendendo, portanto, aos casos em que se persegue o afastamento de ilegalidade da medida. Cabe transcrever os ensinamentos de Gilmar Ferreira Mendes in *Curso de Direito Constitucional* (Editora Saraiva, 2007, São Paulo, pág. 505): "O Supremo Tribunal Federal tem sido enfático em afirmar que não se cogita de afronta ao art. 142, § 2º, se o *habeas corpus* impugna os pressupostos de legalidade da punição disciplinar e não o seu mérito. Outro não tem sido o entendimento da doutrina, segundo a qual 'o que deve ser vedado ao controle judicial é o exame acerca da conveniência ou oportunidade da medida disciplinar adotada (se privativa da liberdade ou outra eventualmente cabível), mas jamais a apreciação da sua legalidade".

Gabarito "A"

(Delegado/DF – 2004) Sobre os "remédios constitucionais" é correto afirmar que

(A) o *habeas corpus* pode ser impetrado por qualquer pessoa física, desde que nacional, sendo vedada a sua utilização por pessoa jurídica, ainda que em favor de pessoa física, e pelo Ministério Público;

(B) conceder-se-á mandado de segurança para proteger direito líquido e certo, sempre que a falta de norma regulamentadora torne inviável o exercício dos direitos e liberdades constitucionais e das prerrogativas inerentes à nacionalidade, à soberania e à cidadania;

(C) conceder-se-á *habeas data* para assegurar o conhecimento de informações relativas à pessoa do impetrante, constantes de registros ou bancos de dados de entidades governamentais ou de caráter público, assim como para a retificação de dados, quando não se prefira fazê-lo por processo sigiloso, judicial ou administrativo;

(D) qualquer pessoa, física ou jurídica, é parte legítima para propor ação popular que vise a anular ato lesivo ao patrimônio público;

(E) conceder-se-á mandado de injunção para proteger direito líquido e certo, não amparado por *habeas corpus* ou *habeas data*, quando o responsável pela ilegalidade ou abuso de poder for autoridade pública ou agente de pessoa jurídica no exercício de atribuições do Poder Público.

A: incorreta. Na forma do disposto no *caput* do art. 5º da CF/1988, os direitos e garantias individuais e coletivos são titularizados também pelos estrangeiros residentes no País, de forma que a condição de ser nacional não é aplicável ao remédio do *habeas corpus* e nem a algum outro direito previsto no art. 5º da CF/1988. Além disso, não existe vedação à impetração de *habeas corpus* por pessoa jurídica, sendo ampla a legitimidade ativa, na forma do disposto no art. 654, *caput*, do CPP, segundo o qual "o *habeas corpus* poderá ser impetrado por qualquer pessoa, em seu favor ou de outrem, bem como pelo Ministério Público"; **B:** incorreta, tendo em vista que o item descreve o objeto jurídico protegido pelo mandado de injunção (art. 5º, LXXI, da CF/1988). **C:** correta, conforme o disposto no art. 5º, LXXII, "a" e "b", da CF/1988; **D:** incorreta. A legitimidade ativa da ação popular é restrita ao cidadão, ou seja, aquele que possui título de eleitor e está no gozo de seus direitos políticos (art. 5º, LXXIII, da CF/1988 e art. 1º, § 3º, da Lei 4.717/1965 – Lei da Ação Popular). Não é admitida a propositura dessa ação por pessoa jurídica. **E:** incorreta, pois o item descreve o remédio denominado mandado de segurança (art. 5º, LXIX, da CF/1988).

Gabarito "C"

(Delegado/GO – 2003 – UEG) Em relação aos "instrumentos constitucionais", providos de natureza jurídica de ação, considere as seguintes proposições:

I. A ação popular é ação constitucional cabível contra ato lesivo ao meio ambiente.

II. O *habeas corpus* é ação constitucional não cabível em relação às medidas adotadas na vigência do estado de sítio e nas punições disciplinares militares.

III. A Constituição Federal de 1988, ao erigir cada um dos cidadãos brasileiros em defensor do patrimônio público, legitimou-os para propor ação popular, ficando o autor, salvo comprovada má-fé, isento de custas judiciais e do ônus da sucumbência.

IV. O mandado de injunção, o mandado de segurança, a ação civil pública e o *habeas data* são ações constitucionais empregadas para proteger, indiretamente, qualquer direito violado ou ameaçado de violação por autoridades que praticam lesões ao interesse público.

V. O cidadão que não consegue obter informações sobre assentamentos em órgão público ou entidade de caráter público, para eventuais retificações que se façam necessárias a seu respeito, poderá obtê-las através de *habeas data*.

Marque a alternativa CORRETA:

(A) Apenas as proposições I, II e IV são verdadeiras.
(B) Apenas as proposições I, III e V são verdadeiras.
(C) Apenas as proposições II, IV e V são verdadeiras.
(D) Todos as proposições são verdadeiras.

I: correta. Um dos bens jurídicos tutelados pela via judicial da ação popular é o meio ambiente na forma do disposto no art. 5º, LXXIII, da CF/1988; **II:** errada. Não existe vedação constitucional expressa à concessão de *habeas corpus* na vigência de estado de sítio; **III:** correta, tendo em conta o art. 5º, LXXIII, da CF/1988; **IV:** errada. Os objetos protegidos por cada um dos remédios constitucionais referidos no item são distintos, não cabendo falar, portanto, que qualquer direito violado ou ameaçado de violação pode ser protegido pelas ações correspondentes. Além disso, não apenas lesões a interesse público são tuteladas pelas ações constitucionais em referência. As ações de mandado de segurança individual, *habeas data*, por exemplo, são ações constitucionais em que se busca a proteção de direitos individuais; V: correta, por expressa previsão constitucional (art. 5º, LXXII, da CF/1988).

Gabarito "B".

(Delegado/MG – 2006) Assinale a opção correta:

(A) De acordo com o entendimento do Supremo Tribunal Federal, o Presidente da República e os Ministros de Estado respondem às ações populares perante o mesmo Supremo Tribunal Federal.
(B) Os atos de caráter administrativo do Poder Judiciário são passíveis de impugnação por meio de ação popular, não assim, porém, os atos de cunho jurisdicional.
(C) De uma decisão que indefere mandado de segurança impetrado originariamente perante o Tribunal Regional Federal, cabe recurso especial para o Superior Tribunal de Justiça, se houver ofensa à lei federal, ou ao Supremo Tribunal Federal, se houver ofensa à Constituição.
(D) O mandado de segurança coletivo protege tanto os direitos difusos e coletivos, quanto os direitos subjetivos.

A: incorreta. O entendimento do STF é no sentido contrário, qual seja, o de que a competência para julgar ação popular contra ato de qualquer autoridade é, em regra, do juízo competente em primeira instância. Cabe lembrar que o STF é competente para julgar o *habeas corpus*, sendo pacientes Ministros de Estado ou o Presidente da República; o mandado de segurança e o *habeas data* contra atos do Presidente da República, das Mesas da Câmara dos Deputados e do Senado Federal, do Tribunal de Contas da União, do Procurador-Geral da República e do próprio Supremo Tribunal Federal (art. 102, I, "d", CF/1988). Sobre o tema, vale a leitura da decisão proferida no AO-QO 859, Rel. Min. Ellen Gracie: "EMENTA: AÇÃO ORIGINÁRIA. QUESTÃO DE ORDEM. AÇÃO POPULAR. COMPETÊNCIA ORIGINÁRIA DO SUPREMO TRIBUNAL FEDERAL: NÃO OCORRÊNCIA. PRECEDENTES. 1. A competência para julgar ação popular contra ato de qualquer autoridade, até mesmo do Presidente da República, é, via de regra, do juízo competente de primeiro grau. Precedentes. 2. Julgado o feito na primeira instância, se ficar configurado o impedimento de mais da metade dos desembargadores para apreciar o recurso voluntário ou a remessa obrigatória, ocorrerá a competência do Supremo Tribunal Federal, com base na letra 'n' do inciso I, segunda parte, do artigo 102 da Constituição Federal. 3. Resolvida a Questão de Ordem para estabelecer a competência de um dos juízes de primeiro grau da Justiça do Estado do Amapá.(AO-QO 859, ELLEN GRACIE, STF)"; **B:** correta. Com efeito, apenas atos administrativos são passíveis de impugnação pela via estreita da ação popular, cabendo, nos casos de atos de cunho jurisdicional, o manejo dos recursos processuais cabíveis. Nesse mesmo sentido se orienta a jurisprudência do STF: "EMENTA: AÇÃO POPULAR PROMOVIDA CONTRA DECISÃO EMANADA DO SUPERIOR TRIBUNAL DE JUSTIÇA – AUSÊNCIA DE COMPETÊNCIA ORIGINÁRIA DO SUPREMO TRIBUNAL FEDERAL – INADMISSIBILIDADE DA AÇÃO POPULAR CONTRA ATO DE CONTEÚDO JURISDICIONAL – AÇÃO POPULAR DE QUE NÃO SE CONHECE – AGRAVO IMPROVIDO. O PROCESSO E O JULGAMENTO DE AÇÕES POPULARES CONSTITUCIONAIS (CF, ART. 5º, LXXIII) NÃO SE INCLUEM NA ESFERA DE COMPETÊNCIA ORIGINÁRIA DO SUPREMO TRIBUNAL FEDERAL. – (...) NÃO CABE AÇÃO POPULAR CONTRA ATOS DE CONTEÚDO JURISDICIONAL. – Revela-se inadmissível o ajuizamento de ação popular em que se postule a desconstituição de ato de conteúdo jurisdicional (AO 672-DF, Rel. Min. CELSO DE MELLO). – (...) (Pet-AgR 2018, CELSO DE MELLO, STF)" (omitiu-se) (destacou-se); **C:** incorreta. O recurso próprio, nessa hipótese, é o ordinário, na forma do disposto no art. 105, II, "b", da CF/1988; **D:** incorreta. O mandado de segurança coletivo tem por finalidade proteger direitos transindividuais, devendo os direitos subjetivos serem protegidos por meio do mandado de segurança individual.

Gabarito "B".

(Delegado/RJ – 2009 – CEPERJ) Assinale a alternativa correta.

(A) O *habeas data* destina-se a assegurar o conhecimento de quaisquer informações relativas à pessoa do impetrante, exclusivamente constantes de registros ou bancos de dados de entidades governamentais, bem como para retificação de dados, quando não se prefira fazê-la por processo sigiloso, judicial ou administrativo.
(B) Somente o brasileiro nato é parte legítima para propor ação popular.
(C) Qualquer partido político possui legitimidade para propor mandado de segurança coletivo.
(D) O mandado de injunção será concedido sempre que a falta de norma regulamentadora torne inviável o exercício dos direitos e liberdades constitucionais e das prerrogativas inerentes à nacionalidade, à soberania e à cidadania.
(E) São gratuitas as ações de *habeas data*, *habeas corpus* e mandado de segurança e, na forma da lei, os atos necessários ao exercício da cidadania.

A: incorreta. O *habeas data*, conforme se observa do art. 5º, LXIX, da CF também se destinada a assegurar o conhecimento de dados do impetrante constantes de bancos de dados de caráter público. Nos termos do art. 1º da Lei n.º 9.507/1997 são definidos como de caráter público "todo registro ou banco de dados contendo informações que sejam ou que possam ser transmitidas a terceiros ou que não sejam do uso privativo do órgão ou entidade produtora ou depositária das informações"; **B:** incorreta. Qualquer cidadão, nato ou naturalizado, detém legitimidade para propor ação popular, conforme garantia prevista no art. 5º, LXXIII, da CF/1988. Trata-se, portanto, de ação pública de legitimidade ampla; **C:** incorreta, uma vez que apenas partidos políticos com representação no Congresso Nacional podem propor mandado de segurança coletivo (art. 5º, LXX, "a", da CF/1988); **D:** correta, por força do disposto no art. 5º, LXXI, da CF/1988; **E:** incorreta, uma vez que a Constituição garante gratuidade aos remédios constitucionais judiciais do *habeas corpus* e do *habeas data*. A ação de mandado de segurança não é gratuita sendo cobradas custas judiciais. O que não há no mandado de segurança é a condenação em honorários em desfavor da parte que sucumbe (art. 25 da Lei n.º 12.016/2009).

Gabarito "D".

(Delegado/RJ – 2009 – CEPERJ) O remédio constitucional adequado para postular judicialmente a emissão de certidão de antecedentes criminais é:

(A) a ação popular.
(B) o *habeas corpus*.
(C) o mandado de injunção.
(D) o *habeas data*.
(E) o mandado de segurança.

A emissão de certidão de antecedentes criminais não se vincula diretamente ao direito à liberdade de locomoção de forma que na hipótese de resistência pela administração pública à sua emissão, não cabe ao prejudicado a impetração da ação de *habeas corpus*, mas sim de mandado de segurança (Art. 5º, LXIX, da CF/1988). Na jurisprudência, cabe destacar a seguinte decisão, em que se deixa evidenciada a inexistência de correlação direta da certidão com o direito de locomoção: "RECURSO EM *HABEAS CORPUS* – EXPEDIÇÃO EQUIVOCADA DE CERTIDÃO POSITIVA DE ANTECEDENTES CRIMINAIS – CORREÇÃO DO ERRO PELO JUÍZO E CARTÓRIO – AUSÊNCIA DE CONSTRANGIMENTO ILEGAL. – Inexiste ameaça concreta ao direito de locomoção (ir e vir) em equívoco cometido pelo cartório que forneceu certidão positiva de antecedentes criminais inexistentes. Por outro lado, conforme salientado pelo v. acórdão guerreado, tal circunstância já se encontra sendo solucionada pelo Juízo e cartório responsável. – Recurso desprovido" (RHC 200101145082, JORGE SCARTEZZINI, STJ – QUINTA TURMA, 26/08/2002).

Gabarito "E".

(Delegado/SP – 2002) Não se admite "*habeas corpus*" em relação a punições:

(A) disciplinares e civis.
(B) civis e administrativas.
(C) disciplinares e militares.
(D) administrativas e militares.

Nos termos do art. 142, § 2º, CF/1988, não cabe *habeas corpus* contra punições disciplinares militares. É importante ressaltar, entretanto, que a vedação à impetração do remédio em comento se restringe à hipótese em que se pretende discutir o mérito da punição não se estendendo, portanto, aos casos em que se persegue o afastamento de ilegalidade da medida. Nesse sentido são doutrina e jurisprudência pátrias. Cabe transcrever os ensinamentos de Gilmar Ferreira Mendes in *Curso de Direito Constitucional* (Editora Saraiva, 2007, São Paulo, pág. 505): "O Supremo Tribunal Federal tem sido enfático em afirmar que não se cogita de afronta ao art. 142, § 2º, se o *habeas corpus* impugna os pressupostos de legalidade da punição disciplinar e não o seu mérito. Outro não tem sido o entendimento da doutrina, segundo a qual o que deve ser vedado ao controle judicial é o exame acerca da conveniência ou oportunidade da medida disciplinar adotada (se privativa da liberdade ou outra eventualmente cabível), mas jamais a apreciação da sua legalidade". As punições disciplinares, salvo quanto a sua legalidade, também não podem ser objeto de *habeas corpus* (art. 647, *caput*, CPP).

Gabarito "C"

(Delegado/SP – 2000) A legitimidade ativa do cidadão para intentar ação popular representa a consagração de um direito

(A) político.
(B) econômico-financeiro.
(C) à segurança jurídica.
(D) social.

A ação popular tem por objetivo a proteção do patrimônio público ou de entidade de que o Estado participe, à moralidade administrativa, ao meio ambiente e ao patrimônio histórico e cultural, na forma do art. 5º, LXXIII, da CF/1988. Tal ação é considerada um importante instrumento de defesa do interesse público. Tomando por base os bens por ela tutelados, é possível concluir que representa a consagração do direito de cunho eminentemente político. Além disso, a legitimidade para propô-la é dada a qualquer cidadão, ou seja, aquele que fez o alistamento eleitoral e está em dia com os seus direitos políticos.

Gabarito "A"

(Delegado/SP – 1998) O mandado de segurança coletivo pode ser impetrado por

(A) partido político com representação no Congresso Nacional.
(B) qualquer partido político.
(C) partido político legalmente constituído e em funcionamento a pelo menos 1 (um) ano.
(D) partido político com representação em Assembleias Legislativas de pelo menos 8 (oito) Estados.

Com base no art. 5º, LXX, "a", da CF/1988, os partidos políticos com representação no Congresso Nacional podem impetrar mandado de segurança coletivo. Cabe lembrar, nesse ponto, que há precedentes do Supremo Tribunal Federal, no sentido de que os partidos políticos só podem impetrar mandado de segurança coletivo para defender direitos de seus filiados, observada a pertinência com as finalidades institucionais e objetivos programáticos da agremiação (RE 196.184). Além disso, não é necessária autorização especial de eventuais beneficiados pela decisão a ser dada em sede de mandado de segurança coletivo (art. 21 da Lei 12.016/2009).

Gabarito "A"

5.3. Teoria geral dos direitos fundamentais

(Delegado/RJ – 2013 – FUNCAB) Assinale, dentre as opções abaixo, aquela que indica uma característica INCORRETA dos direitos e garantias tidos como fundamentais previstos na

Constituição da República:

(A) Históricos.
(B) Cumuláveis ou concorrentes.
(C) Inalienáveis.
(D) Absolutos.
(E) Irrenunciáveis.

A: correta. A **historicidade** é uma das características dos direitos fundamentais e significa que a formação dos direitos fundamentais se dá no decorrer da história. A origem desses direitos tem por base movimentos como o constitucionalismo. Sua evolução concreta é demonstrada ao longo do tempo. As conhecidas gerações ou dimensões dos direitos fundamentais se fundamentam especificamente nessa característica; **B:** correta. **Cumulatividade ou concorrência** dos direitos fundamentais significa que esses direitos não se excluem, na verdade se somam. Para o exercício de um, não é necessário que outro seja eliminado. Como o próprio nome da característica indica, esses direitos são cumuláveis, podem ser exercidos de forma simultânea; **C:** correta. Os direitos fundamentais são **inalienáveis**, ou seja, não podem ser vendidos; **D:** incorreta, devendo ser assinalada. **Não há direito absoluto**. Ao contrário do mencionado na alternativa, os direitos fundamentais possuem a característica da **limitabilidade ou caráter relativo** que significa que ainda que sejam considerados fundamentais, não são direitos absolutos. Na crise advinda do confronto entre dois ou mais direitos fundamentais, ambos terão de ceder. Às vezes será necessário fazer prevalecer um em detrimento do outro naquela situação específica. Um exemplo é o choque entre a liberdade de informação e o direito à vida privada. Até que momento a imprensa, a informação jornalística, deve ser prestigiada em detrimento da vida privada? O STF terá de se valer da ponderação de valores. Somente após análise do caso concreto é possível fazer apontamentos mencionando o que deve prevalecer; **E:** correta. A característica da **irrenunciabilidade** significa que ninguém pode recusar, abrir mão de um direito fundamental. O exercício desses direitos pode não ser efetivado por aquele que não o deseja, mas, ainda que não colocados em prática, pertencem ao seu titular. O Estado é o garantidor.

Gabarito "D"

(Delegado/MG – 2008) Segundo Alexandre de Moraes, a Constituição de 1988 subdividiu os direitos fundamentais da seguinte forma:

(A) direitos de primeira, segunda e terceira gerações.
(B) direitos individuais e coletivos, sociais, de nacionalidade, políticos e direitos relacionados à existência, organização e participação em partidos políticos.
(C) direitos civis, políticos, coletivos e de nacionalidade.
(D) direitos individuais, coletivos, sociais e difusos.

A Constituição Federal de 1988 trouxe, em seu título II, os direitos e garantias fundamentais, subdividindo-os em cinco capítulos, quais sejam: os direitos individuais e coletivos; direitos sociais; nacionalidade; direitos políticos e partidos políticos. Dessa maneira, a classificação adotada pelo legislador constituinte estabeleceu cinco espécies relativas ao gênero, direitos e garantias fundamentais: direitos e garantias individuais e coletivas; direitos sociais; direitos de nacionalidade; direitos políticos; e direitos relacionados à existência, organização e participação em partidos políticos.

Gabarito "B"

(Delegado/SP – 2008) Quando os direitos fundamentais são aplicados de maneira reflexa, tanto em uma dimensão proibitiva e voltada para o legislador, que não poderá editar lei que viole direitos fundamentais, como ainda, positiva, voltada para que o mesmo legislador implemente os direitos fundamentais, ponderando quais devam aplicar-se às relações privadas, estamos diante de um fenômeno jurídico que começa a ser debatido no STF. Trata-se da

(A) eficácia mediata dos direitos fundamentais.
(B) eficácia imediata dos direitos fundamentais.
(C) eficácia irradiante dos direitos fundamentais.
(D) eficácia ponderativa dos direitos fundamentais.
(E) eficácia irrestrita dos direitos fundamentais.

Na teoria da eficácia indireta ou mediata, os direitos fundamentais são aplicados de forma reflexa, seja dentro de uma dimensão proibitiva e voltada para o legislador que não poderá editar lei que viole direitos fundamentais, seja positiva, voltada para que o legislador implemente os direitos fundamentais, ponderando quais devem se aplicar às relações privadas. Uma das técnicas mencionadas pelos defensores da eficácia mediata é a utilização, pelo Legislador, das chamadas "cláusulas gerais", como o princípio da função social, da boa-fé objetiva e da equivalência material das prestações.

Gabarito "A"

6. DIREITOS SOCIAIS

(Delegado/AP – 2006 – UFAP) No concernente aos "Direitos Sociais" é correto afirmar:

(A) É obrigatória, nos termos da Constituição Federal, a participação dos sindicatos nas negociações coletivas de trabalho.
(B) A Constituição Federal assegura jornada de cinco horas para trabalho realizado em turnos ininterruptos de revezamento.
(C) É permitida a criação de mais de uma organização sindical, em qualquer grau, representativa de categoria profissional, na mesma base territorial.
(D) A proteção contra a despedida arbitrária ou sem justa causa há de ser disciplinada em lei ordinária.
(E) A Constituição assegura de forma absoluta a irredutibilidade do salário.

A: correto (art. 8º, VI, da CF/1988); **B:** incorreto (art. 7º, XIV, da CF/1988); **C:** incorreto (art. 8º, II, da CF/1988); **D:** incorreto (art. 7º, I, da CF/1988); **E:** incorreto (art. 7º, VI, da CF/1988).

Gabarito "A"

(Delegado/SP – 2008) São direitos sociais:

(A) a intimidade, a igualdade e a reserva legal.
(B) a liberdade, a igualdade e a publicidade.
(C) a vida, a saúde e a manifestação do pensamento.

(D) a incolumidade física e o direito à propriedade.
(E) a segurança, a proteção à maternidade e a infância.

Conforme dispõe o art. 6º da CF/1988 são direitos sociais – a educação, a saúde, a alimentação, o trabalho, a moradia, o lazer, a segurança, a previdência social, a proteção à maternidade e à infância, a assistência aos desamparados, na forma desta Constituição. Vale lembrar que esse dispositivo sofreu alteração pela EC nº 64/2010, a qual acrescentou a **alimentação** como mais um direito social.
Gabarito "E"

7. NACIONALIDADE

(Delegado/SP – 2014 – VUNESP) É privativo de brasileiro nato o cargo de

(A) Ministro do Supremo Tribunal Federal.
(B) Senador.
(C) Juiz de Direito.
(D) Delegado de Polícia.
(E) Deputado Federal.

A: correta. De acordo com o art. 12, § 3º, da CF, são privativos de brasileiro nato os cargos: I – de Presidente e Vice-Presidente da República; II – de Presidente da Câmara dos Deputados; III – de Presidente do Senado Federal; IV – de **Ministro do Supremo Tribunal Federal**; V – da carreira diplomática; VI – de oficial das Forças Armadas e VII – de Ministro de Estado da Defesa; **B:** incorreta. Apenas o Presidente do Senado é que precisa ser brasileiro nato; **C:** incorreta. Os juízes de direito não precisam ser brasileiros natos; **D:** incorreta. Os delegados de polícia também não precisam ser brasileiros natos; **E:** incorreta. Por fim, a CF também não exige que cargos de deputados federais sejam ocupados por brasileiros natos.
Gabarito "A"

(Delegado Federal – 2002 – CESPE) Julgue o seguinte item.

(1) Os cargos de policiais federais são privativos de brasileiros natos.
(2) Os crimes de ingresso ou permanência irregular de estrangeiros em território nacional serão julgados pela justiça federal.
(3) O naturalizado por sentença judicial definitiva não poderá perder a nacionalidade brasileira, ainda que venha a praticar atos terroristas em território nacional.

1: errado: os cargos privativos de nato estão previstos no art. 12, § 3º e 89, VII, ambos da CF/1988. Dentre tais dispositivos não há menção ao cargo de policial federal; **2:** correto: de fato é da competência da justiça federal o julgamento de tais crimes (art. 109, X, da CF/1988); **3:** errado: art. 5º, LI, e 12, § 4º, I, da CF/1988.
Gabarito 1E, 2C, 3E

(Delegado/AP – 2010) Assinale o cargo que não é privativo de brasileiro nato.

(A) Carreira diplomática.
(B) Ministro de Estado da Defesa.
(C) Ministro do Superior Tribunal de Justiça.
(D) Presidente da Câmara dos Deputados.
(E) Oficial das Forças Armadas.

Os cargos privativos de brasileiro nato estão previstos no art. 12, § 3º e 89, VII, ambos da CF/1988. Dentre tais dispositivos não há menção ao de Ministro do Superior Tribunal de Justiça.
Gabarito 1C

(Delegado/GO – 2003 – UEG) O Supremo Tribunal Federal poderá conceder a extradição de

(A) brasileiro nato, após comprovado envolvimento em crime comum.
(B) brasileiro naturalizado, em caso de tráfico ilícito de entorpecentes e drogas afins, na forma da lei.
(C) estrangeiro, por crime político.
(D) estrangeiro, por motivo de crime de opinião.

A: incorreto. Brasileiro nato não pode ser extraditado (art. 5º, LI, da CF/1988); **B:** correto (art. 5º, LI, da CF/1988); C e **D:** incorretos (art. 5º, LII, da CF/1988).
Gabarito "B"

(Delegado/MS – 2006) Assinale a alternativa que preenche corretamente a lacuna do texto abaixo:

Segundo a nossa carta magna, nenhum brasileiro será extraditado, salvo o naturalizado, em caso de crime comum, praticado antes da naturalização, ou de comprovado envolvimento em __________, na forma da lei.

(A) terrorismo.
(B) tráfico ilícito de entorpecentes e drogas afins.
(C) sabotagem.
(D) espionagem.
(E) contrabando de pessoas do Brasil para o exterior.

De acordo com o art. 5º, LI, da CF/1988, nenhum brasileiro será extraditado, salvo o naturalizado, em caso de crime comum, praticado antes da naturalização, ou de comprovado envolvimento **em tráfico ilícito de entorpecentes e drogas afins**, na forma da lei.
Gabarito "B"

(Delegado/MT – 2006 – UFMT) Para a Constituição Federal são considerados brasileiros natos os

(A) nascidos no Brasil, ainda que de pais estrangeiros que estejam a serviço de seu país.
(B) nascidos no estrangeiro, de pai brasileiro ou mãe brasileira, desde que venham a residir no Brasil antes de completarem dois anos de idade.
(C) estrangeiros de qualquer nacionalidade residentes no Brasil há mais de quinze anos ininterruptos e sem condenação penal, desde que requeiram a nacionalidade brasileira.
(D) que, na forma da lei, adquiriram a nacionalidade brasileira.
(E) nascidos no estrangeiro, de pai brasileiro ou mãe brasileira, desde que qualquer deles esteja a serviço da República Federativa do Brasil.

A: incorreto (art. 12, I, "a", da CF/1988); **B:** incorreto (art.12, I, "c", da CF/1988); **C:** incorreto (art.12, II, "b", da CF/1988); **D:** incorreto (art.12, II, "a", da CF/1988); **E:** correto (art. 12, I, "b", da CF/1988).
Gabarito "E"

(Delegado/MT – 2000) Não é privativo, de brasileiro nato, o cargo de:

(A) Presidente da Câmara dos Deputados.
(B) de Ministro do Supremo Tribunal Federal.
(C) de Coronel do Exército.
(D) de Ministro do Superior Tribunal de Justiça.
(E) de Vice-Presidente da República.

Os cargos privativos de brasileiro nato estão previstos no art. 12, § 3º e 89, VII, ambos da CF/1988. Dentre tais dispositivos **não há menção a de Ministro do Superior Tribunal de Justiça**.
Gabarito "D"

(Delegado/SC – 2008) De acordo com a Constituição da República Federativa do Brasil pode ser extraditado o brasileiro naturalizado em caso de crime comum, praticado anteriormente à naturalização ou de comprovado envolvimento em tráfico ilícito de entorpecente e drogas afins, na forma da lei. Portanto, a afirmação acima está:

(A) incorreta, porque o brasileiro nato também pode ser extraditado.
(B) totalmente incompatível com o que dispõe a Constituição no capítulo dos Direitos e Deveres individuais e coletivos.
(C) incorreta, porque a prática do crime comum não autoriza a extradição.
(D) totalmente compatível com o que dispõe a Constituição no capítulo dos Direitos e Deveres Individuais e Coletivos.

Todas as alternativas encontram fundamento no inciso LI do art. 5º da CF/1988.
Gabarito "D"

(Delegado/MT – 2006) Analise as afirmações a seguir sobre nacionalidade.

A Constituição Federal:

I. vedou o estabelecimento, por lei, de distinção entre brasileiro nato e naturalizado.
II. permitiu a extradição de brasileiros natos e naturalizados.
III. desautorizou o provimento de cargos de carreira diplomática por brasileiros naturalizados.
IV. permitiu aos brasileiros naturalizados ocupar o cargo de Oficial das Forças Armadas.

Todas as afirmações corretas estão na alternativa:

(A) I – II
(B) I – III
(C) II – III – IV
(D) III – IV

I: correta (art. 12, § 2º, da CF/1988); **II:** incorreta (art. 5º, LI, da CF/1988); **III:** correta (art. 12, § 3º, V, da CF/1988); **IV:** incorreta (art. 12, § 3º, VI, da CF/1988).
Gabarito "B"

(Delegado/SP – 2003) O cancelamento de naturalização pela prática de atividade nociva ao interesse nacional será feito por

(A) lei ordinária.
(B) decreto do Presidente da República.
(C) portaria do Presidente da República.
(D) sentença judicial.

O cancelamento será feito por **sentença judicial**, conforme dispõe o art. 12, § 4º, I, da CF/1988.
Gabarito "D"

(Delegado/SP – 1999) São privativos de brasileiros natos os cargos

(A) de Deputado Federal.
(B) de Senador.
(C) de Ministro de Estado.
(D) da carreira diplomática.

De acordo com o art. 12, § 3º, I, da CF/1988, os cargos privativos de nato são: I – de Presidente e Vice-Presidente da República; II – de Presidente da Câmara dos Deputados; III – de Presidente do Senado Federal; IV – de Ministro do Supremo Tribunal Federal; V – **da carreira diplomática**; VI – de oficial das Forças Armadas e VII – de Ministro de Estado da Defesa.
Gabarito "D"

8. DIREITOS POLÍTICOS

(Delegado/AP – 2010) Relativamente aos "partidos políticos" assinale a afirmativa incorreta.

(A) É assegurada aos partidos políticos autonomia para definir sua estrutura interna, organização e funcionamento e para adotar os critérios de escolha e o regime de suas coligações eleitorais, sem obrigatoriedade de vinculação entre as candidaturas em âmbito nacional, estadual, distrital ou municipal, devendo seus estatutos estabelecer normas de disciplina e fidelidade partidária.
(B) É livre a criação, fusão, incorporação e extinção de partidos políticos, resguardados a soberania nacional, o regime democrático, o pluripartidarismo, os direitos fundamentais da pessoa humana e observados os seguintes preceitos: I – caráter nacional; II – proibição de recebimento de recursos financeiros de entidade ou governo estrangeiros ou de subordinação a estes; III – prestação de contas à Justiça Eleitoral; IV – funcionamento parlamentar de acordo com a lei.
(C) Os partidos políticos têm direito a recursos do fundo partidário e acesso gratuito ao rádio e à televisão, na forma da lei.
(D) Os partidos políticos, após adquirirem personalidade jurídica, na forma da lei civil, deverão coletar assinaturas de pelo menos 3% (três por cento) dos eleitores regulamente inscritos na justiça eleitoral de no mínimo 7 (sete) Estados ou Territórios para que seus estatutos possam ser registrados no Tribunal Superior Eleitoral e os partidos sejam como tal reconhecidos pela lei eleitoral.
(E) É vedada a utilização pelos partidos políticos de organização paramilitar.

A: correta (art. 17, § 1º, da CF/1988); **B:** correta (art. 17, I, II, III, IV, da CF/1988); **C:** correta (art. 17, § 3º, da CF/1988); **D:** incorreta, devendo ser assinalada (art. 17, § 2º, da CF/1988); **E:** correta (art. 17, § 4º, da CF/1988);
Gabarito "D"

(Delegado/SP – 2002) O alistamento eleitoral e o voto são

(A) facultativos para os eleitores estrangeiros que residam no Brasil.
(B) obrigatórios para maiores de dezoito anos, alfabetizados ou não.
(C) facultativos para eleitores estrangeiros que residam no Brasil e para os maiores de setenta anos.
(D) facultativos para os analfabetos e para os maiores de setenta anos.

Todas as alternativas encontram fundamento no art. 14, § 1º, I e II, da CF/1988. Dentre as assertivas descritas apenas a D está de acordo com o texto constitucional.
Gabarito "D"

(Delegado/SP – 2002) A idade mínima exigida como condição de elegibilidade para o cargo de Senador é de

(A) vinte e um anos.
(B) trinta anos.
(C) trinta e cinco anos.
(D) quarenta anos.

O fundamento é encontrado no art. 14, §3º, VI, "a", da CF/1988. A idade mínima de trinta e cinco anos é condição de elegibilidade não só para o cargo de Senador, mas também para o cargo de Presidente e Vice-Presidente da República.
Gabarito "C"

9. ORGANIZAÇÃO DO ESTADO

9.1. Organização político-administrativa

(Delegado/SP – 2014 – VUNESP) Compete privativamente à União legislar sobre

(A) produção e consumo.
(B) assistência jurídica e defensoria pública.
(C) trânsito e transporte.
(D) direito tributário, financeiro, penitenciário, econômico e urbanístico.
(E) educação, cultura, ensino e desporto.

A: incorreta. De acordo com o art. 24, V, da CF, compete à União, aos Estados e ao Distrito Federal legislar **concorrentemente** sobre produção e consumo; **B:** incorreta. Conforme determina o art. 24, XIII, da CF, a legislação sobre assistência jurídica e defensoria é da competência concorrente entre a União, aos Estados e ao Distrito Federal; **C:** correta. De fato, a competência para legislar sobre trânsito e transporte é privativa da União, conforme dispõe o art. 22, XI, da CF; **D:** incorreta. Tais assuntos, de acordo com o art. 24, I, da CF são da competência concorrente entre a União, aos Estados e ao Distrito Federal; **E:** incorreta. Por fim, a legislação sobre educação, cultura, ensino e desporto, conforme determina o art. 24, IX, da CF, também é da competência dos entes federados, de forma concorrente.
Gabarito "C"

(Delegado/PR – 2013 – UEL-COPS) Tendo em vista a repartição de competências entre os membros da federação brasileira, assinale a alternativa que apresenta, corretamente, a competência necessária para legislar sobre: produção e consumo; florestas, caça, pesca, fauna e conservação da natureza; proteção à infância e à juventude.

(A) Comum autorizada à União, aos Estados, ao Distrito Federal e aos Municípios.
(B) Concorrente autorizada à União, aos Estados e ao Distrito Federal.
(C) Suplementar autorizada à União, aos Estados e ao Distrito Federal.
(D) Exclusiva da União.
(E) Privativa da União.

De acordo com o art. 24, V, VI e XV, da CF a competência para legislar sobre tais assuntos é concorrente entre a União, os Estados e o Distrito Federal.
Gabarito "B"

(Delegado/PR – 2013 – UEL-COPS) Com relação ao texto da Constituição Brasileira (CF) de 1988, atribua V (verdadeiro) ou F (falso) às afirmativas a seguir.

I – ( )A CF não poderá ser emendada na vigência de intervenção federal, de estado de defesa ou de estado de sítio.
II – ( ) O decreto de intervenção é ato do chefe do Poder Executivo e deverá especificar a amplitude, o prazo e as condições de execução da intervenção e, se couber, nomeará o interventor.
III – ( ) Sempre que houver intervenção federal caberá o afastamento do governador do Estado-Membro da federação que sofre a intervenção, para a devida correção dos abusos cometidos.
IV – ( ) Entre as medidas coercitivas a vigorarem durante o estado de defesa encontram-se restrições ao direito de sigilo de correspondência e ao direito de sigilo de comunicação telegráfica e telefônica.
V – ( ) A declaração de estado de guerra ou a resposta à agressão armada estrangeira permite a suspensão dos direitos fundamentais individuais, para a boa condução da defesa do Estado brasileiro.

Assinale a alternativa que contém, de cima para baixo, a sequência correta.

(A) V, V, F, V, F.
(B) V, F, F, V, V.
(C) V, F, F, F, V.

(D) F, V, V, F, F.
(E) F, F, V, F, V.

I: verdadeira. De acordo com o art. 60, § 1º, da CF, a Constituição não poderá ser emendada na vigência de intervenção federal, de estado de defesa ou de estado de sítio; **II**: verdadeira. Conforme determina o art. 36, § 1º, da CF, o decreto de intervenção, que especificará a amplitude, o prazo e as condições de execução e que, se couber, nomeará o interventor, será submetido à apreciação do Congresso Nacional ou da Assembleia Legislativa do Estado, no prazo de vinte e quatro horas; **III**: falsa. A intervenção que não gera, necessariamente, o afastamento do Chefe do Executivo Estadual. De acordo com o art. 36, § 1º, o decreto de intervenção, que especificará a amplitude, o prazo e as condições de execução e que, **se couber, nomeará o interventor**, será submetido à apreciação do Congresso Nacional ou da Assembleia Legislativa do Estado, no prazo de vinte e quatro horas; **IV**: verdadeira. Conforme determina o art. 136, § 1º, da CF, o decreto que instituir o estado de defesa determinará o tempo de sua duração, especificará as áreas a serem abrangidas e indicará, nos termos e limites da lei, as medidas coercitivas a vigorarem, dentre as seguintes: I – restrições aos direitos de: a) reunião, ainda que exercida no seio das associações; b) **sigilo de correspondência**; c) **sigilo de comunicação telegráfica e telefônica**; **V**: falsa. A declaração de estado de guerra ou resposta a agressão armada estrangeira é motivo para a decretação do estado de sítio, de acordo com o que dispõe o art. 137, II, da CF. Ocorre que apenas o estado de sítio devidamente decretado é que pode ensejar medidas como: I – obrigação de permanência em localidade determinada; II – detenção em edifício não destinado a acusados ou condenados por crimes comuns; III – restrições relativas à inviolabilidade da correspondência, ao sigilo das comunicações, à prestação de informações e à liberdade de imprensa, radiodifusão e televisão, na forma da lei; IV – suspensão da liberdade de reunião; V – busca e apreensão em domicílio; VI – intervenção nas empresas de serviços públicos e VII – requisição de bens, conforme determina o art. 139 da CF.
Gabarito "A"

(Delegado/RJ – 2013 – FUNCAB) De acordo com a distribuição das competências legislativas entre os entes da Federação, prevista na Constituição da República, é correto afirmar:

(A) A União tem competência privativa para legislar sobre proteção à infância e à juventude.
(B) A União pode delegar aos Estados, por meio de Lei Ordinária, assuntos de sua competência legislativa privativa.
(C) A União, os Estados e o Distrito Federal possuem competência concorrente para legislar sobre sistema de consórcios e sorteios.
(D) A competência para legislar sobre a organização, garantias, direitos e deveres das polícias civis é privativa dos Estados e do Distrito Federal.
(E) Compete à União legislar privativamente sobre trânsito e transporte.

A: incorreta. A **proteção à infância e à juventude** é tema a ser legislado **concorrentemente** pela União, Estados e ao Distrito Federal, conforme determina o art. 24, XV, da CF; **B:** incorreta. A delegação deve ser feita por meio de **lei complementar**. De acordo com o art. 22, parágrafo único, da CF, lei complementar poderá autorizar os Estados a legislar sobre questões específicas das matérias relacionadas neste artigo, ou seja, os assuntos da competência privativa da União; **C:** incorreta. A legislação sobre os sistemas de **consórcios e sorteios** é da competência **privativa da União**, conforme determina o art. 22, XX, da CF; **D:** incorreta. De acordo com o art. 24, XVI, da CF, a **organização, garantias, direitos e deveres das polícias civis** são da competência **concorrente entre a União**, os Estados e o Distrito Federal; **E:** correta. É o que determina o art. 22, XI, da CF.
Gabarito "E"

(Delegado/SP – 2011) Atualmente as contas dos Municípios ficarão à disposição de qualquer contribuinte para exame e apreciação por

(A) 15 dias.
(B) 90 dias
(C) 30 dias
(D) 60 dias
(E) 100 dias

De acordo com o art. 31, § 3º, da CF/1988, as **contas** dos Municípios ficarão, durante **sessenta dias**, anualmente, **à disposição** de qualquer contribuinte, **para exame e apreciação**, o qual poderá questionar-lhes a legitimidade, nos termos da lei.
Gabarito "D"

(Delegado/AM) A competência dos Estados com relação à da União para legislar a respeito da proteção à infância e à juventude e no que concerne à organização das polícias civis tem a seguinte natureza:

(A) exclusiva
(B) originária
(C) excludente
(D) concorrente

Segundo José Afonso da Silva: "A nossa Constituição adota esse sistema complexo que busca realizar o equilíbrio federativo, por meio de uma repartição de competências que se fundamenta na técnica da enumeração dos poderes da União (arts. 21 e 22), com poderes remanescentes para os estados (art. 25, § 1º) e poderes definidos indicativamente para os Municípios (art. 30), mas combina com essa reserva de campos específicos (nem sempre exclusivos, mas apenas privativos), possibilidades de delegação (art. 22, parágrafo único), áreas comuns em que se preveem atuações paralelas da União, Estados, Distrito Federal e Municípios (art. 23) e setores concorrentes entre União e Estados em que a competência para estabelecer políticas gerais, diretrizes gerais ou normas gerais cabe à União, enquanto se defere aos Estados e até aos Municípios a competência suplementar" (*Curso de Direito Constitucional Positivo*, Malheiros, 28ª edição, pág. 479). Nos termos do art. 24, *caput* e incisos XV e XVI, da CF/1988, a competência para legislar sobre proteção à infância e juventude e organização das policias civis é expressamente concorrente.
Gabarito "D"

(Delegado/AP – 2010) Relativamente à organização do Estado, assinale a afirmativa incorreta.

(A) A organização político-administrativa da República Federativa do Brasil compreende a União, os Estados, o Distrito Federal e os Municípios, todos autônomos, nos termos desta Constituição.
(B) A autonomia federativa assegura aos Estados, ao Distrito Federal e aos Municípios estabelecer cultos religiosos ou igrejas, subvencioná-los, autorizar ou proibir seu funcionamento, na forma da lei.
(C) É vedado à União, aos Estados, ao Distrito Federal e aos Municípios criar distinções entre brasileiros ou preferências entre si.
(D) Os Estados podem incorporar-se entre si, subdividir-se ou desmembrar-se para se anexarem a outros, ou formarem novos Estados ou Territórios Federais, mediante aprovação da população diretamente interessada, através de plebiscito, e do Congresso Nacional, por lei complementar.
(E) A criação, a incorporação, a fusão e o desmembramento de Municípios, far-se-ão por lei estadual, dentro do período determinado por Lei Complementar Federal, e dependerão de consulta prévia, mediante plebiscito, às populações dos Municípios envolvidos, após divulgação dos Estudos de Viabilidade Municipal, apresentados e publicados na forma da lei.

A: correta, conforme dispõe o art. 18, "caput", da CF/1988. É importante destacar que alguns doutrinadores, como José Afonso da Silva, sustentam que nada obstante os Municípios façam parte da organização político-administrativa e quanto a isso não há dúvida, já que a Constituição expressamente os inclui, não podem ser considerados entes federativos, ou seja, não integrariam o sistema federativo; **B:** incorreta (devendo ser assinalada), tendo em vista o art. 19, I, da CF/1988. A República Federativa do Brasil é considerada um Estado leigo ou laico, ou seja, não guarda vínculo específico com qualquer doutrina religiosa; **C:** correta, em razão da previsão contida no art. 19, III, da CF/1988; **D:** correta (art. 18, § 3º, da CF/1988); **E:** correta (art. 18, § 4º, da CF/1988).
Gabarito "B"

(Delegado/AP – 2006 – UFAP) Marque a alternativa correta.

(A) A competência da União para legislar sobre normas gerais exclui a competência suplementar dos Estados membros.
(B) Inexistindo Lei Federal sobre normas gerais, os Estados membros exercerão a competência legislativa plena, para atender as suas peculiaridades.
(C) A superveniência de Lei Federal sobre normas gerais revoga a Lei Estadual, no que lhe for contrário.
(D) No âmbito da legislação comum, a competência da União limitar-se-á a estabelecer normas gerais.
(E) Os Estados Membros não podem legislar sobre normas gerais.

A: incorreta, os Estados exercem a competência suplementar (art. 24, § 2º, da CF/1988). Normas estaduais suplementares são aquelas que, na visão de José Afonso da Silva, "desdobrem o conteúdo de princípios ou normas gerais ou que supram a ausência ou omissão destas (art. 24, §§ 1º a 4º, da CF/1988)" (*Curso de Direito Constitucional Positivo*, Malheiros, 28ª edição, pág. 481); **B:** correta, tendo em vista o disposto no art. 24, § 3º, da CF/1988; **C:** incorreta, a superveniência de lei federal **suspende** a eficácia da lei Estadual e não a revoga. Na suspensão há perda de eficácia da norma, que não pode produzir efeitos jurídicos, muito embora se mantenha vigente no ordenamento jurídico, ao passo que na revogação a norma é extirpada, excluída do ordenamento jurídico brasileiro; **D:** incorreta, no âmbito da legislação comum (art. 23 da CF/1988), a União não exerce esse papel de elaborar normas gerais. Isso ocorre quando estamos diante da competência concorrente (art. 24 da CF/1988); **E:** incorreta, pois o § 3° do art. 24 da CF/1988 confere aos Estados a possibilidade de exercer competência plena, quando não há norma geral da União.

Gabarito "B"

(Delegado/AP – 2006 – UFAP) Com relação à organização político-administrativa do Estado Brasileiro, marque a alternativa correta.

(A) A fusão de Municípios far-se-á por lei estadual, dentro do período determinado por lei ordinária federal, e dependente de consulta prévia, mediante plebiscito, às populações dos Municípios envolvidos no processo.

(B) Os Estados-membros não podem recusar fé aos documentos públicos da União, facultando-se-lhes, porém, recusar o reconhecimento de documentos de outros Estados.

(C) Nos Territórios Federais, com mais de duzentos mil habitantes, além do Governador, haverá órgãos judiciários de primeira e segunda instâncias e membros do Ministério Público.

(D) Enquanto unidade federada com autonomia parcialmente tutelada, o Distrito Federal possui somente competência legislativa estadual.

(E) A União é pessoa jurídica de direito público interno com capacidade política, e ora se manifesta em nome próprio, ora se manifesta em nome da Federação.

A: incorreta, uma vez que, na forma do § 4° do art. 18 da CF/1988, o período para fusão dos Municípios deve ser determinado por lei complementar federal, não por lei ordinária; **B:** errada. A proibição de recusar fé pública a documentos públicos é ampla alcançando todos os entes integrantes da organização político-administrativa (art. 19, II, da CF/1988); **C:** incorreta, os Territórios Federais com mais de **cem mil** habitantes terão órgãos judiciários de primeira e segunda instância, membros do Ministério Público e defensores públicos federais (art. 33, § 3°, da CF/1988); **D:** incorreta. O Distrito Federal cumula competências legislativas estaduais e municipais (art. 32, § 1°, da CF/1988); **E:** correta. No plano interno a União atua em nome próprio como ente federativo autônomo; no plano internacional, atua em nome da República Federativa do Brasil (art. 21, I, da CF/1988).

Gabarito "E"

(Delegado/MA – 2006 – FCC) Quanto à organização político-administrativa da República Federativa do Brasil, estabelece a Constituição Federal que compete privativamente a União legislar, entre outras matérias, sobre

(A) procedimentos em matéria processual.

(B) educação, cultura, ensino e desporto.

(C) previdência social, proteção e defesa da saúde.

(D) proteção à infância e à juventude.

(E) registros públicos.

À exceção da alternativa E (art. 22, XXV, da CF/1988), todos os outros itens veiculam hipóteses de competência concorrente e não privativa (art. 24, XI, IX, XII e XV, da CF/1988).

Gabarito "E"

(Delegado/MG – 2008) No Estado Federativo, o Distrito Federal

(A) é considerado uma entidade federativa, dotado de autonomia financeira, administrativa e política, assim como ocorre com os Estados-membros e Municípios, com competências próprias.

(B) equipara-se aos Territórios por serem, ambos, entidades federativas vinculadas à União.

(C) não é considerado entidade federativa, pois não tem representação no Senado Federal.

(D) pode subdividir-se em Municípios, assim como os Estados-membros, e é dotado de um Poder Constituinte Decorrente.

A: correta (art. 32, *caput* e § 1°, da CF/1988); **B:** incorreta. Não há a equiparação aos territórios, nem tampouco há vínculo à União, sendo o Distrito Federal ente federativo autônomo, com competências legislativas e administrativas definidas no texto constitucional; **C:** incorreta. Nos termos do art. 45 da CF/1988 a Câmara dos Deputados compõe-se de representantes do povo, eleitos, pelo sistema proporcional, em cada Estado, em cada Território e no Distrito Federal. O Senado Federal, por sua vez, nos termos do art. 46 da CF/1988 compõe-se de representantes dos Estados e do Distrito Federal, eleitos segundo o princípio majoritário; **D:** incorreta. Ao Distrito Federal é vedada a divisão em Municípios, conforme se observa do art. 32, "caput", da CF/1988. É importante destacar que os Territórios, ao contrário do Distrito Federal, podem se dividir em Municípios (art. 33, § 1°, da CF/1988).

Gabarito "A"

(Delegado/MG – 2008) No sistema presidencialista o Presidente da República não é responsável, politicamente, por atos praticados durante seu mandato. Entretanto, ele não está isento de responsabilidade administrativa quanto

(A) à prática de crimes de responsabilidade, julgado pela Câmara dos Deputados.

(B) à prática de crimes de responsabilidade, julgado pelo Supremo Tribunal Federal.

(C) às práticas de crime de responsabilidade e de crime comum, ambos julgados pelo Senado Federal.

(D) às práticas de crime de responsabilidade e de crime comum, julgados, respectivamente, pelo Senado Federal e pelo Supremo Tribunal Federal.

A e **B:** incorretas. A competência para julgar o Presidente da República, quanto aos crimes de responsabilidade, é do Senado Federal, nos termos do art. 52, I, da CF/1988; **C:** incorreta, quanto aos crimes comuns praticados pelo Presidente da República, a competência é do STF (art. 102, I, "b", da CF/1988); **D:** correta, por força do disposto nos art. 102, I, "b", c/c art. 52, I, ambos da CF/1988.

Gabarito "D"

(Delegado/MG – 2007) No Estado Federativo brasileiro:

(A) Os territórios federais integram a União, a qual, com os Estados-membros, os Municípios e o Distrito Federal, formam a organização político-administrativa da República Federativa do Brasil.

(B) A União, os Estados-membros, o Distrito Federal e os Municípios têm competências legislativas e administrativas próprias, sendo as atribuições de cada ente federativo detalhadamente enumeradas.

(C) Há hierarquia entre as leis federais, estaduais, municipais e distritais, como decorrência do postulado constitucional da indissolubilidade do vínculo federativo.

(D) Os Estados-membros, o Distrito Federal e os Municípios são representados no Congresso Nacional pelo Senado.

A: correta, em razão do art. 18, *caput* e § 2°, da CF/1988; **B:** incorreta. Apenas as competências da União são detalhadamente enumeradas. Conforme a doutrina de José Afonso da Silva, "A nossa Constituição adota esse sistema complexo que busca realizar o equilíbrio federativo, por meio de uma repartição de competências que se fundamenta na técnica da enumeração dos poderes da União (art. 21 e 22 da CF/1988), com poderes remanescentes para os estados (art. 25, § 1°, da CF/1988) e poderes definidos indicativamente para os Municípios (art. 30 da CF/1988), mas, combina com essa reserva de campos específicos nem sempre exclusivos, mas apenas privativos, possibilidades de delegação (art. 22, parágrafo único, da CF/1988), áreas comuns em que se preveem atuações paralelas da União, Estados, Distrito Federal e Municípios (art. 23 da CF/1988) e setores concorrentes entre União e Estados em que a competência para estabelecer políticas gerais, diretrizes gerais ou normas gerais cabe à União, enquanto se defere aos Estados e até aos Municípios a competência suplementar."; **C:** incorreta, pois não existe hierarquia entre as leis federais, estaduais e municipais. Os entes integrantes do vínculo federativo são autônomos e independentes entre si, havendo repartição de competências administrativas e legislativas que não guardam relação de hierarquia entre si; **D:** incorreta. Os municípios não possuem representantes no Congresso Nacional, conforme o previsto no art. 46 da CF/1988, embora possuam poder legislativo próprio (Câmara Municipal).

Gabarito "A"

(Delegado/PR – 2007) Sobre as "competências da União Federal" considere as seguintes afirmativas:

1. Compete privativamente à União legislar sobre direito tributário, penitenciário e econômico.
2. Não obstante a União exercer monopólio estatal sobre a pesquisa e o comércio de minérios nucleares e seus derivados, é autorizada a utilização e a comercialização de radioisótopos, para a pesquisa e usos médicos agrícolas e industriais, sob regime de permissão.
3. A competência da União para legislar sobre a organização, garantias, direitos e deveres das polícias civis é limitada ao estabelecimento de normas gerais, sem exclusão da competência suplementar dos Estados.
4. Compete privativamente à União legislar sobre normas gerais de licitação e contratação, em todas as modalidades, para as administrações públicas diretas, autárquicas e fundacionais.

Assinale a alternativa correta.

(A) Apenas as afirmativas 1, 2 e 4 são verdadeiras.

(B) Apenas as afirmativas 1 e 3 são verdadeiras.

(C) Apenas as afirmativas 2, 3 e 4 são verdadeiras.
(D) Apenas as afirmativas 3 e 4 são verdadeiras.
(E) Apenas a afirmativa 4 é verdadeira.

1: incorreta. A competência é concorrente, conforme previsto no art. 24, I, da CF/1988; **2:** correta (art. 177, V, da CF/1988); **3:** correta. No âmbito da competência concorrente é exemplo a exercida em relação à organização, garantias, direitos e deveres das polícias civis (art. 24, XVI, da CF/1988), cuja competência da União se refere às normas gerais, sendo a competência dos Estados, em regra, suplementar (§ 2º do art. 24 da CF/1988); **4:** correta, conforme dispõe o art. 22, XXVII, da CF/1988.

Gabarito "C"

(Delegado/SC – 2008) A organização político-administrativa da República Federativa do Brasil compreende a União, os Estados, o Distrito Federal e os Municípios. Quanto à "organização do Estado brasileiro", assinale a alternativa correta.

(A) Os Territórios Federais integram a União, e sua criação, transformação em Estado ou reintegração ao Estado de origem serão reguladas em lei ordinária.
(B) Os Estados podem incorporar-se entre si, subdividir-se ou desmembrar-se para se anexarem a outros, ou formarem novos Estados ou Territórios Federais, mediante aprovação da população diretamente interessada, através de plebiscito, e do Congresso Nacional, por lei complementar.
(C) A criação, a incorporação, a fusão e o desmembramento de Municípios far-se-ão por lei Federal, dentro do período determinado por Lei Complementar, e dependerão de consulta prévia, mediante plebiscito, às populações dos Municípios envolvidos, após divulgação dos Estudos de Viabilidade Municipal apresentados e publicados na forma da lei.
(D) O Distrito Federal, vedada sua divisão em Municípios, reger-se-á por lei orgânica, votada em dois turnos, com interstício mínimo de dez dias e aprovada por dois terços do Congresso Nacional, que a promulgará.

A: incorreta, embora os Territórios integrem a União, sua criação, transformação em Estado ou reintegração ao Estado de origem serão reguladas em lei complementar (art. 18, § 2º, da CF/1988); **B:** correta, por força do disposto no art. 18, § 3º, da CF/1988; **C:** incorreta, uma vez que a criação, incorporação, fusão e desmembramento dos Municípios far-se-ão por lei estadual, não lei federal (art. 18, § 4º, da CF/1988); **D:** incorreta, a aprovação da lei orgânica do DF é de competência da Câmara Legislativa (órgão legislativo do DF), não do Congresso Nacional, o que, aliás, guarda coerência com a autonomia administrativa, legislativa e financeira do DF (art. 32, *caput*, da CF/1988).

Gabarito "B"

(Delegado/SP – 2003) Compete à União, aos Estados e ao Distrito Federal legislar concorrentemente sobre

(A) trânsito e transporte.
(B) desapropriação.
(C) comércio exterior e interestadual.
(D) procedimentos em matéria processual.

A: incorreta. Em matéria de trânsito e transporte a competência é **privativa** da União (art. 22, XI, da CF/1988); **B:** incorreta. Em matéria de desapropriação, a competência também é **privativa** da União (art. 22, II, da CF/1988); **C:** incorreta, quanto ao comércio exterior e interestadual, é competência é igualmente **privativa** da União (art. 22, VIII, da CF/1988); **D:** correta. De fato, a competência é **concorrente**, por força do disposto no art. 24, XI, da CF/1988.

Gabarito "D"

(Delegado/SP – 2002) Segundo a Constituição Federal, a legislação sobre a organização, garantias, direitos e deveres das polícias civis incumbe

(A) concorrentemente, à União, aos Estados e ao Distrito Federal.
(B) concorrentemente, à União e aos Estados.
(C) privativamente, aos Estados, através de lei complementar ou ordinária.
(D) privativamente, aos Estados, através de lei complementar.

Em razão da previsão contida no art. 24, XVI, da CF/1988.

Gabarito "A"

(Delegado/SP – 1999) A competência da União para emitir moeda será exercida exclusivamente pelo

(A) Tesouro Nacional.
(B) Ministério da Fazenda.
(C) Banco do Brasil.
(D) Banco Central.

O Banco Central é uma autarquia federal integrante do Sistema Financeiro Nacional. É competência exclusiva desse órgão: emitir papel moeda e moeda metálica, executar serviços de meio circulante, receber os recolhimentos compulsórios dos bancos comerciais, realizar operações de redesconto e empréstimos de assistência à liquidez às instituições financeiras, regular a execução dos serviços de compensação de cheques e outros papeis, autorizar, normatizar, fiscalizar e intervir nas instituições financeiras, controlar o fluxo de capitais estrangeiros, garantindo o correto funcionamento do mercado cambial.

Gabarito "D"

(Delegado/SP – 1998) Compete à União, aos Estados e ao Distrito Federal legislar concorrentemente sobre

(A) registros públicos.
(B) procedimentos em matéria processual.
(C) trânsito e transporte.
(D) águas, energia, informática, telecomunicações e rádio difusão.

Os itens A, C e D veiculam competências privativas na forma do art. 22, incisos XXV, XI e IV, respectivamente. A opção B, por seu turno, é a única verdadeira em face do contido no art. 24, XI, da CF/1988.

Gabarito "B"

(Delegado/DF – 2004) Com pertinência à estrutura fundante do Estado Federal brasileiro é correto afirmar que:

(A) a organização político-administrativa da República Federativa do Brasil compreende a União, os Estados, o Distrito Federal e os Municípios, os dois primeiros (União e Estados) soberanos e os demais (Distrito Federal e Municípios) autônomos;
(B) no exercício e desenvolvimento de suas atividades legislativas, são conferidas aos Estados Federados as competências remanescentes;
(C) a secessão, como instituto típico do Estado Federal, permite que os Estados Federados se desliguem da estrutura federativa;
(D) os Vereadores, além de invioláveis por suas opiniões, palavras e votos nos limites do Estado em que exercem a vereança, possuem, também, imunidades formais ou processuais, não podendo ser presos, assim, desde a expedição do diploma, sem prévia licença da Casa legislativa a que pertencerem, salvo na hipótese de crime inafiançável;
(E) é facultado aos Municípios, no âmbito de suas respectivas estruturas organizacionais, a criação de Tribunais, Conselhos ou órgãos de Contas Municipais.

A: incorreta. O único ente dotado de soberania é a União, os demais entes do pacto federativo são apenas autônomos (atuam dentro das atribuições conferidas pela CF/1988) e independentes; **B:** correta, em razão do art. 24, § 2º, da CF/1988. Vale lembrar que a doutrina emprega como sinônimo de "competência remanescente" a expressão "competência residual"; **C:** incorreta. O vínculo dos Estados ao Pacto Federativo é indissolúvel; **D:** incorreta. A imunidade material dos vereadores se restringe à circunscrição do Município, na forma do art. 29, VIII, da CF/1988. Além disso, os vereadores não gozam de imunidades processuais ou formais, como gozam os Deputados Federais e Senadores (art. 53, § 2º, da CF/1988); **E:** incorreta, tendo em vista a vedação contida no art. 31, § 4º, da CF/1988.

Gabarito "B"

9.2. Intervenção

(Delegado/SP – 2011) Para assegurar a forma republicana e o regime democrático

(A) a União decretará estado de emergência nos Estados e no Distrito Federal.
(B) o Supremo Tribunal Federal deixará de intervir nos Estados e no Distrito Federal.
(C) a União intervirá nos Estados e no Distrito Federal.
(D) o Poder Judiciário intervirá nos Municípios.
(E) Congresso Nacional intervirá nas Assembleias dos Estados.

A: incorreta. O estado de defesa, também conhecido como "estado de emergência", visa preservar ou prontamente restabelecer, em locais restritos e determinados, a ordem pública ou a paz social ameaçadas por grave e iminente instabilidade institucional ou atingidas por calamidades de grandes proporções na natureza (art. 136, *caput*, da CF/1988); **B:** incorreta. Não cabe ao STF intervir ou não nos Estados e no Distrito Federal; **C:** correta. De fato, uma das hipóteses excepcionais de intervenção da União nos Estados e no DF é para assegurar a forma republicana, o sistema representativo e o regime democrático (art. 34, VII, "a", da CF/1988); **D:** incorreta. Não há possibilidade de intervenção do Judiciário nos Municípios. O que pode ocorrer, excepcionalmente, é a intervenção do Estado em seus Municípios ou da União em Municípios localizados em território federal (se forem criados), nas hipóteses previstas no art. 35 da CF/1988; **E:** incorreta. Essa intervenção também não encontra respaldo constitucional, haja vista que os entes federados são autônomos e independentes.

Gabarito "C"

(Delegado/CE – 2006 – CEV/UECE) NÃO é (são) considerado(s) princípio sensível constitucional:

(A) a prestação de contas da administração pública direta e indireta.
(B) a aplicação do mínimo exigido da receita resultante de impostos federais na manutenção e desenvolvimento do ensino e ações e serviços públicos de saúde.
(C) os direitos da pessoa humana.
(D) a autonomia municipal.

A: incorreta. A prestação de contas da administração pública direta e indireta é um princípio constitucional sensível (art. 34, VII, "d", da CF/1988); **B:** correta. A CF fala em impostos estaduais e não em impostos federais (art. 34, VII, "e", da CF/1988); **C:** incorreta. Os direitos da pessoa humana são considerados princípios constitucionais sensíveis (art. 34, VII, "b", da CF/1988); **D:** incorreta. A autonomia municipal também é um princípio constitucional sensível (art. 34, VII, "d", da CF/1988).

Gabarito "B"

(Delegado/RJ – 2009 – CEPERJ) Qual das situações abaixo não constitui causa de intervenção da União nos Estados ou no Distrito Federal:

(A) Manter a integridade nacional.
(B) Repelir invasão estrangeira ou de uma unidade da Federação em outras.
(C) Garantir o livre exercício de qualquer dos Poderes nas unidades da Federação.
(D) Prover a execução de lei federal, ordem ou decisão judicial.
(E) Violar as regras do sistema financeiro nacional.

Dentre as causas mencionadas, apenas a violação as regras do sistema financeiro nacional não constitui hipótese de intervenção da União nos Estados ou no Distrito Federal (art. 34, *caput* e incisos, da CF/1988).

Gabarito "E"

(Delegado/SC – 2008) A União não intervirá nos Estados nem no Distrito Federal e o Estado não intervirá em seus municípios, exceto em situações expressas na Constituição da República Federativa do Brasil. Sobre intervenção, marque V ou F, conforme as afirmações sejam verdadeiras ou falsas.

( ) A União não intervirá nos Estados nem no Distrito Federal, exceto para, por exemplo, assegurar a prestação de contas da administração pública direta e indireta.
( ) A decretação da intervenção, no caso de desobediência a ordem ou decisão judiciária, dependerá de solicitação do Supremo Tribunal Federal, do Superior Tribunal de Justiça ou do Tribunal Superior Eleitoral.
( ) O Estado não intervirá em seus Municípios, nem a União nos Municípios localizados em Território Federal, exceto quando, por exemplo, o Tribunal de Justiça der provimento à representação para assegurar a observância de princípios indicados na Constituição Estadual, ou para prover a execução de lei, de ordem ou de decisão judicial.
( ) O decreto de intervenção, que especificará a amplitude, o prazo e as condições de execução e que, se couber, nomeará o interventor, será submetido à apreciação do Congresso Nacional ou da Assembleia Legislativa do Estado, no prazo de quarenta e oito horas.

A sequência correta, de cima para baixo, é:

(A) V – F – V – F
(B) F – V – F – F
(C) V – V – V – F
(D) F – F – V – V

Verdadeiro (art. 34, VII, "d", da CF/1988); Falso (art. 36, II, da CF/1988); Verdadeiro (art. 35, IV, da CF/1988); Falso (art. 36, § 1º, da CF/1988); A sequência correta é V, F, V, F.

Gabarito "A"

9.3. Administração Pública

(Delegado/SP – 2014 – VUNESP) Os atos de improbidade administrativa importarão, nos termos da Constituição Federal, dentre outros,

(A) a prisão provisória, sem direito à fiança.
(B) a indisponibilidade dos bens.
(C) a impossibilidade de deixar o país.
(D) a suspensão dos direitos civis.
(E) o pagamento de multa ao Fundo de Proteção Social.

De acordo com o art. 37, § 4º, da CF, os atos de improbidade administrativa importarão a suspensão dos direitos políticos, a perda da função pública, a **indisponibilidade dos bens** e o ressarcimento ao erário, na forma e gradação previstas em lei, sem prejuízo da ação penal cabível.

Gabarito "B"

(Delegado Federal – 1998 – CESPE) O conjunto arquitetônico do Plano Piloto de Brasília foi tombado por meio da Portaria nº 4, de 13 de março de 1990, da então Secretaria do Patrimônio Histórico e Artístico Nacional (SPHAN), órgão do Ministério da Cultura. Posteriormente, editou-se, em relação ao tombamento, a Portaria n. 314, de 8 de outubro de 1992, do então Instituto Brasileiro do Patrimônio Cultural (IBPC), também integrante do Ministério da Cultura. As competências da SPHAN e do IBPC são atualmente exercidas pelo Instituto Patrimônio Histórico e Artístico Nacional (IPHAN), autarquia federal. Em face dessas circunstâncias e das normas constitucionais, especialmente as relativas à cultura, julgue os itens abaixo.

(1) Constituem o patrimônio cultural brasileiro apenas os bens de natureza material portadores de referência aos diferentes grupos formadores da sociedade brasileira.
(2) Ações judiciais intentadas pelo IPHAN, que visem à defesa do conjunto arquitetônico do Plano Piloto de Brasília, na qualidade de bem tombado, devem ser ajuizadas perante a Justiça Comum do Distrito Federal.
(3) A despeito de o tombamento do Piano Piloto de Brasília haver sido realizado por autarquia federal, persiste o dever jurídico de o Distrito Federal também proteger esse bem.
(4) Delitos perpetrados contra o Plano Piloto de Brasília, considerado como bem cultural, deverão ser objeto de investigação por parte da Polícia Federal.
(5) Considere a seguinte situação: determinado grupo de imigrantes italianos, localizado em estado do Sul do Brasil, promove, anualmente, festa folclórica que evoca as tradições de seu país de origem. Na situação descrita, a aludida manifestação popular é merecedora de proteção do Estado brasileiro.

1: falso, tendo em vista o disposto no art. 216, "caput", da CF/1988, que inclui no patrimônio cultural brasileiro também os bens de natureza **imaterial**, tomados individualmente ou em conjunto, portadores de referência à identidade, à ação, à memória dos diferentes grupos formadores da sociedade brasileira; **2:** falso. O IPHAN é autarquia federal, em razão do que por força da competência contida no art. 109, I, da CF/1988, a ação deve ser proposta perante a Justiça Federal; **3:** verdadeiro. É da com competência comum de todas as pessoas políticas a proteção dos documentos, das obras e outros bens de valor histórico, artístico e cultural, os monumentos, as paisagens naturais notáveis e os sítios arqueológicos (art. 23, III, da CF/1988); **4:** verdadeiro, face à competência constitucional prevista no art. 144, § 1º, I, da CF/1988; **5:** verdadeiro, tendo em conta a proteção constitucional assentada no art. 215, "caput", § 1º, da CF/1988.

Gabarito 1E, 2E, 3C, 4C, 5C

(Delegado/SP – 2011) No exercício de mandato eletivo, que exija seu afastamento, o servidor público terá

(A) seu tempo de serviço contado para todos os efeitos legais, exceto para promoção por merecimento.
(B) seu tempo de serviço contado para todos os efeitos legais, exceto para a aposentadoria.
(C) interrompida sua contagem de tempo de serviço público e se sujeitará a regime previdenciário diferenciado.
(D) interrompida sua contagem de tempo no serviço público.
(E) interrompida sua contagem de tempo, resguardadas as promoções por antiguidade

De acordo com o art. 38, IV, da CF/1988, em qualquer caso que **exija o afastamento para o exercício de mandato eletivo**, o tempo de serviço do servidor público **será contado** para todos os efeitos legais, **exceto para promoção por merecimento.**
Gabarito "A"

(Delegado/SP – 2011) Na aposentadoria dos servidores públicos, os requisitos de idade e de tempo de contribuição serão reduzidos em cinco anos para

(A) quem exercer atividades insalubres e perigosas.
(B) aquele que contrair doenças e/ou deficiências físicas em razão das atividades laborais exercidas.
(C) todos os trabalhadores que comprovarem exercer atividades de risco
(D) o professor que comprovar o exercício de magistério exclusivo na educação infantil e no ensino fundamental e médio.
(E) a mulher que comprovar o exercício cumulativo de dois cargos ou funções.

Conforme dispõe o art. 40, § 5º, da CF/1988, na aposentadoria voluntária dos servidores públicos, os requisitos de idade e de tempo de contribuição serão **reduzidos em cinco anos, para o professor que comprove exclusivamente tempo de efetivo exercício das funções de magistério na educação infantil e no ensino fundamental e médio.**
Gabarito "D"

(Delegado/GO – 2009 – UEG) Sobre a organização administrativa:

(A) a investidura em cargo ou emprego público depende de aprovação prévia em concurso público, ressalvadas as nomeações para cargo em comissão declarado em lei de livre nomeação e exoneração.
(B) as funções de confiança e os cargos em comissão, ambos exercidos exclusivamente por servidores de carreira, destinam-se apenas às atribuições de direção e chefia.
(C) o direito de greve será exercido conforme previsão em lei complementar.
(D) é vedado ao servidor público civil o direito à livre associação sindical.

A: correta, conforme dispõe o art. 37, II, da CF/1988. O concurso público viabiliza investidura por provimento originário, que se efetiva por meio da nomeação. As formas de provimento em cargos públicos expressamente enumeradas na Lei n.º 8.112/90 são: nomeação, promoção, readaptação, reversão, aproveitamento, reintegração e recondução; **B:** falso. Os cargos em comissão são preenchidos por servidores de carreira nos casos, condições e percentuais mínimos previstos em lei (art. 37, V, da CF/1988). Apenas as funções de confiança é que devem ser preenchidas por servidores ocupantes de cargo efetivo; **C:** falso, tendo em vista que a exigência constitucional, a partir da EC n.º 19/1998 é apenas de lei específica (ordinária) não de lei complementar (art. 37, VII, da CF/1988); **D:** falso; o direito à livre associação sindical, assegurado aos trabalhadores em geral (art. 8º da CF/1988), também possui como destinatários os servidores públicos civis (art. 37, VI, da CF/1988).
Gabarito "A"

(Delegado/GO – 2009 – UEG) É aplicável às empresas públicas e às sociedades de economia mista e suas subsidiárias que explorem atividade econômica de produção ou comercialização de bens ou de prestação de serviços o seguinte preceito:

(A) função privada, feita a fiscalização pelo conselho fiscal respectivo.
(B) licitação e contratação de obras, serviços, compras e alienações, observados os princípios da administração pública.
(C) possibilidade de acumular o emprego público com cargo público ou outro emprego, sem as restrições típicas da administração pública direta e indireta.
(D) sujeição a regime jurídico diferenciado do das empresas privadas, no tocante aos direitos e às obrigações civis, comerciais, trabalhistas e tributárias.

A: falsa. As empresas públicas e sociedades de economia mista, dotadas de personalidade jurídica de direito privado, integram a administração pública indireta. A Constituição Federal, em seu art. 173, § 1º, I, dispõe que a lei estabelecerá o estatuto jurídico de tais entidades e disporá sobre diversas matérias a elas inerentes, dentre as quais figura sua função social e sua fiscalização pelo Estado e pela sociedade. **B:** verdadeira, por constituir matéria versada no inciso III, § 1º, art. 173, da CF/1988. **C:** falsa, tendo em vista que a vedação de acumulação de empregos e cargos públicos se estende a toda a administração pública (direta e indireta) (art. 37, XVII, da CF/1988). **D:** falso, em face do disposto no art. 173, § 1º, II, da CF/1988. Vale ressaltar que algumas decisões recentes do Supremo Tribunal Federal tem estendido a imunidade tributária recíproca consagrada no art. 150, VI, "a", da CF/1988, às empresas públicas e sociedades de economia mista prestadoras de serviços públicos. A propósito cabe destacar a decisão proferida no RE 407.099/RS. Foi reconhecida repercussão geral da matéria no RE 601.392 RG/PR.
Gabarito "B"

(Delegado/SP – 2002) Nos termos do texto da Constituição da República, a Administração Pública deve observar os seguintes princípios:

(A) publicidade, finalidade, moralidade, legalidade e eficiência.
(B) publicidade, finalidade, moralidade, oportunidade e eficiência.
(C) publicidade, impessoalidade, moralidade, legalidade e eficiência.
(D) publicidade, impessoalidade, moralidade, oportunidade e eficiência.

Art. 37, "*caput*", da CF/1988. Vale lembrar que o princípio da eficiência administrativa foi inserido no Texto Constitucional de 1988 pela EC n. º 19/1998.
Gabarito "C"

(Delegado/SP – 2000) No ato de sua posse, o Delegado-Geral de Polícia, na conformidade da Constituição do Estado

(A) passa a presidir o Conselho Superior da Polícia.
(B) deve fazer declaração pública de bens.
(C) tem mandato assegurado por dois anos.
(D) passa a perceber remuneração igual à dos Desembargadores.

A resposta da questão possui como fundamento o art. 140, § 1º, da Constituição do Estado de São Paulo.
Gabarito "B"

(Delegado/SP – 2000) A Constituição Federal, ao vedar que, da publicidade das obras públicas, constem nomes, símbolos ou imagens que caracterizem promoção pessoal da autoridade, consagra respeito ao princípio da

(A) finalidade.
(B) impessoalidade.
(C) indisponibilidade.
(D) legalidade.

A impessoalidade, princípio orientador de toda a atividade administrativa, pode ser analisada sob dois prismas. Pelo primeiro, exige-se que o tratamento conferido aos administrados seja inspirado pelo princípio da igualdade, sendo vedados favorecimentos pessoais, além de ter administrador público o dever de sempre buscar a finalidade pública na prática de atos administrativos. Já o segundo corresponde à ideia de que os atos administrativos são imputados à administração pública não ao agente administrativo, pessoalmente, que apenas representa aquela. Lembre-se que o princípio da impessoalidade é consagrado pelo art. 37, "caput", da CF/1988.
Gabarito "B"

(Delegado/SP – 1999) De acordo com a Constituição Paulista de 1989 a remoção de integrante da carreira de Delegado de Polícia somente poderá ocorrer mediante pedido do interessado ou manifestação favorável nos termos da lei do

(A) Delegado Geral de Polícia.
(B) Delegado de Polícia Diretor de Departamento.
(C) Colegiado Superior da Polícia Civil.
(D) Secretário da Segurança Pública.

Conforme dispõe o art. 140, § 6º, da Constituição do Estado de São Paulo.
Gabarito "C"

10. PODER LEGISLATIVO

10.1. Organização e competências do Senado, da Câmara dos Deputados e do Congresso Nacional

(Delegado/RJ – 2013 – FUNCAB) Acerca da organização do Poder Legislativo, é correto o que se afirma em:

(A) Os Deputados e Senadores não serão obrigados a testemunhar sobre informações recebidas ou prestadas em razão do exercício do mandato, nem sobre as pessoas que lhes confiaram ou deles receberam informações.
(B) Compete exclusivamente ao Congresso Nacional autorizar, por dois terços dos seus membros, a instauração de processo contra o Presidente e o Vice-Presidente da República e os Ministros de Estado.
(C) Compete privativamente à Câmara dos Deputados sustar os atos normativos do Poder Executivo que exorbitem do poder regulamentar ou dos limites de delegação legislativa.

(D) Compete privativamente ao Senado Federal apreciar os atos de concessão e renovação de concessão de emissoras de rádio e televisão.

(E) As imunidades de Deputados ou Senadores subsistirão durante o estado de sítio, só podendo ser suspensas mediante o voto da maioria absoluta dos membros da Casa respectiva, nos casos de atos praticados fora do recinto do Congresso Nacional, que sejam incompatíveis com a execução da medida.

A: correta. De acordo com o art. 53, § 6º, da CF, os Deputados e Senadores não serão obrigados a testemunhar sobre informações recebidas ou prestadas em razão do exercício do mandato, nem sobre as pessoas que lhes confiaram ou deles receberam informações; **B:** incorreta. A autorização é dada pela Câmara dos Deputados. Conforme determina o art. 86, *caput*, da CF, admitida a acusação contra o Presidente da República, **por dois terços da Câmara dos Deputados**, será ele submetido a julgamento perante o Supremo Tribunal Federal, nas infrações penais comuns, ou perante o Senado Federal, nos crimes de responsabilidade; **C:** incorreta. De acordo com o art. 49, V, da CF, a **competência** para sustar os atos normativos do Poder Executivo que exorbitem do poder regulamentar ou dos limites de delegação legislativa é **exclusiva do Congresso Nacional**; **D:** incorreta. A apreciação dos atos de concessão e renovação de concessão de emissoras de rádio e televisão também é da **competência exclusiva do Congresso Nacional**, conforme determina o art. 49, XII, da CF; **E:** incorreta. Conforme determina o art. 53, § 8º, da CF, as imunidades de Deputados ou Senadores subsistirão durante o estado de sítio, só podendo ser suspensas **mediante o voto de dois terços dos membros da Casa respectiva**, nos casos de atos praticados fora do recinto do Congresso Nacional, que sejam incompatíveis com a execução da medida.

Gabarito "A"

(Delegado/RJ – 2013 – FUNCAB) Acerca das Reuniões ou Sessões do Poder Legislativo, qual das hipóteses abaixo NÃO possui previsão constitucional?

(A) Sessão Extraordinária.

(B) Sessão Ordinária.

(C) Sessão Conjunta.

(D) Sessão Preparatória.

(E) Sessão Interventiva.

A: incorreta. Conforme determina o art. 57, § 7º, da CF, na **sessão legislativa extraordinária**, o Congresso Nacional somente deliberará sobre a matéria para a qual foi convocado, ressalvada a hipótese do § 8º do mesmo artigo, vedado o pagamento de parcela indenizatória, em razão da convocação. O § 8º do mesmo dispositivo determina que havendo medidas provisórias em vigor na data de convocação extraordinária do Congresso Nacional, serão elas automaticamente incluídas na pauta da convocação; **B:** incorreta. O art. 58, § 4º, da CF determina que durante o recesso, haverá uma Comissão representativa do Congresso Nacional, eleita por suas Casas na última **sessão ordinária** do período legislativo, com atribuições definidas no regimento comum, cuja composição reproduzirá, quanto possível, a proporcionalidade da representação partidária; **C:** incorreta. Conforme determina o art. 57, § 3º, da CF, além de outros casos previstos nesta Constituição, a Câmara dos Deputados e o Senado Federal reunir-se-ão em **sessão conjunta** para: I – inaugurar a sessão legislativa; II – elaborar o regimento comum e regular a criação de serviços comuns às duas Casas; III – receber o compromisso do Presidente e do Vice-Presidente da República e IV – conhecer do veto e sobre ele deliberar; **D:** incorreta. De acordo com o art. 57, § 4º, da CF, cada uma das Casas reunir-se-á em **sessões preparatórias**, a partir de 1º de fevereiro, no primeiro ano da legislatura, para a posse de seus membros e eleição das respectivas Mesas, para mandato de 2 (dois) anos, vedada a recondução para o mesmo cargo na eleição imediatamente subsequente; **E:** correta. Não há previsão constitucional sobre sessão interventiva.

Gabarito "E"

(Delegado/AM) Das hipóteses abaixo, a que exige sessão conjunta do Senado e da Câmara Federal é:

(A) deliberar sobre veto presidencial

(B) apreciar emenda constitucional

(C) aprovar escolha de magistrado

(D) processar ministro de Estado.

Conforme disposto no art. 66, § 4º, da CF/1988 o veto deve ser apreciado em sessão conjunta, dentro de trinta dias a contar de seu recebimento, só podendo ser rejeitado pelo voto da maioria absoluta dos Deputados e Senadores.

Gabarito "A"

(Delegado/AP – 2010) Relativamente ao Poder Legislativo, assinale a afirmativa incorreta.

(A) A Câmara dos Deputados compõe-se de representantes do povo, eleitos, pelo sistema proporcional, em cada Estado, em cada Território e no Distrito Federal e o Senado Federal compõe-se de representantes dos Estados e do Distrito Federal, eleitos segundo o princípio majoritário.

(B) As deliberações de cada Casa do Congresso Nacional e de suas Comissões, salvo disposição constitucional em contrário, serão tomadas por maioria dos votos, presente qualquer quantidade de seus membros.

(C) Aprovar o estado de defesa e a intervenção federal, autorizar o estado de sítio, ou suspender qualquer uma dessas medidas são, dentre outras coisas, da competência exclusiva do Congresso Nacional.

(D) Os Deputados e Senadores são invioláveis, civil e penalmente, por quaisquer de suas opiniões, palavras e votos.

(E) As comissões parlamentares de inquérito, que terão poderes de investigação próprios das autoridades judiciais, além de outros previstos nos regimentos das respectivas Casas, serão criadas pela Câmara dos Deputados e pelo Senado Federal, em conjunto ou separadamente, mediante requerimento de um terço de seus membros, para a apuração de fato determinado e por prazo certo, sendo suas conclusões, se for o caso, encaminhadas ao Ministério Público, para que promova a responsabilidade civil ou criminal dos infratores.

A: correta (art. 45 e 46, ambos da CF/1988); **B:** incorreta, devendo ser assinalada (art. 47 da CF/1988); **C:** correta (art. 49, IV, da CF/1988); **D:** correta (art. 53 da CF/1988); **E:** correta (art. 58, § 3º, da CF/1988).

Gabarito "B"

(Delegado/AP – 2006 – UFAP) Quando o Poder Executivo produz determinado ato normativo que exorbite do poder regulamentar ou dos limites de delegação legislativa, competirá ao Congresso Nacional

(A) sustar o ato normativo.

(B) negar o referendo indispensável à eficácia do ato normativo.

(C) emendar o ato, para que se enquadre aos limites da delegação legislativa.

(D) extinguir o poder regulamentar.

(E) arguir a inconstitucionalidade do ato normativo.

De fato, cabe ao Congresso sustar o ato normativo que exorbite do poder regulamentar ou dos limites da delegação legislativa (art. 49, V, da CF/1988).

Gabarito "A"

(Delegado/DF – 2004) O Poder Legislativo de acordo com a Constituição Federal é organizado:

(A) unicameramente nos Estados e na União Federal, onde funcionam, respectivamente, as Assembleias Legislativas e o Congresso Nacional;

(B) no âmbito federal, segundo sistema bicameral no qual o Senado compõe-se de representantes dos Estados e do Distrito Federal e a Câmara dos Deputados de representantes do povo em cada Estado, Território e no Distrito Federal;

(C) nos Estados Federados, pelas constituições e leis que adotarem, sem qualquer limitação à sua capacidade de auto-organização;

(D) no Distrito Federal e nos Municípios, pelas respectivas leis orgânicas, sendo vedados quaisquer parâmetros federais relativamente ao número de representantes e respectivos mandatos na Câmara Legislativa e nas Câmaras Municipais, sob pena de violação da autonomia municipal e do Distrito Federal;

(E) com pertinência à imunidade formal, recebida a denúncia oferecida contra Senador ou Deputado Federal, por crime cometido antes da diplomação, a Casa a que pertencer o parlamentar denunciado poderá, por iniciativa de partido político nela representado e pelo voto da maioria de seus membros, sustar o andamento da ação.

A: incorreta. Na União o poder legislativo é bicameral, o Congresso Nacional é formado por duas casas: Câmara de Deputados e Senado Federal (art. 44, "caput", da CF/1988); **B:** correta (art. 44, "caput", da CF/1988); **C:** incorreta (art. 25 da CF/1988); **D:** incorreta (art. 29 e 32 da CF/1988); **E:** incorreta (art. 53, § 3º, da CF/1988).

Gabarito "B"

(Delegado/MS – 2006) Assinale a alternativa que preenche corretamente a lacuna do texto abaixo:

É da competência exclusiva do Congresso Nacional autorizar o Presidente e o Vice-Presidente da República a se ausentarem do País, quando a ausência exceder a ______________ dias.

(A) quarenta e cinco
(B) quinze.
(C) trinta.
(D) vinte.
(E) dez.

De acordo com o art. 49, III, da CF/1988, é da competência exclusiva do Congresso Nacional autorizar o Presidente e o Vice-Presidente da República a se ausentarem do País, **quando a ausência exceder a quinze dias**.

Gabarito "B"

(Delegado/MS – 2006) Aprovar previamente por voto secreto após arguição pública, a escolha de presidente e diretores do banco central compete privativamente:

(A) Ao Congresso Nacional.
(B) À Assembleia Distrital.
(C) Ao STF.
(D) Ao Senado Federal.
(E) À Câmara dos Deputados.

De acordo com o art. 52, III, "d", da CF/1988, a competência é privativa do Senado Federal.

Gabarito "D"

(Delegado/MS – 2006) Analise as assertivas abaixo e assinale a alternativa correta quanto à Organização dos Poderes da República Federativa do Brasil:

(A) Desde a expedição do diploma, os membros do Congresso Nacional não poderão ser presos, salvo em flagrante de crime inafiançável. Nesse caso, os autos serão remetidos dentro de vinte e quatro horas ao Supremo Tribunal Federal, para que, pelo voto da maioria de seus membros, resolva sobre a prisão.
(B) É da competência exclusiva do Senado Federal autorizar o Presidente da República a declarar guerra, a celebrar a paz, a permitir que forças estrangeiras transitem pelo território nacional ou nele permaneçam temporariamente nos casos previstos em lei complementar.
(C) O número total de Deputados, bem como a representação por Estado e pelo Distrito Federal, será estabelecido por lei ordinária, proporcionalmente à população, procedendo-se aos ajustes necessários, no ano anterior às eleições, para que nenhuma daquelas unidades da Federação tenha menos de oito ou mais de sessenta Deputados.
(D) As comissões parlamentares de inquérito, que terão poderes de investigação próprios das autoridades policiais, além de outros previstos nos regimentos das respectivas Casas, serão criadas pela Câmara dos Deputados e pelo Senado Federal, em conjunto, mediante requerimento de um terço de seus membros, para a apuração de fato determinado e por prazo certo, sendo suas conclusões, se for o caso, encaminhadas ao Ministério Público, para que promova a responsabilidade civil ou criminal dos infratores.(
E) As imunidades de Deputados ou Senadores subsistirão durante o estado de sítio, só podendo ser suspensas mediante o voto de dois terços dos membros da Casa respectiva, nos casos de atos praticados fora do recinto do Congresso Nacional, que sejam incompatíveis com a execução da medida.

A: incorreta. Os autos serão remetidos à Casa respectiva, para que, pelo voto da maioria de seus membros, resolva sobre a prisão (art. 53, § 2º, da CF/1988); **B:** incorreta, pois a Constituição diz "ressalvados os casos previstos em lei complementar" (art. 49, II, da CF/1988); **C:** incorreta, a CF/1988 exige lei complementar (art. 45, § 1º, da CF/1988); **D:** incorreta. O texto constitucional menciona "em conjunto ou separadamente" (art. 58, § 3º, da CF/1988); **E:** correta (art. 53, § 8º, da CF/1988).

Gabarito "E"

(Delegado/PI – 2009 – UESPI) Não se enquadra entre as competências exclusivas do Congresso Nacional

(A) aprovar o estado de defesa.
(B) resolver definitivamente sobre tratados internacionais que acarretem compromissos gravosos ao patrimônio nacional.
(C) mudar temporariamente a sede do Legislativo.
(D) apreciar os atos de concessão e de renovação de emissoras de rádio.
(E) conceder indulto natalino.

Cabe ao Presidente da República conceder indulto e comutar penas com audiência, se necessário, dos órgãos instituídos em lei. (art. 84, XII, da CF/1988).

Gabarito "E"

(Delegado/SC – 2008) O Poder Legislativo é exercido pelo Congresso Nacional composto pela Câmara dos Deputados e Senado Federal. A primeira se compõe de representantes do povo, eleitos pelo sistema proporcional, em cada Estado, Território e no Distrito Federal. O Senado Federal compõe-se de representantes dos Estados e Distrito Federal, eleitos segundo o princípio majoritário. Quanto às atribuições do Congresso Nacional, Câmara e Senado, a alternativa correta é:

(A) Compete privativamente à Câmara dos Deputados autorizar, por maioria absoluta de seus membros, a instauração de processo contra o Presidente e o Vice-Presidente da República e os Ministros de Estado.
(B) É da competência exclusiva do Congresso Nacional sustar os atos normativos do Poder Executivo que exorbitem do poder regulamentar ou dos limites de delegação legislativa.
(C) Compete privativamente ao Senado Federal processar e julgar o Presidente e o Vice-Presidente da República nos crimes de responsabilidade, bem como os Ministros de Estado e os Comandantes da Marinha, do Exército e da Aeronáutica nos crimes comuns.
(D) Compete privativamente à Câmara dos Deputados processar e julgar os Ministros do Supremo Tribunal Federal, os membros do Conselho Nacional de Justiça e do Conselho Nacional do Ministério Público, o Procurador-Geral da República e o Advogado-Geral da União nos crimes de responsabilidade.

A: incorreta, pois a Constituição exige dois terços dos membros (art. 51, I, da CF/1988); **B:** correta (art. 49, V, da CF/1988); **C:** incorreta. A competência mencionada é para os crimes de responsabilidade e não para crimes comuns (art. 52, I, da CF/1988); **D:** incorreta. Compete ao Senado Federal e não a Câmara dos Deputados (art. 52, I, da CF/1988).

Gabarito "B"

(Delegado/SP – 2003) Cabe ao Congresso Nacional, com a indispensável sanção do Presidente da República,

(A) aprovar o estado de defesa e a intervenção federal, autorizar o estado de sítio, ou suspender qualquer uma dessas medidas.
(B) apreciar os atos de concessão e renovação de concessão de emissoras de rádio e televisão.
(C) dispor sobre a concessão de anistia.
(D) autorizar, em terras indígenas, a exploração e o aproveitamento de recursos hídricos e a pesquisa e lavra de riquezas minerais.

Cabe ao Congresso Nacional, com a indispensável sanção do Presidente da República, dispor sobre a concessão de anistia (art. 48, VIII, da CF/1988).

Gabarito "C"

10.2. Prerrogativas e imunidades parlamentares

(Delegado/SP – 2014 – VUNESP) A respeito de ações penais contra Deputados e Senadores, assinale a alternativa correta.

(A) No caso de sustação da ação criminal, não há suspensão da prescrição, que permanecerá em curso.
(B) Somente após a posse serão submetidos a julgamento perante o Supremo Tribunal Federal.
(C) Recebendo, o Supremo Tribunal Federal dará ciência à Casa respectiva, que poderá sustar o andamento da ação.
(D) As imunidades de Deputados ou Senadores não subsistirão durante o estado de sítio ou de guerra.
(E) Desde a expedição do Diploma, não poderão ser presos, exceto pela prática de crime inafiançável.

A: incorreta. De acordo com o art. 53, § 5º, da CF, a **sustação do processo suspende a prescrição**, enquanto durar o mandato; **B:** incorreta. Conforme determina o art. 53, § 1º, da CF, os Deputados e Senadores, **desde a expedição do diploma**, serão submetidos a julgamento perante o Supremo Tribunal Federal; **C:** correta. É o que determina o art. 53, § 3º, da CF; **D:** incorreta. Conforme determina o art. 53, § 8º, da CF, as imunidades de Deputados ou Senadores **subsistirão durante o estado de sítio**, só podendo ser suspensas mediante o voto de dois terços dos membros da Casa respectiva, nos casos de atos praticados fora do recinto do Congresso Nacional, que sejam incompatíveis com a execução da medida; **E:** incorreta. De acordo com o art. 53, § 2º, da CF, desde a expedição do diploma, os membros do Congresso Nacional não poderão ser presos, **salvo em flagrante de crime inafiançável**. Nesse caso, os autos serão remetidos dentro de vinte e quatro horas à Casa respectiva, para que, pelo voto da maioria de seus membros, resolva sobre a prisão.

Gabarito "C"

(Delegado/RO – 2014 – FUNCAB) Considerando o tema "imunidades e incompatibilidades parlamentares", assinale a alternativa correta.

(A) Segundo a Constituição Federal, aos membros do Poder Legislativo municipal não são asseguradas imunidades formais nem materiais.
(B) Segundo a Constituição de 1988, há necessidade de prévio pedido de licença da Casa Legislativa para se processar parlamentar federal no STJ.
(C) Os crimes de opinião praticados por congressistas, no exercício formal de suas funções, somente poderão ser submetidos ao Poder Judiciário, após o fim do mandato do parlamentar.
(D) As imunidades de deputados e senadores não subsistirão durante estado de sítio ou estado de defesa.
(E) Desde a expedição do diploma, os membros do Congresso Nacional não poderão ser presos, salvo em flagrante de crime inafiançável.

A: incorreta. Os **vereadores** não possuem imunidade formal, ou seja, as que dizem respeito à prisão e ao processo penal, mas **detém imunidades materiais**. Sendo assim, os membros do legislativo municipal são invioláveis civil e penalmente, por quaisquer palavras, opiniões e votos que proferirem no curso de seu mandato. Vale lembrar que essa prerrogativa restringe-se à circunscrição do Município, conforme dispõe o inciso VIII do art. 29 da CF. Esse entendimento é, também, o adotado pela Suprema Corte: "a proteção constitucional inscrita no art. 29, VIII, da Carta Política estende-se – observados os limites da circunscrição territorial do Município – aos atos dos Vereadores praticados *ratione officii*, qualquer que tenha sido o local de sua manifestação (dentro ou fora do recinto da Câmara Municipal)" (HC 74.201/MG, Rel. Celso de Melo, RTJ, 169/969); **B:** incorreta. A CF não contempla essa regra; **C:** incorreta. De acordo com o art. 53, *caput*, da CF, os parlamentares (Deputados e Senadores) são **invioláveis**, civil e penalmente, **por quaisquer de suas opiniões**, palavras e votos.**D:** incorreta. Conforme determina o art. 53, § 8º, da CF, as imunidades de Deputados ou Senadores **subsistirão durante o estado de sítio**, só podendo ser suspensas mediante o voto de dois terços dos membros da Casa respectiva, nos casos de atos praticados fora do recinto do Congresso Nacional, que sejam incompatíveis com a execução da medida; **E:** correta. De acordo com o art. 53, § 2º, da CF, desde a expedição do diploma, os membros do Congresso Nacional **não poderão ser presos, salvo em flagrante de crime inafiançável.** Nesse caso, os autos serão remetidos dentro de vinte e quatro horas à Casa respectiva, para que, pelo voto da maioria de seus membros, resolva sobre a prisão.

Gabarito "E"

(Delegado/BA – 2013 – CESPE) A respeito do Poder Legislativo, julgue os próximos itens.

(1) Aos suplentes de senadores e deputados federais são garantidas as mesmas prerrogativas dos titulares, ainda que aqueles não estejam em exercício.
(2) O processo penal impetrado contra deputado federal será julgado no STF, enquanto durar seu mandato, ainda que o crime tenha sido cometido antes da eleição.

1: errado. De acordo com o STF, os suplentes não possuem as mesmas prerrogativas dos titulares, se não estiverem em exercício. Vejamos: "Suplente de Deputado/Senador – Prerrogativa de Foro – Inexistência (Transcrições) Inq 2639/SP* RELATOR: MIN. CELSO DE MELLO "SUPLENTE DE DEPUTADO FEDERAL. DIREITOS INERENTES À SUPLÊNCIA. **INEXTENSIBILIDADE, AO MERO SUPLENTE DE MEMBRO DO CONGRESSO NACIONAL, DAS PRERROGATIVAS CONSTITUCIONAIS PERTINENTES AO TITULAR DO MANDATO PARLAMENTAR.** PRERROGATIVA DE FORO, PERANTE O SUPREMO TRIBUNAL FEDERAL, NAS INFRAÇÕES PENAIS. INAPLICABILIDADE AO SUPLENTE DE DEPUTADO FEDERAL/SENADOR DA REPÚBLICA. Reconhecimento, no caso, da falta de competência penal originária do Supremo Tribunal Federal, por se tratar de mero suplente de congressista. Remessa dos autos ao ministério público de primeira instância" (informativo 489 do STF); **2**: correto. Os Deputados e Senadores gozam de prerrogativa de foro para julgamento dos processos criminais em que estejam litigando. Isso quer dizer que, desde a expedição do diploma, os membros do Congresso Nacional serão submetidos a julgamento perante o Supremo Tribunal Federal (arts. 53, § 1º, e 102, I, "b", ambos da CF). Ao contrário do que ocorre com as imunidades parlamentares, a prerrogativa de foro **vigora durante o mandato, ainda que o processo criminal tenha sido iniciado antes da expedição do diploma.** Então, os processos instaurados em desfavor de Deputados ou Senadores iniciados antes ou depois da diplomação, serão remetidos ao STF e encaminhados, após o término do mandato, à instância comum, caso ainda não tenham sido encerrados.

Gabarito 1E, 2C

(Delegado/PR – 2013 – UEL-COPS) Sobre deputados e senadores, assinale a alternativa correta.

(A) Eles têm foro privilegiado e devem ser julgados, por crime comum, perante o Superior Tribunal de Justiça.
(B) Para serem processados criminalmente, é preciso prévia licença da Casa a que pertencem.
(C) Eles estão desonerados do dever de testemunhar em juízo, somente sendo obrigados a responder em juízo quando convocados na condição de réu.
(D) Podem ser presos, desde que em flagrante de crime inafiançável.
(E) Perderão o mandato depois de transitada em julgado a sentença judicial condenatória por quebra de decoro parlamentar.

A: incorreta. Conforme determina o art. 53, § 1º, da CF, os Deputados e Senadores, desde a expedição do diploma, serão submetidos a julgamento perante o **Supremo Tribunal Federal**. Vale lembrar que a regra vale para os Deputados Federais, os Estaduais são julgados pelo Tribunal de Justiça do respectivo Estado; **B:** incorreta.**Não há necessidade de licença** da Casa para que os deputados e senadores sejam processados. O que pode ocorrer, conforme determina o § 3º do art. 53 da CF, é sustação do andamento da ação. Segundo o mencionado dispositivo, recebida a denúncia contra o Senador ou Deputado, por crime ocorrido após a diplomação, o Supremo Tribunal Federal dará ciência à Casa respectiva, que, por iniciativa de partido político nela representado e pelo voto da maioria de seus membros, poderá, até a decisão final, sustar o andamento da ação; **C:** incorreta. De acordo com o art. 53, § 6º, da CF, os parlamentares não serão obrigados a testemunhar **sobre informações recebidas ou prestadas em razão do exercício do mandato nem sobre as pessoas que lhes confiaram ou deles receberam informações;D:** correta. De acordo com o art. 53, § 2º, da CF, desde a expedição do diploma, os membros do Congresso Nacional não poderão ser presos, **salvo em flagrante de crime inafiançável**. Nesse caso, os autos serão remetidos dentro de vinte e quatro horas à Casa respectiva, para que, pelo voto da maioria de seus membros, resolva sobre a prisão; **E:** incorreta. O art. 55 da CF enumera seis hipóteses de perda do mandato do parlamentar. Dentre essas situações, a doutrina distingue os casos de cassação e extinção do mandato. A cassação diz respeito à perda do mandato em virtude do parlamentar ter cometido falta funcional; já a extinção relaciona-se com a ocorrência de ato ou fato que torne automaticamente inexistente o mandato, como por exemplo, renúncia, morte, ausência injustificada etc. Nos casos de cassação (violação das proibições estabelecidas no art. 54 da CF, **falta de decoro parlamentar e condenação criminal transitada em julgado** – art. 55, I, II e VI), **a perda do mandato será decidida pela Câmara dos Deputados ou pelo Senado Federal, por maioria absoluta, mediante provocação da respectiva Mesa ou de partido político representado no Congresso Nacional** (art. 55, § 2º, da CF). Vale lembrar que a EC nº 76, de 28 de novembro de 2013, alterou o § 2º do art. 55 e o § 4º do art. 66 da Constituição Federal, para abolir a votação secreta nos casos de perda de mandato de Deputado ou Senador e de apreciação de veto.

Gabarito "D"

(Delegado/SC – 2008) De acordo com a Constituição da República Federativa do Brasil é correto afirmar, exceto:

(A) Os Deputados e Senadores não poderão desde a expedição do diploma ser titular de mais de um cargo ou mandato público eletivo.
(B) Os Deputados e Senadores não poderão desde a expedição do diploma firmar ou manter contrato com pessoa jurídica de direito público, autarquia, empresa pública, sociedade de economia mista ou empresa concessionária de serviço público, salvo quando o contrato obedecer a cláusulas uniformes.
(C) Deputados e Senadores não poderão desde a posse ser proprietários, controladores ou diretores de empresa que goze de favor decorrente de contrato com pessoa jurídica de direito público, ou nela exercer função remunerada.
(D) Nos casos de existência de procedimento declarado incompatível com o decoro parlamentar, a perda do mandato será decidida pela Câmara dos Deputados ou pelo Senado Federal, por voto secreto e maioria absoluta, mediante provocação da respectiva Mesa ou de partido político representado no Congresso Nacional, assegurada ampla defesa.

A: incorreta, devendo ser assinalada. A proibição mencionada toma por base o momento da posse (art. 54, II, "d", da CF/1988); **B:** correta (art. 54, I, "a", da CF/1988); **C:** correta (art. 54, II, "a", da CF/1988); **D:** correta, à época em que a questão foi elaborada. Com o advento da EC 76/2013, a votação não será por voto secreto (art. 55, § 2º, da CF/1988).

Gabarito "A"

(Delegado/SC – 2008) Sobre Deputados Federais e Senadores Federais, assinale a alternativa correta.

(A) Desde a expedição do diploma, os membros do Congresso Nacional não poderão ser presos, salvo em flagrante de crime inafiançável. Os autos serão remetidos em vinte e quatro horas à Casa respectiva, para que, o voto da maioria dos membros, resolva sobre a prisão.
(B) Recebida denúncia contra o Senador ou Deputado, por crime ocorrido após a diplomação, o Supremo Tribunal Federal dará ciência à Casa respectiva que, por iniciativa de partido político nela representado e pelo voto da maioria de seus membros, poderá, até a decisão final, sustar o andamento da ação. O pedido de sustação será apreciado pela Casa respectiva no prazo improrrogável de quarenta e oito horas do seu recebimento pela Mesa Diretora.
(C) As imunidades de Deputados e Senadores subsistirão durante o estado de sítio, só podendo ser suspensas mediante o voto de maioria absoluta dos membros da Casa respectiva, nos casos de atos praticados fora do recinto do Congresso Nacional que sejam incompatíveis com a execução da medida.
(D) Fica suspenso o mandato do Deputado ou Senador que sofrer condenação criminal em sentença transitada em julgado, enquanto durarem seus efeitos.

A: correta (art. 53, § 2º, da CF/1988); **B:** incorreta. O prazo é de quarenta e cinco dias e não quarenta e oito horas, conforme mencionado na alternativa (art. 53, § 4º, da CF/1988); **C:** incorreta, pois a Constituição exige o voto de dois terços dos membros (art. 53, § 8º, da CF/1988); **D:** incorreta, pois se trata de hipótese de perda do mandato (art. 55, VI, da CF/1988).

Gabarito "A"

10.3. Comissões Parlamentares de Inquérito – CPI

(Delegado/RJ – 2013 – FUNCAB) O art. 58, § 3º, da Constituição Federal de 1988 consagrou, no Poder Legislativo, as Comissões Parlamentares de Inquérito. No que se refere ao poder investigatório da Comissão, é correto afirmar:

(A) Pode ouvir testemunhas, inclusive com a possibilidade de condução coercitiva.
(B) Não pode quebrar o sigilo bancário, fiscal e de dados de pessoa que esteja sendo investigada.
(C) Pode determinar quaisquer buscas e apreensões imprescindíveis à elucidação do objeto da investigação, desde que fundamente sua decisão.
(D) Pode determinar a aplicação de medidas cautelares, tais como indisponibilidade de bens, arrestos e sequestros, na hipótese de fundado receio de remessa para o exterior dos bens, públicos ou privados, adquiridos pela organização criminosa investigada.
(E) No interesse da investigação, possuem competência para decretar todas as espécies de prisões cautelares, desde que haja prejuízo para a garantia da ordem pública, conveniência da instrução criminal e aplicação da lei penal.

A: correta. De fato a Comissão Parlamentar de Inquérito – CPI **pode convocar testemunhas**, investigados e autoridades para prestarem esclarecimentos, mesmo que de forma coercitiva. Aliás, o art. 50 da CF determina que os Ministros de Estado ou quaisquer titulares de órgãos diretamente subordinados à Presidência da República devem comparecer para prestarem informações, quando convocados, sob pena de responderem por crime de responsabilidade, na hipótese de ausência injustificada; **B:** incorreta. Ao contrário do mencionado, a **CPI pode determinar a quebra do sigilo fiscal**, bancário, financeiro e telefônico (nessa última hipótese ocorrerá apenas a quebra em relação aos dados telefônicos, ou seja, as contas telefônicas). É imprescindível, segundo o Supremo, que o ato seja devidamente fundamentado e que haja efetiva necessidade para a da adoção da medida; **C:** incorreta. **A CPI não pode determinar e efetivar a busca domiciliar**, pois depende de ordem judicial, conforme dispõe o inciso XI do art. 5º da CF; **D:** incorreta. De acordo com Alexandre de Moraes, em **Direito Constitucional**, 28. ed., 2012, Editora Atlas, p. 448, "**não poderão as Comissões Parlamentares de inquérito determinar a aplicação de medidas cautelares**, tais como indisponibilidade de bens, arrestos, sequestro, hipoteca judiciária, proibição de ausentar-se da comarca ou país"; **E:** incorreta. **A CPI não pode decretar a prisão**, ressalvadas as hipóteses de flagrante delito, conforme inciso LXI da art. 5º da CF, pois nesses casos não só a CPI, mas qualquer um do povo pode prender. Dispõe o art. 301 do Código de Processo Penal que qualquer pessoa do povo poderá e as autoridades policiais e seus agentes deverão prender quem quer que seja encontrado em flagrante delito.

Gabarito "A"

(Delegado/AP – 2006 – UFAP) Em relação às Comissões Parlamentares de inquérito, é correto afirmar que

(A) podem determinar a interceptação telefônica de pessoa submetida à sua investigação.
(B) podem determinar a busca e apreensão de documentos, no domicílio de pessoa submetida à sua investigação.
(C) podem decretar quaisquer hipóteses de prisão.
(D) podem determinar quebra de sigilo bancário e fiscal de pessoa submetida à sua investigação.
(E) podem determinar a aplicação de medidas cautelares (indisponibilidade de bens, proibição de ausentar-se do país, arrestos)

A: incorreta. A Comissão Parlamentar de Inquérito – CPI (art. 58, § 3º, da CF/1988) não pode determinar a interceptação ou escuta telefônica, pois segundo o art. 5º, XII, da CF/1988, somente para fins de investigação criminal ou instrução processual penal é que poderá haver tal quebra. Ressalta-se que o acesso às contas telefônicas (dados telefônicos) não se confunde com quebra de comunicação telefônica (que é a interceptação ou escuta). A primeira se inclui nos poderes da CPI, já a segunda é acobertada pela cláusula de reserva de jurisdição e, portanto, não cabe à CPI determiná-la; **B:** incorreta. A busca e apreensão de documentos, no domicílio de pessoa submetida à sua investigação também depende de ordem judicial, conforme dispõe o inciso XI do artigo 5º da CF/1988; **C:** incorreta. A CPI também não pode decretar a prisão, ressalvadas as hipóteses de flagrante delito, conforme inciso LXI da art. 5º da CF/1988, pois nesses casos não só a CPI, mas qualquer um do povo pode prender. Dispõe o art. 301 do Código de Processo Penal que qualquer pessoa do povo poderá e as autoridades policiais e seus agentes deverão prender quem quer que seja encontrado em flagrante delito; **D:** correta. De fato, a CPI pode determinar quebra de sigilo bancário e fiscal de pessoa submetida à sua investigação. **E:** incorreta. A CPI é incompetente para decretar medidas de natureza cautelar (civil ou penal). Desse modo, não tem poderes para determinar a indisponibilidade de bens, arrestos e a proibição de ausentar-se do país.

Gabarito "D"

(Delegado/SP – 2003) As comissões parlamentares de inquérito serão criadas

(A) pela Câmara dos Deputados e pelo Senado Federal, em conjunto ou separadamente.
(B) pela Câmara dos Deputados ou pelo Senado Federal.
(C) pelo Presidente da República, pela Câmara dos Deputados ou pelo Senado Federal.
(D) pelo Presidente da República ou, em conjunto, pela Câmara dos Deputados e Senado Federal.

As comissões parlamentares de inquérito serão criadas conforme o art. 58, § 3º, da CF/1988, pela Câmara dos Deputados e pelo Senado Federal, em conjunto ou separadamente.

Gabarito "A"

10.4. Processo legislativo

(Delegado Federal – 2013 – CESPE) Em relação ao processo legislativo e ao sistema de governo adotado no Brasil, julgue o seguinte item.

(1) A iniciativa das leis ordinárias cabe a qualquer membro ou comissão da Câmara dos Deputados, do Senado Federal ou do Congresso Nacional, bem como ao presidente da República, ao STF, aos tribunais superiores, ao procurador-geral da República e aos cidadãos. No que tange às leis complementares, a CF não autoriza a iniciativa popular de lei.

1: errado. A parte final do item é que está incorreta. De acordo com o art. 61 da CF, a iniciativa **das leis complementares e ordinárias** cabe a qualquer membro ou Comissão da Câmara dos Deputados, do Senado Federal ou do Congresso Nacional, ao Presidente da República, ao Supremo Tribunal Federal, aos Tribunais Superiores, ao Procurador-Geral da República e aos cidadãos, na forma e nos casos previstos nesta Constituição. O § 2º do mencionado dispositivo autoriza a **iniciativa popular** que pode ser exercida pela apresentação à Câmara dos Deputados de projeto de lei subscrito por, no mínimo, um por cento do eleitorado nacional, distribuído pelo menos por cinco Estados, com não menos de três décimos por cento dos eleitores de cada um deles. A iniciativa popular é cabível tanto em projetos de lei ordinária como em projetos de lei complementar. Um exemplo de lei complementar que adveio de um projeto de iniciativa popular é a LC nº 135, de 2010, conhecida como lei da ficha limpa.

Gabarito 1E

(Delegado/RO – 2014 – FUNCAB) Tendo em vista o tema "medida provisória", a alternativa correta é:

(A) Medida provisória pode dispor sobre matéria reservada à lei complementar.

(B) Medida provisória não pode instituir crime ou fixar pena.
(C) Medida provisória pode disciplinar sobre matéria referente a processo penal.
(D) As medidas provisórias terão sua votação iniciada no Senado Federal.
(E) Não é possível a abertura de crédito extraordinário por meio de medida provisória.

A: incorreta. De acordo com o art. 62, § 1º, III, da CF, é **vedada** a edição de medidas provisórias sobre matéria reservada à lei complementar; **B:** correta. De fato, como é proibida a edição de medida provisória que trate de **direito penal**, conforme o art. 62, § 1º, I, "b", da CF, tal instrumento não pode ser utilizado para instituir crime ou fixar pena. Além disso, o art. 5º, XXXIX, da CF determina a não possibilidade de crime sem **lei** anterior que o defina, nem pena sem prévia cominação legal; **C:** incorreta. Ao contrário, medida provisória não pode tratar de matéria referente a processo penal. É o que determina o art. 62, § 1º, I, "b", da CF; **D:** incorreta. Conforme determina o art. 62, § 8º, da CF, as medidas provisórias terão sua votação **iniciada na Câmara dos Deputados**; **E:** incorreta. De acordo com o art. 62, § 1º, I, "d", da CF, é proibida a edição de medida provisória sobre planos plurianuais, diretrizes orçamentárias, orçamento e créditos adicionais e suplementares, **ressalvado o previsto no art. 167, § 3º**. O citado dispositivo determina que a **abertura de crédito extraordinário somente será admitida para atender a despesas imprevisíveis e urgentes**, como s decorrentes de guerra, comoção interna ou calamidade pública, observado o disposto no art. 62. Portanto, de forma excepcional, é possível a abertura de crédito extraordinário por meio de medida provisória.

Gabarito "B"

(Delegado/RJ – 2013 – FUNCAB) Dentre as espécies normativas mencionadas nas opções abaixo, aponte a que admite a figura da iniciativa popular.

(A) Leis Delegadas.
(B) Medidas Provisórias.
(C) Resoluções.
(D) Leis Complementares.
(E) Decretos Legislativos.

A: incorreta. As **leis delegadas** são elaboradas pelo Presidente da República, quando ele exerce, atipicamente, a função legislativa. Segundo o art. 68 da CF, para que o Presidente elabore essa lei deve solicitar a delegação ao Congresso Nacional. O ato que formaliza a autorização dada pelo Legislativo é uma resolução que deve especificar o conteúdo e os termos de seu exercício. Não há iniciativa popular de lei delegada; **B:** incorreta. A possibilidade de edição de **medidas provisórias** pelo Chefe do Executivo vem prevista no art. 62 da CF. Desse modo, havendo relevância e urgência, o Presidente da República poderá adotar medidas provisórias, com força de lei, devendo submetê-las imediatamente ao Congresso Nacional. Essa espécie legislativa não comporta iniciativa popular; **C:** incorreta. A **resolução** tem por finalidade normatizar as matérias de competência privativa da Câmara de Deputados (art. 51 da CF), do Senado Federal (art. 52 da CF) e, ainda, algumas atribuições do Congresso Nacional, por exemplo, a delegação ao Presidente da República para que ele edite lei delegada (art. 68, § 2º, da CF). Quem promulga uma resolução é a Mesa da Casa Legislativa responsável por sua edição. As resoluções não estão sujeitas a deliberação executiva (sanção ou veto presidencial). Essa espécie legislativa também não comporta iniciativa popular; **D:** correta. De fato, as **leis complementares admitem a figura da iniciativa popular**. O art. 61 da CF trata das leis ordinárias e complementares e em seu § 2º determina que a iniciativa popular pode ser exercida pela apresentação à Câmara dos Deputados de projeto de lei subscrito por, no mínimo, um por cento do eleitorado nacional, distribuído pelo menos por cinco Estados, com não menos de três décimos por cento dos eleitores de cada um deles.

Gabarito "D"

(Delegado Federal – 2004 – CESPE) Considere que, por medida provisória, o presidente da República tenha criado o Ministério da Segurança Pública. Transcorrido o prazo de cento e vinte dias, contados da data de sua publicação não foi votada a medida provisória, no Congresso Nacional, ocorrendo a sua rejeição tácita. Durante o período em que a medida provisória esteve em vigor, o ministro nomeado praticou diversos atos administrativos, de sua competência exclusiva, que, por seu conteúdo, caracterizaram crime de responsabilidade contra o livre exercício dos direitos individuais, tipificado no art. 7.º da Lei n.º 1.079, de 10/4/1950, e crimes de improbidade administrativa. Quanto à situação hipotética acima, julgue os itens subsequentes.

(1) Durante a vigência da referida medida provisória, a competência para processar e julgar eventual ação contra o ministro da Segurança Pública, por crime de responsabilidade e crime de improbidade administrativa, seria do STF, depois de autorizada, pela Câmara dos Deputados, em ambos os casos, a instauração do processo, cessando essa competência no momento em que a medida provisória fosse rejeitada.

(2) Durante a vigência da medida provisória, para o presidente da República transferir o Departamento de Polícia Federal (DPF) do Ministério da Justiça para o Ministério da Segurança Pública, criando, nesse ato, sem aumento de despesa, alguns órgãos necessários ao funcionamento do DPF nessa nova estrutura, ele teria de aprovar uma lei ou editar uma medida provisória que dispusesse acerca da matéria.

1: incorreta (art. 102, I, "b"; art. 51, I, e art. 52, I, todos da CF/1988); **2:** incorreta (art. 84, VI, "a", da CF/1988).

Gabarito 1E, 2E

(Delegado/AM) A norma legislativa que altera o quantitativo de deputados federais ou sua representação por Estado é denominado:

(A) lei complementar
(B) decreto legislativo
(C) emenda a Constituição
(D) resolução da Mesa Diretora

A lei complementar é o veículo normativo apropriado para a alteração do quantitativo de deputados federais ou sua representação por Estado (art. 45, § 1º, da CF/1988).

Gabarito "A"

(Delegado/GO – 2003 – UEG) O art. 59 da Constituição Federal estabelece que o processo legislativo compreenda a elaboração de emendas à Constituição, às leis complementares, às leis ordinárias, às leis delegadas, às medidas provisórias, aos decretos legislativos e às resoluções.

Em relação às espécies normativas julgue as proposições abaixo, marcando V (Verdadeiro) ou F (Falso):

I. As leis delegadas devem ser elaboradas pelo presidente da República, depois de resolução do Congresso Nacional, determinando o conteúdo e os termos de seu exercício. E, no caso de o ato normativo do Poder Executivo exorbitar os limites de delegação legislativa, compete exclusivamente ao Congresso Nacional sustar o ato.

II. Projeto de lei complementar, de iniciativa de deputado federal, disciplinando o exercício de direitos constitucionais, é aprovado por maioria simples em ambas as casas do Congresso Nacional e sancionado pelo presidente da República. Nesse caso, do ângulo do processo legislativo, pode-se afirmar que a lei complementar em que se converteu o projeto é formalmente inconstitucional por inobservância do quorum previsto na Constituição para aprovação de lei complementar.

III. Em caso de relevância e urgência, o presidente da República poderá adotar medidas provisórias, com força de lei, devendo submetê-las de imediato ao Congresso Nacional. Todavia, é vedada a edição de medidas provisórias, entre outras matérias, relativas a direito penal, processual penal e processual civil.

IV. As leis que disponham sobre a criação de cargos, funções ou empregos públicos na administração direta e autárquica ou sobre o aumento de sua remuneração são de iniciativa privativa do Congresso Nacional, sem sanção do presidente da República.

Marque a alternativa com a sequência CORRETA:

(A) V – V – V – F
(B) F – F – F – V
(C) F – V – V – V
(D) V – V – F – F

I: verdadeiro, tendo em vista as seguintes disposições constitucionais: art. 68, "caput" e § 1º, combinado com art. 49, V, ambos da CF/1988; **II:** verdadeiro, pois o art. 69 da CF/1988 exige o quórum de maioria absoluta para a aprovação das leis complementares. Destaque-se que as inconstitucionalidades se classificam quanto à natureza do vício, em formais e materiais, versando a questão acerca da primeira, já que houve desrespeito à regra de processo legislativo (quórum) instituída pelo Constituinte; **III:** verdadeiro, por força do disposto no art. 62, "caput" e § 1º, I, "b", da CF/1988. Vale ressaltar que a menção expressa ao direito penal, processual penal e processual civil cuida-se de inovação trazida pela EC n.º 32/2001, antes da qual havia divergência doutrinária acerca do tema; **IV:** falso, uma vez que o art. 48, X, da CF/1988 expressamente exige, nessa hipótese, a sanção presidencial, o que torna a parte final do item inverídica. Importante destacar que o Constituinte de 1988, ao versar sobre as atribuições do Congresso Nacional, expressamente indicou as hipóteses em que é dispensada a sanção do Presidente da República (art. 48, "caput"), quais sejam, aquelas indicadas nos artigos 49, 51 e 52. Além disso, tendo em vista o disposto no art. 84, VI, "b", CF/1988, o Presidente da República, por meio de decreto, poderá dispor sobre a extinção de funções ou cargos públicos, quando vagos; As três primeiras afirmações são verdadeiras e a última é falsa.

Gabarito "A"

(Delegado/MA – 2006 – FCC) Em relação às emendas constitucionais é correto afirmar que a

(A) proposta será discutida e votada em cada Casa do Congresso Nacional, em turno único, considerando-se aprovada se obtiver dois terços dos votos dos membros presentes à sessão.
(B) Constituição poderá ser emendada mediante proposta de dois terços, no mínimo, dos membros da Câmara dos Deputados e do Senado Federal.
(C) sua promulgação é de competência das Mesas da Câmara dos Deputados e do Senado Federal, com o respectivo número de ordem.
(D) Constituição poderá ser emendada a qualquer tempo, ainda que na vigência de intervenção federal, de estado de defesa ou de estado de sítio.
(E) matéria constante de proposta de emenda rejeitada ou havida por prejudicada, poderá ser a qualquer tempo, desde que na mesma sessão legislativa, objeto de nova proposta.

A: incorreto, uma vez que a discussão da proposta de emenda constitucional dar-se-á em dois turnos, não em turno único (art. 60, § 2º, CF/1988); **B:** incorreto, por força do disposto no inciso I do art. 60 da CF que exige proposta de apenas um terço dos membros da Câmara dos Deputados e do Senado Federal; **C:** correto, haja vista o art. 60, § 3º, da CF/1988. Lembre-se de que diferente do que ocorre com a emenda constitucional, a promulgação das leis ordinárias e complementares é de competência do Presidente da República, em regra, ressalvado o disposto no § 7º, do art. 66, CF/1988 (§ 7º – Se a lei não for promulgada dentro de quarenta e oito horas pelo Presidente da República, nos casos dos § 3º e § 5º, o Presidente do Senado a promulgará, e, se este não o fizer em igual prazo, caberá ao Vice-Presidente do Senado fazê-lo); **D:** incorreto, tendo em conta a vedação contida no art. 60, § 1º, da CF/1988. Na vigência de estado de sítio, defesa e intervenção federal, a Constituição não poderá ser emendada. São as denominadas limitações circunstanciais; **E:** incorreto, por vedação constitucional expressa (art. 60, § 5º, CF/1988). Tal proibição é conhecida como limitação formal quanto à reapresentação.

Gabarito "C"

(Delegado/MG – 2006) Assinale a alternativa correta:

(A) Se o veto não for mantido, o presidente da Câmara promulgará a lei.
(B) O Presidente da República pode recusar sanção a projeto de lei aprovado pelo Congresso com base em dois fundamentos: inconstitucionalidade e inconveniência ao interesse público.
(C) O veto parcial pode incidir sobre expressões constantes de artigos, incisos, parágrafos e alíneas.
(D) O Presidente da República deve vetar ou sancionar em 15 dias úteis projeto de lei aprovado, sendo vedado o silêncio ou a omissão.

A: incorreto, pois quando o veto não é mantido a promulgação da lei compete ao Presidente da República (art. 66, § 5º, da CF/1988); **B:** correto, pois a inconstitucionalidade (veto jurídico) e a inconveniência ao interesse público (veto político) são os fundamentos, previstos no artigo 66, § 1º, da CF/1988, que o Presidente pode se valer ao vetar uma norma; **C:** incorreto, o chamado veto parcial, que alcança apenas parte do projeto de lei, não pode abranger apenas parte de artigo, parágrafo, inciso ou alínea (art. 66, § 2º, da CF/1988). O limite de tal veto é o disposto numa alínea; **D:** incorreto, o silêncio do Presidente importa, na verdade, sanção tácita (art. 66, § 3º, da CF/1988).

Gabarito "B"

(Delegado/MS – 2006) Analise as proposições e assinale a alternativa correta.

Não será objeto de deliberação a proposta de emenda constitucional tendente a abolir

I. a forma federativa de Estado.
II. o voto direto, secreto, universal e periódico.
III. a separação dos Poderes.
IV. os direitos e garantias individuais.
V. a previdência social.

(A) apenas os itens III e V são falsos.
(B) apenas o item III é falso.
(C) apenas o item II é falso.
(D) apenas o item V é falso.
(E) apenas o item I é falso.

As chamadas cláusulas pétreas ou núcleos essenciais intangíveis constituem matérias previstas na Constituição, em relação às quais não poderá haver normatização sequer tendente a aboli-las. Estão previstas no art. 60, § 4º, da CF/1988 e são as seguintes: forma federativa de Estado, o voto direto, secreto, universal e periódico, a separação dos Poderes e os direitos e garantias individuais. Dentre todos os itens acima apontados, apenas o de número V não contém uma cláusula pétrea constitucional.

Gabarito "D"

(Delegado/MS – 2006) Assinale a alternativa que preenche corretamente as lacunas do texto abaixo:

Se o Presidente da República considerar o projeto de lei, no todo ou em parte, inconstitucional ou contrário ao interesse público vetá-lo-á, total ou parcialmente, no prazo de ______ contados da data do recebimento e comunicará, dentro de ____________, ao Presidente do Senado Federal os motivos do veto.

(A) 10 dias – vinte quatro horas.
(B) 15 dias úteis – vinte quatro horas.
(C) 15 dias – quarenta e oito horas.
(D) 15 dias úteis – quarenta e oito horas.
(E) 15 dias – vinte quatro horas.

É o que dispõe o art. 66, § 1º, da CF/1988.

Gabarito "B"

(Delegado/MT – 2006 – UFMT) Poderá ser objeto de deliberação a proposta de emenda à Constituição Federal tendente a abolir

(A) a forma federativa de Estado.
(B) o voto secreto e direto.
(C) a elaboração de leis complementares.
(D) a presunção de inocência.
(E) o direito de propriedade.

A questão deve ser analisada à luz do disposto no art. 60, § 4º, da CF/1988. As matérias que não poderão ser objeto de deliberação tendente a abolir (cláusulas pétreas) estão previstas no art. 60, § 4º, da CF/1988 e são as seguintes: forma federativa de Estado, o voto direto, secreto, universal e periódico, a separação dos Poderes e os direitos e garantias individuais. A presunção de inocência e o direito de propriedade são consagrados pelo Constituinte de 1988 como direitos individuais (art. 5º, "caput", e inciso LVII, da CF/1988). Desse modo, dentre as alternativas mencionadas, apenas a elaboração de leis complementares pode ser objeto de emenda constitucional tendente a aboli-la.

Gabarito "C"

(Delegado/PI – 2009 – UESPI) Será objeto de deliberação legislativa a proposta de Emenda Constitucional tendente a

(1) reformar a estrutura dos Ministérios.
(2) reformar os critérios de seleção e de provimento dos servidores públicos civis.
(3) modificar as diretrizes gerais para a elaboração do orçamento público.
(4) estabelecer novas regras para o processo eleitoral e para o funcionamento dos partidos políticos, com vigência apenas para o pleito eleitoral seguinte.
(5) modificar a estrutura federativa do Estado brasileiro

Estão corretas apenas:

(A) 2, 3, 4 e 5
(B) 1, 2 ,3 e 4
(C) 2, 3 e 4
(D) 1, 2, 3 e 5
(E) 1 e 5

Apenas a matéria do item 5 faz parte do rol do artigo 60, § 4º, da CF/1988.

Gabarito "B"

(Delegado/SC – 2008) Sobre as Emendas Constitucionais todas as alternativas estão corretas, exceto :

(A) A matéria constante de proposta de emenda rejeitada ou havida por prejudicada não pode ser objeto de nova proposta na mesma sessão legislativa.

(B) A Constituição poderá ser emendada mediante proposta: de um terço, no mínimo, dos membros da Câmara dos Deputados ou do Senado Federal, do Presidente da República e de mais da metade das Assembleias Legislativas das unidades da Federação, manifestando-se, cada uma delas, pela maioria relativa de seus membros.
(C) A emenda à Constituição será promulgada pelas Mesas da Câmara dos Deputados e do Senado Federal, com o respectivo número de ordem.
(D) A Constituição não poderá ser emendada na vigência de intervenção federal, de estado de defesa ou de estado de sítio, salvo por autorização de maioria absoluta do Congresso Nacional.

A: correta, tendo em vista o art. 60, § 5º, da CF/1988; **B:** correta, por descrever os legitimados autorizados pelo art. 60, *caput*, incisos I, II e II, da CF/1988; **C:** correta, tendo em vista o art. 60, § 3º, da CF/1988. Deve-se ter a atenção para o fato de não ser as Mesas do Congresso Nacional que promulgam a Emenda Constitucional, mas as Mesas das Câmaras dos Deputados e do Senado Federal; **D:** incorreta, devendo ser assinalada. É vedada a edição de emenda constitucional na vigência de intervenção federal, estado de defesa e estado de sítio (limites circunstanciais ao poder de reforma), não havendo autorização ao Congresso Nacional para excepcionar tal vedação (art. 60, § 1º, da CF/1988).
Gabarito "D"

(Delegado/SC – 2008) Em caso de relevância e urgência, o Presidente da República poderá adotar medidas provisórias com força de lei devendo submetê-las ,de imediato, ao Congresso Nacional. Sobre as Medidas Provisórias assinale a alternativa correta.

(A) As medidas provisórias perderão eficácia, desde a edição, se não forem convertidas em lei no prazo de sessenta dias, prorrogável, uma vez por igual período, devendo o Congresso Nacional disciplinar, por resolução, as relações jurídicas delas decorrentes.
(B) As medidas provisórias terão sua votação iniciada na Câmara dos Deputados, sendo vedada edição sobre matéria já disciplinada em projeto de lei aprovado pelo Congresso Nacional e pendente de sanção ou veto do Presidente da República.
(C) Prorrogar-se-á uma única vez por igual período a vigência de medida provisória que, no prazo de noventa dias, contado de sua publicação, não tiver a sua votação encerrada nas duas Casas do Congresso Nacional.
(D) É vedada reedição, na mesma sessão legislativa, de medida provisória que tenha sido rejeitada ou que tenha perdido sua eficácia por decurso de prazo, salvo autorização de maioria absoluta do Senado Federal.

A: incorreta, conforme o disposto no art. 62, § 3º, da CF/1988. É o decreto legislativo, e não a resolução, o veículo normativo apropriado para a regulamentação das relações jurídicas decorrentes da medida provisória que perderem eficácia; **B:** correta, conforme dispõe o art. 62, § 8º, c/c art. 62, § 1º, IV, ambos da CF/1988. É importante ressaltar que importantes modificações foram trazidas pela Emenda Constitucional n.º 32/2001 no regime constitucional das medidas provisórias, que, expressamente, passou a vedar a edição de medidas provisórias sobre matérias já disciplinadas em projeto de lei aprovado pelo Congresso Nacional e pendente de sanção ou veto pelo do Presidente da República; **C:** incorreta, tendo em vista o art. 62, § 7º, da CF/1988 que prevê o prazo de sessenta dias, e não de noventa dias, contados da publicação, para que possa haver a prorrogação da vigência da medida provisória; **D:** incorreta, tendo em vista inexistir no texto constitucional a faculdade de o Senado Federal autorizar a reedição de medidas provisórias (art. 62, § 10, da CF/1988).
Gabarito "B"

(Delegado/SC – 2008) Em relação ao "Processo Legislativo" marque V ou F caso as afirmações a seguir sejam verdadeiras ou falsas.

( ) A discussão e votação dos projetos de lei de iniciativa do Presidente da República, do Supremo Tribunal Federal e dos Tribunais Superiores terão início na Câmara dos Deputados, sendo que o Presidente da República poderá solicitar urgência para apreciação de projetos de sua iniciativa.
( ) A Casa na qual tenha sido concluída a votação enviará o projeto de lei ao Presidente da República que, aquiescendo, o sancionará. Se considerar o projeto, no todo ou em parte, inconstitucional ou contrário ao interesse público, vetá-lo-á total ou parcialmente, no prazo de quarenta e oito horas, contados da data do recebimento, e comunicará, dentro de quinze dias, ao Presidente do Senado Federal os motivos do veto.
( ) O projeto de lei aprovado por uma Casa será revisto pela outra, em um só turno de discussão e votação, e enviado à sanção ou promulgação, se a Casa revisora o aprovar, ou arquivado, se o rejeitar. Mas, sendo o projeto emendado, voltará à Casa iniciadora.
( ) A Casa na qual tenha sido concluída a votação enviará o projeto de lei ao Presidente da República que, aquiescendo, o sancionará. Decorrido o prazo de quarenta e oito horas, o seu silêncio importará sanção.

A sequência correta, de cima para baixo, é:

(A) F – V – F – F
(B) V – F – V – F
(C) V – V – V – F
(D) F – F – V – V

Verdadeiro. O início do processo legislativo nas hipóteses em que a iniciativa for do Presidente da República, do Supremo Tribunal Federal e dos Tribunais Superiores se dá na Câmara dos Deputados por força do que dispõe o art. 64, "caput", da CF/1988. Quanto à questão da urgência na apreciação de projeto de lei de iniciativa do Presidente da República, esta poderá ser requerida nos termos do que dispõe o art. 64, § 1º, da CF/1988; Falso, tendo em vista a inversão dos prazos previstos no art. 66, "caput", e § 1º, da CF/1988. Em verdade, o prazo para o veto presidencial é de 15 (quinze) dias **úteis** ao passo que o prazo relativo à comunicação das razões do veto ao Presidente do Senado Federal é de quarenta e oito horas. Nesse item é importante destacar a questão da contagem em dias úteis e não em dias corridos em relação ao prazo para o Presidente vetar o projeto; Verdadeiro, tendo em vista o art. 65, "caput" e parágrafo único, da CF/1988. Ressalta-se que há distinção entre a rejeição e emenda, uma vez que a primeira finda o processo legislativo, ao passo que a segunda faz com que o projeto retorne à Casa em que teve início; Falso, pois no art. 66, "caput", e § 3º, da CF/1988, a sanção tácita, ou seja, sanção por silêncio do Presidente da República, se dá após **quinze dias** úteis contados da data do recebimento, e não quarenta e oito horas, como veiculado indevidamente na assertiva. Este segundo prazo (48 horas) é o que tem o Presidente para comunicar ao Presidente do Senado Federal os motivos do veto, caso tenha vetado o projeto de lei; A sequência correta é a descrita na alternativa B.
Gabarito "B"

(Delegado/SP – 2003) Sobre o processo legislativo, é correto afirmar que

(A) o veto do Presidente da República a projeto de lei poderá ser rejeitado pela maioria absoluta dos Senadores, em escrutínio secreto.
(B) as medidas provisórias terão sua votação iniciada na Câmara dos Deputados.
(C) o veto parcial poderá atingir parte de artigo, de parágrafo, de inciso ou de alínea.
(D) as leis delegadas serão elaboradas pelo Congresso Nacional após delegação do Presidente da República.

A: incorreto, pois o art. 66, § 4º, da CF/1988 exige para a rejeição do veto presidencial o voto da maioria absoluta de Deputados e Senadores, e não apenas dos Senadores, como equivocadamente veiculado no item. Ademais, com o advento da EC 76/2013, a votação não será secreta; **B:** correto, é o que dispõe o art. 62, § 8º, da CF/1988; **C:** incorreto (art. 66, § 2º, da CF/1988). Embora a Constituição possibilite os chamados vetos parciais (art. 66, § 1º, CF/1988), ou seja, pode o Presidente da República vetar parte de lei, o ato não pode alcançar apenas parte de artigo, parágrafo, inciso ou alínea; **D:** incorreto, pois a assertiva inverteu as competências constitucionais; as leis delegadas são elaboradas pelo Presidente da República, após delegação do Congresso Nacional (art. 68 da CF/1988).
Gabarito "B"

(Delegado/SP – 1998) O veto parcial do Presidente da República a projeto de lei abrangerá

(A) texto parcial ou integral de artigo, de parágrafo, de inciso ou de alínea.
(B) somente texto integral de artigo ou de parágrafo.
(C) texto integral ou parcial apenas de artigo ou de parágrafo.
(D) somente texto integral de artigo, de parágrafo, de inciso ou de alínea.

Por força do art. 66, § 2º, da CF/1988, os vetos presidenciais não podem abranger apenas parte de artigo, parágrafo, inciso ou alínea. Importante lembrar que veto parcial não é veto de parte de dispositivo, mas veto de parte de lei. Ou seja, a Constituição Federal permite vetos parciais (art. 66, § 1º, da CF/1988), mas eles devem abarcar o texto de um ou alguns artigos, incisos, parágrafos e/ou alíneas. O limite é o texto de uma alínea. Desse modo, se o Presidente quiser vetar apenas uma palavra, não poderá fazê-lo. É importante não confundir tal regra com os casos de declaração de inconstitucionalidade, em que é viável que o órgão jurisdicional proceda à declaração de apenas parte de artigo, parágrafo, inciso ou alínea de dispositivos normativos (princípio da parcelaridade). O STF pode, portanto, declarar que apenas uma palavra constante da lei é tida como inconstitucional.

Gabarito "D"

(Delegado/SP – 1998) Não será objeto de deliberação a proposta de emenda constitucional tendente a abolir

(A) a forma republicana de governo.
(B) a liberdade de exercício de trabalho, ofício ou profissão.
(C) a obrigação da União de manter o serviço postal e o correio aéreo nacional.
(D) o selo nacional como um dos símbolos da República Federativa do Brasil.

As cláusulas pétreas constam do artigo 60, § 4º, da CF/1988, dentre as quais figuram os direitos e garantias individuais, de que é exemplo a liberdade de exercício de trabalho, ofício ou profissão. Os demais itens veiculam matérias que não se enquadram em qualquer das vedações contidas no art. 60, § 4º.

Gabarito "B"

(Delegado/DF – 2004) Indique, entre os institutos que se seguem, aquele que não se encontra inserido, explicitamente, dentre as denominadas cláusulas pétreas da Constituição em vigor:

(A) os direitos e garantias individuais;
(B) a forma federativa de Estado;
(C) a separação dos Poderes;
(D) o regime republicano;
(E) o voto direto, secreto, universal e periódico.

As cláusulas pétreas constam do artigo 60, § 4º, da CF/1988, dentre as quais inexiste referência ao regime republicano.

Gabarito "D"

(Delegado/GO – 2009 – UEG) É vedada do objeto de emenda constitucional a seguinte matéria:

(A) regime jurídico do servidor público.
(B) nova limitação ao poder de tributar.
(C) acréscimo ao rol de direitos individuais.
(D) o voto direto, secreto, universal e periódico.

As matérias que expressamente o Constituinte de 1988 veda que sejam objeto de emendas constitucionais tendentes a aboli-las constam do artigo 60, § 4º, da CF/1988, dentre as quais inexiste referência àquelas dispostas nos itens A e B. O item C, por seu turno, está incorreto, tendo em vista que a vedação quanto aos direitos e garantias individuais restringe-se aos casos em que a EC tenda a aboli-los, nada impedindo que o constituinte derivado acrescente-os. Exemplo de acréscimo a direito individual se deu com a EC n.º 45/2004, que acresceu o inciso LXXVIII ao artigo 5º do Texto Constitucional, incluindo a razoável duração do processo e os meios que garantam a celeridade de sua tramitação como direito individual.

Gabarito "D"

11. PODER EXECUTIVO

(Delegado/SP – 2011) Fortalecer e ampliar a atuação das corregedorias administrativas do Poder Executivo, notadamente da Polícia Civil e Polícia Militar, do Ministério Público e do Poder Judiciário.

(A) é uma das ações previstas no Programa Estadual de Direitos Humanos para garantia do acesso à justiça.
(B) pode ser entendida como política de Segurança Pública, se fizer parte de prévio acordo de cooperação técnica.
(C) é princípio constitucional e um dos fundamentos da República Federativa do Brasil.
(D) são valores sociais do trabalho e da livre-iniciativa que fortalecem a cidadania.
(E) são objetivos fundamentais da República Federativa do Brasil.

A: correta. De acordo com o Decreto Nº 42.209, de 15 de setembro de 1997, (Programa Estadual de Direitos Humanos), uma das ações previstas para garantir o acesso à justiça é o fortalecimento e ampliação da atuação desses órgãos (Proposta de ações – III Direitos Civis e Políticos – item 1.5); **B:** incorreta. De acordo com o art. 144 da CF/1988, a segurança pública, dever do Estado, direito e responsabilidade de todos, é exercida para a preservação da ordem pública e da incolumidade das pessoas e do patrimônio, através dos seguintes órgãos: I – polícia federal, II – polícia rodoviária federal, III – polícia ferroviária federal, IV – polícias civis, V – polícias militares e corpos de bombeiros militares; **C:** incorreta. Os **fundamentos** da República Federativa do Brasil estão previstos no art. 1º da CF/1988 e são os seguintes: I – a soberania, II – a cidadania, III – a dignidade da pessoa humana, IV – os valores sociais do trabalho e da livre-iniciativa e V – o pluralismo político; **D:** incorreta. Conforme mencionado, tais valores são considerados fundamentos da República Federativa do Brasil; **E:** incorreta. Os **objetivos fundamentais**, conforme o art. 3º da CF/1988, são: I – construir uma sociedade livre, justa e solidária, II – garantir o desenvolvimento nacional, III – erradicar a pobreza e a marginalização e reduzir as desigualdades sociais e regionais e IV – promover o bem de todos, sem preconceitos de origem, raça, sexo, cor, idade e quaisquer outras formas de discriminação.

Gabarito "A"

(Delegado/AP – 2010) Assinale a afirmativa incorreta.

(A) Em caso de impedimento do Presidente e do Vice-Presidente, ou vacância dos respectivos cargos, serão sucessivamente chamados ao exercício da Presidência o Presidente do Senado Federal, o da Câmara dos Deputados, e o do Supremo Tribunal Federal.
(B) Vagando os cargos de Presidente e Vice-Presidente da República, far-se-á eleição noventa dias depois de aberta a última vaga.
(C) O mandato do Presidente da República é de quatro anos e terá início em primeiro de janeiro do ano seguinte ao da sua eleição.
(D) O Presidente e o Vice-Presidente da República não poderão, sem licença do Congresso Nacional, ausentar-se do País por período superior a quinze dias, sob pena de perda do cargo.
(E) O Presidente e o Vice-Presidente da República tomarão posse em sessão do Congresso Nacional, prestando o compromisso de manter, defender e cumprir a Constituição, observar as leis, promover o bem geral do povo brasileiro, sustentar a união, a integridade e a independência do Brasil.

A: incorreta (devendo ser assinalada). Primeiro é chamado o Presidente da Câmara que representa o povo detentor do poder, depois o Presidente do Senado que representa os Estados e, por fim, o Presidente do Supremo Tribunal Federal (art. 80 da CF/1988). Vale lembrar que essas pessoas só ocupam o cargo provisoriamente. Desse modo, havendo vacância tanto no cargo de Presidente quanto no de Vice-Presidente (por exemplo, morte dos dois ou condenação de ambos em processo de *impeachment*), novas eleições terão de ser feitas. Se a dupla vacância se der nos dois primeiros anos do mandato, será feita uma eleição direta dentro de 90 (noventa) dias. Caso a dupla vacância ocorra nos dois últimos anos do mandato, a eleição será indireta (o Congresso Nacional é quem elegerá o novo Presidente e o Vice) e dentro de 30 (trinta) dias; **B:** correta (art. 81 da CF/1988); **C:** correta (art. 82 da CF/1988); **D:** correta (art. 83 da CF/1988); **E:** correta (art. 78 da CF/1988).

Gabarito "A"

(Delegado/CE – 2006 – CEV/UECE) NÃO é crime de responsabilidade o ato do Presidente da República que atente contra

(A) a lei orçamentária.
(B) a segurança interna do país.
(C) o cumprimento das leis e das decisões judiciais.
(D) a improbidade na administração.

A, B, **C:** incorretas, pois tais atos são considerados crimes de responsabilidade (art. 85, IV, VI e VII, da CF/1988); **D:** correta. Ato que atente contra a **probidade** administrativa é que é considerado crime de responsabilidade (art. 85, V, da CF/1988).

Gabarito "D"

(Delegado/MS – 2006) Assinale a alternativa que preenche corretamente a lacuna do texto abaixo:

Se, decorridos ________ dias da data fixada para a posse, o Presidente ou o Vice-Presidente, salvo motivo de força maior não tiver assumido o cargo, este será declarado vago.

(A) cinco.
(B) três.
(C) dez.
(D) vinte.
(E) quinze.

O prazo solicitado é de **dez dias**. Todas as alternativas encontram fundamento no art. 78, parágrafo único, da CF/1988.

Gabarito "C"

(Delegado/PB – 2009 – CESPE) Quanto ao Poder Executivo, assinale a opção correta.

(A) No sistema de governo presidencialista, o chefe de governo é também o chefe de Estado.

(B) Quando o presidente da República celebra um tratado internacional, o faz como chefe de governo.

(C) O presidente da República responde por crimes comuns e de responsabilidade perante o Senado Federal, depois de autorizado o seu julgamento pela Câmara dos Deputados.

(D) Algumas competências privativas do presidente da República podem ser delegadas aos ministros de estado. Entre elas está a de presidir o Conselho da República e o Conselho de Defesa quando não estiver presente na sessão.

(E) O presidente da República não pratica crime de responsabilidade quando descumpre uma decisão judicial que entende ser inconstitucional ou contrária ao interesse público.

A: correta. De fato, quando o sistema de governo adotado é o presidencialismo, o Presidente da República cumula duas funções: chefe de Estado (representa o país externamente) e chefe de governo (administra o país internamente). É o que ocorre no Brasil; **B:** incorreta, tal atribuição é feita com base na chefia de Estado; **C:** incorreta, pois nas infrações penais comuns o Presidente da República é submetido a julgamento perante o Supremo Tribunal Federal (art. 86, "caput", da CF/1988). Tanto pela prática de crime de responsabilidade como pela prática de crime comum é necessária a autorização da Câmara de Deputados para que o Presidente seja processado. É o que se denomina de juízo de admissibilidade da Câmara; **D:** incorreta (art. 84, XVIII e parágrafo único, da CF/1988); **E:** incorreta (art. 85, VII, da CF/1988).

Gabarito "A"

(Delegado/SP – 1999) Nas infrações penais comuns praticadas pelo Presidente da República admitida a acusação perante que órgão federal será o Presidente submetido a julgamento?

(A) Câmara dos Deputados.

(B) Senado Federal.

(C) Supremo Tribunal Federal.

(D) Congresso Nacional.

Nas infrações penais comuns o Presidente será submetido a julgamento perante o Supremo Tribunal Federal (art. 102, I, "b", da CF/1988). Vale lembrar que o art. 86 da CF/1988 exige que a acusação contra o Presidente da República seja admitida por dois terços da Câmara dos Deputados, para que ele seja submetido a julgamento. É o denominado juízo de admissibilidade da Câmara.

Gabarito "C"

(Delegado/SP – 1998) Vagando os cargos de Presidente da República e Vice-Presidente da República durante o quarto ano do período presidencial,

(A) serão sucessivamente chamados ao exercício da presidência, o Presidente da Câmara dos Deputados, e do Senado Federal e o do Supremo Tribunal Federal, para completar o referido período.

(B) far-se-á eleição 90 (noventa) dias após aberta a última vaga, cabendo aos eleitos completar o período de seus antecessores.

(C) far-se-á na forma da lei, pelo Congresso Nacional, eleição para ambos os cargos, 30 (trinta) dias depois da última vaga, cabendo aos eleitos completar o período de seus antecessores.

(D) será chamado ao exercício da Presidência o Presidente do Congresso Nacional, para completar o referido período.

A: incorreta. Será realizada uma nova eleição (indireta, pois feita pelo Congresso Nacional) dentro de trinta dias, após aberta a última vaga (art. 81, § 1°, da CF/1988); **B:** incorreta, a nova eleição será indireta e ocorrerá dentro de 30 dias (art. 81, § 1°, da CF/1988); **C:** correta (art. 81, § 1°, da CF/1988); **D:** incorreta (art. 81, § 1°, da CF/1988).

Gabarito "C"

(Delegado/SP – 1998) Na eleição para Presidente da República, será considerado eleito o candidato que registrado por partido político obtiver a maioria absoluta de votos

(A) computados os em branco e os nulos.

(B) computados os em branco e não computados os nulos.

(C) não computados os em branco e os nulos.

(D) não computados os em branco e computados os nulos.

Conforme o art. 77, § 2°, da CF/1988 será considerado eleito o candidato que obtiver a maioria absoluta dos votos válidos, **não** computados os brancos e nulos.

Gabarito "C"

12. PODER JUDICIÁRIO

(Delegado Federal – 2013 – CESPE) Com base nas disposições da CF acerca das competências dos juízes federais, julgue o item a seguir.

(1) Aos juízes federais compete processar e julgar, entre outros crimes, os que atentem contra a organização do trabalho e os de ingresso ou permanência irregular de estrangeiro no território nacional, bem como as disputas sobre direitos indígenas.

1: correto. De acordo com o art. Art. 109, VI, da CF, aos juízes federais compete o processo e julgamento dos **crimes contra a organização do trabalho** e, nos casos determinados por lei, contra o sistema financeiro e a ordem econômico-financeira. Além disso, os incisos X e XI do mesmo dispositivo determina que também é da competência dos juízes federais o processo e julgamento **dos crimes de ingresso ou permanência irregular de estrangeiro**, a execução de carta rogatória, após o *exequatur*, e de sentença estrangeira, após a homologação, as causas referentes à nacionalidade, inclusive a respectiva opção, e à naturalização e a **disputa sobre direitos indígenas**.

Gabarito 1C

(Delegado/PA – 2013 – UEPA) Com relação ao Poder Judiciário, é correto afirmar que:

(A) o juiz titular somente residirá na respectiva comarca se assim determinar o tribunal.

(B) todas as decisões de seus órgãos serão fundamentadas, sob pena de nulidade, e todos os julgamentos serão acompanhados somente pelas partes e seus advogados, para preservar o direito à intimidade do interessado.

(C) a atividade jurisdicional será ininterrupta, exceto nos períodos de férias coletivas nos juízos e tribunais.

(D) as decisões administrativas serão motivadas em sessão pública, sendo as disciplinares tomadas pelo voto da maioria simples dos presentes.

(E) um quinto dos lugares dos Tribunais Regionais Federais, dos Tribunais dos Estados, e do Distrito Federal e Territórios será composto de membros do Ministério Público, com mais de dez anos de carreira, e de advogados de notório saber jurídico e de reputação ilibada, com mais de dez anos de efetiva atividade profissional.

A: incorreta. A regra é justamente o contrário do mencionado na alternativa. Conforme determina o art. 93, VII, da CF, o **juiz titular residirá na respectiva comarca**, salvo autorização do tribunal; **B:** incorreta. De acordo com o art. 93, IX, da CF, todos os **julgamentos dos órgãos do Poder Judiciário serão públicos**, e fundamentadas todas as decisões, sob pena de nulidade, podendo a lei limitar a presença, em determinados atos, às próprias partes e a seus advogados, ou somente a estes, em casos nos quais a preservação do direito à intimidade do interessado no sigilo não prejudique o interesse público à informação; **C:** incorreta. Conforme determina o art. 93, XII, da CF, a atividade jurisdicional será ininterrupta, sendo **vedado férias coletivas** nos juízos e tribunais de segundo grau, funcionando, nos dias em que não houver expediente forense normal, juízes em plantão permanente; **D:** incorreta. De acordo com o art. 93, X, da CF, as decisões administrativas dos tribunais serão motivadas e em sessão pública, sendo as disciplinares tomadas pelo **voto da maioria absoluta** de seus membros; **E:** correta. A regra do quinto constitucional vem prevista no art. 94 da CF.

Gabarito "E"

(Delegado/RJ – 2013 – FUNCAB) Considerando as normas constitucionais que regulam a competência da Justiça Federal, é correto afirmar que cabe aos juízes federais processar e julgar:

(A) os crimes políticos e todas as infrações penais praticadas em detrimento de bens, serviços ou interesse da União ou de suas entidades autárquicas ou empresas públicas, ressalvada a competência da Justiça Militar e da Justiça Eleitoral.

(B) os crimes praticados contra o trabalhador que não importem em grave violação de direitos humanos.

(C) as infrações penais cuja prática tenha repercussão interestadual e exija repressão uniforme.

(D) os crimes cometidos em rodovias federais.

(E) os crimes cometidos a bordo de navios ou aeronaves, ressalvada a competência da Justiça Militar.

A: incorreta. De acordo com o art. 109, IV, aos juízes federais compete processar e julgar os crimes políticos e as infrações penais praticadas em detrimento de bens, serviços ou interesse da União ou de suas entidades autárquicas ou empresas públicas, **excluídas as contravenções** e ressalvada a competência da Justiça Militar e da Justiça

Eleitoral; **B:** incorreta. Conforme determina o art. 109, I, da CF, compete aos juízes federais o processo e julgamento das causas em que a União, entidade autárquica ou empresa pública federal forem interessadas na condição de autoras, rés, assistentes ou oponentes, **exceto** as de falência, as de acidentes de trabalho e **as sujeitas** à Justiça Eleitoral e **à Justiça do Trabalho**; **C:** incorreta. De acordo com o art. 144, § 1°, I, da CF, a polícia federal, instituída por lei como órgão permanente, organizado e mantido pela União e estruturado em carreira, destina-se a apurar infrações penais contra a ordem política e social ou em detrimento de bens, serviços e interesses da União ou de suas entidades autárquicas e empresas públicas, assim como outras **infrações cuja prática tenha repercussão interestadual ou internacional e exija repressão uniforme**, segundo se dispuser em lei; **D:** incorreta. Tal crime não consta do rol de competência da justiça federal, previsto no art. 109 da CF; **E:** incorreta. Conforme determina o art. 109, IX, da CF, os crimes cometidos a bordo de navios ou aeronaves, ressalvada a competência da Justiça Militar, são processados e julgados pela justiça federal.

Gabarito "E"

(Delegado/RJ – 2013 – FUNCAB) No que se refere às garantias do Poder Judiciário, com destaque à vitaliciedade conectada à noção de independência, marque a alternativa correta.

(A) Diz-se garantia de independência dos órgãos judiciários porque, com a vitaliciedade, ocorre a estabilidade perpétua do magistrado.
(B) Diz-se garantia de independência dos órgãos judiciários porque, com a vitaliciedade, os magistrados só perdem o cargo havendo sentença judicial transitada em julgado.
(C) Diz-se garantia de independência dos órgãos judiciários porque a vitaliciedade se adquire tão logo ocorra o exercício do cargo.
(D) Diz-se garantia de independência dos órgãos judiciários porque a vitaliciedade só se aplica ao juiz de carreira, não se estendendo aos advogados que integram a carreira da magistratura pela regra do quinto constitucional.
(E) Diz-se garantia de independência dos órgãos judiciários porque, com a vitaliciedade, o magistrado só perde o cargo quando ocorre decisão da mais Alta Corte do País.

A: incorreta. A vitaliciedade, prevista no art. 95, I, da CF, garante aos magistrados a manutenção no cargo, cuja perda somente se dá por sentença judicial transitada em julgado. Essa garantia é adquirida após dois anos do estágio probatório, em relação aos que foram aprovados em concurso público, ou no momento da posse, na hipótese daqueles que ingressaram pela regra do quinto constitucional ou foram nomeados para atuar nos Tribunais Superiores; **B:** correta. Como mencionado, a garantia da vitaliciedade traz independência aos magistrados, de modo que eles magistrados só podem perder em razão de sentença judicial transitada em julgado; **C:** incorreta. A regra é que a vitaliciedade é adquirida após dois anos do estágio probatório, em relação aos que foram aprovados em concurso público, ou no momento da posse, na hipótese daqueles que ingressaram pela regra do quinto constitucional ou foram nomeados para atuar nos Tribunais Superiores; **D:** incorreta. Os advogados que ingressam na carreira por meio da regra do quinto constitucional também usufruem a garantia da vitaliciedade; **E:** incorreta. O que a Constituição exige é o trânsito em julgado da sentença.

Gabarito "B"

(Delegado/RJ – 2013 – FUNCAB) Sobre o Princípio da Motivação das decisões judiciais, assinale a alternativa correta.

(A) Trata-se de uma garantia contra possíveis excessos do Estado-Juiz.
(B) Trata-se de uma prerrogativa do cidadão com base no princípio constitucional do contraditório.
(C) Trata-se de uma prerrogativa do cidadão, correlacionada com a garantia do *habeas corpus*.
(D) Trata-se de uma garantia contra possíveis excessos do Estado-Juiz, vinculada tão somente às decisões judiciais e administrativas dos Tribunais que ocorram em sessão pública.
(E) Trata-se tanto de uma prerrogativa do cidadão com base no princípio constitucional do contraditório como uma garantia contra possíveis excessos do Estado-Juiz, vinculada tão somente às decisões administrativas dos Tribunais.

A: correta. De fato, a motivação das decisões corresponde a uma garantia contra possíveis excessos do Estado-Juiz. De acordo com o art. 93, IX, da CF, todos os julgamentos dos órgãos do Poder Judiciário serão públicos, e **fundamentadas todas as decisões**, sob pena de nulidade, podendo a lei limitar a presença, em determinados atos, às próprias partes e a seus advogados, ou somente a estes, em casos nos quais a preservação do direito à intimidade do interessado no sigilo não prejudique o interesse público à informação; **B:** incorreta. O princípio constitucional do **contraditório**, previsto no art. 5°, LV, da CF, determina que aos litigantes, em processo judicial ou administrativo, e aos acusados em geral, sejam assegurados o contraditório e a ampla defesa, com os meios e recursos a ela inerentes; **C:** incorreta. Conforme determina o art. 5°, LXVIII, da CF, conceder-se-á "**habeas-corpus**" sempre que alguém sofrer ou se achar ameaçado de sofrer violência ou coação em sua **liberdade de locomoção**, por ilegalidade ou abuso de poder; **D:** incorreta. A motivação das decisões não está vinculada tão somente às decisões judiciais e administrativas dos Tribunais que ocorram em sessão pública; **E:** incorreta. Conforme mencionado, a garantia é ampla.

Gabarito "A"

(Delegado/SP – 2011) Compete ao Supremo Tribunal Federal processar todos os efeitos legais, exceto para promoção por merecimento.

(A) os casos de crime contra a Administração Pública ou de abuso de autoridade
(B) os processos disciplinares de juízes julgados há menos de um ano.
(C) o litígio entre Estado estrangeiro e a União, o Estado e o Distrito Federal
(D) os Governadores dos Estados e do Distrito Federal, nos crimes comuns.
(E) os mandados de segurança contra ato de Ministro de Estado.

A: incorreta. Compete ao Conselho Nacional de Justiça (CNJ) representar ao Ministério Público, no caso de crime contra a administração pública ou de abuso de autoridade (art. 103-B, § 4°, IV, da CF/1988); **B:** incorreta. Rever os processos disciplinares de juízes e membros de tribunais julgados há menos de um ano também é da competência do CNJ (art. 103-B, § 4°, V, da CF/1988); **C:** correta. Cabe ao STF o processo e julgamento do litígio entre Estado estrangeiro e a União, o Estado e o Distrito Federal (art. 102, I, "e", da CF/1988); **D:** incorreta. Quem julga os Governadores dos Estados e do DF, nos crimes comuns, é o Superior Tribunal de Justiça – STJ (art. 105, I, "a", da CF/1988); **E:** incorreta. Nesse caso a competência também é do STJ (art. 105, I, "b", da CF/1988).

Gabarito "C"

(Delegado/AM) O ente público que tem competência para processar e julgar os conflitos de atribuições entre autoridades judiciárias de um Estado e administrativas de outro é o

(A) Senado Federal
(B) Tribunal Regional do Trabalho
(C) Supremo Tribunal Federal
(D) Superior Tribunal de Justiça

A competência nesta hipótese é do STJ, conforme no art. 105, I, "g", da CF/1988.

Gabarito "D"

(Delegado/AM) Três Ministros do STF, eleitos pelo voto secreto, compõem, obrigatoriamente, o órgão judiciário denominado

(A) STM
(B) TSE
(C) STJ
(D) TST

A: incorreta, uma vez que a composição do Superior Tribunal Militar, órgão da Justiça Militar (art. 122, I, da CF/1988), não é integrada por Ministros do Supremo Tribunal Federal – STF (art. 123 da CF/1988); **B:** correta. De fato, a composição do Tribunal Superior Eleitoral é integrada por três Ministros do STF na forma do disposto no art. 119, I, "a", da CF/1988; **C:** incorreta. A composição do Superior Tribunal de Justiça é descrita no art. 104 da Constituição, nela não se incluindo Ministros do STF; **D:** incorreta. O Tribunal Superior do Trabalho, órgão superior da Justiça do Trabalho (art. 111, I, da CF/1988) também **não** é composto por Ministros do STF (art. 111-A da CF/1988).

Gabarito "B"

(Delegado/AM) Os juízes federais têm competência para processar e julgar o seguinte fato jurídico:

(A) crime contra a organização do trabalho.
(B) sucessão de pessoa física sem herdeiro.
(C) cobrança judicial de impostos estaduais.
(D) falência de sociedade de economia mista.

A: correta. Os juízes federais, órgãos da Justiça Federal (art. 106, II, da CF/1988), são competentes para processar e julgar os crimes contra a organização do trabalho, por força do que dispõe o art. 109, VI, da CF/1988; **B:** incorreta. A sucessão de pessoa física sem herdeiro é processada e julgada pela Justiça Estadual por não envolver qualquer dos entes mencionados no art. 109, I, da CF/1988 (competência *rationae personae*), nem tampouco as matérias versadas nos incisos II a XI do mesmo artigo (competência material); **C:** incorreta, pelas mesmas razões do item anterior; **D:** incorreta, pelas mesmas razões dos itens precedentes, cabendo ressaltar que o inciso I, do art. 109, da Constituição afasta expressamente as falências do âmbito de competência material dos juízes federais.

Gabarito "A"

(Delegado/AM) Os TRFs reservam para advogados e membros do Ministério Público uma parcela de suas vagas, representadas pela seguinte fração:

(A) 1/7
(B) 1/5
(C) 1/4
(D) 1/3

Os TRFs reservam para advogados e membros do Ministério Público 1/5 de suas vagas, por força do disposto no art. 107, I, da CF/1988.

Gabarito "B"

(Delegado/AP – 2010) Relativamente às "vedações e garantias dos juízes" assinale a afirmativa incorreta.

(A) Os juízes gozam da garantia da inamovibilidade, salvo por motivo de interesse público, na forma da Constituição.
(B) Aos juízes é vedado exercer a advocacia no juízo ou tribunal do qual se afastou, antes de decorridos cinco anos do afastamento do cargo por aposentadoria ou exoneração.
(C) Aos juízes é vedado exercer, ainda que em disponibilidade, outro cargo ou função, salvo uma de magistério.
(D) Os juízes gozam da garantia da vitaliciedade. A vitaliciedade no primeiro grau só será adquirida após dois anos de exercício.
(E) Aos juízes é vedado dedicar-se à atividade político-partidária.

A: correta, uma vez que a garantia da inamovibilidade é expressamente ressalvada pela Constituição nos casos de interesse público devendo, nessa hipótese, fundar-se a remoção em decisão por voto da maioria absoluta do respectivo tribunal ou do Conselho Nacional de Justiça, assegurada ampla defesa. Destaque-se que as demais garantias dos magistrados estão enumeradas no art. 95 da CF/1988. Além disso, é necessária atenção em relação ao quórum exigido para a remoção do juiz, na medida em que até o advento da EC n.º 45/2004, a Constituição exigia voto de apenas dois terços do respectivo Tribunal; **B:** incorreta (devendo esta ser assinalada), tendo em vista que o prazo de vedação para o exercício da advocacia pelos magistrados no juízo ou tribunal a que estiveram vinculados é de três anos; **C:** correta (art. 95, parágrafo único, I, da CF/1988); **D:** correta (art. 95, I, da CF/1988); **E:** correta, tendo em vista a vedação contida no art. 95, parágrafo único, inciso III, da CF/1988, cabendo destacar que a Constituição, nessa hipótese, não prescreve vedação após o afastamento do cargo, como o fez com relação ao exercício da advocacia no mesmo tribunal ou juízo a que esteve vinculado.

Gabarito "B"

(Delegado/AP – 2010) Com relação ao tema *Poder Judiciário* analise as afirmativas a seguir:

I. Compete à Justiça Militar estadual processar e julgar os militares dos Estados, nos crimes militares definidos em lei e as ações judiciais contra atos disciplinares militares, ressalvada a competência do júri quando a vítima for civil.
II. A competência dos tribunais estaduais será definida na Constituição Federal, sendo apenas a lei de organização judiciária de iniciativa do Tribunal de Justiça.
III. O Tribunal de Justiça não poderá constituir câmaras regionais, devendo funcionar de forma centralizada, a fim de assegurar igualdade de acesso do jurisdicionado à justiça em todas as fases do processo.

Assinale:

(A) se somente a afirmativa I estiver correta.
(B) se somente a afirmativa II estiver correta.
(C) se somente a afirmativa III estiver correta.
(D) se somente as afirmativas I e II estiverem corretas.
(E) se todas as afirmativas estiverem corretas.

I: correta, tendo em vista o disposto no art. 125, § 4º, da CF/1988; **II:** incorreta, tendo em vista que a definição das competências dos tribunais estaduais tem sede própria nas Constituições Estaduais, conforme determinação do art. 125, § 1º, da CF/1988; **III:** incorreta, tendo em vista a autorização expressa conferida pelo art. 125, § 6º, da CF/1988.

Gabarito "A"

(Delegado/DF – 2004) Aponte sobre o Poder Judiciário a alternativa que se harmoniza com a Constituição em vigor:

(A) os Ministros do Supremo Tribunal Federal serão nomeados pelo Presidente da República, depois de aprovada a escolha pelo Congresso Nacional;
(B) os Governadores de Estado serão processados e julgados, originariamente, nos crimes comuns, perante o Tribunal de Justiça do Estado em que exercitarem a governadoria;
(C) compete ao Supremo Tribunal Federal julgar, em recurso especial, as causas decididas, em única ou última instância, pelos Tribunais Regionais Federais ou pelos tribunais dos Estados, do Distrito Federal e Territórios, quando a decisão recorrida contrariar tratado ou lei federal, ou negar-lhes vigência;
(D) é de competência originária do Superior Tribunal de Justiça processar e julgar as ações rescisórias dos julgados dos Tribunais Regionais Federais;
(E) a vitaliciedade, como garantia da magistratura, só será adquirida, no primeiro grau, após dois anos de exercício.

A: incorreta. A aprovação dos nomes dos Ministros escolhidos pelo Presidente da República é do Senado Federal que deverá se pronunciar por sua maioria absoluta (art. 101, parágrafo único, da CF/1988); **B:** incorreta, tendo em vista ser do Superior Tribunal de Justiça a competência para processar e julgar, originariamente, nos crimes comuns, os Governadores dos Estados e do Distrito Federal (art. 105, I, "a", da CF/1988); **C:** incorreta, em primeiro lugar porque o STF não é órgão recursal competente para apreciar recursos especiais. Segundo, porque a matéria versada no item é de competência expressa do STJ – Superior Tribunal de Justiça (art. 105, III, "a", da CF/1988); **D:** incorreta, porque a competência para processar e julgar ações rescisórias dos julgados dos Tribunais Regionais Federais e dos juízes federais a ele vinculados é dos próprios Tribunais (art. 108, I, "b", da CF/1988); **E:** verdadeira, tendo em vista a previsão contida no art. 95, I, da CF/1988. Cabe ressaltar que não se fala no instituto da vitaliciedade com referência aos servidores públicos em geral. Tal garantia abrange apenas os membros da magistratura, do ministério público e os ministros e conselheiros dos Tribunais de Contas. Importante também lembrar que nos termos do artigo referido a perda do cargo, no período de vitaliciamento, depende de deliberação do tribunal a que o juiz estiver vinculado.

Gabarito "E"

(Delegado/RR – 2003 – CESPE) Julgue os itens seguintes acerca do Poder Judiciário e do Ministério Público.

(1) Compete aos juízes federais julgar as causas entre Estado estrangeiro e município. Da decisão caberá recurso ordinário para o Superior Tribunal de Justiça (STJ).
(2) Ao Ministério Público compete exercer o controle externo da atividade policial, podendo, para tanto, ter livre ingresso em estabelecimentos policiais e prisionais, bem como acesso a quaisquer documentos relativos à atividade-fim policial.
(3) Considere a seguinte situação hipotética. João foi preso em flagrante pela prática de crime contra a fauna, previsto na Lei n.º 9.605/1998, consistente em matar espécime da fauna silvestre sem a devida permissão. Nessa situação, João será processado perante a justiça federal, conforme entendimento já sumulado pelo STJ.

1: correta, conforme dispõe o art. 109, II, da CF/1988; **2:** correta, tendo em vista o art. 129, VII, da CF/1988; **3:** incorreta, por ter sido cancela a Súmula 91 do STJ – DJU 23.11.2000 – que dizia ser de competência da Justiça Federal os crimes contra a fauna.

Gabarito 1C, 2C, 3E

(Delegado/SP – 2008) Os juízes de direito podem ser removidos, além de colocados em disponibilidade por interesse público fundamentando-se tal decisão

(A) por voto da maioria relativa do respectivo tribunal ou do Conselho Nacional de Justiça.
(B) por voto da maioria absoluta do respectivo tribunal ou do Conselho Nacional de Justiça.
(C) por voto de maioria qualificada de 2/3 do respectivo tribunal ou do Conselho Nacional de Justiça.
(D) por voto de maioria qualificada de 3/4 do respectivo tribunal ou do Conselho Nacional de Justiça.
(E) por voto de maioria qualificada de 3/5 do respectivo tribunal ou do Conselho Nacional de Justiça.

A decisão tem de se dar pelo voto da maioria absoluta do respectivo tribunal ou do Conselho Nacional de Justiça, tendo em vista o art. 93, VIII, da CF/1988.

Gabarito "B"

(Delegado/SP – 2000) A extradição solicitada por Estado estrangeiro será processada e julgada originariamente pelo

(A) Superior Tribunal de Justiça.
(B) Tribunal Regional Federal do Distrito Federal.

(C) Supremo Tribunal Federal.
(D) Tribunal Regional Federal do domicílio do extraditando.

Conforme o disposto no artigo 102, I, "g", da CF/1988, a competência é do Supremo Tribunal Federal.
Gabarito "C"

(Delegado Federal – 1998 – CESPE) Acerca do Poder Judiciário, julgue os itens seguintes.

(1) Considere a seguinte situação: Maria de Oliveira é brasileira nata, tem mais de trinta e cinco e menos de sessenta e cinco anos de idade, possui notável saber jurídico e reputação ilibada. O Presidente da República pretende nomeá-la para vaga de ministro recém-surgida no Supremo Tribunal Federal (STF), razão por que envia mensagem ao Senado Federal submetendo o nome da candidata. Uma vez aprovado o nome pela citada casa legislativa, o chefe do Poder Executivo federal baixa decreto, nomeando-a. Na situação descrita os requisitos constitucionais para a nomeação foram atendidos.
(2) Considere a seguinte situação: Otávio, executivo de um banco foi denunciado por crime contra o sistema financeiro nacional. Em razão de decisão proferida pelo juiz federal monocrático em incidente processual, o réu requereu mandado de segurança perante o competente Tribunal Regional Federal, que deferiu a ordem. Na situação descrita, o recurso cabível por parte do Ministério Público Federal, além de eventuais embargos de declaração, será o recurso extraordinário ou o recurso especial, conforme a matéria versada no acórdão seja constitucional ou infraconstitucional, respectivamente.
(3) O Superior Tribunal de Justiça (STJ) é composto por, pelo menos, trinta e três ministros, com reputação ilibada e notável saber jurídico, dentro de certa faixa etária, recrutados da seguinte forma: um terço entre juízes dos Tribunais Regionais Federais; um terço entre desembargadores dos Tribunais de Justiça; e um terço, alternada e equitativamente, entre advogados e membros dos Ministérios Públicos Federal, Estadual e do Distrito Federal e Territórios.
(4) Em virtude da garantia constitucional da inamovibilidade, os juízes não podem, em hipótese alguma, contra a própria vontade, ter modificado o lugar no qual exercem suas funções.

1: correta. A descrição do item contém todos os requisitos exigidos pelo art. 101, "caput" e parágrafo único, da CF/1988; **2:** correto, por força das competências instituídas pelos art. 102, III, e 105, III, ambos da CF/1988; **3:** correto, em razão do disposto no art. 104, parágrafo único, I e II, da CF/1988; **4:** incorreto. O art. 95, II, da CF/1988 traz exceção à regra da inamovibilidade que se dá no caso de interesse público, desde que haja decisão pelo voto da maioria absoluta do respectivo tribunal, assegurada ampla defesa.
Gabarito 1C, 2C, 3C, 4E

(Delegado/AP – 2010) Compete ao Supremo Tribunal Federal, precipuamente, a guarda da Constituição, não lhe cabendo processar e julgar, originariamente,

(A) a ação direta de inconstitucionalidade de lei ou ato normativo federal.
(B) o Presidente da República, nas infrações penais comuns.
(C) o litígio entre Estado estrangeiro ou organismo internacional e a União, o Estado, o Distrito Federal ou o Território.
(D) a extradição solicitada por Estado estrangeiro.
(E) a homologação de sentenças estrangeiras e a concessão de *exequatur* às cartas rogatórias.

Dentre as alternativas, a única que não trata de matéria de competência do Supremo Tribunal Federal é a "E", pois cabe ao Superior Tribunal de Justiça o *exequatur* às cartas rogatórias e a homologação às sentenças estrangeiras (art. 105, I, "i", CF/1988). As competências descritas nos demais itens são dadas ao STF e estão previstas no art. 102, inciso I, alíneas "a", "b", "e" e "g", da CF/1988.
Gabarito "E"

(Delegado/GO – 2009 – UEG) Com relação à competência judicial para processar e julgar autoridades estaduais, é CORRETO afirmar:

(A) o Tribunal de Justiça é competente para julgar os juízes estaduais e os membros do Ministério Público estadual, nos crimes comuns e de responsabilidade, ressalvada a competência da Justiça Eleitoral.
(B) o Supremo Tribunal Federal é competente para processar e julgar, originariamente, nas infrações penais comuns, o Governador do Estado.
(C) o Superior Tribunal de Justiça é competente para processar e julgar, originariamente, nos crimes comuns e de responsabilidade, o Governador do Estado, os Desembargadores, os Conselheiros dos Tribunais de Contas do Estado, o Presidente da Assembleia Legislativa e o Procurador-Geral de Justiça.
(D) o Superior Tribunal de Justiça é competente para processar e julgar, originariamente, os membros do Ministério Público do Estado que oficiem perante Tribunais.

A: correta, conforme previsto no art. 96, III, da CF/1988; **B:** incorreta. A competência descrita no item é dada ao Superior Tribunal de Justiça (art. 105, I, "a", da CF/1988); **C:** incorreta. A competência do STJ, quanto aos Governadores do Estado, não alcança os crimes de responsabilidades (art. 105, I, "a", da CF/1988). **D:** incorreta, por ser competência dos Tribunais de Justiça, na forma do disposto no art. 96, III, da CF/1988.
Gabarito "A"

(Delegado/MT – 2006 – UFMT) A Emenda Constitucional nº 45 de 8 de dezembro de 2004 inovou o ordenamento constitucional ao estabelecer

(A) a vitaliciedade ao Promotor de Justiça após três anos de exercício no cargo.
(B) a exigência de três anos de atividade jurídica, para ingresso na carreira da Magistratura, como juiz substituto.
(C) a estabilidade aos servidores públicos, após cumprirem três anos de estágio probatório.
(D) a participação da Ordem dos Advogados do Brasil em todas as fases de um concurso público para o cargo de Delegado de Polícia.
(E) a vitaliciedade ao Delegado de Polícia após três anos de estágio probatório.

A: incorreta, uma vez que a vitaliciedade se dá com dois anos de exercício do cargo (art. 128, § 5º, I, "a", da CF/1988); **B:** correta, tal exigência, de fato, foi trazida pela EC n.º 45/2004, conforme determinação prevista no art. 93, I, da CF/1988; **C:** incorreta. A estabilidade do servidor público não foi assunto abordado pela EC 45/2004; **D:** incorreta. A participação da OAB em todas as fases do concurso de ingresso é exigência que não se aplica ao concurso de delegado, aplicando-se, por outro lado, às carreiras da magistratura, ministério público e advocacia pública; **E:** incorreta. A vitaliciedade é instituto que só se aplica aos magistrados (art. 95, I, da CF/1988), aos membros do Ministério Público (art. 128, § 5º, I, "a", da CF/1988) e aos Conselheiros e Ministros dos Tribunais de Contas (art. 75 c/c o art. 73, § 3º, ambos da CF/1988).
Gabarito "B"

(Delegado/MT – 2006 – UFMT) Em matéria de súmula vinculante estabelecida pela Emenda Constitucional nº 45, de 8 de dezembro de 2004, assinale a afirmativa correta.

(A) A revisão ou o cancelamento de súmula somente poderá ser provocada(o) por Ministro do Supremo, ou por decisão da maioria simples de qualquer outro tribunal.
(B) Exige-se quórum de maioria absoluta, no Supremo Tribunal Federal, para aprovação de súmula vinculante.
(C) A súmula terá por objeto a validade, a interpretação e a eficácia de normas determinadas e incontroversas.
(D) A súmula terá efeitos vinculantes somente em relação ao Poder Judiciário e à administração pública direta nas esferas federal e estadual.
(E) Da decisão judicial que contrariar a súmula aplicável ou que indevidamente a aplicar, caberá reclamação ao Supremo Tribunal Federal.

A: incorreta. A súmula vinculante constitui instituto trazido pela EC n.º 45/2004. Seu regramento vem previsto no art. 103-A da CF/1988 e na Lei nº. 11.417/2006. A edição, a revisão ou o cancelamento de súmula vinculante podem ser propostos pelos legitimados previstos no art. 3º da Lei nº 11.4167/2006, dentre os quais, encontram-se, por exemplo, àqueles que podem propor ação direta de inconstitucionalidade no STF (art. 103 da CF/1988); **B:** incorreta. O quórum exigido é de dois terços dos membros do STF (art. 103-A da CF/1988); **C:** incorreta. A súmula tem como objeto, além de outros, fundamentalmente, controvérsia atual entre órgãos judiciários ou entre esses e a administração pública que acarrete grave insegurança jurídica e relevante multiplicação de processos sobre questão idêntica. É um importante instrumento de uniformização da jurisprudência pátria (art. 103-A, § 1º, da CF/1988); **D:** incorreta. Os efeitos atingem demais órgãos do Poder Judiciário e à administração pública direta e indireta, nas esferas federal, estadual e municipal (art. 103-A, *caput*, da CF/1988); **E:** correta (art. 103-A, § 3º, da CF/1988).

Gabarito "E"

(Delegado/MT – 2000) Analise os itens abaixo e assinale a alternativa correta.

São garantias da independência do Poder Judiciário previstas na Constituição:

I. Autonomia funcional, administrativa e financeira.
II. A nomeação dos ministros dos tribunais superiores pelo Presidente da República, após aprovação pelo Senado Federal.
III. As garantias de vitaliciedade e inamovibilidade dos juízes.

(A) Todas estão corretas.
(B) Apenas II está correta.
(C) Apenas I e II estão corretas.
(D) Apenas I e III estão corretas.
(E) Todas estão incorretas.

I: correta, em razão do contido no art. 99, "caput", da CF/1988; **II:** incorreta, tendo em vista que a nomeação dos ministros do TSE não depende de aprovação do Senado Federal, na forma do disposto no art. 119 da CF/1988. Cabe lembrar que, por outro lado, a aprovação dos nomes escolhidos pelo Presidente da República para ministros do STF depende de aprovação do Senado Federal que deverá se pronunciar por sua maioria absoluta (art. 101, parágrafo único, da CF/1988). Também a nomeação dos Ministros do STJ depende de aprovação do Senado Federal, por maioria absoluta de votos (art. 104, parágrafo único, da CF/1988); **III:** correta, em face do previsto no art. 95, I e II, da CF/1988. É importante destacar que a vitaliciedade é adquirida após dois anos de exercício da função e a inamovibilidade não é absoluta, pois pode ser excepcionada nos casos de interesse público, conforme previsto no art. 95, II, da CF/1988.

Gabarito "D"

(Delegado/PI – 2009 – UESPI) Segundo as normas estabelecidas na Constituição Federal, o órgão jurisdicional competente para apreciar conflito negativo de competência entre Juizado Especial Federal e Juízo Federal comum, ambos da Seção Judiciária do Estado do Piauí, é:

(A) a Turma Recursal dos Juizados Especiais Federais.
(B) o Tribunal Regional Federal da 1ª Região.
(C) o Superior Tribunal de Justiça.
(D) o Supremo Tribunal Federal.
(E) o Conselho Nacional de Justiça.

O órgão jurisdicional competente é o Tribunal Regional Federal da 1ª Região, conforme competência prevista no art. 108, I, "e", da CF/1988.

Gabarito "B"

(Delegado/PR – 2007) Segundo a atual Constituição Federal, o autor de homicídio preterdoloso decorrente de ação violenta consumada em situação de greve deve ser processado e julgado:

(A) pela Justiça Militar, por se tratar de crime contra a Segurança do Estado.
(B) pela Justiça Estadual, por se tratar de crime comum.
(C) pelo Tribunal do Júri, por se tratar de crime contra a vida.
(D) pela Justiça Federal, por se tratar de crime contra a organização do trabalho.
(E) pela Justiça do Trabalho, porque decorrente de paralisação coletiva de trabalho.

O órgão jurisdicional competente para o julgamento mencionado, em razão do disposto no art. 109, VI, da CF/1988, é a Justiça Federal por se tratar de crime contra a organização do trabalho.

Gabarito "D"

(Delegado/RN – 2009 – CESPE) Em relação ao STF, assinale a opção correta.

(A) Seus ministros serão nomeados pelo presidente da República, depois de aprovada a escolha pela maioria simples dos senadores.
(B) É sua competência conceder medida cautelar para dar efeito suspensivo a recurso extraordinário que ainda não foi objeto de juízo de admissibilidade na origem.
(C) Compete ao STF acolher originariamente o mandado de segurança contra atos de outros tribunais.
(D) É cabível, originariamente, a reclamação para a preservação de sua competência, mesmo que o ato atacado já tenha transitado em julgado.
(E) Segundo a CF, compete ao STF julgar, em recurso ordinário, o denominado crime político.

A: incorreta. A aprovação dos nomes dos Ministros escolhidos pelo Presidente da República é do Senado Federal, que deverá se pronunciar por sua maioria absoluta (art. 101, parágrafo único, da CF/1988); **B:** incorreta. Inexistindo juízo de admissibilidade na origem, ou seja, sendo negado seguimento ao recurso caberá à parte inconformada manejar o recurso cabível (art. 544 do CPC). Não admitido o recurso extraordinário ou o recurso especial caberá agravo nos próprios autos, no prazo de 10 (dez) dias; **C:** incorreta. A competência originária do STF, em mandado de segurança, se refere aos atos do Presidente da República, das Mesas da Câmara dos Deputados e do Senado Federal, do Tribunal de Contas da União, do Procurador-Geral da República e do próprio Supremo Tribunal Federal (art. 102, I, "d", da CF/1988); **D:** incorreta. Transitada em julgado, o meio processual próprio é a ação rescisória; **E:** correta, face ao contido no art. 102, II, "b", da CF/1988.

Gabarito "E"

(Delegado/SC – 2008) Compete ao Supremo Tribunal Federal, precipuamente, a guarda da Constituição. Ainda, nos termos da Constituição da República Federativa do Brasil é competência do Supremo Tribunal Federal:

(A) processar e julgar originariamente a homologação de sentenças estrangeiras e a concessão de "exequatur" às cartas rogatórias.
(B) processar e julgar originariamente a ação direta de inconstitucionalidade de lei ou ato normativo federal e a ação declaratória de constitucionalidade de lei ou ato normativo federal ou estadual.
(C) processar e julgar originariamente os mandados de segurança e os "*habeas data*" contra ato de Ministro de Estado, dos Comandantes da Marinha, do Exército e da Aeronáutica ou do próprio Tribunal.
(D) processar e julgar originariamente o mandado de segurança e o "*habeas data*" contra atos do Presidente da República, das Mesas da Câmara dos Deputados, do Senado Federal, do Tribunal de Contas da União, do Procurador-Geral da República e do próprio Supremo Tribunal Federal.

A: incorreto. Após a EC n.º 45/2004, a competência é do Superior Tribunal de Justiça (art. 105, I, "i", da CF/1988); **B:** incorreto. A ação direta de constitucionalidade não pode ter como objeto atos normativos estaduais (art. 102, I, "a", CF/1988); **C:** incorreto. A competência descrita no item é exercida em sede de recurso ordinário, não originariamente (art. 102, II, "a", da CF/1988); **D:** correto, por força da competência instituída pelo art.102, I, "d", da CF/1988.

Gabarito "D"

(Delegado/SC – 2008) Sobre a organização da Justiça pelos Estados é correto afirmar, exceto:

(A) Compete à Justiça Militar estadual processar e julgar os militares dos Estados nos crimes militares definidos em lei e as ações judiciais contra atos disciplinares militares, ressalvada a competência do júri quando a vítima for civil, cabendo ao tribunal competente decidir sobre a perda do posto e da patente dos oficiais e da graduação das praças.
(B) Cabe aos Estados a instituição de representação de inconstitucionalidade de leis ou atos normativos estaduais ou municipais em face da Constituição Estadual, vedada a atribuição da legitimação para agir a um único órgão.
(C) Lei complementar poderá criar mediante proposta do Tribunal de Justiça, a Justiça Militar estadual, constituída, em primeiro grau pelos juízes de direito e Conselhos de Justiça e, em segundo grau, pelo próprio TJ, ou por Tribunal de Justiça Militar nos Estados onde o efetivo militar seja superior a vinte mil integrantes.
(D) Compete aos juízes de direito do juízo militar processar e julgar, singularmente, os crimes militares cometidos contra civis e as ações judiciais contra atos disciplinares militares.

A: correto, em razão do art. 125, § 4º, da CF/1988; **B:** correto (art. 125, § 2º, da CF/1988). Vale lembrar que o constituinte originário, em consagração ao princípio da simetria das formas, vedou expressamente que as Constituições Estaduais atribuam legitimidade a único órgão, mencionando que no âmbito das representações de inconstitucionalidade em face da Constituição Federal a legitimação é concorrente; **C:** incorreto (devendo ser assinalada), por ser o instrumento normativo próprio a lei ordinária, na forma do disposto no art. 125, § 3º, da CF/1988. É importante destacar que a jurisprudência tem considerado, de forma geral, que, quando o constituinte originário se utiliza do vocábulo lei, está se referindo à lei ordinária. Nesse sentido, quando pretende que a matéria seja versada em sede de legislação complementar, expressamente se utiliza do termo "lei complementar"; **D:** verdadeira, por força do contido no art. 125, § 5º, da CF/1988.

Gabarito "C"

13. FUNÇÕES ESSENCIAIS À JUSTIÇA, CONSELHOS NACIONAIS DE JUSTIÇA E DO MINISTÉRIO PÚBLICO

(Delegado/PA – 2013 – UEPA) Assinale a alternativa correta acerca do regramento constitucional das funções essenciais à justiça.

(A) O Chefe do Poder Executivo elaborará a proposta orçamentária do Ministério Público dentro dos limites estabelecidos na lei de diretrizes orçamentárias.
(B) O Ministério Público da União tem por chefe o Procurador-Geral da República, livremente nomeado pelo Presidente da República, o qual poderá destituí-lo a qualquer tempo, *ad nutum*.
(C) Os membros do Ministério Público poderão exercer a advocacia, desde que não optem pelo regime de exclusividade no momento do ingresso na carreira, sendo-lhes vedado litigar contra a unidade federada a que se vinculam.
(D) Os Procuradores dos Estados e do Distrito Federal, organizados em carreira, na qual o ingresso dependerá de concurso público de provas e títulos, com a participação da Ordem dos Advogados do Brasil em todas as suas fases, exercerão a representação judicial e a consultoria jurídica das respectivas unidades federadas.
(E) Aos Procuradores dos Estados e do Distrito Federal é assegurada estabilidade após dois anos de efetivo exercício, mediante avaliação de desempenho perante os órgãos próprios, após relatório circunstanciado das corregedorias.

A: incorreta. Conforme determina o art. 127, § 3º, da CF, **o Ministério Público elaborará sua proposta orçamentária** dentro dos limites estabelecidos na lei de diretrizes orçamentárias; **B:** incorreta. De acordo com o art. 128, § 1º, da CF, o Ministério Público da União tem por chefe o Procurador-Geral da República, nomeado pelo Presidente da República **dentre integrantes da carreira**, maiores de trinta e cinco anos, após a aprovação de seu nome pela maioria absoluta dos membros do Senado Federal, para mandato de dois anos, permitida a recondução; **C:** incorreta. O art. 128, § 5º, II, "b", da CF **veda o exercício da advocacia** por membros do Ministério Público; **D:** correta. É o que determina o *caput* do art. 132 da CF; **E:** incorreta. Conforme determina o art. 132, parágrafo único, da CF, aos Procuradores dos Estados e do Distrito Federal é assegurada estabilidade **após três anos** de efetivo exercício, mediante avaliação de desempenho perante os órgãos próprios, após relatório circunstanciado das corregedorias.

Gabarito "D"

(Delegado/PR – 2013 – UEL-COPS) Sobre o Ministério Público, assinale a alternativa correta.

(A) Ao Ministério Público Federal incumbe a defesa da ordem jurídica, do regime democrático, dos interesses sociais e dos individuais indisponíveis, além da defesa dos interesses da União em juízo.
(B) O Ministério Público abrange o Ministério Público da União, que abrange o Ministério Público Federal, o Ministério Público do Trabalho, o Ministério Público Militar, o Ministério Público do Distrito Federal e dos Territórios; e o Ministério Público dos Estados, abrange o Ministério Público Estadual e o Ministério Público Eleitoral.
(C) Analisando a Constituição Federal, constata-se que são princípios institucionais do Ministério Público a unidade, a indivisibilidade e a independência funcional.
(D) Pela garantia de vitaliciedade, adquirida após três anos de exercício, o membro do Ministério Público poderá perder o cargo por sentença judicial transitada em julgado.
(E) Dentro da organização dos Poderes do Estado brasileiro, o Ministério Público é instituição subordinada ao Poder Executivo.

A: incorreta. O art. 127 da CF determina que o **Ministério Público** é instituição permanente, essencial à função jurisdicional do Estado, incumbindo-lhe a **defesa da ordem jurídica, do regime democrático e dos interesses sociais e individuais indisponíveis**. Já o art. 131 da CF determina que a **Advocacia-Geral da União** é a instituição que, diretamente ou através de órgão vinculado, **representa a União, judicial** e extrajudicialmente, cabendo-lhe, nos termos da lei complementar que dispuser sobre sua organização e funcionamento, as atividades de consultoria e assessoramento jurídico do Poder Executivo. Sendo assim, a última parte da alternativa está incorreta; **B:** incorreta. De acordo com o art. 128. Da CF, **o Ministério Público abrange: I – o Ministério Público da União**, que compreende: a) o Ministério Público Federal; b) o Ministério Público do Trabalho; c) o Ministério Público Militar; d) o Ministério Público do Distrito Federal e Territórios **e II – os Ministérios Públicos dos Estados**; **C:** correta. O § 1º do art. 127 da CF determina traz exatamente os princípios institucionais do Ministério Público, quais sejam, a **unidade, a indivisibilidade e a independência funcional**; **D:** incorreta. A vitaliciedade é adquirida após **dois anos de exercício**, conforme dispõe o art. 128, § 5º, I, "a", da CF; **E:** incorreta. O Ministério Público possui independência funcional e não está subordinado ao Poder Executivo.

Gabarito "C"

(Delegado/MG – 2012) O Conselho Nacional de Justiça (CNJ), criado através da EC 45/2004, é presidido pelo Presidente do Supremo Tribunal Federal (STF) que, por sua vez, possui as seguintes atribuições:

(A) receber e conhecer dos conflitos de competência entre o Superior Tribunal de Justiça e quaisquer tribunais, entre os Tribunais Superiores, ou entre estes e qualquer outro tribunal.
(B) receber as reclamações e denúncias, de qualquer interessado, relativas aos magistrados e aos serviços judiciários, além de proceder às inspeções e correições em geral.
(C) receber e conhecer dos conflitos de atribuições entre autoridades administrativas e judiciárias da União, ou entre autoridades judiciárias de um Estado e administrativas de outro ou do Distrito Federal.
(D) receber e conhecer dos conflitos de competência entre quaisquer tribunais, bem como entre tribunais e juízes a ele não vinculados.

A: incorreta. Os conflitos de competência entre o STJ e quaisquer tribunais, entre os Tribunais Superiores, ou entre estes e qualquer outro tribunal são julgados pelo STF (art. 102, I, "o", da CF/1988); **B:** correta. Cabe ao CNJ, pelo seu Ministro-Corregedor, as atribuições de receber as reclamações e denúncias, de qualquer interessado, relativas aos magistrados e aos serviços judiciários e a de proceder às inspeções e correições em geral (art. 103-B, § 5º, I e II, da CF/1988); **C:** incorreta. Tais conflitos são processados e julgados originariamente pelo STJ (art. 105, I, "g", da CF/1988); **D:** incorreta. Os conflitos de competência entre quaisquer tribunais e entre tribunais e juízes a ele não vinculados também são julgados pelo STJ (art. 105, I, "d", da CF/1988).

Gabarito "B"

(Delegado/AM) É função institucional do Ministério Público:

(A) opinar sobre a decretação do estado de defesa.
(B) exercer o controle externo da atividade policial.
(C) promover juridicamente a defesa dos necessitados.
(D) expedir instruções para execução de leis sobre segurança pública.

A: incorreta. É atribuição do Conselho de Defesa Nacional (art. 91, § 1º, II, da CF/1988); **B:** correta (art. 129, VII, da CF/1988); **C:** incorreta. É atribuição da Defensoria Pública (art. 134 da CF/1988); **D:** incorreta, não é função institucional do Ministério Público.

Gabarito "B"

(Delegado/CE – 2006 – CEV/UECE) São funções institucionais do Ministério Público, EXCETO:

(A) representação judicial e consultoria jurídica de entidades públicas.
(B) promover, privativamente, a ação penal pública, na forma da lei.
(C) promover o inquérito civil e a ação civil pública para proteção do patrimônio público.
(D) exercer o controle externo da atividade policial na forma da lei complementar.

Dentre as funções mencionadas apenas a prevista na alternativa "A" não se encontra no art. 129 da CF/1988.

Gabarito "A"

(Delegado/MS – 2006) Analise o texto abaixo, extraído do § 4º do artigo 103-B da CF/88, que trata do Conselho Nacional de Justiça e assinale a alternativa incorreta.

"Compete ao Conselho o controle da atuação administrativa e financeira do Poder Judiciário e do cumprimento dos deveres funcionais dos juízes, cabendo-lhe, além de outras atribuições que lhe forem conferidas pelo Estatuto da Magistratura:"

(A) Elaborar relatório anual, propondo as providências que julgar necessárias, sobre a situação do Poder Judiciário no País e as atividades do Conselho, o qual deve integrar mensagem do Presidente do Supremo Tribunal Federal a ser remetida ao Congresso Nacional, por ocasião da abertura da sessão legislativa.
(B) Receber e conhecer das reclamações contra membros ou órgãos do Poder Judiciário, inclusive contra seus serviços auxiliares, serventias e órgãos prestadores de serviços notariais e de registro que atuem por delegação do poder público ou oficializados, sem prejuízo da competência disciplinar e correcional dos tribunais,

podendo avocar processos disciplinares em curso e determinar a remoção, a disponibilidade ou a aposentadoria com subsídios ou proventos proporcionais ao tempo de serviço e aplicar outras sanções administrativas, assegurada ampla defesa.

(C) Zelar pela observância do art. 37 e apreciar, de ofício ou mediante provocação, a legalidade dos atos administrativos praticados por membros ou órgãos do Poder Judiciário, podendo desconstituí-los, revê-los ou fixar prazo para que se adotem as providências necessárias ao exato cumprimento da lei, sem prejuízo da competência do Tribunal de Contas da União;

(D) Representar ao Ministério Público, no caso de crime contra a administração pública ou de abuso de autoridade.

(E) Processar e julgar, originariamente, os conflitos de competência entre quaisquer tribunais, bem como entre tribunal e juízes a ele não vinculados e entre juízes vinculados a tribunais diversos.

A: correta (art. 103-B, § 4º, VII, da CF/1988); **B:** correta (art. 103-B, § 4º, III, da CF/1988); **C:** correta (art. 103-B, § 4º, II, da CF/1988); **D:** correta (art. 103-B, § 4º, IV, da CF/1988); **E:** incorreta, devendo ser assinalada (art. 105, I, "d", da CF/1988).

Gabarito "E"

(Delegado/TO – 2008 – CESPE) De acordo com a disciplina constitucional acerca do Poder Judiciário e do Ministério Público julgue o próximo item.

(1) Entre as funções institucionais do Ministério Público, estão o controle da atividade policial e a requisição de diligências investigatórias e da instauração de inquérito policial, indicados os fundamentos jurídicos de suas manifestações processuais.

É o que dispõe o art. 129, VII e VIII, da CF/1988.

Gabarito 1C

(Delegado/GO – 2009 – UEG) Sobre as funções essenciais à Justiça, é CORRETO afirmar que

(A) o advogado é indispensável à administração da Justiça, sendo inviolável por seus atos e manifestações, no exercício da profissão e fora dela, nos termos da lei.

(B) é função institucional do Ministério Público a requisição de diligências investigatórias e da instauração de inquérito policial.

(C) o acesso às carreiras da Advocacia Pública é feito mediante concurso público de provas ou de provas e títulos.

(D) o controle externo da atividade policial é atribuição da Defensoria Pública, nos termos de lei.

A: incorreta. Conforme dispõe o art. 133 da CF/1988, somente no exercício da profissão e nos limites da lei é que o advogado é inviolável por seus atos e manifestações; **B:** correta. De fato, essa é uma das funções institucionais do MP (art. 129, VIII, da CF/1988); **C:** incorreta. O parágrafo 2º do art. 131 da CF/1988 exige o concurso de **provas e títulos;** **D:** incorreta. O controle externo da atividade policial é função do Ministério Público (art. 129, VII, da CF/1988).

Gabarito "B"

(Delegado/SC – 2008) Sobre o Ministério Público – MP, instituição permanente, essencial à função jurisdicional do Estado, incumbindo-lhe a defesa da ordem jurídica, do regime democrático e dos interesses sociais e individuais indisponíveis, assinale a alternativa correta.

(A) É vedado aos membros do MP participação em sociedade comercial, salvo autorização da maioria absoluta do Senado.

(B) É assegurada aos membros do MP garantia da inamovibilidade, salvo por motivo de interesse público, por decisão do órgão colegiado competente e voto da maioria relativa de seus membros.

(C) O MP abrange o Ministério Público da União, que compreende o Ministério Público do Trabalho. Em caso de greve em atividade essencial, com possibilidade de lesão do interesse público, o Ministério Público do Trabalho poderá ajuizar dissídio coletivo, competindo à Justiça do Trabalho decidir o conflito.

(D) O Ministério Público da União tem por chefe o Procurador-Geral da República, sendo que sua destituição se dá por iniciativa do Presidente da República, devendo ser precedida de autorização da maioria absoluta da Câmara dos Deputados.

A: incorreta (art. 128, § 5º, II, "c", da CF/1988); **B:** incorreta (art. 128, § 5º, I, "b", da CF/1988); **C:** correta (art. 128, I, "b" e art. 114, § 3º, ambos da CF/1988). **D:** incorreta (art. 128, § 2º, da CF/1988).

Gabarito "C"

14. DEFESA DO ESTADO

(Delegado Federal – 2013 – CESPE) Acerca das atribuições da Polícia Federal, julgue os itens a seguir.

(1) A Polícia Federal dispõe de competência para proceder à investigação de infrações penais cuja prática tenha repercussão interestadual ou internacional, exigindo-se repressão uniforme.

(2) De acordo com a norma constitucional, cabe exclusivamente à Polícia Federal prevenir e reprimir o tráfico ilícito de entorpecentes e drogas afins, portanto a atuação da polícia militar de determinado estado da Federação no flagrante e apreensão de drogas implica a ilicitude da prova e a nulidade do auto de prisão.

1: correto. É o que determina o art. 144, § 1º, I, da CF, o qual determina que a polícia federal, instituída por lei como órgão permanente, organizado e mantido pela União e estruturado em carreira, destina-se a apurar infrações penais contra a ordem política e social ou em detrimento de bens, serviços e interesses da União ou de suas entidades autárquicas e empresas públicas, assim como outras infrações cuja prática tenha repercussão interestadual ou internacional e exija repressão uniforme, segundo se dispuser em lei; **2:** errado. A competência não é exclusiva. De acordo com o art. 144, § 1º, II, da CF, a polícia federal destina-se a prevenir e reprimir o tráfico ilícito de entorpecentes e drogas afins, o contrabando e o descaminho, **sem prejuízo** da ação fazendária e **de outros órgãos públicos nas respectivas áreas de competência**.

Gabarito 1C, 2E

(Delegado/RJ – 2013 – FUNCAB) De acordo com as normas constitucionais que disciplinam o estado de defesa, é correto afirmar:

(A) O Presidente da República, ouvidos o Conselho da República e o Conselho de Defesa Nacional, solicitará ao Congresso Nacional autorização para a decretação do estado de defesa, expondo os motivos determinantes do pedido, devendo o Congresso Nacional decidir por maioria absoluta.

(B) O tempo de duração do estado de defesa não será superior a trinta dias, podendo ser prorrogado tantas vezes, por igual período, se persistirem as razões que justifiquem a sua decretação.

(C) A restrição ao direito de reunião, ainda que exercida no seio das associações, encontra-se entre as medidas coercitivas a serem indicadas no decreto que institui o estado de defesa, nos termos e limites da lei.

(D) Na vigência do estado de defesa, não há vedação quanto à incomunicabilidade do preso.

(E) Enquanto perdurar o estado de defesa, a prisão ou detenção de qualquer pessoa, sem a autorização do Poder Judiciário, poderá ser superior a dez dias, até o limite de trinta dias.

A: incorreta. Não há necessidade de autorização do Congresso Nacional para que o Presidente da República decrete o estado de defesa. De acordo com o art. Art. 136 da CF, o **Presidente da República pode**, ouvidos o Conselho da República e o Conselho de Defesa Nacional, **decretar estado de defesa** para preservar ou prontamente restabelecer, em locais restritos e determinados, a ordem pública ou a paz social ameaçadas por grave e iminente instabilidade institucional ou atingidas por calamidades de grandes proporções na natureza. O § 4º do mesmo dispositivo informa que **decretado o estado de defesa** ou sua prorrogação, **o Presidente da República, dentro de vinte e quatro horas, submeterá o ato com a respectiva justificação ao Congresso Nacional**, que decidirá por maioria absoluta; **B:** incorreta. Conforme determina o art. 136, § 2º, da CF, o tempo de duração do estado de defesa não será superior a trinta dias, **podendo ser prorrogado uma vez**, por igual período, se persistirem as razões que justificaram a sua decretação; **C:** correta. O § 1º do mencionado art. 136 indica que o decreto que instituir o estado de defesa determinará o tempo de sua duração, especificará as áreas a serem abrangidas e indicará, nos termos e limites da lei, as medidas coercitivas a vigorarem, dentre as seguintes: I – restrições aos direitos de: a) **reunião, ainda que exercida no seio das associações**; b) sigilo de correspondência; c) sigilo de comunicação telegráfica e telefônica; **D:** incorreta.**É vedada a incomunicabilidade do preso**, conforme determina o art. 136, § 3º, IV, da CF; **E:** incorreta. A **prisão** ou detenção de qualquer pessoa **não poderá ser superior a dez dias**, salvo quando autorizada pelo Poder Judiciário, conforme determina o art. 136, § 3º, III, da CF.

Gabarito "C"

(Delegado/MG – 2012) Quanto aos sistemas estabelecidos pela Constituição Federal de 1988, para enfrentar os períodos de crise política nos quais a ordem constitucional se vê ameaçada, estão previstos:

(A) o estado de defesa, o estado de sítio, a intervenção federal e o uso excepcional das forças armadas.

(B) a suspensão da Constituição, a lei marcial, o estado de defesa, o estado de sítio e a suspensão do *habeas corpus.*

(C) a supressão dos direitos fundamentais, entre eles, a inviolabilidade de domicílio e de correspondência.

(D) a vedação quanto à impetração do mandado de segurança, do mandado de injunção, do *habeas corpus* e do *habeas data*.

A: correta. De fato, o estado de defesa (art. 136 da CF/1988), o estado de sítio (art. 137 da CF/1988), a intervenção federal (art. 34 da CF/1988) e o uso excepcional das forças armadas (art. 142 da CF/1988) são mecanismos a serem utilizados nos momentos em que o país não está em situação de normalidade, mas passando por um verdadeiro estado de exceção ou crise; **B:** incorreta. A Constituição não é suspensa nos momentos de crise institucional. Também não é aplicada lei marcial, pois nesta hipótese as autoridades militares assumiriam o poder, após comunicação formal; **C:** incorreta. Não há supressão de direitos fundamentais, apenas restrições temporárias; **D:** incorreta. Não há previsão constitucional nesse sentido.

Gabarito "A".

(Delegado/AP – 2010) Com relação ao tema "Defesa do Estado e das instituições democráticas: estado de defesa e estado de sítio" analise as afirmativas a seguir:

I. O estado de defesa poderá ser decretado para preservar ou prontamente restabelecer, em locais restritos e determinados, a ordem pública ou a paz social ameaçadas por grave e iminente instabilidade institucional, declaração de estado de guerra ou resposta a agressão armada estrangeira.
II. O estado de sítio poderá ser decretado em casos de comoção grave de repercussão nacional, ou quando o país for atingido por calamidades naturais de grandes proporções.
III. Enquanto durar o estado de sítio poderão ser impostas restrições à difusão de pronunciamentos de parlamentares efetuados em suas Casas Legislativas, independentemente de licença da respectiva Mesa.

Assinale:

(A) se somente as afirmativas II e III estiverem corretas.
(B) se somente as afirmativas I e III estiverem corretas.
(C) se somente as afirmativas I e II estiverem corretas.
(D) se somente a afirmativa III estiver correta.
(E) se nenhuma afirmativa estiver correta.

I: incorreta, a parte final da alternativa não reflete o disposto no art. 136, "caput", da CF/1988; **II:** incorreta, a parte final da alternativa é hipótese de para a decretação de estado de defesa e não de estado de sítio (art. 136, "caput", e art. 137, I, II e III, ambos da CF/1988); **III:** incorreta, pois a alternativa não está de acordo com o que dispõe o parágrafo único do art. 139 da CF/1988.

Gabarito "E".

(Delegado/AP – 2010) Os Órgãos apresentados nas alternativas a seguir estão incluídos no art. 144 da Constituição como responsáveis pelo exercício da preservação da ordem pública e da incolumidade das pessoas e do patrimônio, à exceção de um. Assinale-o.

(A) Polícias Militares e Corpos de Bombeiros Militares.
(B) Polícia Ferroviária Federal.
(C) Polícias Civis.
(D) Forças Armadas.
(E) Polícia Federal.

A, B, C, D e **E:** dentre os órgãos mencionados o único que não faz parte é o que consta da alternativa D (art. 144, I a V, da CF/1988).

Gabarito "D".

(Delegado/AP – 2010) Com relação ao tema "Segurança Pública" analise as afirmativas a seguir:

I. Os municípios poderão constituir guardas municipais destinadas à proteção de seus bens, serviços e instalações, conforme dispuser a lei.
II. Às polícias civis, dirigidas por delegados de polícia de carreira, incumbem, ressalvada a competência da União, as funções de polícia judiciária e a apuração de infrações penais, exceto as militares.
III. A polícia federal, instituída por lei como órgão permanente, organizado e mantido pela União e estruturado em carreira, destina-se a prevenir e reprimir o tráfico ilícito de entorpecentes e drogas afins, o contrabando e o descaminho, sem prejuízo da ação fazendária e de outros órgãos públicos nas respectivas áreas de competência.

Assinale:

(A) se somente a afirmativa I estiver correta.
(B) se somente a afirmativa II estiver correta.
(C) se somente a afirmativa III estiver correta.
(D) se somente as afirmativas I e II estiverem corretas.
(E) se todas as afirmativas estiverem corretas.

I: correta (art. 144, § 8º, da CF/1988); **II:** correta (art. 144, § 4º, da CF/1988); **III:** correta (art. 144, § 1º, II, da CF/1988).

Gabarito "E".

(Delegado/CE – 2006 – CEV/UECE) A Constituição Federal prevê a aplicação de duas medidas excepcionais para restaurar a ordem em momentos de anormalidade que são o estado de defesa e o estado de sítio. Acerca da matéria marque a alternativa FALSA.

(A) Na vigência do estado de defesa é autorizada a incomunicabilidade do preso.
(B) O estado de defesa não exige para sua decretação a autorização do Congresso Nacional.
(C) Tanto no estado de defesa como no estado de sítio serão ouvidos, sem caráter vinculativo, os Conselhos da República e da Defesa Nacional.
(D) Cessado o estado de defesa ou o estado de sítio, cessarão os seus efeitos, sem prejuízo da responsabilidade pelos ilícitos cometidos por seus executores ou agentes.

A: falsa (devendo esta ser assinalada), pois é vedada tal incomunicabilidade (art. 136, § 3º, IV, da CF/1988); **B:** verdadeiro, não há necessidade de autorização para a decretação, basta que seja feita uma comunicação, dentro de 24 horas, após a decretação, para que o Congresso, por maioria absoluta, delibere (art. 136, § 4º, da CF/1988); **C:** verdadeiro (art. 136 e 137 da CF/1988); **D:** verdadeiro (art. 141 da CF/1988).

Gabarito "A".

(Delegado/CE – 2006 – CEV/UECE) Sobre as "Forças Armadas" marque a alternativa verdadeira.

(A) Não é cabível "*habeas corpus*" em relação a punições disciplinares militares, nem mesmo para análise dos pressupostos de legalidade.
(B) O militar em serviço ativo pode filiar-se a partido político.
(C) O serviço militar é facultativo nos termos da lei.
(D) Ao militar são defesas a sindicalização e a greve.

A: incorreto. O art. 142, § 1º, da CF/1988, de fato, diz não ser possível "*habeas corpus*" no caso de punições disciplinares militares. Ocorre que essa impossibilidade tem a ver com o conteúdo, com o mérito da decisão. Assim, questões relativas à legalidade do ato podem ser analisadas (HC 70.648 e RE 338.840-RS); **B:** incorreto (art. 142, § 3º, V, da CF/1988); **C:** incorreto, pois é justamente o oposto (art. 143 da CF/1988); **D:** correto, ao militar a sindicalização e a greve são proibidas (art. 142, IV, da CF/1988).

Gabarito "D".

(Delegado/DF – 2004) Nomeie, com alusão à defesa do Estado e das instituições democráticas, a opção válida:

(A) o estado de defesa, da mesma forma que o estado de sítio, só poderá ser decretado, pelo Presidente da República, após autorização do Congresso Nacional;
(B) constituem pressupostos para a decretação do estado de sítio a comoção grave de repercussão nacional, a ocorrência de fatos que comprovem a ineficácia de medida tomada durante o estado de defesa e a declaração do estado de guerra ou resposta a agressão armada estrangeira;
(C) o tempo de duração do estado de defesa e do estado de sítio não poderá ser superior a 30 (trinta) dias improrrogáveis;
(D) os atos praticados pelo executor da medida, durante o estado de defesa, não estão sujeitos, de vez que resultantes da instauração de um sistema de legalidade extraordinária, a controle judicial;
(E) a decretação de estado de sítio implica a suspensão de funcionamento do Congresso Nacional.

A: incorreto. Uma das diferenças entre o estado de sítio e o de defesa é que, no primeiro, o Presidente da República depende de autorização do congresso para decretá-lo (art. 137 da CF/1988) e, no segundo caso, não é necessária essa autorização. O Presidente decreta o de defesa dentro de 24 horas e submete o ato, com a respectiva justificação, ao Congresso Nacional (art. 136, § 4º, da CF/1988); **B:** correto (art. 137, I e II, da CF/1988); **C:** incorreto (art. 136, § 2º e 138, § 1º, ambos da CF/1988); **D:** incorreto, pois os atos praticados pelo executor da medida estão sujeitos a controle judicial; **E:** incorreto. A decretação do estado de sítio não implica a suspensão de funcionamento do Congresso Nacional. Aliás, se o Congresso estiver em recesso será convocado extraordinariamente (art. 136, § 5º, da CF/1988).

Gabarito "B".

(Delegado/GO – 2009 – UEG) São atribuições da Polícia Federal:

(A) apurar infrações penais contra a ordem pública e social ou em detrimento de bens, serviços e interesses da União ou de suas entidades autárquicas e empresas públicas, assim como outras infrações cuja prática tenha repercussão regional ou interestadual e exija repressão uniforme, segundo se dispuser em lei.
(B) prevenir e reprimir o tráfico ilícito de entorpecentes e drogas afins, o contrabando e o descaminho, sem prejuízo da ação fazendária e de outros órgãos públicos nas respectivas áreas de competência.
(C) exercer, concorrentemente com as polícias civis e militares, as funções de polícia judiciária da União.
(D) exercer as funções de polícia marítima, fluvial, aeroportuária e de fronteiras.

A: incorreta, pois o art. 144, § 1º, I, da CF/1988 menciona que a repercussão deve ter caráter interestadual ou internacional; **B:** correta (art. 144, § 1º, II, da CF/1988); **C:** incorreta, pois a Constituição determina exclusividade e não concorrência (art. 144, § 1º, IV, da CF/1988); **D:** incorreta, pois no art. 144, § 1º, III, da CF/1988 não há menção a função de polícia fluvial.

Gabarito "B"

(Delegado/GO – 2009 – UEG) Sobre a vigência do estado de defesa é CORRETO afirmar que

(A) é permitida a incomunicabilidade do preso.
(B) a prisão ou detenção de qualquer pessoa não poderá ser superior a quinze dias, salvo quando autorizada pelo Poder Judiciário.
(C) a comunicação da prisão será acompanhada de declaração, pela autoridade, do estado físico e mental do detido no momento de sua autuação.
(D) a prisão por crime contra o Estado, determinada pelo executor da medida, será por este comunicada imediatamente ao juiz competente, que a relaxará, se não for legal, facultado ao preso requerer exame de corpo de delito à autoridade judiciária.

A: incorreta, pois é vedada tal incomunicabilidade (art. 136, § 3º, IV, da CF/1988); **B:** incorreta, pois o prazo é de 10 dias e não 15 (art. 136, § 3º, III, da CF/1988); **C:** correta, é o que dispõe o art. 136, § 3º, II, da CF/1988; **D:** incorreta, porque é facultado ao preso requerer exame de corpo de delito à autoridade policial e não à autoridade judicial (art. 136, §3º, I, da CF/1988).

Gabarito "C"

(Delegado/MS – 2006) Referente ao texto constitucional que trata da segurança pública, assinale **V** para Verdadeiro e **F** para Falso nas proposições abaixo:

I. A segurança pública, dever do Estado, direito e responsabilidade de todos, é exercida para a preservação da ordem pública e da incolumidade das pessoas e do patrimônio, através dos seguintes órgãos: I – polícia federal; II – polícia rodoviária federal; III – polícia ferroviária federal; IV – polícias civis; V – polícias militares e corpos de bombeiros militares.
II. A polícia federal, instituída por lei como órgão permanente, organizado e mantido pela União e estruturado em carreira, destina-se a: I – apurar infrações penais contra a ordem política e social ou em detrimento de bens, serviços e interesses da União ou de suas entidades autárquicas e empresas públicas, assim como outras infrações cuja prática tenha repercussão interestadual ou internacional e exija repressão uniforme, segundo se dispuser em lei; II – prevenir e reprimir o tráfico ilícito de entorpecentes e drogas afins, o contrabando e o descaminho, sem prejuízo da ação fazendária e de outros órgãos públicos nas respectivas áreas de competência; III – exercer as funções de polícia marítima, aeroportuária e de fronteiras; IV – exercer, com exclusividade, as funções de polícia judiciária da União.
III. A polícia rodoviária federal, órgão permanente, organizado e mantido pela União e estruturado em carreira destina-se, na forma da lei, ao patrulhamento ostensivo das rodovias federais.
IV. Às polícias civis, dirigidas por delegados de polícia de carreira, incumbem, ressalvada a competência da União, as funções de polícia judiciária e a apuração de infrações penais, inclusive as militares.
V. Os Municípios poderão constituir guardas municipais destinadas à proteção de seus bens, serviços e instalações, com autorização da Polícia Federal.

Assinale a alternativa que apresenta a sequência correta:

(A) V – V – V – F – V.
(B) V – V – F – F – F.
(C) V – V – V – V – F.
(D) F – F – V – V – F.
(E) V – V – V – F – F.

I: verdadeiro, art. 144, "caput" e incisos, da CF/1988; **II:** verdadeiro, art. 144, § 1º e incisos, da CF/1988; **III:** verdadeiro, art. 144, § 2º, da CF/1988; **IV:** falso, pois às polícias civis incumbem, ressalvada a competência da União, as funções de polícia judiciária e a apuração de infrações penais, com exceção da militares (art. 144, § 4º, da CF/1988); V: falso, pois os municípios poderão sim constituir guardas municipais destinadas à proteção de seus bens, serviços e instalações, mas conforme dispuser a lei (art. 144, § 8º, da CF/1988). A sequência correta é V, V, V, F e F.

Gabarito "E"

(Delegado/MS – 2006) Analise as afirmações abaixo, quanto à SEGURANÇA PÚBLICA no texto constitucional.

I. A polícia federal, instituída por lei como órgão permanente, organizado e mantido pela União e estruturado em carreira, destina-se, dentre outras atribuições, a apurar infrações penais contra a ordem política e social ou em detrimento de bens, serviços e interesses da União ou de suas entidades autárquicas e empresas públicas, assim como outras infrações, cuja prática tenha repercussão interestadual ou internacional e exija repressão uniforme, segundo se dispuser em lei.
II. A polícia rodoviária federal, órgão permanente, organizado e mantido pela União e estruturado em carreira, destina-se, na forma da lei, ao patrulhamento ostensivo das rodovias federais.
III. A polícia ferroviária federal, órgão permanente, organizado e mantido pela União e estruturado em carreira, destina-se, na forma da lei, ao patrulhamento ostensivo das ferrovias federais.
IV. Às polícias civis, dirigidas por delegados de polícia de carreira, incumbem, ressalvada a competência da União, as funções de polícia judiciária e a apuração de infrações penais, exceto as militares.
V. Às polícias militares cabem a polícia ostensiva e a preservação da ordem pública; aos corpos de bombeiros militares, além das atribuições definidas em lei, incumbe a execução de atividades de defesa civil.

Assinale a alternativa correta:

(A) os itens I, II e V estão incorretos.
(B) os itens I, III e IV estão corretos.
(C) os itens II, III e V estão incorretos.
(D) todos os itens estão corretos.
(E) todos os itens estão incorretos.

I: correto (art. 144, § 1º, I, da CF/1988); **II:** correto (art. 144, § 2º, da CF/1988); **III:** correto (art. 144, § 3º, da CF/1988); **IV:** correto (art. 144, § 4º, da CF/1988); V: correto (art. 144, § 5º, da CF/1988).

Gabarito "D"

(Delegado/MT – 2000) Não é órgão através do qual se exerce a segurança pública:

(A) corpos de bombeiros militares.
(B) polícia ferroviária federal.
(C) polícia sanitária.
(D) polícia civil.
(E) polícia rodoviária federal.

Dentre os órgãos mencionados o único que não faz parte do tema segurança pública é o que consta da alternativa C, polícia sanitária (art. 144, I a V, da CF/1988).

Gabarito "C"

(Delegado/MT – 2000) Assinale a alternativa incorreta:

(A) Se a medida tomada durante estado de sítio mostrar-se ineficaz, será decretado estado de defesa.
(B) Em caso de guerra, o estado de sítio poderá perdurar enquanto houver confronto bélico.
(C) A iminência e a gravidade de instabilidade institucional permite a decretação do estado de defesa.
(D) Comoção grave de repercussão nacional permite a decretação do estado de sítio.
(E) Mesmo na vigência do estado de defesa é vedada a incomunicabilidade do preso.

A: incorreto (devendo esta ser assinalada). É justamente o contrário se a medida tomada no estado de defesa mostrar-se ineficaz deve ser decretado o estado de sítio (art. 137, I, da CF/1988); **B:** correto (art. 137, § 1º, da CF/1988); **C:** correto (art. 136, "caput", da CF/1988); **D:** correto (art. 137, I, da CF/1988); **E:** correto (art. 136, § 3º, IV, da CF/1988).

Gabarito "A"

(Delegado/PI – 2009 – UESPI) Levando-se em consideração as normas constitucionais que regulam a Defesa do Estado e das instituições democráticas e suas interpretações pelos julgados do Supremo Tribunal Federal acerca da matéria assinale a alternativa correta.

(A) é missão típica do Judiciário o combate à criminalidade, bem como a formulação de políticas públicas neste sentido.
(B) a legislação estadual poderá estender a outros órgãos, não mencionados na Constituição Federal, a exemplo dos agentes de trânsito, atribuições de segurança pública.
(C) a gestão da segurança pública, como parte integrante da Administração Pública, é atribuição privativa do Governador de Estado.
(D) é atividade primária das Forças Armadas o policiamento ostensivo e o combate à criminalidade.
(E) a Polícia Rodoviária Federal exerce funções investigativas e judiciárias em relação aos delitos ocorridos nas rodovias federais.

A: incorreta. Não cabe ao Poder Judiciário, de forma típica, a formulação de políticas públicas; **B:** incorreta. A legislação estadual não poderá estender a outros órgãos as atribuições de segurança pública, pois o art. 144 da CF/1988 traz um rol taxativo de órgãos responsáveis por tal atribuição. São os seguintes: polícia federal, polícia rodoviária federal, polícias civis, polícias militares e corpos de bombeiros militares. Vale lembrar que o § 8º do art. 144 da CF/1988 menciona que os municípios podem criar guardas municipais destinadas à proteção de seus bens, serviços e instalações, mas essas guardas atuarão em relação a aspectos patrimoniais, não podendo exercer atividade típica de segurança pública; **C:** correta (art. 144, § 6º, da CF/1988); **D:** incorreta, pois essas atribuições são dadas aos órgãos responsáveis pela segurança pública; **E:** incorreta (art. 144, § 1º, IV, e § 2º, da CF/1988).

Gabarito "C"

(Delegado/PI – 2009 – UESPI) Considerando as normas constitucionais que regulam a função e o cargo de Delegado de Polícia assinale a alternativa incorreta.

(A) A Carta Magna especifica que a função de direção da Polícia Civil só pode ser exercida por delegados de polícia de carreira.
(B) É inconstitucional atribuir aos suplentes de delegados de polícia funções privativas de delegados de polícia de carreira.
(C) As funções administrativas de direção da Polícia Civil são cargos em comissão, de livre nomeação, podendo ser preenchidos por pessoas de confiança do gestor público, ainda que estranhas à carreira de delegado.
(D) É inconstitucional o estabelecimento, pelas Constituições Estaduais, de prerrogativa de foro para os delegados de polícia, em virtude de incompatibilidade entre esta e a efetividade de outras regras constitucionais, principalmente, a que trata do controle externo da atividade policial exercido pelo Ministério Público;
(E) É constitucional a autorização legislativa ao Secretário Estadual de Segurança Pública para a edição de normas regulamentadoras do funcionamento da instituição, ainda que o cargo não seja ocupado por delegado de carreira.

A e **B:** corretas (art. 144, § 4º, da CF/1988); **C:** incorreta (art. 144, § 4º, da CF/1988); **D:** correta (art. 129, VII, da CF/1988); **E:** correta (art. 144, § 7º, da CF/1988).

Gabarito "C"

(Delegado/PR – 2007) A segurança pública, dever do Estado, direito e responsabilidade de todos, é exercida para a preservação da ordem pública e da incolumidade das pessoas e do patrimônio. Sobre a matéria, de acordo com a Constituição Federal de 1988, assinale a alternativa correta.

(A) O Ministério Público e as Secretarias de Estado de Segurança Pública integram os órgãos mencionados na Constituição Federal de 1988, como responsáveis pela segurança pública dos Estados.
(B) A Polícia Federal destina-se a exercer, com exclusividade, as funções de polícia judiciária da União.
(C) Às polícias civis, dirigidas por delegados de polícia de carreira, incumbem, ressalvada a competência da União, as funções de polícia judiciária e de apuração de infrações penais, inclusive as militares.
(D) A Polícia Rodoviária Federal destina-se, na forma da lei, ao patrulhamento ostensivo das rodovias federais e estaduais.
(E) A Polícia Civil destina-se, dentre outras funções, a apurar infrações penais e exercer as funções de polícia de fronteiras.

A: incorreta. O Ministério Público **integra** as denominadas **funções essenciais à justiça** (art. 127 e seguintes da CF/1988). Já a segurança pública é exercida por meio dos seguintes órgãos: polícia federal, polícia rodoviária federal, polícia ferroviária federal, polícias civis, polícias militares e corpos de bombeiros militares (art. 144, § 1º, I a IV, da CF/1988); **B:** correta (art. 144, IV, da CF/1988); **C:** incorreta. De acordo com o art. 144, § 4º, da CF/1988, às polícias civis, dirigidas por delegados de polícia de carreira, incumbem, ressalvada a competência da União, as funções de polícia judiciária e a apuração de infrações penais, **exceto as militares**; **E:** incorreta. As funções das polícias civis, conforme já mencionado, estão no art. 144, §4º, da CF/1988.

Gabarito "B"

(Delegado/RJ – 2009 – CEPERJ) Com relação ao atual texto expresso da Constituição da República, analise as seguintes proposições:

I. É permitida na disciplina excepcional do estado de sítio a decretação de restrições relativas à liberdade de imprensa, radiodifusão e televisão, na forma da lei.
II. É exclusivamente do Presidente da República o poder de decretar os estados de defesa e de sítio, sendo que somente nesta última hipótese (decretação do estado de sítio) é que precisará de autorização prévia do Congresso Nacional.
III. Em nenhuma hipótese o estado de sítio poderá ser decretado por mais de trinta dias, nem prorrogado, de cada vez, por prazo superior.
IV. Durante a vigência do estado de defesa não se admite prisão determinada por outra autoridade que não seja a judicial.
V. Somente no estado de sítio ocorre a vedação à incomunicabilidade do preso.

Assinale a alternativa que corresponde à relação completa de proposições corretas:

(A) I e II.
(B) II e IV.
(C) II, III e IV.
(D) IV e V.
(E) II, III e V.

I: correta (art. 139, III, da CF/1988); **II:** correta (art. 136, "caput", e 137, "caput", ambos da CF/1988); **III:** incorreta, pode sim haver a prorrogação (art. 138, § 1º, da CF/1988); **IV:** incorreta, pois a prisão pode ser decretada pelo executor da medida (art. 136, § 3º, I, da CF/1988); V: incorreta, já que é proibida a incomunicabilidade do preso (art. 136, § 3º, IV, da CF/1988).

Gabarito "A"

(Delegado/SC – 2008) As Forças Armadas, constituídas pela Marinha, pelo Exército e pela Aeronáutica, são instituições nacionais permanentes e regulares, organizadas com base na hierarquia e na disciplina, sob a autoridade suprema do Presidente da República, e destinam-se à defesa da Pátria, à garantia dos poderes constitucionais e, por iniciativa de qualquer destes, da lei e da ordem. Sobre as Forças Armadas, é correto afirmar:

(A) Caberá "*habeas corpus*" em relação a certas punições disciplinares militares.
(B) Ao militar é proibida a greve e permitida a sindicalização.
(C) O militar ativo e inativo não pode estar filiado a partidos políticos.
(D) As mulheres e os eclesiásticos ficam isentos do serviço militar obrigatório em tempo de paz, sujeitos, porém, a outros encargos que a lei lhes atribuir.

A: incorreto. O art. 142, § 1º, da CF/1988 diz não ser possível *habeas corpus* no caso de punições disciplinares militares. Essa impossibilidade tem a ver com o mérito da decisão. Assim, questões relativas à legalidade do ato podem ser analisadas (HC 70.648 e RE 338.840-RS); **B:** incorreto. Ao militar a sindicalização e a greve são proibidas (art. 142, IV, da CF/1988); **C:** incorreto, pois o art. 142, § 3º, V, da CF/1988 diz ser proibida a filiação a partidos políticos, apenas ao militar ativo; **D:** correto (art. 143, § 2º, da CF/1988).

Gabarito "D"

(Delegado/SC – 2008) Quanto ao Estado de Defesa e Estado de Sítio, analise as afirmações a seguir.

I. O Presidente da República pode solicitar ao Congresso Nacional autorização para decretar estado de sítio para preservar ou restabelecer a ordem pública ou a paz social ameaçadas por grave e iminente instabilidade institucional ou atingidas por grandes calamidades.

II. O decreto que instituir o estado de defesa determinará o tempo de sua duração, especificará as áreas a serem abrangidas e indicará, nos termos e limites da lei, as medidas coercitivas a vigorarem, sendo, por exemplo, admitida restrição aos direitos de reunião, ainda que exercida no seio das associações.

III. Na vigência do estado de sítio poderão ser tomadas contra as pessoas, dentre outras, as medidas: busca e apreensão em domicílio, intervenção nas empresas de serviços públicos e requisição de bens.

IV. O tempo de duração do estado de defesa não será superior a trinta dias, podendo ser prorrogado uma vez, por sessenta dias, se persistirem as razões que justificaram a sua decretação.

Estão corretas apenas:

(A) II e III
(B) I e III
(C) I e IV
(D) I e II

I: incorreta. A preservação ou restabelecimento da ordem pública ou a paz social ameaçadas por grave e iminente instabilidade institucional ou atingidas por grandes calamidades são motivos para a decretação do estado de defesa e não do estado de sítio (art. 136 e 137, I e II, da CF/1988); **II:** correta (art. 136, § 1º, I, "a", da CF/1988); **III:** correta (art. 139, V, VI, VII, da CF/1988); **IV:** incorreta. A prorrogação se dá por igual período (art. 136, § 2º, da CF/1988).

Gabarito "A"

(Delegado/SP – 2008) A lei disciplinará a organização e o funcionamento dos órgãos responsáveis pela segurança pública de maneira a

(A) garantir a eficiência de suas atividades.
(B) garantir a apuração das infrações contra a ordem política e social.
(C) prevenir e reprimir o tráfico ilícito de entorpecentes e drogas afins.
(D) exercer, com exclusividade, as funções de política judiciária da União.
(E) garantir a ordem Pública, a incolumidade das pessoas e do patrimônio público.

A: correta (art. 144, § 7º, da CF/1988); B, C, D e **E:** incorretas (art. 144, § 7º, da CF/1988).

Gabarito "A"

(Delegado/SP – 2008) O decreto que instituir o estado de defesa, nos termos e limites da lei, não determinará

(A) seu tempo de duração.
(B) a suspensão de garantias constitucionais.
(C) as áreas a serem abrangidas.
(D) restrições ao sigilo de correspondência.
(E) a ocupação e o uso temporário de bens.

A: incorreta. O decreto que instituir o estado de defesa deve sim determinar seu tempo de duração (art. 136, § 1º, da CF/1988); **B:** correta. A suspensão de garantias constitucionais, genericamente, não consta do § 1º do art. 136 da CF/1988; **C:** incorreta. As áreas abrangidas também devem constar do decreto que instituir o estado de defesa (art. 136, § 1º, da CF/1988); **D:** incorreta. Restrição ao direito de sigilo de correspondência, se for uma medida coercitiva a ser tomada, deve constar do decreto (art. 136, § 1º, "b", da CF/1988); **E:** incorreta (art. 136, § 1º, II, da CF/1988).

Gabarito "B"

15. TRIBUTAÇÃO E ORÇAMENTO

(Delegado/GO – 2009 – UEG) Constitui limitação constitucional ao poder de tributar:

(A) utilizar tributo sem efeito de confisco.
(B) instituir tributos sobre patrimônio, renda ou serviços, uns dos outros.
(C) cobrar tributos em relação a fatos geradores ocorridos após o início da vigência da lei que os houver instituído ou aumentado.
(D) instituir tratamento desigual entre contribuintes que se encontrem em situação equivalente, proibida qualquer distinção em razão de ocupação profissional ou função por eles exercida, independentemente da denominação jurídica dos rendimentos, títulos ou direitos.

A: incorreta. As competências tributárias impositivas não podem ser exercidas com finalidade confiscatória (art. 150, IV, da CF/1988), tendo em vista, inclusive, o direito de propriedade constitucionalmente assegurado. Com a ausência de tal finalidade, inexiste igualmente limitação ao poder de tributar; **B:** incorreta. A imunidade recíproca prevista no art. 150, VI, "a", da CF/1988 alcança apenas os impostos não se estendendo às demais espécies tributárias (taxas, contribuições de melhoria, contribuições especiais, empréstimos compulsórios); **C:** incorreta. Há vedação constitucional à cobrança de tributos em relação a fatos geradores ocorridos **antes** do início da vigência da lei que os houver instituído ou aumentado (art. 150, III, "a", da CF/1988), denominada pela doutrina de princípio da irretroatividade; **D:** correta, em face do disposto no art. 150, II, da CF/1988.

Gabarito "D"

(Delegado/GO – 2003 – UEG) Em relação aos princípios constitucionais gerais do Sistema Tributário Nacional, marque a alternativa CORRETA:

(A) O imposto de importação, as contribuições da seguridade compulsórios para investimentos ou para cobrir despesas decorrentes de calamidade social e os empréstimos públicos não se submetem ao princípio da anualidade ou anterioridade.
(B) A norma constitucional especifica proibição de cobrança de tributos em relação a fatos geradores ocorridos antes do início da vigência da lei que os houver instituído ou aumentado, inclusive para os impostos sobre patrimônio, renda ou serviços, instituídos pela União aos Estados-membros e Distrito Federal.
(C) Em função do princípio constitucional da legalidade em matéria tributária, os tributos devem ser criados por lei, embora a Constituição admita a fixação de limites máximos e mínimos de alíquotas de impostos, de competência da União, por ato privativo do Senado Federal.
(D) Os impostos devem, sempre que possível, ter caráter pessoal, assim como ser graduados de acordo com a capacidade econômica do contribuinte.

A: incorreta. A Constituição não mais consagra o princípio da anualidade em matéria tributária adotando apenas o princípio da anterioridade, por força do qual é vedado cobrar tributos no mesmo exercício financeiro em que haja sido publicada a lei que os instituiu ou aumentou (art. 150, III, "b", da CF/1988). Em razão da disposição contida no § 1º do art. 150 da CF/1988, tal vedação não se aplica aos tributos previstos nos arts. 148, I (empréstimos compulsórios para atender a despesas extraordinárias, decorrentes de calamidade pública, de guerra externa ou sua iminência), 153, I, II, IV e V (imposto de importação, imposto de exportação, IPI e IOF) e 154, II (impostos extraordinários); **B:** incorreta. A União não pode instituir impostos aos Estados-membros e Distrito Federal, por conta da imunidade recíproca, prevista no art. 150, VI, "a", da CF/1988; **C:** incorreta. Segundo a doutrina, a lei que instituir os tributos com alíquotas variáveis deverá estabelecer os limites mínimo e máximo, cabendo ao órgão do Executivo modificá-las dentro desse *quantum*; **D:** correta, por expressa previsão constitucional (art. 145, § 1º, da CF/1988).

Gabarito "D"

(Delegado/MS – 2006) Na Carta Magna, referente aos impostos e taxas, o art. 150 diz que "sem prejuízo de outras garantias asseguradas ao contribuinte, é vedado à União, aos Estados, ao Distrito Federal e aos Municípios: (...) VI – instituir impostos sobre:

I. patrimônio, renda ou serviços, uns dos outros. ( )
II. templos de qualquer culto. ( )
III. importação de produtos estrangeiros. ( )
IV. patrimônio, renda ou serviços dos partidos políticos, inclusive suas fundações, das entidades sindicais dos trabalhadores, das instituições de educação e de assistência social, sem fins lucrativos, atendidos os requisitos da lei. ( )
V. livros, jornais, periódicos e o papel destinado à sua impressão. ( )

Assinale a alternativa correta:

(A) somente o item V é falso.
(B) somente o item IV é falso.
(C) somente o item III é falso.
(D) somente o item II é falso.
(E) somente o item I é falso.

A questão trata das imunidades tributárias, consideradas pela maior parte da doutrina como limitações constitucionais ao poder de tributar. São classificadas como imunidades objetivas e subjetivas: as primeiras levam em conta o objeto sobre qual recai a tributação, ao passo que as segundas tomam por base as pessoas que integrariam a relação jurídico-tributária. I – verdadeira, por descrever a chamada "imunidade recíproca" contida no art. 150, VI, "a", da CF/1988. Tal imunidade é considerada como importante expressão do princípio federativo no âmbito tributário; II – verdadeira. A imunidade dos templos de qualquer culto encontra-se prevista no art. 150, VI, "b", da CF/1988, não sendo restrita a religiões determinadas, nem tampouco ao conceito de templo como edificação, alcançando, portanto, todos os locais destinados ao culto; III – falsa. Não existe previsão constitucional à imunidade das importações; IV – verdadeira. A imunidade descrita no tem previsão no art. 150, VI, "c", da CF/1988. Importante destacar que se encontra em discussão no STF a questão acerca do veículo normativo adequado para

regular tal imunidade, se lei ordinária ou lei complementar, dada a cláusula constitucional "na forma da lei"; V – verdadeira. A imunidade dos livros, jornais, periódicos e o papel destinado à sua impressão tem previsão no art. 150, VI, "d", da CF/1988.
Gabarito "C"

(Delegado/SP – 1999) Pelo estabelecido no sistema tributário nacional compete aos Municípios instituir, dentre outros, imposto sobre

(A) transmissão "causa mortis".
(B) transmissão "inter vivos".
(C) propriedade de veículos automotores.
(D) circulação intermunicipal.

A e **C:** incorretas. O ITCM e o IPVA são de competência estadual (art. 155, I e III, da CF/1988); **B:** correta. O ITBI é um imposto de competência municipal (art. 156, II, da CF/1988); **D:** incorreta. Quanto à "circulação intermunicipal", é importante observar que o Constituinte de 1988 previu a circulação de mercadorias como materialidade passível de exercício da competência impositiva estadual (art. 155, II, CF/1988). Cuida-se, portanto, de item que não corresponde, fielmente, a nenhuma das previsões da Constituição.
Gabarito "B"

16. ORDEM ECONÔMICA E FINANCEIRA

(Delegado/MG – 2008) Ao se manifestar sobre a ponderação de bens e valores, o Supremo Tribunal Federal, examinando o princípio fundamental da liberdade de iniciativa econômica previsto no artigo 170 da Constituição Federal, entendeu que tal princípio deve ser ponderado com outros existentes na ordem constitucional, como o da proteção ao consumidor e o da justiça social, que ficariam comprometidos em casos de aumentos abusivos de preços.

Considerando os direitos econômicos como direito fundamental, deve o Estado

(A) por via administrativa, por intermédio das agências reguladoras, determinar o tabelamento de preços com vistas a evitar o abuso do poder econômico.
(B) por vias legislativa e administrativa, mediante manifestação prévia do Congresso Nacional e do Presidente da República, impor regras e limites à livre concorrência.
(C) por via judicial, mediante provocação do Procurador-Geral da República, exigir dos órgãos competentes a punição dos infratores.
(D) por via legislativa, regular a política de preços de bens e serviços, abusivo que é o poder econômico que visa ao aumento arbitrário de lucros.

O art. 173, § 4º, da CF/1988 determina que a lei reprima o abuso do poder econômico.
Gabarito "D"

17. ORDEM SOCIAL

(Delegado Federal – 2013 – CESPE) Considerando o disposto na CF acerca na ordem social, julgue os itens subsequentes.

(1) A floresta amazônica brasileira, assim como a mata atlântica, é considerada bem da União, devendo sua utilização ocorrer na forma da lei, em condições que assegurem a preservação do meio ambiente, inclusive no que concerne ao uso dos recursos naturais.
(2) As terras tradicionalmente ocupadas pelos índios, incluídas no domínio constitucional da União Federal, são inalienáveis, indisponíveis e insuscetíveis de prescrição aquisitiva.

1: errado. De acordo com o art. 225, § 4º, da CF, a **Floresta Amazônica brasileira**, a **Mata Atlântica**, a Serra do Mar, o Pantanal Mato-Grossense e a Zona Costeira **são patrimônio nacional**, e sua utilização far-se-á, na forma da lei, dentro de condições que assegurem a preservação do meio ambiente, inclusive quanto ao uso dos recursos naturais; **2**: correto. É o que determina o art. 231, § 4º, da CF.
Gabarito 1E, 2C

(Delegado/AP – 2010) Relativamente à ordem social, assinale a afirmativa incorreta.

(A) A assistência à saúde pode ser exercida pela iniciativa privada, desde que previamente autorizado seu funcionamento pelo Ministério da Saúde e submetidas às regras de concessão pública contidas na Constituição.
(B) A seguridade social compreende um conjunto integrado de ações de iniciativa dos Poderes Públicos e da sociedade, destinadas a assegurar os direitos relativos à saúde, à previdência e à assistência social.
(C) A ordem social tem como base o primado do trabalho, e como objetivo o bem-estar e a justiça sociais.
(D) A seguridade social será financiada por toda a sociedade, de forma direta e indireta, nos termos da lei, mediante recursos provenientes dos orçamentos da União, dos Estados, do Distrito Federal e dos Municípios, além de contribuições sociais determinadas na Constituição.
(E) A saúde é direito de todos e dever do Estado, garantido mediante políticas sociais e econômicas que visem à redução do risco de doença e de outros agravos e ao acesso universal e igualitário às ações e serviços para sua promoção, proteção e recuperação.

A: incorreta, devendo ser assinalada. De acordo com o art. 199, § 1º, da CF/1988, as instituições privadas, que queiram prestar serviços de saúde, poderão fazê-lo de forma complementar, segundo diretrizes do sistema único de saúde, mediante contrato de direito público ou convênio, tendo preferência as entidades filantrópicas e as sem fins lucrativos; **B:** correta (art. 194, "caput", da CF/1988); **C:** correta (art. 193 da CF/1988); **D:** correta (art. 195 da CF/1988); **E:** correta (art. 196 da CF/1988).
Gabarito "A"

(Delegado/GO – 2009 – UEG) Sobre a seguridade social é CORRETO afirmar que

(A) é assegurada aposentadoria, no regime geral de previdência social, ao trabalhador que reunir, cumulativamente, 35 anos de contribuição, se homem, e 30 anos de contribuição, se mulher, e 65 anos de idade, se homem, e 60 anos de idade, se mulher, reduzido o limite em 10 anos para os trabalhadores rurais.
(B) constitui objetivo da seguridade social o caráter democrático e centralizado da gestão administrativa, mediante gestão tripartite, com a participação dos trabalhadores, empregadores e governo nos órgãos colegiados.
(C) a pessoa jurídica em débito com o sistema da seguridade social, como estabelecido em lei, não poderá contratar com o Poder Público, permitido porém dele receber benefícios fiscais.
(D) são ações da assistência social, dentre outras, a proteção à família, à maternidade, à infância, à adolescência e à velhice e a promoção da integração ao mercado de trabalho.

A: incorreto. A primeira parte da alternativa está correta, mas a segunda colide com o disposto no art. 201, § 7º, I e II, pois para os trabalhadores rurais há redução de 5 anos e não de 10 como mencionado; **B:** incorreto. Constitui objetivo da seguridade social o caráter democrático e descentralizado da gestão administrativa, mediante gestão quadripartite, com a participação dos trabalhadores, empregadores, aposentados e governo nos órgãos colegiados (art. 194, VII, da CF/1988); **C:** incorreto. A pessoa jurídica em débito com o sistema da seguridade social não poderá contratar com o poder público e nem receber benefícios fiscais (art. 195, § 3º, da CF/1988); **D:** correto (art. 203, I, II e III, da CF/1988).
Gabarito "D"

(Delegado/SP – 2008) O ensino é livre à iniciativa privada desde que atendida à seguinte condição:

(A) admissão de professores, técnicos e cientistas estrangeiros.
(B) progressividade universalização do ensino superior.
(C) acesso aos níveis mais elevados do ensino.
(D) autorização e a avaliação de qualidade pelo Poder Público.
(E) garantia de padrão de qualidade.

Há duas condições previstas no art. 209 da CF/1988: o cumprimento das normas gerais da educação nacional, e a autorização e avaliação de qualidade pelo Poder Público. Desse modo, apenas a alternativa D está de acordo com o texto constitucional.
Gabarito "D"

(Delegado/MG – 2008) A partir da Emenda Constitucional n. 53/2006, o parágrafo único do artigo 23 passou a vigorar com a seguinte redação.

(A) A educação básica pública terá como fonte adicional de financiamento a contribuição social do salário-educação, recolhida pelas empresas na forma da lei.
(B) Através de lei ordinária, cada entidade federativa estabelecerá a assistência gratuita aos filhos e dependentes desde o nascimento até 5 (cinco) anos de idade em creches e pré-escolas.
(C) Compete aos Municípios manter, com a cooperação técnica e financeira da União e do Estado, programas de educação infantil e de ensino fundamental.
(D) Leis complementares fixarão normas para a cooperação entre a União e os Estados, o Distrito Federal e os Municípios, tendo em

vista o equilíbrio do desenvolvimento e do bem-estar em âmbito nacional.

O fundamento dessa questão é encontrado justamente no parágrafo único do art. 23 da CF/1988.

Gabarito "D"

(Delegado/SP – 2008) O Poder Público, com a colaboração da comunidade, promoverá e protegerá

(A) o patrimônio cultural brasileiro, por meio de inventários e de outras formas de acautelamento.
(B) a educação, o desporto, a ciência e tecnologia e a comunicação social.
(C) a plena liberdade de informação jornalística em qualquer veículo de comunicação.
(D) as diversões e espetáculos públicos, estabelecendo locais e horários para apresentação.
(E) as empresas que investirem em tecnologia adequada ao país.

É o que dispõe o § 1º do art. 216 da CF/1988.

Gabarito "A"

(Delegado/SP – 2008) O planejamento familiar é de livre decisão do casal e

(A) promoverá programas de assistência à criança e ao adolescente.
(B) tem por função assegurar o direito à vida e à saúde.
(C) fundado no principio da dignidade da pessoa humana.
(D) restrito a qualquer dos pais e seus descendentes.
(E) reservado às famílias da baixa renda.

Conforme dispõe o § 7º do art. 226 da CF/1988, o planejamento familiar, desde que fundado nos princípios da **dignidade da pessoa humana** e da paternidade responsável, é livre decisão do casal, competindo ao Estado propiciar recursos educacionais e científicos para o exercício desse direito, vedada qualquer forma coercitiva por parte de instituições oficiais ou privadas.

Gabarito "C"

(Delegado/SP – 2008) **A seguridade social compreende**

(A) o atendimento do cidadão e a universalidade da cobertura.
(B) um conjunto integrado de ações de iniciativa dos Poderes Públicos e da sociedade.
(C) a folha de salários e demais rendimentos pagos ou creditados a qualquer título.
(D) a seletividade, a distributividade na prestação dos benefícios e a equidade na forma de participação no custeio.
(E) a receita, o faturamento e o lucro.

De acordo com o *caput* do art. 194 da CF/1988, a seguridade social compreende um **conjunto integrado de ações de iniciativa dos Poderes Públicos e da sociedade**, destinadas a assegurar os direitos relativos à saúde, à previdência e à assistência social. Vale lembrar que a seguridade social é composta por três assuntos importantes: a previdência social, a saúde e a assistência social. O parágrafo único do art. 194 da CF/1988 traz princípios e objetivos que norteiam o sistema, quais sejam: a universalidade da cobertura e do atendimento; a uniformidade e equivalência dos benefícios e serviços às populações urbanas e rurais; a seletividade e distributividade na prestação dos benefícios e serviços; a irredutibilidade do valor dos benefícios; a equidade na forma de participação no custeio; a diversidade da base de financiamento; o caráter democrático e descentralizado da administração, mediante gestão quadripartite, com participação dos trabalhadores, dos empregadores, dos aposentados e do Governo nos órgãos colegiados.

Gabarito "B"

(Delegado Federal – 2004 – CESPE) Nas eleições para prefeito na cidade Alfa, concorria à reeleição o atual prefeito, Acácio. Bruno, filho de Acácio, embora filiado ao mesmo partido político do pai há mais de dois anos, nunca se motivou a concorrer a nenhum cargo eletivo. Oito meses antes da eleição, Acácio, depois de inflamado discurso, em que sustentou que se fosse reeleito melhoraria as condições educacionais do município por meio do investimento prioritário no ensino superior, sofreu um fulminante infarto do miocárdio, morrendo antes da chegada de socorro médico. Acerca dessa situação hipotética, julgue o item que se segue.

(1) A proposta de investimento prioritário no ensino superior, base da campanha eleitoral de Acácio, contraria o texto constitucional brasileiro que estabelece que os municípios deverão atuar, de forma prioritária, no ensino fundamental e médio.

Incorreta, pois os municípios, conforme dispõe o § 2º do art. 211 da CF/1988, devem atuar prioritariamente no ensino fundamental e na educação infantil. Na alternativa consta também, equivocadamente, a atuação prioritária no ensino médio.

Gabarito 1E

18. TEMAS COMBINADOS

(Delegado/RJ – 2013 – FUNCAB) No que se refere às três funções do Estado, quando o Executivo, através do Presidente da República, adota medida provisória com força de lei; o Judiciário elabora seu regimento interno; o Legislativo julga o Presidente da República nos crimes de responsabilidade e, ainda, o Legislativo pratica atos de fiscalização financeira do Executivo, é correto afirmar:

(A) Ocorrem respectivamente: função atípica do Executivo de natureza legislativa, função atípica do Judiciário de natureza executiva, função atípica do Legislativo de natureza jurisdicional e, por último, função típica do Legislativo.
(B) Ocorrem respectivamente: função atípica do Executivo de natureza jurisdicional, função atípica do Judiciário de natureza legislativa, função típica do Legislativo e, por último, função atípica do Legislativo de natureza executiva.
(C) Ocorrem respectivamente: função atípica do Executivo de natureza legislativa, função atípica do Judiciário de natureza legislativa, função atípica do Legislativo de natureza jurisdicional e, por último, função típica do Legislativo.
(D) Ocorrem respectivamente: função típica do Executivo, função típica do Judiciário, função atípica do Legislativo de natureza executiva e, por último, função atípica do Legislativo de natureza executiva.
(E) Ocorrem respectivamente: função atípica do Executivo de natureza jurisdicional, função atípica do Judiciário de natureza executiva, função atípica do Legislativo de natureza jurisdicional e, por último, função atípica do Legislativo de natureza executiva.

A: incorreta. O Judiciário, ao elaborar o seu regimento interno, está exercendo função legislativa, de forma atípica; **B:** incorreta. O Presidente da República, ao adotar medida provisória, está exercendo função atípica de natureza legislativa; **C:** correta. O **Presidente da República ao adotar medida provisória** com força de lei **exerce função atípica de natureza legislativa**. Quando o **Judiciário elabora seu regimento interno exerce função atípica de natureza legislativa**. O **Legislativo, ao julgar o Presidente da República** nos crimes de responsabilidade, **exerce função atípica de natureza jurisdicional** e, ainda, o **Legislativo, quando pratica atos de fiscalização financeira do Executivo, exerce função típica**; **D:** incorreta. Editar medida provisória, ou seja, legislar, não é função típica do Executivo. Além disso, o Judiciário, ao elaborar o seu regimento interno, também não está exercendo função típica.O Judiciário, ao elaborar o seu regimento interno, está exercendo função legislativa, de forma atípica. A prática, pelo Legislativo, de atos de fiscalização financeira do Executivo, é exercício de uma de suas funções típicas; **E:** incorreta. Como mencionado, nesse caso o Executivo exerce função atípica de natureza legislativa. A natureza da função atípica exercida pelo Judiciário nessa hipótese é legislativa. Por fim, a prática, pelo Legislativo, de atos de fiscalização financeira do Executivo, é exercício de uma de suas funções típicas.

Gabarito "C"

19. SEGURANÇA PÚBLICA

(Delegado/SP – 2014 – VUNESP) Nos termos da Constituição Federal, os Municípios poderão constituir guardas municipais destinadas

(A) à execução de atividades de defesa civil.
(B) ao patrulhamento ostensivo das vias públicas municipais.
(C) às funções de polícia judiciária e à apuração de infrações penais.
(D) à proteção de seus bens, serviços e instalações.
(E) ao policiamento ostensivo e à preservação da ordem pública.

A: incorreta. De acordo com o art. 144, § 5º, da CF, às polícias militares cabem a polícia ostensiva e a preservação da ordem pública; aos **corpos de bombeiros militares**, além das atribuições definidas em lei, **incumbe a execução de atividades de defesa civil**; **B:** incorreta. As guardas municipais não têm a finalidade de promover o patrulhamento ostensivo das vias municipais. **C:** incorreta. O art. 144, § 4º, da CF determina que às **polícias civis**, dirigidas por delegados de polícia de carreira, incumbem, ressalvada a competência da União, **as funções de polícia judiciária e a apuração de infrações penais**, exceto as militares; **D:** correta. Conforme determina o art. 144, § 8º, da CF, os Municípios poderão constituir **guardas municipais** destinadas à **proteção de seus bens, serviços e instalações**, conforme dispuser a lei; **E:** incorreta. De acordo com o art. 144, § 5º, da CF, às **polícias militares** cabem a **polícia ostensiva e a preservação da ordem pública**.

Gabarito "D"

5. Direitos Humanos

Renan Flumian

1. TEORIA, GERAÇÕES, CARACTERÍSTICAS E CLASSIFICAÇÃO DOS DIREITOS HUMANOS

(Delegado/SP – 2011) Quando, no final do século XVIII, foram declarados os direitos fundamentais, eram encarados essencialmente como

(A) interesses coletivos não individualizáveis.
(B) proliferação dos direitos naturais e objetivos.
(C) expressões da liberdade humana em face do Poder.
(D) objetivos políticos efetivamente protegidos.
(E) vulgarização e trivialização dos direitos naturais.

Os direitos humanos são compostos de princípios e regras – positivadas ou costumeiras – que têm como função proteger a dignidade da pessoa humana. Dignidade se traduz na situação de mínimo gozo garantido dos direitos pessoais, civis, políticos, judiciais, de subsistência, econômicos, sociais e culturais. Ou ainda de forma mais analítica nas palavras Ingo Wolfgang Sarlet: "Temos por dignidade da pessoa humana a qualidade intrínseca e distintiva de cada ser humano que o faz merecedor do mesmo respeito e consideração por parte do Estado e da comunidade, implicando, neste sentido, um complexo de direitos e deveres fundamentais que assegurem a pessoa tanto contra todo e qualquer ato de cunho degradante e desumano, como venham a lhe garantir as condições existenciais mínimas para uma vida saudável, além de propiciar e promover sua participação ativa corresponsável nos destinos da própria existência e da vida em comunhão dos demais seres humanos.[1]" Podem-se apontar a democracia ateniense (501-338 a.C.) e a República romana (509-27 a.C.) como os primeiros grandes exemplos, na história política da humanidade, de respeito aos direitos humanos, no sentido de limitar o poder público em prol dos governados.[2] A democracia ateniense era balizada pela preeminência das leis e pela participação direta dos cidadãos na Assembleia. Dessa maneira, o poder dos governantes foi limitado por sua subordinação ao mandamento legal e pelo controle popular. O papel do povo era marcante, pois este elegia os governantes e decidia, em assembleia e de forma direta, os assuntos mais importantes. Ademais, o povo tinha competência para julgar os governantes e os autores dos principais crimes. É dito que pela primeira vez na história o povo governou a si mesmo.[3] *Já a República romana limitou o poder político por meio da instituição de um sistema de controles recíprocos entre os órgãos políticos. Além desses dois exemplos, é possível apontar no desenvolver da história outro acontecimento de grande importância para a consolidação dos direitos humanos. Trata-se da Magna Carta de 1215, conhecida por limitar o poder dos monarcas ingleses, impedindo assim o exercício do poder absoluto. Seguindo tal exercício*[4], as liberdades pessoais foram garantidas de forma mais geral e abstrata (em comparação com a Magna Carta de 1215) pelo *Habeas Corpus Act* de 1679 e pelo *Bill of Rights* de 1689. Por fim, cabe uma pequena distinção entre direitos humanos e direitos fundamentais. A doutrina atual, principalmente a alemã, considera os direitos fundamentais[5] os valores éticos sobre os quais se constrói determinado sistema jurídico nacional, ao passo que os direitos humanos existem mesmo sem o reconhecimento da ordem jurídica interna de um país, pois possuem vigência universal. Mas, na maioria das vezes, os direitos humanos são reconhecidos internamente pelos sistemas jurídicos nacionais, situação que os torna também direitos fundamentais, ou seja, os direitos humanos previstos na Constituição de um país são denominados direitos fundamentais.

Gabarito "C"

(Delegado/SP – 1998) São, dentre outras, características dos direitos humanos fundamentais

(A) a irrenunciabilidade, a universalidade e a proporcionalidade.
(B) a complementaridade, a previsibilidade e a efetividade.
(C) a inalienabilidade, a imprescritibilidade e a irrenunciabilidade.
(D) a dependência, a oficialidade e a historicidade.

De um modo geral, as características dos direitos humanos são: historicidade, universalidade, indivisibilidade, interdependência, irrenunciabilidade, imprescritibilidade e inalienabilidade. A irrenunciabilidade justifica-se por serem direitos adstritos à condição humana, logo, não podem ser renunciáveis, pois, formam o indivíduo na sua plenitude. Assim, são indisponíveis tanto pelo estado como pelo particular. Tal característica se confirma pelo fato de os direitos humanos fazerem parte do *jus cogens*, assim inderrogáveis por ato volitivo. Imprescritibilidade porque os direitos humanos são atemporais, pois, como dito, estão adstritos à condição humana. Assim, os direitos humanos não são passíveis de prescrição, isto é, não caducam com o transcorrer do tempo. Por fim, a inalienabilidade dado que os direitos humanos não podem ser alienados, isto é, objeto de transação.

Gabarito "C"

(Delegado Federal – 2002 – CESPE) Todos os direitos humanos são universais, indivisíveis, interdependentes e inter-relacionados. Esses são alguns dos princípios fundamentais da Declaração de Viena sobre os Direitos Humanos, fruto de conferência realizada naquela cidade, em 1993. A partir dessa conferência, várias ações para o fortalecimento da cooperação internacional na área de direitos humanos vêm sendo consideradas como essenciais para a realização plena da cidadania nos planos nacional e internacional. Com base na visão atual dos direitos humanos julgue os itens que se seguem.

I. Já não se pode mais justificar a inobservância dos direitos humanos com base em argumentos como o do relativismo cultural ou o de que os direitos humanos são valores ocidentais.
II. Não é possível garantir os direitos civis sem que haja a garantia dos direitos sociais. É preciso entender que os direitos humanos, apesar de separados por artigos, em declarações, convenções e pactos devem transmitir a noção do conjunto de condições para a sobrevivência e a dignidade do homem.
III. O direito ao desenvolvimento é também um direito humano e deve ser realizado de modo a satisfazer equitativamente as necessidades ambientais e de desenvolvimento de gerações presentes e futuras.
IV. A existência generalizada de situações de extrema pobreza e a insanidade econômica destrutiva que prioriza o lucro a qualquer

---

1. *Dignidade da pessoa humana e direitos fundamentais*. Porto Alegre: Livraria do Advogado, 2001. p. 60.
2. "A clássica concepção de matriz liberal-burguesa dos direitos fundamentais informa que tais direitos constituem, em primeiro plano, direitos de defesa do indivíduo contra ingerências do Estado em sua liberdade pessoal e propriedade. Essa definição de direitos fundamentais – apesar de ser pacífico na doutrina o reconhecimento de diversas outras – ainda continua ocupando lugar de destaque na aplicação dos direitos fundamentais. Essa ideia, sobretudo, objetiva a limitação do poder estatal a fim de assegurar ao indivíduo uma esfera de liberdade. Para tanto, outorga ao indivíduo um direito subjetivo que lhe permite evitar interferências indevidas no âmbito de proteção do direito fundamental ou mesmo a eliminação de agressões que esteja sofrendo em sua esfera de autonomia pessoal" (MENDES, Gilmar Ferreira. *Curso de Direito Constitucional*. 6. ed. São Paulo: Saraiva, 2011. p. 673).
3. É muito conhecida a definição da democracia ateniense como "o governo do povo, pelo povo e para o povo".
4. Nesses primeiros exemplos fica nítida a eficácia vertical dos direitos humanos, ou seja, oponíveis contra o Estado. Todavia, deve-se apontar que os direitos humanos são oponíveis também entre os particulares, nas relações privadas, que caracterizam a eficácia horizontal dos direitos humanos.
5. "Os direitos fundamentais são, a um só tempo, direitos subjetivos e elementos fundamentais da ordem constitucional objetiva. Enquanto direitos subjetivos, os direitos fundamentais outorgam aos seus titulares a possibilidade de impor os seus interesses em face de órgãos obrigados. Na sua dimensão como elemento fundamental da ordem constitucional objetiva, os direitos fundamentais – tanto aqueles que não asseguram, primariamente, um direito subjetivo quanto aqueles outros, concebidos como garantias individuais – formam a base do ordenamento jurídico de um Estado de Direito democrático" (MENDES, Gilmar Ferreira. *Op. cit.* p. 671).

custo inibem o pleno e efetivo exercício dos direitos humanos.

V. No Brasil, país dos mais violentos e com graves problemas no campo da preservação dos direitos humanos, tem havido ações no sentido de mudança desse quadro, constituindo exemplo disso a criação de uma Secretaria Nacional dos Direitos Humanos.

I: correta. A Declaração Universal dos Direitos Humanos de 1948 universalizou a noção de direitos humanos. Muito importante foi o papel da Declaração, pois antes disso a proteção dos direitos humanos ficava relegada a cada Estado, os quais, com suporte em sua intocável soberania, tinham autonomia absoluta para determinar e executar as políticas relacionadas à proteção da dignidade da pessoa humana. Todavia, obras de horror, como o nazifascismo, demonstraram que a proteção do ser humano não pode ficar nas mãos de governos. Assim, um dos grandes objetivos perseguidos com a criação da ONU foi o de buscar a proteção dos direitos humanos a nível universal. Objetivo concretizado com a promulgação da Declaração Universal dos Direitos Humanos. As críticas referentes à leitura de universalização por ocidentalização não devem proceder, pois os direitos humanos transcendem às criações culturais no sentido *lato* (religião, tradição, organização política etc.) por serem adstritos à condição humana. Destarte, particularidades regionais e nacionais devem ser levadas em conta, mas nunca devem impedir a proteção mínima dos direitos humanos, até porque fazem parte do *jus cogens*. Assim, o universalismo derrota o relativismo. **II:** correta. Todos os direitos humanos se retroalimentam e se complementam, assim, infrutífero buscar a proteção de apenas uma parcela deles. Veja-se o exemplo do direito à vida, núcleo dos direitos humanos. Esse compreende o direito do ser humano não ter sua vida ceifada (atuação estatal negativa), como também o direito de ter acesso aos meios necessários para conseguir a sua subsistência e uma vida digna (atuação estatal positiva). Percebe-se a interação dos direitos pessoais com os direitos sociais para garantir a substancial efetivação do direito à vida. **III:** correta. A terceira geração dos direitos humanos trata dos direitos à paz, ao desenvolvimento, ao meio ambiente, à propriedade do patrimônio cultural. A titularidade desses direitos é atribuída à humanidade. O seu fundamento é a ideia de fraternidade. Assim, esses direitos provieram em grande medida da polaridade Norte/Sul. Dentro dessa polaridade surge o "princípio da autodeterminação dos povos", fundamento do processo de descolonização e inúmeros outros exemplos, consoante os já indicados acima, que exteriorizam a busca por uma nova ordem política e econômica mundial mais justa e solidária. **IV:** correta. A situação de miséria é o maior entrave para a realização dos direitos humanos, pois, além da situação de gozo zero, no que tange aos direitos econômicos, sociais e culturais, ela se torna um bloqueio para a implementação dos direitos civis e políticos, pois o indivíduo em situação de extrema pobreza não tem condições de exercer sua cidadania ou até mesmo de pleiteá-la. E a busca incessante de lucro também impossibilita o exercício dos direitos humanos, porque a única variável levada em conta na hora de fazer uma escolha é a do lucro. Isto quer dizer que os direitos dos trabalhadores serão violados se tal escolha traduzir-se em maiores lucros. V: correta. O Dec. 2.193, de 7 de abril de 1997, criou a Secretaria Nacional dos Direitos Humanos – SNDH, na estrutura do Ministério da Justiça, em substituição à Secretaria dos Direitos da Cidadania – SDC. Em 1º de janeiro de 1999, a SNDH foi transformada em Secretaria de Estado dos Direitos Humanos – SEDH, com assento nas reuniões ministeriais. A Secretaria Especial dos Direitos Humanos, criada pela Lei nº 10.683, de 28 de maio de 2003, é o órgão da Presidência da República que trata da articulação e implementação de políticas públicas voltadas para a promoção e proteção dos direitos humanos. E uma medida provisória assinada pelo presidente da República no dia 25 de março de 2010 transforma a secretaria em órgão essencial da Presidência, e ela passa a ser denominada Secretaria de Direitos Humanos da Presidência da República.

Gabarito 1C, 2C, 3C, 4C, 5C

(Delegado/BA – 2008 – CEFETBAHIA) "Cidadania, portanto, engloba mais que direitos humanos, porque, além de incluir os direitos que a todos são atribuídos (em virtude da sua condição humana), abrange, ainda, os direitos políticos. Correto, por seguinte, falar-se numa dimensão política, numa dimensão civil e numa dimensão social da cidadania".

(Prof. J. J. Calmon de Passos)

Ao alargar a compreensão da cidadania para as três dimensões suprarreferidas, o prof. Calmon de Passos

(A) inova, ao focar somente o caráter educacional da cidadania plena na Grécia.
(B) contribui, doutrinariamente, para que a noção da cidadania ultrapasse a clássica concepção que a restringia tão somente ao exercício dos direitos políticos.
(C) restringe o entendimento da cidadania ao exercício dos direitos de primeira geração – especialmente quanto à igualdade.
(D) promove reflexão crítica em torno dos interditos proibitivos à construção de uma sociedade respeitosa para com as nuanças de sexo, gênero, raça e idade.
(E) contradiz a noção fundamental de extensão da cidadania a todos sem distinção – mulheres especialmente.

A: incorreta. O Prof. Calmon de Passos não está tecendo considerações sobre a cidadania na Grécia. Ademais, o professor está focando num caráter amplo (político, civil e social) da cidadania e não limitado (educacional); **B:** correta. As considerações do professor contribuem para a tomada de conscientização no sentido de que o exercício substancial da cidadania depende do gozo de direitos civis, políticos e sociais; **C:** incorreta, pois não restringe e sim amplia; **D:** incorreta, pois as considerações do professor promovem a reflexão crítica em torno do exercício pleno da cidadania por todos os cidadãos; **E:** incorreta. Muito pelo contrário, pois além de corroborar com a noção fundamental de extensão da cidadania a todos sem distinção, defende o pleno exercício da cidadania, o qual será atingido pela comunhão de direitos civis, políticos e sociais.

Gabarito "B"

(Delegado/BA – 2008 – CEFETBAHIA) Na concepção positivista, o crime é entendido como

(A) uma realidade culturalmente definida.
(B) uma construção social.
(C) uma conduta violenta.
(D) uma realidade ontológica.
(E) um fato social problemático.

Segundo a concepção positivista, o crime é uma realidade ontológica. O positivismo jurídico é a doutrina do direito que considera direito somente aquilo que é posto pelo Estado.

Gabarito "D"

(Delegado/BA – 2008 – CEFETBAHIA) Segundo Vera Regina Pereira de Andrade, a clientela do sistema penal é constituída de pobres, porque

(A) tem uma maior tendência a delinquir.
(B) possuem uma cultura de nível inferior.
(C) não tiveram a devida educação.
(D) são naturalmente propensos à violência.
(E) têm maiores chances de serem criminalizados.

Segundo a Prof. Vera Regina Pereira de Andrade, os pobres têm maiores chances de serem criminalizados porque são estigmatizados como criminosos (tem-se o estereótipo do criminoso). Em suma, a criminalidade faz parte de um "etiquetamento" referente a determinados indivíduos da sociedade, aos quais se atribui o caráter criminal de determinadas condutas, selecionando-os como criminosos. E os meios de comunicação, como textos jornalísticos e principalmente programas policiais, reproduzem e ampliam essa estigmatizante criminalização do direito penal. Assim, o indivíduo que praticar crime não terá mais o estereótipo de criminoso, terá mais chances de não ser penalizado.

Gabarito "E"

(Delegado/BA – 2006 – CONSULPLAN) Tomando-se por base o constitucionalismo, a doutrina dos Direitos Humanos exerce, em relação ao Estado, uma função:

(A) Integrativa.
(B) Limitadora.
(C) Orientadora.
(D) Doutrinária.
(E) N.R.A.

A grande função dos direitos humanos é coibir os abusos cometidos pelos Estados em relação às suas populações. A Declaração de Direitos Americana de 1776 foi a primeira "declaração de direitos em sentido moderno", porque suas regras funcionaram como um sistema de limitação de poderes, ou seja, os direitos conferidos aos cidadãos limitavam o poder estatal. Tanto é assim, que o recente processo de internacionalização dos direitos humanos é fruto do pós-guerra e da ressaca moral da humanidade ocasionada pelo excesso de violações de direitos humanos perpetradas pelo nazifascismo.

Gabarito "B"

(Delegado/BA – 2006 – CONSULPLAN) O ser humano pode ser compelido, "como último recurso, à rebelião contra a tirania e a opressão". Para respaldar essa assertiva filosoficamente, a doutrina dos Direitos Humanos encontra lastro no (a):

(A) Correcionalismo.
(B) Marxismo.
(C) Jusnaturalismo.
(D) Teoria moralista.
(E) N.R.A

A: incorreta. A Escola Penal Correcionalista tem como principal característica a busca da correção do delinquente como fim único da pena. **B:** incorreta. O Marxismo é o conjunto de ideias filosóficas, econômicas, políticas e sociais elaboradas primariamente por Karl Marx e Friedrich Engels. Tem por base a concepção materialista e dialética da História, e, assim, interpreta a vida social conforme a dinâmica da base produtiva das sociedades e das lutas de classes daí consequentes. **C:** correta. O Jusnaturalismo (ou Direito Natural no seu viés tradicional) é uma teoria que define o conteúdo do direito como estabelecido pela natureza (como ordem superior, universal, imutável e inderrogável) e, portanto, válido em qualquer lugar. Ou seja, o direito natural é prévio a qualquer construção humana, seja de ordem política, religiosa etc. Assim, deverá ser sempre respeitado e o direito positivo para ter validade não poderá com ele contrastar. E os direitos humanos são adstritos à condição humana, logo, fazem parte do direito natural, o que os fazem transcender às criações culturais no sentido *lato* (religião, tradição, organização política etc.). **D:** incorreta. A Teoria Moralista defende que a fundamentação dos direitos humanos encontra-se na própria experiência e consciência de um determinado povo. **E:** incorreta, pois a assertiva "C" é correta.

Gabarito "C"

(Delegado/BA – 2006 – CONSULPLAN) O *Habeas corpus* vincula-se diretamente à:

(A) "Primeira geração" dos D. H.
(B) "Segunda geração" dos D. H.
(C) "Terceira geração" dos D. H.
(D) "Quarta geração" dos D. H.
(E) N.R. A

A: correta. A primeira geração dos direitos humanos trata dos direitos civis e políticos. A titularidade desses direitos é atribuída ao indivíduo, destarte, conhecidos são como direitos individuais. O seu fundamento é a ideia de liberdade. E o *habeas corpus* é utilizado sempre que alguém sofrer ou se achar ameaçado de sofrer violência ou coação em sua liberdade de locomoção, por ilegalidade ou abuso de poder (art. 5º, LXVIII, da CF). **B:** incorreta. A segunda geração dos direitos humanos trata dos direitos sociais, culturais e econômicos. A titularidade destes direitos é atribuída à coletividade, destarte, conhecido como direitos coletivos. O seu fundamento é a ideia de igualdade. **C:** incorreta. A terceira geração trata dos direitos à paz, ao desenvolvimento, ao meio ambiente, à propriedade do patrimônio cultural. A titularidade destes direitos é atribuída à humanidade e são classificados doutrinariamente como difusos. O seu fundamento é a ideia de fraternidade. **D:** incorreta. Existem posicionamentos doutrinários que pouco se assemelham na tentativa de categorizar quais seriam os direitos componentes da quarta e da quinta gerações. Por exemplo, a Ministra Eliana Calmon defende que a quarta geração seria composta de direitos referentes à manipulação do patrimônio genético, como os alimentos transgênicos, fertilização *in vitro* com escolha do sexo e clonagem. Já para o professor Paulo Bonavides todos os direitos relacionados à globalização econômica fariam parte da quarta geração, enquanto que o direito à paz seria de quinta. Outros, como Alberto Nogueira que relaciona a quarta geração com os direitos à uma tributação justa, e Ricardo Lorenzetti, Ministro da Suprema Corte Argentina, que define a quarta geração como sendo aquela do "direito a ser diferente", isto é, a tutela de todos os tipos de diversidade – sexual, étnica etc. Além de José Alcebiades de Oliveira Júnior[6], que faz coro com Eliana Calmon em relação à quarta geração e assinala que a quinta é ligada ao direito cibernético. Percebe-se que resta impossível categorizar cabalmente quais os direitos componentes da quarta e da quinta gerações, mas o importante é apontar possíveis interpretações e sublinhar a natureza dinâmica dos direitos humanos, os quais sempre estarão em construção. Para bem lembrar, a Declaração Universal dos Direitos do Homem elevou o homem à condição de sujeito de direito internacional, assim, é possível colocar o Estado como réu, perante instâncias internacionais, caso algum direito do ser humano seja ceifado ou impossibilitado de gozo. A título conclusivo, pode-se afirmar que toda regra, convencional ou não, que promova ou proteja a dignidade da pessoa humana se refere a "direitos humanos". Portanto, as cinco gerações trazem exemplos de direitos humanos que foram confeccionados em conformidade com a in/evolução da vida humana. A constante criação de "novos" direitos humanos torna impossível sua tipificação fechada, portanto, é necessária uma tipificação aberta para permitir a inserção de novos conceitos protetores da dignidade humana na medida em que aparecerem. **E:** incorreta, pois a assertiva "A" é correta.

Gabarito "A"

(Delegado/BA – 2006 – CONSULPLAN) Não se pode chamar a doutrina dos direitos humanos em favor de quem os violou devido à:

(A) Relatividade dos D. H.
(B) Falta de coerção dos D. H.
(C) Indivisibilidade dos D. H.
(D) Falta de coação dos D. H.
(E) N.R. A.

A: incorreta. Esta assertiva foi indicada como correta, todavia não concordamos. Isto porque os direitos humanos são adstritos à condição humana, assim, o único requisito para deles gozar é ser pessoa humana. Do contrário, permitir-se-ia a pena de morte e outros tratamentos degradantes para os criminosos, pois estes violaram direitos humanos de outras pessoas e, ato contínuo, não possuem mais direito à proteção de sua dignidade. Portanto, todo indivíduo, por sua condição de pessoa humana, tem direitos humanos que devem ser tutelados pelo Estado em qualquer situação. **B:** incorreta. A coercibilidade ou não dos direitos humanos não tem ligação com a possibilidade (não existente, como vimos no comentário referente à assertiva "A") dos violadores de direitos humanos perderem o direito de ter sua dignidade tutelada. Ademais, a possibilidade de coerção dos direitos humanos é determinada por cada sistema protetivo. Por exemplo, o sistema nacional de proteção dos direitos humanos é coercitivo, como também o é o sistema americano de proteção dos direitos americanos (aqui a coerção é exercida pela Corte Interamericana dos Direitos Humanos). Importante apontar que a Declaração Universal dos Direitos do Homem não tem força legal, mas sim material e acima de tudo inderrogável por fazer parte do *jus cogens*. **C:** incorreta. A indivisibilidade dos direitos humanos não tem ligação com a possibilidade (não existente, como vimos no comentário referente à assertiva "A") dos violadores de direitos humanos perderem o direito de ter sua dignidade tutelada. A característica da indivisibilidade que os direitos humanos sustentam refere-se ao fato de que todos os direitos humanos se retroalimentam e se complementam e assim, infrutífero buscar a proteção de apenas uma parcela deles. **D:** incorreta. A falta ou não de coação dos direitos humanos também não tem ligação com a possibilidade (não existente, conforme a assertiva "A") dos violadores de direitos humanos perderem o direito de ter sua dignidade tutelada. **E:** correta. Essa assertiva deve ser assinalada, pois todas as outras estão incorretas.

Gabarito "E"

(Delegado/BA – 2006 – CONSULPLAN) A terceira geração dos Direitos Humanos diz respeito a um princípio albergado pela Revolução Francesa e corresponde a determinados direitos. Dentre as assertivas abaixo, qual representa a correta associação entre o princípio e os direitos a serem conquistados:

(A) Igualdade – direitos civis e políticos.
(B) Fraternidade – direitos sociais e culturais.
(C) Liberdade – direitos de solidariedade.
(D) Liberdade – direitos civis e políticos.
(E) Fraternidade – direitos de solidariedade.

A: incorreta. A segunda geração de direitos humanos trata dos direitos sociais, culturais e econômicos. A titularidade desses direitos é atribuída à coletividade, destarte, conhecidos são como direitos coletivos. O seu fundamento é a ideia de igualdade. **B:** incorreta. A terceira geração trata dos direitos à paz, ao desenvolvimento, ao meio ambiente, à propriedade do patrimônio cultural. A titularidade desses direitos é atribuída à humanidade. O seu fundamento é a ideia de fraternidade. **C:** incorreta. A primeira geração trata dos direitos civis e políticos. A titularidade desses direitos é atribuída ao indivíduo, destarte, conhecidos são como direitos individuais. O seu fundamento é a ideia de liberdade. **D:** correta. A primeira geração trata dos direitos civis e políticos. A titularidade desses direitos é atribuída ao indivíduo, destarte, conhecidos são como direitos individuais. O seu fundamento é a ideia de liberdade. **E:** incorreta. A terceira geração trata dos direitos à paz, ao desenvolvimento, ao meio ambiente, à propriedade do patrimônio cultural. A titularidade desses direitos é atribuída à humanidade. O seu fundamento é a ideia de fraternidade. O gabarito indicado era "B", todavia, não concordamos e afirmamos que a resposta correta é a disponibilizada pela assertiva "D".

Gabarito "D"

(Delegado/MG – 2008) Encontramos na doutrina dos Direitos Humanos a afirmação de que, para compreender a evolução dos direitos individuais no contexto da evolução constitucional, é preciso retomar alguns aspectos da evolução dos tipos de Estado. Analise as seguintes afirmativas e assinale a que NÃO corrobora o enunciado acima.

(A) A primeira fase do Estado Liberal caracteriza-se pela vitória da proposta econômica liberal, aparecendo teoricamente os direitos individuais como grupo de direitos que se fundamentam na propriedade privada, principalmente na propriedade privada dos meios de produção.
(B) As mudanças sociais ocorridas no início do século XX visavam armar os indivíduos de meios de resistência contra o Estado. Desse modo, a proteção dos direitos e liberdades fundamentais torna-se o núcleo essencial do sistema político da democracia constitucional.
(C) As constituições socialistas consagraram uma economia socialista, garantindo a propriedade coletiva e estatal e abolindo a propriedade privada dos meios de produção, dando uma clara ênfase aos direitos econômicos e sociais e uma propositai limitação aos direitos individuais.
(D) A implementação efetiva dos direitos sociais e econômicos em boa parte da Europa Ocidental no pós-guerra, como saúde e educação públicas, trouxe consigo o germe da nova fase democrática do Estado Social e da superação da visão liberal dos grupos de direitos fundamentais.

6. JUNIOR, José Alcebíades de Oliveira. *Teoria Jurídica e novos direitos*. Rio de Janeiro: Lumen Juris, 2000. p. 85/86.

A: correta. Interessante sobre tais direitos é a verificação de que a sua defesa foi feita, sobretudo pelos EUA. Estes defendiam a perspectiva liberal dos direitos humanos, os quais foram consagrados no Pacto Internacional de Direitos Civis e Políticos. **B:** incorreta. As mudanças sociais, ocorridas no início do século XX, não tinham como principal finalidade dotar os indivíduos de meios de resistência contra o Estado. Ademais, as democracias constitucionais tornaram-se realidade como forma de governo somente no pós-guerra. **C:** correta. O socialismo refere-se à teoria de organização econômica que advoga a propriedade pública ou coletiva, a administração pública dos meios de produção e distribuição de bens para construir uma sociedade caracterizada pela igualdade de oportunidades para todos os indivíduos. O socialismo moderno surgiu no final do século XVIII tendo origem na classe intelectual e nos movimentos políticos da classe trabalhadora que criticavam os efeitos da industrialização e da sociedade calcada na propriedade privada. Importante apontar o papel da URSS, pois esta defendia a perspectiva social dos direitos humanos, os quais foram consagrados no Pacto Internacional de Direitos Econômicos, Sociais e Culturais. **D:** correta. A formatação de estados sociais (*welfare state*) na Europa ocidental do pós-guerra tem como grande finalidade a implementação dos direitos econômicos, sociais e culturais de suas populações que muito sofreram com os conflitos mundiais e tinham pouca esperança para o futuro.

Gabarito "B"

(Delegado/MG – 2007) A ideologia liberal demonstra-se individualista, baseada na busca dos interesses individuais. Como decorrência da ideologia liberal, todos os Direitos Humanos relacionados abaixo são classificados como direitos individuais, EXCETO:

(A) a liberdade de consciência e de crença.
(B) a proteção à maternidade e à infância.
(C) direito à propriedade privada.
(D) a liberdade de comércio e de indústria.

A: correta, pois, trata-se de um exemplo de direito individual. **B:** incorreta, porque trata-se de um exemplo de direito social e cultural. **C:** correta, pois é um exemplo de direito individual. **D:** correta, porque é um exemplo de direito individual.

Gabarito "B"

(Delegado/MG – 2006) A passagem do Estado Liberal para o Estado Social tem significado importante na evolução dos direitos humanos. Referente a esse momento histórico é correto afirmar, EXCETO:

(A) O Estado Liberal típico não faz em suas Constituições referência à ordem econômica.
(B) As Constituições anteriores à Primeira Guerra Mundial já consagravam em seus textos direitos sociais.
(C) No Estado Social os direitos fundamentais se ampliam ainda consagrando em seus textos direitos sociais.
(D) O Estado Liberal traduzia o pensamento econômico do Liberalismo Clássico, o *laissez-faire, laissez-passer*.
(E) O individualismo dos séculos XVII e XVIII conduz os homens a um capitalismo desumano e escravizador.

A: correta. O estado liberal típico deixa que a ordem econômica seja totalmente "regulada" pelo mercado. **B:** incorreta. A consagração dos direitos sociais nas constituições é fenômeno que toma forma após a Primeira Guerra Mundial. De grande destaque neste processo são a Constituição Mexicana de 1917 e a Constituição de Weimar de 1919. **C:** correta. É exatamente esta consequência para os textos constitucionais. Ou seja, o estado social ou *welfare state* amplia os direitos fundamentais, com especial realce nos de índole social, econômica e cultural. **D:** correta. O liberalismo clássico, aplicado pelo estado liberal, é uma forma de liberalismo que defende as liberdades individuais, igualdade perante a lei, limitação constitucional do governo, direito de propriedade, proteção das liberdades civis e restrições fiscais ao governo etc. Sua formulação tem por base textos de John Locke, Adam Smith, David Ricardo, Voltaire, Montesquieu e outros. Em outras palavras, é a fusão do liberalismo econômico com liberalismo político do final do século XVIII e século XIX. O "núcleo normativo" do liberalismo clássico é a ideia que economia seria guiada por uma ordem espontânea ou mão invisível que beneficiaria toda a sociedade. **E:** correta. A total desregulação que marcou os séculos XVII e XVIII, impulsionada pela Revolução Industrial inglesa, teve por desfecho um capitalismo desumano e escravizador.

Gabarito "B"

(Delegado/SP – 2008) A teoria que fundamenta e situa os direitos humanos em uma ordem suprema, universal, imutável e livre dos influxos humanos, denomina-se

(A) moralista.
(B) jusnaturalista.
(C) positivista.
(D) fundamentalista.
(E) realista.

A: incorreta. A Teoria Moralista defende que a fundamentação dos direitos humanos encontra-se na própria experiência e consciência de um determinado povo. **B:** correta. O Jusnaturalismo (ou Direito Natural na sua acepção tradicional) é uma teoria que define o conteúdo do direito como estabelecido pela natureza (como ordem superior, universal, imutável e inderrogável) e, portanto, válido em qualquer lugar. Ou seja, o direito natural é prévio a qualquer construção humana, seja de ordem política, religiosa etc. Assim, deverá ser sempre respeitado e o direito positivo para ter validade não poderá com ele contrastar. E os direitos humanos são adstritos à condição humana, logo, fazem parte do direito natural, o que os fazem transcender às criações culturais no sentido *lato* (religião, tradição, organização política etc.). **C:** incorreta. O positivismo jurídico é a doutrina do direito que considera direito somente aquilo que é posto pelo Estado. **D:** incorreta. Tem-se certa dificuldade em bem delimitar a teoria fundamentalista (pela sua abrangência de aplicação), mas sabe-se que esta teoria não fundamenta os direitos humanos. **E:** incorreta. O Realismo Jurídico é uma corrente do pensamento jusfilosófico que defende que o direito é tirado da experiência social, ou seja, para os realistas o direito é fato social.

Gabarito "B"

(Delegado/SP – 2003) Assinale o documento que não se relaciona aos antecedentes formais das declarações de direitos.

(A) Magna Carta (1215).
(B) "Petition of Rights" (1628).
(C) "Habeas Corpus Act" (1679).
(D) "Chart of Liberties" (1732).

A: correta. A Magna Carta é um documento de 1215 que limitou o poder dos monarcas da Inglaterra, impedindo o exercício do poder absoluto. Ela resultou de desentendimentos entre o Rei João I (conhecido como "João Sem Terra"), o papa e os barões ingleses acerca das prerrogativas do soberano. Essas discordâncias tinham raízes diversas. A contenda com os barões foi motivada pelo aumento das exações fiscais, constituídas para financiar campanhas bélicas, pois o Rei João Sem Terra acabara de perder a Normandia – que era sua por herança dinástica – para o Rei francês Filipe Augusto. A desavença com o papa surgiu de seu apoio às pretensões territoriais do imperador Óton IV, seu sobrinho, em prejuízo do papado. Ademais, o Rei João I recusara a escolha papal de Stephen Langton como cardeal de Canterbury, o que lhe rendeu a excomunhão, operada pelo papa Inocêncio III. A Magna Carta só foi assinada pelo rei quando a revolta armada dos barões atingiu Londres, sendo sua assinatura condição para o cessar-fogo. Todavia, ela foi reafirmada solenemente (pois tinha vigência determinada de três meses) em 1216, 1217 e 1225, quando se tornou direito permanente. Como curiosidade, cabe apontar que algumas de suas disposições se encontram em vigor ainda nos dias de hoje. Sua forma foi de promessa unilateral, por parte do monarca, de conceder certos privilégios aos barões, mas é possível entendê-la como uma convenção firmada entre os barões e o rei. Além disso, segundo os termos do documento, o rei deveria renunciar a certos direitos e respeitar determinados procedimentos legais, bem como reconhecer que sua vontade estaria sujeita à lei. Considera-se a Magna Carta o primeiro capítulo de um longo processo histórico que levaria ao surgimento do constitucionalismo[7] e da democracia moderna. Em síntese, o documento é uma limitação institucional dos poderes reais. **B:** correta. A Petição de Direitos foi um documento constitucional de grande importância para a história política inglesa, aprovado pelo Parlamento em maio de 1628 e depois apresentado ao Rei Carlos I, que a aprovou temporariamente. Sua função era limitar os poderes dos monarcas. A Petição de Direitos é notável por algumas de suas determinações, como a de que os impostos só podem ser aumentados por decisão do Parlamento e que os prisioneiros podem discutir a legitimidade de suas detenções mediante *habeas corpus*. **C:** correta. Os Stuart detiveram o trono da Escócia e depois a coroa inglesa, e ficaram conhecidos, entre outros motivos, por serem os últimos soberanos católicos da Inglaterra. Esse último fato teve grande importância, pois o Parlamento, majoritariamente protestante, buscava uma saída para limitar o poder real, sobretudo quanto à possibilidade de prender os opositores políticos sem a necessidade de prévio processo legal. O *habeas corpus* já existia havia bastante tempo na Inglaterra, mas sua eficácia era muito reduzida, em razão da falta de regras processuais que bem disciplinassem seu manuseio. Assim, para regular a utilização desse remédio judicial e torná-lo efetivo, foi aprovado, pelo Parlamento inglês, no reinado de Carlos II, o *Habeas Corpus Act* de 1679, que definiu e ampliou as prerrogativas concedidas pelo remédio *habeas corpus*. **D:** incorreta. A "Chart of Liberties" mais conhecida é a Carta de 1100 e não a de 1732. O documento do ano 1100 lista os abusos cometidos pela monarquia na Inglaterra, conforme identificado pela nobreza, como, por exemplo, o excesso de impostos a que estavam submetidos os barões. Em regra geral, a Carta clama para o monarca melhorar o tratamento dos nobres e dos oficiais da Igreja. Muitos indicam a "Chart of Liberties" de 1100 e não a de 1732 como precursora da Magna Carta 1215.

Gabarito "D"

7. O constitucionalismo pode ser conceituado como o movimento político, social e jurídico cujo objetivo é limitar o poder do Estado por meio de uma Constituição. Já o neoconstitucionalismo surge depois da Segunda Guerra Mundial e tem por objetivo principal conferir maior efetividade aos comandos constitucionais, notadamente os direitos fundamentais.

(Delegado/SP – 2002) A finalidade básica dos direitos humanos é coibir o abuso

(A) do poder estatal.
(B) do poder estatal e dos indivíduos.
(C) dos indivíduos.
(D) de grupos de indivíduos.

O estudo da história permite-nos entrar em contato com inúmeros exemplos de atrocidades sofridas pelo povo a mando do rei, imperador, presidente etc. (leia-se poder estatal). Uma atrocidade recente que despertou a comunidade internacional para os perigos de não haver limites ao poder estatal foi o nazifascismo. Ademais, o processo recente de internacionalização dos direitos humanos é fruto do pós-guerra e da ressaca moral da humanidade ocasionada pelo excesso de violações de direitos humanos perpetradas pelo nazifascismo. Do outro lado, a grande característica dos direitos humanos é a limitação que estes impõem ao poder estatal, pois reconhecem direitos adstritos à condição humana, os quais não poderão ser lesionados ou ceifados mediante pena de descaracterizar a própria condição humana. Assim, levantam-se os direitos humanos como o grande limitador do abuso do poder estatal.

Gabarito "A"

(Delegado/SP – 2000) No campo dos Direitos Humanos, num eventual conflito entre normas previstas em tratados internacionais e preceitos de direito interno, aplica-se o princípio da

(A) anterioridade da lei.
(B) especialidade.
(C) norma mais favorável à vítima.
(D) norma de hierarquia superior.

Em determinadas situações vai ocorrer uma sobreposição de normas (oriundas do sistema global, do regional e do nacional). Mas isto não se reflete em problema, pois o que se busca é a substancial proteção dos direitos humanos. Destarte, o sistema que estiver em melhor organização para bem proteger o indivíduo, naquele caso será o aplicado, ou seja, os sistemas não competem, mas sim se completam. Isso quer dizer que em se tratando de interpretação e de aplicação das regras protetivas de direitos humanos, deve-se ter por fundamento o princípio da primazia da norma mais favorável à vítima. Tal princípio determina a busca da maior efetividade possível na proteção dos direitos humanos. Portanto, de um modo geral, os sistemas protetivos global, regional e nacional interagem-se e complementam-se para melhor proteger o indivíduo dos abusos perpetrados contra sua dignidade humana. Já as assertivas "A", "B" e "D" tratam dos critérios para solução de antinomias, quais sejam: a) critério cronológico: norma posterior prevalece sobre norma anterior, b) critério da especialidade: norma especial prevalece sobre norma geral e c) critério hierárquico: norma superior prevalece sobre norma inferior. Percebe-se que a utilização do princípio da primazia da norma mais favorável à vítima torna inútil a utilização dos critérios para solução de antinomias, pois sempre se vai utilizar a norma que mais favoreça a vítima no que tange a proteção dos direitos humanos.

Gabarito "C"

(Delegado/SP – 1999) Afirmar que o Direito Internacional dos Direitos Humanos é um direito subsidiário significa que

(A) ele deve ser enfocado apenas após o esgotamento dos remédios legais domésticos.
(B) ele não é um autêntico ramo do direito.
(C) se limita a preceitos de ordem moral.
(D) não é necessário acessar em primeiro lugar o direito interno.

O caráter subsidiário do direito internacional dos direitos humanos se traduz na necessidade de esgotamento dos remédios legais domésticos antes do acionamento do sistema internacional (regional ou global) de proteção dos direitos humanos. E com o acionamento do sistema internacional o Estado que violar direitos humanos poderá ser responsabilizado perante cortes regionais (ex.: Corte Interamericana de Direitos Humanos) ou conselhos e comitês internacionais. Dentro desta lógica, o indivíduo que tiver sua dignidade violada e não conseguir a efetiva tutela no direito interno poderá buscar (direta ou indiretamente) cortes e comitês internacionais para obter a devida proteção.

Gabarito "A"

(Delegado/SP – 1999) O termo "direitos civis", comumente empregado, pelos instrumentos internacionais de direitos humanos significa

(A) direito decorrente do Código Civil.
(B) direito que para sua realização necessita do Estado na esfera privada.
(C) os direitos decorrentes de regimes civis e não militares.
(D) direito que para sua realização depende em grande medida da não interferência do Estado na esfera individual.

A colocação clássica de que os direitos civis e políticos dependem de omissão estatal para sua implementação e de que os direitos econômicos, sociais e culturais dependem de atuação estatal para sua implementação é precária, mais ainda é utilizada. Isto é dito porque a substancial implementação dos direitos civis dependerá tanto da não interferência como da interferência estatal. São exemplos de direitos civis as liberdades de pensamento, consciência e religião, de opinião e expressão, de movimento e residência, e de reunião e de associação pacífica (arts. 13 e 18 a 20 da Declaração Universal dos Direitos do Homem).

Gabarito "D"

(Delegado/SP – 1998) Segundo a moderna concepção doutrinária, os direitos humanos fundamentais podem ser classificados como "de primeira, segunda e terceira gerações". Os direitos de terceira geração consagram o princípio da

(A) solidariedade (ou fraternidade).
(B) liberdade.
(C) igualdade.
(D) efetividade.

A: correta. A terceira geração trata dos direitos à paz, ao desenvolvimento, ao meio ambiente, à propriedade do patrimônio cultural. A titularidade destes direitos é atribuída à humanidade. O seu fundamento é a ideia de fraternidade. **B:** incorreta. A primeira geração trata dos direitos civis e políticos. A titularidade desses direitos é atribuída ao indivíduo, destarte, conhecidos são como direitos individuais. O seu fundamento é a ideia de liberdade. **C:** incorreta. A segunda geração trata dos direitos sociais, culturais e econômicos. A titularidade destes direitos é atribuída à coletividade, destarte, conhecidos como direitos coletivos. O seu fundamento é a ideia de igualdade. **D:** incorreta. O princípio da efetividade acompanha todas as gerações de direitos de modo igual, isto porque de nada adiantaria ter direitos reconhecidos se estes não possuem efetividade, isto é, existem nos diplomas, mas não no mundo real. O problema da efetividade dos direitos humanos é a grande preocupação dos estudiosos da matéria na atualidade, pois já se reconhece sua essencialidade, mas ainda não se alcançou suficiente vontade política da comunidade internacional para implementá-los substancialmente.

Gabarito "A"

(Delegado/SP – 1998) Precedendo às modernas declarações de direitos humanos fundamentais, certos documentos e estatutos, elaborados na Inglaterra, já visavam à garantir estes direitos. Dentre tais textos, um se notabilizou na defesa da liberdade individual, especialmente suprimindo a possibilidade de prisões arbitrárias. É correto afirmar que o documento em referência foi

(A) *Bill of Rights*, de 1689.
(B) O *Habeas Corpus Act*, de 1679.
(C) O *Act of Settlement*, de 1701.
(D) A *Magna Charta Libertatum*, de 1215.

A: incorreta. A Revolução Gloriosa ocorreu no Reino Unido, de 1688 a 1689, e teve por consequência a queda e posterior fuga do Rei Jaime II, da dinastia Stuart. O trono, depois de declarado vago pelo Parlamento, foi oferecido, conjuntamente, ao genro do Rei, o nobre neerlandês Guilherme, Príncipe de Orange, e à filha do Rei, Maria Stuart. Mas tal oferta comportava uma condição: se a coroa inglesa fosse aceita, também estaria aceita a Declaração de Direitos (*Bill of Rights*) votada pelo Parlamento. O trono e a declaração foram aceitos, e os novos soberanos passaram a chamar-se Guilherme III e Maria II. É importante frisar que o estopim pré-revolução foi o nascimento de um herdeiro do trono, o que possibilitaria a continuidade da religião católica na coroa. Isso porque a herdeira, até então, Maria Stuart, era protestante. Influenciada diretamente pelas ideias de John Locke, a Declaração de Direitos de 1689 é um documento legal confeccionado pelo Parlamento INGLÊS, que, entre outras coisas, limitou os poderes do rei, disciplinou os direitos relacionados com o Parlamento – como, por exemplo, a liberdade de expressão dos parlamentares e o estabelecimento de eleições regulares para o Parlamento –, determinou que todos os súditos tinham direito de petição ao rei e tornou o Parlamento competente para legislar e criar tributos, funções antes exercidas pelo monarca. Tais medidas asseguraram certo poder para o Parlamento no Reino Unido e representaram a instauração institucional da separação de poderes, mais tarde reconhecida e elogiada por Montesquieu. A propriedade privada também foi regulada e garantida. A Declaração de Direitos de 1689, como o *Act of Settlement* de 1701, figura como um dos textos constitucionais mais importantes do Reino Unido, sendo ainda hoje uma das principais leis sobre sucessão de trono no país. A maior importância do *Bill of Rights* para os direitos humanos reside, sem dúvida, na separação institucional dos poderes acima apontada. Isto é, a partir de tal momento, tem-se uma garantia institucional (em teoria) de que o interesse dos governados guiará a formulação das leis e que o Parlamento é o órgão encarregado de proteger os súditos perante o rei. **B:** correta. Os Stuart detiveram o trono da Escócia e depois a coroa inglesa, e ficaram conhecidos, entre outros motivos, por serem os últimos soberanos católicos da Inglaterra. Esse último fato teve grande importância, pois o Parlamento, majoritariamente protestante, buscava uma saída para limitar o poder real, sobretudo quanto à possibilidade de prender os opositores políticos sem a necessidade de prévio processo legal. O *habeas corpus* já existia havia bastante tempo na Inglaterra, mas sua eficácia era muito reduzida, em razão da falta de regras processuais que bem disciplinassem seu manuseio. Assim, para regular a utilização desse remédio judicial e torná-lo efetivo, foi aprovado, pelo Parlamento inglês, no reinado de Carlos II, o *Habeas Corpus Act* de 1679, que definiu e ampliou as prerrogativas concedidas pelo remédio *habeas corpus*. **C:** incorreta. O *Act of Settlement* de 1701 é um documento legal confeccionado pelo Parlamento inglês para disciplinar a sucessão do trono inglês. Em conjunto com o *Bill of Rights* de 1689, o *Act of Settlement* é ainda hoje uma das principais leis sobre sucessão de trono no Reino Unido. **D:** incorreta. A Magna Carta é um documento de 1215 que limitou o poder dos monarcas da Inglaterra, impedindo o exercício do poder absoluto. Ela resultou de desentendimentos entre o Rei João I (conhecido como "João Sem Terra"), o papa e os barões ingleses acerca das prerrogativas do soberano. Essas discordâncias tinham raízes diversas. A contenda com os barões foi motivada pelo aumento das exações fiscais, constituídas para financiar campanhas bélicas, pois o Rei João Sem Terra acabara de perder a Normandia – que era sua por herança dinástica – para o Rei francês Filipe Augusto. A desavença com o papa surgiu de seu apoio às pretensões territoriais do imperador Óton IV, seu sobrinho, em prejuízo do papado. Ademais, o Rei João I recusara a escolha papal de Stephen Langton como cardeal de Canterbury, o que lhe rendeu a excomunhão, operada pelo papa Inocêncio III. A Magna Carta só foi assinada pelo rei quando a revolta armada dos barões atingiu Londres, sendo sua assinatura condição para o cessar-fogo. Todavia, ela foi reafirmada solenemente (pois tinha vigência determinada de três meses) em 1216, 1217 e 1225, quando se tornou direito permanente. Como curiosidade, cabe apontar que algumas de suas disposições se encontram em vigor ainda nos dias de hoje. Sua forma foi de promessa unilateral, por parte do monarca, de conceder certos privilégios aos barões, mas é possível entendê-la como uma convenção firmada entre os barões e o rei. Além disso, segundo os termos do documento, o rei deveria renunciar a certos direitos e respeitar determinados procedimentos legais, bem como reconhecer que sua vontade estaria sujeita à lei. Considera-se a Magna Carta o primeiro capítulo de um longo processo histórico que levaria ao surgimento do constitucionalismo e da democracia moderna. Em síntese, o documento é uma limitação institucional dos poderes reais.

Gabarito "B"

2. SISTEMA GLOBAL DE PROTEÇÃO GERAL DOS DIREITOS HUMANOS

(Delegado/SP – 2014 – VUNESP) Segundo o que dispõe a Declaração Universal dos Direitos Humanos da ONU, toda pessoa, vítima de perseguição, tem o direito de procurar e de gozar asilo em outros países. No entanto, esse direito não pode ser invocado, entre outros, em caso de perseguição

(A) de militante político que tenha se evadido clandestinamente de seu país de origem.

(B) de pessoa que claramente tenha se rebelado contra o regime de governo de seu país.

(C) por razões de ordem política.

(D) por motivos religiosos.

(E) legitimamente motivada por crimes de direito comum.

Conforme o disposto pela redação do artigo XV, pontos 1 e 2, da Declaração Universal, a única assertiva correta é a "E".

Gabarito "E"

(Delegado/MG – 2012) A concepção universal dos direitos humanos, demarcada pela Declaração Universal dos Direitos Humanos, sofreu e sofre fortes resistências dos adeptos do movimento do relativismo cultural. Retoma-se dessa forma o velho dilema sobre o alcance das normas de direitos humanos.

Associe abaixo as características intrínsecas a essas concepções:

I. Concepção universalista.

II. Concepção relativista.

( ) Flexibiliza as noções de soberania nacional e jurisdição doméstica, ao consagrar um parâmetro internacional mínimo, relativo à proteção dos direitos humanos aos quais os Estados devem se conformar.

( ) A noção de direito está estritamente relacionada ao sistema político, econômico, cultural, social e moral vigente em determinada sociedade.

( ) Cada cultura tem seu próprio discurso acerca dos direitos fundamentais, que está relacionado às específicas circunstâncias culturais e históricas de cada sociedade.

( ) O pluralismo cultural impede a formação de uma moral universal, tornando-se necessário que se respeitem as diferenças culturais apresentadas em cada sociedade.

Marque a opção correta, na ordem de cima para baixo.

(A) (I) (II) (II) (I).

(B) (II) (I) (I) (I).

(C) (I) (II) (II) (II).

(D) (I) (II) (I) (II).

(I): descreve uma característica da concepção universalista dos direitos humanos; (II): descreve uma característica da concepção relativista dos direitos humanos; (II): descreve uma característica da concepção relativista dos direitos humanos; (II): descreve uma característica da concepção relativista dos direitos humanos.

Gabarito "C"

(Delegado/MG – 2012) A Declaração Universal dos Direitos Humanos pode ser caracterizada, primeiramente por sua amplitude, compreendendo um conjunto de direitos e faculdades, sem as quais um ser humano não pode desenvolver sua personalidade física, moral e intelectual. Em segundo lugar, pela universalidade, aplicável a todas as pessoas de todos os países, raças, religiões e sexos, seja qual for o regime político dos territórios nos quais incide. Assinale abaixo a assertiva que é **contrária** ao enunciado acima:

(A) Como uma plataforma comum de ação, a Declaração foi adotada em 10 de dezembro de 1948, pela aprovação de 48 Estados, com 8 abstenções.

(B) Objetiva delinear uma ordem pública mundial fundada no respeito à dignidade da pessoa humana, para orientar o desenvolvimento de uma raça humana superior.

(C) Introduz a indivisibilidade dos direitos humanos, ao conjugar o catálogo dos direitos civis e políticos, com o dos direitos econômicos, sociais e culturais.

(D) Teve imediatamente, após a sua adoção, grande repercussão moral ao despertar nos povos a consciência de que o conjunto da comunidade humana se interessava pelo seu destino.

A: incorreta, pois a assertiva está em conformidade com o enunciado. A Declaração Universal dos Direitos Humanos foi aprovada pela Resolução 217 A (III) da Assembleia Geral da ONU, em 10 de dezembro de 1948, por 48 votos a zero e 8 abstenções[8]. Em conjunto com os dois Pactos Internacionais – sobre Direitos Civis e Políticos e sobre Direitos Econômicos, Sociais e Culturais –, constitui a denominada Carta Internacional de Direitos Humanos ou *International Bill of Rights*. A Declaração é fruto de um consenso sobre valores de cunho universal a serem seguidos pelos Estados e do reconhecimento do indivíduo como sujeito direto do direito internacional. É importante esclarecer que a Declaração é um exemplo de soft law, *já que não supõe mecanismos constritivos para a implementação dos direitos previstos*. Em contrapartida, quando um documento legal prevê mecanismos constritivos para a implementação de seus direitos, estamos diante de um exemplo de *hard law*. Revisitando o direito a ter direitos de Hannah Arendt, segundo a Declaração, a condição de pessoa humana é requisito único e exclusivo para ser titular de direitos[9]. Com isso corrobora-se o caráter universal dos direitos humanos, isto é, todo indivíduo é cidadão do mundo e, dessa forma, detentor de direitos que salvaguardam sua dignidade[10]. Em seu bojo encontram-se direitos civis

8. Os países que se abstiveram foram Arábia Saudita, África do Sul, URSS, Ucrânia, Bielorrússia, Polônia, Iugoslávia e Tchecoslováquia.

9. De maneira sintética, os direitos previstos na Declaração Universal dos Direitos Humanos são: igualdade, vida, não escravidão, não tortura, não discriminação, personalidade jurídica, não detenção/prisão/exílio arbitrário, judiciário independente e imparcial, presunção de inocência, anterioridade penal, intimidade, honra, liberdade, nacionalidade, igualdade no casamento, propriedade, liberdade de pensamento/consciência/religião, liberdade de opinião/expressão, liberdade de reunião/associação pacífica, voto, segurança social, trabalho, igualdade de remuneração, repouso/lazer, saúde/bem-estar, instrução etc.

10. "O advento do Direito Internacional dos Direitos Humanos [DIDH], em 1945, possibilitou o surgimento de uma nova forma de cidadania. Desde então, a proteção jurídica do sistema internacional ao ser humano passou a independer do seu vínculo de nacionalidade com um Estado específico, tendo como requisito único e fundamental o fato do nascimento. Essa nova cidadania pode ser definida como cidadania mundial ou cosmopolita, diferenciando-se da cidadania do Estado-Nação. A cidadania cosmopolita é um dos principais limites para a atuação do poder soberano, pois dá garantia da proteção internacional na falta da proteção do Estado Nacional. Nesse sentido, a relação da soberania com o DIDH é uma relação limitadora" (ALMEIDA, Guilherme Assis de. Mediação, proteção local dos direitos humanos e prevenção de violência. *Revista Brasileira de Segurança Pública*, ano 1, ed. 2, p. 137-138, 2007).

e políticos (artigos 3º a 21) e direitos econômicos, sociais e culturais (artigos 22 a 28), o que reforça as características da indivisibilidade e interdependência dos direitos humanos. É importante apontar que a Declaração Universal dos Direitos Humanos não tem força legal[11] (funcionaria como uma *recomendação*), mas sim material e acima de tudo inderrogável por fazer parte do *jus cogens*. Entretanto, pode-se até advogar que a Declaração, por ter definido o conteúdo dos direitos humanos insculpidos na Carta das Nações Unidas, tem força legal vinculante, visto que os Estados-membros da ONU se comprometeram a promover e proteger os direitos humanos; **B:** correta, pois a assertiva é totalmente contrária ao enunciado. Dispensa maiores considerações; **C:** incorreta, pois a assertiva está em conformidade com o enunciado. Reler o comentário sobre a assertiva A; **D:** incorreta, pois a assertiva está em conformidade com o enunciado e, de fato, houve a citada repercussão moral.

Gabarito "B"

(Delegado/MG – 2012) A verdadeira consolidação do Direito Internacional dos Direitos Humanos surge em meados do século XX, em decorrência da Segunda Guerra Mundial, por isso o moderno Direito Internacional dos Direitos Humanos é um fenômeno do pós-guerra. Dentre as proposições abaixo, assinale a que **não** corrobora com o enunciado acima:

(A) O desenvolvimento do Direito Internacional dos Direitos Humanos pode ser atribuído às monstruosas violações de direitos humanos da era Hitler e, após, à crença de que somente uma guerra poderia pôr fim a essas violações no âmbito internacional para garantir internamente em cada Estado nacional a dignidade da pessoa humana.

(B) A internacionalização dos direitos humanos constitui um movimento extremamente recente da história, surgido a partir do pós-guerra, como proposta às atrocidades e aos horrores cometidos durante o nazismo. Se a Segunda Guerra significou a ruptura com os direitos humanos, o pós-guerra deveria significar sua reconstrução.

(C) No momento em que os seres humanos se tornam supérfluos e descartáveis, no momento em que vigia lógica de destruição, em que cruelmente se abole o valor da pessoa humana, torna-se necessária a reconstrução dos direitos humanos como paradigma ético capaz de restaurar a lógica do razoável.

(D) A barbárie do totalitarismo significou a ruptura do paradigma dos direitos humanos, por meio da negação do valor da pessoa humana, como valor fonte do direito. Essa ruptura fez emergir a necessidade da reconstrução dos direitos humanos como referencial e paradigma ético que aproxime o direito da moral.

A: incorreta. Abalados pelas barbáries deflagradas nas duas Grandes Guerras e desejosos de construir um mundo sobre novos alicerces ideológicos, os dirigentes das nações que emergiram como potências no período pós-guerra, lideradas por URSS e EUA, estabeleceram na Conferência de Yalta, na Ucrânia, em 1945, as bases de uma futura "paz". Para isso definiram as áreas de influência das potências e acertaram a criação de uma organização multilateral que promovesse negociações sobre conflitos internacionais, com o objetivo de evitar guerras, construir a paz e a democracia, além de fortalecer os direitos humanos. Teve aí sua origem a ONU, uma organização internacional que tem por objetivo facilitar a cooperação em matéria de direito e segurança internacionais, desenvolvimento econômico, progresso social, direitos humanos e a realização da paz mundial. Por isso, diz-se que é uma organização internacional de vocação universal. Sua lei básica é a Carta das Nações Unidas, elaborada em São Francisco de 25 de abril a 26 de junho de 1945. Essa Carta tem como anexo o Estatuto da Corte Internacional de Justiça. Uma das preocupações da ONU é a proteção dos direitos humanos mediante a cooperação internacional. A Carta das Nações Unidas é o exemplo mais emblemático do processo de internacionalização dos direitos humanos ocorridos no pós-guerra. Aliás, é importante lembrar que esse processo recente de internacionalização dos direitos humanos é fruto da ressaca moral (que permitiu uma reflexão geral sobre os perigosos rumos tomados pelo homem) da humanidade ocasionada pelo excesso de violações perpetradas pelo nazifascismo. Cabe sublinhar que os propósitos da ONU são: *a)* manter a paz e a segurança internacionais; *b)* desenvolver relações amistosas entre as nações; *c)* realizar a cooperação internacional para resolver os problemas mundiais de caráter econômico, social, cultural e humanitário, promovendo o respeito aos direitos humanos e às liberdades fundamentais; e *d)* ser um centro destinado a harmonizar a ação dos povos para a consecução desses objetivos comuns. E os princípios são: *a)* da igualdade soberana de todos os seus membros; *b)* da boa-fé no cumprimento dos compromissos da Carta; *c)* da solução de controvérsias por meios pacíficos; *d)* da proibição de recorrer à ameaça ou ao emprego da força contra outros Estados; *e)* da assistência às Nações Unidas; *f)* da não intervenção em assuntos essencialmente nacionais. Por todo o dito, percebe-se que o direito internacional dos direitos humanos é totalmente contrário ao uso da violência, notadamente do uso de guerra para garantir a "proteção dos direitos humanos"; **B:** correta (reler o comentário sobre a assertiva anterior); C e **D:** corretas. "A ética dos direitos humanos decorre diretamente do princípio da dignidade da pessoa humana. A justiça não pode ser pensada isoladamente, sem o princípio da dignidade humana, assim como o poder não pode ser exercido *apesar* da dignidade humana. Em verdade, todos os demais princípios e valores que orientam a criação dos direitos nacional e internacional curvam-se ante esta identidade comum ou este *minimum* dos povos (...) Foram necessárias diversas violações, diversas experiências de indignidade, diversas práticas de exploração da condição humana para que a própria noção de dignidade surgisse um pouco mais clara aos olhos do pensamento contemporâneo (...) Enfim, em poucas palavras, parece a ideia de personalidade recuperar seu sentido pleno, preenchendo o oco das experiências céticas e materialistas do tecnologismo do século XX e invadindo as diversas linhas de pensamento ocupadas com os desvarios da história contemporânea."[12]

Gabarito "A"

(Delegado/MG – 2012) A criação das Nações Unidas, com suas agências especializadas, demarca o surgimento de uma nova ordem internacional, inclusive a proteção internacional dos direitos humanos. Associe abaixo cada órgão enumerado da ONU à sua competência:

Órgão

I. Assembleia Geral.
II. Corte Internacional de Justiça.
III. Conselho Econômico e Social.
IV. Conselho de Tutela.

Competência

(a) Fomentar o processo de descolonização e autodeterminação dos povos, a fim de que pudessem alcançar, por meio de desenvolvimento progressivo, governo próprio.
(b) Promover a cooperação em questões econômicas, sociais e culturais e fazer recomendações destinadas a promover o respeito e a observância dos direitos humanos.
(c) Discutir e fazer recomendações relativas a qualquer matéria objeto da Carta das Nações Unidas.
(d) Decidir acerca das questões contenciosas e consultivas, todavia somente nas questões em que os Estados são partes perante ela.

Marque a correta relação:

(A) I (c); II (d); III (b); IV (a).
(B) I (a); II (d); III (b); IV (c).
(C) I (c); II (d); III (a); IV (b).
(D) I (d); II (c); III (b); IV (a).

A: correta. A ONU é uma organização internacional que tem por objetivo facilitar a cooperação em matéria de Direito Internacional, segurança internacional, desenvolvimento econômico, progresso social, direitos humanos e a realização da paz mundial. Por isso, diz-se que é uma organização internacional de vocação universal. Sua lei básica é a Carta das Nações Unidas, elaborada em São Francisco, de 25 de abril a 26 de junho de 1945. A Carta tem como anexo o Estatuto da Corte Internacional de Justiça. Conforme se depreende do conceito, os propósitos da ONU são: *a)* manter a paz e a segurança internacionais; *b)* desenvolver relações amistosas entre as nações; *c)* realizar a cooperação internacional para resolver os problemas mundiais de caráter econômico, social, cultural e humanitário, promovendo o respeito aos direitos humanos e às liberdades fundamentais; e *d)* ser um centro destinado a harmonizar a ação dos povos para a consecução desses objetivos comuns. E os princípios são: *a)* da igualdade soberana de todos os seus membros; *b)* da boa-fé no cumprimento dos compromissos da Carta; *c)* da solução de controvérsias por meios pacíficos; *d)* da proibição de recorrer à ameaça

11. "Do ponto de vista estritamente formal, a Declaração Universal dos Direitos Humanos é, consequentemente, parte do assim denominado *soft law*, 'direito suave', nem vinculante, mas nem por isso desprezível nas relações internacionais. Sua violação, em tese, não deveria implicar a responsabilidade internacional do Estado, mas, por outro, sujeitaria o recalcitrante a sanções de ordem moral, desorganizadas. Estas têm sua autoridade na própria dimensão política da declaração, como documento acolhido pela quase unanimidade dos Estados então representados na Assembleia Geral e, depois, invocado em constituições domésticas de inúmeros países e em diversos documentos de conferências internacionais" (ARAGÃO, Eugênio José Guilherme. A Declaração Universal dos Direitos Humanos: mera declaração de propósitos ou norma vinculante de direito internacional? *Revista Eletrônica do Ministério Público Federal*, ano 1, n. 1, p. 6, 2009).

12. BITTAR, Eduardo. *Curso de* ética jurídica. São Paulo: Saraiva, 2013. p. 135-136.

ou ao emprego da força contra outros Estados; *e)* da assistência às Nações Unidas; *f)* da não intervenção em assuntos essencialmente nacionais. A ONU reúne quase a totalidade dos Estados existentes. Entre estes, existem os membros originários e os eleitos. Estes últimos são admitidos pela Assembleia Geral mediante recomendação do Conselho de Segurança. E só podem ser admitidos os Estados "amantes da paz" que aceitarem as obrigações impostas pela Carta e forem aceitos como capazes de cumprir tais obrigações. Os membros podem ser suspensos quando o Conselho de Segurança instalar uma ação preventiva ou coercitiva contra eles, como também expulsos quando violarem insistentemente os princípios da Carta. A expulsão é processada pela Assembleia Geral mediante recomendação do Conselho de Segurança.
I – **c**: a Assembleia Geral é composta de todos os membros da ONU, cabendo a cada Estado-membro apenas um voto. Ela reúne-se em sessões ordinárias, uma vez por ano, e em sessões extraordinárias sempre que preciso for. As decisões da Assembleia Geral são tomadas pela maioria simples dos membros presentes e votantes. Mas pode-se definir que o quórum será de dois terços quando tratar de questões consideradas importantes. Entre algumas de suas funções, podemos citar: *a)* aprovação do orçamento; *b)* eleição dos membros não permanentes do Conselho de Segurança e dos membros do Conselho Econômico e Social; *c)* nomeação do secretário-geral das Nações Unidas; e *d)* eleição, em conjunto com o Conselho de Segurança, dos juízes da Corte Internacional de Justiça; II – d: a Corte é o principal órgão judicial da ONU, substituindo a Corte Permanente de Justiça Internacional (CPJI) de 1922, que foi a primeira Corte internacional com jurisdição universal. A Corte funciona com base em seu estatuto e pelas chamadas *Regras da Corte* – espécie de código de processo. A competência da Corte é ampla. Em relação à *ratione materiae*, a Corte pode analisar todas as questões levadas até ela, como também todos os assuntos previstos na Carta da ONU ou em tratados e convenções em vigor (artigo 36, ponto 1, do Estatuto da CIJ). Já a competência *ratione personae* é mais limitada, pois a Corte só pode receber postulações de Estados, sejam ou não membros da ONU (artigo 34, ponto 1, do Estatuto da CIJ). O artigo 36, ponto 2, do Estatuto da CIJ assim dispõe sobre a cláusula facultativa de jurisdição obrigatória: "Os Estados-partes no presente Estatuto poderão, em qualquer momento, declarar que reconhecem como obrigatória *ipso facto* e sem acordo especial, em relação a qualquer outro Estado que aceite a mesma obrigação, a jurisdição da Corte em todas as controvérsias de ordem jurídicas que tenham por objeto: a) a interpretação de um tratado; b) qualquer questão de Direito Internacional; c) a existência de qualquer fato que, se verificado, constituiria violação de um compromisso internacional; e d) a natureza ou a extensão da reparação devida pela ruptura de um compromisso internacional". A declaração de reconhecimento da jurisdição da Corte pode ser feita pura e simplesmente ou sob condição de reciprocidade, ou ainda por prazo determinado (artigo 36, ponto 3, do Estatuto da CIJ). Lembrando que a CIJ resolve qualquer dúvida que surgir sobre sua jurisdição (artigo 36, ponto 6, do Estatuto da CIJ). Portanto, a título conclusivo, "a Corte Internacional de Justiça não tem competência automática sobre os Estados, e estes só poderão ser obrigados à submissão da Corte se: estiver previsto em tratado de submissão de um conflito à CIJ; decisão voluntária das partes envolvidas por meio de um compromisso; aceitação de jurisdição da CIJ em processo proposto por outro Estado; declaração de submissão pela cláusula facultativa de jurisdição obrigatória."[13]. Por fim, cabe lembrar que a cláusula facultativa de jurisdição obrigatória foi elaborada pelo diplomata brasileiro Raul Fernandes. O artigo 96 da Carta da ONU prevê uma função consultiva para a Corte. Assim, qualquer organização internacional intergovernamental – especialmente os órgãos das Nações Unidas – pode requerer parecer consultivo à Corte. Percebe-se que os Estados membros não podem solicitar, diretamente, parecer consultivo à CIJ. Tal função permite à Corte ser um órgão produtor de doutrina internacional. As decisões da Corte com base em sua competência contenciosa possuem caráter obrigatório (artigo 59 do Estatuto da CIJ) e cada membro das Nações Unidas compromete-se a conformar-se com a decisão da Corte em qualquer caso em que for parte (artigo 94, ponto 1, da Carta da ONU). Cabe dizer que se uma das partes em determinado caso deixar de cumprir as obrigações que lhe incumbem em virtude de sentença proferida pela Corte, a outra terá direito de recorrer ao Conselho de Segurança, que poderá, se julgar necessário, fazer recomendações ou decidir sobre medidas a serem tomadas para o cumprimento da sentença (artigo 94, ponto 2, da Carta da ONU). Já os pareceres consultivos não possuem caráter vinculativo. Importante apontar, também, que a sentença da Corte é definitiva e inapelável, todavia, em caso de controvérsia quanto ao seu sentido e alcance e desde que solicitado por qualquer das partes, a Corte a interpretará (artigo 60 do Estatuto da CIJ). Por sua vez, o pedido de revisão da sentença só pode ser feito em razão de fato novo suscetível de exercer influência determinante e que, na ocasião de ser proferida a sentença, era desconhecido da Corte e também da parte que solicita a revisão, contanto que tal desconhecimento não tenha sido devido à negligência (artigo 61, ponto 1, do Estatuto da CIJ). A Corte é composta de 15 juízes eleitos de três em três anos para um período de nove anos e com a possibilidade de reeleição. Mas não é possível que seja eleito mais de um juiz da mesma nacionalidade. Em relação às qualificações necessárias para ser eleito, cabe reproduzirmos o artigo 2º do Estatuto: "a Corte será composta de um corpo de juízes independentes, eleitos sem atenção à sua nacionalidade, entre pessoas que gozem de alta consideração moral e possuam as condições exigidas em seus respectivos países para o desempenho das mais altas funções judiciárias, ou que sejam jurisconsultos de reconhecida competência em direito internacional". Por fim, o artigo 31, ponto 1, do Estatuto da CIJ dispõe que "os juízes da mesma nacionalidade de qualquer das partes conservam o direito de funcionar numa questão julgada pela Corte" e o ponto 3 do referido artigo prossegue: "se a Corte não incluir entre os seus membros nenhum juiz de nacionalidade das partes, cada uma destas poderá proceder à escolha de um juiz". Assim, perante um caso prático, o Estado envolvido que não tenha juiz da mesma nacionalidade na Corte poderá indicar um juiz de sua nacionalidade para participar do julgamento; III – **b**: o Conselho Econômico e Social é composto de 54 membros das Nações Unidas, eleitos para um período de três anos; a reeleição é permitida. Por último, a deliberação toma corpo pela maioria dos membros presentes e votantes. Algumas de suas funções são: *a)* realizar estudos e apresentar relatórios sobre assuntos internacionais de caráter econômico, social, cultural, educacional etc.; *b)* confeccionar recomendações à Assembleia Geral, aos membros das Nações Unidas e às entidades especializadas interessadas; *c)* promover a cultura de respeito e implementar os direitos humanos; *d)* convocar conferências sobre os assuntos de seu interesse; IV – a: o Conselho de Tutela foi criado para controlar o exercício da tutela sobre territórios não autônomos. Esse Conselho sucedeu à Comissão de Mandatos da SDN. Após a independência de Palau (último território sob tutela), em 1º de novembro de 1994, sua atividade foi suspensa, embora continue a existir formalmente.

Gabarito "A"

(Delegado/BA – 2006 – CONSULPLAN) Fatos históricos que prenunciaram a dogmática dos Direitos Humanos:

(A) A Declaração da Virgínia (E.U.A.).
(B) O Concílio de Trento.
(C) O armistício da 2ª Grande Guerra.
(D) As alternativas A e C estão corretas.
(E) N.R.A.

O marco recente dos direitos humanos foi sem dúvida a Declaração Universal dos Direitos Humanos de 1948. Com importância neste processo pode-se também citar a Declaração de Direitos Francesa, impulsionada pela Revolução Francesa de 1789, e a Declaração de Direitos Americana (Declaração de Direitos do Bom Povo da Virgínia), ambas do século XVIII. A Declaração de Direitos Americana de 1776 foi a primeira declaração de direitos em sentido moderno, pois suas regras funcionam como um sistema de limitação de poderes, ou seja, os direitos conferidos aos cidadãos limitavam o poder estatal. Ademais, demonstram preocupação com a estruturação de um governo democrático, e a Declaração dos Direitos do Homem e do Cidadão que a Assembleia Constituinte da França adotou em 1789, influenciada diretamente pela Revolução Francesa, teve por base os conceitos de liberdade, igualdade, fraternidade, propriedade, legalidade e garantias individuais. Importante apontar que esses direitos foram ampliados porventura da Declaração dos Direitos do Homem e do Cidadão levada a cabo pela Convenção nacional em 1793. A ONU e a Declaração Universal dos Direitos Humanos criam um verdadeiro sistema de proteção global da dignidade humana. É importante ter em mente que este processo recente de internacionalização dos direitos humanos é fruto do pós Segunda Guerra Mundial e da ressaca moral da humanidade ocasionada pelo excesso de violações de direitos humanos perpetradas pelo nazifascismo. Por sua vez, o Concílio de Trento, realizado de 1545 a 1563, foi o 19º concílio ecumênico. Foi convocado pelo Papa Paulo III para assegurar a unidade da fé e a disciplina eclesiástica, no contexto da Reforma da Igreja Católica e a reação à divisão então vivida na Europa devido à Reforma Protestante, razão pela qual é denominado como Concílio da Contrarreforma.

Gabarito "D"

(Delegado/BA – 2006 – CONSULPLAN) Um marco fundamental para a doutrina dos Direitos Humanos:

(A) Revolução Comercial.
(B) Revolução Francesa.
(C) Revolução Industrial.
(D) Revolução Cultural.
(E) N.R.A

A: incorreta. A Revolução Comercial foi um período de grande expansão econômica da Europa, movido pelo colonialismo e mercantilismo que durou aproximadamente do século XVI ao século XVIII. Este desenvolvimento comercial, com raízes no século XV, resultou em transformações profundas na economia europeia. A moeda tornou-se fator primordial da riqueza e as transações comerciais foram monetarizadas. A produção e a troca deixaram de ter caráter de subsistência, visando atender aos mercados das cidades. Com a Revolução Comercial o eixo comercial do Mediterrâneo foi transferido para o Atlântico, rompendo o monopólio das cidades italianas no comércio com o Oriente e iniciando o mercantilismo. **B:** correta. O marco recente dos direitos humanos foi sem dúvida a Declaração Universal dos Direitos Humanos de 1948. Com importância neste processo pode-se também citar a Declaração de Direitos Francesa, impulsionada pela Revolução Francesa de 1789, e a Declaração de Direitos Americana (Declaração de Direitos do Bom Povo da Virgínia), ambas do século XVIII. A Declaração de Direitos Americana de 1776 foi a primeira declaração de direitos em sentido moderno, pois suas regras funcionam como um sistema de limitação de poderes, ou seja, os direitos

13. PORTELA, Paulo Henrique Gonçalves. *Direito Internacional Público e Privado*. 2.ed. Salvador: Juspodivm, 2010. p. 476-477.

conferidos aos cidadãos limitavam o poder estatal. Ademais, demonstram preocupação com a estruturação de um governo democrático. A Declaração dos Direitos do Homem e do Cidadão que a Assembleia Constituinte da França adotou em 1789, influenciada diretamente pela Revolução Francesa, teve por base os conceitos de *liberdade, igualdade, fraternidade, propriedade, legalidade e garantias individuais*. Importante apontar que estes direitos foram ampliados porventura da Declaração dos Direitos do Homem e do Cidadão levada a cabo pela Convenção nacional em 1793. **C:** incorreta. A Revolução Industrial consistiu em um conjunto de mudanças tecnológicas com profundo impacto no processo produtivo em nível econômico e social. Iniciada na Inglaterra em meados do século XVIII expandiu-se pelo mundo a partir do século XIX. Ao longo do processo a era da agricultura foi superada, a máquina foi superando o trabalho humano, uma nova relação entre capital e trabalho se impôs, novas relações entre nações se estabeleceram e surgiu o fenômeno da cultura de massa, entre outros eventos. **D:** incorreta. O termo Revolução Cultural não foi bem explicitado pelo formulador da questão. Todavia, por guardar certas pertinências com as revoluções traçadas nas outras assertivas, passemos a tecer considerações pontuais sobre a Revolução Cultural Chinesa. A Grande Revolução Cultural Proletária (conhecida como Revolução Cultural Chinesa) foi uma profunda campanha político-ideológica levada a cabo a partir de 1966 na República Popular da China, pelo então líder do Partido Comunista Chinês, Mao Tsé-Tung. O objetivo da campanha político-ideológica era neutralizar a crescente oposição que lhe faziam alguns setores menos radicais do partido, em decorrência do fracasso do plano econômico Grande Salto Adiante (1958-1960), cujos efeitos acarretaram a morte de milhões de pessoas devido à fome generalizada. **E:** incorreta, pois a assertiva "B" é correta.

Gabarito "B"

(Delegado/BA – 2006 – CONSULPLAN) Órgão máximo de deliberação mundial acerca dos Direitos Humanos:

(A) OEA
(B) ONG
(C) OLP
(D) ONU
(E) N.R.A

A: incorreta. A Organização dos Estados Americanos (OEA) é uma organização internacional que tem por objetivo garantir a paz e a segurança do continente americano. Por isso, diz-se que é uma organização internacional de vocação regional. É considerada como organismo regional das Nações Unidas e seu principal instrumento protetivo é a Convenção Americana de Direitos Humanos de 1969 ou Pacto de San José da Costa Rica, a qual instituiu a Comissão Interamericana de Direitos Humanos e a Corte Interamericana. **B:** incorreta, pois a ONG é um acrônimo usado para as organizações não governamentais (sem fins lucrativos), que atuam no terceiro setor da sociedade civil. Essas organizações, de finalidade pública, atuam em diversas áreas, tais como: meio ambiente, combate à pobreza, assistência social, saúde, educação, reciclagem, desenvolvimento sustentável, entre outras. **C:** incorreta. A Organização para a Libertação da Palestina (OLP) é uma organização política e paramilitar reconhecida pela Liga Árabe como a única representante legítima do povo palestino. **D:** correta. A Organização das Nações Unidas (ONU) é uma organização internacional que tem por objetivo facilitar a cooperação em matéria de direito internacional, segurança internacional, desenvolvimento econômico, progresso social, direitos humanos e a realização da paz mundial. Por isso, diz-se que é uma organização internacional de vocação universal. A sua lei básica é a Carta das Nações Unidas, assinada em São Francisco no dia 26 de junho de 1945, tendo como anexo o Estatuto da Corte Internacional de Justiça; **E:** incorreta, pois a assertiva "D" é correta.

Gabarito "D"

(Delegado/MG – 2008) O Direito Internacional dos Direitos Humanos resultou de um processo histórico de gradual formação, consolidação, expansão e aperfeiçoamento da proteção internacional dos direitos humanos. É um direito de proteção dotado de especificidade própria. Com relação a esse processo histórico, assinale a afirmativa *INCORRETA*.

(A) A aceitação universal da tese da indivisibilidade dos direitos humanos eliminou a disparidade entre os métodos de implementação internacional dos direitos civis e políticos e dos direitos econômicos, sociais e culturais, deixando de ser negligenciados estes últimos.
(B) A gradual passagem da fase legislativa de elaboração dos primeiros instrumentos internacionais de direitos humanos, à fase de implementação de tais instrumentos, pode ser considerada como resultado da primeira Conferência Mundial de Direitos Humanos, ocorrida em Teerã no ano de 1968.
(C) Uma das grandes conquistas da proteção internacional dos direitos humanos é, sem dúvida, o acesso dos indivíduos às instâncias internacionais de proteção e o reconhecimento de sua capacidade processual internacional em casos de violações dos direitos humanos.
(D) Graças aos esforços dos órgãos internacionais de supervisão nos planos global e regional, logrou-se salvar muitas vidas, reparar muitos danos denunciados e comprovados, bem como adotar programas educativos e outras medidas positivas por parte dos governos.

A: incorreta, pois os direitos econômicos, sociais e culturais ainda hoje sofrem resistência para sua ideal implementação em vários países. **B:** correta. A Conferência Internacional de Direitos Humanos realizada em Teerã ocorreu entre os dias 22 de abril e 13 de maio de 1968, teve por finalidade examinar os progressos alcançados nos vinte anos transcorridos desde a aprovação da Declaração Universal de Direitos Humanos e preparar um programa para o futuro; uma das declarações solenes da Convenção foi no sentido de que os Estados devem reafirmar seu firme propósito de aplicar de modo efetivo os princípios consagrados na Carta das Nações Unidas e em outros instrumentos internacionais em relação com os direitos humanos e as liberdades fundamentais. **C:** correta. Imprescindível apontar o papel do Tribunal de Nuremberg, pois com a instalação deste tribunal *ad hoc* ficou demonstrada a necessária flexibilização da noção de soberania para bem proteger os direitos humanos e, por outro lado, ficou comprovado o reconhecimento de direitos do indivíduo pelo direito internacional. E num momento mais recente, a Corte Europeia de Direitos Humanos tornou-se competente para receber petições individuais, esta possibilidade tem contribuído em muito para o evolver do sistema protetivo europeu, pois democratiza o seu manejo e aumenta a capilaridade de seu monitoramento. Importante apontar também a possibilidade de envio de petições individuais para algumas comissões que compõem o sistema global de proteção específica dos direitos humanos (ex.: Convenção sobre os Direitos das Pessoas com Deficiência). **D:** correta. Os sistemas protetivos global, regional e nacional interagem-se e complementam-se para melhor proteger o indivíduo dos abusos perpetrados contra sua dignidade humana.

Gabarito "A"

(Delegado/MG – 2008) Analise as seguintes afirmativas acerca da Declaração Universal dos Direitos Humanos de 1948 e assinale com V as verdadeiras e com F as falsas.

( ) É, tecnicamente, uma recomendação que a Assembleia Geral das Nações Unidas faz aos seus membros (Carta das Nações Unidas, art. 10).
( ) Mostra os abusos praticados pelas potências ocidentais após o encerramento das hostilidades, pois foi redigida sob o impacto das atrocidades cometidas na Segunda Guerra Mundial.
( ) Enuncia os valores fundamentais da liberdade, da igualdade e da fraternidade, mas é omissa quanto à proibição do tráfico de escravos e da escravidão.
( ) Representa a culminância de um processo ético que levou ao reconhecimento da igualdade essencial de todo ser humano e de sua dignidade de pessoa.

Assinale a alternativa que apresenta a sequência de letras CORRETA.

(A) (V) (F) (V) (F)
(B) (F) (V) (F) (V)
(C) (V) (F) (F) (V)
(D) (F) (V) (V) (F)

1: verdade. A Declaração Universal dos Direitos Humanos foi aprovada pela Resolução nº 217 A (III) da Assembleia Geral da ONU, em 10 de dezembro de 1948, por 48 votos a zero e oito abstenções. Por ser uma resolução, a Declaração Universal dos Direitos Humanos não tem força legal (assim não pode ser tratado internacional), mas sim material (como uma recomendação) e acima de tudo inderrogável por ato volitivo das partes por fazer parte do *jus cogens*; 2: falso, pois a Declaração Universal dos Direitos Humanos foi redigida no pós-guerra e sob efeito da ressaca moral da humanidade ocasionada pelo excesso de violações de direitos humanos perpetradas pelo nazifascismo; 3: falso. A Declaração Universal dos Direitos Humanos proíbe sim o tráfico de escravos e a escravidão (art. 4º); 4: verdade. A Declaração Universal dos Direitos Humanos de 1948 universalizou a noção de direitos humanos. Muito importante foi o papel da Declaração, pois antes disso a proteção dos direitos humanos ficava relegada a cada Estado, os quais com suporte em sua intocável soberania tinha autonomia absoluta para determinar e executar as políticas relacionadas à proteção da dignidade da pessoa humana. Esse processo de universalização dos direitos humanos confirmou a ideia de que os direitos humanos são adstritos à condição humana, logo para deles gozar a única e exclusiva condição é ser pessoa humana,

Gabarito "C"

(Delegado/SP – 2003) Resolução proclamada pela Assembleia Geral da ONU contém trinta artigos precedidos de um Preâmbulo, com sete considerandos, na qual se assegura o princípio da indivisibilidade dos direitos humanos.

O texto acima se refere à

(A) Carta das Nações Unidas.
(B) Declaração Universal dos Direitos Humanos.
(C) Declaração Americana dos Direitos Humanos.
(D) Declaração dos Direitos do Homem e do Cidadão.

A Declaração Universal dos Direitos Humanos foi aprovada pela Resolução nº 217 A (III) da Assembleia Geral da ONU, em 10 de dezembro de 1948, por 48 votos a zero e oito abstenções. A Declaração é fruto de um consenso sobre valores de cunho universal a serem seguidos pelos Estados, e também no reconhecimento do indivíduo como sujeito direto do Direito Internacional. Assim, a ONU e a Declaração Universal dos Direitos Humanos criam um verdadeiro sistema global de proteção da dignidade humana, no seu bojo encontra-se direitos civis e políticos (arts. 3º a 21) e direitos econômicos, sociais e culturais (arts. 22 a 28). Por sua vez, o princípio da indivisibilidade, aclamado pela Declaração Universal dos Direitos Humanos, prega que todos os direitos humanos se retroalimentam e se complementam. Assim, infrutífero buscar a proteção de apenas uma parcela deles.

Gabarito "B"

(Delegado/SP – 2002) Quanto à Declaração Universal dos Direitos Humanos (1948) é correto afirmar que se trata de um (a)

(A) acordo internacional.
(B) tratado internacional.
(C) pacto internacional.
(D) resolução da Assembleia Geral da ONU.

A Declaração Universal dos Direitos Humanos foi aprovada pela Resolução nº 217 A (III) da Assembleia Geral da ONU, em 10 de dezembro de 1948, por 48 votos a zero e oito abstenções. Importante apontar que a Declaração Universal dos Direitos do Homem não tem força legal (por ser resolução da ONU). Todavia, pode-se defender que tem força material e acima de tudo é inderrogável por vontade das partes por fazer parte do *jus cogens*.

Gabarito "D"

(Delegado/SP – 2000) Quais os primeiros marcos do processo de internacionalização dos Direitos Humanos?

(A) Direito Humanitário, Liga das Nações e a Carta Internacional dos Direitos Humanos.
(B) Direito Humanitário, Liga das Nações e a Organização Internacional do Trabalho.
(C) Liga das Nações, Organização Internacional do Trabalho e a Carta Internacional dos Direitos Humanos.
(D) Organização Internacional do Trabalho, Direito Humanitário e a Carta Internacional dos Direitos Humanos.

O Direito Humanitário, a Liga das Nações e a Organização Internacional do Trabalho são definidos como os primeiros marcos no processo de internacionalização dos direitos humanos. Processo este que limita a soberania dos Estados em favor ao respeito aos direitos humanos. Em outras palavras, é a mitigação da soberania dos Estados em função da característica de universalidade dos direitos humanos. Dentro desta ótica, o Direito Humanitário é considerado a primeira limitação que os Estados sofreram em sua soberania absoluta, pois na hipótese de conflito armado, os estados teriam que respeitar certas regras que visam proteger as vítimas civis e os militares fora de combate (soldados prisioneiros, doentes e feridos). Por sua vez, a Liga das Nações, organização internacional criada após a Primeira Guerra Mundial com a função de promover a cooperação, a paz e a segurança internacional, dá mais um passo neste processo de limitação da soberania estatal. A Convenção da Liga das Nações previa, entre outras, regras que protegiam as minorias e que garantiam condições dignas de trabalho. E se tais regras (leia-se obrigações internacionais) fossem descumpridas, o Estado violador ficaria exposto às sanções econômicas e militares orquestradas pela comunidade internacional. Percebe-se que cada vez mais a noção de soberania absoluta soçobrava-se, e a Organização Internacional do Trabalho, criada após a Primeira Guerra Mundial, colabora com o processo de relativização da noção de soberania estatal à medida que estabelece padrões internacionais de condições de trabalho e bem-estar. Portanto, afigura-se a assertiva "B" como correta. As outras assertivas indicam a Carta Internacional dos Direitos Humanos como um dos primeiros marcos no processo de internacionalização dos Direitos Humanos, todavia, a Carta Internacional dos Direitos Humanos participa do processo recente de internacionalização dos direitos humanos, inaugurado após a Segunda Guerra Mundial.

Gabarito "B"

(Delegado/SP – 2000) A Comissão de Direitos Humanos das Nações Unidas deverá submeter propostas, recomendações e relatórios referentes aos instrumentos internacionais de Direitos Humanos ao (à)

(A) Conselho Econômico e Social.
(B) Conselho de Tutela.
(C) Conselho de Segurança.
(D) Corte Internacional de Justiça.

A: correta. Dentro do organograma da ONU, o órgão com atuação destacada no que se refere aos direitos humanos é o Conselho Econômico e Social, o qual, segundo o art. 62 da Carta da Nações Unidas, tem competência para promover a cooperação em questões econômicas, sociais e culturais, incluindo os direitos humanos. Dentro destas competências, o Conselho Econômico e Social pode criar comissões para melhor executar suas funções. Com suporte em tal competência, a Comissão de Direitos Humanos da ONU foi criada em 1946. Todavia, conviveu com pesadas críticas, e, por fim, não resistiu e foi substituída em 16 de junho de 2006 pelo Conselho de Direitos Humanos – CDH – mediante a Resolução 60/251 adotada pela Assembleia Geral. Importante também apontar que a criação do CDH vem como uma tentativa simbólica de conferir paridade ao tema dos direitos humanos em relação aos temas segurança internacional e cooperação social e econômica, os quais têm conselhos específicos, respectivamente, Conselho de Segurança e Conselho Econômico e Social. **B:** o Conselho de Tutela foi criado para controlar o exercício da tutela sobre territórios não autônomos. Esse Conselho sucedeu à Comissão de Mandatos da SDN. Após a independência de Palau (último território sob tutela), em 1º de novembro de 1994, sua atividade foi suspensa, embora continue a existir formalmente. **C:** No início, o Conselho de Segurança era composto de cinco membros permanentes (China, EUA, França, Reino Unido e URSS) e seis membros não permanentes, totalizando 11 membros, os quais eram eleitos pela Assembleia Geral para exercer mandato de dois anos, vedada a reeleição para o período seguinte. Depois de modificado em 1963, o Conselho de Segurança passou a ser composto dos mesmos cinco membros permanentes (China, EUA, França, Reino Unido e Rússia) e dez membros não permanentes, totalizando 15 membros, os quais continuam sendo eleitos pela Assembleia Geral para exercer mandato de dois anos, vedada a reeleição para o período seguinte. Cada membro do Conselho tem apenas um voto. As decisões, quando processuais, dependem do voto afirmativo de nove membros. No restante das matérias, o mesmo quórum é necessário, mas com o acréscimo de que todos os membros permanentes devem votar afirmativamente – é o chamado *direito de veto*. Em que pese a Carta da ONU prever a unanimidade dos membros permanentes, a prática tem permitido que estes se abstenham da votação, o que configura a consensualidade, e não a unanimidade. O Conselho de Segurança é o maior responsável pela manutenção da paz e da segurança internacionais. **D:** A Corte é o principal órgão judicial da ONU, substituindo a Corte Permanente de Justiça Internacional (CPJI) de 1922, que foi a primeira Corte internacional com jurisdição universal. A Corte funciona com base em seu estatuto e pelas chamadas *Regras da Corte* – espécie de código de processo. A competência da Corte é ampla. Em relação à *ratione materiae*, a Corte pode analisar todas as questões levadas até ela, como também todos os assuntos previstos na Carta da ONU ou em tratados e convenções em vigor (artigo 36, ponto 1, do Estatuto da CIJ). Já a competência *ratione personae* é mais limitada, pois a Corte só pode receber postulações de Estados, sejam ou não membros da ONU (artigo 34, ponto 1, do Estatuto da CIJ). O artigo 36, ponto 2, do Estatuto da CIJ assim dispõe quanto à cláusula facultativa de jurisdição obrigatória: "Os Estados-partes do presente estatuto poderão, em qualquer momento, declarar que reconhecem como obrigatória *ipso facto* e sem acordo especial, em relação a qualquer outro Estado que aceite a mesma obrigação, a jurisdição do tribunal em todas as controvérsias jurídicas que tenham por objeto: *a)* a interpretação de um tratado; *b)* qualquer questão de Direito Internacional; *c)* a existência de qualquer fato que, se verificado, constituiria violação de um compromisso internacional; e *d)* a natureza ou a extensão da reparação devida pela ruptura de um compromisso internacional." A declaração de reconhecimento da jurisdição da Corte pode ser feita pura e simplesmente ou sob condição de reciprocidade, ou ainda por prazo determinado (artigo 36, ponto 3, do Estatuto da CIJ). Lembrando que a CIJ resolve qualquer dúvida que surgir sobre sua jurisdição (artigo 36, ponto 6, do Estatuto da CIJ). Portanto, a título conclusivo, "a Corte Internacional de Justiça não tem competência automática sobre os Estados, e estes só poderão ser obrigados à submissão da Corte se: estiver previsto em tratado de submissão de um conflito à CIJ; decisão voluntária das partes envolvidas por meio de um compromisso; aceitação de jurisdição da CIJ em processo proposto por outro Estado; declaração de submissão pela cláusula facultativa de jurisdição obrigatória."[14] Por fim, cabe lembrar que a cláusula facultativa de jurisdição obrigatória foi inventada pelo diplomata brasileiro Raul Fernandes. O artigo 96 da Carta da ONU prevê uma função consultiva para a Corte. Assim, qualquer organização internacional intergovernamental – especialmente os órgãos das Nações Unidas – pode requerer parecer consultivo à Corte. Percebe-se que os Estados-membros não podem solicitar, diretamente, parecer consultivo à CIJ. Tal função permite à Corte ser um órgão produtor de doutrina internacional. As decisões da Corte com base em sua competência contenciosa possuem caráter obrigatório (artigo 59 do Estatuto da CIJ) e cada membro das Nações Unidas compromete-se a conformar-se com a decisão da Corte em qualquer caso em que for parte (artigo 94, ponto 1, da Carta da ONU). Cabe dizer que se uma das partes em determinado caso deixar de cumprir as obrigações que lhe incumbem em virtude de sentença proferida pela Corte, a outra terá direito de recorrer ao Conselho de

14. PORTELA, Paulo Henrique Gonçalves. *Direito internacional público e privado*. 2. ed. Salvador: Juspodivm. 2010. p. 476-477.

Segurança, que poderá, se o julgar necessário, fazer recomendações ou decidir sobre medidas a serem tomadas para o cumprimento da sentença (artigo 94, ponto 2, da Carta da ONU). Já os pareceres consultivos não possuem caráter vinculativo. Importante apontar também que a sentença da Corte é definitiva e inapelável, todavia, em caso de controvérsia quanto ao seu sentido e alcance e desde que solicitado por qualquer das partes, a Corte a interpretará (artigo 60 do Estatuto da CIJ). Por sua vez, o pedido de revisão da sentença só pode ser feito em razão de fato novo suscetível de exercer influência determinante e que, na ocasião de ser proferida a sentença, era desconhecido da Corte e também da parte que solicita a revisão, contanto que tal desconhecimento não tenha sido devido à negligência (artigo 61, ponto 1, do Estatuto da CIJ). A Corte é composta de 15 juízes eleitos de três em três anos para um período de nove anos e com a possibilidade de reeleição. Mas não é possível que seja eleito mais de um juiz da mesma nacionalidade. Em relação às qualificações necessárias para ser eleito, cabe reproduzirmos o artigo 2º do Estatuto: "a Corte será composta de um corpo de juízes independentes, eleitos sem atenção à sua nacionalidade, entre pessoas que gozem de alta consideração moral e possuam as condições exigidas em seus respectivos países para o desempenho das mais altas funções judiciárias, ou que sejam jurisconsultos de reconhecida competência em direito internacional." Por fim, o artigo 31, ponto 1, do Estatuto da CIJ dispõe que "os juízes da mesma nacionalidade de qualquer das partes conservam o direito de funcionar numa questão julgada pela Corte" e o ponto 3 do artigo prossegue: "se a Corte não incluir entre os seus membros nenhum juiz de nacionalidade das partes, cada uma destas poderá proceder à escolha de um juiz." Assim, perante um caso prático, o Estado envolvido que não tenha juiz da mesma nacionalidade na Corte poderá indicar um juiz de sua nacionalidade para participar do julgamento.

Gabarito "A"

(Delegado/SP – 2000) Tecnicamente a Declaração Universal dos Direitos do Homem (1948) constitui

(A) um acordo internacional.
(B) uma recomendação.
(C) um tratado internacional.
(D) um pacto.

A Declaração Universal dos Direitos Humanos foi aprovada pela Resolução nº 217 A (III) da Assembleia Geral da ONU, em 10 de dezembro de 1948, por 48 votos a zero e oito abstenções. Por ser uma resolução, a Declaração Universal dos Direitos Humanos não tem força legal (assim não pode ser acordo, tratado ou pacto internacional), mas sim material (como uma recomendação) e acima de tudo inderrogável por ato volitivo das partes por fazer parte do *jus cogens*. Importante lembrar que tratado é todo acordo formal concluído entre pessoas jurídicas de direito internacional público que tenha por escopo a produção de efeitos jurídicos. Ademais, existem inúmeras variantes terminológicas de tratado – que foram muito bem catalogadas por Francisco Rezek.[15] Como, por exemplo, acordo, ajuste, arranjo, ata, ato, carta, código, compromisso, constituição, contrato, convenção, convênio, declaração, estatuto, memorando, pacto, protocolo e regulamento. Esses termos indicam a mesma ideia, não obstante certas preferências observáveis pela análise estatística. Assim, pode-se apontar que carta e constituição são utilizadas para nomear tratados constitutivos de organizações internacionais, enquanto ajuste, arranjo e memorando são utilizados para denominar tratados bilaterais de pouca importância. E convenção costuma ser multilateral e dispor acerca dos grandes temas do Direito Internacional. Apenas o termo concordata possui significado singular, pois é utilizado especificamente para nomear o tratado bilateral em que uma das partes é a Santa Sé, e que tem por objeto a organização do culto, a disciplina eclesiástica, missões apostólicas, relações entre a Igreja católica local e o estado copactuante.

Gabarito "B"

(Delegado/SP – 2000) Os direitos previstos no Pacto Internacional dos Direitos Civis e Políticos (1966)

(A) têm autoaplicabilidade mas não criam obrigações legais aos Estados-membros.
(B) demandam aplicação progressiva e não criam obrigações legais aos Estados-membros.
(C) demandam aplicação progressiva e criam obrigações legais aos Estados-membros.
(D) têm autoaplicabilidade e criam obrigações legais aos Estados-membros.

O grande objetivo do Pacto Internacional dos Direitos Civis e Políticos é tornar obrigatório, vinculante e expandir os direitos civis e políticos elencados na Declaração Universal dos Direitos Humanos. O Pacto Internacional dos Direitos Civis e Políticos impôs ao Estados-membros sua imediata aplicação (autoaplicabilidade), diferentemente do Pacto Internacional dos Direitos Econômicos, Sociais e Culturais que determinou sua aplicação progressiva.

Gabarito "D"

15. *Direito Internacional Público*. 11 ed. São Paulo: Saraiva, 2008. p. 16.

(Delegado/SP – 1999) Qual é a natureza jurídica da Declaração Universal dos Direitos Humanos de 1948?

(A) Convenção Internacional.
(B) Pacto das Nações Unidas.
(C) Resolução da Assembleia Geral da ONU.
(D) Tratado Internacional.

A Declaração Universal dos Direitos Humanos foi aprovada pela Resolução nº 217 A (III) da Assembleia Geral da ONU, em 10 de dezembro de 1948, por 48 votos a zero e oito abstenções.[16] Em conjunto com os dois Pactos Internacionais – sobre Direitos Civis e Políticos e sobre Direitos Econômicos, Sociais e Culturais –, constitui a denominada Carta Internacional de Direitos Humanos ou *International Bill of Rights*. A Declaração é fruto de um consenso sobre valores de cunho universal a serem seguidos pelos Estados e do reconhecimento do indivíduo como sujeito direto do direito internacional. É importante esclarecer que a Declaração é um exemplo de *soft law*, já que não supõe mecanismos constritivos para a implementação dos direitos previstos. Em contrapartida, quando um documento legal prevê mecanismos constritivos para a implementação de seus direitos, estamos diante de um exemplo de *hard law*. Revisitando o direito a ter direitos de Hannah Arendt, segundo a Declaração, a condição de pessoa humana é requisito único e exclusivo para ser titular de direitos.[17] Com isso corrobora-se o caráter universal dos direitos humanos, isto é, todo indivíduo é cidadão do mundo e, dessa forma, detentor de direitos que salvaguardam sua dignidade.[18] Em seu bojo encontram-se direitos civis e políticos (artigos 3 a 21) e direitos econômicos, sociais e culturais (artigos 22 a 28), o que reforça as características da indivisibilidade e interdependência dos direitos humanos. É importante apontar que a Declaração Universal dos Direitos Humanos não tem força legal[19] (funcionaria como uma *recomendação*), mas sim material e acima de tudo inderrogável por fazer parte do *jus cogens*. Entretanto, consoante o que estudamos, pode-se até advogar que a Declaração, por ter definido o conteúdo dos direitos humanos insculpidos na Carta das Nações Unidas, tem força legal vinculante, visto que os Estados-membros da ONU se comprometeram a promover e proteger os direitos humanos. De qualquer modo, chega-se à afirmação de que a Declaração Universal dos Direitos Humanos gera obrigações aos Estados, isto é, tem força obrigatória (por ser legal ou por fazer parte do *jus cogens*).[20] Antes de passarmos

16. Os países que se abstiveram foram Arábia Saudita, África do Sul, URSS, Ucrânia, Bielorrússia, Polônia, Iugoslávia e Tchecoslováquia.
17. De maneira sintética, os direitos previstos na Declaração Universal dos Direitos Humanos são: igualdade, vida, não escravidão, não tortura, não discriminação, personalidade jurídica, não detenção/prisão/exílio arbitrário, judiciário independente e imparcial, presunção de inocência, anterioridade penal, intimidade, honra, liberdade, nacionalidade, igualdade no casamento, propriedade, liberdade de pensamento/consciência/religião, liberdade de opinião/expressão, liberdade de reunião/associação pacífica, voto, segurança social, trabalho, igualdade de remuneração, repouso/lazer, saúde/bem-estar, instrução etc.
18. "O advento do Direito Internacional dos Direitos Humanos (DIDH), em 1945, possibilitou o surgimento de uma nova forma de cidadania. Desde então, a proteção jurídica do sistema internacional ao ser humano passou a independer do seu vínculo de nacionalidade com um Estado específico, tendo como requisito único e fundamental o fato do nascimento. Essa nova cidadania pode ser definida como cidadania mundial ou cosmopolita, diferenciando-se da cidadania do Estado-Nação. A cidadania cosmopolita é um dos principais limites para a atuação do poder soberano, pois dá garantia da proteção internacional na falta da proteção do Estado Nacional. Nesse sentido, a relação da soberania com o DIDH é uma relação limitadora" (ALMEIDA, Guilherme Assis de. Mediação, proteção local dos direitos humanos e prevenção de violência. *Revista Brasileira de Segurança Pública*. ano 1, ed. 2, p. 137-138, 2007).
19. "Do ponto de vista estritamente formal, a Declaração Universal dos Direitos Humanos é, consequentemente, parte do assim denominado *soft law*, "direito suave", nem vinculante, mas nem por isso desprezível nas relações internacionais. Sua violação, em tese, não deveria implicar a responsabilidade internacional do Estado, mas, por outro, sujeitaria o recalcitrante a sanções de ordem moral, desorganizadas. Estas têm sua autoridade na própria dimensão política da declaração, como documento acolhido pela quase unanimidade dos Estados então representados na Assembleia Geral e, depois, invocado em constituições domésticas de inúmeros países e em diversos documentos de conferências internacionais" (ARAGÃO, Eugênio José Guilherme. A Declaração Universal dos Direitos Humanos: mera declaração de propósitos ou norma vinculante de direito internacional? *Revista Eletrônica do Ministério Público Federal*. ano 1, n. 1, p. 6, 2009).
20. Tal ilação pode ser adotada em prova dissertativa. Mas em prova objetiva deve ser apontado que a Declaração Universal dos Direitos Humanos não tem força legal, funcionando apenas como uma recomendação.

ao estudo do Pacto Internacional dos Direitos Civis e Políticos, deve-se dizer que, para a doutrina internacional, os Estados têm uma tripla obrigação para com todos os direitos humanos: proteger (*to protect*), respeitar (*to respect*) e realizar (*to fulfill*).

Gabarito "C"

(Delegado/SP – 1999) O órgão responsável por monitorar a implementação do Pacto Internacional de Direitos Civis e Políticos de 1966 é

(A) a Corte Internacional de Justiça.
(B) a Corte Interamericana de Direitos Humanos.
(C) a Comissão Interamericana de Direitos Humanos.
(D) o Comitê de Direitos Humanos das Nações Unidas.

A: incorreta, pois a Corte Internacional de Justiça é o principal órgão judicial da ONU. A Corte funciona com base em seu Estatuto e pelas chamadas *Regras da Corte* – espécie de código de processo. A competência da Corte é ampla. Em relação à competência *ratione materiae*, a Corte poderá analisar todas as questões levadas até ela, como também todos os assuntos previstos na Carta da ONU ou em tratados e convenções em vigor. Já a competência *ratione personae* é mais limitada, pois a Corte só poderá receber postulações de Estados, sejam ou não membros da ONU. Por fim, a Carta da ONU prevê uma função consultiva para a Corte. Assim, qualquer organização internacional intergovernamental – especialmente a ONU – poderá requerer parecer consultivo à Corte. **B:** incorreta, pois a Corte Interamericana de Direitos Humanos é o órgão jurisdicional do sistema regional de proteção americano e auxilia (em conjunto com a Comissão Interamericana de Direitos Humanos) no monitoramento e na implementação da Convenção Americana de Direitos Humano. **C:** incorreta, porque a Comissão Interamericana de Direitos Humanos tem por principal função promover o respeito aos direitos humanos na América, isto é, auxilia (em conjunto com a Corte Interamericana de Direitos Humanos) no monitoramento e na implementação da Convenção Americana de Direitos Humanos. **D:** correta, pois o Comitê dos Direitos Humanos, conforme determina o art. 28 do Pacto Internacional de Direitos Civis e Políticos, é o órgão criado com o objetivo de controlar a aplicação, pelos Estados-partes, das disposições deste instrumento.

Gabarito "D"

(Delegado/SP – 1999) Os direitos humanos, tal como compreendidos hoje, surgiram como uma reação

(A) à barbárie da Primeira Grande Guerra.
(B) à chamada Guerra Fria entre os EUA e a União Soviética.
(C) à miséria na África e ao regime de segregação racial na África do Sul.
(D) ao holocausto e às demais barbáries perpetradas durante a Segunda Grande Guerra.

A ONU e a Declaração Universal dos Direitos Humanos criam um verdadeiro sistema de proteção global da dignidade humana. É importante ter em mente que este processo recente de internacionalização dos direitos humanos é fruto do pós-segunda guerra mundial e da ressaca moral da humanidade ocasionada pelo excesso de violações de direitos humanos perpetradas pelo nazifascismo.

Gabarito "D"

(Delegado/SP – 1999) Quem presidiu a Comissão das Nações Unidas responsável pela redação final da Declaração Universal dos Direitos Humanos de 1948?

(A) Winston Churchill
(B) Eleanor Roosevelt
(C) Charles De Gaulle
(D) Mohandas K. Gandhi

A: incorreta. Winston Leonard Spencer-Churchill foi político, estadista, escritor, jornalista, orador e historiador britânico, famoso, principalmente, por sua atuação como primeiro-ministro do Reino Unido durante a Segunda Guerra Mundial. **B:** correta. Anna Eleanor Roosevelt foi diplomata e ativista dos direitos humanos. Serviu como embaixadora dos EUA na Organização das Nações Unidas entre 1945 e 1952, por nomeação do presidente Harry Truman. **C:** incorreta. Charles André Joseph Marie de Gaulle foi general, político e o estadista francês que liderou as Forças Francesas Livres durante a Segunda Guerra Mundial. Mais tarde fundou a Quinta República Francesa em 1958 e foi seu primeiro Presidente, de 1959 a 1969. **D:** incorreta. Mohandas Karamchand Gandhi, mais conhecido por Mahatma Gandhi, foi o idealizador e o fundador do moderno Estado indiano e o maior defensor do *Satyagraha* (princípio da não agressão ou forma não violenta de protesto) como um meio de revolução.

Gabarito "B"

(Delegado/SP – 1998) Adotado e proclamado pela Resolução 217-A (III) da Assembleia Geral das Nações Unidas, em 10 de dezembro de 1948, foi ratificado pelo Brasil na mesma data. "Tal instrumento consolidou uma afirmação de ética universal, ao conceber os direitos humanos como um complexo interdependente e indivisível". Esse texto refere-se a (o)

(A) Carta das Nações Unidas.
(B) Convenção Americana dos Direitos Humanos.
(C) Declaração Universal dos Direitos do Homem.
(D) Pacto Internacional de Direitos Civis e Políticos.

A: incorreta. A Carta das Nações Unidas é a lei básica da ONU, assinada em São Francisco no dia 26 de junho de 1945. **B:** incorreta. O principal instrumento protetivo do sistema americano é a Convenção Americana de Direitos Humanos de 1969 ou Pacto de San José da Costa Rica, a qual instituiu a Comissão Interamericana de Direitos Humanos e a Corte Interamericana. **C:** correta. A Declaração Universal dos Direitos Humanos foi aprovada pela Resolução nº 217 A (III) da Assembleia Geral da ONU, em 10 de dezembro de 1948, por 48 votos a zero e oito abstenções. A Declaração é fruto de um consenso sobre valores de cunho universal a serem seguidos pelos Estados, e também no reconhecimento do indivíduo como sujeito direto do direito internacional. Assim, a ONU e a Declaração Universal dos Direitos Humanos criam um verdadeiro sistema global de proteção da dignidade humana. **D:** incorreta. O Pacto Internacional de Direitos Civis e Políticos foi aprovado em 1966 pela Assembleia Geral das Nações Unidas, mas devido à grande resistência que sofreu, somente adquiriu as ratificações necessárias para entrar em vigor no ano de 1976. Seu grande objetivo é tornar obrigatório, vinculante e expandir os direitos civis e políticos elencados na Declaração Universal dos Direitos Humanos.

Gabarito "C"

3. SISTEMA GLOBAL DE PROTEÇÃO ESPECÍFICA DOS DIREITOS HUMANOS

(Delegado/SP – 2014 – VUNESP) Assinale a alternativa que está expressamente de acordo com as Regras Mínimas das Nações Unidas para o Tratamento dos Presos.

(A) Os presos doentes que necessitem de tratamento especializado deverão ter toda a assistência médica, psicológica, psiquiátrica ou odontológica adequada dentro do próprio estabelecimento prisional, que deverá adequar suas instalações para esse fim.
(B) Cada estabelecimento prisional terá uma biblioteca para o uso de todas as categorias de presos, devidamente provida com livros de recreio e de instrução, e os presos serão estimulados a utilizá-la.
(C) Serão absolutamente proibidos, como punições por faltas disciplinares, os castigos corporais, a detenção em cela escura, e todas as penas cruéis, desumanas ou degradantes, a menos que um médico possa declarar que o preso tenha condições de suportá-la.
(D) O preso que não trabalhar ao ar livre deverá ter, pelo menos, quatro horas por dia para fazer exercícios físicos apropriados ao ar livre, sem prejuízo do horário de banhos de sol.
(E) Será exigido que todos os presos mantenham-se limpos; para este fim, todos os presos deverão adquirir e trazer consigo seus próprios artigos de higiene necessários à sua saúde e limpeza.

A: incorreta. O artigo 22, ponto 2, das Regras Mínimas das Nações Unidas para o Tratamento dos Presos assim dispõe: "Os reclusos doentes que necessitem de cuidados especializados deverão ser transferidos para estabelecimentos especializados ou para hospitais civis. Caso o estabelecimento penitenciário disponha de instalações hospitalares, estas deverão ter o equipamento, o material e os produtos farmacêuticos adequados para o cuidado e tratamento médico dos reclusos doentes; o pessoal deverá ter uma formação profissional apropriada"; **B:** correta (artigo 40 das Regras Mínimas das Nações Unidas para o Tratamento dos Presos); **C:** incorreta, porque não existe a possibilidade de um médico ratificar a aplicação de tais medidas (artigo 31 das Regras Mínimas das Nações Unidas para o Tratamento dos Presos); **D:** incorreta. "Todos os reclusos que não efectuem trabalho no exterior deverão ter pelo menos uma hora diária de exercício adequado ao ar livre quando as condições climatéricas o permitam" (artigo 21, ponto 1, das Regras Mínimas das Nações Unidas para o Tratamento dos Presos); **E:** incorreta. "Deverá ser exigido a todos os reclusos que se mantenham limpos e, para este fim, ser-lhes-ão fornecidos água e os artigos de higiene necessários à saúde e limpeza" (artigo 15 das Regras Mínimas das Nações Unidas para o Tratamento dos Presos).

Gabarito "B"

(Delegado/SP – 2014 – VUNESP) Assinale a alternativa que está de acordo com o contido no Protocolo das Nações Unidas contra o Crime Organizado Transnacional Relativo à Prevenção, Repressão e Punição do Tráfico de Pessoas, em Especial Mulheres e Crianças.

(A) As controvérsias entre dois Estados, com respeito à aplicação do Protocolo, não resolvidas por negociação, serão submetidas ao Tribunal Penal Internacional.

(B) Um dos objetivos do Protocolo é prevenir e combater o tráfico de pessoas, em especial de mulheres e crianças, fornecendo-lhes asilo político.

(C) Cada Estado assegurará que o seu sistema jurídico ofereça às vítimas de tráfico de pessoas a possibilidade de obterem indenização pelos danos sofridos.

(D) Para efeitos do Protocolo, o termo "criança" significa qualquer pessoa com idade inferior a vinte e um anos.

(E) Cada Estado terá em consideração a aplicação de medidas que permitam a recuperação física, psicológica e social das vítimas de tráfico de pessoas, incluindo, se for o caso, o fornecimento de um salário-mínimo mensal de ajuda de custo.

A: incorreta, porque as controvérsias não resolvidas por negociação serão submetidas à arbitragem (artigo 15, ponto 2, do referido Protocolo); **B**: incorreta, pois a assertiva não traz um dos objetivos do Protocolo. Segundo o artigo 2º do Protocolo, os objetivos são: a) prevenir e combater o tráfico de pessoas, prestando uma atenção especial às mulheres e às crianças; b) Proteger e ajudar as vítimas desse tráfico, respeitando plenamente os seus direitos humanos; e c) Promover a cooperação entre os Estados Partes de forma a atingir esses objetivos; **C**: correta. O artigo 6º, ponto 2, do referido Protocolo assim dispõe: "Cada Estado Parte assegurará que o seu sistema jurídico ou administrativo contenha medidas que forneçam às vítimas de tráfico de pessoas, quando necessário: a) informação sobre procedimentos judiciais e administrativos aplicáveis; b) assistência para permitir que as suas opiniões e preocupações sejam apresentadas e tomadas em conta em fases adequadas do processo penal instaurado contra os autores das infrações, sem prejuízo dos direitos da defesa". A possibilidade de obter indenização pelos danos sofridos está englobada nos direitos de defesa; **D**: incorreta. O termo "criança" significa qualquer pessoa com idade inferior a dezoito anos (artigo 3º, *d*, da Convenção Americana); **E**: incorreta. "Cada Estado Parte terá em consideração a aplicação de medidas que permitam a recuperação física, psicológica e social das vítimas de tráfico de pessoas, incluindo, se for caso disso, em cooperação com organizações não governamentais, outras organizações competentes e outros elementos de sociedade civil e, em especial, o fornecimento de: a) alojamento adequado; b) aconselhamento e informação, especialmente quanto aos direitos que a lei lhes reconhece, numa língua que compreendam; c) assistência médica, psicológica e material; e d) oportunidades de emprego, educação e formação (artigo 6º, ponto 3, da Convenção Americana).

Gabarito "C"

(Delegado/SP – 2014 – VUNESP) Segundo o Estatuto de Roma, a competência do Tribunal Penal Internacional restringir-se-á aos crimes mais graves, que afetam a comunidade internacional no seu conjunto.

Nos termos do referido Estatuto, portanto, o Tribunal terá competência para julgar, entre outros, os seguintes crimes:

(A) hediondos e crimes de terrorismo.

(B) de guerra e crimes de tráfico ilícito de entorpecentes e drogas afins.

(C) infanticídio e crimes contra a humanidade.

(D) de agressão e crimes contra a ordem constitucional e o Estado Democrático.

(E) genocídio e crimes de guerra

Com a criação do TPI, tem-se um tribunal permanente para julgar **indivíduos** acusados da prática de crimes de genocídio, de crimes de guerra, de crimes de agressão e de crimes contra a humanidade.

Gabarito "E"

(Delegado/SP – 2011) A Convenção sobre a Eliminação de Todas as Formas de Discriminação contra a Mulher estabelece que os Estados-partes se comprometem a

(A) fomentar qualquer concepção estereotipada dos papéis masculino e feminino em todos os níveis.

(B) derrogar todas as disposições penais nacionais que constituam discriminação contra as mulheres.

(C) conceder bolsas e acesso aos programas de educação supletiva em maior número para compensar as desigualdades passadas.

(D) desencorajar a educação mista, privilegiando os programas de alfabetização funcional para as mulheres.

(E) proibir a demissão por motivo de gravidez, permanecendo aquelas motivadas pelo estado civil.

A Convenção, adotada pela ONU em 18 de dezembro de 1979 e promulgada no Brasil em 13 de setembro de 2002 pelo Decreto nº 4.377[21], tem por fundamento a consciência de que a discriminação contra a mulher viola os princípios da igualdade de direitos e do respeito da dignidade humana, dificulta a participação da mulher, nas mesmas condições que o homem, na vida política, social, econômica e cultural de seu país, constitui um obstáculo ao aumento do bem-estar da sociedade e da família e dificulta o pleno desenvolvimento das potencialidades da mulher para prestar serviço a seu país e à humanidade. Os Estados-partes, atualmente 187, têm a obrigação de progressivamente eliminar a discriminação e promover a igualdade de gênero. Assim, consoante visto na Convenção Internacional sobre a Eliminação de Todas as Formas de Discriminação Racial, os Estados, além de proibirem a discriminação, podem adotar medidas promocionais temporárias para acelerar o processo de obtenção do ideal de igualdade de gênero. Para monitorar o cumprimento pelos Estados-partes das obrigações constantes na Convenção, foi criado o Comitê sobre a Eliminação da Discriminação contra a Mulher, responsável por receber os relatórios confeccionados pelos Estados-partes. As petições individuais e a possibilidade de realizar investigações *in loco* só foram possibilitadas, como mecanismos de controle e fiscalização (controle de convencionalidade internacional), com a adoção do Protocolo Facultativo à Convenção Internacional sobre a Eliminação de Todas as Formas de Discriminação contra a Mulher. A decisão do Comitê não tem força vinculante, mas será publicada no relatório anual, o qual é encaminhado à Assembleia Geral da ONU. E enquanto ações específicas para combater a discriminação contra a mulher, a única assertiva correta é a B pois reproduz a redação do art. 2º, *g*, da Convenção em análise.

Gabarito "B"

(Delegado/SP – 2011) As regras mínimas das Nações Unidas para o tratamento dos presos não incluem

(A) o respeito às crenças religiosas e aos preceitos morais do grupo a que pertença o preso.

(B) que todos são dotados de razão e consciência e devem agir com espírito de fraternidade.

(C) as razões da prisão de qualquer pessoa e a autoridade competente que a ordenou.

(D) a separação entre pessoas presas preventivamente e presos condenados.

(E) que os presos jovens deverão ser mantidos separados dos presos adultos.

A única assertiva que não cuida corretamente das regras mínimas das Nações Unidas para o tratamento de presos é a B. A assertiva A reflete a redação do art. 6º, ponto 2; a assertiva C reproduz a redação do art. 7º, ponto 1, *b*; a assertiva D reproduz a redação do art. 8º, *b*; **E:** correta, de acordo com a redação do art. 8º, *d*.

Gabarito "B"

(Delegado/SP – 2011) As penas que poderão ser fixadas pelo Tribunal Penal Internacional (Estatuto de Roma, 1998) são

(A) expatriação, prisão até 30 anos ou perpétua e perda dos produtos, bens e haveres provenientes do crime.

(B) prisão, no mínimo de 3 anos e, no máximo, perpétua, multa, ou perda de produtos e bens provenientes do crime, ainda que de forma indireta.

(C) advertência, prisão, de 3 anos a 30 anos e a perda dos produtos, bens e haveres provenientes do crime.

(D) prisão até 30 anos ou perpétua, multa e perda dos produtos, bens e haveres provenientes do crime.

(E) expatriação, prisão de 3 a 30 anos ou perpétua e perda dos produtos, bens e haveres decorrentes do crime.

O Tribunal Penal Internacional (TPI) foi constituído na Conferência de Roma, em 17 de julho de 1998, na qual se aprovou o Estatuto de Roma (tratado que não admite a apresentação de reservas), que só entrou em vigor internacionalmente em 1º de julho de 2002 e passou a vigorar, para o Brasil, em 1º de setembro de 2002. A partir de então, tem-se um tribunal permanente para julgar *indivíduos*[22] acusados da prática de crimes de genocídio, de crimes de guerra, de crimes de agressão e de crimes contra a humanidade. Deve-se apontar que *indivíduos* diz respeito a quaisquer indivíduos, independentemente de exercerem funções governamentais ou cargos públicos (artigo 27 do Estatuto de Roma), desde que, à data da alegada prática do crime, tenham completado 18 anos de idade. Cabe destacar que nenhuma pessoa será considerada criminalmente responsável por uma conduta anterior à entrada em vigor do Estatuto de Roma – é a chamada irretroatividade *ratione personae*. O TPI é orientado pelos princípios da legalidade e da anterioridade penal, o que é bem delineado pela redação do artigo 5º, ponto 2, do

21. Que também revoga o Decreto nº 89.460, de 20 de março de 1984.

22. Percebe-se que aqui, ao contrário da responsabilidade internacional tradicional, a responsabilidade pelo ato internacional ilícito é imputada exclusivamente ao indivíduo. Além dos crimes tipificados no Estatuto de Roma, podemos citar o tráfico de drogas e de escravos e a pirataria como outros exemplos de atos ilícitos internacionais imputados exclusivamente ao indivíduo.

Estatuto de Roma. A criação do TPI corrobora a ideia de responsabilidade internacional do indivíduo, consoante o que se iniciou com os Tribunais *Ad Hoc* de Nurembergue e de Tóquio, e depois de Ruanda e da Iugoslávia. O Tribunal é uma entidade independente da ONU e tem sede em Haia, nos Países Baixos. Ademais, tem personalidade jurídica de direito internacional e é formado pela Presidência, Seção de Instrução, Seção de Julgamento em Primeira Instância, Seção de Recursos, Procuradoria e Secretaria. A grande característica do Tribunal é sua *complementaridade*, isto é, a jurisdição do TPI somente será exercida caso a Seção de Instrução verificar que existem provas suficientes para o acusado ser levado a julgamento e concluir que algum sistema jurídico nacional tenha sido incapaz ou não tenha demonstrado interesse em julgar o caso. Esse último requisito pode ser verificado quando ocorrer demora injustificada no procedimento, falta de independência do Poder Judiciário e até falta de capacidade para realizar a justiça penal. Em outras palavras, a jurisdição do TPI tem caráter excepcional, isto é, os Estados têm primazia para investigar os crimes previstos no Estatuto de Roma. Cabe também destacar, consoante o que dispõe o artigo 29 do Estatuto de Roma, que os crimes da competência do TPI não prescrevem. A acusação, referente à prática de algum dos crimes tipificados no artigo 5º do Estatuto de Roma, pode ser levada até o conhecimento do TPI, que tem jurisdição para julgar os crimes cometidos nos territórios dos Estados-partes ou dos Estados que reconheçam sua competência, por meio de algum Estado-parte, pelo Conselho de Segurança (nos termos do Capítulo VII da Carta da ONU) ou pelo procurador-geral do TPI. Se a acusação for devidamente processada e aceita pela Câmara Preliminar, o TPI poderá julgar o caso. *E, caso condene o indiciado culpado, a pena imposta terá de respeitar o limite máximo de 30 anos. Todavia, caso o crime seja de extrema gravidade, poderá ser aplicada a pena de prisão perpétua. Concomitantemente, poderá ser aplicada a pena de multa e de confisco, caso restar comprovado que o culpado adquiriu bens de forma ilícita (artigo 77 do Estatuto de Roma).* Além de sanções de natureza penal, o TPI pode determinar a reparação às vítimas de crimes e respectivos familiares, principalmente por meio da restituição, da indenização ou da reabilitação. Ainda, o Tribunal poderá, de ofício ou por requerimento, em circunstâncias excepcionais, determinar a extensão e o nível dos danos, da perda ou do prejuízo causados às vítimas ou aos titulares do direito à reparação, com a indicação dos princípios nos quais fundamentou sua decisão (artigo 75 do Estatuto de Roma). Por fim, a grande inovação do Estatuto foi a criação do instituto da *entrega* ou *surrender*, ou seja, a entrega de um Estado para o TPI (plano vertical), a pedido deste, de indivíduo que deva cumprir pena por prática de algum dos crimes tipificados no artigo 5º do Estatuto de Roma. A título comparativo, a extradição é a entrega de um Estado para outro Estado (plano horizontal), a pedido deste, de indivíduo que em seu território deva responder a processo penal ou cumprir pena por prática de crime de certa gravidade. A grande finalidade do instituto da *entrega* é driblar o princípio da não extradição de nacionais e, logicamente, garantir o julgamento do acusado, pois o TPI não julga indivíduos à revelia. Assim, criou-se tal figura para permitir que o Estado entregue indivíduo que seja nacional seu ao TPI. Em outras palavras, a *entrega* nada mais é do que o cumprimento de ordem emanada do Tribunal Penal Internacional. A legitimidade dessa autoridade reside no fato de o Tribunal realizar os anseios de justiça de toda a comunidade internacional, julgando e condenando autores de crimes nefastos para a humanidade. Assim, o Estado, como signatário do Estatuto de Roma, deve cooperar e entregar seu nacional para ser julgado pelo TPI. A título comparativo, a *entrega* é de interesse de toda a comunidade internacional, ao passo que a *extradição* é de interesse do país requerente. O Brasil, com fundamento no artigo 5º, LI e § 4º, da CF, permite a entrega de nacional seu ao TPI, mas proíbe a extradição de nacional seu ao Estado requerente. Lembrando, com base no inciso. LI supracitado, que existe uma exceção ao princípio da não extradição de nacionais no Brasil: trata-se do caso de brasileiro naturalizado que tiver comprovado envolvimento em tráfico ilícito de entorpecentes e drogas afins. Como curiosidade, cabe lembrar que os EUA não reconhecem a jurisdição do TPI.

Gabarito "D"

(Delegado/SP – 2003) Complete:

A Convenção sobre Direitos da Criança considera como criança todo ser humano com idade inferior a ______, a não ser quando por lei de seu país a maioridade for determinada com idade mais baixa.

(A) 12 anos.
(B) 14 anos.
(C) 16 anos.
(D) 18 anos.

A Convenção sobre Direitos da Criança, no seu art. 1º, determina que criança é todo ser humano com menos de dezoito anos de idade, a não ser que, em conformidade com a lei aplicável à criança, a maioridade seja alcançada antes.

Gabarito "D"

(Delegado/SP – 2003) Indique qual destes instrumentos prevê, em seu artigo 4º, a aplicação de medidas especiais de ação afirmativa, de caráter temporário, destinadas a acelerar a igualdade entre os indivíduos, buscando superar injustiças cometidas no passado contra as mulheres

(A) Declaração Universal dos Direitos Humanos.
(B) Convenção Americana sobre Direitos Humanos.
(C) Convenção sobre a Eliminação de todas as formas de Discriminação contra a Mulher.
(D) Convenção Interamericana para Prevenir, Punir e Erradicar a Violência contra a Mulher.

A: incorreta. O art. 4º da Declaração Universal dos Direitos Humanos assim dispõe: "ninguém será mantido em escravidão ou servidão, a escravidão e o tráfico de escravos serão proibidos em todas as suas formas". **B:** incorreta. O art. 4º da Convenção Americana sobre Direitos Humanos trata do direito à vida e nada diz sobre a aplicação de medidas especiais de ação afirmativa que busquem a igualdade de gênero. **C:** correta. O art. 4º da Convenção sobre a Eliminação de todas as formas de Discriminação contra a Mulher prevê expressamente a adoção de medidas especiais de ação afirmativa, de caráter temporário, para acelerar a busca de igualdade de fato entre o homem e a mulher. Ademais, dispõe que a adoção de ações afirmativas não pode ser considerada discriminação e determina que tais cessarão quando os objetivos de igualdade de oportunidade e tratamento houverem sido alcançados. **D:** incorreta. O art. 4º da Convenção Interamericana para Prevenir, Punir e Erradicar a Violência contra a Mulher não prevê medidas especiais de ação afirmativa, apenas traça uma lista dos direitos que a mulher possui.

Gabarito "C"

(Delegado/SP – 2000) A adoção de medidas especiais de proteção ou incentivo a grupos ou indivíduos, com vistas a promover sua ascensão na sociedade até um nível de equiparação com os demais, com previsão na Convenção Sobre a Eliminação de Todas as Formas de Discriminação Racial (1968) denomina-se

(A) ação afirmativa.
(B) "apartheid".
(C) relativismo universal.
(D) política de segregação.

A: correta. Os Estados-partes da Convenção Sobre a Eliminação de Todas as Formas de Discriminação Racial têm a obrigação de implementar políticas públicas que assegurem efetivamente a progressiva eliminação da discriminação racial. Percebe-se que o ideal de igualdade não vai ser atingido somente por meio de políticas repressivas que proíbam a discriminação. É necessário uma comunhão da proibição da discriminação (igualdade formal) com ações afirmativas temporárias (igualdade material). Tal dualidade de ação faz-se necessária, pois a parcela populacional vítima de descriminação racial coincide com a parcela socialmente vulnerável. **B:** incorreta. O *apartheid* foi um regime de segregação racial adotado de 1948 a 1994 pelos sucessivos governos do Partido Nacional na África do Sul, no qual os direitos da grande maioria dos habitantes (formada por negros) foram cerceados pelo governo formado pela minoria branca. **C:** incorreta. O termo empregado na assertiva nada tem a ver com ações afirmativas temporárias, e o que se pode tirar do termo "relativismo universal" só pode ser a doutrina do relativismo cultural, a qual faz duras críticas à universalização dos direitos humanos. Mas, as críticas referentes à leitura de *universalização* por *ocidentalização* não devem proceder, isto porque os direitos humanos transcendem às criações culturais no sentido *lato* (religião, tradição, organização política etc.) por serem adstritos à condição humana. Destarte, particularidades regionais e nacionais devem ser levadas em conta, mas nunca devem impedir a proteção mínima dos direitos humanos, até porque tais fazem parte do *jus cogens*. Assim, o universalismo derrota o relativismo. **D:** incorreta. A política de segregação pode ser traduzida pela situação de uma sociedade que impede parcela de sua população de usufruir de direitos que estão definidos para os membros dessa sociedade, com base na origem étnica (ou "raça") dessas pessoas, no caso trata-se de uma política de segregação racial, e esta forma de discriminação racial, como vimos no comentário à assertiva "B", pode ser institucionalizada pelo Estado, como aconteceu na África do Sul com o *apartheid*. Ou seja, a política de segregação é o isolamento de certa parcela da população, a qual fica destituída dos direitos que gozam o restante da população.

Gabarito "A"

(Delegado/SP – 2000) Segundo a Convenção Contra a Tortura e Outros Tratamentos ou Penas Cruéis e Degradantes (1984) o Estado-parte onde se encontra o suspeito da prática de tortura deverá

(A) processá-lo ou extraditá-lo, mas somente se houver acordo bilateral de extradição.
(B) somente processá-lo tendo em vista o princípio da jurisdição compulsória.
(C) processá-lo ou extraditá-lo independentemente de tratado de extradição.
(D) somente extraditá-lo tendo em vista o princípio da jurisdição universal.

A tortura é considerada um crime internacional e para combatê-la, a "Convenção contra a tortura" estabeleceu jurisdição compulsória e universal para julgar os acusados de tortura. A compulsoriedade da jurisdição determina que os Estados-partes devem punir os torturadores, independentemente do local onde o crime foi cometido e da nacionalidade do torturador e da vítima. A universalidade da jurisdição determina que os Estados-partes processem ou extraditem o suspeito da prática de tortura, independentemente da existência de tratado prévio de extradição.

Gabarito "C"

4. SISTEMA AMERICANO DE PROTEÇÃO DOS DIREITOS HUMANOS

(Delegado/SP – 2014 – VUNESP) Considerando o disposto expressamente no Pacto Internacional de *San José da Costa Rica* (Convenção Americana de Direitos Humanos de 1969), a respeito do direito à vida e do direito à integridade pessoal, é correto afirmar que

(A) os processados devem ficar separados dos condenados, salvo em circunstâncias excepcionais, e devem ser submetidos a tratamento adequado à sua condição de pessoas não condenadas.

(B) toda pessoa tem o direito de que se respeite sua vida, e o direito de ser protegido pela lei, em geral, desde o momento do seu nascimento.

(C) todos os países estão proibidos de adotar a pena de morte e aqueles que já a adotem devem aboli-la de imediato.

(D) é vedada pelos Estados a adoção da pena de prisão perpétua, exceto para casos de crimes hediondos.

(E) a pena de trabalhos forçados será vedada unicamente a menores de vinte e um anos e a maiores de setenta anos.

Seguem os artigos 4º e 5º da Convenção Americana:

Artigo 4º – Direito à vida

1. Toda pessoa tem o direito de que se respeite sua vida. Esse direito deve ser protegido pela lei e, em geral, desde o momento da concepção. Ninguém pode ser privado da vida arbitrariamente.
2. Nos países que não houverem abolido a pena de morte, esta só poderá ser imposta pelos delitos mais graves, em cumprimento de sentença final de tribunal competente e em conformidade com a lei que estabeleça tal pena, promulgada antes de haver o delito sido cometido. Tampouco se estenderá sua aplicação a delitos aos quais não se aplique atualmente.
3. Não se pode restabelecer a pena de morte nos Estados que a hajam abolido.
4. Em nenhum caso pode a pena de morte ser aplicada a delitos políticos, nem a delitos comuns conexos com delitos políticos.
5. Não se deve impor a pena de morte a pessoa que, no momento da perpetração do delito, for menor de dezoito anos, ou maior de setenta, nem aplicá-la a mulher em estado de gravidez.
6. Toda pessoa condenada à morte tem direito a solicitar anistia, indulto ou comutação da pena, os quais podem ser concedidos em todos os casos. Não se pode executar a pena de morte enquanto o pedido estiver pendente de decisão ante a autoridade competente.

Artigo 5º – Direito à integridade pessoal

1. Toda pessoa tem direito a que se respeite sua integridade física, psíquica e moral.
2. Ninguém deve ser submetido a torturas, nem a penas ou tratos cruéis, desumanos ou degradantes. Toda pessoa privada de liberdade deve ser tratada com o respeito devido à dignidade inerente ao ser humano.
3. A pena não pode passar da pessoa do delinquente.
4. Os processados devem ficar separados dos condenados, salvo em circunstâncias excepcionais, e devem ser submetidos a tratamento adequado à sua condição de pessoas não condenadas.
5. Os menores, quando puderem ser processados, devem ser separados dos adultos e conduzidos a tribunal especializado, com a maior rapidez possível, para seu tratamento.
6. As penas privativas de liberdade devem ter por finalidade essencial a reforma e a readaptação social dos condenados.

A: correta (artigo 5º, ponto 4, da Convenção Americana); **B:** incorreta. O direito descrito na assertiva tem início com a concepção e não o nascimento (artigo 4º, ponto 1, da Convenção Americana); **C:** incorreta. A Convenção não impõe a obrigação de abolição imediata da pena de morte aos países partes que a adotem. Apenas estabelece condições para sua aplicação, como para os delitos mais graves (artigo 4º, pontos 2 e 3, da Convenção Americana); **D:** incorreta, pois não existe a citada vedação na Convenção; **E:** incorreta, pois não existe determinação semelhante na Convenção (artigo 6º, ponto 2, da Convenção Americana).

Gabarito "A"

(Delegado/MG – 2012) O sistema internacional de proteção dos direitos humanos pode apresentar diferentes âmbitos de aplicação, daí poder se falar de sistemas global e regional. O instrumento de maior importância no sistema interamericano é a Convenção Americana de Direitos Humanos, também denominada Pacto de San José da Costa Rica que

(A) foi assinada em San José, Costa Rica, em 1969, tendo como Estados membros todos os países das Américas do Norte, Central e do Sul, que queiram participar.

(B) substancialmente reconhece e assegura um catálogo de direitos civis, políticos, econômicos, sociais e culturais, garantindo-lhes a plena realização.

(C) exige dos governantes dos Estados signatários estritamente obrigações de natureza negativas, como por exemplo o dever de não torturar um indivíduo.

(D) em face dos direitos constantes no texto, cada Estado-parte deve respeitar e assegurar o livre e pleno exercício desses direitos e liberdades, sem qualquer discriminação.

A: incorreta. O sistema protetivo americano foi instalado em 1948 pela Carta da Organização dos Estados Americanos, que, por sua vez, foi adotada na 9ª Conferência Internacional Americana, que se reuniu em Bogotá, na Colômbia. Na mesma Conferência, foi adotada a Declaração Americana dos Direitos e Deveres do Homem, que foi o primeiro acordo internacional sobre direitos humanos, antecipando a Declaração Universal dos Direitos Humanos, escrita seis meses depois. O sistema protetivo americano não contava com mecanismo constritivo de proteção dos direitos humanos, mas apenas com uma declaração (*soft law*) de que os Estados membros deveriam proteger os direitos humanos. Em 22 de novembro de 1969, na Conferência de San José da Costa Rica, foi adotada a Convenção Americana de Direitos Humanos[23] (Pacto de San José da Costa Rica), a qual só entrou em vigor internacional em 18 de julho de 1978 (quando atingiu as 11 ratificações necessárias) e é o principal instrumento protetivo do sistema americano. No Brasil, a Convenção passou a ter vigência por meio do Decreto. nº 678 de 6 de novembro de 1992. Cabe destacar que o artigo 2º desse decreto dispõe sobre a declaração interpretativa do governo brasileiro: "O Governo do Brasil entende que os arts. 43 e 48, *d*, não incluem o direito automático de visitas e inspeções *in loco* da Comissão Interamericana de Direitos Humanos, as quais dependerão da anuência expressa do Estado". Tal declaração interpretativa funciona como uma ressalva que limita os poderes da Comissão Interamericana de Direitos Humanos.[24] Como órgãos de fiscalização e julgamento (controle de convencionalidade internacional) do sistema americano de proteção dos direitos humanos, a Convenção instituiu a Comissão e a Corte Interamericana de Direitos Humanos, dotando-o, dessa maneira, de mecanismos constritivos de proteção dos direitos humanos (*hard law*). *Na Convenção só é permitida a participação dos países-membros da OEA* (na época da assinatura da Convenção, Cuba estava suspensa da OEA e logicamente não pôde escolher participar); **B:** incorreta. Ao longo da Convenção é possível identificar inúmeros direitos civis e políticos (ditos de primeira geração), nos moldes do Pacto Internacional de Direitos Civis e Políticos. A única menção aos direitos econômicos, sociais e culturais é encontrada no artigo 26 do Pacto de San José, que se limita a determinar que os Estados se engajem em progressivamente implementar tais direitos (em sua dimensão negativa e positiva), ditos de segunda geração. Tal escolha (de só regular os direitos políticos e civis) foi direcionada para obter a adesão dos EUA. Essa situação modificou-se com a adoção, na Conferência Interamericana de San Salvador, em 17 de novembro de 1988, do Protocolo Adicional à Convenção, conhecido como Protocolo de San Salvador. A partir de então, tem-se uma enumeração dos direitos econômicos, sociais e culturais que os países americanos – membros da OEA – obrigaram-se a implementar progressivamente. Lembrando-se sempre da tripla obrigação dos Estados para com todos os direitos humanos: proteger, respeitar e realizar[25]; **C:** incorreta, pois os Estados-membros assu-

---

23. É de suma importância sublinhar que a Convenção Interamericana de Direitos Humanos é autoaplicável. Tal definição provém do Parecer Consultivo 07/1986 da Corte Interamericana de Direitos Humanos. Assim, uma vez internalizada, estará apta a irradiar seus efeitos diretamente na ordem interna do país-parte, isto é, não necessitará de lei que regulamente sua incidência nos países que aderiram a seus mandamentos.

24. Todavia, deve-se apontar, como uma das consequências do princípio *pro homine*, que a interpretação das limitações de direitos estabelecidos nos tratados internacionais de direitos humanos deve ser restritiva – tudo para impedir ao máximo a diminuição da proteção da pessoa humana. Aliás, nesse sentido é o Parecer Consultivo 02, de 24 de setembro de 1982, da Corte Interamericana de Direitos Humanos.

25. Para ilustrar, segue um trecho da importante sentença da Corte Interamericana de Direitos Humanos exarada no caso Velásquez Rodríguez, ocasião em que foi explicitada a obrigação de os Estados-partes garantirem o livre e o pleno exercício dos direitos reconhecidos na Convenção Americana de Direitos Humanos: "Esta obrigação implica o dever dos Estados-partes de organizar todo o aparato governamental e, em geral, todas as estruturas por meio das quais se manifesta o exercício do poder público, de maneira que sejam capazes de assegurar juridicamente o livre e pleno exercício dos direitos humanos. Como consequência dessa obrigação, os *Estados devem prevenir, investigar*

mem obrigações de caráter positivo e negativo, sempre observando a tripla obrigação para com todos os direitos humanos: proteger (*to protect*), respeitar (*to respect*) e realizar (*to fulfill*); **D:** correta, pois reflete a redação do art. 1º, ponto 1, da Convenção Americana sobre Direitos Humanos.

Gabarito "D"

(Delegado/SP – 2003) Assinale a alternativa que não se encontra explicitada no texto da Convenção Americana sobre Direitos Humanos.

(A) Toda pessoa tem direito a um prenome.
(B) O direito à vida deve ser protegido por lei e, em geral, desde o nascimento.
(C) Os menores, quando puderem ser processados, devem ser separados dos adultos e conduzidos a tribunal especializado.
(D) Toda pessoa tem direito à liberdade e à segurança pessoal.

A: correta. Tal direito encontra-se insculpido no art. 18 da Convenção Americana de Direitos Humanos. **B:** incorreta. O art. 4º, 1, da Convenção Americana de Direitos Humanos dispõe que o direito à vida deve ser protegido por lei e, em geral, desde a concepção. **C:** correta. Tal direito encontra-se insculpido no art. 5º, 5, da Convenção Americana de Direitos Humanos. **D:** correta. Tal direito encontra-se insculpido no art. 7º, 1, da Convenção Americana de Direitos Humanos.

Gabarito "B"

(Delegado/SP – 2003) Estabelece a Comissão Interamericana de Direitos Humanos e a Corte Interamericana de Direitos Humanos como meios de proteção e órgãos competentes "para conhecer dos assuntos relacionados com o cumprimento dos compromissos assumidos pelos Estados-partes nesta Convenção" a

(A) Convenção Americana sobre Direitos Humanos.
(B) Convenção Interamericana para Prevenir e Punir a Tortura.
(C) Carta das Nações Unidas.
(D) Declaração Universal dos Direitos Humanos.

A: correta. A Convenção Americana de Direitos Humanos de 1969 ou Pacto de San José da Costa Rica instituiu a Comissão Interamericana de Direitos Humanos e a Corte Interamericana de Direitos Humanos para monitorar o implemento das obrigações assumidas pelos Estados-partes da Convenção Americana de Direitos Humanos. B, C e **D:** incorretas. Como visto no comentário à assertiva "A", a Comissão Interamericana de Direitos Humanos e a Corte Interamericana de Direitos Humanos foram instituídas pela Convenção Americana de Direitos Humanos.

Gabarito "A"

(Delegado/SP – 2002) A Convenção Americana de Direitos Humanos prevê que somente a Comissão e os Estados signatários podem submeter controvérsias à Corte, não permitindo que indivíduos, grupos de indivíduos e organizações não governamentais a provoquem diretamente. Pretende-se com isso

(A) privilegiar a solução jurídica dos conflitos.
(B) privilegiar a solução consensual dos conflitos.
(C) possibilitar que todos a acionem diretamente.
(D) privilegiar a solução jurídica ou litigiosa dos conflitos.

A: incorreta. A legitimidade ou não dos indivíduos para exercer o *direito de petição* perante a Corte Interamericana de Direitos Humanos em nada interfere na juridicidade de suas decisões. Isso porque a solução jurídica dos conflitos é possível por ser a Corte o órgão jurisdicional do sistema regional de proteção americano. **B:** correta. Dotar o indivíduo de legitimidade para exercer o *direito de petição* perante a Corte possibilitaria a democratização no manejo do sistema regional de proteção americano, assim como também aumentaria a capilaridade de seu monitoramento. Por consequência desses efeitos benéficos veríamos um aumento substancial nas controvérsias submetidas à Corte e isso por dois motivos principais. O primeiro, como vimos, pela democratização no manejo do sistema regional de proteção e o segundo porque os indivíduos não iam proceder à considerações políticas prévias à propositura da controvérsia. As considerações políticas recheiam as decisões dos Estados e mesmo da Comissão de submeter certa controvérsia à Corte. **C:** incorreta. Na verdade, é o contrário, pois a proibição dos indivíduos exercerem o *direito de petição* perante a Corte limita o acesso e não possibilita que todos a acionem. **D:** incorreta, consoante comentário feito à assertiva "A".

Gabarito "B"

(Delegado/SP – 1999) Caso a Comissão Interamericana de Direitos Humanos solicite informações sobre uma violação de direitos ocorrida em território nacional, o governo brasileiro

(A) é obrigado a fornecê-las em razão da Convenção Americana de Direitos Humanos de 1969.
(B) é obrigado a prestá-las, pois sendo signatário da Declaração Universal dos Direitos Humanos de 1948, obrigou-se a prestar informações à Comissão Interamericana de Direitos Humanos.
(C) é obrigado a prestá-las, caso o Governo brasileiro, ao ratificar a Convenção Americana de Direitos Humanos, tivesse feito menção expressa a esta possibilidade de supervisão pela Comissão Interamericana de Direitos Humanos.
(D) não tem nenhuma obrigação de fornecer a referida informação, pois isto constituiria uma violação da soberania brasileira.

A: correta. O art. 41, *d*, da Convenção Americana de Direitos Humanos dispõe que a Comissão Interamericana de Direitos Humanos tem a função principal de promover a observância e a defesa dos direitos humanos e, no exercício de seu mandato, tem as seguintes funções e atribuições: a) estimular a consciência dos direitos humanos nos povos da América, b) formular recomendações aos governos dos Estados-membros, quando considerar conveniente, no sentido de que adotem medidas progressivas em prol dos direitos humanos no âmbito de suas leis internas e seus preceitos constitucionais, bem como disposições apropriadas para promover o devido respeito a esses direitos, c) preparar estudos ou relatórios que considerar convenientes para o desempenho de suas funções, d) solicitar aos governos dos Estados-membros que lhe proporcionem informações sobre as medidas que adotarem em matéria de direitos humanos, e) atender às consultas que, por meio da Secretaria Geral da Organização dos Estados Americanos, lhe formularem os Estados-membros sobre questões relacionadas com os direitos humanos e, dentro de suas possibilidades, prestar-lhes o assessoramento que lhes solicitarem, f) atuar com respeito às petições e outras comunicações, no exercício de sua autoridade, de conformidade com o disposto nos artigos 44 a 51 desta Convenção e g) apresentar um relatório anual à Assembleia Geral da Organização dos Estados Americanos. **B:** incorreta. A Declaração Universal dos Direitos Humanos é o diploma central do sistema global de proteção dos direitos humanos, assim não tem ligação direta com o sistema americano de proteção dos direitos humanos (rever o comentário sobre a assertiva "A"). **C:** incorreta, pois a simples ratificação da Convenção Americana de Direitos Humanos já capacitaria a Comissão para solicitar aos governos dos Estados-membros que lhe proporcionem informações sobre as medidas que adotarem em matéria de direitos humanos. Isto é, não é necessário menção expressa, pois assim não foi previsto pela Convenção. **D:** incorreta. O conceito de soberania absoluta encontra-se há muito mitigado, poder-se-ia lançar mão de inúmeros argumentos que afastam a pretensa violação da soberania brasileira no caso mencionado na assertiva "D". Mas suficiente apontar que o Brasil, com suporte no *princípio da autodeterminação dos povos*, aquiesceu com a competência da Comissão Interamericana de Direitos Humanos. Isto é, com supedâneo em sua soberania escolheu fazer parte do sistema americano de proteção dos direitos humanos e qualquer determinação ou punição que provier desse sistema já foi aceita de antemão pelo Brasil.

Gabarito "A"

(Delegado/SP – 1998) Segundo expressamente estabelece a Convenção Americana de Direitos Humanos (Pacto de San José da Costa Rica), o direito de submeter casos à decisão da Corte Interamericana de Direitos Humanos pertence

(A) a qualquer pessoa.
(B) somente aos Estados-partes e à Comissão Interamericana de Direitos Humanos.
(C) somente à Comissão Interamericana de Direitos Humanos.
(D) a qualquer pessoa que esteja sob jurisdição dos Estados-partes.

A Corte Interamericana de Direitos Humanos é o órgão jurisdicional do sistema regional de proteção americano. Sua composição é de sete juízes, os quais são nacionais dos países-membros da OEA. A escolha desses juízes é feita pelos Estados-partes da

---

e sancionar toda violação dos direitos reconhecidos pela Convenção e procurar, ademais, o restabelecimento, se possível, do direito violado e também a reparação dos danos produzidos pela violação dos direitos humanos" (tradução minha). O caso analisado trata de um estudante universitário de Honduras – Velásquez Rodríguez – que foi detido por autoridades policiais hondurenhas, sendo, posteriormente, vítima de tortura até ser tido como desaparecido. Em sentença de 29 de julho de 1988, a Corte Interamericana de Direitos Humanos declarou, por unanimidade, que Honduras violou, em prejuízo de Velásquez Rodríguez, o direito à liberdade pessoal (artigo 7º da Convenção), o direito à integridade pessoal (artigo 5º da Convenção) e o direito à vida (artigo 4º da Convenção), todos em conexão com o artigo 1º, ponto 1, da Convenção. A Corte declarou ainda, também por unanimidade, que Honduras deveria pagar uma justa indenização compensadora para os familiares da vítima, mas não fixou os parâmetros para o pagamento, apenas ressalvou que, se a Comissão Interamericana de Direitos Humanos e Honduras não chegassem a um acordo, a Corte seria responsável por estabelecer a forma e a quantia da indenização.

Convenção; importante sublinhar que esta escolha é realizada a título pessoal. Um traço marcante é que a Corte só pode ser acionada pelos Estados-partes ou pela Comissão, o indivíduo, conforme art. 61 da Convenção fica proibido de apresentar petição à Corte.

Gabarito "B"

(Delegado/SP – 1998) A Convenção Americana de Direitos Humanos (Pacto de San José da Costa Rica), procedendo à expressa correlação entre deveres e direitos estabelece que toda a pessoa tem deveres para com

(A) a família, a comunidade e a humanidade.
(B) o Estado e seus governantes.
(C) o movimento internacional de proteção aos direitos humanos.
(D) a Comissão e a Corte Interamericana de Direitos Humanos.

O art. 32, 1, da Convenção Americana de Direitos Humanos dispõe que toda pessoa tem deveres para com a família, a comunidade e a humanidade.

Gabarito "A"

(Delegado/SP – 1998) A Convenção Americana de Direitos Humanos estabeleceu que "toda a pessoa acusada de um delito tem direito a que se presuma sua inocência, enquanto não for legalmente comprovada sua culpa". A Constituição brasileira, nessa esteira, dispôs que "ninguém será considerado culpado até o trânsito em julgado de sentença penal condenatória". À vista da vigência desses preceitos é correto afirmar que

(A) a lei processual penal não poderá opor qualquer restrição ao direito do réu de apelar em liberdade.
(B) o réu primário e de bons antecedentes somente poderá ser preso em virtude de pena privativa de liberdade, imposta através de sentença condenatória transitada em julgado.
(C) o réu não terá o seu nome lançado no rol dos culpados, enquanto não estiver definitivamente condenado.
(D) ninguém será preso por dívidas.

A: incorreta. Não condiz com os preceitos exteriorizados na questão. **B:** incorreta. Não condiz com os preceitos exteriorizados na questão. **C:** correta. Condiz perfeitamente com os preceitos exteriorizados na questão, assim, o réu não terá o seu nome lançado no rol dos culpados, enquanto não estiver definitivamente condenado. Isso porque a Constituição brasileira e a Convenção Americana de Direitos Humanos definem, cada uma a sua maneira, que ninguém será considerado culpado até o trânsito em julgado de sentença penal condenatória. **D:** incorreta. Não condiz com os preceitos exteriorizados na questão.

Gabarito "C"

(Delegado/SP – 1998) Dentre as ações internacionais intentadas contra o Estado Brasileiro perante a Comissão Interamericana de Direitos Humanos podemos destacar

(A) o caso referente à violação dos direitos das populações indígenas no Brasil, especialmente perpetrada contra a comunidade Yanomami.
(B) o caso da morte, por policiais, de cento e onze presos, na Casa de Detenção conhecida como "Presídio do Carandiru", no Município de São Paulo.
(C) os casos de violência rural no Estado do Pará, com registros de assassinatos e agressões vitimando trabalhadores rurais.
(D) todas as assertivas acima estão corretas.

A: correta. Trata-se do Caso 7615. Este caso é bem peculiar, pois foi submetido à Comissão Interamericana de Direitos Humanos somente por organizações não governamentais de âmbito internacional contra o Governo brasileiro. As organização não governamentais (*Survival International, Indian Law Resource Center, Anthropology Resource Center*, entre outras) acusaram o Governo brasileiro de violar os direitos à vida, à liberdade, à segurança, à igualdade perante a lei, à saúde e bem-estar, à educação e à propriedade destas populações indígenas. Por fim, a Comissão reconheceu as violações dos direitos dos índios Yanomamis e traçou algumas recomendações ao Governo brasileiro com o fito de reverter o quadro de violações aos povos indígenas. Ademais, foi submetida outra acusação contra o Brasil no que tange à violação dos direitos dos índios Yanomamis (Caso 11745). **B:** correta. O Caso 11291 que trata da morte, por policiais, de cento e onze presos, no Presídio do Carandiru, insere-se no universo de casos submetidos à Comissão Interamericana de Direitos Humanos sobre violência policial. Esse caso foi submetido à Comissão pelo Centro para Justiça e o Direito Internacional, Comissão Teotônio Vilela e *Human Rights Watch*. Interessante apontar que um dos pedidos dos peticionários era a desativação do complexo do Carandiru, o que foi feito mediante sua implosão em 2003. **C:** correta. Em grande parcela dos casos no qual o Governo brasileiro é acusado de violar direitos humanos, e, assim, obrigações internacionais, afigura-se o problema da violência rural. Os casos que envolvem violência rural foram submetidos à Comissão por organizações não governamentais de âmbito internacional e nacional (Comissão Pastoral da Terra, *Human Rights Watch*, Centro para a Justiça e o Direito Internacional, entre outras). A maioria dos casos trata de violência rural localizada no Estado do Pará. **D:** correta e esta deve ser assinalada porque todas as assertivas estão corretas.

Gabarito "D"

5. SISTEMA AMERICANO DE PROTEÇÃO ESPECÍFICA DOS DIREITOS HUMANOS

(Delegado/SP – 2011) De acordo com a Convenção Interamericana para Prevenir e Punir a Tortura (1985), podem ser sujeitos ativos do crime de tortura

(A) apenas funcionários ou empregados públicos, ou particulares desde que instigados pelos dois primeiros.
(B) apenas funcionários ou empregados públicos, ainda que em período de estágio probatório ou equivalente.
(C) qualquer pessoa, desde que tenha a intenção de impor grave sofrimento físico ou mental.
(D) exclusivamente empregados ou funcionários públicos, agindo em razão do ofício ou função.
(E) qualquer pessoa, desde que seja penalmente responsável nos termos da lei do Estado-parte .

A Convenção, adotada em 9 de dezembro de 1985, em Cartagena, na Colômbia, e promulgada no Brasil em 9 de dezembro de 1989 pelo Decreto nº 98.386, tem por fundamento a consciência de que todo ato de tortura ou outros tratamentos ou penas cruéis, desumanos ou degradantes constituem uma ofensa à dignidade humana. Os Estados-partes têm obrigação de proibir a tortura, esta não podendo ser praticada nem mesmo em circunstâncias excepcionais. Por tortura entende-se todo ato pelo qual são infligidos intencionalmente a uma pessoa penas ou sofrimentos físicos ou mentais, com fins de investigação criminal, como meio de intimidação, como castigo pessoal, como medida preventiva, como pena ou com qualquer outro fim. Entende-se também como tortura a aplicação em uma pessoa de métodos tendentes a anular a personalidade da vítima ou a diminuir sua capacidade física ou mental, embora não causem dor física ou angústia psíquica (artigo 2º da Convenção). E consoante ao artigo 3º, *a* e *b*, da Convenção, apenas os funcionários ou empregados públicos, ou ainda os particulares, desde que instigados pelos dois primeiros, podem ser sujeitos ativos do crime de tortura. É muito importante a ressalva do artigo 4º: "O fato de haver agido por ordens superiores não eximirá da responsabilidade penal correspondente". Igualmente ao previsto na Convenção da ONU contra a Tortura e outros Tratamentos ou Penas Cruéis, Desumanos ou Degradantes, os Estados-partes se obrigam a punir os torturadores, independentemente do país em que a tortura tenha sido realizada e da nacionalidade do torturador. Percebe-se que a Convenção Interamericana também estabeleceu jurisdição compulsória e universal para julgar os acusados de tortura. A compulsoriedade da jurisdição determina que os Estados-partes devem punir os torturadores, independentemente do local onde o crime foi cometido e da nacionalidade do torturador e da vítima. E a universalidade da jurisdição determina que os Estados-partes processem ou extraditem o suspeito da prática de tortura, independentemente da existência de tratado prévio de extradição. Para monitorar o cumprimento das obrigações constantes na Convenção, a Comissão Interamericana de Direitos Humanos recebe relatórios confeccionados pelos Estados-partes, os quais auxiliam a confecção do relatório anual da Comissão.

Gabarito "A"

6. DIREITOS HUMANOS NO BRASIL

(Delegado/SP – 2014 – VUNESP) No direito brasileiro, considerando os tratados internacionais de direitos humanos, bem como o entendimento atual do Supremo Tribunal Federal, é correto afirmar, a respeito da prisão civil, que

(A) são admitidas apenas duas possibilidades de prisão civil: a do depositário infiel e a do devedor de pensão alimentícia.
(B) é ilícita a prisão do depositário infiel, qualquer que seja a modalidade do depósito.
(C) foram abolidas todas e quaisquer hipóteses legais de prisão civil.
(D) é ilícita a prisão do devedor de pensão alimentícia, sendo admitida apenas a prisão do depositário infiel.
(E) se admite, atualmente, no direito pátrio, a prisão civil somente em âmbito federal, desde que haja decisão judicial transitada em julgado.

A: incorreta, porque a prisão civil do depositário infiel não é mais admitida; **B**: correta (Súmula Vinculante nº 25, STF); **C**: incorreta, pois a prisão civil do devedor de pensão alimentícia segue sendo possível; **D** e **E**: incorretas. Reler os comentários anteriores.

Gabarito "B"

(Delegado/PR – 2013 – UEL-COPS) Sobre os direitos fundamentais, assinale a alternativa correta.

(A) São brasileiros natos os nascidos no estrangeiro de pai ou de mãe brasileira, desde que sejam registrados em repartição brasileira competente ou optem, em qualquer tempo, pela nacionalidade brasileira; sendo menor, deve ser acompanhado por seu representante legal.

(B) Os denominados direitos fundamentais individuais são aqueles que reconhecem autonomia aos particulares, garantindo a iniciativa e a independência aos indivíduos diante dos demais membros da sociedade política e do próprio Estado.

(C) Ninguém será preso senão em flagrante delito ou por ordem escrita e fundamentada de autoridade judiciária competente, salvo nos casos de transgressão militar ou crime propriamente militar, definidos em lei, ou no caso de ordem escrita e fundamentada de Comissão Parlamentar de Inquérito.

(D) A nacionalidade pode ser cancelada por sentença transitada em julgado, em virtude de atividade nociva ao interesse nacional, podendo ser reestabelecida pelo juiz de direito responsável pela condenação, depois da execução da pena imposta na sentença condenatória.

(E) Todo o tratado internacional sobre os direitos humanos que for aprovado pelo Congresso Nacional será equivalente à emenda constitucional.

A: incorreta. São brasileiros natos os nascidos no estrangeiro, de pai ou mãe brasileiros, desvinculados do serviço público, desde que sejam registrados em repartição brasileira competente ou venham a residir no território nacional e optem, a qualquer tempo, depois de atingida a maioridade, pela nacionalidade brasileira (artigo 12, I, *c*, da CF); **B**: correta, pois traz definição, de grande consenso, dos direitos fundamentais individuais; **C**: incorreta. Ninguém será preso senão em flagrante delito ou por ordem escrita e fundamentada de autoridade judiciária competente, salvo nos casos de transgressão militar ou crime propriamente militar, definidos em lei (artigo 5º, LXI, da CF); **D**: incorreta. O brasileiro naturalizado poderá ter sua nacionalidade cancelada, por sentença judicial, pelo exercício de atividade contrária ao interesse nacional. Nesse caso, só é possível readquirir a nacionalidade brasileira por meio de ação rescisória, cabível somente quando a sentença judicial já estiver transitada em julgado (artigo 12, § 4º, I, da CF); **E**: incorreta. Com a edição da EC nº 45, os tratados de direitos humanos que forem aprovados, em cada Casa do Congresso Nacional, em dois turnos, por três quintos dos votos dos respectivos membros, serão equivalentes às emendas constitucionais[26] – conforme o que determina o artigo 5º, § 3º, da CF. Ou seja, tais tratados terão hierarquia constitucional quando aprovados por maioria qualificada no Congresso Nacional (regime especial de incorporação) e forem ratificados e posteriormente publicados pelo presidente da República.

Gabarito "B"

(Delegado/MG – 2012) A Constituição brasileira de 1988 simboliza o marco jurídico da transição democrática e da institucionalização dos direitos humanos no Brasil. O texto de 1988 empresta aos direitos e garantias ênfase extraordinária, destacando-se como documento mais avançado, abrangente e pormenorizado sobre a matéria na história do País.

Leia e analise as assertivas abaixo:

I. Ao romper com a sistemática das Constituições anteriores, a Constituição de 1988, ineditamente, consagra o primado do respeito aos direitos humanos, abrindo a ordem jurídica interna ao sistema de proteção internacional desses direitos.

II. As relevantes transformações internas, decorrentes do processo de democratização, permitiram que os direitos humanos se convertessem em tema fundamental na agenda internacional do País, a partir de então.

III. No plano das relações internacionais, tem-se de observar que não houve inovações na Constituição de 1988, pois a mesma reproduz ainda, no texto, a antiga preocupação vivida no Império com a dependência nacional e a não intervenção.

Marque a opção correta:

(A) apenas as assertivas I e III estão corretas.

(B) Somente a assertiva III está incorreta.

(C) apenas as assertivas II e III estão corretas.

(D) as assertivas I, II e III estão corretas.

I: correta. Fruto da redemocratização, a Constituição Federal de 1988 torna a dignidade da pessoa humana um dos fundamentos da República Federativa do Brasil (art. 1º, III, da CF). Outros fundamentos que reforçam o *status* dos direitos humanos no Brasil são a cidadania, os valores sociais do trabalho e o pluralismo político (respectivamente art. 1º, II, IV e V, da CF). Ponto relevante é a determinação de que as normas definidoras dos direitos e garantias fundamentais têm aplicação imediata (art. 5º, § 1º, da CF). Isto é, o juiz pode aplicar diretamente os direitos fundamentais, sem necessidade de qualquer lei que os regulamente. Tal regra tem por base o *princípio da força normativa da Constituição*, idealizado por Konrad Hesse, e "a ideia de que os direitos individuais devem ter eficácia imediata ressalta a vinculação direta dos órgãos estatais a esses direitos e o seu dever de guardar-lhes estrita observância".[27] O § 2º é enfático: "Os direitos e garantias expressos nesta Constituição não excluem outros decorrentes do regime e dos princípios por ela adotados, ou dos tratados internacionais em que a República Federativa do Brasil seja parte". *Tal estipulação possibilita a ampliação progressiva dos direitos fundamentais, pois o Brasil poderá aumentar seu catálogo de direitos à medida que internaliza tratados internacionais de direitos humanos.*[28] Assim, a comunhão dos §§ 1º e 2º permite-nos concluir que um tratado de direitos humanos internalizado pelo Brasil faz parte de seu bloco de constitucionalidade[29] e, assim, pode ser aplicado direta e imediatamente pelo juiz. Lembrando que o bloco de constitucionalidade é composto de todas as normas do ordenamento jurídico que possuem *status* constitucional[30]; **II:** correta. Um dos fatores que sacramenta a nuclearidade dos direitos humanos no Brasil é o que dispõe o art. 4º, II, da CF. Ou seja, as relações internacionais do Brasil serão regidas, entre outros, pelo *princípio da prevalência dos direitos humanos.* Outros incisos do art. 4º da CF que corroboram a dita nuclearidade dos direitos humanos são: *a)* repúdio ao terrorismo e ao racismo (inc. VIII); *b)* cooperação entre os povos para o progresso da humanidade (inc. IX); e *c)* concessão de asilo político (inc. X); **III:** incorreta, pois, segundo o art. 4º da CF, a República Federativa do Brasil rege-se, nas suas relações internacionais, pelos seguintes princípios: *I – independência nacional*; II – prevalência dos direitos humanos; III – autodeterminação dos povos; IV – não intervenção; V – igualdade entre os Estados; VI – defesa da paz; VII – solução pacífica dos conflitos; VIII – repúdio ao terrorismo e ao racismo; IX – cooperação entre os povos para o progresso da humanidade; e X – concessão de asilo político.

Gabarito "B"

(Delegado/MG – 2012) A Constituição da República de 1988 alargou significativamente o campo dos direitos e garantias fundamentais, por isso é um marco jurídico da transição ao regime democrático no Brasil. Nesse processo de transição, é acentuada, na Constituição, a preocupação em assegurar os valores da dignidade e do bem-estar da pessoa humana, como imperativo de justiça social. **Não** corrobora com o contexto acima, o seguinte entendimento ou argumento:

(A) Os objetivos fundamentais do Estado brasileiro visam à concretização da democracia econômica, social e cultural, a fim de efetivar, na prática, a dignidade da pessoa humana.

(B) Os direitos fundamentais, que têm como núcleo a dignidade da pessoa humana, são elementos básicos para a realização do princípio democrático, tendo em vista que exercem uma função democratizadora.

(C) A Constituição traz a previsão expressa do valor da dignidade da pessoa humana como imperativo da justiça social, mas que deve ceder frente à necessidade de se preservar a ordem democrática.

(D) O valor da dignidade da pessoa humana impõe-se como núcleo básico e informador do todo o ordenamento jurídico como critério e parâmetro que orienta a compreensão do sistema constitucional.

---

26 Mas não possuirão *status* de norma constitucional originária. Ou seja, é obra do Poder Constituinte Derivado Reformador e não do Poder Constituinte Originário.

27. MENDES. *Op. cit.*, p. 671.

28. No mesmo sentido: "Trata-se de evidente cláusula de abertura do rol de direitos fundamentais, a permitir a inclusão de outros direitos e garantias àqueles já previstos na Lei Maior, desde que consoantes com os princípios constitucionais". WEIS, Carlos. *Estudo sobre a obrigatoriedade de apresentação imediata da pessoa presa ao juiz: comparativo entre as previsões dos tratados de direitos humanos e do projeto de Código de Processo Penal.* Defensoria Pública do Estado de São Paulo, 2011, p. 7.

29. O termo bloco de constitucionalidade já foi citado, pelo STF, nas ADIn 595 e 514, de relatoria do min. Celso de Mello, mas nunca foi aplicado no Brasil.

30. De forma geral e conforme o art. 5º, § 2º, da CF, o bloco de constitucionalidade é formado pelo texto constitucional, pelos princípios dele decorrentes e pelos tratados internacionais de direitos humanos.

A: incorreta, pois a assertiva corrobora com o contexto exteriorizado na questão. O art. 3º da Constituição lista os objetivos fundamentais da República Federativa do Brasil: I – construir uma sociedade livre, justa e solidária; II – garantir o desenvolvimento nacional; III – erradicar a pobreza e a marginalização e reduzir as desigualdades sociais e regionais; IV – promover o bem de todos, sem preconceitos de origem, raça, sexo, cor, idade e quaisquer outras formas de discriminação; **B:** incorreta, pois a assertiva corrobora com o contexto exteriorizado na questão. Quanto mais forem implementados os direitos humanos, maior será a condição cultural de um povo (resultado da efetivação dos direitos civis, sociais e políticos), o que permitirá o exercício do princípio democrático na sua máxima potência; **C:** correta, pois a assertiva contraria o contexto exteriorizado na questão. Não existe o citado sopesamento realizado pelo legislador e tendente à beneficiar a ordem democrática em detrimento do valor da dignidade da pessoa humana, até porque a regra é que não há respeito aos direitos humanos sem democracia, mas a democracia por si só não garante o respeito à dignidade da pessoa humana. Cabe ponderar que a dignidade da pessoa humana é o fundamento nuclear da República Federativa do Brasil (art. 1º, III, da CF); **D:** incorreta, pois a assertiva corrobora com o contexto exteriorizado na questão. Reler os comentários anteriores. Ademais, é mister asseverar que é regra básica da hermenêutica jurídica aquela que determina que a aplicação da lei deverá levar em conta os valores constitucionais que irradiam sobre todo o ordenamento jurídico. E os direitos humanos ocupam lugar central na Constituição Federal, destarte, toda interpretação e aplicação de alguma norma do ordenamento jurídico brasileiro devem ser balizadas pela dignidade da pessoa humana. Assim, a interpretação que violar a dignidade da pessoa humana não é válida, ou melhor, é inconstitucional.

Gabarito "C"

(Delegado/MG – 2012) Os fundamentos do Estado Democrático de Direito, conforme expressos na Constituição são:

(A) Os direitos políticos: votar e ser votado.
(B) A cidadania e a dignidade da pessoa humana.
(C) Federalismo e República, como formas de organização política.
(D) Meio ambiente e cultura, como bens de uso comum do povo.

O art. 1º da Constituição define os fundamentos da República Federativa do Brasil: I – a soberania; II – *a cidadania*; III – *a dignidade da pessoa humana*; IV – os valores sociais do trabalho e da livre iniciativa; e V – o pluralismo político.

Gabarito "B"

(Delegado/MG – 2012) Os direitos e garantias, enumerados na Constituição, não excluem outros decorrentes do regime e dos princípios por ela adotados, ou dos tratados internacionais em que a República Federativa do Brasil seja parte. Leia e analise as assertivas abaixo:

I. A Constituição atribuiu aos direitos internacionais uma natureza especial e diferenciada, qual seja, a natureza de norma constitucional.
II. Os direitos enunciados nos tratados de direitos humanos, de que o Brasil é parte, integram o elenco dos direitos constitucionalmente consagrados.
III. A interpretação sistemática do texto constitucional exige que a dignidade da pessoa seja o parâmetro orientador para a compreensão do fenômeno constitucional.

Marque a opção correta:

(A) apenas as assertivas I e II estão corretas.
(B) as assertivas I, II e III estão incorretas.
(C) as assertivas I, II e III estão corretas.
(D) apenas as assertivas II e III estão corretas.

I: incorreta. Depois de internalizado, o tratado é equiparado hierarquicamente à norma infraconstitucional. Assim, as normas infraconstitucionais preexistentes ao tratado serão derrogadas quando com ele colidirem. Em relação a quaisquer leis posteriores que venham a colidir com o tratado, o tema já foi decidido pelo STF na ADI-MC 1.480/DF, momento em que o STF exarou entendimento de que os tratados internacionais, em geral, ingressam no sistema jurídico brasileiro com força de lei ordinária federal e, portanto, podem ser revogados por lei posterior e de mesma natureza que com ele colidir, ainda que isso gere responsabilidade no plano internacional. Esse posicionamento do STF é, contudo, altamente criticável, pois a Convenção de Viena sobre Direitos dos Tratados está em vigor no Brasil, e o seu artigo 27 assim dispõe: "Uma parte não pode invocar as disposições de seu direito interno para justificar o inadimplemento de um tratado". Tal dúvida não existe em matéria tributária, já que o art. 98 do CTN adotou a prevalência do tratado sobre o direito interno, determinando que a legislação tributária posterior ao tratado lhe deve obediência. Tal previsão, apesar de anterior, está em consonância com a nova ordem jurídica nacional (modificada com a internalização da Convenção de Viena sobre Direitos dos Tratados); **II:** correta. Com a edição da EC nº 45, os tratados de direitos humanos que forem aprovados por quórum qualificado, ou seja, em cada Casa do Congresso Nacional, em dois turnos, por três quintos dos votos dos respectivos membros, serão equivalentes às emendas constitucionais – consoante o que determina o art. 5º, § 3º, da CF. Assim, tais tratados terão hierarquia constitucional. Muito se discutiu em relação à hierarquia dos tratados de direitos humanos que foram internalizados anteriormente à edição da EC nº 45. Mas, em 3 de dezembro de 2008, o Ministro Gilmar Mendes, no RE 466.343/SP, defendeu a tese da supralegalidade de tais tratados, ou seja, sua superioridade em relação às normas infraconstitucionais e sua inferioridade em relação às normas constitucionais. O voto do Ministro Gilmar Mendes foi acompanhado pela maioria. Todavia, tal assunto desperta calorosas discussões. Tomemos como exemplo o fato de que, no mesmo Recurso Extraordinário em que foi exarada a tese da supralegalidade, o Ministro Celso de Mello defendeu o caráter constitucional dos tratados de direitos humanos independentemente do quórum de aprovação. Apesar de a tese da supralegalidade ser um avanço na jurisprudência brasileira, deve-se apontar que uma leitura mais acurada da Constituição Federal já permitiria afirmar que os tratados de direitos humanos internalizados sem o procedimento especial teriam *status* constitucional – isso porque o § 2º do art. da 5º CF inclui os direitos humanos provenientes de tratados entre os seus direitos protegidos, ampliando o seu bloco de constitucionalidade. É importante lembrar que o bloco de constitucionalidade é composto por todas as normas do ordenamento jurídico que possuem *status* constitucional; **III:** correta. Fruto da redemocratização, a Constituição Federal de 1988 torna a dignidade da pessoa humana um dos fundamentos da República Federativa do Brasil (art. 1º, III, da CF). Outros fundamentos que reforçam o *status* dos direitos humanos no Brasil são a cidadania, os valores sociais do trabalho e o pluralismo político (respectivamente art. 1º, II, IV e V, da CF). Um dos objetivos fundamentais do Brasil, segundo a Constituição Federal, é a promoção do bem de todos, sem preconceitos de origem, raça, sexo, cor, idade e quaisquer outras formas de discriminação (art. 3º, IV). Outro objetivo que posiciona nuclearmente os direitos humanos no Brasil é o que determina a erradicação da pobreza e da marginalização e a redução das desigualdades sociais e regionais (art. 3º, III). E, ainda, o Brasil tem por objetivo a construção de uma sociedade livre, justa, solidária (art. 3º, I) e desenvolvida economicamente (art. 3º, II). O outro fator que sacramenta a nuclearidade dos direitos humanos no Brasil é o que dispõe o art. 4º, II, da CF. Ou seja, as relações internacionais do Brasil serão regidas, entre outros, pelo *princípio da prevalência dos direitos humanos*. Outros incisos do art. 4º da CF que corroboram a dita nuclearidade dos direitos humanos são: *a)* repúdio ao terrorismo e ao racismo (inc. VIII); *b)* cooperação entre os povos para o progresso da humanidade (inc. IX); e *c)* concessão de asilo político (inc. X). Ora, além de os direitos humanos fundamentarem a existência da República brasileira, são vetores para o estabelecimento da política nacional e externa. Ademais, podem-se considerar os direitos humanos até como limitadores do poder constituinte originário: "É fora de dúvida que o Poder Constituinte é um fato político, uma força material e social, que não está subordinado ao Direito positivo preexistente. Não se trata, porém, de um poder ilimitado ou incondicionado. Pelo contrário, seu exercício e sua obra são pautados tanto pela realidade fática como pelo Direito, âmbito no qual a dogmática pós-positivista situa os valores civilizatórios, os direitos humanos e a justiça."[31] Outro ponto de destaque é a inclusão dos direitos da pessoa humana na lista dos princípios sensíveis da Constituição (art. 34, VII, *b*, da CF), os quais autorizam, diante de suas violações, a medida extrema da intervenção.[32] Isso significa que se um Estado federado incidir em grave violação dos direitos humanos e nada fizer para mudar essa situação lamentável, a União intervirá[33] nessa unidade federada para restabelecer o respeito integral dos direitos da pessoa humana. O STF já se pronunciou sobre um pedido de intervenção federal que teve por base a grave violação dos direitos da pessoa humana (art. 34, VII, *b*, da CF). Foi a IF 114-5/MT, ocasião em que o STF sublinhou que a gravidade do fato por si só (violação dos direitos da pessoa humana) não é motivo suficiente para intervenção federal. É necessária a cabal demonstração de que o Estado não pode dar uma resposta efetiva ao fato grave ocorrido, ou seja, somente será possível a intervenção federal nesses casos se o Estado não possuir uma estrutura mínima que lhe permita responder ao fato danoso – na maioria dos casos, estrutura para movimentar efetivamente a persecução penal.[34]

31. BARROSO, Luís Roberto. *Curso de direito constitucional contemporâneo*. São Paulo: Saraiva, 2009. p. 110.
32. "A intervenção federal pelo inciso VII do artigo 34 busca resguardar a observância dos chamados princípios constitucionais sensíveis. Esses princípios visam assegurar uma unidade de princípios organizativos tidos como indispensáveis para a identidade jurídica da federação, não obstante a autonomia dos Estados-membros para se auto-organizarem" (MENDES. *Op. cit.*, p. 835).
33. O STF entende que a intervenção é medida extrema e, para ser decretada, precisa observar a proporcionalidade (IF 2.915/SP, rel. Min. Marco Aurélio).
34. Cabe aqui transcrever a ementa da IF 114-5/MT, rel. Min. Néri da Silveira:
"Intervenção Federal. 2. Representação do Procurador-Geral da República pleiteando intervenção federal no Estado de Mato Grosso, para assegurar a observância dos 'direitos da pessoa humana', em face de fato criminoso praticado com extrema crueldade a indicar a inexistência de 'condição mínima', no Estado, 'para assegurar o respeito ao primordial direito da pessoa humana, que é o direito à vida'. Fato

Cabe também mencionar a obrigação, preponderantemente atribuída ao Legislativo brasileiro, que o inc. XLI do art. 5º da CF criou: "a lei punirá qualquer discriminação atentatória dos direitos e liberdades fundamentais". Para corroborar a importância de tudo o que foi dito, é mister asseverar que é regra básica da hermenêutica jurídica aquela que determina que a aplicação da lei deverá levar em conta os valores constitucionais que irradiam sobre todo o ordenamento jurídico. Vimos que os direitos humanos ocupam lugar central na CF (logo, direitos fundamentais), destarte, toda interpretação e aplicação de alguma norma do ordenamento jurídico brasileiro devem ser balizadas pela dignidade da pessoa humana. Assim, a interpretação que violar a dignidade da pessoa humana não é válida, ou melhor, é inconstitucional.

Gabarito "D"

(Delegado/SP – 2011) Há uma ideia difundida de que a Constituição não se caracteriza por ser

(A) a limitação do Poder do Estado.
(B) um corpo sistemático de normas.
(C) a organização política basilar de um Estado.
(D) a cúpula da ordem estabelecida.
(E) uma oligarquia eletiva.

A única assertiva que traz uma consideração que não caracteriza corretamente a Constituição é a E. Sobre o conceito de Constituição cabe visitar as palavras do Prof. Luís Roberto Barroso: "Em uma visão esquemática e simplificadora, é possível conceituar a Constituição: a) do ponto de vista *político*, como o conjunto de decisões do Poder Constituinte ao criar ou reconstruir o Estado, instituindo os órgãos de poder e disciplinando as relações que manterão entre si e com a sociedade; b) do ponto de vista jurídico, é preciso distinguir duas dimensões: (i) em sentido *material, i.e.*, quanto ao conteúdo de suas normas, a Constituição organiza o exercício do poder político, define os direitos fundamentais, consagra valores e indica fins públicos a serem realizados; (ii) em sentido *formal, i.e.*, quanto à sua posição no sistema, a Constituição é a norma fundamental e superior, que regula o modo de produção das demais normas do ordenamento jurídico e limita o seu conteúdo."[35]

Gabarito "E"

(Delegado Federal – 2002 – CESPE) A educação vem a ser um dos eixos fundamentais da construção da cidadania e da afirmação positiva de uma nação perante as demais. No Brasil, os padrões educacionais da população, ainda bastante limitados, vêm sofrendo alterações positivas e negativas nos últimos anos. A respeito dessa matéria, julgue os itens abaixo.

(1) A herança histórica da escravidão, o crescente endividamento social interno e o desleixo das elites em relação à incorporação positiva daqueles posicionados na base da pirâmide social geraram a perversão de se dotar o país com um sofisticado sistema de pós graduação ao lado de uma educação básica carente.
(2) Apesar dos esforços da sociedade e do Estado nas últimas décadas, os índices de analfabetismo formal permaneceram estagnados.
(3) A educação superior de bom nível está localizada, predominantemente, nas instituições públicas, mas a relação se inverte quando se trata da educação básica.
(4) O sistema de avaliação implantado pelo Exame Nacional de Cursos (Provão), apesar das críticas que vêm sendo feitas à sua concepção e à sua metodologia, vem permitindo a construção de certa radiografia dos resultados dos investimentos feitos pela sociedade e pelo Estado.
(5) Os aplicativos para edição de textos e para a geração de material escrito e visual e aqueles de correio eletrônico, de busca e pesquisa e de multimídia são exemplos de recursos que a informática já disponibiliza em prol da educação a distância: uma estratégia que tem ganhado adeptos em virtude da sua capacidade de beneficiar um número muito grande de interessados com a possibilidade de se obterem custos mais baixos que a educação presencial tradicional.

1: correta. A questão traça corretamente o panorama histórico-social do Brasil e a situação atual da educação brasileira e deixa bem claro que o atual sistema educacional (sofisticado sistema de pós-graduação ao lado de uma educação básica carente) é consequência das escolhas políticas passadas e presentes. 2: incorreta. Pelo contrário, os índices de analfabetismo formal melhoraram nas últimas décadas. 3: correta. Existe esta divisão do ensino no Brasil, pois enquanto a educação superior de excelência está localizada nas instituições públicas, a educação básica de excelência está localizada nas instituições privadas. 4: correta. O Exame Nacional de Cursos (ENC-Provão) era um exame que tinha a função de avaliar os cursos de graduação da Educação Superior do Brasil. Ele possuiu oito edições que foram realizadas anualmente pelo INEP entre os anos de 1996 e 2003. O objetivo com a avaliação era listar as instituições de ensino superior, para depois exigir a qualificação das piores avaliadas com medidas como a contratação de mestres e doutores, melhorias em instalações de laboratórios e bibliotecas, entre outros. A reincidência de um curso nas piores classificações poderia causar seu fechamento pelo MEC. Desde 2004, o Provão foi substituído pelo Exame Nacional de Desempenho de Estudantes, o ENADE. O Exame Nacional de Desempenho de Estudantes é uma prova escrita, aplicada, anualmente, usada para avaliação dos cursos de ensino superior brasileiros. A aplicação da prova é de responsabilidade do INEP, uma entidade federal vinculada ao Ministério da Educação (MEC). 5: correta. Os custos mais baixos possibilitados pela tecnologia permite uma democratização no acesso à educação. Fator de grande importância e que deve ser utilizado cada vez mais para integrar culturalmente um país de proporções continentais e que é marcado profundamente pelas desigualdades regionais.

Gabarito 1C, 2E, 3C, 4C, 5C

(Delegado/BA – 2008 – CEFETBAHIA) "126 gays, travestis e lésbicas foram assassinados no Brasil em 2002. O Estado da Bahia foi, pela primeira vez, o campeão com 20 mortes. A maior parte destes homicídios foram cometidos com requintes de crueldade, incluindo espancamento, tortura, muitas facadas e diversas declarações dos assassinos, que confirmam a sua condição de crimes homofóbicos: 'matei, porque odeio gay'."

(Informações do Grupo Gay da Bahia – GGB)

Muitos homicídios, cujas vítimas são pessoas homossexuais têm como lastro de motivação o sentimento de ódio, aversão, repulsa ou medo irracional quanto à homossexualidade e suas manifestações. Com base nessas informações, é verdadeiro o que se afirma em

(A) O sentimento denominado de homofobia está presente em todos os setores da sociedade, inclusive nos mais conservadores ou de tradição ideológica, com traços hierárquicos fortes (como o da segurança pública), o que acaba dificultando, em alguns casos, a boa condução de investigações e a própria elucidação de autores de assassinatos que vitimam homossexuais.
(B) A prática da homofobia corresponde às posturas tidas como tolerantes para com as pessoas de orientação afetiva homossexual, o que lhes inclui no âmbito de uma convivência social harmoniosa.
(C) Os reflexos da violência anti-homossexual têm como única motivação a homofobia evidenciada no comportamento imediatista de agressores e de cientistas "militantes".

ocorrido em Matupá, localidade distante cerca de 700 km de Cuiabá. 3. Constituição, arts. 34, VII, letra 'b', e 36, III. 4. Representação que merece conhecida, por seu fundamento: alegação de inobservância pelo Estado-membro do princípio constitucional sensível previsto no art. 34, VII, alínea 'b', da Constituição de 1988, quanto aos 'direitos da pessoa humana'. Legitimidade ativa do Procurador-Geral da República (Constituição, art. 36, III). 5. Hipótese em que estão em causa 'direitos da pessoa humana', em sua compreensão mais ampla, revelando-se impotentes as autoridades policiais locais para manter a segurança de três presos que acabaram subtraídos de sua proteção, por populares revoltados pelo crime que lhes era imputado, sendo mortos com requintes de crueldade. 6. Intervenção Federal e restrição à autonomia do Estado-membro. Princípio federativo. Excepcionalidade da medida interventiva. 7. No caso concreto, o Estado de Mato Grosso, segundo as informações, está procedendo à apuração do crime. Instaurou-se, de imediato, inquérito policial, cujos autos foram encaminhados à autoridade judiciária estadual competente que os devolveu, a pedido do Delegado de Polícia, para o prosseguimento das diligências e averiguações. 8. Embora a extrema gravidade dos fatos e o repúdio que sempre merecem atos de violência e crueldade, não se trata, porém, de situação concreta que, por si só, possa configurar causa bastante a decretar-se intervenção federal no Estado, tendo em conta, também, as providências já adotadas pelas autoridades locais para a apuração do ilícito. 9. Hipótese em que não é, por igual, de determinar-se intervenha a Polícia Federal, na apuração dos fatos, em substituição à Polícia Civil de Mato Grosso. Autonomia do Estado-membro na organização dos serviços de justiça e segurança, de sua competência (Constituição, arts. 25, § 1º; 125 e 144, § 4º). 10. Representação conhecida mas julgada improcedente".

35. *Curso de Direito Constitucional contemporâneo*. São Paulo: Saraiva, 2009. p. 74.

(D) A luta histórica pela afirmação dos direitos humanos passa pela conquista dos chamados direitos de cidadania por parte dos homossexuais, uma vez que eles compõem uma das minorias mais privilegiadas no reconhecimento dos seus atributos especiais.

(E) A homofobia é único sentimento que se faz presente em matéria de desrespeito a minorias no Brasil.

A: correta. **B:** incorreta, pois é exatamente o contrário. A prática da homofobia corresponde às posturas tidas como intolerantes. **C:** incorreta, a prática da homofobia tem inúmeras motivações. Muitas das violências sofridas pelos homossexuais são as ditas "silenciosas". **D:** incorreta, já que os homossexuais compõem uma minoria pouco privilegiada no que tange ao reconhecimento dos seus atributos especiais. Os exemplos de cerceamento de seus direitos são diuturnos. **E:** incorreta. Importante clarificar o conceito de minoria, consoante aceito pelas Nações Unidas – grupos distintos dentro da população do Estado – possuindo características étnicas, religiosas ou linguísticas estáveis, que diferem daquelas do resto da população. Estes grupos são numericamente inferiores (regra geral) ao resto da população e sofrem discriminação. No Brasil podemos indicar como minorias os índios, os ciganos, as comunidades negras remanescentes de quilombos, as comunidades descendentes de imigrantes, os membros de comunidades religiosas etc. Percebe-se que o desrespeito a minorias no Brasil pode ser motivado por inúmeras razões e não só por homofobia.

Gabarito "A"

(Delegado/BA – 2008 – CEFETBAHIA) "Art. 8º – O envelhecimento é um direito personalíssimo e a sua proteção, um direito social, nos termos desta lei e da legislação vigente."

(Lei nº 10.741/2003)

Quanto aos direitos das pessoas idosas, pode-se afirmar:

(A) A obrigação de garantir a salvaguarda da dignidade de tais pessoas, com absoluta prioridade, é do Poder Público e, também, da sociedade, da comunidade e da família, vez que as violações aos direitos dos idosos (face, no geral, à sua situação de maior vulnerabilidade), são complexas e partem de diversos âmbitos de convivência.

(B) A absoluta prioridade de tratamento respeitoso passa tão somente pelo atendimento prioritário quanto às instituições privadas no país.

(C) O estabelecimento de mecanismos que favoreçam a divulgação de informações de caráter educativo sobre aspectos biopsicossociais de envelhecimento é a meta mais inovadora e, ao mesmo tempo, a única efetivamente descumprida, quanto às garantias de prioridade previstas no Estatuto do Idoso.

(D) A proibição de qualquer tipo de negligência, discriminação, violência, crueldade ou opressão (com relação aos idosos) tem sido a meta mais atingida do plano de objetivos fundamentais da Lei nº 10.741/2003, de modo que raros são os casos de desrespeito efetivamente constatados.

(E) A obrigação de garantir a salvaguarda da dignidade de tais pessoas está legalmente adstrita aos trabalhadores e servidores da vasta seara da segurança pública.

A: correta. Tal consideração bem retrata o disposto nos arts. 3º e 9º e 10 da Lei 10.741/2003 (Estatuto do Idoso). **B:** incorreta, pois a absoluta prioridade no tratamento respeitoso passa tanto pelo atendimento prioritário nas instituições públicas como nas privadas (art. 3º, I, da Lei 10.741/2003). **C:** incorreta. Infelizmente, inúmeras são as garantias de prioridade previstas no Estatuto do Idoso que são descumpridas. **D:** incorreta. Infelizmente, os casos de desrespeito aos idosos repetem-se diuturnamente. **E:** incorreta, pois é dever de todos prevenir a ameaça ou violação aos direitos do idoso (art. 4º, § 1º, da Lei 10.741/2003).

Gabarito "A"

(Delegado/BA – 2008 – CEFETBAHIA) Constitui objetivo fundamental da República Federativa do Brasil

(A) respeitar a liberdade sem preocupação com as desigualdades sociais.

(B) garantir o desenvolvimento econômico acima de todos os direitos.

(C) construir uma sociedade equilibrada respeitando as desigualdades naturais.

(D) promover o bem de todos sem preconceitos de origem, raça, sexo, cor, idade e quaisquer outras formas de discriminação.

(E) garantir o desenvolvimento nacional independente da diversidade ético-cultural.

Os objetivos fundamentais do Brasil encontram-se determinados no art. 3º da CF: a) construir uma sociedade livre, justa e solidária (inc. I), b) garantir o desenvolvimento nacional (inc. II), c) erradicar a pobreza e a marginalização e reduzir as desigualdades sociais e regionais (inc. III) e d) promover o bem de todos, sem preconceitos de origem, raça, sexo, cor, idade e quaisquer outras formas de discriminação (inc. IV).

Gabarito "D"

(Delegado/BA – 2008 – CEFETBAHIA) Identifique com V as afirmativas verdadeiras e com F, as falsas.

( ) A violação da integridade física é maneira eficaz para combater ação criminosa em qualquer circunstância.

( ) Sem a vida assegurada, não há como exercer a dignidade humana e todos os direitos dela decorrentes.

( ) O direito de ir, vir e permanecer possui como instrumento de proteção, o Mandado de Injunção.

( ) O sistema democrático, no Brasil, foi plenamente estabelecido durante a ditadura militar.

( ) A Revolução Francesa, com seus ideais de Igualdade, Liberdade e Fraternidade, é um marco na construção dos Direitos Humanos.

A alternativa que contém a sequência correta, de cima para baixo, é a

(A) F F F V V

(B) V V F F V

(C) F V F F V

(D) V V V V F

(E) F F F V F

1: falso. A atividade repressiva situa-se como necessária para fins de segurança pública. Todavia uma política pública eficaz é aquela que identifica os problemas sociais – na maioria das vezes os motivadores das ações criminosas – e trabalha em longo prazo para melhorar os índices sociais e, destarte, formatar uma sociedade mais justa e igualitária; **2:** verdade. O direito à vida é o núcleo essencial dos direitos humanos; **3:** falso. O direito de ir, vir e permanecer possui como instrumento de proteção o *habeas corpus* (art. 5º, LXVIII, da CF). O mandado de injunção é utilizado sempre que a falta de norma regulamentadora torne inviável o exercício dos direitos e liberdades constitucionais e das prerrogativas inerentes à nacionalidade, à soberania e à cidadania (art. 5º, LXXI, da CF); **4:** falso. O sistema democrático só foi restabelecido plenamente no Brasil após a transição (lenta, gradual e controlada) da ditadura militar para a democracia; **5:** verdade. O marco recente dos direitos humanos foi sem dúvida a Declaração Universal dos Direitos Humanos de 1948. Com importância neste processo pode-se também citar a Declaração de Direitos Francesa, impulsionada pela Revolução Francesa de 1789, e a Declaração de Direitos Americana (Declaração de Direitos do Bom Povo da Virgínia), ambas do século XVIII. A Declaração de Direitos Americana de 1776 foi a primeira declaração de direitos em sentido moderno, pois suas regras funcionam como um sistema de limitação de poderes, ou seja, os direitos conferidos aos cidadãos limitavam o poder estatal. Ademais, demonstram preocupação com a estruturação de um governo democrático. E a Declaração dos Direitos do Homem e do Cidadão que a Assembleia Constituinte da França adotou em 1789, influenciada diretamente pela Revolução Francesa, teve por base os conceitos de *liberdade, igualdade, fraternidade, propriedade, legalidade e garantias individuais*. Importante apontar que estes direitos foram ampliados ocasião da Declaração dos Direitos do Homem e do Cidadão levada a cabo pela Convenção nacional em 1793.

Gabarito "C"

(Delegado/BA – 2008 – CEFETBAHIA) No âmbito da criminologia da reação social, o trabalho da Polícia Civil pode ser considerado como a

(A) expressão do controle social informal.

(B) contribuição de uma agência do controle social formal.

(C) manifestação do controle social difuso.

(D) manifestação do controle empresarial.

(E) expressão particular de uma visão de justiça.

A Polícia Civil é uma agência do controle social formal. A criminologia da reação social e seus desdobramentos em criminologia crítica e radical surge na década de 60, nos EUA, e redireciona o foco dos estudos criminológicos, afasta-o da percepção positivista de análise do "ser criminoso", ou seja, do homem e sua disfunção biológica e social como fonte causadora do delito, e orienta-o para parâmetros de subjetividade inter-relacional, buscando enfatizar questões de valoração social de comportamentos, incidência dos mesmos (valores) na constituição das regras jurídicas e sociais, e as consequências que ditam valoração e regras geram no campo da criminologia. É pela maneira que se dá a interação entre indivíduo e sociedade que se irá designar o conceito de *desvio* e *desviante*, sendo que tal processo irá ocorrer através da formação da identidade social, da socialização dos indivíduos frente à mesma e aos valores que representa e, por fim, da concretização de tais valores na lei.

Gabarito "B"

(Delegado/BA – 2006 – CONSULPLAN) Na Constituição da República Federativa do Brasil há um artigo que reúne vários dos artigos da Declaração Universal dos Direitos Humanos. Esse artigo é o:

(A) 1º
(B) 2º
(C) 4º
(D) 5º
(E) 144

A: incorreta. O art. 1º da CF traça os fundamentos da República Federativa do Brasil. **B:** incorreta. O art. 2º da CF traça os Poderes da União (Executivo, Legislativo e Judiciário). **C:** incorreta. O art. 4º da CF traça os princípios que regem as relações internacionais do Brasil. **D:** correta. O art. 5º da CF traça os direitos fundamentais do indivíduo, conforme estipulados na Declaração Universal dos Direitos Humanos. **E:** incorreta. O art. 144 da CF traça os órgãos responsáveis pela segurança pública.

Gabarito "D"

(Delegado/MG – 2008) Embora seja um direito que tem a sua manifestação externa coletiva, a liberdade de reunião protege principalmente a liberdade individual. Nos termos da Constituição da República de 1988, a proteção do direito de reunião assegura

(A) que a autoridade designe locais para a realização de reuniões, desde que o local seja aberto ao público e a autoridade tome as providências necessárias para a proteção das pessoas.
(B) que se entenda por reunião toda forma de manifestação pública com os mais variados fins, desde que seja estática, que permaneça em apenas um lugar, não podendo se movimentar, o que caracterizaria a passeata.
(C) que não haja restrição à reunião pública, pois, como direito individual fundamental, é meio de manifestação do pensamento e da liberdade de expressão, inclusive para a divulgação de teses ilegais.
(D) que o Estado só pode intervir nesse direito quando a reunião deixar de ser pacífica ou, na doutrina dos direitos individuais, quando o direito de uma ou várias pessoas for violado pelo exercício impróprio daquela liberdade.

O art. 5º, XVI, da CF assim dispõe: "todos podem reunir-se pacificamente, sem armas, em locais abertos ao público, independentemente de autorização, desde que não frustrem outra reunião anteriormente convocada para o mesmo local, sendo apenas exigido prévio aviso à autoridade competente".

Gabarito "D"

(Delegado/MG – 2008) Numere a COLUNA II de acordo com a COLUNA I, relacionando as liberdades com as previsões constitucionais que as representam.

COLUNA I	COLUNA II
1. Liberdade de locomoção 2. Liberdade de expressão 3. Liberdade de associação 4. Liberdade de consciência	( ) é assegurada, nos termos da lei, a prestação de assistência religiosa nas entidades civis e militares de internação coletiva. ( ) é assegurado o direito de resposta, proporcional ao agravo, além da indenização por dano material, moral ou à imagem. ( ) ninguém será obrigado a filiar-se ou a manter-se filiado a sindicato. ( ) em tempo de paz, qualquer pessoa, nos termos da lei, pode entrar, permanecer ou sair do território com os seus bens.

Assinale a alternativa que apresenta a sequência de números CORRETA.

(A) (3) (2) (1) (4)
(B) (4) (2) (3) (1)
(C) (4) (3) (2) (1)
(D) (3) (1) (2) (4)

A ordem da Coluna II ficará da seguinte forma: 4: liberdade de consciência (art. 5º, VI e VII, da CF); 2: liberdade de expressão (art. 5º, V, da CF); 3: liberdade de associação (art. 5º, XX, da CF); 1: liberdade de locomoção (art. 5º, XV, da CF).

Gabarito "B"

(Delegado/MG – 2007) Como corolário do respeito aos Direitos Humanos o legislador brasileiro inscreveu entre os direitos e garantias fundamentais expressos na Constituição os seguintes princípios da legislação penal, EXCETO:

(A) Nenhuma pena passará da pessoa do condenado mesmo que a obrigação de reparar o dano possa ser estendida aos sucessores, nos termos da lei.
(B) Às presidiárias serão asseguradas condições para que possam permanecer com seus filhos.
(C) Não haverá penas de caráter perpétuo, de banimento, de trabalhos forçados e cruéis.
(D) É assegurado aos presos o respeito à integridade física e moral.

A: correta. Tal regra encontra-se insculpida no art. 5º, XLV, da CF. **B:** incorreta. Tal regra não se encontra insculpida entre os direitos e garantias fundamentais expressos na Constituição. **C:** correta. Tal regra encontra-se insculpida no art. 5º, XLVII, da CF. **D:** correta. Tal regra encontra-se insculpida no art. 5º, XLIX, da CF.

Gabarito "B"

(Delegado/MG – 2007) Aos presos deve ser assegurada a seguinte Garantia Fundamental:

(A) A identificação dos responsáveis por sua prisão, exceto nos casos de prisão em flagrante.
(B) O direito de permanecer calado quando não tiver a assistência da família ou de advogado.
(C) A concessão de *Habeas Corpus* quando a prisão for ilegal.
(D) O relaxamento da prisão legal mesmo quando a lei não admitir a liberdade provisória.

A: incorreta. Os presos sempre têm direito à identificação dos responsáveis por sua prisão (art. 5º, LXIV, da CF). **B:** incorreta. O direito de o preso permanecer calado não depende da falta de assistência familiar ou de advogado (art. 5º, LXIII, da CF). **C:** correta. Tal garantia fundamental está prevista no art. 5º, LXIX, da CF. **D:** incorreta. Só ocorrerá o relaxamento da prisão legal quando a lei admitir a liberdade provisória (art. 5º, LXVI, da CF).

Gabarito "C"

(Delegado/MG – 2007) A função social da propriedade é um dos direitos e deveres fundamentais consagrados na Constituição e nas leis brasileiras. Em caso de descumprimento da função social da propriedade rural poderá a União:

(A) desapropriar estes imóveis rurais para fins de reforma agrária.
(B) suspender por prazo indeterminado o direito de alienação do imóvel e o direito de herança.
(C) expropriar os imóveis, independentemente da indenização ao proprietário, do valor da terra nua.
(D) tipificar como crime as ocupações dos imóveis pelos movimentos sociais que lutam pela posse da terra.

O art. 184 da CF determina que a União desapropriará por interesse social, para fins de reforma agrária, o imóvel rural que não esteja cumprindo sua função social, mediante prévia e justa indenização em títulos da dívida agrária, com cláusula de preservação do valor real, resgatáveis no prazo de até vinte anos, a partir do segundo ano de sua emissão, e cuja utilização será definida em lei. Afinal, pela leitura do art. 184 resta claro que a única assertiva correta é a "A".

Gabarito "A"

(Delegado/MG – 2007) Referente ao direito à nacionalidade é CORRETO afirmar:

(A) O direito à nacionalidade não é reconhecido como um direito humano, conquanto não seja objeto de tratados internacionais.
(B) Em caso de banimento o brasileiro nato poderá perder a nacionalidade brasileira.
(C) Aos estrangeiros são reconhecidos os direitos políticos, inclusive o direito de votar e ser votado nas eleições.
(D) Salvo nos casos previstos na Constituição, a lei não poderá estabelecer distinção entre brasileiros natos e naturalizados.

A: incorreta. O artigo 15 da Declaração Universal dos Direitos do Homem determina que nenhum Estado pode arbitrariamente retirar do indivíduo a sua nacionalidade ou seu direito de mudar de nacionalidade. E o artigo 20 da Convenção Americana sobre Direitos Humanos, celebrada em San José da Costa Rica, dispõe que toda pessoa tem direito à nacionalidade do Estado, em cujo território houver nascido, caso não tenha direito a outra. Pela redação destes dois diplomas fica claro que o ordenamento internacional combate a apatridia. **B:** incorreta. Um direito do indivíduo, que é consequência da condição de nacional, é a proibição do banimento. Assim, nenhum Estado pode expulsar nacional seu, com destino a território estrangeiro ou a espaço de uso comum. **C:** incorreta. Aos estrangeiros não são reconhecidos os direitos políticos, logo os estrangeiros não podem votar e serem votados nas eleições. **D:** correta, pois é o que dispõe o art. 12, § 2º, da CF.

Gabarito "D"

(Delegado/MG – 2006) Os Direitos Humanos entendidos como sinônimos de Direitos Fundamentais inscritos na Constituição da República correspondem, EXCETO:

(A) Direitos individuais, relativos à liberdade, igualdade,propriedade, segurança e vida.
(B) Direitos individuais fundamentais, relativos exclusivamente à vida e dignidade da pessoa humana.
(C) Direitos sociais, relativos a educação, trabalho, lazer, seguridade social entre outros.
(D) Direitos econômicos, relativos ao pleno emprego, meio ambiente e consumidor.
(E) Direitos políticos, relativos às formas de realização da soberania popular.

A: correta. Tais direitos individuais encontram-se previstos na Constituição Federal. **B:** incorreta. O elenco de direitos individuais fundamentais é mais extenso que o descrito na assertiva, isto é, não se resume à vida e à dignidade da pessoa humana. **C:** correta. Tais direitos sociais encontram-se previstos na Constituição Federal. **D:** correta. Tais direitos econômicos encontram-se previstos na Constituição Federal. **E:** correta. Tais direitos políticos encontram-se previstos na Constituição Federal. Por fim, cabe fazer uma pequena distinção entre direitos humanos e direitos fundamentais. A doutrina atual, principalmente a alemã, considera os direitos fundamentais[36] os valores éticos sobre os quais se constrói determinado sistema jurídico nacional, ao passo que os direitos humanos existem mesmo sem o reconhecimento da ordem jurídica interna de um país, pois possuem vigência universal. Mas, na maioria das vezes, os direitos humanos são reconhecidos internamente pelos sistemas jurídicos nacionais, situação que os torna também direitos fundamentais, ou seja, os direitos humanos previstos na Constituição de um país são denominados direitos fundamentais.

Gabarito "B"

(Delegado/MG – 2006) Do direito fundamental à nacionalidade decorrem os seguintes direitos:

(A) são brasileiros natos todos os nascidos na República Federativa do Brasil.
(B) são brasileiros natos todos os filhos de brasileiros nascidos no exterior.
(C) A Constituição e a Lei poderão estabelecer distinção entre brasileiros natos e naturalizados.
(D) Os cargos da carreira diplomática são privativos de brasileiro nato.
(E) São brasileiros naturalizados os estrangeiros residentes no Brasil há mais de quinze anos.

A: incorreta. Pois, segundo o inc. I do art. 12 da CF, serão brasileiros natos: a) os nascidos em território brasileiro, embora de pais estrangeiros, desde que estes não estejam a serviço de seu país; b) os nascidos no estrangeiro, de pai ou mãe brasileira, desde que qualquer deles esteja a serviço do Brasil; e c) os nascidos no estrangeiro, de pai ou mãe brasileira, desvinculados do serviço público, desde que sejam registrados em repartição brasileira competente ou venham a residir no território nacional e optem, a qualquer tempo, depois de atingida a maioridade, pela nacionalidade brasileira. **B:** incorreta. Segundo o inc. I do art. 12 da CF, serão brasileiros natos: a) os nascidos em território brasileiro, embora de pais estrangeiros, desde que estes não estejam a serviço de seu país; b) os nascidos no estrangeiro, de pai ou mãe brasileira, desde que qualquer deles esteja a serviço do Brasil; e c) os nascidos no estrangeiro, de pai ou mãe brasileira, desvinculados do serviço público, desde que sejam registrados em repartição brasileira competente ou venham a residir no território nacional e optem, a qualquer tempo, depois de atingida a maioridade, pela nacionalidade brasileira. A alínea *c*, com redação dada pela EC 54/2007, tornaria tal assertiva correta em partes, pois agora todos os filhos de brasileiros nascidos no exterior podem ser brasileiros natos, desde que sejam registrados em repartição brasileira competente ou venham a residir no território nacional e optem, a qualquer tempo, depois de atingida a maioridade, pela nacionalidade brasileira. Percebe-se que o efeito não é automático, portanto, a assertiva "B" continua incorreta mesmo após a edição da EC 54/2007. **C:** incorreta. A lei, salvo nos casos previstos na Constituição, não poderá estabelecer distinção entre brasileiros natos e naturalizados (art. 12, § 2º, da CF). **D:** correta. É o que dispõe o art. 12, § 3º, V, da CF. **E:** incorreta. Consoante estabelece o inc. II do art. 12 da CF, serão brasileiros naturalizados: a) os que, na forma da lei, adquiram a nacionalidade brasileira, exigidas aos originários de países de língua portuguesa apenas residência por um ano ininterrupto e idoneidade moral; e b) os estrangeiros de qualquer nacionalidade, residentes no Brasil há mais de quinze anos ininterruptos e sem condenação penal, desde que requeiram a nacionalidade brasileira. A lei ordinária regulamentadora (Lei 6.815/1990, art. 112) cria outra possibilidade de aquisição da nacionalidade brasileira e, para tanto, exige, no mínimo, quatro anos de residência no Brasil, idoneidade, boa saúde e domínio do idioma.

Gabarito "D"

(Delegado/MG – 2006) De acordo com a Constituição da República, as normas definidoras dos direitos e garantias fundamentais.

(A) são normas programáticas.
(B) Têm validade após regulamentação em lei.
(C) Decorrem dos tratados internacionais
(D) Excluem outros princípios por ela adotados.
(E) Têm aplicação imediata.

As normas definidoras dos direitos e garantias fundamentais têm aplicação imediata (art. 5, § 1º, da CF). Ou seja, o juiz pode aplicar diretamente os direitos fundamentais, sem a necessidade de qualquer lei que os regulamente. Tal regra tem por base o *princípio da força normativa da constituição* idealizado por Konrad Hesse.

Gabarito "E"

(Delegado/MG – 2006) A casa é asilo inviolável do indivíduo. Para a garantia desse Direito Fundamental a Constituição da República assegura:

(A) Ninguém pode nela penetrar sem o consentimento do morador em hipótese alguma.
(B) A casa pode ser violada por determinação judicial, mesmo durante a noite.
(C) Em caso de flagrante delito ou desastre, a casa perde a inviolabilidade.
(D) Para prestar socorro ao morador, tão somente, a Constituição permite entrar no domicilio à noite.
(E) Para prestar socorro, perde a casa a inviolabilidade somente durante o dia.

A: incorreta, pois segundo o art. 5º, XI, da CF, a casa poderá ser violada em caso de flagrante delito ou desastre, ou para prestar socorro, ou, durante o dia, por determinação judicial. **B:** incorreta, pois segundo o art. 5º, XI, da CF, a casa somente poderá ser violada por determinação judicial durante o dia. **C:** correta (art. 5º, XI, da CF). **D:** incorreta, pois segundo o art. 5º, XI, da CF, o socorro ao morador pode ser prestado à qualquer tempo, sem risco de configurar violação ao domicílio. **E:** incorreta, pois segundo o art. 5º, XI, da CF, o socorro ao morador pode ser prestado à qualquer tempo, sem risco de configurar violação ao domicílio.

Gabarito "C"

(Delegado/SP – 2008) A principal característica dos interesses transindividuais é

(A) a ausência de conflitos com outros interesses.
(B) a indivisibilidade de seu objeto.
(C) a possibilidade de fragmentação.
(D) a indisponibilidade.
(E) a não necessidade de garantia judicial.

Os interesses transindividuais ou metaindividuais, segundo os define o Código de Defesa de Consumidor (art. 81 da Lei 8.078/1990), são: a) interesses ou direitos difusos, assim entendidos, para efeitos do Código de Defesa do Consumidor, os transindividuais, de natureza indivisível, de que sejam titulares pessoas indeterminadas e ligadas por circunstâncias de fato (inc. I), b) interesses ou direitos coletivos, assim entendidos, para efeitos do Código de Defesa do Consumidor, os transindividuais, de natureza indivisível, de que seja titular grupo, categoria ou classe de pessoas ligadas entre si ou com a parte contrária por uma relação jurídica base (inc. II), c) interesses ou direitos individuais homogêneos assim entendidos os decorrentes de origem comum (inc. III). Tendo por base tais considerações sobre os interesses transindividuais, passemos a comentar as assertivas. **A:** incorreta. Pois os interesses transindividuais podem gerar conflitos com

36. "Os direitos fundamentais são, a um só tempo, direitos subjetivos e elementos fundamentais da ordem constitucional objetiva. Enquanto direitos subjetivos, os direitos fundamentais outorgam aos seus titulares a possibilidade de impor os seus interesses em face de órgãos obrigados. Na sua dimensão como elemento fundamental da ordem constitucional objetiva, os direitos fundamentais – tanto aqueles que não asseguram, primariamente, um direito subjetivo quanto aqueles outros, concebidos como garantias individuais – formam a base do ordenamento jurídico de um Estado de Direito democrático" (MENDES, Gilmar Ferreira. *Op. cit.* p. 671).

outros interesses, pois, tome de exemplo, o interesse de uma categoria profissional, ora este interesse pode conflitar com o interesse patronal. **B:** correta. Conforme apontado nas considerações sobre os interesses transindividuais, a indivisibilidade de seu objeto é a principal característica dos interesses transindividuais. Isto é lógico porque todos têm direito, não sendo possível uma divisão do objeto dos interesses transindividuais. **C:** incorreta. A principal característica dos interesses transindividuais é a indivisibilidade de seu objeto, portanto, não é possível a sua fragmentação. **D:** incorreta. Pode-se defender que os interesses transindividuais podem ser disponíveis em determinadas situações. **E:** incorreta. A garantia judicial é fundamental para a efetivação de todos os direitos, pois de nada adianta ter direitos reconhecidos se estes não podem nem ao menos serem pleiteados (Esta questão não está bem formulada e, assim, força algumas colocações que poderiam ser refutadas mediante uma análise mais acurada do assunto.)

Gabarito "B"

(Delegado/SP – 2008) A República Federativa do Brasil rege-se nas suas relações internacionais pelos seguintes princípios:

(A) prevalência dos direitos humanos, defesa da paz e independência nacional.
(B) prevalência dos direitos humanos e garantia do desenvolvimento nacional.
(C) prevalência dos direitos humanos e redução das desigualdades sociais.
(D) prevalência dos direitos humanos, soberania, independência e harmonia.
(E) prevalência dos direitos humanos, cidadania e pluralismo político.

O art. 4º da CF dispõe que o Brasil rege suas relações internacionais pelos seguintes princípios: a) independência nacional (inc. I), b) prevalência dos direitos humanos (inc. II), c) autodeterminação dos povos (inc. III), d) não intervenção (inc. IV), e) igualdade entre os Estados (inc. V), f) defesa da paz (inc. VI), g) solução pacífica dos conflitos (inc. VII), h) repúdio ao terrorismo e ao racismo (inc. VIII), i) cooperação entre os povos para o progresso da humanidade (inc. IX) e j) concessão de asilo político (inc. X).

Gabarito "A"

(Delegado/SP – 2003) Com relação aos direitos e garantias individuais inscritos na Constituição Federal é correto afirmar:

(A) é vedada, em qualquer situação, a existência da pena de morte.
(B) é assegurada assistência aos filhos dos trabalhadores urbanos e rurais, até os 7 anos de idade em creches e pré-escolas.
(C) é assegurada a prestação de assistência religiosa nas entidades de internação coletiva, nos termos da lei.
(D) é livre a criação de associações para fins lícitos vedada, em qualquer hipótese, sua dissolução compulsória.

A: incorreta. O art. 5º, XLVII, *a*, da CF prevê que a pena de morte poderá ser utilizada em caso de guerra declarada (consoante art. 84, XIX, da CF). **B:** incorreta. O art. 7º da CF trata dos direitos dos trabalhadores urbanos e rurais. Um desses direitos é o da assistência gratuita aos filhos e dependentes desde o nascimento até cinco anos de idade em creches e pré-escolas (inc. XXV). A redação do inc. XXV foi dada pela EC 53/2006. **C:** correta, pois a assertiva "C" traz a redação do art. 5º, VII, da CF. **D:** incorreta, pois dá leitura do art. 5º, XVII e XIX, da CF, pode-se afirmar que as associações podem sim ser dissolvidas, mas para isso faz-se necessário uma decisão judicial com trânsito em julgado.

Gabarito "C"

(Delegado/SP – 2003) A prevalência dos direitos humanos constitui um dos

(A) princípios que regem a República Federativa do Brasil nas suas relações internacionais.
(B) objetivos fundamentais da República Federativa do Brasil.
(C) objetivos derivados da República Federativa do Brasil.
(D) objetivos fundamentais da União, dos Estados, do Distrito Federal e dos municípios.

O art. 4º da CF dispõe que o Brasil rege suas relações internacionais pelos seguintes princípios: a) independência nacional (inc. I), b) prevalência dos direitos humanos (inc. II), c) autodeterminação dos povos (inc. III), d) não intervenção (inc. IV), e) igualdade entre os Estados (inc. V), f) defesa da paz (inc. VI), g) solução pacífica dos conflitos (inc. VII), h) repúdio ao terrorismo e ao racismo (inc. VIII), i) cooperação entre os povos para o progresso da humanidade (inc. IX) e j) concessão de asilo político (inc. X). Já os objetivos fundamentais do Brasil encontram-se determinados no art. 3º da CF: a) construir uma sociedade livre, justa e solidária (inc. I), b) garantir o desenvolvimento nacional (inciso II), c) erradicar a pobreza e a marginalização e reduzir as desigualdades sociais e regionais (inc. III) e d) promover o bem de todos, sem preconceitos de origem, raça, sexo, cor, idade e quaisquer outras formas de discriminação (inc. IV).

Gabarito "A"

(Delegado/SP – 2003) No Brasil, o *Habeas Corpus* foi inicialmente explicitado como norma constitucional pela

(A) Constituição de 1824.
(B) Constituição de 1891.
(C) Emenda Constitucional de 1926.
(D) Constituição de 1934.

O instituto do *habeas corpus* chegou ao Brasil, com D. João VI, pelo Decreto de 23 de maio de 1821: "Todo cidadão que entender que ele, ou outro, sofre uma prisão ou constrangimento ilegal em sua liberdade, tem direito de pedir uma ordem de *habeas corpus* a seu favor". A constituição imperial o ignorou, mas foi novamente incluído no Código de Processo Criminal do Império do Brasil de 1832 (art. 340). E somente em 1891 o *habeas corpus* foi incluído no texto constitucional (art. 72, § 22, da Constituição Brasileira de 1891). Atualmente, está previsto no art. 5º, LXVIII, da CF de 1988: "... conceder-se-á *habeas corpus* sempre que alguém sofrer ou se achar ameaçado de sofrer violência ou coação em sua liberdade de locomoção, por ilegalidade ou abuso de poder".

Gabarito "B"

(Delegado/SP – 2003) O princípio da igualdade perante a lei é mencionado

(A) somente pela Constituição Federal.
(B) pela Constituição Federal e pela Declaração Universal dos Direitos Humanos.
(C) pela Constituição Federal e pela Convenção Americana de Direitos Humanos.
(D) pela Constituição Federal, pela Declaração Universal dos Direitos Humanos e pela Convenção Americana dos Direitos Humanos.

O princípio da igualdade perante a lei é mencionado nos três diplomas. Na Constituição Brasileira o princípio da igualdade é mencionado no art. 5º, *caput* e inc. I. Já na Declaração Universal dos Direitos Humanos, o princípio aparece no art. 7º. E na Convenção Americana dos Direitos Humanos o princípio da igualdade é mencionado no art. 24.

Gabarito "D"

(Delegado/SP – 2003) O direito de indenização à pessoa condenada por erro judiciário é mencionado

(A) somente pela Constituição Federal.
(B) pela Constituição Federal e pela Declaração Universal dos Direitos Humanos.
(C) pela Constituição Federal e pela Convenção Americana de Direitos Humanos.
(D) pela Constituição Federal, pela Declaração Universal dos Direitos Humanos e pela Convenção Americana dos Direitos Humanos.

O direito de indenização à pessoa condenada por erro judiciário é mencionado expressamente na Constituição Federal (art. 5º, LXXV) e na Convenção Americana de Direitos Humanos (art. 10). A Declaração Universal dos Direitos Humanos não o menciona expressamente.

Gabarito "C"

(Delegado/SP – 2003) O direito à presunção de inocência é mencionado

(A) somente pela Constituição Federal.
(B) pela Constituição Federal e pela Declaração Universal dos Direitos Humanos.
(C) pela Constituição Federal e pela Convenção Americana de Direitos Humanos.
(D) pela Constituição Federal, pela Declaração Universal dos Direitos Humanos e pela Convenção Americana dos Direitos Humanos.

O direito à presunção de inocência é mencionado expressamente na Constituição Federal (art. 5º, LVII), na Convenção Americana de Direitos Humanos (art. 8, II) e na Declaração Universal dos Direitos Humanos (art. 11, I).

Gabarito "D"

(Delegado/SP – 2002) Assinale a alternativa na qual figuram objetivos da República Federativa do Brasil considerados como fundamentais pelo texto constitucional.

(A) A erradicação da pobreza e da marginalização e a redução das desigualdades sociais e regionais.
(B) A prevalência dos direitos humanos e o repúdio ao terrorismo.
(C) A defesa da paz e a construção de uma sociedade livre, justa e solidária.
(D) A prevalência dos direitos humanos e dos valores sociais do trabalho.

Conforme o art. 3º da CF, os objetivos da República Federativa do Brasil são: a) construir uma sociedade livre, justa e solidária (inc. I), b) garantir o desenvolvimento nacional (inc. II), C) erradicar a pobreza e a marginalização e reduzir as desigualdades sociais e regionais (inc. III) e d) promover o bem de todos, sem preconceitos de origem, raça, sexo, cor, idade e quaisquer outras formas de discriminação (inc. IV).

Gabarito "A"

(Delegado/SP – 2000) De acordo com a teoria "monista", para que haja a incorporação dos tratados de direitos humanos ao direito brasileiro

(A) a ratificação não é suficiente, sendo necessária a edição de ato legislativo interno determinando a incorporação.

(B) a ratificação é suficiente para imediata aplicação já que o Poder Legislativo participa do processo de incorporação.

(C) não é necessária a ratificação para a incorporação, sendo suficiente a aprovação do Poder Legislativo.

(D) a ratificação é suficiente para a imediata aplicação já que o Poder Legislativo não participa do processo da incorporação.

Segundo a tese monista, o direito internacional e o nacional fazem parte do mesmo sistema jurídico, ou seja, incidem sobre o mesmo espaço. Pelo contrário, a tese dualista advoga que cada um pertence a um sistema distinto e, por assim dizer, incidem sobre espaços diversos. A tese monista ainda subdivide-se: a) monismo radical: prega a preferência pelo direito internacional em detrimento do direito nacional e b) monismo moderado: prega a equivalência entre o direito internacional e o direito nacional. Importante apontar que a jurisprudência internacional aplica o monismo radical, tal escolha é respaldada pelo artigo 27 da Convenção de Viena sobre Direito dos Tratados: "Uma parte não pode invocar as disposições de seu direito interno para justificar o inadimplemento de um tratado". O dualismo também se subdivide: a) dualismo radical: impõe a edição de uma lei distinta para incorporação do tratado e b) dualismo moderado: não exige lei para incorporação do tratado, apenas exige-se um procedimento complexo, com aprovação do Congresso e promulgação do Executivo. A Constituição Federal silenciou neste aspecto, e em virtude da omissão constitucional a doutrina defende que o Brasil adotou a corrente dualista, ou, melhor dizendo, a corrente dualista moderada. Isto porque o tratado só passará a ter validade interna após ter sido aprovado pelo Congresso Nacional e ratificado e promulgado pelo Presidente da República. Lembrando que a promulgação é efetuada mediante decreto presidencial. Após bem esclarecer o tema da incorporação de tratados, percebe-se que a questão diz respeito erroneamente à teoria monista, pois a assertiva "B" apenas será correta se tiver por fundamento a teoria dualista.

Gabarito "B"

(Delegado/SP – 2000) Segundo estipula a Lei de Execução Penal (7.210/1984), a cadeia pública destina-se ao

(A) cumprimento de pena em regime fechado ou semiaberto.

(B) cumprimento de pena de detenção em regime semiaberto.

(C) recolhimento de presos provisórios.

(D) recolhimento de condenados à pena de detenção ou prisão simples.

Conforme estipula o art. 102 da Lei de Execução Penal, a cadeia pública destina-se ao recolhimento de presos provisórios.

Gabarito "C"

(Delegado/SP – 2000) Assinale a alternativa incorreta, conforme a Lei de Execução Penal (7.210/1984).

(A) A assistência à saúde do preso e do internado compreenderá atendimento médico, farmacêutico e odontológico.

(B) A assistência material ao preso e ao internado consistirá no fornecimento de alimentação, vestuário e instalações higiênicas.

(C) A assistência educacional compreenderá a instrução escolar e a formação profissional do preso e do internado.

(D) A assistência jurídica é destinada aos presos e aos internados independentemente de possuírem recursos financeiros para constituírem advogado.

A: correta, pois é o que dispõe o art. 14 da Lei de Execução Penal. **B:** correta, porque é o que dispõe o art. 12 da Lei de Execução Penal. **C:** correta, já que é o que dispõe o art. 17 da Lei de Execução Penal. **D:** incorreta, dado que a assistência jurídica somente é destinada aos presos e aos internados sem recursos financeiros para constituir advogado (art. 15 da Lei de Execução Penal).

Gabarito "D"

(Delegado/SP – 1999) Ao se tornar parte em um tratado internacional de Direitos Humanos, como o Pacto Internacional de Direitos Civis e Políticos de 1966, que tipo de obrigações são assumidas pelo Brasil?

(A) Colaborar com os países em desenvolvimento, em conformidade com o disposto no Pacto.

(B) Respeitar os direitos humanos dos cidadãos dos países vizinhos, em conformidade com o disposto no Pacto.

(C) Respeitar e garantir os direitos humanos e tomar medidas para implementação do Pacto no seu território.

(D) Tomar as medidas na esfera do Executivo necessárias à implementação do Pacto.

O grande objetivo do Pacto Internacional dos Direitos Civis de Políticos é tornar obrigatório, vinculante e expandir os direitos civis e políticos elencados na Declaração Universal dos Direitos Humanos. O Pacto Internacional dos Direitos Civis e Políticos impôs ao Estados-membros (entre eles o Brasil) sua imediata aplicação (autoaplicabilidade). Destarte, o Brasil, como Estado-parte do Pacto, deverá implementar as obrigações internacionais assumidas pela adesão ao Pacto Internacional dos Direitos Civis de Políticos, ou seja, deverá seguir todos os comandos do Pacto no sentido de garantir a proteção dos direitos humanos no território brasileiro.

Gabarito "C"

(Delegado/SP – 1999) Nos Estados federados, o Pacto Internacional de Direitos Civis e Políticos de 1966 aplica-se apenas

(A) às autoridades estaduais.

(B) às autoridades internacionais.

(C) aos órgãos da União

(D) a todas as entidades constitutivas da federação.

A soberania é o poder exclusivo que o Estado, representado geralmente pelo governo, detém de constituir direitos e impor deveres sobre um grupo de pessoas conjugadas num espaço terrestre delimitado pela jurisdição deste mesmo Estado. Este seria o âmbito interno da soberania, e como âmbito externo pode-se indicar a condição de igualdade que todos Estados possuem na comunidade internacional (princípio nuclear da Carta das Nações Unidas). Tendo por base a consideração sobre o âmbito externo e interno da soberania pode-se afirmar que o Estado tem capacidade para livremente firmar tratados e assim assumir obrigações internacionais. Essas obrigações internacionais deverão ser respeitadas pelos Estados que as assumiram. Percebe-se que a divisão política interna de cada país em nada interfere, pois a soberania só é exercida pelo Estado em sua totalidade e não o contrário. No caso do Brasil, o Estado brasileiro é a ordem jurídica global (pessoa jurídica de direito público externo), composta por ordens jurídicas parciais: União, Estados, Municípios e o Distrito federal (pessoas jurídicas de direito público interno). Ou seja, os Estados e os Municípios não podem firmar tratados, e a União só poderá firmar tratados internacionais quando estiver representando o Estado brasileiro na sua totalidade, e não como pessoa jurídica de direito público interno.

Gabarito "D"

(Delegado/SP – 1999) Os direitos e garantias constantes dos instrumentos internacionais dos direitos humanos aprovados e ratificados pelo Brasil, que não sejam expressos na Constituição Federal de 1988, devem ser

(A) recepcionados pelo nosso ordenamento jurídico.

(B) excluídos de nosso regime legal.

(C) aceitos parcialmente, desde que decorram das normas constitucionais.

(D) eliminados do sistema em face dos princípios por ela adotados.

A questão é antiga, assim é necessário fazer um comentário sobre as condições atuais do procedimento de internalização de tratados de direitos humanos no Brasil. Com a edição da EC 45/2004, os tratados de direitos humanos que forem aprovados, em cada Casa do Congresso Nacional, em dois turnos, por três quintos dos votos dos respectivos membros, serão equivalentes às emendas constitucionais – consoante determina o art. 5º, § 3º, da CF. Ou seja, tais tratados terão hierarquia constitucional. Muito se discutiu em relação à hierarquia dos tratados de direitos humanos que foram internalizados anteriormente à edição da EC 45/2004. Mas em 3 de dezembro de 2008, o Min. Gilmar Mendes, no RE 466.343-SP, defendeu a tese da supralegalidade de tais tratados, ou seja, superior às normas infraconstitucionais e inferior às normas constitucionais. O voto do Min. Gilmar Mendes foi acompanhado pela maioria.

Gabarito "A"

(Delegado/SP – 1998) O direito, reconhecido a qualquer pessoa, de invocar a atenção dos poderes públicos sobre uma questão ou situação, em defesa de direito ou visando à correção de ilegalidade ou arbitrariedade, denomina-se

(A) direito de certidão.

(B) direito de recurso.

(C) direito de ação.

(D) direito de petição.

A: incorreta. O art. 5º, XXXIV, *b*, da CF dispõe que são a todos assegurados, independentemente do pagamento de taxas, a obtenção de certidões em repartições públicas, para defesa de direitos e esclarecimento de situações de interesse pessoal. **B:** incorreta. O recurso judicial é a forma de se provocar uma nova análise sobre uma decisão, dentro do mesmo processo, para reformá-la, modificá-la ou integrá-la. O recurso existe para dar efetividade à ampla defesa e o duplo grau de jurisdição. **C:** incorreta. Trata-se do direito de exigir do Estado a prestação jurisdicional, a solução de uma lide ou conflito. **D:** correta. O art. 5º, XXXIV, *a*, da CF dispõe que são a todos assegurados, independentemente do pagamento de taxas, o direito de petição aos Poderes Públicos em defesa de direitos ou contra ilegalidade ou abuso de poder. Este instituto permite a qualquer pessoa dirigir-se formalmente a qualquer autoridade do Poder Público, com o intuito de levar-lhe uma reivindicação, uma informação, queixa ou mesmo uma simples opinião acerca de algo relevante para o interesse próprio, de um grupo ou de toda a coletividade. A assertiva dada como correta é a "C", mas não concordamos, pois o direito de petição (assertiva "D") é descrito perfeitamente pela redação da questão.

Gabarito "D"

(Delegado/SP – 1998) No que concerne à evolução histórica dos direitos humanos, é correto afirmar que a primeira Constituição Brasileira a contemplar os direitos humanos fundamentais foi a

(A) Constituição de 1937.
(B) Constituição de 1891.
(C) Constituição de 1946.
(D) Constituição de 1824.

A Constituição de 1824 trata, no seu Título 8º, das disposições gerais e das garantias dos direitos civis e políticos dos cidadãos brasileiros. Cabe tecer alguns comentários sobre a nossa Constituição de 1824. A Carta outorgada em 1824 foi influenciada pelas Constituições francesa de 1791 e espanhola de 1812. Tinha um sistema representativo baseado na teoria da soberania nacional. A forma de governo era a monárquica, hereditária, constitucional e representativa, sendo o país dividido formalmente em províncias e o poder político estava dividido em quatro, conforme a filosofia liberal das teorias da separação dos poderes e de Benjamin Constant. A Constituição era uma das mais liberais que existiam em sua época, até mesmo superando as europeias. Apesar de a Constituição prever a possibilidade de liberdade religiosa somente em âmbito doméstico, na prática, ela era total. Tanto os protestantes, como judeus e seguidores de outras religiões mantiveram seus templos religiosos e a mais completa liberdade de culto. Continha uma inovação, que era o Poder Moderador, cujo surgimento na letra da lei fora atribuída a Martim Francisco de Andrada, um grande admirador de Benjamin Constant. Esse poder serviria para resolver impasses e assegurar o funcionamento do governo.

Gabarito "D"

7. COMBINADAS E OUTROS TEMAS DE DIREITOS HUMANOS

(Delegado/SP – 2014 – VUNESP) Considerando a distinção conceitual entre grupos vulneráveis e minorias, assinale a alternativa que identifica, correta e respectivamente, no Estado Brasileiro, um componente de grupo vulnerável e outro de uma minoria.

(A) População de rua e índios.
(B) Adolescentes e mulheres.
(C) Ciganos e praticantes do candomblé.
(D) Crianças e pessoas com deficiência física ou sofrimento mental.
(E) Homossexuais e idosos.

Antes de responder a questão, cabe diferenciarmos minoria e grupo vulnerável. Para conceituar minoria, usaremos uma definição bem conhecida alcunhada por Francesco Caportorti: "um grupo numericamente inferior em relação ao restante da população do Estado, sem exercer posição dominante, cuja os membros – sendo nacionais do Estado – possuem características éticas, religiosas ou linguísticas que os diferem do restante da população e apresentam um senso de solidariedade dirigido para preservar sua cultura, tradições, religião ou língua.[37]" Em contrapartida, um grupo vulnerável, também composto de parcela inferior da população, é formado por pessoas em razão de um contexto fático (geralmente de caráter provisório) e não por possuírem identidade própria.

A: correta, porque a população de rua é exemplo de grupo vulnerável, enquanto os índios compõem uma minoria; **B**: incorreta. Adolescentes e mulheres são exemplos de grupo vulnerável; **C**: incorreta. Ciganos e praticantes de candomblé são exemplos de minoria; **D**: incorreta, porque a assertiva traz dois exemplos de grupo vulnerável; **E**: incorreta. Idosos formam um grupo vulnerável.

Gabarito "A"

(Delegado/SP – 2014 – VUNESP) Considerando a sua evolução histórica, bem como o sistema internacional de proteção dos direitos humanos, assinale a alternativa correta.

(A) No sistema processual de proteção dos direitos humanos, as pessoas físicas são titulares de direitos perante os órgãos de supervisão internacional, mas carecem de capacidade processual nesse sistema.
(B) No campo dos direitos humanos, desde a Declaração Universal de 1948, verifica-se a coexistência de diversos instrumentos de proteção estabelecendo regras de efeitos e conteúdo essencialmente formais.
(C) A resolução de conflitos nos casos concretos de violações de direitos humanos é tema de interesse exclusivamente nacional dos Estados.
(D) Os tratados podem agir como normas de direito interno, desde que ratificados e incorporados, podendo influenciar a alteração, ou criação, de regulamentação nacional específica.
(E) A partir de 1950, depois de estabelecida uma unidade conceitual dos direitos humanos, sua proteção internacional viu-se em acentuado declínio.

A: incorreta, pois o ser humano é sujeito de direito internacional e tem sim capacidade processual no sistema internacional de proteção dos direitos humanos. Um exemplo é a possibilidade do indivíduo enviar petições para a Corte Europeia de Direitos Humanos (sistema regional de proteção dos direitos humanos); **B**: incorreta, pois o que se percebe é a coexistência de diversos instrumentos de proteção com conteúdo essencialmente material. Tanto é que o Prof. Norberto Bobbio destacou, em conhecida frase, que o "maior problema dos direitos humanos hoje não é mais o de fundamenta-los, mas sim de protegê-los". Se o examinador usou o termos 'formais' para dizer respeito às garantias, de fato, mostra uma situação totalmente contrária àquela desenhada pelo pensador italiano; **C**: incorreta. Toda a comunidade internacional tem interesse na resolução de conflitos, isso ficou claro com a Declaração Universal dos Direitos Humanos e a posterior constituição do sistema internacional de proteção dos direitos humanos (formado pelo global e pelos regionais). Existe um certo consenso sobre a existência de direitos humanos e o sistema internacional funciona para supervisionar o respeito à tais direitos em todos os países. O indivíduo ostenta direitos pelo simples fato de ser humano, e não por ser nacional de país X ou Z; **D**: correta. Uma vez incorporados, os tratados internacionais fazer parte do ordenamento jurídico pátrio, como qualquer outra lei. De um modo geral e depois de internalizado, o tratado é equiparado hierarquicamente à norma ordinária infraconstitucional[38-39]. Assim, as normas infraconstitucionais preexistentes ao tratado serão derrogadas quando com ele colidirem (critério cronológico) ou quando forem gerais e os tratados forem especiais (critério da especialidade). Percebe-se que por se tratar de normas de mesma hierarquia (o tratado e a lei interna), em caso de conflito deve-se utilizar os critérios de solução de antinomias aparentes. Por outro lado, é muito defendida a tese que confere prevalência ao tratado sobre a lei interna (especialmente com supedâneo no art. 27 da Convenção de Viena sobre Direitos dos Tratados), apesar de o tema não ser pacífico, em matéria tributária adotou-se expressamente a prevalência do tratado sobre o direito interno (art. 98 do Código Tributário Nacional – CTN), determinando que a legislação tributária posterior ao tratado lhe deve obediência. Por sua vez, em relação especificamente aos tratados de direitos humanos, a posição atual do STF defende que tais documentos internacionais são superiores às normas infraconstitucionais e inferiores às normas constitucionais (tese da supralegalidade). Portanto, todo tratado de direitos humanos que for internalizado sem observar o procedimento estabelecido no artigo 5º, § 3º, da CF, tem *status* de norma supralegal; **E**: incorreta. Muito difícil defender a citada unidade conceitual apontada na assertiva. E pelo contrário, a proteção internacional dos direitos humanos se intensificou e não entrou em declínio.

Gabarito "D"

37 Study on the Rights of Persons belonging to Ethnic, Religious, and Linguistic Minorities. United Nations Pubns, 1991.

38 Conforme a ADI-MC 1.480/DF.

39 Os tratados e as convenções de direitos humanos não poderão ter *status* de lei complementar pela simples escolha do rito adotado para sua incorporação no direito brasileiro, isso porque a Constituição explicitamente elencou quais matérias devem ser exclusivamente tratadas por via de Lei Complementar.

6. Direito Administrativo

Wander Garcia

1. PRINCÍPIOS ADMINISTRATIVOS E REGIME JURÍDICO ADMINISTRATIVO

(Delegado/PR – 2013 – UEL-COPS) É possível encontrar posições jurídicas que entendem ser indissociáveis os princípios da razoabilidade e da proporcionalidade. Entretanto, também há a compreensão que os distingue, afirmando que a razoabilidade está sedimentada na criação norte-americana do devido processo legal substantivo e que a proporcionalidade é extraída da jurisprudência alemã, que dissociou o conceito em três subelementos constitutivos. Assinale a alternativa que apresenta, corretamente, esses três subelementos.

(A) Adequação – necessidade – proporcionalidade em sentido estrito.
(B) Adequação – ponderação – razoabilidade em sentido estrito.
(C) Efetividade – ponderação – razoabilidade em sentido amplo.
(D) Efetividade – necessidade – proporcionalidade em sentido estrito.
(E) Ponderação – necessidade – razoabilidade em sentido estrito.

A alternativa "A" está correta, pois, quanto ao princípio da proporcionalidade, o STF, no julgamento do RE 466.343-1, especificou que esse princípio, quando aplicado na restrição a direitos fundamentais, deve levar em conta os seguintes critérios: a) adequação: eficácia do meio escolhido; b) necessidade: uso do meio menos restritivo ou gravoso para atingir a finalidade, face ao indivíduo paciente; c) proporcionalidade em sentido estrito: ponderação entre os benefícios alcançados com o ato e os danos por ele causados. Quanto à ordem correta de aplicação do princípio, é a seguinte: primeiro analisa-se, de fato, se há colisão de direitos fundamentais; depois descreve-se o conflito identificando os pontos relevantes do caso e, por fim, faz-se o exame, sucessivo, da adequação, da necessidade e da proporcionalidade em sentido estrito.

Gabarito "A"

(Delegado/RJ – 2013 – FUNCAB) No que se refere aos princípios que orientam a atividade administrativa, assinale a alternativa correta.

(A) Ao contrário do princípio da legalidade que é um princípio-fim, os princípios da publicidade e da impessoalidade são princípios--meio.
(B) São alguns dos princípios constitucionais explícitos: eficiência, impessoalidade, proporcionalidade, legalidade e moralidade.
(C) O princípio da razoabilidade incide sobre o exercício das funções públicas, exceto sobre a função legislativa.
(D) O Poder Executivo, no exercício de sua atividade típica, não se sujeita ao princípio da segurança jurídica que predomina na atividade jurisdicional, razão que leva a moderna doutrina administrativista a defender a inexistência de coisa julgada administrativa.
(E) Assim como ocorre na esfera judicial, em que certos atos podem ter sua publicidade restrita em virtude da preservação da intimidade das partes, alguns atos administrativos também poderão ter sua publicidade restrita com amparo em dispositivo da Constituição Federal.

A: incorreta, pois o princípio da legalidade é um princípio-meio, diferentemente do princípio da dignidade da pessoa humana (por exemplo), que é um princípio-fim; **B:** incorreta, pois a proporcionalidade não é um princípio constitucional expresso; **C:** incorreta, pois o princípio da razoabilidade, apesar de ser um típico princípio administrativo, também incide sobre as atividades legislativa e jurisdicional, como imperativo básico daquele que gere coisa pública, que não pode, havendo discricionariedade, agir de forma desproporcional; **D:** incorreta, pois o princípio da segurança jurídica também incide sobre a atividade administrativa (art. 2º, *caput*, da Lei 9.784/1999); **E:** correta (art. 5º, LX, da CF).

Gabarito "E"

(Delegado/SP – 2014 – VUNESP) Desde antigas eras do Direito, já vingava o brocardo segundo o qual "nem tudo o que é legal é honesto" (*non omne quod licet honestum est*). Aludido pensamento vem a tomar relevo no âmbito do Direito Administrativo principalmente quando se começa a discutir o problema do exame jurisdicional do desvio de poder. Essa temática serve, portanto, de lastro para o desenvolvimento do princípio constitucional administrativo

(A) explícito da moralidade administrativa.
(B) explícito da legalidade.
(C) implícito da supremacia do interesse público sobre o privado.
(D) implícito da finalidade administrativa.
(E) implícito da motivação administrativa.

De fato, "nem tudo que é legal é honesto" ou "nem tudo que é legal é moral". Dessa forma, o princípio da legalidade não é suficiente para prevenir condutas que possam violar o interesse público. Por isso, a CF/1988 estabelece como princípio da Administração Pública o da moralidade administrativa. Um exemplo de aplicação desse princípio foi a edição da Súmula Vinculante STF n. 13, que, mesmo que não haja lei proibindo a contratação de parente para cargos em comissão, proíbe o nepotismo na Administração Pública, com fundamento no princípio da moralidade administrativa.

Gabarito "A"

(Delegado/PR – 2013 – UEL-COPS) Os denominados poderes republicanos desempenham funções típicas e atípicas. Assinale a alternativa que apresenta, corretamente, uma das funções típicas do Poder Judiciário.

(A) Ter a iniciativa de leis sobre o seu próprio funcionamento.
(B) Elaborar o seu regimento interno.
(C) Administrar seus quadros.
(D) Celebrar contratos para aquisição de serviços.
(E) Julgar o mérito de decisões administrativas do executivo.

A função típica do Judiciário é a pratica de ato jurisdicional (ex: sentença). Nesse sentido, não é função típica do Judiciário a iniciativa de lei (ligada à função legislativa), a elaboração de seu regimento interno (função administrativa), a administração de seus quadros (função administrativa) e a celebração de contratos (função administrativa). Já o julgamento de mérito de decisões administrativas do executivo se dá no bojo do exercício da função jurisdicional.

Gabarito "E"

(Delegado/RJ – 2013 – FUNCAB) Para a doutrina contemporânea do Direito Administrativo, levando em conta a eficácia normativa da Constituição, deve a Administração Pública evitar que suas ações estejam inspiradas na:

(A) imperatividade.
(B) subsidiariedade.
(C) consensualidade.
(D) promoção dos direitos fundamentais.
(E) aproximação com a sociedade civil.

A Administração moderna, mais do que se valer sempre da imperatividade (que é um atributo que a Administração inegavelmente tem), deve atuar com base na consensualidade e desde que haja necessidade (subsidiariedade da atuação estatal), buscando sempre a promoção dos direitos fundamentais e a aproximação com a sociedade civil.

Gabarito "A"

(Delegado/SP – 2014 – VUNESP) O conceito de Direito Administrativo é peculiar e sintetiza-se no conjunto harmônico de princípios jurídicos que regem os órgãos, os agentes e as atividades públicas tendentes a realizar concreta, direta e imediatamente os fins desejados pelo Estado. A par disso, é fonte primária do Direito Administrativo

(A) a jurisprudência.
(B) os costumes.
(C) os princípios gerais de direito.
(D) a lei, em sentido amplo.
(E) a doutrina.

Dentre as fontes citadas, apenas a lei é fonte primária do Direito. As demais decorrem todas da lei, como é fácil perceber em relação à doutrina e a jurisprudência, lembrando que os costumes e os princípios gerais de direito só podem ser utilizados em caso de lacuna da lei, ou seja, não têm aplicação primária.

Gabarito "D"

(Delegado Federal – 2004 – CESPE) Julgue os itens seguintes.

(1) A possibilidade de reconsideração por parte da autoridade que proferiu uma decisão objeto de recurso administrativo atende ao princípio da eficiência.
(2) A veiculação do ato praticado pela administração pública na Voz do Brasil, programa de âmbito nacional, dedicado a divulgar fatos e ações ocorridos ou praticados no âmbito dos três poderes da União, é suficiente para ter-se como atendido o princípio da publicidade.
(3) A jurisprudência é fonte do direito administrativo, mas não vincula as decisões administrativas, apesar de o direito administrativo se ressentir de codificação legal.

1: certo, pois, de fato, a reconsideração evita que se perca tempo na apreciação de um recurso contra uma decisão administrativa, o que faz com que haja mais celeridade no processo administrativo, atendendo ao princípio da eficiência; **2:** errado, o princípio reclama outras providências, tais como intimação dos interessados e publicação no Diário Oficial; **3:** certo, de fato, a jurisprudência é uma das fontes do direito administrativo, mas não vincula a Administração, a não ser nos casos em que se tenha uma súmula vinculante (art. 103-A da CF).

Gabarito 1C, 2E, 3C

(Delegado/AM) O princípio administrativo que objetiva a igualdade de tratamento que a Administração Pública deve dispensar aos administrados que se encontram em idêntica situação jurídica é o da:

(A) legalidade
(B) moralidade
(C) publicidade
(D) impessoalidade

De fato, uma das facetas do princípio da impessoalidade (art. 37, *caput*, da CF) é a de determinar tratamento isonômico às pessoas. Além disso, o princípio determina que não haja promoção pessoal do agente público e que este respeite o princípio da finalidade.

Gabarito "D"

(Delegado/AP – 2006 – UFAP) Assinale abaixo, a opção correta.

(A) O Poder Judiciário, ao exercer o controle jurisdicional, não deve se restringir ao exame estrito da legalidade do ato administrativo, mas entender por legalidade ou legitimidade não só a conformação do ato com a lei, como também com a moral administrativa e com o interesse coletivo.
(B) O princípio da eficiência nada mais é que o clássico princípio da finalidade, o qual impõe ao administrador público que só pratique o ato para o seu fim legal.
(C) O princípio da razoabilidade, como vetor interpretativo, deverá pautar a atuação vinculada do Poder Público, garantindo-lhe a constitucionalidade de suas condutas e impedindo a prática de arbitrariedades.
(D) O princípio da supremacia do interesse público, também conhecido por princípio da impessoalidade, consiste no direcionamento da atividade e dos serviços públicos à efetividade do bem comum.
(E) O princípio da presunção de legitimidade caracteriza-se pela existência de uma presunção *juris et de juri* de veracidade e legalidade de todos os atos praticados pela Administração Pública.

A: correta, pois o Judiciário pode controlar o ato administrativo quanto aos seus aspectos de legalidade, moralidade e razoabilidade; **B:** incorreta, pois a eficiência determina que a Administração atenda satisfatoriamente aos interesses dos administrados; o princípio da finalidade decorre, na verdade, do princípio da impessoalidade; **C:** incorreta, pois o princípio da razoabilidade só se aplica a atos discricionários, não incidindo sobre atos vinculados vez que nestes o agente público só tem uma providência a tomar, não havendo que se falar em providência razoável ou não, mas sim em providência legal e ilegal; **D:** incorreta, pois o princípio da supremacia do interesse público, também conhecido como princípio da finalidade pública, não se confunde com o princípio da impessoalidade; o primeiro é um princípio basilar da Administração Pública e determina que, entre o interesse privado e o interesse público, prevalece o segundo; já o princípio da impessoalidade é aquele que impõe tratamento isonômico às pessoas, impede a autopromoção do agente público e determina respeito à finalidade; **E:** incorreta, pois a presunção de legitimidade não é absoluta (*juris et de juri*), que não admite qualquer produção probatória em sentido contrário, mas relativa (*juris tantum*), da qual cabe prova em contrário.

Gabarito "A"

(Delegado/DF – 2004) A professora Maria Sylvia Zanella Di Pietro, ao tratar do Poder de Polícia, afirma: "o poder de polícia não deve ir além do necessário para satisfação do interesse público que visa proteger; a sua finalidade não é destruir os direitos individuais, mas, ao contrário, assegurar o seu exercício, condicionando-o ao bem estar social; só poderá reduzi-los quando em conflito com interesses maiores da coletividade e na medida estritamente necessária à consecução dos fins estatais." O texto acima se refere ao seguinte princípio, aplicável aos atos de poder de polícia:

(A) legalidade;
(B) moralidade;
(C) impessoalidade;
(D) proporcionalidade;
(E) segurança jurídica.

A frase "na medida estritamente necessária à consecução dos fins estatais" demonstra que o texto se refere ao princípio da "proporcionalidade", pelo qual a Administração não pode agir com excesso, mas buscando sempre o meio estritamente necessário para consecução dos fins previstos na lei.

Gabarito "D"

(Delegado/GO – 2003 – UEG) Sobre os princípios administrativos, assinale a alternativa CORRETA:

(A) O princípio da moralidade pública opõe-se ao da impessoalidade, visto que impõe ao administrador público atuação que não seja voltada para seus próprios interesses.
(B) O princípio da publicidade impõe a ampla divulgação dos atos praticados pela Administração Pública e não comporta exceções.
(C) O princípio da eficiência impõe a todo agente público realizar suas atribuições buscando alcançar os melhores resultados para a Administração Pública, independentemente dos meios usados para tal.
(D) O princípio da motivação implica, para a Administração Pública, o dever de justificar os seus atos, apontando-lhes os fundamentos de direito e de fato.

A: incorreta, pois os dois princípios impõem que o agente público não atue segundo seus próprios interesses, mas segundo os interesses da coletividade (art. 37, *caput*, da CF); **B:** incorreta, pois existem casos em que o sigilo é possível, como para proteger a intimidade e a vida privada das pessoas, e também nos casos em que o sigilo é fundamental para a segurança da sociedade e do Estado; **C:** incorreta, pois não é possível a utilização de meios ilegais na busca de melhores resultados para a Administração; **D:** correta, pois traz adequado conceito de motivação.

Gabarito "D"

(Delegado/GO – 2003 – UEG) A faculdade conferida à Administração Pública de poder revogar seus próprios atos, quando eivados de vícios ou por motivo de conveniência e oportunidade, respeitados os direitos adquiridos e ressalvada, em todos os casos, a apreciação judicial, relaciona-se ao princípio da

(A) legalidade.
(B) autotutela.
(C) finalidade.
(D) anterioridade.

Trata-se do princípio da autotutela, previsto no art. 53 da Lei 9.784/1999, bem como na Súmula 473 do STF ("A administração pode anular seus próprios atos, quando eivados de vícios que os tornam ilegais, porque deles não se originam direitos; ou revogá-los, por motivo de conveniência ou oportunidade, respeitados os direitos adquiridos, e ressalvada, em todos os casos, a apreciação judicial").

Gabarito "B"

(Delegado/MG – 2012) Em relação à interação do direito administrativo, com os demais ramos de direito, analise as afirmativas a seguir:

I. O direito administrativo é que dá mobilidade ao direito constitucional.
II. O direito administrativo tem vínculo com o direito processual civil e penal.
III. As normas de arrecadação de tributos podem ser tidas como de direito administrativo.

IV. A teoria civilista dos atos e negócios jurídicos têm aplicação supletiva aos atos e contratos administrativos.

Marque a alternativa correta.

(A) apenas as afirmativas I, II e III estão corretas.
(B) apenas as afirmativas II e IV estão corretas.
(C) apenas as afirmativas I e II estão corretas.
(D) as afirmativas I, II, III e IV estão corretas.

I: correta, pois o direito constitucional, na sua essência, traz princípios e diretrizes mais perenes; vide, por exemplo, a longevidade da Constituição Americana; o direito administrativo, por dizer respeito ao aspecto prático do Estado (ou seja, à execução das leis) é muito mais dinâmico, buscando sempre novas tecnologias; exemplos disso são a criação de organizações sociais e OSCIPs, bem como das parcerias público-privadas; II: correta; exemplo de relação com o processo civil é o processo administrativo; exemplo de relação com o direito penal é o processo disciplinar; III: correta, pois tais normas têm natureza administrativa, seguindo princípios próprios do direito administrativo; IV: correta, pois os atos e contratos administrativos têm disciplina própria, decorrente do regime jurídico de direito administrativo, que afasta o regime de direito privado; porém, supletivamente, ou seja, quando se estiver diante de ausência de diretriz pública sobre o ato ou contrato administrativos, aplicam-se as disposições de direito privado; aliás, em matéria de contrato administrativo, há disposição específica nesse sentido (art. 54, *caput*, da Lei 8.666/1993).

Gabarito "D".

(Delegado/MG – 2012) Dentre as assertivas abaixo, é CORRETO afirmar que

(A) o Estado é pessoa jurídica e a expressão de sua vontade pode ser entendida como a decisão do membro de cúpula de cada Poder Pertinente, ou seja, do agente político.
(B) os agentes públicos são mandatários do Estado.
(C) o órgão público, ainda que desprovido de personalidade jurídica, pode atuar em Juízo, na defesa dos seus interesses, em caráter excepcional, desde que exista expressa previsão legal.
(D) a vontade do órgão de representação plúrima ou colegiado deve emanar da unanimidade ou da maioria das vontades dos agentes que o integram, mesmo em se tratando de ato de rotina administrativa.

A: incorreta, pois, pela Teoria do Órgão, quando um agente pratica um ato, este é imputado diretamente ao Estado e não ao agente político; **B:** incorreta, pois a relação entre os agentes públicos e o Estado não é de *mandato* (próprio do direito privado), nem de *representação* (próprio dos incapazes), mas de *presentação*, já que o Estado se faz presente por meio de seus agentes; **C:** correta; exemplo disso é o próprio Ministério Público (que é órgão público) ou a Defensoria Pública (que também é órgão) ou as Mesas das Casas Legislativas (órgãos também), que podem atuar em juízo na defesa de seus interesses; **D:** incorreta, pois no caso de atos de rotina é possível que se atribua a uma secretaria ou ao presidente do colegiado a sua prática; vale salientar que até mesmo atos mais relevantes do que meros atos de rotina podem ser objeto de delegação para a presidência do órgão colegiado (art. 12, parágrafo único, da Lei 9.784/1999).

Gabarito "C".

(Delegado/MG – 2008) São princípios da Administração Pública

(A) legalidade, motivação, segurança jurídica, especialidade.
(B) legalidade, motivação, segurança jurídica, normatização.
(C) legalidade, disciplina, segurança jurídica, normatização.
(D) legalidade, disciplina, razoabilidade, controle.

A: correta (art. 37, *caput*, da CF, c/c art. 2.º, *caput*, da Lei 9.784/1999); **B:** incorreta, pois a *normatização* não é princípio da Administração; **C:** incorreta, pois a *disciplina* e a *normatização* não são princípios da Administração; **D:** incorreta, pois a *disciplina* não é princípio da Administração.

Gabarito "A".

(Delegado/MG – 2006) Analise os seguintes itens relativos aos princípios constitucionais da Administração Pública e assinale a afirmativa INCORRETA:

(A) Há desvio de poder quando o agente público persegue finalidade pública estranha à destinação específica do ato que praticou.
(B) A autotutela gera o dever de a Administração Pública reconhecer a ilegalidade de seus atos, independente de intervenção judicial.
(C) Contraria o princípio da razoabilidade, expresso na Constituição da República, o fato de um superior hierárquico deixar de instaurar procedimento administrativo contra seu subordinado por aspectos pessoais.
(D) O princípio da moralidade administrativa não exclui o princípio da eficiência.
(E) O princípio da impessoalidade se aplica às entidades da Administração Direta e Indireta, independente da sua natureza jurídica.

A: correta, pois traz o exato conceito de desvio de poder ou desvio de finalidade; **B:** correta, nos termos do art. 53 da Lei 9.784/1999; **C:** incorreta (devendo ser assinalada), o caso revela violação ao princípio da impessoalidade, e não ao princípio da razoabilidade; **D:** correta, pois todos os princípios do art. 37, *caput*, da CF devem ser harmonicamente aplicados, não havendo que se falar em "um excluir o outro"; **E:** correta, pois os princípios administrativos se aplicam à "Administração Direta e *Indireta* de qualquer dos Poderes da União, dos Estados, do Distrito Federal e dos Municípios" (art. 37, *caput*, da CF).

Gabarito "C".

(Delegado/MS – 2006) De acordo com a sequência estabelecida na oração do artigo 37, *caput*, da Constituição Federal: "A administração pública direta e indireta de qualquer dos Poderes da União, dos Estados, do Distrito Federal e dos Municípios obedecerá aos princípios...".

Assinale a alternativa correta:

(A) legalidade, impessoalidade, moralidade, publicidade e eficiência.
(B) legalidade, impessoalidade, publicidade, moralidade e eficiência.
(C) legalidade, impessoalidade, moralidade, eficiência e publicidade.
(D) impessoalidade, legalidade, moralidade, publicidade e eficiência.
(E) legalidade, moralidade, impessoalidade, publicidade e eficiência.

A alternativa "A" apresenta a ordem correta, expressa nas iniciais da seguinte palavra: LIMPE.

Gabarito "A".

(Delegado/MT – 2006 – UFMT) Quando a Administração revoga os atos inconvenientes ou inoportunos e anula os atos inválidos que haja praticado, ampara-se no princípio da

(A) supremacia do interesse público sobre o interesse privado.
(B) obrigação dos atos unilaterais.
(C) imperatividade.
(D) autoexecutoriedade dos atos administrativos.
(E) inoportunidade dos atos administrativos.

O princípio basilar envolvido é o princípio da supremacia do interesse público sobre o interesse privado. Esse princípio justifica que a Administração seja dotada de prerrogativas, dentre elas a de revogar ou anular seus próprios atos, independentemente de buscar a prestação jurisdicional, pouco importando se tal conduta afeta a esfera jurídica de algum particular. Já o princípio específico envolvido é o princípio da autotutela, previsto no art. 53 da Lei 9.784/1999 e na Súmula 473 do STF.

Gabarito "A".

(Delegado/MT – 2006 – UFMT) Em razão do princípio da legalidade, a Administração

(A) aplica a lei de acordo com o seu poder de discricionariedade.
(B) pode adotar postura divergente da lei, em estrita obediência aos interesses da Administração.
(C) possui a faculdade de adotar a lei, se essa não contraria os interesses públicos.
(D) torna-se absolutamente submissa às leis.
(E) adquire relativa submissão às leis.

A: incorreta, pois nem sempre a lei estabelece um poder discricionário para a Administração; **B:** incorreta, pois o princípio da legalidade não permite a adoção de postura divergente da lei; ao contrário, tal princípio obriga a uma obediência fiel ao que a lei dispõe; **C:** incorreta, pois o princípio não "faculta" a Administração a cumprir a lei, mas "obriga" a Administração a cumpri-la; **D:** correta, pois a Administração tem que obedecer à risca a lei; **E:** incorreta, pois a Administração não pode cumprir a lei só quando lhe interessa; não se trata de uma submissão relativa, mas de uma submissão absoluta ao que dispõe a lei.

Gabarito "D".

(Delegado/PA – 2006 – CESPE) A respeito dos princípios que informam a administração pública, assinale a opção incorreta.

(A) A publicação de errata no Diário Oficial, dias antes da realização da prova de capacitação física em um concurso público, alterando o edital do certame, é suficiente para dar publicidade ao ato administrativo, sendo desnecessária a sua veiculação em jornais de grande circulação.
(B) O princípio da isonomia pode ser invocado para a obtenção de benefício, ainda que a sua concessão a outros servidores tenha acontecido com violação ao princípio da legalidade.

(C) A comunicação, por meio de denúncia anônima, de fatos ilícitos graves que tenham sido praticados no âmbito da administração pública, autoriza, em cada caso concreto, a ponderação entre a vedação constitucional do anonimato e a obrigação jurídica do Estado de investigar condutas funcionais desviantes, imposta pelo dever de observância à legalidade, à impessoalidade e à moralidade administrativa.

(D) A limitação de idade para a inscrição em concurso público só se legitima, quando a delimitação possa ser justificada pela natureza das atribuições do cargo a ser preenchido.

A: correta, nos termos da jurisprudência do STF ("Constitucional. Administrativo. Concurso público. Prova física. Alteração no edital. Princípios da razoabilidade e da publicidade. Alterações no edital do concurso para agente penitenciário, na parte que disciplinou o exercício abdominal, para sanar erro material, mediante uma errata publicada dias antes da realização da prova física no Diário Oficial do Estado. Desnecessária a sua veiculação em jornais de grande circulação. A divulgação no Diário Oficial é suficiente *per se* para dar publicidade a um ato administrativo. A administração pode, a qualquer tempo, corrigir seus atos e, no presente caso, garantiu aos candidatos prazo razoável para o conhecimento prévio do exercício a ser realizado". RE 390.939, Rel. Min. Ellen Gracie, j. em 16-08-2005, Segunda Turma, *DJ* 09-09-2005); **B:** incorreta (devendo ser assinalada), nos termos da jurisprudência do STF ("Ato administrativo: anulação: Súmula 473. A administração pode anular seus próprios atos, quando eivados de ilegalidade (Súm. 473), não podendo ser invocado o princípio da isonomia com o pretexto de se obter benefício ilegalmente concedido a outros servidores". (AgRg no AgIn 442.918, Rel. Min. Sepúlveda Pertence, Primeira Turma, j. em 04.05.2004, *DJ* 04-06-2004); **C:** correta, nos termos do Informativo 286 do STF, de 14 a 18 de outubro de 2002; **D:** correta, nos termos da Súmula 683 do STF ("O limite de idade para a inscrição em concurso público só se legitima em face do art. 7.º, XXX, da Constituição, quando possa ser justificado pela natureza das atribuições do cargo a ser preenchido").

Gabarito "B"

(Delegado/PI – 2009 – UESPI) Dentre os princípios da Administração Pública, a autotutela caracteriza-se por:

(A) impedir que o Poder Judiciário reveja os atos praticados pela Administração Pública.

(B) permitir que a Administração Pública reveja seus próprios atos, revogando-os por motivo de interesse público (oportunidade e conveniência), assim como anulando os atos inquinados pela ilicitude.

(C) permitir que o Poder Judiciário revogue os atos praticados pela Administração Pública.

(D) permitir que o Poder Judiciário anule os atos praticados pela Administração Pública.

(E) impor aos administrados as decisões administrativas.

A: incorreta, pois, pela autotutela, a Administração não precisa recorrer ao Judiciário para rever os seus atos, mas nada impede que alguém busque o Judiciário e peça a anulação de um ato administrativo; **B:** correta (art. 53 da Lei 9.784/1999); **C:** incorreta, pois o Judiciário não pode revogar os atos da Administração, a não ser que se trate de atos de sua própria administração; **D:** incorreta, pois o princípio da *autotutela*, como o próprio nome diz, possibilita que a própria Administração tutele os seus atos, independentemente da atuação do Judiciário; portanto, o princípio que permite ao Judiciário anular os atos da Administração é outro, no caso, o princípio do *controle jurisdicional dos atos administrativos*; **E:** incorreta, pois, como se viu, o princípio da *autotutela* tem outro sentido; o que permite tal imposição é o atributo do ato administrativo denominado *imperatividade.*

Gabarito "B"

(Delegado/PR – 2007) Dentre os princípios da Administração Pública adiante listados, assinale aquele que NÃO está expresso no art. 37 da Constituição Federal:

(A) Princípio da motivação.

(B) Princípio da eficiência.

(C) Princípio da impessoalidade.

(D) Princípio da publicidade.

(E) Princípio da legalidade.

Dentre os princípios listados na questão, apenas o princípio da "motivação" não está expresso no art. 37, *caput*, da CF, que incluiu, também, o princípio da "moralidade". O princípio da "motivação" está inserto no *caput* do art. 2.º da Lei 9.784/1999.

Gabarito "A"

(Delegado/SP – 2011) Resultados práticos de produtividade e redução de desperdícios na Administração Pública são medidas obtidas por observância ao princípio da

(A) finalidade

(B) moralidade

(C) eficiência

(D) razoabilidade

(E) supremacia do interesse público

A eficiência diz respeito à busca dos melhores resultados, o que se faz com melhoria na produtividade, redução de desperdícios e outras medidas.

Gabarito "C"

(Delegado/SC – 2008) Assinale a alternativa correta quanto aos princípios administrativos.

(A) Segundo o princípio da finalidade, é ilícito conjugar a pretensão do particular com o interesse coletivo nos contratos públicos.

(B) A duração do processo judicial ou administrativo que não se revelar razoável afronta o princípio constitucional da eficiência.

(C) Violar o princípio da moralidade administrativa não configura ilicitude passível de invalidação do ato.

(D) Segundo o princípio da publicidade, não se admite o sigilo na esfera administrativa, nem mesmo sob a alegação de segurança da sociedade.

A: incorreta, pois o princípio da finalidade estabelece que os atos administrativos devem atender à finalidade da lei que, muitas vezes, importará na conjugação da pretensão do particular com o interesse coletivo; **B:** correta, nos termos dos arts. 5.º, LXXVIII, e 37, *caput*, da CF; **C:** incorreta, pois é possível até ingressar com ação popular para a invalidação de ato que viole a moralidade administrativa (art. 5.º, LXXIII, da CF); **D:** incorreta, pois na esfera administrativa o sigilo é admitido quando imprescindível à segurança da sociedade e do Estado (art. 5.º, XXXIII, da CF).

Gabarito "B"

(Delegado/SP – 2008) A administração Pública enfeixa em suas mãos o enorme poder de editar atos e de fazê-los cumprir pela coletividade, daí aflorar a ideia de que representa a soma dos interesses particulares. Nesse contexto, o princípio subjacente é o da

(A) isonomia entre os administrados.

(B) moralidade administrativa.

(C) prevalência de interesse público.

(D) eficiência administrativa.

(E) razoabilidade administrativa.

A afirmativa, ao dizer que a administração atua em favor da *coletividade*, está se referindo ao princípio da prevalência do interesse público.

Gabarito "C"

(Delegado/SP – 2008) É princípio comezinho de direito público que as despesas previstas devem ser liquidadas no pertinente contrato, antecedido, em regra, de licitação. Atualmente a imprensa veiculou notícias sobre o uso indevido de cartões de crédito corporativos por agentes políticos em supermercados, *free shops*, restaurantes, a até para saques em dinheiro em caixas eletrônicos. Cuida-se de evidente desrespeito ao princípio da

(A) tutela.

(B) continuidade.

(C) impessoalidade.

(D) transparência.

(E) proporcionalidade.

O único princípio que guarda relação com o caso narrado é o da impessoalidade. De fato, o uso indevido de cartões de crédito corporativo fere o dever de impessoalidade, pois importa em favorecimento indevido do agente público. Há, também, violação aos princípios da legalidade e da moralidade, que não se encontravam em qualquer das alternativas.

Gabarito "C"

(Delegado/SP – 2002) Afirmando que "as competências administrativas só podem ser validamente exercidas na extensão e intensidade proporcionais ao que seja realmente demandado para cumprimento da finalidade de interesse público a que são atreladas", referimo-nos ao princípio do(a)

(A) proporcionalidade.

(B) interesse público.

(C) finalidade.

(D) razoabilidade.

Trata-se de ensinamento acerca do princípio da proporcionalidade, de lavra de Celso Antônio Bandeira de Mello (*Curso de Direito Administrativo*, 25ª ed., São Paulo: Malheiros, p. 108).
Gabarito "A"

(Delegado/SP – 2000) A Súmula do Supremo Tribunal Federal "A administração pode anular seus próprios atos, quando eivados de vícios que os tornam ilegais, porque deles não se originam direitos; ou revogá-los, por motivo de conveniência ou oportunidade, respeitados os direitos adquiridos, e ressalvada, em todos os casos, a apreciação judicial", relaciona-se ao princípio da

(A) legalidade.
(B) autotutela.
(C) razoabilidade.
(D) finalidade.

A Súmula do STF trazida no enunciado da questão é a Súmula 473, já transcrita anteriormente, e refere-se ao princípio da autotutela, previsto no art. 53 da Lei 9.784/1999.
Gabarito "B"

(Delegado/SP – 1998) O princípio da autotutela na Administração Pública, significa que

(A) a Administração não pode transigir ou deixar de aplicar a lei, a não ser nos casos expressamente permitidos.
(B) a Administração pode corrigir seus atos, revogando os irregulares ou inoportunos e anulando os ilegais, respeitados os direitos adquiridos e indenizando os prejudicados se necessário.
(C) a Administração deve servir a todos, sem preferências ou aversões pessoais.
(D) os atos administrativos devem ser justificados e expressamente com indicação de seus fundamentos de fato e de direito.

A: incorreta, pois o princípio autoriza a anulação e a revogação de atos administrativos, independentemente de apreciação jurisdicional, não havendo relação alguma com a assertiva trazida na alternativa; **B:** correta (art. 53 da Lei 9.784/1999 e Súmula 473 do STF); **C:** incorreta, pois essa regra decorre do princípio da impessoalidade, e não da autotutela; **D:** incorreta, pois esse é o princípio da motivação, e não da autotutela.
Gabarito "B"

(Delegado/TO – 2008 – CESPE) A administração pública é orientada por princípios de índole constitucional, cuja observância proporciona aos administrados a sensação de respeito à coisa pública. A respeito desse tema, julgue os itens que se seguem.

(1) O princípio da vinculação política ao bem comum é, entre os princípios constitucionais que norteiam a administração pública, o mais importante.
(2) Em toda atividade desenvolvida pelos agentes públicos, o princípio da legalidade é o que precede todos os demais.

1: incorreta, pois a Constituição não estabelece esse princípio para a Administração Pública (art. 37, *caput*, da CF); **2:** correta, pois de nada adianta agir, por exemplo, obedecendo à eficiência, se não se está obedecendo à lei.
Gabarito 1E, 2C

2. PODERES ADMINISTRATIVOS

Para resolver as questões deste item, vale citar as definições de cada poder administrativo apresentadas por Hely Lopes Meirelles, definições estas muito utilizadas em concursos públicos. Confira:

a) **poder vinculado** – "é aquele que o Direito Positivo – a lei – confere à Administração Pública para a prática de ato de sua competência, determinando os elementos e requisitos necessários à sua formalização"; **b) poder discricionário** – "é o que o Direito concede à Administração, de modo explícito, para a prática de atos administrativos com liberdade na escolha de sua conveniência, oportunidade e conteúdo"; **c) poder hierárquico** – "é o de que dispõe o Executivo para distribuir e escalonar as funções de seus órgãos, ordenar e rever a atuação de seus agentes, estabelecendo a relação de subordinação entre os servidores do seu quadro de pessoal"; **d) poder disciplinar** – "é a faculdade de punir internamente as infrações funcionais dos servidores e demais pessoas sujeitas à disciplina dos órgãos e serviços da Administração"; **e) poder regulamentar** – "é a faculdade de que dispõem os Chefes de Executivo (Presidente da República, Governadores e Prefeitos) de explicar a lei para sua correta execução, ou de expedir decretos autônomos sobre matéria de sua competência ainda não disciplinada por lei"; **f) poder de polícia** – "é a faculdade de que dispõe a Administração Pública para condicionar e restringir o uso e gozo de bens, atividades e direitos individuais, em benefício da coletividade ou do próprio Estado". (*Direito Administrativo Brasileiro*, 26ª ed., São Paulo: Malheiros, p. 109 a 123)

2.1. Poderes vinculado e discricionário

(Delegado/AM) O poder discricionário conferido à Administração Pública, para ser válido, têm que conjugar os seguintes elementos:

(A) capacidade e competência
(B) oportunidade e capacidade
(C) conveniência e oportunidade
(D) competência e conveniência

Poder discricionário é o que o Direito concede à Administração para a prática de atos administrativos com liberdade na escolha de sua conveniência, oportunidade e conteúdo.
Gabarito "C"

(Delegado/GO – 2003 – UEG) Sobre o poder discricionário, é CORRETO afirmar que

(A) não permite ao administrador praticar o ato com os critérios de conveniência e oportunidade.
(B) permite ao administrador exceder os limites da lei.
(C) vincula o administrador à forma e à finalidade do ato.
(D) não vincula o administrador à forma e à finalidade do ato.

A: incorreta, pois é justamente o contrário, ou seja, o poder discricionário permite ao administrador praticar o ato com os critérios de conveniência e oportunidade; **B:** incorreta, pois a discricionariedade é a margem de liberdade que a lei estabelece; **C:** correta, pois a competência, a forma e a finalidade são sempre *vinculadas* num ato discricionário, ficando a margem de liberdade reservada ao objeto e ao motivo; **D:** incorreta, nos termos do comentário à alternativa "c".
Gabarito "C"

(Delegado/MS – 2006) Tendo em vista o poder discricionário e o princípio da proporcionalidade no exercício do poder de polícia, assinale a alternativa correta:

(A) A teoria do desvio do poder, nada mais é do que o ato do Administrador Público praticado de maneira a fugir da sua finalidade, forma, motivos e meios, determinados pela Lei, tornando-o viciado, ilegal, ilícito, arbitrário, atentando contra a própria moralidade.
(B) O abuso do poder é o desvio, isto é, os fins diversos do objetivado pela lei ou pelo interesse individual; excesso praticado além dos limites estabelecidos, o que torna o ato arbitrário, ilícito e nulo.
(C) O uso do poder é prerrogativa da autoridade, dentro dos limites da lei, visando o bem-estar social e o interesse próprio.
(D) A falta dos requisitos legais não gera a nulidade.
(E) O abuso de poder depende da atividade ser discricionária ou vinculada.

A: correta, pois traz o exato sentido da Teoria do Desvio do Poder; **B:** incorreta, pois o abuso de poder é o gênero, que tem como espécies o desvio de poder e o excesso de poder; **C:** incorreta, pois a autoridade não pode agir buscando o interesse próprio, devendo buscar, sempre, o interesse público, que é aquele determinado na lei; **D:** incorreta, pois a falta dos requisitos (competência, objeto, forma, motivo e finalidade) afeta a validade do ato administrativo; **E:** incorreta, pois o desvio de poder ou desvio de finalidade, que consiste no desrespeito à finalidade objetivada pela lei, pode se dar tanto em competência discricionária, como em competência vinculada.
Gabarito "A"

(Delegado/MT – 2006 – UFMT) Atos discricionários são os que a Administração pode praticar com liberdade de escolha de seu conteúdo, de seu destinatário, de sua conveniência, de sua oportunidade e do modo de sua realização. Sobre a competência discricionária, a faculdade discricionária e o poder discricionário da Administração, assinale a afirmativa correta.

(A) Criam liberdade para a Administração atuar sem se ater aos regramentos legais.
(B) Concedem ao administrador uma faculdade arbitrária para realizar os atos administrativos.

(C) Não dispensam a lei, nem se exercem sem ela, devendo-lhe sempre a observância e a sujeição.
(D) Definem-se pela discrição e arbítrio.
(E) Deixam o administrador absolutamente livre para editar o ato administrativo, salvo nos casos de licitações e desapropriações.

A: incorreta, pois a Administração tem sempre que se ater aos regramentos legais, em obediência ao princípio da legalidade; **B:** incorreta, pois o administrador, diante de uma competência discricionária, não tem *arbitrariedade*, mas apenas *margem de liberdade*; **C:** correta, pois o poder discricionário deve ser exercido nos limites que a lei estabelecer; **D:** incorreta, pois a discrição (margem de liberdade) é própria desse poder, mas o arbítrio (total liberdade) não é próprio desse poder; **E:** incorreta, pois não há *liberdade absoluta*, mas *margem de liberdade*, ou seja, liberdade nos limites estabelecidos na lei.
Gabarito "C"

(Delegado/MT – 2000) Julgue os itens a seguir e assinale a alternativa correta:

I. O poder vinculado é aquele que a lei confere à Administração Pública para a prática de ato de sua competência, determinando os elementos e requisitos necessários à sua formalização. Não há falar, aqui, em conveniência ou oportunidade para a atuação administrativa.
II. A autoridade administrativa, mesmo no exercício do poder discricionário, estará sempre subordinada à finalidade expressa em lei para a prática do ato.
III. O ato discricionário é imune à apreciação judicial, pois a lei confere à autoridade administrativa que o pratica ampla liberdade na escolha de sua conveniência, oportunidade e conteúdo.
(A) Todos os itens estão corretos.
(B) Todos os itens estão incorretos.
(C) Apenas os itens I e II estão corretos.
(D) Apenas os itens I e III estão corretos.
(E) Apenas os itens II e III estão corretos.

I: correto, pois traz a exata definição de poder vinculado; II: correto, pois a finalidade legal de um ato administrativo deve ser respeitada, valendo salientar que a competência, a forma e finalidade são sempre *vinculadas*; III: incorreta, pois o Judiciário pode controlar os atos discricionários quanto à legalidade, à moralidade e à razoabilidade.
Gabarito "C"

(Delegado/RN – 2009 – CESPE) Assinale a opção correta em relação aos poderes administrativos e à organização administrativa.

(A) O poder vinculado significa que a lei deixou propositadamente certa faixa de opção para o exercício da vontade psicológica do agente, limitado entretanto a escolha dos meios e da oportunidade para a concretização do ato administrativo.
(B) O poder discricionário é conferido à administração de forma expressa e explícita, com a norma legal já trazendo em si própria a determinação dos elementos e requisitos para a prática dos respectivos atos.
(C) O poder disciplinar consiste em distribuir e escalonar as funções, ordenar e rever as atuações e estabelecer as relações de subordinação entre os órgãos, inclusive seus agentes.
(D) Pela desconcentração rompe-se uma unidade personalizada e não há vínculo hierárquico entre a administração central e a pessoa estatal descentralizada. Assim, a segunda não é subordinada à primeira.
(E) A descentralização pressupõe pessoas jurídicas diversas: a que originalmente tem ou teria titulação sobre certa atividade e aquela a que foi atribuído o desempenho da atividade em causa.

A: incorreta, pois no poder vinculado não há margem de liberdade, já que a lei estabelece, objetivamente, cada requisito para a prática do ato; trata-se, neste caso, da definição do poder discricionário; **B:** incorreta, pois essa definição é de poder vinculado; **C:** incorreta, pois essa definição é de poder hierárquico; o poder disciplinar é correlato ao poder hierárquico, mas ambos não se confundem uma vez que no poder disciplinar a Administração controla o desempenho das funções executivas e a conduta dos seus agentes, responsabilizando-os pelas eventuais faltas cometidas; **D:** incorreta, pois a desconcentração é a distribuição de competência de órgão para órgão, e não de pessoa jurídica para outra "pessoa estatal descentralizada" e a alternativa "D" refere-se ao conceito de descentralização; **E:** correta, pois a descentralização, de fato, é a distribuição de competência de uma pessoa jurídica para outra pessoa jurídica, vide, por exemplo, o art. 37, XIX e XX, da CF.
Gabarito "E"

2.2. Poder hierárquico

(Delegado/AC – 2008 – CESPE) Julgue o item subsequente.

(1) Considere que a Constituição da República determina que as polícias civis sejam dirigidas por delegados de polícia de carreira. Essa determinação confere aos delegados poder hierárquico e poder disciplinar sobre os servidores da polícia civil que lhes são subordinados.

1: incorreta, pois, no caso, é possível dizer que os delegados têm poder hierárquico, mas não quer dizer que têm poder disciplinar, pois um poder é independente do outro; o poder disciplinar é o poder de aplicar sanções pelo cometimento de infração disciplinar; normalmente, esse poder é conferido a mais de uma autoridade, sendo que a demissão, boa parte das vezes, é prerrogativa exclusiva do Chefe do Executivo.
Gabarito 1E

(Delegado/MG – 2008) É sabido que a carreira policial civil obedece à ordem hierárquica, pilar estrutural da corporação. Nesse sentido, é *INCORRETO* afirmar que

(A) a hierarquia e a disciplina são valores de integração e otimização das atribuições dos cargos e objetivam assegurar a unidade técnico-científica da investigação policial.
(B) a hierarquia é instrumento de controle e eficácia dos atos operacionais e objetiva a disciplina e a ética policial.
(C) a disciplina vincula as atribuições funcionais do policial civil às disposições legais e administrativas.
(D) o regime hierárquico autoriza imposições sobre o convencimento do servidor, desde que devidamente fundamentado.

Todas as alternativas trazem afirmativas verdadeiras, salvo a de letra "D", pois o superior hierárquico pode até rever os atos do subordinado, mas não pode impor juízos de valor no lugar deste.
Gabarito "D"

2.3. Poder disciplinar

(Delegado/MG – 2006) Analise as frases abaixo:

I. o poder disciplinar é considerado discricionário, uma vez que caberá ao superior hierárquico decidir pela punição ou não do servidor público, bem como pela instauração ou não da sindicância/processo administrativo. Todavia, decidindo pela aplicação da pena não lhe será facultado eleger a sanção cabível, uma vez que as leis estatutárias, em geral, são taxativas e inflexíveis a este respeito.
II. as agências reguladoras detêm poder de inovar a ordem jurídica, criando obrigações para as pessoas físicas e jurídicas submetidas à sua fiscalização, independente da existência de lei anterior que fixe o referido dever. É o que se chama poder normativo.
III. os princípios da razoabilidade e da proporcionalidade são fundamentais para o correto exercício do poder de polícia e do poder disciplinar.
IV. o princípio da motivação, assim como da segurança jurídica, assumem importância no processo administrativo.
(A) apenas a alternativa I é falsa
(B) apenas a alternativa II é falsa
(C) apenas as alternativas I e II são falsas
(D) apenas as alternativas III e IV são falsas

I: falsa, pois a lei pode trazer hipóteses de incidência de punição disciplinar objetiva (por exemplo, "faltar ao trabalho por 30 dias consecutivos"), ocasião em que o poder disciplinar será vinculado; em suma, esse poder poderá ser vinculado ou discricionário, de acordo com o que dispuser o texto legal; II: falsa, pois as agências reguladoras, apesar de terem poder normativo, não podem inovar na ordem jurídica, criando obrigação que não seja estabelecida, ainda que genericamente, pela lei; III: verdadeira, pois tais princípios informam os poderes citados, de modo a evitar excessos na aplicação de sanções; IV: verdadeira, nos termos do art. 2.º, *caput*, da Lei 9.784/1999.
Gabarito "C"

2.4. Poder regulamentar

(Delegado/AM) A natureza regulamentar da Administração Pública é:

(A) primária
(B) originária
(C) secundária
(D) subsidiária

O poder regulamentar é de natureza *secundária*, pois o regulamento não pode, como regra, inovar *originariamente* na ordem jurídica, devendo apenas explicar a lei, ou seja, agir de modo secundário, para a fiel execução da lei.
Gabarito "C"

(Delegado/SP – 2008) Os atos normativos do Presidente da República que exorbitem do poder regulamentar ou dos limites de delegação legislativa podem ser sustados mediante

(A) resolução do Congresso Nacional.
(B) resolução do Senado Federal.
(C) decreto legislativo do Senado Federal.
(D) decreto legislativo do Congresso Nacional.
(E) decreto autônomo do STF.

Art. 49, V, da CF.
Gabarito "D"

(Delegado/SP – 1999) A competência do Governador do Estado para expedir decretos é

(A) delegável.
(B) forma de criar direitos e obrigações.
(C) poder vinculado e limitado.
(D) poder normativo pleno.

A: incorreta, pois o poder regulamentar é indelegável; **B:** incorreta, pois o poder regulamentar não pode, como regra, inovar na ordem jurídica; no Brasil, os decretos são de *execução de lei*, e não *autônomos de lei*; de qualquer forma, vale a pena lembrar que há alguns casos de decreto autônomo de lei (art. 84, VI, da CF); **C:** correta, pois a competência para um ato é sempre vinculada, ou seja, somente o Governador tem competência; além disso, a competência regulamentar é limitada, pois não pode inovar na ordem jurídica; **D:** incorreta, pois não há poder normativo pleno, vez que o decreto regulamentar não pode inovar na ordem jurídica, como já explicado.
Gabarito "C"

2.5. Poder de polícia

(Delegado/PR – 2013 – UEL-COPS) Acerca da denominação do poder de polícia que incide sobre bens, direitos e atividades, assinale a alternativa correta.

(A) Polícia Administrativa.
(B) Polícia Investigativa.
(C) Polícia Militar.
(D) Polícia Judiciária.
(E) Polícia Civil.

A: correta, pois a polícia administrativa recai sobre bens, direitos e atividades; **B** a **E:** incorretas, pois tais polícias são exercidas em relação às pessoas.
Gabarito "A"

(Delegado/RJ – 2013 – FUNCAB) Sobre o poder de polícia, é correto afirmar:

(A) Por ter natureza eminentemente sancionatória, deve sempre ser exercido nos estritos limites da lei.
(B) Embora não seja a regra, admite-se sua delegação a particulares, incluindo as atividades materiais acessórias e conexas, bem ainda a coerção e a imposição de sanções.
(C) Excepcionalmente, se presente interesse público relevante, as medidas de poder de polícia podem gerar efeitos retroativos e infirmar os efeitos produzidos por atos praticados anteriormente.
(D) Orienta-se a prevenir lesão a direitos e a valores tutelados juridicamente, possuindo cunho eminentemente preventivo.
(E) Desenvolve-se por meio de quatro categorias de providências: a regulamentação (edição de normas gerais), a emissão de decisões particulares, a coerção fática propriamente dita e o sancionamento a *posterior.*

A: incorreta, pois o poder de polícia é, antes de tudo, preventivo, incidindo sanções apenas quando a prevenção não evitar a violação das normas que buscam condicionar os interesses individuais ao interesse público; **B:** incorreta, pois o poder de polícia em sua inteireza só pode ser exercido por autoridade pública, podendo os particulares contribuir apenas com atividades meramente materiais, como a operação de radares eletrônicos (simples fiscalização, sem aplicação de sanção) e também em atividades de consentimento; **C:** incorreta, pois nem mesmo a lei pode retroagir para restringir direitos, quanto mais um ato de polícia administrativa; **D:** correta, pois o poder de polícia é, antes de tudo, preventivo, incidindo sanções apenas quando a prevenção não evitar a violação das normas que buscam condicionar os interesses individuais ao interesse público; **E:** incorreta, pois o poder de polícia se desenvolve em quatro providências, quais sejam, a edição de **lei**, a atividade de **consentimento** (que consiste em verificar se o particular que desempenha determinada atividade ou direito satisfaz os requisitos em lei para tanto; por exemplo, tem-se o caso das autoescolas, que são particulares credenciados para exames que verificam alguns dos requisitos para receber habilitação para dirigir), a **fiscalização** e a aplicação de **sanção**.
Gabarito "D"

(Delegado/SP – 2014 – VUNESP) Ao exercício do poder de polícia são inerentes certas atividades que podem ser sumariamente divididas em quatro grupos: I – legislação; II – consentimento; III – fiscalização; e IV – sanção. Nessa ordem de ideias, é correto afirmar que o particular

(A) pode exercer apenas as atividades de consentimento e de sanção, por não serem típicas de Estado.
(B) somente pode exercer, por delegação, a atividade de fiscalização, por não ser típica de Estado.
(C) pode exercer, por delegação, as atividades de consentimento e fiscalização, por não serem típicas de Estado.
(D) pode exercer, por delegação, quaisquer das atividades inerentes ao poder de polícia, pois não se traduzem em funções típicas de Estado.
(E) pode exercer, por delegação, o direito de impor, por exemplo, uma multa por infração de trânsito e cobrá-la, inclusive, judicialmente.

A: incorreta, pois a atividade de sanção é típica de Estado; **B:** incorreta, pois o particular também pode exercer a atividade de consentimento, que consiste em verificar se o particular que desempenha determinada atividade ou direito satisfaz os requisitos em lei para tanto; por exemplo, tem-se o caso das autoescolas, que são particulares credenciados para exames que verificam alguns dos requisitos para receber habilitação para dirigir; **C:** correta, pois as atividades de consentimento e de fiscalização (sem sanção) podem ser realizadas pelo particular; **D:** incorreta, pois a edição de leis e a aplicação de sanções são atividades típicas de Estado; **E:** incorreta, pois a aplicação de sanções é atividade típica de Estado.
Gabarito "C"

(Delegado/AC – 2008 – CESPE) Julgue o item subsequente.

(1) Considere que uma lei federal tenha determinado a proibição da venda de bebidas alcoólicas em postos e bares localizados às margens de rodovias federais. Nessa situação, a fiscalização do cumprimento dessa determinação configura exercício de poder de polícia administrativa.

1: correta, pois a lei nada mais está fazendo do que condicionar e restringir os direitos das pessoas, de modo a conformá-los ao interesse público, o que revela a existência de poder de polícia em sentido amplo. Já a fiscalização do cumprimento da lei caracteriza poder de polícia em sentido estrito, também chamado de polícia administrativa.
Gabarito 1C

(Delegado/AM) O poder de polícia autoriza a Administração Pública a restringir o uso e gozo da liberdade e da propriedade do indivíduo em prol da coletividade. Dentre as suas características, podem ser destacadas:

(A) substitutividade e coercibilidade
(B) disponibilidade e substitutividade
(C) coercibilidade e autoexecutoriedade
(D) autoexecutoriedade e disponibilidade

A: incorreta, pois a substitutividade não é considerada característica do poder de polícia; **B:** incorreta, pois a disponibilidade e a substitutividade não são características do poder de polícia; **C:** correta, pois a coercibilidade e a autoexecutoriedade são características do poder de polícia; **D:** incorreta, pois a disponibilidade não é característica do poder de polícia.
Gabarito "C"

(Delegado/CE – 2006 – CEV/UECE) Sobre o poder de polícia podemos afirmar, corretamente:

(A) exige que o Poder Público utilize sempre, previamente, a via judicial para executar suas decisões.
(B) possui as características de autoexecutoriedade e coercibilidade, havendo, entretanto, alguma controvérsia doutrinária quanto a sua caracterização como discricionário ou vinculado.
(C) tem suas sanções, sem exceção, caracterizadas pela autoexecutoriedade.
(D) pode ser outorgado à pessoa da iniciativa privada, desprovida de vinculação oficial com os entes públicos.

A: incorreta, pois o atributo da autoexecutoridade permite que o Poder Público atue independentemente de apreciação jurisdicional; **B:** correta, pois o poder de polícia contém as características citadas, sendo que, de acordo com o que dispuser o texto legal, poderá ser discricionário ou vinculado, apesar de existir doutrinadores como Hely Lopes Meirelles que entendem que o poder de polícia tem sempre o atributo da discricionariedade; **C:** incorreta, pois há sanções, como a de multa, que não podem ser cobradas coercitivamente sem a intervenção do Poder Judiciário; **D:** incorreta, pois o poder de polícia é privativo de autoridade pública, não sendo possível sua delegação ao particular; este só pode contribuir *materialmente* (e não *volitivamente*) para o exercício do poder de polícia (por exemplo, na mera operação de um radar eletrônico, providência meramente material; a expedição de multa, no caso, deve ser feita pela autoridade pública, que é quem pode manifestar vontade).

Gabarito "B"

(Delegado/DF – 2004) A Administração Pública, no exercício do Poder de Polícia, pode executar seus atos independentemente da manifestação prévia de outro Poder, ressalvadas poucas exceções. A característica do Poder de Polícia que legitima a conduta acima descrita denomina-se:

(A) imperatividade;
(B) autoexecutoriedade;
(C) presunção de veracidade;
(D) presunção de legitimidade;
(E) discricionariedade.

Trata-se da autoexecutoridade, que é a possibilidade de a administração executar os seus atos independentemente de buscar a prestação jurisdicional.

Gabarito "B"

(Delegado/GO – 2003 – UEG) Uma Resolução do Secretário Estadual da Saúde determinando a internação por quarenta dias de pessoas suspeitas de serem portadoras do vírus da SARS (síndrome respiratória aguda severa), responsável pela denominada "gripe asiática", traz, intrinsecamente, o poder estatal

(A) de polícia.
(B) de hierarquia.
(C) disciplinar médico.
(D) regulamentar.

Trata-se de poder de polícia, já que condiciona a liberdade de pessoas em prol dos interesses da coletividade.

Gabarito "A"

(Delegado/MG – 2012) No que se refere aos Poderes Administrativos, assinale a alternativa **INCORRETA**:

(A) O ato administrativo submete-se ao controle judicial por força do princípio da moralidade.
(B) O poder regulamentar típico permite complementar a lei e é de caráter derivado.
(C) Autoexecutoriedade e coercibilidade são atributos do poder de polícia.
(D) Os atos de polícia que avultam o princípio da proporcionalidade revelam-se ilegais, sendo, portanto, passíveis de anulação pelo Poder Judiciário.

A: incorreta (devendo ser assinalada); o ato administrativo submete-se ao controle judicial por força dos princípios da legalidade (art. 37, *caput*, da CF) e da inafastabilidade do controle jurisdicional (art. 5.º, XXXV, da CF); **B:** correta, pois o poder regulamentar típico admite apenas a expedição de regulamentos de execução de lei, ou seja, de regulamentos que complementam a lei, não criando direitos ou deveres originários, daí seu caráter derivado; **C:** correta, pois a doutrina, de fato, aponta esses dois atributos como próprios do poder de polícia; **D:** correta, pois o desrespeito à proporcionalidade (pressuposto de validade denominado "causa") torna o ato ilegal, passível, portanto, de anulação pelo Judiciário.

Gabarito "A"

(Delegado/MG – 2008) Com referência à Polícia Judiciária, é *INCORRETO* afirmar que

(A) tem a seu cargo a apuração das infrações penais, as investigações criminais e o auxílio à Justiça, no campo da aplicação da lei, além de registros e fiscalização de natureza regulamentar.
(B) a execução da Polícia Judiciária cabe aos Delegados de Polícia, segundo o que for ditado pela conveniência e a oportunidade na realização de ato de sua atribuição, em todo o Estado.
(C) a Polícia Judiciária compreende triagem e custódia de suspeitos de infrações penais.
(D) os Delegados de Polícia e seus auxiliares deverão comparecer ao local do crime para as diligências necessárias à apuração e identificação dos autores.

Todas as alternativas trazem informação correta acerca da polícia judiciária, salvo a alternativa "B", que está incorreta, pois os delegados não podem agir sempre segundo a conveniência e oportunidade, já que nem todas as competências dos delegados são discricionárias.

Gabarito "B"

(Delegado/MG – 2008) Sobre o poder de polícia no campo do direito administrativo, é *INCORRETO* afirmar que

(A) é exercido mediante prerrogativas e sujeições.
(B) limita o direito do cidadão ao bem-estar coletivo.
(C) concretiza o princípio da predominância do interesse público.
(D) se caracteriza pelo cumprimento de atos administrativos editados para regramento da conduta do cidadão.

A: correta, pois há prerrogativas (presunção de legitimidade, autoexecutoriedade e exigibilidade) e sujeições (respeito à legalidade, à probidade etc.); **B:** correta, pois o poder de polícia tem por função justamente limitar os direitos das pessoas, de modo a conformá-los às exigências dos interesses coletivos; por exemplo, quando uma lei determina que não se pode fumar em estabelecimentos fechados, esta lei está justamente limitando o direito das pessoas em prol do interesse coletivo, traduzindo-se em típico exemplo de poder de polícia; os fiscais administrativos, quando estiverem fiscalizando o cumprimento dessa lei, estarão exercendo o poder de polícia em sentido estrito, também chamado de polícia administrativa; **C:** correta, pois a ideia do poder de polícia é justamente promover e garantir a predominância do interesse público sobre o interesse privado; **D:** incorreta (devendo ser assinalada); o poder de polícia em sentido amplo é criado pela lei (exemplo: lei que proíbe o fumo em estabelecimentos fechados) e não por atos administrativos; os atos administrativos serão praticados por ocasião das providências fiscalizatórias, e não para criar originariamente as regras de conduta do cidadão.

Gabarito "D"

(Delegado/MG – 2008) São características do poder de polícia:

(A) discricionariedade, coercibilidade, autoexecutoriedade.
(B) discricionariedade, coercibilidade, prevenção.
(C) discricionariedade, regulamentação, prevenção.
(D) limitação, coercibilidade, autoexecutoriedade.

Para Hely Lopes Meirelles são características do poder de polícia a discricionariedade, a coercibilidade e a autoexecutoriedade. Todavia, vale ressaltar que parte da doutrina entende que o poder de polícia pode ser tanto discricionário, quanto vinculado, de acordo com o que dispuser a lei a seu respeito.

Gabarito "A"

(Delegado/MG – 2006) O poder de polícia administrativa:

(A) Está presente quando o Estado evita a prática de ilícitos penais.
(B) Expressa-se, exclusivamente, por meio de atos discricionários.
(C) É subespécie do serviço público de segurança pública.
(D) Está presente quando o Estado confere autorização para porte de armas.

A: incorreta, pois nesse caso tem-se a polícia de manutenção da ordem pública; não se deve confundir *polícia administrativa* (exemplo: fiscalização de vigilância sanitária), com *polícia judiciária* (apuração de ilícitos penais, a cargo das polícias civil e federal) e *polícia de manutenção da ordem pública* (policiamento ostensivo, a cargo da PM, por exemplo); **B:** incorreta, pois, para a maior parte da doutrina, essa polícia pode ser tanto discricionária quanto vinculada, de acordo com o que dispuser a lei que trata de determinada limitação às atividades das pessoas; **C:** incorreta, pois não se deve confundir a polícia administrativa com as outras duas polícias (polícia judiciária e polícia de manutenção da ordem pública); **D:** correta, pois a autorização para porte de arma é regulada em lei que estabelece as limitações ao direito de usar armas (*poder de polícia em sentido amplo*), sendo que a autoridade competente irá, no caso concreto, expedir ou não a autorização, o que é feito no exercício da *polícia administrativa*.

Gabarito "D"

(Delegado/MS – 2006) Considera-se poder de polícia a faculdade de que dispõe a Administração Pública para condicionar e restringir o uso e gozo de bens, atividades e direitos individuais, em benefício da coletividade ou do próprio Estado. Levando-se em conta o enfatizado no enunciado, é correto afirmar que:

(A) O poder de polícia visa o interesse social e a supremacia do Estado sobre as pessoas, bens e atividades.
(B) A polícia administrativa atua sobre as pessoas, repressivamente.

(C) O ato de polícia não se subordina ao ordenamento jurídico.

(D) O poder de polícia limita o direito de liberdade e de propriedade, limita a liberdade e a propriedade, e não o direito de liberdade e de propriedade.

(E) A polícia judiciária incide sobre bens, direitos e atividades, preventivamente.

A: correta, pois esses são os fins do poder de polícia; **B:** incorreta, pois a polícia administrativa atua sobre bens, atividades e direitos, diferente da polícia judiciária que atua sobre pessoas, investigando ilícitos penais cometidos por estas; **C:** incorreta, pois a Administração Pública, inclusive no que diz respeito à polícia administrativa, está vinculada à observância da lei; **D:** incorreta, pois o poder de polícia limita a *liberdade* e a *propriedade* das pessoas, de modo a estabelecer o *direito de propriedade* e o *direito de liberdade* das pessoas; ou seja, o poder de polícia irá delimitar o tamanho do direito de propriedade e de liberdade que cada um de nós teremos; **E:** incorreta, pois a polícia judiciária atua sobre pessoas, investigando ilícito penais cometidos por estas; ademais, trata-se de uma atuação normalmente repressiva (após o cometimento de crimes) e não preventiva.

Gabarito "A"

(Delegado/MT – 2000) Assinale a alternativa correta:

(A) Incide o poder de polícia da Administração Pública sobre bens, direitos, atividades e pessoas.

(B) Tal como o poder de polícia judiciária, o poder de polícia administrativa é inerente a determinados órgãos da Administração Pública.

(C) Por ser o ato administrativo de aplicar multa decorrente do poder de polícia, não há falar em intervenção do Poder Judiciário para que seja aquele ato da Administração Pública executado, pois um dos atributos do poder de polícia é justamente o da autoexecutoriedade.

(D) poder de polícia administrativa tem como atributo a vinculação, tendo em vista a sua grave interferência na esfera jurídica dos administrados, de modo a limitar-lhes o uso e gozo de direitos e bens, e o exercício de atividades.

(E) No poder de polícia delegado não se compreende o poder de impor taxas, mas lhe é implícita a faculdade de aplicar sanções aos infratores, na forma regulamentar.

A: incorreta, pois o poder de polícia não incide sobre *pessoas*, mas somente sobre *bens, direitos* e *atividades*; **B:** incorreta, pois enquanto a polícia judiciária é inerente a determinados órgãos da Administração Pública (polícia civil e polícia federal), a polícia administrativa existe em diversos órgãos e entidades da Administração; **C:** incorreta, pois a multa pode até ser aplicada sem a participação do Judiciário, mas a sua execução depende deste, por meio da ação de execução fiscal, não podendo a Administração Pública usar a força para obrigar o particular a solver a multa aplicada; **D:** incorreta, pois o poder de polícia pode ser tanto vinculado como discricionário, a depender do que dispuser a lei que trata daquela limitação administrativa; **E:** correta, pois a delegação do poder de polícia, que só pode ser feita em favor de autoridades públicas, costuma limitar-se à aplicação de sanções, como é o caso de convênios feitos com a polícia militar para que esta aplique multas de trânsito; já a delegação da possibilidade de cobrança de taxa (tributo) pelo exercício do poder de polícia não costuma ser transferida a outras autoridades, até porque o regime jurídico envolvido (tributário) é mais rigoroso para esse tipo de medida.

Gabarito "E"

(Delegado/PI – 2009 – UESPI) Acerca do poder de polícia, assinale a alternativa correta.

(A) A desproporcionalidade no exercício do poder de polícia torna o ato de polícia administrativo ilegítimo, em virtude do desvio de finalidade.

(B) Como decorrência do atributo da imperatividade, a Administração Pública pode impor coercitivamente, as medidas próprias do poder de polícia.

(C) A interdição de estabelecimento pela vigilância sanitária, em decorrência de irregularidades detectadas em inspeção, configura exercício do poder de polícia.

(D) Como regra geral, o poder de polícia é vinculado.

(E) A administração indireta não pode exercer poder de polícia.

A: incorreta, pois, no caso, temos como violado o requisito de validade "causa" (pertinência entre o conteúdo do ato e a finalidade a ser alcançada) e não o requisito de validade "finalidade"; esse tema é desenvolvido pelo doutrinador Celso Antônio Bandeira de Mello (*Curso de Direito Administrativo*, Malheiros); **B:** incorreta, pois a imperatividade é a possibilidade de impor obrigações a terceiros independentemente de sua concordância, ao passo que a coercibilidade é um plus, consistindo na possibilidade de usar a força para que o particular atenda a determinação do Poder Público; **C:** correta, pois o poder de polícia tem em mira justamente controlar, no plano administrativo, atividades nocivas aos interesses públicos, atuando repressiva e preventivamente; **D:** incorreta, pois a lei é que estabelecerá, caso a caso, se determinada limitação administrativa à liberdade e à propriedade das pessoas ensejará atuação fiscalizatória discricionária ou vinculada; **E:** incorreta, pois não há limitação alguma nesse sentido; de qualquer forma, o poder de polícia deve ser exercido por autoridade pública, de modo que somente pessoas de direito público (autarquias, fundações públicas, agências reguladoras e associações públicas) devem exercer o poder de polícia, não sendo adequado que pessoas jurídicas de direito privado estatais, como as empresas estatais, o façam.

Gabarito "C"

(Delegado/MT – 2006) A atividade destinada a disciplinar direito, interesse ou liberdade, regulando a prática de ato ou abstenção de fato, em razão do interesse público concernente à segurança, à higiene, à ordem, ao exercício da atividade econômica, dentre outros, é denominado de:

(A) Poder de polícia judiciária.

(B) Poder de polícia administrativa.

(C) Poder de polícia ostensiva.

(D) Poder normativo da Administração Pública.

Trata-se da exata definição de *polícia administrativa*.

Gabarito "B"

(Delegado/SP – 2008) Recentemente, os jornais noticiaram a atuação da administração pública de importante capital, que cassou o alvará de autorização para funcionamento e interditou estabelecimento comercial que explorava o lenocínio em vez da atividade hoteleira. No caso, a interdição foi feita mediante a edificação de muros de concreto defronte das portas do estabelecimento, o que caracteriza a

(A) vinculação do poder de polícia municipal.

(B) coercibilidade do poder de polícia municipal.

(C) ilegitimidade do poder de polícia municipal.

(D) ilimitabilidade do poder de polícia municipal.

(E) inoponibilidade do poder de polícia municipal.

Trata-se da coercibilidade ou da autoexecutoriedade, que permitem coação material, independentemente de prévia apreciação judicial.

Gabarito "B"

(Delegado/SP – 2003) O poder de polícia

(A) só pode ser exercido para reprimir aqueles que perturbam a ordem pública.

(B) dá respaldo legal à prisão em flagrante de criminosos.

(C) é exclusivo das instituições policiais.

(D) consiste na atividade da administração pública de limitar ou disciplinar direito, interesse ou liberdade.

O poder de polícia atua preventiva ou repressivamente; ademais, atua não só na manutenção da ordem pública, como também em setores, como o de vigilância sanitária, polícia das construções, dentre outros.

Gabarito "D"

(Delegado/SP – 1999) A proibição de construir acima de certa altura, a obrigatoriedade de observar determinado recuo de construção, o dever de denunciar doença contagiosa, a vedação de manter certos animais na zona urbana, são exemplos de restrições decorrentes do poder

(A) de polícia.

(B) regulamentar.

(C) disciplinar.

(D) hierárquico.

As situações revelam a existência de poder de polícia, pois, nos exemplos tem-se, justamente, limitações à propriedade, à liberdade e às atividades das pessoas, conformando-as aos interesses coletivos.

Gabarito "A"

2.6. Poderes combinados

(Delegado/RO – 2014 – FUNCAB) O Supremo Tribunal Federal considerou competente como ente federativo o Município, para impor a bancos a obrigação de instalar portas eletrônicas com detector de metais e travamento e de vidros à prova de balas, por vislumbrar, no tema, questão de interesse local e a segurança do usuário. Quanto a esse poder conferido ao Município, pode-se afirmar que se trata do poder:

(A) hierárquico.
(B) discricionário.
(C) regulamentar.
(D) disciplinar.
(E) de polícia

Trata-se de poder de polícia, pois a norma se traduz num condicionamento dos interesses individuais aos interesses da coletividade.

Gabarito "E"

(Delegado Federal – 2002 – CESPE) No que concerne ao exercício e aos limites dos poderes da administração pública, julgue os itens subsequentes.

(1) O abuso de poder de um delegado federal pode ser controlado por meio de mandado de segurança individual, desde que não haja necessidade de dilação probatória.
(2) A função de polícia judiciária não exclui da Polícia Federal o poder de polícia administrativa.
(3) O poder disciplinar impõe ao superior hierárquico o dever de punir o subordinado faltoso.
(4) O Congresso Nacional tem competência para controlar o poder regulamentar do presidente da República.
(5) Se invalidada por sentença judicial a demissão de policial, decorrente de condenação administrativa por abuso de autoridade, terá ele direito à reintegração na vaga que antes ocupava.

1: correto, pois o delegado é uma autoridade pública e, como tal, sujeito ao mandado de segurança, salvo se cabível *habeas corpus* ou *habeas data*; vale lembrar que o mandado de segurança só é cabível se houver prova pré-constituída (*direito líquido e certo*), pois não é possível produzir prova no bojo dessa garantia constitucional; **2:** correto, pois as competências da polícia federal não se limitam a investigar ilícitos penais, existindo competências relacionadas à polícia administrativa, como a que envolve a expedição de passaportes; **3:** correto, desde que o superior hierárquico tenha, além do poder hierárquico, o poder disciplinar também; **4:** correto (art. 49, V, da CF); **5:** correto (art. 41, § 2.º, da CF).

Gabarito 1C, 2C, 3C, 4C, 5C

(Delegado/AP – 2006 – UFAP) Para viabilizar a realização de suas atividades, bem como satisfazer o bem comum, o ordenamento jurídico confere à Administração Pública uma gama de poderes, a fim de instrumentalizar a realização de suas tarefas administrativas. De acordo com tal enunciado é correto afirmar que:

(A) no Direito brasileiro, a Constituição Federal de 1988 limitou consideravelmente o poder regulamentar, deixando espaço para os regulamentos executivos e regulamentos autônomos.
(B) o poder disciplinar reveste-se de discricionariedade, haja vista que, nos procedimentos previstos para apuração de falta, os Estatutos funcionais não estabelecem regras rígidas como as que se impõem na esfera criminal.
(C) entende-se por poder de polícia a atividade estatal (vinculada, autoexecutável e coercitiva) que limita o exercício dos direitos individuais em benefício da segurança.
(D) o poder hierárquico garante a atuação da Administração, e se concretiza tão somente através de relações de subordinação entre órgãos administrativos e os diversos servidores públicos.
(E) os regulamentos são normas expedidas pelo Poder Executivo, cuja finalidade é facilitar a execução da lei, e que se exteriorizam por meios de instruções normativas.

A: incorreta, pois a Constituição trouxe apenas duas exceções aos *regulamentos executivos*, possibilitando *regulamentos autônomos* apenas nos casos previstos no art. 84, VI, da CF; **B:** correta, a doutrina é um pouco controversa a esse respeito; em verdade, a lei também costuma trazer hipóteses de incidência *vinculadas* para a aplicação de sanção disciplinar, como no caso de aplicação de demissão por falta ao serviço por 30 dias consecutivos, hipótese que enseja competência vinculada, pois não há margem de liberdade para a autoridade que detém o poder disciplinar; **C:** incorreta, pois o poder de polícia pode ser tanto vinculado como discricionário, e é criado em benefício dos interesses públicos e não só da segurança; **D:** incorreta, pois tal se dá não só de *órgãos* para *órgãos*, como também de *agentes* para *agentes*; **E:** incorreta, pois os regulamentos se exteriorizam por meio de decretos.

Gabarito "B"

(Delegado/GO – 2003 – UEG) A proibição de se criarem certas espécies de animais na zona urbana significa restrição decorrente do poder

(A) de polícia.
(B) regulamentar.
(C) disciplinar.
(D) da autotutela.

A situação revela a existência de poder de polícia, pois trata, justamente, de limitação a atividades de pessoas, conformando-as aos interesses coletivos.

Gabarito "A"

(Delegado/GO – 2003 – UEG) Uma Resolução do Secretário Estadual da Segurança Pública, determinando o recolhimento de máquinas caça-níqueis clandestinas em todo território estadual, tem poder

(A) de polícia.
(B) disciplinar.
(C) regulamentar.
(D) hierárquico.

Trata-se de poder de polícia, valendo salientar que tal Resolução é feita em obediência a dispositivos legais, de modo que está no contexto da polícia administrativa, mesmo diante de seu caráter normativo. O conceito de polícia administrativa (cujo objetivo é executar a lei) admite tanto atos concretos (como é uma multa, por exemplo), como atos normativos (como é a resolução citada no enunciado).

Gabarito "A"

(Delegado/MA – 2006 – FCC) Com relação aos Poderes Administrativos, considere:

I. O poder de que dispõe o Executivo para distribuir e escalonar as funções de seus órgãos, ordenar e rever a atuação de seus agentes, estabelecendo a relação de subordinação entre os servidores do seu quadro pessoal.
II. A atividade do Estado consistente em limitar o exercício dos direitos individuais em benefício do interesse público.

As proposições acima correspondem, respectivamente, aos poderes

(A) regulamentar e de polícia.
(B) disciplinar e regulamentar.
(C) hierárquico e de polícia.
(D) hierárquico e disciplinar.
(E) polícia e regulamentar.

I: trata-se da definição de poder hierárquico; II: trata-se da definição de poder de polícia.

Gabarito "C"

(Delegado/MS – 2006) Dentre os poderes do Administrador Público encontram-se o poder-dever de agir; o dever de eficiência; o dever de probidade; e o dever de prestação de contas. É correto afirmar que:

(A) A omissão ao cumprimento dos deveres acima elencados não gera qualquer punição.
(B) O poder-dever de agir não se encontra vinculado à competência e à obrigação de atuar.
(C) O dever de probidade significa fazer o melhor negócio para o erário, independentemente do procedimento de atuação.
(D) Não há órgão responsável que fiscalize o dever de prestar contas do Administrador Público
(E) O dever de eficiência significa atuação com rapidez, perfeição e rendimento, observando o princípio da legalidade; sem procrastinação.

A: incorreta, pois o agente público que descumpre seus deveres está sujeito a sanções disciplinares; **B:** incorreta, pois só se pode e se deve agir quando se tem competência e obrigação de agir, respectivamente; **C:** incorreta, pois não basta que seja o melhor negócio, economicamente falando, sendo necessário também que o negócio obedeça aos ditames legais; **D:** incorreta, pois há órgãos de controle interno com essa finalidade, bem como órgãos de controle externo, como os Tribunais de Contas (arts. 70 e 71 da CF); **E:** correta, pois traz o exato sentido do princípio, bem como a lembrança de que se deve sempre obedecer à lei.

Gabarito "E"

(Delegado/PI – 2009 – UESPI) Considerando os poderes administrativos, relacione cada poder com o respectivo ato administrativo ou a respectiva característica.

(1) poder regulamentar
(2) poder vinculado

(3) poder de polícia
(4) poder hierárquico
(5) poder disciplinar
( ) apreensão de alimentos impróprios para consumo.
( ) expedição de decreto para a correta execução de lei.
( ) penalizar servidores infratores dos deveres funcionais.
( ) concessão de aposentadoria compulsória.
( ) delegação de competência.
A sequência correta é:

(A) 2, 3, 5, 4, 1
(B) 5, 4, 1, 2, 3
(C) 3, 1, 5, 2, 4
(D) 3, 2, 4, 5, 1
(E) 1, 3, 4, 5, 2

A *apreensão de alimentos impróprios para o consumo* é típica atividade de condicionamento do particular aos ditames de interesse público (poder de polícia). A *expedição de decreto para a correta execução de lei* consiste no exercício do poder regulamentar. A *penalização de servidores infratores dos deveres funcionais* é expressão do poder disciplinar. A *concessão de aposentadoria compulsória*, por conter requisitos objetivos (70 anos de idade), importa no exercício de poder vinculado, não havendo outra opção à autoridade administrativa, que não a de determinar a aposentadoria. A *delegação de competência* ocorre normalmente de um órgão superior para um órgão subordinado, de modo que pode ser considerada expressão do poder hierárquico.
Gabarito "C"

(Delegado/PR – 2007) Sobre os poderes administrativos, numere a coluna da direita de acordo com a da esquerda.

( ) Conjunto de atribuições concedidas à Administração Pública para disciplinar e restringir os direitos e liberdades individuais em benefício da coletividade ou do próprio Estado, em busca da preservação da ordem pública.
( ) Apuração e punição das faltas funcionais dos servidores públicos.
( ) Normas expedidas pelo Chefe do Poder Executivo que visam tornar efetivo o cumprimento da lei.
( ) Instrumento para garantia da atuação coordenada da Administração e que consiste na subordinação e coordenação nas relações entre os órgãos e entre os servidores administrativos.

1. Poder disciplinar
2. Poder de polícia
3. Poder hierárquico
4. Poder regulamentar

Assinale a alternativa que apresenta a sequência correta da coluna da direita, de cima para baixo.

(A) 1 – 2 – 3 – 4.
(B) 4 – 3 – 2 – 1.
(C) 1 – 2 – 4 – 3.
(D) 1 – 3 – 4 – 2.
(E) 2 – 1 – 4 – 3.

Basta conferir as definições dadas no início deste item, para verificar que as correspondências corretas estão na alternativa "E".
Gabarito "E"

(Delegado/RJ – 2009 – CEPERJ) No que diz respeito aos poderes administrativos, considere as proposições abaixo, e assinale a alternativa correta:

I. A disciplina funcional resulta do sistema hierárquico. Com efeito, se aos agentes superiores é dado o poder de fiscalizar as atividades dos de nível inferior, deflui daí o efeito de poderem eles exigir que a conduta destes seja adequada aos mandamentos legais, sob pena de, se tal não ocorrer, serem os infratores sujeitos às respectivas infrações.
II. Poder regulamentar é a prerrogativa conferida à Administração Pública de editar atos gerais para complementar as leis e permitir a sua efetiva aplicação.
III. A faculdade conferida ao administrador de extrapolar os limites legais ou agir em desacordo com o ordenamento jurídico decorre do poder de polícia.
IV. Pelo atributo da coercibilidade, o poder de polícia é sempre executado de forma imediata com vistas a atender o interesse do Administrador Público, sem dependência de ordem judicial.

(A) Estão corretas as proposições I, II e III.
(B) Estão incorretas as proposições I, III e IV.
(C) Estão incorretas as proposições III e IV.
(D) Estão corretas as proposições II e III.
(E) Estão incorretas as proposições I e II.

I: correta, pois está de acordo com o conceito de poder hierárquico, trazido no início deste item; II: correta, pois está de acordo com o conceito de poder regulamentar, trazido no início deste item; III: incorreta, pois o administrador não pode extrapolar os limites legais, nem agir em desacordo com o ordenamento jurídico; IV: incorreta, pois a coercibilidade é definida por Hely Lopes Meirelles como a possibilidade de a Administração usar a força para fazer cumprir suas determinações.
Gabarito "C"

(Delegado/SC – 2008) Com relação aos poderes administrativos, correlacione as colunas a seguir.

(1) Poder vinculado
(2) Poder hierárquico
(3) Poder de polícia
(4) Poder regulamentar
(5) Poder disciplinar
(6) Poder discricionário
( ) É o mecanismo de que dispõe a Administração Pública para conter abusos do direito individual.
( ) É a faculdade de que dispõem os chefes do Executivo, em todas as esferas, de explicar a lei para sua correta execução.
( ) Confere ao administrador liberdade na escolha da conveniência, oportunidade e conteúdo do ato.
( ) Impõe ao agente público a restrição rigorosa aos preceitos legais, sem qualquer liberdade de ação.
( ) Tem por objetivo ordenar, controlar, coordenar e corrigir as atividades administrativas no âmbito interno da Administração Pública.
( ) É a faculdade punitiva interna da Administração e só abrange as infrações relacionadas com o serviço.
A sequência correta, de cima para baixo, é:

(A) 2 – 5 – 6 – 1 – 4 – 3
(B) 6 – 5 – 2 – 1 – 3 – 4
(C) 1 – 4 – 2 – 6 – 5 – 3
(D) 3 – 4 – 6 – 1 – 2 – 5

A alternativa "D" é a correta, pois faz a relação adequada entre os *poderes* e os respectivos *conceitos*.
Gabarito "D"

(Delegado/SP – 2008) Quando a Administração Pública apreende veículo de transporte clandestino de passageiros, obstando uma atividade que descumpre leis e regulamentos, fala-se em exercício do

(A) poder disciplinar.
(B) poder de polícia.
(C) poder regulamentar.
(D) poder extroverso.
(E) poder normativo.

Trata-se da atividade de condicionar a liberdade e a propriedade das pessoas; portanto, a questão refere-se ao *poder de polícia*.
Gabarito "B"

(Delegado/SP – 2002) A taxa, espécie de tributo, é um dos fatos geradores do poder administrativo nominado pelos doutrinadores como poder

(A) regulamentar.
(B) hierárquico.
(C) disciplinar.
(D) de polícia.

De fato, o exercício do poder de polícia é hipótese de incidência da taxa (art. 145, II, da CF).
Gabarito "D"

(Delegado/SP – 2000) Resolução do Secretário da Segurança Pública proibindo a venda de bebidas alcoólicas no dia das eleições é ato administrativo pelo qual a Administração manifesta seu poder

(A) hierárquico.

(B) regulamentar.
(C) de polícia.
(D) disciplinar.

Trata-se de *poder de polícia*, valendo salientar que tal resolução é feita em obediência a dispositivos legais, de modo que está no contexto da *polícia administrativa*, mesmo diante de seu caráter normativo. O conceito de polícia administrativa (cujo objetivo é executar a lei) admite tanto atos concretos (como é uma multa, por exemplo), como atos normativos (como é a resolução citada no enunciado).

Gabarito "C"

3. ATO ADMINISTRATIVO

3.1. Conceitos, existência, validade e eficácia

(Delegado/PR – 2013 – UEL-COPS) Um ato administrativo que completa todo o seu ciclo de formação, contendo seus elementos essenciais e existindo como entidade jurídica, mas que não preencha todas as exigências legais, é denominado como ato

(A) válido.
(B) eficaz.
(C) perfeito.
(D) transitório.
(E) efetivo.

No, caso, cumprido o ciclo de formação, tem-se cumprido o plano da existência, de modo que se diz que o ato é *perfeito*. Isso não quer dizer que o ato é válido. No caso, mesmo que perfeito (= existente) o ato é inválido, por não preencher as exigências legais.

Gabarito "C"

(Delegado Federal – 1998 – CESPE) Em relação aos atos administrativos, considere os seguintes conceitos, cujos âmbitos estão graficamente representados ao lado:

- perfeição: qualidade do ato cujo ciclo de produção completou se;
- eficácia: qualidade do ato apto a produzir seus efeitos;
- validade: qualidade do ato conforme o ordenamento jurídico.

Considere ainda que a representação gráfica dos conceitos pode estar certa ou errada. Em face desses conceitos e do gráfico, julgue os itens seguintes.

(1) Quanto ao conceito de eficácia, o gráfico está errado em parte, pois todo ato válido é eficaz
(2) Quanto ao conceito de perfeição, o gráfico está errado em parte, pois todo ato perfeito é eficaz
(3) Todo ato eficaz é perfeito.
(4) Pode haver ato eficaz e inválido.
(5) Nem todo ato perfeito é válido.

1: incorreta, pois nem todo ato válido é eficaz; por exemplo, uma multa aplicada conforme a lei (ato válido) não produzirá efeitos se não houver notificação do sujeito passivo (ato *não* eficaz); **2:** incorreta, pois nem todo ato perfeito é eficaz; por exemplo, um talonário de multa preenchido e assinado pelo agente público (ato perfeito) não produzirá efeitos se não houver notificação do sujeito passivo (ato *não* eficaz); **3:** incorreta, pois um ato que ainda não concluiu se ciclo formativo pode acabar causando um dano a alguém, gerando efeitos jurídicos, como o dever de indenizar (ato eficaz); **4:** correta, pois atos inválidos podem produzir efeitos, como a concessão ilegal de uma aposentadoria; naturalmente, esse ato poderá ser anulado, mas terá produzido efeitos; **5:** correta, pois é comum um ato cumprir seu ciclo formativo, mas não atender a alguma determinação legal, o que faz com que tal ato seja inválido.

Gabarito 1E, 2E, 3E, 4C, 5C

(Delegado/GO – 2009 – UEG) Sobre os aspectos do tema da aptidão do ato administrativo para produzir o resultado para o qual foi editado, é CORRETO afirmar:

(A) eficácia diz respeito ao atendimento a todas as exigências legais, para que seus efeitos sejam reconhecidos na ordem jurídica.
(B) ato perfeito não é aquele que se amolda ao ordenamento jurídico, mas o ato administrativo que reúne todas as fases de formação.
(C) motivação do ato administrativo é a presença das circunstâncias de fato e de direito que autorizam a edição do ato administrativo.
(D) suspensa a eficácia, o ato administrativo perde a vigência.

A: incorreta, pois o plano que diz respeito ao atendimento de todas as exigências legais é o plano da *validade*, e não o plano da *eficácia*; **B:** correta, pois a perfeição diz respeito ao plano da *existência* do ato administrativo, ou seja, ato perfeito é o que cumpriu o ciclo necessário à sua *formação*; **C:** incorreta, pois *motivação* é a *explicação* das circunstâncias de fato e de direito que autorizam a prática do ato, diferente do *motivo*, que é o *próprio fundamento* de fato e de direito que autoriza a prática do ato; portanto, uma coisa é a explicação (motivação) e outra coisa é a existência ou não dos fatos utilizados para a motivação; **D:** incorreta, pois suspensa a eficácia, o ato perde o vigor; a *vigência* tem a ver com a *existência* do ato, ao passo que o *vigor* tem a ver com a *eficácia* do ato.

Gabarito "B"

(Delegado/MG – 2008) O Estado funciona editando atos administrativos para atender os interesses públicos. Analise as seguintes características do ato administrativo em face da função do órgão que a exerce e assinale a alternativa *INCORRETA*.

(A) É parte integrante na relação jurídica que decide.
(B) Aplica a lei à situação específica.
(C) É geral e abstrato.
(D) É sujeito a controle jurisdicional.

O ato administrativo tem as características descritas nas alternativas mencionadas, salvo a de que "é geral e abstrato", pois, em regra, os atos administrativos são individuais e concretos.

Gabarito "C"

(Delegado/MS – 2006) Acerca do ato administrativo, assinale V para o VERDADEIRO e F para o FALSO.

I. ato jurídico, editado pelo Estado, em matéria administrativa, é denominado ato institucional;
II. ato que o Estado edita como senhor e como detentor de potestade pública, é denominado ato de império e gestão;
III. a motivação do ato administrativo, no estado de Direito, em regra é obrigatória;
IV. todo ato administrativo é espécie do gênero ato jurídico;
V. autoexecutoriedade do ato administrativo é o traço peculiar ao ato, pelo qual a Administração concretiza imediatamente as decisões tomadas, sem recorrer, para isso, ao Judiciário.

Assinale a alternativa que apresenta a sequência correta:

(A) V – V – V – V – F;
(B) V – F – V – V – V;
(C) F – V – V – V – V;
(D) F – F – V – V – V;
(E) F – F – F – V – V.

I: falsa, pois é denominado "ato administrativo"; II: falsa, pois é denominado "ato de império"; III: verdadeira, em virtude do princípio da motivação (art. 2.º, *caput*, da Lei 9.784/1999); IV: verdadeira, pois o ato jurídico abrange os atos jurídicos regidos pelo direito privado, bem como os regidos pelo direito público, como é o ato administrativo; V: verdadeira, pois a autoexecutoriedade é justamente essa possibilidade de executar o ato administrativo, independentemente de apreciação jurisdicional.

Gabarito "D"

(Delegado/MS – 2006) Segundo a doutrina pátria, "O interesse da distinção entre ato jurídico e fato jurídico, para o Direito Administrativo, reside em que a Administração não só produz atos jurídicos, mas também fatos jurídicos". Assinale a alternativa incorreta:

(A) Atos administrativos gozam de presunção de legitimidade; fatos administrativos não.
(B) Toda vez que se estiver perante uma declaração; 'falas' prescritivas, segundo Celso Antônio Bandeira de Melo, estamos diante de um ato jurídico; fatos jurídicos não são falas, nem pronunciam coisa alguma.
(C) Os atos administrativos podem ser anulados e revogados; fatos administrativos apenas são revogáveis, e não anuláveis.
(D) O fato administrativo resulta sempre de um ato administrativo que o determina.
(E) O ato é um comando jurídico; o fato não diz nada, apenas ocorre.

A: correta, pois fatos jurídicos são fatos materiais (exemplo: pavimentação de uma rua), nos quais não se coloca o atributo da presunção de legitimidade, já que sequer há uma manifestação de vontade, uma prescrição de conduta por parte do Estado; **B:** correta, conforme a explicação dada na alternativa anterior; **C:** incorreta (devendo ser assinalada), pois os fatos administrativos não podem ser revogados (= retirar a voz), pois não há manifestação de vontade; **D:** correta, pois o fato administrativo é praticado por alguma determinação administrativa (exemplo: a pavimentação de uma rua é fruto da determinação dada por uma autoridade); **E:** correta, pois o *ato* é uma prescrição de conduta estatal (comando jurídico), ao passo que o *fato* é apenas um fato material que ocorre.

Gabarito "C"

(Delegado/PR – 2007) O ato administrativo válido e eficaz é aquele que:

(A) está disponível para a produção de seus efeitos típicos e concluiu seu ciclo de formação.
(B) encontra-se plenamente ajustado às exigências legais e está disponível para produzir seus efeitos próprios.
(C) apesar de ter concluído seu ciclo de formação, não está disponível para a produção de seus efeitos típicos.
(D) apesar de estar ou não conformado com as exigências normativas, encontra-se produzindo os efeitos a ele inerentes.
(E) apesar de não ter concluído seu ciclo de formação, encontra-se produzindo os efeitos típicos.

A: incorreta, pois a alternativa define o ato eficaz e o ato perfeito, respectivamente; **B:** correta, pois a alternativa define o ato válido e o ato eficaz, respectivamente; **C:** incorreta, pois a alternativa define o ato imperfeito e o ato ineficaz, respectivamente; **D:** incorreta, pois a alternativa define o ato inválido e o ato eficaz, respectivamente; **E:** incorreta, pois a alternativa define o ato imperfeito e o ato eficaz, respectivamente.

Gabarito "B"

(Delegado/SP – 2008) Quanto à exequibilidade, o ato administrativo que está sujeito a condição ou termo para que comece a produzir efeitos, denominam-se

(A) imperfeito.
(B) consumado.
(C) anômalo.
(D) perfeito.
(E) pendente.

De fato, ato pendente é aquele que embora perfeito (ou seja, já existente), está sujeito à condição ou a termo para que comece a produzir efeitos.

Gabarito "E"

3.2. Requisitos do ato administrativo (elementos)

Para resolver as questões sobre os requisitos e atributos do ato administrativo, vale a pena trazer alguns elementos doutrinários. Confira:

Requisitos do ato administrativo (são requisitos para que o ato seja válido)

- **Competência**: *é a atribuição legal de cargos, órgãos e entidades.* São vícios de competência os seguintes: a1) usurpação de função: alguém se faz passar por agente público sem o ser, ocasião em que o ato será inexistente; a2) excesso de poder: alguém que é agente público acaba por exceder os limites de sua competência (exemplo: fiscal do sossego que multa um bar que visita por falta de higiene); o excesso de poder torna nulo ato, salvo em caso de incompetência relativa, em que o ato é considerado anulável; a3) função de fato: exercida por agente que está irregularmente investido em cargo público, apesar de a situação ter aparência de legalidade; nesse caso, os atos praticados serão considerados válidos, se houver boa-fé.
- **Objeto**: *é o conteúdo do ato, aquilo que o ato dispõe, decide, enuncia, opina ou modifica na ordem jurídica.* O objeto deve ser lícito, possível e determinável, sob pena de nulidade. Exemplo: o objeto de um alvará para construir é a *licença*.
- **Forma**: *são as formalidades necessárias para a seriedade do ato.* A seriedade do ato impõe a) respeito à forma propriamente dita; b) motivação.
- **Motivo**: *fundamento de fato e de direito que autoriza a expedição do ato.* Exemplo: o motivo da interdição de estabelecimento consiste no fato de este não ter licença (motivo de fato) e de a lei proibir o funcionamento sem licença (motivo de direito). Pela *Teoria dos Motivos Determinantes*, *o motivo invocado para a prática do ato condiciona sua validade.* Provando-se que o motivo é inexistente, falso ou mal qualificado, o ato será considerado nulo.
- **Finalidade**: *é o bem jurídico objetivado pelo ato.* Exemplo: proteger a paz pública, a salubridade, a ordem pública. Cada ato administrativo tem uma finalidade. **Desvio de poder (ou de finalidade)**: *ocorre quando um agente exerce uma competência que possuía, mas para alcançar finalidade diversa daquela para a qual foi criada.* Não confunda o *excesso de poder* (vício de sujeito) com o *desvio de poder* (vício de finalidade), espécies do *gênero abuso de autoridade*.

(Delegado/RJ – 2013 – FUNCAB) Com relação à competência administrativa, é correto afirmar que:

(A) a competência de um órgão não se transfere a outro órgão por acordo entre as partes.
(B) o ato de delegação retira a competência da autoridade delegante.
(C) o fenômeno da avocação dar-se-á quando o agente hierarquicamente inferior praticar ato da competência da autoridade de maior hierarquia.
(D) a delegação de competência prescinde de norma expressa autorizadora.
(E) a incompetência se transmuda em competência de acordo com a característica da improrrogabilidade.

A: correta, pois a competência só pode ser delegada pelo próprio órgão detentor dela e mesmo assim respeitados os limites e formalidades legais previstos nos arts. 11 a 14 da Lei 9.784/1999; **B:** incorreta, pois a competência é irrenunciável e a delegação se dá apenas sobre parte da competência da autoridade e sempre de forma temporária (arts. 11, 12, *caput*, e 14, § 1º, da Lei 9.784/1999); **C:** incorreta, pois é o contrário, ou seja, o agente superior chama temporariamente para si a competência atribuída a órgão hierarquicamente inferior (art. 15 da Lei 9.784/1999); **D:** incorreta, pois é necessário sim norma expressa autorizadora, por conta do princípio da legalidade, lembrando que na esfera federal a autorização da delegação está prevista nos arts. 12 a 14 da Lei 9.784/1999; **E:** incorreta, pois, havendo prorrogação de competência, tem-se causa de modificação desta e não de incompetência que vira competência.

Gabarito "A"

(Delegado/RJ – 2013 – FUNCAB) Os poderes administrativos encerram as prerrogativas de direito público outorgadas aos agentes do Estado. Sobre o tema, analise as afirmativas a seguir e assinale a alternativa correta.

I. Nem toda omissão administrativa se qualifica como ilegal.
II. Agindo com abuso de poder, a invalidação da conduta abusiva pode dar-se por mandado de segurança.
III. O desvio de poder é modalidade de abuso em que o agente atua fora dos limites de sua competência.
IV. No excesso de poder, o agente atua dentro dos limites de sua competência.

Estão corretas apenas as afirmativas:

(A) I e II.
(B) III e IV.
(C) I, II e III.
(D) I e IV.
(E) I e III.

I: correta, pois só vai ser ilegal se a lei determinar uma atitude comissiva da Administração; **II**: correta, pois cabe mandado de segurança em caso de ilegalidade ou *abuso de poder* (art. 5º, LXIX, da CF); **III**: incorreta, pois o *desvio de poder* é um vício no requisito *finalidade* (e não na *competência*); o *excesso de poder* é que é um vício na *competência*; **IV**: incorreta, pois no excesso de poder o agente público atua além dos limites de sua competência.

Gabarito "A"

(Delegado/RJ – 2013 – FUNCAB) Sobre os atos administrativos, assinale a alternativa correta.

(A) Um fato administrativo pode se consumar sem o suporte de um ato administrativo.
(B) São elementos do ato administrativo: competência, finalidade, forma, modo e objeto.
(C) Ao contrário do motivo, que pode ser dispensado em determinados atos administrativos, a motivação deverá estar sempre presente.
(D) A característica da imperatividade significa que o ato administrativo tão logo praticado, pode imediatamente ser executado.
(E) A anulação do ato administrativo, em regra, opera efeitos *ex nunc*.

A: correta, pois os fatos administrativos (como uma cirurgia praticada por um médico servidor público em um hospital público ou um café servido por garçom servidor público) independem de um ato administrativo para se consumar; **B:** incorreta, pois são elementos (ou requisitos) do ato administrativo a *competência*, o *objetivo*, o *motivo*, a *forma* e a *finalidade*; o *modo* não é um elemento do ato administrativo; **C:** incorreta, pois há casos em que a lei dispensa a motivação, como no caso da nomeação de alguém para cargo em comissão, que é livre; **D:** incorreta, pois tal consequência decorre do atributo da executoriedade; **E:** incorreta, pois a anulação tem efeito *ex tunc*, ou seja, retroage.

Gabarito "A"

(Delegado/RO – 2014 – FUNCAB) Marque a opção correta no tocante à delegação dos atos administrativos.

(A) Retira a competência da autoridade delegante.
(B) A autoridade delegante somente perde a competência temporariamente.
(C) Não retira a competência da autoridade delegante.
(D) A autoridade delegada atuará nas funções delegadas, podendo, inclusive, aumentar as suas atribuições para dar maior eficácia ao ato.
(E) A autoridade delegante pode delegar sem especificar quais as funções a serem exercidas, devendo estas serem presumíveis.

A: incorreta, pois a competência é irrenunciável e a delegação só transfere parte da competência (arts. 11 e 12, *caput*, da Lei 9.784/1999); **B:** incorreta, pois a competência continua de titularidade da autoridade delegante, não sendo adequado dizer que se "perde" a competência, ainda que temporariamente; **C:** correta, lembrando que a competência é irrenunciável (art. 11 da Lei 9.784/1999); **D:** incorreta, pois o ato de delegação especificará as matérias e poderes transferidos, bem como os limites da atuação do delegado (art. 14, § 1º, da Lei 9.784/1999), de modo que o delegado deve se ater a esses limites, sob pena de configuração de vício de excesso de poder; **E:** incorreta, pois o ato de delegação especificará as matérias e poderes transferidos (art. 14, § 1º, da Lei 9.784/1999).

Gabarito "C"

(Delegado Federal – 1998 – CESPE) Julgue o item abaixo.

(1) Considere a seguinte situação: uma lei permite aos Estados da Federação a emissão de títulos da dívida pública, cujo produto da venda deverá ser, em razão do mesmo instrumento normativo, aplicado exclusivamente nos serviços de saúde e educação. O governador de determinado Estado deliberou emitir tais títulos, mas, devido às dificuldades por que passavam as finanças públicos estaduais, determinou a utilização dos recursos oriundos da negociação dos títulos no pagamento de dívidas para com fornecedores do Estado e de vencimentos dos servidores públicos. Na situação descrita, como foi atendido interesse público, a utilização dos recursos foi juridicamente válida.

1: incorreta, pois a conduta do governador configura desvio de poder ou desvio de finalidade, que torna o ato inválido.

Gabarito 1E

(Delegado/CE – 2006 – CEV/UECE) Marque a opção FALSA a respeito da competência dos órgãos e agentes públicos, segundo Celso Antônio Bandeira de Mello.

(A) As competências são de exercício obrigatório para os órgãos e agentes públicos, não estando o titular livre para exercitá-la ou não.
(B) A lei pode admitir hipóteses de avocação, episódica absorção, pelo superior, de parte da competência de um subordinado.
(C) As competências são imprescritíveis, isto é, inocorrendo hipóteses de sua utilização, não importa por quanto tempo, nem por isso deixarão de persistir existindo.
(D) No caso da delegação de competência, o delegante perde a possibilidade de retomar-lhe o exercício.

As alternativas estão corretas, salvo a alternativa "D", pois a delegação é sempre temporária (art. 14, § 1.º, da Lei 9.784/1999) e ainda pode ser revogada a qualquer tempo (art. 14, § 2.º, da Lei 9.784/1999).

Gabarito "D"

(Delegado/CE – 2006 – CEV/UECE) Em relação à Teoria dos Motivos Determinantes dos Atos Administrativos, marque a alternativa FALSA.

(A) De acordo com a Teoria dos Motivos Determinantes, os motivos que determinaram a vontade do agente integram a validade do ato.
(B) A falsidade ou a inexistência dos motivos apontados como suporte para a consecução do ato administrativo implicam a sua nulidade.
(C) A Teoria dos Motivos Determinantes condiciona a existência do ato administrativo à existência dos motivos que foram indicados como seu fundamento.
(D) A Teoria dos Motivos Determinantes abrange os atos administrativos que, apesar da inexistência do dever legal de motivar, o administrador o faz.

As alternativas estão corretas, salvo a alternativa "C", pois a Teoria em tela condiciona a validade do ato (e não a existência dele) à existência dos motivos invocados.

Gabarito "C"

(Delegado/CE – 2006 – CEV/UECE) Em relação ao desvio de poder, assinale a opção FALSA.

(A) O desvio de poder é mácula jurídica privativa dos atos administrativos.
(B) Ocorre desvio de poder quando o agente busca uma finalidade, ainda que de interesse público, alheia à categoria do ato que utilizou. Um exemplo seria a remoção de um servidor que merecia uma punição, pois a remoção não é ato da categoria punitiva.
(C) O ato será sempre viciado por não manter relação adequada com a finalidade em vista da qual poderia ser praticado, mesmo não havendo uma intenção inadequada. Portanto, o que vicia o ato não é o defeito de intenção, mas o desacordo objetivo entre a finalidade do ato e a finalidade da competência.
(D) O desvio de poder pode se manifestar quando o agente busca uma finalidade alheia ao interesse público.

As alternativas estão corretas, salvo a alternativa "A", pois o desvio de poder ou de finalidade pode ocorrer também em atos regidos pelo direito privado, em atos jurisdicionais e até em atos legislativos; segundo Celso Antônio Bandeira de Mello "O desvio de poder *não* é mácula jurídica privativa dos atos administrativos. Pode se apresentar, igualmente, por ocasião do exercício de atividade legislativa ou jurisdicional. Ou seja: leis e decisões judiciais são igualmente suscetíveis de incorrer no aludido vício, porquanto umas e outras são, também, emanações das competências públicas, as quais impõem fidelidade às finalidades que as presidem. Assim, se o legislador ou o juiz delas fizerem uso impróprio, a dizer, divorciado do sentido e direcionamento que lhes concernem, haverão traído as competências que os habilitavam e os atos que produzirem resultarão enodoados pela indelével jaça do desvio de poder" (*Curso de Direito Administrativo*, 12.ª ed., São Paulo: Malheiros, 49).

Gabarito "A"

(Delegado/DF – 2004) Em relação aos elementos constitutivos do ato administrativo, é correto afirmar que:

(A) a competência é o elemento do ato administrativo em que pode ser encontrado maior discricionariedade para a Administração Pública;
(B) o elemento motivo também é chamado de motivação;
(C) os atos administrativos, como regra, podem ser praticados de uma forma livre, desde que a lei não exija determinada solenidade como sendo essencial;
(D) o elemento motivo corresponde às razões de fato e de direito que servem de fundamento para o ato administrativo;
(E) o vício de competência não admite qualquer tipo de sanatória.

A: incorreta, pois a competência é sempre *vinculada*, assim como a forma e a finalidade; **B:** incorreta, pois o motivo é o fundamento de fato e de direito do ato, ao passo que a motivação é o ato de indicar o fato e o direito que justificam a prática do ato; se o fato e o direito invocado são falsos ou inadequados, entende-se que foi descumprido o requisito "motivo"; já se sequer há indicação de fato e de direito, entende-se que há problema no requisito "forma", já que esta determina que o ato tenha motivação; **C:** incorreta, pois os atos administrativos são, geralmente, solenes, exigindo forma escrita, ao contrário dos atos jurídicos regidos pelo direito privado, que, como regra, têm forma livre; **D:** correta, nos termos do já explicado no item "B"; **E:** incorreta, pois a incompetência relativa, por exemplo, pode ser sanada sem maiores problemas.

Gabarito "D"

(Delegado/DF – 2004) O ato administrativo motivado poderá ser controlado através da verificação da compatibilidade das razões de fato apresentadas pela Administração Pública com a realidade e das razões de direito com a lei. O fundamento para o controle do ato administrativo na hipótese acima retratada é:

(A) teoria dos motivos determinantes;
(B) princípio da razoabilidade;
(C) princípio da discricionariedade;
(D) conceitos legais indeterminados;
(E) desvio de poder.

De fato, pela Teoria dos Motivos Determinantes, caso os fundamentos de fato e de direito não existam ou sejam inadequados, o ato administrativo será considerado inválido e poderá ser controlado pela Administração e pelo Judiciário.

Gabarito "A"

(Delegado/GO – 2003 – UEG) Pela teoria dos motivos determinantes,

(A) os motivos invocados para a prática do ato administrativo fazem parte do mérito do ato e não podem ser apreciados pelo Poder Judiciário.

(B) todo ato administrativo deve ter sua motivação expressamente prevista em lei.
(C) a inexistência dos motivos explicitados pelo agente para a prática do ato administrativo invalida o ato, tornando-o nulo, ainda que outros motivos de fato existam para justificá-lo.
(D) o desatendimento ao interesse público pode ser invocado pelo Poder Judiciário para a anulação do ato administrativo.

A: incorreta, pois o Judiciário pode verificar se o motivo de fato invocado existe e se o motivo de direito invocado é adequado ao ato praticado; **B:** incorreta, pois há atos administrativos cuja lei ou a Constituição dispensam motivação, como é o caso da nomeação ou exoneração de alguém em se tratando cargo em comissão; **C:** correta, pois traz o exato conceito da Teoria dos Motivos Determinantes; **D:** incorreta, pois a ausência de interesse público justifica a *revogação* do ato, e não a *anulação* deste; ademais, a revogação só pode ser feita pela Administração, e não pelo Judiciário.
Gabarito "C"

(Delegado/GO – 2003 – UEG) Entre outros, são elementos ou requisitos de existência dos atos administrativos

(A) o tempo, a razão e a finalidade.
(B) o sujeito, o objeto e a forma.
(C) o tempo, o local e a forma.
(D) o sujeito, a territorialidade e a forma.

São requisitos do ato administrativo o sujeito (competente, não impedido e capaz), o objeto, a forma, o motivo e a finalidade.
Gabarito "B"

(Delegado/MG – 2006) A partir das afirmativas abaixo, aponte a alternativa correta:

(1) Os atos administrativos possuem várias qualidades que os tornam especiais. Uma das qualidades, chamada de imperatividade, presente em alguns atos administrativos, permite à Administração Pública praticar a conduta contra o interesse do destinatário e independente de sua vontade.
(2) O motivo do ato administrativo está sempre previsto em lei, daí afirmar-se que não há ato administrativo discricionário quanto a tal elemento.
(3) A agência executiva é resultado da qualificação da agência reguladora.
(4) As organizações sociais compõem a Administração Pública Indireta, uma vez que o Estado é responsável pelo seu nascimento.
(A) Apenas as afirmativas 3 e 4 estão corretas.
(B) Apenas a afirmativa 1 está correta
(C) Apenas a afirmativa 3 está correta
(D) Apenas as afirmativas 1, 2 e 4 estão corretas

1: correta, pois a qualidade (ou atributo) da imperatividade permite que a Administração imponha obrigações a terceiros, independentemente de sua concordância; **2:** incorreta, pois a lei pode estabelecer discricionariedade quanto ao *motivo* e quanto ao *objeto*; **3:** incorreta, pois a agência executiva é a qualificação dada a autarquias e fundações públicas que celebrarem contrato de gestão a Administração Direta; **4:** incorreta, pois as organizações sociais, assim como as OSCIPs e as entidades do Sistema "S" (SESI, SESC etc.), *não* fazem parte da Administração Direta e Indireta, mas são *entidades paraestatais* ou *entes de cooperação*.
Gabarito "B"

(Delegado/MT – 2006 – UFMT) O desvio de finalidade do ato administrativo verifica-se quando a autoridade, embora atuando nos limites de sua competência, pratica o ato desatendendo o

(A) interesse público.
(B) interesse estatal.
(C) interesse do administrador.
(D) motivo legal.
(E) poder-dever de agir.

O desvio de finalidade ou de poder é, justamente, o desvio quanto ao requisito *finalidade* do ato administrativo. Como a finalidade do ato administrativo é, em última análise, atender ao *interesse público*, a alternativa "A" é a correta. Nas palavras de Hely Lopes Meirelles "O desvio de finalidade ou de poder verifica-se quando a autoridade, embora atuando nos limites da sua competência, pratica ato por motivos ou fins diversos dos objetivados pela lei ou exigidos pelo interesse público" (*Direito Administrativo Brasileiro*. 19. Ed., São Paulo: Malheiros, p. 96).
Gabarito "A"

(Delegado/MT – 2000) Analise os itens a seguir e assinale a alternativa correta:

I. O abuso de poder por parte da autoridade administrativa somente pode revestir-se da forma comissiva, pois a Administração Pública, ao se omitir, não extrapola o poder a ela conferido, mas sim não o exerce como deveria.
II. São espécies de abuso de poder o excesso de poder e o desvio de poder. Na primeira espécie, a autoridade pratica ato que não é da sua competência legal. Na segunda, apesar de ter competência para praticar o ato, a autoridade administrativa o faz por motivos ou com fins diversos dos objetivados pela lei ou exigidos pelo interesse público.
III. Embora sejam ilícitos todos os atos administrativos praticados com excesso de poder, existem alguns que, por atingir direito subjetivo de particulares, não são nulos, de forma que a Administração Pública não os pode revogar ou anular.
(A) Somente os itens I e II estão corretos.
(B) Somente os itens II e III estão corretos.
(C) Somente os itens I e III estão corretos.
(D) Somente os itens I e II estão incorretos.
(E) Somente os itens I e III estão incorretos.

I: incorreta, pois a omissão também pode caracterizar o abuso de poder, como quando se mantém a punição a alguém, por motivos pessoais, mesmo após se saber que a punição aplicada era indevida; II: correta, pois o *abuso de poder* é o gênero, que tem como espécies o *excesso de poder* (problema na competência) e o *desvio de poder* (problema na finalidade); III: incorreta, pois tal vício diz respeito à *competência* para praticar atos, gerando a invalidade do ato, até porque, da ilegalidade, não nascem direitos.
Gabarito "E"

(Delegado/PR – 2007) O ato administrativo praticado por autoridade competente com excesso de poder:

(A) é anulável.
(B) se consumado pode ser convalidado.
(C) é nulo.
(D) produz efeitos até ser anulado.
(E) pode ser validado quando fundamentado no poder discricionário.

O *excesso de poder* (vício no requisito competência) gera a nulidade do ato administrativo.
Gabarito "C"

(Delegado/RJ – 2009 – CEPERJ) Em relação aos elementos constitutivos do ato administrativo, é correto afirmar que:

(A) o vício de competência não admite qualquer tipo de sanatória.
(B) os atos administrativos sempre podem ser praticados livremente, desde que a lei não exija determinada forma como sendo essencial.
(C) o elemento motivo também é chamado de motivação.
(D) a competência é o elemento do ato administrativo em que pode ser encontrada maior discricionariedade para a Administração Pública.
(E) o elemento motivo corresponde às razões de fato e de direito que servem de fundamento para o ato administrativo.

A: incorreta, pois tal vício pode ser sanado, por exemplo, com a ratificação, em caso de incompetência relativa; **B:** incorreta, pois, como regra, os atos administrativos são solenes, impondo forma escrita, diferentemente do que ocorre no direito privado, em que a regra é a liberdade das formas; **C:** incorreta, pois o *motivo* é o fundamento de fato e de direito que justifica a prática do ato, ao passo que a *motivação* é a demonstração de que o ato foi corretamente praticado; o motivo é um dos *requisitos* do ato administrativo, ao passo que a motivação é um dos elementos do *requisito forma*; **D:** incorreta, pois nunca haverá discricionariedade no requisito competência, pois a lei sempre estabelece quem é o agente competente; **E:** correta, pois traz a definição adequada de *motivo*.
Gabarito "E"

(Delegado/RN – 2009 – CESPE) A respeito dos atos administrativos, assinale a opção correta.

(A) Segundo a doutrina majoritária, sujeito, motivo, finalidade, causa e forma são pressupostos de existência do ato administrativo; objeto e pertinência do ato, pressupostos de validade.
(B) São elementos do ato administrativo o conteúdo (ou objeto) e a forma (ou formalização), os dois de índole obrigatória, sendo certo que a forma é o revestimento exterior do ato.

(C) Motivo ou móvel são expressões sinônimas, significando a realidade objetiva e externa do agente que corresponde àquilo que suscita a vontade da administração pública.

(D) São atributos do ato administrativo: a presunção de legitimidade, a imperatividade, a exigibilidade e a executoriedade, sendo este último a qualidade pela qual os atos administrativos se impõem a terceiros, independentemente de sua concordância.

(E) Os efeitos atípicos dos atos administrativos subdividem-se em prodrômicos e reflexos. Os primeiros existem enquanto perdura a situação de pendência do ato; os segundos atingem terceiros não objetivados pelo ato.

A: incorreta, pois houve uma inversão e algumas imprecisões nas descrições feitas, que utilizam como fundamento a doutrina de Celso Antônio Bandeira de Mello; são pressupostos de existência do ato o *conteúdo*, a *pertinência à função administrativa* e a *forma*, ao passo que são pressupostos de validade o *sujeito* (que deve ser competente, capaz e não impedido), o *motivo*, a *finalidade*, os *requisitos procedimentais*, a *causa* e a *formalização*; **B:** incorreta, pois são elementos o conteúdo, a pertinência à função administrativa e a forma; **C:** incorreta, pois *motivo* é o fundamento de fato que autoriza a pratica do ato, ao passo que *móvel* é a intenção do agente; **D:** incorreta, pois o último atributo é denominado autoexecutoriedade; não bastasse, a definição dada para autoexecutoriedade é, na verdade, a definição de imperatividade; **E:** correta, pois traz a definição exata dos efeitos atípicos dos atos administrativos.

Gabarito "E"

(Delegado/RR – 2003 – CESPE) A rigor, o princípio da finalidade não é uma decorrência do princípio da legalidade. É mais que isso: é uma inerência deste; está neste contido, pois corresponde à aplicação da lei tal qual é; ou seja, na conformidade de sua razão de ser, do objetivo em vista do qual foi editada. Por isso, pode-se dizer que tomar uma lei como suporte para a prática de ato desconforme com sua finalidade não é aplicar a lei; é desvirtuá-la; é burlar a lei sob o pretexto de cumpri-la. Daí por que os atos incursos nesse vício – denominado "desvio de poder" ou "desvio de finalidade" – são nulos. Quem desatende ao fim legal desatende à própria lei. – Celso Antônio Bandeira de Mello. *Curso de Direito Administrativo*. 10.ª ed. Malheiros, 1998, p. 64 (com adaptações). Considerando o texto acima, em cada um dos itens subsequentes, é apresentada uma situação hipotética, seguida de uma assertiva a ser julgada.

(1) Um delegado de polícia convidou sua namorada para ir ao cinema. Lá chegando, o delegado identificou-se como policial e entrou no cinema sem pagar o ingresso. Nessa situação, a conduta do delegado é legal, visto que amparada em lei que lhe permite o amplo acesso a quaisquer estabelecimentos, sejam eles públicos ou privados.

(2) O prefeito de um município resolveu alterar as rotas e as paradas de algumas linhas de ônibus, visando otimizar o transporte público na cidade. Alguns cidadãos, sentindo-se prejudicados, impetraram mandado de segurança a fim de que fossem mantidas as condições anteriores. Nessa situação, o Poder Judiciário não deverá analisar a conveniência do ato do prefeito, sob pena de invadir matéria atribuída ao administrador público.

(3) O secretário de segurança de um Estado da Federação, visando punir um delegado de polícia desidioso, removeu-o para uma cidade do interior do Estado. Nessa situação, partindo da premissa de que o secretário é a autoridade competente para a prática do ato e que, de fato, o delegado não vinha desempenhando as suas funções a contento, é correto afirmar que o ato que removeu o delegado não apresenta vício.

1: errada, pois a conduta fere os princípios da legalidade e da moralidade, já que não há lei estipulado esse direito, além de se tratar de conduta que fere a probidade administrativa; **2:** correta, pois esse tipo de alteração envolve competência discricionária; **3:** errada, pois houve um desvio de finalidade, já que o ato "remoção" não pode ser usado com a finalidade de punir, pois tal ato, como regra, tem outras finalidades, como atender à melhor organização dos serviços ou à necessidade pessoal do servidor público.

Gabarito 1E, 2C, 3E

(Delegado/SC – 2008) Sobre o uso e abuso do poder, todas as alternativas estão corretas, exceto a:

(A) O excesso de poder torna o ato nulo.

(B) Nas atividades discricionárias, o administrador público fica sujeito às prescrições legais referentes à competência, finalidade e forma, só agindo com liberdade quanto à conveniência e oportunidade do ato.

(C) O uso normal do poder é a atuação segundo as normas legais, a moral, a finalidade do ato e as exigências do interesse público.

(D) O desvio de finalidade se verifica quando a autoridade atua fora dos limites de sua competência.

As alternativas "A" a "C" estão corretas. A alternativa "D" está incorreta, pois o desvio de finalidade se verifica quando uma categoria de ato administrativo é utilizada com finalidade diversa daquela para o qual o ato existe; o caso narrado na referida alternativa ("a autoridade atua fora dos limites de sua competência") diz respeito ao chamado *excesso de poder*.

Gabarito "D"

(Delegado/MT – 2006) O ato de exoneração de servidor público, ocupante de cargo de livre nomeação e livre exoneração, realizado mediante motivação, posteriormente considerada infundada, é:

(A) nulo, porque os motivos determinam a validade do ato.

(B) válido, em razão de o ocupante do cargo ser exonerável *ad nutum*.

(C) válido, porque legalmente é inexigível a fundamentação do ato, mas à Administração impõe-se o dever de indenizar.

(D) válido, porque legalmente é inexigível a fundamentação do ato.

Trata-se de ato nulo, pois, de acordo com a Teoria dos Motivos Determinantes, uma vez invocado um dado motivo, caso este se revele infundado, o ato é considerado nulo.

Gabarito "A"

3.3. Atributos do ato administrativo

Para resolver as questões sobre os requisitos e atributos do ato administrativo, vale a pena trazer alguns elementos doutrinários. Confira:

Atributos do ato administrativo (são as qualidades, as prerrogativas dos atos)

- **Presunção de legitimidade** *é a qualidade do ato pela qual este se presume verdadeiro e legal até prova em contrário*. Exemplo: uma multa aplicada pelo Fisco presume-se verdadeira quanto aos fatos narrados para a sua aplicação e se presume legal quanto ao *direito aplicado*, a pessoa tida como infratora e o valor aplicado.
- **Imperatividade** *é a qualidade do ato pela qual este pode se impor a terceiros, independentemente de sua concordância*. Exemplo: uma notificação da fiscalização municipal para que alguém limpe um terreno ainda não objeto de construção, que esteja cheio de mato.
- **Exigibilidade** *é a qualidade do ato pela qual, imposta a obrigação, esta pode ser exigida mediante coação indireta*. Exemplo: no exemplo anterior, não sendo atendida a notificação, cabe a aplicação de uma multa pela fiscalização, sendo a multa uma forma de *coação indireta*.
- **Autoexecutoriedade** *é a qualidade pela qual, imposta e exigida a obrigação, está pode ser implementada mediante coação direta, ou seja, mediante o uso da coação material, da força, independentemente de apreciação jurisdicional*. Exemplo: no exemplo anterior, já tendo sido aplicada a multa, mais uma vez sem êxito, pode a fiscalização municipal ingressar à força no terreno particular, fazer a limpeza e mandar a conta, o que se traduz numa *coação direta*. A autoexecutoriedade não é a regra. Ela existe quando a lei expressamente autorizar ou quando não houver tempo hábil para requerer a apreciação jurisdicional.

Obs. 1: a expressão "autoexecutoriedade" também é usada no sentido da qualidade do ato que enseja sua imediata e direta execução pela própria Administração, independentemente de ordem judicial, reservando-se a expressão "coercibilidade" para designar a possibilidade de usar a força para a concretização do ato, conforme lição de Hely Lopes Meirelles.

Obs. 2: repare que esses atributos não existem normalmente no direito privado; um particular não pode, unilateralmente, valer-se desses atributos; há exceções em que o particular tem algum desses poderes, mas essas exceções, por serem exceções, confirmam a regra de que os atos administrativos se diferenciam dos atos privados pela ausência nestes, como regra, dos atributos acima mencionados.

(Delegado/PR – 2013 – UEL-COPS) A presunção de legitimidade e veracidade dos atos administrativos é tida como um de seus

(A) atributos.
(B) efeitos.
(C) elementos.
(D) requisitos de eficácia.
(E) requisitos de validade.

São *atributos* (ou *qualidades* ou *prerrogativas*) do ato administrativo a *presunção de legitimidade*, a imperatividade, a exigibilidade, a executoriedade e a tipicidade. Portanto, está correta a alternativa que assegura ser a presunção de legitimidade um atributo do ato administrativo.
Gabarito "A"

(Delegado Federal – 1998 – CESPE) Julgue o item abaixo.

(1) Considere a seguinte situação: Ricardo é fiscal sanitário e, em operação de rotina constatou que determinado estabelecimento comercial vendia alimentos impróprios para consumo. Segundo a normatização aplicável, competiria ao fiscal apenas apreender o produto e aplicar multa ao responsável. Ricardo, no entanto, acreditando que sua ação seria mais eficaz também interditou o estabelecimento. Na situação descrita, a interdição é juridicamente inválida.

1: correta, pois a operação é inválida mesmo; a autoexecutoriedade (chamada de coercibilidade para alguns doutrinadores) permite que se use a força para fazer valer um ato administrativo, independentemente de apreciação jurisdicional; no entanto, esse atributo do administrativo deve estar previsto em lei e esse não é o caso, pois a lei só permitia a *apreensão do produto* e a *aplicação de multa* ao responsável, e não a *interdição do estabelecimento*.
Gabarito 1C

(Delegado/GO – 2003 – UEG) O fato de a Administração Pública decidir e executar as medidas ou sanções de polícia administrativa por seus próprios meios, sem autorização prévia do Poder Judiciário, caracteriza o atributo do ato administrativo conhecido como

(A) imperatividade.
(B) autoexecutoriedade.
(C) exigibilidade.
(D) exequibilidade.

O enunciado traz o exato conceito da autoexecutoriedade.
Gabarito "B"

(Delegado/MS – 2006) Sobre ato administrativo, segundo a doutrina.

I. é a qualidade, que reveste tais atos, de se presumirem verdadeiros e conformes o Direito, até prova o contrário (presunção de legitimidade).
II. é a qualidade pela qual os atos administrativos se impõem a terceiros, independentemente de sua concordância (imperatividade).
III. é a qualidade em virtude da qual o Estado no exercício da função administrativa, pode exigir de terceiros o cumprimento, a observância, das obrigações que impôs (exigibilidade).
IV. é a qualidade pela qual o Poder Público pode compelir materialmente o administrado, sem precisão de buscar previamente as vias judiciais, ao cumprimento da obrigação que impôs e exigiu (executoriedade).
V. nem todos os atos exigíveis são executórios.

Assinale a alternativa que apresenta a sequência correta:

(A) V – V – V – V – F;
(B) V – V – V – V – V;
(C) F – V – V – V – V;
(D) F – F – V – V – V;
(E) V – F – V – V – V.

Todas as alternativas trazem afirmativas corretas, adotando os ensinamentos de Celso Antônio Bandeira de Mello.
Gabarito "B"

(Delegado/MT – 2000) Sobre os atributos do ato administrativo não é correto afirmar:

(A) A presunção de legitimidade autoriza a imediata execução ou operatividade dos atos administrativos, mesmo que, ainda não anulados, sejam arguidos de vícios ou defeitos que os levem à invalidade.
(B) Sendo seu atributo, todos os atos administrativos têm imperatividade.
(C) A presunção de legitimidade transfere o ônus da prova de invalidade do ato administrativo para quem a invoca.
(D) A autoexecutoriedade dos atos administrativos consiste na possibilidade de serem imediata e diretamente executados pela própria Administração, independentemente de ordem judicial.
(E) A presunção de legitimidade não impede a sustação dos efeitos do ato administrativo através de recursos internos ou mesmo de mandado de segurança.

Todas as alternativas trazem assertivas corretas, salvo a alternativa "B", pois há atos administrativos que não trazem obrigações a terceiros, como o ato que concede aposentadoria a alguém.
Gabarito "B"

(Delegado/SP – 2003) O atributo do ato administrativo que representa uma garantia para o administrado, pois impede que a Administração pratique atos dotados de imperatividade e executoriedade, vinculando unilateralmente o particular, sem que haja previsão legal é a

(A) finalidade.
(B) tipicidade.
(C) coercibilidade.
(D) presunção de veracidade.

De fato, pelo atributo da tipicidade, os atos administrativos devem respeitar os tipos previstos na lei, tratando-se de verdadeira garantia para o particular.
Gabarito "B"

(Delegado/SP – 2002) A faculdade da Administração Pública de decidir e executar, diretamente, as medidas ou sanções de polícia administrativa por seus próprios meios, sem intervenção ou autorização prévia do Poder Judiciário, caracteriza o atributo do ato administrativo conhecido como

(A) autoexecutoriedade.
(B) imperatividade.
(C) exigibilidade.
(D) exequibilidade.

Trata-se da definição de autoexecutoriedade, dada por Hely Lopes Meirelles.
Gabarito "A"

(Delegado/SP – 2000) O atributo pelo qual o ato administrativo é imposto ao administrado, independente da sua anuência, intitula-se

(A) exigibilidade.
(B) presunção de legitimidade.
(C) autoexecutoriedade.
(D) imperatividade.

Trata-se da definição de imperatividade, pela qual o ato administrativo pode ser imposto a terceiros, independentemente de sua concordância. Tal atributo também é chamado de poder extroverso.
Gabarito "D"

3.4. Classificação e espécies de ato administrativo

Antes de verificarmos as questões deste item, vale trazer um resumo das principais espécies de atos administrativos.

Espécies de atos administrativos segundo Hely Lopes Meirelles:

- **Atos normativos** *são aqueles que contêm comando geral da Administração Pública, com o objetivo de executar a lei*. Exemplos: regulamentos (da alçada do chefe do Executivo), instruções normativas (da alçada dos Ministros de Estado), regimentos, resoluções etc.
- **Atos ordinatórios** *são aqueles que disciplinam o funcionamento da Administração e a conduta funcional de seus agentes*. Exemplos: instruções (são escritas e gerais, destinadas a determinado serviço público), circulares (escritas e de caráter uniforme, direcionadas a determinados servidores), avisos, portarias (expedidas por chefes de órgãos – trazem determinações gerais ou especiais aos subordinados, designam alguns servidores, instauram sindicâncias e processos administrativos etc.), ordens

de serviço (determinações especiais ao responsável pelo ato), ofícios (destinados às comunicações escritas entre autoridades) e despachos (contêm decisões administrativas).

- **Atos negociais** *são declarações de vontade coincidentes com a pretensão do particular*. Exemplos: licença, autorização e protocolo administrativo.
- **Atos enunciativos** *são aqueles que apenas atestam, enunciam situações existentes*. Não há prescrição de conduta por parte da Administração. Exemplos: certidões, atestados, apostilas e pareceres.
- **Atos punitivos** *são as sanções aplicadas pela Administração aos servidores públicos e aos particulares*. Exemplos: advertência, suspensão e demissão; multa de trânsito.

Confira mais classificações dos atos administrativos:

– **Quanto à liberdade de atuação do agente**

Ato vinculado *é aquele em que a lei tipifica objetiva e claramente a situação em que o agente deve agir e o único comportamento que poderá tomar*. Tanto a situação em que o agente deve agir como o comportamento que vai tomar são únicos e estão clara e objetivamente definidos na lei, de forma a inexistir qualquer margem de liberdade ou apreciação subjetiva por parte do agente público. Exemplos: licença para construir e concessão de aposentadoria.

Ato discricionário *é aquele em que a lei confere margem de liberdade para avaliação da situação em que o agente deve agir ou para escolha do melhor comportamento a ser tomado*.

Seja na situação em que o agente deve agir, seja no comportamento que vai tomar, o agente público terá uma margem de liberdade na escolha do que mais atende ao interesse público. Neste ponto fala-se em mérito administrativo, ou seja, na valoração dos motivos e escolha do comportamento a ser tomado pelo agente.

Vale dizer, o agente público fará apreciação subjetiva, agindo segundo o que entender mais conveniente e oportuno ao interesse público. Reconhece-se a discricionariedade, por exemplo, quando a regra que traz a competência do agente traz conceitos fluídos, como *bem comum*, *moralidade*, *ordem pública* etc. Ou ainda quando a lei não traz um motivo que enseja a prática do ato, como, por exemplo, a que permite nomeação para cargo em comissão, de livre provimento e exoneração. Também se está diante de ato discricionário quando há mais de uma opção para o agente quanto ao momento de atuar, à forma do ato (exemplos: verbal, gestual ou escrita), sua finalidade ou conteúdo (exemplos: advertência, multa ou apreensão).

A discricionariedade sofre alguns temperamentos. Em primeiro lugar é bom lembrar que todo ato discricionário é parcialmente regrado ou vinculado. A competência, por exemplo, é sempre vinculada (Hely Lopes Meirelles entende que *competência*, *forma* e *finalidade* são sempre vinculadas, conforme vimos). Ademais, só há discricionariedade nas situações marginais, nas zonas cinzentas. Assim, se algo for patente, como quando, por exemplo, uma dada conduta fira veementemente a moralidade pública (exemplo: pessoas fazendo sexo no meio de uma rua), o agente, em que pese estar diante de um conceito fluído, deverá agir reconhecendo a existência de uma situação de imoralidade. Deve-se deixar claro, portanto, que a situação concreta diminui o espectro da discricionariedade (a margem de liberdade) conferida ao agente.

Assim, o Judiciário até pode apreciar um ato discricionário, mas apenas quanto aos aspectos de legalidade, razoabilidade e moralidade, não sendo possível a revisão dos critérios adotados pelo administrador (mérito administrativo), se tirados de dentro da margem de liberdade a ele conferida pelo sistema normativo.

– **Quanto às prerrogativas da administração**

Atos de império são os *praticados no gozo de prerrogativas de autoridade*. Exemplo: interdição de um estabelecimento.

Atos de gestão são *os praticados sem uso de prerrogativas públicas, em igualdade com o particular, na administração de bens e serviços*. Exemplo: contrato de compra e venda ou de locação de um bem imóvel.

Atos de expediente são os destinados a dar andamentos aos processos e papéis que tramitam pelas repartições, preparando-os para decisão de mérito a ser proferida pela autoridade. Exemplo: remessa dos autos à autoridade para julgá-lo.

A distinção entre ato de gestão e de império está em desuso, pois era feita para excluir a responsabilidade do Estado pela prática de atos de império, de soberania. Melhor é distingui-los em atos regidos pelo direito público e pelo direito privado.

– **Quanto aos destinatários**

Atos individuais são *os dirigidos a destinatários certos, criando-lhes situação jurídica particular*. Exemplos: decreto de desapropriação, nomeação, exoneração, licença, autorização, tombamento.

Atos gerais são *os dirigidos a todas as pessoas que se encontram na mesma situação, tendo finalidade normativa*.

São diferenças entre um e outro as seguintes:

- só ato individual pode ser impugnado individualmente; atos normativos, só por ADIN ou após providência concreta.
- ato normativo prevalece sobre o ato individual.
- ato normativo é revogável em qualquer situação; ato individual deve respeitar direito adquirido.
- ato normativo não pode ser impugnado administrativamente, mas só após providência concreta; ato individual pode ser impugnado desde que praticado.

– **Quanto à formação da vontade**

Atos simples *decorrem de um órgão, seja ele singular ou colegiado*. Exemplos: nomeação feita pelo Prefeito; deliberação de um conselho ou de uma comissão.

Atos complexos *decorrem de dois ou mais órgãos, em que as vontades se fundem para formar um único ato*. Exemplo: decreto do Presidente, com referendo de Ministros.

Atos compostos *decorrem de dois ou mais órgãos, em que vontade de um é instrumental à vontade de outro, que edita o ato principal*. Aqui existem dois atos pelo menos: um principal e um acessório. Exemplos: nomeação do Procurador-Geral da República, que depende de prévia aprovação pelo Senado; e atos que dependem de aprovação ou homologação. Não se deve confundir *atos compostos* com *atos de um procedimento*, vez que estes são compostos de vários atos acessórios com vistas à produção de um ato principal, a decisão.

– **Quanto aos efeitos**

Ato constitutivo *é aquele em que a Administração cria, modifica ou extingue direito ou situação jurídica do administrado*. Exemplos: permissão, penalidade, revogação e autorização.

Ato declaratório *é aquele em que a Administração reconhece um direito que já existia*. Exemplos: admissão, licença, homologação, isenção e anulação.

Ato enunciativo *é aquele em que a Administração apenas atesta dada situação de fato ou de direito*. Não produz efeitos jurídicos diretos. São juízos de conhecimento ou de opinião. Exemplos: certidões, atestados, informações e pareceres.

– **Quanto à situação de terceiros**

Atos internos são *aqueles que produzem efeitos apenas no interior da Administração*. Exemplos: pareceres, informações.

Atos externos são *aqueles que produzem efeitos sobre terceiros*. Nesse caso, dependerão de publicidade para terem eficácia. Exemplos: admissão, licença.

– **Quanto à estrutura**

Atos concretos *são aqueles que dispõem para uma única situação, para um caso concreto*. Exemplo: exoneração de um agente público.

Atos abstratos *são aqueles que dispõem para reiteradas e infinitas situações, de forma abstrata*. Exemplo: regulamento.

Confira **outros atos administrativos, em espécie:**

- **Quanto ao conteúdo:** a) **autorização**: *ato unilateral, discricionário e precário pelo qual se faculta ao particular, em proveito deste, o uso privativo de bem público ou o desempenho de uma atividade, os quais, sem esse consentimento, seriam legalmente proibidos*. Exemplos: autorização de uso de praça para festa beneficente; autorização para porte de arma; b) **licença**: *ato administrativo unilateral e vinculado pelo qual a Administração faculta àquele que preencha requisitos legais o exercício de uma atividade*. Exemplo: licença para construir; c) **admissão**: *ato unilateral e vinculado pelo qual se reconhece ao particular que preencha requisitos legais o direito de receber serviço público*. Exemplos: aluno de escola; paciente em hospital; programa de assistência social; d) **permissão**: *ato administrativo unilateral, discricionário e precário, pelo qual a Administração faculta ao particular a execução de serviço público ou a utilização privativa de bem público, mediante licitação*. Exemplos: permissão para perueiro; permissão para uma banca de jornal. Vale lembrar que, por ser precária, pode ser revogada a qualquer momento, sem direito à indenização; e) **concessão**: *ato bilateral e não precário, pelo qual a Administração faculta ao particular a execução de serviço público ou a utilização privativa de bem público, mediante licitação*. Exemplo: concessão para empresa de ônibus efetuar transporte remunerado de passageiros. Quanto aos bens públicos, há também a *concessão de direito real de uso*, oponível até ao poder concedente, e a *cessão de uso*, em que se transfere o uso para entes ou órgãos públicos; f) **aprovação**: *ato de controle discricionário*. Vê-se a conveniência do ato controlado. Exemplo: aprovação pelo Senado de indicação para Ministro do STF; g) **homologação**: *ato de controle vinculado*. Exemplo: homologação de licitação ou de concurso público; h) **parecer**: *ato pelo qual órgãos consultivos da Administração emitem opinião técnica sobre assunto de sua competência*. Podem ser das seguintes espécies: *facultativo* (parecer solicitado se a autoridade quiser); *obrigatório* (autoridade é obrigada a solicitar o parecer, mas não a acatá-lo) e *vinculante* (a autoridade é obrigada a solicitar o parecer e a acatar o seu conteúdo; exemplo: parecer médico). Quando um parecer tem o poder de *decidir* um caso, ou seja, quando o parecer é, na verdade, uma decisão, a autoridade que emite esse parecer responde por eventual ilegalidade do ato (exemplos: parecer jurídico sobre edital de licitação e minutas de contratos, convênios e ajustes – art. 38 da Lei 8.666/1993).

- **Quanto à forma:** a) **decreto**: *é a forma de que se revestem os atos individuais ou gerais, emanados do Chefe do Poder Executivo*. Exemplos: nomeação e exoneração (atos individuais); regulamentos (atos gerais que têm por objeto proporcionar a fiel execução da lei – art. 84, IV, da CF); b) **resolução e portaria**: *são as formas de que se revestem os atos, gerais ou individuais, emanados de autoridades que não sejam o Chefe do Executivo*; c) **alvará**: *forma pela qual a Administração confere licença ou autorização para a prática de ato ou exercício de atividade sujeita ao poderes de polícia do Estado*. Exemplos: alvará de construção (instrumento da licença); alvará de porte de arma (instrumento da autorização).

(Delegado/BA – 2013 – CESPE) Julgue o seguinte item.

(1) A concessão de licença-maternidade à servidora gestante é ato administrativo vinculado.

1: correta, pois os requisitos para a sua concessão são objetivos, não podendo a licença em questão ser negada por critérios subjetivos da Administração.

Gabarito 1C

(Delegado/BA – 2013 – CESPE) Julgue o seguinte item.

(1) A venda de bens de produção no mercado por sociedade de economia mista caracteriza a prática de ato administrativo.

1: incorreta, pois a venda de bens de produção diz respeito à exploração de atividade econômica, não se tratando, assim, de ato administrativo.

Gabarito 1E

(Delegado/AP – 2010) Os atos administrativos, quanto à intervenção da vontade administrativa, podem ser classificados como atos:

(A) simples.
(B) perfeitos.
(C) consumados.
(D) constitutivos.
(E) gerais.

Quanto à intervenção ou formação da vontade, os atos podem ser simples, complexos e compostos.

Gabarito "A"

(Delegado/GO – 2003 – UEG) O porte de arma deferido pela autoridade a particular, que a Lei das Contravenções Penais denomina impropriamente de licença, na verdade caracteriza um ato administrativo tido como

(A) licença imprópria.
(B) permissão.
(C) concessão.
(D) autorização.

Trata-se de autorização, já que se trata de um ato administrativo unilateral, discricionário e precário, pelo qual se faculta ao particular, em proveito deste, o exercício de uma atividade.

Gabarito "D"

(Delegado/GO – 2003 – UEG) O ato administrativo vinculado que permite ao cidadão dirigir veículos automotores, após regular aprovação e habilitação, é tido como

(A) autorização.
(B) permissão.
(C) licença.
(D) homologação.

Trata-se de licença, que é o ato unilateral e vinculado, pelo qual se faculta ao particular o exercício de uma atividade.

Gabarito "C"

(Delegado/GO – 2003 – UEG) Os atos administrativos para os quais a lei estabelece os requisitos e as condições de sua realização são atos

(A) complexos.
(B) de império.
(C) compostos.
(D) vinculados.

De fato, os atos vinculados são aqueles em que a lei estabelece, objetivamente, cada requisito que o ato deve conter, ao contrário dos atos discricionários, em que a lei dá margem de liberdade para que o agente pratique o ato.

Gabarito "D"

(Delegado/GO – 2003 – UEG) As certidões, os atestados e os vistos incluem-se entre os atos da Administração ditos

(A) negociais.
(B) normativos.
(C) ordinatórios.
(D) enunciativos.

Os atos mencionados são considerados atos enunciativos, nos termos das definições dadas no início deste item.

Gabarito "D"

(Delegado/MT – 2000) Assinale a alternativa incorreta:

(A) Quanto à formação, o ato administrativo é simples quando resulta da manifestação de vontade de um único órgão, unipessoal ou colegiado.
(B) Quanto à formação, o ato administrativo é complexo quando resulta da vontade única de um órgão, mas depende da verificação por parte de outro, para se tornar exequível.
(C) Quanto ao conteúdo, o ato administrativo é modificativo quando tem por finalidade alterar situações preexistentes, sem suprimir direitos ou obrigações.
(D) Quanto ao conteúdo, o ato administrativo é desconstitutivo quando põe termo a situações jurídicas individuais.
(E) Quanto aos efeitos, diz-se ato administrativo de constatação aquele pelo qual a Administração verifica e proclama uma situação fática ou jurídica ocorrente.

Todas as alternativas trazem afirmações corretas, salvo a alternativa "B", pois o ato complexo é praticado por *dois* ou mais órgãos, que se reúnem para formar um ato só.

Gabarito "B"

(Delegado/MT – 2000) Quanto ao conteúdo, a venda de um bem da administração é um ato:

(A) constitutivo.
(B) declaratório.

(C) modificativo.
(D) alienativo.
(E) desconstitutivo.

Trata-se de um ato alienativo, pois a venda de um bem é, na verdade, uma alienação.
Gabarito "D"

(Delegado/SP – 2011) De acordo com a Lei 10.177/1998, que regula os atos e procedimentos administrativos no âmbito da Administração Pública do Estado de São Paulo, o Delegado de Polícia pode baixar

(A) Resolução Substitutiva.
(B) Resolução
(C) Deliberação
(D) Decreto Interno
(E) Portaria.

De acordo com o art. 12, II, "a" da Lei estadual 10.177/1998, de São Paulo, são atos administrativos de competência comum "a todas as autoridades, até o nível de Diretor de Serviço; às *autoridades policiais*; aos dirigentes das entidades descentralizadas, bem como, quando estabelecido em norma legal específica, a outras autoridades administrativas, a *Portaria*" (g.n).
Gabarito "E"

(Delegado/SP – 2002) "Ato administrativo unilateral e vinculado pelo qual a Administração faculta àquele que preencha os requisitos legais o exercício de uma atividade" é

(A) autorização.
(B) licença.
(C) concessão.
(D) permissão.

A: incorreta, pois a autorização é um ato discricionário e precário, e não vinculado; **B:** correta, pois traz adequada definição de licença; **C:** incorreta, pois a concessão é um ato bilateral, e não unilateral; **D:** incorreta, pois a permissão é um ato discricionário e precário, e não vinculado.
Gabarito "B"

3.5. Discricionariedade e vinculação

(Delegado/RJ – 2013 – FUNCAB) Em matéria de discricionariedade administrativa, é correto afirmar:

(A) Há discricionariedade quando a norma restringe a autonomia de escolhas da autoridade administrativa.
(B) A intensidade da vinculação e da discricionariedade é variável, havendo graus diversos de autonomia, que variam caso a caso.
(C) Em atenção à Separação de Poderes e à legitimidade democrática dos representantes eleitos, o mérito da escolha administrativa feita no exercício da discricionariedade não está sujeito a controle jurisdicional.
(D) O exercício da discricionariedade consiste na aplicação concreta da lei através da atividade interpretativa do aplicador.
(E) A omissão legislativa também é fonte da discricionariedade, tanto quanto a criação intencional, pela norma, da margem de autonomia para o aplicador.

A: incorreta, pois há discricionariedade quando a norma dá margem de liberdade para a autoridade administrativa; **B:** correta, valendo salientar que é a lei que vai estabelecer o grau de discricionariedade ou a vinculação da competência administrativa; **C:** incorreta, pois o mérito está sujeito a controle jurisdicional, desde que esse controle se limite a avaliar a legalidade do ato, bem como sua razoabilidade e moralidade; **D:** incorreta, pois consiste na aplicação concreta da lei por meio da escolha do comportamento a ser tomado pela Administração nos limites trazidos na lei; **E:** incorreta, pois a omissão legislativa não autoriza o administrador a se valer da discricionariedade, pois este só deve agir nos limites do que dispuser a lei, não podendo agir sob o pretexto de ter recebido uma competência discricionária por uma omissão legislativa.
Gabarito "B"

(Delegado/MT – 2006 – UFMT) Em relação à conveniência e oportunidade do ato administrativo, assinale a afirmativa correta.

(A) O Judiciário poderá anular o ato quando entender tenha sido praticado em momento impróprio.
(B) Serão controladas pelo Judiciário, se a inoportunidade e inconveniência forem de natureza grave.
(C) Ambas sofrerão controle judicial, com prévia anuência do Legislativo.
(D) Na oportunidade, o controle pelo Judiciário é permitido sem ressalvas; na conveniência, depende de aprovação do Legislativo.
(E) Não são passíveis de controle pelo Judiciário.

A: incorreta, pois, nesse caso, caberia *revogação* (inoportunidade de momento), sendo que esta não pode ser realizada pelo Judiciário; B a **D:** incorretas, pois o Judiciário não analisa questões de conveniência e oportunidade; **E:** correta, pois como informado no item anterior, o Judiciário não analisa questões de conveniência e oportunidade.
Gabarito "E"

(Delegado/SP – 1999) A oportunidade e a conveniência em relação ao ato administrativo, subsumem-se

(A) no mérito e ensejam anulação.
(B) no motivo e ensejam anulação.
(C) na forma e ensejam revogação.
(D) no mérito e ensejam revogação.

Mérito é justamente a margem de liberdade em que o agente público verificará a conveniência e a oportunidade de praticar ou não um ato e/ou de praticar o ato de um jeito ou de outro. Uma vez que um ato já praticado se torna inconveniente, deve-se promover sua revogação, e não sua anulação.
Gabarito "D"

3.6. Extinção do ato administrativo

Segue resumo acerca das formas de extinção dos atos administrativos:

- **Cumprimento de seus efeitos:** como exemplo temos a autorização da Prefeitura para que seja feita uma festa na praça de uma cidade. Este ato administrativo se extingue no momento em que a festa termina, uma vez que seus efeitos foram cumpridos.
- **Desaparecimento do sujeito ou do objeto sobre o qual recai o ato:** morte de um servidor público, por exemplo.
- **Contraposição:** *extinção de um ato administrativo pela prática de outro antagônico em relação ao primeiro.* Exemplo: com o ato de exoneração do servidor público, o ato de nomeação fica automaticamente extinto.
- **Renúncia:** *extinção do ato por vontade do beneficiário deste.*
- **Cassação:** *extinção de um ato que beneficia um particular por este não ter cumprido os deveres para dele continuar gozando.* Não se confunde com a revogação – que é a extinção do ato por não ser mais conveniente ao interesse público. Também difere da anulação – que é a extinção do ato por ser nulo. Como exemplos desse tipo de extinção têm-se a permissão para banca de jornal se instalar numa praça, cassada porque seu dono não paga o preço público devido, ou a autorização de porte de arma de fogo, cassada porque o beneficiário é detido ou abordado em estado de embriaguez ou sob efeito de entorpecentes (art. 10, § 2.º, do Estatuto do Desarmamento – Lei 10.826/2003).
- **Caducidade:** *extinção de um ato porque a lei não mais o permite.* Trata-se de extinção por invalidade ou ilegalidade *superveniente.* Exemplos: autorização para condutor de perua praticar sua atividade que se torna caduca por conta de lei posterior não mais permitir tal transporte na cidade; autorizações de porte de arma que caducaram 90 dias após a publicação do Estatuto do Desarmamento, conforme reza seu art. 29.
- **Revogação:** *extinção de um ato administrativo legal ou de seus efeitos por outro ato administrativo, efetuada somente pela Administração, dada a existência de fato novo que o torne inconveniente ou inoportuno, respeitando-se os efeitos precedentes* (efeito "ex nunc"). Exemplo: permissão para a mesma banca de jornal se instalar numa praça, revogada por estar atrapalhando o trânsito de pedestres, dado o aumento populacional, não havendo mais conveniência na sua manutenção.

O **sujeito ativo da revogação** é a *Administração Pública*, por meio da autoridade administrativa competente para o ato, podendo ser seu superior hierárquico. O Poder Judiciário nunca poderá revogar um ato administrativo já que se limita a apreciar aspectos de legalidade (o que gera a anulação) e não de conveniência, salvo se se tratar de um ato administrativo da Administração Pública dele, como na hipótese em que um provimento do próprio Tribunal é revogado.

Quanto ao tema **objeto da revogação**, tem-se que este recai sobre o ato administrativo ou a relação jurídica deste decorrente, salientando-se que o ato administrativo deve ser válido, pois, caso seja inválido, estaremos diante de hipótese que enseja anulação. Importante ressaltar que não é possível *revogar* um ato administrativo já extinto dada a falta de utilidade em tal proceder, diferente do que se dá com a *anulação* de um ato extinto, que, por envolver a retroação de seus efeitos (a invalidação tem efeitos "ex tunc"), é útil e, portanto, possível.

O **fundamento da revogação** é a *mesma regra de competência que habilitou o administrador à prática do ato que está sendo revogado*, devendo-se lembrar que só há que se falar em revogação nas hipóteses de ato discricionário.

Já o **motivo da revogação** é a *inconveniência ou inoportunidade* da manutenção do ato ou da relação jurídica gerada por este. Isto é, o administrador público faz apreciação ulterior e conclui pela necessidade da revogação do ato para atender ao interesse público.

Quanto aos **efeitos da revogação**, esta suprime o ato ou seus efeitos, mas respeita os efeitos que já transcorreram. Trata-se, portanto, de eficácia "ex nunc".

Há **limites ao poder de revogar**. São atos irrevogáveis os seguintes atos: os que a lei assim declarar; os atos já exauridos, ou seja, que cumpriram seus efeitos; os atos vinculados, já que não se fala em conveniência ou oportunidade neste tipo de ato, em que o agente só tem uma opção; os meros ou puros atos administrativos (exemplos: certidão, voto dentro de uma comissão de servidores); os atos de controle; os atos complexos (praticados por mais de um órgão em conjunto); e atos que geram direitos adquiridos. Os atos gerais ou regulamentares são, por sua natureza, revogáveis a qualquer tempo e em quaisquer circunstâncias, respeitando-se os efeitos produzidos.

- **Anulação (invalidação):** *extinção do ato administrativo ou de seus efeitos por outro ato administrativo ou por decisão judicial, por motivo de ilegalidade, com efeito retroativo* ("ex tunc"). Exemplo: anulação da permissão para instalação de banca de jornal em bem público por ter sido conferida sem licitação.

O **sujeito ativo da invalidação** pode ser tanto o *administrador público* como o *juiz*. A Administração Pública poderá invalidar de ofício ou a requerimento do interessado. O Poder Judiciário, por sua vez, só poderá invalidar por provocação ou no bojo de uma lide. A possibilidade de o Poder Judiciário anular atos administrativos decorre do fato de estarmos em um Estado Democrático de Direito (art. 1.º da CF), em que a lei deve ser obedecida por todos, e também por conta do princípio da inafastabilidade da jurisdição ("a lei não excluirá da apreciação do Poder Judiciário lesão ou ameaça a direito" – art. 5.º, XXXV, da CF) e da previsão constitucional do mandado de segurança, do "habeas data" e da ação popular.

O **objeto da invalidação** é o ato administrativo inválido ou os efeitos de tal ato (relação jurídica).

Seu **fundamento** é o dever de obediência ao princípio da legalidade. Não se pode conviver com a ilegalidade. Portanto, o ato nulo deve ser invalidado.

O **motivo da invalidação** é a *ilegalidade* do ato e da eventual relação jurídica por ele gerada. Hely Lopes Meirelles diz que o *motivo da anulação* é a *ilegalidade ou ilegitimidade* do ato, diferente do *motivo da revogação*, que é a inconveniência ou inoportunidade.

Quanto ao **prazo** para se efetivar a invalidação, o art. 54 da Lei 9.784/1999 dispõe: *"O direito da Administração de anular os atos administrativos de que decorram efeitos favoráveis para os destinatários decai em cinco anos, contados da data em que foram praticados, salvo comprovada má-fé"*. Perceba-se que tal disposição só vale para atos administrativos em geral de que decorram efeitos favoráveis ao agente (exemplos: permissão, licença) e que tal decadência só aproveita ao particular se este estiver de boa-fé. A regra do art. 54 da Lei 9.784/1999 contém ainda os seguintes parágrafos: "§ 1.º *No caso de efeitos patrimoniais contínuos, o prazo de decadência contar-se-á da percepção do primeiro pagamento*; § 2.º *Considera-se exercício do direito de anular qualquer medida de autoridade administrativa que importe impugnação à validade do ato"*.

No que concerne aos **efeitos da invalidação**, como o ato nulo já nasce com a sanção de nulidade, a declaração se dá retroativamente, ou seja, com efeito "ex tunc". Invalidam-se as consequências passadas, presentes e futuras do ato. Do ato ilegal não nascem direitos. A anulação importa no desfazimento do vínculo e no retorno das partes ao estado anterior. Tal regra é atenuada em face dos terceiros de boa-fé. Assim, a anulação de uma nomeação de um agente público surte efeitos em relação a este (que é parte da relação jurídica anulada), mas não em relação aos terceiros que sofreram consequências dos atos por este praticados, desde que tais atos respeitem a lei quanto aos demais aspectos.

(Delegado/SP – 2014 – VUNESP) O ato administrativo

(A) pode ser revogado com fundamento em razões de conveniência e oportunidade, desde que observados os efeitos *ex tunc* dessa extinção do ato.
(B) tem na presunção de legitimidade a autorização para imediata execução e permanece em vigor até prova em contrário.
(C) é revogável pelo Poder Judiciário que é apto a fazer o controle de legalidade, sem ingressar em seu mérito administrativo.
(D) de Secretário de Segurança Pública que determina remoção *ex officio* do Delegado de Polícia, sem motivação, não se sujeita ao controle de juridicidade por conter alta carga de discricionariedade em seu teor.
(E) tem como requisitos a presunção de legitimidade, a autoexecutoriedade, a imperatividade e a exigibilidade.

A: incorreta, pois a revogação tem efeito "ex nunc", ou seja, não retroage; **B:** correta, pois a presunção de legitimidade de fato autoriza a imediata execução do ato e se trata de uma presunção relativa, ou seja, que admite prova em contrário; **C:** incorreta, pois o ato administrativo de uma administração não pode ser revogado pelo Judiciário, que pode apenas anular atos dessa outra administração; **D:** incorreta, pois a motivação é obrigatória no caso e sua não realização enseja a anulação do ato; **E:** incorreta, pois esses são os *atributos* do ato administrativo; os *requisitos* deste são a competência, o objeto, a forma, o motivo e a finalidade.

Gabarito "B"

(Delegado Federal – 2013 – CESPE) Julgue o seguinte item.

(1) Quando um ministério pratica ato administrativo de competência de outro, fica configurado vício de incompetência em razão da matéria, que pode ser convalidado por meio da ratificação.

1: incorreta; a convalidação será chamada de ratificação nas hipóteses em que há vício de incompetência, mas não poderá ser feita nos casos em que a competência for outorgada com exclusividade ou em razão de matéria.

Gabarito 1E

(Delegado/AM) O aspecto mais relevante do controle judicial dos atos administrativos é:

(A) legalidade do ato
(B) valoração da conduta
(C) qualificação do agente
(D) recolhimento de custas

O Judiciário tem competência para verificar a legalidade do ato administrativo em sentido amplo, o que inclui a verificação da legalidade em sentido estrito, da razoabilidade e da moralidade.

Gabarito "A"

(Delegado/CE – 2006 – CEV/UECE) Em relação à invalidação dos atos administrativos, assinale a afirmação verdadeira.

(A) A revogação do ato administrativo se dá pela própria administração e tem efeitos retroativos.
(B) A revogação do ato administrativo não pode se fundar em critérios de conveniência e oportunidade.
(C) A anulação do ato administrativo pelo Judiciário, fundada no exame de conveniência de sua prática pelo administrador, tem efeito retroativo.
(D) A anulação do ato administrativo pode ocorrer pelo controle da administração ou pelo controle judicial, em ambos, possuindo efeitos retroativos.

A: incorreta, pois a revogação tem efeitos "ex nunc", ou seja, não retroage; **B:** incorreta, pois são justamente esses critérios que são utilizados para verificar se um ato deve ou não ser revogado; **C:** incorreta, pois a anulação se funda na existência de uma ilegalidade, e não de uma inconveniência ou inoportunidade; **D:** correta, pois a anulação poderá se dar pela Administração ou pelo Judiciário, e tem efeitos "ex tunc", ou seja, retroage.

Gabarito "D"

(Delegado/DF – 2004) Sobre as diversas formas de extinção e controle de um ato administrativo, analise as afirmativas:

I. Denomina-se contraposição a extinção de um ato administrativo em razão da prática de um novo ato com efeitos opostos ao ato anterior.
II. Como regra, todos os tipos de atos administrativos, vinculados ou discricionários, admitem revogação por critérios de conveniência e oportunidade.
III. O Tribunal de Contas, no âmbito de sua atuação, pode controlar atos administrativos praticados por outro Poder.

É/são afirmativa(s) verdadeira(s) somente:

(A) I e II;
(B) I e III;
(C) II e III;
(D) I, II e III;
(E) nenhuma.

I: verdadeira, pois traz a adequada definição de contraposição; II: falsa, pois somente atos administrativos discricionários podem ser revogados; III: verdadeira, nos termos do art. 71 da CF.

Gabarito "B"

(Delegado/GO – 2003 – UEG) O ato administrativo pelo qual a Administração Pública revoga ato administrativo próprio tem natureza

(A) declaratória.
(B) extintiva.
(C) constitutiva.
(D) anulatória.

O ato revogador tem natureza constitutiva negativa, pois tal ato desconstitui o ato revogado. Assim, se um ato X revoga um ato Y temos a desconstituição do segundo ato, daí porque se diz que o ato revogador (o ato X) tem natureza constitutiva negativa.

Gabarito "C"

(Delegado/MG – 2012) Sobre a extinção dos atos administrativos, é **INCORRETO** afirmar que

(A) a anulação promovida pela própria Administração decorre do exercício de sua prerrogativa de autotutela.
(B) a revogação é forma de extinção do ato administrativo válido, de caráter vinculado ou discricionário.
(C) a validade ou não do ato de revogação é passível de exame pelo Poder Judiciário.
(D) incabível a revogação dos atos cujos efeitos produzidos já restaram consolidados.

A: correto (art. 53 da Lei 9.784/1999); **B:** incorreto (devendo ser assinalada), a revogação, fundada na inconveniência ou na inoportunidade na manutenção do ato, só incide sobre atos discricionários já que, nos atos vinculados, não há campo para avaliações de mérito, tratando-se de ato em que a lei define tudo de modo claro e objetivo; **C:** correto, pois é possível que, no caso concreto, a revogação tenha ferido a lei; um exemplo é a revogação promovida por alguém que não tenha competência para tanto; **D:** correto, pois os atos em questão, denominados *atos exauridos*, de fato são irrevogáveis.

Gabarito "B"

(Delegado/MG – 2006) Julgue os itens abaixo

(A) a convalidação, considerada obrigatória por boa parte da doutrina (salvo na hipótese de ato discricionário, praticado por autoridade competente), produz efeitos "ex tunc".
(B) as empresas estatais, que se dividem em empresas públicas e sociedades de economia mista, se dedicam à prestação de serviços públicos ou à realização de atividade econômica.
(C) quando se concede autorização para porte de armas há manifestação do poder de polícia.
(D) a revogação, que equivale ao conserto do ato administrativo viciado, pode ser declarada pelo Poder Judiciário.

(A) todas as frases estão corretas
(B) apenas as frases A e B estão corretas
(C) apenas a frase C está incorreta
(D) apenas a frase D está incorreta

Todas as alternativas trazem afirmações corretas, salvo a alternativa "D", pois o Judiciário não pode revogar atos administrativos, atribuição exclusiva da Administração.

Gabarito "D"

(Delegado/PI – 2009 – UESPI) Em relação aos atos administrativos, assinale a opção correta.

(A) Motivo é a situação fática ou a situação jurídica que autoriza ou impõe ao agente público a prática de ato administrativo.
(B) A revogação opera efeitos "ex tunc"; portanto, caso o ato administrativo seja revogado, são considerados inválidos os efeitos por ele produzidos a partir do momento de sua realização.
(C) Compete ao Poder Judiciário, mediante decisão fundamentada, revogar atos praticados pela Administração Pública.
(D) Ato administrativo discricionário é aquele em que o poder de agir da Administração é completamente livre, até mesmo quanto à competência para a prática do ato.
(E) Como decorrência do princípio da legalidade, os atos administrativos não admitem convalidação.

A: correta, pois traz adequado conceito de motivo; **B:** incorreta, pois a revogação não retroage, ou seja, tem efeitos "ex nunc"; **C:** incorreta, pois o Judiciário não pode revogar atos administrativos; **D:** incorreta, pois discricionariedade não é "completa liberdade", mas "margem de liberdade"; **E:** incorreta, pois a convalidação é admitida expressamente pela lei (art. 55 da Lei 9.784/1999).

Gabarito "A"

(Delegado/SC – 2008) Complete as lacunas na frase a seguir e assinale a alternativa correta. A ____________ é a supressão de um ato administrativo legítimo e eficaz realizado pelo(a) __________. O ato ilegal ou ilegítimo ensejará a _____________.

(A) revogação – Administração Pública – anulação
(B) anulação – Judiciário – revogação
(C) revogação – Judiciário – anulação
(D) anulação – Administração Pública – revogação

De fato, atos *legais* são passíveis de *revogação*, se *inconvenientes*. E esta só pode ser feita pela Administração. Quanto aos atos *ilegais*, são passíveis de *anulação*.

Gabarito "A"

(Delegado/SP – 1998) O ato administrativo que supre vício existente em um ato ilegal, com efeitos retroativos à data em que foi praticado, denomina-se

(A) invalidação.
(B) retificação.
(C) convalidação.
(D) conversão.

Trata-se de convalidação, nos termos do art. 55 da Lei 9.784/1999.

Gabarito "C"

(Delegado/SP – 1998) O ato revogador de um ato administrativo tem natureza

(A) declaratória.
(B) constitutiva.
(C) negativa.
(D) extintiva.

O ato revogador tem natureza constitutiva negativa, pois tal ato desconstitui o ato revogado. Assim, se um ato X revoga um ato Y temos a desconstituição do segundo ato, daí porque se diz que o ato revogador (o ato X) tem natureza constitutiva negativa.

Gabarito "B"

4. ORGANIZAÇÃO DA ADMINISTRAÇÃO PÚBLICA

4.1. Conceitos básicos em matéria de organização administrativa

Segue um resumo sobre a parte introdutória do tema Organização da Administração Pública:

> O objetivo deste tópico é efetuar uma série de distinções, de grande valia para o estudo sistematizado do tema. A primeira delas tratará da relação entre pessoa jurídica e órgãos estatais.

Pessoas jurídicas estatais *são entidades integrantes da estrutura do Estado e dotadas de personalidade jurídica,* ou seja, de aptidão genérica para contrair direitos e obrigações.

Órgãos públicos *são centros de competência integrantes das pessoas estatais instituídos para o desempenho das funções públicas por meio de agentes públicos.* São, portanto, parte do corpo (pessoa jurídica). Cada órgão é investido de determinada competência, dividida entre seus cargos. Apesar de não terem personalidade jurídica têm prerrogativas funcionais, o que admite até que interponham mandado de segurança, quando violadas. Tal capacidade processual, todavia, só têm os órgãos independentes e os autônomos. Todo ato de um órgão é imputado diretamente à pessoa jurídica da qual é integrante, assim como todo ato de agente público é imputado diretamente ao órgão à qual pertence (trata-se da chamada "Teoria do Órgão", que se contrapõe à Teoria da Representação ou do Mandato, conforme se verá no capítulo seguinte). Deve-se ressaltar, todavia, que a representação legal da entidade é atribuição de determinados agentes, como o Chefe do Poder Executivo e os Procuradores. Confiram-se algumas classificações dos órgãos públicos, segundo o magistério de Hely Lopes Meirelles:

Quanto à **posição**, podem ser órgãos *independentes* (originários da Constituição e representativos dos Poderes do Estado: Legislativo, Executivo de Judiciário – aqui estão todas as corporações legislativas, chefias de executivo e tribunais, e juízos singulares); *autônomos* (estão na cúpula da Administração, logo abaixo dos órgãos independentes, tendo autonomia administrativa, financeira e técnica, segundo as diretrizes dos órgãos a eles *superiores* – cá estão os Ministérios, as Secretarias Estaduais e Municipais, a AGU etc.), *superiores* (detêm poder de direção quanto aos assuntos de sua competência, mas sem autonomia administrativa e financeira – exemplos: gabinetes, procuradorias judiciais, departamentos, divisões etc.) e *subalternos* (são os que se acham na base da hierarquia entre órgãos, tendo reduzido poder decisório, com atribuições de mera execução – exemplo: portarias, seções de expediente).

Quanto à **estrutura**, podem ser *simples* ou *unitários* (constituídos por um só centro de competência) e *compostos* (reúnem outros órgãos menores com atividades-fim idênticas ou atividades auxiliares – exemplo: Ministério da Saúde).

Quanto à **atuação funcional**, podem ser *singulares* ou *unipessoais* (atuam por um único agente – exemplo: Presidência da República) e *colegiados* ou *pluripessoais* (atuam por manifestação conjunta da vontade de seus membros – exemplos: corporações legislativas, tribunais e comissões).

Outra distinção relevante para o estudo da estrutura da Administração Pública é a que se faz entre desconcentração e descentralização. Confira-se.

Desconcentração *é a distribuição interna de atividades administrativas, de competências.* Ocorre de órgão para órgão da entidade. Exemplo: competência no âmbito da Prefeitura, que poderia estar totalmente concentrada no órgão Prefeito Municipal, mas que é distribuída internamente aos Secretários de Saúde, Educação etc.

Descentralização *é a distribuição externa de atividades administrativas, que passam a ser exercidas por pessoa ou pessoas distintas do Estado.* Dá-se de pessoa jurídica para pessoa jurídica como técnica de especialização. Exemplo: criação de autarquia para titularizar e executar um dado serviço público, antes de titularidade do ente político que a criou.

Na descentralização **por serviço** a lei atribui ou autoriza que outra pessoa detenha a *titularidade* e a execução do serviço. Depende de lei. Fala-se também em *outorga* do serviço.

Na descentralização **por colaboração** o contrato ou ato unilateral atribui a outra pessoa a *execução* do serviço. Aqui o particular pode colaborar, recebendo a execução do serviço, e não a titularidade. Fala-se também em *delegação* do serviço e o caráter é transitório.

É importante também saber a seguinte distinção.

Administração direta *compreende os órgãos integrados no âmbito direto das pessoas políticas (União, Estados, Distrito Federal e Municípios).*

Administração indireta *compreende as pessoas jurídicas criadas pelo Estado para titularizar e exercer atividades públicas (autarquias e fundações públicas) e para agir na atividade econômica quando necessário (empresas públicas e sociedades de economia mista).*

Outra classificação relevante para o estudo do tema em questão é a que segue.

As **pessoas jurídicas de direito público** *são os entes políticos e as pessoas jurídicas criadas por estes para exercerem típica atividade administrativa, o que impõe tenham, de um lado, prerrogativas de direito público, e, de outro, restrições de direito público, próprias de quem gere coisa pública.* Além dos entes políticos (União, Estados, Distrito Federal e Municípios), são pessoas jurídicas de direito público as *autarquias, fundações públicas, agências reguladoras* e *associações públicas* (consórcios públicos de direito público).

As **pessoas jurídicas de direito privado estatais** *são aquelas criadas pelos entes políticos para exercer atividade econômica, devendo ter os mesmos direitos e restrições das demais pessoas jurídica privadas, em que pese terem algumas restrições adicionais, pelo fato de terem sido criadas pelo Estado.* São pessoas jurídicas de direito privado estatais as *empresas públicas*, as *sociedades de economia mista*, as *fundações privadas criadas pelo Estado* e os *consórcios públicos de direito privado*.

Também é necessário conhecer a seguinte distinção.

Hierarquia *consiste no poder que um órgão superior tem sobre outro inferior, que lhe confere, dentre outras prerrogativas, uma ampla possibilidade de fiscalização dos atos do órgão subordinado.*

Controle (tutela ou supervisão ministerial) *consiste no poder de fiscalização que a pessoa jurídica política tem sobre a pessoa jurídica que criou, que lhe confere tão somente a possibilidade de submeter a segunda ao cumprimento de seus objetivos globais, nos termos do que dispuser a lei.* Exemplo: a União não pode anular um ato administrativo de concessão de aposentadoria por parte do INSS (autarquia por ela criada), por não haver hierarquia; mas pode impedir que o INSS passe a comercializar títulos de capitalização, por exemplo, por haver nítido desvio dos objetivos globais para os quais fora criada a autarquia. Aqui não se fala em subordinação, mas em vinculação administrativa.

Por fim, há entidades que, apesar de **não fazerem** parte da Administração Pública Direta e Indireta, colaboram com a Administração Pública e são estudadas no Direito Administrativo. Tais entidades são denominadas *entes de cooperação* ou *entidades paraestatais*. São entidades que não têm fins lucrativos e que colaboram com o Estado em atividades não exclusivas deste. São exemplos de paraestatais as seguintes: a) *entidades do Sistema S* (SESI, SENAI, SENAC etc. – ligadas a categorias profissionais, cobram contribuições parafiscais para o custeio de suas atividades); b) *organizações sociais* (celebram contrato de gestão com a Administração); c) *organizações da sociedade civil de interesse público – OSCIPs* (celebram termo de parceria com a Administração).

(Delegado/PR – 2013 – UEL-COPS) **No direito administrativo brasileiro, autarquia designa uma espécie de descentralização por serviços. Assinale a alternativa que apresenta, corretamente, uma característica das autarquias.**

(A) Criação por meio de registro do seu estatuto.
(B) Generalização de suas atividades.
(C) Limitação à capacidade de autoadministração.
(D) Personalidade jurídica de direito privado.
(E) Sujeição ao controle de tutela.

A: incorreta, pois a criação de uma autarquia se dá diretamente por meio de lei (art. 37, XIX, da CF); **B:** incorreta, pois a ideia é de especialização, de maneira que as autarquias atuam em atividades especiais e não genéricas; por exemplo, o Banco Central atua especificamente quanto ao sistema financeiro; o INSS, por sua vez, especificamente em relação à previdência pública; **C:** incorreta, pois há capacidade de autoadministração e também de atuar na atividade pública para a qual a autarquia foi criada; **D:** incorreta, pois a autarquia é uma pessoa jurídica de direito público; **E:** correta, pois os entes da administração indireta (como a autarquia) não estão sujeitos ao instituto da *subordinação hierárquica*, mas sim ao instituto do *controle ou tutela* (ou *supervisão ministerial*).

Gabarito "E"

(Delegado/RJ – 2013 – FUNCAB) Sobre a organização administrativa, assinale a alternativa correta.

(A) Diferentemente das sociedades de economia mista, as empresas públicas não se submetem à supervisão ministerial.

(B) A desconcentração é o que ocorre quando há a distribuição interna de atividades administrativas, havendo a criação de nova pessoa jurídica.

(C) A criação de empresas subsidiárias também depende de autorização legislativa, que deve ser concedida para a criação específica de cada entidade. Não se permite a autorização genérica para a instituição de subsidiárias, prevista desde logo na lei disciplinadora da entidade primária.

(D) Pode o Poder Executivo ceder servidor público para as Organizações Sociais, desde que mantenha o ônus de seu pagamento.

(E) As Organizações da Sociedade Civil de Interesse Público devem ter personalidade jurídica de direito privado e realizar a distribuição de lucro entre seus associados uma vez a cada ano.

A: incorreta, pois as empresas públicas também estão sujeitas à *supervisão ministerial*, também chamada de *controle* ou *tutela*, nos termos do art. 27, parágrafo único, do Dec.-lei 200/1967; **B:** incorreta, pois esse conceito é o de *descentralização* e não o de *desconcentração*; **C:** incorreta, pois existem decisões do STF autorizando a lei conceder, de forma genérica, autorização para que determinada empresa estatal possa criar subsidiárias (ex: STF, ADI 1.694/DF); **D:** correta (art. 14, *caput*, da Lei 9.637/1998); **E:** incorreta, pois as OSCIPs não podem ter fim lucrativo e distribuir lucros entre os associados (art. 1°, *caput* e § 1°, da Lei 9.790/1999).

Gabarito "D"

(Delegado/RJ – 2013 – FUNCAB) Tratando da organização administrativa, é INCORRETO afirmar:

(A) A expressão "descentralização social" costuma ser utilizada para designar as parcerias formalizadas pelo Estado com fundação privada ou associação civil com o objetivo de criar condições favoráveis para a execução, com alcance de metas socialmente adequadas, de atividades de relevância coletiva que podem ser cometidas a tais unidades sociais personalizadas por credenciamentos ou reconhecimentos.

(B) As Organizações Sociais (OS) e as Organizações da Sociedade Civil de Interesse Público (OSCIP) são exemplos da retomada, pelo Estado, de atividades administrativas cuja execução havia sido transferida para a iniciativa privada por ocasião do advento do chamado Estado Liberal.

(C) De acordo com a doutrina predominante e com a jurisprudência do Supremo Tribunal Federal (STF), a definição do regime jurídico aplicável a cada entidade administrativa não decorre exclusivamente da natureza da entidade, mas principalmente da atividade por ela desenvolvida.

(D) Por serem unidades despersonalizadas, os órgãos públicos não possuem capacidade para figurar como parte nos contratos administrativos típicos, muito embora, na prática, frequentemente assim ocorra.

(E) Excepcionalmente, doutrina e jurisprudência reconhecem capacidade processual a alguns órgãos públicos, para defesa em juízo de suas prerrogativas institucionais.

A: assertiva correta; trata-se de "descentralização", pois as atividades são cometidas a pessoas jurídicas diversas do parceiro público, e "social", por dizerem respeito a ações de interesse social; **B:** assertiva incorreta, devendo ser assinalada; o Estado, quando faz parceria com OS ou OSCIP, não chama para si atividades (muito menos atividades administrativas), mas sim acerta com entidades que estas prestem dados serviços de utilidade pública ou social; **C:** assertiva correta; por exemplo, temos o caso dos Correios, que, apesar de serem empresas públicas, em que se deveria aplicar o regime de direito privado, por praticarem atividade em situação de monopólio, tem um regime com uma série de garantias de direito público; **D:** assertiva correta, pois somente as pessoas jurídicas têm personalidade jurídica e, portanto, capacidade para fazer parte de uma relação jurídica; **E:** assertiva correta, como se dá no caso do mandado de segurança, que é ajuizado em face da autoridade coatora e não da pessoa jurídica da qual faz parte.

Gabarito "B"

(Delegado/SP – 2014 – VUNESP) A Administração Pública, em sentido

(A) objetivo, material ou funcional, designa os entes que exercem a atividade administrativa.

(B) amplo, objetivamente considerada, compreende a função política e a função administrativa.

(C) estrito, subjetivamente considerada, compreende tanto os órgãos governamentais, supremos, constitucionais, como também os órgãos administrativos, subordinados e dependentes, aos quais incumbe executar os planos governamentais.

(D) estrito, objetivamente considerada, compreende a função política e a função administrativa.

(E) subjetivo, formal ou orgânico, compreende a própria função administrativa que incumbe, predominantemente, ao Poder Executivo.

A: incorreta, pois os entes que exercem a atividade administrativa dizem respeito à Administração em sentido subjetivo (e não objetivo); **B:** correta, pois traz o exato sentido da Administração Pública em sentido amplo; **C:** incorreta, pois a Administração em sentido estrito compreende apenas a função administrativa, excluindo assim decisões políticas, próprias de órgãos supremos e constitucionais; **D:** incorreta, pois a Administração Pública em sentido estrito compreende apenas a função administrativa; **E:** incorreta, pois a Administração Pública em sentido subjetivo diz respeito aos entes e órgãos administrativos e não à função administrativa.

Gabarito "B"

(Delegado/SP – 2014 – VUNESP) Quando o Poder Público, conservando para si a titularidade do serviço público, transfere sua execução à pessoa jurídica de direito privado, previamente existente, ocorre o que se denomina descentralização

(A) autárquica.

(B) por colaboração.

(C) hierárquica.

(D) por subordinação.

(E) heterotópica.

A descentralização é a distribuição externa de atividades administrativas, que passam a ser exercidas por pessoa ou pessoas distintas do Estado. Dá-se de pessoa jurídica para pessoa jurídica como técnica de especialização. Ex.: criação de autarquia para titularizar e executar um dado serviço público, antes de titularidade do ente político que a criou. A descentralização pode ser de duas espécies: a) na descentralização por serviço, a lei atribui ou autoriza que outra pessoa detenha a titularidade e a execução do serviço; repare que é necessária lei; aqui, fala-se em outorga do serviço; b) na descentralização por colaboração, o contrato ou ato unilateral atribui à outra pessoa a execução do serviço; repare que a delegação aqui se dá por contrato, não sendo necessária lei; o particular colabora, recebendo a execução do serviço e não a titularidade deste, que permanece com o Poder Público; aqui, fala-se também em delegação do serviço e o caráter é transitório. O enunciado narra um caso em que a transferência da execução do serviço mantém a titularidade do serviço com o Poder Público, o que caracteriza a descentralização por colaboração.

Gabarito "B"

(Delegado/RO – 2014 – FUNCAB) A legitimidade passiva nas ações judiciais em razão de atos praticados por agentes públicos que prestam serviços públicos, se fundamenta na titularidade do dano provocado a terceiros em razão de suas atividades. Com isso, tal legitimidade se refere:

(A) ao órgão que é a unidade de concentração da atividade desempenhada pelo agente público.

(B) ao agente público que diretamente atendeu o administrado em sua demanda.

(C) à procuradoria jurídica do órgão, tendo em vista ser ela a representação judicial do ente político a que pertence o agente público.

(D) à pessoa jurídica de direito público ou de direito privado que presta serviço público a que pertence o órgão.

(E) somente à pessoa jurídica de direito público integrante da Administração Pública indireta, mesmo tendo sido praticado o ato por uma autarquia, considerando a subordinação que existe entre Administração Pública direta e indireta.

A: incorreta, pois o órgão, em regra, não tem capacidade para estar em juízo, mas sim o ente público ao qual pertence o órgão; ou seja, uma ação indenizatória deve ser ajuizada em face, por exemplo, do Estado-membro e não do órgão delegacia de polícia, caso um dano seja causado por ato praticado no âmbito de uma delegacia; **B:** incorreta, pois, pela Teoria do Órgão, os atos praticados pelos agentes públicos são imputados diretamente ao ente público respectivo, devendo a demanda decorrente de um ato praticado por um agente público ser ajuizada diretamente em face do Estado e não do agente; **C:** incorreta, pois a procuradoria jurídica é um órgão e este, em regra, não tem capacidade para estar em juízo, mas sim o ente público ao qual pertence o órgão; **D:** correta, pois somente a pessoa jurídica tem, como regra, capacidade de estar em juízo; exceção se dá em relação ao mandado de segurança, que é ajuizado em face da própria autoridade coatora; **E:** incorreta, pois a ação deve ser promovida diretamente em face da pessoa jurídica que tiver causado danos a terceiros, seja ela um ente político, seja ela integrante da administração indireta (autarquia ou não), seja ela uma pessoa jurídica não integrante da administração indireta, mas que preste serviço público, como uma empresa de telefonia concessionária desse serviço.

Gabarito "D"

(Delegado/BA – 2013 – CESPE) Julgue o seguinte item.

(1) A criação de nova secretaria por governador de estado caracteriza exemplo de descentralização.

1: incorreta, pois a descentralização importa na transferência de atribuições para outras pessoas jurídicas, o que não aconteceu no caso, pois houve transferência de atribuições dentro de um mesmo órgão, caracterizando, assim, a desconcentração.

Gabarito 1E

(Delegado Federal – 2004 – CESPE) Julgue o item a seguir.

(1) É possível a existência, no plano federal, de entidades da administração indireta vinculadas aos Poderes Legislativo e Judiciário.

1: correta, pois tal possibilidade decorre da redação do art. 37, *caput*, da CF, pelo qual "a Administração Direta e Indireta *de qualquer dos Poderes...*" (g.n.); assim, o texto constitucional não cria óbice a que se venha criar, por exemplo, uma fundação ligada ao Poder Legislativo Federal.

Gabarito 1C

(Delegado Federal – 1998 – CESPE) Julgue o seguinte item.

(1) Assim como as sociedades de economia mista, as empresas públicas e as autarquias, as fundações públicas só podem ser criadas por lei específica.

1: correta (art. 37, XIX, da CF), valendo salientar que, no caso, as autarquias são *criadas* pela própria lei específica, ao passo que as demais entidades são *autorizadas* pela lei específica.

Gabarito 1C

(Delegado/AC – 2008 – CESPE) Julgue o item subsequente.

(1) Uma empresa pública do Acre integra a administração pública estadual, mas não integra o governo estadual.

1: correta, pois o governo diz respeito mais ao elemento dinâmico que rege, em determinado momento, a Administração Direta, ao passo que uma empresa pública está contida no âmbito da Administração Indireta, e, apesar de dever atuar de modo harmônico com as políticas públicas, segue, boa parte das vezes, a lógica econômica da iniciativa privada, mormente se se tratar de uma sociedade de economia mista, em que há sócios privados do negócio.

Gabarito 1C

(Delegado/AC – 2008 – CESPE) Julgue o item subsequente.

(1) Considere que uma lei estadual do Acre institua, com caráter de autarquia, o Instituto Academia de Polícia Civil, com o objetivo de oferecer formação e aperfeiçoamento aos servidores ligados à polícia civil do Acre. Nessa situação, a criação do instituto representaria um processo de descentralização administrativa, visto que implicaria a criação de uma entidade da administração estadual indireta.

1: correta, pois a criação de uma pessoa jurídica estatal por outra pessoa jurídica estatal encerra o instituto da *descentralização*.

Gabarito 1C

(Delegado/AM) O conceito, em Direito Administrativo, referente à Federação, em que além da pessoa jurídica central existem outras internas que compõem o sistema político, tem o nome de:

(A) pluralismo
(B) polimorfismo
(C) pluripartidarismo
(D) pluripersonalismo

Trata-se de pluripersonalismo, já que se tem pluralidade de pessoas jurídicas.

Gabarito "D"

(Delegado/AM) A trilogia fundamental que dá perfil da Administração Pública é composta de:

(A) órgãos, agentes e funções
(B) chefias, funções e delegações
(C) responsabilidades, chefias e órgãos
(D) agentes, delegações e responsabilidades

De fato, a trilogia fundamental passa pela existência de agentes, órgãos e funções públicos. Esses elementos fazem com que a Administração atue.

Gabarito "A"

(Delegado/AP – 2010) A transferência da execução de serviço público comum à pessoa jurídica de direito privado já existente, mediante contrato administrativo, conservando o Poder Público a titularidade do serviço, é caso de:

(A) desconcentração administrativa por outorga.
(B) desconcentração funcional por colaboração.
(C) descentralização administrativa por delegação legal.
(D) descentralização administrativa por colaboração.
(E) concentração funcional por delegação negocial.

Trata-se de *descentralização*, pois a transferência da execução de serviço se dá de pessoa jurídica para pessoa jurídica, do tipo *por colaboração*, pois não há transferência da titularidade do serviço. Caso houvesse transferência da titularidade do serviço teríamos descentralização *por serviço*.

Gabarito "D"

(Delegado/GO – 2009 – UEG) Pela inadequação do modelo tradicional da centralização administrativa, houve a extinção total ou parcial do monopólio estatal de alguns serviços públicos e de outras atividades. Com a transferência total ou parcial da execução ao setor privado surgiram as agências reguladoras. Sobre esse tema, é CORRETO afirmar:

(A) podem as agências reguladoras definir políticas públicas e executá-las nos diversos setores regulados.
(B) a definição da política tarifária, os mecanismos de revisão e os respectivos parâmetros são de competência das agências reguladoras.
(C) a independência quanto à atividade de regulação é relativizada, ainda que tenha como característica a inexistência de subordinação hierárquica face ao poder central.
(D) as agências reguladoras têm natureza de autarquias especiais e integram a administração federal direta; os diretores são nomeados pelo Presidente da República.

A: incorreta, pois quem *define* as políticas públicas é o ente político que cria a agência reguladora; **B:** incorreta, pois a lei traz a definição da política tarifária, competindo às agências reguladoras executá-la; **C:** correta, pois mesmo havendo maior autonomia das agências reguladoras em relação às autarquias tradicionais, tal autonomia não é sinônimo de independência, pois as agências devem se conformar às políticas estatais, não podendo se sobrepor à lei, e também estão sujeitas ao controle ou tutela, que não se confunde com hierarquia, mas que faz com que as agências sejam controladas para que não se desviem de suas finalidades; **D:** incorreta, pois as agências integram a administração *indireta*.

Gabarito "C"

(Delegado/MG – 2007) Assinale a alternativa incorreta:

(A) as autarquias são pessoas jurídicas de direito público, voltadas para a exploração de atividade econômica e para a realização do poder de polícia.
(B) os órgãos podem, excepcionalmente, expressar capacidade postulatória, para permitir a defesa de suas prerrogativas funcionais, quando tal medida for fundamental.
(C) as empresas estatais, exploradoras de atividade econômica, não podem usufruir de benefícios fiscais não estendidos ao setor privado.
(D) as agências reguladoras são criadas mediante lei, que poderá prever outras hipóteses de perda do mandato por parte de seus dirigentes, além daquelas fixadas na Lei Geral das Agências.

Todas as alternativas trazem frases corretas, salvo a alternativa "A", pois as autarquias não são voltadas para a exploração de atividade econômica, mas para o exercício de atividades típicas de Estado.

Gabarito "A"

(Delegado/MG – 2007) A respeito da organização administrativa, é correto afirmar que:

(A) as fundações constituídas pelo Poder Público se assemelham às organizações sociais, quanto à regra do concurso público.
(B) as sociedades de economia mista estão desobrigadas de realizar procedimento licitatório, quando voltadas para a prestação de serviço público.
(C) as autarquias são resultado da descentralização por colaboração.
(D) Os órgãos não possuem patrimônio próprio.

A: incorreta, pois as fundações estatais devem contratar mediante concurso público, exigência que não existe em relação às contratações de pessoal nas organizações sociais; **B:** incorreta, pois tais entidades têm o dever realizar licitação; **C:** incorreta, pois as autarquias são resultado de descentralização por serviço, pois recebem a *titularidade* de serviços públicos, e não o mero direito de *executar* serviços públicos; **D:** correto, pois os órgãos públicos não têm personalidade jurídica.
Gabarito "D".

(Delegado/MG – 2006) É característica comum às entidades que compõem a Administração Indireta:

(A) A estabilidade de seus dirigentes.
(B) O direito a prazos processuais mais dilatados.
(C) O direito a imunidade tributária.
(D) A necessidade de lei para criá-las ou para autorizar seu nascimento.
(E) O vínculo de subordinação com as entidades políticas.

A: incorreta, pois somente nas agências reguladoras existe mandato fixo para seus dirigentes; **B:** incorreta, pois somente as pessoas jurídicas de direito público da Administração Indireta têm tal vantagem, a qual não existe nas pessoas de direito privado estatais (empresas públicas, sociedades de economia mista, fundações privadas criadas pelo Estado e consórcios públicos de direito privado); **C:** incorreta, pois somente existe essa imunidade quanto às pessoas jurídicas de direito público; as demais entidades da Administração Indireta não têm essa vantagem; **D:** correta (art. 37, XIX, da CF); **E:** incorreta, pois entre entidades da Administração Direta e entidades da Administração Indireta existe controle, tutela ou supervisão ministerial e não hierarquia.
Gabarito "D".

(Delegado/PB – 2009 – CESPE) Acerca do regime jurídico dos órgãos e das entidades que compõem a administração pública direta e indireta, assinale a opção correta.

(A) Caso uma empresa pública federal impetre mandado de segurança contra ato do juiz de direito do Estado da Paraíba, conforme entendimento do STJ, caberá ao respectivo tribunal regional federal julgar o referido mandado de segurança.
(B) Considere a seguinte situação hipotética. O município de João Pessoa pretende receber o Imposto Sobre Serviços (ISS) da Infraero, empresa pública federal que presta serviço público aeroportuário em regime de monopólio, em face dos serviços prestados, sobre os quais não incide ICMS. Nessa situação, a pretensão do município deve ser atendida, já que a imunidade recíproca não atinge as empresas públicas, mas apenas a administração direta da União, dos Estados, do Distrito Federal e dos Municípios, bem como as suas autarquias e fundações públicas.
(C) Os órgãos subalternos, conforme entendimento do STF, têm capacidade para a propositura de mandado de segurança para a defesa de suas atribuições.
(D) A OAB, conforme entendimento do STF, é uma autarquia pública em regime especial e se submete ao controle do TCU.
(E) Os conselhos de profissões regulamentadas, como o CREA e o CRM, são pessoas jurídicas de direito privado.

A: correta, pois a empresa pública federal tem foro na Justiça Federal, de modo que o tribunal competente é o tribunal regional federal; **B:** incorreta, pois tanto os Correios, como a Infraero, por terem monopólio, têm direito à imunidade recíproca; **C:** incorreta, pois somente os órgãos públicos independentes têm essa prerrogativa; **D:** incorreta, pois a decisão proferida pelo STF em ADIN 3.026-4/DF anota que a OAB não é uma autarquia especial e não integra a Administração Indireta como outro tipo de pessoa jurídica, de modo que não se sujeita ao controle estatal. Por outro lado, o STF reconhece que a OAB presta, sim, um serviço público. Na prática isso significa que a OAB, de um lado, não é obrigada a fazer concursos públicos, licitações e a se submeter à fiscalização do TCU e ao regime estatutário dos agentes públicos, podendo contratar pelo regime celetista. De outro, por ser um serviço público, a OAB pode fiscalizar os advogados e também tem direito a vantagens tributárias. Na ementa do acórdão, o STF deixa claro que a OAB não é integrante da Administração Indireta, tratando-se de uma figura ímpar no País, no caso, um Serviço Público Independente. O acórdão também conclui que a OAB não pode ser comparada às demais entidades de fiscalização profissional, pois não está voltada exclusivamente a finalidades corporativas, possuindo finalidade institucional; **E:** incorreta, pois tais pessoas, por exercerem fiscalização, não são puramente privadas, tendo natureza *sui generis*.
Gabarito "A".

(Delegado/PI – 2009 – UESPI) Em relação à organização administrativa, pode-se afirmar que:

(A) no âmbito estadual, a criação de uma secretaria constitui exemplo de descentralização administrativa.
(B) somente por lei específica poderá ser criada autarquia e autorizada a instituição de empresa pública, de sociedade de economia mista e de fundação.
(C) é exemplo de desconcentração a criação de uma agência reguladora.
(D) as organizações sociais integram a Administração Pública descentralizada.
(E) as autarquias e as fundações públicas não podem ser qualificadas como agências executivas.

A: incorreta, pois o caso narrado é de *desconcentração*, e não de *descentralização*, pois se trata de distribuição interna de competência (já que uma secretaria é um *órgão* interno de um ente), e não de distribuição externa de competências; **B:** correta (art. 37, XIX, da CF); **C:** incorreta, pois a criação de uma agência reguladora é uma distribuição externa de competência (ou seja, é a distribuição de competência de uma pessoa jurídica para outra pessoa jurídica), de modo que se trata de *descentralização*, e não de *desconcentração*; **D:** incorreta, pois as organizações sociais são entidades privadas não criadas pelo Estado, de modo que não fazem parte da Administração Pública, apesar de colaborarem com esta; **E:** incorreta, pois são justamente as autarquias e as fundações públicas que podem ser qualificadas como agências executivas (art. 51 da Lei 9.649/1998).
Gabarito "B".

(Delegado/SC – 2008) Analise as alternativas a seguir. Todas estão corretas, exceto a:

(A) O ato do agente administrativo, enquanto atua nessa condição, é imputado diretamente ao Estado.
(B) Quanto à atuação funcional ou composição, os órgãos da Administração Pública podem ser divididos em simples e colegiais, conforme suas decisões sejam tomadas individualmente por seus agentes ou por um conjunto de agentes que os integram.
(C) Os órgãos independentes, originários da Constituição Federal e representativos dos Poderes de Estado – Legislativo, Judiciário e Executivo –, não possuem subordinação hierárquica ou funcional nem se sujeitam a nenhum tipo de controle de um Poder pelo outro.
(D) São agentes públicos os chefes do Executivo em qualquer esfera, bem como os senadores, deputados e vereadores, os ocupantes de cargos e empregos públicos e os concessionários e permissionários de serviço público.

A alternativa "C" está incorreta, pois há um sistema de freios e contrapesos entre os Poderes. Por exemplo, o Poder Legislativo faz o controle das contas do Poder Executivo, com o auxílio do Tribunal de Contas. E o Poder Judiciário controla a legalidade dos atos de todos os Poderes. As demais alternativas estão corretas.
Gabarito "C".

(Delegado/SP – 2011) Quando uma pessoa jurídica de direito público ou privado é criada por lei, cabendo-lhe a titularidade e a execução de determinado serviço público, a hipótese é de

(A) descentralização territorial
(B) desconcentração.
(C) descentralização por serviço
(D) descentralização por colaboração
(E) desestatização

A distribuição de competência ou atribuições de uma pessoa jurídica para outra tem o nome de *descentralização*. Esta, por sua vez, pode ser por serviço (quando se transfere a titularidade do serviço por meio de *lei*) ou por colaboração (quando se transfere atribuições mediante *contrato*), nos demais casos. Assim, no caso previsto no enunciado tem-se *descentralização por serviço*.
Gabarito "C".

(Delegado/SP – 1999) As administrações regionais da Prefeitura Municipal de São Paulo caracterizam serviço público

(A) regionalizado.

(B) desconcentrado.
(C) descentralizado.
(D) delegado.

Trata-se de desconcentração, pois há distribuição de competência interna, ou seja, de órgão para órgão da Administração Direta.
Gabarito "B"

(Delegado/SP – 1999) O CADE – Conselho Administrativo de Defesa Econômica – pela sua natureza jurídica é

(A) autarquia federal vinculada ao Ministério da Fazenda.
(B) órgão colegiado subordinado diretamente ao Presidente da República.
(C) autarquia federal vinculada ao Ministério da Justiça.
(D) órgão vinculado ao Conselho Monetário Nacional.

De fato, o CADE é uma autarquia federal vinculada ao Ministério da Justiça, nos termos do art. 4º da Lei 12.529/11
Gabarito "C"

(Delegado/SP – 1998) O fenômeno da distribuição interna de competência e de serviço denomina-se

(A) descentralização.
(B) desconcentração.
(C) competência residual.
(D) competência concorrente.

A distribuição interna de competência (de órgão para órgão) tem o nome de desconcentração, ao passo que a distribuição externa de competência (de pessoa jurídica para pessoa jurídica) tem o nome de descentralização.
Gabarito "B"

(Delegado/TO – 2008 – CESPE) Para atingir os altos objetivos que justificam sua existência, o Estado tem de se organizar de forma sistêmica e coordenada. Dessa forma, diversas são as suas projeções, com elementos diferenciadores entre si, visando sempre ao bem comum. Acerca da administração pública e dos órgãos que a compõem, julgue os itens seguintes.

(1) Considerando a divisão da administração pública federal em direta e indireta, é correto afirmar que os Correios fazem parte da administração direta, por se tratar de empresa pública, sob controle exclusivo da União.
(2) Embora não integrem a administração indireta, os chamados serviços sociais autônomos prestam relevantes serviços à sociedade brasileira. Entre eles podem ser citados o SESI, o SENAC, o SEBRAE e a OAB.
(3) As instituições públicas de crédito, a exemplo do Banco do Brasil e da Caixa Econômica Federal, fazem parte da administração indireta, por serem todas sociedades de economia mista.
(4) A Polícia Federal, dada sua importância estratégica para a segurança do Estado, tem natureza especial, e seu diretor-geral subordina-se hierarquicamente apenas ao presidente da República.

1: incorreta, pois os Correios fazem parte da Administração Indireta; **2:** incorreta, pois a OAB não é considerada serviço social autônomo; **3:** incorreta, pois o Banco Central é uma autarquia e sua finalidade é de regulamentação e fiscalização do sistema financeiro, bem como de controle da moeda, não se tratando de mera instituição pública de crédito; **4:** incorreta, pois o diretor-geral subordina-se ao Ministro da Justiça.
Gabarito 1E, 2E, 3E, 4E

4.2. Administração indireta – pessoas jurídicas de direito público

(Delegado/RO – 2014 – FUNCAB) Quanto às Agências Reguladoras, pode-se afirmar que:

(A) seus dirigentes têm forma de escolha diferenciada, mitigando o controle político realizado pelo ente federativo que as criou.
(B) são formas de descentralização contratual.
(C) essas entidades possuem dependência técnica para o desempenho de suas atividades.
(D) o recurso interposto por seus administrados é o hierárquico impróprio.
(E) seus atos administrativos normativos são insindicáveis por ter seu fundamento de validade na lei que as criou.

A: correta, pois os dirigentes são indicados pelo Chefe do Executivo, mas devem ser aprovados pelo Senado, se a agência for federal, ou pelo Legislativo local, se a agência for estadual ou municipal; **B:** incorreta, pois são formas de descentralização legal, pois a própria lei cria a agência reguladora e passa a competência para esta; **C:** incorreta, pois essas entidades têm autonomia técnica, que deve ser respeitada pelo ente que as tiver criado; **D:** incorreta, pois o recurso hierárquico impróprio é julgado por ente externo, que não é o que acontece com as agências, que têm autonomia e, portanto, não estão sujeitas recurso contra seus atos a ser apreciado pelo ente político que as tiver criado; **E:** incorreta, pois os atos administrativos normativos das agências, caso estejam em desacordo com a lei que os fundamenta, podem ser objeto ação judicial com vistas à sua invalidação.
Gabarito "A"

(Delegado Federal – 2002 – CESPE) Julgue os itens que se seguem.

(1) Os crimes praticados em detrimento de bens das agências reguladoras criadas pela União devem ser apurados pela Polícia Federal.
(2) A agência reguladora pode ter capacidade tributária, nunca competência tributária, e pode executar seu crédito fiscal por meio de procuradoria própria.

1: correto, valendo salientar que competirá à Justiça Federal processar e julgar as ações respectivas; **2:** correto, pois a *competência tributária* é própria dos entes políticos, diferente da *capacidade tributária*, que pode ser atribuída às agências reguladoras.
Gabarito 1C, 2C

(Delegado Federal – 1998 – CESPE) Julgue o seguinte item.

(1) A doutrina administrativista mais recente firmou o entendimento de que todas as fundações instituídas ou mantidas pelo poder público têm natureza de autarquia.

1: errada, pois fundações estatais criadas para exercer atividade típica de Estado têm natureza autárquica, ao passo que as demais, não, tratando-se de pessoas jurídicas de direito privado estatais.
Gabarito 1E

(Delegado Federal – 1998 – CESPE) Julgue o seguinte item.

(1) A Fundação Nacional do Índio (FLJNAI) e a Fundação Nacional de Saúde (FNS) são exemplos de entes que desempenham serviço público; elas, assim como as demais fundações públicas, submetem-se ao princípio da exigibilidade de licitação.

1: correta, Nos termos do art. 37, XXI, da CF.
Gabarito 1C

(Delegado/AM) A criação de autarquias deve atender, em primeiro lugar, ao seguinte princípio:

(A) da reserva legal
(B) do concurso público
(C) da função administrativa
(D) da responsabilidade civil

A criação de autarquias se dá por meio de lei específica (art. 37, XIX, da CF).
Gabarito "A"

(Delegado/PI – 2009 – UESPI) É certo que as autarquias:

(A) são pessoas jurídicas de direito privado, sujeitas ao controle finalístico de sua administração, pelo ente instituidor.
(B) são pessoas jurídicas de direito público, de natureza meramente administrativa, com personalidade jurídica e patrimônio próprio.
(C) integram a administração direta da União, não estando sujeitas ao controle hierárquico do ente que as criou.
(D) têm por finalidade a exploração de atividade econômica por força de contingência ou de conveniência administrativa, com subordinação hierárquica ao órgão da administração indireta que a criou.
(E) são constituídas sob a forma de sociedade anônima e sob o controle majoritário da União ou de outra entidade da administração direta ou indireta federal.

A: incorreta, pois são pessoas jurídicas de direito público; **B:** correta, pois traz as características da autarquia; **C:** incorreta, pois as autarquias integram a administração *indireta*; **D:** incorreta, pois a finalidade da autarquia é exercer atividade típica de Estado (fiscalização, por exemplo) e não explorar atividade econômica; ademais, entre o ente político e a autarquia há *controle ou tutela*, e não *hierarquia;* E: incorreta, pois as autarquias são pessoas de direito público, portanto, não têm estrutura própria de pessoas de direito privado, como é a estrutura de empresa.
Gabarito "B"

(Delegado/PI – 2009 – UESPI) A Agência Nacional de Vigilância Sanitária (ANVISA), a Agência Nacional de Telecomunicações (ANATEL) e a Agência Nacional do Petróleo, Gás Natural e Biocombustíveis (ANP) são:

(A) fundações públicas.
(B) empresas públicas.
(C) sociedades de economia mista.
(D) órgãos da administração direta.
(E) autarquias especiais.

Tais agências são consideradas *autarquias especiais*, pois têm todas as características do regime jurídico *autárquico*, mais algumas características *especiais* (exemplo: dirigentes têm mandato fixo).

Gabarito "E"

(Delegado/SP – 2011) Sobre as autarquias, e incorreto afirmar:

(A) Possuem personalidade jurídica pública
(B) São criadas por lei.
(C) Têm como privilégio o processo especial de execução
(D) Possuem capacidade política.
(E) Sujeitam-se a controle administrativo.

A: correto, pois as autarquias são criadas para exercer atividade típica de Estado, daí porque são pessoas jurídicas de direito público; **B:** correto, devendo ser criadas mediante lei específica (art. 37, XIX, da CF); **C:** correto, pois, por serem pessoas jurídicas de direito público têm as vantagens processuais próprias da Fazenda Pública; **D:** incorreto (devendo ser assinalada), pois as autarquias são pessoas de direito público da Administração Indireta, não se confundindo com as pessoas políticas que as criam (União, Estados, Distrito Federal e Municípios); estas, sim, possuem capacidade política, cujos limites estão fixados na Constituição Federal; **E:** correto, pois as autarquias estão sujeitas ao *controle* (*tutela* ou *supervisão ministerial*) por parte das pessoas jurídicas que as tiverem criado.

Gabarito "D"

4.3. Administração indireta – pessoas jurídicas de direito privado estatais

(Delegado Federal – 2013 – CESPE) Julgue o item que se segue, relativo à administração indireta e aos serviços sociais autônomos.

(1) A sociedade de economia mista é pessoa jurídica de direito privado que pode tanto executar atividade econômica própria da iniciativa privada quanto prestar serviço público.

1: correta, pois há relevante interesse público na criação de empresa estatal para prestar serviço público (art. 173, *caput*, da CF/1988) e também poderá haver tal relevante interesse público (ou imperativo de segurança nacional) para criar empresa estatal para a exploração de atividade econômica (art. 173, § 1º, da CF/1988).

Gabarito 1C

(Delegado Federal – 2002 – CESPE) Julgue o item que se segue.

(1) Tendo em vista que a competência absoluta deve ser examinada de ofício, então é nula a sentença proferida por juiz federal sempre que uma das partes for entidade da administração pública indireta, com personalidade de direito privado.

1: errada, pois as empresas públicas federais têm suas ações processadas e julgadas pela Justiça Federal (art. 109, I, da CF), de modo que, nesses casos, a sentença não será nula.

Gabarito 1E

(Delegado Federal – 1998 – CESPE) Julgue o seguinte item.

(1) As empresas públicas e as sociedades de economia mista não se regem integralmente pelas normas do direito privado.

1: correto, valendo lembrar que tais empresas devem fazer licitação e concurso público, bem como estão sujeitas à fiscalização pelos Tribunais de Contas.

Gabarito 1C

(Delegado/MT – 2006 – UFMT) Considerando que determinada pessoa é servidora de uma sociedade de economia mista, instituída pelo Poder Público, seu regime de trabalho, necessariamente, será:

(A) Estatutário.
(B) Celetista.
(C) Aquele pelo qual optar o servidor.
(D) O mesmo dos servidores das autarquias.
(E) Aquele que a Administração entender melhor indicado.

O regime adequado, no caso, é o celetista (art. 173, § 1.º, II, da CF).

Gabarito "B"

(Delegado/PI – 2009 – UESPI) Uma sociedade de economia mista, que explore atividade econômica:

(A) somente pode ser criada com autorização legislativa, dependendo de lei também a instituição de suas subsidiárias.
(B) submete-se ao mesmo regime jurídico das empresas privadas, exceto quanto às obrigações tributárias e falência.
(C) submete-se regime público, no que diz respeito à matéria de pessoal.
(D) pode ser criada, independentemente de lei, desde que presente alguma das situações autorizadoras para atuação do Estado no domínio econômico, previstas no art. 173 da Constituição Federal.
(E) não se submete ao regime de licitação para contratação de obras, serviços, compras e alienações.

A: correta (art. 37, XIX e XX, da CF); **B:** incorreta, pois a sociedade de economia mista que explora atividade econômica também se submete ao regime das empresas privadas quanto às obrigações tributárias (art. 173, § 1.º, II, da CF); **C:** incorreta, pois segue o regime de direito privado também no que diz respeito ao *pessoal* (art. 173, § 1.º, II, da CF); **D:** incorreta, pois a criação depende de lei (art. 37, XIX, da CF); **E:** incorreta (arts. 37, XXI e 173, § 1.º, III, da CF e art. 2.º da Lei 8.666/1993).

Gabarito "A"

(Delegado/SP – 2011) Sobre as características comuns às empresas públicas e sociedades de economia mista, é correto afirmar:

(A) Podem ser estruturadas sob a forma de sociedade anônima.
(B) Possuem personalidade jurídica de direito público.
(C) Possuem objetivo determinado por lei, mas podem atender a finalidade diversa, verificado o interesse público.
(D) Somente a lei pode criá-las ou extingui-las.
(E) São constituídas exclusivamente por capital público.

A: incorreta, pois as empresas públicas podem ter qualquer forma societária; **B:** incorreta, pois as duas têm personalidade de direito privado; **C:** incorreta, pois a lei não pode deixar de ser observada; **D:** correta (art. 37, XIX, da CF), valendo salientar que a lei vai autorizar a criação dessas entidades, que, em seguida, deverão ter seus atos constitutivos arquivados no registro público competente para que tenha início a sua personalidade; **E:** incorreta, pois as sociedades de economia mista têm necessariamente capital público e capital privado.

Gabarito "D"

4.4. Terceiro Setor

(Delegado/BA – 2013 – CESPE) Julgue o seguinte item.

(1) Entidades paraestatais são pessoas jurídicas privadas que colaboram com o Estado no desempenho de atividades não lucrativas, mas não integram a estrutura da administração pública.

1: correta, valendo citar como exemplos dessas entidades de cooperação as entidades do Sistema "S" (SESI, SENAI etc.), as organizações sociais e as OSCIPs.

Gabarito 1C

(Delegado/GO – 2009 – UEG) Quanto às organizações da sociedade civil de interesse público – OSCIP, é CORRETO afirmar:

(A) a OSCIP exerce atividade de natureza privada.
(B) a OSCIP recebe ou pode receber delegação para gestão de serviço público.
(C) a OSCIP é criada por lei para desempenhar serviços sociais não exclusivos do Estado.
(D) o Estado incentiva e fiscaliza os serviços desempenhados pela OSCIP, sendo indispensável o termo de convênio para prever as obrigações.

A: correta, tratando-se de atividade privada de utilidade pública; **B:** incorreta, pois a atividade exercida é, conforme já explicado, de natureza privada, apesar de ser de utilidade pública; **C:** incorreta, pois tais entidades não são criadas pelo Estado; **D:** incorreta, pois o ajuste entre o Estado e a OSCIP tem o nome de "termo de parceria" (art. 9.º da Lei 9.790/1999).

Gabarito "A"

(Delegado/MA – 2006 – FCC) Os serviços sociais autônomos são

(A) instituídos pelo Poder Executivo, mediante autorização legal, para a exploração de atividades econômicas de relevante interesse coletivo.
(B) são entes paraestatais, criados diretamente por meio de decreto do Chefe do Executivo, destinados a desenvolver atividade pública incentivada pelo Estado.

(C) subvencionados por meio da instituição compulsória de contribuições parafiscais e prestam serviço público delegado pelo Estado.
(D) entes de cooperação com o Poder Público, com administração e patrimônio próprio, que exercem atividades privadas de interesse público.
(E) pessoas jurídicas de direito público, dotadas de patrimônio próprio, sem fins lucrativos, que celebram com seus empregados um vínculo estatutário.

A: incorreta, pois tais serviços não são estatais, e sua atuação se dá em atividades privadas de interesse público, não se tratando de entidades que exploram atividades econômicas; **B:** incorreta, pois tais entidades não são criadas pelo Poder Executivo; **C:** incorreta, pois tais entidades não prestam serviço público delegado, mas serviços privados de interesse público; **D:** correta, nos termos dos comentários às alternativas anteriores; **E:** incorreta, pois são pessoas de direito privado não estatais, sendo que o vínculo com seus agentes é de natureza celetista.
Gabarito "D".

(Delegado/MG – 2006) As organizações sociais:

(A) Integram a Administração Indireta.
(B) Equiparam-se às fundações, quanto à necessidade de concurso público para o provimento de seus cargos.
(C) Estão disciplinadas em lei federal, cujas regras se impõem, na sua integridade, aos demais entes da federação.
(D) São órgãos especiais da Administração Direta.
(E) Equiparam-se às organizações da sociedade civil de interesse público quanto a sua natureza jurídica.

A: incorreta, pois as organizações sociais são entes paraestatais (ou entes de cooperação), não integrando a Administração Indireta; **B:** incorreta, pois, por não fazerem parte da Administração Pública, as organizações sociais não são obrigadas a realizar concurso público; porém, como fazem gestão de dinheiro público, devem se utilizar de meios impessoais para gastar o dinheiro público a ser alocado no serviço por elas prestado; **C:** incorreta, a Lei 9.637/1998 aplica-se à União; os demais entes poderão editar lei sobre o assunto (art. 15 da Lei 9.637/1998); **D:** incorreta, pois as organizações sociais são *pessoas jurídicas*; ademais, não fazem parte da Administração Pública Direta e Indireta; **E:** correta, pois, de fato, as duas entidades são consideradas *entidades de cooperação* ou *paraestatais*.
Gabarito "E".

5. SERVIDORES PÚBLICOS

5.1. Espécies de agentes públicos

(Delegado Federal – 2002 – CESPE) Julgue o seguinte item.

(1) Entende-se por agentes públicos, para os fins legais, além dos servidores investidos em cargos ou empregos, também aqueles que, transitoriamente, com ou sem remuneração, exerçam funções em entidades da administração direta ou indireta.

1: correta, valendo citar, por exemplo, a definição trazida na Lei de Improbidade Administrativa (art. 2.º da Lei 8.429/1992).
Gabarito 1C

(Delegado/MG – 2012) No tocante aos agentes públicos, é **incorreto** afirmar que

(A) para ser agente público, é mister o vínculo com o Estado, mesmo que não efetivo, mas perene, mediante contrato bilateral e remuneração.
(B) os agentes de fato podem ser necessários ou putativos.
(C) os agentes putativos desempenham atividade administrativa, mas não têm investidura no cargo.
(D) os agentes necessários apenas se assemelham, mas não são agentes de direito.

A: incorreta (devendo ser assinalada), pois o conceito de agente público é muito amplo e alcança pessoas que não estão contidas na assertiva, tais como os *servidores estatutários* (que não têm contrato bilateral, por serem regidos por uma lei, por um estatuto), os *detentores de mandato eletivo* (que têm vínculo temporário e não perene) e os agentes honoríficos (que não recebem remuneração, como os jurados do Tribunal do Júri e mesários eleitorais); **B:** correta; há dois tipos de *agentes de fato*, os *necessários* (aqueles que exercem função pública em situações emergenciais, como é o caso de alguém que realize uma prisão em flagrante – art. 301 do CPP) e os *putativos* (aqueles que se passam por agente público sem ter sido investidos para tanto); **C:** correta, pois tais pessoas, como se viu, não foram investidos em cargo público; **D:** correta, pois os agentes necessários se assemelham aos agentes de direito, pois atuam de forma lícita, ou seja, de conformidade com o Direito; porém, não são agentes de direito, pois a sua atuação é excepcional, decorrente de uma situação de urgência.
Gabarito "A".

(Delegado/SP – 1998) Os tradutores públicos e os mesários, dentro da categoria de agentes públicos, pertencem à categoria de particulares em colaboração com a Administração, porquanto atuam respectivamente

(A) por delegação e requisição do poder público.
(B) por nomeação e designação do poder público.
(C) por requisição e nomeação do poder público.
(D) por designação e delegação do poder público.

Os tradutores públicos recebem uma delegação, ao passo que os mesários são requisitados, sendo chamados, estes últimos, de agentes honoríficos.
Gabarito "A".

5.2. Espécies de vínculos (cargo, emprego e função)

(Delegado/GO – 2009 – UEG) Acerca da contratação por tempo determinado para atender a necessidade temporária de excepcional interesse público, é CORRETO afirmar:

(A) o contratado temporariamente não ocupa cargo durante o prazo da contratação.
(B) a relação do contratado temporariamente com a Administração Pública é de emprego público.
(C) a contratação temporária pelos Estados e Municípios, obrigatoriamente, deve ser regida pela Consolidação das Leis do Trabalho (CLT).
(D) a Lei Federal que estabelece os casos de excepcional interesse público, que justificam a contratação temporária na administração federal, é o suporte legal para Estados e Municípios contratarem temporariamente.

A: correta, tratando-se de uma função pública; **B:** incorreta, pois se trata de função pública; **C:** incorreta, pois a lei local estabelecerá o regime jurídico a ser aplicado ao caso; **D:** incorreta, pois cada ente estabelecerá lei para reger o pessoal contratado nessas circunstâncias.
Gabarito "A".

(Delegado/GO – 2009 – UEG) Sobre o teor da Súmula Vinculante n. 13, que proíbe a contratação de parentes na Administração Pública, é CORRETO afirmar:

(A) a vedação à nomeação de parentes não alcança a administração indireta.
(B) a vedação oriunda da súmula dirige-se exclusivamente aos parentes da autoridade nomeante.
(C) resta vedada a nomeação de cônjuge, companheiro ou parente em linha reta, colateral ou por afinidade, até o 3.º grau, inclusive.
(D) na literalidade da Súmula Vinculante n. 13 restou previsto regramento quanto à nomeação pelos agentes políticos de seus parentes.

A: incorreta, pois abrange a Administração Direta e Indireta de todos os Poderes; **B:** incorreta, pois a vedação se dirige não só aos parentes da autoridade nomeante, como também aos parentes de alguém que já detenha cargo em comissão ou de confiança, ou função gratificada na Administração; **C:** correta, nos termos do teor da Súmula Vinculante nº 13 do STF; **D:** incorreta, pois a súmula é genérica, não fazendo referência expressa à nomeação pelos agentes públicos de seus parentes.
Gabarito "C".

(Delegado/MG – 2006 – adaptada) Julgue os itens abaixo:

(A) Os servidores estatutários ocupam cargo público, para cujo provimento é sempre imprescindível a aprovação em concurso público.
(B) Os empregados públicos não são beneficiados pela estabilidade prevista constitucionalmente (Constituição da República de 1988), mas sua dispensa há de observar os princípios da administração pública. A dispensa dos empregados públicos não é lícita, por exemplo, quando praticada com ofensa ao princípio da motivação.
(C) Os servidores públicos contratados temporariamente celebram contrato administrativo com o Poder Público. Segundo entendimento dominante na jurisprudência e na doutrina, o referido

contrato é celebrado com base na lei editada pelo ente da federação contratante.

(D) A disponibilidade corresponde a uma sanção pelo comportamento inadequado do servidor, que atenta contra o estatuto aplicável.

(A) apenas a frase A está errada;
(B) todas as frases estão erradas;
(C) as frases A e D estão erradas
(D) apenas a frase D está errada;

A: errada, pois os cargos em comissão, também regidos por regime estatutário (Estatuto de Funcionários Públicos do local), podem ser providos independentemente de concurso público; **B:** errada, pois o TST vem entendendo justamente o contrário, ou seja, que, como regra, a dispensa não precisa ser motivada, salvo quanto aos funcionários dos Correios (OJ-SDI1-247); **C:** errada, pois não se trata de um contrato administrativo, mas de um contrato de trabalho por prazo determinado, regido pela lei local que dispuser sobre esse tipo de contratação; **D:** errada, pois a disponibilidade consiste na colocação do servidor na inatividade remunerada, por um dos motivos previstos nos §§ 2.º e 3.º do art. 41 da CF.
Gabarito "B"

5.3. Provimento

(Delegado/BA – 2013 – CESPE) Julgue o seguinte item.

(1) Para que ocorra provimento de vagas em qualquer cargo público, é necessária a prévia aprovação em concurso público.

1: incorreta, pois o provimento em cargo público em comissão não requer concurso público (art. 37, II, da CF/1988).
Gabarito 1E

(Delegado/MS – 2006) O Estatuto dos Funcionários Públicos Civis do Poder Executivo, das Autarquias e das Fundações Públicas do Estado de Mato Grosso do Sul e demais alterações, estabelece que são formas de provimento de cargo público:

Assinale a alternativa que contém todas as formas de provimento:

(A) Nomeação, promoção, readaptação, reversão, aproveitamento, reintegração e recondução.
(B) Nomeação, promoção, readaptação, reversão, aproveitamento, ascensão, transferência, reintegração e recondução.
(C) Nomeação, promoção, readaptação, reversão, aproveitamento, transferências, reintegração e recondução.
(D) Nomeação, promoção, readaptação, reversão, reintegração e recondução.
(E) Nomeação, promoção, readaptação, reversão, ascensão, aproveitamento, reintegração e recondução.

Tais formas de provimento, além de previstas no Estatuto dos Funcionários Públicos Civis do Estado do Mato Grosso do Sul, também estão previstas no Estatuto dos Servidores Públicos Federais (art. 8.º da Lei 8.112/1990). O candidato deve providenciar a leitura do Estatuto dos Funcionários Públicos previsto no edital do concurso que estiver prestando, já que o texto desse estatuto varia de ente federativo para ente federativo.
Gabarito "A"

(Delegado/MS – 2006) O retorno do servidor público ao cargo de que se vira demitido, com a plena restauração dos direitos violados, inclusive o pagamento integral dos vencimentos e vantagens correspondentes ao tempo em que esteve afastado, por força de decisão judicial que reconhece a ilegalidade da demissão, recebe o nome de:

(A) Revisão.
(B) Reassunção.
(C) Reintegração.
(D) Recondução.
(E) Reversão.

A reintegração está prevista no art. 41, § 2.º, da CF. Ela também está prevista nos Estatutos de Funcionário Público locais. No plano federal, por exemplo, está regulamentada no art. 28 da Lei 8.112/1990.
Gabarito "C"

(Delegado/SP – 2011) Constituem formas de provimento derivado de cargo público, à luz da Constituição Federal,

(A) a readmissão e a promoção.
(B) a readmissão e a reversão *ex officio*.
(C) a reintegração e a transposição.
(D) o aproveitamento e a transposição.
(E) a reintegração e o aproveitamento.

Provimento derivado é aquele que se dá após a nomeação, que é o provimento originário. Há diversas espécies de provimento derivado, mas as previstas na Constituição são a *reintegração* (art. 41, § 2.º, da CF) e o *aproveitamento* (art. 41, § 3.º, da CF).
Gabarito "E"

(Delegado/SP – 2003) Retorno à atividade de servidor público aposentado denomina-se

(A) reversão.
(B) readmissão.
(C) recondução.
(D) aproveitamento.

A reversão encontra-se prevista nos arts. 8.º, VI, e 25 a 27 da Lei 8.112/1990 e significa, justamente, o retorno à atividade de servidor aposentado.
Gabarito "A"

5.4. Vacância

(Delegado Federal – 2004 – CESPE) Julgue o item a seguir.

(1) A vacância é o ato administrativo pelo qual o servidor é destituído do cargo, emprego ou função e pode ocorrer com extinção do vínculo pela exoneração, demissão e morte, ou sem extinção do vínculo, pela promoção, aposentadoria, readaptação ou recondução.

1: a assertiva está incorreta, pois, apesar de os casos enunciados serem de vacância (arts. 33 e ss. da Lei 8.112/1990), a aposentadoria importa, sim, em extinção do vínculo. Diferente da iniciativa privada, em que o funcionário que se aposenta pode continuar na função que ocupava, na Administração o agente público que se aposenta terá extinta a sua relação funcional.
Gabarito 1E

(Delegado/SP – 2000) O desligamento do cargo com caráter sancionador tem o *nomen juris* de

(A) demissão.
(B) exoneração.
(C) disponibilidade.
(D) dispensa.

A correta, pois a demissão é o desligamento com caráter sancionador, ou seja, é uma pena disciplinar; **B:** incorreta, pois a exoneração é o desligamento do servidor sem caráter punitivo, podendo se dar a pedido do servidor ou de ofício, neste caso quando o servidor não transpor ou estágio probatório, não for aprovado em avaliação de desempenho ou tiver de ser desligado para atender a limites de despesa com pessoal; repare que tais situações não são exatamente uma sanção (uma pena disciplinar), mas uma necessidade ditada pela não adaptação do servidor ao trabalho ou pelas disposições da Lei de Responsabilidade Fiscal; **C:** incorreta, pois a disponibilidade não é um desligamento, mas a colocação do servidor em inatividade remunerada temporária; **D:** incorreta, pois a *dispensa* não é uma terminologia usada no serviço público, que usa ou a expressão "demissão" ou a expressão "exoneração", para tratar das espécies de desligamento do agente público.
Gabarito "A"

(Delegado/SP – 2000) Após três anos de exercício subsequentes à nomeação por concurso, o servidor público goza de estabilidade. Porém, poderá ser desligado do serviço

(A) no caso em que seu cargo venha a ser extinto ou declarado desnecessário.
(B) a critério da Administração, com exoneração devidamente justificada.
(C) mediante procedimento periódico de desempenho, assegurada ampla defesa.
(D) quando de reforma administrativa realizada por lei.

Art. 41, § 1.º, III, da CF.
Gabarito "C"

5.5. Acessibilidade e concurso público

(Delegado Federal – 2002 – CESPE) Julgue o seguinte item.

(1) Os estrangeiros podem ocupar função ou emprego público no Brasil.

1: correta (art. 37, I, da CF).
Gabarito 1C

(Delegado/AC – 2008 – CESPE – adaptada) Considere que a Secretaria de Estado da Gestão Administrativa (SGA) do Acre tenha publicado edital tornando pública a realização de um concurso público voltado ao provimento de 25 cargos efetivos de administrador na administração estadual, determinando que a validade do concurso fosse de dois anos, prorrogável por igual período. Considere, ainda, que o concurso tenha sido realizado e tenham sido aprovados 50 candidatos. Acerca dessa situação, julgue os itens a seguir.

(1) A SGA integra a administração direta do estado do Acre.

(2) Os 25 primeiros classificados no concurso têm direito subjetivo a serem nomeados durante o prazo de dois anos, contados da homologação do resultado do certame.

(3) Ato administrativo que venha a determinar a prorrogação da validade do referido concurso configurará exercício de poder administrativo vinculado, uma vez que a possibilidade de prorrogação foi prevista no próprio edital.

1: correta, pois é um órgão pertencente a um ente político; **2:** correta, pois o STF e o STJ passaram a entender que os aprovados em concursos públicos têm direito subjetivo à nomeação, no limite das vagas previstas no edital; o STF explica que, no caso, fica invertido o ônus da prova, ou seja, a Administração só não terá o dever de nomear o servidor se ela provar que aconteceu fato novo que torna absolutamente inconveniente a nomeação dos servidores aprovados no limite das vagas previstas no edital; **3:** errada, pois a prorrogação ou não da validade do concurso é considerada ato discricionário da Administração, que deverá praticá-lo segundo critérios de conveniência e oportunidade.

Gabarito 1C, 2C, 3E

(Delegado/DF – 2004 – adaptada) Em relação ao concurso público usado para seleção de servidores, analise as afirmativas a seguir:

I. O candidato aprovado dentro do número de vagas oferecidas no edital tem direito subjetivo à nomeação.

II. As empresas públicas e sociedades de economia mista, criadas para desempenhar atividades econômicas, não estão obrigadas a realizar concurso público para escolha de seus empregados.

III. A prorrogação do prazo de validade do concurso público é ato discricionário da Administração Pública.

É/são afirmativa(s) verdadeira(s) somente:

(A) I;
(B) II;
(C) I e III;
(D) I e II;
(E) II e III.

I: verdadeira, pois o STF e o STJ entendem, hoje, que o candidato aprovado no limite das vagas previstas no edital tem direito subjetivo à nomeação; II: falsa, pois não só a investidura em cargo, como também a investidura em emprego público, próprio dessas empresas, dependem de concurso público (art. 37, II, da CF); III: verdadeira, pois, de fato, o Judiciário vem reconhecendo que a Administração pode ou não prorrogar a validade de concurso público, de acordo com critérios de conveniência e oportunidade.

Gabarito "C"

(Delegado/ES – 2006 – CESPE) Em relação ao direito administrativo, julgue o item seguinte.

(1) Candidato classificado para ocupar uma das vagas previstas no edital de um concurso público tem direito subjetivo à nomeação durante o período de validade do certame, caso outro candidato que tenha obtido classificação inferior à dele tome posse primeiro, pois, nessa situação, a nomeação passa a ser um ato vinculado.

1: correta, por ser decorrência do inc. IV do art. 37 da CF.

Gabarito 1C

(Delegado/SP – 2002) O estágio probatório dos servidores públicos nomeados para cargo de provimento efetivo, em virtude de concurso público, é de

(A) dois anos.
(B) três anos.
(C) um ano.
(D) quatro anos.

O STJ vem entendendo que o tempo de efetivo exercício para a aquisição da estabilidade, previsto no art. 41, *caput*, da CF, e consistente em 3 anos, deve coincidir com o período de estágio probatório. Assim, seja qual for a redação do Estatuto de Funcionários Públicos local quanto ao tempo de estágio probatório, por força de imperativo constitucional, o tempo desse estágio é de 3 anos.

Gabarito "B"

5.6. Greve e sindicalização

(Delegado Federal – 2002 – CESPE) Julgue o seguinte item.

(1) O direito de greve dos servidores públicos ainda não foi regulado por lei específica, a qual poderá instituir o direito de os respectivos sindicatos ajuizarem dissídios coletivos perante a justiça do trabalho, na hipótese de serem frustradas as tentativas de negociação direta.

1: incorreta, pois, apesar da lei em questão não ter sido ainda elaborada, os servidores públicos não têm como foro a Justiça do Trabalho, mas sim a Justiça Comum, diferentemente dos empregados públicos das pessoas de direito privado estatais, cujo foro competente para as demandas respectivas é a Justiça do Trabalho.

Gabarito 1E

5.7. Acumulação remunerada

(Delegado/MG – 2006) É característica comum a todos os servidores públicos estatutários:

(A) Ocupar cargos de provimento efetivo.
(B) Receber subsídios.
(C) Se aposentar pelo regime geral de previdência social.
(D) Se submeter a um estatuto nacional, que fixará seus direitos e obrigações.
(E) Se submeter às regras relativas à acumulação de cargos públicos.

A: incorreta, pois são servidores estatutários todos aqueles que detêm cargos, sejam estes efetivos ou em comissão; **B:** incorreta, pois somente os servidores mencionados na Constituição Federal (exemplo: art. 39, §§ 4.º e 8.º) receberão subsídios; **C:** incorreta, pois os titulares de cargo efetivo se aposentam pelo Regime Próprio de Previdência; dentre os servidores estatutários, somente os titulares de cargo em comissão se aposentam pelo Regime Geral de Previdência Social (art. 40, § 13, da CF); **D:** incorreta, pois em cada ente federativo haverá um estatuto de funcionário público local; **E:** correta (art. 37, XVI, da CF).

Gabarito "E"

5.8. Estágio probatório e estabilidade

(Delegado/RJ – 2013 – FUNCAB) No que diz respeito à aquisição da estabilidade do servidor público, assinale a alternativa correta.

(A) É exigido o requisito temporal de dois anos de efetivo exercício.
(B) Pode ser estendida aos titulares de cargo em comissão de livre nomeação e exoneração.
(C) Guarda correlação com o cargo e não com o serviço público.
(D) A avaliação negativa, pela Administração, do desempenho do servidor, pode excluí-lo do serviço público sem o ato de exoneração.
(E) O servidor que não satisfizer as condições do estágio probatório deverá ser exonerado, observadas as formalidades legais.

A: incorreta, pois são exigidos *três* anos de efetivo exercício (art. 41, *caput*, da CF); **B:** incorreta, pois, quanto aos ocupantes de cargos, somente se aplica aos titulares de cargo *efetivo* (art. 41, *caput*, da CF); **C:** incorreta, pois a estabilidade não é um fim em si mesmo, tendo por finalidade garantir maior isenção no exercício do cargo, de modo possibilitar melhor isenção no exercício do serviço público; **D:** incorreta, pois a avaliação negativa, somada ao preenchimento dos demais requisitos legais, impõe justamente a *exoneração*, e não a *demissão*, pois esta tem caráter punitivo e decorre da prática de ato infracional; **E:** correta (art. 20, § 2º, da Lei 8.112/1990).

Gabarito "E"

(Delegado/BA – 2013 – CESPE) Julgue o seguinte item.

(1) Considere que um servidor público federal estável, submetido a estágio probatório para ocupar outro cargo público após aprovação em concurso público, desista de exercer a nova função. Nessa situação, o referido servidor terá o direito de ser reconduzido ao cargo ocupado anteriormente no serviço público.

1: correta, pois os tribunais vêm interpretando ampliativamente o disposto no art. 29 da Lei 8.112/1990, com base no princípio da isonomia, para permitir a recondução não só do que não foi aprovado no estágio probatório de novo cargo, como também daquele que foi bem no estágio probatório do novo cargo e deseja ser reconduzido ao cargo de origem (STF, MS 24.271-0/DF, Pleno, j. 28.08.2002, rel. Min. Carlos Velloso, *DJ* 20.09.2002; e STJ, REsp 817.061/RJ, 5ª Turma, j. 29.05.2008, rel. Min. Arnaldo Esteves Lima, *DJe* 04.08.2008).

Gabarito 1C

(Delegado/AC – 2008 – CESPE) Julgue o item subsequente.

(1) A Constituição da República atribui aos magistrados e aos delegados de polícia a garantia da vitaliciedade, o que significa que eles não podem ser demitidos mediante processo administrativo disciplinar, mas apenas mediante processo judicial.

1: errado, pois a Constituição Federal atribui a vitaliciedade apenas aos *membros* da Magistratura (art. 95, I, da CF), do Ministério Público (art. 128, § 5.º, I, *a*, da CF) e dos Tribunais de Contas (arts. 73, § 3.º, e 75, da CF). Tal vitaliciedade só se aplica aos *membros* desses órgãos (juízes, promotores, conselheiros etc.) e não a todos os *funcionários* destes.

Gabarito 1E

(Delegado/MG – 2006) É modificação introduzida por Emenda Constitucional:

(A) A alteração do prazo para a aquisição da estabilidade.
(B) A abolição do instituto da vitaliciedade.
(C) A abolição do instituto da disponibilidade.
(D) A instituição de vedação à presença de estrangeiros em empregos públicos.
(E) A instituição do sistema de teto remuneratório.

A EC 19/1998 alterou o prazo para a aquisição de estabilidade, que passou de 2 anos para 3 anos (art. 41, *caput*, da CF).

Gabarito "A"

(Delegado/DF – 2004) O servidor público, nomeado para cargo de provimento efetivo, será submetido a estágio probatório, oportunidade em que será avaliado pela Administração Pública. Quando constatar que o servidor não preenche os requisitos exigidos para o cargo, a Administração Pública deverá adotar a seguinte providência:

(A) demitir o servidor após instaurar processo disciplinar;
(B) demitir o servidor de forma sumária;
(C) exonerar o servidor após instaurar processo disciplinar;
(D) exonerar o servidor de forma imotivada;
(E) exonerar o servidor após assegurar o direito de defesa, não havendo necessidade de instauração de processo administrativo disciplinar.

A e **B:** incorretas, pois a demissão só se dá quando há cometimento de infração disciplinar, o que não ocorreu no caso; **C:** incorreta, pois não ocorreu infração disciplinar no caso; **D:** incorreta, pois a motivação é princípio do Direito Administrativo, devendo ser cumprida no caso, por se tratar de cessação de relação jurídica com ocupante de cargo efetivo; **E:** correta, nos termos da Súmula 21 do STF ("Funcionário em estágio probatório não pode ser exonerado nem demitido sem inquérito ou sem as formalidades legais de apuração de sua capacidade").

Gabarito "E"

(Delegado/PA – 2012 – MSCONCURSOS) Analise as assertivas, a seguir, relacionadas a agentes públicos e, em seguida, aponte a alternativa correta.

I. Os mesários e integrantes de juntas apuradoras, enquanto desempenham tais funções, estão na condição de agentes públicos e, quanto à classificação tradicional, são considerados como agentes políticos.
II. As funções de confiança só poderão ser exercidas por servidores ocupantes de cargo efetivo.
III. Nos termos da Constituição Federal, os servidores nomeados para cargo de provimento efetivo em virtude de concurso público, após 03 (três) anos de efetivo exercício, adquirirão a prerrogativa da vitaliciedade.
IV. Todos os agentes públicos sujeitam-se ao regime jurídico estabelecido nos diplomas legais específicos denominados de estatutos.
V. Segundo José dos Santos Carvalho Filho, o desvio de poder ocorre quando o agente público pratica o ato, não voltado para o interesse público, mas sim para o interesse privado.

(A) Somente as assertivas II e III estão corretas.
(B) Somente as assertivas II e V estão corretas.
(C) Somente as assertivas I, II e V estão corretas.
(D) Somente as assertivas I, III e IV estão corretas.
(E) Somente as assertivas II, IV e V estão corretas.

I: incorreta, pois os mesários são agentes públicos do tipo "agentes honoríficos"; II: correta (art. 37, V, da CF); III: incorreta, pois, cumprido esse requisito temporal e também a aprovação em avaliação especial de desempenho, os servidores nomeados para cargos de provimento efetivo adquirem a *estabilidade* e não a *vitaliciedade* (art. 41, *caput* e § 4.º, da CF); IV: incorreta, pois há agentes públicos regidos por outras leis, como é o caso dos celetistas (exemplo: agente que trabalha num banco estatal); V: correta, pois o desvio de poder diz respeito ao desvio na finalidade prevista na lei para o ato administrativo; em última instância, tal finalidade é sempre de interesse público, de modo que, ocorrendo o seu desvirtuamento, normalmente se tem um atendimento a um interesse que não é público; de rigor ressaltar que também ocorre desvio de finalidade quando se busca o próprio interesse público, mas mediante a edição de ato que não tem por finalidade alcançar aquele interesse público almejado; o fato é que cada ato administrativo tem a sua finalidade e não se pode praticar um ato administrativo que tem finalidade "X" para buscar uma finalidade "Y", seja lá qual for a finalidade "Y".

Gabarito "B"

(Delegado/SP – 2003) O servidor público estável poderá

(A) perder o cargo, desde que ato normativo motivado de cada um dos Poderes especifique a atividade funcional, o órgão ou a unidade administrativa objeto da redução de pessoal, sem direito a qualquer indenização.
(B) ser exonerado "ad nutum".
(C) perder o cargo, desde que ato normativo motivado de cada um dos Poderes especifique a atividade funcional, o órgão ou a unidade administrativa objeto da redução de pessoal, fazendo jus à indenização correspondente a um mês de remuneração por ano de serviço.
(D) ser dispensado após vinte e cinco anos de efetivo exercício, fazendo jus a um mês de remuneração.

A: incorreta, pois, nesse caso, há direito à indenização (art. 169, §§ 4.º e 5.º, da CF); **B:** incorreta, pois somente o servidor ocupante de cargo em comissão, servidor esse que não tem direito à estabilidade, pode ser exonerado a qualquer tempo e sem motivação, ou seja, pode ser exonerado "ad nutum" (art. 37, II, parte final, da CF); **C:** correta (art. 169, § 4.º, da CF); **D:** incorreta, pois não existe previsão dessa natureza na Constituição Federal.

Gabarito "C"

5.9. Responsabilidade do servidor

(Delegado/PR – 2013 – UEL-COPS) Um servidor público, sob determinadas circunstâncias, pode ser absolvido da denúncia de um crime contra a administração pública. Com relação às circunstâncias em que necessariamente haverá a absolvição também no âmbito administrativo, considere as afirmativas a seguir.

I. Ausência de provas.
II. Negativa de culpabilidade.
III. Negativa da autoria.
IV. Negativa do fato.

Assinale a alternativa correta.

(A) Somente as afirmativas I e II são corretas.
(B) Somente as afirmativas I e IV são corretas.
(C) Somente as afirmativas III e IV são corretas.
(D) Somente as afirmativas I, II e III são corretas.
(E) Somente as afirmativas II, III e IV são corretas.

Somente as alternativas III e IV estão corretas, já que apenas as absolvições criminais por inexistência material do *fato* ou por negativa de *autoria* é que ensejam a repercussão na esfera administrativa (art. 126 da Lei 8.112/1990).

Gabarito "C"

(Delegado/MG – 2008) No tocante à responsabilidade dos servidores públicos, é *INCORRETO* afirmar que

(A) é independente nas áreas civil, administrativa e penal.
(B) será reconhecida se ocorrer situação de dano, independentemente de a administração ter ou não o fato regulamentado em sua legislação estatutária.
(C) a responsabilização civil ocorrerá quando o servidor causar dano à administração ou a terceiro, via conduta dolosa ou culposa.
(D) a responsabilização penal decorre de conduta punível, submetida ao Poder Judiciário.

A: correta; na esfera federal, tal previsão está contida nos arts. 121 e 125 da Lei 8.112/1990; **B:** incorreta (devendo ser assinalada), pois a responsabilidade administrativa só existe quando a lei tipificar a conduta como sendo apta a configurar uma infração disciplinar; não há responsabilidade sem prévia cominação legal; **C:** correta, pois a responsabilidade civil do servidor depende de culpa ou dolo (art. 37, § 6.º, parte final, da CF; no plano federal, tal disposição se encontra no art. 122 da Lei 8.112/1990); **D:** correta, pois a responsabilização penal depende não só de prévia cominação legal (conduta punível), como também depende de processo e julgamento perante o Poder Judiciário.

Gabarito "B"

(Delegado/MT – 2006 – UFMT) Certo servidor público foi absolvido em processo criminal, com trânsito em julgado, que apurava sua responsabilidade em crime contra a administração pública. A sentença absolutória teve como fundamento a insuficiência de provas sobre a existência do fato. Nessas condições, assinale a afirmativa correta.

(A) Ficará afastada a responsabilidade administrativa.
(B) A sentença do juízo criminal atenuará a penalidade administrativa.
(C) A responsabilidade administrativa ainda dependerá de pronunciamento do juízo cível.
(D) A sentença do juízo criminal produzirá efeitos apenas quanto à obrigação do servidor em ressarcir aos cofres públicos o prejuízo causado.
(E) A decisão judicial não impedirá a responsabilidade administrativa.

A: incorreta, pois somente as absolvições criminais por negativa de autoria ou por inexistência material do fato afastam a responsabilidade administrativa, sendo que, na esfera federal, essa regra está prevista no art. 126 da Lei 8.112/1990; a absolvição criminal por falta de provas não tem esse efeito; **B:** incorreta, pois a absolvição criminal por falta de provas não é reconhecida pela lei como apta a produzir efeitos na esfera administrativa; **C:** incorreta, pois as esferas civil, administrativa e penal são independentes entre si, valendo lembrar que, no plano federal, tal regra está disposta nos arts. 121 e 125 da Lei 8.112/1990; **D:** incorreta, pois a absolvição criminal por falta de provas não é reconhecida pela lei como apta a produzir efeitos na esfera civil; **E:** correta, pois, conforme já explicado, a simples absolvição criminal por falta de provas não é reconhecida pela lei como apta a produzir efeitos na esfera administrativa, que ficará livre para tomar a decisão segundo a convicção administrativa estabelecida.

Gabarito "E"

(Delegado/PI – 2009 – UESPI) Em relação ao servidor público, assinale a afirmação correta.

(A) A responsabilidade civil, tanto do servidor como do Estado, é objetiva.
(B) Extinto o cargo, ou declarada sua desnecessidade, o servidor estável ficará em disponibilidade, com remuneração integral, até o seu aproveitamento em outro cargo.
(C) A absolvição na esfera penal, por negativa de autoria ou do fato, constitui causa impeditiva da responsabilização civil do servidor público, em ação regressiva da Administração Pública.
(D) A readaptação é a forma de provimento que implica no retorno do servidor ao cargo que ocupava, haja vista sua inabilitação em estágio probatório ou pela reintegração de outro servidor ao cargo do qual teve que se afastar.
(E) O estrangeiro, na forma da lei, não pode ocupar cargo público.

A: incorreta, pois o servidor só responde civilmente se agir com culpa ou dolo (art. 37, § 6.°, parte final, da CF); **B:** incorreta, pois, colocado em disponibilidade, o servidor receberá proventos proporcionais ao tempo de serviço (art. 41, § 3.°, da CF); **C:** correta; na esfera federal, tal previsão se encontra no art. 126 da Lei 8.112/1990; **D:** incorreta, pois o provimento em questão tem o nome de recondução, que, na esfera federal, está prevista no art. 29 da Lei 8.112/1990; **E:** incorreta, pois o art. 37, I, da CF admite que estrangeiro ocupe cargo público, na forma da lei.

Gabarito "C"

(Delegado/SP – 2011) A responsabilidade civil do policial decorre

(A) da prática de dano por erro determinado por terceiro.
(B) da prática de ofensas verbais ou físicas contra servidores ou particulares.
(C) apenas da prática de crime funcional de que resulte prejuízo para a Fazenda Publica.
(D) de omissão antijurídica cometida em obediência a ordem superior.
(E) de procedimento doloso ou culposo que importe prejuízo á Fazenda Pública ou a terceiros.

De acordo com o art. 66 da Lei Complementar do Estado de São Paulo 207/1979 (a Lei Orgânica da Polícia do Estado de São Paulo), "a responsabilidade civil decorre de procedimento doloso ou culposo, que importe prejuízo à Fazenda Pública ou a terceiros".

Gabarito "E"

5.10. Direitos, vantagens e sistema remuneratório

(Delegado Federal – 2002 – CESPE) Julgue o seguinte item.

(1) A Constituição de 1988 prevê, em caráter obrigatório, o regime de remuneração na forma de subsídio para todos os policiais federais.

1: correta (art. 144, § 9.°, c/c art. 39, § 4.°, da CF).

Gabarito 1C

(Delegado/SC – 2008) Em relação ao servidor público, assinale a alternativa correta.

(A) Os ocupantes de cargos, funções e empregos públicos de todos os níveis de Administração e de todos os Poderes, aí abrangidos todos os agentes políticos, estão sujeitos a limite máximo de remuneração, de subsídio de proventos de aposentadoria, pensões ou outra espécie remuneratória percebidos cumulativamente ou não. O teto alcança as percepções cumulativas, ou seja, os casos em que o agente acumula cargos, funções ou empregos públicos. Em nível federal, o teto para todos os agentes públicos corresponde ao subsídio de Ministro do Supremo Tribunal Federal.
(B) A Constituição Federal, art. 37, incs. XVI e XVII, estabelece a regra de proibição de exercício simultâneo de cargos, funções e empregos públicos. Esse preceito abrange agentes da Administração direta e das autarquias e fundações, não se aplicando aos agentes públicos das empresas públicas e das sociedades de economia mista.
(C) O regime estatutário é aquele em que os direitos e deveres do servidor estão contidos basicamente num Estatuto, que não pode ser alterado no decorrer da vida funcional do servidor, salvo se com sua anuência.
(D) Nos Estados, o agente tem como limite de remuneração o subsídio mensal do Governador. Para os agentes do Poder Legislativo estadual, o limite situa-se no subsídio dos Desembargadores Estaduais.

A: correta (art. 37, XI, da CF); **B:** incorreta (art. 37, XVII, da CF); **C:** incorreta, pois o regime estatutário, diferente do regime contratual, permite modificação unilateral de suas regras por parte do Poder Público, de modo a fazer frente às necessidades impostas pelo interesse público; **D:** incorreta (art. 37, XI, da CF).

Gabarito "A"

5.11. Sistema Previdenciário

(Delegado/DF – 2004) Em relação aos servidores públicos, analise as afirmativas a seguir:

I. A aposentadoria compulsória será com proventos integrais.
II. Denomina-se recondução o retorno ao serviço ativo do servidor aposentado por invalidez quando cessam as causas de sua aposentadoria.
III. A aposentadoria compulsória será aos setenta anos para o homem e aos sessenta e cinco anos para as mulheres.

É/são afirmativa(s) verdadeira(s) somente:

(A) I;
(B) II;
(C) III;
(D) I e II;
(E) nenhuma.

I: falsa, pois a aposentadoria compulsória será com proventos proporcionais (art. 40, § 1.°, II, da CF); II: falsa, pois a forma de provimento, nesse caso, tem o nome de *reversão (arts. 8.°, VI, e 25, I, da Lei 8.112/1990)*; III: falsa, pois a aposentadoria compulsória se dá aos 70 anos tanto para o homem, como para a mulher (art. 40, § 1.°, II, da CF).

Gabarito "E"

5.12. Infração disciplinar e processo administrativo

(Delegado/SP – 2014 – VUNESP) Sócrates, antigo servidor de uma autarquia, sofreu um processo administrativo disciplinar cujo resultado, ao final, lhe custou a perda do próprio cargo público. Durante o processo, foi possível ao servidor informar o julgador dos fatos, manifestar-se sobre as evidências trazidas contra si e, inclusive, ter consideradas suas manifestações nos autos. A despeito disso, alegou o servidor que, no trâmite do processo, não foi assistido por advogado regularmente constituído para a defesa. Em tais condições, a falta de defesa técnica por advogado no processo administrativo disciplinar, por si só,

(A) importa nulidade do processo administrativo disciplinar por constituir flagrante cerceamento de defesa.
(B) não importa nulidade de processo administrativo disciplinar, desde que seus atos sejam reaproveitados em novo procedimento, desta vez assistido o acusado por defensor dativo.

(C) importa nulidade da decisão por violar o princípio da ampla defesa assegurado a todos litigantes em processo judicial ou administrativo pelo art. 5.o, inciso LV, da Constituição Federal.
(D) importa nulidade do processo administrativo disciplinar, pois a Lei Estadual do Processo Administrativo (Lei n.o 10.177/1998) prevê a essencialidade do defensor habilitado para o cumprimento do devido processo legal.
(E) não ofende a constituição, ainda mais no presente caso em que a parte reconhecidamente se defendeu nos autos.

Segundo a Súmula Vinculante STF n. 5, a falta de defesa técnica por advogado no processo disciplinar, por si só, ofende o contraditório e a ampla defesa; ou seja, a falta de advogado gera a presunção de desrespeito a esse princípio, se forem preservados os três elementos dessa garantia, que são os seguintes: "a) o direito de manifestação (que obriga o órgão julgador a informar à parte contrária dos atos praticados no processo e sobre os elementos dele constantes); b) o direito de informação sobre o objeto do processo (que assegura ao defendente a possibilidade de se manifestar oralmente ou por escrito sobre os elementos fáticos e jurídicos contidos no processo); e c) o direito de ver os seus argumentos contemplados pelo órgão incumbido de julgar (que exige do julgador capacidade de apreensão e isenção de ânimo para contemplar as razões apresentadas)" (STF, RE 434.059/DF). Assim, a alternativa "E" está correta.

Gabarito "E"

(Delegado/SP – 2014 – VUNESP) De acordo com o Estatuto dos Funcionários Públicos Civis do Estado de São Paulo (Lei n. 10.261/1968), será aplicada a pena de demissão, a bem do serviço público, ao funcionário que

(A) for ineficiente no serviço.
(B) receber presentes de qualquer espécie, por intermédio de outrem, em razão de suas funções.
(C) abandonar o cargo por mais de 30 dias consecutivos.
(D) se ausentar do serviço, sem causa justificável, por mais de 45 dias, interpoladamente, em 01 ano.
(E) aplicar indevidamente dinheiros ou recursos públicos.

A: incorreta, pois esse caso é de demissão simples (art. 256, III); **B:** correta (art. 257, VII); **C:** incorreta, pois esse caso é de demissão simples (art. 256, I e p. 1º); **D:** incorreta, pois esse caso é de demissão simples (art. 256, V); **E:** incorreta, pois esse caso é de demissão simples(art. 256, IV).

Gabarito "B"

(Delegado Federal – 1998 – CESPE) Julgue o item abaixo.

(1) Considere a seguinte situação: Lucíola é servidora pública, encarregada de dar sequência a procedimentos administrativos no órgão em que trabalha. Em um determinado dia, ela chegou de mau humor à repartição e resolveu que nada faria com os autos sob sua responsabilidade, deixando para dar, no dia subsequente, o andamento devido a eles, o que realmente fez. Os autos administrativos sofreram apenas o atraso de um dia em seu processamento, e ninguém chegou a sofrer prejuízo em razão disso. Na situação descrita, Lucíola, juridicamente, não infringiu seus deveres funcionais.

1: errada, pois infringiu o dever funcional previsto no art. 117, IV, da Lei 8.112/1990.

Gabarito 1E

(Delegado/MT – 2006) Suponha que um ato administrativo, ao dispor sobre processo administrativo disciplinar, apresentasse a seguinte fundamentação: "*A autoridade superior, que haja testemunhado pessoalmente a prática de ato ilícito por servidor público, pode aplicar imediatamente a penalidade cabível, inclusive de demissão de servidor estável, independentemente da manifestação prévia do acusado*".

Esse ato seria:

(A) nulo por ser inconstitucional, pois a garantia de ampla defesa e contraditório é assegurada pela Constituição Federal aos litigantes em processo administrativo.
(B) nulo por ser inconstitucional, pois a aplicação da penalidade de demissão ao servidor estável depende de processo judicial.
(C) válido porque constitucional, desde que assegurado ao acusado o direito de recorrer administrativamente.
(D) válido porque constitucional, em razão de serem princípios consagrados do processo administrativo o do informalismo e o da verdade material.

O instituto da "verdade sabida", narrado no enunciado da questão, é considerado inconstitucional, pois a aplicação de qualquer penalidade depende de respeito à ampla defesa e ao contraditório, pois todo processo administrativo está adstrito ao cumprimento dessas garantias.

Gabarito "A"

(Delegado/SP – 2011) Policial civil requer aposentadoria visando elidir eventual penalidade de demissão em processo administrativo a que responde

(A) poderá ser punido mesmo aposentado.
(B) o pedido de aposentadoria será indeferido enquanto não julgado o processo administrativo.
(C) só se eximirá de penalidade caso a aposentadoria se der por invalidez.
(D) não poderá ser alcançado por penalidade demissória se registrar mais de 25 anos de trabalho de natureza estritamente policial.
(E) não poderá ser demitido após 65 anos de idade.

De acordo com o art. 67, VII, da Lei Complementar do Estado de São Paulo 207/1979, uma das penas disciplinares é justamente a "cassação de aposentadoria". Ademais, o art. 77, I, da lei mencionada dispõe que será aplicada a pena de cassação de aposentadoria se ficar provado que o inativo praticou, quando em atividade, falta para a qual é cominada a pena de demissão ou de demissão a bem do serviço público. Assim, a alternativa "A" está correta, não havendo disposição na lei acerca das informações trazidas nas demais alternativas.

Gabarito "A"

(Delegado/SP – 2011) Assinale a alternativa onde ambas as autoridades apontadas possuem competência para aplicar pena disciplinar a Delegado de Polícia

(A) o Governador do Estado e os Delegados de Polícia Corregedores Auxiliares
(B) o Governador do Estado e o Delegado de Polícia Corregedor Geral da Polícia Civil.
(C) o Secretário da Segurança Pública e o Delegado de Polícia Corregedor Geral da Polícia Civil
(D) o Secretário da Segurança Pública e o Delegado Geral de Polícia.
(E) o Delegado Geral de Polícia e o Delegado de Polícia Corregedor Geral da Polícia Civil.

Segundo o art. 70, § 2.º, da Lei Complementar do Estado de São Paulo 207/1979, com nova redação determinada pela Lei Complementar do Estado de São Paulo 922/2002, apenas o Governador, o Secretário da Segurança Pública e o Delegado Geral de Polícia podem aplicar pena a delegado de polícia, sendo que as penalidades de demissão, demissão a bem de serviço público e cassação de aposentadoria ou disponibilidade são de competência exclusiva do Governador do Estado. Como o enunciado da questão tratou genericamente das penas cabíveis aos delegados, a alternativa "D" é a única que traz autoridades competentes para tanto.

Gabarito "D"

(Delegado/SP – 2011) O afastamento preventivo do policial civil é medida que somente pode ser aplicada se

(A) instaurado processo administrativo.
(B) instaurada sindicância ou processo administrativo, ou durante o curso de tais procedimentos.
(C) instaurada sindicância.
(D) tiver sido instaurado inquérito policial que apure crime funcional, ou no seu curso.
(E) tiver sido decretada prisão cautelar.

Art. 86, I, da Lei Complementar do Estado de São Paulo 207/1979, com a nova redação da Lei Complementar do Estado de São Paulo 922/2002.

Gabarito "B"

(Delegado/SP – 2011) Aos termos da Lei Orgânica da Polícia, não será declarada a nulidade de nenhum ato processual que

(A) que não tenha sido verificada em sede de processo administrativo disciplinar.
(B) não tenha sido suscitada pela defesa.
(C) tenha sido adotado por analogia do Código de Processo Penal.
(D) não houver influído na apuração da verdade substancial ou diretamente na decisão do processo ou sindicância.
(E) que não tenha sido suscitada Dela defesa ou pela acusação.

De acordo com o art. 116 da Lei Complementar do Estado de São Paulo 207/1979, com as alterações dadas pela Lei Complementar do Estado de São Paulo 922/2002, "não será declarada a nulidade de nenhum ato processual que não houver influído na apuração da verdade substancial ou diretamente na decisão do processo ou sindicância".
Gabarito "D"

(Delegado/SP – 2008) Não são formas de extinção da punibilidade previstas na lei Complementar nº 207/79

(A) prescrição e decadência.
(B) anistia administrativa e prescrição.
(C) morte do agente e prescrição.
(D) prescrição e retroatividade de lei destipificadora.
(E) prescrição e a perempção.

Os arts. 80 e 81 da Lei Complementar 207/1979, do Estado de São Paulo, com as alterações dadas pela Lei Complementar do Estado de São Paulo 922/2002, não elencam a decadência com forma de extinção da punibilidade.
Gabarito "A"

(Delegado/SP – 2003) O processo administrativo disciplinar instaurado em desfavor de Delegado de Polícia só poderá ser sobrestado para aguardar o desfecho de processo-crime correlato por despacho motivado do

(A) Governador.
(B) Secretário da Segurança.
(C) Delegado Geral de Polícia.
(D) Delegado Diretor da Corregedoria Geral.

Art. 65, § 3.º c/c art. 75 c/c art. 70, § 1.º, todos da Lei Complementar 207/1979, do Estado de São Paulo, com as alterações dadas pela Lei Complementar do Estado de São Paulo 922/2002.
Gabarito "A"

(Delegado/SP – 2003) O afastamento do policial civil no curso de sindicância ou processo administrativo disciplinar

(A) é imperativo legal, seja qual for a infração cometida.
(B) não tem amparo legal.
(C) só é possível quando o recomendar a moralidade administrativa ou a repercussão do fato.
(D) é necessário se o acusado for reincidente.

Art. 86, I, da Lei Complementar do Estado de São Paulo 207/1979, com a redação dada pela Lei Complementar 922/2002, do Estado de São Paulo.
Gabarito "C"

(Delegado/SP – 2002) Policial é preso em flagrante por crime de concussão. Em seu desfavor, além do processo penal, é instaurado procedimento disciplinar que culmina com decreto demissório. Para atender aos requisitos de validade do ato administrativo esse decreto foi assinado pelo

(A) Presidente da Comissão Processante.
(B) Governador.
(C) Secretário da Segurança Pública.
(D) Juiz Criminal.

Art. 75, II c/c art. 70, § 1.º, ambos da Lei Complementar 207/1979, do Estado de São Paulo, com as alterações dadas pela Lei Complementar Estadual 922/2002, de São Paulo.
Gabarito "B"

(Delegado/SP – 2000 – adaptada) O prazo de prescrição das penalidades administrativas disciplinares conta-se

(A) partir da data de instauração de sindicância ou processo administrativo.
(B) a partir da data em que a infração for cometida.
(C) a partir da data em que o fato se tornar conhecido pela autoridade competente.
(D) do dia em que o autor da infração for interrogado.

De acordo com a nova redação dada ao art. 80, § 1º, I, da Lei Complementar 207/1979, do Estado de São Paulo, pela Lei Complementar 922/2002 do Estado de São Paulo, a prescrição começa a correr do "dia em que a falta for cometida", daí porque a alternativa "B" está correta. Aproveitando o ensejo, vale ressaltar que, nas infrações continuadas ou permanentes, a prescrição começa a correr do dia em que tiver cessado a continuação ou a permanência.
Gabarito "B"

(Delegado/SP – 1998) São causas extintivas da punibilidade previstas na Lei Complementar n.º 207, de 05 de janeiro de 1979 (Lei Orgânica da Polícia),

(A) a prescrição, a renúncia, a morte do agente, a anistia administrativa e a retroatividade de lei que não considere o fato como falta.
(B) a prescrição, a decadência, a perempção, a morte do agente, a anistia administrativa e a retroatividade de lei que não considere o fato como falta.
(C) a prescrição, a morte do agente, a anistia administrativa e a retroatividade de lei que não considere o fato como falta.
(D) a prescrição, a renúncia, a preclusão, a morte do agente, a anistia administrativa e a retroatividade de lei que não considere o fato como falta.

Arts. 80 e 81 da Lei Complementar 207/1979, do Estado de São Paulo, com as alterações dadas pela Lei Complementar 922/2002, do mesmo Estado.
Gabarito "C"

(Delegado/SP – 1998) A pena de remoção compulsória prevista na Lei Complementar n.º 207, de 05 de janeiro de 1979 (Lei Orgânica da Polícia), poderá ser aplicada

(A) cumulativamente com as penas de repreensão, multa e suspensão.
(B) cumulativamente com as penas de advertência, repreensão e multa.
(C) isoladamente, com a aprovação de dois terços do Conselho da Polícia Civil.
(D) isoladamente no caso de falta de cumprimento dos deveres, ao infrator primário.

Art. 68 da Lei Complementar 207/1979, do Estado de São Paulo.
Gabarito "A"

5.13. Outros temas de agentes públicos e temas combinados

(Delegado Federal – 2013 – CESPE) No que se refere à classificação do órgão público e à atuação do servidor, julgue os itens seguintes.

(1) O dispositivo constitucional que admite o afastamento do servidor do cargo, do emprego ou da função para o exercício de mandato é aplicável ao servidor contratado para atender a necessidade temporária de excepcional interesse público, já que exerce função pública.
(2) Os ministérios e as secretarias de Estado são considerados, quanto à estrutura, órgãos públicos compostos.

1: incorreta, pois esse direito ao afastamento é incompatível com o caráter transitório daquele que tem uma função pública temporária; **2:** correta, pois órgãos compostos são aqueles que reúnem outros órgãos menores com atividades-fim idênticas ou atividades auxiliares, o que de fato acontece no âmbito dos ministérios e secretarias.
Gabarito 1E, 2C

(Delegado/RN – 2009 – CESPE) Uma empregada da CAIXA foi transferida, de ofício, de Brasília para a cidade de Fortaleza/CE. O seu esposo, servidor da Receita Federal do Brasil, requereu ao seu órgão sua remoção para a capital cearense, justificando seu pedido com base na transferência da esposa. No entanto, o requerimento foi indeferido. Com base nessa situação hipotética, à luz da jurisprudência do STF, assinale a opção correta.

(A) Não assiste razão ao servidor público, uma vez que a remoção para acompanhar cônjuge é devida apenas na hipótese de os dois agentes serem servidores regidos pela Lei n.º 8.112/1990.
(B) Tendo sido o pedido indeferido pela Receita Federal, cabe à empregada da CAIXA impetrar mandado de segurança para garantir a sua permanência em Brasília por respeito à unidade familiar prevista na CF.
(C) Não há impedimento para que seja concedida a pleiteada remoção pelo simples fato de os regimes jurídicos serem distintos; no entanto, o deferimento do pedido condiciona-se à existência de vagas.
(D) Em razão da especial proteção que a CF garante à família, o requerimento formulado pelo servidor da Receita Federal deveria ter sido deferido, independentemente da existência de vagas.

(E) O direito à pleiteada remoção é controvertido, razão pela qual não seria cabível a impetração de mandado de segurança para garanti-lo, uma vez que a ação mandamental exige certeza jurídica quanto à pretensão nele ventilada.

De fato, o STF, invocando o princípio da proteção especial do Estado à família (art. 226 da CF), tem o entendimento mencionado na alternativa "D", valendo citar que o caso narrado o enunciado da questão é um caso concreto, julgado pelo STF no MS 23.058/DF, em 18.09.2008, rel. Min. Carlos Britto.

Gabarito "D"

(Delegado/SP – 2003) O Delegado de Polícia poderá ser removido de um para outro município

(A) a pedido de seu superior hierárquico.
(B) no interesse do serviço policial.
(C) no interesse do serviço policial, com a aprovação de dois terços do Conselho da Polícia Civil.
(D) por meio de ato administrativo simples editado pelo Delegado Geral, a requerimento do Ministério Público.

A: incorreta, pois não há tal previsão nos arts. 36 e 37 da Lei Complementar do Estado de São Paulo 207/1979; **B:** incorreta, pois não basta apenas o interesse do serviço policial, sendo necessária a aprovação de dois terços do Conselho da Polícia Civil; **C:** correta, nos termos dos esclarecimentos prestados na assertiva anterior; **D:** incorreta, pois não há tal previsão legal nos dispositivos mencionados no comentário à alternativa "A".

Gabarito "C"

(Delegado/TO – 2008 – CESPE) O exercício de uma função pública é, antes de tudo, poder trabalhar em prol do bem comum. Por isso, existem regras próprias para disciplinar tal mister sob todos os aspectos. Julgue os itens a seguir, a respeito do exercício de função pública.

(1) Todos aqueles que exercem função pública, independentemente de sua natureza, ainda que por período determinado, são considerados agentes públicos.
(2) Os agentes políticos constituem categoria especial, pois gozam de prerrogativas diferenciadas e têm grandes responsabilidades com a sociedade, como é o caso dos prefeitos.
(3) O cargo público ocupado por servidor concursado e estável pode ser extinto a qualquer tempo, haja vista sempre prevalecer o interesse da administração pública.
(4) Um delegado de polícia civil, ainda que já tenha adquirido a estabilidade, poderá ser demitido por insuficiência de desempenho, conforme estabelecido em lei complementar e observada a ampla defesa em todo o processo.

1: correta, pois são agentes públicos todos aqueles que exercem, ainda que transitoriamente ou sem remuneração, mandato, cargo, emprego ou função nas entidades da Administração Direta e Indireta; para determinados fins, a lei estende ainda mais esse conceito, como é o caso da Lei de Improbidade Administrativa (Lei 8.429/1992), que em seus arts. 1.º e 2.º também qualifica como agente público pessoas que trabalham, naquelas condições, em outras entidades que não as da Administração Pública; **2:** correta, pois os agentes políticos são aqueles que têm cargo estrutural no âmbito da organização política do País, o que faz como que tenham maiores prerrogativas, de um lado, e maiores responsabilidades, de outro; **3:** correta, pois o interesse público prevalece sobre o interesse privado; todavia, caso o servidor ocupante do cargo extinto seja estável, ele terá direito de ficar em disponibilidade, com remuneração proporcional ao tempo de serviço, não sendo o caso de promover-se a sua exoneração; **4:** incorreta, pois o caso em tela enseja exoneração (que *não* tem caráter punitivo) e não demissão (que tem caráter punitivo), sendo necessário *avaliação de desempenho insatisfatória, lei complementar regulando a questão* e *ampla defesa* (art. 41, § 1.º, III, da CF).

Gabarito 1C, 2C, 3C, 4E

6. IMPROBIDADE ADMINISTRATIVA

(Delegado/RJ – 2013 – FUNCAB) Levando em conta a jurisprudência atualmente predominante do Superior Tribunal de Justiça sobre a improbidade administrativa, é correto afirmar:

(A) Em nenhuma hipótese, a configuração da improbidade administrativa exige a ocorrência de dolo por parte do acusado.
(B) Às pessoas jurídicas não se pode atribuir a prática de ato de improbidade, ante à necessidade de se comprovar a suposta má-fé do acusado.
(C) É imprescindível a presença, no polo passivo da ação de improbidade, dos sócios da pessoa jurídica beneficiada ilicitamente.
(D) A decretação cautelar da indisponibilidade dos bens não exige prévia demonstração de risco de dano irreparável, uma vez que o *periculum in mora,* nas ações de improbidade, é presumido.
(E) A configuração da improbidade administrativa pressupõe a ocorrência de dano ao Erário.

A: incorreta, pois a configuração da improbidade, em regra, exige a ocorrência do dolo. Só o ato de improbidade que causa prejuízo ao erário é que pode, além da forma dolosa, ser praticado a título de culpa no sentido estrito; **B**: incorreta, pois pessoa jurídica também fica sujeita às sanções por ato de improbidade administrativa. Conforme destacou a Segunda Turma do STJ, no julgamento do REsp 1.038.762/RJ (DJe de 31/08/2009), "o sujeito particular submetido à lei que tutela a probidade administrativa, por sua vez, pode ser pessoa física ou jurídica. Com relação a esta última somente se afiguram incompatíveis as sanções de perda da função pública e suspensão dos direitos políticos".; **C**: incorreta, pois não é imprescindível a presença dos sócios. Assim já decidiu a 1ª Turma do STJ: "considerando que as pessoas jurídicas podem ser beneficiadas e condenadas por atos ímprobos, é de se concluir que, de forma correlata, podem figurar no polo passivo de uma demanda de improbidade, ainda que desacompanhada de seus sócios" (REsp 970393 / CE); **D**: correta, pois no caso das medidas de indisponibilidade ou de sequestro de bens, por ato de improbidade administrativa, o *periculum in mora* é presumido: "ADMINISTRATIVO E PROCESSUAL CIVIL. AÇÃO CIVIL PÚBLICA. IMPROBIDADE ADMINISTRATIVA. LIMINAR. INDISPONIBILIDADE DE BENS. PERICULUM IN MORA PRESUMIDO. A concessão da medida de indisponibilidade não está condicionada à comprovação de que os réus estejam dilapidando seu patrimônio, ou na iminência de fazê-lo, tendo em vista que o periculum in mora está implícito no comando legal. Assim deve ser a interpretação da lei, porque a dilapidação é ato instantâneo que impede a atuação eficaz e acautelatória do Poder Judiciário. Precedentes: Edcl no REsp 1.211.986/MT, Rel. Ministro Herman Benjamin, Segunda Turma, DJe 9/6/2011; REsp 1.244.028/RS, Rel. Ministro Mauro Campbell Marques, Segunda Turma, DJe 2/9/2011; Edcl no REsp 1.205.119/MT, Rel. Ministro Mauro Campbell Marques, Segunda Turma, Dje 8.2.2011; REsp 1.190.846/PI, Rel. Ministro Castro Meira, Segunda Turma, DJe 10/2/2011; REsp 967.841/PA, Rel. Ministro Mauro Campbell Marques, Segunda Turma, DJe 8/10/2010; REsp 1.203.133/MT, Rel. Ministro Castro Meira, Segunda Turma, DJe 28/10/2010; REsp 1.199.329/MT, Rel. Ministro Mauro Campbell Marques, Segunda Turma, Dje 8.10.2010; REsp 1.177.290/MT, Rel. Ministro Herman Benjamin, Segunda Turma, DJe 1º/7/2010; REsp 1.177.128/MT, Rel. Ministro Herman Benjamin, Segunda Turma, Dje 16.9.2010; REsp 1.135.548/PR, Rel. Ministra Eliana Calmon, Segunda Turma, DJe 22/6/2010; REsp 1.134.638/MT, Relator Ministra Eliana Calmon, Segunda Turma, Dje 23.11.2009; REsp 1.098.824/SC, Rel. Ministra Eliana Calmon, Segunda Turma, DJe 4/8/2009"; **E**: incorreta, pois o art. 21, I, da Lei n. 8.429/92 determina o contrário.

Gabarito "D"

(Delegado/SP – 2014 – VUNESP) De acordo com a Lei n.o 8.429/92, a ação de improbidade, em caso de enriquecimento ilícito,

(A) seguirá o rito ordinário e será proposta pelo Ministério Público ou pela pessoa jurídica interessada.
(B) deve ser proposta no prazo de 45 dias da efetivação da medida cautelar de sequestro.
(C) deve ser proposta no prazo de 60 dias da efetivação da medida cautelar de sequestro.
(D) seguirá o rito sumário e será proposta exclusivamente pelo Ministério Público.
(E) seguirá o rito ordinário e será proposta exclusivamente pelo Ministério Público.

A: correta, pois a ação deve ser proposta pelo MP ou pela pessoa jurídica de direito público interessada (art. 17 da Lei n. 8.429/1992) e, de acordo com o citado dispositivo legal, seguirá, de fato, o rito ordinário; **B**: incorreta, pois o prazo, no caso, é de 30 dias (art. 17 da Lei n. 8.429/92); **C**: incorreta, conforme item anterior; **D**: incorreta, pois o rito é o ordinário e a competência não é exclusiva do MP; **E**: incorreta, pois a competência para a propositura da ação não é exclusiva do MP.

Gabarito "A"

(Delegado/PA – 2013 – UEPA) Assinale a alternativa correta sobre atos de improbidade administrativa.

(A) O agente público que exerce função em entidade fundacional da União, com qualquer forma de vínculo, mesmo que transitoriamente e sem remuneração, está sujeito à pena de suspensão dos direitos políticos de cinco a oito anos, se cometer ato de improbidade administrativa que atente contra os princípios da administração pública.
(B) A aplicação das sanções previstas para o ato de improbidade administrativa que causa lesão ao erário depende da rejeição das contas pelo órgão de controle interno ou pelo Tribunal ou Conselho de Contas.

(C) O agente público que exerce função em sociedade de economia mista, mesmo que transitoriamente e sem remuneração, e pratica ato de improbidade administrativa que importe em enriquecimento ilícito, está sujeito às penas de suspensão dos direitos políticos de oito a dez anos, pagamento de multa civil de até três vezes o valor do acréscimo patrimonial e proibição de contratar com o Poder Público ou receber benefícios ou incentivos fiscais ou creditícios, direta ou indiretamente, ainda que por intermédio de pessoa jurídica da qual seja sócio majoritário, pelo prazo de dez anos.

(D) O agente público que pratica ato de improbidade administrativa que importe em lesão ao erário está sujeito às penas de suspensão dos direitos políticos de cinco a oito anos, pagamento de multa civil de até duas vezes o valor do dano e proibição de contratar com o Poder Público ou receber benefícios ou incentivos fiscais ou creditícios, direta ou indiretamente, ainda que por intermédio de pessoa jurídica da qual seja sócio majoritário, pelo prazo de cinco anos, somente se não houver sido aplicada sanção penal prevista em lei específica, em prestígio ao princípio *ne bis in idem*.

(E) Estão sujeitos às penalidades da lei os atos de improbidade praticados contra o patrimônio de entidade que receba subvenção, benefício ou incentivo, fiscal ou creditício, de órgão público, bem como daquelas entidades para cuja criação ou custeio o erário haja concorrido ou concorra com menos de cinquenta por cento do patrimônio ou da receita anual, não se limitando, nestes casos, a sanção patrimonial à repercussão do ilícito sobre a contribuição dos cofres públicos, em virtude da natureza repressiva e preventiva da sanção.

A: incorreta, pois a suspensão dos direitos políticos, no caso, é de três a cinco anos, conforme o art. 12, III, da Lei n. 8.429/1992; **B**: incorreta, pois, nos termos do art. 21, II, da Lei n. 8.429/1992, a aplicação das sanções independe da aprovação ou rejeição das contas pelo órgão de controle interno ou pelo Tribunal ou Conselho de Contas.; **C**: correta, pois é o que se depreende da LIA, especialmente do art. 12, I, da Lei n. 8.429/1992; **D**: incorreta, pois a aplicação da sanção penal não é imprescindível. Há independência entre as esferas cível e penal; **E**: incorreta, pois, nos termos do art. 1º, parágrafo único, da Lei n. 8.429/1992, limita-se, nestes casos, a sanção patrimonial à repercussão do ilícito sobre a contribuição dos cofres públicos.

Gabarito "C"

(Delegado/BA – 2013 – CESPE) De acordo com a Lei de Improbidade Administrativa, julgue o seguinte item.

(1) Considere que um agente de polícia tenha utilizado uma caminhonete da polícia civil para transportar sacos de cimento para uma construção particular. Nesse caso, o agente cometeu ato de improbidade administrativa que importa em enriquecimento ilícito.

1: correta (art. 9º, IV, da Lei 8.429/1992).

Gabarito 1C

(Delegado/BA – 2013 – CESPE) De acordo com a Lei de Improbidade Administrativa, julgue o seguinte item.

(1) Um agente público que, agindo de forma culposa, gere lesão ao patrimônio público, estará obrigado a ressarcir integralmente o dano causado.

1: correta (art. 5º da Lei 8.429/1992).

Gabarito 1C

(Delegado Federal – 2013 – CESPE) Um servidor público federal dispensou licitação fora das hipóteses previstas em lei, o que motivou o MP a ajuizar ação de improbidade administrativa, imputando ao servidor a conduta prevista no art. 10, inc. VIII, da Lei nº 8.429/1993, segundo o qual constitui ato de improbidade administrativa qualquer ação ou omissão, dolosa ou culposa, que enseje perda patrimonial, desvio, apropriação, malbaratamento ou dilapidação dos bens públicos, notadamente o ato que frustrar a licitude de processo licitatório ou dispensá-lo indevidamente.

Com base nessa situação hipotética, julgue os itens que se seguem.

(1) Caso o MP também ajuíze ação penal contra o servidor, pelo mesmo fato, a ação de improbidade ficará sobrestada até a prolação da sentença penal a fim de se evitar *bis in idem*.

(2) Na hipótese de sentença condenatória, o juiz poderá, de acordo com a gravidade do fato, aplicar ao servidor pena de multa e deixar de aplicar-lhe a suspensão de direitos políticos, ambas previstas em lei.

(3) Caso o MP não tivesse ajuizado a referida ação, qualquer cidadão poderia ter ajuizado ação de improbidade subsidiária.

1: incorreta, pois a responsabilização por improbidade é independente da responsabilização na esfera penal (art. 12, *caput*, da Lei 8.429/1992); **2:** correta, pois, de acordo com o art. 12, *caput*, da Lei 8.429/1992, as sanções de improbidade podem ser aplicadas isolada ou cumulativamente; **3:** incorreta, pois somente o Ministério Público e a pessoa jurídica lesada têm legitimidade para o ajuizamento de ação por improbidade (art. 17, *caput*, da Lei 8.429/1992).

Gabarito 1E, 2C, 3E

(Delegado Federal – 2002 – CESPE) Julgue o seguinte item.

(1) A ação pública de improbidade administrativa – de natureza civil e com legitimação ativa atribuída privativamente ao Ministério Público (MP) – objetiva punir os responsáveis e ressarcir o erário por danos sofridos pela conduta de agentes ímprobos.

1: incorreta, pois a pessoa jurídica lesada (pessoa jurídica interessada) pelo ato de improbidade também tem legitimidade para a ação de improbidade administrativa (art. 17, *caput*, da Lei 8.429/1992).

Gabarito 1E

(Delegado Federal – 2002 – CESPE) Julgue o seguinte item.

(1) Entre as sanções abstratamente cominadas aos agentes condenados por improbidade administrativa, estão a perda da função pública e a suspensão dos direitos políticos.

1: correta (art. 37, § 4.º, da CF e art. 12 da Lei 8.429/1992).

Gabarito 1C

(Delegado Federal – 2002 – CESPE) Julgue o seguinte item, sobre a improbidade administrativa.

(1) O MP pode efetuar transação ou acordo com o réu, desde que não dispense a integral reparação do dano.

1: incorreta, pois não cabe transação, acordo ou conciliação em ação por improbidade administrativa (art. 17, § 1.º, da Lei 8.429/1992).

Gabarito 1E

(Delegado/AM) Dentre as sanções impostas a quem pratica ato de improbidade administrativa, destaca-se a seguinte:

(A) proibição de comerciar.
(B) supressão das férias vincendas.
(C) declaração de insolvência civil.
(D) suspensão dos direitos públicos.

A: incorreta, pois a sanção correta é de "proibição de contratar com o Poder Público ou receber benefícios ou incentivos fiscais ou creditícios, direta ou indiretamente, ainda que por intermédio de pessoa jurídica da qual seja sócio majoritário" por um dado período de tempo (art. 12 da Lei 8.429/1992); B e **C:** incorretas, pois não existem tais previsões no art. 12 da Lei 8.429/1992; **D:** correta, nos termos do art. 12 da Lei 8.429/1992.

Gabarito "D"

(Delegado/AP – 2010) Tem legitimidade para representar à autoridade administrativa competente para que seja instaurada investigação destinada a apurar a prática de ato de improbidade:

(A) somente o Ministério Público.
(B) somente o controle externo ou corregedoria do órgão.
(C) somente o controle interno do órgão, em caráter sigiloso.
(D) somente o Ministério Público, Tribunal ou Conselho de Contas.
(E) qualquer pessoa que deseje ver apurada a prática de ato de improbidade.

Art. 14, *caput*, da Lei 8.429/1992.

Gabarito "E"

(Delegado/AP – 2006 – UFAP) O combate específico à improbidade administrativa constitui uma das bandeiras de luta do Estado Democrático de Direito. Baseando-se em tal afirmativa, marque a opção correta.

(A) Os atos de improbidade administrativa, por serem de natureza civil, são descrições mais genéricas e conceituais do que as exigidas pelo Direito Penal, possibilitando uma interpretação mais construtiva por parte da doutrina e da jurisprudência.

(B) Constitui ato de improbidade e enriquecimento ilícito, a conduta do agente que facilita ou concorre por qualquer forma para a incorporação ao patrimônio particular, de pessoa física ou jurídica, de bens integrantes do acervo patrimonial de órgão da Administração direta.

(C) A Constituição Federal prevê, em seu art. 15, inciso V, sanções mínimas e obrigatórias pela prática de qualquer ato que importe em improbidade administrativa, dentre as quais: perda dos direitos políticos, ressarcimento ao erário público e suspensão da função pública.

(D) Atos de improbidade administrativa são aqueles que ferem direta ou indiretamente os princípios constitucionais e legais da administração pública, importando, obrigatoriamente, enriquecimento ilícito ou prejuízo material ao erário público.

(E) Constitui ato de improbidade lesivo ao patrimônio público a conduta do agente que utiliza, em obra ou serviço particular, veículos ou material de qualquer natureza, de propriedade ou à disposição de qualquer das entidades pertencentes à Administração indireta.

A: correta, pois não se trata de ilícito de natureza criminal; no entanto, faz-se necessário que ocorra a tipificação do ato em alguma das modalidades de improbidade previstas na lei (vide arts. 9.º, 10 e 11 da Lei 8.429/1992); **B:** incorreta, pois o ato narrado é um ato de improbidade, não na modalidade *enriquecimento ilícito*, mas na modalidade *prejuízo ao erário* (art. 10, I, da Lei 8.429/1992), já que a incorporação narrada no enunciado foi ao patrimônio de um particular e não ao patrimônio de um agente público; **C:** incorreta, pois tal previsão está no art. 37, § 4.º, da CF; **D:** incorreta, pois há uma terceira modalidade de improbidade administrativa, que é aquela em que há violação a princípios da Administração (art. 11 da Lei 8.429/1992); **E:** incorreta, pois o caso revela improbidade na modalidade *enriquecimento ilícito* (art. 9.º, IV, da Lei 8.429/1992), e não apenas na modalidade *prejuízo ao erário*.

Gabarito "A"

(Delegado/ES – 2006 – CESPE) Em relação ao direito administrativo, julgue o item seguinte.

(1) No curso de uma ação de improbidade administrativa, é incabível o afastamento cautelar de agente público de seu cargo, pois a perda da função pública como sanção por improbidade administrativa efetiva-se exclusivamente por determinação legal com o trânsito em julgado.

1: errada, pois a lei prevê o afastamento cautelar, quando a medida se fizer necessária à instrução processual, afastamento que pode se dar por decisão de autoridade judicial ou administrativa (art. 20, parágrafo único, da Lei 8.429/1992); não se deve confundir esse afastamento com a perda do cargo público, sendo que esta, sim, depende de trânsito em julgado da sentença condenatória.

Gabarito 1E

(Delegado/GO – 2009 – UEG) Diante do comando da Lei n. 8.429/92, que dispõe sobre as condutas que configuram a improbidade administrativa e as sanções aplicáveis, é CORRETO afirmar:

(A) face ao princípio de proporcionalidade, as sanções de perda da função pública, a suspensão dos direitos políticos, a proibição de contratar com o Poder Público ou receber benefícios ou incentivos fiscais ou creditícios e o pagamento de multa civil poderão ser aplicadas de forma isolada.

(B) estão excluídos da responsabilização aqueles que não possuem vínculo efetivo ou em comissão com a Administração Pública, diante da definição de agente público para fim de incidência da Lei de Improbidade Administrativa.

(C) a pessoa jurídica beneficiada pelo ato de improbidade não pode ser responsabilizada pelas sanções previstas, apenas a(s) pessoa(s) que por ela respondem.

(D) a aplicação das sanções previstas na Lei n. 8.429/92 aos gestores públicos está condicionada à rejeição das contas pelo Tribunal de Contas.

A: correta, nos termos da jurisprudência do STJ (REsp 626.204/RS, julgado em 07.08.2007, rel. Min. Denise Arruda, *DJ* 06.09.2007); **B:** incorreta, pois a definição de agente público inclui aqueles que têm vínculo de *mandato, emprego público* e outros (art. 2.º da Lei 8.429/1992); **C:** incorreta (art. 3.º da Lei 8.429/1992); **D:** incorreta (art. 21, II, da Lei 8.429/1992).

Gabarito "A"

(Delegado/MG – 2006) A prática de ato de improbidade administrativa:

(A) Pode implicar a suspensão dos direitos políticos.

(B) Demanda a participação de servidor estatutário.

(C) Não ocorre quando o servidor estatutário causa prejuízo ao erário, agindo culposamente.

(D) Exige a participação de terceiros, estranhos ao aparato estatal.

(E) Corresponderá à prática de ilícito penal.

A: correta (art. 12 da Lei 8.429/1992); **B:** incorreta, pois o conceito de agente público previsto no art. 2.º da Lei 8.429/1992 é bem mais amplo; **C:** incorreta, pois a modalidade "prejuízo ao erário" (art. 10 da Lei 8.429/1992) se configura mediante conduta dolosa ou culposa, diferente das outras duas modalidades – "enriquecimento ilícito" (art. 9.º da lei 8.429/1992) e "violação a princípios da Administração" (art. 11 da Lei 8.429/1992) –, que requerem conduta dolosa para se configurarem; **D:** incorreta, pois não é necessária a participação de terceiros, conforme se verifica em várias hipóteses previstas nos arts. 9.º a 11 da Lei 8.429/1992; **E:** incorreta, pois o ilícito de improbidade tem natureza não penal, sendo julgado em juízo não criminal.

Gabarito "A"

(Delegado/RJ – 2009 – CEPERJ) Marque a opção em que se inclui norma incompatível com o sistema da Lei nº 8.429, de 2 de junho de 1992, que dispõe sobre as sanções aplicáveis às condutas de improbidade administrativa.

(A) A responsabilidade patrimonial daquele que causar lesão ao patrimônio público ou se enriquecer ilicitamente limitar-se ao valor da herança.

(B) Na fixação das penas previstas, o juiz levará em conta a extensão do dano causado, assim como o proveito patrimonial obtido pelo agente.

(C) As ações destinadas a levar a efeito as sanções previstas na Lei podem ser propostas no prazo de até cinco anos após o término do exercício do mandato, de cargo em comissão ou de função de confiança, ou dentro do prazo prescricional previsto em lei específica para faltas disciplinares puníveis com demissão a bem do serviço público, nos casos de exercício de cargo efetivo ou emprego.

(D) A aplicação das sanções previstas depende da efetiva ocorrência de dano ao patrimônio público, mas independe da aprovação ou rejeição das contas pelo órgão de controle interno ou pelo Tribunal ou Conselho de Contas.

(E) O agente público que sofra investigação por improbidade pode ser afastado do exercício do cargo, emprego ou função, sem prejuízo da remuneração, caso a medida se mostre necessária à instrução processual.

A: compatível (art. 8.º da Lei 8.429/1992); **B:** compatível (art. 12, parágrafo único, da Lei 8.429/1992); **C:** compatível (art. 23 da Lei 8.429/1992); **D:** incompatível (art. 21, I, da Lei 8.429/1992); **E:** compatível (art. 20, parágrafo único, da Lei 8.429/1992).

Gabarito "D"

(Delegado/RR – 2003 – CESPE) Julgue os itens subsequentes, acerca dos atos de improbidade administrativa.

(1) A Lei n.º 8.429/1992 – Lei de Improbidade Administrativa – é aplicável tanto aos agentes públicos quanto aos particulares que pratiquem atos de improbidade contra a administração pública.

(2) O Ministério Público poderá efetuar transação ou tomar compromisso de ajustamento de conduta em ações de improbidade administrativa, desde que o poder público seja ressarcido dos prejuízos sofridos.

(3) São legitimados para propor ação de improbidade administrativa: o Ministério Público, a pessoa jurídica interessada e as associações regularmente constituídas que incluam entre suas finalidades a proteção ao patrimônio público, ao meio ambiente, ao consumidor ou à ordem econômica.

1: correta (art. 3.º da Lei 8.429/1992); **2:** errada, pois o art. 17, § 1.º, da Lei 8.429/1992 veda a transação, acordo ou conciliação na ação por improbidade administrativa; **3:** errada, pois as associações não têm legitimidade para propor a ação por improbidade administrativa (art. 17, *caput*, da Lei 8.429/1992).

Gabarito 1C, 2E, 3E

(Delegado/SC – 2008) Complete as lacunas na frase a seguir e assinale a alternativa correta. No caso de desapropriação de imóveis urbanos por descumprimento das normas municipais de parcelamento, edificação e utilização do solo, o chefe do Executivo __________ em improbidade administrativa, ______________, caso o Município deixe de realizar o adequado aproveitamento do imóvel no prazo máximo de __________ anos, a partir da incorporação ao patrimônio público.

(A) não incorrerá – mas estará sujeito às demais sanções cabíveis – 5 (cinco)
(B) incorrerá – excluindo-se quaisquer outras sanções porventura cabíveis – 2 (dois)
(C) incorrerá – sem prejuízo de outras sanções cabíveis – 5 (cinco)
(D) incorrerá – sem prejuízo de outras sanções cabíveis – 2 (dois)

Art. 52, II, da Lei 10.257/2001.
Gabarito "C"

(Delegado/SC – 2008) Analise as alternativas a seguir. Todas estão corretas, exceto a:

(A) O Presidente da República é passível de processo por crime de responsabilidade, por atos que atentem contra a probidade na Administração.
(B) Negar publicidade a atos oficiais e frustrar a licitude de concurso público não caracterizam crimes de improbidade administrativa, pois a conduta não lesa o erário público e não importa em enriquecimento ilícito ou proveito próprio ou de terceiro.
(C) A Lei nº 8.429/92 caracteriza como de improbidade administrativa os atos que importam em enriquecimento ilícito e que acarretam prejuízo ao erário. Os agentes públicos em geral estão sujeitos a penas, tais como a perda da função pública, a indisponibilidade dos bens e o ressarcimento ao erário, na forma e gradação indicadas pela lei.
(D) A Lei nº 8.429/92 inseriu, nos casos de improbidade administrativa, condutas que não implicam necessariamente locupletamento de caráter financeiro ou material, como por exemplo, retardar ou deixar de praticar indevidamente ato de ofício.

A: correta (art. 85, V, da CF); **B:** incorreta (arts. 11, IV e V, da Lei 8.429/1992); **C:** correta (arts. 9.º, 10 e 12 da Lei 8.429/1992); **D:** correta (art. 11, II, da Lei 8.429/1992).
Gabarito "B"

7. INTERVENÇÃO NA PROPRIEDADE E NO DOMÍNIO ECONÔMICO

7.1. Desapropriação

(Delegado/DF – 2004) Na desapropriação, a Administração Pública deve dar ao bem desapropriado o destino mencionado no ato expropriatório. Se o imóvel desapropriado receber destinação que se mostre incompatível com o interesse público, haverá:

(A) tredestinação;
(B) caducidade;
(C) domínio eminente;
(D) afetação;
(E) reversão.

A destinação do bem expropriado em finalidade diversa da prevista inicialmente tem o nome de tredestinação, que pode ser lícita, caso se mantenha o uso em atividade de interesse público, e ilícita, se a coisa não for utilizada em atividade de interesse público.
Gabarito "A"

(Delegado/ES – 2006 – CESPE) Em relação ao direito administrativo, julgue o item seguinte.

(1) É devido o pagamento de indenizações relativas a imóveis desapropriados em virtude da criação de uma floresta nacional, nos casos em que a limitação administrativa importar em perda dos poderes inerentes ao domínio e causar prejuízo ao proprietário.

1: correta, nos termos da jurisprudência do STF e do STJ, que são uníssonas no sentido de que, caso a limitação administrativa seja tão rigorosa a ponto de esvaziar o direito de propriedade, há de se considerar ter havido verdadeira desapropriação indireta no caso, justificando pagamento de indenização ao proprietário da coisa.
Gabarito 1C

7.2. Servidão administrativa

(Delegado/CE – 2006 – CEV/UECE) Sobre a intervenção do Estado na propriedade, sob a modalidade de servidão administrativa, podemos afirmar, corretamente, que

(A) a servidão administrativa tem natureza jurídica de direito pessoal.
(B) a servidão administrativa tem como característica a autoexecutoriedade.
(C) a servidão administrativa não possui o caráter de definitividade.
(D) a indenização, apesar de condicionada ao prejuízo, deve ser prévia.

A: incorreta, pois tem natureza de direito real; **B:** incorreta, pois a instituição de servidão administrativa se dá mediante acordo com o proprietário da coisa ou ingresso com ação de desapropriação para instituir esse direito (art. 40 do Dec.-lei 3.365/1941); **C:** incorreta, pois a servidão administrativa costuma ter esse caráter, como é o caso da servidão de aqueduto; **D:** correta, pois a indenização, no caso, depende da existência de prejuízo e segue a sorte da desapropriação para a aquisição da propriedade, ou seja, deve ser prévia, justa e em dinheiro.
Gabarito "D"

(Delegado/DF – 2004) O Estado, na defesa do interesse da coletividade, pode promover a intervenção na propriedade privada. Uma das formas de intervenção prevê que o Poder Público pode impor ao proprietário de um bem a obrigação de suportar restrição permanente decorrente da prestação de um serviço público. Essa modalidade de intervenção denomina-se:

(A) tombamento;
(B) servidão administrativa;
(C) requisição;
(D) limitação administrativa;
(E) ocupação temporária.

A: incorreta, pois o tombamento não é instituído visando à prestação de um serviço público, mas visando à preservação de um bem com valor especial para a sociedade; **B:** correta, pois a obrigação de suportar uma restrição permanente em favor da prestação de um serviço público é criada justamente pela instituição de uma servidão administrativa; por exemplo, é servidão administrativa a restrição feita a um imóvel, para que este tenha que suportar a passagem de tubulações no seu subsolo; **C:** incorreta, pois a requisição administrativa se dá para acautelar situação de iminente perigo público (exemplo: requisição de um clube particular para abrigar pessoas que perderam suas casas pela força das chuvas), de modo que não é permanente, nem se destina à prestação de um serviço público; **D:** incorreta, pois a limitação administrativa é uma imposição de caráter geral (atinge pessoas indeterminadas) e gratuita (não cabe indenização), que delimita o direito das pessoas; nesse sentido, não se confunde com a servidão, que é de caráter especial (atinge pessoas determinadas), impõe indenização (se houver dano) e afasta parte do direito das pessoas; **E:** incorreta, pois a ocupação temporária consiste na utilização de terreno particular para servir de canteiro de obras públicas ou para a efetivação de pesquisas com vistas à descoberta de minérios em propriedades privadas.
Gabarito "B"

(Delegado/GO – 2009 – UEG) Acerca do instituto da servidão administrativa, é CORRETO afirmar:

(A) a servidão administrativa impõe ao proprietário do imóvel um gravame de caráter temporário, que é característica típica desse instituto.
(B) a servidão administrativa poderá concretizar-se por acordo entre o Poder Público e o proprietário.
(C) a servidão administrativa opera transferência de posse do bem ao Poder Público.
(D) nas situações em que a servidão administrativa decorre diretamente de lei, não é possível indenização.

A: incorreta, pois a servidão é um gravame duradouro, diferentemente da requisição administrativa e da ocupação temporária, que trazem gravames passageiros; **B:** correta, pois a servidão deve ser instituída da mesma forma como se dá na desapropriação para a aquisição de um bem (art. 40 do Dec.-lei 3.365/1941), que admite o acordo extrajudicial como forma de aquisição da coisa; **C:** incorreta, pois a servidão confere um *direito real* sobre a coisa, que tem valor jurídico maior do que o mero *direito de posse*; **D:** incorreta, pois desde que o fato atinja pessoa determinada e gere prejuízo, caberá indenização, pouco importando se se trata de servidão instituída por lei ou por ato administrativo.
Gabarito "B"

(Delegado/SP – 2003) O direito real de gozo, de natureza pública, instituído sobre imóvel de propriedade alheia, com base em lei, por entidade pública ou por seus delegados, em favor de um serviço público ou de um bem afetado a fim de utilidade pública recebe o nome de

(A) desapropriação.
(B) requisição.

(C) ocupação temporária.
(D) servidão administrativa.

O conceito trazido no enunciado define adequadamente a servidão administrativa.
Gabarito "D"

(Delegado/SP – 2002) Torres e redes elétricas que ocupam terrenos de propriedade particular, instaladas por sociedade de economia mista, caracterizam caso de

(A) servidão civil.
(B) desapropriação.
(C) servidão administrativa.
(D) limitação administrativa.

Torres e redes elétricas são restrições que devem suportar propriedades particulares em favor da prestação de serviço público (no caso, serviço de energia elétrica), de modo que o instituto caracterizado é o da servidão administrativa.
Gabarito "C"

(Delegado/SP – 2000) A passagem de fios elétricos sobre imóveis particulares é

(A) limitação administrativa.
(B) servidão administrativa.
(C) tombamento.
(D) requisição.

A passagem de fios elétricos por propriedades particulares, em favor da prestação de serviço público (no caso, serviço de energia elétrica), caracteriza o instituto da servidão administrativa.
Gabarito "B"

7.3. Requisição administrativa

(Delegado/RJ – 2013 – FUNCAB) Quanto à disciplina das requisições e demais modalidades de intervenção do Estado na propriedade, assinale a alternativa correta.

(A) O objeto das requisições abrange somente os bens móveis e os serviços particulares, excluindo-se os bens imóveis, cuja intervenção se dará na forma de ocupação temporária.
(B) A requisição é direito pessoal, ao contrário da servidão, que é direito real, e tem como pressuposto constitucional o perigo público iminente.
(C) A requisição, quando causar diminuição patrimonial do particular, estará sujeita à prévia indenização nos termos da Constituição Federal.
(D) Segundo a legislação aplicável, a requisição tem o prazo máximo de 30 dias, prorrogáveis por igual período em caso de justificada necessidade.
(E) Não podem os entes federativos instituir servidões administrativas sobre os imóveis, uns dos outros.

A: incorreta, pois a requisição administrativa também pode recair sobre imóveis, não havendo limitação a apenas móveis e serviços no art. 5º, XXV, da CF; **B:** correta, pois a requisição se dá em caso de perigo público iminente (art. 5º, XXV, da CF) e é direito pessoal, ao passo que servidão é direito real e está prevista no art. 40 do Dec.-lei 3.365/1941; **C:** incorreta, pois a Constituição Federal prevê indenização ulterior no caso; **D:** incorreta, pois não há essa previsão nas leis que regulam a requisição de bens, tais como a Lei Delegada 4/1962, o Dec.-lei 2/1966 e o Dec.-lei 4.812/1942; **E:** incorreta, pois é possível desde que obedecidas as regras da lei de desapropriação (arts. 2º, § 2º, e 40 do Dec.-lei 3.365/41).
Gabarito "B"

(Delegado Federal – 1998 – CESPE) No que se refere à intervenção do Estado no domínio econômico, julgue o item abaixo.

(1) A requisição administrativa de bem ou serviço de particular pode não gerar o dever de indenizar.

1: correta, pois a requisição administrativa somente gerará o dever de indenizar, que é ulterior, se causar dano ao particular (art. 5.º, XXV, da CF).
Gabarito 1C

7.4. Tombamento

(Delegado Federal – 1998 – CESPE) No que se refere à intervenção do Estado no domínio econômico, julgue os itens abaixo.

(1) O tombamento implica a transferência de propriedade do bem tombado para o poder público, permanecendo o particular apenas com a posse direta da coisa.
(2) Tanto a União quanto os Estados, o Distrito Federal e os Municípios têm, em princípio, o poder de declarar o tombamento de bens que digam respeito ao peculiar interesse de cada qual.

1: errada, pois um bem tombado continua de propriedade do particular, não se podendo confundir tombamento com desapropriação; vale salientar que bens públicos também podem ser tombados; **2:** correta, pois o tombamento pode ser realizado por qualquer dos entes federativos (União, Estados, Distrito Federal e Municípios), sendo que tais entes podem, inclusive, tombar, cumulativamente, um mesmo bem.
Gabarito 1E, 2C

7.5. Limitação administrativa

(Delegado/MA – 2006 – FCC) Considere as restrições do Estado sobre a propriedade privada.

I. A requisição é o direito real de gozo e disposição, de natureza pública, instituído sobre imóvel de propriedade alheia, por entidade pública ou por seus delegados, em favor de um serviço público.
II. As limitações administrativas são medidas de caráter específico, que incidem sobre imóvel certo e determinado, gerando para o proprietário obrigações negativas, com fundamento no poder de polícia do Estado.
III. A ocupação temporária se caracteriza pela utilização transitória, gratuita ou remunerada, de imóvel de propriedade particular, para fins de interesse público.
IV. O tombamento se caracteriza por ser uma restrição parcial, não impedindo ao particular o exercício dos direitos inerentes ao domínio.

É correto o que se afirma APENAS em

(A) I e II.
(B) I, II e III.
(C) I, II e IV.
(D) II, III e IV.
(E) III e IV.

I: incorreta, pois essa definição é de *servidão administrativa*, e não de *requisição administrativa*; II: incorreta, pois as *limitações administrativas* são medidas de caráter geral (abrangendo pessoas indeterminadas), e não de caráter específica (abrangendo pessoas determinadas); III: correta, nos termos do disposto no art. 36 do Dec.-lei 3.365/1941; IV: correta, pois o tombamento restringe, mas não inviabiliza, como regra, o uso da propriedade.
Gabarito "E"

8. BENS PÚBLICOS

8.1. Conceito e classificação dos bens públicos

(Delegado/RJ – 2013 – FUNCAB) Uma viatura policial alocada ao depósito público como inservível se caracteriza como bem:

(A) de uso especial.
(B) dominical.
(C) de uso comum do povo.
(D) privado.
(E) afetado.

Uma viatura policial em serviço público é um bem de uso especial (art. 99, II, do CC), mas uma viatura policial que não mais é utilizada e está em depósito público é mero bem patrimonial do Estado, ou seja, é bem dominical (art. 99, III, do CC).
Gabarito "B"

(Delegado/SP – 2002) Os bens dominicais do Estado só não podem ser alienados mediante o instituto do(a)

(A) usucapião.
(B) dação em pagamento.
(C) doação.
(D) retrocessão.

A: correta, pois os bens públicos não estão sujeitos à usucapião (art. 102 do Código Civil); **B:** incorreta, pois os bens públicos podem ser dados em pagamento (art. 17, I, *a*, da Lei 8.666/1993); **C:** incorreta, pois os bens públicos podem ser objeto de doação (art. 17, I, *b*, da Lei 8.666/1993); **D:** incorreta, pois a retrocessão é cabível quando o Poder Público não utilizar os bens públicos em finalidade de interesse público, hipótese em que o antigo proprietário da coisa tem direito de adquiri-la de volta.
Gabarito "A"

(Delegado/SP – 2003) Pode-se conceituar afetação como sendo

(A) o fato administrativo pelo qual um bem público é desativado, deixando de servir à finalidade pública anterior.
(B) o fato administrativo pelo qual se atribui ao bem público uma destinação pública especial de interesse direto ou indireto da Administração.
(C) o fato ou a manifestação do poder público mediante o qual o bem jurídico é subtraído à dominialidade estatal para incorporar-se ao domínio privado do Estado ou do particular.
(D) a forma pela qual a propriedade pública fica desonerada da finalidade privada na qual vinha sendo utilizada.

A: incorreta, pois a alternativa conceitua a *desafetação*, e não a *afetação*; **B:** correta, pois traz adequado conceito para *afetação*; **C:** incorreta, pois a colocação do bem no domínio privado do Estado tem o nome de *desafetação*, e a passagem do bem para o domínio particular se dá pela *alienação*; **D:** incorreta, pois a afetação é justamente o contrário, ou seja, a propriedade pública passar a ter uma destinação especial *pública* com ela.
Gabarito "B"

(Delegado/SP – 1998) A preposição de um bem público a um dado destino categorial, de uso comum ou especial, denomina-se

(A) concessão
(B) revalidação
(C) retrocessão
(D) afetação

De fato, a destinação de um bem público a um uso comum do povo ou a um uso especial tem o nome de afetação.
Gabarito "D"

8.2. Regime jurídico dos bens públicos (características dos bens públicos)

(Delegado/GO – 2009 – UEG) A Saneago-GO, Saneamento de Goiás S.A., sociedade de economia mista, pretende alienar bem imóvel de sua propriedade. Pela legislação aplicável a sociedade poderá

(A) deixar de realizar a avaliação prévia do imóvel.
(B) alienar independentemente de autorização legislativa.
(C) não promover o processo de licitação de concorrência.
(D) dispensar a motivação, por escrito, do interesse público que justifica a alienação.

Os bens de uma sociedade de economia mista, pessoa jurídica de direito privado estatal, são considerados bens privados, diferente dos bens das pessoas jurídicas de direito público, que são considerados bens públicos (art. 98 do Código Civil). Assim sendo, não é necessária autorização legislativa para alienação do bem. Porém, como tal entidade está sujeita à Lei 8.666/1993, é necessária motivação quanto ao interesse público da alienação, avaliação prévia do imóvel e licitação na modalidade concorrência (art. 17, I, da Lei 8.666/1993).
Gabarito "B"

8.3. Bens públicos em espécie

(Delegado/SP – 2008) Incluem-se entre os bens imóveis da União os terrenos de marinha, como tais considerados aqueles que, partindo da posição da linha da preamar média, medem, em direção à parte da terra.

(A) trezentos e trinta metros.
(B) trinta e três metros.
(C) sessenta e seis metros.
(D) cem metros.
(E) cento e cinquenta metros.

Art. 2.° do Dec.-lei 9.760/1946.
Gabarito "B"

9. RESPONSABILIDADE DO ESTADO

(Delegado/PR – 2013 – UEL-COPS) Quanto à responsabilidade extracontratual do Estado, assinale a alternativa que apresenta, corretamente, caso em que existe uma atenuante de responsabilidade do Estado.

(A) Caso fortuito.
(B) Culpa concorrente da vítima.
(C) Culpa exclusiva de terceiros.
(D) Dolo eventual.
(E) Força maior.

A, C e **E:** incorretas, pois o caso fortuito, a culpa exclusiva de terceiro e a força maior *excluem* (e não *atenuam*) a responsabilidade estatal; **B:** correta, pois a culpa *concorrente* da vítima *atenua* a responsabilidade estatal; **D:** incorreta, pois o dolo eventual não exclui, nem atenua a responsabilidade, mas confirma a responsabilidade de quem assim agiu.
Gabarito "B"

(Delegado Federal – 2002 – CESPE) Julgue o seguinte item.

(1) Os atos lesivos a terceiros praticados em razão dos serviços públicos prestados por empregados de empresas concessionárias ou permissionárias não geram a responsabilidade objetiva do Estado.

1: errada, pois as pessoas jurídicas de direito privado *prestadoras de serviço público* respondem pelos danos que seus agentes, nessa qualidade, causarem a terceiros (art. 37, § 6.°, da CF).
Gabarito 1E

(Delegado Federal – 1998 – CESPE) Julgue o item abaixo.

(1) Considere a seguinte situação: Ana é Delegada de Polícia Federal e tem, sob sua responsabilidade, diversos bens de alto valor apreendidos em ações policiais. Em certa e recente ocasião, em um dia de domingo em que estava escalada para trabalhar, Ana chegou cansada à repartição policial, devido à festa de aniversário a que compareceu na véspera e que se prolongou noite adentro. Ana dormiu durante boa parte de seu horário de trabalho nesse dia e, com isso, culposamente, propiciou que João, desonesto servidor do DPF, surrupiasse alguns dos bens sob custódia da referida servidora. A autoria da subtração jamais foi descoberta, concluindo-se pela culpa da Delegada. Na situação descrita, a ação de indenização cabível contra Ana, para ressarcimento do erário, poderá ser ajuizada independentemente de prazo.

1: correta, pois Ana, como todo servidor, responde civilmente quando agir com culpa ou dolo; no caso, ficou caracterizada a existência de culpa, dada a negligência da delegada; quanto ao prazo para a ação de ressarcimento, tal prazo não existe, pois o STF entende que a pretensão de ressarcimento do erário quando se comete ato ilícito contra o Poder Público é imprescritível, nos termos do § 5.° do art. 37 da CF (MS 26.210/DF, rel. Min. Ricardo Lewandowski, *DJ* 10.10.2008).
Gabarito 1C

(Delegado/AC – 2008 – CESPE) Acerca da responsabilidade civil do Estado e de seus servidores, julgue os itens a seguir.

(1) Os servidores públicos de uma autarquia do Acre respondem objetivamente pelos danos que, no exercício de suas funções, causem culposamente a terceiros.
(2) Considere que um detento tenha sido morto por seus colegas de carceragem, dentro da cela de uma delegacia de polícia do Estado do Acre. Nessa situação, o Acre responde pelos danos materiais e morais resultantes dessa morte, mesmo que reste demonstrada a ausência de culpa dos agentes públicos responsáveis pela segurança dos presos.

1: errada, pois os agentes públicos só respondem se agirem com culpa ou dolo (art. 37, § 6.°, parte final, da CF); **2:** correta, pois a responsabilidade do Estado no caso é considerada objetiva (STF, AgRg no AgIn 603.865, rel. Min. Cármem Lúcia, *DJ* 06.02.2009).
Gabarito 1E, 2C

(Delegado/AP – 2006 – UFAP) O Estado muitas vezes causa danos ou prejuízos aos indivíduos, gerando a obrigação de reparação patrimonial, decorrente da responsabilidade civil. Tomando por base tal afirmação é correto dizer que:

(A) se o Estado, por suas pessoas jurídicas, causar danos aos indivíduos, deve reparar esses danos, indenizando-os, desde que tenha agido com dolo ou culpa.
(B) a responsabilidade civil do Estado confunde-se com a responsabilidade criminal e administrativa dos agentes públicos.
(C) a indenização do dano deve abranger o que a vítima efetivamente perdeu, o que despendeu, excluindo-se apenas o que deixou de ganhar por força do ato lesivo.
(D) no âmbito penal, em atenção à autoridade da coisa julgada, à liberdade e independência dos magistrados, predomina o princípio da irresponsabilidade do Estado.

(E) cabe ação regressiva contra o servidor público, no caso de a pessoa pública ter sido condenada a indenizar em razão de ato lesivo praticado pelo servidor por dolo ou culpa.

A: incorreta, pois o Estado responde objetivamente (art. 37, § 6.º, da CF); **B:** incorreta, por dois motivos, quais sejam, a responsabilidade do Estado não se confunde com a responsabilidade de seus agentes (a primeira é objetiva e a segunda é subjetiva) e as esferas penal, administrativa e civil são independentes entre si; **C:** incorreta, pois ou que se deixou de ganhar (lucros cessantes) também faz parte do *quantum* indenizatório; **D:** incorreta, pois o Estado também responde por decisões judiciais proferidas em processo criminal, bastando que se configure o chamado erro judiciário (art. 5.º, LXXV, da CF); **E:** correta (art. 37, § 6.º, parte final, da CF).

Gabarito "E"

(Delegado/CE – 2006 – CEV/UECE) Em relação à responsabilidade objetiva do Estado, assinale a alternativa FALSA.

(A) A responsabilidade do Estado pelos atos praticados pelas concessionárias de Serviço Público é subsidiária.
(B) Segundo a corrente majoritária, a responsabilidade objetiva do Estado, consagrada constitucionalmente, abrange todos os atos do Estado, sejam eles comissivos ou omissivos.
(C) O Estado deve responder objetivamente quando, eventualmente, vier a lesar bem juridicamente protegido para satisfazer um interesse público.
(D) As empresas públicas responderão pelos danos que seus agentes, nessa qualidade, causarem a terceiros, quando prestadoras de serviços públicos.

A: verdadeira, nos termos do que vem decidindo o STJ (REsp 1.135.927/MG, rel. Min. Castro Meira, *DJe* 19.08.2010: "Há responsabilidade subsidiária do Poder Concedente, em situações em que o concessionário não possuir meios de arcar com a indenização pelos prejuízos a que deu causa"); **B:** falsa, pois o STF e o STJ vêm entendendo que a responsabilidade do Estado por atos comissivos é objetiva, ao passo que por atos omissivos, subjetiva; **C:** verdadeira, podendo-se citar como exemplo a situação em que o Estado cria um espaço territorial protegido em área privada, esvaziando o conteúdo da propriedade com vistas à proteção do meio ambiente; **D:** verdadeira, nos termos do art. 37, § 6.º, da CF já que, no caso, temos uma pessoa jurídica de direito privado *prestadora de serviço público*.

Gabarito "B"

(Delegado/CE – 2006 – CEV/UECE) A responsabilidade objetiva do Estado no caso de comportamentos lícitos, tem como fundamento o

(A) Princípio da Legalidade.
(B) Princípio da Proporcionalidade.
(C) Princípio da Razoabilidade.
(D) Princípio da Isonomia.

O princípio aplicável é o da isonomia. Um exemplo pode aclarar. Quando o Estado desapropria uma propriedade privada (comportamento lícito), o proprietário do imóvel está perdendo a sua propriedade em favor de toda a sociedade. Para preservar o princípio da igualdade, é justo que o particular seja indenizado por isso, sob pena de cada um de nós nos enriquecermos sem causa, pois todos nós somos beneficiados pela desapropriação efetivada.

Gabarito "D"

(Delegado/DF – 2004) Levando-se em consideração a teoria do risco administrativo, usada para disciplinar a responsabilidade patrimonial do Estado, analise as afirmativas a seguir:

I. A responsabilidade do Estado é subjetiva, estando condicionada a demonstração de culpa ou dolo do agente público.
II. A culpa exclusiva e a concorrente da vítima são causas excludentes da responsabilidade do Estado.
III. As autarquias estão sujeitas a normas constitucionais relativas à responsabilidade patrimonial do Estado.

É/são afirmativa(s) verdadeira(s) somente:

(A) I;
(B) II;
(C) III;
(D) I e III;
(E) II e III.

I: falsa, pois a responsabilidade do Estado é objetiva; II: falsa, pois a culpa concorrente da vítima não exclui a responsabilidade estatal, mas apenas diminui o valor da indenização; III: verdadeira, valendo salientar que, como são pessoas jurídicas de direito público, respondem objetivamente (art. 37, § 6.º, da CF).

Gabarito "C"

(Delegado/DF – 2004) Em relação aos diversos tipos de responsabilidade do servidor público, analise as afirmativas a seguir:

I. A sentença penal absolutória que concluir pela insuficiência de provas não afasta a responsabilidade civil do servidor, mas impede a sua punição administrativa.
II. A lei expressamente prevê que o servidor público somente responderá civilmente perante o Estado. Não se admite propositura de ação indenizatória diretamente contra o servidor público.
III. A instauração de processo administrativo disciplinar poderá ser dispensada se a autoridade competente para punir presenciar a prática da infração.

É/são afirmativa(s) verdadeira(s) somente:

(A) I;
(B) II;
(C) III;
(D) I e II;
(E) nenhuma.

I: falsa, pois somente a absolvição criminal por negativa de autoria e a inexistência material do fato interferem na responsabilização administrativa (art. 126 da Lei 8.112/1990); II: falsa, pois a lei não traz expressamente essa previsão; todavia, a jurisprudência do STF se firmou exatamente nesse sentido, ou seja, não é possível que a vítima ingresse com ação indenizatória diretamente contra o agente público, por dano que este tiver causado nesta qualidade, devendo ingressar com ação contra o Estado, que, em seguida, poderá denunciar da lide em face do agente público ou acioná-lo, posteriormente, em ação regressiva; III: falsa, pois o instituto da *verdade sabida* é inconstitucional, fazendo-se necessário instaurar processo administrativo com respeito ao contraditório e à ampla defesa.

Gabarito "E"

(Delegado/ES – 2006 – CESPE) Em relação ao direito administrativo, julgue o item seguinte.

(1) Dano causado a terceiro em decorrência de ato de empreiteira, durante a execução de obra pública, não gera presunção de culpa absoluta, apta a desencadear a responsabilização civil do Estado.

1: incorreta, pois o Estado responde civilmente por danos causados por obra pública, vez que tais obras são de responsabilidade estatal.

Gabarito 1E

(Delegado/MG – 2012) Sobre a Responsabilidade Civil do Estado é **correto** afirmar, **exceto**:

(A) As pessoas jurídicas de direito público respondem pelos danos que seus agentes, no exercício de suas funções, causarem a terceiros.
(B) Cabível ao Estado ajuizar ação de regresso em face do agente causador do dano, desde que tenha agido dolosamente, mostrando-se inviável à pretensão se a conduta foi meramente culposa.
(C) O princípio da repartição dos encargos também constitui fundamento da responsabilidade objetiva do Estado.
(D) As pessoas jurídicas de direito privado que prestam serviços delegados serão responsáveis pelos atos seus ou de seus prepostos, desde que haja vínculo jurídico de direito público entre o Estado e o delegatário.

A: correta (art. 37, § 6.º, da CF); **B:** incorreta (devendo ser assinalada), pois não é correto afirmar que só se pode acionar regressivamente o agente público em caso de *dolo* por parte deste; o art. 37, § 6.º, da CF também admite que o Estado acione o agente público em caso de *mera conduta culposa em sentido estrito*; **C:** correta, pois, com efeito, o Estado ao administrar age em favor de todos nós, sendo justo que, em caso de dano causado a alguém por parte daquele, a responsabilidade seja praticamente automática, de modo que existe uma repartição de encargos para cada um de nós, que, como contribuintes, financiamos os gastos estatais, inclusive os gastos com indenizações; **D:** correta, pois as pessoas de direito privado prestadoras de serviço público (delegatárias de serviço público) respondem dessa forma por conta do disposto no art. 37, § 6.º, da CF.

Gabarito "B"

(Delegado/MG – 2008) No tocante à responsabilidade do Estado caso haja dano a indenizar, é *INCORRETO* afirmar que

(A) o agente pode ser pessoa jurídica de direito público ou de direito privado prestadora de serviços públicos.

(B) as entidades de administração indireta que executem atividade econômica de natureza privada não se submetem à regra objetiva.
(C) às empresas públicas é aplicada a regra objetiva quando não desempenharem serviço público.
(D) o agente causador do dano deverá estar no exercício de função pública.

A: correta (art. 37, § 6.º, da CF); **B:** correta, pois só as entidades de natureza privada *prestadoras de serviço público* respondem objetivamente (art. 37, § 6.º, da CF); **C:** incorreta (devendo ser assinalada), pois é justamente o contrário, ou seja, tais empresas respondem objetivamente apenas quando desempenharem serviço público (art. 37, § 6.º, da CF); **D:** correta, pois o Estado responde objetivamente quando seus agentes, *nessa qualidade* (no exercício de função pública), causarem danos a terceiros (art. 37, § 6.º, da CF).
Gabarito "C"

(Delegado/MG – 2007) Na realização de uma obra pública pelo Município (sem auxílio de terceiros), o teto de uma casa particular é destruído pelo uso indevido do maquinário utilizado pelo Poder Público. O proprietário do imóvel, em consequência dos prejuízos, ajuíza ação de indenização contra o Município. Com relação à hipótese, é incorreto afirmar que:

(A) o Município poderá ser condenado, em face da responsabilidade objetiva que se lhe impõe.
(B) a comprovação da culpa concorrente do proprietário acarretará a não condenação do Município.
(C) o Município, uma vez condenado, poderá cobrar o valor da indenização do agente responsável, se este tiver agido com culpa ou dolo.
(D) na hipótese de o Município contratar empresa para realizar obra, a responsabilidade principal recairia sobre a referida contratada, se constatado que a lesão decorre de imperícia.

A: correta, pois a responsabilidade do Estado é objetiva (art. 37, § 6.º, da CF); **B:** incorreta (devendo ser assinalada), pois somente a culpa exclusiva do proprietário é capaz de causar a não condenação do Município; **C:** correta, nos termos da parte final do § 6.º do art. 37 da CF; **D:** correta; no entanto, o Município também pode ser responsabilizado, por se tratar de uma obra patrocinada por este.
Gabarito "B"

(Delegado/MG – 2006) A responsabilidade civil objetiva do Estado, nos termos da Constituição da República:

(A) Está presente quando os empregados das concessionárias de serviços públicos, no exercício de suas funções causarem danos a terceiros.
(B) Está condicionada à atuação dolosa ou culposa dos agentes públicos.
(C) Não atinge os atos praticados pelas agências reguladoras.
(D) Será apurada após o chamamento ao processo do servidor estatuário.
(E) Atinge os atos praticados pelas empresas estatais exploradoras de atividade econômica, no exercício de sua atividade-fim.

A: correta (art. 37, § 6.º, da CF); **B:** incorreta, pois o Estado responde objetivamente (art. 37, § 6.º, da CF); **C:** incorreta, pois as agências reguladoras, como pessoas jurídicas de direito público, respondem objetivamente (art. 37, § 6.º, da CF); **D:** incorreta, pois o Estado deve ser acionado diretamente sendo que, somente depois, poderá acionar regressivamente o servidor que tiver agido com culpa ou dolo, o que poderá ser feito na própria ação, por meio de denunciação da lide; **E:** incorreta, pois somente as empresas estatais *prestadoras de serviço público* respondem objetivamente (art. 37, § 6.º, da CF).
Gabarito "A"

(Delegado/MT – 2006 – UFMT) A ação de responsabilidade civil contra o servidor que tenha causado danos ao erário público mediante comportamento ilícito

(A) prescreve em cinco anos, da data do conhecimento do fato.
(B) prescreve em dois anos, da data do conhecimento do fato.
(C) é imprescritível.
(D) perde a eficácia se o servidor é exonerado.
(E) perde a eficácia se o servidor é demitido.

O STF entende que a pretensão de ressarcimento do erário quando se comete ato ilícito contra o Poder Público é imprescritível, nos termos do § 5.º do art. 37 da CF (MS 26.210/DF, rel. Min. Ricardo Lewandowski, *DJ* 10.10.2008).
Gabarito "C"

(Delegado/PI – 2009 – UESPI) A responsabilidade civil da pessoa jurídica, concessionária de serviço público, relativa aos danos causados aos usuários dos serviços por ela prestados:

(A) é excluída, se a prestação do serviço concedido for fiscalizada pelo poder concedente.
(B) é integral, se a prestação do serviço concedido não for fiscalizada pelo poder concedente.
(C) é integral, mesmo se a prestação do serviço concedido for fiscalizada pelo poder concedente.
(D) é atenuada, se a prestação do serviço concedido for fiscalizada pelo poder concedente.
(E) a pessoa jurídica concessionária de serviços não tem responsabilidade civil quanto aos danos causados aos usuários, haja vista que o poder concedente continua com a titularidade do serviço público concedido.

A: incorreta, pois a ausência de fiscalização pelo poder concedente não afasta a responsabilidade objetiva das concessionárias de serviço público, que está prevista na Constituição Federal (art. 37, § 6.º, da CF); **B:** incorreta, pois a responsabilidade das concessionárias é integral, com fiscalização ou não pelo poder concedente; **C:** correta, nos termos dos comentários feitos para as alternativas anteriores; **D:** incorreta, pois a responsabilidade é integral, conforme se viu; **E:** incorreta, nos termos do art. 37, § 6.º, da CF, pelo qual as pessoas jurídicas prestadoras de serviço público respondem objetivamente.
Gabarito "C"

(Delegado/SP – 2000) Viatura policial abalroou um veículo particular causando-lhe danos. O proprietário desse veículo será indenizado pelo Estado

(A) se houver nexo de causalidade entre o procedimento comissivo da Administração Pública e os danos produzidos.
(B) somente se restar comprovada a culpa comissiva do Estado.
(C) exclusivamente se a ação do motorista foi dolosa.
(D) apenas no caso de o condutor do carro oficial não estar a serviço da unidade em que trabalha.

A: correta, pois a responsabilidade do Estado é objetiva; B e **C:** incorretas, pois a responsabilidade do Estado é objetiva, não havendo que se falar em culpa ou dolo; **D:** incorreta, pois, estando em carro oficial, considera-se o servidor como em serviço, ou seja, como agindo na qualidade de agente público (art. 37, § 6.º, da CF).
Gabarito "A"

10. LICITAÇÕES E CONTRATOS

10.1. Licitação

10.1.1. Princípios e conceitos básicos

(Delegado/PA – 2013 – UEPA) Sobre a Lei de Licitações, assinale a alternativa correta.

(A) A licitação não será sigilosa, sendo públicos e acessíveis ao público todos os atos de seu procedimento, durante todas as fases, sem exceção, em virtude do princípio da transparência e da necessidade de controle social.
(B) É dispensável a licitação nos casos de emergência ou de calamidade pública, quando caracterizada urgência de atendimento de situação que possa ocasionar prejuízo ou comprometer a segurança de pessoas, obras, serviços, equipamentos e outros bens, públicos ou particulares, e somente para os bens necessários ao atendimento da situação emergencial ou calamitosa e para as parcelas de obras e serviços que possam ser concluídas no prazo máximo de 180 (cento e oitenta) dias consecutivos e ininterruptos, contados da ocorrência da emergência ou calamidade, sendo a prorrogação dos respectivos contratos permitida desde que persista a situação de calamidade.
(C) Não poderá participar, direta ou indiretamente, da licitação ou da execução de obra ou serviço e do fornecimento de bens a eles necessários, o autor do projeto, básico ou executivo, mesmo que atue como consultor ou técnico, nas funções de fiscalização, supervisão ou gerenciamento, exclusivamente a serviço da Administração interessada.
(D) A declaração de nulidade do contrato administrativo opera retroativamente impedindo os efeitos jurídicos que ele, ordinariamente,

deveria produzir, além de desconstituir os já produzidos e exonera a Administração do dever de indenizar o contratado pelo que este houver executado até a data em que ela for declarada, em qualquer caso.

(E) Nos processos de licitação, poderá ser estabelecida margem de preferência para produtos manufaturados e para serviços nacionais que atendam a normas técnicas brasileiras. No caso de produtos manufaturados e serviços nacionais resultantes de desenvolvimento e inovação tecnológica realizados no País, poderá ser estabelecida margem de preferência adicional. As margens serão definidas pelo Poder Executivo federal, não podendo a soma delas ultrapassar o montante de 25% (vinte e cinco por cento) sobre o preço dos produtos manufaturados e serviços estrangeiros.

A: incorreta; a afirmativa erra no ponto em que diz que não há exceção ao princípio da publicidade, pois a Lei 8.666/1993 dispõe que há uma exceção, que é sigilo do conteúdo das propostas dos licitantes, até a abertura dos respectivos envelopes (art. 3º, § 3º); **B:** incorreta, pois é vedada a prorrogação do contrato de emergência (art. 24, IV, da Lei 8.666/1993); **C:** incorreta, pois, por exceção, "é permitida a participação do autor do projeto ou da empresa (...), na licitação de obra ou serviço, ou na execução, como consultor ou técnico, nas funções de fiscalização, supervisão ou gerenciamento, exclusivamente a serviço da Administração interessada"; repare que somente nas funções mencionadas, sempre a serviço da Administração, é que o autor do projeto poderá participar do contrato respectivo; **D:** incorreta, pois a Administração tem, sim, o dever de indenizar o contratado pelo que este houver executado até a data em que a nulidade tiver sido declarada (art. 59, parágrafo único, da Lei 8.666/1993); vale lembrar que esse dever só não existirá caso o contratado tiver agido de má-fé, tendo sido o causador da nulidade **E:** correta (art. 3º, §§ 5º, 7º e 8º, da Lei 8.666/1993).

Gabarito "E"

(Delegado Federal – 1998 – CESPE) Julgue o seguinte item.

(1) Em razão do princípio da vinculação ao instrumento convocatório, o instrumento, uma vez publicado, não mais pode ser modificado em aspecto algum.

1: errada, pois, havendo algo a ser corrigido, deve haver nova publicação; o princípio da vinculação impede apenas que o julgamento e o contrato a ser celebrado desrespeitem o instrumento convocatório.

Gabarito 1E

(Delegado Federal – 1998 – CESPE) Julgue o seguinte item.

(1) Considere a seguinte situação: Mário é presidente da comissão de licitação de uma unidade do DPF e, certo dia, recebeu visita de Pedro, cidadão brasileiro, que se identificou como tal e solicitou ao primeiro informar-lhe o cronograma dos atos de todas as licitações em andamento na repartição, pois pretendia acompanhar os atos não sigilosos da comissão, daquela data em diante. Na situação descrita, Mário está obrigado a atender ao pedido de Pedro.

1: correta, pois os cidadãos têm direito de acompanhar o desenvolvimento das licitações, que têm como princípio básico, o princípio da publicidade (art. 3.º, § 3.º, da Lei 8.666/1993).

Gabarito 1C

(Delegado/SC – 2008) Analise as alternativas a seguir e assinale a correta.

(A) Na licitação, ainda que não causem dano à Administração e aos licitantes, será anulado o procedimento licitatório por irregularidades formais na documentação ou na proposta, em virtude do princípio do procedimento formal.

(B) O contrato administrativo de fornecimento é sujeito à obrigatoriedade de procedimento licitatório prévio.

(C) O princípio licitatório da publicidade impõe que o julgamento das propostas seja um ato público.

(D) A licitação poderá ser dispensada a critério de conveniência e oportunidade do Administrador, independentemente de hipótese legal para tanto.

A: incorreta, pois a Lei 8.666/1993 não faz referência ao princípio do procedimento formal; por outro lado, a Lei 9.784/1999, que se aplica subsidiariamente (vide o seu art. 69), tem como princípio a adoção de formas simples, suficientes para dar segurança jurídica, o que revela conexão com o princípio da liberdade das formas; assim, problemas formais que não alterem o conteúdo da proposta e que estejam de acordo com a boa-fé e com o desenvolvimento normal dos trabalhos da licitação, podem ser regularizados, não sendo o caso de anular o procedimento licitatório; **B:** correta, pois como todo contrato administrativo, a regra é ter que se fazer licitação; **C:** incorreta (art. 3.º, § 3.º, da Lei 8.666/1993); **D:** incorreta, pois a contratação direta, ou seja, sem licitação, deve estar prevista na *lei* (art. 37, XXI, da CF).

Gabarito "B"

(Delegado/SP – 2000) Nos contratos administrativos diz-se que há empreitada por preço global quando se

(A) ajusta mão de obra para pequenos trabalhos por preço certo, com ou sem fornecimento de materiais.

(B) contrata a execução da obra com pagamento integral antecipado.

(C) contrata a execução da obra ou do serviço por preço certo de unidades determinadas.

(D) contrata a execução da obra ou do serviço por preço certo e total.

Art. 6.º, VIII, *a*, da Lei 8.666/1993.

Gabarito "D"

10.1.2. Contratação direta

(Delegado/RO – 2014 – FUNCAB) Sobre licitações e contratos administrativos, é correto afirmar:

(A) O princípio da inalienabilidade que afeta os bens públicos é relativo, na medida que a alienação de bens imóveis da Administração Pública deve ser precedida de licitação em qualquer de suas modalidades.

(B) Salvo quando necessária a modificação do valor contratual em decorrência de acréscimo ou diminuição quantitativa de seu objeto, em havendo alteração unilateral do contrato que aumente os encargos do contratado, a Administração deverá restabelecer, por aditamento, o equilíbrio econômico-financeiro inicial.

(C) É dispensável a licitação quando houver inviabilidade de competição, sendo necessária a justificação da situação, mediante processo de dispensa em que se deve fazer presente, dentre outros elementos, a justificativa do preço.

(D) É dispensada a licitação para a alienação de bens móveis da Administração Pública quando se tratar de permuta entre órgãos ou entidades da administração.

(E) Nos termos do art. 65, da Lei nº 8.666/1993, a Administração pode alterar unilateralmente os contratos administrativos, desde que não haja modificação no projeto e nas especificações técnicas contratadas, caso em que se faz necessária nova licitação.

A: incorreta, pois há casos de licitação dispensada para a alienação de imóveis (art. 17, I, da Lei 8.666/93); **B:** incorreta, pois a alternativa não poderia conter o "salvo quando necessária (...) de seu objetivo", já que nesse caso também prevalece a regra que determina o restabelecimento do equilíbrio contratual (art. 65, p. 6º, da Lei 8.666/93); **C:** incorreta, pois quando houver "inviabilidade de competição", o caso é de *inexigibilidade* de licitação (art. 25, caput, da Lei 8.666/93), e não de *dispensa* de licitação; **D:** correta (art. 17, II, "b", da Lei 8.666/93); **E:** incorreta, pois a Administração pode alterar unilateralmente os contratos inclusive quando "houver modificação do projeto ou das especificações, para melhor adequação técnica aos seus objetivos" (art. 65, I, "a", da Lei 8.666/93).

Gabarito "D"

(Delegado/SP – 2014 – VUNESP) Uma determinada empresa estatal veio a alienar imóvel público desafetado a entidade de serviço social autônomo e, para tanto, se valeu de hipótese legal de licitação dispensada prevista no art. 17, I, "e", da Lei n.o 8.666/93 (venda a outro órgão ou entidade da administração pública, de qualquer esfera de governo). Partindo-se de tais pressupostos, é correto afirmar que essa venda é

(A) ilegal, pois a negociação não fora precedida por licitação na modalidade de leilão.

(B) ilegal, pois a negociação não fora precedida por licitação na modalidade tomada de preços.

(C) legal, porque os serviços sociais autônomos integram a Administração Pública indireta, fazendo jus à dispensa de licitação.

(D) ilegal, porque a hipótese de dispensa de licitação não se faz presente no caso.

(E) legal, porque havendo desafetação do patrimônio público, era permitido à estatal vendê-lo diretamente à entidade integrante do sistema "S" que presta serviço de interesse público.

A e **B:** incorretas, pois a regra é a utilização de concorrência (e não leilão) para a alienação de imóveis (art. 23, § 3º, da Lei 8.666/1993); **C** e **E:** incorretas, pois os serviços sociais autônomos não fazem parte da Administração Pública Indireta, tratando-se de pessoas jurídicas de direito privado não estatais, não incidindo a hipótese de dispensa de licitação mencionada; **D:** correta, pois como os serviços sociais autônomos não fazem parte da Administração Pública Indireta, tratando-se de pessoas jurídicas de direito privado não estatais, não incide a dispensa em questão.

Gabarito "D"

(Delegado Federal – 1998 – CESPE) Julgue o seguinte item.

(1) Considere a seguinte situação: determinada sociedade de economia mista, localizada na cidade de São Paulo, explora serviço de fornecimento de energia elétrica e não possui quadro de procuradores. Ela necessita de contratar advogado par ajuizar dezenas de ações de indenização contra motoristas que, dirigindo culposamente, abalroam e danificam os postes de iluminação colocados nas vias públicas. Para tanto, resolve contratar um dos mais famosos escritórios de advocacia da cidade, invocando a notória especialização dele para não realizar licitação. Na situação descrita, a inexigibilidade de licitação é juridicamente inaplicável.

1: correta, pois só se justifica contratação sem licitação por inexigibilidade de licitação quando se tratar de serviço singular, que se caracteriza quando a Administração Pública necessite de alguém para um serviço diferenciado; no caso, ações indenizatórias são serviços comuns, e não serviços diferenciados, de modo que não se justifica a contratação sem licitação.

Gabarito 1C

(Delegado/AP – 2010) É dispensável a licitação:

(A) nos casos de emergência ou de calamidade pública para parcelas de obras e serviços que possam ser concluídas no prazo máximo de 180 (cento e oitenta) dias consecutivos e ininterruptos, contados da ocorrência da emergência ou calamidade, podendo ser prorrogado uma única vez.

(B) para o fornecimento de bens e serviços, produzidos ou prestados no País, que envolvam, cumulativamente, alta complexidade tecnológica e defesa nacional, mediante parecer de comissão especialmente designada pela autoridade máxima do órgão.

(C) para locação ou permissão de uso de bens imóveis de uso comercial de âmbito local com área de até 350 m^2 (trezentos e cinquenta metros quadrados) e inseridos no âmbito de programas de regularização fundiária de interesse social desenvolvidos por órgãos ou entidades da administração pública.

(D) para a contratação de serviços técnicos relativos a treinamento e aperfeiçoamento de pessoal, com profissionais ou empresas de notória especialização.

(E) para contratação de obra complementar, desde que atendida a ordem de classificação da licitação anterior e aceitas as mesmas condições oferecidas pelo licitante vencedor, inclusive quanto ao preço, devidamente corrigido.

A: incorreta, pois é vedada a prorrogação do contrato no caso (art. 24, IV, da Lei 8.666/1993); **B:** correta (art. 24, XXVIII, da Lei 8.666/1993); **C:** incorreta, pois o caso é de licitação dispensada (art. 17, I, *h*, da Lei 8.666/1993) e o limite de metragem é de 250 m^2, e não de 350 m^2; **D:** incorreta, pois não existe previsão de dispensa de licitação para a hipótese; **E:** incorreta, pois a hipótese é de dispensa para a contratação de *remanescente de obra*, e não para *obra complementar*.

Gabarito "B"

(Delegado/CE – 2006 – CEV/UECE) Segundo a Lei 8.666/1993, que institui normas para licitações e contratos da Administração Pública, a licitação é dispensável, EXCETO:

(A) Nos casos de emergência ou de calamidade pública, quando caracterizada urgência de atendimento de situação que possa ocasionar prejuízo ou comprometer a segurança de pessoas, obras, serviços, equipamentos e outros bens, públicos ou particulares, e somente para os bens necessários ao atendimento da situação emergencial ou calamitosa e para as parcelas de obras e serviços que possam ser concluídas no prazo máximo de 180 (cento e oitenta) dias consecutivos e ininterruptos, contados da ocorrência da emergência ou calamidade, vedada a prorrogação dos respectivos contratos.

(B) No caso de licitação deserta, quando não acudirem interessados à licitação anterior e esta, justificadamente, não puder ser repetida sem prejuízo para a Administração, mantidas, neste caso, todas as condições preestabelecidas.

(C) Para a aquisição, por pessoa jurídica de direito público interno, de bens produzidos ou serviços prestados por órgão ou entidade que integre a Administração Pública e que tenha sido criada para esse fim específico em data anterior à vigência da Lei 8.666/1993, devendo o preço contratado ser compatível com o praticado no mercado.

(D) Quando a União, Estados, Municípios e Distrito Federal tiverem que intervir no domínio econômico para regular preços ou normalizar o abastecimento.

A: correta, trata-se de licitação dispensável (art. 24, IV, da Lei 8.666/1993); **B:** correta, trata-se de licitação dispensável (art. 24, V, da Lei 8.666/1993); **C:** correta, trata-se de licitação dispensável (art. 24, VIII, da Lei 8.666/1993); **D:** incorreta (devendo ser assinalada), pois a hipótese de dispensa prevê que apenas a União pode intervir no domínio econômico para regular preços ou normalizar o abastecimento (art. 24, VI, da Lei 8.666/1993).

Gabarito "D"

(Delegado/GO – 2009 – UEG) A Lei n. 8.666/93, que instituiu normas para licitação e contratos da Administração Pública, prevê regras acerca da contratação direta. Sobre esse tema, é CORRETO afirmar:

(A) tratando-se de autorização legal para contratar de forma direta, o administrador não está obrigado a justificar a razão da escolha daquele que será contratado.

(B) o administrador público, se quiser, poderá realizar processo licitatório tanto na licitação dispensável quanto na licitação dispensada.

(C) é possível contratação direta se ocorrer a situação denominada licitação deserta.

(D) é possível contratação direta no caso de ocorrência da chamada licitação fracassada.

A: incorreta, pois a contratação sem licitação depende do cumprimento dos requisitos previstos no art. 26, parágrafo único, da Lei 8.666/1993, que inclui o dever de justificar a razão da escolha daquele que será contratado; **B:** incorreta, pois a doutrina entende que na licitação dispensável (art. 24 da Lei 8.666/1993) o administrador tem discricionariedade para escolher se contrata com ou sem licitação, ao contrário do que ocorre na licitação dispensada (art. 17 da Lei 8.666/1993), em que o administrador, querendo contratar, é obrigado a fazê-lo sem licitação; aproveitando o ensejo, vale lembrar que, no que se refere à inexigibilidade, a doutrina entende que também não há discricionariedade para o administrador, pois, configurada uma situação prevista no art. 25 da Lei 8.666/1993, o administrador, querendo contratar, é obrigado a fazê-lo sem licitação, tendo em vista a inviabilidade de competição; **C:** correta, pois é dispensável a licitação "quando não acudirem interessados à licitação anterior e esta, justificadamente, não puder ser repetida sem prejuízo para a Administração, mantidas, neste caso, todas as condições preestabelecidas" (art. 24, V, da Lei 8.666/1993); **D:** incorreta, pois, no caso de licitação fracassada (em que apareceram interessados, mas todos foram desclassificados) a solução é outra, qual seja, "a administração poderá fixar aos licitantes o prazo de oito dias úteis para a apresentação de nova documentação ou de outras propostas escoimadas das causas referidas neste artigo, facultada, no caso de convite, a redução deste prazo para três dias úteis" (art. 48, § 3.º, da Lei 8.666/1993).

Gabarito "C"

(Delegado/SP – 1999) Quando não acudirem interessado à licitação anterior e esta, justificadamente, não puder ser repetida sem prejuízo para a Administração, mantidas, neste caso, todas as condições preestabelecidas, fala-se em licitação

(A) deserta.

(B) fracassada.

(C) imprópria.

(D) reservada.

A: correta, valendo ressaltar que tal situação enseja dispensa de licitação (art. 24, V, da Lei 8.666/1993); **B:** incorreta, pois licitação fracassada é aquela em que apareceram interessados, mas todos foram inabilitados ou desclassificados; C e **D:** incorretas, pois não existem essas formas de licitação.

Gabarito "A"

10.1.3. Modalidades de licitação

(Delegado/RJ – 2013 – FUNCAB) Tem início a fase externa do pregão presencial com a convocação dos interessados e deverá observar, entre outras, a seguinte regra:

(A) A convocação dos interessados deverá ser efetuada por meio de intimação por via postal.
(B) Não havendo pelo menos três ofertas com preços até 10% superiores à oferta de valor mais baixo, deverá ser o objeto do pregão adjudicado ao licitante com o menor lance.
(C) O prazo fixado para a apresentação das propostas, contado a partir da publicação do aviso, não será inferior a 8 dias úteis.
(D) O acolhimento de recurso importará a invalidação do certame.
(E) Se o licitante vencedor, convocado dentro do prazo de validade da sua proposta, não celebrar o contrato no prazo, será excluído do certame, devendo reabrir-se o prazo para apresentação de propostas, por parte dos demais licitantes.

A: incorreta, pois a convocação se dará por meio de publicação de aviso em diário oficial ou, não existindo, em jornal de circulação local, e facultativamente, por meios eletrônicos e conforme o vulto da licitação, em jornal de grande circulação, nos termos de regulamento (art. 4º, I, da Lei 10.520/2002); **B:** incorreta, pois, nesse caso, passa-se à fase de lances verbais com os licitantes que tiverem as três melhores ofertas, mesmo que as propostas acima do primeiro classificado sejam superiores em 10% à proposta deste (art. 4º, IX, da Lei 10.520/02); **C:** correta (art. 4º, V, da Lei 10.520/2002); **D:** incorreta, pois o acolhimento do recurso simplesmente corrigirá o que foi pedido pelo recorrente, o que não significa que se invalidará todo o certame; **E:** incorreta, pois, nesse caso, o pregoeiro examinará as ofertas subsequentes e a qualificação dos licitantes, na ordem de classificação, e assim sucessivamente, até a apuração de uma que atende ao edital, sendo o respectivo licitante declarado vencedor (art. 4º, XVI, da Lei 10.520/2002).

Gabarito "C"

(Delegado Federal – 2013 – CESPE) Julgue o seguinte item.

(1) O pregão, modalidade de licitação para aquisição de bens e serviços comuns, independentemente do valor estimado da contratação, aplica-se tanto aos órgãos da administração direta quanto às entidades integrantes da administração indireta, inclusive aos fundos especiais.

1: correta, nos termos da conjugação do art. 9º da Lei 10.520/2002 com o art. 1º, parágrafo único, da Lei 8.666/1993.

Gabarito 1C

(Delegado/AP – 2010) Após a devida publicação do aviso contendo o resumo do edital de uma licitação na modalidade concorrência, do tipo técnica e preço, o administrador público estadual poderá realizar o certame, de acordo com a Lei Federal 8.666/93, no prazo de:

(A) 8 (oito) dias úteis.
(B) 10 (dez) dias.
(C) 15 (quinze) dias.
(D) 30 (trinta) dias.
(E) 60 (sessenta) dias.

Segundo o art. 21, § 2.º, I, *b*, da Lei 8.666/1993, o *prazo mínimo* entre a publicação do aviso e o recebimento da proposta é de 45 dias. Sendo assim, apenas o prazo previsto na alternativa "E" atende ao mínimo de 45 dias estabelecido na lei.

Gabarito "E"

(Delegado/DF – 2004) A alienação de bens imóveis adquiridos pela Administração Pública em processos judiciais será feita através da seguinte modalidade de licitação:

(A) concurso;
(B) somente concorrência;
(C) concorrência ou leilão;
(D) tomada de preços;
(E) convite.

Como regra, a alienação de imóveis deve se dar por meio da modalidade licitatória concorrência (art. 23, § 3.º, da Lei 8.666/1993). Nas hipóteses previstas no art. 19 da Lei 8.666/1993 será utilizada a modalidade leilão (art. 22, § 5.º, da Lei 8.666/1993).

Gabarito "C"

(Delegado/MS – 2006) De acordo com a legislação, licitação é gênero, de que são espécies as seguintes modalidades:

Assinale a alternativa que contém todas as modalidades de licitação:

(A) Concorrência, tomada de preço, convite e leilão.
(B) Concorrência, tomada de preço, convite, concurso e leilão.
(C) Tomada de preço, convite, ofício, concurso e leilão.
(D) Concorrência, tomada de preço, ofício, concurso e leilão.
(E) Concorrência, convite, concurso e leilão.

Art. 22, I a V, da Lei 8.666/1993.

Gabarito "B"

(Delegado/SP – 2011) Ampla publicidade e universalidade são características ínsitas à seguinte modalidade de licitação:

(A) Convite
(B) Concorrência
(C) Tomada de Preços
(D) Leilão
(E) Concurso

Trata-se da concorrência, pois, nesta, por envolver contratações relevantes (exemplo: concessões) e de valor alto, reclama maior publicidade, bem como acesso ao maior número de interessados, sendo que o princípio da universalidade quer dizer que não é necessário o interessado estar previamente cadastrado para participar de uma concorrência, diferentemente do que acontece com a tomada de preços. Nesta, a habilitação é prévia, restringindo a participação de quem não está previamente cadastrado. Naquela, a habilitação é preliminar, permitindo que qualquer pessoa participe do certame (universalidade), com análise, no início deste, das condições de habilitação.

Gabarito "B"

(Delegado/SP – 2008) Na modalidade de licitação, denominada pregão, declarado o vencedor,

(A) qualquer licitante poderá recorrer da decisão imediata e motivadamente, sob pena da preclusão.
(B) qualquer licitante poderá recorrer da decisão, no prazo de 3(três) dias e motivadamente.
(C) apenas o segundo classificado poderá recorrer da decisão.
(D) a decisão é irrecorrível em sede administrativa.
(E) qualquer cidadão poderá recorrer no prazo de 10(dez) dias úteis.

Art. 4.º, XVIII, da Lei 10.520/2002.

Gabarito "A"

(Delegado/SP – 2003) O pregão, modalidade de licitação, é usado para

(A) aquisição de bens e serviços comuns.
(B) venda de bens móveis inservíveis para a Administração ou de produtos legalmente apreendidos ou penhorados.
(C) alienação de bens móveis.
(D) escolha de trabalho técnico, científico ou artístico, mediante a instituição de prêmios ou remuneração aos vencedores.

A: correta (art. 1.º, *caput*, da Lei 10.520/2002); B e **C:** incorretas, pois os casos impõem utilização da modalidade leilão (art. 22, § 5.º, da Lei 8.666/1993); **D:** incorreta, pois o caso impõe utilização da modalidade concurso (art. 22, § 4.º, da Lei 8.666/1993).

Gabarito "A"

(Delegado/SP – 1998) São modalidades de licitação

(A) concorrência; tomada de preços; convite; concurso e leilão
(B) concorrência; adjudicação; convite; concurso e leilão
(C) concorrência; homologação; convite; concurso e leilão
(D) concorrência; autorização; adjudicação; convite e concurso

A: correta (art. 22, I a V, da Lei 8.666/1993); **B:** incorreta, pois a adjudicação não é modalidade de licitação, mas uma das fases da licitação; **C:** incorreta, pois a homologação não é modalidade de licitação, mas uma das fases da licitação; **D:** incorreta, pois a autorização e a adjudicação não são modalidades de licitação.

Gabarito "A"

10.1.4. Fases da licitação

(Delegado/SP – 1998) A adjudicação, em licitação, é

(A) ato pelo qual a Administração faz o julgamento das propostas ofertadas, classificando-as pela ordem de preferência.
(B) ato pelo qual a Administração exclui o licitante que não preencha os requisitos do edital.
(C) ato público, no qual a Administração recebe os envelopes contendo a documentação referente à habilitação dos licitantes e a proposta.
(D) ato pelo qual a Administração atribui ao vencedor o objeto da licitação, após a homologação.

A: incorreta, pois essa fase tem o nome de "julgamento e classificação"; **B:** incorreta, pois esse ato tem o nome de "inabilitação"; **C:** incorreta, pois essa fase tem o nome de "habilitação"; **D:** correta, pois traz o exato conceito de adjudicação (art. 38, VII, da Lei 8.666/1993).

Gabarito "D"

10.1.5. Tipos de licitação

(Delegado/RJ – 2009 – CEPERJ) Os tipos de licitação melhor técnica e técnica e preço devem ser utilizados quando:

(A) O valor da contratação for superior a R$ 600.000,00 (seiscentos mil reais).
(B) Os serviços apresentarem natureza predominantemente intelectual.
(C) A licitação for internacional.
(D) For adotada a modalidade tomada de preços.
(E) Houver comprometimento da segurança nacional.

Art. 46 da Lei 8.666/1993.

Gabarito "B"

10.1.6. Sanções administrativas

(Delegado/SP – 1999) A declaração de inidoneidade imposta a um licitante pelo Secretário da Segurança Pública do Estado de São Paulo produz efeitos em relação aos órgãos

(A) estaduais, apenas.
(B) estaduais e municipais, apenas.
(C) federais, estaduais, distritais e municipais.
(D) públicos em geral, exceto os autárquicos e paraestatais.

Os efeitos atingem toda a Administração Pública (art. 87, IV, da Lei 8.666/1993), que, por definição (art. 6.º, XI, da Lei 8.666/1993), abrange a administração da União, dos Estados, do Distrito Federal e dos Municípios.

Gabarito "C"

10.2. Contrato administrativo

10.2.1. Cláusulas exorbitantes e temas gerais

(Delegado/RJ – 2013 – FUNCAB) Considere as seguintes afirmações acerca da disciplina dos contratos administrativos.

I. A principal distinção entre os contratos e os convênios administrativos reside no fato de que os convênios se caracterizam pela comunhão de interesses dos convenentes, enquanto os contratos se caracterizam pela contraposição dos interesses do contratante e do contratado.
II. São características dos contratos administrativos, dentre outras, a instabilidade, o desequilíbrio, a comutatividade e o formalismo.
III. Tanto as cláusulas regulamentares (de serviço), quanto as cláusulas econômicas (financeiras) dos contratos administrativos podem ser alteradas unilateralmente pela Administração Pública, desde que respeitados os limites estabelecidos pela Lei nº 8.666/1993.
IV. De acordo com o entendimento adotado pelo Tribunal de Contas da União (TCU), os limites percentualmente estabelecidos na Lei nº 8.666/1993 para a alteração unilateral dos contratos administrativos aplicam-se apenas às alterações quantitativas, estando as alterações qualitativas limitadas apenas pela impossibilidade de descaracterização do objeto contratual.

A análise do conteúdo de tais afirmações evidencia que:

(A) Estão corretas as afirmativas II, III e IV e incorreta a afirmativa I.
(B) Estão corretas as afirmativas I, II e III, e incorreta a afirmativa IV.
(C) Estão corretas as afirmativas I e IV, e incorretas as afirmativas II e III.
(D) Estão corretas as afirmativas II e IV, e incorretas as afirmativas I e III.
(E) Estão corretas as afirmativas I e II, e incorretas as afirmativas III e IV.

I: correta; não se deve confundir convênio com contrato administrativo; neste há obrigações recíprocas (um quer uma coisa ou serviço e o outro quer uma remuneração em dinheiro), ao passo que naquele há interesses comuns (os convenentes querem desenvolver um projeto comum, dividindo tarefas), estabelecendo-se uma parceria para unir esforços no cumprimento desse interesse comum; no primeiro, não há fim lucrativo, ao passo que no segundo há; no convênio, como não há reciprocidade de obrigações, cabe denúncia unilateral por qualquer dos partícipes, na forma prevista no ajuste; **II**: correta; a instabilidade decorre do fato de que a Administração pode rescidi-los, unilateralmente (art. 58, II, da Lei 8.666/1993); o desequilíbrio decorre das cláusulas exorbitantes existentes em favor da Administração (art. 58), que, assim, está em posição de supremacia; a comutatividade decorre do fato de que há equilíbrio nas prestações (não nas prerrogativas, mas nas prestações de cada um), sendo que esse equilíbrio econômico-financeiro deve ser mantido até o final do contrato (art. 58, §§ 1º e 2º, da Lei 8.666/1993); e o formalismo decorre das rigorosas regras de formalização do contrato administrativo, a começar pela regra geral que dispõe que este deve ser escrito (art. 60, parágrafo único, da Lei 8.666/1993); **III**: incorreta, pois essa regra vale para as cláusulas regulamentares (art. 58, I, da Lei 8.666/1993), mas não vale para as cláusulas econômicas (art. 58, § 1º, da Lei 8.666/93); **VI**: incorreta, pois o TCU entende que não só as alterações unilaterais quantitativas, como também as qualitativas devem respeitar os limites preestabelecidos nos §§ 1º e 2º do art. 65 da Lei 8.666/93 (Decisão TCU n. 215/99, Plenário).

Gabarito "E"

(Delegado/SP – 2014 – VUNESP) Poder Público firma com entidades públicas ou privadas uma associação visando ao atingimento de interesses comuns, caracterizado o ajuste de vontades por (i) interesses não conflitantes; (ii) mútua colaboração entre os partícipes do acordo; (iii) pagamentos voltados integralmente para a consecução do objetivo expresso no instrumento e não como remuneração. Trata-se de

(A) concessão.
(B) consórcio.
(C) consórcio público.
(D) convênio.
(E) parceria público-privada.

Trata-se do conceito de convênio com entidade assistencial, que agora tem regulamentação nova (Lei 13.019/2014), que aboliu o termo convênio para essa relação, que passa a ter o nome de termo de colaboração ou termo de fomento, sendo que a expressão convênio só poderá ser usada agora para acertos entre entes políticos.

Gabarito "D"

(Delegado Federal – 1998 – CESPE) Julgue o seguinte item.

(1) Todos os acordos de vontade firmados pela administração pública consideram-se contratos administrativos.

1: errado, pois há acordos de vontade em que o Poder Público está em pé de igualdade com o particular (exemplos: contratos de financiamento e de seguro), hipótese em que não se fala em contratos administrativos, mas em contratos regidos pelo Direito Privado.

Gabarito 1E

(Delegado/CE – 2006 – CEV/UECE) O regime jurídico dos contratos administrativos, instituído pela Lei 8.666/93, confere à Administração as seguintes prerrogativas, EXCETO:

(A) modificá-los, unilateralmente, para melhor adequação às finalidades de interesse público, respeitados os direitos do contratado.
(B) alterar as cláusulas econômico-financeiras e monetárias dos contratos administrativos sem prévia concordância do contratado.
(C) rescindi-los, unilateralmente, nos casos de lentidão do seu cumprimento, levando a Administração a comprovar a impossibilidade da conclusão da obra, do serviço ou do fornecimento, nos prazos estipulados.
(D) fiscalizar-lhes a execução e aplicar sanções motivadas pela inexecução total ou parcial do ajuste.

Art. 58, *caput* e § 1.º, da Lei 8.666/1993.

Gabarito "B"

(Delegado/MT – 2006) São cláusulas exorbitantes, previstas nos contratos administrativos que caracterizam a supremacia do interesse público sobre o privado, as da alternativa:

(A) A rescisão e a alteração consensual do contrato pelas partes, a fiscalização e a aplicação de sanções pela Administração Pública.
(B) A alegação por ambas as partes da exceção de contrato não cumprido, a rescisão e a alteração unilateral de contrato pela Administração Pública.
(C) A rescisão e a alteração unilateral de contrato pela Administração Pública, bem como o poder de ocupação provisória de bens, pessoal e serviços vinculados ao objeto do contrato.

(D) A alegação por ambas as partes da exceção de contrato não cumprido e a fiscalização e aplicação de sanções pela Administração Pública.

A: incorreta, pois o consenso caracteriza situação de igualdade, e não de supremacia do interesse público sobre o privado; B e **D:** incorretas, pois o direito de alegação de exceção de contrato não cumprido por ambas as partes também caracteriza situação de igualdade, e não de supremacia do interesse público; **C:** correta, nos termos do art. 58 da Lei 8.666/1993.

Gabarito "C"

10.2.2. Alterações contratuais

(Delegado Federal – 1998 – CESPE) Julgue o seguinte item.

(1) Mesmo após firmado contrato administrativo para fornecimento de bens por particular à administração, é possível, em certo casos, a modificação dos preços definidos no instrumento contratual.

1: correto (art. 40, XI, da Lei 8.666/1993).

Gabarito 1C

(Delegado/DF – 2004) A execução dos contratos administrativos pode sofrer interferência decorrente de situações posteriores a sua celebração. Uma das causas de mutabilidade resulta das ações e omissões da Administração Pública, como parte do contrato, que atingem diretamente a sua execução, dificultando ou impedindo a sua realização. Essa causa de mutabilidade denomina-se:

(A) fato da administração;
(B) fato do príncipe;
(C) interferência imprevista;
(D) teoria da imprevisão;
(E) cláusula exorbitante.

Trata-se de *fato da administração*, por se tratar de um fato *que se dirige especificamente* sobre um contrato, diferente do *fato do príncipe*, que é um *fato geral* do Poder Público, que acaba afetando contratos.

Gabarito "A"

(Delegado/GO – 2009 – UEG) Quanto aos contratos administrativos regidos pela Lei n. 8.666/93, é CORRETO afirmar:

(A) a Administração Pública deverá exigir garantia do contratado, independentemente de previsão no edital.
(B) a Administração Pública não poderá declarar a inidoneidade do contratado para licitar e contratar com o Poder Público, porquanto tal competência é do Poder Judiciário.
(C) é ilegal qualquer ajuste verbal com a Administração Pública; o contrato nessa circunstância é nulo.
(D) o contratado fica obrigado a aceitar, nas mesmas condições contratuais, os acréscimos ou as supressões que se fizerem necessários nas obras, serviços ou compras até 25% (vinte e cinco por cento) do valor inicial atualizado do contrato.

A: incorreta, pois o edital faz lei entre as partes; **B:** incorreta, pois a Administração tem essa competência (art. 87, IV, da Lei 8.666/1993); **C:** incorreta (art. 60, parágrafo único, da Lei 8.666/1993); **D:** correta (art. 65, § 1.º, da Lei 8.666/1993).

Gabarito "D"

(Delegado/MA – 2006 – FCC) Segundo o disposto na Lei 8.666/93 é certo que o contrato administrativo

(A) possui como características fundamentais, dentre outras, a finalidade pública, a imutabilidade, a liberdade de forma e a presença das cláusulas exorbitantes.
(B) conterá expressamente cláusula que responsabilize solidariamente o particular e o contratante pelos encargos fiscais, previdenciários e trabalhistas resultantes da execução do ajuste.
(C) deve mencionar a modalidade de garantia exigida do contratado, cuja escolha fica a critério do contratante, dentre as modalidades enumeradas na lei.
(D) declarado nulo pelo Poder Judiciário ou pela autoridade administrativa contratante opera, de regra, efeitos *ex nunc*.
(E) pode ser alterado unilateralmente pela Administração quando houver modificações do projeto, para melhor adequação técnica aos seus objetivos.

A: incorreta, pois a *forma* do contrato administrativo não é livre, mas solene, devendo ser escrita, salvo para compras de pronta entrega, de valor até R$ 4 mil; **B:** incorreta, pois a responsabilidade por esses encargos, salvo os previdenciários, é exclusivamente do contratado (art. 71, § 1.º, da Lei 8.666/1993); **C:** incorreta, pois cabe ao contratado optar por uma das modalidades de garantia previstas na lei (art. 56, § 1.º, da Lei 8.666/1993); **D:** incorreta, pois os efeitos da anulação são *ex tunc*, ou seja, retroagem (art. 59 da Lei 8.666/1993); **E:** correta (art. 65, I, *a*, da Lei 8.666/1993).

Gabarito "E"

(Delegado/SP – 2008) As ocorrências matérias impensadas pelas partes, quando da avença, mas que aparecem na execução do contrato de forma surpreendente e excepcional, criando transtornos e dificuldades seriamente onerosos para a sua conclusão são denominadas

(A) fatos de administração.
(B) fatos do príncipe.
(C) Interferências imprevistas.
(D) forças maiores.
(E) casos fortuitos.

De fato, as ocorrências materiais e da natureza são denominadas pela doutrina de *sujeições* ou *interferências imprevistas*.

Gabarito "C"

(Delegado/SP – 2003) Ação ou omissão da Administração Pública que incidindo direta e especificamente sobre o contrato administrativo, retardando, agravando ou impedindo a sua execução é

(A) fato do príncipe.
(B) fato da administração.
(C) caso fortuito.
(D) força maior.

Trata-se de *fato da administração*, por se tratar de um fato *que se dirige especificamente* sobre um contrato, diferente do ***fato do príncipe***, que é um *fato geral* do Poder Público, que acaba afetando contratos.

Gabarito "B"

(Delegado/SP – 1999) Quando a administração deixa de entregar o local da obra ou do serviço, ou não providencia as desapropriações necessárias, fala-se em

(A) fato da Administração.
(B) fato do Príncipe.
(C) caso fortuito.
(D) negligência.

Trata-se de *fato da administração*, por se tratar de um fato *que se dirige especificamente* sobre um contrato, diferente do *fato do príncipe*, que é um *fato geral* do Poder Público, que acaba afetando contratos.

Gabarito "A"

10.2.3. Execução do contrato

(Delegado/SP – 2014 – VUNESP) A respeito do contrato administrativo, é correto afirmar que

(A) uma vez executado, seu objeto será recebido pela Administração em duas etapas, sendo uma provisória e outra definitiva.
(B) cabe à Administração fiscalizar eventual inadimplência do contratado com referência a eventuais encargos trabalhistas, fiscais e comerciais, sob pena de ter transferido a si o aludido passivo com consequências na regularização e uso das obras e edificações, inclusive perante o Registro de Imóveis.
(C) a Administração pública responde subsidiariamente com o contratado pelos encargos previdenciários resultantes da execução do contrato.
(D) a Administração não poderá rejeitar parcialmente determinada obra, serviço ou fornecimento executados em desacordo com o contrato.
(E) a lei veda à Administração que mantenha o contrato com empresa cuja concordata for decretada.

A: correta (art. 73, I, "a" e "b", e II, "a" e "b", da Lei 8.666/1993); **B:** incorreta, pois, segundo o art. 70 da Lei 8.666/1993, "o contratado é responsável pelos danos causados diretamente à Administração ou a terceiros, decorrentes de sua culpa ou dolo na execução do contrato, *não excluindo ou reduzindo* essa responsabilidade a fiscalização ou o acompanhamento pelo órgão interessado" (g.n.); ademais, segundo o art. 71, § 1º, também da Lei 8.666/1993, "a inadimplência do contratado, com referência aos encargos trabalhistas, fiscais e comerciais não transfere à Administração Pública a responsabilidade por seu pagamento, nem poderá onerar o objeto do contrato ou restringir a regularização e o uso das obras e edificações, inclusive perante o Registro de Imóveis"; **C:** incorreta, pois, no caso de encargos previdenciários resultantes da execução do contrato, a administração pública responde solidariamente com o contratado (art. 71, § 1°, da Lei 8.666/1993); **D:** incorreta, pois o art. 76 da Lei 8.666/1993 admite que a Administração rejeite no todo ou em parte obra, serviço ou fornecimento executado em desacordo com o contrato; **E:** incorreta, pois o art. 80, § 2°, da Lei 8.666/1993 admite que a Administração, no caso de concordata do contratado, mantenha o contrato ou assuma o controle de determinadas atividades de serviços essenciais.

Gabarito "A"

(Delegado/RJ – 2013 – FUNCAB) Acerca dos contratos administrativos, assinale a alternativa INCORRETA.

(A) As Constituições Estaduais não podem condicionar a celebração de contratos da Administração à prévia autorização do Poder Legislativo, quando a Constituição Federal não o fizer.
(B) Em razão do regime jurídico de direito público que regula os contratos administrativos, a Administração desfrutará de posição de supremacia em relação ao particular contratado.
(C) Enquanto no contrato administrativo os interesses dos contratantes são opostos e diversos, no convênio administrativo, os interesses são paralelos e comuns, tendo como elemento fundamental a cooperação e não o lucro.
(D) A Administração é subsidiariamente responsável pelos encargos trabalhistas da contratada quando esta for inadimplente, contudo, não poderá haver oneração do objeto do contrato.
(E) A Administração pode obrigar o contratado a aceitar, nas mesmas condições, acréscimos ou supressões em obras, serviços ou compras até 25% do valor originário do contrato, ou até 50% de acréscimo, no caso de reforma de edifício ou equipamento.

A: assertiva correta, pois está de acordo com o princípio da independência e separação dos poderes; **B:** assertiva correta; essa posição de supremacia da Administração pode ser depreendida do art. 58 da Lei 8.666/93, que estabelece cláusulas exorbitantes em seu favor; **C:** assertiva correta; não se deve confundir convênio com contrato administrativo. Neste há obrigações recíprocas (um quer uma coisa ou serviço e o outro quer uma remuneração em dinheiro), ao passo que naquele há interesses comuns (os convenentes querem desenvolver um projeto comum, dividindo tarefas), estabelecendo-se uma parceria para unir esforços no cumprimento desse interesse comum. No primeiro, não há fim lucrativo, ao passo que no segundo há. No convênio, como não há reciprocidade de obrigações, cabe denúncia unilateral por qualquer dos partícipes, na forma prevista no ajuste; **D:** assertiva incorreta, devendo ser assinalada; a inadimplência do contratado não transfere à Administração a responsabilidade por débitos trabalhistas (art. 71§ 1°, da Lei 8.666/1993) **E:** assertiva correta (art. 65, § 1°, da Lei 8.666/1993).

Gabarito "D"

(Delegado/AP – 2006 – UFAP) É correto afirmar, em relação aos Contratos Administrativos, que o cumprimento dos encargos fiscais, previdenciários e trabalhistas:

(A) é de responsabilidade exclusiva do contratado, porém a Administração responde solidariamente com o contratado pelos encargos previdenciários.
(B) é de responsabilidade da Administração Pública e do contratado.
(C) é de responsabilidade exclusiva da Administração Pública.
(D) é de responsabilidade da Administração Pública, quando não satisfeito pelo contratado.
(E) é de responsabilidade do contratado, quando não satisfeito pela Administração Pública.

Art. 71, §§ 1.° e 2.°, da Lei 8.666/1993.

Gabarito "A"

10.2.4. *Extinção do contrato*

(Delegado Federal – 2013 – CESPE) Julgue o seguinte item.

(1) Considere que uma empresa vencedora de certame licitatório subcontrate, com terceiro, o objeto do contrato firmado com a administração pública, apesar de não haver previsão expressa para tanto no edital ou no contrato. Nessa situação, caso o contrato seja prestado dentro do prazo estipulado e com estrita observância aos critérios de qualidade impostos contratualmente, não poderá a administração rescindir o contrato unilateralmente, visto que não se configura hipótese de prejuízo ou descumprimento de cláusulas contratuais.

1: incorreta, pois a subcontratação total ou parcial do objeto contratado constitui motivo para rescisão do contrato (art. 78, VI, da Lei 8.666/1993).

Gabarito 1E

(Delegado/AP – 2010) A Administração Pública, diante de uma rescisão de contrato administrativo, por culpa do contratado, retém os créditos decorrentes do contrato até os limites dos prejuízos causados. Nessa situação, a retenção dos créditos é de natureza:

(A) satisfativa.
(B) coercitiva.
(C) acautelatória.
(D) restituitória.
(E) judicial.

Art. 80, IV, da Lei 8.666/1993. Trata-se, pois, de providência acautelatória, uma vez que a ideia é garantir recursos para o ressarcimento dos prejuízos causados.

Gabarito "C"

(Delegado/MT – 2006 – UFMT) Sobre rescisão unilateral do contrato administrativo, pela Administração, assinale a afirmativa correta.

(A) Não carece de motivação ou de qualquer defesa do contratado, por força do interesse público.
(B) Pode ocorrer somente nos casos previstos em lei, devendo ser motivada e precedida de ampla defesa.
(C) Foi abolida pela Lei n.° 8.666, de 21 de junho de 1993.
(D) É permitida apenas quando o objeto do contrato possuir finalidade educacional.
(E) Ocorre apenas nos contratos cujos valores ultrapassem oitenta salários mínimos.

Art. 79, I, da Lei 8.666/1993.

Gabarito "B"

(Delegado/PB – 2009 – CESPE) O Estado da Paraíba firmou contrato de prestação de serviços continuados de limpeza com determinada pessoa jurídica, no valor de R$ 10.000.000,00 por ano. Ao longo do cumprimento desse contrato, verificou-se que a contratada não estaria recolhendo as contribuições sociais incidentes sobre a folha de salários, motivo pelo qual foi-lhe negada a certidão negativa de débitos previdenciários. Além disso, o estado da Paraíba houve por bem aumentar o número de pessoas para prestar os serviços de limpeza, o que ensejou uma majoração de R$ 2.400.000,00 por ano. Quanto à Lei n.° 8.666/1993, e considerando o texto hipotético apresentado, assinale a opção correta.

(A) Esse contrato pode ser prorrogado por iguais e sucessivos períodos com vistas à obtenção de preços e condições mais vantajosas para a administração, limitado a sessenta meses. No entanto, esse prazo máximo poderá ainda ser ultrapassado em até doze meses, desde que em caráter excepcional, devidamente justificado e mediante autorização da autoridade superior.
(B) A exigência de regularidade fiscal deve ser observada no momento da contratação, mas a eventual ausência da certidão negativa de débito ao longo do contrato, conforme entendimento do STJ, autoriza apenas a retenção das parcelas devidas pela administração.
(C) A contratada não está obrigada a cumprir esse contrato, em face da sua alteração unilateral.
(D) Mesmo considerando que a contratada seja uma organização social e que o contrato de prestação de serviço seja decorrente do contrato de gestão, é necessário que tenha havido, previamente ao contrato, licitação.
(E) De acordo com o valor do contrato, as modalidades de licitação cabíveis à espécie são a concorrência ou a tomada de preço.

A: correta (art. 57, II e § 4.°, da Lei 8.666/1993); **B:** incorreta, pois a eventual ausência de certidão negativa *ao longo do contrato* não autoriza a retenção do pagamento, por não haver previsão legal nesse sentido. O STJ entende que a retenção, então, é indevida, sem prejuízo de se instaurar processo administrativo para a rescisão do contrato, por descumprimento de cláusula contratual por parte do contratado; **C:** incorreta, pois a alteração contratual está dentro do limite de 25% para os acréscimos quantitativos no valor do contrato (art. 65, § 1.°, da Lei 8.666/1993); **D:** incorreta, pois o caso transcrito enseja *dispensa* de licitação (art. 24, XXIV, da Lei 8.666/1993);

E: incorreta, pois para a aquisição de *serviços comuns* (serviços com especificações no mercado), como é o caso do de limpeza, cabe também o pregão, seja qual for o valor do contrato, nos termos do art. 1.º da Lei 10.520/2002.

Gabarito "A"

11. SERVIÇO PÚBLICO, CONCESSÃO E PPP

11.1. Serviço público

(Delegado Federal – 2013 – CESPE) Julgue o seguinte item:

(1) Em se tratando de permissão de serviço público, o serviço é executado em nome do Estado por conta e risco do permissionário, e é atribuído exclusivamente à pessoa jurídica.

1: incorreta, pois a permissão também pode ser conferida à pessoa física (art. 2º, IV, da Lei 8.987/1995).

Gabarito 1E

(Delegado Federal – 1998 – CESPE) Os administrados, para bem desempenharem suas atribuições na sociedade, carecem de comodidades e utilidades. Umas podem ser atendidas pelos meios e recursos que cada um dos membros da comunidade possui, outras só podem se satisfeitas por meio de atividades a cargo da administração pública, a única capaz de oferecê-las com vantagem. Segurança e perenidade. Todas as atividades da administração pública, destinadas ao oferecimento de comodidades e utilidades com essas características, constituem serviços públicos. Com o auxílio do texto e considerando a teoria dos serviços públicos, julgue os itens em seguida.

(1) Se a empresa de transportes Viação Ligeirinho Ltda. venceu licitação para transportar passageiros entre Estados, então esse serviço pode ser considerado serviço público, mesmo sendo explorado por sociedade privada.

(2) Quanto aos usuários, os serviços públicos podem ser gerais ou específicos (divisíveis, para alguns autores); o serviço de telefonia é um exemplo de serviço público divisível.

(3) Considere que compete ao município determinado serviço público; então, caberá ao próprio Município a regulamentação dele, mas, não obstante, competirá à União baixar normas gerais acerca da licitação para sua outorga a particular.

(4) Todos os serviços públicos são, juridicamente, prestados aos membros da coletividade em caráter facultativo.

(5) O requisito da generalidade do serviço público tem fundamento constitucional.

1: correta, pois a concessão de serviços públicos pode ser passada a uma empresa privada não criada pelo Estado; **2:** correta, pois traz informação correta sobre a classificação dos serviços quanto aos usuários ou quanto à divisibilidade destes; **3:** correta, pois, de fato, compete à União baixar normas gerais acerca da licitação para outorga do serviço ao particular (art. 22, XXVII, da CF); **4:** errada, pois há serviços públicos obrigatórios, como o de coleta de lixo; **5:** correta, pois o requisito da generalidade decorre do princípio da isonomia, devendo os serviços públicos ser prestados em favor de todos.

Gabarito 1C, 2C, 3C, 4E, 5C

(Delegado/DF – 2004) Em relação aos serviços públicos, analise as afirmativas a seguir:

I. Os serviços gerais, que não permitem a identificação dos seus destinatários, são mantidos através dos impostos, modalidade de tributo não vinculado.

II. Mesmo nos serviços públicos com execução delegada a particular, compete ao Poder Público fixar a tarifa que será paga pelo usuário.

III. Os serviços públicos classificados como individuais e obrigatórios serão mantidos através de tarifa que tem a natureza jurídica de preço público.

É/são afirmativa(s) verdadeira(s) somente:

(A) I e II;
(B) I e III;
(C) II e III;
(D) I, II e III;
(E) nenhuma.

I: verdadeira, ao contrário dos serviços individuais (ou divisíveis), como são os serviços de telefonia, que são mantidos mediante a cobrança de tarifas ou taxas; II: verdadeira, pois o poder público é o responsável pela regulamentação do serviço, o que inclui a fixação da política tarifária; III: falsa, pois os serviços públicos obrigatórios são mantidos mediante taxa, ou seja, mediante um tributo.

Gabarito "A"

(Delegado/ES – 2006 – CESPE) Em relação ao direito administrativo, julgue o item seguinte.

(1) Em caso de inadimplência, torna-se possível, após prévio aviso, a realização de corte no fornecimento de serviços públicos essenciais ao usuário e remunerados por tarifa, sem que se configure a descontinuidade na prestação do serviço.

1: correta (art. 6.º, § 3.º, II, da Lei 8.987/1995).

Gabarito 1C

(Delegado/RN – 2009 – CESPE) Acerca dos serviços públicos que devem ser prestados pelo Estado e das normas que regem as licitações, assinale a opção correta.

(A) Quanto ao objeto, os serviços públicos serão administrativos, executados pelo Estado para atender necessidades coletivas de ordem econômica, e industriais, que se destinam a atender as próprias necessidades da administração.

(B) Quanto à exclusividade da titularidade, os serviços públicos serão *uti universi*, de utilização coletiva e imensurável, e *uti singuli*, de utilização particular e mensurável.

(C) Se a administração pública deixar de efetuar os pagamentos devidos por mais de noventa dias, pode o particular contratado, licitamente, suspender a execução do contrato, com fundamento na cláusula *exceptio non adimpleti contractus*.

(D) Quanto à utilização, os serviços públicos serão privativos, prestados em regime de monopólio pelo Estado, e não privativos, prestados pelo Estado ou por entidade particular.

(E) É dispensável a licitação quando houver inviabilidade de competição, especialmente para a aquisição de materiais, equipamentos ou gêneros que só possam ser fornecidos por representante comercial exclusivo.

A: incorreta, pois houve inversão das definições de serviços administrativos e serviços industriais; **B:** incorreta, pois a classificação dos serviços nas espécies mencionadas tem como critério a situação dos destinatários do serviço, e não dos titulares deste; **C:** correta (art. 78, XV, da Lei 8.666/1993); **D:** incorreta, pois é quanto à essencialidade que os serviços são divididos nas espécies mencionadas; **E:** incorreta, pois esse caso é inexigibilidade de licitação (art. 25, I, da Lei 8.666/1993), e não de dispensa de licitação.

Gabarito "C"

(Delegado/PA – 2009 – MOVENS) Considerando que os serviços públicos são classificados de acordo com os critérios de essencialidade, adequação, finalidade e destinatários, assinale a opção que apresenta o serviço correspondente à atividade policial civil.

(A) Administrativo.
(B) De utilidade pública.
(C) Impróprio do Estado.
(D) *Uti universi*.

A: incorreta; nessa questão iremos usar a classificação de Hely Lopes Meirelles, que foi a usada para a idealização do problema; quanto à *finalidade*, os serviços públicos podem ser *administrativos* ou *industriais*; os serviços administrativos são os executados para atender a necessidades internas da administração ou para preparar outros que serão prestados ao público (exemplo: imprensa oficial), ao passo que os serviços industriais são os que produzem renda para quem os presta, mediante pagamento de tarifa ou preço público; assim, o serviço atinente à atividade policial não se encaixa nessa classificação; **B:** incorreta; quanto à *essencialidade*, os serviços podem ser *serviços públicos* ou *serviços de utilidade pública*; os serviços públicos propriamente ditos são os que, por sua essencialidade, são considerados privativos do Poder Público, de modo que a atividade policial civil se encaixa nele; já os serviços de utilidade pública são os que, dada a sua *conveniência* (e não sua *essencialidade*) para os membros da coletividade, podem ser prestados pela Administração ou por terceiros, mediante concessão ou permissão de serviço público (exemplo: transporte coletivo), de modo que a atividade policial não se encaixa nos serviços de utilidade pública, pois não pode ser objeto de concessão ou permissão; **C:** incorreta; pois os serviços *próprios do Estado* equivalem aos *serviços públicos propriamente* ditos e os serviços *impróprios do Estado* equivalem aos *serviços de utilidade pública*, de maneira que a atividade policial civil não é um serviço impróprio do Estado, mas um serviço próprio deste; **D:** correta; quanto aos *destinatários* os serviços podem ser *uti universi* ou *uti singuli*; os serviços *uti universi* são aqueles gerais, com usuários indeterminados (exemplo: atividade policial), ao passo que os serviços *uti singuli* são os individuais, com usuários determinados e divisibilidade

(exemplo: fornecimento de água, energia elétrica e telefonia), o que permite a cobrança de contraprestação do usuário do serviço, por taxa ou preço público, a depender da compulsoriedade ou não do serviço.
Gabarito "D"

11.2. Concessão de serviço público

(Delegado/PR – 2013 – UEL-COPS) Sobre a concessão de serviço público, naquilo que a distingue da permissão, assinale a alternativa correta.

(A) É feita à pessoa jurídica ou consórcio de empresa.
(B) Admite outras modalidades de licitação, além da concorrência.
(C) Tem natureza contratual a título precário.
(D) Retira-se dela a característica de contrato de adesão.
(E) Pode ser realizada mediante ato unilateral da administração.

A: correta (art. 2º, II, da Lei 8.987/1995); já as permissões de serviço público são feitas em favor de pessoa física ou jurídica (art. 2º, IV, da Lei 8.987/1995); **B:** incorreta, pois é caso de concorrência (art. 2º, II, da Lei 8.987/1995); já as permissões de serviço público admitem outra modalidade licitatória (art. 2º, IV, da Lei 8.987/1995); **C:** incorreta, pois a natureza precária é típica da permissão de serviço público (art. 2º, IV, da Lei 8.987/1995); **D:** incorreta, pois as duas têm característica de contrato de adesão; **E:** incorreta, pois a concessão tem natureza contratual (bilateral), não se tratando de ato unilateral.
Gabarito "A"

(Delegado/RJ – 2013 – FUNCAB) Quanto à permissão do serviço público, considere as afirmativas abaixo e assinale a alternativa correta.

I. Resulta de delegação negocial.
II. Dispensa licitação prévia.
III. Só pode ser firmada com pessoa física ou jurídica.
IV. O permissionário está sujeito à responsabilidade civil objetiva.

(A) Apenas estão corretas as afirmativas I, II e III.
(B) Apenas estão incorretas as afirmativas III e IV.
(C) Apenas estão corretas as afirmativas I, III e IV.
(D) Apenas estão incorretas as afirmativas I e IV.
(E) Apenas estão corretas as afirmativas II e IV.

I: correta, pois é *delegação* de serviço público e é classificada como *ato negocial*; **II**: incorreta, pois o art. 2º, IV, da Lei 8.987/1995 exige licitação; **III**: correta (art. 2º, IV, da Lei 8.987/95); **IV**: correta, pois a responsabilidade dos prestadores de serviço público é objetiva.
Gabarito "C"

(Delegado Federal – 2004 – CESPE) Julgue o item a seguir.

(1) O contrato de concessão de serviço público extingue-se pela rescisão quando a iniciativa de extinção do contrato é do poder concedente, em decorrência de descumprimento das normas contratuais pelo concessionário.

1: incorreta, art. 38 da Lei 8.987/1995 (caducidade) c/c o art. 39 da Lei 8.987/1995 (rescisão).
Gabarito 1E

(Delegado/AP – 2010) Com relação aos contratos de concessão de serviços públicos, analise as afirmativas a seguir:

I. Em havendo alteração unilateral do contrato que afete o seu inicial equilíbrio econômico-financeiro, o poder concedente deverá restabelecê-lo, concomitantemente à alteração.
II. A tarifa não será subordinada à legislação específica anterior e, somente nos casos expressamente previstos em lei, sua cobrança poderá ser condicionada à existência de serviço público alternativo e gratuito para o usuário.
III. A criação, alteração ou extinção de quaisquer tributos ou encargos legais, inclusive os impostos sobre a renda, após a data da assinatura do contrato, implicará a revisão da tarifa, para mais ou para menos, conforme o caso.
IV. O poder concedente não poderá prever, em favor da concessionária, no edital de licitação, a possibilidade de outras fontes provenientes de receitas alternativas, complementares, acessórias ou de projetos associados, a fim de favorecer a modicidade das tarifas para os usuários.

Assinale:

(A) se somente as afirmativas I e IV estiverem corretas.
(B) se somente as afirmativas I e II estiverem corretas.
(C) se somente as afirmativas II e IV estiverem corretas.
(D) se somente as afirmativas II e III estiverem corretas.
(E) se somente as afirmativas III e IV estiverem corretas.

I: correta (art. 9.º, § 4.º, da Lei 8.987/1995); II: correta (art. 9.º, § 1.º, da Lei 8.987/1995); III: incorreta, pois essa regra não vale para alterações no imposto sobre a renda (art. 9.º, § 3.º, da Lei 8.987/1995); IV: incorreta, pois é possível, sim, essa previsão (art. 11 da Lei 8.987/1995).
Gabarito "B"

(Delegado/MA – 2006 – FCC) O Governo do Estado do Maranhão, conforme disposto na Lei 8.987/95, delegou a um particular a execução de um serviço público que, entretanto, foi retomada pelo poder concedente, durante o prazo da concessão, por motivos de interesse público e mediante lei autorizativa específica. Nesse caso, a extinção da concessão configura a

(A) reintegração de serviço público, tendo o concessionário direito ao prévio pagamento de indenização.
(B) caducidade, situação esta que desonera o concedente do ressarcimento de prejuízos sofridos pelo particular ante a supremacia do interesse público.
(C) encampação, hipótese em que o particular fará jus ao prévio ressarcimento dos prejuízos regularmente comprovados.
(D) rescisão, situação em que não resulta para o contratante qualquer espécie de responsabilidade em relação aos encargos da concessionária.
(E) reversão, hipótese em que o concessionário terá direito ao ressarcimento de quaisquer prejuízos suportados.

Art. 37 da Lei 8.987/1995.
Gabarito "C"

(Delegado/MT – 2006 – UFMT) Nas concessões e permissões de serviços públicos, transfere-se para o concessionário

(A) o exercício da atividade pública e a titularidade do serviço.
(B) a titularidade do serviço por tempo determinado.
(C) a titularidade, após cinco anos de efetivo exercício da concessão e permissão.
(D) apenas o exercício da atividade pública.
(E) a titularidade, após dez anos de efetivo exercício da concessão e permissão.

Art. 2.º, II e IV, da Lei 8.987/1995.
Gabarito "D"

(Delegado/PB – 2009 – CESPE) Uma concessionária de energia elétrica, pessoa jurídica de direito privado, houve por bem terceirizar o serviço de corte do fornecimento de tal serviço. Marcos, empregado dessa empresa terceirizada, ao efetuar a suspensão dos serviços de energia elétrica em favor de Maria, acabou por agredi-la, já que essa alegava que a conta já havia sido paga. Em relação a essa situação hipotética, assinale a opção correta.

(A) A lei geral de concessão não autoriza a suspensão do fornecimento de energia elétrica, pelo inadimplemento por parte do usuário, já que o acesso ao serviço de energia elétrica decorre da própria dignidade da pessoa humana, que deve prevalecer sobre os interesses econômicos da concessionária.
(B) Eventual ação de indenização por danos materiais e morais deverá ser proposta contra a concessionária, já que essa se responsabiliza pelos atos dos seus prepostos, não sendo possível alegar-se culpa exclusiva de terceiro.
(C) O prazo prescricional da ação de reparação de danos, na espécie, será de cinco anos, na forma do Código Civil, já que inexiste prazo prescricional específico para as concessionárias de serviço público.
(D) Cabe mandado de segurança contra ato dos diretores da concessionária de serviço público, com vistas a restabelecer o serviço de energia elétrica, o qual deverá ser impetrado na justiça estadual.
(E) A competência para julgar eventual ação de indenização proposta contra a concessionária de serviço público será da justiça federal, já que se trata de uma delegação de serviço público federal.

A: incorreta, pois a interrupção é possível, sim (art. 6.º, § 3.º, II, da Lei 8.987/1995), salvo em relação à prestação de serviços essenciais, como hospitais e creches; **B:**

correta (art. 25 da Lei 8.987/1995); **C:** incorreta, pois há prazo específico em relação às empresas concessionárias, também de 5 anos, mas previsto em lei específica (art. 1.º-C da Lei 9.494/1997); **D:** incorreta, pois não é cabível mandado de segurança no caso; **E:** incorreta, salvo se a concessionária for uma empresa pública federal (art. 109, I, da CF).

Gabarito "B"

(Delegado/PB – 2009 – CESPE) A declaração de caducidade nos contratos de concessão de serviço público não é autorizada quando

(A) o serviço estiver sendo prestado de forma inadequada ou deficiente, tendo por base as normas, critérios, indicadores e parâmetros definidores da qualidade do serviço.
(B) a concessionária descumprir cláusulas contratuais ou disposições legais ou regulamentares concernentes à concessão.
(C) a concessionária perder as condições econômicas, técnicas ou operacionais para manter a adequada prestação do serviço concedido.
(D) a concessionária for condenada em sentença transitada em julgado por sonegação de tributos, inclusive contribuições sociais.
(E) o poder público retomar o serviço durante o prazo da concessão, por motivo de interesse público, mediante lei autorizativa específica e após prévio pagamento da indenização devida.

A a **D:** corretas (art. 38, § 1.º, I, II, IV e VII, respectivamente, da Lei 8.987/1995), valendo salientar que a caducidade é a extinção da concessão por *culpa* do particular, ou seja, por inexecução total ou parcial do contrato; **E:** incorreta, pois a retomada do serviço durante o prazo de concessão denomina-se *encampação* ou *resgate*; se o tema fosse *ato administrativo*, e não *concessão de serviço público*, o nome da extinção do ato seria *revogação*, e não *encampação*; a encampação está prevista no art. 37 da Lei 8.987/1995, e depende de interesse público devidamente motivado, lei autorizativa específica e prévio pagamento de indenização.

Gabarito "E"

(Delegado/PB – 2009 – CESPE) Ainda no que concerne ao serviço público, assinale a opção correta.

(A) O dispositivo constitucional que preceitua caber ao poder público, na forma da lei, diretamente ou sob o regime de concessão ou permissão, sempre mediante licitação, a prestação de serviços públicos, demonstra que o Brasil adotou uma concepção subjetiva de serviço público.
(B) A permissão de serviço público é definida pela lei geral de concessões como a delegação, a título precário, mediante licitação, da prestação de serviços públicos, feita pelo poder concedente à pessoa física ou jurídica que demonstre capacidade para seu desempenho, por sua conta e risco.
(C) No procedimento de licitação para contratação de serviços públicos, obrigatoriamente a primeira fase será a de habilitação e a segunda, de julgamento da proposta que melhor se classificar, conforme as condições estabelecidas no edital, não sendo possível a inversão dessas fases.
(D) No contrato de concessão, é obrigatória cláusula que preveja o foro de eleição, não sendo possível, diante do interesse público envolvido, prever-se o emprego de mecanismos privados para a resolução de disputas decorrentes do contrato ou a ele relacionadas, inclusive a arbitragem.
(E) No contrato de concessão patrocinada, no âmbito das parcerias público-privadas, os riscos do negócio jurídico decorrentes de caso fortuito ou força maior serão suportados exclusivamente pelo parceiro privado.

A: incorreta, pois o serviço público não é conceituado a partir do sujeito que o presta, mas sim em função do serviço em si, da sua importância para a sociedade; tanto isso é verdade que o serviço público pode ser prestado tanto pelo Poder Público, como por um particular, mediante concessão ou permissão; **B:** correta (art. 2.º, IV, da Lei 8.987/1995); **C:** incorreta, pois não há procedimento de licitação para a *contratação de serviços públicos*, mas sim procedimento de licitação para *outorgar concessão de serviços públicos*, procedimento esse que observará o rito da concorrência (art. 2.º, II, da Lei 8.987/1995); de qualquer forma, é bom lembrar que, mesmo adotando-se o rito da concorrência, a Lei 8.987/1995, atualmente, admite a inversão de fases no procedimento, primeiro fazendo-se o julgamento das propostas e a classificação, para depois passar para a fase de habilitação; **D:** incorreta, pois cabe arbitragem (art. 23-A da Lei 8.987/1995); **E:** incorreta, pois os riscos serão repartidos (art. 5.º, III, da Lei 11.079/2004).

Gabarito "B"

(Delegado/SP – 2008) A declaração da extinção da concessão pelo poder concedente, por estar o serviço sendo prestado de forma inadequada, caracteriza um caso de

(A) encampação.
(B) caducidade.
(C) rescisão.
(D) anulação.
(E) destituição.

Art. 38 da Lei 8.987/1995.

Gabarito "B"

11.3. Parceria público-privada (PPP)

(Delegado/SP – 2014 – VUNESP) O prefeito de determinada cidade elabora projeto de celebração de uma parceria público-privada, que tem (i) valor de contrato equivalente a quinze milhões de reais; por um (ii) prazo de cinco anos; tendo por (iii) objeto único da prestação a execução de obra pública. De acordo com a Lei de Parceria Público--Privada (Lei n.o 11.079/2004), o projeto

(A) pode ser levado adiante, desde que seja aumentado o prazo de prestação para seis anos, estando corretos os demais parâmetros.
(B) pode ser levado adiante, desde que o objeto único desse contrato possa ser modificado para "fornecimento de mão de obra", pois os demais parâmetros estão corretos para o tipo de contratação almejada.
(C) não pode vingar, pois o valor do contrato não atinge ao mínimo permitido, e a finalidade "execução de obra pública" também é vedada para esse tipo de contratação.
(D) não pode vingar, pois a despeito de as demais condições dele estarem adequadas, o valor da obra é inferior ao mínimo estabelecido na Lei para esse tipo de contratação.
(E) pode ser levado adiante, pois todas as condições se encontram dentro dos parâmetros legais de observação obrigatória para esse tipo de contratação.

A: incorreta, pois a PPP não pode ser inferior a 5 anos, mas se a parceria for igual ou superior a 5 anos haverá cumprimento do requisito trazido no art. 2º, § 4º, II, da Lei 11.079/2004; **B:** incorreta, pois é vedada a celebração de PPP para parcerias de valor inferior a R$ 20 milhões (art. 2º, § 4º, I, da Lei 11.079/2004), lembrando que também não incide o regime da PPP na parceria que tenha como objeto único o fornecimento de mão de obra, o fornecimento e instalação de equipamentos ou a execução de obra pública (art. 2º, § 4º, III, da Lei 11.079/04); **C:** correta (art. 2º, § 4º, I e III, da Lei 11.079/2004); **D** e **E:** incorretas, pois, como se viu, há problema também no valor da parceria e no seu objeto.

Gabarito "C"

(Delegado/GO – 2009 – UEG) A Lei n. 11.079/2004 instituiu o denominado contrato de parceria público-privada. Sobre esse tema, é CORRETO afirmar:

(A) é dispensável a licitação no contrato de parceria público-privada.
(B) a modalidade de licitação que deve preceder o contrato de parceria é a concorrência.
(C) todos os riscos da execução do objeto contratado correm por conta do parceiro privado.
(D) o Poder Público está impedido de realizar contraprestação pecuniária na modalidade concessão patrocinada.

A: incorreta (art. 10 da Lei 11.079/2004); **B:** correta (art. 10, *caput*, da Lei 11.079/2004); **C:** incorreta, pois há "repartição de riscos entre as partes" (art. 5.º, III, da Lei 11.079/2004); **D:** incorreta, pois na concessão patrocinada (diferentemente da *concessão comum ou tradicional*), além da cobrança de tarifas dos usuários, há também contraprestação pecuniária do parceiro público ao parceiro privado (art. 2.º, § 1.º, da Lei 11.079/2004).

Gabarito "B"

12. CONTROLE DA ADMINISTRAÇÃO

(Delegado/PR – 2013 – UEL-COPS) A administração pública direta e indireta recebe o controle externo, relacionado à fiscalização contábil, financeira, orçamentária e patrimonial. Assinale a alternativa que apresenta, corretamente, o órgão que exerce esse controle.

(A) Poder Executivo com o auxílio do Poder Judiciário.
(B) Poder Legislativo com o auxílio do Tribunal de Contas.

(C) Poder Legislativo com o auxílio do Poder Judiciário.
(D) Poder Judiciário com o auxílio do Tribunal de Justiça.
(E) Poder Judiciário com o auxílio do Tribunal de Contas.

O controle externo da administração pública é feito pelo Legislativo com o auxílio dos Tribunais de Contas, nos termos do art. 71, *caput*, da CF.
Gabarito "B"

(Delegado Federal – 2013 – CESPE) Julgue o seguinte item.

(1) O controle prévio dos atos administrativos é de competência exclusiva da própria administração pública, ao passo que o controle dos atos administrativos após sua entrada em vigor é exercido pelos Poderes Legislativo e Judiciário.

1: incorreta, pois o Poder Judiciário também pode fazer o controle prévio de ato administrativo, já que nenhuma lesão ou *ameaça* de lesão a direito pode ser subtraída da apreciação do Poder Judiciário (art. 5º, XXXV, da CF/1988).
Gabarito 1E

(Delegado/DF – 2004) Em relação ao controle judicial do ato administrativo, analise as afirmativas a seguir:

I. O Poder Judiciário não pode controlar o uso correto da discricionariedade administrativa.
II. O controle judicial dos atos administrativos praticados pelo Poder Executivo pode ser exercido de ofício ou mediante provocação do interessado.
III. Quando houver na lei a previsão de recurso administrativo, a parte interessada somente poderá acionar o Poder Judiciário após o prévio esgotamento da esfera administrativa.

É/são afirmativa(s) verdadeira(s) somente:

(A) I;
(B) II;
(C) III;
(D) I e II;
(E) nenhuma.

I: verdadeira, pois, se o uso da discricionariedade foi correto (dentro da lei, e com respeito à razoabilidade e à moralidade), não há o que controlar; II: falsa, pois o Judiciário não pode fazer o controle de ofício dos atos administrativos; III: falsa, pois tal restrição importaria em desrespeito ao princípio da inafastabilidade da jurisdição (art. 5.º, XXXV, da CF).
Gabarito "A"

(Delegado/GO – 2009 – UEG) Acerca das atribuições dos tribunais de contas como órgãos de auxílio ao Poder Legislativo na função fiscalizadora da Administração Pública, é CORRETO afirmar:

(A) o parecer prévio emitido pelos tribunais de contas vincula o Poder Legislativo quando do julgamento das contas.
(B) pela natureza das atribuições dos tribunais de contas, eles não podem impedir a execução de ato administrativo da administração direta e indireta.
(C) apreciar a legalidade dos atos de admissão de pessoal, na administração direta e indireta, bem como a das concessões de aposentadorias, reformas e pensões; excetuam-se dessa apreciação as nomeações para cargo de provimento em comissão.
(D) apreciar as contas prestadas anualmente pelo chefe do Executivo, mediante elaboração de parecer prévio, que deverá ser emitido em oitenta dias a contar de seu recebimento.

A: incorreta, pois o parecer prévio emitido pelos Tribunais de Contas pode deixar de prevalecer, nos Municípios, por decisão de dois terços dos membros da Câmara Municipal (art. 31, § 2.º, da CF); **B:** incorreta, pois há casos em que isso é possível (art. 71, X, da CF); **C:** correta (art. 71, III, da CF); **D:** incorreta, pois o prazo é de 60 dias (art. 71, I, da CF).
Gabarito "C"

(Delegado/RJ – 2009 – CEPERJ) Os Tribunais de Contas:

(A) Integram o Poder Judiciário.
(B) São órgãos auxiliares do Poder Legislativo.
(C) Podem ser criados nas capitais de Estados que deles não dispõem.
(D) Revestem-se de natureza autárquica.
(E) Atuam diretamente no controle financeiro interno da Administração Pública.

Art. 71 da CF.
Gabarito "B"

(Delegado/PA – 2012 – MSCONCURSOS) No tocante ao controle da Administração Pública, podemos afirmar que

(A) o controle administrativo não é exercido pelos Poderes Judiciário e Legislativo, pois deriva do poder de autotutela do Poder Executivo para analisar aspectos de legalidade e mérito de seus próprios atos administrativos.
(B) o controle legislativo ou parlamentar é interno e será realizado pelo Poder Legislativo sobre a atuação administrativa dos poderes Executivo e Judiciário.
(C) o controle administrativo poderá ser provocado pelo administrado por meio do direito de petição.
(D) o controle judicial poderá ser realizado de ofício ou por provocação dos órgãos do Poder Judiciário.
(E) o controle judicial é preventivo e busca verificar a legalidade ou legitimidade dos atos administrativos praticados pelos Poderes Executivo, Legislativo e Judiciário.

A: incorreta, pois o controle administrativo é exercido na administração pública de cada um dos poderes; **B:** incorreta, pois o controle legislativo é um controle externo; **C:** correta, pois o controle administrativo atua de ofício, bem como pelo direito de petição e pelos recursos em geral; **D:** incorreta, pois o controle judicial depende de provocação, não atuando, como regra, de ofício, em virtude do princípio da inércia jurisdicional; **E:** incorreta, pois o controle judicial pode ser preventivo ou repressivo, a depender do momento em que é exercido.
Gabarito "C"

(Delegado/SC – 2008) Assinale a alternativa correta quanto ao controle da Administração Pública pelo Judiciário.

(A) A ação popular é o meio constitucional posto à disposição de organização sindical ou entidade de classe para obter a anulação de atos administrativos lesivos aos direitos de seus membros ou associados ou ao patrimônio público, à moralidade administrativa e ao meio ambiente natural ou cultural.
(B) O Judiciário examina a legalidade, a oportunidade e a conveniência de um ato administrativo para aferir sua conformação com a lei e com os princípios gerais do Direito, preservando direitos individuais ou públicos.
(C) Os atos normativos, enquanto regras gerais e abstratas, não atingem direitos individuais e são inatacáveis por ações ordinárias ou por mandado de segurança.
(D) Todo ato administrativo que não for praticado em observância aos princípios da legalidade, moralidade, finalidade, eficiência e publicidade pode ser revogado pelo Judiciário, cabendo ainda a reparação pelos danos causados pelo Poder Público.

A: incorreta, pois o legitimado para a ação popular é o cidadão (art. 5.º, LXXIII, da CF); **B:** incorreta, pois o Judiciário só analisa a legalidade, a razoabilidade e a moralidade do ato administrativo, e não a conveniência e oportunidade dele; **C:** correta, pois, de fato, os atos normativos não atingem especialmente pessoas, podendo ser atacado apenas por ações próprias (ações de inconstitucionalidade); **D:** incorreta, pois a violação dos princípios citados possibilita a anulação e não a revogação do ato administrativo.
Gabarito "C"

(Delegado/MT – 2006) O controle externo da Administração Pública é exercido pelo(a):

(A) Ouvidoria dos órgãos públicos.
(B) Ministério Público.
(C) Poder Judiciário, quando provocado pelos administrados.
(D) Poder Legislativo, através dos Tribunais de Contas.

Art. 71, *caput*, da CF.
Gabarito "D"

(Delegado/SP – 2008) No estudo das espécies de controle de Administração Pública, quanto ao momento de sua realização, a liquidação de despesa para pagamento oportuno é exemplo de

(A) controle concomitante.
(B) controle preventivo.
(C) controle subsequente.
(D) controle sucessivo.
(E) controle finalístico.

Trata-se de controle preventivo, pois a liquidação consiste em verificar se o serviço ou o bem adquirido foram efetivamente prestados ou entregues, como providência prévia ao efetivo pagamento.
Gabarito "B"

13. AÇÕES CONTRA A FAZENDA

13.1. Mandado de segurança

(Delegado/DF – 2004) A garantia constitucional que deve ser usada para incluir nos assentamentos do impetrante a justificativa sobre informação verdadeira, mas que está pendente de decisão administrativa ou judicial, denomina-se:

(A) mandado de segurança;
(B) mandado de injunção;
(C) *habeas data*;
(D) ação ordinária;
(E) medida cautelar.

Art. 5.º, LXXVII, da CF.
Gabarito "C"

(Delegado/DF – 2004) Em relação ao mandado de segurança, analise as afirmativas a seguir:

I. De acordo com o posicionamento do Supremo Tribunal Federal, é inconstitucional o prazo de cento e vinte dias previsto na lei para impetração do mandado de segurança.
II. A autoridade coatora poderá contestar o pedido formulado ou prestar informações no prazo de dez dias.
III. O mandado de segurança somente poderá ser usado para controlar decisões judiciais transitadas em julgado.

É/são afirmativa(s) verdadeira(s) somente:

(A) I;
(B) II;
(C) III;
(D) I e II;
(E) nenhuma.

I: falsa, pois o STF entende que o prazo decadencial previsto para o ajuizamento de mandado de segurança é constitucional; II: falsa, pois a autoridade coatora deve prestar *informações* no prazo mencionado (art. 7.º, I, da Lei 12.016/2009); a *contestação*, ao contrário, é providência que compete à pessoa jurídica interessada; III: falsa, pois essa ação é cabível contra qualquer ilegalidade ou abuso de poder praticado por autoridade pública, para amparar direito líquido e certo (ou seja, comprovado de plano), desde que não seja cabível *habeas data* ou *habeas corpus* (art. 1.º da Lei 12.016/2009).
Gabarito "E"

(Delegado/SP – 2002) A falta de norma regulamentadora que torne inviável o exercício dos direitos e liberdades constitucionais e das prerrogativas inerentes à nacionalidade, à soberania e à cidadania pode ser suprida pelo

(A) mandado de segurança.
(B) *habeas data*.
(C) *habeas corpus*.
(D) mandado de injunção.

Art. 102, I, *q*, da CF.
Gabarito "D"

13.2. Ação Popular e ação civil pública

(Delegado/DF – 2004) Em relação à ação popular, analise as afirmativas a seguir:

I. Uma pessoa jurídica pode propor ação popular se todos os seus sócios forem eleitores.
II. A sentença que julgar improcedente o pedido formulado na ação popular será submetida ao duplo grau obrigatório de jurisdição.
III. O Ministério Público pode assumir a titularidade da ação popular que foi abandonada pelo autor popular.

É/são afirmativa(s) verdadeira(s) somente:

(A) I e II;
(B) I e III;
(C) II e III;
(D) I, II e III;
(E) nenhuma.

I: falsa, pois a ação popular deve ser promovida pela pessoa física do cidadão (art. 5.º, LXXIII, da CF c/c art. 1.º da Lei 4.717/1965); II: verdadeira, nos termos do art. 19 da Lei 4.717/1965; III: verdadeira, nos termos do art. 9.º da Lei 4.717/1965.
Gabarito "C"

(Delegado/DF – 2004) Em relação à ação civil pública, analise as afirmativas a seguir:

I. O inquérito civil será presidido por membro do Ministério Público e o seu arquivamento depende da homologação judicial.
II. Ao deferir pedido de liminar na ação civil pública, o órgão do Poder Judiciário competente para seu julgamento poderá arbitrar multa para a hipótese de descumprimento.
III. O prazo de validade da liminar na ação civil pública será de noventa dias, prorrogável por mais trinta dias.

É/são afirmativa(s) verdadeira(s) somente:

(A) I;
(B) II;
(C) III;
(D) I e II;
(E) II e III.

I: falsa, pois o arquivamento será feito pelo próprio órgão do Ministério Público, devendo ser encaminhado, no prazo de 3 dias úteis, ao Conselho Superior do Ministério Público, que poderá homologar ou rejeitar o arquivamento (art. 9.º da Lei 7.347/1985); II: verdadeira (art. 12, § 2.º, da Lei 7.347/1985); III: falsa, pois não há essa limitação temporal na Lei 7.347/1985.
Gabarito "B"

14. PROCESSO ADMINISTRATIVO

(Delegado/SP – 2014 – VUNESP) De acordo com a Lei Estadual do Processo Administrativo (Lei n. 10.177/1998), uma vez requerida a expedição de certidão de autos de procedimento em poder da Administração, a autoridade competente deverá apreciar o requerimento em 05 dias

(A) corridos e determinará a expedição em prazo não inferior a 05 dias úteis.
(B) corridos e determinará a expedição em prazo não superior a 05 dias corridos.
(C) úteis e determinará a expedição em prazo não inferior a 05 dias úteis.
(D) corridos e determinará a expedição em prazo não inferior a 05 dias corridos.
(E) úteis e determinará a expedição em prazo não superior a 05 dias úteis.

Segundo o art. 74 da Lei 10.177/1998, o requerimento será apreciado pela autoridade competente em 5 dias úteis, que determinará a expedição da certidão em prazo não superior a 5 dias úteis.
Gabarito "E"

(Delegado Federal – 2013 – CESPE) Julgue o seguinte item.

(1) De acordo com a Lei nº 9.784/1999, que regula o processo administrativo no âmbito da administração pública federal, um órgão administrativo e seu titular poderão, se não houver impedimento legal e quando conveniente, em razão de circunstâncias de índole técnica, social, econômica, jurídica ou territorial, delegar parte da sua competência a outros órgãos, ainda que estes não lhe sejam hierarquicamente subordinados.

1: correta (art. 12, *caput*, da Lei 9.784/1999).
Gabarito 1C

(Delegado/RJ – 2009 – CEPERJ) Recurso hierárquico impróprio é aquele que:

(A) é interposto contra decisão de dirigente de entidade da Administração Indireta para autoridade à qual está vinculada na Administração Direta.
(B) a avocação do processo administrativo é feita pela chefia do órgão administrativo.
(C) o pedido de revisão das decisões proferidas em processos disciplinares é encaminhado para a própria autoridade sancionadora.
(D) é uma espécie de recurso dirigido à autoridade superior de outro ente federativo.
(E) tem o pedido de reconsideração apresentado a qualquer autoridade de uma estrutura administrativa.

O *recurso hierárquico próprio* é aquele dirigido à autoridade superior do mesmo órgão da inferior (exemplo: recurso dirigido a um Secretário da Saúde contra decisão de uma comissão de licitação da secretaria), ao passo que o *recurso hierárquico impróprio* é aquele dirigido à autoridade externa à pessoa jurídica prolatora da decisão recorrida (exemplo: recurso dirigido a um Ministro de Estado contra uma decisão tomada por dirigente de uma autarquia).

Gabarito "A"

(Delegado/SC – 2008) Com relação ao processo administrativo, correlacione as colunas a seguir.

(1) Litigante
(2) Acusado
(3) Princípio do contraditório
(4) Princípio da ampla defesa
(5) Princípio da oficialidade
(6) Princípio do formalismo moderado

( ) Significa o dever da Administração de dar andamento regular e contínuo ao processo administrativo, independentemente da provocação dos sujeitos.
( ) Consiste na previsão de ritos e fórmulas simples o suficiente para propiciar um grau de certeza, segurança e respeito aos direitos dos sujeitos no processo administrativo.
( ) Em processo administrativo, haverá sempre que houver conflito de interesses.
( ) Na esfera administrativa, o termo designa somente as pessoas físicas ou jurídicas a quem a Administração atribuiu determinadas atuações das quais decorrerão consequências punitivas.
( ) No processo administrativo, significa a faculdade de manifestar o próprio ponto de vista ou argumentos diante de fatos, documentos ou pontos de vista apresentados por outrem.
( ) Representa, no processo administrativo, o direito de buscar a preservação de algo que será afetado por atos, medidas, condutas, declarações ou decisões vindos de outrem.

A sequência correta, de cima para baixo, é:

(A) 5 – 6 – 1 – 2 – 3 – 4
(B) 3 – 6 – 2 – 1 – 4 – 5
(C) 6 – 5 – 3 – 1 – 2 – 4
(D) 4 – 5 – 6 – 2 – 1 – 3

A alternativa "A" traz adequada correspondência entre os institutos jurídicos e as respectivas definições.

Gabarito "A"

(Delegado/SP – 2008) A oposição expressa a atos da Administração que afetem direitos ou interesses legítimos do administrador recebe o *nomen iuris* de

(A) reclamação.
(B) representação.
(C) recurso *ex officio*.
(D) revisão.
(E) protesto.

Vide arts. 55 e ss. da Lei Complementar 207/1979, do Estado de São Paulo, com as alterações dadas pela Lei Complementar do Estado de São Paulo 922/2002.

Gabarito "A"

(Delegado/SP – 2003) Recurso que se fundamenta no vínculo entre o órgão central e o ente autárquico é

(A) recurso hierárquico próprio.
(B) pedido de reconsideração.
(C) recurso orgânico.
(D) recurso de tutela.

Trata-se recurso de tutela, pois entre o órgão central e uma autarquia existe o chamado "controle", "tutela" ou "supervisão ministerial".

Gabarito "D"

(Delegado/SP – 2002) É permitido ao policial civil requerer ou representar, pedir reconsideração e recorrer de decisões. O pedido de reconsideração deverá ser dirigido

(A) ao superior hierárquico da autoridade que editou o ato.
(B) ao Delegado Geral de Polícia em qualquer caso.
(C) à mesma autoridade que editou o ato.
(D) ao Secretário da Segurança nos casos da aplicação de penas expulsórias.

Como o próprio nome indica, o pedido de reconsideração deve ser direcionado à autoridade que tiver editado o ato que se pretender ver reconsiderado.

Gabarito "C"

(Delegado/SP – 2000) Recurso hierárquico à autoridade imediatamente superior, dentro do mesmo órgão em que o ato foi praticado denomina-se

(A) recurso próprio.
(B) pedido de reconsideração.
(C) recurso impróprio.
(D) Representação.

Trata-se de recurso próprio, que difere do recurso impróprio, pois, neste, o recurso é dirigido a autoridade de outro órgão ou entidade, que não o órgão que expediu a decisão impugnada.

Gabarito "A"

15. LEI DE ACESSO À INFORMAÇÃO

(Delegado/SP – 2014 – VUNESP) A respeito da Lei de Acesso à Informação (Lei n. 12.527/2011), é correto afirmar que

(A) nos municípios em que não se exige a veiculação pela internet, as informações referentes à execução orçamentária e financeira devem ser disponibilizadas à população e renovadas, ao menos semestralmente.
(B) nas cidades com mais de 10 mil habitantes, os órgãos e entidades públicas devem promover pela internet o acesso a informações de interesse coletivo por eles produzidas ou custodiadas.
(C) qualquer interessado pode requerer informações aos órgãos e entidades públicas, assegurado, independentemente de justificação, o anonimato do requerente.
(D) o prazo máximo de restrição de acesso à informação considerada "ultrassecreta" não pode ultrapassar a 01 (um) ano.
(E) somente o Presidente da República pode classificar uma informação como sendo "ultrassecreta".

A: incorreta, pois, nesses casos, é obrigatória a divulgação das respectivas informações em tempo real (art. 8º, § 4º); **B:** correta (art. 8º, § 4º); **C:** incorreta, pois a lei exige identificação do requerente (art. 10, *caput*), mas não é possível exigir motivação do interessado quando este buscar informações de interesse público (art. 10, § 3º); **D:** incorreta, pois o prazo nesse caso é de 25 anos (art. 24, § 1º, I); **E:** incorreta, pois outras autoridades, como Vice-Presidente da República, Ministros de Estado também podem classificar uma informação como sendo "ultrassecreta" (art. 27, I).

Gabarito "B"

16. OUTROS TEMAS E TEMAS COMBINADOS

(Delegado/MG – 2012) Sobre a organização da Polícia Civil do Estado de Minas Gerais, é **correto** afirmar que

(A) tem a incumbência exclusiva para exercício das funções de polícia judiciária neste Estado.
(B) não tem atribuição de polícia de preservação da ordem e segurança pública.
(C) é órgão autônomo do Poder Público, subordinada diretamente ao Governador do Estado.
(D) a proteção à incolumidade das pessoas não está inserida em suas atribuições legais.

A: incorreta, pois a Polícia Federal, no âmbito de sua competência, também exerce funções de polícia judiciária no Estado de Minas Gerais; **B:** incorreta, pois a polícia civil tem, dentre outras funções, a preservação da ordem pública (art. 4.º, II, da Lei Estadual 5.406/1969, de Minas Gerais); **C:** correta (art. 3.º da Lei Estadual 5.406/1969, de Minas Gerais); **D:** incorreta, pois a polícia civil tem, dentre outras funções, a proteção à vida das pessoas (art. 4.º, I, da Lei Estadual 5.406/1969, de Minas Gerais).

Gabarito "C"

(Delegado/PA – 2012 – MSCONCURSOS) Não constituem princípios da gestão de florestas públicas previstos na Lei nº 11.284/2006:

(A) O estabelecimento de atividades que promovam o uso eficiente e racional das florestas e que contribuam para o cumprimento das metas do desenvolvimento sustentável local, regional e de todo o País.
(B) A promoção do processamento local e o incentivo ao incremento da agregação de valor aos produtos e serviços da floresta, bem como à diversificação industrial, ao desenvolvimento tecnológico,

à utilização e à capacitação de empreendedores locais e da mão de obra regional.

(C) A proteção dos ecossistemas, do solo, da água, do mar, do pantanal, da floresta amazônica, bem como do patrimônio público.

(D) O respeito ao direito da população, em especial das comunidades locais, de acesso às florestas públicas e aos benefícios decorrentes de seu uso e conservação.

(E) O fomento ao conhecimento e a promoção da conscientização da população sobre a importância da conservação, da recuperação e do manejo sustentável dos recursos florestais.

A: incorreta, pois constitui princípio de gestão de florestas públicas (art. 2.º, II, da Lei 11.284/2006); **B:** incorreta, pois constitui princípio de gestão de florestas públicas (art. 2.º, IV, da Lei 11.284/2006); **C:** correta, pois o texto mencionado *não* constitui, em sua integralidade, princípio de gestão de florestas públicas (art. 2.º, I, da Lei 11.284/2006), não havendo no texto legal referência ao "mar" e referência específica ao "pantanal" e à "floresta amazônica"; **D:** incorreta, pois constitui princípio de gestão de florestas públicas (art. 2.º, III, da Lei 11.284/2006); **E:** incorreta, pois constitui princípio de gestão de florestas públicas (art. 2.º, VII, da Lei 11.284/2006).

Gabarito "C"

7. Direito Tributário

Robinson Sakiyama Barreirinhas

1. TRIBUTOS – DEFINIÇÃO E ESPÉCIES

(Delegado/RO – 2014 – FUNCAB) O tributo cuja obrigação tem por fato gerador uma situação independente de qualquer atividade estatal específica, relativa ao contribuinte, denomina-se:

(A) taxa.
(B) contribuição de melhoria.
(C) imposto.
(D) preço público.
(E) tarifa.

A descrição refere-se aos impostos, nos termos do art. 16 do CTN, razão pela qual a alternativa "C" é a correta.

Gabarito "C"

(Delegado Federal – 2004 – CESPE) A fiscalização tributária apreendeu em estabelecimento farmacêutico controle paralelo de vendas de três anos anteriores à fiscalização, sem emissão de notas fiscais, de cápsulas para emagrecimento compostas de substância capaz de causar dependência psíquica e acionou imediatamente a polícia, que efetuou a prisão em flagrante do sócio-gerente por tráfego de entorpecente, já que tal substância estava estocada em prateleira, vindo a ser proferida sentença condenatória com trânsito em julgado. Com base na situação hipotética acima, julgue o item a seguir.

(1) A lei não descreve atos ilícitos como hipótese de incidência do tributo, entretanto, a autoridade fazendária poderá exigir o tributo decorrente da venda dos psicotrópicos.

1: Correta, pois a circulação de mercadoria é, em si, fato lícito e corresponde a fato gerador tributário – art. 3º do CTN.

Gabarito 1C

(Delegado Federal – 2002 – CESPE) Julgue o seguinte item.

(1) Consoante entendimento do STF, os emolumentos judiciais são tributos da espécie taxa.

1: Correta, porque esse é o entendimento do judiciário; emolumentos judiciais, assim como custas de cartórios extrajudiciais, têm natureza tributária.

Gabarito 1C

(Delegado Federal – 1998 – CESPE) No atual direito constitucional tributário positivo brasileiro, o empréstimo compulsório:

(1) poderá ser instituído no caso de conjuntura que exija a absorção temporária de poder aquisitivo.
(2) tem o produto da sua arrecadação vinculado à despesa que fundamentou sua instituição:
(3) poderá ser criado apenas por meio de lei complementar, que estabelecerá as suas hipóteses de incidência, além daquelas previstas na Constituição Federal.
(4) estará sempre sujeito ao princípio da anterioridade.
(5) não poderá, jamais, ser instituído por estado federado ou por município.

1: Incorreta, ou seja, há no sistema constitucional atual, somente duas hipóteses que autorizam a instituição de empréstimo compulsório (sempre por lei complementar federal): (i) despesas extraordinárias decorrentes de calamidade pública, de guerra externa ou sua iminência e (ii) investimento público de caráter urgente e de relevante interesse nacional – art. 148 da CF. Não foi recepcionada pela CF/1988 a hipótese prevista no art. 15, III, do CTN; **2:** Correta, conforme o art. 148, parágrafo único, da CF; **3:** Incorreta, pois se admitem somente as duas hipóteses previstas no art. 148 da CF. No mais, a assertiva está correta, porque somente a União pode instituir o empréstimo compulsório, por lei complementar federal; **4:** Incorreta, pois o empréstimo compulsório instituído para atender despesa extraordinária não se submete ao princípio da anterioridade. Entretanto, o empréstimo compulsório, relativo a investimento publico, sujeita-se ao princípio; **5:** Correta, já que somente a União pode instituir o empréstimo compulsório, por lei complementar federal.

Gabarito 1E, 2C, 3E, 4E, 5C

2. PRINCÍPIOS

(Delegado/PA – 2013 – UEPA) Assinale a alternativa correta acerca das limitações constitucionais ao poder de tributar.

(A) É vedado à União, aos Estados, ao Distrito Federal e aos Municípios instituir quaisquer tributos sobre templos de qualquer culto.
(B) As bases de cálculo ou as alíquotas dos impostos de competência da União deverão ser aumentadas exclusivamente por Decreto do Presidente da República.
(C) As alíquotas do ICMS sobre a comercialização de combustíveis e lubrificantes poderão ser reduzidas e restabelecidas sem observância da regra da anterioridade de exercício.
(D) A instituição de contribuições de seguridade social submete-se à regra da anterioridade de exercício, mas está excluída da aplicação da regra da anterioridade nonagesimal.
(E) À fixação da base de cálculo do IPVA e do IPTU, não se aplica a exigência da anterioridade nonagesimal nem a exigência da anterioridade do exercício.

A: incorreta, pois a imunidade dos templos restringe-se a impostos, não afastando as demais espécies tributárias – art. 150, VI, *b*, da CF; **B**: incorreta, pois base de cálculo e alíquota devem ser fixados e alterados por lei, em regra – art. 97, IV, do CTN; **C**: correta, pois é exceção à anterioridade prevista no art. 155, § 4º, IV, *c*, da CF; **D**: incorreta, pois é o oposto, submetendo-se à anterioridade nonagesimal, mas não à anual – art. 195, § 6º, da CF; **E**: incorreta, pois não se aplica apenas a anterioridade nonagesimal. A anterioridade anual ou de exercício deve ser observada – art. 150, § 1º, da CF.

Gabarito "C"

(Delegado Federal – 1998 – CESPE) Considerando a insuficiência dos recursos previstos na lei orçamentária municipal, para a realização de obras de pavimentação, e que todos os recursos já estavam comprometidos com outras despesas, determinado prefeito municipal baixou decreto, publicado no dia 15 de maio de 1997, instituindo uma taxa de pavimentação, a ser cobrada a partir de agosto do mesmo ano. Os contribuintes visados, insatisfeitos com a criação de mais um tributo, poderão,

(1) impugnar a cobrança do tributo, com fundamento no princípio da legalidade
(2) impugnar a cobrança do tributo, com base no princípio da anterioridade.
(3) impugnar a cobrança do tributo, com o argumento de que o seu fato gerador não constitui serviço específico e divisível.
(4) requerer, tão somente, o parcelamento do valor do tributo.
(5) requerer a compensação do valor do tributo com a quantia paga a maior, a titulo de imposto sobre a propriedade predial e territorial urbana (IPTU).

1: Correta, dado que a instituição de qualquer tributo (imposto, taxa, contribuição etc.) depende sempre de lei (princípio da legalidade), jamais podendo ser realizada por simples decreto do Executivo; **2:** Correta, uma vez que a instituição de taxa submete-se ao princípio da anterioridade anual e nonagesimal, ou seja, somente pode ser cobrado, a partir do início do exercício seguinte ou após 90 dias contados da publicação da lei, o que ocorrer depois; **3:** Correta, pois não é possível identificar quanto cada contribuinte utilizou do serviço, ou seja, é prestado *uti universi*, o que afasta a possibilidade de cobrança de taxa; **4:** Incorreta, conforme comentários às assertivas anteriores; **5:** Incorreta, porque no que se refere ao âmbito tributário, a compensação (= modalidade de extinção do crédito tributário) depende sempre de lei autorizativa, produzida pelo ente competente.

Gabarito 1C, 2C, 3C, 4E, 5E

(Delegado Federal – 1998 – CESPE) Nos arts. 150 a 152, a Constituição Federal dispõe acerca de importantes princípios em matéria tributária, que visam, ao mesmo tempo, limitar o poder dos entes tributantes e proteger os contribuintes. Em relação aos princípios constitucionais tributários, julgue os itens abaixo.

(1) Não ferem o princípio da legalidade a instituição e o aumento de tributos por meio de medidas provisórias.

(2) O princípio da anterioridade, segundo o qual as entidades governamentais não podem cobrar tributos no mesmo exercício financeiro em que haja sido publicada a lei que os instituiu ou aumentou, não se aplica aos impostos sobre importação, exportação, produtos industrializados, propriedade territorial rural e grandes fortunas.

(3) A Constituição não prevê exceção alguma ao principio da irretroatividade da lei.

(4) O princípio da igualdade é aplicável somente a impostos pessoais.

(5) O princípio da uniformidade geográfica comporta atenuações nas hipóteses de concessão de incentivos fiscais que objetivem promover o equilíbrio socioeconômico de diferentes regiões do país.

1: Correta, conforme entendimento do STF, à luz do art. 62, § 2º, da CF. **2:** Incorreta em relação ao ITR e ao imposto sobre grandes fortunas, que se submetem ao princípio da anterioridade anual e nonagesimal; **3:** Incorreta, já que a CF não veda a retroatividade de norma sancionadora mais benéfica ao acusado, por exemplo. O art. 150, III, ***a***, da CF refere-se a ***tributos***. Ver também os arts. 106 e 144, § 1º, do CTN; **4:** Incorreta, porque o princípio da isonomia ou da igualdade aplica-se a todos os tributos; **5:** Correta, conforme dispõe o art. 151, I, *in fine*, da CF, que veda à União instituir tributo que não seja uniforme em todo o território nacional ou que implique distinção ou preferência em relação a Estado, ao Distrito Federal ou a Município, em detrimento de outro, admitida a concessão de incentivos fiscais destinados a promover o equilíbrio do desenvolvimento socioeconômico entre as diferentes regiões do País.

Gabarito 1C, 2E, 3E, 4E, 5C

(Delegado/DF – 2004) No Direito Tributário, o princípio da estrita legalidade, previsto na Constituição Federal art. 150, I e no Código Tributário Nacional arts. 97 e 113 consolida que somente a lei pode estabelecer:

(A) a cominação de penalidades;

(B) a fixação de prazos;

(C) as obrigações tributárias acessórias;

(D) as regras de interpretação;

(E) o conteúdo e o alcance dos tratados internacionais.

A alternativa correta é "A", uma vez que as demais indicam matérias que podem ser veiculadas por normas infralegais.

Gabarito "A"

3. COMPETÊNCIA E IMUNIDADE

(Delegado Federal – 2002 – CESPE) Julgue o seguinte item.

(1) Como o imposto sobre propriedade de veículos automotores (IPVA) somente pode ser instituído pelos estados e pelo DF, tratados internacionais e leis federais, sejam elas ordinárias ou complementares, não podem conceder isenções relativamente a esse tributo.

1: correta, pois os tratados internacionais têm, em princípio, força de lei ordinária federal, de modo que não podem invadir a competência tributária dos Estados, DF e Municípios. Admitem-se, entretanto, tratados que garantem ao bem ou serviço importado o mesmo tratamento tributário concedido ao similar nacional (GATT, OMC – ver Súmulas 20 e 71/STJ).

Gabarito 1C

Texto para as próximas duas questões

A Agência Nacional de Telecomunicações (ANATEL), uma autarquia federal vinculada ao Ministério das Comunicações, é sediada no DF, mas, por exercer atividades em todo o território nacional, possui unidades regionais em vários pontos do país. Para estabelecer sua unidade no município Beta, no Espírito Santo (ES), a ANATEL decidiu adquirir um imóvel localizado no centro da cidade. Porém, o único imóvel disponível e adequado era o edifício Serra Negra, que ainda estava em construção e somente ficaria pronto em um ano. Frente a essa dificuldade, a autarquia optou por adquirir o prédio em construção e, provisoriamente, instalar sua unidade regional em um imóvel alugado. Assim, em agosto de 2000, a ANATEL alugou, pelo prazo de quinze meses, metade das salas de um edifício comercial de propriedade de Douglas Gonçalves, sendo que a outra metade desse imóvel era locada por Douglas ao Banco do Brasil S.A. (BB). Nesse mesmo mês, a ANATEL estabeleceu com a Incorporadora e Construtora Real Ltda. contrato de compromisso de compra e venda do edifício Serra Negra, que deveria ser entregue à Agência em 5/8/2001. Na celebração do compromisso de compra e venda, foi exigido da ANATEL o pagamento do imposto sobre a transmissão *inter vivos* de bens imóveis e de direitos a eles relativos (ITBI), imposto cujo fato gerador é definido no Código Tributário Nacional (CTN) como a transmissão, a qualquer título, da propriedade ou do domínio útil de bens imóveis, bem como de direitos reais sobre imóveis, exceto os direitos reais de garantia.

No âmbito de Beta, o ITBI foi instituído pela Lei n.º 12/1999, uma lei ordinária municipal que estabelece como fato gerador do ITBI apenas a transmissão da propriedade por ato *inter vivos*, não definindo, como fato gerador, a transmissão do domínio útil nem de qualquer outro direito real. Embora essa lei disponha expressamente que o contrato de promessa de compra e venda não é fato gerador do ITBI, ela determina que o promitente comprador deva recolher o imposto relativo à futura transmissão da propriedade, garantindo-lhe o direito de restituição do valor pago, caso o contrato definitivo de compra e venda não seja celebrado. Além disso, a referida lei municipal define como contribuintes do ITBI o adquirente ou o cessionário do bem ou direito alienado e também determina que "o Transmitente ou o cedente respondem solidariamente pelo pagamento do imposto devido pelo contribuinte inadimplente". Entendendo ser inconstitucional a cobrança desse imposto, a ANATEL decidiu contestá-la judicialmente. Em fevereiro de 2001, o município Beta cobrou do BB o Imposto Predial e Territorial Urbano (IPTU) sobre as salas alugadas de Douglas. A Receita Municipal argumentou que Douglas estava em atraso e que, como o CTN define como contribuinte do IPTU "o proprietário do imóvel, o titular do seu domínio útil, ou o seu possuidor a qualquer título", texto esse que é repetido pela lei municipal que regula esse imposto, o tributo poderia ser cobrado do BB, dado que o locatário é detentor da posse direta do bem e, portanto, enquadra-se no conceito de "possuidor a qualquer título".

(Delegado Federal – 2002 – CESPE) Considerando a situação hipotética descrita no texto e as informações nele contidas, julgue os itens a seguir.

(1) É inconstitucional o município Beta exigir da ANATEL o pagamento do ITBI, pois pessoa jurídica de direito público que faz parte da administração federal indireta, tais como as autarquias, fundações públicas e empresas públicas, não pode ser sujeito passivo de impostos municipais.

(2) Apesar de a ANATEL ser imune ao pagamento do ITBI relativo à aquisição do edifício Serra Negra, ela não poderia ingressar com ação direta de inconstitucionalidade perante o STF, postulando a declaração da inconstitucionalidade da Lei n.º 12/1999, sem redução de texto, para fixar a exegese segundo a qual o município Beta não poderia cobrar ITBI relativo a patrimônio de autarquias.

1: Incorreta, pois embora a autarquia seja imune a impostos municipais, o erro ocorre ao se fazer referência às empresas públicas que, apesar do nome, são pessoas jurídicas de direito privado que não se beneficiam da imunidade recíproca – art. 150, VI, ***a***, da CF. Excepcionalmente, o STF reconhece a imunidade em favor dos Correios e da Infraero, por prestarem serviços públicos de prestação obrigatória e exclusiva pelo Estado; **2:** Correta, já que autarquias não têm legitimidade ativa processual para ações diretas de inconstitucionalidade – art. 2º da Lei 9.868/1999.

Gabarito 1E, 2C

4. LEGISLAÇÃO TRIBUTÁRIA

(Delegado/PA – 2012 – MSCONCURSOS) De acordo com o preceito do Código Tributário Nacional, não são normas complementares das leis, dos tratados e das convenções internacionais e dos decretos:

(A) Os atos normativos expedidos pelas autoridades administrativas.

(B) As decisões dos órgãos singulares ou coletivos de jurisdição administrativa, a que a lei atribua eficácia normativa.
(C) Princípios Gerais de Direito e equivalentes.
(D) As práticas reiteradamente observadas pelas autoridades administrativas.
(E) Os convênios que entre si celebrem a União, os Estados, o Distrito Federal e os Municípios.

Nos termos do art. 100 do CTN, são normas complementares das leis, dos tratados e das convenções internacionais e dos decretos: (i) os atos normativos expedidos pelas autoridades administrativas; (ii) as decisões dos órgãos singulares ou coletivos de jurisdição administrativa, a que a lei atribua eficácia normativa; (iii) as práticas reiteradamente observadas pelas autoridades administrativas; (iv) os convênios que entre si celebrem a União, os Estados, o Distrito Federal e os Municípios. Perceba, portanto, que a alternativa "C" é a única que não indica norma complementar.

Gabarito "C"

(Delegado Federal – 2004 – CESPE) Acerca de legislação tributária, julgue o item seguinte.

(1) Considere a seguinte situação hipotética. Após reiteradas vezes e pelo período de quatro anos, a autoridade administrativa fiscal deixou de exigir os juros incidentes sobre o atraso de até dez dias no pagamento da taxa anual de alvará de funcionamento para o setor de distribuição de autopeças, apesar de não existir previsão legal. Nessa situação, os contribuintes na mesma condição têm direito à referida dispensa, em virtude de as práticas reiteradas observadas pela autoridade administrativa constituírem normas complementares da legislação tributária.

1: Correta, porque a prática reiterada da administração tributária constitui norma complementar tributária, cuja observância, embora não afaste a cobrança do tributo, dispensa o pagamento das penalidades, dos juros de mora e da atualização do valor monetário da base de cálculo do tributo – art. 100, parágrafo único, do CTN.

Gabarito 1C

(Delegado Federal – 2002 – CESPE) Ainda considerando a situação hipotética descrita no texto e as informações nele contidas, julgue os itens que se seguem.

(1) Embora a lei tributária municipal não possa contrariar as definições do CTN acerca de fato gerador e contribuintes do ITBI, não é inválida a Lei n.º 12/1999 pelo motivo de definir o fato gerador do ITBI de maneira mais restrita que o CTN.
(2) Em Beta, tanto os contratos de promessa de compra e venda como os contratos de constituição de hipoteca são isentos do pagamento do ITBI.

1: Correta, pois o Município não é obrigado a exercer sua competência tributária em toda extensão (ela é facultativa, embora possa haver sanção no âmbito do direito financeiro); **2:** Incorreta. No caso do contrato de compra e venda não há isenção expressa, mas simples inexistência de previsão legal para a tributação. Ademais, as transmissões de direitos reais de garantia (caso da hipoteca) estão fora da competência tributária municipal (tampouco é caso de isenção, que pressupõe existência de competência tributária) – art. 156, II, da CF.

Gabarito 1C, 2E

(Delegado Federal – 2002 – CESPE) Julgue o seguinte item.

(1) Considere que um tratado internacional celebrado entre Brasil, Argentina e Uruguai estabeleceu em 5% o valor do imposto de importação incidente sobre carne bovina comercializada entre os países signatários do acordo; porém, em virtude de alterações na conjuntura econômica brasileira, foi editada lei complementar federal fixando em 11% a alíquota do imposto de importação sobre carne bovina importada de qualquer procedência. Nessa situação, a lei que majorou a alíquota do imposto de importação é inconstitucional porque, de acordo com a Constituição da República, as convenções internacionais acerca de matéria tributária são fonte formal de direito positivo com patamar hierárquico superior ao das leis internas e, portanto, devem ser observadas pela legislação federal que lhe sobrevenha.

1: Incorreta, dado que não há qualquer inconstitucionalidade. Perceba que o tratado internacional veicula norma especial, atinente apenas à importação de carnes provenientes da Argentina e do Uruguai. A lei complementar refere-se à norma geral, aplicável à generalidade das importações. Como se sabe, a norma geral posterior não revoga a norma especial anterior. Ou seja, não é preciso discutir a prevalência do tratado sobre a lei interna (art. 98 do CTN) para resolver essa questão, bastando aplicar a teoria geral (norma geral não revoga norma especial – art. 2º, § 2º, da LINDB).

Gabarito 1E

(Delegado Federal – 1998 – CESPE) O Código Tributário Nacional (CTN), no art. 96, ao estabelecer o significado e o alcance da expressão legislação tributária, determina que tal expressão abranja as leis, os tratados internacionais, os decretos e as normas complementares que tratam de tributos e relações jurídicas a eles concernentes. Além dos citados, são ainda formas de expressão do direito tributário: a Constituição e suas emendas, leis complementares, leis delegadas, medidas provisórias e outros atos jurídicos normativos pertinentes à matéria tributária. Acerca das formas de expressão do direito tributário, julgue os itens seguintes.

(1) Sabendo que a Constituição Federal, no art. 150, VI, *c*, dispõe que é vedado à União, aos estados, ao Distrito Federal e aos municípios instituir impostos sobre patrimônio, renda ou serviços dos partidos políticos, inclusive suas fundações, dos entidades sindicais dos trabalhadores, das instituições de educação e de assistência social sem fins lucrativos, atendidos os requisitos da lei, é correto concluir que, nessa situação, tal lei será ordinária.
(2) Poderá ser alterada ou revogada por lei ordinária a lei complementar que discipline matéria situada fora do campo o qual lhe foi reservado pela Constituição.
(3) Será inconstitucional a lei ordinária que invada o campo reservado pela Constituição às leis complementares.
(4) Considerando que o art. 98 do Código Tributário Nacional dispõe, *ipsis verbis*, que os "tratados e as convenções internacionais revogam ou modificam a legislação tributária interna e serão observados pela que lhes sobrevenha", é correto concluir que tal dispositivo legal deve ser interpretado no sentido de que os tratados internacionais prevaleçam sobre a legislação tributária interna sem, no entanto, revogá-la.
(5) A falta de pagamento do tributo devido, por haver sido erroneamente dispensado por meio de norma complementar, não exclui o contribuinte da imposição das penalidades, da cobrança de juros de mora e da correção monetária.

1: Incorreta, porque a regulamentação das imunidades (= espécie de limitação constitucional ao poder de tributar) será feita por lei complementar federal – art. 146, II, da CF. Veja, a propósito, o art. 14 do CTN, que cumpre essa função de norma veiculada por lei complementar (o CTN é lei ordinária recepcionada pela CF/1988 como lei complementar, ou seja, formalmente ordinária, mas materialmente complementar); **2:** Correta. O STF já decidiu que, caso o legislador produza lei complementar para veicular matéria que exija simples lei ordinária (= lei formalmente complementar, mas materialmente ordinária), ela poderá ser alterada por lei ordinária posterior; **3:** Correta, pois a violação à hierarquia das leis, prevista na CF, é considerada inconstitucionalidade; **4:** Essa é uma interpretação possível, embora haja grande debate doutrinário a respeito; **5:** incorreta, uma vez que, no caso, o contribuinte deverá pagar o tributo, mas fica dispensado das penalidades, dos juros de mora e da atualização do valor monetário da base de cálculo do tributo – art. 100, parágrafo único, do CTN.

Gabarito 1E, 2C, 3C, 4C, 5E

5. VIGÊNCIA, APLICAÇÃO INTERPRETAÇÃO E INTEGRAÇÃO DA LEGISLAÇÃO TRIBUTÁRIA

(Delegado/RO – 2014 – FUNCAB) Assinale a alternativa correta.

(A) O emprego da analogia poderá resultar na exigência de tributo não previsto em lei.
(B) Os princípios gerais de direito privado utilizam-se para pesquisa da definição, do conteúdo e do alcance de seus institutos, conceitos e formas, mas não para definição dos respectivos efeitos tributários.
(C) A lei tributária que define infrações, ou lhe comina penalidades, interpreta-se de maneira mais desfavorável ao acusado, em caso de dúvida quanto à autoria, imputabilidade, ou punibilidade.
(D) O emprego da equidade poderá resultar na dispensa do pagamento de tributo devido.
(E) Interpreta-se extensivamente a legislação tributária que disponha sobre suspensão ou exclusão do crédito tributário.

A: incorreta, pois isso é expressamente vedado pelo art. 108, § 1º, do CTN; **B**: correta, nos termos do art. 109 do CTN; **C**: incorreta, pois a interpretação é a mais favorável ao acusado – art. 112 do CTN; D: incorreta, pois isso é expressamente vedado pelo art. 108, § 2º, do CTN; **E**: incorreta, pois, nos termos, do art. 111 do CTN, a interpretação deve ser literal nesse caso.

Gabarito "B"

(Delegado Federal – 2004 – CESPE) Acerca de legislação tributária, julgue o item seguinte.

(1) A hierarquia entre as leis federais, estaduais e municipais independe da matéria veiculada, revogando, a primeira, as demais.

Incorreta, porque não há hierarquia entre leis federais, estaduais e municipais. Cada uma dessas leis deve ser produzida para veicular as normas relativas às matérias da competência de cada indivíduo tributante. Por essa razão, não há como lei federal, estadual ou municipal revogar lei produzida por outro ente político.

Gabarito 1E

(Delegado Federal – 2002 – CESPE) Julgue o seguinte item.

(1) Na exegese das normas que estabelecem fatos geradores de tributos, é admitida a interpretação extensiva, mas é vedada a utilização de analogia que resulte em exigência de tributo não previsto em lei.

1: Correta, conforme o art. 108, I e § 1º, do CTN.

Gabarito 1C

(Delegado Federal – 1998 – CESPE) A respeito da interpretação e da integração da legislação tributária, julgue os itens a seguir.

(1) Os princípios do direito privado podem ser utilizados para se determinarem os efeitos tributários dos institutos, conceitos e formas do direito civil ou do direito comercial.

(2) Lei ordinária poderá, eventualmente, redefinir o conceito do direito privado utilizado por norma constitucional para estabelecer competência tributária.

(3) Em matéria de infração à lei tributária, havendo dúvida sobre a pena cabível, entre as várias penas previstas em lei, aplica-se aquela que for mais favorável ao acusado.

(4) Ainda que para solucionar situação manifestamente injusta, não é possível utilizar-se a equidade para dispensar o pagamento de tributo devido.

1: Incorreta, visto que os princípios gerais de direito privado utilizam-se para pesquisa da definição, do conteúdo e do alcance de seus institutos, conceitos e formas, mas não para definição dos respectivos efeitos tributários – art. 109 do CTN; **2**: Incorreta, porque isso seria o mesmo que alterar a competência tributária, que é fixada exclusivamente pela Constituição Federal – art. 110 do CTN; **3**: correta, conforme o art. 112, I, do CTN; **4**: correta, uma vez que isso é vedado expressamente pelo art. 108, § 2º, do CTN.

Gabarito 1E, 2E, 3C, 4C

(Delegado/DF – 2004) A regra do *in dubio pro reo*, também conhecido em matéria tributária como princípio do *in dubio pro contribuinte*, estabelece que a lei fiscal que define infrações, ou lhe comina penalidades, deve ser interpretada da maneira mais favorável ao acusado, em caso de dúvida quanto a certas hipóteses, EXCETO quanto à:

(A) capitulação legal do fato;
(B) natureza ou às circunstâncias materiais do fato, ou à natureza ou extensão dos seus efeitos;
(C) autoria, imputabilidade, ou punibilidade;
(D) natureza da penalidade aplicável, ou sua graduação;
(E) majoração de tributos, ou sua redução.

A alternativa "E" deve ser indicada pelo candidato, pois a interpretação quanto à exigência do tributo deve ser estrita (nem favorável, nem desfavorável) – art. 112 do CTN.

Gabarito "E"

6. OBRIGAÇÃO, FATO GERADOR, CRÉDITO, LANÇAMENTO

(Delegado Federal – 2002 – CESPE) Agentes públicos da Secretaria da Receita Federal (SRF) e do INSS realizaram operação conjunta de fiscalização nas Viações Aéreas Matrix S.A. (VAM), com o objetivo de apurar sua situação fiscal e previdenciária. Durante a fiscalização, os agentes públicos não apenas descobriram uma série de irregularidades previdenciárias e fiscais, mas também identificaram que a situação econômico financeira da VAM era precária, estando a empresa à beira da falência. Com relação à situação hipotética apresentada acima, julgue o item a seguir.

(1) Caso as informações prestadas pela VAM acerca da remuneração paga aos empregados não coincidam com a realidade efetivamente constatada pelos fiscais, o INSS poderá lançar, de ofício, a importância que reputar devida, cabendo à VAM o ônus da prova em contrário.

1: correta, porque é uma hipótese que permite o lançamento ou revisão de ofício pelo fisco – art. 148, V e VI, do CTN. Note-se, entretanto, que a presunção de liquidez e certeza do crédito surge com a inscrição em dívida ativa – art. 204 do CTN.

Gabarito 1C

(Delegado Federal – 2002 – CESPE) Julgue o seguinte item.

(1) A constituição do crédito tributário relativo a impostos federais, tais como o imposto sobre a propriedade territorial rural (ITR) e o imposto sobre as operações de crédito, câmbio e seguro, ou relativas a títulos ou valores mobiliários (IOF), dá-se por meio do ato administrativo que inscreve o valor devido na dívida ativa da União, pois é apenas nesse momento que o sujeito passivo do tributo pode ser executado judicialmente pelo não pagamento do débito fiscal.

1: Incorreta, já que a inscrição do crédito em dívida ativa ocorre somente após o lançamento, em caso de inadimplemento – art. 201 do CTN. O lançamento se dá com o pagamento antecipado (por homologação) ou pela notificação do sujeito passivo a respeito do lançamento de ofício realizado pelo fisco. A inscrição permite a execução da dívida, mas não se confunde com o lançamento.

Gabarito 1E

(Delegado Federal – 2002 – CESPE) Vanessa, que tem 24 anos de idade e reside em Belo Horizonte, é professora particular de música desde janeiro de 2000, atuando nessa área como profissional autônoma, e, há seis meses, exerce a função de síndica do prédio em que mora, recebendo remuneração pelo exercício de ambas as atividades. Contudo, até o presente momento, Vanessa não se inscreveu na previdência social nem recolheu nenhuma contribuição previdenciária. Além disso, Vanessa nunca pagou imposto de renda (IR) nem o imposto sobre serviços de qualquer natureza (ISS) que incide sobre a remuneração recebida na qualidade de trabalhadora autônoma.

Julgue o item subsequente, relativo à situação hipotética apresentada.

(1) Caso Vanessa venha a recair em insolvência civil, a cobrança dos créditos tributários por ela devidos não se submeterão ao concurso de credores e terão preferência frente a todos os outros créditos, com exceção dos trabalhistas, tendo preferência inclusive frente aos créditos previdenciários e aos dotados de garantia real.

1: Incorreta, pois o crédito tributário não prefere aos trabalhistas e acidentários. Ademais, os créditos previdenciários são também tributários – art. 186 do CTN. A preferência dos créditos com garantia real, sobre os tributários, ocorre apenas em caso de falência do empresário, não na simples insolvência da professora – art. 186, parágrafo único, I, do CTN.

Gabarito 1E

7. SUJEIÇÃO PASSIVA

(Delegado Federal – 2002 – CESPE) Julgue o seguinte item.

(1) Os gerentes de pessoas jurídicas de direito privado são pessoalmente responsáveis pelos créditos correspondentes a obrigações tributárias resultantes de atos praticados com excesso de poderes ou infração de lei, contrato social ou estatutos.

1: correta, porque essa responsabilidade tributária de terceiros é prevista no art. 135, III, do CTN.

Gabarito 1C

Texto para as próximas duas questões:

A Agência Nacional de Telecomunicações (ANATEL), uma autarquia federal vinculada ao Ministério das Comunicações, é sediada no DF, mas, por exercer atividades em todo o território nacional, possui unidades regionais em vários pontos do país. Para estabelecer sua unidade no município Beta, no Espírito Santo (ES), a ANATEL decidiu adquirir um imóvel localizado no centro da cidade. Porém, o único imóvel disponível e adequado era o edifício Serra Negra, que ainda estava em construção e somente ficaria pronto em um ano. Frente a essa dificuldade, a autarquia optou por adquirir o prédio em construção e, provisoriamente, instalar sua unidade regional em um imóvel alugado. Assim, em agosto de 2000, a ANATEL alugou, pelo prazo de quinze meses, metade das salas de um edifício comercial de propriedade de Douglas Gonçalves, sendo que a outra metade desse imóvel era locada por Douglas ao Banco do Brasil S.A. (BB). Nesse mesmo mês, a ANATEL estabeleceu com a Incorporadora e Construtora Real Ltda. contrato de compromisso de compra e venda do edifício Serra Negra, que deveria ser entregue à Agência em 5/8/2001. Na celebração do compromisso de compra e venda, foi exigido da ANATEL o pagamento do imposto sobre a transmissão *inter vivos* de bens imóveis e de direitos a eles relativos (ITBI), imposto cujo fato gerador é definido no Código Tributário Nacional (CTN) como a transmissão, a qualquer título, da propriedade ou do domínio útil de bens imóveis, bem como de direitos reais sobre imóveis, exceto os direitos reais de garantia.

No âmbito de Beta, o ITBI foi instituído pela Lei n.º 12/1999, uma lei ordinária municipal que estabelece como fato gerador do ITBI apenas a transmissão da propriedade por ato *inter vivos*, não definindo, como fato gerador, a transmissão do domínio útil nem de qualquer outro direito real. Embora essa lei disponha expressamente que o contrato de promessa de compra e venda não é fato gerador do ITBI, ela determina que o promitente comprador deva recolher o imposto relativo à futura transmissão da propriedade, garantindo-lhe o direito de restituição do valor pago, caso o contrato definitivo de compra e venda não seja celebrado. Além disso, a referida lei municipal define como contribuintes do ITBI o adquirente ou o cessionário do bem ou direito alienado e também determina que "o Transmitente ou o cedente respondem solidariamente pelo pagamento do imposto devido pelo contribuinte inadimplente". Entendendo ser inconstitucional a cobrança desse imposto, a ANATEL decidiu contestá-la judicialmente. Em fevereiro de 2001, o município Beta cobrou do BB o Imposto Predial e Territorial Urbano (IPTU) sobre as salas alugadas de Douglas. A Receita Municipal argumentou que Douglas estava em atraso e que, como o CTN define como contribuinte do IPTU "o proprietário do imóvel, o titular do seu domínio útil, ou o seu possuidor a qualquer título", texto esse que é repetido pela lei municipal que regula esse imposto, o tributo poderia ser cobrado do BB, dado que o locatário é detentor da posse direta do bem e, portanto, enquadra-se no conceito de "possuidor a qualquer título".

(Delegado Federal – 2002 – CESPE) Considerando a situação hipotética descrita no texto e as informações nele contidas, julgue os itens a seguir.

(1) A Lei n.º 12/1999 é inconstitucional, pois a Constituição da República veda aos municípios a instituição, mediante lei ordinária, de tributo referente a fato gerador que não tenha efetivamente ocorrido.

(2) Caso o Poder Judiciário declare inconstitucional que o município Beta exija da ANATEL pagamento do ITBI referente à aquisição do edifício Serra Negra, esse imposto poderá ser exigido da Incorporadora e Construtora Real Ltda., pois a Lei n.º 12/1999 estabelece responsabilidade solidária do alienante pelo recolhimento desse tributo, o que significa que o valor do imposto pode ser cobrado tanto do contribuinte quanto do responsável, não cabendo invocação de benefício de ordem.

1: Incorreta, dado que a CF prevê expressamente a possibilidade de substituição tributária "para frente", que é exatamente a cobrança antecipada de tributo, relativo a fato gerador que deve ocorrer no futuro – art. 150, § 7º, da CF; **2:** Incorreta, pois a declaração de inconstitucionalidade impede a cobrança do tributo de quem quer que seja.

Gabarito 1E, 2E

(Delegado Federal – 2002 – CESPE) Ainda considerando a situação hipotética descrita no texto e as informações nele contidas, julgue os itens que se seguem.

(1) Embora o direito civil considere o locatário como detentor da posse direta do bem alugado, a inadimplência de Douglas não autoriza o município a exigir do BB o pagamento do IPTU relativo às salas que aluga de Douglas. E ainda que o BB houvesse estabelecido, no contrato de locação com Douglas, que o banco se responsabilizaria pelo pagamento do IPTU relativo ao tempo de locação, isso não o tornaria sujeito passivo do imposto nem lhe traria responsabilidade alguma no campo tributário.

(2) Caso o BB comprasse as salas que lhe eram alugadas por Douglas, esse banco tornar-se-ia responsável pelo pagamento da dívida tributária relativa ao IPTU incidente sobre esses imóveis, mesmo que Douglas houvesse declarado expressamente, no contrato de compra e venda dos referidos bens, que ele havia quitado todos os débitos tributários e previdenciários pendentes sobre os imóveis.

1: Correta, porque as convenções particulares (ou a legislação civil) não alteram a sujeição passiva, matéria reservada à lei tributária – art. 123 do CTN; **2:** Correta, uma vez que o adquirente do imóvel responde pelos débitos tributários deixados pelo alienante, relativos aos tributos incidentes sobre o bem. A responsabilidade seria excluída apenas se houvesse prova de quitação (certidão negativa de débito) anotada no título de transmissão (na escritura) – art. 130 do CTN.

Gabarito 1C, 2C

(Delegado Federal – 1998 – CESPE) No que se refere ao sujeito passivo da obrigação tributária, julgue os itens abaixo.

(1) Em se tratando de obrigação acessória, o sujeito passivo pode ser tanto o contribuinte quanto uma pessoa que não tenha relação direta com o fato gerador da obrigação principal.

(2) Não poderá ser considerada como sujeito passivo a sociedade comercial irregular, ainda que configure unidade econômica ou profissional.

(3) A faculdade de escolha do domicílio tributário não pode sofrer restrições impostas pela autoridade administrativa.

(4) Os pais são sempre responsáveis pelos tributos devidos por seus filhos menores.

(5) Não sofrerá punição aquele que procurar o fisco, espontaneamente, e confessar o cometimento de infração.

1: Correta, visto que a obrigação acessória, apesar do nome, não depende da existência de obrigação principal. É possível, assim, que uma pessoa que não seja contribuinte (por exemplo, entidade imune) tenha que cumprir obrigações acessórias (prestar declarações ao fisco, nesse exemplo). Ver arts. 14, III, 151, parágrafo único, e 175, parágrafo único, todos do CTN; **2:** Incorreta, porque a capacidade tributária independe da regularidade da sociedade, bastando que configure uma unidade econômica ou profissional – art. 126, III, do CTN; **3:** Incorreta, já que a autoridade administrativa pode recusar o domicílio eleito, quando impossibilite ou dificulte a arrecadação ou a fiscalização do tributo – art. 127, § 2º, do CTN; **4:** Incorreta, pois a responsabilidade dos pais ocorre apenas nos casos de impossibilidade de exigência do cumprimento da obrigação principal pelo contribuinte e apenas quanto aos atos em que intervierem ou pelas omissões de que forem responsáveis – art. 134, I, do CTN; **5:** Correta, pois refere-se à denúncia espontânea, que afasta cobrança de multa, desde que haja pagamento integral do tributo, corrigido monetariamente e com juros de mora, antes do início de qualquer procedimento administrativo ou medida de fiscalização, relacionados com a infração – art. 138 do CTN.

Gabarito 1C, 2E, 3E, 4E, 5C

(Delegado/DF – 2004) Considerando as disposições do Código Tributário Nacional, que possui natureza de lei complementar definidora de normas gerais, é INCORRETO afirmar que:

(A) a responsabilidade por infrações da legislação tributária independe da intenção do agente ou do responsável e da efetividade, natureza e extensão dos efeitos do ato;

(B) a responsabilidade é excluída pela denúncia espontânea da infração, acompanhada, se for o caso, do pagamento do tributo devido e dos juros de mora;

(C) a certidão negativa expedida com dolo ou fraude, que contenha erro contra a Fazenda Pública, responsabiliza pessoalmente o funcionário que a expedir, pelo crédito tributário e juros de mora acrescidos;

(D) é vedada a divulgação, por parte da Fazenda Pública, de informação obtida em razão do ofício sobre a situação econômica do sujeito passivo;

(E) as autoridades administrativas somente poderão requisitar o auxílio da força pública quando vítimas de embaraço ou desacato no exercício de suas funções, quando necessário à efetivação de medida prevista na legislação tributária, desde que o fato se configure em lei como crime ou contravenção.

A: correta, pois reflete o disposto no art. 136 do CTN; **B:** correta, conforme o art. 138 do CTN. **C:** correta, nos termos do art. 208 do CTN, lembrando que essa responsabilidade tributária não afasta a responsabilidade criminal ou funcional. **D:** correta, porque o sigilo fiscal é previsto no art. 198 do CTN. **E:** incorreta, pois a requisição de auxílio policial é possível ainda que não se configure fato definido em lei como crime ou contravenção – art. 200, *in fine*, do CTN.

Gabarito "E"

(Delegado/DF – 2004) O Código Tributário Nacional estabelece que a responsabilidade seja pessoal ao agente quanto a determinadas infrações, EXCETO:

(A) as conceituadas por lei como crimes ou contravenções;
(B) aquelas em cuja definição o dolo específico do agente seja elementar;
(C) as que decorram direta e exclusivamente de dolo específico dos mandatários, prepostos ou empregados, contra seus mandantes, preponentes ou empregadores;
(D) as que decorram direta e exclusivamente de dolo específico dos diretores, gerentes ou representantes de pessoas jurídicas de direito privado, contra estas;
(E) as de menor potencial ofensivo, decorrentes de descumprimento de obrigações acessórias, previstas em tratados internacionais.

Apenas a assertiva "E" indica situação em que não há responsabilidade pessoal do agente, em conformidade com o art. 137 do CTN.

Gabarito "E"

8. SUSPENSÃO, EXTINÇÃO E EXCLUSÃO DO CRÉDITO

(Delegado/RO – 2014 – FUNCAB) Suspende a exigibilidade do crédito tributário:

(A) a anistia.
(B) a isenção.
(C) a prescrição.
(D) a remissão.
(E) o parcelamento.

A, B, C e **D**: incorretas, pois são modalidades de exclusão (a anistia e a isenção – art. 175 do CTN) e extinção do crédito (a prescrição e a remissão – art. 156, V e VI, do CTN); **E**: correta, pois o parcelamento é modalidade de suspensão do crédito – art. 151 do CTN.

Gabarito "E"

(Delegado/RO – 2014 – FUNCAB) Constitui modalidade de extinção do crédito tributário:

(A) a anistia.
(B) a moratória.
(C) o parcelamento.
(D) a isenção.
(E) a transação.

A, B, C e **D**: incorretas, pois são casos de exclusão (a anistia e a isenção) e suspensão do crédito (a moratória e o parcelamento); **E**: correta, pois é caso de extinção, nos termos do art. 156, III, do CTN.

Gabarito "E"

(Delegado Federal – 2002 – CESPE) Agentes públicos da Secretaria da Receita Federal (SRF) e do INSS realizaram operação conjunta de fiscalização nas Viações Aéreas Matrix S.A. (VAM), com o objetivo de apurar sua situação fiscal e previdenciária. Durante a fiscalização, os agentes públicos não apenas descobriram uma série de irregularidades previdenciárias e fiscais, mas também identificaram que a situação econômico-financeira da VAM era precária, estando a empresa à beira da falência. Com relação à situação hipotética apresentada acima, julgue o item a seguir.

(1) Se a fiscalização identificar que, nos últimos nove anos, a VAM não recolheu a contribuição a cargo da empresa, incidente sobre décimo terceiro salário pago aos seus empregados, o INSS poderá cobrar todo o valor sonegado, corrigido monetariamente e acrescido de juros de mora e multa, pois a constituição de créditos previdenciários é sujeita a prazo prescricional de dez anos.

1: Incorreta, porque os prazos decadenciais e prescricionais de 10 anos previstos na legislação previdenciária foram afastados pelo STF. A Suprema Corte entendeu inconstitucional essa previsão da lei ordinária, pois decadência e prescrição são matérias a serem veiculadas por lei complementar federal, nos termos do art. 146, III, *b*, da CF. Atualmente, o prazo decadencial (para lançar o tributo) e prescricional (para cobrar judicialmente o tributo) são de 5 anos cada, nos termos dos arts. 173 e 174 do CTN. Ver Súmula Vinculante 8 do STF: "São inconstitucionais o parágrafo único do artigo 5º do Decreto-lei nº 1.569/1977 e os artigos 45 e 46 da Lei nº 8.212/1991, que tratam de prescrição e decadência de crédito tributário".

Gabarito 1E

(Delegado Federal – 2002 – CESPE) Vanessa, que tem 24 anos de idade e reside em Belo Horizonte, é professora particular de música desde janeiro de 2000, atuando nessa área como profissional autônoma, e, há seis meses, exerce a função de síndica do prédio em que mora, recebendo remuneração pelo exercício de ambas as atividades. Contudo, até o presente momento, Vanessa não se inscreveu na previdência social nem recolheu nenhuma contribuição previdenciária. Além disso, Vanessa nunca pagou imposto de renda (IR) nem o imposto sobre serviços de qualquer natureza (ISS) que incide sobre a remuneração recebida na qualidade de trabalhadora autônoma.

Julgue os itens subsequentes, relativos à situação hipotética apresentada.

(1) Se, em Belo Horizonte, houvesse lei municipal isentando os professores de música do pagamento de ISS, e essa norma houvesse sido revogada em março de 2001, então a lei revogadora não teria efeitos imediatos, cessando a isenção apenas em 1.º/1/2002, uma vez que as normas que revogam isenções, diferentemente das leis que as concedem, submetem-se ao princípio constitucional tributário da anterioridade.
(2) Caso uma lei municipal isente os professores de música de Belo Horizonte do pagamento do ISS, ocorrerá exclusão tanto do crédito tributário referente a Vanessa quanto das obrigações acessórias que a legislação municipal lhe atribuir, pois, de acordo com o princípio tributário da subsidiariedade, a dispensa da obrigação principal implica a dispensa das obrigações acessórias.

1: incorreta, embora haja grande debate a respeito,prevalece o entendimento de que a isenção é simples exclusão do crédito tributário ou dispensa do pagamento. Significa que, quando há isenção, ocorre o fato gerador e surge a obrigação tributária, mas o contribuinte fica dispensado do pagamento. Essa é a doutrina adotada pelo texto do CTN. Por esse entendimento, a revogação da isenção não corresponde à instituição ou à majoração do tributo, de modo que não se submete ao princípio da anterioridade, exceto no caso de impostos sobre o patrimônio e a renda, pois, nesses casos, há previsão legal no art. 104, III, do CTN. De qualquer forma, é preciso ressaltar que há entendimento doutrinário mais moderno, no sentido de que qualquer revogação de isenção corresponde à instituição ou à majoração de tributo, de modo que se sujeita ao princípio da anterioridade; **2:** incorreta, pois, apesar do nome, a obrigação acessória não depende da obrigação principal. Assim, a inexistência do dever de pagar tributo não exime, necessariamente, a pessoa das obrigações acessórias (prestar declarações, por exemplo), conforme a legislação tributária aplicável – art. 175, parágrafo único, do CTN.

Gabarito 1E, 2E

(Delegado/ES – 2006 – CESPE) Com relação ao direito tributário, julgue o item subsequente.

(1) Considere-se que determinada pessoa jurídica seja devedora da fazenda pública estadual no importe de R$ 350.000,00, correspondendo a R$ 100.000,00 a título de contribuição melhoria e R$ 250.000,00 a título de impostos. Nesse caso, tendo a referida pessoa jurídica promovido o depósito do valor devido, a fazenda pública deverá imputar o pagamento, primeiramente, das contribuições de melhoria e, posteriormente, dos impostos.

1: correta, porque a contribuição de melhoria precede o imposto na ordem de imputação do pagamento, nos termos do art. 163, II, do CTN.

Gabarito 1C

9. IMPOSTOS E CONTRIBUIÇÕES EM ESPÉCIE

(Delegado/PA – 2013 – UEPA) Acerca do ICMS, é correto afirmar que:

(A) incide sobre a prestação de serviços de transporte internacional, interestadual e intermunicipal.
(B) incide sobre a entrada de bem ou mercadoria importados do exterior, por pessoa física ou jurídica, ainda que não seja contribuinte habitual do imposto.

(C) resolução da Câmara dos Deputados, de iniciativa do Presidente da República ou de um terço dos Deputados, aprovada pela maioria absoluta de seus membros, estabelecerá as alíquotas aplicáveis às operações e prestações, intermunicipais, interestaduais e de exportação.

(D) nas operações interestaduais, quando destinada a mercadoria ao consumidor final, aplica-se a alíquota interestadual.

(E) em virtude da não cumulatividade, ainda que a aquisição de determinada mercadoria não sofra a incidência do imposto ou seja isenta, ela continua a gerar crédito para o contribuinte compensar com o montante devido nas operações ou prestações seguintes.

A: incorreta, pois o ICMS não incide sobre transporte internacional – art. 155, II, da CF; **B**: correta, nos termos do art. 155, § 2º, IX, *a*, da CF; **C**: incorreta, pois o Senado detém essa competência – art. 155, § 2º, IV, da CF (exceto em relação a alíquotas intermunicipais, o que não existe); **D**: incorreta, pois, nesse caso, aplica-se a alíquota interna do Estado do alienante – art. 155, § 2º, VII, *b*, da CF; **E**: incorreta, pois não há crédito para compensar com o imposto devido nas operações subsequentes, nesse caso – art. 155, § 2º, II, *a*, da CF.

Gabarito "B"

(Delegado/PA – 2012 – MSCONCURSOS) De acordo com o Código Tributário Nacional, não é contribuinte do imposto [IPI]:

(A) O importador ou quem a lei a ele equiparar.

(B) O industrial ou quem a lei a ele equiparar.

(C) O comerciante de produtos sujeitos ao imposto, que os forneça aos contribuintes definidos no inciso II do art. 51 do CTN.

(D) O arrematante de produtos apreendidos ou abandonados, levados a leilão.

(E) O fazendeiro-parceiro na produção pecuária.

Nos termos do art. 51 do CTN, são contribuintes do IPI: (i) o importador ou quem a lei a ele equiparar; (ii) o industrial ou quem a lei a ele equiparar; (iii) o comerciante de produtos sujeitos ao IPI, que os forneça aos contribuintes definidos no inciso II desse artigo (industrial ou equiparado); (iv) o arrematante de produtos apreendidos ou abandonados, levados a leilão. Por essa razão, a alternativa que não indica contribuinte do IPI é a "E".

Gabarito "E"

(Delegado Federal – 2004 – CESPE) A fiscalização tributária apreendeu em estabelecimento farmacêutico controle paralelo de vendas de três anos anteriores à fiscalização, sem emissão de notas fiscais, de cápsulas para emagrecimento compostas de substância capaz de causar dependência psíquica e acionou imediatamente a polícia, que efetuou a prisão em flagrante do sócio-gerente por tráfego de entorpecente, já que tal substância estava estocada em prateleira, vindo a ser proferida sentença condenatória com trânsito em julgado. Com base na situação hipotética acima, julgue os itens a seguir.

(1) Se o estabelecimento em consideração for uma farmácia de manipulação e tiver fabricado as cápsulas apreendidas, o município poderá cobrar o ICMS devido sobre as vendas realizadas.

(2) Na hipótese considerada, se o produto comercializado for sujeito a substituição tributária, não gerará, para a farmácia, obrigação de recolher ICMS.

1: Incorreta, uma vez que a produção e a comercialização de medicamentos sob encomenda por farmácias de manipulação se sujeitam ao ISS municipal, e não ao ICMS estadual. Perceba que não se trata de mercadoria "de prateleira", oferecida no mercado, mas sim produto "sob encomenda" (a mesma lógica se aplica, por exemplo, a programas de computador sob encomenda, que se sujeitam ao ISS, e aos de prateleira, tributados pelo ICMS); **2**: Correta, porque não há incidência de ICMS, na hipótese, conforme comentário à assertiva anterior.

Gabarito 1E, 2C

(Delegado Federal – 1998 – CESPE) Relativamente aos impostos de competência da União, de que tratam os arts. 153 e 154 da Constituição Federal julguem os itens seguintes.

(1) Desde que observados os limites e as condições estabelecidos em lei, podem ter as alíquotas alteradas pelo Poder Executivo os impostos sobre importação, exportação, produtos industriais e propriedade territorial rural.

(2) No que concerne aos impostos sobre produtos industrializados, beneficiam-se da denominada imunidade extravagante os produtos industrializados destinados ao exterior.

(3) O imposto sobre grandes fortunas e os impostos pertencentes à competência residual da União serão instituídos mediante lei complementar.

(4) O imposto sobre a propriedade territorial rural, dado o seu caráter extrafiscal, destinando-se a desestimular a manutenção de propriedades improdutivas, poderá ser utilizado como instrumento para o confisco de propriedades manifestamente improdutivas, para fins de reforma agrária.

(5) Os impostos extraordinários, instituídos pela União na iminência ou no caso de guerra externa, poderão ensejar casos de bitributação.

1: incorreta, pois as alíquotas do ITR não podem ser alteradas por norma infralegal; **2**: correta, já que a exportação de bens e serviços é imune em relação ao IPI e ao ICMS. Tampouco incide o ISS, conforme o art. 2º, I, da LC 116/2003 c/c o art. 156, § 3º, II, da CF; **3**: discutível, pois entende-se que o imposto sobre grandes fortunas não depende de lei complementar para sua instituição, mas apenas para a definição do que seja ***grande fortuna*** – art. 153, VII, da CF. Por essa linha interpretativa, a assertiva é correta. Entretanto, como o tributo jamais foi instituído, não há, evidentemente, entendimento jurisprudencial a respeito, considerando que o dispositivo constitucional indica ***nos termos de lei complementar***; **4**: Incorreta, porque nenhum tributo pode ser utilizado para fins de confisco – art. 150, IV, da CF. O ITR deve, entretanto, ser utilizado como ferramenta para desestimular a propriedade improdutiva – art. 153, § 4º, I, da CF; **5**: correta, pois é caso excepcional em que a CF admite a instituição de tributo que adote mesmo fato gerador e base de cálculo de outro já existente, inclusive da competência de outro ente federativo – art. 154, II, da CF.

Gabarito 1E, 2C, 3E, 4E, 5C

(Delegado Federal – 1998 – CESPE) Quanto às contribuições sociais, julgue os itens que se seguem:

(1) Considerando ser o faturamento das pessoas jurídicas o fato gerador das contribuições para o Programa de Integração Social, criado pela Lei Complementar n ° 7, de 7 de setembro de 1970, e para o Programa de Formação do Patrimônio do Servidor Público, criado pela Leis Complementar n° 8, de 3 de dezembro de 1970, não seria constitucionalmente possível a instituição, pela Lei Complementar n.° 70, de 30 de dezembro de 1991, da contribuição para financiamento da seguridade social (COFINS), cujo fato gerador é também o faturamento das empresas.

(2) As contribuições de interesse de categorias profissionais ou econômicas revestem-se de função parafiscal.

(3) Todas as contribuições sociais, exceto as de seguridade social, são de competência exclusiva da União.

(4) As contribuições de intervenção no domínio econômico e as de interesse de categorias profissionais ou econômicas só poderão ser exigidas após noventa dias da data da publicação da lei que as houver instituído ou modificado.

(5) Somente a União, mediante lei complementar, poderá instituir novas contribuições para a previdência e assistência sociais, com base na competência tributária residual.

1: Incorreta, pois a Constituição Federal não veda o *bis in idem* em relação a essas contribuições sociais (não proíbe duas contribuições da União incidentes sobre a mesma base de cálculo); **2**: correta. Apesar de essas contribuições serem da competência da União (somente ela pode legislar a respeito), o polo ativo da obrigação tributária é ocupado por entidades representativas de categorias profissionais ou econômicas (por exemplo, Conselhos Regionais de Medicina, de Contabilidade, de Engenharia), que cobram o tributo e ficam com a receita arrecadada (não transferem para a União), utilizando-a para financiar suas atividades. Isso é o que se denomina ***parafiscalidade***; **3**: correta, pois Estados, DF e Municípios têm competência em relação às contribuições cobradas dos servidores, destinadas aos respectivos regimes próprios de previdência – art. 149, § 1º, da CF; **4**: Incorreta, visto que a anterioridade nonagesimal, apesar de aplicável também a essas contribuições, refere-se apenas à instituição ou à ***majoração*** dos tributos, não a toda ***modificação***, como consta da assertiva (não se aplica à redução do tributo!); **5**: correta, nos termos do art. 195, § 4º, da CF (embora a expressão ***competência residual*** seja normalmente utilizada em relação aos impostos previstos no art. 154, I, da CF).

Gabarito 1E, 2C, 3C, 4E, 5C

(Delegado/ES – 2006 – CESPE) Com relação ao direito tributário, julgue o item subsequente.

(1) Somente o ICMS, o Imposto de Importação e o de Exportação podem incidir sobre as operações relativas a energia elétrica, serviços de telecomunicações e derivados de petróleo.

1: correta, pois reflete o disposto no art. 155, § 3º, da CF.

Gabarito 1C

(Delegado/RN – 2009 – CESPE) Acerca do imposto de transmissão *causa mortis* e doação, de quaisquer bens ou direitos, assinale a opção incorreta.

(A) É vedada a atualização de seu valor por índice de correção estadual.
(B) Deve ser calculado sobre o valor dos bens na data da avaliação.
(C) Não incide sobre os honorários do advogado contratado pelo inventariante.
(D) Não é exigível antes da homologação do cálculo do valor devido.
(E) É legítima sua incidência no inventário por morte presumida.

A: incorreta, já que se admite a atualização por índice de correção estadual – ver RE 97.459/RJ. **B:** correta, conforme a Súmula 113 do STF. **C:** correta, pois se a contratação do advogado pelo inventariante foi homologada pelo juiz, não incide o ITCMD sobre os honorários correspondentes – ver RE 63.082/SP. **D:** correta, conforme a Súmula 114 do STF. **E:** correta, nos termos da Súmula 331 do STF.

Gabarito "A"

10. GARANTIAS E PRIVILÉGIOS DO CRÉDITO TRIBUTÁRIO

(Delegado Federal – 1998 – CESPE) O crédito tributário decorre de imposição legal e constitui parte fundamental da receita pública. Por conseguinte, o CTN outorga-lhe vantagens em relação a créditos de outra natureza. A respeito das garantias e privilégios do crédito tributário, julgue os itens a seguir.

(1) Além das previstas no CTN, outras garantias para o crédito tributário poderão ser estipuladas por meio de lei.
(2) Não respondem pela quitação tributária os bens do sujeito passivo que, anteriormente à instituição do crédito tributário, hajam sido gravados pelas cláusulas de inalienabilidade ou impenhorabilidade.
(3) Será considerada fraudulenta, em qualquer circunstância, a venda de bem por devedor de tributo, desde que o crédito tributário se encontre em fase de execução.
(4) Tendo em vista os privilégios de que goza, o crédito tributário tem preferência sobre qualquer outro crédito.
(5) Se mais de uma pessoa jurídica de direito público tiver crédito tributário a receber, ocorrerá concurso de preferência, na seguinte ordem: a) União; b) Estados, Distrito Federal e territórios, conjuntamente e mediante rateio; c) Municípios, conjuntamente e mediante rateio.

1: correta, pois a previsão do CTN não é taxativa em relação às garantias do crédito tributário – art. 183 do CTN; **2:** Incorreta, porque, sem prejuízo dos privilégios especiais sobre determinados bens, que sejam previstos em lei, responde pelo pagamento do crédito tributário a totalidade dos bens e das rendas, de qualquer origem ou natureza, do sujeito passivo, seu espólio ou sua massa falida, inclusive os gravados por ônus real ou cláusula de inalienabilidade ou impenhorabilidade, seja qual for a data da constituição do ônus ou da cláusula, excetuados unicamente os bens e rendas que a lei declare absolutamente impenhoráveis – art. 184 do CTN; **3:** Incorreta, por duas razões. Em primeiro lugar, a presunção de fraude ocorre a partir da inscrição do débito tributário em dívida ativa. Em segundo lugar, a presunção não se dá ***em qualquer circunstância***, como consta da assertiva, já que é afastada se o devedor reservar bens ou rendas suficientes para o total pagamento da dívida inscrita – art. 185, parágrafo único, do CTN; **4:** Incorreta, pois o crédito tributário não prefere ao trabalhista ou ao acidentário. No caso de falência, há ainda outros créditos acima na ordem de preferência – art. 186 do CTN; **5:** Correta, em conformidade com o concurso de preferências previsto no art. 187, parágrafo único, do CTN.

Gabarito 1C, 2E, 3E, 4E, 5C

(Delegado/ES – 2006 – CESPE) Com relação ao direito tributário, julgue o item subsequente.

(1) Considera-se fraudulenta a alienação em que o dirigente de pessoa jurídica em débito com a fazenda pública, por crédito inscrito como dívida ativa, aliena bens da respectiva pessoa jurídica, reservando montante para o pagamento da dívida inscrita.

1: Incorreta, pois não há presunção de fraude se o devedor reserva bens ou rendas suficientes para o total pagamento da dívida inscrita – art. 185, parágrafo único, do CTN.

Gabarito 1E

11. ADMINISTRAÇÃO TRIBUTÁRIA, FISCALIZAÇÃO

(Delegado Federal – 2002 – CESPE) Agentes públicos da Secretaria da Receita Federal (SRF) e do INSS realizaram operação conjunta de fiscalização nas Viações Aéreas Matrix S.A. (VAM), com o objetivo de apurar sua situação fiscal e previdenciária. Durante a fiscalização, os agentes públicos não apenas descobriram uma série de irregularidades previdenciárias e fiscais, mas também identificaram que a situação econômico-financeira da VAM era precária, estando a empresa à beira da falência. Com relação à situação hipotética apresentada acima, julgue o item a seguir.

(1) Não configuraria elisão fiscal o fato de a VAM reduzir fraudulentamente o valor do imposto de importação por meio de falsificação dos contratos de compra e venda de alguns aviões importados.

1: Correta, porque elisão fiscal é algo lícito, correspondente a simples planejamento tributário. A assertiva descreve um ato criminoso que, além de tipificado penalmente, implica evasão fiscal (= ilícito tributário, não pagamento ilícito do tributo), de acordo dom o art. 1º, III, da Lei 8.137/1990.

Gabarito 1C

(Delegado Federal – 2002 – CESPE) Em adição à situação hipotética proposta, considere que Luís, um dos fiscais da SRF envolvidos na fiscalização da VAM, tenha exigido R$ 10.000,00 de Sérgio, o presidente da empresa, para não tornar pública a informação de que a VAM estava próxima da falência. Nesse caso, é correto afirmar que a conduta de Luís configura crime de corrupção passiva e que, caso Luís viesse a tornar públicas as informações acerca do estado da VAM, ele cometeria crime de violação de sigilo profissional, além de violar a regra administrativa que determina que os agentes da SRF não podem divulgar informações sobre a situação econômica ou financeira das entidades, obtidas em razão do ofício, nem mesmo a outros órgãos da administração pública.

1: incorreta, apenas na parte final, já que não há vedação à divulgação de informações fiscais a outros órgãos da administração pública, desde que nos estritos termos do art. 198, § 1º, II, e § 2º, do CTN. No mais, a assertiva é correta – art. 3º, II, da Lei 8.137/1990 (corrupção passiva tributária) e art. 325 do CP (violação de sigilo funcional).

Gabarito 1E

(Delegado Federal – 2002 – CESPE) Em adição à situação hipotética acima, considere que, inicialmente, os empregados da VAM franquearam livre acesso aos fiscais, exibindo-lhes todos os documentos pedidos. Porém, quando os agentes públicos entraram na sala de Sérgio, presidente da empresa, e solicitaram que fosse examinado o conteúdo de um cofre que ali havia, Sérgio negou-se a abri-lo, argumentando que nele estavam guardadas apenas informações acerca do seu patrimônio pessoal, bem como dados sigilosos relativos aos planos de expansão da empresa e às promoções previstas para o mês seguinte, informações essas que não tinham nenhuma relação com a matéria tributária e previdenciária e que, portanto, ele não tinha o dever de exibi-las aos fiscais. Inconformados, os agentes deram ordem expressa a Sérgio para que o cofre fosse aberto, ao que ele respondeu que os agentes poderiam solicitar a exibição de qualquer documento pertinente às suas áreas de fiscalização e esse documento lhes seria mostrado, mas reafirmou sua intenção de não abrir o cofre. Nesse caso, é correto afirmar que a recusa de Sérgio em abrir o cofre possibilita que os fiscais solicitem auxílio de agentes da Polícia Federal para garantir o devido cumprimento das suas funções, podendo os policiais prender Sérgio em flagrante delito pelo crime de desacato à autoridade.

1: incorreta, porque não há desacato. O fisco tem acesso a todos os livros, arquivos, documentos etc. relacionados à atividade empresarial, que interessem à tributação, podendo, em caso de embaraço, requisitar auxílio policial, nos termos do art. 200 do CTN. Entretanto, na situação descrita, não há prova ou mesmo suspeita razoável de que haja algum documento relevante para a fiscalização dentro do cofre, que não é ambiente (ou local) aberto ao público em geral. Nesse caso, somente com ordem judicial é que se poderia impor sua abertura para a fiscalização.

Gabarito 1E

(Delegado Federal – 1998 – CESPE) Acerca da administração tributária, julgue os seguintes itens.

(1) Será considerada abusiva a fiscalização de pessoas que gozem de imunidade tributária ou de isenção de caráter pessoal.
(2) Mediante intimação escrita, todas as pessoas são obrigadas a prestar informações às autoridades administrativas, no interesse da aplicação da legislação tributária, independentemente do segredo profissional.
(3) O dever de sigilo funcional não impede a Fazenda Pública de prestar informações relativas a sujeitos passivos que tenham sido requisitadas por autoridade judiciária no interesse da Justiça.
(4) As Fazendas Públicas de todas as entidades governamentais deverão ajudar-se mutuamente na fiscalização dos tributos respectivos e na permuta de informações, dependendo de previsão em lei ou em convênio.
(5) O próprio agente fiscal, sem valer-se do chefe da repartição, poderá requisitar o auxílio de força pública, quando for vítima de embaraço ou desacato no exercício de suas funções.

1: Incorreta, já que a obrigação acessória, apesar do nome, não depende da existência de obrigação principal. É possível, assim, que uma pessoa imune tenha que cumprir obrigações acessórias (prestar declarações ao fisco, nesse exemplo), sujeitando-se à fiscalização tributária – art. 194, parágrafo único, do CTN. Ver também arts. 14, III, 151, parágrafo único, e 175, parágrafo único, do CTN; **2:** Incorreta, pois o segredo profissional previsto legalmente afasta o dever de prestar informações a fisco relacionadas ao dever de sigilo – art. 197, parágrafo único, do CTN; **3:** correta, conforme o art. 198, § 1º, I, do CTN; **4:** correta, nos termos do art. 37, XXII, da CF e do art. 198, § 1º, II, e § 2º, do CTN; **5:** correta, nos termos do art. 200 do CTN.

Gabarito 1E, 2E, 3C, 4C, 5C

(Delegado/ES – 2006 – CESPE) Com relação ao direito tributário, julgue o item subsequente.

(1) As informações obtidas em razão de representações fiscais para fins penais devem ser mantidas em sigilo pelas autoridades fazendárias.

1: Incorreta, uma vez que o sigilo fiscal não impede a divulgação de informações relativas a representações fiscais para fins penais – art. 198, § 3º, I, do CTN.

Gabarito 1E

12. CRIMES

(Delegado Federal – 2004 – CESPE) A fiscalização tributária apreendeu em estabelecimento farmacêutico controle paralelo de vendas de três anos anteriores à fiscalização, sem emissão de notas fiscais, de cápsulas para emagrecimento compostas de substância capaz de causar dependência psíquica e acionou imediatamente a polícia, que efetuou a prisão em flagrante do sócio-gerente por tráfego de entorpecente, já que tal substância estava estocada em prateleira, vindo a ser proferida sentença condenatória com trânsito em julgado. Com base na situação hipotética acima, julgue os itens a seguir.

(1) O proprietário do estabelecimento cometeu, em tese, crime contra a ordem tributária.
(2) A responsabilidade penal tributária e a tributária penal não se confundem, apesar de ambas adotarem a responsabilidade subjetiva.

1: correta, conforme o art. 1º, I, II e V, da Lei 8.137/1990; **2:** incorreta, porque a responsabilidade por infração da legislação tributária (responsabilidade tributária penal) não depende da intenção do agente ou do responsável ou da efetividade, natureza e extensão dos efeitos do ato, o que leva muitos autores a classificá-la como objetiva – art. 136 do CTN.

Gabarito 1C, 2E

(Delegado Federal – 2002 – CESPE) Julgue o seguinte item.

(1) Consoante entendimento do STF, a sonegação fiscal de lucro advindo de atividade criminosa – tráfico de entorpecentes –, envolvendo sociedades comerciais organizadas, com lucros vultosos subtraídos à contabilidade regular das empresas e à declaração de rendimentos, caracteriza, em tese, crime contra a ordem tributária.

1: correta, pois essa é a jurisprudência do STF, acolhendo o princípio do ***non olet*** – ver HC 77.530/RS.

Gabarito 1C

(Delegado/DF – 2004) Quanto aos crimes contra a ordem tributária, é INCORRETO afirmar que:

(A) constitui crime suprimir ou reduzir tributo, ou contribuição social e qualquer acessório, mediante a conduta de omitir informação, ou prestar declaração falsa às autoridades fazendárias;
(B) extingue-se a punibilidade quando o agente promover o pagamento do tributo ou contribuição social, inclusive acessórios;
(C) se cometidos em quadrilha ou coautoria, o coautor ou partícipe que através de confissão espontânea revelar à autoridade policial ou judicial toda a trama delituosa terá a sua pena reduzida de um a dois terços;
(D) são de ação penal pública;
(E) a remição abrange exclusivamente as infrações cometidas anteriormente à vigência da lei que a concede, não se aplicando às infrações resultantes de conluio.

A: correta, conforme o art. 1º, I, da Lei 8.137/1990. **B:** correta, conforme o art. 9º da Lei 10.684/2003; **C:** correta, conforme o art. 16, parágrafo único, da Lei 8.137/1990. **D:** correta, nos termos do art. 15 da Lei 8.137/1990. **E:** incorreta, já que inexiste essa previsão legal.

Gabarito "E"

(Delegado/ES – 2006 – CESPE) Com relação ao direito tributário, julgue o item subsequente.

(1) Considere a seguinte situação hipotética. Davi, ao efetuar a compra de alguns livros, solicitou ao vendedor a respectiva nota fiscal. O vendedor, contudo, não a forneceu, sob o argumento de que o gerente da loja não o havia autorizado a emitir notas fiscais. Nessa situação, a omissão constitui simples infração administrativa.

1: Incorreta, visto que negar ou deixar de fornecer, quando obrigatório, nota fiscal ou documento equivalente, relativa à venda de mercadoria ou prestação de serviço, efetivamente realizada, ou fornecê-la em desacordo com a legislação é crime contra a ordem tributária previsto no art. 1º, V, da Lei 8.137/1990.

Gabarito 1E

13. OUTRAS MATÉRIAS E COMBINADAS

(Delegado/RO – 2014 – FUNCAB) Assinale a alternativa correta.

(A) A legislação tributária não pode conceder desconto pela antecipação do pagamento.
(B) O parcelamento será concedido na forma e condição estabelecidas em decreto.
(C) A imposição de penalidade ilide o pagamento integral do crédito tributário.
(D) Quando a legislação tributária não dispuser a respeito, o pagamento será efetuado na repartição competente do domicílio do sujeito passivo.
(E) É permitida a compensação mediante o aproveitamento de tributo, objeto de contestação judicial pelo sujeito passivo, antes do trânsito em julgado da respectiva decisão judicial.

A: incorreta, pois isso é possível, conforme o art. 160, parágrafo único, do CTN; **B**: incorreta, pois o parcelamento é concedido por lei específica – art. 155-A do CTN; **C**: incorreta, pois a penalidade não afasta a exigência do tributo – art. 157 do CTN; **D**: correta, nos termos do art. 159 do CTN; **E**: incorreta, pois isso é vedado nos termos do art. 170-A do CTN.

Gabarito "D"

Texto para a próxima questão

A Agência Nacional de Telecomunicações (ANATEL), uma autarquia federal vinculada ao Ministério das Comunicações, é sediada no DF, mas, por exercer atividades em todo o território nacional, possui unidades regionais em vários pontos do país. Para estabelecer sua unidade no município Beta, no Espírito Santo (ES), a ANATEL decidiu adquirir um imóvel localizado no centro da cidade. Porém, o único imóvel disponível e adequado era o edifício Serra Negra, que ainda estava em construção e somente ficaria pronto em um ano. Frente a essa dificuldade, a autarquia optou por adquirir o prédio em construção e, provisoriamente, instalar sua unidade regional em um imóvel alugado. Assim, em agosto de 2000, a ANATEL alugou, pelo prazo de quinze meses, metade das salas de um edifício comercial de propriedade de Douglas Gonçalves, sendo que a outra metade desse imóvel era locada por Douglas ao Banco do Brasil S.A. (BB). Nesse mesmo mês, a ANATEL estabeleceu com a Incorporadora e Construtora Real Ltda. contrato de compromisso de compra e venda do edifício Serra Negra, que deveria ser entregue à Agência em 5/8/2001. Na celebração do compromisso de compra e venda, foi exigido da ANATEL o pagamento do imposto sobre a transmissão *inter vivos* de bens imóveis e de direitos a eles relativos (ITBI), imposto cujo fato gerador é definido no Código Tributário Nacional (CTN) como a transmissão, a qualquer título, da propriedade ou do domínio útil de bens imóveis, bem como de direitos reais sobre imóveis, exceto os direitos reais de garantia.

No âmbito de Beta, o ITBI foi instituído pela Lei n.º 12/1999, uma lei ordinária municipal que estabelece como fato gerador do ITBI apenas a transmissão da propriedade por ato *inter vivos*, não definindo, como fato gerador, a transmissão do domínio útil nem de qualquer outro direito real. Embora essa lei disponha expressamente que o contrato de promessa de compra e venda não é fato gerador do ITBI, ela determina que o promitente comprador deve recolher o imposto relativo à futura transmissão da propriedade, garantindo-lhe o direito de restituição do valor pago, caso o contrato definitivo de compra e venda não seja celebrado. Além disso, a referida lei municipal define como contribuintes do ITBI o adquirente ou o cessionário do bem ou direito alienado e também determina que "o Transmitente ou o cedente respondem solidariamente pelo pagamento do imposto devido pelo contribuinte inadimplente". Entendendo ser inconstitucional a cobrança desse imposto, a ANATEL decidiu contestá-la judicialmente. Em fevereiro de 2001, o município Beta cobrou do BB o Imposto Predial e Territorial Urbano (IPTU) sobre as salas alugadas de Douglas. A Receita Municipal argumentou que Douglas estava em atraso e que, como o CTN define como contribuinte do IPTU "o proprietário do imóvel, o titular do seu domínio útil, ou o seu possuidor a qualquer título", texto esse que é repetido pela lei municipal que regula esse imposto, o tributo poderia ser cobrado do BB, dado que o locatário é detentor da posse direta do bem e, portanto, enquadra-se no conceito de "possuidor a qualquer título".

(Delegado Federal – 2002 – CESPE) Considerando a situação hipotética descrita no texto e as informações nele contidas, julgue o item a seguir.

(1) Caso a ANATEL decida impugnar judicialmente a cobrança do ITBI, ela deverá ingressar com ação perante a justiça federal de primeira instância, pois, no caso em exame, o critério pessoal de determinação da competência deveria prevalecer sobre o critério material.

1: correta, conforme o art. 109, I, da CF.

Gabarito 1C

(Delegado/PA – 2006 – CESPE) Julgue os itens abaixo referentes às espécies tributárias e aos crimes contra a ordem tributária.

I. As taxas, as contribuições de melhoria e as contribuições sociais são exemplos de tributos vinculados, pois os fatos geradores estão relacionados a atividades estatais em prol dos contribuintes.

II. Um fiscal de renda que extravie um processo fiscal cuja guarda seja sua responsabilidade em razão da função que ocupe não pratica qualquer ilícito penal por ausência de tipicidade.

III. A fixação das alíquotas máximas do imposto de transmissão *causa mortis* e doação, de quaisquer bens ou direitos, cuja competência é dos municípios é competência do Senado Federal.

IV. O imposto sobre produtos industrializados (IPI) é considerado um tributo extrafiscal, juntamente com os impostos sobre o comércio exterior, pois, apesar de constituírem receitas para a União, a finalidade de regular a economia é prevalente.

A quantidade de itens certos é igual a

(A) 1.
(B) 2.
(C) 3.
(D) 4.

I: incorreta, visto que as contribuições sociais não são consideradas tributos vinculados, já que seu fato gerador, em princípio, não se vincula a atividade estatal específica voltada ao contribuinte. A rigor, a contribuição social é definida por sua finalidade, e não pelo fato gerador. II: incorreta, pois se trata de crime tipificado pelo art. 3º, I, da Lei 8.137/1990. III: incorreta, pois o ITCMD é da competência dos Estados e DF, e não municipal, como consta da assertiva. Entretanto, é correta a afirmação de que cabe ao Senado fixar suas alíquotas máximas, nos termos do art. 155, § 1º, IV, da CF. IV: correta.

Gabarito "A"

(Delegado/RN – 2009 – CESPE) 47 Em relação ao Sistema Tributário Nacional e à jurisprudência do STF, assinale a opção correta.

(A) O ordenamento jurídico brasileiro admite a instituição de taxa para o custeio de serviços prestados por órgãos de segurança pública, na medida em que tal atividade, por ser essencial, pode ser financiada por qualquer espécie de tributo existente.

(B) As taxas cobradas em razão exclusivamente dos serviços públicos de coleta, remoção e tratamento ou destinação de lixo ou resíduos provenientes de imóveis são constitucionais, no entanto é inconstitucional a cobrança de valores tidos como taxa em razão de serviços de conservação e limpeza de logradouros e bens públicos.

(C) O STF firmou orientação no sentido de que as custas judiciais e os emolumentos concernentes aos serviços notariais e registrais não possuem natureza tributária, uma vez que não se enquadram em nenhuma das espécies tributárias previstas na CF.

(D) As normas relativas à prescrição e à decadência tributárias têm natureza de normas específicas de direito tributário, cuja disciplina é reservada a lei ordinária, sendo certo que as contribuições previdenciárias prescrevem em dez anos, contados da data da sua constituição definitiva.

(E) Os cemitérios que consubstanciam extensões de entidades de cunho religioso não estão abrangidos pela imunidade tributária prevista na CF, uma vez que as normas que tratam de renúncia fiscal devem ser interpretadas restritivamente.

A: incorreta, porque os serviços de segurança pública são prestados indistinta e genericamente a toda a coletividade (***uti universi***), ou seja, não se pode identificar quanto cada cidadão se utiliza deles (não é ***uti singuli,*** não são serviços específicos e divisíveis), de modo que não dão ensejo à cobrança de taxa. B: correta, conforme a Súmula Vinculante 19/STF. C: incorreta, porque o entendimento jurisprudencial é de que as custas e os emolumentos têm natureza tributária (são taxas). D: incorreta, pois a decadência e a prescrição são matérias reservadas à lei complementar federal – art. 146, III, ***b***, da CF e Súmula Vinculante 8/STF. E: incorreta, já que conforme entendimento do STF, os cemitérios que consubstanciam extensões de entidades de cunho religioso estão abrangidos pela imunidade dos templos – art. 150 VI, ***b***, da CF, ver RE 578.562/BA.

Gabarito "B"

(Delegado/RN – 2009 – CESPE) Com relação às limitações do poder de tributar, assinale a opção correta.

(A) A decisão judicial que declara indevida a cobrança do imposto em determinado exercício faz coisa julgada em relação aos posteriores, em respeito aos princípios da separação dos poderes e da autoridade da coisa julgada.

(B) Segundo entendimento jurisprudencial dominante do STF, a revogação de isenção tributária tem sido equiparada à instituição ou majoração de tributo, só podendo surtir efeitos no exercício financeiro seguinte.

(C) A aquisição de mercadorias no mercado interno por pessoa jurídica que possui imunidade tributária deve-se sujeitar à tributação pelo ICMS, ainda que os bens adquiridos passem a integrar o patrimônio da adquirente.

(D) A imunidade tributária recíproca prevista na CF não se estende às empresas públicas, ainda que atuem em regime de monopólio, pois tal benesse não é extensível ao setor privado.

(E) Lei complementar estadual que isente os membros do MP do pagamento de custas judiciais, notariais, cartorárias e quaisquer taxas ou emolumentos fere o princípio da igualdade de tratamento aos contribuintes.

A: incorreta, pois nos termos da Súmula 239/STF, a decisão que declara indevida a cobrança do imposto em determinado exercício não faz coisa julgada em relação aos posteriores. **B:** incorreta. Prevalece o entendimento de que a isenção é simples exclusão do crédito tributário ou dispensa do pagamento. Significa que, quando há isenção, ocorre o fato gerador e surge a obrigação tributária, mas o contribuinte fica dispensado do pagamento. Essa é a doutrina adotada pelo texto do CTN. Por esse entendimento, a revogação da isenção não corresponde à instituição ou à majoração do tributo, de modo que não se submete ao princípio da anterioridade, exceto no caso de impostos sobre o patrimônio e a renda, porque nesses casos, há previsão legal no art. 104, III, do CTN. **C:** assertiva discutível. Há precedentes do STF cuja ementa indica essa ideia – ver AI 535.922 Ag/RS. Nesse sentido, a assertiva é correta. Entretanto, os precedentes da Suprema Corte referem-se a importações (em que a entidade imune é contribuinte de direito). Ademais, naquelas demandas, discutia-se a distinção entre tributos sobre o patrimônio e sobre a circulação de mercadoria, que foi considerada irrelevante para estudo da imunidade. É defensável, por outra aproximação, que o ICMS incida nas aquisições de mercadoria no mercado interno (em que a entidade imune é simples contribuinte de fato), pois contribuinte de direito, no caso, é o alienante da mercadoria (vendedor), e não a entidade imune (a imunidade recíproca não aproveita ao particular) – ver Súmula 591 do STF. **D:** incorreta, pois o STF entende que a imunidade recíproca se estende a empresas que prestam serviço público de prestação obrigatória e exclusiva pelo Estado, caso dos Correios e da Infraero – ver RE 407.099/RS. **E:** incorreta, pois se entende que os benefícios processuais concedidos por lei ao MP e à Fazenda Pública atendem à supremacia do interesse público. Ademais, não há falar em violação do princípio da igualdade de tratamento aos contribuintes, porque todos eles (os contribuintes) são tratados da mesma maneira.

Gabarito "C"

(Delegado/RN – 2009 – CESPE) Acerca da repartição das receitas tributárias, assinale a opção correta.

(A) O repasse da quota constitucionalmente devida aos municípios a título de ICMS pode sujeitar-se à condição prevista em programa de benefício fiscal de âmbito estadual.

(B) Pertencem aos municípios 50% do produto da arrecadação do ICMS do estado.

(C) Pertence aos municípios o produto da arrecadação do imposto da União sobre renda e proventos de qualquer natureza, incidente na fonte, sobre rendimentos pagos, a qualquer título, por eles, suas autarquias e pelas fundações que instituírem e mantiverem.

(D) Pertencem aos estados 50% do produto da arrecadação dos impostos que a União instituir com base no exercício de sua competência residual que lhe é atribuída pela CF.

(E) A União entregará do produto da arrecadação dos impostos sobre renda e proventos de qualquer natureza 22,5% ao Fundo de Participação dos Estados e do Distrito Federal.

A: incorreta, pois não se pode condicionar a transferência de receitas tributárias constitucionalmente previstas, salvo as exceções indicadas no próprio texto constitucional – art. 160 da CF. **B:** incorreta, já que os Municípios têm direito a 25% da receita do ICMS – art. 158, IV, da CF. **C:** correta, nos termos do art. 158, I, da CF. **D:** incorreta, dado que os Estados e o DF têm direito a 20% da arrecadação de eventual imposto da competência residual – art. 157, II, da CF. **E:** incorreta, pois a União entregará 21,5% da receita do IR ao Fundo de Participação dos Estados e do DF e 22,5% ao Fundo de Participação dos Municípios – art. 159, I, da CF.

Gabarito "C"

(Delegado/RN – 2009 – CESPE) A respeito dos institutos de direito financeiro, assinale a opção correta.

(A) É possível a edição de medidas provisórias para a abertura de créditos destinados a prover despesas correntes.

(B) Receita originária é caracterizada pelo constrangimento legal para sua arrecadação, tais como os tributos.

(C) Receita derivada é aquela que advém da exploração, pelo Estado, da atividade econômica.

(D) São iniciativa privativa do chefe do Poder Executivo as leis que disponham sobre matéria orçamentária.

(E) Segundo a Lei n.º 4.320/1964, o exercício financeiro não coincidirá necessariamente com o ano civil.

A: incorreta, pois o art. 62, § 1º, I, ***d***, da CF veda expressamente essa possibilidade (admite-se MP apenas para a abertura de crédito extraordinário, mas não para suplementar ou especial). **B:** incorreta, porque a assertiva refere-se à receita derivada (= que decorre do poder impositivo estatal). A receita originária decorre da exploração do patrimônio estatal, da prestação de serviços ou de outra atividade econômica. **C:** incorreta, pois a assertiva refere-se à receita originária, conforme comentário à alternativa anterior. **D:** assertiva discutível. Não há dúvida de que, nos termos do art. 165 da CF, compete privativamente ao chefe do Executivo a iniciativa para as leis do Plano Plurianual, das Diretrizes Orçamentárias e dos Orçamentos Anuais. Nesse aspecto, a alternativa está correta. Entretanto, o art. 61, § 1º, II, ***b***, da CF, que indica ser de iniciativa privativa do Presidente as leis que disponham sobre ***matéria tributária e orçamentária*** aplica-se exclusivamente aos Territórios Federais (hoje inexistentes), conforme entendimento do STF – ver ADI 2.464/AP. De qualquer forma, o candidato deve indicar essa alternativa, por exclusão das demais. **E:** incorreta, visto que o exercício financeiro coincide com o ano civil (inicia-se em 1º de janeiro e termina em 31 de dezembro do mesmo ano) – art. 34 da Lei 4.320/1964.

Gabarito "D"

8. Direito Civil

André Barros e Gustavo Nicolau

1. LEI DE INTRODUÇÃO ÀS NORMAS DO DIREITO BRASILEIRO

(Delegado/SP – 2014 – VUNESP) Assinale a alternativa correta, de acordo com as disposições da Lei de Introdução às Normas do Direito Brasileiro (Decreto-Lei n.º 4.657/1942).

(A) A lei nova revoga a lei antiga, quando com esta incompatível, ainda que não haja expressa declaração de revogação.
(B) As correções a texto de lei já em vigor não implicam em lei nova.
(C) A repristinação é regra no direito brasileiro, admitindo-se disposição legal que afaste sua incidência.
(D) Entende-se por ato jurídico perfeito a decisão judicial da qual não caiba mais recurso.
(E) O Brasil não adota, em regra, o instituto da *vacatio legis*, salvo no estrangeiro, quando admitida a obrigatoriedade da lei brasileira.

A: correta, pois a incompatibilidade da lei posterior com a anterior revoga esta, através da revogação tácita (Lei de Introdução, art. 2°, § 1°); **B:** incorreta, pois tais correções são consideradas lei nova (Lei de Introdução, art. 1° § 4°); **C:** incorreta, pois a repristinação só ocorre quando expressamente determinado pela última lei da cadeia revogatória (Lei de Introdução, art. 2° § 3°); **D:** incorreta, pois a assertiva traz a definição legal de coisa julgada e não de ato jurídico perfeito (Lei de Introdução, art. 6° § 3°); **E:** incorreta, pois tal instituto tem expressa previsão no art. 1° da Lei de Introdução.

Gabarito "A"

(Delegado de Polícia/GO – 2013 – UEG) Segundo o artigo 3º da Lei de Introdução às normas de Direito Brasileiro – LINDB, *"ninguém se escusa de cumprir a lei, alegando que não a conhece"*. Diante do exposto, verifica-se que:

(A) se Paulo casa com Ana, sem saber que Ana é sua irmã, o erro em questão é de fato, assim Paulo tem motivos para pleitear a nulidade do contrato de casamento.
(B) no ordenamento jurídico brasileiro é cabível escusa de cumprimento da lei, alegando não conhecê-la, em casos de erro de fato (*error facti*).
(C) o Princípio da Obrigatoriedade, artigo 3º da LINDB, perde seu caráter absoluto, admitindo temperamentos, em hipóteses nas quais a lei, expressamente, possibilite o erro de direito ou erro de conteúdo legal (*error iuris*).
(D) o erro substancial existe no ordenamento jurídico pátrio como causa de invalidade ou nulidade de um negócio jurídico, sendo ele qualquer, pois refere-se ao conteúdo de norma jurídica.

A: incorreta, pois na hipótese não se está buscando escusar do cumprimento da lei e também porque não é pacífico o entendimento segundo o qual o casamento é contrato; **B:** incorreta, pois não existe tal previsão no ordenamento; **C:** correta, pois existe previsão legal no art. 8º do Decreto-lei n.º 3.688/1941 (a chamada Lei de Contravenções Penais), segundo o qual *"No caso de ignorância ou de errada compreensão da lei, quando escusáveis, a pena pode deixar de ser aplicada"*; **D:** incorreta, pois a possibilidade de se anular um contrato tendo em vista a incorreta compreensão da lei somente se verifica quando o erro, sendo de direito, for o motivo único ou principal do negócio jurídico (art. 139, III, do CC).

Gabarito "C"

(Delegado de Polícia/GO – 2013 – UEG) Supondo-se que a Lei "W", de vigência considerada temporária pelo ordenamento jurídico, revoga, de forma expressa, a Lei "X" e que, devido a mudanças de comportamentos socioeconômicos, a lei revogadora vem a perder sua vigência, tem-se que:

(A) a lei revogada fica impossibilitada de ser restaurada por ter a lei revogadora perdido a vigência, pois ao ordenamento jurídico pátrio é incabível o princípio da caducidade.
(B) as correções promovidas no texto da Lei "W", ainda em vigor, consideram-se lei nova.
(C) de acordo com o estudo da Lei de Introdução às Normas de Direito Brasileiro, a Lei revogada "X" é imediatamente restaurada, como uma resposta aos anseios socioeconômicos da evolução e porque não se pode ficar sem lei.
(D) de acordo com a Lei de Introdução às Normas de Direito Brasileiro, a Lei destinada à vigência temporária possuirá vigor até que outra a revogue.

A: incorreta. A restauração da lei revogada por conta da revogação da lei revogadora configura repristinação, fenômeno que – no Brasil – só ocorre se a última lei expressamente determinar (art. 2º, § 3º, da LINDB); **B:** correta, pois *"as correções a texto de lei já em vigor consideram-se lei nova"* (art. 1º, § 4º, da LINDB); **C:** incorreta, pois a repristinação só ocorre de forma expressa. Assim, a revogação da lei revogadora – por si só – gerará uma lacuna da lei no que se refere àquele assunto; **D:** incorreta, pois a lei temporária é exceção ao princípio da continuidade (art. 2º, LINDB).

Gabarito "B"

(Delegado/AC – 2008 – CESPE) Acerca da Lei de Introdução do Código Civil e das pessoas naturais e jurídicas, julgue os itens que se seguem.

(1) A derrogação de uma lei implica a repristinação da lei anterior, ainda que não haja pronunciamento expresso a esse respeito da lei revogadora.
(2) Nas causas que envolvem a sucessão por morte real ou presumida, aplica-se a lei do país do domicílio do *de cujus*, mas, quanto à capacidade para suceder, aplica-se a lei do domicílio do herdeiro ou legatário.

1: incorreta, revogação é o ato de retirar a vigência de uma norma jurídica – pode ser total (ab-rogação) ou parcial (derrogação). A revogação não deve ser confundida com a *repristinação* que é a recuperação da vigência de uma norma anteriormente revogada mediante a revogação da norma revogadora. Para que ocorra repristinação de lei no direito brasileiro o artigo 2º, § 3º, da LINDB, exige disposição legal expressa; **2: correta**, conforme prescreve o artigo 10, *caput*, da LINDB, "a sucessão por morte ou por ausência obedece à lei do país em que domiciliado o defunto ou o desaparecido, qualquer que seja a natureza e a situação dos bens". Quanto à capacidade sucessória deve ser aplicada a lei do domicílio do herdeiro ou legatário (art. 10, § 2º, LINDB).

Gabarito 1E, 2C

(Delegado/PA – 2012 – MSCONCURSOS) Em relação à Lei de Introdução às normas do Direito Brasileiro, analise os itens abaixo e assinale a alternativa correta.

I. Contém normas de sobredireito aplicáveis a todos os ramos do direito, prevalecendo sobre aquilo que a legislação específica dispuser de forma diferente.
II. Excepcionalmente, a lei começa a vigorar em todo o país quarenta e cinco dias depois de oficialmente publicada.
III. A lei posterior revoga a anterior quando expressamente o declare, quando seja com ela incompatível ou quando regule inteiramente a matéria de que tratava a lei anterior.
IV. O efeito repristinatório só ocorre quando houver previsão expressa na lei nova.
V. Para que a sentença proferida no estrangeiro seja executada no Brasil, além de outros requisitos previstos em lei, é necessário que tenha sido homologada pelo Supremo Tribunal Federal.

(A) Apenas os itens I, II e IV estão corretas.
(B) Apenas os itens II e III estão corretas.
(C) Apenas os itens III e IV estão corretas.
(D) Apenas os itens I, II e V estão corretas.
(E) Apenas os itens III e V estão corretas.

I: incorreta, a Lei de Introdução às Normas do Direito Brasileiro (Decreto-Lei 4.657/1942) é considerada uma norma de sobredireito ou superdireito, por ter como objetivo a regulamentação de outras leis (é lei regulando lei). A sua aplicabilidade a outras leis é a regra, mas deverá ser afastada se houver determinação neste sentido. Portanto, não prevalece sobre outras leis; **II:** incorreta, a assertiva inverte o que é regra e o que é exceção. Em regra, lei começa a vigorar em nosso país 45 dias depois de publicada (art. 1º, *caput*, LINDB). A exceção é quando o legislador determina a vigência imediata ou o cumprimento de um prazo especial de *vacatio legis*; **III:** correta, a assertiva se refere às espécies de revogação: expressa e tácita (art. 2º, § 1º da LINDB); **IV:** correta, a repristinação da lei não é proibida no direito brasileiro, mas em regra não ocorre. Consoante dispõe o artigo 2º, § 3º da LINDB, "salvo disposição em contrário, a lei revogada não se restaura por ter a lei revogadora perdido a vigência". Assim, para que ocorra a repristinação de uma lei revogada deverá existir dispositivo expresso em lei; **V:** incorreta, atualmente as sentenças estrangeiras devem ser homologadas pelo Superior Tribunal de Justiça, por força do disposto no artigo 105, I, i da Constituição Federal, incluída pela Emenda Constitucional nº 45, de 2004. Tal dispositivo revogou tacitamente o artigo 15, e, da LINDB que previa a competência do Supremo Tribunal Federal.

Gabarito "C"

(Delegado/PI – 2009 – UESPI) No caso em que a lei X revogue a lei Y por serem incompatíveis e, posteriormente, a lei Z revogue a lei X e guarde compatibilidade com a lei Y, que volta a vigorar, se aplica o princípio da:

(A) Revogação.
(B) Repristinação.
(C) Revalidação temporal.
(D) Legalidade.
(E) Equidade.

A situação narrada no enunciado contém exemplo de repristinação. Contudo, a redação da questão passa a impressão equivocada de que a repristinação é uma consequência natural e automática da revogação da lei revogadora (Lei X). Não é demais lembrar que a repristinação só ocorre se houver disposição expressa neste sentido (art. 2º, § 3º, da LINDB). No exemplo, só haveria a repristinação se a Lei Z tivesse dispositivo expresso repristinando a Lei Y e revogando a Lei X.

Gabarito "B"

(Delegado/SP – 2008) Quando, por disposição expressa, a lei revogada restaura-se por ter a lei revogadora perdido a vigência, dá-se um caso de

(A) renovação.
(B) revogação ficta.
(C) remissão legal.
(D) repristinação.
(E) restauração.

O enunciado refere-se ao instituto da repristinação. Nos termos do artigo 2º, § 3º, da LINDB, "salvo disposição em contrário, a lei revogada não se restaura por ter a lei revogadora perdido a vigência".

Gabarito "D"

(Delegado/SP – 1999) A lei nova que estabeleça disposições gerais ou especiais a par das já existentes

(A) modifica a lei anterior.
(B) revoga a lei anterior.
(C) não revoga nem modifica a lei anterior.
(D) ab-roga a lei anterior.

Consoante prescreve o artigo 2º, § 2º, da LINDB, a lei nova, que estabeleça disposições gerais ou especiais a par das já existentes, não revoga nem modifica a lei anterior. Exemplo: O Código Civil de 2002 (lei geral) não revogou nem modificou o Código de Defesa do Consumidor de 1990 (lei especial).

Gabarito "C"

2. PARTE GERAL

2.1. Pessoas naturais

(Delegado/RJ – 2013 – FUNCAB) De acordo com o Código Civil, é correto afirmar:

(A) O preso não tem domicílio necessário.
(B) A personalidade civil da pessoa começa desde a concepção.
(C) São absolutamente incapazes de exercer pessoalmente os atos da vida civil os excepcionais, sem desenvolvimento mental completo.
(D) São incapazes, relativamente a certos atos, ou à maneira de os exercer os maiores de dezesseis e menores de vinte e um anos.
(E) Pode ser declarada a morte presumida, sem decretação de ausência, se for extremamente provável a morte de quem estava em perigo de vida.

A: incorreta, pois o domicílio legal do preso é o lugar onde cumprir sua sentença (CC, art. 76); **B:** incorreta, pois – pela letra fria da lei – a personalidade começa do nascimento com vida; **C:** incorreta, pois tais excepcionais são considerados relativamente incapazes (CC, art. 4º); **D:** incorreta, pois aos dezoito anos a pessoa já adquire a plena capacidade de fato (CC, art. 4º); **E:** correta, pois tal extrema probabilidade possibilita a declaração judicial da morte presumida, sem decretação prévia de ausência (CC, art. 7º, I).

Gabarito "E"

(Delegado/PR – 2013 – UEL-COPS) Com relação às Pessoas Naturais, consoante disposto na Parte Geral do Código Civil vigente, considere as afirmativas a seguir.

I. São objetos de registro público e versam sobre os fatos e atos da pessoa natural: o nascimento; os casamentos; o óbito; eventualmente a emancipação; a interdição e sua eventual baixa; bem como a possível sentença declaratória de ausência ou morte presumida.
II. Os atos que são objeto de averbação em registro público restringem-se ao casamento, às sentenças que decretarem a nulidade ou a anulação deste, ao divórcio, à emancipação que restrinja de forma relativa ou absoluta a capacidade para os atos da vida civil e os que reconhecerem a filiação.
III. Desaparecendo uma pessoa do seu domicílio sem dela haver notícia, se não houver deixado representante ou procurador a quem caiba administrar-lhe os bens, o juiz, a requerimento de qualquer herdeiro, declarará a morte presumida e determinará que se abra a sucessão provisória.
IV. Se o ausente regressar nos dez anos seguintes à abertura da sucessão definitiva, este haverá só os bens existentes no estado em que se acharem, os sub-rogados em seu lugar, ou o preço que os herdeiros e demais interessados houverem recebido pelos bens alienados depois daquele tempo.

Assinale a alternativa correta.

(A) Somente as afirmativas I e II são corretas.
(B) Somente as afirmativas I e IV são corretas.
(C) Somente as afirmativas III e IV são corretas.
(D) Somente as afirmativas I, II e III são corretas.
(E) Somente as afirmativas II, III e IV são corretas.

I: correta, pois tal exigência encontra respaldo no art. 9º do CC; **II:** incorreta, pois a emancipação enseja registro e não averbação (CC, art. 10); **III:** incorreta, pois nesse caso o juiz "declarará a ausência e nomeará curador" (CC, art. 22); **IV:** correta, pois a assertiva reproduz a regra estabelecida pelo art. 39 do CC.

Gabarito "B"

(Delegado/PR – 2013 – UEL-COPS) Acerca da capacidade civil das Pessoas Naturais, como previsto na Lei Civil, assinale a alternativa correta.

(A) A emancipação por concessão do pai, da pessoa menor de 18 anos e maior de 16, pode ocorrer desde que seja em decorrência de sentença judicial, caso em que se dispensa a oitiva da mãe.
(B) A emancipação por concessão do pai, faz cessar a menoridade, o que pode ocorrer mediante a lavratura de escritura pública, independentemente de homologação judicial.
(C) A emancipação da pessoa menor de 18 anos e maior de 16, que decorrente de orfandade foi posta sob tutela, dar-se-á mediante sentença judicial, com a necessária manifestação do tutor.
(D) A mulher solteira, viúva ou divorciada, que deixou de conviver com o pai de seu filho menor, poderá promover sua emancipação, desde que este esteja registrado em nome dos dois, mediante instrumento público a ser homologado judicialmente.
(E) Quem tem ao menos 16 anos e se mantém por economia própria, em decorrência de relação de emprego, pode requerer judicialmente sua emancipação, com a prova de sua alegação.

A: incorreta, pois a emancipação voluntária concedida pelos pais independe de autorização do MP ou de homologação do juiz (CC, art. 5º, parágrafo único, I); **B:** incorreta, pois a emancipação traz capacidade e não maioridade, a qual só se adquire aos dezoito anos (CC, art. 5º). Mesmo emancipado (e, portanto, capaz) o sujeito continua com dezesseis anos e não pode, inclusive, praticar atos aos quais a lei exigiu idade, como conduzir veículo automotor, comprar bebidas alcoólicas, etc.; **C:** correta, pois para os casos de menor sob tutela, a lei exige a sentença judicial a fim de que a emancipação produz seus efeitos (CC, art. 5º, parágrafo único, I); **D:** incorreta, pois a mãe poderá – na falta do pai – conceder sozinha a emancipação voluntária, sem necessidade de homologação do juiz (CC, art. 5º, parágrafo único,

I); **E:** incorreta, pois tal pedido só poderá ser feito com dezesseis anos (CC, art. 5°, parágrafo único, V).

Gabarito "C"

(Delegado/RJ – 2013 – FUNCAB) No que tange à disciplina dos direitos da personalidade no Código Civil, assinale a alternativa INCORRETA.

(A) Salvo por exigência médica, é defeso o ato de disposição do próprio corpo, quando importar diminuição permanente da integridade física, ou contrariar os bons costumes.

(B) Pode a pessoa ser constrangida a submeter-se, com risco de vida, a tratamento médico ou à intervenção cirúrgica.

(C) O nome da pessoa não pode ser empregado por outrem em publicações ou representações que a exponham ao desprezo público, ainda quando não haja intenção difamatória.

(D) Salvo se autorizadas, ou se necessárias à administração da justiça ou à manutenção da ordem pública, a divulgação de escritos, a transmissão da palavra, ou a publicação, a exposição ou a utilização da imagem de uma pessoa poderão ser proibidas, a seu requerimento e sem prejuízo da indenização que couber, se lhe atingirem a honra, a boa fama ou a respeitabilidade, ou se se destinarem a fins comerciais.

(E) A vida privada da pessoa natural é inviolável, e o juiz, a requerimento do interessado, adotará as providências necessárias para impedir ou fazer cessar ato contrário a esta norma.

A: correta, pois a assertiva reproduz regra estabelecida pelo art. 13 do CC; **B:** incorreta, devendo ser assinalada, pois: "Ninguém pode ser constrangido a submeter-se, com risco de vida, a tratamento médico ou a intervenção cirúrgica" (CC, art. 15); **C**, **D**, **E:** corretas, pois as assertivas reproduzem o disposto respectivamente nos arts. 17, 20 e 21 do Código Civil.

Gabarito "B"

(Delegado de Polícia/GO – 2013 – UEG) Os Direitos da Personalidade, resguardados pelo Código Civil, agregam direitos essenciais à pessoa humana, com fins de resguardar a sua própria dignidade. Diante do exposto, constata-se que

(A) os direitos da personalidade apresentam à sociedade brasileira a ideia atual de que a matéria está inexoravelmente unida ao desenvolvimento da pessoa humana, tanto sob a ótica do Direito Civil, como do Direito Constitucional.

(B) os direitos da personalidade dizem respeito à aptidão genérica das pessoas de serem portadoras de direitos e deveres na ordem civil.

(C) o Código Civil, no que dispõe sobre os direitos da personalidade, apresenta um rol completo de suas espécies.

(D) a compreensão atual dos direitos da personalidade consolida o entendimento de que no exercício destes é inviável a limitação voluntária dos mesmos, inclusive, no que concerne àquelas restrições consideradas temporárias.

A: correta, pois – no que se refere aos direitos da personalidade – existe um claro ponto de identificação entre o Direito Civil e o Direito Constitucional, tendo em vista que ambos buscam resguardar um rol mínimo de direitos e garantias ao indivíduo. O Direito Civil ao proteger o indivíduo em relação aos demais civis; e o Direito Constitucional em relação ao Estado; **B:** incorreta, pois tal aptidão é a definição de personalidade ou capacidade de direito, o que não se confunde com direitos da personalidade; **C:** incorreta, pois o rol estabelecido no Código Civil é exemplificativo e não taxativo; **D:** incorreta, pois não existe direito absoluto. Mesmo os direitos da personalidade podem sofrer limitações, especialmente nas hipóteses nas quais há um embate com outros direitos essenciais do ser humano. É admissível, por exemplo, a limitação do direito à imagem ou à intimidade nas hipóteses necessárias à administração da justiça, manutenção da ordem pública, liberdade de imprensa etc.

Gabarito "A"

(Delegado de Polícia/GO – 2013 – UEG) O Código Civil apresentou inovações acerca do estudo do domicílio da pessoa natural. Diante do exposto, verifica-se que

(A) o domicílio dos representados é aquele fixado pela vontade do representante legal, regulado em prol do exercício da autonomia privada, não sendo necessariamente o mesmo do representante legal.

(B) a concepção de domicílio relaciona-se com conceitos pertinentes ao conceito de residência e ao conceito de moradia, sendo este conceito de moradia próprio do direito subjetivo, constituído pelo estabelecimento da pessoa.

(C) o domicílio é o local físico, podendo ser mais de um, ou podendo ser alterado, e tal conceito, previsto no Código Civil, é também aplicável no caso do servidor público correlacionado com o domicílio necessário.

(D) é domicílio de uma pessoa que não tenha residência física o local em que ela for encontrada, ou seja, o lugar de sua habitação ou moradia.

A: incorreta, pois o domicílio do incapaz é o do seu representante (art. 76, parágrafo único, do CC); **B:** incorreta, pois o domicílio apresenta um importante elemento subjetivo, que é a intenção de permanecer. O domicílio é o lugar de onde a pessoa sai com intenção de retornar. É a residência com ânimo definitivo (art. 70 do CC); **C:** incorreta, pois domicílio é a soma do elemento objetivo residência com o elemento subjetivo de permanência e estabilidade; **D:** correta, pois de pleno acordo com o art. 73 do CC. Nesse sentido, interessante julgado do Tribunal de Justiça de São Paulo: "Citação de empresa circense. Não se confundem as personalidades jurídicas da empresa com as dos seus sócios individualmente. Correto o ajuizamento da ação e a citação do circo no lugar onde foi encontrado, independentemente de seu sócio responsável ser domiciliado em outro lugar" (ext. 1° TACIV-SP, 7ª Câm., Ag 652.776-4, rel. Juiz Carlos Renato, julgado em 06.02.1996).

Gabarito "D"

(Delegado/AC – 2008 – CESPE) Acerca da Lei de Introdução do Código Civil e das pessoas naturais e jurídicas, julgue os itens que se seguem.

(1) O direito de personalidade é atributo exclusivo da pessoa natural, razão pela qual não se estende a proteção desse direito às pessoas jurídicas, notadamente, porque o seu objetivo principal é a preservação do respeito e da dignidade da pessoa humana.

(2) O suprimento da incapacidade absoluta da pessoa natural é feito por meio da representação, sendo nulo o ato jurídico praticado pela pessoa absolutamente incapaz sem a participação de seu representante legal.

1: incorreta, em que pese a controvérsia doutrinária a respeito, o artigo 52 do CC dispõe que se aplica às pessoas jurídicas, no que couber, a proteção dos direitos da personalidade. Recomendamos que em concurso seja gabaritada a orientação da jurisprudência do Superior Tribunal de Justiça no sentido de que as pessoas jurídicas possuem alguns direitos da personalidade; **2: correta**, nas hipóteses de incapacidade absoluta (rol do art. 3° do CC) a pessoa deve ser representada nos atos da vida civil sob pena de nulidade (art. 166, I, do CC).

Gabarito 1E, 2C

(Delegado/AL – 2012 – CESPE) Com base no que dispões a Lei de Introdução às Normas do Direito Brasileiro (LINDB) e Direito Civil, julgue o item subsecutivo.

(1) A personalidade civil começa com o nascimento com vida, mas os direitos do nascituro estão sujeitos a uma condição resolutiva, ou seja, são direitos eventuais; esse conceito refere-se à teoria da personalidade condicional.

1: incorreta, o artigo 2° do Código Civil adotou a teoria natalista quanto ao momento do início da personalidade jurídica dos seres humanos. Quanto ao nascituro, seus direitos ficam sujeitos a uma condição suspensiva.

Gabarito 1E

(Delegado/GO – 2003 – UEG) Em tema de morte presumida, é CORRETO afirmar:

(A) Sem decretação de ausência, não pode ser declarada a morte presumida.

(B) Somente pode ser declarada a morte presumida após decorridos dois anos da decretação da ausência.

(C) Se a pessoa estava em perigo de vida, a morte presumida pode ser declarada após um ano da decretação da ausência.

(D) Pode ser declarada a morte presumida sem a decretação de ausência.

A: incorreta, a morte presumida pode ser declarada sem decretação de ausência (na hipótese do art. 7° do CC) ou com decretação de ausência (na hipótese do art. 22 e seguintes do CC); **B: incorreta**, a declaração da morte presumida do ausente é possível, em regra, após dez anos depois de passada em julgado a sentença que concedeu a abertura da sucessão provisória (art. 37 do CC); **C: incorreta**, a morte presumida de pessoa que se encontrava em situação de perigo de vida (ex: catástrofe) é declarada sem decretação de ausência e não depende de prazo (art. 7° do CC); **D: correta**, pois de acordo com o artigo 7º, *caput*, do CC, é possível a declaração de morte presumida sem a decretação de ausência.

Gabarito "D"

(Delegado/GO – 2003 – UEG) O Código Civil preceitua no seu art. 12, que "se pode exigir que cesse a ameaça ou a lesão, a direito da personalidade, e reclamar perdas e danos, sem prejuízo de outras sanções previstas em lei".

Em caso de morte, tem legitimação para requerer a medida prevista no artigo citado

(A) o cônjuge sobrevivente e os demais descendentes.

(B) o cônjuge sobrevivente, qualquer parente em linha reta e colateral até o terceiro grau.

(C) o cônjuge sobrevivente, qualquer parente em linha reta e colateral até quarto grau.

(D) o cônjuge sobrevivente, qualquer parente em linha reta e o colateral em segundo grau.

Nos termos do artigo 12, parágrafo único, do CC, em se tratando de morto, terá legitimação para requerer as medidas previstas no *caput*, o cônjuge sobrevivente, ou qualquer parente em linha reta, ou colateral até o quarto grau. Como o enunciado da questão exigiu o conteúdo do dispositivo legal os legitimados são apenas as pessoas indicadas acima. Caso a questão indagasse sobre o entendimento doutrinário acerca do tema poderia ser incluído o companheiro, por analogia ao cônjuge.

Gabarito "C"

(Delegado/MG – 2006) Considerando os dispositivos do Código Civil em vigor sobre os direitos da personalidade, assinale a alternativa INCORRETA:

(A) Com exceção dos casos previstos em lei, os direitos da personalidade são intransmissíveis e irrenunciáveis, não podendo o seu exercício sofrer limitação voluntária.

(B) É valida, com o objetivo científico, ou altruístico, a disposição gratuita do próprio corpo, no todo ou em parte, para depois da morte, sendo tal ato irrevogável.

(C) Salvo por exigência médica, é defeso o ato de disposição do próprio corpo, quando importar diminuição permanente da integridade física, ou contraria os bons costumes

(D) Ninguém pode ser constrangido a submeter-se, com risco de vida, a tratamento médico ou a intervenção cirúrgica.

A: correta, a alternativa reproduziu *ipsis litteris* o conteúdo do artigo 11 do Código Civil. Além das características apontadas, os direitos da personalidade também são considerados inatos, imprescritíveis, vitalícios, inexpropriáveis, extrapatrimoniais e relativamente disponíveis; **B: incorreta**, em vida o ser humano pode determinar que após a morte seu o corpo seja doado para fins de pesquisa ou transplantes. Essa manifestação de vontade da doação *post mortem* **pode ser revogada** a qualquer momento (artigo 14, *caput* e parágrafo único); **C: correta**, está conforme a redação do artigo 13 do CC; **D: correta**, está de acordo com o artigo 15 do CC.

Gabarito "B"

(Delegado/PI – 2009 – UESPI) Analise a veracidade das afirmações sobre a pessoa natural.

1) Não se admite a declaração de morte presumida sem anterior decretação de ausência.

2) De acordo com o código civil, os ébrios habituais, os viciados em tóxicos, e os que, por deficiência mental, tenham o discernimento reduzido, são considerados relativamente incapazes.

3) O menor poderá ser emancipado aos dezesseis anos completos, por concessão dos pais, mediante instrumento público, independentemente de homologação judicial.

4) A capacidade dos índios está plenamente regulada na Constituição Federal de 1988.

Estão corretas apenas:

(A) 1 e 3

(B) 2 e 4

(C) 1, 2 e 4

(D) 2 e 3

(E) 1, 2 e 3

1: incorreta, pois a declaração de morte presumida pode ser *com* decretação de ausência ou *sem* decretação de ausência; a morte presumida com decretação de ausência está prevista no art. 6º, segunda parte, do CC, ao passo que a morte presumida sem decretação de ausência está prevista no art. 7º do CC; **2:** correta (art. 4º, II, do CC); **3:** correta (art. 5º, parágrafo único, I, do CC); **4:** incorreta, pois a capacidade dos índios não vem regulada na Constituição Federal, assim como também não está regulada no Código Civil; o diploma legal que trata do assunto é o Estatuto do Índio (Lei 6.001/73 – EI); essa lei dispõe que os atos praticados pelos índios *não integrados* dependem, para serem válidos, da *assistência* de agentes da Funai (ligada à União), o que daria a ideia de que são *relativamente incapazes*; entretanto, a falta de assistência torna o ato *nulo* (e não *anulável*), circunstância própria dos atos praticados pelo *absolutamente incapaz* (EI, art. 8º); de qualquer forma, não será nulo o ato se o índio revelar consciência e conhecimento do ato praticado e da extensão dos seus efeitos, desde que não lhe seja prejudicial (EI, art. 8º, parágrafo único); assim, a situação do índio é bem específica e não se encaixa na divisão tradicional dos institutos citados, prevista no Código Civil.

Gabarito "D"

(Delegado/PI – 2009 – UESPI) João Roberto, policial civil, ao sair do trabalho e ainda diante da delegacia onde era lotado, deparou-se na rua, com uma discussão entre dois motoristas por causa de uma vaga de estacionamento. Um deles, mais exaltado, saca uma arma e atira, atingindo em cheio o coração de João Roberto, que vem a falecer no mesmo momento, deixando esposa e dois filhos menores. Identificado o assassino, o irmão de João Roberto move contra ele, uma ação de indenização. Quanto ao fato, aponte a afirmativa correta.

(A) Ao regular os direitos da personalidade, o Código Civil admitiu expressamente as perdas e os danos em caso de lesão. No entanto, em se tratando de morto que tenha deixado cônjuge sobrevivente, caberá apenas a este, a legitimidade para pleiteá-los.

(B) Ao regular os direitos da personalidade, o Código Civil admitiu expressamente as perdas e os danos em caso de lesão. No entanto, em se tratando de morto que tenha deixado filhos menores, apenas estes, representados pela mãe, terão legitimidade para pleiteá-los.

(C) É perfeitamente cabível tal ação, tendo em vista que, ao regular os direitos da personalidade, o Código Civil admitiu expressamente as perdas e os danos, em caso de lesão e, em se tratando de morto, terá legitimação para requerer tal medida, o cônjuge sobrevivente, ou qualquer parente em linha reta, ou colateral até o quarto grau.

(D) Como a vida se trata de um direito da personalidade, que, por sua essência é intransferível, compete apenas ao seu titular qualquer medida que vise proteger tal interesse. Assim, em caso de morte, ante a impossibilidade do *de cujus* de mover qualquer ação, não se pode entender que qualquer parente ou cônjuge o faça.

(E) Não se admite, no Brasil, qualquer ação para defender direitos da personalidade. Apenas os interesses patrimoniais poderão ser discutidos judicialmente.

A, **B** e **D:** incorretas, pois em se tratando de morto, terá legitimação para requerer a medida prevista neste artigo o cônjuge sobrevivente, *ou qualquer parente em linha reta, ou colateral até o quarto grau* (art. 12, parágrafo único, do CC); **C:** correta, pois a alternativa reflete o disposto no art. 12, parágrafo único, do CC; **E:** incorreta (art. 12, *caput*, do CC).

Gabarito "C"

(Delegado/RN – 2009 – CESPE) Acerca de domicílio, segundo o direito civil, assinale a opção correta.

(A) Na hipótese de João e Pedro celebrarem contrato escrito, eles poderão especificar domicílio onde se exercitem e cumpram os direitos e obrigações dele resultante.

(B) O domicílio necessário do preso é o lugar em que for preso.

(C) Se determinada pessoa for servidora pública, ela não terá domicílio necessário.

(D) Quando determinada pessoa tiver diversas residências, ela não terá domicílio.

(E) Residência é o local onde a pessoa vive com ânimo definitivo.

A: correta, a alternativa refere-se ao domicílio de eleição, previsto no artigo 78 do CC; **B: incorreta**, pois o domicílio necessário do preso é o lugar em que cumprir a sentença, não importando o local do fato ou o local em que for preso (art. 76, parágrafo único, do CC); **C: incorreta**, pois além do domicílio natural o servidor público também tem domicílio necessário: o lugar em que exercer permanentemente suas funções (art. 76, parágrafo único, do CC); **D: incorreta**, pois quando determinada pessoa tiver várias residências considerar-se-á domicílio seu qualquer delas (art. 71 do CC); **E:** incorreta, pois a alternativa trata do conceito de domicílio. Residência é o local onde a pessoa se estabelece de forma habitual, é um simples **estado de fato** que integra o conceito de domicílio (art. 70 do CC).

Gabarito "A"

(Delegado/SP – 2003) Com relação às pessoas naturais, é correto afirmar que

(A) os menores de dezoito anos são absolutamente incapazes, para exercer pessoalmente os atos da vida civil.
(B) os pródigos, assim como os viciados em tóxicos, são absolutamente incapazes, para exercer pessoalmente os atos da vida civil.
(C) aqueles que, mesmo por causa transitória, não puderem exprimir sua vontade, são considerados incapazes, relativamente a certos atos, ou à maneira de os exercer.
(D) os excepcionais, sem desenvolvimento mental completo, são considerados incapazes, relativamente a certos atos, ou à maneira de os exercer.

A: incorreta, pois são absolutamente incapazes os menores de *dezesseis* anos (art. 3º, I, do CC); **B: incorreta**, pois os pródigos e os viciados em tóxicos são, em regra, relativamente incapazes (art. 4º, II e IV, do CC). Só podem ser considerados como absolutamente incapazes em caso de agravamento da doença que retire por completo seu discernimento; **C: incorreta**, pois aqueles que, mesmo por causa transitória, não puderem exprimir sua vontade são absolutamente incapazes (art. 3º, III, do CC); **D: correta**, a hipótese descrita está prevista no artigo 4º, III, do CC.

Gabarito "D"

(Delegado/SP – 2003) O preso terá por domicílio necessário

(A) o lugar onde estabeleceu sua residência com ânimo definitivo.
(B) o lugar onde seus familiares possam ser encontrados.
(C) o lugar em que cumprir a sentença.
(D) a sede do Juízo da Execução Penal.

Nos termos do artigo 76, parágrafo único, do CC, o preso tem por domicílio necessário, também denominado como domicílio legal, o lugar em que cumprir a sentença.

Gabarito "C"

(Delegado/SP – 2002) Possuindo uma pessoa duas residências regulares, considera-se seu domicílio

(A) aquela onde reside mais tempo.
(B) aquela que por último passou a ocupar.
(C) qualquer delas .
(D) aquela que for de sua propriedade.

Nos termos do artigo 71 do Código Civil, se a pessoa natural tiver diversas residências, onde, alternadamente, viva, considerar-se-á domicílio seu qualquer delas. É o que se denomina *domicílio plural*.

Gabarito "C"

(Delegado/SP – 2000) Pródigo é aquele que

(A) gasta imoderadamente, dissipando o patrimônio.
(B) aufere vantagem, incorporando ao patrimônio.
(C) se entrega à ociosidade.
(D) não possui patrimônio.

A alternativa "A" traz o conceito correto de pródigo. Por ter discernimento reduzido o Código Civil de 2002 classifica o pródigo como relativamente incapaz (art. 4º, IV) impedindo que realize atos de disposição patrimonial sem a assistência de um curador nomeado pelo juiz.

Gabarito "A"

2.2. Pessoas jurídicas

(Delegado/PR – 2013 – UEL-COPS) Com relação ao que dispõe o Código Civil acerca das Pessoas Jurídicas, considere as afirmativas a seguir.

I. São pessoas jurídicas de direito privado as associações, as sociedades, as fundações, as organizações religiosas, os partidos políticos e as empresas individuais de responsabilidade limitada.
II. A exclusão do associado só é admissível se for verificada uma justa causa, assim reconhecida em procedimento que assegure direito de defesa e de recurso, nos termos previstos em seu estatuto.
III. As associações são constituídas mediante ato formal e por escritura pública pela união de pessoas que se organizem para fins não econômicos. O ato constitutivo determina aos associados direitos e obrigações recíprocas.
IV. A criação de uma fundação depende de um conjunto de fatores, a saber: união de pessoas sem fins lucrativos, existência de patrimônio que dê suporte para suas ações e um instrumento particular, subscrito e elaborado pelo advogado.

Assinale a alternativa correta.

(A) Somente as afirmativas I e II são corretas.
(B) Somente as afirmativas I e IV são corretas.
(C) Somente as afirmativas III e IV são corretas.
(D) Somente as afirmativas I, II e III são corretas.
(E) Somente as afirmativas II, III e IV são corretas.

I: correta, pois a assertiva reproduz com fidelidade o rol de pessoas jurídicas de Direito Privado estabelecido pelo art. 44 do CC; **II**: correta, pois tal procedimento com ampla defesa é previsto no art. 57 do Código Civil; **III**: incorreta, pois não há, entre associados, direitos e obrigações recíprocos (CC, art. 53, parágrafo único); **IV**: incorreta, pois a fundação é uma reunião de bens e não uma reunião de pessoas (CC, art. 62).

Gabarito "A"

(Delegado/AC – 2008 – CESPE) Acerca das pessoas jurídicas, julgue o item que se segue.

(1) O patrimônio social da pessoa jurídica não se confunde com os bens particulares dos sócios ou de seus administradores; por isso, ainda quando desconsiderada a personalidade jurídica, os bens dos sócios e administradores não respondem pelas obrigações assumidas pela sociedade.

1: errada, a responsabilidade das pessoas jurídicas é determinada, em regra, pelo princípio da separação patrimonial, desta forma o patrimônio da pessoa jurídica não se confunde com o patrimônio de seus sócios e administradores. Entretanto, em caráter excepcional o juiz pode determinar a desconsideração da personalidade jurídica, para que a execução de uma dívida da pessoa jurídica recaia também sobre o patrimônio dos seus sócios ou administradores (art. 50 do CC).

Gabarito 1E

(Delegado/ES – 2006 – CESPE) Julgue o seguinte item.

(1) Determinada pessoa jurídica de direito privado possui estabelecimentos nos estados do Rio de Janeiro, São Paulo e Minas Gerais. Nesse caso, cada um dos mencionados estabelecimentos é considerado domicílio da pessoa jurídica para fins de atos nele praticados.

1: correta: Assim como as pessoas naturais, as pessoas jurídicas também podem ter pluralidade de domicílios. Neste sentido o artigo 75, § 1º, do CC, dispõe que "tendo a pessoa jurídica diversos estabelecimentos em lugares diferentes, cada um deles será considerado domicílio para os atos nele praticados".

Gabarito 1C

(Delegado/RN – 2009 – CESPE) Considerando que determinado grupo de pessoas constitua uma associação, assinale a opção correta.

(A) Entre os associados, haverá direitos e obrigações recíprocos.
(B) O estatuto da associação poderá instituir categorias de associados com vantagens especiais.
(C) A exclusão de associado será inadmissível, pois associação não pode excluir associado.
(D) O estatuto da associação não poderá dispor sobre a transmissibilidade da qualidade de associado.
(E) A associação desse grupo de pessoas deverá ter fim estritamente econômico.

A: incorreta, entre os associados não há direitos e obrigações recíprocos (art. 53, parágrafo único, do CC); **B: correta**, está de acordo com o artigo 55 do CC; **C: incorreta**, a exclusão de associado é possível desde que exista justa causa, assim reconhecida em procedimento que assegure direito de defesa e de recurso, nos termos previstos no estatuto (art. 57 do CC); **D: incorreta**, a qualidade de associado é, em regra, intransmissível, mas o estatuto pode dispor em sentido contrário (art. 56 do CC); **E: incorreta**, a associação é uma espécie de pessoa jurídica de direito privado formada pela coletividade de pessoas que só pode ter finalidade não lucrativa (art. 53, *caput*, do CC).

Gabarito "B"

(Delegado/SP – 1998) São pessoas jurídicas de direito público interno.

(A) as autarquias.
(B) as associações de utilidade pública.

(C) os partidos políticos.
(D) as sociedades religiosas.

A: correta (art. 41, IV, do CC); **B:** incorreta, pois estas são pessoas de direito privado (art. 44, I, do CC); não se deve confundir as "associações de utilidade pública" com as "associações públicas"; estas são pessoas de direito público (art. 41, IV, do CC); **C:** incorreta, pois estas são pessoas de direito privado (art. 44, V, do CC); **D:** incorreta, pois estas são pessoas de direito privado (art. 44, IV, do CC).

Gabarito "A"

2.3. Bens

(Delegado/SP – 2014 – VUNESP) Com relação aos bens públicos, é correto afirmar que

(A) os de uso especial e os dominicais são inalienáveis, inadmitindo desafetação.
(B) podem ser de uso gratuito ou retribuído, conforme disposição legal.
(C) os rios, mares, ruas e praças constituem bens de uso especial.
(D) os de uso especial são aqueles bens públicos revestidos de estrutura de direito privado.
(E) apenas os dominicais estão sujeitos à usucapião.

A: incorreta, pois os bens dominicais (ou dominiais) fazem parte do acervo patrimonial do Estado, podendo ser alienados de acordo com as regras do Direito Administrativo; **B:** correta, pois o "uso comum dos bens públicos pode ser gratuito ou retribuído, conforme for estabelecido legalmente pela entidade a cuja administração pertencerem" (CC, art. 103); **C:** incorreta, pois tais bens são claramente exemplos de bens de uso comum do povo (CC, art. 99, I); **D:** incorreta, pois tal estrutura não é característica dos bens de uso especial; **E:** incorretas, pois nenhum bem público está sujeito à usucapião (CC, art. 102 e CF, arts. 183 § 3° e 191 parágrafo único).

Gabarito "B"

(Delegado/PR – 2013 – UEL-COPS) Sobre as diferentes classes de bens previstas no Código Civil, considere as afirmativas a seguir.

I. São bens imóveis os direitos reais sobre imóveis, as ações que os asseguram, a sucessão aberta e os materiais provisoriamente separados de um prédio, para nele se reempregarem.
II. Constitui universalidade de fato a pluralidade de bens singulares que, pertinentes à mesma pessoa, tenham destinação unitária. Esses bens podem ser objeto de relações jurídicas próprias.
III. O uso comum dos bens públicos pode ser gratuito ou mediante retribuição, conforme for estabelecido legalmente pela entidade a cuja administração pertencerem.
IV. Os bens públicos dominicais são insuscetíveis de cessão, doação, constituição de garantia e alienação.

Por serem essenciais ao serviço público, seu uso por particular deve ser temporário e mediante remuneração.

Assinale a alternativa correta.

(A) Somente as afirmativas I e II são corretas.
(B) Somente as afirmativas I e IV são corretas.
(C) Somente as afirmativas III e IV são corretas.
(D) Somente as afirmativas I, II e III são corretas.
(E) Somente as afirmativas II, III e IV são corretas.

I: correta, pois a assertiva indica bens que estão enumerados como imóveis pelo CC (arts. 80 e 81); **II**: correta, pois de pleno acordo com a regra estabelecida pelo art. 90 do CC; **III**: correta, pois de pleno acordo com a regra do art. 103 do CC; **IV**: incorreta, pois os bens dominicais (ou dominiais) fazem parte do acervo patrimonial do Estado, podendo ser alienados de acordo com as regras do Direito Administrativo.

Gabarito "D"

(Delegado/PA – 2013 – UEPA) Sobre o regime jurídico dos bens, assinale a alternativa correta.

(A) Os bens públicos de uso comum do povo e os de uso especial podem ser alienados desde que previamente sejam desafetados e exista autorização legislativa para a alienação.
(B) Os bens públicos dominicais são aqueles destinados a serviço ou estabelecimento da administração federal, estadual, territorial ou municipal, inclusive de suas autarquias.
(C) Os materiais provisoriamente separados de um prédio, para nele se reempregarem, perdem o caráter de imóveis enquanto fisicamente desatrelados da edificação.
(D) Os bens naturalmente divisíveis jamais perdem essa característica, ainda que por livre vontade das partes.
(E) As benfeitorias úteis tem por fim conservar o bem ou evitar sua deterioração.

A: correta, pois a desafetação é o instituto exigido para possibilitar a alienação dos bens públicos; **B:** incorreta, pois a definição trazida pelo enunciado refere-se aos bens de uso especial; **C:** incorreta, pois tais bens não perdem o caráter de bens imóveis (CC, art. 81, II); **D:** incorreta, pois os bens divisíveis podem tornar-se indivisíveis por determinação da lei ou vontade das partes (CC, art. 88); **E:** incorreta, pois as benfeitorias com tal destinação são classificadas como necessárias (CC, art. 96 § 3°).

Gabarito "A"

(Delegado de Polícia/GO – 2013 – UEG) Na parte geral do Código Civil, em relação ao estudo dos bens, tem-se que:

(A) sabe-se que a indivisibilidade convencional é aplicada aos condôminos, sendo possível a estes responderem pelo quinhão de cada um, é ilícito o cabimento legal de cláusula pontuando acerca da indivisibilidade da coisa comum por prazo não maior de cinco anos, suscetível de prorrogação ulterior.
(B) bens infungíveis são aqueles denominados bens personalizados ou individualizados, sendo considerados pela lei e pela doutrina também como bens imóveis, observando que, no caso do estudo dos bens complexos infungíveis, são considerados, também, os bens móveis como bens que não podem ser substituídos.
(C) o Código Civil trata de várias modalidades de bens, sendo que, nas classificações quanto à fungibilidade e consuntibilidade, essas se confundem, pois o critério adotado por nosso ordenamento jurídico leva em conta o estudo da consuntibilidade física ou de fato.
(D) bens coletivos, assim como os bens compostos, são aqueles constituídos por várias coisas singulares, consideradas em conjunto e formando um todo individualizado, podendo decorrer de uma união fática ou jurídica.

A: incorreta, pois é lícita a cláusula que determina a indivisibilidade da coisa comum por prazo não maior do que cinco anos, suscetível de prorrogação (art. 1.320, § 1°, do CC); **B:** correta, pois os bens imóveis são sempre infungíveis, ao passo que os móveis são infungíveis quando não puderem ser substituídos por outros da mesma espécie, qualidade e quantidade (art. 85, CC); **C:** incorreta. Não há confusão nos critérios de fungibilidade e consuntibilidade. Aquele diz respeito a coisas que não se substituem, ao passo que este trata de bens que – uma vez utilizados – se destroem, como é o caso de gêneros alimentícios; **D:** incorreta; os conceitos de bens coletivos e de bens compostos não se confundem. A assertiva define os bens coletivos e não os compostos.

Gabarito "B"

(Delegado/AC – 2008 – CESPE) Julgue os seguintes itens, que dizem respeito aos bens.

(1) As pertenças, destinadas a conservar ou a facilitar o uso de outro bem, ou a prestar serviço, ou, ainda, a servir de adorno ao bem principal, apesar de serem bens acessórios, conservam sua individualidade e autonomia, por isso não seguem necessariamente o bem principal.
(2) Os bens divisíveis são os que podem ser repartidos em porções reais e distintas, formando cada uma delas um todo perfeito, sem que isso altere sua substância. A indivisibilidade do bem pode resultar da própria natureza do objeto ou da determinação da lei ou, ainda, da convenção das partes.

1: correta, *pertenças* são os bens que, não constituindo partes integrantes, se destinam, de modo duradouro, ao uso, ao serviço ou ao aformoseamento de outro (ex: os móveis de uma casa). Embora sejam *bens acessórios*, as pertenças excepcionam o princípio da gravitação jurídica, pois não seguem a sorte do principal (arts. 93 e 94 do CC); **2: correta**, os *bens divisíveis* são aqueles que podem ser fracionados e os *indivisíveis* são os que não podem ser fracionados em razão de sua natureza (a divisão afetaria a substância, o valor ou a utilidade da coisa), disposição legal ou contratual (arts. 87 e 88 do CC).

Gabarito 1C, 2C

(Delegado/AL – 2012 – CESPE) Com relação às pessoas naturais, às pessoas jurídicas e aos bens, julgue o item a seguir.

(1) O princípio da gravitação jurídica é o princípio norteador dos bens reciprocamente considerados.

1: certo, o princípio da gravitação jurídica, também conhecido como princípio da acessoriedade, é a regra pela qual o bem acessório segue a sorte do bem principal (art. 92 do CC).

Gabarito 1C

(Delegado/AL – 2012 – CESPE) No tocante aos bens públicos, julgue o próximos item.

(1) Os bens públicos, seja qual for a sua destinação, são insuscetíveis de aquisição por meio de usucapião.

1: correta, pois todos os bens públicos são insuscetíveis de aquisição pela usucapião, não importando se são de uso especial, de uso comum do povo ou dominicais (art. 102 do CC).

Gabarito 1C

(Delegado/ES – 2006 – CESPE) No item a seguir é apresentada uma situação hipotética, seguida de uma assertiva a ser julgada acerca do direito civil brasileiro.

(1) Ana Célia construiu uma casa de campo de madeira, em Campos de Jordão – SP. Alguns anos depois, adquiriu um terreno na Bahia e decidiu contratar empresa especializada para transportar a referida casa para o terreno na Bahia. Nessa situação, por ter sido separada do solo, a casa de Ana Célia perde sua característica de bem imóvel.

1: errada, nos termos do artigo 81, I do CC, não perdem o caráter de imóveis as edificações que, separadas do solo, mas conservando a sua unidade, forem removidas para outro local.

Gabarito 1E

(Delegado/GO – 2003 – UEG) Os bens que, não constituindo partes integrantes, destinam-se, de modo duradouro, ao uso, ao serviço ou ao aformoseamento de outro, podem ser classificados como

(A) pertença.
(B) acessório.
(C) imóvel por acessão intelectual.
(D) imóvel por acessão física.

A: correta: são pertenças os bens que, não constituindo partes integrantes, se destinam, de modo duradouro, ao uso, ao serviço ou ao aformoseamento de outro (art. 93 do CC).

Gabarito "A"

(Delegado Civil/MS – 2006) A Autoridade Policial que se vê na atribuição de tipificar uma ocorrência apresentada durante o plantão, identifica-a como sendo crime de dano, no entanto deve considerar "a priori" se trata ou não de crime contra o patrimônio público que qualifica aquele delito. Para tanto deve ter conhecimento inequívoco acerca da distinção entre os bens elencados na legislação civil. Considerando a afirmação acima e ainda a correta definição dos Bens prevista no Código Civil, assinale a alternativa incorreta.

(A) Consideram-se bens móveis, os suscetíveis de movimento próprio, ou de remoção por força alheia, sem alteração da substância ou da destinação econômico-social e aqueles considerados públicos, se danificados dolosamente tipificam aquela qualificadora.
(B) Consideram-se bens públicos de uso especial os prédios locados, que se destinam a estabelecer órgãos públicos e qualquer dano, desde que doloso tipifica aquela qualificadora.
(C) As praças e ruas são consideradas bens públicos de uso comum do povo e qualquer dano, desde que doloso, tipifica aquela qualificadora.
(D) Os materiais empregados para a construção de uma escola municipal enquanto não forem empregados, são considerados bens imóveis e qualquer dano, desde que doloso tipifica aquela qualificadora.
(E) São classificados com bens públicos os dominicais que constituem o patrimônio das pessoas jurídicas de direito público, como objeto de direito pessoal ou real, de cada uma dessas entidades e qualquer dano, desde que doloso tipifica aquela qualificadora.

A: correta, bens móveis são aqueles que se movem por força própria (semoventes = animais) ou podem ser removidos por força alheia (ex: caneta, celular etc.) sem que se destruam (art. 82 do CC). Se o bem móvel for público e alguém danificá-lo dolosamente deverá ser observada a qualificadora presente no artigo 163, parágrafo único, III, do CP; **B: correta**, está de acordo com o artigo 99, II, do CC e artigo 163, parágrafo único, III, do CP; **C: correta**, conforme o artigo 99, I, do CC e artigo 163, parágrafo único, III do CP; **D: incorreta**, os materiais de construção são considerados bens móveis até o momento da construção quando, então, passam à condição de imóveis (art. 84 do CC); **E: correta**, está de acordo com o artigo 99, III, do CC e artigo 163, parágrafo único, III, do CP.

Gabarito "D"

(Delegado Civil/MS – 2006) Assinale a alternativa que preenche corretamente a lacuna do texto abaixo:

Segundo o Art. 93 do Código Civil, são __________ os bens que, não constituindo partes integrantes, se destinam, de modo duradouro, ao uso, ao serviço ou ao aformoseamento de outro.

(A) treliças.
(B) pertenças.
(C) parecenças.
(D) cedências.
(E) tenças.

O enunciado da letra "B" reproduz o conteúdo do artigo 93 do Código Civil.

Gabarito "B"

(Delegado Civil/MS – 2006) Consoante o Art. 83 do Código Civil, consideram-se móveis para os efeitos legais:

I. as energias que tenham valor econômico.
II. os direitos reais sobre objetos móveis e as ações correspondentes.
III. os bens suscetíveis de movimento próprio, ou de remoção por força alheia, sem alteração da substância ou da destinação econômico-social.
IV. os direitos pessoais de caráter patrimonial e respectivas ações.
V. os imóveis rurais.

Assinale a alternativa correta:

(A) os itens III e V são falsos.
(B) apenas o item III é falso.
(C) os itens I e III são falsos.
(D) apenas o item V é falso.
(E) apenas o item II é falso.

I: verdadeiro, são bens móveis por determinação legal as energias que tenha valor econômico (ex: energia elétrica – art. 83, I, do CC); **II: verdadeiro**, também são bens móveis por determinação legal os direitos reais sobre objetos móveis e as ações correspondentes (ex: o direito de propriedade sobre uma caneta – art. 83, II, CC); **III: falso**, pois a alternativa se refere a bens móveis por sua natureza (art. 82 do CC) e não por determinação legal; **IV: verdadeiro**, são bens móveis por determinação legal os diretos pessoais de caráter patrimonial e respectivas ações (ex: crédito – art. 83, III, do CC); **V: falso**, os imóveis rurais são bens imóveis.

Gabarito "A"

(Delegado/SP – 2003) Consoante dispõe o vigente Código Civil,

(A) os direitos pessoais de caráter patrimonial e as respectivas ações constituem bens imóveis.
(B) classificam-se como úteis as benfeitorias que tenham por fim conservar o bem ou evitar que ele se deteriore.
(C) considera-se acessório o bem cuja existência suponha a do principal.
(D) constituem bem móveis os materiais provisoriamente separados de um prédio, mas destinados a nele se reempregarem.

A: incorreta (art. 83, III, do CC); **B:** incorreta (art. 96, § 2º, do CC); **C:** correta (art. 92 do CC); **D:** incorreta (art. 81, II, do CC).

Gabarito "C"

(Delegado/SP – 2000) O prédio onde está instalada a Academia de Polícia Civil do Estado é considerado bem público

(A) de uso comum.
(B) de uso especial.
(C) dominical.
(D) dominical próprio.

Nos termos do artigo 99, II, do Código Civil, são bens públicos os de uso especial, tais como edifícios ou terrenos destinados a serviço ou estabelecimento da administração federal, estadual, territorial ou municipal, inclusive os de suas autarquias.

Gabarito "B"

(Delegado/SP – 1999) As benfeitorias podem ser

(A) acidentais, úteis ou essenciais.
(B) voluptuárias, úteis ou necessárias.
(C) voluptuárias, necessárias ou essenciais.
(D) temporárias, úteis ou necessárias.

As benfeitorias podem ser de três espécies (art. 96, CC): I) voluptuárias: são as de mero deleite ou recreio, que não aumentam o uso habitual do bem, ainda que o tornem mais agradável ou sejam de elevado valor; II) úteis: são as benfeitorias que aumentam ou facilitam o uso do bem; III) necessárias, são as que têm por fim conservar o bem ou evitar que se deteriore.

Gabarito "B"

(Delegado/SP – 1998) Os bens móveis, cujo uso importa a destruição imediata de sua própria substância, são denominados

(A) indivisíveis.
(B) consumíveis.
(C) fungíveis.
(D) singulares.

Conforme prescreve o artigo 86 do CC, são consumíveis os bens móveis cujo uso importa destruição imediata da própria substância (consumíveis de fato), sendo também considerados tais os destinados à alienação (consumíveis de direito).

Gabarito "B"

2.4. Fatos jurídicos

(Delegado/RO – 2014 – FUNCAB) No tocante à invalidade do negócio jurídico, é correto afirmar:

(A) Nos negócios jurídicos praticados com coação, o prazo de decadência para pleitear a anulação é de dois anos, contado do dia em que ela cessou.
(B) Nos negócios jurídicos quando os instrumentos particulares forem antedatados ou pós-datados, não haverá simulação, mas, serão considerados nulos.
(C) Nos negócios jurídicos, quando a lei dispuser que determinado ato é anulável, sem estabelecer prazo para pleitear-se a anulação, será este de quatro anos, a contar da data da conclusão do ato.
(D) Nos negócios jurídicos praticados por incapazes, o prazo de decadência para pleitear a anulação é de quatro anos, contado do dia em que cessou a incapacidade.
(E) O negócio jurídico em que for preterida alguma solenidade que a lei considere essencial para a sua validade é considerado anulável.

A: incorreta. O prazo para anular negócio eivado de qualquer um dos vícios do consentimento é de quatro anos. A única diferença está no termo inicial deste prazo. Quando a hipótese é de coação moral, o prazo se inicia com o fim da ameaça e nas demais hipóteses o prazo inicia no dia da conclusão do negócio (CC, art. 178); **B:** incorreta, pois os instrumentos particulares antedatados ou pós-datados são exemplos legais de simulação (CC, art. 167 § 1°, III); **C:** incorreta, pois para esses casos o prazo será de dois anos (CC, art. 179). Um bom exemplo é a previsão de anulabilidade da venda de ascendente a descendente sem autorização dos demais (CC, art. 496) que – por falta de indicação de prazo decadencial – submete-se ao referido prazo bienal; **D:** correta, pois o art. 178, III prevê essa hipótese de anulação de atos praticados por incapazes, estabelecendo o prazo decadencial de quatro anos, cujo termo inicial é o dia no qual cessar a incapacidade; **E:** incorreta, pois o não atendimento de solenidade essencial produz nulidade absoluta do negócio jurídico (CC, art. 166, V).

Gabarito "D"

(Delegado/PR – 2013 – UEL-COPS) Setúbal Mourinho de Oliveira, imigrante recém-chegado ao Brasil, pretendia adquirir um bem imóvel para instalar sua indústria e comércio de produtos alimentícios. Consultou diversos jornais até que encontrou Aristides, que lhe ofereceu uma casa em um certo bairro da cidade. Setúbal lhe afirmou que pretendia a aquisição de um bem imóvel para instalar sua empresa, e o negócio se concluiu dias depois. Setúbal não pôde se instalar como pretendia, pois a Prefeitura do Município esclareceu que naquela zona residencial isso não era possível.

Acerca das consequências desse negócio jurídico, assinale a alternativa correta.

(A) O negócio é passível de anulação por restar configurada a lesão.
(B) O negócio é anulável porque está presente o erro quanto ao objeto principal.
(C) O negócio é passível de anulação por restar configurada a omissão dolosa.
(D) O negócio não é anulável pois se trata de condição específica do contrato.
(E) O negócio deve subsistir pois não se evidencia qualquer espécie de vício.

A: incorreta, pois a hipótese não se encaixa na previsão de lesão, que exige negócio desproporcional causado por inexperiência ou premente necessidade (CC, art. 157); **B:** incorreta, pois o comprador foi levado ao engano pela omissão do vendedor, o que afasta a hipótese do Erro, no qual o sujeito se engana sozinho; **C:** correta. A hipótese mencionada no enunciado demonstra que o vendedor não informou ao comprador um dado absolutamente essencial para a conclusão do negócio jurídico pretendido. Tendo em vista que o comprador tinha a clara intenção de ali instalar uma indústria, o negócio certamente não se teria realizado caso ele soubesse que a zona ali era exclusivamente residencial. Essa omissão do vendedor configura o chamado *dolo negativo* ou *dolo por omissão*, com previsão no art. 147 do CC, o que torna o negócio anulável. Vale destacar que a matéria encontra relação direta com o dever anexo de informação, decorrente do princípio da boa-fé objetiva (CC, art. 422); **D:** incorreta, pois o negócio é anulável (CC, art. 171); **E:** incorreta, pois verificou-se o vício do dolo negativo, anteriormente descrito (CC, art. 147).

Gabarito "C"

(Delegado/SP – 2014 – VUNESP) No estado de perigo, considerado como defeito do negócio jurídico, é correto afirmar que

(A) para sua configuração, é imprescindível o conhecimento do risco de grave dano por ambas as partes.
(B) somente pode ser alegado quando o risco de grave dano for da própria pessoa que assumiu a obrigação.
(C) é causa de nulidade do negócio jurídico, exigindo declaração judicial neste sentido.
(D) gera a possibilidade de revisão judicial, com finalidade de tornar a obrigação proporcional, mas não é causa de anulação ou nulidade do negócio.
(E) consiste na assunção de obrigação manifestamente desproporcional à obrigação da outra parte, por inexperiência.

A: correta, pois o art. 156 do Código Civil foi expresso ao exigir que – o risco de grave dano que ameaçava uma das partes – fosse de conhecimento da outra parte. Assim, o conhecimento do risco é requisito indispensável no estado de perigo; **B:** incorreta, pois o risco de grave dano pode também estar ameaçando pessoa pertencente à família da pessoa que assume a obrigação. Exemplo: o pai aceita assinar contrato extremamente oneroso visando possibilitar a internação do seu filho em hospital; **C** e **D:** incorretas, pois a hipótese é de anulabilidade, como ocorre com todos os vícios do consentimento (CC, art. 171); **E:** incorreta, pois a hipótese de prática de negócio desproporcional por inexperiência é prevista apenas no vício da lesão (CC, art. 157).

Gabarito "A"

(Delegado/PR – 2013 – UEL-COPS) A respeito dos fatos e atos jurídicos, como previstos no Código Civil, assinale a alternativa correta.

(A) Tratando-se de atos jurídicos eivados de vício insanável, como erro, dolo, fraude contra credores, estado de perigo ou lesão, o prazo para se intentar ação anulatória é de dois anos, contado a partir da celebração do negócio.
(B) A condição é considerada como a cláusula que, derivando exclusivamente da vontade de uma das partes, determina que o efeito do negócio jurídico fica subordinado a um evento futuro e incerto.
(C) Em se tratando de erro, este não prejudica a validade do negócio jurídico quando a pessoa, a quem a manifestação de vontade se dirige, se oferecer para executá-la na conformidade da vontade real do manifestante.
(D) Para que se considere a coação como defeito do negócio, levam-se em conta o sexo, a idade e a desproporção de altura e peso entre coator e coagido. O simples temor reverencial também é considerado atividade coatora.
(E) É anulável o negócio jurídico que aparentemente confere ou transmite direitos a pessoas diversas daquelas às quais realmente se transmitem, ou que contiverem declaração, confissão, condição ou cláusula não verdadeira.

A: incorreta, pois o prazo para anular negócio eivado de qualquer um dos vícios do consentimento é de quatro anos. A única diferença está no termo inicial deste prazo. Quando a hipótese é de coação moral, o prazo se inicia com o fim da ameaça e nas demais hipóteses o prazo inicia no dia da conclusão do negócio (CC, art. 178); **B:** incorreta, pois a condição deve decorrer da vontade de ambas as partes e não de apenas uma das partes (CC, art. 121); **C:** correta. Em virtude do princípio da conservação dos negócios jurídicos, a lei determina que o negócio não será anulado caso a outra parte aceite executar o negócio de acordo com a vontade real da vítima que se enganou (CC, art. 144); **D:** incorreta, pois "*desproporção de altura e peso entre coator e coagido*" não é critério para avaliar a gravidade da ameaça (CC, art. 152). Ademais, o simples temor reverencial, que é o exagerado respeito que uma pessoa tem em relação à outra, não é motivo suficiente para anular o negócio jurídico (CC, art. 153); **E:** incorreta, pois as hipóteses ali descritas são exemplos legais de simulação, o que causa a nulidade absoluta do negócio (CC, art. 167 § 1°, I e II).

Gabarito "C"

(Delegado de Polícia/GO – 2013 – UEG) De acordo com o estudo do negócio jurídico e o Direito Civil atual, tem-se que:

(A) a regra presente no Código Civil quanto à aplicação das normas no tempo é de que, quanto à validade dos negócios jurídicos, a estes deve ser aplicada a norma atual, ou seja, do momento da sua constituição ou celebração.

(B) a validade do negócio jurídico requer o agente capaz, o objeto lícito, possível, determinado e determinável e a forma correlata ao princípio da autonomia da vontade das partes, dispensando prescrição legal.

(C) de acordo com o Código Civil, a vis compulsiva é um vício do consentimento que pode ser conceituada como a perda total da capacidade de manifestação de vontade do sujeito, provocando a nulidade absoluta do negócio jurídico.

(D) são elementos acidentais do negócio jurídico a condição, o termo e o encargo; no caso das classificações das condições quanto à sua licitude, as ilícitas são aquelas que contrariam a lei, gerando anulabilidade do negócio jurídico.

A: correta. A regra estabelecida no art. 2.035 do CC estipula que – para fins de apreciação da validade do negócio jurídico – deve-se aplicar a lei da época da celebração do negócio jurídico; **B:** incorreta, pois a forma utilizada para o negócio jurídico deve ser a prevista em lei; **C:** incorreta, pois a vis compulsiva (ou coação moral) é um vício do consentimento que gera a anulabilidade do negócio (art. 171, II, do CC). Ela não elimina a capacidade de manifestação de vontade do sujeito, apenas vicia o surgimento desta vontade, ao retirar-lhe a liberdade; a coação física (vis absoluta) é que elimina a capacidade de manifestação de vontade do sujeito; **D:** incorreta, pois referida condição ilícita torna nulo o negócio sob o qual recai (art. 166, II, do CC).

Gabarito "A"

(Delegado/AC – 2008 – CESPE) A respeito dos fatos e negócios jurídicos, julgue os próximos itens.

(1) É nulo, entre outras hipóteses, o negócio jurídico no qual ambas as partes reciprocamente ajam com dolo, ainda que acidental. Nesse caso, a nenhum dos contratantes é permitido reclamar indenização, devendo cada um suportar o prejuízo experimentado pela prática do ato doloso.

(2) Os negócios jurídicos podem ser firmados sob condição expressa em cláusula que, pactuada entre as partes, subordine o efeito do negócio a evento futuro e incerto; as condições impossíveis, quando resolutivas, são consideradas inexistentes, mas o negócio continua válido.

(3) É nulo o negócio jurídico celebrado mediante coação, no qual um dos contratantes assume uma obrigação excessivamente onerosa e desproporcional à vantagem obtida pelo coator, em virtude do dolo de aproveitamento na conduta do coator. Assim, para que seja reconhecido o vício desse negócio, exige-se, além do prejuízo de uma das partes e do lucro exagerado da outra, o dolo de aproveitamento.

1: errada, pois o dolo é causa de anulabilidade do negócio jurídico e quando ambas as partes reciprocamente ajam com dolo, nenhuma pode alegá-lo para anular o negócio (arts. 145 e 150 do CC); **2:** certa (arts. 121 e 124 do CC); **3:** errada, pois a alternativa mistura *coação* (art. 151 do CC) com *lesão* (art. 157 do CC).

Gabarito 1E, 2C, 3E

(Delegado/GO – 2009 – UEG) Segundo o princípio da livre admissibilidade, os fatos jurídicos podem ser comprovados por qualquer meio de prova admitido em direito. Entretanto, em situações específicas, impõem-se algumas restrições. A partir dessas considerações, é CORRETO afirmar:

(A) a permissão legal de realização de prova testemunhal subsidiária obriga sua produção, impedindo o juiz de dispensá-la.

(B) a presunção *hominis* só pode ser acatada nos casos em que a lei não exclui a prova testemunhal.

(C) o Código Civil isenta de obrigação de comparecimento perante a autoridade aquele a cujo respeito, por estado ou profissão, deva guardar segredo de fato que se investiga.

(D) o ordenamento jurídico brasileiro impõe um regime de absoluta impossibilidade de prova testemunhal ante a incapacidade de quem prestará testemunho.

A: incorreta, pois o juiz poderá dispensar a prova testemunhal nesse caso; **B:** correta, a presunção *hominis* são aquelas que não estão estabelecidas em lei. Ocorre por exemplo em acidentes de trânsito, onde não há lei determinando que o veículo traseiro é o culpado pela colisão, mas em que é feita esta presunção, impondo à outra parte a prova em contrário (art. 230 do CC); **C:** incorreta (art. 229, I, do CC); **D:** incorreta (art. 228, parágrafo único, do CC).

Gabarito "B"

(Delegado/GO – 2009 – UEG) O direito civil brasileiro, em razão de seus princípios orientadores, admite a conversão do ato negocial. Tendo em vista essa assertiva, é CORRETO afirmar que a conversão

(A) converte-lhe à validade a qualificação dada pelas partes, excepcionalmente, em razão da licitude do objeto.

(B) atende ao princípio da conservação do negócio jurídico e é somente aplicável nas hipóteses em que não haja nulidade do negócio a ser convertido.

(C) atende ao princípio da conservação do negócio jurídico, mantendo a qualificação dada a ele pelas partes, convalidando-o.

(D) acarreta nova qualificação ao negócio jurídico e refere-se à hipótese de negócio nulo.

A: incorreta, enquanto o negócio jurídico anulável pode ser objeto de convalidação (art. 172), o negócio jurídico nulo pode ser objeto de conversão, instituto introduzido no artigo 170 do Código Civil: "Se, porém, o negócio jurídico nulo contiver os requisitos de outro, subsistirá este quando o fim a que visavam as partes permitir supor que o teriam querido, se houvessem previsto a nulidade". A alternativa A está incorreta, pois com a conversão o negócio jurídico nulo será convertido em negócio diverso daquele qualificado pelas partes (ex: compra e venda nula é convertida em promessa de compra e venda); **B: incorreta**, pois a conversão tem por objeto o negócio jurídico nulo; **C: incorreta**, a qualificação do negócio dada pelas partes é alterada com a conversão; **D: correta**, pois com a conversão o negócio jurídico nulo recebe nova qualificação.

Gabarito "D"

(Delegado/GO – 2003 – UEG) Na dicção do novo Código Civil "são anuláveis os negócios jurídicos, quando as declarações de vontade emanarem de erro substancial que poderia ser percebido por pessoa de diligência normal, em face das circunstâncias do negócio". Considerando, assim, o novo Código Civil, é CORRETA a seguinte assertiva:

(A) A escusabilidade do erro, tendo o novo Código Civil abandonado o credo voluntarista, não tem qualquer significado na anulabilidade, mas deve ser investigada pelo intérprete como subsídio ao julgamento.

(B) A causa de anulação é o erro perceptível pelo outro contraente, vício que prevalecerá ainda que seja inescusável o erro cometido.

(C) O novo Código Civil desprezou a escusabilidade do erro como requisito da anulabilidade.

(D) O novo Código Civil igualou, para efeito de anulabilidade, a inescusabilidade e a cognoscibilidade.

Na vigência do Código Civil de 1916 o negócio jurídico contaminado pelo erro só poderia ser anulado se demonstrada a escusabilidade da conduta de que incidiu no vício. Deveria ser provado que o erro era perdoável (escusável), pois o homem médio também teria adotado a mesma postura. No Código Civil de 2002, o legislador desprezou o requisito da escusabilidade, ao dispor que "são anuláveis os negócios jurídicos, quando as declarações de vontade emanarem de erro substancial que *poderia ser percebido* por pessoa de diligência normal, em face das circunstâncias do negócio" (artigo 138 do CC).

Gabarito "C"

(Delegado/PB – 2009 – CESPE) Acerca de domicílio, residência, bens e fatos jurídicos, assinale a opção correta.

(A) O domicílio do tutelado é necessário e é do seu representante ou assistente legal.

(B) No contrato de promessa de compra e venda de bem imóvel, é lícito se inserir cláusula instituidora de foro de eleição diverso daquele da situação do imóvel objeto da promessa de alienação.

(C) A coisa perdida pode ser licitamente apropriada pela primeira pessoa que a encontrar.

(D) Os bens reciprocamente considerados são classificados como públicos, privados, disponíveis e indisponíveis.

(E) Os fatos jurídicos naturais resultam da atuação humana positiva ou negativa, comissiva ou omissiva, de modo a influenciarem nas relações de direito, variando as consequências em razão da qualidade da conduta e da intensidade da vontade.

A: correta (art. 76 do CC); **B:** incorreta, pois tal cláusula é abusiva, se se tratar de relação de consumo; mas mesmo que não se trate, a competência envolvendo imóvel é a do local deste, tratando-se de competência absoluta, não passível de modificação por convenção entre as partes; **C:** incorreta (art. 1.233 do CC); **D:** incorreta (art. 92 do CC); **E:** incorreta, pois fatos jurídicos naturais são aqueles decorrentes da natureza, sem a interferência direta humana (nascimento, morte, terremoto, raio etc.).

Gabarito "A"

(Delegado/PB – 2009 – CESPE) Assinale a opção correta a respeito do negócio jurídico, da prescrição, da decadência e da posse.

(A) Negócio jurídico é a declaração lícita da vontade humana, cujos efeitos jurídicos são gerados independentemente de serem perseguidos diretamente pelo agente, ou seja, nascem da própria lei.
(B) A simulação e a fraude constituem vícios do consentimento.
(C) O juiz não pode suprir de ofício a alegação de prescrição.
(D) A união de posses ocorre na hipótese de sucessão a título singular.
(E) Ao possuidor de má-fé não serão ressarcidas as benfeitorias necessárias.

A: incorreta, pois no negócio jurídico a ação humana visa diretamente alcançar um fim prático permitido na lei; **B:** incorreta, pois a simulação não é mais considerada vício do consentimento, mas causa de nulidade do negócio jurídico (art. 167 do CC); **C:** incorreta (art. 219, § 5º, do CPC); **D:** correta (art. 1.207 do CC); **E:** incorreta (art. 1.220 do CC).

Gabarito "D"

(Delegado/PR – 2007) Os atos e negócios jurídicos podem se apresentar em três diferentes planos no ordenamento jurídico: o da existência, o da validade e o da eficácia. Quanto ao plano da validade, considere as seguintes afirmativas:

1. O negócio jurídico simulado é nulo, porém subsiste o negócio que se dissimulou desde que seja válido na forma e na substância.
2. É anulável por fraude material o negócio jurídico cujo instrumento particular é antedatado ou pós-datado.
3. Se a anulabilidade do negócio jurídico resultar de falta de autorização de terceiro, não poderá ser validado posteriormente, ainda que o terceiro autorize.
4. Quando a lei dispuser que determinado ato é anulável, sem estabelecer prazo para pleitear-se a anulação, este será de quatro anos a contar da data da conclusão do ato.

Assinale a alternativa correta.

(A) Somente a afirmativa 1 é verdadeira.
(B) Somente as afirmativas 1 e 2 são verdadeiras.
(C) Somente as afirmativas 1, 2 e 4 são verdadeiras.
(D) Somente as afirmativas 2 e 4 são verdadeiras.
(E) Somente as afirmativas 1 e 3 são verdadeiras.

1: verdadeira, em caso de simulação relativa deve ser preservado o negócio jurídico que se dissimulou desde que preencha os demais requisitos formais e substanciais de validade (art. 167, *caput*, do CC); **2: falsa**, a celebração de um negócio jurídico antedatado ou pós-datado caracteriza simulação e, consequentemente, o negócio deve ser considerado nulo (art. 167, § 1º, III, do CC); **3: falsa**, quando a anulabilidade do ato resultar da falta de autorização de terceiro, será validado se este a der posteriormente (art. 176 do CC); **4: falsa**, pois o prazo é de dois anos (art. 179 do CC).

Gabarito "A"

(Delegado/PR – 2007) Para evitar o atropelamento de pedestre que atravessa a rodovia fora da passarela de segurança, um motorista invade a pista contrária em manobra evasiva e acaba abalroando outro veículo que trafegava corretamente, causando danos materiais e morais ao seu condutor. Essa situação caracteriza:

(A) ato ilícito que gera a obrigação de indenizar os danos materiais e morais causados ao condutor do veículo que trafegava corretamente na outra pista.
(B) ato lícito praticado em estado de necessidade, que exclui o dever de indenizar os danos causados ao condutor do outro veículo.
(C) ato lícito praticado em estado de necessidade que obriga o motorista à reparação dos danos materiais e morais causados ao condutor do outro veículo, mas que lhe assegura ação regressiva para haver do pedestre a importância que tiver ressarcido ao lesado.
(D) ato ilícito praticado em estado de necessidade, acobertado pela excludente de responsabilidade civil.
(E) ato lícito praticado em estado de necessidade que obriga o motorista à reparação dos danos materiais e morais causados ao condutor do outro veículo, sem direito de ação regressiva em face do pedestre.

A situação narrada no enunciado da letra "C" caracteriza estado de necessidade agressivo (art. 188, II, CC), obrigando à reparação dos danos, conforme determinação do artigo 929, do Código Civil, "se a pessoa lesada, ou o dono da coisa, no caso do inciso II do art. 188, não forem culpados do perigo, assistir-lhes-á direito à indenização do prejuízo que sofreram". Após pagar a indenização à vítima o autor do dano tem direito de regresso contra o terceiro que causou o dano (art. 930, CC).

Gabarito "C"

(Delegado/PR – 2007) Indivíduo de 17 anos completos, com total aptidão física e mental, após inquirido pela outra parte, oculta a idade, fazendo-se passar por pessoa maior e adquire um imóvel financiado pela Caixa. Esse negócio jurídico é:

(A) nulo, pela falta de representação dos pais desse indivíduo.
(B) válido.
(C) anulável, pela falta de assistência dos pais desse indivíduo.
(D) anulável, porque realizado com dolo de menor.
(E) anulável, por erro sobre a pessoa.

O artigo 180 do CC consagra a regra "a malícia supre a idade" (*malitia suplit aetatem*) ao dispor que "o menor, entre dezesseis e dezoito anos, não pode, para eximir-se de uma obrigação, invocar a sua idade se dolosamente a ocultou quando inquirido pela outra parte, ou se, no ato de obrigar-se, declarou-se maior".

Gabarito "B"

(Delegado/RJ – 2009 – CEPERJ) Ao ver que sua embarcação naufragava, Mévio, avistando Caio em outro barco, prometeu-lhe quantia vultosa para que ele o salvasse. Analisando a questão proposta, responda qual é a afirmativa correta:

(A) Trata-se do defeito do negócio jurídico denominado lesão, pois, no caso em apreço, uma pessoa, sob premente necessidade, se obriga a prestação manifestamente desproporcional ao valor da prestação oposta.
(B) Trata-se do defeito do negócio jurídico denominado coação, pois, no caso em apreço, uma pessoa sob fundado temor de dano iminente e considerável à sua pessoa, emite declaração de vontade.
(C) Trata-se do defeito do negócio jurídico denominado estado de perigo, pois, no caso em apreço, alguém premido da necessidade de salvar-se de grave dano conhecido pela outra parte, assume obrigação excessivamente onerosa.
(D) Trata-se do defeito do negócio jurídico denominado onerosidade excessiva, pois, no caso em apreço, uma pessoa assume obrigação excessivamente onerosa, com extrema vantagem para a outra pessoa.
(E) No caso em apreço, pode-se afirmar que não estão presentes os defeitos do negócio jurídico disciplinados pelo Código Civil.

Consoante prescreve o artigo 156 do CC, "configura-se o estado de perigo quando alguém, premido da necessidade de salvar-se, ou a pessoa de sua família, de grave dano conhecido pela outra parte, assume obrigação excessivamente onerosa".

Gabarito "C"

(Delegado/RJ – 2009 – CEPERJ) No Código Civil de 2002, a simulação é considerada hipótese de nulidade, não sendo mais disciplinada entre as causas de anulação dos negócios, conforme estabelecia o Código Civil anterior. Assim, é correto afirmar que:

(A) Assim como no regime anterior, o Código Civil de 2002 prevê expressamente que a simulação inocente não gera a invalidade.
(B) Haverá simulação nos negócios jurídicos quando aparentarem conferir ou transmitir direitos a pessoas diversas daquelas às quais realmente se conferem, ou transmitem, quando contiverem declaração, confissão, condição ou cláusula não verdadeira ou, ainda, quando os instrumentos particulares forem antedatados ou pós-datados.

(C) Na simulação, bem como na reserva mental, o declarante manifesta vontade para a realização de negócio que não deseja, mas sem o conhecimento da outra parte.

(D) Para a caracterização da simulação maliciosa, exige-se a intenção de prejudicar e o efetivo prejuízo de terceiro.

(E) É nulo o negócio jurídico simulado e não subsistirá o que se dissimulou, mesmo se válido for na substância e na forma.

A: incorreta, diversamente do Código Civil de 1916, o Código Civil de 2002 não prevê expressamente que a simulação inocente não gera a invalidade do negócio; **B: correta**, a alternativa descreve as hipóteses de simulação previstas no artigo 167, § 1º, I, II e III, do Código Civil; **C: incorreta**, na simulação o outro contratante tem ciência da vontade real do declarante, enquanto que, na reserva mental a outra parte, em regra, não tem conhecimento sobre a vontade real do declarante (art. 110 do CC); **D: incorreta**, para caracterização da simulação maliciosa basta que esteja presente a intenção de prejudicar; **E: incorreta**, é nulo o negócio jurídico simulado, mas subsistirá o que se dissimulou, se válido for na substância e na forma (art. 167 do CC).

Gabarito "B"

(Delegado/SP – 2003) Causa a anulabilidade do negócio jurídico o vício resultante de

(A) coação, que deverá ser suficiente para incutir ao paciente qualquer temor de dano, dirigido a sua pessoa, sua família, ou aos seus bens.

(B) dolo, mesmo se acidental.

(C) erro acerca da identidade ou de qualidade essencial da pessoa a quem se refira à declaração de vontade, desde que tenha influído nesta de modo relevante.

(D) simulação, cuja ocorrência sempre se verificará quando os instrumentos particulares forem antedatados ou pós-datados.

A: incorreta, pois a coação deverá incutir ao paciente temor de dano **iminente e considerável** (art. 151, *caput*, do CC); **B:** incorreta (art. 146 do CC); **C:** correta (art. 139, II, do CC); **D:** incorreta, pois a simulação é causa de nulidade do negócio jurídico (art. 167 do CC).

Gabarito "C"

(Delegado/SP – 2002) Quando o objeto do ato jurídico for impossível, diz-se que o ato é

(A) nulo.

(B) anulável.

(C) ratificável.

(D) discricionário.

Nos termo do artigo 166, II, do CC, o negócio jurídico será nulo sempre o que o objeto for ilícito (violar o ordenamento jurídico), impossível (não puder ser realizado no plano fático ou jurídico) ou indeterminável (não tiver, ao menos, indicação do gênero e da quantidade).

Gabarito "A"

2.5. Prescrição e decadência

(Delegado/SP – 2014 – VUNESP) Fabiana e Maurício, ambos com 16 (dezesseis) anos, são regularmente casados. Os jovens, viciados em tóxicos, tiveram seu veículo roubado enquanto consumiam substância entorpecente em via pública. Foi instaurado inquérito policial para apuração dos fatos, mas não sobreveio ação penal em virtude do roubo. No que tange à prescrição para reparação civil de Fabiana e Maurício, é correto afirmar que

(A) Fabiana e Maurício, em razão da idade, são relativamente incapazes, não correndo a prescrição até que completem 18 (dezoito) anos.

(B) o casamento dos jovens causou cessação de incapacidade, mas não para fins de contagem do prazo prescricional, que passará a contar quando completarem 18 (dezoito) anos.

(C) a contagem da prescrição se dará da data do fato, não havendo circunstância que cause impedimento ou suspensão da prescrição.

(D) por serem viciados em tóxicos, não corre a prescrição até que recuperem a plena capacidade, individualmente considerados.

(E) a instauração do inquérito policial suspendeu o curso do prazo prescricional, que voltou a correr após a conclusão do procedimento.

Como a questão não menciona se os jovens eram interditados judicialmente em virtude do vício que os acometia, não se pode presumir pela incapacidade dos mesmos. Logo, a prescrição contra eles começa a correr a partir do momento em que cessa a incapacidade absoluta, o que se verifica aos dezesseis anos de idade. Logo, a contagem da prescrição começa a contar a partir da data do fato ocorrido. Vale lembrar que a instauração de inquérito policial não é fato suficiente para impedir a fluência do prazo de prescrição.

Gabarito "C"

(Delegado/RJ – 2013 – FUNCAB) Tício adquiriu, em 20 de fevereiro de 2012, uma churrasqueira a gás em uma loja de eletrodomésticos. Ao tentar usar a churrasqueira pela primeira vez, Tício percebeu um forte cheiro de gás e apertou imediatamente o botão de desligar. A churrasqueira explodiu. Tício contrata um advogado, que propõe, em 20 de maio de 2012, uma ação judicial para reparação dos danos patrimoniais sofridos. O juiz julga improcedente o pedido de reparação por decadência. Assinale a alternativa correta.

(A) A sentença está correta, pois o prazo para reclamar de vício do produto é de 30 (trinta) dias.

(B) A sentença deve ser reformada, pois o prazo para reclamar de vício de produto durável, como é o caso da churrasqueira elétrica, é de 90 (noventa) dias.

(C) A sentença deve ser reformada, pois a pretensão de reparação de danos causados ao consumidor, reconhecidamente vulnerável, é imprescritível.

(D) A sentença deve ser reformada, pois prescreve em 5 (cinco) anos a pretensão de reparação de danos decorrentes de fato do produto.

(E) A sentença deve ser reformada, pois se aplica ao caso o prazo geral de 20 (vinte) anos do Código Civil.

Quando o vício do produto extrapola seu próprio objeto e causa danos aos consumidores, a hipótese passa a ser de responsabilidade pelo fato do produto, cujo prazo prescricional é de cinco anos, conforme art. 27 do Código de Defesa do Consumidor.

Gabarito "D"

(Delegado/PI – 2009 – UESPI) A prescrição corre:

(A) entre os cônjuges na constância da sociedade conjugal.

(B) contra os ausentes do país, em serviço público da União, dos Estados e do Município.

(C) contra os que se acharem servindo nas Forças Armadas, em tempo de guerra.

(D) entre ascendentes e descendentes, durante o poder familiar.

(E) entre os herdeiros enquanto não se concluir o processo de inventário.

A: incorreta, não corre prescrição entre os cônjuges na constância da sociedade conjugal (art. 197, I, do CC); **B: incorreta**, não corre prescrição contra os ausentes do país, em serviço público da União, dos Estados e do Município (art. 198, II, do CC); **C: incorreta**, também não corre prescrição contra os que se acharem servindo nas Forças Armadas, em tempo de guerra (art. 198, III, do CC); **D: incorreta**, entre ascendentes e descendentes, durante o poder familiar, que cessa com a maioridade ou com a emancipação (art. 197, II, do CC); **E: correta**, pois o prazo de prescrição corre entre os herdeiros ainda que não concluído o inventário.

Gabarito "E"

(Delegado/SP – 2008) A prescrição, quando a lei não lhe haja fixado prazo menor, ocorre em

(A) oito anos.

(B) vinte anos.

(C) doze anos.

(D) dez anos.

(E) quinze anos.

O artigo 205 do CC estabelece que "a prescrição ocorre em dez anos, quando a lei não lhe haja fixado prazo menor". Este dispositivo tem aplicação subsidiária quando a situação concreta não se enquadrar em uma das regras previstas no artigo 206 do CC (prazos especiais).

Gabarito "D"

(Delegado/SP – 2003) A prescrição, que alude à extinção da pretensão de um direito material, por seu não exercício no prazo legal,

(A) poderá ser alegada, em qualquer grau de jurisdição, pela parte a quem aproveita.

(B) será sempre interrompida, por qualquer ato judicial.

(C) não correrá contra as pessoas jurídicas de direito público interno.
(D) ocorrerá em vinte anos, quando a lei não lhe tenha fixado prazo menor.

A: correta, reproduz o conteúdo do artigo 193 do CC; **B: incorreta**, a interrupção da prescrição, que somente poderá ocorrer uma vez, dar-se-á por qualquer ato judicial que constitua em mora o devedor (art. 202, V, do CC); **C: incorreta**, pois não existe essa previsão legal; **D: incorreta**, o prazo geral de prescrição é de 10 anos (art. 205 do CC), e deve ser observado caso não exista disposição específica em sentido contrário.
Gabarito "A"

2.6. Prova

(Delegado/SP – 2014 – VUNESP) De acordo com o Código Civil de 2002, assinale a alternativa correta acerca dos meios de prova e suas particularidades.

(A) A prova exclusivamente testemunhal é admitida para negócios jurídicos de qualquer valor, desde que a testemunha não seja única.
(B) No ordenamento civil brasileiro, a presunção não é admitida como meio de prova.
(C) Em regra, os parentes da linha colateral são admitidos como testemunhas, salvo se tiverem interesse no litígio.
(D) Não é lícita a recusa de prestar depoimento que leve à desonra própria, de seu cônjuge, parente ou amigo íntimo.
(E) Admite-se o depoimento de menor, com idade entre 16 (dezesseis) e 18 (dezoito) anos, como prova testemunhal.

A: incorreta, pois: "Salvo os casos expressos, a prova exclusivamente testemunhal só se admite nos negócios jurídicos cujo valor não ultrapasse o décuplo do maior salário mínimo vigente no País" (CC, art. 227); **B:** incorreta, pois admitem-se as presunções legais (CC, art. 230); **C:** incorreta, pois os colaterais (até o terceiro grau) não podem ser admitidos como testemunhas (CC, art. 228, V); **D:** incorreta, pois ninguém pode ser obrigado a depor sobre fato que "*a que não possa responder sem desonra própria, de seu cônjuge, parente em grau sucessível, ou amigo íntimo*" (CC, art. 229, II); **E:** correta, pois apenas os menores de dezesseis anos é que não podem ser admitidos como testemunhas (CC, art. 228, I).
Gabarito "E"

3. OBRIGAÇÕES

(Delegado/RJ – 2013 – FUNCAB) É modalidade de extinção direta de dívida pecuniária:

(A) pagamento.
(B) dação em pagamento.
(C) confusão.
(D) compensação.
(E) novação.

A: correta, pois o pagamento é a forma direta de se extinguir uma obrigação. Através dele, o devedor oferece ao credor exatamente o objeto que havia sido combinado. Assim, por exemplo, uma obrigação em dinheiro é quitada mediante a entrega do valor ajustado; **B:** incorreta, a dação em pagamento não é forma direta de adimplemento, pois através dela, o devedor oferece coisa diversa da que havia sido combinada e o credor a aceita em extinção da dívida (CC, art. 356); **C:** incorreta, a confusão igualmente não é forma direta de adimplemento, pois ela ocorre quando reúnem-se numa só pessoa, as qualidades de credor e devedor da mesma obrigação (CC, art. 381); **D:** incorreta, a compensação ocorre quando duas pessoas são reciprocamente credoras uma da outra, extinguindo-se as obrigações ainda que parcialmente (até o valor da menor) (CC, art. 368); **E:** incorreta, pois na novação, extingue-se uma obrigação, com a intenção de se criar uma nova obrigação.
Gabarito "A"

(Delegado de Polícia/GO – 2013 – UEG) Em se tratando do Direito das Obrigações, parte especial do Código Civil, tem-se que:

(A) a possibilidade jurídica e a ilicitude do objeto prestacional se confundem, como se verifica em caso de abuso do direito que fere a ilicitude do objeto jurídico da relação obrigacional, caracterizando a sua impossibilidade jurídica.
(B) no estudo da obrigação de dar coisa certa revela-se o princípio da gravitação jurídica, pelo qual a obrigação de dar a coisa certa dispensa os seus acessórios.
(C) havendo perda do objeto da prestação, antes da tradição, caso em que a inutilização da coisa deu-se por circunstâncias alheias à diligência do devedor, a solução será a resolução contratual pela falta superveniente do objeto, sem ônus para a parte alienante.
(D) sobre a teoria do risco proveito, sendo culpado o devedor obrigacional, cabe unicamente ao credor exigir o equivalente com pagamento de juros e correções monetárias pertinentes.

A: incorreta, pois não existe confusão, nem correlação entre os institutos; **B:** incorreta, pois o princípio da gravitação jurídica estipula que o bem acessório segue o principal; **C:** correta, pois a perda da coisa certa sem culpa de quem a deve extingue a obrigação (art. 238, CC); **D:** incorreta, pois a teoria do risco proveito é a que fundamenta a responsabilidade objetiva para as atividades de risco (art. 927, parágrafo único, do CC), não se avaliando a culpa do causador do dano.
Gabarito "C"

(Delegado de Polícia/GO – 2013 – UEG) João e Maria firmaram contrato de compra e venda, nos moldes do Código Civil. Ficou estipulado, em uma das cláusulas do referido contrato, que João pagará a dívida perante Maria, mediante a entrega de R$ 400.000,00 ou um apartamento devidamente cientificado nesse valor. Assim, tem-se que:

(A) se todas as prestações estipuladas em contrato vierem a se tornar impossíveis, mesmo com culpa do devedor, extinguir-se-á a obrigação.
(B) a categoria das obrigações plurais ou compostas é formada pelas obrigações cumulativas, facultativas e alternativas, no caso do exemplo acima, tem-se um exemplo típico da modalidade das obrigações facultativas.
(C) de acordo com o exemplo acima, sendo este uma obrigação alternativa, de acordo com o ordenamento civil atual, em se tratando da escolha do objeto, esta cabe ao credor, Maria, ou ao sujeito ativo da prestação, se outra coisa não se estipulou.
(D) cabe a João promover a escolha, se outra coisa não se estipulou, restando irrevogável quando a individuação do objeto chega ao conhecimento de Maria, salvo se no contrato celebrado exista cláusula de arrependimento.

A: incorreta, pois "se, por culpa do devedor, não se puder cumprir nenhuma das prestações, não competindo ao credor a escolha, ficará aquele obrigado a pagar o valor da que por último se impossibilitou, mais as perdas e danos que o caso determinar" (art. 254, CC); **B:** incorreta, pois a hipótese mencionada é tipicamente de obrigação alternativa, na qual existe uma pluralidade de objetos e o devedor se desonera entregando uma delas. Na obrigação facultativa existe um objeto na obrigação, mas – no momento de seu cumprimento – abre-se uma faculdade ao devedor de se desonerar da obrigação de outro modo; **C:** incorreta, pois na obrigação alternativa a escolha – em regra – cabe ao devedor (art. 252, *caput*, do CC); **D:** correta, pois a escolha será de João, se outra coisa não se estipulou.
Gabarito "D"

(Delegado de Polícia/GO – 2013 – UEG) No que concerne ao estudo do adimplemento, são várias as situações de extinção das obrigações que não são precedidas pelo pagamento ordinário. Diante do exposto, tem-se que:

(A) no caso de o devedor ser simultaneamente devedor e credor, aplicar-se-á a modalidade de extinção das prestações por novação tanto objetiva como subjetiva, de acordo com a vontade e eticidade das partes envolvidas.
(B) no caso da consignação em pagamento de dívida em dinheiro, é facultativo ao *solvens* respeitar os requisitos objetivos e subjetivos previamente ajustados para o pagamento, sendo bastante o depósito efetivo para elidir sua mora.
(C) sub-rogação do pagamento é prevista no ordenamento jurídico civil nos casos de o devedor possuir duas ou mais obrigações para com um mesmo credor, e posteriormente paga uma quantia insuficiente para liquidação da dívida.
(D) considera-se pagamento a consignação que pode ser conceituada como o meio judicial ou extrajudicial adotado pelo devedor ou terceiro para libertar-se da obrigação depositando o valor devido nos casos e formas legais.

A: incorreta. Na hipótese de uma pessoa cumular as qualidades jurídicas de credor e devedor de uma mesma obrigação, configura-se o instituto da confusão (art. 381, CC) e não da novação; **B:** incorreta, pois o depósito precisa ser realizado junto com a notificação ao credor. Caso este não a aceite, o devedor promoverá ação de consignação, a qual – julgada procedente – afastará a mora do devedor com efeitos *ex tunc*; **C:** incorreta, pois a assertiva refere-se à imputação (art. 352, CC) e não à sub-rogação; **D:** correta, pois a assertiva define com precisão a hipótese de consignação em pagamento.
Gabarito "D"

(Delegado de Polícia/GO – 2013 – UEG) Obrigações não executadas geram inadimplemento, ou seja, a falta da prestação devida ocasiona uma crise na relação obrigacional, sendo necessária a intervenção do ordenamento jurídico, que neste sentido, dispõe o seguinte:

(A) o Código Civil, acerca do estudo da responsabilidade civil por danos morais, obedece à matéria consoante aos estudos do direito da personalidade no campo do direito da dignidade humana, segundo disposto no artigo 1º, inciso III da CF, sem acrescentar diferenças em relação à culpa ou não do agente inadimplente.

(B) é cabível prisão por dívida, nos moldes do artigo 5º, inciso LXVII, da Constituição Federal, sendo que o sistema infraconstitucional fica mitigado em relação ao disposto neste sentido, assim como os tratados internacionais de direitos humanos que são absorvidos como lei ordinária, de acordo com a corrente monista, pela qual o direito brasileiro fez opção.

(C) a legislação pátria responde ao inadimplemento viabilizando o dever de indenizar, sendo a reparação completa por envolver todo o prejuízo experimentado pelo lesado, por isso a indenização dos danos é admitida em lei, pois funciona como uma compensação em prol de quem sofreu danos emergentes e lucros cessantes.

(D) os juros estão incluídos no estudo dos frutos civis, como rendimento de capital subdividindo-se em moratórios e compensatórios. No caso de inadimplemento com ou sem culpa, os juros compensatórios traduzem uma indenização para o inadimplemento no cumprimento da obrigação de restituir pelo devedor, sendo uma verdadeira sanção.

A: incorreta. A grave violação a direito da personalidade acarreta danos morais à vítima. Porém, mesmo nesses casos, a aferição da culpa do agente causador do dano é regra em nosso sistema, conforme demonstra a própria definição do ato ilícito, estabelecida no art. 186 do CC, cuja consequência vem prevista no art. 927 do mesmo diploma legal. Ficam ressalvadas, apenas, as previsões específicas da lei sobre responsabilidade objetiva e a hipótese de o agente causador do dano exercer atividade que implique riscos excessivos para a sociedade; **B:** incorreta, pois os tratados internacionais de direitos humanos aprovados com quórum de emenda constitucional ingressam no sistema com força de norma constitucional. Ademais, o Brasil não adota o sistema monista para aprovação e ingresso de tratados internacionais em nosso sistema, mas sim o dualismo moderado, com participação do Executivo e do Legislativo; **C:** correta, pois o termo indenizar tem origem na expressão "tornar sem dano", que remete à ideia de que a vítima do ato ilícito deve receber reparação cabal a fim de – dentro do possível – voltar ao estado anterior ao ato ilícito. Cabe apenas uma ressalva quanto ao dano moral, o qual não é possível *indenizar*, no sentido estrito da palavra, mas sim atenuar, compensar, mitigar o sofrimento da alma verificado em decorrência da violação de direito da personalidade; **D:** incorreta, pois a mora do devedor só se configura com sua culpa (art. 396, CC) e os juros daí decorrentes não são os compensatórios, mas sim os moratórios.

Gabarito "C"

(Delegado/GO – 2009 – UEG) A disciplina jurídica das obrigações sofre grande influência do regime econômico vigente e tem muita influência na vida econômica do país, estendendo-se às diferentes atividades humanas de natureza patrimonial. Por essa razão, o direito das obrigações deve promover o realizar da vida econômica, conferindo-lhe segurança e agilidade. Considerando o direito obrigacional pátrio, é CORRETO afirmar:

(A) a novação, por criar nova obrigação, convalida obrigação extinta.

(B) a novação impede a discussão de obrigações contraídas em contratos anteriores ao que se novou.

(C) é impossível novar em obrigação nula, tendo em vista que a novação propõe a substituição daquela dívida por outra.

(D) a novação não se presta a confirmar obrigação anulável, restando ao devedor o direito de arguir o vício sobre obrigação que novou.

A: incorreta, a novação consiste na criação de uma obrigação nova com o objetivo de extinguir uma obrigação anterior. Entretanto, as obrigações nulas ou extintas não podem ser objeto de novação (art. 367 do CC); **B: incorreta**, nos termos da Súmula 286 do STJ, "a renegociação de contrato bancário ou a confissão da dívida não impede a possibilidade de discussão sobre eventuais ilegalidades dos contratos anteriores"; **C: correta**, está de acordo com o disposto no artigo 367 do Código Civil; **D: incorreta**, a obrigação anulável pode ser objeto de novação (art. 367 do CC).

Gabarito "C"

(Delegado/GO – 2003 – UEG) Certo fazendeiro vendeu 50 vacas para serem entregues em 30 dias. Antes da tradição, 30 delas deram crias. Marque a alternativa CORRETA:

(A) As crias pertencem ao vendedor, pois equivalem a acessório da coisa principal.

(B) As crias são do vendedor, que poderá exigir aumento do preço para entregá-las ao comprador, e se este não anuir, poderá resolver a obrigação.

(C) O vendedor não pode exigir aumento, pois não empregou trabalho e esforço, mas resultou de acréscimo da natureza

(D) Nesse caso, omisso o contrato sobre a apropriação das crias, devem-se aplicar os costumes locais.

Até a tradição pertence ao devedor a coisa, com os seus melhoramentos e acrescidos, pelos quais poderá exigir aumento no preço; se o credor não anuir, poderá o devedor resolver a obrigação (art. 237, *caput*, do CC).

Gabarito "B"

(Delegado/MG – 2012) Considerando-se as obrigações de dar coisa certa, é **INCORRETO** afirmar que

(A) se a coisa perder, sem culpa do devedor, antes da tradição, ou pendente condição suspensiva, fica resolvida a obrigação, suportando o proprietário o prejuízo.

(B) se a coisa se perder, por culpa do devedor, responderá este pelo equivalente, mais perdas e danos.

(C) se a coisa se deteriorar, sem culpa do devedor, poderá o credor, a seu critério, resolver a obrigação, ou aceitar a coisa, abatido de seu preço o valor que perdeu.

(D) se a coisa se deteriorar, por culpa do devedor, poderá o credor exigir o equivalente, ou aceitar a coisa no estado em que se acha, sem no entanto, tem direito a reclamar, em um ou em outro caso, indenização por perdas e danos.

A: correta, a obrigação de dar coisa certa é aquela em que o devedor se compromete a entregar ao credor um **bem determinado**, isto é, um bem que está totalmente individualizado (exemplo: um automóvel gol, ano 2012, placa XXX-0000). Nesta espécie de obrigação, se o bem individualizado se perder sem culpa do devedor (ex: roubo), antes da entrega (tradição) ou pendente condição suspensiva, a obrigação será extinta (resolvida) sem direito indenização pelas perdas e danos (art. 234 do CC). O devedor do bem (proprietário) suportará o prejuízo em razão da regra *res perit domino* (a coisa perece para o dono) e, por esta, razão deverá devolver valores eventualmente antecipados; **B: correta**, se na obrigação de dar coisa certa o objeto se perder por culpa do devedor (ex: o devedor incendiou o próprio automóvel) o credor será indenizado pelo valor equivalente ao bem, acrescido das perdas e danos (art. 234 do CC). Ao contrário da hipótese anterior, o devedor não deverá devolver o valor pago, mas sim o valor atual do bem (denominado ***equivalente***), que pode ter se valorizado após a celebração do contrato; **C: correta**, se coisa certa se deteriorar (for parcialmente destruída), não sendo o devedor culpado, poderá o credor resolver a obrigação, ou aceitar a coisa, abatido de seu preço o valor que perdeu (art. 235 do CC); **D: incorreta**: sendo culpado o devedor, poderá o credor exigir o equivalente, ou aceitar a coisa no estado em que se acha, **com direito a reclamar**, em um ou em outro caso, indenização das perdas e danos (art. 236 do CC).

Gabarito "D"

(Delegado/MG – 2012) As seguintes afirmativas concernentes às obrigações solidárias estão corretas, **EXCETO**:

(A) a solidariedade não se presume; resulta da lei ou da vontade das partes.

(B) a obrigação solidária pode ser pura ou simples para um dos cocredores ou codevedores, e condicional, ou a prazo, ou pagável em lugar diferente, para o outro.

(C) o julgamento contrário a um dos credores solidário não atinge os demais; o julgamento favorável aproveita- lhes, a menos que se funde em exceção pessoal ao credor que o obteve.

(D) o credor que tiver remitido a dívida não responderá aos outros pela parte que lhes caiba.

A: correta, há solidariedade quando na mesma obrigação concorre mais de um credor, ou mais de um devedor, cada um com direito, ou obrigado, à dívida toda. No ordenamento jurídico brasileiro, as obrigações em que há pluralidade de credores ou devedores são em regra não solidárias, salvo se a solidariedade for convencionada pelas partes ou imposta pela lei (art. 265 do CC); **B: correta,** de acordo com o artigo 266, a obrigação solidária pode ser pura e simples para um dos cocredores ou codevedores, e condicional (sujeito a evento futuro e incerto), ou a prazo (sujeita a evento futuro e

certo), ou pagável em lugar diferente, para o outro; **C: correta**, a alternativa reproduz *ipsis litteris* o conteúdo do artigo 274 do CC; **D: incorreta**, pois o credor que tiver, sozinho, remitido (perdoado) a dívida ou recebido o pagamento **responderá** aos outros pela parte que lhes caiba (art. 272 do CC).
Gabarito "D"

(Delegado/PA – 2012 – MSCONCURSOS) O pagamento significa cumprimento ou adimplemento de qualquer espécie de obrigação, podendo ser direto ou indireto, constituindo meio normal de extinção da obrigação. Assim, analise os itens abaixo marcando V(verdadeiro) ou F(falso) e assinale a alternativa que apresenta a sequência correta, de cima para baixo.

( ) Se se der em pagamento coisa fungível, não se poderá mais reclamar do credor que, de boa-fé, a recebeu e consumiu, ainda que o solvente não tivesse o direito de aliená-la.

( ) É requisito essencial de validade que o pagamento seja feito ao credor ou a quem de direito o represente, sob pena de só valer depois de por ele ratificado, ou tanto quanto reverter em seu proveito, ou propiciar o direito à repetição.

( ) O objeto do pagamento é a prestação, não podendo o credor receber prestação diversa da que lhe é devida, ainda que mais valiosa.

( ) Por não ser o pagamento presumível, o devedor que paga tem direito a quitação regular, e pode reter ou consignar o pagamento, enquanto não lhe seja dada.

( ) A quitação, que sempre poderá ser dada por instrumento particular, designará o valor e a espécie da dívida quitada, o nome do devedor, ou quem por este pagou, o tempo e o lugar do pagamento, com a assinatura do credor, ou do seu representante, haja vista que, sem tais requisitos, será inválida, mesmo que de seus termos ou das circunstâncias resultar haver sido paga a dívida.

(A) V; F; V; V; F.
(B) V; V; F; V; F.
(C) F; V; V; F; F.
(D) V; V; F; V; V.
(E) F; F; F; V; V.

I: verdadeiro, conforme o artigo 307, parágrafo único, "Se se der em pagamento coisa fungível, não se poderá mais reclamar do credor que, de boa-fé, a recebeu e consumiu, ainda que o solvente não tivesse o direito de aliená-la"; **II: verdadeiro**, está de acordo com o disposto no artigo 308 do Código Civil; **III: falso**, o credor não pode ser *forçado* a receber prestação diversa, ainda que mais valiosa (art. 313 do CC), mas nada impede que *aceite*, operando-se a dação em pagamento (art. 356 do CC); **IV: verdadeiro**, o devedor que paga tem direito a quitação regular, e pode reter o pagamento, enquanto não lhe seja dada (art. 319 do CC); **V: falso**, a primeira parte da assertiva está correta conforme dispõe o artigo 320, caput, do Código Civil. Entretanto, a segunda parte está incorreta, pois ainda que a quitação não apresente os requisitos elencados será considerada válida, se de seus termos ou das circunstâncias resultar haver sido paga a dívida (parágrafo único do artigo 320, CC).
Gabarito "B"

(Delegado/MG – 2006) São formas de extinção das obrigações sem pagamento:

(A) A remissão, a confusão e a purga da mora.
(B) A novação, a compensação e a execução.
(C) A transação, a confusão e a execução.
(D) A remissão, o compromisso e a transação.

Arts. 185, 840 e 851, todos do CC. A execução e purga da mora só extinguirão a obrigação com o seu pagamento.
Gabarito "D"

(Delegado/MG – 2006) As obrigações em que há vários devedores que se obrigam, cada um deles, por toda a obrigação, podendo o credor escolher qual deles fará o pagamento e uma vez escolhido, os outros se desoneram, retirando-se por completo da relação, podem ser classificadas como:

(A) Obrigações solidárias
(B) Obrigações subsidiárias
(C) Obrigações conexas
(D) Obrigações disjuntivas

São conhecidas também como obrigações alternativas (art. 252 do CC).
Gabarito "D"

(Delegado/PI – 2009 – UESPI) No que é pertinente às obrigações de 'dar', assinale a alternativa correta.

(A) Até a tradição pertence ao devedor a coisa, com os seus melhoramentos e acrescidos, pelos quais poderá exigir aumento no preço.
(B) Quando a coisa se deteriora, antes da entrega e sem culpa do devedor, poderá o credor recebê-la no estado em que se encontra, sem direito de exigir um abatimento no preço, uma vez que, sem culpa do devedor, não há responsabilidade.
(C) A obrigação de dar coisa certa só abrange os acessórios que vierem expressamente mencionados.
(D) No caso da coisa certa se perder antes da entrega, o devedor não poderá alegar caso fortuito e força maior para excluir sua responsabilidade.
(E) A coisa certa será indicada, ao menos, pelo gênero e pela quantidade.

A: correta, está de acordo com o disposto no artigo 237 do Código Civil; **B: incorreta**, Deteriorada a coisa, não sendo o devedor culpado, poderá o credor resolver a obrigação, ou aceitar a coisa, abatido de seu preço o valor que perdeu (art. 235 do CC). A ausência de culpa impede apenas pleito de indenização por perdas e danos; **C: incorreta**, a obrigação de dar coisa certa abrange os acessórios dela embora não mencionados, salvo se o contrário resultar do título ou das circunstâncias do caso (art. 233 do CC); **D: incorreta**, pois somente no caso de obrigação de dar coisa incerta, o devedor não poderá alegar caso fortuito e força maior para excluir sua responsabilidade (art. 238 do CC); **E: incorreta**, pois a coisa *incerta* é que se indicará, ao menos, pelo gênero e pela quantidade (art. 243 do CC).
Gabarito "A"

(Delegado/SP – 2000) A condição resolutiva da obrigação pode ser

(A) intermitente ou contínua.
(B) expressa ou tácita.
(C) suspensiva ou a termo.
(D) suposta ou pressuposta.

A condição resolutiva é expressa quando as partes convencionam que, não cumprida a obrigação, esta ficará desfeita. E é tácita quando a lei dispuser que, descumprida a obrigação, está ficará desfeita. Para os contratos, a lei estabelece uma cláusula resolutiva tácita, ou seja, toda vez que alguém descumpre uma obrigação contratual, o Direito autoriza que a outra parte notifique a primeira para o fim de resolver o contrato. Já se a cláusula resolutiva é expressa, uma vez ocorrendo o descumprimento da obrigação, o contrato ficará resolvido de pleno direito, independentemente de notificação por parte do prejudicado.
Gabarito "B"

(Delegado/SP – 1999) O credor de coisa certa

(A) pode ser obrigado a receber outra desde que equivalente.
(B) pode ser obrigado a receber, desde que mais valiosa.
(C) pode ser obrigado a receber outra, desde que do mesmo gênero.
(D) não pode ser obrigado a receber outra, ainda que mais valiosa.

Nos termos do disposto no artigo 313 do Código Civil, "o credor não é obrigado a receber prestação diversa da que lhe é devida, ainda que mais valiosa". Caso o credor aceite receber coisa diversa ocorrerá dação em pagamento.
Gabarito "D"

(Delegado/SP – 1999) O ato do terceiro interessado, que paga a dívida pela qual era ou podia ser obrigado, no todo ou em parte, caracteriza

(A) cessão de crédito.
(B) pagamento com sub-rogação.
(C) dação em pagamento.
(D) remissão de dívida.

Conforme prescreve o artigo 346, III, do Código Civil, a sub-rogação opera-se, de pleno direito, em favor do terceiro interessado, que paga a dívida pela qual era ou podia ser obrigado, no todo ou em parte. Como exemplo podemos citar a hipótese em que o fiador paga a dívida do locatário, sub-rogando-se nos direitos do locador.
Gabarito "B"

4. CONTRATOS

(Delegado de Polícia/GO – 2013 – UEG) Considerando-se a Teoria da Representação e da manifestação da vontade, o Código Civil dispõe que:

(A) os poderes de representação conferem-se por Lei, de acordo com o que dispõe nosso ordenamento civil, Parte Geral e Parte Especial, direito contratual.

(B) a Teoria geral da representação é própria da parte especial do Código Civil, no que concerne ao estudo dos Negócios Jurídicos.

(C) o mandado em causa própria, ou mandado *in rem propriam*, é lícito desde que o mandante outorgue poderes para o mandatário, constando a autorização para que o último realize o negócio jurídico consigo mesmo.

(D) o estudo do autocontrato envolve a teoria da representação de forma viciada, ou seja, é considerado nulo o negócio jurídico em que o representante, no seu interesse ou por conta de outrem, celebrar consigo mesmo.

A: incorreta, pois os poderes de representação conferem-se por lei ou pelo interessado (art. 115, CC); **B:** incorreta, pois no que se refere à representação, a parte especial do Código Civil apenas disciplina o contrato de mandato, cabendo a regulamentação geral do assunto à Parte Geral (arts. 115 até 120, CC); **C:** correta, pois o mandato com cláusula "em causa própria" possibilita ao mandatário celebrar negócios com terceiros ou consigo próprio (art. 685, CC); **D:** incorreta, pois nem sempre o autocontrato é nulo, podendo se apresentar de forma válida e eficaz, conforme disposto no art. 685 do CC.

Gabarito "C"

(Delegado/PA – 2013 – UEPA) Sobre os contratos, assinale a alternativa correta.

(A) A teoria contratual adotada pelo Código Civil de 2002 é caracterizada pela diminuição da autonomia da vontade, com a consagração de princípios de ordem pública, a exemplo da função social do contrato, não sendo lícito as partes a estipulação de contratos atípicos não previstos na referida codificação.

(B) A existência de cláusulas ambíguas ou contraditórias em contratos de adesão impõe a adoção da interpretação coerente com os objetivos e premissas da contratação, ainda que desfavorável ao aderente.

(C) A parte lesada pelo inadimplemento pode pedir a resolução do contrato, se não preferir exigir-lhe o cumprimento, cabendo, em qualquer dos casos, indenização por perdas e danos.

(D) Desde que sua pretensão esteja de acordo com a função social do contrato, um contratante poderá exigir o adimplemento da obrigação do outro, ainda que não tenha honrado sua contraprestação correspondente.

(E) A constatação da existência de onerosidade excessiva impõe a resolução do contrato, ainda que o réu aceite modificar equitativamente o contrato.

A: incorreta, pois é permitido às partes celebrar contratos atípicos, ou seja, contratos que não apresentam regulamentação ou previsão legal específica, mas que foram criados pelas partes, a partir da utilização de sua autonomia contratual (CC, art. 425); **B:** incorreta, pois diante de tais cláusulas a lei determina que se adote "*a interpretação mais favorável ao aderente*" (CC, art. 423); **C:** correta, pois a assertiva reproduz o disposto no art. 475 do Código Civil; **D:** incorreta, pois "*nenhum dos contratantes, antes de cumprida a sua obrigação, pode exigir o implemento da do outro*" (CC, art. 476); **E:** incorreta, pois nesse caso "*a resolução poderá ser evitada, oferecendo-se o réu a modificar equitativamente as condições do contrato*" (CC, art. 479). A regra tem clara inspiração no princípio da conservação do negócio jurídico, o qual determina que seja evitada – sempre que possível – a anulação ou resolução dos contratos.

Gabarito "C"

(Delegado/RJ – 2013 – FUNCAB) Em 11 de janeiro de 2010, Caio celebrou contrato de seguro de vida com a Seguradora Boa Passagem S.A. Em 2 de fevereiro de 2012, Caio, desgostoso da vida, lança-se do alto de um edifício e vem a falecer.

Sua mulher, Isabela, beneficiária do seguro, procura a Seguradora, que afirma que não pagará o seguro porque o contrato continha cláusula excluindo o pagamento em caso de suicídio. À luz da disciplina do seguro de vida no Código Civil, é correto afirmar:

(A) Isabela não tem direito ao recebimento do seguro porque prevalece, neste particular, a autonomia das partes.

(B) Isabela não tem direito ao recebimento do seguro porque o pagamento do seguro de vida não é devido em casos de morte voluntária (suicídio).

(C) Isabela não tem direito ao pagamento do seguro porque o suicídio ocorreu nos primeiros três anos de vigência do contrato.

(D) Isabela tem direito ao recebimento do seguro porque a cláusula que afasta o pagamento do seguro de vida em caso de suicídio é nula, ressalvada a hipótese de suicídio ocorrido nos primeiros dois anos de vigência inicial do contrato, ou da sua recondução depois de suspenso.

(E) Isabela tem direito ao recebimento do seguro porque a cláusula que afasta o pagamento do seguro de vida em caso de suicídio é anulável, desde que o beneficiário proponha ação anulatória até dois anos após a data do suicídio.

O Código Civil de 2002 inovou no tratamento do recebimento de seguro de vida na hipótese de suicídio do segurado. Com efeito, o art. 798 dispõe que "o beneficiário não terá direito ao capital segurado quando o segurado se suicida nos primeiros dois anos de vigência inicial de contrato". Além disso, o parágrafo único estipula que "é nula a cláusula contratual que exclui o pagamento do capital por suicídio do segurado". Logo, Isabela tem direito ao recebimento do seguro.

Gabarito "D"

(Delegado/MG – 2008) O contrato nasce da convergência da proposta e da aceitação. Como bem disciplina a teoria geral dos contratos, a proposta obriga, sendo o proponente forçado a perdas e danos, caso não a mantenha. Sobre a matéria, é *INCORRETO* afirmar que

(A) a proposta de contrato obriga o proponente, se o contrário não resultar dos termos dela, da natureza do negócio, ou das circunstâncias do caso.

(B) a proposta deixa de ser obrigatória se, feita sem prazo, por telefone, não foi imediatamente aceita.

(C) o silêncio importa anuência, quando as circunstâncias ou os usos o autorizarem, e não for necessária a declaração de vontade expressa.

(D) reputar-se-á celebrado o contrato no lugar em que foi aceito.

A: assertiva correta (art. 427 do CC); **B:** assertiva correta (art. 428, I, do CC); **C:** assertiva correta (art. 111 do CC); **D:** assertiva incorreta, pois reputa-se concluído o contrato no lugar em que foi proposto (art. 435 do CC).

Gabarito "D"

(Delegado/MG – 2006) Assinale a alternativa INCORRETA:

(A) O comodato é o empréstimo gratuito de coisa não fungível. Perfaz-se com a tradição do objeto.

(B) Os tutores e curadores não podem dar em comodato, sem autorização especial, os bens confiados à sua guarda.

(C) O comodatário poderá recobrar do comodante as despesas feitas com o uso e gozo da coisa emprestada.

(D) Se, correndo risco o objeto do comodato juntamente com outros do comodatário, antepuser este a salvação dos seus abandonando o do comodante, responderá pelo dano ocorrido, ainda que se possa atribuir a caso fortuito, ou força maior.

A: correta (art. 579 do CC); **B:** correta (art. 580 do CC); **C:** incorreta (art. 584 do CC); **D:** correta (art. 583 do CC).

Gabarito "C"

(Delegado/RJ – 2009 – CEPERJ) Quanto ao contrato de compra e venda, é incorreto afirmar que:

(A) a compra e venda pode ter por objeto coisa atual ou futura.

(B) ineficaz é o contrato de compra e venda, quando se deixa ao arbítrio exclusivo de uma das partes a fixação do preço.

(C) até o momento da tradição, os riscos da coisa correm por conta do vendedor e os do preço por conta do comprador.

(D) é anulável a venda de ascendente a descendente, salvo se os outros descendentes e o cônjuge do alienante expressamente houverem consentido.

(E) é lícita a compra e venda entre cônjuges, com relação a bens excluídos da comunhão.

A: correta, está de acordo com o artigo 483 do CC; **B: incorreta**, pois deixar ao arbítrio exclusivo de uma das partes a fixação do preço é causa de *nulidade* do contrato (art. 489 do CC); **C: correta**, conforme o art. 492 do CC; **D: correta**, está de acordo com o disposto no artigo 496 do CC. A lei exige o consentimento dos demais descendentes com o objetivo de evitar simulação entre o ascendente e um dos descendentes, já que o bem vendido não será trazido à colação no momento da sucessão. Na doação de ascendente para descendente o consentimento não é exigido, pois considera-se a doação como adiantamento de legítima; **E: correta**, está de acordo com o artigo 499 do CC.

Gabarito "B"

(Delegado/RR – 2003 – CESPE) Julgue os itens seguintes, relativos aos contratos de compra e venda, sob a luz do novo Código Civil – Lei n.º 10.406/2002.

(1) Pelo contrato de compra e venda, um dos contratantes se obriga a transferir o domínio de certa coisa, e o outro, a pagar-lhe certo preço em dinheiro.
(2) Sob pena de anulabilidade, os ascendentes não podem vender bens imóveis a um descendente, sem o consentimento expresso dos demais descendentes.
(3) Na cláusula de retrovenda, o vendedor pode reservar-se o direito de recobrar, dentro de um certo prazo, um imóvel que tenha vendido, restituindo o preço mais as despesas feitas pelo comprador.
(4) A venda a contento é a cláusula que subordina o contrato à condição suspensiva, ou seja, à condição de ficar desfeito se o comprador não se agradar da coisa.
(5) Na venda de coisa móvel, pode o vendedor reservar para si a propriedade, até que o preço esteja integralmente pago.

1: correta (art. 481 do CC); **2:** correta (art. 496 do CC); **3:** correta (art. 505 do CC); **4:** correta (art. 509 do CC); **5:** correta (art. 521 do CC).

Gabarito 1C, 2C, 3C, 4C, 5C

(Delegado/SP – 2000) O comodato e o mútuo distinguem-se, respectivamente, entre si em razão

(A) de a coisa não ser e ser fungível.
(B) de o primeiro caracterizar depósito e o segundo, empréstimo.
(C) de o primeiro caracterizar empréstimo e o segundo, gestão de negócio.
(D) de a coisa ser e não ser fungível.

Arts. 579 e 586, ambos do CC.

Gabarito "A"

(Delegado/SP – 1998) O contrato pelo qual um dos contratantes transfere a propriedade de bem fungível ao outro, que se obriga a lhe restituir coisa do mesmo gênero, qualidade e quantidade, denomina-se

(A) comodato.
(B) mútuo.
(C) depósito.
(D) locação.

Art. 586 do CC.

Gabarito "B"

5. RESPONSABILIDADE CIVIL

(Delegado/PR – 2013 – UEL-COPS) Sobre o instituto da responsabilidade civil, como prevista no Código Civil, atribua V (verdadeiro) ou F (falso) às afirmativas a seguir.

( ) A despeito de a deterioração ou a destruição da coisa alheia, a fim de remover perigo iminente, não serem consideradas como ato ilícito, o causador do dano deve indenizar o prejuízo causado se o lesado não for o culpado pelo perigo.
( ) Melquídes foi emancipado pelos pais assim que completou 17 anos. Três meses após, conduzindo seu próprio veículo, adquirido por doação do avô, por excesso de velocidade causou grave acidente. É inaplicável a corresponsabilidade dos pais.
( ) Por ser amigo do lesado, Jairo ressarciu os danos do incêndio culposo causado por seu bisneto Kauã, de 17 anos. Jairo pode reaver, em juízo, os valores despendidos, pois estes foram de grande monta e Kauã tem muitos bens.
( ) Envergonhado pela conduta de seu avô Sérgio, que embriagado destruiu parcialmente um bar, Caio ressarciu os prejuízos, pois é vizinho e amigo do dono do estabelecimento. Caio pode, em juízo, reaver os valores, pois seu avô tem patrimônio.
( ) Dentre as causas excludentes da responsabilidade civil, e que têm o condão de tornar inexigível qualquer reparação, encontra-se a culpa concorrente. Assim, se a vítima concorreu para o evento danoso, o lesante se exime de responsabilidade.

Assinale a alternativa que contém, de cima para baixo, a sequência correta.

(A) V, F, V, V, F.
(B) V, F, F, V, F.
(C) F, V, V, F, V.
(D) F, V, F, V, V.
(E) F, F, V, F, V.

I: Verdadeiro, pois a assertiva retrata a hipótese do ato praticado em estado de necessidade. Através dele, uma pessoa causa dano a outra, mas com o intuito de evitar um dano maior. Assim ocorre, por exemplo, quando A joga seu carro contra a casa de B, a fim de evitar atropelar a criança que pula na frente do veículo. A indenização nesses casos será devida sempre que a vítima do dano não for culpada pelo risco da situação (CC, art. 188 combinado com 929 e 930). Nesse exemplo, portanto, não haveria indenização se a criança fosse filha de B, pois este é a vítima do dano e também a responsável pelo risco da situação. **II**: Falso, pois a emancipação voluntária não afasta a responsabilidade civil dos pais. Nesse sentido é o Enunciado n.º 41 do Conselho da Justiça Federal: "*A única hipótese em que poderá haver responsabilidade solidária do menor de 18 anos com seus pais é ter sido emancipado nos termos do art. 5º, parágrafo único, inc. I, do novo Código Civil*"; **III**: Falso, pois "*Aquele que ressarcir o dano causado por outrem pode reaver o que houver pago daquele por quem pagou, salvo se o causador do dano for descendente seu, absoluta ou relativamente incapaz*" (CC, art. 934); **IV**: Verdadeiro, pois Caio é terceiro não interessado e – nesta qualidade – tem direito de pedir a devolução do quanto pagou, desde que o pagamento tenha sido feito em seu próprio nome (CC, art. 305); **V**: Falso: A hipótese de culpa concorrente não é causa de exclusão de responsabilidade civil, mas de atenuação de indenização. Ela ocorre quando autor e vítima agem de maneira culposa para a consecução do dano. Exemplo: motociclista trafega em alta velocidade entre os carros e atropela pedestre que atravessava fora da faixa. Nesses casos, "a indenização da vítima será fixada tendo-se em conta a gravidade de sua culpa em confronto com a do autor do dano" (CC, art. 945).

Gabarito "B"

(Delegado/PA – 2013 – UEPA) Sobre o regime de responsabilidade civil e a obrigação de indenizar, assinale a alternativa correta.

(A) O Código Civil de 2002 provocou modificações substanciais no regime de responsabilidade civil próprio do ordenamento jurídico brasileiro, tendo adotado como regra geral a apuração de responsabilidade de modo objetivo, vale dizer, independentemente de culpa.
(B) A indenização deve ser medida pela extensão do dano, de modo que havendo excessiva desproporção entre a gravidade da culpa e os prejuízos sofridos pela vítima, poderá o juiz reduzir, equitativamente, a indenização.
(C) O dono ou detentor do animal deve ressarcir todos os danos por eles causados, ainda que haja comprovação da existência de culpa da vítima ou motivo de força maior.
(D) A indenização por injúria, difamação ou calúnia somente poderá ser arbitrada caso o ofendido demonstre o prejuízo efetivamente sofrido.
(E) O incapaz não responde pelos prejuízos que causar, de modo que a indenização restará frustrada caso os seus responsáveis não disponham meios suficientes de fazê-lo.

A: incorreta. Como regra geral, a responsabilidade civil no Brasil é subjetiva. As hipóteses de responsabilidade objetiva resumem-se aos casos especificados em lei e às hipóteses de atividade de risco exercidas pelo autor do dano (CC, art. 927 parágrafo único); **B:** correta, pois o art. 944, parágrafo único, do Código Civil possibilita ao juiz reduzir equitativamente a indenização quando houver excessiva desproporção entre a gravidade da culpa e o dano; **C:** incorreta, pois a culpa da vítima ou a força maior excluem a responsabilidade do dono do animal (CC, art. 936); **D:** incorreta, pois "*se o ofendido não puder provar prejuízo material, caberá ao juiz fixar, equitativamente, o valor da indenização, na conformidade das circunstâncias do caso*"; **E:** incorreta, pois o Código Civil permite – em caráter excepcional – a responsabilização direta do incapaz, quando as pessoas por ele responsáveis não dispuserem de meios suficiente ou não tiverem a obrigação de fazê-lo (CC, art. 928).

Gabarito "B"

(Delegado/ES – 2011 – CESPE) No item que se segue, relativo às pessoas e suas responsabilidades por danos causados a outrem, é apresentada uma situação hipotética, seguida de uma assertiva a ser julgada.

(1) O carro de Rafael, que estava trancado e estacionado em frente a sua casa, foi furtado por Pedro. Nessa situação, se Pedro causar lesão a alguém na condução do veículo, Rafael também poderá ser responsabilizado por ter a guarda jurídica do bem.

1: errada, consoante entendimento doutrinário e jurisprudencial o roubo do automóvel caracteriza caso fortuito / força maior e, portanto, não gera o dever de indenizar. Diver-

samente, em caso de empréstimo, o comodante poderá será ser responsabilidade pelo acidente causado pelo comodatário.
Gabarito 1E

(Delegado/GO – 2009 – UEG) No sistema de direito civil brasileiro, a responsabilidade civil divide-se em dois regimes: o de responsabilidade subjetiva e o de responsabilidade objetiva. Assim, é CORRETO afirmar que a responsabilidade objetiva

(A) fundada no risco configura-se nos casos em que se determine que a conduta prevista na lei apresenta o caráter de risco.
(B) fundada no risco da atividade configura-se caso a caso, não havendo previsão legal expressa que a imponha.
(C) fundada no risco da atividade, configura-se quando a atividade desenvolvida pelo agente do dano é mais onerosa para certa pessoa que para outros integrantes da comunidade.
(D) tem caráter excepcional, configurando-se apenas nos casos em que a conduta geradora do dever de indenizar é expressamente prevista em lei.

A: incorreta, pois nem sempre depende de risco previsto na lei. A responsabilidade civil objetiva é a exceção dentro do Código Civil e só deve ser aplicada nos termos do artigo 927, parágrafo único, nos casos especificados em lei, ou quando a atividade normalmente desenvolvida pelo autor do dano implicar, por sua natureza, risco para os direitos de outrem; **B: incorreta**, há diversos dispositivos que preveem a responsabilidade objetiva (arts. 927, 931, 932, 936, 937, 938 etc.); **C: correta**, está de acordo com o Enunciado 38 da I Jornada de Direito Civil promovida pelo Conselho da Justiça Federa, "a responsabilidade fundada no risco da atividade, como prevista na segunda parte do parágrafo único do art. 927 do novo Código Civil, configura-se quando a atividade normalmente desenvolvida pelo autor do dano causar a pessoa determinada um ônus maior do que aos demais membros da coletividade"; **D: incorreta**, além das condutas expressamente previstas nas lei (casos especificados) a responsabilidade civil também será objetiva em caso de risco da atividade (art. 927, parágrafo único, CC).
Gabarito "C"

(Delegado/GO – 2009 – UEG) O direito civil brasileiro estabelece a ilicitude e o dever de indenizar pela prática do exercício não regular de direito. Nesses casos, a responsabilidade civil é

(A) objetiva, aferível a partir da consciência que o agente tinha dos limites e da finalidade do direito na prática do ato.
(B) subjetiva porque a violação da finalidade do direito é aferível pela culpa originária da intenção do agente.
(C) objetiva, tendo em vista que não importa a consciência do excesso por parte de quem pratica o ato.
(D) subjetiva, tendo em vista que a lei não dispõe expressamente sobre a inexigência de culpa.

De fato, a doutrina vem reconhecendo que a responsabilidade civil pelo ato ilícito decorrente do abuso de direito (art. 187 do CC) é objetiva, vez que o dispositivo em questão, diferentemente do art. 186 do CC, não requerer conduta dolosa ou culposa para a configuração do instituto.
Gabarito "C"

(Delegado/GO – 2003 – UEG) Quem transborda os limites aceitáveis de um direito, causando prejuízo a outrem, comete abuso de direito. Assim, a respeito desse tema, é CORRETO afirmar:

(A) Sem culpa do agente ou dolo, não se pode falar em abuso de direito.
(B) Abuso de direito e ato ilícito confundem-se e identificam-se porque são ontologicamente iguais, gerando o dever de reparar.
(C) A noção de dolo não é essencial ao abuso de direito, mas a noção de culpa sim, pois está contida no critério objetivo finalístico adotado pelo novo Código Civil.
(D) No abuso de direito, a noção de dolo e culpa deve ser afastada.

De fato, a doutrina vem reconhecendo que a responsabilidade civil pelo ato ilícito decorrente do abuso de direito (art. 187 do CC) é objetiva, vez que o dispositivo em questão, diferentemente do art. 186 do CC, não requerer conduta dolosa ou culposa para a configuração do instituto.
Gabarito "D"

(Delegado/GO – 2003 – UEG) Antônio internou-se para uma neurocirurgia, sendo informado do risco. O resultado não foi o esperado, porquanto perdeu o movimento de três dedos da mão direita. Por isso, moveu ação contra o médico, alegando que o serviço não foi prestado a contento. Marque a alternativa CORRETA:

(A) O juiz, no caso, deverá, obrigatoriamente, inverter o ônus da prova.
(B) O paciente tem de provar que o médico agiu com imperícia, para ter direito à indenização.
(C) Pelo novo Código Civil, sendo a neurocirurgia atividade de risco, o juiz pode aplicar a teoria objetiva.
(D) O médico, para não ser responsabilizado, tem de provar que agiu com perícia.

No caso há relação de consumo, cuja responsabilidade, como regra, é objetiva. No entanto, em se tratando de profissional liberal (médico), o CDC estabelece que a responsabilidade deste é subjetiva, ou seja, depende da comprovação de culpa ou dolo por parte do médico (art. 14, § 4º, do CDC). Vale lembrar que a inversão do ônus da prova no CDC não é automática, devendo o juiz verificar no caso concreto a presença dos requisitos previstos no seu art. 6º, VIII.
Gabarito "B"

(Delegado/GO – 2003 – UEG) Certo cliente deixou seu carro pernoitar num posto de gasolina com os dizeres "Não nos responsabilizamos pelos veículos que pernoitarem no pátio", tendo sido o carro furtado. Marque a alternativa CORRETA:

(A) A cláusula de não indenizar exclui a responsabilidade do dono do posto, que não assumiu o dever de guarda.
(B) A cláusula de não indenizar não valerá, posto que resultante de imposição unilateral, mesmo inocorrendo contrato de depósito na espécie.
(C) Ainda que bilateral e consensual, a cláusula de não indenizar pode ser aposta em qualquer contrato.
(D) O direito não aceita a cláusula de não indenizar nem a cláusula de limitação de responsabilidade.

A Súmula 130 do STF estabelece que "a empresa responde, perante o cliente, pela reparação de dano ou furto de veículo ocorridos em seu estacionamento". Dessa forma, a alternativa "b" está correta, valendo salientar que o enunciado da questão deixa claro que se tratava de um "cliente".
Gabarito "B"

(Delegado/PA – 2006 – CESPE) Acerca da responsabilidade civil, assinale a opção incorreta.

(A) A responsabilidade extracontratual, também chamada de aquiliana, baseia-se no dever de indenizar os danos causados decorrentes da prática de ato ilícito propriamente dito, consubstanciado em conduta humana positiva ou negativa de uma norma violadora do dever de cuidado.
(B) O particular nomeado pelo juízo como depositário judicial deve ser considerado agente do Estado e se, agindo nessa qualidade, causar danos a terceiro, tal fato enseja a responsabilidade civil objetiva do Estado, nos termos da Constituição da República.
(C) Caso seja demonstrada imprudência de vítima que tenha ingressado em residência particular e tenha sido atacada pelos cães de guarda do local, afasta-se o dever de indenizar do proprietário, pois a responsabilidade deste é presumida e, portanto, relativa.
(D) A condenação criminal de motorista de empresa de ônibus, por dar causa a um grave acidente de trânsito, produz efeitos contra a pessoa jurídica, por esta responder solidariamente pela ação do seu preposto, pode a vítima executar a sentença penal condenatória no juízo cível contra o próprio motorista ou contra a empresa de ônibus, ou de qualquer outro coobrigado.

A: assertiva correta (art. 186 do CC); **B:** assertiva correta, pois, nesse caso, temos um agente do Estado, ensejando responsabilidade objetiva deste, nos termos do art. 37, § 6º, da CF; **C:** assertiva correta (art. 936 do CC); **D:** assertiva incorreta, pois a empresa de ônibus, apesar de responder solidariamente (arts. 932, III, e 933, ambos do CC), tem direito ao contraditório e à ampla defesa, de modo que, caso a vítima queira acioná-la, deverá ingressar com ação de conhecimento contra a empresa.
Gabarito "D"

(Delegado/PI – 2009 – UESPI) No que se refere à Responsabilidade Civil, assinale a alternativa correta:

(A) O incapaz responde pelos prejuízos que causar, se as pessoas por ele responsáveis não tiverem obrigação de fazê-lo ou não dispuserem de meios suficientes.

(B) A responsabilidade civil pelo fato do animal dependerá da prova da culpa do detentor.

(C) A indenização calcula-se de acordo com a intensidade da culpa.

(D) O empregador só responde pelos danos causados por seu empregado, no exercício do trabalho que a ele competir, se ficar provada sua culpa *in eligendo*.

(E) A responsabilidade civil é vinculada à responsabilidade penal. Assim, só haverá obrigação de indenizar, quando coincidir com um tipo penal e houver condenação.

A: correta (art. 928 do CC); **B:** incorreta, pois a responsabilidade do dono ou detentor é presumida (art. 936 do CC); **C:** incorreta, pois a indenização mede-se pela intensidade do *dano* (art. 944 do CC), e não da *culpa*; **D:** incorreta, pois a responsabilidade por fato de terceiro é objetiva, ou seja, uma vez que o empregado tem o dever de indenizar, o patrão automaticamente o terá independentemente de culpa ou dolo por parte do patrão (art. 932, III, c/c art. 933, ambos do CC); **E:** incorreta, pois as responsabilidades civil e penal são independentes (art. 935 do CC).

Gabarito "A"

(Delegado/RJ – 2009 – CEPERJ) Considere as seguintes afirmações sobre responsabilidade civil e indique a assertiva incorreta:

(A) O incapaz responde pelos prejuízos que causar, exceto se ficar privado do necessário, assim como as pessoas que dele dependem.

(B) São também responsáveis pela reparação civil os que gratuitamente houverem participado nos produtos do crime, até a concorrente quantia.

(C) A indenização por injúria, difamação ou calúnia consistirá na reparação do dano que delas resulte ao ofendido.

(D) Súmula do Superior Tribunal de Justiça adota entendimento de que não é possível a cumulação das indenizações de dano estético e dano moral.

(E) A responsabilidade civil é independente da criminal, não se podendo questionar mais sobre a existência do fato, ou sobre quem seja seu autor, quando estas questões se acharem decididas no juízo criminal.

A: assertiva correta (art. 928, parágrafo único, do CC); **B:** assertiva correta (art. 932, V, do CC); **C:** assertiva correta (art. 953 do CC); **D:** assertiva incorreta, pois o STJ tem súmula dispondo que é possível a cumulação das indenizações nos dois casos (Súmula 387); **E:** assertiva correta (art. 935 do CC).

Gabarito "D"

6. COISAS

(Delegado/SP – 2014 – VUNESP) No que tange ao instituto da posse e ao direito real de propriedade, assinale a alternativa correta, de acordo com as disposições do Código Civil de 2002.

(A) Os direitos do detentor equivalem aos direitos do possuidor, havendo legítima pretensão à proteção possessória.

(B) Considerando que a propriedade privada é um dos princípios da ordem econômica, não se admite a sua perda em razão do abandono, pelo proprietário.

(C) Admite-se que o possuidor turbado ou esbulhado proteja sua posse por força própria, desde que a reação seja imediata e não exceda o indispensável.

(D) Em regra, o possuidor não tem pretensão de reintegração de posse quando o esbulho houver sido praticado pelo proprietário do bem.

(E) Em caso de perigo público iminente, o Poder Público pode requisitar a propriedade privada, sendo faculdade do proprietário ceder ou não o uso às autoridades competentes.

A: incorreta, pois a detenção é um poder de fato sobre a coisa, que não é protegido pela lei. Aquele que é detentor da coisa não apresenta os direitos de proteção possessória; **B:** incorreta, pois o abandono é causa de perda da propriedade segundo o art. 1.275, III do CC; **C:** correta, pois o Direito Civil permite o exercício da "autotutela", permitindo que o possuidor turbado ou esbulhado possa "*manter-se ou restituir-se por sua própria força*". Tais atos de autodefesa, contudo, não podem ir além do indispensável à manutenção, ou restituição da posse (CC, art. 1.210, § 1°); **D:** incorreta, pois a ação possessória não é o lugar adequado para se discutir a propriedade do bem. Tanto assim que o CPC, art. 932 proíbe tanto ao autor quanto ao réu, intentar a ação de reconhecimento do domínio na pendência de ação possessória; **E:** incorreta, pois o art. 1.228 § 3° do CC afirma que: "*o proprietário pode ser privado da coisa, nos casos de desapropriação, por necessidade ou utilidade pública ou interesse social, bem como no de requisição, em caso de perigo público iminente*".

Gabarito "C"

(Delegado/RJ – 2013 – FUNCAB) No tocante à posse no Código Civil, é correto afirmar:

(A) O possuidor de boa-fé responde pela perda ou deterioração da coisa, a que não der causa.

(B) O possuidor turbado, ou esbulhado, poderá manter-se ou restituir-se por sua própria força, contanto que o faça logo; os atos de defesa ou de desforço, podem ir além do indispensável à manutenção ou restituição da posse.

(C) Se duas ou mais pessoas possuírem coisa indivisa, poderá cada uma exercer sobre ela atos possessórios, excluindo os dos outros compossuidores.

(D) A posse direta, de pessoa que tem a coisa em seu poder, temporariamente, em virtude de direito pessoal, ou real, não anula a indireta, de quem aquela foi havida, podendo o possuidor direto defender a sua posse contra o indireto.

(E) Não induzem posse os atos de mera permissão ou tolerância assim como não autorizam a sua aquisição os atos violentos, ou clandestinos, mesmo depois de cessar a violência ou a clandestinidade.

A: incorreta, pois o possuidor de boa-fé não tem tal responsabilidade (CC, art. 1.217); **B:** incorreta, pois no exercício da autotutela, o possuidor não poderá ir além do indispensável à manutenção ou restituição da posse (CC, art. 1.210 § 1°); **C:** incorreta, pois a assertiva trata do instituto da composse, disposto no art. 1.199 do CC. Nessa hipótese, cada uma das pessoas exerce atos possessórios, desde que não exclua os atos dos demais compossuidores; **D:** correta, pois a posse direta (do locatário, do usufrutuário, do comodatário) não anula, nem mitiga a posse indireta do possuidor indireto (locador, nu-proprietário, comodante). A essência desse desdobramento da posse é justamente preservar tanto a posse direta, quanto a indireta, concedendo efeitos possessórios para ambos; **E:** incorreta, pois após a cessação da violência ou da clandestinidade está autorizada a aquisição da posse (CC, art. 1.208).

Gabarito "D"

(Delegado/PR – 2013 – UEL-COPS) A respeito do Direito das Coisas, como previsto no Código Civil, assinale a alternativa correta.

(A) A árvore está com o tronco na linha divisória de dois imóveis particulares, por isso pertence em comum aos donos dos prédios confinantes. Caso caiam frutos dessa árvore, estes devem ser repartidos por igual entre os proprietários.

(B) A convenção que constitui o condomínio edilício deve ser subscrita pelos titulares de, no mínimo, três terços das frações ideais. Para oposição contra terceiros, deverá ser registrada no Cartório de Títulos e Documentos.

(C) Os condomínios edilícios devem ser instituídos por ato entre vivos e registrados em Serventia competente para Títulos e Documentos que tenha competência para aquele quadrante da área do Município.

(D) Para que sejam realizadas obras necessárias no condomínio edilício, exige-se ao menos o voto de um terço dos condôminos; para as voluptuárias e para as úteis, dois terços dos votantes.

(E) O condômino que, por seu comportamento antissocial, reiteradamente gera incompatibilidade de convivência com os demais, pode ser compelido a pagar multa correspondente ao décuplo do valor das despesas condominiais.

A: incorreta, pois "*os frutos caídos de árvore do terreno vizinho pertencem ao dono do solo onde caíram*" (CC, art. 1.284); **B:** incorreta, pois tal convenção deve ser subscrita pelos titulares de, no mínimo, dois terços das frações ideais (CC, art. 1.333); **C:** incorreta, pois o condomínio edilício deve ser registrado no Cartório de Registro de Imóveis (CC, art. 1.332); **D:** incorreta, pois as obras necessárias "podem ser realizadas, independentemente de autorização, pelo síndico, ou, em caso de omissão ou impedimento deste, por qualquer condômino" (CC, art. 1.341 § 1°); **E:** correta, pois de acordo com a norma estabelecida pelo art. 1.337 parágrafo único, do CC.

Gabarito "E"

(Delegado/PA – 2013 – UEPA) Sobre a posse, analise as proposições abaixo e assinale a alternativa correta.

(A) Para o alcance do prazo de usucapião, o possuidor de boa-fé não poderá acrescentar a sua posse a dos seus antecessores, ainda que sejam contínuas e pacíficas.

(B) A realização de obras ou serviços de caráter produtivo constitui fator para a redução do prazo para aquisição da propriedade mediante usucapião, a partir de posse ininterrupta de imóvel urbano pelo prazo de cinco anos, independentemente da existência de justo título ou do tamanho do imóvel correspondente.

(C) Considera-se detentor aquele que, achando-se em relação de dependência para com outro, conserva a posse em nome deste e em cumprimento de ordens ou instruções suas, sendo impossível a conversão da detenção em posse.

(D) Ao possuidor de má-fé serão ressarcidas somente as benfeitorias necessárias, não lhe assistindo o direito de retenção pela importância destas, nem o de levantar as voluptuárias.

(E) A perda da posse para quem presenciou o esbulho somente ocorre quando ao tentar recuperar a coisa, sofre reação violenta do invasor.

A: incorreta, pois ao sucessor singular é facultado unir sua posse à do antecessor (CC, art. 1.207); **B:** incorreta, pois para fins de usucapião ordinário urbano com posse trabalho, a lei limita o tamanho da área a duzentos e cinquenta metros quadrados (CC, art. 1.240); **C:** incorreta. A primeira parte da afirmação está correta, pois trata do fâmulo da posse, ou seja, aquela pessoa que acha-se em relação de dependência para com outro e "*conserva a posse em nome deste e em cumprimento de ordens ou instruções suas*" (CC, art. 1.198). O erro da assertiva encontra-se na segunda parte, pois a detenção transforma-se em posse a partir do momento em que cessa a violência ou a clandestinidade (CC, art. 1.208); **D:** correta, pois a assertiva encontra pleno respaldo no art. 1.220 do CC; **E:** incorreta, pois tal reação violenta não é critério da lei para que se configure a perda da posse.

Gabarito "D"

(Delegado de Polícia/GO – 2013 – UEG) Em relação à qualificação da posse, o Código Civil Brasileiro dispõe o seguinte:

(A) é caso de usucapião especial aquele assegurado tanto pelo Código Civil vigente, como pela Constituição Federal de 1988, e existe com a finalidade de extinguir os latifúndios em favor de colonos fixados na terra, ensejando uma forma democrática de reforma agrária.

(B) o justo título gera presunção de boa-fé que repugna ao direito, ou seja, mesmo sendo adquirida a posse mediante turbação, ou mediante esbulho.

(C) em se tratando de composse, apenas o possuidor majoritário pode utilizar os interditos possessórios contra terceiros que venham a perturbar a composse.

(D) a modalidade de usucapião que independe de boa-fé ou justo título ocorre tanto para móveis como para imóveis em prazos legais estabelecidos, sendo conhecida pela lei e pela doutrina como usucapião ordinário ou legal.

A: correta, pois a assertiva refere-se à usucapião especial, que confere titularidade àquele que – não sendo proprietário de imóvel rural ou urbano – possua como sua, por cinco anos ininterruptos, sem oposição, área de terra em zona rural não superior a cinquenta hectares, tornando-a produtiva por seu trabalho ou de sua família, tendo nela sua moradia (art. 1.239, CC; e art. 191, CF); **B:** incorreta, pois o justo título não repugna ao Direito, ao contrário, é visto como indício de boa-fé subjetiva do possuidor; **C:** incorreta, pois qualquer possuidor poderá manejar os interditos em defesa da posse; **D:** incorreta, pois a assertiva traz a definição de usucapião extraordinária.

Gabarito "A"

(Delegado/RJ – 2013 – FUNCAB) A propósito do direito de vizinhança no Código Civil, é INCORRETO afirmar:

(A) O proprietário ou o possuidor de um prédio tem o direito de fazer cessar as interferências prejudiciais à segurança, ao sossego e à saúde dos que o habitam, provocadas pela utilização de propriedade vizinha.

(B) Proíbem-se as interferências considerando-se a natureza da utilização, a localização do prédio, atendidas as normas que distribuem as edificações em zonas, e os limites ordinários de tolerância dos moradores da vizinhança.

(C) O proprietário ou o possuidor tem direito a exigir do dono do prédio vizinho a demolição, ou a reparação deste, quando ameace ruína, bem como lhe preste caução pelo dano iminente.

(D) O proprietário ou o possuidor de um prédio, em que alguém tenha direito de fazer obras, pode, no caso de dano iminente, exigir do autor delas as necessárias garantias contra o prejuízo eventual.

(E) Quando decisão judicial determinar sejam toleradas as interferências, não poderá o vizinho exigir a sua redução, ou eliminação, quando estas se tornarem possíveis.

A e **B:** corretas, pois tais direitos encontram respaldo no art. 1.277 e seu parágrafo único; **C** e **D:** correta, pois as assertivas reproduzem as regras constantes dos arts. 1.280 e 1.281 do CC; **E:** incorreta, devendo ser assinalada, pois ainda que a decisão judicial tenha assim determinado, poderá o vizinho exigir a sua redução, ou eliminação, quando estas se tornarem possíveis (CC, art. 1.279).

Gabarito "E"

(Delegado/ES – 2011 – CESPE) A respeito da posse e da servidão, julgue o item a seguir.

(1) Família que resida há mais de cinco anos em terra pública, de forma irregular, terá a posse precária dessa terra, mas poderá utilizar os interditos possessórios.

1: errada, a pessoa que invadir área pública é considerada mera detentora e não possuidora. Assim, não pode se valer dos interditos possessórios (ex: reintegração de posse)

Gabarito 1E

(Delegado/ES – 2006 – CESPE) Julgue o seguinte item.

(1) Paulo é proprietário de fazenda localizada em município do estado do Goiás e, após longo período de chuvas e enxurradas, uma grande parcela de terra deslocou-se da fazenda de seu vizinho para a sua. Decorridos mais de dois anos da avulsão, o vizinho de Paulo vindicou a respectiva indenização. Nesse caso, Paulo não estará obrigado a pagar qualquer importância ao seu vizinho.

1: correta, de acordo com o artigo 1.251 do Código Civil, quando, por força natural violenta, uma porção de terra se destacar de um prédio e se juntar a outro, o dono deste adquirirá a propriedade do acréscimo, se indenizar o dono do primeiro ou, sem indenização, se, em um ano, ninguém houver reclamado.

Gabarito 1C

(Delegado/GO – 2009 – UEG) Historicamente, a posse tem reconhecimento e tutela nos diversos ordenamentos jurídicos. Essa tutela é mais ou menos ampla e dotada de diferentes instrumentos conforme os princípios informadores da ordem jurídica em que vigem. Considerando o sistema brasileiro de defesa da posse, é CORRETO afirmar:

(A) a reintegração de posse é garantida por ação de força turbativa para corrigir as agressões à posse e eliminar a incerteza da turbação cometida.

(B) a reintegração da posse é garantida pela ação de força espoliativa que visa corrigir a agressão que faz cessar a posse.

(C) a manutenção da posse, garantida pelo interdito proibitório, não pode ser utilizada por quem tem posse viciosa.

(D) a manutenção da posse é garantida pela ação de força espoliativa que tem por fim eliminar a incerteza jurídica provocada pela turbação cometida.

A: incorreta, pois, em caso de turbação da posse, a ação adequada é de manutenção de posse, e não de reintegração de posse; **B:** correta, pois em caso de esbulho (= agressão que faz cessar a posse), a ação cabível é de reintegração de posse; **C:** incorreta, pois o interdito proibitório é outro tipo de ação possessória, que é utilizada para prevenir uma agressão iminente, mas que não aconteceu ainda; então, não é correto dizer que a ação de manutenção de posse é "garantida" pelo interdito proibitório; ademais, quem tem posse viciosa não pode se valer dessa posse contra quem tem posse anterior, mas pode se valer dessa posse contra terceiro; assim, o "ladrão" tem posse pior que a do anterior possuidor, mas tem posse melhor que a de outro "ladrão"; **D:** incorreta, pois "ação de força espoliativa" é nome que se dá à reintegração de posse, e não à manutenção de posse.

Gabarito "B"

(Delegado/GO – 2009 – UEG) Na tutela dos direitos reais, distingue-se a proteção à posse daquela conferida especificamente ao domínio. Entretanto, admite o ordenamento jurídico brasileiro a tutela daquela com fundamento neste. Assim, considerando-se a disputa da posse com base no domínio, é CORRETO no direito brasileiro:

(A) não se deve julgar a posse em favor daquele a quem evidentemente não pertencer o domínio, em razão de dispositivo expresso de lei.

(B) não provado o domínio por qualquer das partes, não há que se aplicar, em caráter absoluto, o favor do domínio evidente.

(C) a ação em que o autor pleiteia a posse fundada no domínio tem natureza possessória em razão do pedido.
(D) o pleito de posse fundado no domínio tem natureza petitória em razão da causa de pedir, além do pedido.

Ação fundada no domínio tem o nome de ação petitória ou ação reivindicatória. Já as ações fundadas na posse (reintegração de posse, manutenção de posse e interdito proibitório) têm o nome de ações possessórias. Uma vez que pendente uma ação possessória, não se pode discutir o domínio, devendo os partes discutirem, tão somente, quem tem a melhor posse.
Gabarito "D"

(Delegado/GO – 2009 – UEG) O direito brasileiro oferece ampla tutela para os direitos sobre as coisas, disciplinando, inclusive, intervenções entre prédios. Considerando-se que as servidões prediais são restrições à propriedade, constituídas em favor de um prédio sobre outro, é CORRETO afirmar:

(A) a servidão não pode ser instituída em favor de parte ideal do prédio dominante ou incidir sobre parte ideal do prédio serviente.
(B) a servidão não aparente pode ser estabelecida por meio de permissão de passagem, sendo dispensável a transcrição no registro de imóveis.
(C) a servidão é obrigação do titular do domínio do imóvel serviente à prestação de fato negativo em favor do titular do imóvel dominante.
(D) nas servidões prediais, em razão da necessária relação entre si, é essencial a contiguidade entre prédios dominante e serviente.

A: correta, em razão do princípio da indivisibilidade da servidão (art. 1.386 do CC); **B:** incorreta; a servidão aparente é que pode ser adquirida pelo exercício incontestado e contínuo do bem (art. 1.380 do CC); **C:** incorreta, pois a servidão grava um imóvel, e não uma pessoa; assim, seja quem for o proprietário do imóvel no presente e no futuro, terá de suportar a servidão, pois o imóvel estará gravado; **D:** incorreta, pois não há essa limitação no Código Civil.
Gabarito "A"

(Delegado/GO – 2003 – UEG) A propósito do direito de propriedade, marque a alternativa CORRETA:

(A) O direito de propriedade abrange o solo e os cursos d'água particulares, mas não as jazidas e demais recursos minerais.
(B) O direito de propriedade abrange o solo, o espaço aéreo e o subsolo.
(C) O direito de propriedade abrange o solo, e não só os cursos d'água particulares, jazidas e outros recursos minerais.
(D) O direito de propriedade abrange o solo, os cursos d'água particulares, o espaço aéreo e o subsolo em altura e profundidade úteis ao seu exercício.

A propriedade do solo abrange a do espaço aéreo e subsolo correspondentes, em altura e profundidade úteis ao seu exercício (art. 1.229 do CC), mas não abrange as jazidas, minas e demais recursos minerais, os potenciais de energia hidráulica, os monumentos arqueológicos e outros bens referidos por leis especiais (art. 1.230 do CC).
Gabarito "D"

(Delegado/GO – 2003 – UEG) Pelo novo Código Civil, o adquirente do apartamento responde pelas contribuições condominiais pretéritas. Esta contribuição classifica-se como

(A) obrigação com eficácia real.
(B) ônus real, pois onera a coisa.
(C) foi *propter rem*, mas, a partir do novo Código Civil, transformou-se em ônus real.
(D) *propter rem*.

"Obrigação *propter rem* é a que recai sobre uma pessoa, por força de determinado direito real. Só existe em razão da situação jurídica do obrigado, de titular do domínio ou de detentor de determinada coisa" (Carlos Roberto Gonçalves, *Direito Civil Esquematizado*, Saraiva, p. 431). É o que ocorre, por exemplo, com a obrigação imposta ao condômino de concorrer para as despesas de conservação da coisa comum, prevista no art. 1.315 do CC.
Gabarito "D"

(Delegado/MG – 2012) As seguintes afirmativas concernentes às cláusulas especiais à compra e venda, previstas no Código Civil de 2002, estão corretas, **EXCETO**:

(A) a retrovenda é a cláusula pela qual o vendedor se reserva o direito de readquirir a coisa do comprador, no prazo máximo de 3 anos, restituindo-lhe o preço mais as despesas, sendo que esta cláusula só tem valor se o objeto do contrato for imóvel.
(B) a preempção ou preferência é a cláusula pela qual o comprador se compromete a oferecer a coisa ao vendedor, se algum dia se decidir a vendê-la. Podem as partes fixar prazo máximo de 180 dias para bens móveis e 2 anos para bens imóveis.
(C) a venda sujeita à prova entende-se realizada sob condição suspensiva, ainda que a coisa lhe tenha sido entregue; e não se reputará perfeita, enquanto o adquirente não manifestar seu agrado.
(D) reserva de domínio é a cláusula que garante ao vendedor a propriedade de coisa móvel já entregue ao comprador até o pagamento total do preço, a forma da cláusula será sempre escrita.

A: correta, retrovenda é uma cláusula especial (pacto adjeto) da compra e venda através da qual o vendedor de um bem imóvel se reserva o direito de reavê-lo, dentro de certo prazo (o máximo que pode ser estipulado é o prazo de 03 anos), restituindo o preço recebido e reembolsando as despesas do comprador (arts. 504 e 505 do CC); **B: correta,** a cláusula de preempção, ou preferência, impõe ao comprador a obrigação de oferecer ao vendedor a coisa que aquele vai vender, ou dar em pagamento, para que este use de seu direito de prelação na compra, tanto por tanto. Esta cláusula pode ser estipulada pelo prazo máximo de 2 anos (imóveis) ou 180 dias (móveis); **C: incorreta,** a venda a contento (*ad gustum*) e a venda sujeita a prova se distinguem pelo fato de que na primeira o comprador ainda não conhece o bem que irá adquirir e na segunda o comprador já conhece o bem, mas deseja provar a coisa para confirmar suas qualidades. A banca considerou a alternativa C incorreta, pois a redação do artigo 509 reproduzida na questão se refere expressamente à venda a contento. Entretanto, **não concordamos com o gabarito**, pois a redação do dispositivo é aplicável às duas hipóteses: a venda a contento e a sujeita a prova presumem-se realizadas sob condição suspensiva e não se aperfeiçoam enquanto o comprador não se declarar satisfeito; **D: correta**, a cláusula de venda com reserva de domínio (*pactum reservati dominii*) permite que o vendedor retenha o domínio da coisa (direito de propriedade) até que o vendedor pague integralmente o preço combinado (art. 521 e 522 do CC).
Gabarito "C"

(Delegado/MG – 2012) A Lei 12.424, de 16 de junho de 2011, inseriu no Código Civil, em seu artigo 1.240-A e seu parágrafo 1º, uma nova modalidade de usucapião em nosso ordenamento jurídico, o usucapião familiar. Sobre esta modalidade de usucapião, é **INCORRETO** afirmar que

(A) permite que um dos ex-cônjuges ou até mesmo ex-companheiros, oponham contra o outro o direito de usucapir a parte que não lhe pertence, possibilitando neste caso o usucapião entre condôminos.
(B) tem como requisito o exercícios de posse direta por 2 anos ininterruptos, sem oposição e com exclusividade, sobre imóvel urbano de até $250m^2$ ou rural de até 50 hectares.
(C) a parte que propõe a ação de usucapião não pode ser proprietária de outro imóvel urbano ou rural, sendo que o direito de usucapir nesta modalidade não será reconhecido ao mesmo possuidor mais de uma vez.
(D) tem como o requisito o abandono do lar por um dos coproprietários.

A: correta, a usucapião familiar incluída pela Lei 12.424/2001 no artigo 1.240-A do Código Civil pode ser requerida tanto por quem está casado como também vivendo em união estável, pois o escopo da norma é a proteção da família; **B: incorreta**, o legislador permitiu o exercício desta modalidade de usucapião apenas em caso de imóvel urbano, pois a medida é fruto da legislação que dispõe sobre o Programa Minha Casa, Minha Vida e a regularização fundiária de assentamentos localizados em áreas urbanas (Lei 12.424/2011). Esta é a posição mais segura para concursos, mas devemos alertar que já há quem entenda que a norma possa ser aplicada por analogia a imóveis rurais; **C: correta**, por se tratar de espécie de usucapião especial urbana, o legislador manteve entre seus requisitos a exigência de que a parte requerente não pode ser proprietária de outro imóvel e que o direito à usucapião familiar só pode ser exercido uma única vez (Art. 1.240-A, *caput* e parágrafo primeiro, CC); **D: correta**, só haverá direito à usucapião familiar se houver o abandono do lar (art. 1.240-A, *caput*, CC).
Gabarito "B"

(Delegado/MG – 2012) As seguintes afirmativas concernentes aos Direitos Reais de Garantia estão corretas, **EXCETO**:

(A) podem ser apontadas como características de penhor, da anticrese e da hipoteca: o poder de sequela, o direito de preferência, a excussão e a divisibilidade da garantia.

(B) na constituição do penhor, anticrese ou hipoteca é expressamente vedada à imposição de cláusula comissória no bojo do contrato.
(C) os contratos de penhor, anticrese ou hipoteca declararão sob pena de não terem eficácia o valor do crédito, sua estimação, ou valor máximo; o prazo fixado para pagamento; a taxa de juros, se houver; e o bem dado em garantia com suas especificações.
(D) salvo cláusula expressa, o terceiro que prestar garantia real por dívida alheia não fica obrigado a substituí-la, ou reforçá-la, quando, sem culpa sua, se perca, deteriore, ou desvalorize.

A: incorreta, pois o penhor, a hipoteca e a anticrese possuem como características comuns apenas o poder de sequela e a indivisibilidade. A excussão, possibilidade de promover a venda do bem, e o direito de preferência são características exclusivas da hipoteca e da anticrese; **B: correta**, cláusula comissória é aquela autoriza ao credor ficar com o bem dado como garantia, caso a dívida não seja paga. De acordo com o artigo 1.428 do CC é nula a cláusula que autoriza o credor pignoratício, anticrético ou hipotecário a ficar com o objeto da garantia, se a dívida não for paga no vencimento; **C: correta**, a alternativa reproduz os requisitos exigidos pelo artigo 1.424 do CC; **D: correta**, pois em regra o terceiro garantidor da dívida de outrem não tem obrigação de substituir ou reforçar a garantia real caso esta se perca, deteriore ou desvalorize sem culpa sua (art. 1.427 do CC).
Gabarito "A"

(Delegado/MG – 2008) Analise as seguintes afirmativas concernentes ao instituto do usufruto como direito real sobre coisa alheia e assinale a alternativa *INCORRETA*.

(A) A legislação civil brasileira proíbe a transferência do usufruto, mas, não, do exercício, por título gratuito ou oneroso.
(B) O Código Civil de 2002 confere ao cônjuge viúvo, se o regime de bens do casamento não era o da comunhão universal, o direito, enquanto durar a viuvez, ao usufruto da quarta parte dos bens do cônjuge falecido.
(C) O usufruto, diferentemente da enfiteuse, será sempre temporário.
(D) O usufruto pode recair em um ou mais bens, móveis ou imóveis, em um patrimônio inteiro, ou parte deste, abrangendo-lhe, no todo ou em parte, os frutos e utilidades.

A: assertiva correta (art. 1.393 do CC); **B:** assertiva incorreta, pois cônjuge sobrevivente tem direito real de habitação relativamente ao imóvel em que residia a família (art. 1.831 do CC); **C:** assertiva correta (arts. 1.410, III, e 1.411, ambos do CC); **D:** assertiva correta (art. 1.390 do CC).
Gabarito "B"

(Delegado/MG – 2006) Considerando os dispositivos do Código Civil em vigor sobre o direito de superfície, assinale a alternativa INCORRETA:

(A) O proprietário pode conceder a outrem o direito de construir em seu terreno, por tempo indeterminado, mediante escritura pública devidamente registrada no Cartório de Registro de Imóveis.
(B) O direito de superfície não autoriza obra no subsolo, salvo se for inerente ao objeto da concessão.
(C) O direito de superfície pode transferir-se a terceiros e, por morte do superficiário, aos seus herdeiros.
(D) O superficiário pode estabelecer servidões no terreno para facilitar o uso da construção e do imóvel.

A: incorreta, pois a superfície é por tempo determinado (art. 1.369, *caput*, do CC); **B:** correta (art. 1.369, parágrafo único, do CC); **C:** correta (art. 1.372, *caput*, do CC); **D:** correta, pois não há restrição legal quanto ao estabelecimento de servidão pelo superficiário.
Gabarito "A"

(Delegado/MG – 2006) Assinale a alternativa INCORRETA:

(A) A proteção possessória pode ser invocada tanto pelo que tem posse justa, como injusta, de boa-fé ou má-fé.
(B) O possuidor de boa-fé tem direito à indenização pelas benfeitorias necessárias, úteis e voluptuárias e ainda, exercer o direito de retenção até o pagamento.
(C) O possuidor de boa-fé tem direito aos frutos percebidos tempestivamente, mas não faz jus aos frutos pendentes ao tempo que cessar a boa-fé.
(D) O possuidor de má-fé tem direito à indenização pelas benfeitorias necessárias.

A: correta (art. 1.210 do CC); **B:** incorreta, pois o possuidor de boa-fé terá o direito de retenção apenas quanto às benfeitorias necessárias e úteis (art. 1.219 do CC); **C:** correta (art. 1.214 do CC); **D:** correta (art. 1.220 do CC).
Gabarito "B"

(Delegado/PI – 2009 – UESPI) Quanto à aquisição da propriedade móvel, é correto afirmar que:

(A) quem quer que ache coisa alheia perdida, adquire-lhe a propriedade, caso transcorram 60 dias da publicação na imprensa.
(B) não será admitida a usucapião de bens móveis quando a posse não for de boa-fé.
(C) aquele que, trabalhando em matéria prima totalmente alheia, obtiver espécie nova, a perderá para o dono do material utilizado, ainda que haja boa-fé.
(D) a propriedade das coisas não se transfere pelos negócios jurídicos antes da tradição.
(E) não é admitido, na lei civil, o assenhoreamento de coisa sem dono.

A: incorreta, pois aquele que achar coisa alheia deve entregá-la à autoridade ao dono ou possuidor e, caso não encontrá-lo, entregará a coisa à autoridade competente (art. 1.233 do CC), sem prejuízo do direito a uma recompensa não inferior a 5% do valor da coisa, mais indenização pelas despesas (art. 1.234 do CC); decorridos 60 dias da divulgação da notícia pela imprensa, não se apresentando o proprietário da coisa, esta será vendida em hasta pública, sendo que o produto da venda, descontadas as despesas e a recompensa, irão para o Município, salvo se a coisa for de diminuto valor, ocasião em que o Município pode deixá-la para quem a achou (art. 1.237 do CC); **B:** incorreta, pois cabe a usucapião extraordinária, cujo prazo é de 5 anos, ao contrário da ordinária, cujo prazo é de 3 anos (arts. 1.260 e 1.261 do CC); **C:** incorreta, pois a coisas pertencerá ao especificador se este atuar de boa-fé (art. 1.270 do CC); **D:** correta, pois a propriedade da coisa móvel se transfere pela tradição (art. 1.267 do CC); **E:** incorreta, pois a ocupação é regulamentada pelo art. 1.263 do CC.
Gabarito "D"

(Delegado/PI – 2009 – UESPI) O direito real de superfície foi introduzido no Código Civil de 2002, com a finalidade de substituir a enfiteuse em desuso. Com relação ao seu conteúdo, podemos afirmar o que segue.

1) O direito de superfície não autoriza obra no subsolo, salvo se for inerente ao objeto da concessão.
2) O direito de superfície pode transferir-se a terceiros e, por morte do superficiário, aos seus herdeiros.
3) Os encargos e tributos que incidirem sobre o imóvel permanecerão a cargo do proprietário.
4) Extinta a concessão, o proprietário passará a ter a propriedade plena sobre terreno, construção ou plantação, independentemente de indenização, se as partes não houverem estipulado o contrário.

Estão corretas apenas:

(A) 1 e 2
(B) 1 e 4
(C) 1, 2 e 4
(D) 2 e 3
(E) 2, 3 e 4

1: correta (art. 1.369, parágrafo único, do CC); **2:** correta (art. 1.372, *caput*, do CC); **3:** incorreta (art. 1.371 do CC); **4:** correta (art. 1.375 do CC).
Gabarito "C"

(Delegado/RJ – 2009 – CEPERJ) Assinale a alternativa correta, se houver:

(A) Ao possuidor de má-fé é deferido o direito ao recebimento das despesas que realizou para produção e custeio dos bens no objeto possuído.
(B) O possuidor de má-fé tem direito de retenção, mas somente quanto às benfeitorias necessárias.
(C) Em matéria de proteção possessória, o CC/02 manteve a exceção de domínio.
(D) O possuidor de boa-fé, em razão dela, tem direito de retenção por toda e qualquer benfeitoria que tenha introduzido na coisa.
(E) Nenhuma das respostas acima.

A: correta (art. 1.216 do CC); **B:** incorreta, pois o possuidor de má-fé não tem direito de retenção (art. 1.220 do CC); **C:** incorreta, pois o art. 505 do CC/1916 não foi contemplado pelo novo Código Civil/2002 e a segunda parte do art. 923 do CPC foi revogada pela Lei 6.820/80; **D:** incorreta, pois o possuidor de boa-fé tem direito de retenção apenas quanto às benfeitorias úteis e necessárias (art. 1.219 do CC).
Gabarito "A"

(Delegado/RN – 2009 – CESPE) A respeito da aquisição de propriedade, assinale a opção correta.

(A) A propriedade das coisas móveis é transferida por negócios jurídicos antes da tradição.
(B) Ainda que a ocupação seja defesa em lei, se alguém se assenhorear de coisa sem dono, adquirir-lhe-á a propriedade.
(C) A tradição transfere a propriedade, ainda que tenha por título um negócio jurídico nulo.
(D) Se determinada pessoa possuir coisa móvel como sua por dois anos, com justo título e boa-fé, adquirir-lhe-á a propriedade.
(E) Se determinada pessoa possuir coisa móvel como sua por cinco anos, produzirá usucapião, independentemente de título e boa-fé.

A: incorreta (art. 1.267, *caput*, do CC); **B:** incorreta (art. 1.263 do CC); **C:** incorreta (art. 1.268, § 2º, do CC); **D:** incorreta (art. 1.260 do CC); **E:** correta (art. 1.261 do CC).
Gabarito "E"

(Delegado/SP – 2008) Pelo Código Civil, a posse que não for violenta, clandestina ou precária é

(A) plena.
(B) justa.
(C) definitiva.
(D) mansa e pacifica.
(E) incompatível

De acordo com o artigo 1.200 do Código Civil, é justa a posse que não for violenta, clandestina ou precária. Desta forma, podemos afirmar que a posse justa é aquela adquirida por meio não censurado pelo direito.
Gabarito "B"

(Delegado/SP – 2008) Não se considera direito real

(A) a superfície.
(B) a habitação.
(C) o uso.
(D) o penhor.
(E) a benfeitoria necessária.

As benfeitorias não são direitos reais. Consoante determina o artigo 1.225 do Código Civil, são direitos reais, I – a propriedade; II – a superfície; III – as servidões; IV – o usufruto; V – o uso; VI – a habitação; VII – o direito do promitente comprador do imóvel; VIII – o penhor; IX – a hipoteca; X – a anticrese; XI – a concessão de uso especial para fins de moradia; e XII – a concessão de direito real de uso.
Gabarito "E"

(Delegado/SP – 2008) Cabe ao proprietário de imóvel que se encontre ameaçado de ruína, prestar caução, em razão de dano infecto, ao proprietário ou possuidor de prédio confinante. Na doutrina esse ato denomina-se.

(A) obrigação natural.
(B) obrigação de meio.
(C) obrigação *propter rem*.
(D) obrigação de resultado.
(E) obrigação solidária.

A: incorreta, a obrigação natural é aquela que não pode ser cobrado em juízo (não gera responsabilidade civil – exemplo: dívida de jogo); **B: incorreta**, a obrigação de meio é aquele em que o devedor se compromete pela sua conduta e não pelo resultado pretendido; **C: correta**, a obrigação retratada no enunciado da questão é a obrigação *propter rem*, pois decorre do exercício do direito de propriedade. É uma obrigação que vincula qualquer pessoa que seja proprietária do imóvel ameaçado de ruína (art. 1.280 do CC); **D: incorreta**, obrigação de resultado ou de fim é aquela em que o devedor se compromete a alcançar determinado resultado, respondendo objetivamente se não Alcançá-lo; **E: incorreta**, Há solidariedade, quando na mesma obrigação concorre mais de um credor, ou mais de um devedor, cada um com direito, ou obrigado, à dívida toda (art. 264 do CC)
Gabarito "C"

(Delegado/SP – 2003) A propriedade

(A) móvel será adquirida pelo assenhoreamento de coisa sem dono, desde que essa ocupação não seja proibida por lei.
(B) trata-se de direito constitucional individual, não podendo o seu exercício ser de forma alguma limitado.
(C) de área urbana, até duzentos e cinquenta metros quadrados, será adquirida por aquele que a possuir por cinco anos ininterruptos, independentemente de qualquer outra condição.
(D) do solo abrange a do espaço aéreo e do subsolo, incluindo as suas jazidas, minas e demais recursos minerais.

A: correta, tratando-se do instituto da ocupação (art. 1.263 do CC); **B:** incorreta, pois o exercício da propriedade é limitado em razão e nos limites da função social da propriedade (art. 1.228, §§ 1º e 2º, do CC); **C:** incorreta, pois há outros requisitos no art. 1.240 do CC; **D:** incorreta (arts. 1.229 e 1.230 do CC).
Gabarito "A"

(Delegado/SP – 2003) O direito real, que permite ao beneficiário ocupar, gratuitamente, com sua família, casa alheia, denomina-se

(A) uso.
(B) habitação.
(C) empréstimo.
(D) usufruto.

O direito real de habitação está previsto no artigo 1.414 do Código Civil, nos seguintes termos: "Quando o uso consistir no direito de habitar gratuitamente casa alheia, o titular deste direito não a pode alugar, nem emprestar, mas simplesmente ocupá-la com sua família".
Gabarito "B"

(Delegado/SP – 2003) Não se trata de direito real

(A) a propriedade.
(B) o usufruto.
(C) a superfície.
(D) a enfiteuse.

Art. 1.225 do CC.
Gabarito "D"

(Delegado/SP – 2002) O direito de usar, gozar, dispor e reivindicar caracteriza a propriedade

(A) resolúvel.
(B) plena.
(C) limitada.
(D) usufrutuária.

Arts. 1.228 e 1.231, ambos do CC.
Gabarito "B"

(Delegado/SP – 2002) Diz-se "velha" a posse após

(A) cinco anos.
(B) dois anos e dia.
(C) dez anos.
(D) ano e dia.

Art. 924 do CPC.
Gabarito "D"

(Delegado/SP – 2002) Quando o devedor cede ao credor um imóvel para que este, em compensação de dívida, exerça o direito de perceber seus frutos e rendimentos, temos um caso de

(A) anticrese.
(B) aforamento.
(C) servidão.
(D) acessão.

Art. 1.506 do CC.
Gabarito "A"

(Delegado/SP – 2000) É correto afirmar que

(A) sempre existirá esbulho sem posse.
(B) o esbulho e a turbação não guardam relação com a posse.
(C) a turbação pressupõe a posse, o esbulho não.
(D) não existe esbulho ou turbação sem posse.

A: incorreta, pois o esbulho consiste na agressão espoliativa à posse de alguém, passando outro a exercer posse; **B** e **C:** incorreta, pois os dois casos são de agressão à posse; **D:** correta, pois o esbulho e a turbação são agressões, justamente, à posse.
Gabarito "D"

(Delegado/SP – 1999) O aumento que o rio acresce às terras de modo vagaroso, recebe o nome de

(A) avulsão.
(B) aluvião.
(C) álveo abandonado.

(D) comistão.

A: incorreta, avulsão é o deslocamento, por força natural e violenta, de uma porção de terra de um prédio a outro (art. 1.251 do CC); **B: correta**, o enunciado se refere à aluvião própria, prevista no artigo 1.250 do Código Civil: "Os acréscimos formados, sucessiva e imperceptivelmente, por depósitos e aterros naturais ao longo das margens das correntes, ou pelo desvio das águas destas, pertencem aos donos dos terrenos marginais, sem indenização"; **C: incorreta**, álveo abandonado consiste no recuo das águas de um rio (art. 1.252 do CC); **D: incorreta**, comistão é uma forma de aquisição da propriedade móvel consistente na mistura de coisa sólidas ou secas (art. 1.272 do CC).

Gabarito "B".

(Delegado/SP – 1998) A prerrogativa concedida ao titular do direito real de por em movimento o exercício de seu direito sobre a coisa a ele vinculada, contra a todo aquele que a possua injustamente, ou seja, seu detentor, denomina-se

(A) direito de sequela.
(B) enfiteuse.
(C) direito de preferência.
(D) servidão.

O direito de sequela, previsto no art. 1.228 do CC como um dos poderes elementares do proprietário. Também chamado de *rei vindicatio*, envolve a proteção específica da propriedade, que se perfaz pela ação reinvindicatória.

Gabarito "A".

(Delegado/SP – 1998) A convenção, mediante a qual o credor, retendo um imóvel do devedor, percebe seus frutos para conseguir a soma em dinheiro emprestada, imputando na dívida e até seu resgate, as importâncias que for recebendo, denomina-se

(A) penhor
(B) hipoteca.
(C) anticrese.
(D) arras.

Art. 1.506 do CC.

Gabarito "C".

7. FAMÍLIA

(Delegado/RO – 2014 – FUNCAB) Acerca da tutela, é correto o que se afirma em:

(A) Não pode ser instituída por testamento.
(B) A tutela, uma vez feita pelos pais conjuntamente, não necessita de chancela judicial.
(C) É negócio jurídico unilateral e deve obedecer a forma especial, sob pena de nulidade.
(D) É vedado que seja feita por meio de codicilo.
(E) É proibido ao tutor adotar o seu pupilo.

A: incorreta, pois "*a nomeação deve constar de testamento ou de qualquer outro documento autêntico*" (CC, art. 1.729, parágrafo único); **B:** incorreta, pois ainda assim será preciso a homologação judicial; **C:** correta, pois a lei exige forma, permitindo o uso do "*testamento ou outro documento autêntico*" (CC, art. 1.730); **D:** incorreta, pois o codicilo pode ser considerado outro documento autêntico; **E:** incorreta, pois o tutor poderá adotar o pupilo, após "*prestar contas de sua administração*" (ECA, art. 44).

Gabarito "C".

(Delegado/RO – 2014 – FUNCAB) Quanto ao Poder familiar, é correto afirmar:

(A) É irrenunciável, personalíssimo, intransferível e imprescritível.
(B) É irrenunciável, público, transferível e imprescritível.
(C) É renunciável, personalíssimo, transferível e prescritível.
(D) É renunciável, público, intransferível e prescritível.
(E) É renunciável, público, intransferível e imprescritível.

O Poder Familiar é atualmente analisado sob o enfoque de um "poder-dever", que se confere aos pais, a fim de dirigir a criação e educação dos filhos menores. Tal prerrogativa apresenta as características mencionadas na alternativa A, sendo irrenunciável, personalíssimo, intransferível e imprescritível.

Gabarito "A".

(Delegado de Polícia/GO – 2013 – UEG) De acordo com o Direito Civil, parte especial, família, e em conformidade com a Constituição Federal, o poder familiar existe de forma legal, sendo que, de acordo com o exercício do poder familiar:

(A) compete aos pais, quanto à pessoa dos filhos menores, representá-los, até aos 18 anos, nos atos da vida civil.
(B) suspende-se igualmente o exercício do poder familiar ao pai ou à mãe condenados por sentença irrecorrível, em virtude de crime cuja pena exceda a dois anos de prisão.
(C) divergindo os pais quanto ao exercício do poder familiar, é cabível, de acordo com o princípio da isonomia e da equidade, a diferenciação entre pais, não podendo recorrer ao juiz o pai, ou a mãe inadimplente em suas obrigações parentais.
(D) cabe ao juiz, requerendo algum parente, ou o Ministério Público, adotar a extinção do poder familiar em casos de abuso de autoridade ou de pai ou de mãe, que faltaram com os deveres a eles inerentes ou arruinaram os bens dos filhos.

A: incorreta, pois a partir dos dezesseis anos os pais apenas assistem os filhos nos atos da vida civil, uma vez que são relativamente incapazes de exercer certos atos da vida civil (art. 4º, I, do CC); **B:** correta, pois de pleno acordo com o art. 1.637, parágrafo único, do CC; **C:** incorreta, pois contrária ao disposto no art. 1.631, parágrafo único, do CC, que dispõe: "*Divergindo os pais quanto ao exercício do poder familiar, é assegurado a qualquer deles recorrer ao juiz para solução do desacordo*"; **D:** incorreta, pois para tais hipóteses o art. 1.637 do CC prevê a suspensão do poder familiar e não a extinção.

Gabarito "B".

(Delegado de Polícia/GO – 2013 – UEG) Na doutrina civilista atual, respeitando-se o estudo dos princípios constitucionais, tem-se que:

(A) em se tratando da prestação de alimentos, é estabelecido em Lei ser esta própria de pais e extensiva a terceiros, desde que interessados e membros lícitos da sociedade: tutores ou curadores, de acordo com o princípio da autonomia da vontade e da eticidade contratual, mediante sentença transitada em julgado.
(B) compete aos pais, e na falta de um deles ao outro, com exclusividade, representar os seus filhos menores de 18 anos, tanto em fatos jurídicos cíveis como em atos de responsabilidade penal, como responsáveis legais.
(C) o pai e a mãe, enquanto de boa-fé e no exercício do poder familiar, são considerados usufrutuários dos bens dos filhos.
(D) se o parente que deve alimentos não estiver em condições de suportar totalmente o encargo, serão chamados os terceiros interessados, desprezando-se questões familiares, e a concorrência de graus imediatos, em prol da celeridade e da economia processual, são indicados os terceiros interessados no menor.

A: incorreta, pois a obrigação de prestar alimentos é restrita aos parentes, cônjuges ou companheiros (art. 1.694, CC); **B:** incorreta, pois não há representação em atos de responsabilidade penal e – mesmo no âmbito cível – a partir dos dezesseis anos existe mera assistência e não representação (art. 4º, I, do CC); **C:** correta, pois o direito real de usufruto sobre os bens do filho menor é concedido pelo art. 1.689 do CC; **D:** incorreta, pois o direito à prestação de alimentos é recíproco entre pais e filhos, extensivo a todos os ascendentes e – na falta dos ascendentes – cabe a obrigação aos descendentes e irmãos (arts. 1.696 e 1.697, CC).

Gabarito "C".

(Delegado de Polícia/GO – 2013 – UEG) Em relação aos institutos da Tutela e da Curatela, o Código Civil dispõe o seguinte:

(A) em se tratando do falecimento dos pais, restando apenas herdeiros menores de 12 anos, de acordo com o Código Civil, estes menores incapazes serão postos em curatela, pois ainda não possuem discernimento necessário para conviver em sociedade.
(B) os bens do menor serão entregues aos cuidados do tutor mediante termo especificado deles e seus valores, ainda que os pais o tenham dispensado.
(C) se os bens do menor constituírem valor considerável, o juiz, em prol do interesse do hipossuficiente, deverá dirimir o exercício da tutela à prestação de caução regular e indispensável, mesmo tratando-se de tutor com reconhecida idoneidade.
(D) as regras a respeito do exercício da tutela aplicam-se ao da curatela, pois são institutos que se complementam de forma interdisciplinar, tratando-se de incapazes ou relativamente capazes.

A: incorreta, pois para os menores de 18 anos o instituto adequado é a tutela e não a curatela (art. 1.728, I, do CC); **B:** correta, pois de pleno acordo com o art. 1.745 do CC; **C:** incorreta, pois, ao contrário do que traz a assertiva, nesta hipótese a caução poderá ser dispensada se o tutor for de reconhecida idoneidade (art. 1.745, parágrafo único, do CC); **D:** incorreta, pois a aplicação de um ou outro instituto guarda relação com a idade e não com o grau de incapacidade (arts. 3º, I, 4º, I, e 1.728, CC).

Gabarito "B"

(Delegado/RJ – 2013 – FUNCAB) De acordo com o Código Civil, na união estável, salvo contrato escrito entre os companheiros, aplica-se às relações patrimoniais, no que couber, o regime:

(A) da participação final nos aquestos.
(B) da comunhão universal.
(C) da comunhão parcial de bens.
(D) da separação de bens.
(E) dotal.

Não havendo contrato escrito entre as partes, o regime de bens que será adotado para a união estável é o da comunhão parcial, conforme determinado pelo art. 1.725 do CC.

Gabarito "C"

(Delegado/GO – 2009 – UEG) O ordenamento jurídico brasileiro, buscando acolher diferentes condições de vida em comum que se apresentam na sociedade, reconhece a situação jurídica denominada posse de estado de casados. Considerando-se tal situação, é CORRETO afirmar:

(A) essa situação é meio de prova do casamento e pode ser alegada pelos filhos, se mortos ambos os cônjuges.
(B) essa situação pode ser alegada pelos cônjuges como prova do casamento e convalida o vício que invalida o casamento.
(C) como meio de prova do casamento, só pode ser alegada pelos cônjuges depois de extinta a convivência marital ou na constância dela.
(D) esta é a situação de duas pessoas que viveram como casadas e esse estado tem por elementos o *nomem,* o *tractatus* e a *representatio.*

Art. 1.545 do CC. Nessa situação apenas os filhos podem alegar a posse de estado de casados e se mortos ambos os cônjuges, pois se um ainda estiver vivo ele deverá indicar o local onde se realizou o casamento para que os filhos possam obter a certidão.

Gabarito "A"

(Delegado/GO – 2003 – UEG) Pelo art. 1.711 do novo Código Civil, os cônjuges ou a entidade familiar, mediante escritura pública ou testamento, podem destinar parte do seu patrimônio para instituir bem de família. Quanto à natureza jurídica do bem de família, assinale a alternativa CORRETA:

(A) Ocorre afetação.
(B) É meio de colocar a coisa fora do comércio por força exclusivamente legal.
(C) Transferência do bem à entidade familiar e que passa a ter o direito de disposição.
(D) Instituição de um condomínio entre os pais e os filhos.

A instituição do bem de família é a forma de afetação do bem destinado a ser a residência da entidade familiar e tem o condão de torná-lo impenhorável por dívidas posteriores à sua constituição, salvo as exceções legais.

Gabarito "A"

(Delegado/GO – 2003 – UEG) Angélica, mãe solteira, tem dois filhos e um único imóvel residencial. A fim de ajudar uma irmã a obter capital para abrir um pequeno comércio, na condição de terceiro garante, consentiu em dar sua casa em hipoteca. Vencido o débito e não pago, o banco credor penhorou a casa. Diante do caso acima, marque a alternativa CORRETA:

(A) O imóvel é penhorável, pois foi dado em hipoteca pela proprietária.
(B) O imóvel é impenhorável, pois a hipoteca não redundou em benefício da família.
(C) O imóvel é penhorável, pois foi dado em garantia pela entidade familiar, representada pela mãe.
(D) O imóvel é impenhorável, pois é o único de Angélica.

De fato, não se configura, no caso, qualquer das exceções ao bem de família (Lei 8.009/90).

Gabarito "B"

(Delegado/MG – 2012) São características da obrigação alimentar:

(A) direito personalíssimo, invariabilidade e reciprocidade.
(B) alternatividade das prestações, irrenunciabilidade e repetibilidade.
(C) alternatividade das prestações, variabilidade e transmissibilidade sucessória *sui generis* da prestação.
(D) divisibilidade, imprescritibilidade e intransmissibilidade sucessória *sui generis* da prestação.

A: incorreta, pois embora a obrigação alimentar tenha como características a reciprocidade (art. 1.694 do CC) e a natureza personalíssima, não se pode afirmar que é invariável. De acordo com o artigo 1.699 do Código Civil, "se, fixados os alimentos, sobrevier mudança na situação financeira de quem os supre, ou na de quem os recebe, poderá o interessado reclamar ao juiz, conforme as circunstâncias, exoneração, redução ou majoração do encargo". **B: incorreta**, a obrigação alimentar possui como características a alternatividade das prestações (os alimentos devem ser pagos em regra em dinheiro, mas também pode ser pagos *in natura*) e a irrenunciabilidade (art. 1.707 do CC), mas não a repetibilidade (os alimentos não podem ser cobrados de volta quando constatado posteriormente que não eram devidos); **C: correta**, a obrigação alimentar é alternativa, variável e transmissível em razão da morte (art. 1.700); **D: incorreta**, a obrigação alimentar é divisível entre os parentes (arts. 1.696 e 1.697) e imprescritível (a obrigação alimentar não prescreve, embora prescreva a pretensão de executar alimentos vencidos e não pagos – art. 206, § 2º, CC). A alternativa está incorreta em razão da última característica apontada: a obrigação alimentar é transmissível em razão da morte (art. 1.700 do CC).

Gabarito "C"

(Delegado/MG – 2012) Considerando-se os aspectos gerais do casamento, é **INCORRETO** afirmar que

(A) o casamento tem como característica ser uma ato personalíssimo, solene, de união permanente, regido por normas de ordem pública e dissolúvel.
(B) o casamento civil pode ser dissolvido pelo divórcio, sem que se tenha que alegar alguma causa ou mesmo sem mais prazo algum.
(C) o casamento religioso, celebrado sem as formalidade exigidas pela legislação vigente, terá efeitos civis se, a requerimento do casal, for registrado, submetendo-se aos mesmos requisitos exigidos para o casamento civil, contudo, na hipótese de uma das partes falecer, antes do casamento religioso ser reconhecido, não se pode mais requerer os efeitos civis.
(D) as causas suspensivas do casamento visam a resguardar interesse público e, portanto, podem ser opostos por qualquer pessoa capaz até o momento da celebração do casamento.

A: correta, o casamento é um ato personalíssimo, embora possa ser celebrado mediante procuração pública com finalidade específica para o ato, e é regido por normas de ordem pública que impedem convenções particulares em sentido contrário. É uma união permanente embora possa ser dissolvido pelo divórcio, anulação, nulidade ou morte; **B: correta**, o divórcio consiste no exercício de um direito potestativo em que não é exigida qualquer justificativa. Com a introdução da Emenda Constitucional 66/2010 foi alterado o artigo 226, § 6º da Constituição Federal para excluir qualquer requisito temporal para o exercício do direito ao divórcio; **C: correta**, pois a eficácia *ex tunc* depende da observância no casamento religioso dos requisitos exigidos no casamento civil (art. 1.516, § 2º, CC); **D: incorreta**, as causas suspensivas só podem ser arguidas pelos parentes em linha reta de um dos nubentes, sejam consanguíneos ou afins, e pelos colaterais em segundo grau, sejam também consanguíneos ou afins (art. 1.524 do CC).

Gabarito "D"

(Delegado/MG – 2008) Analise as seguintes afirmativas concernentes ao regime de bens no casamento e assinale a alternativa *INCORRETA.*

(A) A alteração do regime de bens é admissível, mediante autorização judicial, em pedido motivado de pelo menos um dos cônjuges, ressalvados os direitos de terceiros.
(B) No regime da comunhão parcial de bens, não se comunicam os valores resultantes de créditos ou direitos nascidos de causas anteriores ao casamento, bem como os sub-rogados em seu lugar.
(C) O pacto antenupcial tem plena eficácia entre os cônjuges, independentemente de registro, mas somente terá eficácia *erga omnes* depois de registrado pelo oficial do Registro de Imóveis do domicílio dos cônjuges.
(D) Os cônjuges podem optar por um dos regimes de bens disciplinados no Código e combiná-los entre si, por meio de pacto antenupcial.

A: incorreta, pois o pedido motivado deve ser de ambos os cônjuges (art. 1.639, § 2º, do CC); **B:** correta (art. 1.661 do CC); **C:** correta (art. 1.657 do CC); **D:** correta (art. 1.640, parágrafo único, do CC).

Gabarito "A"

(Delegado/RJ – 2009 – CEPERJ) Acerca do poder familiar no Código Civil, é incorreta a seguinte afirmação:

(A) Os filhos estão sujeitos ao poder familiar, enquanto menores.
(B) A separação judicial, o divórcio e a dissolução da união estável não alteram as relações entre pais e filhos, senão quanto ao direito, que aos primeiros cabe, de terem em sua companhia os segundos.
(C) Durante o casamento e a união estável, compete o poder familiar aos pais; na falta ou impedimento de um deles, o outro o exercerá com exclusividade.
(D) Compete aos pais, quanto à pessoa dos filhos menores, dirigir--lhes a criação e a educação.
(E) Extingue-se o poder familiar do pai ou da mãe condenados por sentença irrecorrível.

A: correta (art. 1.630 do CC); **B:** correta (art. 1.632 do CC); **C:** correta (art. 1.631, *caput*, do CC); **D:** correta (art. 1.634, I, do CC); **E:** incorreta, pois extingue-se o poder familiar por decisão judicial (art. 1.635 do CC).

Gabarito "E"

(Delegado/RJ – 2009 – CEPERJ) A respeito dos alimentos no Código Civil em vigor, assinale a alternativa incorreta:

(A) O cônjuge declarado culpado na ação de separação judicial pode pedir alimentos ao outro.
(B) A obrigação de prestar alimentos pode ser transmitida aos herdeiros.
(C) É possível que a pessoa que necessite dos alimentos não venha a pedi-los, mas a renúncia direito a alimentos não é permitida.
(D) Os alimentos devem ser fixados na proporção das necessidades do reclamante e dos recursos da pessoa obrigada.
(E) A pessoa obrigada a suprir alimentos, poderá pensionar o alimentando, ou dar-lhe hospedagem e sustento, deixando, assim, de prestar o necessário à sua educação, quando menor.

A: correta, ao contrário do que previa o Código Civil de 1916, atualmente o cônjuge culpado pode pedir alimentos ao cônjuge inocente (art. 1.704, parágrafo único, CC). Entretanto só poderá exigir os alimentos mínimos (necessários), assim considerados aqueles indispensáveis à sobrevivência; **B: correta**, a obrigação alimentar é transmissível aos herdeiros (art. 1.700 do CC); **C: correta**, o direito a alimentos é irrenunciável (art. 1.707 do CC), mas não ninguém pode ser forçado a exigir alimentos de outrem; **D: correta**, os alimentos devem ser fixados de acordo com o binômio necessidade--possibilidade (art. 1.694, § 1º, do CC); **E: incorreta**, a pessoa obrigada a pagar alimentos a menor de idade não pode deixar de prestar o necessário à sua educação (art. 1.701, *caput*, do CC). Essa obrigação, segundo a jurisprudência do STJ ultrapassa a menoridade e persiste até a conclusão da faculdade.

Gabarito "E"

(Delegado/SP – 2008) O casamento contraído de boa-fé, por parte de um dos cônjuges ou de ambos, embora nulo ou anulável, mas que a lei outorga efeitos de matrimônio válido, até o dia da sentença declaratória de nulidade ou anulação, recebe o nome de

(A) posse do estado de casados.
(B) casamento nuncupativo.
(C) casamento religioso de efeitos civis.
(D) casamento putativo.
(E) casamento consular.

Art. 1.561 do CC.

Gabarito "D"

(Delegado/SP – 2003) Estão impedidos de casar

(A) os afins em linha reta.
(B) o cônjuge adúltero com seu parceiro.
(C) aqueles que juraram voto de celibato.
(D) as mulheres menores de dezesseis anos e os homens menores de dezoito anos.

Art. 1.521, II, do CC.

Gabarito "A"

(Delegado/SP – 2003) Não podem ser tutores e serão exonerados da tutela, caso a exerçam,

(A) aqueles que tiverem sob sua autoridade mais de três filhos.
(B) os condenados por crimes – dentre outros – de furto, roubo ou estelionato.
(C) aqueles que habitarem longe do lugar onde se deva exercer a tutela.
(D) aqueles que já exercerem tutela ou curatela.

Art. 1.735, IV, do CC.

Gabarito "B"

(Delegado/SP – 2002) Casamento "in articulo mortis" é o mesmo que casamento

(A) putativo.
(B) simulado.
(C) presumido.
(D) nuncupativo.

O casamento "in articulo mortis", também chamado de casamento nuncupativo e "in extremis vitae momentis" é aquele realizado sem a presença do juiz ou seus suplentes, em razão da urgência na sua celebração por estar um dos nubentes em iminente risco de morte (art. 1.540 do CC). Após a celebração (que na verdade é uma simples manifestação de vontade) as testemunhas devem comparecer em juízo e confirmar o casamento (art. 1.541 do CC).

Gabarito "D"

(Delegado/SP – 2002) A relação que liga uma pessoa aos parentes de seu cônjuge denomina-se

(A) colateralidade.
(B) afinidade.
(C) lateralidade.
(D) legitimação conjugal.

A alternativa B está correta pela própria definição.

Gabarito "B"

8. SUCESSÕES

(Delegado/RO – 2014 – FUNCAB) Sobre a legitimidade sucessória, marque a opção correta.

(A) O testador poderá deixar uma dotação de bens para a instituição de uma fundação de direito público, nesse caso, ter-se-á uma sucessão testamentária.
(B) Têm capacidade sucessória as pessoas existentes ao tempo da abertura do inventário.
(C) Numa sucessão legítima pode suceder uma pessoa jurídica.
(D) Terão legitimidade para suceder os filhos de pessoas indicadas pelo testador, desde que vivas estas ao abrir-se a sucessão.
(E) O nascituro tem legitimidade para suceder desde que ocorra o implemento da condição resolutiva, ou seja, nascer com vida.

A: incorreta, pois nesse caso ter-se-á uma fundação privada (CC, art. 1.799, III); **B:** incorreta, pois não apenas as pessoas já nascidas, mas também as já concebidas terão o referido direito (CC, art. 1.798); **C:** incorreta, pois a pessoa jurídica pode ser chamada a suceder numa sucessão testamentária (CC, art. 1.799, II); **D:** correta, pois a alternativa trata da hipótese da sucessão em favor da prole eventual, pela qual o testador indica para herdar filhos ainda não nascidos, nem concebidos de determinadas pessoas. Estas pessoas (os pais da prole eventual, portanto) devem estar vivas ao tempo da abertura da sucessão; **E:** incorreta, pois nesse caso a condição é suspensiva, pois o direito fica suspenso até que ocorra o evento futuro e incerto do nascimento.

Gabarito "D"

(Delegado/RO – 2014 – FUNCAB) Sobre o instituto da "Indignidade", é correto afirmar:

(A) Declarada a indignidade, o quinhão hereditário do herdeiro legítimo excluído será destinado aos seus descendentes, que sucederão por direito próprio.
(B) Ciente o autor da herança do ato de indignidade praticado pelo herdeiro, poderá perdoá-lo, expressamente, em testamento ou ato autêntico, sendo que a sua inércia caracterizará perdão tácito.
(C) O quinhão hereditário do herdeiro testamentário, excluído da sucessão por indignidade, será repassado aos substitutos indicados na cédula testamentária.

(D) A ação ordinária de indignidade somente poderá ser ajuizada após o óbito do autor da herança, e dentro do prazo de dois anos, contados da abertura da sucessão.
(E) O ofendido pelo ato de indignidade será o autor da herança, seu cônjuge, companheiro, ascendente ou descendente.

A: incorreta. Quando uma pessoa é declarada indigna, mas ela tem descendentes (que já eram nascidos ou concebidos no momento do falecimento do *de cujus*), esses terão direito de representação, herdando por estirpe e não por cabeça (CC, art. 1.816); **B:** incorreta, pois o silêncio não significa perdão tácito (CC, art. 1.818); **C:** correta, pois a substituição testamentária prevista pelo testador se dará caso o herdeiro não queira ou não possa herdar, aí incluída a hipótese de indignidade (CC, art. 1.947); **D:** incorreta, pois o prazo decadencial para ajuizamento da referida ação é de quatro anos (CC, art. 1.815 parágrafo único); **E:** incorreta, pois apenas numa das hipóteses (CC, art. 1.816, I) é que a lei indica que o ofendido pela indignidade pode também ser cônjuge, companheiro, ascendente ou descendente do *de cujus*.
Gabarito "C"

(Delegado/MG – 2012) As seguintes afirmativas concernentes ao Direito de Sucessão estão corretas, **EXCETO**:

(A) aberta a sucessão, ou seja, com a morte, a posse e a propriedade dos bens do falecido são imediatamente transmitidas aos herdeiros legítimos e testamentários, com exceção do legatário que somente assume a posse com a partilha.
(B) não se pode aceitar ou renunciar a herança em parte, contudo, quem renuncia à herança, não está impedido de aceitar o legado.
(C) a cessão dos direitos hereditários pode ser total ou parcial, gratuita ou onerosa, cabendo sempre aos coerdeiros o exercício do direito de preferência na cota hereditária do cedente.
(D) na sucessão testamentária, diferentemente da sucessão legítima, não existe a previsão para o direito de representação, todavia, poderá o testador consignar cláusula de substituição com o intuito de estabelecer os efeitos da representação.

A: correta, pelo **princípio da** *saisine* a propriedade e a posse indireta da herança são transmitidas automaticamente aos herdeiros no exato instante da morte. Por sua vez, o legatário, só receberá a posse no momento da partilha; **B: correta**, nos termos do artigo 1.808, § 2º do Código Civil, o 1º o herdeiro, a quem se testarem legados, pode aceitá-los, renunciando a herança; ou, aceitando-a, repudiá-los; **C: incorreta**, o direito à sucessão aberta, bem como o quinhão de que disponha o cordeiro, pode ser objeto de cessão total ou parcial, gratuita ou onerosa, mas sempre por escritura pública. Entretanto, o direito de preferência só pode ser exercido em caso de cessão onerosa segundo entendimento doutrinário (vide artigo 1.794 do CC); **D: correta**, o direito de representação somente existe na sucessão legítima (arts. 1.851 a 1.856 do CC), mas é possível a instituição de cláusula de substituição na sucessão testamentária para produção de efeitos semelhantes (art. 1.947 a 1.960 do CC).
Gabarito "C"

(Delegado/MG – 2012) Moisés, falecido em 2010, era casado com Yara, sob regime da comunhão parcial de bens. Durante o casamento, os cônjuges não adquiriram bens. O casal teve 2 filhos, Ênio e Laylla. Ênio teve 3 filhos (A, B e C) e faleceu em 2005. Laylla teve 2 filhos (D e E) e renunciou a herança de seu pai Moises. O patrimônio deixado por Moises foi totalmente adquirido antes do casamento. Assinale a alternativa que indica de forma **CORRETA** como deverá ser distribuída a herança deixada por Moisés:

(A) 1/3 para cada um dos 3 filhos de Ênio de forma igualitária.
(B) 1/5 para cada um dos netos do falecido de forma igualitária.
(C) 1/4 para Yara, por concorrência e o restante distribuído de forma igualitária entre os 5 netos do falecido.
(D) 1/6 para cada um dos netos do falecido de forma igualitária e 1/6 para Yara, por concorrência.

A situação narrada no enunciado é regulada pelo Capítulo que trata da sucessão legítima no Código Civil. Seguindo a ordem de vocação hereditária prevista no artigo 1.829, I, do CC, YARA (cônjuge do falecido) irá concorrer com os descendentes, pois era casada com MOISES pelo regime da comunhão parcial de bens e todos os bens deixados pelo falecido eram particulares (YARA não é meeira, mas é herdeira de todos os bens particulares). Quantos aos descendentes a herança deveria ser deferida aos filhos (descendentes de 1º grau), mas como ENIO era pré-morto e LAYLLA renunciou a herança deve ser aplicada a regra prevista no artigo 1.811, encaminhando-se aos netos (descendentes de 2º grau) a herança. Se fossemos dividir em partes iguais a herança entre todos os netos (A, B, C, D e E) e a esposa do falecido (YARA), teríamos 1/6 da herança para cada um. Entretanto, como YARA é ascendente (avó) de todos os descendentes com quem irá concorrer (netos), sua quota parte não pode ser inferior a 1/4 da herança, nos termos do artigo 1.832 do CC. Assim, YARA deve receber a sua quota mínima reservada por lei (1/4 – 25%) e os netos devem dividir igualitariamente o restante (3/4 – 75%), totalizando 3/20 – 15% para cada neto.
Gabarito "C"

(Delegado/MG – 2006) Considerando os dispositivos do Código Civil em vigor sobre a indignidade no Direito das Sucessões, assinale a alternativa INCORRETA:

(A) Os descendentes do indigno sucedem como se ele morto fosse.
(B) O indigno é obrigado a devolver os frutos e rendimento da herança, já que é considerado possuidor de má-fé com relação aos herdeiros, desde a abertura da sucessão.
(C) Os atos de administração e as alienações praticadas pelo indigno antes da sentença de exclusão são válidos.
(D) O herdeiro que de qualquer modo concorre para o homicídio doloso ou culposo do *de cujus* deve ser excluído da sucessão por indignidade.

A: correta (art. 1.816 do CC); **B:** correta (art. 1.817, parágrafo único, do CC); **C:** correta (art. 1.817, *caput*, do CC); **D:** incorreta, pois apenas nos casos de homicídio doloso há exclusão por indignidade (art. 1.814, I, do CC).
Gabarito "D"

(Delegado/MG – 2006) Considerando os dispositivos do Código Civil em vigor sobre o Direito das Sucessões, assinale a alternativa CORRETA:

(A) A *saisine* está consagrada no Código Civil, quando este dispõe que: Aberto o inventário, a herança transmite-se, desde logo, aos herdeiros legítimos e testamentários.
(B) A abertura da sucessão implica na mutação subjetiva aos herdeiros de todos os direitos e obrigações do falecido.
(C) A legislação vigente impede que uma mesma pessoa seja, ao mesmo tempo, herdeira e legatária.
(D) O ascendente, o descendente, o cônjuge e o companheiro são considerados herdeiros legítimos.

A: incorreta, pois o Código Civil prevê que "Aberta a sucessão, a herança transmite-se, desde logo, aos herdeiros legítimos e testamentários" (art. 1.784 do CC); **B:** incorreta, pois a mutação subjetiva só ocorrerá após a finalização do inventário, com a abertura da sucessão apenas a posse passará aos herdeiros, sendo o montante ainda chamado de espólio; **C:** incorreta, pois não há essa restrição legal; **D:** correta, pois eles são, de fato, considerados herdeiros legítimos (art. 1.829 do CC).
Gabarito "D"

(Delegado/RJ – 2009 – CEPERJ) Em relação à sucessão, é correto dizer:

(A) A abertura da sucessão ocorre no momento da morte do autor da herança, assim como a abertura do inventário.
(B) Os herdeiros não têm, automaticamente, a propriedade e o direito à posse dos bens a partir do falecimento, já que dependem de ato processual específico.
(C) Mesmo havendo herdeiros necessários, o testador poderá dispor da totalidade da herança.
(D) Quanto aos sucessores do indigno, pode-se afirmar que assim como os do renunciante, sucedem por direito próprio e partilham por cabeça.
(E) A partir do Código Civil de 2002, o cônjuge saiu da condição de herdeiro que poderia ser afastado por disposição testamentária, para ser elevado à categoria de herdeiro necessário.

A: incorreta, pois embora a abertura da sucessão ocorra no momento da morte do autor da herança (art. 1.784 do CC), a abertura do inventário tem um prazo de trinta dias previstos no art. 1.796 do CC; **B:** incorreta, pois de acordo com o princípio da "saisine", adotado pelo Código Civil em vigor (art. 1.784), a herança transmite-se, desde logo, aos herdeiros; **C:** incorreta (art. 1.846 do CC); **D:** incorreta, pois os herdeiros do indigno sucederão por representação, como se morto fosse o indigno antes da abertura da sucessão (art. 1.816 do CC); **E:** correta (art. 1.845 do CC).
Gabarito "E"

(Delegado/SP – 2000) Os descendentes do herdeiro excluído

(A) não sucedem.
(B) sucedem à proporção da metade do quinhão.

(C) sucedem se houver renúncia dos demais herdeiros.
(D) sucedem como se ele morto fosse.

São pessoais os efeitos da exclusão; os descendentes do herdeiro excluído sucedem, como se ele morto fosse antes da abertura da sucessão (art. 1.816, *caput*, do CC).
Gabarito "D"

(Delegado/SP – 1999) A sucessão por representação também se diz

(A) individual.
(B) consanguínea.
(C) por cabeça.
(D) por estirpe.

"Herdar por estirpe é o mesmo que herdar por direito de representação. Assim, havendo descendentes em graus diversos, a herança dividir-se-á em tantas estirpes quantos forem os vários ramos, isto é, os descendentes em grau mais próximo. E o quinhão cabente à estirpe dividir-se-á entre os representantes (CC, art. 1.855)" (Carlos Roberto Gonçalves, Direito Civil Brasileiro, v. 7, Saraiva, p. 221).
Gabarito "D"

(Delegado/SP – 1998) O ato de última vontade pelo qual o disponente traça diretrizes sobre assuntos pouco importantes, despesas e dádivas de pequeno valor, denomina-se

(A) sobrepartilha.
(B) sonegados.
(C) arrolamento.
(D) codicilo.

Codicilo é ato de última vontade, destinado, diferentemente dos testamentos, a disposições de pequeno valor ou recomendações a serem atendidas e cumpridas após a morte (arts. 1.651 a 1.655 do CC).
Gabarito "D"

9. QUESTÕES COMBINADAS

(Delegado/RJ – 2013 – FUNCAB) Assinale a alternativa INCORRETA.

(A) De acordo com o Art. 5º, inc. II da Lei nº 11.340/2006 – Lei de Violência Doméstica e Familiar, entende-se por família, a comunidade formada por indivíduos que são ou se consideram aparentados, unidos por laços naturais, por afinidade ou por vontade expressa.
(B) De acordo com o Código Civil, podem os parentes, os cônjuges ou companheiros pedir uns aos outros os alimentos de que necessitem para viver de modo compatível com a sua condição social.
(C) Nos termos do Código Civil, as relações não eventuais entre o homem e a mulher, impedidos de casar, constituem união estável.
(D) De acordo com o Código Civil, o domicílio do casal será escolhido por ambos os cônjuges, mas um e outro podem ausentar-se do domicílio conjugal para atender a encargos públicos, ao exercício de sua profissão, ou a interesses particulares relevantes.
(E) À luz do Código Civil, contam-se, na linha reta, os graus de parentesco pelo número de gerações, e, na colateral, também pelo número delas, subindo de um dos parentes até ao ascendente comum, e descendo até encontrar o outro parente.

A: correta, pois a assertiva reproduz o conceito de família dado pela Lei mencionada (Lei n.° 11.340/06); **B:** correta, pois a assertiva reproduz a norma permissiva prevista no art. 1.694 do Código Civil; **C:** incorreta, devendo ser assinalada, pois nesse caso ter-se-á um concubinato e não uma união estável (CC, art. 1.727); **D:** correta, pois a assertiva reproduz a norma estabelecida pelo art. 1.569 do Código Civil; **E:** correta, pois de acordo com a norma de contagem de graus estabelecida pelo art. 1.594 do CC.
Gabarito "C"

9. Direito Processual Civil

Tiago Q. Oliveira e Luiz Dellore

1. PARTES, PROCURADORES, MINISTÉRIO PÚBLICO E JUIZ

(Delegado Federal – 2004 – CESPE) No que se refere ao "juiz, a partes e a procuradores", julgue o item seguinte.

(1) O advogado somente tem o direito de examinar em cartório autos relativos a processos nos quais seja procurador de uma das partes e só está autorizado a retirá-los do cartório se lhe competir manifestar-se no processo, ou seja, se estiver correndo prazo para a prática de algum ato processual de sua atribuição.

1: Errado. O advogado tem o direito de examinar em cartório os autos de qualquer processo, ainda que não atue como procurador de alguma das partes, salvo se se tratar de processo em que se haja decretado o segredo de justiça (arts. 40, I, e 155, parágrafo único, do CPC).

Gabarito 1E

(Delegado/ES – 2006 – CESPE) Quanto ao "direito processual civil pátrio" julgue o próximo item.

(1) Em todas as causas em que litigar como parte pessoa jurídica de direito público, o Ministério Público deverá intervir como fiscal da lei.

1: Errado. O Ministério Público não se presta ao exercício das atividades de consultoria e de representação judicial de entes públicos (art. 129, IX, da CF), múnus este incumbido às respectivas procuradorias. O Parquet só deve intervir no feito como fiscal da lei se houver a presença de uma das situações previstas pelo art. 82 do CPC.

Gabarito 1E

(Delegado/ES – 2006 – CESPE) Quanto ao "direito processual civil pátrio" julgue o próximo item.

(1) Apenas os advogados regularmente inscritos nos quadros da Ordem dos Advogados do Brasil possuem capacidade processual, ou seja, a aptidão para atuar em juízo.

1: Errado. Os advogados regularmente inscritos na OAB possuem capacidade postulatória, isto é, a faculdade de dirigir petições ao Estado-Juiz. A capacidade processual (geralmente associada pela doutrina à capacidade de fato ou de exercício do direito civil) não é privativa de advogado.

Gabarito 1E

2. ATOS PROCESSUAIS

(Delegado/AC – 2008 – CESPE) A respeito da "comunicação dos atos processuais" julgue os itens que se seguem.

(1) A intimação dos atos processuais, ainda que se trate de representantes do Ministério Público, advogados ou procuradores da Fazenda Pública, seja para dar ciência, seja para convocar as partes ou suas testemunhas, poderá ser feita por via postal, por oficial de justiça, por edital ou por meio eletrônico.

(2) É ônus das partes manter atualizado o respectivo endereço nos autos, pois são consideradas válidas as comunicações e intimações dirigidas ao endereço indicado pelas partes nos autos.

(3) A citação das pessoas capazes deve fazer-se na própria pessoa do réu; a do incapaz, seja a incapacidade absoluta ou relativa, é feita na pessoa do representante legal ou, na falta deste, na pessoa do curador especial.

1: Errado. Em qualquer processo e grau de jurisdição, os membros do Ministério Público gozam da prerrogativa de ser intimados pessoalmente, através da entrega dos autos com vista (arts. 236, § 2º, do CPC e 41, IV, da Lei 8.625/93). **2:** Correto (art. 238, parágrafo único, do CPC). **3:** Errado, pois a citação das pessoas capazes também pode ser efetivada através de procurador legalmente autorizado (art. 215, *caput*, do CPC).

Gabarito 1E, 2C, 3E

(Delegado/ES – 2006 – CESPE) Quanto ao "direito processual civil pátrio", julgue o próximo item.

(1) Considere-se que Joana, após a maioridade civil, ajuíze ação de reconhecimento de paternidade. Januário, seu suposto pai, reside em comarca diversa daquela em que tramita a referida ação. Nessa situação, Januário deverá ser citado pelo correio e, caso reste infrutífera a mencionada providência, deverá ser expedida carta precatória e levada a efeito a citação de Januário por oficial de justiça.

1: Errado. Nas ações de estado é mister que a citação seja efetivada por meio de oficial de justiça (arts. 222, "a", e 224 do CPC).

Gabarito 1E

(Delegado/RR – 2003 – CESPE) No referente à "comunicação dos atos processuais" julgue os itens subsequentes.

(1) As intimações dos atos que interessam às partes devem ser feitas ao advogado destas e não a elas pessoalmente, salvo se o ato objeto da intimação tiver de ser pela parte praticado, como se dá no depoimento pessoal.

(2) Se forem vários os advogados atuando na representação conjunta de uma só parte, todos deverão ser intimados, não bastando que apenas um deles receba a intimação.

(3) Nas capitais, a intimação dos advogados se faz pela publicação no órgão oficial, e a do Ministério Público se faz pessoalmente, mediante entrega dos autos, acompanhados de mandado, por oficial de justiça.

(4) O ato intimatório consumado em dia não útil não é nulo, mas, para efeito processual, é considerado, pelo Código de Processo Civil (CPC), como ocorrido no primeiro dia útil subsequente em que houver expediente forense. Assim, publicada a intimação no jornal de domingo, ela será considerada como feita na segunda-feira e começará a correr o prazo a partir da terça-feira, por força da regra que manda desprezar o dia da intimação.

1: Correto (arts. 36, *caput*, e 236, *caput*, do CPC).
2: Errado. Nessa direção, note-se o aresto abaixo proveniente do STJ:
PROCESSUAL CIVIL. PLURALIDADE DE ADVOGADOS. AUSÊNCIA DE SUBSTABELECIMENTO E REQUERIMENTO PRÉVIO. VALIDADE DA PUBLICAÇÃO FEITA EM NOME DE UM DOS PATRONOS. VALIDADE. AGRAVO REGIMENTAL A QUE SE NEGA PROVIMENTO. APLICAÇÃO DA MULTA DO ARTIGO 557, § 2º DO CPC.
1. Pluralidade de Advogados. Validade da intimação feita apenas em nome de um deles: existindo vários advogados constituídos pela parte, a intimação poderá ser efetivada no nome de qualquer um deles. A nulidade da intimação apenas se verificaria se tivesse ocorrido requerimento prévio para que as intimações fossem feitas no nome exclusivo daquele advogado substabelecido. Não é o que ocorre na hipótese vertente.
2. Agravo regimental a que se nega provimento. (AgRg no Ag 647.942/PR, Rel. Ministro LUIS FELIPE SALOMÃO, QUARTA TURMA, julgado em 19/05/2009, DJe 01/06/2009).
3: Errado. A primeira parte da questão está correta, consoante dispõe o art. 236, *caput*, do CPC; o equívoco da segunda reside no fato de que os membros do Ministério Público gozam da prerrogativa de ser intimados pessoalmente, através da entrega dos autos com vista (arts. 236, § 2º, do CPC e 41, IV, da Lei 8.625/93), sendo dispensável a intimação por oficial de justiça.
4: Correto (art. 184 do CPC).

Gabarito 1C, 2E, 3E, 4C

3. LITISCONSÓRCIO E INTERVENÇÃO DE TERCEIROS.

(Delegado Federal – 2004 – CESPE) Em cada um dos itens a seguir é apresentada uma situação hipotética a respeito das condições da ação seguida de uma assertiva a ser julgada.

(1) O cônjuge que pretende desfazer seu casamento em razão de ser o outro adúltero propôs ação de anulação de casamento. Nessa situação, ocorreu carência de ação por falta de interesse de agir.

(2) Um locador que pretende recuperar a posse do imóvel locado propôs ação de reintegração de posse para postular o despejo

do locatário. Nessa situação, ocorreu carência de ação por ilegitimidade *ad causam* ativa e passiva.

(3) Um proprietário propôs ação reivindicatória contra o detentor da posse para reaver o imóvel. Nessa situação, não há vício em relação às condições da ação, as partes são legítimas, o pedido é juridicamente possível e está presente o interesse de agir.

1: Correto, pois a anulação do casamento tem cabimento apenas nas hipóteses previstas pelo art. 1.550 do CC, rol este donde não consta o adultério. A prática de ato sexual com pessoa estranha ao casamento, por sua vez, configura o rompimento de um dos deveres matrimoniais (art. 1.573, I, do CC), razão pela qual o cônjuge traído deve ajuizar ação de divórcio para pôr fim não somente à sociedade conjugal como também ao vínculo matrimonial. Logo, é de se reconhecer a carência de ação com suporte na ausência de interesse-adequação.

2: Errado. A carência de ação ocorreu por ausência de interesse de agir, modalidade adequação, visto que o locador que pretende reaver o bem locado deve se valer da ação de despejo e não da ação de reintegração de posse (art. 5º, *caput*, da Lei 8.245/91).

3: Errado. A ação reivindicatória deve ser aforada pelo proprietário da coisa em face daquele que tem a posse do bem. A esse respeito, note-se a doutrina de Marinoni: "Na ação reivindicatória se pede a posse da coisa. No entanto, a ação reivindicatória pode ser proposta pelo proprietário contra o possuidor. Ou melhor, tal ação é atribuída ao proprietário sem posse contra o possuidor que não é proprietário" (MARINONI, Luiz Guilherme. Técnica processual e tutela dos direitos. São Paulo: Revista dos Tribunais, 2004, p. 567). Logo, o detentor da coisa, posto que não ostenta a posse do respectivo bem, não apresenta legitimidade passiva ad causam razão pela qual o autor reivindicante é carecedor de ação nesse particular.

Gabarito 1C, 2E, 3E

(Delegado Federal – 2004 – CESPE) No que se refere "ao juiz, a partes e a procuradores" julgue os itens seguintes.

(1) É admissível litisconsórcio por afinidade de questões de direito, como no caso de diversos contribuintes que se unem para demandar em face da fazenda pública, com o fim de se prevenirem da cobrança de tributo cuja inconstitucionalidade se argúi.

(2) Na assistência simples, a intervenção não impede o assistido de praticar atos dispositivos, como renúncia, desistência e outros equiparados.

1: Correto (art. 46, IV, do CPC). Litisconsórcio é a pluralidade de partes no polo ativo, no polo passivo ou em ambos. É o cúmulo subjetivo de ações. Uma das hipóteses de litisconsórcio facultativo é justamente aquela que trata da afinidade de questões por um ponto comum de fato ou de direito. Cuida-se de medida de nítida economia processual. A doutrina de Nelson Nery Jr. colaciona outros exemplos: "É o caso, por exemplo, de vários funcionários públicos reclamarem da administração a concessão do mesmo benefício funcional; de vários credores demandarem seus créditos contra o devedor comum; de prejudicados por uma inundação promoverem ação contra várias seguradores fundada em apólices distintas etc.". (NERY JR., Nelson. Comentários ao Código de Processo Civil e legislação extravagante. 10. Edição. São Paulo: Revista dos Tribunais, 2007, p. 256).

2: Correto (art. 53 do CPC).

Gabarito 1C, 2C

(Delegado/PB – 2009 – CESPE) Acerca da denunciação à lide e do chamamento ao processo, das capacidades postulatória, de ser parte e de estar em juízo, assinale a opção correta.

(A) O mero detentor da coisa, uma vez citado em nome próprio, deve promover a denunciação à lide do legítimo possuidor indireto ou proprietário.

(B) Tanto o autor como o réu podem promover o incidente do chamamento ao processo.

(C) Quem tem capacidade para estar em juízo tem capacidade de ser parte; porém, nem sempre, quem detém capacidade de ser parte tem capacidade para estar em juízo.

(D) Na assistência adesiva, se o assistido requerer o julgamento antecipado da lide, será lícito ao assistente postular a produção de prova pericial, bem como juntar rol de testemunhas.

(E) Ainda que sem procuração da parte, o advogado tem direito de ter vista dos autos de qualquer processo pelo prazo de cinco dias.

A: incorreto, pois aquele que detém a coisa deve realizar a nomeação à autoria (art. 62 do CPC); **B:** incorreto, já que só o réu tem a faculdade de promover o chamamento ao processo (art. 78, *in fine*, do CPC). **C:** correto. Para melhor compreensão do tema, é necessário recorrer-se às lições da parte geral do código civil. A capacidade de direito ou de gozo não se confunde com a capacidade de fato ou de exercício, requisito este exigido para que a pessoa exercite, pessoalmente, direitos e obrigações na órbita civil. Isso posto, a personalidade jurídica oriunda do direito civil está para a capacidade de ser parte, assim como a capacidade de fato ou de exercício está para a capacidade de estar em juízo. Exemplificando, o recém-nascido com vida tem personalidade jurídica, motivo pelo qual possui capacidade de ser parte, e, por isso, pode pleitear alimentos. Para tanto, será representado por seu representante legal, visto que não possui capacidade de estar em juízo (capacidade de fato ou de exercício). **D:** incorreto, já que a assistência adesiva ou simples não impede que o assistido, dentre outros, pugne pelo julgamento antecipado da lide; aliás, o assistente simples, enquanto mero auxiliar, não pode promover atividade processual incompatível com a vontade da parte assistida (art. 53 do CPC). **E:** incorreto. A vista dos autos fora do cartório, pelo prazo de 05 (cinco) dias, só pode ser postulada pelo advogado que ostente procuração de uma das partes (40, II, do CPC).

Gabarito "C"

(Delegado/PB – 2009 – CESPE) Assinale a opção correta a respeito de jurisdição, litisconsorte, oposição, litisconsórcio, nomeação à autoria e competência jurisdicional.

(A) A jurisdição contenciosa se apresenta como atividade estatal primária, em que o juiz realiza gestão pública em torno de interesses privados.

(B) É dado ao opoente, no prazo legal, oferecer a exceção de incompetência relativa do juízo.

(C) Ocorre a hipótese de litisconsórcio comum ou não unitário quando a decisão da causa deva ser uniforme em relação a todos os litisconsortes.

(D) A nomeação à autoria é o incidente pelo qual o devedor demandado chama para integrar o mesmo processo os demais coobrigados pela dívida.

(E) A competência relativa, em casos de direitos e obrigações patrimoniais, admite a sua modificação por meio da instituição do foro contratual ou do domicílio de eleição.

A: incorreto, já que a administração pública de interesses privados é atividade típica da jurisdição voluntária. **B:** incorreto, visto que a oposição é distribuída por dependência aos autos principais (art. 57, *caput*, *in fine*, do CPC). **C:** incorreto, porquanto o litisconsórcio simples ou não unitário tem cabimento quando houver possibilidade de o juízo decidir a lide de modo diverso para cada litisconsorte. **D:** incorreto, uma vez que tal conceito diz respeito à outra modalidade de intervenção de terceiros, qual seja o chamamento ao processo (art. 77 do CPC). **E:** correto, dado que o juízo nunca poderá ser eleito, mas tão somente o foro e isso quando não se tratar de competência absoluta (art. 111, *caput*, do CPC).

Gabarito "E"

(Delegado/AC – 2008 – CESPE) Acerca do litisconsorte, da assistência e da intervenção de terceiros, julgue os itens que se seguem.

(1) Tratando-se de litisconsórcio necessário, seja ele ativo ou passivo, o juiz poderá limitar o número de litigantes quando restar provado que o excessivo número de litigantes compromete a rápida solução do litígio ou dificulta a defesa.

(2) Os litisconsortes que tenham diferentes procuradores têm o prazo em dobro para todas as manifestações das partes no processo.

(3) Na oposição, o opoente, que visa à exclusão de ambas as partes litigantes, ingressa no processo que se encontra pendente, apresentando uma pretensão, sobre a coisa ou o direito objeto da lide, diversa e contrária a ambos os litigantes.

(4) Tanto o autor quanto o réu têm legitimidade para requerer o chamamento ao processo do devedor principal ou dos demais codevedores solidários pela dívida objeto da demanda, objetivando o exercício do direito de regresso.

1: Errado. A hipótese de limitação do litisconsórcio em razão do número de litigantes (litisconsórcio multitudinário, na visão de Dinamarco) ocorre tão somente nos casos de litisconsórcio facultativo, consoante à redação do art. 46, parágrafo único, do CPC.

2: Correto (art. 191 do CPC).

3: Correto (art. 56 do CPC). Cuida-se de modalidade de intervenção espontânea de terceiros, em que o opoente ajuíza demanda contendo pretensão incompatível com aquela deduzida pelos opostos no processo principal. Como a oposição é exercida perante autor e réu da ação originária, a doutrina a denomina demanda bifronte, tendo em vista a formação de um litisconsórcio passivo necessário entre tais partes. Ademais, insta salientar que a oposição configura a inserção de uma nova lide em processo pendente, daí por que há um acréscimo tanto subjetivo (de parte) quanto objetivo (de pedido).

4: Errado. Somente o réu poderá realizar o chamamento ao processo, desde que dentro de seu prazo de resposta (art. 78, *in fine*, do CPC).

Gabarito 1E, 2C, 3C, 4E

(Delegado/ES – 2006 – CESPE) Quanto ao "direito processual civil pátrio" julgue o próximo iten.

(1) Considere a seguinte situação hipotética. Uma instituição bancária ajuizou ação cautelar de arresto contra Ema, fiadora de Bete, em razão de contrato de mútuo regularmente firmado. Nessa situação, Ema poderá promover o chamamento de Bete ao processo, no prazo para contestação, requerendo sua citação.

1: Errado. O chamamento ao processo tem cabimento nos casos de contrato de fiança e de solidariedade passiva. Cuida-se de modalidade de intervenção provocada de terceiros, visto que o réu, no prazo de contestação, tem a faculdade de fazer integrar à lide os demais devedores, na condição de litisconsortes. Com tal conduta, o chamante amplia, por assim dizer, o polo passivo da demanda – ampliação subjetiva da relação processual – e evita o ajuizamento de demandas autônomas de reembolso. Por sua vez, a sentença condenatória proferida constitui título hábil para que o credor comum proceda à execução de todos os devedores chamados ao processo. Descabe tal modalidade de intervenção de terceiros no processo cautelar, a considerar que seu objeto não se presta à formação de um título executivo. Além do mais, no processo cautelar não há sentença condenatória proferida contra o coobrigado solidário a respeito da pretensão do credor.

Gabarito 1E

(Delegado/DF – 2004) Sobre as partes e as modalidades de intervenção de terceiros é correto afirmar que:

(A) a nomeação à autoria, modalidade de intervenção de terceiros, é admissível nas ações fundadas em contrato de arrendamento rural ou parceria agrícola;

(B) caso a parte, ou um terceiro que de qualquer forma participe do processo, crie embaraços à efetivação de provimentos judiciais, de natureza antecipatória ou final, o juiz poderá aplicar-lhe multa em montante a ser fixado de acordo com a gravidade da conduta, desde que não seja superior a 20% do valor da causa;

(C) se o autor não formar, no polo passivo, o litisconsórcio que a lei considera necessário, deverá o juiz, de plano, indeferir a petição inicial por inepta, uma vez que não pode prosseguir o processo sem a citação de todos os litisconsortes;

(D) oferecendo Aníbal oposição em ação possessória onde litigam Jorge e Bruno, forma-se uma nova ação, tendo de um lado Aníbal e de outro, em litisconsórcio facultativo, Jorge e Bruno, devendo o juiz, ao proferir sua sentença, primeiro decidir a ação possessória, e depois, na mesma sentença, a oposição;

(E) a assistência simples só é admissível até o juiz proferir a sentença.

A: incorreto, pois só aquele que é detentor da coisa deve realizar a nomeação à autoria (art. 62 do CPC). Isso posto, a nomeação não pode ser invocada por quem ostenta a posse direta do imóvel, tal qual ocorre com o arrendatário e o parceiro agrícola. **B:** correto (art. 14, parágrafo único, do CPC). **C:** incorreto, já que o juiz deverá assinar prazo para que o autor promova a citação do litisconsorte necessário, pena de extinção do feito (art. 47, parágrafo único, do CPC). **D:** incorreto, visto que a natureza do litisconsórcio formado entre autor e réu da demanda dita principal – denominados pelo art. 57, *caput*, do CPC, de opostos – é necessário e não facultativo. Além do mais, a assertiva também se mostra incorreta, tendo em conta que a oposição é julgada antes da ação principal (art. 61 do CPC). **E:** incorreto, porquanto a assistência tem cabimento em qualquer tipo de procedimento e em todos os graus de jurisdição (art. 50 do CPC).

Gabarito "B"

(Delegado/RR – 2003 – CESPE) Em relação à competência e à intervenção de terceiros em processos civis, julgue os itens a seguir.

(1) Se a ação de conhecimento for proposta no foro do domicílio do réu, eventual mudança deste para outra comarca importa modificação da competência, pois a regra é a de que o réu deve sempre ser demandado no foro de seu domicílio.

(2) A denunciação da lide é modalidade de intervenção de terceiros e ocorre em qualquer tipo de processo, inclusive no de execução e no cautelar.

(3) A assistência é possível sempre que terceiros demonstrarem interesse, jurídico ou de fato, no julgamento da lide, sendo admitida somente nos processos de conhecimento e de jurisdição contenciosa.

1: Errado. Em função do princípio da *perpetuatio jurisdictionis*, a competência é determinada no momento em que a ação é ajuizada, de forma que as modificações do estado de fato ou de direito ocorridas após o aforamento da demanda não têm o condão de modificar a competência, salvo quando suprimirem o órgão judiciário ou alterarem a competência em razão da matéria ou da hierarquia, o que não se coaduna com o enunciado da questão (art. 87 do CPC).

2: Errado. A denunciação da lide tem natureza de ação condenatória que surge, seja por provocação do autor ou do réu, no bojo de outra ação condenatória. Logo, tal modalidade de intervenção provocada de terceiros é incompatível com o processo cautelar, a considerar que a denunciação da lide se presta à obtenção de sentença que reconheça o direito de regresso do denunciante em face do terceiro alienante, proprietário, possuidor indireto ou responsável civil, tudo, insista-se, dentro da mesma relação processual travada originariamente entre autor e réu. Quanto ao processo de execução, a denunciação da lide também não tem lugar, posto que "na execução não há formação de título executivo, mesmo porque não há sentença sobre a pretensão do credor no processo de execução" (DESTEFENNI, Marcos. Curso de Processo Civil. Vol. 1. Tomo I. 2. Edição. São Paulo: Saraiva, 2009, p. 228).

3: Errado. A assistência, além de ser admitida apenas quando demonstrado interesse jurídico pelo assistente, tem cabimento em qualquer tipo de procedimento e em todos os graus de jurisdição (art. 50 do CPC).

Gabarito 1E, 2E, 3E

4. JURISDIÇÃO E COMPETÊNCIA

(Delegado/PA – 2013 – UEPA) Acerca da competência, assinale a alternativa correta.

(A) Nos termos do art. 94 do CPC, as ações pessoais devem ser propostas no domicílio do Réu, de maneira que é competente para processar e julgar a ação de alimentos o foro do lugar do domicílio ou da residência do alimentante.

(B) A incompetência absoluta deve ser declarada de ofício e pode ser alegada a qualquer tempo e grau de jurisdição, independentemente de exceção, de modo que o seu reconhecimento invalida somente os atos decisórios, sendo o feito remetido ao Juízo competente.

(C) É licito às partes eleger o foro onde serão propostas as ações oriundas de direitos e obrigações, modificando a competência em razão do valor, da matéria e do território.

(D) Se o conhecimento da lide depender da verificação da existência de fato delituoso, o Juiz é obrigado a sobrestar o andamento do processo até que se pronuncie a justiça criminal.

(E) A incompetência relativa deve ser arguida por meio de exceção, dependendo de provocação da parte interessada a invalidação de cláusula de eleição de foro em contrato de adesão.

A: incorreta. Apesar de a parte inicial da alternativa ser correta (a regra, em relação a direito pessoal, é a competência do domicílio do réu – CPC, art. 94), o foro competente para as ações de alimentos é uma exceção, por ser o domicílio do credor (CPC, art. 100, II); **B:** correta, pois cada uma das afirmações tem base legal (CPC, arts. 113, *caput* e § 2º); **C:** incorreta, pois apesar de a parte inicial da alternativa ser correta (foro de eleição é admitido), isso não é possível em relação à competência em razão da matéria (CPC, art. 111); **D:** incorreta, pois não se trata exatamente da redação do art. 110 do CPC, que é a seguinte: "e o conhecimento da lide depender *necessariamente* da verificação da existência de fato delituoso" (alternativa muito ruim, que demanda memória fotográfica quanto ao artigo); **E:** incorreta,, porque apesar de a parte inicial da alternativa estar correta (incompetência relativa é arguida por exceção, conforme art. 112 do CPC), a invalidação da cláusula de eleição de foro em contrato de adesão pode ser declarada de ofício (CPC, art. 112, parágrafo único).

Gabarito "B"

(Delegado Federal – 2013 – CESPE) A respeito de competência, julgue os itens subsecutivos.

(1) No que se refere ao processamento e ao julgamento de guarda e alimentos de menor de idade residente no Brasil, a competência será concorrente entre a jurisdição brasileira e a estrangeira se o pai do menor, réu no processo, residir em outro país.

(2) Em regra, a competência da justiça federal decorre da identidade das partes envolvidas na relação processual, de modo que a natureza da lide pode não ser fator determinante para a fixação da competência.

1: correta, por se tratar de situação em que se admite a competência internacional concorrente (CPC, art. 88, II – obrigação deve ser cumprida no Brasil); **2:** correta, pois o principal critério para fixação da competência da Justiça Federal é a participação de ente federal (CF, art. 109, I).

Gabarito 1C, 2C

(Delegado Federal – 2004 – CESPE) Julgue o item a seguir.

(1) Sendo proposta demanda perante juízo incompetente em razão do território, por exemplo, sendo o réu domiciliado em São Paulo e a ação, proposta em Campinas, pode ocorrer de o órgão jurisdicional tornar-se competente se o réu não opuser exceção no prazo legal.

1: Correto. Se o réu, em seu prazo de resposta, não opuser a exceção declinatória de foro, a competência do juízo se prorroga – o juízo que antes era relativamente incompetente, torna-se competente com a inércia do réu – pois a hipótese trata de incompetência relativa (ou territorial), a qual deve ser atacada por meio de exceção, ou seja, através de petição distinta, que será processada em apenso aos autos principais (arts. 112, *caput*, 299 e 304 do CPC). A prorrogação da competência ocorre logo após o esgotamento do prazo para a exceção declinatória (art. 114 do CPC).

Gabarito 1C

(Delegado Federal – 2004 – CESPE) Julgue o item a seguir.

(1) Em ação que verse sobre propriedade, posse ou demarcação de terra, o autor poderá optar por demandar no foro do domicílio do réu ou no foro do local do imóvel objeto da demanda, pois a hipótese é de competência territorial e, portanto, relativa.

1: Errado. A hipótese é de competência funcional – e, portanto, absoluta – de modo que a demanda deve ser intentada no foro onde está situada a coisa (forum rei sitae), tudo com o objetivo de propiciar ao órgão julgador de tal lugar melhores condições de processar e julgar o feito, ante a sua proximidade da coisa imóvel. Logo, por ser absoluta, tal competência é inderrogável por vontade das partes (art. 111, *caput*, do CPC).

Gabarito 1E

(Delegado Federal – 2002 – CESPE) Em relação à competência, julgue os itens subsequentes.

(1) Não sendo acatada, no foro federal, a denunciação da lide feita à União, incumbe ao juiz federal tão somente devolver os autos ao juiz estadual de origem, uma vez cessada a causa que determinara a sua competência.

(2) Tramitando o processo no foro do domicílio do réu, se este mudar de endereço no curso da ação, poderá, no prazo de quinze dias, e desde que não tenha sido prolatada sentença, opor exceção, pleiteando a remessa dos autos ao foro do seu novo domicílio.

(3) O tribunal de justiça, reconhecendo a incompetência do juízo estadual em relação ao feito objeto do recurso, deverá anulá-lo, promovendo sua remessa ao juízo federal competente, em vez de remeter os autos ao TRF para a apreciação do recurso interposto.

(4) Em ação de reintegração de posse, a assistência simples de empresa pública federal desloca a competência para a justiça federal.

(5) Sendo o TRF competente, originariamente, para processar e julgar determinado mandado de segurança, então haverá recurso de ofício para o STJ em face de acórdão concessivo da ordem mandamental requerida.

1: Correto. Nesse sentido, eis a súmula 224 do STJ: "Excluído do feito o ente federal, cuja presença levara o Juiz Estadual a declinar da competência, deve o Juiz Federal restituir os autos e não suscitar conflito".
2: Errado. Em função do princípio da *perpetuatio jurisdictionis*, a competência é determinada no momento em que a ação é ajuizada, de forma que as modificações do estado de fato ou de direito ocorridas após o aforamento da demanda não têm o condão de modificar a competência, salvo quando suprimirem o órgão judiciário ou alterarem a competência em razão da matéria ou da hierarquia, o que não se coaduna com o enunciado da questão (art. 87 do CPC).
3: Correto. Se o órgão prolator da decisão é absolutamente incompetente, não pode o tribunal remeter os autos diretamente ao TRF para o julgamento da questão invocada no recurso, sob pena de supressão de instância. Aliás, reconhecida a incompetência absoluta, todos os atos decisórios serão reputados nulos e os autos serão remetidos ao juízo competente (art. 113, § 2º, do CPC).
4: Correto (art. 109, I, da CF).
5: Errado, porquanto a remessa necessária (remessa ex officio ou reexame necessário) pressupõe, como condição de eficácia das sentenças de mérito proferidas pelos juízos, a devida confirmação pelo tribunal, consoante se depreende da redação do art. 475, *caput*, do CPC. Logo, os acórdãos (decisões prolatadas pelos órgão colegiados de tribunais), não se sujeitam ao reexame obrigatório, ainda que a hipótese seja de competência originária de tribunal.

Gabarito 1C, 2E, 3C, 4C, 5E

(Delegado/AC – 2008 – CESPE) Em relação à competência, julgue os itens seguintes.

(1) A competência da justiça civil é residual, ou seja, é ela competente para apreciar todas as causas que não sejam da competência da justiça especializada, bem como as relacionadas ao direito penal. As justiças federal e estadual encarregam-se do exercício da jurisdição em matéria civil.

(2) Nas ações de reparação de dano sofrido em razão de delito ou acidente com veículo, será competente o foro do domicílio do autor ou do local do fato, podendo, ainda, o autor optar pelo foro do domicílio do réu.

(3) É competente o foro da situação do imóvel para a ação de manutenção de posse; no entanto, por se tratar de competência territorial, esta pode ser modificada por acordo, tácito ou expresso, entre as partes.

1: Correto. De fato, pode-se falar em jurisdição comum (civil e penal) e especial (trabalhista, militar e eleitoral). A competência civil se perfaz por exclusão: o que não for da alçada das Justiças Especializadas nem versar sobre matéria penal, é civil. A justiça trabalhista é exemplo de jurisdição especial. A jurisdição comum possui âmbito de atuação nas esferas federal e estadual.
2: Correto (art. 100, parágrafo único, do CPC). Nesses casos, além do foro do local do fato ou do de seu próprio domicílio, o autor poderá renunciar a tal prerrogativa e optar pelo domicílio do réu, consoante à regra geral constante do art. 94 do CPC.
3: Errado. O foro da situação do imóvel encerra hipótese de competência funcional, visto que o juízo do foro onde está localizado o bem tem melhores condições de processar e julgar o feito, ante a sua proximidade da coisa imóvel. Logo, por ser absoluta, tal competência é inderrogável por vontade das partes (art. 111, *caput*, do CPC).

Gabarito 1C, 2C, 3E

(Delegado/PA – 2006 – CESPE) Com referência à "competência no processo civil", assinale a opção correta.

(A) Se o imóvel se achar situado em mais de um Estado ou comarca contígua, será competente o foro do juízo correspondente ao local onde se encontra a maior extensão do bem.

(B) Incompetência absoluta deve ser arguida por meio de exceção, e o reconhecimento da alegada incompetência não só leva a que os autos sejam remetidos ao foro ou juízo competente, como também acarreta a anulação dos atos decisórios e a repetição da prova em observância ao princípio do juiz natural, ou seja, o juiz que preside a instrução do processo deve proferir a sentença.

(C) Para ação de reparação de dano proveniente de ato ilícito, o foro competente é o do lugar em que se praticou o ato, precisamente porque se tornam mais fáceis o seu esclarecimento e a sua prova no lugar em que o ato foi praticado. Quando o ato é praticado em vários lugares, cabe ao autor escolher em qual deles irá ajuizar a ação.

(D) Caso seja ajuizada uma ação de execução por título extrajudicial em desfavor de um juiz de direito, a competência será fixada em razão da condição da pessoa. Assim, o tribunal de justiça local, de segundo grau, será competente para conhecer e julgar a ação.

A: incorreto, dado que a competência nesses casos é determinada pela prevenção, ainda que a maior parte do imóvel esteja situado num dos Estados ou comarcas, visto tratar-se de competência concorrente (art. 107 do CPC). **B:** incorreto, já que a incompetência absoluta, por consubstanciar matéria de ordem pública, deve ser atacada por meio de objeção, isto é, a defesa deve ser produzida no ventre dos mesmos autos, ao contrário do que ocorre com a exceção, sempre processada em autos apartados (arts. 113, *caput*, e 299, *in fine*, do CPC). Não é por outro motivo que a incompetência absoluta deve ser alegada em preliminar de contestação, a teor do que dispõe o art. 301, II, do CPC. **C:** correto (art. 100, parágrafo único, do CPC); **D:** incorreto, pois o foro por prerrogativa de função não contempla as causas cíveis, por imposição constitucional, conforme arts. 96, III, 105, I, b) e c), 105, I, a), e 108, I, a), todos da CF.

Gabarito "C"

5. PRESSUPOSTOS PROCESSUAIS E CONDIÇÕES DA AÇÃO

(Delegado Federal – 2002 – CESPE) Julgue os itens a seguir, relativos às condições da ação e aos pressupostos processuais.

(1) O Distrito Federal (DF) é parte ilegítima ativa para postular direito possessório, se o bem objeto da reintegração de posse encontrar-se sob domínio e responsabilidade de empresa pública cuja maior participação societária pertence ao DF.

(2) É juridicamente impossível o pedido de reparação por danos morais formulado por pessoa jurídica, já que esta não possui honra, atributo exclusivo da pessoa natural.

(3) O Estado responde por danos morais e materiais em relação à família de detento que se encontrava sob a sua custódia, falecido

em decorrência de incêndio provocado por agente penitenciário em estabelecimento prisional, ainda que não fique comprovado que este agiu com culpa para o evento danoso.

(4) O pai, representante legal do filho menor, não é parte na relação jurídica processual e não age em juízo em seu próprio nome para defender direito do representado.

(5) Toda ação movida contra espólio constitui hipótese de litisconsórcio passivo necessário, devendo constar no polo passivo da demanda o inventariante e cada um dos herdeiros, sob pena de nulidade do feito.

1: Correto. Na hipótese trazida, é a própria empresa pública que possui legitimidade ativa para o aforamento de ação possessória, a considerar que detém personalidade jurídica e patrimônio distintos do ente público que autorizou sua criação. Logo, é de se notar que o Distrito Federal não detém a propriedade ou a posse do bem esbulhado – ou seja, não ostenta o direito material que empresta conteúdo à lide – motivo pelo qual não pode fazer uso da demanda reintegratória, já que é carecedor de ação por lhe faltar legitimidade ad causam.

2: Errado. A pessoa jurídica pode sofrer dano moral, visto que goza, no que couber, da proteção inerente aos direitos da personalidade (art. 52 do CC). No mesmo sentido, eis a Súmula 227 do STJ: "A pessoa jurídica pode sofrer dano moral".

3: Correto. A responsabilidade do Estado pelos danos provocados por seus agentes, nessa qualidade, é objetiva, independentemente da apuração de dolo ou culpa. (art. 37, § 6º, da CF). O dever de indenizar por parte do Estado decorrente da morte de pessoa custodiada é corroborado pela jurisprudência, na esteira do que se depreende do informativo 401 do STJ:

Informativo nº 401 Período: 29 de junho a 7 de agosto de 2009.
Segunda Turma
INDENIZAÇÃO. MORTE. PRESÍDIO. LEGITIMIDADE. IRMÃ.

Trata-se de REsp em que se discute a legitimidade da irmã de vítima morta em presídio, tendo em vista constar do boletim de ocorrência o estado civil da vítima (preso) como convivente. Diante disso, a Turma negou provimento ao recurso ao entendimento de que o fato de o agente prisional ter informado, no boletim de ocorrência, o estado civil da vítima como convivente, o que, segundo o Estado recorrente, revelaria a união estável, não afasta, por si só, a legitimidade ativa da irmã para propor a ação indenizatória. Isso porque, embora o boletim de ocorrência seja um documento público que faz prova da existência das declarações ali prestadas, não se pode afirmar que tais declarações sejam verídicas. Assim, na ausência de ascendente, descendente ou cônjuge, a irmã acha-se legitimada a pleitear indenização por danos morais em razão do falecimento de seu irmão. Vale ressaltar que a responsabilidade civil do Estado, nos casos de morte de pessoas custodiadas, é objetiva. Precedentes citados: REsp 63.750-SP, DJ 14/4/1997; REsp 37.253-SP, DJ 24/10/1994; AgRg no Ag 901.200-RJ, DJ 11/2/2008; AgRg nos EDcl no Ag 678.435/RJ, DJ 11/9/2006; REsp 596.102-RJ, DJ 27/3/2006; REsp 1.022.798-ES, DJ 28/11/2008, e REsp 713.682-RJ, DJ 11/4/2005. REsp 1.054.443-MT, Rel. Min. Castro Meira, julgado em 4/8/2009.

4: Correto. O incapaz tem personalidade jurídica, motivo pelo qual possui aptidão genérica para contrair direitos e obrigações na esfera jurídica. De tal conceito deriva a capacidade de direito, de gozo, ou, ainda, a *legitimatio ad causam*, o que não se confunde com a capacidade de fato ou de exercício, requisito este exigido para que a pessoa exercite, pessoalmente, direitos e obrigações na órbita civil. Na questão acima, o pai é carecedor de ação, por ilegitimidade de parte, tendo em vista que é o próprio menor – ainda que absolutamente incapaz – quem detém o direito material, por exemplo, de perceber alimentos, situação de vantagem esta donde deriva a sua legitimidade para o processo. Em suma: O pai, mesmo na condição de representante legal de seu filho, não pode figurar como autor da ação em substituição ao menor, visto que, regra geral, a ninguém é dado pleitear direito alheio em nome próprio. (arts. 6º, 7º e 8º, do CPC).

5: Errado. O espólio é representado em juízo, ativa e passivamente, apenas pelo inventariante (art. 12, V, do CPC). Caso este ainda não tenha prestado compromisso, o espólio será representado pelo administrador provisório (art. 985 do CPC).

Gabarito 1C, 2E, 3C, 4C, 5E

6. FORMAÇÃO, SUSPENSÃO E EXTINÇÃO DO PROCESSO. NULIDADES.

(Delegado/PB – 2009 – CESPE) Extingue-se o processo com apreciação do mérito quando

(A) o juiz verificar, desde logo, a prescrição ou a decadência.
(B) o autor desistir da ação.
(C) não concorrer qualquer das condições da ação.
(D) ocorrer a morte do procurador e não houver a nomeação de outro em seu lugar.
(E) o juiz acolher a alegação de coisa julgada.

A alternativa correta é a "A" (art. 269, IV, do CPC). As hipóteses de extinção do processo com resolução do mérito encontram-se dispostas no rol do art. 269 do CPC.

Gabarito "A"

7. TUTELA ANTECIPADA E LIMINAR EM CAUTELAR

(Delegado Federal – 2013 – CESPE) Julgue o item a seguir, relativo às tutelas de urgência.

(1) A antecipação dos efeitos da tutela, por ser medida voltada ao procedimento comum ordinário ou sumário, não se apresenta viável em ações sob procedimento especial.

1: incorreta, pois não há vedação à concessão de antecipação de tutela nos procedimentos especiais (aos quais se aplicam subsidiariamente as regras do procedimento comum, rito ordinário).

Gabarito 1E

(Delegado/DF – 2004) Sobre tutela antecipada é correto afirmar que:

(A) concedida tutela antecipada no curso de uma ação de conhecimento, o juiz não poderá nem revogá-la nem modificá-la, por força da preclusão;
(B) se o autor, a título de antecipação de tutela, requerer providência de natureza cautelar, poderá o juiz, quando presentes os requisitos da tutela cautelar, deferir a medida cautelar em caráter incidental do processo ajuizado;
(C) a tutela antecipada poderá ser concedida de ofício em qualquer hipótese;
(D) a decisão sobre a antecipação de tutela deverá ser sempre fundamentada, salvo nos casos em que o réu puder sofrer prejuízo irreparável ou de difícil reparação;
(E) por se equiparar ao julgamento antecipado da lide, após o juiz decidir acerca da tutela antecipada, deverá o processo ser extinto com julgamento do mérito.

A: incorreto (art. 273, § 4º, do CPC). **B:** correto (art. 273, § 7º, do CPC). **C:** incorreto, pois a antecipação dos efeitos da tutela depende de requerimento da parte (art. 273, *caput*, do CPC); **D:** incorreto (art. 273, § 1º, do CPC). **E:** incorreto, já que a antecipação dos efeitos da tutela não se confunde com o julgamento antecipado da lide. Aquela se manifesta por decisão interlocutória, ao passo que o julgamento antecipado da lide se perfaz através de sentença, encerrando, de modo geral, a etapa cognitiva, conforme enuncia o art. 331 do CPC. Não é por outro motivo que o § 5º do art. 273 afirma que, uma vez concedida ou não a tutela, o processo segue até final julgamento.

Gabarito "B"

8. PROCESSO DE CONHECIMENTO. RITOS SUMÁRIO E ORDINÁRIO.

(Delegado Federal – 2002 – CESPE) Julgue o seguinte item.

(1) As ações que tenham por objeto direito do consumidor tramitam sempre pelo rito sumário, independentemente do valor da causa.

1: Errado. Não há disposição alguma ao longo do art. 275 do CPC, ou, ainda, no art. 81 e seguintes do CDC sobre a necessidade de utilização do procedimento comum sumário para as demandas consumeristas.

Gabarito 1E

(Delegado/ES – 2006 – CESPE) Quanto ao direito processual civil pátrio, julgue o próximo item.

(1) Considere a seguinte situação hipotética. Lucas e Carlos reputam-se credor e devedor, respectivamente. Lucas promoveu ação de cobrança em desfavor de Carlos, em razão da quantia supostamente devida. No terceiro dia do prazo para defesa, Carlos contestou, mas se absteve de reconvir. Nessa situação, mesmo que ainda reste prazo hábil para defesa, Carlos não poderá apresentar reconvenção, haja vista o advento da preclusão consumativa do direito de reconvir.

1: Correto. A doutrina majoritária entende que a contestação deve ser apresentada junto com a reconvenção, até por conta do advérbio simultaneamente empregado pela redação do art. 299 do CPC. Logo, o oferecimento de defesa em momento anterior ao da reconvenção, ainda que dentro do prazo de resposta do réu, induz a preclusão consumativa do direito de reconvir.

Gabarito 1C

(Delegado/ES – 2006 – CESPE) Quanto ao direito processual civil pátrio, julgue o próximo item.

(1) A norma jurídica que estabelece a ordem da oitiva das testemunhas, em audiência de instrução e julgamento, é de natureza procedimental e não, processual.

1: Correto. Cuida-se de norma de natureza procedimental, visto que estabelece a sequência lógica de atos dentro do processo. Essa é a tônica do art. 413 do CPC. Nesse sentido, Marcos Desteffenni acentua: "O procedimento é o aspecto dinâmico da relação processual. Por isso, fala-se em procedimento porque há uma série de atos praticados em determinada ordem". (DESTEFFENNI, Marcos. Curso de Direito Processual Civil. Vol. 1. Tomo I. 2. Edição. São Paulo: Saraiva, 2009, p. 319).

Gabarito 1C

(Delegado/ES – 2006 – CESPE) Quanto ao "direito processual civil pátrio" julgue o próximo item.

(1) Suponha-se que, no curso de ação de reconhecimento de paternidade, o suposto pai se recuse a submeter-se ao exame de DNA. Nesse caso, essa recusa induzirá a presunção *juris tantum* de paternidade.

1: Correto. Esse é o teor da Súmula 301 do STJ: "Em ação investigatória, a recusa do suposto pai a submeter-se ao exame de DNA induz presunção *juris tantum* de paternidade".

Gabarito 1C

(Delegado/RR – 2003 – CESPE) Em relação às nulidades processuais, julgue os itens a seguir.

(1) Enquanto o juiz não declara a nulidade do processo, a relação processual existe e produz efeitos de uma relação válida, podendo ocorrer o saneamento do vício a partir do momento em que se operar a coisa julgada.

(2) O ato processual que atingiu a sua finalidade, apesar de ter sido praticado com desvio de forma, não será anulado de ofício pelo juiz nem a requerimento da parte, a menos que esta demonstre efetivo prejuízo.

(3) Se a nulidade é somente de forma, ela é relativa; não sendo alegada pela parte na primeira oportunidade, se convalida por força da preclusão.

(4) Se a nulidade é absoluta e declarável de ofício pelo juiz, não se sujeita à preclusão, podendo ser arguida em qualquer tempo ou grau de jurisdição.

1: Correto. O processo que contenha nulidade absoluta, enquanto não transitada em julgado à decisão final de mérito, pode ser declarado nulo pelo órgão jurisdicional competente. Porém, com o trânsito, a decisão passa a surtir plenos efeitos – posto que imbuída da autoridade da coisa julgada material – e o ato, de nulo, se torna rescindível, pela via da ação rescisória. Caso tal demanda não seja intentada dentro do prazo decadencial de 2 (dois) anos cominado pelo art. 495 do CPC, a sentença prolatada em processo nulo, mesmo que apresente um dos vícios reproduzidos no bojo do art. 485 do CPC, continuará produzindo todos os seus efeitos, sendo que, a partir de então, a nulidade absoluta se afigurará sanada, ante o decurso do biênio legal. Observe-se, nesse particular, a doutrina de Arruda Alvim: "Aliás, no processo civil, à diferença do que ocorre no Direito Civil, tanto as nulidades quanto as anulabilidades se sanam. Estas, se não arguidas, sanam-se no mesmo processo em que se produziram; aquelas, em princípio, no prazo de dois anos a contar do trânsito em julgado da sentença (de mérito) que põe fim à causa em que tiveram lugar. (ALVIM, Arruda. Manual de Direito Processual Civil. Vol. 1. 7. Edição. São Paulo: Saraiva, 2000, p. 477-478).

2: Correto. Vige no ordenamento brasileiro o princípio da instrumentalidade das formas, de modo que a nulidade não será pronunciada quando o ato processual, ainda que em descompasso com a forma cominada, atinja a finalidade que lhe seja essencial (art. 244 do CPC). Todavia, há uma exceção a tal princípio, a qual se verifica quando a lei expressamente prevê a nulidade absoluta em caso de inobservância da forma prescrita.

3: Correto. A doutrina de Teresa Arruda Alvim Wambier distingue entre as nulidades de forma e de fundo. Estas estariam ligadas mais às matérias de ordem pública, a exemplo das condições da ação e dos pressupostos processuais, motivo pelo qual são tidas como absolutas. Por outro lado, a nulidade de forma – como do próprio nome já desponta – alude a um vício formal que implica, por sua vez, nulidade relativa, diante da mera irregularidade do ato processual, salvo se a lei expressamente cominar a nulidade absoluta em caso de desrespeito à forma prescrita (art. 245, *caput*, do CPC).

4: Correto. Se a matéria for de ordem pública, as partes podem, a qualquer tempo, alegar a nulidade absoluta e o juiz pode reconhecê-la, inclusive de ofício, não havendo falar-se em preclusão (art. 245, parágrafo único, do CPC). A exceção a tal regra aparece nos recursos extraordinário e especial, onde a nulidade, ainda que absoluta, não poderá ser pronunciada se não houve prequestionamento (decisão nas instâncias locais a respeito da questão constitucional ou federal invocada, na forma dos arts. 102, III, e 105, III, da CF).

Gabarito 1C, 2C, 3C, 4C

9. SENTENÇA, CUMPRIMENTO DE SENTENÇA, COISA JULGADA E AÇÕES ANULATÓRIA E RESCISÓRIA

(Delegado Federal – 2002 – CESPE) Jonas propôs ação de investigação de paternidade contra Túlio, alegando que o réu e sua mãe mantiveram relações sexuais que resultaram em sua concepção. Com base na farta prova testemunhal colhida, o juiz julgou procedente o pedido do autor e reconheceu a paternidade questionada. O réu, apesar de inconformado com a decisão, não interpôs nenhum recurso contra ela, mas dirigiu-se a um laboratório médico onde, juntamente com Jonas, submeteu-se à coleta de sangue com a finalidade de realizar exame de DNA para a determinação do vínculo de parentesco biológico entre eles. O exame concluiu pela exclusão da paternidade de Túlio, que, sabendo que jamais havia mantido qualquer relacionamento íntimo com a mãe de Jonas, requereu a instauração de inquérito policial para apurar a prática do delito de falso testemunho por parte das testemunhas arroladas pelo autor que depuseram no processo, especialmente porque a sentença que julgou procedente a ação baseou-se nos depoimentos de tais testemunhas. Os réus foram condenados pela prática do crime de falso testemunho. Embasado na sentença penal condenatória e no resultado negativo do exame de DNA, Túlio propôs, no prazo legal, ação rescisória da sentença que reconhecera a paternidade em relação a Jonas. Com relação a essa situação hipotética, julgue os itens que se seguem.

(1) Falta ao autor interesse de agir para a rescisória porque, não havendo recorrido da sentença rescindenda, demonstrou haver com ela se conformado. Além disso, ele não atendeu ao requisito de exaurimento das instâncias, exigível para a admissibilidade da rescisória.

(2) O juízo que prolatou a sentença rescindenda em primeiro grau, na hipótese, está prevento para conhecer e julgar a rescisória, tendo em vista a clara conexão existente entre ambas as ações.

(3) Se o réu da rescisória houver mudado de endereço, poderá opor exceção de incompetência relativa, pleiteando que a rescisória tramite no foro de seu domicílio, já que o investigante conserva o foro privilegiado também para a rescisória.

(4) Com a decisão penal transitada em julgado, na ação rescisória já não mais se poderá discutir a existência da falsidade, devendo a defesa do réu, *de meritis*, cingir-se à demonstração de que a sentença rescindenda não se haja fundada na prova declarada falsa, ou seja, à comprovação de que houvera outro fundamento suficiente para a decisão.

1: Errado. A ação rescisória é, por natureza, uma demanda autônoma de impugnação (assim como o mandado de segurança contra ato judicial e os embargos de terceiro), com requisitos bem definidos, quais sejam: 1) sentença ou acórdão de mérito (embora se admita ação rescisória contra as interlocutórias de mérito); 2) transitado em julgado; 3) revestido de coisa julgada material; e 4) preenchimento de uma das hipóteses de cabimento previstas taxativamente no art. 485 do CPC. O escopo de tal demanda é desconstituir a sentença de mérito já transitada em julgado. Nada obstante, a análise da pretensão deduzida pelo autor em ação rescisória depende do preenchimento das condições da ação e dos pressupostos processuais inerentes a toda demanda. Dentre estas, destaca-se o interesse de agir, mais precisamente o interesse-necessidade, visto que só quem foi sucumbente (quem perdeu a disputa) precisa aforar a rescisória, a fim de obter provimento jurisdicional que lhe seja favorável. Logo, Túlio tem interesse de agir, a considerar sua necessidade de reverter à situação consolidada no julgado anterior, tudo com fundamento no art. 485, VI, do CPC. Por último, vale registrar que o exaurimento das instâncias não é requisito de admissibilidade da ação rescisória.

2: Errado. A ação rescisória será intentada junto ao tribunal de onde emanou o julgado que se pretende rescindir (arts. 493 e 494 do CPC). Vale destacar, nesse diapasão, a doutrina de Alexandre Freitas Câmara: "No caso de ter transitado em julgado sentença proferida por órgão de primeira instância, será competente para a ação rescisória o tribunal que teria sido, em tese, competente para apreciar a apelação que contra aquela sentença poderia ter sido interposta" (FREITAS CÂMARA, Alexandre. Ação rescisória. Rio de Janeiro: Lumen Juris, 2007, p. 41-42).

3: Errado. Os comentários tecidos na assertiva anterior justificam a incorreção deste item, acrescentando-se que a competência estabelecida em tal hipótese é absoluta, em razão do interesse público em se preservar a autoridade de decisão já transitada em julgado. Assim, não há possibilidade de aplicação da regra geral do art. 94 do CPC.

4: Correto. A falsidade reconhecida definitivamente no juízo criminal, seja ela material ou ideológica, obsta a rediscussão de tal fato no bojo da rescisória. Todavia, a falsidade alardeada só implicará a procedência da aludida demanda se o autor conseguir demonstrar não só a essencialidade da prova reputada falsa para o desfecho da lide, como também a inexistência de qualquer outro fundamento que permita, por si só, chegar-se à mesma conclusão. Veja-se, novamente, o magistério de Freitas Câmara (FREITAS CÂMARA, Alexandre. Ação rescisória. Rio de Janeiro: Lumen Juris, 2007, p. 90): "É suficiente que a prova falsa seja fundamento do provimento rescindendo. Em outros termos, significa isto dizer que para a lei vigente é preciso verificar – a fim de se aferir se o provimento judicial é rescindível ou não – se sua conclusão teria sido a mesma sem a prova falsa. Outra prova houvesse, que fosse suficiente para a manutenção da conclusão a que chegara o julgador, e não será rescindível a decisão judicial".

Gabarito 1E, 2E, 3E, 4C

(Delegado/RR – 2003 – CESPE) No que concerne à "ação rescisória", julgue os itens seguintes.

(1) Se uma das partes do processo em que foi proferida a sentença vier a falecer, seus sucessores não terão legitimidade *ad causam* para propor ação rescisória, pois não figuraram como parte no processo que daria origem a tal ação.

(2) Na ação rescisória, tem interesse de agir a parte que não tenha sofrido qualquer prejuízo com sentença rescindenda, em virtude de decisão revestida de vícios, e, portanto, nula de pleno direito, pois a sucumbência não é requisito para a propositura da rescisória.

1: Errado, pois os sucessores a título singular ou universal de quem foi parte no processo também podem ajuizar ação rescisória (art. 487, I, do CPC).
2: Errado. Como visto acima, a análise da pretensão deduzida pelo autor em ação rescisória depende do preenchimento dos pressupostos processuais e das condições da ação inerentes a toda demanda. Dentre estas, destaca-se o interesse de agir, mais precisamente o interesse-necessidade, visto que só quem foi sucumbente (quem perdeu a disputa) precisa aforar a rescisória, a fim de obter provimento jurisdicional que lhe seja favorável. Sobremais, a rescisória não se destina a corrigir a injustiça do julgado, dado que tal hipótese não foi contemplada no rol taxativo do art. 485 do CPC, ao contrário do que previa o art. 800, *caput*, do CPC de 1939. Conforme Barbosa Moreira (MOREIRA, José Carlos Barbosa. Comentários ao Código de Processo Civil. v. 5. 12. edição. Rio de Janeiro: Forense, 2005, p. 146), em regra, "o erro do juiz em matéria de fato, não obstante torne injusta a decisão, nenhuma influência exerce sobre a sua validade [...]"; Ratificando tal posicionamento, note-se o precedente da Corte Superior abaixo colacionado:
ADMINISTRATIVO. PROCESSUAL CIVIL. AÇÃO RESCISÓRIA. PRELIMINARES DE INÉPCIA DA INICIAL E DE AUSÊNCIA DE INTERESSE DE AGIR. REJEIÇÃO. SERVIDOR PÚBLICO FEDERAL. REAJUSTE DE 28,86%. COMPENSAÇÃO. MATÉRIA DE NATUREZA PATRIMONIAL NÃO APRECIADA NO ACÓRDÃO RESCINDENDO. PEDIDO JULGADO IMPROCEDENTE.
[...]
2. O interesse de agir surge do suposto prejuízo causado ao autor pela parte *ex adversa* e, por conseguinte, da necessidade de buscar tutela jurisdicional favorável. Não guarda relação de pertinência com a boa-fé dos servidores quanto ao recebimento dos valores em discussão ou com a circunstância de se tratar de verba de caráter alimentar. Preliminar de falta de interesse processual rejeitada.
[...]
4. Pedido julgado improcedente. (AR 1.358/CE, Rel. Ministro ARNALDO ESTEVES LIMA, TERCEIRA SEÇÃO, julgado em 23/06/2008, DJe 23/09/2008).

Gabarito 1E, 2E

10. RECURSOS

(Delegado/PA – 2013 – UEPA) Leia as proposições abaixo e assinale a alternativa correta.

(A) Quando manifestamente protelatórios os embargos, o juiz ou o tribunal, declarando que o são, condenará o embargante a pagar ao embargado multa não excedente de 1% (um por cento) sobre o valor da causa. Na reiteração de embargos protelatórios, a multa é elevada a até 10% (dez por cento), ficando condicionada a interposição de qualquer outro recurso ao depósito do valor respectivo.

(B) O conhecimento de recurso especial pelo Superior Tribunal de Justiça exige o exaurimento das instâncias ordinárias, de modo que tendo sido confirmada a sentença recorrida, por maioria de votos, impõe-se a prévia interposição de embargos infringentes.

(C) Havendo a concessão da segurança, caberá ao Superior Tribunal de Justiça o julgamento de recuso ordinário em sede de mandado de segurança decidido em única instância pelos Tribunais Regionais Federais, ou pelos Tribunais dos Estados e do Distrito Federal e Territórios.

(D) A inexistência de repercussão geral, a partir de questões relevantes do ponto de vista econômico, político, social ou jurídico, que ultrapassem os interesses subjetivos da causa, acarreta o não conhecimento do Recurso Extraordinário pelo Supremo Tribunal Federal, sendo irrecorrível a decisão monocrática do Ministro Relator que não reconhecê-la, nos termos do art.543-A do CPC.

(E) Não admitido o recurso extraordinário ou recurso especial, caberá a interposição de recurso de agravo de instrumento, mediante a juntada dos documentos obrigatórios definidos em lei, bem como do recolhimento das custas processuais e despesas postais.

A: correta (CPC, art. 538, parágrafo único); **B:** incorreta, pois apesar de a afirmação de necessário de esgotamento de instância ser verdadeira, no caso não cabem infringentes – pois a decisão foi confirmada (CPC, art. 530); **C:** incorreta, pois só cabe recurso ordinário em caso de denegação (e não concessão) de segurança (CPC, art. 539, II, "a"); **D:** incorreta, pois a decisão quanto à repercussão geral tem de colegiada e não monocrática (CPC, art. 543-A, § 4º); **E:** incorreta, pois o recurso não é mais o agravo de instrumento, mas o agravo nos próprios autos, que independe de documentos ou de custas (CPC, art. 544, *caput* e § 2º).

Gabarito "A"

(Delegado/PA – 2013 – UEPA) Sobre os recursos no sistema próprio do Direito Processual Civil brasileiro, assinale a alternativa correta.

(A) A concessão de antecipação de tutela no corpo da sentença, impõe que eventual recurso de apelação, por ausência de disposição legal, seja integralmente recebido em seu efeito devolutivo e suspensivo.

(B) A reforma processual promovida em 2005 alterou o regime de impugnação das decisões interlocutórias, estabelecendo como regra geral a interposição de recurso de agravo de instrumento manejado diretamente na Corte competente.

(C) A interposição de agravo retido conduz automaticamente à apreciação da matéria pelo Tribunal de Justiça como preliminar, por ocasião do julgamento da apelação, independentemente de reiteração posterior da parte interessada.

(D) A decisão do relator que converte o agravo de instrumento em retido é passível de reforma imediata, mediante a interposição de recurso de agravo interno, no prazo de 05 (cinco) dias, nos termos do art. 557, § 1º do CPC.

(E) Cabe ao agravante, no prazo de 03 (três) dias, comunicar ao Juízo singular a interposição do recurso de agravo de instrumento, juntando cópia da petição recursal, seu comprovante de interposição e a relação de documentos apresentados, sendo o descumprimento desse ônus processual razão para o não conhecimento do recurso, desde que a questão seja arguida e provada pela parte agravada.

A: incorreta. Apesar da ausência de previsão legal, vem sendo admitida a concessão de antecipação de tutela na sentença. Nesse caso, aplica-se a exceção: apelação que impugna sentença que confirma a antecipação de tutela somente é recebida no efeito suspensivo (CPC, art. 520, VII); **B:** incorreta, pois a regra é o agravo retido (CPC, art. 522); **C:** incorreta, pois se não houver a reiteração do retido na apelação, o recurso interposto da interlocutória não será conhecido (CPC, art. 523, § 1º); **D:** incorreta, pois nesse caso a lei veda o uso de agravo interno, apenas admitindo o pedido de reconsideração (CPC, art. 527, parágrafo único); **E:** correta (CPC, art. 526, *caput* e parágrafo único).

Gabarito "E"

(Delegado Federal – 2002 – CESPE) Em relação a "recursos" julgue os itens que se seguem.

(1) Em face do princípio do dispositivo, que rege o processo civil brasileiro, o juízo de admissibilidade dos recursos pelo tribunal não pode ser feito de ofício, dependendo sempre de requerimento da parte contrária, salvo quando se tratar de questão relativa à tempestividade ou ao preparo.

(2) O pedido de reconsideração feito ao juiz pela parte prejudicada pela decisão suspende o prazo para a interposição do recurso cabível, que somente voltará a correr a partir da intimação da decisão judicial acerca da reconsideração requerida.

(3) A parte que, sendo vencedora na demanda, desejar arguir preliminar de inadmissibilidade do recurso da parte contrária deverá fazê-lo nas contrarrazões, e não interpor recurso adesivo.

(4) De regra, o princípio da fungibilidade recursal só é aplicável no âmbito dos recursos ordinários, pois os recursos especial e extraordinário têm seus requisitos rigidamente elencados no texto constitucional.

(5) Com a nova sistemática processual relativa aos recursos, ainda que o agravo de instrumento seja interposto diretamente perante o órgão *ad quem*, subsiste a possibilidade do juízo de retratação do órgão prolator da decisão recorrida.

1: Errado. O juízo de admissibilidade recursal é matéria de ordem pública, sendo realizado de ofício pelo órgão *ad quem*, isto é, pelo órgão competente para o julgamento do recurso, ainda quando não haja preliminar suscitada pelo recorrido no que concerne à falta de um dos requisitos de admissibilidade do recurso. Não se sujeitam, pois, à preclusão.

2: Errado. O simples pedido de reconsideração não suspende tem interrompe o prazo recursal para a impugnação da decisão geradora do inconformismo manifestado pela parte. Nessa direção, observe-se o julgado abaixo:

PROCESSUAL CIVIL. PEDIDO DE RECONSIDERAÇÃO. AGRAVO DE INSTRUMENTO. PRAZO. INTEMPESTIVIDADE.

1. O pedido de reconsideração não interrompe e nem suspende o prazo para interposição de agravo de instrumento, que deve ser contado a partir do ato gerador do inconformismo.

[...]

3. A doutrina assevera que "Tanto a doutrina quanto a jurisprudência ensinam que o simples pedido de reconsideração não ocasiona a interrupção nem a suspensão do prazo recursal" (in Souza, Bernardo Pimentel. Introdução aos recursos cíveis e à ação rescisória. São Paulo,: Saraiva, 2009, p.123) 4. Agravo regimental desprovido.

(AgRg no REsp 1202874/RS, Rel. Ministro LUIZ FUX, PRIMEIRA TURMA, julgado em 21/10/2010, DJe 03/11/2010)

3: Correto. Nesse caso, não há qualquer necessidade de o recorrido manejar recurso adesivo para arguir a ausência de algum requisito de admissibilidade do recurso interposto pela parte adversa, visto que tal argumento pode ser deduzido ao tempo do oferecimento de contraminuta ao recurso apresentado. Desse modo, não se mostra configurado o interesse recursal necessário para fins de conhecimento do recurso adesivo. Em outras linhas, é completamente prescindível a interposição de recurso para obter algo que pode ser conseguido sem o seu manejo. Nesse sentido, note-se a doutrina de Luiz Orione Neto: (NETO, Luiz Orione. Recursos Cíveis. 2. edição. São Paulo: Saraiva, 2006, p. 80-81)

"Basta conferir o parágrafo único do art. 519 do CPC: 'A decisão referida neste artigo será irrecorrível, cabendo ao tribunal apreciar-lhe a legitimidade'. Nessa hipótese, não há interesse recursal por parte do recorrido em valer-se do agravo, porque ele pode, por meio mais célere e mais simples (contrarrazões de apelação), obter o resultado que pretende (a inadmissibilidade do recurso)".

4: Correto. Por fungibilidade recursal entende-se o princípio que permite ao órgão jurisdicional *ad quem* admitir o recurso equivocamente interposto, ou seja, receber um determinado recurso como se outro fosse (v.g., recebimento da apelação em lugar do agravo). Para que o princípio da fungibilidade recursal seja aplicado, é necessário o preenchimento de dois requisitos: a) existência de dúvida objetiva quanto ao recurso cabível; b) observância do prazo correspondente ao recurso correto. A aplicação da fungibilidade no âmbito dos recursos extraordinários *lato sensu* configura erro grosseiro, já que o recurso extraordinário se funda em matéria constitucional – motivo pelo qual é interposto perante o STF – ao passo que o recurso especial, interponível diante do STJ, tem por base matéria infraconstitucional. Tais considerações quanto à natureza da discussão essencialmente travada em cada um desses recursos impede o recebimento de um pelo outro, ante a ausência de dúvida objetiva.

Vide o precedente abaixo oriundo do próprio STJ, a respeito dos requisitos necessários ao reconhecimento da fungibilidade:

PROCESSUAL CIVIL. RECURSO ORDINÁRIO EM MANDADO DE SEGURANÇA. VIA INADEQUADA. PROVIMENTO RECORRIDO QUE NÃO FOI PROFERIDO EM ÚNICA INSTÂNCIA.

[...]

3. É de se asseverar, ainda, que, para o conhecimento do presente recurso com base na incidência do princípio da fungibilidade recursal, exige-se a cumulação de dois requisitos, a saber: (i) caracterização de dúvida objetiva a respeito da medida impugnativa a ser manejada, o que é suficiente para afastar eventual configuração de erro grosseiro, e (ii) observância do prazo para o protocolo efetivamente cabível. Precedentes.

4. Embora os prazos do recurso ordinário e do recurso especial sejam os mesmos, não é possível falar em dúvida objetiva, o que faz concluir que, no caso concreto, houve erro grosseiro. [...] (RMS 31.840/SP, Rel. Ministro MAURO CAMPBELL MARQUES, SEGUNDA TURMA, julgado em 04/11/2010, DJe 12/11/2010).

5: Correto. O recurso de agravo de instrumento comporta juízo de retratação, ou seja, o juiz, ante as razões expostas pelo agravante, poderá reformar a decisão interlocutória por si proferida (art. 529 do CPC).

Gabarito 1E, 2E, 3C, 4C, 5C

(Delegado/PB – 2009 – CESPE) Acerca dos recursos e suas espécies, da ação rescisória, do juiz, do MP e do defensor, assinale a opção incorreta.

(A) Dá-se a desistência quando, já interposto o recurso, a parte manifesta que não pretende o seu prosseguimento, procedimento esse que independe de aquiescência do recorrido e do litisconsorte.

(B) Na hipótese de provimento do recurso para a invalidação da decisão impugnada, não ocorre a substituição da decisão recorrida, mas anulação ou cassação desta.

(C) A sentença que homologa o pedido de desistência da ação não pode ser rescindida por meio da ação rescisória.

(D) Na ação de improbidade promovida pelo MP, torna-se obrigatória a integração à lide da pessoa jurídica de direito público interessada, de modo a configurar hipótese de litisconsórcio necessário.

(E) Não se aplica o princípio da identidade física do juiz aos procedimentos de jurisdição voluntária, aos mandados de segurança e às justificações de posse.

A: correto (art. 501 do CPC);

B: correto. Se a decisão atacada pelo recorrente estiver impregnada de nulidade, o órgão competente para o julgamento do recurso deve anulá-la e não reformá-la. Nesse sentido, determina-se a retorno dos autos para que o órgão originário profira outra decisão em lugar daquela invalidada, sob pena de supressão de instância. Veja-se o julgado abaixo transcrito:

Anulação da decisão. O acórdão que dá provimento a recurso para anular a decisão impugnada (error in procedendo) não substitui o ato recorrido, mas apenas o cassa para que novo julgamento se profira no juízo de origem. Neste sentido: RTJ 99/79 (NERY JR., Nelson. Comentários ao Código de Processo Civil e legislação extravagante. 10. edição. São Paulo: Revista dos Tribunais, 2007, p. 849);

C: correto, pois o interessado deverá se valer da ação anulatória prescrita pela lei civil (art. 171, II, do CC) para anular a sentença meramente homologatória (art. 486 do CPC). Ademais, não se mostra cabível a rescisória, porquanto não há julgamento de mérito em tal hipótese. A doutrina de Marcos Destefenni é precisa nesse sentido: "Julgada procedente a ação, a sentença homologatória não é rescindida, mas não subsistirá, perdendo sua eficácia". Consoante à lição de Sérgio Rizzi: 'a ação anulatória não objetiva anular a decisão de mérito, pois tem em mira tão somente o ato homologado. Considerando que o ato homologado é próprio do conteúdo da decisão, caindo aquele esvazia-se esta, pois *ex nihilo, nihil*. 'Mas a sentença, em si, não é rescindida'". (DESTEFENNI, Marcos. Curso de Processo Civil. Vol. 1. Tomo II. 2. Edição. São Paulo: Saraiva, 2009, p. 306).

D: incorreto, pois só quem detém legitimidade passiva para a ação de improbidade administrativa são as pessoas naturais pretensamente responsáveis pela prática da conduta. Nessa direção, observe-se o magistério de Carvalho Filho: "O sistema adotado na lei da ação popular, contudo, tem que adequar-se à ação de improbidade; daí a expressão 'no que couber' prevista na Lei de Improbidade. Assim, não haverá ensejo para a 'abstenção de contestar o pedido', já que na ação de improbidade apenas a pessoa física pode figurar como ré. Restar-lhe-á, pois, atuar ao lado do Ministério Público para reforçar o pedido de reconhecimento da improbidade e de aplicação das sanções (CARVALHO FILHO, José dos Santos. Manual de Direito Administrativo. 23. Edição. Rio de Janeiro: Lumen Juris, 2010, p. 1.199);

E: o subprincípio da identidade física do juiz – oriundo do princípio da oralidade – determina a vinculação do magistrado que concluiu a audiência de instrução e julgamento, mormente quando colhida a prova oral, ao julgamento do feito. Por óbvio, cuida-se de princípio relativo, a considerar as exceções contidas no art. 132, *caput*, do CPC, a exemplo da promoção, aposentadoria, licença ou afastamento do juiz atrelado ao processo. No caso do mandado de segurança, como não existe ulterior dilação probatória (colheita de prova testemunhal e pericial), não há falar-se na aplicação de tal princípio. Quanto à justificação de posse, tal audiência se presta, sobretudo, para formar o convencimento do juiz a respeito da medida liminar requerida em ação possessória, antes mesmo da apresentação de resposta pelo réu, de modo que tal sessão não se confunde com a audiência de instrução e julgamento. Por último, nos procedimentos de jurisdição voluntária, em razão de militar o princípio da investigação de ofício (contrariando o princípio dispositivo), bem como por não haver lide nem coisa julgada material (justo por isso, será carecedor de ação aquele que intentar rescisória para atacar sentença proferida em procedimento especial de jurisdição voluntária), o órgão julgador, diante da existência de fatos que alterem o panorama sobre o qual se fundou a decisão anterior, poderá modificar o que restou deliberado, inclusive de ofício. Logo, a inteligência que fundamenta a existência do art. 132, *caput*, do CPC, qual seja a de que o juiz que encerrou a instrução deve julgar a lide por estar mais familiarizado com a prova oral colhida, não se aplica aos procedimentos especiais de jurisdição voluntária, em que o juiz pode reabrir a instrução ou alterar o que restou decidido. Não é demais registrar o seguinte precedente:

Prova oral. O pressuposto para a aplicação do princípio da identidade física do juiz é a realização de prova oral em audiência, onde o magistrado tem participação ativa na tomada de dados que podem influenciar sua convicção. A sentença proferida por outro juiz, diverso daquele que presidiu a audiência, só acarreta nulidade se tiver havido colheita de prova oral naquela audiência (JTACivSP 109/356). No mesmo sentido: TRF-5ª, JSTJ 3/430. (NERY JR., Nelson. Comentários ao Código de Processo Civil e legislação extravagante. 10. Edição. São Paulo: Revista dos Tribunais, 2007, p. 395)

Gabarito "D"

(Delegado/ES – 2006 – CESPE) Quanto ao" direito processual civil pátrio" julgue o próximo item.

(1) Considere-se que determinado juiz federal profira decisão interlocutória em ação movida por pessoa jurídica de direito privado interno em desfavor de organismo internacional. Nessa situação, eventual recurso de agravo de instrumento deverá ser julgado pelo Superior Tribunal de Justiça.

1: Correto (art. 539, II, "b", e parágrafo único, do CPC). Cuida-se de uma das hipóteses de cabimento de recurso ordinário para o STJ, registrando-se que a competência para o julgamento de litígios entre Estado estrangeiro ou organismo internacional e Município ou pessoa domiciliada ou residente no país é dos juízos federais, na forma do art. 109, II, da CF. Atenção! As apelações interpostas em face de sentenças proferidas em tais casos devem ser dirigidas ao Superior Tribunal e Justiça, e não ao Tribunal Regional Federal, como de praxe acontece.

Gabarito 1C

(Delegado/ES – 2006 – CESPE) Quanto ao" direito processual civil pátrio" julgue o próximo item.

(1) Considere a seguinte situação hipotética. José dirigia embriagado e atropelou Joaquim, o qual veio a falecer. Os genitores de Joaquim promoveram ação de reparação de danos, e o juízo competente determinou que José os indenizasse por meio de prestação de alimentos a eles. Nessa situação, eventual recurso de apelação interposto deverá ser recebido apenas no efeito devolutivo, em razão do caráter alimentar da indenização.

1: Errado. Apenas os apelos interpostos contra sentenças proferidas em ações de alimentos é que devem ser recebidos tão somente no efeito devolutivo, sejam eles provisórios (Lei 5.478/68), provisionais (art. 852 a 854 do CPC) ou em demanda submetida ao procedimento comum ordinário. Corroborando tal entendimento, eis a doutrina de Nelson Nery Jr. (NERY JR., Nelson. Comentários ao Código de Processo Civil e legislação extravagante. 10. Edição. São Paulo: Revista dos Tribunais, 2007, p. 868; 871):

Ação de alimentos. É recebida somente no efeito devolutivo, produzindo efeitos desde logo, a apelação da sentença condenatória proferida em ação de alimentos, quer seja para fixá-los, diminuí-los ou majorá-los. A sentença que exonera o devedor da prestação alimentícia não é condenatória, mas desconstitutiva, ensejando apelação com efeito apenas devolutivo. Esta norma se aplica às sentenças proferidas nas ações especiais de alimentos fundadas na LA, nas de procedimento ordinário, bem como nas cautelares de alimentos provisionais (CPC 852 a 854), estas últimas por duplo fundamento (CPC 520 II e IV).

Reparação de dano. Alimentos. A apelação da sentença condenatória proferida em ação de reparação de dano deve ser recebida no duplo efeito, pois não se confunde o caráter alimentar da indenização com a condenação em ação de alimentos mencionados de forma estrita no CPC 520 II (JTARS 23/136).

Gabarito 1E

(Delegado/RR – 2003 – CESPE) Com relação a "recursos em processos civis" julgue os itens que se seguem.

(1) Da decisão que indefere petição de reconvenção e põe fim a ação reconvencional, é cabível recurso de apelação.

(2) De regra, não podem as partes suscitar, em razões ou contrarrazões de recurso, questões de fato não propostas no juízo inferior, sob pena de violação do princípio do contraditório, supressão de instância e violação do duplo grau de jurisdição.

(3) A prescrição é matéria que pode ser suscitada nas razões ou nas contrarrazões de qualquer recurso.

(4) Cabe recurso de agravo retido contra decisão de juízo *a quo* que recebe recurso de apelação.

(5) Diante das recentes modificações introduzidas no CPC, é possível ao relator negar seguimento a qualquer recurso manifestamente inadmissível, improcedente, prejudicado ou em confronto com súmula ou jurisprudência dominante do respectivo tribunal, do STF ou de tribunal superior.

(6) O relator poderá converter em agravo retido o agravo de instrumento da decisão que, em audiência, indefere uma denunciação à lide obrigatória.

(7) No agravo de instrumento, o relator não poderá conceder efeito suspensivo ao recurso ou efeito ativo ao agravo.

1: Errado. Cuida-se de decisão interlocutória, a qual desafia agravo de instrumento, tendo por base a possibilidade de ocorrência de lesão grave e de difícil reparação ao recorrente (art. 522, *caput*, do CPC).

2: Correto. Segundo a inteligência do art. 515, §§ 1º e 2º, do CPC, o órgão *ad quem* poderá tomar em consideração todas as questões suscitadas e debatidas pelas partes, bem assim os pedidos e as defesas articulados, ainda que não apreciados inteiramente pela sentença. Cuida-se de exceção ao princípio do efeito devolutivo, e, portanto, ao princípio dispositivo. Excepcionalmente, comprovado motivo de força maior, a parte poderá suscitar, na apelação, matéria de fato não invocada em primeiro grau (art. 517 do CPC).

3: Correto. A prescrição é matéria de ordem pública, a qual pode ser invocada em qualquer tempo ou grau de jurisdição, já que há autorização expressa nesse sentido (arts. 193 do CC e 303, III, do CPC).

4: Errado. Nesse caso, não há qualquer necessidade de o recorrido manejar agravo retido para arguir a ausência de algum requisito de admissibilidade da apelação interposta pela parte adversa, visto que tal argumento pode ser deduzido ao tempo do oferecimento de contraminuta ao recurso apresentado. Desse modo, não se mostra configurado o interesse recursal necessário para fins de conhecimento do agravo. Em outras linhas, é completamente prescindível a interposição de recurso para obter algo que pode ser conseguido sem o seu manejo. Nesse sentido, note-se a doutrina de Luiz Orione Neto: (NETO, Luiz Orione. Recursos Cíveis. 2. edição. São Paulo: Saraiva, 2006, p. 80-81). "Basta conferir o parágrafo único do art. 519 do CPC: 'A decisão referida neste artigo será irrecorrível, cabendo ao tribunal apreciar-lhe a legitimidade'. Nessa hipótese, não há interesse recursal por parte do recorrido em valer-se do agravo, porque ele pode, por meio mais célere e mais simples (contrarrazões de apelação), obter o resultado que pretende (a inadmissibilidade do recurso)".

5: Correto (art. 557, *caput*, do CPC).

6: Errado. A decisão interlocutória que indefere a denunciação da lide é suscetível de causar lesão grave e de difícil reparação ao denunciante, razão pela qual deve ser impugnada mediante agravo de instrumento e não por agravo retido nos autos (arts. 527, III, e 558, *caput*, do CPC). Logo, ao recorrente faltaria interesse recursal, pois, afinal, qual seria a utilidade da interposição de agravo retido em tal hipótese, quando o exame do aludido recurso só adviria, normalmente, depois de muitos anos, quando do julgamento do recurso de apelação pelo Tribunal? Qual seria a vantagem prática obtida pelo recorrente com a sua interposição? Nenhuma.

7: Errado (arts. 527, III, e 558, *caput*, do CPC).

Gabarito 1E, 2C, 3C, 4E, 5C, 6E, 7E

11. PROCESSO DE EXECUÇÃO

(Delegado/ES – 2006 – CESPE) Julgue o item que se segue, acerca do instituto relativo ao depositário infiel e ao procedimento cautelar de sequestro.

(1) Suponha-se que determinado empregador, pessoa jurídica, retenha na fonte as contribuições sociais de seus empregados e se abstenha de levar a efeito o recolhimento das mesmas aos cofres públicos. Nessa situação, a pessoa jurídica deve ser considerada depositária infiel da fazenda pública, podendo o juízo competente, após o ajuizamento da ação civil cabível, determinar a prisão de seus dirigentes, a qual não poderá ser superior a 30 dias.

1: Errado, pois a Súmula Vinculante 25 do STF afirma a ilicitude da prisão civil do depositário infiel, nos seguintes termos: "É ilícita a prisão civil de depositário infiel, qualquer que seja a modalidade do depósito".

Gabarito 1E

(Delegado/DF – 2004) Em ação de execução proposta pelo Banco Amigo em face de Nelson, é cobrada a quantia de R$ 100.000,00 baseada em instrumento de confissão de dívida vinculado a contrato de abertura de conta corrente, acompanhado de demonstrativo de atualização do débito. Regularmente citado Nelson oferece um bem à penhora, sendo que o Juízo o aceita. Como o executado alega que o valor da dívida no instrumento de execução é de R$ 60.000,00, assinale qual das matérias abaixo enumeradas deverá ser alegada nos embargos:

(A) inexigibilidade do título;
(B) nulidade da penhora;
(C) cumulação indevida de execuções;
(D) ilegitimidade ativa ad causam;
(E) excesso de execução.

O comando da questão já expõe, mediante lúcido exemplo, em que consiste a *exceptio declinatoria quanti*, isto é, o excesso de execução. Tal matéria de defesa pode ser alegada pelo executado quando note que o valor apresentado pelo credor na petição inicial da ação executiva é superior ao da obrigação constante do título exequendo. Insta salientar que o devedor deverá declinar, desde logo, qual é o montante que entende correto, sob pena de submeter-se aos efeitos da preclusão consumativa (art. 739-A, § 5º, do CPC).

Gabarito "E"

12. CAUTELARES

(Delegado/ES – 2006 – CESPE) Julgue o ite que se segue, acerca do instituto relativo ao depositário infiel e ao procedimento cautelar de sequestro.

(1) O credor de devedor insolvente que, mesmo tendo domicílio certo, tentar alienar os bens que possui, poderá promover ação cautelar de sequestro de bens indeterminados do patrimônio do devedor, a fim de preservar a utilidade do processo de execução por quantia certa.

1: Errado. O examinador tenta confundir o candidato, posto que embora aluda à cautelar de sequestro, descreve, em verdade, o conceito do arresto cautelar, o qual tem por objetivo assegurar o resultado útil (princípio da efetividade processual) de uma eventual execução por quantia certa. Cuida-se de ação cautelar patrimonial restritiva – de segurança dos bens – que tem por objetivo evitar que o devedor dissipe seu patrimônio fraudulentamente ao antever a possibilidade de expropriação de seus bens. Atente-se para o fato de que, em tal ação, apreendem-se bens indeterminados do patrimônio do devedor, ao passo que na cautelar de sequestro apreendem-se bens determinados de seu acervo. Tal diferença básica é comumente perguntada em provas objetivas e deve, portanto, ser compreendida pelo caro leitor (art. 813, II, "b", do CPC).

Gabarito 1E

13. PROCEDIMENTOS ESPECIAIS

(Delegado Federal – 2013 – CESPE) No que se refere ao *habeas data* e ao *habeas corpus*, julgue os itens seguintes.

(1) De acordo com o STJ, o *habeas data* é instrumento idôneo para a obtenção de acesso aos critérios utilizados em correção de prova discursiva aplicada em concursos públicos.

(2) O *habeas corpus* constitui a via adequada para o devedor de pensão alimentícia pedir o afastamento de sua prisão, alegando incapacidade de arcar com o pagamento dos valores executados.

1: incorreta, pois o STJ decidiu exatamente o contrário, pelo não cabimento de *habeas data* em relação a critérios de concurso (AgRg no HD 127/DF, Rel. Ministro João Otávio de Noronha, primeira seção, julgado em 14/06/2006, DJ 14/08/2006, p. 250); **2**: incorreta, porque nesse caso de incapacidade de pagamento, há necessidade de instrução probatória, o que é inviável de se apurar no âmbito do HC (HC 239.691/MG, Rel. Ministro João Otávio de Noronha, terceira turma, julgado em 20/02/2014, DJe 05/03/2014).

Gabarito 1E, 2E

(Delegado Federal – 2002 – CESPE) Julgue o seguinte item.

(1) O cheque prescrito perde o atributo da executoriedade dos títulos executivos, mas pode ser cobrado por outras vias, inclusive pela ação monitória.

1: Correto. Esse é o exato teor da súmula 299 do STJ: "É admissível a ação monitória fundada em cheque prescrito".

Gabarito 1C

14. LEGISLAÇÃO EXTRAVAGANTE

Todas as questões que versem sobre o" mandado de segurança" serão analisadas já sob a ótica da Lei 12.016/2009 e não da Lei 1.533/51.

(Delegado Federal – 2002 – CESPE) Julgue o seguinte item.

(1) Sendo denegada a ordem em mandado de segurança por falta de direito líquido e certo do impetrante, pode este renovar o pedido, fazendo uso das vias ordinárias, uma vez que, não ensejando o rito do mandado de segurança a ampla cognição judicial, a sentença nele proferida não faz coisa julgada material.

1: Errado. Aliás, a primeira parte da questão está correta, visto que a denegação de mandado de segurança sem apreciação da questão de mérito não impede que o interessado utilize as vias ordinárias na busca da satisfação de sua pretensão, na esteira do que preconiza o art. 19 da Lei 12.016/2009. Todavia, a segunda parte está viciada, pois a sentença proferida em mandado de segurança pode fazer coisa julgada material, desde que o mérito da impetração seja analisado pelo respectivo órgão jurisdicional.

Gabarito 1E

(Delegado Federal – 2002 – CESPE) Julgue o seguinte item.

(1) O gestor de sociedade de economia mista não pode responder a mandado de segurança, na condição de autoridade coatora.

1.: Errado. Vide súmula 333 do STJ: "Cabe mandado de segurança contra ato praticado em licitação promovida por sociedade de economia mista ou empresa pública".

Gabarito 1E

(Delegado Federal – 1998 – CESPE) Suponha que tenha sido ajuizado mandado de segurança, por servidor público, postulando certa vantagem de natureza pecuniária, que estima devida em razão da função que desempenha, mas que não vem sendo paga. Com base nessa situação, julgue os itens que se seguem.

(1) A sentença de primeiro grau que vier a conceder a vantagem transitará em julgado, se não houver recurso da parte no prazo previsto em lei.

(2) A autoridade coatora estará obrigada a proceder ao pagamento da vantagem ao impetrante imediatamente após recebida a comunicação da concessão da segurança em primeira instância.

(3) A sentença concessiva há de produzir efeitos financeiros somente a partir da data em que foi ajuizado o mandado de segurança, mesmo que a inicial comprove que a vantagem já era devida em meses anteriores a esse momento.

(4) Havendo desistência por parte do impetrante, mesmo depois de intimada a autoridade coatora a prestar informações, a sentença deverá julgar o processo extinto sem o julgamento do mérito.

(5) A autoridade coatora não tem legitimidade para recorrer da decisão que vier a conceder a segurança.

1: Errado. A sentença que concede a segurança está obrigatoriamente sujeita ao duplo grau de jurisdição, ou seja, à remessa necessária ou ex officio (art. 14, § 1°, da Lei 12.016/2009).

2: Errado. Em mandado de segurança, as decisões que determinam o pagamento de qualquer vantagem não são passíveis de execução provisória nem de contemplação em sede de medida liminar, segundo a dicção dos arts. 7°, § 2°, e 14, § 3°, ambos da Lei 12.016/2009.

3: Correto (art. 14, § 4°, da Lei 12.016/2009). Vale esclarecer que o interessado poderá pleitear o pagamento das parcelas que se venceram no quinquênio anterior à impetração através de ação de cobrança. Nessa direção, anote-se o REsp 933.702/SE, bem assim as súmulas 269 e 271 do STF. Veja-se:

DIREITO ADMINISTRATIVO. PROCESSUAL CIVIL. RECURSO ESPECIAL. SERVIDOR PÚBLICO. DESCONTOS. SUSPENSÃO DETERMINADA POR DECISÃO JUDICIAL PROFERIDA EM MANDADO DE SEGURANÇA. VALORES ATRASADOS POSTERIORES À IMPETRAÇÃO. LIQUIDAÇÃO DE SENTENÇA. VALORES ANTERIORES. AÇÃO DE COBRANÇA. RECURSO ESPECIAL CONHECIDO E PARCIALMENTE PROVIDO.

1. Tratando-se de cobrança de vantagens pecuniárias de servidores públicos reconhecidas em mandado de segurança, a sentença concessiva de *mandamus* deve ser considerada título executivo, apta a reparar os danos patrimoniais sofridos, cuja apuração se dará pela simples liquidação por cálculos e executada nos próprios autos, nos termos do art. 1°, *caput* e § 3°, da Lei 5.021/66 c.c 475-A e seguintes do CPC. Precedentes do STJ.

2. Hipótese em que, embora possível o ajuizamento de ação ordinária para cobrança dos valores descontados antes da impetração do *mandamus*, deve o acórdão ser reformada para excluir da condenação os valores referentes ao período posterior, já abrangidos pela decisão mandamental.

3. Recurso especial conhecido e parcialmente provido.

(REsp 933702/SE, Rel. Ministro ARNALDO ESTEVES LIMA, QUINTA TURMA, julgado em 11/11/2008, DJe 01/12/2008).

4: Correto. A jurisprudência do STJ entende inaplicável o art. 267, § 4°, do CPC ao mandado de segurança, de modo tal que, mesmo após a sentença concessiva da ordem, o impetrante poderá desistir do processo sem que se mostre necessário o consentimento da autoridade coatora. Note-se o seguinte aresto da Corte Superior:

PROCESSUAL CIVIL. RECURSO ESPECIAL. MANDADO DE SEGURANÇA. DESISTÊNCIA. CONSENTIMENTO DA PARTE CONTRÁRIA. DESNECESSIDADE. INAPLICABILIDADE DO ART. 267, § 4° DO CPC.

1. O impetrante pode desistir do Mandado de Segurança a qualquer tempo, independente da manifestação do impetrado, máxime quando a sentença lhe é favorável, sendo, portanto, inaplicável o disposto no art. 267, § 4°, do CPC. (Precedentes: Pet n.° 4375/PR, Rel. Min. João Otávio de Noronha, Primeira Seção, publicado no DJ de 18.09.2006; AgRg no REsp 389638/PR; Rel. Min. Castro Meira, DJ de 20.02.2006; AgRg no REsp 600724/PE; deste relator, DJ de 28.06.2004; RESP 373619/MG, Relator Ministro Humberto Gomes de Barros, DJ de 15.12.2003; RESP 440019/RS, Rel. Min. Felix Fischer, DJ de 24/02/2003; AROMS 12394/MG, Rel. Min. Hamilton Carvalhido, DJ de 25/02/2002 e REsp 61244/RJ, Rel. Min. Antônio de Pádua Ribeiro, DJ de 14/04/1997.

2. "O pedido de desistência de Mandado de Segurança independe da aquiescência das autoridades apontadas como coatoras, eis que se revela inaplicável à ação de Mandado de Segurança a norma inscrita no CPC 267, § 4°." (STF, MS 22129-1-DF) 3. Recurso especial conhecido e desprovido. (REsp 930.952/RJ, Rel. Ministro JOSÉ DELGADO, Rel. p/ Acórdão Ministro LUIZ FUX, PRIMEIRA TURMA, julgado em 12/05/2009, DJe 17/06/2009).

5: Conquanto o gabarito tenha apontado tal assertiva como correta, a Lei 12.016/2009 modificou tal panorama, a considerar que previu expressamente o direito de a autoridade coatora interpor recurso (art. 14, § 2°, da Lei 12.016/2009). Repita-se: se fosse formulada hoje, a questão estaria errada.

Gabarito 1E, 2E, 3C, 4C, 5C

(Delegado Federal – 1998 – CESPE) A Constituição de 1988, no art. 5º, LXX, *b*, dispõe que o mandado de segurança coletivo pode ser impetrado por "organização sindical, entidade de classe ou associação legalmente constituída e em funcionamento há pelo menos um ano, em defesa dos interesses de seus membros ou associados". Considerando os contornos essenciais do mandado de segurança coletivo, como desvendados pelo STF, julgue os itens a seguir.

(1) Somente interesses que configurem direitos subjetivos legitimam a válida utilização do mandado de segurança coletivo:
(2) Para que a entidade associativa impetre o mandado de segurança coletivo, não se exige que os beneficiados expressamente a autorizem a tanto.
(3) Exige-se, para o cabimento do mandado de segurança coletivo, que se tenha em vista proteger direito peculiar e exclusivo da classe abrangida pela organização sindical impetrante.
(4) Não é cabível o mandado de segurança coletivo que vise à defesa de direito de apenas alguns integrantes da classe abrangida pela associação impetrante.
(5) O mandado de segurança coletivo preventivo não pode ser impetrado contra lei em tese.

1: Correto. A doutrina e a jurisprudência apontam que o mandado de segurança é ação de berço constitucional que tem por objeto a defesa de direito subjetivo público do impetrante diante da ilegalidade ou abuso de poder cometido pela autoridade reputada coatora. Nesse sentido, eis o informativo 433 do STJ:
MEDICAMENTOS. FORNECIMENTO. SUS.
Cuida-se de saber se pessoa portadora de doença crônica tem direito líquido e certo a obter do Estado, gratuitamente, medicamentos de alto custo, quando não atende requisitos previstos no Protocolo Clínico e Diretrizes Terapêuticas do Ministério da Saúde. No caso, o paciente impetrou, na origem, mandado de segurança com pedido de liminar, objetivando o fornecimento de medicamentos (Interferon Peguilado e Ribavirina) para o tratamento da doença hepatite crônica do tipo C da qual é portador, sendo denegada a segurança, entre outros motivos, por ser portador do vírus com genótipo 3a, quando a Portaria n. 863/2002 do Ministério da Saúde restringe o fornecimento do medicamento apenas a portadores de vírus com genótipo 1, gerando o presente recurso interposto pelo Parquet estadual. É cediço que o mandado de segurança, representando instrumento processual de tutela de direito subjetivo público constitucional, goza de eminência ímpar, em que é possível a cognição profunda no *mandamus*. *In casu*, foi demonstrado o direito líquido e certo na via mandamental, pois o impetrante comprovou que sofre da enfermidade apontada mediante laudos e exames médicos realizados tanto em laboratório central do Estado como em laboratórios particulares. [...] Precedente citado do STF: AgRg na STA 175-CE, DJe 30/4/2010. RMS 24.197-PR, Rel. Min. Luiz Fux, julgado em 4/5/2010..
2: Correto. (art. 21, *caput*, *in fine*, da Lei 12.016/2009). Na mesma direção, eis a Súmula 629 do STF: "A impetração de mandado de segurança coletivo por entidade de classe em favor dos associados independe de autorização destes".
3: Errado. Consoante a jurisprudência uníssona do STF, o sindicato, na condição de substituto processual da categoria representada, a teor do que preconiza o art. 8º, III, da Carta Magna, goza de vasta legitimidade ad causam, razão pela qual pode se valer dos instrumentos processuais hábeis a tutelar não somente os direitos da categoria em sua plenitude, como também os próprios interesses individuais de seus sindicalizados. Note-se o bojo do Informativo 431 do STF:
INFORMATIVO Nº 431
PROCESSO – RE 214668
Concluído julgamento de uma série de recursos extraordinários nos quais se discutia sobre o âmbito de incidência do inciso III do art. 8º da CF/88 ("ao sindicato cabe a defesa dos direitos e interesses coletivos ou individuais da categoria, inclusive em questões judiciais e administrativas;") – v. Informativos 84, 88, 330 e 409. O Tribunal, por maioria, na linha da orientação fixada no MI 347/SC (DJU de 8.4.94), no RE 202063/PR (DJU de 10.10.97) e no AI 153148 AgR/PR (DJU de 17.11.95), conheceu dos recursos e lhes deu provimento para reconhecer que o referido dispositivo assegura ampla legitimidade ativa ad causam dos sindicatos como substitutos processuais das categorias que representam na defesa de direitos e interesses coletivos ou individuais de seus integrantes. Vencidos, em parte, os Ministros Nelson Jobim, Cezar Peluso, Eros Grau, Gilmar Mendes e Ellen Gracie, que conheciam dos recursos e lhes davam parcial provimento, para restringir a legitimação do sindicato como substituto processual às hipóteses em que atuasse na defesa de direitos e interesses coletivos e individuais homogêneos de origem comum da categoria, mas apenas nos processos de conhecimento, asseverando que, para a liquidação e a execução da sentença prolatada nesses processos, a legitimação só seria possível mediante representação processual, com expressa autorização do trabalhador. RE 193503/SP, RE 193579/SP, RE 208983/SC, RE 210029/RS, RE 211874/RS, RE 213111/SP, RE 214668/ES, rel. orig. Min. Carlos Velloso, rel. p/ o acórdão Min. Joaquim Barbosa, 12.6.2006. (RE-193503) (RE-193579) (RE-208983) (RE-210029) (RE-211874) (RE-213111) (RE-214668)..
4: Errado. O STF já pacificou o entendimento de que as entidades de classe podem impetrar mandado de segurança em defesa tão somente de fração de seus associados. Ao abono de tal entendimento, observe-se o teor da Súmula 630 do STF: "A entidade de classe tem legitimação para o mandado de segurança, ainda quando a pretensão veiculada interesse apenas a uma parte da respectiva categoria".
5: Correto. Note-se a súmula 266 do STF: "Não cabe mandado de segurança contra lei em tese".

Gabarito 1C, 2C, 3E, 4E, 5C

(Delegado Federal – 1998 – CESPE) O mandado de segurança individual, embora sendo remédio constitucional, tem as suas linhas básicas desenvolvidas pela legislação processual infraconstitucional, que não podem ser perfeitamente compreendidas sem o conhecimento da interpretação jurisprudencial que recebem, em especial do STF. Tendo em conta essa realidade, julgue os itens seguintes.

(1) O dispositivo legal, anterior à Constituição de 1988, estabelecendo prazo decadencial para a propositura de mandado de segurança, foi revogado com o advento da Lei Maior.
(2) Não pode ser concedida medida liminar em mandado de segurança que tenha por objeto aumento de vencimentos de funcionário público.
(3) Os fatos alegados na inicial, não contestados pela autoridade coatora, nas informações, são presumidos verdadeiros, dispensando-se o impetrante do ônus de prová-los.
(4) Admite-se, excepcionalmente, diante dos termos das informações da autoridade coatora, que o juiz que preside ao feito do mandado de segurança determine a realização de perícia sobre os documentos que acompanham a inicial.
(5) O juiz pode, diante de equivoco na indicação da autoridade coatora pela inicial, determinar, de oficio, a intimação da autoridade que entende pertinente.

1: Errado, pois o prazo decadencial de 120 dias para impetração de mandado de segurança é constitucional, segundo o que enuncia a Súmula 632 do STF, in verbis: "É constitucional lei que fixa o prazo de decadência para a impetração de mandado de segurança".
2: Correto (art. 7º, § 2º, da Lei 12.016/2009). Vale ressaltar que todas as proibições pertinentes à concessão de medida liminar em mandado de segurança se estendem aos pleitos de antecipação dos efeitos da tutela, nos moldes do art. 273 do CPC (art. 7º, § 5º, da Lei 12.016/2009).
3: Errado. Ainda que a autoridade coatora não preste as devidas informações ou o faça de modo insuficiente, compete ao impetrante o ônus de comprovar o direito líquido e certo alegado na inicial, até por conta da presunção de legitimidade de que se revestem os atos administrativos. Ademais, a prova em mandado de segurança é pré-constituída, ou seja, comprovável de plano, o que significa dizer que a prova documental já deve acompanhar a petição inicial do mandado de segurança desde o seu ajuizamento. Nesse compasso:
PROCESSUAL CIVIL. REVALORIZAÇÃO JURÍDICA DOS FATOS. POSSIBILIDADE. ÔNUS DA PROVA. MANDADO DE SEGURANÇA. PROVA PRÉ-CONSTITUÍDA. NECESSIDADE. RECURSO PROVIDO.
1. Os Tribunais Superiores não podem reavaliar os elementos intrínsecos da prova e seu conteúdo no âmbito da instância extraordinária, mas estão autorizados a analisar a sua conformidade com as regras que, no ordenamento jurídico, disciplinam a prova, o ônus probatório e o cabimento da ação mandamental.
2. A questão debatida consiste em saber se, na via do mandado de segurança, o magistrado pode impor à autoridade coatora o ônus de provar a legalidade do ato impugnado. A Corte de origem concluiu que competia à autoridade impetrada comprovar que notificou previamente o infrator, a fim de possibilitar a aplicação da penalidade.
3. O mandado de segurança é ação de rito especial em que se exige do impetrante a comprovação de plano do direito líquido e certo violado, não sendo admitida dilação probatória.
4. Ao entender que caberia ao ente público comprovar a legalidade da multa aplicada, o Tribunal *a quo* contrariou o princípio da presunção de legitimidade do ato administrativo, além da sistemática probatória da ação mandamental, que exige a comprovação do direito vindicado por meio de prova pré-constituída.
5. Recurso especial provido. (REsp 1172088/SP, Rel. Ministro CASTRO MEIRA, SEGUNDA TURMA, julgado em 07/10/2010, DJe 21/10/2010).
4: Errado. O mandado de segurança, enquanto ação constitucional de rito especial, não admite dilação probatória – a exemplo da produção de prova testemunhal e pericial – dado que, como visto acima, o direito líquido e certo do impetrante deve ser comprovado de plano, ou seja, de forma pré-constituída.
5: Errado. O juiz deve determinar a extinção do processo sem resolução de mérito, tendo em conta que a indicação errônea da autoridade coatora pelo impetrante implica a ilegitimidade passiva ad causam ensejadora da carência de ação, conforme art. 267, VI, do CPC. Vide o precedente abaixo colacionado:

PROCESSUAL CIVIL. MANDADO DE SEGURANÇA. ERRÔNEA INDICAÇÃO DA AUTORIDADE COATORA. MODIFICAÇÃO DE COMPETÊNCIA ABSOLUTA. EMENDA À INICIAL. IMPOSSIBILIDADE.

1. O STJ tem jurisprudência no sentido de que, havendo erro na indicação da autoridade coatora, deve o juiz extinguir o processo sem julgamento de mérito, conforme preceitua o art. 267, VI, do Código de Processo Civil, sendo vedada a substituição do polo passivo.
2. Descabe substituir de ofício a autoridade coatora por outra não sujeita à sua jurisdição originária. Da mesma forma, inviável a determinação, pelo Tribunal, de emenda à inicial ou a adoção da "teoria da encampação", o que tornaria indevida a modificação ampliativa de competência absoluta fixada na Constituição.
3. No caso, a incorreta formação do polo passivo modifica a própria competência do TJDF para julgar o mérito da impetração, porquanto ajuizada em seu Conselho Especial. Contudo, a ação deve ser processada e julgada por Juízo de uma das Varas da Fazenda Pública do Distrito Federal, nos termos do art. 31 da Lei Orgânica do DF.
4. Recurso Especial provido. (REsp 1190165/DF, Rel. Ministro HERMAN BENJAMIN, SEGUNDA TURMA, julgado em 15/06/2010, DJe 01/07/2010).

Gabarito 1E, 2C, 3E, 4E, 5E

(Delegado Federal – 1998 – CESPE) O mandado de segurança constitui garantia constitucional da maior relevância. inserindo-se entre os principais instrumentos que o Estado de Direito dispõe para manter a Administração nos lindes fixados pelo legislador, a fim de não tornar inócuos os mandamentos legais" (Celso Barbi. Do mandado de segurança. Rio, Forense, p. 13, t 980) e no esforço para encontrar "formas processuais especialmente afeiçoadas para ajuizamento de demandas entre o indivíduo e a Administração" (id., p. f 4). Por isso, em certas circunstâncias, o mandado de segurança segue institutos do processo civil tradicional e, em outras, rege-se por princípios processuais próprios. À vista disso, julgue os itens abaixo.

(1) Em regra, a sentença que indefere o mandado de segurança por falta de comprovação dos fatos constitutivos do direito postulado faz coisa julgada material, impedindo a renovação da demanda.
(2) Não se considera autoridade, para fins de mandado de segurança, quem não exerce cargo ou função no âmbito da Administração direta ou indireta do Estado.
(3) Nos casos de mandado de segurança impetrado contra ato de órgão colegiado presidido por Ministro de Estado, não se considera o Ministro autoridade coatora para fins de determinação de competência.
(4) Uma das características essenciais do direito líquido e certo que enseja o mandado de segurança é a inexistência de controvérsia na interpretação da norma invocada pelo impetrante.

1: Errado. A sentença que julga improcedente a segurança com fundamento na ausência de provas não faz coisa julgada material, de modo que o autor pode impetrar novamente o mencionado remédio constitucional, desde que não haja fluído por inteiro o prazo decadencial de 120 dias previsto no art. 23 da Lei 12.016/2009 (art. 6º, § 6º, da Lei 12.016/2009). Todavia, ainda que reconhecida a decadência para a mencionada impetração, o titular do direito afirmado poderá se valer de ação própria com o escopo de ver reconhecida a sua pretensão, salvo se o mérito já houver sido apreciado anteriormente (art. 19 da Lei 12.016/2009).
2: Errado. Há muito a jurisprudência já admite a impetração do writ em face de atos praticados por delegatários e concessionários de serviço público, naquilo que disser respeito aos atos praticados no exercício da função pública (art. 1º, § 1º, da Lei 12.016/2009). No mesmo sentido, observe-se a súmula 510 do STF: "Praticado o ato por autoridade, no exercício de competência delegada, contra ela cabe o mandado de segurança ou a medida judicial".
3: Correto, consoante se depreende da Súmula 177 do STJ: "O Superior Tribunal de Justiça é incompetente para processar e julgar, originariamente, mandado de segurança contra ato de órgão colegiado presidido por Ministro de Estado". Em tais hipóteses, a competência é dos juízos federais, visto que o STJ só pode processar e julgar originariamente os mandados de segurança impetrados em face de ato praticado por Ministro de Estado, quando este atue no exercício de suas atribuições específicas. Note-se o julgado abaixo: MANDADO DE SEGURANÇA. COMPETENCIA. ATO ATRIBUIDO A MINISTRO DE ESTADO NA QUALIDADE DE PRESIDENTE DE ORGÃO COLEGIADO. JUIZO FEDERAL.
– COMPETE AO SUPERIOR TRIBUNAL DE JUSTIÇA, POR FORÇA DA NORMA CONSTITUCIONAL, PROCESSAR E JULGAR MANDADO DE SEGURANÇA IMPETRADO CONTRA ATO DE MINISTRO DE ESTADO LIGADO A SUA ATIVIDADE ESPECIFICA.
– QUANDO SE TRATA DE ATO DE MINISTRO PRATICADO NA QUALIDADE DE PRESIDENTE DE ORGÃO COLEGIADO, A COMPETENCIA E DO JUIZO FEDERAL.
(MS 1699/DF, Rel. Ministro HÉLIO MOSIMANN, PRIMEIRA SEÇÃO, julgado em 09/02/1993, DJ 08/03/1993, p. 3081).
4: Errado. A controvérsia sobre a matéria de direito – a complexidade da causa, por si só – não constitui obstáculo para a concessão da segurança, nos termos da súmula 625 do STF: "Controvérsia sobre matéria de direito não impede concessão de mandado de segurança".

Gabarito 1E, 2E, 3C, 4E

(Delegado/DF – 2004) Sobre mandado de segurança é correto afirmar que no caso em que o documento necessário à prova do alegado pelo impetrante se achar em repartição ou estabelecimento, ou em poder de autoridade que recuse fornecê-lo por certidão, o juiz deverá:

(A) indeferir a petição inicial porque é ônus do impetrante juntar o documento quando da impetração do *mandamus*;
(B) determinar ao impetrante que emende a petição inicial em 10 (dez) dias, sob pena de indeferimento;
(C) ordenar, preliminarmente, por ofício, a exibição desse documento em original ou cópia autêntica, marcando para o cumprimento da ordem o prazo de 10 (dez) dias;
(D) presumir como verdadeiros os fatos narrados na inicial do mandado de segurança, porém apenas aqueles fatos que seriam provados pelo documento que o impetrante não conseguiu juntar;
(E) converter o procedimento especial do mandado de segurança em procedimento ordinário ou sumário, dependendo do valor da causa, e só então intimar o responsável pela retenção do documento a entregá-lo em 10 (dez) dias.

Art. 6º, § 1º, da Lei 12.016/2009.

Gabarito "C"

(Delegado/DF – 2004) Assinale a alternativa correta sobre os Juizados Especiais Cíveis (Lei 9.099/95):

(A) são da competência dos Juizados Especiais a ação de despejo para uso próprio e as causas cujo valor não exceda a 40 (quarenta) vezes o salário mínimo;
(B) a contestação deverá ser apresentada por escrito em até 10 (dez) dias, contados do término da audiência de conciliação;
(C) na execução fundada em título executivo extrajudicial, é vedado ao juiz designar audiência de conciliação;
(D) a sentença mencionará os elementos de convicção do juiz, com breve resumo dos fatos relevantes ocorridos na audiência e fora dela, sendo obrigatória, sob pena de nulidade, a presença de relatório;
(E) é ineficaz a sentença condenatória na parte que exceder a 60 (sessenta) salários mínimos.

A: correto (art. 3º, I e III, da Lei 9.099/95). **B:** incorreto, pois a contestação do réu é apresentada em audiência, conforme denotam os arts. 28 e 31, parágrafo único, da Lei 9.099/95. **C:** incorreto (art. 53, §§ 1º e 2º da Lei 9.099/95). **D:** incorreto, já que a sentença proferida no âmbito dos juizados especiais cíveis dispensa o respectivo relatório (art. 38, *caput*, da Lei 9.099/95). **E:** incorreto, visto que é ineficaz a sentença condenatória que exceder 40 (quarenta) salários mínimos (arts. 3º, I, e 39 da Lei 9.099/95).

Gabarito "A"

15. TEMAS VARIADOS E COMBINADOS

(Delegado/PA – 2013 – UEPA) Leia as proposições abaixo e assinale a alternativa correta.

(A) Nas cobranças ao condômino de quantias devidas ao condomínio, observar-se-á o procedimento sumário, desde que o montante do débito não ultrapasse o valor equivalente a 60 (sessenta) salários mínimos.
(B) No procedimento sumário, não sendo obtida a conciliação na primeira audiência, o Réu terá o prazo de quinze dias para a apresentação de defesa, sendo após os autos conclusos ao Juiz para decisão da causa.
(C) No procedimento ordinário, a contestação e a reconvenção serão oferecidas simultaneamente, mediante peça única, sendo a exceção processada em apenso aos autos principais.
(D) A cumulação de vários pedidos, num único processo, contra o mesmo réu, somente será admitida caso entre eles exista conexão.
(E) Da decisão que indeferir a petição inicial, sob o procedimento ordinário, caberá recurso de apelação, facultado ao juiz, no prazo de 48 (quarenta e oito) horas, reformar sua decisão.

A: incorreta, pois se utiliza o sumário em cobrança de condomínio, qualquer que seja o valor da causa (CPC, art. 275, II, "b"); **B**: incorreta, porque a apresentação de contestação, no sumário, é realizada na própria audiência, caso não haja acordo (CPC, art. 278); **C**: incorreta, pois a reconvenção é apresentada em peça autônoma à contestação, ainda que sejam processadas nos mesmos autos (CPC, art. 299); **D**: incorreta, pois é possível cumular mesmo que não haja conexão, por expressa previsão legal (CPC, art. 292, *caput*.); **E**: correta, sendo uma das poucas hipóteses em que o juiz pode reconsiderar sua sentença (CPC, art. 296).

Gabarito "E"

(Delegado/PA – 2012 – MSCONCURSOS) Analise os itens abaixo referentes à jurisdição e à competência no processo civil e, em seguida, assinale a alternativa correta.

I. Em regra, a competência é determinada no momento em que ocorre o fato, e não pode ser modificada se fixada em razão do critério territorial ou do valor da causa.

II. A incompetência relativa deverá ser arguida pela parte por meio de exceção.

III. No Estado contemporâneo, a jurisdição está além da simples atividade do julgador de aplicar o direito, pois se exige a prestação de uma tutela jurisdicional efetiva.

IV. Pelo princípio da ação ou demanda a prestação da tutela jurisdicional está condicionada â provocação do interessado, sendo que, no Brasil, vigora, em regra, o modelo do processo acusatório.

V. A competência absoluta é improrrogável, e sua não observância acarretará vício insanável, no entanto, o juiz poderá dele conhecer de ofício somente em primeiro grau de jurisdição.

(A) Todos os itens estão corretos.
(B) Somente os itens I e III estão corretos.
(C) Somente os itens II e V estão corretos.
(D) Somente os itens II, III e IV estão corretos.
(E) Somente os itens II, III e V estão corretos.

I: incorreto. Em função do princípio da *perpetuatio jurisdictionis*, a competência é determinada no momento em que a ação é ajuizada, de modo que as modificações do estado de fato ou de direito ocorridas após o aforamento da demanda não têm o condão de modificar a competência, salvo quando suprimirem o órgão judiciário ou alterarem a competência em razão da matéria ou da hierarquia, o que não se coaduna com o enunciado da questão (art. 87 do CPC);

II: correto. A *incompetência relativa* (ou *territorial*) deve ser oposta por meio de exceção, ou seja, por meio de petição distinta, que será processada em apenso aos autos principais (arts. 112, *caput*, 299 e 304 do CPC). Vale ressaltar, por outro lado, que a *incompetência absoluta* será arguida por meio de preliminar na própria peça de defesa, e não através de exceção (art. 301, II, do CPC);

III: correto. A doutrina majoritária define o *princípio da efetividade* sob dois aspectos: o finalístico e o modal. No que tange ao primeiro, a efetividade está intrinsecamente relacionada à noção teleológica de jurisdição, qual seja aos fins de pacificação social, de acesso à Justiça, ou, ainda, em análise mais coadunada com a corrente científica mais moderna, de acesso à *ordem jurídica justa*. Cuida-se, portanto, dos desdobramentos externos provocados pelo processo, enquanto instrumento da jurisdição responsável pela atuação tanto do direito objetivo – e, assim, da vontade geral do Estado-Juiz em aplicar as normas dispostas pelo ordenamento jurídico – quanto do direito subjetivo, notadamente na vontade do jurisdicionado de ver resolvido o conflito de interesses com a emissão de um provimento final justo. Paralelamente, no que diz respeito ao segundo aspecto, efetivo é o processo em que são conjugadas técnicas e meios adequados ao alcance do mister maior da efetividade: a realização do direito material, ou seja, a entrega do bem da vida ao titular da pretensão assegurada pelo juízo. Sendo assim, o processo desponta como instrumento da jurisdição na concretização dos valores tutelados pelo direito substancial.

IV: correto. Via de regra, somente com o requerimento da parte ou do interessado é que o órgão jurisdicional poderá prestar a tutela jurisdicional. Cuida-se do *princípio da inércia da jurisdição* (art. 2º do CPC). Todavia, excepcionalmente, o juízo poderá determinar, de ofício, a instauração de processo, a exemplo do inventário (art. 989 do CPC), da exibição de testamento (art. 1.129 do CPC), da arrecadação de bens de ausente (art. 1.160 do CPC) e da arrecadação de bens de herança jacente (art. 1.142 do CPC);

V: incorreto. A competência do juízo ostenta natureza jurídica de *pressuposto (positivo e subjetivo, segundo usual classificação doutrinária) de desenvolvimento válido e regular do processo*. Nesse sentir, a incompetência absoluta do órgão judicante, por consubstanciar matéria de ordem pública, deve ser atacada por meio de *objeção*, isto é, a defesa deve ser produzida *no ventre dos mesmos autos*, ao contrário do que ocorre com a exceção, sempre processada em autos apartados (arts. 113, *caput*, e 299, *in fine*, do CPC). Não é por outro motivo que a incompetência absoluta deve ser alegada em preliminar de contestação, a teor do que dispõe o art. 301, II, do CPC. Desse modo, a ausência de um dos pressupostos processuais deve ser conhecida de ofício pelo órgão jurisdicional (art. 267, § 3º, do CPC), em qualquer tempo e grau de jurisdição, não havendo falar-se em preclusão *pro judicato* (arts. 245, parágrafo único, 267, IV e § 3º, e 301, II e § 4º, todos do CPC). A exceção a tal regra exsurge nos recursos extraordinário e especial, onde a nulidade, ainda que absoluta, não poderá ser pronunciada se não houver prequestionamento (decisão nas instâncias locais a respeito da questão constitucional ou federal invocada, na forma dos arts. 102, III, e 105, III, da CF). Atente-se para o fato de que, enquanto não transitada em julgado, a decisão proferida por órgão jurisdicional absolutamente incompetente pode ser declarada nula. Porém, com o trânsito, a deliberação passa a surtir plenos efeitos – posto que imbuída da autoridade da coisa julgada material – e o ato, de nulo, torna-se *rescindível*, pela via da ação rescisória. Caso tal demanda não seja intentada dentro do prazo decadencial de 2 (dois) anos cominado pelo art. 495 do CPC, o julgado, mesmo que apresente o vício reproduzido no bojo do art. 485, II, do CPC, continuará irradiando todos os seus efeitos, sendo que, a partir de então, não poderá mais ser atacado em razão de ter se tornado definitivo.

Gabarito "D"

(Delegado/PA – 2012 – MSCONCURSOS) Analise as disposições abaixo relativas ao Direito Processual Civil Brasileiro e assinale a alternativa incorreta.

(A) No procedimento sumaríssimo somente será admissível o litisconsórcio e a assistência.
(B) Intimação é o ato pelo qual se dá ciência a alguém dos atos e termos do processo, para que faça ou deixe de fazer alguma coisa, sendo que, em regra, é feita pelo correio ou, se presentes em cartório as partes, seus representantes legais ou advogados, diretamente pelo escrivão ou chefe da secretaria.
(C) Os atos judiciais, que não dependem de sentença, ou em que esta for meramente homologatória, podem ser rescindidos, como os atos jurídicos em geral, nos termos da lei civil.
(D) Os fatos afirmados por uma parte e confessados pela parte contrária independem de prova.
(E) No depoimento pessoal, é defeso a quem ainda não depôs, assistir ao interrogatório da outra parte.

A: incorreto, eis que nem a assistência, enquanto modalidade de intervenção de terceiros, é permitida (art. 10 da Lei 9.099/95); **B**: correto (arts. 234 e 238, *caput*, do CPC); **C**: correto (art. 486 do CPC); **D**: correto (art. 334, II, do CPC); **E**: correto (art. 344, parágrafo único, do CPC).

Gabarito "A"

(Delegado Federal – 2002 – CESPE) Aldo subtraiu um talonário de cheques pertencente à sua mulher, Laura, emitindo vários cheques a pessoas diversas. Apresentados ao sacado, os cheques foram devolvidos por falta de provisão de fundos. Instaurado inquérito policial contra Laura, pela prática de estelionato, constatou-se, por perícia grafotécnica, que os cheques haviam sido firmados por seu marido. Remetidos os autos ao MP, este requereu o arquivamento do referido inquérito. A autoridade policial, com base na prova pericial, instaurou, então, inquérito policial contra Aldo, que foi objeto de novo pedido de arquivamento do MP. Diante de tal situação hipotética, julgue os itens seguintes.

(1) Se um dos prejudicados com o recebimento do cheque falsificado propuser ação de cobrança, Laura será parte legítima para figurar no polo passivo da demanda, já que, como titular da conta, é objetivamente responsável pelos danos causados a terceiro.
(2) Laura, desejando precaver-se de prejuízos que eventualmente suportará com a procedência da ação de cobrança contra si proposta, deverá, no prazo de resposta, denunciar a lide a Aldo para que, na mesma sentença, o juiz fixe a responsabilidade deste em relação ao objeto da ação.
(3) Se Aldo for demandado por um dos que receberam cheque falsificado, deverá nomear Laura à autoria, tendo em vista ser ela a titular da conta bancária.
(4) Caso o banco haja notificado o Serviço de Proteção ao Crédito para que lá conste o nome de Laura como emitente de cheque sem fundo, poderá esta, com base nas normas que regem o direito do consumidor, pleitear contra aquela instituição bancária indenização por danos morais.

1: Errado. Laura não pode ser responsabilizada, visto que não contribuiu em nada para o desencadeamento do evento danoso; em outras linhas, não há nexo causal entre a sua conduta e o dano causado por seu marido a terceiros. O ato fraudulento por ele praticado afasta a legitimidade passiva de Laura para a demanda de cobrança, de vez que não foi responsável pela emissão do referido título de crédito. Nessa direção, eis os seguintes informativos do STJ:

Informativo nº 0279 Período: 27 a 31 de março de 2006.

Quarta Turma

DANO MORAL. SERASA. COTITULAR. CONTA CONJUNTA. SOLIDARIEDADE.

Trata-se de ação de indenização por danos morais, em que correntista teve seu nome inscrito no Serasa/CCF por iniciativa do banco-réu, devido à emissão de um cheque sem provisão emitido pela esposa. Consta nos autos que o autor não foi previamente notificado da inclusão de seu nome no rol de inadimplentes e só teve conhecimento disso ao ser-lhe negado financiamento na compra de um automóvel. O juízo de primeiro grau julgou procedente a ação, porém essa decisão foi reformada pelo Tribunal *a quo* ao argumento de que, perante terceiros, não se verifica solidariedade entre os cotitulares da conta conjunta, mas há em relação ao banco porque ambos os cotitulares são responsáveis pelos débitos originados na conta. Neste Superior Tribunal, o Min. Relator explica ser indevida a inscrição do nome do recorrente no registro de restrição ao crédito, porquanto o débito tem origem em cártula que não assinou. Ademais a orientação jurisprudencial já firmada é no sentido de que, em se tratando de conta conjunta, o cotitular detém apenas solidariedade ativa dos créditos junto à instituição financeira, sem responsabilidade pelos cheques emitidos pela outra correntista. Com esses fundamentos, a Turma deu provimento ao recurso. Precedentes citados: REsp 336.632-ES, DJ 31/3/2003, e REsp 13.680-SP, DJ 16/11/1992. REsp 819.192-PR, Rel. Min. Jorge Scartezzini, julgado em 28/3/2006.
Informativo nº 0428 Período: 22 de março a 2 de abril de 2010.
Terceira Turma
DANO MORAL. CONTA CONJUNTA. CHEQUE.
É ativa a solidariedade decorrente da abertura de conta-corrente conjunta, pois cada correntista movimenta livremente a conta. Ademais, o cheque sujeita-se aos princípios gerais do direito cambial, especialmente, ao princípio da literalidade, e o art. 1º, VI, da Lei n. 7.357/1985 estabelece, como requisito do cheque, a assinatura do emitente sacador. Assim, a responsabilidade pela emissão de cheque sem provisão de fundos é exclusiva daquele que opôs sua assinatura na cártula. Dessa forma, o cotitular da conta-corrente que não emitiu o cheque sem provisão de fundos é estranho ao título, por isso não pode ser penalizado com a negativação, como inadimplente, de seu nome nos cadastros de proteção ao crédito. Consequentemente, para a jurisprudência deste Superior Tribunal, a inscrição indevida nos cadastros de proteção ao crédito ocasiona dano moral. Com esse entendimento, a Turma julgou procedente o pedido de compensação por danos morais, bem como da retirada do nome da recorrente dos cadastros de proteção ao crédito., Rel. Min. Nancy Andrighi, julgado em 23/3/2010.
Por último, a assertiva se equivoca também ao afirmar que a responsabilidade é objetiva, já que, a *contrario sensu* do art. 927, parágrafo único, do Código Civil, não há qualquer disposição legal nesse sentido, razão pela qual se infere que a responsabilidade é subjetiva, dependendo da apuração da culpa *lato sensu* de Laura para o reconhecimento de sua responsabilidade.
2: Errado. Laura não pode ser sequer demandada em ação de cobrança, uma vez que não ostenta legitimidade passiva ad causam. O autor, nesse particular, será carecedor de ação caso ajuíze a demanda em face de Laura.
3: Errado. A intervenção de terceiros consistente na nomeação à autoria nada tem a ver com a hipótese tratada no comando da questão, visto que Laura não detém qualquer bem em nome alheio, a teor do que dispõe o art. 62 do CPC. Explico. A nomeação à autoria é mecanismo provocado de intervenção de terceiros, que se destina à correção do polo passivo da demanda. É cabível quando a ação é aforada em face do detentor da coisa móvel ou imóvel, o qual, justo por não ser o titular do direito material afirmado pelo autor, aponta o verdadeiro titular do bem (proprietário ou possuidor), ou seja, aquele em nome de quem detém a coisa litigiosa, a fim de que o mesmo assuma o processo.
4: Correto. Desde que Laura não tenha outras negativações anteriores em seu nome, a simples inscrição indevida de seu nome nos cadastros de inadimplentes já acarreta dano moral. Nessa direção, eis a Súmula 385 do STJ: "Da anotação irregular em cadastro de proteção ao crédito, não cabe indenização por dano moral, quando preexistente legítima inscrição, ressalvado o direito ao cancelamento". No mesmo sentido, note-se o informativo 428 do STJ acima colacionado.

Gabarito 1E, 2E, 3E, 4C

10. DIREITO EMPRESARIAL

Robinson S. Barreirinhas e Henrique Subi

1. TEORIA GERAL, EMPRESÁRIOS, PRINCÍPIOS

(Delegado Federal – 2013 – CESPE) Julgue o seguinte item.

(1) Apesar de os gregos e os fenícios serem historicamente associados a atividades de compra e troca, o surgimento do direito comercial de forma organizada corresponde à ascensão da classe burguesa na Idade Média. À medida que artesãos e comerciantes europeus se reuniam em corporações de ofícios, surgiam normas destinadas a disciplinar os usos e costumes comerciais da época.

1: correta. Realmente, as primeiras normas voltadas à regulamentação do comércio datam da criação e expansão dos mercados na Idade Média.

Gabarito 1C

(Delegado/PA – 2013 – UEPA) Sobre o Direito de Empresa, regulado pelo artigo 966 e seguintes do Código Civil, assinale a alternativa correta.

(A) Na forma da lei, empresário é aquele que exerce qualquer atividade ou profissão, economicamente organizada, para a produção ou circulação de bens e serviços.

(B) Podem exercer a atividade de empresário os que estiverem em pleno gozo de sua capacidade civil e não forem legalmente impedidos, assim, os incapazes por razão superveniente, são proibidos de continuar a empresa antes exercida por eles, mesmo que com a assistência ou representação legal.

(C) A sociedade empresária adquire a personalidade jurídica com a sua constituição, a partir da assinatura de seus atos constitutivos pelos respectivos sócios.

(D) Salvo as exceções expressas em lei, considera em empresária a sociedade que tem por objeto o exercício de atividade própria de empresário sujeito a registro.

(E) A sociedade pressupõe a existência de atividade continuada, sendo vedada a sua criação restrita a um ou mais negócios determinados.

A: incorreta. A atividade empresarial é aquela que tem por objeto a produção ou circulação de bens ou serviços, excluídos aqueles de natureza intelectual (artística, científica ou literária), desde que não constituam elemento de empresa (art. 966 do CC); **B:** incorreta. O incapaz não pode começar nova empresa, mas está autorizado a continuar aquela já existente devidamente representado ou assistido (art. 974 do CC); **C:** incorreta. A personalidade jurídica da sociedade empresária começa com o registro de seus atos constitutivos no Registro Público de Empresas Mercantis, a cargo da Junta Comercial (art. 985 do CC); **D:** correta, nos termos do art. 982, *caput*, do CC; **E:** incorreta. É totalmente lícita a criação de sociedade para negócios determinados, em nome do princípio da liberdade de contratar (art. 981, parágrafo único, do CC).

Gabarito "D"

(Delegado Federal – 2004 – CESPE) Julgue o item a seguir.

(1) Em uma situação em que João, empresário, tenha decidido casar-se e tenha celebrado, com sua futura mulher, pacto pré-nupcial, este deverá ser arquivado e averbado no Registro Público de Empresas Mercantis.

1: correta, pois nos termos do art. 979 do CC, além de no Registro Civil, serão arquivados e averbados, no Registro Público de Empresas Mercantis, os pactos e declarações antenupciais do empresário, o título de doação, herança, ou legado, de bens clausulados de incomunicabilidade ou inalienabilidade.

Gabarito 1C

(Delegado/DF – 2004) Com relação ao empresário e à sociedade empresária é correto afirmar que:

(A) com o advento do novo Código Civil, a pessoa natural ou jurídica que explora atividade preponderantemente pastoril, por ser empresária, deve ser registrada no registro Público de Empresas Mercantis e Atividades afins a cargo das Juntas Comerciais;

(B) o sócio indústria, diante da revogação da primeira parte do Código Comercial, é uma figura inexistente no Direito Brasileiro;

(C) a atividade explorada por empresário que vem a tornar-se incapaz, em hipótese alguma pode continuar a ser explorada;

(D) o novo Código Civil vedou expressamente a constituição de sociedades entre cônjuges, independentemente do regime matrimonial de bens, sendo que as sociedades já constituídas poderão prosseguir face ao respeito ao ato jurídico perfeito;

(E) as sociedades por ações devem obrigatoriamente ser registradas no Registro Público de Empresas Mercantis e Atividades Afins.

A: incorreta, pois a inscrição do empresário rural ou da sociedade empresária rural no Registro Público de Empresas Mercantis é facultativa – art. 971 e 984 do CC; **B:** incorreta, já que apesar de o Código Civil atual não prever expressamente a sociedade de capital e indústria (art. 317 e seguintes do antigo Código Comercial – dispositivos revogados), ainda há a possibilidade de sócio, cuja contribuição para a sociedade seja feita apenas em serviço – art. 1.006 do CC; **C:** incorreta, porque o incapaz, por meio de representante ou devidamente assistido, pode continuar a empresa antes exercida por ele, enquanto capaz, por seus pais ou pelo autor da herança, conforme dispõe o art. 974 do CC; **D:** incorreta, dado que é possível a sociedade formada por cônjuges, contratada entre si ou com terceiros, exceto se casados no regime de comunhão universal de bens ou no da separação obrigatória – art. 977 do CC; **E:** correta, porque as sociedades, por ações, são sempre empresárias, qualquer que seja seu objeto, devendo, portanto, ser registradas no Registro Público de Empresas Mercantis – art. 982, parágrafo único, do CC.

Gabarito "E"

(Delegado/DF – 2004) Com relação à escrituração, pode-se afirmar que:

(A) segundo o novo Código Civil, todo empresário está obrigado a possuir livros empresarias, mais precisamente o Diário e o Copiador de Cartas;

(B) em qualquer hipótese pode o Juiz, inclusive de ofício, determinar a exibição integral dos livros e papéis de escrituração, quando necessária para auxiliar a solução de uma pendência judicial;

(C) se houver determinação judicial para o empresário exibir seus livros, caso este se recuse, não ensejará confissão ficta;

(D) a falta ou indevida escrituração nos livros obrigatórios enseja sérias consequências, inclusive no âmbito penal, podendo configurar infração penal;

(E) o empresário está obrigado a fazer a escrituração em livros, não podendo utilizar escrituração eletrônica.

A: incorreta, pois o Código Civil não faz referência ao Copiador de Cartas – art. 1.180 do CC; **B:** incorreta, visto que a exibição não se dá em qualquer hipótese, mas apenas quando necessária para resolver questões relativas à sucessão, comunhão ou sociedade, administração ou gestão à conta de outrem, ou em caso de falência – art. 1.191 do CC; **C:** incorreta, porque a recusa de apresentação dos livros, cuja exibição foi determinada pelo juiz, poderá implicar presunção de veracidade da alegação da parte contrária – art. 1.192 do CC; **D:** correta; **E:** incorreta, visto que admite-se a escrituração eletrônica – art. 1.180, *in fine*, do CC, por exemplo.

Gabarito "D"

2. SOCIEDADES

(Delegado Federal – 2013 – CESPE) Julgue o seguinte item.

(1) Uma sociedade estrangeira não pode funcionar no Brasil sem autorização do governo do estado onde será instalada e sem certidão de nada consta emitida pela Polícia Federal, por meio de sua superintendência local.

1: incorreta. Compete ao Governo Federal autorizar o funcionamento de sociedade estrangeira no país (arts. 1.134 e seguintes do CC).

Gabarito 1E

(Delegado/PA – 2012 – MSCONCURSOS) A Lei nº 6.404/76 que dispõe sobre as Sociedades por Ações, estabelece que os certificados das ações serão escritos em vernáculo e conterão as seguintes declarações, com exceção a da apresentada na alternativa:

(A) O valor do capital social, a data do ato que o tiver fixado, o número de ações em que se divide e o valor nominal das ações, ou a declaração de que não têm valor nominal.

(B) O número de ações ordinárias e preferenciais das diversas classes, se houver as vantagens ou preferências conferidas a cada classe e as limitações ou restrições a que as ações estiverem sujeitas.

(C) O número de ordem do certificado e da ação, e a espécie e classe a que pertence.

(D) denominação da companhia, sua sede e prazo de duração.

(E) Os deveres conferidos às partes beneficiárias, se houver.

O art. 24 da Lei das Sociedades por Ações – LSA (Lei 6.404/1976) dispõe que os certificados das ações serão escritos em vernáculo e conterão as seguintes declarações: (i) denominação da companhia, sua sede e prazo de duração; (ii) o valor do capital social, a data do ato que o tiver fixado, o número de ações em que se divide e o valor nominal das ações, ou a declaração de que não têm valor nominal; (iii) nas companhias com capital autorizado, o limite da autorização, em número de ações ou valor do capital social; (iv) o número de ações ordinárias e preferenciais das diversas classes, se houver, as vantagens ou preferências conferidas a cada classe e as limitações ou restrições a que as ações estiverem sujeitas; (v) o número de ordem do certificado e da ação, e a espécie e classe a que pertence; (vi) os direitos conferidos às partes beneficiárias, se houver; (vii) a época e o lugar da reunião da assembleia-geral ordinária; (viii) a data da constituição da companhia e do arquivamento e publicação de seus atos constitutivos; (ix) o nome do acionista; (x) o débito do acionista e a época e o lugar de seu pagamento, se a ação não estiver integralizada; (xi) a data da emissão do certificado e as assinaturas de dois diretores, ou do agente emissor de certificados. Perceba, portanto, a que a alternativa "E" é a única que não indica declaração que necessariamente deve constar dos certificados de ações.

Gabarito 1E

(Delegado Federal – 2004 – CESPE) Julgue o item a seguir.

(1) Adolfo é sócio de determinada sociedade anônima e devedor inadimplente de Amauri, que contra ele promoveu execução forçada para que fosse satisfeito seu crédito. Nessa situação, não poderão ser penhorados bens de André relativos à sociedade anônima, uma vez que as ações da sociedade são impenhoráveis.

1: incorreta, porque as ações e as quotas de sociedades empresárias podem ser penhoradas – art. 655, VI, do CPC. A sociedade anônima é sempre de capital, inexistindo dúvida quanto à penhorabilidade das ações. Havia debate apenas acerca das quotas das sociedades de pessoas, que já foi afastada pelo STJ, admitindo-se a penhora também nesse caso – ver AgRg no Ag 1.164.746/SP.

Gabarito "E"

(Delegado/DF – 2004) Em relação às sociedades, analise as afirmativas a seguir:

I. As sociedades limitadas podem ser identificadas por firma ou denominação, devendo o arquivamento do ato constitutivo ocorrer na Junta Comercial, quando então adquirirão personalidade jurídica.

II. Na sociedade limitada, a administração pode ser desempenhada, excepcionalmente, por pessoa que não seja sócia.

III. Os administradores de uma sociedade limitada podem ser responsabilizados pelas dívidas tributárias, ainda que não tenha ocorrido sonegação. Nesse caso, também responderão pela prática de crime contra ordem tributária.

IV. A sociedade limitada deve ser composta no mínimo por dois sócios, pois somente a sociedade anônima pode ser unipessoal.

V. Sociedade, empresa, estabelecimento e firma são expressões que se equivalem.

É / são afirmativa(s) verdadeira(s) somente:

(A) II;

(B) III;

(C) I e IV;

(D) I e V;

(E) I, II, IV e V.

I: incorreta, pois somente a sociedade empresária deve ser registrada na Junta Comercial, lembrando que a sociedade simples pode adotar o tipo societário da limitada – art. 983, *in fine*, do CC; **II:** correta, conforme o art. 1.061 do CC; **III:** incorreta, porque, em regra, a responsabilidade dos sócios da limitada restringe-se ao valor de suas quotas, embora todos respondam solidariamente pela integralização do capital social – art. 1.052 do CC; IV: incorreta, já que a sociedade anônima tampouco pode ser unipessoal, exceto no caso de subsidiária integral – art. 206, I, *d*, e 251 da Lei 6.404/1976; V: incorreta, uma vez que são conceitos distintos. Sociedade é a pessoa jurídica, formada pela reunião de sócios. Empresa é a atividade do empresário ou da sociedade empresária. Estabelecimento é a universalidade de bens necessária para a realização da atividade empresarial. Firma é uma espécie de nome empresarial.

Gabarito "A"

Delegado/ES – 2006) Julgue o item a seguir, referentes ao direito comercial.

(1) Nos termos da legislação em vigor, para que uma pessoa jurídica possa funcionar como instituição financeira no Brasil, ela deve constituir-se na forma de sociedade de responsabilidade limitada ou sociedade anônima.

1: Incorreta, visto que as instituições financeiras privadas, exceto as cooperativas de crédito, constituir-se-ão unicamente sob a forma de sociedade anônima, devendo a totalidade de seu capital, com direito a voto, ser representada por ações nominativas, nos termos do art. 25 da Lei 4.595/1964.

Gabarito 1E

3. TÍTULOS DE CRÉDITO

(Delegado Federal – 2013 – CESPE) Com relação aos títulos de crédito, julgue o item abaixo.

(1) O devedor que, como forma de pagamento de um negócio celebrado, transfere ao credor, por simples tradição, títulos de crédito emitidos por terceiros, sem endossá-los, não possui responsabilidade solidária pelo pagamento da cártula.

1: correta. Por força do princípio da cartularidade, consideram-se obrigações cambiais somente aquelas constantes do próprio título. Ausente o ato cambial (endosso), não se pode imputar ao devedor a responsabilidade solidária pelo pagamento típica desse ato.

Gabarito 1C

(Delegado Federal – 2013 – CESPE) Julgue o seguinte item.

(1) O denominado cheque pré-datado, apesar de usual no comércio brasileiro, não está previsto na legislação, segundo a qual o cheque é uma ordem de pagamento à vista, estando a instituição bancária obrigada a pagá-lo no ato de sua apresentação, de modo que a instituição não pode ser responsabilizada pelo pagamento imediato de cheques datados com lembrete de desconto para data futura.

1: correta. O cheque pré-datado é uma criação consuetudinária e, por força do art. 32 da Lei 7.357/85, se apresentado para pagamento, o banco irá descontá-lo. Naturalmente, não pode a instituição financeira ser responsabilizada civilmente por eventuais danos, porque está cumprindo uma obrigação legal. Não se olvide, por outro lado, que o STJ reconhece a força desse costume comercial e atribui responsabilidade civil àquele que, aceitando receber um cheque pré-datado, leva-o ao banco para pagamento antes da data combinada (Súmula 370 do STJ: Caracteriza dano moral a apresentação antecipada de cheque pré-datado).

Gabarito 1C

(Delegado/PA – 2013 – UEPA) Acerca dos títulos de crédito, assinale a alternativa correta.

(A) Os títulos de crédito podem ser garantidos mediante aval cuja validade está condicionada à existência de assinatura do avalista somente na frente do título.

(B) Os títulos ao portador, emitidos na forma da lei, somente podem ser transferidos mediante endosso formalizado pelo credor primitivo.

(C) A invalidade do título de crédito, por ausência de determinado requisito legal, irradia efeitos à relação jurídica que lhe deu origem, maculando o negócio que justificou sua emissão.

(D) O devedor, como matéria de defesa, pode opor exceção fundada em relações pessoais com o emitente ou com os portadores anteriores do título.

(E) O credor de obrigação lastreada em título de crédito não é obrigado a receber o pagamento antes da data de vencimento constante da cártula.

A: incorreta. O aval pode ser dado no verso do título, desde que esteja assim identificado (art. 898 do CC); **B**: incorreta. O título ao portador circula mediante simples tradição (art. 904 do CC); **C**: incorreta. O negócio jurídico original permanece íntegro por força do princípio da abstração dos títulos de crédito e do disposto no art. 888 do CC; **D**: incorreta. Em regra, o direito cambiário refuta a oposição de exceções pessoais em face a terceiros de boa-fé; **E**: correta, nos termos do art. 902 do CC.

Gabarito "E"

(Delegado Federal – 2004 – CESPE) Julgue o item a seguir.

(1) Ana e Carolina celebraram contrato de compra e venda de automóvel, no valor de R$ 48.000,00. Para garantir a efetividade da avença, Carolina emitiu cheque pré-datado correspondente ao valor do automóvel. Por solicitação de Ana, o referido título de crédito foi avalizado por José, garantindo apenas o montante de R$ 10.000,00. Nessa situação, o aval prestado por José para garantir parte da dívida é perfeitamente válido.

1: correta, pois o cheque admite o aval parcial, nos termos do art. 29 da Lei 7.357/1985. É interessante lembrar que, em regra, o Código Civil veda o aval parcial, de acordo com o art. 897, parágrafo único, do CC. Mas essa norma do Código Civil não subsiste se houver norma específica (art. 903 do CC), como é o caso da letra de câmbio, da promissória e do cheque, cuja legislação admite aval parcial (art. 30 e 77 – da Lei Uniforme – LU (Decreto 57.663/1966) e art. 29 da Lei 7.357/1985).

Gabarito 1C

(Delegado/DF – 2004) João emitiu, no dia 30 de setembro de 2003, uma letra de câmbio, sem indicar o vencimento, em favor de Maria, que a transferiu imediatamente a Pedro, na qualidade de sua credora. O beneficiário manteve o título em seu poder até o dia 15 de outubro de 2004, data exata em que Lucas, sacado, atingiu a maioridade. Nesse caso:

(A) Pedro poderá propor ação cambial em face de Lucas e João;
(B) Pedro não poderá utilizar a ação cambial em razão da ocorrência da decadência;
(C) Pedro poderá receber o valor constante do título através de ação executiva proposta em face de João e Maria, excluindo-se Lucas, que era incapaz na época da emissão da cambial;
(D) Pedro poderá propor ação cambial em face de João e Maria, após efetuar, no dia útil seguinte, o protesto em razão da recusa de pagamento apresentada por Lucas;
(E) Pedro poderá propor a ação cambial em face de Lucas, na qualidade de principal devedor, desde que instrua o pedido com o instrumento do protesto por falta de pagamento.

A letra sem indicação de vencimento considera-se pagável à vista (art. 2º da Lei Uniforme – LU). No caso, considera-se o vencimento como sendo 30.9.2003, data em que deveria ter sido apresentada para aceite do sacado (art. 21 da LU). A ação contra o sacador (João) deveria se dar em até um ano após o protesto tempestivo. O protesto deve ocorrer, em regra, no prazo de apresentação para aceite – art. 44 da LU, o que, pelo que consta, não ocorreu. Por essa razão, não há mais como promover ação cambial para a cobrança do título, ressalvada a via ordinárias (ação de cobrança ou monitória). A alternativa "B" é a correta.

Gabarito "B"

(Delegado/PA – 2006 – CESPE) 36. A respeito dos títulos de crédito, assinale a opção correta.

(A) Tem-se um título de crédito à ordem quando a cártula não traz inscrito o nome do beneficiário do crédito ali inscrito, permitindo-se que o pagamento se faça àquele que apresentá-lo e exigir o cumprimento da obrigação.
(B) Se for comprovada a perda, o extravio ou a retenção da duplicata, admite-se a emissão de triplicata em substituição. A retenção da duplicata remetida para aceite é condição para o protesto por indicação.
(C) A nota promissória e a duplicata são títulos abstratos, ou seja, não se discute a causa da obrigação, sendo estes autônomos em relação ao negócio originário que resultou na emissão dos referidos títulos de crédito.
(D) Uma duplicata pode referir-se a mais de uma fatura e, ainda que sem aceite, é título de crédito com eficácia executiva, se acompanhada de documentos hábeis à comprovação de que as mercadorias foram adquiridas e recebidas.

A: incorreta, pois a assertiva refere-se ao título ao portador – art. 905 do CC; **B:** correta, conforme o art. 13, § 1º, da Lei das Duplicatas – LD (Lei 5.474/1968); **C:** incorreta. A rigor, a abstração ocorre somente a partir da circulação do título de crédito, inclusive em relação à duplicata. Entretanto, a duplicata é título causal, já que é emitida sempre em relação a uma fatura de venda ou de serviço; **D:** incorreta, pois uma só duplicata não pode corresponder a mais de uma fatura – art. 2º, § 2º, da LD.

Gabarito "B"

Veja as seguintes tabelas, com os princípios do direito cambiário e a classificação dos títulos de crédito:

Princípios do Direito Cambiário	
Cartularidade: o documento (cártula) é necessário para o exercício dos direitos cambiários Caso de relativização da cartularidade: protesto da duplicata por indicação – art. 13, § 1º, da Lei das Duplicatas.	
Literalidade: somente aquilo que está escrito no título produz efeitos jurídico-cambiais. Caso de relativização da literalidade: aceite informado por escrito, previsto no art. 29 da Lei Uniforme.	
Autonomia: cada obrigação que deriva do título é autônoma em relação às demais – os vícios que comprometem a validade de uma relação jurídica, documentada em título de crédito, não se estendem às demais relações abrangidas no mesmo documento.	Subprincípio da Abstração: com a circulação, há desvinculação do título em relação ao ato ou ao negócio jurídico que deu ensejo à sua criação. Caso de relativização da abstração: necessidade de se indicar a origem do crédito para habilitação em falência (– art. 9º, II, da Lei de Falências).
	Subprincípio da Inoponibilidade: o executado não pode opor exceções pessoais a terceiro de boa-fé

Classificações dos Títulos de Crédito	
Critério	Espécies
Modelo	– vinculados – livres
Estrutura	– ordem de pagamento – promessa de pagamento
Hipóteses de emissão	– causais – limitados – não causais
Circulação	– ao portador – nominativos à ordem – nominativos não à ordem (ou ao portador, à ordem e nominativos).

(Delegado /ES – 2006) Julgue o item a seguir, referentes ao direito comercial.

(1) Considere a seguinte situação hipotética. Roberto emitiu cheque de sua titularidade para pagamento de mercadorias adquiridas em estabelecimento empresarial pertencente à pessoa jurídica Beta, que endossou o cheque. Nessa situação, inexistindo estipulação em contrário, Roberto e a pessoa jurídica Beta são coobrigados pelo pagamento do crédito constituído na cártula do título.

1: correta, uma vez que Beta é endossatária do cheque e, como tal, garante o pagamento do título – art. 21 da Lei 7.357/1985. Não se aplica a disposição do art. 914, *caput*, do CC, por existir norma especial – art. 903 do CC.

Gabarito 1C

4. FALÊNCIA, RECUPERAÇÃO JUDICIAL, RECUPERAÇÃO EXTRAJUDICIAL

(Delegado Federal – 2013 – CESPE) Julgue o seguinte item.

(1) Em caso de falência de sociedades, diretor e gerente equiparam-se ao falido para todos os efeitos penais, na medida da culpabilidade de cada um dos envolvidos, estando sujeitos, em caso de condenação, à inabilitação para o exercício da atividade empresarial, que deve ser certificada pelo delegado que tenha acompanhado o inquérito.

1: incorreta. O único erro da questão está na autoridade que certifica a inabilitação para o exercício de atividade empresarial. Se ela é um efeito da condenação, como aponta o art. 181, I, da Lei 11.101/2005, cabe ao juiz determinar essa restrição de direitos, não ao delegado de polícia.

Gabarito 1E

(Delegado/RJ – 2013 – FUNCAB) No que tange à falência, prevista na Lei n° 11.101/2005, é correto afirmar:

(A) O juízo da falência é indivisível e competente para conhecer todas as ações sobre bens, interesses e negócios do falido, inclusive as causas trabalhistas, fiscais e aquelas não reguladas pela Lei n° 11.101/2005, em que o falido figurar como autor ou litisconsorte ativo.

(B) Promove o afastamento do devedor de suas atividades, visando a preservar e otimizar a utilização produtiva dos bens, ativos e recursos produtivos, inclusive os intangíveis, da empresa.

(C) A decretação da falência não determina o vencimento antecipado das dívidas do devedor e dos sócios ilimitada e solidariamente responsáveis.

(D) A decisão que decreta a falência da sociedade com sócios ilimitadamente responsáveis não acarreta a falência destes.

(E) O proprietário de bem arrecadado no processo de falência ou que se encontre em poder do devedor na data da decretação da falência não poderá pedir a sua restituição.

A: incorreta. As causas trabalhistas, fiscais e as não reguladas pela Lei de Falências, bem como aquelas nas quais se demandar quantia ilíquida não estão sujeitas à força atrativa do juízo falimentar (arts. 76 e 6°, § 1°, da Lei n° 11.101/2005); **B**: correta. A falência acarreta o afastamento do devedor da administração da empresa, diante dos indícios de que não a geriu com responsabilidade, sendo substituído pelo administrador judicial; **C**: incorreta. O vencimento antecipado das dívidas decorre do art. 77 da Lei n° 11.101/2005; **D**: incorreta. A falência da sociedade implica também a dos sócios ilimitadamente responsáveis (art. 77 da Lei n° 11.101/2005); **E:** incorreta. O pedido de restituição, aplicável à hipótese da alternativa, está regulamentado nos arts. 85 e seguintes da Lei n° 11.101/2005.

Gabarito "B"

5. OUTRAS MATÉRIAS E COMBINADAS

(Delegado/PA – 2012 – MSCONCURSOS) A Lei n° 4.595/1964 dispõe sobre a política e as Instituições Monetária, Bancárias e Creditícias e cria o Conselho Monetário Nacional. De acordo com a referida lei e modificações posteriores, NÃO pertence ao Conselho Monetário Nacional:

(A) Ministro da Fazenda que será o Presidente.

(B) Presidente do Banco Central do Brasil.

(C) Presidente do Banco do Brasil S. A.

(D) Sete (7) membros nomeados pelo Presidente da República, após aprovação do Senado Federal, escolhidos entre brasileiros de ilibada reputação e notória capacidade em assuntos econômico-financeiros, com mandato de sete (7) anos, podendo ser reconduzidos.

(E) Presidente do Banco Nacional do Desenvolvimento Econômico

O art. 6° da Lei 4.595/1964 previa que o Conselho Monetário Nacional seria integrado pelos seguintes membros: (i) Ministro da Fazenda que será o Presidente; (ii) Presidente do Banco do Brasil S. A.; (iii) Presidente do Banco Nacional do Desenvolvimento Econômico; (iv) Sete (7) membros nomeados pelo Presidente da República, após aprovação do Senado Federal, escolhidos entre brasileiros de ilibada reputação e notória capacidade em assuntos econômico-financeiros, com mandato de sete (7) anos, podendo ser reconduzidos. Daí porque o gabarito oficial indica a alternativa "B", já que o Presidente do Bacen não constava dessa listagem. Ocorre que essa composiÁão foi alterada há muito tempo, pela Lei 9.069/1995, nos termos de seu art. 8°, a atual composição do CMN é: (i) Ministro de Estado da Fazenda, na qualidade de Presidente; (ii) Ministro de Estado do Planejamento, Orçamento e Gestão; (iii) Presidente do Banco Central do Brasil. Assim, apesar do gabarito oficial, as alternativas "A", "C", "D" e "E" são incorretas, pois não indicam membros do CMN.

Gabarito "B"

Delegado/ES – 2006) Julgue o item a seguir, referentes ao direito comercial.

(1) Uma obra literária, por não se enquadrar no conceito de invenção, não pode ser patenteada, nos termos da legislação de regência.

1: correta, porque obra literária não é considerada invenção, desenho industrial ou marca, não se sujeitando à Lei 9.279/1996, mas sim à Lei 9.610/1998 (direitos autorais).

Gabarito 1C

Delegado/ES – 2006) Julgue o item a seguir, referentes ao direito comercial.

(1) É válida e legítima, nos termos do Código de Defesa do Consumidor, disposição contratual em que pessoa jurídica estipule, expressamente, em seus contratos de compra e venda, que não possui qualquer responsabilidade pela venda de produtos inadequados ao consumo, sob alegação de facultar ao consumidor a análise dos produtos antes de adquiri-los.

1: Incorreta, pois essa exoneração do fornecedor é vedada pelo art. 51, I, do CDC.

Gabarito 1E

(Delegado/ES – 2006) Julgue o item a seguir, referentes ao direito comercial.

(1) Considere-se que a pessoa jurídica Zeta, com sede em Porto Alegre, possua filial em São Paulo, a qual seja responsável por 89% de todo o faturamento da pessoa jurídica Zeta e possua dez vezes mais funcionários que a sede e um ativo imobilizado de valor aproximado de R$ 8.000.000,00, o que representa valor vinte vezes superior ao do patrimônio imobiliário da sede. Nessa situação, o foro da comarca de São Paulo será competente para deferir eventual pedido de recuperação judicial.

1: correta, dado que é competente para homologar o plano de recuperação extrajudicial, deferir a recuperação judicial ou decretar a falência o juízo do local do principal estabelecimento do devedor ou da filial de empresa que tenha sede fora do Brasil, de acordo com o art. 3° da Lei 11.101/2005.

Gabarito 1C

(Delegado Federal – 2004 – CESPE) Julgue o item a seguir.

(1) No curso de determinado processo de falência, houve indícios da ocorrência de crime falimentar, razão por que foi instaurado inquérito judicial. Nessa situação, o referido inquérito possui caráter meramente investigatório, não havendo, por isso, necessidade de intimação pessoal do devedor falido.

1: Incorreta, porque o art. 106 do Dec.-lei 7.661/1945 (revogado pela atual LF) previa a intimação pessoal do falido, para fins do inquérito judicial. Atualmente, o inquérito é policial, requisitado diretamente pelo Ministério Público, de acordo com o art. 187 da Lei 11.101/2005.

Gabarito 1E

11. Direito Previdenciário

Robinson S. Barreirinhas e Henrique Subi

1. PRINCÍPIOS E NORMAS GERAIS

(Delegado/PA – 2013 – UEPA) Sobre o financiamento da seguridade social, assinale a afirmativa correta.

(A) A seguridade social será financiada por toda a sociedade, de forma direta e indireta, nos termos da lei, mediante recursos provenientes dos orçamentos da União, dos Estados, do Distrito Federal e dos Municípios, e de contribuições sociais como a do o empregador, da empresa e da entidade a ela equiparada na forma da lei, incidentes sobre: a) a folha de salários e demais rendimentos do trabalho pagos ou creditados, a qualquer título, à pessoa física que lhe preste serviço, desde que com vínculo empregatício; b) a receita ou o faturamento; c) o lucro.

(B) Nenhum benefício ou serviço da seguridade social poderá ser criado, majorado ou estendido sem a correspondente fonte de custeio total, a não ser que seja autorizado pelo chefe do Poder Executivo, que tem legitimidade para propor o projeto de lei orçamentária.

(C) A proposta de orçamento da seguridade social será elaborada de forma integrada pelos órgãos responsáveis pela saúde, previdência social e assistência social, considerando o disposto na lei de diretrizes orçamentárias, devendo ser unificada a gestão dos recursos apenas pela área da assistência social.

(D) É vedada a utilização, sem autorização legislativa específica, de recursos dos orçamentos fiscal e da seguridade social para suprir necessidade ou cobrir déficit de empresas, fundações e fundos.

(E) A previdência social será organizada sob a forma de regime geral, de caráter contributivo e de filiação obrigatória, observados critérios que preservem o equilíbrio financeiro e atuarial, e atenderá, nos termos da lei, a proteção à maternidade, especialmente à gestante, a proteção ao trabalhador em situação de desemprego involuntário; salário-família e auxílio-reclusão para os dependentes dos segurados de qualquer renda.

A: incorreta. A contribuição social das empresas incidente sobre a folha de pagamento atinge a totalidade dos valores pagos ou creditados a pessoas físicas que lhe prestem serviço, tenham elas vínculo empregatício ou não (art. 195, I, "a", da Constituição Federal); **B**: incorreta. Não há exceções para a regra da previsão do custeio de novos benefícios (art. 195, § 5º, da CF); **C**: incorreta. A gestão dos recursos é individualizada entre cada uma das áreas que compõem a seguridade social (art. 195, § 2º, *in fine*, da CF); **D**: correta, nos termos do art. 167, VIII, da CF; **E**: incorreta. O salário-família e o auxílio-reclusão são pagos apenas, respectivamente, aos segurados e dependentes de **baixa** renda (art. 201, IV, da CF).

Gabarito "D"

(Delegado/PA – 2013 – UEPA) Assinale a alternativa correta sobre o regime de previdência social:

(A) É facultada a adoção de requisitos e critérios diferenciados para a concessão de aposentadoria aos beneficiários do regime geral de previdência social, ressalvados os casos de atividades exercidas sob condições especiais que prejudiquem a saúde ou a integridade física e quando se tratar de segurados portadores de deficiência, nos termos definidos em lei complementar.

(B) O regime de previdência privada, de caráter complementar e organizado de forma autônoma em relação ao regime geral de previdência social, será obrigatório, baseado na constituição de reservas que garantam o benefício contratado, e regulado por lei complementar.

(C) É vedada a filiação ao regime geral de previdência social, na qualidade de segurado facultativo, de pessoa participante de regime próprio de previdência.

(D) Os Estados não podem legislar sobre previdência social, uma vez que se trata de competência privativa da União.

(E) A previdência social será organizada sob a forma de regime geral, de caráter contributivo e de filiação facultativa, observados critérios que preservem o equilíbrio financeiro e atuarial.

A: incorreta. É **vedada** a adoção de critérios diferenciados, salvo nas hipóteses narradas na alternativa (art. 201, § 1º, da CF); **B**: incorreta. O regime de previdência privada é **facultativo** (art. 202, *caput*, da CF); **C**: correta, nos termos do art. 201, § 5º, da CF; **D**: incorreta. A competência em questão é **concorrente**, cabendo aos Estados legislar sobre seu regime **próprio** de previdência (art. 24, XII, da CF); **E**: incorreta. A filiação ao regime geral de previdência social é **obrigatória** em caso de exercício de atividade remunerada (art. 201 da CF).

Gabarito "C"

(Delegado/PA – 2012 – MSCONCURSOS) Acerca da seguridade social, assinale a alternativa correta:

(A) O caráter democrático e descentralizado da administração da seguridade social se dá mediante gestão tripartite, com participação dos trabalhadores, dos empregadores e dos aposentados nos órgãos colegiados.

(B) A seguridade social será financiada por toda a sociedade, de forma direta e indireta, nos termos da lei, mediante recursos provenientes dos orçamentos da União, dos Estados e dos Municípios

(C) As receitas dos Estados, do Distrito Federal e dos Municípios destinadas à seguridade social constarão dos respectivos orçamentos, integrando, assim, o orçamento da União.

(D) A proposta de orçamento da seguridade social será elaborada de forma integrada pelos órgãos responsáveis pela saúde, previdência social e assistência social, tendo em vista as metas e prioridades estabelecidas na lei de diretrizes orçamentárias, assegurada a cada área a gestão de seus recursos.

(E) A previdência social compreende um conjunto integrado de ações de iniciativa dos Poderes Públicos e da sociedade, destinadas a assegurar os direitos relativos à saúde e à assistência social.

A: incorreta, pois a seguridade social possui gestão quadripartite, com participação dos trabalhadores, dos empregadores, dos aposentados e do Governo nos órgãos colegiados – art. 194, VII, da CF; **B**: incorreta. Essa alternativa foi considerada incorreta pelo gabarito oficial, porém, a questão é discutível, por ser incompleta. A rigor, o art. 195 da CF prevê financiamento também por recursos provenientes do orçamento do Distrito Federal e de determinadas contribuições sociais; **C**: incorreta, pois cada ente político tem seu próprio orçamento, que não integra o de outro – art. 165 e ss. da CF; **D**: correta, pois reproduz o art. 195, § 2º, da CF; **E**: incorreta, pois a assertiva refere-se à seguridade social, nos termos do art. 194 da CF. A previdência é uma das vertentes da seguridade social, ao lado da assistência social e da saúde (ou seja, assistência e saúde não estão compreendidas na previdência, mas sim na seguridade social).

Gabarito "D"

(Delegado Federal – 1998 – CESPE) Julgue o item abaixo.

(1) A previdência social brasileira tem por objetivo e diretrizes organizacionais, entre outros, a universalização da participação mediante contribuição, a preservação do valor real dos benefícios e a previdência complementar facultativa custeada por contribuição adicional.

1: correta, pois reflete princípios e objetivos dentre os indicados no art. 2º da Lei 8.213/1991, à luz dos arts. 201 e 202 da CF.

Gabarito 1C

2. CUSTEIO

(Delegado Federal – 2004 – CESPE) Em cada um dos itens seguintes é apresentada uma situação hipotética relativa ao conceito de salário de contribuição, seguida de uma assertiva a ser julgada.

(1) Carlos advogava para diversas empresas na justiça do trabalho, sem manter vínculo de emprego, auferindo valores fixos mensais de cada uma delas. Nessa situação, o salário de contribuição de Carlos corresponde à soma de todas as remunerações percebidas, independentemente de qualquer limite.

(2) Alguns sindicatos patronais e de trabalhadores firmaram convenções coletivas de trabalho que dispõem sobre a concessão mensal de pequenos reajustes salariais, da ordem de 1%, a título de antecipação do futuro reajuste devido por ocasião da data-base. Acertaram, ainda, que tais valores não seriam considerados para efeito de férias, gratificação natalina e contribuições previdenciárias. Nessa situação, em razão do status constitucional conferido à negociação coletiva, não há como incidir a exação previdenciária sobre os reajustes indicados, cujos valores não podem ser qualificados como salário de contribuição dos trabalhadores beneficiados.

1: incorreta. Carlos é segurado obrigatório do Regime Geral de Previdência Social – RGPS, na qualidade de contribuinte individual – art. 12, V, *g*, do Plano de Custeio da Seguridade Social – PCSS (Lei 8.212/1991). Deverá recolher contribuição calculada pela alíquota de 20% sobre seu salário de contribuição – art. 21 do PCSS. O salário de contribuição do contribuinte individual (base de cálculo para o tributo) corresponde à remuneração auferida em uma ou mais empresas, durante o mês, observado o limite máximo previsto em lei, atualizado periodicamente – art. 28, IV e § 5º, do PCSS. A assertiva é incorreta, pois, como visto, há limite para o salário de contribuição. **2:** incorreta, porque esses reajustes implicam aumento da remuneração pelo trabalho realizado, que é base de cálculo da contribuição previdenciária. Nesse sentido, o art. 28, I, do PCSS inclui expressamente no salário de contribuição "os adiantamentos decorrentes de reajuste salarial".

Gabarito 1E, 2E

(Delegado Federal – 1998 – CESPE) Julgue os itens abaixo.

(1) Salário de contribuição para o empregado e o trabalhador avulso é a remuneração efetivamente percebida ou creditada a qualquer título, durante o mês, em uma ou mais empresas, inclusive os ganhos habituais sob a forma de utilidades, respeitado o limite mínimo estabelecido pela legislação e ressalvadas as parcelas desprovidas de natureza salarial, tais como salário-família, vale--transporte, ajudas de custo etc.

(2) Sujeito passivo da obrigação previdenciária é aquele que, assumindo ou não a condição de contribuinte, está obrigado a efetuar o pagamento dos valores devidos à Previdência Social.

(3) Compete às empresas manter à disposição da fiscalização, pelo prazo mínimo de cinco anos, folhas de pagamento das remunerações pagas ou creditadas aos segurados que lhes prestam serviços.

(4) O prazo prescricional das ações destinadas à cobrança do débito previdenciário é de trinta anos.

1: imprecisa, pois nos termos do art. 28, I, do PCSS, entende-se por salário de contribuição para o empregador e trabalhador avulso: "a remuneração auferida em uma ou mais empresas, assim entendida a totalidade dos rendimentos pagos, devidos ou creditados a qualquer título, durante o mês, destinados a retribuir o trabalho, qualquer que seja a sua forma, inclusive as gorjetas, os ganhos habituais sob a forma de utilidades e os adiantamentos decorrentes de reajuste salarial, quer pelos serviços efetivamente prestados, quer pelo tempo à disposição do empregador ou tomador de serviços nos termos da lei ou do contrato ou, ainda, de convenção ou acordo coletivo de trabalho ou sentença normativa." Importante notar que se pacificou o entendimento pela não incidência da contribuição em relação ao vale-transporte, ainda que pago em pecúnia (ver STF, RE 478.410/SP e STJ, EREsp 816.829/RJ). **2:** correta, porque descreve adequadamente o sujeito passivo da contribuição previdenciária, à luz do art. 121 do CTN. **3:** incorreta. O art. 32, § 11, do PCSS determina que os documentos devam ficar arquivados na empresa até que ocorra a prescrição relativa aos créditos decorrentes das operações a que se refiram (não é, necessariamente, apenas 5 anos). **4:** incorreta, visto que os prazos decadencial (para o lançamento) e prescricional (para a cobrança) são de 5 anos cada, conforme os arts. 173 e 174 do CTN. Perceba que o STF afastou os prazos decenais previstos pela legislação previdenciária, reconhecendo que a matéria deve ser veiculada por lei complementar federal (CTN, lei formalmente ordinária, mas recepcionada como complementar pela CF/1988). Ver Súmula Vinculante 8 do STF.

Gabarito 1E, 2C, 3E, 4E

(Delegado Federal – 1998 – CESPE) Julgue o item seguinte:

(1) Serão solidariamente responsáveis pelo pagamento, em caso de mora superior a trinta dias no recolhimento das contribuições previdenciárias, os administradores de autarquias e fundações públicas, criadas e mantidas pelo poder público, de empresas públicas e sociedades de economia mista sujeitas ao controle da União, dos Estados, do Distrito Federal ou dos Municípios.

1: correta, porque reflete o disposto no art. 42 do PCSS.

Gabarito 1C

3. BENEFÍCIOS, SEGURADOS

(Delegado Federal – 2013 – CESPE) Acerca das normas que regem os segurados da previdência social, julgue o item abaixo.

(1) Caso um delegado da Polícia Federal eleito deputado no estado onde atue como delegado opte pelo exercício do mandato eletivo, ele não poderá se filiar ao RGPS dada a sua vinculação a regime próprio.

1: correta, nos termos do art. 12, I, "j", da Lei 8.212/1991 – Plano de Custeio da Seguridade Social – PCSS.

Gabarito 1C

(Delegado Federal – 2013 – CESPE) Em virtude de agravamento de doença, Maria, que exerceu por vinte anos, como empregada de uma fábrica de roupas, a função de costureira, foi considerada incapaz para o trabalho e insuscetível de reabilitação para o exercício de qualquer atividade que lhe garantisse a subsistência, tendo sido aposentada por invalidez.

Com base nessa situação hipotética, julgue o item a seguir.

(1) Caso Maria comprove necessitar de assistência permanente de outra pessoa, ela fará jus ao valor da aposentadoria por ela recebida acrescido de 25%, ainda que ultrapasse o teto de pagamento de benefícios do RGPS, acréscimo que cessará com sua morte, visto que não é incorporável ao valor da pensão a ser paga a seus dependentes.

1: correta, nos termos do art. 45 da Lei 8.213/1991 (Plano de Benefícios da Previdência Social – PBPS).

Gabarito 1C

(Delegado Federal – 2013 – CESPE) Julgue o seguinte item, relativo à decadência dos benefícios previdenciários.

(1) O direito de requerer pensão por morte decai após dez anos da morte do segurado.

1: incorreta. Uma vez cumpridos os requisitos legais, o direito à percepção do benefício previdenciário não se extingue pelo decurso do tempo. A única diferença é o termo inicial do pagamento: se for feito o pedido até 30 dias após a morte, o pagamento retroagirá à data do evento; se feito depois desse prazo, o valor será devido a partir da data do pedido (art. 74 da Lei 8.213/1991).

Gabarito 1E

(Delegado/PA – 2012 – MSCONCURSOS) O segurado facultativo, que não esteja em gozo de benefício, mantém a qualidade de segurado, independentemente de contribuições, até ________ meses após a cessação das contribuições. Assinale a alternativa que completa corretamente a lacuna acima, nos termos da Lei nº 8.213/1991.

(A) 3 (três).
(B) 6 (seis).
(C) 9 (nove).
(D) 10 (dez).
(E) 12 (doze).

Nos termos do art. 15, VI, da Lei (Lei 8.213/1991), o segurado facultativo mantém por 6 meses a qualidade de segurado, independentemente de contribuições, após a cessação das contribuições.

Gabarito "B"

Veja a seguinte tabela, para estudo e memorização dos prazos em que se mantém a qualidade de segurado, independentemente de contribuições:

Mantém a qualidade de segurado,mesmo sem contribuições – art. 15 do PBPS
– sem limite de prazo, quem está em gozo de benefício.
– até 12 meses após a cessação das contribuições, o segurado que deixar de exercer atividade remunerada abrangida pela Previdência Social ou estiver suspenso ou licenciado sem remuneração. Prorrogado para até 24 meses se o segurado já tiver pagado mais de 120 contribuições mensais, sem interrupção, que acarrete a perda da qualidade de segurado. Serão acrescidos 12 meses para o segurado desempregado, desde que comprovada essa situação pelo registro no órgão próprio do Ministério do Trabalho e da Previdência Social.
– até 12 meses após cessar a segregação, o segurado acometido de doença de segregação compulsória.
– até 12 meses após o livramento, o segurado retido ou recluso.
– até 3 meses após o licenciamento, o segurado incorporado às Forças Armadas para prestar serviço militar.
– até 6 meses após a cessação das contribuições, o segurado facultativo.

(Delegado Federal – 2004 – CESPE) Em cada um dos itens a seguir, é apresentada uma situação hipotética acerca das regras legais que definem a condição de segurado da previdência social, seguida de uma assertiva a ser julgada.

(1) Em razão de não conseguir emprego em sua cidade natal, Paulo recolheu suas economias e dirigiu-se para o estado de Rondônia, a fim de trabalhar, por 3 meses, no garimpo de diamantes, em área demarcada como reserva indígena. Ao chegar àquele Estado, comprou os equipamentos necessários, contratou dois ajudantes e deu início às atividades. Nessa situação, é correto afirmar que Paulo é segurado obrigatório da previdência social, como contribuinte individual, enquanto seus ajudantes são segurados obrigatórios na condição de empregados.

(2) Contratada para exercer o cargo em comissão de assessora executiva na Presidência da República, Márcia não mantém qualquer vínculo efetivo com a Administração Pública. Nessa situação, em razão da natureza precária da investidura no referido cargo, Márcia não se enquadra na condição de segurada obrigatória da previdência social.

1: imprecisa, pois o garimpeiro é segurado obrigatório, na condição de contribuinte individual – art. 11, V, *b*, do Plano de Benefícios da Previdência Social – PBPS (Lei 8.213/1991) e art. 12, V, *b*, do Plano de Custeio da Seguridade Social – PCSS (Lei 8.212/1991). É discutível, entretanto, sua qualificação em caso de atividade ilegal, que é o garimpo em terra indígena sem autorização do Congresso Nacional (art. 231, §§ 2º e 3º, da CF). Ademais, para que os ajudantes sejam considerados empregados (e não contribuintes individuais), é preciso que a prestação dos serviços não seja eventual e haja efetiva subordinação, o que não é informado objetivamente pelo examinador – art. 11, I, *a*, do PBPS e art. 12, I, *a*, do PCSS. **2:** incorreta, já que o servidor público sem vínculo efetivo (ocupante exclusivamente de cargo em comissão ou outro cargo temporário, assim como a ocupante de emprego público) é segurado obrigatório do Regime Geral de Previdência Social – RGPS, na condição de empregado – art. 40, § 13 da CF, art. 11, I, *g*, do PBPS e art. 12, I, *g*, do PCSS.

Gabarito 1E, 2E

(Delegado Federal – 2002 – CESPE) Bartolomeu e Adriana, ambos segurados obrigatórios da previdência social na qualidade de contribuintes individuais, constituem uma união estável e têm dois filhos, um e outro, estudantes economicamente dependentes dos pais: Flávia, de doze anos de idade, e Gustavo, de dezesseis. Além dos filhos, também vive na residência do casal a mãe de Adriana, Irene, que depende economicamente da filha. Para auxiliar a família nos serviços domésticos, o casal contratou, em julho de 2000, Rosana como empregada, pagando-lhe remuneração mensal de R$ 500,00, regularmente registrada em sua carteira de trabalho e previdência social (CTPS).

Adriana envolveu-se em um acidente automobilístico em agosto de 2001, tendo sofrido traumatismos múltiplos que exigiram a sua internação em hospital por três meses, mas, felizmente, os ferimentos não deixaram sequelas que limitassem quaisquer de suas atividades habituais. Na mesma semana em que ocorreu o acidente, foi requerida perante o INSS a concessão de auxílio-doença para Adriana. Findo o período de internação, Adriana voltou para casa, mas, por determinação médica, permaneceu em repouso por mais dois meses, antes de retomar suas atividades profissionais.

Em face da situação hipotética apresentada, julgue os itens seguintes.

(1) Considerando que Adriana era segurada da previdência social, há apenas seis meses, é correto afirmar que mesmo assim ela teria o direito de receber benefício de auxílio-doença durante todo o tempo em que permaneceu impossibilitada de trabalhar, a contar da data em que ocorreu o acidente.

(2) Caso Adriana viesse a falecer em virtude do acidente, os seus dependentes teriam direito ao benefício de pensão por morte, cuja renda mensal corresponderia ao valor total da aposentadoria a que Adriana teria direito se estivesse aposentada por invalidez na data de sua morte, quantia essa que deveria ser dividida igualmente entre Bartolomeu, Gustavo, Flávia e Irene.

(3) Caso Rosana viesse a ser demitida sem justa causa em agosto de 2001, teria direito ao aviso-prévio e à percepção do seguro--desemprego.

(4) Ao contrário de Flávia, Gustavo tem direito a filiar-se ao regime geral de previdência social, na qualidade de segurado facultativo; porém, caso Gustavo proceda à sua filiação, o que deve ser feito mediante a inscrição na previdência social e recolhimento da primeira contribuição, ele perderá a qualidade de dependente de seus pais perante o direito previdenciário.

1: correta, porque embora haja carência de 12 meses para o auxílio-doença, ela não se aplica em caso de acidente – art. 26, II, do PBPS. No caso da segurada individual, o auxílio-doença é devido a contar da incapacidade e enquanto ela permanecer incapaz – art. 60, *caput, in fine*, do PBPS. **2:** incorreta, visto que a mãe de Adriana não receberia pensão. Isso porque a primeira classe de beneficiários (cônjuge e filhos menores) exclui as demais – art. 16, § 1º, do PBPS. A pensão por morte é rateada em partes iguais para todos os pensionistas (cônjuge e filhos) – art. 77 do PBPS. Quanto ao valor da pensão, a assertiva está correta – art. 75 do PBPS. **3:** incorreta, pois, considerando que Rosana é contratada há pouco mais de um ano. Isso porque para recebimento do seguro-desemprego é preciso, além de ser inscrito no FGTS, comprovar ter sido empregado de pessoa jurídica ou pessoa física a ela equiparada ou ter exercido atividade legalmente reconhecida como autônomo, durante pelo menos 15 meses nos últimos 24 meses – art. 3º, II, da Lei 7.998/1990. O empregado doméstico tem, entretanto, direito a aviso-prévio – art. 7º, II, e parágrafo único, da CF. **4:** incorreta, já que a inscrição de Gustavo como contribuinte facultativo não afasta sua qualificação como dependente dos pais. É correto afirmar que a filha de 12 anos não pode se inscrever no Regime Geral de Previdência Social – RGPS. A idade mínima para o trabalho e, portanto, para a inscrição no RGPS, é de 16 anos, admitindo-se excepcionalmente o aprendiz, a partir dos 14 anos de idade (art. 7º, XXXIII, da CF).

Gabarito 1C, 2E, 3E, 4E

Veja as seguintes tabelas, para estudo e memorização dos períodos de carência e das prestações que independem de carência:

Períodos de Carência – art. 25 do PBPS	
– auxílio-doença e aposentadoria por invalidez.	12 contribuições mensais
– aposentadoria por idade, aposentadoria por tempo de serviço e aposentadoria especial.	180 contribuições mensais
– salário-maternidade para contribuintes individuais, seguradas especiais e facultativas.	10 contribuições mensais. Em caso de antecipação do parto, o período é reduzido em número de contribuições equivalentes ao número de meses em que o parto foi antecipado. A segurada especial deve apenas comprovar atividade rural nos 12 meses anteriores ao início do benefício – art. 39, parágrafo único, do PBPS.

Independem de Carência– art. 26 do PBPS
– pensão por morte, auxílio-reclusão, salário-família e auxílio-acidente.
– auxílio-doença e aposentadoria por invalidez (nos termos do inciso II do art. 26 do PBPS).
– aposentadoria por idade ou por invalidez, de auxílio-doença, de auxílio-reclusão ou de pensão para o segurado especial, no valor de 1 salário mínimo, desde que comprove o exercício de atividade rural, ainda que de forma descontínua, no período, imediatamente anterior ao requerimento do benefício, igual ao número de meses correspondentes à carência do benefício requerido.
– serviço social.
– reabilitação profissional.
– salário-maternidade para as seguradas, empregadas, trabalhadores avulso e empregada doméstica.

Veja as seguintes tabelas, com os segurados obrigatórios do RGPS e os dependentes:

Segurados obrigatórios do RGPS – art. 11 do PBPS	
Empregado	– aquele que presta serviço de natureza urbana ou rural à empresa, em caráter não eventual, sob sua subordinação e mediante remuneração, inclusive como diretor empregado.
	– aquele que, contratado por empresa de trabalho temporário, definida em legislação específica, presta serviço para atender a necessidade transitória de substituição de pessoal regular e permanente ou a acréscimo extraordinário de serviços de outras empresas.
	– o brasileiro ou o estrangeiro domiciliado e contratado no Brasil para trabalhar como empregado em sucursal ou agência de empresa nacional no exterior.
	– aquele que presta serviço no Brasil a missão diplomática ou a repartição consular de carreira estrangeira e a órgãos a elas subordinados, ou a membros dessas missões e repartições, excluídos os que não sejam brasileiros e sem residência permanente no Brasil e o brasileiro amparado pela legislação previdenciária do país da respectiva missão diplomática ou repartição consular.
	– o brasileiro civil que trabalha para a União, no exterior, em organismos oficiais brasileiros ou internacionais dos quais o Brasil seja membro efetivo, ainda que lá domiciliado e contratado, salvo se segurado na forma da legislação vigente do país do domicílio.
	– o brasileiro ou estrangeiro domiciliado e contratado no Brasil para trabalhar como empregado em empresa domiciliada no exterior, cuja maioria do capital votante pertença à empresa brasileira de capital nacional.
	– o servidor público ocupante de cargo em comissão, sem vínculo efetivo com a União, Autarquias, inclusive em regime especial, e Fundações Públicas Federais.
	– o exercente de mandato eletivo federal, estadual ou municipal, desde que não vinculado a regime próprio de previdência social.
	– o empregado de organismo oficial internacional ou estrangeiro em funcionamento no Brasil, salvo quando coberto por regime próprio de previdência social.
	– o exercente de mandato eletivo federal, estadual ou municipal, desde que não vinculado a regime próprio de previdência social.
Empregado doméstico	– aquele que presta serviço de natureza contínua a pessoa ou família, no âmbito residencial desta, em atividades sem fins lucrativos.
Contribuinte individual	**– a pessoa física, proprietária ou não, que explora atividade agropecuária, a qualquer título, em caráter permanente ou temporário, em área superior a 4 (quatro)** módulos fiscais; ou, quando em área igual ou inferior a 4 (quatro) módulos fiscais ou atividade pesqueira, com auxílio de empregados ou por intermédio de prepostos; ou ainda nas hipóteses dos §§ 9º e 10 do art. 11 do PBPS.
	– a pessoa física, proprietária ou não, que explora atividade de extração mineral – garimpo, em caráter permanente ou temporário, diretamente ou por intermédio de prepostos, com ou sem o auxílio de empregados, utilizados a qualquer título, ainda que de forma não contínua.
	– o ministro de confissão religiosa e o membro de instituto de vida consagrada, de congregação ou de ordem religiosa.
	– o brasileiro civil que trabalha no exterior para organismo oficial internacional do qual o Brasil é membro efetivo, ainda que lá domiciliado e contratado, salvo quando coberto por regime próprio de previdência social.
	– o titular de firma individual urbana ou rural, o diretor não empregado e o membro de conselho de administração de sociedade anônima, o sócio solidário, o sócio de indústria, o sócio gerente e o sócio cotista que recebam remuneração decorrente de seu trabalho em empresa urbana ou rural, e o associado eleito para cargo de direção em cooperativa, associação ou entidade de qualquer natureza ou finalidade, bem como o síndico ou administrador eleito para exercer atividade de direção condominial, desde que recebam remuneração.
	– quem presta serviço de natureza urbana ou rural, em caráter eventual, a uma ou mais empresas, sem relação de emprego.
	– a pessoa física que exerce, por conta própria, atividade econômica de natureza urbana, com fins lucrativos ou não.
Trabalhador avulso	– quem presta, para diversas empresas, sem vínculo empregatício, serviço de natureza urbana ou rural, definidos no Regulamento.
Segurado especial	– a pessoa física residente no imóvel rural ou em aglomerado urbano ou rural próximo a ele que, individualmente ou em regime de economia familiar, ainda que com o auxílio eventual de terceiros.

Dependentes no RGPS – art. 16 do PBPS – a primeira classe com dependente exclui as seguintes
– o cônjuge, a companheira, o companheiro e o filho não emancipado, de qualquer condição, menor de 21 (vinte e um) anos ou inválido. A dependência econômica desses é presumida, a dos demais deve ser comprovada – § 4º. O enteado e o menor tutelado equiparam-se a filhos, mediante declaração do segurado e desde que comprovada a dependência econômica – § 2º.
– os pais.
– o irmão não emancipado, de qualquer condição, menor de 21 (vinte e um) anos ou inválido.

(Delegado Federal – 1998 – CESPE) Julgue o item seguinte.

(1) Ao aposentado pelo Regime Geral da Previdência que voltar a exercer atividade alcançada por esse mesmo Regime estará facultada a refiliação ao sistema previdenciário, na condição de segurado especial, sujeitando-se, nesse caso, ao pagamento das contribuições devidas para custeio da seguridade social.

1: incorreta, já que segurado especial é a pessoa que atua na área rural – art. 11, VII, do PBPS.

Gabarito 1E

(Delegado Federal – 2002 – CESPE) Alex e seu irmão Daniel constituíram a microempresa Pizzaria Dominó Ltda. (PD), uma sociedade comercial que visa atuar na produção e entrega de *pizzas*. Nessa pessoa jurídica, ambos os irmãos são remunerados pelas suas atividades na pizzaria, mas enquanto Daniel é simplesmente sócio cotista, Alex é o sócio-gerente. Para iniciar a produção, a microempresa alugou uma sala onde foi instalada uma cozinha industrial, sendo que, para construir os balcões da pizzaria, estabeleceram contrato de empreitada com o marceneiro Isaías.

Para promover o serviço de entrega, a sociedade comprou duas motocicletas e contratou dois empregados, para proceder às entregas, Eva e Élder, tendo sido a primeira contratada por prazo indeterminado e o segundo, por prazo determinado de um ano. Em contraprestação a seu trabalho, cada um recebe um salário de R$ 500,00, além das gorjetas recebidas dos clientes, que nunca ultrapassam, se somadas, R$ 400,00 por mês para cada um. Para fins tributários e previdenciários, a PD optou pelo Sistema Integrado de Pagamento de Impostos e Contribuições das Microempresas e das Empresas de Pequeno Porte (SIMPLES), inscrevendo-se como microempresa no Cadastro Geral de Contribuintes do Ministério da Fazenda (CGC/MF). Com relação à situação hipotética apresentada acima, julgue os seguintes itens.

(1) Isaías, Daniel e Elder são segurados obrigatórios do INSS, os dois primeiros na qualidade de contribuintes individuais e o último na qualidade de empregado.

(2) Considerando que Eva tem como única fonte de renda o seu trabalho na PD, é correto afirmar que o seu salário de contribuição será a totalidade dos rendimentos auferidos durante o mês, incluindo o décimo terceiro salário, as gorjetas recebidas dos clientes e, se for o caso, o salário-maternidade.

(3) Caso Eva seja demitida e interrompa o recolhimento de contribuições previdenciárias, conservará ela a qualidade de segurada por três meses, período dentro do qual terá direito aos mesmos benefícios a que faria jus se continuasse empregada. Porém, se findo esse prazo Eva não conseguir outro emprego e desejar continuar mantendo a sua qualidade de segurada da previdência, ela terá de filiar-se como segurada facultativa.

(4) Em adição à situação hipotética acima, considere que Alex, julgando excelente o trabalho prestado por Isaías à PD, convidou o marceneiro para reformar os armários da casa em que ele vive com sua família, proposta essa que foi prontamente aceita. Alex e Isaías estabeleceram, então, contrato civil de empreitada de lavor, por meio da qual Alex comprometeu-se a comprar os materiais necessários e pagar a Isaías a quantia de R$ 500,00 pela mão de obra. Nesse caso, é incorreto afirmar que Alex enquadra-se no conceito previdenciário de empresa, pois não atua com finalidade lucrativa; porém, é correto afirmar que ele se enquadra no conceito previdenciário de empregador doméstico e que, portanto, tem a obrigação de recolher ao INSS a contribuição previdenciária respectiva.

1: correta. Porque Isaías (profissional autônomo que presta serviço em caráter eventual) e Daniel (sócio cotista remunerado) são contribuintes individuais, nos termos do art. 12, V, *f* e *g*, do PCSS. Élder é empregado, nos termos do art. 12, I, *a*, do PCSS. **2:** correta, dado que o salário de contribuição do empregado corresponde à totalidade dos rendimentos pagos, devidos ou creditados a qualquer título, durante o mês, destinados a retribuir o trabalho, qualquer que seja a sua forma, inclusive as gorjetas, os ganhos habituais sob a forma de utilidades e os adiantamentos decorrentes de reajuste salarial, quer pelos serviços efetivamente prestados, quer pelo tempo à disposição do empregador ou tomador de serviços nos termos da lei ou do contrato ou, ainda, de convenção ou acordo coletivo de trabalho ou sentença normativa – art. 28, I, do PCSS. Ademais, o salário-maternidade é considerado salário de contribuição, ou seja, se sujeita à incidência de contribuição previdenciária – art. 28, §§ 2º e 9º, *a*, *in fine*, do PCSS. **3:** incorreta, já que Eva mantém a qualidade de segurada, mesmo sem contribuição, até 12 meses após deixar de exercer atividade remunerada – art. 15, II, do PBPS. **4:** incorreta, pois o contribuinte individual (Alex) é equiparado à empresa, em relação a segurado que lhe presta serviço (Isaías) – art. 15, parágrafo único, do PCSS. Alex não é empregador doméstico, porque Isaías não é empregado doméstico (empregador doméstico é somente a pessoa ou a família que admite a seu serviço, sem finalidade lucrativa, empregado doméstico) – art. 15, II, do PCSS.

Gabarito 1C, 2C, 3E, 4E

4. CONTRIBUIÇÕES SOCIAIS

(Delegado Federal – 2013 – CESPE) De acordo com as normas constitucionais e legais acerca do financiamento da seguridade social, julgue o seguinte item.

(1) Integram o salário de contribuição que equivale à remuneração auferida pelo empregado, as parcelas referentes ao salário e às férias, ainda que indenizadas.

1: incorreta. Há dois erros na afirmação: i) o salário de contribuição não equivale à remuneração do empregado. Há parcelas dessa que integram e outras que não integram aquele (art. 28, §§ 8º e 9º da Lei 8.212/1991 – Plano de Custeio da Seguridade Social – PCSS), além do salário de contribuição encontrar um limite máximo; ii) férias indenizadas não integram o salário de contribuição (art. 28, § 9º, "d", do PCSS).

Gabarito 1E

5. CRIMES CONTRA A PREVIDÊNCIA SOCIAL

(Delegado Federal – 2013 – CESPE) José abriu uma pequena padaria no bairro onde reside e contratou dez funcionários. Durante os primeiros seis meses de funcionamento do estabelecimento comercial, José arrecadou as contribuições previdenciárias de seus empregados, descontando-as das respectivas remunerações, mas não recolheu esses valores aos cofres da previdência social. Com base nessa situação hipotética e na legislação relativa aos crimes contra a previdência social, julgue os itens subsequentes.

(1) Nesse caso, mesmo que o valor não recolhido por José seja pequeno, não é possível, considerando-se a jurisprudência do STJ, a aplicação do princípio da insignificância, dado o bem jurídico tutelado (patrimônio da previdência social).

(2) Se, até antes do início da ação fiscal, José confessar a dívida e efetuar espontaneamente o pagamento integral dos valores devidos, prestando as devidas informações ao órgão da previdência social, a punibilidade de sua conduta poderá ser extinta.

(3) Ainda que não tivesse descontado das remunerações de seus empregados os valores relativos às contribuições previdenciárias, José responderia pela prática do delito de apropriação indébita previdenciária.

1: incorreta. O STJ reconhece a aplicação do princípio da insignificância para o crime de apropriação indébita previdenciária se o valor sonegado for de até R$10.000,00 (AgRg no REsp 1260561/RS, DJ 16/11/2012); **2:** correta, nos termos do art. 168-A, § 2º, do Código Penal; **3:** incorreta. O delito de apropriação indébita previdenciária pressupõe o desconto da contribuição da remuneração dos empregados, pois tem como elementar a posse do dinheiro de forma lícita até que o recolha aos cofres da previdência. Caso não tivesse efetuado o desconto, e portanto tampouco recolhido tais valores, responderia José pelo crime de sonegação de contribuição previdenciária previsto no art. 337-A do Código Penal.

Gabarito 1E, 2C, 3E

12. Direito Ambiental, Criminologia e Direito Internacional Público

Alice Satin, Vivian Calderoni e Renan Flumian

12.1. AMBIENTAL

Alice Satin

(Delegado/PA – 2013 – UEPA) Assinale a alternativa correta sobre sistema jurídico de proteção ambiental brasileiro.

(A) O Sistema Nacional de Meio Ambiente – SISNAMA é composto exclusivamente de órgãos da União, dos Estados e do Distrito Federal, com capacidade para licenciar e fiscalizar as atividades poluidoras.

(B) A competência legislativa em matéria ambiental é concorrente. Nesta técnica de repartição concorrente a competência da União para legislar sobre normas gerais não exclui a competência suplementar dos Estados; e inexistindo lei federal sobre normas gerais, os Estados não poderão exercer a competência legislativa plena, para atender a suas peculiaridades.

(C) O licenciamento ambiental é um instrumento da política nacional de meio ambiente e compete ao poder público exigir, na forma da lei, para instalação de obra ou atividade potencialmente causadora de significativa degradação do meio ambiente, estudo prévio de impacto ambiental, a que se dará publicidade.

(D) A concessão Florestal, conforme a Lei 11.284/06, pode incluir a outorga do direito de acesso ao patrimônio genético para fins de pesquisa e desenvolvimento, bioprospecção ou constituição de coleções e a exploração dos recursos minerais.

(E) O Sistema Nacional de Unidades de Conservação, criado pela Lei 9985/2000, estabelece as Unidades de Conservação de Uso Sustentável e de Proteção Integral. A Floresta Nacional é uma unidade de conservação de proteção integral.

A: incorreta, conforme art. 6º da Lei 6.938/81 que assim determina: "Art. 6º Os órgãos e entidades da União, dos Estados, do Distrito Federal, dos Territórios e dos Municípios, bem como as fundações instituídas pelo Poder Público, responsáveis pela proteção e melhoria da qualidade ambiental, constituirão o Sistema Nacional do Meio Ambiente - SISNAMA, assim estruturado"; **B:** incorreta, já que o art. 24, § 3º da CF: "§ 3º Inexistindo lei federal sobre normas gerais, os Estados exercerão a competência legislativa plena, para atender a suas peculiaridades."; **C:** correta, por força do art. 9º, IV, da Lei 6.938/81 e art. 225, §1º, IV, da CF; **D:** incorreta, já que a outorga de do direito de acesso ao patrimônio genético e exploração dos recursos minerais é vedada no âmbito da concessão florestal, conforme art. 16, § 1º, II e IV, da Lei 11.284/2006; **E:** incorreta, pois a Floresta Nacional é uma unidade de conservação de uso sustentável conforme o art. 14, III da Lei 9.985/2000.

Gabarito "C"

(Delegado/PA – 2013 – UEPA) Assinale a alternativa correta sobre a responsabilidade pelo dano ambiental.

(A) A responsabilidade civil pelo dano ambiental é sempre subjetiva. Ou seja, exige a comprovação do dolo ou da culpa, conforme determina a Lei 6.938/81.

(B) A responsabilidade civil pelo dano ambiental é sempre objetiva. Ou seja, exige a comprovação do dolo ou da culpa, conforme determina a Lei 6.938/81.

(C) As condutas e atividades consideradas lesivas ao meio ambiente sujeitarão os infratores, pessoas físicas ou jurídicas, a sanções penais e administrativas, independentemente da obrigação de reparar os danos.

(D) O Estado não pode ser responsabilizado pelo dano ambiental, porque é titular da competência para fiscalização e licenciamento ambiental.

(E) É necessário esgotar a via administrativa para posteriormente responsabilizar civil e penalmente o autor de um dano ambiental.

A: incorreta, de modo contrário, a responsabilidade ambiental não pressupõe a análise de dolo ou culpa, razão pela qual será em regra sempre objetiva, conforme (§ 1° do art. 14 da Lei 6.938/81, art. 3º da Lei 9.605/98 e art. 225, § 3º, da CF; **B:** incorreta, pois a responsabilidade ambiental seja objetiva, ela não exige a comprovação do dolo ou da culpa, conforme os ensinamentos de Paulo Affonso Leme Machado: " A responsabilidade objetiva ambiental significa que quem danificar o ambiente tem o dever jurídico de recuperá-lo. Presente, pois, o binômio dano/reparação. Não se pergunta a razão da degradação para que haja o dever de indenizar e/ou reparar. A responsabilidade sem culpa tem incidência na indenização ou na reparação dos 'danos causados ao meio ambiente e aos terceiros afetados por sua atividade' (art. 14, § 1° da Lei 6.938/1981). Não interessa que tipo de obra ou atividade seja exercida pelo degrada, pois não há necessidade de que ela apresente risco ou seja perigosa. Procura-se quem foi atingido e, se for o meio ambiente e o homem, inicia-se o processo lógico-jurídico da imputação civil objetiva ambiental. Só depois é que se entrará na fase do estabelecimento do nexo de casualidade entre a ação ou omissão e o dano. É contra o Direito enriquecer-se ou ter lucro à custa da degradação do meio ambiente. (*Direito Ambiental Brasileiro*. 21. ed. Malheiros Editores. São Paulo. 2013. Pág.404); **C:** correta, por força do art. 225, § 3º CF; **D:** incorreta pois a responsabilidade pela preservação ambiental é de todos (art. 225 CF), inclusive do Estado, conforme já discutido pelo STF no REsp 604725/PR; **D:** incorreta, o esgotamento das vias administrativas não é pressuposto para a responsabilização civil e ambiental do poluidor.

Gabarito "C"

12.2. CRIMINOLOGIA

Vivian Calderoni

(Delegado/SP – 2014 – VUNESP) A obra *O homem delinquente*, publicada em 1876, foi escrita por

(A) Cesare Lombroso.

(B) Enrico Ferri.

(C) Rafael Garófalo.

(D) Cesare Bonesana.

(E) Adolphe Quetelet.

A: Correta. O Homem Delinquente é a obra mais conhecida de Cesare Lombroso, expoente da Antropologia Criminal. **B:** Incorreta. A principal obra de Enrico Ferri se chama "Sociologia Criminal". Ferri faz parte da escola Positivista da Criminologia e deu maior ênfase aos fatores sociais e sociológicos na explicação da delinquência. **C:** Incorreta. A principal obra de Rafael Garófalo se chama "Criminologia". Garófalo faz parte da escola Positivista da Criminologia. **D:** Incorreta. Cesare Bonesana é o nome do Marques de Beccaria, mais conhecido como Cesare Beccaria. A principal obra deste autor, expoente da Escola Clássica, é "Dos Delitos e das Penas". **E:** Incorreta. Adolphe Quetelet foi um estatístico e sociólogo. Foi o percursor no estudo demográfico.

Gabarito "A"

(Delegado/SP – 2014 – VUNESP) Um dos primeiros autores a classificar as vítimas de um crime foi Benjamin Mendelsohn, que levou em conta a participação das vítimas no delito. Segundo esse autor, as vítimas classificam-se em__________________ ; vítimas menos culpadas que os criminosos;__________________ ; vítimas mais culpadas que os criminosos e ______________.

Assinale a alternativa que preenche, correta e respectivamente, as lacunas do texto.

(A) vítimas inocentes ... vítimas inimputáveis ... vítimas culpadas

(B) vítimas primárias ... vítimas secundárias ... vítimas terciárias

(C) vítimas ideais ... vítimas tão culpadas quanto os criminosos ... vítimas como únicas culpadas

(D) vítimas tão participativas quanto os criminosos ... vítimas passivas ... vítimas colaborativas quanto aos criminosos

(E) vítimas passivas em relação ao criminoso ... vítimas prestativas ... vítimas ativas em relação aos criminosos

A classificação de Mendelsohn considera a participação ou a provocação da vítima e divide-se em três grandes grupos: 1) Vítima ideal ou inocente. 2) Vítima provocadora. Dentro desse grupo existem três tipos de vítimas: as vítimas menos culpadas que os criminosos (*ex ignorantia*); as vítimas tão culpadas quanto os criminosos e as vítimas mais culpadas que os criminosos. 3) Vítima como única culpada ou agressora, simuladora ou imaginária.

Gabarito "C"

(Delegado/SP – 2014 – VUNESP) A moderna Sociologia Criminal possui visão bipartida do pensamento criminológico atual, sendo uma de cunho funcionalista e outra de cunho argumentativo. Trata-se das teorias

(A) indutiva e dedutiva.
(B) do consenso e do conflito.
(C) absoluta e relativa.
(D) moderna e contemporânea.
(E) abstrata e concreta.

Existem duas principais correntes da sociologia criminal: do consenso e do conflito. As escolas do consenso são de cunho funcionalista e também são chamadas de teorias da integração. As escolas do consenso entendem que as sociedades são compostas por elementos perenes, integrados, funcionais, estáveis. Por sua vez, as teorias do conflito são de cunho argumentativo e identificam a coerção como elemento central para garantia da coesão social. Para essa corrente, as lutas de classes ou de ideologias estão presentes nas sociedades. As principais escolas do consenso são: escola de Chicago, teoria da Associação Diferencial, teoria da Anomia e teoria da Subcultura Delinquente. As principais escolas do conflito são: teoria do *Labelling Approach* e teoria Crítica.

Gabarito "B"

(Delegado/SP – 2014 – VUNESP) Assinale a alternativa que completa, correta e respectivamente, a frase: A Criminologia ________________; o Direito Penal ________________.

(A) não é considerada uma ciência, por tratar do "dever ser" ... é uma ciência empírica e interdisciplinar, fática do "ser"
(B) é uma ciência normativa e multidisciplinar, do "dever ser" ... é uma ciência empírica e fática, do "ser"
(C) não é considerada uma ciência, por tratar do "ser" ... é uma ciência jurídica, pois encara o delito como um fenômeno real, do "dever ser"
(D) é uma ciência empírica e interdisciplinar, fática do "ser" ... é uma ciência jurídica, cultural e normativa, do "dever ser"
(E) é considerada uma ciência jurídica, por tratar o delito como um conceito formal, normativo, do "dever ser" ... não é considerado uma ciência, pois encara o delito como um fenômeno social, do "ser"

Esta questão compara o método da ciência Criminológica com o método adotado pelo Direito Penal. O método da Criminologia é empírico, indutivo e interdisciplinar. Estuda a realidade e extrai conceitos, teorias e generalidades sobre os fenômenos observados de maneira interdisciplinar, podendo se utilizar, inclusive, do direito penal para suas análises. Já o Direito Penal adota o método lógico-dedutivo e dogmático-jurídico. A conduta é analisada para ser enquadrada em um tipo penal. O direito penal procura saber qual o enquadramento típico da conduta para aplicar a lei. O Direito Penal e a Criminologia se diferenciam, ainda, pelos seus objetos de estudo e funções.

Gabarito "D"

(Delegado/SP – 2014 – VUNESP) Tendo o Direito Penal a missão subsidiária de proteger os bens jurídicos e, com isso, o livre desenvolvimento do indivíduo, e, ainda, sendo a pena vinculada ao Direito Penal e à Execução Penal, após a reforma do Código Penal Brasileiro, em 1984, é correto afirmar que a finalidade da pena é

(A) repreensiva e abusiva.
(B) punitiva e reparativa.
(C) retributiva e preventiva (geral e especial).
(D) ressocializadora e reparativa.
(E) punitiva e distributiva.

A função retributiva (também chamada de absoluta) da pena entende que a sanção penal restaura a ordem violada pelo crime cometido. A função retributiva compreende a noção de que a sanção penal só se justifica dentro dos limites da justa retribuição, ou seja, a teoria retributiva adota o princípio da proporcionalidade. A teoria da função preventiva da pena (também chamada de relativa) entende que a punição penal tem o efeito de prevenir o cometimento de novos crimes. A teoria preventiva se subdivide em prevenção geral e especial, ambas em seus aspectos negativos e positivos. Prevenção geral negativa: efeito de intimidação sobre a generalidade de indivíduos da sociedade, dissuadindo possíveis infratores de cometer um crime em razão da punição prevista. Prevenção geral positiva (ou de integração): demonstra pra sociedade as consequências de cometimento de um crime. Caráter educativo, pois tem a função de auxiliar a sociedade a assimilar os valores básicos daquela sociedade. Prevenção especial negativa: neutralização pela prisão, ou seja, excluído da sociedade o autor do crime não voltará a delinquir enquanto estiver preso. Prevenção especial positiva: evita que o autor do delito volte a delinquir por meio da reinserção social que será possibilitada com a pena de prisão.

Gabarito "C"

(Delegado/SP – 2014 – VUNESP) A prevenção criminal que está voltada à segurança e qualidade de vida, atuando na área da educação, emprego, saúde e moradia, conhecida universalmente como direitos sociais e que se manifesta a médio e longo prazos, é chamada pela Criminologia de prevenção

(A) primária.
(B) individual.
(C) secundária.
(D) estrutural.
(E) terciária.

A prevenção primária atua sobre as raízes dos conflitos sociais e trata da implementação de políticas públicas sociais. Ademais, são políticas de médio e longo prazo. A prevenção secundária opera a curto e médio prazo e se orienta seletivamente a determinados setores da sociedade. Alguns exemplos são: programas de prevenção policial, de controle de meios de comunicação, de ordenação urbana. A prevenção terciária atua com o fim de evitar a reincidência, são políticas voltadas ao preso e ao egresso. Também é conhecida como tardia, pois ocorre depois do cometimento do delito; parcial, pois recai apenas no condenado; e insuficiente, pois não neutraliza as causas do problema criminal. As prevenções primária, secundária e terciária complementam-se, sendo assim, a política pública de prevenção ao crime, para ser mais completa, deve atuar das três formas coordenadamente.

Gabarito "A"

(Delegado/SP – 2014 – VUNESP) **CRIMINOLOGIA** Dentre as escolas penais a seguir, aquela na qual se pretendeu inicialmente aplicar ao direito penal os mesmos métodos de observação e investigação que se utilizavam em outras ciências naturais é a

(A) Clássica.
(B) Técnico-Jurídica.
(C) Correcionalista.
(D) Positivista.
(E) Moderna.

A Escola Clássica e a Positivista tinham ideias e métodos bem definidos. No mesmo período surgem outras Escolas que tentam conciliar as ideias destas duas. **A: incorreta.** A Escola Clássica, considerada pela maior parte da doutrina como fase pré-científica da Criminologia, adotava o método lógico-dedutivo, muito influenciada pelas ideias Iluministas do período. **B: incorreta.** A Escola Técnico-Jurídica segue o método próprio da ciência jurídica, qual seja dogmático, baseado na exegese. Esta Escola considerava o método dogmático o único para a ciência Penal e se baseou no método adotado pelo estudo do Direito Privado. Para essa Escola não existem sociedades sem dogmas e a ambiguidade e vagueza das normas (dogmas) possibilitam diversas interpretações e, por isso, não são suficientes para regrar o comportamento social. Deste modo, as regras de interpretação tornam-se essenciais. **C: incorreta.** A Escola Correcionalista se dedica a compreender a finalidade da pena e, para tal, não utiliza experimentações empíricas.Para esta Escola a pena tem a função de correção, ou seja, é necessária a aplicação da pena para que o criminoso não volte a reincidir posteriormente. Como o delinquente é visto como *doente*, é necessário que ele se *cure*, por meio da pena.**D: Correta.** A Escola Positivista teve três fases: a antropológica de Cesare Lombroso, a sociológica de Enrico Ferri e a psicológica de Rafael Garófalo. Esta Escola, também influência pelos ideais Iluministas, se propõem a utilizar o mesmo método de estudos das ciências naturais: o método empírico-indutivo. Lombroso chega a afirmar que o crime não é um ente jurídico, mas sim um fenômeno biológico, o que torna lógico o uso do método das demais ciências naturais ao estudo do crime.**E: incorreta.** A Escola Moderna Alemã aproveita as ideias principais da Escola Clássica e da Positivista. O método adotado é o indutivo-experimental. Seu principal expoente Von Lizst, amplia o conceito das ciências penais ao incluir a criminologia, entendida como a explicação das causas dos delitos, e a penologia, entendida como as causas e efeitos da pena. Para tal escola a função da pena é a prevenção especial.

Gabarito "D"

12.3. DIREITO INTERNACIONAL PÚBLICO

Renan Flumian

(Delegado/RJ – 2013 – FUNCAB) Quanto ao direito de nacionalidade, previsto na Constituição da República, é correto afirmar:

(A) Será declarada a perda da nacionalidade do brasileiro residente em Estado estrangeiro que adquire outra nacionalidade em função de imposição de naturalização, pela norma estrangeira, como condição para permanência em seu território ou para o exercício de direitos civis.
(B) O cargo de militar das Forças Armadas é privativo de brasileiro nato.
(C) Aos portugueses com residência permanente no País, se houver reciprocidade em favor de brasileiros, serão atribuídos os direitos inerentes ao brasileiro, salvo os casos previstos na Constituição.
(D) Em respeito ao princípio da origem territorial, todos os nascidos na República Federativa do Brasil, ainda que de pais estrangeiros, mesmo que estes estejam a serviço de seu país serão considerados brasileiros natos.
(E) Os estrangeiros de qualquer nacionalidade residentes na República Federativa do Brasil há mais de 20 anos ininterruptos, desde que requeiram a nacionalidade brasileira, serão considerados brasileiros naturalizados.

A: incorreta. O § 4º do art. 12 da CF, traz duas situações em que o brasileiro perderá a nacionalidade. Em uma delas (inciso II), a extinção do vínculo patrial pode atingir tanto o brasileiro nato (nacionalidade originária) quanto o naturalizado (nacionalidade derivada), bastando para isso que adquira outra nacionalidade, por naturalização voluntária. Tal possibilidade admite duas exceções: uma é no caso de a lei estrangeira reconhecer a nacionalidade originária, e a outra é quando a lei estrangeira impõe a naturalização ao brasileiro residente em país estrangeiro como condição para a permanência em seu território ou para o exercício de direitos civis; **B**: incorreta. O art. 12, § 3º, da CF, lista os cargos que só podem ser ocupados por brasileiros natos: presidente e vice-presidente da República; presidente da Câmara dos Deputados; presidente do Senado Federal; ministro do Supremo Tribunal Federal; carreira diplomática; oficial das Forças Armadas; e ministro de Estado da Defesa; **C**: correta (art. 12, § 1º, da CF); **D**: incorreta. Segundo o art. 12, I, *a*, da CF são brasileiros natos os nascidos em território brasileiro, embora de pais estrangeiros, desde que estes não estejam a serviço de seu país; **E**: incorreta. Serão considerados brasileiros naturalizados os estrangeiros de qualquer nacionalidade, residentes no Brasil há mais de 15 anos ininterruptos e sem condenação penal, desde que requeiram a nacionalidade brasileira (artigo 12, II, *b*, da CF) – conhecida como naturalização extraordinária.

Gabarito "C"

(Delegado/MG – 2012) A criação das Nações Unidas, com suas agências especializadas, demarca o surgimento de uma nova ordem internacional, inclusive a proteção internacional dos direitos humanos. Associe abaixo cada órgão enumerado da ONU à sua competência:

Órgão

I. Assembleia Geral.
II. Corte Internacional de Justiça.
III. Conselho Econômico e Social.
IV. Conselho de Tutela.

Competência

(A) Fomentar o processo de descolonização e autodeterminação dos povos, a fim de que pudessem alcançar, por meio de desenvolvimento progressivo, governo próprio.
(B) Promover a cooperação em questões econômicas, sociais e culturais e fazer recomendações destinadas a promover o respeito e a observância dos direitos humanos.
(C) Discutir e fazer recomendações relativas a qualquer matéria objeto da Carta das Nações Unidas.
(D) Decidir acerca das questões contenciosas e consultivas, todavia somente nas questões em que os Estados são partes perante ela.

Marque a **correta** relação:

(A) I (c); II (d); III (b); IV (a).
(B) I (a); II (d); III (b); IV (c).
(C) I (c); II (d); III (a); IV (b).
(D) I (d); II (c); III (b); IV (a).

A: correta. A ONU é uma organização internacional que tem por objetivo facilitar a cooperação em matéria de Direito Internacional, segurança internacional, desenvolvimento econômico, progresso social, direitos humanos e a realização da paz mundial. Por isso, diz-se que é uma organização internacional de vocação universal. Sua lei básica é a Carta das Nações Unidas, elaborada em São Francisco, de 25 de abril a 26 de junho de 1945. A Carta tem como anexo o Estatuto da Corte Internacional de Justiça. Conforme se depreende do conceito, os propósitos da ONU são: *a)* manter a paz e a segurança internacionais; *b)* desenvolver relações amistosas entre as nações; *c)* realizar a cooperação internacional para resolver os problemas mundiais de caráter econômico, social, cultural e humanitário, promovendo o respeito aos direitos humanos e às liberdades fundamentais; e *d)* ser um centro destinado a harmonizar a ação dos povos para a consecução desses objetivos comuns. E os princípios são: *a)* da igualdade soberana de todos os seus membros; *b)* da boa-fé no cumprimento dos compromissos da Carta; *c)* da solução de controvérsias por meios pacíficos; *d)* da proibição de recorrer à ameaça ou ao emprego da força contra outros Estados; *e)* da assistência às Nações Unidas; *f)* da não intervenção em assuntos essencialmente nacionais. A ONU reúne quase a totalidade dos Estados existentes. Entre estes, existem os membros originários e os eleitos. Estes últimos são admitidos pela Assembleia Geral mediante recomendação do Conselho de Segurança. E só podem ser admitidos os Estados "amantes da paz" que aceitarem as obrigações impostas pela Carta e forem aceitos como capazes de cumprir tais obrigações. Os membros podem ser suspensos quando o Conselho de Segurança instalar uma ação preventiva ou coercitiva contra eles, como também expulsos quando violarem insistentemente os princípios da Carta. A expulsão é processada pela Assembleia Geral mediante recomendação do Conselho de Segurança.

I – C: a Assembleia Geral é composta de todos os membros da ONU, cabendo a cada Estado-membro apenas um voto. Ela reúne-se em sessões ordinárias, uma vez por ano, e em sessões extraordinárias sempre que preciso for. As decisões da Assembleia Geral são tomadas pela maioria simples dos membros presentes e votantes. Mas pode-se definir que o quórum será de dois terços quando tratar de questões consideradas importantes. Entre algumas de suas funções, podemos citar: *a)* aprovação do orçamento; *b)* eleição dos membros não permanentes do Conselho de Segurança e dos membros do Conselho Econômico e Social; *c)* nomeação do secretário-geral das Nações Unidas; e *d)* eleição, em conjunto com o Conselho de Segurança, dos juízes da Corte Internacional de Justiça; **II – D**: a Corte é o principal órgão judicial da ONU, substituindo a Corte Permanente de Justiça Internacional (CPJI) de 1922, que foi a primeira Corte internacional com jurisdição universal. A Corte funciona com base em seu estatuto e pelas chamadas *Regras da Corte* – espécie de código de processo. A competência da Corte é ampla. Em relação à *ratione materiae*, a Corte pode analisar todas as questões levadas até ela, como também todos os assuntos previstos na Carta da ONU ou em tratados e convenções em vigor (artigo 36, ponto 1, do Estatuto da CIJ). Já a competência *ratione personae* é mais limitada, pois a Corte só pode receber postulações de Estados, sejam ou não membros da ONU (artigo 34, ponto 1, do Estatuto da CIJ). O artigo 36, ponto 2, do Estatuto da CIJ assim dispõe sobre a cláusula facultativa de jurisdição obrigatória: "Os Estados partes no presente Estatuto poderão, em qualquer momento, declarar que reconhecem como obrigatória *ipso facto* e sem acordo especial, em relação a qualquer outro Estado que aceite a mesma obrigação, a jurisdição da Corte em todas as controvérsias de ordem jurídicas que tenham por objeto: a) a interpretação de um tratado; b) qualquer questão de Direito Internacional; c) a existência de qualquer fato que, se verificado, constituiria violação de um compromisso internacional; e d) a natureza ou a extensão da reparação devida pela ruptura de um compromisso internacional". A declaração de reconhecimento da jurisdição da Corte pode ser feita pura e simplesmente ou sob condição de reciprocidade, ou ainda por prazo determinado (artigo 36, ponto 3, do Estatuto da CIJ). Lembrando que a CIJ resolve qualquer dúvida que surgir sobre sua jurisdição (artigo 36, ponto 6, do Estatuto da CIJ). Portanto, a título conclusivo, "a Corte Internacional de Justiça não tem competência automática sobre os Estados, e estes só poderão ser obrigados à submissão da Corte se: estiver previsto em tratado de submissão de um conflito à CIJ; decisão voluntária das partes envolvidas por meio de um compromisso; aceitação de jurisdição da CIJ em processo proposto por outro Estado; declaração de submissão pela cláusula facultativa de jurisdição obrigatória."[1]. Por fim, cabe lembrar que a cláusula facultativa de jurisdição obrigatória foi elaborada pelo diplomata brasileiro Raul Fernandes. O artigo 96 da Carta da ONU prevê uma função consultiva para a Corte. Assim, qualquer organização internacional intergovernamental – especialmente os órgãos das Nações Unidas – pode requerer parecer consultivo à Corte. Percebe-se que os Estados membros não podem solicitar, diretamente, parecer consultivo à CIJ. Tal função permite à Corte ser um órgão produtor de doutrina internacional. As decisões da Corte com base em sua competência contenciosa possuem caráter obrigatório (artigo 59 do Estatuto da CIJ) e cada membro das Nações Unidas compromete-se a conformar-se com a decisão da Corte em qualquer caso em que for parte (artigo 94, ponto 1, da Carta da ONU). Cabe dizer que se uma das partes em determinado caso deixar de cumprir as obrigações que lhe incumbem em virtude de sentença proferida pela Corte, a outra terá direito de recorrer ao Conselho de Segurança, que poderá, se julgar necessário, fazer recomendações ou decidir sobre medidas a serem tomadas para o cumprimento

1. PORTELA, Paulo Henrique Gonçalves. **Direito Internacional Público e Privado**. 2.ed. Salvador: Juspodivm, 2010. p. 476-477.

da sentença (artigo 94, ponto 2, da Carta da ONU). Já os pareceres consultivos não possuem caráter vinculativo. Importante apontar, também, que a sentença da Corte é definitiva e inapelável, todavia, em caso de controvérsia quanto ao seu sentido e alcance e desde que solicitado por qualquer das partes, a Corte a interpretará (artigo 60 do Estatuto da CIJ). Por sua vez, o pedido de revisão da sentença só pode ser feito em razão de fato novo suscetível de exercer influência determinante e que, na ocasião de ser proferida a sentença, era desconhecido da Corte e também da parte que solicita a revisão, contanto que tal desconhecimento não tenha sido devido à negligência (artigo 61, ponto 1, do Estatuto da CIJ). A Corte é composta de 15 juízes eleitos de três em três anos para um período de nove anos e com a possibilidade de reeleição. Mas não é possível que seja eleito mais de um juiz da mesma nacionalidade. Em relação às qualificações necessárias para ser eleito, cabe reproduzirmos o artigo 2º do Estatuto: "a Corte será composta de um corpo de juízes independentes, eleitos sem atenção à sua nacionalidade, entre pessoas que gozem de alta consideração moral e possuam as condições exigidas em seus respectivos países para o desempenho das mais altas funções judiciárias, ou que sejam jurisconsultos de reconhecida competência em direito internacional". Por fim, o artigo 31, ponto 1, do Estatuto da CIJ dispõe que "os juízes da mesma nacionalidade de qualquer das partes conservam o direito de funcionar numa questão julgada pela Corte" e o ponto 3 do referido artigo prossegue: "se a Corte não incluir entre os seus membros nenhum juiz de nacionalidade das partes, cada uma destas poderá proceder à escolha de um juiz". Assim, perante um caso prático, o Estado envolvido que não tenha juiz da mesma nacionalidade na Corte poderá indicar um juiz de sua nacionalidade para participar do julgamento; **III – B**: o Conselho Econômico e Social é composto de 54 membros das Nações Unidas, eleitos para um período de três anos; a reeleição é permitida. Por último, a deliberação toma corpo pela maioria dos membros presentes e votantes. Algumas de suas funções são: *a)* realizar estudos e apresentar relatórios sobre assuntos internacionais de caráter econômico, social, cultural, educacional etc.; *b)* confeccionar recomendações à Assembleia Geral, aos membros das Nações Unidas e às entidades especializadas interessadas; *c)* promover a cultura de respeito e implementar os direitos humanos; *d)* convocar conferências sobre os assuntos de seu interesse; **IV – A**: o Conselho de Tutela foi criado para controlar o exercício da tutela sobre territórios não autônomos. Esse Conselho sucedeu à Comissão de Mandatos da SDN. Após a independência de Palau (último território sob tutela), em 1º de novembro de 1994, sua atividade foi suspensa, embora continue a existir formalmente.

Gabarito "A".

13. MEDICINA LEGAL

Leni M. Soares

1. TANATOLOGIA

(Delegado/PR – 2013 – UEL-COPS) Leia o laudo de autópsia que demonstra as informações a seguir.

I. emperatura retal com perda de 2,5° C em relação à temperatura média do ambiente.
II. Presença de livores cadavéricos (hipóstases) em declives e em face posterior do pescoço, móveis.
III. Rigidez cadavérica em membros superiores.
IV. Ausência de gases de putrefação ou de mancha verde abdominal.

O tempo de morte médio, ocorreu, aproximadamente,

(A) em menos de 1 hora.
(B) entre 1 a 2 horas.
(C) entre 3 a 4 horas.
(D) entre 6 a 7 horas.
(E) entre 8 a 9 horas.

I. No que diz respeito à perda de calor, os principais autores de livros de Medicina Legal divergem. Para Delton Croce (**Manual de Medicina Legal**, 7. ed São Paulo: Saraiva, p. 468), o resfriamento do corpo nas primeiras três horas se dá em 0,5° C, e, depois disso, a perda de temperatura passa a ser de 1° C por hora. Segundo esse entendimento, o tempo médio da morte seria de 5 horas (alternativa não contemplada na questão). Por sua vez, Flamínio Favero (**Medicina Legal: introdução ao estuda da medicina legal**, 11. ed. vol. 1, p. 544), o resfriamento cadavérico se dá na proporção de 1,5° C por hora, ficando a temperatura indicada na questão na faixa de 2 horas. Assim, apenas com essa característica, não seria possível indicar o momento da morte, que deverá ser analisado em conjunto com as demais características propostas. **II**. Os livores cadavéricos, também conhecidos como manchas de hipóstase, começam a surgir após 2 a 3 horas da morte; **III**. A rigidez cadavérica, por seu turno, tem início aproximadamente depois de 3 horas do óbito, podendo seu surgimento ocorrer até a quinta hora *post mortem*. Inicialmente instala-se nos membros superiores. **IV**. A mancha verde abdominal aparece no início da putrefação cadavérica, que pode se dar a partir da 18ª hora após a morte, já a fase gasosa se dá entre o 2° e o 7° dia de putrefação. Sendo assim, a assertiva indica que o cadáver ainda não tinha sido atingido pelos fenômenos transformativos destrutivos. Realizando a análise conjunta das assertivas, verifica-se que a que mais se aproxima de todas as características elencadas é aquela que indica que a morte deve ter ocorrido entre 3 e 4 horas. Portanto, a alternativa "C" é a correta.

Gabarito "C"

(Delegado/PR – 2013 – UEL-COPS) Leia a manchete a seguir.

(Disponível em: <http://www.maispb.com.br/artigo.php?id_ artigo=20110728103229>. Acesso em: 25 mar. 2013.)

Não é incomum que em alguns casos ocorram equívocos em relação ao atestado de óbito, como nessa notícia. O Art. 162 do Código de Processo Penal Brasileiro (CPPB) diz que "A autópsia será feita pelo menos seis horas depois do óbito, salvo se os peritos, pela evidência dos sinais de morte, julgarem que possa ser feita antes daquele prazo, o que declararão no auto (...)".

Quanto aos sinais de certeza de morte que autorizam o médico legista a iniciar a autópsia antes de seis horas, assinale a alternativa correta.

(A) Os sinais de morte se dividem em fenômenos abióticos e consecutivos. A presença de qualquer sinal abiótico já é compatível com a realidade de morte e autoriza o início da autópsia.
(B) São considerados como sinais de certeza de morte aqueles chamados de abióticos consecutivos e que, quando presentes, autorizam a antecipação da autópsia.
(C) O médico legista só está autorizado a realizar a autópsia antes de seis horas, caso já se encontrem sinais transformativos como a mancha verde abdominal ou rigidez cadavérica.
(D) São sinais de certeza de morte, autorizadores de antecipação de autópsia, a presença de abolição do tônus muscular, presença de midríase e perda de consciência.
(E) É necessária a presença de todos os sinais abióticos consecutivos como rigidez cadavérica, desidratação cadavérica, esfriamento cadavérico e manchas de hipóstases para a realização da autópsia.

A: Incorreta. O diagnóstico de morte está relacionado aos fenômenos abióticos identificados no cadáver. Eles podem ser imediatos ou consecutivos. Os imediatos são capazes apenas de indicar o óbito, mas não de atestá-lo. A certeza da morte pode ser constatada por meio de alguns fenômenos abióticos consecutivos, exceto pelo resfriamento cadavérico. Sendo assim, a autópsia só poderá ser iniciada com a existência de outros sinais abióticos consecutivos; **B**: Correta. Os fenômenos abióticos consecutivos que autorizam a iniciação da autópsia são manchas de hipóstase ou livores cadavéricos, rigidez cadavérica; dessecamento do cadáver ou sua desidratação; **C**: Incorreta. A mancha verde abdominal constitui uma das etapas de putrefação do cadáver, que caracteriza um fenômeno transformativo destrutivo. E, estando, portanto autorizado o início da autopsia; **D**: Incorreta. A perda do tônus muscular, assim como a perda de consciência são fenômenos abióticos imediatos e, portanto, não são capazes de trazer a certeza da morte, não autorizando, dessa forma, a autópsia, assim como a midríase (dilatação anormal da pupila) não autoriza o início da autópsia; **E**: Incorreta. Não é necessária a instalação de todos os sinais abióticos consecutivos para a realização da autópsia.

Gabarito "B"

(Delegado/PR – 2013 – UEL-COPS) As asfixias são modalidades de morte derivadas de energias físico-químicas. Entre elas são frequentes as modalidades de constrição do pescoço. Em relação às diferenças entre enforcamento, esganadura e estrangulamento, considere as afirmativas a seguir.

I. A esganadura ocorre por laço tracionado ou por parte do corpo que atua de forma similar a um laço (gravata, chave de braço, golpes de jiu jitsu), desde que a força empregada não seja o peso da vítima.
II. O estrangulamento ocorre através da interrupção da passagem do ar atmosférico pelas vias aéreas e é causado diretamente pela mão do agente, não havendo forma homicida ou incidental da mesma.
III. É possível do ponto de vista pericial em medicina legal a distinção entre estrangulamento e enforcamento, através da análise das características dos sulcos imprimidos no pescoço da vítima.
IV. O enforcamento ocorre por um laço cuja extremidade se acha fixa a um ponto dado, agindo o próprio peso do indivíduo como força viva.

Assinale a alternativa correta.

(A) Somente as afirmativas I e II são corretas.
(B) Somente as afirmativas I e IV são corretas.
(C) Somente as afirmativas III e IV são corretas.
(D) Somente as afirmativas I, II e III são corretas.
(E) Somente as afirmativas II, III e IV são corretas.

I – Incorreta. Esta é a definição de estrangulamento; **II** – Incorreta. Definição de esganadura; **III** – Correta. As diferenças existentes entre os sulcos estão no fato de que, no enforcamento, ele surge de formato oblíquo enquanto que, no estrangulamento assume forma horizontal. Além disso, no primeiro, ele é único, enquanto que no estrangulamento, é plural e uniforme, e mostra-se contínuo. Por sua vez, no enforcamento, ele apresenta interrupções; **IV** – Correta. O enforcamento é causado pelo aperto do pescoço da vítima por meio da tração de próprio corpo provocada pela força de seu peso. Portanto, apenas as proposições III e IV estão corretas.

Gabarito "C"

(Delegado/RJ – 2013 – FUNCAB) Nas necropsias, em casos de morte por asfixias em geral, na ausência de lesões externas específicas, o perito deverá basear o seu diagnóstico no achado de um conjunto de sinais internos, que estarão descritos no corpo do laudo cadavérico. A autoridade policial, ao ler o laudo pericial, irá observar a presença constante de:

(A)edema cerebral, petéquias pulmonares e sangue coagulado.
(B)fluidez do sangue, congestão e equimoses viscerais.
(C)desidratação corporal e hemorragia visceral.
(D)edema pulmonar, distensão intestinal e congestão vascular.
(E)encontro de espuma e de corpos estranhos nas vias respiratórias.

Os sinais externos das asfixias são: cianose da face, espuma pela boca, projeção da língua para fora da arcada dentária, e apresentando cor escura, equimoses externas, livor cadavérico e resfriamento lento. Enquanto que os sinais internos, mais relevantes para a caracterização das asfixias são: fluidez e escurecimento sanguíneos, manchas de Tardieu e equimoses viscerais e congestão polivisceral.

Gabarito "B"

(Delegado/RJ – 2013 – FUNCAB) Para a verificação do tempo aproximado de morte em um cadáver parcialmente esqueletizado, torna-se dispensável:

(A) o conhecimento de dados relacionados com o lugar de encontro do corpo, se aberto ou fechado, e o tipo de sepultamento.
(B) o estudo do corpo e do local por entomologista.
(C) a informação sobre a época do ano e as condições climáticas.
(D) a dosagem de carbono 14 nos despojos.
(E) a ciência da causa da morte, se violenta ou natural.

A, B, C e E: O período de esqueletização do cadáver é aquele em que os resíduos e ligamentos ainda restantes são destruídos pela ação do meio ambiente e de sua própria fauna, deixando os ossos expostos e soltos dos ligamentos. Assim pode-se afirmar que tanto a determinação do lugar de encontro do corpo, como o seu estudo, além da época do ano e condições climáticas e, por fim, a causa da morte são características capazes de tornar possível a verificação da data aproximada do óbito. **D**: A dosagem do carbono 14 não interfere nessa definição.

Gabarito "D"

(Delegado/RO – 2014 – FUNCAB) Um indivíduo civil pulou o muro de um quartel do Exército por volta das 2h00min razão por que foi detido para averiguações. Durante a troca matutina da guarda, às 7h00min do mesmo dia, ele foi encontrado morto, no interior da cela, parcialmente suspenso pelo pescoço, na grade da porta, por uma tira de lona retirada do colchão, amarrada com nó fixo em volta única. Instaurou-se, então, um inquérito Policial Militar para apurar a causa e as circunstâncias dessa morte. A necropsia constatou livores de hipóstase da cintura para baixo, sulco único cervical, de disposição oblíqua e ascendente, com fundo pergaminhado, de profundidade desigual e interrupção ao nível da nuca, associado à ausência de lesões internas no pescoço e sinais gerais de asfixia. Com base na prova técnica elaborada pelo perito legista, assinale a opção que apresenta a melhor hipótese para o caso acima descrito.

(A) Estrangulamento típico.
(B) Enforcamento completo atípico.
(C) Enforcamento incompleto típico.
(D) Sufocação por esganadura.
(E) Estrangulamento atípico.

A e **E**: Incorretas. O estrangulamento é provocado pelo aperto do pescoço por um braço mecânico, que é acionado por um peso diferente do próprio corpo da vítima; **B**: Incorreta: No enforcamento completo, o corpo não mantém contato com o solo, fica totalmente suspenso; **C**: Correta. Na morte por enforcamento os sulcos se caracterizam, em regra, por apresentarem formato oblíquo, descontínuo, com interrupção nas proximidades do nó, além de terem profundidade desigual. No chamado enforcamento típico, o nó da corda está localizado na região posterior do pescoço, enquanto que nos atípicos, pode se localizar na lateral ou região anterior. Quanto ao processo pode se dar de forma completa ou incompleta. Na primeira, ocorre a suspensão completa do corpo, enquanto que, na segunda, o corpo permanece encostado no solo. Dessa forma, pode-se afirmar que a morte foi provocada por enforcamento incompleto típico. **D**: Incorreta. A asfixia por esganadura é provocada pelas próprias mãos do agente.

Gabarito "C"

(Delegado/SP – 2014 – VUNESP) Considere a situação em que um cadáver é encontrado por seus familiares em domicílio, 4 dias após a morte. Assinale a alternativa que corresponde ao fenômeno cadavérico que já se desfez, nesse período (4 dias).

(A) Gases inflamáveis derivados de ação de bactérias facultativas.
(B) Rigidez cadavérica.
(C) Cristais de Westenhöffer-Rocha-Valverde no sangue periférico.
(D) Mancha verde disseminada por todo o corpo.
(E) Livores de hipóstase.

A: Incorreta. Os gases de putrefação são formados entre o segundo e o sétimo dia após a morte, podendo esse período gasoso perdurar até um mês *post mortem;* **B**: Correta. A rigidez cadavérica pode ser verificada entre 3 e 5 horas depois do óbito, permanecendo no cadáver até a 24ª hora após sua ocorrência; **C**: Incorreta. Os cristais de Westenhöffer-Rocha-Valverde também denominados de cristais do sangue putrefato, são verificados por meio da formação de lâminas no sangue, que começam a surgir em torno do terceiro dia após o óbito, podendo essa formação de cristais perdurar até o 35º dia; **D**: Incorreta. A mancha verde é verificada inicialmente na região abdominal entre a 18ª a 24ª hora após a morte. Entre o 3º e 5º dias, vai se alastrando por todo o corpo; **E**: Incorreta. Os livores cadavéricos e hipóstases são caracterizados pela instalação da cor vermelho púrpura nas partes mais baixas do cadáver. Seu surgimento ocorre entre 2 e 3 horas após o óbito, sendo que entre a 8ª e 12ª horas se fixa no interior dos vasos capilares para não mais se alterar. Portanto, não se desfaz até o 4º dia.

Gabarito "B"

(Delegado de Polícia/GO – 2013 – UEG) Vários conceitos de morte são descritos na literatura em geral, sejam eles científicos, religiosos ou filosóficos, todos devem ser respeitados. O Direito adota o conceito científico de morte. Sobre tanatologia forense, verifica-se que

(A) a diminuição da pressão intraocular, a dessecação dos lábios e a tela viscosa ocular são fenômenos consecutivos de morte.
(B) a rigidez cadavérica é um fenômeno abiótico imediato e progride da cabeça para os pés.
(C) o conceito de morte cerebral é utilizado como critério para realização de transplante de órgãos.
(D) a putrefação é um fenômeno transformativo destrutivo que independe da ação das bactérias.

A: correta, são fenômenos consecutivos de morte a diminuição da pressão intraocular, a dessecação dos lábios e a tela viscosa ocular; **B**: Incorreta, pois a rigidez cadavérica é um fenômeno abiótico consecutivo, que se inicia na região mandibular, progredindo para pescoço, tórax e membros superiores, para somente, por último atingir os membros inferiores; **C**: Incorreta, pois exige-se a morte encefálica para a realização de transplantes de órgãos; **D**: Incorreta, pois a putrefação é causada pela ação das bactérias.

Gabarito "A"

(Delegado/AC – 2008 – CESPE) Considere-se que uma adolescente, com 13 anos de idade, foi encontrada por vizinhos, em uma dependência no fundo de sua residência, suspensa por corda de *nylon* que envolvia seu pescoço com um nó e que estava presa, na outra extremidade, no caibro do telhado. A adolescente apresentava, além do mau cheiro, mancha verde abdominal e circulação póstuma. Com base nessa situação e em seus aspectos médico-legais, julgue o item a seguir.

(1) Nessa situação, é correto afirmar que ocorreu morte por estrangulamento, provavelmente há menos de doze horas, que pode ter como causa jurídica tanto o suicídio quanto o homicídio.

1: Incorreta. Em primeiro lugar, a morte causada por asfixia mecânica em que o pescoço é constrito por um laço que tem a outra extremidade fixada a uma base e tem como força o próprio corpo da vítima se dá por enforcamento. De outro lado, no caso de aparecimento de mancha verde abdominal no cadáver, pode-se dizer que a morte ocorreu entre 18 a 24 horas. Por fim, de fato, o enforcamento pode se dar por suicídio ou homicídio ou, ainda, de forma acidental.

Gabarito 1E

(Delegado/BA – 2008 – CEFETBAHIA) O sinal mais precoce de putrefação do cadáver é uma mancha verde que aparece, primeiramente,

(A) na cabeça.
(B) no abdômen.
(C) no tórax.
(D) nas costas.
(E) nos pés.

A mancha verde abdominal surge no primeiro período da putrefação, denominado período da coloração, ela aparece inicialmente na fossa ilíaca direita entre as 20 horas após a morte até o 7º dia.

Gabarito "B"

(Delegado/BA – 2006 – CONSULPLAN) O desenho vascular conhecido como circulação póstuma de Brouardel ocorre na fase de putrefação conhecida como:

(A) período de coloração.
(B) período gasoso.
(C) período coliquativo.
(D) período de esqueletização.
(E) período de autólise.

A: Incorreta. Período cromático ou de coloração, também denominado período das manchas, é a primeira etapa da putrefação, em que o cadáver apresenta mancha verde na região abdominal, que posteriormente, vai afetando outras partes do corpo. Isso se altera nos casos de afogamento, em que a mancha inicialmente aparece na região do tórax, seguindo para a cabeça (de 20 horas após a morte até sete dias depois); **B:** Correta. Período gasoso, também denominado enfisematoso, é a etapa em que os gases produzidos pela putrefação invadem o tecido subcutâneo, provocando deformações na forma do corpo, principalmente nas regiões abdominais, mamas, genitais, entre outras (a partir da segunda semana *post mortem* até um mês); **C:** Incorreta: Coliquativo: é o terceiro período, também conhecido como período em que se dá a redução dos tecidos (após o 1º mês até aproximadamente 3 anos); **D:** Incorreta. A esqueletização dá-se no momento em que o cadáver mantém apenas as partes ósseas, sendo uma das etapas da fase coliquativa; **E:** Incorreta. O período de autólise é aquele em que o organismo deixa de exercer os fenômenos vitais, em razão da alteração do PH do organismo, que passa de neutro para ácido.

Gabarito "B"

(Delegado/BA – 2006 – CONSULPLAN) Assinale a alternativa correta:

(A) No soterramento, a vítima está enclausurada em espaço fechado, sem renovação do oxigênio.
(B) Um recém-nato que foi encerrado em uma mala sofreu asfixia do tipo confinamento.
(C) O soterramento é muito comum nos homicídios dolosos.
(D) No confinamento a vítima está com oclusão das vias aéreas por estar mergulhada em meio sólido.
(E) No confinamento é comum a presença de substâncias estranhas no estômago.

A e **C:** o soterramento ocorre com a obstrução das vias respiratórias em razão de a vítima se encontrar aterrada ou coberta por pó; B, D e **E:** o confinamento ocorre nos casos em que a vítima é mantida em ambientes fechados e pequenos, sem que ocorra a troca de ar.

Gabarito "B"

(Delegado/GO – 2009 – UEG) Verificou-se em um cadáver os seguintes fenômenos: rigidez generalizada, esboço de mancha verde abdominal, reforço da fragmentação venosa e desaparecimento das artérias do fundo de olho. Com base apenas nessas observações e desconsiderando outros fatores ambientais, a morte teria ocorrido

(A) de 2 a 4 horas.
(B) mais de 8 e menos de 16 horas.
(C) mais de 16 e menos de 24 horas.
(D) de 48 a 72 horas.

O aparecimento de mancha verde abdominal no cadáver dá-se entre 16 a 24 horas após a morte, e a rigidez cadavérica completa depois de 8 horas. Desse modo, se um cadáver apresentar os dois sinais, seguramente, a morte terá ocorrido entre 16 e 24 horas.

Gabarito "C"

(Delegado/GO – 2009 – UEG) São sinais macroscópicos observados em um cadáver sugestivos de que as lesões foram produzidas depois da morte:

(A) ausência de infiltrações hemorrágicas nos tecidos moles.
(B) escoriações com desnudamento de derme e formação de crosta.
(C) ferimentos com bordas afastadas.
(D) presença de tonalidades das equimoses.

A: Correta. A ausência de infiltrações hemorrágicas nos tecidos moles ocorre *post mortem*. **B**, **C**, **D**, **E**: Incorretas. Os sinais descritos nestas alternativas decorrem de lesões causadas ainda em vida.

Gabarito "A"

(Delegado/MA – 2006 – FCC) Analise os seguintes itens.

I. Quando há parada cardíaca e cessação de todos os sinais vitais pode-se firmar o diagnóstico de morte.
II. A morte é caracterizada, nos aspectos médico-legais, quando houver morte cerebral.
III. A rigidez cadavérica é um dos sinais de comprovação de morte.

(A) A afirmativa I é correta, apenas.
(B) As afirmativas I e II são corretas, apenas.
(C) As afirmativas I e III são corretas, apenas.
(D) A afirmativa II é correta, apenas.
(E) A afirmativa III é correta, apenas.

I: Incorreta. Nessa hipótese, verifica-se a morte relativa, pois, ainda que de forma muito rara, é possível que ocorra a ressuscitação; II: Incorreta. A morte nos aspectos médico-legais pode ser constatada pela parada circulatória e respiratória não reversível, assim como pela morte cerebral e pelo aparecimento dos fenômenos abióticos; III: Correta. A rigidez cadavérica inicia-se de 3 a 5 horas após a morte.

Gabarito "E"

(Delegado/MG – 2012) Constituem fatores, que interferem na evolução da putrefação cadavérica, **exceto**:

(A) temperatura ambiente.
(B) espasmo cadavérico.
(C) idade do morto.
(D) umidade do ar.

A: Incorreta. A temperatura ambiente interfere no aparecimento da mancha abdominal, um dos primeiros sinais da putrefação; **B:** Correta. O espasmo cadavérico não é um sinal de putrefação, mas um dos aspectos da rigidez cadavérica. Por meio de uma contração muscular, o indivíduo se coloca na mesma posição do momento de sua morte; **C:** Incorreta. A idade do morto interfere na forma como a putrefação atinge o cadáver. Em um adulto, a mancha verde, indicadora da putrefação, surge inicialmente na região abdominal, em virtude da ação de micróbios no intestino grosso. Enquanto que num cadáver de um feto ou mesmo de um recém-nascido ela se verifica por todas as cavidades existentes pelo corpo; **D:** Incorreta. A umidade do ar favorece a ação dos micróbios, que provocam a putrefação.

Gabarito "B"

(Delegado/MG – 2012) Denomina-se o processo especial de transformação, que ocorre no cadáver do feto retido no útero materno, do sexto ao nono mês de gravidez:

(A) maceração.
(B) corificação.
(C) mumificação.
(D) saponificação.

A: Correta. A maceração é uma forma de destruição do cadáver ou feto com mais de cinco meses de gestação, em razão da submersão em meio líquido; **B:** Incorreta. A corificação é um fenômeno de transformação conservadora do cadáver, que ocorre nos cadáveres que permanecem em urnas metálicas, principalmente zinco. Por meio dela, a pele do cadáver adquire um aspecto de couro curtido; **C:** Incorreta. A mumificação também é um fenômeno de transformação conservadora do cadáver, por meio da qual fenômenos naturais ou artificiais, causam a desidratação do cadáver, impedindo assim a ação dos micróbios provocadores da putrefação; **D:** Incorreta. A saponificação, também chamada de adipocera, é uma transformação conservadora que se dá quando o corpo já se encontra em estado de putrefação e permaneceu sem ou com pouca aeração em solo úmido ou argiloso.

Gabarito "A"

(Delegado/MG – 2008) A presença de mancha verde abdominal na parte inferior do pescoço e, não, na fossa ilíaca direita como classicamente observamos em outras situações, é compatível com

(A) afogamento.
(B) esgorjamento.
(C) soterramento.
(D) sufocação.

Em casos de afogamento, quando o cadáver tem iniciado seu processo de putrefação, verifica-se o surgimento da mancha verde na região inferior do pescoço. Enquanto que, nos demais tipos de morte, a mancha verde é comumente verificada na região abdominal. O aspecto esverdeado, que começa na região inferior do pescoço do putrefeito afogado, é conhecido como "cabeça de negro".

Gabarito "A"

(Delegado/MG – 2008) Um cadáver de homem adulto apresenta rigidez generalizada, manchas de hipóstase fixas no dorso, ausência de mancha verde abdominal e desaparecimento das artérias do fundo de olho. Qual o provável tempo de morte em horas?

(A) Menos de duas.
(B) Mais de duas e menos de quatro.
(C) Mais de quatro e menos de seis.

(D) Mais de oito e menos de dezesseis.

A rigidez completa se dá entre 8 e 12 horas, quando a musculatura volta ao estado de flacidez.

Gabarito "D"

(Delegado/MG – 2008) Em uma autópsia, o médico-legista descreveu em seu laudo pericial o achado de "alimentos plenamente reconhecíveis em seus diversos tipos no interior do estômago". Qual o tempo aproximado, em horas, entre a última refeição realizada pela vítima e o seu falecimento?

(A) Uma a duas.
(B) Duas a quatro.
(C) Quatro a sete.
(D) Sete a doze.

Na obra Manual de Medicina Legal, Delton Croce e Delton Croce Junior descrevem que havia quem pensasse "que o estômago com repleção alimentar e fenômenos digestivos, em fase intermediária, poderia sugerir ao legisperito ter a morte ocorrido entre 1 a 2 horas após a última refeição; alimentos em fase terminal de digestão, de 4 a 7 horas, e, finalmente, havendo vacuidade gástrica, ter o óbito acontecido decorridas mais de 7 horas da última", mas esclarecem que esse tempo pode variar de acordo com alguns fatores. Assim, seguindo o entendimento, a resposta correta é a de que a morte teria se dado por volta de uma a duas horas antes.

Gabarito "A"

(Delegado/MG – 2008) O estudo de todas as fases percorridas pelo corpo humano após a morte até a fossilização, no interesse forense, é denominado

(A) esqueletização.
(B) tafonomia.
(C) tanatocronodiagnose.
(D) saponificação.

A: Incorreta. A esqueletização é o último período da putrefação; **B:** Correta. A tafonomia é o estudo do processo de transformação do cadáver desde o momento da morte até sua fossilização; **C:** Incorreta. Tanatocronodiagnose é aquela que busca definir o momento em que se deu a morte, por meio das características cadavéricas; **D:** Incorreta. Saponificação, também denominada adipocera, é um estágio que surge após avançada putrefação, em que o cadáver se apresenta em consistência mole, com coloração amarelo-escura e expelindo odor.

Gabarito "B"

(Delegado/MG – 2008) A "circulação póstuma de Brouardel" caracteriza o período

(A) cromático da putrefação.
(B) enfisematoso da putrefação.
(C) coliquativo da putrefação.
(D) liquefativo da putrefação.

A: Período cromático ou de coloração, também denominado período das manchas, é a primeira etapa da putrefação, em que o cadáver apresenta mancha verde na região abdominal, que posteriormente, vai afetando outras partes do corpo. Isso se altera nos casos de afogamento, em que a mancha inicialmente aparece na região do tórax, seguindo para a cabeça (de 20 horas após a morte até sete dias depois); **B:** Correta. Mais comumente denominado de período gasoso, enfisematoso é a etapa em que os gases produzidos pela putrefação invadem o tecido subcutâneo, provocando deformações na forma do corpo, principalmente nas regiões abdominais, mamas, genitais, entre outras (a partir da segunda semana *post mortem* até um mês); **C:** Incorreta. Coliquativo é o terceiro período, também conhecido como período em que se dá a redução dos tecidos (após o 1º mês até aproximadamente três anos); **D:** Incorreta. Liquefativo também conhecido como período coagulativo.

Gabarito "B"

(Delegado/MG – 2007) Um cadáver humano apresenta os seguintes sinais externos: pele anserina, retração do escroto e maceração da epiderme. O quadro é sugestivo de:

(A) afogamento.
(B) empalamento.
(C) vitriolagem.
(D) envenenamento.

A: Correta. Os sinais relatados caracterizam a morte por afogamento. Para esclarecer, a pele anserina, também chamada de "pele de galinha", se caracteriza, conforme define Delton Croce e Delton Croce Junior, "pela saliência dos folículos pilosos pela contração dos músculos eretores cutâneos", isto é, pelo eriçamento ("arrepio") dos pelos; a retração do escroto dá-se pela diferença de temperatura da água e do corpo, causando o choque térmico e a maceração da epiderme consistente na infiltração da água na epiderme primordialmente nas mãos e pés. Além desses sinais, outros podem ser verificados em caso de afogamento; **B:** Incorreta. O empalamento consiste na inserção de estaca na vagina, no ânus ou, até mesmo, no umbigo; **C:** Incorreta. Vitriolagem são lesões causadas por substâncias cáusticas; **D:** Incorreta. Envenenamento é causado por energia de ordem química que age diretamente nos tecidos, causando modificações no organismo de ordem psíquica, somática e/ou fisiológica.

Gabarito "A"

(Delegado/MG – 2007) A fixação definitiva da hipóstase cadavérica ocorre em torno das:

(A) Duas horas *post mortem*.
(B) Quatro horas *post mortem*.
(C) Seis horas *post mortem*.
(D) Oito horas *post mortem*.

As hipóstases se instalam definitivamente entre as 8 e 12 horas após a morte.

Gabarito "D"

(Delegado/MG – 2007) A autópsia de um homem de cinquenta anos de idade mostrou ao exame interno o seguinte: "conteúdo gástrico (estomacal) constituído por moderada quantidade de alimentos plenamente reconhecíveis em seus diversos tipos específicos". Pode-se afirmar que a última refeição antecedeu a morte em:

(A) uma a duas horas.
(B) quatro a sete horas.
(C) sete a doze horas.
(D) três a sete horas.

Na obra Manual de Medicina Legal, Delton Croce e Delton Croce Junior descrevem que havia quem pensasse "que o estômago com repleção alimentar e fenômenos digestivos, em fase intermediária, poderia sugerir ao legisperito ter a morte ocorrido entre 1 a 2 horas após a última refeição; alimentos em fase terminal de digestão, de 4 a 7 horas, e, finalmente, havendo vacuidade gástrica, ter o óbito acontecido decorridas mais de 7 horas da última", mas esclarecem que esse tempo pode variar de acordo com alguns fatores. Assim, seguindo o entendimento, a resposta correta é a de que a morte teria se dado por volta de uma a duas horas antes.

Gabarito "A"

(Delegado/MG – 2006) Qual a estimativa do tempo de morte correspondente a um cadáver com presença de mancha verde abdominal e início de flacidez?

(A) de 4 a 8 horas
(B) de 8 a 16 horas
(C) de 24 a 48 horas
(D) de 48 a 72 horas
(E) de 2 a 4 horas

A mancha verde abdominal aparece entre 18 e 24 horas após a morte, enquanto que a flacidez cadavérica dá-se entre as 36 e 48 horas, disso conclui-se que um cadáver que apresenta os sinais descritos tem como estimativa do tempo da morte entre 24 e 48 horas.

Gabarito "C"

(Delegado/PB – 2009 – CESPE) Um médico-legista, ao chegar à sala de necropsia, deparou-se com três cadáveres cuja causa da morte foi asfixia. O primeiro apresentava elementos sinaléticos que constavam de sulco único, com profundidade variável e direção oblíqua ao eixo do pescoço; no segundo, os sulcos eram duplos, de profundidade constante e transversais ao eixo do pescoço; no terceiro, em vez de sulcos, havia equimoses e escoriações nos dois lados do pescoço. Na situação acima descrita, os tipos de morte mais prováveis são, respectivamente,

(A) enforcamento, estrangulamento e esganadura.
(B) esganadura, enforcamento e estrangulamento.
(C) estrangulamento, esganadura e enforcamento.
(D) esganadura, estrangulamento e enforcamento.
(E) enforcamento, esganadura e estrangulamento.

O enforcamento é a morte causada por asfixia mecânica em que o pescoço é constrito por um laço que tem a outra extremidade fixada a uma base e tem como força o próprio corpo da vítima. Os sinais que dele decorrem são: sulco descontínuo, com profundidade variável, ficando mais evidente na região contrária ao nó do laço utilizado para a constrição do pescoço. Por sua vez, o estrangulamento é a morte causada por asfixia mecânica em que o pescoço é entrelaçado por uma corda e tem como força de acionamento uma força estranha ao próprio corpo da vítima, tem como sinais caracterizadores o sulco contínuo, com profundidade uniforme. A esganadura é a constrição do pescoço da vítima pelas próprias mãos do homicida. Dessa forma, não há sulco, mas lesões como hematomas, equimoses e escoriações.

Gabarito "A"

(Delegado/SP – 2011) No processo de putrefação do cadáver se sucedem as seguintes fases, pela ordem:

(A) gasosa, cromática, coliquativa e de esqueletização.
(B) cromática, gasosa, coliquativa e de esqueletização.
(C) cromática, coliquativa, gasosa e de esqueletização.
(D) gasosa, coliquativa, cromática e de esqueletização.
(E) coliquativa, cromática, gasosa e de esqueletização.

A fase cromática é verificada pelo aparecimento da mancha verde abdominal; a fase gasosa se dá em razão dos gases que se formam no interior do cadáver, que tem suas dimensões aumentadas; a fase coliquativa se dá com a ação bacteriana, que causa a decomposição do corpo; por fim, ocorre a esqueletização na qual são verificadas apenas as partes ósseas do cadáver.

Gabarito "B"

(Delegado/SP – 2008) Consta que, durante um terremoto, um indivíduo ficou coberto por uma espessa camada de entulhos resultantes do desabamento de um edifício, ficando apenas com o rosto descoberto, com as narinas desobstruídas. Ao exame do cadáver, constatou-se que a morte se deu por asfixia mecânica. Pode-se afirmar que ocorreu.

(A) sufocação indireta.
(B) sufocação direta.
(C) confinamento.
(D) soterramento.
(E) afogamento.

A: Correta. A sufocação indireta ocorre quando há o impedimento dos movimentos respiratórios, normalmente decorrente de compressão do tórax ou abdome; **B:** Incorreta. Sufocação direta se dá pelo fechamento dos orifícios respiratórios por meio das mãos ou objetos moles; **C:** Incorreta. Confinamento ocorre quando a vítima é mantida em ambientes fechados e pequenos, sem que ocorra a troca de ar; **D:** Incorreta. O soterramento ocorre com a obstrução das vias respiratórias em razão de a vítima se encontrar aterrada ou coberta por pó; **E:** Incorreta. Afogamento é uma espécie de asfixia mecânica provocada pela penetração de líquidos nas vias respiratórias.

Gabarito "A"

(Delegado/SP – 2003) São fenômenos abióticos consecutivos

(A) a insensibilidade, a imobilidade e a rigidez cadavéricas.
(B) a imobilidade, a rigidez e o espasmo cadavéricos.
(C) a parada circulatória, a hipóstase e o resfriamento cadavérico.
(D) o resfriamento, a dessecação e a rigidez cadavéricos.

Os fenômenos abióticos consecutivos se evidenciam pelo resfriamento progressivo do corpo, pela rigidez e espasmos cadavéricos, manchas de hipóstase e livores cadavéricos e, por fim, dessecamento.

Gabarito "D"

(Delegado/SP – 2003) Preconiza o art. 162 do CPP que "a autópsia será feita pelo menos 6 (seis) horas depois do óbito..." Tal preceito tem fundamento na Medicina Legal, pois, a contar do momento da morte,

(A) somente após 6 horas os fenômenos abióticos imediatos se completam.
(B) somente após 6 horas os fenômenos abióticos imediatos atingem a intensidade máxima.
(C) após 6 horas os fenômenos abióticos consecutivos habitualmente estão bem evidentes.
(D) ao redor de 6 horas depois, costuma aparecer a mancha verde abdominal.

Preconiza-se que a autópsia será realizada pelo menos seis horas depois da morte, porque a partir desse período é que surgem os fenômenos abióticos consecutivos, em que se pode falar de sinais de certeza de ocorrência da morte.

Gabarito "C"

(Delegado/SP – 2003) O sulco cervical típico, encontrado no cadáver de vítima de enforcamento por suspensão completa é, habitualmente,

(A) horizontal, interrompido e de profundidade desigual.
(B) oblíquo, interrompido e de profundidade desigual.
(C) horizontal, contínuo e de profundidade uniforme.
(D) oblíquo, contínuo e de profundidade uniforme.

O enforcamento é a constrição do pescoço por meio de asfixia mecânica em que a força de acionamento é o peso do próprio corpo. Caracterizam o enforcamento os seguintes sinais: sulco oblíquo, de profundidade disforme, com marca mais acentuada na parte contrária a do nó.

Gabarito "B"

(Delegado/SP – 2002) Ao examinarmos o cadáver de uma jovem verificamos: face edemaciada e cianótica, língua escura projetada além das arcadas dentárias, pequenas equimoses na face e pescoço, sulco horizontalizado, uniforme, contínuo, por baixo da cartilagem tireoide. Podemos determinar a morte por

(A) estrangulamento.
(B) enforcamento.
(C) esganadura.
(D) sufocação direta.

Os sinais descritos são característicos de estrangulamento, no qual podem ser visualizados o sulco transversal e horizontal, continuado, com profundidade uniforme, podendo, em algumas vezes, ser duplo.

Gabarito "A"

(Delegado/SP – 2002) A manifestação de um fenômeno transformativo destrutivo pode se verificar pela

(A) coagulação sanguínea.
(B) mancha hipóstase.
(C) circulação póstuma de Brouardel.
(D) Lei de Nysten.

Os fenômenos de coagulação sanguínea, mancha de hipóstase e Lei de Nysten, que se refere à rigidez cadavérica, são fenômenos abióticos consecutivos, que surgem depois de algum tempo da morte. São indicadores da certeza da morte. No entanto, no momento do surgimento desses ainda não se verifica a presença dos fenômenos transformativos destrutivos. Enquanto que a circulação póstuma de Brouardel é verificada na fase gasosa da putrefação (quando os fenômenos transformativos destrutivos já estão em andamento), em que o sangue se desloca para as periferias do corpo, formando na pele desenhos.

Gabarito "C"

(Delegado/SP – 2000) A necropsia médico-legal, conforme preceitua o Código de Processo Penal, pode ser realizada, do momento da constatação do óbito da vítima

(A) a qualquer hora, pois já se constatou a morte.
(B) apenas 2 horas após, quando aparecem os últimos fenômenos abióticos imediatos.
(C) apenas 6 horas após, quando fenômenos abióticos consecutivos estão bem evidentes.
(D) apenas 12 horas após, quando o início da putrefação já é evidente.

O art. 162 do CPP preconiza que a autópsia será feita pelo menos seis horas depois do óbito, justamente porque é momento em que os sinais abióticos consecutivos, que dão certeza da morte, estão bem evidentes.

Gabarito "C"

(Delegado/SP – 2000) A câmara de mina de Hoffmann

(A) já pode ser notada ao exame externo do cadáver.
(B) só pode ser observada ao exame de ossos do crânio.
(C) só pode ser observada ao exame interno do cadáver.
(D) só pode ser observada ao exame por raio X.

A câmara de mina de Hoffman é observada nos casos de disparos à queima-roupa, consistindo em um halo de tatuagem, que pode ser visto ao exame externo porque as bordas do ferimento ficam voltadas para o lado externo.

Gabarito "A"

(Delegado/SP – 1999) A pele anserina, observada com frequência em cadáveres de afogados, é caracterizada pelo

(A) enrugamento da pele.
(B) descolamento da epiderme.
(C) maceração da pele.
(D) ereção de pelos.

A pele anserina também é conhecida como "pele de galinha", que fica com essa característica pela contração dos músculos eretores da epiderme, causando o eriçamento dos pelos.

Gabarito "D"

(Delegado/SP – 1999) Em acidentes por choque elétrico, a vítima pode morrer por asfixia, devido à contração tetânica dos músculos torácicos, que realizam os movimentos respiratórios. A asfixia, no caso, é provocada por

(A) confinamento.
(B) constrição das vias aéreas.
(C) sufocação direta.
(D) sufocação indireta.

A: Incorreta. Confinamento dá-se nos casos em que a vítima é mantida isolada em lugar fechado, sem que exista a entrada de oxigênio, razão que faz com que a vítima morra asfixiada; **B:** Incorreta. Constrição das vias respiratórias é a compressão; **C:** Incorreta. Sufocação direta é a asfixia mecânica em que as vias e os orifícios respiratórios são obstruídos; **D:** Correta. A sufocação indireta ocorre nas hipóteses em que o tórax é comprimido, impedindo a realização dos movimentos respiratórios.
Gabarito "D"

(Delegado/SP – 1999) O cadáver aumenta consideravelmente de volume, exala um cheiro repugnante e intenso, sua língua exterioriza, e o feto morto, até então encerrado dentro útero, é eliminado através da vagina. Tais fenômenos associados ocorrem em relação às fases da putrefação na

(A) primeira.
(B) segunda.
(C) terceira.
(D) quarta.

A: Incorreta. Na primeira fase da putrefação, chamada de período de coloração, verifica-se o surgimento da mancha verde abdominal na fossa ilíaca direita, que, na sequência, se espalha pelo abdome inteiro e depois para todo o corpo; **B:** Correta. A segunda etapa da putrefação do cadáver é chamada fase gasosa, na qual são formados gases no interior do cadáver, causando o aumento de seu volume, inclusive com a formação de bolhas. **C:** Incorreta. Na terceira fase, denominada período coliquativo, em que os tecidos moles do cadáver são dissolvidos pela ação das bactérias; **D:** Incorreta. Na quarta etapa, a da esqueletização, o cadáver está composto apenas das partes ósseas, dentes e cabelos.
Gabarito "B"

(Delegado/SP – 1998) Um cadáver enterrado em solo quente, seco e arejado tem grande probabilidade de transformar-se em

(A) cadáver adiposérico.
(B) cadáver gelatinoso.
(C) cadáver mumificado.
(D) cadáver saponificado.

O cadáver mantido em ambiente quente, seco e arejado sofre a desidratação, que, por sua vez, impede a ação das bactérias causadoras da putrefação, assumindo assim um aspecto enrijecido, em que são mantidos apenas os dentes, cabelos e unhas.
Gabarito "C"

2. DACTILOSCOPIA

(Delegado de Polícia/GO – 2013 – UEG) No local do crime, os peritos arrecadaram um desenho digital que apresentava um delta à esquerda. Pelo sistema de Vucetich, este desenho é classificado como

(A)presilha interna
(B)verticilo
(C)presilha externa
(D)arco

A: Incorreta, pois a presilha interna apresenta delta à direita; **B**: Incorreta, pois o verticilo apresenta dois deltas, razão pela qual também é chamado de bidelta; **C**: Correta, pois a presilha externa apresenta um delta à esquerda; **D**: Incorreta, pois o arco não apresenta delta.
Gabarito "C"

(Delegado de Polícia/GO – 2013 – UEG) A Genética Forense é uma ciência que cada vez mais tem auxiliado o direito na identificação de pessoas, investigação de paternidade e elucidação de crimes. De acordo com esta ciência, tem-se o seguinte:

(A) o DNA mitocondrial, por ser muito sensível, não tem utilidade em grandes desastres.
(B) o DNA dos gêmeos idênticos determina a formação da mesma impressão digital.
(C) o DNA mitocondrial é encontrado no núcleo das células.
(D) o DNA mitocondrial é proveniente do material genético da mãe.

A: Incorrreta, pois o DNA mitocondrial ou DNAmt tem grande utilidade em casos de acidente, justamente por ser mais resistente; **B**: Incorreta, pois mesmo em gêmeos idênticos a impressão digital é diferente. **C**: Incorreta, pois o DNAmt é encontrado no citoplasma, mais especificamente nas mitocôndrias, como o próprio nos indica; **D**: Correta.
Gabarito "D"

(Delegado/BA – 2006 – CONSULPLAN) A impressão digital que apresenta dois Deltas é:

(A) presilha externa.
(B) presilha interna.
(C) verticilo.
(D) atípica.
(E) arco.

A: Incorreta. A presilha externa apresenta um delta à esquerda; **B:** Incorreta. A presilha interna apresenta delta à direita; **C:** Correta. O verticilo apresenta dois deltas, razão pela qual também é chamado de bidelta; **D:** Incorreta. A atípica é aquela que não apresenta nenhuma das características descritas nas outras alternativas; **E:** Incorreta. O arco não apresenta delta.
Gabarito "C"

(Delegado/CE – 2006 – CEV/UECE) No Sistema Dactiloscópico de Vucetich, a presença de dois deltas e um núcleo central numa impressão digital caracteriza o seguinte tipo fundamental:

(A) arco.
(B) presilha externa.
(C) verticilo.
(D) presilha interna.

A: Incorreta. O arco não apresenta delta; **B:** Incorreta. A presilha externa apresenta um delta à esquerda; **C:** Correta. Verticilo apresenta dois deltas, razão pela qual também é chamado de bidelta; **D:** Incorreta. Presilha interna apresenta delta à direita de quem observa.
Gabarito "C"

(Delegado/SP – 2008) Um indivíduo portador da rara Síndrome de Nagali (defeito genético consistente na ausência de impressões digitais nos dedos das mãos) que possua documento de identidade oficial e esteja envolvido com organização criminosa e roubo de cargas

(A) não poderá ser identificado criminalmente por absoluta impropriedade do objeto.
(B) não poderá ser identificado criminalmente por expressa vedação constitucional.
(C) poderá ser identificado criminalmente pelas impressões plantares ou por outro meio.
(D) poderá ser identificado criminalmente pelo arco senil.
(E) poderá ser identificado criminalmente pelo sinal de Bernt.

As pessoas acometidas pela Síndrome de Naegeli-Franceschetti-Jodassohn, que são desprovidas de impressões digitais, podem ser identificadas por qualquer outro meio biométrico que não o dactiloscópico.
Gabarito "C"

(Delegado/SP – 2008) Um perito acusou, no laudo, haver impressão digital latente. Deve-se entender, então, que

(A) havia suspeita da presença de impressão digital, mas não foi possível colhê-la, mesmo com técnica especializada.
(B) faltou a impressão digital padrão para comparar com a desconhecida.
(C) a impressão digital estava no local praticamente inacessível.
(D) a impressão só se tornou visível após emprego de técnica especializada.
(E) a impressão digital foi removida deliberadamente.

A impressão digital que necessita de técnica especializada para visualização é chamada de latente ou de invisível.
Gabarito "D"

3. EMBRIAGUEZ E ALCOOLISMO

(Delegado/AC – 2008 – CESPE) Considere-se que uma adolescente, com 13 anos de idade, foi encontrada por vizinhos, em uma dependência no fundo de sua residência, suspensa por corda de *nylon* que envolvia seu pescoço com um nó e que estava presa, na outra extremidade, no caibro do telhado. A adolescente apresentava, além do mau cheiro, mancha verde abdominal e circulação póstuma. Com base nessa situação e em seus aspectos médico-legais, julgue os item a seguir.

(1) Caso o exame de alcoolemia da adolescente evidencie níveis de 2 decigramas de álcool por litro de sangue, é correto concluir que ela estava embriagada no momento da morte.

1: Incorreta. Nos termos do art. 306 do CTB, a concentração de álcool por litro de sangue igual ou superior a 6 (seis) decigramas é que caracteriza a embriaguez.

Gabarito 1E

(Delegado/BA – 2006 – CONSULPLAN) No exame neuroclínico da embriaguez, ao solicitar que o paciente ou periciando ande sobre uma linha, estamos avaliando o equilíbrio dinâmico. Quando fazemos com que se submeta à manobra de Romberg, estamos avaliando o equilíbrio:

(A) encefálico.
(B) apático.
(C) estático.
(D) corporal.
(E) fenocromial.

A manobra de Romberg consiste em fazer o examinando permanecer com os pés juntos e de olhos fechados por 10 segundos, considerando-se anormal aquele que não consegue se manter estático, porque, com a falta da visão, será afetada a coordenação dos movimentos. Outros fatores que podem causar a ataxia estatística é ser o examinando portador de labirintite ou doença na coluna cervical.

Gabarito "C"

(Delegado/BA – 2006 – CONSULPLAN) Podemos grosseiramente dividir a embriaguez conforme o comportamento dos indivíduos durante a ingestão de álcool em: fase do leão, fase do macaco e fase do porco. Qual dessas fases apresenta uma maior frequência de acidentes de veículos?

(A) Porco.
(B) Não há relação entre as fases e os acidentes.
(C) Leão.
(D) Todas as fases têm a mesma frequência de acidentes.
(E) Macaco.

A: Incorreta. Na fase do porco, também chamada de fase comatosa, superaguda ou siderativa, o indivíduo embriagado tem sono intenso, não conseguindo se manter em pé, motivo que o impossibilita até mesmo em dar partida em um veículo; **C:** Correta. A fase do leão, conhecida como fase da confusão, é aquela em que o ébrio apresenta agressividade, sentimento que comumente é causador de acidentes automobilísticos; **E:** Incorreta. Na fase do macaco, também denominada fase da excitação, o indivíduo mantém a sua coordenação motora e a atividade mental. Contudo, demonstra uma agitação, uma euforia; **B** e **D:** Incorretas. O grau de interferência do álcool no organismo provoca comportamentos e sintomas que afetam diretamente a atenção, a coordenação o motorista embriagado. Desse modo, pode-se dizer que, de acordo com a fase da embriaguez, haverá uma maior ou menor frequência de acidentes.

Gabarito "C"

(Delegado/MG – 2008) Considerando as etapas clínicas da embriaguez alcoólica, qual delas é denominada "fase médico-legal"?

(A) Confusão.
(B) Comatosa.
(C) Excitação.
(D) Sono.

A: Correta. Confusão, que é a segunda fase da embriaguez, é o momento em que o agente passa a apresentar periculosidade, demonstrando agressividade e insolência; **B:** Incorreta. Comatosa, também denominada embriaguez de sono, é a terceira fase da embriaguez, quando se dá a embriaguez completa, em que o ébrio é acometido de sono profundo; **C:** Incorreta. A embriaguez de excitação é o primeiro período em que a pessoa mostra-se em estado de inquietude; **D:** Incorreta. O sono é uma característica da fase comatosa, explicada no item "B".

Gabarito "A"

(Delegado/PB – 2009 – CESPE) Um jovem religioso, fervoroso e abstêmio, durante uma comemoração de casamento, ingeriu aguardente. Transtornado e embriagado, agrediu sua companheira com golpes de faca, completamente descontrolado. A situação acima descreve um exemplo de embriaguez

(A) por força maior.
(B) dolosa.
(C) preterdolosa.
(D) proveniente de caso fortuito.
(E) acidental.

A: Incorreta. A embriaguez por força maior é aquela que se dá de forma acidental, ou seja, o indivíduo é forçado a ingerir a bebida alcoólica. Se for completa, isenta o agente de pena (art. 28, § 1º, do CP); se incompleta, mas deixando o agente sem possuir, ao tempo da ação ou da omissão, a plena capacidade de entender o caráter ilícito do fato ou de determinar-se de acordo com esse entendimento, a pena poderá ser reduzida de 1/3 a 2/3. **B:** Incorreta. A embriaguez dolosa é a voluntária, em que o indivíduo se embriaga intencionalmente para se encorajar para cometer um crime; **C:** Incorreta. Diz-se que a conduta é preterdolosa nos casos em que o agente, mesmo sabendo dos riscos de sua ação, os assume, causando determinado resultado criminoso; **D:** Correta. A embriaguez proveniente de caso fortuito é acidental, é aquela em que o indivíduo não faz ideia dos efeitos que serão causados pela bebida alcoólica. Dessa maneira, poderá ser beneficiado com o previsto no art. 28, §§ 1º e 2º, do CP; **E:** Incorreta. Acidental é a embriaguez que pode se dar por caso fortuito ou por força maior.

Gabarito "D"

(Delegado/SP – 2003) A embriaguez patológica se caracteriza pela

(A) dependência física ao álcool por uso imoderado e frequente.
(B) desproporção entre a intensidade da embriaguez e a quantidade de álcool ingerida.
(C) grande tolerância ao álcool por uso habitual.
(D) ocorrência de demência por embriaguez crônica.

A: Incorreta. A alternativa descreve o chamado alcoolismo crônico; **B:** Correta. A embriaguez patológica, normalmente, acomete pessoas descendentes de alcoólatras, indivíduos com predisposição ou com personalidade psicopata. Esses indivíduos apresentam, comumente, características agressivas ou violentas, excitomotoras, convulsivas ou delirantes. E, ainda que a ingestão da bebida alcoólica tenha se dado em pequena quantidade, haverá alteração do comportamento do indivíduo; **C:** Incorreta. Alcoolismo crônico; **D:** Incorreta. A demência alcoólica surge, normalmente, nos estágios mais avançados do alcoolismo crônico.

Gabarito "B"

(Delegado/SP – 1999) Alucinações visuais e tácteis constituídas basicamente da percepção de animais minúsculos em movimento são características

(A) do *delirium tremens* do alcoolismo crônico.
(B) da alucinose alcoólica.
(C) da intoxicação pela amida do ácido lisérgico.
(D) da intoxicação pelo haxixe.

A: Correta. O *delirium tremens*, também denominado de delírio alcoólico, é a fase em que as alucinações são intensificadas, além do indivíduo apresentar forte irritação, agitação e insônia; **B:** Incorreta. Alucinose alcoólica é aquela em que predominam as alucinações auditivas; **C:** Incorreta. Ácido lisérgico é o LSD, droga que causa alucinações no usuário, que imagina ter seu espírito exteriorizado do corpo; **D:** Incorreta. Haxixe causa alucinações no usuário que imagina estar flutuando, pois tem sensação de leveza extrema no corpo.

Gabarito "A"

4. SEXOLOGIA

(Delegado/PR – 2013 – UEL-COPS) Esclareça-se inicialmente que os termos abortamento e aborto, embora intrinsecamente relacionados, não são sinônimos. Abortamento é o ato de abortar e aborto é o produto expelido. Ressalte-se ainda que esse conceito, em Medicina Legal, difere do da Obstetrícia. Conceitua-se como abortamento, em obstetrícia, a interrupção da gravidez com idade igual ou inferior a 20-22 semanas completas, levando-se em conta, respectivamente, a data da última menstruação ou da ovulação da mulher. Quando não for possível estabelecer com precisão a idade da gestação, considerar-se-ão aborto os produtos de concepção que pesarem 500 g ou menos. Já a definição médico-legal do aborto consiste em interrupção criminosa da gestação, não importando a idade em que isso venha a ocorrer.

Quanto ao tema do aborto sob a ótica médico-legal, assinale a alternativa correta.

(A) Para a comprovação do aborto, não é necessário que a perícia médica demonstre a presença de gestação prévia da mãe, bastando o exame dos restos fetais ou ovulares e a verificação de que houve um parto de um nativivo.
(B) O aborto sentimental ou piedoso ocorre em casos de risco de vida iminente para a mãe em que a única modalidade terapêutica é a interrupção da gestação.

(C) A perícia de constatação de aborto deve ser realizada em fetos enviados ao IML e consiste em autópsia para avaliar a causa de morte fetal.

(D) No caso de aborto terapêutico, é permitido ao médico realizá-lo mesmo sem o consentimento da mãe, bastando que outro médico concorde que é a única modalidade terapêutica possível para salvar a vida da gestante.

(E) O exame fetal é parte importante da comprovação da materialidade do crime de aborto, pois é através dele que se verificam os elementos comprobatórios de gestação como a docimasia de Galeno.

A: Incorreta. As perícias a serem realizadas para a constatação de aborto criminoso ou a exclusão desse crime englobam a constatação do estado gravídico da suposta vítima. Também deverá ser constatado se o aborto se deu de forma espontânea ou foi provocado. Deverá ser identificado o elemento causador, além do exame no feto para análise de existência de lesões antes ou depois da morte; **B**: Incorreta. O aborto sentimental ou piedoso é aquele praticado em razão de a gravidez ter sido ocasionada por estupro; **C**: Incorreta. Não é feita autopsia no feto, mas a realização de exames nos restos fetais; **D**: Correta. A realização do aborto terapêutico é justificada pelo estado de necessidade, por estar a gestante submetida a perigo de morte e que este esteja diretamente relacionado ao seu estado gravídico, além de ser a cessação da gestação a única possibilidade de se exterminar o risco causado à sua saúde. Para tanto, constatado o estado de necessidade, o médico poderá realizar o aborto até mesmo sem o consentimento da gestante, recomendando-se apenas que solicite a opinião de outro médico para efetivar a decisão; **E**: Incorreta. A docimasia de Galeno tem como principal atribuição a comprovação da existência de respiração e, portanto, de vida extrauterina e não comprovação de gestação.

Gabarito "D"

(Delegado/RJ – 2013 – FUNCAB) Na perícia de conjunção carnal, a maioria das lesões encontradas nas vítimas de crimes sexuais é de caráter inespecífico, o que torna necessária a realização de métodos complementares para a elucidação dos vestígios, entre os quais NÃO se inclui:

(A) pesquisa direta de espermatozoides.

(B) dosagem de fosfatase ácida prostática.

(C) pesquisa de antígeno prostático específico.

(D) exame de confronto genético.

(E) dosagem de prostaglandina F2-alfa.

A prostaglandina F2-alfa é utilizada para induzir contrações uterinas. Pode também ser usada em bovinos para provocar o cio nos animais e facilitar a inseminação artificial, mas não é utilizada como meio de apuração de vestígios deixados nas vítimas de crimes sexuais.

Gabarito "E"

(Delegado/SP – 2014 – VUNESP) Mulher de 23 anos de idade, sexualmente ativa, procura serviço médico devido a fortes e lancinantes dores abdomino-pélvicas há 1 hora. O exame clínico, associado a exames laboratoriais e de imagem, revela gestação ectópica com embrião fixado e viável em tuba uterina esquerda. A paciente evade-se do local e 3 meses após retorna, agora com franco quadro de hemorragia interna, evoluindo com choque hemodinâmico e parada cardiorrespiratória. Os médicos revertem a parada e, analisando o histórico, determinam que a causa do sangramento provém da ruptura da tuba uterina, que é imediatamente retirada cirurgicamente. Essa condição configura, do ponto de vista médico-legal, um aborto

(A) social.

(B) eugênico.

(C) terapêutico.

(D) econômico.

(E) piedoso.

A: Incorreta. Aborto social ou econômico é aquele em que a gravidez é interrompida para evitar que famílias com número considerável de filhos tenham sua situação econômica agravada. É proibido em nosso ordenamento. **B:** Incorreta. Aborto eugênico ou aborto piedoso é aquele em que a gravidez é interrompida em razão de o feto apresentar uma anomalia. Constitui, pelo anteprojeto de reforma da Parte Especial do Código Penal, uma causa de exclusão de ilicitude, na hipótese de haver "fundada probabilidade, atestada por outro médico, de o nascituro apresentar graves e irreversíveis anomalias físicas ou mentais"; **C**: Correta. Aborto terapêutico é aquele que se realiza para salvar a vida da mãe, quando não há outro recurso (art. 128, I, do CP); **D**: Incorreta. Aborto econômico também é chamado de social, já definido na alternativa A. **E**: Incorreta. Piedoso ou humanitário é aquele em que se permite a interrupção da gravidez que resultou de estupro sofrido pela gestante.

Gabarito "C"

(Delegado de Polícia/GO – 2013 – UEG) Grande sucesso mundial de vendas, o livro *Cinquenta tons de cinza* aborda temas relacionados à sexualidade (masoquismo, sadismo, dominação). A sensação de prazer ao se assistir ato sexual praticado por terceiros é denominada

(A) fetichismo

(B) mixoscopia

(C) vampirismo

(D) felação

A: Incorreta, pois o fetichismo é o descontrole emocional excessivo causado pela adoração de partes do corpo do parceiro ou por objetos pertencentes à pessoa desejada sexualmente (exemplo: *lingeries)*; **B**: Correta, pois a mixoscopia é o prazer de observar pessoas se despindo, nuas, mantendo relações sexuais ou praticando atos libidinosos; **C**: Incorreta, pois o vampirismo é aquele em que o prazer é alcançado por meio da ingestão de sangue do parceiro; **D**: Incorreta, pois a felação é termo sinônimo à prática de sexo oral.

Gabarito "B"

(Delegado/AC – 2008 – CESPE) Considere-se que uma adolescente, com 13 anos de idade, foi encontrada por vizinhos, em uma dependência no fundo de sua residência, suspensa por corda de *nylon* que envolvia seu pescoço com um nó e que estava presa, na outra extremidade, no caibro do telhado. A adolescente apresentava, além do mau cheiro, mancha verde abdominal e circulação póstuma. Com base nessa situação e em seus aspectos médico-legais, julgue o item a seguir.

(1) Se, ao exame genital do cadáver, no hímen, for observada ruptura antiga e, no ânus, for observado rágade, é correto afirmar que não há elementos, nesses fatos, para se estabelecer ocorrência de conjunção carnal e, consequentemente, estupro, porém, existe elemento compatível com registro de ocorrência de ato libidinoso diverso de conjunção carnal, nos momentos que antecederam a morte.

1: Correta. A ruptura antiga é apta a demonstrar que a vítima já havia praticado conjunção carnal. No entanto, na ausência de outros sinais, torna-se inviabilizada a constatação de quem tenha sido obrigada à sua prática pouco antes da morte. Há que se esclarecer que, com as alterações trazidas pela Lei nº 12.015/2009, a prática mediante violência ou grave ameaça de atos libidinosos também se insere no estupro. Desse modo, diante da presença de rágade no ânus, que consiste na fissura no encontro da pele com a mucosa do orifício anal, é possível reconhecer a submissão da vítima a ato libidinoso, que, atualmente, configura o crime de estupro (art. 213 do CP).

Gabarito 1C

(Delegado/BA – 2008 – CEFETBAHIA) Em casos de estupro, a violência é presumida em lei quando a vítima

(A) é menor de 16 anos.

(B) sofreu rotura recente do hímen.

(C) está alcoolizada.

(D) é casada.

(E) é alienada ou débil mental.

Com as alterações trazidas pela Lei nº 12.015/2009, o crime passou a ser denominado de estupro de vulnerável (art. 217-A, § 1º, do CP).

Gabarito "E"

(Delegado/GO – 2009 – UEG) A interrupção voluntária da gravidez, em virtude de má formação do feto, caracteriza o aborto

(A) sentimental.

(B) terapêutico.

(C) eugênico.

(D) social.

A: Incorreta. Aborto sentimental ou humanitário, também denominado de moral, é aquele que se dá nos casos em que a gravidez ocorreu em virtude de estupro (art. 128, II, do CP); **B:** Incorreta. Aborto terapêutico é aquele que se realiza para salvar a vida da mãe, quando não há outro recurso (art. 128, I, do CP); **C:** Correta. Aborto eugênico é o aborto praticado com o intuito de purificação de uma raça, defendido na época nazista; **D:** Incorreta. Aborto social ou econômico é aquele em que a gravidez é interrompida para evitar que famílias com número considerável de filhos tenham sua situação econômica agravada. É proibido em nosso ordenamento.

Gabarito "C"

(Delegado/GO – 2009 – UEG) A perícia médico-legal, conhecida como docimasia, serve para esclarecer

(A) se houve estado puerperal.
(B) se houve vida extrauterina.
(C) se houve vida intrauterina.
(D) o tempo de vida gestacional.

A docimasia hidrostática de Galeno é utilizada para a constatação de ter ou não o feto nascido com vida. Consiste na colocação do pulmão em uma bacia com água e, em caso de flutuar, verifica-se que o nascituro respirou e, portanto, nasceu com vida. Em caso contrário, quando afunda, constata-se que nasceu morto.

Gabarito "B"

(Delegado/MG – 2012) Representa uma docimasia extrapulmonar:

(A) Siálica de Souza-Dinitz.
(B) Hidrostática de Galeno.
(C) Táctil de Nero Rojas.
(D) Visual de Bouchut.

A: Correta. A Siálica de Souza-Dinitz consiste na verificação de saliva no estômago do feto, que, se constatada, indica que houve respiração. A verificação é realizada fora do pulmão, portanto é uma docimasia extrapulmonar; **B:** Incorreta. O método da Hidrostática de Galeno consiste na colocação do pulmão do infante imerso em água e, no caso de ocorrer flutuação é porque houve respiração, que modifica a densidade do pulmão. Desse modo, trata-se de docimasia pulmonar; **C:** Incorreta. No caso de respiração, ao apalpar o pulmão, é possível sentir uma suave crepitação. É uma espécie de docimasia pulmonar; **D:** Incorreta. A docimasia visual ou de Bouchut consiste na observação do pulmão do infante, que, quando da ocorrência de respiração, se constata o aparecimento de um desenho alveolar, enquanto que, nos casos em que não há respiração, o pulmão permanece liso e uniforme.

Gabarito "A"

(Delegado/MG – 2008) Os distúrbios qualitativos do instinto sexual são denominados parafilias. A forma patológica relativa à atração sexual por mulheres desasseadas e de baixa condição higiênica é denominada

(A) clismafilia.
(B) coprofilia.
(C) riparofilia.
(D) urolagnia.

A riparofilia, também denominada misofilia, consiste na atração sexual por pessoas com péssimas condições de higiene pessoal, fazendo, inclusive, com que homens acometidos por tal distúrbio prefiram mulheres no período menstrual.

Gabarito "C"

(Delegado/MG – 2008) O aborto realizado por médico para salvar a vida da gestante amparado pelo estado de necessidade é denominado

(A) eugênico.
(B) moral.
(C) piedoso.
(D) terapêutico.

A: Incorreta. Aborto eugênico é aquele praticado com o intuito de purificação de uma raça e que foi defendido pelos nazistas; **B:** Incorreta. Aborto moral, também denominado de sentimental, é aquele que se dá nos casos em que a gravidez ocorreu em virtude de estupro (art. 128, II, do CP); **C:** Incorreta. Aborto piedoso é aquele em que a gravidez é interrompida em razão de o feto apresentar uma anomalia. Constitui, pelo anteprojeto de reforma da Parte Especial do Código Penal, uma causa de exclusão de ilicitude, na hipótese de haver "fundada probabilidade, atestada por outro médico, de o nascituro apresentar graves e irreversíveis anomalias físicas ou mentais".; **D:** Correta. Aborto terapêutico é aquele que se realiza para salvar a vida da mãe, quando não há outro recurso (art. 128, I, do CP).

Gabarito "D"

(Delegado/MG – 2007) O abortamento nos casos de estupro é denominado:

(A) social.
(B) piedoso.
(C) eugênico.
(D) terapêutico.

A: Incorreta. O aborto social ou econômico é aquele em que é realizada a interrupção da gravidez para que a situação econômica da família não seja agravada; **B:** Correta. Piedoso ou humanitário é aquele em que se permite a interrupção da gravidez que resultou de estupro sofrido pela gestante; **C:** Incorreta. Eugênico é o aborto em que a gravidez é interrompida em razão de o feto apresentar uma anomalia fetal; **D:** Incorreta. Aborto terapêutico é aquele que se realiza nos casos em que a manutenção da gravidez gera perigo de morte à gestante.

Gabarito "B"

(Delegado/MG – 2006) Constituem estigmas que podem ser alusivos a parto antigo, exceto:

(A) cicatrizes uterinas.
(B) cicatrizes perineais.
(C) carúnculas mirtiformes.
(D) tumefação da vulva.

A tumefação da vulva é observada em casos de parto recente, em que a vulva se mostra entreaberta e com sangramento.

Gabarito "D"

(Delegado/MG – 2006) Considerando o hímen é correto afirmar:

(A) É formado por uma única face de membrana mucosa.
(B) Sua implantação não varia com a idade.
(C) Pode ser múltiplo em diferentes planos anatômicos.
(D) Quanto maior a sua altura maior é o seu óstio.

A: Incorreta. A orla himenal é constituída por duas membranas mucosas; **B:** Incorreta. O hímen, quando a mulher ainda é criança, apresenta-se mais resistente. Ao atingir a puberdade, ele se torna mais frágil; **C:** Correta. **D:** Incorreta. A dimensão do óstio varia de acordo com a orla himenal.

Gabarito "C"

(Delegado/MG – 2006) Constitui o espaço de tempo que vai do desprendimento da placenta até a involução total do organismo materno às suas condições pregressas ao processo gestacional.

(A) climatério.
(B) menopausa.
(C) menarca.
(D) puerpério.
(E) menacma.

A: Incorreta. Climatério é a fase de transição entre o período fértil e o não fértil; **B:** Incorreta. Menopausa é a fase em que a mulher não mais menstrua; **C:** Incorreta. Menarca é a primeira menstruação da mulher; **D:** Correta. Puerpério, também conhecido como resguardo, é a fase entre o momento do parto e a volta do útero da mulher ao estado normal. Pode durar entre 6 e 8 semanas; **E:** Incorreta. Menacma é o período em que a mulher permanece menstruando.

Gabarito "D"

(Delegado/RJ – 2009 – CEPERJ) No estudo da Sexologia forense, marque a única alternativa incorreta.

(A) A presença de sêmen na vagina de mulher com hímen complacente é elemento pericial suficiente para comprovar a conjunção carnal.
(B) Manter conjunção carnal com uma virgem de dezenove anos de idade, mediante a promessa de casamento, é penalmente irrelevante.
(C) Ter relações sexuais com portador de enfermidade ou deficiência mental é considerado estupro de vulnerável.
(D) Praticar ato libidinoso com adolescente de quinze anos de idade, por meio de violência ou grave ameaça, é tipificado como crime de estupro.
(E) Chama-se de entalhes as reentrâncias simétricas da borda livre do hímen, que avançam a pique e atingem sua borda de inserção.

A: Correta. No caso de hímen complacente não se observa o rompimento, por possuir tecido provido de elasticidade. Contudo, a existência de sêmen é apta a comprovar a conjunção carnal; **B:** Correta. Nessa hipótese, só estaria caracterizado o estupro se praticado com violência ou grave ameaça, como essas circunstâncias não foram mencionadas, o fato é penalmente irrelevante; **C:** Correta. Trata-se de crime descrito no art. 217-A, § 1º, do CP; **D:** Correta. O item descreve o crime previsto no art. 213 do CP; **E:** Incorreta (devendo ser assinalada). Os entalhes ocorrem em caso de penetração superficial da vulva e, por essa razão, não afetam a orla himenal.

Gabarito "E"

(Delegado/SP – 2003) As ausências de espermatozoides na vagina e no canal anal

(A) afastam definitivamente as ocorrências de conjunção carnal e de coito anal.

(B) afastam definitivamente a ocorrência de conjunção carnal, mas não a de coito anal.
(C) afastam definitivamente a ocorrência de coito anal, mas não a de conjunção carnal.
(D) não afastam definitivamente as ocorrências de conjunção carnal e de coito anal.

A conjunção carnal consiste na introdução do pênis na vagina, havendo ou não ejaculação, razão pela qual não é necessário o encontro de espermatozoide para a constatação da conjunção carnal.
Gabarito "D"

(Delegado/SP – 2000) Certas pessoas sofrem de um desvio de conduta sexual que as pode levar a furtar compulsivamente e a colecionar peças do vestuário íntimo, como calcinhas femininas, *soutiens*, cuecas etc. Tal desvio recebe o nome de

(A) "voyeurismo".
(B) mixoscopia.
(C) fetichismo.
(D) uranismo.

A: Incorreta. Voyeurismo é a volúpia de ver seu parceiro mantendo cópula com outra pessoa. É uma espécie de mixoscopia; **B:** Incorreta. Mixoscopia é o prazer de observar pessoas se despindo, nuas, mantendo relações sexuais ou praticando atos libidinosos; **C:** Correta. Fetichismo e o descontrole emocional excessivo causado pela adoração de partes do corpo do parceiro ou por objetos pertencentes à pessoa desejada sexualmente (exemplo: *lingeries*); **D:** Incorreta. Uranismo é o mesmo que homossexualidade masculina.
Gabarito "C"

5. TRAUMATOLOGIA

(Delegado/PR – 2013 – UEL-COPS) Leia o trecho, a seguir, extraído de um exame de lesões corporais realizado em um Instituto Médico Legal do Paraná.

Lesões cutâneas, de bordas levantadas e centro deprimido, de consistência dura, com perda de substância, com as características de lesão eletroespecífica ou "marca elétrica" de Jellinek, localizadas, na face dorsal da mão direita, entre o 1º e 2º metacarpianos, e na face dorsal da mão esquerda, na base do polegar.

Sobre as energias vulnerantes do tipo física descritas, considere as afirmativas a seguir.

I. A metalização ou impregnação da pele por partículas elétricas resultantes da fusão e vaporização dos condutores são elementos encontrados em choques elétricos envolvendo fios de cobre.
II. Quando há resistência do plano cutâneo e muscular, podem ocorrer também lesões térmicas caracterizadas por queimadura.
III. A marca elétrica de Jellinek é característica de dano por corrente elétrica natural ou artificial e que não tem relação com a porta de entrada da corrente elétrica no organismo.
IV. Quando existe morte decorrente de energia física do tipo eletricidade, esta se relaciona exclusivamente à extensão da queimadura resultante.

Assinale a alternativa correta.

(A) Somente as afirmativas I e II são corretas.
(B) Somente as afirmativas I e IV são corretas.
(C) Somente as afirmativas III e IV são corretas.
(D) Somente as afirmativas I, II e III são corretas.
(E) Somente as afirmativas II, III e IV são corretas.

I – Correta. A metalização elétrica é uma das lesões mais superficiais provocadas por ação de corrente elétrica na pele. Ela se dá por meio da soltura de partículas do material condutor, que, ao entrar em contato com a pele, nela se impregna, deixando uma marca semelhante a uma tatuagem. É uma das formas de lesão por eletroplessão, popularmente conhecida como choque elétrico, que tem como principal condutor fios de cobre; II – Correta. A resistência dos tecidos está diretamente ligada à gravidade das lesões provocadas por energia elétrica, ou seja, quanto maior a resistência oferecida pela pele às correntes elétricas, mais grave a lesão provocada, pois a energia elétrica se transforma em calórica devido a resistência a ela oposta. Significa dizer que se a pele atingida pela corrente elétrica for mais resistente à sua entrada no organismo, mais quente se tornará e, consequentemente, mais grave será a queimadura provocada; III – Incorreta. A marca de Jellineck pode até não surgir nos casos de lesão provocada por corrente elétrica. No entanto, a sua importância para a Medicina Legal é exatamente por indicar a porta de entrada desta corrente elétrica no organismo. IV – Incorreta. A morte causada por eletricidade não está relacionada exclusivamente à extensão das queimaduras por ela ocasionadas, pois outras lesões podem ser verificadas, dando ensejo ao resultado morte. De acordo com a resistência apresentada pela pele da vítima, por exemplo, essas queimaduras podem ser mais ou menos graves, de maior ou menor extensão, de acordo com a parte atingida. Contudo, os danos causados ao organismo podem variar.
Gabarito "A"

Leia as descrições do exame externo do laudo necroscópico, a seguir, e responda às questões de 1 a 4.

Notamos:

1. Ferimento perfuroinciso, de 4,0 cm de extensão, de bordas nítidas, penetrante na cavidade torácica esquerda, localizado na face dorsal do hemitórax esquerdo, no nível do 6º espaço intercostal esquerdo e a aproximadamente 5,0 cm à esquerda da linha mediana.

2. Ferimento perfuroinciso, de bordas nítidas, de 3,0 cm de extensão, penetrante na cavidade torácica direita, localizado na face dorsal do hemitórax direito, no nível do 7º espaço intercostal direito e a aproximadamente 4,0 cm à direita da linha mediana.

3. Ferimento inciso superficial, transversal ao eixo do membro, de 4,0 cm de extensão, de bordas nítidas, localizado na face dorsal do punho direito, com características de lesão de defesa.

4. Ferimento inciso, não penetrante, oblíquo da esquerda para a direita, de 6,0 cm de extensão, de bordas nítidas, localizado na face anterior do abdome superior, na região epigástrica, a 1,0 cm à direita da linha mediana, precedido por uma escoriação linear de 17,0 cm de extensão, que tem a sua mesma direção e que se localiza na face anterior no hemitórax esquerdo.

(Delegado/PR – 2013 – UEL-COPS) Sobre as lesões descritas nos itens 1 e 2, assinale a alternativa correta.

(A) O instrumento causador dessas lesões é compatível com instrumentos perfurocontundentes, pois apresentam trajeto interno torácico, característico do deslocamento de projéteis de arma de fogo.
(B) O instrumento causador dessas lesões é compatível com instrumentos perfurocortantes, pois estão presentes na descrição médico-legal elementos como nitidez das bordas (elemento cortante e trajeto interno em cavidade torácica.
(C) Apesar das características semelhantes entre as lesões descritas nos itens 1 e 2, essas foram causadas com intervalos de tempos diferentes entre si, devido ao tamanho e localização das lesões.
(D) O instrumento causador dessas lesões é compatível com instrumentos cortantes, pois estes apresentam mecanismo de ação através de gume, agindo exclusivamente por pressão e deslocamento paralelo ao tecido cutâneo.
(E) As lesões podem ter sido causadas por ação contundente, através de deslocamento passivo do corpo sobre a direção de veículo automotivo.

A: Incorreta. As lesões têm como instrumento causador instrumento perfurocortante, sendo um típico exemplo dele uma faca; **B**: Correta. Como dito, o instrumento capaz de provocar esse tipo de lesão é o perfurocortante, que apresenta bordas lisas e com regularidade, causada por pressão ou deslizamento no corpo da vítima, além de ser profunda, atingindo dessa forma a cavidade torácica na face dorsal do hemitórax; **C**: Incorreta. O tamanho das lesões e suas localizações podem variar, ainda que instrumento utilizado seja o mesmo, de acordo com a pressão exercida pelo agente e pelo deslizamento contra o corpo da vítima; **D**: Incorreta. Instrumentos cortantes provocam lesões incisas, gerando a secção de tecidos; **E**: Incorreta. Instrumentos contundentes provocam lesões contusas.
Gabarito "B"

(Delegado/PR – 2013 – UEL-COPS) Sobre as lesões descritas nos itens 3 e 4, assinale a alternativa correta.

(A) O instrumento que causou essas lesões atuou por um gume afiado por pressão e deslocamento de forma linear, gerando cauda de escoriação característica desses instrumentos.
(B) A escoriação retratada no item 4 está associada a instrumentos cortocontundentes que atuam de maneira perpendicular e oblíqua e ao gume pouco afiado.

(C) Essas lesões foram geradas por instrumentos perfurantes através de sua extremidade biselada e que se deslocam no corpo humano de forma paralela ao plano cutâneo.
(D) O punhal (instrumento de dois gumes) pode ser compatível com essas lesões, desde que atuando de forma perpendicular ao plano cutâneo e com penetração em planos mais profundos.
(E) Projéteis de arma de fogo geram lesões incisas como as descritas, quando disparados a mais de 30 cm do alvo, e que atuam tangencialmente ao plano cutâneo.

A: Correta. Os sinais deixados são característicos de lesões perfuroincisas, provocadas por agente perfurocortante; **B**: Incorreta. As lesões descritas são perfuroincisas são aquelas que apresentam mais profundidade que largura, que uma das características propostas na assertiva; **C**: Incorreta. As lesões não são perfurantes, mas cortantes e provocadas por deslizamento e pressão da borda lisa na pele; **D**: Incorreta. O punhal realmente pode ser um instrumento provocador desse tipo de lesão, mas desde que o deslizamento se dê de forma horizontal e não perpendicular, porque nesse caso provocaria perfuroincisa e não incisa; **E**: Incorreta. Os disparos de arma de fogo provocam ferimentos perfurocontundentes.

Gabarito "A"

(Delegado/PR – 2013 – UEL-COPS) Sobre a interpretação do excerto do laudo necroscópico, considere as afirmativas a seguir.

I. A faca de cozinha (arma branca), como objeto suspeito de ter sido utilizada como a arma do crime, não é compatível com todas as lesões descritas.
II. A presença de escoriações lineares precedendo ou sucedendo as feridas incisas dão uma ideia da direção e do mecanismo dinâmico da ação pela qual a arma é utilizada.
III. A nitidez das bordas de feridas incisas está diretamente relacionada ao fio ou gume daquele instrumento.
IV. Margens nítidas e regulares, ausência de secção de tecidos no fundo da lesão e predomínio sobre a largura e a profundidade são características de instrumentos que se associam a caudas de escoriação.

Assinale a alternativa correta.

(A) Somente as afirmativas I e II são corretas.
(B) Somente as afirmativas I e IV são corretas.
(C) Somente as afirmativas III e IV são corretas.
(D) Somente as afirmativas I, II e III são corretas.
(E) Somente as afirmativas II, III e IV são corretas.

I. Incorreta. A faca de cozinha é um instrumento cortante é pode provocar as lesões descritas. **II**. Correta. O terço da parte inicial do ferimento apresenta maior profundidade; **III** e **IV**. Corretas. As lesões incisas têm bordas lisas e regulares. Sendo assim, a nitidez dessas bordas é capaz de demonstrar que foram produzidas por instrumentos cortantes.

Gabarito "E"

(Delegado/PR – 2013 – UEL-COPS) Nas feridas causadas por projéteis de arma de fogo, devem-se considerar elementos do orifício de entrada, trajeto e orifício de saída.

A respeito desses tipos de lesões, assinale a alternativa correta.

(A) A análise do orifício de entrada permite que o observador estime uma distância aproximada do disparo do projétil, principalmente baseado, entre outros elementos, na presença ou ausência dos elementos chamados de contorno (zona de esfumaçamento e zona de tatuagem).
(B) As lesões perfurocontusas são exclusivamente causadas por projéteis de arma de fogo. A presença de queimadura junto ao orifício de entrada caracteriza o tiro a "queima roupa", ou seja, quando o cano da arma encosta na roupa ou pele da vítima e devido a sua alta temperatura gera queimaduras de primeiro e segundo graus.
(C) Os projéteis de arma de fogo geram feridas perfurocortantes. A ausência de zona de esfumaçamento e de tatuagem e a presença de equimoses e queimaduras demonstram que o projétil foi disparado a uma curta distância.
(D) São componentes do orifício de saída das feridas perfurocontundentes causadas por projéteis de arma de fogo: a orla de escoriação, a orla de enxugo, a zona de tatuagem e a zona de esfumaçamento.
(E) O tiro a longa distância, causado por arma de fogo comum, se caracteriza pela presença de orifício de entrada em "câmara de mina" e ausência dos elementos de combustão da munição como pólvora incombusta, fumaça e restos da bucha.

A: Correta. Com base nos sinais deixados por lesões provocadas por disparos de arma de fogo é possível uma avaliação da distância que o projétil foi disparado e se ela se trata de orifício de entrada ou saída deste. As características do orifício de entrada de um ferimento provocado por disparo de arma de fogo estão relacionadas ao tipo de munição, à distância do disparo e ao ângulo em que atinge o corpo lesionado; **B**: Incorreta. As lesões perfurocontusas são, em sua grande maioria, causadas por projéteis de arma de fogo. Contudo, existem outros instrumentos ou agentes que podem causar este tipo de lesão, como é o caso de uma ponta de guarda-chuva, um espeto usado para churrasco; **C**: Incorreta. Os projéteis de arma de fogo provocam lesões perfurocontusas e os disparos a curta distância têm como uma de suas características a existência de orla de escoriação e de enxugo, zonas de tatuagem e de esfumaçamento; **E**: Incorreta. A câmara de mina ou câmara de Hoffmann estão presentes nos tiros encostados no corpo, os ferimentos apresentam também partículas de pólvora incombusta, fuligem e chama.

Gabarito "A"

(Delegado/RJ – 2013 – FUNCAB) Uma mulher de 75 anos, portadora de cardiopatia e osteoporose acentuada, foi intencionalmente empurrada por um funcionário no interior de um estabelecimento comercial e sofre uma queda da própria altura, que resulta em fratura do osso fêmur. Foi hospitalizada, submetida a tratamento cirúrgico e evoluiu de forma favorável, com alta para a residência em 15 dias. O exame de corpo de delito de lesão corporal evidenciou encurtamento permanente do membro afetado e dificuldade motora, com marcha claudicante. As alterações decorrentes dessa agressão podem ser caracterizadas como lesões de natureza:

(A) leve.
(B) grave.
(C) gravíssima.
(D) leve, agravada por concausa preexistente.
(E) grave, complicada por concausa superveniente.

A questão foi Anulada em razão de, para a dimensão do dano, o sinal externo e as características descritas não constituírem critério preciso de classificação.

(Delegado/SP – 2014 – VUNESP) É uma característica da morfologia de uma ferida por ação cortante, em relação à ferida contusa, a presença de

(A) fundo irregular.
(B) hemorragia abundante.
(C) retração das bordas da ferida.
(D) vertentes irregulares.
(E) integridade de vasos, nervos e tendões no fundo da lesão.

A: Incorreta. O fundo irregular é uma das características específicas das lesões contusas, sendo, inclusive, utilizada quando de sua constatação para diferenciá-las das outras espécies de feridas; **B**: Correta. A lesão provocada por instrumento cortante (Ex: navalha, bisturi, canivete etc.) é do tipo incisa, que tem como características a formação de bordas lisas e regulares; pouca profundidade, com maior extensão que profundidade e com abundante hemorragia. Enquanto que a lesão contusa é aquela provocada por agente contundente (Ex: pedaço de madeira, tijolo, mão). Suas características são o surgimento de escoriações, equimoses, hematomas, rompimento de vasos, formação de bossas hemáticas (protuberâncias) principalmente na cabeça, entre outras. No entanto, não tem apresenta hemorragia, que é bastante característico da lesão incisa. **C**: Incorreta. A retração das bordas da ferida é verificada nas lesões contusas. **D**: Incorreta. As vertentes irregulares também são características das lesões contusas e não das feridas cortantes. **E**: Incorreta. A integridade dos vãos, nervos e tendões no fundo da lesão são elementos verificados nas lesões contusas.

Gabarito "B"

(Delegado de Polícia/GO – 2013 – UEG) Os agentes mecânicos são responsáveis pela maioria das lesões provocadas no corpo humano. São exemplos de lesões contusas:

(A) bossa, empalamento
(B) equimose, esgorjamento
(C) esquartejamento, entorse
(D) luxação, degolamento

A: Correta, pois as lesões contusas são provocadas por instrumentos contundentes. Há diversos tipos de lesões contusas. Dentre elas podemos citar a bossa, o empalamento, as escoriações, hematomas, equimoses, luxação, fraturas etc. A bossa é popularmente chamada de "galo". Em razão de o sangue não conseguir se expandir pelos tecidos moles, forma-se uma bolsa, que fica evidente na superfície da pele. Há também as bossas linfáticas, que surgem com o rompimento dos vasos linfáticos. O empalamento

consiste na penetração de um objeto contundente na cavidade, normalmente, do ânus, que causa uma espécie de lesão contusa; **B**: Incorreta, pois o esgorjamento é uma lesão incisa, provocada por um instrumento cortante; **C**: Incorreta, pois o esquartejamento é provocado por instrumento cortante e consiste na divisão do corpo em partes; **D**: Incorreta, pois o degolamento é um tipo de lesão incisa.
Gabarito "A"

(Delegado de Polícia/GO – 2013 – UEG) Com relação às asfixias, tem-se o seguinte:

(A) esganadura tem origem homicida, sendo rara sua forma acidental.
(B) o sulco comumente encontrado nos enforcados e estrangulados é produzido por um instrumento cortocontundente.
(C) soterramento é um tipo de asfixia em que ocorre a substituição do meio aéreo por terra.
(D) estrangulamento braquial é forma comum de asfixia em suicídios e requer desproporção de forças.

A : Correta, pois a esganadura é produzida pela asfixia mecânica provocada pelas mãos do agente no pescoço da vítima, sendo assim não pode ser ocasionada pelo suicídio; **B**: Incorreta, pois os instrumentos cortocontundentes provocam na vítima, quando utilizados na região do pescoço, o esgorjamento e a decapitação. Entre os instrumentos dessa modalidade, podemos citar o machado, o facão, o cutelo etc. Dessa forma, o sulco comumente encontrado nos enforcados e estrangulados não pode ser provocado por esse tipo de instrumento; **C**: Incorreta, pois o soterramento é uma espécie de asfixia, que é causada pela obstrução das vias respiratórias por meio sólido ou materiais que se reduzem a pó, tais como: cimento, cal etc.; **D**: Incorreta, pois o estrangulamento em que se verifica a desproporção de forças ou a impossibilidade de defesa da vítima decorre de homicídio e não suicídio.
Gabarito "A"

(Delegado de Polícia/GO – 2013 – UEG) Verificando o local de encontro de cadáver, o delegado anota as lesões presentes no corpo descritas pelo perito como "lesão cortante na região anterior do pescoço, retilínea, profundidade uniforme atingindo até a coluna vertebral". Com estas observações, o delegado infere o nome da lesão e sua natureza jurídica como

(A) degolamento – homicídio
(B) degolamento – suicídio
(C) esgorjamento – suicídio
(D) esgorjamento – homicídio

O esgorjamento é um tipo de lesão incisa e aquele que atinge a coluna vertebral é característico de homicídio.
Gabarito "D"

(Delegado de Polícia/GO – 2013 – UEG) Goiânia foi sede do maior acidente radioativo do Brasil. Várias pessoas sofreram ações diretas e indiretas do elemento radioativo. Sobre radioatividade, tem-se que:

(A) são fontes comuns de radioatividade o ultrassom, o infravermelho e as lâmpadas fluorescentes.
(B) diariamente recebemos exposição radioativa mínima não lesiva ao corpo humano.
(C) a ação local da radioatividade causa as radiodermites que possuem curta duração, em média três dias.
(D) nas radiodermites de primeiro grau, aparecem as úlceras de Roentgen.

A: Incorreta, pois as lâmpadas fluorescentes não são fontes comuns de radioatividade; **B**: Correta, pois todos os dias estamos expostos a radiações, que podem ser externas ou internas. O primeiro tipo (externa) são aquelas caudadas por certas rochas e até mesmo pelo solo. As internas são aquelas decorrentes da ingestão de água, alguns alimentos e de substâncias encontradas no ar; **C**: Incorreta, pois as radiodermatites têm longa duração. Normalmente são observadas em pacientes submetidos a tratamento radioterápico; **D**: Incorreta, pois nas radiodermites de terceiro grau é que surgem as úlceras de Roentgen;
Gabarito "B"

(Delegado/AC – 2008 – CESPE) Considere-se que uma senhora faça denúncia de que seu neto de um ano e meio vem sofrendo maus-tratos por sua filha, mãe da criança, que tem problemas mentais e que o laudo de exame de corpo de delito do Instituto Médico Legal (IML) descreve as seguintes lesões apresentadas pela criança: hematomas de tonalidades avermelhadas, esverdeadas e amareladas; escoriações em diversas regiões e feridas contusas sangrantes, além de outras, cobertas por crostas e manchas hipocrômicas. Tendo em vista essa situação hipotética, os aspectos médico-legais das lesões corporais e os maus-tratos a menores bem como da imputabilidade penal, julgue o item subsequente.

(1) O legista tem elementos para responder positivamente ao quesito oficial que indaga sobre meio cruel, uma vez que o menor não possui condições de defesa, não tem completo entendimento da razão dos atos lesivos e que se verifica que as lesões ocorreram cronologicamente em diferentes momentos, com lapsos de tempo que permitiriam a reflexão pela agressora sobre os próprios atos.

1: Correta. A coloração da pele indica o tempo em que ocorreu a lesão, assim, tendo variações, pode-se dizer que se deram em datas diferentes e demonstram continuidade.
Gabarito 1C

(Delegado/AC – 2008 – CESPE) Suponha-se que um delegado receba laudo cadavérico em que constam as seguintes lesões: ferida circular com orifício de um centímetro, com orlas de enxugo e escoriação, circunscrita por zona de tatuagem e esfumaçamento na região infraclavicular direita; e ferida com bordas regulares e cauda de escoriação medindo cinco centímetros na região escapular esquerda. Considerando essa situação hipotética e os aspectos médico-legais desse laudo, é correto concluir que

(1) uma arma de fogo foi disparada a curta distância do corpo do cadáver e que o trajeto do projétil dessa arma, no corpo do cadáver, foi de frente para trás.
(2) a ferida com zona de tatuagem e esfumaçamento deve ter sido provocada por barotrauma, possivelmente em consequência de explosão de bomba.
(3) a ferida com bordas regulares e cauda de escoriação é típica de instrumento cortante e não corresponde à saída de projétil de arma de fogo, que é instrumento perfurocontundente.

1: Correta. De início, é necessário esclarecer que a região escapular é aquela que se localiza na região posteroanterior do tórax (ou seja, na parte das costas), sendo a escápula um dos ossos que compõem o ombro. A infraclavicular é aquela localizada na região do ombro e, se esse membro apresenta os sinais descritos, que são característicos de orifício de entrada do projétil de arma de fogo, pode-se afirmar que o tiro atingiu a vítima de frente para trás; 2: Incorreta. A zona de esfumaçamento pode ser observada nas hipóteses de disparos a curta distância, isto é, até uns 30 cm do alvo, o que faz com que a fumaça do disparo se desprenda e se deposite ao redor do orifício de entrada do projétil, enquanto que a zona de tatuagem pode ser observada nos casos de disparo com aproximadamente meio metro de distância, ocorrendo, nessa hipótese, o depósito das partículas de pólvora na pele da pessoa atingida, como se fossem minúsculas manchas na pele; 3: Correta. Os ferimentos de saída de projéteis de arma de fogo apresentam lesões irregulares e as bordas do ferimento ficam direcionadas para fora.
Gabarito 1C, 2E, 3C

(Delegado/BA – 2008 – CEFETBAHIA) Num ferimento de entrada de projétil de arma de fogo, geralmente se encontra a presença de

(A) bordas evertidas e zona de chamuscamento.
(B) bordas invertidas e abundante sangramento.
(C) ferimento de forma irregular e zona de esfumaçamento.
(D) ferimento de forma regular e bordas invertidas.
(E) sangramento abundante e ferimento de forma irregular.

As bordas evertidas, o abundante sangramento, o ferimento de forma irregular são característicos de ferimento de saída de projétil de arma de fogo.
Gabarito "D"

(Delegado/BA – 2008 – CEFETBAHIA) Nas feridas cortantes ou incisas, geralmente se encontra a presença de

(A) extensão maior que profundidade.
(B) pouco sangramento e bordas irregulares.
(C) predomínio da profundidade em relação à extensão.
(D) bordas evertidas e com grande profundidade.
(E) lesões cujo instrumento transfere a energia por pressão.

Nos ferimentos cortantes é comum se observar sangramento abundante, bordas regulares, os ferimentos costumam ser pouco profundos, apresentando predomínio de largura e extensão em detrimento da profundidade. Além disso, as lesões são provocadas pelo deslizamento do instrumento no corpo do ofendido e não por pressão.
Gabarito "A"

(Delegado/BA – 2008 – CEFETBAHIA) Excetua-se como característica da queimadura de primeiro grau o fato de o local atingido apresentar

(A) grande sensibilidade.
(B) hiperemia.
(C) ardor.
(D) flictenas.
(E) regeneração rápida.

As flictenas, que são bolhas transparentes, podem ser observadas nas queimaduras de segundo grau, enquanto que as demais características são notadas nas queimaduras de primeiro grau.

Gabarito "D"

(Delegado/BA – 2008 – CEFETBAHIA) São sinais do traumatismo cranioencefálico, exceto

(A) rinorragia.
(B) dispneia.
(C) otorragia.
(D) sinal de Batlle.
(E) olhos de guaxinim.

A: Correta. Rinorragia consiste na hemorragia pelo nariz; **B:** Incorreta. Dispneia é a dificuldade respiratória; **C:** Incorreta. Otorragia é hemorragia do ouvido; **D:** Correta. Sinal de Batle é aquele identificado pela equimose na região atrás da orelha; **E:** Correta. Olhos de guaxinim são observados pela equimose no entorno dos olhos.

Gabarito "B"

(Delegado/BA – 2008 – CEFETBAHIA) Na amputação traumática, é incorreto

(A) limpar o segmento amputado com soro fisiológico.
(B) controlar a hemorragia.
(C) colocar o segmento amputado em um saco com gelo.
(D) umedecer o segmento amputado com soro fisiológico e envolver em um pano limpo.
(E) desprezar o segmento amputado, porque as chances do reimplante são mínimas.

A, B, C, D: Corretas. Cada vez mais é comum a reimplantação dos segmentos quando tomadas as providências descritas nestes itens; portanto, somente a alternativa "E" está incorreta.

Gabarito "E"

(Delegado/BA – 2006 – CONSULPLAN) Como é classificado um sangramento em pequena quantidade, não persistente e de fácil contenção:

(A) Capilar.
(B) Venoso.
(C) Arterial.
(D) Abrasivo.

A: Correta. Capilar é o sangramento de pequena quantidade, não persistente e de fácil contenção; **B:** Incorreta. O sangramento venoso é observado em ferimentos mais profundos, em que são atingidas veias; **C:** Incorreta. sangramento arterial é aquele em que o sangue é expelido com força a cada batimento cardíaco; **D:** Incorreta. Normalmente é aquele que ocorre na gengiva causado por atrito, de forma persistente e de difícil contenção.

Gabarito "A"

(Delegado/GO – 2009 – UEG) A lesão conhecida como *mordedura ou dentada* produzida pela arcada dental humana, em razão de suas características, classifica-se como

(A) cortocontudente.
(B) contundente.
(C) perfurante.
(D) perfurocontundente.

A: Correta. A mordedura ou dentada humana produz a lesão cortocontudente, que decorrem de pressão sobre uma linha do corpo do ofendido. Nas lesões desse tipo, não se verifica a zona de contusão; **B:** Incorreta. Contundente é o ferimento que age pelo atrito do corpo com uma superfície; **C:** Incorreta. Ferimento causado por instrumento perfurante é aquele em que a pele é lesionada em um ponto por meio da incisão; **D:** Incorreta. Perfurocontundente é o ferimento comumente decorrente de disparo de arma de fogo, mas pode ser causado por outro instrumento.

Gabarito "A"

(Delegado/GO – 2009 – UEG) É impossível que a morte tenha ocorrido em virtude de suicídio ou acidente, na hipótese de

(A) estrangulamento.
(B) enforcamento.
(C) afogamento.
(D) esganadura.

A: Incorreta. O estrangulamento é a morte causada por asfixia mecânica em que o pescoço é entrelaçado por uma corda e tem como força de acionamento uma força estranha ao próprio corpo da vítima **B:** Incorreta. O enforcamento é a morte causada por asfixia mecânica em que o pescoço é constrito por um laço que tem a outra extremidade fixada a uma base e tem como força o próprio corpo da vítima; **C:** Incorreta. O afogamento é decorrente da entrada de líquido nas vias respiratórias, que deverão estar cobertas pelo líquido para que isso ocorra; **D:** Correta. Esganadura é a constrição do pescoço da vítima pelas próprias mãos do homicida.

Gabarito "D"

(Delegado/MA – 2006 – FCC) Em face da Medicina Legal é correto afirmar que

(A) são elementos para se classificar uma lesão corporal como de natureza gravíssima, a constatação pericial de: Incapacidade permanente para o trabalho; Perda de membro, sentido ou função; Enfermidade incurável; Deformidade permanente; Aborto.
(B) são elementos para se classificar uma lesão corporal como de natureza grave, a constatação pericial de: Incapacidade para o trabalho por mais de trinta dias; Perigo de vida; Debilidade temporária de membro, sentido ou função; Aceleração do parto.
(C) de acordo com a Doutrina Médico-Legal brasileira, as Lesões Corporais são classificadas, quanto aos seus graus, em Levíssima, Leve, Grave, Gravíssima e Lesão Corporal Seguida de Morte.
(D) o dano estético é classificado, de acordo com a Doutrina Médico-Legal brasileira, em leve, grave e gravíssima.
(E) o aborto pode ser enquadrado como lesão corporal de natureza grave ou como de natureza gravíssima, na dependência de ter ou não havido concordância da vítima na sua perpetração.

A: Correta. Todos os elementos descritos caracterizam lesões corporais de natureza gravíssima; **B:** Incorreta. A maior parte dos elementos descritos caracteriza as lesões corporais de natureza grave, exceto o que trata da debilidade de membro sentido ou função, que deve ser permanente e não temporária; **C:** Incorreta. Para a Medicina Legal, terão relevância as lesões corporais as lesões corporais de natureza leve, grave, gravíssima e as seguidas de morte, excetuando-se as levíssimas; **D:** Incorreta. O dano estético para efeitos médico-legais deve ser permanente; **E:** Incorreta. O aborto sempre caracteriza lesão corporal de natureza gravíssima.

Gabarito "A"

(Delegado/MA – 2006 – FCC) Em face da Medicina Legal é correto afirmar que

(A) a morte por estrangulamento nunca decorre de suicídio, pois para sua execução sempre concorre uma força externa.
(B) o enforcamento mediante suspensão incompleta do corpo, ou seja, com parte do corpo apoiada em uma superfície, é compatível com suicídio.
(C) o achado necroscópico de dois projéteis de arma de fogo no interior do crânio e de um só ferimento perfurocontuso de entrada de projétil de arma de fogo, no crânio, sem outras lesões nas demais regiões corpóreas, exclui a possibilidade de suicídio.
(D) ferimentos perfurocontusos de entrada de projéteis de arma de fogo, nos membros superiores, devem sempre ser considerados lesões de defesa.
(E) a trajetória de projéteis de arma de fogo, no interior do corpo, de cima para baixo e de trás para frente, é sempre indicativa de "execução sumária".

A: Incorreta. Mesmo que de forma mais remota, a morte por estrangulamento pode decorrer de suicídio; **B:** Correta. O enforcamento com suspensão incompleta do corpo é compatível com o suicídio, haja vista que no enforcamento o tracionamento da corda se dá pelo próprio peso do corpo da vítima. Dessa forma, a suspensão incompleta ocorre nos casos em que a vítima permaneceu com os pés tocando o solo, fato que se verifica, normalmente, quando ela própria provoca a tração; **C:** Incorreta. O encontro de dois projéteis será possível no caso de ter sido utilizada uma arma automática, que enquanto mantida a pressão no gatilho, efetuará disparos; **D:** Incorreta. Os ferimentos perfurocontusos provocados pela entrada de projéteis de arma de fogo nos membros superiores nem sempre indicam lesões de defesa; **E:** Incorreta. É sinal indicativo de "execução sumária" a existência de zona de tatuagem, que sugere que o tiro foi disparado à queima-roupa.

Gabarito "B"

(Delegado/MG – 2012) Constitui um exemplo de asfixia mecânica pura de interesse médico-legal:

(A) sufocação direta.
(B) estrangulamento típico.
(C) enforcamento completo.
(D) esganadura antebraquial.

A: Correta. A sufocação direta é considerada um exemplo de asfixia mecânica pura porque nela ocorre a obstrução das vias respiratórias externas (boca e nariz) ou externas (traqueia, glote), enquanto que na sufocação indireta há a compressão da região torácica, impedindo que a vítima tenha os movimentos respiratórios; **B:** Incorreta. O estrangulamento consiste no tracionamento do pescoço da vítima pela utilização de um objeto que permita enlaçá-lo, sendo que a força utilizada para o acionamento deve ser estranha ao próprio corpo do ofendido. O objeto utilizado mais comumente é a corda; **C:** Incorreta. No enforcamento, a força utilizada para acionamento da tração é o peso do próprio corpo da vítima e é a forma mais usada por suicidas; **D:** Incorreta. Na esganadura, a asfixia é provocada pela constrição do pescoço da vítima pelas mãos do agente homicida.

Gabarito "A"

(Delegado/MG – 2012) A classificação das queimaduras, que considera a profundidade das lesões, é definida em graus, do primeiro ao quarto. Uma queimadura que apresenta vesículas ou flictenas, contendo líquido seroso, remete-se:

(A) primeiro grau.
(B) segundo grau.
(C) terceiro grau.
(D) quarto grau.

A: Incorreta. Na queimadura de primeiro grau, pode-se observar a formação de eritemas, que se caracterizam pela vermelhidão da pele, provocada pela vasodilatação dos vasos capilares cutâneos; **B:** Correta. A queimadura que apresenta vesículas ou flictemas, que são bolhas na pele, com líquido seroso, é de segundo grau. **C:** Incorreta. Na queimadura de terceiro grau, os tecidos são atingidos, ocorrendo a formação de escaras, ferimentos nos quais o tecido subjacente fica exposto. Em alguns casos, até mesmo o osso fica evidente; **D:** Incorreta. Na queimadura de quarto grau, se adotada a classificação de Lussena/Hofmann, há a carbonização do corpo. Outra classificação conhecida é a de Dupuytren.

Gabarito "B"

(Delegado/MG – 2012) Considerando as lesões corporais dolosas graves relativas à eventualidade "perigo de vida", pode-se afirmar que

(A) constitui prognóstico de morte futura.
(B) constitui provável complicação letal vindoura.
(C) constitui situação concreta de morte iminente.
(D) todas as opções listadas acima contemplam o conceito perigo de vida.

O perigo de vida é o risco de morte surgido em decorrência da lesão sofrida, seja no próprio momento da lesão ou em fase subsequente, por conta de evolução do quadro clínico provocado.

Gabarito "C"

(Delegado/MG – 2012) Uma luxação do ombro, caracteriza a ação de um instrumento

(A) cortante.
(B) perfurante.
(C) contundente.
(D) cortocontundente.

A: Incorreta. A ação de instrumento cortante causa a secção dos tecidos, causada mais comumente por faca, canivete, navalha etc. A lesão provocada por um desses instrumentos é chamada de incisa; **B:** Incorreta. O agente perfurante afeta o corpo da vítima por meio de pressão, que causa o distanciamento dos tecidos sem, contudo, provocar seu seccionamento. Alguns dos instrumentos de ação perfurante: prego, agulha, furador de gelo etc. A lesão causada por esses instrumentos é chamadas de punctória ou puntiforme; **C:** Correta. O instrumento contundente, que é utilizado, normalmente, por pressão e deslizamento, podendo, no entanto, ter sua ação de outra maneira, como por exemplo, compressão, torção etc. Causa lesão contusa, que pode se apresentar de várias formas, tais como: escoriação, hematoma, equimose, fratura, rubefação etc. Exemplo de agente contundente: pedaço de madeira, as mãos do agressor, um automóvel etc.; **D:** Incorreta. O agente cortocontundente causa lesão cortocontusa, que normalmente se dá por meio de deslizamento, pressão ou percussão. O instrumento cortocontundente mais conhecido é o machado.

Gabarito "C"

(Delegado/MG – 2008) Uma lesão caracterizada por infiltração hemorrágica nas tramas dos tecidos é denominada

(A) entorse.
(B) equimose.
(C) escoriação.
(D) rubefação.

A: Incorreta. Entorse é a lesão dos ligamentos por meio de um movimento que ultrapassa os limites fisiológicos, separando extremidades ósseas da articulação; **B:** Correta. Equimoses são as conhecidas marcas de coloração roxa, que ocorrem em razão do rompimento de vasos sanguíneos, podendo ser superficiais ou profundas; **C:** Incorreta. Escoriação é a lesão superficial da epiderme (camada mais externa da pele), causada, normalmente, por deslizamento, atrito ou pressão; **D:** Incorreta. Rubefação é a vermelhidão da pele provocada por uma inflamação.

Gabarito "B"

(Delegado/MG – 2007) Constituem características da ferida contusa, exceto:

(A) pouco sangrenta.
(B) fundo irregular.
(C) cauda de escoriação.
(D) bordas irregulares.

A cauda de escoriação é encontrada nos ferimentos produzidos por instrumentos cortantes. A lesão contusa apresenta: pouco sangramento, fundo irregular e bordas irregulares.

Gabarito "C"

(Delegado/MG – 2006) O sinal de Chambert é uma característica da queimadura de:

(A) primeiro grau.
(B) terceiro grau.
(C) quarto grau.
(D) segundo grau.
(E) temperaturas oscilantes.

O sinal de Chambert pode ser observado quando há a formação de bolhas ou flictenas contendo líquido transparente ou em tonalidades amareladas, que se observa nas queimaduras de segundo grau.

Gabarito "D"

(Delegado/MG – 2006) Constitui um exemplo peculiar de uma lesão cortocontusa:

(A) luxação.
(B) mordedura.
(C) fratura.
(D) rubefação.
(E) entorse.

A luxação, a fratura, a rubefação e a entorse são observadas nas lesões causadas por instrumentos contundentes. Somente a mordedura se caracteriza como um exemplo de lesão cortocontusa.

Gabarito "B"

(Delegado/SP – 2011) A figura do "perigo de vida" nas lesões corporais diz respeito:

(A) ao perigo decorrente da situação em que esteve a vítima por ocasião da agressão.
(B) ao perigo resultante do dano pessoal ocasionado pelo ato criminoso.
(C) à situação de prognóstico médico de grave dano.
(D) à situação de expectativa de risco de vida relacionada à agressão.
(E) todo tipo de atividade relativa à vítima em seu cotidiano.

O perigo de vida diz respeito ao risco de morte sofrido pela vítima em decorrência da lesão corporal sofrida. Esse risco pode surgir no momento da agressão ou posteriormente, desde que provocado pela evolução do quadro clínico.

Gabarito "A"

(Delegado/SP – 2008) O hematoma

(A) pode se formar por afastamento de tecidos ou no interior de cavidades naturais do organismo.
(B) é uma alteração que ocorre exclusivamente em feridas contusas.
(C) desaparece naturalmente em cerca de vinte e um dias.
(D) obedece ao espectro equimótico de Légrand du Salle, quando se forma sob a pele.

(E) decorre da ruptura de vasos sanguíneos capilares, com infiltração do sangue entre as malhas do tecido.

A: Correta. O hematoma pode ser formar pelo afastamento de tecidos ou no interior de cavidades naturais do organismo; **B:** Incorreta. Os hematomas não são exclusivos das lesões contusas; **C:** Incorreta. Os hematomas têm recuperação mais lenta que as equimoses, que desaparecem por volta do vigésimo primeiro dia, enquanto os hematomas podem demorar um mês para desaparecerem; **D:** Incorreta. O espectro equimótico, que consiste em uma gradação de cores que possibilitam identificar o tempo do ferimento, é utilizado para as equimoses.

Gabarito "A"

(Delegado/SP – 2008) A ferida produzida por instrumento cortante na região anterolateral do pescoço e a produzida por instrumento cortocontundente na região posterior do mesmo segmento corporal recebem, respectivamente, os nomes de

(A) degola e esgorjamento.
(B) esgorjamento e decapitação.
(C) degola e decapitação.
(D) esgorjamento e degola.
(E) decapitação e degola.

Esgorjamento é produzido por instrumento cortante (ex.: faca, lâmina), podendo, também, se dar por objeto cortocontundente (ex.: machado, facão), que ocasiona lesão na parte anterior do pescoço. Enquanto que a degola provoca lesão na parte posterior do pescoço ou nuca e é produzida por instrumento cortante. A decapitação, por sua vez, é a separação da cabeça da vítima de seu corpo.

Gabarito "D"

(Delegado/SP – 2003) A cianose, presente nas asfixias mecânicas, resulta

(A) do aumento da concentração sanguínea de gás carbônico combinado com a hemoglobina.
(B) da ausência de oxigênio na circulação sanguínea.
(C) da drástica diminuição da circulação sanguínea na cabeça.
(D) da congestão facial.

A cianose ocorre quando parte do oxigênio da oxiemoglobina se desprende, e, por meio de combustões nas células, é despejado no sangue como ácido carbônico, formando carbosiemoglobina, deixando a pele com coloração azulada.

Gabarito "A"

(Delegado/SP – 2003) Em casos de eletrocussão não é raro observar-se intensa cianose no cadáver. Nestes casos pode-se deduzir que a morte foi provocada por

(A) parada cardíaca imediata, por ação da eletricidade.
(B) asfixia mecânica por sufocação indireta.
(C) paralisação do tronco encefálico (bulbo), por ação da eletricidade.
(D) por alteração química do sangue, por ação direta da eletricidade.

A asfixia mecânica por sufocação indireta ocorre pela compressão do tórax e/ou do abdômen, impedindo os movimentos respiratórios, que causam a cianose encontrada em vítimas de morte por eletrocussão.

Gabarito "B"

(Delegado/SP – 2003) Observando o espectro equimótico, o médico-legista pode avaliar

(A) o tempo de evolução da equimose.
(B) os limites da equimose.
(C) a intensidade da equimose.
(D) a extensão da equimose.

A denominação de espectro equimótico foi dada por Legrand Du Saulle. O espectro equimótico possibilita definir o tempo decorrido da equimose até o exame. Os limites são variáveis. A intensidade assim como a extensão da equimose sofrem variações de acordo com o instrumento utilizado, dependendo da força utilizada na violência e das condições anatômicas do ofendido.

Gabarito "A"

(Delegado/SP – 2000) Os sulcos cervicais típicos de enforcamento e de estrangulamento são, respectivamente,

(A) horizontal descontínuo e oblíquo contínuo.
(B) oblíquo contínuo e horizontal descontínuo.
(C) horizontal contínuo e oblíquo descontínuo.
(D) oblíquo descontínuo e horizontal contínuo.

O enforcamento consiste na constrição do pescoço, normalmente, por meio de uma corda que é afixada a uma base, tendo como força de acionamento o peso do próprio corpo da vítima e o estrangulamento tem como força de acionamento uma força que não o peso do próprio corpo. Uma das características indicadoras do enforcamento e do estrangulamento, respectivamente, é o surgimento de sulcos cervicais, no primeiro, oblíquo e descontínuo, e, no segundo, horizontal contínuo.

Gabarito "D"

(Delegado/SP – 1999) Considerando-se a pena cominada em abstrato, pode-se afirmar que é mais grave a lesão corporal da qual resulta

(A) perda de um braço, mantendo-se o outro íntegro.
(B) perda de um rim, mantendo-se o outro normal.
(C) estado de choque por hemorragia interna.
(D) interrupção da gravidez por antecipação do parto.

A perda de um braço caracteriza lesão corporal de natureza gravíssima, por tratar-se de perda de um membro; enquanto que a perda de um rim, mantendo-se o outro íntegro, e a antecipação do parto configuram lesão grave.

Gabarito "A"

(Delegado/SP – 1999) Uma ferida de comprimento maior do que a profundidade, com bordas lineares regulares e superfícies internas lisas foi produzida, com maior probabilidade, por instrumento

(A) perfurocortante.
(B) cortocontundente.
(C) cortante.
(D) inciso.

A: Incorreta. Perfurocortante é o ferimento causado por objeto pontiagudo; **B:** Incorreta. Corto-contundente ou cortocontusa é a lesão provocada por machado, mordida, enxada etc.; **C:** Correta. A lesão cortante produz um ferimento com maior extensão de comprimento que profundidade. Além disso, apresenta bordas regulares e superfícies internas lisas; **D:** Incorreta. Incisa é a ferida provocada por instrumento cortante. Ex.: furador de gelo.

Gabarito "C"

(Delegado/SP – 1998) Os ferimentos punctórios podem ser deformados graças a

(A) Leis de Filós e Langer.
(B) tração tendinosa.
(C) espessura local da pele.
(D) estruturação local da pele.

Os ferimento punctórios chamados, também, de perfurantes, são aqueles provocados pela pressão do instrumento contra o corpo da vítima. Dessa forma, podem apresentar deformações. Nesses tipos de ferimentos predomina a profundidade da lesão.

Gabarito "A"

(Delegado/SP – 1998) O "espectro equimótico" tem a seguinte sequência

(A) vermelho, violácio, esverdeado, azulado.
(B) vermelho, azulado, esverdeado, violácio.
(C) violácio, amarelado, esverdeado, azulado.
(D) vermelho, azulado, esverdeado, amarelado.

A cor vermelha é observada no primeiro dia; o azulado entre o 4º e 6º dias; o verde pode ser observado entre o 7º e 12º dias, e, por último, vai adquirindo tonalidade amarelada.

Gabarito "D"

(Delegado/SP – 1998) As lesões denominadas "pé de trincheira" são produzidas por

(A) calor.
(B) desnutrição.
(C) frio.
(D) falta de higiene.

As lesões denominadas "pés de trincheira" são assim chamadas em razão de, na Primeira Guerra Mundial, os soldados sofrerem com o congelamento parcial dos membros inferiores.

Gabarito "C"

6. PSICOPATOLOGIA FORENSE

(Delegado/AC – 2008 – CESPE) Considere-se que uma senhora faça denúncia de que seu neto de um ano e meio vem sofrendo maus-tratos por sua filha, mãe da criança, que tem problemas mentais e que o laudo de exame de corpo de delito do Instituto Médico Legal (IML) descreve as seguintes lesões apresentadas pela criança: hematomas de tonalidades avermelhadas, esverdeadas e amareladas; escoriações em diversas regiões e feridas contusas sangrantes, além de outras, cobertas por crostas e manchas hipocrômicas. Tendo em vista essa situação hipotética, os aspectos médico-legais das lesões corporais e os maus-tratos a menores bem como da imputabilidade penal, julgue os item subsequente.

(1) Nessa situação, a perturbação mental ou o desenvolvimento incompleto ou retardado da agressora não deve ser elemento de alteração de imputabilidade, uma vez que se trata de maus--tratos ao próprio filho.

O art. 26, parágrafo único, do CP dispõe que "a pena pode ser reduzida de um a dois terços, se o agente, em virtude de perturbação de saúde mental ou por desenvolvimento mental incompleto ou retardado não era inteiramente capaz de entender o caráter ilícito do fato ou de determinar-se de acordo com esse entendimento". Como se pode notar, não há qualquer causa que exclua tal redução. Desse modo, a redução deverá incidir sobre possível pena imposta.

Gabarito "E"

(Delegado/BA – 2008 – CEFETBAHIA) Segundo a Psicologia Criminal, sobre crimes passionais, é correto afirmar:

(A) São muito raros e, por isso, não merecem uma atenção muito específica das autoridades policiais.
(B) Envolvem apenas os homens, ilustrando o fator cultural machista desses crimes.
(C) Na maioria dos casos, os agressores não têm história prévia de criminalidade.
(D) São crimes que nada têm a ver com o verdadeiro amor.
(E) É dispensável a perspectiva socioantropológica para a compreensão dos crimes passionais, pois se devem a processos psicológicos.

A: Incorreta. Os crimes passionais são muito comuns, ocorrendo em diversas classes sociais, merecendo, sim, atenção muito específica das autoridades. São exemplos emblemáticos os casos: Pimenta Neves, o do promotor de justiça Igor Ferreira da Silva, entre outros; **B:** Incorreta. As mulheres também são autoras dessa modalidade de crime; **C:** Correta. Os crimes passionais, na maioria dos casos, envolvem agressores que não têm história prévia de criminalidade. **D:** Incorreta. Na maior parte dos casos, o autor demonstra muito amor pela vítima, sentimento que ultrapassa os limites comuns na maior parte da população; **E:** Incorreta. Ao contrário, o estudo socioantropológico do autor do crime passional é fator preponderante para a identificação dos motivos que o levaram à prática delitiva.

Gabarito "C"

(Delegado/GO – 2009 – UEG) Na classificação médico-legal, a pedofilia é considerada

(A) uma perversão sexual.
(B) um transtorno da identidade sexual.
(C) um transtorno da preferência sexual.
(D) uma tendência abusiva de atos sexuais.

A organizadora considerou como resposta correta a alternativa em que classifica a pedofilia como uma perversão sexual. Todavia, Delton Croce e Delton Croce Junior, na obra *Manual de Medicina Legal*, 7ª edição, pág. 707, a classificam como sendo um "desvio sexual caracterizado pela atração por crianças ou adolescentes sexualmente imaturos, com os quais os portadores dão vazão ao erotismo pela prática de obscenidades ou de atos libidinosos". Como perversões ou aberrações sexuais classifica: riparofilia, triolismo, vampirismo, bestialismo, necrofilia, sadismo, masoquismo etc.

Gabarito "A"

(Delegado/PB – 2009 – CESPE) Assinale a opção correta relacionada à imputabilidade penal, considerando um caso em que o laudo de exame médico-legal psiquiátrico não foi capaz de estabelecer o nexo causal entre o distúrbio mental apresentado pelo periciado e o comportamento delituoso.

(A) O diagnóstico de doença mental é suficiente para tornar o agente inimputável.
(B) A doença mental seria atenuante quando considerada a dosimetria da pena, devendo o incriminado cumprir de um sexto a um terço da pena.
(C) Trata-se de caso de aplicação de medidas de segurança.
(D) Deverá ser realizada nova perícia.
(E) O agente deve ser responsabilizado criminalmente.

Para que o agente seja submetido a uma medida de segurança, é necessário que seja atestado pelos peritos que o criminoso era, ao tempo da conduta, inimputável, ou seja, não possuía no momento do crime o discernimento necessário à compreensão de seus atos. No caso em comento, os peritos não identificaram o nexo causal existente entre o distúrbio mental e ato delitivo praticado pelo agente. Desse modo, deverá ser responsabilizado penalmente, ou seja, com a imposição de uma das penas elencadas no ordenamento jurídico.

Gabarito "E"

(Delegado/SP – 2002) Criminoso portador de personalidade patológica, caracterizada por pobreza nas reações afetivas, conduta antissocial inadequadamente motivada, carência de valor, ausência de delírios, falta de remorso e senso moral, incapacidade de controlar os impulsos e aprender pela experiência e punição, denomina-se

(A) delinquente essencial.
(B) psicopata.
(C) delinquente psicótico.
(D) neurótico.

A: Incorreta. Delinquente essencial é aquele que não apresenta qualquer doença mental; **B:** Correta. O criminoso psicopata é o doente mental que tem como sintomas as características descritas no enunciado; **C:** Incorreta. O delinquente psicótico é aquele que age em razão de delírios e alucinações, não possui discernimento sobre seus atos, razão pela qual, quando constatada tal situação, é reconhecida a sua inimputabilidade; **D:** Incorreta. O neurótico é aquele que apresenta transtorno mental. No entanto, esse transtorno não afeta a sua capacidade de compreensão, o seu discernimento.

Gabarito "B"

7. ANTROPOLOGIA

(Delegado de Polícia/GO – 2013 – UEG) Em Antropologia Forense, os ângulos faciais (Jacquart, Cloquet e Curvier) são determinantes para:

(A) altura
(B) idade
(C) sexo
(D) raça

A: incorreta pois, para a determinação da altura de um indivíduo, basta realizar sua medição, colocando-o em pé. Quando se tratar de um cadáver, a medição será feita com o corpo em decúbito dorsal. A definição da altura poderá ser obtida, inclusive, por meio da medição de ossos, que serão na sequência comparados com os valores constantes da tábua osteométrica de broca, por meio daqual foram estabelecidos parâmetros da média das medidas existentes para cada sexo. Além da medição, outro método que pode ser adotado para a aferição da altura é o da medição dos dentes; **B**: incorreta, pois, assim como para a altura, a definição da idade também pode se dar pela medição de ossos, seja por meio da medição do tamanho ou de seu estado de desenvolvimento. Também é possível a determinação pelo estado dos dentes; **C:** incorreta, pois o sexo de um indivíduo, nos casos em que não são visíveis os órgãos genitais ou em hermafrodita, pode ser determinado com base em características do crânio, mas principalmente da bacia. O tórax também pode ser utilizado para diferenciar o indivíduo feminino do masculino; **D:** correta, pois a raça pode ser definida por meio dos ângulos faciais ou pela cor da pele, dos olhos. Outros meios que possibilitam a identificação da raça são: o formato e capacidade do crânio; tipo de cabelo etc.

Gabarito "D"

(Delegado/BA – 2008 – CEFETBAHIA) Assinale a alternativa correta.

(A) Os exames periciais podem determinar a identidade do criminoso.
(B) A identidade do criminoso só pode ser realizada pelas provas testemunhais.
(C) O *modus operandi*, ou seja, a maneira e a espécie como foi praticado o delito não tem importância na investigação policial.
(D) A testemunha é o elemento sobre o qual incide a ação criminosa.
(E) A identidade de uma pessoa é determinada somente pelo exame de DNA.

A: Correta. A identidade do criminoso pode ser determinada por exames periciais, como a identificação por meio de suas impressões digitais, DNA etc.; B e **E:** Incorretas. A identidade dos criminosos pode ser revelada por meio de documentos e de identificação dactiloscópica, de arcada dentária, por meio de medidas do crânio, entre outras; **C:** Incorreta. O *modus operandi* tem grande relevância na investigação, porque por intermédio dele é possível identificar, por exemplo, um assassino em série; **D:** Incorreta. A testemunha é pessoa que, de alguma forma, pode contribuir para a elucidação de um crime, seja porque presenciou a ação delitiva ou porque tem conhecimento de algum dado que conduza à identificação de seu autor.

Gabarito "A"

(Delegado/SP – 1999) Em antropologia forense, através do exame do fêmur de um esqueleto pode-se

(A) somente avaliar a estatura do indivíduo.

(B) avaliar a estatura e determinar o sexo do indivíduo.
(C) somente determinar o sexo do indivíduo.
(D) avaliar a estatura e determinar a raça do indivíduo.

A estatura pode sofrer variações em razão do sexo (em geral, os homens são mais altos), da idade e de outros fatores, tais como hormônios e raça. Na Medicina Legal, o sexo do indivíduo pode ser determinado por meio de exames de medição do crânio, do tórax, da bacia pélvica, na qual o fêmur da mulher forma um ângulo diferente da do homem.
Gabarito "B"

(Delegado/SP – 2008) Dentre os fatores condicionantes da criminalidade, no aspecto psicológico, alcança projeção, hoje em dia, nas favelas, um modelo consciente ou inconsciente, com o qual o indivíduo gosta de se identificar, sendo atraente o comportamento do bandido, pois é "valente, tem dinheiro e prestígio na comunidade". A esse comportamento dá-se o nome de

(A) carência afetiva.
(B) ego abúlico.
(C) insensibilidade moral.
(D) mimetismo.
(E) telurismo.

A: Incorreta. Carência afetiva é a falta de afeto, de carinho; **B:** Incorreta. Ego abúlico é característica do indivíduo que tem dificuldades para a tomada de decisões, pode ser observada em indivíduos acometidos de esquizofrenia ou com depressão; **C:** Incorreta. A insensibilidade moral é uma das características de indivíduos psicopatas; **D:** Correta. O mimetismo é a reprodução de um comportamento; **E:** Incorreta. Telurismo é a intervenção do clima, das estações climáticas e da temperatura sobre o indivíduo.
Gabarito "D"

(Delegado/SP – 2008) Para identificar o grupo democrático ("étnico") e o sexo de uma pessoa, tendo-se apenas o esqueleto, o especialista procurará basear-se, principal e respectivamente,

(A) na mandíbula e nos ossos da face.
(B) na coluna dorsal e nos ossos fêmures.
(C) no crânio e na bacia pélvica.
(D) nos ossos longos e na bacia pélvica.
e) no crânio e nas costelas.

A atenção para identificação do sexo de um esqueleto deve se concentrar na região da bacia pélvica porque há diferenciação anatômica acentuada entre os sexos, assim como o crânio do homem apresenta maior capacidade volumétrica, assim como há diferença entre o corpo de indivíduos de raças distintas.
Gabarito "C"

8. PERÍCIAS MÉDICO-LEGAIS E PROCEDIMENTO NO INQUÉRITO POLICIAL

(Delegado/PR – 2013 – UEL-COPS) A avaliação da imputabilidade penal é realizada por intermédio de exame de sanidade mental e leva em consideração fatores limitadores ou modificadores. A interpretação do laudo médico-legal é fundamental para um correto entendimento do quadro psicopatológico.

Sobre a ótica da medicina legal relacionada à imputabilidade penal, assinale a alternativa correta.

(A) São considerados inimputáveis aqueles com doença mental e que são inteiramente incapazes de discernir o caráter ilícito do fato ou de determinar-se de acordo com o entendimento.
(B) São considerados inimputáveis aqueles que são relativamente incapazes de discernir o caráter ilícito do fato ou de determinar-se de acordo com o entendimento, como os que apresentam desenvolvimento mental incompleto ou retardado.
(C) A presença de paixão, emoção, agonia, cegueira ou surdomutismo não é modificadora de imputabilidade penal em nenhuma situação.
(D) Estados demenciais, oligofrenias ou psicoses mentais geram estados de semi-imputabilidade, mas nunca geram inimputabilidade.
(E) Os estados de personalidade antissocial em que existem uma baixa tolerância à frustação e um baixo limiar de descarga de agressividade geram um estado de inimputabilidade penal.

A: Correta. O Direito Penal brasileiro adotou para a avaliação de imputabilidade penal o sistema biopsicológico, ou seja, não é suficiente apenas a comprovação de desenvolvimento mental incompleto, mas exige-se, também, que seja atestada a falta de discernimento de compreensão do fato do acusado ou, ainda, de agir de acordo com essa compreensão (art. 26, CP: É isento de pena o agente que, por doença mental ou desenvolvimento mental incompleto ou retardado, era, ao tempo da ação ou da omissão, inteiramente incapaz de entender o caráter ilícito do fato ou de determinar-se de acordo com esse entendimento); **B**: Incorreta: Art. 26, Parágrafo único. A pena pode ser reduzida de um a dois terços, se o agente, em virtude de perturbação de saúde mental ou por desenvolvimento mental incompleto ou retardado não era inteiramente capaz de entender o caráter ilícito do fato ou de determinar-se de acordo com esse entendimento). A figura tratada na alternativa é a referente ao semi-imputável; **C**: Incorreta. A paixão e a emoção não excluem a imputabilidade penal (art. 28, I, CP), mas podem ser causas para a redução da pena a ser imposta ao autor de um crime, desde que comprovadas algumas circunstâncias, tais como: caracterização de que a conduta foi praticada após injusta provocação da vítima, que veio a desencadear no agente uma violenta emoção (art. 65, III, c; art. 121, § 1º; art. 129, § 4º, todos do CP). Por sua vez, a agonia, que é caracterizada pela proximidade da morte, pode afetar a manifestação da livre vontade daquele que se encontra moribundo, razão por que poderá, também, provocar uma circunstância que limite ou modifique a capacidade de entendimento dos fatos, podendo, assim, afetar a imputabilidade penal. Enquanto que os cegos e surdos-mudos, desde que se comprove que não eram inteiramente capazes de entender o caráter ilícito do fato ou de determinar-se de acordo com esse entendimento, podem ser considerados semi-imputáveis, possibilitando, dessa maneira a redução da pena (art. 26, parágrafo único, CP); **D**: Incorreta. Os estados demenciais são aqueles verificados nos indivíduos acometidos de doenças que afetam os vasos cerebrais ou outras partes do cérebro, sendo que estas provocam alterações da capacidade de compreensão e avaliação dos fatos, da memória, entre outros aspectos. Um exemplo de estado demencial é o apresentado pelos portadores da doença de Alzheimer. E, em decorrência dos efeitos provocados pela doença, pode ser tida como uma caracterizadora de inimputabilidade penal. A oligofrenia, que é um termo usado para retardo mental, pode ser dividida, com base nos graus de comprometimento do desenvolvimento mental de seus portadores. Esses portadores podem ser tidos como idiotas, imbecis ou débeis mentais. Estes últimos, são aqueles que têm sua capacidade de entendimento dos atos praticados reduzida, sendo por isso tidos como semi-imputáveis. Quanto aos idiotas e imbecis, que são os portadores de retardos mentais mais severos, estes são classificados como inimputáveis; **E**: Incorreta. O reconhecimento da inimputabilidade penal não é automático. É necessário que fique caracterizado que no momento da ação ou omissão o agente não era inteiramente capaz de entender o caráter ilícito do fato ou de determinar-se de acordo com esse entendimento.
Gabarito "A"

(Delegado/RJ – 2013 – FUNCAB) A identificação de uma pessoa se define como um conjunto de características que individualiza a pessoa, tornando-a diferente das demais. Sob esta óptica, o exame de DNA, embora moderno e com alto grau de confiabilidade, não é suficiente para a determinação da identidade, pois via de regra, essas análises são realizadas utilizando-se como material de comparação amostras de familiares, sendo assim um método capaz de gerar o grau de parentesco e, não a identidade propriamente dita, ou seja, pode determinar se um indivíduo é filho de alguém, mas não qual dos filhos. Outras técnicas, científicas, ao contrário do exame de DNA, podem, isoladamente, conferir a identidade a um cadáver, considerando a preexistência de parâmetros de comparação.

Entre essas técnicas, estão:

(A) reconhecimento facial, arcada dentária e sobreposição de imagens.
(B) reconhecimento facial, sinais particulares e sobreposição de imagens.
(C) impressão dactiloscópica, sinais particulares e sobreposição de imagens.
(D) impressão dactiloscópica, arcada dentária e sobreposição de imagens.
(E) impressão dactiloscópica, arcada dentária e sinais particulares.

A, B, C e **E**: Incorretas. O reconhecimento facial não é muito preciso, haja vista que as pessoas sofrem transformações em razão do decorrer dos anos e, além disso, a existência de pessoas com características muito semelhantes, como é o caso dos sósias, pode ocasionar confusões. O método da prosopografia, também conhecido como método de Piacentino ou, ainda, de crânio foto comparativo, é aquele que se utiliza da sobreposição de imagens da vítima antes de sua morte. A identificação por meio da análise da arcada dentária é denominada como sistema odontológico de Amoedo, é um dos modos de identificação usados, principalmente quando da ocorrência de acidente aéreo; Por sua vez, sinais particulares não são capazes de isoladamente proporcionarem a identidade de um indivíduo; **D**: Correta. Assim, os métodos que admitem afirmar a identidade de um indivíduo, isoladamente, são os de impressão dactiloscópica, arcada dentária e sobreposição de imagens.
Gabarito "D"

(Delegado/RJ – 2013 – FUNCAB) Os documentos médico-legais são mecanismos de comunicação com as autoridades e, portanto, devem ser elaborados com metodologia, de forma a obedecer uma configuração preestabelecida. Constituem parte comum ao relatório ou laudo e ao parecer, EXCETO:

(A) descrição.
(B) discussão.
(C) conclusão.
(D) preâmbulo.
(E) quesitos.

Os relatórios médico-legais devem conter os seguintes itens: preâmbulo, quesitos, histórico ou comemorativo, descrição, discussões, conclusões e respostas aos quesitos. Desses, o único que não compõe o parecer médico-legal é a descrição, também denominada *visum et repertum.*

Gabarito "A"

(Delegado/RJ – 2013 – FUNCAB) Em relação ao álcool e a outras drogas psicotrópicas relacionadas com a dependência e a tolerância, julgue os itens a seguir e assinale a opção verdadeira.

(A) O álcool, por ser uma substância estimulante do sistema nervoso central (SNC), acarreta ao indivíduo intoxicado a perda do controle dos sentimentos éticos e morais, podendo produzir, nos primeiros momentos da embriaguez, um comportamento desinibido e irreverente.
(B) O conceito de tolerância farmacológica aponta na direção de um posicionamento, em termos de política criminal, contra a criminalização das drogas e a favor de uma abordagem sobre as mesmas dentro de um contexto de saúde pública.
(C) A principal propriedade de reforço dos opiáceos é a euforia, às vezes intensa, seguida de uma sensação de tranquilidade profunda; em relação aos alucinógenos, pode-se afirmar que uma de suas características mais relevantes é a ocorrência de uma rápida e significativa tolerância.
(D) Para a avaliação da imputabilidade penal de dependentes de drogas psicoativas que cometeram crimes relacionados com o uso de drogas, o perito legista, psiquiatra forense, avaliará se a droga específica causa ou causou dependência física ou psíquica, considerando o indivíduo mais imputável, quanto menor for a dependência física e menor a quantidade de droga consumida.
(E) A autoridade policial, de acordo com o Código de Processo Penal, poderá solicitar o exame de sanidade mental do acusado, quando verificar a provável existência de indícios de "Doença Mental" ou "Dependência de Drogas", devendo o perito legista, psiquiatra forense, concluir o laudo em quarenta e cinco dias, salvo se o mesmo demonstrar a necessidade de maior prazo.

A: Incorreta. O álcool é um psicodisléptico que pode provocar alucinações e delírios. Sua absorção atinge a corrente sanguínea e por meio dela alcança outros órgãos; **B**: Incorreta. A tolerância farmacológica diz respeito à diminuição dos efeitos das drogas ocasionado por seu uso contínuo; **C**: Correta. Os opiáceos são, assim como álcool, psicodislépticos euforizantes; **D**: Incorreta. Para a verificação da imputabilidade de um indivíduo será levado em consideração o seu grau de dependência, mas, para a constatação da inimputabilidade, deverão ser sopesados a causa biológica da dependência, a sua afetação psicológica e o elemento temporal. Portanto, não basta apenas que fique comprovado que a droga consumida provoca dependência; **E**: Incorreta. A autoridade policial, de acordo com o art. 149, § 1º, do CPP, poderá representar ao juiz competente, quando houver dúvida sobre a integridade mental do acusado, para que este ordene para que seja o acusado submetido a exame médico-legal.

Gabarito "C"

(Delegado/RJ – 2013 – FUNCAB) Depoimento de uma mulher usuária de drogas em reabilitação: "... porque para mim a droga era uma pessoa e as pessoas eram coisas, de que eu precisava para me encontrar com a droga ." A palavra droga substituiu a palavra originalmente utilizada pela mulher que fazia referência a uma substância específica. Esse pensamento retrata claramente o comportamento de adicção. Essa manifestação de desejo de consumo associado ao efeito residual da droga tem potencializado atos de extrema violência.

Contudo, o comportamento agressivo está, na imensa maioria das vezes, associado ao uso de estimulantes do sistema nervoso, em geral, e um depressor. Esses estimulantes e o depressor seriam, respectivamente:

(A) solventes inalantes, ecstasy e cocaína.
(B) solventes inalantes, crack e ecstasy.
(C) ecstasy, álcool e crack.
(D) cocaína, crack e álcool.
(E) cocaína, solventes inalantes e álcool.

A, B, C e **E**: Incorretas. **D**: Correta. Cocaína, crack e álcool são drogas que compõem a categoria dos psicodislépticos que são aqueles que provocam alterações psíquicas, falta de limites egoicos e com distorções.

Gabarito "D"

(Delegado/RO – 2014 – FUNCAB) O uso das impressões digitais como recurso empregado para vincular um suspeito à cena do crime, através dos vestígios coletados e analisados, é de aplicação inquestionável na investigação policial. A ficha datiloscópica, base na qual funcionam todos os sistemas de identificação humana por impressões digitais, é decadatilar. Tendo em vista que em um local de crime, dificilmente serão encontradas as impressões dos dez dedos do criminoso, marque a alternativa correta em relação à técnica referida.

(A) O arquivo monodatilar utiliza os tipos fundamentais e os pontos característicos.
(B) Circular, espiral, ovoidal, sinuoso e duvidoso são subtipos dos verticilos.
(C) Na confecção da ficha datiloscópica são utilizados algarismos para representar os polegares e letras para os demais dedos.
(D) Os quatro tipos fundamentais da classificação são arco, gancho, presilha e verticilo.
(E) São considerados pontos característicos as forquilhas, as invadidas e os encerras.

A: Incorreta. Com a localização e revelação de uma impressão digital em local de crime, ela deve ser fotografada e colhida para no instituto de identificação ser realizada a sua classificação e comparação; **B**: Correta. Os verticilos podem ser circulares, sinuosos, espirais, ovoidais, ou ganchosos; C: Incorreta. Os polegares são identificados na ficha dactiloscópica pelas letras maiúsculas A, I, E ou V; **D**: Incorreta. Os tipos fundamentais do sistema de identificação de Vucetich são: arco, presilha interma, presilha externa e verticilo; **E**: Incorreta. OS pontos característicos são ilhota, linha cortada, forquilha, bifurcação e encerro.

Gabarito "B"

(Delegado/SP – 2014 – VUNESP) Substância tóxica de dependência química e psíquica; é um produto sintético (diacetilmorfina), tem a forma de pó branco e cristalino que, após a diluição, é injetado no usuário que apresenta de início euforia, disposição, alegria, mas que, ao longo do uso, passa a apresentar náuseas, vômitos, delírios, convulsões, bloqueio do sistema respiratório e morte de forma fugaz. Essa substância corresponde à(ao)

(A) maconha.
(B) morfina.
(C) LSD.
(D) cocaína.
(E) heroína.

A: Incorreta. A maconha tem como princípio ativo o Delta – 9-THC (9-gama-transtetrahidrocanabinol. É composto encontrado em resinas de plantas. A maconha tem cor verde-escura e seu consumo se dá por meio de cigarros ou cachimbos ou, ainda, por meio da mascagem ou chupada de suas folhas; **B**: Incorreta. A morfina é derivada do ópio. Em sua formação original assume um aspecto líquido incolor, mas pode ser também utilizada com consistência de pó branco e cristalino. No entanto, tem como efeitos mais característicos a apatia, a sonolência, diminuição da capacidade de concentração; **C**: Incorreta. O LSD (*Liserber SAure Diethylanid*) é um semissintético que tem aspecto de pó incolor e é consumido na forma de comprimidos ou por meio de injeção endovenosa; **D**: Incorreta. Apesar de a cocaína também adquirir a consistência de pó branco e cristalino, a forma mais comum de consumo é a aspiração desse pó pelo nariz. Como efeitos a curto prazo causa a falta de cansaço, insônia, hiperatividade motora, alucinações, ausência de fome etc. Com o uso prolongado, surgem a apatia, distúrbios cardíacos, tristeza; **E**: Correta. A heroína é uma substância sintética altamente tóxica.

Gabarito "E"

(Delegado/SP – 2014 – VUNESP) Se um indivíduo em uso de medicamentos que são potencializadores do efeito alcoólico sobre o sistema nervoso, desconhecendo essa informação, ingere bebida alcoólica e passa a apresentar sinais inequívocos de embriaguez, tal fato pode ser considerado embriaguez

(A) preordenada.
(B) habitual.
(C) culposa.
(D) acidental.
(E) fortuita.

A: Incorreta. A embriaguez preordenada é aquela que dá pela própria vontade do agente. É a embriaguez dolosa, voluntária, em que o indivíduo se embriaga intencionalmente para se encorajar para cometer um crime **B:** Incorreta. Embriaguez habitual por força maior é aquela que se dá de forma acidental, ou seja, o individuo é forçado a ingerir a bebida alcoólica. Se for completa, isenta o agente de pena (art. 28, § 1°, do CP); se incompleta, mas deixando o agente sem possuir, ao tempo da ação ou da omissão, a plena capacidade de entender o caráter ilícito do fato ou de determinar-se de acordo com esse entendimento, a pena poderá ser reduzida de 1/3 a 2/3. **B:** Incorreta. A embriaguez habitual é a patológica; **C:** Incorreta. É aquela em que o agente ingere bebidas alcoólicas sem a intenção de se embriagar. No entanto, tem a consciência de que o seu consumo exagerado poderá embriaga-lo. **D:** Correta. A embriaguez proveniente de caso fortuito é acidental, é aquela em que o indivíduo não faz ideia dos efeitos que serão causados pela bebida alcoólica. Dessa maneira, poderá ser beneficiado com o previsto no art. 28, §§ 1° e 2°, do CP; **E:** Incorreta. Embriaguez fortuita é aquela em que o indivíduo desconhece o exato teor alcoólico da bebida e de seu potencial de inebriar.

Gabarito "D"

(Delegado de Polícia/GO – 2013 – UEG) A respeito dos documentos médico-legais, tem-se o seguinte:

(A) relatório médico somente poderá ser elaborado por médico legista.
(B) laudo e auto são documentos idênticos.
(C) o atestado de óbito poderá ser assinado por profissional não médico.
(D) notificação é uma comunicação feita pelo médico ao delegado de polícia sobre um fato relevante na investigação.

O laudo e o auto são espécies de relatório médico-legais. A diferença principal entre o laudo e o auto é que o primeiro é lavrado e elaborado pelo próprio perito, enquanto que o auto é ditado a um escrivão na presença da autoridade e testemunhas. O laudo deverá ser realizado por um ou mais peritos, não necessariamente um médico-legista. As notificações são as comunicações que o profissional de saúde, médico ou não, faz às autoridades competentes sobre questões que envolvem matéria sanitária e/ou social. Essa comunicação não necessariamente deve ser realizada ao delegado de polícia.

Gabarito "C"

(Delegado/BA – 2008 – CEFETBAHIA) O documento médico-legal, ditado ao escrivão logo após a realização do exame pericial, é denominado

(A) Auto.
(B) Parecer.
(C) Atestado.
(D) Relatório.
(E) Notificação.

A: Correta. O auto é um relatório médico-legal que é ditado ao escrivão; **B:** Incorreta. O parecer consiste em um relatório do médico-legista em que são respondidos quesitos e são realizadas considerações sobre dúvidas existentes quanto a questões de relevância médico-forense, normalmente elaborados por profissionais de renome; **C:** Incorreta. Atestado é a declaração de um médico sobre a especificação de um determinado fato sobre a saúde do paciente; **D:** Incorreta. Relatório é a descrição por escrito de forma detalhada sobre todo o histórico de atendimento relacionado à perícia médica requisitada pela autoridade competente. O relatório é dividido nas seguintes partes: preâmbulo, quesitos, histórico, descrição dos exames e técnicas utilizadas para a avaliação médico-forense, assim como dos sintomas encontrados, discussão, conclusões e respostas aos quesitos; **E:** Incorreta. Notificação é a comunicação compulsória de uma constatação de doença infectocontagiosa ou de violência sofrida pelo paciente que o médico deve dirigir aos órgãos competentes, e, em caso de não comunicação, dependendo da situação fática, o médico poderá incorrer na infração tipificada no art. 269 do CP.

Gabarito "A"

(Delegado/BA – 2008 – CEFETBAHIA) Uma das funções da perícia é

(A) não permitir a violação do local.
(B) não determinar o instrumento do crime.
(C) não determinar a maneira como o crime foi perpetrado.
(D) não elaborar o laudo pericial.
(E) não promover a preservação do local.

A perícia realizada em local preservado está inserida no ramo da Criminalística e tem como objetivos principais o encontro de elementos que sirvam como provas e conduzam à identificação do agente delitivo. Desse modo, são muito importantes as evidências encontradas no local dos fatos, tais como a posição do instrumento utilizado no crime, marcas deixadas e, para tanto, necessária se faz a preservação do local tal qual como deixado pelo criminoso. A descrição e conclusão sobre todos os elementos colhidos deve ser relatada por meio de laudo.

Gabarito "A"

(Delegado/BA – 2008 – CEFETBAHIA) Assinale a alternativa correta.

(A) Na classificação dos "Locais de Crime", existem incontáveis espécies de "Locais".
(B) Quanto à natureza do fato, o local pode ser classificado como "Local de Homicídio".
(C) Não existe classificação de local interno.
(D) Geralmente o isolamento do local é feito pela vítima do fato delituoso.
(E) Por força de sua missão de investigar, o policial está impedido de promover o isolamento do local.

A: Incorreta. Os locais de crime podem ser classificados como preservados e não preservados; **B:** Correta. Por sua vez, o local também poderá ser classificado de acordo com a natureza do crime investigado. Ex: local de homicídio, local de furto etc.; **C:** Incorreta. Os locais internos são classificados como locais imediatos e mediatos; D e **E:** Incorretas. O isolamento é realizado pelo(s) primeiro(s) policial(ais) a chegar no local do crime.

Gabarito "B"

(Delegado/BA – 2008 – CEFETBAHIA) Identifique com V as afirmativas verdadeiras e com F, as falsas.

( ) Objetos encontrados num local de crime não devem ser manuseados por policiais ou curiosos, antes da chegada dos peritos.
( ) O primeiro policial que chega ao local do fato deve efetuar busca em qualquer veículo que esteja relacionado com o crime, sem esperar a conclusão dos trabalhos periciais.
( ) A coleta dos indícios, no local de crime, deve ocorrer após a tomada das fotografias.

A alternativa que contém a sequência correta, de cima para baixo, é a

(A) V F V
(B) F F F
(C) V V F
(D) V V V
(E) F V F

Os objetos encontrados no local de um crime devem ser mantidos na posição encontrada, pois podem ser peças essenciais para o esclarecimento da *causa mortis* ou propiciar a identificação do autor do crime; o primeiro policial a chegar no local do crime tem como função principal a preservação do local do crime; as fotografias devem servir como elementos de registro da situação fática encontrada no local do crime. Assim, somente a segunda afirmativa é falsa.

Gabarito "A"

(Delegado/BA – 2008 – CEFETBAHIA) Com relação à coleta de amostras para exame pericial de DNA, é correto afirmar que a coleta de

(A) amostra-referência em pessoas é voluntária e exige o consentimento livre e esclarecido.
(B) amostra-referência de pessoa presa é permitida legalmente, mesmo sem ser voluntária.
(C) amostra-referência da vítima, na maioria das vezes, não é necessária.
(D) amostra-referência (sangue) de pessoas não exige habilitação técnica específica.
(E) amostras em local de crime requer consentimento livre e esclarecido do suspeito.

A: Correta; **B:** Incorreta. O preso perde a sua liberdade de locomoção, mas não é obrigado a fornecer amostra para a realização de DNA. No caso do indiciado ou suspeito, o fornecimento de material para elaboração do exame de DNA, com base no postulado de que ninguém pode ser compelido a produzir provas contra si mesmo (*nemo tenetur se detegere)*, é facultativo; **C:** Incorreta. O material fornecido pela vítima é necessário para possibilitar o confronto com o material fornecido pelo suspeito, autor ou investigado; **D:** Incorreta. É exigida habilidade e conhecimento específico para a realização da comparação dos genes; **E:** Incorreta. As amostras existentes em local de crime podem ser colhidas independentemente de autorização.

Gabarito "A"

(Delegado/BA – 2006 – CONSULPLAN) Locais de Crime internos ou externos são subdivididos em áreas:

(A) imediata e mediata.

(B) próxima e distante.
(C) aberta e fechada.
(D) direta e indireta.
(E) recentes e antigas.

Local de crime interno ou externo é dividido em áreas imediata e mediata. A imediata é aquela onde o cadáver se encontra ou onde o crime acontece, enquanto que a mediata corresponde às adjacências da imediata, devendo englobar toda área em que forem encontrados vestígios.

Gabarito "A"

(Delegado/MG – 2012) A capacidade de diagnosticar e mensurar a dor, alegada em um exame pericial, constitui um desafio da medicina legal, por se tratar de um dado subjetivo. O sinal de dor, avaliado pela contagem prévia do pulso radial, compressão do ponto doloroso alegado e nova contagem do pulso, é denominado pelo epônimo de sinal de

(A) Müller.
(B) Levi.
(C) Imbert.
(D) Mankof.

Em primeiro plano, deve-se esclarecer que o exame pericial que visa diagnosticar e mensurar a dor tem por objetivo afastar a possibilidade de simulação por parte do examinando e, na medida do possível, graduar a sua existência. Para tanto, são utilizados alguns métodos, entre eles: **A:** – Sinal de Müller, que consiste na marcação da área apontada como dolorosa com um compasso, sendo em seguida determinado que o examinando permaneça com olhos vendados enquanto o perito comprime com o dedo além da região apontada outras para descobrir se há ou não simulação da dor; B – O sinal de Levi é verificado da seguinte forma: o perito determina que o examinando fixe seu olhar em um ponto a distância, a seguir passa a comprimir o local apontado como doloroso. A existência da dor é constatada com a ocorrência de contração e dilatação pupilares; C – No sinal de Imbert, o procedimento adotado consiste na colocação do examinando em repouso, medindo-se nesse estado as suas pulsações radiais. Em seguida, determina-se que ele se apoie (em caso de a dor indicada pelo paciente se concentrar em uma das pernas) no membro apontado como doloroso ou que segure alguma carga (quando o membro atingido for um dos braços), passando-se a nova medição das pulsações. Quando existir a dor, as pulsações se elevarão; D – A verificação do sinal de Mankof (ou Mankoff) se inicia com a medição da pulsação radial do examinando, em seguida o examinando é colocado em repouso por alguns minutos, passando-se à compressão da área apontada como dolorida e nova medição da pulsação radial. No caso de aumento dessa pulsação, fica constatada a dor alegada.

Gabarito "D"

(Delegado/MG – 2007) Constitui comunicação compulsória feita por médico às autoridades competentes, de fato profissional, por necessidade social ou sanitária:

(A) atestado.
(B) notificação.
(C) parecer.
(D) relatório.

A: Incorreta. Atestado é a declaração de um médico sobre a especificação de um determinado fato sobre a saúde do paciente; **B:** Correta. Notificação é a comunicação compulsória de constatação de doença infectocontagiosa ou de violência sofrida pelo paciente que o médico deve dirigir aos órgãos competentes, e, em caso de não comunicação, dependendo da situação fática, o médico poderá incorrer na infração tipificada no art. 269 do CP; **C:** Incorreta. O parecer consiste em um relatório do médico-legista em que são respondidos quesitos e são realizadas considerações sobre dúvidas existentes quanto a questões de relevância médico-forense, normalmente elaborados por profissionais de renome; **D:** Incorreta. Relatório é a descrição por escrito de forma detalhada sobre todo o histórico de atendimento relacionado à perícia médica requisitada pela autoridade competente. O relatório é dividido nas seguintes partes: preâmbulo, quesitos, histórico, descrição dos exames e técnicas utilizadas para a avaliação médico-forense, assim como dos sintomas encontrados, discussão, conclusões e respostas aos quesitos.

Gabarito "B"

(Delegado/MG – 2006) Os pontos de maior relevância do documento médico-legal denominado "Parecer" são:

(A) histórico e conclusão
(B) preâmbulo e conclusão
(C) discussão e conclusão
(D) depoimento oral e conclusão
(E) descrição e conclusão

O relatório é dividido nas seguintes partes: preâmbulo, quesitos, histórico, descrição dos exames e técnicas utilizadas para a avaliação médico-forense, assim como dos sintomas encontrados, discussão, conclusões e respostas aos quesitos. As partes mais relevantes são a discussão, porque nela os peritos descartarão as dúvidas existentes sobre o local e/ou objetos examinados, e a conclusão, em que constará o diagnóstico.

Gabarito "C"

(Delegado/RJ – 2009 – CEPERJ) Sobre o exame de corpo de delito e outras perícias, é correto afirmar que:

(A) o laudo pericial será elaborado no prazo de 10 dias, podendo ser prorrogado no máximo para 30 dias, em casos excepcionais, a requerimento dos peritos.
(B) serão realizados por dois peritos oficiais, portadores de diploma de curso superior, designados pela Autoridade competente.
(C) serão realizados por mais de um perito oficial em caso de perícia complexa que abranja mais de uma área de conhecimento especializado, com escusa de indicação de outro assistente técnico pela parte.
(D) o Ministério Público, o assistente de acusação, o ofendido, o querelante e o acusado terão permissão para formular quesitos e indicar assistente técnico.
(E) os assistentes técnicos indicados pelas partes poderão realizar pareceres em prazo fixado pelo juiz, mas não será admitida sua inquirição em audiência do mesmo modo que os peritos.

A: Incorreta. O prazo para elaboração do laudo pericial é de 10 dias, podendo ser prorrogado, em casos excepcionais, a requerimento dos peritos por prazo não determinado (art. 160, parágrafo único, do CPP); **B:** Incorreta. O exame de corpo de delito será realizado por perito oficial, portador de curso superior (art. 159 do CPP). O número de peritos gerou controvérsias por muito tempo, mas a Lei nº 11.690/2008 deixou clara a exigência de apenas um subscritor do laudo; **C:** Incorreta. O art. 159, § 7º, do CPP permite que mais de um perito atue nos casos em que exista a necessidade de avaliação em mais de uma área de conhecimento; **D:** Correta. O art. 159, § 3º, do CPP; **E:** Incorreta. Art. 159, § 5º, II, do CPP.

Gabarito "D"

(Delegado/SP – 2011) Em um relatório médico-legal, o chamado *visum et repertum* refere-se:

(A) ao histórico.
(B) ao preâmbulo.
(C) à descrição.
(D) à discussão e conclusão.
(E) à resposta aos quesitos.

A: Incorreta. O histórico é chamado de comemorativo; **B:** Incorreta. Preâmbulo é a parte em que é feita a qualificação dos peritos e é apresentado seu currículo, além disso, descreve-se a parte que requereu a perícia, a autoridade que a determinou, além da pessoa que for objeto da perícia, local e horário de sua realização; **C:** Correta. *Visum et repertum* é a descrição dos trabalhos periciais realizados e as técnicas que foram utilizadas; **D:** Incorreta. Conclusão é a parte em que os peritos relatam suas conclusões, suas opiniões sobre a pessoa ou coisa periciada e aspecto a ser analisado; **E:** Incorreta. Os quesitos são as perguntas formuladas pelas partes ou pela autoridade.

Gabarito "C"

(Delegado/SP – 2011) A diferença entre laudo e auto médico-legal é:

(A) os dois são ditados a um escrivão.
(B) o auto é apenas um resumo do laudo.
(C) o primeiro é escrito e o segundo é ditado a um escrivão perante testemunhas.
(D) os dois são pareceres.
(E) o laudo só pode ser realizado pelo médico-legista.

A diferença principal entre o laudo e o auto é que o primeiro é lavrado e elaborado pelo próprio perito, enquanto que o auto é ditado a um escrivão na presença da autoridade e testemunhas. Por sua vez, o auto e o laudo são espécies de relatórios médico-legais. O laudo deverá ser realizado por um ou mais peritos, não necessariamente um médico-legista.

Gabarito "C"

(Delegado/SP – 2011) Perícia médico-legal baseada exclusivamente em prontuários médicos denomina-se:

(A) complementar.
(B) indireta.
(C) documental.
(D) subsidiária.
(E) direta.

A: Incorreta. A perícia complementar é aquela a qual a vítima se submete, pela segunda vez, a exame. Tem como objetivo avaliação de sua incapacidade após certo intervalo de tempo, que pode ocorrer no prazo de 30 dias ou mais. **B:** Correta: A perícia indireta, por sua vez, é aquela baseada em prontuários médicos, em razão de os vestígios deixados na prática delitiva terem desaparecido; **C:** Incorreta. A perícia documental é aquela que tem por objeto o estudo de um documento, sobre o qual deverá emanar a conclusão do perito; **D:** Incorreta; **E:** Incorreta. A perícia médico-legal direta é aquela realizada no próprio corpo da vítima.

Gabarito "B"

(Delegado/SP – 2000) Dentre as diversas provas para a identificação de pessoas ou cadáveres, não é de caráter genético a

(A) tipagem de sangue.
(B) pesquisa de marcadores do DNA.
(C) pesquisa de antígenos do sistema HLA.
(D) pesquisa de impressões digitais.

As impressões digitais consistem em marcas deixadas pelos desenhos existentes nas polpas dos dedos. Sendo certo que cada indivíduo possui uma marca diferente da dos outros.

Gabarito "D"

(Delegado/SP – 2000) A pesquisa de espermatozoides em secreção retirada do interior da vagina, para a comprovação de conjunção carnal, deve ser feita, habitualmente, através de

(A) exame ao microscópio.
(B) dosagem de fosfatase ácida.
(C) análise de DNA.
(D) Observação de cristais de Teichmann.

A: Correta. Para a comprovação de conjunção carnal, realiza-se exame com o uso de microscópio para a análise de espermatozoides existentes em secreção retirada do interior da vagina da ofendida; **B:** Incorreta. A dosagem fosfatase ácida é utilizada em exames realizados na próstata; **C:** Incorreta. Análise de DNA é o exame que analisa as amostras colhidas com o objetivo de, com base nos elementos genéticos, identificar, por exemplo, o autor de um crime; **D:** Incorreta. Os cristais de Teichmann são utilizados em exame de sangue.

Gabarito "A"

(Delegado/SP – 1998) Entende-se por perícia contraditória

(A) dois laudos do mesmo perito com conclusões contraditórias.
(B) dois laudos, de peritos diferentes, com conclusões divergentes.
(C) quando o juiz, em dúvida, requer nova perícia.
(D) quando as respostas aos quesitos estão em contradição com estes.

A perícia contraditória é aquela em que dois peritos não chegam a um ponto de vista comum, situação em que cada um apresentará à parte o seu próprio relatório.

Gabarito "B"

(Delegado/SP – 1998) No que tange aos laudos e atestados médicos, podemos afirmar que

(A) são equivalentes.
(B) tratam das mesmas questões.
(C) cada um deles trata de questões específicas.
(D) o laudo tem valor jurídico maior que o atestado.

O atestado consiste na descrição escrita de uma situação que envolve questão médica. O laudo é o documento em que o(s) perito(s) expõe(m) conclusões e discussões sobre o local ou objetos examinados. Portanto, cada um deles trata de questões específicas.

Gabarito "C"

9. BALÍSTICA

(Delegado/RJ – 2013 – FUNCAB) A respeito das lesões produzidas por projéteis de arma de fogo, é correto afirmar que:

(A) a morfologia de uma ferida de entrada não permite distinguir se a mesma foi produzida por projétil de arma de fogo comum ou de alta energia cinética.
(B) quanto mais longo for o trajeto de um projétil de arma de fogo dotado de alta energia cinética no interior do corpo de uma pessoa, maior será o tamanho da lesão de saída.
(C) nas feridas produzidas por entrada de projétil de arma de fogo, a aferição do diâmetro da zona de enxugo determina a distância do atirador em relação à vítima.
(D) as feridas de saída de projéteis de arma de fogo têm propriedades bem definidas, que permitem a sua fácil distinção em relação às feridas de entrada.
(E) as feridas de entrada de projéteis de arma de fogo de alta energia cinética não costumam apresentar formas bizarras na interposição de anteparos.

A: Correta. A morfologia de uma ferida de entrada permite distinguir a distância do disparo; **B**: Incorreta. Não é a distância que provoca o aumento do orifício de saída, mas a velocidade do deslocamento do projétil devido as ondas de choque por ele produzidas; **C**: Incorreta. É a forma e não o diâmetro que revelam informações sobre a distância do disparo; **D**: Incorreta. Os ferimentos de saída não possuem características específicas. Servem apenas para a definição da trajetória. **E**: Incorreta. As lesões provocadas por projéteis de alta energia cinética costumam apresentar formas diferenciadas.

Gabarito "A"

(Delegado/RO – 2014 – FUNCAB) As lesões causadas por entradas de projéteis de arma de fogo têm características particulares em função de uma série de fatores, como a velocidade do impacto, a distância do disparo, a região do corpo atingida e o tipo de arma utilizada. Assim, é correto afirmar que:

(A) a presença de microlacerações radiadas nas bordas da ferida é um achado frequente nos tiros de fuzil.
(B) as lesões múltiplas produzidas por disparos seriados de fuzil são denominadas "rosa de tiro".
(C) uma ferida arredondada, com orlas de enxugo e escoriação, foi devida a um disparo efetuado a curta distância e sem anteparo.
(D) nos disparos realizados na cabeça, com o cano da arma encostado à pele, a ferida apresenta uma orla de tisnado.
(E) nos tiros à queima-roupa, a ferida assume um aspecto estrelado, em boca de mina.

A: Correta, pois é característica comum em tiros de fuzil presença de microlacerações radiadas nas bordas da ferida. **B**: Incorreta. A rosa de tiro não é produzida por disparos seriados de fuzil, mas em um único lançamento são disparados projéteis múltiplos que se separam antes de atingir o corpo; **C**: Incorreta. Um disparo a curta distância provoca uma ferida irregular e não arredondada; **D**: Incorreta. A orla de tisnado também é chamada de zona de esfumaçamento que se apresenta em casos de o disparo ter sido realizado a uma distância superior a 30 cm; **E**: Incorreta. Essas características são verificadas nas lesões causadas por tiros disparados com a boca do cano da arma em contato com o alvo. Já o disparo à queima-roupa ou a curta distância gera orifício de entrada irregular e não ocasiona o surgimento da câmara de mina, também chamada da câmara de Hoffmann.

Gabarito "A"

(Delegado/SP – 2014 – VUNESP) Leia atentamente as definições a seguir, acerca de lesões por agentes perfurocontundentes, e relacione-as por letras e números aos seus nomes.

A. Ferimento por projétil de arma de fogo que se deve ao arrancamento da epiderme devido ao movimento rotatório do projétil que entra na superfície corporal.
B. Sinal deixado pela passagem do projétil nos tecidos corporais, concêntrico, decorrente do atrito e contusão do projétil, que também deixa nos tecidos por onde passa suas impurezas de superfície.
C. Área de impregnação por grãos de pólvora incombustos que se fixam ao redor do ferimento de entrada de projétil, em tiros de curta distância.
D. Área de depósito de fuligem que circunscreve a ferida de entrada, removível com a lavagem do local, portanto, sem impregnação tecidual.
E. Área ao redor do orifício de entrada, caracterizada pela queimadura da pele ou pelos, decorrente da alta energia térmica dos projéteis de arma de fogo, característica de disparos a curta distância ou à queima-roupa.

1. Orla de esfumaçamento.
2. Halo de enxugo.
3. Zona de chamuscamento.
4. Orla de escoriação ou contusão.
5. Halo de tatuagem.

A associação correta entre a definição e o elemento de uma ferida de entrada de projétil de arma de fogo é vista, em ordem alfabética e corretamente, na alternativa:

(A) A – 5; B – 1; C – 4; D – 2; E – 3.
(B) A – 3; B – 4; C – 1; D – 5; E – 2.

(C) A – 4; B – 2; C – 5; D – 1; E – 3.
(D) A – 2; B – 5; C – 3; D – 1; E – 4.
(E) A – 4; B – 3; C – 2; D – 5; E – 1.

A: Incorreta. As características descritas descrevem as de orla de escoriação ou contusão (4). Há autores que diferenciam as duas. A orla de contusão também denominada orla erosiva de Pelièvre e Desoille, anel de Fisch ou orla desipitelizada de França. Trata-se de uma área pequena que se verifica ao redor do orifício de entrada e tem relevância para a determinação da determinação da direção do tiro. A orla de escoriação, por sua vez, é a exposição da ferida causada na pele, ocasionada pela diferente elasticidade das camadas; **B**: Incorreta. O halo ou orla de enxugo também é conhecido como halo de limpeza (2); **C**: Correta. Halo ou zona de tatuagem é aquela que é provocada pelos disparos à queima-roupa ou apoiados. Seu formato depende da distância da arma ao ser disparado o tiro. Assume coloração escura (5); **D**: Incorreta. Orla ou zona de esfumaçamento é aquela que pode surgir ao redor do ferimento de entrada do projétil pelo depósito da fumaça (1); **E**: Incorreta. Zona de chamuscamento é aquela que se forma em razão da queima da pele pelo projétil da arma de fogo (3).

Gabarito "C"

(Delegado/BA – 2008 – CEFETBAHIA) Identifique com V as afirmativas verdadeiras e com F, as falsas.

( ) O exame de microcomparação com os projéteis disparados possibilita a identificação individual de uma espingarda.
( ) A microcomparação entre projéteis coletados em diferentes locais de crime pode propiciar o estabelecimento de uma correlação entre os respectivos eventos.
( ) A identificação indireta de uma arma de fogo pode ser feita mediante o confronto balístico das deformações examinadas nos estojos da munição disparada.

A alternativa que contém a sequência correta, de cima para baixo, é a

(A) F V V
(B) V V F
(C) V F V
(D) F F F
(E) F F V

A primeira afirmativa é falsa, pois as espingardas têm cano liso, razão pela qual fica impossibilitado o exame de microcomparação com os projéteis. As outras duas afirmativas são verdadeiras.

Gabarito "A"

(Delegado/BA – 2008 – CEFETBAHIA) A designação do calibre nominal de uma espingarda indica o

(A) exato diâmetro interno do cano, em fração da polegada.
(B) diâmetro interno da câmara, em centésimos de polegada.
(C) diâmetro interno do cano, em milímetros.
(D) comprimento do cano da espingarda, em polegadas.
(E) número de esferas de chumbo do calibre, cuja massa dá uma libra.

A espingarda possui cano de alma lisa, assim não é o diâmetro interno do cano que é examinado, mas o número de esferas de chumbo do calibre, que formará uma libra.

Gabarito "E"

(Delegado/BA – 2008 – CEFETBAHIA) Identifique com V as afirmativas verdadeiras e com F, as falsas.

( ) Tecnicamente, o tiro só é acidental quando efetuado sem o acionamento do gatilho.
( ) A simples comparação visual do projétil já permite a identificação individual da arma.
( ) Chamuscamento, esfumaçamento e tatuagem são indicativos de tiro à curta distância.

A alternativa que contém a sequência correta, de cima para baixo, é a

(A) V V V
(B) V F V
(C) F F V
(D) F V F
(E) V F F

A segunda afirmativa é falsa, pois para a identificação individual da arma são necessários exames técnicos que possibilitem a determinação do calibre da arma, a visualização das raias internas do cano, quando existentes, entre outras medidas. As outras duas são verdadeiras.

Gabarito "B"

(Delegado/BA – 2006 – CONSULPLAN) Sobre o raiamento do cano de uma arma de fogo:

(A) Tem por objetivo dotar o projétil de estabilidade ao longo da sua trajetória.
(B) Deve ser removido, pois aumenta o atrito e reduz a velocidade do projétil.
(C) O raiamento não produz marcas individualizadoras nos projéteis que dispara.
(D) Não existem armas de cano raiado.
(E) O raiamento existe apenas para os canos das espingardas.

A: Correta. O raiamento do cano da arma de fogo tem por finalidade dar estabilidade ao projétil ao longo de sua trajetória; **B:** Incorreta. As raias fazem com que os projéteis realizem movimentos giratórios, que facilitam a trajetória e tornam mais fácil o alcance do alvo; **C:** Incorreta. O raiamento, conforme o seu número e sentido, possibilita a identificação de uma arma; **D:** Incorreta. São exemplos de armas de cano raiado: revólveres, pistolas, fuzis etc.; **E:** Incorreta. As espingardas têm cano de alma lisa.

Gabarito "A"

(Delegado/BA – 2006 – CONSULPLAN) Sobre a identificação de uma arma de fogo:

(A) É possível apenas a identificação direta, mediante o exame das marcas propositais colocadas pelo fabricante, inclusive logotipo, inscrições e número de série.
(B) Identificação, identidade e reconhecimento são vocábulos que têm o mesmo significado.
(C) Uma arma suspeita não pode ser descartada apenas porque tem raiamento divergente das peças questionadas.
(D) Na identificação indireta ou mediata, o Perito utiliza e compara as deformações produzidas pela arma nos projéteis e estojos que ela dispara.
(E) As deformações que a arma deixa nos elementos de munição que dispara decorrem de marcas deixadas propositalmente pelo seu fabricante, a pedido das Polícias.

A: Incorreta. A identificação direta de uma arma de fogo é possível por outros critérios além dos mencionados; **B:** Incorreta. A identificação é determinação da identidade de uma pessoa por meio de procedimentos realizados por técnicos com conhecimento específico, a identidade é o conjunto de elementos que individualizam o ser humano e o reconhecimento é realizado por pessoa que não possui conhecimento técnico; **C:** Incorreta. O raiamento é um dos elementos que possibilitam a identificação de uma arma de fogo, por ser único, havendo divergência entre a arma periciada e a utilizada para o cometimento de um crime, esta deve ser descartada. **D:** Correta; **E:** Incorreta. As deformações deixadas pela arma nos projéteis após o disparo são provocadas pela passagem do projétil no cano da arma. Os movimentos elípticos tem o objetivo de acelerar a saída do projétil.

Gabarito "D"

(Delegado/MG – 2008) O percurso realizado por um projétil de arma de fogo no interior do corpo humano é denominado

(A) deformação.
(B) halo.
(C) trajeto.
(D) trajetória.

A: Incorreta. A deformação é provocada pela retração dos tecidos atingidos por projéteis de forma oblíqua; **B:** Incorreta. Halo é a denominada orla de contusão; **C:** Correta. O trajeto é o percurso desenvolvido pelo projétil ao atingir o alvo; **D:** Incorreta. A trajetória é o percurso desenvolvido pelo projétil desde o disparo até atingir o alvo.

Gabarito "C"

(Delegado/RJ – 2009 – CEPERJ) Durante operação policial na favela do Barbante, em Campo Grande, foi encontrado um crânio humano incompleto que apresentava em análise preliminar: 1 – suturas cranianas bem visíveis; 2 – fronte verticalizada; 3 – glabela curva; 4 – margens supraorbitárias finas; 5 – orifício em tronco de cone com o bisel voltado para a face externa do osso frontal; 6 – processos mastoideos pouco volumosos; 7 – ausência de crista na nuca; 8 – côndilos occipitais curtos e largos. Assinale a opção que aponta o diagnóstico pericial.

(A) Mulher jovem com uma lesão de saída de projétil de arma de fogo no osso frontal.
(B) Homem adulto com uma lesão de entrada de projétil de arma de fogo no osso frontal.

(C) Mulher adulta com uma lesão de saída de projétil de arma de fogo no osso frontal.
(D) Homem jovem com uma lesão de saída de projétil de arma de fogo no osso frontal.
(E) Mulher idosa com uma lesão de entrada de projétil de arma de fogo no osso frontal.

Os processos mastoideos são menos desenvolvidos nas mulheres e a fronte verticalizada também pode ser observada em mulheres; homens possuem côndilos occipitais longos e estreitos. Por fim, quando as suturas cranianas são bem visíveis, é possível afirmar que a vítima tinha menos de 30 anos.
Gabarito "A".

(Delegado/RJ – 2009 – CEPERJ) No caso de encontro de cadáver, o exame de perinecroscopia esclareceu a presença de uma ferida perfurocontusa e transfixante do crânio, motivada por tiro encostado na região temporal direita. Diante das assertivas abaixo, assinalar aquela que não deixa dúvida quanto à possibilidade de suicídio:

(A) O disparo ter sido efetuado com arma apoiada ou encostada.
(B) A observação da arma de fogo próxima do cadáver.
(C) A existência de gotas de sangue com aspecto radiado.
(D) A presença de gotículas de sangue de forma alongada na mão da vítima.
(E) A ausência de lesões de defesa e ocorrência de um só disparo.

é possível que todas as características descritas sejam observadas nas hipóteses de homicídio, pois o agente pode perfeitamente utilizar-se de uma arma de fogo e atirar com o cano em contato com o corpo da vítima. A localização da arma próxima ao cadáver é viável, pois ao executar o disparo, o autor pode descartá-la no próprio local dos fatos. A inexistência de sinais de defesa não são aptos a revelar que tenha a lesão sido provocada pela própria vítima, pois ela pode, por exemplo, ter sido atingida de surpresa pelo disparo de arma de fogo.
Gabarito "D".

(Delegado/SP – 2011) O sinal de Werkgaertner é:

(A) o halo fuliginoso deixado sobre as peças ósseas nos disparos encostados.
(B) a zona de tatuagem deixada pela pólvora sobre a pele nos disparos a curta distância.
(C) o ângulo oblíquo do orifício de entrada nos disparos efetuados a longa distância.
(D) o desenho da boca e da alça de mira da arma sobre a pele
(E) o arrancamento da epiderme causado pela rotação do projétil sobre a pele.

O sinal de Werkgaertner se dá na hipótese de o disparo de arma de fogo ocorrer, encontrando-se a arma encostada em regiões do corpo sem osso. A sua marca causa uma equimose no formato da boca da arma.
Gabarito "D".

(Delegado/SP – 1999) Com uma lavagem enérgica de ferimento por projétil de arma de fogo, com água e sabão

(A) pode se remover a zona de esfumaçamento, mas não a de tatuagem.
(B) pode se remover a zona de tatuagem, mas não a de esfumaçamento.
(C) pode se remover as zonas de esfumaçamento e de tatuagem.
(D) não se pode remover as zonas de esfumaçamento nem a de tatuagem.

A zona de tatuagem é aquela que é causada pelos grãos de pólvora que se depositam ao redor do orifício de entrada de projétil de arma de fogo, quando disparados a curta distância, assim, mesmo quando lavada a região, ele continua visível.
Gabarito "A".

10. OXICOLOGIA

(Delegado/RJ – 2009 – CEPERJ) As chamadas *natural, herbal ou legal highs* pertencem a uma nova geração de drogas fabricadas em laboratório a partir de substâncias sintéticas que reproduzem os efeitos de maconha, cocaína, ecstasy e LSD, mas que não contêm nenhum componente proibido pela legislação. Os seus usuários já compram e utilizam estas substâncias psicoativas sem infringir a lei, uma vez que seus princípios ativos são substituídos por compostos sintéticos lícitos e, posteriormente, misturados a ervas naturais. Sobre as toxicomanias e legislação atual sobre drogas, marque a alternativa correta.

(A) O usuário só poderá ser apenado pelo cumprimento de medidas educativas, independentemente de recusa ou reincidência.
(B) É permitido ao usuário oferecer droga a pessoa de seu relacionamento para juntos a consumirem, em caráter eventual e sem objetivo de lucro.
(C) O médico que prescreve ou ministra, culposamente, drogas ao seu paciente em doses excessivas ou em desacordo com norma legal ou regulamentar comete apenas infração penal.
(D) O dependente químico sempre será considerado inimputável se no momento do delito era inteiramente incapaz de entender o caráter ilícito do fato ou de determinar-se de acordo com esse juízo.
(E) Assim como as *legal highs*, os solventes inalantes são substâncias psicolépticas lícitas.

A: Incorreta. Art. 28 da Lei nº 11.343/2006; **B:** Incorreta. Art. 33, § 3º, da Lei de Drogas; **C:** Incorreta. Art. 38; **D:** Correta. Art. 45; **E:** Incorreta. As substâncias psicolépticas são drogas que têm efeito tranquilizante, são as que agem como calmante, enquanto que o solvente serve como droga estimulante.
Gabarito "D".

(Delegado/SP – 2003) A substância química, quando ingerida, provoca uma certa euforia, aumenta a autoconfiança, elimina as sensações de fadiga, sono, fome e sede. Deduz-se que ela é uma droga

(A) psicodinâmica.
(B) psicoléptica.
(C) psicoanaléptica.
(D) psicodisléptica.

Os psicotrópicos são divididos em três espécies: psicolépticos, que são as drogas que possuem efeitos sedativos, tranquilizantes ou neurolépticos; psicanalépticos, que são as substâncias que estimulam o sistema nervoso central, aí se enquadram as anfetaminas e substâncias anoréxicas; e, os psicodislépticos, que são euforizantes ou causam delírios e alucinações, fazendo parte deste grupo o álcool, a cocaína, a maconha, entre outros.
Gabarito "C".

(Delegado/SP – 2000) Substância extraída de determinada espécie vegetal, ao ser ingerida, proporciona visões de divindades, espíritos benéficos e maléficos, em rituais místicos. Tal substância pode ser considerada

(A) psicomimética.
(B) psicoléptica.
(C) psicoanaléptica.
(D) psicodisléptica.

A: Incorreta. As drogas psicomiméticas são aquelas que alteram a percepção e a sensibilidade; **B:** Incorreta. Psicolépicas são as drogas que possuem efeitos sedativos, tranquilizantes; **C:** Incorreta. Psicoanalépticas são as substâncias que estimulam o sistema nervoso central, aí se enquadram as anfetaminas e substâncias anoréxicas. **D:** Correta. Psicodislépticas são as drogas euforizantes ou que causam delírios e alucinações, fazendo parte deste grupo o álcool, a cocaína, a maconha, entre outros.
Gabarito "D".

(Delegado/SP – 1998) As drogas psicodislépticas

(A) estimulam o sistema nervoso central.
(B) inibem o sistema nervoso central.
(C) estimulam ou inibem o sistema nervoso central.
(D) nem estimulam, nem inibem o sistema nervoso central.

Psicodislépticas são as drogas euforizantes ou que causam delírios e alucinações, fazendo parte deste grupo o álcool, a cocaína, a maconha, entre outros.
Gabarito "D".